DER GROSSE
PLOETZ

DER GROSSE PLOETZ

Die Daten-Enzyklopädie der Weltgeschichte
Daten, Fakten, Zusammenhänge

Begründet von Dr. Carl Ploetz
33., neu bearbeitete Auflage

Bearbeitet von 80 Fachwissenschaftlern

Copyright © PLOETZ im Verlag Herder, Freiburg im Breisgau

Lizenzausgabe für Komet MA-Service und
Verlagsgesellschaft mbH, Köln

Copyright © Aktualisierung für die 33. Auflage
KOMET MA-Service und Verlagsgesellschaft mbH, Köln

Gestaltung und Umschlag: Joseph Pölzelbauer, Freiburg

Alle Rechte der Reproduktion, Bearbeitung, Übersetzung oder auch anderweitige
Verwendung, auch auszugsweise, weltweit vorbehalten.
Dies gilt auch für die Vervielfältigungen, Übersetzungen, Mikroverfilmung
und für die Verarbeitung mit elektronischen Systemen.

Gesamtherstellung: Komet MA-Service und
Verlagsgesellschaft mbH, Köln

Korrektorat und Umstellung auf die neue deutsche Rechtschreibung:
Jutta Alfes, Karin Baeyens, Anja Pabst

Satz:
mediaService, Siegen
Gerhard Alfes, Andreas Franke, Dirk Matzke

ISBN 3-89836-237-X

VORWORT ZUR 33. AUFLAGE

Mit großer Sorgfalt wurde das Werk auf die neue Rechtschreibung umgestellt und unter Wahrung des PLOETZ-Systems aktualisiert. Der Redaktionsschluss der vorliegenden 33. Auflage ist der 3. Oktober 2002. Die Redaktion dankt insbesondere dem Bearbeiter der 33. Auflage, der im Anschluss an das Autorenverzeichnis genannt wird.

VORWORT ZUR 32. AUFLAGE

Das PLOETZ-Prinzip, die **„objektive Zusammenstellung der Tatsachen in übersichtlicher Gruppierung"**, entstand im „Auszug der alten, mittleren und neueren Geschichte" des Berliner Professors Dr. Carl Ploetz bereits 1863. Aus dieser Keimzelle erwuchs eine Daten- und Faktenenzyklopädie, die in ihrer Art ohne Beispiel ist.

Das umfassende Informationsangebot ist nach den bekannten historischen Epochen gegliedert, die weitere Unterteilung nach Völkern und Staaten schafft überschaubare Kapitel. Das Rückgrat bildet das chronologisch geordnete Daten- und Faktengerüst im bekannten PLOETZ-System. Zahlreichen Personennamen wurden Geburts- und Sterbejahr (im Register kursiv), zahlreichen Ortsnamen die geografische Erläuterung beigegeben. Die Datenspalten informieren über Jahr, Monat, Tag und zum Teil Uhrzeit.

Die geografischen und wirtschaftlichen, gesellschaftlichen und politischen Rahmenbedingungen von Epochen und Ländergeschichten sind den Kapiteln einleitend vorangestellt. Thematische Textblöcke schildern Zusammenhänge, Begriffe, Institutionen usw., sind optisch hervorgehoben und im Registernachweis durch Fettdruck gekennzeichnet. Tabellen enthalten chronologische Überblicke sowie themenbezogene Übersichten mit vielfältigem Datenmaterial. Grafiken stellen Verfassungen und Wirtschaftsformen, Bündnissysteme und soziale Strukturen anschaulich dar. Stammtafeln informieren über dynastische und genealogische Beziehungen.

Zusätzlich wurde die 32. Auflage für die heutigen Lesegewohnheiten durchgehend neu gestaltet und die Orientierung in allen Abschnitten der Weltgeschichte wesentlich verbessert. Als grundlegende Neuerung bietet eine durchlaufende Randspalte Namen und Leitbegriffe zum raschen Nachschlagen und informierenden Lesen an. Das Buchformat ist nun breiter, sodass die Doppelseite mehr im Überblick bietet. Das Personen-, Sach- und Ortsregister wurde weiter spezifiziert und auf 186 Seiten mit über 100000 Seitennachweisen ausgeweitet, die eine Fülle zusätzlicher Einblicke erschließen.

Das Werk ist entsprechend dem modernen Geschichtsbild aufgebaut:
- die europäische Geschichte des Mittelalters und ebenso die der Neuzeit bis 1945 sind in übersichtlichen Großkapiteln zusammengefasst, um die Epochen- und Staatengeschichten durchgängig lesbar zu präsentieren;
- auch die Neueste Zeit seit 1945 ist gut verständlich nach Erdteilen und historischen Räumen geordnet, die Gliederung nach Ostblock, Westblock und Bündnisfreien hat ihre politische Bedeutung verloren und wurde daher aufgegeben;
- besonderes Gewicht wird auf die weltpolitische Wende 1989/91 und die deutsche Wiedervereinigung gelegt;
- Informationen zu den seit 1991/92 unabhängigen Staaten erscheinen zusätzlich im historischen Rückgriff;
- die Tabellen zur zeitgeschichtlichen Wirtschafts- und Sozialentwicklung wurden neu bearbeitet und allgemeine Wirtschaftsdaten nach einheitlichen Gesichtspunkten zusammengestellt;
- die aktuelle Ereignischronologie wurde in die fortlaufende Darstellung integriert und bis Ende 1997 fortgesetzt.

Für wertvolle Anregungen zur Weiterentwicklung des PLOETZ-Systems dankt die Redaktion Herrn Professor Dr. Hermann Schäfer, Direktor des Hauses der Geschichte der Bundesrepublik Deutschland in Bonn. Die gestalterische Verwirklichung durch Typografie und Layout ist Herrn Joseph Pölzelbauer, Designer in Freiburg, zu verdanken.

Die Redaktion dankt den Verfasserinnen und Verfassern der Beiträge, die im Autorenverzeichnis aufgeführt sind, vor allem den Bearbeiterinnen und Bearbeitern der 32. Auflage, die im Anschluss an das Autorenverzeichnis genannt werden.

Der besondere Dank gilt Ihnen, den Leserinnen und Lesern des Großen PLOETZ, für Ihr Vertrauen und Ihr Interesse. Um Ihrem Anspruch gerecht zu werden, bittet die Redaktion um Kritik und Anregung.

Verlagsredaktion
PLOETZ

Februar

1998

AUS DEM VORWORT ZUR 29. AUFLAGE

Die Anlage des Werks wurde inhaltlich und im Detail tief greifend verbessert. Der wissenschaftliche Fortschritt und die veränderten Fragestellungen erforderten eine durchgängige Überarbeitung und weit gehende Neufassung. Insbesondere erhielt die Wirtschafts- und Sozialgeschichte ein ihrer Bedeutung für die Gesamtentwicklung entsprechendes Gewicht, jedoch unbeschadet der dominierenden Stellung der politischen Geschichte im Daten- und Faktengerüst.

Angesichts der Fülle des heute zugänglichen Quellenmaterials und der immer stärker werdenden Spezialisierung der Geschichtswissenschaft haben an dieser Ausgabe weitaus mehr Mitarbeiter mitgewirkt als an jeder vorhergehenden. Das hat einerseits ein Mehr an Information und Genauigkeit zur Folge. Andererseits wurde es dadurch noch schwieriger, die einzelnen Beiträge aufeinander abzustimmen. Hierum haben sich alle Beteiligten in Respektierung unterschiedlicher wissenschaftlicher Auffassungen bemüht. Die Schreibweise der Namen stellte auch in den bisherigen Auflagen ein besonderes Problem dar. Für die Umschriften zumal der slawischen, arabischen und türkischen Namen wurden vereinfachte bzw. allgemein verbreitete Schreibweisen statt der in der Wissenschaft gebräuchlichen verwendet. Für den griechisch sprechenden Teil der antiken Welt wurden in der Regel die griechischen Namensformen verwendet, doch wurde hier keine – das Lesen nur erschwerende – strikte Konsequenz angestrebt, vielmehr die im Deutschen geläufigen Namensformen sinnvollerweise verwendet.

Für grundlegende Gutachten, auf welche Bewahrung, Fortentwicklung und Ausbau des PLOETZ-Systems zurückgehen, dankt der Verlag den Herren Professor Dr. Jochen Martin (Alte Geschichte) und Professor Dr. Klaus Hildebrand (Neuzeit). Disposition und Gliederung für die Darstellung der großen Epochen wurden hiernach aufgestellt von den Herren Professor Dr. Jochen Martin (Altertum), Professor Dr. Dr. h.c. František Graus (Mittelalter), Professor Dr. Johannes Kunisch (Frühe Neuzeit), Professor Dr. Klaus Hildebrand und Professor Dr. Gottfried Niedhart (Neuzeit 1789–1945) sowie Professor Dr. Peter Hüttenberger (Neueste Zeit). Die genannten Wissenschaftler leisteten damit, durch die Vermittlung geeigneter Autoren und als Fachberater einen entscheidenden Beitrag für das Zustandekommen dieser Neuausgabe, für den ihnen an dieser Stelle aufrichtig gedankt sei. Unser besonderer Dank gilt Herrn Professor Martin, der am Zusammenstellen der redaktionellen Richtlinien mitwirkte und die Redaktion in vielen Detailfragen sachkundig unterstützte.

INHALTSÜBERSICHT

ERDGESCHICHTE 1

Einführung zur Geschichte der Erde
und des Lebens 1
Die geologischen Formationen 4

VORGESCHICHTE 13

Paläolithikum (Altsteinzeit) 14
Neolithikum (Jungsteinzeit) 22
Kupferzeit (ca. 3. Jt.) 30
Bronzezeit (ca. 2. Jt.v.Chr.) 47
Eisenzeit (ca. 1. Jt.v.Chr.) 67

ALTERTUM 73

Die Hochkulturen Ägyptens, des
Vorderen Orients und Italiens 74
Griechenland vor dem Hellenismus 113
Alexander und der Hellenismus 164
Römische Geschichte 208
Randstaaten, Einflussbereiche,
Regionalgeschichte des
Imperium Romanum 293

EUROPÄISCHES MITTELALTER 355

Die Epochen des Mittelalters 355
Die europäische Staatenwelt
des Mittelalters 420

EUROPÄISCHE NEUZEIT
(ETWA 1500 BIS 1945) 651

Übernationale Entwicklungen und
Ereignisse der europäischen Neuzeit ... 651
Frühe Neuzeit (etwa 1500 bis
Ende des 18. Jh.s) 652

Übernationale Entwicklungen und
Ereignisse von der Französischen
Revolution bis zum Ersten Weltkrieg
(1789–1914) 690
Übernationale Entwicklungen und
Ereignisse im Zeitalter der Weltkriege
(1914–1945) 714
Die europäischen Einzelstaaten in
der Neuzeit (etwa 1500 bis 1945) 803

DIE AUSSEREUROPÄISCHE
WELT VON IHREN ANFÄNGEN
BIS ZUM ENDE DES
ZWEITEN WELTKRIEGES 1087

Islamisch-arabische Welt bis 1945 1088
Afrika südlich der Sahara bis 1945 1128
Asien bis 1945 1176
Australien und Ozeanien mit
Neuseeland bis 1945 1232
Amerika bis 1945 1248

NEUESTE ZEIT SEIT 1945 1319

Überregionale und globale Ereignisse
und Entwicklungen seit 1945 1320
Die Regionen und die Einzelstaaten
seit 1945 1396
Islamisch-arabische Region und Israel
seit 1945 1568
Afrika südlich der Sahara seit 1945 1654
Asien seit 1945 1746
Australien, Neuseeland und Ozeanien
seit 1945 1830
Amerika seit 1945 1840

● PLOETZ

INHALT

AUTORENVERZEICHNIS XIX
VERZEICHNIS DER GENEALOGISCHEN ÜBERSICHTEN UND HERRSCHAFTEN XXIII
NACHWEISE FÜR GRAFIKEN, STAMMTAFELN UND TABELLEN XXV
ABKÜRZUNGSVERZEICHNIS FÜR GENEALOGISCHE ÜBERSICHTEN UND REGISTER XXVII

ERDGESCHICHTE 1

Einführung zur Geschichte der Erde und des Lebens 1
Grundlagen 2
Die Entstehung des Lebens 2
Die Entwicklung der Organismen 3

Die geologischen Formationen 4
Archaikum (3500–1800 Mio. Jahre)
Proterozoikum (1800–580 Mio. Jahre) 4
Kambrium (580–490 Mio. Jahre) 4
Ordovizium (490–440 Mio. Jahre) 5
Silur (440–400 Mio. Jahre) 5
Devon (400–345 Mio. Jahre) 5
Karbon (345–275 Mio. Jahre) 6
Perm (275–225 Mio. Jahre) 6
Trias (225–180 Mio. Jahre) 7
Jura (180–140 Mio. Jahre) 7
Kreide (140–70 Mio. Jahre) 8
Tertiär (70–2 Mio. Jahre) 9
Quartär (2 Millionen Jahre – Jetztzeit) 9

VORGESCHICHTE 13

Paläolithikum (Altsteinzeit) 14
Altpaläolithikum (vor 60000) 16
Mittelpaläolithikum (ca. 60000–35000) 17
Jungpaläolithikum (ca. 35000–8000) 19

Neolithikum (Jungsteinzeit) 22
Früh- und Altneolithikum (ca. 8.–6. Jt.) 23
Mittelneolithikum (ca. 5. und erste Hälfte des 4. Jt.s) 25
  Vorderer Orient 25
  Europa 25
Jungneolithikum (ca. zweite Hälfte des 4. Jt.s) 27
  Vorderer Orient 27
  Europa 28

Kupferzeit (ca. 3. Jt.) 30
Früh- und Altkupferzeit (ca. erste Hälfte des 3. Jt.s) 31
  Vorderer Orient 31
  Europa 33

Mittel- und Jungkupferzeit (ca. 25.–21. Jh.) 38
  Vorderer Orient 38
  Europa 42

Bronzezeit (ca. 2. Jt. v. Chr.) 47
Frühbronzezeit (ca. 20.–18. Jh.) 48
  Vorderer Orient 48
  Europa 49
Ältere Bronzezeit (ca. 18.–16. Jh.) 52
  Vorderer Orient 52
  Europa 53
Mittelbronzezeit (ca. 15.–13. Jh.) 57
  Vorderer Orient 57
  Europa 58
Jungbronzezeit (ca. 13.–11. Jh.) 62
  Vorderer Orient 62
  Europa 64

Eisenzeit (ca. 1. Jt. v. Chr.) 67
Früheisenzeit (ca. 10.–8. Jh.) 68
  Vorderer Orient 68
  Europa 68
Ältere Eisenzeit (ca. 8.–6. Jh. v. Chr.) 70
  Vorderer Orient 70
  Europa 70

ALTERTUM 73

Die Hochkulturen Ägyptens, des Vorderen Orients und Italiens 74
Ägypten 74
  Das Alte Reich (2640–2160) 78
  Das Mittlere Reich (2040–1650) 79
  Die Herrschaft der Hyksos (1650–1551) 79
  Das Neue Reich (1551–1070) 80
Babylonien und Assyrien 83
  Übergang zur Frühgeschichte. Sumerer und Semiten (bis um 1450) 84
  Die Anfänge des Assyrerreichs und die Hurriter (bis ca. 1000) 87
  Das Assyrische Großreich und das Chaldäerreich (etwa 950–609) 89
  Das Chaldäerreich (626–539) 91
Kleinasien 92
  Armenien 94
  Lydien 95

Die griechischen Besitzungen in Kleinasien	96
Syrien und Phönikien	97
Ugarit und die Stadtstaaten Syriens	97
Phönikische Städte und Kolonien	98
Syrien nach der Hethiterzeit (etwa 1200–700)	99
Arabien	100
Palästina	101
Nordwestafrika	105
Iran	106
Das Reich von Elam	106
Der Westen und Nordwesten Irans	107
Die Perser	108
Italien (8. Jh. bis römische Republik)	111
Die Etrusker	111

Griechenland vor dem Hellenismus ... 113

Die minoisch-mykenische Kultur	113
Die minoische Kultur	114
Die mykenische Kultur	115
Die archaische Zeit Griechenlands (ca. 1100–ca. 500)	119
Das „Dunkle Zeitalter" (12. Jh.–ca. 750)	119
Die Gesellschaften zur Zeit Homers und Hesiods	121
Die Kolonisation	124
Die Ausbildung der Polis als Staat	126
Einzelne Städte und Gebiete	129
Die Blütezeit der griechischen Polis (510–404)	139
Die Reformen des Kleisthenes in Athen	139
Der Ionische Aufstand und die Perserkriege	140
Die Ältere Tyrannis in Sizilien und Süditalien	142
Zwischen den Perserkriegen und dem Peloponnesischen Krieg: Die Pentekontaëtie	144
Die attische Demokratie im 5. Jh. (von 462–ca. 415)	150
Der Peloponnesische Krieg (431–404)	152
Der Niedergang der Poliswelt (404–338)	156

Alexander und der Hellenismus ... 164

Makedonien und Epeiros bis Philipp II.	164
Alexander der Große (336–323)	170
Die Diadochenkämpfe (323–280)	174
Das hellenistische System	179
Die hellenistischen Gebiete	182
Ägypten unter den Ptolemaiern	182
Das Seleukidenreich (281–63)	184
Palästina (320–63)	191
Die kleinasiatischen Monarchien im Hellenismus	192
Die Antigoniden in Makedonien (272–167)	196
Griechenland (338–145)	201
Karthago (um 450–146)	207

Römische Geschichte ... 208

Die Ursprünge und die Königszeit (bis ca. 510 v.Chr.)	209
Die alte Republik: Ständekämpfe und Ausbreitung in Italien (ca. 510 bis ca. 270)	213
Ausgangssituation und Bedingungen	213
Die innere Entwicklung – Ständekämpfe	214
Die äußere Entwicklung – die römische Eroberung Italiens	217
Die mittlere („hohe", „klassische") Republik (287–133)	223
Die Erringung der Vorherrschaft im Westen	223
Rom und der hellenistische Osten	230
Die innere Geschichte Roms von der lex Hortensia (287) bis zum Ende des 2. Punischen Krieges (201)	232
Die innere Entwicklung Roms 200 bis 133	242
Die späte römische Republik (133–44) – Soziale und politische Desintegration	243
Der Prinzipat (44 v.Chr.–285 n.Chr.)	254
Die iulisch-claudische Dynastie	254
Die flavischen Kaiser	266
Das Adoptivkaisertum	267
Die Severer	274
Die Soldatenkaiser	276
Die Spätantike (284–476)	279
Das Christentum im Römischen Reich bis 313	289

Randstaaten, Einflussbereiche, Regionalgeschichte des Imperium Romanum ... 293

Italien	293
Bezeichnung und Grenzen Italiens in der Republik	293
Süditalien	294
Die Organisation Italiens in der mittleren Republik	295
Italien in der Kaiserzeit	298
Sizilien	300
Sardinien	301
Korsika	301
Griechenland/Makedonien Achaia, Creta-Cyrene, Cyprus, Epirus, Macedonia	301
Südosteuropa	304
Dalmatien	304
Mösien	306
Dakien	307
Thrakien	309
Ostmitteleuropa	311
Pannonien	311
Noricum	314
Gallien, Germanien, Rätien, Alpenprovinzen	316
Das Freie Germanien bis zur Völkerwanderung	322
Britische Inseln: Britannia	325
Iberische Halbinsel	327
Nordafrika	331
Ägypten	335
Palästina unter römischer Herrschaft	336
Syrien	339
Kleinasien	342
Armenien	345
Iran und Mesopotamien	346
Baktrien	347
Parthien	347
Arabien	352

EUROPÄISCHES MITTELALTER . 355

Die Epochen des Mittelalters 355

Die sog. Völkerwanderungszeit und die Kontinuität des Imperiums 357
Völkerwanderungszeit allgemein 357
   Der Begriff „Völkerwanderung" 357
   Wanderbewegungen und Reichsgründungen der Ostgermanen (375–552) 358
Papsttum und Kirche (391–604) 364
   Mönchtum und Klosterwesen 367
Die Missionierung der europäischen Völkerschaften 368
Das Frühmittelalter und die Entstehung der mittelalterlichen Staatenwelt 372
Das Frankenreich (482–911) 372
   Die Merowingerzeit (482–714) 372
   Grundstrukturen des Merowingerreichs 375
   Die Karolingerzeit (714–843) 378
   Grundstrukturen des Karolingerreichs 382
   Verfassung, Gesellschaft, Kultur 382
   Italien (781–887) 386
   Die Auflösung des Reichs 387
Das Hochmittelalter 388
   Wirtschaft und Gesellschaft des Hochmittelalters 388
   Die Kultur des Hochmittelalters 393
   Die Kreuzzüge (1095–1291) 400
Christliche Besitzungen im Vorderen Orient 404
   Armenien 404
   Zypern 404
   Kleinarmenien 404
   Die Kreuzfahrerstaaten 405
   Weitere Entwicklung der christlichen Besitzungen im Vorderen Orient bis 1573 406
Das Spätmittelalter 408
   Grundzüge von Politik, Wirtschaft, Gesellschaft, Verfassung 408
   Wandlungen in der spätmittelalterlichen Kultur .. 413

Die europäische Staatenwelt des Mittelalters 420

Frankreich (843–1498) 420
   Das Westfrankenreich (843–987) 420
   Frankreich (987–1270) 422
   Der Sieg des Lehnswesens und die Zersplitterung Frankreichs (987–1108) 423
   Die Erneuerung der Königsmacht (1108–1270).. 429
   Frankreich (1270–1498) 436
   Der Ausbau der Königsmacht (1270–1339) 437
   Der Hundertjährige Krieg (1339–1453) 441
   Die Erneuerung Frankreichs (1453–1498) 450
Deutschland (843–1493) 455
   Das Ostfrankenreich (843–911/919) 455
   Deutschland (911–1254) 457
   Die Ottonen (919–1024) 458
   Die Salier (1024–1125) 465
   Die Staufer (1138–1254) 472
   Deutschland (1254–1493) 482
   Das sog. Interregnum (1254[1256]–1273) 483
   Könige aus den Häusern Habsburg, Nassau, Wittelsbach und Luxemburg (1273–1493) 485
   Die Schweizer Eidgenossenschaft (1218–1515) . 501
Das Papsttum (604–1492) 503
   Das Papsttum und die Anfänge des Kirchenstaates (7.–10. Jh.) 503
   Papsttum und Kirche (955–1309) 506
   Die Krise des Papsttums und der Sieg der Reformbewegung (955–1159) 506
   Der Sieg des Papsttums (1159–1263) 513
   Bündnis und Auseinandersetzung mit Frankreich (1263–1309) 517
   Papsttum und Kirche (1309–1492) 519
   Die Päpste in Avignon (1309–1377/1378) 520
   Das Große (Abendländische) Schisma (1378–1415) 521
   Die Konzile und der Sieg des Papsttums (1415–1492) 522
Italien (568–1494) 525
   Italien (568–950) 525
   Langobardenreich in Italien (568–774) 525
   Die karolingische Vorherrschaft (774–875) 527
   Die sog. italienischen Nationalkönige (888–962) 529
   Italien (951–1266) 530
   Italien (1266–1494) 537
Die Iberische Halbinsel (507–1516) 547
   Das Westgotenreich auf der Iberischen Halbinsel (507–711) 547
   Das arabische Iberien (Al-Andalus) (711–1492) . 549
   Die christlichen Reiche auf der Iberischen Halbinsel (711–1252/1328) 550
   León und Kastilien 551
   Navarra 553
   Aragón 553
   Portugal 555
   Die Iberische Halbinsel (1252–1516) 557
   Kastilien (1252–1516) 558
   Aragón (1276–1516) 561
   Portugal (1279–1495) 562
   Navarra (1328–1512) 563
Die Britischen Inseln (4. Jh. bis 1485) 564
   Die Britischen Inseln (bis 1066) 564
   Die angelsächsischen Einfälle 564
   Die angelsächsischen Gebiete 565
   Die keltischen Gebiete 566
   Irland 567
   Schottland 568
   Wales 568
   Bretagne 568
   Die Britischen Inseln (1066–1485) 569
   Das Gebiet der Normannenherrschaft 569
   England 575
   Irland 584
   Wales 585
   Schottland 586
Skandinavien 588
   Skandinavien (bis 1035) 588
   Übersicht des Gesamtraumes, die Frage der sog. nordischen Einheit 588
   Die nordische Frühzeit 588

Die Wikingerzeit	589
Schweden	589
Norwegen	589
Dänemark	589
Island	590
Skandinavien (1035–1280/1286)	590
Schweden	591
Norwegen	592
Dänemark	594
Island	596
Skandinavien (1280/1286–1523)	596
Norwegen (mit Island) und Schweden (1280–1389)	596
Dänemark (1286–1389)	598
Die Unionszeit (1389–1523)	599
Ost- und Südosteuropa (374–1526)	**602**
Ost- und Südosteuropa (Völkerwanderung, Früh- und Hochmittelalter)	602
Vom Hunneneinfall bis zu den Bulgarenreichen (350–1018)	602
Das Bulgarische Reich südlich der Donau (680–1018)	603
Die Ungarn und die Ausbreitung der Slawen	605
Ost- und Südosteuropa (Hoch- und Spätmittelalter)	610
Böhmen (906–1526)	611
Polen	614
Litauen	618
Russland (1054–1494)	619
Ungarn	623
Kroatien	626
Serbien	626
Bosnien	628
Bulgarien	628
Albanien und Griechenland	629
Walachei und Moldau	633
Das Byzantinische Reich	**634**
Das Byzantinische Reich (bis 843)	634
Byzanz und das Kontinuitätsproblem	634
Die Übergangsphase (bis 610)	634
Das frühbyzantinische Reich (610–843)	637
Dynastie des Herakleios (610–711)	637
Die Syrische Dynastie und der erste Ikonoklasmus (717–802)	638
Das Byzantinische Reich (842–1204)	640
Die Makedonische Dynastie (867–1025)	641
Die Krise des 11. Jh.s	644
Die Zeit der Komnenen und Angeloi 1081–1204	645
Das Byzantinische Reich (1204–1453)	647
Die Zeit des Lateinischen Kaiserreichs (1204–1261)	648
Die spätbyzantinische Zeit (1259–1453)	649

EUROPÄISCHE NEUZEIT (ETWA 1500 BIS 1945) ... 651

Übernationale Entwicklungen und Ereignisse der europäischen Neuzeit ... 651

Frühe Neuzeit (etwa 1500 bis Ende des 18. Jh.s)	**652**
Allgemeine Entwicklungen	652
Die Situation der Bevölkerung um und nach 1500	652
Der begrenzte Aufschwung von Landwirtschaft, Gewerbe und Handel	653
Staatliche Entwicklungen	654
Dauer und Wandel wirtschaftlicher Strukturen	656
Religiöser, wissenschaftlicher und kultureller Wandel	657
Die internationalen Ereignisse vom 15. bis 18. Jh.	665
Entdeckungen und frühe Eroberungen	665
Die Entstehung des europäischen Staatensystems und seine Entwicklung von der Hegemonie zur Mächtebalance	671
Übernationale Entwicklungen und Ereignisse von der Französischen Revolution bis zum Ersten Weltkrieg (1789–1914)	**690**
Grundzüge europäischer Sozial- und Wirtschaftsgeschichte im 19. Jh.	690
Wirtschaftliche Entwicklung	690
Bevölkerung und gesellschaftliche Kräfte	694
Grundzüge europäischer Geistes- und Politikgeschichte	695
Politische Theorien und Strömungen	695
Politische Systeme	699
Internationales System	700
Revolutionskriege und französisches Hegemonialstreben (1791–1815)	700
Europäisches Mächtekonzert und multipolares Gleichgewicht nach dem Wiener Kongress (1815–1890)	704
Die Krise des internationalen Systems im Zeitalter des Imperialismus (1890–1914)	707
Übernationale Entwicklungen und Ereignisse im Zeitalter der Weltkriege (1914–1945)	**714**
Der Erste Weltkrieg (1914–1918)	714
Internationale Entwicklung zwischen den Weltkriegen (1918/1919–1939)	731
Internationale Nachkriegsordnung und Ereignisse bis zum Ausbruch der Weltwirtschaftskrise 1929	732
Allgemeine Entwicklung von der Weltwirtschaftskrise bis zum Ausbruch des Zweiten Weltkrieges 1929–1939	744
Der Zweite Weltkrieg (1939–1945)	752
Ursachen und Vorgeschichte des Krieges	752
Der Kriegsverlauf	754
Europäischer Krieg (September 1939–Juni 1941)	755
Vorbereitungen des deutschen Angriffs auf die Sowjetunion	765
Ausweitung zum Weltkrieg durch „Zusammenwachsen" des europäischen und des ostasiatischen Krieges (Juni 1941–Dezember 1941)	767

Übergang der Initiative auf die Mächte der „Anti-Hitler-Koalition" (Dezember 1941–Herbst 1942) 771
Ansturm der „Anti-Hitler-Koalition" auf die ‚Festungen' Europa und Ostasien (Herbst 1942 – Sommer 1944) 780
Endkampf und Kapitulation Deutschlands und Japans (Sommer 1944–September 1945) ... 788
Bilanz des Zweiten Weltkrieges 801

Die europäischen Einzelstaaten in der Neuzeit (etwa 1500 bis 1945) 803

Deutschland 1493 bis 1790/92: Heiliges Römisches Reich, Österreich, Brandenburg-Preußen 803
Die Entwicklung im Reich bis zum Ende des Dreißigjährigen Krieges 803
Der Aufstieg Brandenburg-Preußens und Österreichs zu europäischen Großmächten im 17. Jh. 820
Das Reich vom Westfälischen Frieden bis zur Französischen Revolution 823

Deutschland 1789 bis 1914: Heiliges Römisches Reich, Deutscher Bund, Deutsches Reich 837
Im Zeitalter der Französischen Revolution und Napoleons (1789/92–1815) 837
Der deutsche Vormärz (1815–1847) 841
Die Revolution von 1848/1849 844
Reaktion und preußisch-österreichischer Dualismus (1851–1866) 852
Das Deutsche Reich im Zeitalter Bismarcks (1867/1871–1890) 855
Das Zeitalter Kaiser Wilhelms II. (1890–1914) .. 864

Deutschland 1914 bis 1945 870
Deutschland im Ersten Weltkrieg (1914–1918) .. 870
Die Weimarer Republik (1919–1933) 872
Die nationalsozialistische Herrschaft (1933–1945) 886
Vom Deutschen Reich abgetrennte Länder (1919–1945) 903

Österreich bzw. Österreich-Ungarn (1804–1918) . 904
Kaisertum Österreich (1804–1867) 904
Österreich-Ungarn (1867–1914) 906
Österreich-Ungarn im Ersten Weltkrieg (1914–1918) 909
Republik Österreich (1918–1938/1945) 910
Ungarn als Reichsteil der Donaumonarchie (1867–1914) 912
Ungarn als selbstständiger Staat (1918–1945) ... 913

Königreich Frankreich (1494–1789) 916
Das Zeitalter der Renaissancekönige und der Hugenottenkriege 916
Das Zeitalter der großen Kardinäle 919
Das Zeitalter Ludwigs XIV. 921
Frankreich vor der Revolution 925

Frankreich: Revolution, Republik, Kaiserreich (1789–1914) 928
Die Französische Revolution (1789–1799) 928
Das Zeitalter Napoleons (1799–1815) 934
Das Frankreich der Notabeln (1815–1848) 937

Zweite Republik und Zweites Empire (1848–1870) 941
Die Dritte Republik (1870–1914) 945

Frankreich (1914–1944) 949
Frankreich im Ersten Weltkrieg (1914–1918) ... 950
Kriegsfolgen und Stabilisierung (1918–1930) .. 950
Die Krise der dreißiger Jahre (1930–1936) 952
Die Regierungen der Volksfront (1936–1938) .. 954
Auf dem Weg zur Niederlage (1938–1940) ... 955
Das Regime von Vichy und die Résistance (1940–1944) 956

Die Britischen Inseln (1485–1789) 958
Tudor-Dynastie (1485–1603) 958
Stuart-Dynastie, Republik, Restauration (1603–1688) 961
Glorreiche Revolution und Haus Hannover (ab 1688/89) 965

Großbritannien (1789–1914) 967
Industrialisierung und politisch-soziale Verfassung (1789–1836) 967
Das Viktorianische Zeitalter (1837–1914) 971

Großbritannien (1914–1945) 975
Irland (1922–1945) 978
Russland (1505–1795/1796) 978
Russland (1789–1914) 986
Russland/Sowjetunion (1914–1945) 996
Die Revolutionsphase (1914–1918) 997
Bürgerkrieg und Beginn der Neuen Ökonomischen Politik (1918–1924) 999
Aufstieg Stalins zur Alleinherrschaft (1924–1929) 1000
Die Ära Stalin bis zum Ende des Zweiten Weltkriegs (1929–1945) 1003

Italien (Ende 15.–Ende 18. Jh.) 1006
Der Kampf um Italien (1494–1700) 1006
Italien (18. Jh.) 1009

Italien (1796–1914) 1011
Die französische Zeit (1796–1814) 1011
Die Restauration (ab 1814/1815) 1012
Risorgimento und Nationalstaatsbildung 1012
Italien bis zum Ausbruch des Ersten Weltkriegs (1871–1914) 1015

Italien (1914–1945) 1017
Papsttum/Vatikanstaat (1914–1944) 1022
Spanien (1516–1944) 1022
Spanien (1516–1788) 1022
Spanien (1789–1914) 1025
Spanien (1914–1944) 1027
Portugal (1495–1945) 1030
Portugal (1495–1777) 1030
Portugal (1789–1914) 1031
Portugal (1914–1943/45) 1032

Niederlande, Belgien und Luxemburg (1477–1944/45) 1033
Niederlande (Nord- und Südprovinzen 1477–1782) 1033
Nördliche Niederlande bis zum Ende der Herrschaft Napoleons (1789–1813) 1038
Niederlande (1813/15–1945) 1038
Südliche Niederlande und Belgien (1789–1945) .. 1040
Luxemburg (1815–1945) 1043

Skandinavien (1523–1945) 1044
  Skandinavien (16.–18. Jh.) 1044
  Skandinavien (1780/89–1914) 1049
  Skandinavische Staaten (1914–1945) 1052
Baltische Staaten (1917/18–1944) 1058
  Estland (1918–1944) 1058
  Lettland (1918–1944) 1059
  Litauen (1917–1944) 1059
Polen (1505–1945) 1060
  Polen bis zur Dritten Teilung (1505–1795) 1060
  Polen (1916–1945) 1064
Tschechoslowakei (1918–1939/45) 1067
Balkanstaaten (1789/1804–1945) 1070
  Rumänien (1812–1945) 1070
  Bulgarien (1870–1945) 1073
  Serbien (1804–1914) 1075
  Montenegro (1782–1913/14) 1076
  Jugoslawien (1917–1941/44) 1076
  Albanien (1912–1939/44) 1079
  Griechenland (1800–1945) 1079
Schweiz (1523–1945) 1082
  Die Eidgenossenschaft (16.–18. Jh.) ... 1082
  Schweiz (1798–1914) 1083
  Schweiz (1914–1940/45) 1085

DIE AUSSEREUROPÄISCHE WELT VON IHREN ANFÄNGEN BIS ZUM ENDE DES ZWEITEN WELTKRIEGES 1087

Islamisch-arabische Welt bis 1945 1088
Die Entstehung des Islam (um 570–661) 1088
Das Kalifenreich (661–1258) 1090
  Die Zeit der Omajjaden (661–750) 1090
  Die Zeit der Abbasiden (750–1258) 1091
  Ereignisse und Entwicklungen bis zum Ende des Kalifenreiches (11. Jh.–1258) 1096
Die türkischen Reiche 1097
  Die türkischen Reiche Vorderasiens bis zum 15./16. Jh. 1097
  Das Osmanische Reich in der Neuzeit ... 1101
  Die Türkei in der Ära Atatürk (1919/23–1938/45) 1110
Die arabische Region, Persien und Afghanistan im 19./20. Jh. bis 1945 1112
  Die arabischen Provinzen der Türkei bis zum Frieden von Lausanne (1923) 1112
  Palästina (1918–1942/45) 1115
  Syrien und Libanon (1920–1944/45) 1116
  Irak (1920–1941/45) 1116
  Die Arabische Halbinsel (19. Jh.–1940/45) 1117
  Ägypten (1517–1942/45) 1117
  Der Maghreb (1517–1945) 1120
  Persien (Iran) in der Neuzeit bis 1945 1123
  Afghanistan von der Unabhängigkeit bis 1945 1126

Afrika südlich der Sahara bis 1945 1128
Gesamtafrikanische Entwicklung bis Ende 19. Jh. 1128
Regionale Entwicklungen und Ereignisse in Afrika südlich der Sahara bis zum Beginn der Kolonialzeit 1131
  Der östliche Sudan 1131
  Das Osthorn 1135
  Westlicher und zentraler Sudan 1138
  Die Guinea-Länder 1141
  Innerostafrika 1145
  Die Küstenregion Ostafrikas 1148
  Die zentralafrikanischen Waldländer (ca. 2200 v. Chr.–1900) 1150
  Das Mittelbantu-Gebiet 1151
  Südafrika 1153
Die europäische Kolonialzeit Afrikas südlich der Sahara bis 1945 1156
  Senegal (1864–1935/45) 1156
  Sierra Leone (1787–1943/45) 1156
  Liberia (1818–1944/45) 1159
  Nigeria (1844–1939/45) 1160
  Kamerun (1884–1940/45) 1161
  Mittelkongo (Französisch-Kongo, heute: Republik Kongo) (1880–1944/45) 1162
  Belgisch-Kongo (heute: Demokratische Republik Kongo) (1876–1944/45) 1162
  Angola (1836–1930/45) 1165
  Südrhodesien (heute: Zimbabwe) (um 1839–1936/45) 1166
  Moçambique (heute: Mozambik) (1752–1942/45) 1167
  Deutsch-Südwestafrika (heute: Namibia) (1878–1925/45) 1167
  Südafrikanische Union (Kapkolonie, Natal, Oranje-Freistaat, Transvaal; heute: Republik Südafrika) 1168
  Südafrika (1899–1945) 1171
  Madagaskar (1885–1914/45) 1172
  Deutsch-Ostafrika – Tanganyika (heute: Tanzania) (1884–1929/45) 1173
  Kenya (Kenia) (1885–1940/45) 1174
  Somaliland (heute: Somalia und Dschibuti) (1827–1925/45) 1174
  Äthiopien (1890–1942/45) 1175

Asien bis 1945 1176
Südasien bis 1945 1176
  Indien von den Anfängen bis zum Beginn der europäischen Vorherrschaft 1176
  Die europäische Herrschaft in Indien .. 1185
Zentralasien bis 1945 1191
  West-Zentralasien bis zum Aufstieg der Türken (ca. 1000 v.–560 n. Chr.) 1192
  Die Hsiung-nu und die Hunnen (3. Jh. v.–5. Jh. n. Chr.) 1193
  Zentralasien vom Ende des Hunnenreichs bis zum Aufstieg der Mongolen (6.–13. Jh.) 1193
  Die Mongolen (1206–1940/45) 1195
  West- und Ostturkestan (15.–20. Jh.) .. 1197

Tibet von der ersten Reichsbildung bis zum
Ende der Unabhängigkeit (um 600–1945/50) ... 1198
Ostasien bis 1945 1200
  China (Anfänge bis 1945) 1200
  Korea (Anfänge bis 1945) 1214
  Japan (Anfänge bis 1945) 1217
Südostasien bis 1945 1227

**Australien und Ozeanien mit
Neuseeland bis 1945** 1232
Endogene Kulturen 1232
  Australien 1232
  Ozeanien mit Neuseeland 1234
*Australien, Neuseeland und Ozeanien von der
europäischen Entdeckung bis 1945* 1240
  Australien von der europäischen
  Entdeckung bis 1945 1240
  Neuseeland von der europäischen
  Entdeckung bis 1945 1245
  Ozeanien von der Zeit der europäischen
  Entdeckungen bis 1945 1246

Amerika bis 1945 1248
*Vorgeschichte und Indianerkulturen
in Amerika* 1248
  Nordamerika 1248
  Mesoamerika 1251
  Südamerika 1261
*Kolonien und selbstständige Staaten
Nordamerikas bis 1945* 1268
  Kolonialgeschichte Nordamerikas bis 1763 ... 1269
  Kanada (1763–1945) 1275
  Die Vereinigten Staaten von Amerika
  (1763/1776–1945) 1278
Kolonialgeschichte Lateinamerikas 1293
  Das spanische Kolonialreich (bis 1806/07) ... 1293
  Das portugiesische Kolonialreich (Brasilien)
  (bis 1815) 1297
  Die übrigen Kolonien Mittel- und
  Südamerikas vor 1945 1299
*Die selbstständigen Staaten Lateinamerikas
vor 1945* 1301
  Mexiko (1810–1945/46) 1303
  Zentralamerikanische Konföderation
  (1821–1841) 1306

NEUESTE ZEIT SEIT 1945 1319

**Überregionale und globale Ereignisse
und Entwicklungen seit 1945** 1320
Weltorganisationen und Weltwirtschaft 1320
Die Ost-West-Beziehungen (1945–1991) 1337
  Begrenzte und prekäre Kooperation
  zwischen den Westmächten
  und der Sowjetunion (1945–1947) 1338
  Kalter Krieg (1948–1956) 1340
  Versuche der Neuorientierung (1957–1960) ... 1345
  Von der Konfrontation zu
  kooperativen Verhandlungen (1961–1968) ... 1347

Antagonistische Kooperation (1969–1979) 1350
Abkühlung des Klimas zwischen Ost
und West (1979–1985) 1353
Die Überwindung des Gegensatzes (1985–1991) . 1353
*Internationale Beziehungen innerhalb
der westlichen Welt (1945–1991)* 1355
*Internationale Beziehungen innerhalb der
kommunistischen Welt (1945–1991)* 1373
  Die kommunistische Welt im Zeichen
  des Stalinismus (1945–1953) 1374
  Entstalinisierung und Krise im Blocksystem
  (1953–1964) 1375
  Spaltungstendenzen im Blocksystem,
  Breschnew-Doktrin,
  sowjetisch-chinesischer Konflikt (1965–1985) .. 1379
  Von Gorbatschow bis zur Auflösung
  des Ostblocks (1985–1991) 1384
*Die Bewegung der bündnisfreien
Staaten (1945–1989)* 1385
Internationale Beziehungen seit 1992 1391

**Die Regionen und die Einzelstaaten
seit 1945** 1396
Europa seit 1945 1396
Mitteleuropa seit 1945 1396
  Deutschland seit 1945 1396
  Bundesrepublik Deutschland (1949–1989) ... 1404
  Deutsche Demokratische Republik (1949–1989) . 1416
  Die Vereinigung Deutschlands (1989/90) 1429
  Bundesrepublik Deutschland seit 1990 1430
  Österreich seit 1943/45 1435
  Schweiz seit 1945/49 1440
  Liechtenstein seit 1919/78 1443
Westeuropa seit 1945 1444
  Frankreich seit 1944 1444
  Monaco seit 1454/1949 1451
  Benelux-Staaten (1945–1970) 1451
  Niederlande seit 1945 1452
  Belgien seit 1945 1454
  Luxemburg seit 1945 1458
  Großbritannien und Nordirland seit 1945 ... 1459
  Irland seit 1945 1466
Südeuropa seit 1945 1469
  Italien seit 1945 1469
  San Marino seit 1599/1986 1476
  Vatikan seit 1945/50 1476
  Malta seit 1800/1964 1478
  Spanien seit 1946 1479
  Andorra seit 1278/1984 1483
  Portugal seit 1945/49 1483
Nordeuropa seit 1945 1487
  Schweden seit 1945 1487
  Norwegen seit 1945 1489
  Dänemark (mit Grönland und Färöer) seit 1945 . 1491
  Island seit 1940/46 1493
  Finnland seit 1945 1494
Ostmitteleuropa seit 1945 1496
  Die Wiederherstellung der baltischen Staaten ... 1496
  Estland seit 1944/47 1496
  Lettland seit 1945 1498
  Litauen seit 1944 1499

Polen seit 1945 1500
Tschechoslowakei – ČSR/ČSSR/ČSFR
(1945–1993) 1506
Tschechien/Tschechische Republik seit 1993 ... 1510
Slowakei seit 1946 1511
Ungarn seit 1944/45 1512
Osteuropa und Kaukasusstaaten seit 1945 1516
Sowjetunion bis 1991 1516
Russland seit 1992 1528
Weißrussland seit 1945 1532
Ukraine seit 1922/45 1533
Moldawien seit 1924 1536
Georgien seit 337/1917 1537
Armenien seit 13. Jh./1915 1539
Aserbaidschan seit 7. Jh./1871 1540
Südosteuropa und Türkei seit 1945 1542
Rumänien seit 1945 1542
Bulgarien seit 1945 1545
Jugoslawien bis 1991 1547
Auflösung Jugoslawiens/Balkankonflikt
seit 1990/91 1550
Bundesrepublik Jugoslawien
(Serbien/Montenegro) seit 1992 1551
Bosnien-Herzegowina seit 1945 1553
Kroatien seit 1945 1554
Slowenien seit 1945 1555
Mazedonien seit 1945 1556
Albanien seit 1945/46 1558
Griechenland seit 1945/46 1560
Zypern seit 1878/1958 1562
Türkei seit 1945/46 1564

Islamisch-arabische Region und
Israel seit 1945 1568
*Grundbedingungen für Entwicklung, Probleme
und weltpolitische Bedeutung der arabischen
Welt nach dem Zweiten Weltkrieg* 1568
*Arabische Einigungsbestrebungen und
innerarabische Konflikte* 1569
Der arabisch-israelische Konflikt 1577
*Einzelstaaten der islamisch-arabischen
Region und Israel seit 1945* 1591
Syrien seit 1946/57 1591
Libanon seit 1946 1595
Jordanien (Transjordanien) seit 1946 1598
Israel seit 1948 1601
Irak seit 1945/52 1606
Saudi-Arabien seit 1953 1611
Kuwait seit 1961 1614
Die Emirate der „Vertragsküste" bis 1972 .. 1615
Bahrain seit 1971 1616
Katar seit 1977/86 1616
Vereinigte Arabische Emirate seit 1971 1617
Oman (Maskat und Oman) seit 1954 1617
Jemen seit 1948 1618
Sudan seit 1948 1621
Ägypten – Vereinigte Arabische
Republik (VAR) seit 1945/52 1624
Libyen seit 1949 1629

Tunesien seit 1945 1631
Algerien seit 1945 1634
Marokko seit 1953/56 1639
Spanisch-Sahara – Marokkanisch und
mauretanisch verwaltete Sahara/Demokratische
Arabische Republik Sahara seit 1958/73 1643
Mauretanien seit 1946 1644
Iran seit 1945 1646
Afghanistan seit 1953 1651

Afrika südlich der Sahara seit 1945 1654
Überblick 1654
Westafrika: Küstenstaaten seit 1945 1657
Senegal seit 1945 1657
Gambia seit 1946 1658
Guinea-Bissau (Portugiesisch-Guinea)
seit 1951 1659
Kapverden seit 1951 1660
Guinea seit 1947 1661
Sierra Leone seit 1951 1662
Liberia seit 1945 1664
Côte d'Ivoire (Elfenbeinküste) seit 1945 .. 1665
Ghana (Goldküste) seit 1946 1667
Togo seit 1946 1669
Benin (Dahomey) seit 1946 1671
Nigeria seit 1947 1673
Westafrika: Binnenstaaten seit 1945 1677
Mali (Soudan) seit 1946 1677
Burkina Faso (Obervolta) seit 1945 1678
Niger seit 1946 1680
Zentralafrika seit 1945 1682
Tchad seit 1947 1682
Zentralafrikanische Republik seit 1947 1684
Kamerun seit 1946 1686
Äquatorial-Guinea (Spanisch-Guinea) seit 1959 . 1687
São Tomé / Príncipe seit 1951 1689
Gabon seit 1947/48 1689
Republik Kongo (Volksrepublik
Congo/Kongo[-Brazzaville]/
Französisch-Kongo) seit 1946 1691
Demokratische Republik Kongo
(Zaïre/Kongo[-Léopoldville bzw.
-Kinshasa]/Belgisch-Kongo) seit 1950 1692
Rwanda seit 1946 1699
Burundi seit 1946 1701
*Südliches Afrika: Südliches Zentralafrika
seit 1945* 1704
Angola seit 1951 1704
Zambia (Nordrhodesien) seit 1946 1706
Malawi (Nyasaland/Njassaland) seit 1946 ... 1708
Zimbabwe (Rhodesien/Südrhodesien) seit 1946 . 1710
Mozambik seit 1949 1714
Südliches Afrika: Südafrika seit 1945 ... 1716
Namibia (Südwestafrika) seit 1946 1716
Republik Südafrika (Südafrikanische Union)
seit 1948 1719
Lesotho (Basutoland) seit 1952 1724
Swaziland seit 1949/50 1725
Botswana (Bechuanaland) seit 1950 1726

Östliches Afrika: Festland seit 1945 1727
  Tanzania (Tanganyika mit Zanzibar) seit 1945 .. 1727
  Uganda seit 1945 1729
  Kenya seit 1947 1731
  Somalia (Britisch- und Italienisch-
  Somaliland) seit 1949 1733
  Dschibuti (Französisch-Somaliland) seit 1958 ... 1735
  Äthiopien seit 1950 1735
  Eritrea seit 1952/93 1738
Östliches Afrika: Inseln seit 1945 1739
  Madagaskar seit 1945 1739
  Comoren seit 1946 1741
  Réunion seit 1946 1743
  Mauritius seit 1947 1744
  Seychellen seit 1948 1745

Asien seit 1945 1746
Indischer Subkontinent seit 1945 1747
  Der Indisch-Pakistanische Konflikt seit 1945 ... 1747
  Britisch-Indien (1945–1949) 1748
  Indien seit 1949 1749
  Pakistan seit 1933/47 1757
  Bangla Desch seit 1947/70 1761
  Sri Lanka (Ceylon) seit 1946 1763
  Malediven seit 1956 1765
  Nepal seit 1950 1765
  Bhutan seit 1949 1766
Zentralasien seit 1945 1767
  Kasachstan seit 1946 1767
  Turkmenistan seit 1954 1767
  Usbekistan seit 1959 1768
  Tadschikistan seit 1961 1769
  Kirgisistan seit 1977 1769
  Mongolei seit 1945 1770
Ostasien seit 1945 1771
  China/Volksrepublik China seit 1945 ... 1771
  Republik China (Taiwan) seit 1945 1788
  Volksdemokratische Republik Korea
  (Nordkorea) seit 1945 1790
  Republik Korea (Südkorea) seit 1945 ... 1792
  Japan seit 1945 1794
Südostasien seit 1945 1803
  Paktsysteme seit 1954 1803
  Myanmar (Burma) seit 1945 1804
  Thailand seit 1945 1807
  Laos seit 1945 1810
  Kambodscha seit 1945 1812
  Vietnam seit 1945 1814
  Malaya/Malaysia seit 1945 1818
  Singapur seit 1945 1821
  Brunei seit 1984 1823
  Indonesien seit 1945 1823
  Philippinen seit 1946 1827

Australien, Neuseeland und Ozeanien seit 1945 1830
  Australien seit 1945 1830
  Neuseeland seit 1945 1834
  Ozeanien seit 1947 1836

Amerika seit 1945 1840
Nordamerika seit 1945 1841
  Kanada seit 1945 1841
  Die Vereinigten Staaten von Amerika seit 1945 . 1845
Lateinamerika seit 1945: Überblick 1862
*Lateinamerika: Mittelamerikanische
Staaten und Mexiko seit 1945* 1866
  Mexiko seit 1940/46 1866
  Guatemala seit 1945 1868
  Belize seit 1964 1870
  El Salvador seit 1944/48 1871
  Honduras seit 1933 1873
  Nicaragua seit 1936/56 1875
  Costa Rica seit 1947 1877
  Panama seit 1947 1878
  Abhängige Gebiete seit 1962 1880
Lateinamerika: Westindische Staaten seit 1945 .. 1881
  Bahamas seit 1959 1881
  Kuba seit 1952/53 1881
  Jamaika seit 1944/55 1885
  Haiti seit 1946 1886
  Dominikanische Republik seit 1952 1888
  Puerto Rico seit 1898/1948 1889
  Saint Kitts (Saint Christopher) –
  Nevis seit 1976/83 1889
  Antigua und Barbuda seit 1974/81 1890
  Dominica seit 1940 1890
  Saint Lucia seit 1976/79 1891
  Barbados seit 1944 1891
  Saint Vincent seit 1976/79 1892
  Grenada seit 1956 1892
  Trinidad und Tobago seit 1958 1893
*Lateinamerika: Südamerikanische Staaten
seit 1945* 1894
  Kolumbien seit 1945/46 1894
  Venezuela seit 1945 1897
  Guyana seit 1950 1899
  Surinam (Niederländisch-Guayana)
  seit 1955/75 1900
  Ecuador seit 1945 1901
  Peru seit 1945 1903
  Bolivien seit 1943 1906
  Paraguay seit 1940 1909
  Uruguay seit 1951 1910
  Argentinien seit 1943 1912
  Brasilien seit 1945 1917
  Chile seit 1946 1920

Personen-, Orts- und Sachregister 1925

AUTORENVERZEICHNIS

Erdgeschichte
Prof. Dr. Erwin *Rutte*, Würzburg (S. 1–12)

Vorgeschichte
Prof. Dr. Hermann *Müller-Karpe*, Bonn (S. 13–72)

Altertum
Prof. Dr. Alexander *Demandt*, Berlin: Die Spätantike (S. 279–288)
Prof. Dr. Werner *Eck*, Köln: Palästina, Syrien, Kleinasien (Römerzeit S. 336–345)
Prof. Dr. Peter *Funke*, Münster: Armenien, Iran und Mesopotamien (Römerzeit S. 345–352)
Prof. Dr. Hartmut *Galsterer*, Köln: Italien (S. 293–301)
Prof. Dr. Erik *Hornung*, Basel: Ägypten (S. 74–75, 78–82, 182–184, 335–336)
Dr. Michael *Koch*, Stolberg: Iberische Halbinsel (S. 327–331)
Prof. Dr. Gianfranco *Maddoli*, Perugia: Die minoisch-mykenische Kultur (S. 113–118)
Prof. Dr. Jochen *Martin*, Freiburg: Einleitung (S. 73); Karthago (S. 105, 207); Die archaische Zeit Griechenlands, Die Blütezeit der griechischen Polis (S. 119–155); Einleitung zur Römischen Geschichte, Die Ursprünge und die Königszeit, Die alte Republik, Die mittlere Republik, Die späte römische Republik, Der Prinzipat (S. 208–278); Das Christentum im Römischen Reich (S. 289–292)
Prof. Dr. Dr. Klaus *Rosen*, Bonn: Der Niedergang der Poliswelt, Makedonien und Epeiros bis Phillip II., Alexander der Große, Die Diadochenkämpfe, Das hellenistische System (S. 156–181); Das Seleukidenreich (S. 184–191); Die kleinasiatischen Monarchien im Hellenismus, Die Antigoniden in Makedonien, Griechenland im Hellenismus, außer Karthago (S. 192–207)
Prof. Dr. Jaro *Šašel*, Ljubljana: Südosteuropa, Ostmitteleuropa (S. 304–316)
Prof. Dr. Wolfram Frhr. v. *Soden*, Münster: Babylonien und Assyrien, Kleinasien, Syrien und Phönikien, Arabien, Palästina, Iran (Hochkulturen, außer Nordostafrika und Italien S. 83–110)
Prof. Dr. Hartmut *Wolff*, Passau: Einleitung zur Regionalgeschichte des Imperium Romanum (S. 293); Griechenland/Makedonien (S. 301–303); Gallien, Germanien, Rätien, Alpenprovinzen (S. 316–322); Britische Inseln (S. 325–327); Nordafrika (Römerzeit S. 331–334); Arabien (Römerzeit S. 352–353)

Europäisches Mittelalter
Prof. Dr. Joachim *Ehlers*, Braunschweig: Frankreich (S. 422–454)
Prof. Dr. Kaspar *Elm*, Berlin: Papsttum und Kirche, Missionierung (S. 364–371, 503–524 außer Kirchenspaltung S. 508–509); Kreuzzüge (S. 400–403 außer Armenien).
Prof. Dr. Arnold *Esch*, Rom: Italien (S. 525–546)
Prof. Dr. Dr. h. c. František *Graus*, Basel: Einleitung zum Mittelalter (S. 355–356); Grundzüge von Politik, Wirtschaft, Gesellschaft, Verfassung des Hoch- und Spätmittelalters (S. 388–393, 408–412)
Prof. Dr. Rudolf *Hiestand*, Düsseldorf: Armenien (S. 403); Christliche Besitzungen im Vorderen Orient (S. 404–407); Kirchenspaltung (S. 508–509); Das Byzantinische Reich (S. 634–650)
Prof. Dr. Ulrich *Im Hof*, Bern: Schweizer Eidgenossenschaft (S. 501–502)
Priv.-Doz. Dr. Reinhard *Liehr*, Berlin: Iberische Halbinsel (S. 547–563)
Prof. Dr. Herbert *Ludat*, Gießen: Ost- und Südosteuropa (S. 602–633)
Prof. Dr. Helmut *Meinhardt*, Gießen: Scholastik und Mystik im Hoch- und Spätmittelalter, Aufkommen des Buchdrucks (S. 393–397, 418–419)
Prof. Dr. Peter *Moraw*, Gießen: Deutschland im Spätmittelalter (S. 482–501)
Prof. Dr. Jürgen *Petersohn*, Marburg: Deutschland im Hochmittelalter (S. 457–481)
Prof. Dr. Friedrich *Prinz*, München (unter teilweiser Verwendung des Textes von Prof. Dr. Walther Kienast, Frankfurt a.M., aus der 28. Auflage): Das Frankenreich, Das Westfrankenreich, Das Ostfrankenreich (S. 372–387, 420–422, 455–457)
Prof. Dr. Michael *Richter*, Köln (unter Verwendung des Textes von Prof. Dr. Walther Kienast, Frankfurt a.M., aus der 28. Auflage): Die Britischen Inseln, Skandinavien (S. 564–601)
Prof. Dr. Rainer *Schwinges*, Bern: Wissenschaften, Rechts- und Bildungswesen, Kunst und Literatur (Kultur-Überblicke zum Hoch- und Spätmittelalter (S. 397–399, 413–418)
Prof. Dr. Herwig *Wolfram*, Wien: Völkerwanderungszeit allgemein (S. 357–364)

Europäische Neuzeit bis 1945
Prof. Dr. Walther L. *Bernecker,* Nürnberg: Spanien, Portugal 1789–1945 (S. 1025–1030, 1031–1033)
Ulrich *Bracher,* Stuttgart: Skandinavien 1780–1945 (S. 1049–1058)
Prof. Dr. Werner *Conze,* Heidelberg: Übernationale Entwicklung, Erster Weltkrieg, Zwischenkriegszeit 1914–1939 (S. 714–752); Deutschland, Preußen, Deutsches Reich, Österreich 1789–1939 (S. 837–902, 904–912); Ungarn 1867–1939 (S. 912–915); Italien 1935–1939 (S. 1019–1020); Papsttum/Vatikanstaat, Niederlande, Belgien, Luxemburg, Baltische Staaten, Polen, Tschechoslowakei, Ungarn, Rumänien, Bulgarien, Jugoslawien, Albanien, Griechenland 1914–1939 (auf den S. 1022–1082)*
Prof. Dr. Hans *Hecker,* Köln (unter Verwendung des Textes von Prof. Dr. Reinhard Wittram, Göttingen, aus der 28. Auflage): Russland 1505–1795/1796 (S. 978–985); Polen 1505–1795 (S. 1060–1064)
Prof. Dr. Andreas *Hillgruber,* Köln: Zweiter Weltkrieg (S. 752–802); Deutschland, Italien, Papsttum/Vatikanstaat, Niederlande, Belgien, Luxemburg, Baltische Staaten, Polen, Tschechoslowakei, Ungarn, Rumänien, Bulgarien, Jugoslawien, Albanien, Griechenland 1939–1945 (S. 898–902, 1019–1022, 1039–1040, 1042–1043, 1058–1060, 1064–1066, 1069–1070, 1070–1073, 1076–1078, 1081–1082)
Prof. Dr. Heinz *Holeczek,* Freiburg: Allgemeine Entwicklung von Bevölkerung, Wirtschaft, Staat (Frühe Neuzeit S. 652–657); Die internationalen europäischen Ereignisse vom 15. bis 18. Jh. (S. 665–689)**
Prof. Dr. Ulrich *Im Hof,* Bern: Schweiz (S. 1082–1086)
Dr. Wolfgang *Kessler,* Marburg: Russland, Sowjetunion 1789–1945 (S. 987–1006)
Dr. Willy *Kreutz,* Mannheim: Religiöser, wissenschaftlicher und kultureller Wandel (Frühe Neuzeit S. 657–663)
Priv.-Doz. Dr. Kersten *Krüger,* Klein Pampau: Skandinavien im 16.–18. Jh. (S. 1044–1049)
Prof. Dr. Horst *Lademacher,* Kassel: Niederlande, Belgien außer 1914–1944, Luxemburg (S. 1033–1042, 1043)
Priv.-Doz. Dr. Reinhard *Liehr,* Berlin: Spanien 1516–1788, Portugal 1495–1777 (S. 1022–1025, 1030–1031)
Prof. Dr. Rudolf *Lill,* Karlsruhe: Italien (mit Papsttum [18.–20. Jh. [bis 1934]) (S. 1009–1018)
Prof. Dr. Wilfried *Loth,* Münster: Frankreich (S. 916–957)
Prof. Dr. Helmut *Neuhaus,* Erlangen: Heiliges Römisches Reich, Österreich und Brandenburg-Preußen 1493–1790/92 (S. 803–836)
Prof. Dr. Gottfried *Niedhart,* Mannheim: Grundzüge und Grundprobleme im 19. Jh., Internationales System 1791–1914 (S. 690–713); Britische Inseln, Großbritannien, Irland (S. 958–978); Balkanstaaten 1789/1804–1914 (S. 1070–1071, 1073–1075, 1075–1076, 1076,)

Die außereuropäische Welt bis 1945
Dr. Goswin *Baumhögger,* Hamburg: Afrikas europäische Kolonialzeit (S. 1156–1175)***
Prof. Dr. Friedemann *Büttner,* Berlin: Islamisch-arabische Welt 1918–1945 (S. 1110–1117, 1119–1120, 1121–1122, 1125–1126, 1127)
Dr. Dieter *Eisleb,* Berlin (unter Verwendung des Textes von Prof. Dr. Heinrich Euler, Würzburg, aus der 28. Auflage): Indianerkulturen Südamerikas (S. 1261–1268)
Dr. Wolfgang *Haberland,* Ahrensburg: Indianerkulturen Mesoamerikas (S. 1251–1261)
Prof. Dr. Klaus *Helfrich,* Berlin: Endogene Kulturen Australiens und Ozeaniens einschl. Neuseeland (S. 1232–1240)
Prof. Dr. *Oskar v. Hinüber,* Freiburg: Südasien (S. 1176–1191)
Prof. Dr. Peter *Hüttenberger,* Düsseldorf: Australien, Neuseeland, Ozeanien von der europäischen Entdeckung bis 1945 (S. 1240–1247)
Prof. Dr. Jürgen *Jensen,* Hamburg: Afrika bis zum Ende des 19. Jh.s (S. 1128–1156)
Prof. Dr. Günter *Kahle,* Köln: Übrige Kolonien, selbstständige Staaten Lateinamerikas bis 1945 (S. 1299–1318)
Prof. Dr. Wolfgang *Lindig,* Frankfurt a.M.: Einleitung zu den Indianerkulturen, Indianerkulturen Nordamerikas (S. 1248–1293)
Prof. Dr. Günter *Moltmann,* Hamburg: Einleitung zu Amerika, Nordamerika von der Kolonialzeit bis 1945 (S. 1268–1293)
Dr. Claudius *Müller,* Berlin: Tibet, China bis 1919 (S. 1198–1212); Korea (S. 1214–1217)
Dr. Ulrich *Neininger,* München: Südostasien (S. 1227–1231)
Prof. Dr. Peter J. *Opitz,* München: China 1921–1945 (S. 1212–1214)
Prof. Dr. Horst *Pietschmann,* Hamburg: Kolonialgeschichte Lateinamerikas (S. 1293–1299)
Prof. Dr. Dr. h. c. Dr. h. c. Bertold *Spuler,* Hamburg: Einleitung zu Asien, Zentralasien außer Tibet (S. 1176, 1191–1198); Islamisch-arabische Welt bis 1918 (S. 1088–1110, 1117–1122, 1123–1125, 1126)
Prof. Dr. Peter *Weber-Schäfer,* Bochum: Japan (S. 1217–1226)

Neueste Zeit seit 1945
Thomas *Adolph,* Freiburg: Großbritannien 1985–1991 (auf den S. 1464–1465); Irland 1985–1991 (auf S. 1468); Nordeuropa 1985–1991 (auf den S. 1488, 1491–1495); Asien 1985–1991, außer Kasachstan, Turkmenistan, Usbekistan, Tadschikistan und Kirgisistan (auf den S. 1756, 1760–1766, 1771, 1784–1785, 1788–1789, 1790, 1793, 1801, 1803, 1807, 1810, 1812–1813, 1818, 1820, 1823, 1827, 1829)

Dr. Goswin *Baumhögger*, Hamburg: Afrika südlich der Sahara bis 1980 (auf den S. 1657–1737, 1739–1746), außer Überblick und Eritrea

Dr. Ludger *Beckmann*, Freiburg: Estland, Lettland und Litauen (S. 1496–1500); Slowakei (S. 1511–1511); Weißrussland seit 1945 (S. 1532–1533); Ukraine seit 1922/45 (S. 1533–1535); Moldawien seit 1924 (S. 1536–1537); Georgien seit 337/1917 (S. 1537–1538); Armenien seit 13. Jh./1915 (S. 1539–1540); Aserbaidschan seit 7. Jh./1871 (S. 1540); Auflösung Jugoslawiens/Balkankonflikt seit 1990/91 (S. 1550–1551); Bundesrepublik Jugoslawien seit 1992 (S. 1551); Bosnien-Herzegowina seit 1945 (S. 1553–1553); Kroatien seit 1945 (S: 1554–1555); Slowenien seit 1945 (S. 1555–1556); Mazedonien seit 1945 (S. 1556–1557); Kasachstan seit 1946 (S. 1767); Turkmenistan seit 1954 (S. 1767–1768); Usbekistan seit 1959 (S. 1768); Tadschikistan seit 1961 (S. 1769–1769); Kirgisistan seit 1977 (S. 1769)

Dipl. pol. Johannes *Berger*, Berlin: Islamisch-arabische Region 1985–1991 (auf den S. 1576, 1587, 1593–1594, 1597–1597, 1600, 1604, 1609, 1612–1623, 1627, 1630–1631, 1633, 1638, 1642, 1644–1645, 1649, 1652)****

Prof. Dr. Walther L. *Bernecker*, Nürnberg: Spanien und Andorra bis 1980 (S. 1479–1481, 1483); Portugal bis 1980 (S. 1483–1486); Überblick zu Amerika bis 1980 (S. 1840); Lateinamerika bis 1980 (auf den S. 1862–1923)

Prof. Dr. Friedemann *Büttner*, Berlin: Islamisch-arabische Region bis 1985 (auf den S. 1568–1587, 1591–1652) (Themenblock zu Saudi-Arabien S. 1612 von der Verlagsredaktion)****

Dr. Friedemann *Corvinus*, Freiburg: Afrika südlich der Sahara 1980–1985 (auf den S. 1657–1666, 1669, 1671, 1673, 1677, 1678, 1680–1682, 1682, 1686–1692, 1699, 1701, 1704, 1706–1709, 1714–1716, 1719, 1721, 1725–1729, 1731, 1732, 1739, 1741–1746), außer Somalia, Dschibuti, Äthiopien, Eritrea

Hanswilhelm *Haefs* und Doris *Breuer*, Atzerath/Belg.: Bewegung der bündnisfreien Staaten bis 1985 (S. 1385–1390); Malta bis 1985 (S. 1478–1478); Schweden bis 1985 (S. 1487–1488); Norwegen, Dänemark, Island, Finnland, alle bis 1985 (auf den S. 1489–1495); Zypern bis 1985 (S. 1562); Griechenland bis 1985 (S. 1560–1562); Türkei bis 1985 (S. 1564–1565)

Prof. Dr. Oskar *v. Hinüber*, Freiburg: Indischer Subkontinent bis 1980 (auf den S. 1747–1755, 1757–1764), außer Malediven, Nepal, Bhutan

Prof. Dr. Peter *Hüttenberger*, Düsseldorf: Einleitung zur Neuesten Zeit (S. 1319); Weltorganisationen und Weltwirtschaft bis 1985 (S. 1320–1331); Ost-West-Beziehungen bis 1985 (S. 1337–1353); Internationale Beziehungen innerhalb der westlichen Welt bis 1985 (S. 1355–1371); Bundesrepublik Deutschland bis 1985 (S. 1396–1416); DDR (S. 1416–1428); Österreich (S. 1435–1439); Frankreich und Monaco bis 1985 (auf den S. 1444–1449, 1451); Benelux-Staaten bis 1985 (auf den S. 1451–1458); Großbritannien und Nordirland bis 1985 (S. 1459–1464); Irland bis 1985 (S. 1466–1468); Italien und San Marino bis 1985 (S. 1469–1474, 1476); Australien, Neuseeland und Ozeanien bis 1985 (auf den S. 1830–1837)

Rainer *Humbach*, Freiburg: Südeuropa 1985–1991 (auf den S. 1474–1478, 1481–1482, 1486); Afrika südlich der Sahara 1985–1991 (auf den S. 1657–1666, 1669, 1670, 1673, 1675, 1678, 1680, 1681, 1683, 1686–1692, 1697, 1700, 1703, 1705, 1708–1709, 1714–1716, 1718, 1721–1734, 1737, 1740–1746)

Prof. Dr. Ulrich *Im Hof*, Bern: Schweiz und Liechtenstein bis 1985 (auf den S. 1440–1442, 1443–1443)

Gregor *Isenbort*, Bonn: Sämtliche Tabellen und Grafiken laut Quellenverzeichnis sowie Textentwürfe zu Weltorganisationen und Weltwirtschaft 1991–1997 bzw. Internationale Beziehungen seit 1992 (beide Kapitel bearbeitet von Dr. Uwe Keßler)

Dr. Uwe *Keßler*, Mülheim-Kärlich: Weltorganisationen und Weltwirtschaft 1991–1997 (S. 1333–1335; auf der Grundlage des Textentwurfs von Gregor Isenbort, Bonn); Internationale Beziehungen seit 1992 (S. 1391–1394; auf der Grundlage des Textentwurfs von Gregor Isenbort, Bonn); Arabische Einigungsbestrebungen und innerarabische Konflikte 1991–1997 (S. 1576–1577); Arabisch-israelischer Konflikt 1991–1997 (S. 1588–1589); Aktualisierungen 1996/97

Dr. Wolfgang *Kessler*, Marburg: Internationale Beziehungen innerhalb der kommunistischen Welt bis 1990 (S. 1373–1385); Polen 1980–1991 (auf den S. 1504–1504); Tschechoslowakei 1980–1991 (auf den S. 1509); Ungarn 1980–1991 (auf S. 1514–1514); Sowjetunion bis 1991 (S. 1516–1528); Rumänien 1980–1991 (auf den S. 1543); Bulgarien 1980–1991 (auf den S. 1545–1546); Jugoslawien 1980–1991 (auf den S. 1549); Albanien 1980–1991 (auf den S. 1558–1559) (Ergänzungen ab 1985, Themenblock „Ende der Sowjetunion" S. 1527–1527 und Kapiteleinführung Tschechoslowakei S. 1509 von Dr. Knut Linsel)

Margit *Ketterle*, München: Lateinamerika 1980–1985 (auf den S. 1865, 1865, 1867, 1870, 1873–1874, 1877–1878, 1880–1881, 1884–1886, 1889–1894, 1895, 1899–1900, 1902, 1904, 1909–1910, 1911, 1914, 1919–1919, 1923)

Prof. Dr. Hans *Lemberg*, Münster: Polen bis 1980 (S. 1500–1504); Tschechoslowakei bis 1980 (S. 1506–1509); Ungarn bis 1980 (S. 1512–1514); Rumänien bis 1980 (S. 1542–1543); Bulgarien bis 1980 (S. 1545–1545); Jugoslawien bis 1980 (S. 1547–1549); Albanien bis 1980 (S. 1558)

Dr. Knut *Linsel*, Bonn: Kapiteleinführung Tschechoslowakei (S. 1509); Themenblock „Ende der Sowjetunion" (S. 1527–1527); Russland 1992–1996 (S. 1528–1530); Aktualisierungen 1991–1996 (soweit nicht anderweitig aufgeführt)

Prof. Dr. Jürgen *Lütt*, Heidelberg: Indischer Subkontinent 1980–1985 (auf den S. 1748, 1755–1756, 1759, 1764), außer Malediven, Nepal, Bhutan

Prof. Dr. Günter *Moltmann*, Hamburg: Kanada bis 1991 (S. 1841–1844); Vereinigte Staaten bis 1991 (S. 1845–1859)

Dr. Claudius *Müller*, Berlin: Mongolei bis 1985 (S. 1770); Taiwan bis 1985 (S. 1788–1789); Nordkorea bis 1985 (S. 1790–1791); Südkorea bis 1985 (S. 1792–1793)
Dr. Ulrich *Neininger*, München: Südostasien bis 1985 (auf den S. 1803–1829)
Prof. Dr. Peter J. *Opitz*, München: China bis 1985 (S. 1771–1785) (Themenblock „Wirtschaftspolitik" VR China S. 1782 von der Verlagsredaktion)
Ulrike *Redecker*, Berlin: Vatikan 1980–1985 (auf S. 1477); Spanien und Andorra 1980–1985 (auf den S. 1481–1483); Portugal 1980–1985 (auf S. 1486); Somalia, Dschibuti, Äthiopien 1980–1985 (auf den S. 1733–1735, 1737); Malediven, Nepal, Bhutan 1980–1985 (auf den S. 1765–1767); Kuba 1980–1985 (auf den S. 1884)
Frank *Schlumberger*, Freiburg: Mitteleuropa 1985–1991 (auf den S. 1416, 1428–1430, 1438, 1442); Frankreich 1985–1991 (auf den S. 1449–1450); Benelux-Staaten 1985–1991 (auf den S. 1453, 1457, 1458); Griechenland 1985–1991 (auf den S. 1561–1561); Zypern 1985–1991 (auf S. 1563); Türkei 1985–1991 (auf den S. 1565); Australien und Ozeanien 1985–1991 (auf den S. 1833, 1837); Lateinamerika 1985–1991 (auf den S. 1867, 1870, 1872, 1874–1881, 1884–1894, 1895, 1898–1902, 1905, 1908–1909, 1911, 1915, 1919, 1923)
Peter *Steinkamp* M. A., Freiburg: Überblick zu Afrika südlich der Sahara (S. 1654–1656)
Prof. Dr. Peter *Weber-Schäfer*, Bochum: Japan bis 1985 (S. 1794–1800)

Wir danken den Herren Prof. Dr. Walter *Bernecker*, Prof. Dr. Friedemann *Büttner*, Prof. Dr. Oskar von *Hinüber*, Prof. Dr. Peter *Hüttenberger*, Prof. Dr. Peter J. *Opitz*, Prof. Dr. Peter *Weber-Schäfer* für ihre Bereitschaft, die von der Redaktion zum Zeitraum 1985–1991 für die 31. Auflage (1991) erarbeiteten Texte gegenzulesen.

* Erstellung von Grafiken und Tabellen durch die Verlagsredaktion.
** Ab 1556 aus redaktionellen Gründen gekürzt.
*** Auswahl der Länder und zeitliche Begrenzung in Verantwortung der Verlagsredaktion.
**** Aktualisierung von Daten durch die Verlagsredaktion.

Die Redaktion der 32. Auflage stand unter Leitung von:
Dr. Ludger *Beckmann*, Freiburg: Koordination, Gliederung, Marginalien, Register
Christine *Bruns* M. A., Freiburg: Richtlinien, Koordination, Schlussredaktion, Satzanweisung, Register, Korrektur
Johannes *Heck,* Freiburg: Aktualisierung
Angelika *Kuhlmann* M. A., Freiburg: Korrektur
Petra *Völzing* M. A., Freiburg: Richtlinien, Koordination, Schlussredaktion, Satzanweisung, Register, Korrektur

Bearbeiter der Marginalien: Uwe *Hahlbeck*, Freiburg; Timo *Kieslich*, Freiburg; Dr. Knut *Linsel*, Bonn; Michaela *Schäfer*, Freiburg. – Registerstichworte: Wiebke *Bendrath*, Freiburg; Anette *Faller*, Freiburg; Judith *Fligge*, Freiburg; Jörg *Gerber* M. A., Freiburg; Jens *Grühn* M. A., Freiburg; Rainer *Humbach* M. A., Freiburg; Dr. Uwe *Keßler*, Mülheim-Kärlich; Timo *Kieslich*, Freiburg; Ulrike *Müller*, Freiburg; Carola *Walz*, Freiburg; Dr. Cornelia *Witz*, Freiburg. – Registerbearbeitung: Oliver *Bätz*, Freiburg; Judith *Fligge*, Freiburg; Dr. Andreas *Grote*, Freiburg; Johannes *Heck*, Freiburg; Dr. Gottfried *Sawatzki*, Freiburg; Peter *Steinkamp* M. A., Freiburg; Dario *Tonoli* M. A., Freiburg; Dore *Wilken* M. A., Freiburg. – Tabellenredaktion zur Neuesten Zeit seit 1945: Peter *Steinkamp* M. A., Freiburg.

Die Redaktion der 33. Auflage stand unter der Leitung von Friedemann Bedürftig, Hamburg.

Die Schriftauszeichnung in kursiv bzw. halbfett und das Herausstellen von Namen und Begriffen als Marginalien auf eine eigene Randleiste erfolgten in der Verantwortung der PLOETZ-Redaktion.

VERZEICHNIS DER GENEALOGISCHEN ÜBERSICHTEN UND HERRSCHAFTEN

Die bedeutendsten Tyrannen	S. 127
Chronologische Übersicht: Liste der spartanischen Könige	S. 130
Die Seleukiden	S. 187
Die Antigoniden (Makedonien)	S. 198
Die römischen Kaiser vor Diokletian	S. 254
Die iulisch-claudische Dynastie	S. 263
Verwandtschaftstafel zu den spätantiken Dynastien	S. 284
Die Päpste* (384–604)	S. 367
Die Karolinger	S. 380
Genealogie der Kapetinger (direkte Linie)	S. 424
Kapetinger–Valois–Orléans–Angoulême–Bourbon	S. 442
Genealogie der Valois und der Herzöge von Burgund	S. 448
Sächsisches (Liudolfingisches) Geschlecht	S. 461
Salisches (fränkisches) Geschlecht	S. 467
Staufer	S. 473
Welfen	S. 476
Stammtafel der Habsburger	S. 485
Stammtafel der Luxemburger	S. 487
Stammtafel der Wittelsbacher	S. 488
Die Päpste* (604–1059)	S. 505
Die Päpste* (1058–1304)	S. 511
Die Päpste* (1305–1492)	S. 519
Könige von Kastilien	S. 552
Könige von Aragón	S. 554
Könige von Portugal	S. 556
Könige von Kastilien – Aragón – Sizilien	S. 559
Die angelsächsischen Könige bzw. die dänischen Könige in England	S. 565
Genealogie der Könige von England im Hochmittelalter	S. 570
Genealogie der Könige von England	S. 581
Verzeichnis der schwedischen Herrscher	S. 591
Genealogie der Herrscher Norwegens	S. 593
Genealogie der Herrscher Dänemarks	S. 594
Herrscher Norwegens	S. 596
Herrscher Schwedens	S. 597
Herrscher Dänemarks	S. 598
Herrscher Dänemarks und Norwegens	S. 599
Die Jagiellonendynastie auf ihrem Höhepunkt	S. 617
Haus Habsburg 1485–1780	S. 673
Hohenzollern	S. 821
Haus Habsburg-Lothringen	S. 835
Häuser Bourbon ältere Linie und jüngere Linie (Orléans)	S. 924
Die Häuser Tudor und Stuart (England, Schottland)	S. 960
Häuser Hannover und Coburg	S. 970
Die Päpste (1492–1799)	S. 1009
Die Päpste (1800–1922) (Forts. v. S. 1009)	S. 1015
Die Häuser Jagiełło und Wasa in Polen	S. 1062
Die Omajjaden	S. 1090
Die Abbasiden	S. 1092
Dynastie der Osmanen I	S. 1100
Dynastie der Osmanen II	S. 1103
Dynastie der Osmanen III	S. 1105
Chronologische Übersicht	S. 1201
Dynastienfolge in China	S. 1203
Chronologische Übersicht: Ch'ing (Mandschu)-Kaiser	S. 1207

NACHWEISE FÜR GRAFIKEN, STAMMTAFELN UND TABELLEN

S. 10: R. Brinkmann, Abriß der Geologie II, Stuttgart (Enke Verlag) 1959. – S. 130: W. G. Forrest, A History of Sparta 950–192 B. C., London (Hutchinson) 1968. – S. 187: H. H. Schmitt, in: Lexikon der Alten Welt, Zürich-Stuttgart (Artemis) 1965 (Lexikon Alte Welt). – S. 198: Lexikon Alte Welt. – S. 234: T. Frank, An Economic Survey of Ancient Rome I, Baltimore (The Johns Hopkins University Press) 1933. – S. 240: L. R. Taylor, Roman Voting Assemblies, Ann Arbor (The University of Michigan Press) 1966. – S. 241: Zahlen und Namen nach: K. Latte, Römische Religionsgeschichte, Handbuch der Altertumswissenschaft V, 4, München (Verlag C. H. Beck) ²1967. – S. 442: Prof. Dr. Walther Kienast, Frankfurt/M. (Kienast). – S. 461: Kienast. – S. 467: Kienast. – S. 485: Kienast. – S. 552: Kienast. – S. 554: Kienast. – S. 556: Kienast. – S. 559: Kienast. – S. 570: Kienast. – S. 593: Kienast. – S. 594: Kienast. – S. 661 links: Atlas zur Kirchengeschichte, hg. v. H. Jedin, K. S. Latourette, J. Martin, Freiburg i.Br. (Herder) 1970. – S. 661 rechts: Fragen an die Geschichte, hg. v. H. D. Schmidt, II, Frankfurt/M. (Hirschgraben) 1975 (Fragen Geschichte). – S. 690: D. S. Landes, Der entfesselte Prometheus, Köln (Kiepenheuer & Witsch) 1973 (Landes). – S. 691 oben: Landes. – S. 693: J. Kuczynski, Studien zur Geschichte des Kapitalismus, Berlin (Akademie-Verlag) 1957. – S. 695: Ders., Darstellung der Lage der Arbeiter in Deutschland, ebd. 1961. – S. 707: L. Zimmermann, Der Imperialismus, Stuttgart (Klett) 1955. – S. 712: Nauticus XVI, 1914 (Mittler, Herford). – S. 733: K. D. Bracher, Die Krise Europas, Propyläen Geschichte Europas VI, 1976. – S. 745: Wissen im Überblick, Die Weltgeschichte, Freiburg i.Br. (Herder) 1971. – S. 761: Die deutsche Industrie im Kriege 1939–1945, Berlin (Duncker & Humblot) 1954 (Industrie im Kriege). – S. 762: Industrie im Kriege. – S. 770 oben: H.-A. Jacobsen, Der Weg zur Teilung der Welt, Koblenz-Bonn (Verlag Wehr und Wissen) 1977 (Jacobsen). – S. 770 unten: Ders., 1939–1945, Darmstadt (Verlag Wehr und Wissen) 1961. – S. 775: G. Reitlinger, Die Endlösung, Berlin (Colloquium) 1956, ⁶1983. – S. 785: Prof. Dr. Jürgen Rohwer, Stuttgart. – S. 794 oben: Dr. Gerhard Hümmelchen, Stuttgart. – S. 798: Jacobsen. – S. 820: Fragen Geschichte. – S. 832: R. Mandrou, Staatsräson und Vernunft, Propyläen Geschichte Europas III, Frankfurt/M.–Berlin–Wien (Ullstein-Propyläen) 1976 (Mandrou). – S. 834: Mandrou. – S. 839: E. Weis, Der Durchbruch des Bürgertums, Propyläen Geschichte Europas IV, 1978 (Weis). – S. 841: Weis. – S. 847: E. R. Huber, Deutsche Verfassungsgeschichte 1789 II, Stuttgart (Kohlhammer) ²1975, nach: M. Schwarz, MdR, Hannover (Verlag für Literatur und Zeitgeschehen) 1965. – S. 849: Redaktionsarchiv (Zahlenbilder), Berlin-Bielefeld-München (E. Schmidt Verlag) (Redaktionsarchiv). – S. 856: Redaktionsarchiv. – S. 860f: Das Deutsche Kaiserreich 1871–1914, hg. v. G. A. Ritter, Göttingen (Vandenhoeck & Ruprecht) ²1975. – S. 865 oben: Handbuch der deutschen Wirtschafts- und Sozialgeschichte, hg. v. H. Aubin u. W. Zorn, II, Stuttgart (Ernst Klett Verlag) 1976 (Aubin/Zorn). – S. 865 unten: A. V. Desai, Real Wages in Germany 1871–1913, Oxford (Clarendon Press) 1968. – S. 866: Aubin/Zorn. – S. 867: Sitzungsprotokolle des Preußischen Abgeordnetenhauses, 14.1. 1911. – S. 869: Verhandlungen des Reichstags, XII./I. Bd. 248, Berlin 1909. – S. 874: Redaktionsarchiv. – S. 875: Redaktionsarchiv. –S.876: Aubin/Zorn. – S. 882: Redaktionsarchiv. – S.883: T. W. Mason, Sozialpolitik im Dritten Reich, Opladen (Westdeutscher Verlag) 1977. – S. 887 oben: Informationen zur politischen Bildung 123, 126, 127, Der Nationalsozialismus, Bonn (Bundeszentrale für politische Bildung) 1982. – S. 887 unten: Aubin/Zorn. – S. 888: Martin Broszat, in: Mathilde Jamin, Zwischen den Klassen, Wuppertal (W. Hammer Verlag) 1986, S. 889 Redaktionsarchiv. – S. 890: Prof. Dr. Volker Hentschel, Mainz. – S. 895: Redaktionsarchiv. – S. 899: Das Parlament, 3. Sept. 1977. – S. 943: T. J. Markovitch, L'industrie française de 1789 à 1964, IV (Economies et Sociétés), Paris (I.S.M.E.A., 11 rue Pierre et Marie Curie – 75005 Paris. – L'Institut de Sciences Mathématiques et Economiques Appliquées est un institut de recherche fondé en 1944 à Paris, par François Perroux, Professeur honoraire au Collège de France.) 1966 (Markovitch). – S. 947 unten: Markovitch. – S. 947: Die Russischen politischen Parteien von 1905–1907, hg. v. P. Scheibert, Darmstadt (Wissenschaftliche Buchgesellschaft) 1972. – S. 1001: Geschichte der Kommunistischen Partei der Sowjetunion III/2, Moskau (Verlag Progress) 1972. – S. 947: Die Union der Sozialistischen Sowjetrepubliken, Handbuch, Düsseldorf (Brücken-Verlag) 1971. – S. 1023: E. J. Hamilton, American Treasure and the Price Revolution in Spain 1501–1650, Cambridge, Mass. 1934 (reprinted by permission). – S. 1035: E. W. Zeeden, Hegemonialkriege und Glaubenskämpfe, Propyläen Geschichte Europas II, 1977. – S. 1324: Bundesministerium für entwicklungspolitische Zusammenarbeit, Journalisten-Handbuch Entwicklungspolitik 1993, Bonn 1992 (Journalisten-Handbuch). – S. Statistisches Bundesamt, Statistisches Jahrbuch 1992 Ausland, Stuttgart (Metzler Poeschel) (Stat.JB. 1992 Ausl.). – S. 1326: Journalisten-Handbuch. – S. 1331: Statistisches Bundesamt, Statistisches Jahrbuch 1987 Bundesrepublik Deutschland, Stuttgart-Mainz (W. Kohlhammer) (Stat.JB. 1987 BRD); Dass., Statistisches Jahrbuch 1995 Ausland, Stuttgart (Metzler Poeschel) (Stat.JB. 1995 Ausl.). – S. 1332: Der Fischer Weltalmanach 1989, 1997, Frankfurt/M. (Fischer Taschenbuch Verlag). – S. 1334: Stat.JB. 1995 Ausl. – S. 1335: Stat.JB. 1995 Ausl. – S. 1369 Stat.JB. 1992, 1995 Ausl. – S. 1369: NATO-Handbook, Brüssel. – S. 1372: Stat.JB. 1995 Ausl. – S. 1384: Statistisches Bundesamt, Statistisches Jahrbuch 1982 Bundesrepublik Deutschland, Stuttgart–Mainz (W. Kohlhammer) (Stat.JB. 1982 BRD); Stat.JB. 1987 BRD; Stat.JB. 1995 Ausl. – S. 1386: D. Nohlen/F. Nuscheler, Handbuch der Dritten Welt, Bd. 2, 4, 7, 8, Bonn (J.H.W. Dietz) ³1993–1995.–S. 1406 Redaktionsarchiv. – S. 1411: Statistisches Bundesamt, Statistisches Jahrbuch 1995 Bundesrepublik Deutschland, Stuttgart (Metzler Poeschel) (Stat.JB. 1995 BRD). – S. 1413: Statistisches Bundesamt, Statistisches Jahrbuch Bundesrepublik Deutschland 1962, Stuttgart-Mainz (W. Kohlhammer) (Stat.JB. 1962 BRD); Dass., Statistisches Jahrbuch Bundesrepublik Deutschland 1967, ebd. (Stat.JB. 1967 BRD); Stat.JB. 1995 BRD. – S. 1414: Statistisches Bundesamt, Datenreport 1992, Bonn (Bundeszentrale für politische Bildung). – S. 1417: Statistisches Bundesamt, Statistisches Jahrbuch 1996 Bundesrepublik Deutschland, Stuttgart-Mainz (W. Kohlhammer) (Stat.JB. 1996 BRD). – S. 1419: Statistisches Bundesamt, DDR 1990, Stuttgart (Metzler Poeschel) (DDR 1990). – S. 1423: DDR 1990. – S. 1426: DDR 1990. – S. 1431: Stat.JB. 1995 BRD. – S. 1438 Stat.JB. 1995 Ausl.; Stat.JB. 1962, 1982 BRD. – S. 1438 unten: Statistisches Bundesamt, Statistisches Jahrbuch 1972 Bundesrepublik Deutschland, Stuttgart-Mainz (W. Kohlhammer) (Stat.JB. 1972 BRD); Stat.JB. 1962, 1982, 1987 BRD; Stat.JB. 1992, 1995 Ausl. – S. 1441: Stat.JB. 1962 BRD; Stat.JB. 1995 Ausl. – S. 1441: Stat.JB. 1962, 1972, 1982, 1987 BRD; Stat.JB. 1992, 1995 Ausl. – S. 1447: O. W. Gabriel/F. Brettschneider, Die EU-Staaten im Vergleich, Opladen (Westdeutscher Verlag)[2] 1994 (EU-Staaten); Stat.JB. 1995 Ausl. – S. 1451: EU-Staaten; Stat.JB. 1995 Ausl. – S. 1453: EU-Staaten; Stat.JB. 1995 Ausl. – S. 1457: EU-Staaten; Stat.JB. 1995 Ausl. – S. 1462: EU-Staaten; Stat.JB. 1995 Ausl. – S. 1465: EU-Staaten; Stat.JB. 1995 Ausl. – S. 1472: EU-Staaten; Stat.JB. 1995 Ausl. – S. 1479: EU-Staaten; Stat.JB. 1995 Ausl. – S. 1483: EU-Staaten; Stat.JB. 1995 Ausl. – S. 1488: EU-Staaten; Stat.JB. 1995 Ausl. – S. 1501: Stat.JB. 1995 Ausl.; Stat.JB. 1972, 1982, 1987 BRD. – S. 1504: Stat.JB. 1995 Ausl.; Stat.JB. 1972, 1982, 1987 BRD. – S. 1509: Stat.JB. 1995 Ausl.; Stat.JB. 1972, 1982, 1987 BRD. – S. 1524: Stat.JB. 1992 Ausl.; Stat.JB. 1972, 1982 BRD. – S. 1536: Stat.JB. 1995 Ausl.; Stat.JB. 1972, 1982, 1987 BRD. – S. 1538: Stat.JB. 1995 Ausl.; Stat.JB. 1972, 1982, 1987 BRD. – S. 1550: EU-Staaten; Stat.JB. 1995 Ausl. – S. 1555: Munzinger-Archiv/IH- Zeitarchiv 46/1995. – S. 1568: Stat.JB. 1995 Ausl. – S. 1630 oben: D. Nohlen/F. Nuscheler, Handbuch der Dritten Welt, Bd. 4, Bonn (J.H.W. Dietz) 31993. – S. 1656 oben: Stat.JB. 1995 Ausl. – S. 1656 unten: Statistisches Bundesamt, Statistisches Jahrbuch 1991 Ausland, Stuttgart (Metzler Poeschel); Stat.JB. 1995 Ausl. – S. 1746 oben: Stat.JB. 1995 Ausl. – S. 1746 unten: Stat.JB. 1995 Ausl.– S. 1753: Stat.JB. 1992, 1995 Ausl.; Stat.JB. 1972, 1982, 1987 BRD. – S. 1783: Stat.JB. 1992 Ausl.; Stat.JB. 1972, 1982 BRD: – S. 1798: Stat. JB. 1992 Ausl.; Stat.JB. 1972, 1982 BRD. – S. 1831: Stat.JB. 1992 Ausl.; Stat.JB. 1972, 1982 BRD. – S. 1789: Stat.JB. 1992, 1995 Ausl.; Stat.JB. 1962, 1972, 1982 BRD. – S. 1843: Forschungsinstitut der Friedrich-Ebert-Stiftung, Einwanderungspolitik Kanadas und der USA, Bonn 1993. – S. 1802 oben: Stat.JB. 1992, 1995 Ausl.; Stat.JB. 1972, 1982, 1987 BRD. – S. 1802 unten: Stat.JB. 1995 Ausl. – S. 1855: Stat.JB. 1992 Ausl.; Stat.JB. 1972, 1982 BRD. – S. 1865: Stat.JB. 1995 Ausl. – S. 1865: Stat.JB. 1995 Ausl.

ABKÜRZUNGSVERZEICHNIS FÜR GENEALOGISCHE ÜBERSICHTEN UND REGISTER

abged.	= abgedankt		einschl.	= einschließlich
Abgeordn.	= Abgeordneter		engl.	= englisch
abges.	= abgesetzt		Erkl.	= Erklärung
Abk.	= Abkommen		Eur.	= Europa
Adm.	= Admiral			
Äg.	= Ägypten			
Alt.	= Altertum			
Am.	= Amerika		Fahrz.	= Fahrzeug
Anf.	= Anfänge		Feldh.	= Feldherr
Ap.	= Apostel		FM.	= Feldmarschall
As.	= Asien		Föd.	= Föderation
as.	= asiatisch		Forts.	= Fortsetzung
Assoz.	= Assoziierung		fränk.	= fränkisch
ath.	= athenisch		Frd.	= Friede
Auß.Min.	= Außenminister		Frkr.	= Frankreich
Austr.	= Australien		frz.	= französisch
			Ft., Fst.	= Fürst
			Ftm.	= Fürstentum
B.	= Bischof			
Bay.	= Bayern		G.	= Gatte, Gattin
Bd.	= Bund		GB, Großbr(it.)	= Großbritannien
Bdn.	= Bündnis		gef.	= gefallen
Beigeordn.	= Beigeordneter		Gegenkg(n).	= Gegenkönig(in)
Beist.	= Beistand		Gen.	= General
Beitr.	= Beitritt		Generalsekr.	= Generalsekretär
Belg.	= Belgien		Gen.-Stth.	= Generalstatthalter
Bes.	= Besatzung		Geogr.	= Geograf
bes.	= besonders		Geschl.	= Geschlecht
Bespr.	= Besprechung		Gfn.	= Gräfin
Bez.	= Beziehung		Gf(sch).	= Graf(-schaft)
Bol.	= Bolivien		Gfst., Gft.	= Großfürst
Br.	= Bruder		Gftm.	= Großfürstentum
Bras.	= Brasilien		Gftn.	= Großfürstin
Brdbg.	= Brandenburg		Ghtm.	= Großherzogtum
BR Dtld.	= Bundesrepublik Deutschland		Ghz(n).	= Großherzog(in)
Brit.	= Britannien		Grd.	= Gründung
brit.	= britisch		Griechld.	= Griechenland
BRT	= Bruttoregistertonne			
Btm.	= Bistum			
Bulg.	= Bulgarien		ha	= Hektar
Burg.	= Burgund		Hann.	= Hannover
Byz.	= Byzantinisches Reich		Heth.	= Hethiter
byz.	= byzantinisch		Hist.	= Historiker
			hl.	= heilig
			HM	= Hausmeier
chin.	= chinesisch		Hochm.	= Hochmeister
Chr.	= Christus		Hptl. (-hptl.)	= Häuptling (-häuptling)
			Hschr.	= Herrscher
			Hz(n).	= Herzog(in)
Dän.	= Dänemark		Hzm., Hztm.	= Herzogtum
DDR	= Deutsche Demokratische Republik			
Dekl.	= Deklaration			
Dep.	= Departement		i.G.	= im Generalstab
d.Gr.	= der Große		Ind.	= Indien
Diöz.	= Diözese		Interv.	= Intervention
dipl.	= diplomatisch		Isr.	= Israel
DR	= Demokratische Republik		It.	= Italien
dt.	= deutsch			
Dtld.	= Deutschland			
DVR	= Demokratische Volksrepublik			
Dyn.	= Dynastie		Jh.	= Jahrhundert
			Jord.	= Jordanien
			Jt.	= Jahrtausend
E.	= Enkel			
Eb.	= Erzbischof			
Ebtm.	= Erzbistum		Kan.	= Kanada
Ehz., Erzhz.	= Erzherzog		Kard.	= Kardinal

Kast.	= Kastilien	Pr(n).	= Prinz(essin)
kath.	= katholisch	Prov.	= Provinz
Kf., Kft.	= Kurfürst		
Kftm.	= Kurfürstentum		
Kfz.	= Konferenz	qkm	= Quadratkilometer
Kg(n).	= König(in)		
Kgr.	= Königreich		
Kl.	= Kloster	R.	= Reich
km	= Kilometer	rd.	= rund
Kol.	= Kolonie	Reg.	= Regent
Konfl.	= Konflikt	reg.	= regiert
Kongr. (-kongr.)	= Kongress (-kongress)	Rep.	= Republik
Konv.	= Konvention	röm.	= römisch
Konz.	= Konzil	Rt.	= Ritter
Koop.	= Kooperation	russ.	= russisch
Koord.	= Koordination		
Ks(n).	= Kaiser(in)		
Ksr.	= Kaiserreich	S.	= Sohn
		Satr.	= Satrap
		SBZ	= Sowjetische Besatzungszone
Lat.	= Latein	Schl.	= Schlacht
lat.	= lateinisch	Schr.	= Schrift
latin.	= latinisch	Schw.	= Schwester
Ld. (-ld.)	= Land (-land)	Schwieger-S.	= Schwiegersohn
Ldgf.	= Landgraf	sdl.	= südlich
Lit.	= Litauen	Siz.	= Sizilien
Lothr.	= Lothringen	Skand.	= Skandinavien
Luxbg.	= Luxemburg	sog.	= so genannt
		sowj.	= sowjetisch
		Span.	= Spanien
M.	= Mutter	Spr.	= Sprache
MA	= Mittelalter	St. (-st.)	= Staat (-staat)
mag. mil.	= magistri militum	Stadtmagistr.	= Stadtmagistrat
Maj.	= Major	Stellvertr.	= Stellvertreter
Maked.	= Makedonien	Stn.	= Staaten
Marqu.	= Marquis, Marquess	Stth(n).	= Statthalter(in)
Math.	= Mathematiker	Su(lt).	= Sultan(at)
Mesop.	= Mesopotamien	Syn.	= Synode
Metr.	= Metropolit	Syr.	= Syrien
Mex.	= Mexiko		
Mgf(sch).	= Markgraf(-schaft)		
Mgfn.	= Markgräfin	T.	= Tochter
Min.	= Minister	Tag.	= Tagung
Mio.	= Million	Terr.	= Territorium
Mitkg.	= Mitkönig	Tg. (-tg)	= Tag (-tag)
Mrd.	= Milliarde	Thronf.	= Thronfolger
		Titularkg.	= Titularkönig
		Tyr.	= Tyrann
N.	= Neffe, Nichte		
Ndld.	= Niederlande		
Norw.	= Norwegen		
NZ	= Neuzeit	U.	= Union
		Übereink.	= Übereinkommen
		Unabh.	= Unabhängigkeit
		Ung.	= Ungarn
O.	= Onkel	Univ.	= Universität
Osman.	= Osmanisches Reich		
Oz.	= Ozeanien		
		V.	= Vater
		vertr.	= vertrieben
Patr(t).	= Patriarch(at)	Verw.	= Verweser
Pers.	= Persien	Vic.	= Vicomte
pers.	= persisch	VR	= Volksrepublik
Pfgf.	= Pfalzgraf	Visc.	= Viscount
Pfgfn.	= Pfalzgräfin	vorges.	= vorgesetzt
Phil.	= Philosoph	Vtg.	= Vertrag
Pol.	= Politik		
pol.Org.	= politische Organisation		
Port.	= Portugal	Wttbg.	= Württemberg
Pp.	= Papst		
Präs.	= Präsident		
Prät.	= Prätendent		
preuß.	= preußisch	Zus.Arb.	= Zusammenarbeit

ERDGESCHICHTE

Einführung zur Geschichte der Erde und des Lebens

Als Einleitung zu einer Geschichte der Menschheit soll ein Überblick über die Zeiträume der Erdgeschichte gegeben werden, deren Zeuge der Mensch nur in ihrem letzten Abschnitt im Rahmen der menschlichen Vorgeschichte bzw. Geschichte ist.

Im Weltraum werden zahllose Planetensysteme vermutet. Der *Planet Erde* umkreist wie die anderen Planeten Merkur, Venus, Mars, Jupiter, Saturn, Uranus, Neptun und Pluto im Verein mit Tausenden kleinerer Planetoide auf angenähert ellipsenförmiger Bahn im Sonnensystem den Zentralkörper Sonne. Die Planeten werden von insgesamt 32 Monden begleitet, dazwischen bewegen sich Kometen und Sternschnuppen-Gruppen. Die Sonne beschickt die Körper mit Licht und Oberflächenwärme.

Astronomie und Astrophysik befassen sich mit der ältesten Vergangenheit der Erde. Die *Erdwissenschaften*, voran die Geologie, setzen zu dem Zeitabschnitt ein, an dem die Existenz einer festen Erdkruste angenommen werden kann.

Planet Erde

Astronomie Erdwissenschaften

Grundlagen

Erde und Sonnensystem dürften etwa fünf Milliarden Jahre alt sein. Der Prozess der Verdichtung gasförmiger Materie zum flüssigen Glutball und die Erstarrung der Erdkruste fallen in Bereiche ohne Dokumentation. Sie gehören der „Vorgeologischen Vergangenheit der Erde" an und sind das Gebiet einer Reihe kosmogonischer Hypothesen, die besagen, dass die Erde unter Verdichtung eines *protoplanetaren Nebels* – einer von Asteroiden gelieferten Akkumulation von Staub und festeren größeren Teilchen – in undefinierbaren Zeiträumen kleiner und immer fester wurde. Wahrscheinlich hat sich der Nebel in einer Phase der Rotationsunstabilität von der Protosonne abgelöst. Die Nebel kühlen zunehmend ab, der Staub konsolidiert sich, das System nimmt zunächst diskusförmige, dann rundliche Gestalt an. Die Folgen sind Ausquetschungen von Gasen, hauptsächlich Wasserstoff, ferner Helium und Kohlensäure. Freier Sauerstoff fehlt primär; er entsteht allmählich als Folge des Zerfalls von Molekülen des Wassers durch die Photodissoziation von Wasserdämpfen durch Ultraviolett-Strahlen. Die Substanzen gruppieren sich schalenförmig als *Uratmosphäre* um das Gebilde. In und unter der Kruste verursacht die Rotation Konvektionsströmungen und Sonderungen der Magmen. *Radioaktive Prozesse* als Folge der zunehmenden Verdichtung führen zu Erwärmung und zum Ausstoß von neuen, anderen Stoffen, darunter Stickstoffverbindungen. Sie gruppieren sich abermals um die Erde, diesmal aber fester angebunden, weil die Anziehungskräfte größer geworden sind. Die Gase treten mit dem vorhandenen Gestein in Wechselbeziehung, und es kommt zu Kondensationen, Lösungen, Mineralneubildungen sowie zu gewaltigen Wasseransammlungen, dem *Urmeer*. In der Frühzeit der Erde ist die Dichte geringer als heute, die Oberfläche ist größer, die Umdrehungsgeschwindigkeit ist erhöht, und Tag wie Jahr haben andere Dimensionen als gegenwärtig.

Das älteste Gestein der Erde ist ein Sediment aus Grönland, das mit radiometrischen Methoden auf 3,8 Milliarden Jahre eingestuft wird. Ein 3,6 Milliarden Jahre alter Gneis in Kanada ist mehrfach umgeschmolzen, dokumentiert also eine lange geologische Vorgeschichte.

Erforschung und chronologische Darstellung sind Aufgabe der *Historischen Geologie*. Unentbehrliche Hilfswissenschaften sind Allgemeine Geologie, Paläontologie, Stratigrafie, Geochemie, Geophysik, Paläogeografie und Paläoklimatologie.

Fakten, Dokumente und Daten liefern die Gesteine, darin geborgene Fossilien und die absolute Altersbestimmung. Die radiometrischen Methoden sind allerdings nur in Gesteinen, die messbare Stoffe enthalten, anzutragen. Viele Sedimente und vor allem die meisten Fossilien sind nur auf Umwegen relativ einzustufen. In der Erdgeschichte spielen deshalb absolute Zahlen besonders für das Präkambrium eine Rolle. Für die letzten 600 Millionen Jahre ist die relative Zeitrechnung maßgeblich.

Normal abgelagerte Schichtgesteine werden vom liegenden zum hängenden Verband jünger. Einzelne Schichten können nach den Seiten verfolgt und parallelisiert werden. Eindringende Magmen und auflaufende Vulkanite geben weitere Anhaltspunkte. Der übliche Weg führt über den Vergleich des Fossilinhaltes. Weil im Laufe der Erdgeschichte eine Entwicklung von niederer zu höher organisierten Lebewesen stattgefunden hat, besitzt jede geologische Zeit eine ganz charakteristische Pflanzen- und Tierwelt. Gleichaltrige Schichten enthalten die gleichen Leitfossilien, das sind besonders kurzlebige und möglichst weltweit verbreitete Formen.

Die Entstehung des Lebens

Die Frage, wie aus unbelebter Materie Lebendiges werden kann, wie ein komplexes System entsteht, das imstande ist, Strukturen aufzubauen, Energien zu übertragen, umzuwandeln, beizubehalten, sich zu verändern, zu entwickeln, zu vererben, zu vermehren – und einzigartig im bekannten Weltall zu sein – ist nicht zu beantworten; sie gilt als unlösbar. Unter den Hypothesen ist die (unwahrscheinliche) Annahme eines zufälligen Starts am häufigsten angeführt. Der *Urorganismus* sei ein Schüttelergebnis, entstanden aus einer zufälligen Mischung der in der Uratmosphäre vorhandenen Moleküle von Kohlenstoffen, Wasserstoff, Stickstoff, Methan, Sauerstoff und sodann Aminosäuren, Eiweiß, Zucker, Fettsäuren, Nucleinsäuren, Porphyrinen – unter der Einwirkung von gewaltigen elektrischen Impulsen, Licht und Wärme von der Sonne sowie energiereicher kosmischer Strahlung. Allerdings ist es experimentell noch nicht gelungen, aus anorganischen Stoffen allein lebendige Strukturen zu erzeugen.

Für die *chemische Evolution* stehen sehr lange Zeiträume zur Verfügung. Die ältesten nachgewiesenen Fossilien auf der Erde, es sind merkwürdig vollkommen wirkende sphärische und fädige zelluläre Gebilde, sind in Gesteinen der auf 3,5 Milliarden Jahre geschätzten Onverwacht-Serie Südafrikas entdeckt worden. Bis auf Bakterien, Graphit, pflanzliche Sporen und Algenbauten sind Lebensspuren im *Archaikum* spärlich.

Die Entwicklung der Organismen

Die lange Dauer des überschaubaren Zeitraums gibt allein der *Paläontologie* die Möglichkeit, den Ablauf der Entwicklung der organischen Welt zu beurteilen. Hauptmerkmal sind phasenhaft erfolgende Entwicklungssprünge. Sie werden von biotischen, weniger von äußeren geologischen Faktoren wie Katastrophen, Klima, Strahlung, Paläogeografie u. a. gesteuert (Makroevolution). Gut bekannt sind die Verhältnisse bei den Ammoniten. Aus einem einzigen Ausgangstyp entspringen (Typogenese) explosionsartig und zu gleicher Zeit mehrere andersgestaltete und höher organisierte Formen. Die Nachkommen führen sich, ohne wesentliche Bauplanänderungen, über Jahrmillionen durch die Formationen hindurch weiter (Typostase). Bestrebt, durch Spezialisation und Anpassung möglichst viele Biotope und ökologische Nischen zu erobern, geht die Gruppe in die Breite. In einer abschließenden Phase erfolgt die Aufgabe der typisierenden Formmerkmale (Typolyse). Die spiraligen Gehäuse werden nun gerade oder unregelmäßig. Der Einsatz der Typolyse erfolgt bei extremen Gruppen früher, bei konservativen später. Er bedeutet das Aussterben der Einheit (O.H. Schindewolf).

Die Wirbeltiere demonstrieren die Spontaneität des Erscheinens jeder neuen Form noch auffälliger. Ein Dinosaurier hat weder Vor- noch Nachfahren in der gleichen Organisation. Es gibt weder kleine Vorläufer noch Reihen. Von 230 Gattungen sind nur 150 Riesen. Das gut überschaubare Heer der fossilen Säugetiere und die fossilen Menschen liefern ausgezeichnete Unterlagen zur Rekonstruktion von *Entwicklungsabläufen*, von deren Geschwindigkeit und Dauer. Die Deutung der Ursachen und des Zeitpunkts des Aussterbens, vor allem der gleichmäßigen Verteilung über die Formationen, ist jedoch nicht möglich. Zwischen den Wirbeltierklassen verbinden „missing links", z.B. Ichthyostega zwischen Fischen und Amphibien, Seymouria zwischen Amphibien und Reptilien, Archaeopteryx zwischen Reptilien und Vögeln sowie Oligokyphus zwischen Reptilien und Säugetieren. Um von einer Entwicklungsstufe zur anderen zu gelangen, überschreiten unabhängig voneinander mehrere Zweige das Übergangsfeld. Der Reptilienzustand entwickelt sich in mindestens fünf Reihen aus den Amphibien, der Säugetierzustand wiederum in mindestens fünf Reihen aus den therapsiden Reptilien. So ist eine Klasse kein natürlicher Verband, sondern eine Entwicklungsstufe (E. Kuhn-Schnyder).

Die *Evolutionsgeschwindigkeit* ist sehr verschieden. Die Brachiopodengattung Lingula existiert mit unveränderten Schalen seit 450 Millionen Jahren. Den Rekord der langlebigen Arten hält der Süßwasserkrebs Triops cancriformis mit 190 Millionen Jahren. Pferde- und Raubtiergattungen erreichen fünf bis neun, eine Ammonitengattung eine bis drei Millionen Jahre. Das kurzlebigste Leitfossil überhaupt ist der Neandertaler (Homo sapiens neanderthalensis) mit schätzungsweise 40000 Jahren.

Die geologischen Formationen

Archaikum (3500–1800 Mio. Jahre)
Proterozoikum (1800–580 Mio. Jahre)

Präkambrium

Archaikum

Die Erdgeschichte vor dem Kambrium, gewöhnlich als *Präkambrium* zusammengefasst, umgreift einen sechsmal längeren Zeitraum als alle späteren Formationen zusammengenommen. Die zeugnislose früheste Periode ist das Katarchaikum. Das *Archaikum* beginnt mit dem Nachweis der ersten Lebensspuren. Die ersten vielzelligen Tiere werden in der Ediacara-Fauna (650–600 Mio. Jahre) Südaustraliens gemeldet. Die Seltenheit präkambrischer tierischer Fossilien wird mit der Skelettlosigkeit der meisten Vertreter und der Kalkarmut des Meereswassers erklärt. Die Trennung der Wirbellosen-Stämme muss bereits im Proterozoikum erfolgt sein.
Die Gliederung der meist viele Kilometer mächtigen Gesteinsserien wird mit Gebirgsbildungen („Umbrüchen") durchgeführt. Die erdweit erfolgenden Orogenesen scheinen in Abständen von 300–400 Millionen Jahren abzulaufen. Die Masse der Gesteine ist plutonischen und vulkanischen Ursprungs und infolge der Gesteinsmetamorphose sehr stark verändert. Im Präkambrium entstehen die meisten Granite. Die Gesteine sind örtlich reich an wertvollen nutzbaren Lagerstätten (Gold, Kupfer, Nickel u. a.). Die absolute Altersbestimmung liefert zahlreiche Daten. Die Sedimentgesteine sind nur wenig aufbereitet, weil die chemische Verwitterung noch zurücktritt. Die sedimentären Eisenerze gehören zu einem Gesteinstyp, der in der Erdgeschichte nicht wiederkehrt. Kalke spielen erst ab dem Proterozoikum eine Rolle. Salzablagerungen sind sehr spärlich. Bis auf den Schungit, eine grafitähnliche Algen-Faulschlamm-Kohle, fehlen Kohlenablagerungen.

Klimatypen

Es lassen sich alle *Klimatypen* nachweisen. Die Masse der Sedimentgesteine ist in einem kühlen und humiden Klima entstanden. Mancherorts sind Klimaschwankungen zu erkennen. Gegen Ende zeigen weit verbreitete rote Sandsteine semiaride Bedingungen an. Aus allen Weltteilen kennt man Zeugnisse von Vereisungen. Die ältesten sind in archaischen Gesteinen bewiesen. Das Proterozoikum Afrikas bietet mehrfach Tillite (fossile Moränen). Der Abschluss des Präkambriums wird weltweit durch eine der größten Kaltzeiten, die Infrakambrische Eiszeit, gekennzeichnet.

Kambrium (580–490 Mio. Jahre)

Paläozoikum

Es ist die erste Formation des *Paläozoikums*. In breiten Meeresstreifen (Geosynklinalen) lagern sich Sedimente mit einer überraschend reichen Lebenswelt ab. Das Leben zeigt eine hochkomplexe Organisation. Die Ursachen des massierten Auftretens so vieler fortschrittlicher Wirbelloser sind nicht bekannt. Alle Stämme der Wirbellosen und marine Pflanzen sind bereits vertreten, Wirbeltiere fehlen noch. Bis jetzt sind über 3000 Arten beschrieben worden, davon sind 50% Trilobiten und 30% Brachiopoden. Die riffbauenden Archaeocyathiden kommen nur im Kambrium vor. In den Schiefern vom Burgess-Pass (Kanada) sind 70 Gattungen mit 130 Arten, hauptsächlich Arthropoden, Schwämme, Medusen und Würmer ganz vorzüglich überliefert. Abgesehen von den Würmern verdanken die Tiere ihre Überlieferung dem Besitz von Skeletten. Als Baustoffe werden Kalk, Chitin, Phosphat und Kieselsubstanz verwendet.
Die Gesteine sind vorwiegend klastisch (groß gekörnt), weil auf dem pflanzenfreien Land die mechanische Verwitterung überwiegt. Das Kambrium ist die ruhigste Formation der Erdgeschichte, man registriert kaum gebirgsbildende Ereignisse. Auch der submarine Vulkanismus tritt gegenüber früheren und späteren Zeiten zurück.
Das Klima ist warm-gemäßigt und humid. Aus Kanada, Sibirien, Persien und Indien sind Salzlagerstätten bekannt.

Ordovizium (490–440 Mio. Jahre)

Die marine Sedimentation wird in ungestörtem Übergang in den sich etwas erweiternden Meeresräumen des Kambriums weitergeführt. In der früher als *Untersilur* bekannten Formation zeigen die Gesteine allerdings eine größere Mannigfaltigkeit, die Kalkabscheidung ist reichlicher. Kalke kennzeichnen besonders den Hohen Norden. Die Arktis ist das Entwicklungszentrum kalkschaliger Tiere. Das vorherrschende Gestein ist Schiefer (Griffelschiefer-, Schiefertafel-, Dachschieferformation), aber auch Sandsteine spielen eine Rolle. Eisenerzablagerungen sind nicht selten. Die vulkanischen Gesteine werden überwiegend submarin gefördert. Das Massenvorkommen von Graptolithen, winzigen, seegrasartig verbreiteten Tierchen sonderbarer Organisation, stellt eine Fülle hervorragender Leitfossilien. Mit ihrer Hilfe lassen sich ordovizische Schiefer in allerkleinste Bereiche unterteilen. Die andere Wirbellosenfauna zeigt eine fortschreitende Entwicklung und Entfaltung. Die Faunenprovinzen des Kambriums verwischen sich. Mit den Agnathen, kieferlosen Fischvorläufern, erscheinen die *ersten Wirbeltiere*. Das Klima ist warm und feucht. Am Ende des Ordoviziums werden in einer gewaltigen Gebirgsbildung die Appalachen und andere Gebirgszüge unter gleichzeitiger Förderung magmatischer Gesteine aus den Meereströgen herausgewölbt.

Untersilur

erste Wirbeltiere

Silur (440–400 Mio. Jahre)

Die Formation war früher als Gotlandium oder auch *Obersilur* bekannt. Beginn wie Abschluss sind durch große Gebirgsbildungen markiert. Es entstehen die Gebirgsketten der Kaledoniden. Die gebirgsbildenden Bewegungen sind von größeren magmatischen Förderungen begleitet. Die Sedimentationsräume verändern sich kaum. Jedoch sind die Gesteine noch mannigfaltiger als im Ordovizium, der Anteil der Kalke nimmt weiterhin zu, die Bedeutung der Schiefer geht zurück. Auffällig sind die ersten Korallenriffe (Insel Gotland). In den Meeren herrschen allgemein günstige Lebensbedingungen.
Wie im Ordovizium sind die Graptolithen die wichtigsten Leitfossilien. Es werden die ersten Panzerfische und die *ersten Landpflanzen* registriert. Das Klima ist warm, wärmer als im Ordovizium, teils feucht, teils arid. In Nordamerika und in Sibirien bilden sich Ende Silur Salzlagerstätten. Doch in den Anden und in Südafrika sind Spuren von Vergletscherungen überliefert.

Obersilur

erste Landpflanzen

Devon (400–345 Mio. Jahre)

Die Gesteine zeigen gegenüber den vorausgegangenen Formationen eine weiter gesteigerte Vielfalt. Neben marinen Sedimenten spielen starke magmatische Förderungen (Diabase, Eisenerze) und weit verbreitete kontinentale Ablagerungen, das *Old red*, eine Rolle. Der Rote Kontinent (Spitzbergen, Grönland, Britische Inseln, Russland, Nordpersien, Sibirien) nimmt den Abtragungsschutt des Kaledonischen Gebirges auf. Aus der Füllung der vielen Meereströge (variskische Geosynklinalen) werden später, im Karbon, lange Gebirgsketten.
Das Devon bietet die ersten Haie, Lungen- und Knochenfische, die ersten Amphibien, die ersten Nacktsamer und die ersten Farne. Das Festland wird von Pflanzen und den vierfüßigen Tieren erobert. Das Klima ist ausgeglichen warm und feucht, nur auf dem Old-red-Festland trockener. Am Ende des Devon ist es allgemein warm und trocken. Aus Südafrika und Südamerika liegen frühdevonische Spuren einer Vereisung vor. Die besonderen klimatischen Bedingungen, insbesondere ein andauernder Wechsel zwischen Regenzeiten und strenger Dürre, begünstigen bei den süßwasserbewohnenden Fischen die Ausbildung einer Doppelatmung. Wie bei den heutigen Lungenfischen arbeiten neben Kiemen paarige Luftsäcke. Von stammesgeschichtlich großer Aussage ist die bei den Quastenflossern konstatierte Umwandlung von paarigen Fischflossen in Landgliedmaßen. Der *Wechsel vom Wasser- zum Landleben* gilt als der bedeutendste Schritt in der Geschichte der Wirbeltiere. Anspornender Einfluss auf die Höherentwicklung geht nur vom Land aus. Umfangreiche Veränderungen, besonders im Bau der Wirbelsäule, sind die weitere Folge. Im Devon-Meer lebt eine zumeist reich entwickelte Wirbellosenfauna. Die Graptolithen sterben aus. Die marinen Fische entfalten sich, neben den Knochenfischen spielen die Haie eine große Rolle.

Old red

Wechsel zum Landleben

Karbon (345–275 Mio. Jahre)

Steinkohlen-formation

Am Beginn der *Steinkohlenformation* steht eine plötzliche Entfaltung der Pflanzenwelt. Der außerordentlich reiche und durch viele neue Formen charakterisierte Pflanzenwuchs wird durch ein ausgeglichen feuchtwarmes Klima begünstigt. Die niederen Gefäßpflanzen erreichen den Höhepunkt ihrer Entwicklung. Es stellen sich die ersten Samenpflanzen ein. Gürtelförmig schlingt sich eine Zone der Kohlenbildung um den Erdball. Das Zusammentreffen optimaler biologischer, klimatischer und tektonischer Vorgänge erklärt den Reichtum an Steinkohle. Die Hauptmenge der Flöze entsteht im Oberkarbon. Die Bildungsräume sind die meist schmalen marinen Tröge vor den aufsteigenden Gebirgsketten. Neben diesen paralischen Vorkommen (England, Nordfrankreich, Belgien, Ruhrgebiet, Oberschlesien, Donezbecken) gibt es festländische (Saargebiet, Schlesien, Böhmen). Reiche Kohlenvorräte entstehen ferner in Kuznezk und in Nordchina sowie in Nordamerika (Appalachen).

Ende Karbon wird es trockener, auf der Südhalbkugel kühler. Aus Argentinien, Indien, Südaustralien und Südafrika sind eine charakteristische Pflanzenwelt, die Gondwana-Glossopteris-Flora, und erste Spuren der ins Perm weiterreichenden Vereisung bekannt. Es erscheinen die *ersten Reptilien*. Die *Insekten* erobern den Luftraum. Wichtige marine Fossilien stellen die Cephalopoden, Korallen und Brachiopoden. Tektonisches Hauptereignis ist die Variskische Gebirgsbildung. In mehreren Faltungsphasen entstehen in Eurasien und Nordamerika Serien von Kettengebirgen. Sie werden sowohl für die Entstehung der Kohlenlagerstätten wie auch für die spätere Paläogeografie maßgeblich. Die Stümpfe der meisten mitteleuropäischen Mittelgebirge sind Relikte dieser Gebirgsbildung. Vielerorts geht das Karbon gleitend in das Perm über.

erste Reptilien und Insekten

Perm (275–225 Mio. Jahre)

Es ist die letzte Formation des Paläozoikums. Wegen der in Deutschland aufgestellten Zweiteilung in eine untere festländische Abteilung (Rotliegendes) und eine obere marine (Zechstein) war früher die Bezeichnung *Dyas* gebräuchlich. Auf den Südkontinenten ist eine Abtrennung vom Karbon meist nicht möglich, dort wird die Einheit mit *Permokarbon* umschrieben. Wo festländische Sedimente des Perms ohne Übergang in die Trias gehen, spricht man von *Permotrias*.

Dyas Permokarbon Permotrias

Für die lebensvollen marinen Ablagerungen sind Foraminiferen, Brachiopoden und Cephalopoden Leitfossilien, für die festländischen sind es Pflanzen und Reptilien. Die Pflanzenwelt zeigt eine Gliederung in Provinzen. Auffällig ist der Gleichklang in der Verbreitung der Pflanzen mit der der Amphibien und Reptilien. Inmitten des Perms liegt der Umschwung der Pterydophytenflora des Paläophytikums in die Nacktsamer-Gymnospermen-Flora des Mesophytikums. Die Coniferen werden bedeutend. Die Reptilien bieten eine Reihe absonderlich gestalteter Vertreter, ferner die ersten säugerähnlichen Reptilien. Trilobiten, Tetrakorallen, Blastoiden, viele altertümliche Arthropoden und Brachiopoden sterben aus. Das Klima zeigt enorme Kontraste. Auf den Südkontinenten kommt es zu Vereisungen, die an regionalem Umfang und in den Mächtigkeiten der Ablagerungen den pleistozänen nicht nachstehen. Es ist die permische Eiszeit. Auf der Nordhalbkugel ist es überwiegend trocken und heiß. Auf dem Festland lagern sich mächtige, rot gefärbte Schuttserien ab. In Binnenmeeren bilden sich (im Zechstein) die bedeutendsten Salzablagerungen der Erdgeschichte. In Asien ist es feuchter, dort entstehen reichhaltige Steinkohlenlagerstätten. Der Vulkanismus äußert sich in örtlich gewaltigen Förderungen von Melaphyren und Quarzporphyren.

Kontinental-verschiebung

Nach der *Kontinentalverschiebungstheorie* (A. Wegener) hat der zusammenhängende Südpol-Urkontinent Pangaea im Perm begonnen, sich in Einzelteile aufzulösen. Die Schollen schwimmen infolge Polfluchtkraft und Westdrift auseinander. Die Ursache wird im Bestreben gesehen, das irdische Rotationsgleichgewicht herzustellen. Polverschiebungen zwingen das Rotationsellipsoid Erde immer wieder zu neuer Justierung. Abdriftende Kontinente induzieren sekundäre Gleichgewichtsstörungen wie auch neue Polverschiebungen. Stoßen die driftenden Platten zusammen, bilden sich im Aufstaubereich komplizierte tiefreichende tektonische Strukturen, Eröffnungen des Vulkanismus und Faltengebirge (Plattentektonik). In Bereichen der Zerrung hinter den Schollen kommt es zu Ozeanerweiterungen und Tiefseegräben. Die Beweise stellen der Paläomagnetismus, Gletscherbewegungen, Eiszeitablagerungen, die Verbreitung bestimmter Floren- und Faunenvertreter (Reptilien, Ostracoden, Beuteltiere, die Muschel Eurydesma), die Umrissform der Kontinente, Übereinstimmungen im Gebirgsbau, die großen Grabenbrüche, die Entstehung des Atlantik und die gegenwärtige Bewegung von Grönland.

Trias (225–180 Mio. Jahre)

Die Trias ist die erste Formation des *Mesozoikums*. Der Name leitet sich von der in Deutschland markanten Dreigliederung in Keuper
                Muschelkalk
                Buntsandstein
ab. Neben dieser Germanischen Trias sedimentieren im erstmals erkennbaren weltumspannenden Mittelmeer, der Tethys, die Gesteine der Alpinen Trias (in den Zeiten Skyth, Anis, Ladin, Karn, Nor und zuoberst Rhät). Gesteinsbildende Korallen und Algen erreichen einen Höhepunkt der Entwicklung. Organogene Kalke bauen viele Gebirgsketten der Nordalpen auf. Der Buntsandstein ist die in Deutschland weit verbreitete Folge roter Sandsteine (Helgoland, Nordhessen, Bedeckung der Oberrheinischen Mittelgebirge u.a.). Der Muschelkalk ist eine Serie grauer, flachmeerisch entstandener Kalke, in denen örtlich außerordentlich viele Fossilien vorkommen (Thüringen, Franken, Nordbaden, Württemberg u.a.). Der Keuper zeichnet sich durch sehr wechselhafte Gesteine und Farben aus. Die verschiedene Widerständigkeit gegen die Verwitterung lässt später aus den Gesteinen der Trias die süddeutsche Schichtstufenlandschaft entstehen.

In den marinen Gesteinen sind die Cephalopoden, darunter die Ceratiten, daneben Muscheln und Brachiopoden wichtig. Die bituminösen Schichten vom Monte San Giorgio im Tessin sind wegen Quantität und Qualität der Wirbeltierfunde weltberühmt. Die festländischen Ablagerungen werden mit Hilfe von Wirbeltieren, Arthropoden und den sich lebhaft entfaltenden Pflanzen geordnet. Es erscheinen die *ersten Dinosaurier*, Ende Rhät die ersten Säugetier-Vorläufer.

Das Klima ist weltweit ausgeglichen warm, zeitweilig humid, aber auch arid. Die Extremismen des Perm sind ausgelöscht. Entsprechend gleichförmig sind die Floren und Faunen verteilt. Salzlagerstätten sind vor allem für Deutschland von Bedeutung.

Auch tektonisch ist die Trias eine *Zeit der Ruhe*. Die Förderung von Laven erreicht im Bereich der Tethys sowie auf den Landmassen Sibiriens, Nordamerikas und Südafrikas große Bedeutung. Im Paraná-Becken in Brasilien stellen die bis 400 m mächtigen Basaltdecken auf mehr als einer Million km^2 Fläche den größten vulkanischen Erguss der Erdgeschichte.

Mesozoikum

erste Dinosaurier

Zeit der Ruhe

Jura (180–140 Mio. Jahre)

In der Juraformation *dominiert in Europa das Meer*. Die in Deutschland üblichen Gesteinsfarben bzw. Vorkommen in Großbritannien haben die weltweit gültige *Dreiteilung* in die Abteilungen

                Weißer Jura = Malm
                Brauner Jura = Dogger
                Schwarzer Jura = Lias

veranlasst. Der Schweizer Jura hat den Namen gegeben. In Süddeutschland ist die Alb (Schwäbische Alb, Frankenalb) der von den weißen Malmkalken verursachte felsige Steilrand der Schichtstufenlandschaft. Das Klima ist allgemein gleichmäßig warm, zu Beginn etwas feuchter und kühler, gegen Ende örtlich arid. Sehr ausgeprägt sind klimatisch begrenzte Meeresfaunenprovinzen. Klimatisch abhängige Gesteine sind die Salzlager, die Eisenerzlagerstätten (Minette Lothringens, südlicher Rheintalgraben, Braunschweig), die vielen Korallenriffkalke.

Die Fauna gehört zu der am besten bekannten in der Erdgeschichte. Die größte Rolle spielt das Heer der vielgestaltigen Ammoniten; sie stellen die meisten Leitfossilien. Daneben kennt man eine Fülle von Muscheln, Brachiopoden, Schnecken und Belemniten. Berühmt sind die vollendet überlieferten Tiere und Pflanzen aus dem lithografischen Schiefer des Malm-Zeta der Lokalitäten Solnhofen, Eichstätt, Jachenhausen, Kelheim und Painten. Aus diesen Schichten hat man inzwischen fünf Exemplare sowie eine Feder des ersten Vogels Archaeopteryx lithografica gefunden. Bekannt sind auch die Reptilienfunde aus dem Posidonienschiefer des Lias-Epsilon von Holzmaden, Bad Boll und Banz (Ichthyosaurus u.a.). Besonderes Interesse verdienen die ersten Flugsaurier (Rhamphorhynchus, Pterodactylus) und das Vorkommen von Dinosauriern in Nordamerika, Afrika und Asien. Brachiosaurus, das größte landbewohnende Tier der Erdgeschichte, wird bei 30 m Länge über 40 Tonnen schwer. Zeugnisse von Säugetieren sind spärlich.

Dominanz des Meeres
Dreiteilung

Kreide (140–70 Mio. Jahre)

Nur ein geringer Teil der Gesteine ist als (namengebende) weiße Schreibkreide entwickelt, meist handelt es sich um Tone und Sandsteine. Kreidegesteine führen verschiedene Namen wie Pläner, Quadersandstein, Grünsandstein.Charakteristikum ist der selten fehlende Feuerstein (Flint). Für die in Europa überwiegend tonig entwickelte untere und überwiegend kalkige obere Hälfte dürften die klimatischen Verhältnisse ursächlich sein. In den Alpen entsteht neben verschiedenen Kalken und Mergeln der Flysch, in Nordafrika die Hauptmasse des festländischen Nubischen Sandsteins.

erdgeschichtliche Ären

Erdgeschichtliche Tabelle

Ära	Formation	Abteilung	Dauer in Mio. Jahren	Beginn vor Mio. Jahren
Känozoikum	Quartär	Holozän	2	8150 v.Chr.
		Pleistozän		2
	Tertiär	Pliozän	8	10
		Miozän	13	23
		Oligozän	10	33
		Eozän	20	53
		Paläozän	12	65
Mesozoikum	Kreide	Oberkreide	70	140
		Unterkreide		
	Jura	Malm	40	180
		Dogger		
		Lias		
	Trias	Keuper	45	225
		Muschelkalk		
		Buntsandstein		
Paläozoikum	Perm	Zechstein	50	275
		Rotliegendes		
	Karbon	Oberkarbon	70	345
		Unterkarbon		
	Devon	Oberdevon	55	400
		Mitteldevon		
		Unterdevon		
	Silur		40	440
	Ordovizium		50	490
	Kambrium	Oberkambrium	90	580
		Mittelkambrium		
		Unterkambrium		
Präkambrium	Jungproterozoikum	(Algonkium)	1220	1000
	Altproterozoikum			1800
	Archaikum		1700	3500
	Katarchaikum			
Bildung der Erstarrungsrinde der Erdoberfläche				5000

Ära column values top-to-bottom: Känozoikum, Mesozoikum, Paläozoikum, Präkambrium.

Die paläontologische Gliederung wird mit Hilfe von Ammoniten, Muscheln, Brachiopoden, Seeigeln und Foraminiferen vorgenommen. Riffbauende starkschalige und große Muscheln, die Rudisten, sind für die tropischen Randmeere und formenreiche Schwämme für die übrigen Meeresräume charakteristisch. Die *landlebenden Reptilien* verzeichnen riesige Vertreter (Iguanodon, Triceratops, Tyrannosaurus, Trachodon) und das größte Flugtier aller Zeiten Pteranodon (mit acht Meter Spannweite). In der Oberkreide werden die ersten Vertreter der Beuteltiere und der Plazentalsäuger (Insektenfresser) sowie Nager und Urraubtiere festgestellt. Mit der Wende zum Tertiär sind mit den letzten Ammoniten, Riesensauriern, Flugsauriern und Fischsauriern typisch mesozoische Faunenglieder ausgestorben.

landlebende Reptilien

● PLOETZ

Die *ersten Blütenpflanzen* erscheinen. Das Klima ist warm, zunächst feuchter, dann trocken-heiß. Sehr deutlich lässt sich eine zonare Anordnung der Klimabereiche feststellen. Aus der Oberkreide von Australien, Texas und Spitzbergen werden Spuren von Vereisungen gemeldet.

In der alpidischen Geosynklinale treten die ersten starken Faltungen auf. Es entstehen die Kernzonen der Alpen, Dinariden, Anden und des Felsengebirges. Eine der größten Transgressionen der Erdgeschichte lässt das Meer in allen Erdteilen große Landgebiete überfluten. Eine ebenso weltweite Regression formt im Zusammenspiel mit gebirgsbildenden Bewegungen und der Beendigung der Kontinentalverschiebung großen Ausmaßes auf der Südhalbkugel bereits in groben Zügen das heutige Bild der Verteilung von Land und Meer. Mit der Kreide endet das Mesozoikum.

erste Blütenpflanzen

Tertiär (70–2 Mio. Jahre)

Die erste Formation des *Känozoikums* ist durch *gewaltige Gebirgsbildungen* auf der ganzen Erde gekennzeichnet. Es entstehen die Alpen, Pyrenäen, Karpaten, der Apennin, Kaukasus, die zentralasiatischen Kettengebirge, die Kordilleren. Rege vulkanische Tätigkeit fördert unzählige Basaltvorkommen, darunter Flächenergüsse mit über 100000 km^2 bei 1000 m Mächtigkeit. Gleichzeitig bilden sich enorme Braunkohlelagerstätten, anderwärts Erdöllagerstätten. Immer deutlicher formiert sich die heutige Verteilung von Land und Meer. Die meisten marinen Sedimente liegen in Nähe der heutigen Küsten. Nur in alpidischen Gebirgen oder über tektonischen Schwächezonen der Erdrinde (Rheintalgraben, Mainzer Becken) kann das Meer tiefer in die Kontinente eindringen. Von größter Vielfalt sind die festländischen Ablagerungen.

Känozoikum gewaltige Gebirgsbildungen

Überregional gültige geologische und paläontologische Daten sind dabei selten geworden. Die stratigrafische Gliederung berücksichtigt in den Stufen den Anteil der heute noch lebenden marinen Tierarten. Im *Pliozän* sind mehr als die Hälfte der Meeresbewohner dieselben wie gegenwärtig, im *Miozän* sind es nur noch 2%. Die größte Bedeutung besitzen die modernen *Säugetiere*, die sich mit Beginn des Tertiärs zur herrschenden Klasse entfalten. Jedoch bedingen Paläogeografie, Klima und Spezialisierung ein wellenmäßiges Erscheinen und eine von Kontinent zu Kontinent andersartige Verbreitung. Entwicklungsschwerpunkte liegen weit auseinander, am wichtigsten wird die eurasiatisch-nordamerikanische Holoarktis. Südamerika und Australien bleiben den Plazentalsäugetieren bis Ende Tertiär fast völlig verschlossen.

Pliozän Miozän Säugetiere

Das Klima zeigt im *Eozän* die größte Erwärmung, darauf erfolgt eine gleichmäßige Temperatursenkung. Im Laufe des Tertiärs sind es rund 10 °C. Im Miozän gedeihen nördlich der Alpen noch Palmen. Im Übergang ins Quartär (Arvernensiszeit) leben in Mitteldeutschland noch Mastodonten, Tapire und Makaken. Höhepunkte der Salzabscheidung sind Eozän/Oligozän und Mittel-/Obermiozän, sie wechseln mit Zeiten besonders reicher Braunkohlebildung (Mitteleozän, Untermiozän). Klimagürtel und Jahreszeiten können mit Annäherung an die Jetztzeit deutlicher rekonstruiert werden. Im Pliozän zeichnen sich die ersten Anlagen der großen Flusssysteme ab. Eine Aare-Donau entwässert im Altpliozän das Schweizer Mittelland, der Alpenrhein ist ein Nebenfluss, das Wasser der Alpennordseite fließt in den Pontus.

Eozän

Quartär (2 Millionen Jahre – Jetztzeit)

Es ist die jüngste und die kürzeste, aber erdoberflächlich am weitesten verbreitete geologische Formation. Da auf entsprechende kontinentale Zeugnisse keine Methode der absoluten Altersbestimmung angetragen werden kann, liegt der genaue Zeitpunkt des Beginns im Dunkeln. Der erste für die Gesamtgliederung anwendbare Wert lautet 690000 Jahre für Beginn Mittelpleistozän; marine Kleinlebewesen passen sich der Meerwasserabkühlung im Zusammenhang mit der ersten Eiszeit an. Die nächsten absoluten Datierungen fallen mit der Reichweite der Kohlenstoffisotopen-(C^{14}-)Methode in das ausgehende Jungpleistozän. Die Zeiten dazwischen können nur in Schätzwerten gefasst werden.

Die Arvernensiszeit beginnt im ausgehenden Jungpliozän und endet im Ältestpleistozän. Noch entwässert Süddeutschland über die Donau ins Schwarze Meer. Das Klima ist tropisch warm-feucht. Im Altpleistozän wird es trockener. Tektonische Absenkungen im Rhein-Main-Gebiet formieren im Ältestpleistozän in der Verknüpfung von Arvernensisströmen den Main. Die Donau fließt in der Südlichen Frankenalb im (später von der Altmühl übernommenen) großen Tal der Altmühldonau. Viele mitteleuropäische Flüsse schneiden sich bis fast auf die Höhe der heutigen Talsohle ein. Im Altpleistozän werden die Täler aufgefüllt. Im Neckartal, an mehreren Stellen im Mittelmaintal, in Mosbach bei Wiesbaden, in

Süßenborn bei Weimar entstehen die altpleistozänen Fossilfundstellen (mit dem ältesten Europäer Homo erectus heidelbergensis von Mauer und den Artefakten von Würzburg-Schalksberg). Erst mit dem Beginn Mittelpleistozän erniedrigt sich die Temperatur. Die drei Kaltzeiten Mindel, Riß und Würm wechseln mit den Warmzeiten (Zwischeneiszeiten, Interglazialen) Holstein und Eem. Die Schwankungen erklärt man mit unterschiedlicher Sonnenstrahlungsintensität. Sie setzen auf der ganzen Erde gleichzeitig ein. Während der größten Vereisung ist das Temperatur-Jahresmittel um 4–12°C erniedrigt. Das glaziale Klima ist ausgeprägt kontinental, die Sommer sind kühl und kurz. Die Meerwassertemperatur liegt während der Kaltzeiten 7°C unter der jetzigen. Im Bereich der Umgebung der nördlichen Polkappe und in den Hochgebirgen der Alpen, Mittelasiens, Südamerikas, Afrikas und Neuseelands *wachsen die Gletscher* und rücken gegen das Vorland.

Die *Eisvorstöße* erreichen, abhängig von der sich jeweils ändernden Paläogeografie und den klimatischen Voraussetzungen, verschiedene Reichweiten. Mehrfach werden von Norden her Skandinavien, Russland, die Britischen Inseln, die Niederlande, Nordwest- und Mitteldeutschland, von den Alpen her die Alpenvorländer überwältigt. Desgleichen sind Kanada und die nordöstlichen USA eisbedeckt.

Kleinere Halte im Vor- oder Zurückgehen des Gletschers sind die Interstadiale. Im Periglazialgebiet vor dem Eis entsteht im Hochglazial der Löß. Der aus den vegetationsarmen Schotter- und Sandflächen ausgeblasene Windstaub verwittert in wärmeren Abschnitten zum fruchtbaren Lößlehm. Allmählich formt sich die gegenwärtige Landschaft heraus.

Tier- und Pflanzenwelt zeigen in der Entwicklung und Verteilung starke Abhängigkeiten vom Wechsel der klimatischen Bedingungen, vom Stand des Eises oder des Meeresspiegels. Gute Leitfossilien, insbesondere Klimaindikatoren, stellen die Säugetiere. Eiszeitrepräsentanten sind das Mammut, das Wollhaarige Nashorn, Rentier, Wildpferd, Riesenhirsch, Moschusochse, Höhlenbär, Eisfuchs u.a. wertvolle Daten vermittelt die Pollenanalyse.

Zu Beginn des Pleistozäns liegen die Ostsee und weite Teile der Nordsee trocken. Das Rhein-Maas-Delta liefert Daten über schwankende Klimabedingungen. Nach der Überwältigung durch das Elster(= Mindel)-Eis und dessen Rückschmelzen füllt sich die Nordsee im Holstein mit der Holstein-See. Die Transgression führt eine boreale Fauna ein. Die Saale(Riß)-Vereisung lässt die Nordsee wieder verschwinden. Sie füllt sich im Eem (wie auch die Ostsee) etwa in den heutigen Grenzen mit dem normal-salzigen Wasser des Eem-Meeres.

Auf der ganzen Erde fällt und steigt der *Meeresspiegel* genau im Rhythmus des Eishaushaltes. Eiszeiten binden das Wasser, der Meeresspiegel kann bis zu 200 m unter dem heutigen liegen. In den Warmzeiten schmilzt das Eis, der Meeresspiegel kann bis zu 150 m über das heutige Null ansteigen. An den Küsten

Klima im Jungpleistozän und Holozän in Norddeutschland

Holozän (Postglazial)		
Jüngere Nachwärmezeit	–500 n.Chr	
Ältere Nachwärmezeit (Subatlantikum)	–800 v.Chr	kühler und feuchter! Juli +16 °C
Späte Wärmezeit (Subboreal)	–2500	noch warm, etwas feuchter! Juli +18 °C
Mittlere Wärmezeit (Atlantikum)	–4000	Klimaoptimum! warm, mäßig feucht Juli +19 °C
Frühe Wärmezeit (Boreal)	–6750	warm, trocken! Juli +17 °C
Vorwärmezeit (Präboreal – Finiglazial)	–8150	Erwärmung! Juli +12 ° bis +14 °C
Jungpleistozän		
Jüngere subarktische Zeit (Jüngste Tundrenzeit Dryaszeit)	–8800	Kälterückschlag! Juli +8 ° bis +10 °C
Allerödzeit	–10000	vorübergehende Erwärmung! Juli +12 °C
Ältere subarktische Zeit (Ältere Tundrenzeit Dryaszeit)	–10300	kalt! Juli +8 ° bis +10 °C
Bölling-Zeit	–10300	geringe Erwärmung! Juli +10 °C
Arktische Zeit (Älteste Tundren- oder Dryaszeit)	–13800	kalt! Juli +6 °C

Quartär (2 Millionen Jahre – Jetztzeit)

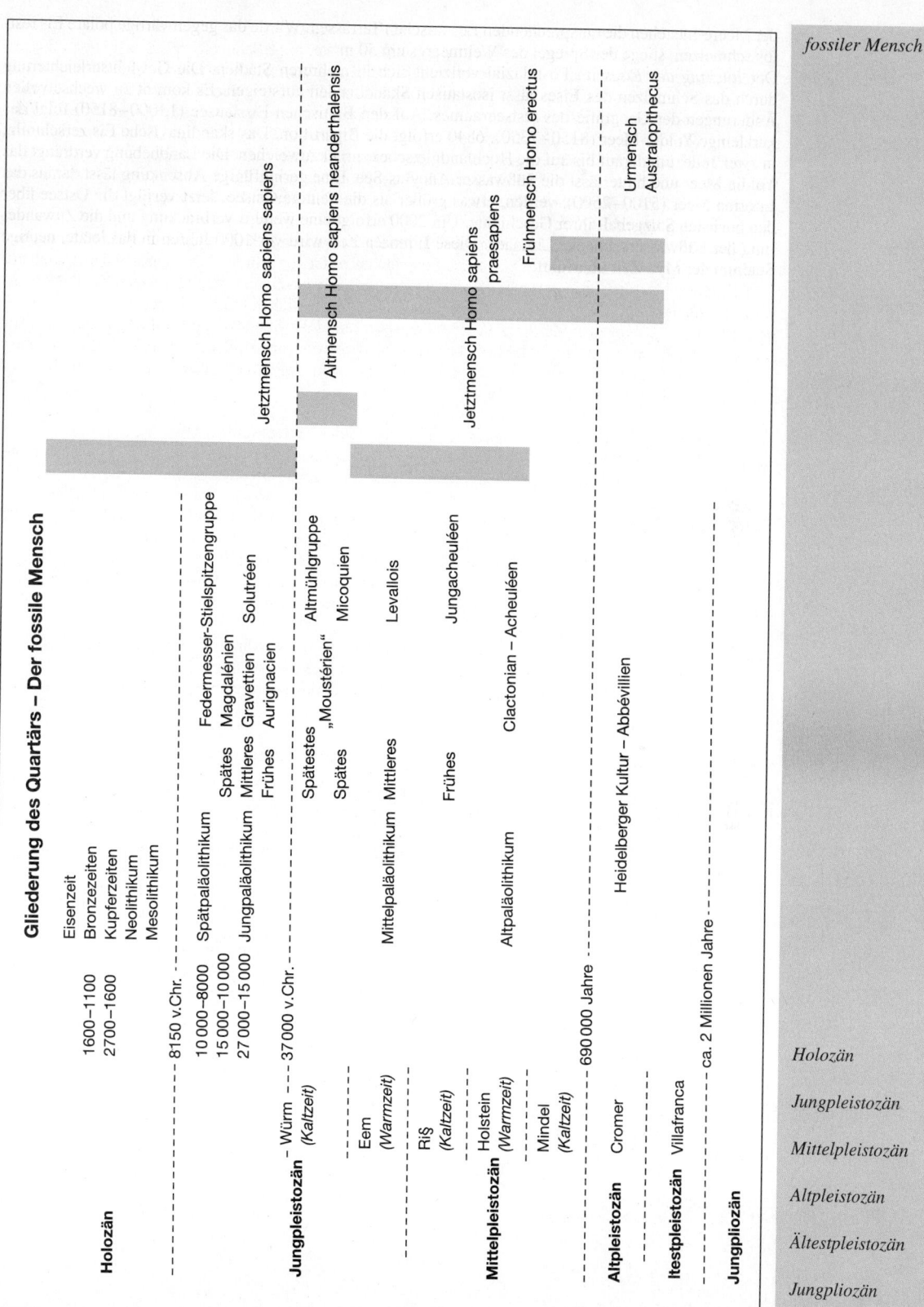

Rückzug des Eises

der Meere entstehen die entsprechenden Eustatischen Terrassen. Würde das gegenwärtige polare Eis restlos schmelzen, stiege der Spiegel des Weltmeeres um 50 m.

Der *Rückzug des Eises* im Postglazial vollzieht sich in mehreren Stadien. Die Gewichtserleichterung durch das Schmelzen des Eises lässt isostatisch Skandinavien aufsteigen. Es kommt zu wechselvollen Änderungen der Geografie des Ostseeraumes. Auf den Baltischen Eisstausee (13000–8150) folgt das kurzlebige Yoldia-Meer (8150–7350). 6840 erfolgt die Bipartition. Das skandinavische Eis zerschmilzt in zwei Teile, um darauf bis auf die Hochlandgletscher zurückzuweichen. Die Landhebung verdrängt das Yoldia-Meer und hinterlässt die Süßwasser-Ancylus-See. Eine geringfügige Absenkung lässt daraus das Litorina-Meer (5100–2500) werden, etwas größer als die heutige Ostsee. Jetzt verfügt die Ostsee über den höchsten Salzgehalt ihrer Geschichte. Um 2000 erfolgt eine weitere Verbrackung und die Zuwanderung der Süßwasserschnecke Limnaea. Diese Limnaea-Zeit wird vor 1000 Jahren in das letzte, heutige Stadium der Mya-Zeit überführt.

VORGESCHICHTE

Wenn im vorangehenden Abschnitt von Erdgeschichte gesprochen wird, so ist dabei der *Begriff „Geschichte"* im übertragenen Sinne verwendet. Geschichte im engeren und eigentlichen Sinn ist nur dem Menschen eigen. Sie bezeichnet die Art, wie der Mensch in der Welt natürlicher Gegebenheiten sich eine Welt menschlicher Gemeinschaft aufbaut und in dieser seine Geistigkeit entfaltet.

Als *Vorgeschichte* (im Sinne von Vordergeschichte, also vorderer Teil der universalen Geschichte) wird im Allgemeinen die Spanne von den ältesten menschlichen Kulturzeugnissen bis zum Beginn der antiken Kulturen des letzten vorchristlichen Jahrtausends bezeichnet.

Die Vorgeschichte als Ganzes gliedert sich in zwei Hauptabschnitte: ein älterer, als *Paläolithikum* (Altsteinzeit) bezeichnet, umfasst die pleistozäne Urmenschheit bis zum 10./9. Jt.v.Chr., ein jüngerer die gesamte nachfolgende Zeit. Diese letztere lässt sich aufgrund technischer, wirtschaftlicher, kunst-, gesellschafts- und geistesgeschichtlicher Wandlungen chronologisch untergliedern, wobei die jeweiligen Neuerungen innerhalb eines bestimmten Zeitalters nur einen Teil der gleichzeitig lebenden Gesamtmenschheit kennzeichnen, also nur regional eine unmittelbare Zäsur in der geschichtlichen Entwicklung darstellen. Neben den so in Erscheinung tretenden *regionalspezifischen Kulturstufen-Abfolgen* der einzelnen Erdgebiete und Geschichtsräume ist für die geschichtswissenschaftliche Verständigung eine pragmatische Gesamtperiodisierung unerlässlich, die nicht auf der diachronen (zwischenzeitlichen) Verfolgung „entsprechender" Kulturerscheinungen beruht, sondern die Erfassung synchroner (gleichzeitiger) Erscheinungen auch unterschiedlicher geschichtsstruktureller Ausprägung ermöglicht. So zu verstehen ist die altweltliche Gliederung in *Neolithikum* (Jungsteinzeit), Kupferzeit, Bronzezeit und Eisenzeit. Dabei gehört die Eisenzeit ins letzte Jt. v.Chr., die Bronzezeit ins 2. Jt., die Kupferzeit ins 3. Jt. und das Neolithikum ins 8.–4. Jt.

Begriff „Geschichte"

Vorgeschichte

Paläolithikum

regionalspezifische Abfolge

Neolithikum

Paläolithikum (Altsteinzeit)

Steingeräte

An Funden stehen uns in erster Linie *Steingeräte* zur Verfügung (vor allem Feuerstein, Jaspis, Hornstein, Chalzedon; wo diese Arten nicht vorkommen, auch Quarzite, Eruptivgesteine, Grauwacke, Basalt, Gneis, Granit). Sie sind ausschließlich durch Behauen und Retuschieren hergestellt (nicht durch Schleifen und Durchbohren wie in der Jungsteinzeit). Das Gesteinsmaterial übt zwar einen gewissen Einfluss auf die Formgebung aus, jedoch ist offenkundig, dass die spezielle Gestalt der Geräte primär vom menschlichen Formwillen abhängt. Die Steingeräte lassen gewisse Typen erkennen, die sich durch feste formale und technische Merkmale auszeichnen und bestimmte Traditionen und Konventionen widerspiegeln. Holz- oder Geweihschäftungen sind nur ausnahmsweise erhalten bzw. sicher zu rekonstruieren. Das bekannteste altsteinzeitliche Gerät, der Faustkeil, dürfte in der Regel ungeschäftet in der bloßen Hand als Universalgerät geführt worden sein. Neben den Steingeräten sind Geräte und Schmuckstücke aus Knochen, Elfenbein und Geweih erhalten, durchweg aus dem Jungpaläolithikum stammend. Schmuck ist ferner aus Muscheln, Graphit, Bernstein und Gagat hergestellt. Besonders wichtig für die Kenntnis der Altsteinzeit sind Kunstwerke sowie Grabanlagen.

Für das gesamte Paläolithikum kennzeichnend sind die ausschließlich aneignenden Formen der Nahrungsgewinnung (Jagd, Fischfang, Sammeln vegetabilischer Nahrung). Unbekannt sind Pflanzenanbau und Tierhaltung, Sesshaftigkeit und die Anlagen fester Siedlungen.

Die Chronologie der Altsteinzeit beruht hauptsächlich auf stratigrafischen Fundverhältnissen, d.h. dem Auftreten charakteristischer Formen und Kulturerscheinungen in übereinander liegenden Rastplatzschichten. Die Verknüpfung zahlreicher solcher Fundbeobachtungen in nahezu allen bewohnten Teilen der Erde lässt sowohl gewisse Grundzüge einer allgemeinen Kulturentwicklung als auch regionale Sonderentwicklungen, vor allem im Mittel- und Jungpaläolithikum, deutlich werden.

geologische Pleistozänforschung

Angesichts der überaus langen Dauer, die aufgrund der stratigrafischen Fundverhältnisse altsteinzeitlicher Kulturzeugnisse für diese Zeit insgesamt zu erschließen ist, kommt den Ergebnissen der *geologischen Pleistozänforschung* eine hohe Bedeutung für die Beurteilung des Paläolithikums zu. Die weltweit sich auswirkenden klimatischen Schwankungen mit dem Wechsel von Kälteperioden und wärmeren Zwischenabschnitten beeinflussen den menschlichen Lebensraum nachhaltig und können bei einer zeitlichen Gliederung und Synchronisierung menschlicher Kulturzeugnisse mit verwertet werden. Dabei spielen hauptsächlich vier geologische Beobachtungsmaterialien eine Rolle: 1.) die unmittelbaren Spuren von Vereisungen und deren Rückzugsbewegungen; 2.) Terrassenschotter; 3.) Lößanwehungen, Travertinbildungen, Höhlensedimente, soweit sie klimatologisch aufschlussreich sind: Wechsel von Glazialen (Eiszeiten) und Interglazialen (Zwischeneiszeiten) bzw., wenn es sich um kürzere Warmphasen innerhalb eines Glazials handelt, Interstadialen; 4.) Schwankungen des Meeresspiegels, die teils auf Klimaänderungen, teils auf andere chronologisch bestimmbare geologische Prozesse hindeuten. Die letztgenannten Beobachtungen ermöglichen vor allem eine zeitliche Parallelisierung paläolithischer Fundschichten Europas mit solchen Nordafrikas und Vorderasiens. Allgemein führen die geologischen Untersuchungen zur

Glazialzeiten

Unterscheidung mehrerer *Glazialzeiten*, die in Europa nach den süddeutschen Flüssen Günz, Mindel, Riß und Würm benannt werden. Mindestens die letzte dieser Eiszeiten ist anhand analoger Phänomene als Pluvial (Regenzeit) auch in Teilen von Afrika (sog. Gamblian) wiederzuerkennen, wiederum als Glazialzeit auch in Asien und sogar in Amerika (sog. Wisconsin). In dieses letzte Glazial gehört kulturgeschichtlich das gesamte Jungpaläolithikum und ein Teil des Mittelpaläolithikums; ein anderer Teil des Mittelpaläolithikums fällt in das letzte Interglazial. Das Altpaläolithikum ist teilweise mit dem Rißglazial und dem davorliegenden Holstein-Interglazial zu verbinden. Die frühesten in ihrem Artefaktcharakter gesicherten Werkzeuge (Werkzeuge, die eine menschliche Bearbeitung erkennen lassen) entstammen teilweise älterpleistozänen Schichten.

Warvenzählung Sonnenstrahlungskurve Radiokarbonuntersuchungen

Anhaltspunkte für die absolute Zeitbestimmung der Altsteinzeit bieten 1.) die *Warvenzählung* des schwedischen Geologen Gerard De Geer, 2.) die *Sonnenstrahlungskurve* des jugoslawischen Astronomen Milutin Milanković und 3.) *Radiokarbonuntersuchungen*.

Warven sind verschieden gefärbte Tonbänder, die sich beim Abtauen des Eisrandes nach dem letzten Glazial am Rand des zurückweichenden Eisstausees in jahreszeitlichem Wechsel bilden und die von den Linien des Gletscherhöchststandes bis zu seinen postglazialen Rückzugsgebieten verfolgt werden können. Diese Streifen entsprechen jeweils einem Sonnenjahr. Sie lassen sich zählen und ergeben zusammengenommen die Dauer dieses Abschmelzvorgangs. Demnach ist das Ende des letzten Glazials in die Zeit um 8000 v.Chr. zu setzen, das Maximum dieser letzten Eiszeit etwa in die Zeit um 16000 v.Chr.

Die Schwankungen der Sonnenbestrahlung im Verlauf der letzten 600000 Jahre lassen sich astronomisch berechnen. Diese Schwankungen sind in bestimmten Zeitmaßen auszudrücken. Sofern diese unterschiedliche Intensität der Sonnenbestrahlung sich auf die Klimaverhältnisse der Erde ausgewirkt hat (was von kompetenter Seite nicht allgemein vorausgesetzt wird), dürften diese Schwankungen eventuell mit der geochronologisch (erdgeschichtlich) ermittelten klimatologischen Gliederung des Pleistozäns parallelisiert werden. Dann würde das Maximum der Würmvereisung etwa in die Zeit um 15 000 gehören, eine ältere Kaltphase des Würmglazials in die Zeit um 60 000, die Rißeiszeit in die Zeit um 120 000–100 000, die Günzeiszeit in die Zeit vor 300 000 Jahren.

Die Radiokarbonuntersuchungen beruhen darauf, dass radioaktiver Kohlenstoff mit dem Atomgewicht 14, der von Pflanzen aufgenommen wird und von da als Nahrung auch in Tiere gelangt, in pflanzlichen und tierischen Überresten gemessen werden kann. Da mit dem Tod der Pflanzen die Aufnahme von „C^{14}" endet, seine Strahlungsintensität also abklingt, kann die Zeitspanne ermittelt werden, die zwischen dem Tod des betreffenden Lebewesens und der Gegenwart verstrichen ist. Die Methode ist aber noch unvollkommen, sodass die bisher vorliegenden Messungen kein absolut sicheres Bild ergeben.

Altpaläolithikum (vor 60 000)

Steinwerkzeuge — Die frühesten als Artefakte zu bestimmenden *Steinwerkzeuge* stammen aus dem frühen Eiszeitalter (sog. Villafranchium). Sie sind roh aus Steingeröllen oder -knollen entweder nur an einer Kante bzw. nur aus einer Richtung behauen (sog. Choppers) oder an mehreren Kanten bzw. durch gezielte Schläge aus zwei Richtungen zugerichtet, sodass eine annähernd zickzackförmige Schneide entsteht (sog. Chopping-tools). Während die Ersteren auch auf natürliche Weise entstehen können, erscheint dies bei den Letzteren als sehr unwahrscheinlich, zumal, wenn eine Häufung an bestimmten Plätzen zu beobachten ist, wie im Schichtpaket I und II der Oldoway-Schlucht in Ostafrika. Dort erscheinen sie zusammen mit Hominidenresten („Homo habilis"), die als kleinhirnig zu erweisen sind (Gehirnvolumen 680 ccm, gegenüber 800–1200 ccm beim Homo erectus des mittleren Eiszeitalters). Ein noch kleineres Hirn einer morphologischen Übergangsform zwischen Pithecinen (Affenähnlichen) und Hominiden (Menschenähnlichen) haben die sog. Australopithecinen, die aus Süd- und Ostafrika bekannt sind, aber bei denen keine sicheren Anhaltspunkte für eine Werkzeugherstellung bekannt sind. Die Datierung der Oldoway-Funde verteilt sich auf eine sehr lange Zeitspanne (schätzungsweise eine Million Jahre oder mehr), ohne dass bei den Steinwerkzeugen eine Veränderung erkennbar wäre. Über die Stellung des „Homo habilis" innerhalb der zum Menschen im Vollsinn des Wortes hinführenden Entwicklung (Homo sapiens) besteht noch keine volle Klarheit, d.h. über die Frage, inwieweit für diese Wesen ein reflexes, logisches und abstraktes Denken mit Traditionsbildung, Zukunftsplanung und sprachlicher Kommunikation, alles freilich in uranfänglich-undifferenzierter Ausprägung, in Betracht gezogen werden darf.

Homo habilis *Homo erectus* — Gegenüber diesem frühpleistozänen *„Homo habilis"* und seinem als frühpaläolithisch zu bezeichnenden Werkzeugbestand tritt im Mittelpleistozän der sog. *Homo erectus* (Oldoway, Java, Swartkrans, Mauer bei Heidelberg, Vértesszöllös bei Budapest, Chou-k'ou-tien bei Peking) in Erscheinung, mit dem neben einfachen Abschlaggeräten erstmalig Faustkeile und andere gegenüber den Choppers und Chopping-tools verbesserte und verfeinerte Geräte typischer Formung auftreten (Altpaläolithikum). In Oldoway ist eine stratigrafische Superposition eines solchen Gerätebestandes über einem frühpaläolithischen bezeugt. Dass den Trägern des Altpaläolithikums eine volle Geschichtlichkeit zuzusprechen ist, unterliegt keinem Zweifel. Geräte dieser Art sind in den drei altweltlichen Kontinenten Europa, Asien und Afrika bekannt. Technologisch sind bei den Faustkeilen zwei Gruppen zu unterscheiden, eine ältere, bei der die Bearbeitung nur unter Verwendung von Schlagsteinen erfolgt (sog. Amboßtechnik: Abbevillien-Art, nach reichen Funden bei Abbeville an der Sommemündung), und eine jüngere, bei der zusätzlich Schlaghölzer verwendet werden (sog. Hammertechnik: Acheuléen-Art, nach Funden von Saint-Acheul bei Amiens). Insgesamt zeigen die Faustkeile eine beträchtliche typologische Variationsbreite, die für eine lange Zeitspanne kennzeichnend ist (etwa 500000–60000). Vereinzelt sind außer den Steingeräten feuergehärtete Holzspitzen, offensichtlich Jagdspeere, gefunden worden (Torralba in Spanien; Clacton-on-Sea in England).

Jagdwild — Als *Jagdwild* des Altpaläolithikers sind Steppen- und Waldelefant, Waldnashorn, Boviden (rinderartig) und Cerviden (hirschartig) bekannt. Lagerplätze sind bisher so gut wie nicht bekannt; daher fehlen Bestattungen aus dieser Zeit. Immerhin wird aus dem Umstand, dass unter den altpaläolithischen Menschenresten sich viele Calvarien und Unterkiefer befinden, geschlossen, dass diesen Teilen eine besondere Aufbewahrung und Behandlung zuteil geworden sei (Kopfbestattungen, Schädelkult).

Höhlen — In einer Spätphase des Altpaläolithikums werden erstmalig *Höhlen* in nennenswertem Umfang von Menschen als Lagerplatz aufgesucht, nachdem dort zuvor nur Tiere gehaust haben. Für die in den drei altweltlichen Kontinenten nachweisbare Inbesitznahme der Höhlen durch den Menschen bildet die Beherrschung des Feuers (im Prinzip bereits für ältere Zeit bezeugt) eine wesentliche Voraussetzung. Sie verschafft dem Frühmenschen eine Überlegenheit gegenüber Raubtieren (Herdstellen von Anfang an kennzeichnend für Lagerplatz).

Mittelpaläolithikum (ca. 60000–35000)

Archäologisch ist dieses Zeitalter gekennzeichnet durch einen charakteristischen Bestand an *Steingerätformen*. Eine größer gewordene Anzahl fester Typen zeigt gegenüber der vorangehenden Zeit eine zunehmende formale und funktionale Differenzierung sowie eine technische Vervollkommnung an. Neben späten Faustkeilen sind vor allem Abschlaggeräte (teils in Levalloisien-, teils in Moustérien-Technik, erstere benannt nach Levallois bei Paris, letztere nach Le Moustier in der Dordogne) typisch, wobei man mitunter ausgesprochenen Meisterleistungen von technisch nicht zu überbietender Feinheit begegnet (z.B. große Blattspitzen).

Steingerätformen

Die *mittelpaläolithische Ökumene* umfasst Europa, Asien und Afrika. Wenn in Amerika und Australien Fundzeugnisse dieser Zeit bis jetzt fehlen, so dürfte dies schwerlich auf einer Forschungslücke beruhen. Innerhalb des altweltlichen Bereiches scheint es während des Mittelpaläolithikums in stärkerem Maße als im Altpaläolithikum zu regionalen Sonderentwicklungen gekommen zu sein. Nicht nur Ostasien, sondern auch Afrika südlich der Sahara sind nach den derzeit bekannten Fundbelegen als Periphergebiete zu betrachten, die an der Kulturentfaltung westlich und nördlich davon nicht voll Anteil nahmen. Aber auch der europäisch-nordafrikanisch-westasiatische Raum weist keine völlig homogene materielle Kultur auf. So sind z.T. qualitätvoll gearbeitete, flächenretuschierte Pappel- oder Lorbeerblattspitzen (typische Beispiele von Mauern im Kreis Neuburg/Donau; Ranis, Thüringen; Moravany, Slowakei) eine Spezialität mitteleuropäischer Gruppen, während bestimmte Schaberarten (z.B. Typus La Quina) auf Frankreich beschränkt und aus Silexkieseln gefertigte Schaber die Besonderheit einer westmittelitalischen Gruppe (so genanntes Pontigniano) sind. Auch das vorderasiatische Mittelpaläolithikum, wie es vor allem in den Höhlen des Karmels in Palästina (Et-Tabun, Mugharet es-Skhul), der Wüste Juda und in Jabrud am Antilibanon in typischer Ausprägung erschlossen wurde, zeigt im Formenensemble gewisse Sonderzüge, ebenso dasjenige Nordafrikas, für das hauptsächlich gestielte Spitzen kennzeichnend sind (sog. Atérien). Es kann sein, dass die für die Zeit des Mittelpaläolithikums zu erschließenden klimatischen Schwankungen (im eurasischen Raum: Wandel von einer Warmzeit zu einer Kaltzeit) eine Veränderung des Lebensraumes und damit eine temporäre Isolierung mancher Gebiete und ihrer Bevölkerung mit sich bringen. Damit könnte auch die Ausbildung rassischer Sondermerkmale in gewissen Gebieten zusammenhängen.

mittelpaläolithische Ökumene

Die Menschenfunde aus dem älteren (interglazialen) Abschnitt des Mittelpaläolithikums zeigen in Europa und Westasien (z.B. Weimar-Ehringsdorf; Fontéchevade, Département Charente; Saccopastore bei Rom; Krapina in Kroatien; Mugharet es-Skhul im Karmel, Palästina) eine bemerkenswerte gestaltliche Variabilität, darin offensichtlich die anthropologischen Verhältnisse des Altpaläolithikums fortsetzend. Demgegenüber gehört die Form des extremen *Neandertalers* (genannt nach der 1856 im Neandertal bei Düsseldorf entdeckten Schädelkalotte) vor allem in Westeuropa durchweg einem jüngeren (glazialen) Abschnitt des Mittelpaläolithikums an, sodass die anthropologische Forschung heute diesen extremen Neandertaler für eine Spezialisationsform hält, die jedenfalls nicht – wie früher erwogen worden ist – in die Ahnenreihe der vom Jungpaläolithikum an allgemein herrschenden „Sapiens-Form" gehört (die interglazialen Menschenformen der Art Ehringsdorf-Saccopastore-Mugharet es-Skhul zeigen stärkere sapiensstümliche Merkmale als die extremen Neandertaler).

Neandertaler

Trotz der Anzeichen für gewisse regionale Sonderausprägungen in kultureller und rassischer Hinsicht treten die verbindenden Gemeinsamkeiten der mittelpaläolithischen Kultur vom Atlantik bis nach Innerasien hervor (gefördert zweifellos durch die nomadisierende Lebensweise), die sich nicht nur auf die geläufigen Formen und Techniken der Steingeräte erstrecken, sondern auf wirtschaftliche Eigenheiten (Jagdmethoden) und vor allem auf kultisch-religiöse Wesenszüge, wie sie dank der seit dieser Zeit bestehenden Erhaltungsbedingungen anhand von Opfergaben und Bestattungen erschlossen werden können.

Die bei der *Jagd auf Großwild*, vor allem große Dickhäuter, angewandte Methode des Speerens wird am eindrucksvollsten durch den Fund von Lehringen in Niedersachsen vor Augen geführt. Dort lag in einem interglazialen Tümpel das Skelett eines Altelefanten mit einem 2,5 m langen Eibenholzspeer mit feuergehärteter Spitze zwischen den Rippen, umgeben von einigen roh zugeschlagenen Steingeräten, mit denen offensichtlich die verfolgenden Jäger die aus dem Wasser herausragenden Teile des gesperten Tieres abgeschnitten haben. Während an manchen mittelpaläolithischen Jagd- und Lagerplätzen auffallend verschiedenartige Jagdtiere in Resten nachzuweisen sind (jagdliche Vielseitigkeit), sind andere Stationen bekannt, bei denen (wohl wegen besonderer natürlicher Voraussetzungen, vielleicht aber auch wegen der besonderen Vorliebe einzelner Populationsgruppen) bestimmte Jagdtierarten dominieren. Mancherorts spielt die Jagd auf Höhlenbären eine überragende Rolle (z.B. Istállósköer Höhle in Ungarn, Veternica-Höhle in Kroatien, Ilinka in Südrussland), an anderen Plätzen diejenige auf Mufflons (z.B. Aman-Kutan in Usbekistan/Sowjetunion), an wieder anderen die Jagd auf Wisente (z.B. Ilskaja in der östlichen Schwarzmeergegend, wo im Laufe der Zeit weit über 2000 Tiere dieser Art verzehrt wurden; Wolgograd), an anderen die Jagd auf den Onager, eine schnelle Wildeselart (z.B. Cholodnaja Balka), an anderen

Jagd auf Großwild

diejenige auf Saiga-Antilopen (z.B. Sjuren, Čokurča im Kaukasus), an anderen die auf Hirsche (z.B. El Castillo in Nordspanien, Achenheim im Elsass). In Gebirgsgegenden werden mancherorts bevorzugt Bergziegen (z.B. Tešik-Taš in Usbekistan) oder Steinböcke (z.B. Repolust-Höhle in der Steiermark) gejagt. Neben diesen im Vordergrund stehenden Jagdtierarten erscheinen aber jeweils auch andere, die an der Fleischversorgung der betreffenden Gruppen sogar zum Teil trotz der vergleichsweise niedrigen Zahl erlegter Individuen einen namhaften Anteil haben (beispielsweise sind in der Station von Wolgograd (Zarizyn) außer 366 gejagten Wisenten 51 Mammute, 42 Pferde und 42 Saigas nachzuweisen).

religiöse Opfer — Als Zeugnisse *religiöser Opfer* sind auffällige Deponierungen von Tierknochen, vor allem Schädeln, zu deuten. Außer Hirsch- und Wisentknochen sind hauptsächlich Schädel von Höhlenbären in Höhlen der Schweiz, Jugoslawiens, Schlesiens, Ungarns und Südrusslands (Drachenloch, Mornova, Veternica, Reyersdorfer Höhle, Istállóskőer Höhle, Ilinka) rituell niedergelegt (in Steinkisten gebettet, mit Steinplatten umstellt oder in sonst geeigneter Weise geschützt).

Bestattungen — *Bestattungen*: Die Verstorbenen erfahren eine nicht nur pflegliche, sondern regelrecht rituelle Behandlung. Die wichtigsten diesbezüglichen mittelpaläolithischen Funde liegen vor von La Ferrassie, Le Moustier, La Chapelle-aux-Saints und Regourdou in Frankreich, Kük-Koba, Staroselje, Tešik-Taš in Südrussland, aus der Grotta Guattari in Mittelitalien, Shanidar im Irak, Mugharet es-Skhul und Et-Tabun in Israel. Danach werden die Toten zumeist in Schlafstellung in Felsspalten oder künstlich gegrabenen Gruben gebettet, mit Ocker umgeben (Ausdruck der Festlichkeit), nicht selten mit Steinen bedeckt (Schutz vor Raubtieren), einmal auch mit Ziegenhörnern umstellt (Zier) und mit Fleischstücken und z.T. auffallend sorgfältig gefertigten Steingeräten ausgestattet (Abschiedsgeschenke). Einige Male liegen die Toten auf einer Herdstelle, die zum Zeitpunkt der Bestattung noch heiß gewesen ist (dem Verstorbenen wird der zentrale und wichtigste Platz der Gruppengemeinschaft als Ruhestätte überlassen). Dieselbe Behandlung wie Erwachsene erfahren Kinder bis hin zu Föten (Beweis für die Bedeutung der Familiengemeinschaft). Einigen kopflosen Bestattungen stehen andere Funde gegenüber, bei denen der Kopf einen besonderen Schutz oder eine besondere rituelle Herrichtung erfahren hat. Vor allem bemerkenswert ist die Grotta Guattari im Monte Circeo, wo auf der alten Höhlensohle ein einzelner Schädel inmitten eines ovalen Steinkranzes angetroffen wurde. Der Schädel zeigt alte Hiebwunden, die den Tod des Individuums herbeigeführt haben (partielle Beisetzung eines rituellen Menschenopfers).

Jungpaläolithikum (ca. 35000–8000)

Wenngleich in technischer, ökonomischer und religionskundlicher Hinsicht eine Tradition vom Vorangehenden erkennbar ist, verkörpert das Jungpaläolithikum eine wesenhaft *neue Geschichtsepoche* innerhalb der universalen Menschheitsentwicklung.
Der Fundbestand dieses Zeitalters wird charakterisiert durch Steingeräte in *Schmalklingentechnik* (damals neu aufkommendes Verfahren, durch einen geschickt geführten Schlag auf einen Kernstein eine lange, schmale, an beiden Rändern scharfe Klinge abzusprengen). Die serienweise gefertigten Klingen werden dann zu zahlreichen speziellen Gerättypen weiterverarbeitet, die bestimmten Arbeitszwecken dienen (weitere Spezialisation, dazu technische Perfektion). Nicht minder ausgeprägt ist der Bestand an Geräten aus organischem Material, vor allem solchen jagdlicher und zeremonieller Art (erhalten nur dort, wo sie aus Knochen, Geweih und Elfenbein geschnitzt werden; wo sie aus Holz bestehen, sind sie vergangen. Dank der typologischen Veränderung der Stein- und Beingeräte kommt ihnen die wesentliche Rolle bei der chronologischen Untergliederung des Jungpaläolithikums zu. In Westeuropa werden hauptsächlich folgende Abschnitte unterschieden: Aurignacien (genannt nach der Höhle Aurignac, Département Haute-Garonne), Gravettien (nach der Abri-Station La Gravette in der Dordogne), Solutréen (nach der Fundstelle Solutré, Département Saône-et-Loire), Magdalénien (nach dem Abri La Madeleine in der Dordogne).
Im Jungpaläolithikum erweitert sich der menschliche Lebensraum durch die *Erstbesiedlung Amerikas* und Australiens. Die Landnahme Amerikas erfolgt anscheinend in einer Frühstufe des Jungpaläolithikums von Nordostasien aus, als infolge der letztglazialen Vergletscherung im eurasischen und im nordamerikanischen Bereich und der damit verbundenen Hortung ungeheurer Wassermassen das Absinken des Meeresspiegels eine Landverbindung zwischen Alaska und Nordostsibirien erstehen lässt. Die Besiedlung schreitet von Norden nach Süden fort und scheint vor dem Ende des Pleistozäns die Südhälfte des Doppelkontinents erreicht zu haben.
Die Erstbesiedlung Australiens findet wahrscheinlich in der letzten Phase des Pleistozäns von Neuguinea aus statt, wohin wegen des Absinkens des Meeresspiegels damals eine Landbrücke besteht; die zwischen den Sundainseln verbleibenden Meeresstraßen sind für eine Überquerung nicht zu breit. Zeitweilig wird die Verbindung mit dem australischen Festland mehr oder weniger unterbrochen, sodass in Indonesien und vor allem in Australien eine kulturelle Verarmung (und eventuell eine rassische Spezialisation) eintritt.
Kunst: Bezeichnendster Ausdruck der das Jungpaläolithikum begründenden Kulturentwicklung ist die Entstehung der bildenden Kunst. Sie zeigt eine *neue Stufe menschlicher Bewusstseinsentwicklung* an, indem offensichtlich erst jetzt ein erlebendes Subjekt zur bildlichen Darstellung eines erlebten Objekts befähigt und veranlasst wird. Vom Beginn des Jungpaläolithikums an erscheinen Darstellungen von Tieren (vor allem Jagdtiere) und Menschen, ausnahmsweise auch von Pflanzen, ein- oder mehrfarbig (mit rotem, gelbem und braunem Ocker, Kohle und Manganerde) auf Höhlenwände oder lose Steine gemalt, mit feinen oder kräftigen Linien auf Felswände, Stein, Geweih-, Elfenbein-, Gagat- oder Bernsteinstücke geritzt, reliefartig aus dem Bildgrund oder vollplastisch aus diesen Materialien herausgearbeitet. Diese Darstellungsgattungen setzen alle in der Zeit des Aurignacien ein, ebenso wie von dieser Frühstufe an bereits verschiedene stilistische Darstellungsarten nachweisbar sind: von bewundernswert veristischen Naturwiedergaben bis zu schematischen Darstellungen oder abgekürzten Detailabbildungen. Verbreitet sind die Zeugnisse jungpaläolithischer Kunst von Spanien, Frankreich und England über Italien, die Schweiz, Deutschland, Tschechien bis nach Südrussland und Sibirien sowie im südlichen Afrika, und zwar in den einzelnen Gattungen und speziellen stilistischen Ausprägungen so auffallend verwandt, dass ein unmittelbarer kultureller und geistiger Kontakt der betreffenden Populationen vorausgesetzt werden muss.
Bedeutende Fundstätten jungpaläolithischer Kunstwerke sind in Frankreich: Brassempouy, Dép. Landes (weibliche Elfenbeinfiguren), Bruniquel, Dép. Tarn-et-Garonne, und La Colombière, Dép. Ain (Tiergravierungen auf Steinplatten und Kieseln), Les Combarelles, Dép. Dordogne (Tausende von gravierten Tier- und einige Menschenfiguren in Höhle), Font-de-Gaume, Dordogne (Hunderte von polychrom gemalten Tierfiguren in Höhle), Fourneau du Diable, Dordogne (Tierreliefs auf Steinblöcken unter Felsdach [Abri]), Isturitz, Dép. Basses-Pyrénées (Gravierungen auf Steinplatten und Knochenstücken von Tieren, Tierpartien und Menschen, Steinreliefs und vollplastische Figuren), Lascaux, Dép. Dordogne (Hunderte von z.T. polychrom gemalten Tierbildern und Gravierungen in Höhle), Laussel, Dordogne (Reliefs von Menschen auf Steinblöcken unter Abri), Lourdes, Dép. Hautes-Pyrénées (Gravierungen und Figuren von Tieren und Menschen aus Knochen), La Madeleine, Dordogne (Gravierungen, Reliefs und vollplastische Figuren, zumeist aus Geweih und Knochen), Montespan, Dép. Haute-Garonne (aus Lehmblock geschnittene Bärenfigur im Höhleninnern; wahrscheinlich war dem Lehmkörper ein echter Bärenkopf aufgesetzt), Tuc d'Audoubert (großfiguriges Wisentpaar, aus Lehmblock herausgeschnitten, im hin-

tersten Teil einer Höhle), Niaux, Dép. Ariège (schwarze Höhlenmalereien), Le Roc-de-Sers, Dép. Charente (Reliefs auf Felsblöcken), Teyjat, Dordogne (Tiergravierungen auf Stalagmiten), Trois-Frères-Höhle, Dép. Ariège (Tausende von Tiergravierungen auf Höhlenwänden). – In Spanien: Altamira, Prov. Santander (polychrome Tierbilder auf Höhlendecke), Parpalló, Prov. Valencia (etwa 5000 Tiergravierungen und einige Tiermalereien auf kleinen Steinplatten). – In Deutschland: Klausenhöhlen im Altmühltal (Gravierungen von Tieren auf Steinplatte und Knochenstück), Petersfels, Kreis Konstanz (Tiergravierungen auf Geweih- und Gagatstücken, weibliche Figuren aus Gagat), Vogelherd, Kreis Heidenheim (rundplastische Tierfiguren aus Elfenbein), Gönnersdorf, Kreis Neuwied (Hunderte von Tier- und Menschenzeichnungen auf Schieferplatten). – In der Schweiz: Thayngen, Kanton Schaffhausen (Tiergravierungen auf Geweih- und Knochenstücken). – In Österreich: Willendorf in der Wachau (weibliche Statuetten aus Stein und Elfenbein). – In Tschechien: Ostrava-Petřkovice an der Oder (weibliche Statuette aus Rötel), Pavlov und Unterwisternitz, Südmähren (Tierfiguren und weibliche Statuetten aus Knochen, Elfenbein und einer Tonmasse, die im Herdfeuer gebrannt und dadurch erhalten geblieben ist; menschlicher Kopf aus Elfenbein), Brünn (männliche Elfenbeinstatuette in einem Grab). – In Italien: Insel Levanzo westlich von Sizilien (Gravierungen auf Höhlenwänden), Grimaldi bei Ventimiglia (weibliche Statuetten aus Stein), Rignano Garganico, Apulien (figürliche Malereien auf einer Höhlenwand und Gravierungen auf Knochen). – In Russland: Avdejevo, Gebiet von Kursk (weibliche Elfenbeinfigur), Kostjenki am Don (weibliche Figuren und Tierköpfe aus Elfenbein und Stein), Mezin an der Desna (sehr stilisierte, mit feinen Mäandermustern bedeckte weibliche Elfenbeinfiguren). – In Sibirien: Malta und Buret im Gebiet von Irkutsk (Tiergravierungen und -figuren sowie mehrere menschliche Elfenbeinstatuetten).

Tierfiguren Die *Tierfiguren* auf den Höhlenwänden finden sich zumeist tief im Höhleninnern an schwer erreichbarer Stelle. Doch gibt es Wandmalereien und -gravierungen nachweislich auch in den vorderen Höhlenpartien (infolge der Witterungseinflüsse dort nur ausnahmsweise erhalten). Ausschließlich in den vom Tageslicht erreichten Höhlenteilen werden Reliefs auf Felswänden und losen Steinblöcken angetroffen. Die Größe der Wandbilder schwankt zwischen lebensgroßen bis zu winzigen, nur wenige Zentimeter großen Darstellungen. Nur ganz vereinzelt finden sich Kompositionen von mehreren, thematisch zusammengehörigen Figuren (im Kampf gegeneinander rennende Mammut- oder Wisentbullen; Wisentbulle, der Wisentkuh folgend; Paare von Hirschen oder Rentieren; Rentier, das sich zu einem am Boden liegenden, offenbar kranken oder toten Tier herabneigt), mitunter auch Herden- und Jagdbilder (Mann flieht vor wild anstürmendem Wisent; Mann verfolgt Wisent; Mann liegt – offensichtlich tot – vor einem Wisent). Überwiegend handelt es sich bei den bildlichen Darstellungen jedoch um Einzeltiere, die häufig – sowohl auf Höhlenwänden als auch auf kleinen Stein- und Knochenstücken – übereinander gesetzt sind. Dennoch sind die Darstellungen durchweg naturgetreu und formklar. In stilistischer und typologischer Hinsicht schließt eine feste Konvention und eine lang anhaltende Tradition diese Tierbilder zu einer großen altweltlichen Einheit zusammen, hinter der eine einheitliche geistige Vorstellungswelt steht. Die Themenauswahl und die Darstellungsart legen die Annahme nahe, dass diese Bilder unmittelbare Jagderlebnisse – Erfolge (Jagdbeute) und Gefahren (Raubtiere) – wiedergeben. Da diese bildlichen Erinnerungsberichte unverkennbar religiösen Charakter besitzen, dürfen wir sie wohl in die aus späteren Kulturen bekannte Gattung der *Votivbilder* einordnen.

Votivbilder
menschliche Figuren Bei den *menschlichen Figuren* sprechen die Fundbeobachtungen am ehesten dafür, dass es Selbstdarstellungen der Verfertiger oder Besitzer sind. Bemerkenswert ist bei einigen dieser Menschenbilder die Geste der erhobenen Hände, die vermutlich als Adorationshaltung (Anbetung) zu deuten ist. Diese Geste kommt auch in einzeln gemalten Armen und Händen mit gespreizten Fingern sowie in positiven oder negativen Handabklatschen zum Ausdruck, die mit roter oder schwarzer Farbe an den Wänden zahlreicher Höhlen Spaniens, Frankreichs und Italiens neben jungpaläolithischen Tierdarstellungen dargestellt sind.

Bestattungen *Bestattungen*: Die jungpaläolithischen Grabanlagen führen ein Erbe der vorangehenden Zeit weiter. Neu ist jedoch, dass die Toten (Männer, Frauen und Kinder) häufig mit Kleider- und Körperschmuck versehen sind: durchlochte Tierzähne und Konchylien (Schalen von Weichtieren) an Schädel, Hals, Becken, an den Oberarmen, den Ellbogen und Handgelenken, den Knien und Füßen, zu verschiedenartigen Zierraten gehörend (wichtige Funde von La Madeleine, Combe Capelle, Crô-Magnon, Duruthy, Laugerie-Basse und Saint-Germain-la-Rivière in Frankreich, Arene Candide und Grimaldi in Ligurien, Brünn, Unterwisternitz und Předmost in Mähren, Kostjenki in der Ukraine, Malta in Sibirien). Die zu Schmuckstücken verarbeiteten Konchylien stammen meist aus den betreffenden Gegenden selbst; vergleichsweise häufig finden sich aber auch ortsfremde Arten, die erst viele Hundert Kilometer von ihrem Fundort entfernt natürlich vorkommen. Dabei handelt es sich teils um schlichte, unscheinbare Arten, die offensichtlich gesammelt werden, als sich die betreffende Population im Zuge ihrer nomadisierenden Lebensweise im natürlichen Vorkommensbereich jener Muschelarten aufhält, teils aber um sehr auffällige Arten (Cyraeen), die möglicherweise begehrte Tauschobjekte sind.

Eine beachtliche Rolle spielen im Jungpaläolithikum isolierte Kopfbestattungen, die entweder einzeln oder in Gruppen beisammenliegen. So wurden im Hohlerstein, Kreis Ulm, die Köpfe eines Mannes, einer

Frau und eines Kindes dicht nebeneinander auf einer gemeinsamen Rötelschicht angetroffen. In der Ofnethöhle bei Nördlingen waren die Köpfe von vier Männern, neun Frauen und zwanzig Kindern in zwei Mulden zu Schädelnestern vereinigt. Ähnliche Kopfbestattungen sind aus Spanien (Parpalló), Frankreich (Le Placard, Le Mas-d'Azil, Les Eyzies) und Mähren (Lautsch, Předmost) bekannt. Soweit nähere Beobachtungen vorliegen, sind die weiblichen Köpfe reichlich mit Schmuck versehen, die männlichen nicht. Die bei vielen Kopfbestattungen und auch bei vollständigen Bestattungen festzustellende Blickrichtung nach Westen dürfte mit der untergehenden Sonne in Verbindung stehen. Anders zu beurteilen als die Kopfbestattungen sind Zeugnisse eines Schädelkultes, bei dem menschliche Schädel (ohne Weichteile) rituell aufbewahrt werden. Ein solcher in einer Wandnische der französischen Höhle von Le Mas-d'Azil gefundene Schädel (ohne Unterkiefer) hat in den Augenhöhlen künstliche Einsätze aus geschnitzten Cerviden-Knochenscheiben.

Lagerplätze liegen bevorzugt an Wasserläufen. Aufschlussreiche Befunde sind aus mehreren europäischen Ländern und aus Sibirien bekannt. Die Behausungen sind mitunter tief in den Boden eingegrabene, rechteckige, mit Holzverkleidung versehene Gruben mit geraden Wänden, die eine Holzbalkendecke aufweisen (z.B. Timonovka a.d. Desna). Neben diesen regelrechten *Erdwohnungen* gibt es solche, die nur teilweise eingetieft und zum anderen Teil als obertägige Bauten errichtet sind, und schließlich solche mit ganz ebenerdigem Fußboden. Aus Verfärbungen oder aus randlichen Stütz- bzw. Verkeilsteinen und Mammutknochen lässt sich mitunter der Grundriß solcher *hüttenartigen Behausungen* (mit zeltartig aufsteigendem Dach) erkennen. Danach gibt es sowohl annähernd rechteckige (z.B. Moravany, Slowakei) als auch ovale und runde Anlagen (z.B. Gagarino, Honci, Kostjenki, Mezin in der Ukraine; Unterwisternitz, Pavlov in Mähren). Die größten sind mehr als 30 m lang. Der Hüttenboden ist gelegentlich steingepflastert oder als Estrich gebildet. Vielfach finden sich in den Behausungen ein oder mehrere Herde (bis zu zehn, in der Längsachse mit regelmäßigen Abständen aneinander gereiht). Vermutlich wohnen in den Behausungen so viele Familien, wie Herdstellen vorhanden sind. Die Großanlagen (bzw. die zu einem Lagerplatz gehörigen kleineren Einzelbehausungen) weisen auf die Existenz von Sozialeinheiten *(Lagerplatzgemeinschaften)* hin, deren Angehörige gemeinsam wandern und jagen. Außer den Lagerplätzen im offenen Gelände werden auch Abris und Höhlen aufgesucht (Feuerstellen, zuweilen Reste architektonischer Einbauten). Viele Freiland- und Höhlenlagerplätze sind mehrfach belegt, wobei teilweise eine Tradition zwischen mehreren Besiedlungsphasen zu bestehen scheint (Regelmäßigkeit des Lagerplatzwechsels).

Wirtschaft: Während von der pflanzlichen Nahrung (gesammelte Früchte, Beeren, Wurzeln, Samen und Kräuter) nur selten Überreste erhalten sind, vermitteln die archäologischen (bildlichen und ergologischen) sowie die faunistischen Funde Einblicke in die *Jagdsitten*. In Frankreich und Mitteleuropa werden während eines älteren Abschnittes des Jungpaläolithikums besonders häufig Mammute gejagt; in einem folgenden Zeitabschnitt steht das Pferd vielerorts an erster Stelle, in einer Spätstufe der Wisent und das Ren. Im östlichen Mittel- und in Osteuropa ist das Mammut bis ans Ende des Paläolithikums in ausreichendem Maß vorhanden (in Unterwisternitz machen Mammutknochen 90% des faunistischen Fundmaterials aus; in Předmost sind etwa 1000 erlegte Mammute ermittelt). Ausgesprochene Mammutjäger sind auch in Südrussland nachzuweisen, ebenso in Nordamerika. Bei einigen Mammutbildern des franko-kantabrischen Kunstkreises ist die Stelle auf der Brust der Tiere besonders gekennzeichnet, an der beim Angriffskampf der Stoßspeer zu sitzen hat. Mit dem *Stoßspeer* (Spitze feuergehärtet oder mit einer Steinspitze besetzt) werden auch Boviden und Bären erlegt. Für scheues, flüchtiges Wild (Equiden, Cerviden, Capriden) eignen sich eher Schuss- und Wurfwaffen. Vom Gravettien an sind Pfeil und Bogen in Gebrauch, seit dem Beginn des Magdalénien auch Wurflanzen, die eine mit Widerhaken versehene Harpunenspitze besitzen. Wildpferde werden im Rahmen organisierter Treibjagden erlegt (am Steilabfall des Tafelberges von Solutré, Dép. Saône-et-Loire, schätzungsweise 100000 Pferde). Nach Ausweis der Felsmalereien werden auch Fallgruben, Fanggatter und Schlingen als Jagdmittel benutzt. In manchen Gegenden schließen sich den jahreszeitlich wandernden Renherden Populationsgruppen an, indem sie die Wanderungen dieser Tiere über weite Strecken mitmachen, um ganzjährig von der Renjagd leben zu können (Sommerlagerplätze nachgewiesen bei Stellmoor und Ahrensburg nahe Hamburg, unweit des damaligen Eisrandes).

Lagerplätze

Erdwohnungen

Hütten

*Lagerplatz-
gemeinschaften*

Jagdsitten

Waffen

Neolithikum (Jungsteinzeit)

Der Übergang vom Jungpaläolithikum zum Neolithikum ist ein vielschichtiger, komplexer Vorgang, der sich in den einzelnen Erdgebieten sehr verschiedenartig darstellt und sich über eine unterschiedlich lange Zeitspanne erstreckt. Mitunter werden Fundkomplexe aus dieser Übergangszeit, die nachweislich jünger als das Pleistozän sind, aber noch nicht alle für die Jungsteinzeitkultur kennzeichnenden Elemente aufweisen, als *Mesolithikum* (mittlere Steinzeit) bezeichnet. Vom Standpunkt einer regionalen Kulturstufenabfolge ist diese Benennung mancherorts gerechtfertigt. Ein allgemeines Zeitalter im Sinn eines universal-historischen Entwicklungsabschnittes wird dadurch indes nicht umschrieben. Als Ganzes wird die als Jungsteinzeit bezeichnete Spanne in ihrem Beginn markiert durch den geochronologischen Übergang vom Pleistozän zum Nachpleistozän (geologische Jetztzeit) und in ihrem Ende durch die Entstehung der frühesten Hochkulturen im Vorderen Orient (um 3000 v.Chr.).

Zu einer neuen historischen Epoche wird das Neolithikum durch die im Vorderen Orient erfolgte Begründung einer gegenüber dem gesamten Paläolithikum neuen Lebensform und Bewusstseinsstruktur; sinnfälligster Ausdruck dessen sind: eine produzierende Form der Nahrungsgewinnung durch Pflanzenanbau und Tierhaltung, *volle Sesshaftigkeit* mit der Anlage fester Siedlungen und Errichtung von Häusern aus Steinen, Holz und (oder) Lehm, damit verbunden eine Vorratswirtschaft und die Entstehung *neuer Produktionsweisen* (zimmermannsgemäße Holzbearbeitung, Keramikherstellung und Metallverarbeitung). Weiterhin treten vom Beginn dieses Zeitalters an erstmalig Befestigungen, Waffenformen (nicht für die Jagd, sondern ausgesprochen für den Krieg bestimmt) sowie bildliche Darstellungen von Kämpfen zwischen Menschengruppen auf, offenbar Hinweise auf eine jetzt – Hand in Hand mit jenen kulturellen Errungenschaften – entstehende kriegerische Haltung, die ebenso zu den Neuerungen des Neolithikums gehört wie die neuen Techniken und Wirtschaftsformen. Die Ausbreitung der neolithischen Kulturerscheinungen nach Europa, Nordafrika, Süd- und Ostasien erfolgt in unterschiedlicher Geschlossenheit und Schnelligkeit (Neolithisierung). Amerika, Afrika südlich der Sahara, Südostasien und Australien werden von ihnen offensichtlich während der jungsteinzeitlichen Jahrtausende gar nicht erreicht.

Früh- und Altneolithikum (ca. 8.–6. Jt.)

Frühneolithische *Siedlungen*, die die Anfänge dieser Entwicklung beleuchten, sind von Westiran bis Anatolien bekannt; weitestgehend untersucht sind sie in Palästina (am Anfang Natuf-Stufe, nach einer Höhlenstation im Wadi en-Natuf, dann Tahune-Stufe, nach einem Wohnplatz bei Bethlehem, z.B. Jericho, Nahal Oren, Eynan, Beidha). Bezeugt sind aus der ältesten Stufe Rundhäuser mit Steinsockel, Lehmoberbau, Herd und Silos sowie einer Umfassungsmauer, aus der Tahune-Stufe auch Rechteckhäuser. Die dorfartigen Ansiedlungen bilden mitunter die Basis von Tellsiedlungen (Hügel, die durch immer neues Planieren von Lehmhausresten und das Errichten neuer Häuser an derselben Stelle entstehen). In Beidha lässt sich eine stratigrafische Abfolge verschiedener Hausformen feststellen: erst unregelmäßig vieleckig, eingetieft, dann rund, eingetieft, dann einräumig viereckig mit gewölbten Seiten, eingetieft, dann rechteckig geradseitig, z.T. mehrräumig und zweigeschossig. In Jericho ist ebenfalls eine Abfolge von Rund- und Viereckhäusern bezeugt; besonders beachtenswert ist hier eine 1,7 m breite Befestigungsmauer mit einem massiv gebauten Rundturm (Durchmesser 9 m). Der Bestand an *Steingeräten* schließt an den spätpaläolithischen an, unterscheidet sich von diesem durch Klingen mit Sichelglanz und durch Mikrolithen. Die Ersteren bilden die Einsätze von Erntegeräten, die Letzteren solche von dolch- oder speerartigen Waffen. Charakteristisch sind weiterhin Steinmörser (Getreidemühlen), Steinbeile (zur Holzbearbeitung) und plastische Menschen- sowie Tierfiguren aus Stein oder Bein, die eventuell eine Tradition vom Spätpaläolithikum her verkörpern. An *Bestattungen* sind Körper- und isolierte Schädelbeisetzungen bekannt; von den letzteren zeigen einige eine Übermodellierung mit gipshaltigem Ton und Augeneinsätzen aus Muscheln, sodass naturalistische Kopfplastiken mit echtem Schädelkern entstehen (Jericho). Als erste Haus- bzw. Herdentiere sind Schaf und Ziege bezeugt (osteologisch gesichert).

Während in diesen frühneolithischen Siedlungen *Keramik* noch fehlt, ist solche in altneolithischen Fundstätten des Vorderen Orients geläufig. Zunächst ist es eine unbemalte Ware mit einfachen Formen, aus der sich aber bald eine solche mit Ritzmustern oder einfacher Streifenbemalung entwickelt. Durch diese frühe Keramik gekennzeichnete Siedlungen sind aus dem Iran (Tepe Sialk, Tepe Guran, Tell-i-Bakun), Mesopotamien (Tell Hassuna, Tell Matarra, Tell Halaf), Palästina (Jericho, Megiddo), Ägypten (Merimde), Libanon (Byblos), Westsyrien (Ras Schamra) und Anatolien (Mersin, Hacılar, Çatal Hüyük) bekannt. Die vielräumigen, mitunter mehrstöckigen, durchweg rechtwinkligen *Häuser* (luftgetrocknete Lehmziegel, mitunter auf Steinsockel und mit eingezogenen Holzbalken, Wände verputzt) sind unmittelbar aneinander gebaut (agglutinierende Bauweise), die Räume mitunter mit Ornamenten oder symbolischen Jagddarstellungen ausgemalt, unter Wandbänken oder dem Fußboden Tote beigesetzt. Die Tatsache, dass bisweilen mehr als zwölf Siedlungsschichten dieser Stufe übereinanderliegen, lässt auf eine Besiedlungskonstanz und eine beträchtliche Gesamtdauer schließen. Während in diesen Siedlungen Rundbauten gänzlich fehlen oder nur als Speicherbauten vorkommen, haben die Häuser dieser Zeit auf Zypern durchweg Rundform (Khirokitia).

In mehreren Siedlungen dieser Stufe werden einfache gegossene Kupfergegenstände geborgen, die die Kenntnis der Metallverarbeitung bezeugen (offenbar gewonnen in Verbindung mit der Keramikherstellung). Stein- und Tonplastiken spielen eine beträchtliche Rolle (in Jericho lebensgroß, deutlich eine Tradition von den frühneolithischen übermodellierten Schädeln), weiterhin Tonstempel (Pintaderas). An Haustieren sind hier auch Rinder nachgewiesen, an angebauten Pflanzen vor allem Getreidearten. Anscheinend gibt es mancherorts bereits eine künstliche Bewässerung.

Von ihrem vorderasiatischen Ursprungsgebiet aus werden wesentliche Züge der neolithischen Kultur während des Altneolithikums nach Nordafrika und nach Südosteuropa verbreitet, fraglos durch eine *Kolonisation*, d.h. das allmähliche Vorrücken einer neolithischen Agrarbevölkerung. Wie weit diese Bewegung in Nordafrika über Ägypten hinaus nach Westen reicht, ist noch ungeklärt. Die Sahara bietet damals wesentlich günstigere Lebensbedingungen als heute. Felsbilder mit Rinderherden sind sicher z.T. neolithisch (genaue Datierung einstweilen fraglich). Auf Kreta (unterste Schichten des Siedlungshügels von Knossos), anderen ägäischen Inseln (Skyros, Chios), dem griechischen Festland (Argissa-Magula, Otzaki-Magula, Sesklo und Soufli-Magula in Thessalien, Nea Makri in Attika, Nea Nikomedia in Makedonien), in Bulgarien (Karanovo), Rumänien (Leţ) und Serbien (Starčevo, Vinča, unterste Schicht) sind altneolithische Siedlungen mit rechteckigen Einzelhäusern aus Lehm bekannt, die z.T. die unteren Partien von länger belegten Tells bilden. Auch hier umfasst die Keramik neben einer unverzierten Ware solche mit einfacher Bemalung, dazu Menschen- und Tierplastik, Pintaderas, geschliffene Steinbeile und -keulen, Steingefäße und Sicheleinsätze, alles auf vorderasiatische Formen zurückführbar. Aus dem Rahmen der übrigen altneolithischen Kultur Südosteuropas fällt eine Siedlung bei Lepinski Vir am Eisernen Tor (Durchbruch der Donau zwischen Südkarpaten und Ostserbischem Gebirge) heraus: Regelmäßig gebaute Trapezhäuser enthalten große ausdrucksvolle Steinplastiken singulärer Art.

VORGESCHICHTE — Neolithikum (Jungsteinzeit)

Außerhalb dieser vollneolithischen Kultur, die durch agrarisch-viehhalterische Wirtschaftsform, Lehmarchitektur, Siedlungskonstanz und einfache bemalte Keramik gekennzeichnet ist, lassen sich an diese in den angrenzenden europäischen Gebieten verwandte Kulturerscheinungen anschließen, die insgesamt einen abgewandelten, weiterentwickelten Eindruck machen und offenbar wiederum auf Landnahmebewegungen beruhen. Im *Theiß-Gebiet* (Ungarn) ist dies die Körös-Kultur, weiter westlich die Bandkeramikkultur und in den mediterranen Küstengebieten von Jugoslawien und Apulien bis Ligurien und Spanien die nach Eindrucksmustern (u. a. mit der Cardiummuschel) benannte *Impressakeramik-Kultur*. Über den Beginn dieser Neolithkulturen (inwieweit noch mit den altneolithischen Kulturen Südosteuropas und des Vorderen Orients gleichzeitig und inwieweit bereits jünger) besteht noch keine Klarheit.

Theiß-Gebiet

Impressakeramik-Kultur

Fest steht indes, dass unabhängig von der die Ausbreitung bzw. Entstehung vollneolithischer Kulturen bewirkenden Neolithisierung sich in ganz Europa (bis Westfrankreich und Südskandinavien), ebenso in weiten Teilen Afrikas (bis zum Süden des Kontinents) und in Südasien während der nachpleistozänen Jahrtausende die *Mikrolithik* ausbreitet (serienweise gefertigte, winzig kleine Steingeräte in Halbmond-, Dreieck- oder Trapezform: Tardenoisien in Frankreich), wie sie während des Paläolithikums unbekannt ist und das Aufkommen sowie die schnelle, überaus weite Ausbreitung neuartiger Gegenstandstypen (als deren Steineinsätze die Mikrolithen zu betrachten sind) anzeigt. Wo wir durch günstige Erhaltungsbedingungen deren Gestalt erkennen, ist nachzuweisen, dass es sich dabei um Waffen (Dolche oder Speere) handelt, wie dies entsprechend für die vorderorientalischen Mikrolithen von der Natuf-Stufe an der Fall ist. Auch andere Typen dieser „mesolithischen" Gruppen (verzierte Geweihäxte, Keulenknäufe) sind als Waffen zu deuten. Dazu paßt, dass die nachpaläolithischen Felsmalereien Ostspaniens und der Sahara (im Gegensatz zu allem, was aus dem Paläolithikum bekannt ist) erstmalig Darstellungen von Kämpfen zwischen Menschengruppen zeigen. Soweit diese „mesolithischen" Gruppen uns zugänglich sind, führen sie in ihrer Wirtschaftsform, ihrer Lebensweise und ihren Rastplatzanlagen ein paläolithisches Erbe weiter. Eine Gemeinsamkeit mit den frühneolithischen Kulturen des Vorderen Orients ist nur in der Verwendung von Waffen und der darin zum Ausdruck kommenden kriegerischen Haltung erkennbar.

Mikrolithik

Nach Osten sind mikrolithische Fundkomplexe von Tardenoisien-Art bis Polen, Ostpreußen, Litauen, Weißrussland und in die nordwestliche Ukraine verbreitet. Im östlichen Baltikum ist stattdessen die *Kunda-Kultur* anzutreffen, in Nordrussland bis zum Ural hin die verwandte *Schigir-Kultur*, wo hochwertiger Feuerstein, der für eine ausgeprägte Mikrolithik unerlässlich ist, nicht zur Verfügung steht (Geräte aus Quarz und Schiefer), wo aber funktionale Äquivalente nicht völlig fehlen. Typisch sind hier aus Knochen und Geweih gefertigte Harpunen, Speer- und Pfeilspitzen sowie Äxte. Auch im Gebiet des Dnjepr und Donez, auf der Krim und am Asowschen Meer in der Sowjetunion sind Spuren einer epipaläolithischen (d.h. der Kultur, nicht der Zeit nach) Jäger- und Sammlerbevölkerung bekannt, die dann gewisse neolithische Kulturmerkmale (geschliffene Steingeräte, Keramik) annimmt.

Kunda-Kultur
Schigir-Kultur

Mittelneolithikum (ca. 5. und erste Hälfte des 4. Jt.s)

Vorderer Orient

Mesopotamien: Auf die Hassuna-Stufe folgen die Samarra- und dann die Halaf-Stufe, für die jeweils charakteristische Keramikgattungen repräsentativ sind. Dabei lassen sich regionalspezifische Ausprägungen verfolgen (bei der Bemalung neben reichen Ornamenten auch figürliche und symbolische Darstellungen; Halaf-Ware: technisch und künstlerisch Höhepunkt der Töpferei). Zugehörig sind Steingefäße, steinerne Keulenköpfe, Stein- und Tonfiguren, Schminkpaletten, Steinbeile und andere Steingeräte, aber auch einzelne Kupfergeräte, ferner Sicheln aus hart gebranntem Ton. Mit der obermesopotamischen Halaf-Keramik verwandt ist eine südmesopotamische (nach einer Siedlung unweit von Uruk-Warka) als Hadschi-Mohammed-Gruppe bezeichnete Ware, mit der die Zeugnisse einer neolithischen Kulturentwicklung und Besiedlung im nachmaligen Land Sumer einsetzen (neuerdings auch Samarra-Ware bezeugt). Ob damit die erstmalige Inbesitznahme dieses Landesteiles durch eine ackerbautreibende Bevölkerung (etwa infolge jetzt erfolgter Veränderungen im naturlandschaftlichen Charakter) angezeigt wird, oder ob das Fehlen älterer Belege nur auf einer Forschungslücke beruht, muss dahingestellt sein.

Die mesopotamischen Siedlungen dieser Zeit bestehen aus vielräumigen, aneinandergebauten Lehmziegel- oder Stampflehmhäusern mitunter stattlicher Größe und regelmäßiger Grundrißgestalt (Tell as-Sauwan, Tell Hassuna, obere Schichten), umgeben von einer starken Lehmziegelmauer und einem Wassergraben (Sauwan), dazu runden Tholosbauten aus Lehmziegeln mit oder ohne Steinsockel, die – abweichend von den rechtwinkligen Wohnhäusern – als Speicher zu deuten sind und außerdem Stätten kultischer Handlungen sind.

In dem übrigen *Westasien* sind Siedlungen der Samarra- und Halaf-Zeit wohlbekannt (verwandte Keramik in den einzelnen Landesteilen, eigengeartete, importierte Halaf-Ware bis in die Osttürkei, Kilikien und zur israelischen Küstenzone). Die Siedlungen liegen teils an zuvor schon besiedelten Plätzen (Jericho, Byblos, Ras Schamra, Mersin, Hacılar), teils werden neue Tellsiedlungen begonnen, mitunter (so in Çatal Hüyük) dicht neben solchen des Altneolithikums.

In *Ägypten* gehören ins Mittelneolithikum einerseits noch unterägyptische Siedlungen wie die von Merimde und El-Fajum, die in ihrem Beginn wohl ins Altneolithikum zurückreichen (keramische Entwicklung, qualitätvolle Steingeräte, u. a. retuschierte Sicheln, durchbohrte Keulenknäufe, Steingefäße), andererseits die oberägyptische Frühstufe der ausgedehnten Friedhöfe (Tasa-Stufe: Mostagedda) mit Hockerbestattungen, ritzverzierter oder geriefelter Keramik, Elfenbeinarmringen und -löffeln, Steinperlen und -paletten. Diese Friedhöfe setzen sich kontinuierlich in die folgende Zeit hinein fort.

In *Iran* (Tell-i-Bakun, Tepe Gijan, Tepe Djafarabad, Tepe Sialk) und im nordöstlich angrenzenden Turkmenistan (Dscheitun, Tell Anau, Namasga) sind Siedlungen mit Lehmziegelarchitektur, Tonfiguren, einer bemalten Keramik und sonstigen Kulturerscheinungen bekannt, die mehr oder minder sicher mit dem Mittelneolithikum Mesopotamiens zu synchronisieren sind und die Wirksamkeit von Kulturbeziehungen bezeugen. – (Forts. S. 27)

Europa

In *Griechenland* wird die charakteristischste mittelneolithische Kultur nach der thessalischen Siedlung von Sesklo benannt (4 m mächtige Siedlungsschichten, mehrere Stufen zu unterscheiden). Hier und an anderen Plätzen (Argissa-Magula, Soufli-Magula, Korinth, Otzaki-Magula, Knossos) folgt die Besiedlung einer solchen älterer Zeit. Mitunter beginnt sie aber erst mit dieser Stufe (Chaironeia in Böotien, Rakhmani, Tsangli und Tsani in Thessalien). Typisch sind eine weiß-auf-rot oder rot-auf-weiß gemalte Keramik mit charakteristischem Ornamentschatz, Ton- und Steinstatuetten, Stein- und vereinzelt Kupfergeräte sowie eine Hausform: Tsangli-Typ (Einzelrechteckbau mit Wandzungen).

In *Bulgarien* wird die altneolithische Besiedlung in den Tells überlagert von Schichten der mittelneolithischen Veselinovo-Kultur (Karanovo, Azmaška Mogila) mit bezeichnender Knopfhenkelkeramik, Lampen, Statuetten und Geräten. In diesen Kulturerscheinungen ebenso wie in den Hausformen lässt sich eine Tradition vom Vorhergehenden feststellen. In Nordbulgarien und *Rumänien* folgt auf die altneolithische Criş-Kultur die Boian-Kultur, von der mehrere, anhand ihrer eigenwilligen Keramik herausstellbare Stufen zu unterscheiden sind.

Bandkeramik-kultur

Westlich des Verbreitungsgebietes der Criş-Körös-Kultur (Ungarn) erstreckt sich dasjenige der *Bandkeramikkultur*, deren ältestes Entwicklungsstadium im östlichen Mitteleuropa (an und nördlich der mittleren und oberen Donau) zu belegen ist (Krumlov-Stufe), ein entwickelteres in einem erweiterten, bis westlich des Mittelrheins reichenden Bereich (Flomborn-Stufe), während ein nochmal jüngeres Stadium nach Westen bis zur Champagne, nach Norden bis Pommern und nach Osten bis zum oberen Dnjestr verbreitet ist. Dabei lassen sich in einzelnen Gebieten noch weitere chronologische Unterabschnitte herausstellen, die insgesamt für eine beträchtliche Dauer dieser Kultur (etwa ein Jahrtausend) sprechen. Soweit bekannt, stellt die bandkeramische Kultur in Mitteleuropa, die im Wesentlichen die fruchtbaren Böden erfasst, unfruchtbare und gebirgige aber meidet, den Beginn einer vollneolithischen Lebensweise dar, die fraglos durch einen vom Mitteldonaugebiet ausgehenden Kolonisationsvorgang hier Eingang findet. Daneben ist mit der Weiterdauer „mesolithischer" Jäger- und Sammlergruppen zu rechnen, ähnlich wie auch später vielerorts Populationen verschiedener Wirtschaftsform und Kultur räumlich nebeneinander leben.

Mischwirtschaft

Bei den Bandkeramikern spielt die Jagd nur eine untergeordnete Rolle; stattdessen halten sie Rinder, Schafe, Ziegen und Schweine; im Rahmen einer ausgewogen *gemischtwirtschaftlichen Lebensweise* wird dazu Weizen angebaut. Namengebend für diese Kultur ist ihre Keramik, bei der auf rundbodigen Kümpfen, Schalen oder Flaschen eingeritzte Spiral-, Mäander- oder Zickzackbänder, Stichreihen- und Zwickelmuster in beträchtlicher Vielfalt erscheinen. Wenngleich diese Ware innerhalb ihres weiten Verbreitungsgebietes und ihrer langen Entwicklungsspanne sich als zusammengehörige Erscheinung erweist, bestehen eine Menge regionaler Sonderausprägungen und -entwicklungen, die teilweise erkennbar mit kleinen oder größeren Siedlungskammern in Verbindung zu bringen sind. Trotz eines sich herausbildenden Eigenlebens bleibt bis in die Spätstufe hinein ein Kontakt mit dem Gesamtverband bestehen.

Ebenso charakteristisch wie die Keramik sind die Steingeräte, vor allem die aus Felsgestein geschliffenen sog. Schuhleistenkeile, ein mit D-förmigem Querschnitt versehenes Meißel- bzw. Drechselwerkzeug, das hauptsächlich der Holzbearbeitung dient, dazu Steinklingen als Einsätze von Sicheln. Durchbohrungen finden sich nicht bei Geräten, sondern nur bei Waffen (Keulenköpfen). Inwieweit steinerne Pfeilspitzen oder Pfeilschneiden für die Jagd und inwieweit für den Krieg bestimmt sind, lässt sich schwer entscheiden. Unter den Schmuckformen stehen Stein- und Muschelperlen von Hals- und Armketten sowie Armringe aus Spondylusmuscheln und Stein an erster Stelle (Spondylus: rezente Arten, die vermutlich aus dem Roten Meer stammen und für weite Kontakte der Bandkeramiker sprechen).

Siedlungen

Zahlreiche Ausgrabungen von Mähren über Polen bis Holland und Mittelfrankreich haben Aufschluss über die *Siedlungen* der Bandkeramiker gebracht, die wiederum durch wesentliche Gemeinsamkeiten gekennzeichnet sind. Typisch sind große Rechteckhäuser (5 × 20 bis 8 × 40 m), deren Wände aus mächtigen Holzpfosten mit lehmverstrichener Flechtwerk- (oder Fachwerk-)füllung bestehen; drei innere Pfostenreihen tragen das Firstdach, wobei aus der Pfostenstellung im einzelnen Hinweise auf die Inneneinteilung der Häuser gewonnen werden können (Schlaf-, Wohn- und Küchenteil, Erntespeicher). Dieser Haustyp zeigt in Details gewisse zeitliche und regionale Abwandlungen, kennzeichnet als Ganzes aber diese Kultur von ihrer Frühstufe an. Oft scheinen solche Häuser als Einzelhöfe zu bestehen, in einigem Abstand umgeben jeweils von einem Flechtwerkzaun, der wohl gleicherweise das Vieh bei Nacht zusammenhalten und den Menschen Schutz vor wilden Tieren (und womöglich räuberischen Menschen, Mesolithiker?) bieten soll.

Zuweilen liegen offensichtlich zwei Häuser dieser Art (die jeweils eine über eine Kleinfamilie hinausgehende Sozialeinheit beherbergen, Großfamilie?), eventuell sogar deren mehrere, nahe beieinander. Jedoch ist ungewiss, ob es regelrechte Dorfsiedlungen gegeben hat (die bei Ausgrabungen ermittelten Wand- und Pfostenspuren von oft zahlreichen Häusern rühren größtenteils von nacheinander errichteten Bauten her, ähnlich wie bei den Häusern der Tellschichten). – Die typische Grabform der Bandkeramiker ist die Beisetzung in liegender Hockerstellung mit Keramik-, Schmuck-, zuweilen auch Waffenbeigaben, dazu oft Rötelfärbung, selten eine anthropomorphe (menschengestaltige) oder zoomorphe (tiergestaltige) Tonfigur, wie uns solche auch unter den Siedlungsfunden begegnen. Brandbestattungen kommen nur ganz vereinzelt vor.

Italien Capri-Stil

In *Italien* folgt auf die durch Impressa-Keramik gekennzeichnete neolithische Anfangsstufe eine solche, die auf Sizilien sowie in Unter- und Mittelitalien durch bemalte Keramik (u.a. *Capri-Stil*, Ripoli-Gruppe), auch mit eingedrückter und geritzter Musterung, in Oberitalien durch andere Gattungen (z.T. mit quadratischer Gefäßmündung) charakterisiert ist. In dieser Zeit beginnt u.a. die befestigte Siedlung auf der nachmaligen Akropolis von Lipari; diese Insel spielt wegen ihres Obsidianvorkommens eine bedeutende Rolle (Obsidian für Herstellung von Messerklingen besonders geeignet, daher weithin geschätzt).

Westeuropa: Montserrat-Kultur

In *Westeuropa* ist in den mediterranen Gebieten Frankreichs und Spaniens die Impressakeramik-(*Montserrat-*)*Kultur* verbreitet, die im Altneolithikum beginnen mag, aber im Wesentlichen jünger sein dürfte, und in Frankreich in einigen an Mitteleuropa angrenzenden Landesteilen die Bandkeramikkultur. Sonst haben wir in Westeuropa während des Mittelneolithikums im Wesentlichen noch mit einer Population „mesolithischen" Charakters zu rechnen. Ähnliches gilt für Norddeutschland und Südskandinavien sowie für Osteuropa östlich des Weichselgebietes und nördlich der Ukraine. – (Forts. S. 28)

Jungneolithikum (ca. zweite Hälfte des 4. Jt.s)

Vorderer Orient (Forts. v. S. 25)

In *Mesopotamien* wird diese Zeitspanne hauptsächlich vertreten durch die *Obed-Stufe* (benannt nach Siedlung El-Obed nahe Ur). An einer typischen Keramik (typologisch, malstilistisch und technologisch als Weiterentwicklung der nordmesopotamischen Halaf- und der südmesopotamischen Hadschi-Mohammed-Ware aufzufassen) kenntlich, gehören dieser Stufe jeweils mehrere (bis acht) Siedlungsschichten der Tells an. Die Wohnhäuser, an engen Gassen gelegen, zeigen einen ähnlichen Charakter wie in der vorangehenden Zeit (mitunter Nachlassen der baulichen Sorgfalt feststellbar ähnlich wie bei Keramik); als etwas Neues treten u. a. Tempelbauten in Erscheinung (im Süden: Eridu und Uruk; im Norden: Tepe Gaura). Dabei lässt sich eine Entwicklung von kleinen, im Grundriß einfachen Anlagen zu immer stattlicheren, stärker gegliederten, architektonisch monumentaleren verfolgen. Dennoch kann es angesichts des derzeitigen Forschungsstandes nicht als gesichert gelten, dass die Tempelentwicklung tatsächlich erst zu Beginn der Obed-Stufe einsetzt. Ob die typologischen Unterschiede zwischen der Reihe der Eridu-Tempel und denjenigen von Tepe Gaura auf einen generellen Unterschied zwischen dem sumerischen Süden und Obermesopotamien hindeuten, muss von künftigen Befunden abhängig gemacht werden. In dieser Hinsicht ist beachtenswert, dass bei den bemalten Menschenfiguren dieser Stufe die obermesopotamischen unverkennbar in einer Halaf-Tradition stehen und die südmesopotamischen davon abweichen. An Waffen sind mehrere Axttypen bezeugt. Kennzeichnend sind sodann Steingefäße, Tonsicheln, Schminkpaletten und Siegel, und zwar Petschaftsiegel zunächst nur mit geometrischen Mustern, zuletzt auch mit einfachen figürlichen Motiven. Singulär ist ein Rollsiegel mit geometrischem Muster. Bestattungen liegen entweder innerhalb der Wohnhäuser und Höfe oder außerhalb der Siedlung in eigenen Friedhöfen (neben vorherrschender Körper- auch Brandbestattung).

Mesopotamien: Obed-Stufe

In den übrigen Ländern *Westasiens* vermitteln vor allem einige Besiedlungsschichten des kilikischen Mersin sowie des südwestanatolischen Hacılar eine charakteristische Kultur dieser Zeit; die erstgenannte Siedlung wird von einer starken Kasemattenmauer mit Stadttoren umgeben. Die im Ganzen lokale Keramik zeigt Beziehungen zur Obed-Ware. Hacılar enthält in dieser Zeit eine burgähnliche Anlage.

Westasien

In *Ägypten* fehlen aus dieser Zeit Siedlungsfunde so gut wie völlig; dafür liegen um so reichlicher (viele tausend) Grabfunde vor: durchweg Hocker, deren Beigaben mehrere Stufen unterscheiden lassen. Auf die gewiss noch mittelneolithische Tasa-Stufe folgt die Badari-Stufe (nach dem Friedhof El-Badari, Mittelägypten), die durch eine dünnwandige, gerifelte Keramik mit schwarzer Randzone (unbemalt) gekennzeichnet ist, ferner Rechteckpaletten, qualitätvolle Elfenbeinschnitzereien (Löffel, Kämme, Armringe, Menschenfiguren), Steinfiguren und -perlen sowie Kupferschmuckstücke. Es folgt die *Negade I-Stufe* (Friedhof Negade in Oberägypten), deren Keramik die Entwicklung aus der Badari-Ware erkennen lässt (hohe Schwarzrandgefäße), dazu neue Gattungen enthält (eine weiß-auf-rot gemalte Ware, vor allem mit geometrischen Mustern, daneben aber auch Tieren, Menschen und szenischen Darstellungen). Abweichend von den Badari-Formen sind auch die jetzt typischen rautenförmigen Schminkpaletten, Steingefäße (sehr häufig harte Gesteinsarten verwendet), Keulenköpfe, Elfenbeingefäße und -kämme, Perlen und große, überaus fein retuschierte Feuersteinmesser.

Ägypten

Negade I-Stufe

Ein weiterer Zeitabschnitt wird als *Negade II-Stufe* bezeichnet. Neben einigen Formen, die von der vorangehenden Stufe ziemlich unverändert übernommen werden, zeigen andere eine typologische Weiterentwicklung (Schminkpaletten, rot polierte Keramik, Keulenknäufe); wieder andere stellen etwas Neues dar (rot-auf-weiß gemalte Keramik, u.a. Röhrenkannen, teils Marmorierung, also Steingefäßimitation, teils mit geometrischen Mustern, meistens aber mit Darstellungen festlich geschmückter Schiffe). Kupfer ist häufiger belegt als zuvor. Dieser Negade II-Formenschatz geht fließend in denjenigen von *Negade III* über (kontinuierliche Belegung der Friedhöfe), der in die Zeit der 1. Dynastie gehört, also in die Zeit nach 3000 v.Chr. Negade II-zeitliche Gräber sind (anders als die auf Mittel- und Oberägypten beschränkten älteren Gräber) auch in Unterägypten und in Nubien bekannt, was eine Ausweitung ägyptischer Kultur (und vermutlich der dahinter stehenden Staatlichkeit) anzeigen dürfte. – (Forts. S. 31)

Negade II-Stufe

Negade III

Europa (Forts. v. S. 27)

Dimini-Stufe — Im ägäischen Bereich entspricht dem Vorgenannten zeitlich u. a. die thessalische *Dimini-Stufe*. In der namengebenden Magula (Tell) ist eine befestigte Siedlungsanlage mit megaronartigem Hauptbau an einem Hof nicht als Dorf, sondern als Einzelhof anzusprechen (inwieweit einfach einem Hofbauern gehörig bzw. dem Angehörigen einer sozialen Oberschicht, lässt sich noch nicht ausmachen). Die charakteristische Dimini-Keramik zeichnet sich (im Gegensatz zu den älteren Gattungen) durch Spiral- und Mäander-Muster sowie eine Polychromie aus. Dieselben Muster können auch eingerillt sein. Auch die Dimini-Statuetten zeigen gegenüber denen der Sesklo-Stufe typologische und die Bemalung betreffende Besonderheiten (schwarze Farbe, Spiralmuster). In Mittel- und Südgriechenland sowie auf den Ägäischen Inseln sind Siedlungszeugnisse bekannt, die mit denen der Dimini-Gruppe verwandt sind.

Dalmatien — In *Dalmatien* erscheint die jungneolithische Danilo-Gruppe, die Beziehungen besonders über die Adria nach Italien sowie der Küste entlang nach Mittelgriechenland (Korinth) aufweist, in Bosnien die Butmir-Gruppe, die sich durch eine eigenwillige Keramik (ebenfalls – wie die Danilo-Ware – reiche Spiralmusterung, im einzelnen aber abweichend von dieser), eine ausgeprägte Figuralplastik mit Menschenfiguren von teilweise beachtlicher künstlerischer Qualität auszeichnet, dazu ein auffallender Reichtum an Pfeilspitzen (in Verbindung mit einem hohen Prozentsatz von Wildtierknochen unter den Speiseabfällen der Siedlungen, auf eine vergleichsweise große Bedeutung der Jagd hindeutend), nordöstlich des bosnischen Berglandes, im Donautal und in Siebenbürgen, die Turdaș-Gruppe mit ihrer geritzten Mäanderkeramik, ihrem charakteristischen Statuettenbestand und ihrer Vorliebe für Symbolzeichen, im unteren Donaugebiet die Spätabschnitte der Boian- und die (kontinuierlich aus dieser entwickelten) Frühphase der Gumelnița-Kultur, in der nordbulgarischen Schwarzmeerregion die Sava-Gruppe und südlich davon die Marcia-Gruppe, die beide ebenfalls in die Gumelnița-Kultur einmünden. Diese Gruppen sind in ihrer Verbreitung sowie ihrer Entwicklung durch mehrere Stufen anhand ihrer Keramik und ihrer Statuetten, aber auch ihrer Siedlungsanlagen und ihrer typischen Hausformen zu verfolgen. In dieser letzteren Hinsicht haben neue Ausgrabungen in Bulgarien ergeben, dass die Ansiedlungen eine überraschend regelmäßige Form besitzen, sowohl in der äußeren Begrenzung (quadratisch oder rechteckig, von einer Befestigung umgeben) als auch der Innengliederung (gerade, sich rechtwinklig kreuzende Wege, daran feste Rechteckparzellen mit Häusern) und der Form und Bauweise der Häuser (mehrräumig, lehmverstrichene Stabwände, verputzt, mitunter bemalt, wobei die Musterung Ähnlichkeit mit der Keramikdekoration zeigt). Die jungneolithische Keramik in Bulgarien zeigt in Gefäßformen (Vierzipfelschale) und Verzierungsweise Beziehungen mit der griechischen Dimini-Ware. Kupfer ist belegt.

Siebenbürgen — In *Siebenbürgen* und östlich des Karpatenkammes (Moldau und Ukraine) beginnt im Jungneolithikum die Cucuteni-Tripolje-Kultur und -Besiedlungstradition, bei der aufgrund stratigraphischer Befunde mehrere Stufen zu unterscheiden sind (die jüngere – ebenso wie diejenige der Gumelnița-Kultur – bereits kupferzeitlich). Der ältere Abschnitt ist durch unbemalte, aber mit reichen Ritzmustern versehene Keramik und weibliche Tonfiguren gekennzeichnet. Die dorfartigen Siedlungen (keine Tells) bestehen aus großen Rechteckhäusern mit gebranntem Lehmestrichboden (Ploščadki). Die ukrainische Tripolje-Kultur (nach einer Siedlung bei Kiew) ist unter maßgebendem Einfluss vom Westen her entstanden, ohne dass mit Sicherheit auf eine Landnahme von dort kommender Bevölkerungsgruppen geschlossen werden könnte. In der Ukraine beginnt nicht erst mit Tripolje eine neolithische, agrarische Kultur; als Vorläufer gilt eine am mittleren und unteren Bug verbreitete (barbotineverzierte Keramik) Kultur, deren Träger Pflanzenanbau und Haustiere kennen (Sudbug-Kultur). Diese mag in ihren Anfängen noch ins Mittelneolithikum zurückreichen. Weiter östlich, im Dnjepr-Donez-Gebiet, ist eine Gruppe charakteristischer Grabanlagen bekannt, bei denen oft viele Tote auf einer dicken Ockerschicht, mit Jagdgeräten und Waffen ausgestattet, liegen. Zugehörig sind Wohnplätze mit einfacher Kammkeramik. Wirtschaftlich ist diese Gruppe, ebenso wie alle östlich davon belegten, rein jägerisch und sammlerisch.

Mitteleuropa — In *Mitteleuropa* ist das Jungneolithikum in einer Anzahl von Gruppen ausgeprägt, die entweder sich als unmittelbare Weiterentwicklung mittelneolithischer Kulturen erweisen oder doch gewisse Traditionslinien von solchen zeigen. *Ostungarn* — In *Ostungarn* ist dies die sog. Theiß-Kultur (durch eine Keramik mit kräftig eingeritzten, komplizierten, zumeist schräg verlaufenden Mäandermustern gekennzeichnet). Die kleinen, regelmäßig angelegten Rechteckhäuser werden in Lehmbauweise errichtet, was – verbunden mit einer Siedlungskonstanz – zur Entstehung von Tells führt (der am weitesten nach Europa hineinreichende Ausläufer dieser südosteuropäisch-vorderasiatischen Siedlungsform). Auch hier ist eine Verzierung von Hauswänden (mit komplizierten Mäandermotiven) bezeugt, die derjenigen der Keramik entspricht. *Westungarn* — In *Westungarn* entspricht dem die Lengyel-Gruppe (nach einer Höhensiedlung im Komitat Tolna), aus der große, rechteckige Pfostenhäuser sowie große Friedhöfe mit Hockerbestattungen bekannt sind. Als Gaben spielen eine reich bemalte Keramik, Perlenketten und vor allem durchbohrte Steinäxte (sicher Waffen) eine Rolle. *Slowakei* — In Nordungarn und der Ostslowakei treffen wir die Bükk-Gruppe an, in der *Mittelslowakei* die Zselizer-Gruppe, die in ihrer Keramik ein spätbandkeramisches Erbe zur Schau trägt, in ihren Hausformen sowie im Reichtum der Grabbeigaben aber, sich davon unterscheidet. Etwas jünger ist die Lužianky-Gruppe (nach einem Gräberfeld bei Nitra), die uns durch ihre Friedhöfe mit bemalter Keramik, Tiergefäßen und Streitäxten zugänglich ist. Während uns hier Statuetten nur vereinzelt begegnen, sind solche in der mährisch-niederösterreichischen Střelice-Gruppe (nach einer Siedlung bei Znojmo) überaus häufig und in ausgeprägten Typen vertreten. Überwiegend handelt es sich um weibliche Gestalten, oft mit nach vorn oder nach oben gehaltenen Händen, die eine kultische Geste (Adoration, ähnliche Darstellungen eingestochen auch als Gefäßzier) wiedergeben. Hausmodelle aus Ton zeigen ein Firstdach und Tierköpfe am Giebel (Häuser mit entsprechendem Grundriß auch durch Siedlungsgrabungen bezeugt).

In Böhmen, Mähren, Niederbayern, Mitteldeutschland, Schlesien und Kleinpolen wird die Bandkeramikkultur abgelöst von der *Stichbandkeramikkultur*, deren Tonware eine Weiterentwicklung der Bandkeramik darstellt. Die Bestattungsform (Brandgräber) sowie die Häufigkeit von Pfeilschneiden und Steinäxten stellen etwas Neues gegenüber der vorangehenden Zeit dar. Die Hausformen der älteren Stichbandkeramikstufe schließen typologisch an die Bandkeramikhäuser an, während diejenigen einer jüngeren Stichbandkeramikstufe Trapezform und auch bautechnisch Abweichungen aufweisen. In Süddeutschland, im Elsass, in der Champagne, im Niederrheingebiet und in Westfalen geht die Bandkeramikkultur in landschaftlich jeweils eigengeartete Gruppen über. Besonders markant ist die *Hinkelstein-Gruppe* am nördlichen Oberrhein (benannt nach einem Gräberfeld bei Worms), die Beziehungen zur Stichbandkeramik erkennen lässt (vor allem in den Schmuck- und Steingerät- bzw. Waffenformen) und in der Bestattungsweise (Strecklage auf dem Rücken) von der vorangehenden Bandkeramikkultur abweicht. Von der Nordschweiz bis Westfalen und Mitteldeutschland sind die *Rössener Kulturerscheinungen* (Rössen = Friedhof bei Merseburg) verbreitet. Erstmalig werden jetzt in größerem Umfang Höhen zur Anlage von Siedlungen aufgesucht. Eine solche auf dem Goldberg im Nördlinger Ries ist bereits ein Dorf, bestehend aus einer Anzahl kleiner Häuser (neuer Siedlungstyp). Die Flachlandsiedlungen bestehen aus einem oder mehreren großen Trapezhäusern, die sich von denen der Bandkeramikkultur unterscheiden und ebenfalls mitunter in Gruppen zusammenliegen, sodass auch hier Dorfsiedlungen entstehen.

In Frankreich scheint eine vollneolithische Kultur während des Jungneolithikums nach Westen über das Pariser Becken nicht hinausgelangt zu sein. Auf den Britischen Inseln und in Nordeuropa fehlt eine solche offensichtlich ganz. Hier ist mit einer Besiedlung „mesolithischer" Art zu rechnen. – (Forts. S. 33)

Stichbandkeramikkultur

Hinkelstein-Gruppe

Rössener Kulturerscheinungen

Kupferzeit (ca. 3. Jt.)

Hochkulturen

Mit der Entstehung der ältesten *Hochkulturen* (voll entwickelte Staatlichkeit, Königtum, Schrift, Totenkult) um 3000 v. Chr. beginnt ein neues Zeitalter der altweltlichen Geschichte. Soweit den (dafür allein aussagefähigen) archäologischen Quellen ein Urteil zu entnehmen ist, haben die Sumerer in Südmesopotamien als erste diese neue Form der Geschichtlichkeit ausgebildet. In Mesopotamien lassen sich wesentliche Kulturerscheinungen der wohl etwas vor 3000 einsetzenden Uruk-Stufe (genannt nach der gewiss bedeutendsten Stadt dieser Zeit, dem heutigen Warka) als Weiterentwicklung von Formen der vorangehenden Obed-Stufe begreifen, ohne dass näherhin zu ermitteln ist, welche Geschehnisse im Einzelnen die neue geschichtliche Struktur (politische, soziale und kultische Verhältnisse) zum Entstehen gebracht haben.

Durch eine Reihe charakteristischer Kulturerscheinungen (Stier- und Rinderkopfsymbolik, Fabeltiertypen, Steingefäße und Keulenköpfe mit Reliefdarstellungen, vogelgestaltige Gefäße, Löwen-, Geier- und hockende Affenfiguren aus Stein, Rollsiegel mit Figuraldarstellungen, Monumentalarchitektur mit Nischengliederung) ist die mesopotamische Uruk-Kultur mit der ägyptischen Kultur der 1. Dynastie nach 3000 verbunden. Diese Gemeinsamkeiten sind so auffallend, dass ihnen ein historischer Kontakt zugrunde liegen muss. Wenngleich die ägyptische Kultur der beginnenden dynastischen Zeit nicht beziehungslos der vordynastischen (Negade-)Kultur gegenübersteht, sondern in gewisser Hinsicht eine Tradition von dieser erkennen lässt, haben wir es hier offenbar nicht mit einer autonomen Entwicklung zu tun; jene archäologisch bezeugten Verbindungen mit der frühsumerischen Kultur dürften vielmehr auf Anregungen von dieser Seite hinweisen. Dabei muss mehr als ein bloßer Handelskontakt in Betracht gezogen werden. Nur durch eine Beziehung umfassenderer Art ist erklärlich, dass im Zuge der mit jenen sumerischen Beziehungen greifbaren ägyptischen Innovationen auch in diesem Land ein Königtum, ein Staat, ein Tempelkult und eine Schrift auftreten, die freilich gegenüber den betreffenden sumerischen Ausprägungen ausgesprochen ägyptisch sind (und eine ägyptische Tradition begründen), gleichwohl strukturell mit jenen so verwandt sind, dass eine historische Verbindung (Abhängigkeit) schwerlich in Abrede gestellt werden kann.

Grabmonumente

Götterbilder burgartige Ansiedlungen Metallbesitz

Außerhalb der beiden frühen Hochkulturen (Sumer und Ägypten) treten von dieser Zeitstufe an sowohl östlich von Mesopotamien als auch in den westasiatischen Ländern und in Europa kulturelle Züge als etwas Neues in Erscheinung, die nicht auf dortige Vorstufen zurückgeführt werden können, sondern genetisch mit Neuerungen der frühen Hochkulturen zu verknüpfen sind. Nicht die hochkulturelle Geschichtsstruktur als Ganzes breitet sich aus, sondern nur Einzelzüge (wie dies analog im frühen Neolithikum geschieht). Am deutlichsten kommt dies in den *Grabmonumenten*, den Bestattungsformen und dem Totenkult zum Ausdruck (Tumuli Nubiens, Felskammergräber Palästinas, Siziliens und Sardiniens, Tholoi Kretas, Megalithgräber Unteritaliens, West-, Mittel- und Nordeuropas, Tumuli mit Holzkammer Mittel- und Osteuropas). Auch die damit auftretenden figürlichen Darstellungen, die auf anthropomorphe *Götterbilder* (und mythische Vorstellungen) hindeuten, gehören vermutlich in diesen Zusammenhang, aber auch die in vielen Geschichtsräumen aus dem 3. Jt. vorliegenden *burgartigen Ansiedlungen*, die für die Existenz einer sozialen Oberschicht sprechen, weiterhin die Zeugnisse eines wesentlich ausgeprägteren *Metallbesitzes* (vor allem Kupfer); dabei spielt das Metall nicht nur im Hinblick auf eine werkzeugtechnische Funktion eine Rolle, sondern auch auf die Akkumulation von Wert (Reichtum) als Äußerung von Sozialprestige. Wenngleich bei der historischen Interpretation diesbezüglicher archäologischer Befunde wiederum dahingestellt bleiben muss, wie (durch welche Bewegungen und Geschehnisse) diese gemeinsamen strukturellen Züge der in weiten Teilen der Alten Welt ausgeprägten Kupferzeitkulturen verbreitet worden sind, so dürfte der historische Zusammenhang als solcher sowie derjenige mit den analogen Erscheinungen der Hochkulturen unbestreitbar sein. Dies gibt die Berechtigung, das kupferzeitliche Jt. als allgemeinen Geschichtsabschnitt herauszustellen. Innerhalb dieser Zeitspanne unterscheiden wir zwischen früher, älterer, mittlerer und jüngerer Kupferzeit, wobei jeder dieser Abschnitte etwa mit einem Jahrtausendviertel in Verbindung gebracht wird.

Früh- und Altkupferzeit (ca. erste Hälfte des 3. Jt.s)

Vorderer Orient (Forts. v. S. 27)

Mesopotamien: Am Ende des 4. Jt. entwickelt sich aus der Obed-Stufe die *Uruk-Stufe*, die vor allem durch ihre monumentalen Tempel im Zentrum von urbanen Siedlungen (Tempelstädte) zur Geltung kommt (Uruk, Tell Uqair, Tepe Gaura, Chafadje, Habuba Kabira). Die *Städte* sind Ausdruck einer Konzentration der zuvor diffuseren Besiedlung, der Stärkung von politischer Zentralgewalt und der Bedeutungszunahme örtlicher Kultstätten (*Priesterkönige*). Die Sakralarchitektur erfährt eine enorme Steigerung ihrer künstlerischen und monumentalen Form; der Hochtempel (Zikkurat) als neuer Bautyp wird geschaffen, ebenso das Stiftmosaik als neue Form der Mauerdekoration, dazu die figürliche Freskenmalerei, die Rundsäule und der Terrassensockel als neues Architekturelement. Die in den Tempeln deponierten Votivgegenstände (Stiergefäße und Keulenknäufe mit Reliefdarstellungen, Steinfiguren von Menschen in Bethaltung und von Tieren), die Kultsymbole, Rollsiegel mit kultischen oder anderen figürlichen Darstellungen sowie die Tontäfelchen mit Aufschriften kennzeichnen das Neue dieses Zeitalters. Inwieweit bei den Menschenabbildungen an die Darstellung Sterblicher zu denken ist und inwieweit an göttliche Gestalten, ist schwer zu entscheiden (mit der letzteren Möglichkeit ist von dieser Zeit an zu rechnen). Auf den Siegeln begegnet uns neben Priestern mitunter eine männliche Gestalt, die offensichtlich den König (En) darstellt. Die ältesten *Schrifttafeln* (Uruk) zeigen die urtümlichste (ganz piktografische) Form der mesopotamischen Schrift, die dem Stadium ihrer Entstehung, jener geistesgeschichtlich so bedeutsamen Neuschöpfung, offenkundig noch ganz nahe ist. Rasch entwickelt sich die Schrift zu stilisierten, weniger bildhaften Zeichen, die dann in Keilgruppen aufgelöst werden *(Keilschrift)*. Über die Grabformen der Uruk-Stufe geben einstweilen vor allem nordmesopotamische Funde Aufschluss (Tepe Gaura): Es sind, verglichen mit den obedzeitlichen Anlagen, wesentlich größere Grabkammern mit erheblich reicheren Beigaben, wobei religiöse Symbole (Stern, Sonne, Mond) eine bemerkenswerte Rolle spielen. Insgesamt lassen die archäologischen Zeugnisse der Uruk-Kultur die Bedeutung für das kulturelle und politische Leben deutlich werden (nomineller Eigentümer der Stadt mit allem Land und allen Einwohnern ist die Gottheit, in deren Namen und für die der En [König] die priesterliche, politische und wirtschaftliche Verwaltung leitet). In wirtschaftlicher Hinsicht ist bezeichnend, dass die Keramik erstmalig auf der (langsam rotierenden) Töpferscheibe hergestellt ist (mit Entstehung eines gewerbsmäßigen Töpferhandwerks im Rahmen einer urbanen Arbeitsteilung und der Entstehung von Spezialberufen zusammenhängend) und dass die Metallverarbeitung einen merklichen Aufschwung erlebt, was in der Entwicklung neuer Techniken (Gussverfahren, Treiben) und in dem Umfang des Metallbesitzes zum Ausdruck kommt. Die mehr als ein Dutzend urukzeitlichen Bauschichten, die mancherorts festzustellen sind, beweisen eine Dauer von sicher mehreren Jahrhunderten (vor und nach 3000; die letzte Phase dieser Stufe nach der Siedlung Dschemdet Nasr bezeichnet, etwa 28. Jh.).

Es folgt (28.–24. Jh.) eine Stufe, die als frühdynastisch bezeichnet wird. Viele Städte der Uruk-Zeit bestehen weiter; einige alte werden aufgegeben, andere neu gegründet; der Typus der Tempelstadt mit ihrer Vereinigung von sakralen, politischen und ökonomischen Aspekten ist weiterhin herrschend. Im Rahmen einer allgemeinen Bau- und Kulttradition sind mancherorts gewisse Veränderungen in der Tempelarchitektur und in anderen Kulturerscheinungen festzustellen, wobei unsicher ist, inwieweit diese auf Wandlungen in der allgemeinen sakral-politischen Ordnung hindeuten.

Hinsichtlich des Baumaterials unterscheidet sich die frühdynastische von der vorangehenden Zeit durch die Verwendung einer neuen Form der (luftgetrockneten) Lehmziegel (plankonvexe Form gegenüber den vorangehenden „Riemchen"). Damit ist auch die 9,5 km lange, mit etwa 900 halbrunden Bastionen versehene *Stadtmauer von Uruk* gebaut, als deren Erbauer in der Tradition Gilgamesch gilt. Im nördlichen (nachmalig akkadischen) Babylonien sowie in Nordmesopotamien lassen sich in der Bebauung, den Grundrißtypen (Sin-Tempel von Chafadje), der Glyptik und der Keramik unmittelbare Traditionsverbindungen zwischen der Uruk/Dschemdet Nasr- und der frühdynastischen Stufe erkennen. Nur in diesem Gebiet findet sich die charakteristisch bemalte Scarlet-Keramik. Ob das Fehlen solcher Befunde im sumerischen Südmesopotamien auf einer Forschungslücke beruht oder besagt, dass dort zwischen diesen beiden Zeitaltern eine stärkere Zäsur besteht, ist derzeit nicht zu entscheiden. Immerhin ist auffällig, dass der sumerische Tempeltyp der Uruk-Zeit keine frühdynastischen Nachfolger besitzt. In Uruk behält das zentrale Eanna-Heiligtum trotz merklicher Bauveränderung der Zikkurat-Terrasse als Kultplatz jedoch weiterhin seine Bedeutung, während in Ur das Haupttheiligtum (Zikurat der Mondgottheit Nanna) offensichtlich in frühdynastischer Zeit erst beginnt. In Kisch sind Reste eines frühdynastischen *Königspalastes* ermittelt. Im Kreise der selbstständigen, sich häufig bekriegenden und wechselnde Koalitionen eingehenden sumerischen (Stadt-)Könige haben in der Frühzeit neben denen von Uruk diejenigen von Kisch eine hervorragende Rolle gespielt (sodass später die Bezeichnung Lugal Kischi [König von Kisch] ein sumerischer Ehrentitel wird). Als Zeitgenossen des Gilgamesch von Uruk werden aus Kisch die Könige Aka und sein Vater Mebaragesi genannt. Es sind dies die ältesten in der Überlieferung enthaltenen sumerischen Königsnamen.

Jünger, vermutlich ins 26. Jh. gehörig, sind die ersten, mit Namensinschrift versehenen zeitgenössischen Zeugnisse sumerischer Könige: Ein Täfelchen von Tello nennt einen König Enhengal, eine Steinkeule mit der Darstellung des löwenköpfigen Adlers Imdugud einen Lugal Kischi Mesilim, eine Steinstatuette, einen Enlilpabilgagi von Umma; einige Votivsteinreliefs von Tello zeigen Darstellungen und Inschriften von Urnansche von Lagasch und seinen Söhnen (Urnansche tritt anscheinend als Usurpator dort die Königsherrschaft an), Siegel in Gräbern des Königsfriedhofes vor Ur solche von König Meskalamdug und Königin Puabi (Schub-ad).

Königtum von Ägypten

Ägypten: Nach 3000 tritt das *Königtum* (1. Dynastie mit archäologischen und inschriftlichen Zeugnissen) als etwas Neues in Erscheinung: Erstmalig (im Gegensatz zu den Tausenden von vordynastischen Gräbern) werden nun über den Bestattungsräumen oberirdische Monumente aus Lehmziegeln erbaut (Sakkara, Abydos: Stätten des weiterdauernden Totenkultes); die Grabbeigaben stellen an Reichtum alles vorher Bekannte in den Schatten (jeweils Hunderte von Steingefäßen, noch wesentlich zahlreichere Tongefäße, Dutzende von Kupfergefäßen, Hunderte von kupfernen Flachbeilen, ebenso viele Messer, Sägen u. a., Elfenbeinschnitzereien, kupferbeschlagene Möbel, Brettspiele, Schmuck, Köcher mit Pfeilen, Bogen u. a.). Dieser spektakuläre Reichtum ist sowohl in soziologisch-politischer Hinsicht als auch bezüglich eines neuartigen Wertbegriffes aufschlussreich. Erstmalig erscheinen Königsinsignien und ikonografische Symbole, wie sie fortan das ägyptische Königtum kennzeichnen; erstmalig werden Rollsiegel mit kultischen oder symbolischen Szenen hergestellt und zur Eigentumskennzeichnung verwendet;

Hieroglyphen

erstmalig enthalten Gräber eine Grabstele (als Stätte des Totenkultes); erstmalig begegnen *Hieroglyphen*, gewiss nicht zufällig auf königlichen Votivgegenständen (Schrift entstanden für Fixierung von Taten des Königs). Vermutlich ebenfalls in Verbindung mit dem Königtum (Göttlichkeit des Pharao = Identifizierung mit dem Sonnengott Horus; seine Unsterblichkeit als Bestandteil des Königsdogmas) steht die erst-

Götterbilder

malige Entstehung anthropomorpher *Götterbilder*, aber auch von zoomorphen Götterdarstellungen (Sonnengott Horus = Falke) und deren Vereinigung in Form von Mischwesen, wie sie von nun an kennzeichnend für die ägyptische Religion sind. Erstmalig werden nun auch Tempel erbaut (Abydos, Hierakonpolis). Nicht unmittelbar durch Ausgrabung belegt, aber indirekt (aus bildlichen Darstellungen) zu erschließen ist der urbane Charakter der bedeutendsten Siedlungen dieser Zeit (Stadtmauer mit halbkreisförmigen oder rechteckigen Bastionen, berufliche Spezialisierung: Töpfereibetriebe mit Töpferscheibe, erstmalig in Ägypten nachweisbar).

Innerhalb der als frühdynastisch bezeichneten Spanne zeigen die Grabmonumente, die Schrift, die Glyptik und andere Kulturerscheinungen eine Entwicklung; zudem ist zu verfolgen, dass gewisse Neuerungen, die zunächst auf die Könige bezogen und wohl ihnen vorbehalten sind, von anderen Bevölkerungsschichten übernommen werden (Grabmonumente, Totenkult, Schrift, Reichtum).

Stufenpyramide

Ein neuer Abschnitt setzt mit dem Beginn der 3. Dynastie (27. Jh.) ein. Für König Djoser wird in Weiterentwicklung des frühdynastischen Mastabatyps erstmalig ein Grabmonument aus Stein in Form einer *Stufenpyramide* (Stufenmastaba) erbaut (Sakkara, unweit der unterägyptischen Haupt- und Residenzstadt Memphis), inmitten eines riesigen Sepulkralbezirkes (545 × 277 m). In dieser neuen Architekturform kommt eine abermalige Steigerung des Königtums (in seinem mythisch-kultischen und innerweltlich-machtpolitischen Aspekt) zum Ausdruck. Das Gleiche gilt für die monumentale Steinplastik sowie die großformatigen Steinreliefs, die nach frühdynastischen Vorstufen jetzt zu voller Ausprägung gelangen. Die Pyramide des Sechem-chet von Sakkara übertrifft diejenige des Djoser; die Außenumgrenzung entspricht jener ziemlich genau. Zwei weitere Königspyramiden liegen nahe von Gisa.

„reine" Pyramide

Aus der 4. Dynastie (ca. 26. Jh.) sind von Pharao Snofru drei Pyramiden bekannt (Medum in Oberägypten und Dahschur in Unterägypten); dabei wird erstmalig die Form der geradseitigen, *„reinen" Pyramide* verwirklicht und ein Totentempel auf der Ostseite errichtet. Snofrus Sohn Cheops errichtet für sich die größte und auch wegen ihrer Einbauten besonders großartige Pyramide mit Totentempel und Taltortempel (am Beginn des Fruchtlandes), der mit jenen durch einen gemauerten, überdeckten, mit Reliefs geschmückten Aufweg verbunden war. Chephrens benachbarte Pyramide ist nur wenig kleiner als diejenige seines Vaters, steht aber auf einem höher gelegenen Platz, sodass sie größer wirkt. Totentempel, 500 m langer Aufweg und Taltortempel gleichen denen des Vaters. Die typologisch entsprechenden Anlagen von Pharao Mykerinos sind kleiner; sie sind beim Tod des Königs noch nicht fertig und werden von seinem Sohn Schepseskaf vollendet, der für sich als Grabmal nicht eine Pyramide, sondern eine riesige Mastaba mit Totentempel und 700 m langem Aufweg erbaut. Die Königsgräber sind umgeben von regelmäßig angelegten Friedhöfen (mit aus Lehmziegeln oder Steinen erbauten Mastabas) der Beamten, von hohen Würdenträgern bis einfachen Bediensteten.

In Palästina und Westsyrien steht die geschichtliche und kulturelle Entwicklung während des Zeitraums der ägyptischen 1.–4. Dynastie unter merklichem sowohl ägyptischem als auch mesopotamischem Einfluss. Die am Anfang dieser Zeitspanne (30.–28. Jh.) in Palästina verbreitete *Ghassul-Kultur* (genannt nach einer Siedlung Telelat Ghassul nordöstl. des Toten Meeres) kennt einerseits Ansiedlungen aus rechtwinklig-mehrräumigen Einzelhäusern mit Wandbemalung (z.T. szenisch-kultischen bzw. -mythischen Inhaltes) sowie solche mit Apsisbauten, andererseits solche mit in den Felsboden eingearbeiteten Höhlenwohnungen primitiver Art (u.a. Beersheba). Die letzteren stehen so außerhalb der vorderasiatischen Architekturtradition, dass als Erbauer und Benutzer nicht Nachfahren der seit alters im Fruchtland Ansässigen mit agrarischer Lebensweise gesehen werden, sondern von Haus aus nomadische, eventuell viehzüchterische Populationen, die in dieser Zeit beginnen, sesshaft zu werden. Die für diese Kultur typische (nur ausnahmsweise bemalte) Keramik ist großenteils scheibengedreht, was für einen Zusammenhang mit der ägyptisch-frühdynastischen und der mesopotamischen Uruk-Ware spricht. Ähnliches gilt für die *Kupfergegenstände* (besonders reichhaltig ein Depot von 240 kupfernen Keulenknäufen, 20 Flachbeilen und einer Menge figürlicher Kupferdinge aus einer Höhle von Nahal Mischmar in der Wüste Juda). Auch die typischen *Grabformen* (Felskammergräber mit jeweils zahlreichen Bestattungen, oft in haus- bzw. truhenförmigen Tonossuarien) weichen von neolithischen Formen ab und lassen sich mit den in Ägypten vom Beginn der dynastischen Zeit an bekannten Felskammergräbern in Verbindung bringen. Während südpalästinensische Keramik typologische Verwandtschaft mit und sogar Importe aus Ägypten aufweist, lässt Keramik aus Nordpalästina und Westsyrien Beziehungen mit Mesopotamien erkennen, wie auch Siegel von Dschemdet Nasr-Art bis in die Gegend von Antiochia gelangt sind.

Auf diese Stufe folgt in der palästinensisch-syrischen Zone eine solche (27.–26. Jh.), die durch die Anlage befestigter, großer Ansiedlungen urbanen Charakters gekennzeichnet ist (Tell el-Djudaide nahe Antiocheia, Byblos, Hama, Megiddo, Betschan, Jericho usw.). Daher nennt man sie *frühurbane Stufe* (entsprechend der frühdynastischen in Mesopotamien). Wenngleich die betreffenden Plätze in früheren Zeiten bereits besiedelt sind, stellen die frühurbanen Siedlungen niemals eine unmittelbare Fortsetzung einer älteren Besiedlung, sondern stets eine Neugründung dar. Insgesamt besitzen die frühurbanen Siedlungen jeweils zahlreiche Belegungsschichten (bis 50), sodass eine lange Gesamtdauer in Betracht zu ziehen ist (Stufe Frühurban I etwa 27. und 26. Jh.). Zugehörig sind Felskammernekropolen mit Kollektivbestattungen, ausnahmsweise auch gemauerte, gewölbte Grabkammern (Tell Taannek), die mit ägyptischen und mesopotamischen Anlagen zu vergleichen sind, außerdem Megalithgräber (Dolmen), deren hügelbedeckte Grabkammern Verschlusssteine mit ausgemeißelter Öffnung aufweisen.

In *Anatolien* hat der Tell von Beycesultan im oberen Mäandertal eine Abfolge von etwa 25 Besiedlungsschichten der älteren Kupferzeit ergeben, wobei eine Siedlungskontinuität sowie eine kulturelle Tradition bestehen, die sich in die folgende Zeit noch fortsetzen. Im kilikischen Mersin verkörpert eine durch eine weißgemalte Keramik (vergleichbar derjenigen einer Frühphase von Beycesultan) gekennzeichnete Besiedlung etwas Neues gegenüber der dortigen Jungneolithkultur (keine Besiedlungskontinuität und keine kulturelle Tradition). In Tarsus (Tarsos) sind die Siedlungsschichten dieser Zeit mehr als 7 m mächtig, im inneranatolischen Alişar Hüyük sogar 11 m. In dieser Stufe beginnt auch die Besiedlung von Alaca Hüyük und Boğazköy (Büyükkaya). Die ostanatolische Keramik lässt Beziehungen nach Transkaukasien und Aserbeidschan erkennen. An der Westküste dürften die ersten Schichten von Troia I in die ältere Kupferzeit zurückreichen. Allgemein enthalten die genannten anatolischen Siedlungen Marmoridole, Stempelsiegel aus Stein, Kupfer, Blei und Ton, Steinnäpfe, Steinäxte und -keulenköpfe, kupferne Dolche, Flachbeile und Nadeln. – (Forts. S. 38)

Europa (Forts. v. S. 29)

Griechenland: Auf bemaltkeramische, jungneolithische Gruppen folgen solche, bei denen Gefäßbemalung zurücktritt oder ganz fehlt (Gefäße schwarz poliert, oft riefenverziert oder gefirnisst). In Thessalien wird eine solche als Larissa-Gruppe bezeichnet; aus ihr sind erstmalig Urnengräber bekannt. In Mittel- und Südgriechenland spielen Höhensiedlungen eine Rolle (Asea in Arkadien, Malthi in Messenien, Eutresis in Böotien, Aigina). Es folgt auf dem griechischen Festland die sog. *frühhelladische Kultur*, aus der die Siedlungen meist befestigt sind; Gräber liegen teils innerhalb der Siedlung, teils außerhalb in gesonderten Friedhöfen. Als altkupferzeitlich hat nur die Frühstufe des Frühhelladischen zu gelten (in Eutresis gehören ihr acht Bauschichten an).

Von den griechischen Inseln sind nachweislich Keos, Paros, Naxos, Chios, Mykonos, Kalymnos und Samos in der Frühkupferzeit besiedelt. Eine Kupfergewinnung ist auf Keos bezeugt; von Euböa stammen drei Goldgefäße, die typologisch mit Keramik dieser Zeit Ähnlichkeit zeigen, sodass möglicherweise an einen dementsprechenden Ansatz zu denken wäre. Die folgende altkupferzeitliche Stufe der

Kykladenkultur	*Kykladenkultur* wird als Pelos-Stufe bezeichnet (nach einem Gräberfeld auf Melos). Bedeutend sind aus dieser Stufe die Steingefäße (vor allem Marmor) und die aus demselben Gestein gefertigten Idole. Auf Kreta gehört eine schwarze, mit einpolierten Mustern sowie eine dunkelgefirnisste, mit weißer Bemalung versehene Keramik (vergleichbar der oben genannten von Beycesultan) in die spätneolithisch/-frühkupferzeitliche Stufe. Sie ist in Knossos durch eine Besiedlungsschicht vertreten, deren Architektur wie ein Vorläufer des späteren Palastes anmutet (im Gegensatz zu diesem ortsfeste Herde), außerdem in Grab- und Höhlenfunden. Von dieser spätneolithischen Stufe führt auf Kreta eine kontinuierliche Entwicklung
frühminoische Kultur	zur Frühphase der *frühminoischen Kultur* (sowohl hinsichtlich der Besiedlung als auch der Keramik, der Figuralkunst und der Stein- sowie Kupfergeräte), deren Keramik Beziehungen zu derjenigen der kykladischen Pelos-Stufe zeigt.
Gumelniţa-Kultur	Im östlichen Bulgarien und in der großen Walachei gehört im Wesentlichen die *Gumelniţa-Kultur* in die frühe und ältere Kupferzeit. Die Siedlungen bilden Tells, deren zahlreiche Bauschichten oftmals ältere überlagern. Wie in der vorangehenden Zeit zeigen die Dorfsiedlungen eine regelmäßige Anlage mit mehrräumigen Rechteckhäusern einheitlichen Typs, aufgereiht an engen Gassen, von einer Befestigung umgeben. Einige Häuser sind außen bemalt, und zwar mit Spiralmustern, wie sie ähnlich auch auf der Keramik begegnen. Im Hausinnern sind die Wände manchmal auch kunstvoll bemalt und Holzsäulen mit einer ebenso bemalten Lehmschicht bedeckt (Căscioarele). Vermutlich zu Votivzwecken werden Tonmodelle von Häusern hergestellt (sie bezeugen strohgedecktes Firstdach und runde Fenster) sowie Modelle von Herden, Mahlplätzen, Vorratsgefäßen und Altären sowie menschliche Figuren mit erhobenen oder vor den Leib gehaltenen Händen. Mitunter sind solche Statuetten mit jenen anderen Votivgegenständen ,in situ' kombiniert (Ovčarovo), sodass auch für die ersteren eine entsprechende Deutung begründet ist (gefäßtragende Figuren wohl als Opfernde zu verstehen). Von den Gräberfeldern der Gumelniţa-Kultur, die außerhalb der Siedlungen liegen (Hocker), verdient vor allem die kürzlich zum Vorschein gekommene
Nekropole von Varna	*Nekropole von Varna* Beachtung wegen der außerordentlich reichen Beigaben von Kupferäxten und -beilen sowie goldenen Zierstücken und Figuren.
Cucuteni-Kultur	Nördlich an das Verbreitungsgebiet der Gumelniţa-Kultur grenzt dasjenige der *Cucuteni-Kultur*, die in Siebenbürgen und der Moldau in Höhensiedlungen und Tells vertreten ist und in der Ukraine sich unter der Bezeichnung Tripolje-Kultur fortsetzt. Die Dörfer bestehen aus großen, zwar gewisse Richtungs- und Lageregeln aufweisenden, aber nicht so regelmäßig wie in der Gumelniţa-Kultur liegenden Häusern, die auch in der Bauweise von diesen abweichen. Es scheint, dass ein zentral gelegenes größeres Haus in der Funktion von den übrigen Häusern abweicht und eine Bestimmung für die Gemeinschaft als Ganzes hat (Habaşeşti). Höhensiedlungen sind durch tiefe (z. T. in den Fels gearbeitete) Gräben und durch diese innen begleitende Wälle befestigt. Vor allem anhand der Keramik sind mehrere Cucuteni-Stufen zu unterscheiden (ritzverzierte Jungneolithstufe; Stufe mit bichrom bemalter Ware, nach der Siedlung Ariuşd benannt; Stufe mit trichrom bzw. polychrom bemalter Keramik: „Cucuteni A"; Stufe mit abweichender, einfarbig bemalter Keramik: „Cucuteni A B"; Stufe mit schwarzer Bemalung: „Cucuteni B"; Stufe mit neuen Malmustern und Gefäßformen: Stufe Horodiştea, in der Ukraine Gorodsk– und Usatovo-Gruppen). In der Ukraine weisen die Siedlungen mitunter beträchtliche Größe sowie eine in Rumänien nicht nachgewiesene Anordnung der Häuser auf, indem diese konzentrisch in einer oder mehreren Reihen um einen runden Mittelplatz herum liegen, auf dem ein oder zwei Gebäude von offenkundig besonderer Bedeutung stehen (Kolomyjščina, Vladimirovka). Die Tripolje-Häuser besitzen in einem Innenraum neben Herdstellen einen kreuzförmigen Lehmsockel, der als Altar zu interpretieren ist. Analog der Gumelniţa-Kultur, typologisch davon abweichend, werden auch hier Terrakottamodelle von Häusern, Hausteilen, Menschen und Tieren als Votivgegenstände hergestellt, wobei von den Häusern hauptsächlich auf die Darstellung der Innenansicht mit Herd, Kreuzaltar und einer Reihe Vorratsgefäße Wert gelegt wird. In den kupfernen Äxten, Beilen, Dolchen und Anhängern bzw. Zierstücken zeigt die Cucuteni-Tripolje-Kultur Verwandtschaft mit Gumelniţa.
Grabhügel	Aus den ukrainischen Gorodsk- und Usatovo-Gruppen sind außer den Siedlungen in stattlicher Anzahl *Grabhügel* (Kurgane) bekannt, die meist mehrere eingetiefte Beisetzungen (liegende Hocker) enthalten, regelmäßig mit einem schwarzbemalten und einem unbemalten, grobtonigen, oft schnurverzierten Gefäß ausgestattet, außerdem mit Tonidolen, seltener mit Knochenidolen, kupfernen Beilen oder Äxten, Dolchen, Lockenringen, Knochenäxten u. a.
	Diese Tumulusgräber, die vor der Kupferzeit in diesem Gebiet (und überhaupt in Europa) durchweg fehlen, sind keine Spezialität der Gorodsk- und Usatovo-Gruppen, sondern erscheinen von einem älteren Abschnitt der Kupferzeit an in einer Zone vom Kaukasusvorland über die Ukraine bis zum unteren Donautal in einem Rahmen, der als Ockergrab- oder Kurgankultur bezeichnet wird. Viele dieser Hügel zeigen beträchtliche Dimensionen (Höhe bis 13 m) und enthalten bis zu 120 Gräber, die teils als einfache Schächte, teils als Schächte mit Seitenkammern (sog. Katakomben) angelegt sind (Tote häufig auf Ocker-Streuung). Auf der Krim sind Steinkisten vielfach innen mit schwarzen Mustern bemalt, in der Ukraine mit anthropomorph verzierten Platten abgedeckt, in anderen Tumuli neben bzw. über den Gräbern
Statuenmenhire	(menschengestaltige) *Statuenmenhire* aufgestellt, alles typisch kupferzeitliche Sepulkralzüge, die

auch in anderen europäischen Geschichtsräumen erscheinen. Die Beigaben bestehen aus Keramik, Schmuck aus Stein, Muscheln, Fayence, Kupfer, Silber und Gold sowie Waffen aus Stein, Knochen und Kupfer, vereinzelt auch einem Wagen mit zwei Scheibenrädern oder einem Tonmodell von einem solchen.

Westlich der unteren Donau, in Serbien, Slawonien und im Banat entspricht der östlichen Gumelniţa-Kultur die *Vinča-Kultur* (nach einem Tell unweit Belgrads mit 11 m mächtigen Kulturschichten), deren ältere Stufe im Wesentlichen als frühkupferzeitlich, deren jüngere Stufe als altkupferzeitlich gelten kann. Gekennzeichnet durch eine typische – riefen- oder mäanderverzierte, zum Schluss auch pastos bemalte – Keramik, die Beziehungen zu Keramikgattungen Nordgriechenlands aufweist, sowie einen ebenso ausgeprägten Bestand an Tonstatuetten, der sich deutlich von den östlich benachbarten Gruppen Gumelniţa und Cucuteni unterscheidet, sowie Monumentalplastiken und einen großen Lehmschmuck figürlicher Art an Häusern, kennt die jüngere Vinča-Kultur schwere Kupferäxte und -beile. *Vinča-Kultur*

Nördlich des Vinča-Gebietes ist im *Theißbereich* die Tiszapolgár-Kultur verbreitet (nach einem Friedhof in Ostungarn), die in wesentlichen Zügen eine Tradition von der jungneolithischen Kultur des Theißgebietes erkennen lässt. Ihr Spätabschnitt wird als Bodrogkeresztúr-Stufe bezeichnet (nach einem ostungarischen Gräberfeld). Typisch für sie sind Friedhöfe mit ostwestlich gerichteten Hockerbestattungen (insgesamt mehr als 600 bekannt), wobei Männer regelmäßig auf der rechten Seite, Frauen auf der linken liegen. Im Rahmen der Tiszapolgár-Kultur begegnen auch Hügelgräber. Neben einer für diese Kultur charakteristischen Keramik (u.a. Gefäße mit hohem Standfuß, in der Spätstufe Gefäße mit feinen Ritzmustern) werden in die Gräber kupferne Äxte und Schmuckformen sowie goldene Scheibenanhänger mitgegeben, die solchen der Gumelniţa- und Cucuteni-Kultur sowie solchen aus Griechenland verwandt sind. Die Goldzierstücke sind mitunter von erstaunlicher Größe (ein Anhänger ist 0,75 kg schwer). In Westungarn entspricht jener ostungarischen Kultur die Balaton-Gruppe, nördlich der Donau (Südwestslowakei) die Ludanice-Gruppe, die in ihrer Keramik Verwandtschaft mit der Tiszapolgár-Bodrogkeresztúr-Kultur zeigt, aber offensichtlich nicht die Sitte der geschlechtsdifferenzierten Totenlage kennt. Die Siedlungen bestehen aus regelmäßig gebauten zweiräumigen Rechteckhäusern. *Theißbereich*

In Böhmen und Mähren, Schlesien und Sachsen treffen wir nach der jungneolithischen Kultur als erste ausgeprägte Kupferzeiterscheinung die *Jordansmühl-Kultur* (nach Jordansmühl in Schlesien; bekanntester Fund: große Widderfigur) mit Hocker- und Brandgräbern sowie kupfernen Schmuckformen und steinernen Streitäxten, in Mittelböhmen, Mitteldeutschland bis Mecklenburg die *Baalberger Kultur* (nach einem Hügelgrab mit Steinplattenkiste, Sachsen-Anhalt), deren Verbreitung durch ihre charakteristische Keramik umschrieben wird. Für diese Kultur kennzeichnend sind Hügelgräber sowie megalithisch anmutende Steinkammern, die beide in diesen Gebieten als etwas Neues erscheinen, weiterhin ein steinerner Streitaxttyp, der den südosteuropäischen Kupferäxten dieser Zeit ähnlich ist. Kupferschmuck ist selten. Bevorzugt sucht man für Siedlungen Höhen auf, die befestigt werden. *Jordansmühl-Kultur Baalberger Kultur*

In *Bayern* folgen auf die jungneolithischen Erscheinungen die Münchshöfener Gruppe (nach einer Siedlung bei Straubing in Niederbayern) und auf diese die altkupferzeitliche Altheim-Gruppe. Aus der letzteren sind einige Wall-Graben-Anlagen bekannt, bei denen bis jetzt nicht geklärt werden konnte, inwieweit es sich um befestigte Siedlungen und inwieweit um Kultstätten, ähnlich solchen aus Westeuropa, handelt. Die Besiedlung durch agrarische Gruppen schiebt sich nach dem Jungneolithikum weiter zum Alpenrand vor (z.B. Pollinger und Schussenrieder-Gruppe), wobei in den neubesiedelten Landstrichen die Jagd eine größere Rolle spielt als in den altbesiedelten Lößgebieten. *Bayern*

In Südwestdeutschland und im Elsass ist eine Reihe von Übergangserscheinungen zwischen jungneolithischer Rössener Art und solchen kupferzeitlichen Alters bekannt, die insgesamt einmünden in die *Michelsberger Kultur* (nach einer befestigten Höhensiedlung bei Bruchsal). Vor allem aus Siedlungen, darunter zahlreichen auf Anhöhen, ist bekannt, dass diese nach Norden über das Mittelrheingebiet und Niederhessen bis Belgien und Niedersachsen verbreitet und im Osten mit der Baalberger Kultur verknüpft ist. Ihre Keramik kennzeichnen neben typischen Vorratsgefäßen vor allem sog. Tulpenbecher und flache Tonplatten; die letzteren sind als Backunterlagen für eine kulturspezifische Fladenart zu deuten. Wo günstige Erhaltungsbedingungen gegeben sind (Thayngen nahe Schaffhausen), liegen reichlich Holzgefäße und -geräte vor. Als Streitäxte sind solche aus Stein geläufig; Kupfer ist bekannt, wenngleich offensichtlich nicht in gleichem Umfang wie im Mitteldonaugebiet. Einige Siedlungsuntersuchungen im Moorgelände (Ehrenstein bei Ulm, Riedschachen im Federsee) geben wünschenswert weit gehenden Aufschluss über die Gesamtanlage der Dörfer (Häuser mit der Schmalseite an einem Weg aufgereiht, von einem Dorfzaun umgeben, der eventuell verstärkt als Befestigung aufzufassen ist, mitunter in der Mitte des Dorfes ein Gebäude besonderer Zweckbestimmung) sowie über die Grundrißgestalt und Bauweise der Häuser (mehrräumig, rechteckig, Holzdiele, darauf in einem oder in beiden Räumen ein aus Lehm gebauter Herd, die Wände aus Holzpfosten mit lehmverstrichenem Flechtwerk oder aus Spaltbrettern). Eine ans Rheinufer grenzende Michelsberger Großsiedlung bei Urmitz (nahe Neuwied) ist mit einem hufeisenförmig verlaufenden, insgesamt 2500 m langen, hinten durch eine Pfostenpalisade abgestützten Erdwall umzogen, der auf seiner Außenseite ziemlich regelmäßig weit vorspringende abgerundete Bas- *Michelsberger Kultur* tionen aufweist. Dieses Befestigungssystem, das gegenüber allem aus dem Neolithikum in Mitteleuropa Bekannten ein völliges Novum darstellt, zeigt typologisch auffallende Ähnlichkeit mit mediterranen (von Palästina und Griechenland bis Spanien und Portugal), ägyptischen sowie vorderasiatischen Stadtmauern mit Bastionenkranz (bautechnisch von der Urmitzer abweichend; meist aus Stein oder Lehmziegeln bestehend). Ein historischer Zusammenhang dürfte schwerlich in Abrede gestellt werden. Als Urform solcher Befestigungsanlagen hat wohl die Gilgamesch-Stadtmauer von Uruk zu gelten.

Schweiz In der *Nordschweiz* entspricht der Michelsberger die Pfyner Kultur (nach einer aus neun Häusern bestehenden Siedlung im Kanton Thurgau), in der Mittel- und der Westschweiz die Cortaillod-Kultur (nach einer Siedlung am Neuenburger See). Die letztere, aufgrund der stratigraphischen Verhältnisse eine längere Zeitspanne umfassend und in zwei Hauptabschnitte zu gliedern, besitzt eine Keramik u. a. mit Auflagemustern aus weißlichen Birkenrindenlamellen auf dunkelpoliertem Grund. Sehr reichlich vertreten sind holz-, knochen- und geweihgeschnitzte Geräte, Waffen, Sicheln, Kämme, Gefäße u. a. Kupfer spielt eine gewisse Rolle. Die Dorfsiedlungen bestehen anscheinend meist aus einräumigen, reihenweise angeordneten Häusern, die in der Bauweise denen der Michelsberger Kultur entsprechen. Die Pfyner Siedlung von Niederwil enthält Häuser der üblichen Breite (5 m), aber exzeptioneller Länge (z. T. mehr als 60 m); sie sind in regelmäßige, etwa 10 m lange Abteilungen untergliedert, deren jede mit einem Herd ausgestattet ist (Prinzip der Reihenhäuser). In ihrer Kulturzugehörigkeit bis jetzt schwer bestimmbar, aber aufgrund von Streuscherben am ehesten mit der Cortaillod- und Pfyner Kultur in Verbindung zu bringen ist eine vom Genfer See bis in die Nordschweiz verbreitete Gruppe von Steinplattengräbern (Chamblandes-Gruppe), die sowohl in dieser Grabform als auch der hier entgegentretenden Bestattungsweise als Gruft-, d. h. Kollektivbestattung (Grabkammer durch einen längeren Zeitraum für Beisetzungen benutzt) spezifisch kupferzeitlich ist.

zentralmediterraner Raum Im *zentralmediterranen Raum* ist auf Sizilien, den Liparischen Inseln und in Unteritalien nach den jungneolithischen bemaltkeramischen Gruppen eine unverzierte, rotpolierte Keramik mit breiten Spulenhenkeln verbreitet (Diana-Gruppe, nach einer Fundstelle auf Lipari), mit der erstmalig Kupferschlacken nachgewiesen werden. Auch Malta ist in dieser Zeit besiedelt. Diese Stufe wird abgelöst von einer altkupferzeitlichen Stufe, die auf Malta als Zebbug-Stufe bezeichnet wird und in der als etwas Neues Felskammergräber mit Kollektivbestattungen angelegt werden. Der in diese Stufe datierte Kopf einer großen Steinstatue beweist, dass diese in den folgenden Kupferzeitstufen auf Malta zu hoher Blüte gelangte Kunstgattung bereits in die Zebbug-Stufe zurückreicht. Dass dies auch für die monumentalen maltesischen Tempel der Fall ist, konnte bisher noch nicht erhärtet werden; mit der Möglichkeit ist indes zu rechnen. – Auch auf Sizilien setzen in dieser Stufe (genannt nach der Höhle von Conzo und einer Gräbergruppe von Piano Notaro) Felskammergräber sowie aus Stein gebaute Kammern mit Kollektivbestattungen ein. Das Gleiche ist auf der Apenninhalbinsel festzustellen, wo zudem auch megalithische Grabkammern sowie Kuppelgewölbe und Kammern unter einem Hügel auftreten; meist ist dabei allerdings nicht sicher, inwieweit diese Anlagen bereits altkupferzeitlich sind und wieweit jünger. – Sardinien scheint überhaupt erst in der Kupferzeit besiedelt worden zu sein. Am Anfang stehen dort Grabhügel mit Steinplattenkammern (Arzachena), die mit Anlagen aus Griechenland und Anatolien verglichen werden. Noch keine Klarheit besteht über den Beginn der für Sardinien so typischen Felskammergräber; möglicherweise reichen sie in ihren Anfängen in die Altkupferzeit zurück.

Iberische Halbinsel Auf der *Iberischen Halbinsel* gehören der frühen Kupferzeit anscheinend noch keine Grabkammern mit Kollektivbestattungen an, sondern eingetiefte, mitunter mit Steinschutz versehene Gräber mit Einzelbestattungen (in Nordostspanien: Madurell-Gruppe). Die folgende Zeit ist durch Sepulkralmonumente verschiedener Typen gekennzeichnet, denen Kollektivbeisetzungen gemeinsam sind. Inwieweit diese Neuerungen bereits während der Altkupferzeit einsetzen, ist noch unklar. Auch in *Frankreich* scheint ein

Frankreich

Chasséen-Kultur gestaffelter Beginn von kupferzeitlichen Kulturerscheinungen stattgefunden zu haben. Aus dem älteren Abschnitt der *Chasséen-Kultur* (genannt nach der Höhensiedlung Camp de Chassey, Dép. Saône-et-Loire), der mit der schweizerischen Cortaillod- und der katalanischen Madurell-Kultur Beziehungen aufweist und der in nahezu allen Teilen Frankreichs in Siedlungen ausgeprägt ist, sind keine Megalithgräber oder nichtmegalithische Grabhügel bekannt. Diese beginnen vielmehr in einem jüngeren Chasséen Abschnitt. Es sind runde oder rechteckige Erdhügel von mitunter beträchtlichem Ausmaß (der bretonische Mont St. Michel bei Carnac ist 120 × 56 m groß und 12 m hoch) mit kleinen Steinkisten, in der Regel einer größeren Anzahl, die offensichtlich im Verlauf einer gewissen Zeitspanne angelegt und für Beisetzungen benutzt werden; weiterhin rechteckige oder runde, aus Steinblöcken oder Trockenmauern errichtete Kammern mit Gang unter einem Hügel (Kammer sollte durch leicht zu öffnenden Gang für neue Bestattungen zugänglich bleiben). In Chasséen-Siedlungen, die häufig durch Wälle und Gräben befestigt sind, begegnen uns vereinzelt Backteller, ähnlich denen der mitteleuropäischen Michelsberger Kultur.

Britische Inseln Auf den *Britischen Inseln* hat eine vom Kontinent ausgehende Landnahme agrarischer Gruppen („Neolithisierung") erst nach Beginn der Kupferzeit stattgefunden. Die ältesten Zeugnisse dieser Getreideanbau

Windmill-Hill-Kultur und Viehhaltung treibenden, feste (nicht selten befestigte) Siedlungen anlegenden Bevölkerung (nach einer Siedlung in Wiltshire *Windmill-Hill-Kultur* genannt) sind in Südengland (südlich der Severn-Wash-Linie) verbreitet, ein entwickelteres Stadium auch weiter nördlich (bis Lincolnshire und Yorkshire). Nach Ausweis der Keramik sind wiederum jüngere Stadien vertreten in verwandten Erscheinungen in Schottland (ältere Beacharra-Gruppe) und Irland (Dunmurry- und Lyles-Hill-Gruppe.) Die südenglische Windmill-Hill-Kultur zeigt in ihrer Keramik, ihrem lithischen Gerätebestand, ihren „Erdwerken" und in ihren Sepulkralmonumenten Beziehungen zur französischen Chasséen-, teilweise auch der belgischen Michelsberger Kultur, sodass kein Zweifel an der Herkunft dieser Siedler besteht. Diese treffen keine unbewohnten Gebiete an, sondern finden dort eine Jägerpopulation „mesolithischer" Art vor. Die Ansiedlungen der Windmill-Hill-Kultur sind häufig durch ringförmige, konzentrisch verlaufende Wälle mit Gräben befestigt, wobei die letzteren (bis 2 m) tief in den Kreidefels eingearbeitet sind (Außengraben an eponymem Platz, Durchmesser: 370 m). Gut bekannt sind sodann die von den Trägern dieser Kultur angelegten Flintminen, in denen qualitätvoller Feuerstein abgebaut wird. An Grabmonumenten sind sowohl Langhügel (bis 90 m) ohne Megalithkammern bekannt, in denen die Beisetzungen in ebenerdig errichteten Holzbohlenkammern ruhen, als auch Hügel mit megalithischen Kammern. Aufgrund einiger Befunde sind die Ersteren (mindestens in ihrem Beginn) älter.

Ähnlich wie auf den Britischen Inseln werden große Teile Norddeutschlands sowie Dänemark, Südschweden und Südnorwegen erstmalig in der Kupferzeit von einer Bevölkerung mit neolithischer Wirtschaftsweise besiedelt. Nach einer keramischen Eigentümlichkeit spricht man von der *Trichterbecherkultur*. Die ältesten Ausprägungen dieser Kultur sind aus Siedlungen und aus Moordepositionen bekannt, letztere offenkundig Zeugnisse ritueller Handlungen; an Grabfunden liegen nur einfache Erdbestattungen vor. Megalithische Erscheinungen beginnen offenbar erst in einer folgenden Stufe, ein Hinweis darauf, dass die Kolonisation als historischer Vorgang unabhängig war von der in der Ausbreitung kupferzeitlich-megalithischer Sepulkralformen und -ideen zum Ausdruck kommenden Bewegung. Die frühesten Grabmonumente des Nordischen Kreises sind Erdhügel mit eingetieften, kleinen, aus vier Steinblöcken gebauten Kammern, jeweils mehrere unter einem Hügel, zunächst wohl jeweils für eine Einzelbeisetzung, darin also denen der mitteleuropäischen Baalberger Kultur verwandt, deren unmittelbare Ausstrahlung anhand der Keramik bis Mecklenburg, Brandenburg und Pommern zu verfolgen ist; andererseits sind (hinsichtlich der Form des Langhügels; ein solcher von Strahlendorf, Mecklenburg-Vorpommern, ist 125 m lang) südenglische und bretonische Anlagen zu vergleichen. In den Verwandtenkreis dieser Langhügel gehört auch eine weiter östlich zwischen unterer Weichsel und mittlerer Warthe verbreitete Gruppe *(kujawische Gruppe)*: Sie besteht aus trapezförmigen, in der Länge zwischen 25 und 150 m schwankenden Anlagen, die von einer Steinreihe eingefasst sind und Holzeinbauten enthalten. Von den Siedlungen der älteren nordischen Trichterbecherkultur weiß man, dass neben kleinen Einzelhäusern auch Langbauten mit mehr als 80 m Länge bekannt sind (Barkaer in Jütland), die durch Querwände in etwa 3 m lange, selbstständige Wohnungen unterteilt sind, ganz ähnlich also wie die etwa gleichzeitigen Reihenhäuser von Niederwil in der Schweiz. Kupfer ist in Form von Äxten, Flachbeilen und Schmuckstücken bekannt, wenngleich als Seltenheit. Die stattdessen geläufigen Feuersteinbeile (Länge bis 40 cm) und Felsgesteinäxte zeigen typologische Anlehnungen an die Kupferformen. – (Forts. S. 42)

Trichterbecherkultur

kujawische Gruppe

Mittel- und Jungkupferzeit (ca. 25.–21. Jh.)

Vorderer Orient (Forts. v. S. 33)

5. Dynastie

In Ägypten fällt in die zweite Hälfte des 3. Jt.s die Spätphase des Alten Reiches (5. und 6. Dynastie) sowie die Erste Zwischenzeit (7.–11. Dynastie). Die Könige der 5. Dynastie erbauen sich Grabmonumente bei Sakkara und Abusir, bestehend jeweils aus einer Pyramide, wesentlich kleiner als diejenigen der 4. Dynastie, einem Totentempel, einer noch kleineren Ritualpyramide, einem Aufweg und einem Taltortempel. Die Pyramide des letzten Königs Unas, die kleinste der Reihe, enthält in ihren Innenräumen erstmalig umfangreiche Ritualinschriften (sog. Pyramidentexte). Spezifisch für die 5. Dynastie sind die von mehreren

Sonnenheiligtümer

Königen erbauten *Sonnenheiligtümer* (zwei davon archäologisch bekannt), in deren Zentrum ein gemauerter Obelisk mit einem großen Altar davor steht. Die Privat-(Beamten-)Gräber dieser Zeit bestehen aus Mastabas, bei denen im Gegensatz zu denen der vorangehenden Zeit die Kulträume in den Baukörper hineingenommen sind, sowie (in Mittel- und Oberägypten) Felskammergräbern, jeweils mit Wandreliefs versehen.

6. Dynastie

Die Könige der 6. Dynastie (Ende 24.–23. Jh.) besitzen Grabdenkmäler bei Sakkara, in der Grundform denen der 5. Dynastie ähnlich, alle durch Sammlungen von Pyramidentexten gekennzeichnet (vergleichsweise gut erhalten die Anlage des nahezu hundert Jahre alt gewordenen Phiops II.). Privat-(Beamten-)Mastabas und Felskammergräber erfahren in Architektur, Reliefschmuck und Rundplastik einen Höhepunkt ihrer Entwicklung am Ende dieser Zeitspanne, deutlich als Ausdruck verstärkter Regionalbeamtengeltung. Die Grabbeigaben bestehen aus kupfernen Gefäßen, Altarmodellen, Spiegeln, Rasiermessern und Werkzeugen, Steingefäßen, Halskragen aus Perlen, Rollsiegeln, Kopfstützen, Betten, anderen Möbeln aus Holz, Beamtenzeptern u.a. Mit den Namen ägyptischer Könige der 6. Dynastie versehene Steingefäße sind außerhalb des Landes bis Byblos (Libanon) bekannt (ägyptische Fahrten dorthin, um Zedernholz zu besorgen); weiter Hieroglypheninschriften dieser Zeit im Sinaigebiet (Türkis- und Kupfergewinnung) und in Nubien.

7. und 8. Dynastie

Am Ende der langen Regierung von Phiops II. (bis 1. Hälfte 22. Jh.) lockert sich die königliche Zentralgewalt und zerbricht schließlich ganz; die Provinzbeamten zeigen Tendenzen zur Verselbständigung und entwickeln sich zu Provinzfürsten. Was in der historischen Überlieferung als *7. und 8. Dynastie* bezeichnet wird, ist eine Spanne (wohl weniger als ein halbes Jh.) chaotischer Verhältnisse: Die staatliche Ordnung des Alten Reiches endet; innere und äußere Wirren bedeuten einen tiefgreifenden Einschnitt in die geistigen, religiösen und gesellschaftlichen Verhältnisse.

zwei Machtzentren

Allmählich bilden sich *zwei Machtzentren* aus, im Norden Herakleiopolis (die 9. und 10. Dynastie der Überlieferung), im Süden Theben (11. Dynastie, die aber nicht auf jene folgt, sondern großenteils mit ihnen gleichzeitig regiert). Aus der Gegend von Herakleiopolis ist eine große Nekropole bekannt (Gebel Sedment), deren Grabformen und Beigabenausstattung eine Tradition vom späten Alten Reich andeuten. Als etwas Neues erscheinen Holzfiguren und -modelle von Dienern, Handwerkern, Werkstätten, Getreidespeichern, Ruder- und Segelbooten sowie Szenen des täglichen Lebens. In Mittel- und Oberägypten kennen wir neben zahlreichen einfachen Sepulturen auch die Gräber von Provinzfürsten (Beni Hasan, Deir el-Gebraui). Von Theben, einer während des Alten Reiches keine Rolle spielenden Stadt, die durch ihre Lokalfürsten der Ersten Zwischenzeit zu Ansehen kommt, liegen Gräber von mehreren Fürsten namens Antef, die typologisch nicht an ältere Felsgrabformen anschließen, sondern eine architektonische Neuschöpfung darstellen, sichtbarer Ausdruck eines neuerwachenden Machtwillens. Im Zuge der wechselvollen Kämpfe zwischen den Fürsten von Theben und Herakleiopolis nennt sich Antef II. bereits (vorübergehend?) König von Ober- und Unterägypten. Aber die endgültige *Unterwerfung Unterägyptens*

Unterwerfung Unterägyptens

und damit die Vereinigung „beider Länder" vollbringt Mentuhotep I. Damit wird Theben Reichshauptstadt. Mentuhotep erbaut sich ein Grabmal wiederum neuer Art (Theben West: Deir el-Bahari), das durch die Einbeziehung der dahinter aufsteigenden Felswand an Monumentalität seinesgleichen nicht hat.

Mesopotamien

In *Mesopotamien* gehört der letzte Abschnitt des Frühdynastischen (Frühdynastisch III, u.a. die Ur I-Zeit) ins 25. und den größten Teil des 24. Jh.s. Während in Uruk die frühdynastische Zeit bis jetzt nur sehr unzureichend bekannt ist, sind von Ur dank der reichen Funde des Königsgräberfriedhofes mehrere Königsnamen bekannt (Meskalamdug, Akalamdug, Mesannepada, Meskiangnuna, Baluli), ebenso

Könige von Lagasch

durch die Grabungen in Tello *Könige von Lagasch* (Urnansche, Akurgal, Eannatum, Enanatum, Entemena I. und II., Lugalanda, Urukagina). Hinsichtlich der politischen Struktur Mesopotamiens (Stadtstaaten mit Sakralkönigen an der Spitze, die häufig in Kriege miteinander verwickelt sind), des Charakters der von Mauern umzogenen Städte, der Paläste (einer bekannt von Eridu) und Tempel (Zikurrati: Ur, Uruk, Chafadje; und andere Grundrißformen: Tell Asmar, Chafadje, Mari) besteht von der

Mesilim-Stufe

Mesilim-Stufe der frühdynastischen Kultur bis in die frühdynastische Spätstufe (Ur I-Zeit) ungebrochene

Kontinuität. Das Gleiche gilt für die bildende Kunst, das Kunsthandwerk, die Schmuck-, Geräte- und Waffenherstellung, die Edelmetall- und Kupfertoreutik, die Glyptik und den Handel. Zwei- oder vierrädrige Wagen (mit Scheibenrädern) dienen Repräsentationszwecken (gezogen von Equiden und Rindern). Bei einigen mit überaus reichen Beigaben versehenen Königsgräbern von Ur sind zahlreiche Menschen mitbestattet, die offensichtlich lebend in den Grabschacht gelangen und dort den Tod finden (u. a. kostbar gekleidete Harfenspielerinnen und bewaffnete Soldaten). Steinkeulen, manchmal mit Reliefdarstellungen, dienen wohl nicht mehr als Waffe, sondern sind reine Herrschaftszeichen bzw. Ritualobjekte. Steinplastiken und -reliefs stellen Menschen (oft Könige) in ritueller Haltung (Gebet, Opfer, Tempelgründung) oder mythische Gestalten dar. Auch die Siegelbilder zeugen von der Bedeutung der Mythologie. Gegenüber dem aus Inschriften ersichtlichen Ideal des sumerischen Stadtkönigs, dessen Aufgaben im Bau von Tempeln, dem Anfertigen und Darbringen von Opfergaben und Votivgegenständen, in der Anlage und dem Instandhalten von Bewässerungskanälen, dem Bau von Stadtmauern, der Beschaffung von Bau- und sonstigen Materialien sowie der Deponierung von Nahrungsvorräten besteht, gibt es Herrschergestalten, die von persönlichem Besitz- und Machtstreben geprägt sind, so Eannatum von Lagasch. Dieser unternimmt nicht nur Kriege gegen sumerische Städte, sondern auch gegen Mari am mittleren Euphrat sowie gegen Elam und rühmt dabei seine Grausamkeit den Besiegten gegenüber.

Am Ende der frühdynastischen Zeit (Mitte des 24. Jh.s) steht *König Lugalsaggesi von Umma*, der – dort als Usurpator an die Macht gekommen – im Zuge einer kriegerischen Expansionspolitik die Herrschaft auch in Uruk und in Lagasch an sich reißt. In seinen Siegesinschriften kommt ein neues Hegemoniestreben zum Ausdruck, womit er politisch überleitet zur unmittelbar folgenden Zeit (ca. 23. Jh.).

König Lugalsaggesi von Umma

Das 23. Jh. wird durch *Sargon von Akkad* verkörpert. Mit ihm beginnt eine neue Epoche der mesopotamischen Geschichte. Im Gegensatz zu den frühdynastischen Königen der sumerischen Tempelstaaten ist Sargon nicht Sumerer, sondern Semite. Nicht der Tradition sumerischer Föderalstruktur verhaftet, verfolgt er erstmalig ausgesprochen imperiale Ziele. Wenn er als erster sich eine neue Residenzstadt erbaut (Akkad), nach drei Kriegszügen nach Südmesopotamien Lugalsaggesi gefangennimmt, das sumerische Ensis besiegt, weiterhin Elam im Südosten, die Amoriter im Westen und Mari sowie die Stämme im Chaburgebiet im Norden angreift und unterwirft, so gehen diese Unternehmungen über das in frühdynastischer Zeit Übliche hinaus und zielen bewusst auf die *Gründung eines Großreiches* ab. Die eroberten Gebiete „vom unteren bis zum oberen Meer" werden durch akkadische Gouverneure und Militäreinheiten in ein neuartig festes Verwaltungs- und Herrschaftssystem eingefügt. Sargon und seine vier ihm ebenbürtigen Nachkommen (Rimusch, Manischtusu, Naramsin und Scharkalischarri), die das mesopotamische Großreich im Wesentlichen zusammenhalten und ausbauen, bringen die Neuartigkeit ihrer Herrschaftsposition in ihren Insignien (Hörnerkrone), ihrer Titulatur („König der vier Weltgegenden") und der allgemeinen Tendenz zu ihrer Vergöttlichung zum Ausdruck (Private nennen sich: „Sargon ist mein Gott"; von Naramsin an werden die Könige mit dem Gottesdeterminativ geschrieben; die Hörnerkrone, bisher ausschließlich ein Attribut von Götterdarstellungen, wird jetzt auch dem König zuteil). Die Stadt Akkad sowie die Sonnenstadt Sippur (Hauptkultort des obersten Reichsgottes Schamasch) sind archäologisch nicht untersucht. Hingegen sind vom *Tell Asmar* aus dieser Zeit eine ausgedehnte Palastanlage, ein kleiner Tempel und ein Wohnquartier bekannt, wobei Tempel und Wohnhäuser unmittelbar solche der frühdynastischen Zeit fortsetzen (als Baumaterial dienen jetzt allenthalben Flachziegel). In Nordmesopotamien zeigt eine neben einer Wohnstadt vom *Tell Brak* gelegene quadratische Festung von Naramsin eine ganz regelmäßige Grundrißgestalt (wohl militärische Station im nördlichen Grenzgebiet des Reiches). Neben der Beherrschung der nördlichen Gebiete (ein Diorit-Relief verherrlicht den Sieg Naramsins über das Bergvolk der Lullubäer, ein anderes Felsrelief von Derbend-i-Ghor einen solchen über einen anderen nordöstlichen Grenzstamm) legen die Könige der Akkad-Dynastie großen Wert auf die nominelle und faktische Weiterführung der sumerischen Kulte, Kultur und Städte: Die drei ersten Akkad-Könige führen neben anderen noch den Titel König von Kisch weiter; in allen sumerischen Städten erneuern die Akkad-Könige Zikurrati, andere Tempel und Stadtmauern. Akkadische Prinzessinnen sind Hohepriesterinnen in Ur (so Enheduana, eine Tochter Sargons). – Wie die Besiedlung der mesopotamischen Städte von der frühdynastischen in die Akkad-Zeit trotz der andersgearteten Herrschafts- und Staatsstruktur kontinuierlich weitergeht, so bleiben auch die Errungenschaften der frühdynastischen Verwaltung und die Schrift, aber auch der Kult in den Tempeln erhalten; die Friedhöfe werden weiterbelegt; das Handwerk, die diversen Kunstgattungen sowie die Edelmetall- und Kupferverarbeitung finden eine ungebrochene Weiterentwicklung. Erstmalig erscheinen fast lebensgroße Bronzestatuen (bemerkenswerterweise stammen aus derselben Zeit die ersten monumentalen Bronzestatuen Ägyptens: von Phiops I. und Merenre.

Sargon von Akkad

Gründung eines Großreiches

Tell Asmar

Tell Brak

22. Jh.: Die Herrschaft der Akkad-Könige bricht unter dem Ansturm des aus den nördlichen Bergregionen kommenden Fremdvolkes der *Gutäer* zusammen. Im nördlichen Babylonien werden die politischen, wirtschaftlichen und sozialen Verhältnisse durch diese Fremdherrschaft bestimmt. Ein späterer Hymnus berichtet: Das Land sei in der Hand der Barbaren; die Götterbilder würden fortgeschleppt, die Bevölkerung zur Zwangsarbeit gepreßt; die Kanäle verfielen; der Tigris sei nicht mehr zu befahren; die Felder könnten nicht mehr bestellt werden; die Ernten blieben aus. – Demgegenüber vermögen sich im südli-

Einbruch der Gutäer

VORGESCHICHTE Kupferzeit (ca. 3. Jt.)

Lagasch

chen Landesteil die sumerischen Städte in der Form der alten Tempelstaaten neu zu konstituieren und diesen Typus zu neuer Blüte zu bringen. Gut bekannt sind uns die Verhältnisse in *Lagasch*: sog. II. Dynastie. Nach ihren zahlreich hinterlassenen Inschriften sehen die Könige ihre Aufgabe nicht in kriegerischen Aktionen, sondern in der Förderung des Wohlstandes durch Handel sowie friedliche Materialexpeditionen, um Werke zu Ehren der Götter vollbringen zu können. Bezeichnender noch als die Ritualtexte und Hymnen sind die aus dieser Dynastie bekannten Jahresnamen (als besonders wichtig empfundene Ereignisse, die dem Jahr den Namen geben): niemals Kriege oder Siege; zahlenmäßig an erster Stelle stehen Amtseinsetzung von Priestern und Beamten, gefolgt von der Errichtung (bzw. Restaurierung) eines Tempels, Anfertigung von Weihegeschenken, Anlage von Kanälen und städtebaulichen Arbeiten. Was uns an plastischen Bildwerken und an Steinreliefs der Lagasch II-Zeit erhalten ist (Beterstatuen und mythische bzw. kultische Darstellungen), veranschaulicht diese Grundhaltung.

Utuhengal von Uruk

Um 2100: Im Gegensatz zu den Ensis der Lagasch II-Dynastie stehen bei dem Ensi *Utuhengal von Uruk* kriegerische und machtpolitische Unternehmungen im Vordergrund (mindestens der von ihm überlieferten). Ihm gelingt die Besiegung der Gutäer; er führt erstmals seit den großen Akkad-Königen wieder den Titel „König der vier Weltgegenden". Ein von ihm in Ur eingesetzter Militärgouverneur, Urnammu, macht sich noch zu Lebzeiten Utuhengals selbstständig und begründet in Ur eine selbstständige Dynastie (Ur III-Dynastie). Urnammu führt eine Erweiterung seiner Titulatur ein: „König von Sumer und Akkad". Ur wird Hauptstadt eines Reiches, das seinen Schwerpunkt in Südmesopotamien hat, aber weit nach Norden bis zum mittleren Euphrat und zum mittleren Tigris reicht (Urnammu-Inschriften im Tell Brak). Überall im Land tritt der absolutistisch regierende König als Erbauer bzw. Erneuerer von Tempeln in Erscheinung; die Einsetzung von Oberpriestern ist ihm vorbehalten. Von König Schulgi an schreiben sich die Könige mit Gottesdeterminativ; teilweise wird ihnen ein regelrechter Kult zuteil. Die Ur III-Könige führen auch in dieser Hinsicht neben ihrem sumerischen Erbe die Tradition der Akkad-Könige weiter. Zu den wichtigen Aufgaben des Königs gehört seine Sorge für die Rechtssicherheit (Sammlung von Gesetzen: Kodex Urnammu). Die wesentlichsten Machtfaktoren im Ur III-Reich sind „Palast" und „Tempel". Zum Ersteren gehören nicht nur die Residenzen des Königs und der Ensis, sondern die gesamte, vom König abhängige Verwaltung und Wirtschaft, die Werkstätten, Magazine, Schatzhäuser, die Truppen und Handwerker, die Beamten und Transportbeauftragten.

Palästina/ Westsyrien

25.–22. Jh.: Im *palästinensisch-westsyrischen Raum* folgt auf einen ersten Abschnitt der frühurbanen Kultur der Hauptabschnitt (Stufen II und III). Typisch sind ausgedehnte Siedlungen mit städtischen Zügen (Stadtmauer, Spezialhandwerke, z.B. Herstellung von hart gebrannter Keramik, dazu Königspaläste, Tempel in: Jericho, Khirbet el-Kerak, Tell Arad, Betschan, Megiddo, Byblos, Hama). Dabei bezeugen die jeweils aufeinanderfolgenden Bauschichten (in Jericho deren fünfzehn) eine beträchtliche Siedlungskonstanz. Zugehörig sind extramurale Nekropolen mit Felskammergräbern, die durchweg Kollektivbestattungen enthalten; die Grabformen zeigen vereinzelt Beziehungen zu ägyptischen Gräbern sowie zu solchen aus Mesopotamien. Daneben sind in Palästina, vor allem im ostjordanischen Wüstengebiet, Megalithgräber (einst von meist runden, zuweilen viereckigen Hügeln überwölbt) bekannt, die offensichtlich nicht von der Stadtbevölkerung, sondern von anderen ethnischen Gruppen errichtet und benutzt werden. Elfenbein- und Steinplastiken der frühurbanen Stufen II und III sind typologisch an mesopotamische Werke anzuschließen, ebenso Augenfiguren, die bestimmte religiöse Vorstellungen zum Ausdruck bringen, sowie *Rollsiegel*, die die Übernahme einer charakteristischen Form der Eigentums- und Persönlichkeitskennzeichnung bezeugen, während die bedeutende *Stempelglyptik* eine Tradition aus der vorangehenden westasiatischen Kultur widerspiegelt. Gut ausgeprägt ist die Metallverarbeitung (Dolche, Äxte, Beile, Keulenknäufe, Messer, Lanzenspitzen, Nadeln z.T. mit Tierfigurkopf, Zierscheiben, überwiegend aus Kupfer, selten aus Silber und Gold). Hierbei treten Verbindungen mit Mesopotamien, noch deutlicher mit Ägypten in Erscheinung. Letzteres ist weiterhin bei Steingefäßen der Fall; bis nach Byblos gelangen ägyptische Steingefäße, z.T. versehen mit Königskartuschen.

Rollsiegel Stempelglyptik

Amoritische Stufe

Die frühurbane Kultur Palästinas und Westsyriens findet ein gewaltsames Ende: Die urbanen Siedlungen werden zerstört; die Siedlungskontinuität und die Nekropolenbelegung brechen an den meisten Orten ab. Man nimmt an, dass dahinter Bevölkerungsbewegungen stehen, die historisch mit denen zusammenhängen, die in Ägypten am Ausgang des Alten Reiches und in Mesopotamien in der späten Akkad-Zeit bezeugt sind. Nach den als Amurru bezeichneten Beduinengruppen, die vor allem in der Ur III-Zeit Mesopotamien bedrängen, wird die palästinensisch-westsyrische Kultur nach der frühurbanen Stufe amoritisch genannt. Während die meisten Siedlungen dieser *Amoritischen Stufe* sich stark von denen der vorangehenden Zeit unterscheiden (keine Stadtmauer, Paläste, Tempel und dicht bebaute Wohnviertel), scheint an einigen Orten urbanes Leben weiterzubestehen, so in Byblos und in Megiddo (hier sogar mit einem Tempel, der eine Bau- und Kulttradition von der frühurbanen Zeit her bekundet). Auch die Sepulkralformen der *Amoritischen Stufe* unterscheiden sich merklich von denen der vorangehenden Zeit. In Südpalästina (vor allem Jericho) lassen sich mehrere Gräbergruppen voneinander unterscheiden, durchweg Felskammergräber, jeweils mit Einzelbestattung, die in Einzelheiten der Grabform, in der Beigabenausstattung oder den Beisetzungssitten Besonderheiten aufweisen. Insgesamt fassen wir in diesen Gräbern (offenbar) Bevölkerungsgruppen, die – einst nomadisierend und zunächst keramiklos – sesshaft werden, das Land in Besitz nehmen und von der Vorbevölkerung kultische Eigenheiten übernehmen. In Byblos liegen aus der Amoritischen Stufe einige reiche Tempeldepots vor (kupferne Ösenhalsringe, Nadeln, Spiegel, Armringe, Beile und Äxte, kupferne und silberne Diademe und Gefäße sowie Fayencefiguren und Skarabäen ägyptischer Art). Die urbane Siedlung Hama am Orontes übersteht scheinbar die Wirren dieser Zeit vergleichsweise gut.

In *Persien* sind mittel- und jungkupferzeitliche Siedlungen und Nekropolen (z.T. mit Gruftbestattungen) untersucht worden im Tepe Giyan (Luristan), in Yanik Tepe (Aserbaidschan), in Bampur (Südost-Iran) und im Tepe Hissar (Nordost-Iran). Am letztgenannten Ort werden Besiedlungsschichten mit einer urbanen Bebauung, die in die Zeit der frühdynastischen Städte Mesopotamiens gehören, abgelöst von solchen (Hissar III), aus denen ein Palast sowie Gefäße aus Gold, Silber und Kupfer (z.T. mit plastischer Figuralzier), Zierstücke aus denselben Metallen und bunten Steinen, Menschen- und Tierfiguren aus Stein und Metall, kupferne Äxte, Lanzenspitzen und Dolche zum Vorschein gekommen sind, insgesamt Zeugnisse einer fürstlichen Kultur, die gleicherweise der mesopotamischen der Akkad- und neusumerischen Zeit wie der inneranatolischen von Alaca Hüyük sowie der kaukasischen der Maikop-Gruppe an die Seite gestellt werden kann. *Persien*

Nordöstlich des iranischen Hochlandes ist im Bereich der turkmenischen Steppe die *Anau-Kultur* als Ausstrahlung der vorderorientalischen Agrarkulturen zu verstehen, während in den anschließenden Weiten Innerasiens offenbar nur mit nomadischen Jägerpopulationen zu rechnen ist. *Anau-Kultur*

In *Anatolien* sind mittelkupferzeitliche Siedlungsschichten (25–23. Jh.) vor allem in Tarsus (Schichten in 20–11,5 m Tiefe) untersucht, in Inneranatolien bei Kültepe (Schichten 14 und 13) und Alişar (Schichten 11–7), in Pisidien in Kusura, in Südwestanatolien in Beycesultan (XVI–XIII a mit zehn Besiedlungsschichten), in Nordwestanatolien in Troia (Schicht I mit zehn Einzelschichten). In der Keramik bestehen gewisse Beziehungen zwischen diesen Gebieten; im Ganzen aber überwiegen die regionalspezifischen Züge. Ähnlich steht es mit den zugehörigen Stein- und Kupfergeräten, Waffen- und Schmuckformen, den Idolen aus Stein und Ton, den Stempelsiegeln und einfachen Steingefäßen. Urbane Züge weisen anscheinend nur kilikische Siedlungen auf; im übrigen hält Anatolien Abstand von der auf eine frühe Hochkultur hinweisenden städtischen Siedlungsstruktur des Vorderen Orients. *Anatolien*

23–21. Jh.: Ohne dass in dieser letzteren Hinsicht bei den anatolischen Siedlungen der jüngeren Kupferzeit (Tarsus, Schichten in 11,5–9 m Tiefe; Kültepe, Schichten 12 und 11; Alişar, Schichten 7 und 6; Beycesultan XII–VIII) eine wesentliche Änderung gegenüber den vorangehenden erkennbar wäre (was freilich an dem Erforschungsstand liegen kann), bezeugen andere jungkupferzeitliche Kulturerscheinungen gewichtige Neuerungen in technologisch-wirtschaftlicher, künstlerischer sowie offenbar auch in sozialer und politischer Beziehung. Erstmalig ist der Gebrauch der (langsam rotierenden) *Töpferscheibe* nachzuweisen; stärker macht sich ein Aufschwung in der Metallverarbeitung bemerkbar (beträchtliche Erweiterung des Formenschatzes, der Techniken und der Dekorationsweisen, reichlicher Gebrauch von Edelmetall), wobei fraglos die in Inneranatolien und weiter westlich vorhandenen Metallvorkommen ausgebeutet werden. Dieses Aufblühen diverser Handwerkszweige wird initiiert von Regionalfürsten, die wir in Inneranatolien aufgrund ihrer Grabstätten, in Nordwestanatolien in einigen reichen Metalldepots, hauptsächlich aus der letzten Schicht von Troia II erschließen können. Die aufschlussreichsten Fürstengräber sind die von *Alaca Hüyük*: Schon die Form der großen, gemauerten Rechteckkammern mit Balkendecke, auf der sich Rinderköpfe befinden, stellt gegenüber allem bis dahin Bekannten etwas völlig Neues dar; dem entspricht die Ausstattung mit kupfernen, silbernen und goldenen Statuetten, getriebenen Gefäßen, wobei nicht selten verschiedene Metalle kombiniert verarbeitet werden (u.a. Tauschierung), Halsketten mit Goldanhängern, Golddiademen, Nadeln, kupfernen Streitäxten und kupfernem „Schwert" (Länge bis 84 cm, in der Form gleichzeitiger Dolche, kaum als gebrauchsfähige Waffe zu deuten, sondern als reines Repräsentationsstück), Dolchen mit Eisenklinge (damals überaus kostbares Material, zugehöriger Griff mit Goldblechbelag), Steinkeule mit goldbeschlagenem Schaft, goldenem Keulenknauf und durchbrochenen Zierscheiben, anscheinend Sonnenzeichen, mit Rinder- oder Hirschfiguren, die mit guten Gründen als Zier von Prunkwagen gedeutet werden. Diese Grabbeigaben bezeugen nicht nur einen exzeptionellen Reichtum (entsprechende Machtgeltung), sondern auch die Wirksamkeit eines Werkstättenkreises, der in Inneranatolien zu lokalisieren ist und vornehmlich für diese Fürsten arbeitet. *Töpferscheibe* *Alaca Hüyük*

In (und in der Gegend von) *Troia* sind keine Fürstengräber, dafür aber Schatzfunde bekannt, die mit ihrem Schmuck und ihren Gefäßen aus Edelmetall, ihren Prunkäxten aus Halbedelstein sowie ihren Kupfergefäßen den Alaca-Hüyük-Fürstengräbern ebenbürtig sind und als Besitzer gewiss ebenfalls Fürsten voraussetzen. Die Burg von Troia II (mit geböschter Umfassungsmauer, repräsentativen Toren und Megaronbauten) vermittelt eine Vorstellung von der Residenz dieser Fürsten. – Trotz des unverkennbar regionalspezifischen Charakters der anatolischen Fürstenkulturen (außer den beiden archäologisch zu erschließenden ist mit weiteren zu rechnen) zeigen diese mannigfache Beziehungen zu Mesopotamien und Westsyrien; mit von dort ausgehenden Anregungen ist zu rechnen. *Troia*

Zypern

Zypern beherbergt in der Mittel- und Jungkupferzeit eine Kultur besonderer Art (Siedlungen mit Rundhäusern, Felskammergräber mit Einzel- oder Kollektivbestattungen: Philia, Vounous, Lapithos). Die Kupfergewinnung setzt auf der Insel bereits in dieser Zeit ein und verschafft ihr eine beträchtliche wirtschaftliche Bedeutung. Vereinzelt beginnt bereits (wie auch im übrigen Westasien) eine (wohl beabsichtigte) Beimischung von anderen Metallen, ohne dass aber von wirklicher Bronze gesprochen werden könnte. – (Forts. S. 48)

Europa (Forts. v. S. 37)

ägäischer Raum

Im *ägäischen Raum* (25.–21. Jh.) haben die Inseln Lesbos, Lemnos und Samos (Siedlungen Thermi, Poliochni und Samisches Heraion), von den Kykladeninseln vor allem Syros, Melos, Delos, Paros und Amorgos, sodann Kreta (Gräber und Siedlungsfunde, zum fortgeschrittenen und jüngeren Abschnitt des *Frühminoischen* gehörig) und das griechische Festland (Siedlungen und Nekropolen eines fortgeschrittenen und jüngeren Abschnittes des *Frühhelladischen*) Kulturzeugnisse ergeben, die Kontakte mit mittel- und jungkupferzeitlichen Erscheinungen Vorderasiens erkennen lassen. Die Siedlungen bestehen aus vielräumigen, unmittelbar aneinandergebauten Häusern an gewundenen Straßen, nicht selten umzogen von einer starken Befestigungsmauer mit Bastionen und Tortürmen. Auf dem griechischen Festland gibt es daneben auch die Siedlungsweise in Einzelhäusern (Rund-, Rechteck- oder Apsisform). Auf Kreta sind die Plätze einiger späterer Paläste (Knossos, Mallia) bereits in frühminoischer Zeit besiedelt (indes unsicher, ob bzw. inwieweit als Vorläufer von Palastanlagen zu deuten). In der Argolis trägt die (spätere) Akropolis von Tiryns Reste eines frühhelladischen Rundbaues mit einem Bastionenkranz (Durchmesser 21 m), wohl ein Palast. Ein monumentaler, regelmäßig gebauter Rechteckpalast, orientalischen Anlagen vergleichbar, liegt von Lerna vor.

Fürstlicher Edelmetallschmuck nach Art desjenigen von Troia II ist aus der Siedlung Poliochni auf Lemnos bekannt, fürstliche Grabausstattungen vergleichbar denen von Alaca Hüyük vor allem von Kreta. Sie stammen aus viereckigen (Mochlos, Archanes) oder runden, trockengemauerten, ehemals kragkuppelüberwölbten Anlagen (*Tholoi*: Lebena, Gurnes, Kumasa, Platanos in der Mesara-Ebene). Es sind Edelmetallschmuck, Kupferdolche, Stempelsiegel und Statuetten aus Elfenbein und hartem Stein, Modelle von vierrädrigen Wagen, Steingefäße und bemalte Keramik, insgesamt Zeugnisse hoch entwickelter Kunsthandwerkszweige und eines ausgeprägten Kunststiles. Die Grabkammern enthalten stets Kollektivbestattungen und Hinweise auf einen nach der Beisetzung unterhaltenen Totenkult. Dabei werden Kulträume benutzt, die regelmäßig auf der Ostseite der runden Tholoi liegen. Bildliche Darstellungen (Stiere und Menschen) dürften sich auf mythische Themen beziehen, wie auch gewisse Menschenfiguren wohl als Darstellung göttlicher Gestalten zu deuten sind.

Kykladenkultur

Die mittel- und jungkupferzeitliche *Kykladenkultur* (sog. Syros-Stufe) kennt im Gegensatz zur frühminoischen Kultur Kretas als typische Grabform Steinkisten oder trockengemauerte bzw. in den Felsboden gearbeitete Kammern, die geschlossene Nekropolen bilden (bei Chalandriani auf Syros etwa 600 Gräber). Auch hier bezeugen die Grabbeigaben eine hohe Kulturblüte mit einem Wohlstand (Silber häufiger als Gold, außer Schmuck vor allem Gefäße, Silberplattierung auch bei Kupferdolch), eine wirtschaftliche Bedeutung (Kupfergewinnung, seetüchtige Schiffe) und gewisse Religionseigenheiten (Marmoridole, überwiegend wohl den Verstorbenen in einer Gebetshaltung darstellend; auf Kultgefäßen und Edelmetallzierblechen Abbildungen der Sonne oder des Himmels mit Schiff nach Art der ägyptischen Sonnenbarke; Nadeln mit Kopf in Form eines Vogels, eines Widders oder einer Schnabelkanne, Ritualgefäße aus Stein und Keramik).

frühhelladische Kultur

Die *frühhelladische Kultur* des Festlandes, deren Siedlungen bis zu zehn Bauschichten enthalten, kennt Einzel- und Kollektivgräber inner- und außerhalb der Siedlungen. In Lerna wird nach Zerstörung eines frühhelladischen Palastes der Bauschutt zu einem im Durchmesser 19 m großen, mauerumsäumten Hügel aufgeschüttet und der Platz unbebaut gelassen, offensichtlich, um durch diesen Tumulus eine Erinnerung an das Bauwerk zu bewahren. Andere kultisch gedeutete Funde sind eine Marmorbaetyle aus einem Haus von Eutresis und ein großer, runder Ritualherd mit doppelaxtförmiger Mittelvertiefung von Lerna. Menschen- und Tierfiguren sind seltener als auf den Inseln. Geläufig ist indes der Gebrauch von Siegeln, wobei Rollsiegel zur Gefäßdekoration, Stempelsiegel zur Besitzkennzeichnung auf Tonbullae u.dgl. verwendet werden. Als Ausstrahlung orientalischer Edelmetalltoreutik und Prunkwaffen sind eine goldene Schnabeltasse und ein Kupferdolch mit Goldblechbelag des Griffs zu verstehen (weitere Zeugnisse von Beziehungen mit dem Orient: ägyptische Knopfsiegel, Fußamulett aus Steatit, silberne Doppelspiralnadel, kupferne Streitäxte).

zentralmediterranes Gebiet

Im *zentralmediterranen Gebiet* haben in der Mittel- und Jungkupferzeit Malta und die Nachbarinsel Gozo eine hervorragende Rolle gespielt (Mġarr- und Ġgantija-Stufe). Während die Ovalhäuser und die Felskammergräber mit Kollektivbestattungen dieser Zeit nachweislich in einer altkupferzeitlichen Tradition stehen, erscheinen nun als etwas Neues Tempel, die charakteristischste Bauschöpfung der maltesischen Kupferzeitkultur Ta Ḥaġrat: Mġarr, Kovdin, Ġgantija, haġar Qim, Skorba, Mnajdra. Es sind Komplexe von jeweils mehreren, paarweise angeordneten Apsidenräumen mit Mitteleingang und kleiner Stirnapsis, insgesamt in einem aus mächtigen Steinblöcken errichteten Baukörper mit gewölbter Wandung und konkaver Vorderfront liegend. Mitunter sind mehrere solche Tempel dicht nebeneinander gebaut. Steinaltäre, Kultnischen aus spiralverzierten Steinplatten, Darstellungen von Kultzeichen, Idolen und Opfertieren weisen auf die hier durchgeführten Kulthandlungen hin. Solche fanden auch auf den gepflasterten Plätzen vor den Tempeln statt. Wenngleich ein Zusammenhang zwischen Tempeln und Totenkult nicht in Abrede zu stellen ist, dienen die Tempel allem Anschein nach primär nicht diesem, sondern einem Götterkult. Typologisch mit den Tempeln zu verbinden ist eine komplett in den Fels gearbeitete vielräumige Anlage von Hal Saflieni (500 qm, drei übereinanderliegende Etagen, sog. Hypogäum) mit Scheinarchitektur und spiralverzierten Decken. Die Seitenräume dienen als Bestattungsplätze (schätzungsweise 7000 Tote), die Zentralräume dem Totenkult. Dieser Sakralarchitektur künstlerisch ebenbürtig sind die Ton- und Steinplastiken, vor allem weibliche Gestalten, mitunter auf einer Kline liegend.

Auf *Sizilien* treffen wir in dieser Zeit auf die durch eine bemalte Keramik gekennzeichnete Serraferlicchio-Stufe und die monochrome rote Keramik führende Malpasso-Stufe, u. a. mit Felskammergräbern. – *Sizilien*
Auf *Sardinien* wird die zeitlich entsprechende Kultur nach der Stadt Ozieri (oder der Höhle S. Michele) *Sardinien*
genannt. Die Siedlungen bestehen aus Rundhütten (Durchmesser 4–5 m). Bestattet wird in natürlichen Höhlen und in Felskammergräbern („domus de janas", mehr als 1000 bekannt, große Nekropole z. B. von Anghelu Ruju). Neben einfachen Anlagen gibt es große, vielräumige mit Innenpfeilern oder -säulen, Scheinarchitektur, als Wandrelief ausgearbeiteten Hörnermotiven sowie zuweilen gemalten Symbolen und Ornamenten sowie menschlichen Darstellungen. Weibliche Steinfiguren (verwandt denen von Kykladenart, aber durchweg aus einheimischem Gestein) erscheinen in Kleinausführung in Gräbern, in größeren Exemplaren in Siedlungen (in Senorbi: 44 cm großes Idol inmitten eines Steinkreises) und in anderen Heiligtümern (Monte d'Accodi: trockengemauerter Trapezsockel von 6 m Höhe mit Rampe).

Auf der *Apenninhalbinsel* sind in einigen Gegenden Gruppen von Felskammergräbern bekannt (Apulien: *Apennin-*
Celino S. Marco; Kampanien: Gaudo-Gruppe; Latium-Toskana: Rinaldone-Gruppe). Neben der grup- *halbinsel*
penspezifischen Keramik spielen an Beigaben kupferne Dolche und Flachbeile, Steinpfeil- und Steinlanzenspitzen, Steinäxte und -keulenknäufe sowie knochengeschnitzte Hammerkopfnadeln (ähnlich solchen aus dem Frühhelladischen, aus Anatolien und dem südlichen Osteuropa) eine Rolle. Üblich sind Gruftbestattungen, vereinzelt Einmalbestattungen (Ponte S. Pietro: ungewöhnlich reich ausgestatteter Mann, dahinter mitbeigesetzte Frau mit gespaltenem Schädel; Arnesano: schematisches Steinidol vor Hockerbestattung). Mit einer Kupfergewinnung in der Toskana ist zu rechnen. In Oberitalien sind Flachgräber mit Einzelhockern üblich (Remedello-Gruppe).

Im südöstlichen Mitteleuropa (Gebiet der mittleren Donau und ihren Nebenflüssen) wird die Mittelkupferzeit (25.–23. Jh.) durch die *Badener Kultur* (genannt nach der Königshöhe von Baden bei Wien) ausgefüllt (vertikal kannelierte Keramik). Die z.T. befestigten Ansiedlungen liegen oft auf Anhöhen (mitunter burgartig, mit großen Apsidenhäusern und einer Kupferverarbeitung). Die Friedhöfe bestehen aus (bis mehreren hundert) Flacheinzelgräbern (Hocker oder Leichenbrand in Urne, vereinzelt auch isolierte Schädelbeisetzung, gelegentlich obertägig durch Stelen gekennzeichnet; in Mähren sind zudem Hügelgräber bekannt). An Kupferbeigaben verdienen Beachtung Diademe, Zierscheiben, Brillenanhänger, Halsringe und Streitäxte, an keramischen Beigaben das Modell eines vierrädrigen Wagens sowie anthropomorphe Gefäße (Menschen mit erhobenen Armen). Weisen diese letzteren auf religiöse Vorstellungen hin, so gilt dies auch für die offensichtlich rituelle Deponierung von Gefäßen (mit Inhalt) in Höhlen oder an anderen Plätzen. Die Keramik sowie die kupfernen Schmuck- und Waffenformen der Badener Kultur zeigen Beziehungen zu ägäischen und anatolischen Erscheinungen der Mittelkupferzeit. *Badener Kultur*

In Böhmen grenzt die kupferzeitliche Badener Kultur an die vor allem in Mitteldeutschland verbreitete *Salzmünder Kultur* (nach einer Höhensiedlung bei Halle), in der außer Höhensiedlungen vor allem Grabhügel bekannt sind (daraus große Steinäxte aus weichem Gestein mit Kreismustern, an Keramikformen neben Henkelkannen vor allem mit Symbolzeichen versehene Trichter, sog. Trommeln). Östlich schließt an das Salzmünder Gebiet dasjenige der Südpolnischen Gruppe der Trichterbecherkultur an, nördlich dasjenige der Walternienburger Kultur (genannt nach einem Flachgräberfeld im Kreis Anhalt-Zerbst, Sachsen-Anhalt). Neben anderen Grabformen treten hier Megalithkammern (rechteckig oder trapezförmig) oder trockengemauerte bzw. aus Holzbalken errichtete Kammern mit Balkendecke in runden oder länglichen Hügeln mit Kollektivbestattungen auf, offenbar als südliche Peripherscheinung der nordischen Megalithgräberprovinz. Auch die Felsgesteinbeile, Doppeläxte aus Felsgestein sowie Bernsteinamulette in Doppelaxtform bekunden Beziehungen mit dem Norden. *Salzmünder Kultur*

Im *westlichen Mitteleuropa* treten an mittelkupferzeitlichen Kulturerscheinungen die bayerisch-salzburgische Cham-Gruppe, die schwäbisch-schweizerische Goldberg III- und die Horgener Gruppe sowie die hessisch-westfälische *Steinkammergruppe* in Erscheinung. Die Erstere (kenntlich an einer leistenverzier- *westliches Mitteleuropa Steinkammergruppe* ten Keramik und Doppeläxten aus Stein mit Verzierungen) lässt sich auf zahlreichen Höhensiedlungen belegen und ist in den Kupferrevieren zwischen alpinem Inn und Enns mit dem Beginn einer dortigen Kupfergewinnung in Verbindung zu bringen. Auf dem Goldberg im Nördlinger Ries folgt ein in diese Zeit gehöriges Dorf aus kleinen Rechteckhäusern (lehmverstrichene Flechtwerkwände mit Mittelherd) stratigrafisch auf eine altkupferzeitliche Michelsberger Siedlung. Vermutlich hier einzureihen ist ein Grabhügel mit rotem Sandsteinsaum und weißer Kalksteindecke (Unterjettingen). Die Horgener Gruppe (benannt nach einer Station am Zürichsee, kenntlich an einer grobtonigen Keramik) ist (abgesehen von Höhensiedlungen) vor allem aus Seerandsiedlungen bekannt (zumeist stattliche, regelmäßige Rechteckhäuser: Sipplingen). Mit der unsorgfältigen Herstellung der Keramik steht die kunstvolle Fertigung der (dank günstiger Erhaltungsverhältnisse vorliegenden) Holzgefäße, Flecht- und Webarbeiten in Kontrast. Vermutlich zur Horgener Kultur gehören kleine (von Tumuli bedeckte) Megalithkammern mit rundem Loch in einer Wandplatte, die im Verbreitungsgebiet der Horgener Keramik zum Vorschein gekommen sind. Bezeugt ist diese Zeitstellung bei den größeren, megalithischen oder trockengemauerten Steinkammern (Länge bis 30 m) aus Hessen und dem südlichen Westfalen (Züschen, Altendorf, Lohra; trotz Eintiefung von Langhügeln bedeckt). Die für die Beisetzung der Toten bestimmte Hauptkammer (Hunderte von Toten als Strecker in Lagen übereinander) wird jeweils von einer kleinen Vorkammer durch eine Steinplatte mit rundem Loch abgetrennt (sog. „Seelenloch", für Einstieg bei Neubelegung). Einige Kammern weisen eingepickte Ornamente oder bildliche Darstellungen auf (Rinder, Wagen, Köcher, Pfeile, Bogen). Typische Grabbeigaben sind Ketten aus Tierzähnen, Stein-, Bernstein-, Knochen- und Kupferperlen, Steinäxte (z.T. Nephrit) sowie -beile und Pfeilspitzen, an Gefäßformen Kragenfläschchen (für bestimmte Essenzen). Ähnliche Keramik stammt aus Siedlungsplätzen (u.a. Höhensiedlungen). Vor allem wohl mit dem Totenkult dürften *Menhire* (z.T. verziert) in Verbindung stehen.

Menhire

Vučedol-Kultur

In der Jungkupferzeit (23.–21. Jh.) ist im südöstlichen Mitteleuropa die *Vučedol-Kultur* ausgeprägt (benannt nach einer burgartigen Höhensiedlung am slowakischen Donausteilufer, kenntlich an einer feinponierten Keramik mit kräftigen, weiß und rot inkrustierten Mustern, z.T. symbolischen Charakters; Kreuzfußschalen). Eine südostalpine Sonderfazies (Laibacher Gruppe) zeichnet sich durch charakteristische Tonidole mit Textilmusterung und Zeugnisse einer Kupferverarbeitung (Gussformen, Tiegel usw.) aus, eine slowakische und oberstheißländische Sonderfazies (Košihy-Čaka- sowie Nyírség-Zatín-Gruppe) durch keramische Besonderheiten und Brandgräber. In Mähren wird die anzuschließende, in oft befestigten Höhensiedlungen und Hügelgräbern entgegentretende Kultur nach dem Fundort Jaispitz benannt (Jetišovice; hier liegen Reste eines Dorfes dieser Zeit grafisch über solchen der mittleren und der älteren Kupferzeit). Neben kupfernen Schaftlochäxten, wie sie ähnlich bis zum ägäischen Raum geläufig sind, treten in der Jaispitz-Gruppe steinerne Streitäxte in Erscheinung, die typologisch entsprechend im übrigen Mitteleuropa sowie in weiten Gebieten Nord- und Osteuropas begegnen, großenteils im Rahmen der Schnurkeramikkultur.

Schnurkeramikkultur

Die jungkupferzeitliche *Schnurkeramikkultur* ist von der Westschweiz und dem Elsass bis Ostpolen verbreitet, wobei trotz mannigfacher regionaler Sonderausprägungen (vor allem in Mitteldeutschland, Schlesien, Kleinpolen, Nordböhmen, Südbayern, Südwestdeutschland) die verbindenden Gemeinsamkeiten vor allem im Grabbrauch, der Keramik (Becher u.a. mit Schnurabdrücken, große Amphoren) und der Bewaffnung (geschweifte Steinaxt, gerundet oder facettiert) bestehen und bezeugen, dass als Träger dieser Kultur eine Bevölkerung mit einheitlichem Volkstum in Betracht zu ziehen ist. Bestattet wird üblicherweise als Hocker, und zwar Männer auf der rechten Seite in West-Ost-Lage, Frauen auf der linken Seite in Ost-West-Lage, den Blick also jeweils nach Süden gewandt, jeweils als eingetiefte Einzelbeisetzung unter einem Hügel (zuweilen Plattenkisten oder Nachbestattung in mittelkupferzeitlichen Megalithkammern sowie in Grabhügeln; einige Male auch gleichzeitige Mehrfachbestattung; bei Männern nicht selten Schädeltrepanation). Im oberen Theißgebiet, in Siebenbürgen und am Oberlauf des Dnjstr sind ebenso wie in Norddeutschland Randerscheinungen der Schnurkeramikkultur bekannt. Während in den meisten Gebieten Siedlungen dieser Kultur nur selten nachgewiesen sind, spielen solche an den Schweizer Seen eine beträchtliche Rolle (z.T. anstellen, wo zuvor eine Mittel- oder Altkupferzeitsiedlung bestanden hat; neuerdings auch Reste von großen Rechteckhäusern festgestellt). Charakteristisch sind aus diesen Siedlungen Holzgefäße und -geräte, die in Gräbern nie erhalten sind, außerdem kupferne Dolche, Beile und Perlen, die nicht zu den üblichen Grabbeigaben gehören. Als Einzelfunde oder als (offenkundig rituelle) Deponierungen im Moor bzw. Gewässer haben *Kupferäxte* (Typenfamilie Eschollbrücken, zuweilen mit mitgegossenem Kupferstiel) zu gelten, die typologisch den steinernen Äxten der Schnurkeramik-Gräber nahe stehen und – dieser Kultur angehörend – Prunkwaffen bzw. Hoheits- und Machtzeichen einer sozialen (und politischen) Oberschicht gewesen sein dürften.

Kupferäxte

Kugelamphorenkultur

Im östlichen Teil des Verbreitungsgebietes der Schnurkeramikkultur (von Böhmen, Mitteldeutschland und Mecklenburg bis zur Weichsel und zur nördlichen Moldau) ist die *Kugelamphorenkultur* verbreitet (benannt nach einer keramischen Leitform). Teilweise gleichzeitig mit der Schnurkeramikkultur, ist sie als Ganzes von dieser deutlich zu unterscheiden, aufgrund des keramischen Formenschatzes, des als Hauptwaffe verwendeten Beiles aus (oft gebändertem) Feuerstein und der Grabform: Einzelflachgräber mit oder ohne Steinschutz und rechts- oder linksseitige Hocker in Ost-West-Richtung (Blick also nach Süden oder Norden); vergleichsweise selten begegnen Nachbestattungen in Megalithkammern oder älteren Tumuli. Insgesamt stellt offensichtlich die von einer besonderen Population getragene Kugelamphorenkultur eine kurzfristige Erscheinung dar.

In Westeuropa blühen während der Mittel- und wohl auch noch Jungkupferzeit *megalithische Kulturen* als Weiterentwicklung altkupferzeitlicher Ausprägungen. In *Südostspanien* gehört die Los-Millares-Gruppe in diese Zeit. Der eponyme Fundort ist eine große Siedlung im Dreieck zweier Flüsse (von einer 270 m langen Steinmauer mit Bastionenkranz abgeriegelt, im Inneren Rechteckhäuser und eine 1 km lange Wasserleitung von einer Quelle zu einer Zisterne) und eine außerhalb der Mauer gelegene Nekropole aus mehr als 100 kragkuppelgewölbten Rundkammern mit Mittelsäule (bzw. Viereckkammer) und Gang nach Osten in einem Rundhügel; der Gang besitzt eine oder mehrere Verschlussplatten mit ausgemeißeltem Rundloch. Durchweg handelt es sich um lange benutzte Sippenbegräbnisstätten. In Andalusien begegnen uns Kuppelgräber mit Blockabschluss und langem, blockgedecktem Gang, daneben Megalithgräber anderer Form, stets aber nach außen weniger markant in Erscheinung tretend als die Tumuli der Los-Millares-Gruppe. Runde Kuppelkammern mit Gang sind an der Atlantikküste bis in die Höhe von Lissabon zu finden. In den küstenfernen Gebieten der Pyrenäenhalbinsel herrscht die megalithische Polygonalkammer mit Blockdecke. Verglichen mit den in Blocktechnik errichteten oder gemauerten Kammern, treten Felskammergräber ganz zurück und sind auf einige Gebiete der Halbinsel beschränkt. Ebenso wie Form und Bauweise der Grabmonumente zeigen auch die Keramik, die Schmuck- und Geräteformen, die Steinidole, die Stein- und Knochen- bzw. Elfenbeingefäße, die Feuersteindolche und -stabdolche in den einzelnen Gebieten Sonderzüge (vor allem gut bekannt in der Los-Millares-Gruppe und der portugiesischen *Praia-das-Macas-Gruppe*). Perlen aus Bernstein, Calleis und Türkis dürften auswärtige Beziehungen bezeugen. Religionskundlich aufschlussreich sind Idole in den Grabkammern und Baetylen außerhalb derselben, auf dem Vorplatz, wo nach Ausweis von Opferdepositionen ein Totenkult unterhalten wird, weiterhin in den westiberischen Gräbern Kalksteinmodelle von Halbmonden, Keulen und geschäfteten Querbeilen, weiterhin männliche Elfenbeinfiguren, symbolische Darstellungen (Sonne, Tiere, Augenpaar) auf Keramik, auf Wandsteinplatten von Grabkammern und auf Felsmalereien in der Sierra Morena. Ähnlich der befestigten Siedlung von Los Millares sind solche auch von der portugiesischen Atlantikküste bekannt (Vila Nova de S. Pedro und Zambujal): mit mächtigen, oft erneuerten und verstärkten Mauern umzogene Burgen (fraglos Sitze politisch Mächtiger, wo auch Kupfer verarbeitet wird) inmitten größerer Ansiedlungen.

In *Frankreich* folgt auf die altkupferzeitliche Chasséen-Stufe eine mittel- und jungkupferzeitliche Kultur, deren charakteristische Keramik Verwandtschaft mit der Horgener Ware der Schweiz aufweist (im Pariser Becken: Seine-Oise-Marne-Gruppe; in Südwest-Frankreich: Chenon-Gruppe; in der Charente: Peu-Richard-Gruppe; im Languedoc: Fontbouisse-Gruppe; eine weitere Gruppe in der Bretagne). In der Mittelkupferzeit werden Megalithgräber der vorangehenden Stufe vielfach noch belegt; die damals neu errichteten Grabmäler weichen typologisch indes von jenen ab: Im Pariser Becken sind es Felskammergräber sowie eingetiefte, ganglose Rechteckkammern megalithischer Art (sog. allées couvertes bzw. gallery graves), häufig mit „Seelenloch"-Stein, die mit den hessisch-westfälischen Kammern verwandt sind; in Westfrankreich ebenfalls ganglose Rechteckkammern (bis mehr als 5 × 18 m lichte Weite), in Rund- oder Rechteckhügeln. Nicht selten tragen die Gräber innen Darstellungen einer weiblichen Gestalt, eines Beiles oder eines Sonnenzeichens. Auch außerhalb der Gräber, z. T. aber mit Sepulkralanlagen in Verbindung stehend, sind vor allem aus Südfrankreich zahlreiche Stelenmenhire bekannt, die außer anthropomorphen Zügen zuweilen auch Sonnenzeichen aufweisen. Mindestens großenteils gehören die Einzelmenhire sowie die Menhirreihen (Alignements) und die Menhirkreise (Cromlechs), wie sie besonders in der Bretagne erhalten sind, in die Mittel- und Jungkupferzeit.

Auf den *Britischen Inseln*, bis hinauf zu den Shetlands, finden sich Gruppen von Megalithgräbern mit Rund- oder Viereckkammer unter mitunter großem Hügel und einem Vorplatz für den Totenkult. Grundrißtypen und Bauweise der Gräber und Hügel bekräftigen regionale Sonderausprägungen, ähnlich die Keramik (Peterborough, Rinyo-Clacton- und Sandhill-Gattungen). Vor allem im mittleren Ost-Irland verbreitet sind kuppelgewölbte Ganggräber der Boyne-Gruppe (bis 12 m hohe Tumuli, Durchmesser bis 85 m), die sich durch reichlich auf ihren Wandsteinen eingepickte Symbole (Spiralen, konzentrische Kreise, Rosetten, anthropomorphe Figuren) auszeichnen. Auf dem nordschottischen Festland belegt ist der Grabtyp Yarrows (vierzipfelige Hügelform, Länge bis 72 m, mit kuppelgedeckter Kammer), auf den Orkney-Inseln der Maes-Howe-Typ (eponymer trockengemauerter Kuppelraum zu den großartigsten, technisch vollkommensten Megalithgräbern Europas zählend). Neben den während der Mittel- und Jungkupferzeit neu erbauten Megalithgräbern werden in allen Landesteilen solche der vorangehenden Zeit weiterbelegt. Fest steht auch, dass die Henge-Rotunden sowie die Menhirreihen, -alleen und -kränze, deren Beginn (mindestens als Denkmälergattung) in die Altkupferzeit zurückreicht, bis in die Jungkupferzeit (und z.T. danach) in Benutzung sind und für die Kultur auf den Britischen Inseln ebenso kennzeichnend sind wie die Megalithgrabgrüfte.

Westeuropa

Niederlande, Norddeutschland, Dänemark, Südschweden und der südlichste Teil Norwegens beherbergen während der Mittelkupferzeit (25.–23. Jh.) eine in regionale Gruppen zu gliedernde Kultur, für die Megalithgräber in Rund- oder Rechteckhügeln kennzeichnend sind. Aus altkupferzeitlichen Ausprägungen erwachsen, beruht diese Kultur als Ganzes auf mannigfachen Beziehungen entlang der Küste mit *Westeuropa*. Unter den Grabtypen spielen neben ganglosen Kammern (Dolmen) vor allem Ganggräber (durchweg aus Wandblöcken mit Decksteinen bestehend) die Hauptrolle; in Västergötland sind die Kammern oft extrem lang und schmal, in Bohuslän mitunter rhombisch, in Jütland mit Nebenkammern versehen; in Norddeutschland ist – verglichen mit Südskandinavien – der Gang stets relativ kurz, dafür die Kammer aber in die Länge gezogen (bis 27 m), wobei Sondertypen im Emsgebiet, in Mecklenburg und in der Altmark erkennbar sind. Die anhand der Grabtypen sich abzeichnende regionale Gruppierung kommt auch in der charakteristisch verzierten Keramik (sog. Trichterbecherkeramik, z. T. von beträchtlicher kunsthandwerklicher Qualität) zum Ausdruck. Die Bewaffnung besteht aus Pfeilen (vor allem mit Querschneide) und Stein-, vereinzelt auch Kupferäxten, wobei deren Bedeutung als Standeszeichen dazu geführt haben mag, dass Bernsteinamulette die Form von Doppeläxten erhalten. Wie in anderen Megalithgrabprovinzen, so werden auch im Nordischen Kreis in und vor den Sepulkralmonumenten Totenkulthandlungen vorgenommen. Auch Augenmuster auf Gefäßen sowie verzierte Scheiben aus Ton, Bernstein und Kupfer dürften als religiöse Symbole gedeutet werden. Einige architektonische Anlagen aus Dänemark (Tustrup, Ferslev) mit Ritualgefäßen werden als ausgesprochene (nichtsepulkrale) Kultbauten gedeutet. Die Bevölkerung, deren Sippenbegräbnisstätten die Megalithgrabmonumente sind, treibt Ackerbau und Viehhaltung, wie dies für die überwiegend meisten europäischen Kupferzeitkulturen nachweisbar ist. Weithin in den südskandinavischen Gebieten lebt daneben eine Population in jägerischer Wirtschaftsweise mit sog. Grübchenkeramikkultur.

Einzelgrabkultur

Jungkupferzeitlich (23.–21. Jh.) ist in Norddeutschland und Südskandinavien die sog. *Einzelgrabkultur*, die im Gegensatz zu den Megalithgrüften Einzelbestattungen unter Hügeln kennt. Die Grabform sowie die typische Totenhaltung entsprechen ganz denjenigen der mitteleuropäischen Schnurkeramikkultur; auch die Keramik und die Streitaxttypen sowie die Beile und Messer bezeugen diese Zugehörigkeit. Jungkupferzeitliche Nachbestattungen in Megalithkammern sind keine Seltenheit. Insgesamt ist unklar, inwieweit die Träger der Einzelgrabkultur im Nordischen Kreis dort als Neueinwanderer anzusehen sind und inwieweit es sich um Nachfahren der Megalithbevölkerung handelt.

nördliches Osteuropa Kamm- und Grübchenkeramik

Im *nördlichen Osteuropa* (Mittel- und Nordrussland, baltische Gebiete, Finnland und Karelien), nach Süden bis zum mittleren Dnjepr und zum Donbecken, nach Osten bis zum Ural und darüber hinaus, ist die *Kamm- und Grübchenkeramik* verbreitet, die mit einer jägerisch-sammlerischen Population verbunden ist. Von den voll sesshaften, agrarischen Gruppen Mitteleuropas wird als einzige erkennbare Kulturerscheinung die Keramikherstellung übernommen. Bemerkenswert sind im Okagebiet bis zum Weißen Meer retuschierte Menschen- und Tierfiguren aus Feuerstein, in Karelien und Südostfinnland Steinäxte in Form eines Tierkopfes, vermutlich szepterartige Hoheits- und Machtzeichen, die mit ukrainischen, ägäischen und vorderorientalischen Figuraläxten zu vergleichen sind.

Ockergrabkultur

In der Ukraine, nach Westen bis zur Moldau und in die Walachei, nach Osten bis zum Kaukasusvorland reichend, ist während der Mittel- und Jungkupferzeit (25.–21. Jh.) die *Ockergrabkultur* verbreitet, die Grabhügel mit Einzelbestattungen anlegt. Die Träger dieser Kultur kennen Ackerbau und Viehhaltung und erweisen sich insofern als Erben der ukrainischen Kulturen der vorangehenden Zeit. In den westlichen Verbreitungsgebieten (nordöstlicher Balkan) erscheint diese Kultur (Tumuli mit Steinwaffen, u. a. Tierkopfszepter, ohne Keramik) jedoch als Einbruch einer Fremdbevölkerung. – Für die Entstehung der Ockergrabkultur von Bedeutung sind die über den Kaukasus kommenden vorderasiatischen Einflüsse, für welche die mittel- und jungkupferzeitliche Maikop-Gruppe im Kobangebiet wichtigste Etappenstation ist. In großen Kurganen (Höhe bis 13 m) enthalten Grabschächte mit Holz- oder Steinplattenauskleidung fürstliche Bestattungen mit goldenen Ringen, Halsketten aus Gold-, Silber-, Kupfer-, Lapislazuli-, Türkis- und Kristallperlen, Gold- und Silbernadeln, Diademen mit Goldrosetten, Silberbechern mit bildlichen Darstellungen (einmal: Gebirgskette, Bäume, Flüsse, ein See und Tiere), glatten Gold-, Silber- und Kupfergefäßen, gold- und silberbeschlagenen Stangen mit goldenen und silbernen Rinderfiguren, offenbar zu einem Baldachin gehörend, kupfernen Dolchen, Lanzenspitzen und Äxten. Diese fürstliche Kultur lässt sich mit der inneranatolischen von Alaca Hüyük verbinden. Ihr Reichtum und die Hochblüte des Kunsthandwerkes dürften mit dem Abbau von kaukasischen Metallvorkommen zusammenhängen. In die Jungkupferzeit reicht wohl auch die *Fatjanovo-Kultur* – an der Moskwa und westlich der oberen Wolga – zurück. Im Gegensatz zur Ockergrabkultur handelt es sich hier um eine reine Viehzüchterbevölkerung.

Fatjanovo-Kultur

Üblich sind Einzelflachgräber (Hocker: Männer auf der linken, Frauen auf der rechten Seite) mit Stein- und Kupferäxten, tönernen Axt- und Wagenmodellen, Steinpfeil- und Lanzenspitzen sowie Armschmuck aus Bärenzähnen (Männer) oder Eberzähnen (Frauen). Diese Kultur verdankt ihre Entstehung Einflüssen aus verschiedenen westlichen und südlichen Kulturen. – (Forts. S. 49)

Bronzezeit (ca. 2. Jt. v. Chr.)

Antike Autoren der ersten Hälfte des letzten Jt.s v. Chr. nennen das vor ihrer eigenen (als eisern bezeichneten) Gegenwart liegende Zeitalter bronzen. Die archäologische Forschung bestätigt, dass etwa seit der letzten vorchristlichen Jahrtausendwende Eisen in einigen vorderasiatisch-ägäischen Gebieten übliches Werkmetall zu werden beginnt, während vorher seine Stelle *Bronze* einnimmt. Diese (d. h. die beabsichtigte Legierung von Kupfer und Zinn) ist in vielen europäischen und asiatischen Ländern schon in der ersten Hälfte des 2. Jt.s geläufig. Diesbezügliche Ansätze reichen zwar ins 3. Jt. zurück; doch kommt ihnen praktisch kaum Bedeutung zu. Es ist demnach begründet, das 2. Jt. als Bronzezeit zu bezeichnen, wobei klar ist, dass damit für die Gebiete vom Atlantik bis China nur eine allgemeine Rahmenkennzeichnung gegeben wird, ohne diese spezielle Kulturerscheinung für jeden einzelnen Geschichtsraum speziell in dieser zeitlichen Erstreckung nachweisbar (oder auch nur vorauszusetzen) wäre. *Bronze*

Insgesamt treten im 2. Jt. in diversen Geschichtsräumen *Einzelpersönlichkeiten* in ihrer Individualität stärker in Erscheinung als zuvor. Mag das teilweise durch die Quellenlage bedingt sein, so scheint, aufs Ganze gesehen, doch eine Entwicklung in Richtung auf eine Festigung der *Persönlichkeitsstruktur* stattgefunden zu haben, die gleicherweise im sozialen, politischen und wirtschaftlichen Leben wie in der bildenden Kunst und in der Religion zum Ausdruck kommt. Freilich haben wir es hier nicht mit einer im einzelnen klar zu umschreibenden Neuerung zu tun, die zur empirischen Definition eines Zeitalters in einem konkreten Geschichtsraum – und erst recht im altweltlichen Raum insgesamt – geeignet wäre; dennoch werden wir die so zu interpretierenden Züge der Geschichte und Kultur des 2. Jt.s in besonderer Weise für geschichtstypisch ansehen und gegenüber der zuvor behandelten Kupferzeit als Weiterführung einer strukturellen Entfaltung der allgemeinen Geschichtlichkeit werten dürfen. Gewiss treten auch im 3. Jt. mancherorts überragende Einzelne aus dem Rahmen eines Gesellschaftsverbandes hervor, das geschichtliche Leben in besonderer Weise prägend: die *Könige Ägyptens*, diejenigen von Sumer und Akkad, die Fürsten von Alaca Hüyük, Troia II, Maikop und Tepe Hissar, die in einigen goldreichen Gräbern der jüngeren Gumelniţa-Kultur von Varna Beigesetzten und in gewisser Weise auch die jungkupferzeitlichen Einzelbestattungen unter Tumuli der Schnurkeramikkultur, die gegenüber den monumentalen Gemeinschaftsgrüften der Megalithkulturen eine Tendenz in diesem Sinne anzudeuten scheinen. Aber in Ägypten spiegeln gegenüber den Königen des Alten Reiches diejenigen des Mittleren Reiches und nochmal stärker diejenigen des Neuen Reiches ein Menschentum wider, das stärker als zuvor Größe und Eigenart, Kraft und Leistung der Einzelpersönlichkeit zur Geltung kommen lässt und nicht so sehr von der Funktion des Amtes her wertet. Selbst wenn in dieser Hinsicht die ägyptischen Könige Wegbereiter sind, bleiben diese neuen Wesenszüge doch nicht auf diese beschränkt: Wenn in Ägypten das persönliche Gewissen und die allgemeine Ethik sich zu wacheren Formen entwickeln, wenn die Forderung nach persönlicher Gottesliebe statt kollektiven Kultvollzuges erhoben wird, wenn die bildliche Kunst den Menschen in seinem persönlichen Schicksal und Seelenzustand zu erfassen und darzustellen sucht, so deutet dies darauf hin, dass hier ein die ägyptische Kultur und Geschichtlichkeit des 2. Jt.s insgesamt kennzeichnendes Phänomen vorliegt. Und wenn in Mesopotamien am Beginn des 2. Jt.s archäologische Befunde eine Gewichtsverlagerung vom Tempel zum Palast bezeugen und auch die literarischen Quellen eine Stärkung der politischen Aspekte und der Machtstellung des Königtums gegenüber den sakralen Funktionen erkennen lassen, anderseits in Hammurabis Gesetzessammlung und -veröffentlichung die Rechtsposition des einzelnen Bürgers eine Festigung erfährt, wenn in altassyrischer Zeit die Kaufleute und Handwerker eine größere wirtschaftliche und soziale Selbstständigkeit erlangen und in den Eigentumsverhältnissen Neuerungen emanzipatorischen Charakters festzustellen sind, so weist dies alles auf Wandlungen hin, deren Ergebnis mit dem in Ägypten Feststellbaren wesenhafte Gemeinsamkeiten an den Tag treten lässt. Die Annahme liegt nahe, dass auch die königlichen Bestattungen der mykenischen Schachtgräber sowie die fürstlichen und adeligen Einzelgräber sowie die Beisetzungsformen anderer europäisch-bronzezeitlicher Geschichtsräume gewisse, damit strukturell verwandte Wesenszüge der Persönlichkeitsentfaltung zum Ausdruck bringen. Analoges ist auch für die chinesischen Könige und Adeligen der Shang-Dynastie der Fall. *Einzelpersönlichkeit Persönlichkeitsstruktur* *Könige Ägyptens*

Wenngleich in den einzelnen altweltlichen Geschichtsräumen die Kultur und Geschichtlichkeit des 2. Jt.s weit gehend eine Tradition von der vorangehenden kupferzeitlichen weiterführen, haben *historische Kontakte* verschiedener Art in den einzelnen Bronzezeitstufen zwischen benachbarten und weit auseinander liegenden Geschichtsräumen stattgefunden, die über technologische, wirtschaftliche und sozialphänomenologische Erscheinungen hinausgehen und insgesamt als das wesenhaft Konstituierende für die Bronzezeit als eines *altweltlichen Zeitalters* der universalen Geschichte anzusehen sind. Entsprechend der chronologischen Untergliederung der Kupferzeit teilen wir die Bronzezeit in vier etwa gleichlange *Abschnitte* (frühe, ältere, mittlere und jüngere Bronzezeit), von denen jeder etwa ein Jahrtausendviertel umfasst. *historische Kontakte* *altweltliches Zeitalter Abschnitte*

Frühbronzezeit (ca. 20.–18. Jh.)

Vorderer Orient (Forts. v. S. 42)

Blütezeit des Mittleren Reiches

Ägypten: Das erste Viertel des 2. Jt.s wird von der 12. Dynastie beherrscht, einer Zeit stabiler innen- und außenpolitischer Verhältnisse *(Blütezeit des Mittleren Reiches)*. Zu den Aufgaben der Könige gehören umfangreiche Baumaßnahmen (Hauptstadt in Unterägypten; Grabmäler: Pyramiden aus Steinmauern mit Schuttfüllung und Steinverkleidung, größer als diejenigen der 6. Dynastie; insgesamt aber typologisch und topografisch bewusst an diese anknüpfend; Gräber der ersten Könige bei El-Lischt und Illahun, dann bei Dahschur, jeweils zugehörig kleinere Königinnenpyramiden und Totentempel, der größte, mit einer 300 × 240 m Ausdehnung von Amenemhet III.; und Tempel), die Beaufsichtigung handwerklicher und landwirtschaftlicher Betriebe, die Planung und Durchführung von Expeditionen zur Gewinnung von Rohstoffen in die Wüstengebiete, den Sinai, nach Nubien und in den Libanon, die Kolonisation des Fajum und die Inbesitznahme von Nubien nach mehreren Feldzügen; im Übrigen werden keine Eroberungen vorgenommen; Kriege gegen Asiaten gelten nur der Abwehr von dort kommender Nomaden oder der Sicherung von dort benötigter Rohstoffe (Holz, Kupfer, Türkis). Allgemein unterscheidet sich das Königtum des Mittleren Reiches von demjenigen des Alten Reiches, indem nun die menschlichen Leistungen des einzelnen Königs stärker herausgestellt werden. Diese Zeit, gekennzeichnet durch einen weit verbreiteten Wohlstand, ist eine Blüte auch für die ägyptischen Literatur (später als Klassik empfunden). Eine Vorstellung vom Aussehen einer regelmäßig angelegten Siedlung dieser Zeit vermittelt die komplett untersuchte Stadt von Illahun. – Von Privatleuten (hohen Beamten bis einfachen Handwerkern) sind zahlreiche Felskammer- und einfache Schachtgräber bekannt, die größeren mit Wandreliefs und Malereien. Unter den Beigaben spielen Skarabäen und Halskragen aus Perlenketten sowie Amulette, andere Schmuckstücke, Spiegel, Steingefäße, Rasiermesser, Fayence-, Ton- und Kupfergefäße, Geräte und Holzfiguren eine besondere Rolle, kennzeichnend sind Holzsärge, die außen und innen bemalt und innen mit rituellen Totentexten versehen sind.

Mesopotamien

Mesopotamien: Am Ausgang des 3. Jt.s geht die Vorherrschaft der Ur III-Dynastie zu Ende. Zu Lebzeiten des letzten Ur III-Königs Ibbisin macht sich der Heerführer Ischbi-Erra von Isin selbstständig und nennt sich „König der vier Weltgegenden"; auch andere Stadtkönige entziehen sich der Oberhoheit von Ur. In der Zwischenzeit erobert der Elamiterkönig Ur und setzt sich dort fest. Ischbi-Erra vertreibt ihn von dort und verleibt Ur seinem eigenen Machtbereich ein, womit er praktisch das Erbe der Ur III-Dynastie als Oberherr über ganz Mesopotamien antritt. Jedoch dauert diese Periode nicht lange. Unter Ischbi-Erras viertem Nachfolger zerfällt Isins Vormachtstellung; Larsa und andere Städte treten gleichberechtigt und rivalisierend hervor. In der Forschung wird diese Periode selbstständiger, bald miteinander verbündeter,

Zwischenzeit

bald sich bekriegender Stadtstaaten als *„Zwischenzeit"* (zwischen den Perioden erst sumerischer, dann babylonischer Zentralgewalt) bezeichnet.

Hammurabi

Beendet wird dieser Zustand durch *Hammurabi* wohl in der ersten Hälfte des 18. Jh.s. Archäologisch erschlossen wurde diese insgesamt auch als Isin-Larsa-Zeit bezeichnete Ära in Siedlungsschichten hauptsächlich von Ur, Tell Asmar, Nippur, Tello und Larsa mit Wohnquartieren, Königspalästen und Tempeln. Bestattungen werden im Stadtgebiet oder in eigenen Nekropolen angelegt: Schachtgräber mit Strecker-, Topfgräber mit Hocker-, Tonsärge und Kammergräber mit Kollektivbestattungen. Typisch für diese Zeit sind Rollsiegel, Tonfiguren, Perlenketten aus Metall, Fritte und bunten Steinen sowie eine Keramik mit figürlichen, weiß inkrustierten Ritzungen.

Fürsten von Byblos

Die palästinensisch-westsyrische Zone wird während des ägyptischen Mittleren Reiches sowohl von ägyptischen als auch mesopotamischen Wirtschaftsunternehmen erreicht. Die *Fürsten von Byblos* besitzen nach Ausweis ihrer Grabausstattung reichlich ägyptisches Geschmeide, Prunkwaffen und Steingefäße; ägyptische Skarabäen kommen bis zum unteren Orontes, mesopotamische Siegel der Isin-Larsa-Zeit bis in die nordsyrische Hafenstadt Ugarit und nach Palästina. Was die einheimische Kultur dieser Zone angeht, so konsolidiert sich diese nach der wohl bis zum 20. Jh. dauernden Amoritischen Stufe zu

mittelurbane Stufe

der sog. *mittelurbanen Stufe*. Diese ist dadurch gekennzeichnet, dass die Siedlungen wieder Stadtcharakter zeigen (Jericho, Hazor, Sichem, Megiddo, Ugarit, Byblos). Offenbar breitet sich dieser Siedlungstypus vor allem von den phönikischen Küstenstädten aus, wo er die amoritische Zeit überdauert hat (aber auch Hama). Die Städte sind von laufend verstärkten Befestigungsanlagen umgeben; im Innern ist eine nochmals herausgehobene Akropolis besonders befestigt (Hazor Oberstadt 500 × 200 m; anschließende Unterstadt 900 × 600 m). Die Befestigung umfasst oft mehrere Ringe aus Mauern und Wällen, anscheinend bezugnehmend auf die damals neu aufkommende Kriegsführung mit schnellen Streitwagenverbänden. Die Bewaffnung besteht aus Kurzschwertern, Äxten, Lanzen sowie Pfeil und Bogen. Die Keramik wird größtenteils wieder auf der Töpferscheibe hergestellt; Fayencegefäße und solche aus Stein spielen eine Rolle, auch vollplastische und Relieffiguren von Göttern aus Silber oder Kupfer. Tempel liegen zumeist in den Städten, mitunter aber auch außerhalb derselben (Nahariya bei Acre an der israelischen Küste).

Die Assyrer entfalten (19.–18. Jh.) von Obermesopotamien aus eine beträchtliche wirtschaftliche Aktivität im mittleren *Anatolien*. Jeweils dicht neben einheimischen Ansiedlungen mit Fürstensitz (Kültepe, Alişar, Boğazköy) werden von Assyrern sog. Karum-Siedlungen („Faktoreien") angelegt, die offenbar unter dem Schutz der betreffenden einheimischen Fürsten stehen. Sie dienen dem Gütertausch (vor allem Metalle und Textilien) und sind für die Kulturentwicklung Inneranatoliens von nachhaltigem Einfluss (Keilschriftgebrauch und altassyrische Siegel in den Karum-Siedlungen). Die bildende Kunst (Elfenbein, Blei- und Tonfiguren von Göttern, von Menschen und Tieren, Tierkopfrhyta), die Keramik, die Glyptik sowie die Architektur stehen am Beginn einer Tradition, die in der folgenden Stufe als hethitisch in Erscheinung tritt, sodass diese Kultur in der Forschung auch als *frühhethitisch* bezeichnet wird. Bedeutsame inneranatolische Fürstensitze dieser Zeit sind (außer den oben genannten) noch Alaca Hüyük und Karahüyük, weiter westlich Beycesultan (Schichten V und VI mit Palast und Sakralbauten) sowie *Troia* (vor allem Schichten IV, teilweise wohl auch III und V).

Auf Zypern entspricht dem die sog. *mittelzyprische Kultur*, die sich kontinuierlich aus der frühzyprischen des 4. Jt.s entwickelt. Die Siedlungen haben urbanen Charakter (Kalopsida, Nitovikla, Krini). Die Nekropolen (z.B. Lapithos, Stephania, Ayios Iakovos) bestehen aus Felskammergräbern mit einer braun- auf hellbemalten Keramik, Idolen und Kupferwaffen. (– Forts. S. 52)

Anatolien

frühhethitische Kultur
Troia III-V

mittelzyprische Kultur

Europa (Forts. v. S. 46)

Kreta: In das 2. Jt. (erste drei Jh.e) gehört die *mittelminoische Kultur*, deren auffallendste Erscheinung die ausgedehnten *Paläste* von Knossos, Phaistos und Mallia sowie einige kleinere Anlagen (sog. „Villen": Achladia) sind. Zwar knüpfen diese Bauten siedlungstopografisch und architektonisch an Vorangehendes an, doch stellen sie insgesamt etwas Neues dar, das den Beginn eines neuen geschichtlichen Zeitalters anzeigt. Die Paläste zeigen einen großen Zentralhof, um den sich Wohn-; Kult- und Wirtschafts-(Magazin-)Räume gruppieren. Typologisch stehen sie anatolischen und syrischen Palästen nahe. Zu erschließen ist eine Wandmalerei, deren pflanzliche Motive und Ornamente ähnlich auf der polychromen Feinkeramik wiederkehren (u. a. Kamares-Gattung, die als Import bis Westsyrien und Ägypten gekommen ist). Neben wenigen Stein- und Elfenbeinfiguren sind solche aus Ton vorherrschend, meist Männer und Frauen in Adorationshaltung. Diese werden in großer Anzahl zusammen mit organischen Opfergaben im Bereich von Bergheiligtümern deponiert (Petsopha, Piskokephalo, Juktas). Zu einer zweiten Gruppe von Heiligtümern gehören Höhlen (Kamareshöhle), wo mitunter offensichtlich Getreide in Gefäßen geopfert wird. Die frühminoischen Tholoi werden auch jetzt noch als Bestattungsstätten benutzt, außerdem bei Mallia ein rechteckiger, vielräumiger Grabbau errichtet (Chrysolakkos), der auf der Ost-Seite Räume (in der letzten Baustufe mit Pfeilerhalle) für den Totenkult besitzt. Abweichend von aller Regel ist die Bauanlage von Chamaizi, deren Außenmauer oval verläuft. Künstlerisch von besonderer Qualität sind die mittelminoischen Stempelsiegel; als Fremdstücke erscheinen einige vorderasiatische Rollsiegel sowie ägyptische Skarabäen aus Elfenbein oder Stein. Auf einheimischen Siegeln, Gefäßen, Steinblöcken, Tonstangen und -tafeln treten erstmalig bilderschriftartige Zeichen auf, Vorläufer der späteren Hieroglyphen und echte minoische Hieroglyphen auf. Wenngleich diese *Bilderschrift* offensichtlich auf Kreta entsteht, ist die ihr zugrunde liegende Schriftidee zweifellos orientalischen Ursprungs. Hochentwickelt ist auch die Herstellung von Edelmetallschmuck; Geräte und Waffen bestehen nun erstmalig aus Bronze. Bei dünnen Doppeläxten von Platanos muss an reine Zeremonialobjekte bzw. Kultzeichen gedacht werden. Am Ende dieser Stufe (etwa um 1700) werden die Paläste Kretas und viele andere Siedlungen (wahrscheinlich durch ein gewaltiges Erdbeben) zerstört.

mittelminoische Kultur
Paläste

Bilderschrift

Auf dem griechischen Festland wird annähernd gleichzeitig mit dem Beginn der mittelminoischen Stufe auf Kreta die frühhelladische von der *mittelhelladischen Stufe* abgelöst. Dabei ist an einigen Orten eine Besiedlungskontinuität und eine ungebrochene Kulttradition (Architektur, Keramik-, Geräte-, Schmuckformen) feststellbar; an den meisten Plätzen liegt aber zwischen beiden Stufen ein Besiedlungs- und Kulturbruch, sodass mit einer Einwanderung von Bevölkerungsteilen gerechnet wird. Die mittelhelladischen Siedlungen enthalten oft Apsishäuser (Koraku, Lerna, Olympia, Eutresis), vereinzelt auch Ovalhäuser (Tiryns), aber auch Rechteckhäuser (Asine, Asea, Tiryns, Eutresis), dazu Befestigungsmauern (Aigina, Argos, Malthi). Gräber begegnen uns sowohl innerhalb als auch außerhalb der Siedlungen in geschlossenen Friedhöfen, meist als Einzelbestattung, vereinzelt aber auch als Grüfte mit Kollektivbestattung; Kinder in Pithoi. Erstmalig erscheinen Tholoi (Koryphasion), mehrfach Grabhügel (Aphidna, Drachmani,

mittelhelladische Stufe

Malta — Leukas). Neben den beiden wesentlichsten Keramikgattungen, der sog. minyschen und der mattbemalten Gattung, sind Geräte und Waffen, nun auch aus Bronze, sowie Edelmetallschmuck bekannt.
Auf *Malta* dauert die kupferzeitliche Tempelkultur bis in die Frühzeit des 2. Jh.s an (Tarxien-Stufe, nach einem bedeutenden Tempelkomplex mit spiralverzierten Steinplatten und zahlreichen Votivstatuetten aus Stein. Diese blühende Kultur findet plötzlich ein radikales Ende [fraglich, ob durch kriegerische Invasion oder durch Epidemie]).

Sizilien — Auf *Sizilien* fällt in diese Zeit die an einer charakteristisch bemalten Keramik kenntliche Castellucio-Stufe, ausgeprägt in Siedlungen, oft auf Höhen angelegt und mit einer Umfassungsmauer befestigt (Branco Grande), und benachbarten Felskammergräbern. Soweit bekannt, haben die Häuser ovalen Grundriß. Die Felskammergräber zeigen manchmal eine mit einer Scheinarchitektur versehene Prunkfassade, die Verschlusssteine Spiralreliefs, ähnlich wie in den maltesischen Tempeln. Auswärtige Beziehungen kommen auch in sog. Knochenleisten zum Ausdruck, kunstvoll geschnitzten Stäben mit Eierbesatz unbekannter, fraglos symbolisch-ritueller Bedeutung, die ganz entsprechend in Apulien, auf der Peloponnes und in Troia wiederkehren.

Sardinien Glockenbecherware — Auf *Sardinien* lebte die kupferzeitliche Anghelu-Ruju-Kultur mit ihren z. T. beträchtlich großen Felskammergrüften in dieser Zeit weiter, wie vor allem das Auftreten einer Keramikgattung beweist, die als *Glockenbecherware* bezeichnet wird (geschweifte Becher mit Zonenmuster, Schalen, oft mit vier Füßen); zugehörig sind knochengeschnitzte konische Knöpfe mit V-Loch, Silexpfeilspitzen mit „gestutzten" Flügeln und rechteckige Steinplatten mit Durchbohrungen an den Schmalseiten (Armplatten, die meist am Arm aufgebunden werden und die Bedeutung eines Amulettes oder eines Standeszeichens haben).

Der Formenkreis typischer Glockenbechererscheinungen begegnet auch auf der Apenninhalbinsel, hier bei nordsüdlich gerichteten, nach Osten blickenden Einzelhockern (Cadimarco, Santa Cristina, Rocolo Bresciani), darin deutlich von den mittel- und süditalienischen Felskammern der Kupferzeit unterschieden. So liegende Hocker (Männer linksseitig, mit dem Kopf im Norden, Frauen rechtsseitig mit dem Kopf im Süden) mit Keramik, Pfeilspitzen und V-Knöpfen, dazu Kupferdolchen, Knochenanhängern in Scheiben- oder Bogenform, sind in ganz Mitteleuropa (von Ungarn, der Slowakei und Schlesien bis zum Rheingebiet) und weiter westlich wohlbekannt. Diese Gräber heben sich in Mitteleuropa in allen wesentlichen Zügen von der zeitlich vorangehenden Schnurkeramikkultur ab. Einige Kontaktbefunde (Glockenbecher-Nachbestattungen in Schnurkeramik-Hügeln; keramische Misch- bzw. Übergangsformen) bezeugen eine gewisse Tradition, die indes die neuartige Geschlossenheit der Glockenbecherkultur nicht erklären kann. Lässt sich die Entstehung dieser Kultur einstweilen auch nicht aufhellen, so steht doch fest, dass sie – bei einigen regionalen Sonderausprägungen – bemerkenswert umfassende Gemeinsamkeiten der sie tragenden Bevölkerung innerhalb jenes weiten Verbreitungsgebietes widerspiegelt. Aus der sonst gleichförmigen Ausstattung ragen einige durch goldene Diademe, Ohr- oder Lockenringe oder ein verziertes Goldblech in der Form der normalerweise aus Stein bestehenden Armplatten versehene Gräber (soweit bestimmbar: Männer) hervor, vermutlich sozial Bevorzugte.

Glockenbecherzeitlich, mit dieser Kultur auch Beziehungen zeigend, aber ihr gegenüber selbstständige Grundzüge aufweisend, ist die in der Ostslowakei und in Südpolen verbreitete Veselé-Gruppe, die in der Totenhaltung und -ausrichtung sowie der Keramik vor allem ein Erbe der Schnurkeramikkultur weiterführt.

Schönfelder Gruppe — Ebenfalls dieser Stufe gehört die *Schönfelder Gruppe* im Gebiet vom Harz bis zum Havelland (Norddeutschland) an. Ausschließlich durch Brandbestattungen und Schalen mit parabelförmiger Musterung gekennzeichnet, zeigt diese Gruppe einen höchst eigenwilligen Charakter, von dem anzunehmen ist, dass er sich nicht im Handwerklich-Formalen erschöpft. Im übrigen Norddeutschland und in Dänemark ist ein später Abschnitt der dortigen jungkupferzeitlichen Einzelgrabkultur durch Einflüsse seitens der Glockenbecherkultur mit dieser als zeitgleich erwiesen (in Dänemark wegen der im Gegensatz zu den älteren eingetieften Gräbern in den Hügeln ebenerdig oder sogar innerhalb der Hügelaufschüttung angelegten Bestattungen als Bodengrab- und Obergrabzeit bezeichnet). Echte Glockenbecher sind vereinzelt bis Mecklenburg, Schleswig-Holstein und Jütland gelangt, ebenso die typischen Pfeilspitzen, Armplatten und V-Knöpfe. Auch die hier nun auftauchende Nord-Süd-Richtung der Hocker (in Dänemark und Südschweden) im Gegensatz zur vorher herrschenden Ost-West-Richtung bezeugt einen Einfluss der mitteleuropäischen Glockenbecherkultur.

Bootaxtkultur Südwestfinnland — In anderen Kulturzügen kommt jedoch das jungkupferzeitliche Einzelgraberbe zur Geltung, so in der Bewaffnung mit einer Streitaxt. Typisch sind jetzt in Norddeutschland und Dänemark u. a. solche mit „gekniffenem" Nacken, in Schweden sog. Bootäxte, die dort in mehr als 2500 Exemplaren bekannt sind (danach spricht man in Schweden auch von der *„Bootaxtkultur"*), Dänemark aber nur vereinzelt erreicht haben; in *Südwestfinnland* treten demgegenüber Streitäxte anderer Form auf (finnischer Typ: auch mit Schaftülle sowie Nackenknauf), an die dann südlich des Finnischen Meerbusens die Streitaxtformen Estlands anschließen. Die Feuersteinbeile der späten Einzelgrabkultur sind von denen der älteren Stufe nicht zu unterscheiden. Vielleicht spezifisch für die glockenbecherzeitliche Stufe sind große, retuschierte Silexspandolche. Frauen tragen weiterhin Bernsteinperlen. Eine Tradition vom Vorangehenden drückt sich auch in der Grabform der schwedischen jüngeren Bootaxtkultur aus (durchweg Flachgräber, reihenweise Anordnung).

Von Südspanien bis zu den Britischen Inseln und Holland ist die (spätkupfer- oder) *frühbronzezeitliche Kultur* durch Glockenbechererscheinungen gekennzeichnet. Zwar zeigen die Keramik, Knöpfe, Metallspitzen und -dolche teilweise eine regionalspezifische Entwicklung, sodass vor allem in dem jüngeren Stadium die Unterschiede in die Augen fallen; dennoch sind die Gemeinsamkeiten mit der mitteleuropäischen Glockenbecherkultur höchst auffällig und von Gewicht, ohne dass es bisher gelungen wäre, eine begründete historische Erklärung für dieses archäologische Phänomen zu geben. Auf der Iberischen Halbinsel werden in der Glockenbecherzeit in allen Landesteilen die Megalithkammern noch belegt, daneben aber auch Einzelbestattungen in einfache Schächte gebettet. Die Siedlungen der vorangehenden Zeit bestehen gleichfalls weiter. Charakteristisch sind Kupferspitzen (Palmela-Typ), Griffplattendolche und Goldspiralen. Auch in *Frankreich* werden neben der Anlage von Einzelbestattungen allenthalben Megalithkammern als Beisetzungsstätten weiter benutzt, besonders im Languedoc, der westlichen Provence und im Rhônegebiet, an der Atlantikküste von der Garonnemündung bis zur Bretagne, im Pariser Becken und in Burgund (in jedem dieser Gebiete zeigt die Keramik jeweils gewisse Sonderzüge). In Holland ist die Glockenbecherkultur besonders weit gehend erforscht; hier lässt sich der Übergang von der vorangehenden Schnurkeramikkultur vergleichsweise gut verfolgen. Auf den Britischen Inseln finden sich die ältesten Glockenbecher (ausschließlich mit Schnurlinien) vor allem in Süd- und Ostengland, was deutlich die Herkunft von den kontinentalen des Rheingebietes unterstreicht. Entwickeltere Ausprägungen sind bis Schottland und Irland verbreitet. Sie erscheinen zusammen mit Kupferdolchen, goldenen Ohrringen, Goldscheiben, Pfeilspitzen und Armplatten bei Einzelflachhockern in Nord-Süd-Lage mit dem Blick nach Osten, also den kontinentalen Glockenbechergräbern entsprechend. Die kupferzeitlichen *Henge-Rotunden* haben als Kultplätze noch immer Bedeutung. – (Forts. S. 53)

frühbronzezeitliche Kultur

Frankreich

Henge-Rotunden

Ältere Bronzezeit (ca. 18.–16. Jh.)

Vorderer Orient (Forts. v. S. 49)

Ägypten: Von dem frühen 18. Jh. an wird in der historiografischen Tradition eine oberägyptische (13.) und eine unterägyptische (14.) Dynastie überliefert, also anscheinend nebeneinander regierende Könige, re- ein Hinweis auf das Fehlen einer Zentralgewalt und auf politisch instabile Verhältnisse. Die Könige re-

Zweite Zwischenzeit 16. und 17. Dynastie

gieren meist nur kurzfristig, teilweise offenbar mit beschränktem Herrschaftsbereich (sog. *Zweite Zwischenzeit*). Um die Mitte des 17. Jh.s beginnt die Fremdherrschaft der aus Vorderasien kommenden Hyksoskönige (15. Dynastie). Was die Tradition als *16. und 17. Dynastie* bezeichnet, sind Kleinkönige, die unter der Oberhoheit eines Hyksos stehen. Die fremden Eroberer, die als neue Waffe den Streitwagen mitbringen, übernehmen zwar die ägyptische Kultur (Königstitulatur, Schrift, Verwaltung, Wirtschaft, Handwerk); jedoch treten in den Grabformen (Felskammergrab mit mehreren Räumen) und Bestattungssitten (Hockerlage, Equidenmitgabe), in der Bewaffnung (Streitwagen, Kurzschwert, Streitaxt), in einigen bevorzugten Gottheiten (vor allem einem vorderasiatischen Baal, in Ägypten als Seth bezeichnet) sowie vor allem in den engen Beziehungen vieler Kulturerscheinungen mit Palästina-Syrien der vorderasiatische Ursprung der Hyksos und ihre Verbindungen mit diesem Raum auch nach ihrer Herrschaftsübernahme in Ägypten in Erscheinung. Ägyptische Steingefäße und andere Gegenstände mit dem Namen von Chian oder einem anderen Hyksos sind in Knossos und Mykenai, Boğazköy, Mesopotamien und Palästina zum Vorschein gekommen.

Neues Reich

Mit dem lokalen Fürsten von Theben, Ahmose (Mitte 16. Jh.), beginnt die 18. Dynastie *(Neues Reich)*: Ihm wird die Beseitigung der Fremdherrschaft der Hyksos verdankt. Sein Sohn Amenophis I. beginnt den Ausbau des zur Reichshauptstadt Theben gehörigen großen Amun-Tempelbezirks Karnak sowie auf der westlichen Nilseite die Anlage seines Grabes im Tal der Könige mit einem zugehörigen Totentempel am Rande des Fruchtlandes. Wenn in seinem Grab ein Gefäß mit der Aufschrift der Haluti, der Tochter des Hyksoskönigs Apophis, gefunden wurde, so kann dies ein Hinweis auf eine genealogische Verbindung sein (etwa Hyksosprinzessin im Harem des Ahmose oder des Amenophis I.).

Herrschaft des Hammurabi

In Mesopotamien bedeutet die wohl in die erste Hälfte des 18. Jh.s fallende *Herrschaft des Hammurabi von Babylon* den Beginn einer neuen Geschichtsepoche. In Babylon herrscht seit etwa einem Jh. eine westsemitische Dynastie, die ihr Herrschaftsgebiet nach und nach auf große Teile Nordbabyloniens ausdehnen kann. Hammurabi baut die bis dahin kleine Stadt großzügig aus und macht sie politisch, militärisch und kulturell zur führenden Kraft des Landes. Drei Jahrzehnte nach seinem Regierungsantritt erobert er Larsa und Mari am mittleren Euphrat, nachdem er zuvor die sumerischen Städte, die Elamiter und die Assyrer besiegt hat. Damit wird er zum Herrn über ganz Mesopotamien; die einst zum Ur III-Reich gehörenden Gebiete werden wieder unter einheitlicher Herrschaft vereint (Titel: König der vier Weltgegenden). Das hammurabizeitliche Babylon ist archäologisch noch nicht untersucht. Unsere Kenntnis der altbabylonischen Kultur stützt sich vor allem auf Befunde im Tell Asmar, im Tell Harmal in Bagdad, in Uruk, Ur und Nippur. Einige Steindenkmäler werden bei einem elamitischen Plünderungszug im 12. Jh. nach Susa verschleppt (wo sie zum Vorschein gekommen sind), darunter die Gesetzesstele Hammurabis, auf der 380 Rechtssätze aufgeschrieben sind (im Epilog heißt es: damit „ein unterdrückter Mann, der eine Rechtssache hat", „diese aufgehellt bekommt", auf dass er „sein Recht sieht").

Anatolien

Hethiter

In *Anatolien* tritt im 18. und 17. Jh. im Kreis ethnisch und sprachlich unterschiedlicher Stämme und Kleinstaaten (teils indogermanisch-hethitischer, -luwischer, -palaischer, teils nichtindogermanisch-protohattischer, teils hurritischer Zugehörigkeit) ein Staat unter *hethitischer* (nesischer, nach der Stadt Nescha) Führung durch hegemoniale Tendenzen und Erfolge hervor. Unter König Hattusilis I. gewinnt dieser Staat mit der Hauptstadt Hattusas (Boğazköy) den Charakter eines Reiches, das weite Teile Inneranatoliens mit verschiedenen Einzelstämmen und ihren vor allem kultischen Besonderheiten umfasst. Kulturell steht es in der Tradition der karumzeitlichen Kultur Anatoliens, wozu auch die starken Beziehungen zu Obermesopotamien gehören. Gegenüber der protohattisch sprechenden Grundbevölkerung sind die indogermanischen Gruppen in Anatolien nicht als autochthon anzusehen; über ihre Herkunft (ob vom Westen über den Bosporus oder vom Nordosten über den Kaukasus) lassen sich nur Vermutungen äußern. Hattusilis' Sohn Mursilis I. unternimmt zu Beginn des 16. Jh.s einen Kriegszug nach Mesopotamien, bei dem Babylon eingenommen und geplündert, der dort residierende letzte Vertreter der Hammurabi-Dynastie vertrieben und reiche Beute nach Hattusas zurückgebracht wird. Dieser Kriegszug trägt mit seinen politischen, wirtschaftlichen und kulturellen Ergebnissen offensichtlich zur Festigung des hethitischen Reiches bei (glanzvoller Ausbau der Hauptstadt, Entfaltung der bildenden Kunst und des Kunsthandwerks,

Knüpfung von ständischen bzw. diplomatischen Beziehungen mit anderen Königen und Fürsten Vorderasiens).

So positionsstärkend sich Mursilis' Babylon-Zug für das hethitische Reich auswirkt, so folgenschwer ist der durch ihn bewirkte *Zusammenbruch der Herrschaft der Babylon I-Dynastie* für die weitere historische Entwicklung des babylonischen Tieflandes. Bereits seit längerer Zeit ist dort ein wegen seiner kriegerischen Einfälle gefürchtetes Fremdvolk aus dem nördlichen Bergland, die *Kassiten*, bekannt. Diese können nach dem Sturz der Hammurabi-Dynastie sich in Babylonien festsetzen und die Herrschaft übernehmen (König Agnum, der sich nennt: „König der Kassiten und Akkader sowie König von Babylon, König von Alman und Padan": oberes Dijala-Gebiet). In der Zwischenzeit bleibt der Süden des Tieflandes zunächst von der Fremdherrschaft frei; hier herrscht die „Dynastie des Meerlandes". In *Obermesopotamien* ist das 17. und 16. Jh. ebenfalls gekennzeichnet von ethnischen und politischen Bewegungen, innerhalb derer hurritische Stämme und Staaten sowie eine arische (d.h. ostindogermanische, indische), durch kastenmäßige Abgeschlossenheit, persönliche Tapferkeit und kriegerisches („ritterliches") Lebensideal sich auszeichnende Adelsschicht (Marjannu) das *Mitanni-Reich* gründen. Diese Marjannu sind es, die den Streitwagen und eine spezialisierte Pferdezucht sowie die beides voraussetzende neuartige Taktik der Kriegsführung unter Verwendung geschlossen manövrierender Streitwagenverbände entwickeln und in Vorderasien einführen, was ihnen eine anfängliche Überlegenheit verleiht, dann aber die anderen Staaten zur Übernahme und Nachahmung zwingt. Wird man dies bei den Hethitern und Kassiten annehmen darf, so ist bei den Staaten der westsyrisch-palästinensischen Zone sowie den in Ägypten als Hyksos auftretenden Fremdlingen ein noch engerer Zusammenhang mit den Marjannu in Betracht zu ziehen, weil die Staaten der Levanteküste unter hurritischer Marjannu-Oberherrschaft stehen und auch die Hyksos-Herrschaft ein (das letzte) Glied dieser Marjannu-Reiche ist.

In *Palästina* und Westsyrien kennen wir aus dem zweiten Viertel des 2. Jt.s eine Anzahl städtischer Siedlungen (Beth Pelet, Betschan, Gezer, Hazor, Jaffa, Megiddo, Tell Sukas, Tell Beit Mirsim, Ashdod, Tell el-Ajjul, Sichem, Lakisch, Tell Tannek), die größtenteils bereits in der vorangehenden Zeit bestehen und in die folgende Zeit hineinreichen. Bis zum 17./16. Jh. spricht man von der *mittelurbanen Kultur*, danach von der spätsurbanen oder *spätkanaanitischen*. Dabei besteht insgesamt zwischen diesen Stufen eine Besiedlungs- und Kulturkontinuität; jedoch trennt bei etlichen Städten eine Zerstörung, der mitunter ein Besiedlungshiatus folgt, beide Stufen voneinander (die Zerstörung der mittelurbanen Städte Sichem und Lakisch wird mit ägyptischen Kriegszügen der frühen 18. Dynastie in Verbindung gebracht). Auf Zypern finden wir im zweiten Viertel des 2. Jt.s zunächst noch die sog. mittelzyprische Kultur, dann den Beginn der spätzyprischen Bronzezeitkultur, im westlichen Anatolien die Troia-Schichten VI, vielleicht auch noch die letzten Niveaus von Troia V, auf Lemnos die Schicht VII von Poliochni. – (Forts. S. 57)

Ende der Babylon I-Dynastie
Kassiten

Obermesopotamien
Mitanni-Reich

Palästina

mittelurbane Kultur
spätkanaanitische Kultur

Europa
(Forts. v. S. 51)

Auf der Insel *Kreta* gehören ins 17. und 16. Jh. vor allem die beiden Stufen *Mittelminoisch III und Spätminoisch I*. Gekennzeichnet ist dieser Zeitabschnitt durch die Neuerrichtung der (um 1700 anscheinend durch Erdbeben zerstörten) Paläste (Mittelminoisch III: Knossos, Phaistos, Mallia) und Siedlungen (Pseira, Mallia, Mochlos, Gournia, Palaikastro), wobei die Paläste ihre Vorgänger an Größe und Ausstattung übertreffen. Ohne örtliche Vorläufer werden in dieser Zeit der Palast von Hagia Triada erbaut, weiterhin die als „Villen" bezeichneten Anlagen von Archanes (eventuell zum Palast von Knossos gehörig), Tylissos, Amnisos, Slavokampos u.a. In ihrem Grundtyp (nordsüdlich gerichteter Zentralhof, Repräsentations- und Kulträume, breite Treppen zu den Obergeschossen, in einigen Trakten Untergeschosse als Magazinreihen) führen diese jüngeren Paläste die älteren weiter; bemerkenswert sind die in Resten erhaltenen Wandfresken (bekanntestes Fragment: blauer Affe in Krokusbeet). In Knossos gehört zu dem Mittelminoisch III-Palast ein Kultdepot, bestehend aus einem Marmorkreuz (wohl liegende Altarplatte, die vier Himmelsrichtungen andeutet), Fayencefiguren von Frauen mit Schlangen, eine Ziege und eine Kuh jeweils mit einem Jungen, blühende Pflanzen, fliegende Fische und Muscheln sowie Ritualgefäße. Ebenfalls dem Kult dienen bewegliche oder ortsfeste runde Opferaltäre (Knossos, Mallia), die mit Stuck, reich bemalt oder mit zahlreichen Näpfen versehen sind, weiterhin Pithoi mit Doppelaxtdarstellungen. Außerhalb der Paläste und Siedlungen bestehen Kultstätten auf Anhöhen und in Höhlen. Als etwas Neues werden in dieser Stufe *Felskammergräber* angelegt (Knossos, Mavro Spilio, Isopata); neuartig sind auch lange Rapiere aus Bronze, z.T. als Prachtwaffe mit Kristallknauf und Goldblechgriffbelag, gegossene Bronzefiguren, getriebene Bronzegefäße, eine Tonscheibe mit spiralig angeordneten piktografischen Zeichen, die eingestempelt sind, wie dies sonst bei Schrifttafeln ungewöhnlich ist (Diskus von Phaistos). Be-

mittelminoisch/ spätminoisch

Felskammergräber

ziehungen mit Mesopotamien bezeugt ein altbabylonisches Rollsiegel aus Platanos (wohl 18. Jh.), solche mit Ägypten ein Alabastergefäß mit dem Namen des Hyksos Chian von Knossos sowie eine dort zum Vorschein gekommene ägyptische Dioritstatuette mit Inschrift, die in die 13. Dynastie gesetzt wird, aber auch später nach Kreta gelangt sein kann.

Nach einer Zerstörung der mittelminoischen Paläste werden diese wieder aufgebaut (16. Jh.: Spätminoisch I; neu kommt derjenige von Zakros ganz im Osten der Insel hinzu), wiederum den Typ beibehaltend (viele Partien sogar unmittelbar weiterverwendet). Weitergehend erhalten ist aus dieser Stufe die Freskenausmalung (Kulthandlungen, mythische Darstellungen, Meerestiere und üppige Vegetation). Die Paläste finden am Ende der Spätminoisch I-Stufe ein gewaltsames Ende. In hoher Blüte steht die Töpferkunst (mariner und Florastil), nicht minder die Elfenbeinschnitzerei (Spiegelgriffe, Figuren), die besondere Kontakte mit dem Orient bezeugen, das Juwelierhandwerk, die Bronzetoreutik (Kessel bis 1,25 m Durchmesser) und die Siegelschneidekunst. An Grabmälern sind Felskammern mit langem Dromos und gemauerte Anlagen bekannt, die zugleich dem Totenkult dienen (Knossos, sog. Temple Tomb; sowie Tholoi).

Akrotiri — Eine der kretischen Spätminoisch I-Stufe sehr ähnliche Kultur ist auf einigen anderen Inseln bekannt: Thera, Keos, Kythera, Rhodos und Delos. Vor allem bedeutsam ist die Siedlung *Akrotiri* auf Thera (Santorin); durch Vulkanausbruch (um 1500) verschüttet (weit gehend erhaltene Fresken: Flotte aus großen seetüchtigen Schiffen mit Landschaft und Stadt, Bewaffnete, Pflanzen- und Tierwelt).

mittelhelladische Kultur — Auf dem griechischen Festland dauert die *mittelhelladische Kultur* mit ihren oft befestigten Siedlungen, Flach- und Hügelgräbern bis ins 17. Jh. Aus diesem Spätabschnitt stammt eine ziemlich vollständig untersuchte Höhensiedlung von Malthi (150 × 90 m, von 2–5 m dicker Mauer umzogen, Hausreihe anschließend, in der Mitte besonders sorgfältig gebautes Gebäude: Palast, Kultraum sowie andere Wohn- und Wirtschaftsgebäude).

Späthelladisch — Im 16. Jh. ist auf der Peloponnes die als *Späthelladisch I* oder nach den Schachtgräbern von Mykenai benannte Kultur ausgebildet. In diversen Kulturerscheinungen sich als Weiterentwicklung des Mittelhelladischen erweisend, kommt das Neue dieses Zeitalters in einem Reichtum der königlichen Grabausstattungen zum Ausdruck, der alles zuvor Gewesene in den Schatten stellt: Plätze, wo sich bis ans Ende der mykenischen Kultur Paläste von Fürsten bzw. Königen befinden (Mykenai, Pylos). Die Grabbgaben umfassen Edelmetallschmuck und -gefäße, Bronze-, Fayence-, Stein- und Tongefäße, überreich, z. T. mit farbigen Einlagen und Goldgriffen versehene Bronzeschwerter, Helme mit Eberzahnbesatz. Die in diesen Grabbeigaben zum Ausdruck kommende Prachtentfaltung, das vor allem durch die goldenen Gesichtsmasken unterstrichene Bestreben, die Personalität jedes einzelnen Bestatteten zu bewahren, und die Monumentalität der die Stätte des Totenkultes kennzeichnenden Stele (mit Reliefdarstellung des „heroisierten" Grabherrn auf Streitwagen) werden ergänzt durch das Aufblühen neuer Handwerkszweige (Edelmetall- und Bronzetoreutik, Steinglyptik, Bronzeguss von Stichschwertern und Tüllenlanzenspitzen). Hinzu kommt das Wirksamwerden von Beziehungen mit Kreta, aber auch mit vorderorientalischen Geschichtsräumen, einschließlich Ägypten (Hyksos-Skarabäus, Papyrusdarstellung auf Einlegebild eines Bronzedolches).

soziale Oberschicht — In alledem spiegelt sich eine zu Macht und Reichtum gekommene *soziale* (und politische) *Oberschicht*, die auf der Grundlage heimischer Tradition durch wirtschaftliche, kulturelle und fraglos politische Kontakte mit auswärtigen Staaten die peloponnesisch-frühmykenische Kultur entstehen lässt. Dabei gibt sie durch den Besitz pferdebespannter Streitwagen, langer Rapiere und Stichlanzen eine typologische Verwandtschaft mit den hurritisch-levantinischen Marjannu und dem hethitischen Adel zu erkennen. Die theräische Freskendarstellung einer Flotte mit Bewaffneten (mit Eberzahnhelm und großem Turmschild, wie im Frühmykenischen üblich) kann eine Vorstellung von militärischen Expeditionen frühmykenischer Fürsten in vorderasiatische Länder vermitteln, an Reichweite und Bedeutung vergleichbar Mursilis' I. Zug von Hattusas nach Babylon.

Im außermykenischen Europa sind altbronzezeitliche Kulturausprägungen bekannt, die bei regionalspezifischem Grundcharakter deutliche gemeinsame Züge im Auftreten überdurchschnittlich reicher Einzelbestattungen und damit verknüpfbarer Votiv- und Depotfunde mit neuartigen Prunkwaffen zeigen. Daraus lässt sich in mehreren Geschichtsräumen von der unteren Donau bis Südskandinavien, Südengland und die Bretagne auf eine sich etwa im 16. Jh. bildende Adelsschicht schließen, die, in vergleichsweise engem Standesverkehr miteinander stehend, für die Herausbildung der regionalen Mittelbronzezeitkulturen von ebensolcher Bedeutung ist wie die fürstlich-frühmykenische Schachtgräberkultur für die weitere Entwicklung der mykenischen Kultur.

Donaugebiete — Im unteren *Donautal* und in Siebenbürgen treten im Rahmen örtlicher Siedlungsgruppen (Tei-, Monteoru-, Wietenberg-Gruppe) erstmalig goldene Prunkwaffen (Schwerter nach mykenischem Vorbild, Dolchstäbe, Äxte), Bronzestichschwerter (teils in Anlehnung an frühmykenische Rapiere, teils eigene Formschöpfungen) sowie neuartige Bronzeaxttypen auf, dazu goldene Zierscheiben, Lockenringe und Gefäße, außerdem verzierte Trensen, wie sie zu schnell manövrierbaren Streitwagen gehören, insgesamt Neuerungen, bei denen teils eine einheimische Tradition bzw. eine Entstehung in heimischen Werkstätten und aufgrund heimischer Metallvorkommen erkennbar ist, teils aber eine Anregung seitens des frühmykenischen (oder anatolischen) Kreises angenommen werden muss.

Im Gebiet der mittleren Donau und der Theiß treffen wir zunächst die Nagyrév-Gruppe, kenntlich an ihrer Keramik in tellartigen Siedlungen (z.B. Tószeg) und Körpergräberfeldern mit Kupferdolchen und -ringen, westlich davon (Westungarn) die Kisapostag-Gruppe, vor allem in Friedhöfen, durchweg mit Brandbestattungen (Leichenbrand in Urne, mit Schale zugedeckt), kennzeichnender Keramik und Kupfer- und Bronzeschmuck, weiter westlich, im Burgenland und im Wiener Becken, die Wieselburger Gruppe mit geschlechtsdifferenzierten Hockerbestattungen und Gefäßdepots, nördlich der Donau, in der Südwestslowakei, die Nitra-Gruppe, ebenfalls mit geschlechtsdifferenzierten Hockern in Ost-West- bzw. West-Ost-Lage, Blick stets nach Süden, mit vergleichsweise reichem Kupferschmuck sowie Knochen- und Fayenceperlen. Auf diese Kulturausprägungen folgen innerhalb der Altbronzezeit solche, die mit reichen siebenbürgisch-unterdonauländischen Depots synchronisiert werden können: an der mittleren Theiß die Periam-Gruppe mit Tellsiedlungen und geschlechtsdifferenzierten Hockergräbern und Bronzebeigaben, nordwestlich davon, zwischen Theiß und Donau bei Budapest, die Vatya-Gruppe, deren große Gräberfelder ausschließlich aus Urnenbestattungen bestehen, in Westungarn die Veszprém-Gruppe mit Urnen und Brandschüttungsgräbern, an der oberen Theiß und in Nordsiebenbürgen die Otomani-Gruppe, kenntlich an einer qualitätvollen Keramik mit gerieften Spiralmustern, Teil- und befestigten Höhensiedlungen z.T. burgartigen Charakters, an der unteren Theiß die Vattina-Gruppe mit Urnenfriedhöfen. Die letzteren Gruppen, wenngleich durch gewisse Traditionsfäden mit den Vorläufern verbunden, führen als etwas Neues bronzene Waffen, z.T. ausgesprochene Prunkwaffen (Depots von Apa, Hajdusàmson), Goldschmuck und Pferdetrensen als Hinweis auf einen Streitwagenbesitz.

Im *nordöstlichen Mitteleuropa*, von Böhmen-Mähren bis Mitteldeutschland, Schlesien und Großpolen, wird die Altbronzezeit (18./17.–16. Jh.), ausgefüllt von der Aunjetitz-Kultur, die durch einheitliche Keramik und einheitlichen Grabritus (Flachgräberfelder mit Hocker in Süd-Nord-Richtung, Männer und Frauen übereinstimmend rechtsseitig, nach Osten blickend; Kinder auch in Pithoi) ausgezeichnet ist. Von einer älteren Stufe dieser Kultur (etwa 18. und 17. Jh.) hebt sich deutlich eine jüngere ab (etwa 16. Jh.), in der in einigen Gegenden Fürstengräber in Holzbohlenkammern unter monumentalen Hügeln (Höhe bis 8 m) mit reichem Goldschmuck (Nadeln, Armringe, Lockenringe), Bronzewaffen (Dolche, Meißel, Dolchstab) und als archaischem Besitz Steinäxten (Leubingen, Helmsdorf, Łęki Małe) eine soziale Oberschicht anzeigen. Auch die übrigen Gräber sind erheblich metallreicher als zuvor; zudem bezeugt eine große Anzahl von Bronzedepotfunden einen beträchtlichen Metallbesitz sowie einen hohen Stand örtlicher Bronzeverarbeitung.

nordöstliches Mitteleuropa

Im nördlichen Österreich und in Süddeutschland folgen auf die Glockenbecherstufe regionale Gruppen von *Flachhockerfriedhöfen* (niederösterreichische Unterwölbling-Gruppe, bayrische Straubing-Gruppe, südwestdeutsche Singen– und rhein-mainische Adlerberg-Gruppe), die aufgrund ihrer Kupferbeigaben mit der älteren Aunjetitz-Kultur zu parallelisieren sind. Davon ist wiederum eine jüngere Stufe abzusetzen, in der Hügelgräber, bronzene Waffen-Bronzedepots (u.a. mit den ersten Schwertern, Dolchstäben und Vollgriffdolchen) erscheinen. Goldtassen (u.a. Fritzdorf bei Bonn), die ältesten Bernsteinzierstücke mit komplizierten Durchbohrungen (wie sie entsprechend im schachtgräberzeitlichen Mykenai begegnen) sowie ein schweizerisches Prunkbeil mit andersfarbigen Metalleinlagen gehören ebenfalls in diese Stufe. Dass damals die Kupferlagerstätten des tirolisch-salzburgischen Raumes abgebaut werden und mit dem anhand der Barrendepots (z.B. München-Luitpoldpark: 85 kg) nachweisbaren Metallreichtum des Voralpenlandes sowie dem hier neu aufblühenden Gusshandwerk zusammenhängen, ist ebenso unverkennbar wie die Tatsache, dass die in dieser Stufe beginnende Bronzeverarbeitung häufig in befestigten Höhensiedlungen wohl burgartigen Charakters erfolgt.

Flachhockerfriedhöfe

In *Italien* liegen aus diesem Zeitabschnitt außer Siedlungshinterlassenschaften einige reichhaltige Bronzedepots vor, die vor allem Prachtdolche mit Bronzegriffen enthalten (Ripatransone: 25 Exemplare; Loreto Aprutino: mehr als 10 Exemplare). Insgesamt bezeugen die Funde das Vorhandensein einer für die Kulturentwicklung wesentlichen sozialen Oberschicht, in deren Auftrag Bronzewerkstätten tätig sind und enge (ständische und handwerkliche) Kontakte mit Mitteleuropa unterhalten. Außerdem bestehen in Apulien, Sizilien und auf den Liparischen Inseln Beziehungen mit dem ägäischen Kreis.

Italien

Auf der Iberischen Halbinsel ist die altbronzezeitliche Kultur besonders weit gehend im Südosten (Provinzen Almeria, Murcia, Granada) erforscht *(El Argar-Gruppe)*: befestigte, z.T. große Ansiedlungen mit städtischen Zügen und im Siedlungsbereich angelegten Hockergräbern in einfachen Schächten oder kleinen Steinkisten mit Dolchen, Stabdolchen und Goldschmuck. Goldgefäße aus Nordwest-Spanien, die vermutlich auch bereits altbronzezeitlich sind, könnten – in Verbindung mit Bronzefunden – auf eine kulturelle Bedeutung dieses durch seinen Kupfer- und vor allem Zinnreichtum wirtschaftlich wichtigen Gebietes hindeuten.

El Argar-Gruppe

In Frankreich sind altbronzezeitliche Gräber und andere Kulturzeugnisse in allen Landesteilen bekannt (im Rhônegebiet wird ein Zusammenhang mit einer dortigen Kupfergewinnung angenommen), am weitaus besten in der *Bretagne*. Vor allem in der Küstenzone häufen sich Grabhügel (Höhe bis 6 m) mit holz- oder steinausgekleidetem Schacht, z.T. in den Felsboden eingetieft und mit Steinplatten abgedeckt, in dem jeweils ein Toter mit reichen Beigaben beigesetzt wird (oft mehrere Bronzedolche oder -schwerter,

Bretagne

Dolchstäbe und Beile, dazu Nadeln, Zierstücke und Ringe aus Bronze oder Edelmetall sowie Gold und Silbergefäße; auch Dolche zeigen goldene Einlagen oder Griffzier, einmal 15000 Goldstifte). So markant sich diese Gräbergruppe und die kennzeichnende fürstliche Kultur von dem zuvor in der Bretagne Existierenden als neuartig abhebt, so eng sind die Beziehungen zu den ständischen und kulturellen Erscheinungen dieser Zeit in anderen europäischen Geschichtsräumen.

Wenn in der Bretagne neben einem vermutlich noch wirksamen megalithischen Erbe die hier vorhandenen Zinnlagerstätten für das Aufblühen der Altbronzezeitgruppe von Bedeutung gewesen sein dürften (mit den daran sich knüpfenden Fernverbindungen), so scheinen analoge Verhältnisse auch beim Aufblühen einer gleichzeitigen Gruppe in Südengland *(Wessex-Gruppe)* eine Rolle gespielt zu haben. Auch hier zeichnen sich einige Hügelgräber durch einen dort zuvor unbekannten Reichtum an Prunkwaffen (Dolche mit z.T. goldverziertem Griff, Steinkeulen mit goldbelegten Buckeln, Beile, Steinäxte), Gefäßen aus Gold, Bernstein und Stein sowie goldenen Zierplatten aus. Offenkundig besteht für diese Fürstengräber ein topografischer Bezug zum alten Kupferzeitheiligtum *Stonehenge*. Andererseits treten hier wiederum deutlich die unmittelbaren Kontakte mit kontinentaleuropäischen Geschichtsräumen, einschließlich des frühmykenischen, in Erscheinung. Während in der Wessex-Gruppe als Halsschmuck Kragen aus Bernstein- oder Gagatschiebern und Perlenketten üblich sind, werden in Cornwall, Wales, Schottland und Irland stattdessen reich verzierte Goldhalskragen (Lunulae) getragen, wie sie in etlichen Exemplaren auch auf das europäische Festland gelangt sind.

Im *norddeutsch-südskandinavischen Raum* setzen vor dem Hintergrund der weiterdauernden späten Einzelgrabkultur etwa im 16. Jh. neuartige Kulturerscheinungen ein, teils Grab-, teils Moor- und andere Votivfunde, bei denen Prunkwaffen (bronzene Stich- und Sichelschwerter, Äxte und Keulenköpfe, Vollgriffdolche und Stabdolche mit Bronzegriff) im Vordergrund stehen. Dabei stammen einige Exemplare fraglos aus mitteleuropäischen Werkstätten, andere (sowie goldene Lunulae) wohl aus westeuropäischen; fest steht aber, dass im Norden mehrere selbstständige Werkstättenkreise entstehen (z.B. Malchiner Kreis in Mecklenburg), woraus auf eine entsprechende soziale, wirtschaftliche und politische Struktur geschlossen werden kann. – (Forts. S. 58)

Mittelbronzezeit (ca. 15.–13. Jh.)

Vorderer Orient (Forts. v. S. 53)

In Ägypten ragt während der 18. Dynastie (14. Jh.) im Wesentlichen die durch Echnaton (Amenophis IV.) und seine unmittelbaren Nachfolger gekennzeichnete *Amarna-Zeit* als etwas Besonderes heraus. Am Ende des 14. Jh.s beginnt die 19. Dynastie. Mit Ausnahme der Amarna-Herrscher, die in der neu gegründeten, dem alleinigen Gott Aton geweihten Stadt bei dem heutigen Tell el-Amarna residieren (und dort Gräber haben), regieren Könige der 18. Dynastie meist in *Theben*, wo auch die bedeutendsten Kultstätten des Reiches (Amun-Tempel von Karnak und Luxor) liegen sowie – auf der Westseite des Nil – jenseits des das Niltal begrenzenden Höhenzuges die Könige bestattet werden. Dies Letztere sowie die Bedeutung Thebens als hervorragende Tempelstadt bleibt in Geltung, auch nachdem in der 19. Dynastie die Haupt- und Residenzstadt nach Unterägypten verlegt wird. – Im Gegensatz zu den Königssepulturen des Mittleren Reiches werden diejenigen des Neuen Reiches als Felskammergräber mit möglichst unkenntlich gemachtem Eingang angelegt und – topografisch davon getrennt – die Totentempel am Rande des Niltales, gegenüber der Stadt Theben. Ebenso wie die Königsgräber selbst (fast unberührt entdeckt und untersucht ist nur das wegen seiner einzigartig reichen Beigabenausstattung berühmte Grab des Tutenchamun) sind auch die von jedem einzelnen König für seinen eigenen Totenkult erbauten Tempel in Resten erhalten (am weitgehendsten derjenige von Hatschepsut mit Reliefdarstellungen, u. a. von einer Expedition ins Weihrauchland Punt; zu demjenigen Amenophis' III., dem wohl größten, gehören die noch heute am Rand des Fruchtlandes stehenden sog. Memnonskolosse). Diese Totentempel liegen in einem ausgedehnten Nekropolenbereich, wo neben zahllosen einfachen Gräbern auch solche hoher Beamter der 18. und 19. Dynastie bekannt sind (Wesire: Rechmire und Ramose, Astronom Nacht, kgl. Schreiber Userhet, Speicheraufseher Chaemhet, Katasterschreiber Menena, Truppenbefehlshaber Amenemhet, Ober-Vermögensverwalter Kenamun, Bildhauer Ipuki), deren Wandreliefs kultur- und kunstgeschichtlich zu den bedeutsamsten Zeugnissen dieser Zeit gehören. – Nahezu alle Könige der 18. und frühen 19. Dynastie bauen in den Tempelbezirken von *Karnak* (neben Amun-Tempel solche der Mut, des Month, des Chons und des Ptah, insgesamt die großartigsten Architekturzeugnisse dieser Zeit; dazu auch zahlreiche plastische Bildwerke, so allein in einem Schachtdepot, sog. Cachette, 18000 Votivstatuen und -statuetten aus dieser und der nachfolgenden Zeit). – Tempel und Gräber sind auch aus den übrigen Landesteilen bezeugt; von Siedlungen ist außer einigen nubischen Orten vor allem Amarna großflächig untersucht, wodurch ein umfassender Einblick in die Form, Bauweise und Ausstattung der Wohnhäuser zu gewinnen ist.

In Babylonien (15.–13. Jh.) herrschen die (als mittelbabylonisch bezeichneten) *Kassiten*. Unter Kaschtiliasch III. (15. Jh.) wird auch das südliche Babylonien dem Kassitenreich einverleibt. Wechselvolle Kämpfe finden mit Elam und Assyrien statt; dauernd müssen auch Eindringlinge aus dem Gebirgsland und der Wüste abgewehrt werden. Mit den Königen Ägyptens werden dagegen freundschaftliche Beziehungen unterhalten. Außer kassitischen Siedlungsschichten in bereits zuvor bestehenden Städten (Ur, Nippur, Babylon, Uruk: vom letzteren Ort ein Tempel des Königs Karaindasch mit Ziegelreliefs, einer künstlerischen Eigenheit dieser Zeit) ist in Agar Kuf nahe Bagdad eine von König Kurigalsu neu gegründete Stadt mit Zikkurat, anderen Tempeln, Königspalast (mit Freskenausmalung) sowie Wohn- und Wirtschaftsgebäuden bekannt. Von den archäologischen Zeugnissen der Kassiten treten bemalte Terrakottafiguren hervorragender Qualität hervor, ferner die (in altbabylonischer Tradition stehende) Glyptik und die so genannten Kudurrus (Steine mit symbolischen Darstellungen und Texten, sich auf Landbelehnungen des Königs oder eines hohen Beamten beziehend), die anscheinend in Tempeln deponiert waren.

In Obermesopotamien ist Assur während der mittelassyrischen Zeit (15.–14. Jh.) ein Kleinstaat unter der Oberhoheit des im 16. Jh. entstehenden *Mitanni-Reiches*. Solange die mitannische Hauptstadt und die Königsresidenz noch nicht untersucht sind, ist unsere Hauptquelle für die Beurteilung der mitannischen Kultur der weit gehend freigelegte Palast mit Tempeln, Wohnquartieren und reichem *Archiv von Nuzi*, zum Vasallenstaat Arrapcha gehörig. In wesentlichen Zügen erweisen sich die Mitanni als Erbe der altmesopotamischen Kultur; etwas Neues gegenüber dieser ist die Kenntnis des leichten Streitwagens und der Pferdedressur sowie der darauf gegründeten Kampfweise mit Streitwagenverbänden, die von den das Mitanni-Reich tragenden Marjannu besonders gepflegt und den anderen vorderorientalischen Staaten vermittelt werden. – Auch in der Herstellung figuralverzierter Prunkwaffen sind mitannische Werkstätten in Vorderasien führend. Charakteristisch mitannisch ist ferner die kunstvoll bemalte Nuzi-Ware (der Bemalung der Wandfresken des Palastes von Nuzi verwandt).

Das anatolische *Hethiterreich* entwickelt sich auf der von Hattusilis und Mursilis I. geschaffenen Grundlage zu der dritten vorderorientalischen Großmacht. Dabei gilt die Regierungszeit von Telepinus als althethitische Zeit; seit Tudhalijas II. wird von der Großreichzeit gesprochen. Insgesamt haben die Könige ständig um den Bestand des Reiches zu kämpfen, sowohl mit Stämmen und Staaten in Anatolien und Nordsyrien, die die hethitische Oberhoheit abzuschütteln suchen, als auch mit Mitanni, Assur und den Ägyptern wegen der Vormachtstellung im Bereich der syrischen Staaten. Dabei wechseln Perioden hethitischer Schwäche, in denen das Reich auf die zentralanatolischen Kernlande beschränkt ist (so unter Telepinus und seinen Nachfolgern sowie unter Tudhalijas III.), mit solchen ab, in denen eine erfolgreiche Expansionspolitik getrieben wird (vor allem unter Suppiluliuma I., der das Mitanni-Reich endgültig besiegt und gegen Ägypten siegreich bleibt), und dann unter Muwatallis, der in der Schlacht bei Kadesch (1285) am Orontes mit 3500 Streitwagen und 35000 Fußsoldaten gegen Ramses II. kämpft. Die hethitische Kultur dieser Zeitspanne ist vor allem durch die archäologische Erforschung der Hauptstadt Hattusas (Boğazköy) bekannt (Neugründung Hattusilis' I.). Sowohl die dortige Königsburg (Büyükkale) mit Palast, Audienzsaal, Staatsarchiv, Wirtschaftsbauten, Kultanlagen und Befestigungsring als auch die Stadtmauer sowie die untersuchten Wohnbezirke zeigen mehrere Bauschichten, die die wechselvolle Geschichte der Stadt widerspiegeln. Der Großreichzeit gehören einige ausgedehnte Tempelbezirke an. Für die Kenntnis des hethitischen Königtums, der Religion und der Figuralkunst aufschlussreich sind vor allem die Siegel (fast ausschließlich Stempelsiegel) und Ritualgefäße aus Ton oder Metall in Tiergestalt bzw. mit Reliefdarstellungen.

Palästina/Westsyrien Kleinstaaten

In der *palästinensisch-westsyrischen Zone* bestehen vom 15.–13. Jh. zahlreiche kleine Staaten, die mitunter nur durch eine Stadt mit einem gewissen Umland gebildet werden, mitunter mehrere Städte umfassen; in der Regel steht an ihrer Spitze ein König. Diese *Kleinstaaten*, in ihrer Ausdehnung sowie ihrer innen- und außenpolitischen Machtstellung schwankend, bekriegen sich oft und bilden Koalitionen, werden in ihrem Schicksal zudem wesentlich durch die politische Einflussnahme der Großmächte Ägypten, Mitanni, Assyrien und Hatti bestimmt. Unter der Oberhoheit von einer dieser Mächte können die Einzelstaaten politisch, wirtschaftlich und kulturell weit gehend ein Eigenleben führen.

spätkanaanitische Kultur

In zahlreichen dieser Städte sind archäologische Untersuchungen vorgenommen worden (sog. *spätkanaanitische Kultur*: Beth Pelet, Tell Beit Mirsim, Lakisch, Ain Shems, Gezet, Sichem, Megiddo, Betschan, Tell Abu Hawam, Hazor, Byblos, Katna, Hama, Ugarit, Alalah). Sie sind befestigt und besitzen außer Wohnquartieren und Wirtschaftsanlagen Tempel und einen Palast. Wenn in Alalah (am unteren Orontes) der Königspalast (mit Archiv) während der Regierung von Ilimilimma geplündert, zerstört und nicht mehr aufgebaut wird, während die übrige Stadt mit ihren Tempeln weit gehend unbeschädigt bleibt und weiterbesteht, so dürfte das auf eine Eroberung durch den Hethiterkönig Suppiluliuma zurückzuführen sein, durch die Alalah seine politische Selbstständigkeit verliert. – Wie die Paläste (außer Alalah vor allem Ugarit) weisen Königsgräber (außer Ugarit namentlich Byblos) auf die politisch Führenden hin; andere reiche Bestattungen, dazu bildliche Darstellungen sowie kostbare Waffen, bronzene Schuppenpanzer, Streitwagen mit Gespannen, toreutische Fayence-, Elfenbein- und Edelmetallerzeugnisse deuten auf eine wohlhabende Aristokratenschicht von Marjannu-Art. Für deren geschichtliche und kulturelle Bedeutung ist es nicht nur bezeichnend, dass ihre Ausrüstungs- und sonstigen Besitzstücke innerhalb der einzelnen Stadt einen hervorragenden Platz einnehmen, sondern auch bemerkenswert, dass die Ausrüstungs- und Besitzstücke in besonderer Weise die interregional-vorderorientalischen Beziehungen dieser Zeit zum Ausdruck bringen. Diese Gesellschaftsschicht hat offensichtlich namhaften Anteil am politischen Geschick der Städte und Staaten gleicherweise wie an den damit zusammenhängenden kulturellen Kontakten mit anderen spätkanaanitischen Staaten und den Großmächten. – (Forts. S. 62)

Europa (Forts. v. S. 56)

ägäischer Bereich

In den Kreis vorderorientalischer Staaten und Geschichtsräume gehört im 15. bis 13. Jh. auch der *ägäische Bereich*. Wie bereits für das 16. Jh. wird dies auch in den nachfolgenden durch mannigfache archäologische Beziehungen zwischen der mykenischen Kultur und dem Vorderen Orient sowie durch die in Ägypten (in Texten der Zeit von Hatschepsut und Thutmosis III.) als Gesandte genannten, im ägäischen Raume zu lokalisierenden Keftiu bezeugt. An *mykenischen Erzeugnissen* lässt sich vor allem bemalte Keramik im gesamten Levantegebiet, vereinzelt auch im nördlichen Anatolien, reichlich in Ägypten nachweisen, an orientalischen Erzeugnissen im ägäischen Kreis ägyptische Steingefäße, Fayencefiguren und Skarabäen (mitunter mit dem Namen von Hatschepsut, Thutmosis III., Amenophis II., Amenophis III. und Ramses II.). Darüber hinaus bestehen in der Palastarchitektur und ihrer Freskenausmalung, in den Elfenbeinschnitzereien, den ersten Glaserzeugnissen (Figuren, Gefäßen, Schmuck) und der Bewaffnung mit Schwert, Schuppenpanzer und Streitwagen Beziehungen zwischen dem ägäischen Kreis und dem Vorderen Orient.

mykenische Erzeugnisse

Auf *Kreta* werden die Spätminoisch I-Paläste von Knossos, Phaistos, Mallia und Zakros, die als „Villen" bezeichneten vornehmen Baulichkeiten (Sklavokampos, Vathypetrou, Pyrtos, Zou) sowie alle untersuchten Städte etwa in der Mitte des 15. Jh.s zerstört. Die „Villen" bleiben verwüstet, ebenso die Paläste von Phaistos, Mallia und Zakros, wo nur die zugehörigen Städte einen Wiederaufbau erfahren, während dies bei anderen Städten (Gournia, Pseira, Mochlos) nicht der Fall ist. Von den Palästen wird nur derjenige von Knossos neu aufgebaut (Stufe *Spätminoisch* II, in zugehörigen Werkstätten gefertigte Prachtkeramik: sog. Palaststil; der Palast besteht bis in die erste Hälfte des 14. Jh.s). Auch eine Anzahl von reich mit Waffen, Bronzegefäßen und Importartikeln ausgestatteten Gräbern dieser Stufe aus der Gegend von Knossos (Zafer Papoura, Ayios Ioannis, Isopata, Sellopoulo) lassen erkennen, dass dieser Ort nun, stärker als zuvor, eine überragende Bedeutung für wohl die gesamte Insel besitzt. Kulturell erweist sich diese Stufe als unmittelbare Fortsetzung der Spätminoisch I-Stufe; nur einige geringfügige Erscheinungen (z.B. in der Keramik) weisen auf eine Einflussnahme festländisch-griechischer Werkstätten hin. Inwieweit darin eine Herrschaftsübernahme durch festländische Mykener zum Ausdruck kommt, ist schwer zu entscheiden.

Kreta

Spätminoisch

Auf dem griechischen Festland folgt auf die frühmykenische Schachtgräberstufe im 15. Jh. die *mittelmykenische* und vom 14. Jh. an die *spätmykenische* Phase, wobei die durch eine bestimmte Keramikausprägung gekennzeichnete Stufe Mykenisch III A 2 durch das Auftreten zahlreicher solcher Keramikfunde im ägyptischen Amarna mit der Regierungszeit Echnatons und seinem unmittelbaren Nachfolger, diejenige Mykenisch III B mit der Regierungszeit von Ramses II. synchronisiert werden kann. – Zu den mykenischen Palästen (vor allem Mykenai, Tiryns, Pylos, Theben, Volos) gehören als königliche Sepulturen kragkuppelgewölbte *Tholoi* unter Tumuli (auch Dendra, Vaphio, Kakovatos, Marathon, Orchomenos), die sowohl in ihrer Architektur als auch im Reichtum ihrer Beigabenausstattung alle anderen Grabanlagen dieser Zeit überragen. Neben den Tholoi stehen die *Felskammergräber*, einfacher in der Architektur, kleiner und – da in den Felshang eingearbeitet – obertägig weniger monumental wirkend als jene, dafür aber um ein Vielfaches zahlreicher; in ihrer Beigabenausstattung stehen sie in einigen Fällen den königlichen Tholosgräbern kaum nach (ebenfalls kostbares Edelmetallgeschirr, kunstvoller Edelmetallschmuck, Eberzahnhelme, Bronzepanzer, Streitwagen, Prachtschwerter und künstlerisch hervorragende Steinsiegel); sie enthalten offensichtlich großenteils Angehörige einer bevorzugten Aristokratie, die sich aber gesellschaftlich und politisch von den Königen abheben.

mittel- und spätmykenisch

Tholoi

Felskammergräber

Wie für die Altbronzezeit, so verdienen auch für die Mittelbronzezeit neben den historischen Beziehungen der mykenischen Kultur zum Vorderen Orient diejenigen zu den *Donaugebieten* Beachtung. Während Halskragen aus Bernsteinperlen und -platten in mykenischen Gräbern aus dem Norden stammen müssen, ist mykenischer Einfluss beispielsweise in den Schwertformen bis zum Unterdonaugebiet und nach Albanien zu verfolgen. Mit der Möglichkeit ist zu rechnen, dass, abgesehen von dem zyprischen Kupfervorkommen, auch dasjenige von Siebenbürgen für den mykenischen Kreis eine Rolle spielte.

Donaugebiete

In Siebenbürgen reicht die Wietenberg-Gruppe aus der Alt- in die Mittelbronzezeit hinein; in Oltenien, Nord-West-Bulgarien, Syrmien und im Banat ist während der Mittelbronzezeit die Dubovac-Gruppe verbreitet, kenntlich an großen Urnenfriedhöfen (Dubovac, Kličevac, Vrsac, Cîrna) mit einer reich verzierten Keramik (eingedrückte Spiral- und Bogenmuster; jeweils zahlreiche Gefäße in den Gräbern), Tonidolen (stehende Frauen mit Kleidungs- und Schmuckangabe, ausnahmsweise auch Wagenfahrer, wobei Vögel als Zugtier und Wagenbegleiter erscheinen: Wagen von Dupljaja, vermutlich mythische Gestalten, d.h. Götter), zuweilen auch Tonmodellen anderer Art, so von verzierten Doppeläxten (Kultzeichen bzw. Götterattribut, ähnlich wie im ägäischen Kreis) sowie ausgesprochenen Ritualgefäßen. – Während westlich davon, im bosnischen Bergland, Grabhügel errichtet werden (Glasinac-Gruppe), ist es im mittleren Theißgebiet während dieser Zeit üblich, Flachgräberfelder hauptsächlich mit Körperbestattungen anzulegen (Tápé-Gruppe, mit charakteristischen Bronzeschmuckformen, u.a. Anhängern, Nadeln und Gürtelblechen), im oberen Theißgebiet die Otomani-Gruppe, innerhalb der eine Wandlung von der Hocker-Bestattungsweise zur Brandbestattung festzustellen ist; westlich davon die Vatya-Gruppe mit ausschließlich herrschenden Urnengräbern, in Nordungarn und der Südslowakei die Piliny-Gruppe ebenfalls mit großen Urnenfeldern und z.T. ausgedehnten Siedlungsplätzen (oft befestigt und mit Zeugnissen von Metallverarbeitung). Typisch für die Piliny-Gruppe (die Keramik als Weiterentwicklung der Otomani-Ware erweislich) ist die Beigabe von Miniaturausführungen von Bronzeschmuck, -waffen und -geräten; dabei fällt besonders eine Diademform auf, die in Depots auch in natürlicher Größe bekannt ist und als gruppenspezifisches, eventuell standeskennzeichnendes Trachtelement anzusehen ist. Als Hinweis auf eine aristokratische Oberschicht dürfte auch die auf einer Urne angebrachte Ritzzeichnung von zweirädrigen, pferdebespannten Streitwagen gelten, die zeitgleichen mykenischen Streitwagen an die Seite gestellt werden können. Gleichfalls vermutlich als Besitz und Kennzeichen einer bestimmten Gesellschaftsschicht sind besonders im Piliny-Gebiet verbreitete szepterartige Bronzeknäufe mit zwei langen Armen anzusprechen.

Westlich an das Piliny-Gebiet schließt dasjenige der sog. *karpatischen Hügelgräberkultur* an (ältere Stufe nach Gräbern von Dolný Peter bezeichnet, die jüngere nach solchen von Salka), genannt nach den herr-

karpatische Hügelgräberkultur

schenden Grabhügeln, die ebenso im gesamten übrigen Mitteleuropa für die Mittelbronzezeit kennzeichnend sind. – Wohl auf der Grundlage einer Ausbeutung des slowakischen Kupfervorkommens besteht im Mitteldonaugebiet während der gesamten Mittelbronzezeit ein blühendes leistungsstarkes Bronzehandwerk, das in der Herstellung von Dolchen, Schwertern und Streitäxten, Kopf-, Hals-, Brust-, Arm-, Gürtel- und Beinschmuck den altbronzezeitlichen Formenbestand weiterentwickelt (ältere Stufe nach Depots von Koszider benannt, jüngere nach Depot von Forró).

Vorlausitzkultur

Im nordöstlichen Mitteleuropa (Mitteldeutschland, Schlesien und Warthegebiet) werden die Mittelbronzezeitfunde als *Vorlausitzkultur* bezeichnet. Es ist im Grunde eine Provinz der westlich und südwestlich davon verbreiteten Hügelgräberkultur, im Waffen-, Schmuck- und Geräteformenbestand stark vom Mitteldonaugebiet beeinflusst. In eigenen Werkstättenkreisen werden gewisse Tracht- und sonstige Eigenheiten entwickelt. Vor allem entlang der Oder werden Einflüsse vom Mitteldonaugebiet zum Nordischen Kreis um die westliche Ostsee vermittelt.

Hügelgräberkultur

Innerhalb der Zone der *Hügelgräberkultur* nordwärts der Alpen können bei gewichtigen kulturellen Gemeinsamkeiten in den Grabformen (Hügel oft mit Steinkranz und einem oder mehreren ebenerdigen Gräbern), den Bestattungssitten (überwiegend gestreckte Körperbestattung, seltener Totenverbrennung), der Bewaffnung (Stichschwert, Dolch und Streitbeil, nur ausnahmsweise Lanze; bei Pfeil und Bogen fraglich, inwieweit als Waffe bzw. als Jagdgerät zu deuten, vermutlich Streitwagen speziell für Adelsschicht) und der Schmuckausstattung (zur Frauentracht gehörend: zwei Nadeln an den Schultern getragen, Halsketten mit Anhängern verschiedener Form, Armringe und -spiralen, Fußringe) eine Anzahl regionaler Gruppen unterschieden werden, vor allem solche in Niederösterreich und Mähren, in Böhmen, in der Oberpfalz und Mittelfranken, in Südbayern, im Bereich der Schwäbischen Alb, im Elsass, im Rhein-Main-Gebiet und in Osthessen (die jeweiligen Zwischengebiete sind ebenfalls besiedelt). Neben ausgeprägten keramischen Eigenarten (Buckel-, Kerbschnitt- oder Ritzmuster) zeichnen sich diese Regionalgruppen vor allem durch besondere Schmuck- und Trachtformen, aber auch sepulkralrituelle Sonderzüge aus. Schwer zu klären ist, inwieweit einige Formen von Anhängern und Nadelköpfen (Scheibe, Rad, Doppel- bzw. Brillenspirale) über den dekorativen Charakter hinaus einen symbolischen haben, was grundsätzlich wohl in Betracht gezogen werden darf. Zeugnisse kultischer Handlungen sind Depositionen von Bronzegegenständen in Mooren, Quellen und Gewässern anderer Art sowie Brandopferplätze, wie sie in einiger Anzahl oft an landschaftlich hervorragenden Stellen, vereinzelt auch innerhalb mittelbronzezeitlicher Siedlungen festgestellt worden sind: Ansammlungen von Asche, Holzkohle, kalzinierten Tierknochen und Keramikscherben, großenteils verbrannt, von zahlreichen Gefäßen stammend, insgesamt deutlich die Reste von Opferhandlungen.

Die Ansiedlungen haben sehr unterschiedliche Größe und Bedeutung. Mitunter können aus der Lage (auf einem Hügel, in einer Flussschleife oder an einem wichtigen Verkehrsweg), der Befestigung (mit Mauern, Wall und Graben) sowie durch gewisse Befunde im Innern (Bronzeverarbeitung) Erkenntnisse gewonnen werden. Die in den einzelnen Gegenden für den Regionalbedarf arbeitenden Bronzegießer, die so an der Ausbildung von Regionaltraditionen mitwirken, unterhalten technologische und typologische Beziehungen mit den umliegenden Gebieten (von den Mittelmeerländern bis zur Ost- und Nordsee). Belege weiterer Kulturkontakte sind auch die ältesten Glasperlen in süddeutschen Mittelbronzezeitgräbern.

Apenninische Kultur

In Italien wird die Mittelbronzezeit durch die sog. *Apenninische Kultur* (15.–13. Jh.) verkörpert, für die eine mit eingerillten Mäander- und Spiralmustern verzierte Keramik kennzeichnend ist, von Apulien bis Kampanien, Ischia und die Toskana vereinzelt auch mykenische Importware (Siedlungen und Bestattungs- sowie Kulthöhlen). Auf Sizilien steht die Thapsos-Stufe (nach einer Siedlung auf einer Halbinsel mit Nekropole nördlich von Syrakus) in ihrer charakteristischen Keramik unvermittelt der altbronzezeitlichen Castelluccio-Ware gegenüber; sie zeichnet sich durch gut zu verteidigende Siedlungsplätze (Rechteck- und Ovalhäuser mit Steinsockel), Felskammernekropolen und bemerkenswert intensive mykenische Beziehungen aus (Importkeramik, Idole, Bronzegefäße, Rapiere, Spiegel).

Iberische Halbinsel

Auf der *Iberischen Halbinsel* haben die Pithosgräber mit Dolchen, Stabdolchen, Griffplattenschwertern, Silberschmuck (u.a. Diademe) und Perlenketten der El Argar-Gruppe als mittelbronzezeitlich zu gelten, ebenso verwandte Schwerter sowie andere Bronzefunde, mitunter mit Castros (befestigte Siedlungsplätzen) oder Kupfer-, Zinn- und Silberminen in Verbindung stehend. Im Südwesten der Halbinsel dürften die Hügelkomplexe mit Felsschacht- oder Steinplattengräbern von Atalaia in diesen Zeitabschnitt gehören.

Tréboul

In Frankreich setzt die Mittelbronzezeit mit einer Stufe ein, für die ein bretonischer Depotfund von *Tréboul* repräsentativ und namengebend ist. Charakteristische Schwerttypen, dazu Beile, Lanzenspitzen, Radnadeln und Rasiermesser führend, hergestellt in eigenen, eine Tradition von der Altbronzezeit her weiterführenden Werkstättenkreisen, bekundet dieser Formenbestand vielfache Beziehungen mit der Frühphase der mitteleuropäischen Hügelgräberkultur, aber auch mit der Arreton-Stufe Englands. Die bronzenen Waffen-, Schmuck- und Gerätetypen der Frühphase der französischen Mittelbronzezeit werden typologisch weiterentwickelt oder ersetzt durch jüngere Ausprägungen, die sich mit der jüngeren

mitteleuropäischen Hügelgräberkultur synchronisieren lassen. Bernstein-, Fayence- und Glasschmuck ist bezeugt, ebenso Goldgefäße und Goldschmuck (u. a. Rongères, Dép. Allier).
Auf den Britischen Inseln folgt auf die durch die Wessex-Fazies vertretene Kultur die den Beginn der Mittelbronzezeit bezeichnete *Arreton-Stufe* (nach einem Fund von der Insel Wight). Wie in Frankreich, so bezeugen auch hier geschweifte Dolche und Randleistenbeile (oft verziert) ein Weiterbestehen dortiger Traditionen, was durch das Vorkommen von Steinäxten (als archaisches Element) unterstrichen wird. In einer heimischen Formtradition stehen auch die nun als Lanzenspitzen verwendeten dolchartigen Dorn- oder Tüllenspitzen. Die in dieser Stufe neu erscheinenden Rasiermesser stellen zwar ebenfalls spezielle typologische Ausprägungen der Britischen Inseln dar, hängen aber kulturgeschichtlich mit den in vielen kontinentaleuropäischen Gebieten in dieser Zeit als etwas Neues auftauchenden Rasiermesserarten zusammen (dahinter wohl mehr zu sehen als eine Neuerung der Körperpflege). Zum Frauenschmuck dieser Stufe (stets Brandbestattungen) gehören Fayenceperlen und Halskragen aus Bernstein- oder Gagatperlen und -platten, die bemerkenswert ähnlich solchen aus Mitteleuropa und aus dem mykenischen Kreis sind.

Arreton-Stufe

In *Norddeutschland* und Nordpolen ist die Mittelbronzezeitkultur charakteristisch ausgeprägt, beginnend mit einer in Grabhügeln und Depots fassbaren Stufe (im Westen nach Grabfunden von Sögel und Wohlde bezeichnet), bei der Männer mit Kurzschwert, Steinpfeilspitzen, Streitbeil und Dolch (die letzteren beiden meist aus Bronze, zuweilen aus Stein) sowie einer Nadel ausgestattet sind, Frauen mit Radnadeln, zunächst einem Halsringsatz, aus dem sich bald ein gegossener, längsgerippter Halskragen entwickelt, einer Halskette aus Bernsteinperlen und Bronzeanhängern, Armspiralen und Kleiderbesatzstücken, Blechgürtel und Fußbergen. In einer jüngeren Stufe der Mittelbronzezeit ist vor allem im Lüneburger Gebiet dank reich vorhandener Grabfunde die Frauentracht mit ihrem spiralverzierten Schmuck gut bekannt, wobei hier örtliche Werkstättentraditionen und regionale Besonderheiten der Schmuckformen und des Grabbrauches in einem Ausmaß verfolgt werden können, wie es anderwärts nicht gelingt, im Prinzip aber wohl weit gehend vorausgesetzt werden darf (Stufen Behringen und Kolkhagen).

Norddeutschland

Schleswig-Holstein, Dänemark und Südschweden bilden im engeren Sinn den *Nordischen Kreis*. Auf altbronzezeitlicher Grundlage entwickelt sich hier – parallel zur mitteleuropäischen Hügelgräberkultur – eine Kultur, die gleichfalls Grabhügel kennt (nicht selten von beträchtlicher Größe, Höhe bis 8 m), wie dort in Gruppen zusammenliegend oft an landschaftlich bemerkenswertem Platz. Nicht selten enthalten die Hügel (wie in Mitteleuropa) mehrere Gräber, oft jeweils einen Mann und eine Frau in Zueinanderordnung, mitunter zudem in zeitlicher Abfolge, eventuell mit Generationsabstand, sodass insgesamt die Hügel als Familienbegräbnisstätten anzusehen sind (jeweils zu einem Hof gehörig). Dank günstiger Erhaltungsbedingungen liegen in schleswig-holsteinischen und jütischen Hügeln zahlreiche *Baumsärge* mit Textilbeigaben, Holzgefäßen und anderen Gegenständen aus organischem Material vor, die einen Einblick in diese uns sonst nicht mehr zugänglichen Fertigungsbereiche vermitteln.

Nordischer Kreis

Baumsärge

Bemerkenswert sind der Metallreichtum des Nordischen Kreises (keine natürlichen Metallvorkommen in diesem Gebiet) und die technische sowie künstlerische Qualität der in dortigen Werkstätten hergestellten Erzeugnisse. Dabei lassen sich im Wesentlichen zwei Stufen unterscheiden (die ältere Valsømagle– und die sog. Periode II). Zu besonderer formaler Vielfalt und besonderem Verzierungsreichtum gelangen die Schwerter mit Bronzegriff, die Lanzenspitzen, Streitbeile und -äxte, Rasiermesser, mit einem in einen plastischen Pferdekopf auslaufenden Griff, Halskragen, Gürtelplatten, Fibeln und Bronzegefäße. Dabei sind bei vielen Formen mitteleuropäische Vorbilder und Anregungen allgemeiner Art zu erkennen, darüber hinaus sogar (mittelbare) Beziehungen mit dem mykenischen Kreis (Griffzungenschwerter, Doppelaxtzierstücke, spiralverzierte Lanzenspitzen). Andererseits sind Waffen und Schmuckstücke des Nordischen Kreises über diesen hinaus in einiger Anzahl bis Mecklenburg und Pommern, vereinzelt auch weiter südlich, bis Mähren, zum Vorschein gekommen. – Anscheinend auf Männergräber beschränkt sind goldene Armringe (vermutlich als Standeszeichen zu deuten), ebenso verzierte *Goldscheiben*, die als Sonnensymbole gedeutet werden. Dazu berechtigt der in einem Moor bei Trundholm (Seeland) gefundene Bronzewagen mit Pferdefigur und großer Scheibe, die auf einer Seite mit einer spiralverzierten Goldplatte belegt ist und offensichtlich ein Bild der über den Himmel fahrenden Sonne ist. – (Forts. S. 64)

Goldscheiben

Jungbronzezeit (ca. 13.–11. Jh.)

Vorderer Orient (Forts. v. S. 58)

Ägypten
19. Dynastie
20. Dynastie

Tal der Könige

Das letzte Viertel des 2. Jh.s beginnt in *Ägypten* während der Regierungszeit von Ramses II. Es folgen noch vier, zur *19. Dynastie* gerechnete Könige (Menephtah, Amenmesse, Sethos II. und Siptah bzw. Königin Tausret). Um 1185 v.Chr. kommt mit Sethnacht die *20. Dynastie* an die Herrschaft, der dann weitere neun Könige mit dem Namen Ramses (III.-XI.) angehören (Namensführung in bewusster Anknüpfung an Ramses II.). – Die Königsgräber bis zum letzten Ramessiden liegen im *Tal der Könige* in Theben-West und zeigen den vom Beginn des Neuen Reiches an herrschenden Typus. Analoges gilt für die zugehörigen Totentempel, von denen vor allem diejenigen Ramses' II. (sog. Ramesseum) und Ramses' III. (Medinet Habu) wegen ihrer integrierten Palastanlagen und ihrer religionskundlich und politisch-historisch bedeutsamen Reliefausstattung (Ramesseum: Schlacht bei Kadesch; Medinet Habu: Kriege gegen Seevölker und Libyer) Beachtung verdienen. Ramses II. tritt als Bauherr vieler weiterer Tempel von Nubien (hier mehrere Felsentempel, u.a. von Abu Simbel) bis zum Deltagebiet hervor. Im Delta erbaut er sich auch eine neue Hauptstadt. Seiner regen Bautätigkeit und seiner Vorliebe für Kolossalstatuen entspricht seine kraftvolle Außen-, d.h. vor allem Asienpolitik, die zunächst wesentlich durch militärische Aktionen, dann mehr auf diplomatischem Wege (bekräftigt durch die Aufnahme fremder Prinzessinnen in seinen Harem) geführt wird. Unter Ramses II., ebenso wie unter Menephtah und Ramses III., tauchen kriegerische Fremdstämme an den nördlichen Grenzgebieten Ägyptens auf, großenteils mit Schiffen, teils als Seeräuber Küstenstädte plündernd, teils mit der Absicht einer gewaltsamen Landnahme, teils auch verbündet mit den benachbarten Libyern. Besonders heftige *Ansturme solcher*

Angriffe der Seevölker

Philister

Nord-(oder See-) Völker, die sowohl auf dem Landweg, die Levantenküste entlang, als auch auf dem Seeweg Ägypten hart bedrängen, finden unter Ramses III. statt, der sie jedoch in einer siegreichen Doppelschlacht abwehren kann. Die bei solchen Einfällen gefangengenommenen Gegner werden teils der ägyptischen Armee eingegliedert, teils im ägyptischen Staatsgebiet angesiedelt. So erhalten auch die Peleset (*Philister*) ihre palästinensischen Wohngebiete. Mit Ramses III. endet die ägyptische Machtgeltung in Vorderasien. Damit Hand in Hand geht ein Schwund der königlichen Autorität im Innern. Die Loyalität der Beamten lässt nach; die Verwaltung und Versorgung der Bevölkerung mit Lebensmitteln funktioniert nicht mehr so wie zuvor. Stattdessen wächst unter den Ramessiden die Spannung zwischen dem im unterägyptischen Tanis residierenden König und der oberägyptisch-thebanischen Amun-Priesterschaft. Bereits unter Ramses II. ist das Amt des Hohenpriesters in Theben (Karnak) erblich geworden; dem starken geistigen Gewicht entspricht ein wirtschaftliches, indem immer mehr Ländereien in das Eigentum des Amun-Tempels übergehen (unter Ramses IV. gehört etwa ein Drittel des anbaufähigen Landes den Tempeln). – Unter Ramses XI. kommt es zum offenen Bruch zwischen König und dem thebanischen Hohenpriester. Unter Herihor wird Oberägypten politisch weit gehend selbstständig, wobei Amun als eigentlicher König gilt, in dessen Auftrag der Hohepriester die Herrschaft ausübt. Bald danach gewinnt der in Tanis amtierende Amun-Hohepriester Smendes für Unterägypten eine ähnliche politische Position, sodass beim Tod des letzten Ramessiden das *Reich in zwei Teile* auseinandergefallen ist.

Reichsteilung
21. Dynastie

Die Zeit des Nebeneinanders der Herrschaften von Theben und Tanis wird in der Tradition als *21. Dynastie* geführt. Die beiden Amun-Hohepriester stehen offenbar in gutem Einvernehmen miteinander (Bautätigkeit nicht auf jeweils eigenes Territorium beschränkt; bei Datierung mitunter die Jahreszahlen des Kollegen benutzt). Königsgräber dieser Zeit in Theben sind noch nicht zum Vorschein gekommen, wenngleich solche mit Gewissheit zu erwarten sind; von den in Tanis regierenden Königen ist aus dem 11. Jh. das Grab des Psusennes bekannt (mit überaus reichen Beigaben, u.a. aus Edelmetall); von Psusennes weiß man, dass er Tanis zur Festung ausgebaut hat. – In dieser Zeit spielen eiserne Waffen bereits eine gewisse Rolle (vereinzelt freilich bereits im 14. Jh.).

Assyrien

In der zweiten Hälfte des 13. Jh.s ist *Assyrien* (mit Salmanassar I., Tukulti-Ninurta I.) stärkste Macht. Durch ständige militärische Interventionen und Stationierung von Besatzungstruppen können die um das assyrische Kernland liegenden obermesopotamischen Gebiete in Botmäßigkeit gehalten werden. Schwer unter Kontrolle zu halten sind vor allem nicht voll sesshafte Stämme. Tukulti-Ninurta erobert um 1240 v.Chr. Babylonien, nimmt den Kassitenkönig Kastilias IV. gefangen, schleift die Stadtmauer von Babylon, deportiert einen Großteil der Bevölkerung nach Assyrien, ebenso das Kultbild des Marduk (Ende des babylonischen Staatskultes); ein assyrischer Statthalter führt die Herrschaft im südlichen Mesopotamien. Indes kann am Ende des 13. Jh.s Babylon seine Machtposition wieder stärken und sogar politischen Druck auf Assyrien ausüben. In der ersten Hälfte des 12. Jh.s führt dann aber der Elamiterkönig Sutruk-Nahunte einen vernichtenden Schlag gegen Babylonien, plündert viele Städte (dabei u.a. Gesetzesstele von Hammurabi nach Susa verschleppt), nimmt den letzten Kassitenkönig gefangen und errichtet eine Fremdherrschaft. Der Widerstand gegen diese geht von der Stadt Isin aus, wo um die Mitte des 12. Jh.s eine sumerische Dynastie (Isin II.) zu Macht und Ansehen gelangt. Sie vertreibt die Elamiter und führt Krieg gegen Elam und Assus (Nebukadnezar I.). Im ausgehenden 12. und frühen 11. Jh. tritt der Assyrerkönig Tiglatpilesar I. mit ausgedehnten Kriegszügen (bis zum Mittelmeer: Byblos, Sidon) und schließlich einer Eroberung Babyloniens hervor. Seine Nachfolger können diesen weiten Herrschaftsbereich jedoch nicht halten. – Um die Mitte des 11. Jh.s gelingt es erstmalig den aus dem westlichen Steppengebiet kommenden *Aramäern*, sich in Babylonien festzusetzen und dort ein eigenes Königreich zu bilden. – Archäologisch zugänglich ist uns die mesopotamische Kultur des letzten Jahrtausendviertels durch die weit gehenden Untersuchungen in Assur, die kursorischen in dem unweit davon gelegenen Tulul Akir, einer Neugründung Tukulti-Ninurtas, und in Babylonien vor allem durch die jüngeren Schichten von Akar Kuf (Dur Kurigalsu), Isin und Babylon. Dabei wurden gleicherweise die Tempel-, Palast-, Befestigungs- und Wohnarchitektur wie auch die Rund- und Reliefplastik, die Malerei und die Glyptik erschlossen. An Grabformen stehen nebeneinander einfache Schächte mit Körperbeisetzung in zwei ineinandergesteckten Töpfen oder in Tonsärgen und ziegelgemauerte Grüfte.

In der palästinensisch-westsyrischen Zone dauert die *spätkanaanitische Kultur* bis ins 12. Jh. Dabei bleiben die Städte als solche (Ugarit, Hama, Qatna, Byblos, Hazor, Betschan, Megiddo, Sichem, Ashdod, Lakisch) mit ihren Befestigungsanlagen, Tempeln, Palästen, Wohnquartieren und mannigfachen Wirtschaftsanlagen kontinuierlich – wenngleich mitunter durch mehr oder weniger umfangreiche Zerstörungen in Mitleidenschaft gezogen – bestehen. Erhalten bleibt auch die dahinter stehende politische Struktur der zahlreichen Kleinstaaten mit Königen an der Spitze, die, zwischen den Großmächten Ägypten, Assur und Hatti gelegen, jeweils die Oberhoheit einer dieser Mächte anerkennen müssen. Im 12. Jh. werden diese Städte zerstört, nicht nachweislich während einer kurzen Zeitspanne, sodass vermutlich keine einheitliche kriegerische Katastrophe dahintersteht; insgesamt aber bezeichnen diese Geschehnisse für die kanaanitische Kultur etwas Einschneidenderes als die vielen ephemeren Zerstörungen der vorangehenden Jh.e. Viele Städte werden danach nicht wieder aufgebaut (Alalah, Ugarit, die Unterstadt von Hazor); an anderen Plätzen weicht die nachfolgende Besiedlung mit dürftiger Bebauung völlig von der vorangehenden ab und weist auf Bevölkerungen hin, die nicht aus der Tradition der levantinisch-urbanen Kultur kommen. Einen wesentlichen Anteil haben dabei offensichtlich die vermutlich aus dem ägäischen Raum stammenden Gruppen, die König Ramses III. in seinem achten Regierungsjahr in Südpalästina besiegt („Seevölker") und dann dort ansiedelt (Philister); daneben aber spielen hier nomadische oder halbnomadische Stämme aus der Steppenregion eine Rolle, die in die Gebiete zwischen den Städten einsickern, von den Städtern manches übernehmen, mit diesen in Konflikt geraten und allmählich neue ethnische Einheiten und politische Kräfte bilden. In dieser Hinsicht am besten bekannt ist die so erfolgte Landnahme der *Israeliten* mit ihrer im 10. Jh. entstandenen neuen staatlichen Ordnung und den neuen, von König Salomo veranlassten Stadtanlagen. Weiter nördlich, in Syrien, sind es *aramäische Stämme*, die (analog den Vorgängen des 3. und frühen 2. Jt.s) ins Kulturland einbrechen und Verheerungen verursachen. Wesentlich ermöglicht wird dieses Eindringen fremder Bevölkerungselemente und der Zusammenbruch der staatlichen Ordnung dadurch, dass Ägypten und Hatti als Ordnungsfaktoren in dieser Zone ausfallen. Trotz der einschneidenden Zäsur, die das Ende der spätkanaanitischen Kultur bedeutet, lassen sich in den verschiedensten kulturellen Bereichen Traditionsfäden in der Kultur des 11. Jh.s erkennen (Handwerk, Handelsbeziehungen mit Ägypten, Zypern und Griechenland, Bewaffnung mit Schuppenpanzer, Schwert, Lanze und Streitwagen, Glyptik, Amulette, Götterstatuetten, Tiersymbole, Sargformen u.a.).

Das *hethitische Großreich* in Anatolien hat festen Bestand bis um 1200 v.Chr. oder kurz danach. Eine Katastrophe, die in allen untersuchten Städten als gewaltsame Zerstörung zu erkennen ist, bedeutet das *Ende dieser Kultur* und dieses Reiches. In der Hauptstadt Hattusas (Boğazköy) gehen vor allem die den Staat repräsentierenden Anlagen (Königsburg auf Büyükkale und Tempel) zugrunde, ohne wieder aufgebaut zu werden. Über die diese archäologischen Befunde verursachenden politischen Ereignisse und über die Herkunft der Zerstörer lassen sich kaum mehr als Vermutungen anstellen (fraglich, inwieweit aus Anatolien, womöglich aus dem Hethiterreich kommend – innere Aufstände oder Einbrüche von Stämmen der unmittelbaren Nachbarschaft –, und inwieweit von außerhalb, ob im Rahmen eines einzigen, kurzfristigen Geschehens oder auf eine längere Zeitspanne verteilt). Wie in Syrien und Palästina, so lässt sich auch in Anatolien mancherorts das Weiterdauern einer Besiedlung nachweisen ebenso wie die hethitische Hieroglyphenschrift, kulturelle Eigenheiten und sogar Züge des Königtums in Teilen des Großreiches weiterleben, offenbar vor allem im Osten und Südosten des hethitischen Kernlandes. – (Forts. S. 68)

Aramäer

spätkanaanitische Kultur

Israeliten aramäische Stämme

hethitisches Großreich Untergang

Europa (Forts. v. S. 61)

spätmykenische Kultur

Die *spätmykenische Kultur*, die als geschlossenes geschichtliches Phänomen den ägäischen Bereich bis Thessalien im Norden umfasst, erlebt um oder vor 1200 v. Chr. in vielen Landesteilen Zerstörungen von Siedlungen und Burgen, das Abbrechen von Friedhöfen und Veränderungen im kulturellen Erscheinungsbild; dazu gehören Spuren (handgemachte Keramik u. ä.) einer als Fremdlinge im mykenischen Bereich zu verstehenden nordwestgriechischen Bevölkerung. An etlichen Orten endet die Besiedlung mit dieser Stufe (Prosymna, Berbati, Lerna, Sparta, Gla, Eutresis, Orchomenos); an anderen erfolgt nach jenen Zerstörungen ein Wiederaufbau (Mykenai, Tiryns, Dendra, Asine, Malthi, Athen-Akropolis, Eleusis, Theben, Delphi, Jolkos). Die damit einsetzende letzte, etwa ins 12. Jh. gehörende mykenische Kulturstufe (Mykenisch III C) stellt im Hinblick auf die Siedlungsverhältnisse, die in den Burgen zum Ausdruck kommende sozial bevorzugte und politisch herrschende Schicht, die Bewaffnung, gewisse Schmuckformen, die bemalte Drehscheibenkeramik, die Grabformen (Felskammergräber) und die Bestattungssitten sowie die Zeugnisse kultischer Handlungen und mythischer Religionsvorstellungen eine kontinuierliche Weiterführung der vorangehenden Kultur dar. Wenn auf der einen Seite in einigen Erscheinungen sich eine Entwicklung zum Einfacheren und Geringerwertigen erkennen lässt, so stehen auf der anderen ausgesprochen qualitätsvolle Leistungen – sowohl auf dem Gebiet des Kunsthandwerkes als auch der Architektur – gegenüber (offenbar erstmalig planmäßige Anlage von Städten mit regelmäßig verlaufenden Straßen, so in Tiryns, ähnlich wie in Enkomi auf Zypern). Die kulturellen Kontakte, vor allem mit dem Vorderen Orient, spielen auch in dieser Stufe eine bemerkenswerte Rolle. Abgesehen von einigen Landschaften (Achaia), beträgt die Anzahl von Mykenisch III C-Fundplätzen nur einen Bruchteil von denen aus Mykenisch III B, was mit einem allgemeinen Bevölkerungsrückgang (z. T. eventuell wohl infolge einer Abwanderung) erklärt wird.

submykenisch

Um 1100 v. Chr. enden die mykenischen Siedlungen und Paläste mit einer Zerstörung, auf die kein Neuaufbau folgt. Die zeitlich anschließende Kulturstufe wird als *submykenisch* (auf Kreta: subminoisch) bezeichnet (11. Jh.). Zwar zeigt die bemalte Drehscheibenkeramik typologisch und technologisch eine Tradition vom Vorhergehenden, und auch sonst gibt es Hinweise auf ein weitergeführtes kulturelles Erbe (auf Kreta auch in religionskundlicher Hinsicht); jedoch tritt in den Siedlungsverhältnissen, den Grabformen sowie in den meisten Schmuck- und Waffenformen das Neue dieser submykenischen Stufe dominierend in Erscheinung: Die Ansiedlungen finden sich meist an anderen Plätzen als zuvor; falls jedoch die submykenische Stufe am alten Ort auftritt, wird die alte Bebauung nicht fortgeführt; als Grabform ist das Flachgrab mit Körperbestattung, zuweilen mit Plattenschutz (Athen-Kerameikos, Salamis, Tiryns) vorherrschend, daneben sind Urnengräber (die alten Familiengrüfte der Felskammergräber werden nicht weiter belegt; Ausnahme: Argos) zu finden. Zur Waffenherstellung wird ganz vereinzelt Eisen verwendet. Auf Kreta gehören u. a. eine Kapelle von Knossos mit einigen Idolen und die Siedlung von Karphi (ebenfalls mit Idolen minoischer Art) in diese Zeit.

Pantalica-Kultur

In Sizilien und in Apulien bestehen während der gesamten Jungbronzezeit (ebenso wie vorher) kulturelle (wirtschaftlich motivierte) Beziehungen mit dem ägäischen Kreis. Die ostsizilische *Pantalica-Kultur* führt in Keramik und Grabform (Felskammergräber, z. T. große Nekropolen) eine Tradition von der mittelbronzezeitlichen Thapsos-Stufe weiter, weicht u. a. aber von dieser merklich dadurch ab, dass die Ansiedlungen nicht mehr an der Küste, sondern zumeist weiter landeinwärts liegen (Pantalica, dazu großer palastartiger Bau mit Steinsockelmauer gehörig, Monte Dessueri). Bronzespiegel, bronzene Violinbogenfibeln, goldene Fingerringe u. a. stehen spätmykenischen Formen nahe. Die Pantalica-Kultur entwickelt sich vom 12. und 11. Jh. kontinuierlich in die Früheisenzeit hinein.

Apenninhalbinsel

Auf der *Apenninhalbinsel* sind die wesentlichsten jungbronzezeitlichen Fundkomplexe Siedlungen des Gardaseegebietes (Peschiera-Gruppe) und der Emilia (sog. Terremare-Gruppe), die überaus reichhaltige Bronzefunde geliefert haben und vermutlich bei Hochwasserkatastrophen zerstört worden sind. Weniger fundreiche Siedlungen mit entsprechenden Bronzewaffen, -schmuckstücken und -geräten sind bis Apulien bekannt; dazu gehören Friedhöfe meist mit Brandbestattungen. Von dieser älteren Jungbronzezeitstufe unterscheidet sich eine jüngere (12. und 11. Jh.), die vor allem in Urnenfriedhöfen von sog. Protovillanova-Art (Fontanella, Bismantova, Pianello, Timmari), in Bronzedepots und in Siedlungen verkörpert wird. Diese Letzteren zeigen mitunter beträchtliche Größe und stehen an der Wiege von Früheisenzeitstädten.

Sardinien

In *Sardinien* ist die nähere Altersbestimmung einer charakteristischen Grabform (tombe dei Giganti: Rechteckkammer aus aufrecht stehenden Steinblöcken oder Trockenmauer mit Blockdecke oder Kraggewölbe mit Bogenfassade in Langhügel) innerhalb der Bronzezeit noch nicht schwer bestimmbar. Einerseits typologisch an westeuropäische und maltesische Megalithbauten erinnernd, stehen diese Gräber andererseits am Beginn einer früheisenzeitlichen Entwicklung. Dasselbe gilt für die sog. Nuraghen, einen auf diese Insel beschränkten Bautyp (etwa 7000 Exemplare erhalten: im Grundriß runde, kegelstumpfförmige Wohntürme aus großen z. T. bearbeiteten Steinen mit kragkuppelgewölbten Räumen in mehreren, durch Treppen miteinander verbundenen Stockwerken), deren Anfänge sicher bronzezeitlich sind.

Auf Korsika liegen aus der Bronzezeit einfache Megalithgräber sowie zahlreiche Menhire vor; die letzteren sind mitunter statuenartig ausgestaltet, wobei auch eine Bewaffnung mit Langschwertern dargestellt erscheint.

Im *südöstlichen Mitteleuropa* wird innerhalb der Jungbronzezeit unterschieden zwischen einem älteren (Uriu-Stufe) und einem jüngeren (Kisapati-Stufe) Abschnitt, jeweils benannt nach Bronzedepots (in Siebenbürgen bzw. in Westungarn). Funde dieser Art sind zu Hunderten aus dem unteren und mittleren Donaugebiet, Siebenbürgen und der Slowakei bekannt (die fünf umfangreichsten 4000 kg schwer), bestehend aus Schwertern, Lanzenspitzen, Streitäxten, Helmen, Beinschienen, Schilden, Geräten, Schmuckstücken, Gefäßen, Wagen- und Pferdegeschirrteilen u. a.

Aufgrund der unterschiedlichen Keramik, der Siedlungen und Gräberfelder sind mehrere Regionalgruppen zu erkennen: in der Walachei, der Moldau und in Südostsiebenbürgen als Nachfolge der Monteoru-Kultur die Noua-Gruppe, in Nordsiebenbürgen und am Oberlauf der Theiß die Suciu-Gruppe, die ebenfalls eine Tradition aus der Mittelbronzezeit her weiterführt (Hügelgräberfeld von Lăpuş; außer geschlossenen Nekropolen fürstliche Einzeltumuli), im Banat, westlich der unteren Theiß und in Syrmien die Belegiš-Gruppe, als Fortsetzung der Dubovac-Kultur (fassbar vor allem in Urnenfriedhöfen), beiderseits der mittleren Theiß die Csorva-Gruppe, in Nordungarn und der Südostslowakei die Spätstufe der Piliny-Gruppe, weiter westlich die Čaka-Gruppe, die vor allem durch große Grabhügel mit fürstlichen Bestattungen charakterisiert ist, dazu befestigte Höhensiedlungen. Befestigte Siedlungen gibt es auch im Flachland (Sîntana bei Arad: 1000 × 800 m Fläche von noch heute 6 m hohem Wall umzogen).

Im nordöstlichen Mitteleuropa (an oberer und mittlerer Elbe und Oder, oberer Weichsel und March) ist während der Jungbronzezeit die *Lausitzer Kultur* verbreitet, innerhalb der anhand der Keramik und von Trachteigenheiten mehrere landschaftliche Gruppen unterschieden werden können. Dabei ist jeweils eine regionalspezifische Entwicklung von der Mittelbronzezeit her festzustellen. Übereinstimmend ist die Brandbestattung und die Anlage großer Urnenfelder mit reichen Keramikbeigaben (oft buckel- und riefenverziert) vorherrschend. Bronzen sind in gewisser Menge aus Depots erhalten. Reich mit Bronzen (Schwert, Lanzenspitzen, Bronzegefäße) versehene Bestattungen in Grabhügeln sind auf die Peripheriegebiete (z.B. Stenn bei Zwickau) sowie die Nachbargruppen im Saalemündungsgebiet, in Westböhmen (Milavče-Gruppe) und Mähren (Velatice-Gruppe) beschränkt.

In Süddeutschland, der Schweiz und dem Elsass folgt auf die mittelbronzezeitliche Hügelgräberkultur die jungbronzezeitliche *Urnenfelderkultur*, die, aus einer Anzahl landschaftlicher Gruppen bestehend, enge Beziehungen mit denen der ost- und südostmitteleuropäischen sowie der italienischen Jungbronzezeitkultur aufweist. Die Regionalgliederung im Innern lässt teilweise Siedlungskammern erkennen (z.B. Nordtiroler Gruppe, eine solche im Salzburgischen, andere im niederbayerischen Donautal, der Münchner Umgebung, im Obermainbereich, am Untermain und in der Wetterau, im Oberrheingebiet, im Neuwieder Becken, im Trierer Land), die grabrituelle Sonderzüge sowie keramische, trachtliche sowie die Geräte- und Waffenformen betreffende Besonderheiten ausgebildet und durch eine gewisse Zeitspanne tradiert haben (Keramik oft mit Riefen-, Buckel-, Rillen- und Kammstrichmuster, graphitüberzogen, zuweilen mit Kerbmuster oder Bronzenagelung; zur Tracht gehörig: Nadeln, Fibeln, Gürtel, Halsketten mit Bronzeanhängern, Bernstein- und Glasperlen, Hals-, Finger-, Arm- und Fußschmuck; zur Bewaffnung gehörig: Schwerter mit Bronze- oder organischem Griff, Lanzen, Pfeile; an Geräten wichtig: Messer, Rasiermesser, Pinzetten, Sicheln, Beile, Wagen- und Pferdegeschirrteile). Nachweislich sind örtliche *Bronzewerkstattkreise* tätig, die, an einem allgemein-mitteleuropäischen Formenbestand partizipierend, mehr oder weniger eigengeartete Ausprägungen desselben entwickeln. Die Siedlungen haben zuweilen beträchtliche Ausmaße und sind oft befestigt (vor allem, wenn Reste einer Metallverarbeitung bezeugt sind), bestehen aber offensichtlich oft nur aus *Einzelhöfen* (große, rechteckige Pfostenbauten und jeweils zu diesen gehörige kleine Bauten nachgewiesen, wobei über das funktionale bzw. ökonomische oder soziologische Verhältnis dieser Hausformen zueinander noch keine Klarheit erzielt werden konnte). Bei den Grabfunden heben sich von den einfach ausgestatteten solche ab, die aufgrund ihrer Anlage (aus Steinplatten, Trockenmauern oder Holzbalken gebaute Kammern, in Südwestdeutschland auffallend regelmäßig in Nord-Süd-Richtung), ihrer Bestattungsart (mitunter auf Wagen liegend verbrannt, oder als Doppelbestattung: Mann und Frau, mitunter auch unverbrannt) und ihrer Beigaben (Waffen, Bronzegefäße, Goldschmuck) sich als Sepulturen einer sozialen Oberschicht zu erkennen geben (mitunter aus Lage solcher Gräber zueinander kann auf Abfolge, eventuell im Generationsabstand, geschlossen werden). Bronzene Schutzwaffen, wohl ein Privileg dieser adligen Oberschicht (vor allem Helme und Schilde), werden nicht in die Gräber mitgegeben, indes gelegentlich in Mooren oder Gewässern deponiert. Dürfte bei Moor-, Quell- und Flussdeponierungen ein kultisches Motiv angenommen werden, so ist bei den zahlreichen Jungbronzezeitdepots vom festen Land eine Bestimmung ihrer Vergrabungsmotive schwierig. Teilweise ist aber auch bei ihnen mit entsprechenden Motiven zu rechnen. Die bedeutendsten Kultmäler sind die aus Goldblech getriebenen Goldkegel (von Etzelsdorf bei Nürnberg und Schifferstadt in der Pfalz). Eine Rolle spielen zudem Darstellungen der Sonne, von Vögeln und Stieren, die insgesamt als Hinweis auf mythische Vorstellungen zu deuten sind.

südöstliches Mitteleuropa

Lausitzer Kultur

Urnenfelderkultur

Bronzewerkstattkreise

Einzelhöfe

VORGESCHICHTE Bronzezeit (ca. 2. Jt. v. Chr.)

Frankreich

In *Frankreich* ist eine in Grabfunden (Körper- und Brandbestattung), Siedlungen und Depots gut ausgeprägte Jungbronzezeitkultur (abgesehen vom Elsass) vor allem in Burgund und in der Champagne bekannt, die sich in all ihren Einzelerscheinungen als Randgruppe des mitteleuropäischen Kulturbereiches erweist. Wie dort allgemein, lassen sich auch im Westen kulturelle Traditionen von der Mittelbronzezeit her aufzeigen (Entwicklung der Griffplattenschwerter, der Nadeln, Armringe, Fußbergen und Beile). Ein Goldkegel von Avanton bei Poitiers, bronzene Vogelfiguren sowie scheiben- und halbmondförmige Amulette sind bemerkenswerte, die Verwandtschaft mit Mitteleuropa unterstreichende religionskundliche Zeugnisse, mit feinem Bronzedraht kunstvoll umsponnene Eberhauer, Bronzehelme, Bronzepanzer und Beinschienen Ausrüstungsstücke einer sozialen Oberschicht. Die Funde aus der Jungbronzezeit innerhalb der französischen Atlantikküstenzone bezeugen besondere Beziehungen mit den Britischen Inseln.

britische Kultur

Der *britischen Kultur* fehlen wesentliche Erscheinungen der kontinentalen; aber der Besitz (und die auf den Inseln selbst erfolgte Herstellung) von Bronzeschwertern (zunächst mit parallelseitiger, dann mit weidenblattförmiger Klinge), Lanzenspitzen, Absatz-, Lappen- und Tüllenbeilen, Bronzeschilden und Bronzekesseln weist auf die Übernahme kontinentaler Formen und Errungenschaften hin. Sofern die Fundangaben eines Griffzungenschwertes und einiger Doppeläxte verlässlich sind, würden diese Fundstücke sogar unmittelbare Kontakte mit dem mykenischen Kreis bezeugen.

Bronzezeitperiode III

Norddeutschland und Südskandinavien haben eine blühende Jungbronzezeitkultur aufzuweisen *(Bronzezeitperiode III)*, die sich in den einzelnen Landschaften (Pommern-Mecklenburg, Lüneburger Gebiet, Schleswig-Holstein mit Jütland, dänische Inseln und Südschweden) kontinuierlich aus der ebenso glänzenden Mittelbronzezeitkultur (Periode II) entwickelt. Gegenüber dieser geht die kunsthandwerkliche Qualität einiger Erzeugnisse (Schwerter mit Bronzegriff, Lanzenspitzen, Beile, Gürtelscheiben) sichtlich zurück, indem die Typenvielfalt zugunsten einer uniformeren Produktion schwindet. Dafür zeigen andere eine glänzende regionalspezifische Entfaltung (Fibeln, Armschmuck); auch Bronzegefäße spielen nun eine bemerkenswerte Rolle, wobei es sich vermutlich um Erzeugnisse mitteleuropäischer Toreuten handelt (Werkstätten, eventuell in Mecklenburg zu lokalisieren); sicherlich nordische Handwerksleistungen hervorragender Qualität sind indes gegossene Bronzegefäße. Nicht völlig gesichert ist das bronzezeitliche Alter von (im Moor erhalten gebliebenen) hölzernen Wagen mit Scheibenrädern sowie von hölzernen Hackpflügen.

Niederlande

Siedlungen mit großen und kleineren Rechteckhäusern sind hauptsächlich aus den *Niederlanden* bekannt; neue Untersuchungen aus dem Nordischen Kreis lehren, dass dort ähnliche Hausformen üblich sind. – Als Grabform herrscht allgemein der Tumulus vor (mitunter mit Steinpackungen oder Holzsärgen), wobei oft mittelbronzezeitliche Hügel weiterbenutzt und überwölbt werden; nicht selten enthalten die Hügel jeweils zwei, zwar gesonderte (nacheinander angelegte), aber doch zusammengehörige Bestattungen (Mann und Frau); anders als in der vorangehenden Zeit überwiegen jetzt die Brandbeisetzungen. – Die rituell deponierten Moorfunde enthalten entweder Schmuckensembles, welche solchen von Grabbeigaben entsprechen, oder ausgesprochen kultische Gegenstände (Luren, riesiggroße Ritualäxte u. a.). – (Forts. S. 68)

Eisenzeit (ca. 1. Jt. v. Chr.)

Über die zeitliche *Abgrenzung der Vorgeschichte* gegenüber der Alten Geschichte werden unterschiedliche Ansichten vertreten. Am sinnvollsten dürfte es sein, diese Abgrenzung nicht an das Vorhandensein bzw. Nichtvorhandensein von *Schriftquellen* zu knüpfen, sondern im altweltlichen Raum den vorderen Abschnitt der Geschichte (Vorgeschichte) bis zur ersten Hälfte des letzten vorchristlichen Jahrtausends reichen zu lassen, in der dann andererseits die Antike beginnt. Freilich ist damit nur eine sehr allgemeine Zeitbestimmung gegeben (ähnlich wie dies für die Abgrenzung zwischen Antike und Mittelalter der Fall ist). Wenn griechische Autoren von Hesiod an (Ende des 8. Jh.s) ihre Gegenwart in Gegenüberstellung zur bronzenen Vergangenheit als eisern bezeichnen und wir feststellen können, dass die *Verwendung von Eisen* als Werkmetall für Waffen und Geräte tatsächlich weithin die Kultur vom Beginn des letzten Jt.s v. Chr. an kennzeichnet, so liegt es nahe, diese Zeit der auslaufenden Vorgeschichte und der beginnenden Antike allgemein als Beginn der Eisenzeit zu bezeichnen.

Was die Eisenzeit gegenüber der Bronzezeit allgemein an neuen geschichtlichen Formen und Strukturen hervorgebracht hat, gleicherweise im Bereich der Philosophie, der Religion, der Einzelwissenschaften und der bildenden Kunst wie auf technologisch-wirtschaftlichem und politischem Gebiet, von Europa bis China, ist so gewichtig, dass die erste Hälfte des letzten vorchristlichen Jahrtausends (mit Homer, den ionischen Naturphilosophen, den Mysterienkulten, der großgriechischen Kolonisation, den großen Propheten in Israel, Zarathustra in Persien, Buddha in Indien, Konfutse (Konfuzius) und Lao-tse in China) sich im altweltlichen Raum als neue *gesamthistorische Stufe* darstellt, die als Weiterentwicklung gegenüber den Lebensformen und Bewusstseinsausprägungen der Bronzezeit aufzufassen ist.

Abgrenzung der Vorgeschichte
Schriftquellen

Verwendung von Eisen

gesamthistorische Stufe

Früheisenzeit (ca. 10.–8. Jh.)

Vorderer Orient (Forts. v. S. 63)

Ägypten

In *Ägypten* herrscht im ersten Viertel des letzten vorchristlichen Jt.s die 22. Dynastie. Nachdem die Spätphase der 21. Dynastie einen Tiefpunkt ägyptischer Kultur und politischer Macht bezeichnet, erfolgt um 950 durch Scheschonk I. (aus einem libyschen Offiziersgeschlecht) eine Wiederherstellung und Festigung der politischen Einheit (Hauptstadt Bubastis im Delta). Königsgräber sind aus Tanis bekannt. Üblicherweise ist ein Königssohn Hoherpriester des Amun in Theben. Von wirtschaftlichen Aktivitäten in Vorderasien zeugen ägyptische Fundstücke in Byblos. Nubien bildet seit der Jahrtausendwende ein selbstständiges Königreich (Hauptstadt Napata), das bis zum 4. Katarakt des Nils reicht.

Mesopotamien

In den meisten Teilen *Mesopotamiens* sind vom Beginn des 10. Jh.s an die Aramäer ethnisch-politisch das bestimmende Element. Nur Assyrien kann sich der Fremdlinge erwehren; am Ende des 10. Jh.s beginnt unter Assurdan II. ein politischer Wiederaufstieg, der in den nächsten Generationen zu einer Wiedereroberung des aramäisierten Mesopotamien führt (während das 9. Jh. deswegen zahlreiche, grausam geführte Feldzüge von Adadnirari II., Tukulti-Ninurta II., Assurnassirpal II. und Salmanassar III.). Assurnassirpal II. verlegt die Residenz von Assur nach Nimrud (Kalach), das er zu einem einzigartigen Kulturzentrum ausbaut (großartige Wandreliefs). Salmanassar III. weitet seine Macht bis Babylon und zum Persischen Golf sowie nach Damaskus und zum Mittelmeer aus, während im Norden das Urartu-Reich einem assyrischen Vordringen Einhalt gebietet. Am Ende des 9. Jh.s stößt der Assyrerkönig Schamschi-Adad V. am Urmia-See erstmals mit Medern zusammen. In der ersten Hälfte des 8. Jh.s stagniert der Aufstieg Assyriens zur Weltherrschaft. (Das Jahr 763 mit seiner im Orient als Unglücksereignis gewerteten Sonnenfinsternis bildet einen Festpunkt in der Chronologie.) – (Forts. S. 70)

Europa (Forts. v. S. 66)

protogeometrische Stufe

Im ägäischen Bereich folgt auf die submykenische im 10. Jh. die *protogeometrische Stufe* (bei der Keramikverzierung erstmalig Lineal und Zirkel verwendet), die in besiedlungs- und sepulkralkundlicher, handwerklicher und kunstgewerblicher Hinsicht eine kontinuierliche Weiterentwicklung des Vorangehenden darstellt. Eisen wird jetzt nicht nur für Schmuckstücke (Nadeln, Fibeln), sondern auch für Schwerter, Lanzenspitzen und Messer verarbeitet.

frühgeometrische Stufe

Ebenso fließend sind die Übergänge zwischen der proto- und der *frühgeometrischen Stufe* des 9. Jh.s (kennzeichnend bei der Keramikdekoration der Beginn des Mäanders). Im 8. Jh. treten bei den in den Gräbern als Ossuarien oder Beigaben erscheinenden Gefäßen neben dem Mäandermuster bildliche Darstellung im Silhouettenstil auf (Szenen des Bestattungsrituals: Aufbahrung und Wagenfahrt des Toten, Beweinung; Schiffe, Pferde, Vögel, Kämpfe, z.T. wohl mythische bzw. epische Themen). Zur Ausrüstung Vornehmer gehören Bronzehelme, -panzer und -schilde, wobei bei den besonders kunstvoll verzierten Prunkstücken neben sicher griechischen Erzeugnissen auch orientalische Stücke hervortreten (Schilde aus Kreta). Dasselbe ist auch bei den figuralen Elfenbeinschnitzereien der Fall, ebenso bei bronzegegossenen Dreifüßen und Bronzegefäßen. Im 8. Jh. werden wieder Grabhügel errichtet, nachdem zuvor nur Flachgräber (erst nur mit Brand-, dann mit Körperbestattungen) angelegt worden sind. Im

griechische Heiligtümer

8. Jh. erleben die großen *griechischen Heiligtümer* ihre erste Blüte (Olympia, Argivisches Heraion, Samisches Heraion, Delphi, Artemis-Tempel von Sparta).

Auf der Apenninhalbinsel ist im 10. Jh. die Spätstufe der Protovillanova-Kultur ausgeprägt (Urnenfriedhöfe vom Alpenrand bis Apulien: Fontanella, Pianello, Allumiere, Timmari; Bronzedepotfunde sowie z.T. befestigte Höhensiedlungen). Am Golf von Tarent bestehen kontinuierlich Kontakte mit dem ägäischen Kreis. In mehreren Landesteilen (ebenso auf Sizilien) lässt sich von dieser Protovillanova-Kultur eine Tradition (in Keramikentwicklung, Schmuck-, Waffen– und Gerätformen; Grabsitten) in die voll

Früheisenzeitkultur

entwickelte *Früheisenzeitkultur* des 9. Jh.s verfolgen; an einigen Orten betrifft dies auch die Besiedlungsverhältnisse (so in Rom). Die voll entwickelte Früheisenzeitkultur mit ihren großen beigabenreichen Gräberfeldern (teils mit Brand-, teils mit Körperbestattung) besteht aus mehreren Regionalgruppen (venetische Este-Gruppe, Bologna-Gruppe, Golasecca-Gruppe in der nördlichen Lombardei, toskanische, latinische, umbrische, kampanische Gruppe usw.). Die Gruppen im westlichen Mittelitalien stehen an der Wiege der etruskischen sowie der latinisch-faliskischen Kultur. In Rom lässt sich verfolgen, dass die ältere Früheisenzeitbesiedlung – offensichtlich rein dörflichen Charakters – im 8. Jh. urbane Züge annimmt; auch für die Etruskerstädte dürfte dies anzunehmen sein (Beginn von Drehscheibenkeramik, handwerkliche Spezialisierung, Auflassen von Friedhöfen innerhalb des geschlossenen Siedlungsgebietes, Festigung von Standesprivilegien, Bevölkerungskonzentration). Bereits vor Gründung der ältesten großgriechischen Kolonien steht das westliche Mittelitalien in Kontakt mit dem ägäischen Raum.

In Mitteleuropa folgen zu Beginn des letzten Jt.s auf die jungbronzezeitlichen die meist als spätbronzezeitlich bezeichneten Stufen der *Urnenfelderkultur*. Vom Mitteldonaugebiet, Schlesien, Klein- und Großpolen, über den Ostalpenraum, Mähren und Süddeutschland bis in die Schweiz und Ostfrankreich sind Regionalgruppen anhand ihrer vor allem keramikreichen Urnenfriedhöfe ausgeprägt, die in den wesentlichen Kulturerscheinungen eine kontinuierliche Entwicklung aus den vorangehenden Urnenfelderstufen bezeichnen, andererseits aber Beziehungen zu den gleichzeitigen oberitalischen Gruppen erkennen lassen. Über den Formenbestand von Bronzewaffen (Helme, Schilde, Beinschienen, Schwerter, Streitäxte), Bronzegefäßen, Geräten, Wagen- und Pferdegeschirrteilen sowie Schmuckformen unterrichten vor allem die in großer Anzahl vorliegenden Depotfunde. Sie spiegeln ebenso die Wirksamkeit regionaler Werkstättenkreise als auch die Vielseitigkeit enger handwerklicher Kontakte innerhalb von Mitteleuropa und darüber hinaus wider. Befestigte Höhensiedlungen sind aus nahezu allen Landesteilen bezeugt, aus der Schweiz außerdem Uferrandsiedlungen mit reicher Fundausbeute (sog. Pfahlbauten). Die im Wesentlichen wohl ins 8. Jh. gehörende *Späturnenfelderstufe* stellt einen besonders markanten historischen Abschnitt dar. Zu den Flachgrabfriedhöfen treten nun Einzelhügel mit reich (u. a. mit Waffen) ausgestatteten Beisetzungen, die einer sozialen Oberschicht angehören bzw. Häupter von Sippenverbänden sein dürften. Eisen ist in Mitteleuropa auch in dieser Stufe noch ein kostbares Metall, das vereinzelt zur Herstellung von Schmuckstücken und Schwertklingen, bzw. -verzierungen verwendet wird. Dies bedeutet gegenüber Italien oder gar dem ägäischen Raum deutlich eine Verzögerung.

In Norddeutschland und Südskandinavien findet die Kultur der nordischen *Bronzezeitperiode III* in den (spätbronzezeitlichen) Perioden IV und V ihre kontinuierliche Fortsetzung. Außer dem leistungsfähigen Bronzegusshandwerk (besonders hervorzuheben: paarweise zu benutzende Luren) sind Felsbilder (u. a. rituelle und mythische Darstellungen) von Bedeutung. Reiche Waffengräber („Königsgrab" von Seddin in der Mark Brandenburg) sind mit mitteleuropäischen Hügelgräbern der Späturnenfelderzeit zu vergleichen.

In Westeuropa ist während der Spätbronzezeit/Früheisenzeit eine charakteristische Kultur ausgeprägt, die gemeinsame Züge von der Iberischen Halbinsel bis zu den Britischen Inseln aufweist, andererseits aber in den einzelnen Landesteilen eine Tradition von der Jungbronzezeit her sowie Beziehungen mit Italien und Mitteleuropa erkennen lässt (bronzene Schwerter, Lanzenspitzen, Schilde, Helme und Panzer, Bronze- und Goldgefäße, Geräte, Wagen und Pferdegeschirr). – (Forts. S. 70)

Urnenfelderkultur

Späturnenfelderstufe

Bronzezeitperiode

Ältere Eisenzeit (ca. 8.–6. Jh. v. Chr.)

Vorderer Orient (Forts. v. S. 68)

24.–26. Dynastie — In Ägypten geht in der zweiten Hälfte des 8. Jh.s mit König Bokchoris die *24. Dynastie* zu Ende; eine nubische Dynastie (die 25.) tritt die Herrschaft an (um 750 von König Kaschta selbstständiges nubisches Reich gegründet), auf die die 26. (saitische) Dynastie folgt; am Ende des 6. Jh.s wird diese durch die persische Eroberung beendet.

Mesopotamien — In *Mesopotamien* stellt am Beginn dieser Zeitspanne Assyrien unter Tiglatpilesar III. die beherrschende Macht dar, die unter Sanherib nach Palästina und unter Assarhaddon und Assurbanipal sogar nach Ägypten ausgreift. Am Ende des 7. Jh.s wird das assyrische, als Weltherrschaft des Gottes Assur verstandene Reich durch die von Osten anstürmenden Meder zerstört. Die ersten beiden Drittel des 6. Jh.s stehen in Mesopotamien wieder unter der Vorherrschaft der Babylonier, die gleichfalls bis zur Mittelmeerküste wirkt. Im Bereich des Van-Sees und des Urmia-Sees (Ostanatolien, Aserbaidschan und Georgien) besteht

Reich von Urartu / **Phryger** — im 8. und 7. Jh. das *Reich von Urartu*, kulturell unter assyrischem Einfluss stehend, das ein blühendes Kunstgewerbe entwickelt.
In Anatolien treten aus früheisenzeitlichen Frühstufen im 8. Jh. die *Phryger* in Erscheinung mit wiederum städtischen Siedlungen (Hauptstadt Gordion, weiterhin Boğazköy, Alişar), monumentalen Königsgräbern (Gordion, größter Hügel: Höhe 53 m, Durchmesser 300 m mit zentraler Holzbohlenkammer und reicher Ausstattung vor allem an kostbaren Holzmöbeln, Holz- und Elfenbeinschnitzereien sowie Metallgefäßen), einer charakteristisch bemalten Keramik und eigenen Schmuckformen (u.a. phrygische Fibeln). Hethitisches Erbe (Monumentalkunst, Königsinsignien und -titeln sowie Hieroglyphenschrift) lebt in späthethitischen Kleinstaaten vor allem südlich des Taurusgebirges in Kilikien und Nordsyrien (Karatepe bei Adana, Karkemisch am Euphrat) weiter.

Phönikerstädte — An der Levanteküste besitzen *Phönikerstädte* (vor allem Sidon und Tyros) auch im 8./7. Jh. beträchtliche Handelsgeltung; teils unmittelbar, teils durch phönikische Koloniegründungen (u.a. Karthago) wird die kommerzielle und allgemein kulturelle Kommunikation der Mittelmeerländer nachhaltig intensiviert (vorderorientalische Erzeugnisse ägyptischen, assyrischen und urartäischen Stils im ägäischen Raum, in Italien, Sardinien, der nordafrikanischen Küstenzone und Südspanien).

Europa (Forts. v. S. 69)

Griechenland — In *Griechenland* macht sich ein orientalisierender Einfluss im 8. Jh. im Kunstgewerbe dahin gehend bemerkbar, dass zu dem (in der ornamentalen und figürlichen Keramikbemalung sowie der Figuralplastik zu einer besonderen Blüte gelangten) sog. geometrischen Stil in importierten toreutischen Werken, Elfenbeinschnitzereien und Fayencearbeiten eine neuartige Stilausprägung hinzutritt, die rasch von den Griechen adaptiert und zur Grundlage des Kunstschaffens des 7. Jh. gemacht wird.

griechische Kolonien — Auf Sizilien und der Apenninhalbinsel werden seit der Mitte des 8. Jh.s die Kontakte mit dem ägäischen Kreis intensiver und in diesem Zuge an zahlreichen Küstenplätzen *griechische Kolonien* gegründet (Unteritalien, sog. Großgriechenland: Kyme, Neapel, Poseidonia, Elea, Medma, Rhegium, Kroton, Sybaris, Siris, Metapont, Tarent; Sizilien: Naxos, Syrakus, Leontinoi, Gela, Agrigent, Selinunt, Zankle [Messina]). In der Polisverfassung mit den ionischen bzw. dorischen Mutterstädten verbunden, bieten diese politisch selbstständigen Kolonien nicht nur griechischen Siedlern und Handwerkern Ackerland und Lebensmöglichkeit, sondern üben auch auf die einheimischen sizilischen und italischen Völker einen merklichen Kultureinfluss aus. Dieser beschränkt sich nicht auf die Übernahme gewisser Import- und Luxusgüter, sondern regt zu eigenen Kultur- und Kunstschöpfungen an.
Zu einer geschichtlichen und kulturellen Entwicklung besonderer Art kommt es in Latium und Etrurien: Zwar können hier Griechen keine Koloniestädte gründen, jedoch unterstreichen griechische und vorderorientalische Importgegenstände (u.a. Fayencevase von Tarquinia mit Darstellung des Ägypterkönigs Bokchoris), dass auch das westliche Mittelitalien von den ägäisch-orientalisierenden Kontakten berührt wird. Die aus früheisenzeitlichen Wurzeln im 8. Jh. sich entwickelnden latinischen und etruskischen Stadtsiedlungen stehen unter dem Einfluss dieser Kontakte. Von den latinischen Städten gewinnt allmählich Rom eine besondere Bedeutung, in Etrurien u.a. Veii, Tarquinia, Caere, Falerii, Vulci, Rusellae, Volsinii, Volterra, Vetulonia und Populonia. Politisch bilden diese Städte mit dem sie umgebenden Terri-

torium zunächst jeweils selbstständige Staaten, in der Regel mit einem König an der Spitze. Außer stadteigenen Heiligtümern spielen zentrale Kultstätten eine Rolle (in Latium u. a. auf dem Mons Albanus, in Etrurien das Vultumna-Heiligtum bei Volsinii am Bolsener See), wodurch im 6. Jh. Staatenbünde entstehen.

Der etruskische Staatenbund stellt eine gewisse politische Einheit dar, die gemeinsame militärische Aktionen ermöglicht (um 540 Seeschlacht der verbündeten *Etrusker* und Karthager gegen die phokäischen Griechen bei Alalia). Nach Norden greifen die Etrusker über den Apennin in die Poebene aus und gründen Kolonien in Marzabotto, Bologna (Felsina), Modena, Spina, Mantua, u. a., nach Süden über Latium hinaus nach Kampanien.

Etrusker

Stärker als in politischer Hinsicht treten die Etrusker kulturell in Erscheinung. In Anlehnung an das griechische Alphabet entwickeln sie eine Schrift, in der sie vom 7. Jh. an ihre eigene (uns noch wenig erschlossene) Sprache wiedergeben. Während Tempel in den zumeist auf Hochplateaus gelegenen Städten anscheinend erst im 6. Jh. erbaut werden (ebenso in Rom: Jupitertempel auf dem Kapitol), werden in den ausgedehnten Nekropolen im 7. Jh. aus den einfacheren Grabformen der vorangehenden Zeit monumentale Sepulkralmonumente entwickelt, teils Felskammern, teils runde oder viereckige Tumuli mit äußerer Steinmauer und gemauerter Innenkammer, wobei eine Verwandtschaft mit orientalischen Grabanlagen besteht. Orientalisierend sind auch kunstgewerbliche Produktionszweige, die in Etrurien zu besonderer Blüte gelangen (exzeptionell reiche Beigabenausstattung der Tomba Regolini Galassi in Caere und der Tomba Barberini sowie der Tomba Bernardini im latinischen Praeneste).

In *Oberitalien* blüht vor dem Eindringen der Etrusker in der Lombardei die Golasecca-Kultur (bedeutendes Gräberfeld Ca'Morta bei Como), in der Emilia und Romagna die Villanova-Kultur (wichtigste Gräberfelder bei Bologna) und in Venetien die Este-Kultur (an namengebendem Ort mehrere beigabenreiche Gräberfelder).

Oberitalien

Im östlichen Mittel- und in Süditalien (Picenum, Apulien, Basilicata) zeigen die ältereisenzeitlichen Kulturerscheinungen (u. a. Novilara) eigengeartete, charakteristische Ausprägungen. Die italischen Adria-Kulturen, einerseits kulturell und historisch mannigfach mit den binnenländischen und den am Tyrrhenischen Meer ansässigen Stämmen verbunden, weisen auch Beziehungen mit der ältereisenzeitlichen Kultur östlich der Adria auf.

Die jugoslawischen Gruppen (von Bosnien, dort nach Hügelnekropolen vom Glasinac benannt, bis Slowenien, dort wichtige Hügelgräberfelder von Stična, Magdalenska gora, Šmarjeta, Vače, Novo mesto, S. Lucia) gehören zu einer Zone, die sich von der nördlichen Balkanhalbinsel über das mittlere Donaugebiet, den Raum nordwärts der Alpen bis nach Ostfrankreich erstreckt und allgemein als *Hallstattkultur* bezeichnet wird (ältere *Hallstattzeit* im Wesentlichen 7. Jh.; jüngere Hallstattzeit: 6. Jh.) Anhand des archäologischen Fundstoffes (vor allem Keramik, Schmuck- und Trachtformen) in eine Reihe von Regionalgruppen gegliedert, stellt sich diese Kultur insgesamt als Weiterentwicklung der dort ausgebildeten Früheisenzeitkultur dar. Für die historische Stellung und die Kultur wesentlich sind Kontakte mit der gleichzeitigen Kultur Italiens und Griechenlands. Verschiedentlich sind befestigte Burgsiedlungen bekannt, offensichtlich Sitze kleinerer Potentaten (z. B. Stična in Slowenien, Heuneburg an der oberen Donau, Mont Lassois bei Châtillon sur Seine), wozu besonders reich ausgestattete Fürstengräber gehören. In einigen gut erforschten Gebieten (z. B. Württemberg) zeichnen sich bereits die Herrschaftsgebiete solcher Fürsten ab. Sie sorgen zweifellos für die Unterhaltung von Beziehungen sowohl über die Alpenpässe hinweg als auch den Rhôneweg entlang (griechische Kolonie Massalia) mit dem Süden (etruskisches Bronzegefäß des 7. Jh. aus Grab von Kastenwald im Elsass, zahlreiche etruskische und griechische Bronzegefäße des 6. Jh.s aus allen Teilen der Hallstattkultur, vor allem ein 1,64 m hoher, figürlich verzierter Krater aus dem Fürstinnengrab von Vix beim Mont Lassois sowie rhodische Kleeblattkannen, ferner Elfenbeinschnitzereien, sowie reichlich schwarzfigurige attische Keramik). Auch in figürlich geformten Steinstelen als Bekrönung von Grabhügeln kommt eine Verbindung mit dem Süden zum Ausdruck, ebenso in dem (freilich in Mitteleuropa seit der Jungbronzezeit nachzuweisenden) Brauch, vornehme Tote auf (oder mit) einem vierrädrigen Wagen beizusetzen. Die einheimische hallstättische Bronzetoreutik mit Kesseln, Eimern, Trink- und Siebgefäßen führt eine früheisenzeitlich-mitteleuropäische Tradition weiter; neuartig ist ein Bestand figürlicher Bildmotive (z. T. offensichtlich mythologischer Thematik) der Bronzegefäße von Kleinklein in der Steiermark. Auch die zumeist nur geometrisch verzierte (bemalte, geritzte oder gekerbte) Keramik weist mitunter figürliche Darstellungen auf. Dabei treten erstmalig Reiter auf. Etwas Neues stellt auch die nun in Mitteleuropa geläufige Verwendung von Eisen für Waffen (Schwerter, Lanzenspitzen, Streitbeile), Schmuckformen, Geräte (Messer, Sicheln) sowie Pferdegeschirr und Wagenteile dar, wobei zunächst vielfach typologisch an Bronzeformen angeknüpft wird. Zu den besonders kennzeichnenden bronzenen Schmuckformen gehören Gürtelbleche, Fibeln, Hals-, Arm- und Beinringe, die oft jeweils in Sätzen übereinander getragen werden.

Hallstattkultur Hallstattzeit

Für das 6. Jh. lässt sich die Bevölkerung im Gebiet der oberen Donau und weiter westlich aufgrund antiker Autoren erstmalig als *keltisch* bestimmen. Die südöstliche Hallstattkultur darf demgegenüber mit den Illyrern in Verbindung gebracht werden.

keltisch

Latènekultur — Als keltisch tritt dann vor allem die vom 5. bis zum 1. Jh. in Mitteleuropa und weiten Gebieten Westeuropas ausgeprägte *Latènekultur* in Erscheinung. Von einer Anzahl von Völkern verwandter Sprache getragen und durch deren Wanderungen (seit dem 4. Jh.) nach der Iberischen Halbinsel (Keltiberer), Ober- und Mittelitalien (Boier, Insubrer, Senonen), nach Schlesien, Siebenbürgen und weiter südöstlich bis Griechenland (u. a. vor Delphi) und Kleinasien (Galater) weithin verbreitet, zeigt diese Kultur gemeinsame Züge der Bewaffnung (Hiebschwert mit parallelseitiger Klinge, Lanze mit Eisenspitze, Holz-Leder-Schild mit eisernem Buckelbeschlag, Bronze- oder Eisenhelm mit Nackenschutz, Reitpferd mit eiserner Trense und bronzenen Zierstücken), der Tracht- und Schmuckformen (Bronze- und Eisenfibeln; Halsring/Torques, der als besonders kulturspezifisch gilt; Armringe und Ketten aus bunten Glasperlen) und der Keramik, die nun großenteils (für Mitteleuropa erstmalig) auf der Töpferscheibe hergestellt ist. In den älteren Abschnitten der Latènekultur spielen im archäologischen Fundbestand Fürstengräber mit kostbaren Beigaben einheimisch-keltischer Kunsthandwerksarbeiten und griechischer Importstücke eine hervorragende Rolle, in den jüngeren Abschnitten (2. und 1. Jh.) vor allem die stadtartigen Großsiedlungen (oppida) mit ihren Befestigungsanlagen (murus Gallicus), ihren Handwerksbetrieben für die Eisen-, Glas-, Bronzebearbeitung, Keramikherstellung und Münzprägung.

Iberische Halbinsel — Im Süden der *Iberischen Halbinsel* macht sich seit dem 8. Jh. die Kolonisation der Phöniker bemerkbar (Almuñécar, Provinz Granada; Torre del Mar und Trayamar, Provinz Málaga), deren Anfänge vielleicht in noch frühere Zeit zurückreichen. Diesem die nordafrikanische Küste entlang erfolgenden phönikischen Vordringen, das wohl den Metallvorkommen des Landes gilt, entspricht die auf der Nordseite des Mittelmeeres nach Westen ausgreifende *Kolonisation von Griechen* (vor allem Phokäer) in der nordöst-

griechische Kolonisation — lichen Küstenregion Spaniens (Rhode, Emporion/Ampurias, Provinz Gerona u. a.). Bei der einheimischen Bevölkerung wird unterschieden zwischen den Iberern im Ostteil der Halbinsel, einer binnenländischen Meseta-Kultur und den Tartessiern (nach Stadt und Reich Tartessos) im Süden und Westen der Halbinsel.

Nördlich der Pyrenäen sind außerhalb der Gebiete mit hallstättischen Kulturerscheinungen in der atlantischen Küstenzone damit verwandte Besiedlungszeugnisse bekannt, die ihrerseits mit den ältereisenzeitlichen Kulturhinterlassenschaften der Britischen Inseln Beziehungen aufweisen.

Spätformen der Lausitzer Kultur Ringwall-Siedlungen — Nördlich der deutschen Mittelgebirge sind während der älteren Eisenzeit *Spätformen der Lausitzer Kultur* ausgebildet (z. B. Billendorfer Kultur in Mitteldeutschland und Schlesien, Aurither Kultur an unterer Oder und Warthe, kleinpolnische und großpolnische Gruppe). Neben zahlreichen befestigten *Ringwall-Siedlungen* verdient die im 6. Jh. errichtete Inselsiedlung in einem See bei Biskupin in Großpolen besondere Beachtung (auf 70 × 100 m großer, von Holzbalkenmauer umgebener Fläche regelmäßige Anlage von 13 parallelen Häuserzeilen; die Häuser jeweils in einheitlicher Form und Größe). Bis ins Odergebiet reichen Zeugnisse skythischer Einbrüche (Goldfund von Vettersfelde in Niederschlesien). Die

Skythen — *Skythen*, im nördlichen Schwarzmeergebiet zwischen Don und Karpaten ansässige, von Haus aus nomadisierende Stämme, sind östlicher Herkunft (teilweise wohl aus Persien stammend). Im nordpontischen Gebiet (Hügelgräber/Kurgane mit z. T. fürstlicher Ausstattung) bedrängen sie die dort vor ihnen lebenden

Kimmerier — reiternomadischen Stämme der *Kimmerier*, die daraufhin im 8./7. Jh. teilweise nach Anatolien und dem östlichen Mitteleuropa ausweichen. In dieser Zeit werden an der ukrainischen Küste und auf der Krim griechische Kolonien gegründet (Insel Berezan in der Dnjepr-Bug-Bucht, Tyras an der Dnjestr-Mündung, Olbia an der Bug-Mündung, Chersones auf der Krim), die auf die Kulturentwicklung des nördlichen Hinterlandes großen Einfluss ausüben.

Insgesamt ist die Vorgeschichte gekennzeichnet durch eine wachsende bzw. immer deutlicher hervortretende Herausbildung regionaler Merkmale und Kulturen, die schon im Paläolithikum zu bemerken ist. Während dieses noch in einem die gesamte pleistozäne Urmenschheit erfassenden Überblick dargestellt werden kann, liegt das Schwergewicht vom Neolithikum an auf den regionalspezifischen Kulturstufen-Abfolgen Europas und des Vorderen Orients, und die Vorgeschichte der übrigen Großräume ist im Zusammenhang mit den entsprechenden Darstellungen ihrer Geschichte zu betrachten.

ALTERTUM

Innerhalb der Alten Geschichte, die im Sinne der traditionellen historischen Epochengliederung als der gesamte geschichtliche Zeitraum vor dem Mittelalter verstanden wird, beschränkt sich das Altertum räumlich auf die *Mittelmeerwelt* mit ihren Randkulturen und die *vorderasiatischen Hochkulturen*, die mit jener in enger Beziehung stehen. Die außerhalb dieser Region liegenden Räume, Völker und Kulturen haben ihre eigene Geschichte, die in eigenem Zusammenhang an anderer Stelle behandelt wird. Die Darstellung der Ereignisse, die in wachsendem Maß durch schriftliche Quellen fassbar werden, beginnt mit dem *Aufstieg zur Hochkultur*, deren zeitliches Vorfeld, soweit zum Verständnis notwendig, einbezogen wird, setzt also in den verschiedenen behandelten Gebieten zu ganz unterschiedlichen Zeiten ein. Der Ausgang des Altertums wird in den europäischen Gebieten markiert durch die fließende Grenze zwischen der griechisch-römischen Antike und dem Mittelalter, in Nordafrika und Vorderasien hauptsächlich durch die arabisch-islamische Eroberung.

Chronologisch wie in der Darstellung am Anfang stehen die Hochkulturen des Alten Orients, d. h. Vorderasiens einschließlich Ägyptens in vorhellenistischer Zeit, an die sich Karthago und Italien vor der Herrschaft Roms anschließen. Es folgt zunächst die griechische Geschichte (mit der kretisch-mykenischen Kultur), sodann die römische Geschichte, die man mit der griechischen gewöhnlich unter dem Begriff der *Antike* oder des klassischen Altertums zusammenfasst. Dieser gehört das Schwergewicht der Darstellung, weil sie – trotz der bleibenden Wirkung des gesamten Altertums (z. B. durch die Erfindung der Schrift, durch die Schaffung der Stadt, durch den Aufbau von Staaten) – in besonderer Weise die europäische Geschichte bis heute beeinflusst hat.

Mittelmeerwelt
vorderasiatische Hochkulturen

Aufstieg zur Hochkultur

Antike

Die Hochkulturen Ägyptens, des Vorderen Orients und Italiens

Ägypten

Altägypten umfasst das etwa 1000 km lange und meist nur 10–20 km breite, in das nordafrikanische Wüstenplateau eingeschnittene, untere Niltal vom Katarakt von Assuan bis Kairo, dazu das von den Verzweigungen des Stromes gebildete Delta im Norden. Äußerst regenarm, hängt seine große Fruchtbarkeit nur vom Nil ab, dessen Hochwasser jedes Jahr von Juni bis Oktober das Land bewässert und fruchtbaren Schlamm aus Innerafrika auf ihm absetzt. Das Delta wird vor 5000 Jahren nur in den Randgebieten besiedelt. Das lange, schmale Tal begünstigt den Partikularismus einzelner „Gaue", die volle Ausnutzung des Nils jedoch und die Regelung der künstlichen Bewässerung fordern straffe Zusammenfassung des Landes und das Siedeln in geschlossenen Dörfern inmitten des dazugehörigen Ackerlandes. Breite Wüstengürtel mit wenigen Oasen schließen das Land gegen Westen und Osten, eine hafenarme Küste gegen Norden weithin ab; nur im Süden, gegen Nubien, ist die Grenze offen und dadurch wechselnd. Der geografisch gegebene Schutz gegen größere Feindeinbrüche ermöglicht Altägypten eine in der alten Welt einzigartige, nur selten gestörte *geschlossene Kulturentwicklung*, die eigenen Gesetzen folgt; er fördert aber auch die Neigung zu selbstgenügsamer Abschließung gegen die Außenwelt.

geschlossene Kulturentwicklung

Ägypten ist reich an wertvollen Gesteinen, dem Rohstoff für Großbauten und die einzigartige Steinplastik. Dagegen fehlt es an gutem Bauholz, und auch die meisten Metalle müssen durch Expeditionen oder Handel beschafft werden (Gold vor allem aus Nubien, Kupfer aus dem Sinai und der Ostwüste). Materielle Grundlage der stetig wachsenden Bevölkerung (um die Mitte des 3. Jts. v.Chr. etwa 1,5 Mio.) bleibt stets die Landwirtschaft.

Neolithikum — um 5000 In Ägypten beginnt das *Neolithikum* (Jungsteinzeit), in der die Grundlagen der späteren Hochkultur gelegt werden und erste Anfänge des Götter- und Jenseitsglaubens hervortreten;

Chalkolithikum — nach 4000 sie geht in das *Chalkolithikum* über.

Die kulturelle Entwicklung verläuft in Ober- und Unterägypten zunächst getrennt; Unterschiede lassen sich nicht durch einen einfachen Gegensatz Nomaden-Bauern erklären, denn die soziale Struktur der Bevölkerung ist bereits im Neolithikum weitaus differenzierter.

Unterägypten

Die ersten bedeutenden Kulturen in *Unterägypten* sind die von Merimde (am Westrand des Deltas) und El-Fajum. Die Menschen leben hier in Dörfern aus runden oder ovalen Schilf- und Strohhütten, die oft zur Hälfte in den Boden eingegraben sind. Die Toten werden in den Dörfern beigesetzt, bleiben daher bei den Lebenden und sind von Grabbeigaben unabhängig. Als Haustiere werden Rinder, Schweine, Schafe und Ziegen gezüchtet, auch der Hund ist domestiziert. Gerste und Emmer werden angebaut, doch bleiben auch Jagd und Fischfang für die Ernährung von großer Bedeutung. Gewebte Gewänder lösen die Fellbekleidung ab.

Jüngere Phasen dieser Kulturen sind in El-Omari bei Helwan und Maadi bei Kairo bezeugt.

Oberägypten

In *Oberägypten* zeigt der Fundplatz von Deir Tasa (Mostagedda) bei Assiut Friedhofbestattung mit in Fellen oder Matten eingehüllten Leichen in Hockerstellung, dazu Beigaben (u. a. Schminkpaletten).

ab 4000 Besser bezeugt ist die bis nach Nubien verbreitete Kultur von El-Badari (südlich Assiut). Dörfer und Landwirtschaft sind ähnlich wie in Unterägypten, doch werden die Toten wie in Deir Tasa außerhalb der Siedlung bestattet.

Negade — um 3600 Die *Negade*-I- oder El-Amra-Kultur (El-Amra bei Abydos) ist nach dem großen Friedhof von Negade (Nakada, nördlich von Luxor) benannt. Insgesamt sind aus beiden Negade-Kulturen bisher über 15000 Gräber an 50 Plätzen nachgewiesen, Siedlungsreste aber erst in geringer Zahl freigelegt.

Zu den Grabbeigaben gehören rotpolierte Tongefäße mit weißer Bemalung (vor allem Tierdarstellungen), Tonfiguren von Menschen und Tieren, ebenso Elfenbein-Figuren und tiergestaltige Schminkpaletten aus Schiefer.

Negade — um 3200 Die *Negade*-II- oder Girsa-Kultur breitet sich über das ganze Land aus. In der Keramik treten neben so genannten Wellenhenkelgefäßen, die auch in Palästina bezeugt sind, rotbraun bemalte Gefäße mit reichem Bildschmuck hervor (Schiffe, Standarten, Tiere, tanzende Frauen, offenbar Szenen aus der Bestattung des Toten). Auf Gräber und Beigaben wird größere Sorgfalt verwendet; insbesondere die Steingefäße erreichen hohe Vollendung, wobei auch Hartgesteine wie Diorit und Granit verwendet werden. Die neue Technik der ägyptischen Fayence wird für kleine Gefäße, Schmuck und Amulette angewandt. Die Schminkpaletten erhalten eine Dekoration im Relief.

Religion und Kultur der Frühzeit

In der Religion der Frühzeit werden Götter in Gestalt von Tieren und von Dingen (Fetisch) verehrt. Besonders treten Falke (später der Gott Horus), Löwe, Stier und Kuh hervor, auch Tierbestattungen bezeugen die Verehrung heiliger Tiere; menschengestaltige Gottheiten fehlen noch. Vorstellungen über das Fortleben im Jenseits sind bereits reich entwickelt, wie die große Sorgfalt für Gräber und Beigaben zeigt. Die altägyptische Sprache bildet einen besonderen Zweig der hamito-semitischen Sprachgruppe. Sie wird mit der um 3000 erfundenen, bildhaften *Hieroglyphenschrift* geschrieben, in der Wort-, Silben- und Konsonantenzeichen nebeneinander benutzt, aber keine Vokale geschrieben werden. Neben dieser Monumentalschrift steht von Anfang an eine verkürzte Buchschrift (Hieratisch, später das noch kursivere Demotisch). Die Entzifferung gelingt nach vielen vergeblichen Versuchen 1822 dem Franzosen Jean François Champollion mit Hilfe des dreisprachigen (griechisch-hieroglyphisch-demotischen) *Steins von Rosette*, der während der ägyptischen Expedition Napoleons I. 1799 gefunden wird (jetzt im Britischen Museum, London). Der ägyptische *Kalender* beruht seit Beginn der geschichtlichen Zeit auf einem Sonnenjahr zu 365 Tagen (12 × 30 + 5 Tage). Da es keine Schaltjahre gibt, verschiebt sich das ägyptische Jahr gegenüber dem julianischen alle vier Jahre um einen Tag. Der Neujahrstag fällt theoretisch mit dem Beginn der Nilüberschwemmung (Mitte Juli) und dem Frühaufgang des Sirius (ägyptisch Sothis) zusammen; Datierungen des Frühaufgangs nach dem ägyptischen Kalenderjahr („Sothisdaten") lassen daher den Grad der Verschiebung gegenüber dem julianischen Jahr erkennen und bilden wichtige Fixpunkte der absoluten Chronologie. Daneben wird im Kult und für Feste immer wieder auch ein Mondkalender verwendet, und die überlieferten Monddaten erlauben weitere Festlegungen der Chronologie, für die man jedoch vor 2134 (11. Dynastie) noch mit Unsicherheiten von mehreren Jahrzehnten rechnen muss. Eine fortlaufende Jahreszählung (Ära) gibt es in Altägypten nicht, man datiert im Alten Reich nach Steuer-Erhebungen (meist alle zwei Jahre), dann nach Regierungsjahren der Könige.

Hieroglyphenschrift

Kalender

ca. 3000–2900   Die erste Vereinigung der „Beiden Länder" von Ober- und Unterägypten ist ein Prozess, der sich über mehrere Generationen hinzieht. Die frühen Schriftdenkmäler dieser Zeit nennen die Namen von oberägyptischen Königen („Skorpion", Narmer, Aha), die eine spätere Überlieferung (seit etwa 1500 v.Chr.) in der legendären Gestalt des Reichseinigers Menes zusammenfasst.

Menes

ca. 2900–2640   Auf den hellenistisch gebildeten Priester Manetho (um 280 v.Chr.) geht die Einteilung der ägyptischen Könige in 30 „Dynastien" und die Bezeichnung der Herrscher der *1. und 2. Dynastie* (Frühzeit) als „Thiniten" zurück, wegen ihrer Herkunft aus dem „Gau" von Thinis in Oberägypten. Dort, bei Abydos, liegen die Königsgräber der 1. Dynastie, seit Aha weitere Grabanlagen in Sakkara, dem Friedhof von Memphis (bei Kairo), das allmählich zur bevorzugten Königsresidenz wird. Auf den „Annalentäfelchen" begegnet seit König Aha (um 2900) die offizielle Kennzeichnung der Jahre durch besondere Ereignisse, die Bauten, kultische Funktionen, aber auch Kämpfe mit den Nachbarn im Norden (Sinai und Westdelta) und Süden (Nubien) betreffen. Die Schrift wird zunächst nur für kurze Beischriften verwendet, die zusätzliche Informationen zur bildlichen Darstellung geben und zugleich als Mittel dienen, Ereignisse in Raum und Zeit festzulegen. Die reichverzierten Prunkschminktafeln verschwinden nach der Reichseinigung, während die Blüte der formenreichen Steingefäße weiterdauert; daneben Grabstelen der Könige und Steinplastiken von Königen, Beamten und Tieren. Die Bauten werden noch nicht aus Stein, sondern aus Nilschlamm-Ziegeln ausgeführt.

1. und 2. Dynastie

um 2690–2675
um 2670–2640   *König Peribsen* ersetzt den Königsgott Horus vorübergehend durch Seth; die religiösen und politischen Auseinandersetzungen beendet Cha-sechemui, in Zukunft gilt der König als Verkörperung von Horus und Seth in einer Person. „Vermenschlichung der Mächte" erste Götter in Menschen- oder Mischgestalt (Tierkopf und Menschenleib). Ägyptische Handelsbeziehungen sind jetzt bis nach Byblos im Libanon bezeugt.

König Peribsen

Chronologische Übersicht

Italien/Etrusker	Rom	Karthago	Griechenland	Kleinasien
				um 4000–2500: Jüngere chalkolithische Buntkeramikkulturen
			um 2800/2500–2000: Vorpalastzeit in Kreta	
				um 2500–2200: Frühe Bronzezeit: Alaca (Aladscha) und Alischar
			2000–1580: Frühpalastzeit in Kreta; Hieroglyphen- und Linear A-Schrift	um 1860–1730: Protohattische Dynastien; durch einwandernde Indogermanen verdrängt
			1580–1075: Kretisch-mykenische Kultur: älteste europäische Hochkultur; Linear B-Schrift	um 1600–1490: Altes Hethiterreich
				um 1440–1200: Neues Hattireich
		seit ca. 1200: Phönikische Handelskolonien im Gebiet des heutigen Tunesien	seit um 1200: Dorische Wanderung um 1100–um 500: Archaische Zeit	
				seit 900: Griechische Besiedlung der Westküste
seit 900: Villanova-Kultur				
8. Jh.: Städtebildung in Etrurien um 750–um 600: Griechische Kolonisation in Süditalien/Sizilien 7./6. Jh.: Etruskische Thalassokratie 6. Jh.: Etruskisches Königsgeschlecht in Rom seit um 400–268: Aufbau der römischen Herrschaft in Italien	8. Jh.– ca. 510: Römische Königszeit	814: Gründung Karthagos seit um 650: Vorortstellung unter den phönikischen Westkolonien um 540: Seesieg über Phokaier von Aleria 480: Niederlage bei Himera 370: Sicherung des Hinterlandes d. Hanno	8. Jh.: Homerische Epen 8.–6. Jh.: Frühgriechische Kolonisation 7.–6. Jh.: Tyrannis und Gesetzgebung 510–404: Blüte der griechischen Polis 404–338: Niedergang der Poliswelt 336–323: Alexander d.Gr. – danach Diadochenkämpfe	nach 800: Phrygisches Reich 680–547: Lydisches Reich 547–334: Perserherrschaft 499–449/448: Ionischer Aufstand und Perserkriege 334: Sieg Alexanders d.Gr. am Granikos über Perser
264–241: 1. Punischer Krieg	287–133: Mittlere Republik	264–241: 1. Punischer Krieg		
	510–287: Alte Republik: Zeit der Ständekämpfe			

Alte Hochkulturen

Iran/Persien	Babylonien/Assyrien	Syr./Phön./Arabien	Palästina	Ägypten
	um 3300–3100: Uruk-/Gaura-Kultur			um 3600: Negade I-Kultur
	um 3100–3000: Älteste Hochkultur in Uruk – Erfindung der Schrift			um 3200: Negade II-Kultur um 3000: Erfindung der Hieroglyphenschrift
um 3000 Susa I-Keramik nach 3000: Reich von Elam; Hauptstadt Awan, dann Susa	um 2950–2750: Dschemdet-Nasr-Zeit um 2750–2350: Frühdynastische Zeit		um 3000: Anzeichen einer Stadtkultur	um 3000–2900: Vereinigung von Ober- und Unterägypten 2900–2640: Frühzeit; 1.–2. Dynastie
	um 2500: 1. Dynastie von Ur um 2480–2340: Dynastie von Lagasch	nach 2500–um 2240: Reich von Ebla		um 2640–2155: Altes Reich: 3.–6. Dynastie; Pyramidenzeit
nach 2300: Angliederung Elams an das Reich von Akkade nach 2040: Angliederung an das Reich von Ur um 1600: Indogermanische Arier dringen in Ostiran ein	um 2330–2150: Dynastie von Akkade; 1. Großreich der Geschichte 2064–1955: 3. Dynastie von Ur 1830–1531: Babylonische Dynastie 1729–1686: Hammurabi etwa 1460–1340: Mitannireich um 1400–1050: Klassische babylonische Kultur; Gilgameschepos	um 2100–1900: Kanaanäische Einwanderungswelle 2. Jt.: Stadtkultur im Südwesten Arabiens (Jemen und Hadramaut) seit um 1500: Phönikisches Buchstabenalphabet bezeugt 15./14. Jh. Blüte von Ugarit (Keilschriftalphabeth), daneben zahlreiche Kleinstaaten	um 2100–1900: Kanaanäische Einwanderungswelle um 1700: Zeit der Erzväter um 1550: Palästina ägyptische Provinz	um 2134–2040: 1. Zwischenzeit: Spaltung in 2 Teilreiche um 2040–1785: Mittleres Reich: 11.–12. Dynastie um 1785–1551: 2. Zwischenzeit um 1650–1551: Hyksosherrschaft 1551–1070: Neues Reich: 18.–20. Dynastie; unter Amenophis IV. (Echnaton) erster Monotheismus der Geschichte
1000/600: Zarathustra 836: Erstmalige Erwähnung der Meder 700–550: Medisches Reich 639: Assurbanipal erobert Susa 550–330: Persisches Weltreich	nach 1050–609: Assyrisches Großreich 626–535: Chaldäisches Reich 539: Einverleibung in das persische Großreich durch Kyros	seit 1300: Einbrüche der Aramäer seit 1200: Phönikische Kolonisation an westlichen Mittelmeerküsten. Nordsyrien Rückzugsgebiet hethitischer u. hurritischer Kultur um 1000: Südaraber übernehmen phönikische Schrift nach 900: Nordaraber zuerst bei Salmanassar III. erwähnt seit 850: Kämpfe Syriens und Phönikiens gegen Assyrien um 550: Jathrib (Medina) gehört zum Reich Nabonids von Babylonien	nach 1250: Gottesoffenbarung an Moses um 1220: Ersterwähnung des Namens Israel um 1008–969: David errichtet einen Staat Israel seit 738: Wachsende Abhängigkeit v. Assyrien 587–539: „Babylon. Gefangenschaft" 538–333: Vorherrschaft der Perser	1070–525: 21.–26. Dynastie 525–404: Persische Provinz 404–343: Letzte (28.–30.) einheimische Dynastien
330: Persien wird Teil des Alexanderreichs	331: Alexander d.Gr. erobert Babylonien	332/331: Anschluss an das Alexanderreich	332: Anschluss an das Alexanderreich	332: Eroberung durch Alexander d.Gr.

Das Alte Reich (2640–2160)

3. Dynastie *Pyramidenzeit*	um 2640– 2575	Mit der *3. Dynastie*, von Nebka und Djoser begründet, beginnt das Alte Reich (3.–6. Dynastie) oder die *Pyramidenzeit*. König Djoser und sein Bauleiter Imhotep gestalten erstmals das Königsgrab als Pyramide (Stufenpyramide von Sakkara) und gehen damit zum monumentalen Steinbau über; gleichzeitig entstehen die erste lebensgroße Steinplastik (Djoser-Statue) und die ersten längeren Inschriften (Beamten-Biografien, dazu älteste, nicht erhaltene Weisheitslehre, die Imhotep zugeschrieben wird). Sinai und Unternubien werden jetzt regelmäßig von Expeditionen durchzogen, um Gold, Kupfer, Türkis und andere wertvolle Steine zu holen. Die Nachfolger des Djoser errichten weitere, unfertige Stufenpyramiden.
4. Dynastie *Cheops-* *Pyramide* *Sphinx*	um 2575– 2465 um 2540	Die Könige der *4. Dynastie* gestalten die Form der Stufenpyramide zur „echten" Pyramide um. Snofru errichtet die beiden Steinpyramiden von Dahschur; Cheops (ägypt. Chufu), Chephren (ägypt. Chafre) und Mykerinos (ägypt. Menkewre) die Pyramiden von Gisa (Giseh) bei Kairo; mit 147 m Höhe und etwa 2,6 Mio. cbm Mauerwerk ist die *Cheops-Pyramide* (Bauleitung: Prinz Hemiun) das größte Bauwerk des Altertums. Chephren errichtet neben dem Aufweg zu seiner Pyramide den monumentalen *Sphinx* von Gisa (Giseh). Zu den Pyramidenanlagen gehören außer dem Aufweg noch ein Tal- und ein Totentempel für den Kult, ferner Totenschiffe und Nebenpyramiden für Königinnen; um sie herum liegen die Gräber der hohen Beamten in Form der Mastaba („Steinbank").

Die Grundstrukturen des Alten Reiches

	In den Pyramiden spiegelt sich der streng zentralistische und hierarchisch gestufte Aufbau des Staates, mit dem König (*Pharao* = „das größte Haus") und seinen nächsten Angehörigen an der Spitze. Die Stelle des obersten Ministers (Wesir) wird zunächst nur mit Prinzen besetzt; der Wesir ist zugleich oberste Instanz für die Rechtsprechung. Ein eigener Priesterstand existiert noch nicht, und die Verwaltung der Provinz erfolgt nicht durch Gaufürsten, sondern durch die Leiter der königlichen Domänen, in denen die Steuer-Abgaben (Korn und Vieh, keine Geldwirtschaft) gestapelt werden. Sklaverei ist nicht belegt; die gewaltigen Bauleistungen, dazu Expeditionen und Kriegszüge werden durch Dienstverpflichtung eines großen Teiles der Bevölkerung ermöglicht. In der Religion tritt der Sonnengott Re (Ra) in den Vordergrund, der König nimmt den neuen Titel „Sohn des Re" an und benutzt als Thronnamen in der Regel eine Aussage über diesen Gott. Die Totengebete richten sich vor allem an den Gott Anubis, der für die Einbalsamierung des Körpers zuständig ist; diese wird jetzt zur vollendeten Technik der Mumifizierung gesteigert. Die strenge Ausrichtung der Pyramiden und ihrer Eingänge nach Norden weist auf die Vorstellung eines Jenseits am Himmel, unter den „niemals untergehenden" Sternen in der Nähe des Himmelspols.
Pharao	

5. Dynastie	um 2465– 2325	Die *5. Dynastie* errichtet bescheidenere Pyramidenanlagen, daneben aber zu Ehren des Re große Sonnenheiligtümer mit einem aufgemauerten Obelisk. Die Kulträume der königlichen wie der Beamtengräber (z. B. Ti, Ptahhotep) sind reicher als bisher gegliedert und ausgestattet (bemaltes Relief, Szenen aus Landwirtschaft, Jagd und Handwerk). Außenpolitisch weiteres Ausgreifen: erste gesicherte Fahrten über das Rote Meer nach Punt, Beziehungen bis Kleinasien und Ägäis. In der Religion Hervortreten des Osiris, der zum Herrscher eines unterweltlichen Totenreiches wird; mit ihm verbunden wird die Idee eines jenseitigen Gerichts über alle Toten.
	um 2355– 2325	Seit König Unas werden die Innenräume der Pyramiden beschriftet (Pyramidentexte als ältestes Corpus religiöser Sprüche, beschreiben den Aufstieg des Königs zu den Göttern und seinen Schutz gegen Gefahren und Entbehrungen des Jenseits). Gleichzeitig älteste erhaltene Weisheitslehren (vor allem Ptahhotep) mit pragmatischen Anweisungen für das Verhalten in bestimmten Lebenssituationen.
6. Dynastie	um 2325– 2160	Mit der *6. Dynastie* endet die Blütezeit des Alten Reiches. Zunehmende politische und soziale Unruhe, Kämpfe in Nubien, Palästina und Sinai, im Inneren Erstarken lokaler Machthaber (Gaufürsten) und rege Bautätigkeit außerhalb der Residenz. Die wachsenden Aufgaben der Verwaltung übersteigen die Möglichkeiten des bisherigen patriarchalischen Systems, Steuerbefreiungen bürden dem königlichen Schatzhaus zu große Lasten auf, und eine neue Trockenperiode verstärkt die wirtschaftlichen Probleme. Religiös erlebt der
	um 2254– 2160	Ägypter das Geschehen als Trübung und Zerstörung der vom Schöpfergott gesetzten Weltordnung. Nach der extrem langen Regierung (94 Jahre) von Phiops II. und einer raschen Folge ephemerer Herrscher verliert das göttliche Königtum seine bisherige Autorität, der Staat bricht auseinander.

um 2134–
2040
Erste Zwischenzeit, die sich mit dem allgemeinen Umsturz geistig auseinander setzen muss und zu einer Blüte der ägyptischen Literatur führt („Klagen des beredten Bauern", „Gespräch eines Lebensmüden mit seiner Seele", „Mahnworte des Ipuwer", Lehre für Merikare). Dagegen sinkt die bildende Kunst auf provinzielles Niveau herab, es fehlen die zentralen königlichen Werkstätten, denn das Land ist in zwei Teilreiche gespalten: die 9./10. Dynastie von Herakleiopolis (bei Beni Suef) im Norden, die 11. Dynastie von Theben (heute Luxor) im Süden, dazu weitere selbstständige Gaufürsten. Bisherige königliche Vorrechte werden von den Gaufürsten und ihren Beamten übernommen, aus den königlichen Pyramidentexten gehen die für jeden Verstorbenen bestimmten Sargtexte hervor.

erste Zwischenzeit

Das Mittlere Reich (2040–1650)

um 2040
Nach wechselvollen Kämpfen in Mittelägypten gelingt Mentuhotep I. (2061–2010) von Theben aus die *neue Einigung des Landes*. Mit Theben erlangen sein Gott Amun und sein Haupttempel in Karnak (bei Luxor) zentrale Bedeutung für die ägyptische Religion. Damit Beginn des Mittleren Reiches: neue Blüte der bildenden Kunst neben einer bedeutenden Literatur (Erzählung von Sinuhe, Märchen, Lehren, Hymnen) und Wissenschaft (vor allem medizinische und mathematische Texte); der Seeverkehr nach Byblos, Kreta und Punt wird wiederaufgenommen.

neue Einigung des Landes

1991–1785
In der *12. Dynastie*, von Amenemhet I. (1991–1962) begründet, wird die politische Stabilität durch Mitregentschaft des Thronfolgers gesichert. Die Residenz liegt wieder im Norden, bei El-Lischt (südlich Kairo), besondere Aufmerksamkeit gilt der Oase El-Fajum zwischen

12. Dynastie

1897–1878
Nil und Mörissee (heute Karun-See), wo neues Fruchtland gewonnen wird. Dort liegen auch einige der königlichen Grabpyramiden. Sesostris II. (ägypt. Senwosret) gibt die bisherige Nord-Orientierung der Pyramiden auf; damit verlagert sich auch das königliche Jenseits in die Unterwelt des Osiris, dessen Kultstätte in Abydos zu einem religiösen Mittelpunkt des ganzen Landes wird (jährliche Festspiele unter Leitung der höchsten Beamten). Im Zusammenhang mit dieser Entwicklung steht das Hervortreten neuer Formen in der Kunst (Skarabäus, Uschebti-Figuren in Mumiengestalt, Würfelhocker) und eine besonders

1878–1797
ausdrucksvolle Königsplastik unter Sesostris III. (1878–1841) und Amenemhet III. (1844–1797). Das nubische Gebiet zwischen 1. und 2. Katarakt wird auf Dauer besetzt und durch starke Festungsbauten gesichert (Buhen, Semna, Uronarti u. a.). Mit Vorderasien meist friedliche Beziehungen, Byblos und sein Hinterland stehen ganz unter ägyptischem Einfluss. Straffe, zentrale Verwaltung im Inneren, Sesostris III. beseitigt das Gaufürstentum. Asiatische Sklaven und Söldner spielen zunehmend eine Rolle.

1785–1650
Neue Verfallszeit: 13. Dynastie mit rasch wechselnden Herrschern, darunter einige mit asiatischem Namen; daneben Kleinkönige im Delta als 14. Dynastie. Rückzug aus Nubien, wo ein selbstständiger Staat mit der Residenz Kerma entsteht.

Die Herrschaft der Hyksos (1650–1551)

um 1650
Ägypten gerät unter die *Herrschaft der Hyksos* (ägyptisch hekau-chasut „Fremdlandherrscher"), einer vielleicht durch churritische Elemente verstärkten semitisch-kanaanäischen Stammesgruppe, die den von Pferden gezogenen Streitwagen in das Niltal einführt. Ihre Residenz liegt in Avaris (Ostdelta), von wo sie außer Ägypten auch Syrien und Palästina beherrschen. Die Namen der Hyksoskönige *(15./16. Dynastie)* und ihrer Beamten erscheinen vor allem auf Skarabäen, die jetzt zur beliebtesten Amulett-Form werden. Ägypten beginnt, sich für kulturelle Einflüsse aus Vorderasien zu öffnen. Die Fremdherrscher werden nominell auch in Oberägypten anerkannt, wo sich die lokalen Fürsten von Theben (17. Dynastie) jedoch als legitime Nachfolger der 13. Dynastie fühlen.

Herrschaft der Hyksos

15./16. Dynastie

um 1560
Offene *Auflehnung* gegen den Hyksoskönig Apophis I. (ägypt. Apopi; Ipepi) durch Sekenenre und seine Söhne Kamose und Ahmose.

Aufstand

1551
Ahmose (1551–1526) wird zum Begründer des Neuen Reiches.

Das Neue Reich (1551–1070)

18. Dynastie

1551–1306 Der *18. Dynastie* gelingt unter Ahmose die Eroberung von Avaris und die Vertreibung der Hyksos, dazu die Wiedergewinnung des nubischen Gebietes.

1505–1493 Thutmosis I. (ägypt. Dhutmose) greift im Norden bis zum Euphrat, im Süden bis zum 4. Katarakt aus; ganz Syrien, Palästina und Nubien unter ägyptischer Oberhoheit. In Nubien wird eine Kolonialverwaltung unter einem Vizekönig („Königssohn von Kusch") eingerichtet, in Syrien-Palästina stützt sich Ägypten auf die loyalen Stadtfürsten, denen ägyptische Schreiber und Offiziere zur Seite stehen. Dazu rege Beziehungen mit Kreta und Punt (Expedition der Königin Hatschepsut 1482, in ihrem Totentempel von Deir el-Bahari dargestellt). Residenz ist zunächst Theben, doch gewinnt daneben Memphis als militärisches Hauptquartier an Bedeutung. Für Ober- und Unterägypten je ein Wesir an der Spitze der Verwaltung. Durch bedeutende Zuwendungen und Bauten der Könige werden der Amuntempel von Karnak und seine Priesterschaft zum überragenden Machtfaktor. Seit Thutmosis I. werden die Königsgräber als Felsgräber im *Tal der Könige* (bei Luxor) angelegt, die Pyramidenform ist aufgegeben; zugleich als neues Dekorations-Element die illustrierten Unterweltsbücher (systematische Beschreibungen des Jenseits). Für die Beamten prächtig ausgemalte Gräber und Beigabe von Totensprüchen auf Papyrus (Totenbuch).

Tal der Könige

Hatschepsut

1490–1468
1490–1436 Nach der friedlichen Regierung der ältesten Tochter Thutmosis' I., *Hatschepsut* kämpft ihr Stiefsohn und Mitregent Thutmosis III. auf zahlreichen Feldzügen in Syrien und Palästina mit dem aufstrebenden Mitannireich und seinen Verbündeten.

1468/1458 Ägyptischer Sieg bei Megiddo südwestlich von Nazareth (1468); Vorstoß zum Euphrat bei Karkemisch (1458).

1438–1412 Sein Sohn Amenophis II. (ägypt. Amenhotep) behauptet in langen Kämpfen die Orontes-Grenze und rühmt sich gewaltiger Sportleistungen (Bogenschießen, Rudern).

1412–1364 Unter Thutmosis IV. (1412–1402) führen Vorstöße der Hethiter nach Nordsyrien zu einem Friedensvertrag zwischen Ägypten und den Mitanni, gefolgt von einem Heiratsbündnis unter Amenophis III. (1402–1364), dessen Hauptgemahlin die bedeutende Teje ist. Blütezeit der Malerei (Gräber des Nacht und des Menena, Palast von El-Molgata) und Tendenz zum Kolossalen in Baukunst und Plastik (Memnonskolosse, Tempel von Luxor und Soleb). Rege diplomatische Aktivitäten und Handelsbeziehungen mit den nördlichen Nachbarstaaten von Kreta bis Babylonien (Keilschrift-Archiv von El-Amarna). In der Religion verstärkt sich die Dominanz des *Reichsgottes Amun* weiter, unter Amenophis III. findet der populäre Tierkult auch am Königshof Eingang.

Reichsgott Amun

Echnaton

1364–1347 Unter seinem Sohn Amenophis IV. (nach seinem Gott *Echnaton* genannt) Reaktion gegen diese Tendenzen, zunächst unter dem Einfluss seiner Mutter Teje und seines Erziehers Aja (Eje).

seit ca. 1361 Tiefgreifende Revolution in Religion, Kunst und im staatlichen Leben.

Die Umwälzung unter Amenophis IV.

Gott Aton erster Monotheismus

Der Reichsgott Amun und die anderen bisherigen Götter werden durch den alleinigen *Gott Aton* ersetzt, der im Bild der strahlenden Sonne verehrt wird; damit *erster Monotheismus* der Geschichte, mit dem König als alleinigem Mittler zwischen Gott und den Menschen. Zugleich neue Residenz in Mittelägypten (Achetaton bei El-Amarna, daher Amarnazeit) und Änderung des Königsnamens in Echnaton. Neue Schriftsprache (Neuägyptisch) und freierer, bewegterer Kunststil mit eigenwilliger, oft kühner Ikonografie. Später Verfolgung der alten Kulte, Bilderzerstörungen in großem Ausmaß. Der Mythos von den Göttern wird durch die Schilderung im „Sonnengesang" Echnatons ersetzt, dazu der liebevolle Umgang des Königs mit seiner Gemahlin Nofretete und seinen sechs Töchtern zur Schau gestellt. Der Revolution ist jedoch keine Dauer beschieden, noch unter Echnaton erfolgt eine Milderung der extremsten Formen.

Tutenchamun

1347–1306 Unter dem unmündigen Schwiegersohn von Amenophis IV., *Tutenchamun* (1347–1338), wird die Residenz Achetaton aufgegeben und nach Memphis verlegt, während das Königsbegräbnis weiter in Theben erfolgt (Grabschatz des Tutenchamun, noch stark von der Amarnazeit beeinflusst). Versuch eines Ausgleichs mit den alten Kulten, der alleinige Aton wird durch die Dreiheit Amun – Re – Ptah ersetzt, auch die anderen Götter und der Tierkult sind wieder anerkannt.

Ende der 18. Dynastie mit Haremhab (1333–1306), der zuerst als General, dann als König versucht, die in der Amarnazeit gegen die Hethiter verlorenen Positionen in Syrien und Palästina zurückzugewinnen.

Ägypten Das Neue Reich

1306–1186	Die *19. Dynastie* wird von Ramses I. (1306–1304), einem Offizier Haremhabs, und seinem Sohn Sethos I. (1304–1290) begründet. Jetzt offizielle Reaktion auf die Amarnazeit; das Andenken Echnatons und seiner Nachfolger wird verfolgt, nur Haremhab gilt als legitim. Der Amuntempel von Karnak wird durch neue Zuwendungen und Bauten entschädigt (großer Säulensaal). Außer seinem gewaltigen Felsgrab im Tal der Könige errichtet Sethos I. noch ein Zweitgrab mit prächtigem Tempel in Abydos und beginnt mit der Anlage einer neuen Residenz im Ostdelta (Ramses-Stadt).	19. Dynastie
1285	Unentschiedene Schlacht von Kadesch: schwere *Kämpfe mit den Hethitern* unter Ramses II. (1290–1224).	Kämpfe mit den Hethitern
1270	Nach langen Verhandlungen Abschluss eines Friedensvertrags mit dem hethitischen König Hattusilis III., der die beiderseitigen Interessensphären in Syrien abgrenzt, dazu späteres Heiratsbündnis. Geistig-kulturell Öffnung Ägyptens gegen Vorderasien, das geradezu Mode wird (Lehnwörter, Kleidung, Küche, Dichtung und Musik, asiatische Götter). Gewaltige Felsentempel von Abu Simbel, Ramesseum in Theben. In Memphis kümmert sich Prinz Chaemwese um die Erhaltung alter Denkmäler, die jetzt als Sehenswürdigkeiten gelten.	
1224	Nach dem Tod Ramses' II. besteigt Merenptah (1224–1214) den Thron.	
1219	Er siegt bei Buto über Libyer und die Seevölker (Peleset; spätere Philister). Auch in Nubien Kämpfe, und gegen Ende der Dynastie schwere innere Auseinandersetzungen (Usurpator Amenmesse, Königin Tausret mit ihrem asiatischen Minister Bija).	
1186–1070	*20. Dynastie,* in der die Nachfolger des Dynastiegründers Sethnacht alle den Namen Ramses tragen.	20. Dynastie
1184–1153	Ramses III. gelingt es, die Libyer sowie die Philister und andere Seevölker in mehreren getrennten Schlachten zu besiegen, die Kriegsgefangenen werden als Söldner in Dienst genommen. Letzte große Bauten des Neuen Reiches (Tempel von Medinet Habu), aber die umfangreichen Akten der thebanischen Handwerker-Siedlung von Deir el-Medine berichten von wachsender wirtschaftlicher Not, Korruption und sogar Streiks. Mit persönlicher Frömmigkeit, die auf die Hilfe der Götter vertraut, sucht man der Rechtsunsicherheit zu begegnen, greift aber auch zu Magie und zu scharfer Satire.	
1153–1070	Nach der Ermordung des Königs rascher Verfall der ägyptischen Macht unter den letzten Ramessiden; Palästina (das Land, wo sich die Philister niedergelassen haben) und Nubien werden aufgegeben, dazu Bürgerkrieg in Oberägypten, der mit der Errichtung einer Theokratie der Amuns-Priesterschaft endet.	
1070–945	Die Könige der 21. Dynastie residieren in Tanis (Ostdelta), weit gehende Selbstverwaltung Oberägyptens durch die Hohenpriester des Amun. Die Bautätigkeit erlahmt, dafür Blüte der Sarg- und Buchmalerei und des Bronzegusses. Orakelentscheidungen des Amun und anderer Götter regeln rechtliche und sogar politische Fragen.	
945–722	Der libysche Söldnerführer Scheschonk I. (945–924) begründet die 22. Dynastie, von nun an steht Ägypten kontinuierlich unter *Fremdherrschern,* die sich jedoch meist der überlegenen ägyptischen Kultur anpassen. Wieder aktive Außenpolitik, größere Bautätigkeit. Oberägypten wird von Verwandten des Königshauses regiert, auch im übrigen Land wachsende Selbstständigkeit lokaler Machthaber.	Fremdherrscher
926	Zug nach Palästina und Plünderung Jerusalems.	
808–715	Abspaltung der 23. Dynastie und *Zerfall des Landes* in kleine Machtgebiete; die letzten Könige der 22. Dynastie werden nur noch im Ostdelta anerkannt.	Zerfall des Landes
seit ca. 740	Während Oberägypten unter den Einfluss der nubischen Könige von Napata (am 4. Katarakt) gerät, versucht der libysche Kleinkönig Tefnacht von Sais aus eine Einigung, wird aber von Pianchi, König von Kusch [Nubien], besiegt.	
712/711	Sein Sohn Bokchoris (24. Dynastie) unterliegt Schabaka, dem Bruder des Pianchi.	
712–664	Ägypten wieder geeint unter den nubischen (oder „äthiopischen", nach den antiken Quellen) Königen der *25. Dynastie.* Sie geben sich als fromme Amun-Anhänger; Kunst und Kultur orientieren sich an den älteren Blütezeiten; getreue Kopien alter Texte, aber dazu eine neue, realistische Bildniskunst. Die königlichen Grabbauten bei Napata kehren zur Pyramidenform zurück.	25. Dynastie
690–664	Taharka, ebenfalls ein Sohn Pianchis, entfaltet eine rege Bautätigkeit (Säulenhallen im Tempel von Karnak), wird aber von den Assyrern aus Ägypten vertrieben.	
671	Die *Assyrer* unter Assarhaddon erobern den Norden Ägyptens.	
666	Unter Assurbanipal assyrisches Vordringen bis Theben. Die Nachfolger des Taharka behalten die Herrschaft über Nubien (Reich von Meroë, Residenz zunächst noch Napata). Necho I. von Sais (672–664) und sein Sohn Psammetich I. unterstützen anfangs die Assyrer, machen sich dann aber unabhängig.	assyrisches Vordringen

26. Dynastie	664–525	Sie begründen die *26. Dynastie* mit der Hauptstadt Sais, daher Saiten genannt. In Oberägypten vollzieht sich der Übergang von der nubischen zur saitischen Herrschaft friedlich, formell untersteht das Gebiet einer „Gottesgemahlin" aus dem Königshaus, die ihr Amt durch Adoption weitergibt.
	664–610	Psammetich I. beseitigt den Feudalismus der libyschen Kleinkönige und stützt sich vor allem auf ionische und karische Söldner, Öffnung des Landes für griechischen Einfluss (von Milet gegründete Kolonie Naukratis im Westdelta). Archaisierende Kunst mit Werken von hervorragender Qualität. Hieratisch wird von Demotisch als neuer Kanzleischrift abgelöst. In der Religion treten statt des Amun jetzt die Gottheiten des Osiris-Kreises in den Vordergrund; phönizischer und griechischer Handel verbreitet ägyptische Formen und Vorstellungen über das ganze Mittelmeergebiet.
	seit 616	Psammetich unterstützt die Assyrer in ihrem Endkampf gegen Babylonier und Meder.
	610–595	Sein Sohn Necho II. kämpft in Palästina und Syrien.
Kämpfe mit den Babyloniern	605	Necho II. wird bei Karkemisch am Euphrat von dem damaligen babylonischen Kronprinzen und späteren Herrscher Nebukadnezar II. geschlagen, kann aber einen Vorstoß der *Babylonier* nach Ägypten verhindern. – Ein erster Kanal zwischen Nil und Rotem Meer bleibt unvollendet, und die Geschichtlichkeit der ersten Umsegelung Afrikas unter Necho ist umstritten.
	595–589	Unter Psammetich II. Feldzug in Nubien.
	589–570	König Apries kämpft gegen die Babylonier unter Nebukadnezar II.
Fall Jerusalems	586	Nach dem *Fall Jerusalems* suchen der Prophet Jeremia und viele andere Juden Zuflucht in Ägypten, auf der Nilinsel Elephantine bei Assuan entsteht eine jüdische Militärkolonie (Fund von aramäischen Papyri). Auf einem Feldzug gegen die griechische Kolonie Kyrene
	570–526	in Libyen wird Amasis (570–526) zum König erhoben. Enge Beziehungen zu den Inselgriechen, mit Kyrene Freundschaftsvertrag und stabile Friedenszeit, die durch das Vordringen der Perser beendet wird.
	525 Mai	Nach kurzer Regierung wird Psammetich III. vom Perserkönig Kambyses bei Pelusium geschlagen und entthront.
Provinz des Persischen Reiches	525–404	Ägypten ist *Provinz (Satrapie) des Persischen Reiches*, behält aber eine gewisse Selbstverwaltung und die Religionsfreiheit. Die Ablehnung der neuen Fremdherrscher schürt den verbreiteten Fremdenhass, führt zu stärkerer Isolierung und fördert bizarre Auswüchse der Frömmigkeit (Tierkult, Verehrung von Osiris-Reliquien, Speisetabus). Mehrfach Aufstände
	449	gegen die persische Herrschaft mit griechischer Waffenhilfe, die durch den Kalliasfrieden beendet wird; kurz danach bereist Herodot das Land.
	404	Amyrtaios von Sais gelingt es, Ägypten wieder unabhängig zu machen.
letzte einheimische Dynastien	404–343	*Letzte (28.–30.) einheimische Dynastien*. Erfolgreiche Abwehr der Perser durch Hakoris (393–380) mit Hilfe griechischer Söldner. König Tachos (362–360) stößt sogar nach Syrien vor.
erneute Unterwerfung Ägyptens	343 Herbst	Dem Perserkönig Artaxerxes III. gelingt die *erneute Unterwerfung Ägyptens*; der letzte Pharao, Nektanebos II., flieht nach Nubien.
Alexander d.Gr.	332	Eroberung Ägyptens durch *Alexander d.Gr.* und Hellenisierung des Landes als Teil des makedonischen Reiches. Gründung von Alexandreia (Alexandria) als neuer Residenz, aber Anerkennung der alten Kulte und der religiösen Zentren (Bauarbeiten in Karnak und anderen Tempeln, Zug zur Oase Siwa). – (Forts. S. 182)

Babylonien und Assyrien

Babylonien ist das Schwemmland des Euphrat und Tigris etwa von Bagdad an südwärts, das wegen unzureichenden Regens auf künstliche Bewässerung unter Ausnutzung des Frühjahrshochwassers der Flüsse angewiesen ist. Überall da, wo ein geordnetes Staatswesen das stets von Versandung bedrohte Kanalsystem in Ordnung hält, ist es sehr fruchtbar. Die durch mitgeführte Sinkstoffe immer weiter nach Südosten vorgeschobene Mündung der Flüsse liegt in alter Zeit noch nördlich von Basra, ja im 4. Jt. liegen auch Ur und Eridu (südlich von Nasirija) an der Lagune des Persischen Golfs. Der Unterlauf beider Flüsse ist häufigen Veränderungen unterworfen.

Babylonien

Assyrien ist das Land beiderseits des Tigris von dessen Austritt aus dem Gebirge bis etwa Samarra; sein Klima ist etwas rauher, aber regenreicher. Anders als Ägypten haben beide Länder ungeschützte offene Grenzen gegen die Steppe und Wüste im Westen und das Zagrosgebirge im Osten. Das fruchtbare und wohlhabende Land lädt Wüstennomaden und Bergbewohner zu dauernden Raubzügen ein, die nur ein starker Staat abwehren kann. Das Bestreben, dem Fruchtland Sicherheitszonen vorzulagern, und die Rohstoffarmut (in Babylonien findet sich selbst Kalkstein nur selten in erreichbarer Tiefe) führen immer wieder zur Eroberungspolitik. Weit ausgreifende Handelsbeziehungen sind neben dem Handwerk die Voraussetzung für den Wohlstand und jede höhere Kultur. Durch wiederholte Einbrüche anderer Völker sind die Schicksale beider Länder recht wechselvoll; im Gegensatz zu Ägypten ist die kulturelle Entwicklung weniger einheitlich.

Assyrien

Das westlich angrenzende Steppenland *Mesopotamien* zwischen mittlerem Euphrat und Südarmenien ist nur selten Mittelpunkt eines Reiches; städtische Kultur gibt es nur in den mäßig fruchtbaren Flusstälern. Gegen Ende des Frühneolithikums (Frühe Jungsteinzeit) etwa im 6. Jt. werden in Assyrien und Mesopotamien die frühesten Siedlungen beobachtet. Babylonien wird, vor allem wohl von Norden her, erst während des Altneolithikums etwa nach 5000 besiedelt, weil der Mensch erst nach und nach lernt, die im Schwemmland immer wieder von neuem notwendigen Ent- und Bewässerungsarbeiten durchzuführen. Welche Völker vor etwa 3200 den mesopotamischen Raum besiedeln, wissen wir nicht. Über ihre noch schriftlosen Sprachen lässt sich den alten Ortsnamen und den aus ihnen in das Sumerische und die semitischen Sprachen übernommenen Wörtern einiges entnehmen; gesicherte Schlüsse sind aber noch nicht zu ziehen.

Mesopotamien

Folgende nicht überall scharf gegeneinander abzugrenzende Kulturen heben sich vor allem heraus:

um 5000– 4400
In Assyrien die nach *Tell Hassuna* (bei Mossul) genannte Kultur (in Syrien gleichzeitig die Amuk-Kultur). Sie übernimmt aus Nordwestiran den Ackerbau und mit ihm den Pflug, ebenso wohl die dörflichen Siedlungsformen (Schilfhütten und Holzhäuser mit Stampflehmfundamenten). Angebaut werden Gerste, Emmer, Einkorn und Hülsenfrüchte; Haustiere sind Schafe, Ziegen, Rinder, Schweine und Hunde. Zu Geräten aus Ton und Stein treten manchmal Messer aus Obsidian. Außer einer groben Gebrauchskeramik gibt es eine feinere Ware mit schwarzen, einfachen Malmustern. In Tell es-Sauwan bei Samarra fand man in Häusern und Gräbern auch grob modellierte Alabasterstatuetten mit eingelegten Augen.

Tell Hassuna

um 4400– 3700
In Assyrien und Nordmesopotamien die *Tell-Halaf-Kultur* (nach dem von Max von Oppenheim ausgegrabenen Tell Halaf bei Ras el-Ain). Weitere Fundorte sind u.a. Schagir Bazar südlich von Amuda und Tell Arpatschija bei Mossul. Die Stampflehmbauten haben jetzt öfter Bruchsteinfundamente. Die Häuser und die noch kleinen Heiligtümer haben meist rechteckige Grundrisse oder sind Rundbauten vom Bienenkorb-Haustyp teilweise mit rechteckigem Vorraum. Auf die Verehrung einer Muttergöttin ähnlich der späteren Ischtar weisen schwarz bemalte Tonfigürchen nackter Frauen mit sehr ausgeprägten Geschlechtsmerkmalen. Auf einen Gott in Stiergestalt (Mondgott?) deuten Stierfigürchen und die meist stark vereinfacht gezeichneten Stierschädelmotive auf den oft zweifarbig bemalten Tongefäßen. Neben geometrischen Motiven finden sich auf fein gearbeiteten Schalen Rosettensymbole (für die Muttergöttin) und lange Tierreihen, jedoch nur teilweise in naturalistischer Zeichnung.

Tell-Halaf-Kultur

Etwa in die gleiche Zeit anzusetzen ist die wohl aus Iran stammende *Samarra-Kultur* im Tigrisgebiet, die auch in Syrien beobachtet wird. Die durchweg nicht naturalistisch gezeichneten Figuren auf den bemalten Tongefäßen (Symboltier der Widder) sind meist laufende Tiere und Vögel, nur selten Menschen, mit Vorliebe in hakenkreuzförmiger Anordnung. Die Malereien weisen auf von der Halaf-Kultur abweichende religiöse Anschauungen eines anderen Volkes.

Samarra-Kultur

Eridu-Hadschi-Mohammed-Kultur	um 4200–3800	In Babylonien die mittelneolithische *Eridu-Hadschi-Mohammed-Kultur* mit einer zweifarbig bemalten Keramik (meist geometrische Motive). Vom Regenfeldbau des Nordens müssen sich die Bewohner hier auf Bewässerung durch Kanäle umstellen, bei sorgfältiger Ausnutzung des knappen Acker- und Gartenlandes. Nahrungsgrundlage ist neben Gerste, Emmer und Hülsenfrüchten sowie dem Ertrag von Jagd, Fischfang und einer intensivierten Viehzucht der Anbau der aus Arabien eingeführten Dattelpalme. Die wichtigste Ölfrucht ist der Sesam. In Eridu wurden kleine Tempel aus ungebrannten Ziegeln gefunden. Die Siedlungen sind wohl durchweg noch dörflich.
Kupfersteinzeit	nach ca. 3800	Neben Schmuck und Geräten aus Stein treten immer mehr solche aus Kupfer und selten Edelmetall. Die Jungsteinzeit anderer Gebiete geht damit in die *Kupfersteinzeit* (Chalkolithikum) über.
El-Obed-Kultur	um 3700–3300	Für die *El-Obed-Kultur* (nach dem Tell el-Obed bei Ur) ist eine andersartig bemalte Keramik (schwarz auf grün gebranntem Grund, Motive meist geometrisch) bezeichnend. Ähnlich bemalte kleine Tontiere und stark stilisierte Frauenfigürchen bezeugen den Kult des Mondgottes und der Muttergöttin in den allmählich größer werdenden Tempeln, die nun schon teilweise auf Hochterrassen liegen. Die Verwendung von Asphalt beim Bauen sowie Obsidian- und Kupfergeräte neben den alten Werkzeugen beweisen mannigfache Handelsbeziehungen zu Nachbargebieten. Einige Grabbeigaben deuten auf den Glauben an ein Fortleben nach dem Tode. Nach Skelettfunden gibt es viele Menschen mediterraner Rasse. Gegen Ende dieser Zeit wird in den archäologischen Funden eine Verarmung der Kultur erkennbar. Die gleichzeitige Kultur in Assyrien und Mesopotamien wird wegen ihrer technisch ähnlichen Keramik ebenfalls El-Obed-Kultur genannt. Die vor allem in Ninive (Schicht V) und dem nördlich davon gelegenen Tepe Gaura beobachteten Malmotive sind aber andere und mannigfaltiger. Das Metall (auch Gold) spielt wegen der Nachbarschaft des metallreichen Armenien bereits eine größere Rolle für Werkzeuge und Schmuck. Die Tempelbauten in Tepe Gaura (rechteckig und rund) sind bedeutender als die des Südens und zeigen mit einem Langraum als Kultzella Grundrißgestaltungen, die für Assyrien kennzeichnend bleiben. Die Beziehungen zum Iran sind vielfältig, entziehen sich aber noch einer historischen Ausdeutung.

Übergang zur Frühgeschichte. Sumerer und Semiten (bis um 1450)

Die Daten vor etwa 2350 sind geschätzt (einige C-14-Daten), danach Spielräume von etwa 100 Jahren. Die Zeit 2100–1500 datiert man heute entweder nach einer „mittleren" oder der nach neuen Berechnungen wahrscheinlicheren „kurzen" Chronologie, die hier zugrunde gelegt ist (Unterschied 64 Jahre). Beide gehen aus von unvollständig erhaltenen Königslisten und nicht ganz eindeutigen Angaben über Mondfinsternisse und Konstellationen der Venus, die sich alle 56–64 Jahre wiederholen, außerdem von Synchronismen auch mit Ägypten, die aus Königsinschriften und Briefen zu entnehmen sind.

	nach etwa 3800	Besonders reichliche Regen in der Mitte des 4. Jt.s bewirken ein Ansteigen der Meere und damit Hochwasserkatastrophen im Tiefland, die Anlass zur Entstehung der Sintflutsagen geben. In dieser Zeit werden aber auch Wüsten passierbar und Völkerbewegungen dadurch erleichtert. Wohl aus Nordwestafrika wandern semitisch sprechende Nomaden ostwärts und gelangen teilweise bis nach Mesopotamien und setzen sich dort (wohl wie später) teils durch Unterwanderung, teils als Eroberer fest. Eine spätere Überlieferung über diese Zeit ist nicht erhalten. Etwas später dringen Semiten auch nach Nordbabylonien ein.
	seit etwa 3300?	
Sumerer	nach 3300	Etwa in der gleichen Zeit müssen von Osten her die *Sumerer* nach Südbabylonien – vielleicht in mehreren Schüben – gelangt sein. Da kulturelle Beziehungen zur Induskultur bestehen und ihre agglutinierende, d.h. die Wortwurzeln nicht verändernde Sprache neben Anklängen an Turksprachen auch solche an die späteren Drawidasprachen Südindiens erkennen lässt, kommen sie vielleicht aus Indien. In eine Sprachfamilie lässt sich die, trotz einer gewissen Wurzelarmut, an Ausdrucksmöglichkeiten reiche Sprache noch nicht einordnen. Anthropologisch kann man auf Bildern des 3. Jt.s und an Skeletten einen grazilen, langschädligen Typ und einen gedrungenen, kurzschädligen (armenoiden) Typ unterscheiden.
Uruk-Kultur	ca. 3300–3100	Für die Kulturen dieser Zeit tiefgreifender Wandlungen ergeben die Ausgrabungen noch kein klares Bild. Die Buntkeramik tritt ganz zurück. Dafür erscheinen neben sehr einfachen unbemalten Gefäßen solche mit einem grauen oder roten mattpolierten (engobierten oder geslipten) Farbüberzug. Von Südbabylonien aus verbreitet sich die Keramik dieser *Uruk-Kultur* weit

nach Nordwesten. Die gleichzeitige Kultur Assyriens wird *Gaura-Kultur* genannt, weil bisher vor allem in Tepe Gaura festgestellt. Charakteristisch für sie sind Rechtecktempel mit fein gegliederten Fronten und eine motivreiche Siegelschneidekunst (vor allem Tierbilder auf Stempelsiegeln). *Gaura-Kultur*

um 3100–3000 Im damals wohl schon sumerischen Südbabylonien entsteht die älteste Hochkultur. Neben die kleineren Hochterrassentempel treten in Uruk nun monumentale, dreischiffige Bauten von 80 m Länge in einem erst teilweise ausgegrabenen heiligen Bezirk. Die nischengegliederten Wände und Pfeiler sind mit Mosaiken meist in Schwarz, Rot und Weiß aus vielen Tausenden von am Kopf gefärbten Ton- oder Steinkegelchen geschmückt; Matten nachahmende Rautenmuster und Bänder überwiegen. Die Bildkunst formt zumeist aus Stein fein gearbeitete Tier- und Menschenbilder, teilweise im Rahmen von Kult-, Jagd- und Kampfszenen. An die Stelle der bis dahin üblichen Stempelsiegel treten nun zylindrische Rollsiegel, die zur Siegelung auf Ton viel besser geeignet sind und die Möglichkeit zu horizontal nicht begrenzten Bildkompositionen bieten (die Figuren sind oft streng antithetisch angeordnet). Meist sind nur Abrollungen erhalten (Höhe 2–6 cm).

Alles Land ist bei den Sumerern Tempeleigentum. Da die damals schon stark entwickelte Tempelwirtschaft mit überkommenen Aufzeichnungsbehelfen nicht mehr auskommen kann, werden die Sumerer die Schöpfer der Idee des Schreibens, die die Ägypter und die Indusleute von ihnen entlehnen. Sie sind die *Erfinder der ältesten Schrift* der Erde. Die Bildzeichen für Wörter und später auch Silben werden mit Griffeln in Ton eingedrückt. Für häufig gebrauchte Begriffe, wie z.B. „Schaf", gibt es Kürzel, die auf Zählsteinchen – meist aus Ton – von Ägypten bis Iran schon viele Jh.e vorher im Gebrauch sind. Durch die Umformung zu auf Ton gut schreibbaren abstrakten Zeichen entsteht aus dieser Schrift nach und nach die Keilschrift, die sich für eine lange Zeit im ganzen Vorderasien durchsetzt. *Erfinder der ältesten Schrift*

nach 3000 um 2950–2750 Die Ausstrahlungen der Uruk-Kultur reichen bis nach Syrien. Wohl infolge neuer Wanderungen, die in Uruk zur Zerstörung der Großtempel führen, kommt es in der nach einem Hügel bei Kisch benannten *Dschemdet-Nasr-Zeit* Babyloniens und Mesopotamiens zu wesentlichen Veränderungen, vielleicht zeitweise zu einer Reichsbildung im Norden, die durch den Handel auch auf Ägypten einwirkt. Eine neue Buntkeramik ist auch in Westiran bezeugt. An den Hochterrassentempeln Babyloniens sind Reste von Malereien erhalten, die zunächst die Tonstiftmosaiken nachahmen, dann aber auch Bildszenen in Secco-Technik gestalten. Ein Tempel in Nordmesopotamien ist mit vielen Augen bedeckt. Eine Relief-Kultvase aus Uruk zeigt die Ordnung des Kosmos vom Grundwasser bis zur Götterwelt, der die Menschen mit Opfern dienen müssen. Ein beliebtes Bildmotiv ist der Schutz der heiligen Tempelherde. Die sumerische Schrift wird nun zunächst sehr behelfsmäßig auch für die Sprache der Semiten Nordbabyloniens verwendet, die später nach der Stadt Akkade *Akkadisch* genannt wird. Diese Akkader, über deren früheren Kulturbesitz wir wenig wissen, werden jetzt von Wanderhirten immer mehr zu Ackerbauern und auch Stadtbewohnern. Sie übernehmen von den Sumerern viele Kulturwörter, Grundformen der Bau- und Bildkunst, manche religiösen Vorstellungen und die Organisation der Stadtstaaten. Durch Umformung und Umdeutung des Übernommenen bringen sie aber im Laufe der Zeit immer mehr ihre eigene Art zur Geltung. Als besondere Völker verstehen sich weder Sumerer noch Akkader; der alte Orient außerhalb Israels kennt keinen Volksbegriff, sondern nur Unterschiede der sozialen Gruppen. *Dschemdet-Nasr-Zeit*

Akkadisch

etwa 2750–2350 *Frühdynastische Zeit.* An ihrem Beginn stehen wahrscheinlich Völkereinbrüche aus Iran, die tiefgreifende Neugestaltungen zur Folge haben. Anstelle der alten monumentalen Tempel finden sich kleine aus plankonvexen Ziegeln von nur kurzer Lebensdauer; einige liegen in ovalen Fluchtburgen. Später werden z.B. in Kisch gewaltige Paläste errichtet. Viele hundert Beterstatuetten – auch von Frauen – sind vor allem im Dijala-Gebiet und in Mesopotamien nachgewiesen; sie stehen auf Wandpodesten in den Tempeln als Zeugnis dafür, dass die Beter mit freudigem oder demütigem Ausdruck immer vor der Gottheit stehen wollen. Über die Ereignisse der Zeit vor etwa 2700 fehlt eine zuverlässige Überlieferung; die Aufteilung des Landes in zahlreiche Stadtstaaten unter Stadtfürstendynastien mit je einem Kultzentrum im Mittelpunkt ist aber sicher sehr alt. Der jeweils Stärkste hat als König die Oberherrschaft, die oft über einige Zeit behauptet wird. Die Stadtstaaten führen oft Krieg gegeneinander; Anlass ist häufig der Streit um die Verteilung des lebensnotwendigen Wassers. *frühdynastische Zeit*

um 2500 Der Handel bringt der *1. Dynastie von Ur* (Gründer Mesannepada) großen Wohlstand. Berühmt sind die Königsgräber in Ur mit reichsten Beigaben an Kunstgegenständen aus Gold, Silber, Halbedelsteinen usw., darunter Mosaikbilder mit Kult- und Kriegsszenen, Tierdarstellungen, Musikinstrumenten und Spielbrettern mit Einlegearbeiten. Mit König und Königin (Grab der Puabi) gehen vielleicht in Rahmen von Fruchtbarkeitskulten für den Mond- *1. Dynastie von Ur* gott und die Muttergöttin Inanna mehrfach viele Gefolgsleute (bis zu 80) freiwillig in den Tod; die Deutung dieser Kulte (wie vieler Siegelbilder, die sich in den Gräbern fanden) ist umstritten. Die formenreiche Bildkunst kennt wie in Ägypten keine Perspektive und bevorzugt im Rundbild zylindrische Grundformen.

Lagasch   um 2480– 2340   Dynastie von *Lagasch*. Eannatum stellt (um 2430) Eroberungen in Wort und Bild auf der ‚Geierstele' dar. Der letzte König der Dynastie, Urukagina, rühmt sich großer sozialer Reformen (Bekämpfung von Korruption und Geldgier der Priester), unterliegt aber Lugalsaggesi, dem König der Nachbarstadt Umma; dieser dringt dann (erstmals?) bis zum Mittelmeer vor.

Dynastie von Akkade   etwa 2330–2150   *Dynastie von Akkade*.
2330–2274   Der Akkader Sargon I. (Scharrukin) besiegt Lugalsaggesi, da seine bewegliche Kampftaktik der schwerfälligen Phalanx der Sumerer überlegen ist, und gründet das erste Großreich der Geschichte, das zeitweilig von Südwestiran bis nach Syrien (an den Libanon) und nach Kleinasien (Kappadokien) reicht. Später bilden sich viele Legenden um ihn (Geburtslegende ähnlich der des Mose).
2250–2213   Naramsin erneuert das Reich, zieht auch nach Ostarabien und lässt sich als Gott verehren. Danach verfällt das Reich schnell. Die Inschriften dieser Könige sind meist in akkadischer Sprache abgefasst. Der Stil der reichen, in den Formen gelockerten Bildkunst ist als Antwort auf die recht abstrakt gewordene sumerische Kunst stärker realistisch. Durch die Übernahme der Keilschrift für das Akkadische wird das Schriftsystem noch komplizierter; viele Zeichen sind als Wort- und Silbenzeichen mehrdeutig. Vier Vokale werden geschrieben.
um 2160   Ein Einbruch der kriegerischen Gutäer (Volkstum unbekannt) aus Iran bringt eine Zeit der Fremdherrschaft. Durch sie wird das Sumerertum im Süden politisch und kulturell neu aktiviert.
um 2060   Den durch den Handel gewonnenen Reichtum benutzt König Gudea von Lagasch zum Bau großer Tempel mit reicher Ausstattung. (Da man im steinarmen Babylonien fast nur mit überwiegend sonnengetrockneten Ziegeln baut, sind von den Bauten meist nur Grundmauern erhalten, nie überdachte Räume. Bilddarstellungen ermöglichen aber oft eine ungefähre zeichnerische Wiederherstellung der alten Bauwerke.) Die fein gearbeiteten Dioritstatuen des Königs zeigen den Körper auffällig verkürzt. Sein großer Bauhymnus zur Weihe des Tempels des Gottes Ningirsu ist für Religion und geistige Welt des Sumerertums besonders kennzeichnend.

3. Dynastie von Ur   **2064–1955**   Nach Vertreibung der Gutäer durch Utuhengal von Uruk (2068?) neue Blütezeit unter der *3. Dynastie von Ur* (Urnammu 2064–2046, Schulgi 2046–1998), die auch Elam und Assyrien beherrscht. Die alten Hochterrassentempel werden auf einem jetzt dreistufigen Unterbau vergrößert neu gebaut. Die vergöttlichten Könige, denen sumerische Hymnen gesungen werden, erhalten eigenartige Grabtempel. Die sumerischen Literaturwerke, die sehr alten ebenso wie neu geschaffene (Hymnen, Klagelieder, Mythendichtungen, Streitgespräche, Spruchdichtung), erhalten nach 2050 ihre klassische Gestalt.

Die sumerische Kultur

Götter   Die sehr zahlreichen, etwa 2000–3000 *Götter* der Sumerer bilden einen Götterstaat nach dem Muster des irdischen. Die Hauptgötter sind kosmisch (An Himmel, Nintu Erde, Ellil Luft, Enki Wasser, Nanna Mond, Utu Sonne). Die religiösen Vorstellungen kreisen um die beiden Pole eines statischen Ordnungsdenkens und, vor allem im Kult der Inanna und ihres Geliebten Dumusi (ursprünglich ein mythischer König, später als Unterweltsgott verehrt), eines Sehnens nach Fruchtbarkeit. Der Schicksalsgedanke spielt

Wissenschaft   eine große Rolle; an ein Gericht nach dem Tode glaubt man nicht. Die *Wissenschaft* begnügt sich mit einer eindimensionalen Ordnung der Gegenstands- und Götterwelt in einspaltigen Listen ohne Erläuterung.

Tempelstaatswirtschaft   Es herrscht *Tempelstaatswirtschaft* mit ausgebauter Bürokratie. Für die Verwaltung gilt der Grundsatz der Schriftlichkeit; weit über 100000 Verwaltungsurkunden aus dieser Zeit sind bekannt.

Frühkanaanäer   seit ca. 2020   Semitische Nomaden – nun der kanaanäischen Wanderungswelle – fallen in Babylonien und Mesopotamien ein. Viele dieser *Frühkanaanäer* bleiben lange Lohnarbeiter; andere bilden bei weit gehender kultureller Angleichung immer mehr eine politisch-militärische Führungsschicht.

nach ca. 1960   Die Dynastien sind daher überwiegend kanaanäisch, die Staaten meist ziemlich klein und oft wenig dauerhaft. Das sumerische Südbabylonien wird immer stärker semitisiert, sodass das Sumerertum nach und nach ganz im Akkadertum aufgeht (Abschluss der Entwicklung um 1500). Das Sumerische bleibt aber als Kultsprache neben dem Akkadischen bis in die

	hellenistische Zeit im Gebrauch. Dadurch wird die babylonische (geistige) Kultur ähnlich der europäisch-mittelalterlichen zu einer zweisprachigen.	
1955	Zerstörung von Ur durch die Elamier, nachdem zuerst der Kanaanäer Ischbi-Erra in Isin in Mittelbabylonien eine neue Dynastie (1969–1732), wenig später Naplanum im südlichen Larsam eine weitere (1961–1700) begründet hatte. Beide beherrschen nur Teile des Landes, aber ihre Herrschaft begünstigt eine Nachblüte der sumerischen Kultur. Erst Rim-Sin von Larsam siegt mit elamischer Hilfe (1732) endgültig über Isin.	
1830–1531	Eine weitere Dynastie macht sich im Norden in dem bis dahin ganz unbedeutenden Babylon (Babili „Gottespforte") selbstständig.	
1729–1686	Zu ihr gehört *Hammurabi*, der unter geschicktester Ausnutzung wechselnder Koalitionen mit den anderen Mächten von Elam über Assyrien bis Syrien (Aleppo) diese nacheinander größtenteils ausschaltet, sodass sein Reich nach kleinsten Anfängen zuletzt ganz Babylonien, Assyrien und Mesopotamien umfasst. Von seiner vorbildlichen Sorge für seine Untertanen zeugt neben seinen Briefen sein auf einer großen Stele eingemeißeltes Reformgesetz.	*Hammurabi*

Recht und Kultur zur Zeit Hammurabis

Das Reformgesetz sucht große Teile des *Zivil- und Handelsrechts* gegenüber älteren Gesetzen und dem Gewohnheitsrecht neu zu regeln, ist aber wohl nicht lange in Geltung. Der schon einmal überwundene Grundsatz „Auge um Auge" und häufige Todesandrohungen wirken archaisch. Die Frauen sind im Recht aber bessergestellt als sonst meist im Orient; keine Ehe ohne Eheurkunde. Auch die Sklaven sind nicht ganz ohne Rechtsschutz. Die zielbewusste Akkadisierungspolitik wird nun auch theologisch unterbaut. Die stärker dynamische semitische Gottesauffassung setzt sich innerhalb des als Ganzes übernommenen sumerischen Pantheons durch Göttergleichsetzungen durch; Marduk von Babylon, der Sonnengott Schamasch und die Liebes- und Venusgöttin Ischtar stehen im Vordergrund. Die kultische Königsvergöttlichung wird beseitigt.

Zivil- und Handelsrecht

Zu den von Hammurabi zerstörten Städten gehört auch Mari am Euphrat bei Der es-Sor. Sein mit bunten Fresken (meist Kultszenen und Ornamente) geschmückter gewaltiger Königspalast ist damals weitberühmt. In den Ruinen fand man ein Archiv von über 20000 Tontafeln meist in babylonischer Sprache mit Kanaanismen, das wichtigste Aufschlüsse über Politik, Zusammensetzung der Bevölkerung (Nomaden und Halbnomaden neben den Ansässigen), Religion, Kultur und Wirtschaft der Zeit vermittelt.

Erste Blütezeit der babylonischen (akkadischen) *Literatur*. Die religiöse Dichtung umfasst Hymnen und Epen (Menschenschöpfung, Sintflut; die mythischen Könige Gilgamesch und Etana suchen vergeblich ein ewiges Leben). Die sumerisch-akkadischen Wort- und Satzlisten dienen dem Verständnis der sumerischen Literatur und ermöglichen uns die Entzifferung des Sumerischen. Für die Erforschung des Gotteswillens durch die Opferschau legt man große Vorzeichensammlungen an. Aus dem sexagesimalen Zahlensystem mit den Grundzahlen 1, 60, 3600 usw. wird eine leistungsfähige Mathematik (Geometrie und Arithmetik) ohne Lehrsätze und Beweise entwickelt.

Literatur

1686–1648	Hammurabis Reich hat nicht lange Bestand. In Südbabylonien gewinnt schon unter seinem Sohn Samsuiluna eine eigene Dynastie an Boden. Von Nordosten aus Iran greifen die Kassiten (Kossäer) an, über deren Sprache wir nur wenig wissen. Sie gründen zunächst Fürstentümer im Norden, gewinnen aber später auch das von den Hethitern auf einem Raubzug zerstörte Babylon.
1531	
um 1450	Seit Ulamburiasch vereinigen die Kassiten ganz Babylonien; sie setzen wieder mehr feudale Strukturen durch. Die politisch meist schwachen Könige verfassen sumerische und akkadische Inschriften und fördern Kunst und Literatur.

Die Anfänge des Assyrerreichs und die Hurriter (bis ca. 1000)

Der Vergleich der Kulturen von Tell-Halaf und Samarra erlaubt für das 4. Jt. den Schluss auf (mindestens) zwei verschiedene Volkstümer, die wir noch nicht benennen können. Aus der Verbindung der zuerst um 3000 einwandernden Semiten (Akkader) mit diesen Völkern entsteht das Assyrervolk, bei dem sich zunehmend ein härterer und kriegerischerer Charakter als in Babylonien bei starker kultureller Abhängigkeit vom Süden ausprägt. Mit der Keilschrift übernimmt es von dort die Grundlagen der geistigen Kultur, wesentliche Formen der Bau- und Bildkunst, viele Götterkulte u.a.m. Sein in Babylonien nie anerkannter *Nationalgott ist Assur*, der Herr der Stadt Assur am Tigris, die seit etwa 1400 dem Land den Namen gibt; bis dahin gilt es als Teil von Subartu.

Nationalgott ist Assur

	ab 2300	Assyrien gehört zum Reich von Akkade.
	ab ca. 2010	Später gehört es zeitweise zum Reich von Ur. Danach werden die Stadtfürsten von Assur wieder selbstständig.
Handelsfaktoreien	etwa 1860–1730	Großen Gewinn ziehen sie aus den *Handelsfaktoreien* in Kappadokien (Zentrum Kanesch, heute Kültepe bei Kayseri/Türkei), ohne dieses Gebiet politisch zu beherrschen. Viele tausend altassyrische Briefe und Urkunden zumeist aus dem Händlerviertel (karum) von Kanesch bezeugen den Handel vor allem mit Kupfer, Zinn und Stoffen, oft auf Kreditbasis. Insgesamt bestehen die Faktoreien trotz des Hethitereinfalls in Kleinasien wohl an die 120 Jahre (bis etwa 1730). Von Kämpfen hören wir nur vereinzelt; an den Zöllen und Steuern verdienen alle Beteiligten.
Schamschi-Adad I.	1750–1717	Innere Wirren in Assyrien ermöglichen dem Kanaanäer *Schamschi-Adad I.*, die Herrschaft an sich zu reißen und von Assur aus ein ganz Mesopotamien mit Randgebieten umfassendes Reich zu gründen, das ihn freilich trotz kluger Behandlung seiner Untertanen nicht überlebt. Seine an Sargon von Akkade anknüpfende Herrschaftsideologie wird für das spätere assyrische Großreich bestimmend. Seine etwa 200 Briefe gewähren auch Einblick in die Erziehung seiner Söhne, denen er frühzeitig verantwortliche Stellungen überträgt, und seine Bemühungen um die Hebung der Landwirtschaft (Einführung neuer Pflüge) .
Hurriter	nach 1680	Nach vorübergehender Unterwerfung unter Hammurabi von Babylon wird Assyrien von einer neuen Wanderungsbewegung der aus Nordwestiran kommenden *Hurriter* (Churrier) erfasst. Abgesprengte Teile dieses Volkes sind schon seit etwa 2200 im Osttigrisland und in Mesopotamien feststellbar, wo etliche Fürsten hurritische Namen tragen. Die neue Bewegung aber, die vielleicht auch den Einbruch der Kassiten in Babylonien auslöst, schafft in Assyrien, Mesopotamien, Ostkleinasien und Syrien-Palästina weithin ganz neue Verhältnisse; überall tauchen Hurriterfürsten auf. Das in babylonischer und ugaritischer Keilschrift geschriebene Hurritische ähnelt im Bau einigen Kaukasussprachen und ist in den Grundzügen aufgrund von Briefen, Ritualen, Namen usw. erschlossen. Ihre Götter erleben die Hurriter vor allem als furchterregende Mächte. Hauptgötter sind der Wettergott Teschup und die Schauschka. Ihre Bildkunst ist oft technisch primitiv, aber vielseitig und bisweilen von erdrückender Monumentalität.
	seit etwa 1500	In einigen Hurriterstaaten finden sich Dynastien mit z.T. indoarischen Namen, die zu nach Südwesten abgesprengten Gruppen der Indoiranier (Arier) gehören müssen.
Mitannireich	etwa **1460–1340**	Der bedeutendste dieser Staaten ist offenbar das *Mitannireich* (Hauptstadt Wassukkanni im nördlichen Chaburgebiet), das unter Sauschtatar (um 1430) vom iranischen Grenzgebirge bis nach Alexandrette am Mittelmeer gereicht haben muss; Assyrien gehört unter abhängigen Fürsten dazu. In Syrien kämpfen die Mitanni oft mit dem Ägypten der 18. Dynastie.
Vasall der Hethiter	um 1390–1350	Verträge schaffen gute Beziehungen unter Tuschratta, der aber später mit Suppiluliuma I. von Hatti unglücklich kämpft, sodass sein Sohn Sattiwasa *Vasall der Hethiter* wird. Nach etwa 4000 Urkunden aus dem Fürstentum Arrapcha (Kerkuk) in stark hurritisch gefärbter akkadischer Sprache ist der Boden im Mitannireich unverkäuflich; durch Scheinadoptionen mit „Geschenken" umgeht man das oft. Sorgfältig gepflegt wird die Pferdezucht für die damals oft kampfentscheidende Streitwagentruppe (Terminologie z.T. arisch-indisch).
Assyrien wieder selbstständig	1364–1328	Nach dem Hethiterkrieg macht sich *Assyrien* unter Assur-uballit I. wieder *selbstständig* und greift bald in Thronstreitigkeiten unter den Kassitenkönigen Babyloniens ein.
	1274–1207	Nach wechselvollen, sehr harten Kämpfen werden Mesopotamien und Südarmenien von Salmanassar I. (1274–1244: Schulmanaschared) und Tukulti-Ninurta I. (1244–1207: bei den Griechen Ninos) unterworfen; letzterer erobert und zerstört auch Babylon. Assur, Ninive und andere Städte werden befestigt und ausgebaut (Frondienst wird oft als Strafe verhängt). Gesetzestafeln zeigen eine barbarische Strafpraxis und, abweichend von manchen Urkunden, eine Schlechterstellung der Frau.
Aramäer	1207	Nach Tukulti-Ninurtas Ermordung bricht das Reich zusammen; Mesopotamien wird von einer neuen Welle semitischer Nomaden, den *Aramäern* (Sprache Aramäisch), überschwemmt.
Nebukadnezar I.	1157 1126–1104	Babylonien gewinnt nach der Vertreibung der letzten Kassitenkönige durch den Begründer der 2. Dynastie von Isin wieder zeitweilig die Oberhand, vor allem unter *Nebukadnezar I.* (Nabu-kudurri-ussur), der Elam besiegt.
Tiglatpilesar I.	1116–1077	Assyrien steigt erneut auf unter *Tiglatpilesar I.* (Tukulti-apil-Escharra), der in Südarmenien kämpft und nach zahlreichen Aramäerfeldzügen Palmyra und das Mittelmeer erreicht. Er fördert die Landwirtschaft und Literatur. Durch neue große Aramäereinbrüche aus Arabien geht unter seinen Söhnen Mesopotamien wieder verloren.

Die klassische Kultur Babyloniens

Die Zeit von etwa 1400–1050 ist die klassische Zeit der jüngeren babylonischen Literatur, die nun auch in Assyrien gepflegt wird; die Kriege, Jagden und Bautätigkeit werden in oft sehr lebendig schildernden Königsinschriften und Dichtungen auch dort meist babylonisch, nicht im assyrischen Dialekt abgefasst. Die noch anerkannten Werke der älteren Literatur erhalten nun ihre „kanonische" Gestalt. Sin-leke-unninni dichtet das *Gilgameschepos* von den Taten des Gilgamesch und seines Freundes Enkidu unter Einbeziehung der alten Sintfluterzählung neu. Ein Weltschöpfungsepos verherrlicht zugleich die Erhöhung Marduks. Weitere neue, wieder meist anonyme Werke gehören zur Gebets- und Weisheitsliteratur. Sehr stark ausgebaut werden die Vorzeichensammlungen (auch für die Astrologie) und die Philologie in Listenform. Die Medizin arbeitet zugleich mit Tausenden von Diagnosen und Rezepten und mit magischen Riten. Kein systematisches Werk zieht Folgerungen aus den oft sehr guten Beobachtungen. In der *Religion* gewinnt ein nicht auf die Erkenntnis einzelner Verfehlungen beschränktes Sündenbewusstsein immer größere Bedeutung; dabei wird auch die Hiob-Frage nach der Gerechtigkeit Gottes gestellt. Monotheistische Tendenzen sind erkennbar, können sich aber gegen das Gewicht der Überlieferung und das Interesse der Priesterschaft an den alten Kulten nicht durchsetzen. Religion und Magie werden vielfach vermengt. Viele Gebete werden in magischen Riten gegen Dämonen, Hexen und böse Kräfte wie Beschwörungen verwendet. Rituale regeln die Tempelkulte oft bis ins kleinste. An ein Fortleben nach dem Tod glaubt man nicht, der Totenkult bleibt auf wenige Handlungen beschränkt. Langes, glückliches Leben auf der Erde ist das höchste Ziel.

Gilgameschepos

Religion

Neben dem auf vielen Gebieten blühenden *Handwerk*, das sich in den Familien vererbt, spielt der *Handel* eine beherrschende Rolle; Kriege dienen dem Schutz seiner Wege, auch die Könige sind an ihm oft direkt beteiligt. Der Bodenbesitz ist verschieden geordnet; neben dem alten Tempel- und Staatsbesitz gibt es auch manchmal ausgedehnten Privatbesitz. Belehnungen verdienter Beamter und Offiziere sind oft bezeugt. *Landwirtschaft*, Viehzucht und Gartenbau werden intensiv gepflegt; für die Bestellung und Ernte werden Lohnarbeiter zusätzlich eingestellt. Kriegsgefangene werden nur teilweise versklavt; Freilassungen sind häufig.

Handwerk Handel

Landwirtschaft

Das Assyrische Großreich und das Chaldäerreich (etwa 950–609)

nach 1050	Das Eindringen aramäischer Nomaden vor allem in Babylonien setzt sich verstärkt fort und führt dort nach und nach zur gänzlichen Aramaisierung des flachen Landes. In Mesopotamien konsolidiert sich das Aramäertum in vielen kleinen Staaten, deren Kultur zumal in der Bild- und Baukunst vor allem durch das Erbe der Hethiter und Hurriter bestimmt wird.
nach 930	Das erneut erstarkende Assyrien muss daher zunächst immer wieder mit diesen Aramäerstaaten kämpfen, zugleich aber auch mit den hurritischen Reststaaten, mit Südarmenien und mit Babylonien.
884–859	Besonders große Erfolge erzielt der zähe, jeden Widerstand brutal brechende *Assurnassirpal II.*, der wieder Phönikien erreicht; die schon früher oft geübte Politik, widerspenstige Bevölkerungen umzusiedeln, führt er in großem Maßstab durch und gewinnt dadurch u. a. die Bewohner für die neue Hauptstadt Kalach an der Mündung des oberen Zab, wo er einen gewaltigen Palast mit Hunderten von zu großen Bildfolgen zusammengestellten, wohl farbigen Kalksteinreliefs errichtet.
859–824	Sein Sohn *Salmanassar III.* führt seine Eroberungspolitik planmäßig fort. Er unterwirft in Iran als erster medische Stämme, kämpft im Norden mit dem neuen Reich Urartu und gelangt im Westen bis zum Taurus und nach Transjordanien, kann allerdings Damaskus nicht erobern. An den Koalitionen gegen ihn in Syrien sind auch Israel unter Ahab und Jehu sowie erstmals arabische Kamelreiter beteiligt. Auf seinem berühmten schwarzen Obelisken und in zahlreichen Bronzebildstreifen auf Palasttoren sowie in vielen Annaleninschriften verewigt der Herrscher seine Taten.
810–782	Für seinen noch unmündigen Enkel Adadnerari III. führt vier Jahre lang dessen Mutter *Semiramis* (Sammuramat), von der die Griechen Wundergeschichten erzählen, tatkräftig die Regentschaft. Er selbst kämpft wieder Jahr für Jahr an den Grenzen von Medien bis Südpalästina und bringt auch Babylonien in immer größere Abhängigkeit, mit Rücksicht auf die Empfindlichkeit des alten Kulturlandes aber unter eigenen Königen.
746 746–727	Geringere Erfolge seiner weniger kriegerischen Nachfolger lösen eine Militärrevolte aus, die mit *Tiglatpilesar III.* (auch Pulu genannt) den eigentlichen Begründer des neuassyrischen Großreichs auf den Thron bringt.

Assurnassirpal II.

Salmanassar III.

Semiramis

Tiglatpilesar III.

	734	Er erobert das für den Arabienhandel wichtige Gaza am Mittelmeer.
	732	Damaskus von den Assyrern erobert; nach einem Vorstoß nach Arabien zahlen sogar die Sabäer im Jemen Tribut. Im Norden drängt Tiglatpilesar III. das Reich von Urartu zurück und schickt Truppen bis zum Demawend in Nordiran.
	729	Das immer wieder aufsässige Babylonien wird assyrische Provinz. Durch Austausch nicht pazifizierter Grenzbevölkerungen steigert Tiglatpilesar III. die Entnationalisierungspolitik; die Kriegstechnik verbessert er u.a. durch die Einführung eines Dreimannstreitwagens neben dem seit der Mitannizeit üblichen leichteren Wagen. Die Reiterei hat nur eine geringe Bedeutung.
	722	Sein Nachfolger Salmanassar V. (727–722) wird während der Belagerung von Samaria in Israel von einem General gestürzt, der den berühmten Namen *Sargon II.* (Scharrukin „legitimer König") annimmt und sich wieder stärker auf die konservativen Kräfte der Aristokratie und der Priester stützt. In Babylonien macht ihm und seinem Sohn der Chaldäer Mardukapaliddin (im Alten Testament Merodachbaladan) schwer zu schaffen.
Sargon II.	722–705	
	720	In Südpalästina schlägt Sargon II. bei Raphia die Ägypter; Zypern und Midas von Phrygien zahlen Tribut. Urartu erleidet erneut eine Niederlage. Aus Sicherheitsgründen baut er nordöstlich von Ninive Dur-Scharrukin („Sargonsburg") als neue Hauptstadt; der gewaltige Palast erhält reichen Bildschmuck. Sargon fällt im Kampf in Iran.
	705–681	Sargons Sohn, der hochbegabte, aber maßlose Sanherib (Sinachcheriba) kämpft auch wieder an allen Fronten, muss einen Feldzug in Palästina, u.a. gegen Hiskia von Juda, wegen einer Seuche abbrechen und kämpft jahrelang mit den ihm verhassten Babyloniern, die im Bund mit Elam stehen.
Zerstörung Babylons	689	*Babylon* wird total *zerstört*, was selbst viele Assyrer als Sakrileg ansehen. Als neue Hauptstadt wird Ninive, schon lange die zweite Stadt Assyriens, prächtig ausgebaut. Sanheribs ungewöhnliches Interesse für Technik führt u.a. zum Bau eines gewaltigen Aquädukts. Die assyrische Reliefkunst erreicht unter ihm und Assurbanipal ihren Höhepunkt. Die großzügig komponierten Kampf- und Jagdbilder sind sehr lebendig, viele Tierdarstellungen unübertroffen (Sorgfalt im Kleinen und Freude an fein beobachteten Szenen aus dem Leben von Mensch und Tier). Sanherib endet durch Mord.
	681–669	Sein Sohn Assarhaddon (Aschschurachiddin) muss den Thron erst erkämpfen und baut dann Babylon wieder auf, hat gleichwohl viel mit den Aramäern Babyloniens zu kämpfen.
	671	Zur Sicherung Palästinas erobert er Ägypten. Im Norden und Osten bringen trotz Einzelerfolge die *Kimmerier* Assyrien in schwere Gefahr, das dagegen ein Bündnis mit den *Skythen* unter Partatua schließt; viele Orakelanfragen bezeugen die Angst des kränklichen Königs, der früh stirbt.
Kimmerier Skythen		
	669–627	Nachfolger als Großkönig wird ein jüngerer Sohn, Assurbanipal. Der ältere Bruder Schamaschschumukin (669–648) erhält Nordbabylonien, verliert es aber wieder nach einem misslungenen Aufstand.
	648	
	um 655	Ägypten wird nach wechselnden Kämpfen wieder frei.
	639	Dafür gelingt nach mehreren Feldzügen die Vernichtung des alten Reichs von Elam im Südosten; damit fällt ein wichtiges Bollwerk gegen die Meder aus. Auch gegen Araberstämme und in Kleinasien wird gekämpft; Gyges von Lydien schickt Tribut. In *Ninive* legt der ursprünglich zum Gelehrten erzogene König eine große *Bibliothek* an und lässt für sie alle erreichbaren Literaturwerke Babyloniens und Assyriens zumeist in neuen Abschriften sammeln; über 20000 Tontafelbruchstücke davon wurden noch bei Ausgrabungen gefunden. Seine umfangreichen eigenen Inschriften übertreffen durch lebendige Erzählkunst und geschickte Gestaltung noch die gleichfalls kunstvollen Inschriften seiner Vorgänger. Misserfolge werden verschwiegen oder umgedeutet, die Kriege fast immer religiös motiviert. Über 2500 Briefe unterrichten über die Zustände im Reich seit etwa 750.
Bibliothek von Ninive		
	627	Nach Assurbanipals Tod geht es mit dem durch die vielen Kriege ausgebluteten Reich, das jetzt durch Bürgerkriege (zwei Söhne streiten um den Thron) noch weiter geschwächt wird, rasch abwärts.
		Der große Skythensturm auf Vorderasien und ein erster Mederangriff können aber (625) noch vor dem Kerngebiet abgewehrt werden.
	626–605	Babylonien hingegen macht sich unter dem Chaldäerfürsten Nabupolassar endgültig von Assyrien frei. Dieser tut sich bald mit dem Mederkönig Kyaxares zusammen, während Assyrien von den Skythen und jetzt auch Ägypten unterstützt wird.
		Trotzdem fallen nach schweren Kämpfen Assur und Ninive. Beide Städte werden völlig zerstört, der letzte König Sinscharrischkun lässt sich in seinem Palast verbrennen.
Aufteilung Assyriens	609	Auch Charran in Mesopotamien fällt, wohin ein Rest der Armee entkommen ist. Das *Reich* wird nun zwischen Babylonien und Medien *aufgeteilt*; Assyrien selbst wird zur bedeutungs-

losen und weithin entvölkerten Provinz, nachdem sich der in Jahrhunderten angestaute Hass der unterdrückten Völker furchtbar Luft gemacht hat.

Das Chaldäerreich (626–539)

605–562 Nabupolassar schickt nach dem Zusammenbruch Assyriens gegen die diesem zu spät zu Hilfe kommenden Ägypter seinen Sohn *Nebukadnezar II.*, der Necho bei Karkemisch in Syrien schlägt (605), aber wegen seines Vaters Tod nicht nachstoßen kann. Als König macht dieser Babylonien noch einmal zur Großmacht. Versuche der Juden und anderer Völker, sich zu befreien, schlagen fehl.

Nebukadnezar II.

587 *Jerusalem* wird zerstört, Tyros dann jahrelang belagert, Ägyptens Heer erneut geschlagen. Nebukadnezars Bautätigkeit übertrifft an Umfang die aller früheren Könige. Der Hochtempel des Marduk in Babylon wird bei gleicher Länge und Breite 91,5 m hoch (Tempel zweistöckig auf fünf Kolossalstufen; *„Turm zu Babel"*); farbige Ziegelreliefs schmücken die Paläste und die Tore der gewaltigen Festungswerke. Die so genannten „hängenden Gärten" sind wohl Terrassengärten. Nördlich von Babylon errichtet er die vom Euphrat bis zum Tigris reichende „Medische Mauer". Das Reich wird nach assyrischem Muster durchorganisiert; die Provinzstatthalter haben große Vollmachten. Bei zunehmendem Wohlstand lebt die Geisteskultur weitgehend von der Vergangenheit. Im Heer gibt es auch griechische Söldner.

Zerstörung Jerusalems

Turm zu Babel

555–539 Nach drei Kurzregierungen folgt als letzter König Babyloniens Nabonid (Nabuna'id), ein Aramäer aus Charran. Er verbittert die Priester von Babylon durch die Bevorzugung seines heimischen Mondgottes Sin und versucht vergeblich, von Westarabien aus den Widerstand gegen Persien zu organisieren. Während seiner langen Abwesenheit in Arabien ist sein Sohn, Kronprinz Belscharrussur (im Buch Daniel Belsazar), Regent in Babylon.

539 Infolge des Verrats der Mardukpriester erobert der Perser *Kyros* ohne größere Kämpfe Babylon und verleibt das ganze Reich seinem Großreich ein. Der Verlust der Selbstständigkeit bedeutet für Babylonien noch nicht das Aufhören eines Lebens nach eigenen kulturellen und religiösen Überlieferungen, da die Perser den Unterworfenen viele Freiheiten lassen. –

Kyros

522/521
482? Dennoch Aufstände gegen die persische Herrschaft.
Der persische König Xerxes hebt nach zwei Aufständen das eigene babylonische Königtum (in Personalunion mit dem persischen) auf und zerstört den Marduktempel in Babylon. Wirtschaftlicher Niedergang setzt ein.

331 Nach der Eroberung Babyloniens durch Alexander d.Gr. kommt es noch zu einer Art *Spätrenaissance* des Babyloniertums vor allem in Uruk (griechisch Orche) im Süden, die über die Zeit der Seleukidenherrschaft hinaus auch noch während der Zugehörigkeit zum Partherreich eine Zeit lang nachwirkt.

„Spätrenaissance"

seit 141 v.Chr.
bis ca. 75 n.Chr. Das Babylonische, schon unter den Chaldäern fast nur noch Schriftsprache, bleibt aber auch für Privaturkunden noch lange in Gebrauch. Man spricht Aramäisch. Die Astronomen schreiben noch längere Zeit in Keilschrift; durch die Verbindung babylonischer und griechischer Methoden gelingen bedeutsame Entdeckungen. Sonst wird der geistige Niedergang allenthalben stärker spürbar. In der Wirtschaft bilden sich (nach 700) ausgeprägt kapitalistische Formen aus (Verquickung von Geldverleih und Grundstückshandel; Tempelpfründen werden wie Aktien gehandelt). Nach Ägypten bringt Babylonien im Perserreich anfangs das größte Steueraufkommen auf.

Das Erbe der babylonischen Kultur

Die Wirkung der Kultur Babyloniens auf die Nachbarländer ist schon im 3. Jt. sehr groß und vielseitig und geht weit über die Befruchtungen hinaus, die Babylonien und Assyrien ihrerseits erfahren. Am stärksten ist sie in Iran von der Frühzeit bis zum Achämenidenreich und in Kleinasien. Auch in Syrien und Palästina sind die ägyptischen Einflüsse nur zeitweilig intensiver. Im Alten Testament sind mancherlei babylonische Anregungen spürbar, besonders in den Psalmen.
Auf die griechische Kultur wirken unmittelbar wohl nur die babylonische Mathematik und Astronomie. Die mittelbaren Einwirkungen über Kleinasien und Phönikien (z.B. auf die griechische Mythologie) sind vorläufig noch schwer abzuschätzen. Beträchtlich ist aber der babylonische Einfluss auf manche Denkweisen des Hellenismus und über das Seleukidenreich auf die Wirtschaftsformen der hellenistischen Welt. Babylonische Maßsysteme bleiben z.T. noch jahrhundertelang im Gebrauch mit Einflüssen bis zur europäischen Gegenwart.– (Forts. S. 184)

Kleinasien

Das ganz überwiegend gebirgige Kleinasien zerfällt in zahlreiche, oft durch hohe Gebirgsriegel voneinander geschiedene Landschaften sehr ungleichen Charakters; Kleinstaaterei und kulturelles Eigenleben der einzelnen Landesteile werden dadurch sehr gefördert. Manche der an anbaufähigem Boden armen Hochgebirgslandschaften im Osten und Norden sind ausgesprochene Rückzugsgebiete für kleine Volksreste. Das Gebiet der durch tiefe Buchten reich gegliederten Westküste mit ihrem leicht zugänglichen Hinterland ist kulturell meist ein Teil des ägäischen Gebietes, während Mittelanatolien mit seinen Steppen zu Asien gehört. Armenien im Osten bildet bei oft wechselnden Grenzen das Übergangsgebiet zu Nordwestiran und zum transkaukasischen (grusinischen) Tiefland. Das kilikische Tiefland zwischen dem passarmen Tauros (Taurusgebirge) und dem Amanus (Teil des Ost-Taurusgebirges) stellt die Brücke nach Syrien dar. Kleinasien ist vor allem im Nordteil reich an leicht abzubauenden Metallen. Eisenerze gibt es im Bereich von Malatya (Südostanatolien).

vorkeramisches Frühneolithikum — etwa 6500–5500? Während des *vorkeramischen Frühneolithikums* gibt es in Kleinasien bereits Ackerbau und Viehzucht (Schafe, Ziegen). In Hacılar (Hadschilar bei Burdur in Südwestkleinasien) sind Lehmziegelhütten und Steingefäße nachgewiesen.

nach 5500 Hauptfundort für das keramische Neolithikum ist Çatal (Tschatal) Hüyük südlich von Konya mit reichbemalten Häusern und Kultstätten sowie Stein- und Tonfiguren (Göttin und Tiere).

Kupfersteinzeit — nach 5000 Im frühen Chalkolithikum *(Kupfersteinzeit)* wird die Bemalung noch reicher (Tiere und Menschen), neben die alte grobe Keramik treten auch in Mersin in Kilikien mit brauner Farbe bemalte Gefäße von mannigfachen Formen (geometrische Motive und eigenartige religiöse Symbole); einige haben die Gestalt sitzender Frauen (Augen aus Obsidian). Die Siedlungen sind teilweise ziemlich groß. Beziehungen bestehen zur Tell-Hassuna– und später zur Tell-Halaf-Kultur Mesopotamiens sowie zur Amuk-Kultur Syriens, bei denen aber Metallgeräte erst später einsetzen.

um 4000–2500 Die jüngeren chalkolithischen Buntkeramikkulturen Kleinasiens fallen, wie es scheint, gegenüber den älteren ab. Über Völkerbewegungen in dieser langen Zeit sind sichere Aussagen noch nicht möglich.

frühe Bronzezeit — um 2500–2200 Die *frühe Bronzezeit* ist vor allem im Halysgebiet in Alaca (Aladscha Hüyük, nordwestlich von Yozgat) und Alişar vertreten. Städtische Siedlungen nützen die reichen Metallvorkommen aus. Überaus reiche Beigaben fanden sich in den Fürstengräbern von Alaca und in ähnlich ausgestatteten, etwas jüngeren Gräbern auf dem Horoztepe nördlich von Tokat im Pontosbereich: neben bemalter Keramik Gefäße aus Bronze und Gold, Waffen, kupferne Tierfiguren mit Elektronüberzug, Sistra mit Symbolfigürchen usw. Heilige Tiere sind danach der Stier, der den Wettergott vertritt, und der Hirsch.

Protohattier — Träger dieser noch schriftlosen Kultur, die deutlich sumerische Einflüsse erkennen lässt, sind vielleicht schon die so genannten *Protohattier*, die uns als eine Hauptgruppe der Einheimischen später in den altassyrischen Handelskorrespondenzen von Kanesch begegnen.

ca. 1860–1730 Sie sind damals, wie wohl schon zur Zeit der Feldzüge Sargons und Naramsins von Akkade, auf dem Hochland in kleineren Staaten organisiert. Ihre aus Namen und einigen jüngeren Ritualen in Keilschrift aus Hattusas (Boğazköy) erst unzureichend bekannte Sprache, die als grammatische Elemente in großem Ausmaß Vorsilben verwendet, lässt sich noch in keine bekannte Sprachfamilie einordnen.

Indogermanen — Auf noch unbekannten Wegen, meist wohl östlich des Schwarzen Meeres, dringen (nach 2000) kleine Gruppen von *Indogermanen* nach Anatolien ein und werden als politische um 1800 Führungsschicht über der einheimischen Bevölkerung nachweisbar, der sie sich in der materiellen Kultur zunächst weit gehend anpassen. Der Verdrängung der protohattischen Dynastien gehen schwere Kämpfe voraus, die zur – durch Ausgrabungen nachweisbaren – Zerstörung verschiedener Städte führen. Aufgrund ihrer untereinander nah verwandten

Hethiter — Kentum-Sprachen können wir die Volksgruppen der *Hethiter* (Nasier), Luwier und Palâer unterscheiden, von denen nur die erste eine für uns fassbare größere geschichtliche Bedeutung gewinnt. Der Wortschatz dieser Sprachen, die auch wieder in babylonischer Keilschrift geschrieben werden, ist nur zum kleineren Teil indogermanisch, auch der Sprachbau ist altkleinasiatisch beeinflusst (erste Entzifferung durch Bedřich Hrozný 1915). Infolge der Verwendung vieler sumerischer und akkadischer Wörter als Wortzeichen in der Schrift sind viele hethitische Wörter auch für sehr geläufige Begriffe noch unbekannt.

Die Anfänge des Hethiterreichs sind noch dunkel. Ob ein von Anitta von Kussar gegründetes anatolisches Reich Bestand hatte, wissen wir wegen des Abbrechens der schriftlichen Überlieferung (nach 1730) noch nicht.

um 1600–1490	Das so genannte *Alte Reich der Hethiter* begründet wohl Labarnas, dessen Name später (wie Cäsar) zum Titel wird. Sein Sohn Hattusilis I. kann von dem Kerngebiet um die Hauptstadt Hattusas (heute Boğazköy 150 km östlich von Ankara) schon nach Syrien vorstoßen.	*Altes Reich der Hethiter*
1531	Dessen Sohn Mursilis I. (griechisch Myrsilos) erobert auf einem Raubzug euphratabwärts Babylon, kann das Gebiet aber nicht halten.	
um 1490	Nach inneren Unruhen (mehrere Morde in der Königsfamilie) und schweren Bedrängnissen durch Angriffe der Hurriter versucht der Usurpator Telepinus eine Staatsreform; der Erlass darüber mit historischer Einleitung ist z. T. erhalten. Die Königsherrschaft ist nicht absolut. Die Macht des Königs wird durch die *Adelsversammlung* der Inhaber der großen Lehen (pankus) beschränkt; sie kann den König in besonderen Fällen zur Rechenschaft ziehen. Die Erbfolgeordnung legt Telepinus genau fest. Vor allem im Neuen Reich hat die Königin (Tawananna), die ihre Stellung vererbt, auch auf die Politik einen großen Einfluss. Das Reich ist ein Feudalstaat.	*Adelsversammlung*
um 1440–1200	Nach einer Zeit der Schwäche begründet Tudhalijas II. das so genannte *Neue Hattireich*, dessen Könige auf ihren Monumenten eine neue, teilweise ältere Symbole benutzende Bildzeichenschrift (so genannte hethitische Hieroglyphen) benutzen, die heute im Wesentlichen entziffert ist. Man schreibt einen Dialekt des Luwischen, der vielleicht nie als Umgangssprache diente. Verwaltungs- und Literatursprache bleibt jedoch das Hethitische. Tudhalijas erobert erneut Aleppo (Haleb); unter seinen Nachfolgern gehen die Nachbarvölker immer wieder zum Angriff über.	*Neues Hattireich*
um 1375–1340	Der bedeutendste König ist *Suppiluliuma I.*, der das Reich in Kleinasien wiederherstellt und vergrößert, in Syrien die Ägypter zurückdrängt und sich das Mitannireich nach Zerstörung der Hauptstadt großenteils unterwirft. Die eroberten Gebiete bleiben meist unter der Herrschaft einheimischer Fürsten, die durch – unter Anrufung vieler Götter – beschworene Verträge mit genau festgelegten Bedingungen (z. T. erhalten) an Hatti gebunden werden; die Verwaltung wird dadurch dezentralisiert. In den Kämpfen werden oft Streitwagen eingesetzt; Vorschriften für das Training der Pferde sind z. T. erhalten. Der Verteidigung dienen starke Befestigungen.	*Suppiluliuma I.*
um 1338–1310	Suppiluliumas jüngerer Sohn Mursilis II. erweitert das Hethiterreich vor allem nach Westen.	
um 1310–1285	Muwatallis kämpft wieder in Syrien mit Ägypten: 1285 Schlacht bei Kadesch (am oberen Orontes) gegen Ramses II.	
um 1278–1250	Dessen jüngerer Bruder Hattusilis III. verbannt seinen Neffen und Vorgänger und schließt Frieden mit Ägypten; er behält dabei den größeren Teil Syriens (1270).	
um 1200	Nach vielen Kämpfen vor allem in Südwestkleinasien erliegt das Reich dem Ansturm von aus Thrakien einbrechenden Heerscharen, die wohl mit den „*Seevölkern*" in Ägypten zusammenhängen; Hattusas wird zerstört: Berichte darüber fehlen. Reststaaten halten sich noch länger in Ostanatolien und Syrien, das daher bei den Assyrern immer Hatti heißt.	*Seevölker*

Staat, Religion und Kultur der Hethiter

Für die *Kultur* des Hethiterreichs ist neben den Ausgrabungen das große Tontafelarchiv der Hauptstadt Hattusas mit Keilschrifttafeln in sieben Sprachen die Hauptquelle. Sie ist danach recht uneinheitlich. Das indogermanische Erbe ist außer im Staatsaufbau nur in manchen Werken der formal vom Orient abhängigen bedeutenden Bildkunst (Felsreliefs bei Hattusas) und in der Sprache deutlich erkennbar; aber auch die monumentale Baukunst wirkt in vielem nicht orientalisch. Unter den sehr zahlreichen Göttern (darunter auch Berge, Flüsse und Quellen) begegnen neben vielen altkleinasiatischen (vor allem protohattischen, hierzu neben dem ursprünglich stiergestaltigen Wettergott z. B. die Göttin des Königshauses, die „Sonnengöttin von Arinna") besonders auch hurritische, da die Hurriter von Syrien und Ostanatolien aus einen sehr starken Einfluss ausüben. *Babylonischer Einfluss* ist vor allem in Kult, Magie und Vorzeichenglauben erkennbar, obwohl die in umfangreichen Ritualen behandelten und den König sehr stark beanspruchenden Staatskulte durchaus eigenes Gepräge tragen. Babylonische Vorbilder wirken aber auch in der Literatur mannigfach nach, vieles wird sogar in der Ursprache oder in Nachdichtungen direkt übernommen, z. B. eine Gilgameschdichtung. Vor allem in Ritualen gibt es viele protohattische, hurritische, luwische und palaische Stücke, die erst teilweise verständlich sind. Unter den echt hethitischen Werken, die anders als in Babylonien oft die Verfasser nennen, sind besonders bemerkenswert einige Selbstberichte von Königen, die nicht nur dem Selbstruhm dienen, sondern Ansätze zu echter, religiös motivierter Geschichtsdarstellung erkennen lassen; bisweilen werden sogar Misserfolge erwähnt.

Kultur

babylonischer Einfluss

Über die gewiss nicht einheitliche Volksreligion sagen die Quellen fast nichts aus. Das aus den nur z. T. erhaltenen Gesetzessammlungen zu erschließende *Strafrecht* ist recht human; die Todesstrafe ist selten (keine Verstümmelungen). Die Wiedergutmachung des Schadens hat Vorrang vor der Vergeltung. Das

Strafrecht

Privateigentum auch am Boden wird geschützt. Die große Mehrheit der Bevölkerung ist wohl bäuerlich; es gibt nur wenige größere Städte, in denen das Handwerk eine bedeutsame Rolle spielt. Infolge der Tendenz, den Einfluss des Adels zu beschränken, werden die Priesterschaften und das Beamtentum im Lauf der Zeit immer einflussreicher. Eine dem alten Orient sonst fremde Sitte ist die Feuerbestattung neben der überwiegend üblichen Erdbestattung.

Die Beziehungen des Hethiterreichs zum mykenischen Kreis und zu Kreta sind noch nicht ausreichend geklärt. Jüngere hethitische Texte erwähnen mehrfach oft feindliche Berührungen mit dem Ahhijawa-Volk in Westkleinasien (um Millawanda/Milet?) und wohl auch auf ägäischen Inseln (Rhodos?). Mit ihm könnten griechische Achaier gemeint sein. Ein Fortwirken der hethitischen Kultur ist außer in Kleinasien besonders bei den Phrygern vor allem in Syrien und in Assyrien erkennbar, zumal in der Bild- und Baukunst. Die Wirkung auf Griechenland lässt sich noch nicht recht abschätzen; nachweisbar ist sie in der Mythologie (Kronosmythen). Die Vermittlung künstlerischer Elemente wie des sog. orientalisierenden Stils erfolgt seit etwa 800 wohl überwiegend über die Städte und Inseln der Südküste Kleinasiens.

Phryger

1200–800 Über die Verhältnisse in Zentralanatolien ist fast nichts bekannt. In dieser Zeit müssen über den Bosporus die mit den Armeniern verwandten indogermanischen *Phryger* in das frühere Hethitergebiet eingedrungen sein.

Muschki

um 1100 Einen Vorstoß von dort aus noch weiter nach Osten wehrt Tiglatpilesar I. von Assyrien ab, der seine Gegner *Muschki* nennt.

seit ca. 900 Nach Gründung weniger Faktoreien schon in der mykenischen Zeit wird später die ganze Westküste Kleinasiens von Griechen besiedelt. Ihre Städte haben zum Hinterland zunächst wenige Beziehungen.

nach 800 Die Phryger haben in Anatolien ein größeres Reich mit der Hauptstadt Gordion am Fluss Sakarya. Der aus der griechischen Sage bekannte, mit einer Griechin verheiratete Midas (assyrisch Mita) versucht sogar, nach Kilikien vorzudringen.

um 720

709 Midas muss den Assyrern unter Sargon II. weichen und ihnen Tribut schicken.

um 690 Er erliegt mit seinem Reich den Kimmeriern und gibt sich selbst den Tod. Das Gebiet fällt z.T. an Lydien. Über die von den Hethitern stark abhängige Kultur der Phryger ist wenig bekannt. Die Vornehmen werden in großen Felsgräbern oder unter gewaltigen künstlichen Hügeln (bis zu 53 m Höhe) bestattet. Die Hauptgottheit ist die „große Mutter" *Kybele*, die ein Bildwerk aus Boğazköy (Hattusas) zwischen Musikanten darstellt. Einige Kulte, darunter besonders der des Attis, sind orgiastisch, ähnlich dem Dionysoskult der Griechen.

Kybele

Armenien

ca. 1220–850 Im Gebiet von Armenien gibt es nach 1300 zahlreiche Kleinstaaten mit vorwiegend hurritischer Bevölkerung (dazu die Nairiländer der Assyrer).

Urartu

nach 900 Diese werden später zu einem neuen Reich zusammengefasst, das bei den Assyrern *Urartu* (in der Bibel Ararat), in den urartäischen Inschriften Biaini heißt. Hauptstadt wird Tuschpa (heute Wan am Wansee).

um 828–785 Zunächst durch die Assyrer in Schranken gehalten, wird Urartu in Zeiten sinkender assyrischer Macht unter den Königen Ispuinis und Menuas zur Großmacht, die nach Norden bis zum Araxes und südwestlich bis Syrien ausgreift.

um 785–753 Argistis I. dringt sogar bis nach Südgeorgien und über den Urmiasee nach Aserbaidschan vor.

Sardur II.

um 753–735 *Sardur II.* erreicht Aleppo, wo Urartu aber bald wieder den Assyrern unter Tiglatpilesar III. weichen muss. In der Folgezeit gerät es zwischen Assyrien und den von Norden vordringenden Kimmeriern in eine Zange.

714 Tuschpa wird von Sargon II. zerstört, aber wieder geräumt. Urartu kann sein Kernland nach Abwanderung der Kimmerier wieder befreien.

Skythen

nach 600 Schließlich erliegt Urartu den *Skythen*.

Die urartäische Kultur – ihr Erbe

Die urartäische Sprache, in assyrischer Keilschrift geschrieben, ist dem Hurritischen nächst verwandt. Keine Literatur außer Königsinschriften ist bekannt. Bedeutend ist das in den Motiven z.T. von Assyrien beeinflusste Kunsthandwerk; in der Metallbearbeitung ist Urartu führend. Der Land- und Gartenbau wird durch ausgedehnte Bewässerungsanlagen und Kanäle gefördert. Den Göttern, besonders dem National-

gott Chaldi, werden große, reich ausgestattete Tempel erbaut. Die starken, z.T. in den Fels gehauenen Burgen und Festungen lassen das Weiterwirken hethitischer Vorbilder auch in Armenien erkennen.
Das Erbe Urartus treten die indogermanischen *Armenier* an, die wahrscheinlich mit den Phrygern nach Kleinasien kommen und vielleicht zunächst in Kappadokien siedeln. Ob sie dann nach Armenien freiwillig oder unter Zwang wandern, ist noch unbekannt. Nach griechischen Nachrichten gibt es im 6. Jh. noch mancherlei Kämpfe zwischen ihnen und den in Armenien noch ansässigen Resten der Urartäer (griechisch Alarodier), ehe Einwanderer und Altansässige zu dem uns bekannten Volk der Armenier zusammenwuchsen. Politisch werden die Armenier zunächst den Medern und später den Persern botmäßig. In der armenischen Sprache zeichnet sich die wechselvolle Geschichte des Landes ab; manche Umbildungen erklären sich durch urartäische, kaukasische und iranische Einwirkungen. Die Selbstbezeichnung der (von Griechen und Persern so genannten) Armenier ist Hai (daraus später der Landesname Hajastan). Ein Aufstand gegen die Perser 521 wird von Dareios I. bald unterdrückt. – (Forts. S. 345)

Armenier

Lydien

Unter den bekannten Staaten Westkleinasiens gewinnt nach dem Zusammenbruch Phrygiens nur Lydien unter der Dynastie der *Mermnaden* für begrenzte Zeit eine größere Bedeutung.

Mermnaden

um 680– 652 *Gyges* (assyrisch Guggu) stößt vom Kernland um die Hauptstadt Sardeis (am Gedis) an die Küsten vor, kämpft mit wechselndem Erfolg mit den griechischen Kolonien und erobert Kolophon. Gegen die Kimmerier sucht er ein Bündnis mit Assurbanipal von Assyrien, wendet sich aber wieder von ihm ab, wird dadurch isoliert und fällt bei einem neuen Angriff der Kimmerier.

Gyges

um 652– 610 Sein Sohn Ardys stellt das Reich wieder her und gewinnt neue Stützpunkte an der Westküste.

um 605– 560 Die größte Ausdehnung hat das Reich unter *Alyattes*. Gegen ihn zieht Kyaxares von Medien (590).

Alyattes

585 28. Mai Nach längeren Kämpfen kommt es zu einer unentschiedenen Schlacht am Halys, die durch eine von Thales von Milet vorausgesagte totale Sonnenfinsternis beendet wird.
Beim Friedensschluss danach vermittelt Nebukadnezar II. von Babylonien, der Mediens Ausdehnung eine Grenze setzen will; der Halys wird zur Grenze beider Reiche.

575 560–546 Alyattes erobert und zerstört Smyrna. Alyattes' Sohn Kroisos erobert Ephesos; an der Küste bleibt nur Milet noch selbstständig, wird aber durch Vertrag an Lydien gebunden. Verträge mit Sparta und anderen Griechenstaaten folgen. Das Land wird zunehmend hellenisiert (reiche Stiftungen für griechische Tempel).

547 Gestützt auf Bündnisse mit Babylonien, Ägypten und Sparta, glaubt Kroisos, den nach Kappadokien vorgestoßenen Kyros von Persien angreifen zu können, wird jedoch isoliert, nach einer Niederlage bei Pteria in Sardeis eingeschlossen und bei der Eroberung der Stadt gefangengenommen, aber begnadigt. Lydien wird nun *persische Provinz*.

persische Provinz

Staat und Kultur der Lyder

Die mit einer eigenen, der griechischen ähnlichen Buchstabenschrift geschriebene lydische *Sprache* ist indogermanisch und dem Hethitischen nah verwandt. Große Viehherden und reiche Bodenschätze in Verbindung mit einem hochstehenden Kunsthandwerk und der Herstellung feiner Stoffe sowie die Vermittlung des Ost-West-Handels lassen den Feudalstaat Lydien sehr reich werden. Wohl als erste prägen die Lyder die für Zahlungen verwendeten Metallstücke durch beidseitige Abstempelung zu *Münzen*, um das bis dahin notwendige immer erneute Abwiegen entbehrlich zu machen. Bald werden überall Münzen geprägt. Die Perser siedeln in Lydien u. a. Ostiranier an, um eine weitere Hellenisierung zu verhindern. Später aber ziehen die persischen Satrapen selbst viele Griechen ins Land; der Siegeszug Alexanders d.Gr. wird dadurch mancherorts erleichtert.

Sprache

Münzen

Die Steuerbezirke im persischen Kleinasien sind Lydien mit Mysien (Hauptstadt Sardeis), Kappadokien mit Phrygien (Hauptstadt Daskyleion) und Ionien; ein weiterer Bezirk der „Meerleute" an der Südküste wird nach dem Ionischen Aufstand Karien genannt (Hauptstadt Mylasa). Kappadokien, schon seit der Mederherrschaft iranisiert, wird früh zur erblichen Satrapie (Pharnakes, Pharnabazos) mit eigener Münzprägung. In Lydien betreibt Tissaphernes seit 413 eine expansive Politik. Als Oberbefehlshaber (Karanos) von ganz Kleinasien folgt er 400–395 auf Kyros den Jüngeren (408–401). In den Griechenstädten der Westküste setzen die Satrapen mehrfach Adlige als Tyrannen ein, belassen aber einheimische Kleinkönige in Priesterfürstentümern und abgelegenen Gebirgsgegenden, so besonders auch in dem südlichen Gebirgsland Lykien, wo das (indogermanische) Lykische, eine jüngere Form des Luwischen, gesprochen und mit dem griechischen Alphabet mit Zusatzbuchstaben geschrieben wird. Es werden aber auch griechische Inschriften gefunden. An den hohen Grabbauten vor 400 ist Reliefschmuck häufig; um 500 werden die bedeutenden Reliefs am „Harpyienmonument" von Xanthos geschaffen.

Die griechischen Besitzungen in Kleinasien

477 Nach der Gründung des 1. Attischen Seebundes gehen die Griechenstädte Kleinasiens dem
ab 400 Perserreich verloren und bleiben dank der spartanischen Plünderungszüge in Westkleinasien noch bis zum Königsfrieden von 387 frei.

Infolge von Satrapenaufständen machen sich Bithynien und etwas später die Satrapen Da-
368/367 tames und Ariobarzanes in Sinope (heute Sinop) und Daskyleion sowie der König Maussolos in Karien selbstständig.

362 Maussolos gelingt dann im Bunde mit den griechischen Nachbarstaaten unter Duldung der Großkönige Artaxerxes II. und Artaxerxes III. die Gründung eines südwestkleinasiatischen

Halikarnassos Staates mit der Hauptstadt *Halikarnassos*.

In der Auseinandersetzung mit der griechischen Kultur, die hier ihren Höhepunkt erreicht, wird die Geschichte Kleinasiens im 4. Jh. zur Vorgeschichte des Hellenismus. Pontos und Paphlagonien bleiben stärker iranisierte Gebiete, obwohl auch hier der griechische Einfluss deutlich in Erscheinung tritt (Felsgräber von Süleimanköy). – (Forts. S. 192)

Syrien und Phönikien

Syrien ist der nicht sehr breite Landstreifen zwischen Mittelmeer, Euphrat und Syrischer Wüste. Die Nordgrenze bilden die Gebirge Amanus und Tauros; das südliche Drittel, Palästina, wird durch sein geschichtliches Schicksal zu einer Sonderlandschaft.

Syrien

Das gebirgige, aber hafenreiche Küstengebiet etwa zwischen Latakija und Akko wird meist *Phönikien* genannt. Die Gebirgsketten sind durch einen nordsüdlichen Längsgraben geteilt. Östlich der im Altertum waldreichen Gebirge (Libanon und Antilibanon) liegt die große fruchtbare Oase von Damaskus. Zwischen Amanus und Euphrat erstreckt sich die hüglige Ebene von Aleppo. Ständige Besiedlung ist nur in den Gebieten mit ausreichendem Regen möglich. Eine politische Zusammenfassung des ganzen Gebiets gelingt einheimischen Dynastien nur selten.

Phönikien

vor 5500   Wie in Kleinasien und Mesopotamien beginnen schon während des vorkeramischen *Frühneolithikums* Regenfeldbau und Viehzucht bei ähnlichen wirtschaftlichen Verhältnissen.

Neolithikum

nach 5500   Das keramische Altneolithikum ist vor allem durch die *Amuk-Kultur* (nach der Ebene Amuk nördlich von Antakije genannt) vertreten. Für sie sind besondere Gefäßtypen mit poliertem Farbüberzug (auch in Weiß) und Ritzmustern bezeichnend, für die man Muscheln benutzt. Später findet sich in Nordsyrien die mesopotamische Tell-Halaf-Keramik. An der Küste sind – wie für die frühere Zeit – die uralten Hafenstädte Ugarit und Byblos die Hauptfundorte.

Amuk-Kultur

nach 3500   Begünstigt durch die bessere Passierbarkeit von Wüstengebieten, gelangen in das bis dahin nach Ausweis vieler Ortsnamen von Nichtsemiten bewohnte Syrien wie nach Mesopotamien größere Semitengruppen, vorwiegend *Nordsemiten* (Hauptgott Dagan).

Nordsemiten

nach 3200   Im Euphratgebiet (nur in Handelsplätzen?) wird auch sumerischer Einfluss erkennbar, während das Küstengebiet sich infolge des Seehandels früh ägyptischen Einflüssen öffnet, vor allem in Gubla/Byblos.
nach 2700

nach 2500   Eine bis dahin unbekannte sumerisch-semitische Kultur wurde in *Ebla* (heute Tell Mardich 50 km südlich von Aleppo) entdeckt. Im Palast wurden Plastiken und 10000 Keilschrifttafeln (Urkunden und literarische Texte; Sprachen Sumerisch, Akkadisch und das dem Ugaritischen verwandte nordsemitische Eblaitische) gefunden. Über das Reich von Ebla wissen wir erst wenig.

Ebla

um 2240   Es fällt auseinander, als Naramsin von Akkade Ebla zerstört.

nach 2100   Wie in Babylonien dringen kanaanäische Stämme in immer neuen Wellen ein und errichten zahlreiche kleine Staaten um die Küstenstädte und im Binnenland, über deren Schicksal wir aus dem Archiv von Mari erfahren: Besonders mächtig ist der Staat Jamchad (Hauptstadt Halab/Aleppo); andere Zentren sind Katanum (heute Mischrife bei Homs) und im Norden am Euphrat Karkemisch (heute Dscherablus). Schriftsprache ist dort das Babylonische (viele Kanaanismen in Briefen und Inschriften). In Alalach (heute Tell Atschana) am unteren Orontes überwiegen hingegen hurritische und kleinasiatische Einflüsse.

Ugarit und die Stadtstaaten Syriens

Infolge Kreuzung babylonischer und ägyptischer Kultureinflüsse sind in Phönikien schon vor 2000 die Keilschrift (von Ebla) und die ägyptischen Hieroglyphen bekannt. Unter Benutzung beider Schriftsysteme werden dort neue, stark vereinfachte Schriften für das Kanaanäische erfunden, zuerst vielleicht um 1700 in Gubla eine nur z. T. bildhafte Silbenschrift mit wohl etwa 120 Zeichen (teilweise entziffert) auf Bronze- und Steintafeln. Vielleicht aus dieser Schrift ausgewählt wird das seit etwa 1500 bezeugte *phönikische Buchstabenalphabet*, das kurze Vokale nicht und lange nur selten behelfsmäßig zum Ausdruck bringt. Inschriften an Bergwerken im Sinai (vor 1400?) mit z. T. noch bildhaften Buchstaben sind teilweise entziffert. Dieses Alphabet wird um 1000 von Israeliten, Aramäern, den Südarabern und später auch von den Arabern mit einigen Umgestaltungen übernommen. Meist unter Hinzufügung und Umdeutung von Zeichen stammen von ihm unmittelbar oder mittelbar alle Buchstabenschriften der Erde ab, letztlich über die griechische, welche die bis dahin fehlenden Vokalbuchstaben hinzufügt, auch die lateinische. In der Hauptsache ist auch die Anordnung des griechischen und des lateinischen Alphabets der des phönikischen gleich.

phönikisches Buchstabenalphabet

In Ugarit wird im 15./14. Jahrhundert ein Keilschriftalphabet von 30 Buchstaben (Anlehnung an phönikische Buchstaben und die Keilschrift) auf Tontafeln neben der babylonischen Keilschrift geschrieben.

Literatur	Durch die Entzifferung (1930) wurden neben hurritischen Texten Reste der bis dahin verschollenen *Literatur* Syriens und Phöniciens wiedergewonnen, vor allem Mythendichtungen, von denen Spuren auch im Alten Testament erkennbar sind.
Religion	Im Mittelpunkt der *Religion* stehen danach Fruchtbarkeitskulte oft orgiastischer Art, zu denen auch die sakrale Prostitution und im Orient sonst streng verpönte Kinderopfer gehören. Der oberste Gott ist El („Gott"); verehrt werden ferner dessen Gattin Aschera, Dagan und besonders der Wettergott Hadad,
Baal	meist einfach *Baal* („Herr") genannt, dazu als Verkörperung weiblicher Fruchtbarkeit Astarte und die blutdürstige Anat. Ein Mythos handelt von Tod und Wiederauferstehen des Baal als Vegetationsgott (bei den Griechen Adonis). Die teilweise hurritischen und phrygischen Kultbräuchen ähnlichen Kulte finden in den Städten in reich ausgestatteten Tempeln und auf Bergen statt. Kultsymbole wie heilige Pfeiler für Götter und heilige Stangen oder Bäume für Göttinnen spielen eine große Rolle. Die Priesterschaft ist reich gegliedert, daneben stehen Kultpropheten.
Palast von Ugarit	Der aus großen Steinquadern errichtete gewaltige *Palast von Ugarit* ist in manchem Bauwerken der ägäischen Welt ähnlich. Die religiöse Bildkunst ist vielseitig entwickelt, in den meisten Werken aber technisch ziemlich primitiv. Die akkadischen und ugaritischen Briefe und Urkunden aus Ugarit sind eine sehr wichtige Quelle für die verworrenen politischen Verhältnisse in Syrien zwischen 1400 und 1200 sowie für den Aufbau von Staat und Gesellschaft und die Rechtsordnung. Die Könige von Ugarit sind lange Zeit von den Hethitern oder dem an diese vertraglich gebundenen König von Aleppo abhängig.
nach 1500– 1350	Neben Ugarit gibt es in Syrien und Phönikien zahlreiche Kleinstaaten mit hurritischen oder kanaanäischen Dynasten, die mit mehr oder weniger Glück zwischen den Großmächten (Hethiter, Ägypter und auch Mitanni [bis ca. 1350]) zu lavieren suchen; weitere wichtige Quellen dafür sind die Archive von El-Amarna in Ägypten und von Hattusas.
um 1200	Nach dem Untergang des Hethiterreichs und der Schwächung Ägyptens durch die „Seevölker", über die Nachrichten aus Syrien fehlen, bleibt das Land, von zunächst nur vereinzelten Übergriffen der Assyrer abgesehen, sich selbst überlassen. Die Führung im Binnenland geht
Aramäer	nun an die (wohl seit 1300) in immer neuen Wellen anbrandenden *Aramäer* über, die sich kulturell den Alteingesessenen im Wesentlichen anpassen. Über die Vorgänge im Einzelnen und die dadurch bewirkten Umschichtungen wissen wir mangels Quellen fast nichts.

Phönikische Städte und Kolonien

Die durch den Küstenhandel reich gewordenen phönikischen Städte finden infolge des Aramäereinbruchs keine Möglichkeit, ihrer wachsenden Bevölkerung auf dem Land neuen Raum und angemessene Lebensbedingungen zu schaffen. Sie beginnen daher nach dem Zusammenbruch der Seemacht Kretas und der Schwächung Ägyptens mit dem Bau größerer Flotten, um im gesamten Mittelmeerraum Überseehandel treiben zu können.

Handelskolonien	seit 1200 Als Handelsstützpunkte werden auch an den westlichen Küsten des Mittelmeers *Handelskolonien* gegründet, von denen sich manche dank ihrer Lage zu blühenden Städten entwickeln (z.B. Melite = Malta, Panormus = Palermo, Hippo = Biserta, Utica nordwestlich von Tunis, Málaga, Karthago).
	um 1100 Die Straße von Gibraltar wird durchfahren; von den Kolonien an der Atlantikküste wird vor allem Gades (Cádiz) eine Quelle großen Reichtums. Für Handelsreisen der Phöniker nach Britannien fehlen sichere Zeugnisse. Führend in der Kolonisation ist zunächst Sidon (heute Saida), das später auch aus der Glaswarenherstellung großen Gewinn zieht, nach 1000 aber Tyros (heute Ssur), dessen König Hiram I. (um 969–936) gemeinsam mit Salomo von Israel auch Handel im Roten Meer betreibt. Er führt auf diesem Wege vor allem Holz und Kupfer aus, und Gold und Gewürze ein. Bedeutende Städte sind auch das uralte Gubla und Arwad (heute Ruad). Teilweise hohen künstlerischen Rang haben die auch nach Assyrien exportierten Elfenbeinplastiken.
	nach 750 Den systematisch vordringenden Assyrern können die Phönikerstädte wegen ihrer Uneinigkeit keinen nachhaltigen Widerstand leisten.
Zerstörung Sidons Tyros	677 Assarhaddon zerstört *Sidon*.
	573 *Tyros* bleibt dank seiner einzigartigen Lage auf einer Felszunge im Meer lange uneinnehmbar. Erst der Babylonier Nebukadnezar II. kann es nach 13 Jahren Belagerung einnehmen. Im Auftrag Nechos II. von Ägypten führen phönikische Schiffe (um 600) vom Roten Meer aus in zwei Jahren (?) eine Umsegelung von ganz Afrika durch (nicht gesichert). Durch den Aufstieg Griechenlands und die Verselbstständigung Karthagos sinkt der Einfluss Phönikiens im Mittelmeer; der Handel der Städte bleibt aber auch im Chaldäer- und Perserreich ge-

winnbringend. Sehr einträglich für sie ist auch die weitberühmte Purpurstoffherstellung. Das Perserreich belässt diesen Städten eine beschränkte Autonomie unter eigenen Fürsten, verpflichtet sie aber zur Stellung und Bemannung eines großen Teils der persischen Kriegsflotte. Sitz des persischen Satrapen ist wohl Tripolis. So genannte anthropoide Sarkophage ägyptischer, später phönikischer und griechischer Arbeit sowie hausförmige Särge mit Reliefs griechischer Künstler aus den Königsgräbern von Sidon bezeugen die Blüte dieser Stadt in der Achämenidenzeit. Schwere Rückschläge und die erneute Zerstörung Sidons bringt der missglückte Aufstand des Tennes von 351.

Syrien nach der Hethiterzeit (etwa 1200–700)

nach 1200 — *Nordsyrien* wird ein Rückzugsgebiet der hethitischen und hurritischen Kultur. Die hethitischen Hieroglyphen werden hier noch jahrhundertelang, oft neben der aramäischen und phönikischen Schrift, geschrieben. Eindrucksvolle Denkmäler vor allem hurritisch bestimmter Kunst aus der Zeit nach 1000 sind z. B. aus Karkemisch am Euphrat und aus Samal (Sendschirli) bekannt, wo sich Residenzen von – durch Inschriften bezeugten – aramäischen Dynastien befinden. — *Nordsyrien*

nach 1000 — Ein Gebiet hethitisch-phönikischer Mischkultur ist *Kilikien*. Denkmäler der gleichen Art sowie Inschriften in Hieroglyphen neben phönikischen wurden in Asitawaddija (heute Karatepe am Ceyhan) aufgefunden. Nach der Assyrerzeit entsteht in Kilikien unter Herrschern mit dem Titel Syennesis ein den Tauros kontrollierender Staat, der (um 600) nach Kappadokien und Pamphylien ausgreift. Durch Kyros werden die Fürsten persische Vasallen. Erst nach der Schlacht von Kunaxa (401) wird Kilikien zur Satrapie. — *Kilikien*

etwa 950– 800 — Die Vormacht im südlichen Syrien wird nach der Befreiung vom David-Reich der Aramäerstaat von *Damaskus*, der Israel schwer zu schaffen macht. — *Damaskus*

853/848 — Eine große Koalition unter Führung von Benhadad II. von Damaskus kann in der Schlacht von Karkar nördlich von Hamat und auch danach die Assyrer unter Salmanassar III. aufhalten; sie fällt unter Benhadads Nachfolger Hasa'el freilich wieder auseinander.

841 — Bald danach kann nur Damaskus Salmanassar widerstehen.

806 — Infolge neuer schwerer Verluste im Krieg mit Adadnerari III. verliert Damaskus unter Benhadad III. seine Vormachtstellung an Hamat (heute Hama) unter Sakir. Tiglatpilesar III. und

732 720 — Sargon II. brechen aber auch hier den letzten Widerstand und erobern Damaskus und etwas später Hamat.

In der Folgezeit spielte Syrien als assyrische, babylonische und persische Provinz weder politisch noch kulturell eine erhebliche Rolle. Erst die hellenistischen Städtegründungen der Seleukiden bringen nach Alexander d.Gr. neues Leben. – (Forts. S. 184)

Arabien

Arabien ist eine nach Osten abfallende Wüsten- und Steppentafel mit Gebirgsrändern im Westen und Südosten. Das dem Ackerbau nur wenig Raum gewährende Innere zwingt zu nomadischer Lebensweise. Nur im Südwesten (Jemen und Hadramaut) ermöglichen die Monsunregen regelmäßigen Ackerbau bei sorgfältiger Wasserbewirtschaftung. Die dürftigen Lebensmöglichkeiten zwingen die Nomaden, die erst nach 1200 v.Chr. zu kamelzüchtenden *Beduinen* werden, immer wieder zu Einbrüchen in die Arabien benachbarten, reicheren Gebiete; eine dauernde Landnahme wird dabei aber nur manchmal erstrebt. Arabien galt früher als die Urheimat der Semiten und wird in den bewohnbaren Gebieten wohl in der Tat sehr früh durch sie besiedelt, da in der Zeit der großen Semitenwanderungen im 4. Jt. in Arabien viel mehr Regen fällt als davor und danach (bis heute). Die für uns ältesten Semitengruppen, die Akkader Babyloniens und die Nordsemiten in Syrien, kommen wohl nicht über Arabien ins Kulturland, sicher aber die Kanaanäer, Aramäer und Araber. Für die Herkunft der Semiten aus Nordwestafrika spricht vor allem, dass die Berbersprachen dem Semitischen nah verwandt sind. Die harten Lebensbedingungen in Arabien haben den Charakter der Menschen dort wesentlich mitgeprägt. Semitische Völker können so die Weltgeschichte immer wieder entscheidend beeinflussen.

Beduinen

vor 1000   Über die Geschichte Arabiens ist fast nichts bekannt. Durch den Indien- und Afrikahandel sowie durch Ackerbau mit künstlicher Bewässerung werden die von *Südarabern* bewohnten Gebiete im Südwesten (Jemen und Hadramaut) schon im 2. Jt. wohlhabend und entwickeln eine Stadtkultur mit Hochbauten. Die phönikische *Buchstabenschrift* wird übernommen und in etwas veränderter Gestalt zur Aufzeichnung von Zehntausenden von (inhaltlich leider nicht sehr vielseitigen) Inschriften in südarabischer Sprache (Hauptdialekte Minäisch, Sabäisch, Katabanisch und Hadramautisch) verwendet, die (zeitlich von vor 900 v.Chr. bis 543 n.Chr. reichend) zusammen mit den Bodenfunden die Hauptquelle für unsere Kenntnis Altsüdarabiens sind. Das Südarabische mit seinen noch heute gesprochenen Dialekten (z.B. Mechri, Sokotri) ist den semitischen Sprachen Abessiniens (Äthiopisch, Amharisch, Tigre, Tigrinja) nächst verwandt; die Abessinier übernehmen auch das altsüdarabische Alphabet.

Südaraber

Buchstabenschrift

nach 900   Arabisch sprechende *Nordaraber* sind zuerst bei Salmanassar III. von Assyrien erwähnt, Königinnen der Sabäer im Alten Testament (Zeit Salomos) und bei Tiglatpilesar III. Sargon II. vertreibt die Thamudäer aus dem Gebiet von Edom ins Gebirge des Hidschas. Diese sind durch (niemals monumentale) Felsinschriften von Dedan bis ins südliche Jordanien (etwa 500 v.Chr. bis nach 600 n.Chr.) nachweisbar.

Nordaraber

um 550   Jathrib (später Medina) gehört mit anderen Städten zum Reich Nabonids von Babylonien, der etwa zehn Jahre lang meist in der Oase Taima residierte.

Staatliches und kulturelles Leben im frühen Arabien

Über die politische Geschichte der arabischen Staaten vor dem Islam ist sehr wenig bekannt. Wir erfahren von langen Kämpfen zwischen den Reichen von Mai'in (nach unserer Kenntnis das älteste), Saba und Kataban im Jemen sowie von Hadramaut um die Vorherrschaft über die Handelsstraßen. Die Dauer dieser Reiche ist noch umstritten; ein Radiokarbondatum für Hadschar ibn Humaid in Kataban um 1000 passt zum Bericht über Handelsbeziehungen Salomos mit Saba. Der *Staat* baut sich auf den Stämmen auf, deren Führer zeitweise eine Art von Staatsrat bilden; dieser wirkt vor allem mit an der Gesetzgebung im Boden- und Steuerrecht. Der Staat ist anfänglich theokratisch; der König heißt „Priesterfürst" (Mukarrib), erst später „König" (Malik).

Staat

Im Mittelpunkt der *Götterkulte* stehen der Mondgott Almakah (auch Sin oder Wadd), die Sonnengöttin Schams und der Sterngott Athtar. Der reiche Kult wird in großen Tempeln mit teils rechteckigem, teils rundem oder elliptischem Grundriß (Beziehungen zu Zimbabwe in Rhodesien?) zelebriert. Heiligtümer mit vielen Kultsymbolen aus dem 8.–6. Jahrhundert v.Chr. sind bekannt vor allem aus Timna in Kataban und Ma'rib in Saba. Zu den weltlichen Großbauten gehören Festungen, Felsburgen und Talsperren. In der *Baukunst* wie in der überwiegend ziemlich primitiven Plastik sind Einflüsse des Perserreichs, in das nur die Lihjaniter Nordwestarabiens eingegliedert sind, und später der hellenistischen Reiche erkennbar. Bestattet wird in Felshöhlen (oft an Steilwänden sehr hoch eingetieft) oder in großen, rechteckigen Grabbauten mit je zwei gemauerten Grabkammern übereinander zu beiden Seiten von Fluren; in ihnen fanden sich viele Grabstatuetten. – (Forts. S. 352)

Götterkulte

Baukunst

Palästina

Die (im Anschluss an den römischen und altchristlichen Sprachgebrauch so genannte) Landschaft Palästina („Philisterland"), das alte *Kanaan*, umfasst das südliche Drittel Syriens etwa vom Südende des Libanon bis südlich des Toten Meeres (etwa 250 km); die Ostgrenze bildet die syrisch-arabische Wüste, die Längsachse der Jordangraben, der größtenteils tief unter dem Meeresspiegel liegt (See Genezareth -208 m, Totes Meer -392 m). Die politischen Grenzen haben sich sehr oft geändert, vor allem im Osten; das Ostjordanland ist nur selten mit den übrigen Gebieten vereinigt. Die Fruchtbarkeit des Landes ist sehr ungleich, ebenso das Klima; einzelne Gebiete, insbesondere der Ostabfall des Hochlandes von Judäa, haben Steppen- oder Wüstencharakter und daher keine Dauersiedlungen; anderswo gedeihen der Ölbaum und der Weinbau. Bodenschätze gibt es wenig. Die größtenteils sandige und hafenarme Küste ist für Schifffahrt und Seehandel wenig einladend. Als ausgesprochenes Durchgangsgebiet hat es im Altertum nie eine ganz homogene Bevölkerung.

Kanaan

vor 5500	Das Land ist seit der Altsteinzeit besiedelt. Für das vorkeramische *Frühneolithikum* sind Rundbauten kennzeichnend (in Jericho auch ein Rundturm) sowie primitive Ton- und Steinfiguren, die auch im keramischen Altneolithikum mannigfach bezeugt sind. Die Bauten, z. T. aus Lehmziegeln, sind nun überwiegend rechteckig.
nach 5500	
um 4000	Ins Chalkolithikum gehören die größeren Hausbauten mit mehrfarbig gemalten Kultszenen in Telelat Ghassul bei Jericho. Bei Beersheba sind unterirdische Siedlungen aufgedeckt worden.
um 3000	Zu Beginn der frühen *Bronzezeit* gibt es Totenbeisetzungen in mit Steinen ausgelegten Kammern. Die Hinweise auf eine Stadtkultur mehren sich. Über die Bevölkerung vor etwa 3300 wissen wir nichts. Wie in Syrien und Mesopotamien setzen sich bald danach die ersten *Semiten* fest, die wohl über Ägypten einwandern.
nach 2600?	Es folgen wie in Syrien Nordsemiten, über die das Archiv von Ebla Nachrichten enthalten dürfte (Jerusalem genannt?).
um 2100–1900	Nach einer durch Ausgrabungen erwiesenen Katastrophenzeit sehr geringer Siedlungsdichte dringen Semiten der kanaanäischen Welle wie in Babylonien und Syrien ein, die durch kanaanäische Namen in ägyptischen Texten (um 1900) bezeugt sind. Sie gehen dort, wo Ackerbau möglich ist, von der nomadischen zur halbnomadischen Lebensweise über und werden teilweise allmählich sesshaft. Die Nomaden der Zeit vor 1200 haben noch keine Kamele; einziges Tragtier ist der Esel.
um 1700	Die ältesten geschichtlichen Erinnerungen im Alten Testament (AT) reichen höchstens bis zur *Zeit der Erzväter* Abraham, Isaak, Jakob zurück, sind aber zur Zeit der Niederschrift der ältesten Teile des AT (nach 1000) nur noch sehr unbestimmt. Die Erzählung von Abrahams Herkunft aus Charran bewahrt die Erinnerung daran, dass der Stamm Benjamin Reststamm eines nach Briefen aus Mari (um 1720) in Nordmesopotamien zeltenden großen Nomadenstammes ist. Entsprechend seinem Charakter als Zeugnis für das Handeln Gottes am Menschen in der Geschichte vor allem Israels ist das AT am äußeren Ablauf der Ereignisse in der Frühzeit nur begrenzt interessiert und bedarf daher als Geschichtsquelle einer kritischen Auswertung unter Berücksichtigung babylonischer und ägyptischer Quellen sowie der Ausgrabungsergebnisse.
seit ca. 1650	Vorfahren der später zu Israel gehörigen kanaanäischen Stämme leben als Nomaden und Halbnomaden in Syrien-Palästina neben den älteren Landesbewohnern. Die Abwanderung von Vorfahren der Josephstämme nach Ägypten steht vielleicht im Zusammenhang mit der Hyksosbewegung, kann aber auch später erfolgt sein.
um 1550	Nach dem Zusammenbruch des Hyksosreiches wird Palästina ägyptische Provinz, wobei die örtliche Regierungsgewalt weithin lokalen Dynasten kanaanäischer, hurritischer und vereinzelt indoarischer Herkunft überlassen bleibt.
ca. 1400–1350	Die Hauptquelle dafür ist das Keilschriftbriefarchiv von El-Amarna (Mittelägypten) – sog. *Amarnabriefe*.
um 1360	Fürst von Jerusalem ist Abdi-Hepa. Immer neue Nomadenschübe sind Ursache vieler Kleinkriege. Die Schriftsprache ist ein kanaanisiertes Babylonisch.
nach 1250	Rückwanderung von Gruppen der späteren Josephstämme (im Zwölfstämme-Schema Ephraim und Manasse), die besonders Ramses II. zur Fronarbeit gezwungen hat, unter *Mose* (Name ägyptisch) und Aharon aus Ägypten; die Ausdeutung der sehr sagenhaften Auszugsberichte ist umstritten. Die Gottesoffenbarung am Sinai (oder Horeb, Identität mit dem heutigen Sinai fraglich) an Mose verpflichtet die Sippen, ausschließlich dem einen Gott Jahwe („Er erweist sich") zu dienen; Kultmittelpunkt wird die Bundeslade. Es folgen lange

Neolithikum

Bronzezeit

Semiten

Zeit der Erzväter

Amarnabriefe

Mose

Jahre des Herumziehens in den Wüstensteppen Südpalästinas, die nur eine nomadische Lebensweise zulassen, unter wechselnden Kämpfen mit anderen Stämmen (Midianiter, Amalekiter) und Stadtstaaten des Kulturlandes.

Israel **um 1220** Der Name *Israel* ist zuerst auf einer Stele Merenptahs erwähnt.

Die genauen Zahlenangaben des AT widersprechen sich oft. Die Zeitangaben vor 850 können daher nur ungefähre sein. Auch die David wie Salomon zugeschriebenen „40" Jahre sind nicht gesichert.

Die Stämme Israels und ihre Nachbarn

Die Besetzung des eigentlichen Palästina, die die Überlieferung stark vereinfachend mit dem Namen von Moses Nachfolger Josua verbindet, vollzieht sich nur nach und nach, indem die durch den Jahweglauben verbundenen Gruppen und Stämme verschiedener Herkunft – darunter auch Aramäer (5. Buch Mose 26,5) – sich zunächst als Halbnomaden oft friedlich in Besiedlungslücken einschieben und dann unter vielen Kämpfen auch Städte des politisch zerrissenen Landes besetzen. Im Ostjordanland bilden sich gleichzeitig andere Kleinstaaten nahverwandten Volkstums und z.T. ähnlicher sozialer Struktur wie Ammon, Moab und im Süden Edom. Die Küstenebene wird nach 1200 großenteils von den aus der Ägäis kommenden, wohl indogermanischen *Philistern* besetzt, die nach dem „Seevölkersturm" auf Ägypten hier zurückbleiben und sich zeitweilig auch Israelstämme tributpflichtig machen. Gegen die Angriffe aller dieser kriegerischen Nachbarn schließen sich einige Stämme von Fall zu Fall unter „Richtern" zusammen (z.B. Ehud, die „Richterin" Debora, Gideon, Jephta, Simson), kämpfen aber trotz des aus gemeinsamem Gottesdienst in Silo, Sichem usw. erwachsenden Gemeinschaftsgefühls oft auch gegeneinander. Die trotz aller Veränderungen im Bestand der Stämme immer festgehaltene Zwölfzahl hat ihre Wurzel wohl im sakralen Charakter des Stämmeverbandes. Die einzelnen Stämme bestehen aus Sippen. Die wehrfähigen Männer werden im Krieg in Tausendschaften gegliedert.

Saul **um 1012** In einer Stunde schwerster politischer Bedrängnis beruft das Volk den durch den „Richter" und Propheten Samuel designierten Benjaminiten *Saul* zum König, der den immer noch losen Stämmeverband zuerst zu Siegen über die Ammoniter, Philister und andere Nachbarn führt, dann aber den Philistern unterliegt.

David **um 1008–969** Die Errichtung eines einheitlichen Staats gelingt nach langen Kämpfen erst *David* aus dem Stamme Juda, der zunächst von Hebron aus z.T. mit Hilfe von Söldnertruppen die Angriffskraft der Philister endgültig bricht und dann Jerusalem den Jebusitern entreißt und zur Hauptstadt macht. Er unterwirft danach das Ostjordanland und besetzt später zeitweilig Damaskus und große Teile Syriens. Das so plötzlich entstandene Reich im Stil der orientalischen Großreiche kann freilich auch der bei vielen Schwächen persönlich fromme David, der viele Psalmen dichtet, nicht zu einem einheitlichen Staat machen. Aufstände (Absalom) sind Zeichen der Unzufriedenheit weiter Kreise; manche sehen aus religiösen Gründen im Königreich überhaupt eine Israel nicht angemessene Institution.

Salomo **um 969–930** Davids Sohn *Salomo* kann das Reich nur zum Teil halten und lehnt sich an Ägypten an (Heirat einer ägyptischen Prinzessin). Am Golf von Akaba in Edom, das David erobert hat, legt er den Hafen Ezeon-Geber an und gewinnt durch den zusammen mit den Phöniken (Bündnis mit Hiram von Tyros) auf eigenen Schiffen betriebenen Arabienhandel großen Reichtum. Nach dem Vorbild der Großmächte legte er Garnisonen für seine Streitwagentruppe an (Pferdestallungen sind z.T. ausgegraben). In Jerusalem baut er Jahwe einen Tempel mit sehr reicher Ausstattung unter Einsatz von Fronarbeit und gibt damit erstmals dem Kult ein festes Zentrum, das freilich immer wieder in Gefahr gerät, entgegen dem geoffenbarten Gotteswillen Kulten der Nachbarvölker Raum zu geben. Bei straffer Zentralisierung fördert er Kunst und religiöse Literatur (erste Geschichtsschreibung) und macht sich einen Namen als weiser Richter.

Zerfall **930–908** Nach seinem Tod *zerfällt* das Reich in das Nordreich Israel unter Jerobeam I. (Hauptstadt **930–913** Sichem, später Samaria) und das viel kleinere Juda unter Salomos Sohn Rehabeam.

In den vielen Kämpfen mit den Nachbarn stehen diese oft gegeneinander. Das politische Übergewicht hat meistens Israel, das allerdings vor allem durch wiederholte Kriege mit wechselndem Ausgang mit Damaskus immer wieder geschwächt wird.

926 Tempelplünderung durch Scheschonk (22. Dynastie) von Ägypten.

Die religiöse Tradition Israels

Die Vermischung der Israelstämme mit den alteingesessenen Kanaanäern ist im Nordreich stärker als in Juda. Die dadurch bewirkte Neigung zu Rückfällen in das Heidentum wird in Israel, das eigene Kultzentren hat, durch den Einfluss der reichen Städte Phöniziens noch weiter gefördert; Isebel, die Frau des Königs Ahab (871–852), stammt aus Tyros. Aber auch dort erfolgen Einsprüche gegen die Kanaanisierung sogar des Jahwekultes immer wieder vonseiten derer, die sich den alten Überlieferungen des Volkes verpflichtet wissen, wie sie wohl zur Zeit Salomos in dem alle altorientalische Geschichtsschreibung weit hinter sich lassenden Geschichtswerk des „Jahwisten" (Nathan?) literarisch gestaltet worden sind. Um den Gottesdienst im Sinne der auf Mose zurückgeführten Satzungen rein zu erhalten, fordern sie eine weit gehende Absonderung von der Umwelt und ein Leben im Einklang mit den Geboten Gottes. Die Wortführer dieser Bewegung kommen weniger aus den Kreisen der am Kult interessierten Priesterschaft als aus denen der *Prophetenschaft*, die – als Institution übrigens schon Jahrhunderte früher bei den Kanaanäern von Mari und den Phönikern bezeugt – die Verkündung des Gotteswillens zunehmend als ihren besonderen Auftrag ansieht. Die Sprüche und Predigten der frühen Propheten werden noch nicht überliefert. Zu ihnen gehören nach Samuel zur Zeit von David und Salomo, Nathan sowie später der geistesmächtige Elia († um 850), der in Israel Ahab und Isebel und dem von ihnen geförderten Kult des phönikischen Baal unerbittlich entgegentritt. Sein Werk wird von seinem Schüler Elisa († um 795) mit Entschiedenheit fortgeführt.

Prophetenschaft

845–818	Die Dynastie des Omri in Israel, zu der Ahab gehört, wird nach letztlich sehr unglücklichen Kämpfen, über die (um 848) auch eine Inschrift des Moabiterkönigs Mesa berichtet, von *Jehu* (von Elisa zum König gesalbt) ausgerottet.
841	Dieser muss Salmanassar III. von Assyrien Tribut zahlen. Die phönikischen Kulte werden beseitigt. In der Folgezeit lässt der Druck von Damaskus nach.
	Das Südreich Juda hat sich bis dahin aus der großen Politik etwas mehr heraushalten können.
845–840	Starke innere Erschütterungen bringt die Herrschaft der Athalja, einer Tochter Omris von Israel, die das Haus Davids auszurotten sucht und den Baalsdienst einführt, aber vom Priester Jojada getötet wird.
802–747	Unter Joas und Jerobeam II. hat Israel eine ruhigere Zeit. Die Nichtbeachtung des mosaischen Gesetzes und grobe Missstände in Kult und Sozialordnung, in Israel noch mehr als in Juda, rufen wieder Propheten auf den Plan, die – meist nicht den Prophetenschulen entstammend – schweres Unheil als Strafe verkünden.
nach 750	Die hervorragendsten sind Amos, Hosea und Jesaja († nach 700), deren in leidenschaftlicher, meist rhythmischer Rede vorgetragene Sprüche und Predigten teilweise aufgeschrieben wurden. Sie betonen, dass Opfer ohne Erfüllung von Gottes Willen wertlos seien.
732	Tiglatpilesar III. von *Assyrien*, dem Menahem von Israel (746–737) schon 738 Tribut zahlen muss, wird von Ahas von Juda (742–726) gegen einen gemeinsamen Angriff von Damaskus und Pekah von Israel (734–732) zu Hilfe gerufen; er annektiert Teile von Israel.
732–724	Der letzte König von Israel, Hosea (732–724), wird wegen seiner Verhandlungen mit Ägypten von Salmanassar V. gefangengesetzt, Samaria 3 Jahre lang belagert.
721	Samaria wird von Sargon II. erobert. Große Teile des Volkes werden nach Mesopotamien und Medien *verschleppt*, wo sie anscheinend ganz in der dortigen Bevölkerung aufgehen; Babylonier und Syrer werden dafür angesiedelt. Im nördlichen Palästina entsteht so die Mischbevölkerung der *Samaritaner*, die neben Jahwe auch heidnische Götter verehrt.
725–697	Nach dem Untergang des Nordreichs versucht Hiskia, von Jesaja beraten, sich in Anlehnung an Ägypten von Assyrien zu lösen, muss jedoch Sanherib Tribut zahlen, obwohl diesem (z. T. wegen einer Seuche in seinem Heer) die Eroberung Jerusalems misslingt. Im Sinne der vor allem im 5. Buch Mose („Deuteronomium", d. h. „zweite Gesetzgebung", wohl um 640 niedergeschrieben) vertretenen Auffassung schafft Hiskia die kultische Verehrung Jahwes außerhalb Jerusalems „auf den Höhen" ab; nur der Kult im Tempel von Jerusalem gilt seither als legitim.
696–642	Unter seinem schwachen Nachfolger Manasse, der ganz von Assyrien abhängig ist, werden allerdings heidnische Kulte wieder zugelassen.
639–609	*Josia* führt nach Auffindung des Deuteronomiums (621) im Tempel eine durchgreifende Kultreform durch mit dem Ziel, alle kanaanäischen Gebräuche zu beseitigen. Nach Reinigung des Tempels und Zerstörung aller Höhenheiligtümer wird das Passahfest wieder eingesetzt, das die Erinnerung an die Befreiung aus Ägypten unter Mose wach hält. Die der Absonderung der Juden dienenden Bestimmungen werden verschärft. Eine Vertiefung des ethischen *Monotheismus* zeigt sich vor allem in den Predigten des Propheten Jeremia

Jehu

assyrische Eroberung

Verschleppung

Samaritaner

Josia

Monotheismus

(† nach 585), der das kommende Unheil voraussagt, aber bei den meisten auf Unglauben und Ablehnung stößt. Josia versucht, nach dem Zusammenbruch des Assyrerreiches das Davidreich in Palästina zu erneuern.

Untergang Judas

605 Er scheitert aber bei dem Versuch, den Assur zu Hilfe ziehenden Ägyptern unter Necho bei Megiddo den Weg zu verlegen, und fällt in der Schlacht von Karkemisch.
Danach fällt *Juda* in den Machtbereich Babyloniens.

597 Nach einem Aufstandsversuch des Jojakim (608–597) erobert Nebukadnezar II. Jerusalem und führt dessen eben König gewordenen Sohn Jojachin (in babylonischen Urkunden Ja'u-kin genannt) nach Babylonien.

588 Der als König eingesetzte Zedekia erhebt sich erneut.

Zerstörung Jerusalems

587 Nach einer Belagerung von eineinhalb Jahren erobert Nebukadnezar Jerusalem wieder, blendet Zedekia, *zerstört Stadt und Tempel* und verschleppt große Teile der Bevölkerung („Babylonische Gefangenschaft").

586 Ein weiterer Teil flieht nach der Ermordung des nun eingesetzten Statthalters Gedalja mit Jeremia nach Ägypten, wo schon etwas früher jüdische Söldnerkolonien entstanden sind (die von Syene = Assuan mit z.T. archaischen Kultgebräuchen wurden durch Papyri aus der Perserzeit bekannt).

Babylonische Gefangenschaft

Während des Exils treten Propheten auf, vor allem Hesekiel († nach 570), der nach der Zerstörung des Volks besonders die persönliche Verantwortung jedes Menschen vor Gott betont (früher steht oft die kollektive im Vordergrund), und der zweite Jesaja († nach 535), der in den Liedern vom „Knecht Gottes" dem Gedanken vom stellvertretenden Leiden des Sündlosen Ausdruck verleiht. Neben die Bußpredigt tritt jetzt verstärkt die Verkündigung der Rückführung des Volkes und des künftigen Heils, das der „Ge-

Messias

salbte Gottes" (*Messias*) später einmal seinem die Gebote Gottes befolgenden Volk bringen soll. Mit diesen Propheten und der gleichzeitigen Psalmdichtung ist der Höhepunkt der religiösen Entwicklung innerhalb des Judentums erreicht.

539 Nach der Eroberung Babylons durch Kyros beginnt die Rückwanderung der in Babylonien nicht assimilierten Juden nach dem nunmehr an Persien gefallenen Judäa.
Der Tempel in Jerusalem wird aufgrund eines im AT überlieferten Erlasses (538) des Kyros

520–515 mit Förderung der persischen Behörden auf dem alten Platz wieder errichtet und die Gemeinde unter Führung Serubbabels mit Unterstützung der Propheten Haggai und Sacharja neu begründet. Nach langen Jahren vielfach gehemmter Entwicklung kommt im Auftrag

Nehemia

445 von Artaxerxes I. sein Mundschenk *Nehemia* als Statthalter nach Jerusalem, setzt dort den Neubau der Stadtmauer gegen alle Widerstände durch und ordnet das Leben der Juden den neuen Verhältnissen entsprechend.

Die religiösen Gesetze

Vor oder bald nach Nehemia (460?) wird der Schreiber Esra mit der Neuverkündung des wohl von babylonischen Juden erweiterten „Gesetzes des Himmelsgottes" beauftragt; damit wird der Neuaufbau des

theokratisches Gemeinwesen

nur noch in inneren Angelegenheiten autonomen *theokratischen jüdischen Gemeinwesens* vollendet. Die Behörden machen dieses Gesetz für alle Juden Syriens und Palästinas verbindlich. Die sich nun als geschlossener Stand formierende Priesterschaft, der für niedere Tempeldienste die Leviten zur Seite treten, hat die strikte Befolgung des Gesetzes zu überwachen; in seiner Auslegung wird sie unterstützt durch den Stand der sorgfältig geschulten Rabbis, der sich in der Folgezeit herausbildet. Zum Teil abweichend von den großen Propheten, an die später Jesus anknüpft, glaubt das Judentum, dass Gott vor allem die peinlich genaue Erfüllung der vielen Vorschriften des nun abschließend formulierten Gesetzes (Thora, griechisch Pentateuch) fordert; die Bewahrung des Volkstums (strenges Mischehenverbot) gewinnt auch religiös zentrale Bedeutung. Während der Opferkult Jerusalem vorbehalten bleibt, sammeln sich die Gemeinden sonst überall um die Schulen (Synagogen). Die Heiligung des Sabbats und der großen Feste wird ganz ernst genommen.

Abtrennung der Samaritaner

332 Der Anschluss Palästinas an das Alexanderreich und seine Nachfolgestaaten bringt auch die seit langem vorbereitete *Abtrennung der Samaritaner*, die Jerusalem als einzigen Kultort ablehnen, zum Abschluss; sie errichten ein eigenes Heiligtum auf dem Berg Garizim.
– (Forts. S. 191)

Nordwestafrika

Nordwestafrika wird von Sahara und Hohem Atlas im Süden begrenzt und ist ein nur z. T. für den Ackerbau geeignetes Steppen- und Bergland, obwohl die Wüste in alter Zeit viel weniger weit reicht als heute. Schon in der Altsteinzeit besiedelt, bleibt es fast überall noch bis nach 1000 v. Chr., im Inneren des Landes z. T. sogar bis in die römische Zeit, im Dunkel der Vorgeschichte; kulturell gibt es mannigfache Beziehungen zu Spanien. Die älteste uns erkennbare Bevölkerung, gewiss nicht die Urbevölkerung, sind (seit vor 4000?) die nach ihrer Sprache den Semitenvölkern verwandten Berber.

seit ca. 1200	Die *Phöniker* legen an der nordafrikanischen Küste Handelskolonien an, vor allem im heutigen Tunesien. Über ihre älteste Geschichte (bis etwa 600) ist fast nichts bekannt.	*Phöniker*
814	Von Tyros aus wird *Karthago* (Kartchadascht „Neustadt"), wohl auf dem Boden einer erheblich älteren Gründung von Sidon, nordöstlich von Tunis auf einer Halbinsel gegründet. Um die Burg Byrsa herum wird es stark befestigt. Infolge der Ausbreitung der griechischen Seeherrschaft (seit etwa 800) und der Schwächung Phönikiens durch die Assyrer geht vielen Kolonien die Verbindung mit dem Mutterland früh verloren; oft müssen die phönikischen Kolonisten den Griechen weichen.	*Karthago*
seit ca. 650	Karthago, dank seiner günstigen Lage durch den Handel reich geworden, schafft sich eine eigene Flotte und Heeresmacht und wird dadurch zur Schutzherrin der Kolonien am westlichen Mittelmeer, bis es sie nach und nach in das wachsende Reich eingliedern kann. Den Libyern des Binnenlandes bleibt Karthago freilich noch lange tributpflichtig. Die Pityusen, Sardinien und Westsizilien werden (vor 500) erobert, die anderen phönikischen Kolonien Nordafrikas zu abhängigen Bundesgenossen gemacht. Nur die Nachbarstadt Utica bleibt noch länger selbstständig. In den Handel Karthagos wird auch Westafrika mit den Kanarischen Inseln einbezogen.	

Staat und Kultur Karthagos

Gegründet wird Karthago als *phönikische Handelskolonie*. Der Handel trägt konsumtiven Charakter; er gilt dem Erwerb, nicht dem Absatz von Waren. Der entscheidende Anstoß zur karthagischen Machtbildung geht von den sich im westlichen Mittelmeer ausbreitenden Griechen (Phokaiern) aus. Die karthagische Machtbildung – und dies findet seine Entsprechung in der karthagischen Vertragspolitik – ist ein erzwungener Schritt und ist nicht auf politische Herrschaft eingestellt.

phönikische Handelskolonie

Karthago besitzt eine dem Typus nach *aristokratische Verfassung*. An der Spitze des Staates stehen zwei Sufeten (= Richter), auch Könige genannt (basileis bzw. reges), die von der Volksversammlung jährlich gewählt werden; Wiederwahl ist möglich. Laut Aristoteles werden bei der Wahl sowohl die Tüchtigkeit als auch der Reichtum berücksichtigt. Formal ist das Volk souverän – jeder Bürger kann in der Volksversammlung das Wort ergreifen –, faktisch jedoch liegt die Herrschaft beim Adel. Das eigentliche Regierungsorgan bilden der Rat (synkletos bzw. senatus – 300 Mitglieder) und der sich aus ihm rekrutierende Rat der Ältesten (30 Mitglieder). Neben den Rat tritt seit dem 5. Jh. der Rat der Hundertvier – der oberste Gerichtshof. Die Wahl der Hundertvier liegt bei einem Fünf-Männer-Gremium, das sich durch Kooptation ergänzt. Rekrutierungsbasis ist der Rat der 300, Ämterkumulation ist möglich. Die Richter sind von politischen Instanzen völlig unabhängig und nicht absetzbar. An diesem Punkt setzen die Reformen Hannibals (196 Sufet) ein.

aristokratische Verfassung

6. Jh.	*Karthago* steigt zur führenden Kolonie im westlichen Mittelmeer auf. Das Vordringen der Griechen in diesen Raum führt zu bewaffneten Auseinandersetzungen (karthagisch-etruskische Bündnisse gegen die Griechen).	*Aufstieg Karthagos*
550–450	Unter der Herrschaft der *Magoniden*, die eine Art dynastisches Monopol auf das Feldherrnamt (Mago; Söhne: Hasdrubal, Hannibal) besitzen – Feldherrn- und Sufetenamt sind wahrscheinlich noch oft miteinander verbunden –, wird Westsizilien unterworfen, ein Teil Sardiniens erobert und durch Kolonien gesichert. Daneben begründet Karthago in Nordafrika ein eigenes Reich (Eroberung des heutigen Nordtunesiens). – (Forts. S. 207, 331)	*Magoniden*

Iran

Iran (einschließlich des heutigen Afghanistan und Belutschistan) ist mit Ausnahme schmaler Tieflandstreifen im Südwesten entlang dem Zagrosgebirge und im Norden ein von schroffen, paßarmen Hochgebirgen umrandetes und z.T. auch durchzogenes Hochplateau von sehr ungleichem Charakter: Fruchtbare Hochtäler stehen neben oasenlosen Salzwüsten und Steppen, die nur Nomaden das Dasein ermöglichen.

Hauptkulturgebiete — Die *Hauptkulturgebiete* sind neben Aserbaidschan im Nordwesten der südwestliche und der nördliche Gebirgsrand mit seinen Tälern vor allem an der Innenseite, während die hafenarme, heiße Südküste nur schwach besiedelt ist. Die Beschaffenheit des Landes im Ganzen ist staatlicher Zusammenfassung nicht ungünstig; einige abgelegene Hochgebirgsgebiete sind allerdings nur schwer auf die Dauer von einer Zentrale aus zu regieren. Iran, zu allen Zeiten städtearm, bildet die Brücke von Vorderasien nach Indien und Zentralasien. Es gibt aber nur zwei natürliche große Ost-West-Straßen, die in den teilweise erz- und mineralreichen Gebirgen jedoch leicht zu sperren sind.

vor 5500 — Wie in Kleinasien gibt es in Iran, das bereits im Paläolithikum besiedelt ist, stellenweise schon im vorkeramischen Frühneolithikum Ackerbau und Viehzucht (z.B. nach den Funden in Kalat Dscharmo [Qalat Jarmo] in Aserbaidschan).

etwa 5500– 3000 — Für das keramische Neolithikum und das Chalkolithikum sind verschiedene Kulturen festgestellt worden, die sich vor allem durch eine reiche und mannigfache Gefäßbemalung auszeichnen und offenbar die frühen Kulturen Mesopotamiens mehrfach befruchtet haben. Eine Abgrenzung dieser Kulturen gegeneinander ist zeitlich und örtlich erst begrenzt möglich. In Zentraliran wurde Tepe Sialk (bei Kaschan) über einen längeren Zeitraum erforscht, im Norden Tepe Hissar bei Semnan.

vor 4000 — Auf Völkerverschiebungen deutet die ganz andere Keramik des Urmia-See-Gebietes (Dalma, Hasanlu usw.). Im Süden liegen die wichtigsten Zentren um Schiras herum und bei Susa.

vor 3000? — Neben besonders feiner Keramik und Siegeln werden auch Vorstufen der Schrift beobachtet.

Keramik — um 3000 — Den Höhepunkt stellt die über ein großes Gebiet verbreitete dünnwandige Susa-I-*Keramik* mit einer breiten Palette von Motiven dar. Die ostiranischen Waren z.B. von Kulli in Belutschistan sind denen des Indusgebiets nah verwandt.

Das Reich von Elam

In die Geschichte tritt der Osten erst im 1. Jt; auf bestimmte Bereiche des Westens hingegen fällt schon seit etwa 2500 von Babylonien aus einiges Licht. In der den Süden des Zagrosgebirges und die vorgelagerte Ebene umfassenden Landschaft Chusistan entsteht wohl früh im 3. Jt. das Reich von Elam (Hauptstadt erst Awan, dann Susa am Karun). Die Elamier benutzen nach der „protoelamischen" *Schrift* die (etwas abgewandelte) sumerisch-babylonische Keilschrift für ihre erst zum Teil erschlossene, agglutinierende *Sprache* (Elamisch), die sich an andere Sprachen noch nicht anschließen lässt, schreiben infolge der kulturellen Abhängigkeit von Babylonien aber oft auch Sumerisch oder Akkadisch. Wann und wo sie einwandern, ist noch unbekannt. Auch über ihre Religion wissen wir wenig (Hauptgötter Humban und Inschuschinak, dazu die Muttergöttin Pinenkir oder Kiririscha). Der Staat ist anscheinend meist ein ziemlich *lockerer Bund von Kleinstaaten*, unter denen Susa lange die Führung beansprucht. Die Babylonier nennen nur die Fürsten der Kleinstaaten „Könige", den wohl vor allem mit militärischen Funktionen ausgestatteten Oberherrscher aber „Großminister". In den Königsfamilien herrscht teilweise Inzucht wegen der (später z.T. auch von den Achämeniden und einigen hellenistischen Dynastien übernommenen) Geschwisterehen; zeitweise gelten wohl die ganzen Herrscherhäuser als göttlich. Dem König folgt, wenn vorhanden, zunächst der Bruder; die weitere Erbfolge wird durch die mütterliche Abstammung bestimmt (bruderrechtliche Familienorganisation mit vaterähnlicher Stellung des ältesten Bruders, die auch außerhalb der Fürstenfamilien, z.B. in der Gestaltung des Erbrechts, erkennbar ist). Die elamische *Kunst* ist von der sumerischen und babylonischen stark beeinflusst, findet aber in der Plastik und der Baukunst (um 1240 Hochterrassentempel von Tschogha Sembil 40 km südöstlich von Susa) oft auch einen eigenen Stil.

Die äußere Geschichte Elams, dessen Gebietsumfang sich für die älteren Perioden nur ganz unzureichend bestimmen lässt (die Ost- und Nordgrenze bleibt meist unklar), wird nach un-

nach 2300 nach 2040	seren weithin recht dürftigen und sprachlich nur teilweise verständlichen Quellen durch die Beziehungen zu Babylonien und den nordwestlichen Nachbarn im Gebirge bestimmt. Nach *wechselnden Kämpfen* mit sumerischen Stadtstaaten wie Lagasch wird es dem Reich von Akkade angegliedert und später wenigstens teilweise dem Reich der 3. Dynastie von Ur, an deren Sturz (1955) Elam mitbeteiligt ist. In der Folgezeit kann sich Elam mehrfach in die Kämpfe zwischen den Teilreichen in Babylonien einmischen (Einzelheiten noch unklar).	*wechselnde Kämpfe*
nach 1330	Unter der Dynastie des Pahirischschan scheint sich der Schwerpunkt des Landes nach Südosten zu verlagern.	
um 1150	Nach Babylonien und bis nach Kirkuk dringt der große Eroberer *Schilhak-Inschuschinak* vor. Es folgt eine lange Zeit der Schwäche.	*Schilhak-Inschuschinak*
742–717	Ein neuer Aufstieg vollzieht sich unter der Dynastie des Humbanigasch, die Assyrien die Oberherrschaft über Babylonien streitig machen kann und immer auf der Seite der Feinde Assyriens steht. Nach wechselnden Kämpfen, während deren die Assyrer mehrfach	
639	Thronstreitigkeiten in Elam für sich ausnützen, kann erst Assurbanipal durch die Eroberung von Susa *Elam endgültig ausschalten*; Restfürstentümer im Gebirge halten sich aber noch bis in die Achaimenidenzeit. Die Abrechnungen der Hofkanzlei in Persepolis erfolgen noch unter Dareios I. und Xerxes vielfach in elamischer Sprache.	*Ende des Reichs*

Der Westen und Nordwesten Irans

Über die Geschichte vor 1000 wissen wir nur, dass aus den Tälern des Zagrosgebirges seit 2300 immer wieder die kriegerischen Lullubu und um 2200 die Gutäer in das Osttigrisland einbrechen sowie nach 1700 die Kassiten. Eine höhere Kultur hat wohl keines dieser Völker.
Aus den Gebieten südlich des Aralsees dringen wohl spätestens um 1600 die ersten Gruppen der indogermanischen Indoiranier (Arier) zunächst nach Ostiran ein; die Westwanderung der Hurriter und Kassiten wird vielleicht dadurch ausgelöst. Abgesprengte Gruppen der Arier werden bald nach 1500 in Vorderasien nachweisbar; ihre Bedeutung für die Geschichte ist umstritten. Noch nicht geklärt ist auch, welchen Völkern die als Luristanbronzen bekannt gewordenen überaus zahlreichen Bronzeplastiken sehr verschiedener Art aus dem Bereich von Kermanschah-Nehawend zuzuschreiben sind, die sich über eine sehr lange Zeit verteilen. Vor 1000 siedeln in diesem Raum Kassiten, danach vor allem Meder; wegen der vielen Trensen muss dort die Pferdezucht eine große Rolle spielen. Ausgrabungsbefunde fehlen noch.

836	In assyrischen Inschriften werden erstmals die *Meder* (assyrisch Madai) in Westiran um ihre spätere Hauptstadt Ekbatana (heute Hamadan) herum erwähnt. Wie lange vor dieser Zeit sie von Nordosten oder Osten dahin gelangen, ist noch unbekannt. Nordwestlich von ihnen um den Urmiasee herum siedeln (nach 800) die Mannäer (Herkunft unbekannt).	*Meder*
etwa bis 700	Der den Medern nächstverwandte iranische Stamm der *Perser* sitzt zunächst lange unmittelbar südlich von Medien etwa im Bereich von Churremabad im Land Parsuwa und wandert erst später teilweise nach Südosten nach Fars ab.	*Perser*

Der religiöse Reformator Zarathustra

In Nordostiran und Choresmien siedeln wohl schon vor 1000 iranische Hirtenstämme noch ohne Städte und feste politische Organisation. Unter ihnen lebt wohl der große Reformator der altiranischen Religion, Spitama Zarathustra (griechisch Zoroaster), vermutlich zwischen 1000 und 600 (nach einigen erst 599–522). Als Priester kommen ihm Zweifel an dem polytheistischen Gottesdienst seiner Stammesgenossen. Eine als Besuch erlebte Offenbarung des Gottes *Ahuramazda* („Weiser Herr") bringt ihn zu der Überzeugung, dass dieser der einzige Gott und weise Schöpfer der ganzen Welt und auch im Leben jedes Menschen wirksam sei. Er verlange von den Menschen die Entscheidung zwischen dem Guten und dem von den jetzt als Mächte des Truges gedeuteten Göttern seiner Umwelt (Daivas, d. h. ursprünglich wie indisch Devas „die Himmlischen") gestifteten Übel, zu dem nun auch die mit Rauschtrankgenuss verbundenen Massenopfer von Rindern gerechnet werden; denn das Endgericht sei nahe. Gestalt findet seine Lehre, die er nur sehr mühsam gegen schwerste Anfeindungen durchsetzen kann, in prophetischen Liedern, den schwer verständlichen Gathas („Hymnen"; 16 sind überliefert). Mit jüngeren Ritualtexten wachsen diese später zum *Avesta* zusammen, der wohl erst in der Sasanidenzeit niedergeschrieben wird und nur teilweise erhalten ist. Der durch ihn bezeugte Glaube an einen kommenden Weltheiland ist ebenso wie die Lehre vom Dualismus des Guten und Bösen als kosmischer Mächte erst jüngeren Datums. Ob diese ausgesprochen missionarische Religion schon mit den Medern und Persern nach Westiran gelangt

Ahuramazda

Avesta

		oder erst später, ist noch nicht geklärt. Nach 500 ist Raga (Rhagai/Rai bei Teheran) ein Hauptzentrum der
Magier		Magier (iranisch Magusch), einer zoroastrischen Priesterklasse noch unbekannter Herkunft.
Kimmerier	nach 750	Die indogermanischen (auch arischen?) Kimmerier fallen über den Kaukasus ein und fügen zunächst Urartu schwere Schläge zu. Ein Teil wandert dann nach Südwesten ab und vernichtet Phrygien.
	um 690	
	um 652	Lydien wird verheert.
	um 652	Andere Gruppen wenden sich südostwärts und werden unter Teuschpa den Assyrern sehr gefährlich. Von einer dauerhaften Staatenbildung erfahren wir nichts.
	679	
Man	nach 800	Nach der Schwächung des nach assyrischen Berichten zeitweise Nordwestiran beherrschenden Reiches Man durch die Urartäer und Assyrer (Dajukku/Dejokes I. wird von Sargon II. deportiert) gelingt wohl Dejokes II. (nach Herodot 700–647) die Einigung der medischen Stämme in einem Staatenbund, der sich von dem zunächst übermächtigen Assyrerreich immer mehr löst.
	715	
	um 675	Einen Rückschlag für Medien bringt der Einbruch der den Kimmeriern folgenden indogermanischen Skythen (assyrisch Aschkusa) aus Südrussland, da sich Assyrien mit dem Skythenkönig Partatua (griechisch Protothyes) gegen die Meder und Kimmerier verbündet.
	630	Der Skythensturm nach Syrien lässt Assyrien unbehelligt. Der nur durch Herodot bezeugte Mederkönig Phraortes (Fravartisch: 647–625) soll bei einem missglückten Angriff auf Assyrien gefallen sein.
Kyaxares	625	Zum Begründer der medischen Großmacht wird nach Abwehr der Skythen Kyaxares (Huvachschatra: 625–585).
	616–609	Er vernichtet im Bunde mit Babylonien Assyrien, unterwirft große Teile von Iran und besetzt nach der Eroberung von Armenien Ostanatolien. Der Halys wird die Grenze gegen Lydien. Das Heer wird in Anlehnung an skythische Vorbilder neu bewaffnet.
Ende des Reichs	585–550	Kyaxares' Sohn Astyages (assyrisch Ischtuwegu) vermeidet Auseinandersetzungen mit Babylonien, unterliegt aber schließlich den Persern unter Kyros II. Medische Schriftdenkmäler sind bisher nicht bekannt.

Die Perser

Achaimeniden		Das Machtzentrum der Perser liegt seit etwa 700 in Südiran in Fars. Die Anfänge der nach einem Ahnherrn Hachamanisch genannten Fürstensippe der Achaimeniden liegen im Dunklen. Tschischpisch (Teispes: um 670–640) stellt durch Eroberung elamischer Gebiete die Verbindung zwischen Parsuwa und Fars her. Nach unsicherer Überlieferung teilt er das Land zwischen seinen Söhnen Ariaramnes, der den Osten erhält, aber nicht lange behaupten kann, und Kyros I. (Kurasch: 640–600), der ein gutes Verhältnis zu Assurbanipal von Assyrien sucht und seinen ältesten Sohn an dessen Hof sendet. Später muss er wohl ebenso wie sein jüngerer Sohn Kambyses I. (Kambudschija: 600–559) die Oberhoheit der Mederkönige anerkennen.
Kyros II.	559–529	Kambyses' Sohn Kyros II. (Kurasch der Große) stürzt, gedeckt durch ein Bündnis mit Nabonid von Babylonien, seinen Lehnsherrn Astyages von Medien und erobert die Mederhauptstadt Ekbatana.
	550	
	547	Nach Festigung seiner Herrschaft in Iran wendet sich Kyros II. gegen Lydien, dessen König Kroisos Teile der medischen Westprovinz besetzen will, und zerstört das Lyderreich völlig. Die Griechenstädte Westkleinasiens werden unterworfen. Nach einem großen Feldzug nach Nordosten (Baktrien und Sogdien) gegen die Massageten und Anlage von Stützpunkten dort, zieht er nach Babylon.
	546	
Weltreich	539	Nach ausgiebiger propagandistischer Vorbereitung unter Ausnutzung der Missstimmung gegen Nabonid wird Babylon leicht eingenommen. Durch die darauf folgende Annexion des ganzen Chaldäerreichs bis zur Grenze Ägyptens wird Persien zum Weltreich in damaliger Sicht. Die Religionen der unterworfenen Völker lässt Kyros wie seine Nachfolger unangetastet, ja fördert sie sogar (z.B. durch die Freigabe des Tempelbaus in Jerusalem); die innere Verwaltung überlässt er, wo angängig, zunächst einheimischen Fürsten.
	529	Kyros fällt nach weiteren Kriegen in Ostiran im Kampf gegen die Massageten in der aralischen Steppe. Sein monumentales Grabmal steht noch heute in Pasargadai in Fars, das neben Susa, früher Hauptstadt von Elam, und Babylon Residenz geworden ist. Ein literarisches Denkmal setzt ihm später Xenophon in seiner im Einzelnen oft romanhaften „Kyropädie".
Kambyses II.	529–522	Sein Sohn und Nachfolger wird Kambyses II., der schon (seit 538) Statthalter in Babylon ist.

525   Er tötet heimlich den jüngeren Bruder Bardija (Smerdis) und wendet sich dann nach *Ägypten*, das er unterwirft und bis Nubien durchzieht; auch die Griechen der Kyrenaika unterwerfen sich. Mehrere Bluttaten im Jähzorn erwecken trotz großer Schenkungen an ägyptische Tempel Hass. Für die geplante Eroberung von Karthago verweigern die phönikischen Seeleute die Gefolgschaft. Die lange Abwesenheit in Ägypten benutzt der der Priesterkaste der Magier angehörige Reichsverweser Gaumata, um sich für den angeblich noch lebenden Bardija auszugeben und sich in Iran und Babylonien zum König zu machen.

522   Auf dem Rückmarsch von Ägypten zur Bekämpfung Gaumatas stirbt Kambyses in Syrien durch einen Unglücksfall, ohne einen Sohn zu hinterlassen.

522–485   Gegen Gaumata erheben sich nun sieben Stammesfürsten der Perser unter Führung des (angeblichen?) Urenkels des Ariaramnes und Sohnes des Vischtaspa (Hystaspes), Dareios I. (Darajavausch).

521
16. Okt.   *Dareios I.* erschlägt Gaumata in seiner Burg und erhebt sich zum Großkönig. Wohl zwecks Legitimierung seiner Usurpation heiratet er Atossa, die Tochter von Kyros II. Es folgen gefährliche Aufstände in Iran und Babylonien, deren rasche Niederwerfung Dareios in einer dreisprachigen (altpersisch-elamisch-babylonischen) Inschrift am Felsen von Behistun (Bagistana) nahe dem Ort der Entscheidungsschlacht südwestlich von Ekbatana berichtet (über der Inschrift ist Ahuramazda abgebildet).

Für das von ihm erstmals geschriebene Altpersisch verwendet er eine neue Keilschrift mit nur 36 Silben- und sechs Wortzeichen (nach den Namen 1802 von Georg Friedrich Grotefend entziffert). Die dreisprachigen Inschriften der Achaimenidenkönige ermöglichten die Entzifferung der babylonischen Keilschrift durch Henry Creswicke Rawlinson und andere Wissenschaftler um 1850. Eine vierte, aramäische Fassung der Behistun-Inschrift ist auf Papyri z. T. erhalten.

518   Dareios zieht nach Ägypten, um die über Kambyses empörten Ägypter für sich zu gewinnen.

nach 512   Der zu eigenmächtige Statthalter Arvandes wird hingerichtet und durch Pherendates ersetzt. Der vom Ägypterkönig Necho begonnene Kanal vom Nil zum Roten Meer wird fertig gestellt, damit Iran auch auf dem Seeweg um Arabien herum erreicht werden konnte.

512
513?   Um die Skythen wirksam zu bekämpfen, zieht er über den Bosporus zur unteren Donau bis Bessarabien, erreicht aber, weil die Skythen ausweichen, nur Teilerfolge, vor allem die Unterwerfung Thrakiens und Makedoniens. Im Osten erobert er das Industal (Landschaft Pandschab).

Eroberung Ägyptens

Dareios I.

Das Reich des Dareios

Sein Reich teilte Dareios in etwa 20 große Provinzen auf unter *Satrapen* mit sehr großen politischen, militärischen und wirtschaftlichen Vollmachten, denen ein bestimmtes, hohes Steuersoll in Silber, Getreide oder (nur für Indien) Gold auferlegt wird. Die Grenzen der Satrapien werden mehrfach geändert. Die Maße und Gewichte werden standardisiert, eine einheitliche *Währung* eingeführt (Grundeinheit der Golddareikos mit Bild des Königs, von dem 300 einem babylonischen Silbertalent entsprechen). Den Kern des stehenden Heeres bilden die Perser (darunter als Leibgarde „die 10000 Unsterblichen"); aber auch alle anderen Völker sind zur Heeresfolge weithin unter einheimischer Führung verpflichtet, wobei die Phöniker, Karer von der Seeräuberküste Südkleinasiens und Griechen die Flotte bemannen. Große Heerstraßen für die Kuriere des Königs und die Truppen werden angelegt. Die alten *Landessprachen* bleiben Verwaltungssprachen, die Verordnungen der königlichen Kanzlei werden aber für große Teile des Reiches aramäisch abgefasst. Großartige Paläste werden gebaut, vor allem in Susa, Ekbatana und in der neuen Hauptstadt Persepolis (persisch Parsa) in Fars unter Einsatz von Handwerkern aus allen Reichsteilen. Die monumentale Bau- und Bildkunst ist in vielem von Assyrien, Babylonien, Urartu, Ägypten und Griechenland beeinflusst, zeigt aber durchaus eigenes Gepräge. Die Bildzyklen an den Palastwänden und -treppen zeigen oft lange Reihen von Beamten, Kriegern und Dienern in ihren jeweiligen Landestrachten. Das Hofzeremoniell ist prunkvoll. Nach elamischem Vorbild gibt es im Königshaus mehrfach Geschwisterehen. Die Religion des Königshauses ist die *Zarathustras*, die sich allerdings vor allem unter dem Einfluss der medischen Priesterkaste der Magier vom Monotheismus wegentwickelt. Keine Inschrift nennt Zarathustra.

Satrapien

Währung

Landessprachen

Zarathustra

500–494   Der große Aufstand der ionischen Griechen wird nach langen Kämpfen niedergeworfen,
494   Milet zerstört.
490   Ein zur Sicherung dieses Erfolges unternommener *Feldzug gegen Griechenland* selbst scheitert bei Marathon. Über den Vorbereitungen zu einem neuen Schlag gegen Griechenland, die durch einen Aufstand in Ägypten gestört werden, stirbt Dareios; sein Grab liegt bei Persepolis.

Feldzug gegen Griechenland

Xerxes I.	485–465	Der von ihm als Sohn der Atossa zum Nachfolger bestimmte jüngere Sohn *Xerxes I.* (Chschajarscha) unterdrückt alsbald die Aufstände in Babylonien und Ägypten; ein Rückgang der bis dahin blühenden Wirtschaft ist die Folge der durch die Kämpfe verursachten Zerstörungen.
	480–479	Das große Unternehmen gegen Griechenland endet trotz der gewaltigen Vorbereitungen mit einem Misserfolg (Seeschlacht bei Salamis). Nach weiteren Jahren geringer politischer Aktivität, aber umfangreicher Bautätigkeit vor allem in Persepolis wird er mit seinem ältesten Sohn Dareios von Artabanos ermordet.
Artaxerxes I.	465–424	Der jüngere Sohn *Artaxerxes I.* (Artachschatra) Longimanus muss Aufstände z.T. als Folge der überall zunehmenden Unzufriedenheit wegen der drückenden Steuerlast z.B. in Baktrien unterdrücken.
	456	In Ägypten kann erst der Satrap Megabyzos den von Athen unterstützten Inaros schlagen.
	448	Der weitere Machtverfall im Westen des Reiches nötigt zu einem Vertrag mit Athen. Zur Ordnung der Verhältnisse in Jerusalem entsendet König Artaxerxes I. Esra und Nehemia.
	424–405	Nach der Ermordung von Xerxes II. durch Sogdianos hat Dareios II. Nothos mehrere Satrapenaufstände niederzuwerfen, kann aber in Ägypten den Aufstand des Amyrtaios nicht unterdrücken.
		Über die Verwaltung und Besitzverhältnisse der Zeit Dareios II. und der seines Vorgängers Artaxerxes I. unterrichtet ein großes Geschäftsurkunden-Archiv aus Nippur in Mittelbabylonien.
	405–359	Gegen den Sohn des Dareios II., Artaxerxes II. Mnemon, erhebt sich mit griechischer Hilfe dessen jüngerer Bruder Kyros.
	401	Er wird in der Schlacht von Kunaxa (nördlich von Babylon) getötet.
	374	Der Versuch, Ägypten wieder zu unterwerfen, misslingt erneut.
	387	Westkleinasien hingegen fällt durch den Frieden des Antalkidas wieder an das Perserreich.
Aufstände		Macht und *Aufsässigkeit der Satrapen* nehmen vor allem in den Randgebieten des Reiches weiter zu. Der Kult des altiranischen Gottes Mithra und der mit der semitischen Fruchtbarkeitsgöttin Ischtar (Astarte) gleichgesetzten Wassergöttin Anahita gewinnt nun auch am persischen Königshof Boden; wesentliche Grundsätze der Lehre Zarathustras werden preisgegeben.
Artaxerxes III.	359–338	*Artaxerxes III.* Ochos, Sohn des Artaxerxes II.
	351	Er unterdrückt neue Aufstände in Kleinasien und Phönikien.
erneute Unterwerfung Ägyptens	343/342	Nach drei Feldzügen *unterwirft* er *Ägypten* wieder, das jetzt wegen seines mehrfachen Widerstandes schwer gezüchtigt wird.
	338	Der tatkräftige, aber brutale König wird von seinem Günstling, dem Eunuchen Bagoas, vergiftet; dasselbe Schicksal erleidet bald danach Artaxerxes' jüngster Sohn und Nachfolger Arses.
Dareios III.	336	Auf den Thron erhebt Bagoas nun einen anderen Urenkel des Dareios II., *Dareios III.* Kodomannos, wird aber von diesem durch Gift getötet.
	336–330	
Alexander d.Gr.	334	Nach vorübergehenden Erfolgen seiner Satrapen in Westkleinasien wird Dareios von *Alexander d.Gr.* angegriffen.
	330	Nach schweren Niederlagen wird er von dem Satrapen Bessos in Ostiran ermordet. Iran mit dem gesamten Perserreich wird dadurch ein Teil des Weltreichs Alexanders, das in vielem an die Überlieferungen des Achaimenidenreiches anknüpfen und darauf aufbauen kann. – (Forts. S. 345)

Das persische Erbe

Eine Iranisierung des Gesamtreiches versuchen die Perser während der gut 200 Jahre ihrer Herrschaft nie ernstlich. Die politische und zivilisatorische Vereinheitlichung, die schon das Assyrer- und Chaldäerreich großen Teilen Vorderasiens bringen, führen die Achaimeniden aber beträchtlich weiter und übertragen sie auf Gebiete, die von ihr bis dahin nicht betroffen sind. Das schon vorher als Handels- und Verkehrssprache weit verbreitete *Aramäische* gewinnt als Verwaltungssprache des Reichs nun eine noch viel größere Verbreitung (von Lydien bis Indien). Es trägt damit dazu bei, die Teile des Reichs – trotz der gewaltigen Entfernungen und aller Verschiedenheiten in Sprache und Kultur – immer mehr zusammenzuführen und die Menschen an das Vorhandensein großer politischer und wirtschaftlicher Zusammenschlüsse zu gewöhnen. Die weit gehende Selbstverwaltung der Städte und kleineren Gebiete sowie die fast immer tolerante Behandlung der so verschiedenartigen religiösen Kulte im Reich lassen die Fremdherrschaft vielerorts als nicht bedrückend empfinden; auch wissen viele die wirtschaftlichen Vorteile und die zunehmende Freizügigkeit des Einzelnen durchaus zu schätzen. So wird das rasche Fortschreiten der Hellenisierung der Alten Welt nach Alexander d.Gr. nur auf der von den früheren Reichen geschaffenen Grundlage möglich. – (Forts. S. 184)

Italien (8. Jh. bis römische Republik)

In der Eisenzeit blühen in Oberitalien die Golasecca-Kultur (Lombardei), die Villanova-Kultur (Etrurien, etruskisches Kampanien, Emilia-Romagna) und die Este-Kultur (Venetien) bis zum Entstehen der *etruskischen Stadtkultur*, die, ebenso wie die latinische, gleichfalls an früheisenzeitliche Traditionen anknüpfende städtische Kultur Mittelitaliens, Kontakte durch Handel (Importgegenstände) mit der griechischen und orientalischen Welt pflegt. Unteritalien und Sizilien werden darüber hinaus seit der Mitte des 8. Jh.s von der *Kolonisation der Griechen* erfasst, deren Kultur auf die sizilischen und süditalischen Völker ausstrahlt. Unter den latinischen Städten steigt Rom nach und nach zu regionaler Führung und schließlich zur Beherrschung der ganzen Apenninenhalbinsel auf.

etruskische Stadtkultur

Kolonisation der Griechen

Die Etrusker

Die schon im Altertum diskutierte Frage nach der *Herkunft* der Etrusker kann auch heute nicht eindeutig beantwortet werden. Die Forschung neigt jetzt dazu, die Ausbildung des Etruskertums in Italien selbst anzunehmen, wobei aber eine Vermischung von Einwanderern (aus dem Osten?) mit (vorindogermanischen und/oder indogermanischen) Einheimischen vorausgesetzt werden muss. Aus den Funden wird eine Kontinuität von der Eisenzeit Ober- und Mittelitaliens zur etruskischen Kultur deutlich, während sprachliche und kunsthistorische Erscheinungen auf die Ägäis bzw. Westkleinasien hinweisen. Die (nicht indogermanische) Sprache ist nur in relativ wenigen Zeugnissen erhalten und kaum übersetzbar, da mit keiner bekannten Sprache sicher zu parallelisieren; bekannt ist hingegen die von einem westgriechischen Alphabet abgeleitete etruskische Schrift.

Herkunft

Die Zone etruskischen Einflusses umfasst zur Zeit der größten Ausdehnung im 6. Jh. neben dem eigentlichen Etrurien noch die Po-Ebene im Norden, Kampanien und Latium im Süden sowie Elba und das Gebiet um Alalia auf Korsika. Die materielle Kultur basiert auf der Landwirtschaft und auf reichen Bodenschätzen (Eisen, Kupfer, Silber) vor allem im Tolfagebirge, in den Colline Metallifere (westlich von Siena) und auf Elba. Die Metalle werden sowohl in Etrurien verarbeitet als auch unbearbeitet exportiert.

Politisch ist Etrurien zur Zeit der römischen Eroberung in 12 (oder 15) selbstständige *Städte* aufgeteilt, die einen Bund bilden und am Fanum Voltumnae zu Treffen, Festen und Spielen zusammenkommen. Wahrscheinlich geht der Bund schon in ältere Zeiten zurück; ebensolche Zwölfstädtebünde werden auch für das etruskische Kampanien und die Po-Ebene genannt. In archaischer Zeit stehen die etruskischen Städte jeweils unter Königen, deren Machtausübung man sich wohl in Analogie zu der der etruskischen Könige Roms vorzustellen hat. Wichtige politische Institutionen Roms gehen auf die Etrusker zurück.

Städte-Bund

Die etruskische *Religion* kennt zunächst keine anthropomorphen Gottheiten, gerät aber früh unter griechischen Einfluss, wobei ein der olympischen Götterwelt entsprechendes Pantheon entsteht. Typisch für die etruskische Religion ist das Bemühen, den Willen der Götter durch Beobachtung des Vogelflugs (auspicium) und durch Leberschau (haruspicium) zu erkennen – die sog. „etruskische Disziplin".

Religion

Die *Kunst* der Etrusker ist fast nur aus den zahlreichen, oft sehr großzügig ausgestatteten Grabanlagen bekannt, die nicht nur die etruskische Architektur, sondern auch bildende Kunst und tägliches Leben (der Vornehmen) dokumentieren; Letzteres wird gerade in der Wandmalerei (Blütezeit 6./5. Jh.) ausdrucksvoll dargestellt, während aus den Kammergrabanlagen Rückschlüsse auf Konstruktion und Ausstattung der Wohnhäuser gezogen werden können; insgesamt scheint die etruskische Kunst um 700 mit einer orientalisierenden Phase einzusetzen, gegen die sich (archaische) griechische Einflüsse schließlich durchsetzen; im 1. Jh.v.Chr. geht die etruskische Kunst ohne Bruch in die römische über.

Kunst

8. Jh.	Prozess der Stadtbildung, vor allem in Südetrurien.
7.–6. Jh.	Etruskische Thalassokratie (Seeherrschaft) und Piraterie im Tyrrhenischen Meer.
um 540	Etruskisch-karthagischer Seesieg über die phokaiischen Griechen in sardischen Gewässern.
504?	Aristodemos von Kyme entsetzt das von Etruskern unter Aruns angegriffene Aricia. Die etruskische Macht in Latium zerbricht (auch im Zusammenhang mit der Vertreibung des letzten etruskischen Königs aus Rom und mit Angriffen der Äquer und Volsker).
6.–5. Jh.	In den etruskischen Stadtstaaten wird das Königtum zugunsten aristokratischer Regime gestürzt.
474	Auf Hilferuf von Kyme schlägt Hieron, Tyrann von Syrakus, die Etrusker in der Bucht von Neapel.

Absinken der Macht

5. Jh.	Kelteneinfälle bewirken den Niedergang der etruskischen Macht in der Po-Ebene.
424	Die Samniten erobern Capua, der etruskische Städtebund Kampaniens zerfällt.
396	Zerstörung Veiis durch Rom.
4./3. Jh.	Die wachsende Ausdehnung des römischen Einflusses führt zum *Absinken der Macht* der Etrusker und schließlich zum Verlust ihrer Selbstständigkeit. – (Forts. S. 293)

Griechenland vor dem Hellenismus

Die minoisch-mykenische Kultur

Die Kultur der Bronzezeit in Griechenland wird heute gewöhnlich als *Helladikum* bezeichnet. Die Einführung der Bronze (erste Hälfte des 3. Jt.s v.Chr.; um ein genaueres Datum wird heftig diskutiert) bedeutet für Griechenland den Beginn einer neuen Ära. Die Land- und Weidewirtschaft der griechischen Halbinsel entwickelt sich dank dem Gebrauch neuer Technologien (besonders des Pfluges), die Bevölkerung vermehrt sich, die Siedlungen vervielfachen sich. Unter den Zentren dieses noch nicht griechischen Griechenlands, dessen Physiognomie von mit Anatolien verbundenen ethnischen Gruppen geprägt wird, hat eine besondere Bedeutung Lerna, eine „Stadt" der Argolis im Scheitelpunkt des Golfes von Nauplia. Dieser Kulturtyp kleinasiatischen Ursprungs (Frühhelladikum) bricht am Ende des 3. Jt.s durch die Ankunft neuer Einwanderer zusammen, die ein Zweig der großen gewöhnlich als Indoeuropäer bezeichneten Völkerschaften sind. Ihre Ankunft (von Nordosten) auf der griechischen Halbinsel kann zwischen 2000 und 1950 datiert werden (Beginn des Mittelhelladikums). Die Neuankömmlinge werden – nach einer in der römischen Welt gebräuchlichen Bezeichnung –*„Griechen"* genannt, auch wenn nicht mit Sicherheit bekannt ist, wie sie sich zur Zeit der Ankunft selbst nennen. Sie sind vielleicht die Ionier, die ihrerseits später – gegen Mitte des Jt.s – gezwungen sein werden, sich aus Teilen der griechischen Halbinsel und der Peloponnes wegen der Ankunft neuer Gruppen zurückzuziehen: der Achaier zunächst und dann der Aioler. Mit der Ankunft der Achaier (um 1580) beginnt das Späthelladikum (oder *mykenische Zeit*), dem gegen 1200 neue Völkerbewegungen ein Ende setzen.

Die Bronzezeit in der Ägäis

	Helladikum (H)	Kykladikum (K)	Minoikum (M)	
Alt-	um 2800/2500 bis 2000			Vorpalastzeit
Mittel-	2000–1580	2000–1550	2000–1580	Frühpalastzeit (Mittel-M I bis Mittel-M III b)
Spät- (=Mykenisch) I	1580–1500	Spät-K I 1550–1400	1580–1450	Spätpalastzeit (Mittel-M III b bis Spät-M II)
II	1500–1425	Spät-K II 1400–1100	1450–1425	
III a	1425–1300		1425–1075	Nachpalastzeit (= Spät-M III)
III b	1300–1230			
III c	1230–1075			

Die Bronzezeit an der Küste Kleinasiens

Troia I	1. Hälfte des 3. Jt.s bis ca. 2300	Troia VII	ca. 1240–1100 Danach bleibt der Ort etwa 3½ Jh.e unbewohnt	
Troia II	ca. 2300–2100			
Troia III-V	ca. 2100–1900	Troia VIII	ca. 750–(griechisches Ilion)	
Troia VI	ca. 1900–1240	Troia IX	römisches Ilion	

Das 1. Schema hat A. Evans nach der Dreiteilung der ägyptischen Geschichte (Altes, Mittleres, Spätes Reich) geformt. 1953 hat A. Wace einige Modifikationen der Periodisierung des Spät-H III vorgeschlagen: a=1425–1340; b=1340–1210; c= 1210–1100. Der italienische Archäologe D. Levi hat auf der Grundlage der Ausgrabungen von Phaistos eine kurze Chronologie des Minoikums vorgelegt, die um 2000 beginnt und als Konsequenz ein äußerst kurzes Alt-M (2000–1850, Vorpalastzeit) und ein verkürztes Mittel-M (1850–1550, Frühpalastzeit) hat.
Die Chronologie der Bronzezeit an der Küste Kleinasiens (dargestellt im 2. Schema) wird gewöhnlich auf die Abfolge der verschiedenen Schichten in Troia bezogen, die auf Erkenntnissen amerikanischer Ausgrabungen im 20. Jh. fußen.

minoische Kultur   Parallel zur Kultur des Festlandes entwickelt sich auf der Insel Kreta eine noch blühendere Kultur, die als „minoische" bekannt ist, aber auch als „Kultur der Paläste" bezeichnet werden kann. Wahrscheinlich stammen die Anfänge dieser Kultur ebenfalls aus Anatolien, besonders aus dem Umkreis der Luvier. In Kreta hat die griechische Kultur ihren wichtigsten Ursprung, vor allem nachdem sich in der späten Bronzezeit die mykenische und minoische Kultur direkt begegnen und miteinander verschmelzen.

Kykladen   Besondere Charakteristika, die aber auf eine grundlegende Einheit in der ägäischen Kultur der Bronzezeit zurückgeführt werden können, weisen die *Kykladen*-Inseln auf.

Über die Originalität der mykenischen Kultur (so bezeichnet von Heinrich Schliemann, dem Ausgräber von Mykene, Tiryns und Troia, nach der Führungsrolle, die den Königen Mykenes in den Epen Homers zugeschrieben wird) oder ihre Abhängigkeit von der minoischen Kultur (so bezeichnet von Arthur Evans, dem Ausgräber von Knossos, nach dem sagenhaften König Minos) haben in der Forschung der ersten Hälfte dieses Jh.s dauernde Kontroversen bestanden. Die Entzifferung der *mykenischen Schrift* hat endgültig gezeigt, dass die mykenische Kultur, obwohl der minoischen eng verbunden, der Ausdruck eines vom „minoischen" unterschiedenen Volkes ist.

mykenische Schrift

mittlere Bronzezeit   Die *mittlere Bronzezeit* auf dem Festland (Mittelhelladikum) dauert etwa vier Jh.e lang und ist noch wenig bekannt. Die neuen Einwanderer (die „ersten Griechen") sind Träger einer patrilinearen und kriegerischen Zivilisation und siedeln größtenteils in befestigten Orten, die als Zentrum einen Palast des Anführers haben. Auf diese Weise werden viele der Plätze besetzt, die in den folgenden Jh.n große Bedeutung haben: z.B. Mykene, Tiryns, die Insel Aigina. Unter den gut ausgegrabenen und daher bekannten Orten ist Malthi in Messenien, das antike Dorion.

Minier   Die Kunst ist in dieser Epoche noch wenig entwickelt, aber es setzt sich ein neuer Typ verfeinerter und auf der Drehbank gearbeiteter Keramik durch, die als „minische" Keramik (von den *Miniern*, die nach Homer die ersten Bewohner von Orchomenos in Boiotien waren) bekannt ist. Eine weitere bemerkenswerte Neuerung ist die Benutzung des Pferdes, das von den indoeuropäischen Völkern in großem Umfang gebraucht wird. Schließlich beginnen sich die Neuankömmlinge mit dem Meer auseinanderzusetzen. Sie dringen vor allem in Richtung auf die Kykladen vor, wo sie zum ersten Mal in Kontakt mit den Kretern kommen.

Die minoische Kultur

In Kreta erscheinen mit dem Beginn der mittleren Bronzezeit die ersten Paläste. Die wichtigsten sind die von Phaistos, Knossos und Mallia. Die minoische Kultur, die schon in der frühen Bronzezeit (Vorpalastzeit) angefangen hat, entwickelt sich zu größter Blüte weiter; der Bruch, der auf dem Festland durch die Ankunft der Indoeuropäer entsteht, bleibt ihr erspart. Kreta weist weiterhin mit den benachbarten anatolischen Kulturen gemeinsame Züge auf und unterhält ständige Kontakte sowohl mit den Kykladen als auch mit Ägypten.

Fürstenpaläste   Der Bau von *Fürstenpalästen* (Protopalastphase der minoischen Kultur) scheint darauf hinzuweisen, dass die dort residierenden Fürsten auch eine politische Herrschaft über Gebiete der Umgebung ausüben. Von fähigen Architekten erbaut, die Kunst und technisches Wissen verbinden können, haben die drei größeren Paläste in den Grundlinien eine ähnliche Geschichte: Sie werden am Beginn des 2. Jt.s errichtet und – wahrscheinlich durch Erdbeben – gegen Ende des 17. Jh.s v.Chr. zerstört. In reicheren Formen werden sie am Ende des Mittelminoikums (Beginn der Spätpalastphase) wieder aufgebaut.

Phaistos   Vermutlich ist das Zentrum der Ausstrahlung der Palastkultur *Phaistos* an der Südküste, die bessere Landeplätze als die Nordküste für die aus Anatolien kommenden Schiffe bietet. In einem zweiten Zeitabschnitt, als sich der kretische Einfluss auf die Kykladen und das Festland ausdehnt, entwickeln sich die Vororte der Nordküste, unter denen vor allen Knossos und Mallia hervorragen. Hauptkennzeichen der Paläste sind ein großer gepflasterter Zentralhof, an den sich gegliederte Gebäudekomplexe, große angelegte Terrassen auf verschiedenen Ebenen, breite Verbindungstreppen, Kultbauten und Magazine anschließen.

Labyrinth   Die späteren Erweiterungen machen den Plan dieser Paläste kompliziert und lassen wahrscheinlich bei den Alten die Vorstellung und den Namen des berühmten „*Labyrinths*" des Minos aufkommen („Labyrinth" ist fast sicher von „labrys" abgeleitet, der Doppelaxt als religiösem Symbol der Macht). In dieser Zeit setzen sich unter anderem zwei architektonische Kennzeichen der kretischen Paläste durch: die Propyläen, d.h. ein monumentaler Eingang, und der sog. minoische Saal.

Kydonia   Seit 1973 ist im Westteil Kretas auch der Palast des antiken *Kydonia* (Chania) identifiziert worden, einer der drei Städte, die nach der Tradition von Minos gegründet sein sollen; dort ist ein reiches Archiv mit wichtigen Zeugnissen gefunden worden. – Gleichzeitig mit den großen Palästen entstehen auch zahlreiche andere herrschaftliche Gebäude, die zwar weniger ausgedehnt, aber reich genug ausgestattet sind, um ebenfalls „Paläste" oder „königliche Villen" genannt zu werden (z.B. Hagia Triada bei Phaistos, Tylissos und Amnisos bei Knossos, Gournia, Nirou Chani, Vathypetron, Palaikastro). Oft ist ihre Verbindung mit den größeren

Palästen (z.B. Phaistos – Hagia Triada) problematisch. Man weiß nicht genau, ob es sich um Zweitresidenzen der Herren der großen Paläste oder um Wohnbauten der nachgeordneten Autoritäten handelt. – Die bewohnten Zentren um die Fürstenresidenzen oder auf dem Lande sind bis heute noch wenig bekannt.
Die *minoischen Monarchien* weisen zahlreiche Analogien zu den orientalischen auf: Wie diese sind sie bürokratisch organisiert und registrieren minutiös auf Täfelchen alle Transaktionen, die den Palast interessieren; wie in den orientalischen Monarchien gewinnt der König seine Autorität durch eine priesterliche Weihe.

minoische Monarchien

Die Wirtschaft der minoischen Königreiche gründet sich auf Viehzucht und Landbau und ist durch ein dichtes Netz von Handelskontakten mit allen an die Ägäis grenzenden Ländern (von Ägypten bis Zypern, von Syrien bis Kleinasien, von den Inseln bis zum griechischen Festland) verbunden. Die Blüte Kretas ist auf lange Perioden des Friedens zurückzuführen, die sich in der offenen (nicht befestigten) Bauweise der Paläste widerspiegelt.

In der *Kunst der Kreter* ist neben der Architektur die Malerei von Bedeutung: Die Wände der Paläste sind mit Fresken geschmückt, die in Tempera-Farbe ausgeführt sind und trotz ihrer fragmentarischen Erhaltung Aussagekraft besitzen. Die glänzenden Fresken, die im Königspalast der Insel Thera entdeckt wurden (16. Jh.v.Chr.), haben, obwohl vielleicht Ausdruck der kykladischen Kunst, das hohe Niveau der minoischen Malerei bestätigt. – Meisterwerke bringt die minoische Kunst auch in der Stein- (Sigel), Metall- und Elfenbeinverarbeitung hervor. Fast alle minoischen Zentren besitzen schließlich Werkstätten für die Keramikproduktion, die im Mittelminoikum feinstes künstlerisches und technisches Niveau erreicht. Es handelt sich um äußerst dünnwandige Vasen, für die sich in den verschiedenen Produktionszentren und auf der ganzen Insel die Entwicklung der dekorativen Motive verfolgen lässt (geometrische Elemente, Kamares-Stil, Palaststil etc.).

Kunst der Kreter

Die minoische *Religion* kennt anthropomorphe Gottheiten und mystische Wesen. *Weibliche Gottheiten* herrschen vor, vor allem verschiedene Ausdrucksformen einer Muttergottheit, die mit den Lebensrhythmen der Natur verbunden ist. Große Tempel sind unbekannt; dafür gibt es kleinere Heiligtümer, die oft in direkter Beziehung zur Natur stehen (häufig Grotten, die später auch von den Griechen verehrt werden: z.B. die Grotte von Ilizia in Amnisos, die Grotte des Zeus auf dem Ida usw.). Ein gutes Beispiel für Kultzeremonien bietet ein bemalter Sarkophag aus Hagia Triada. Eng verbunden mit der Götterwelt ist die Welt der Toten, die, wie durch die Gräber (Tumuli) und Kultformen nahegelegt wird, von einem festen Glauben an ein Weiterleben nach dem Tode geprägt ist. Die minoische Religion übt auf die mykenische und die der Griechen überhaupt einen entscheidenden Einfluss aus.

Religion weibliche Gottheiten

Die blühende Kultur der minoischen Paläste wird in der 2. Hälfte des 15. Jh.s (Anfang der Nachpalastphase) unterbrochen. Dabei wirken zwei Faktoren zusammen: eine erneute *Naturkatastrophe* (die sehr wahrscheinlich mit der furchtbaren Eruption des Vulkans von Thera verbunden ist) und die anschließende Eroberung durch die Griechen (Achaier), die vom Festland kommen. Dort hat sich in der Zwischenzeit, seit etwa 1580 v.Chr., die große Kultur herausgebildet und gefestigt, die man heute gewöhnlich mykenische Kultur nennt.

Naturkatastrophe

Eine der großen Errungenschaften der minoischen Kultur besteht in der Ausbildung und im Gebrauch der *Schrift*. Es gibt drei Typen von Schriften in Kreta: die sog. Hieroglyphen-Schrift, die in der 1. Hälfte des 2. Jt.s v.Chr. in Gebrauch und nur in begrenztem Umfang bezeugt ist; die sog. Linear-A-Schrift, die vor allem im Zusammenhang mit der 2. Phase der Paläste vorkommt, die aber in ihrer bei Hagia Triada bezeugten Form (Proto-Linear-A) die älteste Schrift der Insel zu sein scheint; schließlich die Linear-B-Schrift, eine gegenüber Linear-A weiterentwickelte Form, die von den mykenischen Griechen sowohl in Kreta wie auf dem Festland vermutlich seit dem 15. Jh. benutzt wird. Von der Hieroglyphenschrift wissen wir bisher wenig. Die Linear-A- und Linear-B-Schrift gründen sich auf ein System von Lautwerten (Silben = Silbenschrift) und Schriftzeichen (Ideogrammen), das zum Ausdrücken verschiedener Sprachen dient; die Sprachen der Minoer, die sich unter der noch nicht entzifferten Linear-A-Schrift verbergen, sind noch unbekannt. Die entzifferten Linear-B-Zeugnisse sind in griechischer Sprache geschrieben. Ein völlig isoliertes und noch nicht entziffertes Schriftzeugnis ist der Diskus von Phaistos (vielleicht anatolischen Ursprungs), der mit einem System von 45 Schriftzeichen beschrieben ist.

Schrift

Die mykenische Kultur

Der kulturelle *Einfluss Kretas* auf das Festland verstärkt sich in dem Maße, in dem sich die Präsenz der Kreter in der Ägäis ausdehnt. Nach der antiken Tradition (Herodot, Thukydides) hätte König Minos nach und nach die Ägäischen Inseln unterworfen. Archäologische Spuren einer minoischen Präsenz auf dem Festland sind zahlreich; die Legende, dass die Athener dem König von Knossos Menschen als Tribute „zahlen" mussten, von denen sie der König Theseus befreit hätte, indem er im Labyrinth den Minotaurus

Einfluss Kretas

tötete, macht die antike Erinnerung an Kontakte zwischen Kreta und dem Festland deutlich. Es lässt sich nicht mit Sicherheit sagen, ob diese Beziehungen auch Formen politischer Unterwerfung angenommen haben. Sicher ist jedoch, dass die politische, administrative und ökonomische Organisation Kretas ein Modell für jene des Festlands bot.

Im Laufe des 16. Jh.s wird der kretische Einfluss bestimmend. Er fällt zusammen mit dem Zustrom neuer ethnischer Gruppen, unter denen die hervorragen, die von Homer „Achaier" genannt werden. Die neue Vitalität, die Griechenland in dieser Zeit gewinnt, markiert den Beginn einer neuen kulturellen Phase, des *Späthelladikums*. – Wir kennen die mykenische Kultur durch die Archäologie, durch *Homer* (die Gedichte, die unter seinem Namen überliefert werden, haben eine komplexe Entstehungsgeschichte; in ihnen fließen Teile, die direkt auf die mykenische Zeit zurückgehen, und Teile, die deutlich späteren Ursprungs sind, zusammen; der Gebrauch Homers als historische Quelle ist deshalb immer problematisch) und heute auch durch die Schrifttäfelchen, die in der Linear-B-Schrift geschrieben sind; sie wurden 1952 von Michael Ventris entziffert.

Späthelladikum
Homer

Aus dem Schiffskatalog, d.h. dem Verzeichnis der achaiischen Kontingente, die am Troianischen Krieg teilnahmen (Ilias, Buch 2; der Passus geht in seinen wesentlichen Linien sicher auf das Ende der mykenischen Zeit zurück), wird deutlich, dass *das achaiische Griechenland* in eine bestimmte Anzahl von Fürstentümern aufgeteilt ist, deren größte die peloponnesischen (Mykene, Argos und Tiryns, Pylos, Sparta, Arkadien) und die Kretas sind, das trotz seiner sprichwörtlichen hundert Städte als Einheit behandelt wird. Die Pluralität von Staaten wird überall in den Epen Homers und indirekt auch durch die mykenischen Palast-Archive bestätigt, die bisher entdeckt wurden und die für die administrative und politische Autonomie einzelner Sitze sprechen. Über die Fürstentümer des Festlandes, wenigstens über die der Peloponnes, übt wohl der *König von Mykene* eine gewisse Hegemonie aus (in den Epen Homers nennt er sich „königlicher" als die anderen), auch wenn es nicht möglich erscheint, von einer Herrschaft Mykenes im strengen Sinn zu sprechen. Wahrscheinlich handelt es sich um einen wirtschaftlichen und politischen Vorrang, der daneben auch gentilizisch und sakral begründet ist und der dem König von Mykene bei gemeinsamen Unternehmungen (wie der, die in der Tradition als Troianischer Krieg erwähnt wird) die Führung sichert.

das achaiische Griechenland

König von Mykene

Durch archäologische Forschungen sind einige Königspaläste gut bekannt, vor allem für die Zeit seit dem Ende des 15. Jh.s: Von Tiryns, Pylos und dem boiotischen Gla lässt sich heute ein fast kompletter, von Mykene und Theben ein annähernder Plan erstellen; von Mykene kennen wir gut die befestigte Burg mit ihrer unmittelbaren Umgebung (zahlreiche Tholos-Gräber) und einige Wohnquartiere. Andere bekannte *Burgen* sind z.B. Midea, Thorikos, Theben, Orchomenos und Athen. Auf den Kykladen ist das bestbekannte Zentrum Philakopi. Die Siedlung Mykene erhebt sich auf der felsigen Spitze eines unzugänglichen Hügels und ist durch schwere Mauern befestigt, die nur am berühmten Löwentor und an einer geheimen Stelle auf der entgegengesetzten Seite Zugänge besitzen. Die Bebauung des Felsens geschieht in verschiedenen Phasen. Zu einem bestimmten Zeitpunkt umschließt die Ringmauer den heiligen Bezirk der Gräber für die alten Könige (sog. Ring A), während ein anderer noch älterer Komplex von Fürstengräbern (Ring B, Ende des 17./1. Hälfte des 16. Jh.s) außerhalb der Mauern bleibt (in der Nähe des sog. Grabes der Klytaimnestra).

Burgen

Der *mykenische Palast* ist, obwohl einige seiner Merkmale auf den minoischen zurückgehen, von diesem unterschieden und einfacher. Er hat nicht den großen Zentralhof. Seine charakteristischen Elemente sind das Megaron als Zentrum des Lebens und der Familie (es findet sich auch in einigen Häusern) und ein monumentaler Eingang (Propyläen), der auf einen Hof führt (in Kreta sind die Propyläen der Eingang zum inneren Palast oder zu einem Teil desselben und immer mit einer breiten Treppe verbunden); er ist mit einer Ringmauer befestigt, die, außer in Tiryns und vielleicht in Gla, nicht die umgebende Siedlung einschließt. Die Mauer ist 5–10 Meter dick und in vielen Fällen (z.B. in Tiryns) von Korridoren und Treppen durchzogen. Diese Mauern – aus Felsblöcken im unteren, aus Lehmziegeln im oberen Teil – sind vielleicht der beste Beweis für die Spannungen, die zwischen den einzelnen Fürstentümern bestehen, und damit auch für deren politische Autonomie. – Zu erwähnen ist auch eine große mykenische Mauer über den Isthmus von Korinth, die den Zugang zur Peloponnes von Norden her sichert.

mykenischer Palast

Die vorherrschende Begräbnisart ist die Leichenbestattung. Die *Grabtypen* sind äußerst verschieden. Es gibt Zisten-, Graben-, Schacht-, Pithos- (hohe Vase), unterirdische Kammer- und Tholosgräber. Diese letzteren, die kretischen Modellen nachgebildet sind, werden zu Gräbern der Fürsten und Könige. Das berühmteste ist das sog. „Schatzhaus des Atreus" in Mykene, das älteste das von Koryphasion in Messenien (17. Jh.).

Grabtypen

Wenig ist über die *Kultorte* bekannt; sie wurden meistens im Innern der Häuser und Paläste gefunden oder sind mit den Gräbern verbunden. Neuerdings wurden auch eigentliche Heiligtümer entdeckt (z.B. in Hagia Irini auf der Insel Keos; man hat aber auch das Tsountas-Haus und das Zitadellenhaus in Mykene „Tempel" genannt), deren Existenz sich auch aus den Linear-B-Schrifttäfelchen ablesen lässt (z.B. das Heiligtum von Pakijane, das zum Königreich Pylos gehört).

Kultorte

In der *Kunst* und im Kunsthandwerk hat die Keramik sowohl unter quantitativen als auch unter qualitativen Gesichtspunkten besondere Bedeutung. Vor allem im Späthelladikum I und II ist sie in Motiven und

Kunst

Technik der minoischen Keramik verpflichtet, entwickelt sich aber – vor allem im Hinblick auf den Stil – seit dem Ende des Späthelladikums II eigenständig weiter. Vom Ende des 14. Jh.s ab machen die kretischen Werkstätten einen großen Aufschwung durch und exportieren sowohl in die östliche wie auch in die westliche Mittelmeerwelt. Vereinfachung (Granary-Stil) und Abstraktion (Close-Stil) beherrschen die letzte expansive Phase der mykenischen Produktion (Späthelladikum IIIc), in der auch Vasen mit Personenfries (z.B. die berühmte „Kriegervase" von Mykene) hergestellt werden. Die Motive der mykenischen Keramik werden von der zyprischen übernommen, überdauern teilweise in submykenischer Zeit, einige bis zur archaischen Kunst des 1. Jt.s.

Von der *Malerei*, die besonders die Fürstenpaläste schmückte, sind nur geringe Reste erhalten, dagegen viele wertvolle Stücke der Goldschmiedekunst (z.B. die berühmte Goldmaske, Becher, Halsketten, Diademe, Dolche, Ringe, Siegel). Besondere Erfahrung bezeugen die Elfenbeinschnitzereien. Die Bronzebearbeiter haben große Bedeutung sowohl auf künstlerischer wie auf sozialer Ebene. *Malerei*

Auf der Peloponnes ist außer den Palästen von Mykene und Tiryns der von Pylos am besten bekannt (Sitz der homerischen Könige Neleus und Nestor). Der wichtigste Fund aus diesem Palast ist das Archiv von Linear-B-Schrifttäfelchen, das eine große Anzahl von Zeugnissen in bestem Erhaltungszustand hervorgebracht hat. In Verbindung mit den analogen Zeugnissen aus Knossos bieten die Täfelchen von Pylos eine ausführliche dokumentarische Grundlage für die mykenische Schrift. Dank dieser äußerst wichtigen historischen Entdeckung können Aussagen über die inneren Verhältnisse der mykenischen Gesellschaft und über die ökonomisch-administrative Organisation eines achaiischen Staates gemacht werden, obwohl die Täfelchen trockene bürokratische Zeugnisse sind.

Die *Gesellschaft* ist pyramidenförmig aufgebaut: An der Spitze steht der König, der den Titel Wanax, „absoluter Herrscher", trägt, die gleiche Bezeichnung, die bei Homer für Zeus und die höchsten Götter reserviert ist. Der mykenische König betrachtet sich als deren Priester und Repräsentant. Insbesondere ist der Palast unter den Schutz der Göttin Athena gestellt; das geht mit großer Sicherheit aus einigen Schrifttäfelchen hervor und wird bestätigt durch die Tatsache, dass später Tempel der Athena an den Stellen entstehen, die in mykenischer Zeit Sitz des Wanax waren. Der König besitzt ein ihm reserviertes Landlos (temenos), ebenso der zweite Mann im Staate, der Lawagetas (Führer des laos, des Volkes), vielleicht der Erbprinz oder ein anderer Exponent der Geblütsaristokratie, der besonders militärische Führungsaufgaben hat. Die Wurzeln der Macht des Wanax liegen in einer Gesellschaft von Bauern und Hirten, in der es keine saubere Trennung zwischen zivilem und religiösem Bereich gibt und in der einige Familiengruppen allmählich Macht und Einfluss gewonnen haben, die über Blutsbande weitergegeben und durch den Ahnenkult gestärkt werden. Exponenten dieser gentilizischen Gruppen sind die basileis (Könige), Personen, die in ihren Gemeinschaften mit königlicher Macht ausgestattet sind. Sie leben in Residenzen, die über das dem Wanax unterstehende Territorium verstreut sind. Vielleicht ist auch der Wanax ein basileus, der „königlicher" ist als die anderen. Von hierher ergeben sich bedeutsame Parallelen zur Situation, wie sie in den homerischen Epen beschrieben wird. Jedem basileus steht, wie in der Odyssee (z.B. bei den Phaiaken), ein Rat von Alten (gerousia) zur Seite; auch er hat religiöse Vorrechte. *Gesellschaft*

Dem *Kult* kommt im Leben des mykenischen Staates hervorragende Bedeutung zu; er ist entscheidend für die Sicherung der Stabilität und der Integration. Der Palast muss die religiösen Pflichten skrupulös erfüllen. Über diese Aufgabe bindet er einen weiten Personenkreis unterschiedlicher sozialer Herkunft an sich: von Adligen, die ihren Tribut zum Kult leisten müssen (telestai), bis zu einer Reihe von Handwerkern und Personen verschiedener Herkunft. Im Königreich Pylos ist Pakijane Sitz vieler wichtiger Kulte für den Palast. *Kult*

Viele der mykenischen *Götter* sind dieselben, die besser durch Homer bekannt sind (Zeus, Hera, Poseidon, Artemis, Hermes, Dionysos), aber in ihrer Gesamtheit hat die religiöse Welt noch nicht die Gestalt angenommen, die sich in der späteren griechischen Religion findet. In vieler Hinsicht ist sie einer chthonischen Religiosität verbunden, wie sie in großem Umfang aus der minoischen Religion bekannt ist. Das patrilineare Prinzip der Indoeuropäer bestätigt sich auch in der Religion, doch ist breiter Raum noch weiblichen Gottheiten reserviert, die später aus dem klassischen Pantheon verschwinden oder dort eine völlig marginale Stellung einnehmen. Einzigartig ist die Zerlegung von Gottheiten in männliche und weibliche Bestandteile (Zeus/Diwia, Poseidon/Poseidaeia). *Götter*

Die *Herrschaft* wird im Rahmen stark *zentralisierter und bürokratischer Strukturen* ausgeübt, die ihren Bezugspunkt im Palast haben. Von hier aus kontrolliert der Wanax über ein Netz von Funktionären, die entweder im Palast selbst residieren oder über die verschiedenen Verwaltungseinheiten des Staates (damoi, Distrikte) verteilt sind, das ökonomische Leben der Gemeinschaft und sorgt dafür, dass nichts der Registration durch die Schreiber entgeht. Diese Personen, die einen bestimmten Rang haben und verschiedenen Sektoren der Palastwirtschaft vorstehen, geben innerhalb ihres engen Zirkels die Kunst des Schreibens weiter. Schriftzeugnisse auf anderem Material als Tontäfelchen (Papyrus, Pergament) sind nicht bekannt, sie wurden aber wahrscheinlich nicht gebraucht. *Herrschaftsstrukturen*

Das *Königreich Pylos* ist, wie aus den Zeugnissen hervorgeht, in 16 Distrikte unterteilt, die ihrerseits wieder zu zwei „Provinzen" zusammengefasst sind. Hier vollzieht sich unter der Kontrolle von zentralen Ins- *Königreich Pylos* pektoren (ko-re-te, po-ro-ko-re-te; die genaue Bedeutung des Begriffs ist unbekannt; er ist im späteren Griechisch verschwunden) das vielfältige Leben der Gemeinschaft, aus dem eine Reihe von Handwerken und Künsten hervorgeht. Eine besondere Stellung nimmt die Textilmanufaktur ein, die ihre Grundlage in der Schafzucht hat. Sie bildet zweifellos eine der wichtigsten Quellen des Reichtums in der mykenischen Gesellschaft. Auf diesem Sektor findet neben den Hirten weibliche Arbeitskraft vielfache Verwendung (Kämmen der Wolle, Spinnen, Weben). Im Zusammenhang mit der Wolle sind hervorzuheben die Produktion von Leinen und die Konfektion einer ganzen Reihe von Fertigprodukten, die exportiert werden. Herausragend ist die Tätigkeit der Bronzebearbeiter (chalkewes): Nicht zufällig entfaltet sich die mykenische Kultur mitten in der Bronzezeit. Allein im Königreich Pylos sind ca. 400 Bronzebearbeiter bezeugt, die alle unter dem Schutz der Potnia (wahrscheinlich die Göttin Athena) stehen.

Andere blühende, durch die Schrifttäfelchen bezeugte Bereiche der Wirtschaft sind die Produktion von Öl und Oliven, Salben und Parfums, bemerkenswert ist auch der Handel mit Spezereien. Die Zeugnisse enthalten weiter Hinweise auf die Keramik und die Waffenproduktion.

Institutionen Wertvoll sind die Täfelchen schließlich, um das Werden der wichtigen *Institutionen* der griechischen Welt zu verstehen. Einige konstitutive Elemente der späteren Polis sind im Keim schon in der mykenischen Welt vorhanden: vom „damos" als repräsentativem Kollegium der Gemeinde über einige Magistraturen bis zur Einteilung in Distrikte, aus der in vielen Fällen später die Stadt durch Synoikismos (politisch-administrativer Zusammenschluss mehrerer Gemeinden zu einem Zentrum) entsteht.

Expansion und Ende der mykenischen Kultur

mykenischer Vorstoß Als Erben der minoischen Erfahrungen zur See stoßen die *Mykener* seit dem 15./14. Jh. mit wachsender Intensität aufs Meer vor, und zwar entlang den Routen, die seit Jh.n von ägäischen Seeleuten befahren sind. Um die Mitte des 15. Jh.s besetzt wahrscheinlich eine Gruppe von Achiern den Hauptsitz Kretas, Knossos, und macht ihn zur Hauptstadt eines sich über die ganze Insel erstreckenden Reiches. So vollendet sich der Prozess des Übergangs der kretischen zur mykenischen Kultur, während die minoische Kultur endgültig untergeht. Ein Grab der 18. Dynastie im ägyptischen Theben registriert auf einem seiner Bilder diesen kulturellen Übergang: Die Kleidung der Keftiu (Ägäer), die bis dahin minoisch ist, wird durch mykenische Kleidung ersetzt.

Die vollständige Kontrolle der Ägäis erlaubt es den Mykenern, weiter vorzudringen: Im Osten siedeln sie an der anatolischen Küste (z.B. in Milet), in Rhodos (das vielleicht mit dem Zentrum des in Dokumenten des benachbarten Hethiterreiches erwähnten Reiches Ahhijawa, d.h. „Achaia", „Reich der Achaier", zu identifizieren ist), um schließlich Zypern und die Küste Syriens zu erreichen. Im Westen gelangen die mykenischen Seefahrer nach Süditalien, Sizilien, dem Aiolischen Archipel und dringen auf der Suche nach Rohmaterial bis zum Zentrum des Tyrrhenischen Meeres und in Richtung auf die Iberische Halbinsel vor. Das ist die Phase der sog. „Vorkolonisation", die sich auch nach dem Fall der mykenischen Reiche fortsetzt und sich in zahlreichen Traditionen widerspiegelt, unter denen an erster Stelle die Heimfahr-

Vorkolonisation ten (nostoi) der griechischen Helden von Troia stehen. Die *Vorkolonisation*, heute archäologisch gut bezeugt (z.B. Taras, Thapsos bei Syrakus, Aiolische Inseln), schafft die Voraussetzungen für die große Kolonisation des 8. und 7. Jh.s und unterstreicht die historische Bedeutung, welche die Achaier der Bron-

Expansion der Mykener zezeit für die Geschichte des Mittelmeerraumes haben. Die *Expansion der Mykener* zur See setzt die schon von den Minoern in der zentralen und südlichen Ägäis ausgeübte Kontrolle fort und inspiriert die Griechen der klassischen Zeit zu der von Herodot und Thukydides erwähnten Vorstellung einer legendarischen Seeherrschaft des Minos.

Troianischer Krieg Ein bedeutsames Beispiel für die expansive Phase der mykenischen Kultur ist auch der *Troianische Krieg*, der für das historische Bewusstsein der Griechen immer ein wichtiger Bezugspunkt bleibt. Herodot datiert ihn in die 1. Hälfte des 13. Jh.s, der alexandrinische Gelehrte Eratosthenes auf das Jahr 1184 v.Chr.; amerikanische Archäologen setzen die Zerstörung von Troia VIIa, das der in der Ilias beschriebenen Phase zu entsprechen scheint, auf 1230–1225 fest. Unabhängig von der dichterischen Ausschmückung ist der Krieg ein historisches Faktum, das man mit der strategischen Position der Troas erklären kann: Sie liegt am Ufer des Hellespont auf dem direkten Weg zum Schwarzen Meer und zu den metallreichen kaukasischen Regionen.

Gegen Ende des 2. Jt.s v.Chr. wird der östliche Mittelmeerraum von neuen Völkerbewegungen erschüttert. Ethnische Gruppen verschiedenen Ursprungs, die vom Kaukasus, Anatolien und der Balkanhalbinsel kommen, dringen in die Ägäis vor (um 1200). Ägypten wird zweimal von „Seevölkern" bedroht, während Phryger in Anatolien einfallen; die Einheit des Hethiterreiches wird zerstört. In diesen Zusammenhang (am Beginn des Übergangs von der Bronze- zur Eisenzeit) gehört auch die Einwanderung, die von den Griechen später als „Rückkehr der Herakliden" interpretiert wird, die aber schon Thu-

Dorische Wanderung kydides als Einwanderung der Dorer versteht. Auf diese „*Dorische Wanderung*" geht die Zerstörung der achaiischen Königspaläste und das Ende der mykenischen Kultur zurück.

Die archaische Zeit Griechenlands (ca. 1100–ca. 500)

Die geophysikalischen Bedingungen Griechenlands erfordern – im Unterschied zu den Flusstälerkulturen Ägyptens und Mesopotamiens – keine gesellschaftliche Organisation für die Bearbeitung des Bodens. Die Landwirtschaft kann in einzelnen, auf Autarkie ausgerichteten Höfen betrieben werden. Dazu kommt eine zweite Grundbedingung für die Geschichte der archaischen Zeit: Bis zu deren Ende, also bis um 500, bleibt Griechenland von äußeren Angriffen verschont. Neben den geophysikalischen Gegebenheiten und einem durch die Natur der Landschaft begünstigten *Partikularismus* ist das ein weiterer Grund dafür, dass es in Griechenland nicht zu umfassenden politischen Organisationsformen kommt. Unter politischen Gesichtspunkten bleibt griechische Geschichte immer die Geschichte einzelner Städte und Stämme. Selbst in den einzelnen Siedlungseinheiten kann sich ein Prozess der Staatsbildung erst seit dem 7. Jh. und nur zögernd durchsetzen: Er ist vor allem durch soziale Auseinandersetzungen im Innern der Städte bedingt.

Trotz fehlender politischer Einheit haben sich „die Griechen" in der *archaischen Zeit* eine kulturelle Einheit geschaffen; nach Alfred Heuß erlaubt es dieser Vorgang, die archaische Zeit als Epoche zu betrachten. Die erste Phase dieser Epoche ist der Forschung nur durch archäologische und sprachgeschichtliche Quellen zugänglich. Sie wird, weil schriftliche Zeugnisse fehlen und weil gegenüber der mykenischen Kultur in allen Lebensbereichen ein deutlicher Niedergang erkennbar ist, heute oft als „Dunkles Zeitalter" bezeichnet, über dessen Grenzen aber keine Einigkeit besteht. Im Folgenden wird der Begriff für die Zeit bis um 750 übernommen. Mit dem 8. Jh. beginnt – durch die Schaffung der griechischen Schrift; durch die Epen Homers, obwohl deren Aussagewert für die zeitgenössischen Verhältnisse umstritten ist; schließlich durch die Kolonisation – eine geschichtlich „hellere" Zeit. Trotzdem gibt es für die griechische Geschichte bis um 600 nur wenige gesicherte absolute Daten. Die Darstellung kann deshalb nicht in der Form einer strikten Chronologie erfolgen.

Einteilung der Zeit 1200–700 unter kultur- und kunstgeschichtlichen Gesichtspunkten

Zeitraum	Epoche	Phase
1200–1050	Späte Bronzezeit	Mykenisch (III C)
1125–1050		Submykenisch (nicht in allen Gebieten vertreten)
1050–900	Eisenzeit	Protogeometrisch
900–850		Frühgeometrisch
850–760		Mittelgeometrisch
760–700		Spätgeometrisch

Der Einteilung – nach A. M. Snodgrass – liegt die Entwicklung in Attika zugrunde.

Das „Dunkle Zeitalter" (12. Jh.–ca. 750)

Die Dorische und Ionische Wanderung

Um 1200 lösen Völkerbewegungen im mitteleuropäischen Raum die *Große oder Ägäische Wanderung* aus: Auf die Stämme der Balkanhalbinsel wird Druck ausgeübt, der einerseits zu Wanderungsbewegungen von Kleinasien über den Vorderen Orient bis nach Ägypten, andererseits zur „*Dorischen Wanderung*" führt, die in ihrer Bedeutung umstritten ist. Zwar lassen sich im 12./11. Jh. deutlich Unruhen, Völkerbewegungen und die Zerstörung spätmykenischer Paläste feststellen; dennoch weisen die archäologischen Zeugnisse eine *Kontinuität mykenischer Kultur* auch dort auf, wo an der Stelle zerstörter Siedlungen neue entstehen. Dies lässt sich am besten durch die Hypothese erklären, „dass die Dorer und andere Einwanderer in ihrer materiellen Kultur nicht wesentlich von den überlebenden Mykenäern zu unterscheiden" sind (A.M.Snodgrass), dass sie also schon vorher im Umkreis der mykenischen Kultur lebten. Im Gefolge der „Dorischen Wanderung" tauchen mykenische Bevölkerungselemente (wahrscheinlich Flüchtlinge) in verschiedenen Gegenden Griechenlands neu oder verstärkt auf, so an der Ostküste Attikas, auf Euboia (Euböa), in Chios, Kreta, Zypern und sogar in Tarsos in Kilikien. Seit dem 11. Jh. beginnt die sog. *„Ionische Wanderung"*, ein Prozess, der sich in mehreren Wellen bis zum 8. Jh.

hinzieht und in dessen Verlauf die Inseln der Ägäis und die Westküste Kleinasiens von griechischen Siedlern besetzt werden. Nur in seltenen Fällen sind mykenische Siedlungen als Vorläufer vorhanden. Die Landnahme wird begünstigt, weil keine größere staatliche Macht besteht, die den Griechen Widerstand entgegensetzen kann.

Dialektgruppen — Zwischen dem 11. und dem 8. Jh. bilden sich die griechischen *Dialektgruppen* heraus, die dann das Bild der Landkarte von Griechenland bis zur Westküste Kleinasiens bestimmen. Aufgrund der archäologischen Befunde ist es jedoch zweifelhaft, die Existenz dieser Gruppen schon in das 12. Jh. zu verlegen; Begriffe wie „Dorische Wanderung" oder „Ionische Wanderung" sind deshalb eher Hilfsbegriffe, die aus einer späteren Realität abgeleitet sind.

griechische Dialekte

Die Verteilung der griechischen Dialekte

	Mutterland	Inseln	Kleinasien
Ionier	Attika, Euboia, Halbinsel Chalkidike	Nördliche Sporaden, Kykladen, Chios, Samos, Ikaros	der Streifen südlich von Smyrna bis nördlich von Halikarnassos
Aioler (Achaier)	Arkadien	Lesbos, Zypern	von Smyrna nach Norden
Nordwestgriechen	Elis, Achaia; der größte Teil Mittelgriechenlands (Akarnanien, Aitolien, Lokris, Phokis)	Boiotien, Thessalien / Kephallenia, Zakynthos	
Dorer	Sparta (Lakonien), Argolis, Korinth, Megara	Kythera, Kreta, Melos, Thera, Astypalaia, Kos, Rhodos	von Halikarnassos nach Süden

Ionier

Aioler

Nordwestgriechen

Dorer

Merkmale des „Dunklen Zeitalters"

In der 1. Hälfte des 12. Jh.s werden viele mykenische Siedlungen zerstört oder aufgegeben. Trotzdem bleiben das 12. und teilweise 11. Jh. noch durch die mykenische bzw. submykenische Kultur geprägt, die aber deutliche *Zeichen eines Niedergangs* (z.B. Verlust technischer Fertigkeiten) aufweist. Am Rückgang der Zahl der Siedlungen lässt sich ablesen, dass die Bevölkerung in starkem Umfang abnimmt. Die mykenische Schrift geht verloren. Die mykenischen Grabbauten werden vielfach durch Zistengräber (Kistengräber) mit individueller Bestattung abgelöst. An die Stelle der mykenischen Steinbauten treten im 11. und 10. Jh. einfache Lehmziegelhäuser. Die Kommunikation zwischen den einzelnen Siedlungen scheint im 11. Jh. weit gehend unterbrochen zu sein.

Zeichen eines Niedergangs

Neubeginn — Dennoch werden seit dem 11. Jh. erste Zeichen eines *Neubeginns* im Bereich der materiellen Kultur greifbar. Seit um 1050 entstehen in Athen die ersten protogeometrischen Vasen; ebenfalls in Athen, aber auch in anderen Orten Griechenlands markieren die ersten Eisenprodukte (Gewandnadeln, Fibeln) den Übergang von der Bronze- zur Eisenzeit. Seit dem 10. Jh. nimmt, wie sich an der Verbreitung der Techniken der Eisenbearbeitung und Töpferei feststellen lässt, die Kommunikation zwischen den Siedlungen wieder deutlich zu, wobei Athen eine führende Rolle zu haben scheint. Davon zeugt auch die Ionische Wanderung. Die Bevölkerungszahl steigt wieder an, zunächst allmählich, im 8. Jh. sprunghaft. Im Bereich der Landwirtschaft scheint sich im 9. Jh. eine Verlagerung von der Viehzucht zum Ackerbau zu vollziehen. Die Gründung einer griechischen Faktorei in Al-Mina (Syrien) um 800 und zunehmender orientalischer Einfluss in der Vasenmalerei und in anderen künstlerischen Äußerungen seit um 750 sind neben beginnender griechischer Kolonisation kennzeichnend für Ausweitung der Verbindungen im 8. Jh. Bis zur 1. Hälfte des 9. Jh.s scheint relative Armut zu herrschen, die Häuser sind einfach, die Grabbeigaben weisen kaum auf soziale Differenzierungen hin. Die ersten „reichen" Gräber lassen sich in Lefkandi (Euboia) und Attika vor und um 850 nachweisen. Wahrscheinlich hängt eine stärkere soziale Differenzierung mit dem Übergang zum Ackerbau zusammen. In verschiedenen Gebieten entsteht Differenzierung auch dadurch, dass Einwanderer die Bevölkerung, auf die sie treffen, unterwerfen und in einen minderberechtigten Status herabdrücken (z.B. Heloten und Perioiken in Sparta, Penesten in Thessalien). Nach der literarischen Tradition haben am Beginn des 1. Jt.s verschiedene Synoikismen (d.h. Zusammenschlüsse von dörflichen Siedlungen zu einer städtischen) stattgefunden. Archäologisch nachweisbar ist die Herausbildung der *Stadt als Lebensform*. Dabei ist das ionische Kleinasien führend: Alt-Smyrna (bei

Stadt als Lebensform

Bayrakli, 4 km nördlich Izmir) ist die einzige Stadt, die schon im 9. Jh. eine Mauer besitzt; selbst bis zum Ende des 8. Jh.s sind Mauern äußerst selten. Die Qualität der Wohnhäuser nimmt seit dem 9. Jh. zu; das Ovalhaus wird durch rechtwinklige Häuser abgelöst, die eine dichtere Bauweise ermöglichen und im 8. Jh. zu regelrechten Stadtanlagen führen. Auch die Städte leben aber von der Landwirtschaft, und es gibt Gebiete wie Thessalien, in denen sich Stammesstrukturen noch lange erhalten.

Im Hinblick auf die *politischen Strukturen* vor dem 8. Jh. bleiben die Zeugnisse stumm. Die mykenischen Paläste mit ihrer zentralisierten Bürokratie haben keine Entsprechung im Dunklen Zeitalter. Gräber, die sich als Fürstengräber aus der Masse der übrigen hervorheben, gibt es vor dem 9. Jh. nicht. Nach Meinung einiger Forscher setzen Ereignisse wie die Ionische Wanderung oder die Ummauerung Alt-Smyrnas wenigstens primitive politische Organisationsformen voraus. *politische Strukturen*

Bis zum Ende des 10. Jh.s gibt es keine spezifischen Gebäude für den *Kult*, der wohl vor allem, wie auch in der Bronzezeit, an natürlichen Kultstätten vollzogen wird. Materielle Reste, die auf eine Kontinuität des Kultes seit mykenischer Zeit hinweisen, fehlen, doch ist heute unbestritten, dass die griechische Religion des 8. Jh.s an die mykenische Religion anknüpft. Eigenständige Kultgebäude, kaum unterscheidbar von Wohnhäusern, beginnen mit dem 9. Jh.; aus dem 8. Jh. sind erste Beispiele des für die spätere Zeit typischen rechtwinkligen Tempels bekannt (z. B. Heraion in Samos). *Kult*

Die Gesellschaften zur Zeit Homers und Hesiods

Für die Entstehung der kulturellen Einheit Griechenlands ist das 8. Jh. in mehrfacher Hinsicht grundlegend: Die Schaffung der griechischen Schrift, die Epen Homers, der Beginn der Olympischen Spiele sind Marksteine in diesem Prozess.

Die Schaffung der griechischen *Schrift* kann an eine trotz der Ausdifferenzierung in verschiedene Dialekte gemeinsame griechische Sprache anknüpfen. Um 750 übernehmen die Griechen das phönikische Alphabet und formen es, vor allem durch Hinzufügung von Zeichen für Vokale, nach dem Prinzip der Lautschrift so um, dass die erste reine Buchstabenschrift der Geschichte entsteht. Diese Schrift ist so einfach, dass jeder sie erlernen kann und die Schreibkunst nicht zum Monopol Privilegierter wird. *Schrift*

Die Epen *Homers*, die „Ilias" und die „Odyssee", erzählen „Mythen", die auf eine lange mündliche Tradition zurückgehen und in der zweiten Hälfte des 8. Jh.s im ionischen Kleinasien ihre endgültige Fassung erhalten. Durch sie werden das Selbstverständnis der Griechen und die olympische Götterwelt so dauerhaft geprägt, dass „Ilias" und „Odyssee" zu den Grundlagen griechischer Erziehung werden. *Homer*

Wohl fast gleichzeitig mit der „Odyssee" entstehen die Werke des boiotischen Bauern und Dichters *Hesiod* (um 700): die „Theogonie", welche die Entstehung der olympischen Götterwelt zum Thema hat, und die „Werke und Tage", die im ersten Teil vom Streit Hesiods mit seinem Bruder Perses und der Unterdrückung des Rechts durch die Adligen berichten, im 2. Teil genaue Anweisungen für die bäuerlichen Arbeiten im Kreislauf des Jahres geben. Während der Zeitbezug Hesiods unbestritten ist, gehen bei Homer Elemente der mykenischen Zeit, des 8. Jh.s und konstruierte Vorstellungen eine oft nicht mehr trennbare Mischung ein, doch scheint es gerechtfertigt zu sein, die Epen wenigstens in ihrer Darstellung des alltäglichen Lebens als Quellen für das 8. Jh. zu benutzen. *Hesiod*

Die Landwirtschaft ist bei Hesiod wesentlich Ackerbau, bei Homer eine Mischform zwischen Ackerbau und Viehzucht; große Herden (vor allem Rinder, Schafe, Ziegen) sind für den Reichtum der Herren charakteristisch. Angebaut werden Weizen, Emmer und Gerste, wahrscheinlich auch Hirse, ferner spielen Wein und Öl eine große Rolle. Zur Bodenbearbeitung werden starre Holzpflüge (meist von Ochsen gezogen) und Handhacken benutzt. Die Düngung ist bekannt, bei Gartenbaukulturen auch die künstliche Bewässerung. – Handwerker werden bei Homer zusammen mit Sängern, Ärzten, Sehern und Herolden unter dem Namen „Demiourgoi" („in der Öffentlichkeit und für sie Wirkende" – F. Eckstein) zusammengefasst. Es gibt Zimmerleute (für Holz-, Horn- und Steinbearbeitung; Haus- und Schiffsbau), Lederbearbeiter (Waffenherstellung), Goldbearbeiter, Töpfer und Schmiede; nur der Schmied hat eine eigene Werkstatt. Viele handwerkliche Arbeiten werden noch von Mitgliedern der Haushalte geleistet oder von Handwerkern auf den Höfen durchgeführt. – Der Handel spielt in den Epen eine geringe Rolle. Seine Träger sind meist nicht Griechen, sondern Phöniker.

Die grundlegende soziale Einheit ist im 8. Jh. der *Oikos* (Haus, Familie); zu wohlhabenderen Oiken gehören auch Sklaven und vor allem Sklavinnen, zu den adligen Häusern ferner Gefolgsleute. Vor allem für Gelegenheitsarbeiten werden auch Lohnarbeiter (Theten) beschäftigt, die aber nicht Mitglieder des Oikos sind. Die Wirtschaft der Oiken ist auf Autarkie ausgerichtet, der Überschuss wird gewöhnlich gehortet. Neben seinen wirtschaftlichen hat der Oikos vor allem Schutzfunktionen: Da die politische Organisation gering entwickelt ist, genießt nur derjenige Schutz, der Mitglied eines von einem starken Herrn geführten Oikos ist. – Als einzelne Oiken umschließende soziale Verbände werden in den Epen Phylen (Stämme) und Phratrien *Oikos*

(Bruderschaften) genannt. Beide sind an einer Stelle Grundlage für die Heeresgliederung. Im Übrigen bleibt die Bedeutung dieser Verbände unklar. Die Phratrien könnten einen Kreis von „Genossen" (Etai) umfassen, der gemeinsame Funktionen bei der Blutrache, bei Hochzeiten und Begräbnissen hat.

Adlige

Die ganze Gesellschaft ist grundsätzlich in Adlige und Nichtadlige unterschieden. Die *Adligen* sind gekennzeichnet durch großen Besitz, kriegerische Tüchtigkeit, physische Kraft und Schönheit; sie brauchen für ihren Unterhalt nicht zu arbeiten (obwohl sie oft bäuerliche und handwerkliche Tätigkeiten beherrschen) und bilden besondere Formen der Freizeitbeschäftigung (besonders Wettkämpfe und Spiele aller Art) aus, die sich zu einer eigenständigen Adelskultur verfestigen.

Nichtadlige

Die *Nichtadligen* setzen sich zusammen aus Demiourgoi, Bauern, Theten und Sklaven. Demiourgoi können auch Adlige sein und wegen ihrer besonderen Fähigkeiten einen hohen Ruf genießen; sie können aber auch in der Nähe der Theten stehen. Die Bauern müssen, auch wenn sie nicht nur als arm vorgestellt sind, hart arbeiten. Als Besitzende haben sie aber eine soziale Position über den Theten, die ihren „Arbeitgebern" schutzlos ausgeliefert sind. Selbst die Sklaven als fest zu einem Oikos gehörende scheinen in einer besseren Situation gewesen zu sein als sie.

soziale Beziehungen

Die *sozialen Beziehungen* zwischen Adligen sind einerseits bestimmt durch Konkurrenz: die Größe des Besitzes, die physische Kraft, die Leistung im Krieg und im Wettkampf, das Redenkönnen – in allen Lebensbereichen gilt es, besser zu sein als der andere und dadurch Ruhm zu erlangen. Von hierher wird das Agonale (Wettkampfmäßige) eine der Grundstrukturen des griechischen Lebens überhaupt. Fehden und Raubzüge sind eine häufige Erscheinung dieser Adelsgesellschaft. Der Besitz ist deshalb immer prekär, vor allem wenn ein starker Herr des Oikos fehlt. – Andererseits stehen die Adligen untereinander in mannigfachen Beziehungen der *Gastfreundschaft*, die nicht auf eine Stadt oder ein Gebiet beschränkt ist, sondern den gesamten griechischen Raum umfasst. Gegenseitiges Geschenkemachen ist weit verbreitet, wobei aber – wie beim Tausch – auf genaue Äquivalenz der Geschenke geachtet wird.

Gastfreundschaft

Nachbarschaftshilfe

Ähnliches gilt für die Beziehungen unter den Bauern. Unter den Bedingungen einer wenig entwickelten, vor allem den Wechselfällen der Natur ausgesetzten Produktion sind sie auf *Nachbarschaftshilfe* angewiesen, die aber auch, wie Hesiod ausdrücklich betont, auf der Basis der Gleichwertigkeit und des gegenseitigen Nutzens geleistet wird.

Die Beziehungen zwischen Adligen und Bauern beruhen nicht auf der Verleihung von Land und daraus resultierender Gefolgschaft, haben also nichts mit feudalen Verhältnissen zu tun. Zur Zeit Hesiods sind Bauern auf vielfache Weise der Gewalt der Adligen ausgesetzt: Diese werden durchweg als „geschenkefressende Könige" bezeichnet; die gegenseitigen Raubkriege der Adligen fügen den Bauern Schaden zu; die Adligen benutzen ihre Richterfunktion zu „schiefen" Rechtssprüchen. Hesiods Fabel vom Habicht und der Nachtigall ist Ausdruck dieses Gewaltverhältnisses.

In der auf Autarkie der Einzeloiken ausgerichteten, auf Leistung und Konkurrenz beruhenden Gesellschaft des 8. Jh.s ist das wesentliche Kriterium für richtiges Handeln der Ruhm, die Anerkennung durch andere. Neben den Bauern sind deshalb alle, die sich in dieser Konkurrenz nicht behaupten können, in einer prekären Situation: besonders Witwen und Waisen, alte Eltern und Alte überhaupt, Theten, Bettler und Fremde. Im Hinblick auf sie werden in der „Odyssee" und bei Hesiod erstmals Ansprüche formuliert, wird gutes Verhalten ihnen gegenüber unter das Gebot des Zeus gestellt, der Rechttun belohnt und Unrechttun bestraft. Von den Herrschern wird gerechtes Verhalten gegenüber allen Menschen verlangt, die bei Hesiod durch das Recht von den Tieren unterschieden werden.

politische Institutionen
Königtum
Adelsherrschaft

An *politischen Institutionen* kommen in den Epen Volksversammlungen, Adelsräte und Könige vor. Das *Königtum* geht fast überall in Griechenland im 8./7. Jh. in eine *Adelsherrschaft* über. Deshalb werden in der „Odyssee" und bei Hesiod auch alle Adligen als Könige bezeichnet. Soweit noch eine Art von Oberkönigtum in einem Gebiet besteht, kommen ihm als Funktionen die Heerführung und Opferhandlungen zu; im Richten teilt er sich meist mit dem übrigen Adel. Die Könige bekommen von der Gemeinschaft ein besonderes Stück Land (Temenos), haben Anspruch auf den besten Teil der Kriegsbeute und auf „Geschenke". Obwohl in der Regel dynastische Erbfolge vorausgesetzt wird, hängt deren Durchsetzung von den tatsächlichen Machtverhältnissen ab; und obwohl der König Szepter und Weisungen von Zeus erhält, ist seine Stellung schwach. Weder äußere Bedrohungen noch innere Notwendigkeiten erzwingen eine starke königliche Gewalt. Wo solche Bedrohungen vorliegen, wie z.B. in Sparta, in Epeiros und Makedonien, bleibt das alte Heerkönigtum erhalten.

Rat

Mit den Adligen zusammen berät der König im *Rat* über gemeinsame Angelegenheiten aller Art. Eine der wichtigsten Funktionen des Rates scheint das Richten gewesen zu sein.

Volksversammlung

Die *Volksversammlung* wird unregelmäßig einberufen und hat ebensowenig wie der Rat eine feste Geschäftsordnung. In der Regel sprechen nur Adlige über Themen, die alle angehen (z.B. Herannahen eines Heeres), aber es wird auch über private Angelegenheiten beraten. Nirgends in den Epen fassen Volksversammlungen Beschlüsse; sie dienen wohl eher dazu, die Meinung des Volkes zu erkunden, es zu bestimmten Handlungen zu ermuntern oder es auf die Seite eines oder mehrerer Adliger zu ziehen. Zwischen Königtum, Adel und Volksversammlung besteht kein geregelter institutioneller Zusammenhang. Dies ist nur Ausdruck der Tatsache, dass die Stadt als politische Einheit kaum entwickelt ist. Die Adligen bei Homer sind nicht primär Athener oder Spartaner, sondern Adlige, die durch Heiraten und Gastfreundschaften über Stadtgrenzen hinweg miteinander verbunden sind. Deshalb gibt es zwar Adelsfehden und Raubzüge, aber nicht Kriege der Städte untereinander.

In den Epen Homers werden *Mythen* erzählt. „Mythos" bedeutet ursprünglich einfach „Wort" und erhält erst später die Bedeutung „Märchen", „Fabel" . Für die Frühzeit kann man Mythos am besten definieren als „Erzählung von bedeutsamen Handlungen und Schicksalen persönlicher Wesen der Vorzeit" (R. Harder). Dazu gehört auch das Handeln der Götter mit den Menschen. Solche Erzählungen sind für die frühen Griechen Geschichte. In der besonderen Form des Mythos schafft sich die Adelsgesellschaft der Zeit Homers ihre Vergangenheit und setzt sich über die Vermittlung dieser Vergangenheit das Ideal ihrer selbst: das Ideal des wesentlich seinem individuellen Ruhm verpflichteten, nicht auf öffentliche Verantwortung ausgerichteten Heros. *Mythen*

Homer und Hesiod „haben erst den Hellenen ihr Göttergeschlecht gebildet, den Göttern ihre Beinamen gegeben, die Ämter und Fähigkeiten und ihre Gestalt umrissen" (Herodot, Historien II,53). Auch für die Entstehung der griechischen *Religion* bilden die Epen einen entscheidenden Schritt, auch wenn der Prozess, der zu ihnen führt, schon lange vorher angelegt ist. Der Übergang zu einer anthropomorphen Götterwelt ist schon vor der Dorischen Wanderung geschehen. Neu ist, dass eine Fülle von Einzelgöttern gleichsam als Eigenschaften auf wenige zentrale Götter übertragen und diese damit für alle Griechen annehmbar werden, ferner die konsequente Ausgestaltung der Götterwelt nach dem Bild des Menschen. Der Abstand zwischen Menschen und Göttern ist zunächst gering (Gottesfurcht z.B. gibt es nicht); der Mensch ist zwar von den Göttern abhängig und bringt ihnen Opfer dar, verkehrt aber auch mit ihnen wie mit seinesgleichen. Schon in der „Odyssee", vor allem jedoch bei Hesiod, wird der Abstand zwischen Menschen und Göttern vertieft dadurch, dass die Götter mit moralischen Ansprüchen verbunden werden; Zeus wird zum Gott der Gerechtigkeit. – Wieweit das religiöse Leben der Unterschichten von der Religion der olympischen Götter berührt wird, ist unsicher. Hier wirken wohl eher traditionale Elemente wie die Verehrung alter Naturgottheiten und mit der täglichen Arbeit verbundene rituelle Vollzüge nach, wie auch später für die Volksreligion die Sterne, Wahrsager, Sühne- und Wanderpriester und Mysterien große Bedeutung haben. Ferner spricht der Dionysos-Kult mit seinen ekstatischen Riten die Bauern und vor allem Frauen besonders an. Trotz dieser Einschränkung sind der Mythos und die olympische Religion grundlegend sowohl für die Entstehung einer kulturellen Einheit Griechenlands als auch für das Selbstverständnis der Griechen. *Religion*

In gleicher Hinsicht bedeutsam werden zwei Erscheinungen, die unmittelbar mit der Religion zusammenhängen, nämlich die Amphiktyonien und die Spiele. Verschiedene Kultorte im Mutterland, auf den Inseln und in Kleinasien erlangen überlokale Bedeutung. Um sie herum bilden sich *Amphiktyonien*, d.h. religiöse Verbände derer, die um ein Heiligtum „herumwohnen". Zweck der Amphiktyonien ist der Schutz und die Verwaltung des Heiligtums, um das sie sich bilden, und die Sicherung des Friedens während der Feste. Obwohl mit der Zeit sicher auch politische Interessen Einfluss gewinnen, entwickeln sich die Amphiktyonien nie zu politischen Bünden. *Amphiktyonien*

Die wichtigsten Amphiktyonien

Um das Poseidon-Heiligtum auf der Halbinsel Mykale (Panionion)	Milet, Ephesos, Myus, Priene, Kolophon, Lebedos, Teos, Klazomenai, Phokaia, Samos, Chios, Erythrai	*die Amphiktyonien* *Mykale*
Um das Apollon-Heiligtum in Delos	Ionische Städte und Inseln	*Delos*
Um das Apollon-Heiligtum in Delphi	Die Amphiktyonie, die ursprünglich zum Demeter-Tempel von Anthela (nahe den Thermopylen) gehört, umfasst im 7. Jh. Stämme Mittel- und Nordgriechenlands. Für das 4. Jh. werden genannt: Thessaler, Boioter, Dorer, Ionier, Perrhaiber, Doloper, Magneten, Lokrer, Ainianen, Phthioten, Malier, Phoker	*Delphi*
Um das Poseidon-Heiligtum von Kalaureia	Athen, Prasiai, Aigina, Nauplia, Hermione, Epidauros, Orchomenos	*Kalaureia*

In Verbindung mit den Kultfeiern bilden sich allmählich *Spiele* heraus, die bedeutendsten in Olympia. Die Liste der Olympiasieger beginnt 776. Die Teilnehmer an den Olympischen Spielen stammen zunächst aus der Peloponnes, seit Anfang des 7. Jh.s auch aus dem übrigen Griechenland. Das Wettkampfprogramm wird ständig ausgeweitet: vom Stadionlauf über den Faustkampf, Wettkampf mit dem Viergespann, Reiten bis zum Ringkampf etc.; auch Tanz-, Gesangs- und Rezitierwettbewerbe werden aufgenommen. Am Beginn des 6. Jh.s entstehen weitere bekannte Spiele, so die Pythien in Delphi, die *Spiele*

Nemeen in Nemea auf der Peloponnes, die Isthmien am Isthmos von Korinth. Bei den Spielen trifft sich der griechische Adel, dessen Konkurrenzverhalten fast von selbst zu überlokalem panhellenischem Vergleich drängt. Siege bei den großen Spielen vermitteln hohen sozialen Ruhm. Um 700 begegnet bei Hesiod der Name *Hellas* für Griechenland – ein Zeichen des Einheitsbewusstseins, das sich auch in einem ätiologischen Mythos (Hellen als Stammvater, Doros, Aiolos und Ion als Söhne bzw. Enkel) manifestiert.

Hellas

Die Kolonisation

Kolonisations-bewegung

Seit der Mitte des 8. Jh.s wird in der gesamten Mittelmeerwelt und im Schwarzmeergebiet eine große Anzahl von griechischen Kolonien gegründet. Die *Kolonisationsbewegung* geht in mehreren Wellen vonstatten: Bis zum Beginn des 7. Jh.s liegt die Initiative bei Städten des griechischen Festlandes, der Schwerpunkt der Kolonisation im Westen. Seit dem 7. Jh. werden Thrakien, die Propontis (heute Marmarameer) und das Schwarzmeergebiet vor allem durch kleinasiatische Städte besiedelt. Den Hauptanteil hat hier *Milet* (Westküste von Kleinasien), das allein 90 Städte gegründet haben soll. Sowohl im Westen wie im Osten liegen die Kolonien ausnahmslos an der Küste, doch gründen sie häufig wieder eigene Kolonien, durch die sie sich auch das Hinterland erschließen.

Milet

Kolonisation der Griechen ... im Osten

Die griechische Kolonisation im Osten

Zeit	Mutterstadt	Kolonie
1. Hälfte 7. Jh.	Paros	Thasos, das Stryme gründet
	Chios	Maroneia
	Klazomenai	Abdera
	Aioler	Alopekonnesos, das Ainos gründet
	Milet	Abydos, Kyzikos; kleinere Kolonien, vielleicht Sekundärgründungen, sind Astyra, Arisbe, Priapos, Apollonia, Miletopolis, Artake, Prokonnesos
	Milet/Erythrai/Paros?	Parion
	Lesbos	Sestos
?	Ionier (?)	Dikaia
?	Samothrake	Mesembria (Thrakien), Zone, Sale
nach 650	?	Neapolis (Thrakien)
	Milet/Klazomenai	Kardia
	Milet	Limnai
	Megara	Astakos, Chalkedon, Byzantion, Selymbria
um 600	Phokaia? Milet?	Lampsakos; kleinere milesische Kolonien sind Kolonai, Paisos, Abarnis, Kallipolis
	Samos	Perinthos, Heraion Teichos, Bisanthe
	Athen	Elaios, Sigeion
	Milet	Kios, Histria, Olbia, Sinope, das Kerasos, Kotyora, Trapezos gründet.
	Milet/Rhodos	Apollonia
	Phokaia? Milet?	Amisos
6. Jh.	Milet	Odessos, Tomoi, Tyras (Odessa), Kerkinitis, Theodosia, Pantikapaion, Nymphaion, Tanais, Pityus, Dioskurias, Phasis
	Megara	Mesembria, Herakleia, das Chersonesos und Kallatis gründet
	Teos	Phanagoria, Hermonassa

Byzantion

Sinope

Tyras (Odessa)

Chersonesos

(Die Chronologie der Kolonisation im Osten ist umstritten. Die in den schriftlichen Quellen angegebenen Daten lassen sich oft aus archäologischen Gründen nicht halten. In der Regel sind hier die Ansätze bei C. Roebuck, Ionian Trade and Colonization, New York 1959, zugrunde gelegt.)

Gründer

Orakel von Delphi

Die Kolonisationsunternehmungen stehen gewöhnlich unter der Leitung eines *„Gründers"* (Oikistes). Wenn eine Kolonie geplant wird, geht der zukünftige Oikistes häufig nach Delphi (in der antiken Landschaft Phokis, Mittelgriechenland) und befragt dort das *Orakel* nach dem Ort der Kolonie und deren Zukunft. Mit der Antwort erhält auch der Gründer selbst eine göttliche Autorisierung. In einigen Fällen

Die griechischen Kolonien im Westen und in Afrika

Datum	Mutterstadt/-gebiet	Kolonie	Sekundärgründungen
vor 750	Chalkis (Euboia)	Pithekussai (Ischia)	
757/756	Chalkis (Euboia)	Kymai	Dikaiarcheia, Neapolis (700/675)
734	Chalkis (Euboia)	Naxos	Leontinoi (729)
733	Korinth	Syrakus	Katane (729)
			Akrai (663)
			Himera (648)
			Kasmenai (643)
			Kamarina (598)
um 730	Chalkis (Euboia)	Zankle (Messana)	Mylai, Himera (648)
um 730/720	Chalkis (Euboia)	Rhegion	Metauron (?)
728	Megara	Megara Hyblaia	Selinus (650), das Herakleia Minoa gründet
720	Achaia	Sybaris	Poseidonia (Paestum, frühes 6. Jh.)
um 708	Achaia	Kroton	Terina
um 706	Sparta	Taras (Tarentum)	
690/680	Achaia	Metapontum	
688	Rhodos/Kreta	Gela	Akragas (Agrigentum, 580)
680/670	Kolophon	Siris	
675/650	Achaia	Kaulonia	
um 673	Lokris	Lokroi	Metauron(?); Hipponion (Vibo Valentia), Medma (beide 6. Jh.)
630	Thera	Kyrene	Barke, Euhesperides
um 600	Phokaia	Massalia, Mainake	
?	Phokaia	Nikaia, Antipolis, Athenopolis, Olbia, Tauroeis, Agathe, Emporion, Hemeroskopeion	
um 600?	griechische Söldner	Naukratis	
580/576	Knidos	Lipara	
um 560	Phokaia	Alalia	
nach 540	Phokaia	Elea (Velia)	

(Die Daten sind mit wenigen Ausnahmen die der traditionellen, von Thukydides ausgehenden Chronologie. Nicht aufgenommen sind die von den griechischen Tyrannen gegründeten Kolonien, da sie einen anderen Typ der Kolonisation repräsentieren: Sie bleiben eng mit der Mutterstadt verbunden und von dieser abhängig.)

wird, wie beim italischen „ver sacrum" („heiliger Frühling"), ein Anteil an der Jungmannschaft einer Stadt geradezu Apollon geweiht. Bei der Priesterschaft von Delphi sammeln sich im Laufe der Zeit, weil das Orakel aus allen Teilen der griechischen Welt und sogar von Nichtgriechen befragt wird, viele Informationen. Delphi kann deshalb eine gewisse Verteilungsfunktion bei der Kolonisation wahrnehmen, obwohl die meisten Oikisten schon Vorstellungen über die geografische Richtung ihres Unternehmens mitgebracht haben werden. Die eigentliche Funktion Delphis liegt aber darin, dass Apollon die Kolonisten bei ihrem Unternehmen schützen, sein Einverständnis mit den neuen religiösen Einrichtungen der zu gründenden Kolonie geben und vielleicht vor allem: durch seine Autorität Griechen zur Teilnahme an Koloniegründungen veranlassen soll; denn viele Griechen verlassen nur aus Not und unter Zwang die Heimat. Delphi vertritt hier gleichsam die fehlende staatliche Autorität. – Wenn das Orakel ergangen ist, werden die Kolonisten, sofern sie nicht Freiwillige sind, ausgelost oder ausgesondert. Die Gründung der Kolonie ist zugleich ein religiöser und politischer Akt. Der Oikistes, der sie vornimmt, wird in der Kolonie auf Dauer religiös verehrt.

Die Kolonie (Apoikia) bleibt zwar in mannigfachen, vor allem religiösen Beziehungen zu ihrer *Mutterstadt*, steht aber nicht in einem Abhängigkeitsverhältnis zu ihr. Dies unterscheidet die frühgriechische von der Kolonisation der späteren Tyrannen oder des demokratischen Athen, die abhängige Kolonien gründen. Die Unabhängigkeit gilt nicht immer für die Sekundärgründungen.

Die *Ursachen* der griechischen Kolonisation liegen vor allem in dem starken Wachstum der Bevölkerung seit dem 8. Jh. sowie der dadurch bedingten Land- und Nahrungsnot. Davon sprechen auch verschiedene antike Gründungsberichte. Die meisten Kolonien in Süditalien, Sizilien, Thrakien, der Propontis und Libyen zeichnen sich durch gutes Ackerland aus. Die Kolonisation ist hier also wesentlich Landnahme wegen *Land- und Nahrungsnot*. Das gilt teilweise auch für die Kolonien des Schwarzmeergebietes; für einige von ihnen, die wenig Raum für Ackerbau bieten, dürfte der Fischreichtum des Schwarzen Meeres eine Rolle gespielt haben; z. T. werden sie später durch den Export von Fischen berühmt. Die Situation in Kleinasien ist im 7. Jh. für die Griechen schwieriger als zuvor: Das lydische Reich unter Gyges konsolidiert sich und blockiert die weitere Ausdehnung der Griechen ins Innere Kleinasiens; durch häufige Raubzüge ins Gebiet der Griechen wird deren Ernährung gefährdet. Dazu kommen zwischen 670 und 650 Raubzüge der Kimmerer und Trerer ins griechische Kleinasien. – Gegenüber der Land- und Nahrungsnot sind Handelsgesichtspunkte wohl selten für die Kolonisation maßgebend. Möglich ist das bei den frühen Kolonien Pithekussai (Ischia) und Kymai (Cumae; Verbindungen mit den Etruskern); Handelskolonien sind sicher auch die Gründungen Phokaias (nordwestlich von Izmir) in Spanien und Südfrankreich (lydisches Gold und Weißgold wird gegen spanisches Zinn, Kupfer, Bronze gehandelt), die aber – mit Ausnahme Massalias (Marseille) – als bloße Stützpunkte keine bedeutenden Städte werden. – Sonderfälle sind die Ansiedlungen griechischer Söldner durch fremde Könige; dazu gehört Naukratis (am westlichen Nilarm), das in der Folge eine große Handelsstadt wird.

Die Ausbildung der Polis als Staat

Im 7. Jh. geraten die bäuerlichen Unterschichten Griechenlands, für die es zunächst keinen politischen oder gesetzlichen Schutz gibt, in eine bedrohliche Situation: Einerseits steigert die Tendenz adliger Grundbesitzer, mehr Öl und Wein statt Getreide anzubauen und Pferdezucht zu betreiben, den Landbedarf der Adligen; andererseits nimmt die Bevölkerung weiter zu; durch Erbteilung wird, da keine Fortschritte in der Bearbeitung des Bodens erzielt werden, die Existenzfähigkeit kleinerer Höfe eingeschränkt. Viele Bauern müssen „Schulden" machen, indem sie Saatgut oder Nahrung leihen. In der Regel begeben sie und ihre Familien sich beim Schuldenmachen in eine soziale Abhängigkeit vom Gläubiger,

Schuldknechtschaft   die als *Schuldknechtschaft* – wie das „nexum" in Rom – bezeichnet wird. Der Gläubiger erhält dadurch die Verfügung über die Arbeitskraft des Schuldners und kann bestimmen, was auf dessen Boden angebaut wird; ein Abarbeiten der Schuld ist nur theoretisch möglich. Verschuldete Bauern werden, wie es für Attika überliefert ist, auch ins Ausland in die Sklaverei verkauft oder fliehen in die Fremde.

Diese Lage der Bauern bildet eine Bedingung für die schon dargestellte Kolonisation. Nicht wenige Griechen verdingen sich als Söldner bei fremden Königen (z.B. bei dem Lyder Gyges oder bei Psammetichos I. von Ägypten). Weitere Ausweichmöglichkeiten gibt es kaum. Im Handwerk lassen sich erst seit der 2. Hälfte des 7. Jh.s in Korinth kleinere Töpfereibetriebe nachweisen, die aber ebensowenig wie andere Sparten des Handwerks die Überbevölkerung aufnehmen können. Der Handel scheint durch die Kolonisation gefördert worden zu sein, doch sind sein Umfang und seine Bedeutung im 7. Jh. umstritten. Einige griechische Städte wie Korinth, Megara und Phokaia betätigen sich im Handel; die wirtschaftliche Grundlage bleibt aber meist agrarisch. Keinen großen Einfluss auf den Handel hat wohl zunächst das Aufkommen geprägten Geldes gegen Ende des 7. Jh.s (von Lydien aus). Geprägt werden vorab nur große Nominale, die sich höchstens für den Handel mit Luxusgütern eignen, im Übrigen vorzüglich für Repräsentationszwecke benutzt werden.

Die wirtschaftlich-soziale Situation im Griechenland des 7. Jh.s führt vielerorts zu inneren Auseinander-

Staseis   setzungen *(Staseis)*, bei denen auch der Ruf nach einer Neuverteilung des Landes erhoben wird. Das bedeutet eine wesentliche Verschärfung gegenüber der allgemeinen Forderung nach Gerechtigkeit bei Hesiod und setzt voraus, dass die einzelne Stadt stärker zum Bezugsrahmen des Handelns geworden ist. Dafür gibt es auch andere Zeichen: Abgesehen vom ersten Krieg Spartas gegen Messenien (8. Jh.), finden im 7. Jh. erstmals Kriege zwischen Städten statt: so der Krieg zwischen Chalkis und Eretria (beide auf Euboia) um die Lelantinische Ebene (1. Hälfte des 7. Jh.s?), an dem auch andere griechische Städte teilnehmen, und der Kampf der Athener gegen Megara (um 630?). Da alles verfügbare Land besiedelt ist, stoßen die einzelnen Siedlungseinheiten enger aneinander; dadurch werden einerseits die Konfliktmöglichkeiten größer, andererseits wird das Einheitsbewusstsein in den Städten gestärkt, zu dessen Entstehen wohl auch die Erfahrungen der Griechen bei der Kolonisation beitragen.

Zudem übernehmen die Griechen im 7. Jh. eine neue Kampfweise aus Kleinasien, nämlich den Einsatz

Hoplitenphalanx   schwer bewaffneter Fußsoldaten, und bilden sie zur *Hoplitenphalanx* aus: Die Fußsoldaten kämpfen in geordneter, dicht gedrängter und tief gestaffelter Schlachtreihe. Damit werden diejenigen Bauern, die wohlhabend genug sind, um sich selbst die Ausrüstung zu beschaffen, für den Kriegsdienst und folglich auch für die Stadt bedeutsam. Vielleicht werden daraus Forderungen für die politische Beteiligung abgeleitet.

politische Organisation   Im Bereich der *politischen Organisation* beginnen im 7. Jh. städtische Ämter und Adelsräte. Sie ermöglichen zwar, dass Städte etwa in Kriegen einheitlich handeln, begründen aber – im Unterschied zum republikanischen Rom – noch keine feste politische Organisation des Adels. Eben deshalb können sich innerhalb des Adels große Unterschiede ausbilden, sodass in manchen Städten die Macht in den Händen weniger miteinander rivalisierender Adelsfamilien konzentriert wird – ein Zustand, den die Griechen „Dynasteia" nennen. Die Macht dieser Familien beruht auf sozialen Abhängigkeitsverhältnissen, die im 7./6. Jh. auch institutionell verfestigt werden: Der attische Gesetzgeber Drakon überträgt den Phratrien Aufgaben bei der

Blutrache, im 6. Jh. kontrollieren sie in Attika das Bürgerrecht. Auf diese Weise – die genaue Rolle der Phylen lässt sich nicht ausmachen – sichern die *Adelsgeschlechter*, die Phratrien und Phylen beherrschen, ihren Einfluss auch unter den Bedingungen des werdenden Stadtstaates. An den inneren Auseinandersetzungen Attikas im 6. Jh. sind nur wenige adlige Familien mit festen Gefolgschaften führend beteiligt. Sie betonen hohe Geburt und Abstammung (die Adligen werden deshalb als „Eupatriden" bezeichnet) und lassen ihre Stammbäume in ununterbrochener Reihenfolge auf Götter oder Heroen zurückführen.

Adelsgeschlechter

Die Konkurrenz zwischen den großen Adelsfamilien, der Konflikt zwischen Adligen und Bauern, die wachsende Bedeutung der Stadt als Bezugsrahmen des Handelns und vielleicht auch die Beteiligung der Bauern am Kriegsdienst sind Voraussetzungen für die beiden wichtigsten Phänomene des 7./6. Jh.s, die *Tyrannis* und die *Gesetzgebung*.

Tyrannis Gesetzgebung

Seit um 650 machen sich in Städten des Mutterlandes und Kleinasiens sowie auf den Ägäischen Inseln Adlige zu Alleinherrschern. In Sizilien (mit Ausnahme von Akragas [heute: Agrigento] und Leontinoi [heute: Lentini]) beginnt die Tyrannis erst im 5. Jh.

Die bedeutendsten Tyrannen

die bedeutendsten Tyrannen

Zeit	Ort	Tyrannen
ca. 650–580	Korinth	Kypseliden: Kypselos Periandros Psammetichos
ca. 650–550	Sikyon	Orthagoriden: Orthagoras Myron Kleisthenes Aischines
2. Hälfte 7. Jh.	Megara	Theagenes
ca. 615/610 ca. 590/580	Mytilene (Lesbos)	Melanchros Myrsilos Pittakos
Ende 7. Jh.? 6. Jh.	Milet	Thrasybulos Thoas Damasenor
ca. 600 1. Hälfte 6. Jh.	Ephesos	Pythagoras Melas Pindaros
ca. 570–554	Akragas	Phalaris
561–511	Athen	Peisistratiden: Peisistratos Hippias Hipparchos
1. Hälfte 6. Jh. ca. 538–520	Samos	Demoteles Solyson Polykrates
ca. 550–524	Naxos	Lygdamis

Kypseliden

Orthagoriden

Pythagoras

Peisistratiden

Polykrates

Die *Tyrannis* ist nichts anderes als die äußerste Steigerung adliger Macht, von daher, wie schon Solon es beschreibt, das letzte Ziel adliger Wünsche. Tyrannen können deshalb auch in der griechischen Adelswelt einen hohen Ruf erlangen. – Die Tyrannis begegnet nicht in Gebieten mit Stammesstruktur, setzt also die „Verdichtung" der Stadt voraus. Einzelne Adlige können sich, wie in Megara, die Unzufriedenheit der Bauern zunutze machen, um an die Macht zu gelangen. Wegen des Aufkommens der Hoplitenphalanx kann auch ein militärisches Führungsamt Ausgangspunkt für eine Tyrannis sein. Schließlich verhelfen schon an der Macht befindliche Tyrannen Adligen in anderen Städten zur Herrschaft. Um diese aufrechtzuerhalten, setzen Tyrannen ihre Familienangehörigen als Helfer ein, treten in Kontakt zu anderen Tyrannen oder auswärtigen Mächten, schaffen sich auswärtige Stützpunkte und eine Leibgarde,

Tyrannis

verschiedentlich auch ein Söldnerheer. Besondere Probleme treten in der Regel beim Übergang zur zweiten Tyrannengeneration auf (wenn er überhaupt gelingt). – Die Tyrannen konzentrieren erstmals die Machtmittel einer Stadt in einer Person und schaffen dadurch *neue Handlungsmöglichkeiten*, auch wenn die folgenden Merkmale nicht für alle Tyrannen charakteristisch sind: Sie führen Steuern ein, reglementieren das Leben der Bürger, stützen die Bauern (ob es zu regelrechten Landverteilungen kommt, ist unsicher), zentralisieren die Rechtsprechung, fördern den Kult (besonders auch zentrale Kulte) und zeichnen sich durch große Bauten (Wasserleitungen, Hafenanlagen, Tempel) aus. „Aus alldem spricht eine systematische Planung, wie sie der Vergangenheit unbekannt war und unbekannt sein musste" (Alfred Heuß). – Schon dadurch bildet die Tyrannis einen wichtigen Markstein in der Entstehung der Polis als politisch-organisatorischer Einheit. Darüber hinaus schwächt die Tyrannis, wenn sie längere Zeit besteht, die gesellschaftlichen Bindungen zwischen Adligen und Bauern und damit die gesellschaftliche Macht des alten Adels. Rivalisierende Adlige können verbannt, ihre Güter konfisziert, einzelne Adlige auch getötet werden. Auf ihre Wirkungen hin betrachtet, stellt die Tyrannis in einigen Städten eine Art von *Bauernbefreiung* dar.

Die *Gesetzgebung* beginnt fast gleichzeitig mit der Tyrannis. Die Gesetzgeber – die bekanntesten sind Zaleukos in Lokroi (beim heutigen Locri, Süditalien), Charondas in Katane (heute: Catania, Sizilien), Drakon und Solon in Athen – werden als Aisymneten (solche, die jedem das Seine nach Gebühr zuteilen) oder, wie Solon, als Diallaktes (Versöhner) bezeichnet, d.h., sie wirken in der gleichen Situation sozialer Spannungen, die auch für die Entstehung verschiedener Tyrannisherrschaften charakteristisch ist. Pittakos von Mytilene wird sowohl Tyrann wie auch Aisymnet genannt; ebenso werden sowohl Solon als auch Pittakos, Periandros und Thrasybulos zu den „Sieben Weisen" (eine sich erst später herausbildende und in ihrer Zusammensetzung wechselnde Gruppe von Männern der archaischen Zeit, die wegen ihnen zugeschriebener moralischer Lehren angesehen sind) gerechnet. Obwohl die spätere griechische Geschichtsschreibung die Tyrannis negativ bewertet, haben Tyrannen und Aisymneten vieles gemeinsam. Es gibt noch keine klare, staatlich definierte Legitimität, die sauber zwischen beiden Gruppen zu unterscheiden erlaubt. Tyrannen wie Aisymneten wirken kraft eigener Macht und Einsicht.

Ziel der Gesetzgebung ist die *Aufzeichnung* des geltenden, aber auch die Schaffung neuen Rechts. Strafen für Vergehen werden schriftlich fixiert, die Blutrache eingeschränkt, übermäßiger Luxus verboten, erste Grundsätze für Erbschaften formuliert und wahrscheinlich die Existenz von Oiken geschützt. Dies zielt ebenso auf den Abbau sozialer Spannungen wie die genaue Festlegung politischer Rechte und Pflichten für die einzelnen Polisbürger, wobei die überkommene Ungleichheit aber nicht durchbrochen wird. Das Konzept einer durch Gesetze (Nomoi) geordneten Polis ist das eigentlich Neue der Gesetzgebung. Erst damit entsteht die *Polis als Staat*, die sich freilich sofort gegenüber der gesellschaftlichen Macht des Adels durchsetzen zu können. In Athen z.B. folgt auf die solonische Gesetzgebung die Tyrannis der Peisistratiden. Dennoch wird durch die Gesetzgeber, von denen Solon seine Gedanken auch in Gedichten vertritt, eine neue Wirklichkeit gesetzt, die für die Zukunft der Polis bestimmend wird.

Auch auf religiösem Gebiet sowie in der Literatur und Kunst lässt sich die Umbruchsituation des 7. und 6. Jh.s feststellen. Das Apollon-Heiligtum in *Delphi*, dessen Bedeutung für Griechenland schon bei der Kolonisation deutlich wird und das verschiedenen Gesetzgebern die Inspiration zu ihrem Werk gegeben haben soll, vermittelt spätestens im 6. Jh. moralische Lehren, deren wesentlicher Inhalt in zwei über dem Eingang zum Orakel angebrachten Sprüchen Ausdruck findet: „Erkenne dich selbst!" und „Nichts zu viel!" Auch in seinen Orakelsprüchen fordert Delphi, dass man sich unauffällig in die bestehende Ordnung einzufügen habe. Im 6. Jh. entsteht aus dieser Haltung eine Opposition Delphis gegen Tyrannen. Im eigentlich religiösen Bereich vertritt die Priesterschaft des delphischen Apoll eine „legalistische" Position (M.P.Nilsson): Sie achtet darauf, dass religiöse Gebote und Riten peinlich genau erfüllt werden – diesem Bestreben ist in der 2. Hälfte des 7. Jh.s auch eine wohl von Delphi ausgehende Neuregelung des Kalenders zu verdanken – und ist zuständig für Reinigungen und Sühnungen. Der Dionysos-Kult wird durch seine Aufnahme in Delphi gebändigt.

Versucht Delphi, durch die Aufforderung zum Maßhalten das Bestehende zu sichern, so sind andere religiöse Erscheinungen charakteristisch für die Not der Unterschichten und daraus erwachsende religiöse Erregtheit und Jenseitshoffnungen. Wundermänner und Seher, die in den Städten umherziehen und zu Entsühnungen herangezogen werden, finden große Resonanz. In den *Mysterien* (am bekanntesten sind die Eleusinischen) scheint sich im 7. Jh. eine Umorientierung zu vollziehen: Die mystische Vereinigung (in Eleusis zwischen Persephone und der ihr geraubten Tochter Kore/Demeter), die während der Mysterien-Feier vollzogen wird, begründet für Eingeweihte individuelle Hoffnung auf ein besseres Jenseits; in früheren Zeiten bezog sich die Hoffnung auf das Geschlecht und dessen Weiterleben.

Den Schritt, dass die Hoffnung auf ein besseres Jenseits von moralisch gutem oder schlechtem Verhalten abhängig gemacht wird, tun die Orphiker, die durch eine Anthropogonie (religiöse Anschauung über die Entstehung des Menschen) das Gute und Schlechte im Menschen zu erklären versuchen. Sie verkünden, dass Missetäter für ihre Handlungen in der Unterwelt büßen müssen, während den Gerechten – den Orphikern selbst – die Seligkeit bevorstehe. Die Körperfeindlichkeit der Orphiker spricht dafür, dass die Sekte sich vor allem aus dem Volk rekrutiert.

Das 6. und 7. Jh. ist das große Zeitalter der griechischen *Lyrik*, die Zeichen ist für die Entdeckung der Subjektivität, des eigenen Ich. Menschen und Natur werden ganz persönlich betrachtet. Am Anfang steht Archilochos aus Paros (um 650), der wegen Armut aus seiner Heimat auswandern und sich „mit dem Speer" sein Brot verdienen muss. In seinen Iamben (Spott- und Scheltlieder) setzt er sich mit seiner eigenen Situation, mit Freunden und Feinden auseinander. Die gleiche literarische Form benutzen später Semonides aus Samos (um 600), der u. a. einen „Weiberspiegel" verfasst, und Hipponax aus Ephesos (2. Hälfte 6. Jh.). – Die Elegie begegnet erstmals bei dem Spartaner Tyrtaios (2. Hälfte 7. Jh.), der im 2. Messenischen Krieg zum Kampf für die Vaterstadt aufruft und für Eunomia (gute Ordnung) eintritt. Nach Kallinos aus Ephesos (Ende 7. Jh.) und Mimnermos aus Kolophon (um 600; Liebeselegien, Darstellung der Kämpfe um Smyrna) findet sie ihren Höhepunkt in Solon, der in seinen Elegien sein politisches Wirken begründet und, wie Tyrtaios, für die Eunomia wirbt. Theognis aus Megara (6. Jh.) vermittelt die Auseinandersetzungen in seiner Heimatstadt nach der Tyrannis des Theagenes und wendet sich immer wieder gegen die „Neureichen". – Die Gattung der Liebeslieder beginnt mit der aus Lesbos stammenden Dichterin Sappho (um 600); ihr Landsmann und Zeitgenosse Alkaios, der an den inneren Auseinandersetzungen beteiligt ist, die in Mytilene zur Aisymnetie des Pittakos führen, verfasst für die politische Situation aufschlussreiche Trinklieder (Scholien) und Kampflieder. Die Tradition der Liebes- und Trinklieder wird fortgesetzt von Anakreon aus Teos (2. Hälfte 6. Jh.). – Dessen Zeitgenosse Simonides aus Keos schreibt vor allem Chorlyrik.

Lyrik

Im Laufe des 7. Jh.s wird im Mutterland – wohl ausgehend von Argos und Korinth – die dorische Ordnung im *Tempelbau* ausgebildet, seit dem Ende des Jahrhunderts findet der Übergang von den ursprünglichen Holzbauten zu Steinbauten statt. In Kleinasien entsteht um die gleiche Zeit die ionische Säulenordnung mit ausgearbeiteten Säulenbasen und geschmückten Kapitellen, die in Voluten auslaufen. – Parallel zum dorischen Tempel wird im 7. Jh. die archaische *Großplastik* geschaffen. Charakteristisch sind zunächst (unbekannte) nackte Jünglinge (Kouroi), deren strenge, einfache Formen im 6. Jh. einer organischeren Körpergliederung Platz machen. Besonders in Ionien entstehen auch bekleidete weibliche Plastiken (z. B. Genelaos-Gruppe in Samos, Hera des Cheramyes), die vor allem in der Gewanddarstellung immer differenzierter werden. Um die Mitte des 6. Jh.s wird von samischen Künstlern die Großbronze erfunden. – Seit dem 6. Jh. pflegen Künstler ihre Werke zu signieren und werden so als Persönlichkeiten fassbar.

Tempelbau

Großplastik

Mit der ionischen *Naturphilosophie* beginnt sich das griechische Denken über die Welt vom Mythos zu befreien. Man geht aus von der Frage, aus welchem Urstoff, der zugleich als Bleibendes in allem Wandel angesehen wird, die Welt gemacht sei. In Milet lehren seit dem Beginn des 6. Jh.s nacheinander Thales (1. Hälfte 6. Jh.), Anaximander und Anaximenes, die jeweils das Wasser, das „Unbegrenzte" und die Luft als den gesuchten Urstoff verstehen. Ihre Untersuchungen führen sie auch zu praktischen Ergebnissen: Thales sagt die Sonnenfinsternis vom 28. Mai 585 voraus; Anaximander schafft eine Sonnenuhr und eine Weltkarte. – Gegenüber der milesischen Philosophie des Stoffes ist die des *Pythagoras*, der aus Samos stammt und um 530 nach Kroton in Süditalien geht, eine Philosophie der Form: Die Welt ist ein begrenzter, strukturierter, in Harmonie befindlicher Kosmos; Prinzip der Harmonie ist die Zahl. Die Welt bildet eine Einheit, an der alle Lebewesen einschließlich der Tiere teilhaben. Die Seele ist unsterblich und kann sich beim Tod des Körpers in jedem Lebewesen neu inkarnieren (Seelenwanderung). Aus den Vorstellungen über die Harmonie der Welt ziehen die Pythagoräer, die sich in der Form eines Bundes organisieren, auch religiöse, ethische und medizinische Folgerungen. – Von Xenophanes (ca. 570–480), der von Kolophon (Kleinasien) nach Elea (heute: Velia in Süditalien) auswandert, ist vor allem die Kritik überkommener polytheistischer Vorstellungen bekannt. – Für Herakleitos aus Ephesos (ca. 540–480) gibt es keine statische Harmonie, sondern nur dauerndes Werden: Alles ist immer in Bewegung, alles entsteht aus dem Kampf der Gegensätze.

Naturphilosophie

Pythagoras

Einzelne Städte und Gebiete

Sparta

Zu Sparta (Lakedaimon) gehört um die Mitte des 6. Jh.s der ganze südliche Teil der Peloponnes. Mit ca. 8050 km² ist es der größte Staat Griechenlands. Das Gebiet zerfällt in zwei größere Hälften, die durch das Taygetos-Gebirge getrennt sind: *Lakonien* und Messenien. Im Unterschied zu anderen griechischen Städten besitzt Sparta, vor allem in den Flussebenen des Eurotas und des Pamisos, genügend gutes Ackerland, dagegen kaum gute Häfen.

Lakonien

Über die spartanische Geschichte, vor allem die innere Geschichte vor dem 6. Jh., gibt es viele divergierende Auffassungen. Im Folgenden wird davon ausgegangen, dass die *„Große Rhetra"*, ein mit dem Na-

Große Rhetra

men des Gesetzgebers Lykurgos verbundenes „Verfassungsdokument", in die 1. Hälfte des 7. Jh.s gehört, dass aber die eigentümliche spartanische Lebensordnung (Kosmos) erst nach dem 2. Messenischen Krieg ausgebildet wird.

Könige Spartas

Chronologische Übersicht: Liste der spartanischen Könige

Agiaden und Eurypontiden

Agiaden		Eurypontiden	
Agis I	[930–900]	Eurypon	[895–865]
Echestratos	[900–870]	Prytanis	[865–835]
Leobotas	[870–840]	Polydektes	[835–805]
Dorussos	[840–815]	Eunomos	[805–775]
Agesilaos I	[815–785]	Charillos	ca. 775–750
Archelaos	ca. 785–760	Nikandros	ca. 750–720
Teleklos	ca. 760–740	Theopompos	ca. 720–675
Alkamenes	ca. 740–700	Anaxandridas I	ca. 675–660
Polydoros	ca. 700–665	Archidamos I	ca. 660–645
Eurykrates	ca. 665–640	Anaxilas	645–625
Anaxandros	ca. 640–615	Leotychidas I	ca. 625–600
Eurykratidas	ca. 615–590	Hippokratidas	ca. 600–575
Leon	ca. 590–560	Agasikles	ca. 575–550
Anaxandridas II	ca. 560–520	Ariston	ca. 550–515
Kleomenes I	ca. 520–490	Demaratos	ca. 515–491
Leonidas I	490–480	Leotychidas II	491–469
Pleistarchos	480–459	Archidamos II	469–427
Pleistoanax	459–409		
		Agis II	427–399
Pausanias	409–395		
		Agesilaos II	399–360
Agesipolis I	395–380		
Kleombrotos I	380–371	Archidamos III	360–338
Agesipolis II	371–370	Agis III	338–331
Kleomenes II	370–309	Eudamidas I	ca. 331–305
Areus I	309–265	Archidamos IV	ca. 305–275
Akrotatos	265–c.262	Eudamidas II	ca. 275–244
Areus II	ca. 262–254	Agis IV	ca. 244–241
Leonidas II	ca. 254–236	Eudamidas III	ca. 241–228
Kleomenes III	236–222	Archidamos V	228–227
Agesipolis III	219–215	Eukleidas	227–222

Leonidas

Pausanias Agesilaos II.

Nach W. G. G. Forrest, A History of Sparta 950–192 B. C., New York, London (Verlag Hutchinson) 1968 (Die Könige bis zum Beginn des 8. Jh.s sind nicht mehr als Namen; erst danach können historische Ereignisse gelegentlich mit einzelnen Königen verbunden werden; eine reichere Überlieferung beginnt mit dem Ende des 6. Jh.s)

Dorer

11. Jh.
10. Jh. Vielleicht dringen die späteren *Dorer* in einer 2. Welle der Dorischen Wanderung in die Peloponnes ein. Archäologische Zeugnisse einer Besiedlung Spartas lassen sich frühestens für die Zeit seit um 950 nachweisen; sie stehen zunächst kaum in Zusammenhang mit anderen Zeugnissen der Ägäis und selbst der Peloponnes. Auch nach der literarischen Überlieferung wird Sparta im 10. Jh. gegründet. Es besteht aus den Dörfern Pitane, Mesoa, Limnai und Konooura, die aber vielleicht erst später unter einheitlicher Leitung zusammengefasst wer-

Gesellschaft

den. Die spartanische *Gesellschaft* ist, wie alle Dorer, in die drei Phylen („Stämme") der Hylleis, Dymanes und Pamphyloi aufgeteilt. Wahrscheinlich reichen einzelne Elemente (z. B. Altersgruppen, Männerbünde) der im 6. Jh. ausgebildeten Gesellschaftsordnung schon in die Frühzeit zurück, doch lassen sich ihre alten Funktionen nicht feststellen. Die Spartaner werden geführt von zwei Königen aus den Geschlechtern der Agiaden und Eurypontiden. Dieses in Griechenland einmalige *Doppelkönigtum* ist bisher nicht befriedigend erklärt.

Doppelkönigtum

754 Beginn der – viel später erstellten – Ephorenliste. Wenn es im 8. Jh. schon Ephoren („Aufseher") gibt, haben sie sicher nicht die Funktionen wie im 6. Jh.

um 750 Die Ausbreitung Spartas in Lakonien geht sehr langsam vor sich. Im Süden bildet Amyklai eine Sperre; es wird im 8. Jh. erobert und mit Sparta vereinigt. Bei allen übrigen Eroberungen macht Sparta die unterworfene Bevölkerung entweder zu Heloten oder zu Perioiken.

Heloten

Die *Heloten*, die in der modernen Forschung meist als Staatssklaven oder Hörige begriffen werden, bleiben auf ihren angestammten Höfen, in ihren alten sozialen und kultischen Beziehungen; ihr Land wird in Form von Landlosen (Klaroi) an die einzelnen Spartiaten verteilt, an welche die Heloten die Hälfte ihres Ernteertrags abführen müssen, ohne mit ihrem Land in das individuelle Eigentum der Spartaner überzugehen. *Perioiken* („Umwohnende", wahrscheinlich Dorer wie auch Nicht-Dorer) sind Einwohner von Städten, die im Innern weit gehend autonom, außenpolitisch und militärisch aber von Sparta abhängig und zur Heeresfolge verpflichtet sind. Das spartanische Gebiet ist also – anders als in den meisten übrigen griechischen Poleis – nicht identisch mit der Stadt Sparta. Die prekäre Situation gegenüber Heloten und Perioiken ist wohl die wichtigste Bedingung dafür, dass das Königtum in Sparta erhalten bleibt. *Perioiken*

um 735–715 *1. Messenischer Krieg.* Sparta greift Messenien an, gewinnt (unter dem König Theopompos?) die nördliche Pamisos-(Stenyklaros-)Ebene mit der Festung Ithome und dringt nach Süden und Westen vor. Während des Krieges wahrscheinlich auch Kämpfe mit Argos. *1. Messenischer Krieg*

um 706 Einzige Koloniegründung Spartas in Tarent. Ursache sind wahrscheinlich innere Auseinandersetzungen, deren Charakter sich nicht ausmachen lässt.

1. Hälfte 7. Jh. Die Kampfesweise mit schwer bewaffneten Fußsoldaten wird zuerst in Sparta übernommen und ausgebildet; die endgültige Form der Hoplitenphalanx entsteht aber erst im 7. Jh. Wie in anderen griechischen Städten kommt es aufgrund wachsender wirtschaftlich-sozialer Unterschiede zu inneren Kämpfen (Staseis). Vielleicht in Reaktion darauf werden in der *„Großen Rhetra"*, die der delphische Apoll dem Gesetzgeber *Lykurgos* als Orakel gegeben haben soll, religiöse, politische und soziale Institutionen Spartas neu gegründet oder geordnet und in ihren Beziehungen zueinander festgelegt. *Große Rhetra Lykurgos*

Kulte des Zeus Syllanios und der Athena Syllania sollen eingerichtet, das Volk in *Phylen* und Oben (lokale Einheiten, Dörfer) eingeteilt und eine Gerusia (Rat der Alten) aus 30 Mitgliedern einschließlich der beiden Könige (Archagetai) gebildet werden; Volksversammlungen (Apellai) sollen in regelmäßigen Abständen an einem festgelegten Ort abgehalten und dort Vorlagen eingebracht werden; diese Versammlungen sollen die letzte Entscheidung haben. – Es bleibt unklar, wie sich Phylen und Oben, die beide schon vor der Rhetra bestehen, zueinander verhalten; in späterer Zeit sind Oben die Grundlagen der militärischen Gliederung. Regelmäßige Volksversammlungen werden hier erstmals in Griechenland institutionell gesichert. Die Könige werden als Mitglieder des Rates eingeführt, d.h. wahrscheinlich in ihrer Stellung eingeschränkt. – In einem Zusatz zur Rhetra wird festgelegt, dass Älteste und Könige „krumme" Beschlüsse des Volkes aufheben können. – Obwohl nicht alle Einzelheiten geklärt werden können, ist die Gesamttendenz klar: Durch die Rhetra wird eine organisierte Aristokratie geschaffen; die Macht der Gerusia wird befestigt; die Volksversammlung erhält zwar Entscheidungsrechte, bleibt aber den Ältesten und Königen untergeordnet. – Im Übrigen scheint sich das Leben im Sparta des 7. Jh.s kaum von dem in anderen griechischen Poleis zu unterscheiden. *Phylen*

676 Die Siegerliste der *Karneia* (Kultfest für den Fruchtbarkeitsgott Karneios) beginnt, 1. Sieger ist Terpander von Lesbos, der den Chorgesang und die Musik in Sparta ausgestaltet. Der Dichter Alkman (aus Sardeis oder aus Sparta?) bezeugt ein fast höfisches Leben in der Stadt. Vasenmalerei (lakonische Keramik) und Plastik erreichen in der 2. Hälfte des 7. Jh.s einen hohen Standard und lassen, wie auch die Dichtung, die Verbindungen Spartas zur übrigen griechischen Welt erkennen. *Karneia*

669 Niederlage Spartas gegen Pheidon von Argos bei Hysiai. Pheidon kann den Einfluss von Argos im Norden bis nach Olympia ausdehnen.

um 650–620 *2. Messenischer Krieg.* Vielleicht im Zusammenhang mit den Veränderungen im Norden der Peloponnes erheben sich die Messenier gegen Sparta, das von Elis unterstützt wird, während Pisa und Arkadien auf der Seite der Messenier stehen. Aus den Kriegsjahren stammen die Kampflieder des Dichters Tyrtaios, der für Eunomia (gute Ordnung) eintritt und alle adligen Werte gegenüber dem Kampf für die Vaterstadt zurücksetzt. Der Krieg gegen die Messenier kann nur mit großer Anstrengung gewonnen werden. Wahrscheinlich wird alles messenische Gebiet in Landlose aufgeteilt und den Spartiaten zugewiesen. *2. Messenischer Krieg*

6. Jh. Im ersten Drittel des Jh.s Niederlage der Spartaner gegen Argos (unter Meltas) und Tegea.

Der spartanische „Kosmos"

Unter dem Eindruck des 2. Messenischen Krieges und der folgenden Niederlagen muss (etwa bis um 550) die *spartanische Lebensordnung* entstanden sein, durch die Sparta in der hellenischen Welt und bis in unsere Tage berühmt geworden ist. Sie bringt alte und neue Elemente in einen Funktionszusammenhang, der etwas völlig Neues ergibt. *spartanische Lebensordnung*

Die *Bevölkerung* des von Sparta beherrschten Gebietes gliedert sich in Spartiaten, Perioiken und Heloten. Nur die (wohl maximal 9000 erwachsenen männlichen) Spartiaten sind Vollbürger, die sich als „Gleiche" *Bevölkerung*

(Homoioi) verstehen. Sie sind von jeder wirtschaftlichen Tätigkeit freigesetzt. Jedem von ihnen ist ein Landlos (Klaros) zugewiesen, das von Heloten bearbeitet wird. Wahrscheinlich gibt es auch Eigentum neben den zugewiesenen Landlosen. Jedenfalls lassen die Quellen auf die Weiterexistenz wirtschaftlicher Unterschiede schließen. Jeder Spartiate ist aber durch sein Landlos weit gehend wirtschaftlich gesichert. Den Handel und das Handwerk, die den Spartiaten verboten sind, tragen die Perioikenstädte, von denen es etwa 100 gegeben haben soll.

Der Aufrechterhaltung dieses Systems, in dem sich wenige Spartiaten gegenüber einer großen Zahl von Heloten und Perioiken durchsetzen müssen, dient die gesellschaftliche, militärische und politische Ordnung Spartas. Neben den Bindungen des Besitzes werden auch die der Familie zurückgedrängt. Über die Aufzucht oder Aussetzung eines neugeborenen Kindes entscheiden die Ältesten der Phylen. Vom siebten Lebensjahr ab werden die Knaben aus der Familie herausgenommen und es beginnt für sie die staatliche Erziehung, die *Agoge*. Sie vollzieht sich in Altersgruppen (7.–13. und 14.–20. Lebensjahr), ist einem Paidonom unterstellt und zielt auf militärische Ertüchtigung, Abhärtung, die Erlernung von List und Verschlagenheit sowie Gehorsam. In der Erziehung wird mit dem Mittel eines dauernden Leistungswettbewerbs gearbeitet, ferner herrscht absolute Unterordnung unter die Leiter der Altersgruppen und jeden Älteren. Für die zweite Altersgruppe ist charakteristisch das Institut der *Krypteia*: Jünglinge werden ins Land ausgeschickt, um Heloten zu töten. Wahrscheinlich ist hier ein alter Initiationsritus im Hinblick auf Polizeifunktionen umgebildet. – Auch die Mädchen sind in Sparta in die staatliche Erziehung einbezogen, doch ist die genaue Form unbekannt.

Mit Vollendung des 20. Lebensjahres sind die Spartiaten zum Kriegsdienst verpflichtet. Auch jetzt leben sie, auch wenn sie heiraten, noch weiterhin mit ihren Altersgenossen zusammen, wahrscheinlich bis zum 30. Lebensjahr. Durch Bildung von drei Elitegruppen (Hippeis) wird eine dauernde Konkurrenzsituation zwischen ihnen geschaffen. Vom 30. Lebensjahr ab können die Spartiaten, die jetzt auch das Stimmrecht in der Volksversammlung erhalten, in ihren Häusern wohnen, müssen aber die Mahlzeiten in gemeinsamen Gruppen einnehmen (Andreia, Phiditia), in die man kooptiert wird. – Das ganze System wird durch scharfe soziale Sanktionen gesichert: Diese können informeller Natur sein (z. B. Nichtkooptation in eine Mahlgemeinschaft), aber auch in der formellen Versetzung in einen niedrigeren bürgerrechtlichen Status (Hypomeiones) oder im Verlust der bürgerlichen Rechte (Atimia) bestehen.

Die *gesellschaftliche Ordnung* wird in der militärischen abgebildet: Sparta hat die *Hoplitenphalanx* zur Vollendung gebracht. Es ist einem Spartiaten praktisch unmöglich, seinen Platz in der Phalanx zu verlassen. Gleichzeitig herrscht ein absoluter Befehlstrang von oben nach unten, der genau geregelt und eingeübt ist, was die spartanische Phalanx besonders reaktionsfähig macht.

Politische Institutionen sind die zwei Könige, die Gerusia, die fünf Ephoren und die Volksversammlung. Das *Königtum* ist innerhalb der beiden Geschlechter der Agiaden und Eurypontiden erblich. Die Könige genießen bestimmte Vorrechte (z. B. „Krongüter", Sonderbehandlung bei den Mahlzeiten, Leichenfeiern), verrichten die Staatsopfer und haben die Führung im Krieg; ihre Einbindung in den Staat kommt darin zum Ausdruck, dass sie sich eidlich auf die Gesetze verpflichten müssen, ihre Rechtsprechung beschränkt ist, sie nicht mehr selbstständig die Beziehungen zu anderen Staaten regeln können und dass sie auf Feldzügen von zwei Ephoren begleitet werden, die zwar nicht in die Kriegsführung eingreifen, die Könige aber kontrollieren können.

Die *Gerusia* setzt sich aus Spartiaten zusammen, die über 60 Jahre alt sind und durch Akklamation des Volkes auf Lebenszeit bestimmt werden. Der Rat richtet in allen Staatsangelegenheiten und schweren Kriminalfällen und bereitet die Volksversammlungen vor.

Die *Ephoren*, die ebenfalls durch Akklamation für ein Jahr gewählt werden, sind Aufseher darüber, dass die Gesetze eingehalten werden. Sie nehmen den Königen den diesbezüglichen Eid ab und schwören selbst den Königen, dass, solange diese ihren Eid halten, das Königtum unversehrt bleibe. Mit der Aufsicht über die Gesetze sind Polizeifunktionen und eine ausgedehnte Strafgerichtsbarkeit verbunden. Die Ephoren berufen die Volksversammlung und haben dort den Vorsitz, ferner führen sie die laufenden Staatsgeschäfte. Jährlich erklären sie den Heloten formell den Krieg. – Sind die Ephoren einerseits Repräsentanten des Volkes (z. B. in ihren Funktionen gegenüber den Königen), so sind sie andererseits nicht dem Volk, sondern nur ihren Nachfolgern rechenschaftspflichtig.

Die *Versammlung der Spartiaten* (Apella oder Ekklesia) beschließt über alle Angelegenheiten, mit denen sie befasst wird, besonders über Gesetze, Bündnisse, Krieg und Frieden. Eine Gerichtsbarkeit der Volksversammlung, deren genaue Geschäftsordnung unbekannt ist, gibt es nicht.

Über das Funktionieren des Systems gibt es nur wenige Nachrichten. Dennoch lässt sich weder ein grundsätzlicher Gegensatz zwischen Königtum und Ephorat annehmen noch sind allgemeine dauernde Konflikte zwischen den Institutionen überliefert. Gesetze werden nicht aufgeschrieben. Dies trägt zusammen mit dem Modus der Wahl von Geronten und Ephoren und den hierarchischen Befehlsstrukturen wohl dazu bei, den oligarchischen Charakter des politischen Systems zu bewahren. – Die Ziele des spartanischen Kosmos – innere Geschlossenheit und militärische Effizienz nach außen – scheinen erreicht worden zu sein: Eine Tyrannis entsteht in Sparta nicht; seit der Mitte des 6. Jh.s gilt die spartanische Phalanx als unbesiegbar. Wirkung des Systems ist ein starker Abschluss nach außen, der auch bewusst gefordert wird; fremde Importe nach Sparta hören ebenso auf wie Schöpfungen im Bereich der Musik und Literatur; Sparta zieht keine fremden Künstler mehr an; die Prägung von Silbermünzen wird wahrscheinlich Anfang des 6. Jh.s verboten; die Zahl der spartanischen Olympiasieger nimmt deutlich ab (720–576: 46 von 81 bekannten; 548–400: 12 von 200).

seit um 560 Auch in Verbindung mit der Neuordnung des Staates und mit dem Einfluss der Ephoren steht vielleicht eine Neuorientierung der spartanischen Außenpolitik. Nach einem Sieg über Argos und dem Gewinn der Grenzbezirke Kynuria und Thyreatis werden keine Annexionen mehr vorgenommen, sondern nach und nach Bündnisse mit fast allen Staaten der Peloponnes (mit Ausnahme von Argos und Achaia) abgeschlossen. Den Beginn scheint ein Bündnis mit Tegea gebildet zu haben, von wo aus die Überreste des Orestes nach Sparta überführt werden – damit wird ein Anschluss an die Tradition der Herrschaft Agamemnons geschaffen. In dem Bündnissystem, das als *Peloponnesische Liga* bezeichnet wird, übt Sparta aufgrund seiner inneren Geschlossenheit und militärischen Stärke die Hegemonie aus. — *Peloponnesische Liga*

2. Hälfte 6. Jh. Sparta trägt mehrfach zum Sturz von Tyrannisherrschaften im Mutterland und in der Ägäis bei und gewinnt daraus später große Reputation.

510 Mit Hilfe eines spartanischen Heeres unter König *Kleomenes I.* wird die Tyrannis der Peisistratiden in Athen gestürzt. — *Kleomenes I.*

Korinth

um 720 In Korinth, das unter der Herrschaft des Geschlechts der *Bakchiaden* steht, wird der geometrische Stil der Vasenmalerei abgelöst durch den protokorinthischen, „orientalisierenden" Stil. Damit beginnt der Aufstieg der korinthischen Keramik, der bis ins 6. Jh. andauert. — *Bakchiaden*

um 664 Seeschlacht zwischen Korinth und dessen Kolonie Korkyra; nähere Umstände (vielleicht will Korinth seine Herrschaft ausdehnen?) und Ausgang sind unbekannt.

um 657 *Kypselos*, über seine Mutter mit den Bakchiaden verwandt, kann wohl mit Unterstützung der Bauern und eines Teils des Adels die Herrschaft der Bakchiaden in Korinth brechen und eine Tyrannis errichten. Die Bakchiaden werden verbannt, ihre Güter konfisziert und vielleicht an die Bauern verteilt. Kypselos richtet eine regelmäßige Steuer ein und betreibt eine Kolonisation neuen Stils: Leukas, Anaktorion (beim heutigen Vonitsa) und Ambrakia (heute: Arta) werden von Söhnen des Kypselos als abhängige Kolonien gegründet und können korinthische Bauern aufnehmen. Unter Kypselos beginnt die Blüte des korinthischen Stils der Keramik, die schnell Verbreitung vor allem im westlichen Mittelmeergebiet findet. — *Kypselos*

um 627– 587 *Periandros*, Kypselos' Sohn, setzt dessen Außenpolitik fort: Poteidaia (Chalkidike) sowie Apollonia (heute: Pojan) und Epidamnos (heute:Durrës/Durazzo) in Illyrien werden kolonisiert, Korkyra unterworfen, Epidauros annektiert.
Verbindungen zu auswärtigen Herrschern (Thrasybulos von Milet, Alyattes in Lydien, ägyptische Könige) werden geknüpft. Im Gegensatz zu seinem Vater soll Periandros eine Leibwache gehabt und Adlige getötet haben. Gegen den Adel richtet sich auch das Verbot eines übermäßigen Luxus und des Erwerbs von Sklaven. Das Landvolk wird von der Stadt ferngehalten, eine Wasserleitung angelegt. Die keramische Produktion bleibt auf ihrer Höhe. — *Periandros*

um 587 Nachfolger des Periandros ist dessen Neffe Psammetichos, der jedoch nach kurzer Zeit gestürzt wird.
Durch die lange Dauer der Tyrannis in Korinth werden die Unterschiede innerhalb des Adels beseitigt und wahrscheinlich auch das Bauerntum gestärkt. Da sich später die alten dorischen Phylen nicht mehr in Korinth finden, ist es möglich, dass die Kypseliden durch eine Phylenreform die Bevölkerung umstrukturiert haben. Jedenfalls werden durch die Tyrannis die Voraussetzungen für eine organisierte Aristokratie geschaffen, deren wichtigste politische Institution wohl ein Rat *(Boule)* von 80 Mitgliedern und ein daraus gebildetes Kollegium von acht Bouleuten als Exekutive sind. Von weiteren Unruhen in Korinth ist nichts bekannt; im 5. Jh. wird die Eunomia (gute Ordnung) Korinths von Pindar gelobt. — *Boule*

Athen

Athen ist mit rund 2500 km² nach Sparta der zweitgrößte Polisstaat. Die Landschaft Attika gliedert sich in verschiedene Ebenen, die nicht scharf voneinander getrennt sind. In Laureion (Südwestattika) gibt es Silbervorkommen.

Zwischen der mykenischen Kultur und dem Dunklen Zeitalter besteht ein scharfer Bruch: Die mykenische Burg von Athen wird im 12. Jh. verlassen, die Zahl der Siedlungen geht stark zurück, es gibt keine den mykenischen vergleichbare Bauten.

um 1050 Beginn der protogeometrischen Keramik und der Eisenbearbeitung in Attika. Besonders in der Keramik bleibt Athen in der geometrischen Zeit (bis um 700) führend. Seit dem 10. Jh. lassen sich ausgedehnte Verbindungen Athens mit anderen Gebieten der Mittelmeerwelt nachweisen.

Synoikismos   **um 950** Der *Synoikismos* (Einigung) Attikas soll (der Sage nach durch Theseus) herbeigeführt worden sein. Die archäologischen Zeugnisse (geringe Zahl von Siedlungen; soziale Differenzierung aus Grabbeigaben erst um 850 feststellbar) sprechen jedoch gegen diese Überlieferung.

Dem Fundmaterial angemessener ist die Vorstellung, dass eine zunächst allmähliche, im 8. Jh. rapide Neubesiedlung Attikas vom Zentrum Athen aus stattfindet und auf diese Weise sich die – bei Homer vorausgesetzte – Einheit Attikas herausbildet (J. Cobet). – Auch in Attika gibt es zunächst Könige, die militärische, kultische und richterliche Funktionen haben. Spätestens im 7. Jh. wird das Königtum durch den Adel abgelöst.

Archontenliste   **682** Beginn der attischen *Archontenliste*. Im 7. Jh. entstehen folgende *Jahresämter*: Archon eponymos (allgemeine Leitung; nach ihm wird das Jahr benannt), Basileus („König"; zuständig für den Kult), Polemarchos („Feldherr"), sechs Thesmotheten (zuständig für die Interpretation des Rechts); alle Amtsträger haben in ihrem Bereich auch jurisdiktionelle Kompetenzen. Vor der 1. Gesetzgebung (um 630) besteht wohl auch schon der Areiopag als Adelsrat. Die Wirksamkeit der Institutionen ist bis zum Ende des 6. Jh.s nur sehr selten belegt.

Phylen, Phratrien, Adelsgeschlechter

Phylen   Die attische Gesellschaft ist eingeteilt in die wohl alten *Phylen* Geleontes, Hopletes, Argadeis, Aigikoreis, die auch in anderen ionischen Städten vorkommen. Die Phylen haben eine eigene Organisation mit einem „Phylenkönig" (Phylobasileus) an der Spitze. Sie bilden die Grundlage für das militärische Aufgebot der Stadt. – Die *Phratrien* sind kleinere soziale Einheiten, deren genaues Verhältnis zu den Phylen ungeklärt ist. Auch sie haben eine eigene Organisation und eigene Kulte; im 7. und 6. Jh. erhalten sie gesetzlich festgelegte Funktionen bei der Blutrache und der Führung der Bürgerliste. – Über Phratrien und Phylen, die beide auch Nichtadlige umfassen, üben adlige Geschlechter *(Eupatriden)* Macht aus. Mittel dafür sind – neben den Funktionen der Phratrien bei der Blutsühne und der Führung der Bürgerlisten im 6. Jh. – wahrscheinlich eine lokale Privatgerichtsbarkeit des Adels und der Kult: Nur die adligen Geschlechter besitzen Kulte, sodass das Volk in religiöser Hinsicht von ihnen abhängig ist. Ferner verschlechtert sich im 7. Jh. die wirtschaftliche Situation der Bauern: Viele von ihnen müssen Schulden machen, geraten in Schuldknechtschaft, werden teilweise in die Sklaverei verkauft oder fliehen nach auswärts. Unbekannt ist, ob das für Attika bezeugte Institut der Hektemoroi (solche, die 1/6 ihrer Ernte abführen müssen) sich auf Schuldner bezieht oder allgemeine Abgaben von Bauern an Adlige anzeigt. In jedem Fall ist in Athen im 7. Jh. mit sozialen Auseinandersetzungen und der Konzentration der Macht auf wenige miteinander rivalisierende Adelsgeschlechter zu rechnen.

um 630 In dieser Situation besetzt der Olympiasieger und Schwiegersohn des Tyrannen Theagenes von Megara, Kylon, mit Hilfe megarischer Truppen die Akropolis und versucht, eine Tyrannis zu errichten. Von Bauern und Mitadligen unterstützt, kann der Archon Megakles aus dem Geschlecht der Alkmaioniden den Versuch niederschlagen, wobei Anhänger Kylons, obwohl sie bei einem Altar Schutz gesucht haben, getötet werden. Dieser *„Kylonische Frevel"* führt später zur Verbannung des Megakles und belastet das Geschlecht der Alkmaioniden auch in der Folgezeit.

Kylonischer Frevel

Gesetzgebung des Drakon   **um 624** Wahrscheinlich einige Jahre nach Kylons Tyrannis-Versuch *Gesetzgebung des Drakon*: Durch eine Regelung der Blutrache werden Adelsfehden eingeschränkt, für Delikte aller Art sollen sehr harte („drakonische") Strafen festgelegt worden sein.

In die Jahre zwischen 630 und die solonische Gesetzgebung fallen Kämpfe Athens mit Megara um die Insel Salamis, an denen Solon (als Polemarch?) beteiligt ist, und weitere innere Auseinandersetzungen.

594 Solon, aus adligem Geschlecht, führt als Archon und „Versöhner" (Diallaktes) ein umfassendes Gesetzgebungswerk durch.

Die solonischen Gesetze

Im Zentrum steht die *Lastenabschüttelung* (Seisachtheia): Die verschuldeten bäuerlichen Höfe werden schuldenfrei gemacht; in die Sklaverei verkaufte Athener werden zurückgekauft, ebenso die in die Fremde Geflohenen zurückgeholt. Für die Zukunft werden die Schuldknechtschaft, der Landerwerb über ein bestimmtes Maß hinaus und die Ausfuhr von Nahrungsmitteln (außer Olivenöl) verboten. Der Absicherung dieser wirtschaftlich-sozialen Maßnahmen dienen Regelungen im politischen Bereich: Die Gesellschaft wird nach timokratischen Prinzipien in *vier Gruppen* eingeteilt: Pentakosiomedimnoi (Fünfhundertscheffler = solche, die über 500 Scheffel ernten), Hippeis („Ritter", über 300 Scheffel), Zeugiten (über 200 Scheffel) und Theten (unter 200 Scheffel). Die politischen Rechte entsprechen dieser Einteilung: Den Archontat können nur Mitglieder der beiden ersten Klassen bekleiden, die zugleich als Reiter Militärdienst leisten; die Zeugiten, die sich selbst die schwere Ausrüstung beschaffen müssen, dienen als Hopliten; die Theten, im Krieg ohne Funktion, haben wahrscheinlich dennoch Zugang zur Volksversammlung.

Darüber hinaus schafft Solon neue politische Institutionen und legt die Kompetenzen bestehender fest: Der *Areopag*, der sich aus gewesenen Archonten zusammensetzt, ist Gerichtshof für Mord, Religionsfrevel und Verletzung der Verfassung; er kontrolliert die Magistrate, entscheidet über Klagen gegen sie und hat die Aufsicht über den Tempelbezirk. Vielleicht bereitet er auch die Sitzungen der Volksversammlung vor, falls Solon dafür nicht, wie überliefert wird, einen *Rat der 400* (Boule; je 100 Ratsmänner aus jeder Phyle) schafft. Die *Volksversammlung* wird vom Archon einberufen und geleitet. Für die Zeit zwischen Solon und Kleisthenes ist nur ein Volksbeschluss (über eine Leibwache für Peisistratos) bekannt. Seit Solon gibt es schließlich entweder ein *Volksgericht* oder kann sich die Volksversammlung auch als Volksgericht konstituieren, an das sich wohl Bürger gegen magistratische Zwangsmaßnahmen wenden können. – Der Tendenz, möglichst alle Bürger am politischen Leben zu beteiligen, dienen die Einführung der Popularklage (jeder kann wegen eines begangenen Unrechts Anklage erheben) und vielleicht ein – in der Forschung umstrittenes – Stasis-Gesetz, durch das jeder Bürger bei inneren Auseinandersetzungen zur Parteinahme verpflichtet wird.

Außerhalb der engeren Bereiche der Seisachtheia und der politischen Organisation werden Solon viele weitere Gesetze zugeschrieben, die nur z. T. auf ihn zurückgehen. Am wahrscheinlichsten ist dies für die den Oikos betreffenden Bestimmungen: Durch Regelungen zur Erbschaft, zu den Erbtöchtern, zur Adoption soll der Fortbestand der einzelnen Oiken gesichert werden, deren Wiederherstellung ja auch Ziel der Seisachtheia ist. Dagegen bleibt zweifelhaft, ob Solon eine Maß- und Münzreform durchführt.

Die solonische Gesetzgebung ist möglich, weil die Furcht vor einer Tyrannis alle diejenigen vereint, die nicht selbst die Chance zum Gewinn einer Tyrannis haben. Sie zielt auf die Errichtung einer organisierten Aristokratie. Alle freien Athener sollen Anteil am Staat erhalten, sodass es sinnvoll wird, von Polisbürgern zu reden. Auch in Gedichten tritt Solon für die Eunomia (gute Ordnung) ein. Sein Werk und sein politisches Denken erweisen sich als „Vorgriff": Weil sich bald bei vielen Unzufriedenheit über die wirtschaftlichen Maßnahmen ausbreitet und die gesellschaftliche Macht der Adelsgeschlechter fortbesteht, können die politischen Institutionen zunächst nicht oder nur begrenzt wirksam werden.

In der nachsolonischen Zeit kommt es in Attika zu Auseinandersetzungen zwischen drei rivalisierenden Adligen und deren Anhang: dem Alkmaioniden Megakles mit den Paraliern (Küstenbewohner), Lykurgos mit den Pediakern (Bewohner der Ebene) und Peisistratos mit den Diakriern oder Hyperakriern (Bergbewohner). Die Anhänger sind vermutlich nach dem (durch Besitz und Kulte bestimmten) Kerngebiet der jeweiligen Führer benannt.

561/560 *Peisistratos*, der sich in Kämpfen mit Megara ausgezeichnet hat und vielleicht auch durch soziale Forderungen Unzufriedene auf seine Seite zieht, erhält durch Beschluss der Volksversammlung eine Leibwache, bemächtigt sich der Akropolis und gewinnt damit die Tyrannis. Durch eine Koalition zwischen Megakles und Lykurgos wird er kurz darauf gestürzt.

558/557?
556/555 Megakles, dessen Tochter Peisistratos heiraten soll, verhilft diesem ein zweites Mal zur Tyrannis, doch wird Peisistratos wiederum gestürzt und aus Athen verbannt. Er geht auf die Halbinsel Chalkidike, sichert sich die Ausbeutung der Gold- und Silberminen im Pangaion-Gebirge in Thrakien, heuert Söldner an und gewinnt die Unterstützung von Adelsgruppen in verschiedenen griechischen Städten.

546/545 Mit dieser Streitmacht setzt er von Eretria nach Attika über, schlägt ein attisches Heer bei Pallene und erlangt zum dritten Mal die Tyrannis, die er bis zu seinem Tod behält. Ihm folgen in der Herrschaft seine Söhne *Hippias* und Hipparchos, der bei einem Panathenaienfest

514 von Harmodios und Aristogeiton ermordet wird. Die Tyrannis, nun des Hippias allein, wird

daraufhin härter, der Berg Munichia wird befestigt. Das delphische Orakel stiftet auf Betreiben der Alkmaioniden die Spartaner an, militärisch gegen die attische Tyrannis vorzugehen.

511/510 Mit Hilfe eines spartanischen Heeres unter König Kleomenes I. wird Hippias gestürzt.

Die Herrschaft der Peisistratiden

attische Tyrannis
Durch die *attische Tyrannis* wird zwar nicht die solonische Verfassung, wohl aber die attische Gesellschaft stark verändert. Peisistratos und seine Söhne, deren Maßnahmen in vielen denen der Kypseliden in Korinth ähnlich sind, stützen ihre Herrschaft auf Söldner (skythische Bogenschützen) und auf ein Netz persönlicher äußerer Beziehungen (z.B. Gastfreundschaften, Heiraten); Sigeion am Eingang zu den Dardanellen wird erneut kolonisiert und dort ein Sohn des Peisistratos als Herrscher eingesetzt.

Im Innern werden die Bauern durch Darlehen und vielleicht auch Landverteilungen gestützt; in der Zeit nach der Tyrannis erscheint das kleinere und mittlere Bauerntum als relativ gefestigt. Zugleich sollen die Tyrannen das Landvolk entwaffnet und durch den Zwang, ländliche Kleidung zu tragen, von der Stadt fernzuhalten versucht haben. Dem Ziel, das Landvolk zufrieden zu stellen und zu entpolitisieren, dient auch die Verbreitung des Dionysos-Kultes, der in enger Beziehung zur Landwirtschaft steht und mit seinen ekstatischen Riten einen Ausgleich für den schweren bäuerlichen Alltag bietet; das Demeter-Heiligtum in Eleusis wird ausgebaut.

Stadtvolk
Die Lebenssituation des *Stadtvolkes* wird durch den Bau einer großen Wasserleitung verbessert; die Agora wird vergrößert, als Kultbauten werden ein Olympieion (für den olympischen Zeus) und ein Athena-Tempel auf der Akropolis begonnen. Unter den Peisistratiden setzt die Blüte der attischen schwarzfigurigen Keramik ein, die in verschiedenen Gebieten des Mittelmeerraumes die bis dahin vorherrschende korinthische Keramik verdrängt. Ob durch Bauten und keramische Produktion auch neue Arbeitsmöglichkeiten für die Stadtbevölkerung geschaffen oder ob nicht primär Fremde und Metoiken nach Athen gezogen werden, ist umstritten.

Macht des Adels
Obwohl zwischen Adligen und Tyrannen keine grundsätzliche Feindschaft besteht und einige Adelsfamilien mit den Peisistratiden zusammenarbeiten, wird die *Macht des Adels* durch die Tyrannis stark getroffen: Verschiedene Adlige werden verbannt oder gehen freiwillig ins Exil; einige Güter werden konfisziert. Peisistratos fasst die wirtschaftlichen Ressourcen Attikas in seiner Person zusammen, indem er eine (10prozentige?) Bodenertragssteuer, die Söhne vielleicht noch Steuern auf die Geburt und den Tod jedes Atheners einführen. Weitere Geldquellen erwachsen den Tyrannen durch Zölle und Marktgebühren, ferner aus den Gold- und Silberminen im Pangaion-Gebirge. Erstmals werden Münzen für die gesamte Stadt (sog. Athena-Münzen) geprägt; sie lösen vielleicht adlige Prägungen ab. An die Stelle einer adligen Privatgerichtsbarkeit setzt Peisistratos die Institution der *Demenrichter*, die in den einzelnen Wohnbezirken umherreisen und Recht sprechen. Der Luxus der Adligen und damit deren Repräsentationsmöglichkeiten werden eingeschränkt.

Demenrichter

zentrale Kulte
Schließlich werden *zentrale Kulte*, wie z.B. der der Athena (Ausgestaltung der Panathenaien mit Vortrag der Gesänge Homers), gefördert, vielleicht auch der der Städtischen (Großen) Dionysien eingerichtet, bei denen 534 die erste Tragödie (des Thespis) aufgeführt wird.

Die Herrschaft der Peisistratiden bewirkt eine Stärkung Athens als Zentrum und gleichzeitig eine Schwächung der sozialen Abhängigkeit der Bauern von den Adligen. Damit bildet sie ein wichtiges Stadium in der Entstehung der attischen Demokratie. – (Forts. S. 139)

Der Osten

Gyges
um 680–652 Unter *Gyges* wird Lydien mit der Hauptstadt Sardeis (am Hermos) zu einer bedeutenden Macht. Gyges stößt auch nach Westen vor (Eroberung von Kolophon) und nimmt den kleinasiatischen Griechenstädten die Möglichkeit einer weiteren Ausdehnung ins Landesinnere. Die Antwort darauf ist die fast zwei Jahrhunderte andauernde Kolonisation der ionischen Städte, vor allem Milets, in Thrakien, an den Dardanellen, am Bosporus und im gesamten Schwarzmeergebiet bis zur Krim.

7. Jh. In Smyrna (heute: Izmir) und Milet entstehen regelmäßige Stadtanlagen mit rechtwinklig einander zugeordneten Straßen. Im Heraion in Samos wird der Tempel des 8. Jh.s durch einen großen Neubau ersetzt und der Tempelbezirk durch eine Stoa ausgestaltet.

um 600 Nachdem in Milet schon vorher Auseinandersetzungen innerhalb des Königsgeschlechts und zwischen Adligen stattgefunden haben, kann sich Thrasybulos zum Tyrannen machen und die Angriffe des Lyders Alyattes abwehren. Milet bleibt selbständig; Beginn der *Philosophenschule*, die nacheinander durch Thales, Anaximander und Anaximenes repräsentiert wird.

Philosophenschule Milets

	In Ephesos wird die Herrschaft des Geschlechts der Basiliden, die mit den Lyderkönigen verwandt sind, durch die *Tyrannis* des Pythagoras unterbrochen, der sich auf das Volk gestützt haben soll.	*Tyrannisherrschaften*
um 590–580	Nach Kämpfen zwischen Adelsfaktionen, an denen auch der Dichter Alkaios beteiligt ist, wird in Mytilene auf Lesbos Pittakos zum Aisymneten gewählt; teilweise wird er in den Quellen als Tyrann bezeichnet. Er ordnet die Stadt und tritt freiwillig zurück.	
	Wie in Milet, Ephesos und Mytilene begegnen uns auch in anderen Städten Tyrannisherrschaften. Auch nach deren Beseitigung dauern innere Unruhen und Kämpfe in vielen Städten das ganze 6. Jh. über an. Trotzdem blüht infolge der Kolonisation und der von den Lydern übernommenen Geldwirtschaft der Handel auf.	
575	Der Lyderkönig Alyattes erobert und zerstört Smyrna.	
	Alyattes' Nachfolger Kroisos erobert alle griechischen Küstenstädte bis auf Milet, lässt aber den Griechen weit gehende Selbstständigkeit und fördert Tempelbauten. Als riesige Monumentalbauten entstehen ein 3. Tempel (sog. Labyrinth) im Heraion in Samos (Baumeister Rhoikos und Theodoros) und das nicht vollendete Artemision in Ephesos. Zugleich blüht die ionische Skulptur (besonders in Naxos, Samos, Chios).	
547	Nach einer Niederlage des Kroisos gegen den Perserkönig Kyros und der Einnahme von Sardeis wird Lydien persische Provinz. Auch die Griechenstädte mit Ausnahme Milets werden unterworfen. In vielen Städten werden, vor allem unter Dareios I. (seit 521), Tyrannen als Vasallen der Perser eingesetzt oder gestützt. Infolge der Perserherrschaft flüchten viele Griechen nach Thrakien, ins griechische Mutterland sowie nach Süditalien und Sizilien.	
um 538	*Polykrates* erringt in Samos die Tyrannis, baut den Hafen und die Flotte aus, ist zur See beherrschend und treibt Seeraub. Seinen großen Reichtum verwendet er für Bauten (Wasserleitung; unvollendeter monumentaler Tempel im Heraion; Palast) und eine großzügige Hofhaltung (u.a. wirken die Dichter Anakreon von Teos und Ibykos von Rhegion an seinem Hofe). Anlehnung an Persien.	*Polykrates*
um 524/523	Ein Versuch, mit spartanischer und korinthischer Hilfe den Tyrannen Polykrates zu stürzen, misslingt.	
um 522	Der Satrap Oroites kann Polykrates durch eine List gefangennehmen und töten.	
512	Dareios I. unterwirft Thrakien.	

Der Westen (Magna Graecia)

Das Verhältnis der süditalischen und sizilischen Griechen zur einheimischen Bevölkerung wird unterschiedlich gestaltet: Manche Städte (wie Syrakus und Gela) unterwerfen die Bewohner der Umgebung, die in einen minderen Status (Kyllyrioi in Syrakus) herabgedrückt werden; andere Städte (z.B. die chalkidischen Gründungen) treten mit den Einheimischen in freundschaftliche Beziehungen. – Für die Geschichte zwischen der Kolonisation und dem Ende des 6. Jh.s gibt es nur wenige Nachrichten. Insgesamt gleichen sich die Verhältnisse in Bezug auf die Sozialstruktur und die Machtausübung denen des Mutterlandes an. Griechen aus dem Westen nehmen an den großen Spielen und religiösen Festen des Mutterlandes teil; Auseinandersetzungen innerhalb des Adels und zwischen Adel und Volk führen zur Gesetzgebung und Tyrannis. Viele Städte, zwischen denen wie im Mutterland immer wieder Rivalitäten und Kämpfe ausbrechen, bringen es zu beträchtlichem Reichtum, der sich seit dem 6. Jh. auch in prachtvollen Bauten äußert.

661?	Nach der Tradition soll schon einige Jahre nach der Gründung von *Lokroi* (673) dort Zaleukos als erster Gesetzgeber in der griechischen Welt aufgetreten sein. Er legt wohl Strafen für Vergehen fest. In der Folgezeit erscheint Lokroi als Aristokratie mit einem Rat der 1000, der auch für Rhegion (heute: Reggio di Calabria) und Kroton (heute: Crotone) bezeugt ist, und einem Kosmopolis als höchstem Beamten.	*Lokroi*
7. Jh. (Ende?)	Gesetzgebung des Charondas in Katane (heute: Catania). Panaitios errichtet als Feldherr mit Hilfe des Volkes die erste Tyrannis Siziliens in Leontinoi (heute: Lentini).	
um 580	Rhodier und Knider unter Pentathlos versuchen, eine Kolonie in Lilybaion (heute: Marsala) zu gründen, werden aber von Phöniziern, die in Motye (Isola San Pantaleo, nördlich von Marsala), Panormos (heute: Palermo) siedeln, und den das westliche Sizilien bewohnenden Elymern geschlagen und ziehen nach Lipari.	
	Wahrscheinlich seit den 70er-Jahren des 6. Jh.s bringen die *Karthager* die phönikischen Siedlungen unter ihren Einfluss.	*Karthager*
um 570–554	Tyrannis des Phalaris in Akragas (heute: Agrigento), der den Machtbereich der Stadt ausweitet und durch seine Grausamkeit berüchtigt wird.	

Syrakus	um 570–530	Erste große Tempelbauten in *Syrakus* (Apollon- und Zeus-Tempel), Selinus (heute: Selinunte; Tempel C, D und F), Poseidonia (Paestum; Hera- und Athena-Tempel) und Metapont (Tempel des Apollon Lykeios, Hera?-Tempel).
	um 550	Kamarina (südwestlich von Ragusa), unterstützt von Sikelern, erhebt sich gegen die Mutterstadt Syrakus und wird zerstört.
	um 540	Seeschlacht in sardischen Gewässern zwischen Phokaiern, die Alalia (heute: Aleria; Korsika) kolonisiert haben, und vereinigten Etruskern und Karthagern. Die Etrusker übernehmen die Kontrolle in Korsika, die Karthager in Sardinien; die Phokaier gründen Elea (heute: Velia), in das bald darauf der Philosoph Xenophanes aus Kolophon im Zuge der Fluchtbewegung der kleinasiatischen Griechen vor den Persern kommt. Er ist der erste der berühmten Eleaten.
Sybaris		Siris (am Sinni) wird von Metapont, Sybaris (am Crati) und Kroton zerstört. *Sybaris*, die größte Stadt Süditaliens, deren Einfluss bis Poseidonia am Tyrrhenischen Meer reicht, ist wegen seines Reichtums und Luxus bekannt.
		Bald nach der Zerstörung von Siris unterliegt Kroton am Fluss Sagra Lokroi.
pythagoreische Philosophie	um 530	Der Philosoph Pythagoras († 497/496) wandert von Samos nach Kroton aus, begründet dort im Rahmen eines „Bundes" die *pythagoreische Philosophie* und beeinflusst auch die politische Ordnung der Stadt. Daneben wird Kroton zu einem Zentrum der Medizin (Demokedes), die ebenfalls durch den Pythagoreismus starke Impulse erhält (Alkmaion von Kroton).
	524?	Kyme unter Aristodemos besiegt die Etrusker in einer Schlacht vor der Stadt. Damit wird der etruskischen Ausbreitung in Kampanien eine Grenze gesetzt.
	um 514	Dorieus, Halbbruder des spartanischen Königs Kleomenes, versucht Kolonien in Libyen, nach 511/510 auf dem Mons Eryx (heute: Erice) in Sizilien zu gründen, wird aber von den Karthagern und Elymern getötet.
Zerstörung von Sybaris	511/510	Kroton unter dem Olympiasieger Milon besiegt *Sybaris*; über die zerstörte Stadt wird der Fluss Crati geleitet. – (Forts. S. 142)

Die Blütezeit der griechischen Polis (510–404)

Das 5. Jh. ist sozialgeschichtlich und politisch dadurch charakterisiert, dass es – vor allem in Athen, aber auch (teilweise in Abhängigkeit von Athen) in anderen Städten – gelingt, den Adel in die Polis einzubinden, d. h. die politische Organisation der Stadt zu vollenden. Das geschieht im Rahmen unterschiedlicher Organisationsformen. In Athen schaffen die Tyrannis, die kleisthenischen Reformen und die Perserkriege die Voraussetzung dafür, dass ein demokratisches politisches System entstehen kann. Zugleich gelangt das künstlerische Schaffen auf verschiedenen Gebieten zur höchsten Blüte.

Die Reformen des Kleisthenes in Athen

(Forts. v. S. 136)

509/508 Auseinandersetzungen zwischen zwei „Dynasten", Isagoras und dem Alkmaioniden Kleisthenes, die beide von Adelsgefolgschaften unterstützt werden. Isagoras wird für 508/507 zum Archon gewählt. Kleisthenes zieht daraufhin das Volk mit dem Vorschlag einer *Phylenreform* auf seine Seite. Auf Bitten des Isagoras interveniert Kleomenes I. von Sparta. Kleisthenes wird mit vielen seiner Anhänger aus der Stadt verwiesen. Als Kleomenes und Isagoras die Burg von Athen einnehmen, werden sie dort von den übrigen Athenern belagert. Die Spartaner müssen abziehen, Anhänger des Isagoras werden hingerichtet, Kleisthenes und die mit ihm Exilierten zurückgerufen.

508/507 *Kleisthenes* führt seine Reformen durch, die wohl (jetzt oder schon vor der spartanischen Intervention) von der Volksversammlung beschlossen werden.

Phylenreform

Kleisthenes

Ganz Attika wird in drei große Bereiche – Stadt, Binnenland, Küste – aufgeteilt. Jeder dieser Bereiche ist wieder unterteilt in zehn Einheiten, die *Trittyen* genannt werden. Aus je einer Trittys aus den Bereichen Stadt, Binnenland, Küste wird eine Phyle gebildet (der Name Trittys bedeutet ein „Drittel" einer Phyle), sodass anstelle der alten vier jetzt zehn neue *Phylen* entstehen: Erechtheis, Aigeis, Pandionis, Leontis, Akamantis, Oineis, Kekropis, Hippothoontis, Aiantis, Antiochis. Als kleinste lokale Einheiten werden – oft in Anlehnung an schon bestehende Einheiten – Demen, Wohnbezirke, geschaffen.

Trittyen
Phylen

	Demen	Trittyen	Phylen
Stadt	nicht gleichmäßig auf die Bereiche aufgeteilt	10	10 Phylen, jede bestehend aus je 1 Stadt-, Binnenland- und Küstentrittys
Binnenland		10	
Küste		10	

Phylenordnung

Die *Demen* werden als lokale Selbstverwaltungseinheiten konstituiert: mit einem Demarchen (Demenvorsteher), einer Versammlung der Demenmitglieder (Demoten) und eigenen Kulten. Von den Phratrien, die zwar weiter bestehen, aber ihre politische Bedeutung verlieren, übernehmen sie die Führung der Bürgerlisten. – Die Phylen haben ebenfalls einen Vorsteher, eine Versammlung und einen Kult des Heros, nach dem die Phyle benannt ist; das Heeresaufgebot (mit zehn Strategen an der Spitze, die ab 501/500 gewählt werden) und die Boule sind fortan nach Phylen gegliedert. – Über die Funktion der Trittyen ist kaum etwas bekannt: Auch sie haben eigenen Besitz und eigene Kulte; vielleicht sind die Unterabteilungen im Heer nach Trittyen zusammengestellt.

Demen

Der Sinn dieser neuen, auf lokaler Grundlage beruhenden Gliederung Attikas ist, die durch die Tyrannis schon geschwächten sozialen Abhängigkeitsverhältnisse zu zerschlagen. Vor allem durch die Organisation der Demen verlieren die Adelsfamilien wichtige Grundlagen ihres Einflusses. Durch die neuen Phylen wird die attische Bevölkerung „vermischt", was ebenfalls den alten, lokal bestimmten Abhängigkeitsverhältnissen zuwiderläuft. Dennoch bleiben die Adligen noch für lange Zeit allein die politisch Führenden. Sie können Führung jetzt aber nicht mehr aufgrund fester Gefolgschaften ausüben, sondern nur im Rahmen politischer Institutionen. Dadurch entsteht *Isonomia* (Gleichheit) innerhalb des Adels. Die solonischen politischen Institutionen bleiben unverändert bestehen, mit Ausnahme der Boule: Kleisthenes schafft einen neuen *Rat der 500*, in den jede Phyle 50 Mitglieder schickt. Jede Phyle hat für einen Monat den Vorsitz (Prytanie), aus den 50 Prytanen wird jeweils für einen Tag ein Vorsitzender gewählt. Der Rat bereitet die Geschäfte der Volksversammlung vor.

Isonomia

Rat der 500

Durch die Phylenreform werden die politischen Institutionen und das Zentrum Athen, das allein Sitz dieser Institutionen ist, gestärkt. Die Ausweitung der Staatlichkeit und die Beseitigung sozialer Abhängigkeitsverhältnisse sind entscheidende Voraussetzungen für die Entstehung der attischen Demokratie.

Kleomenes I.

507? Athen sucht gegen eine drohende spartanische Intervention ein Bündnis mit Persien.
506 *Kleomenes I.* von Sparta marschiert, erneut von Isagoras gerufen, in Attika ein. Gegen Athen stehen auch die Korinther, Boioter und Chalkidier. Wegen Uneinigkeit mit dem 2. spartanischen König, Demaratos, und mit den Korinthern muss Kleomenes abziehen. Die Boioter und Chalkidier werden in getrennten Schlachten geschlagen. Als Folge seines Sieges gründet Athen auf dem Lelantinischen Feld bei Chalkis erstmals eine *Kleruchie*, d.h. eine Kolonie, deren Siedler attische Bürger bleiben.

Kleruchie

Der Ionische Aufstand und die Perserkriege

Aufstand gegen Persien

499 Aristagoras, Tyrann von Milet, gewinnt den persischen Satrapen in Sardeis (Lydien), Artaphrenes, dafür, einer Gruppe von Naxos vertriebener Aristokraten zu helfen. Als die Expedition gegen Naxos scheitert, nutzt Aristagoras (angeblich auf Anstiften seines Schwiegervaters Histiaios) die Unzufriedenheit mit der persischen Herrschaft aus, um die ionischen Städte zu einem *Aufstand gegen Persien* zu bewegen. Er reist nach Griechenland um dort Hilfe zu gewinnen. Sparta lehnt eine Unterstützung ab, Athen sendet 20, Eretria (auf Euboia) 5 Schiffe.
498 Die Griechen erobern Sardeis, brennen die Stadt nieder, während die Burg von den Persern gehalten werden kann.
Auf dem Rückzug Niederlage der Griechen bei Ephesos. Die Athener ziehen ihr Kontingent ab; dagegen treten Städte an den Meerengen und in Zypern der Aufstandsbewegung bei. In den folgenden Jahren können die Perser zunächst Zypern und die Städte im Norden zurückgewinnen. Aristagoras verlässt Milet und geht nach Thrakien.
495 Niederlage einer griechischen Flotte unter Dionysios von Phokaia bei der Milet vorgelagerten Insel Lade.

Zerstörung Milets

494 Einnahme und *Zerstörung Milets*; die überlebende Bevölkerung wird deportiert. Auch andere Städte werden bestraft, die meisten Tyrannen abgesetzt und dafür „Demokratien" eingerichtet. Im Perserkrieg stehen die meisten kleinasiatischen Griechen auf der Seite Persiens.
Schwere Niederlage von Argos bei Sepeia (östlich von Argos?) gegen Kleomenes I. von Sparta; die Stadt verliert die Kontrolle über Teile der Argolis (Tiryns, Mykenai).

Themistokles

493 *Themistokles* betreibt den Ausbau des Peiraieus (Piräus, Hafen von Athen).
492 Der Perser Mardonios unternimmt einen Kriegszug nach Thrakien. Trotz einer Niederlage gegen die Thraker wird die Abhängigkeit des Landes ebenso wie die Makedoniens und der Insel Thasos (in der nördl. Ägäis) gesichert. Auf der Rückfahrt werden Teile der Flotte am Berg Athos (östliche Landzunge der Halbinsel Chalkidike) durch Stürme vernichtet.
491 Der Perserkönig Dareios schickt Gesandte nach Griechenland, die von den Städten Erde und Wasser als Zeichen der Unterwerfung verlangen. Die meisten Städte, u.a. Aigina, kommen der Forderung nach; in Athen und Sparta werden die Gesandten getötet.
Kleomenes I. von Sparta, der mit Hilfe des bestochenen Delphi die Absetzung seines Mitkönigs Demaratos erreicht hat (neuer König wird Leotychidas II.), zieht gegen Aigina, das Geiseln stellen muss. Sie werden den Athenern übergeben. Kurz darauf wird die Bestechung aufgedeckt, Kleomenes muss Sparta verlassen.

persischer Feldzug

490 Unter Datis und Artaphernes unternimmt *Persien einen Feldzug* gegen Eretria und Athen, die an Ionischen Aufstand teilgenommen haben. Eine Flotte mit höchstens 20000 Mann überquert die Ägäis, unterwirft die am Weg liegenden Inseln, landet in Euboia, erobert und zerstört Eretria, dessen Einwohner später nach dem Osten deportiert werden. Nach Attika übergesetzt,

Marathon

gehen die Perser, bei denen sich der ehemalige Tyrann Hippias befindet, bei *Marathon* (an der Ostküste von Attika) an Land. Ein attisches Heer, unterstützt durch ein kleines Aufgebot von Plataiai in Boiotien (südl. von Theben), bezieht unter dem Polemarchen Kallimachos eine günstige Stellung beim Herakleion, die Perser formieren sich gegenüber dem attischen Heer.

Miltiades

Die Athener, bei denen der Stratege *Miltiades* (* um 550, †489) die militärische Planung bestimmt, warten zunächst auf ein spartanisches Heer, dessen Ankunft sich wegen einer religiösen Feier in Sparta verzögert. Als die Perser wegen des ungünstigen Geländes ihre starke Reiterei abziehen und einschiffen und ein Angriff auf das entblößte Athen droht, wagen die Athener allein die Schlacht und erringen einen vollständigen Sieg. Die Perser segeln nun nach Athen, doch das attische Heer ist rechtzeitig zur Stelle, sodass die Perser den Angriff aufgeben und nach Kleinasien zurückfahren. – Der unerwartete *Sieg* wird der Hilfe der Götter zugeschrieben (Weihegeschenke an verschiedenen Orten Griechenlands).

Sieg über die Perser

489 Miltiades beantragt in der Volksversammlung Geld, Schiffe und Mannschaften für einen Raubzug gegen Paros. Das Unternehmen scheitert, der schwer verwundete Miltiades wird zu einer hohen Geldstrafe (50 Talente) verurteilt und stirbt bald darauf. Sein Sohn Kimon bezahlt die Schuld.

80er-Jahre Kämpfe zwischen Athen und Aigina, weil Athen die 491 gestellten Geiseln nicht zurückgeben will.

488/487 *Erster Ostrakismos* („Scherbengericht": Abstimmung darüber, ob ein Politiker ohne Verlust seines Vermögens und seiner bürgerlichen Rechte außer Landes gehen soll) in Athen. Ostrakisiert wird der Peisistratide Hipparchos. Der Ostrakismos dient dazu, unter den von Kleisthenes neu geschaffenen Bedingungen politischen Handelns (die Kämpfe zwischen Adligen werden jetzt häufig vor der Volksversammlung ausgetragen) die inneren Auseinandersetzungen zu begrenzen, indem bestimmte politische Gruppen zeitweise personell geschwächt werden. Die Ostrakismen der 80er-Jahre treffen besonders Adlige, die unter dem Verdacht einer Zusammenarbeit mit Persien stehen.

erster Ostrakismos

487/486 Ostrakismos des Alkmaioniden Megakles.

Änderung in der Bestellung der *Archonten*, die künftig nicht mehr direkt gewählt, sondern aus von Demen vorgewählten Kandidaten erlost werden. Gleichzeitig verliert wohl der Polemarchos den Oberbefehl über das attische Heer. Das bedeutet eine Aufwertung der *Strategie*, die fortan das einzige bedeutende Wahlamt in Athen ist und für die es keine Beschränkung der Wiederwahl gibt.

Archonten-Reform Strategie

485/484 Ostrakismos des Schwagers des Megakles, Xanthippos.

483/482 Als neue ergiebige Minen in den Silberbergwerken von Laureion (im Südosten Attikas) entdeckt werden, setzt Themistokles durch, dass die Erträge nicht an die Bürger verteilt, sondern zum *Bau einer Flotte* verwendet werden, der offiziell gegen Aigina, in Wirklichkeit aber wohl gegen Persien gerichtet ist.

Bau einer Flotte

482/481 Aristeides († um 467), Gegner des Flottenbaus, wird ostrakisiert.

In Persien trifft zunächst Dareios I., nach seinem Tod sein Sohn und Nachfolger (seit 485) Xerxes Vorbereitungen für einen neuen Feldzug gegen Griechenland. Der Bau zweier Brücken über den Hellespont und eines Kanals durch den Isthmus der Halbinsel Athos wird geplant.

481 Xerxes schickt Gesandte an alle griechischen Städte außer Sparta und Athen, um Erde und Wasser zu fordern. Boioter und Thessaler treten auf die Seite der Perser (obwohl es antipersische Minoritäten gibt); Argos und Delphi bleiben neutral; die peloponnesischen Städte außer Argos, ferner Athen, Chalkis, Eretria und Aigina sowie die mittelgriechischen Plataier, Phoker und Thespier erklären sich für den Krieg.

Die antipersischen Städte treffen sich auf dem Isthmus von Korinth und schließen unter der Führung Spartas eine *Symmachia* (Kampfbund) gegen die Perser. Die Streitigkeiten zwischen den einzelnen Staaten werden beigelegt, die Verbannten zurückgerufen. Gesandte werden – u. a. zu dem Tyrannen Gelon von Syrakus – ausgeschickt, um weitere Städte für den Krieg zu gewinnen.

Symmachia

480 Aufbruch des persischen Heeres (Schätzungen der Stärke: 100000–150000 Kämpfer, ca. 700 Schiffe). Das Landheer überquert den Hellespont, durchzieht Thrakien und vereinigt sich mit der Flotte in Thermai (bei Saloniki). Um Mittelgriechenland zu verteidigen, besetzt der spartanische König Leonidas mit 6000–7000 Spartiaten, anderen Peloponnesiern, Phokern, Thespiern und Thebanern die *Thermopylen* (Pass am Golf von Malia). Eine Flotte von 271 Schiffen unter dem Spartaner Eurybiades – das attische Aufgebot wird von Themistokles geführt – bezieht Stellung in der Nähe des Artemision an der Nordküste Euboias; ein kleines Aufgebot von 53 Schiffen sichert den Süden des Euripos (Meerenge zwischen Euboia und dem Festland).

Thermopylen

Aug. Das persische Landheer marschiert von Thermai aus nach Süden, die Flotte erleidet an der Küste von Magnesia durch Stürme schwere Verluste. 200 Schiffe gehen bei dem Versuch, Euboia zu umfahren, durch ein Unwetter verloren. Seegefechte beim Artemision enden ohne Entscheidung. Zu Lande wehrt Leonidas die persischen Angriffe zwei Tage ab; in der folgenden Nacht kann die Garde der „Unsterblichen" mit Hilfe eines Griechen die griechische Stellung auf einem Seitenpass umgehen. Als *Leonidas* davon hört, entlässt er den größten Teil seiner Soldaten und findet, „den Gesetzen gehorsam" (Epitaph), am folgenden Tag

Leonidas

		mit 300 Spartiaten, 700 Thespiern und 400 Thebanern den Tod. Die griechische Flotte zieht sich durch den Euripos zurück.
Das persische Landheer verwüstet Phokis, Thespiai und Plataiai. Die attische Bevölkerung wird nach Salamis, Aigina und Troizen (in der östlichen Argolis) gebracht, wobei der Areiopag finanzielle Hilfe leistet. Attika wird verheert; Athen und die nur von wenigen verteidigte Akropolis werden niedergebrannt.
Die griechische Flotte unter Eurybiades (ca. 300 Schiffe) sammelt sich im Sund von Salamis, die persische bei Phaleron (östlich des Piräus). Themistokles, der einen Rückzug der Flotte hinter die Isthmus-Linie verhindert, soll durch eine geheime Botschaft an den Perserkönig erreicht haben, dass die griechische durch die persische Flotte eingeschlossen wird.
Seeschlacht von Salamis	Ende Sept.	*Seeschlacht von Salamis* unter den Augen des Xerxes, der vom Aigelaos aus zuschaut. Die Perser können sich wegen der Enge des Raumes nicht entfalten. Der aus dem Exil zurückgekehrte Aristeides besetzt die Insel Psyttaleia am Südostausgang des Sundes und verdrängt die dort postierten Perser. Aufgrund der glänzenden Strategie des Themistokles erringen die
Sieg der Griechen		*Griechen einen vollständigen Sieg*. Die persische Flotte segelt nach Asien zurück, Xerxes verlässt Griechenland auf dem Landweg; der größte Teil des Landheeres unter Mardonios bezieht Winterquartiere in Thessalien.
Athen, das mit dem Wiederaufbau beschäftigt ist, lehnt ein Angebot des Mardonios für einen vorteilhaften Sonderfrieden ab.
	479	Mardonios verwüstet erneut Attika, nachdem auch ein 2. Friedensangebot abgelehnt ist. Als auf Drängen Athens das peloponnesische Landheer unter Pausanias (Regent für Leonidas' Sohn) den Isthmus überschreitet, zieht sich Mardonios nach Boiotien zurück und lagert am
Plataiai		Nordufer des Asopos bei *Plataiai*.
	Sept.	Dort kommt es, nachdem sich die Athener mit den Peloponnesiern vereinigt haben, zu einer sich über mehrere Wochen hinziehenden Schlacht, in deren Endphase Mardonios fällt. Die persische Armee, deren Lager erobert wird, flieht nach Norden. Das mit den Persern verbündete Theben wird belagert und liefert die perserfreundlichen Führer aus, die hingerichtet werden. In Plataiai wird dem Zeus Eleutherios (Befreier) ein Fest gestiftet. Aus der reichen Beute erhalten viele Heiligtümer Weihegeschenke. In Delphi wird ein goldener Dreifuß auf einer bronzenen Schlangensäule aufgestellt. Sie enthält die Namen der Staaten, die an den Schlachten von Salamis und Plataiai teilgenommen haben.
Erfolge der Flotte		Eine griechische *Flotte*, die im Frühjahr unter dem spartanischen König Leotychidas von Aigina nach Delos gesegelt ist, fährt nach Samos weiter und besiegt bei der Halbinsel Mykale die dort gelandete Besatzung der persischen Restflotte. Überall in den ionischen Städten wird die Perserherrschaft gestürzt. Die griechische Flotte segelt zum Hellespont, um die
Zerstörung der Brücken	479/478	*Brücken* zu zerstören und damit einen weiteren Angriff der Perser zu Lande zu verhindern. Als man die Brücken schon zerstört findet, kehrt Leotychidas mit den Peloponnesiern nach Griechenland zurück, während die Athener unter Xanthippos Sestos belagern und einnehmen. Die Aktionen der Flotte in Kleinasien markieren schon den Übergang vom Abwehr- zum Angriffskrieg gegen Persien. – (Forts. S. 144)

Die Ältere Tyrannis in Sizilien und Süditalien

(Forts. v. S. 138)

Von einzelnen Ausnahmen (Panaitios von Leontinoi, Phalaris von Akragas) abgesehen, begegnet uns die Tyrannis im Westen erst in der 1. Hälfte des 5. Jh.s. Die Verspätung gegenüber dem Mutterland ist wohl dadurch bedingt, dass die gesellschaftliche Differenzierung innerhalb des Adels, die Voraussetzung für eine Tyrannis ist, in den Kolonien naturgemäß später einsetzt als im Mutterland. Auseinandersetzungen zwischen Adel und Volk (Staseis) gehen auch im Westen der Tyrannis voraus. Schließlich könnte für die Entstehung der Tyrannis das Verhältnis zur einheimischen (in den dorischen Kolonien unterworfenen) Bevölkerung von Bedeutung sein.

Aristodemos	um 505– um 490 um 505–499	*Aristodemos*, der sich in Kämpfen gegen die Etrusker (524) und gegen Arruns Porsena ausgezeichnet hat, ist Tyrann in Kyme (Cumae; westlich von Neapel). Er nimmt nach der Schlacht am See Regillus (496) den letzten römischen König, Tarquinius Superbus, in Kyme auf.
	um 498	Tyrannis des Kleandros in Gela (an der Südküste Siziliens).
Hippokrates		Nach seiner Ermordung wird sein Bruder *Hippokrates* Tyrann, der zunächst das Hinterland um Gela, dann die Griechenstädte Naxos (südlich vom heutigen Taormina), Zankle (Mes-

um 499– 491	sana, heute: Messina) und Leontinoi (heute: Lentini) erobert und dort abhängige Tyrannen einsetzt.
494–476	Anaxilaos Tyrann in Rhegion. Eine Gruppe samischer Flüchtlinge besetzt auf seine Aufforderung hin das gegenüberliegende Zankle, als sich der dort von Hippokrates eingesetzte Tyrann Skythes auf einem Feldzug befindet. Der herbeigerufene Hippokrates setzt Skythes ab, lässt die Samier im Besitz der Stadt und fordert dafür die Hälfte der beweglichen Güter und Sklaven innerhalb und alle Güter außerhalb der Stadt. Die Zankleier werden bis auf 300 Vornehme versklavt, die den Samiern zur Hinrichtung übergeben, von diesen aber verschont werden. Hier zeigt sich zum ersten Mal die für die sizilische Tyrannis typische Willkür im Umgang mit den Bevölkerungen ganzer Städte.
um 492	Hippokrates greift Syrakus an, wo Auseinandersetzungen zwischen Oligarchen (Gamoroi) und dem Volk stattfinden. Die Syrakusaner werden am Heloros (heute: Tellaro) besiegt, doch kann die Stadt mangels einer Flotte nicht eingenommen werden. Auf Vermittlung Korinths wird Frieden geschlossen: Hippokrates gibt die Gefangenen heraus und erhält dafür Kamarina (südwestlich von Ragusa), das er mit Einwohnern Gelas neu besiedelt.
491	*Hippokrates fällt* im Kampf gegen Sikeler.
491–478	Sein Nachfolger in Gela wird Gelon aus dem Geschlecht der Deinomeniden.
nach 490	Anaxilaos von Rhegion vertreibt die Samier aus Zankle und besiedelt die Stadt neu mit Griechen verschiedenen Ursprungs, u. a. Messeniern. Die Stadt erhält den Namen Messana (heute Messina).
um 488–472	*Theron* Tyrann in Akragas. Seine Tochter Damarete wird Frau des Gelon.
485	In Syrakus erhebt sich das Volk zusammen mit den Kyllyrioi (einheimische unterworfene Bevölkerung) gegen die Gamoroi, die sich nach Kasmenai (nordwestlich vom heutigen Palazzolo Acreide) zurückziehen und Gelon um Hilfe bitten. Gelon erobert, ohne Widerstand zu finden, die Stadt, macht sich zum Herrn in Syrakus und setzt in Gela seinen Bruder Hieron zum Tyrannen ein. Die Hälfte der Bevölkerung Gelas wird nach Syrakus umgesiedelt; Kamarina wird zerstört, seine Bewohner trifft dasselbe Schicksal; Megara Hyblaia (am Golf von Augusto) und Euboia (Lage unbekannt) werden erobert, die Vornehmen in Syrakus aufgenommen, die Armen versklavt. Schließlich erhalten auch 10000 der Söldner Gelons Bürgerrecht in Syrakus, das damit und durch den Aufbau einer Kriegsflotte zur mächtigsten griechischen Stadt wird.
483	Theron vertreibt den Tyrannen Terillos von Himera (zwischen den heutigen Palermo und Cefalù). Dieser und sein Schwiegervater Anaxilaos wenden sich um Hilfe an Karthago, das umfangreiche Vorbereitungen für einen Krieg trifft.
481	Eine griechische Gesandtschaft bittet Gelon um Unterstützung gegen die Perser. Gelon lehnt ab, als ihm das Oberkommando im Krieg versagt wird.
480	Die *Karthager* landen in Panormos und stoßen mit Heer und Flotte bis Himera vor. Sie werden von Gelon und Theron vernichtend geschlagen. Von der griechischen Tradition wird die Schlacht auf den gleichen Tag wie der Sieg über die Perser bei Salamis datiert und ihr die gleiche Bedeutung wie diesem (Befreiung der Griechen von den Barbaren) beigemessen. Die hohe Kriegskostenentschädigung Karthagos wird für die Münzprägung in Syrakus, für Tempelbauten in Syrakus und Akragas und für große Weihegeschenke nach Delphi und Olympia verwendet.
478	*Hieron*, der mit einer Tochter des Anaxilaos verheiratet ist, wird Nachfolger Gelons in Syrakus; sein Bruder Polyzalos, der die Witwe Gelons heiratet, wird Tyrann in Gela. Hieron verstärkt die Söldnermacht und schafft eine Geheimpolizei. Er verpflanzt die Einwohner von Naxos und Katane nach Leontinoi, gründet Katane neu unter dem Namen Aitna und setzt dort seinen Sohn Deinomenes als Herrscher ein. Das Ereignis wird von Pindar und Aischylos gefeiert.
476–467	Mikythos Tyrann in Messana und Rhegion.
474	Auf Hilferuf von Kyme schlägt Hieron die Etrusker in der Bucht von Neapel.
um 473	Mikythos von Rhegion erleidet mit den Tarentinern eine schwere Niederlage gegen die Iapygen.
472	Tod Therons. Sein Nachfolger Thrasydaios wird in einem Feldzug gegen Hieron geschlagen und die Tyrannis in Akragas und Himera gestürzt. In Akragas soll zunächst eine Oligarchie, dann – unter Mitwirkung des Empedokles († um 423) – eine Demokratie eingerichtet worden sein.
467	Mikythos gibt in Rhegion die Tyrannis zugunsten der Söhne des Anaxilaos auf. Tod Hierons, dessen Bruder Thrasybulos nun die Tyrannis in Syrakus übernimmt. Er wird jedoch bald durch die von anderen Städten unterstützten Syrakusaner gestürzt. Auch in

ALTERTUM — Griechenland vor dem Hellenismus

Ende der Tyrannis Duketios

Gela und – in den folgenden Jahren – in den übrigen sizilischen Städten *endet die Tyrannis*. Überall sollen stattdessen Demokratien geschaffen worden sein.
Im Gefolge des Sturzes der Tyrannen sucht der Sikelerfürst *Duketios* die Sikeler zu vereinen und eine starke Macht aufzubauen.

460/459 Zusammen mit Syrakus siedelt er die Kolonisten aus Aitna um, das wieder in Katane umbenannt wird.

451 Später erobert er das zu Akragas gehörende Motyon, wird dann aber von Syrakus und Akragas

450 bei Nomai geschlagen. Nach Korinth verbannt, kehrt er von dort zurück und besiedelt Kale Akte (beim heutigen Caronia) neu.

Dichter und Philosophen

Die sizilischen Tyrannen ziehen berühmte *Dichter und Philosophen* (Pindar, Aischylos, Simonides, Bakchylides, Xenophanes) an ihre Höfe, entfalten rege Bautätigkeit und erringen häufig Siege bei den gesamtgriechischen Spielen. Anders als die frühgriechischen Tyrannen stützen sie sich nirgends auf das Volk. Durch die Bevölkerungs- und damit verbundenen Besitzumschichtungen wird die Gesellschaftsstruktur zwar verändert, aber keine Konsolidierung der sozialen Unterschichten erreicht, sodass die „Demokratie" in Sizilien nur ein „Zwischenspiel" bleibt. Nach dem Sturz der Tyrannis kehren viele sizilische Griechen wieder in ihre Heimatstädte zurück und versuchen, auch ihren alten Besitz wieder zu gewinnen. Die daraus resultierenden Prozesse sind eine Voraussetzung für die sophistische Rhetorik.

Zwischen den Perserkriegen und dem Peloponnesischen Krieg: Die Pentekontaëtie

(Forts. v. S. 142)

Aufstieg Athens

Die ca. „50 Jahre" (daher der Begriff „Pentekontaëtie") zwischen Plataiai und dem Beginn des Peloponnesischen Krieges (431) sind durch den *Aufstieg Athens* zur politisch und kulturell führenden Macht Griechenlands bestimmt. Strukturelle Voraussetzungen dafür wurden durch Solon, die Tyrannis und die kleisthenischen Reformen geschaffen. Der Kampf gegen die Perser, zunächst von Athen allein, dann unter wesentlicher Beteiligung besonders der attischen Flottenmacht durchgeführt, stärkt das Selbstbewusstsein der Athener und lässt sie zu Rivalen der Vormachtstellung Spartas in Griechenland werden.

Mauer

479/478 Wiederaufbau Athens und Befestigung der Stadt durch eine *Mauer*. Sparta, das Einspruch erhebt, wird von Themistokles hingehalten, bis es für ein Einschreiten zu spät ist.

478? Ergebnislose Strafexpedition der Spartaner unter Leotychidas gegen Thessalien (wegen dessen Zusammenarbeit mit Persien).

Pausanias

478 Eine griechische Flotte unter dem Spartaner *Pausanias* befreit Zypern und Byzanz von der Perserherrschaft. Eigenmächtige Pläne des Pausanias (Verbindungen zum Perserkönig?) führen zu dessen Abberufung. In Sparta wird ihm der Prozess gemacht. Danach geht er als Privatmann erneut nach Byzanz, wird von den Ephoren um 470 wiederum zurückgerufen und 469/468 hingerichtet.

Delisch-Attischer Seebund

478/477 Die am Flottenunternehmen in der Ägäis beteiligten Städte übertragen dem Führer des attischen Kontingents, Aristeides, den Oberbefehl. Daraus entsteht der *Delisch-Attische Seebund* als Kampfbund gegen die Perser: Athen schließt mit Inseln und Küstenstädten der Ägäis zeitlich unbefristete Einzelverträge; die Bündnispartner, denen Verträge untereinander verboten werden, haben Schiffe zu stellen oder jährliche Abgaben in Geld zu entrichten, deren Höhe nach dem Bodenertrag festgelegt wird. Die von attischen Hellenotamiai verwaltete *Bundeskasse* befindet sich in Delos, wo auch die Bundesversammlung (Synhedrion) tagt, in der jeder Bündnispartner eine Stimme hat. Feldherrn des Bundes sind attische Strategen, wie auch die politische Hegemonie bei Athen liegt.

Bundeskasse

476/475 Erste Unternehmung des Seebundes ist unter dem Strategen Kimon (Sohn des Miltiades), der (bis 462) eine Führungsstellung in Athen innehat, die Einnahme von Eion in Thrakien.

70er-Jahre Die Insel Skyros (südlichste Insel der nördlichen Sporaden) wird erobert und, wie auch Eion, mit attischen Kleruchen besiedelt. Kimon lässt die Gebeine des attischen Gründungsheros Theseus von Skyros nach Athen überführen. Das euboiische Karystos wird in den Seebund hineingezwungen.

Ostrakismos

471/470 *Ostrakismos* des Themistokles, der zunächst nach Argos geht, dann, auf Verlangen Spartas in Athen verurteilt und von Athenern und Spartanern gemeinsam verfolgt wird, flieht über Korkyra und Epeiros zum Perserkönig und stirbt als persischer Vasall.

Synoikismos (Bildung eines städtischen Zentrums) von Elis (nordwestlicher Teil der Peloponnes).

60er-Jahre 1. Hälfte	Weitere Synoikismen in Arkadien (Mantineia und Tegea); Argos erobert Mykenai und Tiryns (in der Argolis) zurück, die sich 494 selbstständig gemacht haben. Vielleicht wirken Themistokles und der aus Sparta verbannte König Leotychidas an diesen Bewegungen mit, deren Folge kriegerische Auseinandersetzungen mit Sparta sind: Sparta besiegt zunächst bei Tegea (im Süden der ostarkadischen Hochebene) die verbündeten Argos und Tegea, kurz darauf bei Dipaia (im mittleren Arkadien) die Arkader.	
um 467?	Als erstes Mitglied tritt Naxos aus dem Seebund aus, wird mit Gewalt zurückgezwungen und muss fortan, statt Schiffe zu stellen, Geldzahlungen leisten.	
467/466?	Als die Perser an der Südküste Kleinasiens Schiffe zusammenziehen (geplante Offensive?), werden sie in einer Land- und Seeschlacht am *Eurymedon* (Pamphylien) von der Seebund-Flotte unter Kimon vernichtend geschlagen. Weitere Städte treten dem Seebund bei.	*Eurymedon*
465	Thasos tritt (vielleicht wegen Aktivitäten Athens im thrakischen Interessengebiet der Insel) aus dem Seebund aus, wird zur See geschlagen, dann belagert und muss sich nach zwei Jahren ergeben. Ein Hilfeersuchen der Insel an Sparta bleibt, obwohl dieses zur Hilfeleistung geneigt ist, wegen eines Erdbebens und anschließenden Helotenaufstandes erfolglos.	
465/464	Athen sendet Kolonisten nach Enneahodoi (dem späteren Amphipolis; in Thrakien), die aber bei Drabeskos von den Edonern vernichtet werden.	
464/463	Erdbeben in Sparta, in dessen Folge sich die *Heloten Messeniens und Lakoniens erheben*.	*Heloten*
463/462	Ein von Perikles angestrengter Prozess gegen Kimon in Athen (die Anklage lautet auf Bestechung) endet mit dessen Freispruch. Die Spartaner bitten ihre Bundesgenossen, u. a. auch Athen, um Hilfe gegen die Messenier. Kimon tritt für die Hilfeleistung ein, Ephialtes dagegen, weil man einen Rivalen nicht stark machen solle. Kimon setzt sich durch und geht mit 4000 Hopliten nach Messenien.	
462/461	Während der Abwesenheit Kimons *Reformen des Ephialtes*: Der Areiopag wird „entmachtet"; d.h. wahrscheinlich, dass ihm die Zuständigkeit für die Kontrolle der Behörden (einschließlich der Eingangsprüfung für Beamten, der Dokimasie) entzogen und auf Gremien der Volksversammlung, der Boule, und auf das Volksgericht übertragen wird. Der Areiopag behält als eigene Kompetenz nur die Blutgerichtsbarkeit. Die Reformen des Ephialtes stellen den entscheidenden Schritt zu einer *demokratischen politischen Organisation* in Athen dar. Sie werden vor allem von den Theten unterstützt, da sich viele Hopliten in Messenien befinden. Die Theten sind als diejenigen, die die Schiffsmannschaften stellen, die Hauptnutznießer des Seebundes. Umstritten ist in der Forschung, ob sie daraus Forderungen nach politischer Mitbestimmung ableiten oder ob 462/461 vor allem die attische Außenpolitik und das Verhältnis zu Sparta zur Debatte steht: Indem die Kontrolle des auf ein gutes Verhältnis zu Sparta bedachten Areiopags ausgeschaltet wird, fallen auch innere Grenzen attischer Machtpolitik. Die Demokratisierung von 462/461 wäre dann Mittel, nicht Ziel der Politik des Ephialtes. Dem entspricht, dass Athen in den 50er-Jahren eine fieberhafte außenpolitische Aktivität entfaltet. Als Reaktion auf die Reformen schicken die Spartaner das attische Hilfsheer zurück.	*Reformen des Ephialtes* *demokratische politische Organisation*
461	Kimon, der sich für die Rücknahme der Reformen einsetzt, wird ostrakisiert, Ephialtes ermordet. Athen verlässt das antipersische Bündnis mit Sparta und schließt Verträge mit Argos und Thessalien.	
460/459	Schon 462 oder 461 *kämpft eine griechische Flotte in Zypern*, das noch unter persischem Einfluss steht. Auf einen Hilferuf des Libyers Inaros hin, der gegen die Perser revoltiert und Ägypten „befreien" will, segelt die griechische Flotte (oder ein Teil von ihr) von Zypern nach Ägypten und nimmt Memphis (außer der Zitadelle) ein. In Griechenland schließt sich Megara an Athen an. Wohl deshalb kommt es zu einem Krieg, in dem Athen eine Landschlacht bei Halieis (Portocheli) gegen Korinth (das in Grenzstreitigkeiten mit Megara liegt) und Epidauros verliert, aber eine Seeschlacht gewinnt. Ebenso wird Aigina in einer Seeschlacht geschlagen und anschließend die Stadt drei Jahre lang belagert.	*Kämpfe auf Zypern*
	Baubeginn der *„Langen Mauern"*, die Athen mit dem Peiraieus und Phaleron verbinden.	*Lange Mauern*
458/457?	Bündnisvertrag zwischen Athen und Segesta in Sizilien (?).	
457	Die Phoker greifen Doris (am Nordabhang des Parnaß) an. Die Spartaner und ihre Bundesgenossen kommen den Doriern zur Hilfe. Als die Athener ihnen den Rückweg verlegen, kommt es bei Tanagra (im westlichen Boiotien) zu einer Schlacht, in der Athen und seine argivischen Bündner besiegt werden. Zwei Monate später fallen die Athener unter Myronides in Boiotien ein und besiegen bei Oinophyta (südöstlich von Tanagra) die Boioter; die meisten boiotischen Städte und Phokis schließen sich ihnen an, das opuntische Lokris wird unterworfen. (Verschiedentlich werden die Auseinandersetzungen seit Tanagra oder schon seit Halieis bis 446 als *1. Peloponnesischer Krieg* bezeichnet.)	*1. Peloponnesischer Krieg*

	457/456	Kapitulation Aiginas, das seine Mauern schleifen, seine Schiffe abliefern und – mit einem hohen Tribut – in den Seebund eintreten muss.
		Die Zeugiten werden zum Archontat zugelassen. Wahrscheinlich in dieser Zeit werden Tagegelder für die Richter im Volksgericht eingeführt.
	456/455	Eine attische Flotte unter Tolmides umsegelt die Peloponnes, zerstört die spartanischen Werften in Gytheion. In Naupaktos werden Messenier angesiedelt, die in Ithome auf freien Abzug kapituliert haben.
		In Ägypten vertreibt Megabyzos die Griechen aus Memphis und schließt sie auf der Deltainsel Prosopitis ein.
ägyptische Katastrophe	454	Nach achtzehnmonatiger Belagerung wird die Insel genommen, die meisten Griechen finden den Tod. Eine Hilfsflotte wird ebenfalls vernichtet. Die Wirkung dieser *„ägyptischen Katastrophe"* ist, dass attische Unternehmungen im Mutterland (Feldzüge des Myronides gegen Thessalien und des Perikles nach Akarnanien) abgebrochen und in den folgenden drei Jahren außenpolitische Zurückhaltung geübt werden. Da die persische Flotte wieder
Kasse des Seebundes		mit Unternehmungen in der Ägäis beginnt, wird die *Kasse des Seebundes* von Delos nach Athen verlegt und bleibt auch dort, als die Persergefahr beseitigt ist. In den Jahren 453 und 452 zahlen viele Städte keine Tribute.
	453/452	Wiedereinführung der Demenrichter, die schon unter den Peisistratiden bestanden haben.
	451	Kimon kehrt aus der Verbannung zurück.
Waffenstillstand	**451/450**	Fünfjähriger *Waffenstillstand* zwischen Athen und Sparta, dreißigjähriger Friede zwischen Sparta und Argos.
Bürgerrechtsgesetz des Perikles		*Bürgerrechtsgesetz des Perikles*: Das Bürgerrecht wird auf diejenigen beschränkt, deren beide Eltern attische Bürger sind. Betroffen sind vor allem Adlige, bei denen Heiraten über die Stadtgrenzen hinaus üblich sind. Das Gesetz bildet einen Höhepunkt im Prozess der Durchsetzung der Polis gegenüber den Adelsfamilien und ist zugleich fundamental für das Selbstverständnis der allein auf das eigene Interesse ausgerichteten attischen Demokratie: Interessenkonflikte von Bürgern in außenpolitischen Fragen sollen ausgeschaltet werden.
	450/449	Wohl zur Aktivierung des Seebundes Zug Kimons gegen Zypern. Kimon stirbt bei der Belagerung von Kitaion.
See- und Landsieg bei Salamis	**449 (450?)**	Die abziehende attische Flotte besiegt bei *Salamis* (Hafenstadt auf Zypern) die persische Flotte zu Wasser und zu Land.
Kallias-Friede	**448 (449?)**	Verhandlungen des Kallias in Susa führen zum Friedensschluss mit Persien *(Kallias-Friede)*: Die Freiheit der kleinasiatischen Griechenstädte wird gesichert, die Ägäis für die persische Flotte Sperrgebiet; Athen will sich künftig jedes Angriffs gegen Persien enthalten. Mit dem Kallias-Frieden ist die ursprüngliche Zielsetzung des Seebundes überholt. Um seine Stellung in Griechenland zu erhalten, lädt Athen zu einem panhellenischen Kongress in Athen ein, dessen Themen der Wiederaufbau der zerstörten Tempel, die Sicherung des Friedens und der Meere sein sollen. Der Plan scheitert am Widerstand Spartas, das einen Feldzug gegen die (mit Athen verbündeten) Phoker unternimmt, um Delphi von deren Herrschaft zu befreien.
		Obwohl wegen des Friedens mit Persien verschiedene Bündner ihre Tributzahlungen vorübergehend einstellen, hält Athen am Seebund fest und gestaltet ihn in den folgenden Jahren konsequent zu einer Arche (Herrschaft) um. Die Beitragszahlungen der Bündner werden fortan auch für rein athenische Angelegenheiten benutzt. Durch Beschlüsse der Volksversammlung (deren Datierung umstritten ist) wird das attische Münz- und Maßsystem für das gesamte Bundesgebiet verbindlich gemacht (Klearchos-Dekret) und die Tributeinziehung durch attische Beamte gestrafft (Kleinias-Dekret). Athen greift (jeweils zugunsten des Demos) in die inneren Angelegenheiten der Bündner ein und wird alleiniger Gerichtsstand für schwere Straftaten und bestimmte Strafarten.
Opposition		Gegen diese Politik wächst die *Opposition* im Innern, die bis 443 von Thukydides, dem Sohn des Melesias, geführt wird. Sowohl um dieser Opposition zu begegnen als auch um
	447	die Situation in verschiedenen Gebieten des Seebundes zu stabilisieren, werden Kleruchien (Kolonien, deren Siedler attische Bürger bleiben) auf der thrakischen Chersones (Halbinsel Gallipoli), in Naxos und Andros gegründet.
		Baubeginn des Parthenon.
	447/446	Umsturz in Boiotien. Ein attisches Heer unter Tolmides wird bei Koroneia vernichtend geschlagen.
	446	Gründung einer attischen Kleruchie in Brea am Strymon. Aufstand von Megara und Euboia. Ein spartanisches Heer unter Pleistoanax fällt in Attika ein und zwingt Perikles, der mit einem Heer nach Euboia gegangen ist, zur Rückkehr. Nach Abzug der Spartaner wird Euboia unterworfen, eine Kleruchie nach Histiaia gelegt und das Land der vertriebenen Aristokraten (Hippoboten) als attisches Staatsland eingezogen.

446/445	Abschluss eines *dreißigjährigen Friedens zwischen Athen und Sparta*. Athen verzichtet auf seinen Einfluss in Mittelgriechenland, Sparta erkennt die attische Seemachtstellung an. Streitigkeiten sollen durch ein Schiedsgericht gelöst werden. Bau der mittleren Langen Mauern zwischen Athen und Peiraieus und Neuanlage des Peiraieus nach dem Plan des Hippodamos von Milet.	*dreißigjähriger Friede*
444/443	Panhellenische Koloniegründung in Thurioi (Süditalien), für die Hippodamos von Milet den Stadtplan und der Sophist Protagoras die Verfassung entwirft.	
443	*Ostrakismos* des Thukydides, des Sohnes des Melesias. Fortan wird Perikles bis zu seinem Tod ununterbrochen zum Strategen gewählt.	*Ostrakismos*
441/440 440/439	Auseinandersetzungen zwischen Samos und Milet führen zum Eingreifen Athens unter Perikles. Samos muss kapitulieren, Gebiet abtreten und Geiseln stellen; die Demokratie wird eingeführt.	
zwischen 439 u. 435	Flottenexpedition des Perikles in das Schwarze Meer zur Sicherung der Getreideeinfuhren Athens.	
seit 438/437	Prozesse gegen Pheidias (Schöpfer des Standbildes der Athena im Parthenon), den Philosophen Anaxagoras und Perikles' Geliebte Aspasia wegen Gottlosigkeit (Asebeia). Die Prozesse werden als Zeichen innerer Opposition gegen Perikles gewertet.	
437/436	Baubeginn der Propyläen auf der Akropolis (433/432 vollendet).	
437/436	Gründung der Kolonie Amphipolis am Strymon.	
435/434	Gründung der Kolonie Astakos am Ostende des Marmara-Meeres.	
433	Rückkehr des Thukydides, Melesias' Sohn, aus dem Exil.	
433/432	Das Ergebnis des Ausbaus der attischen Thalassokratie (Seeherrschaft) wird exemplarisch deutlich im Megarischen Psephisma (Volksbeschluss): Athen und das Gebiet der Arche werden für Megara gesperrt.	

Wirtschaft, Gesellschaft, Politik und Kultur im klassischen Athen

Trotz der Bedeutung Athens als eines Zentrums für Manufaktur und Handel ist auch im 5. Jh. die *Landwirtschaft* der wichtigste Teil der attischen Wirtschaft. Nur attische Bürger dürfen in Attika Land besitzen. Noch am Ende des 5. Jh.s haben drei Viertel der Athener Grundbesitz, der stark zersplittert ist. Der größte Teil wird von kleinen und mittleren Bauern und deren Familien, teils mit Hilfe von Sklaven, bearbeitet. Im 5. Jh. werden auch mehrfach attische Bauern in *Kleruchien* (Kolonien, deren Siedler attische Bürger bleiben) angesiedelt. – Die größeren Güter der Adligen, die ökonomisch ganz auf die Landwirtschaft ausgerichtet sind, werden entweder verpachtet oder mit Sklaven bewirtschaftet. Angebaut werden die Grundnahrungsmittel Weizen und Gerste, daneben Gemüse, Öl, Feigen und Wein. Vor allem in bergigen Gegenden gibt es Schaf- und Ziegenzucht, ein Standesmerkmal ist die Pferdezucht. – Wahrscheinlich haben auch Fischfang und Fischkonservierung einige Bedeutung.

Die Organisationsform des *Handwerks* ist, selbst bei der berühmten attischen Keramik, in der Regel der häusliche Kleinbetrieb. Größere Betriebe, in denen Sklaven beschäftigt werden, sind seit der 2. Hälfte des 5. Jh.s bekannt; als Höchstzahl von Beschäftigten in einem Betrieb ist 120 überliefert, doch liegen die normalen Zahlen weit darunter (etwa 10–30). Bezeugt sind Betriebe für Lederverarbeitung (Schilde und Schuhe), Eisenverarbeitung (Messer und Schwerter), Töpferei, eine Lyra-, Flöten-, Lampen- und eine Möbelwerkstatt. Bedürfnisse der Rüstung und der vielen attischen Feste spielen neben solchen des Alltags offensichtlich eine wichtige Rolle für die Entwicklung dieser Betriebe, mit denen u. a. die nichtadligen Demagogen seit dem Peloponnesischen Krieg ihren Wohlstand gewonnen haben. Von Bedeutung sind ferner das Bau- und Zimmerhandwerk (große öffentliche Bauten, Flottenbau).

Der *Handel* gliedert sich in Nah- und Fernhandel. Träger des Nahhandels sind zu einem großen Teil noch die Produzenten selbst; daneben gibt es aber auch einen äußerst differenzierten Berufshandel, der entweder von lokalen Produzenten oder beim Fernhändler kauft. Der Fernhandel wird, soweit er den Export betrifft, teils ebenfalls von den Produzenten, teils von Händlern getragen, die aber neben Athenern und Metoiken auch Fremde sein können. Die Existenz von Kommissions- und Frachtgeschäften ist umstritten. Dagegen gibt es zumindest im 4. Jh. das Seedarlehen, das gleichzeitig eine Art von Versicherung darstellt. – Exportiert werden landwirtschaftliche Produkte (Öl, Wein, Honig), Salzfische, Keramik und andere Handwerksprodukte (z.B. Lampen, Schilde). Wichtiger als der Export ist der Import, da Athen sowohl für die Ernährung als auch für die Flotte auf Einfuhren angewiesen ist. Getreide kommt vor allem aus dem Schwarzmeergebiet und aus Euboia, Schiffsbauholz aus Makedonien. Daneben werden Eisen, Kupfer, Hanf und viele Delikatessen importiert.

Staatliche *Wirtschaftspolitik*, soweit man davon sprechen kann, besteht zum einen darin, die Ernährung der Bevölkerung (d.h. vor allem die Getreidezufuhr) und den Import von Materialien für den Schiffsbau zu sichern; zum anderen ist sie fiskalisch ausgerichtete Zoll- und Ausgabenpolitik.

Hauptpunkte für staatliche Einnahmen und Ausgaben in der perikleischen Zeit

Einnahmen	Ausgaben
A. Regelmäßig: Verpachtung von Staatseigentum Verpachtung von Bergwerken Ein- und Ausfuhrzölle Hafenzölle Markt- und Torsteuern Verkaufssteuern Sklavensteuern Schutzgeld der Metoiken (Metoikion) Gerichts- und Strafgelder, Konfiskationen Tribute	A. Regelmäßig: Diäten für Ratsherren, Richter und Beamte Bauten (z. B. Befestigungen, Parthenon, Propyläen) Feste und Opfer Polizei (Skythen) Spenden an das Volk (z. B. Getreideverteilungen) Unterstützung der Kinder der im Krieg Gefallenen Öffentliche Belohnungen (z. B. Speisung im Prytaneion) Schiffsbau Sold für die Flotte
B. Unregelmäßig: Vermögenssteuer Kontributionen, Beute	B. Unregelmäßig: Kriegskosten
C. Leiturgien	

Einnahmen und Ausgaben

regelmäßig

unregelmäßig

Leiturgien

Die attischen Bürger zahlen keine regelmäßigen direkten Steuern, die nur in Notzeiten erhoben werden. Gewissen Ersatz stellen die Leiturgien dar: Bürger und Metoiken mit festgelegtem Mindestvermögen sind verpflichtet, bestimmte Aufgaben zu finanzieren, z. B. die Choregie (Sorge für Chöre bei Schauspielen) und – als wichtigste – die Trierarchie (Instandhaltung von Kriegsschiffen für ein Jahr).

Einnahmen

Die regelmäßigen attischen *Einnahmen* bei Ausbruch des Peloponnesischen Krieges belaufen sich auf ca. 900–1000 Talente (davon 400–500 Talente Tribute) und werden während des Krieges durch Erhöhung der Tribute verdoppelt. Die jährlichen Ausgaben für die Richter betragen allein 100–150 Talente; der sich über mehrere Jahre hinziehende Bau der Propyläen kostet z. B. 2012 Talente.

Silberwährung

Die attische *Silberwährung* besteht aus vier Einheiten: Talent (= 60 Minen), Mine (= 100 Drachmen), Drachme (= 6 Obolen) und Obole. Der Lohn für einen ungelernten Arbeiter ist mindestens 3 Obolen, für gelernte Arbeiter, zu denen auch z. B. Architekten gehören, 5–6 Obolen. 1 Medimnos Weizen (52,5 l) kostet 3 Drachmen, 1 Metretes Öl (39,4 l) 12–36 Drachmen, 1 Metretes Wein 4 Drachmen, 1 Sklave 1–3 Minen, 1 Ackerpferd 3 Minen.

Gesellschaft

Unter politisch-rechtlichen Gesichtspunkten gliedert sich die attische *Gesellschaft* des 5. Jh.s in Bürger, Metoiken und Sklaven, unter sozialen Gesichtspunkten gibt es weitere Trennungslinien innerhalb der ersten beiden Gruppen. Die erwachsene männliche Bevölkerung Athens am Beginn des Peloponnesischen Krieges wird auf 43000 Bürger, 10000 Metoiken und 80000–120000 Sklaven (Männer und Frauen) geschätzt.

Adel

Der attische *Adel* ist im 5. Jh. durch Landbesitz, Ahnen, Sozialprestige und Bildung gekennzeichnet; einige Priestertümer sind in bestimmten Adelsgeschlechtern erblich. Seit den kleisthenischen Reformen fehlen den Adelsfamilien feste Gefolgschaften. Dennoch üben bis zum Peloponnesischen Krieg fast ausschließlich Adlige politische und militärische Führungsfunktionen (als Demagogen, Strategen) aus. Der Areiopag verliert mit seiner Entmachtung durch Ephialtes und der Bedeutungsminderung des Archontats seinen Charakter als Adelsrat.

Reiche Nichtadlige gewinnen in der Politik seit dem Tod des Perikles Bedeutung. Sie erlangen ihren Reichtum entweder ebenfalls durch Landbesitz oder durch Manufaktur und Handel. Ihnen mangeln zwar Sozialprestige und Ahnen, sie haben aber Zugang zur neuen sophistischen Bildung.

Bauern Handwerker und Tagelöhner

Die Masse der attischen Bevölkerung besteht aus selbstständigen kleinen und mittleren Produzenten im Bereich der Landwirtschaft und des Handwerks; dazu kommen die auf der Flotte dienenden Theten. Die Lage der *Bauern* ist nach der Tyrannis und den kleisthenischen Reformen relativ konsolidiert; zusätzlicher Landbedarf wird durch Kleruchiegründungen gedeckt. Die *Handwerker und Tagelöhner* leben zwar, wenn man die Löhne betrachtet, oft am Rande des Existenzminimums, haben aber in der Regel wohl Arbeit. Klagen über die Konkurrenz von Metoiken und Sklaven sind nicht bekannt. Zusätzliche Verdienstmöglichkeiten bringen die seit Perikles gezahlten Diäten und der Flottendienst.

Metoiken

Die *Metoiken* sind Fremde, die in Athen zeitweise oder auf Dauer wohnen und arbeiten. Sie haben keine politischen Rechte, müssen ein Schutzgeld (Metoikion) zahlen und sich auch an den staatlichen Aufgaben (Leiturgien, Heeres- und Flottendienst) beteiligen. Da Grundbesitz in Attika nur attischen Bürgern erlaubt ist, betätigen sich die Metoiken ausschließlich im Handwerk und im Handel und gewinnen dabei häufig großen Reichtum. Die Ökonomie der Polis ist ohne sie nicht denkbar.

Die *Sklaven*, die wohl überwiegend in der Stadt arbeiten, sind in der Regel rechtlos, doch gibt es Zwischenstufen zwischen Sklaven und Freien. Die konkrete Lage der Sklaven hängt von den jeweiligen Umständen ab. In den meisten handwerklichen Tätigkeiten finden sich Bürger, Metoiken, Sklaven, ohne dass Unterschiede in der Wertung der Arbeit gemacht würden. Wie in der späten römischen Republik haben Sklaven auch die Möglichkeit, in Handwerksbetrieben auf eigene Rechnung zu arbeiten. Viele Sklaven sind als Hausklaven tätig. Über die Situation der Sklaven in der Landwirtschaft ist für Athen nichts bekannt. Äußerst schlecht ist die Lage der Sklaven, die in den Bergwerken von Laureion arbeiten müssen. Sie werden dafür teilweise von Sklavenbesitzern an Unternehmer verpachtet. – Zu Sklavenaufständen kommt es in Athen nie. Eine Gruppe von Sklaven, die 300 skythischen Bogenschützen, wird sogar als Polizeitruppe verwendet.

Die gesellschaftlichen Beziehungen im Athen des 5. Jh.s sind dadurch geprägt, dass die attische Gesellschaft aus Einzelhäusern (Oikoi) besteht, die nicht in – vertikale oder horizontale – soziale Verbände eingebunden sind. Es gibt keine soziale Abhängigkeit (auch deshalb nicht, weil die meisten Athener selbstständige Kleinproduzenten sind. Abhängige Arbeit wird negativ bewertet). Die Integration der Gesellschaft vollzieht sich wesentlich im politischen Bereich. Ihr Medium ist, wie es der Historiker Thukydides (*um 460, †um 400) den Perikles sagen lässt, die Macht und Größe der Stadt und der Stolz auf die Verfassung, durch welche die Macht erreicht worden ist. Die Macht und die Größe der Stadt dienen auch dazu, ökonomische und soziale Interessen der Unterschichten zu absorbieren. In den politischen Auseinandersetzungen der 2. Hälfte des 5. Jh.s fehlen klassenkämpferische Themen.

Das soziale und das politische System stehen deshalb in Athen unvermittelt nebeneinander als in Rom. Der Oikos der Adligen z.B. vermittelt zwar Reichtum, Ahnen und sozialen Ruhm; er ist aber, anders als die Familia der römischen Oberschicht, in keiner Weise bestimmend für die politische Integration. Politischer und sozialer Ruhm sind nicht, wie in Rom, identisch; politische Heiraten oder politische Freundschaften haben keine Funktion, weil politisches Handeln nicht auf dem Vorhandensein fester Abhängigkeitsverhältnisse beruht. Das wirkt sich auch auf die Stellung des Vaters und der Familie überhaupt aus. Es gibt in Athen keine der römischen vergleichbare väterliche Gewalt.

Das *politische System* der attischen Demokratie erfährt, obwohl wichtige Institutionen schon vorher bestehen, seine endgültige Ausbildung durch die Reformen des Ephialtes im Jahre 462/461.

Im Zentrum des politischen Systems steht die *Volksversammlung* (Ekklesia). In ihr haben alle männlichen Bürger Attikas, die das 18. Lebensjahr vollendet haben, Stimmrecht. Die Versammlung ist ungegliedert. Sie wird vorbereitet und einberufen durch den Rat der 500, geleitet durch den Vorsitzenden des Rates, der immer nur für einen Tag amtiert. Bestimmte Termine und Tagesordnungspunkte für Versammlungen sind gesetzlich festgelegt. Grundlage für die Diskussion in der Versammlung ist in der Regel ein Probouleuma (Vorlage) des Rates. Jedes Mitglied der Versammlung kann dazu reden und Anträge einbringen. Bei den Abstimmungen wird jede einzelne Stimme gezählt. – Der Kompetenzbereich der Ekklesia ist schlechthin umfassend: Sie beschließt nicht nur über Gesetze und wählt, soweit es sich nicht

attische Demokratie im 5. Jh.

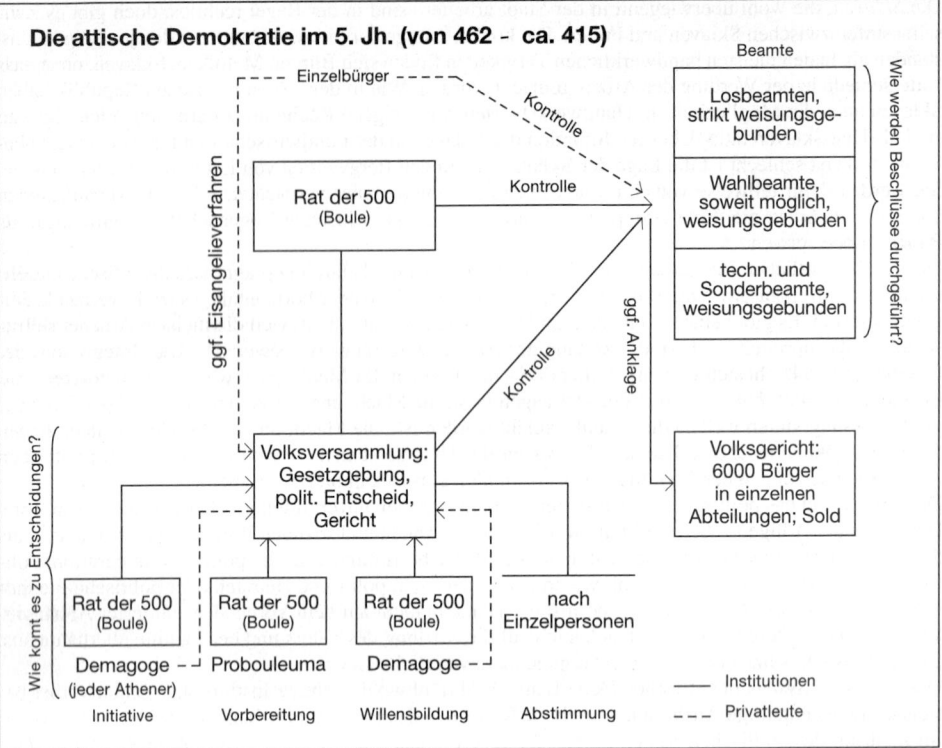

Rat der 500

Volksversammlung Volksgericht

um Losbeamte handelt, die Magistrate, sondern befasst sich auch mit allen laufenden Dingen der Politik und kann Prozesse gegen Beamte an sich ziehen.

Rat der 500
Der *Rat der 500* (Boule) setzt sich aus je 50 besoldeten Vertretern der 10 attischen Phylen zusammen. Für je einen Monat bilden die Ratsmitglieder einer Phyle als Prytanie einen geschäftsführenden Ausschuss; von den Prytanen hat jeweils einer für 24 Stunden den Vorsitz und leitet dann auch in diese Zeit fallende Volksversammlungen. – Der Rat bereitet die Beschlüsse der Volksversammlung vor und führt sie aus. Die Vorbereitung geschieht in der Regel durch ein Probouleuma, das aber von der Volksversammlung abgeändert werden kann; die Ekklesia kann dem Rat auch Probouleumata vorschreiben. Ausgeführt werden die Beschlüsse der Ekklesia in Zusammenarbeit mit den Behörden, die der Rat überwacht. Besondere Zuständigkeiten des Rates sind der Kult, die auswärtigen Angelegenheiten und die Finanzen, aber auch in diesen Bereichen besitzt er keine eigene Entscheidungskompetenz.

Behörden
Die attischen *Behörden* sind in der Regel gegenüber der Volksversammlung und dem Rat strikt weisungsgebunden und rechenschaftspflichtig. Sie haben eng umgrenzte, bis ins Einzelne genau festgelegte Tätigkeitsbereiche und sind nicht mit einer Regierung im modernen Sinne vergleichbar. Die Rekrutierung geschieht in den meisten Fällen aus allen Athenern (jedes Zivilamt darf aber nur einmal im Leben bekleidet werden) durch Los. Wahrscheinlich werden alle Inhaber von Losämtern besoldet. Wahlämter sind nur die Strategie und einige hohe Finanzämter. Die Amtszeit beträgt ein Jahr. Die meisten Behörden setzen sich – entsprechend der Zehnzahl der Phylen – aus Kollegien von je 10 Beamten zusammen. Eine Hierarchie innerhalb der Ämter gibt es nicht. – Die alten Archonten haben in der Demokratie keine politische Bedeutung mehr. Der eponyme Archon behält Funktionen im Familienrecht, der Basileus wie auch der Polemarchos im Kult, während die Thesmotheten als Justizbehörde fungieren, die bestimmte Klagen annimmt, Verfahren vor dem Volksgericht in Gang bringt und leitet. – Den größten Bewegungsspielraum

Strategie
unter den Ämtern hat, der Natur der Sache entsprechend, die *Strategie*, für deren Bekleidung Grundbesitz in Attika Voraussetzung ist. Auf sie als einziges bedeutendes Wahlamt richtet sich deshalb besonders der Ehrgeiz der Adligen. Auch die Strategie fällt aber, was Weisungsgebundenheit und Rechenschaftspflicht angeht, nicht aus den allgemeinen Bedingungen für die Ämter heraus; bei ihr ist jedoch Wiederwahl unbegrenzt möglich.

Volksgericht
Für das *Volksgericht* (Heliaia) werden jährlich aus attischen Bürgern, die das 30. Lebensjahr überschritten haben und sich freiwillig melden, 6000 Geschworene ausgelost. Es ist in mehrere Abteilungen (Dikasterien) untergliedert, deren Größe (z. B. 501, 1001, 1501) von der Bedeutung der zu verhandelnden Fälle abhängt. Abgesehen davon, dass Bagatellfälle von Beamten und Demenrichtern abgeurteilt werden

Die Blütezeit der Polis   Zwischen den Perserkriegen und dem Peloponnesischen Krieg

können und die Blutgerichtsbarkeit dem Areiopag vorbehalten ist, ist die Zuständigkeit des Volksgerichts allgemein. Da Athen bei bestimmten Straftaten und Strafarten auch Gerichtsstand für die Bündner ist, fallen sehr viele Prozesse an und tagen die Abteilungen des Volksgerichts fast in Permanenz. Gegen Urteile des Volksgerichts gibt es keine Berufung.

Der *Areiopag*, zusammengesetzt aus gewesenen Archonten, verliert durch die Reformen des Ephialtes seine politischen und – bis auf die Blutgerichtsbarkeit – richterlichen Funktionen. Er bleibt aber ein angesehenes Gremium, das in Krisensituationen auch politische Initiativen ergreifen kann. *Areiopag*

Im attischen politischen System ist die *Volksversammlung* tatsächlich souverän, und zwar nicht nur im Sinne eines Gesetzgebers: Die Volksversammlung herrscht unmittelbar, alle nicht strikt routinemäßigen politischen Angelegenheiten müssen von ihr entschieden werden. Die Beamten, die dauernder Kontrolle der Öffentlichkeit ausgesetzt sind (Eisangelie-Klage), sind ausführende Organe, der Rat ist in jedem Konfliktfall der Volksversammlung unterlegen und außerdem so konstruiert (jährlich wechselnde Mitglieder, monatlich wechselnde Prytanie, täglich wechselnder Vorsitz), dass sich dort keine dauernde Macht bilden kann. Die Volksversammlung ist in ihren Entscheidungen auch nicht durch eine Verfassung begrenzt: Eine Verfassungsklage (die grafe paranomon) gibt es frühestens seit um 415. Die attische Demokratie lebt aus dem – vom Komödiendichter Aristophanes karikierten – Bewusstsein, dass die Volksversammlung alles machen kann. Das Prinzip der Demokratie ist konsequent durchgesetzt. Zwei Erscheinungen weisen auf Defizienzen dieses radikal-demokratischen Systems hin. Zunächst: Eine institutionalisierte Position für die politische Initiative fehlt. Es gibt keine Regierung, keine Parteien. Die Funktion der politischen Initiative übernehmen die *Demagogen*. Sie sind diejenigen, die in der Volksversammlung reden und Anträge stellen. Ihre Stellung beruht auf persönlicher Einsicht und Redekunst. Sie sind kein institutionelles, wohl aber ein strukturelles Element der attischen Demokratie, weil ohne sie diese Demokratie nicht funktionieren kann. Bis zum Peloponnesischen Krieg nehmen häufig adlige Strategen (der berühmteste von ihnen ist Perikles) die Funktion des Demagogen wahr. Obwohl die Stellung eines Strategen Vorteile für die Demagogie bietet, sind beide Erscheinungen nicht grundsätzlich miteinander verbunden. Die Strategie ist kein Regierungsersatz. *Volksversammlung*

Demagogen

Auf der Ebene der Rechtsprechung bilden das Gegenstück zu den Demagogen die *Sykophanten*. Der Bereich des öffentlichen Interesses ist in der attischen Demokratie außerordentlich weit gefasst und umschließt z. B. Kult und Religion, Familien- und Erbschaftsangelegenheiten, Finanzen (vor allem im Hinblick auf Leiturgien). Andererseits gibt es keine staatliche Strafverfolgungsbehörde. Diese Lücke füllen die Sykophanten aus. Sie erheben aus privater Initiative Anklage gegen solche, die nach ihrer Meinung das öffentliche Interesse schädigen. Ihr Wirken führt zu einem hohen Grad von Rechtsunsicherheit, weil einerseits die juristischen Regelungen oft unklar sind, andererseits die Entscheidungen des Volksgerichts nicht nach juristischen Maßstäben erfolgen. *Sykophanten*

Demagogie und Sykophantie machen die Grenzen der attischen Demokratie deutlich. Der Historiker Thukydides charakterisiert die perikleische Zeit als „Herrschaft des ersten Mannes".

Demokratische Beteiligung vieler setzt ein Mindestmaß an *Bildung* voraus. In Athen wie auch in anderen Städten Griechenlands gibt es zwar keine öffentlichen, aber relativ billige private Schulen; wahrscheinlich können die meisten Athener lesen und schreiben. *Bildung*

Für politische Führerschaft (d. h. für die Demagogie) in der klassischen attischen Demokratie bietet eine neue Form der Ausbildung die *Sophistik*. Während in der nichtsophistischen griechischen Philosophie die Probleme des Urgrunds alles Seienden und des Werdens weiter verfolgt werden (Empedokles aus Akragas, * ca. 483/482, †ca. 423; Anaxagoras aus Klazomenai, * ca. 500, †428; Demokritos aus Abdera, wirkt in der 2. Hälfte des 5. Jh.s) und die Eleaten (Parmenides, 1. Hälfte des 5. Jh.s; Zenon, wirkt um die Mitte des 5. Jh.s) eine scharfe Trennung zwischen Sein und Schein behaupten, reflektieren die Sophisten Probleme des Zusammenlebens in der Polis radikal vom Menschen her (Protagoras: „Der Mensch ist das Maß aller Dinge"). Sie gehen von den Erscheinungen der Dinge aus, betonen die Relativität menschlicher Erkenntnis und kommen zu ganz unterschiedlichen praktischen Konsequenzen. Die meisten Sophisten, zu denen u. a. Protagoras (aus Abdera, * ca. 485, †ca. 415), Gorgias (aus Leontinoi, * ca. 480, †nach 400), Antiphon (aus Athen, * ca. 480, †411) und Kritias (aus Athen, †404/403) gehören, sind Wanderlehrer, die um teuren Preis jungen Adligen und reichen Nichtadligen Unterricht in Rhetorik und „Politik" erteilen und damit auf die sich aus dem Handeln mit der Volksversammlung ergebenden Bedürfnisse antworten. Athen wird zu einem Zentrum sophistischer Tätigkeit, obwohl die Entstehung der Sophistik nicht auf Athen beschränkt ist. In Athen werden dann auch durch Sokrates und Platon die philosophischen Gegenpositionen gegen die Sophistik geschaffen. *Sophistik*

Wie die Sophistik ist auch die Geschichtsschreibung des *Thukydides* (* ca. 460, †ca. 400) wesentlich durch die Geschichte der Polis und vor allem Athens bedingt. Die griechische Geschichtsschreibung beginnt mit den „Genealogien" des Hekataios aus Milet (* um 560/550, †nach 494). *Herodot* aus Halikarnassos (* vor 480, †nach 430), der „Vater der Historie", stellt in seinen „Historiai" die Auseinandersetzung zwischen Griechen und Persern dar. Während er die Wirklichkeit als außerordentlich vielfältige beschreibt – sein Werk bietet z. B. eine Fülle von kultur- und religionshistorischen Mitteilungen – konzipiert *Thukydides*

Herodot

Thukydides in seinen „Historiai" über den Peloponnesischen Krieg Geschichte wesentlich als politische Geschichte: Leitender Gesichtspunkt ist die Macht der Polis und der Kampf um die Macht zwischen den Poleis.

Die griechische Tragödie und Komödie des 5. Jh.s sind genuine Schöpfungen Athens. Sie sind von ihrem Ursprung her eng mit dem Kult verknüpft. *Tragödien* werden jeweils an den Großen Dionysien aufgeführt, wobei mehrere Dichter um den 1. Preis kämpfen. Im Medium der Heroenwelt, der in der Regel der Stoff der Tragödien entstammt, werden von den großen Tragikern für die neue Polis typische Spannungen und Konflikte dargestellt. Aischylos (aus Eleusis, * 525/524, †456/455; erhaltene Werke: „Perser", „Sieben gegen Theben", „Hiketiden", „Orestie", „Prometheus") und Sophokles (aus Kolonos in Attika, * 497, †406/405; erhaltene Werke: „Trachinierinnen", „Aias", „Antigone", „Oidipus Tyrannos", „Elektra", „Oidipus Kolonos") betonen die notwendige Verstrickung des Menschen in Schuld, halten aber am Sinn der göttlichen Weltordnung fest. Euripides (aus Phyle in Attika, *485/480, †406; 18 Werke erhalten, darunter „Medea", „Hippolytos", „Hekabe", „Elektra", „Iphigeneia in Aulis", „Bakchen") stellt in seinen Charakteren der Freiheit und Verantwortung des Menschen in den Vordergrund.

Komödien werden ebenfalls an den Großen Dionysien und an den Lenaien aufgeführt. Hauptvertreter der sog. Alten Komödie ist Aristophanes (aus Athen, *um 445; †nach 388), von dem elf Stücke erhalten sind. Sie behandeln unmittelbar politische Probleme vor allem der Zeit des Peloponnesischen Krieges. Aristophanes setzt sich für den Frieden ein („Acharner", „Eirene", „Lysistrate") und geißelt Erscheinungen der attischen Demokratie wie die Demagogen („Ritter"), das Gerichtswesen („Wespen"), die sophistische Bildung („Wolken").

Die Stadt Athen wird im 5. Jh. um prachtvolle *Bauten* bereichert, die ihren Höhepunkt in der von Perikles initiierten Neugestaltung der Akropolis finden. Dafür werden auch die Tribute der Bündner herangezogen. Das Parthenon wird 447–438 von den Baumeistern Iktinos und Kallikrates erbaut. Das Kultbild der Athena Parthenos stammt von Pheidias, der auch zusammen mit unter seinem Einfluss stehenden Werkstätten den Bildschmuck des Tempels (Giebel, Metopen) gestaltet. 437–432 entstehen die Propyläen (Baumeister Mnesikles), das Erechtheion wird 408, der Niketempel 406 vollendet. Ein Odeion (Gebäude für musikalische Aufführungen) lässt Perikles 445 am Südabhang der Akropolis errichten. – Die Agora (Markt) erhält im 5. Jh. Bauten für das Volksgericht (Heliaia) und den Rat (Bouleuterion und Tholos) und wird durch Säulenhallen und einen Arestempel ausgeschmückt. Weitere wichtige Bauten in Attika um die Mitte des 5. Jh.s sind der Poseidontempel in Sunion und das Telesterion (Mysterientempel) in Eleusis.

Die Tempelbauten Athens und die vielen Götterfeste, die in der Stadt gefeiert werden, sind nicht primär Ausdruck von Religiosität (die Äußerlichkeit der Feste wird schon von Zeitgenossen kritisiert), sondern Ausdruck der Macht Athens und dienen der gesellschaftlichen Integration der Athener. Die Bedeutung der *Religion* für das klassische Athen ist schwer zu würdigen. Einerseits werden in der Tradition der ionischen Naturphilosophie viele Erscheinungen, die vorher auf das Einwirken der Götter zurückgeführt wurden, jetzt „naturwissenschaftlich" erklärt; die Sophisten leugnen die Existenz der Götter oder zumindest ihren Einfluss auf das menschliche Leben. Dem entspricht das Bewusstsein der attischen Demokratie, alles „machen" zu können. Andererseits begegnet bei Aischylos und Sophokles der Glaube an eine göttliche Weltordnung und finden seit den dreißiger Jahren des 5. Jh.s Asebieprozesse (wegen „Gottesfrevel") statt, die in dem Prozess gegen Sokrates (399) gipfeln. Wahrscheinlich ist die Religiosität im klassischen Athen nicht primär durch die olympischen Götter, sondern durch kleinere und fremde Götter, durch Heroen und vor allem durch abergläubische religiöse Elemente bestimmt. Seher und Wahrsager haben großen Einfluss. Im Asebieprozess gegen den Philosophen Anaxagoras z.B. geht es um die Himmelserscheinungen, durch deren naturwissenschaftliche Erklärung den Sehern und Wahrsagern eine Grundlage für ihr Tun entzogen wird.

Der Peloponnesische Krieg (431–404)

In Epidamnos (heute: Durrës/Durazzo an der Adria), einer Kolonie Korkyras (heute: Korfu), brechen Streitigkeiten zwischen Demokraten und Oligarchen aus.

435 *Korinth*, das sich vom Demos in Epidamnos in die *Auseinandersetzungen* hineinziehen lässt, sendet eine Flotte, die von Korkyra bei Leukimne (Kap im Südosten Korfus) geschlagen wird. Korkyra gewinnt die Kontrolle in Epidamnos, Korinth bereitet eine neue Flottenexpedition vor.

433 Dagegen schließen Korkyra und Athen ein Defensivbündnis (Epimachie). Athen schickt ein kleines Flottenkontingent.

Aug./Sept.	Als die Korinther eine Flotte gegen Korkyra aussenden, kommt es bei den Sybota-Inseln (zwischen dem Süden Korfus und dem Festland) zur Schlacht, die ungünstig für die Korkyraier und Athener verläuft. Wegen der Ankunft einer weiteren kleinen attischen Hilfsflotte ziehen die Korinther jedoch ab.	
433/432	Athen erneuert Verträge mit den Städten Leontinoi (Sizilien) und Rhegion (Reggio di Calabria). Die attische Volksversammlung beschließt das „megarische Psephisma" (Ausschluss Megaras von allen Häfen der attischen Arche) und provoziert damit den Peloponnesischen Bund.	*Athen*
	Der Makedonenkönig Perdikkas II. wirkt auf der Halbinsel Chalkidike gegen Athen und sucht dabei auch mit der korinthischen Kolonie Poteidaia, die gleichzeitig zum Seebund gehört, zusammenzuarbeiten.	
432 Frühjahr	Athen stellt ultimative Forderungen an Poteidaia, das aus dem Bund austritt. Korinth schickt Hilfstruppen, Athen verstärkt schon vorher gegen Perdikkas gesandte Einheiten und schließt Poteidaia ein.	
Sommer	Auf einem Treffen der Peloponnesischen Liga drängen Korinth, Megara und Aigina auf Krieg gegen Athen, das den Frieden von 446/445 gebrochen habe. Obwohl der spartanische König Archidamos warnt, wird kurz darauf der Krieg beschlossen.	
431–421	Der *Archidamische Krieg*:	*Archidamischer Krieg*
	Der *Kriegsplan des Perikles* geht von der Überlegenheit der attischen Flotte aus: Attika soll nicht verteidigt, die Bevölkerung in Athen und zwischen den langen Mauern zusammengezogen werden; zugleich soll die attische Flotte die peloponnesische Küste angreifen und den Feind zermürben. Athen ist durch sein umfangreiches Bündnissystem, das zu Beginn des Krieges noch ausgebaut wird, geschützt; finanzielle Ressourcen für einen längeren Krieg sind vorhanden; die Ernährung der Bevölkerung ist durch Einfuhren gesichert.	*Kriegsplan des Perikles*
431 Frühjahr	Überfall der Thebaner auf Plataiai (südlich von Theben). Die Thebaner werden gefangengenommen und hingerichtet – eine Grausamkeit, die als Kriegsfanal wirkt. Erster *Einfall* des spartanischen Königs Archidamos II. in Attika; Perikles kann das Volk nur mühsam zum Durchhalten des Kriegsplanes bewegen. Attische Flottenexpedition um die Peloponnes und Gewinnung von Kephallenia. Die Bewohner von Aigina werden vertrieben und dort attische Bauern angesiedelt. Bündnis mit dem Odrysenkönig Sitalkes; auch der Makedonenkönig Perdikkas tritt wieder auf Athens Seite.	*Attika-Einfälle*
430	Zweiter Einfall in Attika. In Athen bricht die Pest aus, die zu hohen Bevölkerungsverlusten führt. Die attische Flotte unter Perikles verheert peloponnesische Küstengebiete. Sitalkes nimmt spartanische Gesandte gefangen, die mit den Persern verhandeln wollen, und schickt sie nach Athen, wo sie hingerichtet werden. – Das attische Volk entlädt die Unzufriedenheit mit der defensiven Kriegsführung auf *Perikles*, der abgesetzt und wegen Unterschlagung zu einer hohen Geldbuße verurteilt, 429 jedoch wieder zum Strategen gewählt wird.	*Absetzung des Perikles*
429	Poteidaia, das seit 432 belagert worden ist, kapituliert auf freien Abzug der Bevölkerung und der Truppen und wird mit Athenern besiedelt. Archidamos fällt wegen der Pest nicht in Attika ein, sondern beginnt die Belagerung von Plataiai. Die attische Flotte unter Phormio besiegt die Korinther und Sikyonier bei Naupaktos. – *Perikles stirbt* an der Pest.	*Perikles stirbt*
	In der Folge wird deutlich, dass das Funktionieren der attischen Demokratie unter Perikles eine durch die überragende Einsicht und Redekunst dieses Mannes bedingte Ausnahme gewesen ist. Die dem politischen System inhärenten Möglichkeiten dauernder Auseinandersetzungen zwischen Demagogen und mangelnder Kontinuität der Politik werden nach Perikles' Tod Wirklichkeit. Einflussreichster Demagoge ist zunächst der Gerber Kleon, der erste bedeutende Nichtadlige unter den Demagogen.	
428	Dritter *Einfall in Attika*. Mytilene fällt vom Bund ab und wird trotz spartanischer Angriffe auf Athen von diesem belagert.	*erneute Einfälle in Attika*
427	Vierter Einfall in Attika. Mytilene muss kapitulieren, eine spartanische Hilfsflotte trifft nicht ein. Die oligarchischen Initiatoren des Abfalls werden hingerichtet, attische Kleruchen in Lesbos angesiedelt. – Sparta nimmt Plataiai, dessen Einwohner getötet werden. – Athen erhebt eine einmalige Vermögenssteuer (Eisphora), die etwa 200 Talente einbringt. – Der sophistische Rhetor Gorgias von Leontinoi, dessen Rede in Athen großen Eindruck macht, bittet um Hilfe in einem Krieg gegen Syrakus. Eine kleine attische Flotte unter Laches segelt nach Sizilien ab. – In Korkyra bricht ein grausamer Bürgerkrieg aus, in den Athen und Sparta einzugreifen versuchen.	
426	*Attischer Flottenkrieg* unter Demosthenes gegen Leukas, die Aitoler und Ambrakia. Sparta gründet in Trachis (westlich des Golfes von Malia) die Kolonie Herakleia.	*Attischer Flottenkrieg*
425	Fünfter Einfall in Attika. Eine 2. attische Flotte, bei der sich auch Demosthenes befindet, bricht nach Sizilien auf und landet unterwegs in Pylos vor der Küste Messeniens. Pylos	

wird befestigt, Demosthenes bleibt mit fünf Schiffen dort. Die Spartaner senden eine Flotte und besetzen die südlich von Pylos gelegene Insel Sphakteria. Die zurückgerufene attische Flotte besiegt die peloponnesische, die Hopliten auf Sphakteria werden eingeschlossen. Gegen Übergabe der peloponnesischen Flotte (als Pfand) wird ein *Waffenstillstand* geschlossen. Spartas Friedensangebot lehnen die Athener auf Drängen Kleons ab. Kleon selbst (der Stratege Nikias stellt seinen Posten zur Verfügung) kann mit Demosthenes Sphakteria erobern und die meisten Hopliten (292) lebend gefangennehmen. Sie werden als Geiseln gegen weitere peloponnesische Invasionen in Athen festgehalten. – Die Tribute im Seebund werden entscheidend erhöht (insgesamt auf 1460 Talente).

Waffenstillstand

424 Erfolglose attische Flottenexpedition ins Schwarze Meer. Einnahme von Kythera und Plätzen der peloponnesischen Küste. Ein Angriff auf Boiotien endet mit einer schweren Niederlage der Athener bei Deleion. Die sizilischen Städte schließen einen Waffenstillstand, die attische Flotte kehrt zurück. – Der Krieg nimmt eine überraschende Wende, als der Spartaner *Brasidas* durch Mittelgriechenland zur Chalkidike zieht, dort die Freiheit der Städte verkündet, Akanthos, Stageiros sowie das für Athen auch ökonomisch besonders wichtige Amphipolis nehmen kann. Der Historiker Thukydides kann als Stratege die Stadt nicht entsetzen, wird verbannt und sammelt in der Verbannung das Material für sein Geschichtswerk.

Brasidas

423 Trotz weiterer Erfolge des Brasidas wird ein einjähriger Waffenstillstand geschlossen. Als Frühjahr Brasidas zwei Tage danach Skione einnimmt, geht die Kampftätigkeit im Norden weiter.

422 Kleon und Nikias als Strategen auf der Chalkidike. Kleon kann Städte zurückgewinnen, fällt jedoch in einer Schlacht gegen Brasidas, der ebenfalls seinen Verwundungen erliegt. Jetzt setzt sich in Sparta und Athen die Friedensbereitschaft durch.

Friede des Nikias

421 Friedensschluss auf 50 Jahre *(Friede des Nikias)*: Die eroberten Plätze werden herausgegeben, die Gefangenen ausgetauscht; Streitigkeiten sollen durch ein Schiedsgericht geregelt werden. Wichtige Staaten der Peloponnesischen Liga wie Korinth und Megara treten dem Frieden nicht bei, was Sparta in eine prekäre Lage bringt.

In der Folgezeit wird die Diskontinuität der attischen Politik für die Stadt immer verhängnisvoller. Die Volksversammlung lässt sich von Demagogen (Alkibiades, Hyperbolos, Kleophon) immer wieder zu unbedachten außen- und innenpolitischen Aktionen hinreißen, die aber charakteristisch für das „normale" Funktionieren der attischen Demokratie sind.

Bündnis zwischen Sparta u. Athen
Alkibiades

421/420 *Defensivbündnis zwischen Sparta und Athen*; gleichzeitig Bündnis zwischen Korinth, Argos, Elis, Mantineia und den Städten der Chalkidike.

419 *Alkibiades* (*um 450, †404) vermittelt ein 100-jähriges Bündnis Athens mit Argos, Elis und Mantineia.

418 Nach einem Angriff von Argos auf Epidauros, das von Sparta unterstützt wird, siegt Sparta (mit Korinth und Boiotien) unter Agis in der Schlacht bei Mantineia über die neue Koalition und schließt nach einem oligarchischen Umsturz in Argos mit diesem einen fünfzigjährigen, mit Mantineia einen dreißigjährigen Frieden. Damit ist Spartas Stellung auf der Peloponnes wiederhergestellt.

417 Der Demagoge Hyperbolos versucht, Alkibiades ostrakisieren zu lassen; dieser verbindet sich jedoch mit Nikias, sodass der Ostrakismos (der letzte überhaupt) Hyperbolos selber trifft.

416 Erneute Annäherung zwischen Athen und Argos. Athen greift das neutrale Melos an, nimmt es nach einer Blockade. Alle Männer werden niedergemacht, Frauen und Kinder versklavt, auf der Insel attische Kleruchen angesiedelt.

sizilische Expedition Athens

415–413 *Sizilische Expedition Athens*. Auf Hilferuf des mit Athen verbundenen Segesta, das mit dem von Syrakus unterstützten Selinunt im Kampf liegt, und der durch Syrakus vertriebenen Einwohner von Leontinoi beschließt Athen, unter Nikias (der selbst gegen das Unternehmen ist), Alkibiades und Lamachos eine große Flotte und Hopliten nach Sizilien zu senden, wobei wohl die Hoffnung auf die Eroberung der Insel die entscheidende Rolle spielt. Obwohl Alkibiades kurz vor der Abfahrt der Teilnahme an Religionsfreveln (Verstümmelung der Hermes-Säulen, Befleckung der Eleusinischen Mysterien) verdächtigt wird, kann er mit der Flotte lossegeln, wird aber kurz nach der Ankunft in Sizilien zurückberufen; er flieht, von den Athenern in Abwesenheit zum Tode verurteilt, nach Sparta, um dort gegen seine Heimatstadt zu wirken. In Athen finden unter dem Einfluss religiöser Erregung viele Prozesse statt.

414 Die Athener besetzen die Hochfläche Epipolai nordwestlich von Syrakus, die Flotte ankert im großen Hafen. Sparta schickt auf Rat des Alkibiades den Offizier Gylippos zur Hilfe, der die drohende Blockade der Stadt abwendet. Auch Korinth sendet eine Hilfsflotte.

	413	Auf Bitten des Nikias treffen attische Hilfskontingente unter Eurymedon und Demosthenes in Sizilien ein. Ein sofortiger Angriff auf Syrakus scheitert.
27. Aug.		Als Demosthenes jetzt auf Abzug der Athener besteht und Nikias endlich nachgibt, wird wegen einer Sonnenfinsternis der Abzug um einen Monat verschoben. Die Syrakusaner sperren die Ausfahrt aus dem Hafen, die Athener müssen die Flotte aufgeben, sich über Land zurückziehen und werden dabei von den *Syrakusanern* überwunden. Die Gefangenen werden in die Steinbrüche geworfen, Nikias und Demosthenes hingerichtet.

sizilische Katastrophe

413–404 *Dekeleischer Krieg*:

413 Auf Rat des Alkibiades besetzen die Spartaner Dekeleia in Attika, um so die attischen Bauern dauernd zu bedrängen. Die Schwächung der attischen Seemacht durch die sizilische Katastrophe, Verhandlungen zwischen Persien und Sparta und die Entsendung einer peloponnesischen Flotte in die Ägäis lösen den Abfall verschiedener Städte (u. a. Chios und Milet) vom Seebund aus.

Dekeleischer Krieg

412 Athen kann mit einer neuen Flotte zwar Erfolge in der Ägäis erringen, doch geht auch die Abfallbewegung weiter. Nach einem demokratischen Umsturz erhält Samos Autonomie und wird der wichtigste Flottenstützpunkt der Athener in der Ägäis. – Unter dem Druck der außenpolitischen Verhältnisse werden in Athen zehn Probouloi gewählt, die die Beschlüsse des Rates und der Volksversammlung vorbereiten sollen. Von Alkibiades, der sich beim persischen Satrapen Tissaphernes befindet, initiierte Verhandlungen zwischen attischen Oligarchen und Persien über ein Bündnis schlagen fehl.

411 *Bündnis* zwischen der Peloponnesischen Liga und Persien. Die kleinasiatischen Griechen werden Persien preisgegeben, die Liga soll Hilfe gegen Athen erhalten.
In Athen *oligarchischer Umsturz*: Volksversammlung und Boule werden aufgelöst, alle Diäten aufgehoben. Die Vollbürgerschaft wird auf 5000 Athener beschränkt, die Herrschaft geht auf einen Rat der Vierhundert über, der ein Willkürregiment ausübt. Friedensbemühungen der Oligarchen scheitern. Die Flotte in Samos erklärt sich für die Demokratie und wählt Thrasybulos und Thrasyllos, später auch Alkibiades als neue Strategen. Als bei Eretria eine attische durch eine peloponnesische Flotte geschlagen wird, werden die Vierhundert entmachtet. Unter Führung des Theramenes wird eine gemäßigte Verfassung der 5000 geschaffen.

Bündnis mit Persien oligarchischer Umsturz

410 Vernichtende Niederlage der peloponnesischen Flotte gegen die Athener unter Alkibiades bei Kyzikos (Südufer des Marmara-Meeres). Ein Friedensangebot Spartas lehnt *Athen* auf Betreiben des Demagogen Kleophon ab. Die volle Demokratie wird wieder hergestellt, neben den Diäten eine Zahlung von zwei Obolen täglich an arme Bürger eingeführt.

wechselvolle Kämpfe

409 Sparta gewinnt Pylos, Alkibiades Byzanz und Chalkedon zurück.

408 *Alkibiades* kehrt nach Athen zurück und wird zum Strategen mit unumschränkten Vollmachten gewählt. Der spartanische Nauarch (Flottenkommandant) *Lysander* nimmt mit Kyros, dem Bruder des Perserkönigs Dareios II., Verbindung auf und erhält finanzielle Unterstützung.

Alkibiades Lysander

407 Lysander schlägt bei Notion (südlich von Kolophon) einen Teil der attischen Flotte, verweigert aber Alkibiades die Schlacht. Dieser wird abgesetzt. Kallikratidas, der Nachfolger Lysanders, schließt die attische Flotte unter Konon in Mytilene ein. Athen baut mit Hilfe des Königs Archelaos von Makedonien eine neue Flotte.

406 Verlustreicher Seesieg der Athener bei den Arginusen-Inseln (südöstlich von Lesbos) über die Peloponnesier; Kallikratidas fällt. Die attischen Strategen werden vor der Volksversammlung angeklagt, weil sie wegen eines Sturmes die Schiffbrüchigen nicht gerettet haben, und gegen den Einspruch des Prytanen Sokrates zum Tode verurteilt und hingerichtet.

405 Lysander besetzt mit der peloponnesischen Flotte Lampsakos (an den Dardanellen) und sperrt so die für Athen lebenswichtigen Meerengen. Die *attische Flotte* bezieht eine ungünstige Stellung bei Aigospotamoi (gegenüber Lampsakos) und wird bei einem Überraschungsangriff Lysanders völlig aufgerieben. Alle attischen Gefangenen werden getötet. Ende der attischen Arche; nur Samos hält noch zu Athen.

Untergang der attischen Flotte

405–404 Athen wird zu Lande durch die spartanischen Könige Agis II. und Pausanias, zu Wasser durch Lysander eingeschlossen. Der Demagoge Kleophon wird wegen Verletzung militärischer Pflichten angeklagt und verurteilt.

404 Nach Verhandlungen des Theramenes mit Lysander in Sparta kommt es zum *Frieden*: die Langen Mauern und die Peiraieus-Mauern müssen geschleift, die Flotte bis auf zwölf Schiffe übergeben werden. Alle attischen Besitzungen sind aufzugeben, Athen muss ein Bündnis mit Sparta schließen.

Friede

Der Niedergang der Poliswelt (404–338)

Peloponnesischer Krieg

Die beiden großen hegemonialen Bünde Spartas und Athens geben Griechenland während der Pentekontaëtie (Zeitraum zwischen 480 und 431) trotz mancher Konflikte im Innern und wachsender gegenseitiger Spannung eine gewisse Stabilität. Im *Peloponnesischen Krieg* schwächen sie einander so sehr, dass zuletzt die Entscheidung Persien zufällt, das mit seinem Geld Sparta zum Sieg verhilft. Damit sind die politischen Rahmenbedingungen für die folgende Epoche gegeben: Eine dauerhafte Machtbildung kommt in Griechenland nicht mehr zu Stande. Sie wäre für Persien auch gar nicht wünschenswert, das mit inneren Schwierigkeiten zu kämpfen hat (Selbstständigkeitsbestrebungen der Satrapen; Abfall Ägyptens) und daher durch wechselnde Subsidienzahlungen für ein rivalisierendes Gleichgewicht der griechischen Staaten sorgt. So führt der griechische Partikularismus mit seiner Vielzahl von Staaten, die eifersüchtig über ihre Autonomie wachen und deren Interessen immer wieder aufeinanderprallen, zu einer fast ununterbrochenen Kette kleinerer und größerer militärischer Konflikte mit stets sich ändernden Koalitionen.

Hegemonialbildungen

Übergreifende *Hegemonialbildungen* lösen sich rasch ab; die Bemühungen Spartas, des 2. Attischen Seebundes oder Thebens erleiden jeweils nach einem Jahrzehnt entscheidende Rückschläge. Selbst landschaftlich begrenzte Bünde wie der Peloponnesische, Boiotische und Thessalische haben beständig mit zentrifugalen Tendenzen zu kämpfen. Die Stammesbünde (Koiná) der Achaier, Aitoler und Arkader gelangen noch nicht zu größerer Bedeutung. Allerdings fördern die schwerwiegenden Folgen der dauernden militärischen Anspannung den panhellenischen Gedanken und wecken den Wunsch nach einer gemein-griechischen Friedensordnung (Koinè eiréne). Doch die Friedensverträge sind kurzlebig und werden von außen (Persien, später Makedonien) mitbestimmt. Ein panhellenischer Perserfeldzug bleibt Wunschdenken (Isokrates). Spielt in der 1. Hälfte des 4. Jh.s immer wieder Persien in die griechischen Verhältnisse hinein, so sehen sich die griechischen Staaten seit dem Regierungsantritt Philipps II. (359) mehr und mehr gezwungen, ihre Politik an Makedonien auszurichten. Philipp nützt ihre Zersplitterung aus, und nach dem Sieg von Chaironeia 338 erzwingt er als Hegemon des Korinthischen Bundes zwar die äußere Einheit Griechenlands, doch ist damit auch die außenpolitische Autonomie der einzelnen Poleis beendet.

politische Zersplitterung

Die *politische Zersplitterung* bleibt nicht ohne Einfluss auf die wirtschaftlichen und sozialen Verhältnisse. Die Landwirtschaft bekommt die Folgen der vielen Kriegszüge und der damit verbundenen Verwüstung des flachen Landes besonders zu spüren, während Handel und Gewerbe weniger beeinträchtigt werden, zum Teil auch am Krieg verdienen. Die Lage der einzelnen Poleis unterscheidet sich daher je nach ihrer wirtschaftlichen Struktur. Athen erholt sich überraschend schnell von den Schäden des Peloponnesischen Krieges und behält seine Stellung als wichtigster Umschlagplatz. Das Bankwesen blüht auf, Handwerksbetriebe entwickeln sich zu großen Manufakturen, sie und der Bergbau beschäftigen zahlreiche Sklaven. In anderen Handelsstädten (Megara, Korinth, Sikyon, Argos) findet eine ähnliche Entwicklung statt. Es entsteht eine reiche Kaufmannsschicht, gegenüber der der alte grundbesitzende Adel an politischem Gewicht verliert und oftmals verarmt. Doch bleibt die Kluft zu den Unterschichten, woraus soziale Spannungen erwachsen. Kolonisation als Mittel gegen Überbevölkerung und Verproletarisierung ist nicht mehr möglich; stattdessen bildet sich ein großes Reservoir an Söldnern, die in persischen und makedonischen Diensten, aber auch bei den zahlreichen Auseinandersetzungen in Griechenland selbst ihren Unterhalt suchen. Nur in Sparta geht die Bevölkerung weiter zurück, doch da sich gleichzeitig der Grundbesitz in der Hand weniger konzentriert, kommt es ebenfalls zu inneren Schwierigkeiten. Wie im 5. Jh. verbinden sich oftmals politische und soziale Gegensätze im Streit um die aristokratische oder demokratische Gestalt der *Verfassung*, und die Parteien rufen fremde Hilfe herbei, um ihre Vorherrschaft zu sichern. Daneben gelingt es vor allem in kleineren Staaten einzelnen, die sozialen Gegensätze auszunützen und eine eigene Herrschaft zu begründen (Jüngere Tyrannis); Persien und Makedonien bedienen sich mit Vorliebe solcher Tyrannen.

Verfassungsstreitigkeiten

Die inneren und äußeren Schwierigkeiten in den Staaten des griechischen Mutterlandes, dazu die Begegnung mit den Königsherrschaften am Rande der griechischen Welt regen zwar die Diskussion über neue politische Formen an, aber die autonome Polis als normatives Staatswesen wird letztlich nicht in Frage gestellt, und infolgedessen kommt es nicht zu tiefgreifenden Reformen. Dazu trägt auch eine sich verbreitende Distanz zum Politischen bei, für die etwa in Athen die Unlust zum Kriegsdienst ebenso bezeichnend ist, wie der Übergang von den politischen Inhalten der Älteren Komödie zu gesellschaftlichen Gegenständen der Mittleren Komödie.

athenische Verfassung

Die Grundstrukturen des *athenischen Verfassungslebens* bleiben die gleichen wie im 5. Jh. Modifikationen sollen die Souveränität des Demos stärken (bezeichnend dafür auch die Einführung des Ekklesiastensoldes 403/402), sie sollen Missstände bekämpfen (wachsende Bedeutung des Volksgerichtes, der Heliaia), den Einfluss politischer Cliquen unterbinden (Einführung der „Normenkontrollklage", der grafè paranómon) und einzelne Organe der Polis neuen Aufgaben anpassen (Zuordnung von besonderen Geschäftsbereichen für einzelne Strategen).

Athen bleibt weiterhin das *Zentrum des griechischen Kulturlebens*, dessen geistige Kraft ungebrochen ist. Mit dem Ausgang des Peloponnesischen Krieges geht allerdings die tragische Dichtung zu Ende (Euripides stirbt 406; Sophokles 405). 386 wird ein Gesetz über die Wiederaufführung älterer Dramen erlassen, die damit als klassisch anerkannt werden. Das 4. Jh. ist die Blütezeit der attischen Prosa, und die attische Sprache verbreitet sich nicht nur in der Literatur, sondern auch als gehobene Umgangssprache in der ganzen griechischen Welt. Mit ihr wird das ionische Alphabet, das der Archon Eukleides 403/402 in Athen einführt, zur gemeingriechischen Schrift. Lysias (*ca. 445, †380) und Isokrates (*436, †338), beide nicht aus Attika stammend, führen die Rhetorik auf ihren Höhepunkt und verbreiten durch ihre Lehrtätigkeit die Technik der kunstvollen Rede. Noch stärker als im 5. Jahrhundert ist Rhetorik in der Demokratie zur Voraussetzung einer politischen Karriere und Rhetor zum Synonym für Politiker geworden; Aischines (*ca. 390, †315), Demosthenes (*384, †322) und Hypereides (*390, †322) verkörpern am besten diese Synthese.

Die isokratische Rhetorik übt auch auf die *Geschichtsschreibung* einen starken Einfluss aus. Die Schlichtheit Xenophons (*ca. 426, †350) in den Hellenika, in der Anabasis und in seinen kleineren Schriften wird abgelöst durch die rhetorische Historiografie der Isokratesschüler Ephoros und Theopomp. Gegenpol der Rhetorik und der ihr nahe stehenden Sophistik mit ihren relativierenden Wertvorstellungen wird die sokratische Philosophie, die nach echtem Wissen und wahrer Tugend fragt. Seine kompromisslose Haltung macht *Sokrates* (*470, †399) zum Opfer der missverstehenden und beunruhigten demokratischen Restauration in Athen, aber er wirkt durch seine Schüler fort. Sie führen sein Gedankengut weiter, vermischen es zum Teil mit anderen Philosophien und bilden verschiedene Schulen aus. Der bedeutendste Sokratiker, *Plato* (*427, †347), gründet 387 die Akademie, entwickelt die Ideenlehre und macht sie zur Grundlage eines idealen Staates (Politeia; Nomoi). Doch scheitert er in der politischen Praxis (Rechenschaftsbericht im 7. Brief über seinen Aufenthalt bei dem syrakusanischen Tyrannen Dionysios II. 367/366 und 361/360). *Aristoteles* (*384, †322) ist 367–347 Schüler Platos. 343–340 unterrichtet er in Makedonien Alexander d.Gr. 335 gründet er in Athen seine eigene Schule, den Peripatos. Er erweitert die spekulative Philosophie Platos durch weit gespannte empirische Forschungen. Seine Schriften über Politik (Politeia), Ethik (Nikomachische Ethik; Große Ethik), Metaphysik, Poetik, Zoologie entspringen unmittelbar seiner Lehrtätigkeit. In großen Sammelwerken, zu denen seine Schüler beitragen (u.a. Sammlung von Verfassungen, von denen die Verfassung Athens 1892 auf Papyrus entdeckt wurde), vereinigt und verarbeitet er das Wissen seiner Zeit.

Auch in der bildenden Kunst bleibt Athen vorbildlich. Die Erhabenheit der perikleischen Klassik wird zum Schönen Stil der *Zweiten Klassik* fortentwickelt, Praxiteles († ca. 320) bringt in seinen Götterstatuen (Aphrodite von Knidos; Hermes von Olympia) seelische Empfindungen zum Ausdruck. Noch stärkere Bewegung zeigen die Figuren des Skopas von Paros. Die subjektive Erscheinung will Lysipp (*ca. 370, †310) in seinen Bronzestatuen darstellen; die Zeitgenossen (Alexander der Große) schätzten ihn auch als Porträtisten. Neben der freien Plastik blüht die Reliefkunst (Grab- und Weihereliefs). Bei den Tempelbauten verbreitet sich das korinthische Kapitell.

Chronologische Übersicht

400–394	Spartanisch-Persischer Krieg	357–355	Athenischer Bundesgenossenkrieg
395–386	Korinthischer Krieg	356–346	3. Heiliger Krieg
387/386	Königsfriede (Antalkidasfriede)	346	Friede des Philokrates
378–355	2. Attischer Seebund	338	Schlacht von Chaironeia
371–362	Hegemonie Thebens	337	Korinthischer Bund

404 Mit dem Friedensschluss verkündet Sparta gemäß seiner bisherigen Propaganda die Freiheit und Autonomie aller griechischen Staaten, tatsächlich aber nutzt es den Sieg für seine *Hegemonie* aus. Lysander, nun der mächtigste Mann, legt in zahlreiche Städte des Mutterlandes, der Inseln und Kleinasiens makedonische Besatzungen unter der Führung von Harmosten (spartanische Offiziere) und gibt die Regierungsgewalt spartafreundlichen oligarchischen Zehnmännerkommissionen (Dekadarchien). In Athen setzt er die Dreißig ein, vor deren Terror zahlreiche Bürger fliehen. Das Vollbürgerrecht wird auf 3000 beschränkt. Lysander erhält als erster in Griechenland göttliche Ehren.

403 Athenische Emigranten unter Thrasybulos gewinnen den Piräus. Der Führer der Dreißig, Platos Onkel Kritias, fällt gegen sie im Straßenkampf, worauf ihre Anhänger nach Eleusis fliehen und dort einen Sonderstaat errichten. Die 3000 Vollbürger wählen ein Zehnmänner-

Pausanias		kollegium, das von Lysander gestützt wird. Doch dessen selbstherrliches Auftreten hat ihn inzwischen in Sparta verdächtig gemacht. König *Pausanias* rückt in Attika ein, entkleidet ihn seiner Macht und stellt die Demokratie wieder her. Eine Amnestie soll die Gegner aussöhnen, aber der eleusinische Sonderstaat wird erst 401 aufgelöst.
	402	Auch in den übrigen Dekadarchien werden die Anhänger Lysanders zurückgedrängt, der auf ein spartanisches Wahlkönigtum hinarbeitet und dazu Unterstützung in Delphi sucht. Als er mit dem Satrapen Pharnabazos verhandelt, verrät dieser ihn in Sparta, und die Ephoren entmachten ihn. Der Satrap Kyros wirbt mit Spartas Einverständnis in Griechenland Söldner für einen Zug gegen den persischen Großkönig, seinen älteren Bruder Artaxerxes II. (404–362).
	401	Kyros bricht von Sardeis mit dem Zug der Zehntausend auf. Bei Kunaxa (nordöstlich von Babylon am Euphrat gelegen) erweisen sich seine griechischen Söldner den Truppen des Artaxerxes überlegen, doch er fällt, und den Griechen bleibt nur die Rückkehr. Xenophon, der an dem Unternehmen in führender Stellung teilnimmt, gibt in der „Anabasis" eine lebendige Schilderung. Am Abfall Ägyptens und an der gegensätzlichen Politik der Satrapen Tissaphernes und Pharnabazos erweist sich die periodische Schwäche der persischen Zentralregierung.
	400	Tissaphernes versucht, die persische Oberhoheit auf alle kleinasiatischen Griechenstädte
Spartanisch-Persischer Krieg	**400–394**	auszudehnen und löst damit den wechselvollen *Spartanisch-Persischen Krieg* aus. Sparta, obwohl gerade mit dem vom Peloponnesischen Bund abgefallenen Elis beschäftigt (400–398), schickt Thibron mit 5000 Mann dem von Tissaphernes belagerten Kyme zu Hilfe.
	399	Lysander unterstützt die Thronfolge des Agesilaos (399–359), eines Halbbruders Agis' II. Der Versuch des Kinadon, mit Hilfe von Periöken und Heloten die Macht der Spartiaten zu brechen, scheitert. Thibron, der aus Geldmangel seine Truppen verbündetes Gebiet plündern lässt, wird durch Derkylidas ersetzt. In Athen wird *Sokrates* als Jugendverderber und
Selbstmord des Sokrates Plato		Verkünder neuer Götter zum Tode verurteilt und trinkt den Giftbecher. Der Justizmord wird für *Plato*, der den Prozess und Tod seines Lehrers in „Apologie" und „Kriton" schildert, zum Schlüsselerlebnis und bestimmt ihn zu seiner Ablehnung der Demokratie.
	398–397	Ein Waffenstillstand mit Pharnabazos ermöglicht Derkylidas, nach der Chersones überzusetzen, die er vor thrakischen Angriffen schützt. Euagoras von Zypern und der seit Aigospotamoi aus Athen verbannte Konon rüsten die persische Flotte auf. Tissaphernes und Pharnabazos zwingen Derkylidas, einen Angriff auf Karien abzubrechen.
	396–395	Die verstärkten persischen Rüstungen veranlassen Sparta zu neuen Anstrengungen zu Wasser und zu Land. Agesilaos übernimmt das Oberkommando in Kleinasien. Friedensbemühungen bleiben erfolglos. Als er den Tissaphernes am Paktolos schlägt und die Umgebung von Sardeis verwüstet, wird der Satrap abberufen und daraufhin hingerichtet. Sein Nachfolger Tithraustes schließt einen Waffenstillstand, und Agesilaos wendet sich gegen Pharnabazos. Den kleinasiatischen Städten wird die Anwesenheit der Spartaner immer lästiger, und in Griechenland gelingt es mit persischem Gold, eine zweite Front aufzubauen. In der Schlacht bei Haliartos fällt Lysander gegen die Boioter, worauf sich Theben, Argos, Athen, Korinth und die kleineren mittelgriechischen Staaten zu einem Bund gegen Sparta zusammenschließen (*Korinthischer Krieg*: 395–386).
Korinthischer Krieg	394–393	Agesilaos muss Kleinasien aufgeben. Der neue Bund wird von Aristodemos am Nemeabach, von Agesilaos bei Koroneia besiegt, aber Konon und Pharnabazos vernichten die spartanische Flotte bei Knidos und beenden die Seeherrschaft Spartas. Die letzten spartanischen Harmosten werden vertrieben. Konon und Pharnabazos plündern die lakonische Küste. Konon kehrt ehrenvoll nach Athen zurück; die langen Mauern werden mit persischen Mitteln restauriert. Die Kleruchien (attische Militärkolonien) Lemnos, Imbros und Skyros kehren zu Athen zurück, und Rhodos, Kos, Chios, Ephesos schließen Bündnisse mit der Stadt, sodass man dort an eine Erneuerung des Seebundes denkt.
	392	In Korinth veranstalten demokratische Spartagegner ein Massaker unter den Aristokraten und verstärken sich sogleich durch eine argivische Besatzung. Bis 386 besteht zwischen beiden Städten eine Sympolitie (Bund mit eigenem Bundesbürgerrecht). Der Spartaner Antalkidas scheitert mit einem Friedensangebot bei Tiribazos, dem Nachfolger des Pharnabazos. Konon wird wegen der Seebundspolitik von Tiribazos gefangengenommen, entkommt aber zu Euagoras und stirbt kurz darauf. Bei athenisch-spartanischen Friedensverhandlungen in Sparta fällt zum ersten Mal der Begriff der „*Koinè eiréne*", einer alle Griechen umfassenden Friedensordnung (*Andokides' Friedensrede*).
Koinè eiréne Andokides' Friedensrede	391–390	Agesilaos kämpft erfolgreich gegen die Argiver. Der athenische Söldnerführer Iphikrates vernichtet mit Peltasten (Leichtbewaffneten) eine spartanische Abteilung. Sein Erfolg ist

symptomatisch für die Wandlung in der Kampftechnik, durch die das Übergewicht der Phalanx gebrochen wird. Da Thrasybulos in Athen intensiv den Ausbau der Flotte betreibt, wendet sich die persische Schaukelpolitik wieder Sparta zu und ermöglicht den Bau von 27 Schiffen, mit denen Samos und Knidos besetzt werden.

389–388 Thrasybulos erobert Thasos, Samothrake und die thrakische Halbinsel Chersones (Gallipoli), schließt mit den Thrakerkönigen Amadokos und Seuthes ein Bündnis und gewinnt Byzantion und Chalkedon. Er stößt nach Halikarnassos und Klazomenai vor, doch seine Gegner zu Hause stürzen ihn.

387–386 Die athenischen Erfolge führen zu einer weiteren persisch-spartanischen Annäherung. Antalkidas schließt in Susa einen Friedensvertrag. Er sperrt am Hellespont die Getreidezufuhr nach Athen und macht die Stadt verhandlungsbereit. Im folgenden *Königsfrieden* (Antalkidasfrieden) setzt Persien seine Forderung nach Autonomie, d.h. Aufgabe der kleinasiatischen Städte, und Auflösung aller Bündnisse durch. Ein *Friedenskongress in Sparta* vereinbart zusätzlich die erste „Koinè eiréne" der griechischen Geschichte, die tatsächlich aber eine *Hegemonie Spartas* von Persiens Gnaden ist. In den folgenden Jahren nimmt Sparta die Autonomieformel immer wieder zum Anlass, um in anderen Städten die ihm genehme Partei an die Macht zu bringen. — *Königsfriede / Friedenskongress in Sparta / Hegemonie Spartas*

383–379 Sparta schließt mit Amyntas III. und den chalkidischen Städten Akanthos und Apollonia einen Vertrag, der gegen den seit Ende des Peloponnesischen Krieges immer stärker werdenden Chalkidischen Bund gerichtet ist. Olynth, die Hauptstadt des Bundes, wendet sich an Athen. Von 381 an wird sie durch ein großes spartanisches Aufgebot belagert und muss 379 kapitulieren. Sparta scheint auf einem neuen Höhepunkt seiner Macht zu sein. Jason von Pherai errichtet eine Tyrannis mit dem Ziel, Thessalien unter seiner Herrschaft zu einen. Die Griechenstädte Kleinasiens erleben unter persischer Oberhoheit trotz Tributzahlungen und Truppenabgaben einen wirtschaftlichen Aufschwung. Isokrates verkündet im Panegyrikos das Programm eines panhellenischen Feldzuges gegen Persien, unter Führung Athens und Spartas.

379–378 Nachdem eine spartanische Abteilung auf dem Weg nach Olynth die Burg in Theben besetzt hat (382), gewinnen thebanische Flüchtlinge unter Pelopidas von Athen aus die Stadt zurück und errichten eine Demokratie, die Sparta vergeblich zu stürzen sucht. Auch ein spartanischer Angriff auf den Piräus scheitert. Athen und Theben verbünden sich, und ein weiteres Bündnis mit Byzantion sichert die pontische Getreidezufuhr nach Athen.

377 Athen ruft „die Griechen, die Barbaren des Festlandes und die Inselbewohner, soweit sie nicht Untertanen des Großkönigs sind", zur Gründung des *2. Attischen Seebundes* auf, der auf der Grundlage der im Königsfrieden garantierten Autonomie stehen soll. Einzelverträge binden die Mitglieder an Athen, an erster Stelle die bisherigen Verbündeten Chios, Byzantion, Mytilene, Rhodos, Theben, wozu nun Städte auf Euboia und einige Inseln der nördlichen Ägäis kommen. Der Kreis erweitert sich in den folgenden Jahren bis auf 70 Mitglieder, die alle Stimmrecht in dem in Athen zusammentretenden Synedrion haben, doch müssen Beschlüsse von der Ekklesia bestätigt werden. Um keine bösen Erinnerungen an den 1. Seebund zu wecken, werden statt Steuern (Phoroi) Matrikularbeiträge (Syntaxeis) erhoben. In Athen ist die treibende Kraft Kallistratos. Androtion führt eine Reform der Leistungen durch, die die in Symmorien zusammengeschlossenen Bürger der Stadt aufbringen müssen und die vornehmlich für die Flotte verwendet werden. Theben stellt den *Boiotischen Bund* wieder her mit einer Bundesversammlung und sieben Boiotarchen. Der Satrap Maussolos (377–352) baut die Satrapie Karien unter persischer Oberhoheit zu einer eigenen Herrschaft aus und macht Halikarnassos zur Residenz. — *2. Attischer Seebund / Boiotischer Bund*

376–375 *Athenisch-Spartanischer Krieg* zur See. Sparta besetzt Aigina, während der bedeutende athenische Stratege Chabrias im Gegenzug die Flotte des Peloponnesischen Bundes bei Naxos besiegt. Er fährt in die nördliche Ägäis, hilft den von Thrakern bedrängten Abderiten und gewinnt Thasos, Samothrake und den erneuerten Chalkidischen Bund für den Seebund. Ihm ist auch der Vertrag mit Amyntas III. zu verdanken, der Athen das wichtige makedonische Schiffbauholz sichert. Auf einem Kongress in Sparta erneuern die Krieg führenden Mächte den Königsfrieden. Persien ist am Frieden interessiert, da andernfalls der Zustrom griechischer Söldner versiegt. — *Athenisch-Spartanischer Krieg*

374 Polydamos von Pharsalos muss sich, nach vergeblichem Hilferuf an Sparta, Jason von Pherai anschließen, der zum thessalischen Tagos (Oberhaupt) gewählt wird und mit dem Bau einer Flotte beginnt. Er plant die Hegemonie über Griechenland zu gewinnen und einen Perserkrieg zu unternehmen, er wird darin von Isokrates unterstützt. Als Konons Sohn Timotheos auf Zakynthos verbannte Demokraten zurückführt, sieht Sparta darin einen Friedensbruch.

| | 373–372 | Sparta versucht mit Hilfe des Dionysios I., Korkyra in seine Gewalt zu bringen, doch dem athenischen Strategen Iphikrates gelingt es, die Belagerung zu sprengen und zusätzlich Kephallenia zu gewinnen. Zwischen Athen und Theben kommt es zum Bruch über die von Sparta aufgegebenen boiotischen Städte. Athen nimmt Oropos in Besitz, Theben zerstört Plataiai (Plataikos des Isokrates). Als Reaktion auf die wachsende thebanische Macht nähert sich Athen wieder Sparta. |

Erneuerung des Königsfriedens Epameinondas

371 Zum zweiten Mal werden auf einer Konferenz in Sparta *Königsfriede* und „Koinè eiréne" *erneuert*. Auch Dionysios I. und Amyntas III. nehmen teil. Nur Theben schließt sich unter Führung des *Epameinondas* aus, der in diesem Jahr zum Boiotarchen gewählt wird. Zusammen mit Pelopidas hat er sich seit der Befreiung von Sparta um die Aufrüstung Thebens (Eliteeinheit der heiligen Schar) und den Ausbau des Boiotischen Bundes bemüht. Als Sparta auf der Autonomie der boiotischen Städte beharrt und Kleombrotos mit 10000 Mann gegen Theben vorrückt, tritt ihm Epameinondas bei Leuktra entgegen und siegt trotz numerischer Unterlegenheit dank der neuartigen Taktik des verstärkten linken Flügels *(schiefe Schlachtordnung)*. Die Niederlage raubt Sparta endgültig den Nimbus der Unbesiegbarkeit zu Lande und erschüttert seine Stellung in der Peloponnes, wo Mitglieder des Peloponnesischen Bundes revoltieren. In Arkadien entsteht ein Bundesstaat; Mantineia wird wieder aufgebaut. Die *thebanische Hegemonie* der folgenden zehn Jahre (371–362) ruht allein auf dem militärischen Genie des Epameinondas.

schiefe Schlachtordnung

Hegemonie Thebens

370 Lokrer, Phoker und Aitoler schließen mit dem Boiotischen Bund einen Freundschaftsvertrag, Euboia und Akarnanien, Mitglieder des Attischen Seebundes, treten zu ihm über. Eine sich abzeichnende Auseinandersetzung mit Jason wird durch dessen Ermordung verhindert. Theben erhält die Promantie (Vortritt bei Orakelbefragung) in der delphischen Amphiktyonie. Epameinondas und Pelopidas ziehen in die Peloponnes, verwüsten unter Zuzug der Arkader, Argiver und Eleer Lakonien, können aber das von Agesilaos verteidigte *Sparta* nicht nehmen. Der Abfall der Perioiken und die Wiederherstellung des messenischen Staates, wozu Epameinondas die in der griechischen Welt zerstreuten Messenier zurückruft, bedrohen die Grundlage der spartanischen Lebensordnung. Sparta bittet Athen um Hilfe, und Iphikrates zwingt Epameinondas zum Rückzug. Arkadiens neue Hauptstadt Megalopolis entsteht aus einem Synoikismos (Zusammenlegung) von 39 Gemeinden.

Kampf gegen Sparta

369 Pelopidas schließt ein Bündnis mit Alexander II., und Philipp II. kommt als Geisel nach Theben. Epameinondas rückt zum zweiten Mal in die Peloponnes, gewinnt Pellene, Phlius und Sikyon; weitere Erfolge werden von einem spartanisch-athenischen Heer verhindert, dem Dionysios I. Hilfe schickt. Die Enttäuschung in Theben äußert sich in einem Prozess gegen Epameinondas, der für das kommende Jahr nicht zum Boiotarchen gewählt wird.

368 Pelopidas versucht vergeblich, thessalische Städte gegen Jasons Nachfolger Alexander von Pherai zu gewinnen, der sich mit Athen verbündet. Eine auf persische Veranlassung in Delphi zusammengetretene Friedenskonferenz bleibt erfolglos, da Theben gegen die Rückkehr Messeniens zu Sparta ist und Arkadien auf Selbstständigkeit gegenüber Theben beharrt. Alexander von Pherai schließt mit dem Boiotischen Bund einen Vertrag.

367 Auf einem dritten Zug in die Peloponnes kann Epameinondas das bisher neutrale Achaia nur kurz halten, da sich eine oligarchische Reaktion Sparta anschließt. In Susa, wo griechische Gesandtschaften die Gunst des Perserkönigs zu erreichen versuchen, gewinnt Pelopidas Artaxerxes II. für eine „Koinè eiréne", deren Bedingungen Thebens Interessen wahren: Messene soll unabhängig bleiben und Athen seine Flotte aufgeben. Denn nach der Einkreisung Spartas will Theben als neuer griechischer Hegemon Athen die Seeherrschaft streitig machen. Epameinondas lässt 100 Trieren bauen.

366 Athen unterstützt dagegen den aufständischen Satrapen Ariobarzanes am Hellespont. Sestos und Krithote schließen sich dem Seebund an zum Schutz gegen den Thrakerkönig Kotys, der seine Macht auf der Chersones auszudehnen sucht. Samos wird erobert und mit 2000 Kleruchen besiedelt. Theben nimmt Athen Oropos weg und unterstützt das sich bildende *Aitolische Koinon*.

Aitolisches Koinon

365–363 Der athenische Stratege Timotheos gewinnt Methone, Torone, Pydna und Poteidaia, scheitert aber vor Amphipolis trotz makedonischer Unterstützung. Die wachsende Unzufriedenheit im Seebund über Athens Vormachtstellung nutzt Epameinondas aus und bringt mit der neuen Flotte Keos, Chios, Byzantion und Rhodos zum Abfall. Aber neue Anforderungen in Griechenland unterbrechen Thebens Ausgreifen in die Ägäis. Der Boiotische Bund vernichtet Orchomenos, das verbannte thebanische Aristokraten aufgenommen hat, und unterstützt Tegea und Megalopolis bei Rivalitäten im Arkadischen Bund.

Tod Epameinondas'

362 Auf seinem vierten Zug in die Peloponnes kann *Epameinondas* Sparta wieder nicht erobern. Die Schlacht von Mantineia entscheidet er mit der schiefen Schlachtordnung, doch fällt er,

und mit seinem Tod *bricht die thebanische „hegemonia"* (Vormacht) zusammen. Die erschöpften Staaten erneuern die „Koinè eiréne" auf der Grundlage des Status quo. Da damit die Existenz Messeniens anerkannt wird, hält sich Sparta fern.

Ende der Hegemonie Thebens

361–360 Alexander von Pherai fordert Athen mit Kaperfahrten heraus, erobert Peparethos und überfällt den Piräus; Byzantion, Chalkedon und Kyzikos bringen attische Getreideschiffe auf; Amphipolis wird mittlerweile von Perdikkas III. von Makedonien unterstützt; Sestos geht an Kotys verloren. Trotz neuer Leiturgien fehlt in Athen das Geld für energische Gegenschläge. Die Demokratie macht ihrer Unzufriedenheit Luft durch Todesurteile gegen Politiker und Strategen; Kallistratos und Leosthenes gehen rechtzeitig nach Makedonien in die Verbannung.

359–358 Dem athenischen Strategen Kephisodotos gelingt es nicht, die Verluste auf der Chersones gutzumachen. Fehden zwischen thrakischen Stammeskönigen und die Schwäche des Seebundes kennzeichnen die Situation an der Nordküste der Ägäis, als der Regierungsantritt *Philipps II.* eine neue Epoche einleitet. Athen unterstützt zunächst den Thronprätendenten Argaios, schließt dann aber mit Philipp einen Vertrag, in dem ihm Amphipolis gegen das Seebundsmitglied Pydna versprochen wird.

Philipp II. von Makedonien

357 Ein Bündnis mit den Thrakerkönigen Berisades, Amadokos und Kersebleptes soll Athen die Tributzahlungen der Seebundsmitglieder an der thrakischen Küste und auf der Chersones sichern. Es schlägt zusammen mit Eretria die anderen Städte auf Euboia, die Theben zu Hilfe gerufen haben, und sichert den Erfolg durch ein die ganze Insel einschließendes Bündnis. Amphipolis bittet beim ehemaligen Gegner Athen vergebens um Unterstützung gegen Makedonien. Um so größer ist die Enttäuschung in Athen, als Philipp nach der Eroberung von Amphipolis nicht an die Übergabe der Stadt denkt. Die Athener geben allerdings auch nicht Pydna heraus, für den Makedonenkönig der Anlass, die Stadt anschließend zu unterwerfen. Athen kann keinen wirksamen Gegenangriff führen, da inzwischen der

357–355 *Bundesgenossenkrieg* ausgebrochen ist: Chios, Rhodos, Kos schließen sich gegen die Missachtung der bundesgenössischen Autonomie mit Maussolos zusammen, der ihren Abfall mit Schiffen und Söldnern unterstützt. Byzantion, Perinthos und Selymbria schließen sich an. Chabrias fällt bei einem Angriff auf Chios. Die Flottenrüstungen zwingen Athen zu einer Reform der Symmorien und Trierarchien.

Bundesgenossenkrieg

356 Der athenische Stratege Chares operiert mit dem aufständischen Satrapen Artabazos zusammen, während Maussolos und seine Verbündeten von Artaxerxes III. Ochos unterstützt werden. Gegen Makedonien ist Athens Bündnis mit den Königen Ketriporis von Thrakien, Lyppeios von Paionien und Grabos von Illyrien gerichtet. Der folgenschwere *3. Heilige Krieg* (356–346) nimmt seinen Ausgang von hegemonialen Ansprüchen der Thebaner und Phoker, veranlasst die anderen Staaten zur Parteinahme und öffnet schließlich Makedonien den Zutritt zu Mittelgriechenland. Auf Phokis' Seite treten Athen und Sparta, ohne zunächst aktiv einzugreifen, in der gegnerischen Koalition befinden sich neben Theben vor allem Lokris, Doris und die Thessaler.

3. Heiliger Krieg

355–354 Chares erobert Lampsakos und Sigeion und schlägt ein persisches Heer. Darauf setzt eine persische Gesandtschaft Athen unter Druck, das den abgefallenen Bündnern die Unabhängigkeit zugesteht. Im Seebund verbleiben Euboia und einige Inseln und Städte der thrakischen Region. Die delphischen Tempelschätze ermöglichen Phokis, ein Söldnerheer von 10000 Mann aufzustellen; der Stratege Philomelos fällt gegen Theben, Onomarchos wird sein Nachfolger. Er erobert Orchomenos, wird aber bei Chaironeia vom boiotischen Aufgebot geschlagen. In *Athen* führt die Zerrüttung der Finanzen als Folge des Bundesgenossenkriegs zu sozialen Spannungen. Eubulos wird Vorsteher des Theorikon (Schauspielgelderkasse), führt eine Finanzreform durch und plädiert für eine Friedenspolitik, um den Staatshaushalt zu sanieren (Xenophons Buch „Einkünfte"; Isokrates' „Friedensrede").

Spannungen in Athen

353–352 Lykophron von Pherai, Nachfolger Alexanders, ruft die Phoker gegen Philipp zu Hilfe; Onomarchos schlägt die Makedonen zweimal und erobert Koroneia. Die *Spartaner* wollen die Auseinandersetzung Thebens in Mittelgriechenland ausnützen, um ihre Hegemonie in der Peloponnes wieder zu errichten. Sie greifen das mit Theben verbündete Megalopolis an, dem Athen Hilfe verweigert, um sein Verhältnis zu Sparta nicht zu belasten. Kersebleptes und Olynth nähern sich aus Sorge vor Philipp Athen. Philipp schlägt die Phoker auf dem Krokusfeld, athenische, achaiische und spartanische Truppen hindern ihn jedoch, in Phokis einzumarschieren.

Sparta offensiv

351–350 Philipps Sieg über die Phoker ermöglicht Theben, in der Peloponnes einzugreifen. Sparta erobert Orneai und schlägt die heranrückenden Argiver. Mit Theben schließt es nach mehreren unentschiedenen Gefechten einen Waffenstillstand. Damit ist Thebens Politik in der Peloponnes beendet, die dortigen Gegner Spartas schauen fortan nach Makedonien. Theben erneuert seine traditionelle Freundschaft mit dem Perserkönig, der 300 Talente schickt. Auch Athen bemüht sich um gute Beziehungen zu Artaxerxes; der athenische Stratege Phokion hilft dem königstreuen karischen Satrapen Idrieus, einen Aufstand in Zypern niederzuschlagen.

1. Olynthische Rede

349 Nachdem Demosthenes schon seit 352 für stärkere Unterstützung Olynths gegen Makedonien plädiert hat, kommt angesichts von Philipps bedrohlichem Vorgehen auf der Chalkidike ein Bündnis zu Stande *(1. Olynthische Rede)*. Das Kontingent von 30 Trieren und 2000 Söldnern ist jedoch zu schwach, um das makedonische Belagerungsheer zu vertreiben. Phokion führt ein Bürgerheer nach Euboia, wo der Tyrann von Eretria, Plutarch, von Gegnern und Makedonenfreunden angegriffen worden ist, um Athen zusätzlich zu binden. Phokion siegt bei Tamynai.

2. und 3. Olynthische Rede

348 Auf Demosthenes' *2. und 3. Olynthische Rede* hin wird Charidemos mit 4000 Söldnern vom Hellespont nach Olynth beordert, kann aber die Eroberung der Stadt nicht verhindern. Die Bemühungen einzelner athenischer Politiker (Eubulos, Aischines), einen gesamtgriechischen Krieg gegen Makedonien zu Stande zu bringen, scheitern. Dagegen rät Philokrates, auf die von Philipp geäußerten Friedensabsichten einzugehen.

347 Im Einverständnis mit Kersebleptes sichert Chares die thrakischen Küstenplätze des Seebundes mit Besatzungen gegen weiteres Ausgreifen Makedoniens. Die Phoker siegen dank ihrer Reiterei über die Thebaner bei Koroneia, doch die delphischen Tempelschätze gehen zur Neige, und innerphokische Gegensätze brechen auf, die auch das Verhältnis zu Athen und Sparta belasten; Theben wird von makedonischen Truppen unter Parmenio unterstützt.

Friede des Philokrates

346 Eine athenische Friedensdelegation reist nach Pella, darunter Demosthenes und Aischines, deren spätere Darstellungen vom Verhandlungsverlauf sich vielfach widersprechen (Reden von den Truggesandtschaften). Philipp geht auf die Forderung nach Rückgabe von Amphipolis und nach Sicherheitsgarantien für die athenischen Positionen in Thrakien nicht ein. Eine Gegengesandtschaft mit Parmenio und Antipater bietet ein Defensivbündnis auf Grundlage des Status quo an; der von Philokrates redigierte Vertragstext wird nach heftigen Auseinandersetzungen in der Ekklesia ratifiziert: *Friede des Philokrates*. Da Phokis ausdrücklich vom Frieden ausgenommen wird, hat Philipp eine formale Handhabe, den 3. Heiligen Krieg in einem raschen Feldzug zu beenden. Er übernimmt Phokis' Sitz in der delphischen Amphiktyonie. Auf der Peloponnes tritt er gegen Sparta für Messeniens Selbstständigkeit ein.

345–343 Philipp stellt sich gemäß dem Friedensvertrag im Amphiktyonenrat gegen Delos, das seine Unabhängigkeit von Athen will. In allen griechischen Staaten werden innenpolitische Entscheidungen fortan von der Einstellung zu Makedonien mitbestimmt. Demosthenes sucht auf der Peloponnes den wachsenden Einfluss Philipps bei den Spartagegnern (Messene, Argos, Arkadien, Elis) einzudämmen, wogegen eine makedonische Gesandtschaft protestiert

2. Philippische Rede

(2. Philippische Rede). Philokrates wird vom Makedonengegner Hypereides angeklagt und verbannt; Aischines entgeht knapp der Verurteilung. Auch in Theben regen sich die Makedonengegner. Philipps Vorschlag einer allgemeinen Friedenskonferenz wird abgelehnt, da er auf ehemaliges athenisches Gebiet (Halonnesos) nicht verzichtet. Makedonenfreundliche Aristokraten richten in Elis unter ihren Gegnern ein Blutbad an; bei einer gleichen Auseinandersetzung in Megara können sich die Demokraten mit Hilfe Athens behaupten. Auf Euboia nützt Philipp innere Spannungen aus und bringt in Eretria und Oreos Tyrannen an die Macht.

342 Athen, dessen Furcht vor einer makedonischen Einkreisung wächst, stationiert ein Geschwader bei Skiathos und siedelt auf der Chersones neue Kleruchen an. Als Philipp von Epeiros aus nach Süden vorstößt, um den Seeweg zur Peloponnes zu sichern, wirft es Truppen nach Akarnanien, und athenische Gesandte agitieren unter Leukadiern, Ambrakioten und Peloponnesiern. Der von Philipp abgesetzte König Arybbas von Epeiros erhält athenisches Asyl.

3. Philippische Rede Euboiischer Bund

341 Der Stratege Diopeithes greift makedonische Stützpunkte an der thrakischen Küste an. Sein Zusammenstoß mit dem promakedonischen Kardia veranlasst Philipp im Zuge weiterer Ausdehnung nach Osten zu Gegenmaßnahmen. Die attischen Makedonengegner entfalten eine intensive diplomatische Tätigkeit (Demosthenes' *3. Philippische Rede*). Aus Oreos und Eretria werden die makedonenfreundlichen Tyrannen durch eine Koalition von Athen, Chalkis und Megara vertrieben, und ein *Euboiischer Bund* konstituiert sich. Er schließt sich einem Kriegsbündnis Athens mit Megara, Achaia, Korinth, Akarnanien, den Leukadiern und Korkyraiern an. Ein Synedrion unter Athens Führung wird gebildet. Als Philipp Byzantion belagert und attische Getreideschiffe kapert, erklärt ihm Athen den Krieg. Chares kommt mit einer Flotte Byzantion zu Hilfe, das sich dem Bund anschließt.

339 Phokion segelt mit einem 2. Geschwader nach Byzantion; auch Chios, Kos und Rhodos senden Schiffe. Philipp muss die Belagerung aufheben. Der Erfolg setzt Demosthenes, in diesem Jahr Flottenvorsteher (Epistates), in die Lage, eine Finanzreform durchzuführen: Die Schauspielgelder werden für die Dauer des Krieges an die Kriegskasse abgeführt. Er sucht ferner Theben zu gewinnen, das ihm folgt, als Philipp anlässlich einer Strafexpedition der Amphiktyonie gegen Amphissa nach Mittelgriechenland einmarschiert.

338
2. Aug. Nach der Zerstörung Amphissas macht Philipp den siegessicheren Athenern vergeblich Friedensangebote. Um so härter trifft Athen die *Niederlage von Chaironeia*, die mit einem Schlag nicht nur die zwanzigjährige Auseinandersetzung mit Makedonien entscheidet, sondern darüber hinaus der gesamten griechischen Poliswelt einen Stoß versetzt, von dem sie sich nicht mehr erholt. Der *Korinthische Bund* soll Makedonien die dauernde Hegemonie über Griechenland sichern. – (Forts. S. 201)

Niederlage von Chaironeia

Korinthischer Bund

Alexander und der Hellenismus

Makedonien und Epeiros bis Philipp II.

Makedonien

Chronologische Übersicht

Grundlegung und Aufstieg

700–500 Grundlegung des makedonischen Staates
495–450 Aufstieg Makedoniens unter Alexander I.
450–414 Perdikkas' II. Schaukelpolitik gegenüber Griechenland
414–399 Ausbau Makedoniens unter Archelaos
399–359 Schwächung durch innere Wirren und Angriffe an den Grenzen
359–336 Philipp II. erlangt die Vorherrschaft über Griechenland; Makedonien wird europäische Großmacht

geografische Lage

Die Frühgeschichte von Epeiros und der Westhälfte Makedoniens wird durch die *geografische Lage* bestimmt. An Ohrid- und Prespasee im Norden schließen hohe Gebirgsketten mit tief eingeschnittenen Flusstälern an. Ihre Wasserscheide ist der Gebirgszug des Pindos, der sich in die griechische Halbinsel fortsetzt. Größere geopolitische Einheiten gibt es im Binnenland nicht, und die Küstensäume sind sehr schmal. Seit der Wende vom 3. zum 2. Jt. wird das Gebiet immer wieder von Wellen von Indogermanen durchzogen, die nach Süden drängen (Ionier, Nordwestgriechen, Dorer), aber im Bevölkerungssubstrat keine nachhaltigen Spuren hinterlassen. Die kärglichen Lebensbedingungen verlocken nicht zum Bleiben. Dagegen hat in Ostmakedonien der Axios (heute Vardar) eine fruchtbare Schwemmlandebene aufgeschüttet mit guten Voraussetzungen für Ackerbau und Viehzucht. Daran schließt sich das Mittelgebirge der Chalkidike an, das mit seinen Waldbeständen Holz und Pech für den Schiffsbau liefert. Aber auch hier entstehen in der Frühzeit keine größeren Machtgebilde, wohl weil die Küstenregion zum Durchgangsland nach Thrakien und weiter nach Kleinasien wird.

politische Zersplitterung

Die *politische Zersplitterung* spiegelt sich in den Landesnamen, die nicht original sind. Makedonien ist nach den einwandernden Makedones (Hochländer) benannt und setzt sich im Zuge der staatlichen Einigung als politischer Begriff durch; Epeiros (Festland) ist seit Beginn des 4. Jh. als Landschaftsname gebräuchlich. In der frühen Eisenzeit (1300–700) werden beide Gebiete von einer Vielzahl größerer und kleinerer Stämme besiedelt, deren ethnische Einordnung schwierig ist. Im Süden gibt es Übergänge zum Griechentum, im Norden herrscht das illyrische, in Makedonien das illyrische und das thrakisch-phrygische Element vor. Doch hat man mit fließenden Volksgrenzen zu rechnen.

griechische Kolonisation

um 750 An der epeirotischen und an der makedonischen Küste setzt die *griechische Kolonisation* ein. Auf der Epeiros vorgelagerten Insel Korkyra kolonisiert Korinth und geht von dort auf das Festland über, am Thermäischen Golf siedeln sich Griechen in Methone und Pydna an, und ein Kranz griechischer Städte entsteht auf der Chalkidike. Etwa zur gleichen Zeit geraten die Volksstämme im Landesinneren in Bewegung im Zusammenhang mit weiträumigen, vom Donauraum und von Südrussland (Kimmerer) ausgehenden Völkerverschiebungen.

Makedonen

um 700 Aus dem epeirotischen Bergland dringen kleine wandernde Kriegergruppen *(Makedonen)* unter Heerkönigen in Pierien am mittleren Haliakmon (heutiger Flussname: Aliákmon) ein. Sie gewinnen die Oberhoheit über die dortige ältere Bevölkerung, vermischen sich mit ihr und legen so den *Grund für den makedonischen Staat*. (Das ist der historische Kern der novellistischen Erzählung bei Herodot 8, 137–139.)

Staatsgründung

In den folgenden zwei Jahrhunderten dehnt sich die makedonische Herrschaft nach Norden bis Almopia, nach Nordwesten bis Mygdonia und in die westliche Chalkidike aus. Die ansässigen Stämme werden integriert, widerstrebende Teile werden vertrieben. (Thukydides' Darstellung 2, 99 ist dementsprechend zu modifizieren.) Die erfolgreiche Expansion lässt das ursprüngliche Heerkönigtum gegenüber dem Kriegeradel immer stärker in eine monarchische Stellung hineinwachsen. Die für das 7. und 6. Jh. überlieferten Herrscher Perdikkas, Argaios, Philippos, Aeropos, Alketas, Amyntas sind historisch, aber die durchgehende Deszendenz dürfte wenigstens teilweise spätere Konstruktion sein. Kriegerische Fähigkeiten des Königs sind auch weiterhin für die *makedonische Monarchie* stärker bestimmend als richterliche und priesterliche Tätigkeit, was zusammen mit der Rolle der Heeresversammlung an die Ursprünge aus dem Heerkönigtum erinnert. Vornehme Adlige stehen dem König als *Hetairoi-Gefährten* (Adelsreiterei) zur Seite und werden für ihre Dienste mit Landbesitz in den eroberten Gebieten belohnt. Die Kontinuität der Herrschaftsverhältnisse wird

makedonische Monarchie

Hetairoi-Gefährten

gefördert durch die dauernde militärische Anspannung. Denn die immer nur für kurze Zeit gebannte Gefahr, die an den nördlichen Grenzen von illyrischen und thrakischen Völkerschaften ausgeht, dazu die zeitweiligen Versuche griechischer Mächte, Einfluss in Makedonien zu gewinnen, erfordern ständige Abwehrmaßnahmen.

Ein vergleichbarer Einigungsprozess findet in *Epeiros* zunächst nicht statt. Die Stämme leben bis ins 4. Jh. weit gehend ein politisches Eigenleben. Die Macht der Könige wird vom Adel stark eingeschränkt, und die größeren Stämme (Chaonen, Molosser) bilden bundesstaatliche und genossenschaftliche Formen (Koinon) aus. Die Chaonen besitzen zunächst einen gewissen Vorrang. Dieser geht im 4. Jh. auf die Molosser über, nachdem König Tharyps sie in der 2. Hälfte des 5. Jh. zu politischem und wirtschaftlichem Aufschwung geführt hat, der von einer *Hellenisierung* begleitet wird.

Epeiros

Hellenisierung

2. Hälfte 6. Jh.– ca. 495   Amyntas verstärkt Makedoniens Beziehungen zu griechischen Staaten. Er bietet dem aus Athen vertriebenen Tyrannen Peisistratos das kurz zuvor eroberte Anthemus auf der Chalkidike an.

513/512   Als der Perserkönig Dareios im Rahmen seiner großangelegten Westoffensive von Makedonien Unterwerfung fordert, gibt Amyntas in realistischer Einschätzung seiner Machtmittel nach.

ca. 495–451   Alexander I. folgt der Politik seines Vaters. Er ist zwar athenischer Proxenos und zeigt den Griechen seine Sympathie, leistet beim Zug des Perserkönigs Xerxes aber *Heeresfolge* gegen die griechische Eidgenossenschaft.

480

Heeresfolge

479   Xerxes schätzt Alexanders Dienste so hoch ein, dass er Makedonien auf dem Rückzug nach der Niederlage von Salamis um ein großes Gebiet zwischen den Flüssen Axios und Strymon erweitert. Durch den Machtzuwachs festigt sich auch Alexanders Stellung als König im Innern, wie sich aus den Münzen ablesen lässt, die er nun im eigenen Namen prägt und mit denen er die bisherigen Stammesprägungen ablöst. Er gewinnt die *Hegemonie* über die obermakedonischen Fürstentümer, baut Pella zur Hauptstadt aus und stärkt das makedonische Aufgebot, indem er den berittenen adligen Hetairoi-Gefährten das Fußvolk der Pezhetairoi zur Seite stellt. Nach dem endgültigen Abzug der Perser bemüht er sich erneut um gute Beziehungen zu Griechenland (Beiname Philhellen), besonders zu dem im Perserkrieg neutral gebliebenen Argos. Dazu dient die Legende von der Herkunft der makedonischen

Hegemonie

476   Dynastie aus Argos. Sie soll ebenso wie Alexanders Teilnahme an den Olympischen Spielen das Griechentum des Königshauses demonstrieren.

ca. 451–413   Alexanders Nachfolgeregelung, die seinem Sohn Perdikkas II. die *Herrschaft über Gesamtmakedonien*, den anderen Söhnen Philippos und Alketas Teilherrschaften gibt, führt zu inneren Auseinandersetzungen, wie sie auch später immer wieder vorkommen werden, wenn Angehörige der Königsfamilie, darunter Söhne von Nebenfrauen des regierenden Herrschers, aufgrund des anerkannten Geblütsrechts dynastische Forderungen stellen und Teile der Makedonen für sich gewinnen.

Herrschaft über Gesamtmakedonien

432–429   Perdikkas verdrängt seine Brüder, obwohl sich Philippos mit Athen, dessen Sohn Amyntas sich mit dem Odrysenkönig Sitalkes verbündet hat. Makedonien wird dadurch in den *Peloponnesischen Krieg* hineingezogen, doch gelingt es Perdikkas durch eine geschickte Schaukelpolitik zwischen Athen und Sparta, die makedonischen Interessen zu wahren.

Peloponnesischer Krieg

423   Perdikkas schließt ein Bündnis mit Athen, das der Stadt das Exportprivileg auf das wichtige makedonische Schiffsbauholz garantiert.

417   Perdikkas schließt sich der Koalition der Spartaner, Argiver und Chalkidier an, um zu verhindern, dass Athen seine Machtstellung im benachbarten Thrakien zurückgewinnt.

413–399   Archelaos, Sohn des Perdikkas aus einer früheren Ehe und zum Vormund über den noch minderjährigen Thronfolger bestellt, beseitigt seinen Schützling, heiratet die Königinwitwe und übernimmt selbst die Herrschaft. Er fördert den wirtschaftlichen Ausbau des Landes und zieht dazu griechische Handwerker ins Land. Insbesondere die Aristokratie hellenisiert sich immer stärker. Neben anderen Künstlern und Dichtern verbringt Euripides die letzten Lebensjahre am Hof zu Pella, wo er in der nach seinem Gönner benannten Tragödie „Archelaos" die Anfänge des Königshauses und seine angeblich argivische Herkunft verherrlicht. Auch nach Thessalien kann Archelaos seinen Einfluss ausdehnen.

399   Archelaos wird Opfer einer Verschwörung; sein Todesjahr ist durch den Synchronismus mit dem Tod des Sokrates das erste völlig gesicherte Datum der makedonischen Geschichte.

399–392   Seine Ermordung leitet eine Periode voller Wirren ein, in der Thronprätendenten rasch wechseln (Orestes, Sohn des Archelaos; Aeropos; Amyntas II.), während im Nordwesten illyrische Stämme einfallen und an der makedonischen Ostflanke im *Chalkidischen Bund* und seinem Vorort Olynth ein gefährlicher Gegner erwächst.

Chalkidischer Bund

ALTERTUM Alexander und der Hellenismus

Amyntas III.	392–370	*Amyntas III.* schließt nach der Herrschaftsübernahme einen Bündnis- und Handelsvertrag mit Olynth, muss aber bald darauf vor dem Prätendenten Argaios aus Makedonien weichen. Es gelingt ihm, mit thessalischer Hilfe zurückzukehren. Durch Tributzahlungen an die Illyrer sichert er das Land vor Einfällen.
	382–379	Durch ein Bündnis gewinnt er die Spartaner gegen Olynth (Chalkidike), das Teile Makedoniens an sich gerissen hat. Die Stadt wird gezwungen, sich Sparta anzuschließen, der Chalkidische Bund löst sich für mehrere Jahre auf.
	ca. 375–373	Amyntas III. schließt Bündnisse mit Athen (375) und mit Jason von Pherai (Thessalien) (374/373).
	369–368	Sein Nachfolger Alexander II. wird nach einjähriger Regierung ermordet. Wieder bringen konkurrierende Thronansprüche Unruhen mit sich und geben Athen Gelegenheit einzugreifen.
	365–359	Perdikkas III., Sohn Amyntas' III., sichert sich die Herrschaft.
	360	Er wahrt durch ein Bündnis mit der ehemaligen athenischen Kolonie Amphipolis seine Eigenständigkeit gegenüber athenischen Interessen. In einer großen Schlacht, mit der er sich von der Tributpflicht gegenüber den Illyrern befreien will, fällt er zusammen mit 4000 Makedonen.
Philipp II.	359–336	In der verzweifelten Lage übernimmt sein dreiundzwanzigjähriger Bruder *Philipp II.* die Regierung. Die Illyrer besetzen Teile des westlichen Makedonien, im Norden dringen Paionen ein. Mehrere Prätendenten aus der Königsfamilie machen Philipp die Herrschaft streitig: Pausanias sucht mit thrakischer Unterstützung den Thron zu erobern, Argaios versichert sich dazu athenischer Hilfe. Philipp beweist sogleich seine Fähigkeiten, indem es ihm trotz Perdikkas' Katastrophe gelingt, die Wehrkraft der Makedonen zu stärken und nicht nur die Konkurrenten im Innern auszuschalten – als nächster Angehöriger des gefallenen Königs hat er die größere dynastische Legitimität – sondern auch die Paionen zu vertreiben. Mit Athen schließt er ein Bündnis mit der Vereinbarung, Amphipolis zu erobern und es gegen Pydna an Athen zu übergeben.
Sieg über die Illyrer	358	*Philipp besiegt die Illyrer* und gewinnt die von ihnen besetzten Gebiete zurück. Er festigt die Vorherrschaft über Obermakedonien, dessen Stammeskönigtümer in den nächsten Jahren ihre Selbstständigkeit verlieren. Die in kürzester Frist erfolgte Konsolidierung Makedoniens schafft die Voraussetzung für die expansive Außenpolitik der nächsten Jahre, die durch die Schwäche Griechenlands, den *Bundesgenossenkrieg* (357–355) und den
Schwäche Griechenlands		*3. Heiligen Krieg* (356–346) begünstigt wird.
	357	Ein Bündnis mit dem molossischen König Arybbas sichert Philipp zusätzlich durch die Heirat mit dessen Nichte Olympias, der Tochter des kurz zuvor verstorbenen Königs Neoptolemos. Olympias gebiert ihm den *Thronfolger Alexander III.* (Alexander der Große). Philipp erobert und behält Amphipolis, worauf ihm Athen den Krieg erklärt.
Thronfolger Alexander III.		
	356	Durch Einnahme des mit Athen verbündeten Pydna arrondiert Philipp Makedonien im Süden. Er gewinnt den Chalkidischen Bund für eine Bundesgenossenschaft (Symmachie) und übergibt ihm das wenig später eroberte Poteidaia, das Mitglied des 2. Attischen Seebundes war. Er schlägt eine gegen ihn gerichtete illyrisch-paionisch-thrakische Koalition, die Makedoniens Ausgreifen jenseits des Strymon (heute: Struma) – Besetzung von Krenides – verhindern will und der sich auch Athen angeschlossen hat. Er gewinnt die Gold- und Silberbergwerke des Pangaiongebirges, die ihm mit ihrem jährlichen Ertrag von 1000 Talenten eine reiche Münzprägung ermöglichen (Philippeioi) und so mithelfen, seine auswärtigen Unternehmungen zu finanzieren (Söldnerwerbung; Schiffsbau; Bestechungsgelder). Mit der Gründung und Namengebung von *Philippi* gibt er ein für die hellenistische Zeit folgenreiches Beispiel.
Philippi		
	355	Mit der Eroberung Methones wird die letzte Enklave auf makedonischem Gebiet beseitigt. Ungehindert ist fortan der Zugang nach Thessalien, wo die Aleuaden von Larisa bei den Kämpfen mit benachbarten Tyrannen auf makedonische Hilfe angewiesen sind.
	354	Ein Flottenunternehmen entlang der thrakischen Küste bringt Philipp in den Besitz von Abdera und Maroneia, beides athenische Verbündete.
	353	Der Konflikt der Phoker mit den Boiotern und Thessalern (3. Heiliger Krieg) gibt Philipp Gelegenheit, in Griechenland einzugreifen. In Thessalien erleidet er jedoch zwei Niederlagen gegen die phokischen Söldner des Onomarchos.
Phoker	352	Zum Archon (höchster Beamter) des thessalischen Koinon gewählt, kann er 20000 Fußsoldaten und 3000 Reiter aufbieten und die etwa gleichstarken *Phoker* auf dem Krokusfeld bei Pagasai schlagen. Onomarchos fällt, und der mit ihm verbündete Tyrann von Pherai wird vertrieben. Die Hafenstadt Pagasai wird makedonische Flottenstation. Als Philipp den Sieg ausnützen und in Phokis selbst einmarschieren will, versperren ihm athenische, spartani-

sche und achaiische Truppen an den Thermopylen den Zugang zu Mittelgriechenland. Er zieht nach Thrakien, wo der athenische Stratege Chares inzwischen erfolgreich operiert hat (Einnahme von Sestos; Vertrag mit dem Thrakerkönig Kersebleptes).

351 Philipp nützt innerthrakische Gegensätze aus. Er gewinnt mit Amadokos einen anderen Thrakerkönig, unterstützt Byzantion und Perinthos gegen Kersebleptes und belagert Heraion Teichos. Athenische Hilfsmaßnahmen kommen zu spät, und Kersebleptes schließt mit ihm einen Vertrag. Eine Krankheit hindert Philipp vorläufig, seinen Einfluss, der mittlerweile bis zu den Meerengen (Dardanellen und Bosporus) reicht, noch weiter auszubauen.

350 Philipp greift in *Epeiros* ein, veranlasst durch antimakedonische Maßnahmen des Molosserkönigs Arybbas. Dieser wird gezwungen, Tymphaia, vielleicht auch Atintania und Parauaia an Makedonien abzutreten. Sein Neffe Alexander (der Molosser), der Bruder der Olympias, wird nach Pella gebracht, um dort zum Nachfolger auf dem molossischen Königsthron erzogen zu werden. Wahrscheinlich noch im gleichen Jahr findet ein Feldzug gegen Paionen und Illyrer statt.

Epeiros

349 Philipp unternimmt es, den makedonischen Machtbereich, der nur noch von Olynth und dem Chalkidischen Bund unterbrochen wird, endgültig abzurunden. Obwohl eine friedenswillige promakedonische Partei in Olynth angesichts des absehbaren Zusammenstoßes immer größer wird, kann sie die militärische Entscheidung nicht verhindern. Philipp eröffnet im Spätsommer die Auseinandersetzung *(Olynthischer Krieg)* mit der Belagerung und Zerstörung von Stageira (in Makedonien, Geburtsort von Aristoteles), worauf sich ihm andere chalkidische Städte kampflos ergeben. Olynth ersucht Athen dringend um Hilfe, und es ist Demosthenes' Olynthischen Reden zu verdanken, dass trotz Kriegsmüdigkeit Hilfskontingente geschickt werden. Darauf sucht Philipp Athen an einer zweiten Front zu binden und schürt auf Euboia, wo auch eine beachtliche promakedonische Partei entstanden ist, den Kampf gegen die Anhänger Athens, die von dort mit einem Expeditionskorps unter Phokion unterstützt werden *(Euboiischer Krieg)*.

Olynthischer Krieg

Euboiischer Krieg

348 Im Frühjahr erneuert Philipp den Angriff auf Olynth und erobert die Stadt trotz eines zweiten athenischen Entsatzheeres; eine dritte athenische Expedition kommt zu spät. Olynth wird zerstört, die Makedonengegner müssen das Land verlassen. Die anderen chalkidischen Städte werden in die makedonische Herrschaft eingegliedert. Aus dem eroberten Gebiet erhalten die Hetairoi große Güter. Der *Gewinn der Chalkidike*, eines Territoriums von 4000 Quadratkilometern, ist für Makedonien von höchster Bedeutung: Die Griechenstädte mit ihren alten und weitgespannten Handelsbeziehungen bringen ein gewichtiges Wirtschaftspotenzial ein; das Truppenreservoir wird beträchtlich erweitert; die Hellenisierung Makedoniens erhält einen neuen Schub; sein Rang als stärkste Landmacht der nördlichen Balkanhalbinsel ist endgültig gesichert; in der nördlichen Ägäis bilden fortan makedonische Schiffe eine gefährliche Konkurrenz für die attische Flotte. Nach dem Engagement im 3. Heiligen Krieg und im Euboiischen Krieg liefert der Olynthische Krieg den endgültigen Beweis, dass Philipp gewillt ist, seine Machtstellung auch im Kreis der griechischen Staaten auszuspielen. Darüber hinaus richtet sich sein Interesse bereits nach Kleinasien und damit in den persischen Machtbereich.

Gewinn der Chalkidike

347 Philipp zieht erneut gegen Kersebleptes, der wieder zu Athen übergeschwenkt ist, um der weiteren makedonischen Expansion in Thrakien einen Riegel vorzuschieben.

346 Ein makedonisches Heer unter Parmenio operiert erfolgreich gegen die Phoker und belagert anschließend das aufständische Halos Achaia in der Thessalien unterstehenden Phthiotis. Nachdem Philipp schon beim Fall Olynths, wo zahlreiche Athener in Kriegsgefangenschaft geraten sind, seine Friedensbereitschaft bekundet hat, beschließen die ernüchterten und erschöpften Athener, mit ihm in Verhandlungen einzutreten. Philipp ist in der stärkeren Position und lässt sich auf wichtige Gegenforderungen nicht ein. Athen kann weder Amphipolis zurückholen, noch darf es für diejenigen unter seinen Bundesgenossen sprechen, die nicht dem Seebund angehört haben. Vom endgültigen Friedensvertrag *(Friede des Philokrates)*, der eine zwölfjährige Feindseligkeit beendet, sind sowohl Kersebleptes wie Halos und Phokis ausgenommen. Es sind die drei Gegner, gegen die Philipp im gleichen Jahr vorgeht. Kersebleptes wird noch vor Abschluss der Verhandlungen in einem raschen Feldzug niedergeworfen; Halos wird erobert und zerstört; Phokis ist durch innere Auseinandersetzungen und Geldmangel so sehr geschwächt, dass es bei Philipps Anmarsch kapituliert. Es wird aus der Amphiktyonie (kultisch-politischer Verband von zwölf griechischen Stämmen) ausgeschlossen, und Philipp erhält seine beiden Stimmen zusammen mit dem Vorsitz bei den Pythischen Spielen. Damit ist der Makedonenkönig offiziell in den Kreis der griechischen Staaten aufgenommen. Isokrates sieht in ihm den künftigen Einiger Griechenlands und Führer im panhellenischen Rachefeldzug gegen die Perser (Philippos; Brief 2), während

Friede des Philokrates

Demosthenes zum Wortführer der Makedonengegner wird. Doch zu offenem Kampf sind diese vorläufig nicht in der Lage, und auch Philipp muss seinem Land nach den ununterbrochenen Kriegen eine Ruhepause gönnen.

345 In die Zeit nach dem Philokratesfrieden fällt eine *Reorganisation Makedoniens*. Im Zusammenhang mit den neu erworbenen Gebieten und der wiederum notwendig gewordenen Grenzsicherung gegen die Illyrer werden Bevölkerungsgruppen verpflanzt. Philipp schlägt die von der Adriaküste vordringenden illyrischen Ardiaier unter Pleuratos zurück und legt im Grenzgebiet befestigte Plätze an.

Reorganisation Makedoniens

344 Auseinandersetzungen im *thessalischen Adel* zwingen Philipp auch hier zum Eingreifen. Er wird nun auf Lebenszeit zum Archon des Koinon gewählt und reorganisiert dessen tetradische (vierteilige) Struktur. An die Spitze jeder Tetrade setzt er Männer seines Vertrauens als Tetrarchen. Die Loyalität des Landes, dessen Einnahmen dem Archon zur Verfügung stehen, ist fortan gesichert.

thessalischer Adel

343 Um der *Opposition in Athen* zu begegnen, die sich mit antimakedonischen Kräften in Sparta und in dem sich von Makedonien abwendenden Theben verbündet und weitergehende makedonische Pläne an den Meerengen und in Kleinasien zu behindern droht, schickt Philipp den Byzantier Python nach Athen, um eine Neuregelung des Philokratesfriedens von 346 anzubieten. Der Vorschlag einer gemeingriechischen Friedensordnung (Koinè eirēnē) scheitert an der von den Makedonengegnern betriebenen Forderung, Philipp solle Amphipolis, Poteidaia und andere ehemalige athenische Plätze herausgeben (Demosthenes' *2. Philippische Rede*).

Opposition in Athen

2. Philippische Rede

343–342 Als Reaktion greift Philipp wieder wie 349–348 in Euboia ein und unterstützt in Megara und Elis die Aristokraten gegen die athenfreundlichen Demokraten. In Epeiros vertreibt er Arybbas und setzt Alexander auf den Thron. Sein weiteres Ausgreifen nach Akarnanien verhindern athenische Truppen.

342–341 Philipp schließt ein Bündnis mit Hermias von Atarneus. Er wendet sich wieder Thrakien zu, wo die makedonische Herrschaft neuer Sicherung bedarf, auch im Hinblick auf eine griechisch-persisch-thrakische Koalition, um die sich Demosthenes bemüht (*3. Philippische Rede*). Es gelingt Philipp, Kersebleptes und den mit ihm verbündeten Teres, Sohn des Amadokos, zu vertreiben. Neue Festungen werden angelegt, Thrakien wird als Strategie unter einem makedonischen Strategen eingerichtet, es muss den Zehnten bezahlen und Hilfstruppen stellen. Athen schließt ein Bündnis mit Byzantion und Perinthos, die sich der bedrohlichen Freundschaft Philipps entziehen.

3. Philippische Rede

340 Unter Athens Führung konstituiert sich ein *hellenischer Bund* gegen Makedonien. Philipp belagert Perinth, doch als der benachbarte persische Satrap der Stadt Hilfe schickt, muss er sich zurückziehen. Darauf greift er Byzantion an und kapert eine athenische Getreideflotte. Nun erklärt ihm Athen den Krieg. Eine athenische Flotte unter Chares trifft am Bosporus ein.

hellenischer Bund

339 Philipp muss auch Byzantion aufgeben und unternimmt einen Blitzfeldzug gegen die Skythen an der unteren Donau, um sein Prestige wieder herzustellen. Eine Strafexpedition der Amphiktyonie gegen Amphissa im ozolischen Lokris wird Philipp übertragen und gibt ihm Gelegenheit, in Griechenland eine Entscheidung herbeizuführen. Als er in Phokis einmarschiert und Elateia besetzt, verbünden sich Athen und Theben.

338 Philipp gelingt es, an dem Riegel der Verbündeten vorbei nach Amphissa durchzubrechen
2. Aug. und die Stadt zu zerstören. In der Ebene von *Chaironeia* kommt es zur *Entscheidungsschlacht*. Auf beiden Seiten stehen etwa 30000 Mann; der gegen die boiotischen Kerntruppen stehende linke makedonische Flügel wird vom Kronprinzen Alexander befehligt. Die in jahrelangen Kämpfen erprobte makedonische Phalanx und die Reiterei sichern den Sieg, der Philipp zum Herrn Griechenlands macht. Vorbereitend zu einer umfassenden *Neuordnung der griechischen Staatenwelt* löst er den Boiotischen und den Athenischen Bund auf. Theben erhält eine Besatzung, Athen verliert seine letzten Besitzungen auf der Chersones (Gallipoli), auf der Peloponnes bringt Philipp seine Anhänger an die Herrschaft. Dann ruft er Gesandte aller griechischen Staaten nach Korinth. Auf der Grundlage der früheren Verträge über „Koinè eirēnē" errichtet er einen Friedensbund, dem nur Sparta fernbleibt (*Korinthischer Bund*). Der makedonische König ist der Hegemon des Bundes, der im Synedrion (Ratsversammlung) eine Repräsentativvertretung der nominell autonomen Mitglieder erhält, die durch eine Symmachie (Kampfbündnis) zusätzlich verbunden sind.

Schlacht von Chaironeia

Neuordnung Griechenlands

Korinthischer Bund

337 Der Bund erklärt Persien den Krieg, und das Synedrion überträgt Philipp als dem bevollmächtigten Strategen (Strategòs autokrátor) die Kriegsführung. Nach Makedonien zurückgekehrt, heiratet Philipp Kleopatra, die Nichte seines Generals Attalos, und löst damit einen schweren Konflikt mit Olympias und Alexander aus, die Pella verlassen.

336 Philipp versöhnt sich mit Alexander und bestätigt ihn als Thronfolger. Eine makedonische Vorhut unter Parmenio setzt nach Kleinasien über. Bevor *Philipp* nachkommen kann, wird er in Aigai während der Hochzeit seiner Tochter Kleopatra mit Alexander von Epeiros *ermordet*; die zweifellos politischen Hintergründe sind bis heute umstritten. „Ein Mann, wie ihn bis dahin Europa noch nie gesehen hat" (Theopomp), Philipp hat sein Land zur europäischen Großmacht geführt und die Grundlage geschaffen, auf der sein Sohn Alexander ein Weltreich errichten kann.

Ermordung Philipps

Alexander der Große (336–323)

Den besten Anschauungsunterricht in Politik und Strategie erhält Alexander bei seinem Vater Philipp II. am Königshof in der makedonischen Hauptstadt Pella erlebt er in jungen Jahren, wie Philipp mit Hilfe loyaler Männer aus der Aristokratie und einem von ihm geschmiedeten Heer, mit diplomatischer Raffinesse und massiver Bestechung aus Makedonien die erste Macht der Balkanhalbinsel macht.

Olympias — Die Erziehung des Kronprinzen liegt zunächst in den Händen seiner Mutter *Olympias*, die ihm auch etwas von ihrem aufbrausenden Temperament vererbt hat. Die entscheidende geistige Ausbildung verdankt er aber dem Umgang mit Aristoteles (343–340). Der universale Gelehrte weckt in ihm ein weit gespanntes kulturelles Interesse, das die Literatur ebenso einschließt wie naturwissenschaftliche Forschungen,

Vorbild Achill — die er dann auf seinem Asienzug gezielt fördert. Homer wird sein Lieblingsdichter, der homerische *Achill* sein lebendiges Vorbild.

Während Philipps Feldzug 340 gegen Byzantion führt *Alexander* als Sechzehnjähriger die Regierung, unternimmt einen Feldzug gegen die Maider und gründet Alexandropolis in Anlehnung an Philippi und Phi-

Schlacht von Chaironeia — lippopolis. In der *Schlacht von Chaironeia* 338 hat er entscheidenden Anteil am makedonischen Sieg. Bei einer anschließenden Friedensgesandtschaft nach Athen lernt er das kulturelle Zentrum des Griechen-

Bundesvertrag in Korinth — tums kennen und erhält das athenische Bürgerrecht. Beim *Bundesvertrag in Korinth*, den die Griechen mit „Philipp und seinen Nachkommen" schließen, gilt der formelhafte Plural in erster Linie seiner Person. Als im folgenden Jahr das Zerwürfnis zwischen Vater und Sohn die anerkannte Thronfolge in Frage stellt und Alexander aus Pella flieht, schadet sich Philipp selbst am meisten. Denn an unsicheren dynastischen Verhältnissen kann ihm zu dem Zeitpunkt, wo er intensiv zum Perserkrieg rüstet, nicht gelegen sein. So ist die baldige Versöhnung auch ein Gebot politischer Klugheit.

Chronologische Übersicht

Alexanders Regierungszeit

336–335 Alexander sichert Makedoniens Grenzen und die Herrschaft über Griechenland
334–331 Er vernichtet die Herrschaft des persischen Großkönigs
330–327 Er nimmt die östlichen Teile des Perserreiches ein
327–325 Er zieht nach Indien, bis die erschöpften Truppen am Hyphasis den Weitermarsch verweigern
325–323 Er sichert den inneren Ausbau des Reiches und stirbt mitten in den Vorbereitungen zu einem Flottenzug nach Arabien

Thronanspruch Alexanders — 336 Nach der Ermordung Philipps setzt Alexander sofort seinen *Thronanspruch* durch und sichert sich mit der Akklamation durch die Heeresversammlung die makedonische Gefolgschaft (Parmenio und Antipater erweisen sich ihm gegenüber als loyal). Mögliche Konkurrenten beseitigt er, insbesondere Amyntas IV., den Sohn des 360 gefallenen Perdikkas III., für dessen Thronfolge sich Stimmen erheben. Dann sichert er die äußere Stellung Makedoniens. Er zieht nach Thessalien, wo ihn die Bundesversammlung zum Archon wählt, und rückt gegen das zum Abfall neigende Theben vor, das sich fügt. In Korinth übernimmt er die Hegemonie seines Vaters und verpflichtet sich als bevollmächtigter Stratege (Strategòs autokrátor) zum Perserkrieg.

335 Alexander kämpft gegen die Triballer im Balkangebirge, die Philipps Tod ausnützen, um die makedonische Vorherrschaft abzuschütteln. Er dringt bis zur Donau vor und überquert sie; Verträge mit einzelnen Stämmen sollen ihm während des Perserkrieges den Rücken si-

Illyrer — chern. Er vertreibt die in Westmakedonien eingefallenen *Illyrer*. Im Herbst marschiert er in einem Blitzfeldzug gegen Theben, das sich aufgrund des Gerüchts von seinem Tod wieder erhoben hat. Eine antimakedonische Koalition kommt trotz Demosthenes' Einsatz und Subsidien des neuen Perserkönigs Dareios III. (336–330) nicht zu Stande. Allein gelassen, wird

Zerstörung Thebens — *Theben* erobert und – nominell auf Beschluss des Korinthischen Bundes – zerstört, die Bewohner werden versklavt.

Perserkrieg — 334 Im Frühjahr eröffnet Alexander den *Perserkrieg* und setzt bei Abydos über den Hellespont. In seinem Heer von 35000 Mann bilden die 1200 makedonischen Hetairenreiter, die 1200 thessalischen Reiter und die 12000 Mann der makedonischen Phalanx mit ihren 4 m langen Stoßlanzen (Sarissen) den Kern. Die bedeutendsten Mitglieder der makedonischen Aristokratie sind Unterführer (Parmenio und sein Sohn Philotas; Krateros; Antigonos; Kleitos) oder nehmen im weiteren Verlauf führende Stellungen ein (Perdikkas; Ptolemaios; Alexanders engster Freund Hephaistion). Die 7000 Hopliten (schwerbewaffnete Fußsoldaten) des Korinthischen Bundes sind zugleich ein Pfand für das Wohlverhalten Griechenlands während Alexanders Abwesenheit. Der Bund stellt auch die Flotte mit 160 Schiffen. Das Heer wird von einer Kanzlei begleitet, dazu von einem umfangreichen Hofstaat, in dem sich Naturwissenschaftler, Künstler, Philosophen und Literaten befinden (Kallisthenes, Neffe des Aristoteles). Antipater bleibt mit einer beträchtlichen Streitmacht zurück, um Makedonien zu sichern und für den Nachschub zu sorgen. Befreiung der kleinasiatischen Griechenstädte und Rache für den Perserkrieg von 480 sind für Alexander als Bundesfeldherrn die nächstliegenden Ziele. Doch die aufwändigen Rüstungen verraten weitergehende Absichten.

Mai Nach einem Besuch in Troia, wo er das Grab Achills schmückt, trifft Alexander am *Granikos* auf das Aufgebot der kleinasiatischen Satrapen, dessen stärkste Teile die Reiterei und die griechischen Söldner sind. Der Dynast Memnon von Rhodos rät den Satrapen vergebens zur Taktik der verbrannten Erde. Alexander siegt dank der schiefen Schlachtordnung. Als er wie stets in vorderster Linie kämpft, rettet ihm Kleitos das Leben. 300 persische Rüstungen schickt er als Weihgeschenk nach Athen, die gefangenen Griechen kommen nach Makedonien zur Zwangsarbeit.

Granikos

Der Sieg eröffnet den Zugang nach Kleinasien. Die Satrapenresidenzen Daskyleion und Sardeis ergeben sich kampflos, ebenso Ephesos; Milet und Halikarnassos werden erobert. Die griechischen Städte erhalten nominell die Freiheit, müssen aber Beiträge (Syntaxeis) abführen. In Anlehnung an ältere Stammesbünde organisieren sie sich in politisch-religiösen „Koiná", wahrscheinlich unabhängig vom Korinthischen Bund; perserfreundliche Oligarchien werden durch Demokratien ersetzt. In Halikarnassos überträgt Alexander Ada, der Schwester des Maussolos, die Satrapie Karien und wird als Nachfolger von ihr adoptiert.

Mit dem *Besitz der kleinasiatischen Küste* schneidet er der persischen Flotte, die Dareios Memnon unterstellt hat, die Basis ab. Memnon verbündet sich mit Makedonengegnern in Griechenland und bereitet eine Invasion vor. Da die Bundesflotte zu kostspielig und für einen Gegenschlag zu schwach ist, entlässt sie Alexander, um die knappe Kriegskasse zu schonen; nur sieben athenische Schiffe behält er als Geiseln. In einem Winterfeldzug unterwirft er Lykien, Pamphylien, Pisidien und Phrygien. Die persische Verwaltungsorganisation der Satrapien belässt er und stellt lediglich Makedonen an die Spitze (Antigonos in Phrygien). Gordion, wo er den *„Gordischen Knoten"* durch Schwertschlag löst, wird neuer Aufmarschort.

kleinasiatische Besitzungen

Gordischer Knoten

333 Da Memnons Gewinne in der Ägäis bedrohlich werden, lässt Alexander wieder eine Flotte ausrüsten. Doch Memnon stirbt bei der Belagerung von Mytilene, womit der persische Versuch, eine zweite Front aufzubauen, gescheitert ist. Dareios hat inzwischen ein riesiges Heer aufgeboten und zieht vom Euphrat gegen Kleinasien. In Eilmärschen dringen die Makedonen über das Taurusgebirge in die kilikische Küstenebene vor. Nach einem Bad im kalten Kydnos befällt Alexander ein schweres Fieber; er liegt zwei Monate krank in Tyros. Parmenio schickt er zur Sicherung der syrischen Gebirgspässe voraus und vereinigt sich noch rechtzeitig mit ihm, während Dareios mit seinen Truppen die Küste entlang nach Issos vorrückt.

Nov. Bei *Issos* kommt es zur Schlacht, in der die griechischen Söldner des Dareios gegen die makedonische Phalanx standhalten und erst Alexanders Reiterattacke auf den im Zentrum stehenden Dareios die Entscheidung bringt. Der Großkönig flieht, sein Lager mit der Königsfamilie fällt in die Hand des Gegners. Alexander ist nun unbestrittener Herr Kleinasiens, auch Syrien und Ägypten liegen offen. Parmenio nimmt Damaskus, und der dort lagernde persische Kriegsschatz von 2600 Talenten beseitigt alle finanziellen Schwierigkeiten. Ein vages *Friedensangebot des Dareios* lehnt Alexander ab. Er marschiert die phönikische Küste entlang, wo sich Arados, Byblos und Sidon, die bisher einen wesentlichen Teil der persischen Flotte gestellt haben, ergeben.

Issos

Ablehnung der Friedensangebote

332 Tyros (heute Sur/Libanon), das sich neutral erklärt, wird nach neunmonatiger Belagerung erobert. Die kyprischen Könige unterwerfen sich freiwillig. Auch ein 2. Friedensangebot des Dareios, der alles Land bis zum Euphrat abtreten will, wird von Alexander gegen Parmenios Rat verworfen. Damit bekennt er sich erstmals klar zu dem Ziel, die Herrschaft über ganz Persien zu gewinnen. Die Festung Gaza (heute: Gasa) wird in zweimonatiger Belagerung bezwungen. Der anschließende Marsch nach Ägypten hat angesichts neuer persischer Rüstungen keine vorrangige strategische Notwendigkeit. Alexander betritt das Land als Befreier von der Perserherrschaft und übernimmt die Nachfolge der Pharaonen. Mit der *Gründung von Alexandreia* (heute: Alexandria/Ägypten) zeigt er wirtschaftlichen Weitblick: Die Stadt entwickelt sich in kurzer Zeit zu einem der größten Handelszentren des Mittelmeers. Beim Zug zum Heiligtum des Zeus-Ammon in der Oase Siwa, wo ihn der Priester als Sohn des Ammon begrüßt, wird seine neue Selbstauffassung deutlich, die den machtpolitischen Anspruch auf Nachfolge der Achaimeniden und Pharaonen um eine göttliche Sphäre erwei-

Gründung von Alexandreia

tert. Die den Makedonen fremde Vorstellung des Gottkönigtums führt erstmals zu Spannungen im Heer, wo man um die traditionelle makedonische Königsherrschaft fürchtet. Der Grieche Kleomenes wird mit der Finanzverwaltung Ägyptens betraut; das nordafrikanische Kyrene unterwirft sich.

Gaugamela 331 Dareios führt aus den östlichen Satrapien ein neues Heer nach *Gaugamela* (Arbela) am oberen Tigris, wo er in ebenem, für seine Streitwagen und Reiter günstigem Gelände den makedonischen Vormarsch erwartet.

1. Okt. Die Entscheidungsschlacht wird wieder durch den von Alexander selbst geführten Reiterangriff entschieden (Darstellung des bei Issos und Gaugamela gleichen Vorgangs auf dem Alexandermosaik von Pompeii). Dareios gibt zu schnell auf und flieht. Alexander wird *König von Asien* nach der Schlacht zum *König von Asien* ausgerufen. Die Satrapen von Babylon und Susa kapitulieren und behalten ihre Stellung. Alexander beginnt mit der Ausmünzung des in Susa gelagerten persischen Königsschatzes (50000 Talente; Schatzmeister sein Freund Harpalos). Die von Xerxes 480 mitgenommenen Statuen der Tyrannenmörder Harmodios und Aristogeiton werden nach Athen zurückgeschickt. Kurz vor Gaugamela ist es Antipater gelungen, eine von Agis III. von Sparta geführte Koalition (Elis, Arkadien, Achaia) bei Megalopolis zu schlagen. Agis fällt, und Sparta tritt dem Korinthischen Bund bei.

330 Die Makedonen erkämpfen gegen Bergstämme den Zugang zur Persis. Die Königsstadt *Einäscherung* *Persepolis* (nordöstlich von Schiras) wird als Fanal für das Ende der Achaimenidenherr-*von Persepolis* schaft *eingeäschert.* Dareios stellt in Medien ein letztes Aufgebot zusammen, verliert aber die Führung an den Satrapen Bessos, der zunächst in seine Satrapie Baktrien ausweicht. In Ekbatana (Hamadan) entlässt Alexander die griechischen Kontingente in die Heimat, da der *Ende des* *Rachefeldzug* im Namen des Korinthischen Bundes beendet ist. In einem Gewaltritt verfolgt *Rachefeldzugs* er Dareios, der kurz vor seiner Ankunft von Bessos bei Hekatompylos ermordet wird. Mit einem ehrenvollen Begräbnis in den Königsgräbern von Persepolis legitimiert sich Alexander als sein Nachfolger. Den Erwartungen der Makedonen, die das Ende des Krieges für gekommen ansehen, tritt er entgegen. Die Einführung des persischen Hofzeremoniells (Proskynese = Fußfall vor dem Herrscher) und das Anlegen der persischen Königstracht ruft bei der Phalanx und einem Teil der adligen Führer Opposition hervor, die Alexander mit dem Todesurteil gegen Philotas wegen angeblichen Hochverrats und mit dem Todesbefehl gegen dessen Vater Parmenio in Ekbatana einschüchtert. Hyrkanien, Areia (Gründung von Alexandreia Areia = Herat), Drangiane und Arachosien (Gründung von Alexandreia = Kandahar) werden, teilweise nach hartem Widerstand, unterworfen.

Zug nach 329–328 Alexander dringt über den Hindukusch nach *Baktrien* vor, wo Bessos, der nach Sogdiane *Baktrien* zurückgewichen ist, von seinen Verbündeten ausgeliefert wird. Ein persisches Gericht verurteilt ihn als Hochverräter zum Tode. Die sogdischen Bergfesten werden in mühseligem Kampf erobert. Alexander führt einen Präventivangriff über den Jaxartes (Syr-Darja), Persiens Nordgrenze gegen die skythischen Steppenvölker. Anlage von Alexandreia Escháte („dem äußersten" = Chodschent). Gegen den im Rücken ausbrechenden Aufstand unter Spitamenes muss Baktrien und Sogdien in fast zweijährigen verlustreichen Gebirgskämpfen zurückerobert werden. Dazu gliedert Alexander das Heer in kleinere selbstständig operierende Einheiten um. Er stellt auch persische Abteilungen auf. Aus Makedonien und Griechenland trifft dringend benötigte Verstärkung ein. Bei einem Gastmahl in Marakanda *Kleitos* (Samarkand) ersticht Alexander im Jähzorn seinen Gefährten *Kleitos*, der ihm Verrat an der makedonischen Tradition vorgeworfen hat. Spitamenes wird nach einer Niederlage von skythischen Verbündeten ermordet.

Heirat Roxanes 327 Liebe und Politik der Versöhnung verbindet Alexander bei der *Heirat Roxanes*, der Tochter des sogdischen Adligen Oxyartes, die ihn fortan als seine rechtmäßige Gemahlin begleitet. Eine Pagenverschwörung wird entdeckt, in deren Verlauf auch der Geschichtsschreiber Kallisthenes, der die Proskynese abgelehnt hat, hingerichtet wird. Mit 50000 Mann, die zum Teil aus nationalen Verbänden der eroberten Völker bestehen, bricht Alexander nach Indien auf, das als ehemalige persische Satrapie zurückgewonnen werden soll. Taxiles, Fürst von Taxila (zwischen Indus und Hydaspes), bietet seine Unterwerfung an. Perdikkas und Hephaistion ziehen über den Khaiberpass und sichern den Indusübergang, während Alexander zur Rückendeckung das Gebirgsland von Nordpakistan bezwingt. Eroberung des Aornosfelsens, den selbst Herakles nicht bezwungen haben soll.

326 Nach dem Einzug in Taxila wird Taxiles in seiner Herrschaft bestätigt. Poros, der mächtigste König des Pandschab, lehnt eine Unterwerfung ab und wird am Hydaspes (Dschihlam) trotz eines großen Aufgebotes (Elefantenkämpfer) geschlagen. Sein Königtum wird ihm belassen. Beim Weitermarsch nach Osten sind die Truppen durch Kämpfe und ungewohntes *Verweigerung* Klima (Monsunregen) so erschöpft, dass sie Alexander am Hyphasis (Beas) die *Heeresfolge* *der Heeresfolge*

verweigern und ihn zur Umkehr zwingen. In einem kombinierten Land- und Flottenzug mit neuerbauten Schiffen stößt Alexander den Hydaspes hinab. Beim Sturm auf eine Stadt der kriegerischen Maller wird er schwer verwundet.

325 Bei der *Einfahrt in den Indus* wird ein weiteres Alexandreia gegründet. Kämpfe mit anliegenden Stämmen unterbrechen immer wieder den Zug. Vom Indusdelta aus zieht Alexander mit einem ausgesuchten Teil des Heeres durch Gedrosien, das Gros mit den Verwundeten führt Krateros durch Arachosien zurück, und die Flotte fährt unter Nearch die Küste entlang, um den Seeweg zu erkunden. Nach einem strapaziösen Wüstenmarsch vereinigt sich Alexander mit Krateros in Karamanien (dionysischer Festzug durch Karamanien).

Einfahrt in den Indus

324 Alexander entsetzt alle Satrapen, die sich während seiner Abwesenheit zu selbstständig gemacht haben. Sein Schatzmeister Harpalos flieht vor einem Strafgericht nach Athen. In Susa nimmt Alexander Stateira, die Tochter des Dareios, neben Roxane zur Frau und verheiratet in einer *Massenhochzeit* makedonische Adlige mit vornehmen Perserinnen, um zunächst innerhalb der Führungsschicht eine Integration zu beginnen. In gleicher Absicht bildet er aus jungen Persern (Epigonoi) Heeresformationen nach makedonischer Art.

Massenhochzeit

Die *Empörung des makedonischen Fußvolkes* über diese Entwicklung entlädt sich in Opis, als Alexander 10000 Veteranen unter Krateros in die Heimat verabschiedet. Er verspricht, die Eigenständigkeit des makedonischen Königtums (Basileia) und den Vorrang der Makedonen zu erhalten. Bei den Olympischen Spielen lässt er Nikanor die Rückkehr aller Verbannten verkünden, um die Makedonenanhänger in Griechenland zu stärken, wo vor allem in Athen und Aitolien die Unzufriedenheit mit der makedonischen Vorherrschaft wächst. Der Tod Hephaistions erschüttert Alexander, welcher den Freund als Heros verehren lässt.

Meuterei der Makedonen

323 In Babylon trifft Alexander ausgedehnte Vorbereitungen zu einer Umsegelung Arabiens. Auch das westliche Mittelmeer zieht er in seine Pläne ein, doch erkrankt er überraschend.

10. Juni *Alexander stirbt.*

Alexander stirbt

Das Weltreich Alexanders des Großen

Das „*Alexanderreich*" ist bei Alexanders Tod eigentlich kein Reich, sondern ein *Konglomerat* von einzelnen Herrschaften, die völlig unterschiedliche Rechtsstellungen haben und die er in seiner Hand vereinigt hat: die makedonische Basileia, das persische Großkönigtum, die Nachfolge der Pharaonen, die Hegemonie über Griechenland. Dazu kommen innerhalb dieser Ländermasse zahlreiche Einzelbündnisse mit kleinen Staaten und Städten. In der Folgezeit hätte sich Alexander die Aufgabe gestellt, die verschiedenen Teile miteinander zu verbinden und seine Stellung weiter zu konsolidieren, um so erst ein einheitliches Gebilde zu schaffen. Dass ihm ein solches Ziel vor Augen stand, macht am frühesten die Vereinigung von persischen und makedonischen Elementen in Königstracht und Hofzeremoniell für seine Person sinnfällig. Nach der Rückkehr aus dem Osten folgen dann die ersten Schritte zu einer *Verschmelzung der Untertanen*. Schon während der Feldzüge verändert sich die Zusammensetzung der Armee, zu der immer mehr Perser herangezogen werden. Übergreifende wirtschaftliche Maßnahmen sind im Sinne einer künftigen „Reichswirtschaft" zu deuten: Von den neu gegründeten Städten (angeblich über 70, tatsächlich etwa die Hälfte) haben viele nicht nur strategische Bedeutung, sondern liegen an weit reichendweit reichenden Handelsstraßen; die Expedition Nearchs von der Indusmündung zur Euphratmündung und die geplante Umsegelung Arabiens sollen zugleich Wege für den Güteraustausch erkunden; die Ausprägung der bisher thesaurierten persischen Königsschätze bringt starke wirtschaftliche Impulse und schafft mit den Alexandermünzen eine Europa und den Orient verbindende Währung. Alexanders Eroberungswerk öffnet auch, den *Hellenismus* fördernd, einem neuen Strom griechischer Kultur den Weg nach Osten, der ältere Ansätze verstärkt; doch ist hier, anders als im politischen und wirtschaftlichen Bereich, die Grenze zwischen Absicht und natürlicher Folge schwerer zu ziehen. Ungewiss ist auch, ob der persische Weltreichsgedanke Alexanders Reichspolitik beeinflusst und ob er im Herrscherkult ein einigendes Band für alle Untertanen gesehen hat.

Alexanderreich Konglomerat

Integration der Untertanen

Hellenismus

Die Diadochenkämpfe (323–280)

Chronologische Übersicht

Babylon

323	Reichsordnung von Babylon
321–320	1. Diadochenkrieg (Perdikkas, Eumenes gegen Antipater, Krateros, Antigonos, Ptolemaios)
320	Reichsordnung von Triparadeisos
319–316	2. Diadochenkrieg (Polyperchon, Olympias, Eumenes gegen Antigonos, Kassander, Ptolemaios)
319	Freiheitsdiagramma Polyperchons
316–311	3. Diadochenkrieg (Ptolemaios, Seleukos, Kassander, Lysimachos gegen Antigonos, Polyperchon)
306–305	Antigonos, Demetrios, Ptolemaios, Kassander, Lysimachos, Seleukos nehmen den Königstitel an
302	Erneuerung des Korinthischen Bundes
302–301	4. Diadochenkrieg (Kassander, Lysimachos, Seleukos, Ptolemaios gegen Antigonos, Demetrios)
301	Schlacht bei Ipsos; Antigonos fällt
294–288	Demetrios König der Makedonen
288–286	5. Diadochenkrieg (Ptolemaios, Seleukos, Lysimachos, Pyrrhos gegen Demetrios)
282–281	6. Diadochenkrieg (Lysimachos gegen Seleukos)
281	Schlacht bei Kurupedion; Lysimachos fällt; Seleukos König der Makedonen
280	Seleukos, der letzte Diadoche, von Ptolemaios Keraunos ermordet

Diadochen-
kriege
Königstitel

Verwaltungsteilung in Babylon
Diadochen

Alexanders Eroberungswerk hebt die historische Auseinandersetzung zwischen Griechenland und Persien auf und beseitigt die politische Reibungsfläche zwischen Europa und Asien. Der neue Zustand könnte fortdauern, es fehlt jedoch ein einziger starker Nachfolger für die Gesamtherrschaft. Dadurch bricht mit der *Verwaltungsteilung in Babylon* in gewisser Weise wieder der alte Gegensatz auf, nur treten sich jetzt auf beiden Seiten Makedonen gegenüber. Ausgangspunkt der folgenden Kämpfe sind die verschiedenen Auffassungen, welche die Verwalter des Alexandererbes, die *Diadochen* (= Nachfolger), über dessen Zukunft haben: Die Anhänger des makedonischen Königshauses treten für die Reichseinheit zumindest unter der nominellen Herrschaft eines Angehörigen der Königsfamilie ein; ihre Hauptvertreter sind Antipater, Polyperchon und Eumenes. Eine eigene Herrschaft über das Gesamtreich erstrebt Perdikkas, dann Antigonos Monophthalmos (= der Einäugige).

Ein Teil der Diadochen ist von Anfang an allein darauf bedacht, für sich die Macht über ein bestimmtes Reichsgebiet zu sichern, ausgehend von den Satrapien, die in Babylon 323 und in Triparadeisos 320 verteilt werden. Zu dieser Gruppe gehören vor allem Ptolemaios, Lysimachos und Seleukos, später Kassander. Die drei entgegengesetzten Bestrebungen entscheiden über die Fronten in den politischen und kriegerischen Auseinandersetzungen von 323–301. Eine wichtige Rolle in den Parteiungen der Diadochen spielen die griechischen Staaten des Mutterlandes und Kleinasiens und anderer staatlicher Sondergebiete innerhalb des Reiches. Auf jeder Seite versucht man, möglichst viele von ihnen für sich zu gewinnen, um die eigene Stellung zu stärken und zugleich dem Gegner diese Möglichkeit zu nehmen.

Reichsordnung
von Babylon

323 Alexander stirbt, ohne die Nachfolge geregelt zu haben. Da die schwangere Roxane den Leibeserben noch nicht geboren hat und der einzige männliche Überlebende der makedonischen Königsfamilie, Alexanders Halbbruder Philipp Arrhidaios, nicht im Vollbesitz seiner geistigen Kräfte ist, fällt die Entscheidung den in Babylon anwesenden makedonischen Generälen und Truppen zu. Die Perser sind ausgeschlossen, Alexanders Verschmelzungspläne werden nicht fortgeführt. Die *Reichsordnung von Babylon* ist ein machtpolitischer Kompromiss: Die traditionsbewusste makedonische Phalanx setzt durch, dass Philipp Arrhidaios zum König ausgerufen wird (323–317). Als Roxane einen Sohn gebiert, wird er als Alexander IV. zum Mitherrscher erhoben (323–310). Die Verwaltung Asiens mit der Aufsicht über die Satrapen übernimmt Perdikkas, der schon seit Hephaistions Tod die Chiliarchie, eine Art Reichsverweserschaft, innehat. Antipater bleibt Stratege von Europa; Krateros, der sich mit 10000 Veteranen in Kilikien befindet, wird Prostates, Verweser des makedonischen Königtums, das damit ausdrücklich in seiner Eigenständigkeit herausgehoben wird. Die von Perdikkas durchgeführte Satrapienverteilung belässt Antigonos Großphrygien, Lykien und Pamphylien; Eumenes, Alexanders Kanzleivorsteher und der einzige Grieche unter den Diadochen, erhält Kappadokien und Paphlagonien, Lysimachos Thrakien, Ptolemaios Ägypten. Unter Athens Führung versucht eine große Koalition griechischer Staaten, Makedoniens Herrschaft abzuschütteln; Antipater wird von Leosthenes in Lamia eingeschlossen (*Lamischer Krieg*).

Lamischer
Krieg

322 Leosthenes fällt vor Lamia. Leonnatos, Satrap des hellespontischen Phrygien, kommt Antipater zu Hilfe, wird aber von den Griechen, die von Lamia abgezogen sind, in Thessalien geschlagen. Antipater entkommt nach Makedonien, wohin nun auch Krateros zieht. Die Verweserschaft für das makedonische Königtum eignet sich Perdikkas an, vor dessen Ambitionen Antigonos zu Antipater und Krateros flieht. Die griechische Flotte unterliegt der makedonischen bei der Kykladeninsel Amorgos. Antipater und Krateros schlagen die verbündeten Griechen bei Krannon in Thessalien; Athen kapituliert, und harte Friedensbedingungen sichern den makedonischen Einfluss.

321 Ptolemaios bemächtigt sich der Leiche Alexanders, die nach der Oase Siwa überführt werden soll, und bestattet sie in Memphis. Antipater, Krateros, Antigonos und Ptolemaios vereinbaren eine *Koinopragía* (nichtstaatliche Zusammenarbeit, im Gegensatz zum zwischenstaatlichen Bündnis, der Symmachia) gegen den nach Alleinherrschaft strebenden

321–320 Perdikkas, zu dem sich Eumenes schlägt *(1. Diadochenkrieg)*. Nach missglücktem Vormarsch gegen Ptolemaios wird Perdikkas von Peithon und Seleukos ermordet; Krateros fällt gegen Eumenes.

Koinopragía

1. Diadochenkrieg

320 Im syrischen Triparadeisos stellt Antipater eine *neue Reichsordnung* auf: Er übernimmt die Reichsverweserschaft (Epimeleia), die er fortan von Makedonien aus im Namen der bei ihm befindlichen Könige ausübt. Antigonos und als dessen Stellvertreter Kassander, Antipaters Sohn, bleiben als Führer des Reichsheeres in Asien mit dem Auftrag, den Reichskrieg gegen den geächteten Eumenes zu führen. Seleukos erhält die Satrapie Babylon. Antigonos strebt nach der Herrschaft über Asien und überwirft sich mit Kassander. Er schlägt Eumenes in Kappadokien und schließt ihn in der Festung Nora ein.

neue Reichsordnung

319 Antipater stirbt, nachdem er vorher Polyperchon, einen alten General Alexanders, zum Nachfolger, Kassander als Chiliarchen zu dessen Stellvertreter ernannt hat. Antigonos und Kassander, der die Herrschaft über Makedonien anstrebt, erkennen Polyperchon nicht an. Sie gehen zusammen und suchen in Kleinasien und Griechenland die Städte für sich zu gewinnen. Dagegen verkündet Polyperchon im Namen von Philipp Arrhidaios in einem Diagramma die Freiheit aller Griechenstädte und zieht aus Griechenland die makedonischen Besatzungen ab. Er ernennt, von der Königinmutter Olympias unterstützt, Eumenes zum

319–316 Strategen von Asien und überträgt ihm den Krieg gegen Antigonos *(2. Diadochenkrieg)*.

318 Eumenes verliert Kleinasien und Syrien an Antigonos, zu dem Seleukos und Ptolemaios halten. In Athen wird Phokion von den wieder erstarkten Demokraten hingerichtet. Kassander besetzt mit Schiffen des Antigonos den Piräus. Polyperchon vertreibt in der Peloponnes die von Antipater eingerichteten und Kassander unterstützenden Oligarchien, aber sein Admiral Kleitos wird von Antigonos bei Byzantion vernichtend geschlagen.

2. Diadochenkrieg

317 Athen ergibt sich Kassander, der Demetrios von Phaleron (317–307) zum Leiter einer oligarchischen Verfassung macht. Eurydike, Gemahlin des Philipp Arrhidaios, setzt in dessen Namen Polyperchon ab und überträgt Kassander die Reichsverweserschaft, Antigonos die Strategie von Asien. In dem in *Makedonien* ausbrechenden *Bürgerkrieg* setzen sich zunächst Olympias und Polyperchon gegen das Königspaar durch, das hingerichtet wird. Dann schließt Kassander Olympias in Pydna ein.

Bürgerkrieg in Makedonien

316 Kassander erobert Pydna, lässt Olympias hinrichten und hält Roxane und Alexander in Gewahrsam. Antigonos besiegt und tötet Eumenes in Gabiene und nimmt dessen Landsmann Hieronymos von Kardia, den späteren Historiker der Diadochenzeit, in seine Dienste. Durch eine Revision unter den Satrapen verstärkt er seine Stellung im Osten, wo er von Einheimischen als König von Asien begrüßt wird.

315 Kassander, Lysimachos und Ptolemaios, zu dem Seleukos geflohen ist, schließen statt einer Koinopragía eine *Symmachie*, ein zwischenstaatliches Bündnis, womit sie die gemeinsame

315–311 Grundlage des Alexanderreiches in Frage stellen *(3. Diadochenkrieg)*. Antigonos ernennt Polyperchon zum Strategen der Peloponnes und verkündet, um die gegnerische Koalition zu treffen, die Freiheit aller Hellenen. Ptolemaios benutzt ebenfalls die Freiheitsparole, um die Griechenstädte zu gewinnen. Kassander gründet Thessalonike und Kassandreia und baut das von Alexander zerstörte Theben wieder auf. Antigonos baut eine Flotte, gründet das Koinón der Nesioten (Bund der Inselbewohner) und tritt in Kleinasien, auf Zypern und in Griechenland den Verbündeten entgegen. Polyperchons Sohn Alexander fällt von ihm zu Kassander ab und erhält dafür die Strategie der Peloponnes.

Symmachie
3. Diadochenkrieg

314–313 Aitoler kämpfen auf Antigonos' Seite gegen die mit Kassander verbündeten Akarnanen. Krieg in der Ägäis, in Karien und an den Meerengen bringt Antigonos nur Teilerfolge.

312 Gegen Ptolemaios' Vorstoß nach Syrien schickt Antigonos seinen Sohn Demetrios, der bei Gaza geschlagen wird. Ptolemaios besetzt fast ganz Syrien, Seleukos gewinnt seine Satrapie Babylon zurück und legt damit den Grundstein für die Herrschaft der *Seleukidendynas-*

Seleukidendynastie

tie, die ihre Ära von diesem Zeitpunkt an datiert. Er schlägt Antigonos' Strategen Nikanor, und Susiane, Medien und die Persis fallen ihm zu. Dem vereinigten Angriff von Antigonos und Demetrios ist Ptolemaios unterlegen und zieht sich nach Ägypten zurück. Syrien fällt bis auf die Nabatäer im Süden an Antigonos.

Verständigung

311 Die Pattsituation führt zu einer vom Status quo ausgehenden *Verständigung*: Antigonos wird Stratege Asiens, Kassander Stratege Europas bis zur Volljährigkeit Alexanders IV., Lysimachos und Ptolemaios werden im Besitz ihrer Territorien bestätigt. Alle Vertragspartner bekennen sich zur Freiheit und Autonomie der Griechen. Demetrios versucht vergebens, vor Abschluss des Friedens Seleukos aus Babylon zu vertreiben. Die völkerrechtliche Form des Friedensschlusses lässt die Vertragspartner als souverän erscheinen. Aus den bisherigen Abwehrmaßnahmen gegen konkurrierende Ansprüche können sie für sich „das Recht des speererworbenen Landes" (Chóra doríktetos) beanspruchen.

Tod Alexanders IV. und Roxanes

310 Kassander lässt den 12-jährigen *Alexander und seine Mutter Roxane ermorden* und beseitigt damit für die Diadochen die letzte (scheinrechtliche) Hürde auf dem Weg zur Souveränität. Der Friedensvertrag von 311 unterbricht nur kurz ihr Bestreben, den eigenen Machtbereich auf Kosten des Nachbarn zu erweitern und zu konsolidieren. Ptolemaios zwingt König Nikokles von Paphos auf Zypern wegen Konspiration mit Antigonos zum Selbstmord.

309 Polyperchon hofft, mit Hilfe eines illegitimen Sohnes Alexanders d.Gr., Herakles, die Makedonen für sich zu gewinnen. Kassander hält die Absicht für so bedrohlich, dass er sich zu einer Samtherrschaft bereit erklärt. Polyperchon erhält die Strategie der Peloponnes und lässt seinen Schützling erdrosseln.

308 Eine Befreiungsfahrt des Ptolemaios nach Griechenland endet mit der Besetzung Sikyons und Korinths. Kassander, mit dem er einen Freundschaftsvertrag schließt, erhält Megara. Ein Verteidigungsbündnis (Epimachie) mit Demetrios zur weiteren Befreiung griechischer Städte ist nur von kurzer Dauer. In legitimistischer Absicht gründet Lysimachos auf der thrakischen Chersones (heute: Gallipoli) seine Hauptstadt Lysimacheia, Seleukos Seleukeia am Tigris. Die Anfänge von Antigoneia am Orontes fallen möglicherweise in die gleiche Zeit. Antigonos kämpft gegen Seleukos, der von den Einheimischen zum König von Babylon ausgerufen worden ist.

attische Demokratie

307 Demetrios überrumpelt mit einer großen Flotte den Piräus und gewinnt Athen. Die makedonische Besatzung wird vertrieben, auch Megara muss sich ihm anschließen. Demetrios von Phaleron wird verbannt und geht später nach Ägypten. Die *attische Demokratie* wird *wiederhergestellt*; der Philosoph Theophrast, Schüler und Nachfolger des Aristoteles, verlässt vorläufig die Stadt. Die Athener überschütten Antigonos und Demetrios mit maßlosen Schmeicheleien, verehren sie als rettende Götter (Theo sotéres) und richten die zwei neuen Phylen Antigonis und Demetrias ein.

306 Antigonos rüstet gegen Ptolemaios. Demetrios belagert dessen Bruder Menelaos in Salamis auf Zypern mit neuartigen Belagerungsmaschinen (Helepolis = Städteeroberin), die ihm den Beinamen Poliorketes = Städteeroberer einbringen. Vor Salamis vernichtet er die Flotte des der Stadt zu Hilfe eilenden Ptolemaios (Einsatz von Siebenruderern). Auf diesen Erfolg hin nehmen Antigonos und Demetrios den *Königstitel* an. Sie versuchen zu Wasser und zu Land eine Invasion in Ägypten, werden aber von Ptolemaios durch geschickte Defensive im Nildelta abgewehrt.

Königstitel

Auflösung von Alexanders Herrschaft

305 Auch Ptolemaios, Kassander, Lysimachos und Seleukos nehmen den Königstitel an, der letzte Schritt zur *Auflösung von Alexanders Herrschaft* ist vollzogen. Demetrios belagert Rhodos, das in den Auseinandersetzungen der Diadochen auf Neutralität beharrt, aber Ptolemaios zuneigt. Seleukos unterwirft Baktrien; andere östliche Satrapien muss er Sandrokottos (Tschandragupta) überlassen, der zwischen Indus und Ganges eine mächtige Dynastie begründet hat.

304 Demetrios schließt mit den Rhodiern unter aitolischer Vermittlung einen Vergleich, um sich wieder Griechenland zuzuwenden, wo Kassander das 307 verlorene Athen in seine Gewalt zu bringen versucht, aber vor dem Antigoniden zurückweicht. Demetrios gewinnt die Boioter und Herakleia an den Thermopylen und rüstet sich, um Kassander und Polyperchon ganz aus Griechenland und womöglich aus Makedonien zu verdrängen.

303 Demetrios vertreibt die Besatzung des Ptolemaios aus Sikyon und Korinth und erobert mit Hilfe seiner Belagerungsmaschinen die meisten Städte in Achaia und Arkadien. Elis tritt zu ihm über, der junge König Pyrrhos von Epeiros verbündet sich mit ihm.

neuer Korinthischer Bund

302 Demetrios erneuert den *Korinthischen Bund*, zu dem alle griechischen Staaten bis auf Sparta, Messenien und Thessalien Vertreter schicken. Antigonos und Demetrios übernehmen gemeinsam die Hegemonie und vereinbaren mit den Mitgliedern einen gemeingriechischen

302–301	Frieden (Koinè eiréne) und seine Symmachie (zwischenstaatliches Bündnis), die als Instrument gegen Kassander dienen soll. Kassander bringt dagegen ein Bündnis mit Ptolemaios, Lysimachos und Seleukos zu Stande, sie vereinbaren, konzentrisch gegen Antigonos vorzugehen *(4. Diadochenkrieg)*. Demetrios muss Griechenland aufgeben, um seinem Vater zu helfen, der die Strategen Dokimos und Phoinix an den in Kleinasien vorrückenden Lysimachos verliert.	4. Diadochenkrieg
301	Antigonos kann nicht verhindern, dass sich Lysimachos mit Seleukos, der 500 indische Elefanten heranführt, in Kappadokien vereinigt, während Ptolemaios Koilesyrien erobert, sich aber wegen des falschen Gerüchts vom Sieg des Antigonos zurückzieht. Bei Ipsos in Phrygien siegen die Verbündeten, Antigonos fällt, Demetrios flieht mit wenigen Truppen. Die Herrschaft der Antigoniden wird aufgeteilt: Lysimachos erhält Kleinasien bis zum Tauros, Seleukos Syrien ohne Koilesyrien, auf dessen Besitz Ptolemaios beharrt, Kassanders Bruder Pleistarchos fällt eine Herrschaft in Kilikien zu. Die vier Diadochenreiche scheinen in einem Gleichgewicht zu sein, das Ruhe für die Zukunft garantiert. Doch die machtpolitischen Interessen jedes einzelnen führen bald zu neuen Verwicklungen. Der größte Störenfried der folgenden Jahre ist Demetrios, dem aus dem Reiche seines Vaters einige kleinasiatische Küstenstädte und Inseln, Tyros, Sidon und Zypern, in Griechenland Megara, Korinth und Chalkis verblieben sind und der die stärkste Flotte besitzt.	
300	Der *Korinthische Bund löst sich auf*. Athen weigert sich, Demetrios aufzunehmen, der Pyrrhos zu seinem Stellvertreter in Griechenland macht und Plünderungszüge an der thrakischen Küste in Lysimachos' Gebiet unternimmt. Gegen Seleukos, der die Einnahme Koilesyriens vorläufig zurückstellt, nähert sich Ptolemaios stärker Lysimachos und Kassander.	Ende des Korinthischen Bundes
299	Als Reaktion verbündet sich Seleukos mit Demetrios und heiratet dessen Tochter Stratonike. Er gründet Antiocheia am Orontes. Demetrios vertreibt Pleistarchos aus Kilikien. Seine bald wieder eingetretene Entfremdung von Seleukos führt ihn zu Ptolemaios, und Pyrrhos geht als seine Geisel nach Ägypten.	
298–297	Kassander stirbt, und der Zwist unter seinen Söhnen gibt Demetrios neue Aussichten auf den makedonischen Thron. Pyrrhos kehrt mit Ptolemaios' Hilfe nach Epeiros zurück, wo er zunächst eine Samtherrschaft mit Neoptolemos ausübt und sein Interesse in Konkurrenz zu Demetrios ebenfalls auf Makedonien richtet.	
296–295	Demetrios belagert Messene und gewinnt mehrere Städte auf der Peloponnes zurück. Seine Flotte erobert Aigina und Salamis, das Landheer Eleusis und Rhamnus. Der Piräus und das Stadtgebiet von Athen, das der Tyrann Lachares verteidigt, werden eingeschlossen, die Getreidezufuhr blockiert. Ein Entlastungsangriff des Ptolemaios scheitert.	
294	Athen ergibt sich, und die *Demokratie wird erneuert*. Demetrios marschiert gegen Sparta, schlägt die Spartaner in zwei Feldschlachten, sieht aber von einer Belagerung der Stadt ab, da ihn Kassanders Sohn Alexander im Thronstreit mit seinem Bruder Antipater, der sich an Lysimachos gewandt hat, zu Hilfe ruft. Inzwischen haben die anderen Diadochen Demetrios' asiatische Besitzungen an sich gerissen. Demetrios lässt Alexander ermorden und wird von der makedonischen Heeresversammlung zum König ausgerufen. Seine Absicht, von Makedonien aus die Herrschaft Alexanders d.Gr. über Griechenland und Asien zu erneuern, vereinigt die andern Diadochen gegen ihn.	Erneuerung der Demokratie
293	Demetrios gewinnt Thessalien, wird zum Archon des Thessalischen Bundes gewählt und gründet am Golf von Volo bei Pagasai seine Hauptstadt Demetrias. Er bezwingt Boiotien mit Theben und setzt den Historiker Hieronymos als Statthalter (Harmostes) ein.	
292–291	Lysimachos gerät bei einem Zug über die Donau in die Gefangenschaft des Getenkönigs Dromochaites, der ihn freilässt, um ihn als Bundesgenossen gegen den gefährlicheren Demetrios zu gewinnen, welcher die Gelegenheit zu einem Einfall in Turakien benutzt hat, aber durch die Erhebung Boiotiens zurückgerufen wird. *Theben*, das sich mit dem Aitolischen Bund und mit Pyrrhos verbündet hat, wird erneut erobert und erhält eine Besatzung.	Theben
291–290	Demetrios heiratet Lanassa, die Tochter des Agathokles von Syrakus, die ihren Gemahl Pyrrhos verlassen hat. Er erhält dadurch Korkyra und schließt mit Agathokles ein Bündnis.	
289	Er rückt in Aitolien ein und verwüstet anschließend Epeiros. Sein Feldherr Pantauchos wird von Pyrrhos geschlagen. Demetrios treibt Pyrrhos bei einem Einfall in Makedonien zwar zurück, aber sein Ansehen im Lande ist so sehr gesunken, dass er mit ihm einen Vertrag schließt, um sich zugleich den Rücken für eine Invasion in Asien freizuhalten.	
288–286	Beunruhigt durch Demetrios' angestrengte Rüstungen schließen Lysimachos, Seleukos und Ptolemaios ein Bündnis, für das sie auch Pyrrhos gewinnen *(5. Diadochenkrieg)*. Ptolemaios verschafft sich das Protektorat über den Nesiotenbund und erscheint mit einer Flotte im Saronischen Golf. Pyrrhos und Lysimachos fallen von zwei Seiten in Makedonien ein und teilen das Land unter sich auf. Demetrios flieht nach Griechenland, Athen fällt von ihm ab.	5. Diadochenkrieg

Tod des Demetrios	286–285	Pyrrhos rückt ihm nach, verständigt sich aber mit ihm gegen Anerkennung seiner Nachfolge in Makedonien. Demetrios segelt mit 11 000 Mann nach Kleinasien. Als Statthalter in Griechenland lässt er seinen Sohn Antigonos Gonatas zurück.
	286–285	Mehrere kleinasiatische Städte fallen von Lysimachos zu *Demetrios* ab. Vor Lysimachos' Sohn Agathokles weicht er in das Seleukos gehörende Kilikien aus. Dieser vermag ihn nicht entscheidend zu treffen, doch Krankheit und Desertionen zwingen ihn schließlich zur Kapitulation. Seleukos interniert ihn in Apameia am Orontes, wo er 283 *stirbt*. In Griechenland kann Antigonos einen Großteil der Besitzungen seines Vaters (Chalkis, Demetrias, Korinth, die Peloponnes) gegen Pyrrhos halten, der Thessalien besetzt.
Lysimachos	285–284	*Lysimachos* verbündet sich mit Athen und den Aitolern und vertreibt Pyrrhos aus Makedonien. Er bringt Thessalien und Paionien zum Anschluss, und für kurze Zeit ist er der mächtigste der Diadochen, als dynastische Zwistigkeiten seinen Sturz herbeiführen.
	283	Lysimachos lässt auf Betreiben seiner jüngsten Gemahlin Arsinoë, der Tochter Ptolemaios' I. und dessen Nebenfrau Berenike, seinen Sohn Agathokles aus erster Ehe ermorden. Agathokles' Gemahlin Lysandra, Tochter des Ptolemaios und der Eurydike, flieht mit anderen Anhängern zu Seleukos. Bei diesem findet sich auch Lysandras Bruder Ptolemaios Keraunos (= Blitz) ein, den Ptolemaios I. von der Erbfolge zugunsten eines Sohnes der Berenike (Ptolemaios II. Philadelphos) ausgeschlossen hat. Keraunos erhofft sich von Seleukos Hilfe gegen Philadelphos, der seit 285 Mitregent ist und 283 seinem Vater auf den Thron folgt.
6. Diadochenkrieg	282–281	Seleukos lässt sich von den Flüchtlingen zum Krieg gegen Lysimachos bestimmen (*6. Diadochenkrieg*). Er fällt in Kleinasien ein, wo er weiteren Zulauf erhält. Lysimachos rückt über den Hellespont vor und fällt gegen ihn bei Kurupedion. Seleukos, der letzte von Alexanders Generälen, vereinigt für sieben Monate dessen Erbe im bisher größten Umfang. Er will den Erfolg mit der Königsherrschaft über Makedonien krönen und zieht nach der Neuordnung Kleinasiens über den Hellespont der Heimat zu, wird aber bei Lysimacheia von Keraunos ermordet, der sich in seiner Hoffnung auf den ägyptischen Thron getäuscht sieht. Als Rächer des Lysimachos wird *Keraunos* von der makedonischen Heeresversammlung zum König der Makedonen ausgerufen. Die *Epoche der Diadochen* ist damit zu Ende.
Keraunos Ende der Diadochenzeit		– (Forts. S. 196)

Das hellenistische System

Hellenismus als politisch-historischer Begriff umfasst die Geschichte des Alexanderreiches nach Alexanders Tod (323), d.h. das Auseinanderfallen der in seiner Hand vereinten europäischen und asiatischen Gebiete und den Aufstieg und Niedergang der Nachfolgestaaten bis zu dem Zeitpunkt, wo sie dem Römischen Reich einverleibt werden.

Die ältere *kulturhistorische Bedeutung* des Wortes, das Johann Gustav Droysen eingeführt hat, meint die Ausbreitung griechischer Kultur und ihre Vermischung mit anderen Kulturen (im Osten wie im Westen), ein Prozess, der durch Alexander und seine Nachfolger wesentlich gefördert wird, dessen Beginn und Ende aber nicht eindeutig zu bestimmen sind. Im Osten wird die dünne Schicht der makedonisch-griechischen Eroberer und Einwanderer Träger der politischen und kulturellen Entwicklung. Ihr ist zu verdanken, dass in den verschiedenartigen Teilen des Alexanderreiches die kurze Zeit der Zusammengehörigkeit über die Eigentraditionen hinaus weiterwirkt, sodass man von einem hellenistischen System sprechen kann.

Sein Schwergewicht liegt bei den aus den Kämpfen der *Alexandernachfolger* (Diadochen) hervorgegangenen drei Monarchien der Antigoniden in Makedonien, der Seleukiden in Asien und der Ptolemaier in Ägypten, Süd-Syrien, Cyrenaika in Nordafrika und Zypern. Deren Verhältnis zueinander wird, je nach den äußeren Bedingungen, den militärischen Möglichkeiten und den persönlichen Entscheidungen der Monarchen (oder ihrer Freunde), von hegemonialen Zielvorstellungen beherrscht, oder es pendelt sich ein Gleichgewicht der Kräfte ein. In beiden Fällen spielen die kleineren griechischen Staaten des Mutterlandes, der Inseln und Kleinasiens eine Rolle, und man sucht sie in gegenseitiger Konkurrenz als Verbündete zu gewinnen. Auch dynastische Heiraten werden als politisches Mittel eingesetzt. Die hellenistische Staatenwelt wird vielfältiger, als im Verlauf des 3. Jh. in Kleinasien auf seleukidischem Boden neue Staaten entstehen: Pergamon, Bithynien, Galatien, Kappadokien und Pontos.

Bei Seleukiden und Ptolemaiern vermischen sich Herrschaftsformen der Achaimeniden bzw. der Pharaonen, die äußerlich am Zeremoniell und an der königlichen Tracht abzulesen sind, mit Elementen des makedonischen Königtums, sodass sich zum Teil Gemeinsamkeiten zu den Antigoniden ergeben, die ihrerseits von der Entwicklung im Osten beeinflusst werden. Einheit und Staatlichkeit des Herrschaftsgebietes sind in der Person des Königs gegeben, der als das lebendige Gesetz (Nómos émpsychos) absolut regiert. Die Legitimität seiner Herrschaft leitet sich ursprünglich aus dem *Recht des speererworbenen Landes* (Chóra doríktetos) ab, das auch für Makedonien außerhalb der Stammlande gilt. Die Erbfolge ist anerkannt, häufig wird sie durch Mitregentschaft des Leibeserben gesichert. Solange ein dynastisches Gefühl noch nicht verwurzelt ist, bildet das *Heer die Machtgrundlage* des Regenten, was sich in seiner Erhebung durch die makedonische Heeresversammlung manifestiert. Erfolgreiche Politik und Sicherheit nach außen, wirtschaftliche Blüte und Ruhe im Innern fördern die dynastische Anhänglichkeit, zu deren Fundierung auch der in Makedonien unbekannte und dort nie eingeführte Herrscherkult beiträgt. Der bürokratische Apparat, mit dessen Hilfe der König seine Macht ausübt, ist in Makedonien weniger stark ausgebildet als bei den Seleukiden und Ptolemaiern, und in der straff hierarchisch organisierten Verwaltung treten diese das Erbe der Pharaonen an, während im weiträumigen Seleukidenreich die Provinzgouverneure häufig eine große Selbstständigkeit behaupten. Hier wie dort nehmen Griechen die hohen Verwaltungsposten ein, Einheimische finden sich nur auf der unteren lokalen Ebene, und erst spät steigen einzelne Nichtgriechen in die oberen Ränge auf. Im Heer, das ursprünglich nur aus Makedonen besteht, geht die Vermischung schneller vonstatten. Den Berufsbeamten entsprechen die Berufskrieger zu Fuß (makedonische Phalanx) und zu Pferde, die als erbliche Bauernsoldaten in geschlossenen Dörfern angesiedelt werden. Eine einheitliche Bevölkerungsmischung findet nicht statt. Es bleibt eine Kluft, die durch soziale Unterschiede zwischen der privilegierten fremden Oberschicht und den wirtschaftlich und politisch benachteiligten „Barbaren" verstärkt wird. Sie führt im 2. Jh. sowohl im Seleukidenreich (Juden) als auch in Ägypten in dem Maße zu inneren Spannungen, wie sich die Macht der Dynastien verringert.

Der *Hof* in der Hauptstadt ist zugleich das Zentrum der Herrschaft. Dort versammelt der König den Kronrat (Synedrion), dem als seine Freunde hohe Offiziere und Beamte angehören. Er hat keine fest umrissene Funktion, trotzdem übt er bei politischen Entscheidungen häufig einen starken Einfluss aus. Da das Eroberungsrecht den König zum Besitzer des Landes macht, verfügt er nach Gutdünken über Grund und Boden, entlohnt den Adel mit Gütern, weist den Soldaten Ackerland zu und siedelt Kolonisten in den neu gegründeten Städten an. Zwar behält er die Oberhoheit am Boden und kann Schenkungen rückgängig machen, aber sie verringern mit der Zeit das verfügbare Königsland. Trotzdem stellt dieses das größte *Wirtschaftspotenzial* des Landes dar, dessen Erträge zusammen mit Zöllen, Geldsteuern und Naturalabgaben in die königlichen Kassen fließen. Großen Gewinn zieht der Monarch auch aus dem Handel, dessen staatliche Lenkung am weitesten in Ägypten geht (Monopole in Öl, Wein, im Manufaktur-, Bank- und Transportwesen). Neue Häfen werden angelegt; die Seleukiden pflegen und erweitern das alte persische Straßennetz. Der bisher im Osten wenig übliche Geldverkehr wird gewaltig vermehrt. Die Handelsbeziehungen reichen vom Mittelmeer bis nach Indien und China im Osten und bis nach Spanien im Westen. Die Städte nehmen innerhalb des monarchischen Herrschaftsbereiches politisch und wirtschaftlich eine Sonderstellung ein, die verschiedene Abstufungen kennt. Die Abhängigkeit wird vielfach von der Stärke des jeweiligen Herrschers bestimmt. Sie ist am größten in den altmakedonischen Städten und den Neugründungen des Ostens. Dagegen stehen die vom Königsland umgebenen griechischen Polisstaaten in einem Bundesverhältnis zum Herrscher mit nomineller Selbstständigkeit, die ihnen auch durch die gerne verkündeten Freiheitsparolen bestätigt wird. Die Grenze der Souveränität zeigt sich bei Interessenkollisionen, wenn sich der König nicht scheut, Besatzungen in eine Stadt zu legen und ihr einen Vorsteher (Epistátes) aufzuzwingen. Für die Beziehungen des Königs zu den Dynasten (im Seleukidenreich) und zu den Tempelterritorien (in Kleinasien, Syrien und Ägypten) gilt Ähnliches.

Das griechische Staatsdenken setzt sich im ausgehenden 5. und im 4. Jahrhundert in Reaktion auf Missstände der Demokratie intensiv mit dem Problem des Königtums auseinander (Sophistik; Plato; Isokrates). Auf die Ausformung der *hellenistischen Monarchie* üben solche Überlegungen keinen unmittelbaren Einfluss aus, auch wenn man nachträglich aus diesem Arsenal den einen oder anderen Gedanken zu ihrer theoretischen Fundierung geholt hat. Andererseits fördern die Auseinandersetzungen der griechischen Staaten mit der makedonischen Monarchie und das Erlebnis der großen, aus dem Alexanderreich hervorgegangenen Territorialherrschaften bundesstaatliche *Zusammenschlüsse* (Sympolitien, Koiná), die sich nicht mehr wie bisher auf den geschlossenen Stamm (Ethnos) beschränken, sondern über ihn hinausgreifen. Die beiden überstammlichen Sympolitien der Achaier auf der Peloponnes und der Aitoler in Mittelgriechenland sind das Neue im griechischen Staatsleben der hellenistischen Zeit. Ihre Struktur ändert sich nicht gegenüber den alten Stammesbünden. Im Innern sind die Mitgliedsgemeinden autonom und behalten ihr eigenes Bürgerrecht. Daneben besteht ein Bundesbürgerrecht, eine Bundesversammlung aller Bundesbürger, ein Rat und Bundesbeamte mit einem jährlich gewählten Strategen an der Spitze. Bundessache sind Außenpolitik, Heerwesen, Münzprägung.

Auch die *Polis* inner- und außerhalb der Bünde erfährt in ihrem staatlichen Aufbau keinen grundsätzlichen Wandel. Eingriffe der Könige sollen lediglich ihre Loyalität sichern. Zu diesem Zweck werden Parteiungen ausgenützt und je nachdem Oligarchen oder Demokraten an die Macht gebracht. Die Antigoniden stützen sich auch gerne auf Tyrannen. Der städtische Kult für einen Herrscher entspringt der Dankbarkeit für erwiesene Güte und ist Aufforderung zu künftigem Wohlverhalten. Letztlich dokumentiert er das ungleiche Machtverhältnis zwischen König und Polis, oft auch deren Abhängigkeit von materiellen Zuwendungen des Wohltäters (Euergétes) und Retters (Sotér).

Wirtschaftlich erlebt Griechenland in der Diadochenzeit zunächst eine *Blüte* durch das Einströmen der ausgemünzten persischen Edelmetalle, während zugleich der Bevölkerungsdruck nachlässt und viele Arme im Osten eine neue Existenz finden. Doch im 3. Jahrhundert setzt ein Rückgang ein, für den Polybios 162 mit Recht die dauernden Kriege verantwortlich macht, die die Griechen untereinander führen und bei denen meistens die auswärtigen Mächte hineinspielen. Durch die häufigen Verwüstungen der Ländereien wird besonders der grundbesitzende Mittelstand geschädigt und sinkt ab, während die Vermögenskonzentration in der Hand weniger zunimmt; am Schicksal Spartas ist die Entwicklung gut abzulesen. Es kommt zu scharfen *sozialen Spannungen* und revolutionären Forderungen (Landneuaufteilung; Schuldenabschüttelung). Weniger betroffen sind Handelsstädte wie Athen, Korinth, Sikyon, aber auch hier fällt der Unterschied zur Wirtschaftsblüte im Osten auf. Das günstig gelegene Rhodos wird zur neuen Handelsgroßmacht. Der binnenländische Markt für Manufakturwaren stagniert, und der Export geht zurück, da die Könige die eigene Industrie fördern. Die Arbeit wird knapp, und der freie Lohnarbeiter kann mit den billigen Sklaven nicht konkurrieren.

Die *hellenistische Kultur* bleibt auch innerhalb der neuen Reiche eine städtische. Die Gründungen Alexanders und seiner Nachfolger übernehmen das Muster der griechischen Polis. Zu ihr gehören der Markt (Agorá), gewöhnlich mit einer umgebenden Säulenhalle, Tempel, ein Theater und für Sport und Bildung das Gymnasium, das zu besuchen im Osten geradezu Ausweis des Griechentums wird. Straßen und Häuser sind oft schachbrettartig angelegt (System des Hippodamos von Milet). Der attisch-ionische Dialekt wird mit einigen Änderungen zur Amts- und Verkehrssprache (Koiné). *Athen* behält seine führende Stellung in der Philosophie. Mit Arkesilaos (Schulhaupt 265–240) beginnt die Neue Akademie. Im „Peripatos" (Wandelhalle für Vorträge) führen Aristoteles' Nachfolger Theophrast (372–287) und Straton von Lampsakos (ca. 330–269) vor allem die naturwissenschaftlichen Forschungen des Meisters fort. 307–306 eröffnet Epikur von Samos den „Garten" (Kepos); seine Lehre vom Leben in der auf Tugend gegründeten Lust (Lebe im Verborgenen!) zieht viele an. Gegenströmung ist die etwa gleichzeitig von Zenon von Kition (336–264) gegründete und von Chrysipp (280–209) systematisierte Stoa, die Überwindung der Affekte durch Tugend fordert, einen strengen Rationalismus vertritt, Zeus als vernünftiges Weltgeschehen interpretiert (Zeushymnus des Kleanthes) und den Menschen als Weltbürger sieht.

Die neue Komödie mit ihren unpolitischen Gesellschaftsstücken wird von Philemon (361–263) begründet. Mit Menander (342–292), einem Meister der Komposition und Charakteristik (Dyskolos = der Men-

schenfeind; Epitrepontes = das Schiedsgericht), erreicht sie ihren Höhepunkt. 324 wird das steinerne Dionysostheater erbaut.
Als Bildhauer sind in Athen die beiden Söhne des Praxiteles tätig (Menanderkopf um 290). Polyeuktos schafft die ausdrucksvolle Bronzestatue des Demosthenes. Aus der Lysippschule in Sikyon stammt der Apoxyomenos (= der sich abschabende Athlet).
Griechenland wird in bildender Kunst und Architektur, in Dichtung und Wissenschaft mehr und mehr von den neuen Residenzen überflügelt, vor allem von Alexandreia in Ägypten und Pergamon in Kleinasien. Diese sollen nicht nur Zentren der Macht sein, sondern auch die *kulturelle Führung* übernehmen und so Glanz auf die Monarchen werfen, die als großzügige Förderer und Auftraggeber Künstler und Gelehrte aus der ganzen griechischen Welt heranziehen, sie sich bisweilen auch gegenseitig abjagen. Mit den ihnen zur Verfügung stehenden Mitteln kann eine Polis nicht mehr konkurrieren. Doch freigebiges Mäzenatentum findet sich auch in den prosperierenden Städten Kleinasiens und Syriens, wo zahlreiche öffentliche Gebäude, musische und gymnische Veranstaltungen (neben sonstigen sozialen Aufwendungen) den Spenden reicher Mitbürger verdankt werden.

kulturelle Führung

Mit Rhodos' wirtschaftlichem Aufschwung wächst auch seine kulturelle Bedeutung; der rhodischen Bildhauerschule entstammt die Nike von Samothrake. Pergamon bietet die hervorragendsten Beispiele hellenistischer Architektur (Akropolis, vollendet um 175) und Skulptur (Pergamonaltar; Sterbender Gallier). Neben der pathetisch-erhabenen Plastik bildet die hellenistische Bildhauerei die realistisch-genrehafte Darstellung aus (trunkene Alte; Ganswürger; Dornauszieher). Alexandreia wird zur Metropole von Dichtung und Wissenschaft. Ptolemaios I. gründet 280 das *Museion* für organisierte wissenschaftliche Arbeit mit einer Bibliothek, die auf 490000 Papyrusrollen anwächst. Ihr Leiter wird der als Dichter und Gelehrter gleich berühmte und die römische Dichtung stark beeinflussende *Kallimachos* von Kyrene (ca. 310–240). Er verfasst einen Katalog der griechischen Klassiker in 120 Büchern, Götterhymnen, Epigramme, die Aitia (Ursprünge von Festen und Bräuchen) und, in Abwendung vom großen Epos, das Kleinepos (Epyllion) Hekale, das den Helden Theseus nach dem Kampf zeigt. Sein Nachfolger an der Bibliothek, Apollonios von Rhodos (ca. 295–215), ist Verfasser eines Argonautenepos in vier Büchern. Theokrit aus Syrakus (*ca. 305), mit Ptolemaios II. und Kallimachos befreundet, wird Begründer der bukolischen Dichtung. In Mimiamben schildert Herodas von Kos um 250 kleine Alltagsszenen. Kommentierung und Erhaltung der Klassiker sind die historischen Leistungen der alexandrinischen Philologie: Der Grammatiker Zenodotos, Vorgänger des Kallimachos als Bibliotheksvorstand (285), veranstaltet die erste kritische Homerausgabe. Noch wichtiger für den Homertext ist die Arbeit des *Aristophanes* von Byzantion (ca. 257–180), des bedeutendsten Philologen des Altertums. Sein Schüler Aristarch von Samothrake (ca. 217–145) verteidigt die historische Darstellung Homers gegen den Symbolismus der Pergamenischen Philologenschule (Krates von Mallos). Im Umkreis Ptolemaios' I. schreibt *Kleitarch* seine Alexandergeschichte, die bis in den Alexanderroman des Mittelalters nachwirkt. Sie selbst ist verloren, ebenso hat sich von den sieben Tragikern, der Pleias von Alexandreia, so gut wie nichts erhalten. Das mathematische Wissen der Zeit fasst *Euklid*, der um 300 in Alexandreia lebt, in den „Elementen" zusammen. Sein Schüler ist *Archimedes* (287–212), der größte Mathematiker und Mechaniker der Antike. Möglicherweise hält sich auch Aristarch von Samos in Alexandreia auf, der das *heliozentrische Weltbild* und die Achsendrehung der Erde vertritt. Eratosthenes, von Ptolemaios III. 246 zum Vorsteher der Bibliothek und Erzieher des Kronprinzen berufen, treibt chronologische Studien (Olympiaden als festes Datengerüst) und stellt in den Geografika die physische Geografie der Erde dar. In der Medizin tritt Alexandreia in Konkurrenz zu den Ärzteschulen von Kos und Knidos. Herophilos (1. Hälfte 3. Jahrhundert) und Erasistratos (2. Hälfte 3. Jahrhundert) führen Leichensektionen durch und machen wichtige anatomische Entdeckungen.

Museion
Kallimachos

Aristophanes

Kleitarch

Euklid
Archimedes
heliozentrisches Weltbild

Die traditionelle griechische *Religion* verschwindet im Hellenismus nicht. Die Kulte werden weitergepflegt, die Götterfeste gefeiert, die gemeingriechischen Heiligtümer und Orakelstätten geehrt und aufgesucht. Die Auswanderer nehmen in die neue Heimat ihr religiöses Erbe mit, darin bestärkt von den Herrschern, die sich ihre Reichsgötter unter den Olympiern suchen (Ptolemaier – Zeus; Seleukiden – Apollon; Attaliden von Pergamon – Zeus und Athene). In der Regel sind sie gegenüber den vorgriechischen Kulten tolerant und fördern so indirekt den Synkretismus. Aber die Tendenzen, die schon vorher zu beobachten sind, verstärken sich: östliche Einflüsse auf die griechische Religion; Philosophie als Religionsersatz in den Oberschichten; Ausdehnung des Erlösung versprechenden Mysterienwesens; verstärkte individuelle Frömmigkeit neben dem offiziellen Kult (Aufschwung der Dionysosverehrung; Herakles als Erlösergott), wodurch der Boden für das Christentum bereitet wird.

Religion

Die hellenistischen Gebiete

Ägypten unter den Ptolemaiern

(Forts. v. S. 82)

Nationalitäten- Ägypten ist wie das Seleukidenreich ein *Nationalitätenstaat* mit scharfer Trennung zwischen Makedonen
staat und Untertanen, dazu starken Spannungen zwischen den einzelnen Minoritäten (etwa Griechen und Juden). Das religiöse und geistige Leben der einzelnen Volksgruppen verläuft weit gehend getrennt, mit gelegentlichen Ansätzen zu einer Mischkultur.

Alexandreia Zunächst einzige Griechenstadt und königliche Residenz ist *Alexandreia* (Alexandria), dessen Bevölkerung auf über eine halbe Million anwächst, davon 150000 Griechen; als Sitz des Museion und einer berühmten Bibliothek, welche die hervorragendsten Dichter und Gelehrten anzieht, ist es geistiger Mittelpunkt der gesamten hellenistischen Welt. Makedonen und Griechen siedeln außerdem in der alten Kolonie Naukratis und in der Neugründung Ptolemais, dazu als Kleruchen auch in Dörfern; im Delta wie im Niltal bleibt die alte Einteilung in „Gaue" (Nomoi) erhalten, z.T. mit neuen Namen. Der König übernimmt die vorgegebene Rolle der ägyptischen Pharaonen, mit ihrer Titulatur und ihrem Ornat. Er ist Eigentümer des Landes, das die Einheimischen als Pächter bestellen; auch die Steuern werden verpachtet, Banken und Papyrus-Produktion sind staatliches Monopol. Neben der Landwirtschaft spielt der Transithandel eine wichtige Rolle. Eine reiche Quelle für Alltagsleben, Verwaltung, Wirtschaft und Recht bildet die Fülle von griechischen und demotischen Papyri, die sich durch das trockene Klima erhalten hat. (Hauptfundorte sind mehrere Dörfer der großen Oase El-Fajum und insbesondere Oxyrhynchos.) In den Tempeln, die ihre lokale Tradition pflegen, wird die alte Hieroglyphenschrift weiterverwendet und eine Fülle von religiösen Texten überliefert.

Ptolemaier Alle Herrscher der Dynastie tragen den Namen Ptolemaios und werden in der Antike nur durch Kultnamen der Herrscherverehrung (seit etwa 278) unterschieden; sie werden daher als *Ptolemaier* (Ptolemäer) oder nach dem Stammvater der Dynastie (Lagos) auch als Lagiden bezeichnet. Ptolemaios, Sohn des Lagos und der Arsinoë, behauptet sich nach dem Tod Alexanders d. Gr. als Satrap Ägyptens, zunächst für Philipp III. Arrhidaios (323–316) und dann für Alexander IV. (310 ermordet).

    321 Perdikkas im Kampf mit Ptolemaios von Offizieren ermordet.
    312 Sieg des Ptolemaios bei Gasa über Demetrios' Sohn Antigonos.

Ptolemaios I.   305 Annahme der Königswürde als *Ptolemaios I. Soter* (305–285, 282). Er ist zuerst vermählt
Soter mit Eurydike (Sohn Ptolemaios Keraunos), dann mit deren Hofdame Berenike (ihr Sohn Magas herrscht seit 308 in Kyrene).

298/286 Kyrene (298), Zypern (294), Tyros und Sidon (286) werden ägyptisch.
Besondere Fürsorge des Herrschers für die Hauptstadt Alexandreia, deren griechisch geprägte Kunst bis nach Fajum ausstrahlt. Der Leichnam Alexanders d. Gr. wird zunächst nach Memphis, dann nach Alexandreia gebracht. Der König stiftet gemeinsam für Griechen und Ägypter den neuen Serapiskult, in den die Verehrung von Isis und Osiris integriert ist. In Oberägypten wird als weitere Griechenstadt Ptolemais gegründet.

Ptolemaios II.   285 *Ptolemaios II. Philadelphos* wird neben seinem Vater Mitregent (282–246 Alleinherrscher).
Philadelphos seit 278/277 In Geschwisterehe mit Arsinoë II. verheiratet (vorher Gattin des Lysimachos und des Keraunos, nach ihrem Tod am 9. Juli 270 göttlich verehrt).
Gründung von Faktoreien am Roten Meer und Bau eines Nilkanals dorthin. In mehreren Kriegen kann Ptolemaios II. die Besitzungen in Kleinasien und in der Ägäis behaupten:
    275 Krieg gegen Magas von Kyrene.
274–271 1. Syrischer Krieg gegen Antiochos I. von Syrien (Seleukidenherrscher).
    273 Erster Gesandtenaustausch mit Rom.
267 (268?)– Chremonideischer Krieg: mit Sparta und Athen gegen Antigonos Gonatas von Make-
    261 donien.
260 (259?)– 2. Syrischer Krieg gegen Antiochos I. von Syrien: Ptolemaios II. Philadelphos kann sich
    253 nicht in Syrien festsetzen.

Ptolemaios III.   246 Es folgt *Ptolemaios III. Euergetes* auf dem Thron (246–222).
Euergetes Kulturelle Blüte (245 Kallimachos' Gedicht „Locke der Berenike", 237 Bau des Tempels von Edfu begonnen).
246–241 3. Syrischer Krieg, da die Schwester von Ptolemaios III., Berenike, zweite Gattin von Antiochos II. von Syrien (seit 252), mit ihrem Sohn enterbt wird. Vorstoß über den Euphrat,

238	aber Gegenstoß von Seleukos II. Ausbau des Herrscherkults durch das Dekret von Kanopos. Einrichtung der „Gaustrategie".	
233	Verlust von Damaskus an das Seleukidenreich.	
221	*Ptolemaios IV. Philopator* (221–205) zunächst unter Regentschaft des Sosibios und Agathokles.	*Ptolemaios IV. Philopator*
219–217	4. Syrischer Krieg gegen den Seleukidenherrscher Antiochos III., der Ptolemaios zunächst aus Syrien verdrängen kann.	
217 März	Durch den Sieg bei Raphia gewinnt Ptolemaios Südsyrien zurück.	
nach 217	Innere Unruhen durch Inflation (ab 221, mit Gleichberechtigung der Kupferwährung ab 212) und neues Selbstbewusstsein der Ägypter.	
ab 205	In Oberägypten einheimische Gegenkönige Harmachis und Anchmachis (205–184). Aufstand unterbricht den Bau des Edfu-Tempels, dazu Angriffe der Meroïten unter Ergamenes.	
204	*Ptolemaios V. Epiphanes* (204–180: bis 197 unter wechselnder Regentschaft).	*Ptolemaios V. Epiphanes*
202 (201?)	Ausbruch des 5. Syrischen Krieges (202–198 nach Geheimvertrag zwischen Antiochos III. und Philipp V. von Makedonien über die Aufteilung der ägyptischen Außenbesitzungen).	
200	Durch die Niederlage bei Paneion Verlust von Südsyrien, Palästina und den kleinasiatischen Gebieten; Ägypten behält nur Zypern und Kyrene.	
196	Priesterdekret von Memphis („Stein von Rosette", Grundlage für die Entzifferung der Hieroglyphen durch Champollion).	
195	Tod des Bibliothekars Eratosthenes in Alexandreia, ihm folgt Aristophanes von Byzanz.	
194	Heirat Ptolemaios' mit Kleopatra I. von Syrien.	
184	Niederwerfung des Eingeborenenaufstands in Oberägypten.	
180	*Ptolemaios VI. Philometor* (180–145, bis 176 unter Vormundschaft seiner Mutter Kleopatra I., heiratet 175 seine Schwester Kleopatra II., seit 170 gemeinsame Regierung mit ihr und seinem Bruder Ptolemaios VIII.)	*Ptolemaios VI. Philometor*
170–168	6. Syrischer Krieg: Antiochos IV. von Syrien besetzt Ägypten bis auf Alexandreia, wird aber durch römische Intervention (C. Popillius) zum Abzug gezwungen.	
168–164	Neue Unruhen in Oberägypten.	
164	Der König wird von seinem Bruder Ptolemaios VIII. vertrieben und geht nach Rom.	
163	Rückkehr von Ptolemaios VI. nach Ägypten. Reichsteilung: Ptolemaios VI. und Kleopatra II. erhalten Ägypten mit Zypern, ihr Bruder Kyrene, das er in seinem Testament den Römern verspricht.	
145	Rückeroberung von Südsyrien gegen den Seleukiden Alexander I. Balas. Ptolemaios VII. Neos Philopator (152–150 König von Zypern) regiert nur wenige Monate, danach erneut *Ptolemaios VIII. Euergetes II.*, genannt Physkon (145–116).	*Ptolemaios VIII. Euergetes II.*
142	Der neue Herrscher verstößt seine Schwester-Gattin Kleopatra II. zugunsten ihrer Tochter Kleopatra III., worauf es zum Bürgerkrieg kommt.	
139	Römische Gesandtschaft mit Scipio Aemilianus in Ägypten.	
132	Ptolemaios wird nach Zypern vertrieben (132–127).	
131	Einheimischer Gegenkönig Harsiesis in Theben und Achmim belegt (131–129).	
127	Ptolemaios gewinnt Alexandreia zurück.	
124	Aussöhnung der streitenden Parteien: *Dreierregierung* Ptolemaios' mit Kleopatra II. und III. Der griechische Einfluss geht zurück, Gelehrte und Künstler werden aus Alexandreia vertrieben, zunehmende Orientalisierung. Ausweitung des Handels.	*Dreierregierung*
ca. 117	Beginn der regelmäßigen Seefahrten nach Indien.	
116	Ptolemaios IX. Soter II. Lathyros (116–80, bis 107 gemeinsame Regierung mit seiner Mutter Kleopatra III.).	
107	Ptolemaios wird nach Zypern vertrieben.	
107–101	Regierung Kleopatras mit ihrem anderen Sohn Ptolemaios X. Alexandros.	
101–88	Gemeinsame Regierung von Ptolemaios X. mit seiner Schwester Berenike III., Kämpfe in Syrien zwischen den beiden Brüdern.	
88	Ptolemaios IX. kehrt nach Alexandreia zurück, neue Aufstände in Oberägypten werden unterdrückt.	
84	Ptolemaios XI. Alexandros II., Sohn des vertriebenen Ptolemaios X., flieht zu Sulla nach Rom.	
80	Ptolemaios XI. wird Mitregent und Gemahl seiner Stiefmutter Berenike III. Er lässt sie ermorden und wird darauf selbst von den Alexandrinern getötet. Er hat testamentarisch Ägypten und Zypern dem *römischen Staat* vererbt. Ptolemaios XII. Neos Dionysos, genannt Auletes, Sohn von Ptolemaios IX. (80–51).	*römische Erbschaft*
74	Kyrene wird römisch.	
69/68	Ptolemaios XII. heiratet Kleopatra V.	

	58	Als Zypern römische Provinz wird, flieht Ptolemaios XII. nach Rom.
	58–55	Herrschaft seiner Tochter Berenike IV. mit verschiedenen Mitregenten.
	55	Ptolemaios XII. wird von A. Gabinius wieder zurückgeführt. Während Rom die politische Vormundschaft übernimmt, breitet sich der ägyptische Isis-Kult in Rom aus (erste Verbote durch den Senat 59 und 58).
Kleopatra VII.	51	*Kleopatra VII.* (51–30), regiert zunächst mit ihrem Bruder Ptolemaios XIII. Philopator Philadelphos.
Alexandrinischer Krieg	**48–47**	Im *Alexandrinischen Krieg* leistet Ptolemaios XIII. Caesar Widerstand und wird getötet.
	47	Kleopatra, mit Caesar verbündet, erhebt ihren zweiten Bruder Ptolemaios XIV. Philopator zum Mitregenten (47–44).
	44	Kleopatras und Caesars gemeinsamer Sohn Caesarion als Ptolemaios XV. zum Mitregenten benannt (44–30).
	41	Erste Begegnung Kleopatras mit M. Antonius in Tarsos, bald darauf in Ägypten. Kleopatra sucht im Bündnis mit ihm das Ptolemaierreich im einstigen Umfang wieder herzustellen.
	34	„Armenien-Triumph" von Antonius in Alexandreia, Kleopatra als „Königin der Könige" proklamiert.
	32	Formelle Kriegserklärung Octavians an Ägypten und heftige Propaganda gegen Kleopatra.
	31	Ägyptische Niederlage bei Actium gegen Octavian (2. Sept.).
Selbstmord Kleopatras	30	Einnahme Alexandreias durch die Römer (3. Aug.), Ende des Ptolemaierreiches.
	12. Aug.	*Selbstmord Kleopatras*; Ägypten wird römische Provinz. – (Forts. S. 335)

Das Seleukidenreich (281–63)

(Forts. v. S. 91, 99, 110)

Seleukiden — Die *Seleukiden* datieren den Beginn ihrer Herrschaft von 312/311 an, als Seleukos I. seine Satrapie Babylon von Antigonos Monophthalmos zurückeroberte (seleukidische Ära). In den folgenden Jahren unterwirft sich Seleukos die iranischen Satrapien, stößt bis zum Indus vor, gewinnt 301 durch die Schlacht bei Ipsos Syrien, 296 Kilikien und 281 mit seinem Sieg bei Kurupedion das übrige Kleinasien, ausgenommen Pontos, Bithynien und einige Griechenstädte. „Könige, Dynasten, Städte und Völker" umfasst die Herrschaft, die er seinen Nachkommen hinterlässt, und sie wird legitimiert durch das „Recht über erobertes Land" (Chóra doríktetos). Aber die eroberten Gebiete, die sich anfangs ungefähr mit dem Umfang des Achaimenidenreiches decken, sind in ihrer geopolitischen, ethnischen und kulturellen Struktur zu ungleich, als dass sie unter der neuen Dynastie zu einer Einheit zusammenwachsen könnten. Die Geschichte des Seleukidenreiches ist zu einem guten Teil die Geschichte eines dauernden Kampfes, *zentrifugale Kräfte* den die Herrscher gegen die *zentrifugalen Kräfte* führen. Indien geht noch unter Seleukos (304) verloren. Die Souveränität über die iranischen Provinzen muss immer wieder militärisch behauptet werden, in Baktrien und Parthien entstehen nach 250 neue Königreiche, und um Koilesyrien ringen die Seleukiden immer wieder mit Ägypten. In Kleinasien bilden sich im Verlauf des 3. Jh.s mehrere unabhängige Fürstentümer unter einheimischen Dynastien: Die Galater gründen einen Staat, und das pergamenische Reich entwickelt sich aus kleinen Anfängen zu einer bedeutenden Macht. In der Auseinandersetzung mit Rom seit Beginn des 2. Jh.s schrumpft der Bestand des Reiches weiter, das schließlich, auf Syrien beschränkt, als römische Provinz eingezogen wird.

Wie auch in Ägypten sind die makedonisch-griechischen Soldaten, Offiziere und Verwaltungsbeamten die Stützen der Monarchie. Um diese Grundlage zu verstärken, betreiben Seleukos I. und Antiochos I. eine intensive Siedlungspolitik. Nach dem Vorbild Alexanders d. Gr. errichten sie zahlreiche Städte für *Militärkolonien* Einwanderer aus Makedonien und Griechenland und legen daneben *Militärkolonien* an, die später häufig das Stadtrecht erhalten. Die Gründungen, teilweise in Anlehnung an ältere Siedlungen, werden zu Zentren der hellenistischen Kultur. Ihre anfängliche Ausstrahlung vermindert sich in dem Maße, wie die Einwanderung nachlässt und eine Bevölkerungsmischung eintritt.

Herrscher Rat — Zwar regiert der *Herrscher* aus eigener Machtvollkommenheit, aber im *Rat* (Synedrion) seiner Freunde (Philoi), dem hohe Militärs und Zivilbeamte angehören, werden oft wichtige Entscheidungen gefällt. In der Verwaltung knüpfen die Seleukiden an die persischen Vorgänger und an Alexander an. Vor allem im Osten bleibt die Einteilung in Satrapien bestehen, an deren Spitze sich Satrapen, später Strategen befinden, die militärische und zivile Funktionen vereinen. Die Finanzverwaltung ist ein eigenständiger Bereich. Zu finanziellen und militärischen Aufgaben sind die reichsunmittelbaren Städte, Tempelstaaten und Dynasten verpflichtet. Der König bezieht bedeutende Einkünfte aus den großen Domänen (Chóra basiliké), die sich allerdings durch großzügige Schenkungen verringern, mit denen sich die Herrscher Loyalität zu verschaffen suchen. Der Festigung der Loyalität dient auch die Einführung und *Institutionali-*

sierung des *Königskultes*, zunächst für den toten, seit Beginn des 2. Jahrhunderts auch für den lebenden Herrscher und seine Gemahlin. *Königskult*

281–261 *Antiochos I.* ist seit 294 Mitregent seines Vaters Seleukos I. und König der jenseits des Euphrat gelegenen Oberen Satrapien mit der Hauptstadt Seleukeia; schon zu der Zeit gründet er zahlreiche Städte. *Antiochos I.*

281–277 Als Seleukos nach der Schlacht von Kurupedion nach Makedonien aufbricht, dehnt er die Mitregentschaft seines Sohnes auf Gesamtasien aus. Mit der Ermordung des Vaters fällt Antiochos, der sich zu der Zeit im Osten aufhält, die Alleinherrschaft zu. Ein Aufstand in Syrien hindert ihn daran, sofort Seleukos' Ansprüche auf Thrakien und Makedonien durchzusetzen oder Ptolemaios II. Philadelphos von Ägypten entgegenzutreten, der sich in Karien und auf Samos festsetzt. Auch die Ausdehnung Bithyniens an der Schwarzmeerküste muss er hinnehmen. Unter dem Eindruck der Keltengefahr schließt er Frieden mit dem in Kleinasien eingedrungenen Antigonos Gonatas von Makedonien und vermählt seine Halbschwester Phila mit ihm.

275 Antiochos besiegt in der *„Elefantenschlacht"* die Kelten, die Nikomedes von Bithynien für seine Ziele zu Hilfe gerufen hat, und siedelt ihre Reste in Großphrygien an. Er erhält den Beinamen Soter = Retter. *Elefantenschlacht*

275–271 Während Antiochos' Keltenkrieg dringt Ptolemaios II. in Syrien ein. Magas, Halbbruder des Ptolemaios und Statthalter von Kyrene, heiratet die Tochter des Antiochos, der seine Absicht auf den ägyptischen Thron unterstützt und hofft, auf diese Weise das von Seleukos seit 301 beanspruchte Koilesyrien zu erhalten. Ptolemaios kommt dem geplanten Zangenangriff mit einem Vorstoß auf Damaskus zuvor. Er kann auch Magas abwehren und trägt den Krieg in die Ägäis und an die kleinasiatische Küste. Antigonos' Eingreifen bringt für Antiochos keine Wende, doch erobert sein Feldherr Dion Damaskus zurück. Im Friedensvertrag muss er Ägyptens Herrschaft in Koilesyrien bestätigen.

270–261 Antiochos treibt den inneren Ausbau des Reiches voran. Seinen ältesten Sohn Seleukos, seit 279 Mitregent in den Oberen Satrapien, lässt er 268 wegen Hochverrats hinrichten und setzt den jüngeren Antiochos II. an seine Stelle. Die Selbstständigkeitsbestrebungen des Philhetairos von Pergamon kann er nicht unterbinden und unterliegt dessen Neffen und Nachfolger Eumenes I. 263 bei Sardeis. 261 fällt er gegen die Kelten.

261–246 *Antiochos II.* Die Hälfte seiner Regierungszeit füllt der *2. Syrische Krieg* 259 (260?)–253, dessen Ausbruch möglicherweise mit Antiochos' Erfolgen gegen die ptolemaischen Stützpunkte in Kleinasien zusammenhängt. *Antiochos II. 2. Syrischer Krieg*

259 Antiochos gewinnt Ephesos, wo der ägyptische Statthalter Ptolemaios von Söldnern erschlagen wird, und befreit Milet von dessen Verbündeten, dem Tyrannen Timarchos, wofür er den Beinamen Theos = Gott erhält. Auch Erythrai und die Küstenstädte im Rauhen Kilikien und in Pamphylien zieht er mit der Freiheitsparole vom Lagiden ab. Einfälle des Ptolemaios Philadelphos in Syrien haben keinen durchschlagenden Erfolg. Das syrische Arados erhält von Antiochos für seine Treue die Autonomie. Der Eleutherosfluss bleibt Grenze zu Ägypten. Wieweit Antigonos Gonatas am Krieg beteiligt ist, bleibt ungewiss. Dessen Seesiege bei Kos und Andros hat man in den 2. Syrischen Krieg verlegt. Den Friedensvertrag besiegelt Antiochos durch die Heirat mit Philadelphos' Tochter Berenike, verstößt sie aber wieder nach ihrer Niederkunft und bestimmt Seleukos, den Sohn seiner ersten Frau Laodike, zum Nachfolger. Nach Unternehmen gegen Byzantion (Byzanz) und Thrakien stirbt er in Ephesos.

246–226 *Seleukos II. Kallinikos* kommt auf den Thron, kurz nachdem in Ägypten Ptolemaios III. die Herrschaft übernommen hat, der dem Hilferuf seiner Schwester Berenike gegen Laodike folgt und den *3. Syrischen Krieg* (Laodikekrieg) eröffnet (246–241). Noch vor seinem Angriff wird Berenike ermordet, und als ihr Rächer erobert Ptolemaios Syrien mit Antiocheia und Seleukeia und stößt nach Mesopotamien vor. Andragoras, Satrap von Parthyene, macht sich selbstständig. Die ägyptische Flotte erobert inzwischen die Südküste Kleinasiens. Ionien, die vorgelagerten Inseln und die thrakische Südküste gehen zum Lagiden über. Unruhen in Ägypten zwingen Ptolemaios zur Umkehr und geben Seleukos Gelegenheit zur Rückeroberung des Verlorenen. In Kleinasien erhebt er seinen Bruder Antiochos Hierax zum Mitregenten. *Seleukos II. Kallinikos 3. Syrischer Krieg*

240–234 Nach dem Frieden mit Ptolemaios führen die Selbstständigkeitsbestrebungen des Antiochos, hinter dem Laodike steht, zum *Bruderkrieg*. Antiochos verbündet sich mit kleinasiatischen Dynasten und mit den Galatern, die Seleukos 240/239 bei Ankyra besiegen. Als Hierax die Gallier gegen Pergamon führt, unterliegt er Attalos, der den Königstitel annimmt (etwa 238). Um die gleiche Zeit nützt Diodotos I., Satrap von Baktrien und Sogdiane, den Bruderzwist aus und gründet das *Griechisch-Baktrische Reich*. *Bruderkrieg*

Griechisch-Baktrisches Reich

Das iranische Reitervolk der Parther dringt unter Arsakes in Parthyene ein und gründet das Partherreich.

235 Antiochos Hierax veranlasst den Ptolemaios zu einem Angriff auf Damaskus.

234 Beim Friedensschluss erkennt Seleukos die Herrschaft seines Bruders jenseits des Tauros an.

ca. 230–228 Seleukos sucht die Parther, die sich nach Diodotos' I. Tod (234) mit dem Nachfolger Diodotos II. verbündet haben, zu vertreiben, erleidet aber nach ersten Erfolgen eine Niederlage. Diodotos wird von Euthydemos von Magnesia gestürzt, der sich zum König in Baktrien macht. Neue dynastische Schwierigkeiten rufen Seleukos nach Syrien zurück.

228 Antiochos Hierax wird von Attalos aus Kleinasien vertrieben. Als er sich mit Hilfe Stratonikes, der Tochter Antiochos' I. und der ehemaligen Gattin Demetrios' II. von Makedonien, Syriens bemächtigen will, wird er von Seleukos' Feldherrn Andromachos und Achaios geschlagen und fällt bald darauf in Thrakien. Stratonike wird hingerichtet.

226 Seleukos stirbt durch einen Sturz vom Pferd.

Seleukos III. Soter 226–223 *Seleukos III. Soter* (= Retter). Er sieht in der Rückgewinnung Kleinasiens seine Hauptaufgabe.

223 Nach einem Misserfolg des Andromachos gegen Attalos I. von Pergamon zieht er mit einem großen Heer über den Tauros, wird aber in Phrygien während eines Söldneraufstandes ermordet. Statt seines unmündigen Sohnes wird sein jüngerer Bruder Antiochos, damals etwa 20-jährig, vom Heer zum Nachfolger ausgerufen, nachdem sein Onkel Achaios den Königstitel abgelehnt hat.

Antiochos III. der Große 223–187 *Antiochos III. der Große*. Er kann für kurze Zeit das Seleukidenreich in beinahe dem Umfang wieder herstellen, den es unter Seleukos I. gehabt hat, vermag aber nicht, den Auflösungsprozess auf die Dauer abzuwenden. Zunächst übernimmt er die wichtigsten Helfer seines Vorgängers: Hermeias bleibt Reichskanzler, Achaios wird Statthalter Kleinasiens.

222 Der medische Satrap Molon, von Antiochos als Statthalter über die Oberen Satrapien eingesetzt, empört sich und nimmt den Königstitel an. Er gewinnt die benachbarten Satrapen und treibt mehrere gegen ihn ausgesandte Generäle zurück.

220 Antiochos zieht selbst gegen ihn, vernichtet ihn bei Apollonia in Babylonien. Er entsetzt die mit Molon verbündeten Satrapen und macht Artabazanes von Atropatene zum Vasallen. Hermeias gestürzt. Achaios erhebt sich in Kleinasien und lässt sich zum König ausrufen.

4. Syrischer Krieg 219–217 Im *4. Syrischen Krieg* versucht Antiochos, dem neuen ägyptischen König Ptolemaios IV. Philopator, der Verbindung mit Achaios aufnimmt, Koilesyrien zu entreißen. Er vertreibt eine ägyptische Besatzung aus Seleukeia in Pieria; Tyros und Ptolemais fallen ihm durch Verrat zu (219).

218 Galiläa in der Hand der Seleukiden.

217 In der Schlacht bei Raphia, in der auf jeder Seite etwa 70000 Mann stehen, wird Antiochos III. von Ptolemaios geschlagen.

216–213 Zum Krieg gegen Achaios verbündet sich Antiochos mit Attalos von Pergamon; auch die anderen kleinasiatischen Dynasten neigen ihm zu. Er belagert Achaios in Sardeis (215–213) und lässt ihn nach dem Fall der Stadt hinrichten. Die kleinasiatischen Reichsteile kehren unter seine Oberhoheit zurück.

Anabasis 212–205/204 Mit seiner *Anabasis*, dem acht Jahre währenden Feldzug im Osten, erneuert Antiochos den seleukidischen Machtanspruch bis zur indischen Grenze. In realistischer Einschätzung belässt er nach Möglichkeit bestehende Herrschaftsverhältnisse und begnügt sich mit der Anerkennung seiner Oberhoheit. Der armenische König Xerxes unterwirft sich und erhält Antiochos' Schwester Antiochis zur Frau (212); Medien wird neu geordnet (211). Der Partherkönig Arsakes III. und der baktrische Herrscher Euthydemos fügen sich nach heftigem Widerstand Antiochos' militärischer Überlegenheit (209–207). Auch der indische Fürst Sophagasenos schließt ein Freundschaftsabkommen (206). Nach der Rückkehr nach Babylonien unternimmt Antiochos einen Flottenzug zum Südufer des Persischen Golfs und tritt in Beziehung zu dem arabischen Handelsvolk der Gerrhaier, das einen Tribut zahlt (205).

204 Antiochos nimmt den Titel eines Großkönigs an, und die Zeitgenossen geben ihm den Beinamen der Große.

203–202 Der Geheimvertrag mit Philipp V. von Makedonien anlässlich des Thronwechsels von Ptolemaios IV. zu Ptolemaios V. und den damit ausbrechenden Wirren in Alexandreia soll Antiochos endlich die Herrschaft über Koilesyrien bringen.

5. Syrischer Krieg 201(202?)–198 *5. Syrischer* Krieg: Antiochos fällt in Koilesyrien ein, das ihm bis auf Gaza kaum Widerstand leistet. Den ägyptischen Gegenstoß unter dem aitolischen Söldnerführer Skopas fängt er in der Schlacht beim Berg Panion in der Nähe der Jordanquelle auf.

Die hellenistischen Gebiete   Das Seleukidenreich

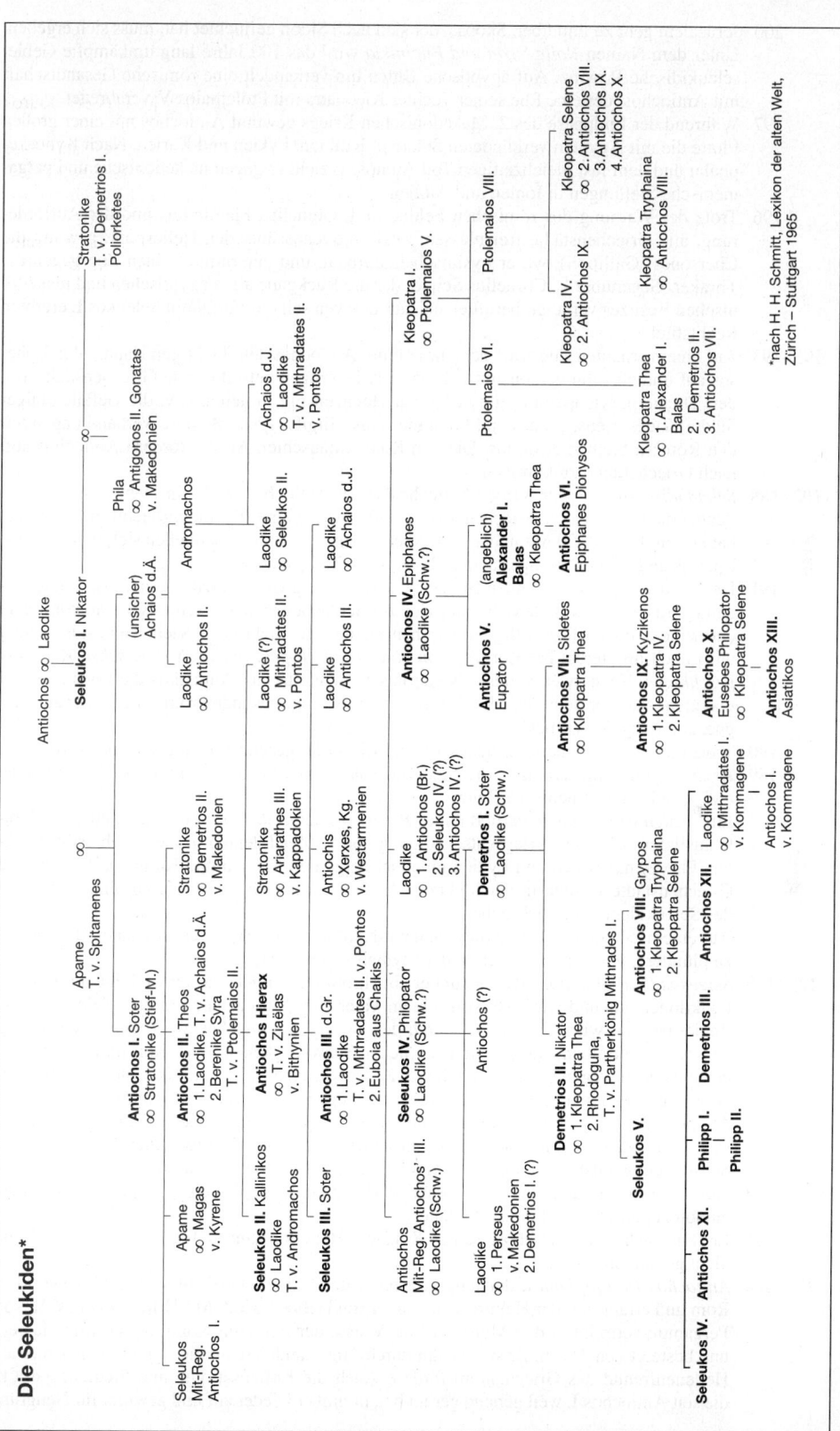

Koile Syria und Phoinikia

200 Jerusalem geht zu ihm über. Skopas, der sich nach Sidon geflüchtet hat, muss sich ergeben. Unter dem Namen *Koile Syria und Phoinikia* wird das 100 Jahre lang umkämpfte Gebiet seleukidische Provinz. Auf ägyptische Bitten hin verhandelt eine römische Gesandtschaft mit Antiochos, der eine Ehe seiner Tochter Kleopatra mit Ptolemaios V. verabredet.

197 Während der Endphase des 2. Makedonischen Kriegs gewinnt Antiochos mit einer großen Flotte die mit Ägypten verbündeten Städte in Kilikien, Lykien und Karien. Nach Kynoskephalai und dem fast gleichzeitigen Tod Attalos' I. zieht er gegen makedonische und pergamenische Stellungen in Ionien und Aiolien.

196 Trotz der Warnung des römischen Feldherrn T. Quinctius Flamininus und der Aufforderung, alle Griechenstädte freizulassen, setzt Antiochos über den Hellespont, gewinnt die Chersones (Gallipoli), wo er Lysimacheia aufbaut, und unternimmt einen Zug gegen die Thraker. Gegenüber L. Cornelius Scipio, der die Rückgabe allen ägyptischen und makedonischen Besitzes verlangt, beruft er sich auf den von seinem Vorfahren Seleukos I. ererbten Rechtstitel.

195–193 Auf einem erneuten Zug zur Chersones nimmt Antiochos den flüchtigen Hannibal in Ephesos auf und ehrt ihn demonstrativ. In zwei Kriegszügen befreit er alle Griechenstädte von den Thrakern. Kleopatra I. gibt er bei der Hochzeit mit Ptolemaios V. die Gefälle einiger Städte Koilesyriens, Judäas und Phönikiens als Mitgift (194). Mehrere Verhandlungen mit den Römern bleiben erfolglos. Die von Rom enttäuschten Aitoler fordern Antiochos auf, nach Griechenland zu kommen.

Seleukidisch-Römischer Krieg

192–188 *Seleukidisch-Römischer Krieg* (Antiochoskrieg): Antiochos landet in Demetrias und verkündet die Freiheit aller Griechen. In der Hoffnung auf eine allgemeingriechische Erhebung hat er lediglich 10000 Mann bei sich. Aber neben den Aitolern schließen sich ihm nur Elis, Epeiros und Euboia an, Sparta und Makedonien bleiben abseits.

191 Da Antiochos auch von seinen Bundesgenossen wenig Unterstützung erhält, ist er ungenügend gerüstet, als es an den Thermopylen zur Schlacht gegen M. Acilius Glabrio kommt, in der seine Truppen fast völlig aufgerieben werden. Er flieht nach Kleinasien, seine Flotte wird noch im Herbst bei Korykos *von einer römisch-pergamenisch-rhodischen Koalition geschlagen*. Nach zwei weiteren Niederlagen der Flotte gibt Antiochos die Chersones auf und zieht sich vor dem unter L. Cornelius Scipio heranrückenden römischen Heer auf Magnesia am Sipylos zurück.

Niederlagen des Antiochos

190 Trotz numerischer Überlegenheit wird Antiochos dort geschlagen und flieht nach Apameia.

189 Artaxias von Armenien nützt die Niederlage aus, schüttelt die seleukidische Oberhoheit ab und gründet das armenische Reich.

Friede von Apameia

188 Im *Frieden von Apameia* verliert Antiochos ganz Kleinasien bis zum Tauros, muss die Flotte ausliefern und eine Kriegsentschädigung von 15000 Talenten in zwölf Jahresraten zahlen. Phrygien, Mysien und Lydien fallen an Pergamon, Lykien und Karien an Rhodos, die Griechenstädte werden in der Mehrzahl für frei erklärt. Damit ist die Großmachtstellung des Seleukidenreiches gebrochen.

187 Auf einem Zug in die Oberen Satrapien wird Antiochos bei dem Versuch, einen Baaltempel zu plündern, von Eingeborenen in der Elymais erschlagen.

Seleukos IV. Philopator

187–175 *Seleukos IV. Philopator*. Seit 193 übt er als Thronfolger in Kleinasien wichtige militärische Funktionen aus und wird 189 von seinem Vater zum Mitregenten ernannt. Seine gesamte Regierungszeit wird überschattet durch den Zwang, die ungeheure Kriegsentschädigung an Rom einzutreiben, was zu wirtschaftlichen Schwierigkeiten führt. Konflikte mit den Juden entstehen wegen außergewöhnlicher Kontributionen. Außenpolitisch sieht er keine andere Wahl, als nach allen Seiten gute Beziehungen zu pflegen, mit Rom ebenso wie mit Ägypten und Makedonien (Heirat seiner Tochter Laodike mit Perseus 177). Syrien, Koilesyrien und Mesopotamien bleiben fest in seiner Hand, aber im Osten scheint es zu weiteren Selbstständigkeitsbestrebungen gekommen zu sein, ohne dass er eingreifen kann.

183 Auf römischen Druck hin nimmt Seleukos IV. von einer geplanten Intervention gegen Pergamon zugunsten von Pontos Abstand.

175 Er fällt einem Mordanschlag seines Kanzlers Heliodor zum Opfer, dessen Hintergründe nicht geklärt sind.

Antiochos IV. Epiphanes

175–164 *Antiochos IV. Epiphanes*, der jüngere Bruder des Ermordeten, lebt seit 190 als Geisel in Rom und erfährt auf der Heimreise in Athen von Heliodors Tat. Mit Hilfe Eumenes' II. von Pergamon vertreibt er den Mörder seines Vaters, der sich zum König hat ausrufen lassen, und besteigt den Thron. Er sichert ihn durch Zugeständnisse an die Städte, in denen er als Hellenenfreund das Griechentum fördert. Auch die Kolonisations- und Siedlungspolitik, die seit Antiochos I. weit gehend geruht hat, nimmt er wieder auf und gewinnt für Neugrün-

	dungen Siedler aus Griechenland. Der Festigung seiner Herrschaft soll auch sein Kult als Epiphanes oder Theos Epiphanes (= leibhaftig erschienener Gott) dienen.	
170–168	6. *Syrischer Krieg*: Nach dem Tode Kleopatras I., die für ihren unmündigen Sohn Ptolemaios VI. Philometor die Regentschaft führt (seit 180) und für gute Beziehungen zu ihrem Bruder Antiochos sorgt, betreibt eine Hofclique in Alexandreia den Angriff auf Syrien, um die eigene Position zu stärken. Seleukidische und ptolemaiische Gesandtschaften rechtfertigen sich in Rom. Antiochos, der wegen neuer Pläne für den Osten seit mehreren Jahren gerüstet hat, schlägt die schlecht vorbereiteten Ägypter bei Pelusion, dringt bis Memphis vor und übernimmt die Vormundschaft für Ptolemaios VI. (170–169). Ein Umsturz in Alexandreia erhebt dessen jüngeren Bruder Ptolemaios VIII. zum König, worauf Antiochos gegen Alexandreia vorrückt. Er kann die Stadt nicht nehmen und räumt Ägypten bis auf Pelusion. Die beiden Ptolemaier versöhnen sich und rufen Rom als Schutzmacht an. Als Antiochos wieder auf Alexandreia zumarschiert, zwingt ihn eine römische Gesandtschaft unter C. Popillius Laenas zum Abzug. Auf dem Rückweg legt er eine Besatzung nach Jerusalem, wo die Orthodoxie proägyptisch gesinnt ist, und versucht eine gewaltsame Hellenisierung. Er bemächtigt sich der Tempelschätze und löst damit den *Makkabäeraufstand* aus.	*6. Syrischer Krieg*
166	Antiochos beauftragt Lysias als Reichsverweser und Vormund seines gleichnamigen Sohnes mit dem Kampf gegen die Makkabäer.	*Makkabäeraufstand*
165	Nach weiteren Rüstungen bricht er in den Osten auf. Er zwingt den souverän gewordenen Artaxias von Armenien zur Unterwerfung.	
164	In die Persis zurückgekehrt stirbt er, nachdem er noch Philippos anstelle des Lysias zum Reichsverweser ernannt hat.	
164–162	*Antiochos V. Eupator*, schon mit drei Jahren zum Mitregenten erhoben, wird Alleinherrscher. Der Thronanspruch seines Vetters Demetrios, eines Sohnes Seleukos' IV., der in Rom als Geisel lebt, wird vom Senat abgewiesen.	*Antiochos V. Eupator*
163	Lysias, der mit Antiochos die Makkabäer in Jerusalem bekämpft, schließt Frieden und gewährt Religionsfreiheit, um sich gegen Philippos zu wenden, der Antiocheia besetzt hat und selbst die Herrschaft übernehmen will. Er schlägt ihn, ist aber gegen den aus Rom entkommenen Demetrios machtlos, der im phönikischen Tripolis landet und rasch in ganz Syrien anerkannt wird.	
162	Bevor es zu einer Entscheidung kommt, werden Lysias und Antiochos erschlagen.	
162–150	*Demetrios I. Soter*. Rom hält seine Anerkennung zurück und begünstigt den medischen Satrapen Timarchos.	*Demetrios I. Soter*
161	Timarchos erhebt sich im Bunde mit Artaxias gegen Demetrios, wird aber von ihm geschlagen.	
160	Demetrios nützt Zwistigkeiten in Jerusalem aus. Judas Makkabaeus fällt gegen seinen Feldherrn Bakchides.	
158–156	Demetrios zieht nach Kappadokien, vertreibt Ariarathes V., der ihm bei der Thronerhebung aus Vorsicht gegenüber Rom Hilfe versagt hat, und setzt dessen Bruder Orophernes ein. Durch Rom gedeckt und von Attalos III. von Pergamon unterstützt, kehrt der Vertriebene zurück. Orophernes geht nach Antiocheia, wo er die wachsende Antipathie gegen Demetrios für hochverräterische Absichten ausnützt, aber von diesem gefangengenommen wird. Demetrios' Versuch, Ägypten Zypern wegzunehmen, führt zu Spannungen mit Alexandreia. Bakchides zieht erneut gegen die Makkabäer unter Jonathan und Simon.	
153–150	Mit Zustimmung Ptolemaios' VI., Ariarathes' V. und des römischen Senats baut Attalos einen angeblichen Sohn Antiochos' IV., Alexander Balas, als Prätendenten gegen Demetrios auf. Alexander überrumpelt mit einer Söldnertruppe die phönikische Stadt Ptolemais, verbündet sich mit dem Makkabäer Jonathan, den er zum Hohenpriester ernennt. Nach einem ersten Sieg über den Eindringling setzt eine Abfallbewegung gegen Demetrios ein, den sein harter Regierungsstil und der wachsende Steuerdruck immer verhasster machen. Demetrios verliert die Entscheidungsschlacht gegen Alexander Balas und wird auf der Flucht getötet.	
150–146	*Alexander I. Balas*. Zur Herrschaftssicherung heiratet er sofort Ptolemaios' VI. Tochter Kleopatra III. Thea, aber er zeigt sich seiner Stellung nicht gewachsen. Die Regierung führt Ammonios.	*Alexander I. Balas*
146	Demetrios' gleichnamiger Sohn nimmt den Kampf um das väterliche Erbe auf. Ihm wendet sich Ptolemaios zu, der einem Anschlag des Ammonios knapp entrinnt und Kleopatra zu sich ruft. Er verheiratet sie mit Demetrios, um Koilesyrien zu gewinnen. Die Antiochener bieten Ptolemaios das Diadem an, aber er setzt Demetrios' Proklamation durch. Alexander Balas wird am Oinoparas geschlagen und flüchtet zum Nabatäerhäuptling Zabdiël, der ihn töten lässt. Der in der Schlacht schwer verwundete Ptolemaios VI. stirbt nach wenigen Tagen; Koilesyrien bleibt im Besitz des Demetrios.	

Demetrios II. Nikator	145–138	*Demetrios II. Nikator* macht den Makkabäern neue Zugeständnisse, und Jonathan hilft ihm kurz darauf bei einem Aufstand in Antiocheia, das hart bestraft wird.
	144	Die Erbitterung der Stadt benutzt der Befehlshaber Diodotos, um dort den kleinen Sohn des Alexander Balas als Antiochos VI. zum König ausrufen zu lassen. Demetrios muss fliehen.
Diodotos	143	*Diodotos* gewinnt fast ganz Syrien, und so gestärkt ermordet er Antiochos und regiert selbst unter dem Namen Tryphon („der Prächtige"). Demetrios kann sich in Kilikien, Mesopotamien und Babylonien halten. Jonathan bemächtigt sich Koilesyriens, gerät aber durch Verrat in Tryphons Hand und wird getötet.
jüdischer Staat	142	Demetrios erkennt Jonathans Bruder Simon als Hohenpriester an und gewährt Judäa Steuerfreiheit; die seleukidische Besatzung zieht aus Jerusalem ab. Es ist der *Beginn eines selbstständigen jüdischen Staates*; die hasmonäische Ära setzt mit diesem Jahr ein.
	141–129	Demetrios zieht gegen den Partherkönig Mithradates I. (171–138), der Elymais, Babylonien und Medien erobert hat. Mit baktrischer Hilfe schlägt er ihn zunächst, gerät aber dann in Gefangenschaft. Er wird mit einer Tochter des Mithradates verheiratet und bleibt zehn Jahre in Haft, um als möglicher Prätendent zu dienen.
Antiochos VII. Euergetes Sidetes	138–129	*Antiochos VII. Euergetes Sidetes*, jüngerer Bruder des gefangenen Demetrios, heiratet dessen erste Frau Kleopatra III. und vertreibt Tryphon.
	135–134	Er belagert Hyrkanos in Jerusalem und erobert die Stadt.
	130	Kriegszug mit einem großen Heer gegen die Parther und Einnahme von Babylonien.
	129	Mithradates' Nachfolger Phraates II. gibt Demetrios frei und schlägt Antiochos in Medien vernichtend. Das Seleukidenreich ist nunmehr auf Syrien und Kilikien beschränkt.
Rückeroberung Syriens	129–125	*Demetrios gewinnt Syrien* zurück, allerdings sind die früheren Spannungen mit den Städten, besonders mit Antiocheia, geblieben. Als ihn seine Schwiegermutter Kleopatra II. gegen ihren Brudergemahl Ptolemaios VIII. zu Hilfe ruft, zieht er gegen Ägypten (128). Ptolemaios stellt ihm in seinem Rücken Alexander II. Zabinas entgegen, einen (angeblichen) Adoptivsohn des gefallenen Antiochos VII., und der Prätendent gewinnt mehrere Städte, sodass Demetrios vor Pelusion umkehren muss.
	125	Bei Damaskus kommt es zur Entscheidung. Demetrios wird geschlagen und auf der Flucht auf Veranlassung seiner ehemaligen Gemahlin Kleopatra getötet.
Alexander II. Zabinas	125–123	*Alexander II. Zabinas*. Mit Ptolemaios' VIII. Unterstützung kann er einen Teil Syriens halten. Er ist in dem Augenblick überflüssig, als sich Ptolemaios mit seiner Schwester versöhnt; er unterliegt Antiochos VIII., dem ein großes ägyptisches Heer zu Hilfe kommt.
	125	Demetrios II., ältester Sohn Seleukos' V., wird von Phraates, in dessen Gefangenschaft er nach Antiochos' VII. Tod geraten ist, als Prätendent nach Syrien geschickt, aber von seiner Mutter Kleopatra rasch beseitigt.
	125–96	Antiochos VIII. Grypos, jüngerer Sohn des Demetrios II. und der Kleopatra III., regiert (bis 121) zusammen mit seiner Mutter, der er sich durch Gift entledigt.
Bruderkrieg	115–96	Antiochos IX. Kyzikenos, Sohn Antiochos' VII. und der Kleopatra III., den seine Mutter nach Kyzikos in Sicherheit gebracht hat (129), sucht gegen seinen Stiefbruder eine eigene Herrschaft in Syrien zu errichten. Der *Bruderkrieg* beschleunigt den Verfall des verbliebenen Restreiches. Die Gegenkönige erhalten infolge der Thronstreitigkeiten in Alexandreia wechselweise ägyptische Unterstützung. Die verstoßene Kleopatra IV. verheiratet sich mit Kyzikenos und führt ihm Truppen zu.
	113	Kyzikenos siegt, solchermaßen gestärkt, über Grypos, der Verlierer geht nach Aspendos in die Verbannung.
	111	Grypos erobert das nördliche Syrien zurück. Die Städte, um deren Gunst beide konkurrieren, erlangen immer größere Selbstständigkeit. Kyzikenos kann das von Rom gern gesehene Vordringen Judäas in Koilesyrien nicht verhindern.
	105	Der Makkabäer Aristobulos nimmt den Königstitel an.
	102	Rom setzt sich in Kampf gegen die Seeräuber in Kilikien fest.
	96–95	Als Grypos ermordet wird, führt sein Sohn Seleukos VI. den Kampf gegen den Onkel fort, der ihm in einer Schlacht unterliegt.
	95–83	Der Sohn des Gefallenen, Antiochos X. Eusebes Philopator, lässt sich in Arados zum König ausrufen. Er vertreibt Seleukos aus Syrien nach Kilikien; Seleukos findet dort kurz darauf den Tod.
	94	Auch dessen jüngerer Bruder Antiochos XI. wird am Orontes geschlagen. Die Folgezeit ist gefüllt mit Kämpfen gegen die anderen Söhne des Grypos, Philippos, Demetrios III. und Antiochos XII. Dionysios, die sich auch untereinander die Herrschaft streitig machen.

86–69	Der armenische König Tigranes I. nützt die völlig *zerrütteten Verhältnisse* aus, um Syrien zu erobern. Er verschafft dem Land eine Ruhepause, die mit dem Krieg gegen den römischen Oberbefehlshaber für ganz Kleinasien, Licinius Lucullus, endet.	*zerrüttete Verhältnisse*
69–64	Antiochos XIII. Asiaticus, Sohn Antiochos' X. Eusebes, übernimmt mit Lucullus' Duldung die Königswürde. Nach einem unglücklichen Zug gegen die Araber bricht in Antiocheia wieder ein Aufstand aus, der zur Proklamation des Gegenkönigs Philippos II., Sohn Philippos' I., führt, der vom Araberfürsten Azizos gestützt wird.	
64	Antiochos XIII. stirbt in arabischer Gefangenschaft. Mit ihm erlischt die seleukidische Dynastie (*„der letzte Seleukide"*).	*der letzte Seleukide*
63	Philippos II. wird vom römischen Oberbefehlshaber für das gesamte Mittelmeer, Cn. Pompeius, abgesetzt, und Syrien wird daraufhin in eine *römische Provinz* verwandelt. – (Forts. S. 339, 346)	*römische Provinz*

Palästina (320–63)

(Forts. v. S. 104)

320	Palästina fällt an die *Ptolemaier*, dadurch starker hellenistischer Einfluss. Die Schriften des Alten Testaments werden für die ägyptischen Judengemeinden ins Griechische übersetzt. Zahlreiche Städtegründungen: Philadelphia (Amman), Ptolemais (Akkon), Skythopolis (Betsan).	*Ptolemaier*
200	Die *Eroberung durch den Seleukidenherrscher Antiochos III.* (223–187) im Zuge des 5. Syrischen Krieges (201–198) beschleunigt die Hellenisierung des Landes. Zum Teil wird der jüdische Gott Jahwe mit Zeus gleichgesetzt, im Kult werden griechische Bräuche eingeführt. Diese Entwicklung führt zum Konflikt mit den gesetzestreuen (orthodoxen) Gläubigen.	*seleukidische Eroberung*
168	Antiochos IV. (175–164) belässt auf seinem Rückzug von Ägypten während des 6. Syrischen Krieges (170–168) in Jerusalem eine starke seleukidische Besatzung, um gegen die proägyptisch eingestellten Orthodoxen vorgehen zu können.	
167	Als Antiochos IV. eine gewaltsame Hellenisierung versucht, indem er sich der Tempelschätze bemächtigt und den jüdischen Kult verbietet, löst er den *Makkabäeraufstand* unter Führung des Hasmonäers Mattathias und seiner Söhne Judas Makkabaeus, Jonathan und Simon aus.	*Makkabäeraufstand*
166	Lysias führt im Auftrag von Antiochos als Reichsverweser den Kampf gegen die Makkabäer.	
163	Nach blutigen Kämpfen schließt Lysias Frieden und gewährt die Wiedereinführung des Jahwekultes, um gegen seinen Widersacher Philippos, der an seiner Stelle zum Reichsverweser ernannt worden ist und selbst die Herrschaft übernehmen will, freie Hand zu haben.	
160	Der Seleukidenherrscher Demetrios I. Soter (162–150) lässt seinen Feldherrn Bakchides gegen die Makkabäer vorgehen: Judas Makkabaeus fällt.	
156	Erneute Auseinandersetzung der Seleukiden mit den Makkabäern unter Jonathan und Simon.	
153	Alexander Balas (150–146), Prätendent gegen Demetrios II. Nikator, verbündet sich mit Jonathan und ernennt diesen zum Hohenpriester.	
143	Jonathan kann sich Koilesyriens bemächtigen, gerät aber durch Verrat in die Hand des Söldnerführers Diodotos Tryphon und wird getötet.	
142	Demetrios II. (145–138) erkennt Jonathans Bruder Simon als Hohenpriester an und gewährt Judäa Steuerfreiheit. Die syrische Garnison wird von Jerusalem abgezogen.	
142–135	Mit Simon setzt die *hasmonäische Ära* ein: Beginn eines selbstständigen jüdischen Staates – Vereinigung von geistlicher und weltlicher Macht.	*hasmonäische Ära*
135–134	Erneuter Verlust Jerusalems an die Seleukiden.	
129	Durch die Niederlage von Antiochos VII. im Partherkrieg bedingt, kann im erweiterten Gebiet von Judäa die Freiheit der Juden wiedergewonnen werden.	
134–76	Die Hasmonäer unter Hyrkanus I. (134–104) und Alexander Jannaeus (102–76) erobern die Küstenstädte, Galiläa und große Teile des Ostjordanlandes.	*römische Provinz*
63	Cn. Pompeius *gliedert* den Hasmonäerstaat *dem Römischen Reich ein.* – (Forts. S. 336)	

Die kleinasiatischen Monarchien im Hellenismus

(Forts. v. S. 96)

Unabhängigkeitsbestrebungen

Das nördliche Kleinasien, Bithynien, Paphlagonien und Pontos, ist von Alexander nicht erobert worden. Hier und in Kappadokien herrschen auch während der Diadochenzeit starke *Unabhängigkeitsbestrebungen*. Aus dem teils iranischen, teils vorindoeuropäischen Adel dieser Gebiete, der in befestigten Herrensitzen lebt und das Land beherrscht, gehen im 3. Jh. einheimische Monarchien hervor. Eigene Herrschaften bilden sich auch in Pergamon und in Galatien. Die neuen ‚Mittelmächte' treten neben die hellenistischen Großmächte, die Seleukiden vornehmlich im Binnenland der anatolischen Halbinsel und die Ptolemaier im Südosten, und neben die griechischen Stadtstaaten rings an den Küsten. Die neuen Mo-

Förderer des Hellenismus

narchien sind die kräftigsten *Förderer des Hellenismus*, der während des 3. und 2. Jh.s in unterschiedlichem Umfang nach Osten vordringt. Mit dem 2. Jh. beginnt sich das politische Kräftefeld nach Rom auszurichten, eine Entwicklung, an deren Ende die Einrichtung römischer Provinzen steht.

Bithynien

Zipoites

328–280 Bithynien gewinnt mit dem Fall des Perserreiches seine Unabhängigkeit und vermag sie gegen Alexander und die Diadochen zu behaupten. Der einheimische Fürst *Zipoites* nimmt nach mehreren Abwehrsiegen gegen Lysimachos 297 den Königstitel an (Beginn der bithynischen Ära). Nach Seleukos' Ermordung (280) entreißt er Herakleia Thynis, Tios und Kieros und schlägt den seleukidischen Feldherrn Hermogenes von Aspendos.

280 Nachfolger wird sein Sohn Nikomedes I. (280–ca. 255). Er verbündet sich gegen Antiochos I. mit Antigonos Gonatas und mit Herakleia, dem er die Eroberungen seines Vaters zurückerstattet.

278 Nikomedes holt die Galater ins Land, besiegt mit ihrer Hilfe seinen aufständischen Bruder Zipoites und gewinnt Phrygia epiktetos. Er gründet die Hauptstadt Nikomedeia als griechische Stadt. Unter den Söhnen aus zwei Ehen entstehen nach seinem Tod Thronkämpfe.

250–230 Nachfolger wird der älteste Sohn Ziaëlas mit Unterstützung der Galater.

246 Er erkennt die Asylie für Kos an.

Prusias I.

230–182 *Prusias I.*, Sohn des Ziaëlas, führt (220–219) zusammen mit Rhodos Krieg gegen Byzantion und erobert dessen Besitz in Mysien, den er aber beim Friedensschluss zurückgibt.

216 Prusias erringt gegen die galatischen Hilfstruppen des Attalos I. am Hellespont einen großen Sieg.

Im 1. Makedonischen Krieg (215–205) kämpft er auf der Seite Philipps V. von Makedonien gegen Attalos.

208 Prusias fällt in pergamenisches Gebiet ein.

202 Er erhält von Philipp die zerstörten Städte Kios und Myrleia, die er als Prusias und Apameia wieder aufbaut.

ca. 195 Er gewinnt von Pergamon Phrygia epiktetos und von Herakleia Tios und das in Prusias umbenannte Kios. Ein Angriff auf Herakleia selbst scheitert.

188 Für seine Neutralität im Antiochoskrieg sichert ihm Rom seinen Besitzstand zu, dennoch eröffnet Eumenes II. mit römischer Billigung gegen ihn den Krieg um Phrygia epiktetos. Der nach Bithynien geflohene Hannibal erringt gegen Eumenes einen Seesieg, wird aber auf Roms Druck von Prusias fallen gelassen (183).

Prusias II.

182–149 *Prusias II.* nähert sich Pergamon (181) und unterstützt Eumenes gegen Pharnakes I.

179 Er heiratet die Schwester des Perseus von Makedonien, Apame, tritt aber im 3. Makedonischen Krieg (171–168) auf die römische Seite und nützt die Entfremdung zwischen Eumenes und Rom aus.

156–154 Prusias bekriegt im Bund mit mehreren ionischen und hellespontischen Städten Attalos II., wird aber von Rom zu Frieden und Kriegsentschädigung gezwungen.

150 Sein Sohn Nikomedes erhebt sich gegen ihn, unterstützt von Attalos, und stürzt ihn.

Nikomedes II. Epiphanes

149–128 *Nikomedes II. Epiphanes*. Stets um gute Beziehungen zu Rom bemüht, hilft er den Römern gegen Aristonikos (Pergamon), doch seine Erwartungen, dafür Phrygien zurückzuerhalten, erfüllen sich nicht.

Nikomedes III. Euergetes

128–94 *Nikomedes III. Euergetes*. Roms politischer Einfluss führt zur wirtschaftlichen Ausbeutung Bithyniens durch die Publicani (Steuereinnehmer). Die Versklavung zahlreicher Einwohner macht es Nikomedes unmöglich, Truppen für Marius' Kimbernkrieg (102–101) zu stellen. Die zusammen mit Mithradates VI. (seit 106) unternommenen Anstrengungen, Paphlagonien und Kappadokien zu unterwerfen, scheitern an den beiderseitigen Eigeninteressen und am Widerspruch Roms (95).

94–74	*Nikomedes IV. Philopator* verteidigt mit römischer Hilfe die Herrschaft gegen seinen Halbbruder Sokrates, dem Mithradates VI. auf den Thron verholfen hat. Als er (88) im Gegenzug auf Veranlassung des römischen Gesandten M. Aquilius in Pontos einfällt, wird er geschlagen, und Mithradates besetzt Bithynien. Er flieht nach Italien, und Sulla führt ihn (84) zurück.	*Nikomedes IV. Philopator*
74	Testamentarisch setzt Nikomedes Rom zum Erben ein.	*römische Provinz*
64–63	Pompeius richtet die *römische Provinz* Bithynia und Pontus ein.	

Pontos

301	Pontos, zunächst unter der Herrschaft der Antigoniden, wird nach der Schlacht von Ipsos selbstständig.	
281–265	Der Lokalherrscher *Mithradates I. Ktistes* („Gründer") erringt die Oberhoheit und nimmt, wahrscheinlich nachdem er einen der Schlacht von Kurupedion (281) folgenden seleukidischen Angriff abgewehrt hat, den Königstitel an und macht Amaseia zur Residenz.	*Mithradates I. Ktistes*
265–ca. 250	Unter seinem Sohn Ariobarzanes (möglicherweise seit 279 Samtherrscher) bilden die im Süden sich festsetzenden Galater die stärkste Gefahr für die junge Herrschaft.	
ca.250–ca. 220	*Mithradates II.* beginnt eine ausgreifende Politik und fördert die Hellenisierung des Landes.	*Mithradates II.*
ca. 245	Die Heirat mit Seleukos' Schwester bringt ihm Phrygien.	
239	Gegen Seleukos unterstützt er dessen Bruder Antiochos Hierax.	
222	Seine Tochter Laodike verheiratet er mit Antiochos III.	
220	Ein Angriff auf Sinope scheitert.	
ca. 220–ca. 185	Mithradates III., sonst wenig bekannt und ohne größere Bedeutung, setzt als erster sein Porträt auf Münzen.	
183	Sein Sohn Pharnakes I. (ca. 185–ca. 160) erobert Sinope.	
182–179	Die Landgewinne, die er – teilweise mit galatischer Hilfe – im Pontischen Krieg macht, muss er unter römischem Druck wieder herausgeben.	
ca. 160–ca. 150	Mithradates IV. Philopator Philadelphos, Bruder des Pharnakes, wird Freund und Bundesgenosse der Römer.	
155/154	Er unterstützt Attalos II. gegen Prusias II.	
ca. 150–ca. 120	*Mithradates V. Eupator*, Sohn des Pharnakes, macht Sinope zur Hauptstadt. Er unterstützt die Römer im 3. Punischen Krieg (149–146) und gegen Aristonikos.	*Mithradates V. Eupator*
130	Nach Ariarathes' Tod gewinnt er Kappadokien und übernimmt testamentarisch Paphlagonien.	
120	Er fällt einem Mordanschlag zum Opfer.	
120–63	*Mithradates VI. Eupator Dionysos.*	*Mithradates VI. Eupator Dionysos*
112	Aus Thronwirren innerhalb der Herrscherfamilie geht er als Alleinherrscher hervor.	
110–107	Er setzt die Expansion seines Vaters zunächst nach Osten und Norden fort, wo sein Feldherr Diophantos das Bosporanische Reich mit den Halbinseln Krim und Taman erobert, dazu Kolchis und Kleinarmenien. So gestärkt greift er in Kleinasien (Bithynien; Galatien) ein.	
95	Mithradates gehorcht der Aufforderung des römischen Senats und räumt Kappadokien. Er schließt ein Bündnis mit Tigranes I. von Armenien.	
88	Seit der Vesper von Ephesos wird sein Ziel deutlich, die Römer aus Kleinasien zu vertreiben und ein neues hellenistisches Großreich zu errichten. In den *drei Mithradatischen Kriegen* (88–63) scheitert er trotz zahlreicher Erfolge und schwerer Fehler der Gegenseite, da er der römischen Militärmacht, sobald sie energisch geführt wird, letztlich nicht gewachsen ist. Mit seiner rastlosen Expansionspolitik, seinem politischen und strategischen Geschick, seinen geistigen Fähigkeiten und kulturellen Interessen verkörpert er nochmals Züge des hellenistischen Herrschertums, in dem auch Parallelen zu seiner Brutalität nicht fehlen.	*drei Mithradatische Kriege*
63–47	Sein Sohn Pharnakes II., der den Vater nach dessen endgültigem Scheitern zum Selbstmord zwingt, wird als König des Bosporanischen Reiches von Rom anerkannt.	
47	Er unterliegt Caesar bei Zela.	

Kappadokien

Ariarathes III.	ca. 255	Als der aus einem alten kappadokischen Fürstengeschlecht stammende *Ariarathes III.* (ca. 260–220) den Königstitel annimmt, ist die nominelle Oberhoheit der Seleukiden beendet.
	ca. 240	Er gewinnt, wahrscheinlich während der Auseinandersetzung zwischen Seleukos II. und Antiochos Hierax, Kataonien am Tauros.
Ariarathes IV. Eusebes	ca. 220– ca. 163	Sein Sohn *Ariarathes IV. Eusebes* unterstützt seinen Schwiegervater Antiochos III. gegen die Römer.
	190	Er kann sich jedoch nach der Niederlage von Magnesia den Frieden mit hohen Geldzahlungen erkaufen und wird zum treuen Vasallen Roms und zum Verbündeten Pergamons.
	182–179	Er nimmt am Krieg Eumenes' II. gegen Pontos teil und erhält die an Pharnakes I. verlorenen Gebiete zurück. Er bemüht sich um die Hellenisierung seines Landes: Die beiden einzigen größeren Städte, Mazaka und Tyana, erhalten den Beinamen Eusebeia.
Ariarathes V. Eusebes Philopator	ca. 163– 130	Auch sein Nachfolger *Ariarathes V. Eusebes Philopator* treibt die Hellenisierung kräftig voran.
	162–156	Thronstreitigkeiten mit seinem Bruder Orophernes, der von Demetrios I. unterstützt wird, werden von Rom durch eine Samtherrschaft geregelt, die aber nur kurze Zeit währt.
	150	Ariarathes hilft Rom gegen Demetrios. Er fällt im Kampf gegen Aristonikos von Pergamon. In der Folgezeit wird Kappadokien Ziel der pontischen Expansion, gegen die sich die schwächlichen Nachfolger, ebenfalls mit Namen Ariarathes, nicht durchsetzen können.
Ariobarzanes I.	95–63	Nach dem Aussterben des Königsgeschlechts wird *Ariobarzanes I.* mit römischer Billigung zum König gewählt. Zur pontischen (Mithradates VI.) tritt die armenische Bedrohung (Tigranes I.).
	65–64	Erst Pompeius' Neuordnung Kleinasiens bringt Sicherheit.
	63	Ariobarzanes übergibt den Thron seinem gleichnamigen Sohn.
	52/51	Dieser fällt einer Verschwörung zum Opfer.
	52–42	Ariobarzanes III. wird in die Wirren der ausgehenden römischen Republik hineingezogen.
	36 v.Chr.– 17 n.Chr.	Unter dem von Antonius eingesetzten Archelaos wird Kappadokien um Teile Kilikiens und Armeniens erweitert. Schwierigkeiten mit den Untertanen führen verschiedentlich zu Klagen in Rom. Von Tiberius wird er deswegen vorgeladen, stirbt aber nach seiner Ankunft,
Provinz Cappadocia		worauf das Land als *Provinz Cappadocia* eingezogen wird.

Pergamon

Die auf einem 335 m hohen Berg in der Kaïkosebene, 25 km vom Meer entfernt gelegene Festung Pergamon ist im 4. Jh. Sitz einer Tyrannenfamilie, von der Gongylos bekannt ist. In der Diadochenzeit ist Philhetairos, Sohn des Makedonen Attalos und einer Paphlagonierin, Burgkommandant und bewacht die dort gelagerten 9000 Talente aus Alexanders Reichsschatz. Er unterstellt sich 302 vor der Schlacht von Ipsos Lysimachos und tritt 281 vor Kurupedion zu Seleukos über. Nach dessen Ermordung erlangt er unter seleukidischer Oberhoheit größere Selbstständigkeit.

Eumenes I.	263–241	Sein Neffe und Nachfolger *Eumenes I.* schließt ein Bündnis mit Ptolemaios II.
	262	Seine neue Unabhängigkeit verteidigt er in der Schlacht von Sardeis gegen Antiochos I. Er errichtet gegen die Galater die beiden Festungsstädte Philetaira beim Ida und Attaleia am Hermos, wird aber gezwungen, ihnen Tribut zu zahlen. Er macht die Küstenstadt Elea zu Pergamons Hafen.
Attalos I.	ca. 230	*Attalos I.* (241–197), Neffe des Eumenes, schlägt die von Antiochos Hierax unterstützten Galater an den Kaikosquellen bei Pergamon und nimmt den Königstitel mit dem Beinamen Soter an. Die Skulpturen der Großen Galliergruppen (Rom) erinnern an seinen Sieg.
	229–228	Nach Erfolgen gegen Hierax in Phrygien, Lydien und Karien dehnt er seine Herrschaft bis zum Tauros aus.
	223–220	Er verliert aber seine Eroberungen gegen Antiochos' III. Feldherrn Achaios.
	216	Er schließt Frieden mit Antiochos und unterstützt ihn gegen den aufständischen Achaios.
	211	Seine Wendung nach Westen, die Verbindung mit den griechischen Küstenstädten, dann das Bündnis mit den Römern und Aitolern (210–209 Stratege des Aitolischen Bundes) richten sich gegen Seleukiden und Antigoniden.
	209	Er gewinnt Aigina (Erneuerung des Zeustempels).
	201	Gegen Philipps V. von Makedonien Ausgreifen nach Kleinasien betreibt er den 2. Makedonischen Krieg (200–197). Mit seiner Bündnisdiplomatie in Griechenland (zahlreiche Stiftungen, vor allem in Delphi) wird er zu Roms wichtigstem Helfer im Osten, kann aber Antiochos' Vordringen in Kleinasien nicht verhindern.

197	Er stirbt nach einem Schlaganfall, den er in Theben während einer Mission mit Flamininus erlitten hat. Unter ihm wird Pergamon neben Alexandreia zum größten Zentrum hellenistischer Kultur (Bibliothek; Bildhauerschule).	
197–160	*Eumenes II.* setzt die Politik seines Vaters fort.	*Eumenes II.*
188	Rom verleiht ihm für seine Hilfe gegen Antiochos fast das gesamte seleukidische Kleinasien.	
183	Er erhält das an Bithynien verlorene Phrygia epiktetos zurück und macht Galatien botmäßig.	
182–179	Er kämpft mit Bithynien und Kappadokien gegen Pharnakes I.	
172	Er veranlasst Rom zum 3. Makedonischen Krieg (171–168), doch seine eigenständige Politik während des Krieges macht ihn den Römern verdächtig.	
165	Deswegen erklärt Rom die Galater für autonom. Eumenes setzt den kulturellen und wirtschaftlichen Ausbau Pergamons fort (Zeusaltar; Hallen; Stadtmauer). Unter ihm beginnt die Prägung von Cistophoren (cista = Kultgefäß des Dionysos), die sich in ganz Kleinasien verbreiten.	
160–138	*Attalos II. Philadelphos*, Bruder des Eumenes, vollendet den Bau des Pergamonaltars und stiftet die Kleinen Gallier auf der Akropolis in Athen.	*Attalos II. Philadelphos*
156–154	Für Alexander Balas kämpft er gegen Prusias II., der Pergamon belagert, aber durch römische Intervention zum Abzug gezwungen wird.	
149	Attalos unterstützt Nikomedes gegen dessen Vater Prusias.	
144	Sieg über die Thraker.	
138–133	*Attalos III.*, Neffe Attalos' II., ist ein gelehrter Sonderling. In seinem Testament erklärt er die abhängigen Städte für frei und vererbt Pergamon an das römische Volk.	*Attalos III.*
132–129	Rom muss die neue Herrschaft gegen die soziale Revolution des Aristonikos sichern, ein unehelicher Sohn Attalos' II., der die krassen wirtschaftlichen Unterschiede ausnützt und über Pergamon hinaus aus den unteren Bevölkerungsschichten Kleinasiens großen Zulauf gewinnt.	
130	Aristonikos wird von M. Perperna geschlagen und später in Rom hingerichtet.	
129	M. Aquilius richtet die pergamenische Herrschaft als *Provinz Asia* ein.	*Provinz Asia*

Galatien

278	Teile der *Kelten*, die (seit 281) Thrakien, Makedonien und Nordgriechenland verheert und im östlichen Thrakien das Königreich von Tylis gegründet haben, werden von Nikomedes von Bithynien gegen seinen Bruder und Rivalen Zipoites unter Vertrag genommen. Nach dem Sieg ziehen sie, getrennt in die drei Stämme der Tolistobogier, Tektosagen und Trokmer, plündernd durch das kleinasiatische Binnenland und die Küstenstädte am Hellespont und an der Ägäis, die zu Geldzahlungen gezwungen werden.	*Kelten*
ca. 275	Antiochos I. besiegt sie in der Elefantenschlacht, und als Folge davon machen sie sich als *Galater* in Galatien sesshaft. Später sitzen die Tolistobogier um Pessinus, die Tektosagen um Ankyra und die Trokmer um Tavion. Als Söldner nicht nur im Dienst der kleinasiatischen Herrscher, sondern auch der Seleukiden und Ptolemaier, wirken sie bei zahlreichen militärischen Unternehmen mit. Aber auch durch Raubzüge beunruhigen sie weiterhin ihre Umwelt, und zeitweilig müssen die kleinasiatischen Seleukidenstädte für Abwehrmaßnahmen eine Galatersteuer bezahlen.	*Galater*
ca. 230	Attalos I. gewinnt mit zwei Siegen über die Galater hohes Ansehen.	
189	Die Hilfe galatischer Söldner für Antiochos III. und die Klagen kleinasiatischer Städte veranlassen den römischen Konsul Cn. Manlius Vulso zu einem verheerenden Einfall, der die Galater nachhaltig einschüchtert.	
184	*Ortiagon* versucht, die drei Stämme unter seiner Herrschaft zu einigen. Er verbündet sich mit Prusias II. gegen Eumenes II., wird aber geschlagen. Pergamon übt (bis 165) die Oberhoheit über Galatien aus. Vielleicht fällt in diese Zeit die Einteilung der drei Stammesgebiete in Tetrarchien.	*Ortiagon*
90	Unter Mithradates V. gerät Galatien unter pontischen Einfluss, stellt aber Rom Truppen gegen Mithradates VI., der das Land mit allen Mitteln zu sichern sucht.	
86	Ermordung der Tetrarchen.	
66	Pompeius setzt drei ihm genehme Tetrarchen über die drei Stämme. Einem von ihnen, *Deiotarus*, gelingt es, die Gesamtherrschaft zu erringen.	*Deiotarus*
40	Antonius ernennt dessen Enkel Kastor zum Nachfolger und verleiht ihm zusätzlich Paphlagonien.	

	36	Nach dessen Tod übergibt Antonius dessen Sohn Deiotarus II. Paphlagonien und macht Amyntas, den ehemaligen Sekretär Deiotarus' I., zum König von Galatien.
römische Provinz	25	Amyntas fällt in Pisidien, und testamentarisch *geht Galatien in römischen Besitz* über.

Karien, Lykien, Pamphylien, Kilikien

Die Küstenstädte im Südwesten und Süden Kleinasiens stehen während des 3. Jh.s unter ägyptischem Einfluss. In Kilikien stoßen die Interessen der Ptolemaier und Seleukiden immer wieder aufeinander. Episode bleibt das makedonische Eingreifen in Karien (227 und 202/201).

	197	Antiochos III. zwingt den Küstenstädten seine Oberhoheit auf.
	190	Er verliert sie aber schon wieder mit der Niederlage von Magnesia. Rhodos erhält von Rom das südliche Karien und Lykien, muss aber die Gebiete nach dem 3. Makedonischen Krieg (171–168) aufgeben. In der folgenden Zeit der Unabhängigkeit werden die Seeräuber in Kilikien mit Kaperfahrten und Sklavenraubzügen zu einer Plage für das östliche Mittelmeer.
	129	Karien wird der Provinz Asia zugeschlagen.
Provinz Cilicia	102–101	Rom richtet gegen die Seeräuber ein eigenes Kommando als *Provinz Cilicia* ein.
	67	Pompeius räumt endgültig mit den Seeräubern auf.
	51–50	Cicero ist Statthalter in Kilikien.
	43 n.Chr.	Lykien wird römische Provinz.

Zypern

Zypern bildet einen Eckpfeiler ptolemaiischer Seeherrschaft und wird von Strategen verwaltet.

	152	Es wird als Nebenkönigtum eingerichtet.
	58	Im Senatsauftrag zieht Cato die Insel ein.
	47	Caesar gibt sie an Ägypten zurück.
römische Provinz	30	Zypern wird endgültig *römische Provinz*. – (Forts. S. 342)

Die Antigoniden in Makedonien (272–167)

(Forts. v. S. 178)

Der Alexanderzug und die auf Alexanders Tod folgenden Kämpfe der Diadochen, die stets mit Massen von makedonischen Soldaten geführt werden, sind für das makedonische Mutterland ein ungeheurer Aderlass. Eine gewisse Erholung bringt trotz weiterer Belastungen die 20-jährige *Herrschaft Kassanders* (316–298), der seit 305 als König der Makedonen regiert. Wie die anderen Diadochen, will auch er eine eigene Dynastie gründen. Aber sein ältester Sohn und Nachfolger Philipp stirbt schon nach vier Monaten, und die Thronstreitigkeiten der beiden jüngeren Söhne, Antipater und Alexander, stürzen das Land in neue Unruhen. Während Seleukiden und Ptolemaier ihre Dynastie längst etabliert haben, wird Makedonien zum Zankapfel zwischen Demetrios Poliorketes, Pyrrhos und Lysimachos. Mit dem Sieg bei Kurupedion fällt Seleukos die makedonische Königsherrschaft zu, aber noch bevor er die makedonische Heimat erreicht, wird er von Ptolemaios Keraunos ermordet.

Herrschaft Kassanders

Antigonos Gonatas Dynastie der Antigoniden

Aus den folgenden Wirren, die sich mit dem Kelteneinfall verquicken, geht *Antigonos Gonatas* als Sieger hervor, und ihm gelingt es in einer langen Regierungszeit, die *Dynastie der Antigoniden* so zu festigen, dass sie bis zum Eingreifen der Römer über 100 Jahre unangefochten herrscht. Die Sicherung der Grenzen nach Westen, Norden und Osten, die Rolle im Mächtespiel der Diadochenreiche und das Verhältnis zu Griechenland sind die drei Gebiete, die Makedoniens äußere Politik in dieser Zeit bestimmen, und die Erfolge, die der einzelne König hier erringt, entscheiden zugleich über sein Ansehen bei den Makedonen. Auf keinem der drei Gebiete hat die Antigonidenherrschaft wesentliche Rückschläge erlitten, als sie als erste der hellenistischen Monarchien Rom unterliegt. Der langsame Verfall der Seleukiden und Ptolemaier bleibt ihr erspart, aber es ist überhaupt fraglich, ob ein Staatswesen wie das makedonische Königreich, das auf einer einheitlichen, ungebrochenen Tradition ruhte, sich jemals soweit innerlich aufgelöst hätte, wie es in unterschiedlicher Weise beim Seleukiden- und beim Ptolemaierreich der Fall gewesen ist.

Ptolemaios Keraunos

281–279 *Ptolemaios Keraunos* wird von einer Heeresversammlung zum König der Makedonen ausgerufen. Er setzt seine Herrschaft gegen Antigonos Gonatas (seit 287 Statthalter in den griechischen Besitzungen des Demetrios Poliorketes) durch. Ptolemaios vertreibt auch Arsinoë, die Gattin des Lysimachos, aus Makedonien und ermordet ihre jüngeren Söhne.

279 Er fällt in einer Schlacht gegen die in Makedonien eingedrungenen Kelten.

279–277 Die Kelten plündern das flache Land, die Städte verteidigen sich. Mehrere aufeinanderfolgende Bewerber um den Thron scheitern jeweils nach wenigen Wochen, da sie militärisch gegen die Eindringlinge versagen. Erfolge erringt der Regent (Prostates) Sosthenes, der den Königstitel ablehnt. In dieser Zeit der Anarchie macht sich Kassandreia unter Apollodor selbstständig.

277–276 Antigonos Gonatas schlägt die Kelten bei Lysimacheia und öffnet sich mit dem Sieg den Weg auf den makedonischen Thron. Nach zehnmonatiger Belagerung erobert er Kassandreia.

274–273 Der aus Italien zurückgekehrte Pyrrhos gewinnt Westmakedonien. Antigonos kann sich dank seiner Flotte in Teilen Ostmakedoniens halten. Sein Versuch, Pyrrhos' Abwesenheit in der Peloponnes auszunützen und gegen dessen Sohn das Verlorene wiederzugewinnen, misslingt.

272 *Pyrrhos' Tod* in Argos gibt Antigonos Gesamtmakedonien zurück. Obwohl er seine Königsjahre offiziell von 283 ab rechnet, beginnt jetzt erst die ununterbrochene *Herrschaft der Antigoniden*. Sein Königtum versteht er in stoischem Sinn als „ehrenvollen Knechtsdienst" (éndoxos douleía). Vor verlustreichen außenpolitischen Unternehmungen hütet er sich. Den Königshof in Pella macht er wieder zu einem kulturellen Zentrum, wo Dichter (Arat von Soloi), Historiker (Hieronymos von Kardia) und Philosophen (der Stoiker Persaios) leben; er selbst ist mit Zenon von Kition, dem Haupt der Stoa, befreundet.

Pyrrhos' Tod Herrschaft der Antigoniden

271–270 In mehreren peloponnesischen Städten sichert Antigonos den makedonischen Einfluss durch Tyrannenherrschaften. Darüber zerbricht die Koalition, die er mit Sparta gegen Pyrrhos geschlossen hat. Er befestigt Chalkis, das zusammen mit Demetrias und Korinth fortan die Fesseln Griechenlands bildet.

ca. 270 Unter Führung Spartas kommt ein antimakedonisches Bündnis mit kretischen und peloponnesischen Staaten zusammen; dazu stößt Ptolemaios II. Die Aitoler bleiben neutral.

268(267?)–261 Athens Beitritt zu dem Bündnis löst den *Chremonideischen Krieg* aus (Chronologie und Verlauf unsicher). Antigonos belagert Athen, das die ptolemaiische Flotte unter Patroklos trotz ihrer Stützpunkte an der attischen Küste nicht entsetzen kann. Auch Sparta kann in mehrmaligen Vorstößen den makedonischen Sperrriegel bei Korinth, dem Sitz des makedonischen Statthalters Krateros, eines Halbbruders des Antigonos, nicht durchbrechen. Bei einem dieser Angriffe fällt der spartanische König Areus I. Nach der Kapitulation (262) erhält Athen eine makedonische Besatzung. Vielleicht fallen in die Zeit gegen Kriegsende Antigonos' Seesiege bei Andros und Kos, durch die er die ptolemaiische Seemacht in der Ägäis zurückdrängt.

Chremonideischer Krieg

260(259?)–255(253?) Im Zusammenhang mit dem *2. Syrischen Krieg* (260–253) setzt Antigonos den Kampf gegen die ptolemaiische Stellung in der Ägäis fort, schließt aber einen Sonderfrieden mit Ptolemaios. Athen erhält 255 seine Freiheit zurück.

2. Syrischer Krieg

253–244 Antigonos' Herrschaft in Griechenland wird durch den Abfall seines Neffen Alexandros erschüttert, der, unterstützt von Ptolemaios II. und vom achaiischen Bund, den Königstitel annimmt. Korinth, Chalkis und Eretria gehen Antigonos verloren; in Arkadien werden die Makedonenanhänger vertrieben. Als Alexander (247) stirbt, übernimmt seine Witwe Nikaia die Herrschaft. Sie heiratet (244) den Thronfolger Demetrios II., und Antigonos gewinnt Korinth und Euboia zurück.

243–240 Arat von Sikyon besetzt im Handstreich Korinth; Megara, Epidauros und Troizen fallen von Makedonien ab.

242 Gegen den unter Arats Führung aufstrebenden Achaiischen Bund schließt Antigonos mit den Aitolern ein Bündnis. Zu stärkeren militärischen Maßnahmen kann er sich nicht mehr entschließen.

239–229 Nach Antigonos' Tod übernimmt *Demetrios II.*, seit Alexanders Usurpation mit dem Königstitel ausgestattet, die Herrschaft. Seine Ehe mit Phthia, der Tochter des Königs Alexander II., gibt ihm Einfluss in Epeiros.

Demetrios II.

234 Er kann jedoch die Ablösung der epeirotischen Monarchie durch eine bundesstaatliche Verfassung nicht verhindern. Der neue Staat schließt sich dem aitolisch-achaiischen Zweibund an. Mit dem fast seine ganze Regierungszeit ausfüllenden *Demetrischen Krieg* gegen die verbündeten Aitoler und Achaier sucht Demetrios den achaiischen Einfluss in der Peloponnes zu beschränken und das aitolische Ausgreifen in Epeiros zu unterbinden.

Demetrischer Krieg

236 Gewinn von Megara.

233 Demetrios' Stratege Bithys schlägt Arat bei Phylake, und er selbst zieht Boiotien, Lokris und Phokis von den Aitolern zu sich herüber.

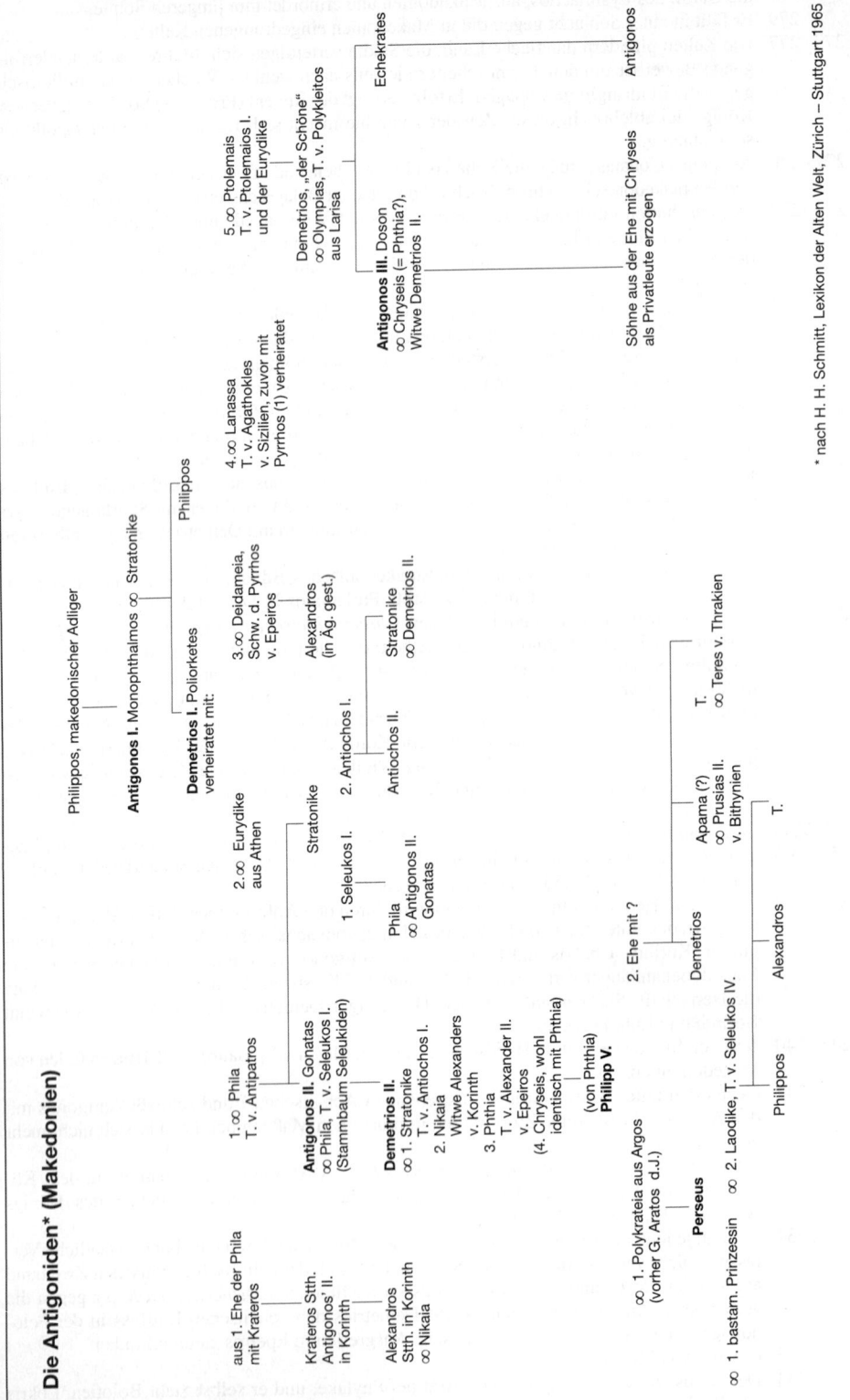

229	Wahrscheinlich fällt er im Kampf gegen die Dardaner.	
229–221	Der makedonische Adel wählt Demetrios' Vetter *Antigonos* zum Regenten (Prostates) und Vormund (Epitropos) für dessen 9-jährigen Sohn Philipp (Antigonos' Beiname Doson = der die Herrschaft Übergebende). Athen befreit sich mit Arats Hilfe von der makedonischen Besatzung.	*Antigonos*
229–228	Antigonos sichert die Nordgrenze gegen die Dardaner, erzwingt von dem sich lossagenden Thessalien die Fortsetzung der Union und besiegt die Aitoler, die die Thessaler unterstützt haben.	
227	Antigonos wird aufgrund seiner Erfolge von der makedonischen Heeresversammlung zum König ausgerufen unter dem Vorbehalt von Philipps Thronfolge. Er heiratet die Königinwitwe und adoptiert Philipp. Eine Flottenexpedition nach Karien zur Unterstützung des Dynasten Olympichos knüpft an frühere gegen die Ptolemaier gerichtete Interessen Makedoniens an.	
226–225	Die expansive Politik des spartanischen Königs Kleomenes III. veranlasst Arat zur Annäherung an Makedonien.	
225–224	Der Bündnisabschluss mit dem achaiischen Koinon gibt Antigonos den Oberbefehl *(Hegemonie)* über die Bundestruppen. Er besetzt Korinth und zwingt Kleomenes zum Rückzug vom Isthmos. In Aigion erweitert er den Vertrag mit den Achaiern zu einem *gemeingriechischen Bündnis* (Koinès symmachía), dem sich Phoker, Boioter, Euboier und Lokrer anschließen. Der makedonische König hat auch hier den militärischen Oberbefehl und den Vorsitz im Bundesrat (Synedrion).	*Hegemonie* *gemeingriechisches Bündnis*
223	Antigonos gewinnt Arkadien; Kleomenes vernichtet das promakedonische Megalopolis.	
222	Dem Aufgebot des neuen Bundes unterliegt Kleomenes bei Sellasia. Antigonos erobert Sparta, das dem Bund beitritt. Ein illyrischer Einfall in Makedonien zwingt ihn zur Rückkehr.	
221	Er besiegt die Eindringlinge und stirbt kurz darauf.	
221–179	*Philipp V.*, bei der Thronfolge 17 Jahre alt, steht zunächst unter der Vormundschaft eines von Apelles geführten Regentschaftsrates. Doch durch seine militärischen Anfangserfolge ist er in der Lage, Apelles, der sich Arats Einfluss auf die makedonische Politik widersetzt, zu entmachten und hinzurichten (218).	*Philipp V.*
220–217	Im *Bundesgenossenkrieg* zeigt Philipp seine Entschlossenheit, Makedoniens Hegemonie in Griechenland gegen die Aitoler zu verteidigen, die sich mit Sparta verbünden. Mit blitzartigen Vorstößen in die Peloponnes und nach Aitolien zwingt er die Gegner zum Frieden, der unter Vermittlung neutraler Staaten in Naupaktos zu Stande kommt. Der Friedenskongress steht unter dem Eindruck römischen Eingreifens in Illyrien (Die Wolke aus dem Westen). Unter dem Einfluss des vor den Römern geflohenen Demetrios von Pharos richtet Philipp seine Pläne nach Westen.	*Bundesgenossenkrieg*
216	Mit einer neuerbauten Flotte von 100 leichten Schiffen (Lemben) umsegelt Philipp die Peloponnes, um gegen den von ihm zu Rom abgefallenen Illyrerfürsten Skerdilaïdas vorzugehen, kehrt aber auf die Nachricht vom Nahen römischer Schiffe um.	
215–205	*1. Makedonisch-Römischer Krieg*: Philipp schließt mit Hannibal einen Vertrag, in dem er ihm Unterstützung unter der Bedingung zusichert, dass Epeiros, Illyrien und die Inseln vor der Küste als makedonisches Interessengebiet anerkannt werden.	*1. Makedonisch-Römischer Krieg*
214–211	Philipps Angriff auf Apollonia scheitert durch das Eingreifen einer römischen Flotte. Seine Siege über die Atintanen, Ardiaier und Parthiner (213) veranlassen die Römer zu einem Bündnis mit den Aitolern (212–211), dem sich Elis, Messenien, Sparta und Attalos von Pergamon anschließen.	
210–206	Die Koalition, der eine römisch-pergamenische Flotte zu Hilfe kommt, erringt nur Einzelerfolge. Philipp kann sich auf den verschiedenen griechischen Kriegsschauplätzen behaupten. Eine dardanische Invasion schlägt er zurück. Mit Philopoimen (207) gewinnt auch sein achaiischer Verbündeter an Schlagkraft.	
206	Vorfriede mit den Aitolern.	
205	*Philipp schließt in Phoinike Friede mit den Römern*, die seine Stellung in Griechenland und die Eroberung Atintaniens anerkennen.	*Friede von Phoinike*
204–200	Die Ägäis tritt in Philipps Politik in den Vordergrund. Er unterstützt die Kreter in einem Krieg gegen Rhodos (204), und der in seinem Dienst stehende aitolische Freibeuter Dikaiarch und der Tarentiner Herakleides helfen ihm beim Aufbau einer Flotte. Nach dem Tode Ptolemaios' IV. und der Thronfolge des unmündigen Ptolemaios V. (203–202) vereinbaren Philipp und Antiochos III. in einem Geheimvertrag, die Schwäche Ägyptens für ihre Interessen auszunutzen (die genauen Bestimmungen des Vertrags sind umstritten). Am Hellespont und in der nördlichen Ägäis erobert Philipp mehrere Inseln und Städte, darunter Lysimacheia, Chalke-	

don und Kios, die mit den Aitolern verbündet sind (202). Er belagert Samos und führt damit den Bruch mit den Rhodiern herbei, die er bei Lade besiegt. Gegen eine rhodisch-pergamenische Koalition kämpft er in der Seeschlacht von Chios unentschieden. Bei einem anschließenden Einfall in Karien verlegt ihm die gegnerische Koalition den Rückzug, und er muss in Bargylia überwintern, von wo er im folgenden Frühjahr entkommt (201–200).

200 Rhodos und Pergamon schließen mit Athen ein Bündnis und erbitten Roms Hilfe gegen Philipp. Eine römische Gesandtschaft fordert ihn ultimativ auf, die Griechen in Frieden zu lassen, seine kleinasiatischen Eroberungen herauszugeben und den Konflikt mit Attalos einem Schiedsgericht zu überantworten.

2. Makedonisch-Römischer Krieg

200–197 Philipps Ablehnung löst den *2. Makedonisch-Römischen Krieg* aus.

200 P. Sulpicius Galba landet mit zwei Legionen in Epeiros, wo Illyrer zu ihm stoßen; eine römische Flotte landet im Piräus. Nach einem athenischen Überfall auf Chalkis greift Philipp Athen an, kann die Stadt aber nicht erobern und plündert Attika. Die Römer erobern Obermakedonien, und die Oresten treten auf ihre Seite.

199 Philipp vertreibt die Aitoler, die sich jetzt erst den Römern anschließen, aus Thessalien; ein römischer Flottenangriff gegen Kassandreia wird abgeschlagen.

198 T. Quinctius Flamininus vereinigt sich nach einem Sieg am Aoospass in Thessalien mit den Aitolern, und sein Bruder L. Quinctius, Befehlshaber der Flotte, verwüstet Euboia. Achaia schließt sich den Römern an.

197 Friedensverhandlungen in Rom scheitern an der von den griechischen Gegnern und von Flamininus vertretenen Forderung, Philipp solle alle Besitzungen in Griechenland herausgeben. Nabis von Sparta tritt zu Rom über. Für die Entscheidungsschlacht bei *Kynoskephalai* in Thessalien bietet Philipp 25000 Mann auf. Seine Niederlage beendet die makedonische Herrschaft in Griechenland einschließlich Thessaliens. Im Friedensvertrag liefert er die Kriegsflotte aus, zahlt eine Kriegsentschädigung und verpflichtet sich Rom zur Heeresfolge. Sein Sohn Demetrios geht als Geisel nach Rom. Thessalien wird in vier Tetrarchien aufgeteilt; die Oresten bleiben unabhängig.

Kynoskephalai

Reorganisation 196–187 In den folgenden Jahren bemüht sich Philipp im Innern um eine *wirtschaftliche und bevölkerungspolitische Gesundung seines erschöpften Landes* (Intensivierung des Bergbaus, Pflege des Handels, Ansiedlung von Thrakern). Er macht Zugeständnisse an die Selbstverwaltung der Gemeinden. In Roms Auseinandersetzung mit Nabis (195) und mit Antiochos III. und den Aitolern (191–190) zeigt Philipp sich als treuer Bundesgenosse. Er erobert Athamania, Dolopia und Perrhaibia (191), Ainos und Maroneia (187). Doch auf Betreiben seiner Gegner in Rom muss er seine Gewinne zum größten Teil wieder hergeben.

187–180 Erbittert rüsten Philipp und sein Sohn und Nachfolger Perseus heimlich zum Krieg, während Philipps anderer Sohn Demetrios prorömisch gesinnt ist und von Rom als Thronfolger gefördert wird. Es kommt zu Spannungen innerhalb des Adels, denen Philipp mit Demetrios' Ermordung entgegentritt.

Philipp V. stirbt 179 *Philipp stirbt* nach kurzer Krankheit, und Perseus (179–168) geht zu einem versöhnlichen Kurs gegen Rom über, um seine Herrschaft nicht zu belasten. Er bemüht sich zugleich um gute Beziehungen zu den Seleukiden und zu den griechischen Staaten (Thessalien; Aitolien).

Roms Misstrauen gegen Perseus 176–175 Die Dardaner und Eumenes von Pergamon, der über Makedoniens Einfluss in Thrakien und am Hellespont besorgt ist, schüren *Roms Misstrauen gegen Perseus*, der die Verdächtigungen durch Gegengesandtschaften auszuräumen versucht.

174–172 In Thessalien, Boiotien und im achaiischen und aitolischen Koinon wird Perseus in den Streit zwischen den oligarchischen und demokratischen Parteiungen und den damit parallel laufenden pro- und antirömischen Tendenzen mit hineingezogen. Gegner Roms sehen in ihm ihren Vorkämpfer, sodass Eumenes' persönliche Anklagen vor dem Senat trotz makedonischer und rhodischer Gegendarstellungen ihre Wirkung nicht verfehlen. Um Zeit für Rüstungen zu gewinnen, macht eine römische Gesandtschaft unter Q. Marcius Philippus Perseus Hoffnung auf eine friedliche Lösung. Römische Gesandte fordern von den verbündeten Königen in Kleinasien, Ägypten und Illyrien Hilfstruppen. Die Mehrheit des Boiotischen Bundes und der Achaiische Bund treten auf Roms Seite.

3. Makedonisch-Römischer Krieg

171–168 Die Schuld am *3. Makedonisch-Römischen Krieg* liegt bei Rom, das nach den Erfahrungen mit Philipp V. in Makedonien immer nur den potenziellen Gegner sieht, den es endgültig zu beseitigen gilt: Perseus schlägt den Konsul P. Licinius Crassus in Thessalien; statt den Sieg auszunützen, macht er ein letztes Friedensangebot, während in Griechenland die Sympathie für ihn wächst.

170	Der Konsul A. Hostilius versucht vergeblich, von Thessalien aus in Makedonien einzudringen. Die römisch-pergamenische Flotte gewinnt Abdera durch Verrat. Perseus schlägt die Dardaner vernichtend und gewinnt den Illyrerkönig Genthios.	
169	Der Konsul Q. Marcius Philippus dringt in Südmakedonien ein, muss sich aber wegen Verpflegungsschwierigkeiten zurückziehen. Angriffe der Flotte gegen makedonische Küstenstädte scheitern. Ein makedonischer Flottenzug vernichtet eine pergamenische Abteilung auf Chios.	
168	Aemilius Paullus übernimmt die Führung des römischen Heeres, umgeht den makedonischen Riegel am Elpeiosfluss südöstlich des Olymps und zwingt Perseus zum Rückzug auf Pydna.	
22. Juni	Bei *Pydna* wird Perseus vernichtend geschlagen; er flieht nach Samothrake (167 im Triumphzug in Rom mitgeführt; er stirbt als Gefangener 165). Makedonien ergibt sich Aemilius ohne Widerstand.	*Pydna*
167	Makedonien wird für frei erklärt. Eine Senatskommission teilt das Land in vier autonome Republiken mit eigener Verwaltung auf, die untereinander weder politische noch wirtschaftliche Beziehungen pflegen dürfen. Die Ausbeutung der Silberbergwerke wird verboten. Diese Tetraden erweisen sich nicht als lebensfähig. Es kommt in der Folgezeit immer wieder zu Unruhen.	
151–148	Andriskos, angeblich ein Sohn des Perseus, nützt die Unruhen aus. Er eint Makedonien, nimmt den Königstitel an und gewinnt Thessalien. Ein Sieg über den Prätor P. Iuventius Thalna veranlasst die Römer zu einem starken Aufgebot unter dem Prätor Caecilius Metellus, dem Andriskos unterliegt.	*Andriskos*
148	Gesamtmakedonien wird *römische Provinz*. – (Forts. S. 301)	*römische Provinz*

Griechenland (338–145)

(Forts. v. S. 163)

Die Niederlage von Chaironeia (338) und der Korinthische Bund (338–337) haben Griechenland befriedet, mit der makedonischen Hegemonie aber nicht versöhnt. Das wird in den folgenden 15 Jahren bei jeder Veränderung in Makedonien deutlich, bei Alexanders Thronfolge, während seiner Abwesenheit und nach seinem Tode. Jedes Mal regen sich Kräfte, die die aufgezwungene Ordnung abschütteln wollen. Zur gleichen Zeit verliert Griechenland im Mittelmeerraum in dem Maße an Gewicht, wie Alexanders Eroberung den politischen Schwerpunkt nach Osten verlagert. Weder in den Auseinandersetzungen mit den Diadochen noch im System der drei großen Nachfolgemonarchien erscheint Griechenland als gleichrangige Macht. Nun zeigt sich deutlich die Folge des alten Partikularismus. Doch sind die griechischen Staaten noch immer stark genug, um im politischen Kräftespiel als Partner umworben zu werden. Die geografische Nähe und das historische Erbe Philipps II. bringen es mit sich, dass sich Makedonien dabei am wenigsten eine Zurücksetzung leisten kann. Die Freiheitsparolen der Diadochen sind ideologisches Mittel, um den Gegner im Wettbewerb auszustechen. Lagiden und Seleukiden verfolgen mit ihrer Griechenlandpolitik zusätzlich die Absicht, sich den Zustrom griechischer Söldner und Siedler zu erhalten, die zusammen mit den makedonischen Soldaten die tragfähige Grundlage ihrer Herrschaft bilden sollen. Der Partikularismus und der *Antagonismus gegen Makedonien* machen es Rom im 2. Jh. leicht, die Oberhoheit über Griechenland zu gewinnen und in gewisser Weise dort fortzufahren, wohin Philipp II. 337 gelangt ist.

Antagonismus gegen Makedonien

334	*Alexander d.Gr.* zieht nicht nur als makedonischer König in den Perserkrieg, sondern auch als Hegemon des Korinthischen Bundes, dessen Mitglieder 7000 Fußsoldaten und die Mehrzahl der Schiffe stellen. Antipater bleibt als Stratege Europas zurück, um Griechenland zu überwachen. Memnon plant nach der Niederlage am Granikos (Mai 334) eine Invasion in Griechenland, um sich mit den Makedonengegnern zu verbünden.	*Alexander der Große*
332	Der spartanische König Agis III. (338–331) bietet mit persischem Geld Söldner auf und schlägt den Makedonen Korragos. Elis, Achaia und Arkadien treten zu Agis über und belagern mit ihm Megalopolis. Demosthenes bestimmt Athen zur Neutralität.	
331	Antipater schlägt die Verbündeten in der Schlacht von Megalopolis; Agis fällt.	
330	*Athen bereitet* auf lange Sicht *einen Verteidigungskrieg gegen Makedonien* vor. Lykurg reformiert die Finanzen und entwirft ein moralisches Erneuerungsprogramm (Rede gegen Leokrates); Befestigungen werden wiederhergestellt, die Flotte vergrößert, die Epheben militärisch geschult. Im Kranzprozess siegt Demosthenes über den Makedonenfreund Aischines. In Aitolien erhebt sich ebenfalls Widerstand gegen Makedonien.	*Verteidigungskrieg Athens*

324 Nach seiner Rückkehr aus Indien sucht Alexander mit dem Dekret über die Rückführung der griechischen Verbannten die Makedonenanhänger zu stärken. Die Aitoler sollen die Oiniaden, Athen Samos an die früheren Bewohner zurückgeben. In Athen trifft Alexanders geflohener Schatzmeister Harpalos ein.

323 Aitoler und Athener schließen ein Bündnis und werben auf Kap Tainaron Söldner an. Demosthenes wird wegen des Vorwurfs, Geld des Harpalos unterschlagen zu haben, verbannt.

Alexanders Tod

323–322 Mit der Nachricht von *Alexanders Tod* kommt der drohende Krieg zum Ausbruch. Unter Athens Führung bildet die Mehrzahl der griechischen Staaten eine Symmachie (Kampfbündnis). Demosthenes kehrt zurück; der athenische Stratege Leosthenes, der das Bundesaufgebot kommandiert, schließt Antipater in Lamia ein *(Lamischer Krieg)*. Diesem gelingt es, zu entkommen und mit Hilfe des von Kilikien eingetroffenen Krateros die Griechen bei Krannon zu schlagen. Die athenische Flotte wird von Kleitos bei Armorgos vernichtet (Leichenrede des Hypereides). Antipater besetzt Athen und löst die Demokratie auf. Das Vollbürgerrecht wird von einem Zensus von 2000 Drachmen abhängig gemacht, wodurch sich die Bürgerschaft von 21000 auf 9000 verringert. Demosthenes, zum Tode verurteilt, flieht auf die Insel Kalauria und nimmt Gift; Hypereides wird hingerichtet. Antipater setzt auch in anderen Städten promakedonische Reformen durch. Phokion steuert in Athen einen gemäßigten Kurs.

Lamischer Krieg

321–318 Im Kampf gegen Antipater verbündet sich Perdikkas mit den Aitolern, deren Bund (Koinón) sich in diesen Jahren konstituiert. Nach Antipaters Weggang nach Asien unterwerfen sie die Lokrer und einen Teil Thessaliens. Als Antipaters Nachfolger Polyperchon mit Hilfe einer Freiheitsdeklaration (Diagramma) Griechenland gegen *Kassander* zu sichern sucht, stellt sich Nikanor, der makedonische Kommandant im Piräus, auf dessen Seite. Dem vermittelnden Phokion werfen die wieder erstarkten Demokraten Verrat vor und lassen ihn hinrichten. Auch in der Peloponnes werden die von Antipater eingerichteten Oligarchien gestürzt. Megalopolis wehrt sich erfolgreich und wird von Polyperchon vergebens belagert.

Kassander

317 Kassander gewinnt Athen, wo die Demokratie eingeschränkt wird (Zensus von 1000 Drachmen). An die Spitze der Stadt stellt er als Epimeleten den Peripatetiker Demetrios von Phaleron, der in den zehn Jahren seiner Regierung eine vernünftige Finanzpolitik verfolgt (Einnahmensteigerung auf jährlich 1200 Talente) und das kulturelle Leben fördert. Euboia und Teile Thessaliens treten auf Kassanders Seite, während Polyperchon sich in Mittelgriechenland (Aitolien) hält und sein Sohn Alexander Sikyon und Korinth besetzt.

316 Kassander stellt Theben wieder her.

Antigonos

315 *Antigonos* verkündet in Tyros gegen Kassander die Freiheit der Griechenstädte und verbündet sich mit den Aitolern. Die Kykladen schließen sich unter seinem Protektorat zu einem Bund zusammen (Koinón der Nesioten).

315–314 Kassander, dem sich Alexander anschließt, sucht die Gegner aus der Peloponnes und aus Aitolien zu verdrängen. Alexander wird ermordet, seine Witwe Kratesipolis übernimmt die Herrschaft in Sikyon.

312 Antigonos' Neffe Polemaios gewinnt Boiotien, Euboia und Theben und schließt mit Demetrios von Phaleron einen Waffenstillstand.

311 Im Friedensschluss erkennt Antigonos Kassanders Stellung in Griechenland an; alle Diadochen bekennen sich zur Freiheit der Hellenen.

309–308 Polyperchon erhält nach Versöhnung mit Kassander die Strategie der Peloponnes. Gegen beide wirft sich *Ptolemaios I.* zum Befreier der Griechen auf, segelt zum Isthmos von Korinth und erhält durch Verbindung mit Kratesipolis Korinth und Sikyon. Er versöhnt sich mit Kassander, um Antigonos entgegenzuwirken, der ein umfangreiches Befreiungsprogramm für Griechenland vorbereitet.

Ptolemaios I.

307–306 Antigonos' Sohn Demetrios Poliorketes gewinnt mit einer Flotte von 250 Schiffen im Handstreich den Piräus und erobert Megara. Athen ergibt sich, Demetrios von Phaleron flieht nach Theben, später nach Ägypten. Auch Theophrast, Aristoteles' Schüler und Haupt der peripatetischen Schule, verlässt für ein Jahr die Stadt. Die Athener beschließen göttliche Ehren für die Retter (Soteres) Antigonos und Demetrios. Sie werden zu eponymen Göttern zweier neuer Phylen, Antigonis und Demetrias, und ihre Statuen werden neben denen der Tyrannenmörder aufgestellt.

Vierjähriger Krieg

306–302 Kassander versucht im *Vierjährigen Krieg* seine Herrschaft in Griechenland gegen die Antigoniden zu festigen. Er unterwirft Korinth, Boiotien, Euboia und Phokis; ein Angriff auf Athen scheitert.

305–304 Als Demetrios Rhodos belagert, bemühen sich über 50 griechische Staaten, den Frieden für die zur bedeutenden Handelsmacht aufgestiegene Insel zu vermitteln.

Die hellenistischen Gebiete Griechenland

304	Kassander verwüstet bei einem neuerlichen Angriff Attika, seine Flotte siegt über die athenische.
304–301	Demetrios nimmt seine Griechenlandpolitik wieder auf. Er drängt Kassander an die Thermopylen zurück, Boiotien, Phokis und fast die ganze Peloponnes treten zu ihm über.
303/302	Er erneuert unter Mithilfe des Adeimantos von Lampsakos den *Korinthischen Bund* Philipps II. Alle griechischen Staaten bis auf Sparta, Messenien und Thessalien schließen auf ewige Zeiten ein Bündnis und zugleich einen Allgemeinen Frieden (Koinè eiréne). Sie wählen Antigonos und Demetrios zu Führern (Hegemonen) des Bundes und verpflichten sich, Kontingente zum Bundesheer zu stellen.
302	Demetrios greift zur See Südthessalien an und rückt gegen Kassander vor, schließt aber mit ihm einen Präliminarfrieden, um seinem Vater in Kleinasien zu Hilfe zu kommen. Kassander stellt anschließend sofort die makedonische Herrschaft über Thessalien wieder her. Teilerfolge gelingen ihm in Mittel- und Südgriechenland.
301–297	Die Niederlage der Antigoniden bei Ipsos bedeutet das *Ende des Korinthischen Bundes*. In Athen übernimmt eine gemäßigte Demokratie unter Lachares' Führung die Regierung. Demetrios wird die Aufnahme verweigert. Dieser ernennt den von Kassander aus Epeiros vertriebenen jungen König Pyrrhos zum Strategen über die treu gebliebenen Griechenstädte. Der Tyrann *Lachares* lehnt sich an Makedonien an. Athens Wunsch nach strikter Neutralität lässt sich weder gegenüber Kassander noch gegenüber Lysimachos von Thrakien verwirklichen, der sich nach Kassanders Tod (298) stärker Griechenland zuwendet.
296–294	Bei einem Angriff auf Athen wird Demetrios' Flotte vom Sturm schwer beschädigt. In der Peloponnes gewinnt er einige abgefallene Städte. Er erobert Attika und den Piräus, wo sich eine demokratische Gegenregierung etabliert (295). Nach einer Hungerblockade muss die Stadt kapitulieren; Lachares flieht vor der demokratischen Reaktion nach Theben, dann zu Lysimachos; Athen erhält eine Besatzung. Eine Belagerung Spartas bricht Demetrios ab, da sich ihm Aussichten auf den makedonischen Thron eröffnen (294).
293–287	Mit der Herrschaft in Makedonien übernimmt Demetrios auch die makedonische Griechenlandpolitik. Er erneuert die Personalunion mit Thessalien, dringt in Boiotien ein und belagert Theben, das aitolische und spartanische Hilfe nicht retten kann. Bei einer neuerlichen Erhebung wird die Stadt von Demetrios' Sohn *Antigonos Gonatas* eingeschlossen und fällt nach mehr als einjähriger Belagerung (291). Die Aitoler behaupten sich erfolgreich bei zwei Einfällen des Demetrios (290; 289). Seine Kämpfe gegen Pyrrhos und Lysimachos nützt Athen, das von diesen beiden und von Ptolemaios I. unterstützt wird, aus, um das makedonische Joch abzuschütteln (287). Als Statthalter seines Vaters behauptet Antigonos Boiotien, Euboia und einen Teil der Peloponnes.
285–284	Antigonos zwingt wahrscheinlich sogar Sparta zur Anerkennung. Der Nesiotenbund kommt unter ptolemaiisches Protektorat.
283	Als Antigonos in Attika einfällt, wird er von Olympiodoros zurückgeschlagen.
281	Nach einer Flottenniederlage gegen Ptolemaios Keraunos zieht er sich nach Boiotien zurück.
280	Areus von Sparta bringt eine peloponnesische Koalition gegen ihn zusammen. Sie fällt in das Gebiet der auf Antigonos' Seite stehenden Aitoler ein, wird aber vertrieben. Unter den Verbündeten befinden sich die vier achaiischen Städte Patrai, Dyme, Tritaia und Pharai, die sich in Anlehnung an einen früheren Zusammenschluss zu einem Koinón vereinen, das der Kern des *Achaiischen Bundes* wird.
279	Die *Kelten* unter Brennos dringen durch Makedonien nach Griechenland vor. Thessalien wird überrannt. An den Thermopylen stellt sich ihnen eine Koalition von Lokrern, Phokern, Boiotern, Megarern und besonders Aitolern entgegen. Sie wird umgangen, und die Kelten stoßen auf Delphi vor. Einer rasch aufgebauten Verteidigung, der auch ein athenisches Kontingent zu Hilfe eilt, gelingt es, den Angriff abzuwehren und den Abziehenden weitere Verluste beizubringen. Zur Erinnerung wird das panhellenische Fest der Soteria eingerichtet. Die Leistung der Aitoler gegen die Kelten leitet den Aufschwung des *Aitolischen Bundes* und seinen Vorrang in der delphischen Amphiktyonie ein.
276–273	Zum makedonischen König geworden, bemüht sich Antigonos um ein gutes Verhältnis zu Athen, wo eine gemäßigte demokratische promakedonische Regierung ans Ruder kommt. Die politischen Beziehungen werden durch Antigonos' persönliches Interesse am kulturellen Leben der Stadt gefördert. Eine Entfremdung tritt ein, als sich Athen dem Pyrrhos auf seinem Marsch in die Peloponnes nähert.
273–269	Pyrrhos' Plan nach seinem Erfolg gegen Antigonos in Makedonien (274), Griechenland zu unterwerfen, führt zu einem *makedonisch-spartanischen Bündnis*. Pyrrhos scheitert vor Sparta, wohin ihn der Spartaner Kleonymos gerufen hat, um König Areus zu stürzen. Vor

Korinthischer Bund

Ende des Korinthischen Bundes

Lachares

Antigonos Gonatas

Achaiischer Bund
Kelteneinfall

Aitolischer Bund

makedonisch-spartanisches Bündnis

		Argos trifft er auf Antigonos; beide sind sie von streitenden Parteien in der Stadt zum Eingreifen aufgefordert worden.
	272	Pyrrhos' Tod im Straßenkampf in Argos befreit Antigonos nicht nur von einem gefährlichen Rivalen, sondern lässt die ungewöhnliche Allianz mit Sparta hinfällig werden.
	272–271	In der Peloponnes sucht Antigonos den makedonischen Einfluss durch Unterstützung von Tyrannen zu sichern, die soziale Gegensätze zur Usurpation ausnützen (Sikyon; Argos; Megalopolis; 5-monatige Tyrannis des Aristodemos von Elis 271).
	ca. 270–269	In Sparta übernimmt Areus Formen der hellenistischen Monarchie (Münzprägung in eigenem Namen). Er schließt mit Elis, Achaia, Mantineia, Tegea, Orchomenos und einer Anzahl arkadischer und kretischer Städte ein Bündnis. Ptolemaios II. wendet sich Griechenland zu. Er schließt mit Athen, dann mit dem neuen Peloponnesischen Bund Symmachieverträge.
Chremonideischer Krieg	**268–261**	*Chremonideischer Krieg*: Chremonides, mit seinem Bruder Glaukon Leiter der athenischen Politik, beantragt einen Volksbeschluss, mit Sparta und seinen Bündnern ein ewiges Bündnis zu schließen, durch das Freiheit und Autonomie aller Partner garantiert wird.
	267	Der gegen Makedoniens Stellung in Griechenland gerichtete Beschluss veranlasst Antigonos zur Belagerung Athens, das weder Ptolemaios' Stratege Patroklos zur See, noch Areus zu Land zu entsetzen vermag. Die Situation wiederholt sich in zwei weiteren Kriegsjahren.
	265	Areus fällt gegen Antigonos bei Korinth, und der Peloponnesische Bund löst sich auf. Die Athener können sich noch halten (bis 262).
	262–261	Athens Autonomie wird nach der Kapitulation stark eingeschränkt; die Stadt erhält wieder eine Besatzung auf dem Museion und im Piräus; die höchsten Beamten, an ihrer Spitze ein Epistates (Vorsteher), werden von Antigonos ernannt; Glaukon und Chremonides fliehen nach Ägypten.
		Der Aitolische und der Akarnanische Bund vereinbaren (ca. 262) in Distanzierung zu Makedonien eine Symmachie und Isopolitie (Berechtigung, das Bürgerrecht des Partners zu erwerben). Areus' Sohn und Nachfolger Akrotatos fällt bei dem Versuch, den Tyrannen Aristodemos von Megalopolis zu stürzen (ca. 261).
	255	Als Antigonos in Athen die Epistasie aufhebt und die Besatzung vom Museion abzieht, sichern promakedonische Anhänger seinen Einfluss.
Spaltung Griechenlands	253–247	*Antigonos' Kampf* gegen seinen abgefallenen Neffen Alexander, den Strategen der Peloponnes, *spaltet die griechischen Staaten*. Alexander schließen sich Euboia, Boiotien und der Achaiische Bund an. Athen und Argos unterstützen Antigonos, werden aber von Alexander zum Friedensschluss gezwungen (249). Der Aitolische Bund steht ebenfalls auf Antigonos' Seite, nützt aber dessen schwierige Lage aus, um sich mit Alexander II. von Epeiros über eine Aufteilung Akarnaniens zu verständigen, ungeachtet des 262 geschlossenen Bündnisses.
	252–251	In Sikyon macht sich Nikokles mit Alexanders Einverständnis zum Tyrannen.
Arat	251	*Arat*, Sohn des demokratischen sikyonischen Politikers Kleinias, der mit anderen Verwandten in Argos im Exil lebt, befreit Sikyon im Handstreich und führt die Stadt in den Achaiischen Bund. Ptolemaios II. spendet Arat 40 Talente, damit er die sozialen Probleme lösen kann, die durch die Rückkehr der Verbannten entstanden sind. Arat wird Stratege des Achaiischen Bundes und fortan ein über das andere Jahr wiedergewählt.
	245	Die Aitoler siegen bei Chaironeia über die Boioter, die ihnen das seit 255 zu ihrem Bund gehörige Phokis genommen haben.
	243	Arat überrumpelt das seit einem Jahr wieder makedonische Korinth.
	242	Er wagt einen Plünderungszug nach Attika und Salamis. Antigonos erweitert das bisherige Einvernehmen mit Aitolien zu einer Symmachie und vereinbart eine Aufteilung Achaias.
Sparta	241	Die Aitoler unternehmen einen Vorstoß in die Peloponnes. In *Sparta*, wo die Zahl der Vollbürger auf 700 zurückgegangen ist und 100 Familien den Grundbesitz in ihren Händen halten, unternimmt Agis IV. eine Sozial- und Verfassungsreform (Schuldentilgung; Bodenaufteilung in 4500 gleiche Landlose; Auffüllung der Bürgerzahl). Den Widerstand der konservativen Ephoren sucht er durch außenpolitische Erfolge zu unterlaufen. Als er dem verbündeten Achaiischen Bund gegen die Aitoler zu Hilfe kommt, wird die Reform in seiner Abwesenheit hintertrieben, er selbst, von Arat brüsk zurückgeschickt, wird bei der Heimkehr gefangengenommen und hingerichtet. Arat überrascht kurz darauf die plündernden Aitoler bei Pellene und schlägt sie.
Demetrios II.	240–236	Kurz vor seinem Tod schließt Antigonos mit dem Achaiischen Bund Frieden, den Arat zu einem erneuten Einfall in Attika und in die Argolis ausnützt. Nach dem Regierungsantritt *Demetrios' II.* schwenkt er um und geht ein Bündnis mit den Aitolern ein. So gedeckt okkupieren diese den 252 Epeiros überlassenen Teil Akarnaniens, während Arat erfolglos

mehrere Vorstöße gegen Argos und Athen unternimmt und die makedonische Besatzung aus dem Piräus zu vertreiben sucht. Nach Absprache fallen die Aitoler in Lakonien ein (236), um spartanische Verbannte zurückzuführen, während die Achaier Heraia in Westarkadien erobern.

235 Der Tyrann Aristippos von Argos fällt gegen die Achaier bei Kleonai, sein Bruder Aristomachos übernimmt die Tyrannis und hält sich mit makedonischer Hilfe.

234 Der promakedonische Tyrann von Megalopolis, Lydiades, führt angesichts der achaiischen Expansion seine Stadt in das Koinon und wird zum Strategen gewählt; Orchomenos und Mantineia folgen.

233 Die Schläge, die Demetrios II. Aitolien und Achaia versetzt, und die Gefahr einer makedonisch-spartanischen Kooperation zwingen die beiden Bünde weiterhin zusammen. Der neue epeirotische Bundesstaat und in der Peloponnes Tegea, Mantineia und Orchomenos schließen sich ihnen an.

229–226 Der Herrscherwechsel in Makedonien zu Antigonos Doson bietet Arat neue Möglichkeiten. Er hilft Eurykleides und Mikion in Athen, die Stadt von den makedonischen Besatzungen im Piräus, auf Sunion und Salamis freizukaufen. Er gewinnt den bisher auf Makedoniens Seite stehenden argivischen Tyrannen Aristomachos für das Koinon; Aigina, Phlius und Hermione folgen. Gegen den zu mächtig gewordenen Bundesgenossen fördern die Aitoler den alten spartanisch-achaiischen Gegensatz. *Kleomenes III.* (235–222) erobert Tegea und Orchomenos (229). Allein kann sich Arat nicht zu einer Revanche entschließen (228) und unterliegt Kleomenes am Lykaion und bei Ladokeia (227). In Sparta nimmt Kleomenes, gestützt auf diese Siege, Agis' Landreform wieder auf: Die großen Güter werden eingezogen und auf 4000 Landlose verteilt, das Ephorat entmachtet.

Kleomenes III.

226 Kleomenes überfällt Mantineia und schlägt das achaiische Heer bei Dyme; Arat muss zurücktreten. Kleomenes tritt in Verhandlungen mit dem Koinon ein und fordert für sich die Hegemonie, was von Arat, der mit Antigonos Geheimbesprechungen aufgenommen hat, hintertrieben wird. Kleomenes gewinnt Pellene, Kaphyai, Pheneos, Argos und Korinth.

225 Mit Ptolemaios III. geht er einen Subsidienvertrag ein.

225–224 Der Achaiische Bund schließt eine *Symmachie* mit Antigonos, der die Hegemonie des Bundes erhält. Er marschiert in die Peloponnes, und Kleomenes muss sich vom Isthmos zurückziehen; Argos und Korinth treten auf die makedonische Seite.

Symmachie

224 Das Bündnis mit dem Achaiischen Bund wird zu einer Symmachie mit anderen Bünden (Phokis, Boiotien, Lokris, Euboia, Epeiros und Akarnanien) erweitert, mit Antigonos als Hegemon. Kleomenes' Versuch, Argos zurückzugewinnen, misslingt.

223 Antigonos erobert Arkadien.

222 Nach einem weiteren vergeblichen Angriff auf Argos zieht sich Kleomenes nach Lakonien zurück, wo er bei Sellasia von Antigonos geschlagen wird und nach Ägypten flieht. *Der Sieger zieht in Sparta ein.* Das Königtum wird abgeschafft, das Ephorat restauriert, die Stadt wird unter der Aufsicht des Boioters Brachylles Mitglied der Symmachie.

Eroberung Spartas

221–217 Nach Regierungsantritt Philipps V. von Makedonien (221–179) sucht die aitolische Kriegspartei unter Dorimachos und Skopas Gelegenheit, um die Übermacht der Symmachie zu brechen. Einfälle in Bundesgenossengebiet (Akarnanien, Epeiros, Boiotien) und in das bisher mit Aitolien verbündete, aber Makedonien zuneigende Messenien provozieren den *Bundesgenossenkrieg* (220–217). Sparta, wo das Königtum wiederhergestellt wird, schließt mit Aitolien eine Symmachie, Elis folgt. Die Aitoler weichen großen Schlachten aus, doch die beiderseitigen rücksichtslosen Plünderungszüge, Eroberungen gegnerischer Städte und Piraterien, unter denen auch das neutrale Athen zu leiden hat, zerrütten die Verhältnisse in Griechenland so nachhaltig, dass sich die neutralen Handelsmächte Rhodos, Chios, Byzantion und sogar Ptolemaios IV. einschalten und den Frieden von Naupaktos vermitteln.

Bundesgenossenkrieg

215–207 Die Achaier weigern sich, Philipps Wendung gegen Illyrien und damit gegen Rom *(1. Makedonisch-Römischer Krieg)* mitzumachen, während die Aitoler eine Möglichkeit sehen, mit römischer Hilfe Makedoniens Vormacht zu brechen. Ihre an das Bündnis mit Rom (212–211) und mit Attalos von Pergamon geknüpften Erwartungen erfüllen sich nicht, da diese nur ungenügende Unterstützung schicken. Philipp verdrängt die Aitoler aus Zakynth, Thessalien und von den Thermopylen. In der Peloponnes, wo sich ihnen Elis, Messenien und Sparta angeschlossen haben (211–210), schlägt der unter Philopoimen erstarkte Achaiische Bund die Spartaner bei Mantineia (207).

1. Makedonisch-Römischer Krieg

206–201 Philipps Friedensschluss mit Aitolien (206), mit Rom (205) und seine nachfolgende Wendung nach Osten gibt Griechenland äußerlich Ruhe. Aber Philipp nützt die infolge der Kriege seit 220 gewachsenen inneren Spannungen in den griechischen Staaten aus und macht sich zum Anwalt der Massen gegen die Oligarchen. Der Achaiische Bund gewinnt ihm gegenüber größere Unabhängigkeit. In Sparta nimmt Nabis (207–192) die Reformen Kleomenes' III. auf und geht sogar zur *Helotenbefreiung* über. Als er Messenien erobert (202), wird er von Philopoimen geschlagen.

200 Als sich Rom mit Attalos von Pergamon und Rhodos im *2. Makedonisch-Römischen Krieg* (200–197) gegen Philipp verbündet, schließt sich in Griechenland zunächst nur Athen an; die Aitoler (199), die Achaier (198) und die Boioter (197) folgen, letztere nach heftigen inneren Auseinandersetzungen.

198 Roms militärische Überlegenheit gibt den Ausschlag für den Anschluss, weniger die Freiheitsparole, die vom römischen Konsul Flamininus verkündet wird.

197 Die makedonische Herrschaft in Griechenland endet mit Philipps Niederlage bei Kynoskephalai.

196 Flamininus krönt mit der *Freiheitsverkündigung* bei den Isthmischen Spielen die makedonische Niederlage. Die Proklamation bedeutet für Rom nicht den Verzicht auf eigene Interessen und direkte Interventionen, weshalb die von Philipp freigegebenen Fesseln Griechenlands: Chalkis, Demetrias und Akrokorinth mit römischen Besatzungen belegt werden. Vor allem die Aitoler, die enttäuscht sind, dass sie nicht Thessalien erhalten und Philipp nicht gestürzt wird, sehen darin einen Widerspruch.

195 Argos und – mit minderem Status – die lakonischen Küstenstädte treten dem Achaiischen Bund bei.

195–194 Der Tyrann Nabis weigert sich, Argos freizugeben, und wird von einer römisch-achaiischen Koalition bezwungen.

Nach Vorhaltungen der Aitoler und als Geste des guten Willens bewirkt Flamininus beim Senat, dass alle römischen Truppen aus Griechenland abgezogen werden. Aitolien nähert sich Nabis, der bei dem Versuch, die Achaier aus den lakonischen Seestädten zu vertreiben, von Philopoimen geschlagen wird. Ihm rettet Flamininus den Thron, um Achaia nicht zu mächtig werden zu lassen, aber er wird kurz darauf unter aitolischer Mithilfe ermordet.

193–192 Philopoimen zwingt *Sparta* in den Achaiischen Bund und beendet damit seine selbstständige Geschichte. Aitolien schließt gegen athenischen und römischen Protest mit Antiochos III. ein Bündnis. Da dieser mit 10000 Mann nach Griechenland übersetzt, halten sich mögliche Bundesgenossen (Boiotien, Thessalien, Athen, Achaia) voll Skepsis zurück, und Richtungskämpfe zwischen Freunden und Gegnern Roms beeinträchtigen die Wirkung seiner Freiheitsparole.

191 Zusammen mit einem ungenügenden aitolischen Aufgebot von 4000 Mann unterliegt Antiochos III. den Römern an den Thermopylen. Die römische Forderung nach bedingungsloser Unterwerfung und einer Kriegsentschädigung von 1000 Talenten veranlasst die Aitoler, ihren Widerstand fortzusetzen (Kampf um Ambrakia).

Durch den Beitritt von Elis und Messenien wird der Achaiische Bund zum Herrn der Peloponnes.

189 Unter Vermittlung von Athen, Rhodos und dem Athamanenkönig Amynandros kommt der Friede zwischen Rom und den Aitolern zu Stande.

188 Ein Aufstand Spartas wird von Philopoimen niedergeschlagen, seine Mauern werden zerstört.

187–186 Ein Bündnis mit Ägypten soll das Achaiische Koinon aus der *Abhängigkeit von Rom* befreien.

183 Der römische Senat neigt sich dagegen Sparta zu. Philopoimen zieht gegen das unter römischem Einfluss abgefallene Messenien, wird gefangengenommen und vergiftet. Sein Nachfolger Lykortas unterwirft Messenien. Gegen ihn vertritt Kallikrates im Koinon eine pro-römische Richtung.

182–181 In Sparta unternimmt Chairon soziale Reformen, die durch achaiisches Eingreifen rückgängig gemacht werden.

seit 179 Gegensätze zwischen Reichen und Armen gehen in Aitolien, Boiotien und Thessalien mit römerfreundlicher bzw. römerfeindlicher Einstellung zusammen, was zu schweren inneren Konflikten führt. Die Romgegner blicken auf Perseus, der beim Regierungsantritt in Delphi, Koroneia und Delos einen Schuldenerlass verkündet. Eine Mittelgruppe, zu der in Achaia Lykortas und sein Sohn, der Historiker Polybios, gehören, sucht einen neutralen Kurs zu steuern.

171–168 Perseus' Versuch, die Differenzen auszunützen und den Einfluss Makedoniens zu stärken (174 Bündnis mit Boiotien; Annäherung an Aitolien), führt zum *3. Makedonisch-Römischen Krieg*. Roms Diplomatie bewirkt, dass aus den Sympathien für Makedonien in Griechenland kaum aktive Unterstützung wird.

168 22. Juni	Nach der *Schlacht von Pydna* werden in Aitolien die Römerfeinde niedergemetzelt, Achaia muss 1000 Geiseln, darunter Polybios, nach Italien schicken; Rhodos wird für einen Vermittlungsversuch durch den Verlust seines kleinasiatischen Gebietes (Peraia) und die Errichtung eines Freihafens auf Delos bestraft.	*Schlacht von Pydna*
167–146	Die völlige Ausrichtung der äußeren Politik auf Rom und die Erledigung der Gegner beseitigt in den griechischen Staaten nicht die sozialen Spannungen. Rom entscheidet über zwischenstaatliche Konflikte (Grenzstreit zwischen Sparta und Megalopolis 165). In der Auseinandersetzung zwischen Athen und Oropos kommt die athenische Philosophengesandtschaft mit Karneades, Kritolaos und Diogenes nach Rom (155).	
146–145	Der Austritt Spartas aus dem Achaiischen Bund und eine zwiespältige Haltung Roms, das zusätzlich Unabhängigkeit für die Bundesmitglieder Korinth und Argos fordert, führen zum *Achaiischen Krieg*, der letzten griechischen Erhebung gegen Rom. Den Achaiern unter Kritolaos schließen sich Boiotien, Lokris, Phokis und Euboia an. Die Achaier unterliegen L. Mummius am Isthmos, *Korinth wird niedergebrannt*, der Achaiische Bund aufgelöst. Die Achaier und ihre Bundesgenossen werden hart bestraft und dem Prokonsul von Makedonien unterstellt. – (Forts. S. 301)	*Achaiischer Krieg* *Korinth wird niedergebrannt*

Karthago (um 450–146)

(Forts. v. S. 105)

Zentrales Problem des karthagischen Staates bildet das *Militärwesen*. Eine Verbindung von Bürgertum und Wehrpflicht gibt es in Karthago nicht; das Heer besteht aus Söldnern und wird wie ein Kapitalunternehmen immer wieder an dem Verhältnis zwischen Investition und Ertrag gemessen. Politische Leitung und militärische Führung laufen getrennt, was permanente Konflikte zwischen Feldherrn und Staat zur Folge hat. – Kennzeichnend für die karthagische Religion – oberste *Gottheiten* Baal Hammon und Tanit – ist das direkte und umfassende Abhängigkeitsgefühl des Menschen von den Göttern. Wesentlicher Bestandteil des Kults sind Natural- und Tieropfer, wobei die Opfer neben dem Fortbestand göttlicher Gunst zugleich auch den Naturallohn der Priester sichern. Für Griechen und Römer steht karthagische Religion synonym für Exzesse (Menschenopfer: Motiv ist, die Götter durch Blut zu nähren, damit diese ihre Schutz- und Befruchtungstätigkeit erfüllen). *Militärwesen* *Gottheiten*

um 450	Wahrscheinlich als Antwort auf die Herrschaft der Magoniden wird die Verfassung durch Einführung des *Rates der Hundertvier* modifiziert. Der Rat kontrolliert Rechtsprechung und Gerichtshöfe und überwacht die Verfassungstreue der Feldherrn. Der Karthager Hanno unternimmt eine Entdeckungsfahrt zur Koloniegründung an der afrikanischen Westküste. Sein in punischer Sprache niedergeschriebener Reisebericht ist in einer griechischen Übertragung aus dem 4. Jh. v.Chr. erhalten.	*Rat der Hundertvier*
4. Jh.	Der Rat der Hundertvier übt faktisch die Herrschaft über alle Verwaltungsorgane aus. Außenpolitisch kennzeichnet die folgenden Jahrzehnte der Kampf mit Syrakus um Sizilien.	
366	In einem Friedensvertrag mit Dionysios II. von Syrakus wird der Fluss Halykos als Grenze zwischen dem karthagischen und dem griechischen Sizilien festgelegt.	
264–241	Die Niederlage im *1. Punischen Krieg* hat den Verlust Siziliens (241) zur Folge.	*1. Punischer Krieg*
nach 241	Der Karthager Mago verfasst ein Lehrbuch über die Landwirtschaft in 28 Büchern, das nach der Zerstörung Karthagos auf Senatsbeschluss ins Lateinische übertragen wird.	
242–237	Die aus der Niederlage erwachsene Finanzkrise führt zu einem Söldneraufstand in Nordafrika. Rom nutzt diese Schwäche Karthagos und erzwingt die Abtretung Sardiniens (237).	
218–201	Die Niederlage im *2. Punischen Krieg* bedeutet für Karthago die Auslieferung der Flotte und den Verlust Spaniens.	*2. Punischer Krieg*
196/5	Den dadurch bewirkten wirtschaftlichen Rückschlag überwindet Karthago durch politische Reformen und durch Umstrukturierungsmaßnahmen in der Landwirtschaft (Einführung der mit Sklaven intensiv betriebenen Plantagenwirtschaft).	
195	Reform des Rats der Hundertvier und der Finanzen durch Hannibal. Von der eigenen Aristokratie in Rom verleumdet, entzieht er sich einem drohenden Auslieferungsbegehren Roms durch Flucht (Tod durch Selbstmord 183).	
149–146	Ein Kriegszug Karthagos gegen den Numidierkönig Massinissa – eine formelle Verletzung von Karthagos Vertrag mit Rom – führt nach dreijährigem erbittertem Widerstand zur *Zerstörung Karthagos*. – (Forts. S. 331)	*Zerstörung Karthagos*

Römische Geschichte

Latiner — Es ist umstritten, ob die *Latiner* um die Wende vom 2. zum 1. Jt. oder schon tausend Jahre früher mit anderen indogermanischen Stämmen in Italien eingewandert sind. Nach der ersten These haben sie schon während der Wanderungszeit einen festen ethnischen Verband gebildet und gemeinsame soziale Institutionen (z.B. die 30 Kurien), Ursprungsvorstellungen und Denkmuster nach Italien mitgebracht; nach der zweiten hat sich das „Latinertum" erst im Übergang von der Bronze- zur Eisenzeit allmählich ausgeformt. – Im ersten Jt. lassen sich jedenfalls in Italien verschiedene Sprach- und Volksgruppen deutlich unterscheiden. Anders als im Griechenland der homerischen Zeit haben die einzelnen Stämme keine Hei-

Raub der Sabinerinnen — ratsgemeinschaft miteinander (vgl. Legende vom *Raub der Sabinerinnen*), was sich auf die Struktur der Kriege auswirkt. Die einzelnen Volksgruppen werden zu unterschiedlichen Zeiten sesshaft und gehen zu geregeltem Ackerbau über; die dadurch entstehende Ungleichheit in der wirtschaftlichen Entwicklung dürfte ebenfalls zur Verunsicherung der Situation (Raubkriege) beigetragen haben. – Rom gehört zur *la-

latino-faliskische Sprachgruppe — tino-faliskischen Sprachgruppe*. Seine Lage am Unterlauf des Tiber ermöglicht ihm einerseits die Verbindung zur See, bietet ihm andererseits Schutz gegen direkte Angriffe von der See her. Nahe der Tiberinsel befindet sich, von der Mündung des Flusses aus gesehen, die erste Furt über den Tiber, durch die schon vor dem Bau der ersten Brücke ein wichtiger Verkehrsweg, die Salzstraße von Etrurien nach Kampanien, verläuft. Ebenso bestehen nach Mittelitalien gute Verbindungen, durch die Rom allerdings auch leicht

ethnische Situation — den Angriffen umliegender Bergstämme ausgesetzt ist. – Die *ethnische Situation* in Mittelitalien, Unterschiede in der wirtschaftlichen Entwicklung zwischen den einzelnen Stämmen und schließlich die geografische Lage sind neben den Voraussetzungen, welche die Latiner bei ihrer Landnahme vielleicht mitbrachten, wahrscheinlich auch die Faktoren, die Roms soziale und politische Organisation in der Frühzeit entscheidend beeinflussen.

Epochen

Chronologische Übersicht

8. Jh. (753)– Ende 6. Jh. (510)	Königszeit	133–44(31)	Späte Republik oder Die römische Revolution
510–287	Alte Republik oder Zeit der Ständekämpfe	44(31)– Ende 2. Jh.	Der Prinzipat
287–133	Mittlere („Hohe", „Klassische") Republik	3. Jh. Ende 3. Jh.–476 (Ende 6. Jh.)	Die Reichskrise Der Dominat Die Spätantike

Die Ursprünge und die Königszeit (bis ca. 510 v. Chr.)

Durch eine alte Sage, die durch den römischen Dichter Vergil ihre kanonische Ausformung erhält, wird die Geschichte Roms mit der Griechenlands verbunden: Aeneas sei auf der Flucht von Troia nach Latium gekommen, dieser habe Lavinium (Pratica di Mare), sein Sohn Ascanius (= Iulus) Alba Longa (Castel Gandolfo) gegründet, das als Mutterstadt Roms gilt. Nach späteren chronologischen Berechnungen des römischen Gelehrten Varro wird die *Gründung Roms* auf das Jahr 753 v.Chr. festgelegt. Der erste König der Stadt, Romulus, habe laut römischer Überlieferung schon wichtige soziale und politische Institutionen (Einteilung in Patrizier und Plebejer; Klientel; Senat; Volksversammlung) geschaffen, die von den folgenden Königen weiter ausgebaut worden seien: Numa Pompilius, Tullus Hostilius, Ancus Marcius, Tarquinius Priscus, Servius Tullius, Tarquinius Superbus.

Gründung Roms

Maßnahmen der römischen Könige nach der Überlieferung

die römischen Könige

Könige	Maßnahmen im Innern	Maßnahmen nach außen	
Numa Pompilius	Einrichtung der meisten Priestertümer; Einrichtung vieler Kulte; Bau des Janus-Tempels am Forum; Jahreseinteilung und Bestimmung der Festtage		*Numa Pompilius*
Tullus Hostilius	Aufnahme der vornehmen Albaner in den Senat; Bau der Curia (Hostilia); Bildung neuer Reiterturmen und Legionen; Caelius in die Stadt einbezogen	Unterwerfung und Zerstörung von Alba, Übersiedlung der Bevölkerung nach Rom, Vorherrschaft in Latium; Kämpfe mit Veii und Fidenae, mit den Sabinern und den Latinern	*Tullus Hostilius*
Ancus Marcius	Aventin und Janiculum in die Stadt einbezogen, Bau einer Pfahlbrücke über den Tiber; Bau eines Gefängnisses	Eroberung latinischer Orte, Bewohner in römische Bürgerschaft aufgenommen; Eroberung veientinischen Gebietes, Ausdehnung bis zur Tibermündung, Bau von Ostia; Kämpfe mit Fidenae und Sabinern	*Ancus Marcius*
Tarquinius Priscus	Zahl der Senatoren um 100 vermehrt (gentes minores), die der Reiterzenturien verdoppelt; Einrichtung der ludi magni (Romani); Entwässerung der niedrig gelegenen Teile der Stadt, Bau des Circus Maximus, von Säulenhallen und Kaufläden um das Forum; Rom durch steinerne Mauer geschützt; Bau des Jupiter-Tempels auf dem Kapitol begonnen; Übernahme etruskischer Königsinsignien: Goldkranz, Purpurgewand, Elfenbeinthron und -szepter, 12 Äxte	Kämpfe mit Latinern, Eroberung von Apiolae und anderer latinischer Orte; Kämpfe mit Sabinern, die römische Oberherrschaft anerkennen; Kämpfe mit Etruskern und römische Suprematie über sie	*Tarquinius Priscus*
Servius Tullius	Einführung des Zensus und der Zenturienordnung (Festlegung der Rechte und Pflichten der Bürger nach dem Vermögen); Erweiterung der Stadt um Quirinal, Viminal und Esquilin und Bau von Mauern und Gräben; Einteilung der Stadt in 4 Regionen, des Landes in Tribus	Kämpfe mit Etruskern, vor allem Veii; zusammen mit Latinern Bau eines Diana-Heiligtums auf dem Aventin in Rom, das damit als Haupt des Latinerbundes anerkannt wird	*Servius Tullius*
Tarquinius Superbus	Weiterbau des Jupiter-Tempels; Ausbau des Circus Maximus und der Abwasserkanäle	Gewinnung von Gabii, Kolonien nach Signia und Circeii, Vertrag mit den Latinern; Bündnis mit Hernikern; Kämpfe mit Volskern (Eroberung von Suessa Pometia) und Sabinern; Krieg mit Ardea	*Tarquinius Superbus*

Stellt man der Überlieferung die archäologischen, sprachwissenschaftlichen, institutions- und religionsgeschichtlichen Erkenntnisse gegenüber, dann ergibt sich etwa folgendes Bild: Im Gebiet des späteren Rom lässt sich eine *kontinuierliche Besiedlung* ungefähr seit dem 14. Jh. (Mittlere Bronzezeit, Apennin-Kultur) nachweisen (Funde von San Omobono). Während die spätbronzezeitlichen Funde noch in deutlicher Beziehung zur „Protovillanova"-Kultur Etruriens stehen, wird seit dem 9. Jh. der Raum, der später durch die latinische Sprachgruppe umschrieben ist, als eigenständige Einheit fassbar. Der Übergang zur Sesshaftwerdung und zum Ackerbau wird vollzogen, die Siedlungsreste und die Nekropolen zeigen ein spürbares Bevölkerungswachstum an. Die Latiner (nomen Latinum) siedeln in kleinen, voneinander unabhängigen, zunächst nichtstädtischen Einheiten (populi), für deren Gesamtheit trotz fortlaufender Veränderungen immer die Zahl 30 angegeben wird (vgl. z.B. „triginta populi Albenses" bei: Gaius Plinius Secundus – Plinius der Ältere – naturalis historia 3, 69). Sie kommen jährlich auf dem Mons Albanus zusammen, um das Fest des Jupiter Latiaris (*Latinerfest* = Kult des göttlichen Ahnherrn der Latiner?) zu feiern. Außer durch gemeinsame Kulte sind sie durch Heiratsgemeinschaft und Handelsverkehr miteinander verbunden.

In Rom liegen die ersten ausgegrabenen *Behausungsreste* (9. Jh.?) auf dem Palatin. Dort und im Forumstal befinden sich auch die ersten *Nekropolen*, zunächst ausschließlich Verbrennungsgräber; seit dem Ende des 9. Jh.s (?) begegnen Verbrennungs- und Bestattungsgräber nebeneinander auf dem Forum, dem Esquilin und dem Quirinal, schließlich (seit dem 7. Jh.?) ebenda, auf der Velia und dem Palatin allein Bestattungsgräber. Die schon im 9. Jh. in Etrurien einsetzende Stadtentwicklung hat in Latium zunächst keine Parallele. Im 8. Jh. wird die Besiedlungsfläche Roms weiter ausgedehnt. Die literarische Tradition von einem Eindringen der *Sabiner* in die latinische Ebene (vgl. das Doppelkönigtum des Romulus und Titus Tatius) scheint durch sprachliche Einflüsse des Umbrisch-Oskischen auf das Alt-Latinische und durch archäologische Zeugnisse bestätigt zu werden. Die vorher gleichmäßig ärmlichen Grabbeigaben werden im 8. Jh. reicher und lassen auf entstehende *soziale Differenzierungen* schließen. Typisierte Formen der Beigaben deuten auf die Anfänge eines Handwerks hin, die Keramik-Funde lassen Verbindungen zu Griechenland (beginnende Kolonisation im Westen) und zu etruskischen Städten (besonders Veii) erkennen, die im 7. Jh. intensiver werden (sog. orientalisierender Stil); in der 2. Hälfte des 7. Jh.s werden griechische durch etruskische Importe in den Hintergrund gedrängt. Die ersten *Schriftzeugnisse* treten auf – auch hier herrschen in Latium etruskische gegenüber latinischen vor. Um die Wende vom 7. zum 6. Jh. vollzieht sich der endgültige Übergang zur Stadt: Das Forum, auf dem die Bestattungen enden, wird gepflastert, das Forum Boarium neu angelegt, feste Straßen werden geschaffen, durch Skulpturen geschmückte Sakralbauten errichtet. Die ursprünglichen Lehmhütten werden durch auf Steinfundamenten gebaute Lehmziegel-Häuser mit Ziegeldächern abgelöst. In der römischen Geschichtsschreibung findet diese Phase ihren Niederschlag in den städtebaulichen und organisatorischen Maßnahmen, die den Königen Tarquinius Priscus und Servius Tullius zugeschrieben werden. Sie beide und ihr Nachfolger repräsentieren ein etruskisches Geschlecht. Die *Etrusker* haben seit dem 7. Jh. ihr Einflussgebiet bis nach Kampanien ausgedehnt; dabei sind auch Rom und Latium auf eine heute nicht mehr erkennbare Weise unter ihren politischen Einfluss gekommen, der sich nicht nur auf die Stadtentwicklung, sondern auf alle Bereiche des römischen Lebens ausgewirkt hat.

Grundlage der *Wirtschaft* Roms bleiben während der gesamten römischen Geschichte Ackerbau und Viehzucht. Sie werden mit relativ primitiven Methoden durchgeführt. Der dennoch zu beobachtende Prozess wirtschaftlicher Differenzierung hat seine Gründe wohl einmal in den Eroberungen (Rom soll sich während der Königszeit von ca. 150 auf über 800 km^2 ausgedehnt haben), zum anderen darin, dass die Stadt, wie die Funde zeigen, durch ihre zentrale Lage im etruskischen Einflussbereich unter den etruskischen Königen einige Bedeutung im Handel erlangt. Das Handwerk wird durch wachsende Luxusbedürfnisse und die Baumaßnahmen der etruskischen Könige gefördert. Als alte Handwerkervereinigungen (collegia: sie dienen vornehmlich kultischen Zwecken) gelten der römischen Tradition Flötenspieler, Goldschmiede, Zimmerleute, Färber, Schuhmacher, Kupferschmiede und Töpfer. Dennoch ist Rom nie zu einem Zentrum der Manufaktur geworden.

Im Bereich der *sozialen Organisation* gehen die 30 Kurien (curia = coviria: Männervereinigung), in welche die Bevölkerung Roms eingeteilt ist, sicher in voretruskische Zeit zurück. Sie bilden gesamtlatinische Organisationsformen auf der Ebene des einzelnen „populus" ab und sind wohl Personalverbände, die eigene Beamte und Kulte haben und zu kultischen Mahlen zusammenkommen. Ob die Kurien von Anfang an Untergliederungen größerer Einheiten, nämlich der Tribus (3 Tribus zu je 10 Kurien), sind, oder die Tribuseinteilung etruskisch ist (die Namen der drei ältesten Tribus – Tities, Ramnes und Luceres – sind etruskisch), lässt sich nicht sicher feststellen. Ebenso ist unsicher, wann sich die entstehende Oberschicht zu *adligen Geschlechtern*, „gentes", formiert hat. Die Geschlechter scheinen nicht Untergliederungen der Kurien gewesen zu sein. Die Etruskerherrschaft trägt mit der Einführung des Reiterkampfes, besonderer Standesabzeichen und einer eigenen Tracht zumindest zur Stärkung, wenn nicht überhaupt erst zur Ausbildung eines Adels bei. Dieser „Reiteradel" übernimmt auch etruskische Lebensformen. Die adligen „gentes", die vielleicht jeweils unter einem gemeinsamen Geschlechtsoberhaupt stehen, haben gemeinsame Versammlungen, Satzungen, Kulte und Traditionen; Gentilgenossen können Vermächtnisse empfangen, wenn Familienangehörige und Agnaten fehlen; sie helfen sich gegenseitig bei Rechtsgeschäften und beim „Strafvollzug", der nicht staatlich geregelt ist.

Spätestens am Ende der Königszeit besitzen die Geschlechter einen festen Anhang von Klienten. Die Römer verstehen unter der *Klientel* ein Treueverhältnis auf Gegenseitigkeit (in fide esse). Der Klientelherr (patronus) ist zur Vertretung der Interessen des Klienten vor Gericht und gegenüber Angriffen Dritter, der Klient zur militärischen und – in der republikanischen Zeit – politischen (bei Wahlen und Abstimmungen) Unterstützung des Patrons, aber auch zu materiellen Leistungen (z.B. für die Mitgift der Töchter des Patrons; Hilfe in besonderen Notlagen) verpflichtet. Obwohl die Klienten wahrscheinlich nicht Hörige, sondern Freie sind, wird das Klientelverhältnis im Normalfall vererbt. Die Festigkeit der Klientel kann ursprünglich darauf beruht haben, dass die Klienten durch die „gentes" Land zugewiesen erhielten; in historischer Zeit erklärt sie sich vor allem aus der gering ausgebildeten staatlichen Zentralgewalt: Schwache müssen sich unter den Schutz von Mächtigen stellen. *Klientel*

Der kleinste soziale Verband Roms ist die *„familia"*, die den „Hausverband als Ganzes mit seinen Personen und Sachgütern" (Max Kaser) umfasst. Sie ist streng hierarchisch organisiert: Der Familienvater (pater familias) hat gleichsam absolute Gewalt (patria potestas). Seine Rechte sind nur durch die Tradition (mores) und Religion eingeschränkt. Er ist alleiniger Eigentümer des Familienvermögens. Die übrigen Familienmitglieder bleiben unter seiner Gewalt, solange er lebt. In jeder Familie werden die verstorbenen Eltern, Großeltern und Urgroßeltern als „di parentes" („Eltern-Götter") verehrt. *familia*

Die gegenüber dem archaischen Griechenland straffere soziale Organisation Roms kann entweder als Erhaltung alter Stammesstrukturen oder als Neu- bzw. Umbildung sozialer Institutionen interpretiert werden. Bedingungen dafür sind wohl die starken äußeren Anforderungen und die Herrschaft der etruskischen Könige, die vor allem auch die *politische Organisation* Roms beeinflusst haben. Das Königtum geht in Rom sicher in voretruskische Zeit zurück und findet sich auch in anderen latinischen Städten. Es ist ursprünglich, wie auch sonst bei indogermanischen Stämmen, ein Heerkönigtum mit sakralen Funktionen, vielleicht bei wichtigen Handlungen an die Zustimmung der Gemeinde (der Ältesten?) gebunden und nicht erblich; das zeigt die Einrichtung des „interregnum" (Zwischenkönigtum) noch in republikanischer Zeit: Wenn bis zum Ende eines Amtsjahres keine Konsuln für das folgende Jahr gewählt werden, bestellt der Senat aus den Patriziern einen „interrex" (Zwischenkönig), der fünf Tage amtiert, dann sich einen Nachfolger ernennt usf. Der zweite und die folgenden „interreges" haben die Aufgabe, Konsulwahlen zu veranstalten. – Durch die Etrusker wird das römische Königtum im Sinne einer unumschränkten Herrschaft umgestaltet. Dem entsprechen die *Amtsinsignien*, die von Tarquinius Priscus eingeführt worden sein sollen. Besonders die zwölf Äxte und Rutenbündel (fasces), die von Liktoren (Amtsdienern) dem König vorangetragen werden, kennzeichnen die Macht über Leben und Tod. Sie werden von den republikanischen Magistraten übernommen; der Elfenbeinthron (sella curulis) wird später zum Amtssessel der Magistrate, Goldkranz und Purpurgewand stehen ursprünglich dem König, in republikanischer Zeit dem Triumphator zu. *politische Organisation* *Amtsinsignien*

Den *Senat* hat es wohl ebenfalls schon in voretruskischer Zeit gegeben. Über seine Mitgliedschaft (ursprünglich die ältesten Familienoberhäupter?, später Adlige?) ist nichts Genaues bekannt. Aus dem Interregnum ergibt sich eine Mitwirkung bei der Königsernennung; sie scheint aber unter den etruskischen Königen zumindest eingeschränkt gewesen zu sein. Wichtigste Funktion des Senats ist die Beratung der Könige. *Senat*

Die *Volksversammlung* ist nach den 30 Kurien gegliedert und stimmt wohl auch nach Kurien ab. Ihre genauen Befugnisse lassen sich nicht feststellen – wahrscheinlich ist sie in irgendeiner Form (Akklamation?, Gefolgschaftseid?) an der Königserhebung beteiligt. Auch die militärische Ordnung Roms baut auf den Kurien auf. *Volksversammlung*

Innerhalb des *„nomen Latinum"*, zu dem Rom gehört, hat bis zum Beginn des 7. Jh.s Alba Longa eine Vorrangstellung inne. Nach römischer Tradition hat König Tullus Hostilius Alba Longa zerstört und damit für Rom die Vorherrschaft in Latium gewonnen; die folgenden Könige sollen weitere latinische Siedlungen für Rom annektiert haben, das dann unter den Tarquiniern den übrigen Latinern als Hegemonialmacht in Latium gegenübergestanden habe – eine Auffassung, die heute vor allem von italienischen Forschern gestützt wird. Andere Forscher betrachten die frühe Hegemonie Roms in Latium als Rückprojektion späterer Verhältnisse; Alba Longa sei nicht durch Rom, sondern durch Lavinium, dann Aricia (heute: Ariccia, Diana-Heiligtum) und Tusculum (bei Frascati) als kultische Mittelpunkte Latiums abgelöst worden; die gemeinsamen latinischen Kulte seien auch während der Etruskerherrschaft unter der Leitung eines jährlich gewählten dicator Latinus fortgesetzt worden. *nomen Latinum*

Ende des 6. Jh.s wird das *Königtum in Rom gestürzt*. Grund dafür ist einmal, dass durch die Herrschaft der etruskischen Könige der römische Adel in seinen sozialen und militärischen Funktionen gestärkt wurde. Insofern kann man mit der römischen Tradition den römischen Adel als Träger des Umsturzes bezeichnen. Auch in anderen mittelitalischen Städten wird seit dem Ende des 6. Jh.s die Königs- durch eine *Adelsherrschaft* abgelöst. Der unmittelbare Anlass für den Regimewechsel in Rom scheint aber ein *Sturz des Königtums* *Adelsherrschaft* inneretruskischer Konflikt gewesen zu sein: König Porsenna von Clusium (heute: Chiusi) erobert Rom, vertreibt Tarquinius Superbus, der nach Tusculum flieht (505?). Die Latiner schließen sich gegen Porsenna und Rom in dem neuen Bund von Aricia zusammen. Mit Hilfe des Aristodemos von Kyme wird der Sohn Porsennas, Arruns, bei Aricia geschlagen. Unter dem Eindruck dieser Niederlage scheint Porsenna mit Rom einen Pakt geschlossen, dem Adel die Herrschaft überlassen zu haben und von der Stadt abgezogen zu sein.

Die alte Republik: Ständekämpfe und Ausbreitung in Italien (ca. 510 bis ca. 270)

Die Jahreszahlen bis um 300 sind fast alle unsicher – es handelt sich um Anhaltspunkte. Wenn eigens ein Fragezeichen bei einer Zahl steht, dann bedeutet dies, dass von einem Teil der Forschung oder in der römischen Tradition ein Ereignis in eine ganz andere Zeit datiert wird.

Ausgangssituation und Bedingungen

Seit Beginn der Republik stehen sich in Rom zwei Gruppen gegenüber: Die *Patrizier* (patres) und Plebejer (plebs). Der Patriziat ist ein grundbesitzender Geburtsadel und geht auf den Reiteradel der etruskischen Könige zurück, dessen Vorrechte und Standesabzeichen er übernimmt. Er ist nach Geschlechtern gegliedert, die einen festen Anhang von Klienten besitzen. Sein innerer Zusammenhalt wird gestützt durch die straffe Familienorganisation und ein System von Nahbeziehungen (politische Freundschaften und Heiraten). Alle politischen, militärischen, rechtlichen und religiösen Funktionen der Könige gehen auf ihn allein über. *Patrizier*

Die *Plebejer* – vor allem Bauern, Besitzlose und wenige Handwerker – bilden keine einheitliche soziale Schicht. Neben sehr armen stehen wohlhabende Bauern; diese erhalten laufend Zuzug durch die Aufnahme fremder Adelsgeschlechter nach Rom, die nur in den seltensten Fällen und nur in der Frühzeit der Republik zum Patriziat zugelassen werden. Plebejer und Klienten sind vermutlich nicht identisch. Versuche, die „plebs" mit der städtischen Bevölkerung Roms, die Klienten mit auf dem Lande lebenden Bauern zu identifizieren, setzen eine damals wahrscheinlich noch nicht bestehende deutliche Trennung zwischen Stadt und Land voraus. Die wirtschaftliche Situation des Großteils der plebejischen Bauern ist äußerst prekär: Sie haben nur kleine Parzellen, die Technik der Bodenbearbeitung ist wenig entwickelt, jede Missernte hat katastrophale Folgen. So ist es verständlich, dass in den Texten zur frührepublikanischen Gesellschaft das *Schuldenproblem* eine große Rolle spielt; Bauern leihen sich Nahrung, Saatgut oder Vieh, entweder in der Form, dass sie sich verpflichten, das Geliehene mit „Zinsen" innerhalb einer bestimmten Zeit zurückzuzahlen; wenn sie das nicht können, erhalten die Gläubiger Zugriff auf die Person des Schuldners, den sie gefangennehmen, töten oder als Sklave verkaufen können. Verbreiteter als diese Form des Schuldenmachens ist aber in der Frühzeit wahrscheinlich eine zweite, nämlich das Eingehen der Schuldknechtschaft (nexum): Bauern begeben sich, gleich wenn sie Schulden machen, in die Knechtschaft des Gläubigers; sie verlieren zwar ihre persönliche Freiheit, sind aber vor den Konsequenzen der Tötung und des Verkaufs geschützt; die Schulden arbeiten sie gleichsam ab. Für die Gläubiger hat diese Form den Vorteil, dass sie die Verfügungsgewalt über Arbeitskräfte erlangen – die Landwirtschaft im 5. Jh. beruht noch nicht auf Sklavenarbeit. *Plebejer* *Schuldenproblem*

Aus dieser Situation erklären sich die beiden zentralen wirtschaftlich-sozialen Forderungen der Ständekämpfe, nämlich die nach Landverteilungen und nach Schuldenerlass. Dazu kommt die politische Forderung nach Rechtssicherheit, d.h. Aufzeichnung des Rechts. Darum geht es auch den wohlhabenden Plebejern, daneben aber vor allem um politische und soziale Gleichberechtigung mit den Patriziern.

Die politische Organisation der Anfangszeit weist nur wenige Institutionen auf: einen oder zwei *Oberbeamte*, wahrscheinlich zunächst nicht mit dem Titel „consul", sondern „praetor" (nach anderen Auffassungen „dictator"); sie werden auf ein Jahr gewählt und haben als zentrale Funktion die Heerführung (und die Rechtsprechung?) inne; vermutlich können sie schon früh Quästoren als Hilfsbeamte ernennen. In den Oberbeamten setzt sich die alte politische und militärische Macht (imperium) der Könige fort, wenn auch durch das Prinzip der *Annuität* (Einjährigkeit des Amtes) und – entweder von Anfang an oder erst später – das der *Kollegialität* (mindestens zwei Personen bekleiden dasselbe Amt) in republikanischem Sinne eingeschränkt. Meist wird auch angenommen, dass es das Ausnahmeamt des Diktators schon in der republikanischen Frühzeit gegeben habe: Der Diktator wird bei schwerer innerer oder äußerer Not für sechs Monate mit unbeschränktem Imperium ernannt und hat keinen Kollegen, sondern bestellt sich einen militärischen Gehilfen (magister equitum). – Die sakralen Funktionen der Könige gehen auf einen „Opferkönig" (rex sacrorum) und auf die Priester (pontifices) über. – Der *Senat*, in dem die Häupter der patrizischen Familien vertreten sind, wird aus einem Beratungsorgan der Könige zu einem der Oberbeamten und bildet zugleich das wichtigste institutionelle Mittel für die Konsensfindung innerhalb des Patriziats. Er ratifiziert Beschlüsse der Volksversammlung durch seine Zustimmung (patrum auctoritas) und bestellt, wenn die Oberbeamten ausfallen, einen „Zwischenkönig" (interrex). *Oberbeamte* *Annuität* *Kollegialität* *Senat*

Kuriatkomitien — Als Organisation des Gesamtvolkes gibt es am Beginn der Republik sicher die *Kuriatkomitien* (comitia curiata), d.h. die nach Kurien gegliederte Volksversammlung. Nach römischer Tradition gehen auch die *Zenturiatkomitien* (comitia centuriata; centuria = Hundertschaft) auf die Königszeit zurück, doch wird ihre Entstehung von der Forschung häufig erst dem 5. Jh. zugerechnet. Sie hat ihren Grund darin, dass – wohl im 5. Jh. – der adlige Einzelkampf durch die Phalanx schwerbewaffneter Bauern abgelöst wird. Das *römische Heer* besteht fortan aus Reitern, die weiterhin der Adel stellt, aus Schwerbewaffneten, die sich aus Vermögenden rekrutieren, weil die schwere Ausrüstung selbst beschafft werden muss, schließlich aus Leichtbewaffneten. Die Vermögenden werden „classis" (Aufgebot), die weniger Besitzenden „infra classem" (unterhalb des Aufgebots) genannt. Nach dem Vermögen und der davon abhängigen Stellung im Heer bemisst sich in den Zenturiatkomitien das Gewicht der politischen Stimme: Adel, „classis" und „infra classem" sind in Zenturien eingeteilt; es wird nach Zenturien abgestimmt, wobei Adel und „classis" die Mehrheit haben, obwohl in den Zenturien „infra classem" die Mehrheit der Römer vertreten ist. – In historischer Zeit obliegt den Zenturiatkomitien die Wahl der Obermagistrate, die Entscheidung über Krieg und Frieden, über Gesetze und über politische Kapitalverbrechen.

Ständekämpfe — Die innere Ausgangssituation für die *Ständekämpfe* ist bestimmt durch den Konflikt zwischen einer politisch und sozial relativ gut organisierten Herrschaftsschicht und der von der Herrschaft ausgeschlossenen Plebs, die keine einheitliche wirtschaftliche Basis und entsprechend auch unterschiedliche Interessen hat. Im wirtschaftlichen Bereich stehen die wohlhabenden Plebejer den Patriziern näher als ihren eigenen Standesgenossen. Diese Interessengemeinschaft wird noch verstärkt durch die prekäre äußere Situation, in der sich Rom nach dem Sturz der etruskischen Königsherrschaft befindet. Das sind die wichtigsten Gründe dafür, dass die Konflikte der Ständekämpfe nie bis zum Äußersten ausgetragen werden. Die Organisation des Patriziats und die sich bildende Organisation der Plebs erleichtern die begrenzte Austragung von Konflikten und die Kompromissbildung. Der Kompromiss, idealtypisch dargestellt in der Fabel vom Magen und den Gliedern (Titus Livius, Ab urbe condita, 2,32), wird zum typischen Mittel der Konfliktlösung und zur entscheidenden Voraussetzung für die römische Rechtstradition. Zugleich wird die römische Führungsschicht, anders als die archaische griechische, sowohl durch die äußere Situation wie durch den Konflikt mit der sich organisierenden Plebs zu organisiertem Handeln gezwungen, d.h. auf staatliches Handeln festgelegt. Die Verpflichtung des Adels auf die „res publica" hat darin ihren Grund.

Die innere Entwicklung – Ständekämpfe

römische Tradition — 509 Die *römische Tradition* hat die Tendenz, in das erste Jahr der Republik wichtige Ereignisse zu datieren, die für das Selbstverständnis der Römer wichtig sind: So ein Provokationsgesetz, das Leib und Leben römischer Bürger gegen magistratische Übergriffe schützt und das wohl erst im Jahre 300 verabschiedet wird, so auch die Weihe des dem Jupiter zusammen mit Juno und Minerva (kapitolinische Trias) heiligen Jupiter-Tempels auf dem Kapitol, die wahrscheinlich noch auf den letzten etruskischen König zurückgeht. In den Augen der Römer wird die Republik auch durch einen religiösen Akt konstituiert; *der Kult des kapitolinischen Jupiter* (Optimus Maximus) wird zum Mittelpunkt des Staatskultes: dort legen z.B. die Konsuln bei ihrem Amtsantritt die Gelübde ab, dort enden die Triumphzüge. Vermutlich hat sich die wirtschaftliche Situation Roms einige Jahrzehnte nach dem Sturz der Königsherrschaft verschlechtert: Während bis in die 470er-Jahre griechische und etruskische Importe archäologisch nachweisbar sind, nehmen sie danach spürbar ab. Der etruskische Handel mit den Griechenstädten erleidet durch die etruskische Flottenniederlage gegen Kyme und Syrakus (474) einen entscheidenden Rückschlag; durch das Vordringen der Volsker wird Roms Verbindung nach Kampanien durchschnitten, die Feindschaft zu Veii und den Äquern behindert auch den Verkehr in andere Richtungen. Der Tiber-Übergang Roms verliert den Charakter einer „Durchgangsstraße". Die Isolierung Roms von griechischem Einfluss hat Folgen auf wirtschaftlichem, vor allem aber auf kulturellem Gebiet. In den „Zwölftafeln" (um 450) erscheint Rom als einfache Ackerbaugemeinschaft.

Organisation der Plebs — 494 Um sich gegen die Willkür der patrizischen Herrschaft zu schützen, schafft sich die *Plebs* eine eigene *Organisation:* eine Versammlung (concilium plebis) und Repräsentanten (Volkstribune, tribuni plebis; Zahl anfangs ungewiss, später zehn). In der Tradition wird dieser Akt mit einer Kriegsdienstverweigerung durch die Plebs und deren Auszug (Sezession) auf den „mons sacer", verbunden. Grundlage der Organisation ist ein religiöser Schwur (lex sacrata), durch den sich die Plebs verpflichtet, ihre *Tribune* gegen Übergriffe zu schützen. Wer sich an den Tribunen vergreift, soll den Göttern verfallen (sacer) sein. Aufgabe der Tribune ist vor allem die Hilfe für den einzelnen Plebejer gegen die patrizischen Magistrate.

Tribune

Das ist die Grundlage der späteren Rechte des Volkstribunats, des „ius auxilii" (Hilferecht) und des „ius intercedendi" (Einspruchsrecht). Im 5. und 4. Jh. handelt es sich jedoch nicht um Rechte, sondern um usurpierte Gewalten, deren Wirksamwerden eine Frage der Macht ist. Auch das „concilium plebis" kann bis 287 keine das Gesamtvolk bindenden Gesetze, sondern nur Resolutionen beschließen.

Obwohl „leges sacratae" auch sonst in Italien bekannt sind, ist die politische Organisation einer von der Herrschaft ausgeschlossenen Gruppe für die Antike singulär und hat Einfluss auf die Form der inneren Auseinandersetzungen in den folgenden Jahrhunderten.

493 Es bleibt umstritten, ob die Weihe eines *Tempels für Ceres* (griechisch: Demeter, Göttin des Wachstums), Liber und Libera in unmittelbarem Zusammenhang mit der Organisation der Plebs steht und ob die plebejischen Ädile (aediles plebis), die als Beamte der Plebs ebenso alt sein sollen wie die Tribune, von der Verwaltung dieses Tempels (= aedes) ihren Namen haben. Später befinden sich im Ceres-Tempel das Archiv und die Kasse der Plebs. *Ceres-Tempel*

484 Weihe des 496 in der Schlacht am See Regillus gelobten *Castor- (später Dioskuren-) Tempels*. Castor und sein Bruder Pollux, deren Kult wohl von Tusculum übernommen wird, werden zu Patronen der Ritterschaft. Die Übernahme fremder Kulte ist typisch für die Römer, die sich des Wohlwollens aller Götter versichern wollen und mehrfach während eines Krieges die Götter der bekämpften Stadt „herausgerufen" (evocatio) und bei sich aufgenommen haben. *Dioskuren-Tempel*

466 Tempel des Dius Fidius (Gott des Schwurs, der Treue) geweiht.

Die römischen Historiker der späten Republik (Annalisten) berichten von häufigen Auseinandersetzungen in Rom vor allem um Ackerverteilungen und Schuldenerlass. Mittel der Plebs in diesem Kampf sollen die Kriegsdienstverweigerung, nächtliche Zusammenrottungen (coetus nocturni) und eine Art von „Revolutionstribunalen" gegen Patrizier vor dem „concilium plebis" gewesen sein.

um 450 Ergebnisse der ersten Phase des Kampfes der Plebs liegen nicht auf wirtschaftlichem Gebiet, sondern in der Aufzeichnung des Rechts durch die *Zwölftafelgesetzgebung*. Sie behandelt u. a. Erbschaftsfragen, Diebstahlsdelikte, Schulden und Schuldknechtschaft. Die Ehe zwischen Patriziern und Plebejern wird verboten, der Luxus der Reichen beschränkt. Die Zwölftafeln bezeugen eine einfache Agrarwirtschaft, Privateigentum und Besitzdifferenzierung (assidui – proletarii). Als Verbände werden die „familia", die Agnaten und das Geschlecht (Sippe, gens) genannt. Auf die Ständekämpfe reagieren das Verbot nächtlicher Zusammenrottungen und die Reservierung (politischer) Kapitalurteile allein für den „comitiatus maximus" (= Zenturiatkomitien?). *Zwölftafelgesetzgebung*

Es ist unbekannt, wann neben den Kuriat– und Zenturiatkomitien die dritte Organisationsform der Volksversammlung, die *Tributkomitien* (comitia tributa nach tribus = Wohnbezirk), entstanden sind. Die Einteilung des römischen Gebietes nach Wohnbezirken (Tribusordnung) wird teilweise schon für die Königszeit, teilweise erst für die Zeit nach der Eroberung von Fidenae und Crustumerium (426) angenommen; entsprechend setzt man die Entstehung der Tributkomitien entweder schon zum Beginn des 5. Jh.s oder zu verschiedenen späteren Daten (das späteste ist nach 287) an. *Tributkomitien*

Die auf die Zwölftafelgesetzgebung folgenden Jahrzehnte bis zur Eroberung Veiis lassen wiederum keine Erfolge für die plebejischen Unterschichten erkennen. Dagegen machen die reichen Plebejer erste Schritte auf dem Weg zur Gleichstellung mit dem Patriziat. Die römische Magistratur wird differenzierter.

447? *Wahl der Quästoren* eingeführt.
445 „Lex Canuleia" gestattet die Heirat (conubium) zwischen Patriziern und Plebejern. *Wahl der Quästoren*
444?–366 Mehrfach Konsulartribune (bis zu acht jährlich) als Oberbeamten gewählt (wegen wachsender militärischer Aufgaben oder als Beschränkung der Macht der Konsuln?).
443 Einführung der *Zensur*, deren Funktionen vorher beim Oberamt liegen. *Zensur*
421 Zulassung der Plebejer zur Quästur.
409 Erstmals plebejische Quästoren bezeugt.
387 Mit der Einrichtung neuer Tribus nach der Eroberung von Veii werden in größerem Umfang Landwünsche der Plebejer befriedigt (Viritanassignationen).

Die prekäre Situation nach der Gallierkatastrophe, die dauernden Kämpfe mit Latinern, Äquern und Volskern und die Unmöglichkeit weiterer Landverteilungen führen zunächst zu
367/366 länger dauernden Unruhen und dann zum Kompromiss der *licinisch-sextischen Gesetzgebung*, in deren Inhalt sich die unterschiedlichen Interessen aufseiten der Plebs deutlich widerspiegeln: Der Umfang des durch Okkupation gewonnenen Besitzes an „ager publicus" wird beschränkt (die Zahlenangaben der römischen Historiker können nicht stimmen; vielleicht ist dieses Gesetz Rückprojektion aus späterer Zeit), günstige Bedingungen für die *licinisch-sextische Gesetzgebung*

Rückzahlung von Schulden werden zugestanden. Rückkehr zum zweistelligen Konsulat, zu dem die Plebejer Zugang erhalten. Dafür wird aus dem Konsulat die *Prätur* ausgegliedert und zusätzlich zur plebejischen die kurulische Ädilität eingerichtet. Auch um die neuen Ämter können sich die Plebejer bewerben; sie dringen in der Folgezeit in alle Ämter ein. Dieser Prozess wird jedoch von den Patriziern kontrolliert und betrifft nur die plebejische Oberschicht. Sie verschmilzt mit den Patriziern zu einer neuen Führungsschicht, der *Nobilität*, die gegenüber dem Patriziat einen Amtsadel darstellt. Zu ihr gehören alle Familien, die unter ihren Vorfahren Konsuln haben. Spätestens seit 367/366, vielleicht schon früher, werden Plebejer auch in den Senat aufgenommen. Sie heißen im Unterschied zu den „patres" (= Patrizier) „conscripti" (= Dazugeschriebene). – Durch die Reformen von 367/366 wird die soziale und politische Struktur Roms nicht durchgreifend verändert. Die plebejische Oberschicht gleicht sich dem Patriziat an. Wirtschaftliche Forderungen der plebejischen Unterschichten können in der Folgezeit durch Landverteilungen auf erobertem Gebiet befriedigt und damit innere Auseinandersetzungen abgefangen werden.

339 Die Zustimmung des Senats für Gesetze (patrum auctoritas) muss künftig vor deren Abstimmung in den Zenturiatkomitien gegeben werden (lex Publilia Philonis).

327 Anlässlich der Belagerung Neapels erster Fall der Verlängerung (prorogatio) der Amtsgewalt eines Konsuls (Q. Publilius Philo). Zunächst ein Mittel, um Befehlshaber von Heeren ihre Aufgaben auch nach ihrer normalen Amtszeit „pro consule" (anstelle eines Konsuls) zu Ende führen zu lassen, wird die *Prorogation* im 2. Jh. zu einer regelmäßigen Institution in der Reichsverwaltung (Prokonsuln, Proprätoren).

326 *Verbot der Schuldknechtschaft* (nexum) durch eine „lex Poetelia". Das Schuldenproblem wird dadurch nicht gelöst. Die Wirksamkeit des Gesetzes scheint anfangs nicht groß gewesen zu sein. Mit dem wachsenden Einsatz von Sklaven in der Landarbeit seit dem 3. Jh. wird die Schuldknechtschaft als Mittel der Aneignung von Arbeitskraft obsolet.

Im 2. Samnitenkrieg und den unmittelbar anschließenden Jahren werden politisch-militärische Veränderungen vorgenommen, die teils auf Kriegsnotwendigkeiten, teils darauf zurückzuführen sind, dass neue Familien zum Konsulat gelangen.

vor 312 Die Ergänzung des Senats (lectio senatus) wird von den Konsuln auf die Zensoren übertragen.

312 Zensur des Appius Claudius Caecus, der die erste gepflasterte römische Straße von Rom nach Capua (via Appia, vorwiegend für militärische Zwecke) und die erste Wasserleitung nach Rom (aqua Appia) anlegt; er soll auch stadtrömische Besitzlose in die ländlichen Tribus eingeschrieben haben, was das Gewicht der Stadtrömer bei Abstimmungen verbessert hätte. Die Maßnahme, deren Authentizität angezweifelt wird, soll (304) rückgängig gemacht worden sein.

vor 311 Die Zahl der Legionen wird von zwei auf vier, die der Reiterzenturien von sechs auf 18 erhöht; damit können Plebejer verstärkt in sie eindringen.

311 16 der 24 Militärtribune (= Offiziere des „mittleren Dienstes"; sechs für jede Legion) werden künftig vom Volk gewählt. Erstmals „duoviri navales" (Zweimänner für das Flottenwesen) genannt.

300 Durch eine „*lex Ogulnia*" werden die Plebejer zu den Priestertümern der „pontifices" und „augures" zugelassen und sind damit im Bezug auf alle politischen Ämter und fast alle Priestertümer den Patriziern gleichgestellt. Im selben Jahr wird durch eine „*lex Valeria de provocatione*" römischen Bürgern eingeräumt, gegen magistratische Zwangsmaßnahmen (= Koerzition) soweit sie Leib und Leben betreffen, an die Volksversammlung zu appellieren (provocare = das Volk herausrufen).

287 Es kommt zu einer letzten Sezession der Plebs und der Ernennung des Diktators Q. Hortensius, wohl weil infolge der dauernden kriegerischen Anspannungen Roms die Schuldenlast der Bauern gewachsen ist. Über die Lösung des Schuldenproblems ist nichts bekannt. Durch eine „*lex Hortensia*" erhalten aber die Beschlüsse des „concilium plebis" (= Plebiszite) Gesetzeskraft und werden den „leges" gleichgestellt. Damit ist formal auch die Anerkennung des Volkstribunats vollzogen. Auf der politisch-institutionellen Ebene bildet die „lex Hortensia" den *Abschluss der Ständekämpfe*. Der Unterschied zwischen Patriziern und reichen Plebejern im Sinne eines Standesunterschiedes verliert in der Folgezeit immer mehr an Bedeutung. Zugleich ist die römische Magistratur, auch wegen vermehrter Aufgaben, in verschiedene Funktionen ausdifferenziert und die magistratische Gewalt in mehrfacher Hinsicht beschränkt worden. Damit ist das „klassische" System der römisch-republikanischen Herrschaftsordnung entstanden.

Die äußere Entwicklung – die römische Eroberung Italiens

Man kann die äußere Entwicklung Roms in der frühen Republik in *drei Phasen* einteilen: die erste reicht bis zur Kelteninvasion 387, die zweite bis zur Unterwerfung Latiums 338, die dritte bis zum Abschluss der Eroberung Unter- und Mittelitaliens 264. Für Roms Verhalten gegenüber den latinischen und italischen Städten und Stämmen werden unterschiedliche Interpretationen angeboten: a) Rom reagiert von Fall zu Fall auf (wirkliche oder vermeintliche) Bedrohungen, sein Handeln ist wesentlich von Sicherheitsgesichtspunkten bestimmt; b) Rom betreibt planmäßig die Expansion in Italien; von Anfang an oder zumindest sehr früh ist sein Ziel die Gewinnung der Herrschaft; c) die Auseinandersetzungen zwischen Patriziern und Plebejern und die Notwendigkeit von Landverteilungen sind wichtige Bedingungen für die Expansion.

drei Phasen

Das ganze 5. Jh. ist durch zwei Schwerpunkte charakterisiert: Auseinandersetzungen mit der südetruskischen Stadt Veii (beim heutigen Isola Farnese) und Kämpfe Roms und der Latiner gegen sabellisch-oskische Stämme, die nach Latium vordringen. Insgesamt konsolidiert sich Roms äußere Stellung im 5. Jh., wird aber durch die Invasion der Kelten 387 erneut gefährdet. Trotz der Vertreibung der Tarquinier, deren Versuche zur Rückgewinnung der Herrschaft in Rom scheitern, bricht die Verbindung Roms zu Etruskerstädten (z. B. Clusium, Caere [heute: Cerveteri]) nicht ab.

496   Ein Krieg zwischen dem Latinerbund und Rom endet mit dem Sieg der Römer am See Regillus (bei Tusculum). Die Römer werden wieder Mitglieder des *Latinerbundes*.

Latinerbund

493?   Ein Vertrag zwischen Rom und den Latinerstädten, das sog. „foedus Cassianum", das u. a. ewigen Frieden und gegenseitige Hilfeleistung bei Angriffen bestimmt und von der Annalistik ins Jahr 493 gesetzt wird, gehört wohl eher in die Zeit 373/371. Die Tarquinier, die in Tusculum Aufnahme gefunden haben, müssen nach Kyme fliehen.

Infolge des Zusammenbruchs der etruskischen Macht in Latium und den angrenzenden Gebieten (474 wird eine etruskische Flotte bei Kyme vernichtend geschlagen) dringen sabellisch-oskische Stämme gegen latinisches Gebiet vor: die Volsker in die Pomptinische Ebene (Süd-Latium), die Äquer zum Algidus-Pass (Osten der Albanerberge). In den folgenden Jahrzehnten unternehmen sie häufige Beutezüge gegen Rom (Coriolan-Legende) und die Latinerstädte. Entscheidende Erfolge der Römer seit 462 (Cincinnatus).

486?   Die Herniker (um Anagnia [heute: Anagni]) sollen in den Latinerbund aufgenommen worden sein – das Bündnis mit ihnen ist aber eher ins Jahr 358 zu datieren. Im 5. Jh. haben sie mit dem Latinerbund die Frontstellung gegen Äquer und Volsker gemein.

477   Kämpfe mit der südetruskischen Stadt Veii; Vernichtung der gens Fabia an der Cremera. Rom gewinnt allmählich die *Vormachtstellung im Latinerbund*: Das Bundesheiligtum der

Vormachtstellung im Latinerbund

vor 456   Diana wird von Aricia nach Rom (auf den Aventin) übertragen.

451   Rom wird mit der Ausrichtung des Latinerfestes (Latiar) auf dem Mons Albanus beauftragt. Die wachsende Stärke des Latinerbundes zeigt sich seit der zweiten Hälfte des 5. Jh.s in der *Gründung latinischer Kolonien* (Priscae Latinae Coloniae), die als militärische Stützpunkte um das latinische Gebiet angelegt und eigenständige Mitglieder des Latinerbundes werden.

Gründung latinischer Kolonien

442   Die Reihe der *Kolonien* beginnt wahrscheinlich mit dem noch auf latinischem Gebiet gelegenen Ardea; auf äquischem Gebiet folgen Labici (heute: Monte Compatri, 418) und Vitellia (beim heutigen Valmontone, vor 393), während das volskische Gebiet südöstlich von Rom von den Kolonien Velitrae (heute: Velletri), Cora (heute: Cori), Norba, Signia (Segni; Gründungsdaten sind unbekannt), Circeii (heute: Monte Circeo, 393), Satricum (beim heutigen Casale di Conca, 385) und Setia (heute: Sezze, ca. 383) gleichsam deutlich getrennt wird.

426   Mit der Einnahme von Fidenae (heute: Castel Giubileo) und Crustumerium (wenige km nördlich von Rom) gelingt ein entscheidender Erfolg gegen Veii.

406–396   Drei Jahrzehnte später wird *Veii* nach zehnjährigem Krieg erobert und zerstört.

Veii

387   Das Land von Veii (wie schon vorher das von Fidenae und Crustumerium) wird zum größten Teil von Rom annektiert, in vier neue Tribus (Wohn- und Abstimmungsbezirke) aufgeteilt und zu Landanweisungen an römische Bürger (Viritanassignationen) benutzt.

Vor der Eroberung Veiis gibt es folgende *21 Tribus*, deren Einrichtungsdaten in der Forschung umstritten sind:

21 Tribus

4 städtische: Collina, Esquilina, Palatina, Suburana;

17 ländliche: Aemilia, Camilia, Claudia, Clustumina, Cornelia, Fabia, Galeria, Horatia, Lemonia, Menenia, Papiria, Pollia, Pupinia, Romilia, Sergia, Voltinia, Voturia.

ca. 382   Im Norden werden zwei latinische Kolonien (Sutrium [heute: Sutri] und Nepet [heute: Nepi]) angelegt. Die direkte Beherrschung fremder Gebiete durch Annexion, Tribuseinrichtungen und Landanweisungen an römische Bürger bleibt auch für die Folgezeit ein

Expansion in Italien

Formen der römischen Expansion in Italien (größtenteils nach Th. Raupach)

Form	territoriale Integration (einschließlich colonia civium Romanorum)	direkte Herrschaft über integrierte Bevölkerungen	municipium, später civitas sine iure suffragii	colonia civium Latinorum	socii (Bündnisverträge)
Merkmale	Annektion von Gebieten, Einrichtung neuer Tribus oder Zuweisung zu bestehenden, Viritannassignationen, teilweise Errichtung von colonia civium Romanorum mit begrenzter Selbstverwaltung.	Gemeinwesen werden als Ganze in die römische Tribusordnung integriert, verlieren ihre Eigenstaatlichkeit und behalten nur noch Funktionen im sakralen Bereich und zur Aufrechterhaltung der Ordnung.	Die Einwohner der integrierten Stadt werden römische Bürger; die Stadt behält Selbstverwaltung nach innen, für die Außenpolitik wird Rom zuständig.	Römische Bürger und teilweise Nichtrömer werden als latinische Bürger angesiedelt. Die Siedlung erhält Eigenstaatlichkeit und damit auch eigene, den römischen nachgebildete staatliche Organe.	Der Vertragspartner bleibt selbstständig; das Defensivbündnis beinhaltet die gegenseitige Stellung von Truppen bei Angriffen von außen und Frieden für ewige Zeit.
Bedingungen und Ziele	Keine bestehende Kooperation mit Führungsschichten; Vertreibung oder Vernichtung der einheimischen Bevölkerung. Die coloniae dienen dem Schutz der Küste.	Kleinheit des zu integrierenden Gebietes (um dessen Abhängigkeitsverhältnisse in den Tribus nicht zu stören) und bestehende Kooperation mit Führungsschichten.	Die zu integrierenden Städte sind nicht völlig unterworfen, oder die machtpolitische Situation erlaubt keine volle Integration; bestehende Kooperation mit Führungsschichten.	Teilsiege über Gegner, die zu einem Gesamtarrangement nicht bereit sind, sondern sich zurückziehen. Die latinische Kolonie füllt ein Machtvakuum auf, ist militärischer Außenposten in exponierter Lage, muss deshalb selbstständig handlungsfähig sein. Sie dient später auch zur Stabilisierung der Herrschaft nach innen in Gebieten, die durch Bundesgenossenverträge an Rom gebunden werden.	Besiegte Gegner sind nicht zur Integration bereit und können nicht dazu gezwungen werden. Staaten, mit denen kein Krieg geführt wurde, schließen gegen Bedrohung vor allem durch Gallier und Samniten freiwillig Bündnisse mit Rom.
Erstes Vorkommen	Nach 426: Fidenae und Crustumerium	381(?) Tusculum, 338 Latinerstädte	351 Caere, 338 Capua	334 Cales	371 (?) foedus Cassianum; wichtig vor allem seit 338

Einrichtung von Tribus und Kolonien (4. und 3. Jh.)

Anlass		Tribus		Latinische Kolonien		Bürger-Kolonien	
396	Eroberung Veiis	387	4 Tribus: Stellatina, Tromentina, Sabatina, Arnensis	ca. 382	Sutrium, Nepet		
386?	Sieg über Kamaner im Latinerkrieg Herniker?	358	Pomptina	ca. 383	Setia		
362–358		358	Poblilia				
340–338	Annektionen infolge des Latinerkrieges; Schutz der Küste Latiums	332	Maecia, Scaptia			338	Antium, Ostia
						329	Tarracina
340	Sieg über Kampaner im Latinerkrieg	318	Falerna	334	Cales		
341/329	Siege über die Volsker von Privernum	318	Oufentina	328	Fregellae		
314	Teilsiege über Samniten Unterwerfung der Aurunker und Sicherung Kampaniens	299	Teretina	314	Luceria	295	Minturnae, Sinuessa
				291	Venusia		
				313	Suessa Aurunca, Saticula		
		299	Aniensis	312	Interamna, Pontiae		
304–302	Unterwerfung der Äquer u. Sicherung Zentralitaliens			303	Sora, Alba Fucens		
	Schutz des ager Gallicus			299	Narnia		
				298	Carseoli	289–283	Sena Gallica
290	Unterwerfung der Sabiner u. Vestiner	241	Quirina				
290	Unterwerfung der Prätuttier,	241	Velina	289–283	Hadria	264	Castrum Novum
268	Picenums						
280	Sieg über Vulci			273	Cosa		
284–272	Kriege mit Lukanern Festigung der Stellung im Samnitengebiet. Schutz gegen Gallier			273	Paestum		
				268	Beneventum		
269–268	Unterwerfung der Picenter			263	Aesernia		
267	Unterwerfung der Sallentiner Schutz der Küste im 1. Punischen Krieg. Sicherung Umbriens			268	Ariminum		
				264	Firmum		
				244	Brundisium	247	Alsium
						247?	Pyrgi
				241	Spoletium	245	Fregenae

Tribus und Kolonien

Veii

Antium, Ostia

Cales

Luceria

Paestum

Beneventum

Brundisium

Ausdehnung des ager Romanus

		km²			km²
Beginn der Republik	ca. 510	822	Vor dem 3. Samnitenkrieg	298	7600
Nach der Eroberung Veiis	396	1510	Nach dem 3. Samnitenkrieg	290	14000
Vor dem Latinerkrieg	340	1902	Vor dem Beginn des Pyrrhoskrieges	280	17390
Nach dem Latinerkrieg	338	5289	Beim Beginn des 1. Punischen Krieges	264	24000

ager Romanus

nach J. Beloch

Grundmuster der römischen Expansion in Italien. Ein Teil des eroberten Gebietes bleibt in Staatsbesitz (ager publicus) und wird gegen geringe Abgaben zur Okkupation freigegeben: Diejenigen, die genügende Mittel für die Bearbeitung des Bodens haben, können ihn „besetzen". Die Okkupation wird zu einem Mittel der Bereicherung besonders für den Adel.

Neben der Integration eroberten Gebietes entwickelt Rom in der Folgezeit noch weitere Methoden, um seinen Einfluss in Italien zu sichern. Ihre Anwendung hängt ab von der jeweiligen machtpolitischen Situation und der Dichte der Beziehungen, die zwischen der römischen Herrschaftsschicht und fremden Führungsschichten bestehen.

Die Gründung latinischer Kolonien durch Rom und den Latinerbund endet 382 und wird 334 durch Rom allein mit veränderter Zielsetzung wiederaufgenommen. Nach der Eroberung Veiis haben die Römer ein deutliches Übergewicht im Latinerbund. Die Situation verändert sich für sie aber noch einmal durch den *Einfall der Kelten* unter Brennus. Seit um 400 sind keltische Stämme in Norditalien eingewandert und haben die Poebene in Besitz genommen. Einer ihrer Beutezüge führt sie bis nach Latium.

Einfall der Kelten

387 Römer und Latiner werden an der Allia (linker Nebenfluss des Tiber nördlich von Rom) von den Kelten vernichtend geschlagen. Rom wird besetzt und geplündert, nur das Kapitol soll verteidigt worden sein. Gegen ein Lösegeld ziehen die Kelten ab. Rom wird wieder aufgebaut und durch eine Mauer (sog. Servianische Mauer) geschützt.

Volsker

386 Infolge der Gallierkatastrophe erheben sich die *Volsker* von Antium (heute: Anzio) und latinische Städte gegen Rom. Die gleiche Koalition tritt in den folgenden Jahrzehnten mehrfach als Feind Roms auf, bis Rom im Latinerkrieg von 340/338 endgültig die Herrschaft über Latium gewinnt.

Lanuvium

383 Krieg mit *Lanuvium* (heute: Lanuvio). Tusculum, das Velitrae, Circeii und Praeneste (heute: Palestrina) bei der Zerstörung des prorömischen Satricum Hilfe leistet, wird zur Annahme des
381? römischen Bürgerrechts gezwungen. Diese Form der römischen Expansion wird als Primärform nur bei latinischen Städten angewandt, und zwar außer bei Tusculum (dessen Eingliederung teilweise erst ins Jahr 338 gesetzt wird) nur noch nach dem Latinerkrieg 340/338.

373/371? Bündnis Roms mit den Latinern (foedus Cassianum).

Krieg mit Etruskerstädten

367–351 Krieg mit *Falerii* (heute: Città Castellana) *und Etruskerstädten* (Tarquinii [heute: Tarquinia], Caere). 40-jährige Friedensschlüsse mit Falerii und Tarquinii. Caere erhält erstmals den Status eines Municipiums, dieser Status, anfangs von den Betroffenen als positiv gegenüber der vollen Integration betrachtet, später als „civitas sine iure suffragii" (Bürgerrecht ohne Wahlrecht in Rom) negativ beschrieben, wird bis 290 vergeben und vielfach zu einem Zwischenstadium auf dem Weg zur vollen Integration in den römischen Herrschaftsbereich.

Krieg mit Tibur

361–354 *Krieg mit Tibur* (heute: Tivoli), das kapituliert.

um 360 Zweiter Einfall der Kelten, die von Tibur und wahrscheinlich auch von Praeneste unterstützt werden.

358? Bündnis Roms mit den Hernikern.

354 Vertrag Roms mit den Samniten.

um 350 Dritte Invasion der Kelten, die wiederum von Latinerstädten unterstützt, aber von Rom besiegt werden.

349 Eine „griechische" (Dionysios II.? Timoleon?) Flotte greift die latinische Küste an. Als Antwort darauf schließt Rom den 1. *Vertrag mit Karthago* (von der römischen Tradition ins
348? Jahr 509 gesetzt), in dem Latium als Einflussgebiet der Römer erscheint.

Verträge mit Karthago

343 2. Vertrag mit Karthago, dem jetzt größere Rechte bei der Einnahme von Städten in Latium eingeräumt werden – wahrscheinlich eine Drohung gegen die feindlichen Latinerstädte.

1. Samnitenkrieg

343–341 *1. Samnitenkrieg*: Capua wendet sich gegen die Expansion der Samniten nach Kampanien an Rom um Hilfe. Obwohl der Latinerbund gegen Rom rüstet, ziehen die Römer nach Kampanien und Samnium und können sich dort durchsetzen. Die Latiner greifen die mit Rom verbündeten Päligner (um Sulmona) an.

342 Meuterei der Truppen in Kampanien.

341 Friede mit den Samniten, die freie Hand gegen die Sidiciner (Kampanien) erhalten; Rom behält Capua. Die Sidiciner gewinnen die Kampaner und den Latinerbund für einen Angriff gegen die Samniten.

Latinerkrieg

340–338 *Latinerkrieg*. Rom vereinigt seine Streitkräfte mit den samnitischen; die Latiner und Kampaner werden in zwei Schlachten am Vesuv und bei Trifernum (zwischen Sinuessa und Minturnae) besiegt.

338 Zusammen mit dem volskischen Antium müssen sich die Gegner Roms ergeben. Der Latinerbund wird aufgelöst, „conubium" (Ehegemeinschaft) und „commercium" (Handelsverkehr) zwischen den latinischen Städten werden verboten. Rom annektiert einen Teil des la-

tinischen und kampanischen Gebietes. Mit Tibur und Praeneste werden Bündnisverträge geschlossen; einige Latinerstädte und die latinischen Kolonien behalten ihren selbstständigen Status, die übrigen Latinerstädte werden voll in den römischen Herrschaftsbereich integriert; die kampanischen Städte werden „municipia". Nach Antium, das seine Kriegsflotte ausliefern muss (die Schiffsschnäbel werden in Rom an der Rednerbühne angebracht, die deshalb „rostra" heißt), wird eine römische Bürgerkolonie gelegt – zusammen mit Ostia der Beginn einer langen Reihe römischer Kolonien, die im 4. und 3. Jh. ausschließlich an der Küste errichtet werden und deren Schutz dienen.

Die folgenden Jahrzehnte (bis 267) sind zunächst durch die Auseinandersetzung mit den Samniten gekennzeichnet, die Rom auch in Kontakt und schließlich in Konflikt mit den süditalischen Stämmen und Griechenstädten bringen. Im Verlauf der Kämpfe baut Rom auch seine Stellung in Zentralitalien bis zur Adria aus.

334 Latinische Kolonie nach Cales (heute: Calvi). Obwohl der Latinerbund aufgelöst ist, gründet Rom fortan neben Bürgerkolonien solche latinischen Rechts, die – in feindlichem oder gefährdetem Gebiet liegend – aufgrund ihrer Eigenstaatlichkeit selbstständig auf äußere Entwicklungen reagieren können.

327 Neapel greift römisches Gebiet an. Rom erklärt ihm den Krieg. Gegen eine römisch eingestellte Gruppe in Neapel wird eine samnitische Besatzung in die Stadt gelegt, die aber von der prorömischen Gruppe vertrieben wird. Neapel sucht jetzt Schutz bei den Römern und wird deren Bundesgenosse.

326–304 Das ist der Anlass zum *2. Samnitenkrieg*. Das Heer beider Konsuln wird in den Caudinischen Pässen eingeschlossen, muss kapitulieren und wird durchs Joch geschickt. *2. Samnitenkrieg*

321 Ein Vertrag unterbricht den Krieg (321–316).

320–315 In dieser Zeit schließt Rom Bündnisse mit den zentralitalischen Stämmen der Marser, Päligner, Frentaner und mit den apulischen Städten Teanum (heute: Ponte di Cività), Canusium (heute: Canosa) und Arpi (heute: Arpe).

315 Der zweite Kriegsabschnitt beginnt mit einer römischen Niederlage bei Lautulae (Pass östlich von Terracina), der aber ein römischer Sieg über die Aurunker, die Rückeroberung verlorener Städte, die Gründung neuer latinischer Kolonien als militärische Stützpunkte (Anlage der latinischen Kolonie Luceria [heute: Lucera] im Nordosten des samnitischen Gebietes), ein Sieg über die Herniker bei Silvium (heute: Punta di Salvore) und schließlich die Eroberung des samnitischen Hauptortes Bovianum (heute: Pietrabbondante), ferner der Städte Sora, Arpinum (heute: Arpino) und Aesernia (heute: Isernia) folgen. Im Friedensschluss bleibt das Gebiet des Samnitenbundes in Aufbau und Umfang unangetastet, doch erstreckt sich das Gebiet Roms und seiner Bundesgenossen jetzt bis zur Adria.

314

306

305

304–302 Unterwerfung der Äquer im Aniotal.

ca. 303/302 Krieg zwischen Rom und Lukanern einerseits und Tarent andererseits, das den Spartaner Kleonymos zur Hilfe ruft. Im Frieden muss sich Rom verpflichten, nicht über das Lakinische Vorgebirge hinaus den Tarentinischen Golf zu befahren.

seit 299 Versuche Roms, seine Stellung in Zentralitalien zu festigen und nach Norden vorzudringen *(Bündnisse, Kolonien)*, führen zu Kriegen mit den gallischen Senonen, Etruskern, Umbrern und Sabinern, die sich zum Krieg mit den Samniten ausweiten. *Bündnisse, Kolonien*

298–290 *3. Samnitenkrieg*. *3. Samnitenkrieg*

298 Die Lukaner werden von L. Cornelius Scipio Barbatus, die Senonen und Etrusker von

295 P. Decius Mus bei Sentinum (beim heutigen Sassoferato; Selbstaufopferung des Konsuls),

293 die Samniten von L. Papirius Cursor bei Aquilonia (beim heutigen Alfedena?) geschlagen. Ein Feldzug gegen zentralitalische Stämme beschließt den Krieg: Die Sabiner, Prätuttier und Äquiculer werden „cives sine iure suffragii" (Bürger ohne Stimmrecht), der Samnitenbund bleibt unabhängig, wird aber durch die Kolonie Venusia (heute: Venosa) weiter eingekreist.

285? Thurioi verbündet sich mit Rom gegen die Lukaner.

284–280 Kriege mit *Kelten und Etruskern*. Die Senonen greifen das mit den Römern verbündete Arretium (heute: Arezzo) an, das römische Entsatzheer wird fast vernichtet. *Kelten und Etrusker*

283 Die vereinigten Senonen und Etrusker (Tarquinii, Vulsinii [heute: Bolsena], Vulci) werden am Vadimonischen See geschlagen.

282 Einfall der gallischen Boier, die besiegt werden und Frieden schließen. Die Kämpfe mit den Etruskerstädten ziehen sich noch zwei Jahre hin, Vulci und wahrscheinlich Tarquinii müssen Land abtreten.

282–270 *Krieg mit Tarent* und den süditalischen Stämmen. *Krieg mit Tarent*

282 C. Fabricius besiegt die Lukaner und Bruttier, entsetzt damit das belagerte Thurioi, das eine römische Besatzung erhält. Lokroi und Rhegion (heute: Reggio di Calabria) schließen sich

Pyrrhos	Rom an und erhalten ebenfalls Besatzungen. Eine römische Flotte, die gegen den Vertrag von 303/302 in den Tarentinischen Golf einfährt, wird von den Tarentinern teilweise vernichtet, die auch Thurioi einnehmen.
282/281	Eine römische Gesandtschaft nach Tarent bleibt ergebnislos, sodass die Römer Tarent den Krieg erklären. Samniten, Lukaner, Bruttier und Sallentiner treten entweder jetzt oder im folgenden Jahr in den Krieg ein, der so zu einer Auseinandersetzung zwischen Rom und Süditalien wird. Tarent ruft König *Pyrrhos* von Epeiros zur Hilfe.
280	Sieg über die Römer bei Heraclea (am Agri), dann Vorstoß bis Latium.
279	Angriff des Pyrrhos auf Apulien, Sieg über ein römisches Heer bei Ausculum (heute: Ascoli Satriano). Friedensverhandlungen nach Heraclea und Ausculum scheitern.

Pakt mit Karthago 279/278 *Rom schließt mit Karthago*, das mit den ostsizilischen Griechenstädten im Kampf liegt und Pyrrhos von Sizilien fernhalten will, *einen Pakt*.

278 Nach Hilferuf von Syrakus geht Pyrrhos dennoch nach Sizilien. Während seiner Abwesenheit erzielen die Römer Erfolge, aber keine Entscheidung. Ebenso kann Pyrrhos die westsizilische Stellung der Karthager nicht einnehmen und kehrt nach Italien zurück (karthagischer Sieg über Pyrrhos' Flotte). Die letzte Schlacht zwischen Pyrrhos und Rom bei

275 Benevent (?) geht unentschieden aus.

Wegen eines Einfalls in Makedonien setzt Pyrrhos nach Epeiros über und ruft auch die zu-
274 nächst in Italien zurückgelassenen Teile seines Heeres zurück; nur in Tarent bleibt eine Besatzung. Die Römer können sich jetzt gegen die Samniten, Lukaner und Bruttier durchsetzen.

Tod des Pyrrhos 272 Nach dem *Tod des Pyrrhos* wird Tarent übergeben. Im Frieden müssen die Samniten ca. ein Drittel ihres Landes abtreten (Koloniegründungen Beneventum [heute: Benevent] und Aesernia), ihr Bund wird stark eingeschränkt. Mit den Lukanern (Kolonie Paestum) und Bruttiern werden Bündnisse geschlossen.

270 Das von kampanischen Söldnern besetzte Rhegium wird erobert und den Griechen zurückgegeben.

269–268 Ein Aufstand der Picenter wird unterdrückt, ihr Land größtenteils annektiert.

267–266 Kämpfe mit den Sallentinern führen zur Annektion von Brundisium (heute: Brindisi; 244 latinische Kolonie).

265–264 Wegen innerer Auseinandersetzungen wendet sich der Adel von Vulsinii an Rom; die Stadt wird belagert und zerstört, an anderer Stelle wieder aufgebaut.

römische Eroberung Italiens Damit ist die *römische Eroberung Unter- und Mittelitaliens* abgeschlossen. Mit einer einzigen Ausnahme (Falerii 241) hat es bis zum 2. Punischen Krieg keine Aufstände mehr gegeben.

Die mittlere („hohe", „klassische") Republik (287–133)

Die Zeit zwischen 287 (lex Hortensia) und 133 (Reformen des Tiberius Gracchus) ist als Einheit dadurch gekennzeichnet, dass die *aristokratische Herrschaftsordnung* im Wesentlichen reibungslos funktioniert (daher der Begriff „klassische Republik"). Der Senat wird zum unbestrittenen Träger der Politik, der sich selbst den Volkstribunat dienstbar machen kann. Die sozialen Voraussetzungen für die *Macht des Senats* liegen darin, dass 1. die führenden Familien der Plebs mit dem Patriziat zur neuen Führungsschicht der Nobilität verschmolzen sind, 2. den nicht senatorischen reichen plebejischen Familien durch die Eroberungen neue wirtschaftliche Möglichkeiten eröffnet werden, 3. Landwünsche der Plebejer in großem Umfang durch Viritanassignationen (Anweisungen von Land an einzelne) und Koloniegründungen im Zuge der römischen Eroberung Italiens befriedigt sind. Deshalb können die Klientelbeziehungen zwischen dem Adel und der übrigen Bevölkerung auch wirksam bleiben. Der Führungsanspruch des Senats wird ferner durch die Erfolge in äußeren Kriegen gestärkt, die sich durch die mit ihnen verbundenen Anforderungen auch positiv auf die Integration der Herrschaftsschicht auswirken.

In der mittleren Republik wird Rom zum *Weltreich*. Wesentliche Bedingungen dafür liegen wohl in der – relativ zu anderen antiken Staaten – straffen politischen Organisation Roms, der Effizienz des italischen Bündnissystems und der starken Integration einer Führungsschicht, die traditionell ihre Interessen mit denen der „res publica" gleichsetzt und in deren Wertesystem militärische Leistungen und insbesondere Eroberungen weit oben rangieren. Die „Ursachen" oder „Motive" der *römischen Expansion* sind bis heute umstritten. Wird einerseits behauptet, Rom habe im Wesentlichen auf – wirkliche oder vermeintliche – Gefahren reagiert (wobei infolge vergangener Erfahrungen, insbesondere der Gallierkatastrophe, die kritische Schwelle äußerst niedrig lag) oder planlos sich bietende Chancen wahrgenommen, geht man andererseits davon aus, dass die Eroberung eines Weltreichs ohne auf dieses Ziel ausgerichtetes planvolles Handeln nicht zu verstehen sei. Zu dessen Erklärung rekurriert man auf wirtschaftliche Motive, auf soziale Auseinandersetzungen oder auch einen „Machtwillen" der Römer, doch hat sich bisher keine Lösung des Problems durchgesetzt.

Träger der *Außenpolitik* ist die römische Aristokratie, die aber anlässlich außenpolitischer Zielsetzungen kaum in Konflikt mit anderen sozialen Gruppen Roms gerät. Deshalb und wegen der Forschungslage ist es gerechtfertigt, die Außenpolitik der mittleren Republik für sich zu behandeln. Damit ist nicht gesagt, dass die Reaktionen der römischen Aristokratie einem naturgegebenen Mechanismus der Machtkonkurrenz unterliegen.

Konsens besteht in der Forschung über gravierende *Folgen der römischen Expansion*: Die militärischen Belastungen hat vor allem das kleine Bauerntum zu tragen, das seit dem 2. Punischen Krieg in bestimmten Gegenden Italiens rapide abnimmt. Davon wird auch das soziale Bindungssystem der Klientel betroffen. Für die Verteilung der Macht innerhalb der Aristokratie bringt das Weltreich insofern Probleme, als die Kontrolle der Macht immer schwieriger wird und die hervorgehobene Stellung einzelner als populärer Feldherrn oder Statthalter die Integration der Herrschaftsschicht und die aristokratische Gleichheit bedroht.

Die Erringung der Vorherrschaft im Westen

Chronologische Übersicht: Errichtung von Provinzen zur Zeit der mittleren Republik

Eroberung	Errichtung	Provinz
241	227	Sicilia
237	227	Sardinia/Corsica
201	197	Hispania Citerior
201	197	Hispania Ulterior
167	45	Illyricum
148	147/146	Macedonia (seit 146 mit Teilen Griechenlands – Achaia – als Anhang)
146		Africa
133	129	Asia

Punische Kriege

Die Jahre zwischen dem Abschluss der römischen Eroberung Italiens und dem Ende des 3. Jh.s werden durch die beiden ersten *Punischen Kriege* zwischen Rom und Karthago beherrscht. Der Konflikt zwischen diesen Mächten ist nicht durch grundlegende, sich widerstreitende Interessen bedingt; vielmehr scheinen Rom und Karthago ohne weitergehende Pläne in den 1. Punischen Krieg hineingeraten zu sein. Bestimmte Kriegsziele Roms bilden sich erst während des Krieges heraus. Dass der Krieg dennoch äußerst hartnäckig geführt wird, ist wohl darin begründet, dass Rom sich erstmals als Führungsmacht des italischen Bundes bewähren muss.

Vorgeschichte des Krieges

Die *Vorgeschichte des Krieges* beginnt damit, dass sich ehemalige oskische Söldner des Agathokles (Tyrann von Syrakus), die sich nach dem sabellischen Kriegsgott Mamers Mamertiner nennen, der Stadt Messana (Messina) bemächtigen, einen eigenen Staat aufbauen und auch umliegende Städte in ihre Gewalt bringen. Seit um 280 arbeiten sie dabei mit Rhegion zusammen, das zu dieser Zeit von kampanischen Truppen besetzt worden ist.

um 285

275/274 Gegen die Mamertiner stellt sich Hieron, der nach dem Abzug des Pyrrhos aus Sizilien eine Führungsposition in Syrakus gewonnen hat. Nach einer Niederlage bei Kentoripa (heute: Centuripe) besiegt er sie schließlich am Longanus entscheidend (die Römer haben vorher – 270 – eine Strafexpedition gegen die Kampaner in Rhegion unternommen). Karthago, die dritte wichtige Macht Siziliens, hindert Hieron, der sich nach Syrakus zurückzieht und dort zum König ausgerufen wird, an der Ausnutzung des Sieges und legt eine Besatzung nach Messana.

vor 270

270/269?

Belagerung Messanas

265/264 Den Mamertinern gelingt es – ob mit Hilfe Roms, ist unklar –, die karthagische Besatzung zum Abzug zu bewegen. Karthago lässt daraufhin den Kommandanten von *Messana* hinrichten und rüstet gegen die Stadt. Das Gleiche tut Hieron, der die Karthager für ein Bündnis gewinnen kann. Beide belagern die Stadt. In dieser Situation wendet sich Messana mit einem Hilfegesuch an Rom und bietet die Übergabe der Stadt (Dedition) an (teilweise wird dieses Hilfegesuch schon vor die Vertreibung der karthagischen Besatzung datiert). Die Annahme des Hilfegesuchs (die Motive der Römer sind unklar, können aber kaum in der Absicht, Sizilien zu erobern, gelegen haben) löst den Krieg mit Hieron und den Karthagern aus.

1. Punischer Krieg
Appius Claudius Caudex

264–241 *1. Punischer Krieg.*

264 Rom schickt ein Heer unter dem Konsul *Appius Claudius Caudex* nach Sizilien. Von Rhegion aus fordert der Konsul Hieron und die Karthager auf, die Belagerung Messanas abzubrechen. Als das abgelehnt wird, erklärt er ihnen den Krieg, setzt mit seinem Heer nach Sizilien über und kämpft dort mit wechselhaftem Erfolg.

263 Die Römer setzen zwei konsularische Heere (vier Legionen) in Sizilien ein, mehrere ostsizilische Städte schließen sich ihnen an. Hieron schließt Frieden mit Rom, muss die Kriegsgefangenen ausliefern, ein Lösegeld zahlen und die von den Römern eroberten und zu ihnen abgefallenen Städte an sie abtreten, behält aber im übrigen sein Königreich und wird römischer Bundesgenosse, der in der Folgezeit die Römer häufig, vor allem durch Getreidelieferungen und Schiffe, unterstützt.

Die Römer scheinen nach dem Frieden mit Hieron ihre Mission im Wesentlichen für beendet anzusehen und ziehen ein konsularisches Heer aus Sizilien ab. Karthago, das vorher wenig in die Auseinandersetzung eingegriffen hat, steht nun vor der Situation, dass die Römer ein wichtiger Machtfaktor im Osten der Insel geworden sind.

263/262 Karthago legt Truppen nach Akragas (heute: Agrigento) und befestigt die Stadt.

262/261 Rom schickt daraufhin abermals zwei konsularische Heere nach Sizilien, die Akragas belagern und in Westsizilien operieren. Karthago beginnt mit der Verwüstung italischer Küstenstriche und mit Operationen an den sizilischen Küsten den Seekrieg gegen Rom. Unter dessen Eindruck und mit der *Einnahme von Akragas* scheint sich in Rom als Kriegsziel die Eroberung ganz Siziliens durchgesetzt zu haben. Um die karthagische Seeherrschaft zu brechen, wird der *Bau einer Flotte* beschlossen.

Einnahme von Akragas
Bau einer Flotte

260–257 Die folgende Kriegsphase ist durch römische Flottenaktionen an den sizilischen Küsten, gegen Sardinien, Korsika und Malta bestimmt. Seesiege bei Mylai (heute: Milazzo) unter C. Duilius und Sulci (Sardinien), unentschiedene Seeschlacht bei Tyndaris.

260–258

257

Offensive in Afrika

256–254 *Offensive in Afrika.* Durch einen Seesieg bei Eknomos (beim heutigen Licata; 256) wird die Überfahrt gesichert. Die Römer (unter dem Konsul M. Atilius Regulus) verwüsten karthagisches Gebiet; ein Friedensangebot Karthagos scheitert wegen zu hoher Forderungen des Regulus, der von dem Söldnerführer Xanthippos bei Tunes (heute: Tunis) geschlagen und gefangengenommen wird (255). Die römische Flotte, die das Restheer aus Afrika holt, wird bei Camarina (südwestlich vom heutigen Ragusa) durch einen Sturm vernichtet (254).

- 253 Nach Bau einer neuen Flotte wieder *Konzentration des Kampfes auf Sizilien*. Panormus (heute: Palermo) und andere Städte werden erobert, der größte Teil der Flotte bei Palinurus (heute: Capo Palinuro) durch Sturm verloren. *Kampf um Sizilien*
- 252 Karthago schickt Hasdrubal (Sohn des Hanno) mit Elefanten nach Sizilien: Er wird von
- 250 L. Caecilius Metellus bei Panormus geschlagen, aber Drepana (heute: Trapani) und Lilybaeum (heute: Marsala) werden von den Karthagern gehalten.
- 249 Die karthagische besiegt die römische Flotte bei Drepana; eine weitere römische Flotte wird an der Südküste Siziliens vernichtet. Rom gibt den Seekrieg auf; Stellungskrieg in Sizilien. Karthago kann in den folgenden Jahren wiederholt Angriffe auf die italischen Küsten unternehmen und sich im Westen Siziliens (seit 247 unter Hamilkar Barkas) halten, bis die Römer auf Privatinitiative eine neue Flotte bauen.
- 241 Der römische Seesieg unter C. Lutatius Catulus bei den Ägatischen Inseln (vor der Westküste Siziliens) über die Karthager zwingt diese zur Aufgabe von Lilybaeum und Drepana und zum Frieden.

Die Friedensordnung nach dem 1. Punischen Krieg

Ein zwischen Hamilkar Barkas und C. Lutatius Catulus ausgehandelter *Friedensvertrag* wird von der römischen Volksversammlung annulliert und in mehreren Punkten zu Ungunsten der Karthager modifiziert. Diese müssen *Sizilien* mit den Liparischen und Ägatischen Inseln an Rom abtreten, die gefangenen Römer ohne Lösegeld zurückgeben, als Kriegskostenentschädigung 1000 Talente sofort, weitere 2200 Talente in 10 Jahresraten zahlen; die beiderseitigen Bundesgenossen werden in den Frieden eingeschlossen; beide Partner sollen jeweils den Machtbereich und die Bundesgenossen des anderen respektieren. Die *römische Organisation* des neugewonnenen Gebietes wird erst allmählich entwickelt. Hierons Reich bleibt bis zu dessen Tod (215) selbstständig und – ebenso wie z.B. Messana – nur durch einen Bundesgenossenvertrag an Rom gebunden. Im Übrigen wird das italische Bundesgenossensystem nicht auf Sizilien übertragen: Die dieses System konstituierenden gemeinsamen Interessen fehlen in Sizilien, die aus Bundesgenossenverträgen resultierenden Verpflichtungen wären bei außeritalienischen Staaten schwer zu realisieren. Wahrscheinlich erhält zunächst einer der vier Flottenquästoren (quaestores classici) in Lilybaeum seinen Sitz. Da es sich dabei um Beamte ohne Imperium handelt, die Verwaltung des eroberten Gebietes aber an das Imperium gebundene Kompetenzen erfordert (z.B. Rechtsprechung, Kriegsführung), wird 227 die Zahl der Prätoren von zwei auf vier erhöht – einer von ihnen erhält Sizilien als Amtsbereich (= provincia, daher der Begriff „*Provinz*"). Wann die verschiedenen Formen von Tribut- und Steuerleistungen eingeführt werden, ist unklar; nach dem 2. Punischen Krieg (218–201) wird Sizilien zu einer wichtigen Kornkammer Roms.

Friedensvertrag

Abtretung Siziliens

römische Organisation

Provinz

- 241–238 *Aufstand* der ehemaligen karthagischen Söldner und Libyer in Afrika sowie der Söldner in Sardinien *gegen Karthago*. Der Kampf, mit unerbittlicher Grausamkeit geführt, bringt Karthago an den Rand des Abgrunds. Hieron und Rom leisten Karthago Hilfe. *Aufstand gegen Karthago*
- 238 Rom, das eine erste Einladung der Söldner in Sardinien zur Besitznahme der Insel abgelehnt hat, entschließt sich zur Annahme eines zweiten Angebots. Als die Karthager nach Beendigung des Aufstandes in Afrika gegen die sardinischen Söldner rüsten, erklären die Römer die karthagischen Rüstungen als feindliche Handlungen.
- 237 Die Karthager müssen nachgeben; in einem Zusatzvertrag zum Vertrag von 241 wird festgelegt, dass sie *Sardinien an die Römer abtreten* und weitere 1200 Talente Kriegskontribution zu zahlen haben. Wohl um die gleiche Zeit gewinnen die Römer Korsika. Beide Inseln werden (227) als Provinz eingerichtet und einem Prätor unterstellt. *Abtretung Sardiniens*

  Das Verhältnis zwischen Rom und Karthago muss durch die erneuten Annexionen stark belastet worden sein. Ob aber fortan eine Gruppe in Karthago unter Führung des Adelsgeschlechts der Barkiden nur auf Revanche an Rom hingearbeitet hat oder ob die folgenden Eroberungen in Spanien primär als Ausgleich für die an Rom verlorenen Gebiete dienen sollten, ist unsicher.
- 237 *Hamilkar Barkas* geht als karthagischer Feldherr nach Spanien, an dessen Küste Karthago schon Handelsstützpunkte besitzt. In den nächsten Jahren erobert er Teile des südlichen und östlichen Spanien. *Hamilkar Barkas*
- 236 Eine Invasion (seit 238) der norditalischen Kelten bis vor die Tore von Ariminum (heute: Rimini) endet mit Auseinandersetzungen innerhalb des keltischen Heeres, dessen einer Teil abzieht; mit dem restlichen Teil, den Boiern, schließen die Römer Friede. Janustempel angeblich zum ersten Mal seit Numa Pompilius geschlossen.
- 231 Rom soll auf die karthagischen Eroberungen in Spanien durch eine Gesandtschaft reagiert haben, die Hamilkar aber habe beruhigen können. Nach dessen Tod übernimmt sein

Hasdrubal	229	Schwiegersohn *Hasdrubal* den Oberbefehl in Spanien. Er dehnt die karthagische Herrschaft auch mit diplomatischen Mitteln aus, konsolidiert sie und gründet Carthago Nova (Cartagena, 227).
		Durch die Schwäche der griechischen Städte an der Adriaküste kann sich, gestützt auf das illyrische Königtum von Skodra (Ardiaierreich), die Piraterie in der Adria ausbreiten. Auf Hilfegesuche ostadriatischer Städte schickt Rom eine Delegation, die aber nichts ausrichtet.
1. Illyrischer Krieg	229–228	Einer der Gesandten wird auf der Heimkehr ermordet, was den *1. Illyrischen Krieg* auslöst.
	229	Gegenüber einem großen Flottenaufgebot, mit dem Rom gegen Illyrien vorgeht, muss die Königin Teuta nachgeben.
	228	Im von den Römern diktierten Friedensvertrag verzichtet sie auf einen großen Teil Illyriens und muss eine Kriegskostenentschädigung in Jahresraten zahlen. Der Küstenstreifen zwischen Lissos (heute: Lesh) und Epeiros (dazu Korkyra, Pharos [heute: Hvar], Issa [heute: Vis], Epidamnos [Dyrrhachion, Durazzo, heute: Durrës], Atintanien und das Gebiet der Parthiner) wird als römisches *„Protektorat"* eingerichtet, der Rest des Ardiaierreiches Demetrios v. Pharos als Regenten unterstellt. Illyrische Kriegsschiffe dürfen südlich von Lissos nicht operieren.
Protektorat		
	228	Eine römische Gesandtschaft nach Griechenland erläutert die römische Politik; die Römer werden zu den Isthmischen Spielen zugelassen.
Ebrovertrag	226/225	Rom betrachtet – vielleicht im Zusammenhang mit der Keltengefahr in Oberitalien – die Expansion Hasdrubals mit Misstrauen und schickt eine Gesandtschaft zu ihm, mit der er den sog. *Ebrovertrag* abschließt: Er verpflichtet sich, den Ebro nicht in kriegerischer Absicht zu überschreiten. Wahrscheinlich kurze Zeit später (oder vor dem Ebrovertrag?) greift Rom als „Schiedsrichter" in innere Auseinandersetzungen der weit südlich des Ebro gelegenen Stadt Sagunt ein, ohne ein förmliches Bündnis mit ihr abzuschließen.
Kelten	225	Fast alle italischen *Kelten*, unterstützt durch Abteilungen aus dem Rhônetal, schließen sich gegen Rom zusammen und dringen bis nach Etrurien (Clusium) vor. Anlässlich der Invasion lässt Rom eine Aufnahme der erwachsenen männlichen Bevölkerung Italiens durchführen.

Bevölkerungsgruppen

Bevölkerungsgruppen

Römer	300000	Abruzzenvölker	54400
Latiner	134000	Etrusker	86400
Samniten	123000	Umbrer	35200
Apuler	89600	Lukaner	52800

korrigierte Zahlen nach P. A. Brunt

		Das keltische Heer, das sich an die etruskische Küste zurückzieht, wird in der Schlacht bei Telamon durch die unter dem Konsul C. Atilius Regulus aus Sardinien heranrückenden Legionen und das zweite konsularische Heer unter L. Aemilius Papus in die Zange genommen und großenteils vernichtet. Um die Keltengefahr endgültig zu bannen, führen die Römer in den folgenden Jahren in Oberitalien eine Offensive durch.
	224–223	Die Kelten südlich des Po (Boier, Lingonen, Anaren) ergeben sich kampflos.
	223	Die Römer überschreiten den Po.
	222	Die Kämpfe mit den Insubrern enden mit der Einnahme von Comum (heute: Como) und Mediolanum (heute: Mailand), ohne dass das Gebiet schon fest unter römische Herrschaft gebracht wird. Zur besseren Verbindung mit den gallischen Gebieten lässt der Zensor C. Flaminius die von Rom nach Spoleto reichende Straße über den Apennin bis nach Ariminum verlängern *(Via Flaminia)*.
Via Flaminia	220	Demetrios von Pharos bricht den Vertrag von 228; der Konsul L. Aemilius Paullus zerstört
	219	Pharos, Demetrios flieht zu Philipp V. von Makedonien.
Sicherung gegen die Kelten	218	Zur *Sicherung gegen die Kelten* jenseits des Po werden die beiden latinischen Kolonien Placentia (heute: Piacenza) und Cremona (jeweils mit 6000 Siedlern) angelegt.
		In Spanien wird 221 Hasdrubal ermordet.
Hannibal		*Hannibal*, der Sohn Hamilkars, tritt an seine Stelle und geht schon bald zu großangelegten militärischen Eroberungen in Mittelspanien über. Die Meldungen darüber und ein Konflikt zwischen Sagunt und den unter karthagischem Schutz stehenden Torboleten veranlassen die Römer, 220 durch eine erneute Gesandtschaft bei Hannibal und in Karthago die Forderung zu stellen, dass Sagunt nicht angegriffen und der Ebro nicht überschritten wird. Trotzdem belagert Hannibal 219 Sagunt und erobert es nach acht Monaten. Aus ungeklärten Gründen

218	(Krieg mit Demetrios? mangelnde Bereitschaft oder Vorbereitung für einen Krieg mit Karthago?) greift Rom während der Belagerung nicht ein, fordert aber nach der *Einnahme Sagunts* Karthago ultimativ auf, Hannibal und die bei ihm befindlichen Mitglieder des karthagischen Rates auszuliefern. Als das abgelehnt wird, erklären die römischen Gesandten Karthago den Krieg.	*Einnahme Sagunts*
218–201	**2. Punischer Krieg.** Der Krieg ist von beiden Seiten offensiv angelegt: Hannibal will den Krieg in Italien austragen; dabei rechnet er auf die Unterstützung der Kelten und italischen Bundesgenossen Roms, die er durch das Versprechen der Freiheit gegenüber Rom gewinnen will. Nach den römischen Plänen sollen die beiden Konsuln des Jahres 218 den Feind in Afrika und Spanien bekämpfen. Von den Ausgangsbedingungen her liegen alle Chancen auf Seiten der Römer: Sie besitzen die Überlegenheit zur See und haben bei weitem die größeren Reserven. Ihnen steht aber ein militärisches Genie gegenüber: Hannibal.	*2. Punischer Krieg*
218 Sommer	Nach Sicherung Afrikas und Spaniens, wo er seinem Bruder Hasdrubal den Oberbefehl überträgt, *bricht Hannibal* mit einem Heer von ca. 60 000 Mann und 60 Kriegselefanten *nach Italien auf.* In Nordspanien werden 11 000 Mann unter Hanno zurückgelassen. Der Konsul P. Cornelius Scipio, der auf dem Weg nach Spanien bei Massilia (heute: Marseille) landet, kommt zu spät, um Hannibals weit landeinwärts vollzogenen Rhôneübergang zu verhindern. Dennoch schickt er seinen Bruder Gnaeus mit dem Heer nach Spanien – eine für den ganzen Krieg wichtige Grundentscheidung –, geht selbst nach Norditalien. Hannibal *überschreitet* mit seinem Heer unter großen Strapazen und Verlust fast der Hälfte seiner Leute *die Alpen,* hat zunächst mit den Taurinern zu kämpfen und besiegt dann Scipio in einem Reitergefecht am Ticinus (heute: Ticino). Die Kelten beginnen in größerer Zahl zu ihm überzugehen. Rom gibt den Plan des Angriffs auf Afrika auf, der Konsul Ti. Sempronius Longus wird aus Sizilien nach Norditalien gerufen.	*Aufbruch nach Italien*
Sept.		*Alpen-überquerung*
Dez.	An der *Trebia* (heute: Trebbia) kommt es nach Vereinigung der konsularischen Heere zur Schlacht, die Hannibal – schon durch Anwendung der Umfassungstaktik – gewinnt. – In Nordspanien können sich die Römer nördlich des Ebro eine Basis für weitere Operationen schaffen.	*Trebia*
217	Hannibal, der alle Kriegsgefangenen der römischen Bundesgenossen ohne Lösegeld entlässt und sich als Freiheitsbringer propagiert, stößt an zwei gegen ihn bei Ariminum und Arretium aufgestellten Heeren vorbei nach Mittelitalien vor. Der ihm unvorsichtig folgende Konsul C. Flaminius wird am Nordufer des *Trasimenischen Sees* in einen Hinterhalt gelockt, sein Heer vernichtet. In Rom wird Q. Fabius Maximus durch Volkswahl zum Diktator ernannt; den Göttern werden besondere Opfer gebracht. Hannibal dringt durch Mittelitalien ins nördliche Apulien vor, plündert auch Samnium und Teile Kampaniens. Fabius folgt ihm, ohne sich zur Schlacht zu stellen; diese „Ermattungsstrategie" trägt ihm den Beinamen „Cunctator" (Zauderer) ein. Hannibals Hoffnung auf Abfall der mittelitalischen Bundesgenossen Roms erfüllt sich nicht. – In Spanien, wohin Rom Verstärkung unter P. Cornelius Scipio schickt, können sich die Römer nördlich des Ebro halten und erste Vorstöße nach Süden machen.	*Trasimenischer See* *Cunctator*
216 Aug.	Für eine weitere Schlacht gegen Hannibal stellen die Römer ein Heer von fast 80 000 Mann unter den Konsuln L. Aemilius Paullus und M. Terentius Varro auf. Trotz zahlenmäßiger Unterlegenheit vernichtet Hannibal das Heer in der klassischen Umfassungsschlacht von *Cannae.* Obwohl die Wirkung der Niederlage auf die römische Bevölkerung ungeheuer ist und besondere Opferhandlungen zur Versöhnung der Götter vorgenommen werden, behält der Senat das Heft fest in der Hand: Den geschlagenen Konsul M. Terentius Varro empfängt er ehrenvoll an den Stadtmauern Roms; karthagische Gesandte, die wegen Auslösung der Kriegsgefangenen verhandeln und die Friedensbereitschaft der Römer erkunden sollen, werden nicht in die Stadt hineingelassen. Die Auseinandersetzungen im Senat zwischen verschiedenen Adelsgruppen werden zugunsten der alten Familien beigelegt. Für die Zukunft wird auf jede offene Feldschlacht verzichtet. Trotz einiger Abfallbewegungen – die wichtigste ist die von Capua – bleibt insgesamt das römische Bündnissystem fest. Hannibal kann deshalb seinen Sieg in Italien nur begrenzt ausnutzen.	*Cannae*
215	In Spanien verteidigen die Römer erfolgreich die Ebro-Grenze; in Sardinien wird ein karthagisches Heer geschlagen. Auf diplomatischem Gebiet erringt Hannibal Erfolge: Er schließt ein Bündnis mit Philipp V. von Makedonien.	
215–205	Der sich daraus ergebende *1. Makedonische Krieg* zwischen Rom und Makedonien hat aber kaum Wirkungen auf die militärische Situation in Italien.	*1. Makedonischer Krieg*
214	Als Hieron von Syrakus stirbt, schließt die Stadt nach inneren Auseinandersetzungen ein Bündnis mit Hannibal gegen Rom.	

	213	Die Karthager landen in Sizilien, wo auch die grausame Kriegsführung der Römer (Blutbad von Enna) viele Städte zum Abfall treibt. Die Einnahme von Syrakus, an dessen Verteidigung der Mathematiker Archimedes mitwirkt, gelingt nicht.
	213/212	Offensive Philipps im Illyricum; Rom kann die wichtigen Küstenplätze halten, verliert aber Gebiet im Hinterland. In Süditalien kann Hannibal Tarent erobern; daraufhin gehen auch Metapont, Herakleia (heute: Policoro) und Thurioi (am Crati) zu ihm über.
Kämpfe in Spanien und Sizilien	212	In *Spanien* nehmen die Römer Sagunt ein; in *Sizilien* erobert M. Claudius Marcellus Syrakus (Tod des Archimedes), das zur Provinz Sicilia geschlagen wird. Um den Aktionen Philipps zu begegnen, schließt Rom ein Bündnis mit den Aitolern, das u. a. einen Separatfrieden mit Philipp verbietet.
	211/210	Attalos von Pergamon und peloponnesische Städte (Sparta) treten dem Bündnis bei. Die Römer nehmen Capua ein, obwohl Hannibal sie durch einen Zug auf Rom ablenken will; damit Entlastung in Kampanien. Capua verliert seine Selbstständigkeit, sein Land wird konfisziert. In Spanien erleiden die Römer bei einem Vorstoß ins Innere des Landes eine vernichtende Niederlage; Publius und Cn. Cornelius Scipio fallen.
P. Cornelius Scipio	210	P. Cornelius Scipio (Sohn des gefallenen Publius Scipio), der vorher nur Ädil gewesen ist, erhält 25-jährig durch Volksbeschluss das Oberkommando in Spanien. Durch ihn wird in der Folgezeit der Krieg wesentlich bestimmt. In Sizilien gewinnen die Römer Agrigent. In Italien herrscht eine Hungersnot, Getreide muss von Ägypten eingekauft werden.
Erfolge in Spanien	209	Zwölf latinische Kolonien können die geforderten Mannschaften für das Heer nicht mehr aufbringen. Trotzdem gelingt die Einnahme Tarents, Hannibal wird im Wesentlichen auf Bruttium eingeschränkt. Der entscheidende Kriegsschauplatz wird in diesen Jahren *Spanien*. Scipio stößt in Eilmärschen bis Carthago nova vor, erobert die Stadt mit den spanischen Geiseln der Karthager, den Nachschublagern, Schiffen und Silberminen der Umgebung. Er wird dadurch mit einem Schlag berühmt, viele Spanier gehen zu ihm über.
	208	Scipio besiegt bei Baecula (beim heutigen Bailén) Hasdrubal, der sich mit den Resten seines Heeres nach Italien absetzt.
	207	Nach Überwinterung in Gallien kann Hasdrubal zwar die Alpen überschreiten, wird aber, als er nach Mittelitalien marschieren will, am Metaurus (Umbrien) geschlagen. Hannibal selbst wird auf den Raum von Kroton (heute: Crotone) und Lokroi (heute: Locri) zurückgedrängt.
Scipio siegt in Spanien	206	In *Spanien* fällt die endgültige Entscheidung in der Schlacht bei Ilipa (heute: Alcalá del Río): Scipio besiegt Hasdrubal, den Sohn Giskos, und Mago. Nach Rom zurückgekehrt, wird er zum Konsul für das Jahr 205 gewählt. Entgegen den Abmachungen von 212 schließen die Aitoler einen Separatfrieden mit Philipp von Makedonien.
Friede von Phoinike	205	Rom schließt mit Philipp den *Frieden von Phoinike*. In Rom setzt sich Scipio mit seinem Plan, den Krieg nach Afrika zu verlegen, im Senat durch und erhält als Provinz Sicilia. Von Rhegion aus wird Lokroi eingenommen. Den Winter verbringt Scipio mit seinem Heer in Sizilien.
Scipio in Afrika	204 Sommer	Von Lilybaeum aus setzt *Scipios Streitmacht nach Afrika* über, wo sie sich zunächst, weil der Numiderfürst Syphax zu den Karthagern übergegangen ist, bei Utica (heute: Hr. Bou Chateur) verschanzen muss.
	203	Scipio besiegt Hasdrubal, Giskos Sohn, in der Schlacht auf den „Großen Feldern". Masinissa, ein Rivale des Syphax, übernimmt dessen Reich, Karthago bittet um Frieden. Ein Vertrag wird ausgehandelt, Hannibal aus Italien zurückgerufen. Der Senat stimmt dem Vertrag zu. Vor der offiziellen Zustimmung Karthagos trifft Hannibal in Afrika ein; unter dem Eindruck der Rückkehr verwirft Karthago die römischen Friedensbedingungen. Beide Seiten rüsten für die Entscheidungsschlacht.
Schlacht bei Zama	202	*Schlacht bei Zama* (Lokalisierung unsicher). Scipio besiegt Hannibal mit dessen eigener Umfassungstaktik.
Friedensschluss	202/201	Karthago *muss* unter den – jetzt verschärften – römischen Bedingungen *Frieden* schließen: Die inzwischen von Rom eroberten überseeischen Besitzungen Karthagos bleiben bei Rom. In Afrika wird Karthago auf den territorialen Status vor Kriegsbeginn eingeschränkt und muss Besitz, der ehemals Masinissa und dessen Vorfahren gehörte, zurückgeben; alle Kriegsschiffe bis auf zehn und alle Elefanten müssen ausgeliefert werden; Kriegsführung außerhalb Afrikas wird den Karthagern überhaupt verboten, innerhalb Afrikas nur erlaubt, wenn Rom zustimmt; als Kriegskostenentschädigung sind 10000 Talente in 50 Jahresraten zu zahlen. – Karthago büßt damit neben allen territorialen und materiellen Verlusten seine außenpolitische Handlungsfreiheit ein; mit dem Gebiet des römischen Klientelfürsten

	Masinissa reicht römischer Einfluss bis unmittelbar an die karthagischen Grenzen. Die eroberten spanischen Gebiete werden (197) geteilt (Hispania citerior und ulterior), als *Provinzen* eingerichtet und je einem Prätor unterstellt. Obwohl durch den Krieg Roms Vormachtstellung im Westen endgültig befestigt ist, hat es in der Folgezeit in Norditalien, Spanien und Nordafrika noch harte Kämpfe zu bestehen.	*spanische Provinzen*
201 200/199	In Norditalien erheben sich unter Mitwirkung des Karthagers Hamilkar die Boier, denen sich die Insubrer und Cenomanen anschließen, und erobern Placentia. Die Insubrer werden bei Comum besiegt (196).	
seit 197	Von Süden (Turdetani) ausgehend, *Aufstand spanischer Stämme*.	*Aufstand spanischer Stämme*
195	Der Konsul M. Porcius Cato schlägt den Aufstand im Norden nieder, bleibt aber im Süden und bei einem Angriff auf die Keltiberer erfolglos. Der Krieg dehnt sich auf die Lusitaner (Süd-Portugal) aus. In den folgenden Jahren wird mit wechselndem Erfolg gekämpft.	
191	Sieg über die Boier durch P. Cornelius Scipio Nasica.	
190	Niederlage des L. Aemilius Paullus gegen die Lusitaner. Zur Sicherung Norditaliens werden die latinischen Kolonien Cremona und Placentia reorganisiert und verstärkt.	
189	Als neue latinische Kolonie wird Bononia (heute: Bologna) gegründet.	
187	Neue Straßenverbindungen, die Via Aemilia von Ariminum nach Placentia und eine zweite Via Flaminia von Arretium nach Bononia, werden angelegt.	
183	Errichtung von Mutina (heute: Modena) und Parma als Bürgerkolonien neuen Typs, welche – anders als die alten „coloniae maritimae" – die gleichen Funktionen erfüllen sollen wie die latinischen Kolonien. Rekrutierungsschwierigkeiten führen zur Aufgabe dieses Typus.	
181	Die letzte latinische Kolonie wird in Aquileia zur Sicherung der Nordostgrenze eingerichtet.	
181–180	Die Ligurer werden besiegt, 40000 von ihnen in die Gegend von Beneventum deportiert. Q. Fulvius Flaccus erobert das Gebiet der keltiberischen Lusones (südöstlich von Calatayud).	
180–178	Ti. Sempronius Gracchus dringt weiter in keltiberisches Gebiet vor, kann aber vor allem durch Verträge mit den Keltiberern die Situation in Spanien für längere Zeit stabilisieren und gründet Gracchuris am Ebro als ein Zentrum für die Romanisierung. Als Bollwerk gegen die Ligurer (und als letzte Kolonie vor der Gracchenzeit) wird die Bürgerkolonie Luna (177) gegründet. Einzelne Kämpfe ziehen sich noch über Jahrzehnte hin; insgesamt beginnt jetzt aber ein Prozess der Romanisierung von Gallia Cisalpina.	
178–177 157–155	Durch die Eroberung Istriens und einen Feldzug gegen die Dalmatiner (mit Einnahme der Hauptstadt Delminium [beim heutigen Županjac]) wird die Adria bis auf wenige Ausnahmen zu einem römischen Binnenmeer.	
154	In *Spanien*, das seit 178 relativ ruhig geblieben ist, fallen die Lusitaner in römisches Provinzialgebiet ein und schlagen ein römisches Heer. Wegen der Ummauerung der Stadt Segeda kommt es zum Konflikt mit den Keltiberern, denen die Römer den Krieg erklären.	*Kämpfe in Spanien*
153	Der Prätor L. Mummius unterliegt bei seiner Ankunft in Spanien den Lusitanern, kann sie aber danach mehrfach schlagen; der Konsul Q. Fulvius Nobilior erleidet mehrere Niederlagen bei Numantia (beim heutigen Soria).	
152	Sein Nachfolger M. Claudius Marcellus versucht, den Aufstand auf diplomatischem Weg zu bannen, doch werden seine Friedensvorschläge vom Senat abgelehnt. Verträge mit den Lusitanern werden von diesen nicht eingehalten.	
151	Marcellus schließt mit den Keltiberern Frieden, der bis 143 Bestand hat. *Karthago* bemüht sich, die aus dem Frieden von 201 resultierenden Verpflichtungen gewissenhaft zu erfüllen, wird aber immer wieder durch Übergriffe Masinissas provoziert, der karthagische Gebiete annektiert und von Rom meistens gedeckt wird. Als er sich 152/151 das Gebiet um Thugga (heute: Dougga) aneignen will, erscheint auf Bitten Karthagos eine römische Gesandtschaft in Afrika. Zu ihr gehört auch M. Porcius Cato, der aus seiner Abneigung gegen Karthago kein Hehl macht, fortan unablässig für dessen Zerstörung plädiert, während P. Scipio Nasica um Roms selbst willen Karthago als Konkurrentin erhalten möchte.	*Karthago*
151/150 150	In Karthago wächst der Hass gegen Numidien, Anhänger Masinissas werden aus der Stadt vertrieben, eine numidische Gesandtschaft wird belästigt. Als daraufhin Masinissa in karthagisches Gebiet einfällt, bekriegen ihn die Karthager, ohne zuvor die Erlaubnis Roms eingeholt zu haben, unterliegen aber.	
149	Wegen Verletzung des Vertrages von 201 erklärt Rom Karthago den Krieg.	
149–146	*3. Punischer Krieg.* Karthago unterwirft sich durch den Akt der „deditio"; der Senat sichert der Stadt die Erhaltung des Territoriums und Freiheit zu, falls Geiseln gestellt und die Anordnungen der Kon-	*3. Punischer Krieg*

suln befolgt werden. Die Konsuln landen mit einer Armee bei Utica, verlangen die Auslieferung sämtlicher Waffen. Als dies geschehen ist, fordern die Konsuln, Karthago solle zerstört werden, die Einwohner sollen sich im Binnenland, mindestens zehn Meilen von der Küste entfernt, ansiedeln. Trotz Waffenlosigkeit lehnen die Karthager ab, befestigen die Stadt und können fast drei Jahre der römischen Belagerung standhalten.

P. Cornelius Scipio Aemilianus Zerstörung Karthagos

147 *P. Cornelius Scipio Aemilianus* wird unter Entbindung von bestehenden Gesetzen zum Konsul gewählt und erhält den Oberbefehl in Africa.

146 Scipio gelingt eine vollständige Blockade *Karthagos*, das schließlich in einem sechs Tage währenden Straßenkampf erobert wird. Die Überlebenden werden in die Sklaverei verkauft, die Stadt zerstört, der Boden mit einem Fluch belegt: Er soll nie mehr besiedelt werden. Das Gebiet der Stadt wird zur römischen Provinz Africa.

In Spanien wird Viriatus Anführer der Lusitaner (seit 147) und bringt den Römern eine Reihe schwerer Niederlagen bei (147–145).

143 Q. Fabius Maximus Aemilianus kann Viriatus aus Hispania ulterior zurückdrängen, doch gelingt es diesem, die Keltiberer zur Aufkündigung des Friedens von 151 zu bewegen.

143–142 Erfolgreiche Kriegsführung des Q. Caecilius Metellus Macedonicus gegen die Keltiberer, während die Lusitaner unter Viriatus die Römer mehrfach besiegen (143–140), sodass Q. Fabius Maximus gezwungen ist, mit Viriatus einen Vertrag zu gleichen Bedingungen zu schließen.

140 Der vom römischen Volk bestätigte Vertrag mit den Lusitanern wird vom Senat auf Drängen des neuen Statthalters Q. Servilius Caepio wieder aufgehoben.

139 Q. Pompeius schließt nach zweijähriger unglücklicher Kriegsführung einen Vertrag mit den *Numantinern*; wegen Auslegungsstreitigkeiten müssen sich beide Vertragspartner vor dem Senat verantworten. Der Senat verwirft den Vertrag, das Volk lehnt aber die – in solchen Fällen übliche – Auslieferung des Pompeius an die Numantiner ab. – Auf dem lusitanischen

Numantiner

138 Kriegsschauplatz wird Viriatus durch Verrat ermordet; die Lusitaner, durch Servilius Caepio zurückgedrängt, übergeben sich und erhalten Land zur Ansiedlung. Vor Numantia erleidet M. Popillius Laenas eine Schlappe.

137 C. Hostilius Mancinus, mit seinem Heer von den Numantinern eingeschlossen, muss kapitulieren und einen für Rom ungünstigen Frieden schließen, um das Heer zu retten. Vermittler dabei ist der spätere Volkstribun Ti. Sempronius Gracchus.

136 Der Vertrag wird in Rom verworfen, Mancinus den Numantinern ausgeliefert, die ihn jedoch nicht annehmen. In den beiden folgenden Jahren gelingt den Römern vor Numantia kein Fortschritt.

134 Erst als P. Cornelius Scipio Aemilianus (für 134 ohne Bewerbung und gegen das Verbot der Iteration zum Konsul gewählt) den Oberbefehl gegen Numantia übernimmt, gelingt die vollständige Blockade und Aushungerung der Stadt.

133 Daraufhin müssen sich die Numantiner bedingungslos ergeben. Die Einwohner werden in die Sklaverei verkauft, die Stadt dem Erdboden gleichgemacht.

Rom und der hellenistische Osten

Die Ursachen der mit dem 2. Makedonischen Krieg beginnenden Wendung Roms nach Osten sind seit der Antike heftig umstritten. Ist sie nur eine Konsequenz des Sieges im Westen, und beschreitet Rom jetzt endgültig den Weg des Imperialismus? Nimmt es Rache für Philipps V. Verhalten im 2. Punischen Krieg? Will es Bundesgenossen im Osten schützen? Eine rechtliche Verpflichtung dazu besteht wahrscheinlich nicht. Der Krieg gegen Philipp V. ist wohl ein Präventivkrieg, hervorgerufen durch eine Überreaktion gegenüber der Machtausdehnung Philipps V. im Osten. Nach dem Krieg zieht Rom sich zunächst ganz aus Griechenland zurück; bis 146 nimmt es keine Annexionen im Osten vor, betreibt aber nach dem Frieden von Apameia eine für den Osten verhängnisvolle Interventionspolitik.

204 Ptolemaios IV. Philopator stirbt und hinterlässt einen fünfjährigen Sohn. Philipp V. von Makedonien und Antiochos III. (d. Große) von Syrien schließen einen *Geheimvertrag*, um die ägyptischen Außenbesitzungen anzugreifen. Bei den folgenden militärischen Unternehmungen gerät Philipp in Konflikt mit den Aitolern, Rhodos und dem mit Rom freundschaftlich verbundenen Attalos I. von Pergamon.

Geheimvertrag

203/202

202 Eine Gesandtschaft der Aitoler nach Rom wird dort unter Hinweis auf den Separatfrieden von 206 brüsk abgewiesen.

201	Eine rhodisch-pergamenische Gesandtschaft berichtet in Rom über Philipps Vorgehen und den Geheimvertrag. Daraufhin wird der in makedonischen Angelegenheiten erfahrene P. Sulpicius Galba zum Konsul für 200 gewählt.
200	Er erhält nach Amtsantritt Macedonia als Amtsbereich zugewiesen. Eine Senatsgesandtschaft reist nach Osten ab, verkündet in Griechenland die Parole der Freiheit für griechische Städte (gegenüber Makedonien), trifft im Mai in Athen ein und übergibt dem in Attika eingefallenen makedonischen Feldherrn Nikanor Forderungen des Senats. Dennoch wird Attika verwüstet, Philipp greift unter ptolemaiischer Herrschaft stehende Städte in Thrakien und Kleinasien an. Vor Abydos (an den Dardanellen) überbringt ihm M. Aemilius Lepidus, ein Mitglied der Senatsgesandtschaft, verschärfte ultimative Forderungen des Senats. Als Philipp sie ablehnt, kann der Senat – trotz vorheriger Opposition der Zenturiatkomitien – den Kriegsbeschluss durchsetzen.
200–197	*2. Makedonischer Krieg.*
197	In der Schlacht bei Kynoskephalai (Thessalien) besiegt *T. Quinctius Flamininus* Philipp,
197/196	dessen Herrschaft auf Makedonien beschränkt wird.
196	Auf den Isthmischen Spielen verkündet Flamininus im Auftrag des Senats die Freiheit aller Griechenstädte und wird dafür wie ein Gott verehrt. Dennoch erweist sich die anschließende Neuordnung Griechenlands als schwierig; insbesondere die Aitoler fühlen sich benachteiligt.
195–194	Durch einen von Flamininus organisierten Feldzug aller griechischen Städte wird Argos von der Herrschaft des Tyrannen Nabis von Sparta befreit.
194	Rom zieht sein Heer und alle Besatzungen aus Griechenland zurück. Während des 2. Makedonischen Krieges dehnt der Seleukidenherrscher Antiochos III. seine Macht aus. Rom fordert ihn 196 ohne Erfolg auf, die Freiheit der Griechenstädte zu respektieren.
194/193	Ein Angebot *Antiochos' III.* an Rom für den Abschluss eines Freundschaftsvertrags, falls seine Ansprüche in Kleinasien und Thrakien anerkannt werden, lehnt Rom ab.
193	Ebenso scheitern entsprechende Verhandlungen im Sommer in Kleinasien.
192	Die mit der Friedensregelung von 196 unzufriedenen *Aitoler* erobern ohne Kriegserklärung Demetrias (bei Volos, Thessalien), laden Antiochos zur Landung in Griechenland ein und wählen ihn, als er im Herbst in Euboia ankommt, zum Strategen.
192–188	Das bedeutet den Krieg mit Rom.
191	Schon im ersten Kriegsjahr gewinnen die Römer unter M. Acilius Glabrio Griechenland (Sieg bei den Thermopylen), Antiochos zieht sich nach Kleinasien zurück. L. Cornelius Scipio, den sein Bruder Africanus begleitet, überschreitet den Hellespont.
190	Antiochos wird bei Magnesia am Sipylos (Lydien) entscheidend geschlagen. Cn. Manlius
189	Vulso unternimmt einen Feld- und Raubzug gegen die Galater in Kleinasien.
188	Im *Frieden von Apameia* (heute: Dimêr, Phrygien) zwischen Rom und Antiochos muss dieser auf Kleinasien diesseits des Tauros-Gebirges verzichten; militärische und diplomatische Aktivitäten westlich des Tauros werden ihm verboten.
	Damit ist das hellenistische Mächtesystem nicht nur äußerlich zerstört. Rom zieht zwar auch 188 alle Truppen aus Griechenland und Kleinasien zurück, wird aber in der Folgezeit häufig um Intervention gebeten. Umgekehrt wächst Roms Misstrauen gegenüber dem Osten, sodass – besonders nach dem Perseus-Krieg – keine Macht mehr unabhängige Politik betreiben kann, ohne dass Rom interveniert. Diese zunehmende „Intoleranz gegenüber Souveränität" (L. Raditza) steigert die Instabilität im Osten, die auch dadurch gefördert wird, dass Roms Interventionspolitik zur Verschärfung sozialer Gegensätze beiträgt.
	Nach dem Frieden von Apameia sind im Osten neben dem Seleukidenreich und Makedonien Pergamon, Rhodos und der Achaiische Bund die stärksten Kräfte. Während der Achaiische Bund unter Philopoimen römische Interventionen möglichst abzuwehren versucht, gelingt es dem im Frieden von Apameia benachteiligten Philipp V., Makedonien trotz mehrfacher Eingriffe Roms wieder zu stärken. Nach seinem Tod setzt sein Sohn *Perseus* diese Politik fort. Misstrauen Roms ihm gegenüber findet endlich einen konkreten, wenn auch zweifelhaften Anhaltspunkt in einer Liste von „Verbrechen" Perseus', die Eumenes von Pergamon dem Senat vorlegt. Rom erklärt Perseus den Krieg.
171–168	*3. Makedonischer Krieg.*
168	Trotz anfänglicher Erfolge unterliegt Perseus schließlich dem Konsul L. Aemilius Paullus in der Schlacht bei Pydna (Südmakedonien), flieht, wird gefangen und später im Triumph mitgeführt. Das Königtum in Makedonien wird abgeschafft, das Land in vier unabhängige Bezirke aufgeteilt. 1000 vornehme Achaier, unter ihnen der Historiker Polybios, werden nach Rom deportiert. – Rhodos verliert wegen Vermittlungsversuchen während des Krieges

Marginalia:
2. Makedonischer Krieg
T. Quinctius Flamininus
Antiochos III.
Aitoler
Friede von Apameia
Perseus
3. Makedonischer Krieg

die lykischen und karischen Gebiete, die es im Frieden von Apameia erhalten hat; durch Errichtung eines Freihafens in Delos (unter attischer Oberhoheit) wird sein Handel geschädigt; die Schwächung der Inselrepublik hat eine Ausbreitung der Seeräuberplage zur Folge. Auch Roms Verhältnis zu Eumenes von Pergamon bleibt gespannt.

168 Antiochos IV. greift Ägypten an, nachdem er schon in den Vorjahren dort eingedrungen ist. Nach der Schlacht von Pydna interveniert Rom: Der römische Gesandte C. Popillius Laenas trifft mit Antiochos in *Eleusis* bei Alexandreia zusammen und fordert ihn auf, Ägypten zu räumen. Als der König Bedenkzeit erbittet, zeichnet Laenas um den Standort des Königs einen Kreis in den Sand und fordert eine Entscheidung vor Verlassen des Kreises. Der König gibt nach. Diese Episode und die Tatsache, dass König Prusias II. von Bithynien in der Tracht eines Freigelassenen vor dem Senat erscheint, kennzeichnen Roms Stellung im Osten.

Eleusis

seit 151 Der Schritt zur direkten Annexion im Osten wird vollzogen, als in Makedonien der Thronprätendent Andriskos auftritt, der sich als Sohn des Perseus ausgibt.

149 Erst mit fremder Hilfe gelingt es ihm, sich zum König zu machen; ein römisches Heer unter

Annexion Makedoniens

148 Q. Caecilius Metellus bereitet ihm aber ein schnelles Ende. *Makedonien wird römische Provinz*, dessen Statthalter auch für Epirus und Illyricum zuständig ist.

In Griechenland versucht nach dem Tod des prorömischen Kallikrates (150) der Achaiische Bund, Sparta wieder in den Bund hineinzubringen. Auf Klagen Spartas verlangt Rom die Unabhängigkeit Spartas, Korinths und Argos' vom Bund; die entsprechende Senatsgesandtschaft wird in Korinth insultiert. Der Achaiische Bund erklärt Sparta und Herakleia am Oita den Krieg, wird aber schnell von Q. Caecilius Metellus, dann L. Mummius besiegt. *Korinth wird zerstört*, der Achaiische Bund aufgelöst. Rom interveniert in vielen Städten zugunsten von Oligarchien. Die Unabhängigkeit Griechenlands, das dem makedonischen Statthalter unterstellt wird, ist damit endgültig beseitigt.

Zerstörung Korinths

146

133 Attalos III. von Pergamon stirbt ohne Erben und vermacht sein Reich testamentarisch den Römern.

Die innere Geschichte Roms von der lex Hortensia (287) bis zum Ende des 2. Punischen Krieges (201)

242 Einrichtung des „praetor peregrinus" für die Rechtsprechung zwischen römischen Bürgern und Fremden.

241 Aufstand von Falerii, der innerhalb von sechs Tagen niedergeworfen wird. Die Stadt wird vom Berg in die Ebene verlegt, die Hälfte ihres Territoriums annektiert.

241 Die letzten beiden Tribus, Quirina und Velina, werden eingerichtet. Die jetzt erreichte Zahl der Tribus, 35, bleibt fortan konstant; neu erworbenes römisches Gebiet wird in Zukunft bestehenden Tribus zugeordnet, wodurch diese bald den Charakter geschlossener Wohngebiete verlieren.

Reform der Zenturiatkomitien

241/218 *Reform der Zenturiatkomitien.*

Der Inhalt der Reform ist im Einzelnen umstritten. Sicher ist aber, dass zumindest für die 1. Klasse die Tribus- mit der Zenturienordnung verbunden wird; damit wird der Ausdehnung des römischen Herrschaftsgebietes in Italien Rechnung getragen, eine Repräsentation aller italischen Wohnbezirke in den Zenturiatkomitien erreicht und so das bäuerliche Element in ihnen gestärkt. Ferner genügen nun nicht mehr allein die Stimmen der Ritter und der 1. Klasse für eine Mehrheit. Schließlich verlieren die Ritter zugunsten der 1. Klasse das Recht der Prärogative, d.h. der zuerst abstimmenden Zenturie. Wahrscheinlich hängt diese Reform damit zusammen, dass zwischen 243 und 216 zum letzten Mal eine größere Gruppe neuer Familien zum Konsulat gelangt, die man als „plebejische Gentry" (Alfred Heuß) bezeichnet hat und die bäuerliche Interessen vertritt. In dieser Zeit entfaltet auch der Volkstribunat zum letzten Mal vor den Gracchen eine selbstständige Aktivität.

232 Gesetz des zur genannten Gruppe gehörenden Volkstribunen C. Flaminius, dass der ager Gallicus (das Gebiet südlich von Rimini) einzeln an neue Siedler verteilt werden soll (*Viritanassignation*); Widerstand des gesamten Senats.

Viritanassignation

Prätoren

227 Die Zahl der *Prätoren* wird von zwei auf vier erhöht und damit eine geordnete Verwaltung der neu erworbenen außeritalischen Gebiete ermöglicht.

220 In der Zensur des C. Flaminius werden die Freigelassenen auf die vier städtischen Tribus beschränkt; Bau des Circus Flaminius, des Forum Flaminii und der Via Flaminia.

218 Die *„lex Claudia"* des Tribunen Q. Claudius, die C. Flaminius als einziger Senator unterstützt, verbietet den Senatoren den Besitz von Schiffen, die mehr als 300 Amphoren fassen, vielleicht auch die Teilnahme an der Staatspacht. Die Senatoren werden dadurch vom Seehandel ausgeschlossen. Das Gesetz ist eine der Voraussetzungen für die Entstehung des Ritterstandes. *lex Claudia*

Wegen der Anspannungen des *2. Punischen Krieges* (218–201), insbesondere wegen des Bedarfs an Heerführern, muss die römische Aristokratie grundlegende politische Traditionen durchbrechen: Durch ein Plebiszit wird die unbegrenzte Wiederholung (Iteration) oder Fortsetzung (Kontinuation) von *Konsulaten* erlaubt; die Verlängerung der Amtsgewalt (prorogatio) wird weit häufiger angewandt als in der ganzen Zeit davor (seit dem 1. Fall im Jahre 326), und zwar teilweise für einen langen Zeitraum (bis zu zehn Jahren). *2. Punischer Krieg* *Konsulate*

211 Erstmals wird mit *P. Cornelius Scipio Africanus* ein Mann ohne Amt, ein „privatus", mit einem prokonsularischen Imperium betraut. Die Versammlung der Plebs, das „concilium plebis", das unkomplizierter arbeitet als die Zenturiatkomitien, wird zum Hauptorgan für notwendig werdende Gesetzgebungsakte und behält diese Rolle auch in der Zukunft bei. Entsprechend erscheinen die Volkstribunen (seit 216) fast ausschließlich als Werkzeuge der Senatspolitik. *P. Cornelius Scipio Africanus*

Die religiöse Erregung der Kriegszeit wird u. a. darin deutlich, dass der Kultstein der Magna
205 Mater von Pessinus (Phrygien) nach Rom gebracht wird.

Grundlinien der republikanischen Epoche

Grundlage der *römischen Wirtschaft* bleibt immer die Landwirtschaft, in der sich jedoch in der mittleren Republik ein deutlicher Wandel vollzieht: Sind etwa bis zum 2. Punischen Krieg bäuerliche Klein- und Mittelbetriebe vorherrschend, so bilden sich danach in bestimmten Gegenden Italiens (Etrurien, Latium, Kampanien, verschiedene Regionen Süditaliens) verstärkt größere Gutsbetriebe aus. Sie werden durch Sklaven bewirtschaftet; statt Getreide werden vor allem Oliven, Wein und Gartenbauprodukte angebaut, teilweise geht man zu Viehzucht über. Die Möglichkeiten für die Bildung von Großgrundbesitz werden durch die *römische Expansion* und Kriege geschaffen: Im 2. Punischen Krieg werden die zu Hannibal abgefallenen Städte durch Landkonfiskationen bestraft; die Reichen erhalten dadurch mehrfach Gelegenheit zur Okkupation; infolge des länger werdenden Kriegsdienstes können viele Bauern ihre Höfe nicht halten; Menschenverluste vor allem im 2. Punischen Krieg und in den spanischen Kriegen machen viele Höfe gleichsam herrenlos; durch Gutsbesitzer wird ein starker Druck auf Bauern ausgeübt. Gleichzeitig strömt durch Statthalterschaften, Kriegsbeute und die Staatspacht viel Geld aus den Provinzen nach Rom, das in Land angelegt wird. Infolge der Kriege sind Sklaven als Arbeitskräfte billig zu haben. – Anregungen für neue landwirtschaftliche Produktionsformen haben die Römer durch die Begegnung mit den süditalischen Griechen und den Karthagern erhalten. *römische Wirtschaft* *römische Expansion*

Auf den Gütern der Reichen wird zwar für den Markt produziert, die Gewinne werden aber konsumiert: Die politische Laufbahn und gesellschaftliche Repräsentation (z. B. bei Begräbnissen) verschlingen riesige Summen. In der Regel werden die Güter nicht durch die Eigentümer, sondern durch Verwalter bewirtschaftet („absentee landlordism"). Die wirtschaftlichen Möglichkeiten der Großbetriebe werden nicht ausgeschöpft, die Erträge bleiben relativ gering. Insgesamt handelt es sich bei der römischen Gutswirtschaft nicht um eine kapitalistisch betriebene Wirtschaftsform.

Das *Kleinbauerntum* hält sich vor allem in den Binnengegenden und Gebirgsregionen Italiens. Seine Existenzbedingungen verschlechtern sich aus den oben angeführten Gründen; sie sind auch in normalen Zeiten hart, da die Größe von Bauernhöfen häufig unter zehn „iugera" (1 iugerum = 1/4 ha) gelegen zu haben scheint, sodass sich viele Bauernfamilien nur durch zusätzliche Arbeit auf benachbarten Gütern erhalten können. – Die Bauern, die ihre Höfe verlieren, finden nur teilweise feste Arbeit auf dem Lande. Zum großen Teil ziehen sie als Erntearbeiter in Italien umher oder in die Städte, vor allem nach Rom. Auch dort sind die Arbeitsmöglichkeiten begrenzt, zumal sich Sklavenarbeit auch im Handwerk ausbreitet. Die meisten müssen von Gelegenheitsarbeiten leben oder sich von reichen Patronen aushalten lassen, denen sie bei Abstimmungen ihre Stimmen „verkaufen". *Kleinbauerntum*

Gegenüber der Landwirtschaft stehen alle übrigen Wirtschaftszweige in Italien an Bedeutung zurück. Zwar gibt es ein ausgedehntes *Handwerk*, das insbesondere auch von den wachsenden Anforderungen auf dem Gebiet der Waffenherstellung, der Gutswirtschaft, des Baus von privaten und öffentlichen Gebäuden, Wasserleitungen etc. profitiert. Dennoch entsteht daraus keine Industrie, obwohl die Arbeitsteilung entwickelt ist. Das Handwerk bleibt also wesentlich auf kleine Betriebe beschränkt; es weist zwar insgesamt viele Beschäftigte auf, wirft aber keinen großen Gewinn ab. Hauptgrund für diese Verhältnisse dürfte sein, dass die Absatzmärkte wegen Transportschwierigkeiten begrenzt sind: Der Landtransport ist äußerst teuer und kommt deshalb für normale Gebrauchsgüter nicht in Frage; der Seetransport ist zwar billiger, enthält aber große Risiken, die vor allem in mangelnden navigatorischen Kenntnissen, aber auch *Handwerk*

Handel

in der verbreiteten Seeräuberei begründet liegen. Dazu kommt, dass die Reichen immer wieder Gelegenheit haben, ihr Geld in Land zu investieren. Im sozialen Wertesystem gilt die Landwirtschaft als die honorigste Weise des Unterhalts, weil nur Landwirtschaft allein volle Autarkie ermöglicht.

Aus dem bisher Dargestellten folgt auch, dass die Bedeutung des Handels begrenzt bleibt. In den meisten Städten Italiens werden die Waren vom Hersteller verkauft, die Bedeutung der Märkte ist überwiegend auf die Region beschränkt. Wo Schifffahrtswege vorhanden sind, entwickelt sich ein Seehandel, von dem die Senatoren durch die „lex Claudia" von 218 ausgeschlossen sind. Der zunehmende *Handel* mit dem Osten liegt großenteils nicht in römischen Händen.

öffentliche Aufgaben

Die Expansion Roms hat zur Folge, dass sich die *öffentlichen Aufgaben* stark erweitern: Heeresversorgung im Krieg, Transportwesen, städtebauliche Maßnahmen, Straßenbau, Zölle aller Art, Ausbeutung von Bergwerken in den Provinzen. Der Staat übernimmt diese Aufgaben nur teilweise in eigene Regie, teilweise verpachtet er sie an Staatspächter (publicani). Diese Gruppe, die den Kern eines sich neu herausbildenden Standes, der Ritter (equites), darstellt, wächst aus dem Bauerntum heraus und investiert ihre Gewinne aus der Staatspacht zum großen Teil in Land. Um die teils großen Summen für die Pachten aufzubringen, bilden die „publicani" Gesellschaften (societates).

Nicht durch wirtschaftliche, sondern durch politisch-militärische Tätigkeit als Statthalter und Heerführer (Kriegsbeute) erwachsen der römischen Führungsschicht seit der Einrichtung von Provinzen und den Kriegen mit den reichen hellenistischen Staaten Einnahmen, die für den Kreis der Nobilität wahrscheinlich nach und nach die Einnahmen aus der Landwirtschaft übertreffen.

Wirtschaftspolitik

Eine staatliche *Wirtschaftspolitik* im eigentlichen Sinn gibt es in der römischen Republik nicht. Der Staat versucht – nicht immer mit Erfolg –, die Kornzufuhr für die hauptstädtische Bevölkerung zu sichern; er schafft neue Bauernstellen durch Viritanassignationen und Koloniegründungen (zum letzten Mal vor den Gracchen 177), mit denen aber immer auch, wenn nicht primär, militärische Zwecke verfolgt werden.

Münzprägung

Ebenso liegt die *Münzprägung* in Händen des Staates: Geprägtes Kupfergeld gibt es seit dem 4. Jh., Silbergeld wird erstmals 269 geprägt. Die gebräuchlichsten römischen Münzen seit 217 haben folgende Relation: 1 denarius (Silber) = 4 sestertii (Silber) = 16 asses (Kupfer). 6000 Denare entsprechen einem Talent Silber. Was dieses Geld wert ist, kann man sich am besten an einigen *Löhnen und Preisen*

Löhne und Preise

klarmachen, die T. Frank für die 1. Hälfte des 2. Jh.s berechnet hat. Ein freier Arbeiter verdient um 3 sest. am Tag, die Arbeit eines Sklaven wird zu 2 sest. gerechnet. Ein modius (= 8,733 Liter) Weizen kostet 3, ein Liter gewöhnlichen Weins 0,77 bis 1 sest., ein Landsklave 300–500 den., ein Pflugochse 60–80 den.

Ebensowenig wie eine staatliche Wirtschaftspolitik gibt es vor der Spätantike einen geregelten Staatshaushalt mit genauer Planung der Einnahmen und Ausgaben. Die Bürgersteuer wird 167 abgeschafft.

Staatsfinanzen

Staatliche Einnahmen und Ausgaben (200–157)

Kriegsentschädigungen
Stipendien für Soldaten
Kriegsbeute
Tribute

Einnahmen		Ausgaben	
Kriegsentschädigungen	152.100.000 den.	Stipendium für Soldaten	300.000.000 den.
Kriegsbeute	109.500.000 den.	Verpflegung für Alliierte	64.000.000 den.
Spanische Minen nach 178	50.000.000 den.	Transportkosten für Armee	50.000.000 den.
Bürgersteuern bis 167	60.000.000 den.	Flotte	58.500.000 den.
Pacht für öffentliches Land in Italien	63.000.000 den.	Öffentliche Gebäude	20.000.000 den.
Tribute der Provinzen	130.000.000 den.	Rückzahlung überzahlter Bürgersteuern	22.500.000 den.
Zölle, indirekte Steuern	46.000.000 den.	Andere Ausgaben (z.B. bestimmte Spiele, Gesandtschaften)	40.000.000 den.
	gesamt: 610.600.000 den.		gesamt: 555.000.000 den.
durchschnittliche Jahreseinnahmen:	13.900.000 den.	durchschnittliche Jahresausgaben:	12.600.000 den.

nach T. Frank

Die unter den Ausgaben nicht nachgewiesenen 55 600 000 den. enthalten einen Überschuss von 25 500 000 den.; der Rest ist nicht nachzuweisen. Im Übrigen sind fast alle Summen sehr allgemeine Schätzungen und sollen nur Anhaltspunkte bieten. Insgesamt: Roms Wirtschaft wird im Hinblick auf die Staatsfinanzen, die Versorgung der hauptstädtischen Bevölkerung und die Einnahmen der Aristokratie, teilweise auch der Staatspächter, zunehmend von den Provinzen abhängig. Diese Raubwirtschaft nach außen ist nur die andere Seite der Sklavenwirtschaft im Innern. Im Hinblick auf das kleine und mittlere

Subsistenzwirtschaft

Bauerntum ist die römische Wirtschaft wesentlich *Subsistenzwirtschaft* mit dem Ziel der Autarkie.

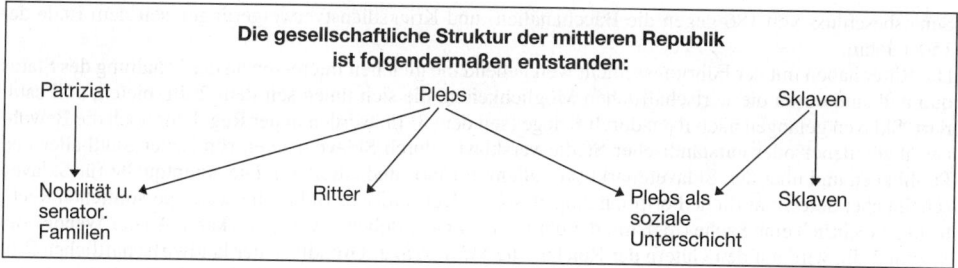

gesellschaftliche Struktur

Römische Gesellschaft: Der *Senat* besteht bis zu Sulla aus 300 Mitgliedern, die von den Zensoren durch „adlectio" (Zuwahl) bestimmt werden. Er rekrutiert sich aus den jeweils bestehenden senatorischen und ritterlichen Familien, wobei der Unterschied zwischen Patriziern und Plebejern immer mehr an Bedeutung verliert. Im Normalfall sichert die Bekleidung von Ämtern die Anwartschaft auf einen Sitz im Senat. Innerhalb der Senatsaristokratie bilden die Familien, die in ihren Reihen oder unter ihren Vorfahren Konsuln haben, einen herausgehobenen Kreis, die *Nobilität*. Insbesondere seit dem 2. Punischen Krieg tendiert dieser Kreis zu strikter Exklusivität, die auch durch wachsende wirtschaftliche Differenzierung innerhalb der Senatorenschicht gestützt wird.

Senat

Nobilität

Der Begriff *Ritter*, ursprünglich nur auf die in 18 Zenturien organisierten Staatspferdinhaber (equites equo publico) angewandt, dient seit der mittleren Republik zunehmend zur Bezeichnung Wohlhabender überhaupt. Erst seit C. Gracchus erhält diese Schicht eindeutige Konturen: Seitdem muss jeder Staatspferdinhaber, der Senator wird, sein Pferd abgeben; zudem überträgt Gracchus den Rittern die Geschworenengerichte. Ob schon in der mittleren Republik ein Vermögensminimum für die Zugehörigkeit zum Ritterstand besteht, ist umstritten. – Die Ritter wachsen aus dem wohlhabenden Bauerntum hervor. Ihnen erstehen durch die römische Expansion in und außerhalb Italiens mannigfache Aufgaben, vor allem durch die Staatspacht. Daneben sind Ritter als Großhändler und Offiziere tätig. Obwohl durch die „lex Claudia" von 218 Senatoren vom Seehandel und wahrscheinlich auch von der Staatspacht ausgeschlossen werden, bleiben Ritter- und Senatorenschicht relativ homogen; die Ritter legen ihre Gewinne vornehmlich in Land an und richten sich nach der senatorischen Lebensweise aus.

Ritter

Durch den Übergang ihrer führenden Familien in die Senatsaristokratie und die allmähliche Ausbildung des Ritterstandes wird die *Plebs* zu einer sozialen Unterschicht, die infolge der Konzentration von Landbesitz zunehmend verarmt. Viele Bauern, die ihre Höfe verlieren, ziehen in die Städte, vor allem nach Rom. Die soziale Zusammensetzung der Plebs ändert sich auch durch die relativ häufigen Freilassungen von Sklaven. Die Lebensbedingungen der Plebs in Rom sind äußerst hart, da es vor C. Gracchus keine staatliche Vorsorge für eine kontinuierliche Getreidezufuhr gibt, Wohnungsknappheit herrscht und bindende Vorschriften für den Wohnungsbau fehlen (deshalb häufige Einstürze und Brände), schließlich weil kein organisierter Schutz gegen die Wechselfälle des Lebens besteht.

Plebs

Die *sozialen Beziehungen* innerhalb der Aristokratie sind von dem Ziel bestimmt, die soziale Integration der Herrschaftsschicht zu sichern. Diesem Ziel dienen: die starke Ausprägung der väterlichen Gewalt (und damit ein strikter Zwang zur Einordnung von Kindern und „Jugendlichen"); die Verbindungen von Adelsfamilien durch politische Heiraten und durch – wesentlich politisch bestimmte – Freundschaften (amicitiae) – politische Gruppen bilden sich in Rom nicht um Programme, sondern um Personen; das Protektionswesen, d.h. der Zwang für junge Adlige, sich einflussreichen Nobiles anzuschließen, um in der politischen Laufbahn voranzukommen; ein einheitliches Wertesystem, das auf bäuerlicher Grundlage ruht und in dessen Rahmen die Konkurrenz innerhalb der Adligen auf das Wirken im Staat bezogen ist; schließlich der Senat, der nicht nur ein Herrschaftsorgan, sondern auch ein Mittel sozialer Kommunikation ist, das allen anderen sozialen Gruppen in Rom fehlt. Bis um 200 wird die Integration der Herrschaftsschicht gestützt durch äußere Anspannung.

soziale Beziehungen

Für die Beziehungen zwischen der Herrschaftsschicht und den übrigen Gruppen der Bürgerschaft ist bis zur mittleren Republik vor allem das Institut der *Klientel* kennzeichnend: Es bildet nicht nur einen wichtigen gesamtgesellschaftlichen Integrationsfaktor, sondern auch die soziale Grundlage der aristokratischen Herrschaft. Die feste und gleichmäßige Verteilung der Klientel auf die Führungsschicht sichert zudem die aristokratische Gleichheit und zwingt, wie die äußere Anspannung, die Adligen zur Kooperation. Wenn in der 1. Hälfte des 2. Jh.s Patrone den Schutzverpflichtungen gegenüber bäuerlichen Klienten oft nicht nachkommen und viele Bauern ihre Wohnsitze verlassen müssen, führt das wahrscheinlich zu einer Lockerung der Klientelbeziehungen, deren Wirkung sich dann im Tribunat des Ti. Gracchus zeigt.

Klientel

Im Übrigen profitiert auch die soziale Unterschicht bis zum 2. Punischen Krieg von der römischen Expansion. *Soziale Unzufriedenheit* scheint sich erst seit dieser Zeit in großem Umfang auszubreiten: Zeichen dafür sind das verstärkte Eindringen östlicher *Jenseits- und Mysterienreligionen* in Italien (vgl. den

soziale Unzufriedenheit Religion

Senatsbeschluss von 186 gegen die Bacchanalien) und Kriegsdienstverweigerungen seit dem Ende der 150er-Jahre.

Die Ritter haben mit der Führungsschicht weit gehend die gleichen Interessen an der Erhaltung des Status quo und sind durch die wirtschaftlichen Möglichkeiten, die sich ihnen seit dem 2. Jh. bieten, voll satu-riert. Sklaven gelangen nach Rom durch Kriege (seit dem 3. Jh. werden in der Regel nur noch die Bewoh-ner abgefallener oder aufständischer Städte versklavt), durch Sklavenjagden römischer Statthalter und Publikanen und über den Sklavenmarkt (vor allem in Delos und Aquileia). Die Hauptquelle für Sklaven scheint aber deren natürliche Fortpflanzung zu sein. – Der römische Sklave hat keine persönlichen Rech-te, er ist rechtlich eine Sache (res), mit der der Besitzer nach Belieben verfahren kann. An der Wende vom

Sklaverei

3. zum 2. Jh. wird auf den Gütern der Reichen die *Sklaverei* zur Grundlage der landwirtschaftlichen Pro-duktion, doch dringen Sklaven auch verstärkt ins Handwerk sowie in die private und öffentliche Verwal-tung ein. Je nach Beschäftigungssituation ist die Lage der Sklaven sehr unterschiedlich: Am unmensch-lichsten sind die Verhältnisse in den Bergwerken; die Arbeit dort ist häufig Bestrafung für Freie wie für Sklaven. In der Landwirtschaft werden die Sklaven zwar nicht rücksichtslos ausgebeutet (in einer nicht-kapitalistischen Wirtschaft steht das Interesse an der Erhaltung des Besitzes im Vordergrund), werden aber dauernd beaufsichtigt, sind jederzeit der Willkür ihrer Herren oder Verwalter ausgesetzt, leben z.T. in Sklavenhäusern (ergastula) und sind vom gesellschaftlichen Leben isoliert. Die Handwerker-Sklaven sind oft nicht im Haushalt ihres Herrn tätig, genießen eine gewisse Unabhängigkeit und haben wahr-scheinlich Zutritt zu den Kollegien und deren Kulten. Noch besser geht es den Sklaven in der Verwaltung und denen mit speziellen Fähigkeiten (z.B. Köche, Tänzer): Ihr Wert sichert ihnen menschliche Behand-lung. Von der unterschiedlichen Situation wie von der verschiedenen ethnischen Herkunft der Sklaven her ist nicht ohne weiteres auf eine gemeinsame Interessenlage zu schließen.

Regierungsform

Obwohl Polybios und Cicero die römische *Regierungsform* als Mischung zwischen Monarchie, Aristo-kratie und Demokratie bezeichnen, kann kein Zweifel am aristokratischen (oligarchischen) Charakter der römischen Herrschaft bestehen. Fundamentale Prinzipien einer organisierten aristokratischen Herrschaft sind die aristokratische Gleichheit und die Beschränkung der Ausübung politischer Macht auf die Mit-glieder der Aristokratie. Die wichtigsten politischen Institutionen Roms sind der Senat, die Magistrate und die Volksversammlung.

Senat

Der *Senat* setzt sich aus 300 Mitgliedern zusammen, die sich vor allem aus den gewesenen Magistraten rekrutieren. Rechtlich hat er fast keine Kompetenzen; er ist Beratungsorgan der Magistrate (senatum con-sulere; der Senatsbeschluss heißt senatus consultum). Faktisch wird der Senat in der mittleren Republik

Regierungs-organ

zum entscheidenden *Regierungsorgan* Roms, weil in ihm die politische Erfahrung Roms repräsentiert ist und er ein kontinuierliches Organ gegenüber den jährlich wechselnden Magistraten bildet. Das wirkt sich besonders in der angesichts der Expansion komplizierter werdenden Außen- und Finanzpolitik aus, wes-halb der Senat diese beiden Gebiete als seine Domäne betrachtet. Ein großer Teil der Gesetzgebung zwi-schen dem 2. Punischen Krieg und den Gracchen vollzieht sich auf Initiative des Senats. Ferner usurpiert

Gerichtsbarkeit

der Senat eine wichtige Rolle in der *Gerichtsbarkeit*: Er setzt häufig außerordentliche Quästionen (Un-tersuchungsgerichte) ein. Richter in Geschworenengerichten sind Senatoren. – Aufgrund der sozialen Abhängigkeitsverhältnisse (Klientel) und der vielfältigen Einspruchsrechte ist im Normalfall ein Magis-trat ohne Zustimmung des Senats aktionsunfähig. Dieser ist deshalb auch das entscheidende politische Mittel zur Sicherung der aristokratischen Gleichheit.

außer-ordentliche Magistraturen

Außerordentliche Magistraturen

Name	Zahl und Entstehung	Bestellung	Rekrutierung	Amtszeit	Funktionen
Interrex	Interrex	1; wahr-scheinlich Königszeit	durch patrizische Senatoren	nur Patrizier	5 Tage	Abhaltung von Konsulwahlen, wenn Konsulat vakant ist.
Dictator	Dictator	1; wahr-scheinlich Königszeit	von 1 Konsul ernannt	Konsulare	6 Monate	besondere Aufgaben, vor allem im militärischen Bereich
Magister equitum	Magister equitum	1; wahr-scheinlich Königszeit	vom Dictator ernannt	Konsulare	6 Monate	Gehilfe des Dictators, Aufgaben nach Auftrag

Bis zu Sulla hin sind auch Proconsules und Propraetores als außerordentliche Magistrate zu betrachten. Seit 326 wird mehrfach das Imperium von Konsul und Prätoren verlängert (prorogiert), damit kriegerische Aufgaben pro consule oder pro praetore zu Ende geführt werden können. Im 2. Punischen Krieg erhalten auch Private prokonsularische Imperien, seit dem 2. Jh. werden Prokonsuln und Proprätoren auch in der Provinzverwaltung eingesetzt. Die damit eingeleitete institutionelle Verfestigung der Promagistratur wird durch Sulla vollendet; seitdem folgt auf jedes Konsulat und jede Prätur automatisch eine Promagistratur in den Provinzen.

Ordentliche Magistraturen

Name	Zahl und Entstehung	Wahl in	Rekrutierung	Funktionen
Censores	2; 367/6	comitia centuriata	Konsulare	Vermögensschätzung und Musterung der Bürger (census); Auswahl der Mitglieder des Senats (lectio senatus); Musterung der Ritter (census equitum); Sittenaufsicht (cura morum); verantwortlich für Gemeindeimmobilien; Verpachtung staatlicher Güter (Bergwerke, Zölle); Anordnung und Realisierung städtischer Neubauten
Consules	2; Beginn eines städt. Oberamtes am Anfang der Republik; wann als consules, unsicher	comitia centuriata	im Normalfall konsularische Familien	Imperium; allgemeine Leitungsfunktion; Heerführung; Berufung und Leitung der Komitien und des Senats
Praetores	367/6: 1 praetor urbanus	comitia centuriata	senatorische und Ritterfamilien, Bürger der 1. Klasse	Imperium; Vertretung des Konsuls bei dessen Abwesenheit; Berufung und Leitung der Komitien und des Senats; Jurisdiktion in Rom; Vorsitz in Geschworenengerichtshöfen (seit 2. Jh.); Abhaltung der ludi solemnes
	+ 242: 1 praetor peregrinus			Imperium; Iurisdiktion inter cives et peregrinos (zwischen Bürgern und Fremden)
	+ 227: 2 praetores			Verwaltung der Provinzen Sizilien und Sardinien/Korsika
	+ 197: 2 praetores			Verwaltung der beiden spanischen Provinzen
Tribuni plebis	spätestens seit um 450 10; kurz nach Beginn der Republik	concilium plebis	nur Plebejer	Berufung und Leitung des concilium plebis (Gesetzgebung, politische Gerichtsbarkeit); Hilferecht (ius auxilii) und Interzessionsrecht (ius intercedendi)
Aediles plebis	2; kurz nach Beginn der Republik	concilium plebis	nur Plebejer	Berufung u. Leitung des concilium plebis; Verwaltung der plebejischen Tempel — cura urbis: Aufsicht über Sicherheit und Sauberkeit der Stadt und des Verkehrs, über Kultstätten, Marktgeschäft, Bäder, Garküchen, Bordelle, öffentliche Brunnen; Multprozesse vor Tributkomitien; cura annonae: Sorge für ausreichende Getreide- und Ölzufuhr, Aufsicht über Magazine, Leitung der Getreideverteilung
Aediles curules	2; 367/6	comitia tributa	senatorische und Ritterfamilien; Bürger der 1. Klasse	Berufung und Leitung der Tributkomitien; Zivilprozesse wegen Beleidigung; cura ludorum
Quaestores	447: 2 quaestores urbani			Gehilfen der Konsuln; Verwalter des aerarium
	+421: 2 quaestores	comitia tributa		Feldherrnquaestoren; Verwaltung der Kriegskasse und der Proviantmagazine; Vertretung des Feldherrn
	+267 (?): 4			quaestores classici für die Flotte
	+ unbestimmte Zahl			Provinzquaestoren; Verwaltung der Gelder und Marktgerichtsbarkeit in Provinzen; Vertretung des Statthalters.

ordentliche Magistraturen

Zensoren

Konsuln

Prätoren

Volkstribunen

plebejische Ädilen

kurulische Ädilen

Quästoren

Obenstehende Liste der ordentlichen Magistraturen stellt eine Rangfolge, nicht eine hierarchische Ordnung dar. Die Reihenfolge und das jeweilige Mindestalter für die Bekleidung der Ämter werden erstmals in der „lex Villia annalis" von 180 genau festgelegt. Wie weit der Volkstribunat dabei mit berücksichtigt ist, lässt sich nicht feststellen. – Alle ordentlichen römischen Magistrate werden nur für ein Jahr gewählt (*Prinzip der Annuität*); nur die Amtszeit der Zensoren, die nur alle fünf Jahre gewählt werden, beträgt 18 Monate. Jedes Amt wird mindestens mit zwei Vertretern besetzt (*Prinzip der Kollegialität*). Die Ämter sind grundsätzlich unbezahlte Ehrenämter (honores), weshalb sie nur von Wohlhabenden bekleidet werden können. Jeder Beamte hat gegenüber seinen Kollegen, jeder höhere Magistrat hat gegenüber dem niedrigeren ein Einspruchsrecht (Veto). Eine Sonderstellung nehmen aufgrund ihrer Entstehung die *Volkstribune* ein: Sie unterliegen nur dem Einspruch ihrer Kollegen, können aber ihrerseits die Amtshandlungen jedes anderen

Prinzip der Annuität

Prinzip der Kollegialität Volkstribune

potestas und imperium Magistrate

Magistrats unterbinden (ius intercedendi). Weitere Einspruchsmöglichkeiten bietet die Religion: Viele Amtshandlungen, insbesondere die Abhaltung von Volksversammlungen, werden von religiösen Zeremonien begleitet; eine Amtshandlung darf nicht durchgeführt bzw. muss abgebrochen werden, wenn die religiösen Vorzeichen schlecht sind. Durch alle diese Regelungen sichert sich die Aristokratie gegen Einzelgänger. – Die allgemeine Amtsgewalt der römischen Magistrate heißt *potestas*, die spezifische Amtsgewalt der Obermagistrate (Konsuln, Prätoren) *imperium*, das z.B. die Kompetenz zur Heerführung und zur Abhaltung von Zenturiatkomitien einschließt. – Die römischen *Magistrate* sind nicht einfach Repräsentanten des Volkes. Sie werden zwar vom Volk gewählt, aber die wahlleitenden Magistrate haben das Recht, die Kandidatur von Bewerbern anzunehmen oder abzulehnen; eine Wahl wird erst gültig durch die Verkündigung (renuntiatio) des wahlleitenden Magistrats. Die Beamten sind dem Volk nicht verantwortlich, es gibt kein förmliches Rechenschaftsverfahren. Keine Volksversammlung kann ohne Initiative eines Magistrats handeln. Die Volkstribune waren zwar ursprünglich Repräsentanten der Plebs, haben diesen Charakter aber mit dem Ende der Ständekämpfe eingebüßt. In der 1. Hälfte des 2. Jh.s sind sie bevorzugte Mittel senatorischer Politik.

Organisation der Herrschaft

Die Organisation der Herrschaft gegenüber den Nichtrömern

Kategorien	Latiner (nomen Latinum)	Bundesgenossen (socii)	„Freunde" (amici)	Föderierte (socii)	Provinziale (stipendiarii)
geografischer Raum	Italien		außeritalische Gebiete		
Grundlagen des Verhältnisses zu Rom	Vertrag	Vertrag	Gesandtenaustausch, konkret geleistete Hilfe (merita), Friedensverträge oder Verträge anderer Art	Vertrag	Unterwerfung; Provinzialstatut (lex provinciae)
rechtlicher Status	im Innern autonom, Prozess-, Handels-, Heiratsgemeinschaft mit Römern	im Innern autonom	volle Autonomie, die im 2. Jh. faktisch nicht mehr gewährt wird	im 3. Jh. volle Autonomie, im 2. Jh. nur noch innere Autonomie	Rom ist Souverän; die Herrschaft wird durch Statthalter ausgeübt; lokale Selbstverwaltung wird belassen
Pflichten gegenüber Rom	Verzicht auf außenpolitische Handlungsfreiheit; Leistung von Militärhilfe; keine Tribute		Neutralität im Kriegsfall; zunehmend wird aktive Unterstützung erwartet und gefordert	materielle und militärische Unterstützung im Kriegsfall	Grundsätzlich alles, was Rom verlangt: Im Regelfall Zahlung von Tributen, Stellung von Auxilien, Unterwerfung unter römische Gerichtsbarkeit
Leistungen Roms	Schutz nach außen; Beteiligung an Kriegsbeute, Landanweisungen, Okkupation		Neutralität im Kriegsfall; seit dem Ende des 3. Jh.s interpretiert Rom die amicitia im Sinne einer Schutzmachtstellung, nimmt eigenmächtig „Interessen" der amici wahr	Garantie der Autonomie	Schutz nach außen, Garantie von Friede und Ordnung im Innern

Verhältnis zu den Römern — *Rechtsstatus* — *Pflichten* — *Leistungen Roms*

Die Vielfalt der römischen *Volksversammlungen*, die sich in ihren Kompetenzen teilweise überschneiden, hat historische Gründe. In der mittleren und späten Republik sind die Kuriatkomitien politisch bedeutungslos. Den Zenturiatkomitien bleiben zwar die Wahlen der Obermagistrate, bestimmte politische Entscheidungen sowie politische Kapitalprozesse vorbehalten; die Gesetzgebung geht jedoch – wegen des einfacheren Verfahrens – immer mehr auf das „concilium plebis" über. – In allen römischen Volksversammlungen wird nach Stimmeinheiten (Kurien, Zenturien, Tribus), nicht nach Personen abgestimmt. In den Zenturiatkomitien haben die reichen und gehobenen Schichten übermäßigen Einfluss; die Masse der Armen und Besitzlosen stimmt nur in wenigen Zenturien und kommt im Normalfall gar nicht zur Abstimmung, da diese abgebrochen wird, wenn die Mehrheit der Zenturien erreicht ist. In den Tributkomitien und im „concilium plebis" spielt zwar der Besitz keine direkte Rolle; da aber die zum Teil sehr weit von Rom entfernt wohnenden Bauern zu gewöhnlichen Abstimmungen nicht in die Hauptstadt kommen können, haben auch hier die Reichen ein Übergewicht. Zudem wirkt sich das Klientelsystem auch in den Versammlungen aus: Bis 139 sind die Abstimmungen nicht geheim, sodass die Adligen die Stimmabgabe ihrer Klienten kontrollieren können. – Initiativen in den Volksversammlungen können nur von den Magistraten ausgehen. Es gibt keine Diskussion, sondern nur die Abstimmung mit „ja" oder „nein". Zwar können den Komitien sog. „contiones" vorangehen, formlose Versammlungen, in denen z. B. Gesetzestexte verlesen und Stellungnahmen abgegeben werden; aber auch in den „contiones" gibt es keine freie Diskussion. Auch sie werden von einem Magistrat geleitet; sprechen darf nur, wer vom Magistrat dazu aufgefordert wird.

Volksversammlungen

Mit den Latinern und italischen Bundesgenossen bilden die Römer eine *Wehrgemeinschaft*. Das römische Heer ist ein bäuerliches Milizheer, zu dem neben den römischen Bauern auch festgesetzte Kontingente der Latiner und Bundesgenossen herangezogen werden. Diese Wehrgemeinschaft ist wesentlicher Zweck der Verträge; deutliche Eingriffe in die inneren Angelegenheiten der Bundesgenossen kommen erst im 2. Jh. vor. – Die *„Freundschaft"* (amicitia) dient zunächst dazu, ein Verhältnis wohlwollenden Interesses zu außeritalischen Städten und Staaten zu schaffen. Mit der wachsenden Ausdehnung und Macht Roms lässt sich die Unabhängigkeit der „Freunde" nicht aufrechterhalten. Im 2. Jh. wird dieser Status im Hinblick auf Pflichten und die außenpolitische Handlungsfreiheit dem der italischen Bundesgenossen angenähert. – Regelrechte *Bündnisverträge* mit außeritalischen Partnern sollen in der Regel diese aus der Provinzialorganisation heraushalten und ihre Unabhängigkeit garantieren, doch ist auch dieses Ziel angesichts der römischen Überlegenheit kaum zu erreichen. – Die *Provinzialen* bilden die „Untertanen" Roms. Die ihnen aufgebürdete Steuerlast ist anfangs relativ gering, sie liegt z. T. erheblich unter den vorher einheimischen Herrschern geleisteten Abgaben. Schwerere Belastungen ergeben sich für die Provinzialen – vor allem in Spanien und dem hellenistischen Osten – aus Kriegen (Einquartierung, Verpflegung von Heeren, Stellung von Auxilien) und dem privaten Zugriff der Statthalter. In anderen Provinzen – wie z. B. Sizilien – werden durch die römische Herrschaft dauernde innere Auseinandersetzungen beendet und damit die Grundlagen auch für größere wirtschaftliche Prosperität geschaffen.

Wehrgemeinschaft

Freundschaft

Bündnisverträge
Provinzialen

Rom ist in den ersten zweihundert Jahren der Republik relativ stark von der Außenwelt, insbesondere von griechischen Einflüssen, isoliert. Ein engerer Kontakt zur griechischen Kultur entsteht erst wieder in der 1. Hälfte des 3. Jh.s über die süditalischen Griechenstädte. Wegen der Isolation, der dauernden kriegerischen Anspannungen und der inneren Auseinandersetzungen zwischen Patriziat und Plebs entwickelt sich keine eigene Adelskultur. – Was die *kulturelle Entwicklung* insgesamt angeht, so weiß man über die bildende Kunst nur wenig. Sie ist zunächst durch Importe aus dem griechischen Süditalien geprägt. In Pompeii beginnt um 150 der sog. 1. Stil in der Wandmalerei, in der Architektur erfolgt im 2. Jh. der Übergang vom einfachen italischen Haus zum griechisch beeinflussten Peristyl-Haus (genannt nach dem von Säulen umgebenen Innenhof). Charakteristisch für die Bautätigkeit in Rom sind die großen Basiliken auf dem Forum: Die Basilica Porcia (184), Aemilia (179), Sempronia (170) und Opimia (121). Der 179 begonnene Pons Aemilius (Aemilische Brücke) wird 142 erstmals durch steinerne Bögen überwölbt.

kulturelle Entwicklung

Die *literarische Produktion* beginnt erst im 3. Jh. Sie wird, soweit sie nicht Geschichtsschreibung ist, zunächst meist von Dichtern nichtrömischer Herkunft getragen. Neben Übersetzungen von Epen, Tragödien und Komödien aus der griechischen Literatur werden originär römische Epen, Tragödien (tragoedia praetexta) und Komödien (comoedia togata) geschaffen. L. Livius Andronicus (aus Tarent) wirkt mindestens zwischen 240 und 207) übersetzt die Odyssee und verfasst Dramen, Cn. Naevius (aus Kampanien? ca. 265–nach 200) schreibt neben Tragödien und Komödien ein Epos „Bellum Punicum". Die ersten Höhepunkte findet die Komödie in T. Maccius Plautus (aus Sarsina, ca. 250–ca. 184) und P. Terentius Afer (aus Karthago, 185?–ca. 160), das historische Epos in Q. Ennius (aus Rudiae, 239–169) mit den „Annales". – Die römische *Geschichtsschreibung* ist mit der praktischen Politik eng verbunden, ihre Autoren sind durchweg Mitglieder der römischen Führungsschicht. Als Erster schreibt Q. Fabius Pictor, der 216 als Gesandter in Delphi ist, während des 2. Punischen Krieges eine „Römische Geschichte" in griechischer Sprache, um den Griechen die römische Politik verständlich zu machen. Auch die folgenden Werke der Annalisten L. Cincius Alimentus (Ende des 3. Jh.s), A. Postumius Albinus (Konsul 151) und C. Acilius (um 150) sind in griechischer Sprache verfasst. Das erste Geschichtswerk in lateinischer Spra-

Literatur

Geschichtsschreibung

ALTERTUM Römische Geschichte

Die römischen Volksversammlungen

Volksversammlung

Kuriatkomitien
Zenturiatkomitien
Tributkomitien
Versammlung der Plebs

Name	Teilnehmer	Leitung	Versammlungsort	Funktionen — Wahl	Funktionen — Gesetzgebung	Funktionen — Gericht
Comitia curiata (Kuriatkomitien)	30 curiae (= Personalverbände); in der späten Republik wird jede curia durch 1 Liktor repräsentiert	Konsul oder Prätor, in religiösen Angelegenheiten Pontifex Maximus	Comitium (Capitol)		lex curiata, durch die das imperium der höheren und die potestas der niedrigen Magistrate bestätigt wird; in Versammlungen unter dem Pontifex Maximus werden Adoptionen und bestimmte testamentarische Verfügungen bestätigt.	
Comitia centuriata (Zenturiatkomitien)	193 centuriae (= Vermögenseinheiten); offen für alle Bürger	Konsul oder Prätor; wenn kein Konsul im Amt, Interrex für Konsulwahlen	Außerhalb des Pomeriums, fast immer Campus Martius	von Konsuln, Prätoren, Zensoren	Ursprünglich für gesamte Gesetzgebung zuständig; nach 218 aber nur noch selten für allgemeine Gesetze gebraucht, ausgenommen Kriegserklärung und Bestätigung der potestas der Zensoren	zuständig für Kapitalklagen; seit Gracchenzeit vor allem auf Perduellionsklagen beschränkt
Comitia tributa (Tributkomitien)	35 Tribus (=Wohnbezirke), 4 städtische und 31 ländliche; offen für alle Bürger	Konsul oder Prätor; für Gerichtsfälle manchmal kurulischer Ädil	Für Wahlen in der späten Republik Campus Martius; für Gesetzgebung und Gericht das Forum oder die Area Capitolina	von kurulischen Ädilen, Quästoren, niedrigen Beamten, Sonderbeauftragten	Gesetzgebung jeder Art, ausgenommen die den Comitia centuriata vorbehaltene	Für Verbrechen gegen den Staat, die nicht kapital waren
Concilium plebis (Versammlung der Plebs)	35 Tribus, offen nur für Plebejer	Volkstribun oder plebejischer Ädil		von Volkstribunen, plebejischen Ädilen und bestimmten Sonderbeauftragten	Seit 287 haben Plebiszite den Rang von Gesetzen; der größte Teil der Gesetzgebung seit 218 durch concilium plebis	Häufige Verfahren durch Tribune wegen Verbrechen gegen den Staat

nach L.R. Taylor

● PLOETZ

che, die „Origines", stammt von M. Porcius Cato (234–149) und berücksichtigt ausführlich auch die Zeitgeschichte. Neben „Annales" in lateinischer Sprache (L. Calpurnius Piso Frugi, Konsul 133, und C. Sempronius Tuditanus, Konsul 129) entsteht erstmals auch eine historische Monografie: Das „Bellum Punicum" des L. Coelius Antipater (180/170?–nach 121). – Die Kategorie des Sachbuches führt der schon genannte Cato mit einem Werk über die Landwirtschaft (De agri cultura), einer Art Leitfaden für die Gutsverwaltung, in Rom ein.

Seit dem 2. Jh. werden auch Einflüsse der griechischen Philosophie und Bildung in Rom aufgenommen. 168 kommt als Geisel der griechische Historiker Polybios nach Rom, der in seiner „Geschichte" den Aufstieg Roms zur Weltherrschaft aus der Verfassung des römischen Staates zu erklären versucht. 155 besuchen die Häupter der attischen Philosophenschulen Rom; der Stoiker Panaitios hat ebenso wie Polybios engen Kontakt zu P. Cornelius Scipio Aemilianus. Griechisch gebildete Sklaven sind als Hauslehrer in adligen Familien tätig und gründen Schulen.

Die römische *Religion* bewahrt auch in der mittleren Republik noch stark den Charakter einer Bauernreligion, der z.B. aus einer Liste der wichtigeren Feste und Feiern des römischen Jahres hervorgeht: *Religion*

Feste und Feiern

Zeit	Name	Bedeutung
11. u. 15. Jan.	Carmentalia	zu Ehren der Carmentis, Geburtsgöttin (?)
15. Februar	Lupercalia	urspr. Hirtenfest zur Abwehr der Wölfe, dann Reinigungsfest
13.–21. Febr.	Parentalia	zu Ehren der Toten der Familie
17. März	Liberalia	für Liber und Libera, Fruchtbarkeitsfest
27. Febr. und 14. März	Equirria	Reinigung der Pferde, Waffen und Hörner zur Vorbereitung des Feldzuges
19. März	Quinquatrus	
23. März	Tubilustrium	
15. April	Fordicidia	Opferung trächtiger Kühe in den Kurien für Tellus (= Erde)
21. April	Parilia	Hirtenfest zur Reinigung
25. April	Robigalia	zur Abwehr des Getreiderostes
9., 11., 13. Mai	Lemuria	zur Abwehr von Gespenstern
11. Juni	Matralia	zu Ehren der Mater Matuta für die eigenen Kinder
19., 21. Juli	Lucaria	?
23. Juli	Neptunalia	Bau von Laubhütten, Versiegen von Wasser soll abgewendet werden (?)
17. August	Portunalia	für Türen
19. August	Vinalia	zu Ehren Jupiters, für Schutz der Weinberge
21. August, 15. Dezember	Consualia	zu Ehren des Consus = Gott des geernteten Getreides
23. August	Volcanalia	zum Schutz der Ernte vor Feuer
11. Oktober	Meditrinalia	Fest des neu gekelterten Weines
13. Oktober	Fortinalia	zur Stärkung der Quellen
15. Oktober	Equus October	Entsühnung der Pferde und Waffen nach den Feldzügen
19. Oktober	Armilustrium	
11. Dezember	Agonicum Indigati	für Wärme für die Wintersaat
17. Dezember	Saturnalia	Bauernfest
23. Dezember	Larentalia	zu Ehren der Lares = Hausgötter

nach K. Latte

Wichtigster Inhalt der römischen Religion ist es, sich bei allen Geschehnissen und Handlungen des *Wohlwollens der Götter* zu versichern. Dies gilt auch für Ereignisse des staatlichen Lebens. Staat und Religion sind deshalb eng aufeinander bezogen, eine ganze Anzahl öffentlicher Priesterschaften nehmen religiöse Angaben wahr: z.B. die „pontifices" (Priester) mit dem „pontifex maximus" an der Spitze, die für alle Entscheidungen in sakralen Fragen letztlich zuständig sind; die „haruspices" und „augures", jene für die *Weissagung* aus tierischen Eingeweiden, diese für die Vogelschau (sie unterstützen Magistrate bei den Auspizien); die „fetiales" wirken bei der Kriegserklärung und beim Friedensschluss mit.

Wohlwollen der Götter

Weissagung

Eine moralische Verantwortung gegenüber den Göttern kennt die ursprüngliche römische Religion ebenso wenig wie ekstatische Riten und Jenseitsvorstellungen; diese verbreiten sich aus dem Osten erst seit dem 2. Punischen Krieg. Seit derselben Zeit kommen verstärkt Spiele (ludi) auf, deren religiöser Inhalt immer mehr säkularisiert wird. Im Jahre 240 werden sie erstmals mit szenischen Aufführungen verbunden.

Die innere Entwicklung Roms 200 bis 133

	seit 201	In den in Süditalien konfiszierten Gebieten werden teilweise Veteranen Scipios angesiedelt, große Teile des Landes werden zur Okkupation freigegeben.
Bürgerkolonien	194	Zur Sicherung der italischen Küsten und der ehemals aufständischen Gebiete werden die *Bürgerkolonien* Salernum (heute: Salerno), Puteoli (heute: Pozzuoli), Volturnum (heute: Castel di Voltorno), Liternum (heute: Literno), Sipontum (heute: S. Maria di Siponto), Buxentum (beim heutigen Policastro), Croton (heute: Crotone) und Tempsa (beim heutigen Nocera) gegründet.
	193/192	Gründung der latinischen Kolonien Copia (am Ort von Thurioi) und Vibo Valentia.
leges Porciae	200/180	Nicht genau datierbare *„leges Porciae"* dehnen die Provokation auf das gesamte Reichsgebiet aus und führen – entweder rechtlich oder faktisch – ein Verbot der magistratischen Kapital- und Prügelstrafe herbei. Der Unterschied zwischen Bürgern und Nichtbürgern, die nicht das Provokationsrecht haben, wird dadurch vertieft.
Bacchanalien	186	Senatsbeschluss gegen die *Bacchanalien* (Dionysos-Kult), weil in ihnen eine Gefahr für die staatliche Ordnung gesehen wird; sie werden nur noch unter staatlicher Kontrolle erlaubt. In dem Vordringen östlicher Jenseits- und Mysterienreligionen macht sich soziale Unzufriedenheit bemerkbar.
	184/181	Zur Sicherung der Verbindungen nach Norden werden die Bürgerkolonien Potentia (heute: Potenza) und Pisaurum (heute: Pesaro) sowie Saturnia und Graviscae (heute: Porto Clementino) gegründet.
ambitus	181	Gesetz gegen *„ambitus"*, d.h. gegen Missbräuche bei der Ämterbewerbung, hervorgerufen durch wachsende Konkurrenz innerhalb der Herrschaftsschicht. Bis zum Ende der Republik sind ambitus-Gesetze ein ständiges Thema römischer Innenpolitik.
Lex Villia annalis	180	*„Lex Villia annalis"*; sie regelt die Ämterlaufbahn und das Eintrittsalter für Ämter und soll außerordentliche Karrieren wie die des Scipio Africanus unmöglich machen.
	167	Die römische Bürgersteuer wird abgeschafft.
Obnuntiation	153 152/150	Ein Gesetz (lex Aelia et Fufia) verbessert die religiösen Einspruchsmöglichkeiten (*Obnuntiation*) bei Volksversammlungen. Dieses Gesetz dient ebenso wie ein Verbot der zweimaligen Wahl zum Konsul der Beschränkung der magistratischen Gewalt.
Geschworenen- gerichtshof	149	Durch ein Gesetz des L. Calpurnius Piso Frugi wird ein erster ständiger *Geschworenengerichtshof* in Rom eingerichtet, der für Rückforderungen (Repetunden) der Provinzialen gegenüber Statthaltern zuständig ist. Geschworene sind Senatoren.
Tabellargesetze	139, 137	*Tabellargesetze* schreiben die schriftliche Abstimmung (tabella = Stimmtäfelchen) zunächst bei Beamtenwahlen, dann bei Gerichtskomitien vor. Die unmittelbare Kontrolle der Klienten durch Patrone bei Stimmabgaben wird dadurch verhindert.
		In der ganzen Periode zwischen 200 und 133 erleidet das Kleinbauerntum vor allem infolge von Belastungen durch Kriege weitere Einbußen, die Besitzkonzentration setzt sich fort. Rekrutierungen für Kriege werden immer schwieriger. Die Klientelbeziehungen beginnen sich zu lockern. Mitglieder der Aristokratie erkennen die Gefahren der wachsenden Konkurrenz innerhalb der Herrschaftsschicht und der hervorgehobenen Stellung einzelner (als Feldherrn, Statthalter); die Maßnahmen dagegen bleiben jedoch auf der institutionell-organisatorischen Ebene.

Die späte römische Republik (133–44) – Soziale und politische Desintegration.

Seit der Gracchenzeit wird deutlich, dass die stadtstaatlich organisierte römische Aristokratie die Probleme, die sich aus der Regierung eines Weltreichs ergeben, innerhalb des überkommenen politischen Systems nicht lösen kann. Durch den Niedergang des Kleinbauerntums wird die Klientel gelockert, das *politische Gleichgewicht gestört* und die militärische Macht Roms gefährdet; die zunehmende Differenzierung innerhalb der Aristokratie, noch erhöht durch die Entstehung der Heeresklientel, bedroht ebenfalls die aristokratische Gleichheit; die Bundesgenossen fordern das Bürgerrecht, dessen kriegerisch erzwungene Gewährung die „res publica" in einer die traditionellen sozialen und politischen Organisationsformen sprengenden Weise ausweitet. Kennzeichnend für die inneren Schwierigkeiten ist die *Emanzipation des Volkstribunats* vom Senat. In den populären Volkstribunen, die, auf die Zustimmung der Volksversammlung gestützt, gegen die Senatsmehrheit handeln, erscheint ebenso wie bei den großen Feldherrn der späten Republik temporär immer schon der spätere Prinzeps, ohne dass der Prozess zum Prinzipat eine eindeutige Zielrichtung besäße. – Die Außenpolitik wird immer mehr von den inneren Auseinandersetzungen bestimmt.

gestörtes Gleichgewicht

Emanzipation des Volkstribunats

136–132 1. *Sklavenaufstand* in Sizilien, verursacht durch die Ausweitung der Sklavenwirtschaft seit dem 2. Punischen Krieg (218–201). Von Enna ausgehend, erhält der Aufstand schnell großen Zulauf. Die Sklaven wählen sich den weissagekundigen Syrer Eunus zum König, der sich Antiochos nennt und sein Königtum nach hellenistischem Muster ausgestaltet.

1. Sizilischer Sklavenaufstand

seit 134 Die Römer nehmen den Aufstand zunächst nicht ernst; erst als konsularische Heere eingesetzt werden, kann er unterdrückt werden.

Da der Niedergang des Kleinbauerntums auch die römische Wehrkraft gefährdet, bringt schon einige Jahre vor 133 C. Laelius einen Vorschlag zur Landaufteilung ein, zieht ihn aber wegen starken Widerstandes zurück.

133 *Ti. Sempronius Gracchus*, dessen Familie zu den Spitzen der Nobilität gehört, macht als Volkstribun einen neuen *Gesetzesvorschlag*: Jeder soll nur noch 500 „iugera" (= 125 ha) an Gemeindeland (ager publicus) besitzen dürfen, dazu noch je 250 „iugera" für zwei erwachsene Söhne. Der Rest soll eingezogen und in Einheiten zu je 30 „iugera" zur Errichtung neuer Bauernstellen verwendet werden, die unverkäuflich sein sollen. Privatbesitz wird durch das Gesetz nicht tangiert. Obwohl einflussreiche Nobiles den Vorschlag unterstützen, lehnt die Senatsmehrheit ihn ab. Ti. Gracchus bringt sein Gesetz dennoch vor die Volksversammlung, findet ungeheure Zustimmung und lässt einen im Auftrag der Senatsmehrheit interzedierenden Volkstribunen, M. Octavius, absetzen; danach wird das Gesetz angenommen. Ferner beschließt die Volksversammlung auf Antrag des Ti. Gracchus, die angefallene Erbschaft des Königreiches Pergamon für die Durchführung des Ackergesetzes zu verwenden. *Ti. Gracchus* sucht sich gegen Drohungen, ihn nach seiner Amtszeit vor Gericht zu stellen, durch die Bewerbung um einen zweiten Tribunat zu schützen, doch wird er bei den Vorbereitungen dazu mit 300 seiner Anhänger von Senatoren unter Führung des P. Cornelius Scipio Nasica Serapio erschlagen.

Ti. Sempronius Gracchus Gesetzesvorschlag

Gracchus wird ermordet

Die Vorgänge sind in mehreren Punkten symptomatisch für die gesamte späte Republik: 1. mit Ti. Gracchus wird der Volkstribunat zum aktiven Träger von Reformen und emanzipiert sich vom Senat; 2. eine Minderheit der Herrschaftsschicht kann mit Hilfe des Tribunats und der Volksversammlung gegen die Senatsmehrheit Politik machen; man nennt diese Art politischen Handelns populare Politik (popularis ratio); 3. die Bedingung der Möglichkeit solcher Politik ist die Abschwächung der Klientelbeziehungen und die wirtschaftlich-soziale Not der Unterschichten; 4. diese Schichten werden aber nicht dauerhaft politisiert; bei der Schlusskatastrophe steht ein Teil des Volkes, besonders der „plebs urbana", auf der Seite der Senatsmehrheit; 5. erfolgreiche Politik von Einzelnen oder Minderheiten bedroht das zentrale Prinzip aristokratischer Herrschaft, die aristokratische Gleichheit; die gewaltsame Reaktion entspricht der Schärfe der Bedrohung.

132 Durch außerordentliche, vom Senat eingerichtete Gerichtshöfe werden weitere Anhänger des Ti. Gracchus zum Tod verurteilt und hingerichtet.

Trotz der Ermordung des Ti. Gracchus bleibt sein Gesetz wirksam. Eine Dreimännerkommission vollzieht die Aufteilung in neue Parzellen. Die italischen Bundesgenossen, die zwar auch „ager publicus" besetzt haben, aber wohl nicht zum Kreis der Empfänger neuer Parzellen gehören, intervenieren gegen die Landverteilung.

	129	Scipio Aemilianus unterstützt sie, der Ackerkommission wird vielleicht die richterliche Kompetenz entzogen, damit ihre Arbeit behindert. Kurz darauf wird Scipio Aemilianus in seinem Haus tot aufgefunden (Mordgerüchte).
Vorschlag des Flaccus	125	Der Konsul *M. Fulvius Flaccus* beantragt, den Bundesgenossen wahlweise das Bürgerrecht oder das Provokationsrecht zu erteilen, um die Ackerverteilung wieder in Gang zu bringen; er wird aber vom Senat auf ein Kommando im Krieg gegen die Allobroger (125–121) in Südgallien abgeschoben.
C. Sempronius Gracchus Gesetzesanträge *Verfahrensgesetze* *Sozialgesetze* *Bundesgenossen und Provinziale*	123–122	*C. Sempronius Gracchus*, der jüngere Bruder des Tiberius, nimmt als Volkstribun dessen Politik mit einem umfassenden Reformprogramm wieder auf. Die *Gesetzesanträge*, teilweise von Kollegen des C. Gracchus eingebracht, lassen sich in 3 Hauptgruppen einteilen: 1. *Verfahrensgesetze*, die auf das Schicksal des Ti. Gracchus reagieren und tribunizisches Handeln für die Zukunft sichern sollen: u. a. eine „lex de capite civis", die Quästionen wie die von 132 verbietet, soweit sie nicht durch Volksbeschluss eingerichtet werden; damit wird das Provokationsrecht erneut eingeschärft; – 2. *Sozialgesetze*: Durch ein Ackergesetz führt C. Gracchus wahrscheinlich die Agrarreform seines Bruders fort; in den Zusammenhang der Agrarreform gehören wohl auch mehrere Gesetze über die Gründung von Kolonien (Scolacium [heute: Squillace], Tarent, Iunonia auf dem Gebiet von Karthago), bei denen aber teilweise auch Handelsgesichtspunkte eine Rolle spielen können; durch ein Getreidegesetz soll die kontinuierliche Getreideversorgung der Plebs zu einem festen Preis gesichert werden; diesem Zweck dient auch die Errichtung von Getreidemagazinen und vielleicht die Förderung des Straßenbaus; eine „lex militaris" verbietet, Jugendliche unter 17 Jahren zum Kriegsdienst heranzuziehen; den Soldaten wird ihre Ausrüstung künftig vom Staat gestellt. – 3. Gesetze, die das Verhältnis Roms zu den *Latinern, Bundesgenossen und Provinzialen* regeln: Ein Gesetzesantrag, dass Latiner Bürger- und Bundesgenossen Latinerrecht erhalten, geht nicht durch; um eine wirksame Kontrolle der Statthalter zu ermöglichen, sollen künftig in Repetundengerichten Ritter statt Senatoren Richter sein; durch ein Gesetz über die konsularischen Provinzen wird bestimmt, dass künftig die Amtsbereiche („Provinzen") der Konsuln vor deren Wahl festgelegt werden sollen; schließlich wird gesetzlich geregelt, dass die Tribute der Provinz Asia durch römische Steuerpächter eingezogen werden sollen.
		C. Gracchus greift mit seinen Gesetzen, in denen er sich als genuiner Reformer erweist, die neuralgischen Probleme der Geschichte der späten Republik auf. Als er, für 122 wiedergewählt, im 2. Amtsjahr nach Iunonia geht, um die Gründung der Kolonie vorzubereiten, beantragt der Tribun M. Livius Drusus im Auftrag des Senats die Gründung von zwölf Kolonien in Italien, um C. Gracchus in der Gunst des Volkes auszustechen. Außerdem werden Emotionen der Plebs gegen die Bundesgenossen und Latiner geweckt. Bei der Tribunenwahl für 121 unterliegt C. Gracchus.
Ausnahmezustand *Sturz und Tod des Gaius Gracchus* *Südgallien*	121	Bei dem Versuch des Senats, die Kolonie Iunonia aufzuheben, kommt es zum Tumult. Der Senat ruft erstmals den „*Ausnahmezustand*" aus (senatus consultum ultimum: Videant consules ne quid detrimenti res publica capiat = die Konsuln sollen dafür sorgen, dass der Staat keinen Schaden nimmt), der den Konsuln unbegrenzte Gewalt einräumt – eine Antwort auf die „lex de capite civis" des *C. Gracchus*. Dieser kann zwar über den Tiber entkommen, lässt sich dann aber von einem Sklaven töten. Gegen 3000 seiner Anhänger werden Todesurteile ausgesprochen. Der Senat weiht einen Tempel der Concordia (Eintracht).
		In Südgallien schlägt Cn. Domitius Ahenobarbus zusammen mit dem Konsul von 121, Q. Fabius Maximus, die Allobroger und Arverner, worauf die Römer einen Küstenstreifen in *Südgallien* als Landverbindung nach Spanien unter dauernder Kontrolle behalten (spätere Provinz Gallia Narbonensis).
Kimbern, Teutonen und Ambronen	113	Cn. Papirius Carbo unterliegt bei Noreia (Ostalpen) den *Kimbern, Teutonen und Ambronen*, die ihre Heimat an der Nordsee (infolge einer Sturmflut?) verlassen haben. Trotz ihres Sieges wenden sie sich nicht nach Italien, sondern westwärts nach Gallien.
		Das numidische Königreich haben bei Micipsas Tod (118) dessen Söhne Adherbal und Hiempsal sowie der Adoptivsohn des Königs, Jugurtha, übernommen. Hiempsal wird ermor
	112	det, das Reich durch Rom zwischen Jugurtha und Adherbal aufgeteilt (116). Jugurtha greift Adherbal an, nimmt – trotz römischer Intervention – dessen Hauptstadt Cirta ein und lässt Adherbal sowie die männliche erwachsene Bevölkerung der Stadt, in der sich auch viele italische Händler befinden, töten. Darauf heftige Agitationen in Rom, an denen sich besonders auch Ritter beteiligen.
	111	Durch eine „lex Thoria" wird das gesamte von Okkupanten besetzte und das durch die gracchischen Ackergesetze angewiesene Land zu Privatland. Damit sind weitere Agrarreformen im Sinne der Gracchen fast völlig ausgeschaltet.

111–105	*Jugurthinischer Krieg.* Der Konsul L. Calpurnius Bestia geht nach Afrika, schließt aber mit Jugurtha einen für diesen vorteilhaften Vertrag. Jugurtha, auf Antrag des Tribunen C. Memmius nach Rom vorgeladen, um wegen Bestechungsverdachts auszusagen, lässt dort einen Konkurrenten ermorden. Daraufhin Fortführung des Krieges.	*Jugurthinischer Krieg*
Anfang 109	Eine schwere Niederlage der Römer in Afrika führt in Rom auf Antrag des Tribunen C. Mamilius Limetanus zu Sondergerichtsverfahren (mit Rittern als Richtern) gegen Adlige.	
109	Niederlage des M. Iunius Silanus gegen die Germanen im Rhônetal.	
109–108	In Numidien erfolgreiche Kriegsführung durch Q. Metellus.	
108	Für 107 wird gegen den Widerstand der Nobilität, aber mit Unterstützung der Ritter, C. Marius zum Konsul gewählt und erhält durch Volksbeschluss den Oberbefehl im Jugurthinischen Krieg. Er nimmt erstmals auch Freiwillige aus der Gruppe der Besitzlosen (proletarii) ins Heer auf. Obwohl die Maßnahme durch ständige Herabsetzungen des Zensusminimus (d. h. der für den Kriegsdienst notwendigen Besitzgröße) seit dem 2. Punischen Krieg vorbereitet ist, stellt sie einen weit reichenden Eingriff dar: Die Besitzlosen sind frei auch für längeren Kriegsdienst, verteidigen nicht eigenen Besitz, sind für ihr materielles Wohl und die Versorgung nach dem Krieg auf den Feldherrn angewiesen. Das Heer nimmt dadurch und durch die Reformen von 104 den Charakter eines Berufsheeres an, das persönlich an den Feldherrn gebunden ist. Diese „Heeresklientel" ist eine der wichtigsten Voraussetzungen für den Prinzipat.	*C. Marius*
107	Marius geht als Konsul nach Numidien. Niederlage des L. Cassius Longinus gegen die Tiguriner, die sich den Kimbern und Teutonen angeschlossen haben, bei Agen.	
106	Ein Gesetz des Konsuls Q. Servilius Caepio überträgt – wohl in Reaktion auf die Mamilianischen Quästionen – die Richtertätigkeit entweder Senatoren allein oder Rittern und Senatoren gemeinsam. Durch ein Gesetz des C. Servilius Glaucia (zwischen 104 und 101?) werden die Ritter jedoch wieder alleinige Richter.	
105	Jugurtha fällt durch Verrat in die Hände des L. Cornelius Sulla (Quästor des Marius), damit Ende des Jugurthinischen Krieges. Numidien wird geteilt: Die östlichen Gebiete erhält Gauda, ein Halbbruder Jugurthas, die westlichen Teile Bocchus von Mauretanien. Vernichtende Niederlage des Q. Servilius Caepio und Cn. Mallius gegen die Kimbern, Teutonen, Ambronen und Tiguriner bei Arausio (heute: Orange).	
104	Durch eine lex Domitia wird an die Stelle der Kooptation in den großen Priesterkollegien die Wahl durch die Minderheit der Tribus gesetzt.	
104–101	*2. Sizilischer Sklavenaufstand.* Weil durch Seeräuber und Steuerpächter viele Einwohner mit Rom befreundeter Staaten zu Sklaven gemacht und verkauft worden sind, hat der Senat angeordnet, die Statthalter sollen solche Sklaven freilassen. Der Statthalter Siziliens führt den Beschluss zunächst aus, stoppt dann die Ausführung aufgrund einer Intervention der Gutsbesitzer. Dies löst den 2. Sklavenaufstand aus, der 101 durch den Konsul Manius Aquilius niedergeschlagen wird.	*2. Sizilischer Sklavenaufstand*
seit 104	C. Marius ist fünfmal hintereinander Konsul, zunächst – bis 101 –, um den Krieg gegen die Kimbern und Teutonen zu beenden. Innere Auseinandersetzungen und eine tatsächliche Notsituation wirken zusammen, um das Prinzip der Annuität faktisch außer Kraft zu setzen.	
104	Durch Veränderungen in der *Heerestaktik* (von Centurionen geführte Kohorten wenden anstatt der Manipel zu taktischen Einheiten der Legion) und durch militärischen Drill (dabei u. a. Bau eines Kanals von Arles zum Mittelmeer) schafft sich Marius eine schlagkräftige Armee.	*Heerestaktik*
103	1. Tribunat des L. Appuleius *Saturninus.* Er verbindet sich mit Marius und setzt – unter Gewaltanwendung gegen einen interzedierenden Kollegen – durch, dass den afrikanischen Veteranen des Marius je 100 Morgen Land in Afrika zugewiesen werden. Damit wird eine erste Konsequenz aus der Rekrutierung Besitzloser gezogen; auch die Zusammenarbeit zwischen Tribunen und Feldherrn bleibt für die Folgezeit typisch. – Ein Versuch, die Getreidepreise durch Plebiszit herabzusetzen, scheitert an gewaltsamem Widerstand. Um Gewalt gegen tribunizische Akte für die Zukunft zu erschweren, bringt Saturninus ein Majestätsgesetz durch, mit dem vielleicht ein ständiger Geschworenengerichtshof mit ritterlichen Geschworenen errichtet wird. Zusammen mit seinem Kollegen C. Norbanus schaltet Saturninus die beiden Verantwortlichen für die Niederlage bei Arausio (105), Q. Servilius Caepio und Cn. Mallius, politisch aus.	*Saturninus*
102	Der Prätor M. Antonius erhält ein prokonsularisches Kommando (102–100) gegen die Seeräuber in Kilikien und Pamphylien.	
102	*Marius schlägt die Teutonen und Ambronen* bei Aquae Sextiae (heute: Aix-en-Provence)	*Siege des Marius*
101	und – zusammen mit seinem Kollegen Q. Lutatius Catulus – die *Kimbern* bei Vercellae	

(heute: Vercelli). Damit ist die Germanengefahr beseitigt. Marius wird trotz Widerstandes der Nobilität ein sechstes Mal zum Konsul gewählt. In turbulenten Wahlen erlangen L. Appuleius Saturninus den Tribunat, C. Servilius Glaucia die Prätur.

Veteranenversorgung

100 2. Tribunat des Saturninus, der wiederum einen Gesetzesvorschlag zur *Versorgung der Veteranen des Marius* in der Gallia Cisalpina, in Sizilien, Achaia und Makedonien einbringt. Da dabei auch Bundesgenossen berücksichtigt werden sollen, nicht aber die stadtrömische Bevölkerung, opponiert diese, doch mit den Veteranen des Marius wird der Widerstand gewaltsam gebrochen. Alle Senatoren müssen binnen fünf Tagen auf das Gesetz schwören – ein in diesen Jahren auch bei anderen Gesetzen aufkommendes Mittel gegen die Senatsopposition. Saturninus kann für 99 erneut seine Wahl zum Tribunen durchsetzen; als Servilius Glaucia sich gegen die Gesetze um den Konsulat bemüht und dabei ein Mitbewerber, C. Memmius, erschlagen wird, fasst der Senat das „senatus consultum ultimum"; der Konsul Marius geht gegen seine früheren Verbündeten vor, die gefangengenommen, in der Kurie eingesperrt und von der städtischen Menge vom Dach aus gesteinigt werden. Das Gesetz des Saturninus wird aufgehoben.

95 Die Konsuln Q. Mucius Scaevola und L. Licinius Crassus weisen alle unrechtmäßig eingebürgerten Fremden aus Rom aus. Die Maßnahme trifft vor allem die Bundesgenossen.

92 Edikt der Zensoren Cn. Domitius Ahenobarbus und L. Licinius Crassus gegen die lateinischen Rhetorenschulen, die neu aufgekommen sind und in denen – im Hinblick auf die Demagogie in den Volksversammlungen – „reine" Rhetorik vermittelt wird.

91 Der Volkstribun M. Livius Drusus schlägt ein Richtergesetz vor, durch das die Gerichtsbarkeit dem um 300 Ritter vergrößerten Senat übertragen werden soll. Die Rittergerichte haben sich gerade einer skandalösen Verurteilung schuldig gemacht. Gleichzeitig bringt er zugunsten der städtischen Plebs ein Getreide- und ein Ackergesetz ein, mit dem er noch einmal die gracchische Siedlungspolitik aufnimmt. Trotz Opposition der Ritter und eines der Konsuln werden die Gesetze verabschiedet, vom Senat später aber wieder aufgehoben. Pläne des Livius, den Bundesgenossen das Bürgerrecht zu verleihen, finden durch die Ermordung des Tribunen ihr Ende. Das Bundesgenossenproblem hat sich seit der „lex Licinia Mucia" von 95 verschärft. Da es nach dem Tod des Livius Drusus unter den Bundesgenossen gärt, sendet der Senat Beauftragte in die einzelnen Gebiete. Ein Prätor wird in Asculum ermordet, ebenso alle Römer in der Stadt.

Bundesgenossenkrieg

91–88 Das ist das Signal zum Ausbruch des *Bundesgenossenkrieges* (auch Marsischer Krieg genannt). Die Italiker, die sich eine Art nationaler Organisation mit Zentrum in Corfinium
90–89 schaffen, können den Römern eine Reihe von Niederlagen beibringen. Rom muss nachgeben. Durch verschiedene Gesetze wird allen italischen Gemeinden und einzelnen Italikern, die nicht abgefallen sind oder den Krieg aufgeben, das Bürgerrecht, den Transpadanern Latinerrecht gewährt. Alle Neubürger werden freilich nur in acht Tribus eingeschrieben, sodass sie in den Volksversammlungen kein ihrer Zahl entsprechendes Gewicht erlangen können.

Trotz weiterer Niederlagen gewinnen die Römer schließlich die Oberhand. Das Ergebnis des Krieges – Italien wird weit gehend römisch – hat wichtige Konsequenzen für das aristokratisch-stadtstaatliche Regiment, das die erweiterte Bürgerschaft nicht mehr kontrollieren kann.

L. Cornelius Sulla

88 In der Nachfolge der Politik des M. Livius Drusus betreibt der Tribun P. Sulpicius Rufus die Verteilung der Neubürger und Freigelassenen auf alle Tribus. Als dagegen die Konsuln einen Stillstand der Geschäfte (iustitium) dekretieren, kommt es zu einem Kampf auf dem Forum; der Konsul *L. Cornelius Sulla* muss den Geschäftsstillstand aufheben und geht nach Nola, wo das Heer für den ihm übertragenen Krieg gegen Mithradates bereitgestellt wird. In Rom geht das Neubürgergesetz durch, auf Antrag des Sulpicius wird der Oberbefehl im Mithradatischen Krieg von Sulla auf Marius übertragen. Sulla antwortet,

Legionen gegen Rom

indem er erstmals römische *Legionen gegen Rom* führt, die Stadt nach kurzem Straßenkampf erobert und Sulpicius und Marius sowie deren Anhänger ächten lässt; Sulpicius wird kurz darauf ermordet. Sulla sichert dem Senat durch verschiedene Maßnahmen die Kontrolle der staatlichen Angelegenheiten, führt Konsulwahlen durch und geht dann in den Osten ab.

1. Mithradatischer Krieg

88–85 *1. Mithradatischer Krieg.*

Mithradates VI. Eupator, König von Pontos, hat seit 120 seine Macht ständig ausgeweitet. Er fällt in Bithynien und Kappadokien ein (90), dringt dann in die von den römischen Steuer-
88 erpächtern geplagte Provinz Asia vor, proklamiert sich als Befreier und verkündet Schuldenerlass. An einem festgesetzten Tag werden in der Vesper von Ephesos alle Römer und Italiker in den asiatischen Städten ermordet (es sollen 80000 gewesen sein). Auf Einladung

	der Griechen schickt Mithradates eine Heeresabteilung unter Archelaos nach Griechenland, wo viele Städte zu ihm übergehen.	
	87 Der Konsul *L. Cornelius Cinna* nimmt – trotz einer vorangegangenen eidlichen Verpflichtung gegenüber Sulla, dessen Ordnung zu wahren – das Neubürgergesetz des Sulpicius wieder auf und betreibt die Rückberufung der von Sulla Verbannten. Sein Kollege Cn. Octavius und die Senatsmehrheit widersetzen sich; Cinna wird gewaltsam vertrieben, sammelt in Italien ein Heer (Sulla hat eine Legion bei Nola zurückgelassen) und erobert – Sullas Beispiel nachahmend – zusammen mit dem zu ihm stoßenden Marius die Stadt. In einem anschließenden zehntägigen Morden fallen auch viele Mitglieder der Nobilität. Für 86 werden Cinna und Marius zu Konsuln bestimmt.	*L. Cornelius Cinna*
	86 *Marius stirbt* nach kurzer Amtszeit, sein Nachfolger wird L. Valerius Flaccus. Zensoren werden gewählt, die vielleicht mit der Verteilung der Neubürger auf alle Tribus beginnen; durch ein Gesetz des Flaccus werden drei Viertel aller Schulden erlassen, durch ein von M. Marius Gratidianus publiziertes Edikt der Prätoren und Tribunen wird die Währung stabilisiert. Die neuen Machthaber arbeiten mit dem Senat zusammen.	*Marius stirbt*
März	*Sulla erobert* das seit einem Jahr belagerte *Athen* und gibt es der Plünderung preis. Die Truppen des Mithradates, die vom Norden her in Griechenland einmarschieren, schlägt er bei Chaironeia, ein zweites Heer bei Orchomenos (beide in West-Boiotien). Der Konsul L. Valerius Flaccus, von Rom zur Übernahme des Oberbefehls mit zwei Legionen in den Osten gesandt, zieht nach einer kurzen Berührung mit den sullanischen Truppen an den Bosporus und wird durch eine Meuterei getötet; sein Legat C. Flavius Fimbria, der an der Meuterei beteiligt gewesen sein soll, übernimmt das Kommando.	*Sulla erobert Athen*
	85 Flavius Fimbria setzt nach Kleinasien über, schlägt ein Heer des Mithradates, seine Legionen plündern die Provinz. Sullas Quästor L. Licinius Lucullus beherrscht mit einer Flotte das Meer. Wegen der Situation in Rom schließt Sulla mit Mithradates den für diesen äußerst günstigen Frieden von Dardanos (Troas): Er muss das gesamte eroberte Gebiet räumen, wird aber als König von Pontos anerkannt; er muss 70 Schiffe abliefern und 2000 Talente Kriegskostenentschädigung zahlen. Die Truppen Fimbrias zieht Sulla zu sich herüber. Viel härter wird Asia bestraft, das 20000 Talente zahlen muss; viele Städte werden geplündert. Um die geforderten Zahlungen aufzubringen, müssen sich die Gemeinden zu Wucherzinsen hoch verschulden. Von diesem Schlag erholt sich Asia erst wieder im Prinzipat. In Rom sind Cinna und Cn. Papirius Carbo Konsuln, auch für 84. Verhandlungen des Senats mit Sulla führen zu keinem Ergebnis. Cinna will Sulla im Osten entgegentreten, wird aber bei der Einschiffung in Ancona von meuternden Truppen getötet. Carbo alleiniger Konsul; die Abwehr Sullas wird vorbereitet.	
83–81	2. *Mithradatischer Krieg*, vom Statthalter Asiens L. Licinius Murena eigenmächtig begonnen, endet mit einer Bestätigung des Friedens von Dardanos.	2. *Mithradatischer Krieg*
83	Sulla setzt mit 40000 Mann von Makedonien nach Brundisium über. Zu ihm stoßen verschiedene Nobiles und Cn. Pompeius (*106, †48) mit einem privat ausgehobenen Heer. *Sulla* verkündet, dass er die Rechte der Neubürger respektieren werde, *rückt gegen Rom vor* und schlägt nördlich von Capua den einen Konsul, C. Norbanus; das Heer des anderen Konsuls, L. Cornelius Scipio Asiaticus, geht zu ihm über.	*Sulla rückt gegen Rom vor*
82	Konsul C. Marius, der Sohn des Marius, bei Sacriportus (Latium) geschlagen, in Praeneste eingeschlossen, lässt in Rom noch viele Nobiles hinrichten. Sulla nimmt Rom, Carbo, der andere Konsul, flieht nach Afrika. Als Versuche, Marius zu entsetzen, scheitern, machen die Gegner Sullas, mit denen sich die Samniten verbündet haben, einen Vorstoß auf Rom.	
1. Nov.	Sulla bleibt in einer blutigen Schlacht am Collinischen Tor Sieger; die überlebenden Samniten werden ermordet. Bald darauf fällt Praeneste. Die Reste der Marianer in Sizilien und Africa werden von Pompeius besiegt (81–80).	
82–81	In Rom werden die Gegner Sullas geächtet, ihre Namen auf Tafeln bekannt gemacht (*Proskriptionen*). Neben Senatoren sind vor allem Ritter von den Verfolgungen betroffen. Anhänger Sullas (u. a. M. Licinius Crassus) verschaffen sich riesige Reichtümer. 120000 Veteranen wird durch Koloniegründungen in Kampanien, Etrurien und Samnium Land zugewiesen, das ehemaligen Gegnern Sullas abgenommen wird – eine wirtschaftliche Umverteilung größten Ausmaßes, die zur Verelendung vieler italischer Bauern führt.	*Proskriptionen*
82	Da beide Konsuln tot sind, bestimmt der Senat als *Interrex L. Valerius Flaccus*, der durch ein Komitialgesetz *Sulla* zum „dictator legibus scribundis et reipublicae constituendae" (*Diktator* für die Abfassung von Gesetzen und die Neuordnung des Staates) ernennen lässt. Seit dem 2. Punischen Krieg nicht gebraucht, erscheint die Diktatur hier in neuer Form: Sie ist zeitlich unbegrenzt; ihre Vollmachten betreffen nicht den militärischen, sondern den zivilen Bereich.	*Sulla Diktator*

Reformen	**81–80** Mit seinen *Reformen*, die als Komitialgesetze verabschiedet werden, reagiert Sulla auf alle inneren Schwierigkeiten Roms seit der Gracchenzeit, die sich u. a. auch in seiner eigenen Karriere darstellen.

Die Reformen Sullas

Die Gesamtheit der Adligen und damit der Senat soll wieder die Kontrolle über das politische Leben erlangen. Dazu wird 1. der *Volkstribunat entmachtet*: Gesetzesanträge der Tribunen müssen vom Senat genehmigt sein, das Vetorecht der Tribunen wird eingeschränkt, gewesenen Tribunen wird die weitere Ämterlaufbahn verboten, wodurch der Tribunat für fähige junge Römer unattraktiv wird. – 2. werden die *Ämterlaufbahn* und das Eintrittsalter für die Magistraturen neu und schärfer geregelt als durch die „lex Villia annalis" von 180 (mit 30 Jahren frühestens Quästor, mit 42 Jahren frühestens Konsul); Iteration eines Amtes nach einem Intervall von zehn Jahren erlaubt. – 3. Als Antwort auf vermehrte Aufgaben wird die Zahl der *Quästoren* auf 20, der *Prätoren* auf acht *erhöht*; desgleichen werden die Kollegien der „pontifices" und „augures" auf je 15 Mitglieder gebracht und die Volkswahl für diese Kollegien wieder durch die Kooptation ersetzt. – 4. *Provinzialverwaltung* neu geordnet: Die acht Prätoren und zwei Konsuln sollen nach ihrer Amtszeit jeweils ein Jahr als Prokonsuln und Proprätoren eine Provinz verwalten (es gibt zehn im Jahre 80); sie sollen ohne Erlaubnis des Senats weder ihre Provinz verlassen noch Krieg führen dürfen. Damit soll die Gefahr außerordentlicher Kommanden, langer Befehlshaberschaft und einer Invasion Italiens abgewendet werden. Italien soll entmilitarisiert sein, da Konsuln und Prätoren keine militärischen Kommanden mehr zu führen brauchen. – 5. Das *Gerichtswesen* wird neu geordnet: Sulla errichtet neue Geschworenengerichtshöfe, deren Zahl jetzt auf sieben gebracht wird. Prätoren führen den Vorsitz, Geschworene sind Senatoren. – 6. Die Zahl der *Senatoren* wird von 300 auf 600 erhöht; jeder Quästor wird künftig automatisch Mitglied im Senat, sodass die „lectio senatus" als Funktion der Zensoren obsolet wird. Bis 70 werden keine Zensoren mehr gewählt.

Mit diesem Werk versucht Sulla, der zweimal gegen Rom marschiert ist, auf sich eine nie zuvor dagewesene diktatorische Gewalt vereinigt und sich durch den Beinamen „Felix" (im Osten: Epaphroditos) schon im Sinne der späteren Kaiser deutlich aus allen Römern herausgehoben hat, die alte republikanische Ordnung gesetzlich abzusichern. Dieser Widerspruch ist charakteristisch nicht nur für die Person, sondern für die Zeit. Die individuellen Ansprüche einzelner Aristokraten, die Anforderungen des Weltreichs, die durch Sullas Herrschaft kompromittierte sullanische Oligarchie und die Schwierigkeiten der Integration der Bundesgenossen belasten von Anfang an die sullanische Ordnung.

	79	Noch der Diktator Sulla selbst muss dem jungen Pompeius, der noch kein ordentliches Amt bekleidet hat, einen Triumph zugestehen. Auch die weitere Karriere des Pompeius verläuft ganz gegen die sullanische Ordnung.
Tod Sullas		*Sulla* legt die Diktatur nieder und *stirbt* im folgenden Jahr.
		Da Rom die hellenistischen Mächte geschwächt, aber selbst keine starke ständige Flottenmacht aufgebaut hat, breitet sich die Piraterie immer stärker aus; sie erhält Zuzug von allen mit der römischen Herrschaft Unzufriedenen und wird, besonders seit den Kriegen mit Mithradates, in quasi-staatlichen Formen organisiert.
	78–75	Im Auftrag des Senats zerstört P. Servilius Isauricus die Festungen der Seeräuber an der kleinasiatischen Südküste, dringt ins Innere Kilikiens vor und besiegt auch die Isaurer. Ein Teil der Seeräuber zieht sich nach Kreta zurück.
	78–71	Zum Schutz der makedonischen Nord- und Ostgrenze Kämpfe in Dalmatien und Thrakien, das unterworfen wird.
M. Aemilius Lepidus Pompeius	77	Als die von Sulla enteigneten Bauern in Faesulae (heute: Fiesole) revoltieren, macht der Konsul *M. Aemilius Lepidus* mit ihnen gemeinsame Sache, sammelt in Gallia ulterior ein Heer und rückt gegen Rom vor. Der Senat fasst das „senatus consultum ultimum", wiederum erhält *Pompeius* als Privatmann ein Imperium. Nach der Niederschlagung des Aufstandes weigert er sich, sein Heer zu entlassen, und verlangt ein Kommando in Spanien gegen Sertorius, das ihm auch gewährt wird.
		Sertorius, 83 Prätor, hat im Bürgerkrieg gegen Sulla gekämpft und sich dann nach Spanien zurückgezogen. Von dort 81 nach Afrika vertrieben, wird er 80 von den Lusitanern zurückgerufen und baut eine römische Gegenregierung auf. Die spanischen Statthalter, seit 79 u. a. Q. Caecilius Metellus Pius, können seinen Vormarsch auch in keltiberische Gebiete nicht aufhalten.
	77	Auf dem Weg nach Spanien unterwirft Pompeius die Salluvier (in der Provence).
	75	In Spanien unentschiedene Schlacht zwischen den vereinigten römischen Heeren und Sertorius bei Sagunt.

In Rom wird (seit 76) für die *Wiederherstellung des Volkstribunats* agitiert. Wegen der äu- *Volkstribunat*
75 ßeren Anspannungen und der Tätigkeit der Seeräuber Hungersnot; vielleicht im Zusammenhang damit wird durch Gesetz des Konsuls C. Aurelius Cotta den Volkstribunen wieder die Ämterlaufbahn ermöglicht.
74–71 M. Antonius erhält ein Kommando mit besonderen Vollmachten gegen die Seeräuber, wird aber in einer Seeschlacht an der kretischen Küste geschlagen und muss Frieden schließen.
75/74 Nikomedes IV. vermacht sein Reich Bithynien testamentarisch den Römern, aber Mithradates, der (seit 81) seine Macht wieder ausgedehnt hat, fällt in das Land ein.
74–63 3. *Mithradatischer Krieg*. *3. Mithra-*
74 L. Licinius Lucullus erhält – ebenfalls mit besonderen Vollmachten – den Oberbefehl. *datischer Krieg*
Agitationen gegen die sullanischen Geschworenen. Kyrene (96 durch Erbschaft an Rom gefallen) wird als Provinz eingerichtet.
In Spanien erhält Pompeius Verstärkung, kann mit Metellus die Offensive übernehmen (74–72), aber Sertorius nicht entscheidend schlagen.
Dieser fällt einer Verschwörung unter M. Perperna zum Opfer (72), der in einer Entscheidungsschlacht Pompeius unterliegt. Die beiden spanischen Provinzen werden neu geordnet, Pompeius schafft sich eine große Klientel.
73 Volkstribun C. Licinius Macer (Verfasser einer Römischen Geschichte) agitiert für Volkstribunat, Konsuln bringen wegen angespannter Versorgungslage Getreidegesetz ein.
73–71 *Spartacus-Aufstand*: Der Thraker Spartacus bricht mit einigen Mitsklaven aus der Gladiato- *Spartacus-*
renschule in Capua aus. Zulauf durch Sklaven vom Lande, nach anfänglichen Erfolgen über *Aufstand*
kleine römische Einheiten wächst das Sklavenheer auf 70000.
72 Eine abgespaltene Gruppe unter dem Gallier Krixos wird am Mons Garganus (Monte Gargano) besiegt, Spartacus schlägt in Norditalien die gegen ihn aufgestellten Heere. Obwohl damit den Sklaven der Weg über die Alpen freisteht, wendet sich das Heer wieder nach Süden und wird durch den neuen römischen Oberfeldherrn, M. Licinius Crassus, in der Bruttischen Halbinsel eingeschlossen. Spartacus gelingt zwar der Durchbruch, aber in der Folgezeit
71 gezeit zersplittert sich sein Heer, die einzelnen Abteilungen und schließlich er selbst werden geschlagen. Eine versprengte Gruppe wird in Oberitalien von dem aus Spanien zurückkehrenden Pompeius vernichtet. Ihm wird vom Senat ein Triumph zugestanden und die Erlaubnis, sich entgegen den Bedingungen Sullas über die Ämterlaufbahn um den Konsulat zu bewerben.
70 *Pompeius* und Crassus stellen als Konsuln durch einen gemeinsamen Gesetzesvorschlag al- *Pompeius*
le Rechte des Volkstribunats wieder her; durch eine „lex Aurelia" bilden künftig statt Senatoren allein zu je einem Drittel Senatoren, Ritter und Aerartribunen die Richter in Geschworenengerichten. Noch vor diesem Gesetz Prozess Ciceros gegen den ehemaligen Proprätor von Sizilien, Verres, der vor der Hauptverhandlung ins Exil geht. Die Zensoren des Jahres 70, Cn. Lentulus und L. Gellius, schließen 64 Senatoren, die sich als Richter der Korruption schuldig gemacht haben sollen, aus dem Senat aus. – Die sullanische Ordnung ist damit in den zehn Jahren nach Sullas Diktatur in wesentlichen Bereichen entweder durch Gesetze oder faktisch überholt. In der Folgezeit wächst ständig der Einfluss mächtiger Einzelner (Crassus, Pompeius, Caesar), die nicht bereit sind, sich voll in das aristokratische Regiment einzuordnen.
68 *C. Iulius Caesar* (*100, †44) wird Quästor. Der Schwiegersohn Cinnas und Neffe des Ma- *C. Iulius Caesar*
rius ist unter Sulla geächtet, dann begnadigt worden; 73 (?) Pontifex, setzte er sich für den Volkstribunat ein. Während seiner Quästur führt er beim Begräbnis der Tante Iulia die Bilder des Marius mit.
67 Reformgesetze des Tribunen Cornelius über die Exemtion von Gesetzen und die Rechtsprechung der Prätoren.
Auf Antrag des Tribunen A. Gabinius erhält Pompeius gegen den Widerstand des Senates –
nur Caesar soll für den Antrag gesprochen haben – ein mit beispiellosen Vollmachten aus- *Sonderkom-*
gestattetes *Sonderkommando gegen die Seeräuber* für drei Jahre und löst die Aufgabe inner- *mando gegen*
halb von drei Monaten. Die Seeräuber werden größtenteils in Städten angesiedelt. Kreta *Seeräuber*
wird als Provinz organisiert.
Im 3. Mithradatischen Krieg (74–63) verdrängt L. Licinius Lucullus seit 73 Mithradates aus Pontos und zwingt ihn zur Flucht zu dessen Schwiegervater Tigranes von Armenien; gegen den Widerstand der Steuerpächter ordnet er die Finanzen der Provinz Asia. Als nun Tigranes die Auslieferung des Mithradates verweigert, marschiert Lucullus in Armenien ein, besiegt 69 Tigranes bei Tigranocerta. Wegen Opposition in Rom (Steuerpächter) werden ihm seit 68 seine Provinzen genommen.

	67	Mithradates besiegt einen Legaten des Lucullus bei Zela und kann Pontos zurückgewinnen. Tigranes greift Kappadokien an.
	66	In Rom wird auf Antrag des Tribunen C. Manilius der Oberbefehl im Mithradatischen Krieg – wiederum mit großen Sondervollmachten – Pompeius übertragen; für das Gesetz hält Cicero als Prätor seine erste Staatsrede.
		Pompeius besiegt bei Dasteira (nahe dem Euphrat) Mithradates, der aber in die Krim entkommen kann, und unterwirft Armenien. Tigranes muss alle Eroberungen (u. a. Syrien) aufgeben, darf aber das Königreich Armenien behalten.
Verschwörung	66–65	In Rom misslungene *Verschwörung* der für 65 designierten Konsuln, die wegen Bestechung verurteilt worden sind.
	65	Caesar gibt als Ädil großartige Fechterspiele zu Ehren seines Vaters und lässt die Siegeszeichen des Marius und dessen Statue wieder errichten.
		Pompeius verfolgt Mithradates, lässt ihn auf der Krim blockieren, unterwirft die Völker südlich des Kaukasus und zieht über Armenien nach Amisos (Samsun); seine Legaten rücken in Syrien ein.
	65–64	Von Amisos aus wird die römische Herrschaft am Schwarzen Meer neu geordnet: Teile von Pontos werden zu Bithynia geschlagen; in der Nachfolge Alexanders werden neue Städte gegründet und das Provinzialgebiet in elf Verwaltungsbezirke unterteilt. Im östlichen Pontos werden Klientelfürstentümer errichtet.
	64	Pompeius marschiert nach Syrien, wo er das Ende des Seleukidenreiches besiegelt: Syrien wird als römische Provinz organisiert.
	64–63	In Palästina greift Pompeius in Thronstreitigkeiten zwischen den Hasmonäern Aristobulos und Hyrkanos ein.
	63	Pompeius belagert drei Monate lang Aristobulos auf dem Tempelberg in Jerusalem. Hyrkanos wird als Hoherpriester bestätigt. – Mithradates lässt sich angesichts einer Meuterei, an der auch sein Sohn Pharnakes teilnimmt, von einem Offizier töten. – *Pompeius* regelt abschließend die Verhältnisse in *Kleinasien und Syrien*. Seine Anordnungen lassen eine einheitliche Konzeption erkennen: Dem Kranz römischer Provinzen, der sich jetzt fast an der ganzen kleinasiatischen und syrischen Küste entlangzieht (Bithynia/Pontus, Asia, Cilicia, Syria), werden Klientelfürstentümer (u. a. Galatia, Paphlagonia, Cappadocia, Armenia Minor, Commagene, das Bosporanische Reich, Osrhoene, Gordyene, Emesa, Chalcis) vorgelagert, die insbesondere auch einen Schutz gegen die Parther bilden sollen. Durch Städtegründungen wird die römische Herrschaft stabilisiert. Sowohl durch die Kriegsführung als auch die Ordnung der eroberten Gebiete weist Pompeius, der sich als neuer Alexander stilisiert, auf den Prinzipat voraus.
Pompeius Kleinasien und Syrien		
Konsulat des M. Tullius Cicero	63	*Konsulat des M. Tullius Cicero* (*106, †43), der aufgrund seiner Beredsamkeit und seines Programms der „concordia ordinum" (Einheit von Senat und Ritterstand) heftige populare Agitationen gegen die sullanische Oligarchie abwehren kann. Der Tribun Rullus bringt ein Ackergesetz ein, das eine großzügige Landverteilung an die städtische Plebs vorsieht und hinter dem Crassus, vielleicht auch Caesar stehen. Cicero verhindert die Annahme und verteidigt einen Senator, der angeklagt wird, den Tribunen von 100, Saturninus, getötet zu haben. Auf Antrag des Tribunen Labienus wird die Wahl für die großen Priesterkollegien wieder ans Volk zurückgebracht, Caesar wird – unter Einsatz ungeheurer Bestechungssummen – zum Pontifex Maximus gewählt. Nach der Niederlage Catilinas bei den Konsulwahlen für 62 *Catilinarische Verschwörung*, die Cicero aufdeckt. Catilina verlässt Rom, einige Catilinarier werden festgenommen.
Catilinarische Verschwörung		
	5. Dez.	In einer Senatsdebatte spricht sich Caesar gegen die Hinrichtung der Catilinarier aus, unterliegt aber, da M. Porcius Cato (Uticensis), der trotz seiner Jugend bald zur Zentralfigur der Opposition gegen die großen Feldherrn wird, für die Todesstrafe eintritt. Cato setzt im Senat eine Erhöhung der Getreidezuteilung an das Volk durch, am Ende seines Amtsjahres wird Cicero trotz Gegenaktionen der Popularen von der Menge nach Hause geleitet.
		Im Jahre 63 kann sich, weil Crassus, Caesar, in der 2. Jahreshälfte auch Catilina und ein Beauftragter des Pompeius um die Macht rivalisieren, Ciceros Beredsamkeit glänzend durchsetzen. Dieses Jahr bildet den Höhepunkt ideologischer Auseinandersetzungen in Rom. In der Folgezeit wird die römische Politik zunehmend durch den Einsatz organisierter Banden (operae conductae) und der Veteranen der Feldherrn bestimmt.
	62	Caesar Prätor. Catilina wird mit seinen Anhängern bei Pistoria geschlagen.
	Dez.	Pompeius landet in Brundisium und entlässt sein Heer.
	61	Caesar, der nur aufgrund einer Bürgschaft des Crassus in seine Provinz abreisen darf, kann sich als Proprätor in Hispania ulterior durch eigenmächtige Kriegs- und Beutezüge finanzi-

ell sanieren. Pompeius dringt mit seinen Forderungen nach Versorgung seiner Veteranen und Anerkennung der Ordnung des Ostens nicht durch.

60 Dem für 59 zum Konsul gewählten Caesar gelingt es, mit Crassus und Pompeius ein Bündnis (sog. *1. Triumvirat*) zu schließen.

1. Triumvirat Caesar Konsul

59 *Caesar* setzt als *Konsul* folgende Maßnahmen durch: Die Versorgung der Veteranen des Pompeius (lex agraria), die Anerkennung der pompeianischen Ordnung des Ostens, einen von Crassus schon früher befürworteten Pachtnachlass für die Steuerpächter Asiens, eine umfassende Neuregelung der Repetundengerichte (lex de repetundis) und die Verteilung des „ager Campanus" an Familien mit drei und mehr Kindern. Auf Antrag des Tribunen Vatinius werden Caesar für sofort auf fünf Jahre die Provinzen Gallia cisalpina und Illyricum zugewiesen, auf Antrag des Pompeius fügt der Senat (nur eine Minderheit nimmt noch an den Sitzungen teil) Gallia ulterior hinzu. – Bei allen seinen Maßnahmen arbeitet Caesar mit der Volksversammlung gegen die Senatsmajorität zusammen, wobei teilweise auch die Veteranen des Pompeius eingesetzt werden. Widerstand wird gewaltsam gebrochen, religiöse Einsprüche (Obnuntiationen) des Kollegen M. Calpurnius Bibulus bleiben unbeachtet. Auf die Ackergesetze müssen die Senatoren bzw. Amtsbewerber schwören. Infolge der vereinigten Macht der Triumvirn – Pompeius heiratet im April Caesars Tochter Iulia – sind die politischen Spielregeln der Republik außer Kraft gesetzt. Als Cicero die politischen Zustände kritisiert, erlaubt Caesar P. Clodius, dem Todfeind Ciceros, den Übertritt zur Plebs; Clodius wird für 58 zum Tribunen gewählt.

58 Versuche, die Gesetzgebung von 58 zu annullieren, scheitern. *Clodius* führt durch Gesetze die unentgeltliche Versorgung des Volkes mit Getreide ein, stellt die 64 verbotenen „collegia" (Handwerkervereinigungen u. a. mit kultischen Zwecken, in den 60er- und 50er-Jahren als politische Gruppen gebraucht) wieder her, schränkt die Obnuntiation und die Möglichkeit des Ausschlusses aus dem Senat durch Zensoren ein. Durch ein weiteres Gesetz werden alle diejenigen geächtet, die römische Bürger ohne Gerichtsurteil töten oder getötet haben. Aufgrund des Gesetzes wird Cicero verbannt, Cato wird durch den Auftrag, Zypern zu annektieren, aus Rom entfernt. Clodius kann sich noch einmal als Tribun mit Hilfe seiner Banden eine gegenüber den großen Heerführern unabhängige Stellung schaffen, seine Politik ist aber ganz von persönlichen Zielsetzungen geleitet.

Clodius

58–51 *Gallischer Krieg.*
Infolge der Organisation von Germanen unter Ariovist im linksrheinischen Gebiet verlassen die *Helvetier* ihre Wohnsitze und dringen nach Gallien vor. Caesar verbietet ihnen Durchzug durch die römische Provinz, schlägt sie bei Bibracte (Mont-Beuvray) und zwingt sie, wieder in ihre Heimatgebiete zurückzukehren. Auf Bitten der Häduer, die sich durch das germanische Vordringen in linksrheinische Gebiete bedroht fühlen, wendet sich Caesar gegen den erst im Vorjahr als Freund des römischen Volkes anerkannten Ariovist und schlägt ihn im Elsass.

Gallischer Krieg Helvetier

57 Caesar erobert in einem glänzenden Siegeszug das nördliche und westliche *Frankreich* (Sieg über die Nervier an der Sambre) und geht nach Illyricum. – Während des ganzen Krieges greift Caesar immer wieder durch Beauftragte und riesige Bestechungssummen in die römische Politik ein, in der sich Pompeius und Crassus eine der Caesars vergleichbare Position zu schaffen suchen, während die sullanische Oligarchie mit Cato an der Spitze Caesars Kommandos aufzuheben trachtet.
In Rom stellen die Tribunen T. Annius Milo und P. Sestius den Banden des Clodius eigene entgegen. Cicero wird zurückberufen. Der Senat beschließt ein 15tägiges Dankfest für die Siege Caesars in Gallien und legalisiert damit faktisch dessen Kommando. Pompeius erhält einen umfassenden Spezialauftrag zur Beschaffung von Getreide (cura annonae).

56 Gegen die Gefahr, dass ihm sein Imperium genommen wird, bringt Caesar nochmals einen *Bund mit Pompeius und Crassus* (Abmachungen von Ravenna und Lucca) zu Stande. In Gallien schlägt Caesar unter Einsatz einer neu gebauten Flotte einen Aufstand der Veneter und benachbarter Stämme nieder.

Bund mit Pompeius und Crassus

55 Die Konsulwahlen für 55 werden bis zum Anfang des Jahres verhindert, dann mit Hilfe abkommandierter Urlauber Caesars Pompeius und Crassus gewählt. Auf Antrag des Tribunen C. Trebonius erhalten sie auf fünf Jahre Spanien und Syrien als Provinzen; sie selbst verlängern durch Gesetz Caesars Kommando in Gallien ebenfalls um fünf Jahre. Weitere konsularische Gesetze gegen die Bestechung bei Gerichtsverfahren und bei Wahlen, ferner zum Verfahren bei Verwandtenmord. Einweihung des Theaters des Pompeius (erstes steinernes in Rom). Crassus geht nach Syrien, Pompeius bleibt nach Amtsrecht in der Nähe Roms.
Caesar besiegt an der Mosel die germanischen Stämme der *Usipeter* und Tenkterer, die den Rhein überschritten haben, und unternimmt selbst einen kurzen Demonstrationszug in

Germanen

Britannien		rechtsrheinisches Gebiet (Brückenbau bei Neuwied). Erstmals setzt ein römisches Heer nach *Britannien* über.
	54	Zug in das Gebiet der Treverer, dann 2. Feldzug nach Britannien, Kämpfe gegen die Briten unter Cassivellaunus, der tributpflichtig wird. Das gesamte römische Heer wird aber wieder abgezogen.
Bestechungs-skandal		In Rom riesiger *Bestechungsskandal* anlässlich der Konsulwahlen für 53, die bis zum Juli 53 nicht durchgeführt werden können. Tod der Iulia (Tochter Caesars, Frau des Pompeius). Es herrscht Anarchie, Pompeius greift nicht ein.
	54–53	Aufstände gallischer Stämme: Die Eburonen vernichten ein römisches Winterlager.
M. Licinius Crassus getötet	53	Strafexpeditionen gegen die Nervier und Vernichtung der Eburonen. *M. Licinius Crassus* wird von den Parthern bei Karrhai (Nord-Mesopotanien) besiegt und getötet.
	52	Milos Bande tötet Clodius, die Plebs steckt die Kurie in Brand. Pompeius alleiniger Konsul. Auf Antrag der zehn Volkstribunen wird Caesar die Bewerbung um den Konsulat in Abwesenheit erlaubt. Milo wird trotz Ciceros Verteidigung verurteilt.
Vercingetorix		Aufstand fast aller gallischer Stämme unter *Vercingetorix*. Caesar nimmt Avaricum (heute: Bourges) ein, bleibt aber vor Gergovia (heute: Gergovie südlich von Clermont-Ferrand) erfolglos. Siegreiche Entscheidungsschlacht bei Alesia (heute: Alise-Sainte-Reine nahe Dijon), Vercingetorix wird gefangen.
	51	Mit Feldzügen gegen die Bituriger, Carnuten und Bellovaker und der Einnahme von Uxellodunum (nicht lokalisiert) ist die Eroberung Galliens abgeschlossen. Darstellung des Krieges in Caesars Büchern „De bello Gallico".
	50	Versuche, Caesar vom gallischen Kommando abzulösen, schlagen dank der Gegenmaßnahmen des von Caesar bestochenen Tribunen C. Scribonius Curio und der Furcht vor einem Bürgerkrieg fehl. Im Dezember überträgt der Konsul C. Marcellus eigenmächtig Pompeius den Schutz der Republik.
	1. Jan. 49	Der Senat verlangt von Caesar Entlassung des Heeres.
Bürgerkrieg	7. Jan.	Als Caesar ablehnt, fasst der Senat das „senatus consultum ultimum", Caesar rückt aus seiner Provinz Gallia cisalpina, den Rubico überschreitend, in Italien ein und eröffnet damit den *Bürgerkrieg*. Die Konsuln und Pompeius geben Italien auf, setzen mit vielen Senatoren nach Dyrrhachion über. Caesar findet in Italien kaum Widerstand, lässt überall besiegte Senatoren und Ritter frei („Milde von Corfinium") und geht nach kurzem Aufenthalt in Rom zunächst nach Spanien. In Hispania citerior zwingt er die Legaten des Pompeius, L. Afranius und M. Petreius, bei Ilerda (heute: Lérida) zur Kapitulation; der Befehlshaber in Hispania ulterior, M. Terentius Varro, übergibt die Provinz kampflos. Massilia kapituliert nach längerer Belagerung, muss Teile seines Gebietes abtreten, bleibt aber freie Stadt.
Diktator	Dez.	Vom Prätor M. Aemilius Lepidus zum *Diktator* ernannt, führt Caesar in Rom Wahlen durch (er selbst wird mit P. Servilius Isauricus zum Konsul gewählt) und erlässt ein Gesetz zur Schuldenregulierung. Gallia cisalpina und die spanische Stadt Gades (heute: Cádiz) erhalten das römische Bürgerrecht.
	48	Trotz Beherrschung der See durch die Gegner kann Caesar mit 20000 Mann nach Epeiros übersetzen und später Verstärkung nachkommen lassen.
Sieg Caesars über Pompeius	9. Aug.	Nach erfolglosem Stellungskrieg bei Dyrrhachion glänzender *Sieg Caesars über Pompeius* bei Pharsalos (heute: Farsala, Thessalien). Pompeius flieht nach Ägypten und wird dort ermordet. Die übrigen pompeianischen Führer versammeln sich in Afrika und bilden dort ein neues Heer. Caesar, der für ein Jahr zum Diktator ernannt wird und dem besondere Ehrenrechte übertragen werden, gelangt auf der Verfolgung des Pompeius mit geringer Truppenmacht nach *Ägypten*, wo er in die dortigen Thronstreitigkeiten zugunsten der Kleopatra eingreift, in Alexandrien wird er von den Ratgebern des Königs Ptolemaios XIII. belagert
Ägypten	47	(Vernichtung der Alexandrinischen Bibliothek durch Brand). Erst nach Eintreffen kleinasiatischer und syrischer Hilfstruppen kann er den König schlagen. Ägypten bleibt unter Kleopatra und Ptolemaios XIV. selbstständig, drei Legionen werden im Land belassen.
		Über Syrien, Kilikien und Kappadokien, wo überall die römische Herrschaft neu geordnet wird, zieht Caesar gegen Pharnakes, der seit 48 von seinem Bosporanischen Reich aus die Rückeroberung der Gebiete seines Vaters Mithradates betrieben hat.
	1. Aug.	Caesar besiegt Pharnakes bei Zela (Zile/Türkei) (veni, vidi, vici).
		In Rom, wo M. Antonius als „magister equitum" Caesars die Geschäfte führt und der Tribun P. Cornelius Dolabella das ganze Jahr über für Schuldenerlass agitiert, schafft Caesar Ordnung und landet noch im Dezember in Afrika.
Sieg bei Thapsus	6. Apr. 46	*Sieg* über die Republikaner *bei Thapsus* (heute: Henchir ed-Dimas); M. Porcius Cato, der gegen Caesar stets die republikanischen Ideale verteidigt hat, gibt sich in Utica selbst den

Tod. Die Söhne des Pompeius entkommen nach Spanien. Numidien wird aufgeteilt: Ein Teil fällt an Mauretanien, der andere wird der Provinz Africa zugeschlagen.
Caesar erhält die Diktatur auf zehn Jahre, beginnt die Veteranenversorgung in Italien und die Ansiedlung stadtrömischer Besitzloser in außeritalischen Kolonien, beschränkt die Zahl der städtischen Getreideempfänger auf 150000, regelt die Gerichtspraxis neu, erweitert den Senat (bis 44 auf 900 Mitglieder) und führt einen neuen (iulianischen) *Kalender* auf der Grundlage des Sonnenjahres ein.

Kalender

45
17. März
In einem letzten Feldzug werden die Söhne des Pompeius bei Munda (heute: Montilla bei Córdoba) in Spanien besiegt.
Gründung von Bürgerkolonien in Spanien und Gallia Narbonensis. Nach Rom zurückgekehrt, setzt Caesar die Kolonisationspolitik auch in Griechenland, Kleinasien und Africa fort. Sizilien erhält Latinerrecht.

45–44 Vorbereitungen zu einem Partherfeldzug.
Nach seinen Siegen werden Caesar jeweils umfassende *Ehrenrechte* verliehen: Er ist zuletzt Diktator auf Lebenszeit (dictator perpetuus), führt einen erblichen Imperatortitel, darf für die Hälfte der Magistrate bindende Wahlvorschläge machen und Patrizier ernennen, hat tribunizische Ehrenrechte, erhält den Titel „pater patriae" und als „divus Iulius" göttliche Verehrung; sein Geburtstag wird gefeiert, der Monat Quintilis in Iulius umbenannt. Er erhöht nach eigenem Ermessen die Zahl der Magistrate und Senatoren und regiert mit ritterlichen Helfern, einer Art von Kabinett. Von Augustus, der später viele der genannten Vollmachten übernehmen wird, unterscheidet ihn die besonders in der lebenslänglichen Diktatur zum Ausdruck kommende Missachtung republikanischer Formen. Dagegen bildet sich eine *Verschwörung*, an deren Spitze M. Iunius Brutus, C. Cassius Longinus, D. Brutus und C. Trebonius stehen.

Ehrenrechte

Verschwörung

44
15. März
Kurz vor seiner Abreise zum Partherfeldzug wird *Caesar* an den Iden des März in einer Senatssitzung ermordet.

Caesar ermordet

Kultur der späten Republik

In der Zeit der Krise der Republik gelangt die römische Kultur auf verschiedenen Gebieten zu höchster Blüte: Mit P. und Q. Mucius Scaevola († spätestens 115 bzw. 82), Ser. Sulpicius Rufus († 43) und M. Tullius Cicero († 43) entfaltet sich die römische *Rechtswissenschaft*. Mit Cicero kommt auch – nach M. Antonius († 87), L. Licinius Crassus († 91) und Q. Hortensius Hortalus († 50) – die lateinische *Rhetorik* zu ihrem Höhepunkt und wird in theoretischen Schriften (Auctor ad Herennium, Ciceros Schriften De inventione, De oratore, Brutus und Orator) begründet; sie findet ihre „causae" in den Verhandlungen vor Geschworenengerichten und in den politischen Debatten der Volksversammlung und des Senats. – Durch T. Lucretius Carus († 15.10.55) wird die epikureische *Philosophie* in Rom eingeführt (Lehrgedicht „De rerum natura"), während Cicero in seinen philosophischen Schriften (De finibus bonorum et malorum, Tusculanae disputationes, De natura deorum, Cato maior de senectute, De divinatione, Laelius de amicitia, De officiis) vor allem platonisches, peripatetisches und stoisches Gedankengut verarbeitet. – Die in den turbulenten Jahren seit 54 verfassten staatstheoretischen Schriften Ciceros (De re publica, De legibus) stellen eine systematische Vergegenwärtigung aristokratisch-republikanischer Grundsätze dar. – In der *Geschichtsschreibung* schmücken die Autoren der jüngeren Annalistik (Q. Claudius Quadrigarius, C. Licinius Macer, † nach 66, und Valerius Antias) die römische Geschichte unter Einbringung teils von Familien-, teils von politischen Interessen aus. L. Cornelius Sisenna († 67) schreibt Zeitgeschichte und ist unmittelbarer Vorläufer des C. Sallustius Crispus († 35), der in seinen nach 44 verfassten historischen Monografien (Catilinae coniuratio, Bellum Iugurthinum) und in seiner Zeitgeschichte (Historiae) die Gründe für den Niedergang der Republik zu erfassen sucht. Spezifische Formen der Geschichtsschreibung stellen die Commentarii Caesars (De bello Gallico, De bello civili), die Biografien des Cornelius Nepos († nach 27) und die Autobiografie (z.B. die Sullas, benutzt in Plutarchs Vita Sullas) dar. Die antiquarische Forschung hat in M. Terentius Varro († 27; De verborum significatione) ihren bedeutendsten Vertreter. – Das Briefwerk Ciceros (ad familiares, ad Quintum fratrem, ad Atticum) vermittelt wichtige Aufschlüsse nicht nur über die Motive der politisch Handelnden, sondern auch über die politischen und sozialen Verhältnisse der ciceronischen Zeit. – C. Valerius Catullus († 47?) ist mit seinen Liebesgedichten Vorläufer der klassischen Elegie.

Rechtswissenschaft
Rhetorik

Philosophie

Geschichtsschreibung

Der Prinzipat (44 v. Chr.–285 n. Chr.)

Adelsherrschaft

Der Prinzipat ist in vieler Hinsicht eine typisch römische Lösung der Krise der Republik: Erstens ist er nicht in kühnem Entwurf entstanden, sondern durch Experimentieren langsam gewachsen; zweitens stellt er einen Kompromiss dar, der auf der Einsicht beruht, dass ohne die politische und militärische Erfahrung und die politische Autorität der alten Herrschaftsschicht das Reich nicht regiert werden kann; drittens schließlich wird bei der Institutionalisierung des Prinzipats, wo immer möglich, an traditionelle Formen angeknüpft. Man kann den Prinzipat als eine *spezifische Form der Adelsherrschaft* verstehen, deren monarchische Züge erst allmählich stärker hervortreten. Bestimmte Merkmale einer Monarchie (so z.B. rechtlich fixierte dynastische Nachfolgeregelungen) fehlen dem römischen Kaisertum bis zu seinem Ende.

Kaiser vor Diokletian
Augustus

Septimius Severus
Nero

Vespasian

Traian
Hadrian
Marcus Aurelius

Die römischen Kaiser vor Diokletian

Augustus	27 v.Chr. bis 14 n.Chr.	Verus	161–169	Decius	249–251
Tiberius	14– 37	Commodus	180–192	Trebonianus Gallus	251–253
Caligula (Gaius)	37– 41	Pertinax	193		251–253
Claudius	41– 54	Didius Iulianus	193	Volusianus	253
Nero	54– 68	Septimius Severus	193–211	Aemilianus	253–260
Galba	68– 69	Caracalla	211–217	Valerianus	253–268
Otho	69	Geta	211–212	Gallienus	268–270
Vitellius	69	Macrinus	217–218	Claudius Gothicus	270
Vespasian	69– 79	Elagabal	218–222	Quintillus	270–275
Titus	79– 81	Severus Alexander	222–235	Aurelianus	275–276
Domitian	81– 96	Maximinus Thrax	235–238	Tacitus	276
Nerva	96– 98	Gordianus I.	238	Florianus	276–282
Traian	98–117	Gordianus II.	238	Probus	282–283
Hadrian	117–138	Balbinus	238	Carus	283–284
Antoninus Pius	138–161	Pupienus	238	Carinus	283–285
Marcus Aurelius	161–180	Gordianus III.	238–244	Numerianus	
		Philippus Arabs	244–249		

Die iulisch-claudische Dynastie

Republikaner

Caesarianer

C. Octavius

Nach der Ermordung Caesars kämpfen in Rom um die Macht: Die *Republikaner*, zu denen die Caesarmörder mit Brutus und Cassius an der Spitze sowie die führenden Männer im Senat gehören, die *Caesarianer* mit dem Konsul M. Antonius und dem magister equitum Caesars M. Aemilius Lepidus (auch viele Provinzstatthalter und große Teile des römischen Heeres stehen aufseiten der Caesarianer), der Großneffe Caesars *C. Octavius* (*63 v.Chr., †14 n.Chr.), der von Caesar zum Erben eingesetzt und testamentarisch adoptiert worden ist, und schließlich Sex. Pompeius, der seit der Schlacht bei Munda einen Untergrundkrieg gegen die Caesarianer führt.

Caesars Testament

44 Antonius sichert sich die nachgelassenen Papiere Caesars und setzt durch, dass *Caesars Testament* anerkannt wird und die Anordnungen Caesars Gesetzeskraft haben sollen. Auf
20. März der Begräbnisfeier für Caesar teilt er dessen Verfügungen dem Volk mit. Die Caesarmörder
April werden dadurch in die Verteidigung gedrängt. Einige von ihnen gehen in die ihnen noch von Caesar zugewiesenen Provinzen ab, so D. Brutus in die Gallia Cisalpina.

Antonius

Mai C. Octavius (seit der Adoption: C. Iulius Caesar Octavianus) trifft in Rom ein und nimmt das Erbe Caesars an. Spannungen mit *Antonius*.
Juni Antonius gibt die ihm zugewiesene Provinz Macedonia auf, bekommt dafür Gallia Cisalpina und Gallia Comata.
Aug. Brutus und Cassius erhalten vom Senat außerordentliche Kommanden zum Einzug von Getreide in Asia und Sizilien; beide verlassen Italien.
seit Sept. Philippische Reden Ciceros gegen Antonius, der in seine Provinz abgeht und der D. Brutus,
Nov. welcher die Übergabe der Provinz verweigert, in Mutina einschließt. Inzwischen stellt Octavian in Arretium eine Privatarmee auf. Den Kern seiner Anhängerschaft bilden die Ritter Q. Salvidienus Rufus, M. Vipsanius Agrippa und C. Maecenas.

43 Jan.	Der Senat legitimiert die Truppen Octavians und des D. Brutus und nimmt Octavian in seine Reihen auf.
Febr.	„Senatus consultum ultimum" gegen Antonius. Neben den Konsuln wird Octavian mit dem Schutz des Staates beauftragt.
21. April	Antonius wird bei Mutina geschlagen. Die Konsuln A. Hirtius und C. Vibius Pansa fallen. Der zum Staatsfeind erklärte Antonius vereinigt sich in der Gallia Narbonensis mit Q. Lepidus und L. Munatius Plancus.
Aug.	Octavian marschiert nach Rom und erzwingt seine und des Q. Pedius Wahl zu Konsuln. Die Caesarmörder werden verurteilt, die Soldaten Octavians erhalten riesige Donative.
	Inzwischen haben Brutus und Cassius im Osten eine beträchtliche militärische Macht gesammelt, während Sex. Pompeius vom Senat ein außerordentliches Kommando über die Flotten und Küsten erhalten hat.
11. Nov.	Deshalb sucht Octavian die Verständigung mit Antonius und schließt mit ihm und Lepidus auf einer Flussinsel bei Bononia den *2. Triumvirat* (tresviri rei publicae constituendae): Er soll für fünf Jahre bestehen; Octavian soll den Konsulat aufgeben, die Konsuln bis 40 sollen im Voraus bestimmt werden; von den Provinzen erhält Antonius Gallia Cisalpina und Comata, Lepidus die Narbonensis und beide Spanien, Octavian Africa, Sicilia, Sardinia und Corsica. Zur Bekräftigung der Abmachungen heiratet Octavian eine Stieftochter des Antonius.
27. Nov.	Durch eine „lex Titia" wird der Triumvirat von den Komitien bestätigt. Danach beginnen
7. Dez.	*Proskriptionen*: Auf der Liste stehen 130 Senatoren, unter ihnen Cicero, der ermordet wird. Viele Senatoren können in den Osten fliehen, ihr Vermögen fällt an die Triumvirn. Da trotzdem das Geld für die Soldaten nicht ausreicht, werden neue Steuern eingeführt. Der Senat wird mit Anhängern der Triumvirn aufgefüllt.
42 1. Jan.	Caesar wird unter die Staatsgötter aufgenommen, sodass Ocatavian sich jetzt „divi filius" (Sohn des Vergöttlichten) nennen kann.
	Vorbereitungen für den Krieg mit Brutus und Cassius, die sich bei Philippi (nordwestlich von Kavala, Makedonien) festsetzen.
23. Okt.	*Antonius schlägt* zunächst *Cassius*, 20 Tage später *Brutus*; beide begehen Selbstmord. In den Schlachten fallen viele Senatoren.
	Antonius geht in den Osten ab, um dort Geld zu beschaffen, während Octavian in Italien die
41	Ansiedlung der Veteranen durchführen soll. Die italischen Städte lehnen sich dagegen auf. Zu Sprechern der Opposition gegen Octavian machen sich L. Antonius, der Bruder des Triumvirn, und dessen Frau Fulvia. L. Antonius setzt sich in Perusia (Perugia) fest, Octavian
40 15. März	belagert die Stadt und nimmt sie ein (*Perusinischer Krieg*). Perusia wird zur Plünderung freigegeben; 300 Senatoren und Ritter vor Altar des Divus Iulius hingeschlachtet.
	Während des Perusinischen Krieges fallen die Parther unter Pacorus und dem römischen Renegaten Q. Labienus (er nennt sich Parthicus imperator) in Syrien ein und dringen bis Kleinasien vor.
	Der Triumvir Antonius, dem sich Sex. Pompeius anschließt, belagert Brundisium, doch auf
Sept.	Druck der beiden Armeen verständigen sich die caesarischen Führer im *Pakt von Brundisium*: Italien soll gemeinsamer Besitz sein, Octavian erhält den Westen, Antonius den Osten, Lepidus Africa. In Rom heiratet Antonius Octavia, die Schwester Octavians. Ein Gedicht Vergils, die 4. Ekloge, in der die Geburt eines Knaben und mit ihm der Anbruch eines goldenen Zeitalters prophezeit wird, weist auf die in den Pakt zwischen Antonius und Octavian gesetzten Hoffnungen hin.
39	Vertrag von Misenum mit Sex. Pompeius, der neben den besetzten Inseln Achaia erhält.
39–38	Partherfeldzug des P. Ventidius Bassus. Die Parther werden in drei großen Schlachten (die letzte bei Gindarus) besiegt.
38	Octavian heiratet Livia Drusilla, die ihm den Zugang zu den höchsten Adelskreisen Roms öffnet. *Octavian* nennt sich erstmals *Imperator Caesar*.
	Eine geplante Invasion Siziliens (gegen Sex. Pompeius) misslingt; in Rom Aufstände der städtischen Plebs wegen Hungersnot. *Octavian wendet sich um Hilfe an Antonius*, mit dem
37 Frühjahr	er sich in Tarent trifft: Der Triumvirat wird um fünf Jahre (wahrscheinlich bis Ende 32), verlängert, Octavian erhält von Antonius 120 Schiffe für den Krieg gegen Sex. Pompeius. Agrippa baut eigens einen Kriegshafen in Puteoli. Sizilien wird genommen, Pompeius von
36 3. Sept.	Agrippa bei Naulochus entscheidend geschlagen. Lepidus wird als Triumvir ausgeschaltet. Durch den Sieg über Pompeius wird die Macht Octavians endgültig konsolidiert: Die Veteranen von Mutina und Philippi werden in Kolonien angesiedelt, Steuern und Schulden werden erlassen, die Hungersnöte in Rom hören auf. Octavian erhält die Unverletzlichkeit (sacrosanctitas) der Volkstribune.

Marginalien: *2. Triumvirat* · *Proskriptionen* · *Antonius schlägt Cassius und Brutus* · *Perusinischer Krieg* · *Pakt von Brundisium* · *Octavian Imperator Caesar* · *Antonius rettet Octavian*

		Im Osten regelt Antonius (seit Winter 37/36) die Angelegenheiten der Provinzen und Vasallen-Königtümer; Ägypten wird vergrößert. Die Historizität der Hochzeit des Antonius mit Königin Kleopatra ist umstritten. Ein Partherfeldzug endet mit einer Niederlage.
	35–34	Feldzüge Octavians gegen die pannonischen Stämme (Einnahme Siscias [Šišak]) und Befriedung der Küsten Dalmatiens.
Armenia römische Provinz Propagandafeldzug	34	Antonius gewinnt *Armenia als römische Provinz* und feiert einen Triumph in Alexandreia. Königtümer werden auf die Kinder Kleopatras (von Caesar und Antonius) übertragen.
	33	Als Konsul trägt Octavian im Senat heftige Angriffe gegen die Regelungen des Antonius im Osten und gegen die Verbindung mit Kleopatra vor. In einem *Propagandafeldzug* wird der Kampf gegen Antonius und Kleopatra zu einer nationalrömischen Sache stilisiert.
	32	Die Propaganda erreicht ihren Höhepunkt, als Octavian das bei den Vestalinnen deponierte Testament des Antonius in seine Hand bringt und veröffentlicht. Italien und die Westprovinzen schwören ihm einen persönlichen Gefolgschaftseid. Antonius verliert alle Gewalt, Kleopatra wird der Krieg erklärt. Antonius scheidet sich von Octavia, die er schon 37 nach Rom zurückgeschickt hat.
	32/31	Octavian zieht mit dem gesamten Senat in den Osten.
Seesieg bei Actium Antonius und Kleopatras Selbstmord Ordnung des Ostens	2. Sept.	*Seesieg bei Actium* (Punta am Golf von Arta) über Antonius und Kleopatra, die nach Ägypten entkommen. Dieser Sieg wird zum Gründungsmythos des neuen Systems.
	30	Sieg über Antonius und Einnahme Alexandreias. *Antonius und Kleopatra begehen Selbstmord.* Ägypten wird als eine Art Krongut Octavians eingezogen und künftig in dessen Auftrag von einem ritterlichen Präfekten verwaltet. Senatoren dürfen es nicht betreten. Die *Ordnung des Ostens* übernimmt Octavian von Antonius und wechselt nur die Statthalter aus.
	29 13.–15. Aug.	Octavian zieht in Rom ein und feiert drei Triumphe: für den dalmatinischen Krieg, Actium und Alexandreia. Auf Senatsbeschluss werden die Türen des Ianus-Tempels geschlossen. Nach ca. 100 Jahren Bürgerkrieg ist die Sicherung des von vielen ersehnten Friedens eine Grundbedingung für die Durchsetzung der augusteischen Herrschaft.
Stellung Octavians		Die *Stellung Octavians* in Rom beruht zunächst auf dem Konsulat, den er von 31–23 ununterbrochen bekleidet, und auf dem Gefolgschaftseid von 32. Im Jahrzehnt nach 29 wird allmählich und unter Spannungen eine neue Ordnung geschaffen. Dabei knüpft Octavian bewusst an die alte res publica an, deren Wiederherstellung er schon seit 36 propagiert hat. In einer lectio senatus werden 200 Senatoren aus dem Senat ausgeschlossen. Octavian lässt sich den Titel „princeps senatus" verleihen. Ferner ernennt er 22 neue Patrizierfamilien. Die Heere der Bürgerkriegszeit (ca. 60 Legionen) werden allmählich auf ein stehendes Heer von 28 Legionen reduziert. Viele Veteranen sind zu versorgen. Dazu werden jetzt und in der Folgezeit Kolonien in Italien und in den Provinzen gegründet.
	28	Zensus der gesamten römischen Bürgerschaft. Illegale und willkürliche Akte der Triumvirn werden annulliert, vor allem die Steuern für römische Bürger wieder abgeschafft. Octavian lässt 82 Tempel wiederherstellen.
	27 13. Jan.	Während eines feierlichen Staatsaktes legt Octavian alle außerordentlichen Gewalten nieder.

Die neue Ordnung, die jetzt geschaffen wird, beruht darauf, dass die alte republikanische Verwaltung für Rom und Italien erhalten bleibt. In diesem Rahmen bekleidet Augustus Jahr für Jahr den Konsulat. Die *Reichsverwaltung* wird geteilt: Die befriedeten Provinzen werden durch vom Senat beauftragte Statthalter verwaltet. Für die nicht befriedeten Provinzen (darunter Gallien, Spanien, Syrien) erhält Augustus ein auf zehn Jahre befristetes „imperium proconsulare", das an die außerordentlichen Imperien der späten Republik anknüpft. Die Frist wird später mehrfach verlängert, an der Befristung als republikanischem Grundsatz wird aber festgehalten. Mit den nicht befriedeten Provinzen bekommt Augustus gleichzeitig den größten Teil der militärischen Macht Roms in seine Hand.

Reichsverwaltung

Die *Volksversammlungen* werden, obwohl Augustus für sie in einem umfassenden Bauprogramm neue Versammlungsplätze schafft, in ihren Wahlrechten eingeschränkt: Der Prinzeps kann Kandidaten für bestimmte Ämter vorschlagen (commendatio); diese candidati Caesaris müssen gewählt werden. Daneben kann er sich durch „suffragatio" (Wahlunterstützung) für einen Kandidaten einsetzen, doch sind hier die Komitien nicht an sein Votum gebunden. Von der „commendatio" macht Augustus nur sparsam und nie im Falle von Konsulwahlen Gebrauch. Das Recht der Gesetzgebung bleibt den Komitien, doch werden mehr und mehr Angelegenheiten durch Senatskonsulte und kaiserliche Erlasse geregelt.

Volksversammlungen

	27 16. Jan.	Unter den zahlreichen Ehrungen für Octavian sind die Verleihung eines Ehrenschildes, auf dem die Tugenden des *Augustus* (virtus, clementia, iustitia, pietas) eingeschrieben sind, und des Ehrennamens Augustus, mit dem Octavian eine religiöse Weihe erhält, hervorzuheben.

Augustus

Der offizielle Name Octavians ist von nun an Imperator Caesar divi filius Augustus. Der Monat Sextilis wird in Augustus umbenannt.

Sommer Augustus geht über Gallien, wo er einen Zensus durchführt, nach Spanien.

26 Erstmals ein „*praefectus urbi*" für Rom ernannt, der aber nach wenigen Tagen sein Amt niederlegt. *praefectus urbi*

26–25 Kämpfe gegen die Asturer und Kantabrer in Nordwestspanien. Der Ianus-Tempel wird erneut geschlossen.

25 Kämpfe gegen die Salasser (Westalpen) und Gründung der Kolonie Augusta Praetoria (Aosta). Nach dem Tod des Königs Amyntas wird Galatia annektiert.

25–24 Kämpfe gegen die Sabäer in Arabia felix.

24 Aufstand in Spanien. Augustus kehrt nach Rom zurück.

23 Verschwörung des Fannius Caepio, an der auch der Mitkonsul des Augustus, A. Terentius Varro Murena (Schwager des mit Agrippa und Livia den engsten Kreis um Augustus bildenden Maecenas), beteiligt ist.

Die Verschwörer werden hingerichtet. Anstelle Varros wird ein überzeugter Republikaner, Cn. Calpurnius Piso, Konsul. Augustus verzichtet selbst auf den Konsulat. Die Spannungen in Rom und eine schwere Krankheit des Augustus führen zu einer Neuordnung: Augustus bekleidet den Konsulat nur noch in Ausnahmefällen. Stattdessen übernimmt er die „*tribunicia potestas*" (und damit das Initiativrecht für Gesetzesanträge und das Interzessionsrecht) auf Lebenszeit. Nach der „tribunicia potestas" werden künftig die Regierungsjahre gezählt. Ferner wird Augustus ein *übergeordnetes Imperium* (imperium proconsulare maius) auch für die Senatsprovinzen verliehen. Die von den konkreten Ämtern abgelösten Gewalten sind typisch für den Prinzipat. Mit der tribunizischen und prokonsularischen Gewalt werden die beiden Gewalten zur Grundlage des Prinzipats, die auch in der späten Republik immer wieder den Rahmen des republikanischen Systems durchbrochen haben. *tribunicia potestas* *übergeordnetes Imperium*

Durch die Krankheit des Augustus (auch in Spanien ist er schon schwer erkrankt) wird die *Nachfolgefrage* akut. Die Konstruktion des Prinzipats verbietet eine staatsrechtlich fixierte dynastische Lösung. Dennoch ist die Sicherung der Nachfolge für das Imperium lebenswichtig. Das Problem begleitet Augustus während seiner ganzen Regierungszeit. Agrippa erhält ein prokonsularisches Imperium auf fünf Jahre. Der für die Nachfolge zunächst favorisierte Neffe des Augustus, Marcellus, stirbt Ende des Jahres. Agrippa geht nach Osten. *Nachfolgefrage*

22 Augustus lehnt ihm wegen einer Hungersnot angetragene außerordentliche Gewalten ab, übernimmt aber einen Auftrag für die Getreideversorgung (cura annonae), den er durch prätorische Beamte (curatores) durchführen lässt.

22–19 Augustus zunächst in Sizilien, dann im Osten.

21 Hochzeit zwischen Agrippa und Augustus' Tochter Iulia.

20 Augustus erreicht im Osten, wo er überall die römische Verwaltung regelt, durch Verhandlungen und Drohungen (Augustus' Stiefsohn Tiberius marschiert in Armenien ein und krönt dort Tigranes zum König) die Rückgabe der 53 bei Karrhai verlorenen Feldzeichen durch die Parther. Das Ereignis wird in der römischen Öffentlichkeit außerordentlich gefeiert.

Ein Gremium von senatorischen „curatores viarum" für den Straßenbau wird eingesetzt.

20–19 *Agrippa* in Gallien und Spanien, das endgültig befriedet wird. *Agrippa*

19 Während der Abwesenheit des Augustus hat das Volk zweimal nur einen Konsul gewählt und Augustus zur Übernahme der Diktatur oder des Konsulats aufgefordert. Durch den populären M. Egnatius Rufus veranlasste Unruhen werden unterdrückt. Nach seiner Rückkehr übernimmt Augustus wahrscheinlich die allgemeine Leitungsgewalt der römischen Konsuln auf Lebenszeit – eine Funktion, die durch die „tribunicia potestas" nicht ersetzt werden konnte. Damit ist nach den Regelungen von 27 und 23 die *Konzeption des Prinzipats* im Wesentlichen abgeschlossen. *Konzeption des Prinzipats*

18 In einer erneuten „lectio senatus" wird die Zahl der Senatoren von 800 auf 600 gesenkt.

Ehegesetzgebung (lex Iulia de maritandis ordinibus): Die Ehen von Senatoren mit Freigelassenen, von freigelassenen Bürgern mit „anrüchigen" Frauen (z.B. Dirnen, Kupplerinnen) werden verboten und gleichsam eine Ehepflicht eingeführt; Ehe- oder Kinderlose werden bei Erbschaften benachteiligt, Verheirateten mit Kindern Privilegien in der Ämterlaufbahn eingeräumt. Die Maßnahmen werden ergänzt durch ein Gesetz über Ehebruch (lex Iulia de adulteriis). Vielleicht in dieses Jahr gehören auch Vorschriften für städtische Bauten zur Eindämmung der häufigen Einstürze und Brände. *Ehegesetzgebung*

Agrippas „imperium proconsulare" wird auf die Senatsprovinzen erweitert und um fünf Jahre verlängert, dazu erhält er die „tribunicia potestas" für fünf Jahre.

17 Feier der *Säkularspiele* (ludi saeculares = Jahrhundertfeier der Gründung Roms; der Dichter Horaz verfasst dafür das „carmen saeculare". *Säkularspiele*

	Augustus adoptiert die beiden Söhne Agrippas und der Iulia, Gaius und Lucius. Agrippa geht wieder in den Osten.
16	Schwere Niederlage des M. Lollius in Gallien gegen germanische Stämme (Usipeter, Sugambrer, Tenkterer), die über den Rhein vorgedrungen sind.
16–13	Augustus in Gallien. Für die Stadt Rom wird zum zweiten Mal ein „praefectus urbi" ernannt. Augustus' Stiefsöhne Tiberius und Drusus erobern die Alpenländer Raetia, Vindelicia und Noricum. Damit beginnt ein *Offensivprogramm*, das die Schaffung gut zu verteidigender Grenzen im Norden und im Balkanraum zum Ziel hat. Im Osten wird dagegen nur der Status quo gesichert. Vor allem hier wie auch in Nordafrika bleiben den römischen Provinzen Klientelfürstentümer vorgelagert, die von Augustus scharf kontrolliert werden.
13	Nach seiner Rückkehr nach Rom wird Augustus die Errichtung eines Friedensaltars (ara pacis) gelobt. Die Gewalten Agrippas werden erneut um fünf Jahre verlängert.
12	Agrippa stirbt nach einem Feldzug in Illyricum.
6. März	Nach dem Tod des Lepidus wird Augustus zum *Pontifex Maximus* gewählt. Einweihung eines Altars für Augustus und die Göttin Roma in Lugdunum (Lyon).
12–9	Pannonien und Dalmatien werden von Tiberius unterworfen. L. Calpurnius Piso wirft einen Aufstand in Thrakien nieder. Kämpfe gegen die Germanen unter Drusus, der bis zur Elbe vordringt. Ziel ist eine kürzere Grenze zwischen Rhein und Donau.
11	Tiberius muss die Witwe Agrippas, Iulia, heiraten. Die Sorge für die Wasserleitungen, die Agrippa übernommen hat, wird zu einem Amt (cura aquarum mit curatores an der Spitze).
9	Drusus stirbt nach einem Unfall.
30. Jan.	Einweihung der „*ara pacis*".
8–7	Weitere Germanenfeldzüge unter Tiberius.
8	Reform des iulianischen Kalenders. Tod des Maecenas.
7	Einteilung Roms in 14 Regionen. Als Folge davon wird das Feuerlöschwesen in Rom neu organisiert.
7/6?	*Geburt Jesu*.
6	Tiberius erhält die „tribunicia potestas" auf fünf Jahre, geht jedoch wegen eines Zerwürfnisses mit Augustus in ein freiwilliges Exil nach Rhodos.
5	Augustus übernimmt den Konsulat, um Gaius Caesar die toga virilis (Mannestoga) zu verleihen. Von der Ritterschaft wird Gaius zum „princeps iuventutis" (Führer der aktiven Ritterschaft) ausgerufen.
2	Die gleichen Ehrungen erhält Lucius Caesar.
5. Febr.	Augustus erhält den Titel *pater patriae* (Vater des Vaterlandes).
12. Mai	Einweihung des Augustusforums. Erstmals werden zwei „praefecti praetorio" (Befehlshaber für die Prätorianer) ernannt.
1 v.Chr.–4 n.Chr.	Gaius Caesar regelt im Osten das Verhältnis Roms zu den Parthern und greift in Armenien ein.
2 n.Chr.	Tiberius kehrt nach Rom zurück und lebt dort als Privatmann. Tod des Lucius Caesar in Massilia.
4	Tod des Gaius Caesar in Armenia. Damit sind alle Nachfolgepläne zunichte gemacht. Der Prinzeps *adoptiert jetzt Tiberius* und M. Agrippa Postumus (Sohn des Agrippa und der Iulia). Obwohl er einen eigenen Sohn hat, muss Tiberius, der auch die „tribunicia potestas" auf zehn Jahre erhält, den Sohn des Drusus, Germanicus (Enkel der Schwester des Augustus, Octavia), adoptieren. Durch die „lex Aelia Sentia" wird der Status der Freigelassenen festgelegt und die Freilassung unter bestimmten Bedingungen verboten.
4–6	Feldzüge des Tiberius in Germanien.
5	Durch die „*lex Valeria Cornelia*" wird die Vorwahl (destinatio) der Kandidaten für Konsulat und Prätur eingeführt. Aus Senatoren und Rittern der Richterdekurien gebildete zehn Zenturien suchen die Kandidaten aus und schlagen sie der Volksversammlung zur Wahl vor. Die Reihenfolge der Wahlvorschläge wird durch Los bestimmt. Einrichtung einer Stadtpolizei (cohortes urbanae).
6	Das Amt eines Befehlshabers der Feuerwehr (praefectus vigilum) wird geschaffen. Für die *Veteranenversorgung*, die vorher vom Prinzeps allein abhängig war, wird eine Kasse (aerarium militare) eingerichtet, die vor allem aus einer fünfprozentigen Erbschaftssteuer und Stiftungen des Prinzeps gespeist wird. Das Reich des Herodes fällt an Rom; Iudaea wird zur Provinz Syrien geschlagen.

Marginalia: *Offensivprogramm im Norden*; *Pontifex Maximus*; *ara pacis*; *Geburt Jesu*; *pater patriae*; *Adoption des Tiberius*; *lex Valeria Cornelia*; *Veteranenversorgung*

6–9	Ein großangelegter Zangenangriff (vom Westen und Süden) gegen das Reich des Maroboduus in Böhmen wird durch den Pannonisch-Dalmatischen Aufstand unterbrochen, der nur nach schweren Kämpfen von Tiberius niedergeschlagen werden kann.	
7	Einsetzung eines „praefectus annonae" für die Getreideversorgung.	
9	Mit der „lex Papia Poppaea" wird die Ehegesetzgebung von 18 v. Chr. fortgeführt. Ziel ist eine Vermehrung der Ehen und der Zahl der Kinder.	
	Vernichtende Niederlage des P. Quinctilius Varus gegen Arminius im Teutoburger Wald; Verlust von drei Legionen.	*Niederlage im Teutoburger Wald*
10–12	Kämpfe des Tiberius und Germanicus gegen die Germanen.	
12	Triumph des Tiberius für seinen Sieg in Pannonien.	
13	Die „tribunicia potestas" des Tiberius wird verlängert; er erhält das „imperium proconsulare maius".	
14 19. Aug.	Tod des Augustus in Nola. Seine Frau Livia wird testamentarisch adoptiert. Ein von Augustus selbst verfaßter Tatenbericht (Res gestae) wird vor dem Augustus-Mausoleum aufgestellt (nur Kopien erhalten; nach der besten, in Ankyra [Ankara] gefundenen wird der Bericht auch Monumentum Ancyranum genannt). Augustus wird zum Gott erklärt (konsekriert).	*Tod des Augustus*

Der augusteische Prinzipat

Die sozialen Voraussetzungen für den augusteischen Prinzipat sind äußerst komplex. Auf einer ersten allgemeinen Ebene tritt Augustus die Nachfolge aller einzelnen Patrone der Republik an; das ganze Volk wird zu seiner *Klientel*. Bedingung dafür ist die Beendigung der Bürgerkriege und die Sicherung des Friedens, die Ernährung der hauptstädtischen Bevölkerung und die Ermöglichung wirtschaftlichen Wohlstandes in Italien und den Provinzen. Die Kornzufuhr nach Rom wird, nachdem anfangs noch Schwierigkeiten bestehen, vor allem mit Hilfe Ägyptens befriedigend geregelt. Durch Spiele (panem et circenses), Geschenke (Donative) – die Freigebigkeit (liberalitas) des Prinzeps wird zu einer wichtigen Herrschertugend – und Speisungen (congiaria) wird die Stimmung der stadtrömischen Bevölkerung beeinflusst. Eine Wirtschaftspolitik wird zwar nicht betrieben und auch nicht das Wirtschaftssystem geändert, aber allein durch die Beendigung der Bürgerkriege, die endgültige Befriedung vieler Gebiete, die Abschaffung der privaten Ausbeutung der Provinzen durch Statthalter und Steuerpächter, die Verbesserung der Kommunikation durch Straßenbau entstehen günstige wirtschaftliche Bedingungen, die in vielen Teilen des Reiches zu einer wirtschaftlichen Blüte führen. Die u. a. daraus entstehenden Bindungen an Rom und den Prinzeps äußern sich im *Kult für Augustus* und die „dea Roma", für die im Westen in Provinzhauptstädten (so Lugdunum, Tarraco [Tarragona]) Altäre, im Osten viele Tempel errichtet werden. Der Kaiserkult und die damit verbundenen Spiele sind auch die Hauptfunktionen der Provinziallandtage (jährliche Versammlungen von Abgeordneten der Städte einer Provinz). In Rom und Italien duldet Augustus nur die Verehrung seines Genius. Festtage der kaiserlichen Familie werden im ganzen Reich gefeiert.

Klientel

Kult für Augustus

Die *Ritter* formt Augustus zu einem geschlossenen Stand um. Nur der Kaiser bzw. von ihm beauftragte Senatoren entscheiden über die Aufnahme und das Verbleiben im Ritterstand. Voraussetzungen für die Aufnahme sind Unbescholtenheit und ein Mindestvermögen von 400 000 Sesterzen. Die Standeszugehörigkeit ist nicht erblich, obwohl faktisch viele Söhne von Rittern ebenfalls Ritter werden. Zum Ritterstand gehören auch Senatorensöhne vor ihrem Eintritt in den Senat. – Durch die absolute Kontrolle des Zugangs zum Ritterstand schafft sich Augustus in den Rittern eine ergebene Gefolgschaft. Durch die Rekrutierung vieler Ritter aus der Munizipalaristokratie im ganzen Reich entstehen Verbindungen zwischen dem Reich und dem Prinzeps, die ebenfalls für die Loyalitätssicherung bedeutsam sind.

Ritter

Die *Senatoren* werden mit Augustus zu einem erblichen Stand. Senatorensöhne gelangen nach Heeresdienst und Bekleidung des Vigintivirats durch die Bekleidung der Quästur in den Senat (Voraussetzung ist die Vollendung des 25. Lebensjahres und ein Mindestvermögen von 1 Mio. Sesterzen, doch hilft der Prinzeps hier nicht selten aus). Naturgemäß ist die Sicherung der Loyalität gegenüber der alten Herrschaftsschicht besonders schwer, aber Augustus und die nachfolgenden Prinzipes bleiben auf die Erfahrung und Autorität dieser Schicht angewiesen. Durch seinen Herrschaftsstil (z. B. Ablehnung übertriebener Ehrungen und außerordentlicher Gewalten) knüpft Augustus bewusst an Traditionen der Republik an, die auch in der Ideologie des Prinzipats und in der Religionspolitik (Wiederbelebung alter Kulte, Wiederherstellung vieler Tempel) betont werden. Das soziale Ansehen des Senats wird durch die Ausstoßung unwürdiger Mitglieder und durch besondere Privilegien gehoben. Der Prinzeps kann durch Zuwahl (adlectio) neue Mitglieder in den Senat bringen; Augustus geht aber mit diesem Recht sehr vorsichtig um. Durch die Ernennung neuer *patrizischer Familien* schafft Augustus einen inneren Kreis innerhalb der Herrschaftsschicht. Die Patrizier werden bei der Besetzung der ordentlichen Konsulate, der Provinzstatthalterposten und militärischen Kommandos, schließlich der Priesterstellen bevorzugt und genießen Erleichterungen in der Ämterlaufbahn. Sie haben den gleichen sozialen Rang wie der Prinzeps selbst und

Senatoren

patrizische Familien

sind dadurch wie durch die Tatsache, dass die Stellung der neuen patrizischen Familien vom Prinzeps abhängig ist, besonders eng mit dem Kaiserhaus verbunden.

kaiserliche Familie — Den engsten Kreis um den Prinzeps bilden die Mitglieder der *kaiserlichen Familie*. Augustus nützt alle Möglichkeiten dynastischer Heiraten, selbst bei entfernten Verwandten, aus, um Bindungen an seine Person zu schaffen.

Heer — Neben dem vielfältigen System sozialer Bindungen bildet das *Heer* eine zweite Grundlage der Macht des Prinzeps. Aber auch die Loyalität des Heeres muss immer wieder neu gewonnen und erhalten werden. Als Oberkommandierende für große Aktionen setzt Augustus häufig Mitglieder des Kaiserhauses ein. Das Offizierskorps und die Soldaten gewinnt er vor allem in der Bürgerkriegszeit durch die Tradition des Namens Caesars und durch verschwenderische Donative. Eine charismatische Beziehung zwischen Heer und dem Prinzeps wird mit dem Vornamen „Imperator" angestrebt. Die konkreten Ausrufungen zum Imperator werden für den Prinzeps reserviert. Nach 19 gibt es für Senatoren keine Triumphe mehr. Durch die Feldzüge von 35–34 sucht Octavian auch persönlichen militärischen Ruhm zu gewinnen. – Eine Bindung zwischen Heer und Prinzeps besteht auch dadurch, dass bis zur Errichtung des „aerarium militare" der Prinzeps allein für die Veteranenversorgung verantwortlich ist. Sie geschieht zunächst durch Ansiedlung in Kolonien, später durch ein Entlassungsgeld. Die in Italien und den Provinzen angesiedelten Veteranen bilden nicht nur eine Anhängerschaft des Augustus, sondern zugleich eine militärische Reserve und einen wichtigen Faktor für die Romanisierung.

Seit Augustus ist das römische Heer ein stehendes Berufsheer. Die Dienstzeit beträgt zunächst 16, ab 6 n.Chr. 20 Jahre. Nach den Bürgerkriegen werden 28 Legionen, die von römischen Bürgern gebildet werden, im Dienst gehalten; dazu kommen von Provinzialen gestellte Auxiliarkohorten und Alen (Reitertruppen). Zwei Flotten in Ravenna und Misenum (südwestlich Pozzuoli). Eine besondere Schutztruppe des Prinzeps sind die Prätorianer (neun Kohorten zu je 1000 Mann), deren Garnisonen in Rom und den Städten der Umgebung liegen. – Jede Legion steht unter einem senatorischen „legatus legionis", mit Ausnahme der ägyptischen, die von ritterlichen Präfekten befehligt werden. Ebenfalls senatorischen Ranges ist der ranghöchste „tribunus" (laticlavius), der in der Regel nur für ein Jahr dient. Die übrigen Tribune werden ebenso wie die Präfekten der Auxiliarkohorten und Alen aus Rittern rekrutiert (militia equestris). Das eigentliche Gerüst der Legionen bilden die Centurionen. In der Regel ist der Centurionat die höchste erreichbare Stufe für den gemeinen Soldaten, doch gibt es die Möglichkeit des Übergangs vom ranghöchsten Centurio (primus pilus) zur militia equestris.

kaiserlicher Verwaltungsapparat — Eine dritte Stütze des Prinzeps wird schließlich der neu entstehende *kaiserliche Verwaltungsapparat*. In der Verwaltung Roms und Italiens werden sämtliche alten zensorischen Funktionen (mit Ausnahme des Zensus, der „lectio senatus" und des „census equitum") zu ständigen Ämtern, die von senatorischen „curatores" (vom Prinzeps in Übereinstimmung mit dem Senat ernannt) geleitet werden. Auch aus den übrigen republikanischen Ämtern werden, obwohl sie im Gegensatz zur Zensur weiter bestehen, wichtige Funktionen ausgegliedert und gehen auf senatorische Präfekturen über. Dadurch und durch die Augustus übertragenen Gewalten werden die alten Ämter ausgehöhlt. Der Konsulat wird zu einem Prestige-Amt, was auch darin zum Ausdruck kommt, dass seit 2 v.Chr. fast regelmäßig zwei Konsulpaare (consules ordinarii und suffecti) gewählt werden.

Als neue ständige Aufgabenbereiche werden die Getreidebeschaffung und die Feuerwehr ritterlichen Präfekten unterstellt.

Provinzialverwaltung — In der *Provinzialverwaltung* werden die senatorischen Provinzen durch jährlich wechselnde Prokonsuln, die kaiserlichen, welche zusammen die „provincia" des Augustus bilden, in dessen Auftrag durch proprätorische „legati Augusti" (ohne zeitliche Begrenzung) geleitet. Für die Finanzverwaltung treten ihnen ritterliche Prokuratoren zur Seite. An der Spitze Ägyptens steht ein ritterlicher Präfekt, und auch in einigen kleineren neu gewonnenen Provinzen setzt Augustus ritterliche Leiter ein.

Zentralverwaltung — Die *Zentralverwaltung* des Augustus wird als private organisiert und ausschließlich aus Freigelassenen und Sklaven rekrutiert, die nicht selbstständig staatliche Funktionen wahrnehmen können. Dieser Bereich ist besonders charakteristisch für die Zurückhaltung des Augustus bei der Errichtung des Prinzipats; und gerade in diesem Bereich werden sich bei der zunehmenden Institutionalisierung und Verstaatlichung des Prinzipats einschneidende Veränderungen ergeben. – Gemeinsame Merkmale der neuen Verwaltung sind klare Kompetenzenaufteilung, die Bezahlung, das Abrücken von der Kollegialität im alten Sinn und von der Annuität. Im Gegensatz zur modernen Bürokratie bleibt aber die patrimoniale Rekrutierung des Verwaltungsstabes (und damit der Verzicht auf fachliche Qualifikationen; zivile und militärische Laufbahn werden nicht getrennt); zwischen den Ämtern gibt es keine Hierarchie.

Bautätigkeit — Die augusteische Zeit bringt einen ungeheuren Aufschwung der *Bautätigkeit* in Rom. Im Zuge der Reaktivierung der traditionellen Religion werden viele Tempel wiederhergestellt oder neu errichtet (u.a. das Pantheon des Agrippa, 27 v.Chr.). Für die Volksabstimmungen wird eine riesige Halle, die Saepta Iulia (26 v.Chr. vollendet), errichtet. Für Spiele und szenische Aufführungen entstehen mehrere Theater, so das Amphitheater des T. Statilius Taurus auf dem Marsfeld (29 v.Chr.), das Marcellus-Theater (13 oder 11 v.Chr.) und das Theater des L. Cornelius Balbus (13 v.Chr.). Um die Wasserleitungen bemüht sich besonders Agrippa, der auch zwei neue Leitungen (Aqua Iulia und Aqua Virgo) anlegen lässt. Der kaiserlichen Repräsentation dienen das Mausoleum des Augustus (28 v. Chr.), der Augustusbogen (19 v. Chr.) und das Augustusforum mit dem Tempel des Mars Ultor (2 v. Chr. eingeweiht). Einen Höhepunkt der augusteischen Klassik in der Reliefkunst stellt die 9 v. Chr. geweihte „ara pacis" dar.

Auch die lateinische *Literatur* erreicht in der augusteischen Zeit ihren klassischen Höhepunkt. In Dichterkreisen um C. Maecenas, C. Asinius Pollio und M. Valerius Messalla Corvinus wird sie stark gefördert und stellt sich, vor allem bei Vergil, Horaz und Livius, auch in den Dienst der augusteischen Erneuerung. – P. Vergilius Maro (aus Andes, 70–19) verfasst Bucolica (Hirtenlieder, mit der berühmten 4. Ekloge vom Jahre 40, in der die Geburt eines Kindes und ein goldenes Zeitalter vorausgesagt wird), deutet in seinen Georgica das Leben aus der bäuerlichen Welt und schafft mit der Aeneis das römische „Nationalepos", das die römische Weltherrschaft als Vollzug des göttlichen Willens versteht. – Q. Horatius Flaccus (aus Venusia, 65–8) dichtet Epoden, Satiren, Oden und Episteln, setzt sich auch theoretisch mit der Dichtkunst auseinander (ars poetica) und preist in seinen Römeroden und dem für die Säkularfeier von 17 verfassten carmen saeculare die Römertugenden und das Herrscherhaus. – Albius Tibullus (ca. 50–19), S. Propertius (aus Asisium, 47–vor 2) und P. Ovidius Naso (aus Sulmo, 43–18 n. Chr.) schreiben Elegien, der Letztere außerdem ein Lehrgedicht über die Liebeskunst (Ars amatoria), Metamorphosen (Verwandlungen), eine aitiologische Deutung des römischen Kalenders (Fasti) und poetische Briefe.

Literatur

In der *Geschichtsschreibung* schafft T. Livius (aus Patavium, 59–17 n. Chr.) mit seinen 142 Büchern (35 erhalten) Ab urbe condita die für die Folgezeit maßgebende und vom Gedanken der Eintracht (concordia) her konzipierte Darstellung der römischen Republik. Diodoros (aus Agyrion, lebt bis in die dreißiger oder zwanziger Jahre; „Bibliotheke") schreibt ebenso wie Pompeius Trogus (aus Gallia Narbonensis; „Historiae Philippicae") eine Weltgeschichte, Dionysios von Halikarnassos (wirkt 30–8 in Rom) eine Römische Archäologie. Einen geografischen Überblick über die damals bekannte Welt mit vielen historischen Notizen bietet die Geografie des Strabon (aus Amaseia, 64/63–nach 23 n. Chr.). Vitruvius verfasst wohl in den 30er-Jahren ein Lehrbuch über die Architektur.

Geschichtsschreibung

14–37 *Tiberius* (Tiberius Caesar Augustus):
   14 Tiberius (*42 v. Chr., †37 n. Chr.) erbt zwei Drittel des Vermögens des Augustus. Die „tribunicia potestas" und das „imperium proconsulare maius" werden ihm auf Lebenszeit übertragen. Ebenso erhält sein Adoptivsohn Germanicus, der die germanischen Legionen befehligt, das prokonsularische Imperium auf Lebenszeit. – Typisch für den Prinzipat des Tiberius sind das strikte Befolgen des von Augustus eingeschlagenen Weges und große Zurückhaltung bei allen Ehrungen. Er verzichtet auf den Vornamen Imperator. Sein Versuch, dem Senat größere Selbstständigkeit einzuräumen, bewirkt, weil die Bedingungen für eine solche Selbstständigkeit nicht mehr bestehen, Unsicherheit und Misstrauen. Durch die Konzentration der Quellen auf die Ereignisse in Rom wird Tiberius' gute Verwaltung des Imperiums in den Hintergrund gerückt. Korrupte Statthalter werden verurteilt, die Provinzialen können sich mit Klagen direkt an den Prinzeps wenden.
       Meutereien der germanischen und pannonischen Legionen vor allem wegen der Länge der Dienstzeit und der Höhe des Soldes werden niedergeschlagen.

Tiberius

14–16 Verlustreiche *Feldzüge* des Germanicus *nach Germanien.*
   15 In Fortführung der „lex Valeria Cornelia" von 5 n. Chr. werden die Beamtenwahlen jetzt ganz von den Komitien auf den Senat übertragen, der zudem (der Prozess bahnt sich schon unter Augustus an) zum Gerichtshof für die oberen Stände (Senatoren und Ritter) wird. Der „praefectus urbi" wird zu einem ständigen Amt.
15. März Tiberius zum Pontifex Maximus gewählt.
   16 Tiberius stoppt die Angriffe gegen Germanien; der *Rhein bleibt Grenze.*
   17 Cappadocia wird römische Provinz.
17–19 Kampf zwischen Arminius und Maroboduus, der vertrieben wird. Arminius wird von Verwandten ermordet.
17–24 Aufstand des Tacfarinas in Nordafrika.
17–19 Germanicus wird mit einem außerordentlichen Kommando in den Osten gesandt und setzt
   18 in Armenien Zenon (der sich Artaxias nennt) als König ein. Commagene wird römische Provinz, bald darauf aber zu Syrien geschlagen.
   19 Mit dem *Tod des Germanicus* in Antiocheia beginnt die steile Karriere des Prätorianerpräfekten (seit 14, allein seit 15) L. Aelius Seianus. Gegen ihn kämpft die Witwe des Germanicus, Agrippina, um die Nachfolgerechte ihrer Söhne.
10. Okt.
   21 Aufstand der Treverer unter Iulius Florus und der Haeduer unter Iulius Sacrovir, der bei Augustodunum (Autun) geschlagen wird. Ebenso wird ein Aufstand thrakischer Stämme unterdrückt.

Feldzüge nach Germanien

Rhein bleibt Grenze

Tod des Germanicus

	22	Der Sohn des Tiberius, Drusus, erhält die „tribunicia potestas" und wird damit zum Nachfolger designiert.
	23	Seianus zieht die Prätorianer in einem Lager in Rom (castra praetoria) zusammen. Auf sein Anstiften wird Drusus vergiftet.
	23–24	Nach Siegen des Q. Iunius Blaesus schlägt P. Dolabella endgültig den Aufstand des Tacfarinas nieder, der fällt.
	25	Tiberius lehnt eine Heirat zwischen Seianus und Livilla ab. – Der republikanisch eingestellte Historiker A. Cremutius Cordus wird von Seianus zum Selbstmord getrieben.
	26	Ein erneuter Aufstand thrakischer Bergstämme, der sich gegen Aushebungen richtet, wird von C. Poppaeus Sabinus unterdrückt.
	27	Tiberius zieht sich nach Capri zurück und betritt Rom bis zu seinem Tod nicht wieder.
	29	Tod der Livia. Kurz darauf werden auf Betreiben Seianus' Agrippina und deren ältester Sohn Nero Caesar verbannt.
Prozess Jesu	30	*Prozess Jesu* und dessen Kreuzigung in Jerusalem.

Der zweite Sohn der Agrippina, Drusus Caesar, wird verurteilt und eingekerkert. Höhepunkt der Macht des Seianus, dem auch das „imperium proconsulare" übertragen wird. Der Historiker Velleius Paterculus (ca. 20 v.Chr.–?) veröffentlicht seine aus loyaler Einstellung gegenüber dem Prinzipat heraus verfasste Römische Geschichte.

| | 31 | Seianus Konsul mit Tiberius, der aber nun über die auf den Prinzipat zielenden Bestrebungen seines Gardepräfekten informiert wird und eine Anklageschrift gegen ihn verfasst. |
| *Seianus wird hingerichtet* | 18. Okt. | *Seianus wird* vom Senat verurteilt und *hingerichtet*. Prozesse gegen Anhänger des Seianus, Hinrichtungen und Selbstmorde ziehen sich über mehrere Jahre hin. – Die Karriere des Seianus offenbart die Schwächen des Systems in der Nachfolgeregelung. Auch nach dem Fall des Seianus trifft Tiberius keine Bestimmungen über die Nachfolge. |

Der Schriftsteller Valerius Maximus widmet seine „Facta et dicta memorabilia" Tiberius.

	35	Nach dem Tod des Zenon (Artaxias) Einsetzung eines neuen Königs in Armenien und Durchsetzung dieser Regelung gegenüber dem Partherkönig.
Tod des Tiberius	37	*Tod des Tiberius* (16. März) bei Misenum. Er wird nicht konsekriert.
Gaius	**37–41**	Gaius (*12 n.Chr. in Antium, †41 n.Chr.; *Caligula* = Soldatenstiefelchen ist ein Spitzname) wird auf Betreiben des Prätorianerpräfekten Naevius Sutorius Macro vom Senat der Titel Imperator verliehen. Mit Gaius gelangt die Familie des Germanicus an den Thron, dessen immer noch bestehende Popularität Anlass zu großen Hoffnungen gibt. Gaius unterstützt sie durch großzügige Congiarien, Donative und eine Amnestie für alle aus politischen Gründen Verurteilten, erweist sich aber bald als absoluter Herrscher, dessen ganze Regierungszeit von Aufforderungen zum Selbstmord, Verurteilungen und Hinrichtungen durchzogen ist. Dabei spielt besonders auch die ständige Geldnot des Prinzeps (Konfiskationen) eine Rolle.
		37
	18. März	

Commagene wird wieder Königreich. Der jüdische Fürst und Freund des Gaius, Iulius Agrippa, erhält Gaulanitis, Trachonitis und Abilene, 39 noch Galilaea und Peraea als Klientelkönigtum.

	39–40	Züge des Gaius an den Rhein und an den Ärmelkanal, wo er die Unterwerfung eines britischen Prinzen entgegennimmt.
	39	Cn. Cornelius Lentulus Gaetulicus und M. Aemilius Lepidus werden als Verschwörer hingerichtet, Agrippina und Iulia Livilla, die beiden Schwestern des Gaius, verbannt.
	40	Die Ermordung des Ptolemaios von Mauretanien löst dort einen Aufstand aus. Der armenische König Mithradates wird vertrieben, ohne dass ein neuer König eingesetzt wird.

Forderungen an die Juden, in ihren Synagogen Kaiserbilder zu verehren, führen zu einer erfolglosen Gesandtschaft der Juden von Alexandreia unter Philon nach Rom.
Der Senat beschließt, *Gaius als Gott* zu verehren und ihm einen Tempel zu errichten.
Gaius führt neue Steuern für die Bevölkerung ein.

	41	Der Prinzeps fällt einer von Prätorianeroffizieren initiierten Verschwörung zum Opfer (24. Jan.).
Claudius	**41–54**	*Claudius* (Ti. Claudius Caesar Augustus Germanicus):
	41	Unmittelbar nach der Ermordung des Gaius erheben die Prätorianer dessen Onkel, Tiberius Claudius Nero Germanicus (*10 v.Chr. in Lugdunum, †54 n.Chr.) auf den Thron. Der Senat, der für einen Tag die Hoffnung auf Wiederherstellung der Republik hegt, muss das Faktum anerkennen. Verbannte werden zurückberufen, konfiszierte Güter zurückgegeben. Die meisten der neuen Steuern des Gaius werden aufgehoben.

Claudius, unter dem Verschwörungen und Hinrichtungen von Senatoren und Rittern weitergehen und der in Rom den übermächtigen Einfluss kaiserlicher Frauen (zunächst der Valeria Messalina, dann der Agrippina) und kaiserlicher Freigelassener duldet, tut Entscheidendes für die Verwaltung und

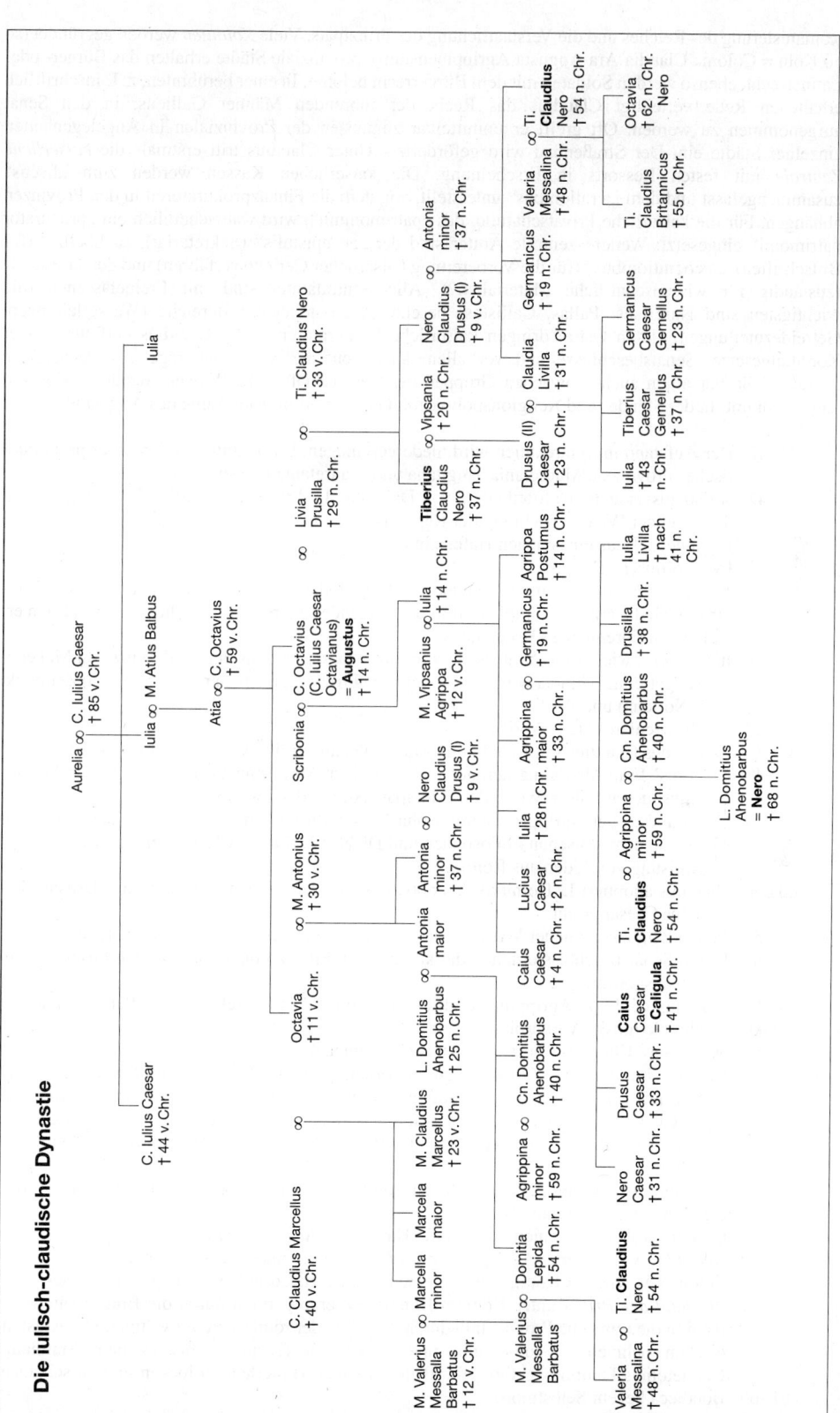

Kolonien Romanisierung des Reiches und die Verstaatlichung des Prinzipats. Viele *Kolonien* werden gegründet (so 50 Köln = Colonia Claudia Ara Augusta Agrippinensium), provinziale Städte erhalten das Bürger- oder Latinerrecht, ebenso werden Soldaten mit dem Bürgerrecht belohnt. In einer berühmten, z.T. inschriftlich erhaltenen Rede verteidigt Claudius das Recht der führenden Männer Galliens, in den Senat aufgenommen zu werden. Oft greift er unmittelbar zugunsten der Provinzialen in Angelegenheiten einzelner Städte ein. Der Straßenbau wird gefördert. – Unter Claudius tritt erstmals die *kaiserliche* *kaiserliche Zentrale* mit festen Ressorts in Erscheinung. Die kaiserlichen Kassen werden zum „fiscus" zusammengefasst und dem „a rationibus" unterstellt, von dem die Finanzprokuratoren in den Provinzen abhängen. Für die kaiserliche Privatschatulle, das „patrimonium", wird wahrscheinlich ein „procurator patrimonii" eingesetzt. Weitere zentrale Ämter sind der „ab epistulis" (Sekretariat), „a libellis" (für Bittschriften), „a cognitionibus" (für die Vorbereitung kaiserlicher Gerichtsverfahren) und der „a studiis" (zuständig für wissenschaftliche Materialien?). Alle Zentralämter sind mit Freigelassenen (die wichtigsten sind Narcissus, Pallas, Callistus) besetzt. Auch in andere Bereiche (Wasserleitungen, Getreidezuteilungen, Hafen Ostia) dringen kaiserliche Prokuratoren ein. – Claudius entfaltet – über *gesetz-* Komitialgesetze, Senatsbeschlüsse und vor allem kaiserliche Edikte – eine rege *gesetzgeberische* *geberische Tätigkeit*, die vor allem auch schwachen Gruppen der Gesellschaft (z.B. Witwen, Kindern, Sklaven) *Tätigkeit* zugute kommt. In der Stände- und Religionspolitik folgt er der traditionalen Linie des Augustus.

41–42 Der Aufstand in Mauretanien wird niedergeschlagen; Einrichtung zweier neuer prokuratorischer Provinzen, Mauretania Tingitana und Mauretania Caesariensis.
42 Aufstandsversuch des Statthalters von Dalmatia, L. Arruntius Camillus Scribonianus, mit dem Ziel der Wiedererrichtung der Republik.
Beginn des Baus eines neuen Hafens in Ostia.
43 Lycia römische Provinz.
Feldzug *Feldzug in Britannien* und Einnahme von Camulodunum (Colchester). Britannia wird Pro-
in Britannien 44 vinz, doch dauern die Kämpfe dort in den folgenden Jahren an. Claudius und sein Sohn erhalten den Ehrennamen Britannicus.
46 Iudaea wird wieder prokuratorische Provinz, Moesia wird als eigene Provinz von Makedonien abgetrennt. Thracia wird prokuratorische Provinz, zu einem nicht bekannten Zeitpunkt auch Noricum und Raetia.
47 „Ludi saeculares" (21. April).
47–48 Zensur des Claudius mit L. Vitellius. Die Schätzung ergibt ca. 6 Mio. römische Bürger.
48 Claudius' Frau Messalina heiratet während einer Abwesenheit des Prinzeps den Senator C. Silius, der auf diese Weise den Prinzipat erstrebt, doch werden beide hingerichtet.
49 Claudius heiratet Agrippina, deren Sohn L. Domitius Ahenobarbus (= der spätere Kaiser Nero) von dem stoischen Philosophen und Dichter *L. Annaeus Seneca* erzogen wird.
L. Annaeus *Seneca* 50 Ausweisung von Juden aus Rom.
25. Febr. Claudius adoptiert L. Domitius Ahenobarbus, der den Namen Nero Claudius Drusus Germanicus Caesar erhält.
52 Vollendung zweier neuer Wasserleitungen, der Aqua Claudia und der Anio Novus.
53 Durch Senatsbeschluss erhalten die kaiserlichen Finanzprokuratoren in den Provinzen Jurisdiktionsgewalt.
54 Claudius wird von Agrippina vergiftet, aber vom Senat konsekriert, von Seneca in dessen
13. Okt. Apokolokyntosis (Verkürbissung) verhöhnt.
Nero **54–68** *Nero* (Nero Claudius Caesar Augustus Germanicus):
54 Nero (*37 in Antium, †68) wird vom Prätorianerpräfekten Sex. Afranius Burrus den Präto-
13. Okt. rianern präsentiert, von diesen zum Imperator ausgerufen und vom Senat bestätigt. Die durch Claudius gefestigte Reichsverwaltung wird zunächst von Burrus und Seneca geleitet. Die Parther erobern Armenien; Tiridates, Bruder des Partherkönigs Vologaeses, wird dort als König eingesetzt.
Cn. Domitius Corbulo, zum Statthalter von Cappadocia und Galatia ernannt, leitet fortan die Unternehmungen im Osten.
57–60 Corbulo erobert Armenien, 58 fällt die Hauptstadt Artaxata (Artashat).
Ermordung der 59 *Nero lässt seine Mutter Agrippina ermorden.* Er führt neue Spiele ein, tritt selber auf.
Agrippina 60 Tigranes V. wird als König von Armenien eingesetzt. Corbulo wird Legat von Syrien.
Aufstand der 61 *Aufstand der Briten* unter Königin Boudicca, hervorgerufen durch die Einbeziehung der
Briten Iceni in die römische Provinz und durch die Härte der römischen Verwaltung. Die Aufständischen nehmen Camulodunum und Londinium (London), bis es dem Statthalter C. Suetonius Paullinus gelingt, die Briten in einen Hinterhalt zu locken und zu schlagen.
61–65 Boudicca begeht Selbstmord.
Weitere Kämpfe in Armenien.

	62	Der Tod des Burrus, Senecas Rückzug aus der Politik und die Heirat Neros mit Poppaea Sabina markieren den Übergang zu einem despotischen Regime.
	64	Neros ständige Geldnot führt zur Reduktion des Gold- bzw. Silbergehalts des Aureus und Denars. Die Vorschrift wird eingeführt, dass der Prinzeps bei Testamenten bedacht werden muss. Dazu kommen große Konfiskationen, vor allem in Afrika.
		Annexion von Pontos, das der Provinz Galatia zugeschlagen wird.
18.–19. Juli		*Brand Roms*, für den die Christen verantwortlich gemacht und deswegen grausam bestraft werden.	*Brand Roms*
		Tod des Satirendichters A. Persius Flaccus (aus Volterra, *34).
	64–65	Wiederaufbau Roms und Bau einer großen kaiserlichen Palastanlage mit der „domus aurea"; Raub von Kunstschätzen im ganzen Reich.
	65	Die wachsende Opposition gegen Nero, die auch philosophisch begründet wird, gipfelt in der *Pisonischen Verschwörung*. Auch Prätorianer sind beteiligt. Die Verschwörung wird entdeckt, C. Calpurnius Piso mit vielen anderen hingerichtet, Seneca und der Epiker M. Annaeus Lucanus (aus Corduba, 39–65; verfasst ein Epos über den Bürgerkrieg, „Pharsalia") zum Selbstmord gezwungen. Das Morden geht auch im folgenden Jahr weiter. Der	*Pisonische Verschwörung*
	66	Dichter C. Petronius Arbiter (Satyricon) begeht Selbstmord.
		Tiridates, der 65 angesichts einer großangelegten Invasion Corbulos in Armenien seine Krone vor einer Statue Neros niedergelegt hat, erhält sie unter großem Pomp aus der Hand Neros zurück.
		Ausbruch eines großen *jüdischen Aufstandes* in Iudaea gegen die harte Politik der römischen Prokuratoren. In Rom Vinicianische Verschwörung.	*jüdischer Aufstand*
	66–67	Große Demonstrationsreise Neros durch Griechenland; der Prinzeps nimmt an Spielen teil und verkündet auf den Isthmien von 66, wie T. Quinctius Flamininus 196 v.Chr., die Freiheit Griechenlands.
	67	T. Flavius Vespasianus wird mit dem Krieg gegen die Juden beauftragt.
		Die Kommandeure von Ober- und Niedergermanien und Corbulo werden zum Selbstmord gezwungen. Damit gerät die Loyalität der Provinzialheere ins Wanken.
	68	C. Iulius Vindex, Statthalter der Gallia Lugdunensis, revoltiert. Ihm schließen sich Ser. Sulpicius Galba, Statthalter von Hispania Tarraconensis, u. a. an. Vindex wird zwar von L. Verginius Rufus (Kommandeur in Obergermanien) geschlagen, dieser unterstellt sich aber dem Senat, mit dem auch der Prätorianerpräfekt L. Nymphidius Sabinus gemeinsame Sache macht.
8. Juni		Galba wird vom Senat als Kaiser anerkannt. *Nero* wird zum Staatsfeind erklärt und *tötet*	*Selbstmord*
9. Juni		*sich selbst*.	*Neros*
		Damit ist die iulisch-claudische Dynastie erloschen. Der neue Kaiser besitzt kaum Anhang und kann sich nur kurze Zeit halten. In dieser Krise des Reiches, die in kurzer Folge vier Kaiser hervorbringt (*Vierkaiserjahr*), fällt die endgültige Entscheidung aufgrund der militärischen Macht in den Provinzen.	*Vierkaiserjahr*
	68–69	Galba (Imperator Caesar Augustus):
		Galba (*3 v.Chr., †69 n.Chr.), dessen Prinzipat vom Senat zunächst als Wiederherstellung republikanischer Formen angesehen wird, macht sich schnell aufgrund großer Strenge und Verweigerung von Donativen für die Prätorianer unbeliebt. Gegner in den Provinzen und in Rom werden getötet.
	69	Das niedergermanische Heer ruft seinen Kommandeur, A. Vitellius, gegen Galba zum Kaiser aus.
1. Jan.		
10. Jan.		Galba adoptiert L. Calpurnius Piso Frugi Licinianus, um die Situation zu retten. Der bei der
15. Jan.		Adoption zurückgesetzte M. Salvius Otho (*32) gewinnt die Prätorianer für sich. *Galba wird ermordet*, Otho von der Garde zum Kaiser ausgerufen und vom Senat anerkannt (Imperator Caesar Augustus). Er versucht, die Provinzen durch Zugeständnisse zu gewinnen, doch schließt sich fast der gesamte Westen Vitellius an, der zwei Heere unter A. Caecina Alienus und Fabius Valens nach Italien in Marsch setzt. Nach ihrer Vereinigung schlagen	*Galba*
16. April		sie die Truppen Othos bei Bedriacum (Calvatone), *Otho begeht Selbstmord*.	*Otho*
		A. Vitellius (Germanicus, *12, †69) marschiert nach Rom. Gegen ihn rufen die Truppen
1. Juli		Ägyptens unter Ti. Iulius Alexander den mit dem Krieg gegen die Juden beauftragten T. Flavius Vespasianus zum Kaiser aus, die Legionen Iudaeas und Syriens schließen sich an. Der Statthalter Syriens, C. Licinius Mucianus, bricht nach Italien auf. Auch die Donaulegionen erklären sich für Vespasian. Unter M. Antonius Primus besiegen sie, bevor noch
24. Okt.		Mucianus in Italien eingetroffen ist, die Truppen des Vitellius bei Cremona, das geplündert wird. Unter weiteren Plünderungen ziehen die Legionen nach Rom und nehmen es ein.
20. Dez.		*Vitellius wird getötet*.	*Vitellius*

Die flavischen Kaiser

Vespasian

69–79 *Vespasian* (Imperator Caesar Vespasianus Augustus):
Vespasian (*9, †79) gewinnt ein gutes Verhältnis zur römischen Aristokratie, obwohl es auch eine philosophisch begründete Opposition gibt. Seine Hauptleistung liegt darin, dass er in Fortführung der Politik des Claudius die *Reichsverwaltung weiter ausbaut*. Nach dem Bürgerkrieg werden die Finanzen saniert, Privilegien für bestimmte Gebiete (z. B. Griechenland) aufgehoben und die Ausgaben für Congiarien und Donative zurückgeschraubt. Die Erträge der Landwirtschaft (besonders auch der kaiserlichen Domänen) sucht Vespasian durch Ansiedlung von Kolonen zu erhöhen. Besonders im Osten wird die Provinzialorganisation reformiert. Der Gründung von Kolonien, der Erhebung von Städten zu Munizipien, der Verleihung des Bürger- und Latinerrechts entspricht das vermehrte Eindringen von (auch östlichen) Provinzialen in den Senatorenstand und in die kaiserliche Verwaltung. Durch viele Straßen- und Brückenbauten wird die Kommunikation verbessert; auch die übrige Bautätigkeit Vespasians (z. B. Amphitheater) bleibt nicht auf Rom beschränkt. Feste Legionslager werden entweder wiederhergestellt oder neu errichtet. Bei der Besetzung vor allem der militärischen Posten achtet Vespasian auf Qualifikation durch Erfahrung. In Ansätzen bildet sich so etwas wie eine zivile Karriere heraus, für die der Dienst als Militärtribun nur noch eine Formalität ist.

Ausbau der Reichsverwaltung

69 Die Stellung Vespasians wird in der teilweise inschriftlich erhaltenen „lex de imperio Vespasiani" umschrieben. Titus und Domitian, die Söhne Vespasians, werden „Caesares" und „principes iuventutis".

69–70 Bataveraufstand unter Iulius Civilis, der zunächst gegen die Vitellius anhängenden Legionen kämpft, nach der Schlacht bei Cremona aber zur offenen Rebellion übergeht, die Rheingermanen und weitere gallische Führer (die Treverer Iulius Tutor und Iulius Classicus) gewinnt. Die Legionslager nördlich von Moguntiacum (Mainz) werden genommen. Streitigkeiten innerhalb der Gallier und das energische Eingreifen römischer Legionen unter Q. Petillius Cerialis beenden den Aufstand. In der Folge werden die gallischen und germanischen Auxilien, die den Aufstand unterstützt haben, stets in anderen Gebieten des Imperiums eingesetzt.

Zerstörung Jerusalems

70 *Einnahme und Zerstörung Jerusalems* durch Titus (Darstellung auf dem Titusbogen), der auch die tribunizische Gewalt erhält. Im Gefolge des Krieges kommt der Historiker Flavius Iosephus (*37/38, †nach 100) nach Rom, der in seinem „Jüdischen Krieg" die Römer verteidigt und in seinen „Jüdischen Altertümern" der hellenistischen Welt das Judentum bekannt machen will.

70–71 Neubau des Iupiter-Tempels auf dem Kapitol.

Colosseum

70–80 Bau des Flavischen Amphitheaters (*Colosseum*).

71–73 Feldzüge des Q. Petillius Cerialis gegen die Briganten in Nordengland.

72/73 Fall der jüdischen Festung Masada.

73–74 Vespasian und Titus bekleiden die Zensur.
Die Zahl der senatorischen Familien wird erhöht, Spanien erhält das Latinerrecht.
Feldzug des Cn. Cornelius Pinarius Clemens zum oberen Neckar. Das Land (von Tacitus „Decumates agri" genannt) wird durch Kastelle und Kolonisten gesichert und damit die Konzeption des späteren Limes vorbereitet.

74 Astrologen und stoische Philosophen werden aus Rom ausgewiesen.

74–76 Kämpfe des Sex. Iulius Frontinus gegen die Silluren in Südwales.

75 Ausdehnung des Pomerium (Stadtgrenze Roms).
Aufteilung von Africa in Africa Vetus und Africa Nova.

77/78–84 Feldzüge des Cn. Iulius Agricola in England und Schottland.

79 Tod Vespasians (23. Juni), der konsekriert wird.

Titus

79–81 *Titus* (Imperator Titus Caesar Vespasianus Augustus):
Titus (*39 in Rom; †81) setzt in jeder Beziehung die Politik seines Vaters fort.

Ausbruch des Vesuv

79 Durch einen *Ausbruch des Vesuv* werden Pompeii und Herculaneum zerstört. Dabei kommt
24. Aug. auch der Präfekt der Flotte von Misenum, C. Plinius Secundus (*23/24 in Comum), um, der u.a. eine Naturkunde (Naturalis historia) verfasst hat.

80 Brand Roms. Einweihung des Colosseums.

81 Titus stirbt (13. Sept.) und wird später konsekriert.

Domitian Reichsverwaltung zentralisiert

81–96 *Domitian* (Imperator Caesar Domitianus Augustus):
Domitian (*51, †96) versteht sich als autokratischer Herrscher, der in schwere Konflikte mit der Senatsaristokratie gerät. Die *Reichsverwaltung wird weiter zentralisiert*, Domitian

überwacht alle Angelegenheiten persönlich und drängt so die Macht der Freigelassenen in der Zentrale zurück. In zwei wichtigen Ressorts werden Freigelassene durch Ritter ersetzt. Die Reichsverteidigung wird effektiv organisiert. Domitian erhöht den Sold der Truppen von 225 auf 300 Denare pro Jahr, leitet häufig selbst militärische Unternehmungen und behält dadurch enge Verbindung zu den Truppen. Aus der Sicht der Provinzialen erscheint sein Regiment in einem wesentlich besseren Licht als aus der Sicht der Senatsaristokratie. – Ausgedehnte Bautätigkeit in Rom, u.a. Domitians-Palast auf dem Palatin, Iupitertempel auf dem Kapitol (Wiederherstellung 82 abgeschlossen), weitere Tempel, Stadion auf dem Marsfeld (heute Piazza Navona), Horrea (Getreidespeicher).

82/84 Verleihung des (inschriftlich erhaltenen) Munizipalrechts an Malaca (Málaga) und Salpensa (Provinz Sevilla) in Spanien.

83–85 Kriege gegen die Chatten (83 unter Domitian selbst); weiterer Ausbau der rechtsrheinischen Grenzsicherung durch *Anlage eines Limes*. *Anlage eines Limes*

84 Abschluss der Kämpfe in Britannien unter Cn. Iulius Agricola.

85/90 Die germanischen Militärdistrikte werden als Provinzen eingerichtet.

85 Domitian nimmt den Titel „censor perpetuus" an, kontrolliert streng das moralische Verhalten vor allem der Führungsschichten und stützt die traditionelle römische Religion (Verurteilung von Vestalinnen).

Die Daker, die einen einheitlichen Staat gebildet haben, fallen in Mösien ein.

86 Erster *Daker-Feldzug* Domitians. Schwere Niederlage und Tod des Gardepräfekten *Daker-Feldzüge*

86/87 M. Cornelius Fuscus gegen den Dakerkönig Decebalus. Die Provinz Moesia wird geteilt. Domitian lässt sich fortan „dominus et deus" (Herr und Gott) nennen.

88 Feier der „ludi saeculares".

Zweiter Daker-Feldzug unter Iulius Tettianus, der Decebalus bei Tapae schlägt und mit ihm Frieden schließt.

89 Weil die Markomannen, Quaden und Iazygen keine Heeresgefolgschaft gegen die Daker geleistet haben, Feldzug gegen sie (unter Domitian selbst) ohne sichtbaren Erfolg. Erneuerung der „lex Iulia de adulteriis", Vertreibung der Mathematiker und Philosophen aus Rom.

90 Ein Aufstand des obergermanischen Legaten L. Antonius Saturninus wird niedergeworfen, bevor Domitian persönlich eingreift.

92 Nach dem Tod Iulius Agrippas II. werden Gaulanitis und Trachonitis annektiert. Einfall der Markomannen, Quaden und Iazygen in Pannonien und Vernichtung einer Legion. Unter Domitian Kämpfe vor allem gegen die Iazygen.

Durch Edikt wird der Weinanbau in den Provinzen zugunsten Italiens begrenzt – einer der ganz seltenen kaiserlichen Eingriffe in die Wirtschaft.

seit 93 Wegen Furcht vor Attentaten verstärkter Terror in Rom, der schließlich zur *Ermordung Domitians* führt; dessen Taten verfallen der „damnatio memoriae" (Auslöschung der Erinnerung). *Ermordung Domitians*

96

18. Sept. M. Cocceius Nerva (*30 in Narnia, †98) wird von den Gardepräfekten zum Kaiser ausgerufen.

Das Adoptivkaisertum

96–98 *Nerva* (Imperator Nerva Caesar Augustus): *Nerva*
Verurteilte erhalten Amnestie, konfiszierte Güter werden zurückerstattet.

97 Die Alimentationen (Unterstützung armer frei geborener Kinder durch Stiftungsfonds) werden staatlich geregelt.

Als die Prätorianer eigenmächtig die Mörder Domitians töten, *adoptiert Nerva M. Ulpius Traianus* (*53 in Italica, †117), den Statthalter Obergermaniens, und designiert ihn zum Nachfolger. *Nerva adoptiert Traian*

98 Tod Nervas (27./28. Jan.).

98–117 *Traian* (Imperator Caesar Nerva Traianus Augustus): *Traian*
Mit ihm gelangt der erste Römer provinzialer Herkunft auf den Thron. Obwohl in der Reichsverwaltung Claudius und den Flaviern folgend, ist er auf Ausgleich mit dem Senat bedacht.

100 Sein durch Zurückhaltung gekennzeichneter Herrschaftsstil und die Tatsache seiner Adoption nähren die im „Panegyricus" des C. Plinius Caecilius Secundus (d. Jüngeren) ausge-

drückte Hoffnung, dass der Ausgleich zwischen Prinzeps und Senat erhalten bleiben und künftig immer der Beste herrschen werde. Der Philosoph Dio Chrysostomos, unter Domitian aus Rom verbannt, entwirft das Ideal eines pflichtbewussten Monarchen. – Fast alle Posten der kaiserlichen Zentralverwaltung nehmen von nun ab Ritter ein; „correctores" und „curatores rei publicae" werden ernannt, um die Ordnung und die finanzielle Situation in den Städten Italiens und des Reiches zu „korrigieren" . Die Organisation der Alimentationen wird ausgebaut.

Erster Daker-Feldzug

101–102 *Erster Daker-Feldzug* Traians, nachdem der Dakerkönig Decebalus seine Stellung gefestigt hat. Unter ständiger Sicherung durch Anlage von Straßen und Befestigungen dringt Traian mit großer Heeresmacht nach Dakien vor und zwingt Decebalus zum Friedensschluss, der Dakien zu einem Klientelkönigtum macht.

seit 102 Apollodorus von Damascus baut bei Drobeta (Turnu Severin, Rumänien) eine Steinbrücke über die Donau.

Zweiter Daker-Feldzug

105–106 Erneute Angriffe des Decebalus gegen umliegende Völkerschaften führen zum *Zweiten Dakerkrieg*. Sarmizegetusa (Várhely) wird genommen und niedergebrannt, Decebalus flieht und begeht Selbstmord, Dakien wird Provinz.

106 Pannonien wird in zwei Provinzen geteilt, Arabien annektiert.

Rege Bautätigkeit im ganzen Reich (vor allem Straßen, Brücken, Aquädukte, Theater, Bäder).

110/111– C. Plinius Caecilius Secundus als Sonderbeauftragter in Bithynien; Briefwechsel mit Traian

Christen

112/113 und Reskript Traians, das die Behandlung der *Christen* regelt.

113 Einweihung des Traiansforums mit Traianssäule (Darstellung der Dakerkriege) und umliegenden Märkten.

Als in Armenia der mit römischer Zustimmung eingesetzte König Axidares mit Billigung

Parther größte Ausdehnung des Imperiums

114–117 des Partherkönigs Osroes verdrängt wird, kommt es zum *Partherkrieg*. Armenia, Mesopotamia und Assyria werden nacheinander erobert und zu Provinzen gemacht. *Damit erreicht das Imperium seine größte Ausdehnung.*

114 Traian erhält den Titel „optimus princeps".

115–117 Aufstand des Diasporajudentums.

116–117 Gleichzeitig damit parthische Gegenangriffe in Mesopotamien. Parthamaspates wird als

117 Partherkönig eingesetzt, von den Parthern aber nicht anerkannt.

vor Traian erkrankt schwer, soll noch auf dem Sterbebett P. Aelius Hadrianus (*76 in Italica,

9. Aug. †138) adoptiert haben und stirbt in Selinus (Kilikien).

Hadrian

117–138 *Hadrian* (Imperator Caesar Traianus Hadrianus Augustus):

Unter Hadrian herrscht in den meisten Gebieten des Reiches Friede. Der Prinzeps bereist fast alle Provinzen, regelt überall die Verwaltung, gründet Städte, regt Bauten in den Städten an, inspiziert die Heere und Verteidigungsanlagen. Obwohl er die Reichsverwaltung systematisch und zentralistisch ordnet (unter ihm dringen die Ritter endgültig in alle wichtigen prokuratorischen Posten ein), stützt er lokale Traditionen und erweist sich durch den Stil seiner stark persönlich geprägten Administration als ein paternalistischer Herrscher. Durch gesetzliche Regelungen wird die Willkür in der Behandlung der Sklaven eingeschränkt, Stellung der Mutter im Erbrecht verbessert, die Möglichkeit des Erbens für Soldatenkinder geschaffen; die Verpflichtungen für Pächter werden genau festgelegt.

117 Hadrian wird zum Kaiser ausgerufen (11. Aug.). Er gibt Armenien, Mesopotamien und Assyrien als Provinzen auf.

117–118 Auf dem Weg nach Italien bekämpft Hadrian die Iazygen und Roxolanen, welche die Donauprovinzen bedrohen. Kurz darauf wird Dacia in zwei Provinzen geteilt.

118 Eine in ihren Hintergründen ungeklärte Verschwörung von vier Konsularen wird vom Gardepräfekten P. Acilius Attianus unterdrückt, die Verschwörer werden hingerichtet. Das Ereignis überschattet Hadrians Ankunft in Rom und dessen Verhältnis zur Aristokratie, das während der ganzen Regierungszeit kühl bleibt, obwohl der Prinzeps die Rechte des Senats respektiert. – Schuldenerlass in Rom.

118–125 Neubau des Pantheons.

118–138 Bau der Villa Hadriana bei Tivoli.

119/120 Reise Hadrians durch Italien.

erste Provinzreise Hadrians

121–126 *Erste Provinzreise Hadrians*, die ihn nach Gallien, Germanien, Britannien, Spanien, Mauretanien, Kleinasien, in die Donauprovinzen, nach Griechenland und Sizilien führt.

Bau des Hadrianswalles

122 Der Prinzeps veranlasst den *Bau des Hadrianswalles* (vom Solway zum Tyne) in Britannien.

123 Verhandlungen mit dem Partherkönig.

124 Einrichtung der Provinz Dacia Porolissensis.

124–125 Besuch Athens und Einweihung in die eleusinischen Mysterien.

127	Reise durch Italien.
128	Annahme des Titels „pater patriae", den Hadrian vorher abgelehnt hat. Besuch Afrikas.
128–134	**Zweite große Rundreise** in den Osten nach Athen, Kleinasien, Syrien, Arabien, Palästina, Ägypten und auf den Balkan.
um 130	Die Jurisdiktionsedikte der römischen Magistrate werden vom Juristen P. Salvius Iulianus abschließend redigiert und vom Senat bestätigt.
130	Wiederaufbau Jerusalems als Aelia Capitolina. Wohl dadurch und durch den Plan eines
132–135	Tempels für Iupiter wird der *Bar Kochba-Aufstand* ausgelöst, in dessen Folge viele Juden aus Palästina vertrieben werden.
134	Einweihung des Mausoleums Hadrians (Engelsburg).
135	Einweihung des Tempels der Venus und der Roma.
136	Wegen einer Erkrankung adoptiert Hadrian den L. Ceionius Commodus (= L. Aelius Verus).
138	Als der designierte Nachfolger stirbt, *adoptiert* Hadrian den T. Aurelius Fulvius Boionius Arrius Antoninus (= Imperator T. Aelius Caesar Antoninus) und verpflichtet ihn, seinerseits M. Annius Verus (= M. Aelius Aurelius Verus) und L. Ceionius Commodus (= L. Aelius Aurelius Commodus) zu adoptieren.
10. Juli	Tod Hadrians, der 139 in seinem Mausoleum beigesetzt und konsekriert wird.

Randglossen: *zweite große Rundreise*; *Bar Kochba-Aufstand*; *Adoptionen*

Wirtschaft, Gesellschaft, Verwaltung und Kultur zur Zeit Hadrians

Durch die mit dem Kaiserfrieden geschaffenen günstigen Bedingungen (Ende der Bürgerkriege, Abbau der riesigen Bürgerkriegsheere, Wegfall der Ausbeutung durch Statthalter, Überwachung der Staatspächter, Verbesserung der Kommunikation) blüht die *Wirtschaft* im römischen Reich auf. Techniken der Bodenbearbeitung und der Warenproduktion werden überallhin verbreitet. Da die Verkehrswege sicher sind und das Straßennetz dauernd ausgebaut wird, können Waren gleichsam weltweit ausgetauscht werden. Der relativ kleine Verwaltungsapparat, die insgesamt geringe Kriegstätigkeit und die Zurückhaltung verschiedener Prinzipes im persönlichen Lebensstil ermöglichen es, die finanziellen Anforderungen an Bürger und Provinzialen niedrig zu halten. Der Geldwert bleibt im Wesentlichen stabil. – Für die Zeit um 100 wird der Anteil der Bauern an der Gesamtbevölkerung des Reiches auf ca. 70–75 % geschätzt. Die *Landwirtschaft* bildet also weiterhin den wichtigsten Wirtschaftszweig im Imperium Romanum. Der Boden ist vor allem aufgeteilt in kaiserliche Domänen, die während des 1. Jh.s (u.a. durch Konfiskationen und Legate) beträchtlich anwachsen, Großgrundbesitz und bäuerlichen Mittel- und Kleinbesitz. Die Bewirtschaftung der Domänen und großen Güter erfolgt teils durch Sklaven, teils durch freie Pächter – „coloni" –, deren Partner meist nicht der Besitzer, sondern ein Großpächter – „conductor" – ist. Obwohl die Sklavenwirtschaft als die rentabelste Wirtschaftsform gilt, gewinnt das Kolonentum an Boden, weil Sklaven knapp werden und Kolonen, wie schon der römische Agrarschriftsteller L. Iunius Moderatus Columella (um die Mitte des 1. Jh.s) ausführt, eine sicherere Rendite bringen als Sklaven, wenn der Gutsbesitzer diese nicht selbst überwacht. Dies ist aber die Regel bei den römischen Gutsbesitzern, die mit den Erträgen ihrer Güter ein Rentnerdasein führen. Hier liegt eines der wichtigsten Probleme der römischen Landwirtschaft seit der Republik. Die Gutsbesitzer konsumieren die Gewinne aus ihren Gütern, z.B. für glanzvolle Spiele und Bauten in den Städten, eine Reinvestition findet kaum statt. Unter den günstigen Bedingungen des frühen Prinzipats machen sich die Nachteile des Systems zunächst nicht bemerkbar, aber schon Plinius der Jüngere berichtet in seinem Briefwechsel, dass Gutsbesitzer den Rückstand von Pachten durch Verkauf von Arbeitsmaterialien wettgemacht, dadurch aber den Wert von Gütern verringert hätten. Auch Pächter selbst, deren Verträge in der Regel fünf Jahre laufen, hätten sich nicht um die Bezahlung ihrer Rückstände gekümmert, sondern alles verbraucht. Auf den kaiserlichen Domänen werden Pächter rar, sodass z.B. Hadrian besondere Anreize für diejenigen schafft, die unbebaute Äcker (agri deserti) bewirtschaften wollen.

Diese Probleme stellen sich dort besonders scharf, wo der Großgrundbesitz und die kaiserlichen Domänen weit verbreitet sind, d.h. vor allem in Italien, Afrika (außer Ägypten) und den Westprovinzen. Die Ernennung von „curatores rei publicae" und „correctores" seit Traian kann mit diesen Schwierigkeiten zusammenhängen; denn der Reichtum der Städte ist in erster Linie von ihrem Umland abhängig. Zwar gibt es Beispiele für *Manufakturen*, die überregionale Bedeutung erlangen, wie etwa die „terra sigillata" – Produktion von Arretium. Da aber der Landtransport äußerst teuer ist, tendieren die Abnehmer dazu, Waren möglichst im eigenen Gebiet herzustellen. Deshalb bilden sich kaum Großbetriebe aus. Ebenso bleibt dadurch der Handel begrenzt, auch wenn bestimmte Luxusgüter über weite Strecken verkauft werden.

Diese Verhältnisse spiegeln sich wider in der Führungsstruktur der *Städte*. Die städtischen Führungsschichten (Magistrate, Dekurionen) werden fast durchweg von Landbesitzern gestellt. Nur wenige Städte (z.B. Lugdunum-Lyon, Arelate-Arles, Ostia, Alexandreia) sind ausgesprochene Handelsstädte. Neben der Bedeutung der Städte als Wohnsitze der umliegenden Grundbesitzer und als lokale Märkte ist vor allem ihre Bedeutung als Verwaltungszentren und – allgemeiner – als Medien der Vermittlung zwischen Rom und dem Reich hervorzuheben. Nur über die Städte kann die römische Verwaltung den einzelnen Bürger und Provinzialen erreichen. Aufgrund dieser Vermittlungsfunktion entsteht in den Städten eine spezifische Öffentlichkeit, die sich z.B. in öffentlichen Plätzen und Gebäuden, in Tempeln, Theatern, Bädern, in Denkmälern für den Kaiser äußert. In diesem Sinn wird die Kultur des gesamten Imperium Romanum zu einer städtischen, und bis etwa zur Mitte des 2. Jh.s rivalisieren die Städte geradezu miteinander in der Bautätigkeit.

Finanzen — Die *finanziellen Ressourcen* des Reiches setzen sich zusammen aus den Tributen der Provinzen, aus Steuern (5% Erbschafts-, 1% Verkaufs-, 4% Freilassungssteuer) und Zöllen, aus den Erträgen der Bergwerke. Die Verpachtung der Tribute und Zölle an Publikanengesellschaften wird seit Augustus zurückgedrängt. Zölle (portoria) werden zwar noch verpachtet, ihr Einzug aber durch kaiserliche Prokuratoren kontrolliert, bis um die Mitte des 2. Jh.s der Staat auch hier direkt tätig wird. Das Reich ist in Zollgebiete eingeteilt (z.B. Gallien, Spanien, Illyricum), die gleichzeitig Wirtschaftsgebiete bilden. – Neben den Steuern und Zöllen sind die munera, Dienstleistungen, zu nennen, zu denen die Einwohner des Reiches verpflichtet sind. Sie reichen vom Unterhalt von Straßen und Leistungen für die kaiserliche Post bis zur Finanzierung von Spielen und Bauten. – Das kaiserliche Vermögen wird gespeist aus den kaiserlichen Domänen, durch Berücksichtigung des Prinzeps in Testamenten, durch Konfiskationen und durch Geschenke, die teilweise, wie das „Krongold" (aurum coronarium), den Charakter einer Sondersteuer annehmen.

gesellschaftliche Einteilungen Romanisierung — Die grundlegenden *gesellschaftlichen Einteilungen* ändern sich in den ersten 150 Jahren des Prinzipats nicht. Die Bedeutung der Ritter als Träger der kaiserlichen Verwaltung nimmt zu. Das wichtigste gesellschaftliche Phänomen der ersten beiden nachchristlichen Jahrhunderte ist vielleicht die *Romanisierung* der Bevölkerung. Das römische Bürgerrecht und seine Vorform, das Latinerrecht, breiten sich teilweise über ganze Länder (Spanien) aus. Senatoren und Ritter werden zunehmend auch aus den Provinzen rekrutiert, mit Traian gelangt der erste Provinzialrömer auf den Thron. Die Legionen, bis zu Gaius überwiegend noch aus Italikern zusammengesetzt, werden seit Hadrian nur noch zu einem geringen Prozentsatz von Italien gestellt. Dieser Prozess vollzieht sich zwar nicht ohne Opposition, aber insgesamt doch unter großer Zustimmung der Beteiligten. Ausdruck dafür ist, dass der Titel „colonia" (ursprünglich eine von Rom gegründete Siedlung) von den Provinzstädten bevorzugt wird gegenüber dem Titel „municipium" (ursprünglich eine Stadt, die das römische Bürgerrecht erhält).

Zentral- und Reichsverwaltung — In der Zeit zwischen Augustus und Hadrian bildet sich eine genuine *Zentral- und Reichsverwaltung* aus. Angesichts der Größe des Reiches kommt sie mit einem Minimum von Personal aus, da die Städte in weitem Umfang Selbstverwaltung genießen. – Die Verwaltung ist nur insofern hierarchisch strukturiert, als der Kaiser – in einigen Fällen zusammen mit dem Senat – ihre Spitze bildet. Zwischen den einzelnen Ämtern gibt es in der Regel keine hierarchischen Abhängigkeiten. Dagegen gibt es eine Rangfolge der Ämter und von daher typische Laufbahnen für Senatoren und Ritter. – Dem Einfluss des Prinzeps können sich auch die Ämter nicht entziehen, die teilweise dem Senat unterstellt sind. Dieser Bereich einer institutionell festgelegten Kooperation zwischen Prinzeps und Senat ist entscheidend für den inneren Frieden in Rom. Vom Herrschaftsstil der einzelnen Prinzipes hängt es ab, inwieweit dem Senat eine Chance zur Mitregierung eingeräumt wird. – Außer bei den alten republikanischen Magistraturen besteht bei den Ämtern weder Kollegialität (im alten Sinn) noch Annuität. Die Amtsträger werden durch den Prinzeps eingesetzt. Gesichtspunkte einer sachlichen Qualifikation werden zunehmend berücksichtigt, wenn auch das Prinzip einer patrimonialen Rekrutierung durch den Prinzeps nie grundsätzlich durchbrochen wird. – Senatoren bekleiden weiterhin die Ämter, die ihnen schon unter Augustus verliehen oder neu zugewiesen worden sind. Eine entscheidende Veränderung bis zu Hadrian vollzieht sich dadurch, dass die Ritter alle wichtigen Posten der kaiserlichen Zentrale und die Finanzprokuraturen in den Provinzen übernehmen, teilweise auch senatorischen Curatores oder Praefecti beigegeben werden. In diesem Prozess manifestiert sich die Verstaatlichung des Prinzipats und der kaiserlichen Zentralverwaltung. Ihre Funktionen, ursprünglich als private des Prinzeps entstanden und von Freigelassenen und Sklaven durchgeführt, werden schließlich zu öffentlichen. – Freigelassene und Sklaven bleiben als Verwaltungspersonal unterhalb der Leiter verschiedener Ressorts und auf kaiserlichen Domänen und sonstigen Besitzungen bedeutsam.

Gesetzgebung *Anordnungen der Kaiser* — In der *Gesetzgebung* verlieren die Volksversammlungen seit Claudius jede Funktion; eine Ausnahme bilden nur die Gesetze, durch die dem Kaiser jeweils bei Herrschaftsantritt die Gewalt übertragen wird (leges de imperio). An die Stelle der Volksgesetze treten Senatsbeschlüsse, die faktisch Gesetzeskraft erhalten, und *Anordnungen der Kaiser* (constitutiones principis), die vor allem in drei Formen ergehen: dem magistratischer Praxis nachgebildeten Edikt (allgemeine Kundmachung), dem Reskript (schriftlicher Bescheid auf Anfrage) und dem Dekret (richterliche Entscheidung). Die Jurisdiktionsedikte der Magistrate werden unter Hadrian von dem Juristen P. Salvius Iulianus redigiert und durch Senatsbeschluss verabschiedet.

Rechtspflege — In der *Rechtspflege* bildet sich das Kaisergericht aus, das, ausgehend von der dem Kaiser mit seinen Funktionen (z.B. als Statthalter) zustehenden Jurisdiktionsgewalt, bald zu einer allgemeinen Zuständig-

Der Prinzipat Das Adoptivkaisertum 271

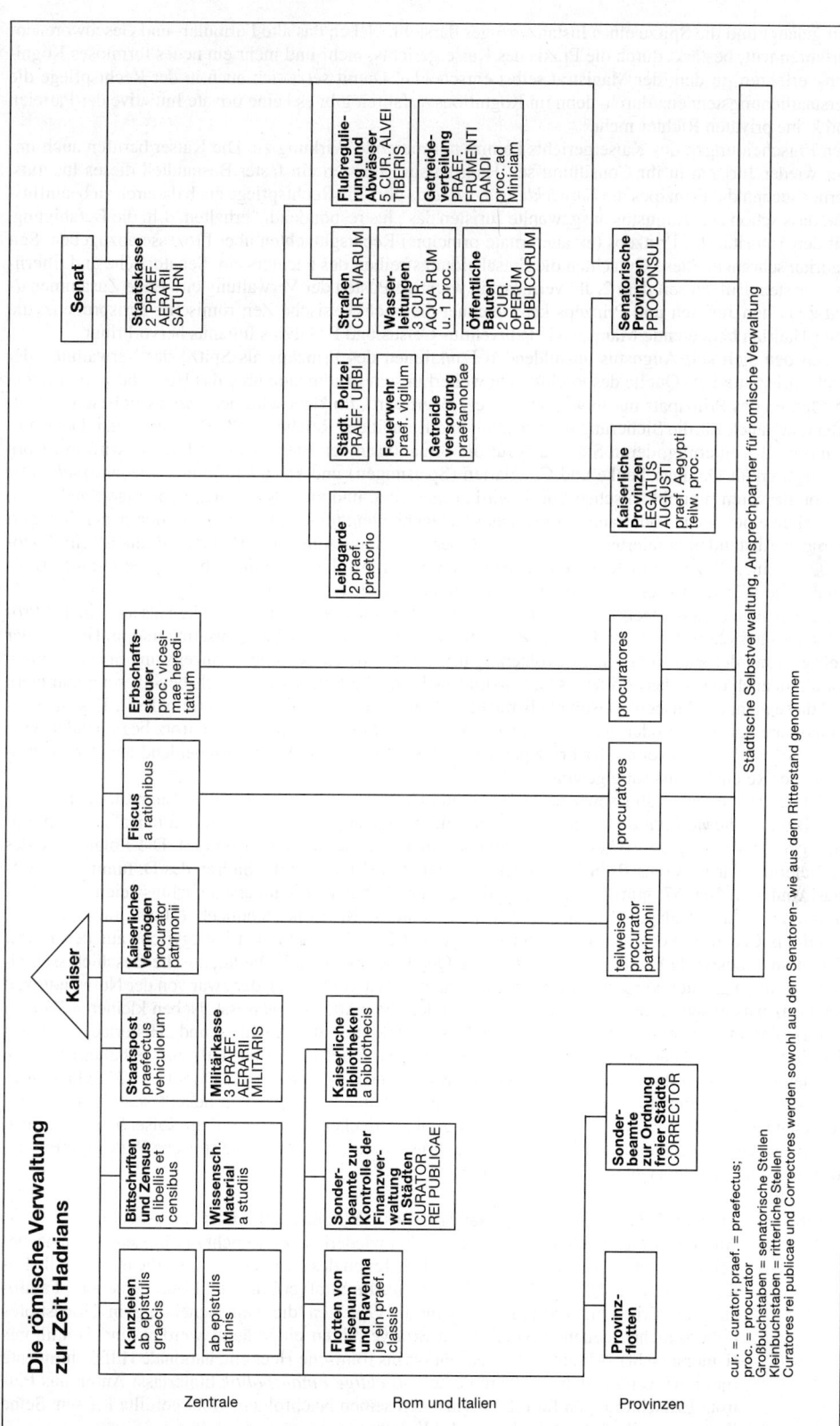

keit gelangt und die Spitze eines Instanzenzuges darstellt. Neben das alte Formular- und Geschworenenverfahren tritt, bestärkt durch die Praxis des Kaisergerichts, mehr und mehr ein neues formloses Kognitionsverfahren, in dem der Magistrat selbst entscheidet. Damit setzt sich auch in der Rechtspflege die Verstaatlichungstendenz durch, denn im Kognitionsverfahren gibt es keine private Initiative der Parteien und keine privaten Richter mehr.

Den Entscheidungen des Kaisergerichts kommt normierende Wirkung zu. Die Kaiser berufen auch immer wieder Juristen in ihr Consilium; seit Hadrian sind Juristen ein fester Bestandteil dieses Instituts.

Entwicklung des Rechts

Ferner suchen die Prinzipes die *Entwicklung des Rechts* über die Rechtspflege auch dadurch zu beeinflussen, dass schon seit Augustus ausgewählte Juristen das „ius respondendi" erhalten, d.h. die Befähigung, mit der Autorität des Prinzeps (ex auctoritate principis) Rechtsgutachten über Prozesse abzugeben. Seit Hadrian schränken diese Gutachten die Entscheidungsfreiheit des Richters ein. Senatorische und ritterliche Juristen dringen seit dem 2. Jh. vermehrt in wichtige Posten der Verwaltung ein. Enge Zusammenarbeit zwischen Juristen und Prinzeps kennzeichnet die hochklassische Zeit römischer Jurisprudenz, die unter Hadrian bedeutende Männer wie P. Iuventius Celsus und P. Salvius Iulianus hervorbringt.

Neben die sich seit Augustus ausbildenden Funktionen des Prinzeps als Spitze der Verwaltung, der Rechtspflege und als Quelle des Rechts steht weiterhin sein Kommando über das Heer, das in den ersten 150 Jahren des Prinzipats nur unwesentlich vergrößert wird. Im Heer wird der *Kaiserkult* besonders gepflegt, der auch für die Sicherung der Loyalität und Einheit des Reiches große Bedeutung hat. Die stadtrömische Bevölkerung, deren Stimmung für die Situation in der Hauptstadt wichtig ist, wird mit Korn versorgt, erhält Geldgeschenke und Congiarien (Speisungen) und vor allem immer wieder *Spiele*. Der Kanon der alten republikanischen Spiele wird ausgeweitet, und zwar teils durch einmalige Spiele, z.B. anlässlich eines Sieges oder anderer festlicher Gelegenheiten, teils durch die Institution neuer, in regelmäßigen Abständen gefeierter Spiele, wie z.B. der „ludi Divi Augusti et Fortunae Reducis" (im Oktober), die einen Bezug zum Kaiserkult haben. Domitian führt die Kapitolinischen Spiele (Juni/Juli) als athletische Wettkämpfe ein und baut dafür das Stadion auf dem Marsfeld.

Kaiserkult

Spiele

Insgesamt erscheint die Herrschaft der Prinzipes im 2. Jh. sowohl in Rom und Italien als auch in den Provinzen als gesichert. Der Grund dafür liegt nicht nur in der Verwaltungsorganisation und im Heer, in der Befriedigung der stadtrömischen Bevölkerung und im Ausgleich zwischen Prinzeps und Senat, sondern vor allem auch darin, dass Prinzipes wie Hadrian sich um alle Belange der Reichsbevölkerung kümmern und diese nicht als Ausbeutungsobjekt betrachten. Man nennt deshalb das Kaisertum des 2. Jh.s auch das humanitäre Kaisertum oder den Staat einen *„Wohlfahrtsstaat"*. Sicher ist, dass trotz beginnender wirtschaftlicher Schwierigkeiten der Prinzipat des 2. Jh.s seine Legitimation entscheidend aus der Zustimmung der Reichsbevölkerung gewinnt.

Wohlfahrtsstaat

Im letzten Drittel des 1. Jh.s sowie unter Traian und Hadrian erreicht die römische Literatur noch einmal eine Blüte (*silberne Latinität*). Epen verfassen Silius Italicus (*ca. 35, †ca. 100, „Punica"), P. Papinius Statius (*ca. 40, †ca. 96; „Thebais", „Achilleis", auch „Silvae" = Stegreifpoesie). Die Epigramme des M. Valerius Martialis (aus Bilbilis, Spanien, *ca. 40, †103/104) und die Satiren des D. Iunius Iuvenalis (aus Aquinum, *ca. 67, †um 140?) sind für das tägliche Leben Roms äußerst aufschlussreich. M. Fabius Quintilianus (aus Calaguris, *ca. 35, †ca. 100) schreibt Rhetorik-Handbuch („Institutio oratoria"), C. Plinius Caecilius Secundus (aus Comum, *ca. 61/62, †112/113) einen Panegyricus auf den Kaiser Traian und kunstvolle Briefe, die als historische Quelle wertvoll sind. Die lateinische Geschichtsschreibung hat ihren größten Vertreter in P. Cornelius Tacitus (*ca. 55/56, †?), der zwar von der Notwendigkeit des Prinzipats ausgeht, ihn aber immer wieder an der alten Adelsvirtus misst. Neben kleineren Werken („Agricola", „Germania", „Dialogus de oratoribus") verfasst er die „Annales" und „Historiae", in denen die Zeit vom Tod des Augustus bis zu Domitian dargestellt ist (nur teilweise erhalten). – Von C. Suetonius Tranquillus (*ca. 70, †?) stammen Biografien der Kaiser bis zu Domitian („De vita Caesarum"). – Aus der griechischen Literatur sind zu nennen Plutarchos von Chaironeia (*ca. 45, †nach 120), der seine vergleichenden Lebensbeschreibungen großer Griechen und Römer dem Kaiser Traian widmet, der Rhetor Dion Cocceianus (Chrysostomos; aus Prusa, *ca. 40, †?) und der stoische Philosoph Epiktetos (aus Hierapolis, Phrygien, *ca. 55, †ca. 135).

silberne Latinität

Antoninus Pius

138–161 *Antoninus Pius* (Imperator Caesar T. Aelius Hadrianus Antoninus Augustus Pius): Antoninus Pius (*86 bei Lanuvium, †161) wiederholt zwar nicht die Reisen Hadrians, behält aber dennoch engen Kontakt mit allen Teilen des Reiches. Er stützt die traditionelle Religion und veranlasst wichtige Regelungen zum Strafverfahren und zum Personen-, Familien- und Erbrecht. Erstmals erscheint in Gesetzen die Unterscheidung in Honestiores (Oberschicht), denen Privilegien im Strafverfahren eingeräumt werden, und Humiliores (Unterschicht). – Fremde dringen stärker ins römische Heer ein, nationale Hilfskontingente (numeri) werden stehend. Durch eine *umsichtige Finanzpolitik* hinterlässt Antoninus Pius trotz Erleichterungen für die Provinzialen seinen Nachfolgern wohl gefüllte Kassen. Seine Regierung gilt als eine der besten der Kaiserzeit.

umsichtige Finanzpolitik

139–142	Kämpfe gegen die Briganten in Nordengland.	
142–143	*Bau des Antoninuswalles* zwischen dem Firth of Clyde und dem Firth of Forth.	*Bau des Antoninuswalles*
	Der Rhetor P. Ailios Aristeides (ca. 117–187) preist in seiner berühmten Rede „Eis Romen" die Vorzüge der Herrschaft Roms.	
144–150	Unruhen in Mauretanien.	
148	Feier der „ludi saeculares".	
150–161	Der germanisch-raetische Limes wird auf die Miltenberg-Lorch-Linie vorgeschoben. Unruhen in Ägypten lassen sich nicht genau datieren. Bei den Quaden und in Armenien wird jeweils ein König eingesetzt.	
161	*Tod des Antoninus Pius* (7. März).	*Tod des Antoninus Pius*
161–180	*Marcus Aurelius* (Imperator Caesar Marcus Aurelius Antoninus Augustus) und L. Aurelius	*Marcus Aurelius*
161–169	Verus (Imperator Caesar L. Aurelius Verus Augustus):	
	Obwohl von Antoninus allein zum Nachfolger designiert, lässt Marcus Aurelius (*121 in Rom, †180) den Verus (*130, †169) sofort zum gleichberechtigten Mit-Augustus erheben. Nach langer Zeit eines relativen Friedens brechen an verschiedenen Grenzen schwere Kämpfe aus. Dadurch werden die Finanzen des Reiches außerordentlich belastet. Marcus Aurelius *vermehrt die ritterlichen Verwaltungsposten* (z.B. durch Subpräfekturen) und dehnt die Kompetenzen der Prätorianerpräfekten (Zuständigkeit für Italien) und des „a rationibus" (der zum Chef der gesamten kaiserlichen Finanzverwaltung wird) aus. Die Einnahme der Zölle wird verstaatlicht. In der Gesetzgebung wird die humanitäre Linie der Vorgänger fortgesetzt und u.a. die „patria potestas" (väterliche Gewalt) eingeschränkt.	*Förderung der Ritter*
161–166 161	*Partherkrieg.* Heere der Parther, deren nationale Einheit unter Vologaeses III. (seit 148) gestärkt worden ist, dringen in Armenien und Syrien ein und besiegen die Römer. In Armenien wird der von den Römern eingesetzte König durch einen parthischen Prinzen ersetzt.	*Partherkrieg*
162	Verus geht in den Osten, wo auch Heere aus anderen Gebieten zusammengezogen werden.	
163	Die Römer unter M. Statius Priscus erobern Armenien zurück, zerstören Artaxata und setzen wieder einen Klientelkönig ein.	
164–165	Unter C. Avidius Cassius überschreiten die Römer den Euphrat, dringen in Mesopotamien ein, schlagen die Parther bei Dura-Europos und erobern u.a. Edessa, Seleukeia und Ktesiphon.	
165–166	Feldzug nach Medien.	
166	Friedensschluss. Armenien und Osrhoene bleiben römische Klientelstaaten. Die Truppen bringen aus dem Osten die Pest mit und verbreiten sie bis nach Italien und in den Westen.	
166–180	*Markomannenkriege.* Völkerbewegungen bei den Germanen (Südwanderung der Goten) lösen einen starken Druck auf die Donaugrenze aus. Einfall der Markomannen und Quaden in Rätien, Noricum und Pannonien, eine Abteilung dringt bis Oberitalien vor.	*Markomannenkriege*
168	Marcus und Verus an der Donaufront. Markomannen und Quaden ziehen sich zurück.	
169	Tod des Verus in Altinum. Marcus Aurelius Alleinherrscher. Nach Aufenthalt in Rom, wo er wegen Geldmangels Juwelen aus kaiserlichem Besitz verkauft, kehrt er zur Donau zurück.	
169/170	Die südrussischen Kostoboken dringen bis Griechenland vor.	
170	M. Claudius Fronto, der ein Kommando über Obermösien und Dakien erhalten hat, fällt gegen die Markomannen, Quaden und Iazygen.	
171	Helvidius Pertinax und M. Claudius Pompeianus drängen Markomannen, Quaden und Noristen aus Noricum und Rätien zurück.	
171–173	Maureneinfälle in Spanien.	
172	C. Avidius Cassius schlägt einen Aufstand in Ägypten nieder.	
172–174	Markomannen und Quaden werden besiegt; neutrale Zone vor den Grenzen.	
174–175	Feldzug gegen die Iazygen, die ebenfalls Frieden schließen müssen.	
175	Usurpation des C. Avidius Cassius, der von Syrien und Ägypten unterstützt wird. Noch bevor Marcus Aurelius im Osten eintrifft, wird Cassius von den eigenen Soldaten getötet.	
176 177	Der Sohn des Marcus, Commodus, erhält den Titel Imperator, bald darauf den des Augustus. Damit wird das *System des Adoptivkaisertums durchbrochen.*	*Ende des Adoptivkaisertums*
180 17. März	Erneute Kämpfe an der Donaufront. Pläne zur Bildung zweier neuer Provinzen (Marcomannia und Sarmatia) werden durch den Tod des Prinzeps in Vindobona (Wien) verhindert.	

Unter Antoninus Pius und Marcus Aurelius, der selbst philosophische Interessen hat und „Selbstbetrachtungen" (eis heauton) schreibt, leben bedeutende griechische Wissenschaftler. Zur sog. *Zweiten Sophistik* gehören der Rhetor Ti. Claudius Herodes Atticus (101–177), der im Osten auch durch Stiftungen und glänzende Bauten (u.a. in Athen) hervortritt, der Satiriker Lukianos von Samosata (*um 120, †nach 80), der Rhetor P. Ailios Aristeides (*117, †ca. 187). Klaudios Ptolemaios (lebt bis zur Zeit des Marcus Aurelius)

Zweite Sophistik

verfasst Schriften zur Astronomie, Mathematik und eine Geografie, der Arzt Galenos (aus Pergamon, *129, †199), der auch als Leibarzt der Kaiser wirkt, veröffentlicht medizinische Untersuchungen. Vor allem durch seine Alexander-Geschichte ist der Schriftsteller und Historiker Flavius Arrianus (aus Nikomedeia, †nach 170) bekannt, während Appianos (aus Alexandreia, *um 100, †um 170) eine Römische Geschichte verfasst. Von Pausanias (*111/115, †um 180) stammt eine Beschreibung Griechenlands. – Die lateinische Literatur ist in dieser Zeit durch den Rhetor M. Cornelius Fronto (aus Cirta, *100, †um 170) und durch A. Gellius (2. Jh.) vertreten, der unter dem Titel „Noctes atticae" Erörterungen zu verschiedenen Gegenständen schreibt. – Die römische Rechtswissenschaft findet nach der Zeit Hadrians weitere große Vertreter in Ulpius Marcellus und Q. Cervidius Scaevola, die beide vor allem durch ihre Gutachtertätigkeit wirken, sowie Sex. Pomponius und Gaius, die u. a. Kommentarwerke verfassen. Von Gaius ist ein Lehrbuch des römischen Privatrechts (Institutiones) fast vollständig erhalten.

Commodus

180–192 *Commodus* (M. Aurelius Commodus Antoninus Augustus):
Unter Commodus (*161 in Lanuvium, †192) werden wieder Senatoren in großer Zahl hingerichtet. Durch Spiele (für die auch neue Ämter geschaffen werden), Ämterverkauf, spezielle Abgaben von Senatoren, Rittern und Dekurionen sowie durch private Bereicherung auch der Mitarbeiter des Kaisers werden die Ressourcen des Reiches belastet. In einzelnen Gebieten steigen die Getreidepreise, der Feingehalt des Denars nimmt ab. Östliche Kulte dringen in Rom ein.

Friedens-schluss mit Markomannen

180 *Friedensschluss mit Markomannen und Quaden*, die Klientelstaaten bleiben. Die Limesbauten an der Donaugrenze werden verstärkt.

182 Verschwörung der Lucilla (Schwester des Kaisers); seitdem reißen Hinrichtungen nicht ab.

184 Der Antoninuswall in Britannien wird von feindlichen Stämmen durchbrochen.

Unruhen

186 *Unruhen* in Gallien und Spanien.

192 Commodus wird vom Senat als Gott anerkannt (Hercules Romanus).

Ermordung des Commodus

31. Dez. *Ermordung des Commodus*, der zunächst der „damnatio memoriae" verfällt, später auf Veranlassung des Septimius Severus konsekriert wird.

193 P. Helvius Pertinax (*126) zum Kaiser ausgerufen, aber bald von den Prätorianern ermordet, die M. Didius Iulianus (*133) erheben.

April Septimius Severus wird in Carnuntum, C. Pescennius Niger in Antiocheia zum Kaiser ausgerufen. Severus marschiert nach Rom, wo Didius Iulianus noch vor seiner Ankunft ermordet wird.

Die Severer

Septimius Severus

193–211 *Septimius Severus* (Imperator Caesar L. Septimius Severus Pertinax Augustus, *145/146, †211).
Er verbessert die Situation der Soldaten, denen er seine Stellung verdankt: Der Sold wird von 300 auf wahrscheinlich 400 Denare erhöht (durch Münzverschlechterungen sinkt aber der Silbergehalt des Denars auf 50%), den Soldaten wird die Heirat gestattet. Erstmals wird eine Legion in Italien stationiert. – Die Zahl der Prokuratorenstellen für die *Verwaltung* wird beträchtlich erhöht. Die Veränderungen betreffen besonders die Hervorhebung der kaiserlichen Zentrale und die Schaffung von regionalen Zuständigkeiten (z. B. für bestimmte Straßen, für die Post). Das Privatvermögen des Kaisers, die „res privata", wird vom Krongut, dem „patrimonium", getrennt. Viele Zenturionen steigen in den Ritterstand auf. Große Bautätigkeit vor allem in Rom. – Die spätklassischen römischen Juristen Aemilius Papinianus (†212), Iulius Paulus und Domitius Ulpianus (†223) sichten vor allem die Entscheidungen der vorangehenden Zeit und sind im kaiserlichen Rat und in der Verwaltung tätig; Papinianus (unter Septimius Severus) und Ulpianus (unter Severus Alexander) bringen es bis zu Gardepräfekten.

Verwaltung

193 Septimius Severus löst die Garde auf und bildet sie neu aus Legionären. Pertinax wird konsekriert. D. Clodius Albinus, Statthalter in Britannien, erhält den Caesar-Titel und wird adoptiert.

Krieg gegen C. Pescennius Niger. Nach Siegen des Septimius Severus bei Perinthos (Eregli, Marmara-Meer), Kyzikos (am Marmara-Meer) und Nikaia (Iznik, Bithynien) wird Niger

194 bei Issos (Deli-Tschai, Kilikien) entscheidend geschlagen. Um Aufstände zu erschweren, wird die Provinz Syrien (wie später auch andere Provinzen) geteilt.

195 Feldzug gegen parthische Vasallenstaaten.

196	Nachdem Clodius Albinus den Augustustitel angenommen hat, erklärt sich Severus, um seine Legitimation zu stärken, zum Sohn des Marcus Aurelius und macht seinen Sohn zum Caesar (M. Aurelius Antoninus Caesar).	
197	Albinus wird bei Lugdunum (Lyon) geschlagen; in Rom werden die Senatoren hingerichtet, die mit ihm gemeinsame Sache gemacht haben.	
197	Britannien wird geteilt (oder 211/212?).	
197/201	Numidia wird von Africa abgetrennt.	
197–199	*Partherkrieg.* Die parthische Hauptstadt Ktesiphon wird genommen, Mesopotamien und Osrhoene werden annektiert.	*Partherkrieg*
199–200	Aufenthalt des Severus in Ägypten.	
201–202	Über Antiocheia und die Donauprovinzen kehrt Severus nach Rom zurück.	
203–204	Aufenthalt des Kaisers in Afrika.	
204	Feier der „ludi saeculares".	
208–211	Kämpfe in Britannien.	
211	Tod des Severus (4. Febr.) in Eburacum (York).	
211–217	*Caracalla* (Imperator Caesar M. Aurelius Antoninus Augustus, *186 in Lugdunum, †217).	*Caracalla*
211–212	Geta (Imperator Caesar P. Septimius Geta Augustus, *189).	
Ende 211/212	Nach kurzer gemeinsamer Regierung *lässt Caracalla* seinen jüngeren Bruder *Geta ermorden.* Er erhöht den Sold der Legionäre wahrscheinlich auf 600 Denare und führt eine neue Münze, den Antoninianus (Gewicht von 1 1/2 zum Nominalwert von zwei Denaren), ein.	*Ermordung Getas*
212/213	Verleihung des römischen Bürgerrechts an fast alle Einwohner des Reiches (*Constitutio Antoniniana*).	*Constitutio Antoniniana*
213	Krieg gegen die Alamannen, Niederlage gegen die Cennen.	
214	Kämpfe gegen die Karpen an der Donau.	
214–217	Aufenthalt des Kaisers im Osten (um als neuer Alexander dessen Reich wiederherzustellen?).	
215–216	Wegen Unruhen in Ägypten geht Caracalla nach Alexandreia.	
216	Angriff gegen das Partherreich.	
217 8. April	Caracalla wird bei Karrhai auf Veranlassung des Gardepräfekten M. Opellius Macrinus ermordet, der sich selbst zum Kaiser ausrufen lässt.	
217–218	*Macrinus* (Imperator Caesar M. Opellius Severus Macrinus Augustus, *164 in Caesarea, Mauretanien).	*Macrinus*
218	Macrinus, der erste Kaiser nichtsenatorischer Herkunft, schließt mit den Persern unter Zahlung einer hohen Kriegskontribution Frieden. Gegen ihn betreiben die syrischen Kaiserfrauen Iulia Maesa (Schwester der Frau des Septimius Severus und Mutter des Caracalla, Iulia Domna) und deren Töchter Iulia Mamaea und Iulia Soaemias die Erhebung des Varius Avitus Bassianus (Sohn der Soaemias), Priester des Sonnengottes von Emesa, Elagabal. Er wird als Sohn Caracallas ausgegeben, von den Truppen zum Kaiser ausgerufen, Macrinus geschlagen.	
218–222	*Elagabal* (Imperator Caesar M. Aurelius Antoninus Augustus, *204 in Emesa). Der Kaiser macht Elagabal zum höchsten Staatsgott, wird nach kurzer Herrschaft zusammen mit seiner Mutter ermordet.	*Elagabal*
222–235	*Severus Alexander* (Imperator Caesar M. Aurelius Severus Alexander Augustus, *208 in Arka Kaisareia, Phönikien, †235). Während seiner Regierung werden im Partherreich Arsakiden durch *Sasaniden* als Herrscher abgelöst, die den Anspruch auf Wiederherstellung des Achaimenidenreichs erheben. Damit beginnt ein jahrhundertelanger Konflikt zwischen Rom und den Sasaniden.	*Severus Alexander Sasaniden*
230 232	Nach Einfall des Sasaniden Ardaschir I. in Mesopotamien Feldzug des Severus Alexander gegen ihn. Trotz ungünstigen Verlaufs kann Mesopotamien gehalten werden.	
233	Alamannen überschreiten den Rhein.	
235 19. März	Als der Kaiser gegen sie zieht und ihnen für Frieden Geldzahlungen anbietet, wird er mit seiner Mutter in Mainz ermordet.	
	Statthalter mehrerer Provinzen ist unter Severus Alexander der Historiker Cassius Dio Cocceianus (aus Nikaia), der eine Römische Geschichte (nur teilweise erhalten) schreibt. Der etwas jüngere Herodianos verfasst eine erhaltene Geschichte vom Ende des Marcus Aurelius bis zu Gordianus III.	

Die Soldatenkaiser

Reichskrise

In den 50 Jahren zwischen 235 und 285 regieren 22 Kaiser, zum Teil jeweils nur für wenige Monate. Sie werden fast durchweg von den Legionen erhoben. Das ist ein Ausdruck der *Reichskrise*, die im 3. Jh. alle Lebensbereiche erfasst.

Der Schutz des Reiches kann, trotz starker Bedrohung seit Marcus Aurelius, zunächst noch aufrechterhalten werden, bricht aber bald nach Severus Alexander, vor allem unter Valerianus und Gallienus, zeitweise völlig zusammen. Im Osten ersteht mit den Sasaniden ein neuer gefährlicher Gegner, an der Donau und am Rhein drücken germanische Völker auf die Grenze. Das System der Reichsverteidigung mit festen Garnisonen ist den Angriffen, bei denen besonders auch Reiterei eingesetzt wird, nicht gewachsen. Teilweise muss sich Rom den Frieden an der Grenze durch hohe Tributzahlungen erkaufen.

Das Heer wird immer mehr zu einer Kaste, die sich wesentlich aus sich selbst rekrutiert, keinen Bezug zum Reichsganzen mehr hat und Loyalität nur gegenüber den Generälen kennt. Die wachsende selbstständige Bedeutung des Heeres muss mit Solderhöhungen und hohen Donativen bezahlt werden. Ebenso zielen die dynastische Politik der Severer und der Ausbau der monarchischen Repräsentation der Kaiser auf die Loyalität des Heeres. Um die Gefahr von Aufständen zu verringern, werden große Provinzen mit starker militärischer Macht (z.B. Syrien, Britannien) geteilt. Seit Septimius Severus werden auch schon ritterliche Präfekten an die Spitze von Legionen gestellt; Provinzen werden nicht mit ordnungsgemäßen senatorischen Statthaltern besetzt, sondern von ritterlichen Stellvertretern verwaltet. Gallienus schließt Senatoren ganz von Legionslegaturen aus.

Prokuratorenstellen

Die ritterlichen *Prokuratorenstellen* werden zwischen Hadrian und Decius fast verdoppelt. Der wachsende Zugriff des Staates auf alle Bereiche zeigt sich vor allem aber auch in den Sonderbeamten, durch die die Selbstverwaltung der Städte eingeschränkt wird.

Reichsbevölkerung

Die Masse der römischen *Reichsbevölkerung* gerät im 3. Jh. in eine desolate Situation. Die Ausweitung der Verwaltung, die Kriege, die Tributzahlungen und die Verpflichtungen der Kaiser gegenüber der Armee stellen hohe Anforderungen an die Ressourcen des Reiches. Dem steht eine nachlassende Produktion gegenüber: Vor allem in Italien und in den Westprovinzen wird der freie Bauer weiter zurückgedrängt. Auf den kaiserlichen Domänen und den Latifundien werden die Lasten auf die Pächter abgewälzt, die zudem noch unter erhöhten Verpflichtungen zu Dienstleistungen (munera), unter privaten „Requirierungen" von Beamten und Militärs, feindlichen Einfällen und Räuberbanden zu leiden haben. Viele Pächter verlassen ihre Äcker. Das wirkt sich unmittelbar auf den Reichtum der Städte aus. Die Dekurionen, die persönlich für das Steueraufkommen der städtischen Gebiete haften, werden oft finanziell ruiniert, die städtische Bautätigkeit hört auf.

Verschlechterung des Geldes

Die Kaiser reagieren auf die dauernde Geldnot durch *Verschlechterung des Geldes* (unter Gallienus beträgt der Silbergehalt des Denars nur noch 1–5%), was aber bei gleichzeitig sinkendem Warenangebot zu galoppierenden Preisen führt. Die Goldwährung (aureus) verschwindet aus dem Verkehr. Trotz erhöhten Soldes werden Geldzahlungen an Soldaten praktisch wertlos; ebenso geht der Reallohn der Beamten stark zurück. Die Folge ist in beiden Bereichen ein Übergang zu naturalwirtschaftlichen Verhältnissen. Für die Getreidelieferungen der Provinzen an die Militärs und Beamten in ihrem Bereich (annona militaris) werden entweder unangemessene Preise oder gar kein Entgelt mehr gezahlt.

Ist im 1. und 2. Jh. der Schutz des Reiches und die Sicherung ausreichender Lebensbedingungen die Wurzel für die Loyalität gegenüber Rom, so gibt es um die Mitte des 3. Jh.s dafür keine Basis mehr. Seit Decius versuchen die Kaiser, durch eine Aktivierung der alten römischen Religion die Einheit des Reiches neu zu beleben. Um die Unterstützung der Götter zu gewinnen, wird von allen Reichsbewohnern der Kult für die traditionellen Götter verlangt. Folge dieser Religionspolitik sind die ersten allgemeinen *Christenverfolgungen*.

Christenverfolgungen

Maximinus Thrax

235–238 *Maximinus Thrax* (Imperator Caesar C. Iulius Verus Maximinus Augustus, *um 170):
- 235 Hat Erfolge gegen die Germanen im Gebiet des heutigen Württemberg und kämpft an der
- 236–237 Donau.
- 238 Gegen die Steuerpolitik des Maximinus revoltieren Grundbesitzer in Afrika, die den Prokonsul Gordianus (I.) (*159) zur Übernahme der Kaiserwürde veranlassen. Er erhebt seinen Sohn als Gordianus II. (*um 190) zum Mitkaiser. Beide werden vom Senat anerkannt. Gordianus II. fällt gegen den Statthalter Numidiens, der Vater nimmt sich das Leben. Der Senat erhebt daraufhin D. Caelius Calvinus Balbinus (*178) und M. Clodius Pupienus Maximus (*um 164) zu Kaisern. Maximinus Thrax wird von seinen Truppen, bald darauf werden Balbinus und Pupienus nach 99-tägiger Regierung von der Garde getötet. Die Prätorianer erheben sich.

Gordianus III.

238–244 *Gordianus III.* (Imperator Caesar M. Antonius Gordianus Augustus, *225), Enkel Gordianus' I.
- 241 Einfall der Perser ins Reichsgebiet.

241–242	Einfälle der Alamannen über den Limes und der Karpen an der Donau.	
242–244 243	Krieg gegen die Perser unter Schapur I. Der Prätorianerpräfekt Timisitheus erringt bis zu seinem Tod große Erfolge.	
244	Der Kaiser wird bei Zaitha ermordet.	
244–249	*Philippus Arabs* (Imperator Caesar M. Iulius Philippus Augustus, *um 204 in Philippopolis).	*Philippus Arabs*
244	Er schließt gegen Geldzahlungen Frieden mit den Persern. Während seiner Regierung werden an der Donau, in Mesopotamien und Syrien Usurpationen versucht.	
245–247	Erfolgreiche Kämpfe gegen Quaden und Karpen, die die Donau überschritten haben.	
248	Jahrtausendfeier Roms. Die Goten fallen in Mösien ein.	
249	Decius wird an der Donau zum Kaiser ausgerufen, Philippus fällt gegen ihn bei Verona.	
249–251	*Decius* (Imperator Caesar C. Messius Q. Traianus Decius Augustus, *190/200).	*Decius*
249	Um der ständigen Krise des Reiches Herr zu werden, versucht Decius, durch ein allgemeines *Opferedikt* die Einheit des Reiches im Kult für die traditionellen Götter wieder zu beleben. Das Opfergebot richtet sich an alle Reichsbewohner. Das Christentum wird zwar nicht direkt verboten, mittelbare Wirkung des Edikts ist aber die erste allgemeine Christenverfolgung im Römischen Reich.	*Opferedikt*
250	Die Karpen fallen in Dakien, die Goten unter Kniva in Mösien ein. Niederlage des Decius bei Beroia (Verria, Makedonien).	
251	Decius und sein Sohn Herennius fallen gegen die Goten bei Abrittus (Razgrad, Bulgarien).	
251–253	*Trebonianus Gallus* (Imperator Caesar C. Vibius Trebonianus Gallus Augustus, *um 206 in Perusia): Er schließt mit den Goten gegen Tributzahlungen Frieden und erhebt seinen Sohn Volusianus zum Mitkaiser.	*Trebonianus Gallus*
251–252	Von Ägypten breitet sich die Pest im Reich aus.	
252	Angriff Schapurs auf Nisibis (Nesibin, Irak).	
253	Der Statthalter von Mösien, Aemilianus, erzielt Erfolge gegen die Goten und wird vom Heer zum Kaiser ausgerufen. Als er nach Rom marschiert, wird Trebonianus von seinen Truppen bei Interamna ermordet. Das gleiche Schicksal erleidet Aemilianus, als Valerianus in Rätien von seinen Truppen zum Kaiser ausgerufen wird.	
253–259/ 260	*Valerianus* (Imperator Caesar P. Licinius Valerianus Augustus, *um 190, †259/260 in persischer Gefangenschaft):	*Valerianus*
253–268	*Gallienus* (Imperator Caesar P. Licinius Egnatius Gallienus Augustus, *um 218 bei Mediolanum): Valerianus macht seinen Sohn Gallienus zum Mitkaiser. Während beider Herrschaft erreichen die *Angriffe von außen* gegen das Reich und *innere Revolten* ihren Höhepunkt. Gallienus übernimmt das Kommando im Westen, während Valerianus in den Osten geht.	*Gallienus* *Angriffe und Revolten*
253–254	Angriffe Schapurs, von Uranius Antoninus (Sampsigeramos), Hoherpriester des Baal von Emesa, abgewehrt.	
253–257	Einfälle der Goten und Boraner, zuletzt bis Kleinasien; Zerstörung bithynischer Städte.	
254–257	Kämpfe des Gallienus am Rhein und an der Donau gegen die Germanen.	
254–260	Aufstände afrikanischer Völkerschaften.	
256	Schapur erobert Dura-Europos und bedroht (erobert?) Antiocheia.	
257–258	Edikte Valerians gegen die Christen.	
258–260	Großer Goten- und Roxolanen-Einfall in Pannonien.	
258	Usurpationen zunächst des Ingenuus, dann des Regalianus in Pannonien werden unterdrückt. Die Alamannen dringen bis Mailand vor, werden dort von Gallienus geschlagen.	
259	Postumus wird von den Truppen am Rhein zum Kaiser ausgerufen und gründet ein *gallisches Sonderreich*, das auch Spanien und Britannien umfasst.	*gallisches Sonderreich*
259–260	Die Alamannen zerstören den obergermanisch-rätischen Limes.	
259/260	Germanische Einfälle bis nach Spanien. Valerian wird bei Edessa von den Persern gefangengenommen.	
259/260– 268	Gallienus Alleinherrscher. Er hebt die Edikte seines Vaters gegen die Christen auf, strebt eine innere Erneuerung auf der Grundlage der neuplatonischen Philosophie an und konzentriert die Kräfte des Reiches im Abwehrkampf nach außen, indem er Sonderreiche am Rande bestehen lässt und mit ihnen zusammenarbeitet. Durch eine Heeresreform werden Reiterverbände als bewegliche Reserve geschaffen. Senatoren werden von den hohen militärischen Kommanden ausgeschlossen.	
260	Usurpation des Macrianus und seiner Söhne. Odainathos von Palmyra schafft sich eine selbstständige Stellung und übernimmt in den folgenden Jahren mit Billigung des Gallienus die Abwehr der Perser.	

	261–262	Usurpationen im Osten (Quietus) und in Ägypten (Aemilianus) werden niedergeschlagen.
	262	Großer Goteneinfall bis nach Griechenland, Belagerung von Thessalonike (Saloniki).
	265	Gallienus kämpft ohne Erfolg gegen Postumus.
	267	Herulereinfall bis nach Athen und Zerstörung der Stadt. Tod des Odainathos. Seine Witwe Zenobia gründet in der Folge als Regentin für ihren Sohn Vaballathos ein palmyrenisches Sonderreich, zu dem neben Arabien auch Ägypten, Syrien und Mesopotamien gehören.
	268	Usurpation des Aureolus. Gallienus belagert ihn in Mailand und wird dabei ermordet.

Claudius **268–270** *Claudius Gothicus* (Imperator Caesar M. Aurelius Valerius Claudius Augustus, *219):
Gothicus 268 Sieg über die Alamannen am Gardasee.
268–270 Victorinus Herrscher des gallischen Sonderreiches.
269 Sieg über die Goten bei Naissos (Niš, Serbien).
270 Tod des Claudius durch die Pest.

Aurelianus **270–275** *Aurelianus* (Imperator Caesar L. Aurelianus Augustus, *214):
Er wird nach kurzer Herrschaft des Bruders des Claudius, Quintillus, zum Kaiser ausgerufen, stellt die Reichseinheit wieder her (restitutor orbis), befestigt Rom und andere Städte
Münzreform durch eine Mauer und führt eine *Münzreform* durch.
270–274 Tetricus Herrscher des gallischen Sonderreiches.
270 Die Vandalen werden aus Pannonien, die Juthungen trotz einer Niederlage des Kaisers bei Placentia aus Italien vertrieben.
Auf dem Weg in den Osten bekämpft Aurelianus die Karpen an der Donau und gibt Dakien auf.
271–272 Aurelianus zerschlägt das palmyrenische Reich der Zenobia, die gefangengenommen wird. Auf dem Rückmarsch nach Rom erneute Kämpfe gegen die Karpen.
273 Wegen eines Aufstands 2. Feldzug gegen Palmyra.
274 In einer Schlacht bei Châlons-sur-Marne wird dem gallischen Sonderreich ein Ende gesetzt; Tetricus geht zu Aurelianus über.
Sol Invictus Einrichtung eines Staatskultes für *Sol Invictus*.
Auf dem Weg zu einem Perserfeldzug wird Aurelianus bei Byzanz ermordet.

Tacitus **275–276** *Tacitus* (Imperator Caesar M. Claudius Tacitus Augustus, *um 200 in Interamna):
Er wird vom Senat gewählt, unternimmt einen erfolgreichen Feldzug gegen die nach Klein-
276 asien eingedrungenen Goten und Alanen und wird von seinen Soldaten getötet. Ihm folgt für zwei Monate sein Halbbruder M. Anius Florianus, gegen den das Ostheer Probus zum Imperator ausruft. Florianus wird getötet.

Probus **276–282** *Probus* (Imperator Caesar M. Aurelius Probus Augustus, *232 in Sirmium):
Er bekämpft zunächst die Franken, Alamannen, Burgunder, Vandalen und Goten am Rhein und an der Donau, befestigt die Rheingrenze, geht gegen Räuberbanden in Kleinasien vor
279/280 und schlägt Aufstände des Proculus und Bonosus in Gallien nieder.

Carus **282–283** *Carus* (Imperator Caesar M. Aurelius Carus Augustus):
Er kämpft erfolgreich gegen die Sarmaten und Perser.

Numerianus **283–284** *Numerianus* (Imperator Caesar M. Aurelius Numerius Numerianus Augustus):
Carinus **283–285** *Carinus* (Imperator Caesar M. Aurelius Carinus Augustus):
Von den beiden Söhnen des Carus wird Numerianus schon 284, Carinus beim Kampf gegen
285 den in Nikomedeia (Bithynien, heute: Izmit) zum Kaiser ausgerufenen Diokletianus in Mösien ermordet.

Die Spätantike (284–476)

Der *Begriff Spätantike* (Alois Riegl, Die ägyptischen Textilfunde im k. u. k. österr. Museum, Wien 1889) bezeichnet die letzte Phase des römischen Altertums vor dem Beginn des Mittelalters und zugleich die letzte Periode der römischen Herrschaft über die Mittelmeerwelt. Der Anfang wird üblicherweise mit dem Regierungsantritt Diokletians 284 verbunden (so Ernst Stein, Geschichte des spätrömischen Reiches, 1928), weil damit nach der Reichskrise unter den Soldatenkaisern eine erneute Stabilisierung einsetzt, bedingt durch die lange Regierungszeit von Diokletian und Konstantin und deren umfassende Reformen. Zuweilen wird der Beginn der Spätantike bis zur Erhebung Konstantins zum römischen Kaiser 306 herab- oder bis zu der des Septimius Severus 193 hinaufdatiert.

Begriff Spätantike

Als Endpunkt der Spätantike gilt im Allgemeinen die Absetzung des letzten weströmischen Kaisers Romulus Augustulus 476, weil sich darin die politische Auflösung des Reiches dokumentiert. Als Schlussdaten werden außerdem genannt: der Beginn von Konstantins Alleinherrschaft 324, der mutmaßliche Aufbruch der Westgoten (sog. Anfang der Völkerwanderung) 375, deren Ansiedlung in Thrakien 382, die angebliche Reichsteilung 395, der Tod Stilichos 408, Chlodwigs Alamannensieg 497 (?), Justinians Tod 565 und der Langobarden-Einmarsch nach Italien 568, der Tod des Maurikios 602, des Herakleios 641 oder noch spätere Daten bis zum Fall Konstantinopels 1453.

Mit den diokletianisch-konstantinischen Reformen verändert sich der römische Staat tiefgreifend: „Neu ist darin sozusagen alles" (Theodor Mommsen). Die hellenistisch-orientalische Komponente im Kaisertum drängt die römisch-senatorische Tradition zurück und verleiht ihm eine höhere Stellung. Im Gegensatz zum „Prinzipat" des Augustus spricht Theodor Mommsen vom spätrömischen *„Dominat"*, Michael Iwanowitsch Rostovtzeff von einer „orientalischen Zwingherrschaft". Die wichtigsten Befugnisse des Kaisers bleiben Heeresbefehl, Außenpolitik, Ernennung der Beamten, Rechtsprechung und Gesetzgebung. Das Krongut (res privata), seit Konstantin um das konfiszierte Tempelland erweitert, umfasst ca. 15 % des gesamten Reichsterritoriums.

Dominat

Angesichts der zahlreichen Kriegsschauplätze setzt sich das legale *Mehrkaisertum* durch. Jeder Kaiser regiert seinen Sprengel, offizielle Verlautbarungen erfolgen jedoch im Namen aller, die Reichseinheit bleibt staatsrechtlich bestehen. Die Kaiserernennung liegt beim rangältesten (senior) Augustus, es folgt die Akklamation durch das Heer, der Senat stimmt unaufgefordert zu. Erhoben werden Verwandte oder ausgewiesene Militärs (auch sie durch Adoption oder Heirat dynastisch legitimiert), in der Regel zunächst zu Unterkaisern (Caesares), dann zu Oberkaisern (Augusti). Usurpationen bleiben erfolglos. Die meisten Kaiser stammen aus dem Donau-Raum, viele sind niederer Herkunft.

Mehrkaisertum

Rom behält einen Ehrenvorrang, die Residenzen aber werden in die Grenznähe verlagert. Diokletian residiert in Nikomedeia, Konstantin in Byzanz (Konstantinopel/Neurom). An der Perserfront wird Antiocheia, an der Donaufront Sirmium, an der Rheinfront Trier, in Britannien York Hauptstadt. In Italien wird Mailand 402 durch Ravenna abgelöst. Ins Feld begleitet den Kaiser sein Hofstaat (comitatus), nach Rängen gegliedert. Entscheidungen werden im Kronrat (consistorium) beraten.

Die außenpolitische Notlage zwingt zu dauernder *Vergrößerung des Heeres*. Die Sollzahl beträgt um 400 n. Chr. 524 000 Mann. Die Rekrutierung unter den Provinzialen wird schwieriger, immer mehr Barbaren, vor allem Germanen, treten in die Armee ein. Die Reiterei gewinnt an Bedeutung. Disziplin und Ausrüstung gehen zurück. Der Militärhaushalt belastet die Wirtschaft, ihm dient die Steuerreform Diokletians und die *Bürokratisierung*. Die Verwaltungsstruktur zeigen die Notitia Dignitatum (Staatshandbuch) und der Codex Theodosianus (Gesetzessammlung von 438). Die seit Konstantin getrennte Militär- und Zivilverwaltung wird so selbstständig, dass „Kinderkaiser" die Funktionsfähigkeit nicht bedrohen. Im Westen regieren seit 395 die Heermeister (Rangtitel seit 414: Patricius), im Osten die höchsten Zivilbeamten (beide Beamtengruppen stehen im Rang von viri illustrissimi).

Vergrößerung des Heeres

Bürokratisierung

Die *Gesellschaft* wird von zeitgenössischen Quellen in drei soziale Schichten eingeteilt: 1. Grundbesitzer und Würdenträger (honorati, possessores), 2. gehobenes Stadtbürgertum (curiales, decuriones), 3. niederes Volk (plebei, coloni, servi). Die Oberschicht entsteht nach den Wirren des 3. Jh.s aus Aufsteigern im Zivil- und Heeresdienst neu im frühen und mittleren 4. Jh. Es bildet sich wieder ein jetzt nicht mehr an Rom bzw. Konstantinopel gebundener erblicher Senatsadel (clarissimi), der zumal im Westen über erheblichen Grundbesitz verfügt und in der Zivilverwaltung tätig ist. Die großen Senatsfamilien der Anicii, Symmachi, Nicomachi Flaviani in Rom sind Träger des altrömischen Traditionsgutes. Indem die Grundherren niedere Gerichtsbarkeit, Steuerhoheit und militärische Kompetenzen (Gefolgschaft, Bewaffnung der Bauern, Befestigung der Höfe) gewinnen, entwickelt sich faktisch eine Grundherrschaft. Die Patroziniumsbewegung verstärkt diese „Feudalisierung": Kleine Leute (clientes) suchen bei den patroni Schutz vor den Barbaren und vor dem Fiskus. Die Kaiserhäuser sind untereinander verschwägert, durch Einheirat der Heermeister und Barbarenfürsten entsteht neben der Senatsaristokratie ein Militäradel, der mit den Tetrarchen beginnt und dem nahezu alle militärisch-politisch wichtigen Persönlichkei-

Gesellschaft

ten einschließlich der germanischen Könige angehören. Im Bereich der Führungsschicht besteht eine genealogische Kontinuität von der Spätantike zum Mittelalter. Die städtische Oberschicht (curiales, decuriones) verarmt, da sie für das Steueraufkommen persönlich haftet und dem fiskalischen Druck am stärksten ausgesetzt ist. Die Städte schrumpfen, vor allem im Westen, das Regiment kommt an die Bischöfe. Die Unterschichten werden homogener. Freie Bauern und Handwerker werden erblicher Berufs- und Ortsbindung unterworfen. Sklaven unterscheiden sich kaum noch von Landpächtern. Alle sozialen Gruppen geraten mit der Staatsgewalt in Konflikt: Bauern (Bagauden), die Bevölkerung der antiken Großstädte (Hunger- und Zirkusrevolten), die Sonderkirchen (Donatisten, Meletianer), die Heeresteile (Spannung mit den Germanen), die Grundherren (in Steuer- und Rechtsfragen).

Christianisierung Seit Konstantin macht die *Christianisierung* erhebliche Fortschritte, die Kirche wird vom Staate begünstigt, die Interessen beider verflechten sich. Die Maßnahmen gegen die Heiden werden schärfer. Unter Konstantin beginnen Opferverbot und Tempelzerstörung; gegen Ende des 4. Jh.s werden Mönche gegen die Altgläubigen ins Feld geführt; parallel dazu werden die Juden verfolgt. Die innere Einheit des Christentums wird trotz der Reichskonzile und der Gesetzgebung in ihrem Interesse nicht erreicht. Ende des 4. Jh.s setzt sich im Westen der Primat des Bischofs von Rom (Papst) durch. Der Kanon der im Neuen Testament vereinigten Schriften bildet sich heraus. Administrative Gegensätze zwischen Rom und Konstantinopel, diesem und Alexandreia sowie das Donatisten- und Arianerproblem werden nicht behoben, obwohl Theodosius das katholische Bekenntnis zur Vorschrift erhebt. Noch Augustin bekämpft 88 Häresien.

Kulturleben Das *Kulturleben* kommt zu neuer Blüte. Zahlreiche Bauten entstehen in Rom (Diokletians-Thermen, Basilika = Markthalle und Zirkus des Maxentius, Romulus-Rotunde, Konstantinsbogen) und den Residenzen (Konstantinopel s.u.; Trier: Basilika, Porta Nigra, Thermen; Thessalonike). Seit Konstantin werden Kirchen im Basilika-Typ und Rundbauten als Grabeskirchen gebaut, namentlich in Rom, in den Residenzstädten und in Palästina. Senatorische Villa von Piazza Armerina, Diokletianspalast von Spalato (Split), Mosaikschmuck.
In der Plastik und der (Katakomben-) Malerei zeigen sich expressionistische Tendenzen, teilweise verbunden mit einem Rückgang des handwerklichen Könnens (Konstantinsbogen). Das Kaiserbild, überwiegend frontal wiedergegeben, wird schematisiert, ins Kolossale gesteigert. Kalligrafie, Glaskunst, Edelmetallarbeiten (Silbergeschirre von Mildenhall, Augst), Elfenbein-Diptychen, Textilkunst (ägyptische Funde) und Mosaiktechnik bleiben auf hohem Stand.
Ungemein reiche Produktion an lateinischer wie griechischer Literatur: Rhetorik (Panegyriker, Symmachus, Libanios, Themistios, Synesios), Fachschriftsteller (Macrobius, Vegetius, Palladius, Obsequens, Pappos, Proklos, Anonymus de rebus bellicis, Firmicus Maternus), Historiografie (Eusebios, Ammianus Marcellinus, Historia Augusta, Breviatoren, Orosius, Hieronymus, Zosimos), Poesie (Claudian, Ausonius, Rutilius, Palladas, Sidonius), Patristik, Rechtsquellen, Listenliteratur (Verzeichnisse, Staatsbeschreibungen, Kalender, Karten, Chroniken). Die literarische Qualität ist weniger einheitlich als in früheren Zeiten.

Diokletian **284–305** *Diokletian*. Er wird vom Offzierskorps anstelle des ermordeten Numerian in Nikomedeia zum Kaiser (Augustus) erhoben. Diokletian heißt zuvor Diokles und nennt sich so wieder nach seiner Abdankung. Er stammt aus Dalmatien, ist niederer Herkunft (Sklave?) und hat sich zum Kommandanten einer Gardetruppe (domestici) hochgedient. Insofern ist auch er „Soldatenkaiser".

Maximian 285 Nach dem Tode des Carinus erhebt er seinen illyrischen Kriegskameraden *Maximian* zum Caesar, 286 zum Augustus des Westens.
Die Zahl der Kriegsschauplätze erfordert eine Erweiterung des Kaiserkollegiums zur sog.

Tetrarchie 293 *Tetrarchie* (Vierherrschaft). Jeder Augustus ernennt einen Caesar, adoptiert ihn und verheiratet ihn mit seiner Tochter: Diokletian den Galerius, Maximian den Constantius (I.) Chlorus. Beide Caesares sind Soldaten von derselben geografischen und sozialen Herkunft wie die Augusti. Jeder Kaiser erhält einen Schutzgott: Diokletian den Jupiter (Beiname Jovius vgl. Dio-kles), Maximian den Herkules (Beiname Herculius), Galerius den Mars, Constantius Chlorus den Sol (Konstantin!). Die Kompetenzbereiche innerhalb der Reichshälften bleiben lose: Diokletian residiert meist in Nikomedeia, Galerius in Thessalonike und Sirmium, Maximian in Mailand, Constantius Chlorus in Trier und York. Offiziell treten die Kaiser gemeinsam auf, so bei Konferenzen und Staatsfeiern.

Verwaltungsreform 294 Diokletians *Verwaltungsreform* erweist ihn als den größten Organisator seit Augustus: Die vier, den Tetrarchien entsprechenden Reichspräfekturen werden unter je einem „praefectus praetorio" als höchstem Beamten aufgeteilt in zwölf Diözesen unter „vicarii", diese in insgesamt etwa 100 Kleinprovinzen unter „praesides" (auch rectores, iudices), die Stellung Italiens und Ägyptens wird angeglichen. Senatoren sind praktisch aus dem Staatsdienst ausgeschaltet. Im Finanzwesen werden neue Nominale (follis) und Paritäten eingeführt.

Liquidität des Fiskus 301 Der Wert der Silbermünzen in Rechnungsdenaren wird verdoppelt, um die *Liquidität des Fiskus* angesichts der gestiegenen Staatsausgaben zu wahren. Die Provinzialprägungen hören

Die Spätantike

auf, Prägung wird Staatsmonopol von 14 Prägestätten. Die bisher unregelmäßigen Steuerforderungen werden festgelegt (indictio), ein Staatshaushalt aufgestellt. Berechnungsgrundlage sind Landgröße (iugum) und Arbeitskräfte (caput); die Städte bleiben frei von dieser „capitatio-iugatio", die in Naturalien (annona) geleistet wird. Mit seinem Höchstpreisedikt (inschriftlich erhalten) versucht Diokletian vergeblich, Preise und Löhne zu stabilisieren.

Das Heer erreicht die doppelte Stärke der Severerzeit, Veteranensöhne werden dienstpflichtig, Rekruten nach dem Steuersystem ausgehoben, Barbaren mehr als zuvor angeworben.

303 Germanen erscheinen in den höchsten Offiziersrängen (erster germanischer dux 303), die (seit 295) bezeugte Feldarmee (comitatenses) untersteht den provinzialen „duces", Soldaten befestigen die Grenzen, bauen Straßen und arbeiten in den staatlichen Waffenfabriken.

Die Diokletian zugeschriebenen Neuerungen im Kaiserzeremoniell hat dieser nicht eingeführt (nicht einmal die adoratio), sondern allenfalls neu geregelt. Ebenso wenig beginnt mit ihm ein *„spätantiker Absolutismus"*. Die Gesetzgebung (etwa 1300 Gesetze im Wortlaut erhalten) zeigt eine klassizistische, zentralisierende und humanisierende Tendenz (gegen Zinswucher, gegen brutalen Strafvollzug), jedoch wird eine Schollenbindung der Pächter (coloni) und die Berufsbindung in den Versorgungsbetrieben der Großstädte und der Armee angestrebt. Lateinisch wird Amtssprache im Osten. — *spätantiker Absolutismus*

303 Manichäerverbot und *Christenverfolgung:* Unter dem Einfluss von Galerius will Diokletian in Glaube und Leben den „mos maiorum" (Vätersitte) wiederherstellen. Er entfernt die Christen aus dem Staatsdienst, enteignet die Gemeinden, bestraft die Geistlichkeit und versucht, die Christen zur Rückkehr zum alten Glauben zu zwingen. Im Osten gibt es zahlreiche Martyrien, Constantius wendet im Westen keine Zwangsmaßnahmen gegen Personen an. Der Erfolg bleibt aus. — *Christenverfolgung*

Usurpationen werden niedergeworfen: in Gallien Bagauden unter Amandus 286, in Britannien Carausius 286–293 und Allectus 293–296, in Ägypten L. Domitius Domitianus und Achilleus 297/298. 288 wird ein Frieden mit dem Perserkönig Bahram II. geschlossen, 290 erfolgt ein *Sarazeneneinfall*. In Armenien wird Tiridates III. inthronisiert, der dort den ersten christlichen Staat schafft. Im neu ausgebrochenen Perserkrieg erleidet Galerius bei Karrhai eine Niederlage, Diokletian gewinnt jedoch 297 Nisibis und befestigt den Limes gegen die Sarazenen. Die Donaugrenze wird gegen Westgoten, Karpen, Gepiden, Iazygen und Sarmaten, die Rheingrenze gegen Alamannen, Burgunder, Franken und Friesen gesichert mit Hilfe von Feldzügen, Befestigungen, Jahrgeldern und Umsiedlung von Barbaren (laeti) auf Reichsterritorium. Britannien wird gegen Sachsen und Picten, Africa gegen Quinquegentanei verteidigt. Die äußere Sicherheit ist seit etwa 300 wiederhergestellt. — *Usurpationen niedergeworfen / Sarazeneneinfall*

305 *Abdankung Diokletians* und Maximians zugunsten ihrer zu Augusti erhobenen Cäsaren. Diokletian zieht sich in seinen Palast zu Spalato (Split) zurück und stirbt dort (316). — *Abdankung Diokletians*

306–324 *Aufstieg Konstantins I. d. Gr.* zur Alleinherrschaft. Bei der Nachfolgeregelung 305 wird Constantius Chlorus Augustus des Westens, Severus dessen Caesar für Italien, Galerius Augustus des Ostens, Maximinus Daia dessen Caesar für Syrien und Ägypten. Nach dem Tode von Constantius Chlorus wird dessen Sohn Konstantin 306 in York, Maxentius in Rom zum Kaiser ausgerufen, zugleich übernimmt dessen Vater Maximian wieder sein Kaisertum und vermählt seine Tochter Fausta dem Konstantin, der in Trier residiert. Severus scheitert gegen Maxentius, in Africa erhebt sich Domitius Alexander (308–311). In der *Kaiserkonferenz von Carnuntum* (307 oder 308) unter Diokletians Vorsitz wird Licinius als Augustus für Italia, Konstantin als Caesar anerkannt, Maxentius für illegitim erklärt. — *Aufstieg Konstantins I. d. Gr. / Kaiserkonferenz von Carnuntum*

310 Konstantin lässt Maximian (nach einem Putschversuch?) erdrosseln.

311 Galerius erlässt auf dem Totenbett in Serdica ein *Toleranzedikt* für die Christen, begründet mit der Erfolglosigkeit des Verbots und dem Erfordernis (irgendeines) göttlichen Segens für das Reich. Konstantin verbündet sich mit Licinius und zieht gegen Maxentius. — *Toleranzedikt*

312 Aufgrund einer Kreuzesvision lässt Konstantin das Christogramm auf die Schilde der durchweg heidnischen Soldaten malen und gewinnt den Bürgerkrieg an der Milvischen Brücke.

313 Konstantin trifft Licinius in Mailand, dieser heiratet Konstantins Schwester, akzeptiert die Duldung des Christentums und besiegt seinen aufsässigen Unterkaiser Maximinus Daia.

324 Konstantin schlägt Licinius, nimmt ihm Illyricum, sichert die Donaugrenze gegen Sarmaten und Goten und wirft Licinius bei Adrianopel und Chrysopolis (Seesieg) mit germanischen Truppen unter dem Labarum (Feldzeichen mit Christogramm) nieder.

324–337 *Alleinherrschaft Konstantins.*
Das Mehrkaisertum wird fortgesetzt durch Beteiligung der Söhne als Caesares, unterstützt von „praefecti praetorio". — *Alleinherrschaft Konstantins*

326 Seit 317 Caesar für Gallien, wird Crispus zusammen mit Fausta hingerichtet (Liaison?). Ihm folgt Konstantin (II.), ebenfalls seit 317 Caesar. Als dieser die Donaufront (vor 332)

übernimmt, erhält Constantius (II.), seit 324 Caesar, Gallien, später die Ostfront; Konstantin (II.) kehrt nach Gallien zurück. Constans wird Caesar für Italien; Dalmatius, Neffe Konstantins, Caesar für die untere Donau.

Konstantinopel als Neues Rom

330 Konstantin selbst beginnt 324 den Ausbau von Byzantium (Konstantinopel) als seine Residenz und weiht sie ein. Sie wird ein *„Neues Rom"*. Zusiedler erhalten Vergünstigungen und Kornrationen wie in Rom. Es entstehen Landmauer, Palast, Hippodrom, Kirchen, Märkte. Dem Schmuck der Stadt dient ein umfangreicher Kunstraub in Griechenland.

334 Die äußere Sicherheit wird, von Grenzkonflikten abgesehen, erst durch den Angriff des Perserkönigs Sapor II. (Schapur) bedroht.

Staat und Kirche unter Konstantin

Die Verwaltungsreform Diokletians geht weiter (ca. 400 Gesetze Konstantins erhalten): Als Oberkommandierende werden *zwei Heermeister* eingesetzt (magister peditum und magister equitum), unter Constantius II. vermehrt um drei regionale Heermeister in den Präfekturen Orient, Gallien und Illyricum, die Truppen werden vermehrt, vor allem um Germanen, denen die gesamte militärische Laufbahn und der Konsulat offenstehen, die mobile Feldarmee wächst auf Kosten der Grenzbesatzung. Die Prätorianergarde wird 312 aufgelöst, die gemäß den Reichsteilen hinfort drei- oder vierfach besetzte *Präfektur* (Gallien, Italien, Illyricum – letztere oft zusammengefasst, Orient) verliert die militärische Kompetenz und wird höchstes Zivilamt. Militärische und zivile Befugnisse werden weiter entflochten, die Hofverwaltung wird einem „magister officiorum" unterstellt, der die Ressorts (officia, scrinia) und die Garde (scholae) beaufsichtigt. Die Hofränge sind in „comites" (Begleiter) 1. bis 3. Ordnung eingeteilt. Eunuchen erscheinen im Hofdienst seit 326. Der Zivildienst wird als „militia" verstanden, Senatoren werden wieder an ihm beteiligt. Konstantins *neue Goldwährung* (solidus), durch eingezogene Tempelschätze ermöglicht, bleibt 700 Jahre stabil; Paritäten werden korrigiert: 1 Goldstück = 240 folles; die „capitatio" wird in eine Geldsteuer verwandelt, die bisher steuerfreien Städte zahlen „collatio lustralis", die Senatoren „collatio glebalis" von ihrem Grundbesitz. Munizipale Steuern werden verstaatlicht, die Inflation geht weiter.

spätantike Verwaltung

Spätantike Reichsverwaltung (nach der Notitia Dignitatum, Anfang 5. Jh.)

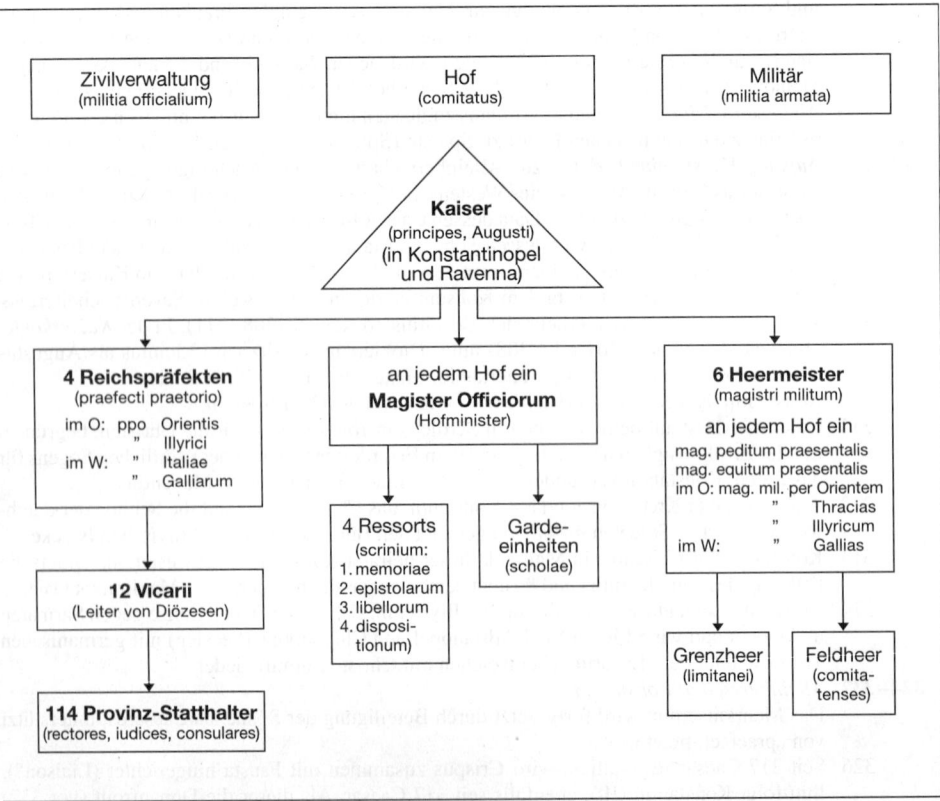

Konstantins Christentum, zu Unrecht von Jacob Burckhardt bezweifelt, ist geprägt durch die Toleranz und den Sonnenkult seines Vaters. Konstantin hat 310 eine Vision des Sol-Apollon, der als sein Beschützer erscheint, 321 wird die Sonntagsruhe (dies Solis) vorgeschrieben, Weihnachten auf den Geburtstag des Sol invictus verlegt (bezeugt für den 25. Dez. jedoch erst 354). Heer, Senat und Landvolk sind im Westen, außer Africa, durchweg heidnisch. Möglicherweise unter dem Einfluss des Bischofs Hosius von Córdoba identifiziert Konstantin seinen solaren, monotheistischen Gottesglauben zunehmend mit dem christlichen, auf den er seine Schlachtenerfolge zurückführt. Dies akzeptiert die Kirche, 314 wird auf der Synode von Arles Wehrdienstverweigerern die Exkommunikation angedroht. Konstantins Wunsch nach religiöser Einheit scheitert. Das *donatistische Schisma in Africa* ist weder gewaltsam noch friedlich zu beheben. Gegen die arianische „Häresie" beruft 325 Konstantin das erste Staatskonzil nach Nikaia (Nicaea). Die (unbiblische) Kompromissformel des Kaisers „wesenseins" (homo-ousios) wird Glaubensbekenntnis, alle Sekten werden verboten, teilweise verfolgt. Konstantin stiftet zahlreiche Kirchen, besonders in Rom, Jerusalem und Konstantinopel, und beschenkt sie mit Gütern. Die Bischöfe erhalten erhebliche regelmäßige Zuwendungen aus der Staatskasse für ihren Unterhalt, für repräsentative und caritative Zwecke, Konstantin verspricht Steuerprivilegien für Dekurionen, die sich weihen lassen, Christen werden im Staatsdienst bevorzugt. Ein Armeegebet wird eingeführt, Zivilgerichtsbarkeit und Sklavenfreilassung auch Bischöfen zugestanden, Prämien für prominente Konvertiten ausgesetzt, Opfer verboten, Tempel zerstört und der Kaiserkult reduziert.

Konstantin begreift sich nach herkömmlicher Manier als Günstling und Beauftragter des Himmels, erblickt im rechten Gottesdienst die Garantie für Wohlergehen und Kriegserfolg, bezeichnet sich als „gemeinsamen Bischof", als Bischof der Nichtchristen (Caesaropapismus). Die seit ihm sog. „katholische Kirche" mit dem Bischof von Alexandreia, Athanasios, sowie Arianer und Donatisten akzeptieren ihn als obersten Richter in Kirchenfragen. Eusebios von Kaisareia (Caesarea) formuliert in der Festrede zum 30. Regierungsjubiläum das *christliche Gottesgnadentum:* Der Kaiser sei Gottes Sachwalter auf Erden, Widerstand gegen ihn Sünde. Im Hinblick auf die reinigende Wirkung lässt sich Konstantin erst kurz vor seinem Tode 337 taufen, er wird beigesetzt in Konstantinopel im Kreise der (fiktiven) zwölf Apostelgräber in seinem Mausoleum bei der Apostelkirche.

Konstantins Christentum

donatistisches Schisma

christliches Gottesgnadentum

337–361 *Constantius II.:* Testamentarisch hat Konstantin I. d. Gr. Gallien Konstantin II., Italien Constans, Illyricum Dalmatius und den Orient Constantius II. zugewiesen. Dynastische Morde in Konstantinopel beseitigen unter anderem Dalmatius, sein Gebiet kommt an Constans.

340 Konstantin II. marschiert in Italien ein, fällt aber bei Aquileia. Constans verteidigt den Westen gegen Franken, Alamannen und Picten, Constantius II. den Osten gegen Sapor II. (Schapur).

350 Constans wird von dem fränkischen Usurpator Magnentius gestürzt; in Illyricum erhebt sich Vetranio, in Rom Nepotianus.

351 Magnentius unterliegt Constantius II. bei Mursa und endet 353.

351–354 Zur Wahrung der Kaiserpräsenz bestellt Constantius II., selbst ohne Söhne, seinen Vetter Gallus zum Caesar des Ostens, der durch *Juden- und Isaurieraufstände* beunruhigt wird,

355 den Halbbruder des Gallus, Julian, zum Caesar für Gallien, wo sich in Köln der Franke Silvanus erhoben hat. Die Reichspräfekturen werden mit regionalen Heermeisterkommandos ausgestattet: Orient 351, Gallien 355, Illyricum 359.

Constantius kämpft gegen Alamannen, Quaden, Sarmaten und Perser, die (359) u. a. Amida erobern (Augenzeugenbericht Ammians).

357 Im zwanzigsten Jahr seiner Regierung besucht Constantius Rom. Bei den Auseinandersetzungen zwischen der römisch-alexandrinischen Orthodoxie, angeführt von Athanasios, und dem „Arianismus" in Syrien, Kleinasien und Illyricum unterstützt Constantius den letzteren und verfolgt das Heidentum im Osten blutig.

355–363 *Julian Apostata* (der Abtrünnige, vom Christentum) verwaltet seit 355 als Caesar Gallien
357 vorbildlich, überschreitet mehrfach den Rhein, besiegt die Alamannen bei Straßburg, siedelt Salfranken in Toxandrien an.

360 Zum Augustus ausgerufen *(Schilderhebung!)*, marschiert er gegen Constantius, doch stirbt
361 dieser in Kleinasien. Julian verkörpert das senatorische Kaiserideal (Vorbild: Marc Aurel), er löst den teuren Hofstaat und die Staatspolizei (agentes in rebus) auf, gibt den Städten die konfiszierten Einkünfte zurück. Julian vertritt den Neuplatonismus, wie er in Athen, Pergamon (Maximos), Antiocheia (Libanios) und Alexandreia gelehrt wird (Briefe, Reden, Schriften von ihm sind erhalten). Er begünstigt den „hellenischen" Glauben und versucht ihn nach christlichem Vorbild zu organisieren: Provinzialpriester sollen die Funktion heidnischer Bischöfe wahrnehmen. Christen werden geduldet, aber von den staatlichen Professuren ausgeschlossen (Rhetorenedikt).

Constantius II.

Juden- und Isaurieraufstände

Julian Apostata

spätantike Dynastien Diokletian

Verwandtschaftstafel zu den spätantiken Dynastien

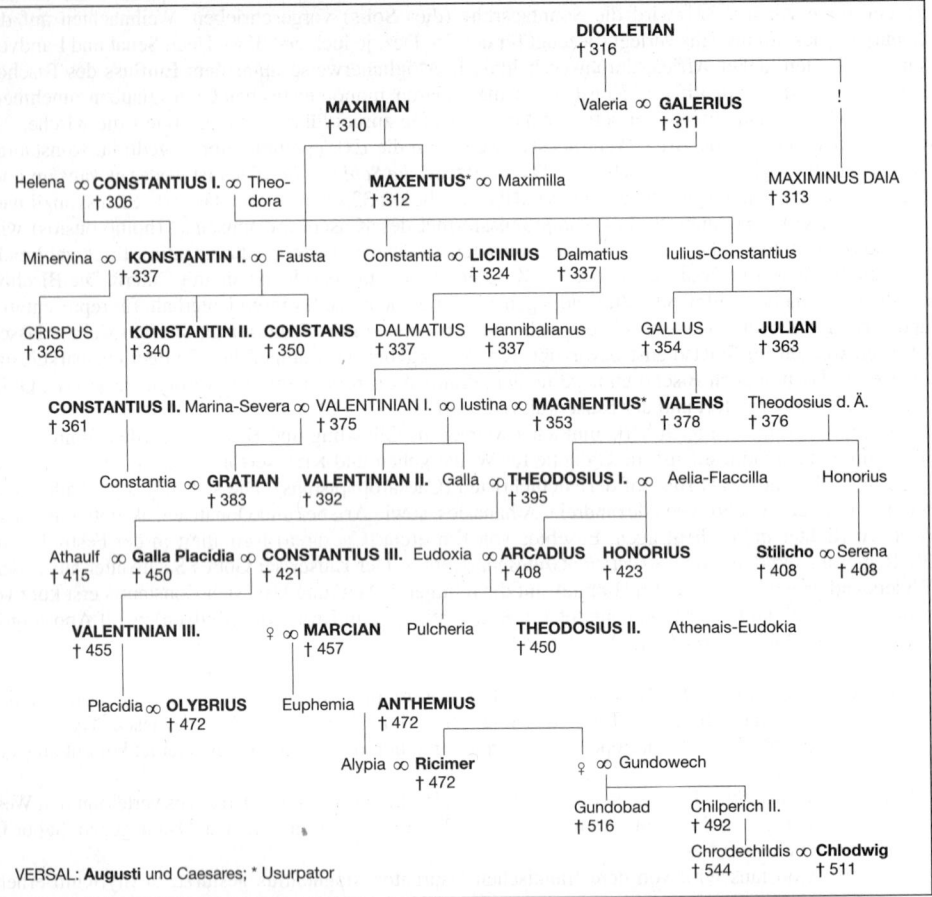

Konstantin I. d. Gr.

Theodosius I. d. Gr.

VERSAL: **Augusti** und Caesares; * Usurpator

Jovianus

362 Um den seit 337 dauernden Perserkrieg zu beenden, stößt er bis Ktesiphon vor, fällt aber
363 auf dem Rückmarsch. Das Offizierskorps erhebt *Jovianus*, einen Christen, der das Territorium um Nisibis und Singara an den Perserkönig Sapor II. (Schapur) abtritt, aber schon 364 stirbt.

Valentinian und Valens

364–375 *Valentinian und Valens:* Das Offizierskorps erhebt den illyrischen Militärtribun Valentinian,
378 dieser seinen Bruder Valens zum Augustus für den Osten. Das zum Perserzug vereinte Heer wird geteilt. Valentinian residiert meist in Trier, bevorzugt im Reichsdienst Pannonier und Germanen. Er kämpft erfolgreich gegen Alamannen, Franken, Sachsen, Quaden und Sarmaten, befestigt Rhein-, Donau- und Nordseegrenzen.

366 In Rom bricht zwischen den Anhängern des Ursinus und des Damasus ein Bürgerkrieg um den Bischofsthron aus.

368–371 Zaubereiprozesse werden gegen Senatoren geführt.
Den maurischen Usurpator Firmus in Africa (370–375) wirft der Heermeister Theodosius nieder. Valentinian erleichtert die Steuern und richtet das Amt des „defensor plebis" zum Schutz der kleinen Leute ein, er übt, obschon er selbst Christ ist, programmatisch *Toleranz gegenüber Heiden und Ketzern*, erneuert jedoch das Manichäerverbot 372.

Toleranz gegenüber Heiden

366 Valens besiegt den Usurpator Procopius, der Konstantinopel besaß, kämpft gegen die Westgoten unter Athanarich, residiert angesichts der Persergefahr meistens in Antiocheia. Der Senat von Konstantinopel wird vergrößert. Kirchenpolitisch begünstigt Valens weiterhin die „Arianer" und gerät in Konflikt mit Basileios von Kaisareia (Caesarea).

376 Er nimmt die von den Hunnen bedrängten Westgoten unter Fritigern über die untere Donau, um Siedler und Soldaten zu gewinnen, zumal die Westgoten durch Wulfila schon weitgehend christianisiert sind.

● PLOETZ

Die Spätantike

378   Bei der Übernahme kommt es zu Reibereien, Valens verliert gegen sie bei Adrianopel Schlacht und Leben. Die Armee des Ostreiches ist praktisch aufgerieben. Seitdem steht Illyricum den Germanen offen, die Landverbindung zwischen Westen und Osten bleibt bedroht. *Schlacht bei Adrianopel*

Valentinians Sohn Gratian (*359), Mit-Augustus 367, übernimmt Gallien, und sein anderer Sohn, Valentinian II. (*371), bekommt unter Leitung seiner arianischen Mutter Iustina Italien (375). Gratian fördert Senatoren, insbesondere die Familie seines Lehrers Ausonius (Gedichte und Briefe erhalten). Er legt den Titel Pontifex Maximus ab, widerruft 379 das Toleranzedikt und konfisziert die Einkünfte der römischen Staatskulte. Die militärische Leitung liegt beim fränkischen Heermeister Merobaudes.

383   Beide stürzt der aus Britannien vordringende Usurpator Maximus. Dieser verurteilt auf kirchliches Betreiben die asketischen Priscillianisten aus Spanien, es kommt zur *ersten europäischen Ketzerhinrichtung*.   *erste Ketzerhinrichtung*

384/387   Am Hofe Valentinians II. in Mailand verhindert Ambrosius die Wiederaufstellung der Victoriastatue im römischen Senat (384), für die der Senator Symmachus eingetreten ist, und (386) die Herausgabe der Basilica Porciana an Iustina. Mit ihrem Sohn flieht diese vor dem nach Italien einrückenden Maximus nach Thessalonike (387).

379–395   *Theodosius I.* (d.Gr.) wird als Sohn des gleichnamigen spanischen Heermeisters von Gratian zum Nachfolger des Ostkaisers Valens erhoben.   *Theodosius I.*

382   Er überlässt den Westgoten römisches Land an der Donau: Das ist die *erste Ansiedlung von Germanen*, die nach ihrem eigenen Recht leben und nur (unter ihren eigenen Führern) wehrpflichtig sind.   *erste Ansiedlung von Germanen*

387   Ein Aufstand bricht in Antiocheia wegen Steuererhöhungen aus (Zeugnisse des Libanios). Armenien wird mit Persien geteilt.

388   Theodosius besiegt Maximus. Gallien kommt an Valentinian II., geleitet von dem fränkischen Heermeister Arbogast.

390   Ein Aufstand wird in Thessalonike von Theodosius grausam gerächt, Ambrosius zwingt den Kaiser zur öffentlichen Kirchenbuße.

392   Nach dem Selbstmord Valentinians II. erhebt Arbogast den Rhetor Eugenius zum Kaiser des Westens, der Toleranz verkündet. *Letzte Blüte des Heidentums in Rom*: Symmachus (Schriften erhalten), Nicomachus Flavianus, Ammianus Marcellinus (bedeutendster lateinischer Historiker seit Tacitus, zeitgenössische Teile seines Geschichtswerks erhalten).   *letzte Blüte des Heidentums*

394   Theodosius besiegt den Usurpator am Frigidus (Wippach). Auf beiden Seiten kämpfen hauptsächlich Germanen.

Die durch Konstantin begonnene *Christianisierung* wird vorangetrieben. Theodosius bricht mit der arianischen Tradition im Osten. 380 definiert er durch Gesetz den Begriff „katholisch" und erhebt den Glauben der Bischöfe von Rom und Alexandreia zur Vorschrift für alle Untertanen. Seitdem ist der Glaubenszwang Staatsgesetz, bestätigt vom zweiten ökumenischen Konzil 381 in Konstantinopel. Es kommt zur blutigen Verfolgung von Häretikern und Heiden; Synagogen und Tempel werden zerstört, das Serapeum mit der Bibliothek in Alexandreia niedergebrannt (391), im Osten herrscht religiöser Bürgerkrieg. Die olympischen Spiele werden (393) zum letzten Mal begangen, das Orakel von Delphi und die Mysterien von Eleusis enden etwa gleichzeitig. Reste des Heidentums halten sich im Westen in Rom (Senatoren) und auf dem Lande in Italien und Gallien, im Osten in den Universitäten (Athen, Alexandreia) und einzelnen Tempelstädten (Apameia, Karrhai, Gaza). Sie werden im 5. Jh. niedergekämpft.   *Christianisierung*

395   Theodosius stirbt, ihm folgen seine Söhne Arcadius im Osten, im Westen *Honorius* (*384, †423 – Mit-Augustus 393), dieser unter der Leitung des vandalischen Heermeisters *Stilicho*, Günstling und Schwiegersohn des Theodosius, Schwiegervater des Honorius. Seitdem regiert im Westen der jeweils führende Heermeister. Stilicho favorisiert die Germanen, die Kirche und die Senatoren; es kommt zur Spannung mit dem Ostreich über die Zugehörigkeit von Illyricum. Dort wird Alarich von Stilicho 395 und 397 bekriegt. Der abtrünnige Befehlshaber von Africa, Gildo, wird niedergeworfen. Bei Alarichs Angriff auf Italien zieht Stilicho die Garnisonen vom Rhein und aus Britannien ab, besiegt die Westgoten bei Pollentia (dargestellt durch Stilichos Hofdichter Claudian). Honorius verlegt den Hof von Mailand ins besser geschützte Ravenna.   *Honorius Stilicho*

398

402

403   Nach dem Sieg über Alarich bei Verona bestellt er diesen zum Heermeister für Illyricum.

405   Stilicho besiegt die Ostgoten unter Radagais bei Faesulae.

406   Dennoch brechen Vandalen, Alanen und Sueben in Gallien ein.

407   Es folgt die Usurpation von Konstantin III. in Britannien und Gallien. Bei dem Versuch, nach dem Tode des Arcadius im Osten einzugreifen, wird Stilicho von Honorius umge-

bracht, danach kommt es zu einer antigermanischen Welle unter der Regentschaft des „magister officiorum" Olympius.

Eroberung Roms durch Alarich

409 Vandalen, Alanen und Sueben besetzen Spanien, Alarich dringt in Italien ein, erhebt den
410 Senator Attalus zum Gegenkaiser und nimmt *Rom*, literarisches Echo bei Hieronymus, Augustinus, Orosius; doch die Romidee dauert: Rutilius.

Der Kommandant Africas, Heraclianus, wird bei Ocricolum geschlagen.

413 Honorius ernennt den Pannonier Flavius Constantius (†421) zum leitenden Heermeister, dieser besiegt Konstantin III. in Arles 411, überlässt den Westgoten Aquitanien, heiratet die zuvor mit dem Westgotenkönig Athaulf vermählte Kaiserschwester Galla Placidia 417 und wird 421 als Constantius III. Mit-Augustus. In den Westprovinzen gehen Usurpationen, Bauernunruhen und Barbarenkriege weiter, in Africa dauern die Spannungen zu den Donatisten (ca. 400 Bischöfe) an, trotz ihrer von Augustinus, Bischof von Hippo, geförderten kirchlichen und staatlichen Bekämpfung. 423 erhebt der Senat Johannes Primicerius zum Nachfolger des Honorius in Ravenna.

Arcadius 395–408 *Arcadius* (*377; Mit-Augustus 383), Ostkaiser in Konstantinopel, geleitet von den rasch wechselnden höchsten Zivilbeamten, Hofeunuchen und seiner Frau Eudoxia, Tochter eines fränkischen Heermeisters.

399/400 Es kommt zum Aufstand der germanischen Truppen unter Tribigild und Gainas in Kleinasien (beschrieben bei Zosimos und Synesios), danach folgt eine germanenfeindliche Personalpolitik. Die Heiden- und Ketzerverfolgung geht weiter, in der Spannung zwischen den Patriarchaten Alexandreia und Konstantinopel stürzt Johannes Chrysostomos.

Theodosius II. 408–450 *Theodosius II.* (*401; Mit-Augustus 402), Sohn des Arcadius, wird Ostkaiser. Die Regierung bleibt bei den Zivilbeamten, auf deren Bestallung die Kaiserschwester Pulcheria und die Kaiserin Athenais-Eudokia, Tochter eines Athener Neuplatonikers, einwirken. Seit 412 wird Konstantinopel erweitert und befestigt, 415 die neuplatonische Philosophin Hypatia durch Mönche in Alexandreia ermordet. Der Konflikt zwischen den Patriarchaten von Alexandreia und Konstantinopel (Nestorius) wird 431 auf dem 3. ökumenischen Konzil von Ephesos gewaltsam fortgesetzt.

Codex Theodosianus 438 Der *Codex Theodosianus*, die erste staatliche Gesetzessammlung, wird publiziert. Aus derselben Periode stammt die Notitia Dignitatum, ein Verzeichnis der spätantiken Behörden. Die Politik bestimmen die kaiserlichen Damen, Hofbeamten und Eunuchen. Die Militärführung liegt wieder bei germanischen und alanischen Heermeistern (Plintha, Ardabur, Aspar), sie kämpfen gegen Perser, Isaurier, Vandalen und Hunnen, die unter Attila (434–453) die Donauländer plündern und Lösegelder erpressen.

425–455 Valentinian III. (*419) Westkaiser. Seine Mutter Galla Placidia stürzt mit östlichen Truppen Johannes in Ravenna, ihr Anhänger in Africa, Bonifatius, öffnet dieses den Vandalen, die 429 von Spanien aus unter Geiserich mit 80000 Mann einmarschieren. Als leitender Heer-

Aëtius meister setzt sich, gestützt auf hunnische Truppen, gegen den Willen des Hofes der illyrische Offizier *Aëtius* durch; er sucht Roms Herrschaft gegen Bagauden und Sueben in Spanien, gegen Westgoten und Franken in Gallien zu sichern, doch gelingt dies meist nur in den 443 Städten; er siedelt die von den Hunnen geschlagenen Burgunder um Worms (Nibelungen-

katalaunische Felder 451 lied) in Savoyen an, besiegt mit den Westgoten Attila auf den *katalaunischen Feldern,* die Hunnen kehren um, plündern aber 452 noch Aquileia. 454 wird Aëtius, der „letzte Römer", von Valentinian III. persönlich niedergehauen, dieser 455 von Gefolgsleuten des Aëtius erschlagen. Valentinian III. wird, wie vor ihm Galla Placidia (†450) und Honorius (†423), im Mausoleum bei Alt Sankt Peter in Rom bestattet. Die Verhältnisse im Westen werden chaotisch.

450–457 Markianos, Offizier niederer Herkunft aus Thrakien, wird durch den Heermeister Aspar und die Ehe mit der Kaiserschwester Pulcheria zum Ostkaiser erhoben.

Konzil von Chalkedon 451 Das 4. ökumenische *Konzil von Chalkedon* stärkt das Patriarchat Konstantinopel auf Kosten Alexandreias.

453 Die Hunnengefahr endet mit dem Tode Attilas. Ostgoten werden in Pannonien angesiedelt.

457–474 Leon I., gleichfalls thrakischer Offizier, von Aspar zum Nachfolger im Osten lanciert. Die Ostgoten erheben sich unter Theoderich Strabo, die Hunnen greifen wieder an, der groß an-
468 gelegte Vandalenfeldzug scheitert. Leon zieht Isaurier nach Konstantinopel und stürzt die alanisch-germanischen Heermeister Aspar und Ardabur 471. Auf Leons Tod folgen Usurpationen und Bürgerkriege zwischen den Heermeistern, in denen sich Zenon der Isaurier (474–491) mühsam als Kaiser behauptet.

455–476 Bürgerkriege unter den letzten Westkaisern. 455 wird der Senator Petronius Maximus Kaiser. Geiserich plündert Rom. Mit westgotischer Hilfe erhebt sich in Gallien Avitus, ihn

Ricimer 456 stürzt der suebische *Heermeister Ricimer,* er bleibt sechzehn Jahre der mächtigste Mann im

Westen. Er erhebt 457 Maiorian, setzt ihn 461 ab und lässt ihn hinrichten. Es folgt Livius Severus bis 465, Leo entsendet Anthemius aus dem Osten 467, der scheitert gegen die Germanen und wird von Ricimer 472 gestürzt. Dieser erhebt Olybrius, beide sterben 472.

473 Der Neffe und Nachfolger Ricimers, Gundobad (später König der Burgunder), macht Glycerius zum Kaiser, Leo entsendet jedoch Nepos als Westkaiser. Dessen pannonischer Heermeister Orestes vertreibt ihn und erhebt seinen eigenen Sohn *Romulus (Augustulus)*.   *Romulus (Augustulus)*
476 Er wird aber von dem hunnischen Heermeister Odoaker abgesetzt. Obwohl der legitime Nepos bis 480 im dalmatischen Exil lebt, bemerkt der Chronist Marcellinus Comes zu 476: Hesperium Romanae gentis imperium [...] cum hoc Augustulo periit; über Jordanes und Otto von Freising gelangt diese Epochensetzung in die neuere Historiografie. – (Forts. S. 358, 634)

Deutung der Spätantike

In den offiziellen Äußerungen (Panegyriken, Münzumschriften) wird daran festgehalten, das Imperium Romanum, verkörpert durch die Bauten der Stadt Rom, bedeute den krönenden Abschluss der Weltgeschichte, umspanne den gesamten Erdkreis und dauere ewig *(Romidee)*. Eusebios von Kaisareia verkündet, die letzte Stufe irdischen Glücks beginne mit dem gottgewollten Regiment des christlichen Kaisers, Gottes irdischem Sachwalter *(Romtheologie)*. Heidnische Autoren kritisieren innere und äußere Missstände, führen sie auf moralisches Versagen (Ammian) oder auf das Christentum zurück, das den Göttern den schuldigen Respekt entziehe und deren Segen verscherzt habe (Symmachus, Zosimos, anonyme Gegner Augustins). Die Christen haben die Dekadenz teilweise geleugnet, ja einen Fortschritt zu erkennen geglaubt (Ambrosius, Prudentius, Orosius), später die Unglücksfälle als Züchtigung der Sünder oder als Prüfung der Gerechten durch Gott verstanden in einer Welt, die ohnedies nur von transitorischer Bedeutung sei (Augustinus, Salvianus). Allgemein herrscht die Ansicht, dass trotz der alternden Roma (Roma senescens) das Imperium keiner anderen politischen Ordnung weichen und bis zum Weltgericht dauern werde. Die Germanen haben diese Konzeption theoretisch nicht bestritten, sondern mehrfach erneuert (Athaulf, Theoderich, Theudebert, Karl d.Gr.), sie schien durch eine entsprechende Deutung der Daniel-Prophezeiung (Kap. 2) biblisch legitimiert. Sie wird noch im 17. Jh. von Jacques-Bénigne Bossuet vertreten und endet erst mit dem Heiligen Römischen Reich Deutscher Nation 1806.

Romidee

Romtheologie

Gegen diese Kontinuitätsthese wendet sich jedoch die *Katastrophentheorie* der italienischen Humanisten (Flavius Blondus, Niccolò Machiavelli). Sie besagt, das Imperium sei von den Germanen nicht weitergeführt, sondern zerschlagen, die antike Kultur sei barbarisiert worden. Das „finstere Mittelalter" weiche jetzt erst einer Neuentdeckung der (antiken) Zivilisation. Der Protestantismus stützt diese Deutung durch die Annahme, die Kirchenherrschaft des Papstes sei ein Irrweg gewesen, und auch religiös sei nun das Mittelalter überwunden. Die deutschen Humanisten (Beatus Rhenanus, Ulrich von Hutten, Hugo Grotius) entlasten ihre „germanischen Vorfahren", indem sie als eigentlichen Verfallsgrund die Korruption im spätrömischen Staat angeben. Die Aufklärung hält an den inneren Gründen fest. Voltaire macht die Kirche verantwortlich, Montesquieu den Luxus, der die Römer den Germanen gegenüber geschwächt habe. Edward Gibbon verbindet beides, indem er nach gesunkener Moralität die christliche Weltflucht benennt, während Johann Gottfried Herder jeden Imperialismus für notwendig vorübergehend und nur die „natürlichen" Nationen für dauerhaft erachtet.

Katastrophentheorie

Für den *historischen Materialismus* scheiterte das Reich an der angeblichen Unfähigkeit, sich politisch dem sozialen Wandel von einer Sklavenwirtschaft zum Feudalismus anzupassen in der Folge einer „Epoche sozialer Revolution" (Karl Marx) von Sklaven, Colonen und Germanen (Štaerman). Nach Friedrich Engels ist die Sklaverei eine „Sackgasse", nur die aufgrund ihrer urgesellschaftlichen Lebensform seelisch gesunden Germanen seien fähig gewesen, „eine an verendender Zivilisation laborierende Welt zu verjüngen". Die spätere marxistische Forschung konzentriert sich auf die Frage nach den progressiven Kräften, den gesellschaftlichen Gegensätzen und den Ursprung des Feudalismus und hält an der Vorstellung einer mehrhundertjährigen „Revolution" fest. Sozialökonomische Verfallsgründe nimmt auch Max Weber an, doch hat sie Michael I. Rostovtzeff, der beste Kenner der kaiserzeitlichen Wirtschaftsgeschichte, kategorisch bestritten. Er macht im Anschluss an Eduard Meyer eine kulturelle Nivellierung verantwortlich. Während Otto Seeck, Karl Julius Beloch und Tenney Frank anthropologische, Theodor Mommsen, Alfred von Domaszewski und Ernst Kornemann administrativ-militärische Niedergangsursachen annehmen, verschiebt sich die Diskussion durch die Thesen von Alfons Dopsch und Henry Pirenne, die kulturelle Entwicklung sei nicht durch die Völkerwanderung bzw. erst durch die Araber unterbrochen worden. Diese Ansicht hat durch Hermann Aubin und P. E. Hübinger wesentliche Korrekturen erfahren: Während der kulturelle und administrative Überbau mit Ausnahme der fortlebenden Kirche zusammenbrach, dauerten die sozialen Strukturen an (Großgrundbesitz, Sklaverei, Gefolgschaft, kümmerndes Stadtleben).

historischer Materialismus

Germaneneinbrüche

Eine abgewogene Bilanz zieht Arthur H. M. Jones (The Later Roman Empire, 1964), der die inneren Schwächesymptome einräumt, aber wie Norman H. Baynes als letzte Ursache des Niedergangs die *Germaneneinbrüche* ansieht, denen das Westreich mit seinen langen Flussgrenzen wesentlich stärker ausgesetzt war als das Ostreich, das aufgrund seiner günstigeren strategischen Lage überdauerte. Seit dem 3. Jh. n. Chr. sind die Germanen militärisch nahezu auf demselben Stand wie die Römer. Indem sie das Reich durch dauernde Angriffe bedrohen, wird dieses zu einer Erhöhung der Militär- und Verwaltungsausgaben gezwungen, die von der Bevölkerung zunehmend unwillig geleistet werden, zumal es Anzeichen für eine wachsende Korruption in der Verwaltung gibt. Zugleich schwindet die Bereitschaft in der römischen Bevölkerung zum Kriegsdienst, der immer stärker von germanischen Söldnern geleistet wird. Deren militärisches Übergewicht wird seit dem 5. Jh. politisch spürbar und führt schließlich zur Auflösung des Reichsverbandes in ein östliches (byzantinisches) Restimperium und die germanischen Nachfolgestaaten im Westen.

Das Christentum im Römischen Reich bis 313

Das Christentum findet im Römischen Reich günstige Bedingungen für seine Ausbreitung: Die grundsätzliche *religiöse Toleranz* des römischen Staates wird auch den Christen gegenüber aufrechterhalten. Paulus kann deshalb im 13. Kapitel seines Römerbriefes die römischen Christen auffordern, sich der staatlichen Gewalt unterzuordnen. Zum Kult für den römischen Herrscher werden die einzelnen Reichsangehörigen nicht gezwungen. Allerdings werden den Christen wegen ihrer Tendenz zur Abkapselung und ihren – in den Augen der heidnischen Umwelt – geheimen Versammlungen kriminelle Handlungen wie Ritualmorde, Genuss von Menschenfleisch und Inzest vorgeworfen, Beschuldigungen, gegen die sich noch die Apologeten des 2. Jh.s mit aller Macht wehren müssen. Diese Anklagen stehen im Zusammenhang mit der ersten Verfolgung der römischen Christen unter Nero und damit, dass Kaiser Traian die Verurteilung von ordnungsgemäß angezeigten Christen vorschreibt, das Aufspüren von Christen aber verbietet. Wenn die Christen sich also ruhig verhielten, brauchten sie in der Regel nichts zu befürchten. In der Tat gibt es bis zur Mitte des 3. Jh.s *keine allgemeine Christenverfolgung*, sondern nur lokale Ausbrüche des Hasses gegen die Christen. Erst als mit der Reichskrise des 3. Jh.s die Kaiser Opfer für die Götter von jedem Reichsangehörigen fordern, werden die Christen, die die Opfer ablehnen, bestraft.

religiöse Toleranz

Christenverfolgung

7/6 v.Chr.	*Geburt Jesu*; Aufwachsen in Nazareth.
27/28 n.Chr.	Wirken Johannes' des Täufers.
um 28–30	Öffentliche Wirksamkeit Jesu, der Jünger um sich sammelt. Seine Predigt und insbesondere sein Anspruch, der Messias zu sein, werden von den jüdischen Führern als Gotteslästerung
30	betrachtet. Sie klagen ihn beim römischen Statthalter, dem Präfekten Pontius Pilatus, an,
7. April (?)	der ihnen Jesus zur *Kreuzigung* übergibt.

Geburt Jesu

Kreuzigung

Am dritten Tag nach der Kreuzigung erfahren die Jünger Jesus als den Auferstandenen und empfangen in der Folgezeit, besonders beim ersten „Pfingsten", die Kraft, die Verkündigung Jesu fortzuführen.

In der Gemeinde von Jerusalem, der „*Urgemeinde*", haben zunächst die „Zwölf" (Apostel) und unter ihnen Petrus eine hervorragende Stellung. Eine weitere Institution bilden die „Sieben", die von der Gemeinde für den Tischdienst ausgewählt und von den Aposteln eingesetzt, aber danach als Prediger und Missionare tätig werden. Märtyrertod des Stephanus, eines der „Sieben", und anschließende Verfolgung der Gemeinde von Jerusalem. Viele Mitglieder der Gemeinde fliehen und bilden Keime neuer Gemeinden in Iudaea und Samaria. Beginn der *Missionstätigkeit des Paulus*, ursprünglich strenger Anhänger der pharisäischen Theologie, in Syrien und Kilikien.

Urgemeinde

Missionstätigkeit des Paulus

um 43/44	Verfolgung der Urgemeinde durch Herodes Agrippa. Jakobus der Ältere wird hingerichtet, Petrus verlässt die Stadt. Jakobus der Jüngere übernimmt die Leitung der Gemeinde. Neben ihm üben Presbyter Leitungsfunktionen aus.
	Barnabas gewinnt Paulus für die Mission im syrischen Antiocheia, die von „Propheten und Lehrern" getragen wird. In Antiocheia entsteht die Bezeichnung „*Christen*" (Christianoi) für die neue Gemeinschaft.
vor 49/50	1. Missionsreise des Paulus (mit Barnabas) im Auftrag der antiochenischen Gemeinde: Die Reise führt über Zypern (Salamis, Paphos) nach Pisidien (Perge, Antiocheia) und Lykaonien (Ikonion, Lystra, Derbe).
um 49/50	Judenchristliche Gruppen kritisieren die Missionsmethode des Paulus, der in der *Heidenmission* die Beachtung des mosaischen Gesetzes und die Beschneidung fordert. Ein „Apostelkonzil" in Jerusalem, zu dem auch Paulus und Barnabas reisen, entscheidet für diese. Damit wird die Fortführung der Heidenmission ermöglicht, obwohl der judaistische Widerstand in der Gemeinde andauert.
um 50–53	2. Missionsreise des Paulus (mit Silas). Sie führt ihn über Kilikien und Lykaonien nach Troas, von dort über Makedonien (Philippoi, Thessalonike, Beroia) nach Athen (Areopagrede) und Korinth, wo sich Paulus eineinhalb Jahre aufhält. Von Korinth reist er über Ephesos nach Palästina zurück.
um 54–58	3. Missionsreise des Paulus, der zunächst nach Ephesos geht, dort bis ins Jahr 57 bleibt und anschließend noch einmal die Gemeinden in Makedonien und Griechenland besucht.

Christen

Heidenmission

Die paulinischen Gemeinden unterscheiden sich in ihrer Organisationsform von der Urgemeinde: Presbyterat fehlt; es gibt eine große Anzahl von freien „Diensten", die auf die Anerkennung der Gemeinde angewiesen sind; noch zu Lebzeiten des Apostels beginnen sich aber die Funktionen der Vorsteher, Verwalter und Hirten in den Episkopen („Bischöfen") zu institutionalisieren. – Das Nebeneinander verschiedener Organisationsformen ist typisch für die Gemeinden der ersten und auch noch der zweiten christlichen Generation. Organisatorische Fragen stehen nicht im Vordergrund des Interesses; unterschiedliche regionale Traditionen können sich auswirken.

58 Paulus in Jerusalem.
58–60 Als die Juden ihn bedrohen, wird er von den römischen Behörden gefangengenommen und
61 zwei Jahre in Kaisareia in Palästina in leichter Haft gehalten. Von dem Statthalter Festus
62 appelliert er an den Kaiser und wird nach Rom gebracht. Für die Zeit nach seiner Ankunft dort fehlen sichere Berichte; eine Reise des Apostels nach Spanien und ein weiterer Aufenthalt im Osten bleiben unsicher.

Jakobus der Jüngere erleidet in Jerusalem den Märtyrertod.

Verfolgung römischer Christen

64 Brand Roms und anschließende *Verfolgung der römischen Christen*, denen Brandstiftung vorgeworfen wird. Während der Verfolgung sollen auch Petrus und Paulus getötet worden sein.

66–67 Anlässlich des 1. Jüdischen Aufstandes (ab 66) wandern die Judenchristen aus Jerusalem aus.

70 Einnahme Jerusalems durch Titus.

Die zweite christliche Generation ist dadurch gekennzeichnet, dass sich – wegen des Todes der meisten Apostel und unmittelbaren Zeugen Jesu – das Problem der wahren Tradition und ihrer Garanten stellt und viele Gemeinden stark anwachsen, was zu Ordnungsproblemen führt. Die Antwort darauf ist seit um 65 die Aufzeichnung der Evangelien und der Apostelgeschichte sowie die Ausbildung der Gemeindeämter der Presbyter und Episkopen (diese Begriffe werden teilweise zunächst synonym gebraucht), die sich um die rechte Lehre sorgen und disziplinarische Befugnisse ausüben sollen.

90/100 Brief der Gemeinde von Rom an die Gemeinde von Korinth (Clemensbrief), in dem im Rahmen einer umfassenden ordnungstheologischen Konzeption der durch die Apostel vermittelte gottgesetzte Ursprung des Gemeindeamtes vertreten wird.

Die Mission der christlichen Gemeinden hat im 1. Jh. vor allem Palästina, Syrien, Kleinasien (Lykaonien, Pisidien, Phrygien, Asia), Makedonien und Griechenland sowie Rom und die Hafenstadt Puteoli erreicht. Im 2. Jh. dringt das Christentum weiter in die Randgebiete des Vorderen Orients und Kleinasiens, in den Balkanraum, nach Gallien, Spanien und Nordafrika vor.

monarchischer Episkopat

98/117 Unter Traian erleidet der Bischof Ignatios von Antiocheia in Rom den Märtyrertod. In seinen erhaltenen Briefen erscheint erstmals der *monarchische Episkopat* voll ausgebildet. Die Presbyter stehen unter dem Bischof, die Diakone sind seine besonderen Helfer. Der Bischof ist der Garant der Kirchlichkeit aller kirchlichen Handlungen. Ziel der starken Betonung der bischöflichen Stellung ist die Wahrung der Einheit der christlichen Gemeinden, die von Sondergruppen bedroht wird. Zum erstenmal gebrauchte Ignatios den Begriff „katholische Kirche".

110/113 Reskript des Kaisers Traian an den Sonderbeauftragten in Bithynien, C. Plinius Caecilius Secundus (Plinius der Jüngere, *61/62, †nach 111), zum Problem der Behandlung von Christen: Diese sollen nicht aufgespürt, anonyme Anzeigen gegen sie nicht beachtet werden. Wenn Christen ordnungsgemäß angezeigt werden und ihrem Christsein nicht dadurch abschwören, dass sie den Göttern opfern, sind sie zu bestrafen. – Nach diesen Regeln wird bis zur Mitte des 3. Jh.s verfahren. Angebliche Reskripte der Kaiser Hadrian und Antoninus Pius sind von den Christen gefälscht.

Apologien

117–138 Kodratos (Quadratus) und Aristeides verfassen unter Hadrian die ersten christlichen Vertei-
138–161 digungsschriften *(Apologien)* gegen das Heidentum und das Judentum. Unter Antoninus Pius (*86, †161) schreiben die Apologeten Ariston von Pella und Iustinos von Flavia Neapolis (†um 165). Die Apologien richten sich teilweise direkt an die Kaiser.

Gnostiker

Schon seit hadrianischer Zeit treten *Gnostiker* auf, die in Konkurrenz zur Kirche ein religiöses, auf „wahre Erkenntnis" zielendes Welt- und Menschenverständnis vermitteln und um die Mitte des Jh.s zu einer ernsten Bedrohung für die christlichen Gemeinden werden. Ihre Hauptgruppen sind die Basilidianer (nach dem Syrer Basilides), die Valentinianer (nach dem Ägypter Valentinos) und vor allem die *Markioniten* (nach dem Kleinasiaten Markion, der seine Anhänger entsprechend den christlichen Gemeinden straff organisiert, benannt).

Markioniten

155/169 Märtyrertod des Bischofs Polykarpos von Smyrna im dortigen Stadion.

Montanismus

um 160 In Phrygien entsteht der *Montanismus* (nach Montanus) als christliche Bewegung, für die ethischer Rigorismus und eine große Bedeutung der Prophetie kennzeichnend sind; sie breitet sich auch in andere Gebiete, besonders nach Afrika, aus.

161–180 Unter Marcus Aurelius (*121, †180) verfassen der Philosoph Kelsos (2. Hälfte des 2. Jh.s) eine Streitschrift, der Satiriker Lukianos von Samosata (*um 120, †um 180) eine Satire und der Rhetor Fronto von Cirta (*100/110, †175/180) eine Hetzrede gegen das Christentum.

Christliche Apologien schreiben Tatian, Miltiades, Apollinaris von Hierapolis, Theophilos von Antiocheia und Meliton von Sardeis.

177 Aus Anlass einer Feier des Kaiserkults in Lyon werden Mitglieder der Gemeinden von Lyon und Vienne vom Volk auf dem Marktplatz von Lyon zusammengetrieben und erleiden in der Folge das Martyrium. Der Fall ist typisch für die *Martyrien* der Zeit vor 250, die häufig auf Ausbrüche der Volkswut zurückgehen. — *Martyrien*

um 180
um 180/200 Gegen die Gnostiker, die sich für ihre Lehre auf geheime, von den Aposteln ausgehende Traditionen berufen, entsteht die kirchliche *Sukzessionstheorie*. Hegesippos stellt erstmals eine Bischofsliste für Rom zusammen. Das gleiche tut Irenäus von Lyon (*um 130, †um 200); nach ihm haben die Apostel in den einzelnen Gemeinden Bischöfe als ihre Nachfolger eingesetzt und ihnen das Lehramt übergeben; die historisch ununterbrochene Abfolge der Bischöfe garantiert, dass eine Gemeinde bei der rechten Lehre geblieben ist. Für Irenäus ist die Gemeinde von Rom ein besonderer Garant der rechten Überlieferung. – Mit dem Wichtigwerden der historischen Abfolge der Bischöfe kann es zusammenhängen, dass (seit um 160) der Ort (unter der heutigen Peterskirche), der als Petrusgrab verehrt wird, durch ein Monument (Tropaion) besonders ausgestattet wird. — *Sukzessionstheorie*

Parallel zur Sukzessionstheorie und ebenfalls in der Abwehr der Gnosis wird die *Kanonbildung* vorangetrieben; das älteste Verzeichnis der meisten neutestamentlichen Schriften bietet das Muratorische Fragment (genannt nach dem Entdecker Ludovico Antonio Muratori). — *Kanonbildung*

um 195 Im *Streit um die Datierung des Osterfestes* (das vor allem in Kleinasien und Syrien am Tag des jüdischen Passah, in Rom am ersten Sonntag nach dem Passahfest gefeiert wird) finden auf Veranlassung des römischen Bischofs Viktor I. in verschiedenen Gebieten Synoden statt, die hier erstmals als Mittel der Kommunikation zwischen den Gemeinden erwähnt werden. — *Datierung des Osterfestes*

um 200 Q. Septimius Florens Tertullianus (*um 160 in Karthago, †nach 220), der erste bedeutende Kirchenschriftsteller lateinischer Sprache, verfasst theologische und apologetische Schriften (so unter anderem das Apologetikum); er tritt um 205 zum Montanismus über. Ebenfalls eine lateinische Apologie (Octavius) schreibt Minucius Felix.

In Edessa wird Bardesanes (*154, †222) zum Begründer der syrischen Theologie und Dichtung.

Den Ruhm der alexandrinischen Theologie begründet Klemens von Alexandreia (*um 140/150 in Athen), der seit etwa 200 in Alexandreia lehrt und sich um eine Synthese zwischen Christentum und griechischer Bildung bemüht.

um 200/235 Hippolyt (†235) von Rom verfasst neben wichtigen exegetischen und dogmatischen Werken die erste erhaltene *Kirchenordnung* (Traditio apostolica), die eine scharfe Trennung der Gemeinden in Klerus und Laien, eine weit gehende Differenzierung der Funktionen in der Gemeinde und eine sowohl von alttestamentlichen Vorstellungen wie auch vom römischen Recht beeinflusste Legitimation des Klerus, besonders des Bischofs als Hohenpriesters, bezeugt. — *Kirchenordnung*

um 205 Origenes (*um 185, †um 254), der größte Theologe der frühen griechischen Kirche, übernimmt die Leitung der Katechumenenschule in Alexandreia, lehrt seit um 230 in Kaisareia (Palästina).

S. Iulius Africanus (†nach 240) schreibt eine Weltchronik, in der die profane, alttestamentliche und christliche Geschichte synchronisiert werden.

In Persien begründet Mani (*216, †274/277) den *Manichäismus* als eine synkretistische Religion, die auch starke christliche und gnostische Elemente enthält. — *Manichäismus*

248/249–258 Cyprian (*200/210, †258) Bischof von Karthago. Er leitet seine Gemeinde während der Verfolgungen des Decius und Valerian, verfasst wichtige theologische Schriften, vertritt im Konflikt mit Rom über die Ketzertaufe die Eigenverantwortlichkeit jedes einzelnen Bischofs und lehnt einen Primat Roms ab.

249 Opferedikt des Decius, der von allen Reichsbewohnern den Kult für die traditionellen Götter verlangt. Über die vollzogenen Opfer werden Bescheinigungen (libelli) ausgestellt. Das Opfergebot ist begründet in der Krise des Reiches, in der die Unterstützung der Götter gewonnen werden soll. Obwohl das Edikt nicht eigens gegen die Christen gerichtet ist, löst es, da den Christen nach ihrem Selbstverständnis das Opfer für die polytheistischen Götter unmöglich ist, die *erste allgemeine Christenverfolgung* im Römischen Reich aus, die sich in ihrem grundsätzlichen Charakter von allen vorangegangenen, lokalen Verfolgungen unterscheidet. — *allgemeine Christenverfolgung*

257–258 Edikte Valerians (*vor 200, †nach 260), die direkt von christlichen Klerikern und vornehmen Laien Opfer fordern und im Verweigerungsfalle schwere Strafen (Hinrichtung, Verbannung, Vermögenskonfiskation), unter anderem auch ein Versammlungsverbot, vorsehen.

Friedenszeit	259/260	Gallienus beendet die Verfolgung, die Christen erhalten ihre Versammlungsstätten und Begräbnisstätten zurück. Dafür wird die Auseinandersetzung mit dem Christentum auf der philosophischen Ebene (Neuplatonismus) verschärft.
	260–303	Bis zur letzten großen Verfolgung unter Diokletian erlebt die Kirche eine *Friedenszeit*, in der das kirchliche Leben aufblüht und Christen selbst in Staatsämter eindringen. Auch übergemeindliche Organisationsformen scheinen sich jetzt auszubilden oder zu verfestigen: Auf dem Konzil von Nikaia (325) wird die Existenz von Kirchenprovinzen und Metropoliten schon vorausgesetzt. Im Osten folgt diese Organisation der staatlichen, in Ägypten haben Alexandreia, in Afrika Karthago (viele Synoden der afrikanischen Kirche schon unter Cyprian), in Italien Rom eine Vorortstellung errungen.
	um 270	Antonios (*um 250, †um 356) beginnt in der libyschen Wüste ein Einsiedlerleben, sammelt Jünger um sich und gründet Einsiedlergemeinden.
	297	Edikt Diokletians gegen die Manichäer. Nach Maßnahmen gegen die Christen im Heer und
letzte Christenverfolgung	**303–311**	im kaiserlichen Palast löst Diokletian die *letzte und größte Christenverfolgung* aus.
	303 24. Febr. Sommer	Durch ein erstes Edikt wird angeordnet, die christlichen Versammlungsstätten zu zerstören und christliche Schriften zu verbrennen; Christen sollen ihre Ämter und Würden und dazu die Rechtsfähigkeit verlieren. Zwei weitere Edikte richten sich gegen Kleriker, die gefangengenommen werden und Opfer für die heidnischen Götter vollziehen sollen.
	304 Frühjahr	In einem 4. Edikt wird von allen Christen das Opfern für die Staatsgötter verlangt, im Weigerungsfalle die Todesstrafe angedroht. Diokletians Vorgehen gegen die Christen steht im Rahmen seines Versuchs, auf allen Gebieten den alten römischen Staat zu erneuern. Dazu gehört auch die Wiederherstellung der traditionellen Religion. – Die Verfolgung wird besonders im Osten hart durchgeführt, während im Westen zwar Maximian, nicht aber Constantius I. Chlorus, dessen Sohn Konstantin und Maxentius die Edikte Diokletians beachten.
Toleranzedikt des Galerius	311	Durch ein *Toleranzedikt* stellt Galerius die Verfolgung ein, gestattet erstmals ausdrücklich die Ausübung der christlichen Religion und den Wiederaufbau der Kirchen. Die Christen sollen, wie die Heiden zu den polytheistischen Göttern, zu ihrem Gott um das Wohl des Staates beten.
	311–312	Wiederaufflackern der Verfolgung unter Maximinus Daia im Osten.
	312	Maxentius erstattet der römischen Gemeinde ihre Güter zurück.
Kampf an der Milvischen Brücke	28. Okt.	Sieg Konstantins über Maxentius an der *Milvischen Brücke* (im Norden Roms); unter dem Zeichen des Christengottes (Christusmonogramm) erfochten, bedeutet der Sieg auch dessen Anerkennung als Helfer. Noch im selben Jahr verfügt Konstantin, dass den Christen in Nordafrika das beschlagnahmte Kirchengut zurückzugeben sei; der Klerus der karthagischen Kirche erhält Immunität und eine Geldschenkung.
	313 Febr.	Bei einem Treffen in Mailand sucht Konstantin Licinius auf seine Religionspolitik festzulegen. Die Ergebnisse der Konferenz finden ihren Niederschlag in Edikten des Licinius, in denen, wie in Afrika, die Rückgabe des Kirchengutes an die christlichen Gemeinden angeordnet wird. – (Forts. S. 364)

Randstaaten, Einflussbereiche, Regionalgeschichte des Imperium Romanum

Grundzüge der Administration des Imperium Romanum

Seit dem Bundesgenossenkrieg und Sullas Reformen *gliedert sich das Römische „Reich"* in das geschlossene Bürgerland Italien, das unter dem unmittelbaren Regiment der in Rom residierenden Magistrate, des Senats, später zusätzlich des Kaisers und seiner regelmäßigen Beauftragten (Prätorianerpräfekt, praefectus urbi u. a.) steht, und in die „Außenländer" (provinciae), die von einem Promagistrat (oder dessen Stellvertreter, wozu auch die kaiserlichen Legaten und Prokuratoren zählen) geführt werden; die Vorrangstellung Italiens wird erst unter Diokletian aufgehoben.

Gliederung des Reiches

Der *römischen Zentral- und Reichsadministration,* die sich im Wesentlichen auf die Gewährleistung von Frieden (Militär, Polizei, Rechtsprechung), die Einziehung von Steuern und Tributen und die Bereitstellung der zu beiden Aufgaben erforderlichen Infrastrukturen (politisch-administrative Ordnungen und Bauten) beschränkt, steht die lokale einheimische Administration der Gebietskörperschaften (coloniae, municipia, praefecturae, civitates [darunter auch Poleis und Stammesverbände], Strategien, kleine Klientelfürstentümer) gegenüber, die die personalintensiven Aufgaben wie Personenerfassung, Umlage von munera (Dienstleistungen) und Abgaben, lokale Raumordnung, niedere Rechtsprechung, soziale Fürsorge (soweit vorhanden) u. ä. in autonomer Gestaltung wahrnimmt, in welche ‚Rom' nur bei Disfunktion eingreift. Daher kommt die römische Administration mit wenigen Amtsträgern und geringem Personal, das teilweise vom Militär gestellt wird, aus.

römische Reichs-administration

Die Verbindung zwischen römischer und *einheimisch-lokaler Administration* wird meist durch informelle soziopolitische Beziehungen zur einheimischen Oberschicht hergestellt; diese Verzahnungen werden vor allem durch die Offenheit der römischen Gesellschaft (besonders gegenüber fremden Oberschichten) und die römische Bürgerrechts- und Kolonisationspolitik (seit Caesar) gewährleistet. – Die politisch bedingte Aufteilung der Außenländer in Senats- und Kaiserprovinzen wird schon im 1. Jh. n. Chr. durch das imperium maius des Kaisers weit gehend überbrückt. (Die Einrichtung prokuratorischer bzw. präfektorischer Provinzen beruht ursprünglich zumeist auf ihrer Übernahme von Klientelfürsten, ist später aber u. a. auch durch Mangel an Senatoren bedingt.) Die Trennung von Heerführung und Ziviladministration, die Verkleinerung der Provinzen und die Dezentralisation der kaiserlichen Zentraladministration ermöglichen in der Spätantike eine intensivere „Verwaltung" und die institutionelle Überwindung der Scheidung zwischen römischer und einheimisch-lokaler Administration. Durch den dahin führenden *Integrationsprozess,* der sich im Laufe der Kaiserzeit zuerst auf soziopolitischem, im 3. Jh. auch auf institutionellem Terrain vollzieht, entsteht aus dem römischen Herrschaftsgebiet (Imperium Romanum) langsam ein territorialstaatliches Reich, das erst in der Spätantike seinen höchsten Grad an Staatlichkeit erreicht. Die *römische Administration* ist gekennzeichnet durch die *Prinzipien:* 1. geringer Objektivierung und Institutionalisierung (daher anstatt Behörden mit Instanzenzügen nur Kanzleien für manuelle Hilfsarbeiten), 2. großer Öffentlichkeit und direkter sozialer Einbindung der Entscheidungen, 3. hoher Politikträchtigkeit, 4. hoher Teilbarkeit der administrativen Aufgaben (sodass Behördenprinzip anfangs unnötig), 5. Unmittelbarkeit und somit Schnelligkeit der Administrationsakte, 6. geringer institutionalisierter Querverbindungen zwischen den Kanzleien, 7. weit gehender Verantwortlichkeit des Entscheidungsträgers (auch für Fehlentscheidungen und anderer schuldhaft verursachter Schäden).

lokale Administration

Integrationsprozess

Prinzipien der Administration

Erst die Intensivierung der römischen Administration zwingt dann in der Spätantike zu einer Objektivierung administrativer Akte und Entscheidungskriterien, mithin zur Entwicklung eines Behördentyps (officium).

Italien

(Forts. v. S. 112)

Bezeichnung und Grenzen Italiens in der Republik

Nach Meinung der Griechen entsteht die Bezeichnung *„Italia"* im äußersten Süden des Landes, dem antiken Bruttium (heute Calabria), abgeleitet entweder von einem mythischen König Italos oder von einem später verschwundenen Stamm, den Itali. Diese Ableitung, in ursprünglicher Schreibweise „Vitalia" von

Italia

"Vitaloi", findet ihre Entsprechung in anderen italischen Stammesnamen; so wie die Picentes von picus (Specht) und die Hirpini von hirpus (Wolf), sollen auch die Itali von dem ihnen heiligen Tier, dem vitulus (junger Stier), ihren Namen erhalten haben.

In den nächsten Jh.n erhält „Italia" als Benennung immer weitere Geltung, ohne dass eine politische Einheit dahinter steht: Am Ende des 5. Jh.s umfasst es *Großgriechenland* um den Golf von Tarent, im 4. Jh. reicht es bis Paestum, dann sogar bis Kampanien. Nachdem Rom Vormacht der westlichen Griechen geworden ist und im 3. Jh. den Kampf gegen deren alten Gegner Karthago aufgenommen hat, wird die Bezeichnung „Italia" auf das Gesamtgebiet des *römischen Bundes* bezogen (wohl durch bewusste Aneignung vonseiten der Römer; es gibt Anzeichen, dass diese ihr eigenes Territorium – seit wann, ist unbekannt – als „Italia" bezeichnen).

Großgriechenland

römischer Bund

Grenzen bis ins 1. Jh.

ab dem 2. Jh.

Die *Nordgrenze* dieses neuen „Groß"-Italien, gegenüber den Gebieten Liguria und Gallia, bleibt *bis ins 1. Jh.* (Sulla) unverändert: von Livorno im Westen südlich an Florenz vorbei bis zur Aesismündung nördlich Anconas. Diese Linie hat freilich weder geografische noch politische Bedeutung: „Italia" als geografischer Begriff umfasst zunächst das Land bis zum Apenninbogen, *ab dem 2. Jh.* (Polybios und Cato) ganz selbstverständlich auch dasjenige südlich der Alpen. Auch in ihrer Bündnispolitik nehmen die Römer keine Rücksicht auf diese Grenze: Wie im Süden das sizilische Messina vollgültiger „italischer" Bundesgenosse wird, gründet man im Norden in rascher Folge eine große Zahl latinischer und Bürgerkolonien, wie man es in Alt-„Italia" getan hat. Die schnelle und durchgreifende Romanisierung führt in Bundesgenossenkrieg zu Problemen, als die Bürgerrechtsgesetze von 90/89 die generelle Verleihung des Bürgerrechtes auf „Italia" beschränken, die Gemeinden der Transpadana nur latinisches Kolonialrecht erhalten. Diese Zurücksetzung wird noch verschärft, als Sulla den bisher mit dem Rest Italiens verwalteten Norden als Provinz Gallia Cisalpina verselbstständigt. Die Grenze von „Italia" wird zwar auf den Arno im Westen und den Rubikon im Osten vorgeschoben, dennoch leben nunmehr viele Bürger unter der absoluten Gewalt eines Statthalters. Die hieraus sich ergebenden Unzufriedenheiten und Agitationen finden ihr Ende, als Caesar 49 allen Bewohnern der Gallia Cisalpina, die es noch nicht besitzen, das Bürgerrecht verleiht und Octavian 42 die Provinz auflöst und das Gebiet Italien anschließt. Seine endgültigen Nordgrenzen findet Italien nach der Unterwerfung und Befriedung der Alpenstämme in Zusammenhang mit der Einteilung in Regionen (möglicherweise während des letzten Census des Augustus, 13/14 n.Chr.). Die Westgrenze ist nunmehr der Var bei Nizza. Von ihm verläuft die Grenze knapp westlich Turins, dann auf dem Hauptkamm der Alpen um das Tal von Aosta nach Osten, kreuzt die Vallis Venostica, den Vinschgau, bei Partschins westlich Merans und das Eisacktal bei Klausen, verläuft über den Plöckenpass und biegt dann nach Süden, sodass Triest und der größte Teil Istriens noch zu Italien gehören.

Süditalien

griechische Welt

342–338 Süditalien ist bis zum Pyrrhoskrieg Teil der *griechischen Welt*. Archidamos III. von Sparta (360–338) kommt mit einem Heer dem von Lukanern bedrängten Tarent zu Hilfe; er fällt in der Schlacht von Manduria (in Apulien, südöstlich von Tarent), ohne dauernde Ergebnisse

333–330 se erzielt zu haben. Dasselbe gilt für den Molosserkönig Alexander I. von Epeiros (*362, †330), den Onkel Alexanders d.Gr., obwohl er, zuletzt mit Rom gegen Lukaner und Bruttier verbündet, einen großen Teil Süditaliens unterworfen hat.

Die Alexander d.Gr. zugeschriebene Absicht, mit dem westlichen Mittelmeergebiet auch Italien zu unterwerfen, ist im Zusammenhang mit dessen „Letzten Plänen" zu sehen.

Agathokles

304–289 *Agathokles*, König von Syrakus (*ca. 360, †289), greift nach Unteritalien über.

299 Eroberung von Kroton; Bündnisse mit anderen großgriechischen Städten folgen. Agathokles unterstützt Tarent gegen die Lukaner. Ansätze zur Zusammenfassung der süditalischen und sizilischen Griechenstädte in einem Herrschaftskomplex werden durch Agathokles' Tod ohne Erben zunichte.

298/297

Tarent, das (bereits 303) wieder einen auswärtigen Feldherrn, Kleonymos von Sparta, gegen die Lukaner verpflichtet hat, ist auch in den folgenden Zeiten nicht in der Lage, sich selbst

Pyrrhos

280 zu wehren. *Pyrrhos* von Epeiros kommt den Tarentinern in ihrem Konflikt mit Rom zu Hilfe, der aus einer römischen Übertretung des Schifffahrtsabkommens von 303 entstanden ist. Im Laufe des Krieges werden die letzten noch unabhängigen griechischen Städte zum Anschluss an Rom gezwungen. Nach Pyrrhos' Tod übergibt dessen Statthalter Tarent an Rom.

270 Rhegion (Reggio) wird von der Herrschaft rebellierender kampanischer Söldner befreit und tritt als letzte Griechenstadt in das Bundesverhältnis zu Rom: Dessen Herrschaftsbereich erstreckt sich nunmehr von Rimini bis Reggio di Calabria gegenüber Sizilien.

Die Organisation Italiens in der mittleren Republik

Zum ersten Mal erscheint in dem Frieden, den Rom 338 mit den Latinern schließt, die Reihe der Rechtsformen, die die Römer in Zukunft anwenden, um ihr Verhältnis zu italischen Gemeinden auf Dauer zu regeln. Der so genannte *„Italische Bund"*, die Bundesgenossenschaft Roms mit ihm zu militärischer Unterstützung verpflichteten, sonst selbstständigen Staaten dauert bis 91 v.Chr., als ein Teil dieser *„socii"* meutert und Rom sich gezwungen sieht, sein Bürgerrecht auf die italischen Bundesgenossen auszudehnen. *Italischer Bund / socii*

Dieser Bund setzt sich im einzelnen zusammen aus dem Staat Rom, dem latinischen Bund und den Bundesgenossen („socii").

Der römische Staat ist kein Einheitsstaat, sondern in sich gegliedert: 1. Die *Stadt Rom* und ihr unmittelbares Territorium, d.h. der „ager Romanus" im eigentlichen Sinn, das Gebiet, auf dem die stadtrömischen Magistrate direkt wirksam werden, da es hier, außer den 31 Landtribus und einer rudimentären Selbstverwaltung der Dörfer und Märkte (vici, pagi, fora et conciliabula), keine staatlichen Organe gibt. Dieses Gebiet nimmt zunächst, während der Eroberungskriege, durch erzwungene Landabtretungen stark zu, verringert sich aber, vor allem seit dem 2. Punischen Krieg, durch die Errichtung von Kolonien und Bürgermunizipien. *Stadt Rom*

2. *Kolonien* römischer Bürger sind Ansiedlungen auf dem oder am Rand des „ager Romanus", in die eine kleine Zahl römischer Bürger (meist um 300) mit ihren Familien geschickt wird (Deduktion). Neben diesen wohnt eine durchwegs wesentlich größere Anzahl von bisherigen Einwohnern weiterhin in der Stadt, die nach einiger Zeit römisches Bürgerrecht erhalten, sodass beide Bevölkerungsteile allmählich zusammenwachsen. Aufgabe der Kolonisten ist also sichtlich die Überwachung und politische Romanisierung einer nichtrömischen Vorbevölkerung. Zur Erfüllung dieser Aufgabe erhalten die Kolonien ein gewisses Maß an Selbstverwaltung. *Kolonien*

3. *Munizipien* römischer Bürger sind ursprünglich Nachbargemeinden Roms, die freiwillig in dessen Gemeindeverband eintreten und als „Belohnung" einen Großteil ihrer Eigenstaatlichkeit und Selbstverwaltung behalten; andererseits haben sie als Latiner den römischen ähnliche Institutionen, sodass eine „Romanisation" wie bei den Kolonien unnötig erscheint. Ursprünglich sind es sehr wenige (z.B. Tusculum); ihre Zahl nimmt seit den Bürgerrechtsverleihungen von 90/89 und dann vor allem in der Kaiserzeit rapide zu. *Munizipien*

4. *Halbbürgergemeinden* (municipia sine suffragio), stammesfremde Staaten (wie z.B. das etruskische Caere und das oskische Capua), mit denen Rom eine Militärunion in dem Sinn eingegangen ist, dass deren Bürger mit den römischen in der Legion kämpfen, sie also kein eigenes Militär unterhalten. In Sprache und Institutionen sind diese Municipien völlig autonom – ein interessantes Experiment, das bei größerer Verbreitung und längerer Dauer den römischen Staat vielleicht föderativer gestaltet hätte. Die Anziehungskraft des immer mächtiger werdenden Rom und der Abfall sowie die folgende Auflösung des wichtigsten „municipium sine suffragio", Capua, im 2. Punischen Krieg entziehen dieser Rechtsform jedoch ihre Grundlagen. Die übrigen Halbbürgermunicipien romanisieren sich schnell und erhalten bald das römische Bürgerrecht. *Halbbürgergemeinden*

Der *Latinische Bund* (nomen Latinum) besteht weiter, ist jedoch ganz auf Rom ausgerichtet, das die Stammesbeamten stellt, Feste veranstaltet und die Politik des Bundes bestimmt. Ihm gehören an:
1. die wenigen nach der Neuordnung von 338 noch verbliebenen Latiner- und Hernikerstädte, die sog. „prisci Latini" (z.B. Tibur, Anagnia), und
2. als immer größerer Teil die „latinischen Kolonien"; als selbstständige Staaten mit Militär- und eigener politischer Ordnung besitzen diese, im Gegensatz zu den römischen Kolonien, deren Bürger in zentral aufgestellten Legionen dienen, eine jederzeit mobilisierbare Streitmacht; an strategisch wichtige, aber weit vom römischen Territorium abgelegenen Positionen (Aquileia fast 300 km!) haben sie die Funktion vorgeschobener Festungen; da in latinische Kolonien viel größere Kontingente (von Bürgern und Latinern, aber auch von „socii") deduziert werden als in Bürgerkolonien (mehrere tausend gegenüber einigen Hunderten), ist auch hier die politische Zuverlässigkeit und die langfristige Romanisation der selbstverständlich auch in diesen Orten verbleibenden Vorbevölkerung gesichert. *Latinischer Bund*

Den größten Teil der *Bundesgenossen* bilden die „socii", die nur durch Militärvertrag mit Rom verbunden sind, ihre etruskische, samnitische oder griechische Staats- und Sozialordnung jedoch beibehalten. Ihre Militärkontingente werden auf römische Aufforderung hin mobilisiert und treten unter römisches Kommando. Das Bündnis (foedus), in dem das Verhältnis der betreffenden Stadt zu Rom seinen Ausdruck findet, regelt meist nur den militärischen und damit außenpolitischen Anschluss. Selbst wenn der Vertrag (fiktiv) zwischen gleichberechtigten Mächten abgeschlossen wird, ist der Machtunterschied zwischen Rom und den kleinen italischen Staaten, deren politische Bündnisse untereinander möglichst unterbunden werden, so groß, dass Roms Herrschaft gesichert bleibt. *Bundesgenossen politisches Gebilde* Das *politische Gebilde* „Italien unter römischer Herrschaft", für das die Römer selbst keine eigene Bezeichnung haben, setzt sich also zusammen aus Rom und seinem Territorium im weitesten Sinn (unter *Legionen* Einschluss der Halbbürgerstädte) als dem Rekrutierungsgebiet der *Legionen* (etwa zwei Fünftel des Bundesgebietes) und den Territorien verbündeter Staaten (den restlichen drei Fünftel des Landes), die für das Heer Hilfstruppen stellen.

Die offizielle Bezeichnung lautet: Socii nominisve Latini quibus ex formula milites in terra Italia imperare solent (die Bundesgenossen und die vom latinischen Bund, denen sie [sc. die Römer] die Gestellung von Hilfstruppen nach der Verhältnistabelle zu befehlen pflegen). Je nach der Zahl der von Rom mobilisierten Legionen müssen die insgesamt etwa 150 übrigen Staaten Italiens kleine Einheiten (cohortes der Infanterie und turmae der Reiterei) aufbieten, die dann zu den „alae sociorum" (Bundesgenossenkorps) vereinigt werden. Einige, vor allem griechische Städte Süditaliens, stellen darüber hinaus auch bemannte Schiffe zum Küstenschutz.

Die römischen Konsuln sind im Kriegsfall Oberbefehlshaber des Bundes, greifen aber auch bei Notständen (tumultus, so etwa bei dem Bacchanalienskandal von 186) in das innere Leben der Bundesgenossenstädte ein; der Senat ist – mehr de facto als de iure – die oberste politische Entscheidungsinstanz für Italien, im Übrigen bemüht sich Rom lange Zeit peinlich, die Autonomie der „socii" nicht zu verletzen. Die *politische* *politischen Beziehungen* zwischen Rom und seinen italischen Bundesgenossen werden weit gehend in-*Beziehungen* nerhalb des Verhältnisses von „patroni" und „clientes" abgewickelt: Ein prominenter Römer übernimmt *Klientel* die Vertretung eines bestimmten Staates vor Senat und Volk, dafür ist ihm dieser Staat zu Dank und Diensten verpflichtet. Der Patron kann Wünsche und Anregungen Roms an seine Klienten weiter geben, und diese richten sich weit gehend danach, ohne dass es sich dabei um einen administrativen Dienstweg handelt.

Italien ist im 3. und 2. Jh. v. Chr. nicht nur staatsrechtlich, sondern auch sozial, wirtschaftlich und kulturell ein buntscheckiges Gebilde. Neben den – in vollem Niedergang befindlichen – Griechenstädten am Golf von Tarent und den nicht wesentlich lebendigeren Städten der Etrusker entwickeln sich vor allem die Stadt Rom selbst und daneben eine Reihe römischer und latinischer Kolonien zu auch wirtschaftlich bedeutenden Zentren (z.B. Ostia, Cales, Brundisium, Aquileia).

Die große Trennlinie der Zeit verläuft zwischen städtisch und ethnisch geordneten Gesellschaften, wobei Etrusker, Latiner, Campaner und vor allem Griechen, also die Bewohner der Ebenen an der West- und Südküste Italiens, in städtischen Zentren, die sabellischen Stämme im Apennin hingegen noch in Gauen ohne zentrale Orte leben.

Sozialgefüge Dieser Unterschied im *Sozialgefüge* fällt zusammen mit der unterschiedlichen Erwerbsgrundlage zwischen Ackerbau und Gewerbe einerseits und Viehzucht andrerseits. Da die Bergregionen nur einer beschränkten Bevölkerungszahl Lebensunterhalt bieten, kommt es immer wieder zu organisierten Abwanderungs- und Landnahmeversuchen sabellischer Gruppen in der Ebene (ver sacrum). Roms politischer Erfolg beruht nicht zuletzt darauf, dass es von Anfang an Vorkämpfer der urbanisierten Bewohner des Flachlandes gegen solche Einfälle ist. Auf der großen Zahl seiner mittleren und kleinen Bauern beruht Roms Sozial- und Militärordnung; die Anweisung von Ackerland an bedürftige Bürger (Viritanassignation), wie sie z.B. Flaminius 220 im Hinterland von Rimini vornimmt, hat ebenso militärische wie soziale Gründe. Die späte Einführung einer richtigen Austauschwährung zeigt, dass Handel – vor allem Fernhandel – und Gewerbe noch keinen wichtigen Platz in der römischen Wirtschaft einnehmen.

Eines der Hauptinstrumente Roms bei der Eroberung, wie später bei der Beherrschung und Romanisation *Fernstraßennetz* Italiens, ist das gut ausgebaute *Fernstraßennetz*, dessen Idee die Römer vielleicht von den Etruskern übernommen haben. Die ältesten Straßen (via Latina, via Salaria) sind alte Handelswege. Ab 312 werden die Neuanlagen, die hauptsächlich aus strategischen Gründen errichtet werden, nach den Auftraggebern (meist Censoren) benannt. Zwischen erster Trassierung und Ausbau, d.h. Pflasterung, vergeht in der Republik oft geraume Zeit.

Die wichtigsten Straßen haben ihren Ausgangspunkt in Rom. Es sind folgende (gegen den Uhrzeigersinn) zu nennen: Die via Appia (312) geht durch die Pontinischen Sümpfe nach Terracina und weiter über Minturnae und Casilinum, wo sie auf die via Latina trifft (die durch das Liristal nach Süden läuft), nach Capua. Von hier wird sie einige Jahrzehnte später über Benevent und Venusia nach Tarent und Brindisi (der römische Haupthafen für den Verkehr nach Osten) weitergeführt. Ab Benevent gibt es in der Kaiserzeit die Alternativroute der via Traiana über Bari nach Brindisi. Die Verbindung von Capua nach Süden über Salerno bis Reggio di Calabria stellt die via Annia (131?) dar. Von Rom nach Osten, durch das schwierige Berggelände des Hochapennin, führen die via Valeria (306), die erst von Claudius bis an die Adria verlängert wird, sowie die alte via Salaria, die über Rieti und Ascoli die Adriaküste erreicht. Hauptverbindung nach Nordost ist die via Flaminia (220), die über Narni und den Scheggiapass in den von Flaminius zur Besiedlung vorgesehenen „ager Gallicus" läuft. Vom Endpunkt dieser Straße, von Rimini aus, wird schon 187 die via Aemilia weitergeführt, die in nahezu gerader Linie die später nach ihr genannte Region zwischen Apennin und Po durchquert und über Bologna und Piacenza, Mailand und schließlich selbst Aosta erreicht. Von Rimini nach Aquileia im Nordosten geht die via Popilia (132). Die direkte Verbindung Roms nach Norden stellen die via Cassia (Ende 3. Jh.) über Florenz nach Bologna und entlang der Küste die via Aurelia (177) her, die ab Livorno durch später angelegte Straßen (via Aemilia Scauri 109; via Iulia Augusta 13) bis Genua und Südfrankreich verlängert wird.

In der *Kaiserzeit* sind die *Straßen* den vom Kaiser ernannten „curatores viarum" senatorischen oder ritterlichen Standes unterstellt. Die Kosten des Straßenbaus teilen sich die Staatskasse, die Anliegergemeinden und die Eigentümer des an der Strecke liegenden Großgrundbesitzes, wobei die Kaiser vor allem bei Neubauten erheblich beizusteuern pflegen. Die Meilensteine sind Anzeiger für Straßenbau und -unterhalt in den verschiedenen Epochen der römischen Geschichte.

Straßen in der Kaiserzeit

Eine neue Dynamik kommt in die italischen Verhältnisse durch die Herrschaft, die Rom (mit Hilfe seiner „socii") im Mittelmeerraum erwirbt, sowie durch die Folgen des *2. Punischen Krieges*, der hauptsächlich Italien in Mitleidenschaft zieht. Zu Hannibal sind vor allem die Bewohner nicht urbanisierter Bergkantone und die Griechenstädte im Süden übergegangen; die Rückeroberung und die darauf folgende Bestrafung dieser Gebiete bewirken, dass Süditalien während der gesamten römischen Zeit – bis heute – gegenüber der Mitte und dem Norden der Halbinsel wirtschaftlich zurückbleibt (Mezzogiorno-Problem). Viele Städte in Mittelitalien gewinnen durch die Flucht der Bauern vom Lande und die Entstehung einer Waffen-„Industrie" erheblich an Einwohnerzahl und Bedeutung, die sie nach dem Krieg auch behalten, da viele Landleute nicht auf ihre zerstörten Höfe zurückkehren oder durch den entstehenden Großgrundbesitz verdrängt werden.

Zweiter Punischer Krieg

Der lange Krieg, der die Führungsfunktion des römischen Senats erheblich verstärkt hat, und die mit dem Krieg verbundenen Bevölkerungsverschiebungen führen zu einem starken Abbau des kleinstaatlichen Bewusstseins. Vor allem bei den Bürgersoldaten der „socii", die unter römischen Offizieren neben römischen Einheiten lange Jahre kämpfen, macht sich dies bemerkbar, ein Umstand, der sich noch mehr in den folgenden Jahrzehnten fast dauernder Kriege im Osten verstärkt. Die *Romanisierung Italiens* macht durch den Gebrauch der lateinischen Sprache, durch einheitliche Sitten und Gebräuche sowie durch die Uniformierung in Kriegstechnik und Kleidung (Gebrauch der Toga und Bezeichnung aller Italiker als Togati) entscheidende Fortschritte.

Romanisierung Italiens

Dieser Entwicklung parallel und ihr, zumindest teilweise, auch entgegen läuft die zunehmende Absonderung und faktische *Privilegierung der Römer* gegenüber ihren italischen Verbündeten. Die Siegesbeute nach Schlachten wird zwar wohl auch weiterhin meist nach den alten Verträgen aufgeteilt, die eigentlichen Gewinne aus den neuen Provinzen fließen aber nach Rom, hier wieder hauptsächlich in die Stadt Rom und in die Taschen der Senatoren. Die Bundesgenossen können weder ihre Stadtbevölkerung mit außeritalischem Getreide ernähren, noch können sie sich dem römischen Verzicht auf die Erhebung direkter Steuern (167) anschließen. Vor allem aber sieht sich die *Aristokratie* der bundesgenössischen Gemeinden zusehends degradiert. Bis ins 3. Jh. verkehrt man mit den römischen Senatoren von gleich zu gleich; Heiraten untereinander sind nicht selten. Nun kann man, weder was die Besitzausdehnung und den Luxus der Lebensführung, geschweige denn was die Machtausübung angeht, mithalten. Gelegentliche Entgleisungen römischer Beamter, die die „socii" spüren lassen, dass sie nicht durch die Appellationsrechte römischer Bürger geschützt sind, bewirken, dass samnitische und etruskische Adlige an eine Abwanderung nach Rom denken. Dort kann man das Bürgerrecht erwerben und danach hoffen, bald selbst Senator zu werden. Es ist verständlich, dass solche „Möchtegern"-Römer ihre Gemeinden mehr im Sinn römischer Erwartungen als im ausschließlichen Interesse ihrer Heimatstadt führen. Die Autonomie der mit Rom Verbündeten wird von innen ausgehöhlt.

Privilegierung der Römer

Aristokratie

Ein zweiter Problemkreis betrifft hauptsächlich verarmte Bauern und Erwerbslose, die aus den wirtschaftlich zurückgebliebenen Bergkantonen in das römische Gebiet abwandern wollen. Da Rom das zweigeteilte Militärsystem nicht ändern will, müssen auch die Rekrutierungs-, d.h. Bevölkerungsstärken der „socii" beibehalten, Auswanderung also möglichst verhindert werden. Meist sind es sogar die Heimatgemeinden, die um eine Rücksendung ihrer nach Rom geflüchteten Bürger bitten, nicht Rom selbst, das diesen die Verleihung des Bürgerrechts verweigert.

Diese lange Zeit nur in ihren Symptomen beachtete Krise wird zuerst – aus Gründen der römischen Innenpolitik – von C. *Gracchus* klar erkannt und für lösbar befunden. Das Ackergesetz seines Bruders Tiberius war schließlich daran gescheitert, dass die nicht unerhebliche Menge römischen Staatslands im Besitz der „socii" ohne tiefe Erschütterung des Bündnissystems nicht zu beschlagnahmen und an römische Bürger zu verteilen war. Fulvius Flaccus stellt 125 in seinem Gesetzesprojekt den Bundesgenossen Bürger- oder Provokationsrecht zur Auswahl – gegen Herausgabe ihres „ager publicus"; C. Gracchus verspricht in seiner „lex de civitate" den Latinern das Bürgerrecht, den übrigen Bundesgenossen ein beschränktes Stimmrecht in Rom, ebenfalls im Tausch gegen „ager publicus". Beide Vorschläge scheitern, nicht zuletzt auch an dem mangelnden Interesse der „socii" selbst.

Gracchus

Diese indifferente Haltung der „socii" ändert sich jedoch in den nächsten Jahren, vor allem als Folge der *Heeresreform des Marius*, die für zum Militär eingezogene „proletarii" großzügige Landabfindungen vorsieht. Als daraufhin wieder viele Verbündete nach Rom einzuwandern suchen, kommt es 95 (lex Licinia Mucia) zu den letzten großen Repatriierungsaktionen. Die hieraus entstandene Erregung, verstärkt

Heeresreform des Marius

Bundes-genossenkrieg durch die Ermordung des Livius Drusus, führt 91–88 zum *Bundesgenossenkrieg*: Verbündete Gemeinden, hauptsächlich samnitischen Stammes, gründen ein Gegen-Italia, einen unabhängigen Staat. Ihre Hoffnung auf einen allgemeinen Abfall der „socii" geht nicht in Erfüllung. Durch Bürgerrechtsverleihungen an treu gebliebene (90, lex Iulia) sowie an freiwillig wieder unter Roms Herrschaft zurückgekehrte Bündnispartner (89, lex Plautia Papiria) wird – nach anfänglichen Niederlagen – relativ schnell eine Befriedung herbeigeführt. Nur der Kampf gegen die Samniten, der in seiner letzten Phase in die *Bürgerkriege* zwischen Marius und Sulla einmündet, dauert noch einige Jahre an.

Bürgerkriege

Das Ergebnis der Kämpfe ist, dass Italien in seiner vergrößerten Gestalt nur noch von römischen Bürgern bewohnt wird. Einheimische Sprachen, Institutionen und Rechtsformen werden zwar nicht sofort geändert (das Stadtrecht von Bantia noch um 80 in oskischer Sprache und mit einer Reihe einheimischer Institutionen); im Laufe des nächsten halben Jh.s wird Italien jedoch tiefgreifend romanisiert. Hierzu tragen nicht zuletzt die Bürgerkriege selbst und die Ansiedlung von Veteranen bei, die Sulla und – noch brutaler – Octavian unter Enteignung der Vorbevölkerung durchführt. Die Vernichtung vieler alter senatorischer Familien durch Kriege und Proskriptionen eröffnet den munizipalen Aristokratien Italiens die Möglichkeit, in den Senat aufzusteigen. Die Sozial- und Wirtschaftsordnung der Gemeinden gleicht sich ebenso an wie ihr politischer Aufbau, ohne dass es irgendwelcher Vereinheitlichungsgesetze bedarf.

Oberitalien

Oberitalien, d.h. Ligurien und Gallia Cisalpina, wird seit dem 3. Jh. mehr und mehr von Römern und Italikern besiedelt. Koloniegründungen (Lucca und Luna am Golf von La Spezia, Ariminum/Rimini und eine Reihe anderer entlang der neuen via Aemilia; Aquileia), Aussiedlungen besonders renitenter Stämme oder Stammesteile (282 Vertreibung der Senonen aus dem „ager Gallicus" südl. Rimini; 180 Verpflanzung von 40000 Apuani aus dem Hinterland Luccas nach Samnium) sowie Landnahme und Kultivation durch eine große Zahl unorganisierter Einwanderer machen aus dem Land zwischen Apennin und Po ein ebenso reiches wie durchgreifend romanisiertes Neuland. Weder Ligurer noch gallische Stämme schließen sich dem Aufstand von 91 an. Sie erhalten – sofern südlich des Po wohnend – das Bürgerrecht; die gallischen, venetischen und euganeischen Stämme nördlich des Po bekommen nach einem Zwischenstadium mit latinischem Kolonialstatus (89, lex Pompeia) schließlich von Caesar 49 das volle Bürgerrecht zuerkannt. Unter Augustus ist Italien in Sprache, Recht und Zivilisation weit gehend geeint.

Italien in der Kaiserzeit

Italien in der Form, wie sie ihm Augustus gegeben hat, besteht ohne große Veränderungen bis zu den Reformen Diokletians weiter. Nur im Nordosten wird unter Marcus Aurelius – im Rahmen der Grenzbefestigungen in den Iulischen Alpen – das Gebiet von Emona (Ljubljana) an Italien angeschlossen.

Verwaltung Italiens

Die *Verwaltung Italiens* bleibt in der Kaiserzeit zunächst die der Republik: Italien ist territorial die Summe von über 400 Stadtgebieten, administrativ von ebenso vielen Stadtregierungen, über die Kaiser, Konsuln und Senat eine nicht recht abgegrenzte Oberaufsicht führen. Die wachsende Zahl von Beamten, die der Kaiser zu anderen Zwecken in Italien ernennt (Flotten-, Straßen-, Postbeauftragte u.a.), ergibt jedoch eine immer größere faktische Präsenz der Zentralregierung auch in abgelegeneren Regionen. Die Prätorianerpräfekten werden, als Kommandanten einer auch als Bereitschaftspolizei dienenden Truppe, mehr und mehr für die innere Sicherheit des Landes zuständig. Die Abwertung der städtischen *Gerichte* und damit die Verlagerung einer immer größeren Zahl von Prozessen an die stadtrömischen Gerichtshöfe macht die Schaffung regionaler Obergerichte nötig: Unter dem Stadtpräfekten und den Prätorianerpräfekten, die Appellationsrichter des Sprengels innerhalb und außerhalb einer Hundertmeilenzone um Rom sind, begegnen unter Traian und Hadrian vier „consulares" bzw. „iuridici", ab 164 dann kontinuierlich belegte, an Zahl wechselnde Gerichtsmagistrate (iuridici), deren Amtsbezirke in wechselnder Kombination auf der Grundlage der augusteischen Regioneneinteilung bestimmt werden.

Gerichte

Regionen

Die *Regionen* werden unter Augustus in Anlehnung an alte ethnische und sprachliche Gemeinschaften, die seit den Bürgerkriegen kaum mehr Bedeutung besitzen, neu geschaffen. Sie sind keine Verwaltungsbezirke; da Italien jedoch eines der städtereichsten Gebiete des Reiches ist, muss für Zensuslisten usw. eine praktikable Unterteilung gefunden werden.

Rom selbst ist aus der Regionenordnung ausgenommen. Von Rom aus umfassen zunächst (gegen den Uhrzeigersinn fortschreitend) sieben Regionen das „alte" Italien: (I) Latium und Campania, (II) Apulia und Calabria, (III) Lucania und Bruttium, (IV) Samnium mit dem Gebiet der Sabiner (später Valeria), (V) Picenum, (VI) Umbria und ager Gallicus, (VII) Etruria. In vier Regionen ist Norditalien aufgeteilt: (VIII) Gallia Cispadana (später Aemilia, (IX) Liguria, (X) Venetia und (XI) Transpadana. Als Grenzen der Regionen werden nach bewährtem römischen Muster, wenn möglich, Flussläufe gewählt.

Stadtverfassung

Die *Stadtverfassung*: Neben der wachsenden staatlichen besteht freilich, wie in der Republik, die Selbstverwaltung der Gemeinden weiter, von Territorialkörperschaften also mit städtischem Mittelpunkt. Nach einem langen Angleichungsprozess ist die Verfassung der Städte ein Abbild des republikanischen Rom im Kleinen. Ihre Organe sind Beamte (magistratus), Senat und Volksversammlung. Die *Magistrate* sind „honores", Ehrenämter ohne Bezahlung, von deren jährlich wechselnden Inhabern sogar die Schenkung erheblicher Summen in die Stadtkasse erwartet wird. Als die freiwilligen Meldungen zu diesen kostspieligen Ehrenämtern zurückgehen, muss man mehr und mehr auf die Zwangsverpflichtung genügend vermögender Kandidaten zurückgreifen („honos" wird „munus"). Die ursprünglich kaum beschränkten Kompetenzen der Magistrate werden durch römisches Eingreifen und Nichtausnutzen noch vorhandener Möglichkeiten vonseiten der Städte selbst immer geringer.

Magistrate

Folgende Ämter finden sich, unter geringfügig wechselnden Bezeichnungen, fast überall: „duumviri" (iure dicundo): die Vorsitzenden des Stadtrates, oberste Richter und Vertreter der Stadt nach außen; „aediles": neben Überwachung des Marktes (Sorge für genügend viel und billiges Getreide!) Kontrolle von Bauwesen und Straßenreinigung; „quaestores": Überwachung der städtischen Einnahmen (Marktabgaben, Zölle, Verbrauchssteuern, Verpachtungen) und Ausgaben (Gehälter des Unterpersonals, Bauten, Organisation von Festen); „duumviri quinquennales": Alle fünf Jahre übernehmen die „duumviri" zusätzlich zensorische Befugnisse, stellen die Rats-, Bürger- und Steuerlisten neu auf und verpachten die wirtschaftlichen Unternehmungen der Stadt. Bei ihren Aufgaben werden die Beamten von einem teilweise recht großen Stab bezahlter Sekretäre und Amtsdiener (Sklaven und Freigelassene) unterstützt. Der *Stadtrat*, meist mit 100 oder mehr Mitgliedern, besteht aus allen gewesenen Beamten und zugewählten Bürgern. Dies ist eine Möglichkeit, durch faktischen Verkauf des Ratssitzes an ehrgeizige, aber nicht zu Beamten wählbare Neureiche (Freigelassene!) Geld in die Stadtkasse zu bekommen.

Stadtrat

Die *Volksversammlung* aller erwachsenen freien Bürger verliert immer mehr an Bedeutung. Dem Volk bleibt die informelle Möglichkeit, sich bei Forderung von Spenden sowie der Ablehnung bzw. Befürwortung bestimmter Amtskandidaten lautstark oder selbst tätlich zu äußern.

Volksversammlung

Speziell zur Einbindung der Freigelassenen in die Stadtverfassung und zu ihrer finanziellen „Verwertung" wird schon in augusteischer Zeit das Ehrenamt der „seviri augustales" geschaffen. Zunehmende Verarmung der Städte durch Abwanderung der reichsten Familien nach Rom, abnehmende Attraktivität der politisch immer unbedeutenderen Ämter sowie finanzielle Misswirtschaft führen zu einer immer schärferen Staatsaufsicht durch vom Kaiser ernannte „curatores". Die Selbstverwaltung der Städte geht, lokal verschieden schnell, immer mehr zurück.

Über das äußere Aussehen italischer Städte der Kaiserzeit unterrichten am besten die Ruinen von Ostia und Pompeii.

Die *Sonderstellung Italiens* im Reich schwächt sich immer mehr ab: Das Bürgerrecht verbreitet sich auch in den Provinzen immer weiter, bis Caracalla es allen freien Reichsbewohnern verleiht. Auch Senat und Ritterstand ergänzen sich seit dem 1. Jh. n. Chr. mehr und mehr aus den Provinzen. Dies hat zwar keine politischen Folgen, da die Integrationskraft des Senates stark genug ist, auch Afrikanern und selbst Griechen das Standesethos aufzuzwingen, und die Senatoren sind auch gehalten, einen ansehnlichen Teil ihres Vermögens in italischem Land anzulegen – Italiker werden sie trotz allem nicht. Bei den Legionen geht der Anteil der in Italien rekrutierten Soldaten zurück, und ihr letztes Bollwerk, die *Prätorianergarde*, wird unter Septimius Severus ebenfalls mit Provinzialen aufgefüllt. Die Unmittelbarkeit der italischen Städte zu Kaiser und Senat wird durch die Einrichtung von Kuratoren und „iuridici" beeinträchtigt; die Freiheit vom ordentlichen Militär, die Italien zumindest im Frieden seit Sulla genießt, hört auf, als Septimius Severus eine Legion auf dem Albanerberg bei Rom stationiert; der unter Caracalla belegte „corrector Italiae" ist kaum etwas anderes als ein Provinzstatthalter. Diese Provinzialisierung setzt sich im 3. Jh. fort, und es ist nur der Schlussstrich einer langen Entwicklung, dass Diokletian dem Land seine seit dem 2. Jh. v.Chr. genossene Freiheit von direkten Steuern (tributum) nimmt und es etwa zur selben Zeit in Provinzen (auf der Grundlage der alten Regionen) teilt: Vor der neuen absoluten Monarchie hat die alte Unterscheidung zwischen Eroberern und eroberten Provinzen keinen Bestand.

Sonderstellung Italiens

Prätorianergarde

Seit *Diokletian* (bzw. seinem westlichen Mitkaiser Maximian) besteht die „dioecesis Italiciana" mit der Hauptstadt Mailand, der neuen Kaiserresidenz, statt des militärisch immer abgelegeneren Rom. Die Diözese umfasst neben Italien auch Sizilien, Sardinien, Korsika sowie die Alpes Cottiae und Rätien. Sie ist von Anfang geteilt in zwei Vikariate, in „Italia annonaria" (d.h. das für den Hof in Mailand und das in Oberitalien stationierte Feldheer die „annona" liefernde Italien), das – mit gelegentlichen Grenzverschiebungen – bis südlich des Arno reichte, und „Italia suburbicaria", Mittel-, Süd- und Inselitalien, das durch Lieferung vor allem von Wein und Schweinefleisch zur Ernährung der noch immer wichtigen Großstadt Rom beiträgt. Beide Vikariate bestehen aus je fünf bis zehn Provinzen unter „consulares".

Diokletians Reformen

Die soziale und wirtschaftliche Entwicklung Italiens in der Kaiserzeit bietet ein nicht leicht zu interpretierendes und vor allem lokal sehr verschiedenes Bild. Die *Bevölkerungszahl* scheint im Ganzen gegenüber der Republik zurückgegangen zu sein. Der Zustrom nach Rom hält zwar an und macht die bei den Lebensbedingungen der städtischen „plebs" verständliche hohe Sterblichkeitsquote wett. Auf dem Lande draußen wird aber schon im 1. Jh. eine Entvölkerung konstatiert. Der Rückgang bei der Rekrutierung von Italikern sowie das Ende der bis Augustus noch recht starken Auswanderung sind ebenfalls Indizien, die

Bevölkerung

hierfür sprechen. Traian und spätere Kaiser versuchen, durch Aussetzen eines Kindergeldes (alimenta; abgestuft nach ehelichen Knaben und Mädchen, unehelichen Knaben und Mädchen) die Geburtenziffer zu steigern, doch scheitert das Projekt, möglicherweise wegen der Zahlungsunwilligkeit der Landbesitzer, deren Hypothekenzinsen die „alimenta" finanzieren sollen.

Die Städte beginnen unter dem Aussterben bzw. der Abwanderung nach Rom der alten Adelsfamilien zu leiden. Neubildung einer zwar stadtsässigen, aber landbesitzenden Aristokratie ist dadurch erschwert, dass vielfach ein beachtlicher Teil des verfügbaren Bodens im Besitz Nichtansässiger (Kaiser, Senatoren, kaiserliche Günstlinge) ist.

Landwirtschaft Im wirtschaftlichen Bereich bleibt die *Landwirtschaft* wichtigster Sektor. Die Besitzkonzentration schreitet, lokal verschieden schnell, weiter fort, doch kann man etwa in Oberitalien erst in der Spätantike von einem Überwiegen des Großgrundbesitzes sprechen. In der Bewirtschaftung der Güter versucht man sich, nachdem Sklaven zusehends teurer werden, mit verschiedenen Formen der Verpachtung zu behelfen, ohne zu allseits befriedigenden Resultaten zu kommen. Der Anbau von Getreide nimmt, gegenüber Wein und Öl, weiterhin ab; Versuche Domitians, den italischen Weizenanbau zu fördern, scheitern. Obwohl Italien, bedingt durch den zu ernährenden „Wasserkopf" Rom, insgesamt wesentlich mehr ein- als ausführt, werden vor allem Spitzenweine, daneben Öl, Oliven, Fischsoße (garum) usw. mindestens bis ins 2. Jh. in größeren Mengen ausgeführt. Marmor aus Carrara (Luna) erfreut sich seit der Erschließung der Lagerstätten in augusteischer Zeit auch in den Provinzen großer Beliebtheit. Italische Handwerkserzeugnisse (Reliefkeramik aus Arezzo = Terra sigillata, Arretina; Glaswaren aus Aquileia u.a.) haben in der Kaiserzeit zunehmend mit der Konkurrenz provinzieller Produktionsstätten zu kämpfen.

Insgesamt ist zu konstatieren, dass – mit geringen Ausnahmen – der Wohlstand Italiens bis in die Spätantike nicht entscheidend zurückgeht. – (Forts. S. 525)

Sizilien

Erster Punischer Krieg 264 Der Hilferuf der Mamertini, oskischer Söldner, die sich in Messina niedergelassen haben, an Rom und Karthago löst den *1. Punischen Krieg* aus. Messina wird, wie die italischen „socii", als militärpflichtiger Bundesgenosse an Rom angeschlossen.

241 Die Städte im Westteil der Insel, bisher karthagisch, kommen unter römische Oberhoheit, daneben besteht bis 212 das Königreich Hierons von Syrakus weiter.

Sizilien als „provincia" 227 Im Zusammenhang mit der Organisation Sardiniens wird auch *Sizilien als „provincia"* einem lokalen Imperiumsträger unterstellt: zuerst einem Prätor, seit Sulla einem Proprätor mit Sitz in Syrakus; unter ihm stehen zwei Quästoren (in Lilybaeum und Syrakus). Neben einigen verbündeten und freien Städten (z. B. Palermo) ist die große Menge der sizilischen Gemeinden tributpflichtig (Ablieferung eines Zehnten, „decuma", nach den weitergeltenden Bestimmungen von König Hierons Finanzordnung, der lex Hieronica); einige zahlen darüber hinaus noch Pacht für ihr ihnen abgenommenes Land (civitates censoriae).

sizilisches Getreide Die sprichwörtliche Fruchtbarkeit der Insel, deren Felder nach Cicero zehnfache Erträge und mehr liefern, macht das *sizilische Getreide* (den Tribut!) unentbehrlich für die Ernährung der Bevölkerung Roms. Es entstehen große, oft eingewanderten Römern gehörige Landgüter, die vorwiegend mit Sklaven bewirtschaftet werden.

Sklavenkriege 135–132 Als Folge der Missstände auf diesen Latifundien brechen *Sklavenkriege* aus, die von Rom
104–101 nur unter großen Schwierigkeiten niedergeschlagen werden können.

Misswirtschaft 73–71 Statthalterschaft des C. Verres. Ciceros Anklageschrift gegen seine *Misswirtschaft* (Verrinen) bietet das ausführlichste, aber ein besonders negatives Bild des römischen Sizilien.

36 Die Insel wird von dem Krieg Octavians gegen Sex. Pompeius erheblich geschädigt.

In der Kaiserzeit ist Sizilien Senatprovinz und steht unter einem Prokonsul prätorischen Ranges. In eine Reihe von Städten (Catania, Palermo, Syrakus) hat Augustus Veteranenkolonien deduziert, andere (z. B. Messina) sind Bürgermunizipien. Der Rest der Gemeinden besitzt seit Caesar latinisches Recht. Der Wohlstand der Insel, der hauptsächlich auf Weizenanbau, daneben Weinbau und Viehzucht beruht, bleibt bestehen. Große kaiserliche und senatorische Domänen zeugen von ihrer Anziehungskraft. In der Geschichte der Kaiserzeit taucht Sizilien kaum auf, bis es 440 von den Vandalen besetzt wird.

Sardinien

238 Rom erpresst von *Karthago* die Abtretung Sardiniens und Korsikas. *Karthago*
227 Sardinien ist „provincia" eines Prätors, zusammen mit Korsika.
Die fruchtbare Ebene im Süden der Insel wird relativ schnell unterworfen. Im Hochland, wo auch die Karthager ihre Herrschaft nie fest zu etablieren vermocht haben, dauern die Kämpfe (bis 177) an, und auch später folgen immer wieder Aufstände. Räuberei ist in diesem Gebiet bis in die Kaiserzeit endemisch.
Die Ebene ist wichtiger *Weizenlieferant* für Rom, im Bergland bleibt wichtigste Erwerbsquelle die Viehzucht. Im Südwesten der Insel werden einige Metallvorkommen abgebaut (Blei, Silber, Eisen und Kupfer). *Weizenlieferant*
In der gesellschaftlichen und politischen Entwicklung ist die Insel zurückgeblieben: Wenigen Bürgergemeinden an der Küste (Cagliari, Porto Torres) steht die große Menge der Sarden gegenüber, die im traditionellen Stammesverband verbleiben.
In der *Kaiserzeit* ist Sardinien meist Senatsprovinz unter einem Prokonsul prätorischen Ranges, dazwischen gelegentlich kaiserlich unter einem Präsidialprokurator. Von der Geschichte der Insel in dieser Zeit ist kaum etwas bekannt. *Kaiserzeit*

Korsika

259 Erste römische Expedition nach Aleria.
238 Zusammen mit Sardinien wird Korsika von Karthago abgetreten. Seitdem haben beide Inseln für 300 Jahre gemeinsame Geschichte. Die Niederwerfung und Kontrolle des Hochlandes gelingt hier noch weniger als in Sardinien. Es gibt nur eine Straße auf der Insel, von Mariana nach Aleria entlang der Ostküste; nur Mariana und Aleria werden später Kolonien. Die Insel ist in der Antike noch stark bewaldet. Hauptausfuhrartikel sind deshalb Bau- und Schiffsholz sowie Teer und Pech.
Seit Claudius ist Korsika eine eigene Provinz unter einem Prokurator der niedrigsten Rangstufe.

Griechenland/Makedonien
Achaia, Creta-Cyrene, Cyprus, Epirus, Macedonia
(Forts. v. S. 201, 207)

Die Provinzen Macedonia, Epirus und Achaia umfassen die Balkanhalbinsel südlich des Skardon- und des Pirin-Gebirges (Šarplanina bzw. Perim) einschließlich der küstennahen Inseln (u. a. Kykladen). Die Cyrenaica im nördlichen Libyen reicht von Arae Philenorum (Gser et-Trab) bis (ausschließlich) Paraetonium (Marsa Matruch). – Die stolz empfundene *Tradition,* Ursprungsland der höheren Gesittung und Stätten berühmter Taten zu sein, verpflichtet zumeist auch Römer zur wenigstens wohlwollenden Behandlung der Epigonen. *Tradition*

148 Bei Einrichtung der *Provinz Macedonia* unterstehen nur die vier makedonischen „Republiken" und Epirus (mit illyrischen Stämmen um Dyrrhachium) dem römischen Statthalter. *Provinz Macedonia*
145 Auch ein Teil der südlicheren Poleis gerät in direkte Abhängigkeit vom Statthalter (Tributpflicht; Teil des Gebietes des zerstörten Korinth zu „ager publicus" erklärt); der Achaische Bund wird neu konstituiert. Aitolien, Akarnanien, Thessalien, Athen, Sparta, Sikyon, Elis u. a. Poleis bleiben ‚frei'.
134/33 und 104/102: Sklavenaufstände in Laureion (beeinflusst von sizilischen Sklavenkriegen).
88 *Athen* schließt sich unter Führung des Athenion, der primär antiaristokratische Ziele verfolgt, und danach des Aristion dem Mithradates an; nach Anfangserfolgen der antirömischen Bewegung in Mittelgriechenland und Peloponnes brechen die Bündnisse bei Sullas Erscheinen zusammen. *Aufstand Athens*
86 Athen nach schwerer Belagerung erobert und grausam bestraft. Ende des griechischen Widerstandes gegen Rom.

Cyrenaica	75/74	P. Cornelius Lentulus Marcellinus zieht die von Ptolemaios Apion 96 Rom testamentarisch vermachte *Cyrenaica* ein.
	75–70	Kämpfe des C. Scribonius Curio und M. Terentius Varro Lucullus gegen Dardaner, Thraker, Besser u. a. Stämme südlich der Donau.
Kreta	68–65	Q. Caecilius Metellus (Creticus), als Prokonsul mit Piratenkrieg auf *Kreta* beauftragt, erobert und provinzialisiert die Insel; sie wird gemeinsam mit Kyrene regiert.
Zypern	58	M. Porcius Cato zieht aufgrund eines „plebiscitum Clodium" *Zypern* ein und ordnet die Insel im römischen Interesse, die der Provinz Cilicia zugeschlagen wird.
		In den Bürgerkriegen werden besonders Epirus, Thessalien und Makedonien in Mitleidenschaft gezogen. Die Parteinahme der einzelnen Poleis richtet sich überwiegend nach der Präsenz im Osten, d. h. nach der jeweils unterlegenen Partei (Pompeius 47, Brutus, Cassius 42, Antonius 31). Vergünstigungen Caesars, Antonius' und Octavians für ihre Parteigänger, aber auch für ehrwürdige Poleis der Gegenseite wie Athen. Erst seit etwa dieser Zeit wird die römische Präsenz so intensiv, dass die Geschichte der vier Provinzen als Regionalgeschichte des Imperium Romanum verstehbar wird.
	37	Antonius überträgt Cyprus der Kleopatra.
	29–28	Erfolgreiche Kämpfe des M. Licinius Crassus gegen Bastarner, Geten, Möser und Thraker begründen die großenteils noch mittelbare Herrschaft Roms bis zur unteren Donau. Thrakien bleibt Klientelkönigtum (bis 46).
Achaia	27	*Achaia* mit Altepeiros und Thessalien wird von Macedonia getrennt und als eigenständige Provinz (wie Macedonia und Creta-Cyrene) dem Senat zugewiesen. Die „civitas foederata" Sparta wird dem C. Iulius Eurycles (später auch Sohn und Enkel) als Lohn der Unterstützung Octavians überlassen. Frei oder föderiert bleiben auch die Eleutherolakonen, Elis (?), Athen, Tanagra, Thespiai, Plataiai, Delphoi, Amphissa, Elateia, Nikopolis u.a.
Augustus	22 v. Chr.	*Augustus* überträgt die Kontrolle über die Provinz Cyprus dem Senat.
	15–44 n. Chr.	Macedonia und Achaia unterstehen dem kaiserlichen Legaten von Moesia; Claudius stellt die augusteische Ordnung wieder her.
Nero	67 28. Nov.	*Nero* erklärt zum Abschluss seiner Griechenlandtournee an den Isthmien alle Poleis des klassischen Griechenland für frei; Epirus wird prokuratorische Provinz, Thessalien Macedonia zugeteilt.
	73	Wegen Unruhen in den Freistaaten macht Vespasian Achaia wieder zur Senatsprovinz.
	115	Judenaufstand in Cyrenaica und Cyprus (besonders Salamis) führt zu schweren Bevölkerungsverlusten und Zerstörungen.
Kostobokeneinfall	170/171	*Kostobokeneinfall* bis weit nach Achaia.
	262	Erster Germaneneinfall, Belagerung von Thessalonike; Befestigung des Isthmus.
	267	Herulereinfall bis in die Peloponnes (Zerstörungen in Athen, Korinth, Argos, Sparta); eine Abteilung wird von 2000 Athenern unter P. Herennius Dexippus (*ca. 210) besiegt.
	380–382	Nach dem Sieg bei Adrianopel (378) durchstreifen Goten die Balkanhalbinsel; diese nun wiederholt bedroht.
	393	Letzter olympischer Agon (293. Olympiade).
	395–396	Alarich I. durchzieht Thessalien, Boiotien, Peloponnes und Epirus.
	410–413	Angriffe der Austuriani auf die Cyrenaica.
	465	Vandalen plündern griechische Westküste.
	517	Bulgaren durchstreifen erstmals Mittel- und Südgriechenland (zahlreiche Gefangene).
	559	Cotrigurische Hunnen, Bulgaren und Sclaveni verheeren Nordgriechenland bis zu den befestigten Thermopylen.
Verwaltung		Abgesehen von der (centenaren) prokuratorischen Provinz Epirus, unterstehen die vier anderen Provinzen nach 27 bzw. 22 einem prätorischen Prokonsul mit je einem Legaten und Quästor (und deren geringem Hilfspersonal) sowie einem centenaren (Cyprus: sexagenaren) Prokurator. Hauptstädte sind in Macedonia: Thessalonike, Achaia: Korinth, Creta et Cyrene: Gortyn (und Kyrene), Cyprus: Paphos, Epirus: Nikopolis. Die römische administrative Präsenz und Durchdringung der Poleis ist in der Republik noch sehr rudimentär und nimmt nur langsam zu; sie erreicht seit Traian eine neue Steigerung durch die gelegentliche Entsendung kaiserlicher „correctores" für die (besonders finanzielle) Reformierung der Freistaaten (civitates liberae oder foederatae). Das seltene unmittelbare Eingreifen des Statthalters erklärt, dass Creta-Cyrene oder das zerklüftete Griechenland von je einem Prokonsul regiert werden können. Die Kompetenz des Kaisers in den Senatsprovinzen zeigt sich besonders deutlich an den ‚Edikten von Kyrene' (7/6 und 4 v. Chr.). – Im *diokletianisch-konstantinischen* Administrationssystem
Diokletian und Konstantin		gehören die fünf Provinzen, von denen Macedonia dreigeteilt wird, zu verschiedenen Diözesen der Prätorianerpräfektur Oriens: Macedonia, Thessalia (Hauptort: Larissa), Epirus nova (Hauptort: Dyrrhachium), Epirus vetus, Achaia (von correctores bzw. proconsules regiert) und Kreta bilden (ab

327?) die Diözese Macedonia (Sitz des Vikars: Thessalonike, sofern dort kein Kaiser residiert); Cyrene verliert als Libya superior östliche Gebiete an Libya inferior und zählt zu Aegyptus; Cyprus gehört der Diözese Oriens an. – In der Republik kommandiert der Statthalter von Macedonia gewöhnlich 2–4 Legionen; später sind die vier Senatsprovinzen entmilitarisiert (außer 15–44, 119/120 u.ö., als unter kaiserlichen Legaten). In Zypern wird vielleicht schon seit der 2. Hälfte 3. Jh. ein Geschwader stationiert. Im 4.–6. Jh. garnisonieren in unterschiedlicher Stärke in allen Festlandprovinzen Truppen, die in der Diözese Macedonia zum Feldheer, in Libya überwiegend zu den „limitanei" (unter dux Libyarum) zählen.

Die *Infrastruktur* braucht kaum verbessert zu werden: Via Egnatia, bald nach Provinzgründung erbaut, von Dyrrhachium/Apollonia nach Thessalonike, Philippi und Byzanz; ferner Straße von Thessalonike über Stobi und Scupi an die Donau sowie über Larissa, Demetrias, Thespiai, Korinth nach Patrai und Megalopolis. Kyrene ist durch die Küstenstraße mit Tripolitanien und Ägypten verbunden. – Der Durchstich des Isthmus von Korinth wird nach Vorhaben des Demetrios Poliorketes, Caesar u. a. erst von Nero begonnen, aber nicht beendet.

Infrastruktur

Insbesondere an wichtigen Handelsplätzen wie Delos, Athen, Chalkis (Korinth), Argos u. a. lassen sich im 2. und 1. Jh. bereits viele Römer (Italiker) nieder, die (gelegentlich sehr mächtige) „conventus civium Romanorum" bilden. *Kolonien* deduzieren nur Caesar (Laus Iulia Corinthus [auch Freigelassene], Buthrotum, Dyme) und Augustus (Philippi, Pella, Cassandrea, Dyrrhachium, Patrae, Cnossus u. a.); Traian siedelt nach 115 in Kyrene 3000 Legionsveteranen an, ohne die Verfassung der Stadt zu ändern. Römische Municipien werden nur im illyrischen Teil Makedoniens gegründet (Denda und Stobi); Verleihungen des „ius Latii" sind nicht bekannt. Mehrere Kolonien, wozu auch Stobi erhoben wird, erhalten im 2. oder Anfang 3. Jh. das „ius Italicum". – Die *griechischen Poleis* werden von vielen Kaisern durch Bauten und Privilegien gefördert, besonders von Augustus, Nero, Hadrian (in Athen: 112/113 Archon; 124/125, 128/129,131/132 anwesend; Neufassung der „patrioi nomoi"; Bauten), Marcus Aurelius, Gallien, Julian. Neugründungen sind selten (Nicopolis/Actium durch Augustus). Rom begünstigt eine Oligarchisierung, vor allem dauerhafte Stadträte mit Censusqualifikation. Die übrigen Institutionen halten sich zäh (Ephebie; spartanischer Kosmos). Die landschaftlichen *Städtebünde* (Koiná) bleiben ohne politisch bedeutsame Rechte bestehen (Achaier, Arkader, Eleutherolakonen, Athamanen, Aitoler, Lokrer, Phoker, Boioter u. a.); sie vereinigen sich als Ersatz für einen Provinziallandtag (der in Achaia erst im 4. Jh. eingerichtet) zum Panachaischen Synedrion (zwischen Nero und Marcus Aurelius durch Achaisches Koinon ersetzt). Das makedonische Koinon (mit Kaiserkult) tagt in Beroia (Mitte 1.–Mitte 3. Jh.); ein ähnliches Koinon besteht auch auf Kreta (in Gortyn) und Zypern (in Paphos), aber nicht in Kyrene und Epirus. Hadrian begründet Panhellenion, das in Athen jährlich Delegierte aller Griechenpoleis versammelt (Kult des Zeus Panhellenios; penteterische Spiele).

Kolonien

griechische Poleis

Städtebünde

Unter der „pax Augusta" blüht auch das vielfältige, hochentwickelte *Wirtschaftsleben* Griechenlands, Cyrenes und der Inseln wieder auf. Die Tendenz zum Großgrundbesitz zerstört langsam das freie Bauerntum (erhebliche soziale Folgen!). Jedoch wird von der grundbesitzenden Oberschicht auch stark in Handel, Bankwesen und Gewerbe investiert (notorisch: Herodes Atticus). Zu besonderer Blüte gelangen Korinth, Patrae, Thessalonike, Nikopolis, Athen (wegen Fremdenverkehrs). Der Erzbergbau leidet an Erschöpfung der Minen, nicht jedoch die Marmorgewinnung; Viehzucht (Pferde) in Thessalien und Kyrene, verbreitete Purpurfischerei in Thessalien, Achaia, Epirus. Der wirtschaftliche Rückschlag im 3. Jh. geht mit einem Bevölkerungsrückgang einher (z. T. bedingt durch Pest von 166?). Kaiserliche Domänen finden sich besonders in Cyrene.

Wirtschaftsleben

Die *Gesellschaftsentwicklung* wird nur wenig römisch beeinflusst. Obwohl die Oberschicht zwischen Claudius und Marcus Aurelius weit gehend das römische Bürgerrecht erhält und relativ zahlreich in Senat und Ritterstand aufrückt, bleiben die verschiedenen griechischen Rechtsordnungen bis weit ins 3. Jh. in Kraft. Das wirkt sich sozial stark aus, u. a. auf die Stellung von Sklaven und Freigelassenen. Die soziopolitischen Spannungen des 2. und 1. Jh. scheinen sich zu mildern, nicht aber die sozioökonomischen Unterschiede. – Die sich in Griechenland manifestierende *Kultur* gilt noch bis ins 4. Jh. für normativ; die meisten bedeutenden Geister der griechischen (und römischen) Kulturwelt kennen Hellas und wirken dort zeitweise. Römischer Einfluss bleibt gering. Die Hellenisierung der illyrischen Regionen Makedoniens, der inneren Cyrenaica und in Cyprus schreitet rasch voran. Die intensiven religiösen Traditionen, wozu auch Agone zählen, bleiben lebenskräftig. Eine Änderung bewirkt erst das *Christentum*, das sich trotz der paulinischen Gemeinden in Philippi, Thessalonike, Beroia, besonders im missionarisch aktiven Korinth vor dem 4. Jh. wenig im Mutterland, stärker in Mittelkreta, Cyrene und auf Zypern (Mission des Barnabas) ausbreitet. Hort des Heidentums ist Athen. Die kirchliche Organisation des 3./4. Jh. orientiert sich an der römischen Reichsadministration (außer: Zuweisung der libyschen Gemeinden [Metropole: Ptolemais] an alexandrinischen Patriarchen; auf Zypern: Salamis/Constantia Metropole). Erst als Iustinian 529 nach dem Verbot heidnischen Unterrichts das Vermögen der platonischen Akademie konfisziert und deren Philosophen die Gehälter entzieht, endet Hellas' spezifischer Beitrag zur Geschichte des Imperium Romanum. – (Forts. S. 610)

Gesellschaftsentwicklung

Kultur

Christentum

Südosteuropa

Dalmatien

griechische Kolonisation
Die *griechische Kolonisation* in die abseits gelegene, fjordartig gegen Nordwesten orientierte Adriawelt hat fast gleichzeitig mit jener in andere Richtungen eingesetzt (Epidamnos, heute Durrës, 627 v.Chr. gegründet). Weil sich jedoch die Rohstoffgewinnung hier der politischen und geografischen Gegebenheiten wegen schwieriger gestaltet, gerät sie ins Stocken. Zu einer neuen Welle kommt es im 4. Jh., als anderswo in der Mittelmeerwelt die Durchbruchsmöglichkeiten schwerer geworden sind und an der Adria sich die politische Situation interessanter gestaltet hat (liburnische Einheit, illyrischer Staat, Delmatae-Bereich, die alle mit dem mineralreichen Inneren kommunizieren). Auch der Handel mit den etrusko-venetischen nordadriatischen Emporia (Spina, Adria) lockt, obwohl er von den Rivalitäten der griechischen Poleis, dem wachsenden Selbstständigkeitsstreben der Autochthonen, der römischen Expansion, dem keltischen Vorstoß, dem etrusko-venetischen Untergang und ähnlichem (z.B. dem Fernhandel über oder um die Alpen) behindert wird. Die wichtigsten Kolonien und Emporia sind: Issa (heute Vis, Versorgungs- und Etappenstation), Pharos (Stari Grad auf der Insel Hvar) Traguiron (Trogir), Korkyra Melaina (Korčula), Apsoros (Osor), Buthoe (Budva), Epetion (Stobreč).

Einflüsse
Durch die wirtschaftlichen und sozio-politischen *Einflüsse* beginnt sich die Lebensorganisation der Einheimischen den mediterranen Anschauungen anzupassen. Unter dem Einfluss von Epeiros und Makedonien formieren Illyrer seit dem 4. Jh. ein Staatsgebilde, das von mittelgriechischen Einheiten kaum zu unterscheiden ist. Ähnliches gilt für die Dardaner. Stämme in nordwestlichen Regionen richten sich nach venetischen (Histrer, Liburner) und keltischen (Japoden) Beispielen aus. Genau in der Mitte dieser Einflusssphären siedeln Delmatae.

Gebiet
Dalmatien umfasst ursprünglich nur das *Gebiet* des Stammes der Delmatae, zwischen Narona (Vid bei Metković) und Scardona (Skradin). Stammeszentrum ist nicht Salonae (Solin), wo die Issaier vielleicht schon im 2. Jh. v.Chr. Fuß gefasst haben, sondern anscheinend am neuralgischen, gegen Norden und Nordwesten orientierten Punkt bei Knin, auf dem Burgwall Delminium (heute Duvno). Der Stamm der Delmatae gehört gesellschaftlich und wirtschaftlich der Hirtensphäre an und wird durch Plündern und Piraterie zum scharfen Gegner des römischen Handels in der Adria.

Das karstige Innere des Landes ist vom schmalen Küstenstreifen (mit nur wenigen fruchtbaren Enklaven: um Zadar, um Salonae und auf einigen Inseln) durch den schroffen, parallel zur Adria verlaufenden Gebirgszug der Velebit- und der Dinarischen Kette getrennt. Der Unterhalt der Stämme in den Bergen wird

Viehwirtschaft und Bergbau
fast ganz von der *Viehwirtschaft* gedeckt, ausgenommen die *Bergbauzonen* im erzreichen Bosnien, die den dort siedelnden Stämmen jeweils Prosperität und politische Führungsstellung sichert (Maezaei, Daesidiati, Dardani). Transporte auf den Flüssen für die Ausfuhr schwerer Ladungen sind überall intensiv benutzt. Mit den erwähnten Gebieten nur lose verbunden ist die nach Pannonien hinübergleitende nordbosnische Hügelwelle.

Stämme
Im 2. und 1. Jh. v.Chr. beherrschen das Savetal die Skordisker; das südwestlich anschließende Gebiet die keltisierten Japoden; an der Küste südlich von diesen sitzen venetisierte Liburner; das erzreiche mittelbosnische Gebiet besiedeln vor allem Maezäer und Daesidiaten, die östlichen Gebiete Dardaner. Das dalmatinische Zentralgebiet liegt in den Händen der kriegerischen und räuberischen Delmatae, an die sich im Südosten – gegen Montenegro und Albanien hin – die nach Epeiros, Makedonien, Mittelgriechenland orientierten, von dort auch politisch beeinflussten Stämme der Illyrer anschließen.

Kontakte mit Rom
Entsprechend der geopolitischen Bedingungen verlaufen die ersten *Kontakte mit Rom*. Neben der Sicherung der Schifffahrt, der Bekämpfung der Piraterie und dem Interesse an einigen strategisch und für die Fernschifffahrt wichtigen und reichen hellenistischen Städte auf den Inseln und an der Küste ist für die römische Politik in Dalmatien in der späten Republik allein der Erzreichtum entscheidend. In Konflikte mit Rom geraten vor allem die Küstenanwohner – Illyrer, Delmatae, Liburner – wegen Belästigung griechischer Kolonien, die sich an Rom um Hilfe wenden, und wegen der Piraterie; von anderen Stämmen nur jene, die an römisches Territorium grenzen oder dort einzufallen pflegen, wie Japoden im Westen, Skordisker im Save und Moravatal; sie bedrohen oft das römische Makedonien und werden von dort aus im 1. Jh. auch bekämpft und aufgerieben.

Ardiaierreich
Im Gebiet zwischen Montenegro und Narona entwickelt sich unter makedonisch-griechischen Einflüssen und Vorbildern das regional mächtige *Ardiaierreich*, dessen Untertanen die Schifffahrt in der südlichen und mittleren Adria durch Piraterie gefährden, die griechischen Siedlungen und Emporia erpressen und sich als Söldner von den politisch zersplitterten griechischen Staaten überall gern anwerben lassen. Die Bedrängten sehen im benachbarten Rom einen natürlichen Beschützer, das auch an der Aufrechterhaltung der Ruhe in

229 v.Chr.	der Adria interessiert ist. Nach kurzer Intervention werden die Verhältnisse mit den *Illyrern* vertraglich geregelt, ohne dass vorerst ein Interesse bestünde, das zerklüftete, armselige Gebiet zu besitzen und zu verwalten.	*Illyrer*
218–201	Roms Engagement im 2. *Punischen Krieg* erlaubt den Illyrern, die Vertragsbestimmungen zu lockern und sich an die Seite der Großmacht Makedonien zu stellen. Dies besiegelt ihr politisches Los.	*Zweiter Punischer Krieg*
168	Nach kurzem Kampf wird ihr Territorium formell zum konsularisch verwalteten Gebiet des römischen Volkes.	
118	Ebenfalls besonders Piraterie und Plünderungszüge entscheiden die Besetzung Liburniens. Sie erfolgt aus Istrien und der Cisalpina, von wo aus Liburnien zunächst auch verwaltet wird. Somit kontrolliert der römische Staat die Inselwelt und den Küstenstreifen von der Arsia (heute Raša) in Istrien bis zum Titius (Krka) und vom Naro bis zum Mathis (Mati). Das zwischen Titius und Naro gelegene Gebiet gehört den Delmatae, deren Unterwerfung	
35–33	erst unter Augustus gelingt. Diese Endphase der *Okkupation* wird von vier Seiten aus eingeleitet, was die zu überwindenden Schwierigkeiten kennzeichnet: 1. von der istrischen Küste nach Liburnien, 2. vom Savetal in die bosnischen Gebirge, 3. von Makedonien in Richtung Dardanien und Ostdalmatien, 4. von albanischen Gebieten die Küste hinauf.	*Okkupation*
27	Augustus überträgt Illyricum dem Senat.	
11 v.Chr.	Das Gebiet muss infolge von Revolten (16–9) wieder unter direkte militärische Verwaltung gestellt werden. Im Zuge der *Pazifizierungsphase* werden Bergsiedlungen geräumt, Straßen trassiert, Sicherheitsposten eingerichtet, Landvermessungen durchgeführt, Bergbaugebiete eingerichtet und das Brigantentum in Gebirgszonen bekämpft, über welche nur drei „viae publicae" – die 1000 km lange Küste mit dem Savetal verbindend – geführt werden können. Das alles ist ohne Militärhilfe und -leitung nicht zu bewältigen; wegen der Verbindungen nach Pannonien und zur Adria wird ein römisches Generalkommando Illyricum eingerichtet. Veranlasst durch den Steuerdruck, durch stete Rekrutenaushebungen und durch eine große Anzahl von Abenteurern, Händlern und Goldsuchern, die sich möglichst schnell zu berei-	*Pazifizierungsphase*
6 n.Chr.	chern suchen, bricht der schwere und „international" konzipierte Dalmatisch-Pannonische *Aufstand* aus, an dem die rheinischen Germanen unter Arminius ebenso wie Markomannen unter Maroboduus und Daker oder Makedonen und Illyrer beteiligt sind und der auch auf Teile Pannoniens und Makedoniens übergreift. Tiberius kann ihn mit enormen Kräften erst	*Aufstand*
9	nach vier Jahren unterdrücken.	
	Der besetzte Küstenstreifen wird gleich nach der Niederwerfung des Aufstandes für die zivile *Verwaltung* eingerichtet. Griechisch geprägte Städte und unter deren Einflüssen ausgebildete „oppida" der Einheimischen können die kommunalpolitische Arbeit sofort übernehmen, während Dalmatien militärisch mit dem pannonischen Heer vereint bleibt. Es ist kaiserliche, von einem konsularischen „legatus Augusti pro praetore" geleitete Provinz mit zwei Legionen, die in flavischer Zeit versetzt werden – für Lokaldienste genügen fortan die Hilfstruppen und Lokalmilizen –, was den Verwaltungsstatus jedoch nicht ändert. Metropole der Provinz ist Salonae, wo sich auch der Sitz der Finanzverwaltung befindet. Der Bergbau steht unter einem Bergbauprokurator, der auch Pannonien verwaltet. Als Arbeitskräfte werden neben der lokalen Bevölkerung häufig Häftlinge eingesetzt. Seit der zweiten Hälfte des 3. Jh.s wird die Provinz von einem „präses", der dem Ritterstand angehört, verwaltet.	*Verwaltung*
284–305	Im Zuge der *diokletianischen Staatsreform* wird der südöstliche Teil der Provinz mit Scodra (Skutari; Shkodër) als Hauptstadt selbstständig und Praevallis benannt. Diokletian siedelt sich nach seiner Abdankung bei Salonae in einem neuerbauten Palast an, den später die Stadt Split (Spalato) beherbergt.	*Diokletian*

Händler, Bauern, Veteranen und vor allem ein intensiver Städteausbau bringen dem Land seit dem frühen Prinzipat Prosperität, die vor allem auf dem Erzreichtum beruht. Es dauert jedoch rund drei Generationen, bis Dalmatien als provinzialrömische Einheit zu betrachten ist, die sich als solche – trotz regionaler Tendenzen (besonders auf der nach außen abgeschlossenen Inselwelt, in Liburnien, Montenegro usw. mit unterschiedlichen geschichtlichen, ethnischen und sprachlichen Grundlagen) – auch fühlt. Seither normalisiert sich das Leben in der Provinz. Der politisch aktive Bevölkerungsteil in urbanen Siedlungen wird größtenteils *romanisiert*, profitiert zivilisatorisch und kulturell überdies von der Nähe Italiens, besonders Aquileias, was sich vor allem in geistigen Strömungen (orientalische Kulte) und später in der intensiven Verbreitung des Christentums widerspiegelt.

Romanisierung

Die Stämme besonders im inneren Provinzbereich sind auch aus fiskalischen Gründen streng eingeteilt. Durch Rekrutierung wird ihre Stoßkraft regelmäßig geschwächt. Ihre Lebensgrundlage bleibt die Viehwirtschaft. Einige erhalten neue Stammesführer, die oft Unteroffiziere sind. Jeder Stamm ist einem der drei Gerichtsbezirke zugewiesen, in die das Land eingeteilt ist (Gerichtsstätten in Narona, Scardona, Salonae).

Mösien

Grenzen *Nordgrenze* des politischen Raumes ‚Mösien' ist die Donau (von Traian bis Aurelian sind auch Teile des Banat, ferner Oltenien, Muntenien ins Reich einbezogen; getrennt wird Dobrudscha-Scythia Minor behandelt), die Ostgrenze das Schwarze Meer, die Südgrenze der Balkan (im Südwesten Skardon, heute Šar Planina, und das Rhodope Gebirge); die Westgrenze verläuft längs der Flusstäler der West-Morava und des Ibar. Die Grenzlinie zwischen Ober- und Untermösien läuft von der Mündung des Ciabrus (heute Cibrica) gegen das Gebirge Stara Planina im Süden (Obermösien = heute Serbien, Untermösien = heute Nordbulgarien, vorübergehend auch Teile Südrumäniens).

Möser *Möser*, die ursprünglich auf das erzreiche Gebiet in Nordostserbien beschränkt sind, erweitern im Laufe der Generationen ihren Einfluss in die umliegenden Gebiete und werden, neben Thrakern und Dardanern, zu den hartnäckigsten Gegnern Roms. Die Masse der mösischen Bevölkerung ist thrakischer Abstammung. Die Thraker, zu denen auch die nach Norden und Nordwesten sich ausbreitenden Geten gehören, bewohnen ursprünglich die östlichen Gebiete der Balkanhalbinsel mit Einschlägen bis Siebenbürgen. Nach allgemeiner Auffassung wird im Laufe der Generationen die nordwestliche Gruppe der Geten zu Dakern, die südwestliche zu Mösern, die sich in verschiedene Stämme, wie Celegeri, Triballi, Moesi, Dardani aufteilen. Zur Zeit der römischen Republik bewohnen die heutige Dobrudscha Skythen und Griechen.

griechische Kolonisten Wechselseitige kulturelle, wirtschaftliche und politische Einflüsse zwischen der heimischen Bevölkerung und *griechischen Kolonisten*. Kämpfe gegen die eingedrungenen und nach
3. Jh. Griechenland und Kleinasien durchziehenden Kelten (z.B. Skordisker im Bereiche der unteren Morava).

148 Seit der Konstituierung der römischen Provinz Makedonien haben alle Parteien auch mit deren Führung Verbindung. Im Laufe des 1. Jh.s werden die Römer in den Balkangebieten aktiver, was schließlich – über den formellen Schutz griechischer Kolonisten, ferner Strafexpeditionen gegen thrakische Brigantenzentren und über das Paktieren mit regionalen oder Stammeskönigen – zur Besetzung führt.

mösischer Militärdistrikt 29/28 Nach der endgültigen römischen Eroberung wird das besetzte Gebiet verwaltungstechnisch der prokonsularen Provinz Makedonien zugeteilt. Der darin enthaltene *mösische Militärdistrikt* ist ebenso wie die Territorien der griechischen Kolonien an der Schwarzmeerküste (Mesembria, Odessus, Tomoi) Legaten prätorischen Ranges unterstellt. Das innere Verwaltungsgerüst bilden – bis zur Urbanisierung des Landes (vorher ist lediglich die Pontosküste urbanisiert) – die alten Stammesgebiete, gewöhnlich mit römischen Offizieren als politischen Leitern (praefecti), die dem Statthalter untergeordnet sind.

Die erste Phase nach der Besetzung ist mit Grenzkämpfen erfüllt (Roxolaneneinfälle aus der Walachischen Ebene, Eindämmungskämpfe gegen Sarmaten und Skythen im Dobrudscha-Bereich, gegen Daker im Banat), was zum Ausbau der Donaulinie, zur steten Hebung
Autonomie 44 n.Chr. des Militärpotenzials und schließlich zur *Autonomie* der Provinz führt, um deren Abwehrmöglichkeit zu erhöhen. Mösien wird von einem konsularen Gouverneur verwaltet. In Sicherheits- und Militärfragen bleibt es mit Makedonien und Achaia verbunden. Mit der Errichtung der Provinz will Rom wahrscheinlich einen Keil in die Masse der stets wandernden
15 Völkerschaften der östlichen Balkangebiete treiben. Der Pontosstreifen fällt zunächst Ma-
bis 44 kedonien zu, ehe er Mösien zugeteilt wird. Das Gebiet der Ripa Thraciae (Landstrich zwischen Haemus und Donau) bildet einen Teil des thrakischen Klientelstaates und führt daher – wie auch später, besonders im Zolldienst – diese Bezeichnung.

57 Aus politischer Einsicht und wegen ständigen Drucks der in der Walachei und Dobrudscha lebenden nomadischen Stämme (Bastarner, Roxolanen, Skythen) auf die Grenze werden große Teile von ihnen vom Provinzgouverneur Ti. Plautius Silvanus, der auch einige Städte am Pontos von Skythen befreien kann, nach Untermösien als Kolonisten und Feldarbeiter aufgenommen.

81–96 Unter Domitian wird mit zweifelhaftem Erfolg gegen den schnell anwachsenden romfeindlichen Druck der vereinigten dakischen Stämme unter Decebalus gekämpft. Aus verwaltungstechnischen und strategischen Gründen und um eine zu starke militärische Machtzusammenballung zu vermeiden, wird die Provinz unter Domitian in *Moesia Inferior*
Moesia Inferior und Superior (Verwaltungssitz Novae) und *Moesia Superior* (Verwaltungs- und bis in die tiberische Zeit anscheinend auch Garnisonssitz Naissus) geteilt. Der „legatus Augusti pro praetore" in Untermösien wird zugleich zum Verweser der Schwarzmeerküste bis zur Chersonesos Taurica (Halbinsel Krim). Die am Pontosufer gelegene Hexapolis (oft auch Pentapolis genannt, das sind die alten griechischen Kolonien Istros, Tomoi, Odessos, Mesembria, Apollonia, Kallatis) wird vorerst Mösien, später Thrakien zugewiesen.

101–102	Formell werden die *Dakerkriege* Traians mit einem Roxolaneneinfall nach Untermösien eröffnet. Die Provinzverteidigung wird ausgebaut, alte Festungen erweitert, Nordmösien zum Aufmarschgebiet für Einheiten aus dem gesamten Reich gestaltet.	*Dakerkriege*
170	Ebenso sind in Mösien auch die *Markomannenkriege* spürbar (z.B. kurzfristige Vereinigung Dakiens und Mösiens), obwohl das Land nicht so intensiv betroffen ist wie Pannonien. Durch die Massierung des Militärs werden Urbanisierung und Romanisierung gefördert. Zugleich wird die zu den stärksten Provinzial-Armeen gehörende Militärmacht von Kommandeuren zu Usurpationen benutzt, besonders in den Jahrzehnten vor Diokletian (Decius, Gallus, Aemilianus).	*Markomannenkriege*
269 271?	Den Plünderungseinfällen und -zügen der Goten gebietet Claudius Gothicus mit dem Sieg bei Naissus einen vorläufigen Einhalt, wobei *Dakien aufgegeben* werden muss. Dessen Bevölkerung wird vorwiegend nach Untermösien zur Besiedlung der durch Kriege und Pestepidemien verwüsteten Länder ausgesiedelt. Die beiden dakischen Legionen werden nach Oescus und Ratiaria verlegt. Verwaltungstechnisch wird aus Nordmösien gleichsam ein neues Dakien formiert.	*Aufgabe Dakiens*

Im Zuge der diokletianischen Reformen entstehen auf dem Gebiet des einstigen Großmösien sechs *Provinzen*: Moesia Prima, Moesia Secunda, Dacia Mediterranea, Dacia Ripensis, Scythia Minor, Dardania, die alle der Dioecesis Thraciarum und somit der illyrischen Präfektur unterstehen.
Trotz der Gründung der separaten Provinz Scythia Minor (Dobrudscha) durch Diokletian – sie soll den Angriffen auf das Reich vorbeugen und eine elastischere Verteidigung ermöglichen – können die Goten nicht abgewehrt werden. Oft dringen sie nach Untermösien ein, bis sie Konstantin d.Gr. bezwingt, mit ihnen ein Klientelverhältnis eingeht und zwei Donaubrücken errichtet (Oescus-Sucidava, Transmarisca-Constantiniana Daphne), um die Grenzkontrolle leichter auszuüben.
Moesia Superior ist dauernd von Sarmaten bedroht. Deren und anderer Plünderungseinfälle in das Hinterland haben systematische Instandsetzung der Städteverteidigung im Provinzinneren sowie der Limesanlagen zur Folge.
Für Politik, *Handel und Verkehr*, besonders zwischen der kleinasiatisch-griechischen und der pannonisch-norditalischen Welt, ist neben den Flüssen das aus alten Karawanenwegen entstandene römische Straßennetz Singidunum-Thessalonike und Sirmium-Serdica-Byzantion wichtig, für den Handel und besonders für die Armee – trotz Schwierigkeiten am Eisernen Tor, die von der römischen Technik erstmals überwunden werden – auch der Donauverkehr, dessen Bedeutung bis zur Argonautensage zurückreicht.
Zivilisatorisch-kulturelle Zentren der Provinz sind die griechischen Städte an der Schwarzmeerküste, ferner das Donautal: teils wegen des intensiven Handelsverkehrs, teils wegen der Massierung des Militärs in einer ununterbrochenen Garnisonsreihe. Die neu hinzukommenden Stadtgründungen (Kolonien und Munizipien, wie Marcianopolis, municipium Montanensium u.a.) entwickeln sich zu Bezirksmittelpunkten. Römische Bürger nehmen an der Verwaltungsarbeit der einheimischen „vici" teil, wo sich ihr Besitz befindet. Der Händler und Veteran zivilisiert oder romanisiert das Land mit Erfolg; viele Möser erreichen hohe Verwaltungsposten; die Kaiser Claudius Gothicus und Aurelian sind Möser, Konstantin d.Gr. ist in Naissus geboren.
Die übrigen Gebiete Mösiens sind städtearm. Zunächst entstehen sporadische Neugründungen in Dardanien (als erste Scupi in flavischer Zeit, dann das traianische Ulpiana). Bis dahin muss, z.B. eben in Dardanien wie auch anderswo, nach Stämmen und nur für Hilfseinheiten rekrutiert werden. Es folgt die Errichtung der Donaufestungen und -städte, entweder auf der Grundlage einheimischer Vorgänger oder in Anlehnung an Garnisonen (Oescus, Novae, Durostorum, Viminacium, Singidunum); daneben auch Errichtung neuer Städte (Tropaeum Traiani, Nicopolis ad Istrum).
Über die *Volksreligion* in Mösien ist wenig bekannt. Die römische Staatsreligion wird zur Gänze aufgenommen. Früh dringt das Christentum ein, wobei der Arianismus überwiegt. Im Bereich der geistigen Betätigung beginnen die mösischen Städte erst mit der Organisation der christlichen Kirche ein selbstständiges artikuliertes Leben (Palladius von Ratiaria, Wulfila in Nicopolis).

Dakien

Dakien umfasst das östliche Banat (wahrscheinlich nicht konstant), das ganze Siebenbürgen (mit strategisch wichtigen und allmählich eroberten Regionen), Oltenien (Muntenien, von Geten, Roxolanen und Skythen bewohnt, gehört nur zeitweise, besonders unter Traian und Hadrian sowie seit dem 4. Jh., dem Imperium an und ist Untermösien zugeteilt).

Wirtschaftsgrundlagen	**Wirtschaftsgrundlagen**: reiche Minerallager in Siebenbürgen, Weidewirtschaft der Hirtenstämme in den Bergen (im überschwemmungsreichen Südwesten und Südosten Nomadentum) und Getreideanbau in Oltenien.
Bevölkerung	Der Grundstock der dako-getischen, von lokalen Fürsten beherrschten *Bevölkerung* ist als thrakisch zu werten mit starkem skythischem Einschlag (Kulmination des politischen Expansionseinflusses vom 7. bis zum 4. Jh.), keltischen Infiltraten (im 3. und 2. Jh.) und schwarzmeer-griechischen Einflüssen (z.B. Prägetätigkeit). Ihres Reichtums wegen sind die Daker stets einem Druck vom Nordosten (Karpen, Quaden, Skythen usw.) ausgesetzt und neigen auch ihrerseits in Zeiten geschickter politischer Führer zur Expansion: so unter Burebista († vor 44) um 60 v.Chr., als sich die Expansion gegen Westen richtet, den boisch-tauriskischen Bund in Westpannonien zerschlägt und Noricum gefährdet. Caesar beabsichtigt zum Schutz des verbündeten Noricum und der nordöstlichen Gebiete Italiens einen Gegenschlag, der sich erübrigt, weil Burebista stirbt und seine Koalition zerfällt.
zivilisatorische Einflüsse	*Zivilisatorische Einflüsse* werden aus Rom und dem griechischen Raum wirksam. Wechselseitige Grenzplünderungen mit anschließenden Strafexpeditionen unter Führung der römischen Grenzsektionskommandeure. Seit der Mitte des 1. Jh. n. Chr. gewinnt unter der zielbewussten Führung des Diurpaneus eine für Rom gefährliche Politik die Oberhand.

85–88 Unter dem Dakerkönig Decebalus erfolgt Ausbruch offener Feindseligkeiten.

106 Unter Traian wird nach zwei Kriegen (101–102; 105–106), wobei sich der Dakerkönig als *Provinz Dacia* fähiger Heerführer erweist, das ganze Land von den Römern besetzt und als konsulare *Provinz Dacia* eingerichtet. Das entscheidende Kampfgeschehen kann durch die Darstellung auf der Traianssäule in Rom und aus sporadischen Inschriften rekonstruiert werden.

Noch während der Okkupationsphase werden alle Bergbaugebiete vom römischen Staat übernommen, dann in Pacht gegeben, Spezialisten und Ingenieure herbeigeführt, auch Kolonisten aus anderen Bergbaugebieten des Reiches angesiedelt (vorwiegend aus der mineralreichen Provinz Dalmatien), was eine Reihe von Neugründungen zur Folge hat. Aus der Zielorientierung dieser Organisationsmaßnahmen ist klar die römische (schon unter Domitian erkennbare) Grundtendenz ersichtlich: Nämlich dem finanziell erschöpften Reich den Zustrom neuer Geld- und Mineralressourcen zu sichern.

Die Okkupation wird mit militärischen Kräften aus dem ganzen Imperium durchgeführt. Da Dakien mehr als andere Provinzen isoliert in feindliche Länder hineinragt, besteht die Gefahr dauernder direkter Eingriffe von Ostmitteleuropa und Südrussland und umgekehrt. Die *Provinzarmee* häufig gespannte Lage erfordert eine starke *Provinzarmee*: Neben zwei Legionen bilden die Sollstärke zunächst zwei Reitereinheiten und zehn Kohorten, deren Anzahl jedoch von Jahrzehnt zu Jahrzehnt gesteigert werden muss (100 Jahre später: vier „alae", 15 Kohorten, 13 „numeri"). Sie sind auf strategisch wichtige Positionen verteilt und leisten Wacht- und Sicherheitsdienste.

Verwaltung Die *Verwaltung* Dakiens wird – entsprechend der fast immer bedrohlichen Situation – elastisch gehandhabt. Die zunächst konsulare Provinz wird zur Zeit des mühsam zurück-
118 geschlagenen Einfalls der vereinten Iazygen und Roxolanen (Reiternomaden; Rom muss den Schwerpunkt auf die Kavallerie legen, was Hadrian, der diese Kampagne leitet, zeitlebens beeindruckt) mit Unterpannonien militärisch gemeinsam geführt. Sofort danach wird Dakien jedoch in Dacia Superior (Siebenbürgen) und Dacia Inferior (Oltenien, Ostbanat) geteilt und von einem „procurator Augusti vicepraesidis", d.h. einem „legatus Augusti pro praetore", geleitet. Inzwischen wird versucht, im Norden und Nordosten das Eroberte abzurunden.

158–159 Wegen starker Angriffe der freien Daker muss aus Verteidigungsgründen das dakische Gebiet aufgeteilt werden: Dacia Porolissensis (Leitung: „procurator vice praesidis", Sitz zunächst in Porolissum, seit dem 3. Jh. in Napoca), Dacia Apulensis (Leitung: „legatus Augusti pro praetore", Sitz Apulum, Verwaltungsgebiet: Siebenbürgen, zeitweise Banat), Dacia Malvensis (Leitung: „procurator vice praesidis", Sitz: unbekannt, Verwaltungsgebiet: Oltenien). Während der bedrohlichen Situation, die dem Ausbruch der Markomannenkriege vorangeht, wird Dakien militärisch gestärkt und unter einem konsularen „legatus Augusti" als provincia trium Daciarum vereinigt.

180 Die durch Krieg und Pest verödete Provinz wird mit freien Dakern als Kolonisten besiedelt. Der dadurch mühsam begonnene Aufschwung wird jedoch (schon seit 235) besonders
Karpeninvasion 248 durch die *Karpeninvasion* abrupt abgebrochen. Wegen der schwierigen Sicherung (Hunderte von Gebirgsgarnisonen, Lagern, Kontrollposten, Straßensperren), der überlangen und stets gefährdeten Grenzen kommt schon unter Hadrian der Gedanke auf, das Land aufzugeben, wird aber wegen der wirtschaftlichen Bedeutung des Landes zunächst fallengelassen. Erst in den Krisenzeiten der zweiten Hälfte des 3. Jh.s wird diese Idee wieder wach. Schon
Räumung Dakiens unter Gallien militärisch geschwächt, wird die *Provinz unter Aurelian geräumt*. Anlass dazu

ist starker Druck der aus Südrussland vertriebenen Westgoten und anderer Stämme, die zunächst Kleinskythien, die Walachei, aber auch Dakien zu überschwemmen beginnen und von Claudius Gothicus bei Naissus aufgehalten und aus dem Reich zurück nach Dakien gedrängt werden.

Intensive Kolonisation, große Erzausfuhren, Handel besonders mit dem Mittleren Orient und entlang der Donau sowie die große Zahl der in der Provinz angesiedelten Veteranen lassen in verhältnismäßig kurzer Zeit viele *städtische Gründungen* entstehen: Munizipien: Apulum (um 200), Dierna, Drobeta (um 130), Napoca, Porolissum (um 200), Romula, vielleicht auch Ampelum, Malva, Tibiscum; Kolonien: Sarmizegethusa (107), Apulum (107?), Drobeta, Napoca, Romula, vielleicht auch Dierna; darüber hinaus eine Reihe von „vici", Kurorten, „pagi". *städtische Gründungen*

Den Grundstock der *wirtschaftlichen Bedeutung* Dakiens bilden die Bergbauschätze (attraktive Goldlager und Farbmetallurgie). Die Bevölkerung besteht aus Hirtenstämmen, Bergbauarbeitern, Soldaten, die mit ihren Familien in Dorfgemeinschaften leben, und aus Kleinbauern. *wirtschaftliche Bedeutung*

Für Verkehr und Handel ist die Donau von großer Bedeutung. Die *Kultur*, hauptsächlich von Militärs und Kolonisten getragen, ist stark durch orientalische Einflüsse geprägt. Das Christentum kann bis zur Aufgabe der Provinz unter Aurelian kaum Fuß fassen. Es wird sofort durch Bischof Wulfila unter der gotischen und gepidischen Bevölkerung, die sich in Dakien angesiedelt hat, in arianischer Form verbreitet. Nach Aufgabe der Provinz verbleiben einige der alten Militärfestungen, wie Dierna, Drobeta, Romula und Sucidava, aus strategischen Gründen noch auf dem dakischen Ufer der Donau, andere Militärstationen werden südlich der Donau verlegt. *Kultur*

Thrakien

Thrakien umfasst das *Gebiet* zwischen Haemus (Balkan-Kette) und dem Ägäischen Meer mit vorgelagerten Inseln in nordsüdlicher und vom Schwarzen Meer bis zu den Flüssen Morava (Margus) und Vardar (Axios) in ostwestlicher Ausdehnung, wobei auch die außerhalb gelegenen Randterritorien oft stark assimiliert werden (Paionien, Dardanien) und gelegentlich die Verwandtschaft mit Dako-Geten zum Ausdruck kommt. *Gebiet*

In geschichtlicher Zeit befinden sich die Ballungsräume der Thraker besonders im Stromgebiet des Hebros und im Nordosten Bulgariens. Die wichtigsten *Stämme* der Thraker (die schon Herodot als das nach den Indern zahlreichste Volk bekannt sind, während sie Thukydides – er ist halbthrakischen Ursprungs – sofort hinter den Skythen einreiht) sind: Triballoi, Myser, Serden, Dentheleten, Maidoi, Bessoi, Odryser, Sapaier, Getai. *Stämme*

Wirtschaft: Weidewirtschaft ist für die Bevölkerung seit jeher die Lebensgrundlage. Dabei nimmt die Pferdezucht eine hervorragende Stellung ein, die bis in die römische Phase dauert (Reiterkontingente) und sich auch im Kult und in bildlichen Darstellungen äußert. Weniger betont ist der Ackerbau, der sich besonders auf Ländereien der griechischen Kolonien entwickelt und durch hellenistische Gründungen (Philippopolis, Lysimacheia usw.) ins Innere eindringt. Besonders von hier – jedoch nicht ausschließlich – geht der Impuls zum Weinbau aus, der sich in Bräuchen, in der thrakischen Musik (Orpheus), in Tanz und Religion stark spürbar macht. Zu erwähnen sind auch der seit der Urgeschichte bestehende Fischfang und besonders das Holzfällen für den Schiffsbau in zahlreichen Uferstädten. Den seit der Vorgeschichte andauernden Grundstock der thrakischen ‚Industrie' bilden die Bergwerke. Wichtig ist vor allem die *Eisenproduktion* in Gebieten der bessischen Stämme (Haemus), aber auch im Pangaion- (das Griechen seit jeher anzieht), Dysoron-Gebirge und in der Rhodope; sie bringt für die dort lebenden Stämme konstanten Reichtum und wirkt sich soziopolitisch als ständige Quelle wirtschaftlicher und gesellschaftlicher Differenzierung aus. *Wirtschaft* *Eisenproduktion*

Die *thrakische Sprache* gehört zur indoeuropäischen Familie. Ihre nur fragmentarische Kenntnis ist vorwiegend auf griechisch oder lateinisch transkribierte Orts-, Fluss-, Berg-, Götter- und Personennamen beschränkt; es gibt auch einige Glossen, 30 dakische Pflanzennamen und ein paar Inschriften. *thrakische Sprache*

Das durch Bodenschätze reiche Gebiet der Thraker zieht seit jeher seine Nachbarn – Griechen, Makedonen, später Kelten und Römer – und über die Dardanellen sogar das ägyptische, persische und pergamenische Reich an. Die thrakischen Sippen und Stämme, deren berühmte Kämpfer und Reiter im 2. Jt. auch in Kleinasien und vor Troia kämpfen, büßen in der nachfolgenden Zeit durch das Aufkommen neuer Taktiken, disziplinierter und kollektiver Kampfweisen an Schlagkraft und Ruhm ein, bleiben jedoch als geübte und harte Söldner gesuchte Leute.

Die Bergregionen mit ihren Sippen entwickeln sich nach dem Aufkommen der Metallurgie zu starken, reichen und bedeutenden Gebieten. Es bilden sich daraus Stammesverbände unter Magnaten oder unter

Makedonen	7.–6. Jh.	königlicher Führung, die einander häufig bekämpfen, die aber auch mit den benachbarten Mächten paktieren. Nach der griechischen Kolonisation haben das größte Interesse an Thrakien die *Makedonen*, die dort reiche Beute suchen und teilweise finden. Besonders ist ihnen am südthrakischen Streifen mit dem goldreichen Pangaion- und Dysoron-Gebirge gelegen.
Römer	148	Als die *Römer* nach drei Kriegen Makedonien bezwingen und als Provinz einrichten, wird ihr das Gebiet zwischen Strymon und Hebros als separater Gerichtsbezirk zugeteilt und sofort die Anlage der Transbalkan-Straße (via Egnatia – auf der Grundlage der persischen Heerstraße) begonnen. Später wird dem separaten Gerichtsbezirk auch der Streifen vom Hebros bis zur Thrakischen Chersonesos zugeschlagen.
	129	
interne Kämpfe	129–19	Die Zeit bis zur Errichtung des thrakischen Vasallenstaates ist durch *interne Kämpfe* gekennzeichnet, an welchen sich die Außenwelt aktiv beteiligt (Skordisker, das Bosporanische Reich, Bastarner, Griechen, Dardaner, Rom). Die Römer paktieren mit thrakischen Königtümern (Odrysen- und Sapaierbund), besetzen thrakische Sektionen und verlieren sie wieder. Besonders blutig und hartnäckig verlaufen die Kämpfe gegen die Bessen. Starke Rückwirkungen hat in Thrakien der dakische Bund unter Burebista.
	50–44	Die Thrakerkönige nehmen aktiv am Kampf bei Philippi und an den Auseinandersetzungen zwischen Antonius und Octavian teil.
	48	
	19 v.Chr.–46 n.Chr.	In der kurzen Periode des thrakischen Klientelstaates teilt sich das thrakische Königsgeschlecht der Odrysen die Führung bzw. Verwaltung einerseits der Ripa Thraciae (Gebiet zwischen dem Haemus und der Donau) und andererseits das Gebiet der Sapaier (während eine Reihe der Gebirgsstämme frei lebt). Deren Einheiten helfen während des *pannonisch-dalmatischen Aufstandes*, die Übergänge nach Makedonien zu sperren und kämpfen gegen Geten an der unteren Donau. Anlässlich von Zwistigkeiten zwischen beiden Herrschaftsteilen muss das römische Heer aus Mösien eingreifen. Ein allgemeiner thrakischer Aufstand gegen die Regenten wird unterdrückt. Nach einem weiteren Aufstand wird Thrakien annektiert und die Provinzverwaltung eingeführt.
Aufstand	6–9 n.Chr.	
	46	

Siedlungen

Bezeichnend für die soziale Entwicklung der Thraker ist das Fehlen urbaner *Siedlungen*. Die bestehenden sind griechischen oder hellenistischen Ursprungs (Apollonia, Mesembria, Philippopolis, Lysimacheia), später kommen römische Neugründungen hinzu. Das Zusammenleben mit dem naturverbundenen Menschenschlag der Hirten und Schmiede bleibt – der undurchdringlichen Gebirgs- und Waldnatur wegen – gefährlich. Massive Rekrutierungen, um die Ordnung zu erhalten, den Bergbau mit stets neuem Zustrom an Häftlingen zu betreiben, tragen nicht dazu bei, das Land zu befrieden.

Aus dem Versuch, die Gefahrenherde auszuschalten, erklärt sich die auf Dörfern, Gauen und Stämmen basierende römische Gebietseinteilung in Strategien (z.B. Dentheletike, Kainike, Maidike, Serdike usw.).

Militärkolonien

Militärstraßen mit dazugehörigen befestigten Stationen werden ausgebaut. Durch *Militärkolonien*, d.h. städtische Gründungen für das ausgediente Militär (z.B. Apri, Deultum), wird das Gebiet urbanisiert, zivilisiert und das Land systematisch kultiviert. Der wichtigste Städtegründer ist – wohl aus militärwirtschaftlichen Gründen – Traian. Unter ihm entstehen Anchialos, Nicopolis ad Nestum, Traianopolis, Augusta Traianopolis, Augusta Traiana, Pautalia, Serdica, Nicopolis ad Istrum (das bis Septimius Severus zu Thrakien, später zu Untermösien gehört). Viele dieser Städte haben – nach dem Vorbild griechischer Poleis – das Recht, für eigene Bedürfnisse Münzen zu prägen; die Prägungen sind wichtige lokalhistorische Quellen für das Kultleben, die Verwaltung, Wirtschaft usw.

Transitverkehr

Der breiten „Kreisen" zugute kommende Wohlstand geht nicht nur auf die Landesschätze, sondern auch auf den *Transitverkehr* (via Egnatia, Linie Sirmium–Byzanz, Küstenschifffahrt) und die Tatsache zurück, dass das ganze Land als Verpflegungsgrundlage für viele Garnisonen dient. Dieser Wohlstand manifestiert sich in Kultur und Architektur sowie in vielen stark griechisch beeinflussten Kunstgegenständen.

Religion

Auf die ethnischen Unterschiede und die geografischen Bedingungen der Besiedlung weist die thrakische *Religion*, in der sich typisch griechische und hellenistische Vorstellungen (auch Unsterblichkeitsglaube) und assimilierte Götter (wie Bendis-Artemis, Hermes, Dionysos, Ares) mit der urthrakischen Welt vermischen (wie die Gleichsetzung Asklepios–Apollon–Thrakischer Reiter, Ortskulte, Kultstätten an Quellen, Menschenopfer im Zalmoxis-Kult, Kriegsgefangenen-Opfer für den Gott Pleistoros), was sich synkretistisch – später auch unter starkem orientalischem Einfluss – in kosmischen Deutungen der Volksreligion und dem Jenseitsglauben bis zur Ausbreitung des Christentums auswirkt.

Kämpfe Domitians	86–90	Die ruhige Lage und die dadurch ermöglichte friedliche Entwicklung der Provinz in den ersten zwei Jh.n n.Chr. wird durch den stark befestigten mösischen Sektor ermöglicht, der in der Zeit der *domitianischen Kämpfe* gegen die Daker und Roxolanen (gegen die eine Verteidigungslinie von Tomoi bis Axiupolis an der Donau errichtet wird) viele Einbruchsversuche und Rückschläge abfängt, welche die römische Armee erleidet. Dasselbe gilt für die

101–106	Phase der Okkupation Dakiens und – etwas weniger – für die Zeit der Markomannenkriege (165–180), als die Plünderungsvorstöße der Kostoboker aus Dakien über Mösien und die Ränder Thrakiens bis Mittelgriechenland reichen.	
	Der Druck der *germanischen Stämme* auf die freien Daker und dieser auf die dakischen Grenzen wird unter Septimius Severus so stark, dass die Verteidigung neu gestaltet werden muss.	*Germanen*
250 251	Den *Goten* gelingt es, Philippopolis zu besetzen und das römische Heer unter Decius bei Abrittus in der Dobrudscha zu schlagen. Im Laufe des 3. Jh.s wird Thrakien mehrmals Schauplatz blutiger Einfälle. Eine Folge davon ist der festungsartige Ausbau der Städte. Die Plünderungszüge der Daker, Goten und Heruler werden besonders stark zur Zeit des Kaisers Gallienus. Sein Nachfolger Claudius Gothicus besiegt bei Naissus (Niš) die Goten, jedoch nicht entscheidend. Aurelian gibt das verwüstete Dakien kampflos auf, verlegt die Truppen und die Bevölkerung auf die Gebiete der ziemlich entvölkerten Regionen am Südufer der Donau, wo er aus westlichen Regionen Obermösiens und den östlichen Thrakiens (Distrikt Serdike) und Untermösiens Neudakien als Verwaltungseinheit gründet, und zwar Dacia Ripensis (Hauptstadt Ratiaria) und Dacia Mediterranea (Hauptstadt Serdica).	*Goten*
270–275		
276–278	Unter Probus müssen 100000 Bastarner, die dem Druck im Bereich der unteren Donau nicht mehr widerstehen können, auf thrakischen Boden umgesiedelt werden.	
284–305	*Diokletian* besiegt die in die Dobrudscha eindringenden Karpen und mit ihnen verbündete Germanen entscheidend. Um sie zu befriedigen, werden Teile dieser Stämme in Pannonien und Mösien angesiedelt. In Thrakien siedelt Diokletian gefangene Perser an (Spuren auch in religiösen Äußerungen).	*Diokletian*
	Besonders wegen dieser Ereignisse – außerdem wegen der kritischen wirtschaftlichen Lage, des unzuverlässigen Verwaltungsapparats und der ungenügenden Schlagkraft der ständig bedrohten Provinzen – führt der Kaiser eine *Reorganisation* der Militärverwaltung durch. Aus Untermösien und Thrakien entstehen sieben kleinere Provinzen (von praesides verwaltet), die zur Diözese Thrakien (unter der Führung des magister militum per Thracias) gehören: Europa (Hauptstadt Constantinopolis), Rhodope (Traianopolis), Thracia (Philippopolis), Haemimontus (Hadrianopolis), Moesia Inferior (auch Mysia oder Moesia Secunda; Marcianopolis), Scythia (Tomoi); die letzten zwei stehen als Grenzprovinzen unter der gemeinsamen Führung von „praesides" und „duces". Westlich der Diözese Thrakien liegen die Diözesen Mösien und Makedonien. – (Forts. S. 602)	*Reorganisation*

Ostmitteleuropa

Pannonien

Das Pannonische Becken reicht von den Osträndern der Alpen bis zu den Bogenenden der Karpaten (als römische Provinz Pannonia nur bis zur Donau) und von den nördlichen Ausläufern der Dinarischen Alpen südlich der Save bis zum Ungarischen Mittelgebirge. Grundlegend bei allen Stämmen (z. B. Boi, Varciani, Japoden u. a.) ist die mit dem Feldbau kombinierte Viehwirtschaft, welche zwischen Donau und Karpaten nie das Nomadentum verdrängt. In rauhen, teils versumpften, bewaldeten und klimatisch ungünstigen Gebieten verlaufen die römischen Okkupationskämpfe trotz hervorragender Führung langwierig und schwer.

2. Jh. v. Chr.	Erste Strafexpeditionen der römischen Armeeführung in der Cisalpina; einige Züge müssen von Aquileia aus gegen Siscia – das einflussreiche Produktions- und Handelszentrum – aus politischen Gründen geführt worden sein. *Bewohner Pannoniens* sind teils Kelten (Boi, als norische Ostnachbarn, Eravisci, Latobici, Taurisci, Skordisker im Savetal, die später anscheinend von Pannoniern assimiliert werden), teils Pannonier (Breuci, Andizetes, Amantini, Iasi, Azali, Hercuniates, Varciani). Das keltische Element ist im Westen und Norden des Landes vorherrschend.	*Bewohner Pannoniens*
ca. 50	Die im Entstehen begriffene Hegemonie der Boier und Taurisker wird durch die dakische, westwärts gerichtete Expansion gebrochen (Gründe unklar, wahrscheinlich ein vorhergehender boisch-keltischer Vorstoß in die Karpaten), doch verebbt der dakische Druck nach dem Tode des Anführers Burebista.	

Okkupations-phase	35	Römische Kämpfe gegen Taurisker, Karner und Japoden. Die Endphase der Kriegshandlungen wird von der Cisalpina und dem dalmatischen Küstenland aus durch Augustus eingeleitet, durch den Mitregenten M. Vipsanius Agrippa und durch Tiberius weitergeführt und beendet.

Okkupationsphase

Militärgouvernement

In der *Okkupationsphase* und in den ersten Jahrzehnten danach, als Pannonien wegen fehlender städtischer Zentren sich nicht selbst verwalten kann, im Bereich vieler Stämme noch Unruheherde bestehen und sich ein wirtschaftlicher Aufschwung nicht absehen lässt, muss ein vorerst für Pannonien und Dalmatien einheitliches *Militärgouvernement* beibehalten werden. Das Militärverwaltungsnetz wird vom Garnisonskordon der Armee in Illyricum nach Norden ausgebreitet, weshalb der Name Illyricum auch auf das neu eroberte Territorium ausgedehnt ist (Illyricum reicht von der Adria bis zur Donau). Längs der „Nervenlinien" werden Militärbasen, -posten und -kontrollpunkte ausgebaut, die von den Stabszentren Carnuntum (Deutsch-Altenburg), Siscia (Sisak), Poetovio (Ptuj), Burnum (Ivoševci) befehligt werden, denen sich später auch Mursa (Osijek), Brigetio (Dunapentele), Aquincum (Budapest), Sirmium (Sremska Mitrovica) zugesellen. Ferner wird die Stämmeführung in Unruhegebieten Offizieren unterstellt (z.B. bei den Skordiskern, Colapiani); intensiver Straßenbau. Die systematische Rekrutierung schwächt die Abwehrmöglichkeiten der Stämme (z.B. der Breuker), besonders nach dem dalmatisch-pannonischen Aufstand.

6–9 n.Chr.

Nach der Niederwerfung des Aufstandes verbleiben das Oberkommando und der Regierungssitz für Illyricum im Stabe der Armee Illyricums (wahrscheinlich Siscia).

Verwaltungstechnisch, besonders in zivilrechtlichen Fragen, werden die zu Dalmatien tendierenden Gebiete der „Unterabteilung" Dalmatien zugeteilt, die zu Pannonien tendierenden einer für dieses Gebiet entsprechenden Behörde, wobei die erste, durch die größere Urbanisierung und durch die weniger gefährdete Lage bedingt, mehr unter zivilen Aspekten verwaltet wird als die pannonische, bei der die Militärverwaltung schon wegen der Grenzsituation dominiert.

Garnisonsorte

Während der Militärverwaltungsphase sind *Garnisonsorte* und Legionslager gleichmäßig im Lande verteilt, die Donau als Grenzfluss wird nur an neuralgischen Punkten kontrolliert. Als später mehrere Orte Alteingesessener zu autonomen Städten werden und sich die seit Kaiser Claudius entstehenden Garnisonen längs der Limeslinie zu konsolidieren beginnen, beeinflusst der *Romanisationsprozess* auch die Umgebung. Die Folge ist wirtschaftliche Prosperität (Manufaktur, Fernhandel, Feldwirtschaft, Verkehr besonders durch Fluss-Schifffahrt).

41–54

Romanisationsprozess

Mit der Zeit werden auch die Ebenen von Innerpannonien erschlossen und kultiviert, womit das spätantike Aufblühen der Großhöfe dort erst möglich wird. Der wachsende Lebensstandard weckt in verstärktem Maße die Aufmerksamkeit der Nachbarn, wobei nicht nur der Druck auf die Reichsgrenze stärker wird, sondern die ‚Barbaren' sich auch durch die vielschichtigen römischen Kontakte zivilisatorisch und besonders organisatorisch zu entwickeln beginnen.

69–117 Als Folge davon muss von Vespasian bis Traian die bedrohte Grenzlinie dicht besetzt werden.

Weil im pannonischen Sektor drei Legionen verbleiben, wird ihnen als Hauptkommandeur ein „vir consularis" mit dem Sitz zunächst in Poetovio, später Carnuntum ernannt, der nach der *Konstituierung der Provinz*, d.h. nach der Auflösung des großen Militärkommandos Illyricum unter Vespasian, automatisch zum Provinzstatthalter wird. Bis dahin kann im Land eine Reihe von Kolonien und Munizipien gegründet werden, wodurch die Selbstverwaltung erst zu funktionieren beginnt. Gleichzeitig damit werden Garnisonen im Inneren der Provinz geräumt und Militäreinheiten zur neuangelegten Limeslinie versetzt, weil jenseits derselben die zivilisatorische und wirtschaftliche Entwicklung mächtig voranschreitet und sich für das Imperium lokal gefährlich gestaltet.

Konstituierung der Provinz

69–79

69 Die Armee Illyricums erkennt Vespasian in Poetovio als Kaiser an. Unter Domitian und Traian Kriege mit Sarmaten und Dakern.

Zweiteilung

106 *Zweiteilung der Provinz* in Pannonia Superior (= westlicher Teil) mit drei Legionen unter konsularischen Statthaltern (Sitz in Carnuntum) und Pannonia Inferior (längs der Donau und östlich vom Plattensee; Grenze: Donauknie–Plattensee–Drau; Sitz: Sopianae) mit einer Legion unter prätorischen Legaten, deren erster der spätere Kaiser Hadrian wird.

137–161 Unter Antoninus Pius wird die seit Tiberius geförderte Klientelpolitik gegenüber den Grenzstämmen (z.B. Quaden) noch aufrechterhalten.

Marcus Aurelius

161–180 Unter *Marcus Aurelius* wird Pannonien zum Hauptschauplatz der Kämpfe gegen die germanischen Stämme, die in die Balkanprovinzen und nach Norditalien eindringen.

180–192 Commodus wird Herr der kritischen Lage und befestigt aufs neue die Grenzlinie.

Römische Gründungen in Pannonien

Gründung von Oppida (= O), Munizipien (= M) und Kolonien (= C)
(einige noch nicht identifizierte Städte sind ausgelassen)

	Iulier	Claudier	Flavier	Traian	Hadrian	Septimius Severus	Caracalla
Andautonia		M					
Aquae Iasae					M		
Aquincum					M	C	
Brigetio							M
Carnuntum					M	C	
Cibalae					M		
Mogentiana					M		
Mursa				C			C
Mursella					M?		
Neviodunum		M					
Poetovio				C			
Salla					M		
Savaria		C					
Sirmium			C				
Siscia			C			C	
Scarbantia	O		M				
Vindobona						M	

Römer in Pannonien

Aquincum (Budapest)

Mursa (Osijek)

Savaria (Szombatheley)
Sirmium

Vindobona (Wien)

214   Aus innerpolitischen Gründen wird die Ostgrenze Oberpannoniens vom Donauknie nach Westen verschoben und damit das Territorium der Legion in Brigetio mit den dazugehörigen militärischen Sektionen der unterpannonischen Armee zugeordnet, um die Macht des oberpannonischen Provinzgouverneurs zu beschränken. Die Wirtschafts- und Finanzverwaltung wird durch Prokuratoren versehen, getrennt für die Staatsfinanzen, den kaiserlichen Besitz, Bergbau, Zoll, Verkehr, Staatspost und besondere Ausgaben.

253–268   Im 3. Jh., als es in Pannonien zu Verarmung, politischer Unsicherheit, zu Barbareneinfällen, wirtschaftlich-sozialen Krisen, *Armeeunruhen* unter Gallienus und zu Usurpationserscheinungen (Ingenuus, Regalianus) kommt, müssen wiederholt schwere Abwehr- und Offensivkämpfe geführt werden. Damals beginnt man, kleine Garnisonen auch im Inneren der ganzen Provinz zu errichten, ein Versuch, der 100 Jahre später durch Föderatensiedlungen vervollständigt wird. Das alles führt direkt zu den *diokletianischen Reformen*, weswegen der politischen Bedeutung der damaligen Ereignisse entsprechend sogar Sirmium als befestigte Residenzstadt und Hauptquartier ausgebaut werden muss (es ist Hauptquartier, z.B.

236   schon während der Kämpfe des Kaisers Maximinus Thrax gegen Sarmaten und Germanen).

284–305   Seit Diokletian sind beide Provinzen nochmals geteilt in die unter „duces" und „praesides" stehenden Einheiten Pannonia Prima (Hauptstadt Savaria, heute Szombathely), Savia (Hauptstadt Siscia), Valeria (Hauptstadt Sopianae, heute Pécs), Pannonia Secunda (Hauptstadt Sirmium).

Armeeunruhen

diokletianische Reformen

Bevölkerung: Die Gemeinden der einheimischen Bevölkerung gehen in Einzugsbereichen städtischer Territorien bald in der Stadtbevölkerung auf; die entlegenen halten sich länger. Epidemien, sozioökonomische Krisen (Assentismus, Desertionen) und Kriege dezimieren besonders seit Marcus Aurelius die Provinzbevölkerung. In das entstehende Vakuum beginnen vorerst sporadisch, später durch Propaganda massiv unterstützt, neue Kolonisten einzuströmen, die der Provinz ein östliches und afrikanisches Gepräge geben. Ebenso werden Legionen und Hilfseinheiten oft im Osten und in Afrika ausgehoben oder von dort hierher versetzt (der oberpannonische Statthalter mauretanischer Abstammung Septimius Severus wird am 9. April 193 in Carnuntum zum Kaiser ausgerufen und geht, von der pannonischen Armee getragen, aus dem nachfolgenden Bürgerkrieg als Sieger hervor). Handel und

Bevölkerung

Kulte	Gewerbe liegen mehr und mehr in den Händen der aus dem Osten Zugewanderten. Damit dringen auch die östlichen, ägyptischen und afrikanischen *Kulte*, zuletzt das Christentum ins Land ein. Die Staats- und Militärgötterwelt herrscht im Kultwesen vor, daneben treten sowohl lokale und regionale Besonderheiten, auch Vorrömisches, ferner lokale Natur- und Schutzgottheiten (Nymphen, Städtepatroninnen, Schifffahrtsbeschützer, glückbringende Marktgötter) als auch die ganze Skala der orientalischen Götterwelt (Mithras, Iupiter Dolichenus, Iupiter Heliopolitanus, Isis usw.) auf.
Wirtschaft	*Wirtschaftlich* gehört Pannonien zu den mehr oder weniger autarken Provinzen des Römischen Reiches mit stark entwickeltem Handwerk (Manufaktur), Handel- und Verkehrsgewerbe (importiert werden hauptsächlich Luxusgüter). Trotz entgegengesetzter, fragmentarisch erhaltener Aussagen der Schriftsteller (z. B. Velleius Paterculus, der in Pannonien kämpft, oder Cassius Dio, der hier Provinzgouverneur ist), ist archäologisch bekundet, dass Feldwirtschaft und Weinbau von Bedeutung sind, was auf die Tätigkeit der Veteranen (missiones agrariae oder nummariae) und die Bewirtschaftung des Kaiser- und Militärgeländes zurückzuführen ist. Einheimische Produkte werden nicht nur innerhalb, sondern auch außerhalb des Römischen Reiches abgesetzt. Pannonien ist wie ein Eckstein des Imperiums, auf welchen vom Norden und Osten stets starker Druck ausgeübt wird. Deshalb ist es zugleich ein wichtiges Durchgangsland.
Sprachen	Mit Sicherheit festzustellende *Spracheinheit* in Pannonien ist außer dem Lateinischen und Griechischen nur das Keltische. Vom Norden sickert über die Grenzen das Germanische ein, das später das ganze Land überflutet; vom Süden das Liburnische; vom Osten und Südwesten muss mit dako-thrakischen Elementen gerechnet werden. Welche Sprache jedoch die pannonischen Stämme gesprochen haben, ist bisher unklar. Die mythologischen Vorstellungen des Altertums weisen vielleicht auf eine Parallelität zum Pelasgo-Illyrischen hin, was auch durch die gemeinsame Bewegung der Stämme im Dalmatisch-Pannonischen Aufstand nahegelegt wird. Im 4. Jh., nach der Orientalisierungsphase und zur Zeit der Föderatenansiedlung sowie während des Einsickerns der hunnisch-awarisch-germanischen Stämme, verändert sich das Sprachbild völlig.

Noricum

Landnahme	Die *Landnahme* der keltischen Stämme in den Ostalpen (4./3. Jh.) umfasst das Gebiet zwischen Inn und dem Plattensee (Balaton) und reicht von der Donau im Norden bis zur Save und bis Friaul im Süden. Das Gebiet ist in zwei mehr oder weniger organische Hälften geteilt, die sowohl besiedlungsmäßig als auch verwaltungstechnisch stets schwer zu verbinden sind. Die nördliche ist zum Donautal hin orientiert und mitteleuropäischen und ost-westlichen Strömungen geöffnet; die südliche umfasst die Stromgebiete der Drau, Gurk, Sann und Mur und bildet ein natürliches Propylon zur mediterranen Welt (vgl. Herkules-Sagen, den Argonautenweg und den perialpinen Bernsteinweg).
Stämme	Die ostalpinen Täler und Kessel werden im 2./1. Jh. von mehreren *Stämmen* beherrscht (z. B. Ambilini, Ambidravi, Uperaci, Saevates, Elveti, Laianci, Ambisontes, Alauni). Die wirtschaftlich-politische Führung übernehmen bald Noriker, von denen der allmählich entstehende Bund (?) die Bezeichnung „Königreich Noricum" erhält. Die *wirtschaftliche Basis* bilden vor allem die unerschöpflichen Eisenlager im Hüttenberg-Bereich nördlich von Virunum (am Zollfeld in Kärnten). Die dort beheimatete erstklassige Eisenherstellung wird zusammen mit anderen Landesprodukten – darunter Gold, Blei, Felle usw. – sofort nach den Kriegen mit Hannibal für ganz Italien, sogar für die römische Kriegswirtschaft und Manufaktur unentbehrlich. Rom paktiert deswegen mit den norischen Stämmen, die auch ihrerseits öfters, obwohl nicht immer ohne innere Opposition, den politischen Schutz des mächtigen Nachbarn suchen, der den zumeist ziemlich glatt verlaufenden Handel nach Aquileia sichert. Das sprunghafte Aufblühen nicht nur Aquileias als Verwaltungs- und Gewerbezentrum, sondern auch anderer norditalischer Städte, wie Tergeste, Concordia, Opitergium, Iulium Carnicum, Forum Iulii, hängt besonders damit zusammen.
wirtschaftliche Basis	
	Die früheste Phase der römischen Kultur in Noricum ist durch den ausgebauten Handel (der Exportkreis reicht bis Nordafrika; die Verbindungen nach Norden und Osten sind nicht erforscht) und das rege politische Leben gekennzeichnet. Anzeichen für größere soziale Unruhen sind selten. Die letzten zwei vorchristlichen Jh.e verlaufen für die norischen Länder fast ohne Erschütterungen, ausgenommen die dakische Gefahr unter Burebista um 50 v. Chr.
Eroberungen Octavians	35–33 *Octavian erobert* mit M. Vipsanius Agrippa nach hartnäckigen Kämpfen das Gebiet der Japoden und Delmater (Linie Poetovio–Siscia–Burnum–Tilurium). Die territorial-politische Abrundungspolitik wird von römischer Seite nach der endgültigen Einverleibung des Ostens fortgeführt.
	16–15 Die gesamte alpine Kette mit Noricum wird in die Reichsverwaltung einbezogen.
Donaugrenze	12–9 Zentrales Balkangebiet und zentrales Pannonien folgen; damit wird die *Donaugrenze* erreicht.

6–9 n.Chr.	Zur Zeit des dalmatisch-pannonischen Aufstandes werden alle Garnisonen aus Norditalien in die Provinzen verlegt und Norditalien selbst – ebenso wie aufgrund alter freundschaftlicher Beziehungen Noricum – dem Schutz der Armee Illyricums anvertraut.
	Die norische, sozial-politisch *führende Schicht* lehnt sich in dieser Phase eng an Rom an, festigt sich wirtschaftlich, übernimmt mit dem Münzwesen und rudimentärer Geldwirtschaft auch die lateinische Schrift, wird kulturell und zivilisatorisch gehoben. Allem Anschein nach gibt es in der breiten keltischen Bevölkerung keine krassen Unterschiede; im gegebenen sozialen Rahmen wird ein Wohlstand erreicht, der kaum den Keim für Unruhen in sich trägt. Über die Alteingesessenen weiß man mangels Quellen nichts.	*Führungsschicht*
	Für die Zeit zwischen der Annexion und der Epoche Kaiser Claudius' wird dem Lande entweder eine modifizierte alte Verfassung belassen, oder es wird schon damals prokuratorisch mit Hilfe der Distrikt- bzw. Präfekturenoffiziere verwaltet, die den (absichtlich?) verkleinerten Stämmen (civitates) als Verwaltungshilfe, Kontrolle und Stütze beigegeben werden.	
um 50	Unter Claudius wird die *Provinz Noricum* eingerichtet, weil erst jetzt gewisse Vorbedingungen erfüllt sind: vor allem die Errichtung der fünf ersten Munizipien in Südnoricum, auf welche die lokale Selbstverwaltung aufgebaut wird.	*Provinz Noricum*
	Das Leben in Noricum beginnt sich reichseinheitlich zu formieren, die alten Stammes- und Handelszentren werden im neuen Stil aufgebaut, die *lokale Verwaltung* wird von assimilierten Stammesmagnaten geführt. Es bilden sich führende Familien heraus, deren großer Reichtum den Aufstieg zum Geldadel, im 2. Jh. sogar in die Nobilität ermöglicht. Das Land ist dem „Procurator Augusti provinciae Noricae" mit Sitz in Virunum unterstellt. Von Virunum aus wird auch die Verwaltung der Post- und Nachrichtendienste und der im Lande stationierten militärischen Hilfseinheiten geführt.	*lokale Verwaltung*
69	In den Wirren nach der Ermordung des Kaisers Nero ergreifen Noriker vorerst für Otho Partei, als dieser beseitigt wird, für Vespasian.	
165–180	Die Bevölkerung genießt Ruhe bis zur *germanischen Invasion*, die zur Zeit Marcus Aurelius' verheerend über Noricum, Rätien und Pannonien hereinbricht. Gleichzeitig wird mit dem Militär aus dem Orient eine epidemische Seuchenwelle eingeschleppt, die die übrig gebliebene Bevölkerung dezimiert und auch den germanischen Stämmen schwere Verluste zufügt. Nach der mühevollen Wiederherstellung der Ruhe (das Projekt zur Errichtung neuer Provinzen, wie Marcomannia und Quadia im heutigen tschechischen Territorium, wird aufgegeben) wird zum Provinzschutz die damals geschaffene zweite italische Legion im Lande belassen und die Provinzführung deren prätorischem Legaten mit Sitz in der Garnisonsstadt Lauriacum übergeben. Der Sitz der Finanzprokuratur wird der Eisenindustrie wegen in Virunum belassen; einige Provinzämter kommen nach Ovilavae.	*germanische Invasion*
193 9. April	Die Erhebung des Septimius Severus in Carnuntum unterstützt auch die norische Legion. Die zivile Bevölkerung entscheidet sich für den Gegenkaiser, was politische Säuberungen nach sich zieht.	
214	Unter Kaiser Caracalla *fallen* im Nordwesten der Provinz die *Alamannen* ein, mit denen später, besonders unter Gallien und Aurelian und bis in die Jahre des hl. Severin († 482), an der Grenze stets unerbittlich gekämpft wird.	*Alamanneneinfall*
284–305	Im Zuge der *diokletianischen Staatsreform* wird Noricum in zwei Verwaltungsbezirke eingeteilt, Noricum Ripense (zur Donau orientiert, Verwaltungssitz Ovilavae) und Noricum Mediterraneum (die ostalpine Südhälfte, Verwaltungssitz Virunum). Das militärische Oberkommando bleibt in Lauriacum, ihm wird militärisch Pannonia Prima untergeordnet. Die damals neu errichtete „legio I Noricorum" scheint in Favianae stationiert gewesen zu sein.	*diokletianische Staatsreform*

Der Grundstock des *Handels* basiert auf Bodenschätzen (Rohguss und Verarbeitungen, berühmt wegen Qualität, besonders der Eisenprodukte), gehandelt werden aber auch Vieh, geselchtes Fleisch, Honig, Wolle und Wollstoffe, Felle und Leder. Luxusartikel werden aus Italien, später mehr und mehr aus Gallien, aus dem römischen Germanien und Rätien eingeführt. Noricum gehört zum Zollbezirk Illyricum, der den Länderkomplex von Rätien bis zum Schwarzen Meer umfasst. – Das Eisenregal wird zunächst verpachtet, Sitz der Pächter und des Pachtamtes in iulisch-claudischer Zeit ist Aquileia, später Virunum. Die Blei-, Kupfer- und Silberproduktion tritt weit zurück. Seit flavischer Zeit und bes. seit Marcus Aurelius übernimmt der Staat die Eisenbergwerke in direkte Verwaltung und unterstellt sie dem Prokurator mit dem Sitz in Tiffen (Kärnten). Die übrige Produktion, außer vielleicht die der Waffen- und Kleidungsstücke, bewegt sich auf Lokalebene.

Handel

Der *Urbanisierungsprozess* verläuft der Besiedlungsdichte und den alpinen geografischen Verhältnissen entsprechend zögernd: Unter Claudius entstehen fünf Munizipien: Celeia, Virunum (Zollfeld in Kärnten), Teurnia, Aguntum und Iuvavum (Salzburg), unter Vespasian nur Solva, unter Hadrian Ovilavae und Cetium; unter Caracalla werden Ovilavae zur Kolonie und die Zivilsiedlung bei der Garnisonsstadt Lau-

Urbanisierungsprozess

riacum zum Munizipium. Die Vermittlerrolle zwischen der mediterran-römischen Kultur und Zivilisation und den Ostalpengebieten hat seit seiner Gründung Aquileia inne; dessen Händler, Baumeister, Steinhauer, Gewerbetreibende, Priester und Exponenten verschiedenster Geschäftsrichtungen – auch der Fluss-Schifffahrt – sind im Lande inschriftlich bekundet. Einen entscheidenden Romanisationsfaktor stellt die Armee dar, besonders weil die Veteranen mit ihren Familien zumeist im Lande verbleiben bzw. später sogar nur noch lokal rekrutiert werden.

Zivilisation Die mediterrane römische Kulturwelt wird bis in die Dörfer rezipiert (vgl. die mit mythologischen Symbolen und Szenen dekorierten Grabbauten der besitzenden Schicht). Hauptsächliche Zeichen der *Zivilisation* sind jedoch die Städte, Herrensitze der Landeigentümer und die zahlreichen Garnisonen. Reisen, Militärdienst, Verwaltungsapparat und Sklavenhandel vermitteln breitesten Kreisen empirische Weltkenntnisse. Die technologischen Errungenschaften (wie Wasserleitungen, Hygiene, aufgeklärte Vieh- und Feldwirtschaft usw.) tragen zur Bildung bei. Eine literarisch gehobene und systematisch formierte Bildung ist jedoch außerhalb von Kreisen der Verwaltung, Priesterschaft, des höheren Militärs und der wirtschaftlich führenden, mehr oder weniger dem Ritterstand angehörenden Familien kaum zu finden.

Religion Aus dem altnorischen Pantheon wird vieles in die römische *Religion* offiziell übernommen (besonders Städtebeschützer wie Celeia, Noreia, Atrans), einiges wird der „interpretatio Romana" unterworfen (Mars Latobius, Iupiter Culminalis, Apollo Grannus), anderes verbleibt stets auf der Ebene lokaler Kulte (verschiedene Nymphen, Beschützer der Fluss-Schifffahrt, der Weide). Von orientalischen Kulten erfreuen sich besonderer Beliebtheit Mithras, auch Dolichenus und Isis. – Seit dem 3. Jh. beginnt das Christentum zu überwiegen, das schließlich durch straffe Organisation und durch Missionstätigkeit die Oberhand gewinnt. Im 4. Jh. sind Bischöfe für Lauriacum, Teurnia, Celeia, Aguntum und Poetovio bekundet. – (Forts. S. 602)

Gallien, Germanien, Rätien, Alpenprovinzen

vorrömische Zeit Die Region zwischen Alpen, Pyrenäen, Rhein und oberer Donau wird *Jahrhunderte vor der römischen Eroberung* vorwiegend von Kelten besiedelt. Die Gascogne bewohnen iberische Aquitanier, die Seealpen Ligurer; von Nordosten sickern vereinzelte Stämme und Gruppen von Germanen ein: Die kulturelle Einheitlichkeit des Gebietes ist davon kaum berührt. Neben intensiver Landwirtschaft, die auf adliger Großgrundherrschaft basiert, sind der Bergbau und in den großen befestigten Zentralorten (oppida) das Handwerk (Metallarbeiten, Keramik u.a.) hoch entwickelt. Der Handel führt schon früh, besonders über Massilia, zu regem Güteraustausch mit dem Mittelmeerraum. Die Münzprägung scheint stammesweise *Adel* organisiert zu sein. Die Macht des *Adels*, der das soziale, politische, wirtschaftliche Geschehen bestimmt, beruht auf Gefolgschaften aus halbfreien Hintersassen und wird durch Bündnisse zwischen ungleich angesehenen und mächtigen Adligen politisch umgesetzt. Die Oppida bilden keine selbstständigen Körperschaften, sondern Organisationsgrundlage sind ‚Gau' (pagus) und Stammesgemeinde (civitas). Im 1. Jh. v.Chr. sind die wohl ursprünglichen Königtümer großenteils abgelöst von einer regelmäßig monarchischen Jahresmagistratur (Vergobret), die mit Adelsrat und Volks- bzw. Heeresversammlung, in der ebenfalls die Adligen das Wort führen, zusammenwirkt. Gewichtigen Einfluss besitzen ferner die aus dem Adel rekrutierten Druiden.

4. Jh. v.Chr. Rom steht seit Anfang des Jh.s in ständiger Auseinandersetzung mit der keltischen Welt *„Galliertrauma"* („*Galliertrauma*" seit Niederlage an der Allia).

Das erste dauerhafte Interesse Roms an Südgallien (Provence, Languedoc) entsteht seit dem 2. Punischen Krieg aufgrund des Landweges nach Spanien; wichtigster Verbündeter ist Massilia (foedus spätestens seit 2. Punischem Krieg; großes Territorium besonders östlich der Rhônemündung).

125–122 Nach längeren Kämpfen zum Schutz Massilias (M. Fulvius Flaccus 125/123, C. Sextius Calvinus 123/122 [Aquae Sextiae/Aix-en-Provence]) pazifiziert Cn. Domitius Ahenobarbus (Konsul 122, Prokonsul 121–119?) das Rhônetal (bis zum Genfer See), Savoyen, Dauphiné, Provence und Languedoc, baut die via Domitia aus und begründet endgültig hier die römische Herrschaft (selbstständige Provinz spätestens seit Sulla um 80). – Lokale Aufstände um 90, 85–83, 78/77, 74–72, 61.

Caesar Die Eroberung des übrigen Gallien bis zum Rhein wird *Caesar* durch den Wanderzug der 59 Helvetier (mit Klientelstämmen) ermöglicht, die beschließen, vor anhaltenden germanischen Raubzügen nach Aquitanien auszuwandern, um dort eine Hegemoniestellung zu begründen.

58 Das starke Stammesaufgebot (angeblich etwa 92000 Waffenfähige unter 368000 Auswanderern) wird bei Bibracte mit Unterstützung der Haeduer so vernichtend geschlagen, dass

	(nach Caesar) nur insgesamt 110000 nach Helvetien zurückkehren. Um verbündete Haeduer vor Ariovist und dessen Sueben zu beschützen, kann Caesar diesen angreifen; nördlich Vesontio werden Sueben geschlagen (Sept.58) und über den Rhein zurückgeworfen.	
57–53	Die übrigen *belgischen, gallischen und aquitanischen Stämme*, die teilweise wiederholt rebellieren, *werden unterworfen* (57 Nervier bei Maubeuge [Sambre], 56 Veneter, Aquitanier, 55 Ausrottung der Usipeter und Tenkterer, erster Rheinübergang, erster Britannienzug, 54 Treverer, zweiter Britannienzug, 54/53 Ambiorix-Aufstand, Vernichtung der Eburonen, Sieg über Treverer, 53 zweiter Rheinübergang).	*Unterwerfung*
52	Gemeingallischer Aufstand unter Arvernerkönig *Vercingetorix* niedergerungen (Niederlage Caesars bei Gergovia, entscheidender Sieg bei Alesia).	*Vercingetorix*
52/51	Die restlichen Unruheherde werden befriedet.	
	Caesars Ordnung belässt unterschiedliche Stellung der „civitates" zueinander (u.a. Klientelen der Haeduer) und gegenüber Rom (Foedus behalten Haeduer, Remer, Lingonen u.a.), fördert die prorömischen Adligen, sichert Herrschaft durch Geisel- und Truppengestellung; sehr maßvoller Jahrestribut von 40 Mio. Sesterzen und Erschöpfung des Landes sichern über Jahrzehnte die Ruhe. Lokale Aufstände sind aber wiederholt zu bekämpfen: 46 Bellovaces, 38 und 28 Aquitanier, 30 Morini, 29 Treverer.	*Caesars Ordnung*
44	Prokonsul L. Munatius Plancus wehrt Räterangriff ab. – Agrippa siedelt zum Schutz der Rheingrenze die germanischen Ubier (um Köln) und vielleicht auch schon die Vangionen (um Worms), Nemeter (um Speyer), Triboker (um Brumath) an.	
39/38 (oder 19?)		
16–14	Ein Sugambrereinfall (16 clades Lolliana) und die Eroberung der Alpen und des rätischen Alpenvorlandes unter *Drusus und Tiberius* (16–14) führen zur Neukonzeption der gallischen Ostgrenze.	*Drusus und Tiberius*
12–8	Nach der abgeschlossenen Neuordnung Galliens unterwerfen Drusus (12–9) und Tiberius (8–7) in jährlichen Sommerfeldzügen von Rhein (Hauptbasen: Mogontiacum/Mainz, oppidum Ubiorum/Köln, Vetera/bei Xanten) und Alpenvorland aus (Legionslager Dangstetten und Augsburg-Oberhausen [?]) die Germanenstämme bis zur Elbe der *römischen Vorherrschaft*.	*römische Vorherrschaft*
8 v.Chr.	Umsiedlung von 40000 Sugambrern westlich des Rheins.	
7 v.– 6 n.Chr.	In den folgenden Jahren wird diese Herrschaft durch jährlichen Einmarsch der römischen Rheinarmee gefestigt bzw. gegen Rebellionen durchgesetzt, besonders unter Tiberius.	
6–9	Dessen Plan, das Reich des Markomannenkönigs Maroboduus (mit Kern in Böhmen) zu unterwerfen, scheitert am Ausbruch des Pannonischen Aufstandes.	
7–9 Sept. 9	Der Versuch des P. Quinctilius Varus (Kommandeur des Rheinheeres), die römische Herrschaft zu institutionalisieren, scheitert an dem in seinen Ursachen umstrittenen *Aufstand des Cheruskerkönigs (?) Arminius*, der Varus' Armee (XVII., XVIII. und XIX. Legion mit Auxilien) im „Teutoburgischen Bergwald" („Teutoburgiensis saltus", nicht lokalisierbar) aus dem Hinterhalt überfällt und vernichtet.	*Aufstand des Arminius*
10–12 13–16	Nach Konsolidierung der *Rheingrenze* und Neuordnung des germanischen Kommandos durch Tiberius (Teilung in Militärbezirke Unter- und Obergermanien) stellt Germanicus in erfolgreichen Feldzügen gegen Arminius und die Germanenstämme in Nordwestdeutschland und durch Rückgewinnung von zwei Legionsadlern (der dritte wird 42 von Gabinius Secundus den Chauken entwunden) das römische Ansehen wieder her (Triumph 26. Mai 17). Tiberius begnügt sich mit indirekter Herrschaft über die (im Innern noch wenig konsolidierten) Germanenstämme östlich des Rheins als Klientelrandvölker.	*Rheingrenze*
	Die Rheingrenze unterhalb der Neckarmündung bleibt im 1. Jh. unruhig (28 und 57 Friesen, 39 und 50 Chatten, 41/42 und 47 Chauken, 77 Brukterer). Während im Innern Galliens der lokale Aufstand (im Jahre 21: Haeduer und Treverer unter Iulius Sacrovir und Iulius Florus) ebenso schnell niedergeworfen ist wie der verfrühte Putsch des Legaten der Lugdunensis Iulius Vindex (68) gegen Nero (unterstützt von Vienna, Sequanern und Haeduern), kann (69/70) der vom Bürgerkrieg begünstigte Aufstand der Bataver unter Iulius Civilis, Treverer unter Iulius Classicus und Iulius Tutor, Lingonen unter Iulius Sabinus und kleinerer Stämme (wohlwollende Neutralität der colonia Agrippinensium) erst nach Vespasians Sieg von Q. Petillius Cerialis in wenigen Monaten erstickt werden. (Ganz unrealistisch das ‚gallische Kaisertum' des Classicus.)	
83–85 Jan. 89	Nach dem Chattenkrieg Domitians (‚Germania capta') und der Umwandlung der zwei germanischen Heeresbezirke in Provinzen *Germania Inferior und Superior* (eingegliedert: Wetterau, Odenwald, Neckartal [seit Drusus von Süden und Westen aus von Galliern neu besiedelt: Agri decumates?], Schwäbische Alb) putscht der Legat Obergermaniens, L. Antonius Saturninus, trotz Unterstützung durch die Chatten erfolglos. Nachdem bereits Claudius eine Kastellkette entlang der Donau und im Oberrheintal, Vespasian im unteren	*Germania Inferior und Superior*

Limes	und oberen Neckartal (Arae Flaviae/Rottweil: Straßenbau von Argentorate/Straßburg zur Donau durch Cn. Pinarius Clemens), Domitian entlang des späteren Pfahl, im Odenwald, mittleren Neckartal, auf der Schwäbischen Alb und an der Altmühl errichtet haben, befestigen Hadrian und Antoninus Pius unter Auflassung der rückwärtigen Auxiliarlager den obergermanisch-rätischen *Limes* (obergermanischer Pfahlgraben und rätische Mauer) und schiebt Pius denselben vor auf die Miltenberg-Lorch-Linie.
2. Jh.	Die Rheingrenze bleibt im 2. Jh. im Wesentlichen ruhig (172 Chaukeneinfall in die Belgica). Die rätische Donaufront wird durch die Markomannenkriege unter Marcus Aurelius gefährdet (166/167–180).
213	Caracalla wendet sich in einem Präventivkrieg gegen die Alamannen.
233	Wohl nach lokalen Attacken (ca. 230/232?) überrennen die Alamannen den Limes, vor allem in der Wetterau, und zerstören diesen teilweise.
235	Nach Alexander Severus' Tod werden sie von Maximinus Thrax zurückgeschlagen.

Alamannen um 259/260 Die *Alamannen* zerstören den gesamten obergermanisch-rätischen Limes und sein Hinterland, sodass das Gebiet jenseits von Rhein, Iller und Donau aufgegeben wird; die Alamannen besiedeln Neckartal und (vorher siedlungsleeren) Schwarzwald. Das Schicksal der gallo-römischen Bevölkerung der rechtsrheinischen Gebiete ist unklar. Der Bedrohung
um 260– Galliens leisten die wohl von der einheimischen Aristokratie gestützten Kaiser des Gallischen Sonderreiches erfolgreich Widerstand.
274
Erneute tiefe Einfälle von Franken, Alamannen, Juthungen u. a. nach Gallien und Rätien (268, 270/271, 275/276, 288, 298).

Nach Stabilisierung der Grenze unter Diokletian/Maximinian und Konstantin schwere Verwüstungen durch Franken und Alamannen (Siege Julians bei Köln 356 und Straßburg 357);
353–357 das Gebiet zwischen Waal, Maas und Schelde wird fränkisches Föderatenland.

germanische Die umfassende Befestigung der Grenzen an Maas, Rhein und oberer Donau durch
Raubzüge 365–374 Valentinian I. in Gallien und Rätien kann *germanische Raubzüge* nicht verhindern (368 und
368–389 388/389 Franken, 378 Alamannen; 383 Alamannen und Juthungen nach Raetia II).
um 406 Im ersten Jahrzehnt des 5. Jh. zerfällt die Rhein-Donau-Grenze (406/409 Alanen, Vandalen, Quaden, Burgunder, Alamannen gehen auf Dauer über den Oberrhein bis weit ins Innere; 405/406 Radagaesus durch Raetia nach Italien).

Gallien	Die 22 v. Chr. von der Gallia comata abgetrennte Provinz *Gallia Narbonensis* (Hauptstadt: Narbo Martius, seit Vespasian auch Sitz des Landtages und provinzialen Kaiserkults) entspricht einer erweiterten Gallia ulterior; das stark romanisierte und urbanisierte Gebiet wird von prätorischen Prokonsuln mit einem prätorischen Legaten und einem Quästor regiert (ferner ein ducenarer Prokurator). 16–12 erhält das von Caesar eroberte Gallien seine endgültige Organisationsform von Augustus und Drusus: Drei prätorische Kaiserprovinzen Gallia Belgica (Statthaltersitz: Durocortorum/Reims), Gallia Lugdunensis (Statthaltersitz: Lugdunum/Lyon) und Gallia Aquitani(c)a (Statthaltersitz: im 1/2. Jh. unklar, im 3./4. Jh. Burdigala/Bordeaux), allgemeiner Census (im 1.–3. Jh. in unregelmäßigen Abständen wiederholt), zu dessen Abschluss im August 12 v. Chr. erster Landtag der Tres Galliae in Confluentes (pagus Condate) bei Lugdunum (im Rahmen des Kaiserkultes unter auf ein Jahr gewähltem „sacerdos Romae et Augusti" [bzw. „Augustorum"] am 1. August jährlich wiederholt), Einsetzung zweier ducenarer Finanzprokuratoren (Galliae Belgicae [nach 85 mit Zusatz: „et duarum Germaniarum"] mit Sitz in Trier [anfangs in Reims?], Galliarum Lugdunensis et Aquitani[c]ae mit Sitz in Lyon). Im
Alpen	*Alpen* bleibt ein Teil des ehemaligen Königreiches des Cottius unter dessen Verwaltung als „praefectus civitatium" (neben einem Prokurator; Hauptort: Segusio/Susa; sein Sohn Donnus [13–44] und Enkel Cottius II. [rex 44–63] erben diese Stellung; seit 63 regiert die provincia Alpium Cottiarum ein centenarer Prokurator). Die Alpes Maritimae (Hauptort: Cemenelum/Cimiez) und die Alpes Graiae (= Alpes Atrectinae?; Hauptort Axima [= Forum Claudii]/Aime) stehen seit Augustus unter ritterlichen „praefecti", wohl seit 69 unter centenaren Prokuratoren. Die Alpes Poeninae (Wallis; Hauptort: Octodurus/Martigny), spätestens seit Mitte 2. Jh. mit Alpes Graiae vereint, gehören bis Claudius zu dem
Raetia	von einem „praefectus" verwalteten Gebiet der Vindelici und Raeti, die dann die Provinz *Raetia* unter einem ducenaren Prokurator bilden (Statthaltersitz: Augusta Vindelicum/Augsburg; Grenzen: Alpenkamm, Inn, Donau [bzw. Schwäbische Alb], Bodensee [Untersee], Hochrheintal). Die Grenzen der drei westlichen Alpenprovinzen verschieben sich wiederholt geringfügig. 85–90 werden die zwei
Germania	germanischen Militärbezirke (seit 12/13) in Provinzen umgewandelt (*Germania* Inferior [Statthaltersitz: Köln] und Superior [Statthaltersitz: Mainz]; Grenze: Vinxtbach bei Brohl, im Westen [Zugehörigkeit der Frisavonen und Tungrer bzw. der Lingonen und Sequaner] umstritten, Aquae Granni [Aachen] aber wohl zu Niedergermanien gehörig). 175 wird Raetia prätorische Kaiserprovinz („legio III Italica" in Reginum/Regensburg). Wohl seit Anfang des 3. Jh.s ist die iberische Novempopulana als eigene Provinz aus der sonst keltischen Gallia Aquitani(c)a ausgegliedert (Statthaltersitz: Elusa/Eauze). Im

diokletianisch-konstantinischen System gehört das gesamte Gebiet außer Raetia I (um Chur) und II (um Augsburg), die zur Präfektur Italien-Africa zählen, zur Prätorianerpräfektur Galliae (Sitz: Trier, seit Ende 4. Jh. Arelate/Arles) mit den Diözesen Viennensis (Aquitania I, II [unter Konstantin wieder miteinander vereint]; Novempopulana [um Eauze, später Auch]; Narbonensis I [um Narbonne], II [um Aix-en-Provence], Viennensis [um Vienne; zwischen Konstantin und Valentinian I. vereint mit Narbonensis II]; Alpes Maritimae [mit Südteil der Alpes Cottiae; um Embrun]; Sitz des Vikars: Vienna) und Galliae (Lugdunensis I [um Lyon], II [um Rouen]. III [383/8 aus Lugdunensis II; um Tours], IV = Maxima Senonia [383/8 aus Lugdunensis I; um Sens]; Belgica I [um Trier], II [um Reims], Germania II [um Köln]; I [um Mainz], Maxima Sequanorum [um Besançon]; Alpes Graiae et Poeninae; Sitz des Vikars: Trier, seit Ende 4. Jh. vereint mit Vikariat der Viennensis). Die „notitia Galliarum" zählt Ende des 4. Jh.s in beiden Diözesen 118 civitates (korrigiert). Die Provinzen und Diözesen bilden im 4. Jh. eigene Landtage. (Das „concilium Trium Galliarum" in Lyon löst Diokletian auf.) Die übrigen Zentralämter (besonders „sacrae largitiones" und „res privata") residieren zumeist in den Vororten der Provinzen und Diözesen. – Eine Münzstätte prägt von Augustus bis 69, 193–197 und 274–423 in Lyon, Ende 256–273 in Köln, 269–273 und ab 293 auch in Trier (um 395 nach Mailand), 324–476 in Arles. Lokale städtische Prägung (einflussreich Nemausus) endet unter Caligula.

diokletianisches System

Die *Besatzungsarmee* ist bis in das 2. Jahrzehnt v.Chr. auf das innere, besonders nördliche Gallien verteilt, wird dann an den Rhein verlegt (Mogontiacum, Köln [ab ca. 35 nach Bonna/Bonn und bis um 100 Novaesium/Neuss], Vetera, seit Anfang Tiberius Argentorate [außer 43–70] und bis ca. 101 Vindonissa/Windisch, 70 bis Anfang Hadrian Noviomagus/Nijmegen): Bis 9 wohl sieben Legionen, 9–43: acht, 43–70: sieben, 70–86: acht, 86–92: sieben, 92–ca. 101: sechs, um 101 bis Anfang Hadrian: fünf, danach ständig vier Legionen (bis 175 „legio III Italica" in Reginum stationiert) in Argentorate (VIII Augusta), Mogontiacum (XXII Primigenia), Bonna (I Minervia), Vetera (XXX Ulpia Victrix). Die Hilfstruppen, die im Laufe des 1./2. Jh.s in Niedergermanien verringert, in Obergermanien vermehrt werden, stehen im 2./3. Jh. in Einzelkastellen entlang des Limes (im 2. Jh. in Niedergermanien: 5–6 Alen, 13 Kohorten [1 milliaria], bis zu vier Numeri, also um 10000/10800 Mann; in Obergermanien: Drei Alen [1 milliaria], ca. 22 Kohorten [1 milliaria], 15–17 Numeri [besonders Brittonen, die seit Anfang des 2. Jh.s aus Britannien rekrutiert werden, und explorationes], d.h. um 16500 Mann; in Raetia: 3–4 Alen [1 milliaria], 13 Kohorten, keine Numeri, rund 8500–9000 Mann). Viele Einheiten der beiden germanischen Heere werden zwischen Claudius und Hadrian nach Britannien und an die mittlere und untere Donau verlegt. Bis in flavische Zeit werden (irreguläre) Stammesaufgebote nach Bedarf einberufen (berühmt die acht Bataverkohorten). In den *Binnenprovinzen* stehen nur einzelne Kohorten (wie z.B. in Cemenelum die „cohors Ligurum" und „cohors Gaetulorum" im 1. Jh.). In Lyon versieht die „cohors I" bzw. „XIII urbana", nach 197 eine Legionsvexillation Polizeiaufgaben. Den Rhein sichert die „classis Augusta Germanica" (Haupthafen Köln-Bayenthal), die Überfahrt nach Britannien die „classis Britannica" (Haupthafen Gesoriacum/Boulogne). Seit Ende des 3. Jh.s lagern unter dem Befehl eines „dux" in jeder Grenzprovinz zwei Legionen (Sollstärke vielleicht wesentlich unter der des 1–3. Jh.s) und eine wechselnde Anzahl kleinerer Hilfstruppen. Auch im Innern Galliens und an der Atlantikküste werden nun Truppen stationiert (zumeist comitatensische).

Besatzungsarmee

Binnenprovinzen

Die Legionen werden im 1. Jh. überwiegend noch in (Nord-)Italien rekrutiert, seit Mitte des 2. Jh.s vornehmlich aus dem gallischen Raum, woher auch nicht spezialisierte Auxilien seit Augustus zumeist ergänzt werden. Im 4. Jh. überwiegt bei weitem das germanische Element. – Die *Infrastruktur* wird durch Straßenbauten besonders unter militärischen Gesichtspunkten wesentlich verbessert; Hauptknotenpunkte sind Arelate (via Domitia), Lugdunum, Durocortorum, Augusta Treverorum, Augusta Vindelicum (via Claudia). Die wichtigsten Alpenpässe sind Mont-Genèvre (Alpis Cottia), Kleiner und Großer St. Bernhard (Alpis Graia, Summus Poeninus), Septimer-Julier, Reschenscheideck, Brenner. Kanalbauten: Fossa Mariana an der Rhônemündung (103 v.Chr.), fossae Drusinae (Rhein-Zuidersee, 12 v.Chr.), fossa Corbulonis (Altrhein-Maas, 47 n.Chr.); offenbar verhindert Kompetenzstreit 63 Verbindung von Saône und Maas.

Infrastruktur

Die römische *Kolonisation* beschränkt sich auf Ostgallien (Narbo Martius 118 v.Chr. [Nachdeduktion unter Caesar]; cäsarisch: Arelate [durch Ti. Claudius Nero], Valentia, Equestris [Nyon], Lugdunum [44 v.Chr. durch L. Munatius Plancus], Raurica [44/43 durch Plancus; augusteische Nachdeduktion]; augusteisch: Forum Iulii [Fréjus; Flottenstation vor allem der frühaugusteischen Zeit], Arausio [Orange], Baeterrae [Béziers]; claudisch: Vienna [Vienne; 37–46; titular; colonia Claudia Ara Agrippinensium [Köln; 50]; Aventicum/colonia Pia Flavia Constans Emerita Helvetiorum Foederata [Avenches; 70/73]; colonia Ulpia Traiana [Xanten; um 100]); zumeist sind militärische Gründe für die Koloniededuktionen maßgebend. In den Germaniae und Raetia werden auch römische (?) Municipien gegründet (Arae Flaviae [vor 186: Traianisch?], municipium Batavorum/um Nijmegen? [traianisch?], municipium Cananefatum/um Voorburg [hadrianisch?]; Augusta Vindelicum [hadrianisch]). Das *Latinische Recht* erhalten in den drei Alpenprovinzen und der Narbonensis anscheinend alle „civitates", im übrigen Gallien sehr viele, darunter die civitates Treverorum, Arvernorum, Haeduorum, Lingonum, Sequanorum, Segusiavorum,

Kolonisation

Latinisches Recht

Viducassium; diese Gemeinden führen in den Alpen den Titel municipium, im gallischen Raum colonia (oder civitas). Römische Neugründungen traianischer und aurelischer Zeit sind die acht (zumeist wohl peregrinen) „civitates" zwischen Rhein und Limes (Ulpia Sueborum Nicretum [um Lopodunum/Ladenburg], Ulpia [?] Mattiacorum [um Aquae Mattiacorum/Wiesbaden], Ulpia [?] Taunensium [um Nida/Frankfurt-Heddernheim], Auderiensium [um vicus V. V./Dieburg], Alisin... [um Bad Wimpfen i.T.], Aurelia G... [östlich des Neckars], Sumelocennsis [um Sumelocenna/Rottenburg], Aurelia Aquensium [um Aquae/Baden-Baden]). Erstaunlicherweise ist Raetia wohl nicht in ähnlicher Weise in „civitates" unterteilt worden: Neben Augsburg sind im 2.–3. Jh. nur Cambodunum/Kempten (Estiones und Licantii?) und Brigantium/Bregenz (Brigantii und Venones?) als Civitas-Zentren wahrscheinlich; zu erwägen ist ferner Curia/Chur. Ein civitasfreies Gebiet war anscheinend das ehemals treverische Umland von Mogontiacum, das Ende des 3. Jh.s eine civitas wird.

gallische Stammesgemeinden
Die *gallischen Stammesgemeinden* sind prinzipiell nicht verändert; 21 gibt es in den Tres Galliae insgesamt 64 „civitates" mit einem durchschnittlichen Territorium von ca. 8300 km². (In der Narbonensis sind die Gemeinden regelmäßig kleiner [vergleichbar aber Vienna, die einstige civitas Allobrogum, oder Nemausus], ebenso im 2./3. Jh. in Obergermanien [außer Lingonen und Sequanern].) Das ländliche Territorium behält daher oft bis in das 4. Jh. das Übergewicht gegenüber dem Vorort. In augusteischer Zeit werden viele Hauptorte mit rechtwinkligem Straßensystem neu angelegt (Augustobona/Troyes; Augustonemetum/Clermont-Ferrand; Augusta Treverorum/Trier; Augusta Viromanduorum/St-Quentin; Bagacum/Bavay; Lutetia/Paris; Samarobriva/Amiens u. v. a.). Der Einfluss der grundbesitzenden, oft sehr reichen land- und stadtsässigen Aristokratie wird verstärkt; Dekurionenrat und Ämter werden den römischen Prinzipien angeglichen. Der Civitas-Vorort, oft mit der körperschaftlichen Organisation eines „vicus", besitzt nur beschränkte Zentralität für die gesamte Gemeinde und steht zumeist in Konkurrenz mit anderen städtischen Siedlungen (vici). In Mittelgallien werden ländliche Zentren mit Theater, Basilica, Thermen, Forum und Tempeln bei anscheinend geringer Wohnbesiedlung und Vicus-Verfassung durch private Stiftungen geschaffen. Das Wachstum anderer „vici" neben dem Vorort führt, zumeist auf der Basis alter „pagi", besonders seit Diokletian zu Teilungen großer Stammesgemeinden (etwa Haedui Ende des 4. Jh.s: „civitas Haeduorum" [um Augustodunum/Autun] und „civitas Cabillonum" [um Cabillo/Châlon-sur-Saône] und „civitas Autissiodurum" [um Auxerre]). Schon im 1. Jh. v. und n.Chr. wird das Helvetiergebiet durch Koloniededuktionen zumindest dreigeteilt; als vermutliches Relikt des einstigen Stammes bleibt ein „conventus Helveticus" bestehen. – Alte Unterorganisationen des Stammes (pagi, curiae) bleiben oft erhalten.

Landwirtschaft
Der wichtigste und für den Reichtum Galliens grundlegende Wirtschaftszweig ist die *Landwirtschaft*, die überwiegend, gegen äußere Unruhen störanfällig, in Großgrundbesitz (fundi) von Gutshöfen aus (villae rusticae; mit je ca. 1 km² Land) vielseitig betrieben wird (Getreide, Wein, Öl, Viehzucht). Pächter und Landarbeiter scheinen gewöhnlich auf dem Gutshof zu leben; Bauerndörfer sind bisher selten nachzuweisen. Ebenso ist die Centuriation (wie in Arausio durch inschriftliche Pläne überliefert) nur selten sicher zu belegen. In den großen Städten und stadtähnlichen Siedlungen (vici; die alten keltischen Oppida werden bis Ende des 1. Jh.s n.Chr. verlassen) sowie in zahlreichen kleinen Straßendörfern (oft auch als

Gewerbe
vici verfasst) werden in kleinen (?) Betriebsformen viele, z.T. hochdifferenzierte *Gewerbe* (Metallarbeiten, Holz, Bein u.a.) ausgeübt, die hauptsächlich den lokalen Markt bedienen; Stadt und Land sind daher wirtschaftlich aufeinander angewiesen. Freie Arbeitskräfte scheinen zu überwiegen, stehen als Landarbeiter jedoch in starker Abhängigkeit vom Grundherrn. Die Eigentumsformen der Gewerbebetriebe sind

Bergbau
bisher unklar. *Bergbau* und Erzgewinnung werden in ganz Gallien im kleinen Maßstab betrieben (Gruben und Raseneisenabbau). Kaiserliche Minen bauen Silber (im Rutenerland) und besonders Eisen (organisiert unter centenarem „procurator ferrariarum Galliarum") ab; vor allem im 4. Jh. lassen sich über ganz Gallien verstreut zahlreiche kaiserliche Betriebe (fabricae) feststellen.

Überregionale Bedeutung erlangt die Keramikproduktion vor allem von Condatomagus/La Graufesenque (Rutenergebiet), Ledosus/Lesoux (Arvernerland), Tabernae/Rheinzabern, ferner Glasproduktion im Loiregebiet und besonders in Köln (Diatretgläser, Schlangenfasergläser u.a.) und Textilherstellung in ganz Gallien (Wolle und Leinen). Eigene Wirtschaftsniederlassungen entstehen bei den Legions- und

Fernhandel
Auxiliarlagern (canabae und vici). *Fernhandel* spielt nicht nur in den bedeutenden Häfen (Massilia, Arelate, Narbo Martius, Burdigala, Rheinmündung) eine große Rolle, sondern auch entlang Rhône, Saône, Loire, Seine, Maas, Mosel, Rhein u.a. Flüssen (collegia nautarum in Arelate, Lugdunum, Portus Namnetum/Nantes, Lutetia u.a.). Zentrum sind Lugdunum (besonders Wein) und beschränkt Arelate (Öl); bescheidenes Wirtschaftszentrum Rätiens ist Augsburg. An den gallischen Außengrenzen und im Binnenland wird die „quadragesima Galliarum" als Zoll zu 2,5% erhoben; Raetia gehört zumindest teilweise zum „publicum portorium Illyrici". Kleinhandel und Transportunternehmen florieren in den „vici" verschiedenster Größe. Auch der Fremdenverkehr blüht im 2./3. Jh. (Badeorte, Heiligtümer).

Sozialstruktur
Über die im Imperium allgemeine Rechtsgliederung hinaus ist von der *Sozialstruktur* im gallischen Raum wenig bekannt. Die Stellung im Wirtschaftsprozess scheint besonders stark bestimmend und hierin Land und Stadt wesentlich verschieden zu sein; das römische Personenrecht und die Urbanisierung

lockern die Abhängigkeit vom grundbesitzenden Adel, jedoch wird ein städtisches „Bürgertum" nur in der Narbonensis und einigen Großstädten, wie Lugdunum, Augustodunum, Burdigala, Augusta Treverorum, CCAA u. a., zur vorherrschenden Schicht, obgleich der Adel schon früh rechtlich und kulturell romanisiert ist (im Laufe des 1. Jh. n. Chr. in den Tres Galliae). Soziale Mobilität trifft man wohl vornehmlich in größeren Stadtsiedlungen. In Ostgallien, beiden Germanien und Rätien spielt das Heer nicht nur als Wirtschaftsfaktor und Männeransammlung, sondern auch für sozialen Aufstieg eine zentrale Rolle. – Viele Angehörige der *Oberschicht* der Narbonensis gelangen schon im 1. Jh. n. Chr. in Senat und ritterlichen Kaiserdienst (z. B. D. Valerius Asiaticus, „consul iterum" 46, aus Vienna, Cn. Iulius Agricola, Konsul 76, aus Forum Iulii, Sex. Afranius Burrus, Prätorianerpräfekt unter Nero, aus Vasio Vocontiorum). Aber nur sehr wenige Gallier der „Drei Gallien" sind ähnlich aufgestiegen, als erster Senator 48 ein Haeduer, ferner C. Iulius Vindex, aus einem aquitanischen Fürstengeschlecht stammend; seit den Flaviern setzt sich die von Claudius forcierte Förderung dieser Gallier nicht fort: Noch im 3. Jh. ist ihr Anteil gering (ein Prokurator aus CCAA [C. Titius Similis]; beste, aber folgenlose Beziehungen hat T. Sennius Sollemnis aus der colonia Viducassium); er nimmt erst im 4. Jh. zu. Die Ursachen sind unbekannt. Ebenso sind nur wenige Gallier in die Richterdekurien aufgenommen worden, vornehmlich aus der Narbonensis und den Kolonien Lugdunum und Equestris. – Der einzige in Prokuraturen aufgestiegene Vindeliker (Claudius Paternus Clementianus, Ende des 1. Jh.s) stammt aus Abudiacum/Epfach.

Oberschicht

Die Assimilation an die *römische Kultur* und Zivilisation findet vor allem in und über die städtischen Siedlungen (vici) statt, am frühesten in der Narbonensis, die Plinius d. Ä. um 75 „treffender Italien als eine Provinz" zu sein scheint und die seit Ende 2. Jh. v. Chr. einer intensiven Einwanderung unterliegt. Nur in Germanien und Rätien wird die Akkulturation vom Heer stark gefördert. Keltische Sprache, Religion und Brauchtum halten sich auf dem flachen Land noch weit ins 4. Jh., sodass die Verzögerung der Romanisierung den irreführenden Eindruck einer ‚keltischen Renaissance' im 3. und 4. Jh. erweckt. Kontinuität zeigt sich allgemeiner auf religiösem Gebiet, obwohl schon Augustus den Druidenkult Römern, Claudius ihn allen verbietet und obwohl die sehr zahlreichen, oft nur eng lokal verehrten Götter zumeist römisch benannt werden (Taranis-Jupiter, Teutates-Mars, Esus-Merkur, Grannus-Apollo, Sirona-Diana u. v. a.; Matronenkulte [germanisch] und Iupiter-Giganten-Säulen im Rheinland; Rosmertakult, Eponakult; ‚Viereckschanzen', [Fruchtbarkeitskult?] im Seinegebiet und Alpenvorland; gallische Umgangsstempel u. a.). – *Soziale Unruhen* sind wohl erst eine Folge der Germaneneinfälle: Bagauden 283–286 (‚Bagaudenkrieg' Maximians) und besonders seit ca. 380 und im 5. Jh. in Alpen, Bretagne und Normandie (zeitweise selbstständige ‚Staatsbildung'; keine sozialrevolutionäre Bewegung). – Seit Ende des 3. Jh.s werden Reichsfremde (Laeti; germanische [zumeist fränkische] foederati) in Nordgallien wiederholt angesiedelt, aber in die gallo-römische *Bevölkerung* kaum integriert. Die Germaneneinfälle führen zu Verarmung, Flucht, Verschleppung und Bevölkerungsverlusten, die seit etwa der 2. Hälfte des 4. Jh.s nicht mehr ausgeglichen werden können; am härtesten betroffen sind die nord- und nordostgallischen Provinzen. Auch die germanische Landnahme des 5. Jh.s kann den starken Bevölkerungsrückgang hier nicht aufhalten; die städtischen Siedlungen schrumpfen erheblich (teilweise wegen Rückgangs öffentlicher Gebäude und des Bauluxus' der Oberschicht) und bleiben lange romanische Inseln im germanischen Umland. Der regional verschiedene, in Mittel- und Südgallien leichtere, im Nordosten schwere zivilisatorische Rückschritt primitivisiert entsprechend die Wirtschafts- und Sozialstruktur.

römische Kultur

soziale Unruhen

Bevölkerung

Die *kulturelle Blüte* fällt, abgesehen von der früh entwickelten Narbonensis, in das 2.–4. Jh. Besonders die lateinische Redekunst wird intensiv gepflegt (z. B. M. Aper und Iulius Secundus in Tacitus' Dialogus); berühmt wird die Redeschule von Augustodunum (fassbar in den Panegyrici Latini). Aus der Narbonensis stammen die Historiker Pompeius Trogus (schreibt unter Augustus ‚Weltgeschichte') und vielleicht Cornelius Tacitus (cos. 97). Im 4. Jh. treten der Dichter D. Magnus Ausonius aus Burdigala (um 370: Mosella) und der Agrarschriftsteller Palladius hervor, im 5. Jh. die Dichter Rutilius Namatianus (416: de reditu suo) und C. Sollius Modestus Apollinaris Sidonius (aus Lugdunum), der Redner Ennodius und Historiker Gregor von Tours. Eine Blüte erlebt die christliche Literatur seit dem 4. Jh. (Hilarius von Poitiers, Alcimus Ecdicius Avitus u. a.). Einen wesentlichen Einfluss hat diese späte Literatur auf das Reich nicht mehr ausüben können, wohl aber auf das Abendland. – Die Ausbreitung des *Christentums* verläuft über die städtischen Zentralorte; die wohl ältesten bedeutsamen Gemeinden sind Lugdunum (Christenverfolgung 177) und Vienna. Im 3. Jh. beherbergen auch die südliche Narbonensis, Trier, Köln, Paris u. a. Städte größere Christengemeinden; den Durchbruch hat erst das 3. und frühe 4. Jh. gebracht. 314 Synode von Arles. Die Gliederung der Kirche folgt im Wesentlichen der politisch-administrativen Raumordnung. Im 5. Jh. wird Arles schrittweise (417, 462) zum päpstlichen Vikariat erhoben. – Die Religiosität ist auch in heidnischer Zeit sehr stark ausgeprägt und äußert sich u. a. in zahllosen Weihgaben in den vielen ländlichen und städtischen Heiligtümern. Außer den römischen und zahlreichen gallischen Kulten finden auch orientalische Religionen (Cybele-Attis [Dendrophoren], Mithras, Iupiter Dolichenus, Isis-Serapis, Bacchus/Liber Pater u. a.) besonders im Rheinland Verbreitung. Die landnehmenden Germanen stehen im 5. Jh. noch zumeist in religiösem Gegensatz (Heiden, z. T. Arianer) zu den christianisierten, romanischen Stadtsiedlungen (bzw. deren Resten).

kulturelle Blüte

Christentum

materielle Kultur

Die *materielle Kultur* zeigt sehr unterschiedliche künstlerische Qualität; Spitzenleistungen finden sich in den großen Städten besonders der Narbonensis. Einen repräsentativen Eindruck von Zivilisation und Prunk der großen Vici und Zentralorte bieten die noch erhaltenen Theater von Arausio, Vienna oder Augusta Raurica, Amphitheater von Nemausus, Arelate oder Aventicum, Tempel von Vienna oder Nemausus, Stadttore von Reims, Besançon oder Trier (Porta Nigra), Aquädukte (Pont-du-Gard), Grabbauten (Iulierdenkmal von Glanum/Saint-Rémy oder Pobliciusdenkmal von Köln) u. a. m. Die Zahl prächtiger Villen mit hervorragenden Mosaiken (wie z. B. Nennig) lässt sich nicht mehr schätzen. Unzählige, oft recht qualitätvolle Weihdenkmäler, Statuen, Schmuck- und Gebrauchsgegenstände, Wandmalereien, Mosaiken befinden sich in Heiligtümern, Plätzen und privaten Anwesen – ein in den barbarischen Raubzügen nur langsam erschöpfter, breit gestreuter Wohlstand. In Germanien und Rätien ist zumeist das Heer der entscheidende Akkulturationsfaktor, im übrigen Gallien neben den Einwanderern (vor allem aus Italien) die einheimische Oberschicht; daher schließen hervorragende Werke oft unmittelbar an italische oder stadtrömische Vorbilder an. Das italische Kunstempfinden hat – regional verschieden intensiv – spätestens im 2. Jh. feste Wurzeln gefasst.

Im 5. Jh. zieht Rom sich langsam aus Gallien zurück, nachdem das Alpenvorland schon 405 verlorenging. Seit 406/409 verweilen Germanenscharen dauerhaft in Gallien.

Germanenreich

418 Als erstes förmlich anerkanntes *Germanenreich* bildet sich das westgotische im weiteren Aquitanien (443 das von den Hunnen 436 geschlagenen Burgunder in Savoyen).

442 Alanen werden im Territorium der „civitas Aurelianorum"/Orléans angesiedelt. Die aremorikanischen Bagauden tun es den Germanen nach (435–37; um 445).

Eine geregelte Reichsverwaltung wird in weiten Teilen der Prätorianerpräfektur unmöglich;

451 trotz der siegreichen Abwehr der Hunnen auf den Katalaunischen Feldern zerfällt nach der

454 Ermordung des Aëtius die Reichsgewalt in Gallien (gelegentlicher Widerstand des gallischen Adels, besonders Apollinaris Sidonius in der „civitas Arvernorum").

nach 470 Reich des Syagrius. – Die schon im 4. Jh. nach Nordostgallien als Foederaten eingedrungenen *Franken* bilden unter ihrem König Childerich († 482) ein eigenständiges *Reich*.

Frankenreich

Kontinuität

Während auch die administrative Ordnung der Civitates zugrunde geht und sehr rudimentär nur in der Organisation der Kirche überdauert, wird die *Kontinuität* von Städten (im sozio-ökonomischen Sinne) und Adel nur in den Gebieten intensiver germanischer Landnahme gefährdet; wo sie abbricht, werden später oft die gallo-römischen Ruinenstädte zu neuen Siedlungszentren.

Abgesehen von der Narbonensis, ist die Bedeutung Galliens für das Römische Reich relativ gering, der Einfluss des Imperiums auf Gallien und Rätien jedoch enorm. Einerseits ist es ein Schutzglacis gegen die nördlichen Barbaren bis in das 5. Jh. hinein, andererseits in herausragender Weise römisches Kulturland: Die zivilisatorische und sprachliche *Romanisierung* und deren durch die Urbanisierung ermöglichtes Fortwirken ins Mittelalter sowie die Christianisierung haben weltgeschichtlich höchst relevante Folgen. – (Forts. S. 372)

Romanisierung

Das Freie Germanien bis zur Völkerwanderung

Germanen

Seit dem 2. Jt. v. Chr. lässt sich von Südskandinavien bis zum Harzvorland und von Ostniedersachsen bis Hinterpommern eine kulturelle Zone von relativer Einheitlichkeit und beträchtlicher Stabilität archäologisch abgrenzen; in ihr werden um die Zeitenwende die *Germanen* fassbar, deren (keltischer) Name vermutlich erst von Poseidònios (vor 60 in Historiai) festgehalten, von Caesar und damit den Römern im 1. Jh. v. Chr. verwendet wird. Eine eigene schriftliche Überlieferung der Germanen des Altertums fehlt fast ganz, die Zeugnisse lateinischer Schriftsteller setzen erst mit Caesar und Tacitus („Germania", verfasst um 98 n.) ein und sind in der Regel wenig zuverlässig oder doch interpretationsbedürftig. So bleibt die Forschung weit gehend (vor Christi Geburt fast ausschließlich) neben sprachwissenschaftlichen Rückschlüssen auf archäologische Funde angewiesen, deren ethnische Zuordnung stets problematisch ist; dies macht die Annahme eines Germanentums der Bronzezeit äußerst fraglich, zumal man von germanischen Sprachen kaum vor der ersten Lautverschiebung (5./3. Jh. v. Chr.?) sprechen kann.

Vorgeschichte

Dies lässt es für die frühe Zeit ratsamer erscheinen, nur von der *Vorgeschichte* angehörenden Kulturen zu sprechen. Aus ähnlichen Gründen sind die Fragen der vor der römischen Eroberung auf linksrheinischem Gebiet sesshaft gewordenen, rasch in die gallo-römische Kultur einbezogenen Germanen oder der Vermischung mit vorgermanischer Bevölkerung (etwa mit Kelten in Böhmen, Mähren, der Slowakei und Südpolen) noch nicht ausdiskutiert. Die der jüngeren Eisenzeit (ca. 6. Jh.–um Chr. Geb.) zugehörende Jastorfkultur (Jastorf bei Uelzen) in Norddeutschland und Südjütland wird jedoch als germanisch bezeichnet trotz Beeinflussung durch die Hallstatt- bzw. die Latènekultur (Silberkessel von Gundestrup bei Ålborg in Jütland, wohl keltisch). Aber erst in der römischen Kaiserzeit werden die Bodenfunde durch römische Berichte über Namen und Ereignisse, wirtschaftliche und gesellschaftliche Gegebenheiten und politische Umstände ergänzt. Auf den (umstrittenen) Rückbezug des hierauf aufgebauten Bildes auf davorliegende Epochen wird hier bewusst verzichtet.

Das Freie Germanien der *römischen Kaiserzeit*, im Westen und Süden durch das Imperium Romanum begrenzt, reicht im Osten bis zum Gebiet der Balten, ohne dass in Ost- und Südost-Mitteleuropa generell feste Grenzen angegeben werden können; auch im Norden, gegen die Lappen, gibt es eine nicht sicher zu definierende Übergangszone. Während das Bewusstsein einer Zusammengehörigkeit bei den Germanen feststellbar ist, sind die vor allem von Tacitus genannten Stammeseinteilungen noch weit unsicherer und labiler als vom 3./4. Jh. n. Chr. an und jedenfalls nicht mit eigenen Stammesterritorien oder gar -institutionen verbunden. Mit diesem Vorbehalt lassen sich im 1. Jh. n. Chr. fünf Gruppen unterscheiden, denen wahrscheinlich, aber ohne Anspruch auf Vollständigkeit, einige namentlich bekannte Stämme zugeordnet werden können: Neben den Nordgermanen Skandinaviens stehen eine Gruppe an der Nordseeküste (mit Friesen und Chauken), Westgermanen zwischen Rhein und Saale, Weser und Main (Brukterer, Tenkterer, Chatten, Cherusker, teilweise Hermunduren), Elbgermanen von Niedersachsen bis zur Oder (Langobarden, Semnonen, Markomannen, Quaden, teilweise Hermunduren) und Ostgermanen zwischen Oder und Weichsel, Bug und San (Lugier, Rugier, Burgunder, Goten, Vandalen).

römische Kaiserzeit

Wirtschaft und Gesellschaft:
Archäologisch zeichnen sich regional begrenzte, durch nicht oder wenig bewohnte Ödmarken voneinander geschiedene *Siedlungsgruppen* ab, die sich aus Einzelhöfen, Weilern oder auch dorfartigen Siedlungen zusammensetzen. Ausweitungen, Verlagerungen und Verdichtungen des Siedlungsraums (die neben großen Wüstungsvorgängen nachweisbar sind) setzen umfangreiche Rodungs- und Kolonisationsvorgänge und damit größere soziale Zusammenschlüsse voraus. Fluchtburgartige Anlagen sind vereinzelt bekannt, befestigte Adelssitze kaum, Höhenburgen als politische Mittelpunkte nicht vor der jüngeren römischen Kaiserzeit. Die *Nahrungswirtschaft* beruht auf Viehhaltung (in Nordeuropa vorwiegend; neben Rindern auch Schafe bzw. Ziegen und/oder Schweine) und Ackerbau (hauptsächlich Gerste) in großen Flursystemen mit für individuelle Bestellung geeigneten (also keine genossenschaftliche Bewirtschaftung voraussetzenden) Parzellen. Bodenmelioration ist in Einzelfällen bekannt. Der schwere Streichbrettpflug ist etwa seit der Zeitenwende nachweisbar, die Sense dagegen erst seit der jüngeren römischen Kaiserzeit.

Siedlungsgruppen

Nahrungswirtschaft

Während die gesamte Ernährungswirtschaft durch ein weit gehendes Festhalten an überlieferten Formen ohne erhebliche Beeinflussung durch die fortgeschrittenen römischen bzw. keltischen Produktionsformen geprägt ist, sind Handwerk, *Handel und Gewerbe* stärkerem Wandel und äußeren Einflüssen unterworfen. Das zum Teil in großen Verhüttungsgebieten gewonnene Eisen wird von einem nach Qualität der Erzeugnisse differenzierten Schmiedehandwerk verarbeitet (Damaszierungstechnik in der jüngeren römischen Kaiserzeit). Bronze- und Edelmetallarbeiten des Kunsthandwerks sind aus Grab- und Schatzfunden bekannt, die vom 1. Jh. an eine (außergermanische Einflüsse aufnehmende) Steigerung der Verarbeitungstechniken dokumentieren. Auch die Töpferei (soweit es die feinere Ware betrifft) sowie die Bearbeitung von Holz und mehreren anderen Werkstoffen deuten auf die Existenz eines spezialisierten Handwerkertums neben verbreitetem Hausgewerbe hin. Neben einheimischen Erzeugnissen sind bis nach Skandinavien hinein römische Importgüter, wie Münzen, Terra-sigillata-Geschirr und Gläser, festzustellen, die den literarisch bezeugten *Fernhandel* (großenteils, wenn nicht ausschließlich durch römische Kaufleute) auch archäologisch belegen; die schriftliche Überlieferung spricht von Wein und Lebensmitteln als römischen, von Bernstein und Sklaven als germanischen Exporten. Handelsplätze werden in römischen Quellen genannt. Als Handelsstraßen spielen die Flüsse und nicht zuletzt der Seeweg eine wesentliche Rolle.

Handel und Gewerbe

Fernhandel

Käufer wertvoller Importgüter, aufwändig hergestellter Waffen und repräsentativer Kunstgegenstände ist eine *sozial abgehobene Gruppe*, die schon in Gräberfeldern der Zeitenwende durch Bestattungsart und Beigabensitte fassbar wird; im 1./2. Jh. n. Chr. wird eine erheblich stärkere Hervorhebung deutlich in den reich ausgestatteten sog. Fürstengräbern der Lübsowgruppe (Lübsow bei Greifenhagen [Pommern]), die von Südnorwegen bis Zentralböhmen, von der Weser bis zur Weichsel das recht einheitliche Bild einer Oberschicht zeigen, die unter römischem Kultureinfluss steht und für welche die Forschung (mit Einschränkung wegen des Fehlens z.B. nachgewiesener genealogischer Bezüge) die Bezeichnung „Adel" verwendet. Unter dieser als politisch eindeutig führend anzunehmenden, aufgrund von Besitz, Gefolgschaft und Ansehen herrschenden Schicht stehen die (in ihrem Verhältnis zum Adel nicht eindeutig zu definierenden) Freien und die zahlreichen, mit Sicherheit nachgewiesenen Unfreien.

sozial abgehobene Gruppe

Eine soziale Differenzierung spiegelt sich auch in den Siedlungsfunden sowie der (archäologisch und literarisch rekonstruierbaren) *Bewaffnung und Kampfesweise* wider: Die Masse des Fußvolks ist ausschließlich mit der Lanze, nur zum Teil auch mit dem Schild bewaffnet, und nur eine Minderheit trägt zusätzlich ein (römisch beeinflusstes Kurz-)Schwert. Von dem in geschlossenem Haufen kämpfenden Fußvolk heben sich die Berittenen auch durch ihre Bewaffnung (Wurfspeer, Lanze, Schwert) ab, die sich

Bewaffnung und Kampfesweise

in der Völkerwanderungszeit (ebenso wie die Kampfesweise) den Stoßlanzen, Bogen und Panzern benachbarter iranischer Reitervölker angleicht. Die Größe der Heerhaufen deutet auf eine den Rahmen der einzelnen Siedlung übergreifende Organisationsform hin, die sich im 2./3. Jh. unter dem Druck der historischen Entwicklung erneut und tiefgreifend zu wandeln beginnt. Aus zahlreichen Kleinstämmen bilden sich größere *Stammesverbände* neu (z. B. Franken, Sachsen, Alamannen), nicht germanische Bevölkerungsteile werden dabei z. T. integriert (z. B. bei der Herausbildung der Bajuwaren/Bayern im 6. Jh.). Politische Strukturen wie Heerkönigtum bzw. Herzogsherrschaft, Gefolgschaftswesen und weitere Herausbildung des Adels gehen in die Verfassung der Völkerwanderungsreiche ein.

Stammesverbände

	4. Jh.	Erste Nachrichten über die Germanen (Jütlands) bei Pytheas von Massalia.
	2./1. Jh.	Überlieferung des Namens der Germanen durch Poseidonios und Caesar.
Kimbern und Teutonen	um 120	Abzug der *Kimbern, Teutonen* und Ambronen aus Jütland.
	102/101	Nach Siegen bei Noreia (113) und Arausio (105) werden sie bei Aquae Sextiae und Vercellae von den Römern unter Marius vernichtend geschlagen.
	1. Jh.	Im Zusammenhang mit der Südausdehnung der elbgermanischen Sueben kommen die Hermunduren nach Thüringen, die Triboker nach Württemberg, die Vangionen und Markomannen ins Rhein-Main-Gebiet, die Quaden über dieses nach Mähren. Die Vandalen besetzen das frei gewordene Gebiet an Elbe und Unstrut.
	59/58	Germanischer Druck auf die Helvetier führt zu deren Kampf gegen Römer (Caesar) und Kelten in Gallien.
Ariovist	58	Die von ihrem Heerkönig *Ariovist* über den Rhein geführten Sueben werden durch Caesar wieder vertrieben,
	55	der die Usipeter und Tenkterer vernichtend schlägt und zweimal (55/53) den Rhein überschreitet.
	39/38 (oder 19?)	Ansiedlung der Ubier im Raum Köln; deren bisheriges Gebiet zwischen Rhein, Main und Lahn erhalten die Chatten.
	12–8	Römische Eroberungszüge unter Drusus bzw. Tiberius führen zur Unterwerfung der Germanenstämme bis zur Elbe.
	8–6 v. Chr.	Maroboduus (Marbod; †37 n. Chr.) wird König der Markomannen, die er nach Böhmen führt, von wo aus er seine Macht zeitweilig auch über Lugier, Semnonen und Langobarden errichtet.
Aufstand des Arminius	9 n. Chr.	Die Vernichtung der drei Legionen des Varus durch den *Aufstand des Arminius* beendet die direkte Römerherrschaft zwischen Niederrhein und Unterelbe.
	13–16	Nach erfolgreichen Feldzügen des Germanicus in Nordwestdeutschland wird ein Klientelverhältnis Roms zu den rechtsrheinischen Germanenstämmen errichtet.
	83–85	Chattenkrieg Kaiser Domitians, Umwandlung der zwei germanischen Heeresbezirke (einschließlich Wetterau, Odenwald, Neckartal, Schwäbischer Alb) in die Provinzen Germania Inferior und Superior (85/90).
Limes	ca. 83–161	Anlage des obergermanisch-rätischen *Limes*.
	ca. 150–180	Wanderung der Goten von der Weichselmündung zur Schwarzmeerküste; dadurch werden eine Westbewegung der Burgunder und eine Südbewegung der Vandalen veranlaßt; Chatten (um 162) und Markomannen (166/167) überschreiten die römische Reichsgrenze.
Markomannenkriege	166–180	Erfolgreicher römischer Abwehrkampf in den *Markomannenkriegen* unter Kaiser Marcus Aurelius.
	213	Krieg des Kaisers Caracalla gegen die Alamannen, die bald darauf (233) den Limes überrennen, aber zunächst noch zurückgeschlagen werden (235).
	248, 250	Die 236 an der unteren Donau aufgetretenen Goten fallen in Mösien ein.
	251	Kaiser Decius fällt in der Gotenschlacht von Abrittus (heute Razgrad).
	253–257	Goten und andere Germanen dringen bis nach Kleinasien vor.
	257	Frankenzug über Gallien und Spanien bis Marokko.
	258–260	Goten– und Roxolaneninvasion in Pannonien.
Alamannen	um 259/260	Die *Alamannen* nehmen das gesamte Gebiet zwischen Limes, Rhein, Donau und Iller auf Dauer in Besitz.
	262	Großer Goteneinfall bis nach Griechenland; danach gotische Wanderung zur Balkanhalbinsel.
	267	Heruler zerstören Athen.
	268, 269	Kaiser Claudius siegt über die Alamannen am Gardasee, über die Goten bei Naissos.
	270	Kaiser Aurelianus vertreibt die Vandalen aus Pannonien, die Juthungen aus Italien.
	ab 276	Erfolgreicher Kampf des Kaisers Probus (†282) gegen Franken, Alamannen, Burgunder, Vandalen, Goten an Rhein und Donau.
	3./4. Jh.	In der Folgezeit können die Kaiser Diokletian (284–305) und Konstantin der Große (306/324–332) die Reichsgrenze gegen die Germanen vorerst stabilisieren.

357	Sieg des späteren Kaisers Julian über die Alamannen bei Straßburg.
366	Kaiser Valens kämpft gegen die Westgoten unter Athanarich.
ab 368	Trotzdem weitere germanische Raubzüge (Franken, Alamannen, Juthungen).
um 375	Das Reich des Ostgotenherrschers Ermanarich in Südrussland wird von den Hunnen zerschlagen, deren Westbewegung die als *Völkerwanderung* (im engeren Sinne) bezeichnete Epoche einleitet. – (Forts. S. 358)

Völkerwanderung

Britische Inseln: Britannia

Roms nördlichste Provinz umfasst England, Wales und zeitweilig Südschottland; die Highlands und Irland geraten nur als Ausgangsbasen von Raubzügen in die römische Interessensphäre. Die vom Festland her durch Siedlungsschübe und Handel fortentwickelte *keltische Kultur* teilt sich in drei Gruppen, von denen die südöstlichen Belgerstämme die höchste Entwicklung, die Briganten (Pennines und Umland) noch bronzezeitliche Kulturmerkmale und nur geringen Ackerbau aufweisen; die Highlands sind von Britannien kulturell stark verschieden. Die *politische Ordnung* beruht auf meist locker gefügten, im Südosten gefestigteren, großen Stammesverbänden unter Königen (auch weibliche Erbfolge) und ‚Rittern' mit deren Gefolgschaften. Landwirtschaft und Viehzucht wird meist auf leichten Böden von Einzelhöfen aus im Rahmen von Großfamilien betrieben; auch Gewerbe und Handel sind nur mäßig entwickelt. Die Römer lernen Britannien erst durch Caesar genauer kennen.

keltische Kultur

politische Ordnung

Spätsommer 55	*Caesars* Abschreckungsexpeditionen nach Südostengland: Eindämmung der expansionistischen Catuvellauni (Hauptgegner Cassivellaunus, wahrscheinlich deren König); Tributzahlungen dieser und anderer Stämme; Britannien bleibt Zufluchtsland für Gallier (Atrebatenfürst Commius u. a.). Römischer Einfluss bringt allmählich die südlichen Stämme in die Stellung von „Klientelrandvölkern"; wesentliche Zunahme des Handels mit Galliern und Konsolidierung der Königsherrschaften. In spätaugusteisch-tiberischer Zeit erneute Ausdehnung der Catuvellauni unter Cunobelin.
40 n.Chr.	Sommer: Versuch des Gaius, nach Britannien überzusetzen, scheitert wohl an Meuterei.
43	A. *Plautius* erobert mit vier Legionen und ca. 20000 Mann Hilfstruppen Südostengland (Catuvellauni, Trinovantes, Cantii, Atrebates, Regnenses, Belgae).
Ende Aug.	Kurze Anwesenheit des Claudius (mit großem Stab und einer Legion); Einnahme von Camulodunum/Colchester, Triumph des Claudius. – In den drei folgenden Jahren wird England bis zum Severn und Trent unterworfen.
49	Gründung der „colonia Claudia Vitricensis" um Camulodunum. –
60–61	Die Eroberung von Wales wird unterbrochen durch *Boudicca-Aufstand* (besonders Icener und Trinovanten; Ursache: Hass gegen römische Herrschaft, gewalttätige Provinzialisierung der Icener nach Tod des Klientelkönigs Pratusagus, des Mannes der Boudicca): Zerstörung von Camulodunum, Londinium und Verulamium/St. Albans, nach hohen Verlusten Sieg des Statthalters C. Suetonius Paullinus südlich Leicester.
69/70	Interne Rebellion gegen Klientelkönigin Cartimandua zwingt Q. Petillius Cerialis noch 71/73 zum Kampf gegen Briganten (und Parisii). –
78	Die von Sex. Iulius Frontinus begonnene Besetzung von *Wales* (74–77) beendet Cn. Iulius Agricola.
79–84	Nordengland und Schottland bis zu den Highlands von Agricola erobert.
Herbst 84	Entscheidungsschlacht gegen Caledonier unter Calgacus am Mons Graupius (zwischen Aberdeen und Inverness?); Umsegelung Schottlands. –
87/88	Abzug der „legio II Adiutrix" an Donaufront zwingt zur Preisgabe von Inchtuthil (bei Dundee).
um 105	Rückzug des Hauptteils der schottischen Besatzungsarmee wohl auf Tyne-Solway-Linie (Stanegate-Limes).
122–128/135	Der *Hadrianswall* auf Tyne-Solway-Linie erbaut (zu Abwehr und Trennung der nördlichen Stämme von Briganten).
139–142/143	Erneute Unterwerfung der Namnonii, Novantae, Selgovae und Votadini durch Q. Lollius Urbicus, Errichtung des *Antoninuswalls* zwischen Clyde und Forth; Hadrianswall bleibt anscheinend durchgehend (aber verschieden dicht) besetzt.
185	
183/184–185	Caledonische Stämme durchbrechen Antoninuswall, nach schweren Verlusten besiegt von Ulpius Marcellus.
April 193	D. Clodius Albinus, als Legat von Britannien vom Usurpator Septimius Severus adoptiert und zum Caesar erhoben, setzt nach Annahme des Augustustitels im Frühjahr 196 mit vie-

Plautius

Boudicca-Aufstand

Wales

Hadrianswall

Antoninuswall

		len Truppen nach Gallien über. Seine Abwesenheit und Niederlage provozieren Aufstände in Wales, der Briganten, Angriffe der Caledonier (u. a. Maeaten).
	205–207	Wiederherstellung des Hadrianswalles zur Überwachung der südschottischen Stämme.
	208–211	Krieg des Septimius Severus und Caracalla gegen Stämme der Highlands, rasch beendet nach Severus' Tod (4. Febr. 211 in Eburacum/York).
Teilung Britanniens	ca. 211/212	*Teilung Britanniens* in Britannia superior und inferior (vielleicht auch schon 197).
	ca. 260–274	Von der Reichskrise des 3. Jh.s wird die Insel wenig berührt. Britannien gehört zum Gallischen Sonderreich.
	um 270/290	Angriffe sächsischer Seeräuber werden durch Dislocation der Flotte abgewehrt.
Usurpation	287	*Usurpation* des M. Aurelius Mausaeus Carausius, nach Vertreibung aus Nordgallien (288) und siegreicher Seeschlacht toleriert, von Allectus ermordet.
	296	Allectus nimmt Augustustitel an; er fällt in der Schlacht bei Londinium gegen Constantius Chlorus.
	306	Constantius erneut in Britannien, Feldzug gegen Caledonier und Pikten. Nach seinem Tod in Eburacum ruft Armee seinen Sohn Konstantin am 25. Juli 306 zum Augustus aus.
	367	Angriffe der Scotii (aus Irland), Attacotti (von Irland oder westschottischen Inseln) und Pikten über den Hadrianswall und von Sachsen und Franken auf Ostküste: Vernichtende Niederlagen des Nectaridus, „comes litoris Saxonici", und Fullofaudes, „dux Britanniarum", schwere Verwüstungen in Nord- und Ostbritannien.
	368/369	Theodosius d. Ä. stellt römische Herrschaft wieder her; Neuordnung der Verteidigung.
	382	Zug des Maximus gegen Scotii und Pikten.
	383	Usurpation des Maximus Magnus, wohl „dux Britanniarum"; zieht Truppen aus Britannien ab: wiederholte Raubzüge von Pikten, Schotten und Iren.
	401	Abzug weiterer Einheiten zum Schutz Italiens.
	406/410	Schwierigkeiten der Verteidigung führen zu kurzlebigen Schilderhebungen: Marcus Gratian; Konstantin III. (setzt mit den meisten Verbänden nach Gallien über).
Sachseneinfall	410	*Sachseneinfall* leitet die Auflösung der römischen Reichsgewalt ein.
	442	Angeblich Rebellion sächsischer Föderaten; ab Mitte des 5. Jh.s wird Britannien langsam angelsächsisch.

Seit 43 wird Britannien von einem militärisch erfahrenen konsularen „legatus Augusti pro praetore" und einem ducenaren Procurator regiert (Amtssitze: Londinium). Einen Teil der Zivilfunktionen des Legaten übernimmt Ti. Claudius Cogidubnus, Klientelkönig u. a. der Regnenses, als „legatus Augusti in Britannia". Seit Vespasian entlastet ein prätorischer „legatus iuridicus" den Statthalter, den er gegebenenfalls vertritt. Bei *Provinzteilung* um 197 führt wohl ein Prokurator anfangs Britannia inferior, seit Caracalla ein Prätorier, der zugleich die „legio VI Victrix" kommandiert (Amtssitz: Eburacum). Die Provinzgrenze verläuft vermutlich zwischen Humber und Liverpool an den nördlichen Civitasgrenzen der Coritani und Cornovii. Im diokletianisch-konstantinischen Administrationssystem bildet Britannien eine Diözese (Amtssitz des Vikars u. a. Zentralämter: Londinium) der Prätorianerpräfektur Galliae mit vier bis fünf Provinzen: Britannia I (Westengland und Wales; Hauptort: Corinium Dobunnorum/Cirencester?); Britannia II (wohl im Wesentlichen die alte Inferior; Hauptort Eburacum); Maxima Caesariensis (um Londinium); Flavia Caesariensis (um Lindum/Lincoln); seit 369 Valentia (wohl westlicher Teil der Secunda; Hauptort: Luguvallium/Carlisle?). – Sitz des Provinziallandtages ist Camulodunum. – Das dichte *Straßennetz* im Süden entsteht entsprechend militärischen Erfordernissen; Hauptknotenpunkte sind Londinium und Corinium. Nach Norden führen zwei Hauptstraßen von Lindum über Eburacum und Corstopitum/Corbridge nach Nordostschottland, westlich der Pennines von Deva/Chester über Luguvallium nach Westschottland.

43–87/88 sichern vier, dann drei *Legionen* das befriedete Mittel- und Südengland: „II Augusta" in Glevum/Gloucester, ab ca. 75 in Isca Silurum/Caerleon; „IX Hispana" in Lindum, ab ca. 72/73 in Eburacum, wohl ca. 122 hier ersetzt durch „VI Victrix"; „XIIII Gemina" in Viroconium/Wroxeter bis Ende 67, 71–ca. 77 ersetzt durch „II Adiutrix" (bis 87/8 in Deva); „XX Valeria Victrix" in Viroconium, unter Agricola in Inchtuthil, seit 87/88 in Deva. Die Masse des ungewöhnlich großen Auxiliarheers steht seit Frontinus und Agricola als Besatzung in Wales, im Brigantengebiet, am Hadrians- (und Antoninus-) Wall und in Südschottland (erste Hälfte des 2. Jh.s über 36500 Mann: 14 Alen [1 milliaria], 51 Kohorten [7 milliariae], mehrere Numeri). Seit ca. 270 kommt Schutz des „litus Saxonicum" hinzu, das im 4. Jh. einem „comes" untersteht, die übrige Armee dem „dux Britanniarum". – Im 1. Jh. werden die Legionen überwiegend aus Gallien, Germanien und Britannien ergänzt. Föderaten sind im 4. Jh. selten.

Auxiliarkommandeure oder Centurionen fungieren als Administrationschefs von ‚*Regionen*' anscheinend besonders in Mittel- und Nordwales, im Brigantenland (außerhalb der „civitas Brigantium" um Isurium/Aldborough) und während der Besetzung des Antoninuswalls wohl auch in Südschottland. das übrige Britannien ist seit Agricola in 12, seit Hadrian in 16 „civitates" aufgeteilt, von denen drei 1. Jh.

durch Veteranendeduktionen verkleinert werden („Colonia Nervia Glevum" aus „civitas Dobunnorum", unter Flaviern „colonia Lindum" aus „civitas Coritanorum" ausgegliedert). Unter Caracalla wird wohl „civitas Parisiorum" titular zur „colonia Eburacum" umgewandelt. Im 3. Jh. wird zumindest noch „civitas Carvetiorum" wohl um Luguvallium gebildet. (Durchschnittsgröße der Civitates schätzungsweise etwa 6000 km^2.) Die meist mittelgroßen Hauptorte sind ebenso wie viele andere stadtähnliche Siedlungen, darunter wohl auch Londinium, als Vici verfasst und seit dem 3. Jh. zumeist befestigt. Auch in Nachbarschaft der vielen Auxiliarkastelle entstehen Zivilsiedlungen (vici). Das alte Stammeskönigtum wird schon innerhalb der ersten Generation durch Dekurionenverfassung ersetzt. Latinisches Recht und römische Municipien sind bisher nicht nachzuweisen.

Die *Landwirtschaft* (Getreide, Vieh) wird in „villae rusticae" und besonders in kleineren Einzelhöfen betrieben; umfangreicher privater Großgrundbesitz scheint selten zu sein; kaiserliche Domänen befinden sich wahrscheinlich in neu erschlossenen Fenlands und zwischen Salisbury und Bath. Ende 1. Jh. wird das sonst übliche Niveau erreicht; im 4. Jh. sogar exportiert. – Die städtischen *Gewerbe* beschicken lokale Märkte; exportfähig sind Wolltücher und im 3. Jh. sog. Castor-Geschirr, produziert um Durobrivae (westlich Peterborough/Cambridgesh.). Viele Güter, nicht nur Luxuswaren, müssen eingeführt werden. Bedeutsam ist der Bergbau: Gold in Dolaucothi (Carmrathensh.), Silber und Blei in den Mendip Hills (Somerset) und Pennines (u. a. Metallum Lutudarense in Derbysh.), Kupfer in Nordwales und den Pennines, Zinn in Cornwall, Eisen in Ostsussex, Coritanerland u. ö.; ebenso Kohle an vielen Orten. – Handelszentrum ist Londinium, Motor des Güteraustausches die Wirtschaftskraft der Armee und die Entwicklung der Landwirtschaft. – Über Eigentümlichkeiten der *Sozialordnung* ist wenig bekannt; prägende Gruppen sind das Heer und kleine bis mittlere Stadtsiedlungen. Die Bevölkerungsdichte scheint nicht nur durch Immigration (Soldaten, Händler) erheblich zu wachsen. Die Dekurionenschaft ist wohl nicht ständig stadtsässig. Kein Senator und nur wenige Ritter sind aus Britannien nachzuweisen. Die soziokulturelle Romanisierung konzentriert sich auf Garnisonen und ‚Städte' und wird vor allem durch intensiven Handel und Armee gefördert; die Latinisierung des flachen Landes bleibt gering. Im 3./4. Jh. herrscht auf mäßigem Niveau die übliche provinzialrömische Zivilisation der Westprovinzen, die kaum Spitzenleistungen hervorbringt. – Die keltische Tradition prägt die *Religion*, ferner nationale Götter von Soldaten und Händlern. Das Christentum findet über die Städte seit Ende 2. Jh. langsam Verbreitung (208/209 Martyrium des hl. Alban in Verulamium; 314: Bischöfe von Londinium, Eburacum und Lindum in Arles), erreicht aber erst Ende 4. Jh. allgemeinere Anerkennung.

Kulturelle Impulse gibt Britannien nicht. Es bleibt ein unauffälliger, vom Heer geprägter Teil des Imperium und unterscheidet sich von Provinzen wie Dakien durch die starke keltische Tradition, langsame innere Befriedung und recht ungestörte Entwicklung im 3./4. Jh. Nach dem Abzug der Truppen erlischt die Romanität im Laufe eines Jh.s. – (Forts. S. 564).

Landwirtschaft

Gewerbe

Sozialordnung

Religion

Kultur

Iberische Halbinsel

1. Jt. v.Chr.	Noch zu Beginn des 1. Jt.s hält die Auffüllung der Hochebenen des Zentrums (Kontinentalklima) und des atlantischen Westens mit indoeuropäischen Wanderungsschüben, die teilweise aus dem Raum zwischen Kaukasus und Persischem Hochland vorstoßen, an. Die Träger der letzten Bewegungen, die – ohne je in die La Tène-Phase einzutreten – auf einer
nach 1000	hallstattzeitlichen Kulturstufe verharren, erscheinen späteren griechischen Ethnografen als *Kelten* (Keltiberer = iberische oder Ebro-Kelten). Zu Beginn des Jt. treten phönikische Händler in Kontakt zum spätbronzezeitlichen Süden und Südwesten der Halbinsel, auf der nach Ausweis des Schatzfundes von Villena in dieser Zeit Eisen noch als Edelmetall gilt. Agenten Hirams I. von Tyros (umfangreiches Wirtschaftsabkommen mit Salomo von Israel, welches maritime Unternehmungen auf dem Roten Meer und dem Mittelmeer einschließt) erhandeln auf dem südwestlichen Metallmarkt Tharschisch vor allem Silber und Zinn. Tharschisch ist die semitische Umformung eines einheimischen Lautstandes (griechische Version: Tartessos), der später in Namen wie Tertis (Guadalquivir), Turta, Turdetani greifbar bleibt. Nach einer Zeit stummen Handels kommt es zur Anlage *phönikischer Faktoreien* (seit 1960 durch Ausgrabungen nachgewiesen), in denen gegen Agrarprodukte (Öl, Wein), später gegen Fertigwaren und Luxusgüter (Schatz von Aliseda) Metalle eingetauscht werden. Durch die Phöniker kommen Ölbaum und Töpferscheibe auf die Halbinsel.
nach 730	Verstärkte Zuwanderung, bewirkt durch assyrischen Druck und innere Auseinandersetzungen, führen seit dem späten 8. Jh. zur Entwicklung günstig gelegener Faktoreien zu *westphönikischen Kolonien* (besonders Gadir [Cádiz], Malaca, Sexs [Almuñecar]) mit regem Wirtschaftsleben und Verbindungen zu gleichartigen Siedlungen im westlichen Mittelmeer-

Kelten

phönikische Faktoreien

westphönikische Kolonien

raum. Unter phönikischem Einfluss entsteht im iberischen Hinterland der Südküste die tartessische Kultur (südiberische Schrift, Metallhandwerk [Schatz von El Carambolo], Keramik). Die Tartessier bleiben wirtschaftlich neben dem Metallabbau und -handel vorwiegend agrarisch orientiert. Aus Stammesherrschaften entwickeln sich früh auf ökonomische Macht gegründete Stadtkönigtümer (Arganthonios von Tartessos), die aber erst im Zusammenhang mit dem 2. Punischen Krieg deutlicher hervortreten.

Griechen 650–550 Um die Mitte des 7. Jh.s ergeben sich erste Kontakte phokäischer und samischer *Griechen* mit Tharschisch/Tartessos, die im Laufe des 6. Jh.s infolge wachsender karthagischer Einwirkung abgebrochen werden. Während im Verlauf des 7. Jh.s Süd- und Osthispanien (Tartessos und Iberia) in der griechischen Literatur rezipiert werden (Stesichoros, Hekataios u. a., später Herodot, Ephoros und Theopompos), nehmen *massiliotische Niederlassungen* (Emporion, Rhode, Hemeroskopeion u. a.) starken kulturellen Einfluss auf die iberischen Stämme der Mittelmeerküste nördlich des Cabo de la Nao bis in den Rhônebereich, der sich in der Entwicklung der ostiberischen Schrift, im Metallhandwerk, in der Großplastik (Elche, Cerro de los Santos, Osuna u. a.) sowie in der beginnenden Stadtkultur (Ullastret) fassen lässt. Söldnertruppen aus Iberien tauchen im 5. Jh. auf Sizilien und im griechischen Mutterland auf. Während so der Süden und Osten des Landes in die mittelmeerische Welt einbezogen werden, sind die politischen und sozialen Vorgänge im Zentrum und Westen bis zur Entdeckungsreise des Pytheas (4. Jh.) kaum wahrgenommen worden. Der Raum westlich der Ibererwohnsitze wird in Übereinstimmung mit der ionischen Weltkarte ohne geografische Scheidung von Gallien pauschal als Keltenland (Keltike) bezeichnet. Unser Wissen über diesen vor allem durch auf „-briga" endende Ortsnamen gekennzeichneten Raum in der ersten Hälfte des Jt.s ist denkbar gering. Archäologisch lassen sich neben der atlantischen Castro-Kultur die nordwestliche Duero-Kultur und die südlichere Tajo-Kultur, die mit der südfranzösisch-katalonischen Urnenfelder-Kultur zusammenhängt, erkennen. Vorwiegend durch Ortsnamen sind Vorstöße indoeuropäischer Stämme nach Osten und Süden belegt.

Karthago nach 600 Infolge der zunehmend eingeschränkten Handlungsfreiheit des phönikischen Mutterlandes übernimmt *Karthago* die außenpolitische Vertretung der Westphöniker (bereits Mitte des 7. Jh.s Besetzung von Ebysos [Ibiza]). Hanno und Himilko unternehmen Erkundungsfahrten in den süd- bzw. nordatlantischen Raum. Karthago kontrolliert die Straße von Gibraltar und gründet im Süden der Halbinsel eigene (libyphönikische) Kolonien.

348 Im zweiten römisch-karthagischen Vertrag ist die Küste südlich des Cabo de la Nao (Mastia in Tartessos) karthagisch/westphönikische Schutzzone. Im Binnenland wächst der iberische Einfluss auf die indoeuropäischen Stämme des östlichen Hochlandes und des Ebrotales (keltische Sprachzeugnisse in iberischer Schrift im 4. Jh.). Es entstehen stadtähnliche Siedlungen (Fluchtburgen in Krisenzeiten, Typ Numantia, Azaila u. a.). Im westlichen Hinterland der iberisch-indoeuropäischen Konvergenzzone bestehen weiterhin vorstaatliche Organisationsformen: Sippenverbände (gentilitates) und Familienburgen (castella); im Westen hält sich die Castro-Kultur bis weit in die römische Zeit. Die Stämme des indoeuropäischen Raumes bleiben – vielfach in halbnomadischen Lebensformen – primitiven Wirtschaftsformen verhaftet und sind zum Mängelausgleich auf Raubzüge in die Territorien ihrer besser gestellten Nachbarn angewiesen.

Hamilkar Barkas 237 Um Einbußen aus dem 1. Punischen Krieg zu kompensieren, intensiviert Karthago seine Beziehungen zur Iberischen Halbinsel. *Hamilkar Barkas* beginnt, ausgehend von Gadir/Gades, mit der Eroberung eines hispanischen Kolonialreiches, das bei seinem Tod (229) den gesamten Süden und Südosten bis über Akra Leuke (Alicante) hinaus umfasst.

227 Sein Schwiegersohn und Nachfolger Hasdrubal gründet mit Kart Hadashat (Cartagena) die Hauptstadt des überseeischen Imperiums, das er, wie auch sein Schwager Hannibal, der ihm (221) nachfolgt, nicht unähnlich hellenistischen Monarchen beherrscht. Beide schieben die Grenzen ihres Dominiums nach Norden und Westen vor, sichern es durch Bündnisse mit einheimischen Häuptlingen (Heiratsdiplomatie) und erschließen die Erzvorkommen des Raumes Cartagena-Linares und der Sierra Morena in technisch und organisatorisch ungekanntem Ausmaß.

Rom 226 Mit *Rom* wird der Ebro als Demarkationslinie festgelegt, der Sagunt-Konflikt durch Eroberung beendet (219). Das darauf folgende römische Ultimatum und die Kriegserklärung an Karthago beantwortet Hannibal mit einer von Kart Hadashat aus zu Land vorgetragenen Offensive gegen Rom.

218–206 218 landen römische Verbände in Emporion und dringen nach Süden vor. Nach wechselvollen Kämpfen werden die römischen Truppen nach Niederlage und Tod ihrer Feldherren 211 *Scipio* über den Ebro zurückgeworfen. Im Gegenzug nimmt der junge *P. Cornelius Scipio* 209 überraschend Kart Hadashat (römische Bezeichnung: Carthago Nova) und entscheidet damit im Wesentlichen den Krieg in Hispanien (206 Entscheidungsschlacht bei Ilipa). Die einheimischen Stämme der Mittelmeerküste und des Südens treten mehrheitlich zunächst auf die Seite Roms; die westphönikischen und punischen Niederlassungen bleiben bei Wohlverhalten unangetastet. Erste Dispositionen des siegreichen Feldherrn sehen zwei römische Verwaltungsbezirke vor (*Hispaniae;* die Herkunft des Namens ist ungeklärt, vielleicht punischen Ursprungs).

Hispaniae

ab 197 Hispania citerior und Hispania ulterior in der Regel unter Prätoren; die Grenze verläuft im Osten des Landes südlich von Carthago Nova, das Vorort der Citerior wird, während die stärker urbanisierte Jenseitige Provinz lange keine feste Statthalterresidenz kennt.

bis 133 Allmähliche Ausweitung des römischen Herrschaftsraumes auf der Iberischen Halbinsel. Einheimischer *Widerstand* gegen Fremdherrschaft (ab 195 regelmäßige Tributzahlungen; argentum Oscense), römische Aggression, ausbeuterische Übergriffe römischer Magistrate (zahlreiche Repetundenprozesse gegen Statthalter hispanischer Provinzen im 2. Jh.), aber auch einheimische Überfälle auf provinziales Kulturland und schließlich Roms Versuche, die Grenzen der halbnomadischen Stämme des östlichen Hochlandes und des Südwestens (Lusitaner) festzuschreiben (tiefer Eingriff in deren Lebensformen), führen zu ständigen Auseinandersetzungen an den Binnengrenzen der beiden Provinzen. Ab 154 gewinnt der einheimische Widerstand unter charismatischen Führern (Viriatus u. a.) überregionalen Zusammenhalt. Zunächst von den Lusitanern ausgehend, die erfolgreich eine Guerilla-Taktik anwenden, gipfelt der Kampf gegen Rom in einer breit angelegten Koalition der Stämme am mittleren und oberen Ebro (Zentrum: Numantia).

Widerstand

133 Nach beträchtlichen Verlusten gelingt es Scipio Aemilianus, den einheimischen Widerstand mit einer gewaltigen militärischen Anstrengung niederzuwerfen.

Unterdessen schreitet in den vorrömisch höher zivilisierten Landesteilen (Tal des Baetis [Guadalquivir], Ostküste, unteres Ebrotal) die *Romanisierung* vor allem der Oberschicht rasch voran. Rom fördert die Urbanisierung. Bereits 206 Gründung von Italica (bei Sevilla mit Kriegsinvaliden; 179 von Gracchurris im Ebrobereich; 171 von Carteia mit Soldatenkindern (latinisches Recht) an der Südküste (Flottenstützpunkt). Es folgen 152 (?) in wirtschaftsgeografisch günstiger Position Corduba, 138 Valentia und 123/22 Palma und Pollentia (mit bereits in Hispanien ansässigen Italikern) auf den Balearen. Träger der Romanisierung sind vor allem in Hispanien stationierte und dort rekrutierte Soldaten und aus wirtschaftlichem Interesse kürzer oder länger auf der Halbinsel verweilende Italiker und Römer (Bildung von „conventus civium Romanorum"). Seit Beginn der Okkupation Mineralabbau unter römischer Regie; später wird er an Privatleute verpachtet. Einheimische Münzprägung entwickelt sich in den Provinzen und dem kulturell zunehmend beeinflussten Nachbarraum. Aus militärischen und ökonomischen Gründen wird der Provinzialraum durch Straßen erschlossen (via Herculea [später: Augusta] entlang der Ostküste bis Gades; Straße Carthago Nova über Castulo/Obulco nach Gades; Ebrotal/Jalóntal-Straße; Binnenschifffahrt). Erste viritane Bürgerrechtsverleihungen an koloniale Eliten; erste *Hispanoröme*r in hohen Staatsämtern (Q. Varius Hibrida; L. Fabius Hispaniensis). In der Diesseitigen Provinz sind Carthago Nova und Tarraco (Tarragona), in der Jenseitigen Corduba, Hispalis (Sevilla) und Gades die großen Zentren.

Romanisierung

Hispanoromer

81–71 Während sich Süden und Osten wirtschaftlicher Prosperität und römisch-hellenistischen Kultureinflüssen ergeben, kommt es im Nordwesten und Westen nach begrenzten Unruhen (Kimberneinfall; Arevakeraufstand) unter Führung des vor sullanischem Zugriff flüchtenden Marianers Q. Sertorius (Prätor der Citerior 82) zu einer letzten großen Abwehrbewegung gegen Rom, die durch Verbindungen zu Romgegnern im östlichen Mittelmeerraum gefährliche Dimensionen erhält, aber in ihren letzten politischen Zielen unklar bleibt. Gegen die lange erfolglos operierenden sullanischen Heerführer Q. Caecilius Metellus und Cn. Pompeius übernimmt Sertorius die einheimische Guerilataktik und kämpft erfolgreich im Norden und Osten des Landes. 72 wird er auf Betreiben des nach dem Lepidus-Aufstand mit römischen Verbänden nach Hispanien geflohenen ehemaligen Prätors M. Perperna ermordet. Der letzte Widerstand wird bis 71 von Pompeius gebrochen, der in diesem Zusammenhang in den hispanischen Provinzen hohes Ansehen und wichtige Klientelverbindungen gewinnt. Der Sertorius-Krieg bewirkt einen Romanisationsschub im Inneren der Halbinsel (neue Zentren: Castra Caecilia, Metellinum [Medellín], Pompaelo [Pamplona]), eine Entwicklung, von der nach wie vor der äußerste Nordwesten ausgespart bleibt. Dorthin gibt es vor der Eroberung durch Augustus bereits Vorstöße des Brutus Callaicus (138), des Licinius Crassus (nach 96) und Caesars während seiner Statthalterzeit (61/60) im Jenseitigen Hispanien. Aus den hispanischen Magistraturen (schon 69 als Quästor in der Ulterior) rühren Caesars enge Beziehungen zur Iberischen Halbinsel (hispanische Leibwache; Cornelius Balbus und Decidius Saxa als enge Vertraute).

Q. Sertorius

Im 2. und 1. Jh. wird die Halbinsel geografisch und ethnografisch weiter erschlossen. Auf Vorarbeiten des Eratosthenes und Autopsie stützen sich Polybios, Poseidonios, Artemidoros und Asklepiades von Myrlea, der in Turdetanien als Lehrer wirkt. Später tragen Pomponius Mela, M. Agrippa und Claudius Ptolemaeus zur geografischen *Erschließung Hispaniens* bei. Den Süden empfindet Poseidonios bereits als so weit gehend romanisiert, dass er Italien vergleichbar sei. Bürgerrechtsverleihungen an Einzelne und Gruppen (turma Salvittana im italischen Bundesgenossenkrieg) sowie italische Einwanderung haben ein nicht unbedeutendes Substrat latinischer und römischer Bürger in Hispanien geschaffen („legiones vernaculae" im Bürgerkrieg zwischen Caesar und Pompeius), das wirtschaftlich sehr erfolgreich ist und an der Assimilation der Halbinsel an italische Verhältnisse, Lebensformen und Moden erheblichen Anteil hat.

Erschließung Hispaniens

49–45 Der im Jahre 49 nach Hispanien getragene Bürgerkrieg, 45 bei Munda zugunsten Caesars entschieden, hemmt diese Entwicklung nicht; vielmehr trägt die Bürgerrechtspolitik des Diktators und seines Adoptivsohnes dem hohen Romanisationsgrad Hispaniens Rechnung und fördert diesen weiter. Caesarisch-augusteische *Munizipien und Kolonien* römischer Bürger sind Gades, Hispalis, Ilici (Elche), Carthago Nova, Tarraco, Barcino (Barcelona) u. a. in Emerita Augusta (Mérida), Emporiae (Ampurias), Caesaraugusta (Zaragoza) werden Veteranen angesiedelt.

Munizipien und Kolonien

27–19 Die noch außerhalb der römischen Herrschaft stehenden Kantabrer und Asturer werden nicht ohne Mühe von Augustus (der sich i. d. J. 26–25 in Tarraco aufhält, das Carthago Nova als Vorort der Citerior abzulösen beginnt) und M. Agrippa unterworfen. Asturica Augusta (Astorga), Bracara Augusta (Braga) und Lucus Augusti (Lugo) werden zur Kontrolle dieses wegen seines Goldreichtums und seiner Rekrutierungsmöglichkeiten wichtigen Raumes angelegt, der sonst seine altertümlichen Siedlungsformen beibehält und bis zum Ende der römischen Zeit trotz jahrhundertelanger Zugehörigkeit zum Imperium Romanum nur oberflächlich romanisiert wird.

15 v. Chr. Der Princeps, der im Jahre 15/14 noch einmal die Halbinsel besucht, organisiert die Provinzialverwaltung neu. Über die Wohngebiete der Lusitaner hinausreichend, wird im Westen eine neue Provinz *Lusitania* (Hauptstadt: Emerita Augusta) geschaffen. Im Südosten kommt das mineralreiche Waldgebirge („saltus Castulonensis") an die jetzt meist als *Tarraconensis* bezeichnete Hispania Citerior, die ungefähr die Hälfte der gesamten Halbinsel ausmacht. Die südliche Restprovinz *Hispania Baetica* (Hauptort: Corduba) wird dem Senat unterstellt, während die beiden anderen Provinzen mit der im Nordwesten der Tarraconensis stationierten „Legio VII Gemina", die allein während der gesamten Kaiserzeit den militärischen Schutz der Iberischen Halbinsel wahrnimmt, der kaiserlichen Verwaltung unterliegen. Die Provinzen ihrerseits werden in Gerichtsbezirke („conventus iuridici") eingeteilt.

Lusitania Tarraconensis

Hispania Baetica

15 n. Chr. In der Tarraconensis wird der *Kaiserkult* eingeführt (Hispania Baetica und Lusitanien folgen erst in flavischer Zeit). Der Kult für den Kaiser und die Dea Roma, verbunden mit den Provinziallandtagen (concilia), sollen die Bindung der Provinzialen an die Reichsspitze und die innere Konsolidierung der Gesellschaft fördern; seine Priesterämter sind eine Domäne der provinzialen Aristokratie.

Kaiserkult

74 Der stetig gewachsenen Romanisierung (und ihrer weiteren Förderung) trägt Vespasian durch Verleihung des „ius Latium minus" an alle (?) peregrinen Gemeinden der Halbinsel Rechnung, wodurch die Oberschichten in den Genuss des Bürgerrechtes kommen.

212 Dieser Prozess wird durch die Constitutio Antoniniana praktisch abgeschlossen.

Prinzipat

Unter dem *Prinzipat* erlebt Hispanien fast 200 Jahre lang eine nahezu ungestörte Blüte. Die großen Städte des Landes sind Zentren wirtschaftlicher und kultureller Prosperität und schmücken sich mit großartigen Bauten. Die früh romanisierten Zonen leisten bemerkenswerte Beiträge zum geistigen und politischen Leben des Reiches. *Hispanier* sind außer der Seneca-Familie die Literaten Columella, Mela, Bocchus, Martial und Quintilian. Seit Caesars Berater Balbus als erster Nichtitaliker Konsul wurde, gibt es eine wachsende Zahl von Hispanorömern im Senat. Traian, Hadrian und im 3. Jh. Balbinus sind Kaiser hispanischer Herkunft. Ermöglicht wird diese Blüte (Höhepunkt: Die Antoninenzeit) durch hohe agrarische und industrielle Produktivität und ungestörte *Fernhandelsbeziehungen*. Exportiert werden neben dem bis nach York und Xanten gelangenden Öl Wein, Fischprodukte (vor allem die Fischsauce garum), Spartgras, Textilien, Sigillata und Pferde. Im Süden und Nordwesten werden weiterhin Minerale abgebaut. Importiert werden Konsum- und Luxusgüter. Die Infrastruktur wird ständig verbessert; noch in severischer Zeit besitzt das Land neben den Wasserwegen 34 Fernstraßen, an denen sich Marktflecken (fora) mit hoher Romanisierungsintensität gebildet haben. Die ungestörte Entwicklung von Wirtschaft und Handel führt zur Bildung einer starken *Mittelschicht*, die vornehmlich in den Städten, später zunehmend in stadtnahen „villae rusticae" lebt. Der großgrundbesitzende Adel, besonders im Süden, spielt zahlenmäßig keine besondere Rolle; die bäuerliche Landbevölkerung, deren Romanisierungsgrad

Hispanier

Fernhandel

Mittelschicht

nicht überschätzt werden darf, erscheint wirtschaftlich gesichert. Das religiöse Leben auf der Halbinsel – in vorrömischer Zeit durch ein selbstverständliches Nebeneinander einheimischer und fremder *Kulte* bestimmt – nimmt in den schnell und stärker romanisierten Landesteilen bald römisch-hellenistische Züge an. In den weniger romanisierten Zonen und auf dem bäuerlichen Lande erweisen sich die einheimischen und die durch die frühen Kolonisatoren importierten Kulte als erstaunlich resistent. Verstärkt im 2.–3. Jh. n. Chr. erreichen östliche Religionen und Kulte die Halbinsel, die sich, wie schon früher Juden und erste Christen, vorwiegend in den Handelsstädten der Küste und des Südens sowie im Bereich der Militärstationen ausbreiten. Das hispanische *Christentum* kommt überwiegend aus Nordafrika, das stets enge Beziehungen mit Hispanien unterhalten hat. Die erste hispanische Synode (Iliberi, um 305 n.Chr.) vereinigt 19 Bischöfe. Mitte des 3. Jh. sind Emerita, Asturica, Legio (das aus der Stationierung der Legio VII Gemina entstanden ist), Caesaraugusta, Tarraco, Hispalis Bischofssitze. Nach den Verfolgungsjahren des 3. Jh.s und der diokletianischen Zeit stellt das christliche Hispanien mit Ossius von Corduba und Acilius Severus einflussreiche Hofleute. Aus dem rasch christianisierten Land kommt im 4. Jh. die asketisch-rigoristische Häresie des Priscillianus († 386). Sonst ist die hispanische Kirche durchweg ein zuverlässiges Glied der Reichskirche.

Kulte

Christentum

200–300 Mit dem letzten Viertel des 2. Jh.s beginnen für die Halbinsel unruhige Jahre. Die von Osten eingeschleppte Pest, Überfälle maurischer Stämme auf den Süden (bis Italica), nach 260 Bedrohung der Küsten durch fränkische und alamannische Seepiraten stürzen Hispanien in eine mehr als 100-jährige *Dauerkrise*, die durch innere Schwierigkeiten (sozial motivierte Bauernaufstände in Lusitanien; Maternus-Bande unter Commodus) noch vertieft wird. Schlecht bekommt dem Land die Parteinahme für Clodius Albinus (193–197); die Konfiskationen des siegreichen Septimius Severus bewirken tiefgreifende gesellschaftliche Veränderungen. Während dann die Severerzeit selbst dem Land Ruhe schafft (Einrichtung der Provinz Callaecia durch Caracalla), trägt das schlecht dokumentierte 3. Jh. (Rückgang des Mineralertrags, Verfall der Verkehrswege und des Fernhandels, Verarmung der Mittel- und Verelendung der Unterschichten) die gleichen Züge wie die Entwicklung im Reich insgesamt.

Dauerkrise

400–500 Die *konstantinische Epoche* bringt der Halbinsel noch einmal Ruhe und einen gewissen Wohlstand. Durch die Reichsreform Diokletians (Schaffung einer neuen Provinz Carthaginiensis mit den Balearen, die ab 360 eine eigene Provinz bilden) wird Hispanien zusammen mit der Mauretania Tingitana eine Diözese innerhalb der gallischen Präfektur. Damit hängt zusammen, dass die Halbinsel, die zunächst an Maximian, dann 306 an Konstantin fällt, in die von Gallien/Britannien ausgehenden Usurpationen (Magnentius, Magnus Maximus, Eugenius, Konstantin III.) einbezogen wird. Wirtschaft und Handel erleben eine Nachblüte, aber die neu ummauerten Städte schrumpfen, und das wirtschaftliche Schwergewicht verlagert sich auf die befestigten Landsitze der „potentes" mit ihren Privatarmeen. Aus Hispanien kommen die theodosianische Dynastie, der Usurpator Magnus Maximus (383–388) und christliche Schriftsteller (Iuvencus, Prudentius, Orosius u.a.).

konstantinische Epoche

Im frühen 5. Jh. beginnt dann gegen zähen Widerstand des einheimischen Adels die politische und gesellschaftliche *Auflösung*. Nach 408 ist die Halbinsel Schauplatz der Auseinandersetzungen der eingedrungenen Vandalen, Alanen und Sueben (dazu Bagauden-Unruhen im Norden Mitte des Jh.), in die die Westgoten erst als Föderaten unter römischem Oberkommando ordnend, unter Eurich als Okkupanten eingreifen. Eine von Hispanien ausgehende Usurpation (Maximus 409–422) bleibt ohne Folgen. Während sich die Bevölkerung mit den Germanen zu arrangieren beginnt, unternimmt Kaiser Maiorian 460 einen vergeblichen Versuch der Rückgewinnung Hispaniens für die römische Herrschaft.

Auflösung

474 Mit dem *Fall der Tarraconensis* scheidet die Iberische Halbinsel faktisch aus dem römischen Reichsverband aus, während die römisch-romanische Kultur des Landes stark genug ist, sich mit Sprache, Religion und Lebensformen gegen die Eroberer durchzusetzen. – (Forts. S. 547)

Fall der Tarraconensis

Nordafrika

(Forts. v. S. 105, 207)

Nordafrika, wohl die kulturell fruchtbarste, wenn auch kaum ins Mittelalter wirkende westliche *Provinzgruppe* aus Africa Proconsularis (einschließlich Tripolitaniens), Numidia, Mauretania Caesariensis und Mauretania Tingitana, reicht von Arae Philenorum (Gser et-Trab) im Osten bis „ad Mercurios" (südl. Rabat) im Westen.

Provinzgruppe

Geografie		Die *geografische Grobgliederung* (1. schmaler Küstenstreifen, 2. teilweise sehr fruchtbare Bergregionen bzw. Flusstäler und 3. Steppen- und Wüstensteppensaum nördlich der Sahara) prägt die Geschichte. Küstenstädte sind stark punisch-karthagisch beeinflusst, zum karthagischen Machtbereich gehörig, dessen Zentrum südlich und südwestlich Karthagos in Nordtunesien (Bagradastal, Byzacena [bes. Sahel]) liegt; punische Städte (Karthago, Utica, Lepcis Magna u. a.) sind Stadtaristokratien aus Händlern und Gewerbetreibenden mit verstreutem Großgrundbesitz im Hinterland. Numidien und Mauretanien sind von halb-
Berberstämme		nomadischen und wohl mit Iberern verwandten *Berberstämmen* bewohnt, die zu wechselnden Herrschaften unter punisierten/hellenisierten Königen zusammengezwungen werden (Reiche von Siga und Cirta; Syphax, Masinissa und Dynastie, Hiempsal [II.], Juba und Nachkommen). Nomadenstämme des Steppengürtels (Garamanten, Musulamii, Gaetuler, Quinquegentanei, Baquaten, Bavares u. a.) werden nur selten beherrscht und (vermutlich durch Klimaschwankungen) immer wieder zu Angriffen auf das Kulturland veranlasst.
römische Eroberung		*Römische Eroberung* des Gebiets der späteren Provinz Africa (vetus) im Rahmen des Kampfes gegen Karthago, wodurch Berberkönige zu römischen Verbündeten und seit Marius zu Klientelfürsten werden.
	146	Einzug des verstreuten karthagischen Stadtgebietes zu „ager publicus" und des karthagischen Herrschaftsbereichs schafft die Provinz Africa (vetus) mit der Hauptstadt Utica.
	46	Einziehung des Reiches Jubas I. und Schaffung von Africa nova (erster Prokonsul: Sallust), seit 36 v. Chr. vereinigt mit Africa vetus und Tripolitanien zur nunmehrigen Africa Proconsularis.
	33–25 v. Chr.	Mauretanien gerät unter direkte römische Herrschaft, wird dem jungen Juba II., einem eifrigen Gelehrten, als Klientelreich übergeben.
	17–24 n. Chr.	Aufstand des Tacfarinas mit Musulamii gegen Numidia und Africa Proconsularis; Guerillakrieg beendet durch Tod des Tacfarinas im Kampf bei Auzia.
	23	Der Sohn Jubas II. (von Kleopatra Selene) Ptolemaeus erbt die Herrschaft in Mauretanien.
	37	Caligula entzieht dem Prokonsul den unmittelbaren Befehl über die „legio III Augusta", weist deren Legionslegaten, der nun dem Kaiser untersteht, den neu geschaffenen Militärbezirk Numidia zu.
	40	Ptolemaeus wird von Caligula umgebracht.
Mauretania	42	Nach kurzem Krieg gegen Ptolemaeus' Freigelassenen Aedemon richtet Claudius die Provinz *Mauretania* Caesariensis (Hauptstadt: Caesarea/Iol) und Mauretania Tingitana (Hauptstadt: Tingi oder Volubilis) ein, die beide einem erfahrenen ducenaren Prokurator unterstehen (Beginn der Provinzära: 40 n. Chr.). Ein Provinziallandtag existiert in beiden Mauretanien wohl seit Claudius (in Tingi und Caesarea), in Africa Proconsularis seit Vespasian (in Karthago).
	68/69	Usurpation des L. Clodius Macer.
Aufstände	70–73	*Aufstand* der Garamanten südlich von Tripolitanien.
	um 122	Aufstand von Mauren (Baquaten?) in Mauretania Tingitana.
	142– ca. 180	Angriffe von Völkern des Rîf und des südlichen Mauretanien mit Übergriffen auf Südspanien.
	197/201	Der Militärbezirk Numidia wird, von einem erfahrenen Prätorier regiert, eigenständige Provinz.
	238	Usurpation Gordians I. und II. ; sie wird vom numidischen Legaten Capellianus niedergeschlagen.
	254–260	Angriffe von Baquaten, Quinquegentanei, Fraxinenses auf Mauretanien und Numidien.
	um 289–297	Aufstand der Quinquegentanei und anderer Stämme des südlichen Mauretaniens gegen die römische Herrschaft.
diokletianisches System		Im *diokletianisch-konstantinischen Administrationssystem* bildet Nordafrika mit Ausnahme der Tingitana, die der Diözese Hispania zugewiesen wird, eine eigene Diözese Africa unter der Prätorianerpräfektur „Italia (Illyricum) et Africa". (Ein eigener Präfekt in Africa nur unter Konstantin d. Gr. und nach 534.) Die östliche Mauretania Caesariensis wird zur neuen Provinz Mauretania Sitifensis abgetrennt, Numidien kurzfristig geteilt in Numidia Cirtensis und Numidia Militaris, Africa Proconsularis vor allem auf das städtereiche Bagradastal beschränkt (Zeugitana), Byzacena (Mitteltunesien) und Tripolitanien abgetrennt.
Usurpationen	308/310	*Usurpation* des L. Domitius Alexander; „vicarius Africae".
	373/374	Usurpation des Berberfürsten Firmus, „dux Mauretaniae".
	397/398	Usurpation des Gildo (Bruder des Firmus), „comes Africae".
Verteidigungssystem		Wiederholte Aufstände und Raubzüge kaum kontrollierbarer nomadischer und halbnomadischer Stämme des Steppengürtels und des Rîf erzwingen ein sehr umfangreiches *Verteidigungssystem*. Während der Republik sind in Afrika keine ständigen Besatzungstruppen stationiert; seit Augustus lagert nur eine

Legion (III Augusta) Anfang 1. Jh. in Ammaedara, dann Theveste, seit Anfang Hadrian (bis Anfang 5. Jh.) in Lambaesis (238–253 aufgelöst wegen Gegnerschaft zu Gordianen). Sie sichert mit dem Auxiliarheer von im 2. Jh. ca. 4000 Mann (2 Alen, 6 Kohorten) in mehreren Posten die numidische und afrikanische Südgrenze und stellt außerdem jährlich wechselnd eine Kohorte und den Stab (officium aus 37 Chargierten) für den Prokonsul (neben dem Stab des numidischen Legaten). In Karthago versieht „cohors I urbana" seit Vespasian Polizeiaufgaben. Das Auxiliarheer der Tingitana besteht im 2. Jh. aus ca. 5 Alen und mindestens 10 Kohorten (davon 1 „milliaria", insgesamt ca. 8000 Mann), das der Caesariensis aus ca. 3 Alen (davon 1 „milliaria") und 10 Kohorten (ca. 7000 Mann). Seit Marcus ist in der Caesariensis eine Provinzflotte stationiert (vorher nur Detachements anderer Flotten). Außer aus Nordafrika werden die Soldaten aus Gallien und Italien rekrutiert. Im 4. Jh. ändert sich die Zusammensetzung der Truppen (besonders berberische Stammesverbände), aber nicht wesentlich die Zahl. – Ein besonders dichtes *Straßennetz* wird in Africa Proconsularis und Numidia ausgebaut; in Mauretania Caesariensis laufen drei, in Tripolitanien eine Hauptverkehrslinie parallel zur Küste. Aus militärischen Gründen ist auch der Steppensaum gut erschlossen.

Der römisch-italischen Einwanderung sind besonders Küstenstädte und Bagradastal ausgesetzt. Entsprechend verläuft die römische *Urbanisierung* (wohl weit überwiegend Kolonien und Munizipien römischen Rechts). In der Republik nur viritane Ansiedlungen (Scheitern des C. Gracchus; „lex agraria" von 111; Marius). Seit Caesar und Augustus gründen fast alle Kaiser bis ins 4. Jh. neue römische ‚Städte' zumeist an der Stelle einheimischer Gemeinden oder Zentralorte. Die größte Intensität liegt in Zeugitana, Byzacena, Numidia, Mauretania Sitifensis und an mauretanischer Küste, zeitlich unter Augustus, Traian, Hadrian, Severern. Seit Hadrian werden Kolonien meist ‚titular' ohne Ansiedlung gegründet.

Die wichtigsten römischen Stadtgründungen und Stadtrechtsverleihungen in den nordafrikanischen Provinzen

Zeit	Kolonien	Munizipien
Caesar	Karthago	wohl kein Municipium
Augustus	Cirta (Constantine) Simitthu (Chemtou) Sicca Veneria (Le Kef) Saldae (Bougie) Tingi (Tanger) Banasa (Sidi-Ali-bou-Djenoun)	Utica (Hr. Bou Chateur) Musti (Hr. Mest)? Thunusida (Sidi Meskine)
Claudius	Caesarea/Iol (Cherchel) Oppidum Novum (Duperré)	Volubilis (Ksar Pharaoun) Rusuccuru (Dellys?)
Flavier	Icosium (latinisch; Alger) Madauros (Mdaourouch) Ammaedara (Haïdra)	Lepcis Magna (latinisch; Lebda) Sufetula (Sbeïtla)? Hippo Regius (Bône)?
Nerva	Sitifis (Sétif)	
Traian	Lepcis Magna (römisch; Lebda) Hadrumetum (Sousse) Thamugadi (Timgad) Theveste (Tébessa)	Capsa (Gafsa) Diana Veteranorum (Aïn Zana) Thubursicu Numidarum (Khamissa)
Hadrian	Zama Regia (unlokalisiert) Bulla Regia (Hammam Derradij) Utica (Hr. Bou Chateur)	Thuburbo Maius (Hr. Kasbat) Althiburos (Hr. Medeina) Avitta Bibba (Bou-Ftis)
Marcus Aurelius	Mactaris (Maktar) Sufes (Hr. Sbiba)	Lambaesis (Lambèse; latinisches Recht gemeinsam mit Gemellae/El Kasbate erbeten)
Septimius Severus	Vaga (Béja) Auzia (Aumale)	Aulodes (Sidi-Raïs) Thibursicum Bure (Teboursouk) Thignica (Aïn Tounga) Thugga (Dougga)
	ius Italicum an die Kolonien Karthago, Utica und Lepcis Magna verliehen	
3. Jh.	Uchi Maius (Hr. Douamis) Thugga (Dougga)	Abbir Cella (Hr. en Naam) Giufi (Bir Mcherga)

Nur in Mauretania Tingitana ist die römische Urbanisierung schon unter Claudius abgeschlossen (frühaugusteische Küstenkolonien).

Infolge der römischen Immigration und Urbanisierung verlieren die punischen und berberischen *‚Städte'* (civitates liberae, stipendiariae) schon unter Augustus an Zahl und an Ausstrahlungskraft. In den wirtschaftlich zentralen Orten bestehen seit dem 1. Jh. v.Chr. „conventus civium Romanorum", die oft Anlass zur Umkonstituierung ihrer Residenzgemeinde zu einer römischen ‚Stadt' geben. Von großer Bedeutung ist das über Africa Proconsularis verstreute einstige Territorium Karthagos, auf dem sich, eingestreut in einheimische „civitates", romanisierte „pagi" entwickeln, die mit den „civitates" vor allem im 2. und 3. Jh. zu römischen Munizipien (seltener zu Kolonien) zusammengefasst werden. Die mauretanischen Stämme, seit Masinissa zur Sesshaftigkeit veranlasst, wandeln sich zumeist noch im 1. Jh. n. Chr. zu punisch geprägten Stadtgemeinden mit Sufeten, lokalen Untergliederungen der Bevölkerung (curiae, portae) und einem ‚aristokratischen' Rat (senatus, ordo); auch die „curiae" leben in den später römisch verfassten ‚Städten' fort. Eine scharfe Trennung zwischen Stadt- und Landbevölkerung zeigt sich nur in Bezug auf die zahlreichen Großgrundbesitzungen, besonders des Kaisers und zunehmend seit dem 1. Jh. n. Chr. römischer Senatoren, die sich – ähnlich den kaiserlichen Domänen – vor allem im 4. Jh. der städtischen Hoheit zu entziehen vermögen und sich Grundherrschaften annähern, da die Herren nun überwiegend auf ihren Gütern (statt im städtischen Zentrum) wohnen.

Produkte Haupterzeugnisse Nordafrikas sind landwirtschaftliche *Produkte*, vor allem Weizen und Öl, deren Absatz Rom fördert. Die gewerbliche Produktion ist, außer lokal begrenzter Purpurgewinnung und Lampenherstellung, für den Export in andere Wirtschaftsräume des Reiches unbedeutend. An Grundprodukten ist nur Marmor erwähnenswert (Simitthu, Lepcis Magna). Dennoch gehört Nordafrika zu den wohlhabendsten Gebieten des Imperiums.

Sozialstruktur Die *Sozialstruktur* ist gekennzeichnet durch die sehr hohe Anzahl kleiner und mittlerer Stadtsiedlungen und den Großgrundbesitz, besonders kaiserliche Domänen. Es bildet sich eine breite stadtsässige, grundbesitzende Oberschicht heraus mit vielen abhängigen Landarbeitern und Bedarf an hoch entwickeltem Gewerbe; daneben freie Landarbeiter, die teils als Schnitter und Olivenpflücker mit der (im Bergland späteren) Saison wandern und ein Potenzial zu sozialen und religiösen Unruhen bilden (circumcelliones), teils als Kleinpächter (coloni) Domänen bewirtschaften. Soldaten und Veteranen spielen außerhalb der Limeszone und der Provinzhauptstädte keine wesentliche gesellschaftliche Rolle. Die rechtliche und so-

Romanisierung ziokulturelle *Romanisierung* erreicht im 2. Jh. ihre stärkste Dynamik, sodass Nordafrika zur Severerzeit weitest gehend in die römisch-lateinische Gesellschaft und Kultur integriert ist, obwohl Lybisch und Punisch vielenorts bis in die Vandalenzeit überleben. Die provinziale Oberschicht stellt durch Senatoren und im Reichsdienst hervortretende Ritter im 2. bis 4. Jh. einen sehr starken Anteil an der Reichsaristokratie; 80 der erste Konsul aus Africa (Q. Pactumeius Fronto). Mit Septimius Severus (Familie aus Lepcis Magna) und Clodius Albinus (aus Hadrumetum?) gelangen 193 zwei ‚Afrikaner' zur Kaisermacht.

Reichs-aristokratie Noch nach der Vandalenherrschaft findet die Oberschicht zurück in die *Reichsaristokratie*. – Eine besondere soziale Auszeichnung stellt in heidnischer Zeit das (halbeponyme) Priesteramt der karthagischen Ceres dar (Ära beginnt wohl 44 v.Chr.).

Kultur Seit 2. Jh. gibt Nordafrika wichtige *kulturelle Impulse* nicht allein auf den Gebieten der bildenden Kunst und der Architektur (manifest an zahlreichen städtischen Bauten, prächtigen Mosaiken städtischer und ländlicher Villen und in feiner Plastik), sondern v. a. in der Literatur: M. Cornelius Fronto aus Cirta (Konsul 143; †175; Redner, Erzieher Marcus Aurelius'), Apuleius von Madauros (Redner und Romancier [Metamorphosen]), P. Salvius Iulianus (Konsul 148, Jurist); besonders die christlichen Schriftsteller Tertullian (Apologie 197), Minucius Felix (Octavius, 1. Hälfte 3. Jh.), Cyprian (Bischof von Karthago 248/49–258), Arnobius (Anf. 4. Jh. in Sicca Veneria), Lactantius (Anf. 4. Jh.), Augustinus (Bischof von Hippo Regius, †430), Fulgentius von Ruspe (†532) und seinem Hauptwerk nach Orosius (um 418 His-

Christentum toriae adversum paganos). Diese Blüte beruht auf starker Verbreitung des *Christentums* seit dem 2. Jh., das interne Auseinandersetzungen heftig, gelegentlich gewalttätig austrägt: Im 4. Jh. Kampf gegen Donatismus, der u.a. Anklang findet bei Circumcellionen und auch den Aufstand des Gildo fördert. Die punischen und berberischen Kulte führen, zumeist in römischer Interpretation, neben importierten römisch-italischen Kulten ein kräftiges Eigenleben (z.B. Saturn/Baal Hammon, Caelestis/Tanit, Liber Pater/Chadrapha, Mars/Hadad, dii Mauri). Daneben findet in den Städten der römische Kaiserkult eine weite (offizielle) Verbreitung, ferner die Verehrung der numidischen Könige (Hiempsal, Juba, Ptolemaeus u.a.).

Vandalen Die Eroberung Nordafrikas durch die arianischen *Vandalen* zerstört die stark romanisierte Sozialstruktur und Kultur nicht, schwächt aber erheblich den Wohlstand. Viele Städte werden 429–431 zerstört, u.a. Hippo Regius. 439 fällt mit Karthago den Vandalen die volle Herrschaft zu. Es bilden sich zahlreiche römisch-berberische Fürstentümer, sodass der vandalische Einfluss auf die stärker urbanisierten Gebiete, in Mauretanien weit gehend auf den Küstenstreifen beschränkt wird. Nach Rückeroberung durch Belisar (534) erneuern sich die alten Bindungen zum Imperium. 695–697 gerät Nordafrika unter arabische Herrschaft. Römisch-christliche Traditionen halten sich bis in das 12. Jh., auf die arabisch-islamische Geschichte Nordafrikas wirkt die römische Okkupation nur gering fort. Der wesentliche Einfluss beruht im 2.–5. Jh. auf der Ausstrahlung der hoch entwickelten Zivilisation und des Christentums auf die anderen Reichsteile, ferner auf der Lieferung von Getreide und Öl (besonders für Rom), schließlich dem Anteil an der Reichsaristokratie.

Ägypten
(Forts. v. S. 184)

Als *Kronland des Prinzipats* und wichtigster Getreidelieferant für Rom hat Ägypten in vielfacher Hinsicht eine Sonderstellung im Römischen Reich. Nur hier treten Augustus und seine Nachfolger als absolute Monarchen auf (Zählung nach Regierungsjahren, nicht nach Konsulaten), Titulatur und Ornat der Pharaonen werden auf die römischen Kaiser übertragen. Auch die römischen Herrscher bauen in ägyptischem Stil und sorgen für die einheimischen Kulte, die auf die uralte religiöse Rolle der Pharaos angewiesen sind.

Kronland des Prinzipats

Die von den Ptolemaiern aufgebaute *Verwaltung* wird nach Möglichkeit fortgeführt. An ihrer Spitze steht ein praefectus aus dem Ritterstand, der meist alle 2–4 Jahre wechselt. Seine Stellung als Vizekönig enthält die Versuchung zur Usurpation, so schon bei dem ersten, C. Cornelius Gallus (30–26 v. Chr.), der strafweise abberufen wird und Selbstmord verübt. Der erste Nichtrömer (jüdischer Abstammung), Ti. Iulius Alexander (66–73 n.Chr.), unterstützt die Erhebung Vespasians zum Kaiser, ebenso der Präfekt C. Calvisius Statianus (175) die des Avidius Cassius; 257 wird der Präfekt L. Mussius Aemilianus in Ägypten zum Kaiser ausgerufen. Die Präfekten leiten auch die *Rechtsprechung*. Ihre Residenz Alexandreia steht außerhalb der Landes-Verwaltung mit den neu geschaffenen drei Epistrategien von Oberägypten (Thebais), Mittelägypten (Heptanomia) und Unterägypten (Delta), in denen die etwa 40 „Gaue" (unter Strategen) zusammengefasst sind. Die Amtssprache ist griechisch, die Vertragssprache jedoch meist ägyptisch. Alle 14 Jahre findet eine Volkszählung (census) für Steuerzwecke statt. Im Land sind meist drei *Legionen* stationiert – eine in Oberägypten, eine in Babylon bei Kairo, eine in Nicopolis bei Alexandreia zur Überwachung dieser Weltstadt mit ihrem stets unruhigen Pöbel und ihren nationalen Gegensätzen (häufige antisemitische Ausschreitungen gegen die starke Judengemeinde). Als Ausfuhrhafen des Getreides (annona) für Rom ist Alexandreia auch Stützpunkt der Flotte (classis Augusta Alexandrina); Bedeutung auch durch den Handel mit Indien (über Koptos und die Häfen am Roten Meer) und die Ausfuhr von wertvollen Gesteinen (Rosengranit aus Assuan, Porphyr vom Mons Claudianus). Stadtrecht haben außer Alexandreia nur die beiden Griechenstädte Ptolemais und Naukratis. Die Zahl der Römer im Land ist gering, doch werden viele Veteranen einzeln angesiedelt, und viele Römer (so schon Virgil und Maecenas) besuchen als Touristen das Niltal mit seinen Sehenswürdigkeiten. Den griechischen Bürgern werden immer mehr zwangsweise und unbesoldet Pflichten (Leiturgie) auferlegt. Die Landwirtschaft nimmt unter den ersten Kaisern einen großen Aufschwung, zugleich Bildung von Großgütern römischer Kapitalisten und vornehmer Alexandriner. Eine einheimische Priesterschaft pflegt die alten *religiösen Traditionen* und gibt die Kenntnis der Hieroglyphenschrift weiter, an vielen Tempeln wird eifrig weitergebaut (u.a. Dendera, Karnak, Esna, Oasen Charge und Dachle). Die römischen Kaiser Caligula und Domitian sind besonders aufgeschlossen für die ägyptischen Kulte, die sich in Rom und seinen Provinzen immer mehr ausbreiten.

Verwaltung

Rechtsprechung

Legionen

Religion

115–117 Der große *Judenaufstand*, vom Präfekten Q. Marcius Turbo niedergeworfen, leitet eine Zeit wirtschaftlichen und geistigen Niedergangs ein, obgleich Hadrian die alexandrinische Religion besonders fördert (130 Besuch Ägyptens und Gründung der neuen Griechenstadt Antinoopolis durch Kaiser Hadrian, nachdem sein Günstling Antinous im Nil ertrunken ist).

Judenaufstand

154/167 Ein neuer Aufstand (154) und die Pest (167) fördern den *Verfall*, der wachsende Steuerdruck zwingt die Bauern vielfach zur Flucht aus ihren Dörfern und führt zur Verödung des Landes, das überdies von Banden terrorisiert wird.

Verfall

Die Bautätigkeit an den Tempeln und die Kenntnis der Hieroglyphen gehen stark zurück, dafür erste Spuren der neuen, mit griechischen Buchstaben geschriebenen Schriftsprache des Koptischen, die vor allem in den wachsenden christlichen Gemeinden benutzt wird.

200 Septimius Severus in Ägypten, versucht eine Neuordnung in Verwaltung und Rechtsprechung. Die lokale Aristokratie wird zur Staatsverwaltung herangezogen, die Metropoleis in den Gauen erhalten das Stadtrecht. Die Auswirkungen der Constitutio Antoniniana (212/213) auf Ägypten (allgemeines Bürgerrecht) sind noch umstritten. Caracalla (211–217) gibt sich noch einmal betont als Pharao, doch kommt die Bautätigkeit in Esna und den übrigen Tempeln nach Decius (249–251) ganz zum Erliegen.

seit 253 Neue Pest-Epidemie; außerdem kommt es von Süden zu Einfällen der Nobaden und Blemmyer.

267–271 Ägypten gehört zum Machtbereich der Zenobia von Palmyra.

296 Nach der Niederwerfung der Rebellion des Achilleus gegen *Diokletian* (297 weiterer Aufstand unter L. Domitius Domitianus) verliert Ägypten seine Sonderstellung. Es wird in mehrere Provinzen aufgeteilt, der Präfekt ist jetzt dem vicarius der Diözese Oriens unterstellt (erst ab 381 mit Libyen eigene Diözese). Die militärischen Aufgaben werden von einem dux wahrgenommen, der dem magister militum des Orients untersteht. Rücknahme der

Diokletian

römischen Besatzung aus Nubien, das den Nobaden überlassen wird. Unter Maximinus Daia (305–313) letztmals Hieroglyphen-Inschriften und Darstellung des Kaisers als Pharao – mit dem Sieg des Christentums fällt beides dahin.

Das Christentum im römischen Ägypten

Alexandreia

Das Christentum findet in Ägypten mit seinen zahlreichen Judengemeinden früh Eingang, doch sind die Anfänge bis etwa 180 dunkel. Durch das Fehlen einer Stadtverfassung in den „Gauen" vor 296 bleibt *Alexandreia* lange der einzige Bischofssitz, dazu seit 190 Sitz einer Katechetenschule mit bedeutenden Vorstehern (Clemens Alexandrinus, Origenes); erst im 3. Jh. erhalten auch die Metropoleis in den Gauen Bischöfe, doch unter Aufsicht des Bischofs von Alexandreia, dessen Aufstieg zum Metropoliten, seit 451 Patriarchen, so vorbereitet wird. Erste große Verfolgungen mit Märtyrern unter Septimius Severus, Decius und Diokletian. Die meisten Anhänger findet die neue Lehre in der unterdrückten Landbevölkerung, während die gebildete griechische Oberschicht noch länger an den heidnischen Kulten festhält (Sarapis-Heiligtum von Alexandreia 325 geschlossen, 391 zerstört). Frühe Entstehung eines Einsiedler- und

Mönchtum

Mönchtums (Antonius, Pachom, der um 320 das erste Kloster bei Tabennese gründet) und Übersetzung der Bibel in die Dialekte des Koptischen (aus lateinisch „Aegyptus"). Daneben Fortwirken gnostischer Lehren (Codices von Nag Hammadi = Choinoboskion). Im 4. und 5. Jh. ist Ägypten Schauplatz erbitterter theologischer Auseinandersetzungen (Athanasios, Arius, Kyrillos); dazu Vertreibung der Juden aus Alexandreia und Verfolgung der letzten heidnischen Philosophen (Hypatia 415). Einfluss des manichäischen Glaubens, gegen den mehrfach strenge Edikte erlassen werden.

Justinian I.

Unter *Justinian I.* (527–565) dauern die theologischen Streitigkeiten und die Unruhen in der Bevölkerung an; als letzter heidnischer Tempel wird der Isis-Tempel von Philae geschlossen, christliche Missionierung Nubiens durch Bischof Theodor. Die wirtschaftliche Ausbeutung des Landes und die Verfolgung seiner monophysitischen Kirche machen die byzantinische Verwaltung bei den Ägyptern so verhasst, dass sie (619–629) die persischen und (seit 639) die arabischen Eroberer als Befreier begrüßen.

Palästina unter römischer Herrschaft

(Forts. v. S. 191)

Hasmonäerstaat

63 v.Chr. Der im Kampf gegen die Seleukiden mächtig gewordene *Hasmonäerstaat* von Pompeius ist nach der Einrichtung der Provinz Syrien seiner faktischen Unabhängigkeit beraubt. Judäa wird abhängiger Klientelstaat mit Pflicht zur Stellung von Hilfstruppen und zur Zahlung von Tribut. Der Hohepriester Hyrkanos ist gleichzeitig Ethnarch (= politischer Führer seines Volkes); alle griechischen Städte an der Küste und im Landesinneren werden durch Pompeius autonom. Die von Pompeius in die Sklaverei verkauften Juden verstärken die Diaspora.

47 Im römischen Bürgerkrieg nach anfänglichem Zögern Anschluss an Caesar, deshalb Hyrkanos wieder als Ethnarch bestätigt, der Idumäer Antipater als Vertreter der römischen finanziellen Interessen eingesetzt; durch eine Gesandtschaft des Hyrkanos ein Bündnis mit Rom unter Einbeziehung der Diasporajuden geschlossen.Caesars Erlass schützt die religiöse Sonderstellung der Juden. Durch Anschluss an Antonius sichert sich *Herodes I.*, der Sohn

Herodes I.

40 Antipaters, die Herrschaft in Judäa und wird durch den Senat als König anerkannt.

37 Konsolidierung seiner Macht durch Eroberung Jerusalems. Die Stellung des Hohenpriesters bleibt von der des Königs getrennt, da Herodes als Idumäer nur Halbjude ist. Wegen Auseinandersetzungen mit Kleopatra nimmt Herodes nicht an der Schlacht von Actium teil.

Octavian

30 Deshalb Parteiwechsel zu *Octavian* möglich, der den Machtbereich des Königs vergrößert. Seine Macht durch die Ausrottung der Hasmonäer, die Schwächung des Hohen Priestertums, die neuerliche Ummauerung Jerusalems, die Errichtung von Befestigungen (z.B. Masada) und die Gründung von Städten (Sebaste, Kaisareia) gestärkt.

4 Nach seinem Tod Teilung seines Reiches mit Zustimmung des Augustus; Archelaos erhält u.a. Judäa mit Jerusalem.

Provinz Judäa

6 n.Chr. Nach langen Beschwerden der Untertanen wird Archelaos von Augustus abgesetzt und nach Gallien verbannt, sein Teilreich in die *Provinz Judäa* umgeformt; sie wird zunächst von einem ritterlichen Präfekten geleitet, dem nur Hilfstruppen unterstehen. Die Juden werden zur Bezahlung von Grund- und Kopfsteuer gezwungen; beide Steuern durch die lokalen administrativen Bezirke eingezogen.

Entweder um 5/4 v.Chr. oder um 7 n.Chr. wird Jesus geboren.

40 Herodes Antipas von Caligula ebenfalls verbannt, sein Herrschaftsgebiet von Claudius zusammen mit der bisherigen Provinz Herodes Agrippa I. übergeben. Nach dessen Tod wird
44 die Provinz in größerem Umfang wiederhergestellt.
53 Der Sohn Agrippa II. zum König der Trachonitis und Gaulanitis bestimmt.
66 *1. Jüdischer Aufstand.* Die Spannungen mit der römischen Herrschaft wachsen spätestens seit dem Versuch Caligulas, sein Bild im Tempel in Jerusalem aufzustellen. Als ungerecht empfundener Steuerdruck, Missachtung religiöser Privilegien durch die Statthalter verstärken eine messianische Stimmung, die von der Bewegung der *Zeloten* auch politisch verwertet wird. Unmittelbarer Anlass des Aufstandes ist das Verhalten des Statthalters Gessius Florus, der die Juden in Kaisareia nicht vor einem Pogrom der Griechen schützt und Geld aus dem Tempelschatz fordert. Die Niedermetzelung der römischen Besatzung in Jerusalem nach Bewilligung freien Abzugs durch die Juden provoziert eine allgemeine Aufstandsbe-
67 wegung, die bald auch von den politischen Führern des Judentums, den *Pharisäern*, unterstützt wird.
68 Rom reagiert durch Entsendung Vespasians, der zunächst das offene Land erobert. Durch den Tod Neros und die Erhebung Vespasians zum Kaiser wird die Belagerung Jerusalems hinausgezögert.
70 Nach etwa halbjähriger Belagerung wird die Hauptstadt erobert, der Tempel (schon am
25. Sept. 30. August) vernichtet.
April 73 Die letzten Reste des Aufstandes werden mit der Erstürmung *Masadas* ausgelöscht. Zahl-
oder 74 reiche Juden in die Sklaverei verkauft.
70 Die Provinz wird einem senatorischen Legaten mit prätorischem Rang unterstellt, die legio X Fretensis in der Nähe von Jerusalem in Garnison. Die Befreiung der Juden vom Militärdienst bleibt bestehen; deshalb Rekrutierung zumeist außerhalb der Provinz bzw. unter der nichtjüdischen Bevölkerung.

Ein kaiserlicher Prokurator ist für den Steuereinzug und die großen kaiserlichen Domänen verantwortlich. Die Tempelsteuer von zwei Drachmen an den kapitolinischen Jupiter entrichtet; zuvor nur von Männern, jetzt von allen Personen mit jüdischer Religion bezahlt. Zölle an den Provinzgrenzen durch jüdische Zolleinnehmer erhoben.

Das durch die Religion bestimmte jüdische Leben wird getragen durch das Zentrum in *Jamnia*, wo der Pharisäer Jochanan mit Erlaubnis Vespasians eine Rabbinerschule eröffnet; dort auch Tagung des Sanhedrin (Gerichtshof).

vor 92 Mit dem Tod Agrippas II. kommt das letzte jüdische Klientelgebiet unter direkte römische Herrschaft.
115–117 Während des Partherkrieges Traians weit reichende Aufstandsbewegung der *Diasporajuden* in Syrien, Babylonien, Ägypten, der Kyrenaika und auf Zypern; auch Palästina wird betroffen. Langwierige militärische Auseinandersetzung; wahrscheinlich als Folge die Provinz Judäa seit trajanischer, endgültig seit hadrianischer Zeit mit einer zweiten Legion be-
129 legt (zuerst die II Traiana, dann die VI Ferrata), spätestens seit etwa 129 ein konsularer Legat als Provinzstatthalter mit Sitz in Kaisareia.
132–135 Letzter großer Aufstandsversuch in Palästina durch Simeon Bar Kosiba (*Bar Kochba* = „Sohn des Sternes"), Galiläa wenig beteiligt. Sorgfältige militärische und politische Vorbereitung; der Anlass wohl in dem Plan Hadrians zu sehen, Jerusalem unter dem Namen Aelia Capitolina als hellenistisch-römische Stadt und einen Jupitertempel anstelle des jüdischen Tempels wieder zu errichten. Als Folge des Aufstandes die Beschneidung, das Betreten Jerusalems durch Juden verboten, sehr viele Bewohner Judäas getötet oder aus dem Land vertrieben. Die religiösen Beschränkungen durch Antoninus Pius wieder aufgehoben. Die innere Ruhe der Provinz bis 351 weit gehend gewahrt.
3. Jh. In der 2. Hälfte des 3. Jh.s der senatorische Legat durch einen ritterlichen Präses ersetzt; das Militärkommando geht an einen dux Palaestinae über, dem zahlreiche kleinere Abteilungen unterstellt sind. Dislokation vor allem am Limes, nicht mehr im Landesinnern. Nach Einsetzung eines Heermeisters im Osten diesem der dux untergeordnet.
351 Jüdischer Aufstandsversuch gegen Gallus, u.a. veranlasst durch das Verbot, christliche Sklaven beschäftigen zu dürfen.
357 Der Süden der Provinz (Palaestina Salutaris) Arabien zugeschlagen.
363 Der Versuch Julians, Jerusalem den Juden zurückzugeben und den Tempel wieder zu errichten, nach seinem Tod sofort aufgegeben.
um 400 *Teilung* in Palaestina I und II; Palaestina Salutaris wird zu Palaestina III. Die Statthalter dem Leiter der Diözese Oriens (comes) mit Sitz in Antiocheia und dem Prätorianerpräfekten des Orients mit Sitz in Konstantinopel untergeordnet.

| | 484, 529 | Aufstände, zum ersten Mal durch die Samaritaner, die sich um ihr Kultzentrum auf dem Berg Garizim von den Juden abgesondert hatten. Hoffnung auf persische Unterstützung nicht erfüllt; anstelle des samaritanischen Heiligtums auf dem Garizim durch Kaiser Zenon eine Kirche errichtet. Durch die Ausbreitung der monophysitischen Lehre Schwächung der Zentralgewalt. |

Perserkönig Chosrau II. — 614 Der *Perserkönig Chosrau II.* zieht nach Palästina; Anschluss der Juden und Eroberung Jerusalems; die Stadt den Juden übergeben; 37000 Christen in die Gefangenschaft nach Persien. Schon drei Jahre später die Juden wieder vertrieben; Wiedererrichtung des christlichen Patriarchats.

629 21. März — Nach Friedensschluss Einzug des Kaisers Herakleios in Jerusalem mit der wiedergewonnenen Kreuzesreliquie.

Araber — seit 632 Eindringen der moslemischen *Araber*.
636 Niederlage der Römer am Yarmuk (20. Aug.).
638 Jerusalem dem Kalifen Omar übergeben.
640 Eroberung von Kaisareia. – Ende des römischen Palästina.

Grundstrukturen Palästinas zur Römerzeit

Organisation — Die lokale *Organisation* zunächst durch vorrömische Formen bestimmt; an der Küste und im Jordantal griechische Städte, sonst das Land in Toparchien eingeteilt; dabei Dörfer als administrative Zentren ohne Autonomie. Auch die von Herodes und seiner Familie gegründeten Städte zumeist nur Verwaltungsmittelpunkt ohne Territorien. Städtische Gliederung im Rechtssinn erst seit Vespasian stärker entwickelt; im 4. Jh. das Land fast ganz in städtische Territorien aufgeteilt. Nur eine Veteranensiedlung von Vespasian in Emmaus angelegt, die meisten Städte griechisch bestimmt, teilweise die vorhandene jüdische Aristokratie entmachtet; das Judentum aber nicht vernichtet; im 4. Jh. Tiberias und Diokaisareia noch völlig jüdisch; besonders stark jedoch auf dem Land. Veränderung der *Bevölkerungszusammensetzung* durch

Bevölkerung — Abwanderung von Juden, Einwanderung von Griechen und Syrern sowie die Niederlassung von entlassenen Veteranen. Geringe Verbreitung des römischen Bürgerrechts vor 212, da der hauptsächliche Zugang über den Dienst im Heer den Juden aus religiösen Gründen unmöglich ist. In der Führungsschicht schon bald einzelne Römer, vor allem im Haus des Herodes; Zugang zur Reichsaristokratie nur für wenige und nur nach Religionswechsel (z. B. Iulius Alexander, Präfekt von Ägypten 69). Geringe Einwirkung

Sprache — des Römischen, auch nicht in der *Sprache*, wohl aber der hellenistischen Kultur; selbst auf dem Land im 3. Jh. weit gehend Griechisch verwendet. Wesentlich stärkere Beeinflussung der Juden in der Diaspora, die Sprache zunächst meist griechisch, später auch häufig, vor allem im Westen, Latein.

Wirtschaftsstruktur — Die *Wirtschaftsstruktur* ist weit gehend agrarisch; Großgüter fast nur im Besitz des Kaisers oder Patriarchen, sonst überwiegend freie Landbesitzer, die auch Bearbeiter des Landes sind; außerhalb des jüdischen Siedlungsgebiets auch Großgrundbesitz. Typischerweise die Bindung der Kolonen an den Boden erst 386 für Palästina verfügt. Besondere Produkte sind das Olivenöl Galiläas und der Oasen von Jericho und Engeddi sowie der Balsam von Jericho; Olivenöl in großem Ausmaß in die jüdische Diaspora exportiert. Weidewirtschaft (Schafe), bedeutende Weberei auf handwerklicher Basis; Zentrum für feine Stoffe ist Skythopolis.

jüdische Religion — Durch die *jüdische monotheistische Religion* nimmt Palästina eine Sonderstellung ein. Die Hohenpriester sowie der Sanhedrin besitzen selbst über die Diasporajuden Macht, die bis 70 auch durch die Tempelsteuern gebunden sind. Nach 70 entwickelt sich das Patriarchenamt in Haus Hillel als erbliche Führerstellung; der größte Einfluss der Patriarchen im späten 2. und am Anfang des 3. Jh. (in Tiberias). Durch ihn erfolgt die Ernennung der Richter. Ordination von Rabbinern ist nur mit seiner Erlaubnis möglich, auch in der Diaspora; er hat den Vorsitz im Sanhedrin inne, entsendet persönliche Beauftragte zur Kontrolle der Gemeinden, die bei besonderen Anlässen eine Abgabe zu entrichten haben. Von ihm werden auch die Festtage des Kalenders verkündet, ein Mittel zum Zusammenhalt des Judentums. Für Rom ist auch nach 135 der Patriarch der Vertreter des Gesamtjudentums, der im Eigeninteresse mäßigend auf sein Volk einwirkt. Das Patriarchat, noch im 4. Jh. durch die Verleihung des Ehrenranges eines Prätorianerpräfekten herausgehoben, wird vor 429 auf Drängen christlicher Kreise abgeschafft; die Ernennung der Rabbiner gelangt in die Zuständigkeit des Provinzialsanhedrins; dadurch ist vor allem das Diasporajudentum führerlos. Die Möglichkeit zum Zusammenhalt beruht nur noch auf religiöser Grundlage. Die dafür gültige Lehre ist im Kanon des Alten Testaments (seit etwa 100) festgelegt. Die kommentierende Arbeit lehrhafter und gesetzlicher Natur wird in der talmudischen Literatur zusammengefasst (in Palästina um 400, in Babylonien um 525).

Sadduzäer, Pharisäer, Essener — Die religiöse Situation ist zunächst innerhalb des Judentums durch die Richtungen der *Sadduzäer, Pharisäer und Essener* bestimmt. Die Essener sind eine apokalyptische Strömung, die in Chirbet-Qumran wohl ihr klosterähnliches Zentrum hat (ihre Schriften in benachbarten Höhlen seit 1947 gefunden); die Sadduzäer bilden die priesterliche Fraktion mit Beschränkung der Heiligung auf den kultischen Bereich, die Pharisäer vertreten die Durchdringung des gesamten Lebens mit religiösen Forderungen. Wegen der apokalyptischen Züge überleben die Essener die Jahre 66/70 nicht, ebensowenig die Sadduzäer wegen ihres national-religiösen Engagements. Nach 70 bzw. 135 setzt sich die pharisäische Richtung durch. In den hellenistisch geprägten Städten ist teilweise die übliche olympische Religion vorherrschend; darunter sind oft einheimische Götter verborgen, z.B. Marnas in Gaza.

Das *Christentum*, das in Jerusalem seine erste Gemeinde hat, ist stark judenchristlich orientiert; die Leitung zunächst bei Petrus, dann bei Jakobus dem Jüngeren (bis 62). Am Aufstand 66–70 beteiligen sich die Judenchristen nicht; Auswanderung nach Pella östlich des Jordan. Seit 135 besteht in Jerusalem eine rein heidenchristliche Gemeinde, andere Zentren sind im 2./3. Jh. hauptsächlich in hellenistischen Städten. — *Christentum*

Die Sprache der christlichen Kirche ist griechisch, erst im 4. Jh. gibt es auch Übersetzungen ins Aramäische. Kirchliche Metropole wird Kaisareia (dort wirken Origenes und Pamphilos im 3. Jh. unter Konstantin Eusebios); Jerusalem behält Ehrenvorrang; aber erst nach 451 wird es als Patriarchat anerkannt. Christen sind bis zu Konstantin nicht sehr zahlreich, in jüdischen Zentren wie Tiberias und Diokaisareia wird der Zugang erst durch Konstantin erzwungen. Starke pagane Religion noch bis um 400 in Gaza und Raphia. Staatliches Vorgehen gegen die Christen besonders unter Diokletian und Maximinus Daia. Mit Konstantin ist Palästina zum *Heiligen Land* geworden. Intensiver Kirchen- und Klosterbau unter dem Einfluss der zahlreichen Pilger aus dem gesamten Reich, vor allem des Hieronymus. Im 5. und 6. Jh. Christianisierung auch des flachen Landes, Kirchen und Klöster selbst in kleinsten Orten; zahlreiche Einsiedler, z.B. Sabas und Johannes Silentiarius. Frühzeitige Märtyrer- und Heiligenverehrung durch Kapellenbauten. Im 5. Jh. *Kirchenspaltung* durch Annahme des Monophysitismus im Volk und unter den Mönchen. Dadurch Schwächung des inneren politischen Zusammenhalts – eine der Ursachen für den schnellen Verlust Palästinas an die moslemischen Araber. – (Forts. S. 1089) — *Heiliges Land* / *Kirchenspaltung*

Syrien

(Forts. v. S. 191)

Syrien, durch die *geografische Lage* einerseits zur Mittelmeerwelt hin geöffnet, andererseits nach Osten zum Zweistromland, Persien, Indien hin orientiert. Dadurch ist das Land wesentlich auf Austausch und Vermittlung ausgerichtet. Die in Nord-Süd-Richtung verlaufenden Gebirgszüge des Libanon und Antilibanon behindern diesen Charakter nicht, teilen es allerdings in viele kleine, getrennte lokale Einheiten. Der Regenreichtum der Westküste und die weit gehende Wasserlosigkeit des Ostens bestimmen wesentlich die wirtschaftliche und soziopolitische Struktur. — *Geografie*

Allgemeine politische Krise durch Zusammenbruch des *Seleukidenreiches* und das Ausgreifen des Tigranes (König von Armenien). Nach dessen Besiegung wird das Zentralland der Seleukiden durch Pompeius zur *Provinz* erklärt, die wesentlich auf den Küstensaum, einen Teil des Orontestales und die fruchtbare Hochebene vom Amanus bis zum Euphrat beschränkt ist und von einem Prokonsul bzw. Proprätor geleitet wird (Amtssitz Antiocheia am Orontes). Der größere Teil des Landes bleibt unter einheimischen Dynasten, die einen Schutz gegen nomadisierende Stämme aus dem Osten und Süden bilden. — 64 *Seleukidenreich* / *Provinz*

53 Von Syrien aus Crassus' Zug gegen die *Parther;* die nach der Niederlage der Römer bei
39 Karrhai in römisches Gebiet einfallen und erst nach den Siegen des Ventidius Bassus Syrien
38 räumen. Letzte große Schlacht gegen Parther bei Gindaros; von da an kein parthischer Einfall mehr bis 162. — *Parther*

nach 31 Die von Antonius an Kleopatra und andere Dynasten verschenkten Gebiete werden durch Augustus wieder zum Provinzialgebiet gemacht. Veteranenansiedlungen in Berytos und Heliopolis.

Römische Provinzialverwaltung

Die Provinz wird von einem kaiserlichen Legaten in konsularem Rang geleitet, der das Ende seiner Laufbahn erreicht hat – dies ein Ausdruck für die Bedeutung der Provinz; bis 70 sind ihm vier Legionen unterstellt sowie zahlreiche Auxilien. Die *Truppen*, zunächst im Landesinnern gegen die unruhige Bevölkerung und gegen räuberische Stämme stationiert, werden seit Augustus weit gehend bereits aus dem Osten bzw. bereits unmittelbar aus Syrien rekrutiert. Zahlreiche Spezialeinheiten ausgehoben, die in anderen Reichsteilen eingesetzt und auch späterhin häufig mit Rekruten aus Syrien aufgefüllt werden. Das *Steuersystem* wohl auf den seleukidischen Verhältnissen aufbauend; die Tatsache der Grund- und Kopfsteuer bekannt, auch Frauen der Kopfsteuer unterworfen; nur wenige Städte mit römischem Rechtsstatus von den Kaisern — *Truppen* / *Steuersystem*

Finanzwesen privilegiert. Das *Finanzwesen* untersteht einem ritterlichen ducenaren Prokurator; der Einzug erfolgt aber über die Territorialeinheiten oder die Scheichs der abhängigen Stämme. Augustus errichtet eine Münzstätte, die Silber- und Kupfergeld prägt. Der Münzfuß ist mit dem der Parther identisch (notwendig wegen des Handelsaustausches?); daneben lokale städtische Kupferprägung bis in gallienische Zeit.

Spätestens seit Nero weit reichender Ausbau des Straßensystems durch die Truppen bzw. die Städte, zunächst in Nord-Süd-Richtung, später in Ost-West-Richtung bis zum Euphrat, auch über Palmyra am Euphrat entlang. Ein Provinziallandtag mit Sitz in Antiocheia besteht spätestens seit Mitte des 1. Jh.s n. Chr.

	18 n. Chr.	Kommagene (nördlichste Landschaft Syriens zwischen Kilikien und Euphrat) zu Syrien geschlagen, seit Tiberius auch Palmyra in direkter Abhängigkeit von Rom (mit weit gehender innerer Autonomie).
	41	Unter Claudius wird Kommagene an Antiochos IV. zurückgegeben; Veteranensiedlung in Ptolemais.
	54–65	Kämpfe gegen die Parther unter Domitius Corbulo, der ein weit über die Provinz hinausgreifendes Kommando erhält.
	69	Usurpation Vespasians mit Unterstützung des syrischen Statthalters Mucianus.
Limes	70	Die Zahl der Legionen wird auf drei verringert, die seit Vespasian teilweise an den Euphrat verlegt werden. Errichtung eines *Limes*, der die Bewegungen der nomadisierenden Stämme kontrollieren soll.
	72	Kommagene endgültig zum Provinzialgebiet geschlagen.
	vor ca. 92	Das letzte Dynastengebiet, Chalkis, der Provinz eingegliedert.
	114–117	Kämpfe gegen die Parther, unter Marcus Aurelius wieder mit einem übergreifenden Kommando (Avidius Cassius).
	175	Usurpation des Avidius Cassius.
	193/194	Usurpation des Pescennius Niger.
	194	Die Provinz wird von Septimius Severus in Syria Coele unter einem konsularen Legaten (Hauptstadt Laodikeia) mit zwei Legionen und Syria Phoenice unter einem prätorischen Legaten (Hauptstadt Tyros) und einer Legion geteilt, um die Aufstandsgefahr zu mindern.
Kämpfe gegen die Parther	197–199	*Kämpfe gegen die Parther.*
	217	Caracalla bei Karrhai ermordet, Macrinus zum Kaiser ausgerufen.
	218	Durch eine Revolte der Soldaten ein Neffe Caracallas, der Hohepriester des Gottes von Emesa war, mit dem Namen Elagabal zum Kaiser ausgerufen; dadurch Verstärkung des allgemeinen syrischen Einflusses.
Sasaniden	seit 230	Ständige Angriffe der *Sasaniden* (Sassaniden) auf Syrien, Verpflanzung zahlreicher Provinzbewohner nach Persien.
		Gegenkaiser als Schutz gegen die Perser:
	253	Uranius Antoninus; nach der Gefangennahme Valerians durch Schapur I. Macrianus und
	260	Quietus.
	seit 260 267 273	Zusammenhalt des römischen Ostens durch Odainathos, den Fürsten von Palmyra; nach seinem Tod seine Witwe Zenobia und ihr Sohn Vaballathos immer unabhängiger bis zur Annahme des Augustustitels. Erst durch Aurelian die Sezession beendet, die Provinz wiederhergestellt und Ausgangspunkt für die Perserfeldzüge unter Kaiser Diokletian; intensiver Ausbau des Limes mit Kastellen und einer besonderen Verbindungsstraße.
Diokletian und Konstantin		Während der Regierungen von *Diokletian* und *Konstantin* jeweils Teilung der beiden Provinzen in zwei kleinere Einheiten (Syria Coele – Augusta Euphratensis, Phoenice – Augusta Libanensis); das Militärkommando geht auf die zwei Duces über, die dem Heermeister des Orients unterstellt sind; die zivilen Statthalter sind an die Weisungen des Vikars der Diözese Orient sowie des Prätorianerpräfekten für den Osten gebunden. Der Heermeister, der Vikar und der höchste Finanzbeamte der Diözese Orient haben in Antiocheia ihren Sitz. Zur Versorgung des Heeres und der staatlichen Amtsträger bei Antiocheia, Damaskus, Skythopolis und Tyros staatliche Waffen- und Kleidermanufakturen errichtet. Unter Diokletian umfassender Zensus zur gleichmäßigen Verteilung der Steuerlast; differenzierte Berechnung nach Bodenqualität und Bebauung.
	528–530	Unter Constantius II. und Julian weitere Perserfeldzüge, dann Syrien erst im 6. Jh. wieder durch persische Einfälle verheert.
Chosrau I.	540	Durch den Sasanidenherrscher *Chosrau I.* 50-jähriger Friede, bereits nach 10 Jahren wieder gebrochen. Angriffe durch nomadisierende Araber verstärkt.
	ab 604	Der Krieg von Chosrau II. führt zum Verlust Syriens; langsame Rückgewinnung durch Herakleios und Räumung Syriens durch die Perser.

636	Die römische Herrschaft geht durch die *Schlacht am Yarmuk* an die Araber verloren; Anti-	*Schlacht am*
638	ocheia als letzter großer Stützpunkt geräumt. Die Grenze des Byzantinischen Reichs wird	*Yarmuk*
	auf die Tauropässe zurückgenommen.	

Die Strukturen der römischen Provinz Syrien

In der untersten *territorialen Gliederung* der römischen Provinz bleiben vorseleukidische und seleukidische Strukturen erhalten. An der Küste und im Orontestal zahlreiche Städte mit Polisverfassung, im Landesinnern große Tempelherrschaften mit vielen abhängigen Dörfern, an den Rändern des Fruchtlandes nomadisierende Stämme, die schon teilweise feste Mittelpunkte haben. Durch Pompeius wird die Autonomie der Griechenstädte wieder hergestellt; Bürger sind nur Bewohner der Städte; diese werden durch die Römer zur Sicherung ihrer Herrschaft und zur Durchführung der Administration unterstützt. Viele Dörfer mit lokaler Administration bleiben bis ins 4./5. Jh. hinein erhalten. Nur wenige Veteranenkolonien werden gegründet, aber Verleihung des Kolonierechts, z.B. an Antiocheia, Tyros, Palmyra (Hadrian), Emesa (Caracalla). *territoriale Gliederung*

Mit der Umwandlung von Dörfern in Städte auch Vordringen der griechischen *Sprache*. Die Unterschicht der Städte und die Landbewohner bewahren weit gehend ihre aramäischen Dialekte, an den Rändern der Provinz sind diese Sprachen auch schriftlich (Palmyrener, Nabatäer). Zur eigentlichen Schriftsprache ist das aramäische Syrisch erst durch das Christentum seit dem 3. Jh. geworden (Bardesanes von Edessa), gestärkt durch das monophysitische Schisma des 5./6. Jh. Latein wird nur im Heer (durchgehend) und der Administration (teilweise neben Griechisch) verwendet; zeitweiliger Aufschwung der lateinischen Sprache erfolgt durch die Rechtsschule von Berytos im 4. Jh. *Sprache*

Die *Wirtschaftsstruktur* wird durch die Landwirtschaft, ein hoch entwickeltes Handwerk und den Handel bestimmt. Anbau von Getreide, Olivenbäumen und Wein; alle Produkte werden auch exportiert, ferner Bäume aus dem Libanon für Bauten und Schiffe (kaiserliche Forste im Libanon mit Zedern, Zypressen, Tannen, Fichten); um Palmyra intensive Pferdezucht, wichtig für die römische Armee. Großgüter von freien Pächtern und Lohnarbeitern, wenig durch Sklaven bestellt; in den Dörfern zahlreicher Kleinbesitz. Die überall notwendigen Bewässerungsanlagen werden durch liturgische Dienste der Bevölkerung erhalten. *Wirtschaftsstruktur*

Zahlreiche Manufakturen für Glas, Textilien, Parfüme; Purpurherstellung und -färberei um Tyros, Byblos, Berytos und Sidon konzentriert. Der Handel setzt die einheimischen *Produkte* im gesamten Römischen Reich ab; syrische Händlerkolonien auch in vielen römischen Städten des Westens; wesentlich ist jedoch der Durchgangshandel besonders von Ost nach West; die Karawanenwege von Mesopotamien, Persien, Indien konzentrieren sich auf die syrischen Städte (Palmyra, Gerasa, Damaskus, von dort weiter zu den Küstenstädten); die Produkte vor allem Seidenstoffe, Teppiche, Stickereien, Pelze, Parfüme, Perlen und Drogen. Das risikoreiche Geschäft bringt hohe Gewinne; die Händler gehören in den syrischen Städten zur Oberschicht. *Produkte*

Die *Bevölkerung* besteht hauptsächlich aus einheimischen Syrern, die aber stark mit Juden, Nabatäern, Palmyrenern vermischt sind. Seit seleukidischer Zeit Ansiedlung von Griechen und Makedonen, vor allem in den Städten; frühzeitige Vermischung. Die griechische und aramäische Sprache ist häufig kein Symptom ethnischer, sondern kultureller Zugehörigkeit. Einwanderung von Italikern, vor allem als Händler nur in der Republik; in der Kaiserzeit nur geringfügige ethnische Veränderung durch die geschlossene bzw. viritane Ansiedlung von Veteranen, da die Soldaten zumeist im Osten selbst rekrutiert werden. *Bevölkerung*

Das *römische Bürgerrecht* ist über den Dienst im Militär verbreitet, aber (bis 212) nicht in der Masse der Bevölkerung. Auch in der Namengebung ist der römische Einfluss gering; er ist nur spürbar in der Oberschicht der Städte, aus der auch seit vespasianischer Zeit einzelne Familien, vor allem aus stärker römisch geprägten Städten (Berytos, Heliopolis), in den Ritter- und Senatorenstand aufsteigen. Der wesentliche Einfluss in der Provinz bleibt bei den großen Handelsfamilien der Städte und den Stammesfürsten im Innern. Mit dem Auseinanderfallen der beiden Reichshälften im 4. Jh. gewinnen gebildete Familien aus Syrien über den Aufstieg in der Reichsadministration größeren Einfluss (z.B. Schüler des Libanios und Absolventen der Rechtsschule von Berytos). *römisches Bürgerrecht*

In den Städten geringer Widerstand gegen die äußerliche Adaption der griechisch-römischen *Zivilisation* und ihre Möglichkeiten der Versorgung der Bevölkerung; in Baukunst und Ornamentik sind aber starke lokale Einflüsse bemerkbar (z.B. Heliopolis, Emesa, Palmyra). Zahlreiche Schulen fördern die weite Verbreitung von Schriftlichkeit (zumeist Griechisch). Umfangreicher Beitrag zur griechischen, weniger der lateinischen Literatur; seit dem 4. Jh. gewinnt die christliche Literatur immer größere Bedeutung. Die ursprüngliche *Religion* der phönikischen Städte, Tempelherrschaften und nomadisierenden Stämme ist zumindest im Äußeren stark an die olympische Religion angeglichen; Einflüsse des persischen Manichäismus und des jüdischen Monotheismus. Einführung der Mysterien durch die Griechen und Einbau in die einheimischen Kulte; leichte Übertragbarkeit von Götternamen auf je verschiedene Erscheinungen. *Zivilisation*

Religion

Durch starke theologische Spekulation synkretistische Angleichung mit Richtung auf einen solaren Henotheismus: Sonne als Sitz aller göttlichen Energie, alle Gottheiten ihr Ausfluss. Weit reichender Einfluss der syrischen Kulte (Dea Syria, Jupiter Heliopolitanus, Jupiter Dolichenus, der Unbesiegte Sonnengott) im ganzen Reich; verbreitet zunächst durch Kaufleute, später auch durch Soldaten. Der Sonnengott Aurelians ist aber keine direkte Übertragung aus dem besiegten Palmyra.

Christentum — Bald nach dem Tod Jesu wegen der innerjüdischen Verfolgungen Ausbreitung des *Christentums* in Südsyrien, noch vor Paulus auch in Antiocheia, wo der Christenname aufkommt (als Selbstbezeichnung oder als amtliche Kennzeichnung einer jüdischen Sekte): Erste heidenchristliche Gemeinde; gilt als petrinische Gründung; von Anfang an Rivalität mit Jerusalem; schon auf dem Konzil von Nikaia (Nicaea) 325 der Vorrang Antiocheias bestätigt, der sich zum Patriarchat ausbildet. Judenchristen gibt es aber bis ins 4. Jh. Schon am Ende des 3. Jh.s sind die griechisch geprägten Städte und auch Dörfer auf ihren Territorien stark christianisiert. Auch politischer Einfluss geht von der Gemeinde von Antiocheia (Bischof Paulus von Samosata als Amtsträger Zenobias) aus; beim Konzil von Nikaia sind 11 phönikische und 22 nordsyrische Bischöfe vertreten; geringe Christianisierung in den inneren Landesteilen, vor allem den alten Tempelherrschaften; dort erst durch Befehl Konstantins Zugang für Christen. Umwandlung heidnischer Kulte durch Übertragung von Götterfunktionen auf Märtyrer (hl. Barlaam auf dem Berg Kasius verehrt); frühzeitige Heiligen- und Märtyrerverehrung (Kosmas und Damian bei Kyros; Babylas in Daphne). Breite Eremiten- und Mönchsbewegung mit einer bizarren Askese; besondere Ausdrucksform der Säulenheiligen: Symeon d. Ältere (389–459), Symeon d. Jüngere (521/2–596/8); beide mit weit reichendem religiösen und sozialen Einfluss. Intensive Teilnahme des syrischen Christentums an der theologischen Fortentwicklung; Begründung einer rational geprägten antiochenischen Exegetenschule durch Lukian, den Lehrer des Arius. Besonders in der Streitfrage um die Person und Natur Christi sind antiochenische Bischöfe und syrische Theologen beteiligt gegen die Theologie Alexandreias. Schnelle Ausbreitung des *Monophysitismus*, Bildung einer Art Gegenkirche zur orthodoxen Reichskirche mit getrennter Hierarchie. Zahlreiche Verfolgungsmaßnahmen durch die Kaiser, dadurch Schwächung des religiösen und politischen Zusammenhalts; Perser und schließlich moslemische Araber werden als Befreier begrüßt; dadurch Weiterbeleben der jakobitischen Kirche auch unter dem Islam. – (Forts. S. 1088).

Monophysitismus

Kleinasien

(Forts. v. S. 196)

Perserreich — Während ganz Kleinasien Teil des *Perserreiches* gewesen ist, gelangt nur der Westen und Süden unter die Herrschaft der Nachfolgestaaten Alexanders d.Gr., der Norden und Osten unter einheimische bzw. iranische Dynasten. Unter anderem dadurch der Grad der Hellenisierung und Urbanisierung unterschiedlich entwickelt. Jahrzehntelange, indirekte Interventionspolitik der Römer (seit ca. 200).

Provinz Asia
    133 Vererbung des pergamenischen Reiches durch Attalos III. an Rom.
    129 Nach dem Aufstand des Aristonikos Einrichtung der *Provinz Asia* durch Manius Aquilius und eine Senatskommission.
  seit 102 Ein geografisch nicht fest begrenzter Amtsbereich Cilicia zur Bekämpfung der Seeräuber gebildet.
       Die Ausbeutung von Asia durch die römischen Statthalter und Steuerpächter führt zum

Mithradates VI.
     88 Bündnis vieler Städte mit *Mithradates VI.;* Vernichtung von ca. 80000 Römern; Neueinrichtung der Provinz durch Sulla.
     84
   75/74 Nikomedes IV. vererbt das Königreich Bithynien an Rom.

Pontus et Bithynia
     64 Zusammen mit dem (seit 73) eroberten Pontos wird dieses Königreich durch Pompeius endgültig in der Doppelprovinz „*Pontus et Bithynia*" organisiert (spezielle Regelungen in einem Provinzgesetz zusammengefasst).

Provinzialorganisation — Die *Provinzialorganisation* baut hier wie auch später zumeist auf den zufälligen Grenzen zum Zeitpunkt der Eroberung auf. Weit reichende Schäden während der römischen Bürgerkriege durch Kontributionen und Erpressungen, Aufschwung des Landes erst seit der Festigung des Kaiserfriedens. Der großräumige militärische Schutz wird von Syrien aus geleistet. Ansiedlung von Veteranen nur unter Caesar und Augustus in Pontus et Bithynia (Apameia, Herakleia, Lampsakos, Sinope), Asia (Alexandreia Troas, Parion) und Pisidien; die Kolonien in Pisidien dienen dem Niederhalten der Homonadenser. Seit republikanischer Zeit Bau von Straßen, unter Augustus der Via Sebaste von Asia nach Kilikien.

Die beiden Provinzen aus republikanischer Zeit seit Augustus Prokonsuln unterstellt, in Asia mit konsularem, in Pontus et Bithynia mit prätorischem Rang. Weitere Provinzen, die als kaiserliche organisiert und einem Legaten unterstellt werden, kommen seit Augustus durch Einziehen einzelner abhängiger Dy-

nastenherrschaften hinzu: das Königreich des Amyntas als Provinz Galatia (25 v. Chr.), der nach dem Tod des Deiotarus Paphlagonien angeschlossen wird (6 v. Chr.).
Die Erhebung der Grund- und Kopfsteuer in Asia bereits seit Caesar den Steuerpächtern genommen und den Städten übergeben. Prokuratoren in den kaiserlichen Provinzen für den Einzug zuständig, in den Senatsprovinzen zumindest für die Domänen; die unregelmäßig anfallenden Steuern und Zölle von Pachtgesellschaften erhoben, diese seit Beginn des 2. Jh.s durch Prokuratoren überwacht. Die Verpflichtung zum Bau und Unterhalt der Straßen bei den Gemeinden; teilweise auch Soldaten eingesetzt. Bereits seit Augustus ein öffentliches Nachrichten- und Transportsystem eingerichtet (cursus publicus); Belastung der Städte und Dörfer, zahlreiche Beschwerden besonders im 3. Jh. wegen Übergriffen; im 4. Jh. der cursus publicus weiter ausgebaut und dem Prätorianerpräfekten unterstellt.

17 n. Chr.	Das Königreich *Kappadokien* eingezogen und von einem ritterlichen Prokurator geleitet.	*Kappadokien*
43	Wegen innerer Unruhen wird der Städtebund der Lykier Provinz und Pamphylien (vorher bei Galatien) angeschlossen.	
64	Das pontische Königreich des Polemo zu Galatien geschlagen.	
	Unter Vespasian das kurzfristig getrennte *Lykien-Pamphylien* wiedervereinigt, Kilikien (seit Augustus Klientelkönigtum, der östliche Teil zu Syrien gehörig) neuerdings Provinz.	*Lykien-Pamphylien*
70/71	Kappadokien mit Galatien und den angeschlossenen Gebieten vereinigt und einem konsularen Legaten unterstellt, der zwei Legionen in Melitene und Satala kommandiert. In den übrigen Provinzen sind höchstens einzelne Auxiliareinheiten stationiert. Unter den Flaviern werden die Verkehrsverbindungen nach Galatien-Kappadokien verstärkt.	
um 110	Plinius als Sonderlegat in Pontus et Bithynia (Briefwechsel mit Traian erhalten). Unter Traian Kappadokien und Galatien wieder getrennt.	
162	*Einfall der Parther* nach Kappadokien.	*Einfall der Parther*
vor 165	Pontus et Bithynia wird kaiserliche Provinz, Lycia-Pamphylia hingegen einem Prokonsul unterstellt.	
seit ca. 240	Angriffe der Sasaniden im Osten.	
253–267	Angriffe der Heruler und Goten im Westen.	
seit Ende 3. Jh.	Das Innere Kleinasiens und die Städte der Südküste werden immer wieder von Isaurern beunruhigt.	
	Zumeist schon unter *Diokletian* alle alten Provinzen in mehrere Einheiten unterteilt, Asia z. B. in sechs: Asia, Hellespontus, Lydia, Caria, Phrygia I und II, Kappadokien erst 371/372 getrennt; die kleineren Einheiten wiederum zusammengefasst in den Diözesen Asiana und Pontica. Nur noch im stark verkleinerten Asia ein Prokonsul; die anderen Provinzen von ritterlichen Präsides geleitet, im Laufe des 4. Jh.s häufig im Rang erhöht. Das Schwergewicht des Landes nach dem Nordwesten verlagert, da unter Diokletian Nikomedeia (Izmir/Türkei) und (seit 330) Konstantinopel (Istanbul) Kaiserresidenzen sind. Dort unter einem Heermeister Truppen konzentriert, sonst nur noch um das Land der Isaurier sowie im äußersten Osten unter dem „dux Armeniae".	*Diokletian*
5. Jh.	Die *Isaurier* werden zu einer bestimmenden Macht in Konstantinopel (Zenon der Isaurier Kaiser seit 474).	*Isaurier*

Grundstrukturen in römischer Zeit

Die ethnischen und siedlungsmäßigen Voraussetzungen sind zum Zeitpunkt der Annexion in den einzelnen Provinzen sehr unterschiedlich. *Asia* ist vor allem im Westen völlig in Stadtterritorien gegliedert; manchen dieser Städte wird von den Römern die schon vorher besessene Freiheit bestätigt, die teilweise (z. B. Aphrodisias) bis ins 2. Jh. n. Chr. auch inhaltlich gewahrt werden kann. Die abhängigen Städte, manche mit sehr großem Territorium, sind nach innen autonom, aber dem Willen der Statthalter, speziell in der Jurisdiktion, unterworfen. Von den Kaisern des 1./2. Jh. wird die Bildung neuer Städte durch die Erhebung von Dörfern gefördert; nach Josephus in Asia ca. 500 Städte. Neueinrichtung von Poleis auch noch in der Spätantike, aber auch Zusammenlegung vieler kleiner; dadurch Reduzierung auf etwa 320 unter Justinian. In Bithynien belässt Pompeius die Stadtorganisation; *Pontos* unter den Königen zentral regiert; deshalb (64) Schaffung griechisch strukturierter Städte mit großem Landgebiet. Galatien bewahrt bis weit ins 2. Jh. hinein seine dreiteilige Stammesstruktur mit je einem Vorort; auch hier seitdem langsames Vordringen der Stadtkultur. *Kappadokien* war seit der persischen Zeit ein von königlichen Beauftragten geleitetes Land; in Zentralkappadokien auch der Hauptstadt Kaisareia (heute Kayseri/Türkei) Bewahrung dieser Organisation bis ins 6. Jh.; Überführung des Königslandes in kaiserliche Domänen; Südkappadokien bis zum 4. Jh. in zahlreiche Stadtterritorien aufgeteilt, Archelais claudische Kolonie, Faustinopolis von Marcus Aurelius gegründet. In *Kilikien*, vor allem im Ostteil, werden viele griechische Siedlungen durch hellenistische Gründungen vermehrt; durch Pompeius Ansiedlung gefangener Piraten,

Asia

Pontos

Kappadokien

Kilikien

Gründung von Pompeiopolis; weitere Neuanlagen Claudiopolis, Traianopolis. Lykien-Pamphylien wird größtenteils schon in hellenistischer Zeit nach griechischem Muster urbanisiert; die lykischen Städte werden zu einem Bund vereinigt (Koinón), der auch nach der Konstituierung der Provinz administrative Befugnisse behält.

Sprache Die intensive Urbanisierung fördert in fast ganz Kleinasien das Vordringen griechischer *Sprache* und Kultur, die sich im Westen, Norden und Süden selbst auf dem flachen Land zumindest oberflächlich durchsetzen kann; trotzdem etwa in Phrygien noch Überreste der einheimischen Sprache; in Galatien und Kappadokien ist nur die Oberschicht gräzisiert, die keltische und aramäische Sprache der Landbewohner ist noch im 4. und 5. Jh. in großem Umfang erhalten. Die lateinische Sprache wird nur im amtlichen Gebrauch verwendet; selbst in den Veteranenkolonien ist Latein spätestens im Verlauf des 2. Jh. durch Griechisch verdrängt.

Führungs- Die Förderung der städtischen *Führungsschichten* durch Rom (auf sie größtenteils Beschränkung der
schichten Ratsfähigkeit; Ratsmitgliedschaft lebenslänglich) schafft eine enge Interessenidentität, die zur Befriedung beiträgt (Formulierung der ideologisch überhöhten Position in der Romrede des Aelius Aristides aus Smyrna, wohl 143 vor Antoninus Pius gehalten). Schnelle Verbreitung des römischen Bürgerrechts in den führenden Familien (in Galatien und Pontus in den ehemals königlichen bzw. tetrarchischen Familien) und im Westen, in den Hafenstädten gestützt durch Ansiedlung zahlreicher italischer Kaufleute bereits seit der Republik. Unter Claudius sind zum ersten Mal Bewohner Kleinasiens im ritterlichen kaiserlichen Dienst anzutreffen, seit Nero auch die ersten Senatoren; Verstärkung dieser Bewegung unter den Flaviern; Mitte des 2. Jh. die Bewohner Kleinasiens bereits durch eine starke Gruppe im Senat repräsentiert (breite Vertretung auch der vorrömischen Führungsschicht). Soziale Spannungen werden in den Städten (z. B. Tarsos) häufig durch glänzenden Aufwand für Nutz- und Prunkbauten sowie bei Spielen und Festen überdeckt.

Wirtschaft *Wirtschaftliche Grundlage* ist überall die Landwirtschaft, getragen zumeist von der vorgriechischen bäuerlichen Bevölkerung. In den Küstenstädten eine breite Schicht von Händlern und Kaufleuten, welche inländische Erzeugnisse und solche des Handels mit dem Osten vertreiben. Bekannt sind die Tuche aus Asia (Goldstickereien aus Laodikeia) und aus Tarsos in Kilikien; Voraussetzung ist umfangreiche Weidewirtschaft. Auf den kaiserlichen Gütern Kappadokiens wird Pferdezucht betrieben, die Marmorbrüche (bei Mylasa, Synnada, Dokimeion) befinden sich in kaiserlichem Besitz. Aus dem Pontus und aus Pamphylia Export von Holz.

Kultur Seit Beginn des Kaiserfriedens wieder rege *kulturelle Tätigkeit*, die sich äußerlich in aufwändigen Bauten dokumentiert. Kaiserliche Förderung der Träger des geistigen Lebens: Ärzte (seit Vespasian), Rhetoren und Philosophen (seit Hadrian und Antoninus Pius) tragen zu einer relativen kulturellen Blüte bei; weit verbreitete Schriftlichkeit. Höhepunkt der 2. Sophistik im 2. Jh. n. Chr. (Dio Chrysostomos, Aelius Aristides, Philostratos).

Religion Die äußeren Formen griechischer Kultur stülpen sich auch über die einheimischen *religiösen Erscheinungen*, die aber in Galatien, Pisidien und Kappadokien nicht völlig verdrängt werden: Kult der „Ma" um Kaisareia in Kappadokien (als Ma Bellona seit sullanischer Zeit auch in Rom), des Men um Antiocheia in Pisidien. Viele einheimische Götter unter griechischem Namen verehrt. Kleinasien das klassische
Kaiserkult Land des *Kaiserkultes*, aufbauend auf der Verehrung vorrömischer Herrscher. Seit 29 v.Chr. Tempel für Roma und Augustus in Pergamon und Nikaia (Nicaea); bald heftiger Wettbewerb vieler Städte um einen oder auch mehrere Kaisertempel (Neokorien), da mit den Festen auch wirtschaftliche Interessen verbunden sind. Die Ausrichtung des Kaiserkultes ist, abgesehen von den Städten, Aufgabe der Landtage (Koiná), die in jeder Provinz bestehen.

Christentum Frühzeitige Verbreitung des *Christentums* durch zahlreiche und starke jüdische Gemeinden gefördert; alle drei Missionsreisen des Apostels Paulus führen nach Kleinasien, u. a. nach Kilikien, Pisidien, Galatien, Ionien; zweijähriger Aufenthalt in Ephesos; in Phrygien wohl der Apostel Philippus tätig, in Asia Johannes (die Apokalypse u. a. eine Antwort auf die kultische Verehrung Domitians). Unter Traian in Pontus-Bithynien die christliche Religion bereits auf dem Land verbreitet; Vorgehen des Statthalters Plinius gegen die Christen (Briefwechsel mit Traian!). Vereinzelte Martyrien während des gesamten 2/3. Jh. bezeugt (Polykarp von Smyrna; unter Arrius Antoninus in Kappadokien). Mitte des 3. Jh.s der Pontus Polemoniacus durch Gregor den Wundertäter christianisiert; in Phrygien sind die Christen gegen Ende des 3. Jh.s vielleicht schon in der Mehrheit; selbst große Kultbauten möglich. Von Kappadokien aus Christianisierung Armeniens durch Gregor den Erleuchter (Ende 3. Jh.). Schon im 2. Jh. heterodoxe Gruppen, z.B. Montanismus in Phrygien. Im 3. Jh. volle Ausbildung der kirchlichen Hierarchie, weit gehende Gliederung nach Städten und Provinzen; Vorrang des Bischofs der Metropole; in Kappadokien wegen Städtearmut zahlreiche Chorbischöfe für die kirchliche Versorgung der Landbevölkerung. Nach der Anerkennung des Christentums durch *Konstantin* werden fast alle Reichssynoden in Kleinasien abgehalten:
Konstantin 325 Nikaia (Nicaea), 431 Ephesos, 451 Chalkedon. Einfluss der kappadokischen Theologie des Basilius, Gregor v. Nazianz und Gregor v. Nyssa bei der Versöhnung des Christentums mit antiker Philosophie und Kultur, aber auch bei den christologischen Streitigkeiten. Herausbildung einer spezifischen Form des öst-

lichen Mönchtums bei Basilius durch Überwindung der radikalen Askese, Verarbeitung der Erfahrungen des ägyptischen Mönchtums zu einem Ideal der Gemeinschaft. Die Errichtung der Kaiserresidenz Konstantinopel verschafft deren Bischof bald einen Vorrang, der in Chalkedon 454 zum Patriarchat über die Diözesen von Asia, Pontus und Thracia rechtlich fixiert wird. Durch die Kirche wird die weitere Gräzisierung der kleinasiatischen Provinzen gefördert. Dies ist nicht unwesentlich für das Überleben des Byzantinischen Reiches seit dem Verlust Syriens, Palästinas und Ägyptens an die moslemischen Araber.
– (Forts. S. 634)

Armenien

(Forts. v. S. 95, 110)

Die indogermanischen Armenier wandern im frühen 6. Jh. v.Chr. aus dem anatolischen Teil Kleinasiens, wohin sie wohl mit den Phrygern gekommen sind, in das Gebiet des zuvor von den Kimmerern bedrängten und 585 von den Medern unter Kyaxares eroberten Reiches von Urartu ein. Nach anfänglichen Kämpfen schon bald völlige Vermischung der noch ansässigen Reste der Urartäer mit den Einwanderern, die sich selbst Haikh nennen und den bei den Griechen und Persern gebräuchlichen Armenier-Namen nicht kennen. Die *geografische Lage* des Landes ist eine der wichtigsten Ursachen für den Verlauf der armenischen Geschichte. Als Land am Übergang von Vorder- zu Kleinasien (zentrales Hochland zwischen Anatolien und Iran mit Wansee [türk. Van Gölü] im Zentrum) einerseits kulturelle Mittlerfunktion (besonders hinsichtlich iranischer Religion und Kunst), andererseits stets von den Machtblöcken in Ost und West umkämpft. Schon früh wohl unter iranischem Einfluss Herausbildung einer *ständischen Gliederung* der Gesellschaft in Adel, Priester, Bauern und Handwerker. Mitglieder der Stände zu Abgaben und Dienstleistungen verpflichtet, im Übrigen politisch und persönlich frei. Die eigentliche Macht liegt beim vorwiegend iranisch stämmigen Adel, der eine selbstständige Kraft neben dem König darstellt und in königslosen Zeiten die Vollgewalt besitzt.

geografische Lage

ständische Gliederung

Den Medern tribut- und zuzugspflichtig. Unter den *Achaimenidenherrschern* ist Armenien eine Satrapie.

Achaimeniden

521 Ein Aufstand gegen die persische Zentralgewalt von Dareios niedergeschlagen. Erst nach dem Untergang des Achaimenidenreiches erlangen die Armenier volle staatliche Eigenständigkeit.

331 Alexander d.Gr. erhebt zwar Mithrines zum Satrapen von Armenien, ohne jedoch das Land tatsächlich zu erobern; so bleibt Armenien zur Zeit Alexanders und auch der frühen Seleukiden faktisch selbstständig.

212 Erst *Antiochos III.* erzwingt die Anerkennung der seleukidischen Oberhoheit und setzt Zariadris über das westliche Kleinarmenien und Artaxias über das östliche Großarmenien als Strategen ein, die sich aber nach der Niederlage Antiochos' III. gegen Rom (Friede von Apameia 188) selbstständig machen und den Königstitel annehmen. Artaxias gründet die Hauptstadt Artaxata.

Antiochos III.

95–55 Wiedervereinigung des Landes unter *Tigranes* aus dem Haus des Artaxias. Höhepunkt armenischer Machtentfaltung: Ausgreifen bis zum Kaspischen Meer.

Tigranes

seit 83 Oberherrschaft über die Reste des ehemaligen Seleukidenreiches in Syrien.

seit 77 Oberherrschaft auch über Kappadokien. Gründung der neuen Hauptstadt Tigranocerta und Annahme des Titels „König der Könige".

69 Im dritten Mithradatischen Krieg Niederlage gegen Lucullus.

66 Endgültige Kapitulation gegenüber Pompeius. Tigranes verliert alle Eroberungen und bleibt als König auf dem ostarmenischen, als Pufferzone gegenüber dem Partherreich fungierenden Kernraum beschränkt, während das westlich des Euphrat gelegene Kleinarmenien (Armenia minor) zunächst abwechselnd den angrenzenden römischen Klientelstaaten bzw. Provinzen zugeschlagen und spätestens seit Vespasian (69–79 n.Chr.) Teil der Provinz Kappadokien wird.

In der Folgezeit Armenien ständiges *Streitobjekt* zwischen Rom und dem Parther- bzw. Sasanidenreich, wobei sich die Großmächte den Streit zwischen Adel und Königtum zunutze machen.

Streitobjekt

1/37 n.Chr. Parthische Einmischungsversuche kann Rom durch direkte Interventionen (1, 18 und 37 n.Chr.) zu eigenen Gunsten zurückweisen.

63 Beilegung der armenischen Frage im *Abkommen von Rhandeia*: Das armenische Königtum wird arsakidische Sekundogenitur unter römischer Oberhoheit.

Abkommen von Rhandeia

	66	Der Bruder des Partherkönigs Vologaeses I., Tiridates, wird von Nero in Rom zum König von Armenien gekrönt.
	117	Die Umwandlung in eine römische Provinz (114) durch Traian wird unter Hadrian wieder rückgängig gemacht.
	238–280	Nach zunächst erfolgreichen Abwehrkämpfen gerät Armenien unter die Herrschaft der Sasaniden, die die zarathustrische Religion einzuführen versuchen.
Gregor der Erleuchter	Ende 3. Jh.	Befreiung Armeniens mit römischer Hilfe durch Tiridates III., der nach anfänglicher Ablehnung die Einführung des Christentums durch *Gregor den Erleuchter*, Mitglied einer hochgestellten, parthisch-armenischen Familie, zulässt. Zerstörung der heidnischen und zarathustrischen Tempel und Ersetzung durch christliche Kirchen, Ausbildung einer Nationalkirche, die, in zwölf Bistümer eingeteilt, von einem Katholikos mit Sitz im alten heidnischen Kultzentrum Aschtischtat (später Valarschapat) geleitet wird, dessen Amt (bis 428) in der Familie Gregors erblich ist.
	4. Jh.	Unter Tiran II., Arschak und Pap starke Spannungen zwischen Königtum einerseits und Kirchenführung und Adel andererseits.
Teilung Armeniens	387	Unter Arsakes IV. *Teilung Armeniens* zwischen Ostrom und dem Sasanidenreich. Der östliche Teil (noch bis 428) unter arsakidischen Königen mit Tributpflicht an die Sasaniden, danach von sasanidischen Statthaltern (marzbanen) verwaltet.
	390–438	Trennung von der Mutterkirche in Neokaisareia unter dem Katholikos Sahak.
Armenisierung	um 400	Vollendung der *Armenisierung* der Kirche durch Verwendung der von Mesrop erfundenen armenischen Schrift im Gottesdienst. In der Folge kommt es zu einer regen Übersetzungstätigkeit (Übertragung liturgischer und theologischer wie auch literarischer griechischer Texte ins Armenische) und zur Ausbildung einer eigenen armenischen Literatur und Geschichtsschreibung.
	439–457	Blutige Christenverfolgung durch den Sasanidenkönig Yezdegird III.
		Der römisch gewordene Teil Armeniens wird nach dem Tod Arsakes' IV. als römische Provinz verwaltet.
	536	Durch Justinian unter Einbeziehung Kleinarmeniens Neueinteilung und von den Armeniern übernommene Nummerierung als Armenia I–IV.
	540	Verwüstungen durch den Sasaniden Chosrau I. (565–591).
		Erneute Kämpfe mit den Sasaniden um Armenien unter Justin II., Tiberios I. und Maurikios.
	591	Maurikios greift in die sasanidischen Thronwirren ein und bringt Chosrau II. an die Macht, worauf er von diesem die Abtretung eines großen Teils des sasanidischen Armeniens erreicht.
	seit 604	Erfolgreiche Offensive der Sasaniden, die sich erst nach dem Sieg des Herakleios bei Ninive (628) aus Armenien zurückziehen.
Kalifenreich	653/655	Als Ziel von Angriffen der islamischen Araber (seit 640) gerät Armenien endgültig unter die Oberhoheit des *Kalifenreiches*. – (Forts. S. 404)

Iran und Mesopotamien

(Forts. v. S. 191)

Seleukidenreich		Unter Seleukos I. werden Mesopotamien und Iran (einschließlich des heutigen Afghanistan und Belutschistan) ein Teil des *Seleukidenreiches*.
	304/303	Große Gebiete westlich des Indus und im Hindukusch (Satrapie Paropamisadai und die östlichen Teile von Arachosien und Gedrosien) müssen an das unter Tschandragupta (griechisch: Sandrokottos) expandierende Maurja-Reich abgetreten werden. Auseinandersetzungen mit den Antigoniden und Ptolemaiern und innerdynastische Streitigkeiten (Bruderkrieg zwischen Seleukos II. und Antiochos Hierax 240/239–237) zwingen die Nachfolger Seleukos I., ihre Macht im Westen zu konzentrieren. Der politische Einfluss in den östlichen Reichsteilen zerfällt.
Parthien	nach 250	Von der seleukidischen Zentralgewalt lösen sich *Parthien* unter dem Satrapen Andragoras (eigene Münzprägung, jedoch ohne Königstitel) und Baktrien unter dem Satrapen Diodotos (zunächst noch Anerkennung der seleukidischen Oberhoheit, seit 239 volle Eigenständigkeit), wahrscheinlich auch Elymais und Persis unter einheimischen Lokaldynasten.

Baktrien

Das Griechisch-Baktrische Königreich

um 250 206   In Baktrien begründen Diodotos I. und II. das durch eine iranisch-hellenistische Mischkultur geprägte Griechisch-Baktrische Königreich. Ein Rückeroberungsversuch Antiochos III. endet mit einem Kompromiss: *Euthydemos I.* (ca. 225–200) unterwirft sich den Seleukiden, behält aber den Königstitel und die Herrschaft über Baktrien.   *Euthydemos I.*

1. H. 2. Jh.   Der Niedergang des Maurja-Reiches begünstigt die große Expansion der baktrischen Griechen bis nach Turkestan und dem Pandschab unter Demetrios I., dem Sohn des Euthydemos, und Eukratides, der im Aufstand gegen Demetrios an die Macht kommt. In der Folgezeit schwächen Rivalitätskämpfe zwischen verschiedenen, der Dynastie des Euthydemos bzw. Eukratides entstammenden Königen die machtpolitische Stellung des Reiches.

um 130
1. Jh. v.Chr.
1. Jh. n.Chr.   Das Griechisch-Baktrische Reich erliegt dem Ansturm der Saken *(Skythen)* und Yüe-tschi. Letzte Reste der indo-baktrischen Königreiche werden von den Saken unter Azes I. (57 Beginn der „Ära des Azes"; Festigung des indischen Sakenreiches), dann durch das Ausgreifen einer Dynastie parthischer Provinzialherrscher nach Osten (Bildung eines unter parthischer Herrschaft stehenden Sakenreiches; hierbei führend: Gondophernes 25–45) und schließlich (seit ca. 50 – andere Datierung ca. 150) durch die Expansion des Kuschanareiches aufgerieben.   *Skythen*

Parthien

um 239   In Parthien brechen die *Parner,* iranische Reiternomaden vom Stamm der Daher aus dem Steppengebiet südöstlich des Aralsees, ein und verdrängen unter der Führung von Arsakes I. (möglicherweise seit 247 Herrscher = Beginn der arsakidischen Zeitrechnung – Stammvater der neu gegründeten Dynastie der Arsakiden) Andragoras aus dessen Machtbereich. Die Parner, an die schon bald – wohl als Folge einer raschen Verschmelzung mit der einheimischen iranischen Bevölkerung – der Name Parther übergeht, gründen im neu eroberten Gebiet (einschließlich des ebenfalls eroberten Hyrkanien) das *Partherreich.*   *Parner*

           Partherreich

230/228   Der Versuch Seleukos II., im Bund mit Diodotos I. von Baktrien das parthische Gebiet zurückzuerobern, scheitert. Arsakes I. kann die parthische Machtstellung festigen und ausbauen: Gründung der Hauptstadt Dara; Beginn parthischer Münzprägung.

210–208   Erst *Antiochos III.* gelingt es, im Rahmen seines Ostfeldzuges Arsakes II. in der gleichen Weise wie den baktrischen König Euthydemos I. zur teilweisen Anerkennung der seleukidischen Oberhoheit zu zwingen.   *Antiochos III.*

188   Friede von Apameia: Die Niederlage Antiochos III. gegen Rom erschüttert die seleukidische Vormachtstellung auch in den mesopotamischen und iranischen Reichsteilen.

nach 188   Lokale Machthaber in der Elymais (187 wird hier Antiochos erschlagen), der Persis und in Media Atropatene fallen erneut ab und gründen unabhängige Herrschaftsbereiche; ebenso sagen sich in dieser Zeit die Parther von der seleukidischen Vorherrschaft los.

Bildung eines parthischen Großreiches

171–138   *Mithradates I.* erobert das gesamte westiranische Gebiet und Babylonien (141) sowie Mesopotamien. Im Osten werden Teile des baktrischen Gebietes annektiert. Ein Gegenangriff der Seleukiden wird durch die Gefangennahme Demetrios' II. abgewehrt (139). Zum Ausdruck seiner neuen Machtstellung nimmt Mithradates I. den alten Achaimenidentitel „König der Könige" an.   *Mithradates I.*

138/137–
ca. 128   Phraates II. kann die parthischen Eroberungen im Westen behaupten und den seleukidischen Widerstand endgültig brechen.

um 130   Dem Einbruch *sakischer Stämme* fällt das Griechisch-Baktrische Reich zum Opfer.   *sakische*

129   Der Seleukide Antiochos VII. wird nach anfangs erfolgreichem Feldzug gegen die Parther besiegt.   *Stämme*

seit 129   Sakische Stämme bedrohen die Nordostgrenze des Partherreiches.

128   Phraates II. fällt im Abwehrkampf gegen die Steppenvölker.

um 123   Das gleiche Schicksal erleidet sein Nachfolger Artabanos I.

Mithradates II. 123–88/87 *Mithradates II.* stellt die von Mithradates I. begründete parthische Großmachtstellung wieder her: Festigung der Vormacht im Osten durch Ansiedlung der Saken im Gebiet des Hamun-Sees (Sistan, „Sakenland", als Vasallenstaat gegründet); Rückeroberung Babyloniens, das zwischenzeitlich Hyspoasines von Charakene (Mündungsgebiet von Euphrat und Tigris) den Parthern entrissen hat. Ausdehnung der parthischen Machtsphäre bis an den Oberlauf des Euphrat: Unterwerfung ganz Mesopotamiens (113 Einnahme von Dura-Europos) und erstmaliges Eingreifen in Armenien.

Als neue Großmacht zwischen Ost und West nimmt das Partherreich Verhandlungen mit China auf (Gesandtenaustausch mit dem Han-Kaiser Wu-ti).

96 Aufnahme von Verhandlungen mit Rom: Zusammenkunft zwischen dem damaligen Proprätor von Kilikien, Sulla, und dem parthischen Gesandten Orobazos.

Die Grundstrukturen des Partherreiches

staatlicher Aufbau Ein sehr locker gefügter, dezentralisierter *staatlicher Aufbau* ist kennzeichnend für das parthische Reich. Die von den Achaimeniden begründete und von den Seleukiden modifizierte Satrapienordnung hat nur noch bedingte Gültigkeit; zahlreichen Kleinfürsten und Unterkönigen (etwa Persis mit dem Feuerheiligtum von Istachr als Zentrum, Media Atropatene, Elymais, Charakene, Adiabene; Osrhoene und Hatra unter arabischen Dynastien) wird ebenso wie den griechischen Städten (z. B. Seleukeia am Tigris) bei Anerkennung der parthischen Oberhoheit weitest gehende Selbstständigkeit zugestanden. Das *Königtum* der **Königtum** Arsakiden orientiert sich stark am hellenistischen Vorbild (griechische Königstitulatur; ostentativ bekundetes Philhellenentum seit Phriapites (ca. 191–176); Griechisch und Aramäisch bleiben Amtssprachen); zugleich aber auch bewusstes Anknüpfen an achaimenidische Traditionen: Parthische Machtansprüche werden unter Berufung auf die Achaimenidennachfolge geltend gemacht. Dem König erwächst in dem **Adel** sich in einem Rat konstituierenden *Adel* eine Gegenmacht, die zunehmend an politischem Einfluss gewinnt; starke Abhängigkeit des Königs von den Magnaten, insbesondere den sieben führenden iranischen Adelshäusern, und Erblichkeit zahlreicher Ämter bedingen eine fortschreitende Feudalisierung. Die Sozialstruktur weist ebenso wie die Heeresverfassung bereits in der Frühzeit feudale Züge auf: Die Landbevölkerung lebt in Abhängigkeit von den adligen Grundherren, die mit ihren Hörigen auch das Heeresaufgebot zu stellen haben; eine Sonderstellung nehmen die griechischen Poleis ein.

Wirtschaft Grundlage der parthischen *Wirtschaft* bilden Landwirtschaft (Ackerbau und Weidewirtschaft) und Handel (Kontrolle der „Seidenstraße" und wichtiger Handelswege zwischen Levante und Persischem Golf; Blütezeit von Hatra, Dura-Europos und des von den Parthern neu begründeten Assur). Außer den Steuereinnahmen aus dem Handel gibt es zumindest teilweise eine Grund- und Kopfsteuer sowie Frondienst**Religion** verpflichtungen. In der *Religion* kommt es zu vielfältigen Erscheinungsformen: Synkretistische Kulte hellenistisch-semitischer Prägung bestimmen besonders im Westen das Bild. Der Kult des Sonnengottes Mithra findet weite Verbreitung auch jenseits der parthischen Reichsgrenzen; daneben religiöse Dominanz des Mazdaismus; weit gehende Toleranz auch gegenüber Juden, Mandäern und Christen seitens der parthischen Dynasten, die selbst wahrscheinlich anfangs Anhänger einer schamanistischen Religion sind, sich dann aber dem Zarathustrismus zuwenden; erste Kodifizierung des „Avesta" (Gesamtheit der religiösen Grundtexte) unter Vologaeses I. (51–79/80), jedoch noch keine Bildung einer Orthodoxie.

Kunst In der *Kunst* wird ein durchaus eigenständiger parthischer Stil entwickelt, der sowohl griechisch-römische als auch iranische und teilweise arabische Komponenten aufweist und nicht nur im Partherreich selbst (Assur, Hatra, Nisa, Ktesiphon), sondern auch in den angrenzenden Regionen (Palmyra, Dura-Europos) Verbreitung findet. In der Malerei, Plastik und Reliefkunst ist neben der Neigung zum Linearen besonders die Frontalität bestimmendes Merkmal; in der Baukunst wird der Liwan entwickelt, ein nach einer Seite offener, großräumiger Saal von rechteckigem Grundriss, der ohne stützende Säulen von Bögen und Gewölben überspannt ist.

Nach der endgültigen Konsolidierung des Partherreiches unter Mithradates II. steht in der Folgezeit neben den fortdauernden Kämpfen gegen die Saken und das Kuschanareich im **Auseinandersetzung mit Rom** Osten die *Auseinandersetzung mit Rom* im Vordergrund, wobei innenpolitische Streitigkeiten die parthische Position schwächen.

88–64 In den Mithradatischen Kriegen bleiben die Parther neutral.

Euphratgrenze 69/66 Anerkennung des *Euphrat als Grenze* zwischen der römischen und parthischen Machtsphäre in den Verträgen mit Lucullus (69) und Pompeius (66).

64 Die Neuordnung des Ostens durch Pompeius schwächt den parthischen Einfluss im Westen (Osrhoene).

Der offene Bruch der Verträge durch den Einmarsch des Crassus in Gebiete östlich des Eu**Schlacht bei Karrhai** 53 phrat führt zur *Schlacht bei Karrhai* (Carrhae): völlige Vernichtung des römischen Heeres durch die berittenen parthischen Bogenschützen unter Surenas; Tod des Crassus.

51	Erfolgloser Gegenangriff der Parther auf Syrien.	
41–39	Die Parther können unter dem Thronfolger Pakoros zusammen mit Q. Labienus (eigene Münzen mit Titel: Parthicus imperator) Syrien und große Teile Kleinasiens erobern.	
39–38	Sie werden aber von C. Ventidius Bassus zurückgeschlagen (Labienus und Pakoros fallen).	
36/34	Dynastische Krise im Partherreich, dennoch Feldzüge des M. Antonius erfolglos.	
20 v. Chr.	*Friedensvertrag* zwischen Augustus und Phraates IV.: Rückgabe der bei Karrhai eroberten Feldzeichen; Anerkennung der römischen Oberhoheit über Armenien. Befriedung der Euphratgrenze bringt Blütezeit für den internationalen Handel.	*Friedensvertrag*
1 n. Chr.	Neue Auseinandersetzungen um Armenien zwischen Augustus und Phraates V. werden auf diplomatischem Weg beigelegt.	
12	Gegen den in Rom erzogenen Vonones I. (7–12) erhebt der Adel Artabanos III. (12–38) zum König, dessen Zentralisierungspolitik (Umwandlung zahlreicher Vasallenstaaten in arsakidischen Sekundogenituren) jedoch neue Widerstände des Adels hervorruft; von Rom geschürte *dynastische Krise*.	*dynastische Krise*
37	Ein abermaliger Streit um Armenien zwischen dem römischen Statthalter von Syrien L. Vitellius und Artabanos III. wird beigelegt.	
38	Nach Artabanos' Tod Aufstände und Bürgerkriege.	
ca. 39–51	Zeitweiser Zerfall des Partherreiches in einen östlichen Teil unter Gotarzes II. (ca. 38–51) und einen westlichen unter Vardanes (ca. 39–47/48).	
51–63	Vologaeses I. (51–79/80) erhebt erneut Ansprüche auf Armenien; Krieg mit Rom.	
63	Beilegung der armenischen Frage im *Abkommen von Rhandeia:* Das armenische Königtum wird arsakidische Sekundogenitur unter römischer Oberhoheit.	*Abkommen von Rhandeia*
66	Vologaeses' I. Bruder Tiridates wird von Nero in Rom zum König von Armenien gekrönt.	
nach 72	Ein Alaneneinfall und der Abfall Hyrkaniens erschüttern das Partherreich. Aufflammen neuer Thronkämpfe nach Vologaeses' Tod.	
114–117	Das widerrechtliche Eingreifen des Partherkönigs Osroes in Armenien veranlasst *Traian* zum Feldzug gegen das Partherreich: Einrichtung der Provinzen Armenia, Mesopotamia, Assyria; Eroberung von Ktesiphon; Parthamaspates, ein Sohn des Osroes, als römischer Vasall eingesetzt.	*Traian*
nach 117	Durch den Verzicht Hadrians auf diese Neuerwerbungen wird die parthische Machtstellung im Westen weit gehend wiederhergestellt; Euphrat erneut Grenze; im Osten Bedrohung durch das Kuschanareich.	
162	Ein Angriff Vologaeses' III. (147/148–191/192) auf Armenien und Syrien ist zunächst erfolgreich.	
163–166	Römischer Gegenangriff unter Avidius Cassius: Einnahme von Seleukeia-Ktesiphon; das nordwestliche Zweistromland einschließlich Dura-Europos wird römisch.	
195	Septimius Severus richtet die Provinz Mesopotamia ein.	
ab 198	Feldzüge des Septimius Severus (erneute Einnahme Ktesiphons; jedoch 198–199 erfolglose Belagerung Hatras) und des Caracalla (216–217) sowie der Thronstreit zwischen Vologaeses V. (207/208–222) und Artabanos V. (ca. 213–224) tragen zur weiteren Schwächung der königlichen Zentralgewalt bei.	

Das Sasanidenreich

	Der endgültige Untergang der Arsakiden wird jedoch durch die wachsenden inneren Auflösungstendenzen im Partherreich herbeigeführt. Den Kleinfürsten von *Istachr* (nahe Persepolis), Vorsteher des dortigen Feuerheiligtums, gelingt es, durch eine Rebellion, deren Anfänge in die Zeit von Vologaeses IV. (191/192–207/208) zurückreichen, die Macht in der gesamten Persis an sich zu bringen.	*Istachr*
seit 205/206	Festigung der Machtstellung und Eroberung angrenzender Gebiete (Elymais, Isfahan, Kerman) unter Papak und dessen Sohn Ardaschir.	
224	Die Weigerung Artabanos' V., *Ardaschir* als neuen Vasallen anzuerkennen, führt zur Entscheidungsschlacht bei Hormezdagan, in der Artabanos fällt.	*Ardaschir*
226	Mit der Krönung Ardaschirs in Ktesiphon zum „König der Könige von Iran" offizieller Beginn der Regierungszeit der Sasanidendynastie (benannt nach dem Stammvater Sasan).	
226–241	Ardaschir I. unterwirft z. T. gemeinsam mit *Schapur I.* als Mitregenten die meisten Gebiete des ehemaligen Partherreiches; große Teile des Kuschanareiches sasanidischen Statthaltern unterstellt; erfolgreiche Angriffe (seit 237) auf Mesopotamien: Nisibis, Karrhai, Hatra erobert; auch Armenien sasanidisch (238–280). Das Sasanidenreich wird zur größten außenpolitischen Bedrohung für das Römische Reich.	*Schapur I.*

	241–272	Unter Schapur I. Fortsetzung der Expansionspolitik („König der Könige von Iran und Nichtiran"); wechselvolle Kämpfe gegen Rom.
	nach 254	Zerstörung von Dura und Antiocheia.
Valerian	259/260	*Valerian* von Schapur I. bei Edessa (heute Urfa) gefangengenommen (stirbt in Gefangenschaft); Ansiedlung römischer Kriegsgefangener in der neu gegründeten Stadt Gundeschapur („das schönere Antiocheia des Schapur").
	260/283	Das Eingreifen des Odainathos von Palmyra in die Kämpfe (seit 260) und der römische Gegenstoß unter Carus (Einnahme Ktesiphons 283) verhindern ein weiteres Ausgreifen der Sasaniden.
	288	Förmlicher Friedensschluss zwischen Bahram II. und Diokletian: Sasaniden verzichten auf „Armenia" und „Mesopotamia".

Die Grundstrukturen des Sasanidenreiches

königliche Zentralgewalt Unter den Sasaniden kommt es zu einer erheblichen Stärkung der *königlichen Zentralgewalt*; Gründung von Städten mit eigenem Territorium auf Königsland, Ablösung lokaler Herrscher in neu eroberten Gebieten durch Mitglieder der Königsfamilie (Errichtung sasanidischer Sekundogenituren) und Aufbau eines Verwaltungs- und Beamtenapparates (hierarchische Gliederung; an der Spitze der „buzurg-framadar": Großwesir und Ratgeber des Königs sowie eines stehenden Heeres (mit der gepanzerten Reiterei als Kernstück) beschleunigen den Zentralisierungsprozess. Dennoch weiterhin starker Einfluss *Adel* der grundbesitzenden *Adelsschicht*, die in verschiedene Gruppen unterschiedlich großen Ansehens gegliedert ist; darunter wie schon in parthischer Zeit die so genannten „sieben Häuser" führend. Besetzung zahlreicher Ämter (teilweise erblich) und Stellung der Kerntruppen im Heer durch den Adel. Der dauernde Gegensatz zwischen zentralisierendem Königtum und Adel bedeutet eine ständige innere Bedrohung für die Sasanidendynastie. Einengung der politischen Handlungsfreiheit durch Hofintrigen und Wahlkapitulationen; uneingeschränkte Vollmacht des Königtums nur in der Frühzeit unter Ardaschir I. und Schapur I. und wieder unter Chosrau I. (531–579). Religiös sanktionierte, kastenhafte Scheidung der Bevölkerung in vier *Stände Stände*, die ihrerseits in Klassen unterteilt sind: 1. Priester; 2. Krieger; 3. Beamte; 4. Bauern und Handwerker; starre Einteilung mit nur geringen Aufstiegsmöglichkeiten. Im wirtschaftlichen Bereich fällt neben der landwirtschaftlichen Produktion aufgrund der wachsenden Bedeutung von Handwerk (Seiden- und Glasherstellung, Kunsthandwerk) und Handel (eigener Warenverkehr sowie Mittler im Fernhandel zwischen Ost und West) den Städten eine wichtige Rolle zu; Sicherung der Vorrangstellung des Königs gegenüber den Städten durch staatliche Kontrollen und Handelsmonopole.

Zarathustrismus Die Sasaniden erheben den *Zarathustrismus* in einer mit alten mazdaistischen Vorstellungen durchsetzten Form zur Staatsreligion. Priesterschaft (Magier) hierarchisch gegliedert mit einem vom König eingesetzten, auch politisch einflussreichen mobadanmobed (höchster Würdenträger) an der Spitze. Erneute Sammlung und Vervollständigung der religiösen Überlieferung im nunmehr autoritativen „Avesta" mittels einer eigenen, auf einem Vokalalphabet basierenden Schriftsprache. Schon frühzeitig erwächst der neuen Staatsreli-*Manichäismus* gion starke Gegnerschaft im *Manichäismus*, einer von Mani (*216, †276) begründeten, synkretistischen Religion, deren Lehre sich aus gnostischen, babylonisch-chaldäischen, jüdischen, christlichen und iranischen Vorstellungen zusammensetzt. Unterstützung Manis durch Schapur I., dem Mani eines seiner Hauptwerke (Schapuragan) widmet, und Hormizd I.; unter Bahram I. jedoch wird Mani 276 auf Betreiben der Magier hingerichtet. In der Folgezeit Verfolgungen der manichäischen Gemeinden, dennoch aufgrund reger Missionstätigkeit schnelle Ausbreitung des Manichäismus westlich bis nach Spanien und Gallien, östlich bis nach China (manichäische Handschriften u. a. in koptischer, türkischer, chinesischer Sprache).

Christentum Die starke Ausbreitung des *Christentums* ist vor allem auf den Einfluss der seit den Eroberungskriegen Schapurs I. zwangsweise im Sasanidenreich angesiedelten römischen Kriegsgefangenen zurückzuführen. Die Behandlung der Christen stark von der Außenpolitik abhängig, seitdem Konstantin I. das Christentum im Römischen Reich begünstigt und damit die Christen im Sasanidenreich als potenzielle Bundesgenossen Roms gelten. Daher unter Schapur II. (seit 339) während der Kriege gegen Rom blutige Christenverfolgungen. Unter Yezdigird I. (399–421) nach Aufnahme freundschaftlicher Beziehungen mit dem oströmischen Reich Wiederherstellung der Glaubensfreiheit. Auf den Synoden von Seleukeia (410 und 420) endgültige Festlegung einer kirchlichen Organisation (unter einem Katholikos von Seleukeia-Ktesiphon mit fünf Erzbischöfen). Unter Yezdigird II. (439–457) Spannungen zwischen König und Kirche und erneute Christenverfolgungen (besonders in Armenien, Syrien, Babylonien). Peroz (459–484) unterstützt in seiner Religionspolitik den Nestorianismus; seitdem das Sasanidenreich Zufluchtsort für die Nestorianer aus dem Römischen Reich (Gründung der nestorianischen Theologenschule in Nisibis); 484 Trennung der im Sasanidenreich wohnenden Christen mit dem Bekenntnis zum Nestorianismus von der Großkirche: Entstehung einer christlichen Nationalkirche.

sasanidische Kunst Die *sasanidische Kunst* knüpft unmittelbar an achaimenidische und parthische Traditionen an und entwickelt diese fort; daneben starke römisch-hellenistische Einflüsse besonders durch Vermittlung römischer

Kriegsgefangener, die vor allem zum Städtebau (Entwicklung römischer Stadtkultur) und bei der Anlage technischer Bauwerke (Brücken- und Dammbauten) herangezogen werden. Palastbauten mit großen Gewölbe- und Kuppelkonstruktionen (Palast von Ktesiphon) als vollendete Formen parthischer Liwane; in den Felsreliefs, auf denen Darstellungen der Siege über die Arsakiden und Römer sowie von Herrscherinvestituren durch den Gott Ahura Mazda vorherrschen (Mittel der Bildpropaganda), wechseln Frontalität und Profildarstellung. Hervorragende Leistungen in der Toreutik und Glyptik; sasanidische Seidenstoffe (Einführung der Seidenraupenzucht) mit figürlichem Schmuck im Abendland hoch geschätzt. Hohe Blüte von Wissenschaft und Forschung in den geistigen Zentren wie Gundeschapur und Nisibis. Literarische Ausformung einer in ihrem Sagenstoff auf parthische Ursprünge zurückgehenden Ritterepik, die in der Folgezeit die mittelalterlichen Epen des Abendlandes beeinflusst.

	Auch im 4. Jh. Fortsetzung der Kämpfe gegen die Römer im Westen und skythische sowie hunnische Völker im Osten. Gegen die *wachsende Bedrohung* durch Angriffe von Araberstämmen im Südwesten Schutz durch den sasanidischen Vasallenstaat der arabischen Lachmidendynastie von Hira.	*wachsende Bedrohung*
309–379	Nach langen Kämpfen kann Schapur II. die unter Narse (293–302) gegen Galerius (296–298) verlorenen Gebiete nach erfolgreicher Abwehr Julians vor Ktesiphon (Tod Julians) durch Friedensschluss (363) mit Jovian (363–364) teilweise (größter Teil Mesopotamiens mit Nisibis) zurückgewinnen. Das Kuschanareich erneut erobert; dort auch Kampf gegen die (seit ca. 350) einfallenden *hunnischen Völker* (Chioniten, Kidariten), die nach Bündnisabschluss (seit 360) gegen Rom mitkämpfen.	*Hunnen*
seit 387	Der östliche Teil Armeniens wird aufgrund eines Teilungsvertrages mit Ostrom wieder sasanidisch.	
nach 400	Eindringen der (iranischen oder hunnischen) *Hephthaliten* im Osten; Gründung eines eigenen Staatswesens auf dem Gebiet des ehemaligen Kuschanareiches; Einmischung in sasanidische Thronstreitigkeiten.	*Hephthaliten*
465, 484	Nach wechselvollen Kämpfen erleiden die Sasaniden unter Peroz gegen die Hephthaliten zwei vernichtende Niederlagen; bis in die erste Hälfte des 6. Jh.s tributäre Abhängigkeit.	
488–496	Die außenpolitischen Misserfolge schwächen die Stellung des Königs vollends; herrschende Macht ist der Adel, gegen dessen Willkür sich unter Kavadh I. (488–531) die religiöse, dem Manichäismus verwandte *Bewegung des Mazdak* wendet, deren sozialrevolutionärer Aspekt (Forderung nach gleichmäßiger Verteilung aller Güter, Weiber- und Besitzgemeinschaft) bestimmend wird. Vorherrschaft des Grundadels gebrochen; das feste Gefüge der Gesellschaft radikal zerstört. Zunächst Unterstützung des Mazdakismus durch Kavadh I., der hierin eine Möglichkeit zur Stärkung der Königsmacht gegen den Adel sieht.	*Bewegung des Mazdak*
496	Sturz Kavadhs durch eine Adelsverschwörung. Tschamasp wird König; dann Rückkehr Kavadhs mit hephthalitischer Unterstützung.	
496–498		
523/524 (528/529?)	Nach Ernennung *Chosraus I.* zum Thronfolger noch unter Kavadh I. Ermordung der Führer der mazdaktischen Bewegung und blutige Verfolgung ihrer Anhänger.	*Chosrau I.*
531–579	Unter Chosrau I. Vollendung der bereits unter Kavadh I. eingeleiteten *Staatsreform* zur Stärkung der königlichen Zentralgewalt: Steuerreform nach dem Vorbild der Reformen Diokletians: Katastrierung des Grundbesitzes und Einführung einer festen Grundsteuer statt der wechselnden Ertragssteuer; umfassende Volkszählung und Neufestsetzung der Kopfsteuer (Staffelung nach Vermögensklassen). Verwaltungsreform: Einschränkung der Vollmachten des Großwesirs, Abschaffung des Amtes des militärischen Oberbefehlshabers und Einteilung des Reiches in vier Heeresbezirke unter je einem Feldherrn. Förderung des niederen Adels und Schaffung eines neuen Hof- und Beamtenadels. Wiederherstellung der Rechte der zarathustrischen Kirche. Heeresreform: Ausstattung der Soldaten auf Staatskosten, Normierung der Rüstung, Einführung von Rangabzeichen (neuer Militäradel); umfassende Grenzsicherungsmaßnahmen und Ausbau des Wegenetzes.	*Staatsreform*
540	Der mit dem oströmischen Kaiser Justinian geschlossene „Ewige Frieden" (532) durch Chosrau I. gebrochen (Einfall in Syrien, Zerstörung Antiocheias, Deportation von Facharbeitern).	
um 560	Mit Hilfe der verbündeten Westtürken Vernichtung des Hephthalitenreiches.	
562	Erneuter *Friedensschluss mit Byzanz* auf 50 Jahre (Erhöhung der schon 532 vereinbarten Tributzahlungen an die Sasaniden).	*Friedensschluss mit Byzanz*
571	Eroberung des Jemen und Vertreibung der mit Byzanz verbündeten Aksumiten aus Südarabien.	
579	Nach dem Tod Chosraus I. erneute Frontstellung zwischen dem neuen *Militäradel* und dem Königtum.	*Militäradel*

Chosrau II.	591–628	*Chosrau II.:* Erst dieser Herrscher kann den Aufstand des Bahram Tschobin (seit ca. 590) mit oströmischer Hilfe niederschlagen.
	seit 604	Durch die Eroberung großer Teile Kleinasiens und Syriens große Erfolge im Kampf gegen das oströmische Reich.
	619	Einnahme Ägyptens.
	626	Belagerung Konstantinopels (Byzanz) durch Sasaniden und Awaren.
	626–628	Der Gegenschlag des Herakleios (Sieg bei Ninive) zwingt zur Aufgabe der Eroberungen. Das harte Vorgehen Chosraus II. gegen den Adel verstärkt dessen Widerstand.
	628	Sturz und Ermordung des Königs.
Anarchie	632	Nach einer Periode völliger *Anarchie* wird Yezdegird III. (632–651) durch die Adelspartei des Feldherrn Rustam auf den Thron gebracht.
Araber	**636/642**	Das durch Kriege und innere Zerrüttung geschwächte Sasanidenreich kann den Ansturm der islamischen *Araber* nicht abwehren. Niederlage bei Kadisija in Arabien (636), Eroberung Ktesiphons (637), Niederlage bei Nihavend in Medien (642).
	651	Yezdegird III. wird in Ostiran ermordet. Das Sasanidenreich wird ein Teil des Kalifenreiches. – (Forts. S. 1090)

Arabien

(Forts. v. S. 100)

Nabatäerreich		Das römische Arabien reicht, wie das ihm vorausgehende *Nabatäerreich*, etwa vom Dschebel Hauran im Norden und im Westen von der östlichen Dekapolis (so spätestens seit Septimius Severus), dem Toten Meer, der Negev und dem Sinai nach Osten bis zum Wadi al-Sirhan sowie bis Medain Salih und nach Süden zum Roten Meer (wohl bis Leuke Kome/Yanbu [?]). Im Vorfeld liegt das *Reich von Saba* (Kern im Jemen [Südjemen/Himyar wohl Arabia felix/eudaimon], dazu Kataban und westliches Hadramaut). Im Innern der Halbinsel kommt es zu keiner konstanten Machtbildung; die nördlichen Stämme zählen historisch zu Mesopotamien und Syrien. Die arabischen Kulturlandschaften, vom syrisch-mesopotamischen Raum stets stärker als von Ägypten beeinflusst, sind teilweise hellenisiert (Nabatäer) oder hellenistisch durchsetzt (Sabäer).
Reich von Saba		
römische Interessensphäre		In die *römische Interessensphäre* geraten die Nabatäer (unter Aretas III.) durch Pompeius' Eingreifen in Syrien und Judäa, die Sabäer durch die Annexion des Ptolemäerstaates; das Nabatäerreich wird Klientelrandstaat (Königsliste ab Aretas III. [ca. 85–ca. 57]: Ca. 57–ca. 30 Malichos I. [Gegner Herodes' I., Parteigänger Caesars und Antonius', bald nach Actium abgesetzt]; ca. 30–9/8 v. Chr. Obodas II.; 8 v. Chr.–40 n.Chr. Aretas IV.; 40–70 Malichos II.; 71–105/106 [?] Rabbel II.).
	25 Sommer– 24 Herbst	Feldzug des Praefectus Aegypti Aelius Gallus gegen das Sabäerreich (Einnahme von Yatill u.a. Städten; erfolglose Belagerung der Hauptstadt Marib) schwächt dieses; in Folgezeit Kämpfe der Sabäer mit aufstrebendem Himyarenreich (Hauptstadt seit ca. 20 n.Chr. Zafar), seit etwa Mitte 1. Jh. n. Chr. kämpfereiches Gleichgewicht; Herrscher beider Reiche nehmen Titel „König von Saba und Du-Raydan" an.
	1 v.Chr.	Expedition des C. Caesar nach Arabien (wohl nördlich des Hauran).
Annexion	106	Traian beauftragt den Legaten von Syrien A. Cornelius Palma Frontonianus mit der *Annexion* des Nabatäerreiches (Anlass unklar; Organisator der Provinz 106–115: C. Claudius Severus).
	130	Hadrian in Arabia. – Vom Bar-Kochba-Aufstand wird Arabia wohl kaum berührt.
	166/169	Tempelbau der Thamudener in Rhobathon (Rawwafa) zu Ehren von Marcus Aurelius und L. Verus.
	um 180	Hadramaut erobert Kataban, so dass im Süden nun drei Reiche miteinander rivalisieren.
	191	Angriffe arabischer Stämme auf Sinaihalbinsel.
	195	Kämpfe des Septimius Severus gegen nördliche Araber (Annahme des Siegernamens „Arabicus").
	269–274	Arabia von Zenobia erobert und beherrscht.
	um 270	Yasir Yuhanim II. von Himyar erobert endgültig das Sabäerreich.
	um 300	Sammar Yuharis III., Sohn des Yasir, erobert Kataban und Hadramaut und nennt sich nun König von Saba und Du-Raydan und Hadramaut und Yamnat.
Abessinier	325	Einfall der *Abessinier* (Reich von Aksum) führt zur Herrschaft über Südwestarabien (bis 360?).
	um 370	Revolte der Sarazenenkönigin Mavia richtet sich auch gegen Arabia.
	um 378	Wiederherstellung des Sabäerreiches.

um 411	Angriffe über den Wadi Sirhan auf Arabia. Im 5. Jh. Etablierung der Ghassaniden auf östlichem Provinzgebiet (Hauptstadt Djabiya südwestlich Damaskus).
um 525	Erneutes Eingreifen des monophysitischen Reiches von Aksum in Südwestarabien wegen Christenverfolgungen (vor allem in Nagran) des jüdischen Königs Yusuf/Dhu-Nuwas (seit um 500); Abessinier dringen um 560 bis Medina vor.
528/29	Gegen Angriffe des Lakhmidenfürsten Mundhir III. (505–553; Hauptstadt Hira) wird von Ostrom anfangs der Kinditenfürst Harith (seit ca. 490 in Umgebung von Mekka), nach dessen Tod der zum Patricius und König ernannte Ghassanidenscheich Harith ausgespielt.
um 570	Letzter Bruch des Staudammes von Marib besiegelt den *Niedergang des Sabäerreiches* (vorherige Dammbrüche 370, 449/450, 542).
575	Sasaniden erobern Südarabien.
582	Ghassaniden unter unmittelbarer oströmischer Herrschaft.
613	Arabien fällt in persische Gewalt, 630 teilweise zurückerobert.
634	Nach *arabisch-moslemischen Siegen* u. a. im Wadi Araba und der Einnahme von Bostra wird das römische Restarabien islamisch.

Niedergang des Sabäerreiches

arabische Siege

Das römische Arabien wird seit 106 von einem erfahrenen prätorischen Legaten und einem centenaren Prokurator regiert. Statthaltersitz ist Bostra; die alte nabatäische Hauptstadt Petra dient als ein zweiter Gerichtsort des Legaten. Unter Diokletian (nachweisbar um 297) wird *Arabia zweigeteilt* in Arabia (um Petra; vor 307 mit Palästina vereinigt) und Arabia Augusta Libanensis (um Bostra; Grenze in östlicher Richtung auf Höhe der Südspitze des Toten Meeres), die im Norden durch Trachonitis und Bataneae erweitert. Um 358 wird das Gebiet um Petra als Palaestina Salutaris wieder selbstständige Provinz (Verbindung mit Palästina bleibt in Militärorganisation [dux Palaestinae] erhalten, während die Limitanei von Arabia einem „dux Arabiae" unterstehen). – Unter Traian wird das *Straßensystem* ausgebaut, besonders Verbindung von Bostra über Philadelphia (heute: Amman) an Golf von Akaba; der südöstliche Teil der Provinz bleibt anscheinend wenig erschlossen. – Die *Besatzung* bildet seit Traian eine Legion in Bostra (VI. Ferrata?; seit Hadrian III. Cyrenaica) mit entsprechenden Auxilien (2. Jh. anscheinend 2 Alen und 8 Kohorten [1 milliaria] = ca. 5500 Mann). Wahrscheinlich seit Diokletian kommt die „legio VI Martia" (in Lejjun) hinzu. Die Hilfstruppen stehen entlang eines Limes, der in Nord-Süd-Richtung von Bostra nach Akaba verläuft und zum Wadi al-Sirhan hin (severische?) Außenposten aufweist. Eine zweite Kastellhäufung liegt zwischen Gasa und Petra. Dieses Defensivsystem trennt offensichtlich die urbanisierten Gebiete von überwiegend halbnomadischen Stämmen der Provinz und dient ferner als Flankenschutz gegen die Nordaraber, kaum Feinde aus West- und Südarabien. Eine Flotte ist wohl in Akaba oder Leuke Kome stationiert. Im späten 3. und 4. Jh. wird die Besatzung verstärkt. Die Versuche zur politischen Bindung innerarabischer Steppenvölker (seit Ende 3. Jh. unter Sammelnamen Sarakenoi/Saraceni) als Föderaten führt, u. a. wegen persischer Konkurrenz, nur zu Teilerfolgen (besonders bei Ghassaniden).

Römische *Kolonisation* findet nicht statt; die Erhebung von Bostra, Petra und Gerasa zu Kolonien unter Elagabal ist nur titular. Da Legion und Auxilien schon bald überwiegend lokal rekrutiert werden, hält sich auch die viritane Landnahme von Römern aus dem Westen des Imperiums in engen Grenzen. – Die arabischen Teile der Dekapolis, besonders Gerasa und Philadelphia (altarab. Rabatamama), die Moabitis und Südidumäa sind relativ dicht urbanisiert. In den südlichen und östlichen Teilen der Provinz sind die wenigen städtischen Siedlungen offenbar kaum entwickelt, außer Petra (altarab. Requem); die nabatäische Unterteilung in Eparchien und Strategien scheint hier, z.T. auf Stammesbasis, fortbestanden zu haben. Durch den Bau großer Staudämme und Bewässerungssysteme (seit 7./6. Jh. v.Chr.) ist auch in Südarabien die Verstädterung fortgeschritten. Die *Staatsorganisation* beruht hier auf Monarchie und Stammesaristokratie, die auch die Priester stellt; eine „Beamtenschaft" wird nur rudimentär entwickelt. In den verschiedenen Sozialordnungen bleiben (minder in den urbanisierten Teilen der römischen Provinz) ethnische Gruppierungen (Araber, „Hellenen", Juden, Syrer u.a.), Sippen- und Stammesverbände (mit ihren „Ältesten") und Großfamilien bestimmend.

Wirtschaftlich ist das römische Arabien vor allem als Durchgangsregion für den Weihrauch- und Indienhandel bedeutsam, der von Südarabien seinen Ausgang nimmt. Zentrum ist Petra, als Hafen ferner Leuke Kome. Ackerbau blüht in den urbanisierten Gebieten; darüber hinaus gibt es Nachrichten von Kupferbergbau. Neben dem arabischen Heidentum (oberster Gott z.B. des Sabäerreiches ist Attar) und dem Judentum findet in Arabia das Christentum schon im 1. Jh. vor allem in den urbanisierten Regionen Eingang und breitet sich im 4. Jh. über die ganze Provinz sowie West- und Südarabien aus (um 378 in Marib); Blüte des christlichen Nagran im 6. Jh. Im 5. und 6. Jh. findet Monophysitismus starke Verbreitung, besonders in Südwestarabien. Kulturelle Impulse empfängt das Imperium Romanum von Arabien nicht. Ohne den Handel und die latente nordarabische Bedrohung wäre die Provinz ein abseits gelegenes Hinterland. – (Forts. S. 1088)

Teilung Arabias

Straßensystem

Besatzung

Kolonisation

Staatsorganisation

Wirtschaft

EUROPÄISCHES MITTELALTER

Die Epochen des Mittelalters

Der traditionelle *Begriff* „Mittelalter" setzt die Existenz eines „Altertums" und einer „Neuzeit" voraus und stempelt die Zeit zwischen ihnen als eine Übergangsepoche ab. Das sog. Mittelalter hat sich allerdings in einem ganz anderen Sinn als Übergangszeit aufgefasst: als die Zwischenzeit zwischen der Erscheinung Christi auf dieser Welt und dem Ende der Zeiten, das in dem Jüngsten Gericht gipfeln werde. Diese Vorstellung der Theologen wird von der Geschichtsschreibung kaum rezipiert – hier herrscht die Vorstellung von den sechs Reichen vor; das letzte sei das Römische Reich, das bis an das Ende der Zeiten andauern soll.

Begriff

Eine neue Vorstellung kommt erst seit dem 14./15. Jh. mit dem sog. *Humanismus* auf, der in der römischen Antike den Gipfel der bisherigen Entwicklung sieht, an den man neu anknüpfen will. Die barbarische (auch „gotische") Gegenwart und Vergangenheit werden abgewertet – sie sind ein Tief zwischen dem alten Glanz der Antike und ihrer sich anbahnenden Erneuerung. Diese Vorstellung taucht zuerst bei Flavio Biondo (Blondus; 1392–1463) auf und wird endgültig durch die Lehrbücher des Christoph Cellarius (1688) populär; seither beherrscht sie die Geschichtsschreibung. (Seit der Reformation erhält sie eine kirchliche Variante in der protestantischen Geschichtsschreibung, die im Mittelalter, im Gegensatz zur sog. Urkirche, die Zeit des Verfalls sieht.)

Humanismus

Durch das Aufkommen des Begriffes selbst ist bereits eine negative Wertung der Zeit vorprogrammiert: Die „Zwischenzeit" erscheint als Verfall der Bildung (v.a. der Sprache und Literatur; evangelisch des wahren Glaubens) und seit der *Aufklärung* auch als Zeit des „finsteren Aberglaubens". Dagegen bemüht sich die *Romantik*, eine positive Wertung besonders aufgrund der „Einheit der Christenheit" und der „Ideale des Rittertums" aufzubauen. Die beiden vereinfachenden Charakterisierungen (Abwertung und Verherrlichung) beeinflussen die Auffassungen vielfach bis zum heutigen Tag.

Aufklärung
Romantik

Seit dem 19. Jh. weisen Historiker immer wieder auf die Tatsache hin, dass jede Einteilung der Vergangenheit rein künstlich ist und insbesondere auf das Problematische der Einreihung der europäischen Geschichte – oder gar der Weltgeschichte – in das Prokrustesbett einer Dreiteilung. So sind daher verschiedene *Versuche* unternommen worden, die Vergangenheit aufgrund besonderer Kriterien (Kulturen, Wirtschafts-, Kunstformen usw.) zu periodisieren; keiner dieser Versuche konnte sich durchsetzen, da es sich als unmöglich erwies, die Vergangenheit verschiedener Völker und die Vielfalt aller Gebiete, die den Historiker interessieren, auf einen Nenner zu bringen. Infolgedessen kehrt man immer wieder zum viel geschmähten und doch bisher nicht ersetzten Begriff eines „Mittelalters" zurück, wobei jedoch nachhaltig darauf aufmerksam gemacht werden muss, dass es sich dabei um eine bloße Notlösung handelt und dass es absolut unstatthaft ist, das Adjektiv „mittelalterlich" wertend zu verwenden.

Periodisierungsversuche

Ältere Arbeiten versuchten genaue *Grenzdaten* für den „Anfang des Mittelalters" festzulegen. Als Anfangszeiten werden oft die Jahre 375/378 („Anfang der Völkerwanderungszeit"), 410 (Eroberung Roms durch Alarich), 476 (Absetzung des letzten weströmischen Kaisers Romulus Augustulus) genannt. Als Ende wird recht allgemein das Jahr 1492 (Entdeckung Amerikas) vorgeschlagen. In der neueren Forschung herrscht Übereinstimmung darin, dass es müßig ist, genaue Jahreszahlen ermitteln zu wollen; man muss sich mit der Festlegung von chronologischen Grenzzonen begnügen und darauf aufmerksam machen, dass die Entwicklung nach Ländern und Sachgebieten beträchtliche chronologische Unterschiede aufweist. Praktische Gründe zwingen Historiker jedoch auch weiterhin zu einer recht mechanischen Abgrenzung, wobei heute weit gehend Übereinstimmung darin herrscht, dass als Grenzzonen des europäischen Mittelalters das 4–6. Jh. bzw. das 15. Jh. zu gelten haben (mit beträchtlichen Abweichungen für einige Gebiete).

Grenzdaten

Dass es nötig ist, für die Darstellung einer mehr als ein Jahrtausend umfassenden Geschichte auch diese Zeit weiter zu *gliedern*, erscheint einleuchtend; auch hier gelingt es jedoch nicht, sachliche Periodisierungskriterien zu ermitteln, die eine Einteilung rechtfertigen würden, und so begnügt man sich damit, die mechanische – kaum wirklich etwas aussagende – Einteilung in ein Früh-, Hoch- und Spätmittelalter vorzunehmen, um größere Zeiträume zu benennen, während man innerhalb engerer Räume gewöhnlich von „Jahrhunderten" spricht (ein Prinzip, das zum erstenmal im 16. Jh. für die Kirchengeschichte die Magdeburger Zenturien anwenden). Auch dabei gilt jedoch, dass jede Einteilung letztlich willkürlich ist und nur durch die Praxis der Forschung und die Art der Darstellung gerechtfertigtwerden kann.

Untergliederung

Es fehlte auch nicht an Versuchen, den Begriff „Mittelalter" *inhaltlich rechtfertigen* zu wollen; diese Ansätze beginnen bereits mit der Abwertung durch die Humanisten; das Mittelalter wird hier der „Barbarisierung" der Mittelmeerwelt gleichgesetzt. Später vermeinte man, bei einer positiven Wertung, in der

inhaltliche Rechtfertigung

PLOETZ ●

„kirchlichen Einheit Europas" das entscheidende Charakteristikum zu finden, ohne zu berücksichtigen, dass es eine Kirchenspaltung in Europa gibt, dass in Europa Juden und bis 1492 Moslems siedeln und dass es sogar bis 1386 „heidnische Herrscher" gibt. Auch die Kategorie des „Feudalismus" als Grundlage der Periodisierung hat sich nicht bewährt, da es sich kaum als realisierbar erweist, eine Charakteristik zu erarbeiten, die allgemein angewandt werden kann und zur Gliederung geeignet ist. Völlig verfehlt sind Versuche, das Mittelalter mit den Ansprüchen des mittelalterlichen Reiches (Imperium Romanum) zu identifizieren oder es ethnisch zu charakterisieren – etwa durch eine Symbiose „germanischer" und „romanischer" Komponenten im sog. Abendland –, weil alle diese wertenden Charakteristika höchstens die Geschichte eines Teils des europäischen Kontinents charakterisieren können.

Notbegriffe

Besonders ist noch darauf hinzuweisen, dass die gesamte Vorstellung einer Dreiheit von Altertum, Mittelalter, Neuzeit eindeutig auf Teile Europas ausgerichtet ist, für die außereuropäische Geschichte aber völlig sinnlos bleibt. Die Begriffe sind folglich bloße *Notbegriffe,* die helfen sollen, die Vergangenheit bei der Darstellung zu gliedern; einen immanenten Sinn, welcher Art auch immer, haben sie ganz besonders im weltgeschichtlichen Rahmen mit Sicherheit nicht, selbst wenn einige Gebiete z. T. (z. B. Norditalien, Westeuropa) in dieser Epoche gewisse charakteristische Eigenarten aufweisen. Europa (als geografischer Begriff) bildet jedoch in diesem Zeitabschnitt noch lange keine Einheit.

Die sog. Völkerwanderungszeit und die Kontinuität des Imperiums

Völkerwanderungszeit allgemein

Der Begriff „Völkerwanderung"

Wolfgang Lazius (*1514, †1565; Hofhistoriograf Kaiser Ferdinands I.) veröffentlicht 1557 ein Werk „De gentium aliquot migrationibus", worin er die Herrschaft des „Hauses Österreich" (Österreich gilt im Mittelalter als Gothia) mit den Wanderungen vor allem der Goten legitimiert. Michael Schmidt setzt in seiner „Geschichte der Deutschen" (1778) den Begriff migratio gentium mit „Völkerwanderung" gleich; eine Lehnübersetzung, die noch Johann Christoph Gottsched (*1700, †1766) aus vornehmlich sprachlichen Gründen mit Recht ablehnt. Der Ausdruck ist tatsächlich aus semantischen wie ideologiekritischen Gründen höchst bedenklich. Da die *germanische Altertumskunde* der antiken Historiografie misstraut, versucht sie mit Archäologie, Sprachwissenschaft und Siedlungsforschung die Geschichte von gesunden, starken Wandervölkern, mit denen man sich identifiziert, zu entwerfen. Bereits Beatus Rhenanus (*1475, †1547) identifiziert die Deutschen mit den germanischen Stämmen der Völkerwanderungszeit; er feiert nicht bloß die germanischen Siege über die Römer, sondern reklamiert sie als deutsche Geschichte. Demgegenüber zeigt die *französische Forschung* in ihrem Festhalten an Begriffen wie „invasions des barbares" oder „invasions germaniques", dass sie sich bis heute in weit größerem Maße auf antikes Schrifttum bezieht als die deutsche Geschichtsschreibung. Aber in den Grundauffassungen gibt es Gemeinsamkeiten beider Betrachtungsweisen: So sind sich französische Romantik und deutscher Historismus im 19. Jh. darüber einig, dass die hereinbrechenden Germanen eine „Blutauffrischung" für das Abendland bedeutet hätten. Heute sind es gerade die Archäologie und Frühgeschichte, die von den dinglichen Quellen her den Beweis antreten, dass wir es eben nicht mit „jungen, kraftstrotzenden Völkern" und einer „gesunden Vergangenheit" zu tun haben.

Neben der ideologischen Belastung des Begriffs „Völkerwanderung" steht die Tatsache, dass „gens" nur missverständlich mit „Volk" übersetzt wird. Der *Volksbegriff* ist vom modernen Nationenbegriff nicht zu scheiden. Hingegen ist eine Gens weder nach nationalstaatlichen Vorstellungen noch als biologische Einheit zu bestimmen. Da die gentile Geschichte die Kunde von den „Taten tapferer Männer" ist, ist eine Gens nicht die Bevölkerung eines bestimmten Landes, sondern die politisch-rechtliche Einheit des „bewaffneten Volks". Die Gleichung: Volk = Heer stellt das Leben auf und macht damit die Etymologien aller Begriffe zunichte, die, wie „gens", „genus", „genealogia", „natio", die Vorstellung einer einheitlichen Abstammungsgemeinschaft enthalten. Dagegen sind gentile Völkerschaften stets ethnisch gemischt. Sie sind niemals bloße Abstammungsgemeinschaften, sondern vielmehr Aktionsgemeinschaften. Die *Stammesbildung* ist, obwohl es bis heute den Quellen immer wieder nachgeschrieben wird, keine Sache des „Blutes", sondern der „Verfassung". Dies bedeutet zunächst nicht viel mehr als das Zusammenfassen und Zusammenhalten derjenigen heterogenen Gruppen, die ein gentiles Heer ausmachen. Anführer und Repräsentanten von „bekannten" Sippen, die ihre Herkunft von Göttern herleiten und ihr Charisma in entsprechenden Erfolgen beweisen können, bilden die „Traditionskerne" neuer Stämme. Sie sind *Heerkönige*, ob sie nun den Weg zum mittelalterlichen Großkönigtum gehen oder nicht. Am bekanntesten von ihnen sind die gotischen Amaler und Balthen sowie die fränkischen Merowinger. Sie versuchen, die Stammesüberlieferung zu monopolisieren, das heißt die gentile Religio, die sich im Kult stets erneuernde Gemeinschaft der Lebenden und Toten, zu repräsentieren.

Eine Gens ist eine oder besser die *Rechtsgemeinschaft* der „Menschen" oder „Göttersöhne". Viele gentile Selbstbezeichnungen bedeuten nämlich nichts anderes als „Männer", wie etwa Goten und Alamannen, „Göttersöhne", wie die skandinavischen Gauten oder die keltischen Biturigen, „Menschen", wie die finnischen Suomi oder die indianischen Arapaho. Wer außerhalb dieser Rechtsgemeinschaft steht, ist daher ein „Unmensch", dem man keine Treue schuldet und weder Schwüre noch Verträge halten muss. Wenn also ein „Kulturmensch" über Gentes schreibt, dann erwähnt er zuerst einmal ihre abscheuliche Treulosigkeit, denn sie sind *Barbaren*. Barbaren aber sind keine vollwertigen Menschen. Sie gleichen zweifüßigen Tieren, ihre Sitten sind fremd, unberechenbar und gefährlich, ihre Sauflust ist unermesslich. Sie umarmen einander zum Bruderkuß, tragen lange Haare und Pelze selbst dort, wo es warm ist. Ihre Sprache ist nicht die Sprache von Menschen, sondern Gestammel und bloßer Lärm. Ihre Religion ist Aberglaube, wenn nicht Heidentum, so bestenfalls verdorbenes Christentum, häretischer Arianismus. Barbaren können weder vernünftig denken noch handeln, sie werden von Dämonen getrieben; „ihnen sitzt einer auf" und zwingt sie, die abscheulichsten Dinge zu tun. Ob Germanen oder nicht, die Barbaren gelten dennoch als schöne Menschen; sie sind blond und groß, wenn auch furchtbar schmutzig und sonderbaren Toilettesitten ergeben. Bloß die eigentlichen Hunnen sind hässlich, Söhne von bösen Geistern und gotischen Hexen. Unerschöpflich ist die Menschenkraft der Barbaren; sie vermehren sich wie die Heuschrecken. Hat man ein Barbarenvolk abgewehrt oder gar vernichtet, so kommt schon das nächste aus den Sümpfen und Wäldern Germaniens oder den großskythischen Steppen. Diese Bilder und Vorstellungen der antiken Ethnografie werden so lange gebraucht, als die wandernden Gentes als Fremde gelten. In dem Augenblick, da sich dieses Gefühl der Fremdheit verflüchtigt, sind die Gentes, die auch das Wandern aufgeben, keine Barbaren mehr. Aus ihren Reichen werden, sofern sie sich halten können, die lateinischen Königreiche und Nachfolgestaaten des Römischen Reiches.

Wanderbewegungen und Reichsgründungen der Ostgermanen (375–552)
(Forts. v. S. 287, 325)

Westgoten

Ostgoten

Am Ende des 3. Jh.s spalten sich die Goten: Westlich des Dnjestr und des unteren Pruth entsteht während des 4. Jh.s die äußerst leistungsfähige Oligarchie der balthisch-terwingischen Vesier *(Westgoten)*. Diese werden Föderaten (Verbündete) Roms und entwickeln eine multizentrale Verfassung, die im Vorfeld des Römischen Reichs die erste Territorialisierung der Gens ermöglicht. Gleichzeitig bildet sich zwischen Dnjestr und Don das Heerkönigtum der amalischen Greutungen-Ostrogothen *(Ostgoten)*. Unter der Führung dieses Heerkönigtums erreicht die Skythisierung der östlichen Goten ihren Abschluss. Der gepanzerte Lanzenreiter, der ungeheure Entfernungen überwindet und seine Zweikämpfe zu Pferd austrägt, die Beizjagd, der Schamanismus sowie religiöse Praxis und Erfahrung, dargestellt in den Adlerfibeln, die politische Manifestation, die sich an der Übernahme des sasanidischen Königsornats der Amaler erkennen lässt – kurz: Die Lebensweise der iranisch-türkischen Steppenvölker wird Teil der gotischen Welt, die der große ostrogothisch-greutungische König *Ermanarich* (um 350–375) beherrscht. Seine Eroberungen und der Umfang seines Vielvölkerreiches – genannt werden neben den Ostrogothen auch wolgafinnische Gruppen, Slawen, Anten, Heruler, Alanen, Hunnen, Sarmaten und wohl auch Aestier – legen dem spätantiken Beobachter den Alexander-Vergleich nahe. Ermanarich tötet sich selbst, als sein Kampf gegen die Hunnen verloren geht.

Ermanarich

Hunneneinfall

Der Einbruch der *Hunnen* zerstört sowohl das östliche Königreich als auch die westliche Aristokratie der Goten, die ebenfalls eine Völkergemeinschaft umfasst. Diejenigen Goten, die keine hunnischen Goten werden wollen und sich der Unterwerfung entziehen können, treten auf römisches Gebiet über. Hier werden sie die *Föderaten des Reichs*, bleiben jedoch auf die Dauer nur dann eine politisch handlungsfähige Gens, wenn sie Königreiche errichten können.

Föderaten des Reichs

Institutionen

Die gotischen Reiche auf römischem Boden wurzeln zwar in der gentilen Tradition, leiten sich aber von einer lateinischen *Institution* ab, die an die höchsten Magistrate der spätantiken Heeresorganisation und die damit verbundene vizekaiserliche Position anknüpft. Analog dazu ist die Gens nicht bloß das Heer der Goten, sondern zugleich auch eine römische Föderatenarmee, die in der Nachfolge der römischen Hofheere ein, wenn auch abgewandeltes, Recht der Herrschaftsübertragung besitzt. Die Goten erheben als Föderaten keinen Kaiser, sondern einen König. Vom Standpunkt der römischen Verfassung bildet das barbarische Königtum diejenige Anomalie, die Praxis und Theorie der anomalen spätantiken Staatlichkeit miteinander versöhnt.

Hunnen
Spaltung der Ostgoten

um 375 Die *Hunnen* und die mit ihnen verbündeten Alanen überschreiten den Don. Mehrere Niederlagen der Greutungen (Ostgoten). Tod Ermanarichs. *Spaltung der Gens und der Amalersippe.* Die Mehrheit der Greutungen wird den Hunnen untertan, einer bedeutenden Minderheit gelingt mit hunnischen und alanischen Splittergruppen 376 die Flucht ins Römerreich.

Spaltung der Westgoten

376 Die Hunnen zerstören die terwingisch-vesische Völkergemeinschaft in den Kernlanden des heutigen Rumäniens (Moldau unter Einschluss des heute russischen Bessarabiens, Muntenien und Siebenbürgen). *Spaltung der Gens:* Eine Minderheit geht mit dem bisherigen Oberhaupt, dem heidnischen Gotenrichter Athanarich (†381), in den von Sarmaten bewohnten Caucalandensis locus (wahrscheinlich in Siebenbürgen). Hingegen folgt die terwingische Mehrheit dem Häuptling Fritigern (†nach 382), dem alten Gegner Athanarichs, der bereits am Beginn der siebziger Jahre das arianische Bekenntnis des Kaisers Valens angenommen hat, um dessen Unterstützung im Kampf gegen Athanarich zu erhalten. Die Goten Fritigerns werden im Spätsommer unter unklaren Bedingungen ins Römerreich aufgenommen. Inkompetenz und Habgier der römischen Beamten sowie Verpflegungsschwierigkeiten führen zur Rebellion der Fritigern-Goten.

377	Sie verbinden sich mit der berittenen, aus Greutungen, Alanen und Hunnen bestehenden Dreivölker-Konföderation.	
378 9. Aug.	*Schlacht bei Adrianopel.* Die östliche Hofarmee wird von den Goten unter Führung Fritigerns fast völlig vernichtet, wobei die greutungisch-alanisch-hunnische Kavallerie schlachtentscheidend wirkt. Der römische Kaiser Valens fällt.	*Schlacht bei Adrianopel*
382	Sein Nachfolger Theodosius I. (379–395) schließt mit den Goten, von denen sich die Dreivölker-Konföderation getrennt hat (Ansiedlung in Pannonien 380), den folgenschwersten *Föderationsvertrag* der römischen Geschichte. Durch die Ansiedlung eines ganzen Volkes, das autonom bleibt, auf römischem Hoheitsgebiet wird ein Staat im Staate und die Voraussetzung dafür geschaffen, dass barbarische Reiche innerhalb des Römerreichs entstehen. Die Ansiedlung der Goten erfolgt nach dem römischen Quartierlastengesetz der „hospitalitas" (Übertragung eines Teils des Bodens und der Arbeitskräfte) in Reichsdakien, Niedermösien und Kleinskythien, das heißt als Grenzschutz in den Provinzen der unteren Donau. Hier geschieht die *Christianisierung* der Goten im Sinne des Arianers Wulfila (*um 311, †383?), die anscheinend selbst noch der katholische Kaiser Theodosius, „der Freund der Goten und des Friedens", fördert.	*Föderationsvertrag* *Christianisierung*
395	Nach dem Tod des Theodosius fallen die Westgoten unter der Führung *Alarichs* (*um 370, †410) vom Ostreich ab und verlassen die von den Hunnen bedrohten Wohnsitze an der unteren Donau. Plünderung der gesamten Balkanhalbinsel bis in die Peloponnes, obwohl es dem römischen Heermeister Stilicho (*um 365, †408) zweimal beinahe gelingt, die Goten zu besiegen. Der Vorwurf, Stilicho habe Verrat geübt, ist jedoch unbegründet.	*Alarich I.*
397	Der oströmische Kaiser Arcadius (395–408) schließt mit dem Balthen Alarich I. einen Föderationsvertrag, der den Westgoten die Niederlassung im Epirus (Nordwestgriechenland) gestattet. Alarich, wohl schon vorher zum König der Westgoten erhoben, erhält das römische Militäramt eines „magister militum per Illyricum".	
400	Sieg der antigotischen Partei in Konstantinopel. Niedermetzelung der stammeslosen Goten.	
um 400	Aufbruch der hasdingischen Theiß-Vandalen, der pannonischen Alanen und donauswebischer Gruppen nach dem Westen. Vereinigung mit silingischen Vandalen.	
401/402	Die Alarich-Goten brechen in *Italien* ein und werden in den zwei Schlachten bei Pollentia (bei Turin) und Verona von Stilicho besiegt und zum Abzug gezwungen. Während ein vertragsloser Zustand herrscht, lassen sich die Westgoten „im Barbarenland neben Dalmatien und Pannonien" nieder, von wo sie Plünderungszüge ins Ostreich unternehmen.	*Einfall in Italien*
405	Während Alarich – nun durch einen Vertrag gebunden – in Illyrien völlig ruhig bleibt, fallen zahlreiche Scharen vornehmlich gotischer Herkunft unter Radagais (†406) über Pannonien und Noricum in Italien ein.	
406	Sie werden von Stilicho beim florentinischen Faesulae (Fiesole) gestellt, mit Hilfe von Alanen, der donauländischen Uldin-Hunnen und der von Alarich abgespaltenen Sarus-Goten besiegt; ihr Anführer endet durch Henkershand. Große Teile der geschlagenen Radagais-Goten gehen schließlich zu Alarich über.	
406 31. Dez.	*Vandalen, Quaden und Alanen* überschreiten nach Kämpfen mit föderierten Franken den Rhein und breiten sich über ganz Gallien und 409 auch über Spanien aus. Schließlich kommt es 411 zum Abschluss eines Föderationsvertrags, wonach die Hasdingen das östliche, die Sweben das westliche Galicien, die Silingen die Baetica und die Alanen Lusitanien und die Carthaginiensis zugewiesen erhalten.	*Vandalen, Quaden und Alanen*
408	Der Versuch *Stilichos*, das von ihm geleitete Westreich mit dem Ostreich auszusöhnen, führt zum Bruch des etwa 405 abgeschlossenen Goten-Vertrags und schließlich zum Sturz Stilichos selbst. Alarich bezieht Stellung im pannonisch-norischen Grenzgebiet und fällt nach der Hinrichtung Stilichos in Italien ein. Er belagert Rom, zieht aber gegen reiche Tributzahlung wieder ab und beginnt die Verhandlungen mit Honorius (395–423) um die Anerkennung seines Königtums.	*Stilicho*
409	Als ihm der Kaiser nicht einmal die Ansiedlung in den beiden norischen Provinzen und ausreichende Getreidelieferungen zusagt, marschiert Alarich ein zweites Mal vor Rom und erzwingt vom Senat die Erhebung des Stadtpräfekten Attalus zum Kaiser. Aber weder Honorius noch der Usurpator sind bereit, eine gotische Reichsbildung (etwa in Afrika) zuzulassen. Nun rücken die Alarich-Goten zum dritten Mal vor Rom.	
410	*Einnahme und Plünderung Roms* (24.–27. Aug.). Die Einnahme der Ewigen Stadt erschüttert die lateinischen Zeitgenossen aufs tiefste: „Was bleibt heil, wenn Rom fällt?" Mit gewaltiger Beute (Teile des jüdischen Tempelschatzes) und nach Gefangennahme der Galla Placidia (*389, †450), der Halbschwester des Honorius, zieht Alarich nach Unterita-	*Einnahme Roms*

		lien, um nach Afrika überzusetzen. Das Unternehmen schlägt fehl. Auf dem Rückmarsch nach Norden stirbt Alarich und wird bei Cosenza im Busento begraben.
Athaulf	410–415	König *Athaulf*. Da Alarich ohne geeignete leibliche Erben stirbt, wird sein Schwager Athaulf König.
	412	Er führt die Westgoten nach Gallien.
	414	Dort vermählt er sich in Narbonne mit Galla Placidia. Athaulf sieht sich nicht als Zerstörer, sondern als Erneuerer Roms und will daher Frieden schließen. Alle diesbezüglichen Verhandlungen schlagen aber fehl. Athaulf wendet sich nach Spanien und wird in Barcelona aus Blutrache ermordet.
Wallia	415–418	Es folgt König *Wallia*. Nachdem ein neuerlicher Versuch der Goten gescheitert ist, nach Afrika überzusetzen,
	416	schließt Wallia einen Vertrag mit Honorius und lässt Placidia frei.
	418	In römischem Dienst schlägt er die silingischen Vandalen; doch wird das Gotenheer noch vor der endgültigen Befriedung Spaniens nach Südgallien verlegt.
Tolosanisches Westgotenreich	418–507	*Tolosanisches Westgotenreich*. Hauptstadt Toulouse (Tolosa), zwischen Loire und Garonne, auf dem Gebiet der Provinz Aquitania secunda und angrenzender Stadtdistrikte. Das föderierte Gotenheer wird nach dem „ius hospitalitatis" (Übertragung von Boden und Arbeitskräften) angesiedelt. Die vornehmen Goten erhalten zwei Drittel des Großgrundbesitzes und leben als „consortes" der senatorischen Adeligen, umgeben von ihren Gefolgschaften („buccellarii", „saiones").
Theoderich I.	418–451	Die Ansiedlung erfolgt bereits unter Theoderid *(Theoderich I.)*, König der Westgoten. Er gilt als Begründer der „jüngeren" Balthen-Sippe. Die Westgoten Wallias besiegen die Silingen und Alanen, deren Reste sich den hasdingischen Vandalen anschließen; ihr König ist nun der König der Vandalen und Alanen.
	429	Vandalen-König Geiserich (428–477, *um 390) setzt mit seinen Heerhaufen (80000 Menschen) über die Meerenge von Gibraltar.
Vandalenreich	429–534	*Vandalenreich* in Afrika. Zehnjähriger Kampf bis zur Einnahme Karthagos.
	430	Augustinus (*354), Bischof von Hippo Regius, stirbt während der Belagerung der Stadt durch die Vandalen.
	435	Die Vandalen erhalten den Status von Föderaten in einem Teil der Diözese Afrika.
	439	Die Hauptstadt Karthago wird genommen.
	442	Valentinian III. (425–455) schließt Frieden und erkennt dabei das Vandalenreich als erstes unabhängiges Germanenreich auf römischem Boden an.
Nibelungen	436	Der weströmische Heermeister Aëtius (*um 390, †454) lässt durch seine hunnischen Hilfstruppen das mittelrheinische Reich der burgundischen *Nibelungen* vernichten, König Gunther, die ganze Königssippe und ein Großteil des Volkes werden getötet. Den Südteil dieses Gebiets mit Worms nehmen die Alamannen, den Nordteil bis Mainz die Franken ein. Im Laufe des 5. Jh.s dehnen sich die Alamannen vom Neckarland über das südliche Rheinhessen, Pfalz, Elsass, Nordschweiz, Vorarlberg und östlich bis zur Iller/Lech-Linie aus.
	443	Aëtius weist die Burgunder als Föderaten in die Sapaudia (Gebiet der oberen Rhône und Saône) mit der Hauptstadt Genf ein und überträgt ihnen die Grenzwacht gegen die Alamannen. Die Burgunder werden nach dem „ius hospitalitatis" unter den gleichen Bedingungen wie die Westgoten angesiedelt. Unter einem neuen Königsgeschlecht (balthisch-westgotischer Herkunft?) gelingt den Burgundern die Ausbreitung ihres Reichs über das ganze Rhônetal mit der Hauptstadt Lyon bis zur Isère.
Katalaunische Felder *Attila*	451	Schlacht auf den *Katalaunischen Feldern* (besser: Mauriacensischen Feldern) zwischen Troyes und Châlons-sur-Marne. Die gallische Gemeinschaft von Römern und Barbaren (genannt werden außer den Westgoten noch Alanen, Rheinfranken, Bretonen, sarmatische und germanische Laeten, Burgunder, gallische Sachsen sowie die Angehörigen ehemaliger römischer Militärbezirke) gilt Außenstehenden als „Vereinigung zwieträchtiger Völker" und besteht dennoch ihre große Bewährungsprobe, als *Attila* (434–453; *um 395) mit einem großen Aufgebot aus Hunnen sowie unterworfenen ost- und westgermanischen Stämmen (darunter vor allem die Gepiden und Ostgoten) in Gallien einfällt. Die Hunnen werden von Aëtius und dem Westgotenkönig Theoderid (durch Speerwurf des Amalers Andagis getötet) besiegt und in ihrer Wagenburg eingeschlossen. Aëtius beschleunigt aber den Abzug der Westgoten wie den Rückzug Attilas, der sich schon zum Selbstmord entschlossen hat, wohl um das gentile Gleichgewicht zu erhalten.

452	Attila verwüstet die Poebene und zerstört Aquileia. Papst Leo I. verhandelt als kaiserlicher Gesandter mit dem Hunnenkönig in Mantua, wobei der Hinweis auf das Schicksal Alarichs I. angeblich Attila von einem Marsch auf Rom abhält.	
453	Das Hunnenheer räumt Italien. *Attila* kehrt in seine Theiß-Residenz zurück und stirbt unerwartet nach der Hochzeitsfeier mit der Ostgermanin Hildico (eine Wurzel der Krimhildsage?).	*Tod Attilas*
453–466	Westgotenkönig *Theoderich (II.)* reaktiviert den Föderationsvertrag mit Rom.	*Theoderich (II.)*
454/55	Die Gepiden Ardarichs stellen sich an die Spitze einer gentilen Koalition, die am Fluss Nedao (in Pannonien) die Hunnen und die ihnen treu gebliebenen Ostgoten schlägt und somit die Auflösung des Hunnenreichs erzwingt. Die Gepiden dehnen darauf ihre Herrschaft von der Theißebene bis über Siebenbürgen (Dakien) aus, sodass die Ostgoten ihre bisherigen Sitze verlieren und im Römerreich (Pannonien) Zuflucht suchen müssen. Außerdem entstehen – von kleineren Gruppen abgesehen – das Rugierreich am Ostrand des niederösterreichischen Waldviertels und im Weinviertel, ein herulisches Königtum in Südmähren und in der heutigen Slowakei sowie daran anschließend ein Reich derjenigen Donausweben, die nicht mit den Vandalen und Alanen die Heimat verlassen haben. Zwischen dem Donauknie und der Theißmündung gibt es weiterhin ein sarmatisches Reich sowie als Neuheit eine skirische Reichsbildung.	
455	Nach der Ermordung Kaiser Valentinians III., mit dem Geiserich eine dynastische Heirat verabredet hat, erscheint dieser plötzlich mit einer Flotte vor der Tibermündung. Rom wird vierzehn Tage lang von den *Vandalen* geplündert. Die Witwe Valentinians und ihre Tochter Eudokia werden ins Vandalenreich gebracht, wo Eudokia Geiserichs Sohn Hunerich (477–484) heiratet.	*Vandaleneinfall*
455	Der Westgotenkönig Theoderich (II.) macht seinen ehemaligen Lehrer Avitus zum Kaiser. Der König erringt zahlreiche Erfolge sowohl gegen die Sweben wie gegen die einheimische Aristokratie Spaniens. Die Goten erobern aber auch Narbonne (462) und erreichen damit die gallische Mittelmeerküste. Wie Theoderich (II.) selbst seinen Bruder beseitigt hat, so fällt er als Opfer einer Verschwörung seines jüngeren Bruders.	
466–484	Westgotenkönig *Eurich*. Dieser löst den Vertrag mit Rom, erobert die Auvergne, verteidigt von dem Bischof Sidonius Apollinaris (*um 432, †um 480/490), sowie das spanische Ebrotal (Tarraconensis). Nach einer ersten Anerkennung des westgotischen, auf das Sechsfache seines ursprünglichen Umfangs angewachsenen Großreichs durch Kaiser Nepos (475) erreicht das Tolosanische Reich im Jahre 477 seine größte Ausdehnung mit der „nassen Grenze" Loire, Rhône und Durance gegenüber dem übrigen Gallien, mit den Seealpen gegenüber Italien und der offenen iberischen Halbinsel als gotischem Hinterland. Das älteste germanische Königsrecht, der Codex Euricianus, geht zumindest in den Grundzügen auf Eurich zurück, obwohl die endgültige Fassung der Zeit Alarichs II. (484–507) angehören dürfte. Die Eurich zugeschriebene antikatholische bzw. proarianische Kirchenpolitik ist nicht vornehmlich religiös, sondern politisch bestimmt.	*Eurich*
475	Der Patricius und Heermeister Orestes (†476) verjagt den weströmischen Kaiser Julius Nepos (†480) und erhebt den eigenen Sohn Romulus (Augustulus) zum Kaiser. Er versagt aber bei der Versorgung der regionalen Föderatenarmee.	
476	Daher wird Romulus abgesetzt (formelles *Ende des weströmischen Kaisertums und Reichs*) und *Odoaker* (*433, †493) aus der skirischen Königssippe, die mit dem Orestes-Romulus-Clan seit den Tagen Attilas verfeindet ist, zum König erhoben. Die hauptsächlich ostgermanischen Föderaten erhalten die „tertia" (= Drittel) des römischen Grundbesitzes zugewiesen – für nichtbenötigtes Land wird eine gleichhohe Steuer eingeführt.	*Ende des Weströmischen Reichs Odoaker*
seit 476	Bis zu den Vandalen- und Gotenkriegen Justinians I. (527–565) steht fast das gesamte römische Westreich unter der Herrschaft lateinisch-germanischer Könige. Der oströmische Kaiser Zenon (474–491) erkennt Odoaker als König an, überträgt ihm jedoch nicht die gewünschte Amtsgewalt eines Heermeisters und Patricius. Senat und Papst (Felix III.) stützen Odoaker, da damals wegen der monophysitenfreundlichen Kirchenpolitik Zenons ein Schisma (Kirchenspaltung) zwischen Konstantinopel und Rom besteht. Odoaker erwirbt Sizilien gegen Tributzahlung an den Vandalenkönig Geiserich.	
480	Nach der Ermordung von Kaiser Julius Nepos gliedert er Dalmatien wieder dem Westreich an.	
484–507	Westgotenkönig *Alarich II.*, Eurichs Sohn, mit einer Tochter Theoderichs des Großen vermählt.	*Alarich II.*

Das Andenken an seine Herrschaft ist durch seine Niederlage und seinen Tod in der Schlacht von Vouillé (bei Poitiers) gegen den Frankenkönig Chlodwig (507) überschattet. Tatsächlich festigt er die westgotische Herrschaft in Spanien und verteidigt bis 506/507 zumeist erfolgreich die tolosanische Nordgrenze gegen die Franken. Alarich II. rettet (490) die Ostgoten Theoderichs durch eine Intervention in Italien und (501) die rechtmäßige burgundische Dynastie, worauf Avignon westgotisch wird.

487/488 Odoaker zerstört in zwei Feldzügen das Reich der Rugier, deren Überlebende sich den Ostgoten anschließen.

488 Die römische Stadtbevölkerung des donaunahen Teils von Noricum ripense wird zwangsweise nach Italien geführt.

Eine ebenso anschauliche wie einzigartige Quelle über die Ereignisse und Zustände beim Ende des Römerreichs an der Donau ist die Vita des heiligen Severin († 482), die Eugippius († nach 533) um 511 im ostgotischen Italien verfasst.

Aufstieg Theoderichs d. Gr.

Nach der Aufgabe des pannonischen Ostgotenreichs (ca. 455–473) zieht eine der drei ostgotischen Gruppen unter König Thiudimer († 474) und seinem Sohn *Theoderich*, der seine Jugend als Geisel in Konstantinopel verlebt hat, auf der Suche nach günstigeren Bedingungen für eine Reichsbildung auf der Balkanhalbinsel umher.

Von seinem letzten Stützpunkt, Novae (Svištov an der Donau) in Niedermösien, marschiert Theoderich 488 im Auftrag Kaiser Zenons als dessen Heermeister („magister militum et patricius"), nachdem er 484 den Konsulat bekleidet hat, nach Italien.

489 Theoderich schlägt Odoaker an der Isonzobrücke bei Görz und bei Verona.

490 Dann schlägt er ihn mit westgotischer Hilfe in einer großen Schlacht an der Adda, worauf sich *Odoaker* nach Ravenna zurückzieht.

Odoaker ermordet

493 Er öffnet erst nach zweieinhalbjähriger Belagerung („Rabenschlacht" der Heldensage) die Tore aufgrund eines Vertrags, der eine gemeinsame Herrschaft vorsieht, wird aber von Theoderich *ermordet*.

Ostgotenreich in Italien Herrschaft Theoderichs d. Gr.

493–552 Das *Ostgotenreich in Italien*.
493–526 Ostgotenkönig Theoderich der Große (*um 451/456) Titel: „Flavius Theodericus rex." *Theoderich sichert seine Herrschaft* durch ein weitgespanntes Heirats- und Bündnissystem, das die gesamte gentile Welt umfassen soll. Dieses System scheitert ein erstes Mal zwischen 506 und 510, da Theoderich, gehindert durch Konstantinopel, die von den Franken bzw. Langobarden angegriffenen Westgoten und Heruler nicht schützen kann. Durch die Aufnahme von geschlagenen Alamannen und Herulern sowie durch das Heiratsbündnis mit den Thüringern (um 510) wird zu retten versucht, was zu retten geht.

506 Im Westgotenreich Verkündung des für die römischen Untertanen gültigen Rechts im „Breviarium Alaricianum" (oder in der „Lex Romana Visigothorum") als Gegenstück zum „Codex Euricianus" für die Goten. Caesarius, Bischof von Arles (502–543), leitet im Auftrag Alarichs zu Agde (im Département Hérault) die *Synode* des gallisch-westgotischen Reichsteils, wobei ein Ausgleich zwischen dem katholischen Episkopat und dem arianischen Gotenkönig zu Stande kommt.

Synode von Agde

507–511 Eingreifen Theoderichs in Gallien.
Nach dem Schlachtentod seines Schwiegersohns Alarich II. bei Vouillé (507) sendet Theoderich ostgotische Truppen, wenn auch verspätet, den Westgoten zu Hilfe. Die Provence wird als gallische Präfektur dem Ostgotenreich angegliedert. Nach mehrjährigen Kämpfen gegen Gesalech († 511/513), den unehelichen Sohn Alarichs II., wird Theoderich selbst König der Westgoten, worin ihm sein Enkel Amalarich († 531), der echte Sohn Alarichs II., erst nach 526 folgt. Für Theoderich regiert sein ostgotischer Waffenträger Theudis.

515 Theoderich verheiratet den bei den Westgoten „gefundenen" Amaler Eutharich († 522) mit seiner Tochter Amalaswintha († 535) und designiert ihn zum Nachfolger.

Eutharich

519 *Eutharich* wird von dem byzantinischen Kaiser Justin I. (518–527) „nach barbarischer Sitte" zum Waffensohn adoptiert, erhält das römische Bürgerrecht und tritt als Flavius Eutharicus Cilliga gemeinsam mit dem Kaiser den Konsulat an.

523 Infolge von Familienwirren Krieg mit dem Burgunderreich, das gleichzeitig von den Franken angegriffen wird. Das Gebiet zwischen Isère und Durance wird ostgotisch (530 von Amalaswintha zurückgegeben).

römische Opposition

523–524 Nach Ende des Schismas (519) und dem überraschenden Tod Eutharichs (522) zunehmende *Opposition* des Senats, der nun von sich aus die Sorge um die Nachfolge Theoderichs wahrnimmt. Hochverratsprozess gegen die Senatoren Boethius (*um 480), der im Kerker sein Buch „De consolatione philosophiae" schreibt, und seinen Schwiegervater Symmachus.

524, 525 Sie werden hingerichtet.

Die Völkerwanderungszeit   Wanderbewegungen und Reichsgründungen

um 525	Der byzantinisch gesinnte Vandalenkönig *Hilderich* (523–530) lässt das ostgotische Gefolge der Amalafrida, Schwester Theoderichs und Witwe seines Vorgängers Thrasamund (496–523), der sie 500 geheiratet hat, niedermachen; sie selbst stirbt im Kerker. Theoderich baut eine starke Flotte, um das Vandalenreich anzugreifen.	*Hilderich*
526	Er stirbt aber vorher in Ravenna, wo sein Grabmal erhalten ist. In der deutschen Heldensage lebt er als Dietrich von Bern (= Verona) fort.	
526–535	*Amalaswintha*, Theoderichs Tochter, Witwe, regiert zuerst für ihren unmündigen Sohn Athalarich (*516), der 534 stirbt, dann als Königin der Ostgoten.	*Amalaswintha*
533–534	*Belisar* (*um 500, †565), Feldherr des Kaisers Justinian, zerstört das *Vandalenreich* in Afrika, wobei ihn Amalaswintha unterstützt.	*Zerstörung des Vandalenreichs*
535	Amalaswintha wird von ihrem Vetter Theodahad (†536), den sie zum Mitregenten angenommen hat, ermordet.	
535–552	Diese Untat bietet den Anlass für den Krieg Kaiser *Justinians I.* gegen die Ostgoten.	*Gotenkriege Justinians I.*
535–540	*Belisar* erobert Sizilien und Neapel, wird von Witigis (†541), den das Gotenheer nach Absetzung Theodahads (536) auf den Schild erhoben hat, der sich mit Amalaswinthas Tochter Mataswintha vermählt hat, in Rom vergeblich belagert (Landverluste an die Franken). Witigis zieht sich nach Ravenna zurück und öffnet schließlich Belisar die Tore, der vorgibt, König des ihm angebotenen Reichs der Goten und Italiker zu werden, stattdessen aber Witigis und Mataswintha sowie zahlreiche gotische Krieger nach Konstantinopel führt.	*Belisar*
541	Während Belisar gegen die Perser kämpft, wählen die Goten Totila (Baduila) zum König, der fast ganz Italien außer Ravenna zurückerobert.	
544–549	Belisar, aufs Neue nach Italien entsandt, kämpft mit wechselndem Erfolg bis zu seiner endgültigen Abberufung nach dem Tod seiner Gönnerin, der Kaiserin Theodora (†548).	
552	Erst *Narses* (*um 478, †573), ein Eunuch armenischer Herkunft, gelingt es in einem frontalen Angriff von Istrien her, das ostgotische Königtum binnen Jahresfrist zu vernichten. Er schlägt zunächst Totila auf den Busta Gallorum (nahe dem umbrischen Gualdo Tadino), wobei der Gotenkönig fällt.	*Narses*
552	Dann besiegt er dessen Nachfolger Teja am Mons Lactarius (Milchberg, heute Monte Angelo), zwischen Neapel und Salerno. Teja verliert als letzter Ostgotenkönig das Leben. Die meisten *Ostgoten kapitulieren* und kehren als kaiserliche Untertanen auf ihre Güter zurück.	*Ostgoten kapitulieren*
553–554	Eine ostgotische Minderheit versucht Butilin, der mit seinem Bruder Leuthari ein fränkisch-alamannisches Heer nach Italien führt, zum König auszurufen, was jedoch scheitert. Narses vernichtet die eine der in zwei Gruppen operierenden Invasoren bei Capua, während die andere in Venetien einer heimgebrachten Seuche erliegt.	
555	Kapitulation von Compsa (Conza della Campania) am Fluss Ofanto, wo siebentausend Barbaren verschiedenster Herkunft und nur zum Teil Goten bisher noch Widerstand geleistet haben.	
	Italien wird wieder römisch, Narses erster Statthalter, seine Nachfolger führen den Titel „exarchus et patricius" mit Sitz in Ravenna. Der zwanzigjährige Krieg in Italien hat das antik-römische Kernland verwüstet und derart geschwächt, dass die politische Einheit des Landes (568) auf Jahrhunderte hinaus verlorengeht. – (Forts. S. 525)	*Verwüstung Italiens*

Das Vandalenreich in Afrika (429–534)

Afrika ist die Kornkammer des römischen Westreichs, doch ist der soziale Friede durch religiöse Spannungen (Donatistenstreit) ständig gefährdet. Die unterdrückte religiöse Richtung hat den Einfall der Vandalen zumindest begünstigt, vielleicht auch zur harten antikatholischen, proarianischen Religionspolitik *Geiserichs* (428–477) beigetragen. Trotzdem sucht Geiserich, die Römer in sein Reich einzugliedern. Als sichtbares Zeichen dafür gilt im Allgemeinen der Übertritt zum Arianismus. Die Verfolgung der Katholiken scheint vorwiegend politische Ursachen zu haben. Indem sie als Reichsfeinde gewertet werden, wird ihre Führungsschicht, die episcopi et senatores, Gegenstand weit gehender Enteignung.

Geiserich

Der Versuch *Hilderichs* (523–530), des Sohnes Hunerichs und der Eudokia sowie Enkels Geiserichs, die auswegslose Politik zu überbrücken und ein vandalisch-römisches Reich in Afrika aufzubauen, bleibt wegen der Niederlage gegen die Berber erfolglos. Die Vandalen erobern rasch die Seeherrschaft im westlichen Mittelmeer und errichten Stützpunkte auf den Inseln Sizilien, Sardinien, Korsika und den Balearen. Die tatsächliche Herrschaft der Vandalen wird jedoch durch die Berber in zunehmendem Maße beschränkt, mag auch Kaiser Zenon im Frieden von 474 den vandalischen Besitzstand anerkennen. Die Herrschaft gilt als Erbgut der königlichen Sippe der Hasdingen; die „constitutio" Geiserichs sieht vor, dass jeweils der Älteste aus der männlichen Nachkommenschaft König werden solle (Seniorat). Dieses „Hausgesetz" kann jedoch Thronstreitigkeiten und Königsmorde nicht verhindern; der letzte Vandalenkönig, Gelimer (530–534), gilt als Usurpator.

Hilderich

Das Ostgotenreich unter Theoderich d.Gr. (493–526)

Goten und Italiker

Theoderichs Staat, die Herrschaft über „*Goten und Italiker*", entsteht aus der Verbindung der Herrschaft über Rom und Italien mit dem Reich der Goten, das in einer Weise, die „die übrigen Völker nicht haben können", dem römischen Vorbild angeglichen wird. Der Gotenkönig gilt „der Tat nach als ein wahrer Kaiser". Es werden ihm Statuen gesetzt, ohne dabei den Kaiser zu erwähnen. Kaiserlich ist auch Theoderichs Herrschaft über die römische Bürokratie, er übt die Blutgerichtsbarkeit wie das Gnadenrecht über alle Bewohner Italiens aus, besitzt – obwohl Arianer – die Hoheit über die katholische Kirche und entscheidet über die Zugehörigkeit zum Senat. Da Theoderich den inneren Frieden in Italien sichert, kann er auch wie ein Kaiser wirtschaften. Vernünftige ökonomische Maßnahmen, wie eine Münzreform, ergeben sehr rasch einen Überschuss, der für eine intensive, obwohl vornehmlich restaurative Bautätigkeit verwendet wird.

Ravenna

Es werden sowohl Repräsentationsbauten, Nutzbauten, wie etwa Wasserleitungen, als auch Verteidigungsanlagen errichtet. In der Königsstadt *Ravenna* bleibt es nicht bloß bei der Renovierung, vielmehr kann die herrliche Ausgestaltung Ravennas als diejenige Leistung der theoderichianischen Epoche angesehen werden, die am ehesten das Prädikat „schöpferisch" verdient (bes. San Apollinare Nuovo).

Edictum Theoderici

Die kaiserlichen Reservatsrechte, die Annahme des Imperator-Titels, das Anlegen kaiserlicher Gewänder und das volle Münzregal bleiben formal unangetastet. Mit der Erlassung des berühmten „*Edictum Theoderici*", das einerseits das römische Kaiserrecht modernisiert und den gegebenen Umständen anpasst, andererseits aber keineswegs in das Vorrecht der kaiserlichen Gesetzgebung eingreift, verkündet Theoderich territoriales Recht, wovon niemand, auch nicht seine Goten, ausgenommen ist. Wie die tolosanischen Goten, so wird auch das Heer Theoderichs des Großen aufgrund des römischen Quartierlastengesetzes, der „hospitalitas", angesiedelt; doch erhalten die Ostgoten bloß die „tertia" (ein Drittel) des Grundbesitzes in der Nachfolge des Heeres Odoakers und sind auch nicht steuerfrei. Das ostgotische Föderatenheer ersetzt eine reguläre römische (Bewegungs-)Hofarmee, was zur Folge hat, dass die Italiker in regionalen Milizeinheiten dienen und nur in Ausnahmefällen Kriegsdienste im Felde leisten.

Spätblüte der antiken Kultur

Die römische Zivilbürokratie bleibt hingegen unangetastet in den Händen der Römer. Italien erlebt eine *Spätblüte der antiken Kultur*. Männer wie Boethius (*um 480, †524), Papst Symmachus, Ennodius (*473, †521), Cassiodor (*um 485, †nach 580), der eine, heute bloß im Auszug des Jordanes erhaltene, Gotengeschichte schreibt und als „Minister" des späteren Theoderichs und seiner Nachfolger wichtige Staatspapiere (Variae) verfasst, der heilige Benedikt von Nursia (*um 480, †um 547), der Gründer Montecassinos (529), und der skythische Mönch Dionysios (*um 470, †um 550), der die Zeitrechnung nach Christi Geburt entwirft, tragen zur Entstehung einer allgemeinen Kultur bei. Dass Theoderich Analphabet gewesen sei, ist eine Legende, die – bezeichnenderweise – von einer Schilderung des ungebildeten Kaisers Justin I. (518–527) auf ihn übertragen wird.

Die wichtigsten Völkerschaften der Völkerwanderungszeit

Völker der Völkerwanderung

Germanen:	Ostgermanen:	Nichtgermanische Völker:
Alamannen	Westgoten	Hunnen
Sweben	Ostgoten	Alanen
Langobarden	Vandalen	Awaren
Franken	Burgunder	Slawen
	Heruler (Eruler)	

Papsttum und Kirche (391–604)

(Forts. v. S. 292)

Die Kirche als Träger der Kontinuität zwischen Antike und Mittelalter

Staatsreligion

Die durch Konstantin d.Gr. (*um 285, †337) eingeleitete und von Theodosius I. (379–395, *347) zu einem gewissen Abschluss gebrachte Ersetzung der römischen *Staatsreligion* durch das Christentum und die sich daraus ergebende Durchdringung der kirchlichen, staatlichen und sozialen Sphären („Reichskirche") sichern der durch Lehrstreitigkeiten und Sonderentwicklungen gefährdeten Kirche nicht nur ihre Einheit, sondern schaffen auch die Voraussetzung für eine den Verfall des Imperiums überdauernde *Kontinuität* des römischen Erbes. Ausmaß und Intensität dieses Fortlebens, die von der Forschung nicht einhellig beurteilt werden, hängen sowohl in der sich zunehmend hellenisierenden östlichen als auch in der sich im Zuge der Völkerwanderung auflösenden westlichen Reichshälfte von den ethnischen, geografi-

Kontinuität

schen und politischen Umständen ab. Allgemein gilt, dass Kirche und Papsttum trotz der im 4. Jh. beginnenden und sich im 5. Jh. in allen Lebensbereichen durchsetzenden Barbarisierung und Regionalisierung wesentliche Elemente der römischen Reichsidee, der Verfassung und Verwaltung, des Rechtes und des Brauches, der Sprache, Literatur und Kunst sowie zahlreiche Institutionen und Techniken der Haus- und Landwirtschaft, des Handels und Gewerbes auf dem Boden des Reiches bewahren bzw. an die innerhalb und außerhalb der alten Reichsgrenzen entstehenden Herrschaftsbildungen weitergeben.

Träger dieser Kontinuität sind im Westen neben den Päpsten und den vornehmlich aus den alten Führungsschichten stammenden höheren *Klerikern* der in Anpassung an die Reichseinteilung entstandenen Bischofssprengel monastische Gemeinschaften, die in erster Linie das literarische und wissenschaftliche Erbe der heidnischen und christlichen Antike über die Zeitenwende hinüberretten. Neben den fortbestehenden Institutionen, den erhalten gebliebenen Bau- und Kunstdenkmälern sowie der in Liturgie und theologische Literatur (Patristik) eingegangenen geistigen Überlieferung schaffen die von dieser neuen klerikalen und monastischen Elite tradierten Texte und die durch sie in Handbüchern zusammengefassten Ergebnisse der antiken Wissenschaft die Voraussetzungen für die schon im Frühmittelalter einsetzenden Bemühungen um eine *Wiederbelebung der Antike*.

Klerus

Wiederbelebung der Antike

Die Verlegung der Reichshauptstadt in den Osten gibt diesem ein Übergewicht gegenüber dem Westen, befreit das römische *Papsttum* jedoch von der Gefahr kaiserlicher Bevormundung. Es beginnt in der Auseinandersetzung mit der östlichen Christenheit und dem vor allem in römischen Adelskreisen weiterlebenden Heidentum unter Silvester I. (314–335), Marcus (336), Julius I. (337–352) und Liberius (352–366) seinen Aufstieg, der unter Damasus I. (366–384) zu einem ersten Höhepunkt gelangt.

Papsttum

384–399 Papst Siricius (*um 334) betont die Führungsrolle des römischen Stuhles mit für den gesamten Westen verbindlichen Rechtsentscheidungen.

402–417 Der nach Anastasius I. (399–402) regierende *Innozenz I.* drängt auf die Durchsetzung der Consuetudo Romana („römische Gewohnheit") in Disziplin und Liturgie, versucht durch
404 Eingriffe in den Prozess gegen Johannes Chrysostomos (*344/354, †407) sowie die Errichtung eines apostolischen Vikariats von Thessalonike den *Primatsanspruch* gegenüber Konstantinopel durchzusetzen und im Streit gegen Pelagius seine Lehrautorität zur Geltung zu
415
417 bringen.

Innozenz I.

Primatsanspruch

Während des Pontifikats Innozenz' I. Anerkennung des bischöflichen Rechts auf Gerichtsbarkeit über den Klerus (412) und Einzug der heidnischen Tempelgüter (415). Nach Rückschlägen unter Zosimus (417–418) und Bonifaz I. (418–422) erheben Cölestin I. (422–432) und Sixtus III. (432–440) gegenüber dem Konzil von Ephesus (431) sowie den Patriarchen von Alexandrien und Konstantinopel den Anspruch auf die Leitung der Ökumene.

Im Osten kommt es nach den Auseinandersetzungen um die *Trinität* zwischen Nestorius (*nach 381, †um 451), seit 428 Patriarch von Konstantinopel, und Kyrillos (†444), seit 412 Patriarch von Alexandrien, zum Streit über die Natur Christi und sein Verhältnis zu Maria als Gottes- oder Christusgebärerin (Theotokos – Christotokos).

Trinitätsstreit

Die sieben ersten ökumenischen Konzilien

erste ökumenische Konzilien
Nicaea I

1	Nicaea (Nikaia) I Einberufen von Konstantin I. d.Gr. (306–337)	20. Mai–ca. 25. August	325
2	Konstantinopel I Einberufen von Theodosius I. (379–395)	1. Mai–Juli	381
3	Ephesus Einberufen von Theodosius II. (408–450)	22. Juni–17. Juli	431
4	Chalkedon Einberufen von Markianos (450–457)	8. Oktober–1. November	451
5	Konstantinopel II Einberufen von Justinian I. (527–565)	5. Mai–2. Juni	553
6	Konstantinopel III Einberufen von Papst Agatho (678–681)	7. November–6. September	680–681
7	Nikaia (Nicaea) II Einberufen von Kaiserin Irene (780/797–802)	24. September–23. Oktober	787

Chalkedon

Konzil von Ephesus	**431**	Auf dem von Kaiser Theodosius II. einberufenen 3. Ökumenischen *Konzil von Ephesus* wird die von Patriarch Johann von Antiochien und den syrischen Bischöfen vertretene Auffassung des Nestorius, die auf eine stärkere Trennung der beiden Naturen in Christus hinausläuft und Maria den Titel einer Theotokos aberkennt, von Kyrillos, Papst Cölestin I. und dem zunächst nestoriusfreundlichen Theodosius unter Berufung auf das Nicaenische Bekenntnis (325) verurteilt (ähnlich entschied schon 430 eine römische Synode).
Leo I.	**440–461**	Unter Papst *Leo I. d. Gr.*, der sich stärker als seine Vorgänger als Erbe Petri versteht, erreicht der Anspruch der römischen Bischöfe auf die Leitung der Ökumene einen neuen Höhepunkt.
	445	Leo setzt im Westen den auf vermeintliche Privilegien pochenden Hilarius von Arles (*401, †449) als Metropolit von Arles ab, erreicht von Valentinian III. die Gleichstellung der Dekretalen mit den Reichsgesetzen, verwirft den Anspruch Konstantinopels auf Gleichrangigkeit mit Rom (451), greift entscheidend in die theologischen Lehrstreitigkeiten des Ostens ein, versucht ein allgemeines Konzil nach Italien einzuberufen und manifestiert durch sein Eintreten zum Schutze Roms und Italiens gegen Attila (452) und Geiserich (455), dass die Päpste an die Stelle des handlungsunfähigen Kaisers getreten sind.
	449	
Ostkirche		Im *Osten* kommt es nach einer u. a. von Akakios von Beroia († nach 437) und Simeon dem Styliten d. Ä. († 459) herbeigeführten Einigung zwischen Johann von Antiochien und Kyrillos von Alexandrien (433) zu wiederholten Auseinandersetzungen: Theodoret von Cyrus (*um 393, † spätestens 466) vertritt 447 mit Abwandlungen die Lehre des Nestorius, während Patriarch Dioskuros von Alexandrien (444–451, †454) und der Mönch Eutyches (*um 378) die Theologie des Kyrillos in Richtung auf den Monophysitismus übersteigern und auf der zweiten von Theodosius einberufenen Synode von Ephesus, der Räubersynode, mit Gewalt gegen den Widerspruch Papst Leos I. zur Anerkennung bringen wollen.
	449	
	451	Nach dem Tode Theodosius' II. beruft Kaiser Markianos (450–457) das 4. Ökumenische *Konzil von Chalkedon* ein.
Konzil von Chalkedon		Die auf Verlangen Leos I. unter Leitung römischer Legaten tagenden, überwiegend aus dem Osten stammenden Väter kommen aufgrund einer schon 449 abgegebenen Stellungnahme Papst Leos, des „Tomus Leonis", zu einer verbindlichen Formel, wonach die beiden Naturen Christi als unvermischt und ungetrennt in einer Person und Substanz (Hypostase) zu verstehen sind. Neben zahlreichen anderen rechtlichen Regelungen wird gegen den Protest der römischen Legaten die Gleichrangigkeit der Metropoliten von Konstantinopel und Rom sowie der besondere Rang von Alexandrien, Antiochien und Jerusalem anerkannt. Obwohl das Konzil von Chalkedon die in Ephesus ergebnislos gebliebene theologische Diskussion zu einem Abschluss gebracht hat, kann sich der *Monophysitismus* in den Patriarchaten von Alexandrien, Jerusalem und Antiochien verbreiten, während der Nestorianismus in Edessa und später in Persien Anhänger findet.
Monophysitismus		
	468–483	Simplicius, nach Hilarius (461–468) Nachfolger Leos I., widersetzt sich dem Versuch Kaiser Zenons, aufgrund eines die Beschlüsse von Chalkedon missachtenden Unionsdekretes (Henotikon) die Monophysiten in Antiochien und Alexandrien mit der Orthodoxie zu versöhnen.
	482	
	483–492	Felix II. (III.) enthebt in diesem Zusammenhang Akakios († 489), Patriarch von Konstantinopel, seines Amtes und führt damit den ersten offenen Bruch zwischen Ost und West herbei (Akakianisches Schisma bis 519).
	484	
Gelasius I.	**492–496**	Papst *Gelasius I.* formuliert gegenüber Kaiser Anastasios, Odoaker und Theoderich das Verhältnis des Papsttums („auctoritas sacrata pontificum") und des Kaisertums („regalis potestas") als der beiden gemeinsam die Welt regierenden Mächte im Sinne der auf ihn zurückgeführten *Zweischwertertheorie*, setzt sich für die Behauptung der dem Papst in Süd- und Mittelitalien verbliebenen Rechte und Besitzungen ein.
Zweischwertertheorie		
	496–498	Anastasius II. bemüht sich um Aussöhnung mit Byzanz.
	498	Die gespaltene Haltung der römischen Gemeinde gegenüber Ostrom führt bei der Wahl seines Nachfolgers zum *Laurentianischen Schisma*.
Laurentianisches Schisma	498–514	Symmachus findet für seine Politik gegen Konstantinopel die Unterstützung Theoderichs, während der probyzantinische Laurentius (498–506) von der Mehrheit des römischen Senats unterstützt wird.
Papstwahldekret	499	Das Schisma führt zu einem ersten, von Symmachus veranlassten *Papstwahldekret;* Designation des Papstes, bei ihrem Fehlen Mehrheitswahl durch den Klerus, Ausschaltung der Gemeinde.
	513	Es gelingt dem 506 allgemein anerkannten Symmachus, den römischen Einfluss in Gallien durch Wiederherstellung des Vikariates in Arles zu erneuern, dabei erstmalige Verleihung des Palliums.

	Während seines Pontifikates Bekehrung des Burgunders Sigismund zum Katholizismus (496/499) und Taufe Chlodwigs (498/499).	
514–523 519	Hormisdas erreicht die *Aussöhnung mit dem Osten* aufgrund seiner vom Patriarchen von Konstantinopel übernommenen Bekenntnisformel („Regula fidei").	*Aussöhnung mit dem Osten*
523–536	Unter den nur kurz regierenden Päpsten Johannes I. (523–526), Felix III. (IV.) (526–530), Bonifaz II. (530–532), Johannes II. (533–535) und Agapet I. (535–536) wird das Papsttum zeitweilig in den Kampf zwischen Ostgoten und Byzanz einbezogen, ohne eine selbstständige Position behaupten zu können.	
536–561	Sein politisches Gewicht und moralisches Ansehen gelangen unter Silverius (536–537), Vigilius (537–555) und Pelagius I. (556–561) auf einen Tiefpunkt, während es Justinian I. (527–565) im Zuge seiner Restaurationspolitik gelingt, ein deutliches Übergewicht über das Papsttum, u.a. das Recht der Anerkennung der Papstwahl, zu erlangen.	
590–604	Gregor I. der Große (*um 540), vor seinem Pontifikat Präfekt von Rom und Mönch des von ihm gegründeten römischen Andreasklosters, beendet die altkirchliche Epoche des Papsttums und legt die Grundlage für die mittelalterliche. Er respektiert die Stellung des oströmischen Kaisers als Haupt des christlichen Imperiums, wendet sich aber gleichzeitig den germanischen Völkern zu, veranlasst einen Friedensvertrag zwischen Byzanz und den Langobarden (593), deren Katholisierung er einleitet, tritt für Verständigung zwischen Franken und Ostrom ein und bemüht sich um Bindung der Westgoten an Rom.	
596	Mit der Entsendung des Mönchs Augustinus († wohl 604) zu *Ethelbert von Kent* (560–616) eröffnet er die Missionierung der Angelsachsen. Die materiellen Voraussetzungen für die Wiederaufnahme der Führungsrolle der Päpste, die sich seit Gregor I. „Servus Servorum Dei" (Diener der Diener Gottes) nennen, werden durch Konsolidierung der Patrimonialgüter der römischen Kirche, die geistigen durch die Gewinnung des Mönchtums für die universale Mission sowie gesteigerte Anforderungen an den Klerus („Regula pastoralis") geschaffen.	*Ethelbert von Kent*

Die Päpste* (384–604)

Päpste von 384 bis 604

Siricius	384–399	Simplicius	468–483	Dioskur	530
Anastasius I.	399–402	Felix II. (III.)	483–492	Johannes II.	533–535
Innozenz I.	402–417	Gelasius I.	492–496	Agapet I.	535–536
Zosimus	417–418	Anastasius II.	496–498	Silverius	536–537
(Eulalius	418–419)	Symmachus	498–514	Vigilius	537–555
Bonifaz I.	418–422	(Laurentius	498–506)	Pelagius I.	556–561
Cölestin I.	422–432	Hormisdas	514–523	Johannes III.	561–574
Sixtus III.	432–440	Johannes I.	523–526	Benedikt I.	575–579
Leo I.	440–461	Felix III. (IV.)	526–530	Pelagius II.	579–590
Hilarius	461–468	Bonifaz II.	530–532	Gregor I.	590–604

Leo I. Gregor I.

* (in Klammern: Gegenpäpste)

Mönchtum und Klosterwesen

Wesen und Entwicklung

Das christliche Mönchtum verdankt seinen Ursprung den neutestamentlichen Forderungen nach einer die allgemeine Norm überschreitenden *Weltentsagung*. Aus locker organisierten Asketengemeinschaften im Osten und Westen entwickeln sich seit der Mitte des 3. Jh.s in Ägypten, Syrien und Palästina seine grundlegenden Formen. Neben den Gyrovagen, schweifenden *Asketen* ohne örtliche Bindung, entsteht nach dem Vorbild der Wüstenväter Paulus (*um 228, †um 341) und Antonius (*um 251, †350) der Typ des allein lebenden Eremiten, während Pachom (*um 287, †347) und Basilius d.Gr. (*um 330, †379) die Grundlage für das gemeinsame Leben, das Zönobitentum, legen.

Weltentsagung

Asketen

Das *orientalische Mönchtum*, in dem mit den christlichen auch antike Vorstellungen von der Heiligung durch Entsagung verschmelzen, wird in die theologischen, kirchenpolitischen und sozialen Auseinandersetzungen einbezogen und nimmt vielfach gegen die Kirche und ihre „Verweltlichung" Stellung. Sein Vorbild wirkt auf Byzanz und Nordafrika sowie über Südfrankreich und Italien auf den Westen, wo sich eigenständige monastische Lebensformen entwickeln. Im Rhônetal und in Aquitanien entstehen unter orientalischem Einfluss Ligugé, Marmoutier, Lérins und Marseille (St. Viktor) als bedeutende Zentren.

orientalisches Mönchtum

Seit Ende des 5. Jh.s verbinden sich orientalische mit keltischen und britischen Traditionen zur Sonderform des irischen Mönchtums, *das von Columban dem Jüngeren bis nach Südwestdeutschland und Oberitalien verpflanzt wird. Zukunftsträchtiger als diese und andere Formen wird das von* Benedikt *im Anschluss an einheimische Entwicklungen* begründete Mönchtum. *Seine maßvolle, Gottesstob, Schriftlesung, ständige Ortsgebundenheit und Gehorsam betonende Regel verdrängt die gelegentlich exzentrische ältere monastische Gesetzgebung und wird zur Grundlage für das mittelalterliche Klosterwesen, das stärker als das orientalische und das enger mit diesem verbunden gebliebene Mönchtum der Ostkirche in der Gesellschaft aufgeht und mit seinen rechtlich und ökonomisch weit gehend selbstständigen Klöstern dauernde Leistungen in fast allen Lebensbereichen erbringt.*

irisches Mönchtum
benediktinisches Mönchtum

Nach ersten Vorläufern in der Mitte des 4. Jh.s wird das Mönchtum seit dem 5. Jh. im Westen heimisch.

Honorat

410 *Honorat* († 429/430) gründet nach Rückkehr aus dem Orient auf der Insel Lérins vor Cannes eine monastische Gemeinschaft, aus der zahlreiche gallische Bischöfe, u.a. Cäsarius von Arles (*470, † 542), hervorgehen.

415 Ihr folgt eine ähnliche Gemeinschaft bei St. Viktor in Marseille, die auf Johannes Cassian (*um 360, † vor 435), den Verfasser grundlegender monastisch-asketischer Schriften (u.a. „Collationes"), zurückgeht.

Beide Gemeinschaften lassen das ältere, stärker orientalisch geprägte Mönchtum Martins von Tours († 397) zurücktreten.

Benedikt von Nursia
Regula sancti Benedicti

529 *Benedikt von Nursia*, (*um 480, † um 547) beginnt nach einem Eremitendasein in Subiaco auf dem Monte Cassino ein Gemeinschaftsleben.

Hierfür stellt er eine Regel *(Regula sancti Benedicti)* auf, die auf älteres Traditionsgut zurückgeht und sich auf die wenige Jahre zuvor entstandene Magisterregel stützt. Sie ist für Laien bestimmt, die in Ortsgebundenheit (Stabilitas loci) und Gehorsam in Keuschheit und Armut der Welt entsagen wollen (Conversio morum). Sie stellt Gotteslob (Opus Divinum), Gebet (Oratio) und Schriftlektüre (Lectio) in den Mittelpunkt, sucht die Selbstheiligung weniger durch strenge Askese als durch Verbindung von Gebet, Arbeit, Entsagung und brüderlicher Liebe zu erreichen.

Von den übrigen im 6. Jh. in Italien entstandenen monastischen Gemeinschaften zeichnet

555 sich das von Cassiodor (*um 485, † nach 580) gegründete süditalienische Vivarium durch besondere Pflege der Wissenschaft aus.

Patrick

In Irland schafft *Patrick* (*um 385, † 457/464) seit 431/432 die Voraussetzungen für ein keltisch-irisches Mönchtum, das durch strenge Askese, harte Bußgesinnung, eschatologische Ausrichtung und enge Verbindung von Seelsorge und Mönchsleben (Mönchsbischöfe) gekennzeichnet ist.

Es entfaltet in Irland, Schottland und England von den Klöstern Bangor, Iona und Lindisfarne aus eine erfolgreiche missionarische Tätigkeit. *Columban der Jüngere* (*um 543, † 615) macht es auf dem Festland heimisch, wo, u.a. in Luxeuil, Klöster entstehen, die stark auf das merowingische und burgundische Königtum einwirken und für die Christianisierung der Franken, Alamannen und Bayern von Bedeutung sind. – (Forts. S. 503)

Columban der Jüngere

Die Missionierung der europäischen Völkerschaften

Die Verbreitung des Christentums erfolgt innerhalb des Römischen Reiches zunächst durch Leben und Zeugnis der Gemeinden, wobei äußeres und inneres Wachstum der Kirche eng miteinander verbunden sind. Nach der Anerkennung des Christentums als Staatsreligion ist die *Mission* bis ins Hochmittelalter Angelegenheit von Herrscher, Klerus und Mönchtum, die in enger Verbindung von politischem und religiösem Interesse außerhalb der christlichen Welt und in anderen Traditionen lebende Völker oft durch die vorhergehende *Bekehrung ihrer Führer bzw. Führungsschicht* für das Christentum zu gewinnen suchen und sich dabei neben Predigt, Liturgie und Wunderbeweisen auch politischer Macht bedienen.

Mission

Bekehrung der Führungsschicht

Der germanische Arianismus

Von den in den theologischen Auseinandersetzungen des 4. Jh.s vertretenen Sonderlehren gewinnt der Arianismus für die sich während der *Völkerwanderungszeit* ausbildende Staatenwelt entscheidende Bedeutung. Die bereits am Ende des 3. Jh.s auf der Krim mit dem Christentum in Berührung gekommenen Goten nehmen in der Mitte des 4. Jh.s an der unteren Donau eine abgewandelte, die homöische Form des

Völkerwanderungszeit

Arianismus an. Eine dynamische, vorwiegend innergermanisch betriebene Mission gewinnt vom ausgehenden 4. bis ins 6. Jh. für sie außer den Franken, Alamannen und Bajuwaren im Westen sowie den Herulern im Osten alle in das Römische Reich und sein Vorfeld einströmenden *germanischen* Völker, sodass eine germanisch-arianische Staatengruppe um das westliche Mittelmeer zu Stande kommt. Volkssprachige Bibel und Liturgie, eine mögliche Nähe der homöischen Lehrformel zu germanischen Gottesvorstellungen und die Spannungen mit Ostrom führen zu einer *engen Verbindung von „Arianismus" und germanischen Königtümern*, jedoch auch zur Distanzierung von der orthodox gebliebenen einheimischen Bevölkerung, im Falle der Vandalen zu gelegentlicher Verfolgung des katholischen Klerus. Die durch das Sonderbekenntnis herbeigeführte, auch durch die tolerante Politik der Ostgoten nicht aufhebbare Isolierung hindert die germanisch-arianische Herrenschicht an der Gewinnung der nichtgermanischen Bevölkerung und damit an der Festigung ihrer Reiche. Allein die katholisch gewordenen oder vom Arianismus zur Rechtgläubigkeit zurückgekehrten Stämme vermögen zu Herrschaftsbildungen zu kommen, die über die Völkerwanderungszeit hinaus Bestand haben.

Germanen

„Arianismus" und Königtum

Epochen und Schwerpunkte der Missionsarbeit der lateinischen Kirche vom 4. bis zum 10. Jahrhundert

frühe Mission

4.–6. Jh.	Die Christianisierung der germanischen Völker im Mittelmeerraum
4.–5. Jh.	Die Anfänge des Christentums bei den Iren, Pikten und Schotten
4.–6. Jh.	Die Christianisierung der Germanen in Gallien und den angrenzenden nordwest- und südöstlichen Gebieten
6.–7. Jh.	Die Bekehrung der Angelsachsen
6.–7. Jh.	Die irische und angelsächsische Mission auf dem Festland
8. Jh.	Die Bekehrung der Sachsen
8.–10. Jh.	Der Beginn der Mission unter den Slawen
9.–10. Jh.	Der Beginn der Christianisierung Skandinaviens

Als erstes der in den Mittelmeerraum eindringenden Germanenvölker kommen die *Goten* am Ende des 3. Jh.s auf der Krim und an der unteren Donau mit dem Christentum in Berührung.

Goten

325 Auf dem Konzil von Nicaea ist ein Bischof Theophilos Gothias († um 340) vertreten.
Unter Wulfila (*um 311, †383?), Missionsbischof und Bibelübersetzer gotisch-kappadozischer Herkunft, schließt sich ein Teil der Westgoten dem *Arianismus* an.

Arianismus

376 Ihnen folgt unter Fritigern die im römischen Reichsgebiet angesiedelte Mehrheit.
395 Durch Vermittlung der nach Westen aufbrechenden Westgoten im 5. und 6. Jh. Gewinnung der Vandalen, Burgunder, Sweben, Gepiden, Heruler, Ostgoten und Langobarden für den Arianismus.
Anfang des 6. Jh.s Beginn der *Katholisierung*. Der Burgunderkönig Sigismund tritt 496/499 zum Katholizismus über, der spanische Swebenkönig Chararich 550/555. Martin von Dumio (*um 515, †580), seit ca. 572 Metropolit v. Braga, schafft Voraussetzungen für eine orthodoxe swebische Landeskirche. Nach Bekehrung des Westgotenkönigs Rekkared (586–601) Entwicklung einer gotisch-spanischen Kirche mit Toledo als Zentrum. Der Langobardenkönig Aribert I. (658–661) vollzieht Glaubenswechsel, nach arianischer Reaktion unter Grimoald (662–671) endgültige Durchsetzung der Orthodoxie unter Liutprand (712–744).

Katholisierung

Von *Britannien* aus wirken im 5. und 6. Jh. Bischof Ninian und die Äbte Iltut († 530/535), David von Menevia († ca. 601), Samson von Dol († ca. 565) und Gildas († 570) für die Christianisierung der Pikten, Schotten und Iren.

Britannien

431 Gründung der Bischofskirche Candida Casa (Whitern).
Nach dem von Cölestin I. († 432) entsandten Bischof Palladius beginnt der aus britisch-römischer Kurialenfamilie stammende Patrick (*um 385, †457/464) nach Gefangenschaft in Irland und Reisen auf dem Kontinent von Armagh aus die *Mission der Iren*. Errichtung einer eigenen Kirche in engem Anschluss an die Kleinkönigtümer (Tuatha). Seit Mitte des 6. Jh.s zunehmendes Gewicht des durch Äbte wie Finnian († 549), Brendan († 577) und Co-

Mission der Iren

lumban den Älteren († 597) repräsentierten Mönchtums, das oft anstelle der älteren Diözesen um Klöster zentrierte Seelsorgesprengel errichtet und wesentliche Beiträge zur Mission in Wales, Schottland und England, später auch auf dem Kontinent leistet.

Die Christianisierung der nach Gallien eindringenden Germanen wird entscheidend gefördert durch die von Bischof Remigius von Reims (*um 436, † 533) nach Siegen der Merowinger über Westgoten (496) und Alamannen (497?) vorgenommenen *Taufe Chlodwigs*,

498/499 *Taufe Chlodwigs*

der sich damit gegen die arianischen Goten und Burgunder stellt.

511 Mit der ersten Reichssynode in Orléans Beginn der Organisation einer fränkischen Reichskirche:

Restauration der zwischen Köln und Worms teilweise erhalten gebliebenen römischen Kirchenorganisation und Christianisierung der diesseits und jenseits der alten Reichsgrenzen heimisch gewordenen *Germanenstämme*.

Germanenstämme

Im Nordwesten wirken die vom irischen Mönchtum geprägten Missionare Walaricus († 619), Richar († ca. 645), Audomar († ca. 667), Amandus († 679) und Eligius († 660), im burgundisch-rätisch-alamannischen Grenzraum Columban und seine Schüler Gallus († 640), Eustasius († ca. 629), Ragnachar und Fridolin.

Bayern **533–548** In *Bayern*, wo für Augsburg (St. Afra) und Regensburg die Fortdauer altchristlicher Gemeinden angenommen werden kann, beginnen unter Theudebert I. gallorömische Bischöfe und Vertreter des Luxeuiler Mönchtums mit der Christianisierung: Die Columbanschüler Eustasius und Agilus († ca. 650) sowie der Franke Emmeram († ca. 665) in Regensburg, Rupert († ca. 720) in Salzburg und Korbinian († ca. 720/730) in Freising. Gleichzeitig Vordringen des Christentums vom Mittelrhein in das rechtsrheinische Vorland bis zum Spessart und in die Wetterau (Büraburg, Amöneberg), in den Kraichgau und das Neckarland (Amorbach).

588 Nach ersten, durch die Vermählung König Ethelberts von Kent (560–616) mit der Merowingerin Bertha zu Stande gekommenen Beziehungen zur gallischen Kirche beginnt mit

596 der Entsendung des römischen Praepositus Augustinus († wohl 604) durch Gregor den Großen die *Mission der Angelsachsen*.

Mission der Angelsachsen

Nach der Taufe Ethelberts (597?) Ausbau einer Kirchenorganisation in Kent, Ostanglien und Wessex mit Canterbury als Metropole. Seit 625 unter dem römischen Presbyter Paulinus († 654) Mission in Northumbrien, Taufe König Edwins (um 617–633), nach heidni-

627

scher Reaktion verstärkte Christianisierung unter König Oswald (634–642).

Spannungen zwischen dieser römisch-kontinentalen und der von den Klöstern Iona und Lindisfarne aus betriebenen irisch-insularen Mission. Dem seit 669 in England wirkenden griechischen Mönch Theodoros von Tarsus († 690) gelingt es als Metropolit von Canterbury, die Gegensätze zu überwinden und die kirchliche Einheit zu sichern. *Columban der Jüngere* gründet in Burgund die ersten irischen Festlandsklöster Annegray, Luxeuil und Fontaines. Starker Einfluss auf den merowingischen Hof, von dort Unterstützung der irofränkischen Mission. Später Mission unter den Alamannen an Oberrhein und Bodensee, Gründung von Bobbio in Oberitalien.

irische Mission

Nach Vorarbeiten der Missionare Wilfrith, Bischof von York (*634, † 709/710), Egbert (*639, † 729) und der beiden Ewalde († ca. 695) im letzten Viertel des 7. Jh.s in *Sachsen und Friesland* Höhepunkte der angelsächsischen Festlandsmission unter Willibrord und Winfrid. Der Northumbrier Willibrord (*658, † 739), Schüler Wilfriths, missioniert mit Ermächtigung Sergius' I. und Unterstützung Pippins des Mittleren unter den Friesen.

Sachsen und Friesland

695 Er wird vom Papst als Erzbischof der Friesen wahrscheinlich mit Sitz in Utrecht ordiniert.

722 Der aus Wessex stammende *Winfrid-Bonifatius* (*672 oder 675, † 754) missioniert im Auftrage Gregors II., der ihn in Rom zum Bischof weiht, von Stützpunkten wie Fritzlar, Amöneburg und Ohrdruf aus in Thüringen und Hessen; Fällung der Donareiche zu Geismar (724).

Winfrid-Bonifatius

Nach Ernennung zum Erzbischof (732) Neuordnung der bayerischen Bistümer, Gründung der Bistümer Würzburg, Büraburg und Erfurt, auf Veranlassung Karlmanns und Pippins Versuch einer Reform der fränkischen Kirche. Nach Erhebung zum Titularerzbischof von

754 Mainz und Gründung von Fulda (744) Märtyrertod bei Dokkum in Friesland.

Mission und Reformtätigkeit des irisch geprägten Pirmin († 753) in Südwestdeutschland, u.a. Gründung der Klöster auf der Reichenau (724) und in Murbach (728).

Die nach älteren, von Rom und Aquileja sowie Byzanz ausgehenden Ansätzen unter Bischof Virgil von Salzburg († 784) einsetzende und von Bayernherzog Tassilo III. (748–788) geförderte bayerisch-fränkische Mission der Alpen- und nördlichen Südslawen greift nach Kroatien, Pannonien und Mähren über.

Slawenmission

863	Hier überschneidet sie sich mit der auf Bitten des großmährischen Herrschers Rastislav von Kaiser Michael II. eingeleiteten Tätigkeit der aus Saloniki stammenden Brüder Konstantin-Kyrillos (*826/827, †869) und Methodios (†885), die auf Widerstand des lateinischen	
870	Klerus, u. a. Bischof Wichings von Neutra (†899), stoßen und durch den nach Rastislavs Sturz an die Herrschaft gelangten Svatopluk (†894) an ihrer Tätigkeit gehindert werden. In Bulgarien, wo Chan Michael zeitweilig statt der griechischen lateinische Missionare heran-	
886	zieht, finden die aus Mähren vertriebenen Gefährten des Methodios Aufnahme.	
895	*Böhmen*, unter dem ersten Přemysliden Bořivoj (ca. 850–894) von der griechischen Mission berührt, öffnet sich nach der Anerkennung der fränkischen Oberhoheit der fränkisch-bayerischen Mission.	*Böhmen*
925	Die kirchenfreundliche Haltung Wenzels (921–935) führt zu heidnischer Reaktion und ist ein Grund für seine Ermordung.	
	Unter Boleslav II. (967–999) Erhebung Prags zum Suffraganbistum von Mainz. Adalbert (Voitech) (*um 956, †997), seit 983 Bischof von Prag, wirkt nach Vertreibung und zeitweiligem Aufenthalt in Italien und Frankreich als Missionar in Polen, wo er als Märtyrer stirbt. Der mit Dobrawa, Schwester Boleslavs II., vermählte Polenherzog Mieszko I. (ca. 960–992) ermöglicht nach seiner Taufe dem wahrscheinlich aus Böhmen kommenden ersten Bischof von Posen, Jordan (†984), die Mission in *Polen*. Unter Herzog Bolesław Chrobry (1000) Erhebung Gnesens zur Metropole einer polnischen Kirchenprovinz.	*Polen*
	Im Zuge der militärischen Expansion der Sachsenkaiser Gründung von Bistümern östlich der Elbe in Havelberg (946), Brandenburg (948), Merseburg, Zeitz und Meißen (968), seit 968 Suffragane des in diesem Jahre gegründeten Erzbistums Magdeburg. Beginn der bald durch den großen Slawenaufstand 983 zurückgeworfenen Mission der Elb- und Ostslawen. Die vor 957 Christin gewordene Kiewer Fürstin Olga (*um 890, †969) erbittet von Otto I. Missionare. Der von Trier entsandte Mönch Adalbert (†981) kann wegen Herrschaftswechsels nicht tätig werden, seither eindeutiges Übergewicht des *byzantinischen Einflusses* auf die Ostslawen.	*byzantinischer Einfluss*
	Im Anschluss an die von Ebo von Reims geleistete Missionsarbeit beginnt Ansgar (*um 801, †865), seit 831 Erzbischof von Hamburg, auf mehreren Reisen nach Dänemark und Schweden mit der *Skandinavienmission*. Er und seine Mitarbeiter gründen Kirchen in Schleswig und Ripen. Nach Rückschlägen infolge der Zerstörung Hamburgs (845) und der engen Bindung an die Reichspolitik Wiederbeginn der hamburgisch-bremischen Mission unter den Erzbischöfen Rimbert (*um 830, †888) und Unni (†936) von Bremen-Hamburg.	*Skandinavienmission*
948	Bekehrung des *Dänenkönigs* Harald Blauzahn (um 945–986), Gründung bzw. Neubelebung der Bistümer Schleswig, Ripen, Aarhus und Skare.	*Dänenkönig*
	Starke Einflüsse der angelsächsischen Kirche auf Skandinavien nach der Eroberung Englands durch die Dänen. In England Taufe des Dänenkönigs Gutrun 885, ihm folgen Haakon I. der Gute (935–959), erster christlicher *Norwegerkönig*, dessen Nachfolger Harald II. Graumantel (um 960–965) und Olaf I. Tryggvasson (995–1000) sowie der Dänenkönig Svend Gabelbart (986–1014). Höhepunkt der englischen Einwirkung mit Knut dem Großen (*um 995, †1035), der als Herrscher über Dänemark, Norwegen und England von ihm gegründete dänische Bistümer mit in England geweihten Bischöfen besetzt.	*Norwegerkönig*
980/981	Auf *Island*, wo schon um 800 irische Mönche nachweisbar sind, missionieren nach der	*Island*
997	Landnahme, an der auch Christen beteiligt sind, der aus Norddeutschland stammende Bischof Friedrich, die getauften Isländer Thorvald und Stifnir Thorgilsson sowie der ehemalige sächsische Hofkaplan König Olafs von Norwegen, Thankward.	
1000	Auf dem Althing fällt der Gesetzessprecher Thorgeir einen Schiedsspruch für die allgemeine Annahme des Christentums.	

Das Frühmittelalter und die Entstehung der mittelalterlichen Staatenwelt

Das Frankenreich (482–911)

(Forts. v. S. 322)

Integration

Das fränkische Großreich ist das Ergebnis eines Bündnisses und bald auch der Verschmelzung des fränkischen Stammes mit der Gallien verwaltenden gallorömischen Aristokratie. Die Politik des Frankenkönigs Chlodwig und der Katalysator des (römisch-) katholischen Glaubens, dem sich die Franken im Unterschied zu anderen germanischen Eroberervölkern von Anfang an zuwandten, werden die Voraussetzungen einer raschen *Integration* und politisch-sozialen Homogenisierung der gallorömischen wie der fränkischen Oberschichten. Die Franken sind schon seit Chlodwig niemals nur „Okkupanten", die Machtstrukturen des Merowingerreiches vertiefen daher kaum jemals die Unterschiede der ethnischen Struktur, sondern treiben die Verschmelzung zu einer neuen politischen Einheit und zu einem „reichsfränkischen Bewusstsein" voran. Die Integration der fränkischen und gallorömisch-senatorischen Oberschicht vollzieht sich allerdings nicht glatt und reibungslos, denn letztere, die großgrundbesitzenden „possessores Romani", haben in der Provence und in Gebieten südlich der Loire noch starke Machtpositionen inne, vor allem auch in der Form bischöflicher Stadtherrschaft. Man hat sogar von „Civitasrepubliken" gesprochen, die nur lose der merowingischen Gesamtherrschaft integriert sind. Die so genannten „Säkularisationen" Karl Martells am Beginn des 8. Jh.s bieten dem karolingischen Hausmeier und seinen Nachkommen die Chance, Stück für Stück diese Herrschaftsstruktur abzubauen, teils durch geschickte Personalpolitik bei der Besetzung der Bistümer, teils durch militärische Mittel. Auf diese Weise entsteht

Reichskirche

seit Karl Martell und bis zum Tode Karls d. Gr. (814) die fränkische *Reichskirche* als das sicherste und effektivste Herrschaftsinstrument der Karolinger: Die Kirche wird seit den monastisch-kirchlichen Reformern Willibrord († 739), Bonifatius († 754) und Chrodegang von Metz († 766) sowohl innerlich erneuert als auch gleichzeitig für politisch-administrative Zwecke des Herrschers „instrumentalisiert" und in ihren wirtschaftlichen und personellen Ressourcen sogar für militärische Aufgaben (Heeresfolgepflicht der Bischöfe und Reichsäbte) mobilisiert. Das Bündnis der Karolinger mit dem Papsttum und ebenso seit 800 die Kaiserwürde sichern diesen Prozess der durchgreifenden Reichsreform von päpstlicher Seite her ab und leiten gleichzeitig den Dualismus von weltlicher und geistlicher Gewalt ein, der für das gesamte europäische Mittelalter von entscheidender Bedeutung wird. Die Stabilisierung der karolingischen Herrschaft im Innern ermöglicht dann unter Karl d.Gr. (768–814) eine gewaltige Expansion des Reiches, die einerseits mit dem Sieg über das langobardische Italien, mit der Herrschaft über das Papsttum und den Kirchenstaat abgeschlossen wird und andererseits alle germanischen Völker zwischen den Pyrenäen und der Elbe vereint.

Damit tritt auch die sich formierende westslawische Völkerwelt in den Gesichtskreis des Karolingerreiches. Die Kirche und die seit Karl Martell (714–741) neu entstandene *fränkische Reichsaristokratie* sind

fränkische Reichsaristokratie
Rand-Dukate

die beiden Säulen, auf denen Verwaltung und Organisation des fränkischen Großreichs im Wesentlichen beruhen.

Die alten merowingischen *Rand-Dukate* Aquitanien, Sachsen, Alamannien und Bayern werden erst unter Karl d.Gr. endgültig dem Frankenreich einverleibt und der Verwaltung durch fränkische Amtsträger aus den Reihen der Reichsaristokratie unterworfen; doch steht außer Zweifel, dass autochthone Adelsfamilien dabei berücksichtigt, in die Reihen der Reichsaristokratie aufgenommen werden und mit derselben verwandtschaftlich verschmelzen. Diese staatstragende Schicht, aus der seit dem 10. Jh. in Frankreich das französische Fürstentum und in Deutschland die Träger der „jüngeren Stammesherzogtümer" hervorgehen, bewahrt auch in den karolingischen Bruderkriegen des 9. Jh.s und während der jahrzehntelangen normannischen Invasion das Bewusstsein der politischen Einheit des Karolingerreiches.

Die Merowingerzeit (482–714)

Chlodwig

482–511 König *Chlodwig* (Chlodowech = Ludwig, französisch: Clovis), Sohn des Königs der salischen Franken Childerich († 482), beseitigt die übrigen fränkischen Teilherrscher.
        486 Chlodwig besiegt bei Soissons den römischen „dux" Syagrius (Ende der noch nominell römischen Restherrschaft).

Fränkische Reichseinigungen und Teilreiche in merowingischer und karolingischer Zeit

Reichseinigungen und Teilreiche
Chlodwig

482–511 König Chlodwig beseitigt die übrigen fränkischen Teilherrscher sowie die nominell römische Restherrschaft des Syagrius.
511 Tod Chlodwigs, seine Söhne teilen das Reich:
PARIS   SOISSONS   ORLÉANS   REIMS (Theuderich)
                                                                                   Champagne und Osten

558–561 Vereinigtes Frankenreich unter König Chlothar I., nach seinem Tod Teilung unter vier, dann drei Söhne:
Neustrien: PARIS   **Burgund**: ORLÉANS, später LYON   **Austrien**: REIMS, später METZ
der romanische Westen zwischen   und CHALON-SUR-SAONE   Champagne, Maas- und Mosselland
Schelde und Loire   oberes und mittleres Loire- und   mit den fränkisch beherrschten
                                                  Rhônegebiet   Stämmen östlich des Rheins
                                                  593 Vereinigung von Burgund und Austrien

613–629 Vereinigtes Frankenreich unter König Chlothar II., 629–639 unter Dagobert I., aber:
614 das Edictum Chlotharii läßt die drei Teilreiche unter Verwaltung von Hausmeiern fortbestehen:
Neustrien   Burgund   Austrien
                                                                                                  (ab 623 Dagobert I.)
                                                                                                  (ab 633 Sigibert III.)
[658–673 und um 677–680 Ebroin Hausmeier von Neustrien-Burgund]   [nach 639 Grimoald, Sohn Pippins I.]
687–714 Pippin II., 714–741 Karl Martell regieren als Hausmeier das ganze Reich:
741 Teilung unter Karl Martells Söhne: Westen [Pippin III.]   Osten [Karlmann, bis 747]

Chlothar II.

751/752–768 König Pippin I. regiert das geeinte Frankenreich, nach seinem Tod Teilung unter seine Söhne:
(Karl I., d.Gr.)   Süden von Alamannien bis Septimanien (Karlmann, bis 771)
771–830 Vereinigtes Frankenreich unter Karl d.Gr. und Ludwig dem Frommen († 840), zeitweilig Unterkönige:
Aquitanien (Karls Sohn Ludwig der Fromme), Italien (Karls Sohn Pippin, † 810)
806 Erbfolgeordnung von Diedenhofen: Francia, Neustrien, Austrien (Karls ältester Sohn Karl, † 811)
erweitertes Aquitanien (Ludwig der Fromme)   erweitertes Italien (Pippin, † 810)
817: Aquitanien (Pippin)   Bayern (Ludwig der Deutsche)
Nach mehreren Erb- bzw. Reichsteilungen einigen sich die drei Brüder Kaiser Lothar I., Ludwig der Deutsche und Karl der Kahle 843 im Vertrag von Verdun:
Aquitanien und **Francia**   Lotharingien, d. h. in etwa das alte   Sachsen, Ostfranken, Alamannien,
mit dem früheren Neustrien (Karl   Austrien links des Rheins, der Groß- Bayern (Ludwig der Deutsche, † 876)
der Kahle)   teil Burgunds sowie Italien (Kaiser
                                                         Lothar I.)
870 Vertrag von Meerssen zwischen Karl dem Kahlen und Ludwig dem Deutschen:
                                                         Lotharingien – ab 880 ganz beim
                                                         Ostreich – und Burgund aufgeteilt
                                                         zwischen West- und Ostfrankenreich
885–887 kurzfristige Einigung des Frankenreichs außer Niederburgund unter Ludwigs des Deutschen Sohn Kaiser Karl III.
Francia/Franzien wird zum Kern des   Burgund 1032 ans Römisch-deut-   887–911 **Ostfrankenreich** unter
Westfrankenreichs.   sche Reich.   Karolingern.

Pippin I.
Karl der Große

Vertrag von Verdun

Legende: HAUPTSTÄDTE (Könige) [Hausmeier] der Teilreiche, von denen die die weitere Entwicklung vorzeichnenden **hervorgehoben** sind. – Reichseinigungen.

um oder vor 500	Sieg über die *Alamannen* (Ort unbekannt). Das nördliche Alamannenland wird fränkisch besiedelt, das übrige (außer dem ostgotischen Teil) fränkisch beherrscht. Chlodwig tritt nach der Schlacht zum (römisch-katholischen) Christentum über, was die Integration von Galloromänen und Franken wesentlich erleichtert.	*Alamannen*
500	Krieg gegen das *Burgunderreich* an der Rhone, Sieg über König Gundobad († 516) bei Dijon, der aber mit Unterstützung der Westgoten seine Herrschaft behält.	*Burgunderreich*
507	Mit burgundischer Hilfe bei Vouglé (Vouillé nördlich von Poitiers) Sieg über die Westgoten, deren König Alarich II. fällt. Ganz Aquitanien (zwischen Loire und Garonne) wird dem Frankenreich einverleibt.	
511	Erstes fränkisches *Nationalkonzil* unter Chlodwig in Orléans; Beginn einer einheitlichen kirchlichen Gesetzgebung des Frankenreiches. Chlodwig in seiner Residenz Paris gestorben. Seine vier Söhne Theuderich, Chlodomer, Childebert und Chlothar teilen das Reich als gleichberechtigte Herrscher, jeder als „rex Francorum"; Hofhaltungen in Reims, Orléans, Paris, Soissons; Theuderich als Ältester erhält die Champagne mit Reims und den Osten; jeder bekommt einen Teil Aquitaniens.	*Nationalkonzil in Orléans*
523–524	Erfolgloser Krieg gegen das Burgunderreich.	
531	Schlacht in der Nähe der Unstrut: Theuderich und Chlothar unterwerfen das Reich der *Thüringer* unter König Erminfried, der (534) ermordet wird. Der Nordteil des Thüringerreichs bis zur Unstrut mit dem Harz kommt an die Sachsen. Die slawische Besiedlung kann sich jetzt bis zur Saale vorschieben. Das Maingebiet wird jetzt fränkisch besiedelt (Ost- oder Mainfranken).	*Thüringer*

	532	Niederlage des letzten Burgunderkönigs Godomar bei Autun.
	bis 534	Es folgt die fränkische Eroberung des Burgunderreichs.
	ab 534	Theuderichs Sohn, König Theudebert, regiert bis 547/548. Er lässt unter seinem eigenen Namen Goldmünzen prägen (bisher Vorrecht des Kaisers).
	537	Der durch den Krieg gegen Byzanz in Anspruch genommene Ostgotenkönig Witichis tritt z.T. alamannisch besiedelte Gebiete in Rätien (in der Nordschweiz und am Rhein) und die Provence ab.
	539	Theudebert besiegt Ostgoten und Byzantiner in Italien, erobert zeitweilig Venetien und einen Teil von Ligurien.
Chlothar I.	558–561	Vereinigtes Frankenreich unter König *Chlothar I.*
Reichsteile		Nach Chlothars Tod wird das Reich unter vier, dann drei Söhne geteilt. Herausbildung der drei *Reichsteile* Austrien (oder Austrasien: Champagne, Maas- und Moselland mit den fränkisch beherrschten Stämmen, Hauptstadt: Reims, später Metz), Neustrien (der romanische Westen zwischen Schelde und Loire, Hauptstadt: Paris), Burgund (oberes und mittleres Loire- und Rhônegebiet, Hauptstadt: Orléans, später Lyon und Chalon-sur-Saône). Aquitanien ist unter die Teilreiche aufgeteilt.
Adelsopposition		Die weitere Entwicklung wird bestimmt von dem doppelten Gegensatz zwischen Königtum und Großen sowie zwischen Neustrien und Austrien, wo sich unter Führung der Arnulfinger und Pippiniden eine starke *Adelsopposition* formiert, welche bis zuletzt die Interessen der merowingischen Gesamtherrschaft vertritt. Die westgotische Königstochter Brunhild veranlasst ihren Gemahl, König Sigibert (von Austrien), zum Krieg gegen seinen Bruder Chilperich (von Neustrien), der Brunhilds (dann ermordete) Schwester verstoßen und seine frühere Geliebte Fredegunde geheiratet hat.
	575	Sigibert ermordet.
	584	Chilperich ermordet.
	vor 590	Bischof Gregor von Tours schreibt seine Frankengeschichte, die wertvollste historische Quelle des 6. Jh.s.
	593	Die Reichsteile Burgund und Austrien vereinigt.
	Ende des 6. Jh.s	Die Gascogne (zwischen Garonne und Pyrenäen, seit 568 z.T. von Basken besiedelt) kommt an das Frankenreich.
Chlothar II.	613	Abermalige Reichseinigung, König *Chlothar II.*; Brunhild gefangen und zu Tode gefoltert.
	614	Das Edictum Chlotharii, in Paris als Kompromiss zwischen Königtum und Adel abgeschlossen, lässt die drei Teilreiche (Neustrien, Austrien, Burgund) unter der Verwaltung von Hausmeiern fortbestehen und festigt den Einfluss der Aristokratie.
	623	Chlothar II. muss seinem Sohn Dagobert I. Austrien überlassen.
	629	Chlothar II. gestorben.
Dagobert I.	629–639	König *Dagobert I.*, letzter tatkräftig regierender Merowinger (Paris), reorganisiert erfolgreich die fränkische Herrschaft östlich des Rheins.
	631/32	Niederlage Dagoberts gegen den Franken Samo, der ein westslawisches Reich an der fränkischen Ostgrenze beherrscht.
	633	Dagoberts dreijähriger Sohn Sigibert (III.) wird Unterkönig für Austrien (Hauptstadt Metz statt Reims): Reichseinheit kann nicht im bisherigen Umfang aufrechterhalten werden. Auch unter Dagoberts Nachkommen erfolgen Teilungen zwischen Neustrien-Burgund und Austrien unter zunehmendem Einfluss der *Hausmeier*, die in Neustrien-Burgund ihrerseits im Konflikt mit dem mächtigen Adel stehen.
Hausmeier	nach 639	Nach Dagoberts Tod wird Grimoald, Sohn Pippins I. († 640), Hausmeier von Austrien; stärkere politische Rolle der Maasgegend.
	656	Tod Sigiberts III., Grimoald setzt seinen eigenen Sohn auf den Königsthron, fällt aber der austrischen Adelsopposition zum Opfer.
	662	Trotz zeitweiligem Verlust der Hausmeierstellung starker Einfluss der Pippiniden aufgrund großen Güterbesitzes. Schließlich Erblichkeit des Hausmeieramts in Austrien.
	um 672	Aquitanien (zwischen Loire und Pyrenäen) wird unter eigenen Herzögen selbstständig.
	673	Der mächtige, mit den Pippiniden rivalisierende Hausmeier (seit 658) Ebroin von Neustrien-Burgund gestürzt.
Childerich II.	673–675	Mit König *Childerich II.* regiert letztmalig ein Merowinger das Gesamtreich.
	um 677–680	Ebroin, erneut Hausmeier von Neustrien-Burgund, erstrebt die Herrschaft über das Gesamtreich, wird aber ermordet.
Pippin II.	687	*Pippin II.* („der Mittlere"), Enkel Pippins I. („des Älteren"), besiegt bei Tertry den Hausmeier von Neustrien-Burgund, regiert fortan als Majordomus (Hausmeier) von seinen Stammlanden an Maas und Mosel aus das ganze Reich.
	714	Pippin II. stirbt.

Grundstrukturen des Merowingerreichs

Gesellschaft, Verfassung, Kultur

Bevölkerung: Anders als im Tolosanischen Westgotenreich und im ostgotischen Italien trägt die fränkische Herrschaft in Gallien keinen durch das „ius hospitalitatis" bzw. durch die „tertia" fixierten Okkupationscharakter, d. h., die *gallorömischen Grundbesitzer* verlieren nicht ein Drittel bzw. zwei Drittel ihres Besitzes und ihrer abhängigen Bevölkerung an die germanischen Eroberer. Zwischen Rhein und Loire lässt sich im 5. und 6. Jh. eine starke Zunahme des *fränkisch-germanischen* Bevölkerungselements durch Siedlung nachweisen, wenn es auch kaum zu einer agrarischen Massenbesiedlung kommt. Die spätere deutsch-französische Sprachgrenze erweist sich als Ergebnis langwieriger ethnisch-sozialstruktureller Ausgleichsvorgänge bis ins Hochmittelalter hinein. Auch nördlich der Loire bleibt das galloromanische Element zahlenmäßig im Übergewicht. Vor allem das Umland der alten, nunmehr unter bischöflicher Stadtherrschaft stehenden „civitates" stellt sich nach siedlungsgeschichtlichen und archäologischen Befunden zumeist als intakte Insel der Romania dar, so in den kirchlichen und administrativen Zentren Trier, Metz, Verdun. Stärker noch als im frankisierten Nordosten bleibt südlich der Loire die alte ethnisch-politische wie die Besitzstruktur erhalten und damit die Macht und Herrschaft der gallorömischen *Aristokratie*, die mit dem politisch-administrativ ungemein aufgewerteten Bischofsamt eine zentrale Position im merowingischen Staatsaufbau behält und durch ihre Schriftkultur für die Verwaltung des Gesamtreichs rasch unentbehrlich wird.

Kultur: Die römisch-katholische Christianisierung der Franken verhindert politisch-religiöse Konfrontationen mit den Romanen, wie sie in den anderen Germanenreichen auf römischem Boden gang und gäbe sind, und befördert die Entstehung eines frühen gesamtfränkischen Bewusstseins, wie es sich im Geschichtswerk Gregors von Tours (vor 590) manifestiert. Das mittelmeerische *Mönchtum* wirkt von Lérins (Îles de Lérins bei Cannes), Marseille, Burgund, der Touraine und Aquitanien aus als neue geistige Kraft auch auf die fränkische Bevölkerung, besonders auf das Königtum, ein und fördert seinerseits die kulturelle Integration.

Neben dem Christentum übernehmen die Franken auch eine Reihe wichtiger Kulturgüter, so etwa die Schrift, den Steinbau und Elemente der spätantiken Kunst, die sich mit germanischer Tradition im 6./7. Jh. zu einem neuartigen, *merowingischen Reichsstil* verbinden. Ebenso eignen sich die Franken die weiterlebenden, rudimentären Traditionen römischer Rechts-, Steuer- und Verwaltungspraxis an. Schließlich übernehmen sie auch die Sprache, und zwar in doppelter Weise, nämlich die spätlateinische Volkssprache Galliens, die sich als „Latein in reichsfränkischem Munde" zum Altfranzösischen entwickelt, ebenso aber auch das geschriebene Latein, das als lebendige Kirchen- und Gelehrtensprache für das gesamte Mittelalter wichtig wird. Der sprachlichen Romanisierung der Franken steht die geistig-staatsideologische Frankisierung der Galloromanen zumindest bis zur Kulturscheide der Loire gegenüber. (Aquitanien-Septimanien hat bis weit in die Karolingerzeit hinein und darüber hinaus seine eigene politisch-kulturelle Physiognomie bewahrt, ebenso die Provence.)

Fränkisch-romanische Integration: Entscheidend und prägend ist ein neues reichsfränkisches „Staatsbewusstsein". Die Franken werden im Westen rasch, im Osten langsamer romanisiert, geben aber dem Kernland ihrer Reichsbildung den Namen: Francia (gewöhnlich auf das Land nördlich der Loire beschränkt). Frankisierung insgesamt ist vor allem Ausbreitung der politischen Herrschaft, teilweise Ausbreitung fränkischen Rechtes und fränkischer Siedlung sowie Entwicklung einer neuen Agrarverfassung mit der fränkischen Grundherrschaft. Frankisierung ist aber zugleich Rezeption und Assimilierung der vorgefundenen gallorömischen, christlich-spätantiken Zivilisation. In Ergänzung früherer Auffassungen, wonach die Hauptakzente der fränkischen Epoche bei der Reichsgründung Chlodwigs (482–511) und beim Übergang der Herrschaft von den Merowingern an die Karolinger im 8. Jh. zu setzen seien, wird man neuerdings der ersten Hälfte des 7. Jh.s dieselbe Bedeutung für die Gesamtentwicklung beimessen können. In diesem Zeitraum vollzieht sich die gesellschaftliche und politische Integration der aus Franken, Burgundern und Romanen gebildeten Führungsschichten im regnum Francorum.

Ort dieser politisch so wichtigen Verschmelzung sind, neben den rudimentären Zentralverwaltungsorganen in den Königsresidenzen Paris, Metz, Soissons, Orléans, Autun etc., vor allem die zahlreichen neuen *Königs- und Adelsabteien* des 7. Jh.s, allen voran das um 590 am Westrand der Vogesen entstandene irofränkische Musterkloster Luxeuil und seine vielen Tochtergründungen sowie die Hofkreise um Chlothar II. (†629) und Dagobert I. (629–639), die als Stifter, Äbte und fördernde Bischöfe maßgeblich an der Aufwärtsentwicklung des fränkischen Klosterwesens Anteil haben. Durch die in Luxeuil geknüpfte enge Verbindung mit dem reichsfränkischen Adel gewinnt das Mönchtum weit reichende Wirkungsmöglichkeiten, dringt, oft an führender Stelle, in die von Franken neubesiedelten oder politisch neu erschlossenen Räume im Norden und Osten vor und nimmt aktiv an der Urbarmachung weiter Sumpf- und Waldgebiete in Belgien, den Ardennen und Vogesen teil. Die Klöster haben sich nun meist aus dem

Bannkreis städtischer Zivilisation entfernt, das Mönchtum insgesamt breitet sich im Gefolge der Ostexpansion des Frankenreiches weiter aus, erreicht und überschreitet noch im 7. Jh. den Rhein und gewinnt durch den schrittweisen Sieg der *Benediktinerregel* über die älteren, orientalischen und irischen Klosterordnungen an innerer Kraft und organisatorischer Straffheit. Gleichzeitig überformt diese neue, irofränkische Klosterkultur das ältere, südgallische Mönchtum der Provence und Aquitaniens.

Benediktinerregel

Die Verschmelzung von Oberschichten fränkischer und burgundischer, alamannischer und bajuwarischer Herkunft mit der galloromischen Führungs- und Bildungsschicht, die vornehmlich im Wirkungsbereich der irofränkischen Klosterkultur stattfindet, geht Hand in Hand mit einer *Verchristlichung des reichsfränkischen Adels*. Gleichzeitig dringt die fränkisch-burgundische Oberschicht, vielfach über den monastischen Bildungsweg, in den merowingischen Episkopat ein, der bis zum 6. Jh. eine Art Reservat der galloromischen Aristokratie gewesen ist.

Verchristlichung des Adels

Recht: Aus Personalverbandsbezeichnungen werden geografisch-politische Begriffe, die Romani verschwinden in den Quellen nicht nur der Francia, sondern auch der Burgundia. Die so genannten germanischen Stammesrechte des Frankenreichs (Lex Salica – vielleicht schon zwischen 508 und 511 –, Pactus und Lex Alamannorum, Lex Baiuvariorum, Lex Ribuaria etc.) sind als königliche Rechtskodifikationen erlassen und, wie die Lex Baiuvariorum, in mehreren Zeitstufen zwischen dem 6. und 8. Jh. entstanden. In ihnen verbinden sich germanische Rechtstraditionen mit Normen des spätrömischen Vulgarrechts. Umstritten ist freilich, inwiefern in diesen Rechtsaufzeichnungen tatsächlich die gesellschaftliche Wirklichkeit und Verfassungsstruktur des Frankenreichs aufscheinen.

Recht

Verfassung: Ob das Frankenreich eine durchgehende, auf den König bezogene Verwaltungsorganisation in Form einer gleichmäßig ausgebildeten Grafschaftsverfassung besitzt oder ob das Grafenamt neben allgemeiner Interessenwahrung für den König (z.B. beim Heeresaufgebot) vor allem der Verwaltung des Königsguts dient, ist umstritten. Ebenso herrscht Unklarheit über die Standesqualität der in den Quellen auftauchenden „liberi" (= Freien), doch handelt es sich dabei weder um germanische „Gemeinfreie" im Sinne der älteren Rechtsgeschichte noch ausschließlich um die vom König mit Sonderstatus versehenen, auf Königsgut sitzenden und mit militärisch-administrativen Spezialaufgaben betreuten „Königsfreien". Da der Begriff des „Freien" sehr differenziert ist, vermag man auch nicht exakt zu sagen, welcher Teil der Gesamtbevölkerung damals zum Kriegsdienst verpflichtet ist (Heerbann). Der umfangreiche, an die Kirche geschenkte Grundbesitz mit Hintersassen erlangt allmählich Immunität und wird dadurch dem Eingriff der königlichen Beamten entzogen. Fraglich ist, ob die aus den Rechtsquellen erschlossenen Verfassungs- und Standesverhältnisse auch für die Räume der intakt gebliebenen Stadtkultur südlich der Loire Bedeutung haben, in denen der großgrundbesitzende galloromische Adel mit der Bischofsherrschaft und dem rudimentär auftretenden Grafenamt nach wie vor die „civitates" und ihr Umland beherrscht.

Verfassung

Als *königliche Hofämter* finden sich bereits im Merowingerreich Marschall, Schenk und Kämmerer; die „schola palatii", aus der die „referendarii" hervorgingen, ist Ausbildungsstätte junger Adliger für zentrale Verwaltungsaufgaben am Hofe, gleichzeitig Königskanzlei. Der Majordomus *(Hausmeier)*, ursprünglich lediglich Vorsteher der königlichen Hofhaltung, wird zum Führer der Antrustionen, der berittenen königlichen Gefolgschaft, ebenso zum Leiter merowingischer Domänenverwaltung. Schließlich steigt er in den Kämpfen der Teilreiche am Ende des 6. Jh.s zum Anführer des Adels im jeweiligen Reichsteil auf. Auch nach der Wiedervereinigung des Frankenreichs unter Chlothar II. und Dagobert I. (613–623 bzw. 629–633) behalten Neustrien, Austrien und Burgund ihre Hausmeier; mit dem Erblichwerden des Hausmeieramtes in Austrien unter den Arnulfingern bzw. Pippiniden beginnt der bedeutsame Aufstieg der Karolinger und ihrer adligen Mitstreiter im Maas-Mosel-Raum (= karolingische Reichsaristokratie).

königliche Hofämter
Hausmeier

Wenn auch im Merowingerreich feste *Königsresidenzen* vorhanden sind (Paris, Soissons, Reims, Metz, Autun, Orléans), spielen dennoch die Pfalzen als Zentren der Königsgutsverwaltung für das Reisekönigtum dieser Epoche eine ebenso wichtige Rolle; desgleichen haben Bischofsstädte und große Abteien als zeitweilige Aufenthaltsorte des fränkischen Herrschers vielfach Pfalzcharakter.

Königsresidenzen

Stämme und Großdukate rechts des Rheins

Dem Merowingerreich werden im 6. Jh. das Burgunderreich, das Thüringerreich, die Alamannen und Bajuwaren eingegliedert.

Die *Bayern*, um 550 erstmalig zwischen Lech und Inn, Donau und Alpenrand bezeugt, sind wohl kein geschlossener, etwa aus Böhmen eingewanderter germanischer Stamm, sondern im 6. Jh. als politische Einheit unter fränkisch-merowingischer Oberhoheit zur Zeit König Theudeberts I. (534–548) entstanden. Ethnisches Substrat waren sowohl die galloromanische Vorbevölkerung wie verschiedene germanische Stammesgruppen. Der archäologische Befund bestätigt die Vielfalt der Komponenten und den allmählichen Prozess des Einsickerns germanischer Gruppen seit dem 5. Jh. Unklar bleibt, ob das bayrische Herzogsgeschlecht der Agilolfinger fränkischer, burgundischer oder langobardischer Herkunft ist. In spätmerowingischer Zeit verselbständigt es sich und erlangt mit Hilfe dynastischer Verbindungen zum Langobardenreich ein hohes Maß von Unabhängigkeit, die allerdings im Westteil des Herzogtums durch

Bayern

fränkisch orientierte und versippte Adelsgruppen (u. a. der Huosi) gefährdet wird. Erst unter Pippin dem Jüngeren und Karl dem Großen kann Bayern gewaltsam und endgültig dem Reichsverband wieder einverleibt werden.

Die Ausbreitung der *Alamannen*, über die in der 2. Hälfte des 5. Jh.s erreichten Gebiete (Vogesen, Nordschweiz, Raum zwischen Iller und Lech) hinaus ins Rhein-Main-Gebiet, wird (um oder vor 500) von König Chlodwig durch seinen militärischen Sieg gestoppt und zurückgeworfen. Nunmehr stellen sich die Alamannen unter den Schutz des Ostgotenreichs in Italien, kommen aber bald nach Theoderichs Tod endgültig unter fränkische Herrschaft (um 536). Das alamannische Herzogtum des 6. und 7. Jh.s, das sich zwar als merowingisches *Amtsherzogtum* vornehmlich auf Reste spätrömischer Institutionen und romanische Siedlungsinseln im Bodenseeraum und im Bereich des Hochrheins stützt, aber dennoch den gesamten alamannischen Siedlungsraum beherrscht, spielt in den innermerowingischen Auseinandersetzungen der Teilreiche, vor allem Burgunds und Austriens, eine wichtige Rolle. Nach der Wiederherstellung der Reichseinheit unter den Königen Chlothar II. (613–623) und Dagobert I. (629–633) wird Alamannien, wie auch Bayern, wieder fester in den Reichsverband einbezogen. Auf einer Reichsversammlung zwischen 613 und 623 kommt es zu einer ersten Aufzeichnung des alamannischen Stammesrechts im „Pactus legis Alamannorum". Neben dem alamannischen Herzog, der im 7. Jh. wieder fast unabhängig wird, bestehen selbstständige Adelsherrschaften. Unter dem karolingischen Hausmeier Karl Martell (714–741) und seinen Söhnen Karlmann und Pippin wird dieses merowingisch-alamannische Herzogtum endgültig zerschlagen und der Widerstand des herzogstreuen Adels im Gerichtstag von Cannstatt (746) gebrochen.

Die *Thüringer* bilden sich im 4. Jh. aus verschiedenen Völkerschaften, besonders den Angeln und Warnen. Wie heute aufgrund sprachgeschichtlicher Argumente angenommen wird, gehören auch die elbgermanischen Hermunduren zum ethnischen Substrat des Thüringerreichs, dessen Zentrum an der Unstrut und beiderseits der Saale liegt, das sich aber im Laufe des 5. und 6. Jh.s im Westen und Süden bis in den mainfränkischen Raum um Hammelburg und Würzburg ausdehnt und wenigstens vorübergehend den Raum nördlich der mittleren Donau erreicht. Thüringen wird Bestandteil des antifränkischen Bündnissystems von Theoderich, nach dessen Tod das fränkische Großreich 531 das Thüringerreich vernichtet. Durch den karolingischen Hausmeier Pippin den Mittleren († 714) wird das thüringische Herzogtum als erster der ostrheinischen Großdukate fest dem Frankenreich eingegliedert und spätestens unter Herzog Heden II. einer intensiven christlichen Mission durch die Angelsachsen Willibrord († 739) und Bonifatius († 754) geöffnet.

Die Entstehung des Großstamms der *Sachsen*, neuerdings mit dem Ausgriff des Merowingerreichs im 6. Jh. ursächlich in Verbindung gebracht, vollzieht sich wohl kaum durch förmlichen Bündnisschluss, sondern eher durch Eroberung seitens der namengebenden Kerngruppe, die ursprünglich in Nordalbingien (Holstein) siedelt und sich nach ihrer Spezialwaffe, dem einschneidigen Schwert (= sahs), nennt. Teile der Sachsen erobern zusammen mit Angeln und Jüten im 5. Jh. England. Um 700 reicht das sächsische Stammesgebiet, in dem u. a. die Chauken, Angrivarier, Cherusker, Thüringer, Semnonen und Reste der Langobarden aufgegangen sind, von Ostsee, Eider und Schlei bis zu Ijssel, Niederrhein, Sieg, Diemel, Werra und Saale. Die spätere politisch-rechtliche Gliederung der Sachsen in die vier *Teilstämme* (Herrschaften) der Engern, Westfalen, Ostfalen und Elbsachsen weist ebenso auf die komplizierte Entstehungsgeschichte dieses bis zuletzt nur locker organisierten Großstamms hin wie das Vorhandensein von drei voneinander scharf getrennten Ständen der Edelinge, Frilinge und Liten. Es ist anzunehmen, dass der sächsische Eroberadel im gesamten Stammesbereich die grundbesitzende Herrenschicht stellt, während die Freien, die zumindest teilweise den unterworfenen Völkerschaften entstammen, durch die besondere Bevorrechtung der Liten eingeengt werden. Letztere besitzen das Waffenrecht und entsenden ihre Vertreter zu der jährlichen *Stammesversammlung in Marklo* (bei Nienburg [Weser]), wo neben je zwölf Bevollmächtigten der drei politisch-gesellschaftlichen Gruppen auch die einzelnen „Gaufürsten" erscheinen. Der Übergang eines Teils des sächsischen Adels auf die fränkische Seite ermöglicht es Karl dem Großen, den unter Herzog Widukind entbrannten Volkskrieg erfolgreich zu beenden. Eine zeitweise harte fränkische Okkupation, verbunden mit einer teils gewaltsamen Christianisierung, vollendet die völlige Integration der Sachsen in das Frankenreich, die 802 mit der Reichsrecht und Stammesrecht verbindenden Lex Saxonum abgesichert wird.

Die *Friesen*, ursprünglich nördlich der Zuidersee und bis zur Ems siedelnd, schließen sich keinem der neuen Stammesverbände der Völkerwanderungszeit an, sondern erweitern lediglich ihr Siedlungsgebiet im 5. oder 6. Jh. unter ihrem Fürsten Radbod († 719) bis zur Schelde und im 9. Jh. bis nach Jütland. Sie bewahren ihre selbstständige, germanische Sprache und ihr altes Stammesrecht bis in die Karolingerzeit und bilden im Gegensatz zu den Sachsen, von denen sie zeitweise überschichtet werden, eine monarchische Spitze aus. Utrecht und Dorestad werden unter dem Merowingerkönig Dagobert I. (629–639) politische und kirchliche Vorposten des Frankenreichs in Friesland, doch gehen diese Stützpunkte im Verlauf des 7. Jh.s wieder verloren. Im Nordseehandel des Frühmittelalters spielen die Friesen eine große Rolle, den Missionsbemühungen Willibrords († 739), Bonifatius' († 754), Gregors von Utrecht († um 774) und

Willehads († 789) setzen sie lange Widerstand entgegen. Seit Karl Martells (fränkischer Hausmeier 714–741) Eroberungskriegen müssen die Friesen ihre Unabhängigkeit immer wieder verteidigen, Karl der Große unterwirft schließlich auch Ostfriesland.

Die Karolingerzeit (714–843)

Karl Martell

714–741 Hausmeier *Karl Martell* (Hammer), Sohn Pippins II. aus einer Friedelehe; er hat sich die Stellung als Majordomus gegen die Neustrier und Pippins Witwe Plektrudis erkämpft.

Schlacht von Tours/Poitiers

732 Zwischen *Tours und Poitiers* Sieg Karls über Abd ar-Rachman, den Statthalter des Kalifen in Spanien. Burgund wieder stärker ans Reich gebunden.

ab 737 Karl regiert ohne (Merowinger-)König.

741 Vor seinem Tod teilt er das Reich unter seine Söhne Karlmann, der den Osten, und Pippin III., „den Jüngeren" († 768), der den Westen bekommt.

743 Wegen des Widerstands der merowingischen Großdukate gegen den Aufstieg der karolingischen Hausmeier zur Gesamtherrschaft wird noch einmal ein merowingischer Schattenkönig (Childerich III.) eingesetzt.

alamannische Adelsopposition

746 Die *alamannische Adelsopposition* gegen die fränkische Herrschaft wird im Gerichtstag von Cannstatt niedergeworfen.

747 Karlmann geht ins Kloster (später nach Monte Cassino), es beginnt die Alleinherrschaft Pippins.

Pippin I.

751/52–768 König *Pippin I.*

751/52 Nach erfolgreichen Verhandlungen mit Papst Zacharias wird Pippin der Jüngere in Soissons von einer Reichsversammlung zum König erhoben und vom Legaten Bonifatius gesalbt; die geistliche Salbung soll das fehlende Geblütsrecht ersetzen. Childerich muss ins Kloster.

754 Papst Stephan II., der Unterstützung gegen den Langobardenkönig Aistulf erbittet, erhält von Pippin ein Schutzversprechen, salbt ihn in Saint-Denis neuerlich, überträgt ihm und seinen Söhnen die Würde eines „patricius Romanorum" (ohne Amtsbefugnis, aber von den Franken als Auftrag zur Schutzherrschaft über Rom und das Papsttum aufgefasst). In der *Pippinischen Schenkung* gibt der König dem Papst territoriale Zusagen in Italien.

Pippinische Schenkung Langobardenfeldzüge

754, 756 Zwei *Langobardenfeldzüge*; Pippin veranlasst Aistulf zur Wiederanerkennung der fränkischen Oberhoheit, zur Herausgabe des Exarchats und der Pentapolis an den Papst (zusammen mit dem Dukat von Rom Grundlage der Herausbildung des Kirchenstaats).

757 Herzog Tassilo III. von Bayern huldigt als Vasall.

759 Einnahme von Narbonne: 752 begonnene Eroberung des bisher arabischen (vorher westgotischen) Septimanien (Gotien) vollendet.

760–768 Feldzüge gegen Aquitanien enden mit der Ermordung des letzten Herzogs Waifar; Ende des Herzogtums, Eingliederung Aquitaniens ins fränkische Reich.

763 Herzog Tassilo III. von Bayern verlässt auf dem Feldzug gegen Aquitanien das Heer Pippins („harisliz") und regiert in relativer Unabhängigkeit (bis 781).

Karl I., d.Gr.

768–814 *Karl I., d.Gr.* (*742?), Sohn König Pippins, anfangs zusammen mit seinem Bruder Karlmann, der den Süden (von Alamannien bis Septimanien) regiert.

771 Karlmann †, Karl Alleinherrscher.

Sachsenkriege

772 Beginn der *Sachsenkriege*: Zug gegen die Engern, Eroberung der Eresburg (Aeresburgum) an der Diemel; die Irminsul, ein Kultgegenstand (Holzstamm), zerstört.

Eroberung des Langobardenreichs

773/774 *Eroberung des Langobardenreichs*. Um den vom Langobardenkönig Desiderius angegriffenen Papst Hadrian I. zu unterstützen, zieht Karl über die Alpen, erreicht nach langer Belagerung die Übergabe Pavias, zwingt Desiderius zum Eintritt ins Kloster und erneuert in Rom als „protector ac defensor" das Schenkungsversprechen seines Vaters an die Kirche, vereinigt als „rex Francorum et Langobardorum" das Langobardische Reich mit dem Fränkischen.

775–780 Sachsenkrieg, Eroberung der Sigiburg (Hohensyburg) an der Ruhr und mehrfache Wiederherstellung der von Sachsen zerstörten Eresburg (wohl im heutigen Obermarsberg).

777 Reichstag in Paderborn.

Spanienfeldzug

778 Auf Aufforderung des Emirs von Barcelona (der sich gegen den omaijadischen Emir von Córdoba erhoben hat) *Spanienfeldzug*: Eroberung von Pamplona, aber vergebliche Belagerung von Zaragoza und Niederlage durch die Waskonen (Basken oder Gascogner) im Tal Roncesvalles (nordöstlich Pamplonas); Hruodland (Roland), Graf der Bretonischen Mark, fällt (Chanson de Roland); dadurch Verlust der spanischen Eroberungen.

779/780	In Sachsen Aufstand des Westfalen Widukind; durch neue Feldzüge niedergeworfen.
781	Karl bestätigt in Rom Papst Hadrian I. das Exarchat und die Pentapolis; der fränkische Schutz wird immer mehr zur Herrschaft. – In Worms erneute Anerkennung des Vasallitätsverhältnisses zum Frankenreich durch Herzog Tassilo von Bayern. Karls Söhne Ludwig und Pippin werden Unterkönige von Aquitanien bzw. Italien.
782	Einführung der Grafschaftsverfassung in Sachsen, Karl ernennt sächsische Adlige zu Grafen. Aufstand unter Widukind gegen die Frankenherrschaft, Vernichtung eines fränkischen Heeres am Süntel. Widukind flieht zu den Dänen; fränkisches Strafgericht von Verden an der Aller.
783–785	Neuer Aufstand, Niederlagen der Sachsen bei Detmold und an der Hase. Kriegszüge Karls bis zur Elbe.
785	Widukind wird getauft.
787	Feldzug gegen Herzog Arichis von Benevent (Schwiegersohn des Langobarden Desiderius), der nun zeitweilig die fränkische Oberhoheit anerkennt.
um 788	Das (byzantinische) Istrien fällt unter fränkische Herrschaft.
788	Herzog Tassilo von *Bayern* (Schwiegersohn des Desiderius), der noch 787 seine Vasallität bekräftigt, bald darauf aber erneut verletzt hat, wird auf einer Reichsversammlung in Ingelheim abgesetzt und mit seiner Familie in Klöster verbannt: Ende des letzten Stammesherzogtums.
789	Feldzug bis an die Peene gegen die in Brandenburg und Vorpommern siedelnden slawischen Wilzen, die mit den (mit Karl verbündeten) Abodriten (in Mecklenburg) verfeindet sind.
790	Die auf Karls Veranlassung wohl von Theodulf von Orléans verfassten *Libri Carolini* lehnen die (von Papst Hadrian I. gebilligten) Beschlüsse des 2. Konzils von Nikaia (787) zugunsten der Bilderverehrung ab und erheben den Führungsanspruch des Frankenreichs in der Gesamtkirche.
791	Von Regensburg donauabwärts und von Italien ausgehender Feldzug gegen die Awaren bis an die Raab.
792–799	Unter Mitwirkung der Abodriten werden Kämpfe gegen aufständische Sachsen, v.a. Nordalbinger, geführt: Umsiedlung zahlreicher Sachsen in andere Reichsgebiete.
793	Niederlage des Grafen Wilhelm von Toulouse gegen die Sarazenen am Orbieu.
794	Die *Frankfurter Synode* unter Karls Vorsitz verurteilt die Beschlüsse des Konzils von Nikaia (787).
795–796	Erfolgreiche Feldzüge des Markgrafen Erich von Friaul und Karls Sohn König Pippin von Italien gegen die Awaren, deren „Ring" (Hauptlager, zwischen Donau und Theiß; Erbeutung ungeheurer Schätze) erobert wird. Die von den Awaren eroberten, bayrisch besiedelten Gebiete östlich der Enns fallen ans Reich zurück (bayrische Ostmark).
797	*Capitulare Saxonicum*, unter sächsischer Mitwirkung erlassen, soll der Befriedung des eroberten Sachsen dienen.
seit 797	(Aus arabischen Quellen nicht belegte) zeitweilige gesandtschaftliche Verbindung mit dem abbasidischen Kalifen Harun ar-Raschid.
798	Die Nordalbinger werden von den (mit Karl verbündeten) Abodriten an der Schwentine geschlagen. Das Bistum Salzburg wird als Haupt der bayrischen Kirchenprovinz Erzbistum; erster Metropolit Karls Freund Arn.
799	Der von einer Gegenpartei vertriebene Papst Leo III. flieht zu Karl nach Paderborn.
800	Karl zieht nach Rom.
25. Dez.	*Kaiserkrönung Karls d. Gr.* in der Peterskirche durch Papst Leo III. (gleichzeitig Königskrönung von Karls gleichnamigem Sohn). Byzanz betrachtet die Erhebung zum Kaiser als Usurpation. Karl erhält als Rechtsnachfolger des byzantinischen Kaisers auch förmlich die Hoheit über den Kirchenstaat. Die Krönung Karls ist nicht mit einer Salbung verbunden, entbehrt also des sakramentalen Charakters. Durch den Vorgang in der Peterskirche wird die bereits kaisergleiche Stellung Karls durch den Kaisertitel förmlich anerkannt. Kaisersiegel Karls mit der Umschrift „Renovatio Romani Imperii" (nämlich Konstantins).
803	Fränkische Eroberung von Barcelona. – Beginn des Kriegs mit Byzanz.
804	Letzter Sachsenfeldzug. Nordalbingien wird den Abodriten überlassen.
805/06	Feldzüge nach Böhmen, das tributpflichtig wird.
806	König Karl, des Kaisers Sohn, unterwirft die Sorben zwischen Elbe und Saale. – Venedig und Dalmatien huldigen dem Kaiser. – *Erbfolgeordnung von Diedenhofen*: Die Gebiete der Unterkönige Ludwig (Aquitanien) und Pippin (Italien) werden erweitert, dem ältesten Sohn Karl wird der Kern des Reichs mit der Francia zugesprochen.

Marginalia: *Bayern*; *Libri Carolini*; *Frankfurter Synode*; *Capitulare Saxonicum*; *Kaiserkrönung Karls d.Gr.*; *Erbfolgeordnung von Diedenhofen*

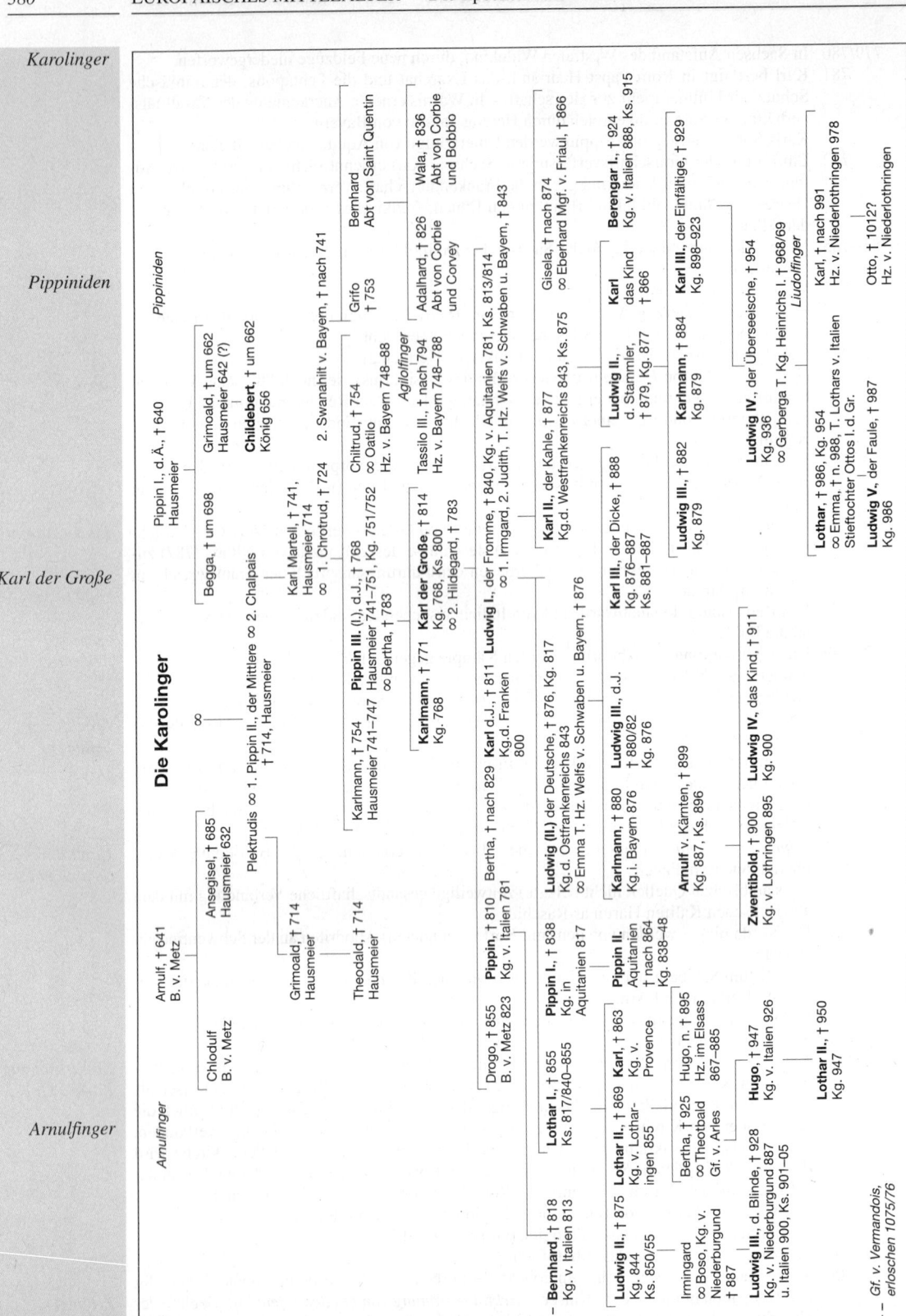

Das Frühmittelalter Das Frankenreich Karolingerzeit

808 Der mit den slawischen Wilzen verbündete Dänenkönig Göttrik (Gottfried) überfällt die Abodriten in Nordalbingien; ein Dänenzug des Königs Karl bleibt ohne Erfolg.
810 Anlage einer gegen Göttrik gerichteten Burg an der Stör (nahe Itzehoe). Friesland wird von einer dänischen Flotte geplündert und teilweise tributpflichtig gemacht. Ermordung Göttriks.
811 Friedensschluss mit Göttriks Nachfolger Hemming auf der Grundlage der Eidergrenze. – Fränkische Eroberung von Tortosa. – Der venezianische Doge verlegt seinen Sitz nach dem Rialto; rascher Aufschwung Venedigs.
812 Der byzantinische Kaiser Michael I. erkennt im *Vertrag von Aachen* gegen fränkischen Verzicht auf Venedig und das dalmatinische Küstenland die Kaiserwürde Karls an. Ihrerseits erweitern die byzantinischen Kaiser den Titel Basileus durch den Zusatz „ton Rhomaion". (Karls Nachfolger Ludwig der Fromme und die späteren Kaiser bis zu Otto II. [†983] nennen sich nur „imperator augustus" ohne Beziehung auf Rom im Titel.) *Vertrag von Aachen*
813 Karl krönt in Aachen seinen Sohn Ludwig zum Mitkaiser und designiert ihn so zum Nachfolger im ungeteilten König- und Kaisertum.
814 Karl d.Gr. in Aachen † (begraben in dem von ihm erbauten Münster).
814–840 Kaiser *Ludwig der Fromme*. *Ludwig der Fromme*
816 Ludwig wird von Papst Stephan IV. in Reims nochmals gekrönt (sog. Festkrönung).
816/17 Klosterreform auf Betreiben des Goten Benedikt (Witiza) von Aniane († 821; Oberaufseher aller Klöster).
817 Ordinatio imperii: *Ludwigs ältester Sohn Lothar* († 855) *Mitkaiser* und präsumtiver Nachfolger, von Ludwig gekrönt. Ludwigs jüngere Söhne Pippin und Ludwig der Deutsche werden Unterkönige über Aquitanien bzw. Bayern. *Ludwigs Sohn Lothar Mitkaiser*
824 Constitutio Romana (Regelung der kaiserlichen Rechte im Kirchenstaat): Gerichtsaufsicht durch ständigen kaiserlichen Missus, Treueid des neugewählten Papstes vor der Weihe.
826 Der dänische Thronprätendent Harald in Mainz getauft. Als sein Begleiter geht Ansgar, der „Apostel des Nordens", nach Dänemark, missioniert dort (827) und in Schweden (830/31).
829 Ludwig gesteht dem von seiner zweiten, welfischen Gemahlin Judith geborenen Sohn Karl („dem Kahlen") einen neu gebildeten Dukat aus Alamannien, Rätien, Elsass zu.
830 Mit einer *Empörung der drei älteren Söhne*, Lothar, Pippin und Ludwig, die formell die Wiederherstellung der Ordinatio von 817 zum Ziele hat, beginnt ein langandauernder, wechselvoller Machtkampf, der die Gesamtreichsidee nachhaltig schwächt. *Empörung der Söhne*
831 Errichtung des Erzbistums Hamburg (für die Missionierung Nordeuropas), erster Erzbischof Ansgar (ab 832, † 865); 864 Verlegung nach Bremen.
Erbteilung unter Lothar, Pippin, Ludwig und Karl.
833 Die zweite Empörung der älteren Söhne, als der Vater die Erbteilung von 831 beiseite schiebt, endet auf dem „Lügenfeld" bei Colmar, wo Papst Gregor IV. und andere geistliche Verfechter der Reichseinheit Lothar unterstützen, das Heer Ludwigs des Frommen zu seinen Söhnen übergeht, der alte Kaiser gefangen wird und als *abgesetzt* gilt.
834 Wiedereinsetzung Kaiser Ludwigs durch seine Söhne Pippin und Ludwig wegen der wachsenden Macht Lothars, der sich schließlich unterwerfen muss, aber Italien behält. *Absetzung Ludwigs*
Die Normannen plündern im Loiregebiet (Noirmoutier) und in Friesland.
838 Tod von Ludwigs des Frommen Sohn Pippin. – Neue Reichsteilung zwischen Karl dem Kahlen und Lothar, gegen die sich Ludwig der Deutsche empört.
840 *Kaiser Ludwig der Fromme bei Ingelheim* †. Krieg Ludwigs des Deutschen und Karls des Kahlen gegen Lothar, der aufgrund der Ordinatio von 817 die volle Kaisergewalt beansprucht. *Tod Ludwigs*
841 Niederlage Lothars bei Fontenay (südwestlich von Auxerre).
842 *Straßburger Eide*: Feierliche Bekräftigung des Bündnisses von Ludwig und Karl vor ihren Heeren zu Straßburg (wichtige Sprachdenkmäler des Altfranzösischen und Althochdeutschen). *Straßburger Eide*
843 *Vertrag von Verdun*: Teilung des Reichs unter die drei Brüder Kaiser Lothar I., Ludwig den Deutschen und Karl den Kahlen. *Vertrag von Verdun*

Grundstrukturen des Karolingerreichs

Verfassung, Gesellschaft, Kultur

Die Verfassung

Königtum und Regierung: Als sich die Karolinger anschicken, dem Königtum seinen früheren Platz zurückzuerobern, stehen sie in den rechtsrheinischen Gebieten, wo die römischen Einrichtungen fehlen und der Adel das Heft in der Hand hält, vor einer fast unlösbaren Aufgabe. Durch ihre riesigen Haus- und Krongüter, großenteils Besitz der ausgeschalteten alamannischen und bayrischen Herzogsfamilien, und durch planmäßige Staatskolonisation (z.B. im heutigen Franken) gelingt es den Karolingern, gegen die Adelsherrschaften, in denen der König keine Gewalt hat, ein Gegengewicht zu schaffen. Diese Adelsherrschaften erscheinen mit dem Durchdringen der karolingischen Verwaltungsorganisation als von königlicher Gewalt freie „immunitates" (Immunitäten, vergleichbar denen der Kirchengüter), doch beruhen sie nicht oder erst nachträglich auf königlicher Privilegierung, sind vielmehr autogene Gebilde. Die königlichen Beamten sind aus diesen Gebieten ausgeschlossen, in denen den Herren die Gerichtsbarkeit zusteht. Mit dem Instrument der seit König Pippin (751/52–768) und Karl d.Gr. (768–814) entstandenen *„Hofkapelle"* schaffen sich die Karolinger ein, wenn auch rudimentäres, Zentralverwaltungsorgan, mit dem sowohl die Reichskirche beherrscht wie auch die Grafschaftsverwaltung und die Institution der „missi dominici" (Königsboten, bevollmächtigte Abgesandte zur unmittelbaren Wahrung königlicher Gewalt) gelenkt werden.

Hofkapelle

Adel, Herrschaft, Verwaltung: Die Herzogtümer werden beseitigt. Anstelle der Herzöge übernehmen Grafen aus den Reihen der karolingischen Reichsaristokratie die Regierungsgewalt. Die Grafschaftsverfassung wird weiter ausgedehnt. Doch hat sie niemals, besonders nicht im germanischen Norden und Osten, das ganze Reich mit einem geschlossenen Verwaltungsnetz überzogen. Grafschaft und germanischer Gau (pagus) decken sich häufig nicht.

Adel, Herrschaft, Verwaltung

Eine urgermanische Hundertschaft hat es nie gegeben. Der „centenarius" ist im rechtsrheinischen Deutschland ein aus der militärischen Organisation hervorgegangener Königsbeamter und Gehilfe des Grafen. Er ist etwa seit 750 in Alamannien, Bayern, Sachsen und besonders Ostfranken nachweisbar, doch scheinen „centenae" als Unterbezirke der Grafschaft nur in Ostfranken bestanden zu haben.

In spätkarolingischer Zeit beginnt eine rückläufige Bewegung: Grafschaften und Zentenen werden feudalisiert und *allodialisiert* (Tendenz zur Umwandlung in erbliche Lehen bzw. erblichen Privatbesitz), die fränkischen Königsbeamten verschmelzen mit dem eingesessenen Adel. Sie üben ihre Ämter zu eigenem Recht aus, das von ihnen verwaltete Königsland fällt der Adelsherrschaft anheim. Mit Hilfe der gräflichen Amtsgewalt steigen einzelne Adelsfamilien (Luitpoldinger, Bertholde, Unruochinger) zur Führung der sog. „jüngeren Stammesherzogtümer" im 10. Jh. auf.

Allodialisierung

Zum *Grenzschutz* sind die Marken (z.B. Bretonische, Awarische, Friaulische) eingerichtet, in denen mehrere Grafschaften unter dem Befehl eines dieser Grafen, der Markgraf, „dux" usw. betitelt wird, vereinigt sind. Das Amt der Königsboten („missi dominici", seit spätmerowingischer Zeit) erlebt seinen Höhepunkt unter Karl d.Gr. (768–814); sie werden jährlich zur Beaufsichtigung der örtlichen Beamten und Bischöfe entsandt. Die geistlichen und weltlichen Großen werden im Frühjahr und Herbst zu Hoftagen (conventus) versammelt. Es erwächst eine in den verschiedenen Reichsteilen begüterte *Reichsaristokratie* meist fränkischen, daneben alamannischen, bayrischen und sächsischen Stammes, die, solange es möglich ist (neben dem hohen Klerus, der ebenfalls fast durchwegs der Reichsaristokratie entstammt), für die Einheit des Reichs wirkt und im 9. Jh. die maßgebende Rolle spielt.

Grenzschutz

Reichsaristokratie

Recht: Die Gerichtsversammlungen werden als „echte" (= regelmäßige) Dinge vom Grafen gehalten. Als (je nach Bedarf) „gebotene" Dinge hält sie der „centenarius" oder „iudex" ab. Karl d.Gr. beschränkt die Zahl der echten Dinge, zu deren Besuch die ganze Gerichtsgemeinde verpflichtet ist, auf jährlich drei, um die Last der Gerichtsfolge zu erleichtern. Urteiler sind fortan die Schöffen anstelle der gesamten Versammlung. Diese Gerichtsreform ist bei Sachsen und Oberdeutschen nicht durchgedrungen. Karl lässt, soweit noch nicht geschehen, die Volksrechte aufzeichnen, z.B. die lex Saxonum. Umfassende Gesetzgebung durch Capitularia, schriftlich ergangene Gesetze, die die alten Volksrechte ergänzen und neues Reichs- oder Landesrecht setzen; fraglich bleibt jedoch die praktische Wirksamkeit der Capitularia.

Recht

Die Gesellschaft

Neben dem Herrscher und der ihn stützenden, teilweise mit ihm versippten Reichsaristokratie, der Reichsverwaltung durch Grafen und der Hofkapelle sind die wichtigsten *Strukturelemente* der karolingischen Gesellschaft die Grundherrschaft, das Lehnswesen und die Reichskirche, letztere als Adels- und Mönchskirche mit staatlichen Funktionen in der Reichsverwaltung und in der Mission östlich des Rheins wohl die stärkste Stütze der karolingischen Herrschaft.

Strukturelemente

Die *Grundherrschaft* im Sinne einer Zusammenfassung politischer, rechtlicher und wirtschaftlicher Funktionen stellt eine das gesamte Mittelalter bestimmende, neue Organisationsform dar. König und Adel entwickeln die Grundherrschaft und ihre Fronhofsverfassung (Abhängigkeitsverhältnis der – vom Grundherrn zu Lehen ausgegebenen – Bauerngüter und Ländereien des Fronhofsverbands zum Fronhof) sowohl in jenen Gebieten, in denen noch römische Einrichtungen bestehen, als auch außerhalb derselben in Austrien und rechts des Rheins. Die weltliche und geistliche Grundherrschaft entsteht aus der Hausherrschaft über alle zum Haus gehörigen Personen samt den Knechten (Leibherrschaft), aus der Schutzherrschaft über Gefolgsleute und aus der Inbesitznahme von Grund und Boden, der an freie und unfreie Bauern zur Leihe gegeben wird.

Es handelt sich also um Herrschaft über Land und Leute, die sich von der Latifundienwirtschaft der Antike in mehrfacher Hinsicht unterscheidet. Erstens ist sie in einer überwiegend naturalwirtschaftlichen Epoche nicht ein rentebringendes (Einkünfte abwerfendes) Besitztum neben anderen, sondern die einzige Grundlage der Adels- und Königsherrschaft schlechthin. (Nur die aus der Spätantike stammenden Bischofsstädte links des Rheins und vor allem die im System der mittelmeerischen Stadtkulturen verbleibenden Gebiete südlich der Loire bewahren eine eigene, ältere Sozialstruktur.) Ferner leben die Grundherren, vornehmlich die Adligen, auf ihren Herrenhöfen. Auch die königlichen *Pfalzorte* (Ingelheim, Worms, Nimwegen, Heristal, Diedenhofen, Attigny usw.) sind Mittelpunkte grundherrschaftlich organisierten Reichsguts; der Herrscher besucht sie reihum und verzehrt mit seinem Gefolge die dort angesammelten Nahrungsmittelvorräte; erst in der Spätzeit Karls d.Gr. entwickelt sich die Aachener Pfalz zu einer Art Dauerresidenz.

Große Teile der adligen Grundherrschaften sind nicht ererbtes Eigengut (Allod), sondern Lehen des Herrschers aus Königsgut oder Kirchenbesitz (z.B. den Säkularisationen Karl Martells). Soweit das Land nicht in Eigenbetrieben bewirtschaftet wird (Herrenhof, Fronhof, „villa"), ist es zur Erbleihe ausgegeben. Der *Bauer*, der eine Hufe (mansus), die übliche Einheit, die ihm die Existenz sichert, in Erbleihe besitzt, zahlt keinen Pachtzins, sondern erbringt Leistungen (Arbeitsleistungen und Naturalabgaben; er ist „Grundholde", der dem Grundherrn zu „Rat und Hilfe" verpflichtet bleibt, wie dieser ihm zu „Schutz und Schirm"). Der Eigenbetrieb des Herrn wird meist von einem Verwalter geleitet, der in der Regel ein Unfreier ist. Auf dem Hof arbeiten Knechte und Mägde (servi, mancipia), die z.T. in Gesindehäusern untergebracht sind, z.T. aber auch als „behauste" Unfreie familienweise außerhalb des Herrenhofs in kleinen Häusern wohnen. Das zum Herrenhof gehörige Salland wird nicht nur von diesen Unfreien bestellt, sondern auch die Hufenbauern arbeiten auf dem Salland. Die Bauern, die auf Freienhufen sitzen (mansi ingenuiles), sind verpflichtet, mit ihren Tieren und Arbeitsgeräten bei der Feldarbeit zu helfen. Die unfreien Hübner (auf mansi serviles) müssen wöchentlich drei Tage auf dem Herrenhof arbeiten. Die arbeitsteilige Organisationsform der Grundherrschaft, die mehrere tausend Bauernstellen zusammenfassen und auf Jahre hinaus Arbeitskräfte für Sonderaufgaben (z.B. Rodung) freistellen kann, und ebenso die in ihrem Bereich entwickelten technischen *Innovationen* (Übergang von der Feld-Gras-Wirtschaft zur Dreifelderwirtschaft, tiefpflügender Radpflug mit Sech und Streichbrett) sind eine Grundvoraussetzung für das große Werk des früh- und hochmittelalterlichen Landesausbaus seit dem 8. Jh., in dessen Gefolge sich durch Rodung und Melioration die Anbauflächen und damit die Bevölkerung Europas vervielfachen. Schon in den Kapitularien Karls d.Gr. und Ludwigs des Frommen wird allerdings Klage darüber geführt, dass Grafen und Äbte durch ständige übermäßige Inanspruchnahme freier Bauern für die Kriegszüge des Herrschers versuchen, dieselben zur Aufgabe ihres Eigens und zum Eintritt als unfreie Hintersassen in den eigenen Fronhofsverband zu zwingen; dafür bleibt ihnen die fast jedes Jahr fällige Heeresfolge erspart, die jetzt für sie von Knechten des Herrenhofs übernommen wird. Die Maßnahmen Karls d.Gr. und Ludwigs des Frommen gegen diesen Missbrauch sind anscheinend wirkungslos.

Das *Lehnswesen*, das der Feudalgesellschaft den Namen gibt (feudum = Lehen), bildet sich aus, als die karolingischen Hausmeier und Könige, vor allem zur Abwehr der Araber, aber auch im Kampf gegen innere Feinde, immer mehr Panzerreiter (loricati) brauchen, also möglichst viele Vasallen besitzmäßig so ausstatten und an sich binden müssen, dass sie regelmäßig Kriegsdienst leisten können. Dabei greifen die Herrscher auf Kirchengut zurück, das den Vasallen nicht einfach übereignet, sondern zinslos auf Lebenszeit als „beneficium" (= Lehen) geliehen wird. Seit dem 9. Jh. kommt, gleichbedeutend mit „beneficium", das Wort „feudum" in Gebrauch. Durch das Lehnswesen entsteht eine *„Lehenspyramide"*, an deren Spitze der Herrscher steht und die eine überregionale Organisationsform bildet, die Menschen von oben nach unten und umgekehrt aneinander bindet. So wie der karolingische König an seine Vasallen Lehen vergibt, geben die großen Vasallen wiederum Teile ihrer Lehen gegen ständige Dienstleistungen an Untervasallen weiter. Den „Staat", der auf diese Weise organisiert ist und der sonst kaum öffentliche Organe besitzt, weder ein stehendes Heer noch eine Polizei oder ein Beamtentum, kann man als Personenverbandsstaat bezeichnen.

Die fränkische *Kirche* und besonders die durch Willibrord (†739), Bonifatius (†754), Chrodegang von Metz (†766), Fulrad von St. Denis (†784) u.a. erneuerte karolingische Reichskirche ist sowohl Trägerin politischer Funktionen wie auch die fast ausschließliche Vermittlerin geistigen Lebens. Durch die kirch-

Legitimation des Königtums liche Organisation und die mit ihr verbundene missionarische Durchdringung der vom Frankenreich neu hinzugewonnenen Gebiete, zu denen auch Alamannien, Bayern, Thüringen und Sachsen gehören, werden aus den merowingischen und karolingischen Eroberungen feste Bestandteile des fränkischen Imperiums. Ebenso gibt die Kirche der Karolingerherrschaft die religiöse *Legitimation*, die den Herrscher weit über den Adel hinaushebt.

Entwicklungsgeschichtlich geht mit der Ausdehnung des Frankenreichs schon seit dem 6. Jh. der Neuaufbau und die Erweiterung des Netzes der Kirchenorganisation Hand in Hand, die Könige statten ihre Bischofskirchen mit Königsgut aus, gleichzeitig werden die Bischöfe als Träger schriftlicher Kultur und römischer Verwaltungspraxis für den Aufbau der Reichsverwaltung unentbehrlich. Aus den von der Völkerwanderung relativ unberührt gebliebenen Räumen Südgalliens gehen Priester und Bischöfe zu Mission und kirchlichem Aufbau nach Norden und Osten in die noch heidnischen Randzonen des Frankenreichs (z. B. Amandus [Apostel der Belgier, †679?], Remaclus [Klosterbischof von Stablo und Malmédy, †um 675]). Infolge der engen Verbindung kirchlicher und staatlicher Aufgaben wird die Kirche fränkische *Reichskirche*, ihre Bischöfe wirken oft im Königsdienst als Berater und Verwaltungsbeamte, so etwa Arnulf von Metz (†641, Ahnherr der Karolinger). Mit der am Ende des 7. Jh.s und v. a. im 8. Jh. einsetzenden angelsächsischen Mission (Willibrord, Bonifatius, Willibald u. a.) und mit dem Bündnis zwischen Papsttum und Karolingern (750/51) beginnt eine Phase von Bistumsgründungen östlich des Rheins (Utrecht, Würzburg, Eichstätt, Büraburg, Erfurt). Bonifatius organisiert 739 mit Hilfe Herzog Odilos die romverbundene bayrische Kirche, wie er dann auch in den vierziger Jahren die fränkische Kirche mit Unterstützung von Karl Martells Söhnen Karlmann und Pippin (dem späteren König) als romverbundene fränkische Reichskirche reorganisiert.

Reichskirche

Kultur

Mönchtum

Da bis zum 10. Jh., als die Domschulen gegenüber den Klosterschulen an Bedeutung gewinnen und diese teilweise überflügeln, das *Mönchtum* der wichtigste Träger und Vermittler einer religiös geprägten schriftlichen Kultur wird und mit einer innovationsfreudigen klösterlichen Grundherrschaft auch wesentlich an der Entwicklung der materiellen Kultur beteiligt ist, kommt dem fränkischen Klosterwesen als dem dynamischen Teil der Reichskirche entscheidende Bedeutung zu. Die nach 530 verfasste Ordensregel des *Benedikt von Nursia* setzt sich bis zum 8./9. Jh. in ganz West- und Mitteleuropa durch. Bis zur Zeit Karls des Großen werden im Frankenreich mehr als 1000 Klöster gegründet; sie bilden, vor allem nördlich der Alpen, sowohl die Zentren der christlichen Mission wie auch die Mittelpunkte der frühmittelalterlichen Gesellschaft.

Benediktinerregel

Die landbesitzende grundherrliche Oberschicht (König, Herzog, Adel) überträgt den Mönchen Land und Leute, sodass aus vorübergehenden Missionsplätzen festorganisierte Klöster entstehen, deren Existenz durch eine klösterliche Grundherrschaft gesichert wird. Die Klostergrundherrschaft, zu der oft Tausende von Bauern und Hintersassen (z. B. in St-Germain-des-Prés bei Paris im 9. Jh. 24 Herrenhöfe und 1646 Bauernstellen) gehören, die dem Kloster Dienste und feste Abgaben zu leisten haben, ermöglicht nicht nur die materielle Freistellung von Mönchen für Mission, Gottesdienst und Schule, sondern sie ist gleichzeitig die Voraussetzung dafür, dass die *Klöster auch zu kulturellen Mittelpunkten* werden. Hier entstehen wertvolle und künstlerisch bedeutende Handschriften und – u. a. durch gegenseitigen Bücheraustausch – Bibliotheken (St. Gallen, Fulda, Lorsch, Tours, Corbie [an der Somme], Fleury-sur-Loire, Saint-Denis [bei Paris] u. a.), hier wird Wissenschaft (z. B. Theologie, Mathematik, Medizin, Sprachen, Kirchenrecht) gepflegt und gelehrt, hier schaffen Mönche große Werke der bildenden Kunst (Klosterbauten, Miniaturen, kostbare Altargeräte aus Goldschmiedearbeit), und hier – etwa in St. Gallen, Fulda, Reichenau, Lorsch, Murbach, Corvey, Benediktbeuern, St. Emmeram [Regensburg]) – bildet sich aus der Kenntnis der internationalen Kirchen- und Gelehrtensprache, des Lateins, auch die erste am Latein geschmeidig gemachte deutsche Schriftsprache: das Althochdeutsche.

Klöster als kulturelle Zentren

St. Galler Klosterplan

Die Rolle der Klöster als Zentren der Gesamtgesellschaft zeigt z. B. der *St. Galler Klosterplan* (um 820), der idealtypisch darstellt, was alles zu einem karolingischen Reichskloster gehören sollte: Es ist religiöskultisches Zentrum, Grablege und meist Eigentum einer Adelsfamilie oder des Herrschers, es ist Wirtschaftszentrum mit Landwirtschaft, Viehzucht und Handwerkern. Es ist aber mit einem repräsentativen Wohntrakt für den weltlichen Klosterherrn zugleich eine Art „Pfalzort" und damit politischer Stützpunkt, ferner ist es mit seiner seit Karl Martell (714–741) üblich gewordenen Verpflichtung, dem Herrscher Truppen und Geld zu stellen, militärisch wichtig; es bildet mit Klosterschule, Musik- und Schreibschule sowie durch seine Kunsthandwerker einen kulturellen Schwerpunkt und stellt schließlich als Vorratszentrum mit Krankenhaus, Apotheke und Armenversorgung zugleich die erste Entwicklungsstufe der Sozialfürsorge dar.

Karl d. Gr. nutzt als erster Herrscher planmäßig die vielfältigen Funktionen von Kirche und Mönchtum für seinen Staatsaufbau, verbessert nach Kräften die Ausbildung und das geistige Niveau von Klerikern und Mönchen, vereinheitlicht mit Hilfe Benedikts von Aniane (779 Gründer des Klosters Aniane bei

Montpellier, †821) und einer generellen monastischen Gesetzgebung das gesamte Klosterwesen (worin ihm später Ludwig der Fromme folgt) und fügt durch die Metropolitanverfassung sowie die intensive Nutzung von Kirchen- und Klosterbesitz den Organismus der erneuerten Reichskirche in sein politisch-administratives Gesamtsystem ein.

Literatur: Entscheidende geistig-kulturelle Impulse gehen unmittelbar vom Herrscher aus oder werden von ihm auf Anregung geistlicher Berater in der fränkischen Kirche verwirklicht. Karl selbst besitzt einen großen Bildungshunger, er kann lesen und schreiben, spricht Latein und versteht Griechisch, die allgemeine kulturelle Erneuerung fördert er durch Heranziehung berühmter Gelehrter. Zu dieser „*Hofakademie*" gehören u.a.: der Grammatiker Petrus von Pisa, Paulinus von Aquileja (ab 787 Patriarch von Aquileja, †802?) und der Westgote Theodulf von Orléans (ab 798 Bischof von Orléans und Abt von Fleury, †821), beide Theologen und Dichter; der Langobarde Paulus Diaconus († 799?), der Geschichtsschreiber seines Volkes (Historia Langobardorum); der Angelsachse Alkuin (Alchvine), Abt von St. Martin in Tours, Theologe, Dichter, Verfasser von Lehrbüchern, Leiter der Hofschule in Aachen und Berater des Kaisers in geistlichen Angelegenheiten, seit 781 in Karls Dienst († 804). Es entsteht am Hofe und in den großen Reichsklöstern eine offiziöse Reichsannalistik: Einhard (Eginhard; 828 Gründer des Klosters Seligenstadt, Abt mehrerer Klöster, †840), Verfasser der wohl zwischen 817 und 830 abgefaßten Vita Caroli Magni, dann Karls Enkel Nithard († 844) (für die Jahre 814–843). Weltchronik des Regino von Prüm (wurde 892 Abt des Klosters Prüm in der Eifel, †915). Politische Denkschriften Hincmars von Reims (Erzbischof seit 845, †882). Den humanistischen Austausch zeigen die durch klassisches Latein ausgezeichneten Briefe des Baiern Servatus Lupus, Abt von Ferrières († 862).

Durch bewusstes Zurückgreifen auf die Werke der heidnischen und christlichen Antike belebt Karl die Kenntnis des Klassischen *(karolingische Renaissance)*, ebenso hält er sich in seiner Baukunst an die antiken Vorbilder. Daneben steht aber auch die Sorge für die heimische *Volkskultur*: Versuch einer deutschen Grammatik, Sammlung germanischer Heldenlieder, Übersetzungen aus dem Lateinischen im Kloster Reichenau (Benediktinerregel u.a.); wohl gegen Ende des 9. Jh.s entsteht das Heldenepos des Waltharius (Verfasser unbekannt); das altsächsische Stabreim-Epos des Heliand (Heiland, vor 840) stellt die Heilsgeschichte mit den Ausdrucksmitteln germanischer Heldendichtung dar; zwischen 863 und 871 dichtet der Mönch Otfried von Weißenburg in fünf Büchern seine große althochdeutsche Evangelienharmonie in Endreimversen, die seitdem die europäische Literatur beherrschen; in St. Gallen wirkt Notker Balbulus (der Stammler, †912), der eigentliche Schöpfer der Sequenzenliteratur (Sequenz = lateinisches Kirchenlied mit ungleichen Strophen und wechselnder Melodie).

Alkuins Schüler Hrabanus (Magnentius) Maurus, Leiter der Klosterschule, dann Abt von Fulda und Erzbischof von Mainz († 856), Praeceptor Germaniae, fruchtbarer Schriftsteller, bemüht sich um die *philosophische und theologische Bildung des Klerus*. Sein Schüler Walahfrid Strabo († 849), Abt von Reichenau, ist Dichter. Der (bis zu den Scholastikern) tiefste und selbstständigste Philosoph, der in Irland geborene Johannes Scotus Eriugena († 877), wird von Karl dem Kahlen an die Hofschule berufen und mit der Übersetzung der (um 500 in Syrien entstandenen) Schriften des so genannten Dionysius Areopagita beauftragt, welche den neuplatonischen Gedankenkreis mit der christlichen Lehre zu verschmelzen suchen („Vorscholastik").

Kunst: Seit König Pippin I. (751/52–768) erscheint der stadtrömische konstantinische Typ der T-förmigen Basilika mit durchlaufendem Querhaus wieder (Neubau der königlichen Grabes- und Abteikirche in Saint-Denis 754–775), der in karolingischer Zeit an repräsentativer Stelle, vor allem bei Reichsklöstern, wiederbelebt wird (Fulda 790–810, Hersfeld 831–840). Die *Aachener Pfalzkapelle* Karls d.Gr. (um 785–805, 798 im Rohbau fertig) setzt dagegen eine Tradition der germanischen Teilreiche fort und veranschaulicht mit der Blickrichtung auf Byzanz die Unabhängigkeit vom Papsttum. Die Aachener wurde nicht nur Vorbild für einige Pfalzkapellen im Maasgebiet (z.B. Nimwegen, St. Donatus in Brügge), sondern auch für zahlreiche doppelgeschossige Herrschaftskapellen vom 11.–13. Jh., die sich in dieser Form fast nur in Deutschland finden. Auch die so genannten Westwerke, den Basiliken der Reichsklöster angefügte Zentralbauten, die wahrscheinlich als Gastkirchen für den Herrscher während seiner Residenz im Kloster dienten, gehen auf das Aachener Vorbild zurück (Corvey 873–885, Werden, 875–943). Die Verbindung und Gleichsetzung kirchlicher und herrscherlicher Gewalt kommt auch darin zum Ausdruck, dass der Bischofsdom in den Städten in die Nachbarschaft der Grafenburg gelegt wird (Köln). In gleicher Richtung sind auch die (untergegangenen) Wandmosaiken zu verstehen, auf denen Karl d.Gr. neben dem Papst Leo III. in gleicher Rangordnung dargestellt wird (Triclinium des Laterans, Basilika Santa Susanna in Rom). Nach Vorstufen im merowingischen Großkloster Corbie (an der Somme) entwickelt sich in den karolingischen Reichsklöstern im 8. Jh. die *karolingische Minuskel* als internationale Verkehrsschrift des europäischen Mittelalters, die auch in Italien ältere Schriftformen verdrängt. Karolingische Bibelgelehrsamkeit schafft mit der sog. „Alkuin-Bibel" eine philologisch verbesserte neue Edition der Hl. Schrift, die für ganz Europa richtungweisend wird.

In *Buchmalerei, Elfenbein- und Goldschmiedekunst* bildet sich eine Hofschule aus, die die insular geprägte Kunst der älteren Klosterschulen mit der antiken Überlieferung verschmilzt. Ein Hauptwerk ist das zu den Reichskleinodien gehörige Krönungsevangeliar (heute in Wien), das angeblich von Otto III. im Jahre 1000 im Grabe Karls gefunden wurde. Insgesamt ist durch die Impulse des Hofes, die Wiederaufnahme antiker Traditionen und die Wirksamkeit der Klöster eine Kulturhöhe erreicht, die nach dem Zerfall des Karolingerreichs frühestens seit dem ausgehenden 10. Jh. wieder zu vergleichbaren Leistungen führt.

Italien (781–887)

politisches Sonderbewusstsein

Da dieser Reichsteil auf einer breiten und dauerhaften Grundlage antik-städtischer Tradition basiert und überdies eine mehr als zweihundertjährige langobardische Herrschaft in Nord- und Mittelitalien ein *politisches Sonderbewusstsein* hervorgebracht hat, treten hier am frühesten Verselbstständigungstendenzen hervor. Kaiser Lothars I. Sohn Ludwig II. übt seit seiner Krönung zum „König der Langobarden" (844) eine relativ selbstständige Herrschaft (Residenz Pavia) aus, hält Reichsversammlungen ab, erlässt Kapitularien und hat eine eigene Hofkapelle. Seine faktische Herrschaft beruht vornehmlich auf der administrativen Leistung reichsfränkischer Adelsfamilien, doch zeigen sich auch hier dynastische Sonderinteressen, z.B. bei den Unruochingern in Friaul, den Supponiden in Parma, bei Bonifaz und Adalbert in Tuscien und bei den Lambertiner-Widonen in Spoleto. Der langwierige Kampf gegen die von Süden immer wieder einbrechenden Sarazenen bindet das besonders unter Papst Nikolaus I. (858–867) immer einflussreicher werdende *Papsttum* vorerst noch an die Karolinger. Nach schweren Rückschlägen des karolingischen Kaisertums unter Ludwig II. († 875) und Karl dem Kahlen († 877) gewinnen die regionalen Kräfte in Reichsitalien die Oberhand. Mit dem Auslaufen der karolingischen Oberherrschaft erleidet auch der Machtanspruch des Papsttums, der unter Nikolaus I. ein gewichtiger Faktor der großen Politik geworden war, schwere Einbußen.

Papsttum

Pippin König von Italien

781–810   Karls d.Gr. Sohn *Pippin „rex Italiae"*.
781   1. Romzug Karls d.Gr.
787   Feldzug gegen Adelchis wegen dessen Annäherung an Byzanz und Kämpfe mit den Griechen in Kalabrien.

Kaiserkrönung Karls des Großen

800   2. Romzug und *Kaiserkrönung Karls d.Gr.*
813   Karl setzt Pippins Sohn Bernhard zum Unterkönig in Italien ein.
814–840   Kaiser Ludwig der Fromme.
817   Bernhard († 818), Enkel Karls d.Gr., scheitert im Aufstand gegen Kaiser Ludwig den Frommen.

Lothar I. Sarazeneneinfälle

817–855   *Lothar I.*, in Rom gekrönt, erlässt 824 für den Kirchenstaat die Constitutio Romana.
seit 827   Die *Sarazenen* sind im Besitz eines Teils von Sizilien, errichten
841   im festen Bari ein Sultanat.
844   Kaiser Lothar I. schickt seinen Sohn Ludwig (II.) nach Italien.
845–855   Papst Leo IV.
846   Die Sarazenen plündern Rom rechts des Tibers.
       Rom rechts des Tibers ummauert (daher Leostadt).
849   Ludwig II. zieht an der Adria entlang nach Benevent, vertreibt die Sarazenen und teilt als Lehnsherr das Fürstentum zwischen Benevent und Salerno.

Ludwig II.

850   *Ludwig II.* vom Papst zum König der Langobarden und zum Kaiser gekrönt (Stärkung des päpstlichen Einflusses).
       Ludwigs II. Hauptaufgabe ist die Bekämpfung der Sarazenen, zumal da das Fürstentum Benevent durch Adelsrevolten geschwächt ist. Er regiert Italien in Gegnerschaft zu Papst Nikolaus I., aber gestützt auf die mächtigen Benediktinerabteien Monte Cassino und San Vincente am Volturno.
858–867

langobardischer Aufstand

871   In Unteritalien erobert Ludwig II. mit oströmischer Hilfe Bari, erliegt aber sogleich einem *langobardischen Aufstand*, durch den er eine Zeit lang unter Aufsicht Herzog Adelchis' in Benevent gefangengehalten wird. Von diesem Schlag hat sich das Kaisertum Ludwigs II. nicht mehr erholt.
873   Nach Ludwigs Freilassung unterstellt sich Benevent Byzanz.
875   Nach dem Tode Kaiser Ludwigs II. überspielt Karl II. der Kahle den heranrückenden ostfränkischen Karolinger Karlmann und sichert sich die Kaiserkrone:
12. Aug.

Kaiserkrönung Karls II.

Weihnachtstag   *Krönung in Rom* durch Papst Johannes VIII.: Die päpstliche Krönung bleibt für Jh.e konstitutiv für das abendländische Kaisertum.
876   Karl der Kahle hält in Pavia eine Reichsversammlung ab, die ihn faktisch zum König von Italien erhebt. Sein „dux" und „missus", d.h. bevollmächtigter Stellvertreter in Italien, wird

Boso von Vienne (Niederburgund), der sich mit Ludwigs II. Tochter Irmingard vermählt. – Vernichtende Niederlage Karls gegen Ludwig den Jüngeren bei Andernach.
877 Neuerlicher Italienzug Karls des Kahlen, ausgelöst durch einen Hilferuf des Papstes gegen die Sarazenen. Karlmann rückt mit einem bayrischen Heer heran, die westfränkischen Großvasallen unter der Führung Bosos und des Hugo Abbas verweigern die Heereshilfe. Karl muss aus Italien fliehen und stirbt auf dem Rückzug. Damit ist die westfränkisch-päpstlich-italische Großreichs- und Kaiserpolitik endgültig gescheitert.
879 übernimmt der ostfränkische Herrscher *Karl III., der Dicke*, die Regierung Italiens.
881 Kaiserkrönung,
887 Absetzung Karls III.

Karl III., der Dicke

Die Auflösung des Reichs

Im *Teilungsvertrag von Verdun* (843) erhält Kaiser Lothar I. Italien und ein relativ schmales Gebiet von Friesland bis zur Küste der Provence mit den Kaisersitzen Rom und Aachen, aber ohne Oberhoheit über die Brüder. Ludwigs des Deutschen Ostfrankenreich umfasst das Gebiet östlich einer Linie von der Wesermündung zur unteren Ruhr, dann Rhein und Aare aufwärts; dazu die Gaue von Mainz, Speyer und Worms. Das Westfrankenreich Karls II., des Kahlen, beginnt an einer Linie, die von der Schelde aufwärts zum Bistum Cambrai (Reich Lothars), von dort östlich zur Maas und weiter in beträchtlichem Abstand westlich vom Fluss nach Süden verläuft, dann von der Maasquelle zur oberen Saône, diese abwärts, südlich von Mâcon nach Westen zurückweichend und westlich der Rhône nach Süden bis zu ihrer Mündung. Die heutige *Sprachgrenze* verläuft von Gravelingen über Saint-Omer, Menin, östlich durch Belgien zur Maas unterhalb Lüttich, entlang der belgisch-deutschen Grenze von 1914 (Malmédy jedoch wallonisch) und der belgisch-luxemburgischen Grenze (Arlon jedoch deutsch), weiter zwischen Metz (französisch) und Diedenhofen (deutsch) hindurch nach Südosten, diesseits der deutsch-französischen Grenze von 1914, dann dicht unterhalb des Vogesenkammes nach Süden, hinüber zum Bieler See, Murten, Freiburg i.Ü. (französisch), Diablerets, Wildstrubel, Siders (französisch), Matterhorn und Monte Rosa. Die Sprachgrenze, ursprünglich mit zahlreichen Sprachinseln beiderseits ihres Verlaufs, bildet sich bis etwa 1000 scharf aus; seitdem hat sie sich nur unbedeutend verschoben, u.a. im Departement Pas-de-Calais und im Metzer Bistum zugunsten des Französischen.
Die Ostfranken nennen ihre Sprache im Gegensatz zum Latein des gelehrten Klerus die *deutsche Sprache* (lingua theodisca), d.h. volkstümliche (diutisc von diot = Volk). Der erste Beleg für „theodiscus" (786) bezieht sich noch auf das Angelsächsische. Teutisci als Volksname, im Gegensatz zu den Langobarden, zuerst 843. Für „theodiscus" kommt dann, von Fulda ausgehend, unter gelehrtem Einfluss das anklingende „theutonicus" in Aufnahme (zuerst 876 belegt). – (Forts. v. S. 420, 455)

Vertrag von Verdun

Sprachgrenze

deutsche Sprache

Das Hochmittelalter

Wirtschaft und Gesellschaft des Hochmittelalters

Die Mitte des 11. Jh.s erscheint in mancherlei Hinsicht als eine Wende zwischen zwei Epochen; zwar kommen noch gelegentlich Eroberungszüge vor (Normannen Ende 9.–11. Jh.; Mongolen 12./13. Jh.). Allgemein ist jedoch die Herausbildung von Staaten (den Vorläufern der neuzeitlichen „Nationalstaaten") bereits beendet. Das Sozialgefüge hat sich stabilisiert, und mit der Entfaltung der Städte beginnt ein *Aufschwung des Wirtschaftslebens*, der zuweilen geradezu als „Industrielle Revolution des Mittelalters" oder als große „Handelsrevolution" bezeichnet wird.

Aufschwung des Wirtschaftslebens

Geändert haben sich auch die politischen Schwerpunkte in dem Raum, den man gemeinhin als Europa bezeichnet. Zu den großen Zentren der Machtbildung werden das „Reich" und im zunehmenden Ausmaß das Papsttum. Allerdings ist noch lange weder Europa noch das „Abendland" eine Einheit; der Anspruch des Reiches auf eine Art von Oberherrschaft wird außerhalb des Reiches nicht anerkannt; der Versuch einer wirklichen „Erneuerung des Reiches" (Renovatio imperii 962, 1000) scheitert. Der Anspruch der Päpste auf die Suprematie in der Kirche wird von der Ostkirche entschieden abgelehnt, führt zum offenen Bruch (1054) und setzt sich auch in den Diözesen der Westkirche sehr ungleich durch.

Machtzentrum Reich

Das größte *Machtzentrum* bildet nichtsdestoweniger zunächst noch das *Reich* (Höhepunkte der Machtentfaltung unter Ottonen und Staufern). Seit dem 13. Jh. ist hier jedoch aufgrund älterer Ansätze die Herausbildung von Landesherrschaften bereits im vollen Gange. (Am Rande des Reiches entstehen sog. Flächenstaaten.) In Frankreich, das zunächst am stärksten von der feudalen Zersplitterung betroffen ist, und in England bilden sich die ersten Verwaltungsinstitutionen der Königreiche heraus. Der Osten (Byzanz, Russland) hört auf, eine bedeutendere politische Rolle zu spielen. Die religiös-kulturelle Zweiteilung Europas verfestigt sich, die Grenze verläuft quer durch das von Slawen besiedelte Gebiet.

Handwerk

Der größte Fortschritt ist auf dem Gebiet des Handels und des *Handwerks* zu verzeichnen. Die Mühle wird (in verschiedenen technischen Adaptionen) zur „Allzweckmaschine" (11. Jh.), die auch in der Eisenerzeugung, bei der Tuchproduktion und später bei der Herstellung von Papier Verwendung findet. Allerdings ist die Entdeckung bzw. die Einführung einzelner Erfindungen bzw. neuer Techniken meist kaum genauer zeitlich zu bestimmen.

Die Landwirtschaft

Die Grundlage der gesamten Wirtschaft bildet weiterhin die Landwirtschaft, die das Gros der Bevölkerung beschäftigt und durch die Produktion von Nahrungsmitteln den Gesamtumfang der Bevölkerung bestimmt. Das Land wird von Grundherrschaften beherrscht, die größtenteils im sog. Villikationssystem (Fronhöfe und bäuerliches Land) organisiert sind. Freie Bauern erhalten sich in größerer Anzahl bloß in Randzonen. Die unfreien Bauern müssen Naturalabgaben zinsen und Frondienste leisten. Der große Fortschritt der Landwirtschaft ist u. a. durch die Verbreitung des Pfluges und der Dreifelderwirtschaft gekennzeichnet. Allerdings ist auch die Einführung des (tiefgehenden) Pfluges an die Qualität des Bodens und an das Vorhandensein von genügender Zugkraft gebunden; daher hat sich bis in das 19. Jh. hinein neben dem Pflug in vielen Gebieten Europas auch der primitive Haken als Ackergerät erhalten.

Dreifelderwirtschaft

Bei der *Dreifelderwirtschaft* (Dreifelderfolge) folgt jeweils auf einen zweijährigen Getreideanbau ein Brachjahr; bedingt wird dieses System durch den Mangel an Düngemittel und erfordert seinerseits den Flurzwang (zur Nutzung des Brachlandes als Viehweide) und die Einteilung der Ackerfläche in Zelgen (Fluren seit 780 bezeugt). Die Einführung der Dreifelderwirtschaft in den einzelnen Teilen Europas geschieht in unterschiedlichen Zeiten, und da ihre Anwendung an eine ganze Reihe von agrotechnischen und strukturellen Vorbedingungen geknüpft ist, hat sie sich nie allgemein durchgesetzt (z. B. ist Frankreich in einen Bereich der Drei- und einen der Zweifelderwirtschaft eingeteilt).

Herausbildung von Dörfern

Von entscheidender Bedeutung ist die *Herausbildung von Dörfern*, die nun neben die alten Streusiedlungen und die Herrenhöfe (villae) mit ihren Nebengebäuden treten. Die Größe und Form der Dörfer (und z. T. auch ihre innere Struktur) ist durch eine Vielzahl von Komponenten bestimmt und auch in ihrer äußeren Erscheinungsform variabel (regelloser Grundriß, geregelter Grundriß z. B. Straßendorf, Platzdorf, Angerdorf, Runddorf, Zeilendorf – Erscheinungsformen, die sich nicht monokausal deuten lassen). Die Dörfer entwickeln – schon aus Gründen der Regelung der Feldwirtschaft – eine gewisse Gemeindebildung, die Grundlage späterer Genossenschaftsbildungen auf dem Dorf. Auch in dieser Hinsicht ist jedoch die Entwicklung nicht einheitlich verlaufen, und in weiten Teilen Süd- und Nordeuropas hat sich das Dorf als dominante Siedlungsform nicht durchgesetzt.

Bedeutende Änderungen sind seit der Mitte des 11. Jh.s auch im *Landschaftsbild* zu verzeichnen. Das ältere Siedlungsbild ist vorwiegend von sog. Siedlungskammern geprägt, besiedelter Flächen, die durch Wälder voneinander getrennt sind (wobei der Wald sowohl wirtschaftlich genutzt wird als auch zum Schutz der Siedlungen dient). Seit dem 11. Jh. beginnt ein Landesausbau durch gezielte Kolonisation, der die Siedlungskammer zu größeren Siedlungsflächen erweitert. Chronologisch verläuft die große mittelalterliche Kolonisationswelle in gestaffelter Art in west-östlicher Richtung und nimmt bald geregelte, zuweilen sogar geradezu genormte Formen an.

Landschaftsbild

Kolonisation und Kolonistenrecht

Die Kolonisation, die geregelte Erschließung von Neusiedelland, beruht auf der Gründung von neuen Dörfern und der Urbarmachung von Boden. In größerem Umfang erfordert sie die koordinierte Tätigkeit der Gründer (Lokatoren, „Unternehmer") und der Kolonisten, die bereit sind, das Risiko von Neugründungen zu tragen. Praktisch entwickelt sich daher recht bald ein eigenes Kolonistenrecht (emphyteutisches Recht; im Bereich der Ostkolonisation als „deutsches Recht" bezeichnet). Neben kurzweiligen Vergünstigungen (etwa zeitweilige Abgabefreiheit) werden den Neusiedlern Sonderrechte – im Vergleich zu den Bauern des Altsiedellandes – zugestanden: ein *begrenztes Eigentum* an dem gerodeten Boden mit dem Recht, es zu vererben bzw. zu verkaufen, fest fixierte Abgaben an den Herrn und eine gewisse Selbstverwaltung (evtl. sogar die niedere Jurisdiktion). Dadurch entsteht die Möglichkeit einer ausgeprägteren sozialen Differenzierung der bäuerlichen Bevölkerung, und das Herrschaftsverhältnis zwischen Kolonisten und Grundherrn gestaltet sich lockerer als die alten Formen der Abhängigkeit. Gelegentlich kann sich das Verhältnis der Herren und der Rodungsbauern sogar an ein bloßes Pachtverhältnis annähern.

begrenztes Eigentum

Der Handel

Die große Schwierigkeit des Fernhandels stellt weiterhin der Zustand der Landwege und die Behinderung der Nutzung der Flüsse durch Zölle dar. Dagegen kommt es zu einer Ausweitung und besseren Nutzung der Seewege. Der Handel mit dem Orient wird zunehmend von den italienischen Städten (Venedig, Genua) monopolisiert. Neben dem Weiterbestehen der Dominanz des Mittelmeeres im europäischen *Fernhandel* ist auch ein Hervortreten der Handelsverbindungen in der Nord- und Ostsee zu verzeichnen. Zu bedeutenden Zentren des europäischen Binnenhandels werden im 13. Jh. die Messen der Champagne; zunehmend konzentriert er sich jedoch in großen Handelsstädten (Brügge, Nowgorod, Köln, Mailand, Venedig, Florenz).

Fernhandel

Die soziale Schichtung

Die wirtschaftlichen Veränderungen finden in sozialen Umschichtungen ihren Niederschlag. Als erster „Stand" formiert sich der *Klerus*, der durch eine Reihe von formalen Kriterien (insbes. durch die Jurisdiktion des kanonischen Rechtes) von dem Rest der Bevölkerung getrennt ist – bei allen, ungemein großen Unterschieden innerhalb der Personen mit kirchlichen Weihen; die Sonderstellung der Kleriker wird infolge der Reformbestrebungen der Kirche recht allgemein anerkannt. Die kirchlichen Reformbestrebungen, urspr. vom Reformmönchtum getragen, nutzen letztlich v.a. der Hierarchie und dem Papsttum. Ihr Sieg bedeutet das Ende des Reichskirchensystems (mit enscheidendem Einfluss des Königs).

Klerus

Im Hochmittelalter ändert sich auch teilweise die Zusammensetzung des *Adels*: Die Ministerialen (urspr. zum Großteil Unfreie in Ämtern oder mit Diensten betraut) machen einen sozialen Aufstieg durch und verschmelzen weit gehend im Laufe der Zeit mit dem alten Adel. Noch ist jedoch der Adel kein eigentlicher Stand, die Stellung der einzelnen Angehörigen sehr unterschiedlich. Bei Besitz wird zwischen Allod (Erbgut) und Lehen (abhängiges, „verliehenes" Gut) unterschieden. Gemeinsam ist, dass Adel Herrschaft über Leute und Grund und Boden ausübt und besondere erbliche Vorrechte beansprucht. Durch die Kombinationen des Lehenswesens, alter Vorrechte und neuer Ansprüche sowie durch rücksichtslose Gewaltanwendung entwickelt sich eine Vielfalt von Arten adeliger Herrschaft.

Adel

Als neue Form adeliger Lebensweise taucht das *Rittertum* auf, „Ritter" urspr. „Reiter", der kraft seiner Ausrüstung den Fußkämpfern weit überlegen ist. Obzwar die Aufnahme in die Ritterschaft bald durch verschiedene Förmlichkeiten gekennzeichnet ist (Ritterschlag, Schwertleite, Schwertnahme), bilden die Ritter zunächst keinen geschlossenen Stand; erst im Spätmittelalter setzt die Entwicklung zum Rittertum als einem Bestandteil des niederen Adels ein. (Eine Sonderform stellen die sog. Reichsritter dar.) Das Ritterideal wird weit gehend durch die Literatur (Chrétien de Troyes, Wolfram von Eschenbach) geprägt

Rittertum

und normt die Formen eines „adeligen Lebens". (Das Rittertum ist seit der Romantik vielfach zur Grundlage einer Idealisierung des Hochmittelalters geworden.) Mit dem Rittertum und dem Kampf in geschlossener Rüstung hängt auch das Aufkommen von Wappen zusammen: Ursprünglich ein Schildzeichen, um den gepanzerten Ritter zu erkennen, wird es später zum „Standesabzeichen" (bleibend oder erblich verliehen). Eine ähnliche Entwicklung ist auch bei dem Burgenbau festzustellen: Ursprünglich machtmäßig-militärische Stützpunkte, werden sie bald zu ausgeprägten „Prestigesymbolen". Die Änderungen im Sozialgefüge finden auch in der zeitgenössischen „Theorie" ihren (geistesgeschichtlichen) Niederschlag.

Die Dreiständelehre

Seit dem Anfang des 11. Jh.s ist (in England und Frankreich) die sog. Dreiständelehre bezeugt, die bald zur allgemein akzeptierten Gesellschaftslehre werden soll. Eine offizielle Soziallehre der Kirche gibt es im Mittelalter nicht, und die Vorherrschaft der Dreiständelehre wird auch von den meisten „Ketzern" akzeptiert. Der Ansicht dieser Lehre nach ist die gesamte Gesellschaft funktional in drei „Stände" („ordines") geteilt, deren Funktion das Beten (Klerus), der Kriegsdienst (Adel) und die Arbeit (die „laboratores") sein soll (tu ora, tu protege tuque labora – Du bete, Du schütze und Du arbeite). Eine Weiterentwicklung dieses Funktionsschemas ist, selbst in späteren Jahrhunderten, nicht mehr erfolgt, und der Aufstieg des Bürgertums vermag das rigide Einteilungsschema der Gesellschaft nicht zu modifizieren. Alle Personen, die nicht adelig oder Kleriker sind (Bürger, Bauern, Taglöhner usw.), bilden undifferenziert den sog. *„dritten Stand".* Versuche, das Schema in eine Vierständelehre, mit Sonderstellung der Bürger, umzuändern, bleiben ohne Erfolg.

dritter Stand

Die Städte

Aufschwung der Städte

Das wohl bedeutungsvollste Ereignis des Hochmittelalters ist der *Aufschwung der Städte* (urbs, civitas; Burg; ville; port; město; gorod). In den Mittelmeergebieten, wo es eine echte Kontinuität der Städte gibt, ist diese Entfaltung durch das Anwachsen der Größe der städtischen Siedlungen und durch die Erweiterung ihrer Anzahl gekennzeichnet. Die großen Stadtkommunen Norditaliens beginnen sich bereits seit dem Ende des 11. Jh.s zu autonomen Stadtstaaten zu entwickeln. In den transalpinen Gebieten, wo in den vorangehenden Epochen Vorformen der mittelalterlichen Stadt festzustellen sind, kommt es zum Ausbau dieser Ansätze und zu massenweiser Neugründung von Städten. Insgesamt entstehen während des Hochmittelalters überall geradezu Städtenetze, gelegentlich sogar ausgeprägte Städtelandschaften (Norditalien, Flandern).

Charakter

Über den *Charakter*, die entscheidenden Merkmale der Stadt, gibt es Auseinandersetzungen bereits im Mittelalter selbst; nachdem sich herausgestellt hat, dass eine Rechtsdefinition unmöglich ist, herrscht Übereinstimmung darin, dass die mittelalterliche Stadt (als Idealtypus) von einer Vielzahl von Kriterien bestimmt wird, deren Kombination Städtetypen (nach Gebieten unterschiedlich) ergeben. Die Städte sind zunächst Konzentrationspunkte der Bevölkerung; sie sind von allem Anfang an auf den Zustrom ländlicher Bevölkerung angewiesen. Obzwar sich ihre numerische Größe weder mit der antiker noch der moderner Städte vergleichen lässt (eine Stadt mit ca. 10000 Einwohnern ist im Mittelalter bereits eine Großstadt; die Mehrzahl der Städte zählen ca. 500–1000 Einwohner), bilden sie zahlenmäßig Schwerpunkte der Bevölkerung. Ein charakteristisches Bild bietet das Äußere der Städte, ihre Befestigung durch Stadtmauern und die Anordnung der Bauten nach einem bestimmten Grundriß. In wirtschaftlicher Hinsicht sind die Städte Zentren der gewerblichen Produktion, die sich bald völlig in den Stadtmauern konzentriert, und des Handels (bes. des Fernhandels). Die ökonomische Vorrangstellung der Städte gegenüber dem Umland ist oft rechtlich (durch Privilegien) kodifiziert, und die Stadt erfüllt gewisse „zentrale Funktionen" für eine Umgebung, die nach Größe und politischer Bedeutung der Stadt stark variiert.

Rechtsstellung

Besonders bezeichnend ist die eigenartige Rechtsstellung der Stadt und ihrer Einwohner („Bürger") in weiten Teilen Europas. Diese *Rechtsstellung* können Städte entweder im Laufe ihrer Entwicklung unformal aus vorstädtischen Formen erwerben (friedlich durch Kauf oder Verpfändung oder in Auseinandersetzungen mit dem Stadtherrn), durch besondere Privilegien („chartes de franchises") erteilt bekommen (ältestes, bruchstückhaft erhaltenes Stadtprivilegium für Huy 1066) oder gleich bei der Neugründung einer Stadt verbrieft erhalten (Stadtgründungsprivileg). An der Gründung von Städten sind nicht nur die Bürger selbst, sondern auch die Stadtherren (bes. Herrscher) interessiert, da die – auch militärisch bedeutsamen Städte – zu einem wichtigen Machtfaktor werden (z.B. Städtegründungen der Staufer, der Přemysliden). Zu den wichtigsten Vorrechten der Bürger gehört ein erhöhtes Maß an Freiheit, besonders das Erbrecht, das bei größeren Städten zur vollen persönlichen Freiheit aller Einwohner der Städte führt. Aus den älteren Einigungen (Schwurverbänden, „coniurationes"; bereits 1076 Cambrai) entwickelt sich,

Schema der städtischen Selbstverwaltung

städtische Selbstverwaltung

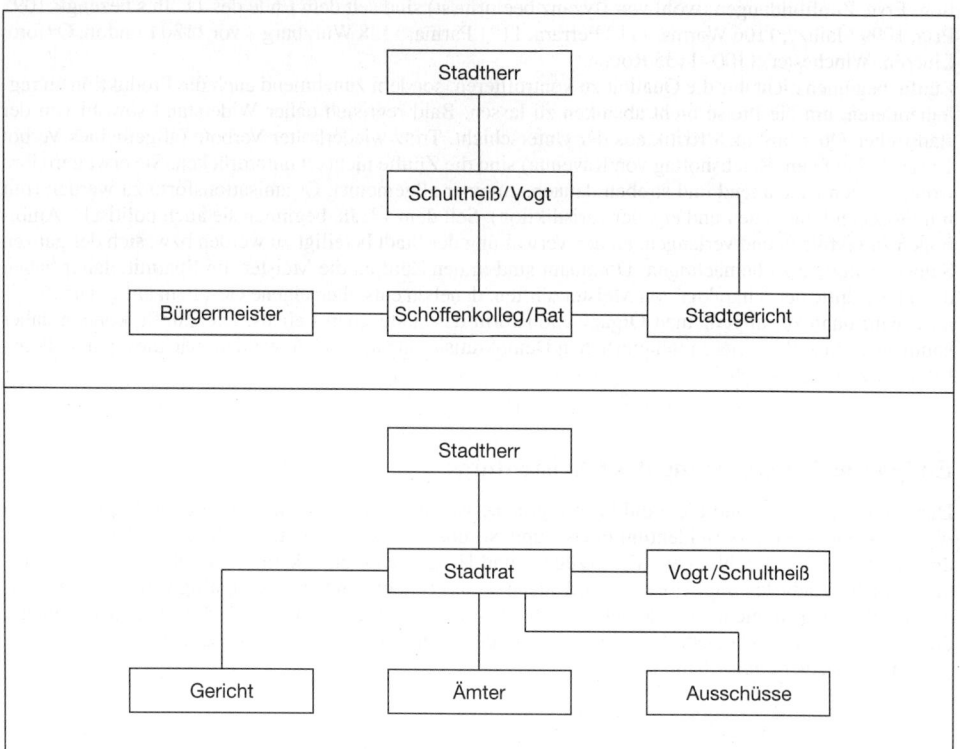

zuweilen nach italienischem Vorbild, bald eine eigene selbstständige Verwaltung, die die Tendenz aufweist, ihre Kompetenz ständig zu erweitern. (Im Spätmittelalter bilden die Städte oft eigene Gerichtsbezirke, und die großen Städte erlangen durch die Hochgerichtsbarkeit auch formal ihre völlige Emanzipation vom Stadtherrn.)

Die Grundsätze, nach denen die Städte verwaltet und nach denen auf gewohnheitsrechtlicher Grundlage Recht gesprochen wird, erweitern sich allmählich zu einem *städtischen Recht*, ohne dass das Mittelalter ein einheitliches Stadtrecht kennt. (Die Gesamtzahl der Statuten der italienischen Städte wird auf über 10000 geschätzt.) Bloß gewisse Grundlagen sind recht allgemein verbreitet (römischrechtlich geprägter Eigentumsbegriff). Versuche von Königen im 13. Jh. (Ludwig IX. von Frankreich, Přemysl Ottokar II.), ein einheitliches Stadtrecht zu kodifizieren, dringen zunächst nicht durch; im Reichsgebiet wird im Osten eine gewisse Einheitlichkeit dadurch erreicht, dass das Recht einiger großer Städte (Nürnberg, Lübeck, Magdeburg) zum maßgeblichen Vorbild anderer Stadtrechte wird.

städtisches Recht

Beherrscht wird die städtische Selbstverwaltung zunächst von den *Ministerialen* der Stadtherren (besonders in Süddeutschland) und den reichen Kaufleuten, die schon bald (z. B. in Köln 1074, 1114) auch in Konflikt mit den Stadtherren (besonders in bischöflichen Städten) geraten. Sobald die Städte eine gewisse Größe erreichen und Macht erlangen, werden sie zwangsläufig zu Konkurrenten ihrer alten Herren. Seit dem 13. Jh. werden sich die Herren dieser Gefahr in zunehmendem Ausmaß bewusst; im Reich setzt eine städtefeindliche Gesetzgebung ein, die im Spätmittelalter ihre Fortsetzung findet.

Ministerialen

Trotz der relativen Größe der Städte bleibt der lokale Markt begrenzt, und der Fernhandel erzwingt einen Zusammenschluss, um das Risiko zu mindern. Zwangsläufig sind daher besondere Genossenschaftsbildungen in den Städten festzustellen. Die *Gilde* („fraternitas", „unio") der Fernkaufleute ist eine alte Organisationsform, bedingt durch die Art des Handels und durch die Notwendigkeit von Sonderprivilegien für den Handel (Grundlage der Herausbildung eines besonderen Kaufmannsrechtes). Andersartig sind die Organisationsformen des Fernhandels der italienischen Städte, die bald städtische Vertretungen organisieren. Langwieriger gestaltet sich die Genossenschaftsbildung auf dem Gebiet der Handwerksproduktion, die zwangsläufig zur Reglementierung der gesamten Produktion und des Nahhandels führen muss. Als Vorform erscheint der Zusammenschluss von Handwerkern in religiösen Bruderschaften. Zur Konstituierung von *Zünften* (Amt, Handwerk, Zeche, Innung, Gaffel) ist in der Regel der Zunftzwang nötig, d. h. die Beschränkung, dass nur Mitglieder der Zunft das jeweilige Handwerk, Handel oder Gewerbe be-

Gilde

Zünfte

treiben dürfen. Dadurch erlangen die Zünfte eine Monopolstellung in Gewerbe und Handwerksproduktion. Erste Zunftbildungen (wohl von Byzanz beeinflusst) sind seit dem Ende des 11. Jh.s bezeugt: 1095 Pisa, 1099 Mainz?, 1106 Worms, 1112 Ferrara, 1121 Parma, 1128 Würzburg – vor 1130 London, Oxford, Lincoln, Winchester, 1100–1135 Rouen.

Zünfte beginnen nicht nur die Qualität zu kontrollieren, sondern zunehmend auch die Produktion zu reglementieren, um die Preise nicht absinken zu lassen. Bald regt sich daher Widerstand sowohl von der städtischen Ober- als auch Kritik aus der Unterschicht. Trotz wiederholter Verbote (allgemeines Verbot 1231/1232 auf dem Reichshoftag von Ravenna) sind die Zünfte nicht zu unterdrücken. Sie erweitern ihre Kompetenzen zunehmend und streben danach, zu einer allgemeinen Organisationsform zu werden (mit militärischen Funktionen und eigener Jurisdiktion). Seit dem 13. Jh. beginnen sie auch politische Ambitionen zu verfolgen und verlangen, an der Verwaltung der Stadt beteiligt zu werden bzw. sich der ganzen Selbstverwaltung zu bemächtigen. Dominant sind in den Zünften die Meister; im Spätmittelalter haben dann die Zünfte den Charakter von Meisterzünften, daneben entstehen eigene Gesellenzünfte. Die *Zunftform* wird dann zur allgemeinen Organisationsform des städtischen Lebens. Die Zünfte können daher kaum als Keimzellen einer mittelalterlichen Demokratisierung angesehen werden, wie dies in der älteren Literatur zuweilen geschehen ist.

Zunftform

Endgültige Durchsetzung des Christentums

christliches Europa

Durch die Kreuzzüge und die weithin erfolgreiche Reconquista in Spanien ist praktisch *ganz Europa christlich* geworden. Das Heidentum in Ost- und Nordosteuropa wird immer mehr gewaltsam zurückgedrängt, in organisierten blutigen „Kreuzzügen" und Heidenkämpfen bekämpft. Durch die Taufe des Litauerfürsten Władysław Jagiełło 1386 wird auch hier das Heidentum formal endgültig verdrängt. Die einzigen geduldeten Nichtchristen bleiben danach im christlichen Europa die Juden, denen die Kirchenlehre die Rolle der „Zeugen" („testes") zuspricht, d. h., ihre „armselige Lage" soll die Göttlichkeit Christi beweisen, den sie verleugnet haben.

Die Juden

Die strikte Abgrenzung der jüdischen Bevölkerung, wie sie im 7. Jh. besonders die Kirche im visigotischen Bereich durchgeführt hat, ist weit gehend außer Gebrauch gekommen. Die Juden spielen im Frühmittelalter eine wichtige Rolle im Fernhandel. Durch die Verbreitung des katholischen Glaubens und durch den Ausbau der feudalen Gesellschaft werden die Juden immer mehr zu Außenseitern, die sich nicht nur durch ihren Glauben und Ritus von der christlichen Bevölkerung unterscheiden. Aus Landwirtschaft, Handel und allmählich auch aus dem Gewerbe verdrängt, werden sie gezwungen, sich auf das Geldverleihen zu beschränken. (Durch kanonisches Recht war jedes Ausleihen von Geld gegen Zins als unzulässiger Wucher gebrandmarkt.)

Dadurch werden die Juden für ihre Herren zu einer wichtigen Einnahmequelle (Judensteuern), von den Schuldnern immer mehr gehasst. Ihre Rechtsstellung verschlechtert sich im Laufe des Hochmittelalters zunehmend; beruht auf Sonderprivilegien. Seit dem 13. Jh. werden die Juden als Kammerknechte („servi camerae") angesehen und dienen nicht nur zur Erhöhung der Einnahmen der Herrscher, sondern auch als „Blitzableiter" für zunehmende Antagonismen in der Gesellschaft.

Judenrecht und jüdisches Recht

Judenrecht und jüdisches Recht: Das Leben der jüdischen Gemeinde, die Beziehungen zwischen den einzelnen Mitgliedern, richtet sich nach dem, auf die Bibel und den Talmud zurückgehenden, jüdischen Recht. Die Rechtsstellung der Juden in ihren Beziehungen zur nichtjüdischen Umwelt sind dagegen durch das Judenrecht geregelt, das auf Privilegien zurückgeht (ältestes Privileg Heinrichs IV. für Worms und Speyer 1090) und insbesondere die Geldgeschäfte jüdischer Pfandleiher normiert.

erste Pogromwelle

Die große Wende des Geschicks der Juden stellt der Erste Kreuzzug (1096–1099) mit der ihn begleitenden *Pogromwelle* dar. Während in den vorangehenden Jahrhunderten die Juden unbehelligt unter der christlichen Bevölkerung siedeln, beginnt mit dem Ende des 11. Jh.s eine Reihe von Verfolgungen, die unter immer neuen Vorwänden (vermeintliche Schuld am Tode Christi, Ritualmord-Fabel, sog. Hostienschändung) zu blutigen Verfolgungen führt.

Größere antijüdische Pogromwellen

1096/1097	Erster Kreuzzug	1298	„König Rintfleisch"-Süddeutschland
1146/1147	Zweiter Kreuzzug	1320	Pastouraux-Frankreich
1190	England	1336 – 1339	Armleder-Süddeutschland
1236	Frankreich	1348 – 1350	Pogromwelle im Zusammenhang
1287	Mittelrhein		mit der Pest

Pogromwellen

Nun wird auch die alte kirchliche Abgrenzungspolitik neu aufgenommen und im kanonischen Recht fest verankert (*Vierte Lateran-Synode* von 1215). Analog wird auch von rabbinischer Seite eine konsequente Abgrenzung normiert. Erst im Spätmittelalter findet die Abgrenzung auch in der räumlichen Konzentration der Juden (Ghetto) ihren Niederschlag, zunächst oft zum Schutze der Juden dienend. Die sich wiederholenden Verfolgungswellen und dann die einsetzenden Vertreibungen von Juden (1290 England, 1306/1322/1394 Frankreich) bewirken in dieser Zeit eine Verschiebung des Schwerpunktes der europäischen Juden nach Osteuropa (Polen) und drängen außerdem zu einem engeren Zusammenschluss der jüdischen Gemeinden.

Vierte Lateran-Synode

Die Kultur des Hochmittelalters

Grundlinien und Grundbedingungen

Gemeinsame Merkmale der europäischen Kultur vom 10.–13. Jh. sind nur schwer festzulegen, weil grundlegende Wandlungen die Erscheinungsformen und Entwicklungsbedingungen so erheblich verändern, dass Epocheneinschnitte innerhalb dieses Zeitraums ebenso zu rechtfertigen sind wie der hier aus rein pragmatischen Gründen angewandte Hochmittelalter-Begriff; außerdem ergeben sich im Vergleich zwischen den einzelnen Ländern zeitliche Verschiebungen, die das in diesem Überblick angestrebte Gesamtbild relativieren. Für ein vertieftes Verständnis ist ohnehin die zusätzliche Beschäftigung mit den wichtigsten regionalen Entwicklungen notwendig.

Immerhin lässt sich generell sagen, dass, während mit dem Zerfall des Karolingerreichs die kulturelle Wirksamkeit der höfischen Zentren vorerst endet, geistliche, insbesondere *Klöster*, weiterhin als Kulturträger verbleiben. Die Beschränkung des Wirtschaftslebens durch die weit gehende Selbstgenügsamkeit von Fronhofsverbänden und Dörfern, die kaum Bedarf an Bildungsgütern, Kunstgegenständen und Luxuswaren haben, engt die entsprechende Nachfrage darüber hinaus sehr stark ein. Hinzu treten die den Fernhandel hemmenden Schwierigkeiten. Die fundamentale Tatsache schließlich, dass die Schriftlichkeit in Laienkreisen auf dem Kontinent nördlich der Alpen ganz gering, auch im hohen Adel etwa des 10./11. Jh.s keineswegs allgemein verbreitet ist, kann in ihren vielfältigen Wirkungen kaum überschätzt werden.

Klöster

Literatur und bildende Kunst, Philosophie und Wissenschaft werden somit von der Geistlichkeit, ihren Möglichkeiten, Bedürfnissen und Zielen geprägt. Ohnehin sind „staatliche" und „kirchliche" Maßnahmen im Hochmittelalter kaum (in unserem heutigen Sinn schon gar nicht) voneinander zu trennen, kirchliche Institutionen und Würdenträger nehmen administrative Aufgaben wahr (nicht nur im ottonisch-salischen Reichskirchensystem des 10./11. Jh.s). Eine kulturelle Wirksamkeit des Römisch-deutschen Kaisertums ist nur begrenzt seit Otto I. († 973) und Otto III. († 1002), später durch Friedrich I. († 1190), Heinrich VI. († 1197) und v.a. Friedrich II. († 1250) festzustellen. Erst etwa ab 1100 entsteht eine betont *laikale Kultur*, und nur in *Italien* bringt bereits das 12. Jh. durch den jetzt einsetzenden kulturellen Einfluss des Stadtbürgertums eine Erweiterung der noch immer unerhört schmalen, das kulturelle Leben bestimmenden sozialen Schicht.

laikale Kultur
Italien

Weltbild und Umfeld

Das Weltbild ist somit christlich bestimmt, die *geografischen Kenntnisse* decken sich zunächst weit gehend mit der Verbreitung der Christenheit, werden aber im Gefolge der Kreuzzüge beträchtlich erweitert. Das Kirchenjahr, das dem natürlichen, jahreszeitlichen Ablauf des agrarischen Lebens angepaßt ist (Monatsbilder mit bäuerlichen Arbeiten), bestimmt das Zeitgefühl – weniger die auch technisch unvollkommene objektiv-abstrakte Chronologie. *Geschichte* wird als Heilsgeschehen aufgefasst. Über die Geschichte des heidnischen Altertums setzt man sich (als Geschichte) hinweg. Ständig latent präsente chiliastische

geografische Kenntnisse

Geschichtsbild

Vorstellungen führen oft zur Erwartung des nahen Weltendes mit dem Erscheinen des Antichrist (mit dem dann mehrfach lebende Persönlichkeiten, wie z.B. Kaiser Friedrich II., identifiziert werden).

Denken in Symbolen

Wichtiger als die unmittelbare Erfahrungswelt ist das, was hinter den sicht-, greif- und benennbaren Dingen steckt, das *Denken in Symbolen* spielt somit eine große Rolle, die uns in der Zahlensymbolik (u. a. drei, vier, sieben, acht), der Kirchenbaukunst (Grundformen von Kreis [Vollkommenheit] und Kreuz), der Liturgie und der Naturbetrachtung entgegentritt, am eindrucksvollsten wohl in der Wortsymbolik, die das Studium von Wörtern und Sprachen zur Grundlage von Erziehung und Wissenschaft erhebt: Wörter sind Symbole der Dinge, und diese sind Widerspiegelungen anderer Dinge, die einer höheren Sphäre angehören. Die menschliche Gesellschaft ist hier das Abbild der himmlischen Gesellschaft (Engelshierarchie) – ein Aufbegehren gegen die irdische Sozialordnung wäre also gleichbedeutend mit einer Auflehnung gegen die göttliche Schöpfung. In diesem Geflecht der Unter- und Überordnung wird der Mensch von Kunst und Literatur kaum als Individuum gesehen, vielmehr als Vertreter von Rang und gesellschaftlicher Position, als Ausdruck seines Typus in Kleidung, Gestik, dann auch Wappen. (Dementsprechend kommt die namentliche Nennung des bildenden Künstlers kaum vor.) Dargestellt werden die Gestalten des Alten und Neuen Testaments, Kirchenväter, Heilige, Geistliche, christliche Herrscher und ritterliche Helden. Bauern werden verachtet und zunehmend verspottet, Aufrührer als „neidisch" geschildert.

Ethik

Hohe Wertung hat die praktische *Ethik*. Sie wird durch Exempla (beispielhafte Begebenheiten) und Vorbilder gelehrt, die Regeln menschlichen Zusammenlebens als Sitte aus der Vergangenheit übernommen.

Rationalisierung

Gleichwohl ist eine *Rationalisierung* von Denkgewohnheiten und Untersuchungsmethoden z.T. schon im späten 10. Jh. festzustellen: Kaiser Otto III. kritisiert die Konstantinische Schenkung als Fälschung, Gerbert von Aurillac (Leiter der Domschule in Reims, 999–1003 Papst Silvester II.) verschafft in Begegnung mit antikem Geistesgut der Logik große Geltung und führt nach arabischem Vorbild die mathematische Zahlenrechnung ein.

Philosophie und Geisteswissenschaft

Die Scholastik

Scholastik (von lateinisch „schola" = Schule) ist heute ein Sammelbegriff für die vorwiegend in den Schulen (Klosterschulen, Kathedralschulen, Universitäten) des lateinischen Mittelalters gepflegten und gelehrten Wissenschaften; in erster Linie meint man damit die Theologie und die vielfältigen Disziplinen der Philosophie. Scholastische Theologie und scholastische Philosophie stehen in einem stets engen, aber sehr wechselvollen Verhältnis: Die Palette reicht von der Tendenz, die theologischen Glaubenswahrheiten in Philosophie aufzulösen (vgl. den Versuch des Anselm von Canterbury [*1033 oder 1034, †1109], die Frage nach Grund und Bedeutung der Menschwerdung Gottes rein rational zu lösen) bis zur nahezu völligen Integration philosophischer Einzelargumentationen in ein grundsätzlich theologisches Denken (so etwa Bonaventura [*1217 oder 1218, †1274]). Zwischen diesen beiden Extremen entwickelt *Thomas von Aquin*

Thomas von Aquin

(*1225?, †1274) die klassische, wissenschaftstheoretisch durchreflektierte Synthese: Philosophie (und die übrigen nichttheologischen Wissenschaften) kennen als Quelle lediglich Erfahrung und natürliche Vernunft; auch die Autoritäten der Vergangenheit sind grundsätzlich der nachprüfenden Kontrolle der Ratio unterworfen. Die Theologie dagegen hat als Basis darüber hinaus die – im Glauben akzeptierten – Auskünfte der übernatürlichen Offenbarung, greifbar in Hl. Schrift und kirchlicher Lehrtradition. Oberhalb dieser akzeptierten Basis ist ihr Verfahren aber wieder rein rational und damit wissenschaftlich nachprüfbar und kommunikabel. Es gibt nur eine Wahrheit (gegen die Lehre von der doppelten Wahrheit des Siger von Brabant, †ca. 1284), über die die Theologie aber aufgrund der Glaubensoffenbarung mehr und Genaueres weiß.

Petrus Damiani

Gegen eine Unterordnung der Theologie unter die Philosophie wendet sich defensiv *Petrus Damiani* (*1007, †1072) mit seiner Forderung, die Philosophie habe (in Glaubensfragen!) Magd der Theologie – „ancilla theologiae" – zu sein. Diese „Ancilla-Formel" ist, aus peripherem Anlaß gesprochen, als Motto für das Verständnis der Scholastik ungeeignet.

Die scholastische Methode

Für die Entwicklung der wissenschaftlichen Arbeitsweise der Scholastik ist Peter Abaelards (*1079, †1142) Schrift „Sic et non" (abgefaßt etwa 1122) von großer Wirkung. Sie stellt eine Kompilation von anscheinend sich widersprechenden Texten aus Schrift und Vätern über 158 wichtige theologische Fragen dar. Aus den Widersprüchen dieser „auctoritates" ergibt sich ein Problem, eine „quaestio", das zu lösen die „ratio" herausgefordert ist. Abaelard ist nicht der erste Autor, der dieses Sic-et-non-Verfahren anwendet, aber wohl der einflussreichste. Unter dem zusätzlichen Einfluss der „Logica nova" (der in der Mitte des 12. Jh.s bekannt gewordenen aristotelischen Schriften Topik, Analytiken und Sophistische Widerlegungen) entstehen aus diesem Verfahren die scholastische Disputationsmethode und die sie widerspiegelnde literarische Form der „Quaestio".

Neben dieser strengen Disputationsform gibt es die „lectio", die „Vorlesung" und Erläuterung eines gegebenen, dem Unterricht zugrunde gelegten philosophischen oder theologischen Textes. Literarisch schlägt sich diese Lehrform nieder in der außerordentlich reichen Kommentarliteratur des Mittelalters. Bevorzugte Texte der Kommentatoren waren im Bereich der Philosophie Pseudo-Dionysius Areopagita (um 500 n.Chr.), *Boethius* (*um 480, †524), vom 13. Jh. an Aristoteles – in der Theologie die einzelnen Bücher des Alten und Neuen Testaments und die Sentenzen (Sammlung von „Meinungen" der Autoritäten) des Petrus Lombardus (*um 1095, †1160).

Boethius

Als charakteristisch für den Geist scholastischer Wissenschaften pflegt man die Dualität von „auctoritas" und „ratio" anzuführen. Man darf dabei aber „auctoritas" nicht unreflektiert mit „Autorität" übersetzen, da der Grad der Verbindlichkeit der „auctores" sehr verschieden ist; sie stuft sich ab von der unbedingten Geltung der Hl. Schrift bis zu einer nur noch dekorativen Zitation einer Berühmtheit der Vergangenheit zum Zwecke der Stützung der eigenen Position; es gab auch die Auseinandersetzung mit einer nichtakzeptierten „auctoritas". Der Unterschied zur heute üblichen Auseinandersetzung mit der „Literatur" ist somit nur graduell: Er besteht in einer sehr viel stärkeren Integration des mittelalterlichen Wissenschaftlers in eine noch nicht historisch gewordene Tradition.

Die Mystik

Der (noch weniger als „Scholastik" eindeutig festgelegte) Begriff *„Mystik"* meint zumeist alle jene Personen und Bewegungen mittelalterlichen religiösen Geisteslebens, die – und insofern sie – ihre (literarische und mündliche) Wirksamkeit nicht an den Schulen und in den Formen der Schulen entfalten, sondern dem unmittelbaren praktischen Vollzug des Glaubens dienen wollen. (In einem engeren Sinne meint „mystisches" Erleben einen unmittelbaren übersprachlichen und überbegrifflichen, je individuellen Kontakt zu Gott, das als solches aber nicht mehr kommunikabel ist.) Mystik ist der Scholastik nicht entgegengesetzt, sondern ihr Korrelat; die Vertreter der scholastischen Wissenschaften sind vielfach zugleich Verfasser mystischer Texte und umgekehrt. Durch diese enge, bereits in den ersten christlichen Jh.en grundgelegte Verbindung gewinnt die Religiosität des christlichen Abendlandes jene intellektualistische Orientierung, die ihr Charakteristikum unter den großen Weltreligionen ausmacht: Glaube und Vernunft sind prinzipiell versöhnt.

Mystik

Die Frühscholastik

Anselm von Canterbury, *Aosta 1033/1034, wird 1060 Mönch und Schüler Lanfrancs im Kloster Bec (Normandie), wird dort 1078 Abt. Seit 1093 ist er Erzbischof von Canterbury; †1109. Seine Leitidee vom „Glauben, der nach Einsicht sucht = fides quaerens intellectum" meint den Fortgang von der Unmittelbarkeit des Glaubens zu einem möglichst hohen Grade natürlich-rationalen Einsehens. Im „Proslogion" entwickelt er den – in der Neuzeit so genannten, freilich dort verkürzt missverstandenen – „ontologischen Gottesbeweis", in „Cur Deus homo" entwickelt er eine Satisfaktionstheorie zum Zwecke eines rationalen Verständnisses der Menschwerdung Christi.

Peter Abaelard, seit 1113 vielgehörter Lehrer in Paris. Sein Liebesverhältnis mit seiner Schülerin Heloise endet furchtbar: Heloisens Onkel, ein Kanoniker Fulbert, lässt Abaelard aus Rache in einem Gewaltstreich kastrieren. Heloise wird Nonne im Kloster Argenteuil, er selbst wird Mönch in St-Denis, beginnt aber bald ein unruhiges Wanderleben. Der berühmte Briefwechsel zwischen beiden ist teilweise literarische Fiktion Abaelards, die Selbstbiografie („Historia calamitatum", Bedeutung für Kunst und Literatur seit dem 13. Jh.) heute als echt anerkannt. Die letzte Zeit seines Lebens verbringt Abaelard im Kloster Cluny und im Priorat St-Marcel-sur-Saône. Als Philosoph beschäftigt sich Abaelard u.a. mit (Sprach-)Logik und lehrt im *Universalienstreit* (Frage nach der Seinsweise des Allgemeinen) einen Konzeptualismus; in der Ethik betont er die Funktion des subjektiven Gewissens: Nicht in der Handlung, sondern in der Absicht liege das sittlich Gute und Böse. Seine von rationalistischen Tendenzen nicht ganz freizusprechende Behandlung theologischer Fragen erregt Widerspruch in der Kirche, findet sich in seiner Zeit aber häufig (vgl. Anselm von Canterbury).

Peter Abaelard

Universalienstreit

Ebenfalls noch zur Frühscholastik zählt die *Schule von Chartres* (Blütezeit im 12. Jh., in den Jahren vor der Erbauung der Kathedrale). Hauptvertreter: Gilbert de la Porrée (*um 1080, †1154), Thierry von Chartres (†nach 1149) und Johannes von Salisbury (*um 1115, †1180). Charakteristikum der Schule: intensives Interesse an den Autoren der Antike (Bernhard von Chartres: Wir sind wie Zwerge auf den Schultern von Riesen), Bevorzugung des Platonismus (besonders Platons „Timaios"), von daher Vorliebe

Schule von Chartres

für „naturwissenschaftliche" Fragen. Der Platonismus von Chartres treibt, wie viele spätere platonisierende Richtungen (intensiver als der jeweilige Aristotelismus), die wissenschaftsgeschichtliche Entwicklung in Richtung auf die modernen Naturwissenschaften.

Die Hochscholastik (13. Jh.)

Das Jahrhundertereignis ist das Bekanntwerden des ganzen Aristoteles (der bisher wesentlich nur als Autor logischer Schriften rezipiert worden war). Die Übersetzungen kommen teilweise direkt aus dem Griechischen (Bartholomäus von Messina, Robert Grosseteste, Wilhelm von Moerbeke), teilweise wandert der aristotelische Text aber erst über das Syrische ins Arabische, von dort – mitunter noch über das Altspanische – ins Lateinische. Mittelpunkt dieser Vermittlung ist die Übersetzerschule von Toledo.

Der Umweg über den Orient bleibt für das Verständnis des Aristotelestextes nicht ohne Folgen. Mitübersetzt werden die Werke (v.a. die Aristoteleskommentare) der großen arabischen Gelehrten des 11. und 12. Jh.s: *Avicenna* (Ibn Sînâ, *980, †1037) hat mehr als 100 Werke hinterlassen. Sein „Kanon" ist für Jh.e das klassische Lehrbuch der Medizin, sein „Buch der Genesung" ist eine große philosophische Enzyklopädie, in der er eine Gesamtinterpretation der Lehren des Aristoteles liefert. *Algazel* (Al-Gazâlî, *1058, †1111) ist aus theologischen Gründen Gegner der Philosophie, v.a. des Aristotelismus, den er aber zum Zwecke der Kritik scharfsinnig darlegt. Averroës (Ibn Ruschd, *1126, †1198) wirkt als Richter in Cordoba im maurischen Spanien. Seine in drei verschiedenen Redaktionen überlieferten Aristoteleskommentare tragen ihm im Mittelalter den Namen des Kommentators schlechthin ein.

Avicenna

Algazel

Die Araber sind in ihrer Aristoteleskommentierung ihrerseits abhängig von neuplatonischen Aristoteleskommentatoren des 3.–5. Jh.s (Porphyrios, Themistios, Ammonios). Mit ihrem Aristotelismus strömt somit erneut neuplatonisches Gedankengut in das Mittelalter ein, das als Erbe der Patristik ohnehin schon präsent ist.

Aus Südspanien (Zentrum Córdoba) kommen nicht nur die arabischen Impulse, sondern auch die jüdische Philosophie des 11. und 12. Jh.s. *Avicebron* (Salomon Ibn Gabirol, *um 1020, †1070) ist der früheste Vertreter der Philosophie der Juden in Spanien. In seinem Traktat „Quelle des Lebens" (von Dominicus Gundisalvi in Segovia um die Mitte des 12. Jh.s ins Lateinische übersetzt) verbindet er eine neuplatonisierende Hypostasenlehre mit der Betonung eines freien göttlichen Willens als „Lebensquelle" aller endlich Seienden.

Avicebron

Moses Maimonides (*1135, †1204) verdankt seine Berühmtheit u.a. seinem „Dux neutrorum = Führer der Unschlüssigen". Er ist auch neuplatonisch beeinflusst, doch steht Aristoteles bei ihm an erster Stelle. Sein Einfluss auf das 13. Jh., speziell auf Thomas von Aquin, ist groß; Berührungspunkte sind v.a. die Schöpfungslehre und die Gottesbeweise.

Moses Maimonides

Institutionelle und formale Prägungen erhält die Hochscholastik durch die entstehenden Universitäten.

Hauptvertreter der Hochscholastik

Albert der Große (der einzige Philosoph, der diesen Titel trägt), *um 1200 in Lauingen, †1280 in Köln. Tritt als Student in Padua in den Dominikanerorden ein. Theologischer Magister in Paris, Lehrtätigkeit in Köln. 1260–1262 Bischof von Regensburg. In seinem umfangreichen Werk (38 Quartbände) vereinigen sich Neuplatonismus, Aristotelismus und einzelwissenschaftliche Naturforschung. In seiner Aristoteles-Rezeption will er expressis verbis nicht eigenständig sein, sondern den großen Philosophen nur darlegen und erklären. Das eigene „System" hält den Neuplatonismus in der Wirkungsgeschichte präsent: Dem neuplatonischen Begriffspaar von Ausgang und Rückkehr schließt sich seine Schöpfungsmetaphysik und Erkenntnislehre an. Seinen großen – teilweise obskuren – Nachruhm verdankt Albert in erster Linie seinen einzelwissenschaftlichen Naturforschungen. Die Berichte der „erfahrenen Alten" hält er in Ehren, doch könne in solchen Fragen „nur das Experiment Sicherheit bringen", wobei „experimentum" bei Albert noch Einzelbeobachtung bedeutet, nicht „Experiment" im modernen Sinne.

Albert d. Gr.

Thomas von Aquin, *wahrscheinlich 1225 zu Rocca Secca (bei Neapel), aus einflussreichem Adelsgeschlecht. Um 1243/1244 gegen den Widerstand der Familie Eintritt in den Bettelorden der Dominikaner. Der Orden schickt ihn 1244 zu Albert dem Großen nach Köln. 1256 Magister der Theologie in Paris, mitbetroffen vom Streit um Lehrstühle für Mitglieder der Bettelorden. †1274 auf der Reise zum Konzil von Lyon. Schreibt u.a. Aristoteleskommentare, einen Kommentar zu Pseudo-Dionysius, eine (philosophische) „Summe wider die Heiden", eine „Summe der Theologie" (unvollendet). Thomas steht stets auch bewusst in der augustinischen und neuplatonischen Tradition, seine Integration des Aristoteles aber verstärkt die (in der christlichen Lehrtradition stets schon vorhandenen) Momente der positiven Wertung der geschaffenen, natürlichen Wirklichkeit. Die theologisch geforderte (freie Schöpfung durch Gott, Menschwerdung) bejahende Zuwendung zur Welt lässt sich durch die aristotelische Philosophie besser als in platonischen Kontexten explizieren. Das führt zu einer relativen Autonomie der theoretischen und praktischen Vernunft, zur Unverzichtbarkeit der Sinneserfahrung in der menschlichen Erkenntnis bei

Thomas von Aquin

Beibehaltung des apriorischen Elementes, zur Betonung der wesentlichen und positiv zu wertenden Leiblichkeit des Menschen (von daher enge Leib-Seele-Einheit) und zur Aufwertung der Natur gegenüber der göttlichen Gnade. Thomas hat eine imponierende Wirkungsgeschichte bis hin zu seiner zentralen Stellung in der „Neuscholastik" im 19. und 20. Jh.

Johannes Fidanza, Ordensname *Bonaventura*, *1217 oder 1218 in Bagnorea (Toskana). Magister Artium in Paris 1242, Eintritt in den Franziskanerorden. Schüler des (in der augustinischen Tradition stehenden) Alexander von Hales (*um 1185, †1245). 1257 zusammen mit Thomas von Aquin Aufnahme in das Pariser Professorenkollegium. Bald aber Wahl zum Ordensgeneral, von da vorwiegende Tätigkeit in Ordensangelegenheiten. 1272 Kardinal-Bischof von Albano. †1274 auf dem Konzil von Lyon. Wichtigste Schriften: Kommentare zu den Sentenzen des Petrus Lombardus, Pilgerbuch („Itinerarium") der Seele zu Gott, Erklärung des Sechstagewerks. Bonaventura könnte man als Mystiker bezeichnen. Auch inhaltlich stellt er einen Kontrapunkt (nicht Gegner) zu Thomas dar. Aristoteles spielt eine untergeordnete Rolle, Theologie und Philosophie gehen ineinander über. Schwerpunkte seiner Metaphysik: Lichtmetaphysik, Mehrheit der Formen, Vernunftkeime („rationes seminales"), geistige Materie. Das Leib-Seele-Verhältnis wird weniger eng als bei Thomas von Aquin gesehen. In der Beschreibung der menschlichen Erkenntnis verbindet er Illumination und Abstraktion. Gesamttendenz: Gott und Welt sollen nicht zu weit auseinandertreten.

Bonaventura

Raimundus Lullus (Ramón Llull), *1232 in Palma de Mallorca. Als Knabe Page am Hof von Aragón, Heirat 1256, zwei Kinder. 1263 religiöse Wende, sein Ziel wird die Sarazenenmission, theoretisch und praktisch. 1273 Erfindung seiner „Ars generalis" („Ars Lulliana"). Viele Reisen, um sie zu realisieren, zwischen Jerusalem, Tunis und Paris. †1315/1316. Sein vielleicht naiver, gewiss aber genialer Grundgedanke: Aufstellung einer Tabula generalis sämtlicher Grundbegriffe und Prinzipien, Einigung über deren Definitionen. Erarbeitung von Kombinationsregeln und Verfahrensweisen, mit deren Hilfe sinnlose Kombinationen von sinnvollen unterschieden werden können. Bei Vollständigkeit dieser Vorarbeiten läge das gesamte mögliche Wissen im Prinzip vor. Nach einer Art Formalisierung könnte man die Herausarbeitung sinnvoller Kombinationen (= Wahrheit) sich durch Maschinen erleichtern; an der Entwicklung solcher „Computer" arbeitet Lullus ernsthaft. Die „Ars Lulliana" soll nicht nur den Wissenschaften dienen, sondern der politisch-religiösen Befriedung zwischen Christentum, Judentum und Islam. Der Grundgedanke der lullschen Kunst erweist sich in der ganzen folgenden Philosophie- und Wissenschaftsgeschichte bis zur Gegenwart immer wieder als Faszinosum.

Raimundus Lullus

Wissenschaften und Bildungswesen

Die Wirksamkeit von Logik und Vernunft, die Wiederentdeckung antiker Gelehrsamkeit und die Begegnung mit der arabischen Wissenschaft (verstärkt nach der kastilischen Eroberung Toledos 1085; reichhaltige Übersetzertätigkeit, v.a. Gerhard von Cremona [†1187]) führen zu den *Anfängen einer wissenschaftlichen Auseinandersetzung mit Phänomenen der Natur*, so im Falkenbuch Kaiser Friedrichs II.; wirksamer unter dem Einfluss französischer Schulen wird die von Robert Grosseteste gegründete Schule von Oxford (1214–1221 Kanzler der Universität Oxford, †1253; Lichtmetaphysik, methodologische, physikalische und astronomische Arbeiten, Prinzip des Experiments): Roger Bacon, †um 1292: Sprachen, Mathematik, Optik, Experimente, Begriff des Naturgesetzes.

Anfänge der Naturwissenschaft

Eine der stärksten Einwirkungen der Antike geht von der Neuentdeckung des *römischen Rechts* in der Sammlung Kaiser Justinians (Corpus iuris civilis, 534) Ende des 11. Jh.s in Oberitalien aus, die in der Rechtsschule von Bologna systematisch gesammelt, gesichtet und ausgewertet wird. Als ihr Begründer gilt Irnerius von Bologna (*um 1060, †um 1140), dessen Rechtsschule unter seinen Schülern zur Keimzelle der Universität Bologna wird. Nach den Glossen, mit denen sie den Text der justinianischen Rechtsquellen fortlaufend erläutern, nennt man ihre Schule *Glossatorenschule*. Die Gesetze der Römisch-deutschen Kaiser, die im mittelalterlichen Verständnis unmittelbare Nachfolger der römischen Imperatoren sind, werden den Novellen Justinians angefügt. Die Erläuterungen der Glossatoren stellt Accursius (Francesco Accorsi [Accorso] der Ältere, *um 1185, †um 1260) in der glossa ordinaria (oder magistralis) systematisch zusammen und ermöglicht damit erstmals eine Übersicht über den ausgedehnten Stoff und die bisherigen exegetischen Leistungen. Die glossa wird zur Grundlage der künftigen Arbeit der Rechtsgelehrten, der Legisten. Den Glossatoren folgen etwa von der Mitte des 13. Jh.s bis zum Beginn des 16. Jh.s die Kommentatoren des Corpus iuris, früher Postglossatoren genannt. Unter dem Einfluss der aristotelischen Dialektik entwickeln sie eine eigenständige legistische Methode, wenden sich verstärkt aktuellen Fragen der Rechtspraxis zu, werden in bedeutendem Maße als Gutachter (Konsiliatoren) tätig und sorgen für die Ausbreitung des gelehrten römischen Rechts in Europa.

römisches Recht

Glossatorenschule

Bologna wird zum Zentrum, das nach ganz Europa ausstrahlt und das Rechtsleben nachhaltig beeinflusst. Die *Rezeption* des römischen Rechts, im Wesentlichen ein personengebundener Bildungsprozess, wird eingeleitet über die geistliche Gerichtsbarkeit und das Kirchenrecht und erfasst bereits im 13. Jh. auch

Rezeption

das weltliche Recht. In den einzelnen Ländern vollzieht sich die Rezeption verschieden rasch und intensiv. Von Italien und Frankreich ausgehend, spielt römisches Recht schon im 12. und 13. Jh. in England eine gewisse, in Spanien und in den Niederlanden eine bedeutende Rolle, erfasst im 13. Jh. das Reich, dominierend aber erst im Laufe des 15. Jh.s, erreicht im 14. Jh. Polen und im 15. Jh. Skandinavien. Nirgendwo kommt es jedoch zu einer Totalrezeption. Überall gilt das lokale Gewohnheits- oder Statutarrecht vor dem römischen als dem ius commune. Das gelehrte Recht hat subsidiären Charakter. In England kommt es sogar über eine periphere Bedeutung nicht hinaus. Das im ganzen Lande gültige Gewohnheitsrecht, das Common Law, ist selbst gemeines Recht, das des fremden materiellen Rechts nur wenig bedarf. Die Rezeption führt zu einer *Verwissenschaftlichung* des Rechts, das mehr und mehr von ausgebildeten Juristen angewandt wird.

Verwissenschaftlichung

Die „Renaissance des 12. Jh.s" (Charles H. Haskins) und der Aufstieg der Städte verändern das noch immer nach den Prinzipien der karolingischen Epoche (9. Jh.) organisierte *Schulwesen* von Grund auf. Das führt zu einer großen Erweiterung des Wissens und zur Vermehrung der Schulen, der Scholaren und Magister. Die Kathedral- und Stiftskirchenschulen überflügeln qualitativ und quantitativ die Klosterschulen. Dort lernen Schüler (meist zu Klerikern bestimmte Knaben) Lesen, Schreiben, Rechnen und Latein, Singen, Kenntnis von Bibel und liturgischen Büchern.

Schulwesen

Universitäten

Die ältesten Universitätsgründungen und Rechtsschulen (R) bis 1400*

Salerno	vor 1200	Orléans	1229 (R vor 1200)	Prag	1348 (R)
Montpellier	vor 1200 (R)	Toulouse	1229 (R)	Perpignan	1349 (R 1379)
Paris	vor 1200 (R)	Lissabon**	1290 (R)	Huesca	1354 (R)
Bologna	vor 1200 (R)	Lérida	1300 (R)	Siena	1357 (R)
Oxford	vor 1200 (R)	Avignon	1303 (R 1298)	Pavia	1361 (R)
Cambridge	1209 (R)	Rom (Stadt)+	1303 (R)	Krakau	1364 (R)
Salamanca	1218 (R 1254)	Valladolid	1304 (R 1346)	Wien	1365/1384
Padua	1222 (R)	Perugia	1308 (R)	Heidelberg	1386 (R)
Neapel	1224 (R)	Cahors	1332 (R)	Köln	1388 (R)
Angers	1229 (R)	Pisa	1343 (R)	Erfurt	1392 (R)

* Bis dahin wieder geschlossene Universitäten oder Rechtsschulen sind nicht berücksichtigt.
** Verlegt nach Coimbra 1308 (R).   + An der Kurie bereits 1245 (R).

Laienschulen

In Italien bestehen neben den kirchlichen Einrichtungen privat geführte *Laienschulen*: Notariats- und Rechtsschulen z.B. in Rom, Ravenna, Pavia und Bologna; Medizinerschulen in Salerno und dazu im provenzalischen Montpellier, die beide unter arabischem und jüdischem Einfluss schon im 10. bzw. 11. Jh. Berühmtheit erlangen. Die Zentren des neuen schulischen Lebens liegen fast durchweg in den Städten der wirtschaftlich früh entwickelten und politisch bedeutsamen Regionen: im Norden Italiens und in Frankreich zwischen Loire und Rhein, z.B. in Laon, Reims, Orléans, Tours, Chartres und vor allem Paris. In ersten Formen entwickelt sich hier ein wissenschaftlicher Unterricht für viele, aus dem die Universität als Organisationsform hervorwächst. Dieses *studium generale* – die eigentliche Bezeichnung der mittelalterlichen Universität im Gegensatz zum studium particulare z.B. der Städte – zieht Studierwillige von überall her an. Neben der Lehre der Freien Künste (artes liberales) machen sich die studia durch die besondere Pflege bestimmter Disziplinen einen Namen: der Philosophie und Theologie in Paris, der Jurisprudenz in Bologna, der Medizin in Montpellier. Mit Beginn des 13. Jh.s entstehen die beiden Prototypen der mittelalterlichen Universität, die Magisteruniversität zu Paris und die Studentenuniversität zu *Bologna*. Sie gelten gemeinhin als alternative Verfassungsmodelle für die nachfolgenden Gründungen, sind dies aber nicht aus juristischen Erwägungen, sondern aus den je unterschiedlichen politischen und sozialen Bedingungen ihrer Entstehung. Die Universitäten sind zunächst nichts anderes als um Lehrer gescharte, mobile Gemeinschaften von Personen, die ein studium generale besuchen. Mit einem Begriff, der dem städtischen, korporativen Milieu entlehnt ist, nennen sie sich universitas magistrorum und/oder scholarium oder universitas studii NN. Die Entwicklung zu festgefügten Institutionen dauert bis in die Neuzeit an.

studium generale

Bologna

Literatur und Kunst

Literatur

Maßgeblicher sprachlicher Vermittler der Wissenschaft ist das Latein, das auch in der außerwissenschaftlichen *Literatur* lange führend bleibt: Im 10./11. Jh. dominiert es in der Historiografie und Dichtkunst etwa Deutschlands, Italiens, Frankreichs, Englands, und zwischen 1050 und 1200 kommt es zu einer ausgesprochenen Blüte der mittellateinischen Literatur mit zunehmender Affinität zur Antike (sog. Loirekreis), mit Natur- und Liebesdichtung, somit generell wachsender weltlicher Tendenz. Die Publizistik erlebt durch den sog. Investiturstreit sowie die Auseinandersetzungen um die neuen Mönchsorden einen Aufschwung, die Kreuzzüge und die Einflüsse aus der arabischen Welt liefern zusätzlich vielfältige Anregungen.

Hochmittelalterliche *Literatur in den Volkssprachen* ist (mit Ausnahme der Rechtsquellen sowie der irischen und russischen Literatur) bis um 1100 nur vereinzelt überliefert (bei fortlaufendem lateinischem Einfluss etwa durch Übersetzungen: Notker Labeo [„der Deutsche"], †1022). Gegen 1100, verstärkt nach dem Ersten Kreuzzug 1096–1099, hebt eine französische und provenzalische, vom Adel bestimmte Dichtung an, die durchaus weltlichen, wenngleich häufig religiös verbrämten Themen gewidmet ist: Die weltliche Epik (chanson de geste) und die Troubadour-Lyrik (Lyrik der ritterlichen Minnesänger bzw. -dichter, beginnend mit Herzog Wilhelm IX. von Aquitanien [*1071, †1126]) idealisieren die sich herausbildenden ritterlichen Lebensformen des Adels, vor dem sie vorgetragen werden, und bilden selbst einen Bestandteil ritterlich-höfischen Lebens. Vergleichbare Gattungen sind in Deutschland nach dem Zweiten Kreuzzug 1147–1149 (dem ersten, an dem das Reich teilnimmt) in der Epik der mittelhochdeutschen Klassik und im Minnesang festzustellen. An eine sehr schmale Schicht gebunden, zeigt sich damit eine autonome Laienkultur mit über die Epoche hinausreichenden Leistungen wie der (Wieder-)Einführung einer Verherrlichung der weltlichen Liebe in die europäische Dichtung. Inzwischen, in der Mitte des 12. Jh.s, kommt in England und der Champagne anstelle der Heldenepen bereits der höfische Roman auf, der gleichfalls in metrischer Form zum Vortrag bestimmt ist (erst später Übergang zur Prosaform und damit zum Lesen statt Hören).

Literatur in den Volkssprachen

Ein enger Zusammenhang nicht nur mit dem Aufbau der Gesellschaft, sondern auch mit der politischen Geschichte ist sichtbar in der bildenden Kunst, wo nach der ostfränkisch-deutschen Reichsbildung die (noch in der Karolingerzeit gepflegte) spätantike Tradition in der ottonischen Kunst (etwa Mitte 10.–Mitte 11. Jh.) weit gehend verlassen wird und das Kaiserhaus unter Verwendung byzantinischer Vorbilder (und Künstler) Impulse gibt: In der *Baukunst* kreuzförmige, dreischiffige Basilika mit zwei Querschiffen und zwei Chören oder Doppelturmfassade als Betonung des Westbaus; daneben v. a. die Buchmalerei bedeutend (ausdrucksstarke Gestik); von Wandmalerei und Plastik ist jedoch nur wenig erhalten.

Baukunst

Inzwischen wird das christliche Europa jedoch von der kirchlichen Reformbewegung erfasst, und etwa von der Wende zum 10. Jh. ab vollzieht sich eine vom Sakralbau ausgehende Wandlung des Kunststils zur *Romanik*, die in großen Kirchengebäuden ihren repräsentativen Ausdruck findet (in Deutschland v. a. die „Kaiserdome" von Speyer, Worms, Mainz): Auf der basilikalen Grundform aufbauende, klare Gliederung mit Doppelturmfassade bzw. Westwerk, oft Vierungsturm (und/oder Türme am Ostabschluss) zur Betonung der Vertikalen, innen weiträumig und hoch durch Wölbung mit Hilfe von Kreuzgraten (später Kreuzrippen) auf schweren Säulen und Pfeilern. Die monumentale Größe betont im Zeichen der geistigen Erneuerung (Cluny, gregorianische Reform) den Herrschaftswillen der Kirche, erwächst aber, gesteigert in den großen Kirchen an den *Pilgerwegen und Zentren*, aus einer praktischen Bedürfnissen dienenden Anlage: Ausstellung der Reliquien und ihre Verehrung, die evtl. durch große Pilgermassen erfolgt, welche Prozessionen abhalten und den Gottesdiensten beiwohnen wollen; optisch-gefühlsmäßige Konzentration auf den Hochaltar als Ausrichtung auf den Sitz des Pantokrators (Weltenherrschers); somit drei bis fünf Schiffe, ein oder zwei Querhäuser, Tribünen über den Seitenschiffen, Krypten zur Aussetzung der Reliquien, Kapellen für Nebenaltäre, Chor mit Umgang. Die feierlich-religiöse Wirkung wird unterstützt durch eine *Plastik*, die, als Groß- oder Bauplastik im vorromanischen Mittelalter nur vereinzelt auftretend, nun eine erste große Blüte im nachrömischen Europa erlebt. Den die Kirche betretenden Gläubigen empfängt die Portalplastik (auf dem Tympanon [zwischen Türsturz und Torbogen] häufig eindrucksvoll das Weltgericht: Der Weltenrichter scheidet die Seligen von den Verdammten), der Blick wird hingelenkt zum Triumphkreuz mit der Christusdarstellung. Träger weiterer in die Architektur einbezogener Bildnerei sind u. a. Fassadenfriese, Kapitelle, Chorschranken (Ausgestaltung zum Lettner), Bronzetüren. Hinzu tritt, der Belehrung und Erbauung dienend, die farbige Wandmalerei mit Szenen und Figuren vorzugsweise aus Altem und Neuem Testament, oft in großartigen Bildzyklen (das Erhaltene sicher nur ein Bruchteil).

Romanik

Pilgerwege und Zentren

Plastik

Die gesteigerte Prachtentfaltung der Romanik wird der cluniazensischen Bewegung von zisterziensischer Seite schwer angelastet, dominiert aber in Deutschland noch in der ersten Hälfte des 13. Jh.s. Währenddessen vollzieht sich dort, wo die neuen, rationalistischen Denkweisen und insbesondere die Scholastik sich stark entfaltet, mit sozialer Dynamik und wirtschaftlichem Fortschritt verbunden haben und kulturelle Anregungen aus verschiedenen Landschaften Frankreichs zusammenwirken, die Herausbildung eines neuen Kunststils: Die *Gotik* entsteht in der Île-de-France und leitet in ihrer Verbreitung über Europa schließlich ins Spätmittelalter über.

Gotik

Die Kreuzzüge (1095–1291)

Der Kreuzzugsgedanke

Die seit 1095 von den Päpsten propagierten Kreuzzüge werden von Herrschern, Adel und Volk unternommen, um nach dem Willen Gottes (Deus lo volt) Jerusalem und das Heilige Land zurückzuerobern und die morgenländischen Christen vom Joch der Heiden zu befreien. Die durch ein Kreuz gekennzeichneten Kreuzfahrer verpflichten sich durch ihr Gelübde zum Kampf für das Erbe (haereditas) Christi und erlangen dadurch für sich und ihre in der Heimat verbliebenen Angehörigen Rechte und Privilegien. Sie erwarten als Lohn für die Kreuzfahrt neben anderen Gnaden die Vergebung ihrer Sünden (remissio peccatorum). Kreuzzug und Kreuzzugsgedanke sind vorgebildet in der bis ins christliche Altertum zurückgehenden *Jerusalemverehrung* und Heilig-Land-Wallfahrt, dem schon von den Kirchenvätern sanktionierten Heiligen Krieg sowie den im 11. Jh. von Päpsten und Bischöfen angeregten Feldzügen gegen Heiden und Kirchenfeinde. Der Kreuzzugsgedanke erfährt im 12. und 13. Jh. eine so starke Ausweitung, dass auch andere von der Kirche sanktionierte Unternehmungen gegen (angebliche) Ungläubige und Kirchenfeinde nicht nur als Kreuzzüge bezeichnet, sondern wie diese organisiert, finanziert und durch geistliche Privilegien für die Teilnehmer erleichtert werden.

Jerusalemverehrung

Erster Kreuzzug
Aufruf Papst Urbans II.

1096–1099 *Erster Kreuzzug*:
1095 Papst Urban II. (1088–1099) ruft nach einer Rundreise durch das südliche und südöstliche
27. Nov. Frankreich auf dem Konzil von Clermont die abendländische Ritterschaft zur Befreiung der morgenländischen Christen auf, nachdem ihn der byzantinische Kaiser Alexios I. Komnenos (1081–1118) u. a. auf dem Konzil von Piacenza (1094) um Hilfe gegen die Seldschuken gebeten hat.

Der durch Kreuzzugsbriefe und Predigten verbreitete Aufruf des Papstes löst eine Massenbewegung zur Befreiung Jerusalems aus. Den Kern des Aufgebots bilden die Ritterheere der z. T. schon vor Clermont in die Pläne des Papstes eingeweihten Fürsten, die auf verschiedenen Routen nach Konstantinopel ziehen. Gottfried von Bouillon (Gottfried IV., Herzog von Niederlothringen, †1100), seine Brüder Balduin und Eustache marschieren mit Lothringern, Nordfranzosen und Deutschen ähnlich wie Graf Raimund von Toulouse und die Südfranzosen über den Balkan nach Konstantinopel, während Herzog Robert von der Normandie und die Grafen Robert II. von Flandern und Stephan von Blois sowie die süditalienischen Normannen unter Bohemund von Tarent und seinem Neffen Tankred den kombinierten Land- und Seeweg über Italien und die Adria wählen.

1096 Schon vor dem von Urban II. festgesetzten Aufbruchstermin (15. August 1096) hatten sich auf Betreiben und unter Führung von Klerikern und Laien wie dem nordfranzösischen Wanderprediger Petrus Eremita (Peter von Amiens, †1115), Walter ohne Habe und Graf Emicho von Leiningen zahlreiche Nichtkämpfer, Männer, Frauen und Kinder, von Nordwesteuropa aus auf dem Landweg ins Heilige Land begeben. Die durch eschatologische Vorstellungen aufgewühlten und von der Hoffnung auf Besserung ihrer Lage erfüllten Massen lassen sich am Nieder- und Mittelrhein sowie in Süddeutschland zu den heftigsten bis dahin bekannten *Judenpogromen* hinreißen, die trotz Widerspruchs der Bischöfe zur fast gänzlichen Vernichtung der Judengemeinden von Speyer, Mainz, Worms führen.

Judenpogrome

21. Okt. Die Haufen Walters ohne Habe und Petrus' Eremita setzen trotz der Warnung Kaiser Alexios' über den Bosporus und werden von den Türken bei Xerigordon vernichtet.
1097 Die im Sommer eintreffenden Kreuzfahrerfürsten leisten nach anfänglicher Weigerung dem Kaiser einen „Lehnseid" für die zu erobernden Gebiete des Byzantinischen Reiches, darauf werden sie über den Bosporus gesetzt. Nikaia wird am 19. Juni den Byzantinern übergeben,
29. Juni zehn Tage später erleidet der Sultan Kilidsch Arslan von Ikonion (Konia) bei *Dorylaion* (heute Eskischehir) eine Niederlage.

Schlacht bei Dorylaion

1098 Nach einem entbehrungsreichen Marsch durch Anatolien, die Kilikische Pforte und Arme-
3. Juni nien Belagerung und Eroberung von Antiocheia. Das von Kerbogas (Ketbogha), Emir von Mosul, herangeführte Entsatzheer wird am 28. Juni geschlagen. Bohemund bleibt in Antiocheia und gründet hier ein Fürstentum.

1099 Das Kreuzfahrerheer bricht unter Führung des Grafen Raimund von Toulouse von Syrien
Jan. aus auf und erreicht am 7. Juni *Jerusalem*, das von flämischen und lothringischen Rittern im
15. Juli Handstreich genommen wird.

Eroberung Jerusalems

Nach der mit einem entsetzlichen Blutbad verbundenen Eroberung Jerusalems beginnen die Bemühungen um die Errichtung einer neuen kirchlichen und staatlichen Ordnung. In Anlehnung an die altchristliche Einteilung werden eine lateinische Hierarchie errichtet sowie zahlreiche Abteien und Stifte gegründet, während sich der in Palästina und Syrien verbliebene Adel bei der Organisation seiner Herrschaft an dem europäischen Lehnswesen orientiert. Dem *Königreich Jerusalem*, das Gottfried von Bouillon bis 1100 als „Beschützer des Heiligen Grabes" regiert, sind als wichtigste Lehnsstaaten das Fürstentum Antiocheia, die Grafschaften von Edessa und Tripolis und die Herrschaft Tiberias, das spätere Fürstentum Galiläa, unterstellt. In den *Kreuzfahrerstaaten* organisiert sich im Wesentlichen der „fränkische" Adel, die Zahl der aus dem Abendland kommenden Siedler ist gering, die politische Bedeutung der morgenländischen Christen und Moslems minimal. Die italienischen Handelsstädte, die erst nach dem Fall Jerusalems mit ihren Flotten die Eroberung unterstützen, sichern sich eine weit gehende Immunität.

Königreich Jerusalem

Kreuzfahrerstaaten

1147–1149 *Zweiter Kreuzzug*:
    1145 Papst Eugen III. (1145–1153) ruft nach dem Fall Edessas, das nach dem Tode Kaiser Johannes' II. Komnenos (1118–1143) von Byzanz und König Fulkos von Jerusalem (1143) am 25. Dez. 1144 durch Emir Zengi von Mossul und Aleppo erobert worden ist, zum Kreuzzug auf, der von Bernhard von Clairvaux gepredigt wird.
Der deutsche König Konrad III. (1138–1152) und König Ludwig VII. von Frankreich
    1147 (1137–1180) ziehen – jener im Mai von Regensburg, dieser im Juli von Metz aus – auf getrennten Wegen über Konstantinopel, wo sie von Kaiser Manuel I. Komnenos (1143–1180) nur mangelhaft unterstützt werden, nach Palästina. Der Hauptteil des deutschen Heeres wird bei Dorylaion vom Sultan von Ikonion geschlagen, die Reste ziehen sich nach Nikaia zurück und schließen sich dem an der Küste entlangziehenden französischen Heer an. Konrad kehrt nach Konstantinopel um. Die unter dem Befehl Bischof Ottos von Freising stehen-
Ende Okt. den Fußtruppen werden Ende 1147 bei Laodikeia (an der Mittelmeerküste südwestlich Antiocheia) geschlagen. Die Franzosen gelangen bis nach Attaleia (Südwestküste Kleinasiens), von wo sich König und Adel nach Antiocheia einschiffen.
    1148 Der deutsche und der französische König treffen sich im Frühjahr in Jerusalem, von wo aus sie erfolglos gemeinsame Expeditionen gegen Damaskus und Askalon unternehmen. Konrad kehrt im Sept. 1148, Ludwig im April 1149 in die Heimat zurück. Ihr *Misserfolg* erschüttert den besonders von Bernhard von Clairvaux gepredigten Glauben an die Gottgefälligkeit des Kreuzzuges und die durch ihn gebotene Gelegenheit zur Buße. Die Niederlage wird als Folge des Sittenverfalles und der politischen Auseinandersetzungen in den Kreuzfahrerstaaten gedeutet.

Zweiter Kreuzzug

Misserfolg

1189–1192 *Dritter Kreuzzug*:
Die nach der Niederlage Kaiser Manuels bei Myriokephalon (1176) auf sich selbst angewiesenen Kreuzfahrerstaaten werden von Saladin, der die arabische Welt zum Heiligen
    1187 Krieg gegen die Christen mobilisiert, am 4. Juli in der Schlacht bei Hattim am See Genezareth so schwer geschlagen, dass sie den *Fall Jerusalems* hinnehmen müssen. Ihr Territorium
6. Okt. schrumpft auf Tripolis, Antiocheia und die palästinensischen Küstenstädte zusammen.
Kaiser Friedrich I. Barbarossa (1152–1190), König Richard Löwenherz von England (1189–1199) und König Philipp II. Augustus von Frankreich (1180–1223) führen den Kreuzzug zur Rückeroberung Jerusalems und der *Rettung der Kreuzfahrerstaaten* an.
    1189 Friedrich I. bricht von Regensburg aus auf. Er zieht mit dem Haupttheer durch Ungarn, kann
11. Mai nur mit Gewaltandrohung bis Adrianopel gelangen und setzt Ostern 1190 nach Umgehung
    1190 Konstantinopels nach Gallipoli über. Nach einem Sieg bei Ikonion (18. Mai) ertrinkt der Kaiser am 10. Juni im Saleph. Sein Sohn, Herzog Friedrich V. von Schwaben, führt den
    1191 Rest des sich auflösenden Heeres über Antiocheia nach Akkon, bei dessen Belagerung er stirbt.
Hier landen im Mai bzw. Juni 1191 Philipp II. Augustus und Richard Löwenherz nach Überwinterung auf Sizilien. Nach *Eroberung Akkons* am 12. Juli 1191 kehrt der französische König zurück, während Richard Löwenherz bis Okt. 1192 vergeblich Jerusalem zurückzuerobern versucht.

Dritter Kreuzzug

Fall Jerusalems

Eroberung Akkons

1202–1204 *Vierter Kreuzzug*:
    1197 Nach einem erfolglosen Kreuzzugsunternehmen Kaiser Heinrichs VI. proklamiert Papst In-
    1198 nozenz III. (1198–1216) den Kreuzzug, wobei er sich vornehmlich an die Geistlichkeit und
Aug. den Adel Frankreichs sowie die italienischen Seestädte wendet.
    1202 Markgraf Bonifaz von Montferrat, Balduin VIII. von Flandern, Graf Ludwig von Blois u.a.
Okt. segeln nach Abschluss eines Transportvertrages mit dem Dogen Enrico Dandolo
Nov. (1192–1205) von Venedig nach Ägypten ab. Sie erobern als Preis für ein Schuldenmoratorium gegen den Willen des Papstes die 1186 von Venedig abgefallene dalmatinische Küstenstadt Zara (heute Zadar) zurück. Auf Bitten des von seinem Bruder, Kaiser Alexios III., verstoßenen Isaak II. Angelos und dessen Sohn Alexios IV. von Byzanz, eines Schwagers

Vierter Kreuzzug

Eroberung Konstantinopels		des deutschen Königs Philipp von Schwaben, wenden sich die Kreuzfahrer gegen *Konstantinopel*, das sie nach einer ersten Einnahme (Sommer 1203) erobern und ausplündern.
	1204 **13. April**	Gemäß einem schon im März 1204 geschlossenen Vertrag wird Balduin von Flandern (1204–1205) von Venezianern und Franken zum lateinischen Kaiser gewählt und eine formelle, von der griechischen Bevölkerung jedoch abgelehnte Kirchenunion herbeigeführt. Die Errichtung der lateinischen Herrschaft nimmt die Kreuzfahrer so sehr in Beschlag, dass sie ihr ursprüngliches Ziel aufgeben.
Kinderkreuzzug	**1212**	*Kinderkreuzzug*: Im Frühjahr brechen in den Rheinlanden und Niederlothringen junge Leute gemeinsam mit Klerikern und Angehörigen niederer Stände auf, um die von den Mächtigen bisher nicht erreichte Rückeroberung Jerusalems zu bewerkstelligen. Während die unter der Leitung eines Stephan aus dem Vendômois stehenden französischen Kinder zum großen Teil bereits in Frankreich aufgehalten werden, sodass nur einige von ihnen bis Marseille kommen, gelangt das von einem Knaben namens Nikolaus geführte rheinisch-lothringische Kontingent im Aug. fast vollständig nach Genua (angeblich 7000 Kinder). Da eine Überfahrt für sie nicht erschwinglich ist, ziehen einzelne Gruppen nach Süditalien oder in ihre Heimat zurück. Andere sollen von Kaufleuten als Sklaven nach Nordfrankreich und Ägypten verkauft worden sein.
Fünfter Kreuzzug	**1217–1221**	*Fünfter Kreuzzug*:
	1217	König Andreas II. von Ungarn (1205–1235) und Herzog Leopold VI. von Österreich, die im Spätsommer von Split (Spalato) aus ins Heilige Land aufbrechen, unternehmen von Akkon aus drei erfolglose Expeditionen gegen die Sarazenen.
	1218	Nach der Rückkehr König Andreas' ziehen die verbliebenen Kreuzfahrer im Sommer zusammen mit niederrheinischen und friesischen Seefahrern, die sich auf dem Weg nach Palästina an Kämpfen in Portugal beteiligt haben, gegen das im Nildelta gelegene Damiette,
	1219 5. Nov.	das nach längerer, verlustreicher Belagerung fällt, aber am 8. Sept. 1221 schon wieder verlorengeht.
Kreuzzug Kaiser Friedrichs II.	**1228–1229**	*Kreuzzug Kaiser Friedrichs II.*: Kaiser Friedrich II. (1212–1250) unternimmt es als Erster, das Ziel der Kreuzzüge mit diplomatischen Mitteln zu erreichen.
	1228	Nachdem er im Aug. 1227 wegen einer Erkrankung nach mehrtägiger Schiffsreise seine Kreuzfahrt hat abbrechen müssen und nunmehr gebannt ist, sticht er am 28. Juni 1228 von Brindisi aus in See. Nach Zwischenlandung in Zypern, wo er die Lehnsherrschaft des Reiches zu erneuern sucht, erreicht er Akkon.
Vertrag von Jaffa	1229 18. Febr.	Friedrich schließt mit dem ägyptischen Sultan El-Kamil (Al-Malik al-Kamil) in *Jaffa* einen Vertrag, aufgrund dessen Jerusalem (ohne Felsendom und El-Aksa-Moschee), Bethlehem und Nazareth samt der Verbindung zur Küste zurückgewonnen werden. Der Kaiser stößt auf den Widerstand des Papstes und des Patriarchen von Jerusalem, geht aber dennoch am 18. März 1229 in der Grabeskirche unter der Krone. Er schifft sich am 1. Mai 1229 unter Schmähungen des Volkes in Akkon nach Brindisi ein.
Sechster Kreuzzug	**1248–1254**	*Sechster Kreuzzug*: Der französische König Ludwig IX., der Heilige (1226–1270), verfolgt die Absicht, das 1244 wieder verlorene Jerusalem durch einen Angriff auf Ägypten zurückzugewinnen.
	1249 1250	Ludwig nimmt am 6. Juni 1249 Damiette, wird aber auf dem Zug nach Kairo am 6. April 1250 bei al-Mansurah von Ägyptern geschlagen und gefangengenommen. Er segelt nach Zahlung eines hohen Lösegeldes am 8. Mai nach Akkon, von wo er bis 1254 die faktische Herrschaft über Palästina ausübt.
Siebter Kreuzzug	**1270**	*Siebter Kreuzzug*: Nachdem es Baibars I., dem Sieger über die Mongolen (1259), gelungen ist, Syrien und Ägypten zu vereinigen, führt er zwischen 1261 und 1272 gegen die durch die Gegensätze zwischen italienischen Handelsstädten, Ritterorden, Baronen und Krone geschwächten Kreuzfahrerstaaten erfolgreiche Feldzüge, die u.a. zum Fall Jaffas und Antiocheias (1268) führen.
	1270 1. Nov.	Ludwig IX. von Frankreich, der Baibars entgegentreten will, stirbt am 25. Aug. 1270 vor Tunis, zu dessen Eroberung ihn sein Bruder Karl von Anjou veranlasst hat. Der Kreuzzug wird abgebrochen. Prinz Eduard von England segelt nach Akkon weiter, wo er mit Baibars einen auf ca. 11 Jahre begrenzten Waffenstillstand schließt (1271).
Rückgewinnungsversuche	1291	*Verluste und Rückgewinnungsversuche*: Akkon wird von den Mamluken erobert und danach der Rest Palästinas kampflos geräumt.

18. Mai 1303	Die Templer geben 1303 ihren letzten Stützpunkt, die Insel Ruad vor Tortosa, auf, von den in der Kreuzfahrerzeit entstandenen christlichen Staaten im östlichen Mittelmeerraum können sich nur Armenien (bis 1375) und das Königreich Zypern (1489 an Venedig) behaupten. Die zahlreichen in der Folgezeit aufgestellten Kreuzzugspläne und die wiederholt unternommenen Rückgewinnungsversuche bleiben erfolglos.

Die palästinensischen Ritterorden

Im Verlauf der Kreuzzüge entstehen in Palästina die geistlichen Ritterorden, die Mönchsleben, Hospitalfürsorge und Heidenkrieg miteinander verbinden und so zu einer der stärksten Stützen der Kreuzfahrerstaaten werden.

Der *Templerorden* geht auf eine Gemeinschaft französischer Ritter zurück, die um 1118 unter dem aus der Champagne stammenden Hugo von Payens († 1136) mit einem geistlichen Leben den bewaffneten Pilgerschutz verbinden. Sie leben zunächst nach der Art der Kanoniker der Heiligen Stadt und leisten dem Patriarchen von Jerusalem Gehorsam. Von König Balduin II. von Jerusalem (1118–1131) erhält die Gemeinschaft der Pauperes commilitones Christi (Arme Streiter Christi) Räumlichkeiten im Templum Salomonis, der heutigen Aksa-Moschee, und wird danach als Militia Templi bezeichnet. Auf dem Konzil von Troyes (1128) wird unter Mitwirkung Bernhards von Clairvaux eine Regel erarbeitet. Die Templer erhalten 1139 von Papst Innozenz II. weit gehende Selbstständigkeit und die Bestätigung ihrer Organisationsform, die durch das Nebeneinander von Rittern, Kaplänen und dienenden Brüdern gekennzeichnet ist. Um diese Zeit legen sie einen weißen Mantel, dem später ein rotes Kreuz hinzugefügt wird, als Ordenskleidung an. 1312 wird der Orden aufgehoben. *Templerorden*

Der *Johanniterorden* setzt die Tradition eines um 1070 bei dem amalfitanischen Benediktinerkloster S. Maria Latina in Jerusalem gegründeten Hospitals fort. Ursprünglich auf karitative Aufgaben beschränkt, übernimmt der Orden bereits 1137 militärische Funktionen, seit Mitte des 12. Jh.s ist er den Templern als Ritterorden gleichgestellt. Es gelingt den Johannitern, sich auf Rhodos bis 1522 und auf Malta bis 1800 als militärische Macht zu behaupten. Der Orden lebt heute noch in verschiedenen Nachfolgeorganisationen weiter. *Johanniterorden*

Der *Deutsche Orden* entwickelt sich aus einer 1190 bei der Belagerung Akkons zur Betreuung von Kreuzfahrern aus Lübeck und Bremen gegründeten Hospitalbruderschaft, deren Verhältnis zu dem 1143 erstmalig erwähnten deutschen Spital in Jerusalem noch nicht eindeutig geklärt ist. Sie wird 1198 nach dem Vorbild der Templer in einen Ritterorden mit weißem Mantel und schwarzem Kreuz umgewandelt. Seine eigentliche Bedeutung erlangt der Deutsche Orden nicht in Palästina, sondern in Preußen, wo er sich nach einem missglückten Versuch im Burzenland (Siebenbürgen) auf Bitten des Herzogs Konrad von Masowien, mit Billigung von Papst und Kaiser nach 1226 niederlässt und den Kampf gegen die heidnischen Prußen aufnimmt. *Deutscher Orden*

Militärische Aufgaben übernehmen neben anderen kleineren *Ritter- und Hospitalorden* auch der um 1120 aus dem Zusammenschluss von Aussätzigen entstandene Orden vom hl. Lazarus und der aus einem im Dritten Kreuzzug vor Akkon entstandenen Hospital hervorgegangene englische Orden von St. Thomas in Akkon. *Ritter- und Hospitalorden*

Armenien

Schon Ende des 3. Jh. offiziell zum Christentum übergetreten, seit 387 zwischen Byzanz und den Sasaniden geteilt, genießen die Armenier unter persischer Herrschaft größere politische und religiöse Freiheit trotz nationaler Revolten (451, 481–484, 851) unter einheimischen Führern („marzpan") und dem *Katholikos* als geistlichem Oberhaupt, während Byzanz durch Beseitigung des erblichen Adels Integration anstrebt. Die Zugehörigkeit zu Persien fördert *orientalische Einflüsse* in hoch entwickelter Kunst (Rundbau von Etschmiadzin um 450, Reliefs an Außenwänden der Kirchen), daneben reiche Geschichtsschreibung mit Moses von Koren (5. Jh.), Sebeos (7. Jh.), Leontios (8. Jh.). Der Perserkönig Chosrau II. tritt 591 einen großen Teil Armeniens ab. 640 beginnen arabische Einfälle. Arabische Oberhoheit muss anerkannt werden. Unaufhörliche Kriege und die Verlegung der Handelswege führen zu Niedergang und großer *Auswanderung nach Westen*, wo vielen Armeniern der Aufstieg gelingt, bis zum Kaiserthron (Leon V., Basileios I.). *Katholikos* *orientalische Einflüsse* *Auswanderung nach Westen*

Christliche Besitzungen im Vorderen Orient

Armenien
(Forts. v. S. 346)

Der Niedergang des abbasidischen Kalifats und byzantinische Vorstöße führen im 9. Jh. zur Einsetzung der Bagratuni als nationale Lokalherrscher durch die Araber.

Aschot I. 885/886 *Aschot I.* wird auch von Byzanz als König anerkannt. – Die neue Dynastie steht in Rivalität zum Adel, v. a. Artsruni mit Zentrum am Vansee (Kirche von Aghtamar) mit eigenem Reich von Vaspurakan. Unter Aschot II. (10. Jh.) lehnt sich Armenien an Byzanz an.

952–977 Aschot III. und Gagik I. (990–1020) mit der Hauptstadt Ani (viele Kirchenbauten seit 961) bilden den Höhepunkt.

Durch Erbverträge fortschreitende Annexion durch Byzanz mit Bildung von Themen 1021/1022, 1045, 1065. Auswanderung nach Kappadokien, Kilikien und Nordsyrien.

Seldschuken seit 1048 In das Vakuum stoßen die *Seldschuken* vor, die 1065 Ani erobern.

Ende 11. Jh. gerät Armenien unter georgische Herrschaft, die sich auf den Adel stützt. Seit Ende 12. Jh. wieder fast selbstständig.

mongolische Invasion 1220 Es beginnt die *mongolische Invasion*. Armenien wird besetzt und Vasall des Großchans wie
1236 Georgien, aber profitiert wirtschaftlich vom Handelsaufschwung und religiöser Freiheit bis zum Übertritt der Mongolen zum Islam. – (Forts. S. 1539)

Zypern

1184 Zypern wird eigenes Kaiserreich unter Isaak Komnenos.

König Guido von Lusignan 1191 Richard Löwenherz erobert die Insel, gibt sie erst den Templern, dann *König Guido von*
1192 *Lusignan* († 1194), dessen Familie bis 1489 herrscht.

Die Kreuzzüge machen Zypern zu einem Teil der abendländischen Welt. Im Innern entsteht ein Nebeneinander von byzantinischer und fränkischer Kultur und Kunst, von griechischer und lateinischer Kirche. Guido (1192–1194) wirbt Ritter aus Syrien zur Besiedlung an,

Aimerich eigentlicher Staatsgründer wird sein Bruder *Aimerich* (1194–1205), der den Adel schwächt. Nikosia ist die Hauptstadt und Sitz eines lateinischen Erzbischofs mit Diözesen Limassol, Famagusta, Paphos. Gotische Kathedralen in Nikosia und Famagusta, große Burgen in St. Hilarion, Buffavento und Kantara.

1195 Aimerich anerkennt die Lehenshoheit Heinrichs VI., wird vom Bischof Konrad von Hildes-
1197 heim gekrönt, vereinigt im gleichen Jahr Jerusalem mit Zypern.
1205 Nach seinem Tode trennen sich die Reiche wieder.
1205 Zypern schließt ein Bündnis mit Kleinarmenien und greift Adalia (Antalya) an (1206). Neben Andreas II. von Ungarn und Johann von Brienne wird Hugo I. ein Führer des 5. Kreuzzuges (1217–1221).

Reichslehn- 1228 Kaiser Friedrich II. versucht die *Reichslehnschaft* zu erneuern und verlangt die Regentschaft schaft für den unmündigen König Heinrich II. (sog. Langobardenkrieg 1229–1233).
1247 Innozenz IV. löst den König, der Ludwig IX. gegen Damiette unterstützt, vom Lehenseid. Seinem Sohn Hugo II. widmet Thomas von Aquin die Schrift „Über die Regierung der Fürsten". – (Forts. S. 407)

Kleinarmenien

Auswanderer aus Hocharmenien gründen Ende 11. Jh. in Kilikien ein Fürstentum unter den Rupeniden im Gegensatz zu den byzanzfreundlichen Lampronatzi. In ständigem Kampf mit den Nachbarn spielen die Armenier eine wichtige Rolle für die Kreuzfahrerstaaten.

1137, 1142, Byzanz unterwirft Kilikien mehrmals, um die Landverbindung mit den Kreuzfahrerstaaten
1158 herzustellen.

1177–1219 Friedrich Barbarossa verspricht Leon II. die Königskrone, die nach Gesandtschaft zu Heinrich VI. Erzbischof Konrad von Mainz gegen Anerkennung der Lehnshoheit übergibt. Gleichzeitig nach vergeblichen Verhandlungen mit Konstantinopel *Union mit Rom* nach Klärung liturgischer Fragen. Leon II. verbündet sich mit Jerusalem und Zypern, der Gewinn von Antiochia scheitert. Blütezeit der armenischen Literatur (Nerses Schnorhali (*1102, †1173), Nerses von Lampron (*1153, †1198), reiche Geschichtsschreibung, Übernahme westlichen Lehensrechts und der Ritteridee.

Union mit Rom

Die Kreuzfahrerstaaten

Als Ergebnis des Ersten Kreuzzuges und der darauf einsetzenden Zuwanderung von Rittern und Bürgern entstehen vier lehensrechtlich aufgebaute Kreuzfahrerstaaten: An der Spitze das *Königreich Jerusalem* mit später vier großen Baronien, zum Teil von ihm abhängig das stets von Byzanz beanspruchte Fürstentum Antiochia und die Grafschaften Edessa und Tripolis (seit 1102/1109). Die Gründung einer lateinischen Kirche mit Patriarchen in Jerusalem und Antiochia vertieft das Schisma. Ebenso politische Gegensätze zwischen Jerusalem und Antiochia und zu Byzanz. Trotz Unterstützung durch Armenier und Maroniten (christliche Gemeinschaft im Libanongebirge seit dem 7. Jh.) gelingt weder eine Ausdehnung ins Hinterland noch nach Ägypten. Die Kreuzfahrer (Franken genannt) bleiben im Wesentlichen auf den Küstenstreifen bis Gasa und Eilat beschränkt. Uneinigkeit der moslemischen Nachbarn gestattet Überleben und Ausbau. Bald zeigen sich politische, wirtschaftliche und kulturelle Symbiosephänomene (Bündnis Jerusalem-Damaskus). Die dünne Herrenschicht lebt von Landwirtschaft und Handelsvermittlung zwischen Osten und Westen (Tyrus, Akkon) sowie von den Wallfahrten. Nachgeborene Söhne abendländischer Adelsfamilien suchen hier Karriere zu machen. Wegen der dauernden demografischen und damit militärischen Schwäche entwickeln sich die *geistlichen Ritterorden* (Templer, Johanniter, Deutscher Orden) mit gewaltigen Burgen zur eigentlichen Militärmacht. Das anfänglich starke Königtum wird durch dynastische Probleme zunehmend geschwächt gegenüber dem Adel und (später) italienischen Seestädten, deren Flotte zur Eroberung der Küstenstädte unentbehrlich ist (Akkon 1104, Tripolis 1109, Tyrus 1124, Askalon 1153). Pisa, Genua und Venedig erhalten große Handelsprivilegien und eigene Quartiere. Im 13. Jh. herrscht der Adel fast uneingeschränkt. Kulturelle Leistungen: „Assises du royaume de Jerusalem" (Gesetzessammlung), Kirchen und Burgenbau (Krak des Chevaliers, Margat) und Geschichtsschreibung (Wilhelm von Tyrus, *um 1130, †1186).

Königreich Jerusalem

geistliche Ritterorden

1099 Erster Herrscher in Jerusalem wird *Gottfried von Bouillon* (von Niederlothringen, *um 1060) als „Beschützer des Heiligen Grabes". Er besiegt die Ägypter und stirbt 1100.

Gottfried von Bouillon

1100–1118 Sein Bruder *Balduin I.* (*1058) nimmt den Königstitel an.

Balduin I.

1102 Niederlage bei Askalon, 1104 in Nordsyrien bei Harran gegen die Seldschuken, während Byzanz Tarsos und Teile Kilikiens erobert.

1118 Balduin I. stirbt während eines Vorstoßes nach Ägypten.

1118–1131 Balduin II. erlässt in Nablus (1120) Gesetze.

1124 Während seiner Gefangenschaft wird mit venezianischer Hilfe Tyrus erobert.

1131–1143 Unter *Fulko von Anjou* größte Ausdehnung, aber auch erste Adelsrevolte, während auf islamischer Seite der Widerstand sich organisiert, vor allem durch Emir Imad ad-Din Sengi von Mosul (1127–1145).

Fulko von Anjou

1144 Der *Fall von Edessa* (endgültig 1146) löst den erfolglosen 2. Kreuzzug aus. Relatives Gleichgewicht zwischen Moslems und Franken, die sich zu gemeinsamer Ägyptenpolitik seit Balduin III. (*um 1130, †1163; König seit 1143) und vor allem unter Amalrich (†1174) dynastisch und politisch an Byzanz anlehnen, das 1137, 1142, 1158 Kleinarmenien und Antiochia zu unterwerfen versucht.

Fall von Edessa

1176 Seit der Niederlage Manuels I. bei Myriokephalon rasche Verschlechterung der Lage, da gleichzeitig der Aijubide Saladin nach dem Sturz der Fatimiden und dem Tode von Sengis Sohn Nur ad-Din Ägypten und Damaskus vereinigt und das Königreich unter dem leprakranken Balduin IV. (†1185) einkreist.

1184 Bei Montgisard 1177 besiegt, einigt *Saladin* nach dem Gewinn von Aleppo und Mosul die islamische Seite und tritt gegen die Seldschuken auch in Bündnis zu Byzanz.

Saladin

1187 4. Juli Vorstöße der Franken gegen die Verbindung Ägypten–Syrien und im Roten Meer bis Dschidda provozieren die vernichtende Niederlage König Guidos von Lusignan (1186–1192, †1194) bei Hattin (westlich von Tiberias).

2. Okt. *Jerusalem fällt* in die Hand Saladins.
Nur Antiochia, Tripolis, Tortosa und Tyrus bleiben christlich.

Jerusalem fällt

Rückeroberung Akkons

1191 Der 3. Kreuzzug *gewinnt Akkon zurück*, das neue Hauptstadt wird.
1197 Mit dem Gewinn von Beirut und Sidon im deutschen Kreuzzug ist die ganze Küste bis Antiocheia wieder fränkisch.
1192 Waffenstillstand mit Saladin, 1198 zwischen König Aimerich von Lusignan († 1205), der 1197 Zypern und Jerusalem vereinigt, und Al-Malik al-Adil von Ägypten.
Nach dem 3. Kreuzzug verstärkte Zusammenarbeit der Kreuzfahrer in Syrien und Zypern mit Kleinarmenien. Nach erneuter Trennung von Zypern geht die Führung im Königreich Jerusalem an die Haute Cour mit dominierender Stellung der Ibelins über.
1198 erfolgt kirchliche Union mit den Armeniern, 1180/1203 mit den Maroniten, deren Patriarch am 4. Laterankonzil 1215 teilnimmt.
Im Norden sind Antiocheia und Tripolis seit 1201 vereinigt.

Isabella von Brienne

1225 Die Thronerbin *Isabella von Brienne* heiratet Friedrich II., der als exkommunizierter Kreuzfahrer Jerusalem im Vertrag mit Al-Malik al-Kamil von Ägypten zurückgewinnt.
1229 Kaiser Friedrich II. geht in der Grabeskirche zu Jerusalem unter der Krone. Westliche Frontstellungen werden nach Syrien übertragen.

endgültiger Verlust Jerusalems

1244 Die Chwarismier *erobern Jerusalem endgültig.*
Die Kreuzfahrer lavieren zwischen Ägypten, Damaskus und der neuen Macht der Mongolen,
1257 schließen Frieden mit Mamluken und Aijubiden in Damaskus, doch die innere Anarchie und Entpolitisierung schreitet fort.
Wenig realistische Hoffnungen auf Hilfe der Mongolen bleiben vergeblich. 1256–1258 liefern sich Genua und Venedig einen Handelskrieg („von St. Sabas") in Akkon.
1260 Die Mamluken vereinigen Ägypten und Syrien nach Sieg unter Kutus und Baibars I. bei Ain Dschalut über die Mongolen dank fränkischer Neutralität.
Baibars wird der Hauptgegner der Kreuzfahrer.
1268 Zuerst fallen Jaffa und Antiocheia,
1289 dann Tripolis,
1291 nach erbitterten Kämpfen gegen al-Ashraf ohne wesentliche Hilfe des Westens die Hauptstadt Akkon.
Tyrus, Sidon, Beirut werden geräumt.
1300–1302 Die Templer gewinnen nochmals die Insel Ruad bei Tortosa.
Der Titel eines Königs von Jerusalem bleibt den Lusignans von Zypern, die seit 1269 wieder die Krone von Jerusalem tragen, aber durch andere Prätendenten wie Karl von Anjou an der Wiedererrichtung königlicher Autorität gehindert werden. Das *Ende der Kreuzfahrerstaaten* hat nachteilige Folgen für die einheimischen Christen, während die weiterlebende Kreuzzugsidee zu Spätkreuzzügen führt, die sich seit dem 14. Jh. auch gegen die Türken wenden.

Ende der Kreuzfahrerstaaten

Weitere Entwicklung der christlichen Besitzungen im Vorderen Orient bis 1573

Kaiserreich Trapezunt

Das *Kaiserreich Trapezunt* (heute Trabzon, am Fuß des Pontischen Gebirges) an der Südküste des Schwarzen Meeres, seit 1214 auf den Yesil Irmak zurückgeworfen, gerät bald unter starken Druck; durch geschickte Heiratspolitik bewahrt es weit gehend Selbstständigkeit trotz Tributzahlungen, ebenso sein Griechentum mit hohen künstlerischen Leistungen (Sophienkloster, Fresken in Hagios Sabbas und Hagia Sophia). Als Pufferstaat am Rande der byzantinischen Welt vermittelt es mit Südrussland und mit Persien (von dort auch Wissenschaften wie Optik) Handel, an dem Genua (mit Kastell in Trapezunt) und später Venedig teilhaben wollen.
1297–1330 Blüte unter Alexios II., dann Bürgerkriege.
1456 Nach dem Fall Konstantinopels Anerkennung der osmanischen Oberhoheit.
1461 Trapezunt wird als letztes griechisches Reich von den Osmanen erobert.

Königreich Kleinarmenien

1226–1270 Das *Königreich Kleinarmenien* kommt mit Hethum I. an die Dynastie der Lampronatzi, die sich gegen die Seldschuken an die Mongolen anlehnt und so den Hafen Ajas (Lajazzo) in den Chinahandel einschaltet.

	Der Niedergang der Kreuzfahrerstaaten steigert die Bedeutung als Handelsvermittler und Nachschubhafen, Ausgangspunkt für Kreuzzüge, Mission und politische Bündnisversuche mit den Mongolen.	
1281, 1298 1307	Niederlagen gegen die Mamluken, der Zusammenbruch der Kreuzfahrerstaaten und ein Mongoleneinfall, dem fast die ganze Führungsschicht zum Opfer fällt, leiten den Niedergang ein, den die innere Opposition gegen die kirchliche Union (seit 1198) verstärkt. Tributpflicht an die Mamluken führt zu vergeblichen Hilferufen an den Westen. 1332 wird Ajas zum ersten Mal, 1347 endgültig zerstört. Erbe der 1341 ausgestorbenen Dynastie wer-	
1342–1375	den die Lusignans von Zypern. Die Mamluken erobern Kleinarmenien.	
1393	Der letzte König Leo VI. stirbt, während die Lusignans Titularkönige bleiben.	
1192–1489	Das *Königreich Zypern* unter den Lusignans (seit 1192) wird Mitte 13. Jh.s durch den Niedergang des Königreichs Jerusalem der führende Kreuzfahrerstaat.(Forts. v. S. 404)	*Königreich Zypern*
1267–1284 1269 1276	Hugo III. vereinigt die Kronen von Zypern und Jerusalem, zieht sich aber nach Intrigen Karls von Anjou († 1285; als Karl I. ab 1265 König von Sizilien) und der Templer auf die Insel zurück.	
1285–1324 bis 1309 bis 1311	Heinrich II. nimmt vergeblich am letzten Kampf um Akkon teil (1291). Zypern ist der Zufluchtsort der Kreuzritter aus Syrien, zuerst auch Sitz der Johanniter und der Templer, dann Ausgangspunkt für Spätkreuzzüge. Mit dem wichtigen Hafen Famagusta vermittelt Zypern Waren des Orients (Gewürze, Teppiche, Porzellan) und liefert selber Olivenöl, Wein, Baumwolle und Zuckerrohr nach Europa.	
1324–1359 **1359–1369**	Im 14. Jh. steigt Zypern in der Friedens- und Reformzeit Hugos IV. (Gönner Boccaccios) und vor allem unter *Peter I.* zur europäischen Macht auf.	*Peter I.*
1369–1382	Schon unter Peter II. kämpfen Genua (mit Privilegien seit 1218) und Venedig (seit 1306) um die Herrschaft.	
1382	Famagusta (mit genuesischer Besatzung seit 1374) wird formell an Genua abgetreten, das Zypern mit absolutem Handelsmonopol ausbeutet. Der Aufstieg der Osmanen schwächt die Position der Insel zusätzlich. Seit 1342 bzw. 1393 führen die Lusignans auch die armenische Krone.	
1398–1432	*König Janus* muss 1426 die Oberhoheit Ägyptens anerkennen.	*König Janus*
1460–1473	Der letzte tatkräftige König Jakob II. lässt sich vom Mamlukensultan zum König einsetzen, bricht die genuesische Vorherrschaft und sucht Ausgleich mit dem Griechentum.	
1468	Die Heirat mit der venezianischen Patrizierin Caterina Cornaro (*1454, †1510; seit 1472 Königin von Zypern) bereitet den Übergang an Venedig vor.	
1489–1571	Venezianische Herrschaft.	
1571	Die ganze Insel wird von Sultan Selim II. erobert.	
1573	Venedig tritt Zypern offiziell an die Pforte ab.	

Das Spätmittelalter

Grundzüge von Politik, Wirtschaft, Gesellschaft, Verfassung

Krise des Papsttums

Das Spätmittelalter ist eine Epoche der verschiedensten Krisen, in denen der neuzeitliche Europabegriff erste Konturen anzunehmen beginnt. Besonders offensichtlich ist die *Krise des Papsttums*: Trotz der Verkündung des absoluten Vormachtsanspruchs (Bulle „Unam sanctam" Bonifaz' VIII. von 1302) geraten die Päpste in Avignon unter französischen Einfluss, und das Große Schisma (1378–1415) wird zum allgemeinen Ärgernis, führt zum Konziliarismus, der das Konzil als höchste Autorität in der Kirche ansieht. Die Krise der Kirche findet im Hussitentum ihren augenscheinlichsten Ausdruck. (Die Kirche ist genötigt, mit den „Ketzern" zu verhandeln.) Letztlich siegt jedoch das Papsttum über den Konziliarismus, und die Überwindung der kirchlichen Krise durch eine gesteuerte Reformation wird dadurch verhindert.

keine europäische Führungsmacht

Eine *dominante europäische „Führungsmacht"* gibt es in der Politik des Spätmittelalters *nicht*; Frankreich, das eine solche Stellung am Anfang des 14. Jh.s einnimmt, verliert sie im Laufe des Hundertjährigen Krieges. Im Osten beginnt der Aufstieg des Moskauer Rus; die Folgen offenbaren sich jedoch für die Geschichte Europas erst Jh.e später. Der Versuch der Neubegründung eines Machtzentrums in Burgund scheitert. Im Reich stabilisieren sich die Landesherrschaften endgültig, und die Bestrebungen, durch eine Reichsreform eine neuartige Struktur zu schaffen, scheitern. Grundlage der Herrschaft der Könige bzw. Kaiser ist ihre Hausmacht. England wird durch Adelsfehden weit gehend lahm gelegt, und nur in Frankreich (Ludwig XI., 1461–1483) und auf der Iberischen Halbinsel sind gegen Ende dieses Zeitabschnittes Ansätze zu einem neuen Staatstypus festzustellen.

Königtum und Stände

Innerhalb der Staaten zeichnet sich ein *Ringen zwischen Königtum und Ständen* ab, die nun ihre Organisationsform finden (Parlament in England, Etats in Frankreich, Sněm in Böhmen, Sejm in Polen, Cortes in Spanien; im begrenzten Umfang die Reichstage, 1489 in drei Kurien gegliedert). Gesamthaft setzt sich – in sehr unterschiedlichem Ausmaß – das Königtum durch (bedeutendste Ausnahme: Die Entwicklung Polens zur sog. Adelsrepublik). Dominierend wird für die Macht des Staates seine finanzielle Stärke. Zur Grundlage des Heerwesens wird, nach spektakulären Niederlagen feudal organisierter Ritterheere, das Söldnerwesen.

wirtschaftliche Stagnation

Ökonomisch scheinen vielfach die Grenzen der bisherigen Möglichkeiten erreicht zu sein, und man stellt eine *wirtschaftliche Stagnation* fest, die sich (nach Landschaften sehr unterschiedlich) seit dem Anfang des 14. Jh.s auswirkt und erst in der zweiten Hälfte des 15. Jh.s überwunden wird. Im Vergleich zu der vorangehenden Zeitspanne verlangsamt sich deutlich das Gesamttempo der Wirtschaftsentwicklung (im Agrarsektor ist geradezu ein Stillstand der Technik festzustellen), während in der Handwerksproduktion neue Erfindungen durchdringen, die das weitere Leben entscheidend umgestalten (mechanische Uhr, Feuerwaffen, Buchdruck). Errungenschaften in der Seefahrt ermöglichen die ersten großen *Entdeckungsfahrten*, die in der Folgezeit das geografische „Weltbild" völlig revolutionieren. Am auffälligsten erscheint die spätmittelalterliche Stagnation in der demografischen Entwicklung der europäischen Bevölkerung, wo nach dem mächtigen Anwachsen der Bevölkerung in der vorangehenden Epoche ein merklicher Rückschlag festzustellen ist.

Entdeckungsfahrten

Bevölkerungsentwicklung

Bevölkerungsentwicklung (geschätzt in Mio. Einwohner)

	1000	1340	1450
Italien	5,0	10,0	7,5
Frankreich-Niederlande	6,0	19,0	12,0
Iberische Halbinsel	7,0	9,0	7,0
Britische Inseln	2,0	5,0	3,0
Deutschland	4,0	11,5	7,5
Polen-Litauen	2,0	3,0	2,0

Pest

Die große Erschütterung des 14. Jh.s stellt bereits für die Zeitgenossen das Auftauchen der *Pest* (schwarzer Tod) dar, einer auf dem Schiffsweg aus dem Orient eingeschleppten Pandemie, die in wiederholten Ansätzen weite Teile Europas (in unterschiedlicher Stärke) heimsucht und vielerorts die Bevölkerung dezimiert. – Bedeutendere Pestwellen:
1348–1350; ca. 1360/1361; 1369–1374; 1380/1381; 1412; 1425/1426; 1430/1431; 1439.

Geldentwertung

Eine von den Zeitgenossen tief empfundene Unsicherheit ist die *Geldentwertung*. Klagen über die dauernde Entwertung der Silbermünzen, den sinkenden Feingehalt (Korn) dieser Münzen werden verstärkt laut. Die Münzherrn werden beschuldigt, die Münzen künstlich zu entwerten, um daraus Nutzen zu ziehen. Dem Sinken des „Wertes" der Münzen wird die Hauptschuld an dem Steigen der Preise und Löhne zugeschrieben, die Münzherren für die ökonomischen Schwierigkeiten der Zeit verantwortlich gemacht. Noch auffallender als die Münzentwertungen ist der „*Kursverfall*" der Silbermünzen (und besonders der kleinen Scheidemünzen) im Verhältnis zu den relativ stabilen Goldmünzen (Gulden, floreni), der Währung der Banken, der päpstlichen Kurie und des Fernhandels.

Kursverfall

Kurs des florentinischen Guldens in Silbermünzen

1252	20s.	1378	68s.
1292	38s. 2den.	1386	73s.
1302	51s.	1445	97s.
1322	66s.	1457	108s.
1342	65s.		

florentinischer Gulden

s. = solidi; den. = denarii

So schwer wiegend die Folgen dieser Münzentwertungen (besonders ihr rapider Kursverfall) auch sind, nachhaltiger scheint die gesamte Wirtschaft durch eine Agrarkrise betroffen zu sein.
Die *Agrarkrise* des Spätmittelalters. Durch ein relatives Überangebot an Getreide (wohl infolge des Rückgangs der Bevölkerung) auf dem Markt hervorgerufen, wird ein Stagnieren bzw. sogar ein *Rückgang der Getreidepreise* bewirkt. Er ist besonders im Vergleich mit dem gleichzeitigen Ansteigen der Löhne bzw. der Preise handwerklicher Produkte ersichtlich; auch dieses Phänomen fällt bereits den Zeitgenossen auf.

Agrarkrise Rückgang der Getreidepreise

Indizierte englische Weizenpreise und Löhne

Jahr	Weizenpreise	Löhne	Relation der Löhne zu den Preisen
1320–1339	100	100	100
1340–1359	88	94	107
1360–1379	99	105	106
1380–1399	72	122	169
1400–1419	76	116	153
1420–1439	71	105	148
1440–1459	59	101	171
1460–1479	52	82	158

Preise und Löhne in England

Die *Folgen* der lang andauernden Agrarkrise betreffen die verschiedensten Aspekte des ländlichen und städtischen Lebens. Die unmittelbare Konsequenz ist die Verödung von Feldern und Dörfern, die im Laufe der vorangehenden Kolonisationswelle in ungünstiger Lage gerodet wurden. (Allerdings scheint dies bloß ein Faktor bei der Entstehung von sog. Wüstungen, die in ganz Europa festzustellen sind, zu sein.) Die sozialen Unterschiede auf dem Dorf werden schroffer; es entsteht eine recht zahlreiche Schicht von Besitzlosen auf dem Dorf, ein echtes ländliches Armenproblem ist bereits gelegentlich festzustellen. In Schwierigkeiten geraten durch das Sinken der Einkünfte auch die Grundherrschaften, v.a. Kleinadlige, deren Einkünfte nicht im Stande sind, ein „standesgemäßes" Leben zu gewährleisten. Die unmittelbare Folge der Agrarkrise ist eine weit verbreitete soziale Krise der bäuerlichen Bevölkerung und des Kleinadels, die zum „Reservoir" der großen Söldnerbanden des Spätmittelalters werden. Die Agrarkrise bewirkt die verstärkte Abwanderung der Bauern in die Städte, ein Phänomen, das die Herren vielfach durch Einführung der Leibeigenschaft steuern wollen. (Den leibeigenen Bauern wird u.a. die Freiheit, den Boden zu verlassen, verweigert.) Bald beginnen jedoch die Städte den Zustrom der Landbevölkerung selbst zu drosseln, da die städtischen Märkte nur begrenzt absorptionsfähig sind; vielerorts beginnt infolge Zustroms ländlicher Bevölkerung im 15. Jh. sogar eine ausgesprochen restriktive Politik der Städte.
Zu diesen langfristigen Ursachen einer Unrast treten kurzfristig Hungersnöte, Verwüstungen des Landes durch Krieg oder Fehden hinzu, v.a. die erhöhte Bedrückung der Bevölkerung durch landesherrliche Steuern, durch die die finanziellen Lasten der Kriege und Fehden auf die Bevölkerung abgewälzt werden (Klerus und Adel sind steuerfrei). Das Spätmittelalter ist dementsprechend auch ein Zeitalter der *Aufstände*. Neben überaus zahlreichen, lokalen städtischen Revolten ist auch eine Reihe von Aufständen festzustellen, die von der ländlichen Bevölkerung getragen, zuweilen auch von den Mittel- und Unterschichten der städtischen Bevölkerung unterstützt werden.

Folgen

Aufstände

Aufstände

Wichtige Aufstände des Spätmittelalters

1323–1328	Aufstand in Seeflandern
1358	Französische Jacquerie
1378–1383	Tuchins in Frankreich
1381	Aufstand in England (Wat Tyler)
1419–1434	Hussitenkriege

Städte

Ökonomisch wird die spätmittelalterliche Entwicklung jedoch nicht vom Land beherrscht; immer deutlicher werden die *Städte* zur Dominante, auch wenn es letztlich dem Bürgertum nicht gelingt, machtmäßig wirklich durchzudringen und eine seiner wirtschaftlichen Macht adäquate politische Position zu erobern. Obwohl die städtische Bevölkerung insgesamt nur einen kleinen Teil der Gesamtbevölkerung ausmacht, erreichen einige Städte bereits beachtliche Ausmaße. (Auch hier setzt jedoch etwa mit der Mitte des 14. Jh.s in dem Wachstum der Bevölkerung eine Stagnation ein.)

Großstädte im Mittelalter

Einwohner einiger mittelalterlicher „Großstädte" (geschätzte Einwohnerzahlen)

Jahr	Stadt	Einwohner	Jahr	Stadt	Einwohner
ca. 1325	Paris	80 000	1370	Prag	30 000
ca. 1335	Toulouse	35 000	–	Köln	40 000
1338	Venedig	120 000	1387	Frankfurt/M.	10 000
1339	Florenz	120 000	1431	Nürnberg	22 148
1350	Hamburg	10 000	1444	Straßburg	20 600
1350	Gent	60 000	1446	Basel	10 500
1350	Genua	60 000			

Das Gros der mittelalterlichen Städte ist von viel bescheideneren Ausmaßen. (Die Zahl der Städte im Reich wird im 14. Jh. auf insgesamt etwa 4000 geschätzt; über 20000 Einwohner haben jedoch nur zehn „Großstädte". Sechs bis zehn Städte zählen zwischen 10000 und 20000, über 200 zwischen 2000 und 10000 Einwohner. Das Gros der Städte sind Kleinstädte mit weniger als 1000 Einwohnern.)

Einfluss

Die Bedeutung der Städte, ihr politisches Gewicht ist nach Größe und Lage sehr unterschiedlich. Die größte Macht und den größten *Einfluss* haben die norditalienischen Stadtstaaten und die flandrischen Metropolen. Im Reich gelingt es den Reichsstädten, Städte, die dem Kaiser unmittelbar unterstellt sind („reichsunmittelbar"; ihre Zahl beträgt zeitweise über 80), politisch selbstständig zu werden und eigene Territorien aufzubauen. Versuche mit Hilfe von Städtebünden, erfolgreich den Einfluss des Adels zu steuern, scheitern meist an der eigennützigen Politik der Mitglieder.

Städtebünde

Bedeutende Städtebünde

1254–1257	Erster Rheinischer Städtebund
1346–1547	Oberlausitzer Städtebund
1354–1673/1678	Elsässer Zehnstädtebund
1376–1389	Erster Schwäbischer Städtebund
1381–1389	Zweiter Rheinischer Städtebund
1474–1484	Niedere Vereinigung
1493–1508	

Deutsche Hanse Eidgenossenschaft

Einen Sondercharakter haben nur die *Deutsche Hanse*, die sich in der Mitte des 14. Jh.s aus einer Vereinigung von Kaufleuten in ein Bündnis der Städte wandelt, und die *Eidgenossenschaft* in der Schweiz, ein Bündniskonglomerat von Städten und Landgemeinden. Von größerem Erfolg ist das Streben der Städte, ihre Kompetenz gegenüber dem Stadtklerus zu erweitern, gekrönt.

soziale Gegensätze

Mit der Größe der Städte verschärfen sich die *sozialen Gegensätze* innerhalb der Stadtmauern. Die Herausbildung von ausgesprochenen Meisterzünften macht vielen Gesellen einen sozialen Aufstieg unmöglich, die mangelnde Aufnahme- und Integrationsfähigkeit der städtischen Wirtschafts- und Gesellschaftsstruktur schafft Randgruppen, wirtschaftliche Schwierigkeiten führen vielerorts zur Pauperisierung, es entsteht ein städtisches „soziales Problem", und die großen Städte beginnen eine Armenfürsorge und die Aufsicht über Randgruppen zu organisieren. Besonders in den mittelalterlichen „Großstädten" ist der

Anteil der Unterschicht relativ hoch (Lübeck ca. 1380 ca. 42%; Rostock ca. 60%; Augsburg 1475 ca. 66%). Wo die Quellen einen näheren Einblick gewähren, erscheint eine ausgeprägt differenzierte soziale Schichtung des spätmittelalterlichen Bürgertums, kein harmonisches Bild.

Ein Beispiel: Die Sozialschichtung Augsburg (in %)

	1396	1475	1498	1554
Oberschicht	2,1	–	–	–
Mittelschicht	47,5	32,0	54,0	41,0
Unterschicht	50,3	66,0	44,0	über 53,0

Sozialschichtung Augsburgs

Die Folge der ausgeprägten Spannungen in den Städten ist eine *Welle von Revolten*, oft durch eine unmittelbare, neue steuerliche Belastung hervorgerufen. An diesen Aufständen beteiligen sich aus unterschiedlichen Gründen (oft auch aus persönlichen Motiven) Personen verschiedenen Standes, auch Mitglieder der Führungsschicht. Die eigentlichen „Träger" der Bewegungen sind jedoch die *Zünfte*, z. T. bereits Angehörige der Unterschichten, die jedoch – zum Unterschied zu den Zünften der Handwerker – keine eigenen Organisationsformen haben. Das Endergebnis dieser Revolten (früher oft ungenau als „Zunftrevolutionen" bezeichnet) ist die *Herausbildung einer neuen städtischen Führungsschicht* aus Kaufleuten und reichen Handwerkern, die die älteren Stadtregierungen (früher oft als „Patriziat" bezeichnet) aus Ministerialen und Kaufleuten ablöst.

Welle von Revolten

Zünfte

neue städtische Führungsschicht

Bedeutende städtische Revolten im Spätmittelalter

1293/1294	Braunschweig (ferner: 1374–1380; 1445/1446; 1487–1489)
1301	Brügge
1307	Paris (ferner: 1358; 1381/1382; 1413)
1308	Straßburg (ferner: 1332; 1349; 1419/1420)
1326/1327	Metz (ferner: 1346; 1356)
1333	Breslau (ferner: 1347; 1418)
1336	Zürich (ferner: 1349; 1488/1489)
1338–1345	Gent (ferner: 1349; 1350/1359; 1379–1382)
1348/1349	Nürnberg
1355/1356	Frankfurt/M. (ferner: 1389 und folgend)
1368	Augsburg
1370/1371	Köln (ferner: 1396; 1481/1482)
1371	Siena
1378	Florenz
1380/1384	Lübeck
1381/1382	Rouen
1393	Lyon (ferner: 1436; 1529)
1402	Magdeburg
1419	Prag (ferner: 1422; 1448; 1483)

städtische Revolten

Wenn das Spätmittelalter in mancherlei Hinsicht (v. a. auch kulturell) vom Bürgertum beherrscht wird, so mündet es dennoch nicht in ein „bürgerliches Zeitalter" ein. In den großen Zentren Norditaliens ist das 15. Jh. durch das Aufkommen der Signoria gekennzeichnet. Beseitigt wird auch allmählich die Selbstständigkeit alter großer Handelszentren (Gent, Brügge, Nowgorod). Das Schicksal der Reichsstädte gestaltet sich recht vielfältig, und neben aufstrebenden Städten (Augsburg, Nürnberg, Frankfurt) sind stagnierende Städte festzustellen (Regensburg); kleinere Reichsstädte verlieren zuweilen durch Verpfändung ihre Freiheit.

Durch die Taufe der Litauer und durch die endgültige Verdrängung der Araber aus Spanien (1492) ist Europa christlich – dabei weiterhin in zwei „Kirchen" geteilt. Versuche (besonders aufgrund byzantinischer Vorstöße) die *Spaltung zwischen Ost- und Westkirche* (Unionsverhandlungen) zu überbrücken, scheitern. Zur großen Gefahr für die „Christenheit" werden die *Türken*, die unaufhaltsam auf dem Balkan vorrücken (1389 Serbien; 1393 Bulgarien; 1396 Niederlage des späteren Kaisers Sigismund bei Nikopolis) und durch die Eroberung von Konstantinopel (1453) das Ende der einst mächtigen byzantinischen Herrschaft herbeiführen. Für Jahrhunderte kennen nun Ost- und Mitteleuropa eine „Türkengefahr".

Kirchenspaltung

Türken

Juden Eine weitere Verschlechterung der Lage der *Juden* in weiten Teilen Europas ist festzustellen. Durch das Aufkommen einer eigenständigen Kreditwirtschaft (besonders in Italien in Form von Banken, aber auch in den deutschen Städten) werden die Juden zunehmend auch aus dem Kreditwesen verdrängt und aus den Städten vertrieben. Den Juden, vielerorts auf Dörfer abgeschoben, bleiben oft nur die kleine Pfandleihe und das Hausieren als Möglichkeit des Überlebens offen.

Judenvertreibungen

Judenvertreibungen

1388	Straßburg	1436	Zürich
1390/1391	Pfalz	1439	Augsburg
1418	Trier	1446	Leipzig
1420	Mainz	1470	Erzstift Mainz
1424	Köln; Freiburg i.Br.	1498	Nürnberg; Salzburg

Die Abgrenzung der jüdischen Bevölkerung wird nun konsequent, sowohl räumlich als auch durch Kennzeichnung (Erneuerung alter Vorschriften durch Einführung des sog. Judenringes auf der Bamberger Synode 1451) durchgeführt; gleichzeitig sind Bestrebungen festzustellen, die Juden innerhalb des Reiches gesamthaft zu erfassen (Ansätze unter Ruprecht von der Pfalz [deutscher König 1400–1410]; dann 1480–1554 Joselmann von Rosheim als „Befehlshaber und Regierer der gemeinen Jüdischkeit im Reich").

Polen
Iberische
Halbinsel

Durch die Pogromwelle von 1348–1350 (die Juden werden als „Brunnenvergifter" und Urheber der Pest bezeichnet) im Reich verschiebt sich der Schwerpunkt des aschkenasischen Judentums (Sprache Jiddisch) zunehmend nach *Polen* (Privilegierung durch Kasimir den Großen 1333–1370). Die nachhaltigste Umschichtung bewirkt jedoch – nach Pogromwellen – die *Vertreibung der Juden* aus der Iberischen Halbinsel (1492 Spanien, 1498 Portugal), damit die Liquidierung der einst blühenden Zentren jüdischen geistigen und politischen Lebens. Die Juden spanischer Sprache (spaniolisch; Sefardim) werden weit gehend aus Europa nach Nordafrika verdrängt. In Spanien beginnt die durch die *Inquisition* organisierte Verfolgung der getauften „Scheinchristen" (Conversos – Maranen), die im Land verbleiben, und eine Gesetzgebung taucht auf, die auf die „Reinheit des Blutes" (limpieza de sangre) Wert legt – die ersten Ansätze zu Rassengesetzen.

Inquisition

neuartiges
National-
bewusstsein
Sprachbewusst-
sein

Das Spätmittelalter ist gleichfalls durch das *Aufkommen eines neuartigen „Nationalbewusstseins"* gekennzeichnet, das in einigen Teilen Europas eine Rolle zu spielen beginnt. Neben dem (bereits stark topischen) Lob der „Heimat", die nun bereits gelegentlich mit den „Staaten" identifiziert wird, entsteht ein neuartiges *Sprachbewusstsein*; zuweilen wird bereits die Sprachgemeinschaft als Schicksalsgemeinschaft interpretiert, und aus der Zugehörigkeit zu dieser Gemeinschaft werden zwingende Folgerungen für das Individuum abgeleitet. Markant tritt dieser Trend im 14. Jh. zutage bei dem Kampf von Völkern gegen fremde Expansion (Irland und Schottland gegen die Könige von England). Zunehmend schwingen „national" verfärbte Töne auch in den Auseinandersetzungen zwischen England und Frankreich im „Hundertjährigen Kriege" (1338–1453) mit. Den „Höhepunkt" erreicht im 15. Jh. in dieser Beziehung Böhmen, wo sich ältere antideutsche Stimmungen mit dem religiösen Sendungsbewusstsein des Hussitentums verbinden. Stark religiös verfärbt ist auch das Eigenbewusstsein in Polen (Bollwerk des Katholizismus) und in Russland (Hort des wahren – orthodoxen – Glaubens; Erbe von Konstantinopel). In Deutschland vermeinen im 15. Jh. die Humanisten in den Germanen die unmittelbaren Vorfahren der Deutschen gefunden zu haben; die Sprachgemeinschaft wird historisch interpretiert.

Nirgends ist jedoch im Spätmittelalter das „Nationalbewusstsein" zur prägenden Kraft geworden, nirgends tritt es mit dem Anspruch auf Ausschließlichkeit (wie im 19./20. Jh.) auf. Soziale und auch machtpolitische Probleme werden noch nicht „national", sondern religiös (gelehrt: theologisch; volkstümlich in der Sprache der Bibel) formuliert. Mit Ausnahme von Frankreich ist auch nirgends ein unmittelbares Weiterwirken national verfärbter Strömungen festzustellen – sie werden weit gehend von den religiös artikulierten Gegensätzen der Folgezeit überlagert. Eine gewisse Kontinuität wahren sie jedoch in der gelehrten Forschung, z.T. auch in der politischen Pamphletistik.

Wandlungen in der spätmittelalterlichen Kultur

Die geringe Lebenserwartung, die ständige Bedrohung durch Raub und Krieg, Krankheit und Seuche, Unterdrückung und Rechtsunsicherheit prägen ein *Lebensgefühl*, das unter dem Eindruck von Kurzlebigkeit und Unsicherheit steht. Umso mehr wird der Halt in der überschaubaren sozialen Gruppe gesucht, scheint das diesseitige Leben nicht ohne die Hinwendung zu Gott möglich, steht es öfter unter der ständigen Erwartung eines baldigen, konkret verstandenen Weltendes, das verschiedentlich prophezeit, dessen Nahen aber immer wieder hinausgeschoben wird. Nun jedoch treten in wachsendem Maß Anzeichen dafür auf, dass der Tod nicht nur als Übergang ins Jenseits begriffen wird: Die künstlerische Entdeckung der Realität des leiblichen Todes äußert sich ab etwa 1400 in der populären Darstellung des „Totentanzes" (schließlich 1525/1526 „Todesbilder" Hans Holbeins d.J.); eine um 1465 entstandene „Ars moriendi" („Kunst des Sterbens") wird einer der häufigsten Wiegendrucke (mit Holzschnitten).

Lebensgefühl

Die *bildende Kunst* generell, nach wie vor in erster Linie religiösen Themen gewidmet, hebt das Diesseits mehr vom Jenseits ab durch ein auffallendes Interesse an der Natur, die stärker als je zuvor seit der Antike zur Geltung kommt. Nichts Wirkliches ist nun vom Kunstinteresse ausgeschlossen, da alles eine Beziehung zu Gott hat: „Gott erfreut sich aller Dinge, denn jedes stimmt mit seinem Wesen überein" (Thomas von Aquin). Der philosophische Hintergrund des gewandelten künstlerischen Wollens ist der, dass die Allgemeindinge jetzt als den Erfahrungstatsachen immanent gedacht werden (Wilhelm von Ockham). Die *Gotik* als die das Spätmittelalter beherrschende Stilepoche bildet somit in ihren maßgebenden Bauwerken, den großen Pfarr- und Bischofskirchen, nicht nur eine übernatürliche Wirklichkeit ab, sondern stellt deutlich heraus, dass sie dies mit den Mitteln einer äußerlich komplexen, doch geometrisch klaren Architektonik versucht, d.h. der Synthese von Form und Funktion, von Teil und Ganzem verpflichtet ist. Einem technischen Streben nach dem günstigeren Verhältnis von Leistung und Aufwand entspricht die Auflösung des einheitlich starken, romanischen Mauerwerks in einen den Gewölbeschub auffangenden Strebapparat mit steinernen Diensten (als Wand- und Pfeilervorlagen) sowie den Außenbau akzentuierenden Strebepfeilern, der konstruktiv von Gewölberippen und Spitzbogen ergänzt wird: Voraussetzung für die gleichsam dem Himmel zustrebende Dynamik dieses Kirchenbaus und v.a. seiner Türme, aber auch für die großen Fenster (Maßwerkfenster z.B. in Chartres oder in Altenberg bei Köln), auf denen großartige Werke der Glasmalerei entstehen (Hochblüte ab 14. Jh.) und durch welche die Stufen von Helligkeit und Schatten sich vermischen.

bildende Kunst

Gotik

Beispielhafte bürgerlich-städtische Kirchenbauten (Jahreszahlen = Baubeginn)

Kirchenbauten

Annaberg, St. Annen, 1499.	Landshut, St. Martin, 1387.
Antwerpen, O. L. Vrouwkerk, 1352.	Lavenham, St. Peter and Paul's, 14. Jh.
Bern, St. Vinzenz, 1421 Neubau.	Lübeck, St. Marien, 1286.
Boston (England), St. Botolph, 14. Jh.	Lüneburg, St. Nikolai, 1407.
Brügge, St. Salvator, 1358.	Neuötting, St. Nikolaus, 1410.
Brüssel, St. Gundula und Michael, 1225.	Nördlingen, St. Georg, 1427.
Danzig, St. Marien, 1343.	Nürnberg, St. Lorenz, Ende 13. Jh.
Dinkelsbühl, St. Georg, 1448.	Nürnberg, St. Sebald, 1361 Neubau.
Esslingen, Liebfrauen, 1321.	Rostock, St. Marien, 1290 Umbau.
Florenz, Or San Michele, um 1300.	Schwäbisch Gmünd, Hl. Kreuz, um 1320.
Florenz, S. Maria del Fiore (Dom), 1294.	Siena, Dom, um 1250.
Freiburg i. Br., Liebfrauen, 1354 Chorbau.	Soest, St. Maria zur Wiese, 1331.
Freising, St. Georg, 2. Viertel 15. Jh.	Stettin, St. Jakobi, 1375 Chorbau.
Gent, St. Bavo, 1228.	Stralsund, St. Jakobi, 1303.
Greifswald, St. Marien, 1260.	Stralsund, St. Marien, 1382 Neubau.
Groningen, St. Martini, 1469.	Stralsund, St. Nikolai, um 1276.
Haarlem, St. Bavo, vor 1397.	Straubing, St. Jakob, Ende 14. Jh.
Herzogenbusch, St. Janskerk, um 1370.	Thorn, St. Jakob, 1309.
Krakau, St. Marien, 1320.	Ulm, Liebfrauen (Münster), 1377.
Kuttenberg, St. Barbara, 1388.	Wasserburg, St. Jakob, 1410.

Ausgangsgebiet gotischer *Baukunst* ist bereits im 12. Jh., also im Hochmittelalter, die Île-de-France. Die Zisterzienserbaukunst, die schlichte Sonderformen entwickelt, trägt durch die einheitlichen Bauvorschriften des Europa weithin umspannenden Ordens zur raschen Ausbreitung des neuen Baustils bei. In *Deutschland* wird schon in der ersten Hälfte des 13. Jh.s im Bau gotischer Hallenkirchen eine eigenständige Entwicklung sichtbar, dann unter dem Einfluss von Stifts- und Pfarrkirchen etwa im Übergang zur

Baukunst

Deutschland

Einturmfassade (Freiburger und Ulmer Münster) und in der deutschen Spätgotik, die als Sondergotik bezeichnet wird wegen verschiedener baulicher Eigentümlichkeiten; neue Bauformen machen am deutschen Beispiel deutlich, dass hinter bedeutenden stilistischen Neuerungen des 13.–15. Jh.s das die Stadtpfarrkirche tragende soziale Element steht. Vielfach wirken Bürger und Städte an der Errichtung neuer großer Pfarrkirchen entscheidend mit.

England — In *England* setzt die Gotik im späten 12. Jh. ein (Chor der Kathedrale von Canterbury, ab 1185), macht sich rasch vom französischen Vorbild frei, entwickelt im Early English (Wells [etwa ab 1180], Lincoln [ab 1192]) durch stärkere Horizontalgliederung ein eigenes Aussehen, setzt sich im Decorated style (Kathedralen von Exeter [Langhaus und Chor ab 1275], Wells [Retrochor 1320–1363], Ely [Lady Chapel 1321–1349]) mit einem spezifischen Dekorationssystem von der Mitte des 13. Jh.s an fort und findet ihre Vollendung von der Mitte des 14. Jh.s an durch Maßwerkfenster und besondere Gewölbeformen im Perpendicular style (Gloucester [ab 1351], Winchester [ab 1394], King's College Chapel in Cambridge [1446–1515], Kapelle Heinrichs VII. der Westminster-Abtei [1503–1510]). Im Tudorstyle des frühen 16. Jh.s dringen Renaissanceformen in die englische Gotik ein. – Während die gebräuchliche Einteilung in Früh-, Hoch- und Spätgotik auf die meisten Länder mit Einschränkungen anwendbar ist, bleibt die Gotik in Italien dem romanischen Raumgefühl verhaftet und wird von der Renaissance abgelöst.

Zahl, Größe und Kompliziertheit der neuen Gebäude erfordern eine effektivere Arbeitsorganisation: Im 13. Jh. entsteht (in Deutschland, Frankreich, England) die Bauhütte als an eine Hüttenordnung gebundene Werkstattgemeinschaft der Steinmetzen, die Arbeitsmethoden, technische Erfahrungen und Kenntnisse bewahrt bzw. weiterverbreitet. Indem sich die Bauhütte von früheren mönchischen Organisationen ähnlicher Art abhebt, zeigt sie einen Wandel, der augenfällig in einer Vielzahl neuer Bauwerke und in neuen Gebäudetypen zum Ausdruck kommt:

Stärkung des Laienelements Aufschwung der Profanbaukunst — Die *Stärkung des Laienelements* dokumentiert sich im *Aufschwung der Profanbaukunst*; die – besonders auf militärischem Sektor – wesentliche Impulse durch die Kreuzzüge und das Kennenlernen der hoch entwickelten arabischen Burgen- und Schlossbaukunst erfahren hat. Die Burgen werden militärisch vervollkommnet, in England und der Romania setzt sich die regelmäßig-rechteckige Kastellform durch (so schon in den Stauferkastellen Süditalien-Siziliens). In Deutschland und Skandinavien bilden meist Bergfried und Pallas als Hauptwehr- bzw. Wohnbau das Zentrum, um das sich eine wachsende Zahl von Wohn- und Wirtschaftsgebäuden gruppiert: Der Wohnwert, zusätzlich auch der Repräsentationscharakter der Burg nimmt zu, in der Spätgotik (Prager Burg) treten z.T. monumentale Anlagen auf. Die Verwendung des Schießpulvers führt zunächst zur Anpassung des Burgenbaus (Bastionen, Gräben, Wälle) seit der Mitte des 15. Jh.s, dann zur Entwicklung der neuzeitlichen Festung, während sich die Wohn- und Repräsentationsfunktion auf das Schloss bzw. den Stadtpalast verlagert (im Spätmittelalter v.a. vertreten durch den Papstpalast in Avignon und die italienischen Palazzi).

Aufstieg des Bürgertums — Die Ummauerung als das (häufig ins Wappen aufgenommene) äußere Hauptmerkmal der mittelalterlichen Stadt begleitet den *Aufstieg des Bürgertums*, das der Profanbaukunst zu einer neuen Vielfalt verhilft: Rathäuser (Thorn [etwa ab 1300], Breslau [14. Jh.], Brügge [14. Jh.]), besonders typisch für den sozialen Wandel die frühen Zunfthäuser (Tuchhalle in Ypern [13. Jh.], Haus zum Rosengarten in Konstanz [14./15. Jh.], Gewandhaus in Leipzig [ab 1477, nicht erhalten], „Zur Schmiden" in Zürich [spätgotischer Zunftsaal 1520]).

Künstlerpersönlichkeiten — Der zunehmende Einfluss des Bürgertums, der Wandel des Sakralgebäudes von der Kirche der Geistlichkeit zur Kirche der Bürgergemeinde, insgesamt eine größere Zahl und gesellschaftliche Vielfalt der Auftraggeber erlauben es immer mehr Bauleuten, sich aus der streng hierarchischen Bindung der Bauhütten zu lösen und, in Zünften organisiert, die größere künstlerische Freiheit gestalten, aus der Anonymität hervorzutreten. Künstlerfamilien, dann auch *Künstlerpersönlichkeiten* werden namentlich fassbar und „verewigen" sich z.T. durch Selbstbildnisse (Baumeister- und Bildhauerfamilie Parler im 14. Jh.: Münsterbauten von Freiburg i.Br. und Basel, u.a. Heiligkreuzkirche in Schwäbisch Gmünd; v.a. Peter Parler [*1330, †1399; Büste im Prager Dom; führt den Prager Dombau weiter, der eine bis dahin nicht gekannte bauplastische Ausstattung erhält]).

Plastik Verselbstständigung der Figur — Auch die *Plastik* zeigt nämlich einen grundsätzlichen Wandel mit dem Anheben der Gotik durch eine *Verselbstständigung der Figur* (Portale der Westfassade von Chartres [1145–1155] und von Senlis [um 1170]), die meist in der Bauhütte neben der Kirche erstellt wird und nicht nur eine eigenständige Form erhält (Raumbezogenheit im Faltenwurf des Gewandes, Ausdrucksstärke und Lebendigkeit der Darstellung bis hin zum gotischen Schönheitsideal), sondern auch selbstständiger Träger von Inhalten wird (Figurenportale nach ikonografischen Programmen). Die Bauhütte, in der Bauleute und Steinmetzen häufig noch in Personalunion zusammenwirken, hält aber den grundsätzlichen Verbund von Bau- und Bildhauerkunst noch lange fest, bis das Ausscheiden der Steinmetzen aus den Bauhütten und die Arbeit in eigenen Werkstätten im 14. Jh. die weitere Lösung der Plastik aus den architektonischen Bindungen auch im

Realismus — Sinne eines stärkeren *Realismus* erleichtert. Italienische Fürstengrabmäler des 14. Jh.s, zeigen den Verstorbenen in ganz persönlicher Darstellung, bewaffnet und beritten (z.B. Cangrande della Scala [1311–1329 Signore von Verona], Bernabò Visconti [Signore von Mailand, †1385]) und bringen damit die politisch-soziale Wirklichkeit des italienischen Spätmittelalters zum Ausdruck, auf deren Boden nun rasch die italienische Renaissance einsetzt.

Nördlich der Alpen erlebt die spätgotische Bildhauerkunst eine reiche Blüte besonders in der Holzplastik, diese befreit sich im frühen 14. Jh. vom steinernen Vorbild mit dem Aufkommen des (vergleichsweise kleinformatigen) Andachtsbildes, das unter Einfluss von Vorstellungen der deutschen Mystik entsteht (u.a. Vesperbild, Schmerzensmann, Schutzmantelmadonna, Hl. Grab). Die spätgotischen Schnitzaltäre stellen einen Höhepunkt der Holzplastik überhaupt dar, z.B.: Michael Pacher in St. Wolfgang (Salzkammergut, 1471–1481); Veit Stoß, Marienaltar in der Marienkirche zu Krakau (1477–1481); Tilman Riemenschneider, Altar der Herrgottskirche in Creglingen (Nordwürttemberg, 1502–1505). Dieser Aufschwung künstlerischer Qualität, Vielfalt und Menge ist neben den Impulsen der Höfe und Herrscher großenteils der steigenden Zahlungskraft und dem Interesse der Bürger zu verdanken, die zwar nicht als Auftraggeber von Kirchen und Schlössern, aber von Altarschreinen und von Tafelbildern aufzutreten vermögen.

In der *Malkunst* gelangt unter diesen Bedingungen gerade die Tafelmalerei, etwa seit der Mitte des 14. Jh.s, zunächst in Gestalt von Altarbildern, zu einem neuen Aufschwung, der sie das Wandgemälde (außer in Italien) an Zahl und Bedeutung überflügeln lässt; zu nennen u.a. der Prager Hof Kaiser Karls IV. (1346–1378), die Schule von Avignon, die deutschen Meister des 15. Jh.s, in den Niederlanden Hubert und Jan van Eyck († 1426 bzw. 1441; Genter Altar) sowie Rogier van der Weyden († 1464; Kreuzabnahme). Vorbereitend wirkt seit der Mitte des 13. Jh.s, die höfische Buchmalerei (biblische Bücher, Heiligenlegenden, Stundenbücher), Höhepunkt in Burgund.

Malkunst

Die schon im 13. Jh. deutlicher werdende *Naturbeobachtung* tritt als Prinzip hervor in der Landschaftsmalerei zuerst des Italieners Giotto († 1337) und führt schließlich zur allmählichen Ablösung des Goldgrundes der Gemälde vom 15. Jh. an durch naturalistische Hintergründe. Ein schon in der Bildhauerkunst sichtbares, neues Raumempfinden kommt zum Ausdruck. Daneben entwickelt sich eine wachsende Porträthaftigkeit seit dem 13. Jh. (einzelne Grabfiguren, z.B. König Rudolf I. im Speyerer Dom, 1280–1290) zunächst in der Plastik (z.B. die schon genannten italienischen Grabmäler des 14. Jh.s), etwa ab 1300 auch in der Malerei (um 1360 Bildnis König Johanns II. des Guten von Frankreich; um 1380 Bildnis des Trierer Erzbischofs Kuno von Falkenstein im Evangelistar), anfänglich (v.a. in Deutschland) mit einem gewissen Schwergewicht auf den Stifterbildnissen von Altären (z.B. der erwähnte Genter Altar). Führend sind hier die Niederlande mit zahlreichen Porträtbildern von Jan van Eyck und Rogier van der Weyden neben Italien, dessen Bildnisse im 15. Jh. bereits der Frührenaissance angehören. Vielleicht wird es nirgendwo deutlicher als gerade in den Porträts, dass das Kunstwerk nicht mehr in erster Linie Symbol, sondern Abbild ist.

Naturbeobachtung

Auch in der *Literatur* des Spätmittelalters werden Entwicklungen sichtbar, die sich mit stärkerer Naturbeobachtung, mit Individualisierung und Verbürgerlichung umschreiben lassen, ohne dass die bis dahin gültigen Formen und Gattungen sogleich entwertet würden. Die mittellateinische Literatur zeigt ihr Weiterblühen in didaktischen Schriften, in theologischen (Mystik), wissenschaftlichen (Scholastik) und enzyklopädischen Werken, in der religiösen Lyrik der Bettelorden, in Legenden- (um 1270 „Legenda aurea" des Genueser Erzbischofs Jacobus a Voragine) und Exemplasammlungen, schließlich noch in Reiseberichten bzw. -beschreibungen (Johannes von Mandeville, Mitte 14. Jh.) und in Autobiografien bis hin zu Kaiser Karl IV.

Literatur

Es wächst jedoch die Zahl der Übersetzungen in *Volkssprachen*, deren Vordringen binnen kurzem selbst zum literarischen Thema avanciert: Dante Alighieri (* 1265, † 1321), der selbst teils lateinisch, teils italienisch schreibt und von dem das erste wissenschaftliche Prosawerk in italienischer Sprache stammt („Il convivio", zwischen 1303 und 1308), verfasst um 1305 ein Lehrwerk „Über die Volkssprache" („De vulgari eloquentia") und lässt die in der „Divina Commedia" im Paradies Auftretenden ihre eigenen Dialekte reden; freilich deckt sich „Sprache" nicht mit „Volk", und Dante rechnet für Italien mit 14 Haupt- und über 1000 Lokaldialekten. Aber als schriftliches Verständigungsmittel spielen die Volkssprachen eine wachsende Rolle. Das Latein verliert zwar seine Monopolstellung auf diesem Gebiet, repräsentiert und garantiert aber bis weit in die Neuzeit hinein die Einheit der wissenschaftlichen Kultur Europas. Die im Spätmittelalter durch die Verbreitung des Papiers (das die Araber im 12. Jh. nach Spanien brachten) rapide ansteigende Schriftlichkeit kommt der literarischen Ausbreitung der Volkssprachen zugute.

Volkssprachen

Ein *nationales Selbstbewusstsein* fördert das Bewusstsein des Wertes der eigenen Sprache sowohl dem Lateinischen als auch den anderen Volkssprachen gegenüber. In diesem Sinne kommen die Sprachen Frankreichs, das (Nord-)Französische und das Provenzalische, am frühesten zur Blüte. In Poesie und Prosa, Geschichtsschreibung, Kanzleierzeugnissen und wissenschaftlicher *Literatur* formt sich vom 12. zum 14. Jh. eine französische Sprachkultur, die in dieser Glanzzeit eine internationale Reichweite erlangt und die semantische und literarische Entwicklung anderer Volkssprachen nachhaltig beeinflusst. Manche Sprachen, wie das Italienische, Englische und Spanische, müssen sich gegen den französischen Kulturprimat ebenso durchsetzen wie gegen den lateinischen. Auch das Deutsche gewinnt an Substanz durch die zahlreichen Übersetzungen und Bearbeitungen französischer Vorlagen. Im Zuge der deutschen Ost-

nationales Selbstbewusstsein Literatur

Die großen volkssprachlichen Werke

große volkssprachliche Werke

Autor/Werk	Gattung	Zeit
Französisch/Provenzalisch		
Anonym (Turold?): *Chanson de Roland*	Chanson de geste	vor 1109
Troubadoure:	Lyrik/Minnelyrik	12. Jh.
Chrétien de Troyes († vor 1190): *Erec et Enide; Yvain; Lancelot; Perceval*	Romans courtois	1160/1190
Guillaume de Lorris: *Roman de la Rose I*	Allegorie-Satire	vor 1234
Jehan Clopinel de Meung: *Roman de la Rose II*	Allegorie-Satire	um 1275
Pierre de Saint-Cloud, Jacquemart Gelée u. a.: *Roman de Renart*	Fuchsroman	13. Jh.
Philippe de Beaumanoir (* um 1250, † 1296): *Coutume de Beauvaisis*	Rechtsbuch	1280–1283
Jean de Joinville (* 1224, † 1317): *Histoire de Saint Louis*	Geschichtsschreibung	1304–1309
Jean Froissart (* 1337, † um 1411): *Chroniques de France*	Geschichtsschreibung	ab 1370
Philippe de Commynes (* 1447, † 1511): *Mémoires*	Geschichtsschreibung	um 1500
Italienisch		
Dante Alighieri (* 1265, † 1321): *La vita nuova; Divina Commedia*	Lyrik; „Komödie"	1293/1307
Francesco Petrarca (* 1304, † 1374): *Il canzoniere (u. a. Italia mia)*	Lyrik	1327–1348
Giovanni Boccaccio (* 1313, † 1375): *Decamerone*	Novellen	1348–1353
Giovanni Villani († 1348): *Cronica (Florenz)*	Geschichtsschreibung	bis 1348
Matteo Villani († 1364): *Cronica (Florenz)*	Geschichtsschreibung	bis 1364
Spanisch (Kastilisch)		
Anonym: *Cantar de mio Cid*	Cantares de gesta	um 1145
Anonym (angeregt durch König Alfons X. den Weisen): *Las siete partidas*	Rechtsbuch	2. H. 13. Jh.
Anonym: *Crónica general de España*	Geschichtsschreibung	2. H. 13. Jh.
Juan Ruiz de Hita (* um 1300, † vor 1367): *Libro de Cantares*	Roman mit Lyrik	vor 1367
Martinez de Toledo (* um 1398, † 1470): *Corbacho*	Satire	1438
Englisch		
Mehrere Verfasser: *Yearbooks*	Rechtsbuch	1292
William Langland (* um 1330, † um 1400): *Piers the Plowman*	Allegorie	1362
John Wiclif of Yorkshire (* um 1320, † 1384): Anregungen zur Bibelübersetzung		1380–1384
Geoffrey Chaucer (* um 1340, † 1400): *Canterbury Tales*	Epik	1387–1400
Altwestnordisch (Norwegisch/Isländisch)		
Mehrere Verfasser: *Götterlieder; Heldenlieder*	Poetische Edda	9. bis 12. Jh.
Snorri Sturluson (* 1178, † 1241): *Snorra-Edda; Heimskringla*	Prosa-Edda; Saga	1220/1230
Dänisch		
Mehrere Verfasser: *Folkeviser*	Heldenlieder	12./13. Jh.
Anonym: *Skånske lov*	Rechtsbuch	Anf. 13. Jh.
Anonym: *Jydske lov*	Rechtsbuch	1241
Schwedisch		
Eskil (13. Jh.): *Vestgötalag*	Rechtsbuch	vor 1250
Anonym: *Erikskrönika*	Geschichtsschreibung	um 1330
Mehrere Verfasser: *Visböker*	Balladen	15. Jh.
Tschechisch		
Sog. Dalimil: *Rýmovaná kronika česká (Böhmisch-Tschechische Reimchronik)*	Geschichtsschreibung	vor 1314
Tomáš Štítný (* 1331, † um 1401): *Řeči besedni u. a.*	Religiöse Prosa	1376
Jan Hus (* um 1369, † 1415): *Postillen, Briefe aus Konstanz*		1412–1414
Petr Chelčický (* um 1390, † 1460): *Sít' víry*	Sozialkritik	1440–1443
Russisch		
Nestor: *Powest' wremennych let (" Nestorchronik")*	Geschichtsschreibung	bis 1113
Anonym: *Slowo o polku Igorewe ("Igorlied")*	Epos	12. Jh.
Deutsch		
Heinrich von Veldeke (* um 1140, † vor 1200): *Eneit*	Höfisches Epos	1170–1190
Hartmann von Aue (* um 1170, † um 1215): *Erec; Armer Heinrich; Iwein*	Höfisches Epos	1185–1200
Gottfried von Straßburg († nach 1210): *Tristan und Isolde*	Höfisches Epos	um 1210
Wolfram von Eschenbach (* um 1170, † um 1220): *Parzival; Willehalm*	Höfisches Epos	1200–1220
Anonym: *Nibelungenlied*	Heldenepos	um 1200
Walther von der Vogelweide (* um 1170, † 1230)	Minnesang	1190–1230
Oswald von Wolkenstein (* um 1377. † 1445)	Minnesang	14./15. Jh.
Meister Eckhart von Hochheim (* um 1260, † 1327): *Büchlein der göttlichen Tröstung*	Mystik	13./14. Jh.
Johannes von Tepl (* um 1350, † um 1414): *Ackermann aus Böhmen*	Prosaroman	um 1400
Heinrich Wittenweiler: *Der Ring*	Lehrdichtung	um 1400
Sebastian Brant (* 1457, † 1521): *Das Narrenschiff*	Didaktik-Satire	1494
Eike von Repgow (* vor 1190, † nach 1233): *Sachsenspiegel*	Rechtsbuch	um 1224–1227
Eike von Repgow?: *Sächsische Weltchronik*	Geschichtsschreibung	vor 1233
Ottokar aus der Geul (* um 1265, † 1319/1321): *Steirische Reimchronik*	Geschichtsschreibung	1301–1319
Jakob Twinger von Königshofen (* 1346, † 1420): *Deutsche Chronik*	Geschichtsschreibung	seit 1382
Tileman Elhen von Wolfshagen (* 1348, † 1420): *Limburger Chronik*	Geschichtsschreibung	1378–1398
Burkhard Zink (* um 1386, † 1474/75): *Augsburger Chronik*	Geschichtsschreibung	1450–1468

bewegung trägt die deutsche Sprache neben Latein und Französisch zur Entwicklung slawischer Sprachen bei. In weiten Teilen Europas wird eine *literarische Verbürgerlichung* deutlich. Gewiss ist diese Entwicklung nicht einheitlich: Höfische Literatur, ritterliche Turniere und Feste erleben v. a. in Burgund eine Spätblüte (1430 Ritterorden vom Goldenen Vlies), und der Adel bleibt auf solchen und anderen Gebieten noch lange im Vordergrund, auch über das Spätmittelalter hinaus. Ihrerseits rezipiert die bürgerliche Oberschicht adlige Ideale und Lebensformen.

literarische Verbürgerlichung

Die Prosa dringt immer stärker in bisher von der Versform dominierte Gattungen ein, Versepen werden in Prosaversionen umgearbeitet: Das Interesse an stofflich orientierter, nüchterner Erzählliteratur wird stärker, und es kommt der Ausbreitung der Prosa zugute, dass jetzt mehr gelesen als vorgetragen wird – eine Entwicklung, die sich nach Einführung des Drucks mit beweglichen Lettern im 15. Jh. rasch beschleunigt. Überdies sprechen zeitgenössische Quellen der Prosa einen größeren Wahrheitsgehalt im Vergleich zur Versliteratur zu. Schon um 1220/1227 schafft Eike von Repgow ein Vorbild der Rechtsprosa im „Sachsenspiegel".

In der *Geschichtsschreibung* ist bei den weiterhin gepflegten Annalen und Chroniken (Klosterneuburger Chronik in deutscher Prosa, zwischen 1322 und 1428) eine stärkere Berücksichtigung des Individuellen und des Alltäglichen zu beobachten. Alfons der Weise (1252–1284 König von Kastilien) lässt eine unvollendete Menschheitsgeschichte „Crónica general de España" verfassen, die auf arabischen und europäisch-volkssprachlichen Materialien fußt. Die spätmittelalterliche Historiografie bleibt im heilsgeschichtlichen Rahmen, bemüht sich jedoch zunehmend um Genauigkeit in der Darstellung sowohl der Tatsachen und Umstände als auch der Charaktere (Joinville, „Histoire de Saint Louis", 1304–1309). Augenzeugenberichte werden öfter herangezogen (Froissart), auch die belehrende bzw. anklagende Zielsetzung kommt zu ihrem Recht (Commynes, „Mémoires", 1489–1498). Schließlich rückt die Schilderung des Stadtlebens mit in den Vordergrund („Nuova Cronica" des Florentiner Kaufmanns Giovanni Villani [*um 1276, †1348], verbindet heilsgeschichtliche Weltchronik mit patrizischer Stadtchronik und Wirtschaftsgeschichte; „The Great Chronicle of London", 15. Jh.). Historisch-politische Themen werden weiterhin auch in der Lyrik behandelt, hauptsächlich aber in der Epik („Vox Clamantis" von John Gower [†1408], behandelt u. a. den englischen Bauernaufstand von 1381). Passionsspiele (in Deutschland) und Mysterienspiele (in England und den romanischen Ländern) weisen auf die Verbürgerlichung einer kirchlichen Literatur (liturgische Spiele) hin, was sich im 15. Jh. verstärkt fortsetzt (Moralitäten, z. B. englisches „Everyman"-Spiel; deutsche Fastnachtsspiele, französische Farcen) in lebensvollen, teilweise derben Schilderungen. Im 15./16. Jh. führen die deutschen Meistersinger (in Singschulen organisierte, bürgerliche Dichter-Handwerker) die Tradition von Minnesang und Spruchdichtung fort. Autobiografische Inhalte, die in der Lyrik eines François Villon und Oswald von Wolkenstein zum Ausdruck kommen, lassen die Dichterpersönlichkeit stärker hervortreten (Porträt des letztgenannten in der Innsbrucker Handschrift von 1442).

Geschichtsschreibung

Als erste bricht die kaufmännische Oberschicht die Bildungs- und Kulturhoheit des Klerus und geht in ihren Kontoren zur Schriftlichkeit über. Im 14. Jh. wird hier die Buchführung allgemein üblich. Die Städte richten in scharfer Konkurrenz zu den geistlichen Dom- und Stiftsschulen eigene *Schulen* ein, die dem Nachwuchs in Kaufmannschaft, Rat und Schreiberamt ein praktisches Wissen vermitteln sollen: Neben Lesen, Schreiben und Rechnen, Latein und Kirchengesang vor allem die Stilisierung der Urkunden und der geschäftlichen und politischen Korrespondenz. Der Bedarf an geschulten Kräften verschafft den Universitätsbesuchern, insbesondere Juristen sowohl des kirchlichen als des weltlichen (kaiserlichen) Rechts wachsenden Einfluss. Kaiser Friedrich II. hat bereits 1224 in Neapel die Landesuniversität für das sizilische Königreich gegründet, um dieser Entwicklung Rechnung zu tragen. Damit wird der zunehmenden *Verrechtlichung des Lebens* entsprochen, durch die es eher als zuvor möglich (aber auch nötig) wird, Verfahrensweisen in nicht mehr überschaubaren, weil in größerem Maßstab organisierten und komplizierter gewordenen gesellschaftlichen Einheiten einzuüben und (staatlich-herrschaftlich) zu verfestigen: Die auf ein bestimmtes Reich bezogene, an der Rationalität orientierte, positive Rechtsetzung durch den Fürsten (frühes Beispiel: Friedrichs II. Konstitutionen von Melfi, 1231) kann sich zwar nicht von den hergebrachten Normen lösen, beginnt aber erfolgreich mit der Durchsetzung eines staatlichen Monopols der Reglementierung, *Rechtsetzung* und Rechtsprechung, das sich auf weite Bereiche auch des täglichen Lebens erstreckt (ab Ende 13. Jh. Kleiderordnungen). Die schriftliche Fixierung fängt an, das Rechtsleben zu beherrschen (zunehmende Aufzeichnung auch von Gewohnheitsrechten unter Einfluss gelehrter Juristen).

Schulen

Verrechtlichung des Lebens

Rechtsetzung

Die Rationalisierung von Denkgewohnheiten, Naturbetrachtung und Untersuchungsmethoden kommt der Begegnung mit der arabischen *Wissenschaft* zugute, die über die beiden Kontaktzonen Sizilien (Friedrich II.) und Toledo (Alfons der Weise von Kastilien) in hohem Maße befruchtend wirkt, auch durch Vermittlung antiken Bildungsguts (zahlreiche Übersetzungen); Einführung der arabischen Astronomie im 13. Jh., der Brille um 1350. Erste mechanische Uhren Ende 13. Jh. Mit den Anfängen der Chemie bzw. Alchimie wird der Aufstieg der experimentellen Wissenschaften eingeleitet, Schießpulver und Kanone (Ballistik) revolutionieren das Kriegswesen und setzen weit darüber hinausgreifende Entwicklungen (mit) in Gang. Kompass (13. Jh.?) und Achterruder (14. Jh.) stehen am Anfang eines neuen Zeit-

Wissenschaft

alters von Seefahrt, Fernhandel und Politik. Die Wissenschaft beginnt, die Welt umzugestalten und das Weltbild zu verändern.

Aufkommen des Buchdrucks

Das *Aufkommen des Buchdrucks* ermöglicht eine leichtere und raschere Kommunikation. Als Ersterfinder des Buchdrucks sind die Chinesen anzusehen (Lettern aus Ton im 11. Jh. n. Chr.), ihre Erfindung gelangt aber nicht nach Europa. Anders ist es mit dem Papier: Erfunden in China im 1. Jh. n. Chr., wandert es über die Araber und Spanien nach Europa; erste deutsche Papiermühle 1390 in Nürnberg. Papier ist sehr viel billiger als Pergament, es ist die Voraussetzung der Ausbreitung des Buchdrucks. Für Europa erfindet Johannes Gensfleisch zum Gutenberg in Straßburg, dann in Mainz die Kunst des Drucks mit wiederverwendbaren Einzellettern, zunächst aus Holz, dann aus Metall (1436–1445). 1455 wird als erstes größeres Druckwerk die lateinische „Gutenbergbibel" fertig gestellt (Auflage zwischen 100 und 200, heute erhalten noch 40 Exemplare). Formales Vorbild der frühen Buchdrucker sind die Traditionen der handgeschriebenem Bücher; viele Inkunabeln (= Wiegendrucke; vor 1500) sind von Handschriften kaum zu unterscheiden. 1457 erscheint in der Mainzer Werkstatt (aus der Gutenberg aus finanziellen Gründen hinausgedrängt worden ist) das „Psalterium Moguntinum", 1465 Ciceros „De officiis". Die Ausbreitung der neuen Technik geschieht mit frappanter Schnelligkeit. Das Interesse, die relativ billigen gedruckten Bücher zu kaufen, ist gewaltig. Gedruckt werden nicht nur kirchliche und wissenschaftliche Schriften, sondern sehr bald auch volkstümliche, vielfach mit Holzschnitten geschmückte Bücher (v. a. in Straßburg).

älteste Druckorte

Älteste Druckorte

1465	Subiaco bei Rom	1476	Abtei Westminster bei London, Pilsen
1469	Venedig	1477	Basel, Stockholm
1470	Nürnberg, Neapel, Paris, Beromünster	1487	Prag
1471	Bamberg, Bologna, Budapest	1489	Kopenhagen
1472	Florenz	1498	Danzig
1473	Lübeck, Lyon, Valencia, Utrecht	Ende 15. Jh.	Druckerpressen in mehr als 60 deutschen Städten
1475	Barcelona, Brügge, Krakau		

Spätscholastik

Von den Wandlungen der Zeit sind auch die scholastische Philosophie und Theologie und die Mystik betroffen. Die heutige Wertung der *„Spätscholastik"* ist noch in der Diskussion begriffen: Die Verfallsthese wird fraglich, ebenfalls die vom Vorherrschen des Nominalismus. Das Interesse an formalen logischen Problemen wird aus ähnlicher heutiger Situation her eher positiv bewertet. Man entdeckt zunehmend die positive Gründungsfunktion der späten Hochscholastik und der Spätscholastik für die Neuzeit; damit wird die „Epochenschwelle" problematisch.

Mystik

Mystik war immer schon Korrelat der Scholastik. Die zentrale Gestalt mittelalterlicher Mystik ist Meister Eckhart (*um 1260, †1327). Seine mittelhochdeutsch erhaltenen Predigten allein vermitteln ein falsches Bild, die lateinischen „wissenschaftlichen" Schriften müssen hinzukommen. Eckharts Formulierungen, zumal die in den deutschen Predigten, in denen er nicht unter dem Schutz einer langbewährten lateinischen Terminologie steht, mögen mitunter pantheistisch missverständlich sein (daher die Verurteilung von 26 seiner Sätze durch den Papst 1329). An Eckharts subjektiver Orthodoxie ist aber nicht zu zweifeln. In seiner Ethik betont Meister Eckhart den entscheidenden Wert der inneren Gesinnung. Unmittelbare Schüler sind Johannes Tauler (*um 1300, †1361) und Heinrich Seuse (lat. Suso; *1295, †1366). Beide führen das eckhartsche Denken kaum weiter, sind aber durch ihre umfangreiche seelsorgerische Tätigkeit Grund für seine weite Verbreitung in der religiösen Praxis.

Der Flame Jan van Ruysbroeck (*1293, †1381) legt seine Lehre über den Weg des Mystikers zur Gottesschau in zwölf flämischen, kunstvoll aufgebauten Traktaten nieder (Hauptschrift: „Zierde der geistlichen Hochzeit"). Sein Freund Gerhard Grote (*1340, †1384) ist der Begründer der „Brüder des gemeinsamen Lebens" („Fraterherren"). Diese ordensähnliche Genossenschaft verbreitet die Reformbewegung der „neuen Frömmigkeit" („Devotio moderna"): Sie ist schlichter und nüchterner, wohl auch mehr praxisorientiert als die hohe Mystik, aber eindeutig von ihr beeinflusst. Einflussreichster Vertreter: *Thomas Hemerken von Kempen* (*1379/1380, †1471). Seine „Nachfolge Christi" (um 1420 entstanden) wird ein Lieblingsbuch der gesamten Christenheit – bis auf den heutigen Tag.

Thomas Hemerken von Kempen

Dass die geistigen Ursprünge der Neuzeit weit ins Mittelalter hineinreichen, wird in ausnehmender Weise deutlich bei Dietrich von Freiberg (*ca. 1250, †1310). Sein Interesse gilt in auffallender Weise Problemen der Naturforschung (darin Albert dem Großen ähnlich); daneben aber entwickelt er eine Theorie des menschlichen „intellectus", die in ihrer Betonung der gegenstandskonstituierenden Spontaneität des erkennenden Subjektes vieles, was üblicherweise als neuzeitlich gilt, vorwegnimmt.

Johannes Duns Scotus

Johannes Duns Scotus (*um 1265, †1308) hebt in der Ethik den Willen in seiner Eigenständigkeit stärker hervor und macht ihn zur letzten Entscheidungsinstanz des Menschen. Der Wille ist frei, nur durch sich selbst bestimmt. In der Metaphysik wird sowohl gegenüber der platonischen als auch der aristotelischen Tradition der Wert des Einzelnen, Individuellen stärker gesehen.

Nach *Wilhelm von Ockham* (*um 1285, †1347) sind unsere Allgemeinbegriffe nur Zeichen, das Universale ist „etwas von uns Gebildetes" (quoddam fictum). Man pflegt diese Position unter die des Nominalismus zu rechnen (Allgemeines nur Name, Gegenposition Realismus: Allgemeines in den realen Dingen), streng genommen ist es ein Konzeptualismus (Allgemeines nur Begriff). In der Gotteslehre betont Wilhelm noch stärker als Duns Scotus den Primat des göttlichen Willens: Seine Macht ist absolut, jedoch hält er sich in ihrer Ausübung an die einmal von ihm positiv gesetzte Ordnung, er ist an sie gebunden.

Wilhelm von Ockham

Die überragende Gestalt am Ausgang der Spätscholastik ist *Nikolaus von Kues* (Cusanus; *1401, †1464). Ab 1432 nimmt er am Baseler Konzil teil, 1450 wird er Kardinal und Bischof von Brixen. Als Legat für Deutschland unternimmt er weite Legationsreisen, ist intensiv um die Kirchenreform bemüht. Sein schriftliches Werk enthält juristisch-kirchenpolitische sowie mathematische Schriften, behandelt astronomische Fragen, entwickelt eine frühe Theorie des naturwissenschaftlichen Experiments. Der Schwerpunkt liegt auf Philosophie und Theologie, auf spekulativer Mystik und in der umfangreichen Predigtsammlung. In der Erkenntnislehre nimmt Nikolaus nominalistische Ansätze auf, überwindet sie aber in einer Theorie der Spontaneität des menschlichen Geistes. Gott ist der – oder gar über dem – „Zusammenfall der Gegensätze" (coincidentia oppositorum), ihn kann man nur in „belehrter Unwissenheit" (docta ignorantia – gleich lautende Schrift von 1440) erkennen. Präzise Wesenserkenntnis gibt es auch nicht von der Welt, Gott- und Welterkenntnis ist „Mutmaßung" (coniectura – gleich lautende Schrift 1444). Wohl aber gibt es partielle Wesenserkenntnis durch spontan gebildete Begriffe; diese Begriffe fassen außergeistige Realität, da sie Abbild des urbildlichen menschlichen Geistes ist. Eine solche Theorie weist vor auf den Deutschen Idealismus, auch wenn die Wege der Wirkungsgeschichte noch vielfach unerforscht sind.

Nikolaus von Kues

In dieser Erkenntnislehre begründet ist der cusanische *Toleranzgedanke* („De pace fidei" 1453): Auch die christliche Religion hat nicht die „präzise" Wahrheit, wenn sie ihr auch relativ am nächsten steht. Partieller Wahrheitsgehalt ist in allen Religionen. Es gibt nur „eine Religion in vielfachen rituellen Ausprägungen" (religio una in rituum varietate). „De pace fidei" ist, entgegen den anderen cusanischen Schriften, noch der deutschen Aufklärung bekannt: Lessings „Nathan" entsteht dann unter nachweislichem Einfluss dieser Schrift.

Toleranzgedanke

Eine besonders starke Betonung der menschlichen Vernunft kommt zum Ausdruck bei *Marsilius von Padua* (*um 1280, †1342) in seiner 1324 vollendeten Schrift „Defensor pacis". In den politisch-religiösen Konflikten seiner Zeit stehend (er flieht nach Bekanntwerden der Verfasserschaft zu Kaiser Ludwig IV. und wird als dessen Ratgeber 1327 vom Papst gebannt), bestreitet seine Staatstheorie nicht nur den universalen päpstlichen Herrschaftsanspruch (ohne ihn durch einen kaiserlichen ersetzen zu wollen), sondern – ähnlich wie bald darauf John Wiclif – die Berechtigung jeder „weltlichen Herrschaft" der Kirche. Die Normen für das Zusammenleben sind auf die menschliche Vernunft gegründet. Damit macht er eine deutliche Unterscheidung zwischen göttlichem Bereich (christliche Offenbarung) und menschlichem Bereich (Vernunft). Die letzte Konsequenz ist die Postulierung der Volkssouveränität.

Marsilius von Padua

Vernunfterkenntnis und religiöse Toleranz, Rationalität und Verrechtlichung, Wissenschaftlichkeit und Naturbeobachtung sind dort am deutlichsten ausgeprägt, wo in Kultur, Gesellschaft und Politik das Laienelement am stärksten hervortritt und die Handel treibende bürgerliche Oberschicht schon im Hochmittelalter großen wirtschaftlichen Einfluss besitzt: In der hoch entwickelten italienischen Stadtkultur, zunächst im bürgerlichen Florenz, vereinigen sich diese Elemente mit einem wachsenden Interesse an der durch Baudenkmäler, künstlerische Hinterlassenschaften und Traditionen gleichsam noch vorhandenen römischen Vergangenheit, der sich der Dichter Francesco Petrarca (*1304, †1374) durch seine Hinwendung zur Rhetorik Ciceros und zur antiken Moralphilosophie widmet. Aus der Rückbesinnung auf Sprache, Literatur und Wissenschaft der Antike erwächst eine Bewegung, die man seit dem 19. Jh. als *Humanismus* bezeichnet und die sich nach den Konzilen von Konstanz (1414–1418) und Basel (1431–1449), teilweise ab 1437/1438 in Ferrara, ab 1439 in Florenz) nach Frankreich, Spanien, England und weiteren europäischen Ländern ausbreitet, nach Deutschland u.a. durch Niklas von Wyle (*um 1410, †1478), Albrecht von Eyb (*1420, †1475), Jakob Wimpfeling (*1450, †1528), Conrad Celtis (*1459, †1508), Conrad Peutinger (*1465, †1547) und Willibald Pirkheimer (Pirckheimer; *1470, †1530). Die von der geistig-literarischen Bewegung stimulierte *Wiederentdeckung der antiken Kunst* führt, mit Italien im Spätmittelalter beginnend, zur *Renaissance*. In ihrer Ausbreitung über fast ganz Europa sowie in ihrer Verbindung mit dem Humanismus wird diese zum Begriff der die Neuzeit einleitenden Epoche.

Humanismus

Wiederentdeckung antiker Kunst Renaissance

Die europäische Staatenwelt des Mittelalters

Frankreich (843–1498)
(Forts. v. S. 387)

Das Westfrankenreich (843–987)

Karl II., der Kahle — *Karl II., der Kahle*, dem im Vertrag von Verdun (843) das westliche Reichsgebiet zugesprochen wird, versteht es, diesen Herrschaftsanspruch durchzusetzen und im Vertrag von Coulaines (843) durch ein festes Übereinkommen mit dem Adel und der Geistlichkeit das westfränkische (Teil-)Reich zu konsolidieren. Klerus und Adel treten dem König hier korporativ in einem „foedus concordiae salubris" gegenüber, wodurch fortan das Westfrankenreich nicht allein auf dem Königtum Karls, sondern ebenso auch auf der Gesamtheit seiner Fideles, die ihm als Partner gegenüberstehen, beruht. Auf diese Weise entsteht erstmals ein *Verbundsystem des Westreiches*, das zwar infolge der divergierenden Interessen von König, Adel und Klerus nur auf dem kleinsten gemeinsamen Nenner aufgebaut ist, sich aber dennoch in den schweren Belastungen der Folgezeit (Normannen, Kriege der Teilreiche untereinander, fortschreitende Feudalisierung der Lehen und des Kirchenbesitzes einschließlich der Bistümer) als zwar dünnes, aber elastisches Netz erweist. Seit Coulaines zeigt sich auch die führende politische Rolle der Geistlichkeit im Westfrankenreich, vor allem im korporativen Handeln der Prälaten.

Verbundsystem des Westreiches

Entgegen früheren Auffassungen bildet die trotz mancher Rückschläge erfolgreiche Herrschaft Karls des Kahlen einen Markstein in der Entwicklung zur Einheit der französischen Nation. Wenn allerdings schon seit Karl dem Kahlen und mehr noch unter dessen Nachfolgern in großem Maße Kirchengut, besonders ertragreiche Abteien, an die großen westfränkischen Adelsfamilien (Welfen, Robertiner, Rorgoniden u.a.) vergeben wird (teilweise als Belohnung für Beistand im Kampf gegen die normannischen Invasionen), dann kündigt sich hier sehr deutlich der *Verfall der Königsmacht* und der karolingischen Kirchenherrschaft an. Man kann von einer Re-Regionalisierung der bischöflichen Herrschaft sprechen. Was einst Karl Martell für etwa hundert Jahre erreicht und Karl d.Gr. in festen Formen institutionalisiert hat: Die Zentralisierung der fränkischen Kirche im Dienste der Königsherrschaft wird mit der Vergabe von Abteien an eine sich regional und strukturell verfestigende Aristokratie rückgängig gemacht. Gleichzeitig geraten auch die Bistümer mehr und mehr in die Hände eines machtvollen *Regionaladels*, womit derselbe in seinem Bereich politische und Kirchenherrschaft erfolgreich verbinden kann. So entsteht das französische Fürstentum des 10. Jh.s.

Verfall der Königsmacht

Regionaladel

Vertrag von Verdun

843–877 Karl II., der Kahle, dem der *Vertrag von Verdun* (843) das westliche Teilreich zugesprochen hat.

843 Vertrag von Coulaines (bei Le Mans); Interessenausgleich zwischen dem Königtum einerseits, Adel und Kirche andererseits.
Der von Ludwig dem Frommen 826 zum Grafen der Bretonischen Mark eingesetzte Nominoe, selbst Bretone, empört sich.

845 Er schlägt Karl den Kahlen bei Ballon, lässt sich zum König salben und trennt durch Gründung des Erzbistums Dol die bretonische Kirche von der Kirchenprovinz Tours. Sein Staat ist nach fränkischem Vorbild organisiert. Er erobert die fränkischen Grafschaften Rennes, Vannes und Nantes sowie das Land Retz südlich der Loire.

848 Karl muss die Herrschaft Pippins II. von Aquitanien anerkennen (er wird aber zum König der Aquitanier gesalbt).

851 Nach dem Tod des Bretonen Nominoe bestätigt Karl der Kahle dem Sohn Erispoe diesen Besitz und sendet ihm die königlichen Insignien gegen Anerkennung der Lehnshoheit. Die Bretagne bleibt nun als Grafschaft oder Herzogtum jahrhundertelang von Frankreich tatsächlich unabhängig.

855 Der Königssohn Karl das Kind als Unterkönig in Aquitanien († 866),

856 sein Bruder Ludwig der Stammler in Neustrien eingesetzt († 879).

nach 864 Beseitigung Pippins II. von Aquitanien.

Vertrag von Meerssen

870 Karls *Vertrag von Meerssen* mit seinem Bruder Ludwig dem Deutschen (Zweiteilung des Reichs nördlich der Alpen an der Maas-Saône-Grenze auf Kosten von Lothars I. [† 855] Sohn Kaiser Ludwig II.).

875	*Karls des Kahlen Romzug und Kaiserkrönung* (durch den Papst – von nun an konstitutiv für die Kaiserwürde) nach Kaiser Ludwigs II. Tod.	*Kaiserkrönung Karls d. Kahlen*
876	Schlacht von Andernach, Niederlage des Kaisers gegen Ludwigs des Deutschen († 876) Sohn Ludwig d. J.	
877	Das Kapitular von Quierzy-sur-Oise setzt die aus Billigkeit übliche Erblichkeit der Lehen voraus, ordnet sie aber nicht als Rechtssatz an.	
	Karls Hauptberater ist Erzbischof (845–882) Hincmar von Reims, Verfechter der Metropolitangewalt gegen die Suffragane, bedeutender Theologe und Kirchenrechtler.	
	Tod Karls des Kahlen auf einem gescheiterten Italienzug.	
877–879	Karls Sohn, *König Ludwig II.*, der Stammler.	*König Ludwig II.*
879	Beginn neuer, schwerer Verwüstungen durch die zum „Großen Heer" vereinigten Normannen.	
880–882	Ludwigs II. Söhne Ludwig III. (879–882) und Karlmann (879–884) regieren zeitweilig nur im Süden (Burgund, Aquitanien) bzw. Norden (Francia, Neustrien).	
880	Verlust des westlichen Lotharingien durch den Vertrag von Ribemont an das Ostreich.	
881	Ludwig III. besiegt die Normannen bei Saucourt, trotzdem weitere Einfälle.	
885–887	*Kaiser Karl III.* auch in Westfranken als Herrscher anerkannt, womit das Reich Karls d.Gr. für kurze Zeit noch einmal vereinigt ist.	*Kaiser Karl III.*
888–898	Odo, Graf von Paris; nach Kaiser Karls III. Absetzung zum König gewählt. Erster nichtkarolingischer König des Westfrankenreichs, Sohn Roberts des Tapferen von Franzien.	
898–923	Der Karolinger *Karl III., der Einfältige*, letzter Sohn Ludwigs des Stammlers; 893 zum *Gegenkönig* gewählt, 896/97 von Odo als Nachfolger anerkannt. Karls direkte Herrschaft ist jedoch auf eine stark zusammengeschrumpfte Krondomäne (Eigenterritorium des Königs; Laon als Mittelpunkt) beschränkt.	*Karl III. Gegenkönig*
911	Nach entscheidendem Sieg über die Normannen schließt Karl der Einfältige in Saint-Clair-sur-Epte einen Vertrag mit einem Teil von ihnen unter Rollo, wodurch sie im Besitz der Normandie (ursprünglich wohl nur der Haute-Normandie, Dep. Seine-Inférieure und Eure) anerkannt werden (später Ausdehnung nach Westen bis zur Bretagne und zeitweise Lehnshoheit über diese; die tatsächliche Ansiedlung in dem wüst liegenden Land hat bereits etwa zwanzig Jahre vor 911 begonnen).	
	Nach dem Tod des letzten ostfränkischen Karolingers, Ludwigs des Kindes, erobert Karl der Einfältige Lothringen (bis 923/25).	
922	Der Bruder von König Karls Vorgänger, Robert von Franzien (König Robert I.), von den Großen zum König erhoben.	
923	Robert fällt aber im Kampf; daraufhin erheben die Großen Roberts I. Schwiegersohn Rudolf (923–936) von Burgund zum König. Karl verräterisch gefangen genommen.	
929	Karl endet im Kerker.	
936	König Rudolf stirbt kinderlos.	
936–954	*König Ludwig IV.*, der Überseeische (Transmarinus), Sohn Karls des Einfältigen (in England aufgewachsen).	*König Ludwig IV.*
	Sein Gegenspieler wird der schon unter König Rudolf sehr mächtige Sohn König Roberts I., Hugo Magnus, Herzog von Franzien, dessen Herrschaftsgebiet sich von der Loire bis zur Seine und von Paris bis Orléans erstreckt. Wechselvoller Konflikt mit Eingreifen Ottos des Großen.	
954–986	Ludwigs unmündiger Sohn *König Lothar*, gegen bedeutende Zugeständnisse mit Unterstützung Hugos von Franzien erhoben.	*König Lothar*
956	Herzog Hugo †.	
978	Feldzug gegen Otto II., schließlich Verzicht auf Lothringen.	
986–987	Lothars Sohn *Ludwig V.*, letzter karolingischer König.	*Ludwig V.*
991	Die Karolinger sterben aus als Herzöge von Niederlothringen mit Karl, der gefangen genommen wird (Todesjahr unbekannt), Lothars Bruder, und Karls Sohn Otto (vor 1031).	

Die großen Herzogtümer und Grafschaften

Die spätkarolingischen großen Adelsherrschaften und die „Territorien" der Kronvasallen der früheren Kapetingerzeit sind in ihrer Bedeutung mit dem geläufigen Begriff der „Adelsanarchie" nicht zu fassen. Vielmehr stellen sie vermöge ihrer modernen, effektiveren Verwaltungsorganisation Bausteine für den künftigen Königsstaat dar. Für den Aufstieg der Kapetinger ist es bedeutsam, dass sie immerhin gewichtige Reste der karolingischen Kirchenherrschaft im gesamten Westfrankenreich (14 Bistümer z.Z. Hugo Capets [König 987–996]) behalten und schrittweise vermehren, also auch im Herrschaftsbereich der Kronvasallen ausbaufähige Stützpunkte und königliche Rechte aus karolingischem Erbe besitzen. Durch

Feudalisierung die in Frankreich viel früher als in Deutschland einsetzende *Feudalisierung* werden die großen Territorien (Herzogtum Aquitanien, Herzogtum Gascogne, Grafschaft Toulouse, Herzogtum Burgund, Herzogtum Franzien, Grafschaft Flandern, Bretagne) jedoch geschwächt (wie sie vorher das Königtum ausgehöhlt haben), sodass die Grafen oder Herzöge in den Territorien nur einen Teil ihres Gebiets unmittelbar beherrschen, während im Rest „seigneurs", „châtelains", „vicomtes" oder „comtes" als ihre Vasallen das Heft in die Hand bekommen. Die feudale Landkarte Frankreichs weist so schon im 10. Jh. ein so buntes Getäfel auf wie die deutsche erst im 13. Jh. – eine Sonderrolle spielen Aquitanien und vor allem Burgund.

Aquitanien *Aquitanien*, von der Loire bis zu den Pyrenäen: Die romanische Sprache lebt ungebrochen von germanischem Einfluss fort. Altfranzösisch und Occitanisch (auch „Provenzalisch", da man seit ca. 1080 die Südfranzosen Provinciales nennt) stehen sich als zwei Sprachen gegenüber. Stärkstes Widerstreben gegen die fränkische Herrschaft zwingt die Karolinger von Karl d.Gr. († 814) bis zu Karl dem Kahlen († 877) zur Einsetzung von Unterkönigen.

Burgund *Burgund*: In Nieder- oder Südburgund (meist Provence genannt) hat die Abtrennung bereits begonnen, als Boso, Schwager Karls des Kahlen, 879 in Mantaille bei Vienne von den Bischöfen des Landes zum König gewählt wird. Es ist die erste Usurpation einer selbstständigen Königsherrschaft durch einen Nichtkarolinger. Nach dem Tod Bosos von Vienne wird zunächst Kaiser Karl III. auch in der Provence als Herrscher anerkannt. Bosos junger Sohn Ludwig wird erst 890 in Valence zum König gewählt, nachdem er dem ostfränkischen Karolinger Arnulf von Kärnten als Oberherrn gehuldigt hat. Ludwig der Blinde († 928) wird König von Italien und Kaiser.

Hochburgund *Hoch-(Nord)-Burgund* oder juranisches Burgund: In Saint-Maurice im Wallis wird 888 der Welfe Rudolf I. († 912) von Bischöfen und weltlichen Großen zum König gewählt. Sein Reich umfasst die Schweiz von Basel bis zum Wallis, Waadt und Genf, ferner die Gebiete von Lyon, Besançon und Aosta. Rudolf II. (912–937) erhält von Herzog Burchard II. von Schwaben als Mitgift seiner Tochter Bertha den Aargau, sodass die Grenze 922 von der Aare zur Reuß verschoben wird, und ist 922–926 König von Italien.

Niederburgund In *Niederburgund* übt unter Ludwig dem Blinden Graf Hugo von Vienne die tatsächliche Herrschaft aus; 926 nach Italien als König; 945 wieder nach Niederburgund vertrieben; gestorben 947. Das Land fällt an Konrad von Hochburgund (937–993), der also die nördliche und die südliche Reichshälfte vereinigt. Nach Rudolfs III. (993–1032) Tod fällt das Königreich Burgund an Deutschland. Später tritt als Hauptstadt des burgundischen Königreichs Arles hervor, daher auch Arelatisches Reich. Seit dem 11. Jh. bildet sich links der Saône im Königreich Burgund, aber über den Fluss ins französische Herzogtum Burgund hinüberreichend, die Frei- oder *Pfalzgrafschaft Burgund*, Hauptorte Dôle und Vesoul. Das Erzbistum Besançon liegt innerhalb der Grafschaft, untersteht aber direkt dem deutschen König. Begründer der Freigrafschaft ist Otto Wilhelm († 1026), Sohn Adalberts von Ivrea, Königs von Italien, der als Flüchtling 971/72 in Autun gestorben ist; er hatte Gerberga, die Nichte des letzten Grafen von Mâcon, geheiratet. Sie hinterließ ihrem Sohn diesen Komitat, nämlich Mâcon, mit der seitdem so genannten „Grafschaft Burgund", vier königlich-burgundischen Gauen zwischen Saône und Jura.

Pfalzgrafschaft Burgund

Frankreich (987–1270)

Krondomäne In der Anfangszeit der kapetingischen Monarchie beherrscht der König nur etwa 10 % des alten westfränkischen Reichsgebietes unmittelbar (*Krondomäne*), der weitere Auflösungsprozess der königlichen Machtstellung wird aber im Laufe weniger Generationen zum Stehen gebracht. Neben der Krondomäne und strukturell mit ihr vergleichbar stehen mehrere bedeutende *Fürstentümer*, deren Inhaber sich im Kampf gegen mindermächtige Lokalgewalten schließlich ebenso durchsetzen wie der König im Kronland. Die älteren vasallitischen Bindungen zwischen diesen Fürstentümern und der Monarchie lösen sich zwar mehr und mehr auf, eine prinzipielle Anerkennung des Königtums bleibt aber erhalten. Seit dem 12. Jh. übernimmt die Krone diese in sich gefestigten Fürstentümer, deren wirtschaftlicher und kultureller Aufstieg sich seit langem vollzogen hat. Dem entspricht eine personale Kontinuität der Führungsschicht, deren Vertreter vielfach auf Adelsfamilien der Karolingerzeit zurückführbar sind. Die gesamte adlige Gesellschaft der Epoche ist durch Lehnsbande miteinander verknüpft, was zugleich ein tief greifendes soziales Phänomen darstellt. Die Beziehung zwischen Herr und Vasall ist gegenseitig, infolgedessen auch ethisch aufzufassen und in hohem Maße kulturfähig.

Fürstentümer

Rittertum Es entsteht unter diesen politischen und sozialen, von der Kirchenreform beeinflussten Voraussetzungen das *Rittertum*, dessen ständische Abschließung ab etwa 1150 zu beobachten ist. Materielle Grundlagen dafür sind der Bevölkerungszuwachs, die Verbesserung landwirtschaftlicher Techniken, der Landesausbau und der Aufschwung des Handels seit der 2. Hälfte des 11. Jh.s.

Entwicklung des Städtewesens Damit einhergehend vollzieht sich die rasche *Entwicklung des Städtewesens* und die Ausbildung der Munizipalverfassung, wobei Flandern eine besondere, auf die französischen Nachbarregionen ausstrahlende

Bedeutung zufällt. Seit Ludwig VI. (1108–1137) nutzt das Königtum diese kommunale Bewegung für seine Zwecke aus. Gleichzeitig kommt es zu engen Beziehungen zwischen der französischen Monarchie und einer Kirche, die im Zuge der gregorianischen Reform spiritualisiert, intellektualisiert und auf das Papsttum als universale Macht gerichtet ist. Die europäische Geltung, ja Autorität der französischen Schulen und des französischen Bildungswesens mit Paris als Zentrum sind teilweise aus diesen Zusammenhängen zu erklären und haben ihre Entsprechung in der neuen bürgerlichen Laienbildung ebenso wie in den älteren Traditionen höfischer Kultur.

Auf diesem Boden gedeiht auch ein gelehrtes *Recht* mit Glossatoren und Kommentatoren; die Legisten in der Umgebung des Königs nutzen das römische Recht zur Stärkung der königlichen Prärogative, ohne freilich das regional unterschiedlich gehandhabte überkommene Gewohnheitsrecht (Coutumes) schon zu beseitigen. Aus schwachen Anfängen ist bis 1270 eine *Monarchie* erwachsen, die mit langen Regierungszeiten der einzelnen Herrscher und nie unterbrochener Sohnesfolge Dynastiewechsel nicht kannte und deshalb, anders als in Deutschland, das Wahlprinzip bei der Königserhebung zugunsten des Erbrechtes immer weiter in den Hintergrund treten ließ.

Rechtswesen

Monarchie

Der Sieg des Lehnswesens und die Zersplitterung Frankreichs (987–1108)

987–1328 Die *Kapetinger* (direkte Linie).
987–996 *König Hugo Capet.*

Kapetinger
König
Hugo Capet

987 Da Ludwig V. († 987) keinen Erben hinterlässt, werden Herzog Hugo Capet (Beiname abgeleitet von cappa = Umhang, Mantel) von Franzien und Erzbischof Adalbero von Reims auf einer Wahlversammlung in Senlis zu Stimmführern einer nordfranzösischen Adelsgruppe. Herzog Karl von Niederlothringen, der Oheim Ludwigs V., wird mit seinem Anspruch abgewiesen, Hugo von den Großen der Francia unter Mitwirkung der Normandie und Burgunds zum König gewählt und anschließend in Noyon gekrönt.

Zur *karolingischen Partei* gehören vor allem der Erzbischof von Sens, die Grafen von Vermandois, Troyes und Blois; gegen Angriffe von dieser Seite will König Hugo sein Haus fürs Erste durch die Erhebung seines Sohnes Robert zum Mitkönig noch im gleichen Jahr sichern und zieht durch die Verheiratung Roberts mit der Witwe des Grafen Arnulf II. von Flandern auch dessen Nachfolger Balduin IV. (988–1035) auf die kapetingische Seite.

karolingische Partei

988 Im folgenden Jahr erobert Karl von Niederlothringen den alten karolingischen Stützpunkt Laon und weist ein königliches Belagerungsheer erfolgreich ab.

989 Durch Verrat des von Hugo eingesetzten Erzbischofs Arnulf, eines Neffen Karls, gewinnt er auch noch Reims.

991 Zwei Jahre lang behauptet der Karolinger diese Position, ohne jedoch seine eigene Königswahl zu betreiben, bis er schließlich durch den bis dahin eidlich an die karolingische Partei gebundenen Bischof Adalbero von Laon in dieser Stadt an König Hugo ausgeliefert wird. Die ganze karolingische Familie lässt Hugo in Orléans einkerkern; sie kommt in der Gefangenschaft um, bis auf den in Lothringen gebliebenen ältesten Sohn Karls, Otto, der vor 1031 erblos als Herzog von Niederlothringen stirbt. Die direkte Nachkommenschaft Karls des Großen endet mit ihm.

Eine neue Auffassung vom Reich im Sinne einer entstehenden französischen Nation gegen die ältere karolingische Universalreichsidee hat der *Dynastiewechsel* nicht gebracht, er beendet aber die zerstörerische Rivalität zweier Familien mit wechselnden adligen Gefolgschaften um das Königtum und retardiert damit den Aufstieg der Regionalgewalten. Den Rückstand gegenüber dem ostfränkisch-deutschen Königtum, das erheblich früher die politische Reichseinheit erreicht hat, vermag die kapetingische Monarchie freilich zunächst nicht aufzuholen und muss noch für Jahrzehnte mit dieser außenpolitischen Lage rechnen. Das zeigt sich sogleich nach dem kapetingischen Sieg im Kampf um die Königsherrschaft, als das von Hugo und Robert betriebene Verfahren gegen den verräterischen Bischof Arnulf

Dynastiewechsel

991–997 zum *Reimser Bistumsstreit* führt.

Sowohl vom Papst wie auch vom deutschen Episkopat werden Bedenken gegen einen königlichen Eingriff in die kirchliche Jurisdiktion in politische Widerstände umgesetzt, die eine schwere Bedrohung der neuen Dynastie insofern darstellen, als von der Oberhoheit über einen Teil der Bistümer die Existenz des Königtums abhängt. Nur wenige ehemals karolingische Ländereien haben die schwache kapetingische Hausmacht vermehrt, die Kronvasallen erwarten für ihre Unterstützung dauernde Förderung, nur das Kirchengut (etwa 20 von insgesamt 77 Bistümern) kann als verlässliche Stütze gelten.

Reimser Bistumsstreit

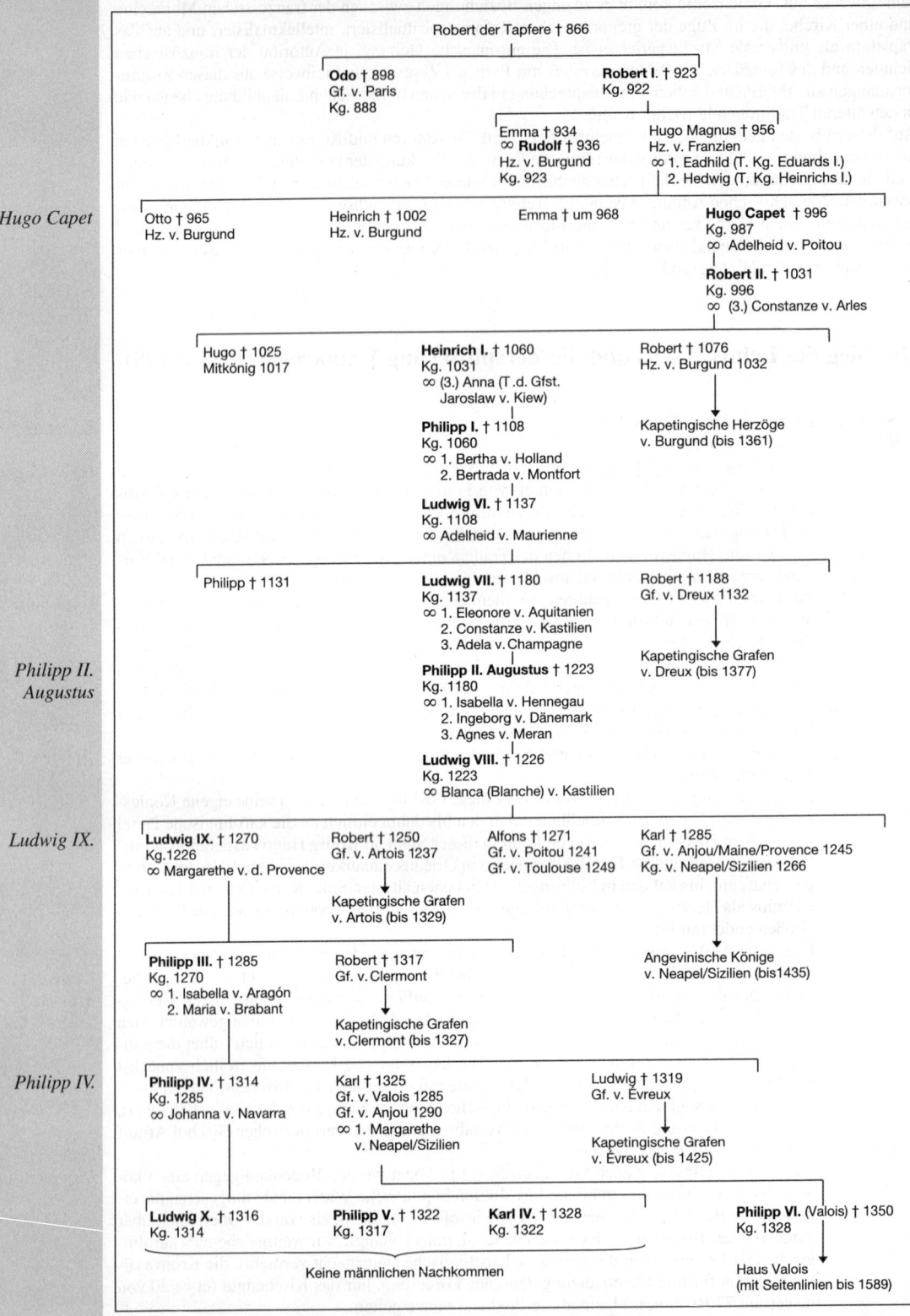

991	Um seinen Durchsetzungswillen zu demonstrieren, lässt König Hugo auf einer von ihm einberufenen Synode in St-Basle/Verzy nahe Reims Arnulf als Hochverräter absetzen und an seiner Statt den wissenschaftlich herausragend gebildeten Reimser Kathedralscholaster Gerbert von Aurillac (Auvergne) zum Erzbischof erheben.
	Gegen diese Entscheidung arbeitet vor allem Abt Abbo von Fleury als einflussreicher Vertreter des auf Rom verpflichteten cluniazensischen Reformmönchtums; aber der Kronepiskopat unter Führung des Bischofs Arnulf von Orléans setzt sich in so betont königstreuer Haltung durch, dass Papst Johannes XV. mit Revisionsabsichten eine Synode nach Aachen einberuft, an der freilich kein französischer Bischof teilnimmt.
992	Noch die Synode von Chelles sieht den Kronepiskopat in seiner bekannten Position, aber
994	mit dem wachsenden Einfluss Abbos von Fleury kommt es zu Veränderungen.
995	So wird Gerbert auf der Synode von Mouzon suspendiert.
996	Hugo Capet stirbt am 24. Okt.
996–1031	*König Robert II., der Fromme.*

König Robert II., der Fromme

Mit ihm kommt ein entschiedener Förderer des Reformmönchtums auf den Thron, der nach einer Legation Abbos von Fleury an Papst Gregor V. Arnulf wieder als Erzbischof von Reims amtieren lässt (997–1021).

Gerbert folgt einem Ruf Ottos III. als politischer Berater des Kaisers.

Der Reimser Bistumsstreit führt zwar zum Einlenken der Könige Hugo und Robert gegenüber dem Papsttum, er zeigt aber ein neues Autonomiebewusstsein der französischen Kirche gegenüber dem deutschen Reich: Es ist hinfort nicht mehr möglich, kirchliche Angelegenheiten Frankreichs auf deutschem Boden synodal zu regeln. Letzte Reste gesamtfränkischer Reichsgedanken verschwinden.

Robert II. gerät nach dem Ende des Reimser Bistumsstreites in einen weiteren *Konflikt mit dem Papsttum*, weil seine Ehe mit Bertha, der Witwe des Grafen Odo I. von Blois-Chartres († 996) und Tochter König Konrads von Burgund, wegen zu naher Verwandtschaft gegen geltendes Kirchenrecht verstößt. Diese Spannungen überschatten einen großen Teil der Regierungszeit Roberts und führen zu unerträglichen Wirren, obwohl der König zunächst Erfolge aufweisen kann.

Konflikt mit dem Papsttum

1002	Sein Oheim, der Herzog Odo-Heinrich von Burgund, stirbt ohne Erben. Damit erscheint die Eingliederung dieser Region in die Krondomäne möglich.

Mit Unterstützung Clunys und vor allem des Bischofs Hugo von Auxerre übt der König auf den mächtigsten burgundischen Konkurrenten, den Grafen Odo-Wilhelm von Mâcon, militärischen Druck aus, sodass er schon nach wenigen Jahren dessen Verzicht auf die Herzogswürde durchsetzt.

1004/05	Dennoch hält der *Widerstand* gegen die königliche Herrschaft *in Burgund* unter Führung
1015	des Bischofs Brun von Langres bis zu dessen Tod (1016) an, obwohl Robert II. seinen zweiten Sohn Heinrich als burgundischen Herzog einsetzt und mit dieser Geste dem Adel eine gewisse Autonomie zugesteht. Die tatsächliche Macht bleibt aber bei der Krone.

Widerstand in Burgund

Kurz nach Beginn dieser Kämpfe beugt Robert sich dem zähen päpstlichen Widerstand und vollzieht die Trennung von Bertha (um 1003/04). Er heiratet nun Constanze, die Tochter des Grafen Wilhelm I. von der Provence.

1017	Aus dieser Ehe stammt auch Roberts Sohn Hugo, der zum Mitkönig erhoben wird.

Politisch unerträgliches Schwanken des Königs zwischen den beiden Frauen und damit zwischen den Adelsgruppen um die Häuser Blois-Chartres und Anjou schwächt die *Monarchie*.

Schwächung der Monarchie

1019	Ein erneuter Versuch, beim erblosen Abgang eines Vasallen dessen Gebiet einzuziehen, misslingt in Troyes/Meaux/Provins, wo Graf Odo II. von Blois (996–1037) seit 1023 als Inhaber sämtlicher Herrschaftsrechte bekannt ist.

Das führt Robert II. an die Seite *Kaiser Heinrichs II.*: Die französische Krondomäne ist durch Herrschaftsrechte Odos eingeschnürt, die bis nach Lothringen reichen und hier deutsche Interessen berühren. Bei einem Treffen beider Monarchen in Ivois an der Maas scheint der Kaiser noch einmal Schiedsrichter zwischen verfeindeten westfränkischen Parteien zu werden, bringt aber den Ausgleich zwischen Robert und Odo nicht zu Stande.

Annäherung an Kaiser Heinrich II.

1023

Eine gemeinsame Synode der Könige und des Episkopats beider Reiche mit Beteiligung des Papstes wird für den Tagungsort Pavia vorbereitet, um die großen Probleme der Christenheit zu beraten, tritt aber wegen des überraschenden Todes Heinrichs II. (1024) nicht zusammen.

In klarer Einschätzung seiner politischen Möglichkeiten lehnt Robert II. für sich und seinen Sohn Hugo das Angebot einer starken italienischen Fürstenpartei ab, aus ihren Händen die Königskrone anzunehmen.

1027 Er lässt als Nachfolger seines 1025 verstorbenen Sohnes Hugo dessen Bruder Heinrich zum Mitkönig erheben, der sich aber gegen den Vater mit Odo II. verständigt und dadurch die Position der Krone entscheidend schwächt.
Nur mit Hilfe der Erzbischöfe von Reims, Sens, Tours und Bourges kann sich der König bis zu seinem Tode mühsam gegen diese Koalition seiner Gegner behaupten.

Die Wende des beginnenden 11. Jh.s

Die kapetingische Dynastie wird seit Robert II. (996–1031) grundsätzlich als Königshaus anerkannt. Verfassungsgeschichtlich äußerst bedeutsam ist aber die Tatsache, dass der Zusammenhalt des Reiches nicht auf der Lehnsverbindung zwischen dem König und einer Vielzahl von kleinen und größeren Kronvasallen beruht: Immer weniger Adlige huldigen persönlich dem König, sondern sie werden durch Herzöge oder Markgrafen vertreten, die dann in ihrem Herrschaftsgebiet königliche Rechte wahrnehmen.

Großvasallen — Außer diesen *Großvasallen* leisten nur noch der Adel der Krondomäne und der Kronepiskopat die persönliche Huldigung. Die Oberhoheit des Königs wird formal auch von solchen großen Regionalgewalten anerkannt, die nicht gehuldigt haben.

Entstehung der Fürstentümer — In diesen Gebieten können sich Grafen und Burgherren gegen die Inhaber der regionalen Vormacht (*principes*) nicht durchsetzen. So entstehen die französischen *Fürstentümer*: Eine Auflösung des Reiches in kleine und kleinste Einheiten wird vermieden. Vor allem nördlich der Loire sind diese Fürstentümer neben Krondomäne und Königtum die wichtigsten Verfassungselemente.

Dynastische Kontinuität der Monarchie und Unteilbarkeit des Reiches sind dadurch gesichert, dass der jeweilige Sohn noch während der Regierungszeit des Vaters zum (Mit-)König gewählt wird.

Das besondere Verhältnis des Königs zur Kirche stärkt seine Stellung. Meist spendet der Erzbischof von Reims die sakramentalen Weihen, Reims beginnt den Aufstieg zur Krönungsstadt.

königlicher Rat — Bischöfe werden (anders als in Deutschland) jetzt erstmals auch aus anderen Gruppen als dem Hochadel genommen. Entsprechend bildet sich um den König ein *Rat*, in dem der hohe Adel, die Grafen und Bischöfe allmählich durch niederadlige königliche Vasallen aus der Île-de-France ersetzt werden.

Der Landesausbau erlebt eine erste Aufschwungphase in den Fürstentümern wie in der Krondomäne. Über Flandern und die Normandie finden Handel und Gewerbe Frankreichs Anschluss an die großen wikingerzeitlichen Verkehrswege Europas.

Cluny — Die von *Cluny* seit 910 ausgegangene monastische Reform breitet sich aus, überwindet mit päpstlicher und teilweise königlicher (Robert II.) Unterstützung allmählich den Widerstand der Bischöfe und kann sich deren weltlicher und geistlicher Gewalt entziehen (Exemtion). Besonders wichtige Abteien neben Cluny sind Fleury (bei Orléans), St-Bénigne/Dijon und St-Victor/Marseille.

König Heinrich I. Odo II. von Blois

1031–1060 König Heinrich I. kann die Nachfolge seines Vaters ohne Schwierigkeiten antreten und in Burgund seinen Bruder Robert als Herzog einsetzen.

1032 Schon im nächsten Jahr aber erreicht *Odo II. von Blois* in Sens die Wahl eines ihm ergebenen Kandidaten zum Erzbischof und besetzt die Stadt. Als Heinrichs Mutter Constanze wenig später selbst die Regentschaft erstrebt, um anschließend die Erhebung ihres Lieblingssohnes Robert auf den Thron betreiben zu können, wird Heinrich I. nur dadurch gerettet, dass Odo die Nachfolge des 1032 verstorbenen Königs Rudolf III. von Burgund antritt und seinen bisherigen Kampfplatz verlässt. Kaiser Konrad II. beansprucht indessen das Erbe des Königreichs Burgund aufgrund einer Zusage Rudolfs an Kaiser Heinrich II.

Bündnis gegen Odo

1033 Er trifft sich in Deville an der Maas mit Heinrich I. und verabredet ein *Bündnis gegen Odo*.

1034 Im folgenden Jahr erobert Konrad II. das Königreich Burgund (zu unterscheiden vom Herzogtum und der Grafschaft Burgund!) und verbindet es mit dem Reich, wodurch für die französischen Herrscher die Verbindung nach Italien unterbrochen wird.

1037 Als Odo II. nach seinem burgundischen Misserfolg den Kampf gegen Konrad II. fortsetzt, fällt er bei Bar-le-Duc und entlastet durch ein nunmehr geteiltes Erbe des Hauses Blois-Champagne den französischen König.

Gottfried Martell von Anjou

1044 Dem königstreuen Vasallen Graf *Gottfried Martell von Anjou* gelingt die Eroberung der Grafschaft Tours.

Dies ist zugleich für mehrere Jahre die letzte gemeinsame Aktion, denn durch die Ehe Heinrichs III. mit Gottfrieds Stieftochter Agnes von Poitou verbinden sich Anjous und Salier, wobei die neue Gefahr für den französischen König darin liegt, dass Gottfried Martell eine mächtige Stellung im Westen Frankreichs besitzt (Anjou, Touraine, Aquitanien). Infolgedessen werden neue Bündnisse notwendig, die nunmehr europäische Ausmaße erreichen, indem auf der Seite Heinrichs I. von Frankreich Graf Balduin V. von Flandern und Herzog Wilhelm II. („der Eroberer") von der Normandie Heinrich III. gegenüberstehen, der seinerseits mit dem Grafen Gottfried von Anjou, König Svend Estridsson von Dänemark und König Eduard („der Bekenner") von England rechnen kann.

1048 Ein Treffen Heinrichs I. mit Heinrich III. in Ivois an der Maas bleibt erfolglos.
Nun greift aufseiten des reformfreundlichen Kaisers Papst Leo IX. in die Auseinandersetzung ein.

1049 Er verbietet auf einer Reformsynode in Reims die geplante Heirat zwischen Herzog Wilhelm und der Tochter Balduins von Flandern.
Außerdem versucht er durch seinen Einfluss im Zusammenhang mit der Kirchenreform, den französischen Kronepiskopat vom König zu trennen, was aber mit einer Ausnahme (Langres) nicht gelingt.
Zu einer diplomatischen Wende kommt es wenig später, als Gottfried von Anjou die kaiser-

1052 liche Partei verlässt, sich mit Heinrich I. aussöhnt und damit das gemeinsame Interesse bekundet, eine weitere Konsolidierung der normannischen Macht zu verhindern.
Der Erfolg dieser Verbindung ist freilich gering; die Krone sieht sich dem normannischen Herzogtum gegenüber in der schwächeren Position. Im gleichen Jahr wird dem König aus

1059 seiner dritten Ehe (Anna, Tochter des Großfürsten Jaroslaw von Kiew) der Thronfolger Philipp geboren, für dessen Erhebung zum Mitkönig er noch Sorge trägt.
Mit großer Beharrlichkeit und, im Gegensatz zu Robert II., persönlicher Stetigkeit ist es ihm gelungen, seinem Nachfolger eine gefestigtere Krondomäne und das verlässliche Bündnis mit Balduin V. von Flandern zu hinterlassen.

1060–1108 **König Philipp I.** übernimmt eine bewährte, zukunftsträchtige politische Konzeption: Festhalten am Kronepiskopat, Einsetzen militärischer Mittel nur im Notfall und gegen einzelne innere Gegner, außenpolitischer Spielraum.

König Philipp I.

1060–1067 Zunächst führt Balduin V. die Regentschaft für den siebenjährigen König. Die Landung Herzog Wilhelms II. von der Normandie in England kann schon aus diesem Grunde nicht verhindert werden, aber auch nach der Regierungsübernahme durch Philipp I. bleiben Erfolge der Krone aus.

1071 Die Niederlage des Königs bei Cassel (östlich St-Omer) gegen Robert den Friesen zeigt die machtpolitischen Grenzen.
Dazu kommen die *Auseinandersetzungen mit dem Reformpapsttum*, durch Gregor VII. mit scharfen Simonie-Vorwürfen eröffnet.

Konflikt mit Reformpapsttum

1073 Philipp entzieht sich deshalb einem Hilfeersuchen Heinrichs IV. und strebt daneben einen Ausgleich mit König Wilhelm I. von England an. Gleichwohl unterstützt er dessen Sohn Robert („Kurzhose", 1087–1106 Herzog der Normandie), da Wilhelm die gesamte Grafschaft Vexin beansprucht.

1092 Als Philipp I. Bertrada von Montfort, die Gemahlin des Grafen Fulko von Anjou, entführt und die Königin Bertha verstößt, belastet er das Land zusätzlich zur Investiturkontroverse.
Trotz Einsegnung der neuen Verbindung durch den Bischof von Senlis versagt Papst

Urban II.

1094 Urban II. die Anerkennung und lässt den König durch den päpstlichen Legaten Hugo von
1095 Die exkommunizieren. Auf dem Konzil von Clermont (heute zu Clermont-Ferrand) predigt Urban II. nicht nur den Kreuzzug, sondern erneuert auch die Bannsentenz.

1096 Schon im folgenden Jahr aber müssen die französischen Bischöfe zur Unterstützung der päpstlichen Politik aufgefordert werden, und Philipp erlangt die Absolution.
Erst nach einem bald darauf neu und diesmal über ganz Frankreich verhängten Interdikt

1098 sagt Philipp die Trennung von Bertrada zu, wird absolviert, ohne aber das Versprechen einzulösen, sodass er zwei Jahre später wieder dem Bann verfällt.

1101 Der Thronfolger Ludwig (VI.) wird offiziell an der Reichsregierung beteiligt und führt die Kämpfe gegen den widerspenstigen Adel der Île-de-France.

1107 In St-Denis treffen Philipp I. und Ludwig mit Paschalis II. zusammen; dort wird die folgenreiche *Verbindung Frankreichs mit dem Papsttum* in feierlicher Form begründet und die Regelung der französischen Investiturfrage auf dem Konzil von Troyes im gleichen Jahr ermöglicht: Die königliche Bewilligung (concessio) der Temporalien ohne Lehnseid nach kanonischer Bischofswahl ersetzt die bisherige Investitur mit Ring und Stab; als „kanonisch" gelten auch vom König bestätigte oder im Einvernehmen mit ihm durchgeführte Wahlhandlungen.

Verbindung mit dem Papsttum

Die Ausbildung der großen Territorien

Flandern: Zur Grafschaft Flandern (Hauptstadt Brügge) gehören seit dem 10. Jh. die Grafschaften Waesland, Gent, Courtrai, Mempisc, Carabant, Mélentois, Tournai, Ostrebant, Arras. Untergrafen in Boulogne und Thérouanne. Lehnsherr: König von Frankreich (Kronflandern). 1002–1056 Erweiterung um niederlothringische Grafschaften Alost und Hennegau, Landschaften Overschelde und Vier Ambachten, fünf seeländische Inseln (darunter Walcheren): Reichsflandern. 1180 geht durch Ehe Isabellas von Hennegau mit Philipp II. Augustus ganz Südflandern (ab 13. Jh.: „Artois") an die Krone.

Normandie

Normandie: Seit dem 10. Jh. Ausgangsgebiet um Rouen, dazu westliche Grafschaften Sées, Hiémois, Bayeux, Avranches, Cotentin. Personalunion mit England (seit 1066) umstritten, mit Heinrich II. (1154) gefestigt. Ungewöhnlich starke Herzogsgewalt: Hochgerichtsbarkeit, unmittelbares Aufgebotsrecht, Besetzungsrecht für Bistümer, herzogliche Vormundschaft über alle minderjährigen Adligen. Modell nicht lehnrechtlich begründeter Zentralverwaltung für die französische Monarchie nach Eroberung 1204 durch Philipp II. Augustus.

Bretagne

Bretagne: Ethnische Sonderstellung (keltische Flüchtlinge von den britischen Inseln, daher Name Britannia). Erneuerung des Herzogtums durch Conan I. von Rennes (990), dennoch lehnrechtliche Aufsplitterung. Normannischer Druck führt 1113 zum Verzicht Ludwigs VI. auf die Lehnshoheit; seit 1166 englische Verwaltung durch Verlobung Gottfrieds (Sohn Heinrichs II.) mit der Tochter Herzog Conans IV. Beider Sohn Arthur 1203 auf Veranlassung Johanns I. (Ohneland) ermordet, daraufhin Vormundschaft Philipps II. über die „Regentin" Alix, die 1213 einen kapetingischen Prinzen heiratet.

Anjou

Anjou: Fulco III. Nerra († 1040) entzieht sich der Lehnsverpflichtung gegenüber dem König; Begründung des angevinischen Fürstentums und weitere Expansion (1044 Touraine, 1110 Maine). Straffe lehnsstaatliche Verwaltung (Gottfried V. Plantagenet, seit 1144 auch Herzog der Normandie). 1152 Erwerb des Herzogtums Guyenne, 1154 Personalunion Anjou/Normandie/England (Heinrich II.). 1214 Niederlage Johanns I. (Ohneland) bei Angers gegen Ludwig (VIII.) von Frankreich. 1258 Vertrag von Paris: Anjou, Maine, Touraine zur Krondomäne.

Blois-Champagne

Blois-Champagne: Odo II. († 1037) vereinigt Blois/Chartres/Champagne, aber schon 1152 endgültige Teilung mit deutlichem Übergewicht der Champagne. 1160 enge Verbindung zum Königshaus durch Ehe Ludwigs VII. mit Adela von Champagne. 1234 Theobald IV. König von Navarra; kapetingische Schutzherrschaft während seiner Abwesenheit, aber erst die Ehe Philipps IV. mit Johanna von Navarra bringt die Grafschaft an die Krondomäne.

Burgund

Burgund: Das Herzogtum umfasst den Raum Autun/Auxerre/Langres/Troyes und geht 956 durch Heirat an Otto (Bruder Hugo Capets), 1002 durch Erbfall an König Robert II. Seit 1032 (Robert, Bruder König Heinrichs I.) kapetingische Herzöge in schwacher Position gegenüber dem König, ihren Vasallen und der reich ausgestatteten Kirche. Hauptstadt Dijon.

Aquitanien

Aquitanien: Gegenüber der älteren Bedeutung (alles Land südlich der Loire) auf das Poitou reduzierte Herzogsgewalt; behauptet Lehnsherrschaft über Anjou, Angoulême, La Marche, Périgord. 1137 heiratet die Erbtochter Eleonore Ludwig VII., 1152 (nach Scheidung) Heinrich von Anjou/Normandie (seit 1154 König Heinrich II. von England). 1224 erobert Ludwig VIII. das Poitou, Bezeichnung Guyenne seit 13. Jh. für die südfranzösischen Besitzungen Englands (Gascogne, Agenais).

Toulouse

Toulouse: Die Grafschaft bildet mit Albi und Cahors eine Einheit; seit 1112 von der mittleren Garonne bis zur Rhônemündung erweitert. 1125 Teilungsvertrag mit den Grafen von Barcelona. Erwerb der Markgrafschaft Provence. Vertrag von Paris 1229 (Folge der Albigenserkriege): Raimund VII. tritt Herzogtum Narbonne, Albigeois zwischen Tarn und Agout, südliches Quercy an die Krone ab. Durch kinderlose Ehe (1249) der Erbtochter Johanna mit Alfons (Sohn Ludwigs VIII.) 1271 Erbfall für das restliche Gebiet.

Der König von Frankreich

Wahlrecht

987 bringt das *Wahlrecht* die Kapetinger auf den Thron, sie erreichen aber durch Erhebung des jeweiligen Thronfolgers zum Mitkönig Anerkennung des Erbrechts (1137). Das Krönungsrecht wird zwischen 1054 und 1089 dem Erzbischof von Reims zugesprochen, dessen Kathedralkirche seit 1129 ständiger Krönungsort ist. 1131 erstmals Gleichsetzung des bei der Königsweihe verwendeten Öls mit dem „Himmelsöl" des heiligen Remigius; 1223 erkennt das *Krönungszeremoniell* diese Legende an. Damit behauptet der König von Frankreich eine Sonderstellung unter den europäischen Monarchen, zumal er mit Chrisma an Kopf, Brust, Armgelenken, zwischen und auf den Schultern gesalbt wird (Hauptsalbung mit Chrisma seit 1204 sonst nur bei Priesterweihe). Die Kommunion in beiderlei Gestalt wird seit dem 13. Jh. zur Besonderheit, als der Laienkelch außer Brauch kommt; Skrofelheilung am Krönungstag ist seit Philipp I. Amtsmerkmal. Die karolingische Tradition als wichtiges Element des französischen Königsgedankens haftet besonders an der Abtei St-Denis bei Paris; sie ist Grablege der Könige, erhält häufig die Insignien als Weihegaben und verwahrt seit 1260 stets den Krönungsornat. Abt Suger von St-Denis (1122–1151) sieht in Ludwig VI. den Lehnsmann des heiligen Dionysius und Träger seiner Fahne („Oriflamme"), die seit 1184 als Banner Karls des Großen verstanden und 1214 bei Bouvines mitgeführt wird. Der *Karlskult* erinnert an das großfränkische Reich und ist insoweit politisches Programm: Unabhängigkeit von jedem auswärtigen hegemonialen Anspruch. Der Krönungsordo von Reims (1260/74) fasst die bisherigen Stufen zusammen und legt den Krönungsbrauch für die Zukunft fest.

Krönungszeremoniell

Karlskult

Die Erneuerung der Königsmacht (1108–1270)

1108–1137 *König Ludwig VI. (der Dicke).*
Er setzt die Kirchenpolitik seines Vaters fort und bekämpft weiterhin den Adel in der Krondomäne, wobei der Episkopat ihn vielfach unterstützt. Seine Erfolge bilden die wichtigste Voraussetzung für die Ausbildung einer starken französischen Monarchie von der zweiten Hälfte des 12. Jhs. an. Gleichzeitig behauptet er sich trotz gelegentlicher Rückschläge energisch gegen die anglo-normannische Macht und dehnt die königliche Gerichtsgewalt aus.

König Ludwig VI.

1111–1113 *Krieg* zwischen Heinrich I. von England und Ludwig VI.
Im Frieden von Gisors (Departement Eure) tritt Ludwig die Lehnshoheit über die Grafschaft Maine und Bretagne an Heinrich I. ab.

Krieg mit England

1116 Die Feindseligkeiten flammen drei Jahre später erneut auf; Schwerpunkt der Operationen ist das Vexin.

1119 Niederlage Ludwigs bei Brémule (Departement Eure) gegen Heinrich I.

1121 Friedensschluss nach Vermittlung Papst Calixts II. Für das Herzogtum Normandie empfängt Ludwig die Huldigung durch Wilhelm, den Sohn Heinrichs II.
Der König besteht auf seiner Kirchenhoheit und wahrt diese Rechte auch gegenüber dem

1122 ihm von Jugend an befreundeten Suger, dessen Wahl zum Abt von St-Denis nur unter erheblichen Schwierigkeiten bestätigt wird, weil Ludwig nicht vorher konsultiert worden war.

1124 Im August bereitet Kaiser Heinrich V. einen Vorstoß gegen Reims vor, um eine Bündnisabsprache mit seinem Schwiegervater Heinrich I. von England zu erfüllen. Angesichts dieser doppelten Bedrohung eilt Ludwig VI. nach St-Denis, lässt die Reliquien der Heiligen auf den Hauptaltar erheben, von dem er die „Fahne des heiligen Dionysius" nimmt (in Wahrheit die Lehnsfahne der Grafschaft Vexin, später als „Oriflamme" mit dem Banner Karls des Großen gleichgesetzt) und geht an der Spitze des bislang größten Heeres unter einem kapetingischen König dem Angreifer entgegen. Der bedeutende Zuzug (Aufgebote der Kirchen von Reims, Châlons, Laon, Soissons, Orléans, Étampes, Paris, St-Denis; der Grafen von Blois, Champagne, Nevers, Vermandois und Flandern; des Herzogs von Burgund) veranlasst Heinrich V. zu kampfloser Umkehr bei Metz.
In Frankreich führen diese Ereignisse zur ersten deutlich fassbaren *Welle nationalen Bewusstseins*, das vom auswärtigen Gegner erregt und durch Abt Suger von St-Denis maßgeblich beeinflusst wird.

Welle nationalen Bewusstseins

1126 Ein Vorstoß Ludwigs VI. in die Auvergne zum Schutz des Bischofs von Clermont sieht den König wieder an der Spitze eines großen und vielfältig zusammengesetzten Heeres (Grafen von Flandern, Anjou, Bretagne; normannische, von Heinrich I. abgeordnete Truppen; zahlreiche Kronvasallen).
Nach militärischen Erfolgen des Königs vermittelt Herzog Wilhelm IX. von Aquitanien den Waffenstillstand.

1130 Auf dem *Konzil von Étampes*, das Ludwig VI. einberufen hat, entscheidet sich die französische Kirche unter ausschlaggebender Mitwirkung Bernhards von Clairvaux im Schisma gegen Anaklet für Innozenz II. England und das deutsche Reich folgen.
Ludwig VI. hat die Krondomäne vergrößert und durch zielstrebige Politik unter wohl abgewogenem Einsatz militärischer Kräfte das Ansehen des Königtums bedeutend erhöht.

Konzil von Étampes

Die Gottesfriedensbewegung

Ende des 10. Jh.s beginnt in Südfrankreich der hohe Klerus den Friedensschutz zu organisieren und handhabt auch die geistlichen Strafen zu seiner Durchsetzung. Erste Friedensgelübde 975 in der Diözese Le Puy, 989 Erzdiözese Bordeaux; später über ganz Frankreich verbreitet. Ziel ist die Unterbindung von Adelsfehden, charakteristisch die Einheit Klerus/Landbevölkerung/Reliquienkult, Durchsetzungsmittel das Interdikt (erstmals 1030 in Aquitanien) gegen Friedensbrecher, *theoretische Grundlage* die Sorgepflicht des Bischofs für Arme, Kleriker, ungestörten Gottesdienst. Die ältere Form des Friedensbundes schützt bestimmte Personengruppen (waffenlose Kleriker, Bauern) und Sachen (Kirchen, Häuser, Vieh, Feldfrüchte), die jüngere bringt allgemeine Waffenruhe für bestimmte Tage (= Treuga Dei; zuerst 1033 in den Konzilsakten von Vich). 1041/42 Konzil von St-Gilles: Pax et treva Domini; daraus Begriffsbildung pax Dei = Gottesfrieden, seit 1080/90 verbreitet. Friedenstage zunächst nur Sonnabendnachmittag bis Montagmorgen; bald erweitert auf Mittwochabend bis Montagmorgen; die Wochen vom 1. Advent bis Epiphaniasoktav, Sonntag vor Aschermittwoch bis Osteroktav, Rogationstage bis Pfingstoktav und zahlreiche Heiligenfeste. Cluny ist an den Anfängen nicht beteiligt. Seit Urban II. (1088–1099; Franzose!)

theoretische Grundlage

EUROPÄISCHES MITTELALTER Die Staatenwelt

Konzil von Clermont — vom Papsttum gefördert: 1095 *Konzil von Clermont* mit Sonderfrieden für Kreuzfahrer; von späteren Konzilien bekräftigt. Ludwig VI. beendet durch eigenen Kampf gegen den Fehde führenden Adel in der Domäne die ältere Friedensbewegung, im 13. Jh. läuft sie allgemein aus.

König Ludwig VII.

1137–1180 *König Ludwig VII.*
Er übernimmt zu einer Zeit die Regierung, als auch die großen Fürstentümer Frankreichs an innerer Festigkeit gewonnen haben und den König von Bevölkerung und Adel außerhalb der Domäne trennen. Normandie, Anjou, Blois-Champagne, Flandern stecken nicht nur die Grenzen königlicher Territorialgewalt ab, sondern sind auch ihre gefährlichsten Konkurrenten. Durch seine Ehe mit Eleonore, der Erbtochter Wilhelms X., ist Ludwig VII. aber in Personalunion Herzog von Aquitanien und hat damit südlich der Loire eine zweite Basis.

Bei Bischofserhebungen geht der König zunächst schroff gegen Domkapitel und Episkopat vor (Reims, Poitiers, Bourges), fördert die kommunale Bewegung gegen den örtlichen Klerus (Reims, Sens) und gerät dadurch in Gegensatz zum Papst.

1144 In der Normandie triumphiert Graf Gottfried Plantagenet von Anjou über den von Ludwig VII. gestützten Stephan von Blois.
Ludwig wechselt die Fronten, erkennt die Herrschaft Gottfrieds über die Normandie an und erhält seinerseits die Lehnsoberhoheit bestätigt.

1145 Aus persönlicher Frömmigkeit entscheidet sich Ludwig VII. für einen bewaffneten Zug ins Heilige Land.

1146 Erst der päpstliche Auftrag und die Kreuzzugspredigt Bernhards von Clairvaux in Vézelay bringen aber ein genügend großes Heer zusammen.

2. Kreuzzug **1147–1149** *2. Kreuzzug.* Das französische Kontingent geht auf dem Landweg über Konstantinopel und Nikaia, erleidet bei Laodikaia eine schwere Niederlage und beteiligt sich an der vergeblichen Belagerung von Damaskus. Während dieser Zeit ist Abt Suger von St-Denis († 1151) Regent des Reiches.

1152 Scheidung des Königs von Eleonore, der Aquitanien zurückgegeben werden muss. Sie heiratet Heinrich Plantagenet, seit zwei Jahren Herzog der Normandie und Graf von Anjou, der als Heinrich II. König von England wird (1154).
Sein kontinentaler Besitz reicht vom Kanal zu den Pyrenäen und droht bei weiterer Expansion, Ludwig VII. auf das Pariser Becken zu beschränken.

1156 Um sich die Neutralität des französischen Königs während des Konfliktes mit seinem eigenen Bruder Gottfried zu sichern, huldigt Heinrich II. Ludwig VII. für die Normandie, Aquitanien, Anjou, Maine, die Touraine.

Ausbruch des Schismas **1159** *Ausbruch des Schismas.*
Während Kaiser Friedrich I. sich für Viktor IV. entscheidet, sind der englische und der französische Klerus aufseiten Alexanders III.; Heinrich II. und Ludwig VII. ergreifen folglich seine Partei.

1162 Alexander III. flieht nach Frankreich. Ein Treffen Ludwigs VII. mit dem Kaiser bei St-Jean-de-Losne (Saône) kommt nicht zu Stande.
Während seines dreieinhalbjährigen Aufenthaltes unterstützt der Papst den französischen König bei dessen Kirchenpolitik. Ludwig ist darauf angewiesen, weil er den seit zwei Jahren offen ausgebrochenen Konflikt mit Heinrich II. nicht militärisch gewinnen, sondern nur gestützt auf eine gefestigte Krondomäne überstehen kann.

1164 Thomas Becket, Erzbischof von Canterbury, geht ins französische Exil.

1167–1172 Krieg zwischen Ludwig VII. und Heinrich II., Hauptschauplatz ist das Vexin.

1173 Graf Raimund V. von Toulouse huldigt Richard, einem Sohn Heinrichs II., wodurch das Languedoc an Aquitanien fällt.
Ludwig unterstützt daraufhin den erfolglosen Aufstand Heinrichs des Jüngeren von England gegen seinen Vater.

1177 Nur unter päpstlichem Druck versteht sich Heinrich II. zum Ausgleich mit Ludwig.
Dem Verlust Aquitaniens und der Unterlegenheit gegenüber Heinrich II. entspricht positiv eine sehr gut verwaltete Domäne. Die Autorität des Königtums hat in Frankreich weiter zugenommen, der innere Zusammenhalt unter der kapetingischen Dynastie ist größer als 1137.

König Philipp II. Augustus

1180–1223 *König Philipp II. Augustus.*
Er hat in den Anfängen seiner Regierung mit drei Mächtegruppierungen zu rechnen: Heinrich II., Flandern und Champagne. Die Ehe mit Isabella von Hennegau bringt das Artois an die Krone.

Frankreich im Hochmittelalter — Erneuerung der Königsmacht

1185 Die militärisch und politisch glücklose Koalition von Flandern/Champagne muss im Vertrag von Boves (südöstlich Amiens) 65 Burgen im Vermandois und die Stadt Amiens dem König ausliefern.

Philipp II. nutzt Spannungen im englischen Königshaus und sein Bündnis mit dem Kaiser zur *Teilung der angevinischen Macht*:

Teilung der angevinischen Macht

1188 Richard Löwenherz huldigt ihm für Normandie, Poitou, Anjou, Maine, Berry und Toulousain.

1191 Landung Philipps II. und Richards im 3. Kreuzzug vor Akkon; die Stadt fällt nach kurzer Belagerung. Im gleichen Jahr kehrt der französische König in sein Reich zurück.

1194–1199 *Englisch-Französischer Krieg*, der für Philipp II. verlustreich endet: Außer Gisors gehen alle Positionen in der Normandie und im Vexin verloren; die Rechte im Erzbistum Tours fallen an Richard Löwenherz, der aber kurz nach Friedensschluss an den Folgen einer Verwundung stirbt.

Englisch-Französischer Krieg

1199 Die Nachfolge seines Bruders Johann (Ohneland) wird durch dessen Neffen Arthur von Bretagne bestritten, den Philipp unterstützt.

1200 Die Bewegungsfreiheit des französischen Königs wird aber durch das Interdikt eingeschränkt, mit dem Papst Innozenz III. ihn zwingt, die verstoßene zweite Gemahlin Ingeborg von Dänemark wieder aufzunehmen.

1202 Klage der mächtigen poitevinischen Familie der Lusignan gegen Johann vor dem Hofgericht Philipps II. als dem Oberlehnsherrn. Da Johann keiner Ladung folgt, werden ihm alle französischen Lehen aberkannt: *Kriegserklärung* in Form des Lehnsprozesses.

Einen Vermittlungsversuch Innozenz' III. lehnt Philipp mit Hinweis auf die Grenzen päpstlicher Jurisdiktionsgewalt ab, die Lehnssachen nicht einschließe. Zum ersten Mal stützt ein französischer König seinen Widerstand gegen die Kurie auf das Lehnsrecht. Während der folgenden Kämpfe wird Arthur von Johann gefangen genommen und bald darauf ermordet.

Kriegserklärung

1204 Mit der Eroberung des stark befestigten Château Gaillard (Les Andelys/Seine) bricht Philipp II. das Tor zur Normandie, während Johann in England bleibt. Im Juni kapituliert Rouen. Mit dem Einzug des Königs in Poitiers beginnt zwei Monate später die Eroberung des Poitou.

Seit der Doppelwahl von 1198 im deutschen Reich hat sich eine Annäherung Philipps II. an die staufische Partei ergeben, um die englisch-welfische Allianz zu verhindern.

1208 Nach der Ermordung Philipps von Schwaben fördert der französische König die deutsche Thronkandidatur Heinrichs von Brabant, wobei erstmals eine Bestechung der Wähler versucht wird.

Der Misserfolg nötigt zur Wiederbelebung des *staufisch-kapetingischen Bündnisses*.

Bündnis mit den Staufern

1213 Philipp bereitet eine Landung in England vor, um den Konflikt Johanns mit Innozenz III. wegen der Kirchenpolitik des englischen Königs zu nutzen, scheitert aber an Johanns Unterwerfung, die das päpstliche Verbot französischer Kriegshandlungen gegen England nach sich zieht, und am Widerstand des Grafen Ferrand von Flandern-Hennegau. Der daraufhin unternommene Feldzug gegen Flandern ist militärisch erfolgreich, aber politisch ohne Ergebnis. Die französische Flotte wird in Damme (Hafen Brügges) von den Engländern vernichtet.

1214 *Johann* landet in La Rochelle und bereitet mit seinen militärischen Erfolgen den englisch-welfischen Feldzug vor. Beide Heere treffen sich in Valenciennes unter Führung von Johanns Halbbruder Wilhelm von Salisbury und des Kaisers, der die Herzöge von Brabant, Limburg, Oberlothringen, die Grafen von Flandern und von Holland als Verbündete hat, während sein eigenes Aufgebot nur westfälisch-niederrheinische Kontingente mit einer geistlichen Beteiligung umfasst. Kriegsziel ist die Auflösung der kapetingischen Monarchie.

Johann (Ohneland)

27. Juli Es kommt bei *Bouvines* (nahe Lille) zur entscheidenden Schlacht, in der Philipp II. einen glänzenden Sieg erringt und seither „Augustus" zubenannt wird. Das angevinische Reich ist vernichtet, der deutsche Thronstreit entschieden, die europäischen Machtverhältnisse sind zugunsten Frankreichs gründlich verändert. Johann von England schließt in Chinon einen Frieden auf fünf Jahre und anerkennt den Verlust aller englischen Besitzungen nördlich der Loire.

Schlacht bei Bouvines

Ansehen und politische Möglichkeiten der Krone gegenüber den *Regionalgewalten* erfahren in Frankreich eine erhebliche Stärkung und erlauben in den folgenden Jahren den Aufbau einer zentralisierten Verwaltung.

Regionalgewalten

1216 Die gegen Johann rebellierenden Barone rufen den französischen Thronfolger Ludwig (VIII.) nach England, der trotz päpstlichen Verbots geht, um die Krone zu erlangen. Der Tod Johanns entzieht dem Aufstand die Grundlage und zwingt Ludwig zum Verzicht.

Organisation Frankreichs

Beginn der Organisation des Reiches seit Philipp II. Augustus

König

Krondomäne

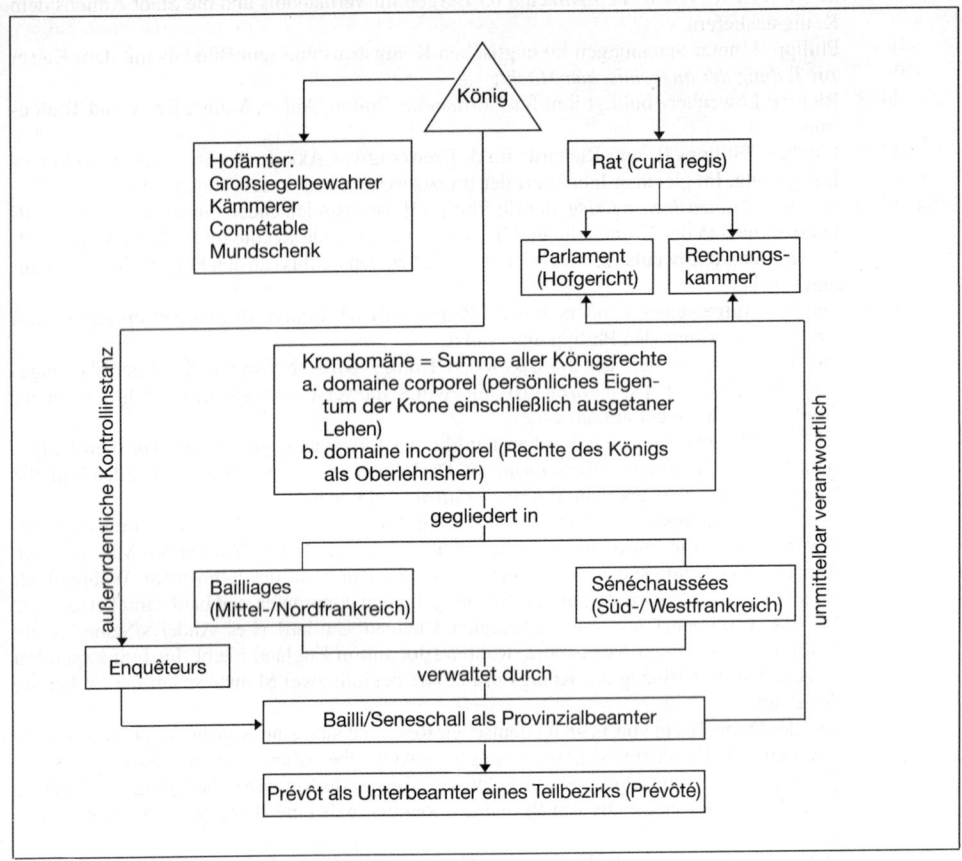

Albigenserkriege in Südfrankreich (1209–1229)

Katharer

Zuerst in den Rheinlanden tritt 1143 eine organisierte Sekte auf, die seit den 60er-Jahren des 12. Jh.s in ganz Mittel- und Westeuropa verbreitet ist. Die Mitglieder nennen sich selbst *Katharer* (von griechisch katharoí = die Reinen; daraus wahrscheinlich das deutsche Wort „Ketzer"), kennen eine Priesterhierarchie (electi, perfecti) über einfachen auditores oder credentes und besondere Grundsätze: tägliches Brotbrechen statt Messe und Kommunion, Handauflegung statt Taufe, Ablehnung von Fleischgenuss, Eid und Ehe. Ursprungsgebiet der Sekte ist der byzantinische Balkanraum, wo in der Mitte des 10. Jh.s der bulgarische Priester Bogumil urchristliche Ideale predigt. Um 1160/70 bringt der bogumilische Bischof Niketas aus Konstantinopel das radikal dualistische Weltbild in den Westen: Sichtbare Welt nicht von Gott erschaffen, sondern vom Teufel; das Alte Testament als böser Widerpart des Neuen verwerflich. Damit wird die Sekte zur Gegenkirche mit spekulativer Dogmatik; am stärksten ist sie im Languedoc, wo es sechs Katharerbistümer gibt: Nach dem Hauptort Albi wird der Name Albigenser gebildet. Die Wirkung beruht auf apostelhafter Agitation und dem dualistischen Mythos, der mit klarer Scheidung von Gut und Böse dem weniger Gebildeten einleuchtende Erklärungsmodelle für irdische Missstände liefert. Städte sind günstiger Nährboden, weil Armut breiter Bevölkerungsteile und schlechtes Gewissen vermögender Bürger gleichermaßen angesprochen werden. Deshalb wird das Languedoc zur wichtigsten katharischen Region: Von der Kirchenreform kaum berührt, steht spirituelle Leere neben großer Wirtschaftskraft. Die Amtskirche überzeugt im Vergleich zur katharischen Lebensführung nicht, sodass seit 1165 Toulouse, Albi, Agen, Pamiers, Carcassonne ihrer Kontrolle entgleiten.

Der päpstliche Legat Peter von Castelnau versucht eine Reform des Episkopats im Languedoc (1204).

Innozenz III.

Drei Jahre später bannt *Innozenz III.* den unbeugsamen Grafen Raimund VI. von Toulouse, worauf einer seiner Pagen den Legaten tötet. Der Papst sucht Hilfe beim König von Frankreich, der aber seines Krieges mit England wegen ablehnt. Dem Kreuzzugsaufruf folgen aber so zahlreiche Krieger vor allem aus Burgund, der Île-de-France und der Normandie, dass im Juli 1209 Béziers erobert werden kann. Die Ermordung der gesamten Einwohnerschaft verbreitet solchen Schrecken, dass viele Städte und feste Plätze kampflos übergeben werden. Simon von Montfort, ein Kleinadliger aus der Île, durch seine Mutter Graf von Leicester, will sich eine Eigenherrschaft im Süden aufbauen; damit ist der erste Schritt vom Kreuzzug zum Krieg zwischen dem Norden und dem Süden Frankreichs getan. Simon schlägt 1213 Raimund VI. und dessen Schwager Peter II. von Aragón bei Muret; Toulouse wird genommen, Simon fällt aber 1218 beim Belagern der von Raimund im Handstreich zurückeroberten Stadt. Die gesamte Grafschaft wird wieder von Raimund VI. beherrscht. Im *Albigenserkreuzzug* 1226 erobert König Ludwig VIII. das gesamte Languedoc außer Toulouse und das arelatische Avignon. Im Vertrag von Paris 1229 Abschluss der Albigenserkriege. Die Macht der Albigenser ist gebrochen, aber auch die provenzalische Kultur zerstört.

Albigenserkreuzzug

1223–1226 König Ludwig VIII.
Er tritt als erster kapetingischer König die Nachfolge seines Vaters ohne Wahl zu dessen Lebzeiten an: Das Erbrecht hat sich endgültig durchgesetzt. Die Politik Philipps II. gegenüber dem englischen Festlandbesitz wird konsequent weitergeführt:

König Ludwig VIII.

1224 Ludwig erobert das Poitou und die Saintonge (zwischen Loire und Dordogne).
1226 Entscheidende Tat ist aber der Albigenserkreuzzug. Auf dem Rückweg nach Paris stirbt der König unerwartet an den Folgen einer Ruhrerkrankung.

1226–1270 König Ludwig IX., *der Heilige*, tritt zwölfjährig die Nachfolge an. Zunächst steht er unter der Regentschaft seiner energischen und politisch begabten Mutter Blanca (Blanche) von Kastilien (Tochter Alfons' VIII.), die zwischen 1227 und 1236 mehrere Versuche der Adelsopposition zur Schwächung der Krongewalt scheitern lässt.

König Ludwig IX., der Heilige

1229 Blanca schließt den *Vertrag von Paris* mit Graf Raimund VIII. von Toulouse: Herzogtum Narbonne (etwa im Raum der heutigen Departements Gard, Hérault, Aude), Albigeois zwischen Tarn und Agout, Landgebiet des Bistums Cahors mit der Lehnshoheit über den Adel dieser Gebiete an die Krone; Grafschaft Venaissin (östlich der Rhône) an den Papst. Raimunds Erbtochter heiratet Ludwigs IX. Bruder Alfons von Poitiers; die Ehe bleibt kinderlos, sodass nach beider Tod (1271) auch der restliche Besitz an die Krone fällt: Toulousain, Albigeois nördlich des Tarn, Agenais, Grafschaft Rodez, südliches Quercy. Nunmehr ist dem französischen Königtum nach militärischer Unterwerfung des Languedoc der Vorstoß zum Mittelmeer gelungen. Der damit verbundene Untergang einer blühenden provenzalischen Kultur belastet auf Jahrhunderte die Beziehungen zwischen Norden und Süden des Reiches.

Vertrag von Paris

1242 Im Bündnis mit einer aufständischen französischen Adelskoalition unter Führung des Grafen von Marche versucht Heinrich III. eine Rückeroberung der englischen Lehen, wird aber bei Saintes von Ludwig IX. geschlagen.
In der Auseinandersetzung zwischen Papst und Kaiser ist Frankreich eine von beiden Seiten umworbene Macht. Ludwig IX. verhält sich neutral und vermittelnd, wodurch den Interessen Frankreichs am besten gedient ist, zumal die antikirchliche Publizistik Friedrichs II. Resonanz im französischen Adel findet.

1248–1254 *6. Kreuzzug.*
Ludwig nimmt das Kreuz und geht von Aigues-Mortes aus über Zypern nach Damiette (1249), wird nach vernichtender Niederlage (1250) gegen hohes Lösegeld freigelassen und wendet sich dann in das Heilige Land, wo er als unbestrittener Regent vier Jahre lang wirkt.

6. Kreuzzug

1258 Im Vertrag von Corbeil verzichtet Aragón auf die Lehnshoheit im Languedoc, Ludwig auf
11. Mai die seine über Katalonien.
28. Mai Wenig später schließen Heinrich III. und Ludwig IX. den *Frieden zu Paris*: Heinrich gibt Normandie, Anjou, Touraine, Maine, Poitou auf und erkennt die französische Lehnshoheit über geringfügigen Besitz im Raum Limoges, Cahors, Périgueux sowie über Reste der Guyenne an.

Friede zu Paris

Damit ist Frankreich zur *Großmacht* geworden, die seit dem Zusammenbruch der staufischen Herrschaft keine ernsthaften Rivalen mehr hat. Persönlich von tiefer Frömmigkeit mit asketischen Zügen geprägt, ist Ludwig IX. als Herrscher klug, beharrlich, gerechtigkeitsliebend; 27 Jahre nach seinem Tode wird er heilig gesprochen. Unter seinen Rechtsreformen sind besonders wichtig das Verbot des gerichtlichen Zweikampfes, die Appellationsmöglichkeit von baronialen Gerichten an das Pariser Parlament (Hofgericht), die Einschränkung des Fehderechts. Die Krongewalt wird im Innern durch weitere Maßnahmen gestärkt: Ständiger Sitz des mit Juristen besetzten Hofgerichts in Paris, Aufzeichnung seiner Urteile, Einzug heimgefallener Lehen zugunsten des Königs, Ausnutzung der städtischen Finanzen. Die kommunale Bewegung wird in der Krondomäne unterdrückt, außerhalb gefördert, um die Regionalgewalten weiter zu schwächen.

Großmacht

1270 *7. Kreuzzug.* Ludwig IX. zieht nach Tunis, wo er mit einem großen Teil des Heeres einer Seuche erliegt.

7. Kreuzzug

Die Literatur und die bildenden Künste

Literatur: Vom 9. Jh. an zeigen verstreute Zeugnisse das Entstehen einer nichtlateinischen Literatur, deren Autoren gleichwohl Kleriker sind. Als verloren gelten mündlich überlieferte Stücke volkstümlicher Lieddichtung, die karolingerzeitliche Stoffe in die hochmittelalterliche Literatur bringen. Lateinische Oster- und Weihnachtsspiele (zuerst 10./11. Jh. in St-Martial/Limoges und in Fleury-sur-Loire) als Beginn einer liturgisch bestimmten szenischen Kultur werden allmählich mit volkssprachlichen Partien durchsetzt (frühestes Zeugnis eine Handschrift aus St-Martial, um 1100), das erste französische Spiel entsteht um die Mitte des 12. Jh.s (Adamsspiel).

Troubadour-Lyrik

Besonders Aquitanien und die Normandie bringen volkssprachliche Texte hervor: Heiligenlieder und -viten, im Süden *Troubadour-Lyrik* (von trobar = ein Lied verfassen; aus lateinisch tropus = Melodie, Gesang, Lied), die seit 1100 an aquitanischen Höfen gefördert wird. Innerhalb von zwei Generationen entwickelt sich eine Kunst, die das Provenzalische zur vorbildlichen lyrischen Dichtersprache werden lässt (Höhepunkt 1175–1200: Bertran de Born, Giraut de Bornelh, Arnaut Daniel).

Die weltliche Epik (chanson de geste) beginnt um 1100 mit der Chanson de Roland und bezieht ältere Traditionen aktualisierend auf die eigenen Zeitumstände; ritterliche Tugend als höchster Wert, Auseinandersetzung mit dem Islam beliebtes Thema. Am kulturell führenden anglo-normannischen Hof ist das Französische seit Anfang 12. Jh. Gesellschaftssprache, in der auch Geschichte geschrieben wird: Geoffroi Gaimar, Histoire des Anglais (um 1140).

Roman

Neue Literaturgattung ist von der zweiten Hälfte des 12. Jh.s an der *Roman*: detailfreudig und psycholo-

älteste Sprachdenkmäler

Die ältesten französischen Sprachdenkmäler

842	Straßburger Eide
10. Jh.	Vie de saint Léger
1075/1100	Chanson de saint Alexis
vor 1109	Chanson de Roland
um 1125	Gormond et Isembart
vor 1126	Dichterisches Werk Graf Wilhelms IX. von Poitiers, Herzog von Aquitanien („erster Troubadour")
gegen 1120	Benedeit, Voyage de saint Brendan
vor 1130	Philippe de Thaon, Bestiaire
1155	Wace, Roman de Brut
um 1160	Eneas
1170	Chrétien de Troyes, Erec
	Erstfassung von Floire et Blancheflor
1160/1170	Marie de France, Lais
nach 1161	Wace, Roman de Rou
um 1170	Thomas d'Angleterre, Tristan
1174	Garnier de Pont-Sainte-Maxence, Vie de saint Thomas Becket
um 1175	Erste Teile des Roman de Renart
um 1176	Chrétien de Troyes, Cligès
vor 1178	Étienne de Fougères, Livre des manières
um 1180	Chrétien, Lancelot (Le chevalier de la charrette)
	Chrétien, Yvain (Le chevalier au lion)
nach 1181	Chrétien, Conte del Graal (Perceval)
nach 1191	Béroul, Tristan
um 1200	Jean Bodel, Le jeu de saint Nicolas
vor 1200	Robert de Boron, Estoire du saint Graal
Anf. 13. Jh.	Aucassin et Nicolette
1213	Guilhem de Tudela, Chanson de la croisade contre les Albigeois (fortgesetzt 1228)
vor 1218	Gottfried I. von Villehardouin, Conquête de Constantinoble
um 1220	Huon de Bordeaux
1235	Guillaume de Lorris, Roman de la Rose (fortgesetzt wohl 1275 durch Jean de Meung)
vor 1236	Gautier de Coinci, Les miracles de Notre-Dame
um 1240	Henri d'Andeli, Lai d'Aristote
um 1250–um 1285	Rutebeuf, Werke
vor 1285	Adam de la Halle, Le jeu de la feuillée
	Adam de la Halle, Le jeu de Robin et Marion

Die ältesten gotischen Kathedralen

älteste gotische Kathedralen

1140	*Sens*	
	1164	Weihe des Hauptaltars
	1230	(nach Brand) Langhaus, Chorumbau
	1267	Einsturz des Südturms
	ab 1289	Neu- und Umbau der Westteile
1150	*Noyon*	
	1185	Chor, Querhaus
	1200	Langhaus
1153	*Senlis*	
	vor 1180	Chor
	1191	Weihe
	1240	Querhaus
1150/1155	*Laon*	
	Ende 12. Jh.	Langhaus
	1200	Westfassade
	1220	Chorausbau
1163	*Paris*	
	1182	Chorweihe
	1200	Langhaus
	1250	Westfassade
1194	*Chartres*	
	1220	Langhaus
	1221	Chorweihe
	1245	Querhaus
	1260	Weihe
1195	*Bourges*	
	1195–1214	Apsiden, Chor, Chorumgang
	1225–1250	Langhaus
Ende 12. Jh.	*Meaux*	
	Zweite Hälfte 13. Jh. weit gehend erneuert	
1201/1202	*Rouen*	
	nach 1214	Chor
	nach 1250	Langhaus
	nach 1275	Querhaus
1208	*Troyes*	
	1223	Chorumgang
	1240	Chor
	vor 1298	Querhaus
1211	*Reims*	
	1225/40	älteste Skulpturen (Nordfassade)
	1241	Chor
	nach 1250	Chorfenster
1215	*Auxerre*	
	vor 1234	Chor
	vor 1300	Chorfenster
1220	*Amiens*	
	1236	Langhaus, Teile der Westfassade
	1269	Chor
nach 1225	*Beauvais*	
	1284	Einsturz der Chorgewölbe

Die vorangestellte Jahreszahl bezeichnet den Baubeginn, nachgeordnete Daten beziehen sich auf die Vollendung einzelner Bauteile bzw. wichtige Baunachrichten.

gisch erklärend, inhaltliche Zusammenhänge stärker einsetzend als formale Bande. Antike Stoffe (Theben, Troja) werden rasch durch byzantinische ergänzt (Floire et Blancheflor) und ab etwa 1170 von den bretonisch-keltischen Themen (Tristan, Gral, Arthus) verdrängt, die Marie de France literarisch bekannt macht, Chrétien de Troyes (vielleicht Kanoniker in Troyes) zur großen Form bringt. Satirisch, belehrend oder komisch, von Erzählfreude getragen ist das Tierepos (Roman de Renart). Nur wenig später entwickelt sich das fabliau: eine kurze, schwankhaft-parodistische Verserzählung, überwiegend in Nordfrankreich verbreitet.

Romanik

Kunst: Mit der Ausbildung neuer architektonischer Formen um das Jahr 1000 entsteht eine regional unterschiedliche *Romanik* (Normandie, Poitou, Burgund, Aquitanien, Auvergne, Provence), die im Süden stärker durch antike Traditionen bestimmt wird. Wichtige Anregungen kommen aus Burgund (Abteikirche Cluny II, 981 geweiht, mit Staffelchor und westlicher Doppelturmfassade), Tours (Abteikirche St-Martin mit jetzt nicht mehr erhaltenem Chorumgang von 997ff.) und Reims (Abteikirche St-Rémi, 1005–1049; durch Emporengeschoss aufgegliederte Wand des Langhauses), bevor die Normandie eine Spitzenstellung erreicht: Die Abteikirche Jumièges (1040–1067) gruppiert Arkaden, Emporen und Fenster linear und betont durch halbrunde Pfeilervorlagen vom Boden zur Decke die senkrechte Ausrichtung des Raumes. Die Abteikirchen des Mont-St-Michel (2. Hälfte 11. Jh.) und in Caen (St-Étienne, um 1065–1081; St-Trinité, 1059ff.) schließen hier an. Charakteristisch für das Poitou sind dreischiffige Hallenkirchen mit Querhaus, Chorumgang, Kapellenkranz und tonnengewölbtem Mittelschiff (St-Savin-sur-Gartempe, spätes 11. Jh.; Notre-Dame-la-Grande/Poitiers, 2. Viertel 12. Jh.), während Aquitanien einschiffige Kuppelkirchen hervorbringt (Kathedrale St-Front/Périgueux, nach 1120ff.). Gewölbte Hallenkirchen mit Emporen und Vierungskuppel kennzeichnen die Auvergne, einschiffige Saalkirchen und dreischiffige Basiliken die Provence. Der Raumeindruck wird hier durch die geschlossene Wand bestimmt; antike Elemente zeigen besonders St-Trophime/Arles und St-Gilles-du-Gard (beide Mitte 12. Jh.).

Abteikirche Cluny III

Ab 1100 ist Burgund führend, nicht nur in Frankreich, sondern in der europäischen Architektur überhaupt. Die *Abteikirche Cluny III* (1088ff.), der größte mittelalterliche Kirchenbau, hatte einen hoch aufragenden Innenraum mit Triforien, Spitztonnengewölbe, Chorumgang und Kapellenkranz. Ein Nachfolgebau dieser nach 1789 größtenteils vernichteten Kirche ist die Kathedrale St-Lazare/Autun (um 1120ff.), andere Einflüsse zeigen Ancy-le-Duc (um 1100ff.), St-Lazare/Avallon (12. Jh.) und Vézelay (um 1120ff.).

Die romanische Plastik ist vor allem Bauplastik. Für die Malerei zeugen neben geringen Resten von Wandbemalung illuminierte Handschriften; wichtig vor allem Limoges (Bibel von St-Martial, Ende 11. Jh.), Burgund (Bibel von Cîteaux, 1109), St-Amand, Valenciennes.

Gotik

Die *Gotik* breitet sich von der Île-de-France her aus und ist eine weitergeführte Synthese regionaler Bauelemente (Kreuzrippengewölbe: Normandie; Spitzbogen, Triforium: Burgund; Dreiportalfassade: Provence) zu einer in sich folgerichtig entwickelten Struktur: Auflösung der Wand, Raumerhellung durch große Glasfenster, einheitliches Raumgefüge statt Addition von Einzelräumen, sichtbare Funktion der Bauteile; durch Umgang und Kapellenkranz wird der Chor breiter als das Mittelschiff und erreicht schließlich dessen Länge, keine Emporen über den Arkaden. Da die Maßwerkfenster im Obergaden gleiche Abmessungen wie die Arkadenöffnungen haben, kann sich die Glasmalerei in bisher ungeahnter Weise entfalten (Chartres, Bourges); Frankreich ist im 12./13. Jh. auf diesem Gebiet führend. Vom 13. Jh. an wird auch die Profanarchitektur bedeutender (Stadtbefestigung von Carcassonne).

Die Plastik bleibt weiterhin ein Teil der Baukunst, die Figuren lösen sich aber von der Wand und werden immer selbstständig-freier; ausgehend von der Portalzone, verteilen sie sich besonders über den Außenbau. In der Malerei verlieren die Klöster ab 1150 ihre führende Stellung an städtische Zentren, vor allem Paris (Evangeliar der Ste-Chapelle, um 1260/67; Psalter König Ludwigs IX., des Heiligen, 1253/70).

Frankreich (1270–1498)

Höhepunkt der Königsmacht

Verwaltung

Während der Regierungszeit Philipps IV. (1285–1314) *erreicht die Königsmacht einen Höhepunkt.* Von seinen Vorgängern gelegte Fundamente baut dieser Herrscher zielstrebig aus und verpflichtet seine Ratgeber auf die politischen Ziele der Krone als den höchsten Wert. Durch ihn berufene Juristen in der weiter differenzierten *Verwaltung* arbeiten erfolgreich an der Überwindung des Lehnrechts; Konstante der französischen Politik bleibt der Kampf gegen England. Während die Expansion gegenüber Deutschland nur geringfügig sein kann, spürt Italien die Hegemonie Frankreichs immer deutlicher. Philipp überfordert aber die Kräfte seines Reiches, indem er sie auf zu viele Ziele gleichzeitig lenkt: Vergrößerung des Staatsgebietes, Eingliederung der Kronvasallen, Unterwerfung der französischen Kirche und damit verbundene Auseinandersetzung mit dem Papsttum, sodass häufig nur Teilerfolge möglich sind. Die hier schon angelegten Schwierigkeiten wachsen, als der englische König nach dem Übergang der Monarchie auf das Haus Valois (1328) seine Politik durch eigenen Anspruch auf die französische Krone wirksam legitimiert. *Der Hundertjährige Krieg* (1339–1453) wirft Frankreich politisch und wirtschaftlich zurück, einer reduzierten Zentralgewalt entspricht die Verelendung des ganzen Landes und seiner Bevölkerung. Die westlichen Grenzgebiete des deutschen Reiches werden damit vom Druck der französischen Expansionspolitik entlastet, Italien bleibt unabhängig. Seit dem Aufstieg Burgunds in der ersten Hälfte des 15. Jh.s ist der Hundertjährige Krieg zugleich Bürgerkrieg und nimmt damit an Schärfe zu.

der Hundertjährige Krieg

Der wirtschaftliche Niedergang Frankreichs und die dauernden finanziellen Schwierigkeiten der Krone führen seit der Mitte des 14. Jh.s zur Einberufung von *Ständeversammlungen*, die Finanzkontrolle ausüben wollen, aber auch um politische Mitsprache kämpfen. Trotz dieser Hindernisse kann das Königtum den Lehnsadel und die Nutznießer der großen Apanagen wieder zurückdrängen und am Ende des 15. Jh.s die territoriale Einheit des Reiches herstellen: Der König übt im gesamten Gebiet der Monarchie die uneingeschränkte Herrschaft aus, ohne aber regionales Eigenleben ganz zu nivellieren. Hier wie schon unter den direkten Kapetingern ist die dynastische Kontinuität von großer Bedeutung: Ohne sie hätte die Krongewalt nicht erreichen können, was ihr seit Ludwig XI. (1461–1483) zu Gebote steht.

Ständeversammlungen

Während der für das europäische Spätmittelalter kennzeichnenden wirtschafts- und sozialgeschichtlich fassbaren Umbrüche verliert auch in Frankreich das Land im Vergleich zur Stadt an Bedeutung, wird das *Bürgertum* allmählich zur führenden sozialen Schicht. Produktion und Verbrauch sind nicht mehr so eng verbunden wie früher, auch auf dem Land wird das Gewinnstreben zum Wirtschaftsmotiv und fördert die Ausbreitung von Spezialkulturen (Wald, Gemüse, Obst, besondere Rebsorten). Die *Geldwirtschaft* erreicht alle Bevölkerungsschichten und führt durch ständige Münzverschlechterungen zur Verarmung derer, die feste Einkünfte beziehen (Arbeitslöhne; Grundzinse der ländlichen Aristokratie). Das damit verbundene Krisenbewusstsein nährt sich weiter durch Krieg und Gewalt, Seuchen und Hungersnöte. Die im Großen Schisma (1378–1417) korrumpierte Kirche ist in Traditionen und Institutionen erstarrt, von ihr gehen kaum noch spirituelle Anregungen aus. Dagegen nehmen die Universitäten an Bedeutung zu, weil bürgerliche Rationalität und politische Mächte den Gelehrten als Ratgeber suchen. Das persönliche Interesse des unter vielfältiger Bedrohung wirtschaftenden Menschen weckt den Sinn für die Individualität, für die Besonderheit des Einzelschicksals. *Soziale Spannungen* gewinnen damit an Schärfe, weil statt älterer Vorstellungen vom unabänderlichen Geburtsstand die Möglichkeit zur Besserung der persönlichen Lage immer deutlicher in den Blick tritt. Durch Koordination partikularer und allgemeiner Interessen hat die Monarchie Voraussetzungen für den neuzeitlichen französischen Einheitsstaat geschaffen und erhalten.

Bürgertum

Geldwirtschaft

soziale Spannungen

Der Ausbau der Königsmacht (1270–1339)

Nach dem Tod Ludwigs IX. vor Tunis tritt sein Sohn die Nachfolge an:
1270–1285 *König Philipp III.* (*1245).
    Den starken Einfluss seiner Umgebung auf die königliche Regierung zeigt der Plan seiner
    1272 deutschen Thronkandidatur, durch Philipps Onkel Karl von Anjou (*1220, †1285) angeregt und von Philipp wohlwollend aufgenommen, aber an Papst Gregor X. gescheitert.
    Bemerkenswert groß ist auch das politische Gewicht seiner Mutter, Margarete von der Provence (*1221, †1295), und seiner Gemahlin, Maria von Brabant (*1254, †1321).
1282–1285 Karl von Anjou ist auch die treibende Kraft für Philipps III. „Kreuzzug" gegen Aragón: Nachdem Papst Martin IV. Peter III. von Aragón (1276–1285) für abgesetzt erklärt hat, soll der König von Frankreich die päpstlichen Beschlüsse militärisch verwirklichen helfen und dafür seinem zweiten Sohn Karl von Valois (*1270, †1325) die aragonesische Krone gewinnen. Auf dem Feldzug, der in einer Reihe katastrophaler Niederlagen endet, stirbt Philipp III.

König Philipp III.

1285–1314 *König Philipp IV., der Schöne* (*1268).
    Er hat schon als Thronfolger Bedenken gegen die väterliche Politik erhoben und betreibt zielstrebig den Ausbau einer zentralistischen, expansiven Königsmacht.
1294–1297 *Krieg mit England*, der das Herzogtum Guyenne an die Krone bringen soll. Nach großen Erfolgen wird das Kriegsziel ausgeweitet und eine Flotte zum Angriff auf die englischen Häfen gebaut. Eduard I. hat in seiner unmittelbaren Nachbarschaft die mit Frankreich verbündeten Schotten als Gegner und bemüht sich um Unterstützung: Das deutsche Reich hält zu England, deutsche Grenzfürsten stehen im beiden Lagern; der Graf von Flandern wendet sich gegen seinen Lehnsherrn Philipp, um größere Unabhängigkeit zu erreichen. Die militärischen Erfolge Frankreichs führen zum vorläufigen Waffenstillstand.

König Philipp IV., der Schöne

Englisch-Französischer Krieg

1296 Noch während des Krieges kommt es zum Konflikt Philipps IV. mit Papst Bonifaz VIII., der in seiner Bulle „Clericis laicos" jede Sonderbesteuerung des Klerus ohne Zustimmung des Papstes verbietet und damit in Frankreich eine erste Welle antikurialer Publizistik heraufbeschwört.

1298 Bonifaz gibt nach und vermittelt einen Frieden zwischen Frankreich und England: Flandern bleibt französisches Lehen, über Schottland und Guyenne wird nicht entschieden.

1299 Treffen Philipps IV. mit König Albrecht I. bei Quatrevaux zwischen Vaucouleurs und Toul: Der Heiratsvertrag von 1295 wird bestätigt, mit dem Pfalzgraf Otto IV. von Burgund (Franche-Comté) das Land als Mitgift seiner Tochter für den französischen Prinzen Philipp (V.) (*1293) vergeben hat. Ein Jahr später unterwirft sich die Stadt Toul dem König.

1301 Der Graf von Bar nimmt sein links der Maas gelegenes Land („Barrois mouvant") von der Krone Frankreich zu Lehen. Philipps IV. Bruder Karl von Valois geht mit einem französischen Heer auf Wunsch des Papstes nach Italien, um das aragonesische Sizilien zu unterwerfen. Vorher wird Florenz für die päpstliche Partei genommen (Verbannung Dantes). Gleichzeitig ist Philipp IV. durch die Auseinandersetzung mit Flandern und durch den zweiten Konflikt mit Bonifaz VIII. in Anspruch genommen. Für das neu geschaffene Bistum Pamiers (Departement Ariège) hat der Papst Bernard Saisset ernannt, einen Südfranzosen voll offen gezeigter Abneigung gegen die zentrale Monarchie.
Diese seine Haltung führt zum Vorwurf des Hochverrats und zur Absetzung des Bischofs. Bonifaz verlangt die Überstellung Saissets nach Rom und formuliert gegen die klar erkannte Absicht Philipps zur Unterwerfung aller nichtmonarchischen Gewalten im Reich in der Bulle „Salvator mundi", dass allein die Kurie in der französischen Kirche die letzte Entscheidung haben soll. Die Bulle „Ausculta fili" stellt den Papst über Könige und Reiche und beruft ein französisches Reformkonzil nach Rom.

Unam sanctam

1302 Der König antwortet mit einer Versammlung der Generalstände (Klerus, Adel, Bürger) in Notre-Dame/Paris, auf der sich Adel und Städtevertreter entschieden für die Unabhängigkeit der Monarchie aussprechen. Der Klerus steht dem wohlwollend zur Seite, sodass der Papst, bestärkt durch die Nachricht von der französischen Niederlage bei Kortrijk, vor dem römischen Konzil im November mit der Bulle „*Unam sanctam*" die schärfste mittelalterliche Formulierung des theokratischen Gedankens gegen Philipp richtet.
Die Nachricht von der verlorenen Schlacht bei Kortrijk zwingt außerdem Karl von Valois zum Abbruch des Feldzuges gegen Sizilien; im Frieden von Caltabellotta (Prov. Agrigent) wird Sizilien für die Lebenszeit Friedrichs II. (1296–1337) Aragón zugesprochen.

Der Kampf gegen Flandern

Durch Flandern wird die bislang ungebrochene Aufstiegslinie der französischen Großmachtpolitik erstmals empfindlich gestört. Die Wirtschaftskraft ihrer Städte macht diese Landschaft zu einem mächtigen Faktor der europäischen Politik. Durch scharfe Abschließung der Kaufmannsgilden und des Schöffenkollegs führt die Herrschaft weniger Familien zu Spannungen, die sich um 1280 in allen flandrischen Städten gewaltsam entladen. Der Graf von Flandern nimmt gegen die Geschlechter Partei und hat infolgedessen die übrige Bevölkerung auf seiner Seite, sodass die Oligarchie beim französischen König Rückhalt sucht („leliaerts" = Anhänger des französischen Lilienwappens), ohne jedoch die Eingliederung Flanderns in die Krondomäne zu erstreben. Die Herrschaft des Grafen ist damit bedroht, seine Verwaltung wird von französischen Beamten kontrolliert, die das Patriziat von Gent, Brügge und Douai bereitwillig aufnimmt. England stützt den Grafen, weil Flandern seit dem Verlust der Normandie Landeplatz der Flotte sein muss (Brügge), sperrt die Ausfuhr englischer Wolle, um die städtische Tuchindustrie lahm zu legen und erzwingt dadurch das Bündnis. Im Januar 1300 wird Flandern französisch besetzt und Graf Guy von Dampierre (*1225, †1305) gefangen genommen. Im folgenden Jahr bereist Philipp mit dem ganzen Hof das Land, Burgen werden angelegt, eine königliche Verwaltung entsteht. Dagegen erheben sich die Zünfte: Bei der „Morgenfeier von Brügge" wird die französische Besatzung getötet (18. Mai),

Schlacht bei Kortrijk

wenig später (11. Juli) scheitert in der *Schlacht bei Kortrijk* (Westflandern) der Versuch, die gefährdete Stellung zu sichern: Das französische Ritterheer unterliegt mit hohen Verlusten den zu Fuß kämpfenden Zunftaufgeboten (1302). Damit bleibt Flandern unabhängig und vermag als Brückenkopf Englands eine Schlüsselposition gegen den mächtigen Nachbarn zu behaupten.

1303 Durch die päpstliche Anerkennung Albrechts I. wird Frankreich zum Bündnis mit England gezwungen, was nur gegen Rückgabe der Guyenne zu erlangen ist. Philipp überträgt jetzt seinem Großsiegelbewahrer Wilhelm von Nogaret (*zwischen 1260 und 1270, †1313) Sondervollmachten zum *Kampf gegen den Papst*. Auf einer Ständeversammlung klagt Nogaret in Gegenwart des Königs Bonifaz der Simonie und Gotteslästerung an, verlangt seine Ab-

Kampf gegen den Papst

setzung und ein allgemeines Konzil für den Urteilsspruch. Daraufhin wird das Interdikt über Frankreich verhängt; nicht nur das kirchliche, auch das Universitätsleben soll ruhen. Nogaret reist in die Toskana und sammelt Gegner des Papstes und seiner Familie (Caetani).

7. Sept. Er überfällt mit einer kleinen Streitmacht Bonifaz VIII. Dieses Attentat von Anagni soll der Verkündung päpstlicher Kirchenstrafen gegen Philipp IV. zuvorkommen, dem Gefangenen will man in Frankreich den Prozess machen.

11. Okt. Die Bürger von Anagni und eine römische Rittertruppe befreien den Papst zwar rasch, doch stirbt der Greis als gebrochener Mann in Rom.

Die öffentliche Meinung der Christenheit ist nun gegen Frankreich aufgebracht. Dennoch strebt Benedikt XI. (1303–1304) unter dem Druck römischer Parteiungen den Ausgleich an und löst Philipp IV. unaufgefordert vom Bann. Sein Nachfolger ist als Clemens V. (1305–1314) Bertrand de Got, Erzbischof von Bordeaux. Er hebt die Bulle „Clericis laicos" auf, sieht in der Bulle „Unam sanctam" keine Rechtsminderung für den König von Frankreich und geht selbst nicht nach Rom. Als er 1309 Avignon zur Residenz wählt, beginnt die bis 1377 währende „Babylonische Gefangenschaft der Kirche".

Gerüchte über Sittenverfall, Häresie und unerhörte Geheimrituale im *Templerorden* werden für Philipp IV. zum Anlass für eine *groß angelegte Verfolgung*. Der König strebt nach dem Ordensvermögen, Nogaret möglicherweise nach persönlicher Rache, da sein Großvater, durch Templer als Ketzer denunziert, auf dem Scheiterhaufen gestorben sein soll. *Verfolgung des Templerordens*

1307 An einem einzigen Tag werden in ganz Frankreich alle Templer festgenommen und der Besitz des Ordens beschlagnahmt.

In einem genau vorbereiteten Untersuchungsverfahren, das die Kompetenzen der weltlichen Gewalt überschreitet, werden Geständnisse unter der Folter erpresst und Hinrichtungen vollzogen, ohne dass der Papst einzuschreiten wagt. Die Universität Paris erstattet der Krone ein wenig entschiedenes Gutachten, die Reichsstände billigen die königlichen Maßnahmen.

1311–1312 Das *Konzil von Vienne* (ein Drittel seiner Mitglieder sind Franzosen) erklärt die bisherige Untersuchung zunächst für mangelhaft und will die Angeklagten hören, sodass erst persönliche Drohungen des Königs die kleinmütige Versammlung einer sofortigen Aufhebung des Ordens durch den Papst zustimmen lassen. Das Vermögen wird den Johannitern zugesprochen, denen die Krone aber gewaltige Entschädigungen für angebliche Kosten bei der fiskalischen Verwaltung des Templerbesitzes abfordert. *Konzil von Vienne*

1314 Der Großmeister Jacques de Molay (*um 1243, †1314) und drei andere Ordenshäupter werden nach einem zwei Jahre verschleppten Prozess ohne entsprechendes Urteil in Paris öffentlich verbrannt.

Die große *Judenvertreibung* des Jahres 1306 dient ebenfalls der königlichen Kasse, der hinterlassene Güter zufallen. Auch norditalienische Bankiers in Frankreich, die so genannten Lombarden, sind von Enteignungen betroffen (1311). Beides sind kurzsichtige Maßnahmen, gleichermaßen schädlich für die Finanzverwaltung und die Wirtschaftskraft des Reiches. *Judenvertreibung*

Die Verwaltung Frankreichs. Das Finanzwesen

Die königliche Verwaltung zieht bürgerliche Kenner des römischen Rechts (Legisten) immer häufiger in ihren Dienst, sodass diese seit Philipp IV. (1285–1314) die Mehrheit im Rat haben. Wilhelm von Nogaret gehört zu jener dem Königtum ergebenen Gruppe, mit deren Hilfe gegen das Lehnrecht ein vorabsolutistischer Staatsgedanke zum Sieg geführt wird.

Unter den großen Ämtern bleibt der Großsiegelbewahrer faktisch Haupt der Kanzlei, seit 1320 heißt er wieder Kanzler mit Befugnissen auch im Parlament (Hofgericht) und als einflussreichster Berater des Königs. Für die Finanzverwaltung untersteht dem König direkt der „grand chambellan", dessen Funktion im Laufe des 14. Jh.s vier der Rechnungskammer unterstellte „trésoriers" übernehmen. Als Kommandierender des Heeres fungiert der „connétable", der im 14. Jh. alle anderen Zuständigkeiten abgibt und nächst dem Kanzler wichtigster Minister der Krone ist. Er wird im 15. Jh. vom Staatsrat gewählt.

Mit dem *Anwachsen des Kronlandes* wird die ältere Organisation der „bailliages" erweitert (23 zu Beginn des 14. Jh.s); Lehnsfürstentümer und Apanagen stehen unter der Kontrolle des ihnen benachbarten „bailli", der seinerseits jederzeit abgesetzt werden kann und in seinen Aufgaben mehr und mehr beschränkt wird: „Lieutenants" (Gerichtsbarkeit), „receveurs" (Steuerverwaltung), „maîtres des forêts" (Gewässer und Forsten) treten ihm selbstständig zur Seite. *Anwachsen des Kronlandes*

Nach Ausgliederung von Parlament und Rechnungskammer bleibt von der älteren „curia regis" (Königshof) der Staatsrat („grand conseil"): In wechselnder Zusammensetzung unregelmäßig vom König an verschiedene Orte berufen, kann er zur Reichsversammlung erweitert werden oder, falls alle Lehnsfürsten, Kronvasallen und Städte vertreten sind, als Generalständetag („états généraux") auftreten (erstmals 1302).

Finanz-
verwaltung
Die *Finanzverwaltung* unterscheidet zwischen ordentlichen Einnahmen des Königs aus dessen Grundherrschaften, Lehen und Gerichten einerseits, den außerordentlichen Einnahmen aus Steuern andererseits. Naturalleistungen mit Verkauf der Überschussproduktion, Einziehung herrenlosen Gutes, Gebühr bei Beurkundungen und Bewilligung neuer Rechte (Gütererwerb durch die tote Hand, Erwerb adliger Lehen durch Nichtadlige, Erhebung in den Adel, Legitimierung unehelich Geborener), Ablösung des Herbergsrechts durch Geldzahlung gehören ebenso wie Zölle zu den ordentlichen Einnahmen. Zölle werden auf Waren und an den Grenzen erhoben, an Märkten, Brücken oder Wegen und entwickeln sich immer mehr zur Geldquelle bei akuter Bedürftigkeit des Fiskus. Damit rücken sie in die Nähe der Steuern, die, weil frühmittelalterlichem Rechtsdenken fremd, auch später noch als außerordentliche Einnahmen verstanden werden. Der Ursprung des Steuerwesens liegt in den Sonderbeihilfen („aides"), die der Lehnsherr bei bestimmten Gelegenheiten fordern darf; sie werden zur allgemeinen Kriegsabgabe erweitert, die als Kopfsteuer ausgeschrieben jeden mit Ausnahme des Adels trifft und vom König direkt unter Umgehung seiner Vasallen erhoben wird. Direkte Steuer („taille"), Zölle („traites") und Verbrauchssteuer auf Salz („gabelle") sind seit Anfang des 14. Jh.s die wichtigsten außerordentlichen Einnahmequellen der Krone.

Rechnungs-
kammer
Die Erträge werden nach normannischem Vorbild von der *Rechnungskammer* („chambre des comptes") in Paris verwaltet; sie entscheidet auch Steuerprozesse. Seit 1320 besteht die Kammer aus vier geistlichen und drei (wenig später vier) weltlichen Beamten unter zwei Präsidenten, deren Amtsführung vom „contrôleur des finances" überwacht wird. Ursprünglich vom König ernannt, werden die Mitglieder der Rechnungskammer seit der zweiten Hälfte des 14. Jh.s gewählt.

Für die außerordentlichen Einnahmen sind seit dem 14. Jh. besondere Beamte („généraux des finances") zuständig, die seit Karl V. (1364–1380) sämtlich vom König ernannt werden.

1314–1328 Frankreich gerät nach dem Tod Philipps IV. in eine schwierige Lage, weil seine Söhne Ludwig X. (1314–1316, *1289), Philipp V. (1316–1322, *1293) und Karl IV. (1322–1328, *1294) nach jeweils kurzer Regierungszeit ohne männlichen Nachkommen sterben.

1317 Philipp V. lässt nach seiner Krönung durch einen erweiterten Staatsrat die weibliche Thronfolge für ausgeschlossen erklären, um sein eigenes Königtum zu legitimieren. Seit Mitte des 14. Jh.s wird als Grundlage dieser Entscheidung auf die „Lex Salica" verwiesen. Sie regelt aber nur Erbfragen bei Immobilien und gilt längst nicht mehr.

Haus Valois
1328–1498 *Haus Valois* (kapetingische Nebenlinie).
Nach dem Tode Karls IV. spitzt sich die Frage nach dem nächsten Verwandten zu. Eduard III. von England beansprucht die französische Krone, weil seine Mutter Isabella (*1292, †1357) als Tochter Philipps IV. ihm ihre Rechte übertragen habe. Die französischen Kronjuristen antworten: Wer keine Rechte hat, kann sie nicht vergeben.

1328–1350 König Philipp VI. (*1293)
1328 Der Sohn Karls von Valois, des Bruders Philipps IV., wird von einer Versammlung der Großen Frankreichs zum König gewählt.
Gräfin Johanna von Évreux, Tochter Ludwigs X., erhält das Königreich Navarra, für das die weibliche Erbfolge anerkannt wird; die Champagne soll an die Krone fallen. Eduard III. erkennt die französische Thronregelung nicht an und führt seit 1337 den Titel „König von Frankreich". Daraus entsteht ein über 100 Jahre andauernder zerstörerischer Konflikt zwischen beiden Ländern, der militärisch auf französischem Boden ausgetragen wird.

Erneuter Kampf gegen Flandern

In Flandern herrscht seit 1322 Graf Ludwig von Nevers (*um 1304, †1346), der am Pariser Hof erzogen und mit einer Prinzessin königlichen Geblüts verheiratet ist. Er stützt sich im Lande selbst auf Aristokratie und städtisches Patriziat, hat aber vor allem Zünfte und nicht an der Oligarchie beteiligte Kaufmannschaft gegen sich. 1323 kommt es im westflandrischen Landgebiet von *Brügge* zum Aufstand der selbstbewussten, wirtschaftlich starken Bauern mit dem Ziel vollständiger Beseitigung von Adelsherrschaft und Bodenrenten. Die Unruhen erweitern sich zu einem von beiden Seiten mit besonderer Grausamkeit

Brügge

Krieg
geführten *Krieg*, an dem die städtische Opposition mit Ausnahme Gents aufseiten der Bauern teilnimmt. Da die Bewegung auch gegen die französische Krone gerichtet ist und der Bürgermeister von Brügge Anerkennung des englischen Thronanspruchs gegen militärische Leistungen in Aussicht stellt, muss König Philipp VI. eingreifen. 1328 siegt er bei Cassel (nordöstlich von St-Omer) und wirft damit den Aufstand

englische
Bündnispolitik
nieder, gibt aber der Volksbewegung ihren künftig verhängnisvollen antifranzösischen Zug. Die *englische Bündnispolitik* gewinnt in den folgenden Jahren an Boden: Außer den Grafen von Geldern, Looz, Jülich und Mark tritt Herzog Johann von Brabant ins antifranzösische Lager, das durch Hennegau-Hol-

land, Nassau, Österreich und den Erzbischof von Trier noch verstärkt wird. Der Bischof von Lüttich und Ludwig von Nevers zögern, woraufhin Eduard III. nach bewährtem Muster 1336 die eigene Wollausfuhr untersagt und den Import ausländischer Tuche nach England sperrt. Damit ist die flandrische Industrie gelähmt und wird durch Einwanderungsprivilegien für Handwerker nach England weiter geschwächt; in diesen Jahren bildet sich die Grundlage einer englischen Tuchmanufaktur, die fünf Jahrzehnte später als gefährliche Konkurrenz auftritt. Gegen Lockerung der Blockade durch Annäherung an England sperrt sich der Graf von Flandern, sodass zuerst Gent seine Interessen den französischen geopfert sieht. Ende Dezember 1337 wird die Stadt Schauplatz eines Aufstandes, der unter Führung des reichen Tuchhändlers Jakob van Artevelde (*um 1290, †1345) der Herrschaft Brügges in Flandern ein Ende setzt. Weber, Walker und kleine Gewerke sind unter dem Stadtoberhaupt Artevelde an einer Regierung beteiligt, die sich der englischen Sache verschreibt und nach Aufhebung der Handelssperre ganz Flandern hinter sich weiß. Eduard III. glaubt sich im Juli 1337 außerdem durch einen Beistandspakt und hohe Zahlungen der Hilfe Kaiser Ludwigs des Bayern versichern zu können, wird aber dann so schwach unterstützt, dass er 1339 einen Herbstfeldzug in die Picardie kampflos abbrechen muss. Unter Führung Arteveldes, der die Grafschaft nach der Flucht Ludwigs von Nevers an den französischen Hof allein regiert, schließt Flandern 1340 ein Bündnis mit England. Daraufhin kann Eduard III. als „Erbe Ludwigs des Heiligen" in Gent einen Hoftag halten, auf dem er die Huldigung der Städte entgegennimmt, erkauft freilich durch große Zugeständnisse. Am 24. Juni wird die französische Flotte im Hafen von Sluis (in der Bucht des Zwyn, heute verlandet) von englischen Schiffen mit flämischer Unterstützung nahezu völlig zerstört.

Der Hundertjährige Krieg (1339–1453)

Materieller Anlass zum Krieg ist für England das ständige Ausgreifen der französischen Verwaltung nach Guyenne; der englische Besitz ist dort auf den Küstenstrich zwischen Bordeaux und Bayonne beschränkt.

1341 Nach Rückkehr aus dem flandrischen Krieg stirbt Herzog Johann III. von der Bretagne (*1286) ohne legitimen Erben.
Seine Nichte Johanna (*1319, †1384) ist mit Karl von Blois (*1319, †1364) verheiratet, einem Neffen des Königs von Frankreich; sie erhebt Erbansprüche, die durch Johann von Montfort, den Bruder des verstorbenen Herzogs, bestritten werden. Der französische Teil der Bretagne (Diözesen Rennes, Nantes, Dol, St-Malo, teilweise St-Brieuc) hält zu Karl von Blois, der keltische (Diözesen Tréguier, Léon, Cornouaille-Quimper, Vannes) zu Johann von Montfort. Naturgemäß steht Philipp VI. aufseiten seines Neffen, Eduard III. unterstützt Johann von Montfort.

1343 Die folgenden Kämpfe finden im *Vertrag von Malestroit* (Departement Morbihan) einen vorläufigen Abschluss: Karl von Blois beherrscht mit Rennes und Nantes die Hochbretagne, die Familie Montfort fast die gesamte Niederbretagne; Johann von Montfort muss ins Exil. In Flandern verstärkt sich die Opposition gegen die Vorherrschaft Gents, das den weniger mächtigen Orten die Selbstverwaltung nimmt. Die städtische Zunftherrschaft führt überdies zu blutigen Machtkämpfen zwischen Webern und Walkern; in Gent siegen die Weber, deren Zunftältester in Konkurrenz zu Jakob van Artevelde tritt. Das mühsam hergestellte Gleichgewicht zwischen den Bevölkerungsgruppen ist aufgehoben. Eduard III. greift nicht ein.

Vertrag von Malestroit

1345 Artevelde wird in Gent von den Webern erschlagen.

1346 Eduard III. landet bei St-Vaast-la-Hougue (Departement Manche) und wendet sich zunächst gegen Caen, das nach kurzem Kampf genommen wird. In Eilmärschen sucht das englische Heer, den flandrischen Bundesgenossen Hilfe zu bringen, muss sich aber bei Crécy (Departement Somme) vor den nachrückenden Franzosen verschanzen. Philipp VI. trifft vor

26. Aug. den englischen Feldbefestigungen ein und lässt sich zum Sturm verleiten, obwohl die ermüdeten Angreifer durch Regenfälle behindert sind. Die Bogenschützen Eduards III. haben entscheidenden Anteil an der vernichtenden *Niederlage des französischen Ritterheeres*, in dessen Reihen auch der blinde König Johann von Böhmen (1310–1346; *1296), der Herzog von Lothringen, die Grafen von Alençon und von Flandern den Tod finden. Wenige Tage später stehen die Engländer vor Calais und beginnen eine Belagerung, die sich bis in den Sommer des folgenden Jahres hinzieht.

französische Niederlage

1347 Als Philipp VI. keinen Entsatz zu bringen wagt, kapituliert die Stadt zu harten Bedingungen
4. Aug. (Gang der sechs „Bürger von Calais"): Vertreibung der Einwohner, Ansiedlung von Engländern.

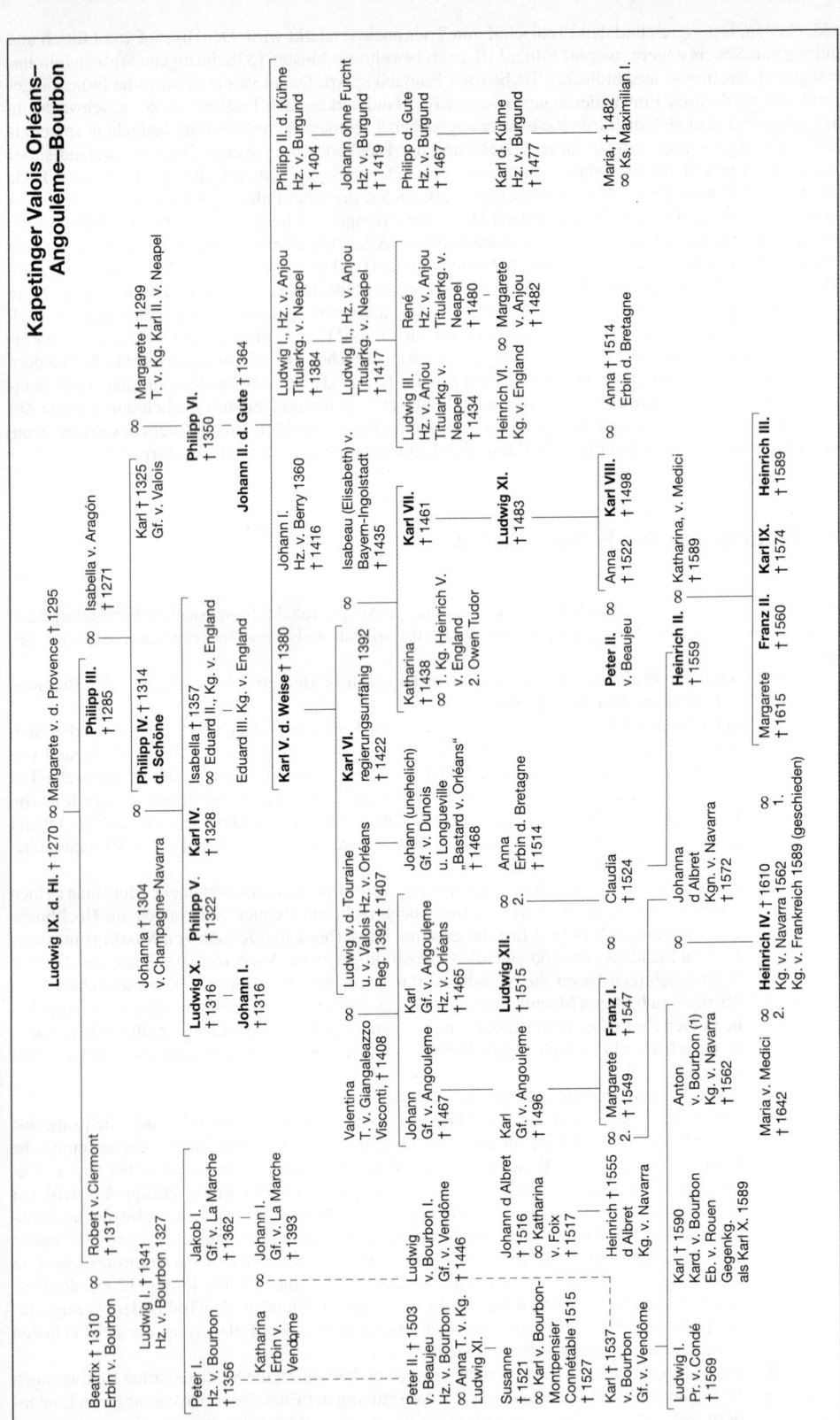

Bis 1559 bleibt Calais englisch, weil seine geografische Lage dem Ort unvergleichlichen strategischen Wert gibt.

Der Papst vermittelt einen *Waffenstillstand*, der bis 1351 zweimal erneuert wird.

Waffenstillstand

1349 Philipp VI. kauft die Stadt Montpellier von einer Seitenlinie des Hauses Aragón. Auf gleiche Weise geht die Dauphiné von ihrem letzten, kinderlosen Dauphin (aus dem lateinischen Beinamen „Delphinus" gebildetes Prädikat) Humbert II. an den König, der das Land als Reichslehen dem jeweiligen französischen Thronfolger bestimmt. Dessen Titel „Dauphin" rührt daher.

Die letzten Regierungsjahre Philipps VI. sind von der großen *Pestepidemie* überschattet, die im Laufe des Jahres 1347 ganz Frankreich ergreift. Ihre Folgewirkung (Bevölkerungsrückgang, Unterproduktion, Preis- und Lohnschere) erlebt erst

Pestepidemie

1350–1364 König Johann II. der Gute (*1319).

Er ist der Lage nicht gewachsen: unfähig zum persönlichen Regiment wie zur Auswahl geeigneter Berater, verschwenderisch im Aufwand für erlesene höfische Feste und Turniere, Gründer des Sternenordens zur Pflege eines versinkenden ritterlichen Ideals. Um trotz der Krise noch Geld für den wieder beginnenden Krieg gegen England aufzubringen, werden die Ständeversammlungen von Languedoc und Languedoïl sowie verschiedene Provinziallandtage um Hilfe gebeten; gleichzeitig kommt es zur Münzverschlechterung. Die Stände bewilligen zwar neue Steuern, fordern aber Mitsprache und Finanzaufsicht, verbunden mit dem königlichen Versprechen zur Wiederberufung: Die erste große Einschränkung der monarchischen Gewalt im Innern, erwachsen aus dem berechtigten Misstrauen gegenüber der zentralen Finanzverwaltung.

1355 Trotz der Unterstützung muss die Krone alle Zahlungen für sechs Monate einstellen und kann nur mittels einer Sonderbewilligung („aide") der Languedoïl wenigstens das Heer unterhalten.

Sprecher des Bürgertums ist der Vorsteher der Pariser Kaufmannschaft („prévôt des marchands") Étienne Marcel (†1358), Tuchhändler aus einer der reichsten Familien dieser Stadt.

seit 1355 Der Süden Frankreichs wird vom Krieg besonders heimgesucht, nachdem Eduard (*1330, †1376), der Schwarze Prinz (Beiname seit dem 16. Jh., wohl wegen der Farbe seiner Rüstung), Sohn König Eduards III., bei Bordeaux gelandet ist und als Vertreter seines Vaters amtet.

Nach schweren Verwüstungen im französischen Languedoc tritt Eduard von Bordeaux aus

1356 den Marsch durch Périgord, Limousin, Berry und Touraine nach Norden an; bei Amboise erreicht er die Loire. Von Johann II. bedrängt, ziehen sich die Engländer südwärts zurück und besetzen einige Kilometer südöstlich von Poitiers eine günstige und stark befestigte Stellung bei Maupertuis.

19. Sept. Das zahlenmäßig weit überlegene französische Heer greift besonnener Warnung zum Trotz nach oberflächlicher Erkundung an und wird vollständig vernichtet.

Schlacht von Maupertuis

König Johann ergibt sich; er muss fast vier Jahre als angesehener Staatsgefangener in England verbringen.

Im Volk wird die Niederlage als gerechte Strafe für Übermut und Korruption des Adels verstanden. Der Dauphin Karl (V.) (*1337) hat als Vertreter seines Vaters mit dieser Missstimmung breiter Kreise zu rechnen und kann sich auch nicht auf die in sich gespaltene Bürgerschaft der Hauptstadt verlassen: Neben die Kritik an der königlichen Verwaltung tritt Bewunderung für das oppositionelle flandrische Bürgertum. Étienne Marcel wirft sich nach dem Vorbild Jakobs van Artevelde zum Führer dieser Bewegung auf und reißt nach der *Schlacht von Maupertuis* die Stadtregierung an sich. Eine weitere Gefahr droht von den alten Gegnern des Hauses Valois; an ihrer Spitze steht jetzt Karl der Böse, König von Navarra und Sohn Johannas von Évreux, der Tochter Ludwigs X. Er strebt im Einvernehmen mit England nach der Krone Frankreichs und ist für die Pariser Bürgerbewegung der natürliche Bundesgenosse.

Ständeversammlungen fordern vom Dauphin die Annahme dauernder Ratgeber aus Klerus, Adel und Bürgertum; dieser Kreis soll vor allem die Reichsbeamten auswählen und ernennen.

1358 Trotz englisch-navarresischer Truppenbewegungen in der Umgebung von Paris betritt der Dauphin mit kleinem Gefolge die Stadt, aus der Karl von Navarra erst vor kurzem abgezogen ist. Der Thronfolger spricht mit großer Wirkung auf mehreren Bürgerversammlungen, aber während eines von Marcel geführten Aufruhrs dringt eine wütende Menge in den Palast und ermordet unter den Augen des Dauphins zwei seiner Marschälle. Als Karl der Böse auf Ersuchen Marcels wenige Tage später in Paris erscheint, verlässt der Dauphin die Stadt und beruft die Stände nach Compiègne.

		Das in der ersten Hälfte des 14. Jh.s noch blühende Land ist von Krieg und Seuche schwer getroffen. Die Bauern sind durch streifende Banden um ihre Existenz gebracht und richten ihren ganzen Zorn gegen den Adel, der weder sie noch das Reich schützen kann, in wichtigen Schlachten versagt hat. Weil der Dauphin den Bauern Selbstschutz empfohlen hat, bewaffnen sie sich.
	Mai	Im Beauvaisis bricht ein Aufstand los, der rasch ganz Nordfrankreich erfasst.
Jacquerie		Die *Jacquerie* (nach dem Spottnamen „Jacques Bonhomme" für das niedere Volk) wird zentral von dem Bauern Guillaume Karle geführt, der, rhetorisch begabt und waffentüchtig, sein eigenes Siegel führt und mit dem Aufbau einer Kanzlei beginnt. Die erzählenden Quellen berichten dramatisch und durchweg voreingenommen von Mord und Plünderung bisher unbekannten Ausmaßes. Étienne Marcel glaubt, die Jacquerie für seine Zwecke nutzen zu können, und lässt sich auf gemeinsame Unternehmungen ein, Karl von Navarra steht dagegen aufseiten des Adels und lockt den Führer der Bauern in einen Hinterhalt; Karle wird in Clermont enthauptet. Während auf dem Lande Massenexekutionen der führerlosen „Jacques" stattfinden, beginnt der Dauphin die Belagerung von Paris. Marcel fühlt die nun von antienglischen Stimmungen geleitete Stadtbevölkerung seinem Einfluss entgleiten.
	31. Juli	Er wird an der Bastille St-Antoine bei einem Volksauflauf erschlagen, als man ihn verdächtigt, Truppen Karls des Bösen in die Stadt lassen zu wollen.
		Zwei Tage später zieht der Dauphin als Sieger in Paris ein.
Englisch-Französischer Friede	**1360** 8. Mai	*Englisch-Französischer Friede* von Brétigny bei Chartres: Außer Guyenne fallen Poitou, Gascogne, Guines, Calais an England zum gleichen Recht, das die Krone Frankreich bisher innehatte, d.h. ohne Lehnsverpflichtung. Eduard III. verzichtet auf seinen französischen Thronanspruch und erhält ein hohes Lösegeld für König Johann II.
	24. Okt.	Nach dessen Freilassung wird der Friedensvertrag in Calais ratifiziert.
	1363	Nach Aussterben der kapetingischen Seitenlinie in Burgund (1361) gibt Johann II. das Herzogtum an seinen Sohn Philipp den Kühnen (*1342, †1404). Damit wird der Grundstein zu einer Macht gelegt, die wenige Jahrzehnte später der Krone selbst gefährlich wird.

1364–1380 König Karl V. der Weise (*1337).
Er entspricht mit seiner schwachen, zeitlebens von Neuralgien heimgesuchten Konstitution nicht dem späten Ritterideal seiner Zeit. Er meidet weite Reisen und kommt in der gesamten Regierungszeit nicht über Rouen im Westen, Orléans im Süden hinaus. Gleichwohl neigt auch er zu prächtiger *Hofhaltung*, die im jetzt neu ausgebauten Louvre ihren angemessenen Ort findet. Der König liebt gelehrte Gespräche, konsultiert häufig die Universität Paris und stellt eine bedeutende Büchersammlung zusammen, Grundstock der königlichen Bibliotheken späterer Zeit. Wichtige französische Übersetzungen (Institutionen Justinians; Digesten; Hauptschriften des Aristoteles, von denen ihm Ethik, Politik und Ökonomik am wertvollsten sind) regt er persönlich an und ist wegen seiner juristisch fundierten, mitunter spitzfindigen politischen Schachzüge gefürchtet. Die bedeutendsten Ratgeber kommen aus dem Parlament (Jean und Guillaume de Dormans, Pierre d'Orgemont) und aus der Reichsverwaltung (Hugues Aubriot); sein vertrauter Freund und an allen wichtigen Regierungshandlungen beteiligt ist Bureau de la Rivière aus adliger Familie im Nivernais. Mit Raoul de Presles, Philippe de Mézières, Nicolas Oresme (*1320, †1382) hat er fähige Mitarbeiter am neuen Konzept der „bonne policie": Methodische Anstrengung zur umfassenden und gleichmäßigen Ordnung aller öffentlichen Angelegenheiten durch die monarchische Gewalt, die ihrerseits im aristotelischen Sinne gesetzmäßig sein will und der Ratgeber bedarf. Der „Traité de la première invention des monnaies" des Nicolas Oresme gibt eine frühe geldtheoretische Abhandlung auf volkswirtschaftlicher Grundlage.

Karl V. zeigt sich in der Verteidigung königlicher Rechte gegenüber der Kirche unnachgiebig und bekämpft das adlige Fehdewesen mit dem Ziel seiner vollständigen Aufhebung. Die vorsichtige Erhebung mählich steigender Sondersteuern verbindet er mit Subventionen für Burgenbau in den großen Lehnsgebieten, leitet aber daraus ein regelmäßiges Inspektionsrecht der Krone ab in dem Bestreben, den Adel ins königliche Heer einzugliedern. Den Städten gegenüber verhält er sich wohlwollend, fördert aber nicht kommunale Regungen, sondern das schrittweise Eindringen königlicher Beamter in die Stadtverwaltungen. Die seit dem Frieden von Brétigny verkleinerte Domäne wird konsolidiert, dennoch bestätigt und vergrößert der König die von seinem Vater gewährten großen Apanagen seiner Brüder Philipp (*1342, †1404) (Burgund), Ludwig (*1339, †1384) (Anjou-Touraine) und Johann (*1340, †1416) (Berry). Deren Eigeninteressen sind nicht nur eine Belastung für Karl V., sondern zusammen mit den übrigen Prinzen von Geblüt bilden die Brüder des Königs als „deuxième féodalité" (die erste hatte in den mittlerweile meist ausgestorbenen regionalen Dynastien bestanden) ein Hindernis auf dem Weg zum Einheitsstaat.

Eine der ersten Regierungshandlungen Karls V. ist der Einzug der Güter Karls von Navarra (*1332, †1387), weil dieser die burgundische Nachfolge für sich gefordert hat.

Schlacht bei Cocherel	1364 16. Mai	Held des daraus entstehenden Krieges ist der bretonische Ritter Bertrand du Guesclin (*1315 oder 1320, †1380), der das *navarresische Heer bei Cocherel* (Departement Eure) besiegt.

In der Bretagne kommt es nicht zu einem dauerhaften Ausgleich der Erbansprüche, sodass
29. Sept. Johann von Montfort bei Auray (Departement Morbiham) die militärische Entscheidung gegen Karl von Blois sucht, der eine Niederlage erleidet und im Kampf fällt.

Johann von Montfort wird Herzog der Bretagne und erkennt die königliche Lehnshoheit an, neigt aber traditionell der englischen Seite zu.

Nach dem *Friedensschluss* leidet Frankreich unter den Raubzügen beschäftigungsloser Soldbanden („compagnies"), mit denen du Guesclin schließlich nach Spanien zieht und Heinrich von Trastámara (1369–1379) gegen dessen von England unterstützten Halbbruder Peter I. den Grausamen zur Krone des Königreichs Kastilien verhilft. Seither gibt es für mehr als ein Jh. ein festes französisch-kastilisches Bündnis.

Friedensschluss

Karl V. sucht seit Beginn seiner Regierung eine Gelegenheit, den Vertrag von Brétigny aufzuheben und findet sie in einer Appellation adliger Herren aus der Gascogne an das Pariser Parlament gegen außerordentliche Steuererhebungen des Schwarzen Prinzen: Weil der König von Frankreich nicht ausdrücklich auf seine Lehnshoheit über den englischen Besitz verzichtet habe, könne er Beschwerden der Stände entgegennehmen. Zahlreiche Herren und Städte des Südens erkennen Karls Argumente an:

1369 England und Frankreich befinden sich *wieder im Krieg*. Karl V. gibt im Verfolg einer weitgreifenden Bündnispolitik dem Grafen von Flandern (Ludwig von Maele, 1346–1384) Orchies, Douai und Lille zurück, damit die flandrische Erbtochter Margarete, statt des Grafen von Cambridge (Sohn Eduards III.), des Königs Bruder Philipp von Burgund (1363–1404, *1342; als Herzog von Burgund Philipp II., der Kühne) heiratet. Am 19. Juni wird diese Ehe geschlossen und damit die burgundische Herrschaft in den Niederlanden begründet. Kastilien und Portugal stehen ebenfalls auf französischer Seite, die Neutralität des Kaisers gilt als sicher.

Englisch-Französischer Krieg

Du Guesclin ist Connétable der Krone und führt mit Soldtruppen einen systematischen Kleinkrieg, in dessen Verlauf er das Poitou erobert.

1372 Eine englische Flotte wird bei La Rochelle (Departement Charente) von kastilischen Galeeren vernichtet.

Herzog Johann von der Bretagne steht im offenen Bündnis mit England.

1375 Als bis auf Calais, Guines, Bayonne, Dax, St-Sever und das Bordelais alle englischen Besitzungen in französischer Hand sind, wird in Brügge ein Waffenstillstand vereinbart, der aber nur zwei Jahre besteht.

Seit langem verhandelt Karl von Navarra mit England, sodass Karl V. die Ländereien des Hauses Evreux in der Normandie einzieht. Mit Cherbourg verkauft Karl der Böse seinen letzten Besitz auf französischem Boden an die Engländer und zieht sich nach Navarra zurück, wo er 1387 stirbt.

1380 Im Kampf gegen die neu formierten „compagnies" fällt du Guesclin und wird in der königlichen Grablege St-Denis beigesetzt.

Die militärischen Anstrengungen überfordern das Land und sind allein mit außerordentlichen Steuern zu finanzieren, deren Bewilligung den Ständen nur gegen Anteil am Ertrag abzuringen ist. Bretagne, Burgund und Flandern zahlen nicht. Mit dem Umzug Gregors XI. von Avignon nach Rom (1377) verliert Frankreich seinen direkten Einfluss auf das Papsttum; in Avignon residiert seit Urban VI. (1378–1389) nur noch der eine von zwei Päpsten im Großen Schisma.

1380–1422 *König Karl VI.* (*1368).

König Karl VI.

Er tritt zwölfjährig die Nachfolge an und ist von seinem Vater mit ausgesuchten Ratgebern versehen, die aber den Herzögen von Anjou, Berry und Burgund, den Brüdern des verstorbenen Königs weichen müssen.

1382 Zuerst in Paris regt sich Widerstand gegen neue Steuererhebungen; Aufstände in Rouen, Amiens, Orléans, Reims, Lyon und anderen wichtigen Städten folgen. Gegenmaßnahmen der wohlhabenden Bürger und geschickte Verhandlungen der königlichen Seite führen in Paris zur Beruhigung der Straße, vorübergehend gehorcht auch Rouen, aber die Aufstandsbewegung hat inzwischen den Süden erfasst, vor allem jedoch Flandern. Dort hat Philipp van Artevelde (*1340, †1382), der Sohn Jakobs van Artevelde, die Herrschaft über Gent errungen, wendet sich nun gegen den Grafen, besiegt ihn bei Beverhoutsveld nahe Brügge und nimmt auch diese Stadt ein. Graf Ludwig von Maele ruft den Herzog von Burgund, seinen Schwiegersohn, um Hilfe an und erhält auf diesem Wege den Beistand Frankreichs.

27. Nov. Bei Roosebeke (Rozebeke; bei Oudenaarde im östlichen Flandern) vernichtet das Heer Karls VI. die Truppen Philipps van Artevelde, der im Kampf sein Leben lässt.

Brügge unterwirft sich der königlichen Verwaltung. Nun hat der Hof gegenüber Paris freie Hand: Nach dem Einzug von 12000 Mann königlicher Truppen werden Hunderte, selbst

		königstreue Bürger, verhaftet und zahlreiche Hinrichtungen vollzogen. Kaufmannschaft und Zünfte verlieren die letzten Reste ihrer korporativen Selbstverwaltung. Entsprechend wird in Rouen und im Languedoc verfahren.

Philipp der Kühne

1384 Ludwig von Maele stirbt, und der erwartete Erbfall tritt ein: Flandern, Artois, Franche-Comté gehen an *Philipp den Kühnen* von Burgund.
Auf den flandrischen Adel und die Macht Frankreichs gestützt, kann er den Besitz gegenüber England sichern und auch mit den flandrischen Städten, vor allem mit Gent, Frieden schließen.

Bündnis- und Erwerbspolitik

1385 Einer planvollen *Bündnis- und Erwerbspolitik* Philipps dienen die durch ihn vermittelten Heiraten seines Sohnes Johann (*1371, †1419) mit Margarete von Hennegau-Holland (Tochter des Grafen Albrecht von Wittelsbach [*1336, †1404; seit 1349/1353 Graf von Holland und Hennegau]) und König Karls VI. mit Isabeau (Elisabeth) von Bayern-Ingolstadt (*1371, †1435).

1388 Philipp lenkt das französische Heer gegen den Herzog von Geldern, mit dem die Herzogin Johanna von Brabant, Philipps Tante, im Kriege liegt, und erhält als Gegenleistung das brabantische Erbe für seinen zweiten Sohn Anton versprochen. Der Feldzug ist für Karl VI. Anlass, die Regierung selbst zu übernehmen.
Er ruft die alten Ratgeber seines Vaters zurück, die wegen ihrer niederadligen oder bürgerlichen Herkunft „marmousets" genannt werden; sie beschließen, nur einstimmig zu entscheiden. Ludwig (*1372, †1407), der energische jüngere Bruder des Königs, ist an der neuen Regierung beteiligt, während Karl selbst ganz in höfischen Festen aufgeht.

1392 Ludwig wird Herzog von Orléans. Karl VI. hat den ersten Anfall einer sich in Schüben wiederholenden Geisteskrankheit. Die Marmousets werden vom Hof verbannt, die alte Regentschaft tritt wieder an ihre Stelle.
Durch seine Ehe (ab 1389) mit Valentina Visconti (†1408; Tochter des Herzogs Giangaleazzo von Mailand) besitzt der Herzog von Orléans die Grafschaft Asti. Da auch Florenz französische Unterstützung sucht und Papst Clemens VII. Ludwig II. von Anjou (†1417) zum König von Sizilien gekrönt hat (1389), ist die Politik Frankreichs teilweise durch die Lage in Italien bestimmt.

1396 Hochzeit Isabellas, der Tochter Karls VI., mit König Richard II. von England.
Das Projekt wird durch Herzog Philipp von Burgund gefördert, der für seine flandrischen Gebiete Frieden braucht. Herzog Ludwig von Orléans will einem Hilfegesuch des Genueser Stadtadels gegen die Bürgerschaft nachkommen, um den Aufbau seines „Königreichs Adria" mit der Annektion Genuas zu beginnen. Auf Betreiben Philipps von Burgund unterstellt sich die Stadt aber der Krone Frankreich und bleibt bis zum Aufstand von 1409 unter deren Herrschaft. Der hier zum ersten Mal offene Gegensatz zwischen den Herzögen von Burgund und von Orléans ist grundsätzlicher Natur und von verschiedenen politischen Interessen dauerhaft geprägt.

Johann ohne Furcht

1404 Das zeigt sich, als Philipp der Kühne stirbt und sein Sohn *Johann ohne Furcht* (1404–1419) das Herzogtum als Burgunder lenkt, nicht als Vertreter des Hauses Valois.
Flandern braucht seit je gute Beziehungen zu England, im Schisma steht es zu Rom. Umgekehrt bestimmt der Herzog von Orléans im Bund mit der Königin Isabeau jetzt die Politik des Hofes.

Ermordung Ludwigs von Orléans

1407 23. Nov. Die wachsende Feindschaft zwischen den Herzögen führt zur *Ermordung Ludwigs* von Orléans in Paris.
Johann ohne Furcht bekennt sich zwei Tage später als Auftraggeber und kann die Stadt unbehelligt verlassen, weil er infolge seiner ständigen Ablehnung königlicher Steuerforderungen die Sympathie der Bürgerschaft auf seiner Seite hat.

1408 Im folgenden Jahr zieht er wieder in Paris ein, wo der Universitätstheologe Jean Petit (Johannes Parvus; *um 1360, †1411) vor dem Dauphin, dem König von Sizilien, den Herzögen von Berry, Bretagne, Bar und Lothringen sowie einem ausgewählten Zuhörerkreis eine lange Verteidigungsschrift verliest, die das Attentat als Tyrannenmord rechtfertigt.
Karl von Orléans, der Sohn des Getöteten, gewinnt die Unterstützung der Herzöge von Berry, Bourbon, Bretagne, der Grafen von Clermont und Alençon; an der Spitze steht sein Schwiegervater Bernhard von Armagnac, nach dem die Partei des Hauses Orléans ihren Namen „Armagnacs" führt. Die beiden Lager spalten das Land. Paris steht auf burgundischer Seite, die Armagnacs werden vertrieben und enteignet. Karl VI. bezieht nicht eindeutig Stellung.

Bürgerkrieg

1411 Als der *Bürgerkrieg* beginnt, sucht der Herzog von Orléans um die englische Neutralität nach, während der Burgunder Militärhilfe aus England erwartet.

	Die wohl organisierte Pariser Bürgerschaft nimmt wieder kommunale Rechte wahr und ist mit dem Einfluss der Armagnacs auf die königliche Verwaltung so unzufrieden, dass ein
1413	Zunftaufstand unter Führung des Abdeckers Caboche (daher „Cabochiens") den König zum Erlass der „Ordonnance Cabochienne" zwingt: Kontrolle der Behörden bei gleichzeitiger Erweiterung ihrer Kompetenzen, Wahl der Beamten durch die Verwaltungskörperschaften. Dennoch errichten die Cabochiens eine Terrorherrschaft, die zu ihrem Sturz führt, als der königliche Advokat Jean Jouvenel Großbürgertum und Universität zum Widerstand vereinigen kann. Johann ohne Furcht muss Paris aufgeben, das sich den Armagnacs öffnet. Die „Ordonnance Cabochienne" wird sogleich aufgehoben.
1414	Im folgenden Jahr schließt der Herzog von Burgund ein Bündnis mit König Heinrich V. von England (1413–1422), der die französische Krone für sich fordert.
1415	Heinrich V. landet mit 1400 Schiffen an der Seinemündung und besetzt den Hafen Har-fleur.
25. Okt.	Der englische Eilmarsch durch die nordfranzösischen Landschaften Picardie und Artois soll bei *Azincourt* (Departement Pas-de-Calais) durch das mit 50000 Mann nahezu viermal stärkere französische Heer aufgehalten werden. Das Gelände hindert aber die Entfaltung der Reiterei, sodass die englischen Bogenschützen den Sieg für ihren König erstreiten. Als vornehmste Gefangene nimmt Heinrich V. die Herzöge von Orléans und von Bourbon mit nach England.
	Die Regierung führt nun Graf Bernhard von Armagnac im Namen des Dauphins Karl (VII.). Er stützt sich auf gascognische Truppen und lässt alle Anhänger Burgunds (vor allem im Parlament und in der Universität) grausam verfolgen, zumal Johann ohne Furcht Heinrich V. als König von Frankreich anerkennt.
1417	Heinrich V. erobert die Normandie, während der Herzog von Burgund sich vor Paris legt. Er verspricht Befreiung von den Armagnacs und zieht die mit ihrem Sohn verfeindete Königin Isabeau auf seine Seite.
1418	In der Nacht zum 29. Mai öffnet ein burgundisch gesinnter Bürger die Porte de St-Germain: Paris ist den Armagnacs entrissen, die jetzt ihrerseits in Massen umgebracht werden; prominentestes Opfer ist Graf Bernhard.
	Führer der Partei wird nun der Dauphin; sein Regierungssitz ist Bourges, während Isabeau mit dem kranken König von Troyes aus herrschen will.
1419 10. Sept.	Die Engländer erobern nach langer Belagerung Rouen. *Johann ohne Furcht* sucht Frieden entweder mit dem Dauphin oder mit Heinrich V. Er verhandelt mit beiden Seiten und trifft sich mit Karl (VII.) auf der Brücke von Montereau (Departement Seine-et-Marne); der Herzog wird während einer erregten Auseinandersetzung von Begleitern des Dauphins, aber vermutlich nicht auf dessen Befehl, *ermordet*. Der Anschlag treibt die gesamte burgundische Partei endgültig ins englische Lager.
1420	Johanns Sohn Philipp der Gute (1419–1467, *1396) vereinbart im *Vertrag von Troyes* mit Zustimmung der Königin Isabeau die Heirat Heinrichs V. mit Karls VI. Tochter Katharina (*1401, †1438), die Nachfolge des englischen Königs auf den französischen Thron, den Ausschluss des Dauphins von der Thronfolge wegen des Mordes am Herzog von Burgund, die gemeinsame Regierung Heinrichs V. und Philipps des Guten in Frankreich.
	Die Generalstände versammeln sich in Paris, bereiten Heinrich einen feierlichen Empfang und erkennen ihn an.
1422	Im gleichen Jahr sterben Heinrich V. und Karl VI. für Heinrich VI., „König von Frankreich und England", führt sein Onkel, Herzog Johann von Bedford, die Regentschaft in Frankreich. Die französische Verwaltung bleibt bestehen, nur in der Normandie werden englische Beamte eingesetzt.

Marginalia: *Azincourt*; *Ermordung Johanns ohne Furcht*; *Vertrag von Troyes*

Burgund

Im Schutze des Bündnisses mit England kann Philipp der Gute (1419–1467, *1396) seine Landesteile einer weit gehend vereinheitlichten Administration unterstellen, wobei besonders die Niederlande in den neuen *Territorialstaat* eingegliedert werden sollen. Außerdem sind weitere Erwerbungen vorbereitet und können großenteils realisiert werden: 1420 verspricht Katharina, die Tochter Philipps des Kühnen, ihr elsässisches Erbgut zum Zeitpunkt ihres Todes an den Chef des Hauses Burgund übergehen zu lassen; 1421 kauft der Herzog die Grafschaft Namur und erhält sie 1429 beim Tod Johanns III. von Namur. Als Jakobäa von Hennegau ihren Gemahl Johann IV. von Brabant, Philipps des Guten Vetter, verlässt und den Bruder des Herzogs von Bedford heiratet (1422), erkämpft sich Philipp in einem mehrjährigen Krieg zunächst die Regentschaft (1428), später auch Grafentitel und -rechte über Holland, Seeland, Friesland und Hennegau (1433), Brabant und Limburg kommen 1430 beim Tod des Grafen Philipp von Saint-Pol im

Marginalia: *Territorialstaat*

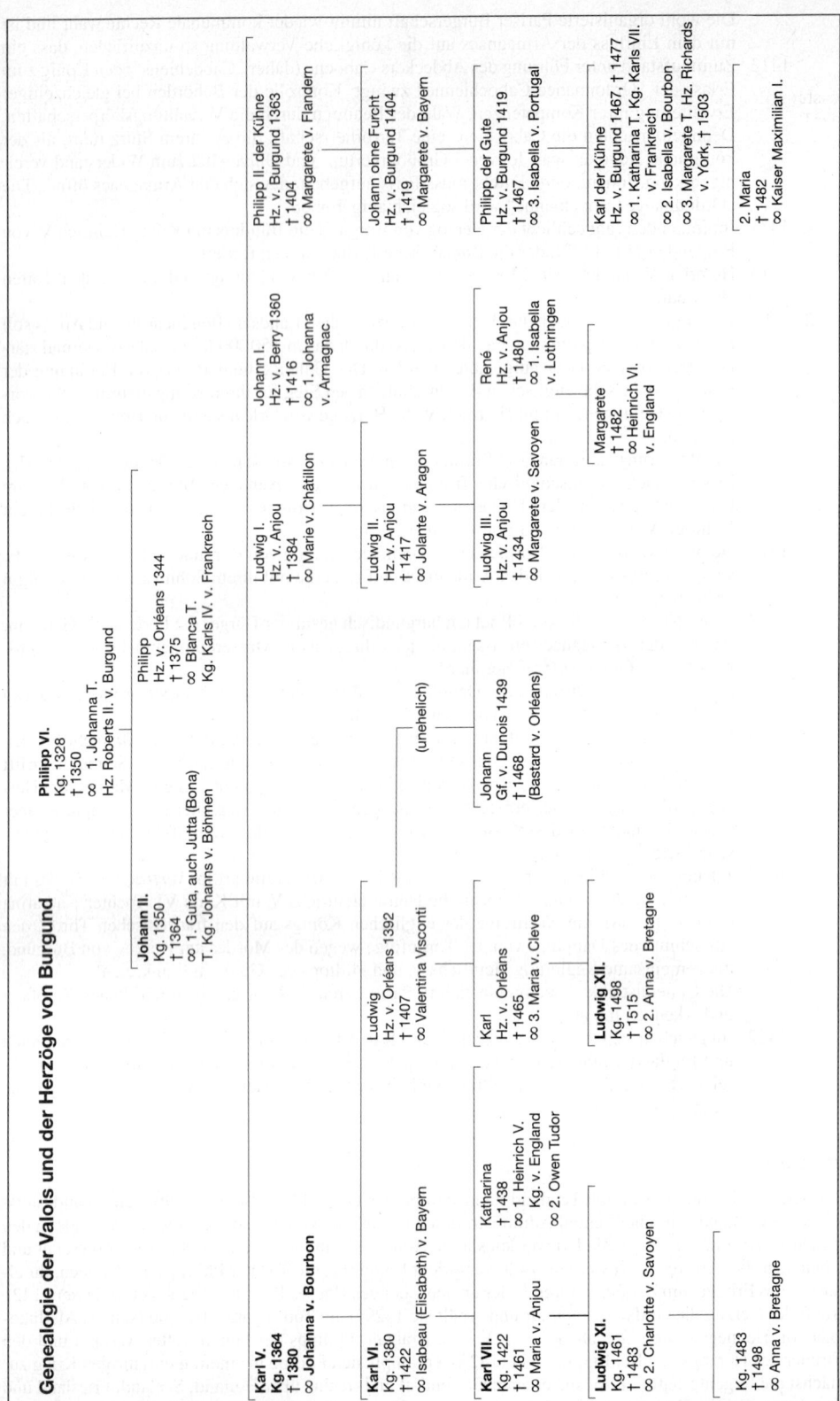

Genealogie der Valois und der Herzöge von Burgund

Erbgang an Burgund. Damit verschiebt sich die Achse der burgundischen Politik nach Norden, vornehmstes Ziel wird die Festigung territorialer Eigenstaatlichkeit; aufkeimende Gegensätze zu England sind vor allem wirtschaftlich begründet (Konkurrenz der neuen englischen Tuchindustrie). Als Gegenleistung für seine Unterstützung der Päpste gegen das Konzil erhält Philipp ihm genehme Besetzungen der Bischofsstühle von Cambrai (1440), Lüttich und Utrecht (1456) durch nahe Verwandte und hat damit alle niederländischen Bistümer unter seiner Aufsicht. Das Herzogtum Luxemburg und die Vogtei über das Elsass besitzt Philipps Tante Elisabeth von Görtz als Pfandschaft; sie setzt ihn 1442 zum Universalerben ein, Kaiser Friedrich III. erhebt keine Einwendungen, Ludwig XI. verzichtet 1462 auf eigene Ansprüche. Immer deutlicher tritt als Tendenz der burgundischen Ausdehnungspolitik die Erneuerung Lothringens, des alten Mittelreiches der karolingischen Teilungen, hervor mit dem *Endziel einer unabhängigen Monarchie* zwischen Deutschland und Frankreich. Schon 1438 ist Lüttich unterworfen worden, 1453 siegt der Herzog bei Gavere über die Milizen von Gent. Philipp der Gute ist damit zum Gründer der niederländischen Staatlichkeit geworden, in deren Dienst seine Verwaltung mittelbar steht: Im Herzogtum Burgund sind die „Jours Généraux" oberste Gerichtsinstanz, während der „Grand Conseil" zentraler Staatsrat, die „Chambre de Conseil" zentrale Verwaltungsbehörde ist. Untere Verwaltungsbezirke sind die „bailliages", die es auch in der Freigrafschaft (Franche-Comté) gibt, wo das Parlament höchstes Gerichtshof ist. Entsprechend löst in Flandern ein Rechnungshof („chambre des comptes") mit territorialer Zuständigkeit die lehnsstaatlichen (personalen) Einrichtungen ab, der „Conseil de Flandre" wird als Landesgericht begründet, das Land in „bailliages" eingeteilt unter einem direkt dem Herzog verantwortlichen „souverain bailli de Flandre". Brabant hat seinen „Cour de Brabant", die ehemaligen Ländereien Jakobäas unterstehen der „Cour de Hollande"; Hennegau erhält im „grand bailli" ein Verwaltungshaupt, Luxemburg im „lieutenant-gouverneur". Die Lokalverwaltung bleibt den Einheimischen.

unabhängige Monarchie

1422–1461 König Karl VII. (*1403).
Er kann sich als „König von Bourges" auf Touraine, Berry, Poitou, Aunis, Saintonge und Dauphiné stützen, ferner auf Teile des Limousin, der Auvergne, der Guyenne und auf die Stadt Lyon. Er verfügt auch über viele Lehen von seit Azincourt (1415) Gefangenen, ist aber psychisch schwer gestört, infolgedessen fast unfähig zur Entscheidung, abhängig vom Willen der führenden Armagnacs und ständiges Opfer von Hofintrigen. Als ehemaliger oberster „maître des forêts" gewinnt Georges de La Trémoille das Vertrauen Karls, verfolgt aber nur eigene Interessen und stürzt durch seine mit Brutalität gepaarte Unfähigkeit die Länder des Dauphins in schlimmste Anarchie.
Eine Kette militärischer Erfolge des Herzogs von Bedford ermutigt die Engländer, mit der
1428 Belagerung von Orléans die völlige Unterwerfung Karls einzuleiten.
Seit dem Vertrag von Troyes regen sich im burgundischen Lager Zweifel an der so weit gehend englandfreundlichen Politik. *Regionale Widerstandskämpfe*, nationalbewusste Schriftsteller (Alain Chartier, *1390, †1450) und die breite Unterstützung der in Orléans Belagerten aus vielen Landesteilen sind Anzeichen für eine veränderte Stimmung, die dem Auftreten der *Jeanne d'Arc* den Boden bereitet. Jeanne ist zwischen 1410 und 1412 als Tochter eines Bauern in Domrémy an der Maas (Departement Vosges) geboren. Frühe Visionen und Auditionen steigern sich unter dem persönlichen Eindruck des Krieges seit 1428 zu täglich empfangenen Anweisungen, die fortan ihr Handeln als gotterwählte Retterin Frankreichs bestimmen.

regionale Widerstandskämpfe Jeanne d'Arc

1429 In Chinon (Departement Indre-et-Loire) steht sie das erste Mal vor dem Dauphin, der Gutachten anfordert und das Mädchen mehrere Wochen lang durch Theologen und Ärzte überprüfen lässt, bevor er sie mit militärischem Gefolge gegen Orléans sendet.
29. April Das kleine Heer dringt in die Stadt ein, und die Jungfrau von Orléans erreicht in wenigen Tagen den Abzug der Engländer.
Die Wirkung auf alle Bevölkerungsschichten Frankreichs ist gewaltig; nach *Jeannes Sieg über Falstaff* bei Patay (Departement Loiret) ergreift Panik die englischen Truppen, sodass der Weg nach Reims frei wird.

Jeannes Sieg über Falstaff

17. Juli Hier empfängt der Dauphin die Königsweihe, sucht aber keine militärische Entscheidung, sondern strebt einen Frieden mit Philipp von Burgund an.
1430 Jeanne handelt nun selbstständig, kommt in das von Burgundern belagerte Compiègne und gerät bei einem Ausfall in Gefangenschaft. Sechs Monate später wird sie den Engländern ausgeliefert und nach Rouen gebracht, wo unter Vorsitz des für Compiègne zuständigen Bischofs von Beauvais, Pierre Cauchon, ein Häresieprozess beginnt, der mit ihrer Verurteilung endet. *Die Jungfrau wird in Rouen öffentlich verbrannt* (30. Mai 1431).
1449 veranlasst Karl VII. ein Rehabilitationsverfahren, das 1456 zum Widerruf des Urteils von Rouen führt. (1909 Seligsprechung durch Papst Pius X., 1920 Heiligsprechung durch Benedikt XV.)
Noch im Jahr des Prozesses von Rouen wird Heinrich VI. Lancaster in Paris gekrönt.

Verbrennung Jeanne d'Arcs

Nach Jeannes Tod löst sich der Krieg wieder in eine Vielzahl örtlicher Kämpfe auf, ohne an zerstörender Kraft zu verlieren. Der Sturz La Trémoilles (1433) führt nicht zur Stärkung der französischen Zentralgewalt, die einen Aufstand der Normandie gegen England (1434) ungenutzt scheitern lässt.

1435 Die Befriedung des Landes kann erst beginnen, als die seit Jahren nie ganz abgerissenen Verhandlungen mit Burgund zum Friedenskongress von Arras führen. Als Bedford auf dem Thronverzicht Karls VII. besteht und die englische Delegation jedem Kompromiss verschlossen abreist, stimmt Philipp der Gute einem Sonderfrieden zu: Neben Gebietsabtretungen sichert der Vertrag ihm persönliche Freiheit von allen Lehnsverpflichtungen gegenüber der französischen Krone. Durch den Tod Bedfords verliert England seinen bedeutendsten Staatsmann.

1436 Der Connétable Arthur III. de Richemont (*1393, †1458) nimmt Paris für Karl VII.

Die korrumpierende Wirkung dieses Krieges reicht bis in die Zeit nach dem Vertrag von Arras, weil die entlassenen burgundischen und englischen Söldner nur dadurch überleben können, dass sie als „écorcheurs" (Schinder) bandenweise die Bevölkerung ausplündern und bis 1444 alle Regionen Frankreichs in vernichtender Weise heimsuchen.

Als Reaktion auf die seit 1435 gefassten Beschlüsse des Basler Konzils stellt Karl VII. die Verhandlungsergebnisse eines von ihm berufenen französischen Nationalkonzils in der
1438 Pragmatischen Sanktion von Bourges zusammen. Sie schützt die gallikanischen Freiheiten und regelt die Beziehungen der französischen Kirche zur Kurie: Unterordnung des Papstes unter das Konzil, freie kanonische Wahl durch Kapitel und Konvente unbeschadet königlicher Vorschlagsrechte, Verbot päpstlicher Pfründenreserven und Expektanzen, Einschränkung des Appellationsrechts, Kürzung der nach Rom gezahlten Abgaben auf ein Fünftel des bisherigen Umfangs.

1439 Parlament und Basler Konzil billigen im nächsten Jahr diese Ordonnanz. Einer weiteren großen Ordonnanz stimmen die Generalstände zu: Die Anwerbung von Söldnern obliegt künftig allein dem König, der dafür eine dauernde direkte Steuer („taille royale") erheben darf. Adel und Klerus sind befreit.

Waffenstillstand mit England

1444 In Tours wird ein *Waffenstillstand mit England* geschlossen; die Versöhnung der Könige soll in der ehelichen Verbindung Heinrichs VI. mit Margarete von Anjou (*1429, †1482) ihren Ausdruck finden.

1445 Das Abkommen verschafft Karl VII. eine Atempause, die er zu einer großen Heeresreform auf der Grundlage seiner Ordonnanz von 1439 nutzt; Beseitigung der „écorcheurs" durch dauernde Soldverträge mit den Geeignetsten unter ihnen; Organisation der Kavallerie als der Hauptwaffe in 15 Ordonnanzkompanien zu je 100 „Lanzen". Jede Lanze besteht aus einem adligen „homme d'armes" und fünf ihm unterstellten „archers à cheval"; jede Kompanie wird von einem adligen Kapitän geführt, den der König ernennt. Zusammen mit den schottischen Reitern der königlichen Leibgarde und einem Kontingent im Kriegsfalle sogleich verfügbarer, von Steuern freier Fußkämpfer („francs-archers") bilden die Ordonnanzkompanien den Grundstock einer stehenden französischen Armee.

1449 Als der Waffenstillstand nicht zum dauernden Frieden wird, setzt Karl VII. sein neues Instrument zur Eroberung der Normandie ein und nimmt Rouen.

Die mit England wirtschaftlich verbundene und gegen die französische Verwaltung aufgebrachte Guyenne wehrt sich aufseiten des englischen Heerführers John Talbot, Earl of
1453 Shrewsbury (*um 1388, †1453), so lange, bis dieser in der Schlacht bei Castillon (Departement Gironde) unterliegt und den Tod findet.

Die Guyenne verliert alle ständischen Rechte, was Abwanderung der Kaufleute und wirtschaftlichen Niedergang der Region zur Folge hat. Mit der Eroberung des gesamten englischen Festlandbesitzes außer Calais ist der Hundertjährige Krieg zu Ende.

Die Erneuerung Frankreichs (1453–1498)

Seit Mitte der dreißiger Jahre hat Karl VII. zunehmend die Kraft gewonnen, mit Hilfe tüchtiger Ratgeber (vor allem Pierre de Brézé) die Krongewalt wieder zu stärken und des äußeren Feindes Herr zu werden.
Unabhängigkeitsstreben
Hauptgegner im Innern sind die alten Dynastien mit ihrem *Unabhängigkeitsstreben* (Foix, Armagnac, Albret), besonders aber die Prinzen von Geblüt, d.h. die „deuxième féodalité" aus den Seitenlinien des Königshauses (Orléans: Herzogtümer Orléans und Valois, Grafschaften Blois, Dunois, Soissons, Beaumont-sur-Pose, Angoulême, Herrschaft Coucy; Burgund: Herzogtum Burgund, Niederlande, Grafschaf-

ten Artois, Flandern, Franche-Comté, Nevers, Rethel, Etampes; Anjou: Herzogtümer Bar und Lothringen, Grafschaften Anjou, Maine und Provence; Bourbon: Herzogtümer Bourbonnais und Auvergne, Grafschaften Forez, Clermont-en-Beauvaisis, Marche, Castres, Vendôme, Herrschaft Beaujeu; Alençon: Herzogtum Alençon, Grafschaft Perche, Vizegrafschaft Beaumont-le-Vicomte; Bretagne/Dreux: Herzogtum Bretagne, Grafschaften Montfort-l'Amaury und Vertus/Champagne). Jedes dieser Häuser verfügt über eigene Hofhaltung und Verwaltungsbehörden, sucht Ausgleich seiner enormen Kriegsschäden durch Pensionen des Königs; gemeinsam sollen die Reichsfinanzen kontrolliert werden. Die Koalitionen von 1437, 1440 und 1442 kämpfen unter den Herzögen von Bourbon, Alençon und Bretagne für diese Ziele; am gefährlichsten ist die Praguerie von 1440 (Name nach den Hussitenkriegen 1419–1434 im Zeichen der vier Prager Artikel), weil der Dauphin Ludwig (XI.) sie unterstützt und ihre militärische Stärke durch Soldbanden wächst, die mit der Ordonnanz von 1439 ihre Existenz bedroht sehen. Richemont und Karl VII. (*1403, †1461) erzwingen einen raschen Sieg der Krone; Ludwig erhält die Dauphiné, der Herzog von Bourbon eine bedeutende Pension.

Die Landwirtschaft erholt sich nach Kriegsende nur langsam, ebenso haben Handwerk und Handel durch Unsicherheit der Verkehrswege, häufig gesteigerte Abgaben und Ausfall der Messen gelitten. Der bekannte Kaufmann Jacques Cœur (*1395, †1456) bildet sein Vermögen durch die Kombination von unternehmerischem Geschick, Gunsterweisen Karls VII. und Bewährung in hohen Staatsämtern; er stürzt 1453 durch einen politischen Prozess und ist nicht typisch für die zeitgenössische Kaufmannschaft, sondern für ein im Verwaltungsdienst aufsteigendes Bürgertum. Während die alten Familien am Ende des Krieges großenteils durch Ertragsschwund der Landwirtschaft und Lösegeldzahlungen ruiniert sind, erhebt sich der neue Briefadel, um alsbald in der Aristokratie aufzugehen.

Karl VII. hat sich in der Zeit politischen und sozialen Umbruchs bewährt, sodass er seinem Sohn Ludwig XI. das Reich als Einheit übergeben kann.

1461–1483 *König Ludwig XI. (*1423).*

König Ludwig XI.

Er hat das Ende seines Vaters immer ungeduldiger erwartet und, als Folge offen gezeigter Feindschaft mit Anschlägen auf das eigene Leben rechnend, seit 1456 in Flandern Zuflucht gesucht. Politiker aus Leidenschaft, sammelt er mittels komplizierter Spionagenetze Informationen, die das außergewöhnliche Gedächtnis des großen Arbeiters für zynisch und intrigant geplante diplomatische Aktionen bereithält, um Gegner ohne Krieg zu vernichten. Seine persönlich anspruchslose Lebensführung erweckt im Volk Hoffnung auf Reformen, die aber nicht zu wesentlichen Erleichterungen führen.

Drastische *Beschneidung von Adelsrechten* zugunsten der monarchischen Gewalt und die bald von persönlichem Hass zwischen Ludwig und Karl dem Kühnen verschärfte Wendung

Beschneidung von Adelsrechten

1465 gegen Burgund sind Grundlage der Ligue du bien public. Der Sohn Philipps des Guten von Burgund vereinigt die Häuser Alençon, Bourbon, Bretagne, Anjou, Armagnac zu einer *antiköniglichen Koalition*, die dem Namen nach durch Herzog Karl von Berry, Ludwigs Bruder, geführt wird.

antikönigliche Koalition

Ohne militärische Entscheidung muss der König weit gehende Forderungen der Liga erfüllen, zieht aber Bourbon und Anjou durch Verleihung neuer Rechte auf seine Seite.

1467–1477 Karl der Kühne, Herzog von Burgund.

1433 in Dijon geboren als einzige Hoffnung der burgundischen Dynastie aus der dritten Ehe Philipps des Guten, wird der temperamentvolle Erbprinz besonders sorgfältig erzogen. In maßlosem Ehrgeiz sucht er sein Vorbild in Alexander dem Großen, der auch Sohn eines Philipp war, und verzehrt sich in ungeduldiger Erwartung des eigenen Regierungsantritts. Ausdauernde Arbeitskraft, hinreißende Rednergabe, Liebe zu Kunst und Musik verbinden sich mit Jähzorn, grausamer Härte, Sprunghaftigkeit und Argwohn zu einem zwiespältigen Charakter.

1468 Er heiratet Margarete von York, die Schwester König Eduards IV. von England; damit droht ein neues burgundisch-englisches Bündnis, zumal Ludwig XI. seiner Cousine Margarete von Anjou (*1429, †1482), Gemahlin des gestürzten Heinrich VI. Lancaster, Asyl gewährt. Ein Treffen des französischen Königs mit Karl dem Kühnen in Péronne (Departement Somme) soll den Ausgleich bringen, wird aber durch unzeitigen Beginn des von Ludwig geschürten Aufstandes der Lütticher Bürgerschaft gestört:

Will der König nicht Gefangener des Herzogs sein, so muss er weitere Zugeständnisse machen und persönlich an der Strafexpedition gegen Lüttich teilnehmen. Ein Bündnis Aragón/Burgund/Neapel formiert sich und erhofft den Beitritt Englands,

1472 als Karl der Kühne den Tod des Herzogs von Berry zum Anlass für einen überstürzten *Krieg gegen Frankreich* nimmt.

Burgund gegen Frankreich

1473 Seine Niederlage vor Beauvais nötigt den Burgunder zum Waffenstillstand.

1474 Im Vertrag von London sagen sich Eduard IV. und Karl der Kühne militärischen Beistand gegen Frankreich zu und legen in Erwartung des Sieges eine Nachkriegsordnung fest, die das Ende der französischen Monarchie vorsieht.

England gibt Thronanspruch auf

1475 Als aber der englische König mit 12000 Mann ausgesuchter Truppen in Calais landet, steht die burgundische Hauptmacht in Lothringen und ist für den Feldzug nicht verfügbar, worauf Eduard IV. mit Ludwig XI. den Vertrag von Picquigny (Departement Somme) schließt: Gegen Erstattung seiner Kriegskosten und lebenslängliche Zahlung einer hohen Jahrespension *verzichtet der englische König endgültig auf seine französischen Thronansprüche.* Im Süden ist es Ludwig schon früher gelungen, durch ein Bündnis mit Johann II. von Aragón gegen die Katalanen die Grafschaften Roussillon und Cerdagne als Pfandbesitz zu erwerben (1462), er muss diese Gebiete aber militärisch unterwerfen und macht sich damit schließlich Kastilien wie Aragón zu Gegnern. Eine sehr umsichtige Italienpolitik weiß die französische Hegemonie dort auch gegenüber dem burgundischen Rivalen zu behaupten; gestützt auf Mailand und Florenz ist Ludwig XI. Schiedsrichter zwischen den politischen Kräften Italiens und gewinnt seit der Niederlage Karls des Kühnen bei Grandson (1476) die Schutzherrschaft über Savoyen.

1477 Der Tod Karls des Kühnen bei Nancy und der folgende Zerfall seines Staates befreien Ludwig XI. auch von diesem Gegner.

Burgund wird als erledigtes Kronlehen betrachtet und von französischen Truppen besetzt.

Annexionspolitik

1479 Ludwig nimmt in Dijon den Lehnseid des burgundischen Adels entgegen, hat aber durch seine *Annexionspolitik* Karls Tochter Maria (*1457, †1482) an die Seite des Hauses Habsburg getrieben:

Marias Vermählung mit Erzherzog Maximilian (1477) bringt Franche-Comté, Flandern und die Niederlande in österreichische Hand.

29. Juli Ludwigs Revisionsversuch scheitert durch Maximilians Sieg bei Guinegate (Departement Pas-de-Calais).

1480 Als René von Anjou stirbt, fallen die Herzogtümer Anjou und Bar an die Krone, 1481 auch Maine und die Provence zusammen mit den Ansprüchen des Hauses Anjou auf Neapel.

Merkmale der Regierung Ludwigs XI.

Die persönliche Regierung Ludwigs XI. sucht zwar erfahrene Ratgeber und bedient sich vielfach eigens geschaffener Gremien, duldet aber nur einmal die Versammlung der Generalstände (1468). Mit den Parlamenten kommt es zu zahlreichen Konflikten, weil der König wichtige Verfahren durch außerordentliche Kommissionen dem üblichen Rechtsgang entzieht und den Kronrat über solche Evokationen urteilen lässt. Mit erheblichen Kosten wird die Armee vergrößert (1483: über 3800 Lanzen bei den Ordonnanzkompanien, Verdoppelung der Zahl der „francs-archers"), die Artillerie als wichtige neue Waffengattung ausgebaut. Das Geld bringen *schärfere Steuererhebungen* und Sonderlasten (neue Gebühren, Zölle, Zwangsanleihen), deren bedeutende Erträge dem König auch seine Subsidienpolitik erlauben. An loyale Adlige zahlt er Pensionen, belohnt mit Lehen und Ämtern; Widerstand bricht er gewaltsam. Neben der Krone verlieren die Prinzen von Geblüt ihre Bedeutung. Die Städte sehen deshalb im König ihren Verbündeten gegen die Bedrückung durch Regionalgewalten und tragen willig finanzielle Last und Einschränkung der kommunalen Freiheit; Handel und Gewerbe blühen im Schutz königlicher Privilegien (neue Seidenindustrie in Lyon seit 1467 und Lyoner Messen). Gegenüber der Kirche nutzt Ludwig XI. die Pragmatische Sanktion von 1438 im Sinne der königlichen Gewalt, beherrscht den Klerus und verfügt über dessen Pfründen. Seit 1479 zieht sich der alternde König immer mehr zurück und regiert die meiste Zeit von seinem befestigten Schloss Plessis-les-Tours.

schärfere Steuererhebungen

1483–1498 König Karl VIII. (*1470).

Er ist beim Tod seines Vaters 13 Jahre alt, die Regierungsgeschäfte werden deshalb von seiner Schwester Anna (*1461, †1522) und ihrem Gemahl Peter von Beaujeu (Haus Bourbon) geführt. Anna hat als Lieblingskind Ludwigs XI. politische Begabung und herrscherlichen Ehrgeiz, Peter von Beaujeu ist seit zehn Jahren Vertrauter des Königs und von ihm selbst zum Stellvertreter ernannt. Erste Regierungsmaßnahmen richten sich auf Versöhnung mit der nach wie vor bestehenden Adelsopposition und wecken bei den Prinzen von Geblüt Hoffnung auf Teilhabe am Kronrat.

1484 Um sich gegen den Herzog von Orléans zu behaupten, ruft die Regentschaft eine Versammlung der Generalstände nach Tours: Außer der Bretagne sind alle Regionen vertreten, und zum ersten Mal werden Bürger als Abgeordnete ihrer Städte im amtlichen Sprachgebrauch mit der Bezeichnung *Dritter Stand* erfasst.

Dritter Stand

Weil die Stände mit unterschiedlichen, teils gegensätzlichen Interessen nicht geschlossen auftreten, kann die Versammlung nach Anhörung ihrer Beschwerden und vollzogener Steuerbewilligung entlassen werden, ohne dass die monarchische Gewalt Zugeständnisse machen muss. Eine für 1486 vereinbarte Wiederberufung der Generalstände wird umgangen.

Drehpunkt einer neuen *Adelskoalition gegen die zentrale Monarchie* wird die Bretagne. Ihr Herzog Franz II. steht unter dem Einfluss seines Großkämmerers Landois, der mit Ludwig von Orléans konspiriert. Die bretonische Unabhängigkeit soll erhalten werden, obwohl im Lande selbst starke Kräfte für die Unterwerfung eintreten. Als Landois seine Politik mit Waffengewalt durchsetzen will, stürzt ihn der bretonische Adel und schließt im Namen des Herzogs Frieden mit den Beaujeu. *Adelskoalition gegen Monarchie*

1488 Der Tod Franz' II. erhöht die Spannungen, weil die bretonischen Stände nur seine beiden Töchter als Erbinnen anerkennen wollen.

1490 Die 13-jährige Erbtochter Anna (* 1477, † 1514) wird durch Ehevertrag mit Maximilian verheiratet, aber eine königliche Belagerungsarmee vor Rennes macht deutlich, dass nur noch eine Bindung an die französische Krone möglich ist.

1491 Anna von Bretagne heiratet Karl VIII. und verpflichtet sich, im Falle seines kinderlosen Todes eine zweite Ehe nur mit dem nächsten Thronerben einzugehen.

1494 Karl geht nach Italien, um die Ansprüche des Hauses Anjou auf Neapel für die französische Krone geltend zu machen.

Die lange diplomatische Vorbereitungsphase des Zuges hat aber Gelegenheit zur Bildung

1495 der antifranzösischen Heiligen Liga gegeben, in der Papst Alexander VI., Kaiser Maximilian I., Herzog Ludovico il Moro von Mailand, Venedig und Spanien verbunden sind. Die starke französische Armee kann das Königreich Neapel zwar erobern, muss aber dem Übergewicht der Verbündeten weichen und zieht sich nach Frankreich zurück.

Die Literatur und die bildenden Künste im spätmittelalterlichen Frankreich

Der Hundertjährige Krieg betrifft alle Lebensbereiche mehr oder minder stark und hemmt auch das Kunstschaffen. Gleichwohl entstehen qualitätvolle literarische Werke in großer Zahl, thematischer Breite und vielfältigen Formen. Der französische Königshof büßt aber seine zentrale Stellung zugunsten des Hofes der *Herzöge von Burgund* ein, neben dem nur noch die Bretagne als führende literarische Landschaft gelten kann. Infolge der zahlreichen Niederlagen hat das Ansehen des Adels gelitten, die kleineren Höfe sind materiell nur mehr wenig leistungsfähig und können mit dem aufstrebenden, reich gewordenen Bürgertum vielfach nicht mehr mithalten. Die höfische Literatur verliert deshalb an Bedeutung, sie wird immer mehr von der bürgerlichen moralisch-didaktisch ausgerichteten Dichtung verdrängt. *Herzöge von Burgund*

Die *Lyrik* gibt sich rhetorisch-gelehrt und allegorisierend in ihren Hauptformen Ballade, Chant royal, Rondeau und Virelai. Unter den Dichtern ist an erster Stelle Guillaume de Machaut (*um 1300, † 1377) zu nennen, der als Kaplan und Sekretär König Johanns von Böhmen auch das östliche Mitteleuropa als Reisebegleiter des Königs in den Jahren 1327/1329 kennenlernt. 1337 erhält er ein Kanonikat in Reims und wird außerdem von den Höfen Frankreichs und Navarras gefördert. Der Komponist vertont eigene Texte, schreibt aber neben anderem auch eine Krönungsmesse, vielleicht für Karl V. Als poetisches Ziel des Dichters strebt er höchste Formvollendung an und wird damit schulbildend. Christine de Pisan (*1365, †nach 1429), die Tochter des Hofastrologen Karls V., verdient als Witwe seit 1390 ihren Lebensunterhalt mit literarischen Werken, die hoch gestellten Persönlichkeiten gewidmet sind (u. a. Ludwig von Orléans, Philipp dem Kühnen, Königin Isabeau). Entschieden verteidigt sie die Stellung der Frau gegen das im Rosenroman entworfene Bild und scheut sich nicht, frühzeitig für Jeanne d'Arc einzutreten („Ditié a la Pucelle", 1429). Ihre Lyrik, die Prosatexte (u.a. „Lamentacion" von 1410 über den Bürgerkrieg) und die didaktischen Arbeiten bilden zusammen das umfangreichste literarische Werk eines Autors dieser Zeit. Als Lyriker steht Herzog Karl von Orléans (* 1394, † 1465) stark unter dem Einfluss Guillaumes de Machaut. Seit 1408 ist er mit der Witwe Richards II. verheiratet und gerät 1415 bei Azincourt in englische Gefangenschaft, aus der er erst 1440 entlassen wird; Teile seines Werkes sind in englischer Sprache verfasst. Er liebt die kurze Form (Ballade, Chant royal, Rondeau) und bevorzugt als Themen adliges Leben und Minnemotive. Zeitgeschichtliche Bezüge finden sich infolgedessen kaum. In der Auseinandersetzung mit den anerkannten Dichtern schreibt François Villon (* 1431/32, †nach 1463), dessen Balladen 1456 („Le petit testament") und 1461 („Le grand testament") in Sammlungen dem Publikum dargeboten werden. Er studiert in Paris und wird 1452 Magister der Artistenfakultät, bevor er 1455 wegen eines Totschlags die Stadt fluchtartig verlassen muss. Mehrfach krimineller Delikte angeklagt, wird er 1463 verbannt und ist seither verschollen. 1457 hat er am Dichterwettstreit vor Karl von Orléans teilgenommen. *Lyrik*

Bürgerliche Korporationen richten szenische Darstellungen aus, die neben Mysterienspielen (Passion des Arnoul Greban, um 1450) auch profane Motive gestalten (Jacques Milet, † 1466: „Histoire de la destruction de Troye la grant"). Die derbe Posse („La Farce de Maistre Pierre Pathelin", um 1465) wird am Ende des 15. Jh.s zum Narrenspiel (Sottie), das alle Stände beißend charakterisiert. Die Pflege höfischer Form und das Bemühen um ein verblassendes Ritterideal bringen *Anstandsbücher* hervor, die teilweise *bürgerliche Korporationen*

Anstandsbücher

schon Erziehungsromane sind (Antoine de La Sale, Le petit Jehan de Saintré; 1459), während am burgundischen Hof die „Grands Rhétoriqueurs" Georges Chastellain (*1405, †1475), Olivier de la Marche (*um 1426, †1502) und Jean Molinet (*1435, †1507) eine Sondermanier des hohen Ausdrucks auf dem Gebiet der Historiografie pflegen.

Geschichtsschreibung

Generell ist die *Geschichtsschreibung* ein wichtiger Teil der Prosaliteratur; sie wird durch den adligen Seneschall der Champagne Jean de Joinville (†1317) mit seiner 1304–1309 entstandenen „Histoire de Saint Louis" zu einem ersten Höhepunkt dieser Epoche geführt. Als Kleriker hält sich Jean Froissart (*um 1337, †um 1411) zwischen 1361 und 1369 am Hof Eduards III. auf, bevor er in Namur, Luxemburg, Blois und Orthez wirkt. In der Nachfolge Machauts schreibt er zunächst Rondeaus, ab 1365 auch umständliche Romane (u. a. Arthusstoff). 1370 beginnt er die „Chroniques de France, d'Engleterre et des país voisins" mit anfangs englandfreundlicher, dann französischer, schließlich burgundischer Tendenz. Philippe de Commynes (*1447, †1511) steht zunächst im Dienst Karls des Kühnen, den er 1472 verlässt, um zu Ludwig XI. überzugehen. Seine 1489–1498 für den Erzbischof Angelo Cato von Vienne verfassten „Mémoires" sehen die Geschichte von großen Persönlichkeiten und ihren Schwächen bestimmt. Traditionell in der Grundauffassung (Vorsehung der Einzelhandlung übergeordnet), erklärt er als Erster die Ereignisse aus den psychologisch analysierten Absichten der Handelnden.

Zentren der bildenden Kunst sind im 14. Jh. Paris, Burgund und die burgundischen Niederlande, Avignon, für kürzere Zeit der Hof des Herzogs von Berry. Sie behalten ihren Rang auch im 15. Jh. und stehen untereinander in enger Beziehung.

Architektur

Die *Architektur* des Sakralbaus hält an den alten Bauformen fest, entwickelt aber durch Übernahme des englischen „style flamboyant" reiche Schmuckformen, die nicht nur an Kirchen (St. Maclou/Rouen, 1434 ff.), sondern auch an profanen öffentlichen (Justizpalast Rouen, um 1500) und privaten Bauten (Haus des Jacques Cœur/Bourges, 1443 ff.) als reiner Dekorationsstil verwendet werden. In den Städten der burgundischen Niederlande entstehen prächtige Tuch- und Fleischhallen (Ypern, 1260–1380; Mecheln, 1320), Rathäuser (Brügge, Ende 14. Jh.) und ragende Türme („Beffrois": Ypern, Gent, Brügge, Mechelen, Douai, Kortrijk) als Zeichen bürgerlichen Selbstbewusstseins. Der gewaltigste Profanbau Frankreichs, von wehrhaft-kubischer Geschlossenheit, ist der Papstpalast in Avignon (1334–1352), dessen hauptsächlich von Italienern geschaffene Fresken die französische Wandmalerei beeinflussen.

Malerei und Plastik

Malerei und Plastik wenden sich sowohl mit der Aufnahme von Landschaft und Architektur in die Miniatur- und Tafelmalerei als auch mit den individuellen Zügen des Porträts zum Realismus. Maler, Bildhauer und Goldschmiede arbeiten gleichermaßen für die Höfe von Frankreich und Burgund, die niederländischen Städte und Bürger; viele Künstler bekleiden Hofämter. Ein Höhepunkt ist die Zeit Karls V. (1364–1380) (Entwicklung des „Schönen Stils" am Pariser Hof mit europäischer Wirkung bis ins 15. Jh.) und seiner Brüder Philipp der Kühne und Johann von Berry. In ihrem Umkreis wie auch in Avignon entsteht Großplastik mit individuell ausgeführten Gesichtszügen (Darstellungen Karls V. für das Portal der Cölestinerkirche/Paris und Karls VI. für den Herzogspalast/Poitiers; Grabplastiken für Päpste und Kardinäle). Bekanntester Bildhauer ist der Niederländer Claus Sluter (*zwischen 1340 und 1350, †1406 in Dijon; Grablege der Herzöge von Burgund und Mosesbrunnen in der Kartause von Champmol). In die zunächst als reine Hofkunst ausgeübte Buchmalerei dringen über Avignon italienische Einflüsse; Höhepunkt sind die Stundenbücher der Brüder von Limburg für Herzog Johann von Berry („Très riches heures", 1416). Beobachtete Wirklichkeit findet sich auch in der Tafelmalerei, so bei dem flämisch beeinflussten Nicolas Froment (seit 1447 in Avignon tätig), beim Hofmaler Karls VII. Jean Fouquet (*um 1420, †um 1480), der außerdem zahlreiche Miniaturen schafft (Illustrationen zu den Jüdischen Altertümern des Flavius Josephus, 1470/76 und in Werken unbekannter Meister („Madonna mit den Engeln"/Moulins, um 1498; „Pietà"/Villeneuve-lès-Avignon, um 1490). Vermutlich in Tournai arbeitet der Meister von Flémalle. Hubert (†1426) und Jan van Eyck (*um 1390, †1441) sind die Schöpfer des Genter Altars; Jan malt Altäre (z. T. Mit Stifterbildnissen) und zahlreiche Porträts von Adligen und Bürgern (Doppelbildnis Arnolfini, Madonna des Kanzlers Rolin). Er ist Hofmaler Herzog Philipps des Guten, während der aus Tournai stammende Rogier van der Weyden (*1399, †1464; Bildnis Karls des Kühnen) im Dienst der Stadt Brüssel steht. Auch grafische Techniken finden in Frankreich, Burgund und in den burgundischen Niederlanden rasch Eingang: Die Holzschneidekunst (besonders in Dijon und Lyon) und der Kupferstich wetteifern mit den deutschen Zentren. Die Tradition der Teppichweberei reißt in Frankreich nicht ab (Apokalypsenzyklus aus Angers, 1375/79) und hat ihre Schwerpunkte zunächst in Arras, vom 15. Jh. an in Tournai. – (Forts. S. 916)

Deutschland (843–1493)

(Forts. v. S. 387)

Das Ostfrankenreich (843–911/919)

Im Osten bleibt die karolingische, reichskirchliche Struktur im Wesentlichen erhalten. Der König behält vor allem das *Recht der Bischofserhebung* und nutzt das Kirchengut. Ludwig der Deutsche (843–876), der im Vertrag von Verdun (843) das (Teil-)Reich der „Ostfranken" erhält, bringt sein Königtum durch Gericht, Hofkapelle, Urkundenwesen und Kirchenregiment energisch zur Geltung, wobei die sich auch hier verstärkende Adelsherrschaft noch in die Königsherrschaft eingebunden bleibt. Nur in der jahrzehntelangen Auseinandersetzung des ostfränkischen Reichs mit der neuen östlichen Herrschaftsbildung des Großmährischen Reiches (ca. 830–906) beginnen die mit Sondervollmachten ausgestatteten Markgrafen bereits eine eigene, auch gegen den König gerichtete Politik.

Die *Westgrenze* kann 870 durch den Vertrag von Meerssen bis zur Maas-Mosel-Linie, durch die Verträge von Verdun (879) und Ribemont (880) bis zur Schelde-Maas-Saône-Linie vorgeschoben werden; im Osten bilden Elbe, Saale, Böhmerwald und Kärnten die Grenze, während im Norden die Küste und im Süden der Alpenhauptkamm den Herrschaftsbereich der „Francia orientalis" umschließen. Ursprünglich nur Teil einer karolingischen Gesamtherrschaft, entwickelt sich bereits unter Ludwig dem Deutschen ein eigenes ostfränkisches Zusammengehörigkeitsgefühl, das sich auch sprachlich in der Ausbildung einer althochdeutschen Literatur artikuliert und politisch einen ersten Abschluss in der Wahl König Konrads I. (911) findet. Wenn auch das Westfrankenreich geistig-kulturell an der Spitze der Entwicklung bleibt, findet die karolingische Renaissance doch auch im Ostfrankenreich bedeutende Vertreter.

Ludwig IV., das Kind (900–911), kann weder die Invasionen der Ungarn abwehren, noch vermag das kirchlich bestimmte Reichsregiment unter ihm (Erzbischof Hatto von Mainz) den Aufstieg der sog. *„jüngeren Stammesherzogtümer"* (der Hunfridinger, Konradiner, Liudolfinger und Arnulfinger) zu verhindern. Es spricht jedoch für die bereits wirksame Verfestigung des ostfränkischen Reiches, dass nach Ludwigs Tod die ostfränkischen Großen mit dem Franken Konrad einen eigenen König wählen und damit ihren Willen bekunden, die Einheit des Ostfrankenreiches zu bewahren. Nur Lothringen geht unter den Reginaren wieder ans Westreich.

- **843–876** *König Ludwig II., der Deutsche.* Häufigste Residenz Regensburg.
- 845 Hamburg von den Normannen zerstört; das Erzbistum wird 848 mit Bremen vereinigt.
- 846 Ludwig setzt in Mähren Herzog Rastislav ein, mit dem er später jahrelang Kriege führt.
- 862 Erster *Angriff der Ungarn* auf das Ostfrankenreich.
- 870 Vertrag von Meerssen (Mersen) bei Maastricht (nur bis 880 von Bedeutung): Nach dem Tode Lothars II. († 869) wird dessen Gebiet zwischen Karl II., dem Kahlen, und Ludwig dem Deutschen geteilt: Ludwig erhält die Osthälfte Lothringens mit Aachen und Metz und zwei Drittel Frieslands sowie das Lyonnais und Viennois aus dem Erbe Karls von der Provence.
- 876 Nach dem Tode Ludwigs des Deutschen *teilen* die Söhne aufgrund früherer Bestimmungen des Vaters *das Reich*:
- 876–880 König Karlmann hat Bayern und die südöstlichen Marken,
- 876–882 König Ludwig III., der Jüngere, hat Mainfranken, Thüringen, Sachsen,
- 876–887 König Karl III., der Dicke, hat Alamannien und Churrätien.
  Von Lothringen erhält jeder der drei Brüder einen Teil.
- 876 Ludwig III. schlägt Karl den Kahlen bei Andernach am Rhein.
- 877 Karlmann zieht nach Italien, Karl der Kahle stirbt auf der Flucht über die Alpen. Karlmann erkrankt und muss nach Bayern heimkehren.
- 879 Karl III. übernimmt auf Verfügung Karlmanns die Regierung Italiens.
- 880 *Vertrag von Ribemont* (bei Saint-Quentin): Ludwig III., der Jüngere, erhält von den jungen Enkeln Karls des Kahlen die in Meerssen beim Westreich verbleibende Westhälfte Lotharingiens. Die im Vertrag von Verdun (843) gezogene Westgrenze des Mittelreichs bleibt im Wesentlichen das ganze Mittelalter hindurch die Grenze zwischen Deutschland und Frankreich. Die Sachsen unter Herzog Brun (gefallen) werden von den Normannen vollständig geschlagen.
- **881** *Karl III.* von Papst Johannes VIII. *zum Kaiser gekrönt.*
- 882 Nach dem Tod seiner Brüder ist Karl der Dicke alleiniger Herrscher im Ostreich. Er lässt die in Elsloo eingeschlossenen Normannen abziehen, bewilligt ihnen Tribute und Landverleihungen.

	885 Nach dem Tode zweier Enkel Karls des Kahlen übertragen die Westfranken die Herrschaft an Karl III., der somit noch einmal das Gesamtreich außer Niederburgund (Boso von Vienne) vereinigt.
	886 Paris von den Normannen belagert; Karl bringt Entsatz, erkauft aber wieder den Abzug der Normannen mit Geld.
	887 Reichstag zu Tribur, Karl zur Abdankung gezwungen († 888).
König Arnulf von Kärnten	**887–899** *König Arnulf von Kärnten*, natürlicher Sohn König Karlmanns (876–880), übt eine äußerliche Oberhoheit über die anderen, nicht von Karolingern regierten Reichsteile aus.
	891 Arnulf siegt bei Löwen an der Dyle über die Normannen, die das Ostfrankenreich endgültig verlassen. Im Bund mit den Ungarn Feldzüge gegen das Großmährische Reich.
	892, 893
	896 Arnulf in Rom von Papst Formosus zum Kaiser gekrönt. – Krankheit und Machtzerfall setzen ein.
König Ludwig IV., das Kind	**900–911** *König Ludwig IV., das Kind*, unter Leitung des Erzbischofs Hatto von Mainz und anderer Bischöfe. Zahlreiche innere Fehden.
Ungarneinfälle	seit 900 Fast alljährliche *Einfälle der Ungarn*, die
	um 905 das Großmährische Reich zerstören. Verheerungen bis nach Alamannien und Sachsen.
	907 Markgraf Luitpold von Karantanien und Pannonien sowie drei bayrische Bischöfe bei Preßburg gegen die Ungarn gefallen. Die Ostmark ist verloren, die Enns wird wieder Reichsgrenze.

Das jüngere Stammesherzogtum

Infolge der mangelnden Fähigkeit des Königtums, die äußeren Feinde nachhaltig abzuwehren, kommen bei den einzelnen Stämmen führende Familien der fränkischen Reichsaristokratie, die inzwischen in den karolingischen Teilherrschaften bodenständig geworden und mit dem autochthonen Adel verschmolzen sind, zur Herrschaft; es entsteht unter der politischen Führung einzelner großer Familien das „jüngere Stammesherzogtum".

Schwaben *Schwaben*: Links des Rheins gehört zum schwäbischen oder alamannischen Stammesgebiet das Elsass. Nach Norden gegen die Franken bildet der Hagenauer Forst die Grenze, die von dort östlich ungefähr zu den Altmühlquellen verläuft; von dort nach Süden zur Mündung des Lech, der die Grenze gegen die Baiern bildet. Im Süden wird Churwalchen, das noch durchaus rätoromanisches Sprachgebiet ist, erst nach Entstehung des Herzogtums Schwaben mit diesem verbunden. Im Südwesten reicht der Stamm in das Königreich Burgund hinüber, besonders nachdem 922 die (hoch-)burgundische Grenze von der Aare zur Reuß verschoben wird. Um die Herrschaft ringen die Hunfridinger oder Burchardinger, Grafen des Aargaus und Thurgaus, die auch die Markgrafschaft in Churwalchen (Hauptstadt Chur) innehaben, und die zwei Brüder Pfalzgraf Erchanger und Berthold; Hauptgegner beider Geschlechter ist der mächtige Salomon, Bischof von Konstanz (890–919), Abt von St. Gallen und Kanzler König Konrads. Dem Konflikt fallen Erchanger und Berthold 916 (Synode von Hohenaltheim bei Nördlingen) bzw. 917 (Hinrichtung) zum Opfer. Burchard II. (d.J.; 917–926), Sohn des Markgrafen Burchard des Älteren von Rätien, schwingt sich zum Herzog auf, das „jüngere" alamannische Stammesherzogtum hat sich durchgesetzt.

Bayern *Bayern*: Links der Donau gehören ein Teil des Nordgaus (Oberpfalz) – der andere ist fränkisches Siedlungsland –, rechts des Flusses die Marken Österreich, Kärnten und Steiermark zum Stammesgebiet. Gegen die Franken verläuft die Grenze streckenweise an der Regnitz bis nördlich von Nürnberg, von da nordwestlich zum Fichtelgebirge; gegen Böhmen und Mähren auf dem Böhmerwald und an der Thaya. Im ganzen Osten – im Nordgau am Obermain, in der Ostmark (Österreich), besonders in Kärnten und Steiermark – sitzen Slawen. Unter Arnulf von Kärnten (ostfränkischer König 887–899) ist der mit ihm verwandte Luitpold Markgraf von Karantanien und Pannonien sowie Graf im Donaugau. Nach Luitpolds Tod 907 (in der Schlacht bei Preßburg gegen die Ungarn) folgt ihm sein Sohn Arnulf, der sich Herzog der Bayern nennt († 937). Umfangreiche Säkularisation des Kirchengutes, besonders der (teilweise eingehenden) Klöster, zugunsten ritterlicher Vasallen, um Krieger gegen die Ungarn zu gewinnen. Im Konflikt mit König Konrad I. behauptet Arnulf schließlich eine weit gehend unabhängige Stellung. 935 designiert er ohne königliche Mitwirkung seinen Sohn Eberhard (bis 938) zum Nachfolger.

Thüringen *Thüringen*: Grenze gegen die Franken im Westen und Süden jenseits der Werra und auf dem Rennsteig, dem Kamm des Thüringer Waldes; im Osten gegen die Slawen die Saale bis zur Mündung der Unstrut; im Norden ist der Südrand des Harzes noch thüringisch. Unter den späten Karolingern haben Markgrafen oder Herzöge aus verschiedenen Geschlechtern die Grenze gegen die Sorben zu sichern. Als der „dux" Burchard 908 gegen die Ungarn fällt, dehnt der Sachsenherzog Otto der Erlauchte (Vater König Heinrichs I.) seine Herrschaft über diese Gebiete aus und verhindert so die Entstehung eines eigenen thüringischen Stammesherzogtums.

Sachsen *Sachsen*: Rechts der Elbe ist Ostholstein (Wagrien) noch slawisch, die Grenze verläuft vom Sachsenwald an der Schwentine zum Kieler Hafen. Grenze gegen die Dänen an der Eider, gegen die Friesen von der

Weser und Wapel zur Ems, jenseits südlich zum Rhein, ohne ihn zu erreichen. Die unterste Lippe, Sieg und Ruhr sind fränkisch. Im Süden gegen die Hessen zieht die Grenze zwischen Diemel und Eder und stößt an der Werra-Fulda-Mündung auf die fränkische. Führendes Geschlecht in Sachsen sind die *Liudolfinger*, die durch Anschluss an die Politik Karls d. Gr. aufsteigen. Der Edle Liudolf († 866) vermählt Mitte des 9. Jh.s seine Tochter Liutgard († 885) mit Ludwig dem Jüngeren (König Ludwig III.), Sohn Ludwigs des Deutschen, und ist „dux" im östlichen Sachsenland. Liudolfs Sohn Brun († 880) ist Feldherr gegen die Normannen. Liudolfs anderer Sohn Otto der Erlauchte († 912) vererbt das nun über das ganze Stammesgebiet ausgedehnte Herzogtum seinem Sohn, dem späteren König (913–936) Heinrich I. Die Liudolfinger vereinigen ihren Allodialbesitz mit der Inhaberschaft zahlreicher Grafschaften. Die arme und unbedeutende sächsische Kirche kann ihnen kein Gegengewicht halten.

Liudolfinger

(Ost-)*Franken*: Der fränkische Stamm, durch die karolingischen Teilungen politisch aufgesplittert, umfasst noch innerhalb des ostfränkischen Reichs so ausgedehnte Gebiete, dass er für ein Herzogtum zu groß ist. Lothringen macht ursprünglich ein Teilreich aus, zuweilen von Unterkönigen oder königlichen Statthaltern regiert. Den ersten Platz im Lande nehmen die Grafen Reginar Langhals und sein Sohn Giselbert ein, deren Macht in Hennegau und den Ardennen wurzelt. Nach der endgültigen Angliederung des Landes ans Ostfrankenreich 925 entwickelt sich Giselberts Stellung zu der eines Stammesherzogs (seit 928). In Franken, d. h. *Ostfranken*, dem Land beiderseits des Mains und in Rheinhessen, erliegen die Babenberger 906 den *Konradinern*, deren Führer, der jüngere Konrad, der spätere König (911–919), nun eine herzogliche Stellung einnimmt. Nach dessen Tode regiert sein Bruder Eberhard (919–939), hat aber anscheinend den Herzogtitel nicht geführt.

Franken

Ostfranken
Konradiner

Nur in kaum fassbarer Weise haben bei der Entstehung der Herzogtümer ein „Stammesbewusstsein", d. h. die Erinnerung der Großen an eine stärkere politische Selbstständigkeit ihrer Vorfahren in spätmerowingischer Zeit, und die Unterschiede der Rechtsgestaltung in den einzelnen Gebieten mitgespielt. Ausschlaggebend sind die persönlichen Machtkämpfe unter den führenden Familien der Reichsaristokratie. Die so entstandenen Dukate haben viel mehr auf die schärfere Ausprägung der Stämme eingewirkt, als umgekehrt die Stämme die Grundlage der Dukate bilden. Der Herzog bietet den Heerbann auf, treibt eine selbstständige Außenpolitik, versammelt die Großen auf Landtagen und bemüht sich, die Besetzung der Bistümer und Reichsklöster dem König zu entwinden und selbst auszuüben. Die Ausbildung der deutschen „Stammesherzogtümer" ist ein allmählicher Vorgang, der in der Regierung Karls III. (876–887) beginnt und beim Tode Konrads I. (919) einen gewissen Abschluss erreicht hat.

Deutschland (911–1254)

Im Hochmittelalter liegen Beginn und erste Entfaltung der deutschen Geschichte, des deutschen Volkes, des deutschen Staates. Das deutsche Volk ist keine vorgegebene, natürliche Einheit, sondern das Ergebnis des *Zusammenschlusses der festländischen Westgermanenstämme* der Alamannen, Bayern, Thüringer, Friesen und Sachsen mit den rechtsrheinischen Franken unter der Herrschaft Karls des Großen und ihrer gemeinsamen Geschichte im östlichen Teil- und Nachfolgereich der Karolinger. Der zunächst tastend, dann deutlicher und überzeugt ausgedrückte Wille dieser Stämme zu vereintem politischem Handeln in Unabhängigkeit vom Westfrankenreich lässt die Jahre 887, 911, 919 als Epochendaten in der Entstehungsgeschichte des deutschen Reiches erscheinen. Dabei handelt es sich insgesamt jedoch um einen länger dauernden Prozess, der im 9. Jahrhundert einsetzt und dessen Endstadien erst im 11. Jahrhundert erreicht werden. Mit der *Erneuerung der Kaiserwürde* durch Otto den Großen im Jahre 962 übernimmt das werdende Sozial- und Staatsgebilde eine Aufgabe, die seine Festigung zunächst fördert, auf die Dauer gesehen aber die einheitliche Zusammenfassung seiner Kräfte zu einem geschlossenen Herrschaftsverband erschwert. Die Offenheit der imperialen Hoheit in den Mittelmeerraum hinein und die wechselseitige Abhängigkeit von Papst- und Kaisergewalt führen zu Konflikten, die die innere und äußere Entwicklung Deutschlands belasten, da die politischen Probleme Italiens und des Papsttums die Kräfte der Zentralgewalt immer aufs Neue beanspruchen und ihre Rückwirkungen auf das Reich das Verhältnis von Königs- und Fürstenmacht wiederholt negativ beeinflussen.

Zusammenschluss der Westgermanen

Erneuerung der Kaiserwürde

Im Hochmittelalter vollzieht sich in den Grundlinien die Formung des bis zur Katastrophe des 2. Weltkriegs konstanten Geschichtsraumes der Deutschen. Das Gebiet des Ostfränkisch-deutschen Reiches von 911/919, anfangs im Südosten und Osten durch den Druck von Magyaren und Slawen gefährdet, wird im 10. Jahrhundert durch Einbeziehung Lothringens nach Westen über die Rheinlinie in französisches Sprachgebiet hinein erweitert. Durch expansive Ausdehnung ordnet sich das Reich im Laufe des 10.–12. Jahrhunderts in Konkurrenz zu Dänemark, Polen und Böhmen die kleineren westslawischen Stammes- und Herrschaftsbildungen zwischen südlicher Ostseeküste und Ostalpen unter, zunächst politisch und kirchlich, dann, vor allem seit Einsetzen des Landesausbaues mit deutschen Siedlern im

12. Jahrhundert, auch ethnisch und kulturell. Die damit eingeleitete deutsche Neustammbildung östlich von Saale und Elbe führt zur Aufnahme nicht unbeträchtlicher westslawischer, aber auch baltisch-pruzzischer Bevölkerungsbestandteile in den deutschen Volkszusammenhang.

soziales Gefüge

Das *soziale Gefüge* des deutschen Volkes erhält damals eine für lange Zeit gültige Form. Seit dem 11. Jahrhundert wachsen aus der breiten grundherrlichen Unfreiheit die (später mit dem Niederadel verschmolzene) Ministerialität als laikale „Beamtenschaft" von Königtum, Kirche und Hochadel, das Stadtbürgertum und ein relativ gut gestellter Bauernstand hervor. Differenzierte Herrschaftsmaßnahmen, technische Neuerungen, Aufstieg von Handel und Produktion, Landesausbau und Ostbewegung begleiten eine starke Bevölkerungsvermehrung. Deutschland gewinnt in den Jahrzehnten vor und nach 1200 einen bis dahin nicht gekannten Zuwachs an demografischen, ökonomischen, politischen und kulturellen Energien.

Verfassungsentwicklung

Zugleich tritt die *Verfassungsentwicklung*, die in den vorausgehenden Jahrhunderten durch ein noch unentschiedenes Ringen des Königtums mit dem von den Anfangsbedingungen des Reiches her zur Eigenherrschaft berechtigten Hochadel bestimmt war, in ein abschließendes Stadium. Die staufischen Ansätze zur Erbmonarchie und Reichsterritorienbildung scheitern. Die Fürsten setzen Mitregierung im Reich und Bestellung des Königsamtes kraft Wahl endgültig durch und gewinnen für ihre Territorien königsgleiche Herrschaftsrechte. Die föderalistische Grundgestalt Deutschlands verfestigt sich.

Bildung

Obwohl die höhere geistige *Bildung* Deutschlands im Hochmittelalter lateinisch und universalgerichtet ist, spielen direkte antike Kulturtraditionen selbst auf ehemaligem römischem Reichsboden an Rhein und Donau nur eine geringe Rolle. Volkstum, Recht, Sprache und heimische Dichtung Deutschlands entstammen im Wesentlichen germanischer Erbschaft. Ihre Entfaltung unter starkem Anteil christlicher und antiker Überlieferungen sowie vielgestaltiger gemeineuropäischer Einflüsse kennzeichnet die Eigenart der deutschen Kultur des Hochmittelalters innerhalb der abendländischen Zivilisation.

Konrad I.

911–918 *Konrad I.* (†918; König 911)

911 Während sich die Lothringer dem Westfrankenkönig Karl dem Einfältigen unterstellen, ziehen die übrigen ostfränkischen Stämme nach dem Tod Ludwigs des Kindes eine Fortsetzung ihrer bisherigen Sondergemeinschaft der Wiederherstellung der karolingischen Reichseinheit vor und wählen in Forchheim den Frankenherzog Konrad zum König.

912 Konrad versucht vergeblich, den Verlust Lothringens rückgängig zu machen. Gegenüber den Ungarn, die während seiner Herrschaft wiederholt in Deutschland einfallen (912, 913, 915, 917), bleibt er untätig. Die Stammesherzöge übernehmen die außenpolitische Sicherung. Obwohl durch sie auf den Thron gekommen und durch Heirat mit dem schwäbischen Großen Erchanger und Herzog Arnulf von Bayern verwandt, versucht Konrad in die Traditionen des karolingischen Königtums zurückzulenken. Rückhalt beim Kampf gegen die Stammesgewalten bieten ihm seine konradinische Hausmacht und die Kirche.

914 Konrad befreit seinen Kanzler, Bischof Salomo III. von Konstanz (†919), aus der Haft Erchangers und verweist diesen des Landes. Arnulf flieht zu den Ungarn.

915 Kämpfe mit den Sachsen führen nach der Niederlage von Konrads Bruder Eberhard vor der Eresburg zu einem Ausgleich mit den Liudolfingern. Erchanger kehrt zurück und wird in Schwaben zum Herzog ausgerufen.

916 Konrad kann Arnulf aus Regensburg vertreiben.

Synode von Hohenaltheim

20. Sept. Eine *Synode*, die in *Hohenaltheim* im Ries in Anwesenheit eines päpstlichen Legaten, aber ohne die sächsischen Bischöfe zusammentritt, versucht die Stellung von König und Episkopat mit kirchlichen Sanktionen zu stärken und verurteilt die schwäbischen Rebellen Erchanger und Berthold zu lebenslänglicher Klosterhaft.

917 Als Konrad sie in Verschärfung des Urteils hinrichten lässt, setzt sich in Schwaben ihr bisheriger Rivale, der Hunfridinger Burchard (II.) von Rätien, ungehindert als Herzog durch. Damit kommt auch hier die Ausbildung des jüngeren Stammesherzogtums zum Abschluss.

918 Konrad stirbt an einer auf einem neuerlichen Zug gegen Arnulf empfangenen Verletzung.

Sachsenherzog Heinrich

23. Dez. Angesichts seiner schwachen Hausmachtbasis verpflichtet er vor seinem Tod seinen Bruder Eberhard (†939) und die Franken, den seit 912 regierenden *Sachsenherzog Heinrich* zum Nachfolger zu wählen.

Die Ottonen (919–1024)

Heinrich I.

919–936 *Heinrich I.* (*um 876, †936; König 919)

Der Tod Konrads I. stürzt das ostfränkische Reich in eine schwere Krise, da sich die Stämme zu keiner einhelligen Nachfolgeregelung zusammenfinden.

919 Mai	Während Franken und Sachsen in Fritzlar den Liudolfinger Heinrich zum König erheben, schreiten die Bayern unter Beteiligung der Ostfranken zur *Wahl Herzog Arnulfs* († 937). Heinrichs überlegtes Handeln bannt die Gefahr eines Auseinanderbrechens des werdenden deutschen Reichs.	*Wahl Gegenkönig Arnulfs*

Die Begriffe „deutsch", „Deutschland", „deutsches Reich"

Das Wort deutsch, althochdeutsch diutisc, theodisk, mittellateinisch theodiscus sowie (in gelehrt-irrtümlicher Angleichung) teutonicus, bedeutet im 8./9. Jahrhundert volkssprachig, nichtlateinisch. Schon im 9. Jahrhundert wird jedoch die Sprachbezeichnung zum Volksnamen für die Stämme des Ostfrankenreichs (gens theudisca, Teutisci, Theodisci, Teutonici), die seitdem ein gemeinsames Volksbewusstsein bezeugen.

Deutschland als geografisch-kulturräumlicher Begriff kommt im Mittelalter überwiegend als zusammengesetzter Plural vor (tiutschiu lant) und wird erst im 15./16. Jahrhundert zu einer Worteinheit. *Deutschlandbegriff*

Reich, mittelhochdeutsch rîche, meint ursprünglich Macht, Herrschaft, dann das dieser unterworfene Gebiet, Herrschaftsbereich, entspricht lateinisch regnum und imperium. Die Wendung deutsches Reich (regnum Teutonicorum, regnum Teutonicum) beschränkt sich zunächst, abgesehen von dem zeitlich isolierten, aber überlieferungsgeschichtlich gesicherten Beleg der Großen Salzburger Annalen zur Königserhebung Arnulfs von Bayern im Jahre 919 in einer Handschrift des Klosters Admont aus der Mitte des 12. Jahrhunderts, vorwiegend auf Italien. Breitere Anwendung in Deutschland findet sie seit den 70er-Jahren des 11. Jahrhunderts unter dem Einfluss des Sprachgebrauchs der Briefe und Manifeste Papst Gregors VII., der durch die betonte Verwendung der Begriffe rex Teutonicorum und regnum Teutonicum der Opposition gegen Heinrich IV. die Vorstellung eines (für Italien und das Papsttum nicht zuständigen!) nationalen deutschen Königtums nahe zu bringen versucht. Die Bezeichnung wird von der gregorianischen und antiheinricianischen Geschichtsschreibung aufgenommen, von Heinrich V. im Wormser Konkordat (1122) zur Kennzeichnung der kirchenrechtlichen und konstitutionellen Unterschiede innerhalb des Imperiums anerkannt. Aber auch in der Folgezeit tritt die deutsche Königs- und Reichsauffassung hinter der römisch-universalen *Kaiseridee* zurück. König der Römer (spätestens seit Heinrich V.), nicht König der Deutschen, imperium Romanum, nicht regnum Teutonicum lauten die offiziellen Bezeichnungen von Herrscher und Reich, dessen imperial-römischen Charakter die Stauferkanzlei seit 1157 durch die Formel *sacrum imperium* nochmals hervorhebt. Deren erweiterte Fassung (Heiliges Römisches Reich), im 15. Jahrhundert präzisiert durch den Zusatz Deutscher Nation, ist bis zum Jahre 1806 Deutschlands *Reichstitel*. *Kaiseridee*

Reichstitel

	König Heinrich I. lehnt im Unterschied zu seinem Vorgänger ein einseitiges Bündnis mit der Kirche ab (Verzicht auf Königssalbung) und sucht den Ausgleich mit den Stammesherzögen.	
921	Durch das Zugeständnis selbstständiger Rechte in Außenpolitik und Kirchenherrschaft kann er den Schwabenherzog Burchard und den Bayernherzog Arnulf, der seine Königsstellung aufgibt, an sich binden.	
	Der deutsche König steht künftig als *Lehnsherr* über den Stammesherzögen, die ein fester Bestandteil der Reichsorganisation bleiben.	*Lehnswesen*
7. Nov.	Heinrich schließt mit dem Westfrankenkönig Karl dem Einfältigen nahe Bonn in der Mitte des Rheins als gleichberechtigter „König der Ostfranken" einen Freundschaftsvertrag.	
925	Lothringen wird nach längeren Bemühungen in Ausnutzung der schwankenden Politik Herzog Giselberts aus dem Westfrankenreich herausgelöst und als fünftes Stammesherzogtum in das deutsche Reich einbezogen.	
926	Nach dem Tod des Schwabenherzogs Burchard II. stärkt Heinrich auch hier seine Stellung und nimmt enge Beziehungen zum Burgunderkönig Rudolf II. auf, der ihm gegen Abtretung eines Teils von Schwaben (wahrscheinlich damals oder 935) durch Übergabe einer Lanze, in die ein Nagel vom Kreuz Christi eingefügt ist, Ansprüche auf Italien überträgt. Die heilige Lanze gehört künftig zu den Herrschaftszeichen der deutschen Könige. Gegen die Ungarn zunächst machtlos, kann Heinrich gegen Auslieferung eines gefangenen Ungarnführers und hohe Tributzahlung einen neunjährigen Waffenstillstand einhandeln. Die Zwischenzeit wird zum Ausbau des Burgenwesens und zur Neuordnung des Heerbanns (Bauernkrieger und Panzerreiter) genutzt.	
928/929	Gegenüber den *Slawen* nimmt Heinrich eine offensive Politik auf. Er unterwirft die Heveller (Hauptort Brennabor = Brandenburg), Daleminzier, Redarier, Obodriten und Wilzen.	*Slawenunterwerfung*
929	In Begleitung Arnulfs von Bayern bringt er die Hoheit des Reichs in Böhmen zur Geltung. 932 und 934 folgen Züge in die Lausitz und gegen die Ukrer. Im östlichen Vorfeld des Reiches entsteht damit ein Gürtel abhängiger Tributärstaaten.	

Quedlinburger Hausordnung

Sept. In der *Quedlinburger Hausordnung* verfügt Heinrich die alleinige Nachfolge seines zweitgeborenen Sohnes Otto und setzt dadurch – in Abweichung von der karolingischen Praxis – die Unteilbarkeit der deutschen Königsherrschaft fest.

933 15. März Nach vorzeitiger Aufkündigung des Waffenstillstands tritt Heinrich den erneut einfallenden Ungarn mit einem Heer aus allen deutschen Stämmen entgegen und besiegt sie bei Riade (wohl an der Unstrut).

934 Durch Unterwerfung Knubas, des Beherrschers des wikingischen Handelsplatzes Haithabu (an der Schlei, gegenüber dem heutigen Schleswig), schiebt Heinrich im Norden die Reichsgrenze bis zur Schlei vor.

935 Ein Freundschaftsbündnis, das in Ivois an der Chiers (südöstlich von Sedan) mit den Königen Rudolf II. von Burgund und Rudolf von Frankreich geschlossen wird, sichert Heinrichs Vorrang auch im Westen.

Pläne eines Italienzugs kommen nicht zur Verwirklichung.

936 2. Juli Heinrich I., dem nach innen und außen die Sicherung des Reichs gelungen ist, stirbt in Memleben an der Unstrut und wird in Quedlinburg beigesetzt.

936–973 Otto I. der Große (*912, †973; König 936, Kaiser 962).

Krönung Ottos I.

Hofdienste

936 7. Aug. *Otto* wird im *Aachener Münster* nach einer weltlichen Thronerhebung in der Vorhalle in fränkischer Tracht *gesalbt und gekrönt* und auf den Karlsthron der Oberkirche gesetzt. Beim Krönungsmahl übernehmen die Herzöge von Lothringen (Kämmerer), Franken (Truchsess), Schwaben (Mundschenk) und Bayern (Marschall) die symbolischen *Hofdienste*.

Nach Unterwerfung der aufständischen Redarier (Herbst 936) sichert Otto die östlichen Vorlande des Reichs durch Errichtung von Marken, die allmählich in den deutschen Staat eingegliedert werden.

Als Markgrafen werden an der Niederelbe Hermann Billung (936; †973), an Mittelelbe und Saale Gero (937; †965) eingesetzt.

Slawenmissionierung

937 Mit der Gründung des Magdeburger Mauritiusklosters beginnt die *missionarische Erfassung der mittelelbischen Slawenlande*.

Ungeachtet des reibungslosen Herrschaftsantritts stoßen Ottos alleinige Thronfolge und sein gesteigerter Machtanspruch auf Widerstand in seiner Familie und bei den Stammesherzögen.

938 Nach einem Konflikt mit Arnulfs Sohn Eberhard von Bayern empört sich Ottos älterer Bruder Thankmar, dem sich der Frankenherzog Eberhard anschließt. Thankmar wird in den Kämpfen getötet.

Otto beschränkt das Eigenrecht der Stammesherzöge durch königliche Einsetzung (Amtsherzogtum). Herzog von Bayern wird Arnulfs Bruder Berthold, der dem König die Bischofsinvestitur überlässt.

Erhebung Heinrichs

939 Eine *Erhebung von* Ottos jüngerem Bruder *Heinrich* erhält Unterstützung durch Eberhard von Franken und Giselbert von Lothringen. Mit ihnen verbündet ist der Westfrankenkönig Ludwig IV., während Otto Beziehungen zu dessen inneren Gegnern aufnimmt. Eberhard und Giselbert werden bei Andernach vom Schwabenherzog Hermann geschlagen und finden den Tod. In Franken wird kein Herzog mehr eingesetzt.

940 Otto empfängt in Frankreich die Huldigung Hugos von Franzien und greift auch in Burgund ein, wo er als Lehensvormund König Konrads (937–993) die Schutzherrschaft ausübt. Otto gewährt seinem Bruder Heinrich nach einer letzten, erfolglosen Verschwörung Verzeihung. In den folgenden Jahren versucht er, die Stammesherzogtümer an seine Familie zu binden.

Konrad der Rote

944 Der Wormsgaugraf *Konrad der Rote* wird in Lothringen als Herzog eingesetzt und erhält 947 Ottos Tochter Liutgard zur Frau.

Bayern wird nach dem Tod Bertholds (947) Ottos Bruder Heinrich, Schwaben 949 seinem Sohn Liudolf übertragen.

Fränkisches Gemeinschaftsdenken sichert Otto auch im Westfrankenreich hohes Ansehen.

946 Er greift zugunsten Ludwigs IV. gegen Herzog Hugo ein.

948 Der Streit um den Reimser Erzstuhl wird auf einer Synode in Ingelheim am Rhein in Anwesenheit Ottos und Ludwigs unter Vorsitz eines päpstlichen Legaten entschieden. In Ingelheim erscheinen erstmals die kurz zuvor für Dänemark (Schleswig, Ripen, Århus) eingesetzten Missionsbischöfe des Erzbistums Hamburg-Bremen. Im Havelgebiet errichtet Otto die Slawenbistümer Havelberg und Brandenburg.

950 Ein Zug nach Böhmen sichert die Hoheit über Herzog Boleslav I.

Erster Italienzug Ottos I.

951–952 *Erster Italienzug*, der Anlass: die Königserhebung seines Vasallen Berengar von Ivrea (950), der Hilferuf der von diesem gefangen gesetzten Witwe Lothars von der Provence, Adelheid, sowie die eigenmächtige Italienpolitik der Herzöge von Bayern und Schwaben.

Deutschland im Hochmittelalter   Ottonen

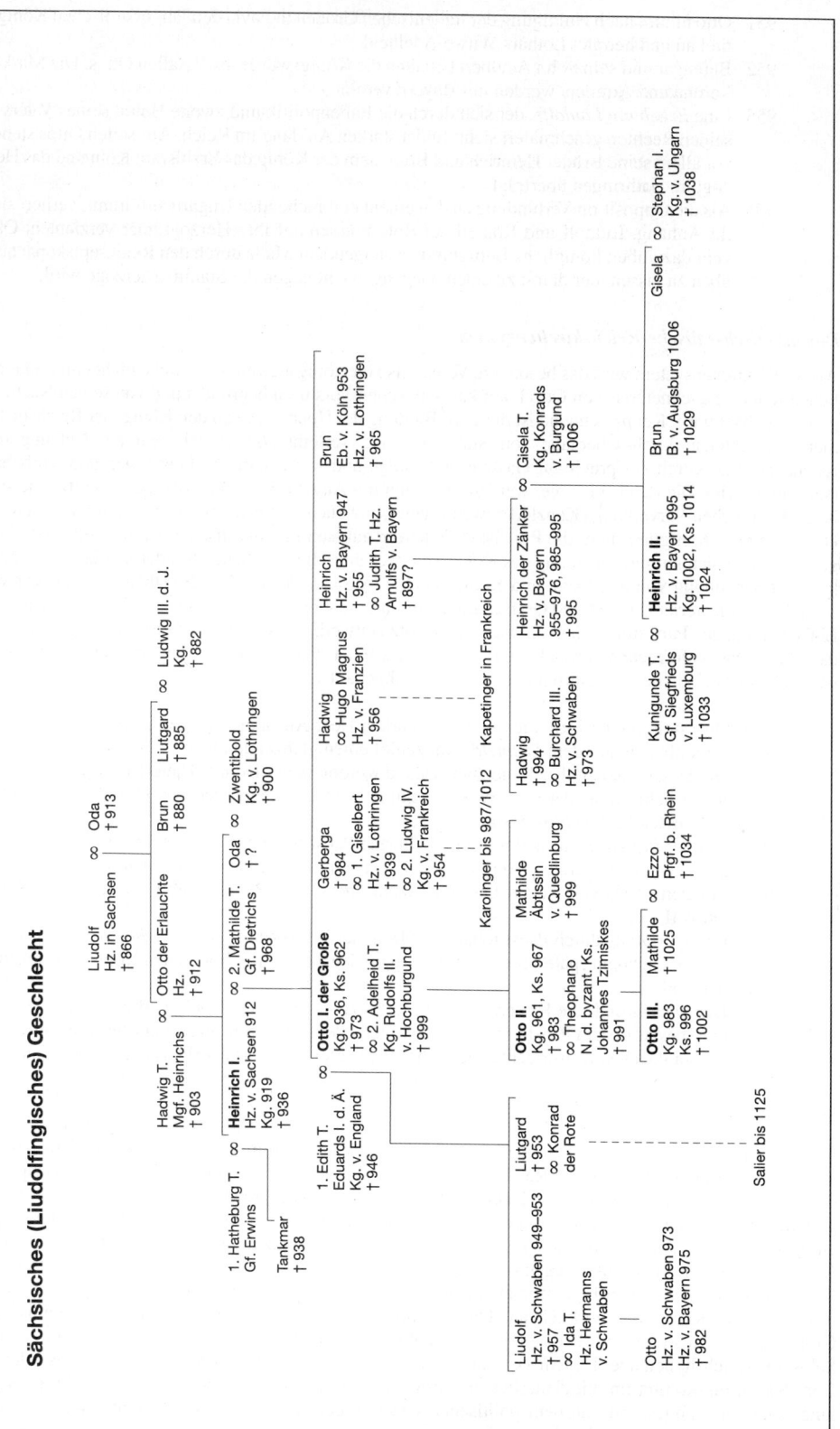

Sachsen-
herrscher

Heinrich II.

Otto I.
Otto II.
Otto III.

Heinrich I.

	951	Otto nimmt nach Huldigung der italienischen Großen in Pavia den langobardischen Königstitel an und heiratet Lothars Witwe Adelheid.
	952	Berengar und sein Sohn Adalbert behalten die Königswürde als Vasallen Ottos. Die Marken Verona und Aquileja werden mit Bayern vereint.
Erhebung Liudolfs	953	Eine *Erhebung Liudolfs*, der sich durch die Italienpolitik und zweite Heirat seines Vaters in seinen Rechten geschmälert sieht, findet starken Anklang im Reich. Auf seiten Ottos stehen vor allem seine Brüder Heinrich und Brun, dem der König das Erzbistum Köln und das Herzogtum Lothringen überträgt.
	954	Als die Opposition Verbindung zu den erneut einbrechenden Ungarn aufnimmt, verliert sich ihr Anhang. Liudolf und Konrad der Rote müssen auf ihre Herzogtümer verzichten. Otto geht dazu über, königliche Befugnisse in steigendem Maße durch den Reichsepiskopat ausüben zu lassen, der damit zu einem Gegengewicht gegen die Stammesherzöge wird.

Das ottonisch-salische Reichskirchensystem

Als Reichskirchensystem wird das besondere Verhältnis von Königsgewalt und Kirche im hochmittelalterlichen Reich bezeichnet, das von Otto I. auf karolingischen Vorstufen begründet und von seinen Nachfolgern ausgebaut wird. Kennzeichnend ist die enge Bindung der Hochkirche an den König, der Reichsbistümer und -abteien durch Übergabe von Stab und Ring verleiht *(Investitur)*, sich die Nutzung des Kirchenbesitzes durch Anspruch auf Gastung, Heerfolge und wirtschaftliche Leistungen aber vorbehält (servitium regis). Die Reichsbistümer werden bevorzugt mit Angehörigen der Hofkapelle besetzt, die sich in der königlichen Verwaltung (Kanzlei) bewährt haben und auch später Reichsaufgaben übernehmen.

Investitur

Die *Hoheit des Königtums* über die Reichskirche beruht auf sakraltheokratischen Herrschaftsvorstellungen und stützt sich auf die Ausübung des Königsschutzes über die geistlichen Sonderbezirke (Immunitäten), auf Schenkung von Reichsgut und Königsrechten (Münze, Markt, Zoll, Forstbann usw.) sowie die Verleihung von Gerichtshoheit und Grafschaften. Geschlossenheit kann das Reichskirchensystem nur bei Einbeziehung des Papsttums erlangen. Sie glückt trotz zeitweiliger Erfolge der Ottonen und Salier nicht dauerhaft. Das Reformpapsttum bekämpft das Reichskirchensystem, das mit dem Wormser Konkordat weit gehend, Anfang des 13. Jahrhunderts endgültig abgebaut wird.

Hoheit des Königtums

	955 10. Aug.	Otto stellt die Ungarn, die mit einem starken Heer Augsburg belagern, zum Kampf und erringt über sie auf dem *Lechfeld* (Gunzenlê) einen glänzenden Sieg. Die Ungarn geben ihre Raubzüge auf und werden in der Donau-Theiß-Ebene sesshaft.
Schlacht auf dem Lechfeld	16. Okt.	In der Schlacht an der Raxa (wohl Recknitz in Mecklenburg) erneuert Otto die Hoheit über die aufständischen Slawenstämme.
Zweiter Italienzug	961–965	*Zweiter Italienzug*, ausgelöst durch Hilferufe Papst Johannes' XII. gegen Übergriffe Berengars, gegen den bereits 956 Liudolf († 957) nach Italien geschickt worden war.
	961	Vor dem Aufbruch sichert Otto die Nachfolge seines Hauses durch die Königserhebung Ottos II.
Kaiserkrönung Ottos des Großen	962 2. Febr.	*Ottos Krönung* durch Papst Johannes XII. in der Peterskirche *erneuert die römische Kaiserwürde*, nachdem spätestens seit dem Ungarnsieg Züge eines imperialen Königtums erkennbar sind.
		Der (west-)römische Kaisertitel bleibt fortan dem deutschen König vorbehalten.
	13. Febr.	Otto bestätigt dem Papsttum die Schenkungen der früheren Könige und Kaiser und erneuert die fränkischen Kaiserrechte gegenüber Papst und Kirchenstaat (Privilegium Ottonianum).

Die Wertungen des Kaisertums

Das Hochmittelalter kennt keine einheitliche Auffassung des Kaisertums. Das Selbstverständnis des erneuerten Imperiums als römisches Reich erlaubt eine Anknüpfung an den universellen Hoheitsanspruch des altrömischen Imperiums und eine Deutung der deutschen Kaiserherrschaft als letztes Reich der Weltgeschichte. Gemeingut der europäischen Völker sind solche Vorstellungen jedoch nicht. Bestimmend ist eher die päpstliche Auffassung, dass die *Kaiserwürde* auf dem Schutz der römischen Kirche beruhe. Die Kämpfe der Salier und Staufer gegen das Papsttum mindern daher das kaiserliche Ansehen in Europa. Byzanz erkennt von seinem Eigenverständnis her weder den römischen noch den imperialen Charakter des deutschen Königtums wirklich an. Die Reiche außerhalb der deutsch-italienisch-burgundischen Großherrschaft, insbesondere der König von Frankreich, betrachten sich als unabhängig vom Kaiser. Selbst die Reichshoheit über Dänemark, Polen und Ungarn ist kein Ausfluss der Kaiserwürde als solcher. Dem Kaisertum kommt im mittelalterlichen Europa also keine rechtliche oder faktische Führungsstellung, sondern – abgesehen von dem politischen Gewicht der deutschen Königsmacht – lediglich der Ehrenvorrang einer höheren Würde zu.

Kaiserwürde

963	Nach Abfall Johannes' XII. erweitert Kaiser Otto I. den Anteil des Kaisertums an der Papstwahl, kann die Verhältnisse in Rom und auf dem Stuhle Petri aber jeweils nur für kurze Zeit sichern. Markgraf Gero verpflichtet den Polenherzog Mieszko I. zur Anerkennung der Reichshoheit und Tributzahlung für das Gebiet zwischen Oder und Warthe.	
965	Nach Geros Tod wird dessen Mark aufgeteilt.	
966–972	*Dritter Italienzug.* Otto legt die Wirren in Rom bei. Seine Autorität erlaubt nun die Verwirklichung langjähriger Pläne für die kirchliche Organisation der Slawenlande.	*Dritter Italienzug*
967	Auf einer Synode in Ravenna stimmt Papst Johannes XIII. der Gründung des Erzbistums Magdeburg zu, welches nach Einwilligung von Erzbischof Hatto II. von Mainz errichtet wird.	
968	Erster Erzbischof wird der einstige Russlandmissionar Adalbert von St. Maximin in Trier († 981). Suffragane werden Brandenburg und Havelberg sowie die neugegründeten Bistümer Merseburg, Meißen und Zeitz (später Naumburg). Das Obodritenbistum Oldenburg (Holstein) wird Hamburg-Bremen unterstellt. Die Ausbreitung seiner Macht nach Süditalien (seit 967) bringt Otto in Konflikte mit Byzanz, das seine territorialen und rechtlichen Ansprüche zu behaupten versucht. Das *„Zweikaiserproblem"*, verschärft durch die Krönung Ottos II. zum Mitkaiser Weihnachten 967,	
972	wird auf diplomatischem Wege gelöst: Otto verzichtet auf Apulien, behält dagegen Capua und Benevent. Otto II. wird mit Theophano, der Nichte des Kaisers Johannes Tzimiskes, vermählt.	*Zweikaiserproblem*
973, Ostern	Ein glänzender Hoftag in Quedlinburg sieht Otto auf dem Höhepunkt politischer Geltung.	
7. Mai	Wenige Wochen später stirbt er und wird im Magdeburger Dom beigesetzt. Sein Beiname „der Große" (lateinisch „magnus") bedeutet ursprünglich nur: der Ältere.	
973–983	*Otto II.* (*955, †983; König 961, Mitkaiser 967) Otto II. steht anfangs starken inneren und äußeren Schwierigkeiten gegenüber.	*Otto II.*
974	Ein Zug über das Danewerk (Grenzwall zwischen Schlei und Treene) weist Übergriffe des Dänenkönigs Harald Blauzahn zurück und sichert die Schlei als Reichsgrenze. Die Neubesetzung des Herzogtums Schwaben mit seinem Neffen Otto, dem Sohn Liudolfs, führt zur Erhebung seines Vetters, des Bayernherzogs Heinrich II. (des Zänkers), der mit den Herzögen von Polen und Böhmen verbündet ist und nach Haft und Flucht sein Herzog-	
976	tum verliert. Der *Südostraum wird neu gegliedert*: Die bayrische Ostmark (996 bzw. 998 erstmals: Ostarrîchi) wird dem Stammvater der jüngeren Babenberger, Luitpold, übertragen, Kärnten (mit den Marken Verona und Aquileja) unter dem Luitpoldinger Heinrich zu einem eigenen Herzogtum erhoben, das verkleinerte Bayern Otto von Schwaben unterstellt. Deutsche Besiedlung und Mission setzen ein.	*Neugliederung im Südosten*
978	Nach neuen Kämpfen mit Heinrich dem Zänker verleiht Otto Kärnten an den Salier Otto, einen Sohn Konrads des Roten und der Kaisertochter Luitgard. Boleslav II. von Böhmen erkennt die Kaiserhoheit wieder an. Die Übertragung des Herzogtums Niederlothringen an den westfränkischen Karolinger Karl (977) bringt Otto die Feindschaft von dessen Bruder, König Lothar von Frankreich, ein, der bei einem Überfall auf Aachen den Kaiser beinahe gefangen nimmt (978). Ein Vergeltungszug nach Paris bleibt ergebnislos.	
980	Der Friedensschluss belässt Lothringen bei Deutschland.	
980–983	*Italienzug.* Otto regelt die römischen Verhältnisse und beginnt mit der Eroberung Süditaliens, das er entsprechend seinem Selbstverständnis als Romanorum imperator (Kaiser der Römer) als Teil des Reiches beansprucht.	*Italienzug*
982 13. Juli	Bei Kap Colonne südlich Cotrone (Kalabrien) erleidet er eine vernichtende *Niederlage durch die Sarazenen.*	*Niederlage durch die Sarazenen*
983	Eine Reichsversammlung in Verona wählt seinen zweijährigen gleichnamigen Sohn zum König und regelt erneut die Besetzung der süddeutschen Herzogtümer: Der Konradiner Konrad erhält Schwaben, Heinrich von Kärnten Bayern. Eine umfassende *Erhebung der Dänen und Slawen* vernichtet weit gehend das politische und kirchliche Aufbauwerk Ottos des Großen. Die Liutizen zerstören Havelberg und Brandenburg, Hamburg wird von den Obodriten geplündert, die Reichshoheit im Norden auf die Elbe-Linie zurückgeschoben.	*Erhebung der Dänen und Slawen*
7. Dez.	Otto II. stirbt in Rom und wird in der Vorhalle von St. Peter bestattet.	
983–1002	*Otto III.* (*980, †1002; König 983, Kaiser 996)	*Otto III.*
983/984	Heinrich der Zänker versucht die Vormundschaft über den an Weihnachten 983 in Aachen gekrönten Kaisersohn an sich zu reißen, wird jedoch, als er selbst die Königsherrschaft an-	

strebt, unter Führung des sächsischen Adels und Erzbischof (seit 975) Willigis' von Mainz († 1011) zur Auslieferung Ottos an seine Mutter Theophano genötigt. Unter deren Regentschaft festigt sich die Stellung des Reichs.

985 Heinrich der Zänker erhält Bayern zurück.
986 Die Herzöge von Böhmen und Polen erkennen die Reichshoheit an.
989/990 Theophano erneuert auch in Italien und Rom die Ansprüche des Kaisertums.
991 Nach ihrem Tod geht die Regentschaft an Ottos Großmutter Adelheid über, unter der die Königsgewalt Einbußen erleidet.
994 Als Vierzehnjähriger übernimmt Otto selbstständig die Herrschaft.
995 Er wendet sich zunächst gegen die Obodriten.

Erster Italienzug Kaiserkrönung

996 *Erster Italienzug*. Otto setzt seinen Vetter Brun von Kärnten als ersten Deutschen auf den Stuhl Petri (Gregor V.) und empfängt von ihm die *Kaiserkrone*.
In enger Gemeinschaft mit ihm und seinem einstigen Lehrer, Gerbert von Aurillac (Papst Silvester II.), versucht Otto in den folgenden Jahren das Ideal einer Renovatio imperii Romanorum (= Erneuerung des römischen Reiches) zu verwirklichen.
997 Nach einem Zug gegen die Elbslawen beauftragt er seine Tante, Äbtissin Mathilde von Quedlinburg († 999), mit der Stellvertretung in Deutschland.

Zweiter Italienzug

997–1000 *Zweiter Italienzug*.
998 Otto beseitigt in Rom die Herrschaft der Crescentier und macht – im Widerspruch zur Konstantinischen Schenkung, die er als Fälschung bezeichnet – Rom zum Reichszentrum. Die kaiserliche Hofhaltung mit einem Palast auf dem Palatin wird nach byzantinischem Vorbild organisiert.
999 Von asketisch-reformerischen Strömungen tief beeindruckt, bricht Otto von Rom nach Gnesen auf.
1000 Dort errichtet er am Grabe des ihm zu Lebzeiten eng verbundenen Prager Bischofs Adalbert, der 997 als Missionar der Prußen das Martyrium erlitt, ein polnisches Erzbistum mit den Suffraganen Kolberg, Krakau und Breslau (Posen bleibt vorerst bei Magdeburg). Herzog Bolesław I. von Polen erhält eine Nachbildung der hl. Lanze und wird als „Bruder und Mithelfer des Imperiums" bzw. „Freund des römischen Volkes" bezeichnet.
Die kirchliche und politische Aussonderung Polens aus der Abhängigkeit von Deutschland stößt namentlich in Sachsen auf Kritik.
Otto zieht über Aachen, wo er das Grab Karls des Großen öffnen lässt, nach Rom zurück.
1001 Von hier wird er jedoch durch einen Aufstand vertrieben. Eine Synode in Ravenna beschließt Maßnahmen (Gründung des Erzbistums Gran, Übersendung einer Königskrone an Stephan I. von Ungarn), die Ungarn in ähnlicher Weise wie Polen in Ottos Konzeption eines römisch-christlichen Universalreiches einbeziehen.
1002 23./24. Jan. Bevor er Rom zurückerobern kann, stirbt Kaiser Otto III. einundzwanzigjährig auf der Burg Paterno am Soracte (nördlich von Rom) und wird auf seinen Wunsch im Aachener Münster beigesetzt.

Heinrich II.

1002–1024 *Heinrich II.* (*973, †1024; König 1002, Kaiser 1014)
1002 Gegen seine Mitbewerber um die deutsche Königskrone (Hermann II. von Schwaben, Ekkehard I. von Meißen) kann sich Heinrich IV. von Bayern, der Sohn Heinrichs des Zänkers, ein Urenkel König Heinrichs I., durchsetzen. Nach Krönung und Salbung durch Erzbischof Willigis von Mainz empfängt er auf einem Umritt die Huldigung der anderen, nicht an seiner Wahl beteiligten Stämme.

Renovatio regni Francorum

Heinrich sieht den Schwerpunkt seines Wirkens in Deutschland (Devise: *Renovatio regni Francorum* = Erneuerung des fränkischen Reiches). Er behauptet die Verfügung über die Herzogtümer, doch bilden die Bischöfe die eigentliche Stütze seiner Regierung.
Die Großmachtpolitik Bolesławs I. führt zu lang dauernden Konflikten mit Polen. Bolesław fällt nach der Ermordung Ekkehards I. (1002) in die Mark Meißen ein und wird bei der Huldigung in Merseburg (Ende Juli 1002) mit dem Milzener Land und der Lausitz belehnt, verweigert nach Eroberung Böhmens hierfür jedoch die Anerkennung.
Seinen Kontakten mit dem Markgrafen des bayrischen Nordgaues, Heinrich von Schweinfurt, dem Babenberger Ernst und Heinrichs II. Bruder Brun setzt der König ein – von den Zeitgenossen kritisiertes – Bündnis mit den heidnischen Liutizen entgegen (1003) und vertreibt den Polenherzog mit tschechischer Hilfe aus Böhmen (1004). Bayern wird seinem Schwager Heinrich von Luxemburg übertragen.

Erster Italienzug

1004 *Erster Italienzug*. In Oberitalien bricht die Herrschaft Arduins von Ivrea, der nach dem Tod Ottos III. die Königswürde errungen hat, zusammen. Heinrich wird in Pavia zum König der Lombarden gekrönt.
1006 Der kinderlose Burgunderkönig Rudolf III. (993–1032) setzt seinen Neffen und Lehnsherrn Heinrich offiziell zum Reichserben ein und überträgt ihm Basel als Pfand.

Das Rechtsverhältnis wird 1016 und 1018 in feierlichen Formen erneuert. Heinrich unterstützt Rudolf gegen die burgundischen Großen.

1007 Nach Wiedererrichtung des 981 aufgehobenen Bistums Merseburg (1004) gründet Heinrich das reich dotierte Bistum Bamberg.

1008 Im Westen des Reichs gerät Heinrich nach dem Tod Herzog Ottos von Niederlothringen (1005) in Auseinandersetzungen mit den flandrischen Grafen sowie (wegen Besetzung des Trierer Erzstuhles) mit den Luxemburgern.

1012 Niederlothringen wird dem Ardennergrafen Gottfried übertragen.

1013 Neuerliche Kämpfe mit Polen (seit 1007) werden durch den Frieden von Merseburg beendet. Bolesław I. behält die Lausitz und das Milzener Land als deutsche Lehen, erkennt die Hoheit Heinrichs an und verspricht Hilfe zum Romzug.
Sein Sohn Mieszko II. wird mit Richeza, der Tochter des lothringischen Pfalzgrafen Ezzo († 1034), vermählt.

1013–1014 *Zweiter Italienzug.* — *Zweiter Italienzug*

1014
14. Febr. Heinrich erlangt in Rom die *Kaiserkrone,* kann aber die Verhältnisse im Kirchenstaat nicht stabilisieren. — *Kaiserkrönung*

1015 Der Kaiser wendet sich erneut gegen Bolesław I., der seinen Romzugsverpflichtungen nicht nachgekommen ist, obwohl ihm Heinrich Hilfe gegen Kiew gewährt hat.
Die militärischen Unternehmungen der Deutschen bleiben insgesamt erfolglos.

1018 Der Friede von Bautzen erneuert die territorialen Abmachungen von 1013 und hat bis zum Tod Heinrichs II. Bestand.

1020 Papst Benedikt VIII. sucht den Kaiser in Bamberg auf und erbittet Hilfe gegen die Expansion der Byzantiner in Süditalien, wo seit 1017 die Normannen als neue politische Kraft spürbar werden.

1021–1022 *Dritter Italienzug.* — *Dritter Italienzug*
Heinrich erneuert die Kaiserhoheit über die unteritalienischen Langobardenfürsten, ohne die politischen Verhältnisse wirksam verändern zu können.

1022
1023 Eine Synode, die Papst und Kaiser gemeinsam in Pavia abhalten, beschließt Dekrete für die Kirchenreform. Auch ein Zusammentreffen mit König Robert II. von Frankreich hat kirchliche Reformfragen zum Thema.

1024
13. Juli Heinrich stirbt in der Pfalz Grona (bei Göttingen) und wird in seiner Lieblingsstiftung, dem Bamberger Dom, beigesetzt (1146 *Heiligsprechung* durch Papst Eugen III.). — *Heiligsprechung*

Kultur der Ottonenzeit

Nach dem kulturellen Abstieg der späten Karolingerzeit setzt um 950 im Ostreich von den Klöstern aus eine Neubelebung des Bildungswesens ein. Neben die älteren süd- und westdeutschen Zentren (St. Gallen, Reichenau, Regensburg-St. Emmeram, Trier-St. Maximin) treten sächsische Konvente (Corvey, Gandersheim). Otto I. (936–973) bemüht sich, italienische Gelehrte nach Deutschland zu holen. Starke Bildungsimpulse gehen von seinem Bruder Brun von Köln aus. Unter Otto III. (983–1002) übernimmt das Kaisertum für kurze Zeit selbst die Führung. *Gerbert von Aurillac* (seit 999 Papst Silvester II.), der bedeutendste Gelehrte seiner Zeit, wirkt seit 996 als Lehrer und Berater an seiner Seite. Heinrich II. (1002–1024) schenkt die Bibliothek Ottos III. mit eigenen Erwerbungen aus Italien dem Bamberger Dom.
Ansätze pädagogischer Breitenwirkung sind in den *Domschulen* erkennbar, von denen Magdeburg, Hildesheim, Lüttich, Würzburg, Worms und Bamberg zu nennen sind. Bestimmend für das Geistesleben der Zeit ist die formale Klassik- und Patristik-Verarbeitung, ohne dass von einer ottonischen Renaissance gesprochen werden sollte. Selbstständige Leistungen liegen in der (lateinischen) Dichtung (Hrotsvit von Gandersheim [† nach 973], Ekkehard I. von St. Gallen [† 973], Froumund von Tegernsee [† 1008?]) und Geschichtsschreibung (Widukind von Corvey [† nach 973], Liudprand von Cremona [† um 972], Thietmar von Merseburg [† 1018]) vor.

Gerbert von Aurillac

Domschulen

Die Salier (1024–1125)

1024–1039 *Konrad II.* (*um 990, † 1039; König 1024, Kaiser 1027) — *Konrad II.*

1024
4. Sept. Nach dem Aussterben der Liudolfinger entscheidet sich die Mehrzahl der geistlichen und weltlichen Großen in Kamba (abgegangen, bei Oppenheim) unter Führung des Mainzer Erzbischofs (seit 1021) Aribo († 1031) für den älteren der beiden gleichnamigen Vettern aus

		der Familie der Wormsgaugrafen (Widonen-Lambertiner), die durch die Ehe Liutgards mit Konrad dem Roten Ururenkel Ottos I. sind.
	1025	Er wird nach der Krönung in Mainz auf einem Umritt im gesamten Reich anerkannt.
	1026–1027	Erster Italienzug, veranlasst durch Versuche der oberitalienischen Großen, erst König Robert II. von Frankreich, dann Wilhelm V. von Aquitanien oder dessen Sohn zum König zu erheben. Konrad wird von Erzbischof Aribert von Mailand zum König gekrönt und unterwirft die Lombardei mit Pavia.
	1026	
Kaiserkrönung	1027 26. März	In Rom empfängt er von Papst Johannes XIX. in Gegenwart der Könige Knut des Großen von England und Dänemark und Rudolf III. von Burgund die *Kaiserkrone*. Die Kaiserhoheit über die süditalienischen Langobardenfürsten wird erneuert. Rudolf III. erkennt das Erbrecht Konrads auf Burgund an (Aug. 1027).
	1028	Konrads Sohn Heinrich (III.), 1026 bereits zum Nachfolger designiert, erhält das Herzogtum Bayern (1027) und wird in Aachen zum König gekrönt (Anfänge des Krönungsrechts der Kölner Erzbischöfe).
	1029	Ein Vergeltungszug gegen den Polenkönig Mieszko II. bleibt erfolglos.
	1030	Konrads Stiefsohn, Herzog Ernst II. von Schwaben, findet nach mehrfachen Empörungen und Kämpfen gegen den Kaiser den Tod.
	1031	Nach einem vergeblichen Vorstoß befriedet das Kaisertum die Ungarn durch Abtretung des Gebietes zwischen Fischa und Leitha, erhält dagegen von Mieszko II. von Polen die Lausitz und das Milzener Land zurück.
Konrad König v. Burgund	1033 2. Febr.	Nach dem Tod König Rudolfs III. (1032) empfängt *Konrad* die Insignien des burgundischen Reiches und wird im Kloster Peterlingen *zum burgundischen König erhoben*. Das Kaisertum ruht jetzt auf der dreifachen Königswürde des deutschen Reichs, Italiens und Burgunds. Gegen Graf Odo von der Champagne, der mit Waffengewalt Erbansprüche in Burgund geltend macht, verbündet sich Konrad mit König Heinrich I. von Frankreich. Nach mehrjährigen Kämpfen erkennt Mieszko II. in Merseburg (Juli 1033) die Oberhoheit Konrads an und legt seinen Königstitel ab.
	1034	Konrad setzt seine Hoheit auch im südlichen Burgund einschließlich der Provence durch. Der Kaiser verfügt damit über sämtliche Alpenpässe.
	1035	Bei der Verlobung seines Sohnes Heinrich (III.) mit Gunhild (Kunigunde), der Tochter des englisch-dänischen Königs Knut des Großen, tritt Konrad an Dänemark die Mark Schleswig ab (Heirat 1036).
Zweiter Italienzug	1037–1038	*Zweiter Italienzug.* Konrad versucht vergeblich, den aufsässigen Mailänder Erzbischof Aribert zu unterwerfen, gewinnt jedoch die Anhängerschaft der weltlichen Großen und durch Zusicherung der Erblichkeit ihrer Lehen auch die des niederen Adels (Valvassoren).
	1038	In Unteritalien setzt Konrad Pandulf IV. von Capua zugunsten Waimars V. von Salerno ab und legitimiert die Herrschaft des Normannenfürsten Rainulf von Aversa. Seinem Sohn Heinrich (III.) verleiht Konrad auch das Herzogtum Schwaben und lässt ihn zum König von Burgund erheben.
	1039 4. Juni	Konrad stirbt in Utrecht und findet seine Ruhestätte in dem von ihm begonnenen Dom zu Speyer.
Heinrich III.	**1039–1056**	*Heinrich III.* (*1017, †1056; König 1028, Kaiser 1046)
	1039	Tritt ohne Schwierigkeiten die Nachfolge seines Vaters an.
	1040	Er wird in Burgund und Italien anerkannt und söhnt sich mit Erzbischof Aribert von Mailand aus.
	1041	Zwingt mit großem Heeresaufgebot den Böhmerherzog Břetislav zur Huldigung für Böhmen und Teile des von ihm eroberten Polen, unternimmt dann (1042) einen Gegenstoß gegen die Ungarn und verzichtet zur besseren Sicherung der Südostflanke auf Bayern zugunsten der Luxemburger. Im bayrischen Nordgau entstehen neue Marken.
	1043	Für die Anerkennung des gegen den vertriebenen König Peter erhobenen Aba (Samuel) geben die Ungarn das Land zwischen Fischa und Leitha zurück.
Mission in Nordeuropa	1043–1072	Der Grafensohn Adalbert von Goseck nimmt als Erzbischof von Hamburg-Bremen die *Mission in Skandinavien und Nordeuropa* (bis Finnland, Orkney-Inseln, Island und Grönland) auf. Sein Versuch, die Selbstständigkeitsbestrebungen der dänischen Kirche durch Errichtung eines nordischen Patriarchats zu überwölben, scheitert. Erfolgreich ist der Ausbau des Kirchenwesens im Siedlungsgebiet der Obodriten (Ostholstein, Mecklenburg), wo in enger Zusammenarbeit mit dem Fürsten Gottschalk aus dem alten Missionsbistum Oldenburg die Diözesen Oldenburg, Mecklenburg und Ratzeburg gebildet werden.
	1044	Nach dem Tod Herzog Gozelos I. wird Lothringen aufgeteilt.

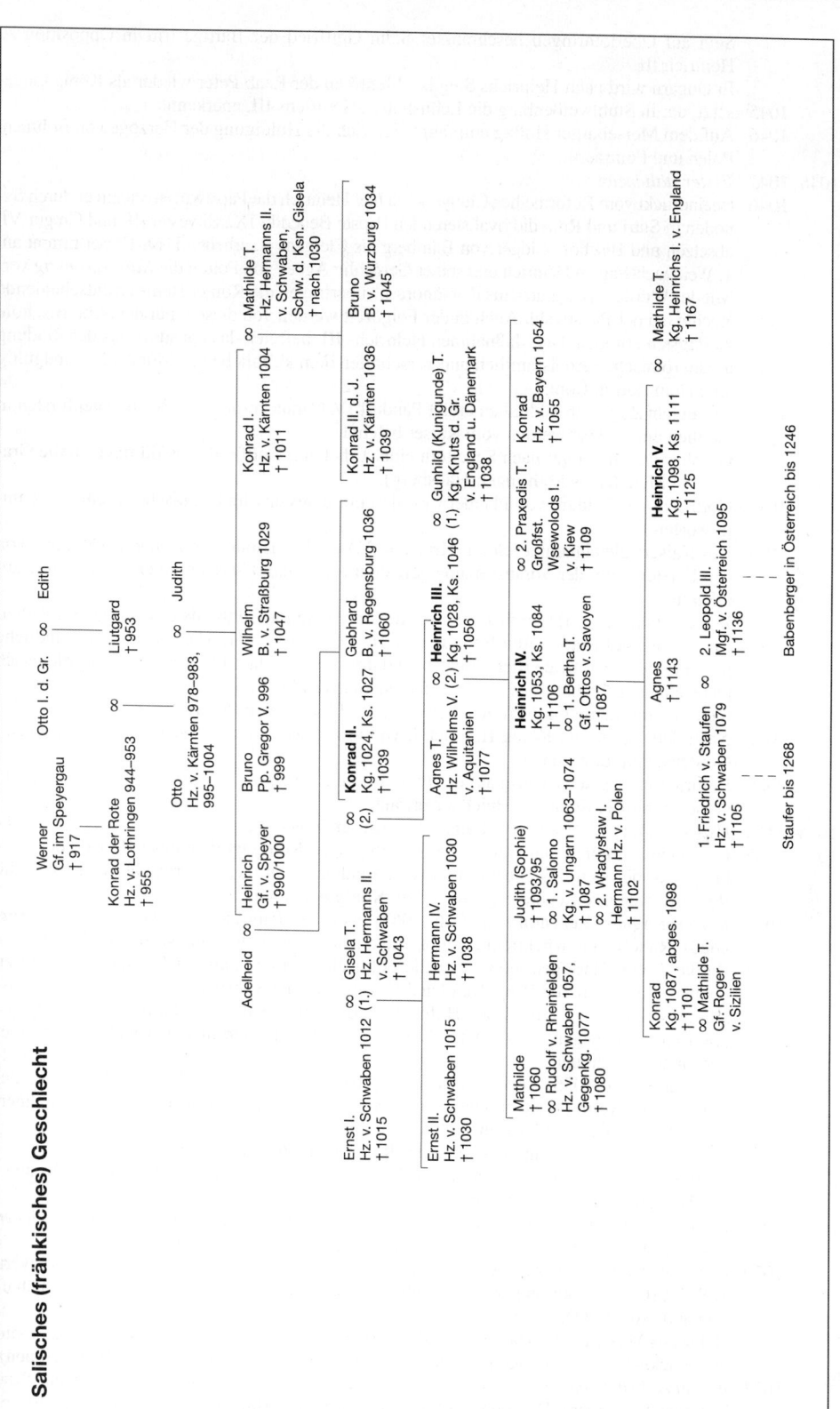

		Sein auf Oberlothringen beschränkter Sohn Gottfried der Bärtige tritt in Opposition zu Heinrich III.
		In Ungarn wird nach Heinrichs Sieg bei Menfö an der Raab Peter wieder als König eingesetzt, der in Stuhlweißenburg die Lehnshoheit Heinrichs III. anerkennt.
	1045	
	1046	Auf dem Merseburger Hoftag empfängt Heinrich die Huldigung der Herzöge von Böhmen, Polen und Pommern.
Erster Italienzug	1046–1047	*Erster Italienzug.*
	1046	Beeindruckt vom Reformethos Clunys schlichtet Heinrich die Papstwirren, indem er durch Synoden in Sutri und Rom die rivalisierenden Päpste Benedikt IX., Silvester III. und Gregor VI. absetzen und Bischof Suidger von Bamberg als Clemens II. erheben lässt. Dieser nimmt am 1. Weihnachtstag an Heinrich und seiner Gemahlin Agnes von Poitou die *Kaiserkrönung* vor. Mit der Würde eines „patricius Romanorum" übertragen die Römer Heinrich entscheidende Rechte bei der Papstwahl. Auch in der Folgezeit werden von diesem nur deutsche Bischöfe zu Päpsten erhoben. Die Maßnahmen Heinrichs III. befreien das Papsttum aus der Bindung an die römischen Adelsfamilien und verschaffen dem kirchlichen Reformdenken endgültig eine Heimstatt in Rom.
Kaiserkrönung		
	1047	Auf einem Zug nach Süditalien erhält Pandulf IV. Capua zurück. Die Normannenfürsten in Apulien und Aversa werden vom Kaiser belehnt.
		Oberlothringen kommt nach Scheitern einer Erhebung Gottfrieds des Bärtigen an die Grafen von Metz (Haus Lothringen-Habsburg).
	1049	Gottfried und Balduin von Flandern werden mit dänischer und englischer Flottenhilfe unterworfen.
	1053	Des Kaisers gleichnamiger Sohn (Heinrich IV.) wird in Tribur zum König gewählt und von den Fürsten unter der Voraussetzung gerechter Herrschaft als Nachfolger seines Vaters anerkannt.
Zweiter Italienzug	1055	*Zweiter Italienzug.* Heinrich zerschlägt die durch Heirat Gottfrieds des Bärtigen mit Beatrix, Witwe des Markgrafen Bonifaz von Tuszien-Canossa (1054), entstandene feindliche Machtbildung. Gottfried flieht, Beatrix und ihre Tochter Mathilde von Tuszien werden nach Deutschland gebracht. Eine süddeutsche Fürstenverschwörung bricht rasch zusammen. Gemeinsam mit Papst Viktor II. hält der Kaiser in Florenz eine Reformsynode ab.
	1056	Nach dem Bruch mit König Heinrich I. von Frankreich in Ivois söhnt sich der Kaiser mit Gottfried dem Bärtigen aus.
	5. Okt.	Heinrich stirbt erst 39-jährig auf der Pfalz Bodfeld im Harz in Gegenwart Papst Viktors II., dessen Schutz er Sohn und Reich anvertraut.
Heinrich IV.	**1056–1106**	*Heinrich IV.* (*1050, †1106; König 1053, Kaiser 1084)
	1056–1065	Die lange Vormundschaftsregierung für den jungen König wird zu einer Periode des Umbruchs, in der sich das Papsttum aus den Bindungen an die Kaisermacht befreit und die Reichsfürsten ihre Rechte gegenüber dem Königtum erweitern.
Kaiserin Agnes Regentin	1057 1061	*Kaiserin Agnes* (Regentin von 1056–1062) überträgt Schwaben und die Verwaltung Burgunds Rudolf von Rheinfelden, gibt Bayern an Graf Otto von Northeim, Kärnten an Berthold von Zähringen, ohne aber die politische Gefolgschaft der Fürsten gewinnen zu können. Nach dem Tod Papst Nikolaus' II. verleihen die Römer Heinrich IV. die Patriciuswürde. Unter dem Einfluss des Hofes wird Bischof Cadalus von Parma als Gegenpapst (Honorius II.) gegen den ohne Beteiligung des Kaisertums gewählten Reformer Alexander II. erhoben.
Anno II. von Köln	1062	Erzbischof (seit 1056) *Anno II. von Köln* († 1075) entführt den elfjährigen König aus der Pfalz Kaiserswerth (heute zu Düsseldorf), muss die Regentschaft jedoch bald mit Adalbert von Bremen teilen. Agnes zieht sich nach Italien zurück.
	1064	Auf der Synode von Mantua erkennt das Reich endgültig Alexander II. an.
	1065	Heinrich übernimmt persönlich die Regierung, muss aber auf Druck der Fürsten Adalbert von Bremen vom Hof entfernen.
Erhebung der Slawen	1066	Adalberts Sturz ist das Signal für eine umfassende heidnische *Erhebung der nordwestlichen Slawen*, die das kirchliche Aufbauwerk im Obodritenland restlos vernichtet.
	1070	Otto von Northeim wird unter Anklage des Hochverrats geächtet und abgesetzt, Bayern Welf IV. (Gründer der jüngeren Welfenlinie aus dem Mannesstamm des Hauses Este) übertragen (Otto †1083).
		Heinrichs Versuche, im Harzbereich die territorialen Grundlagen des Königtums zu erneuern (Rückgewinnung des Königsgutes, Burgenbau, Einsatz stammesfremder Ministerialen)
Erhebung der Sachsen	1073	führen zu *Erhebung der Sachsen* unter Anführung Ottos von Northeim und Erzbischof Werners von Magdeburg. Der König findet Zuflucht bei den Bürgern von Worms (Anfänge gezielter Städteförderung durch das Königtum).

1074 Der Friede von Gerstungen zwingt Heinrich zu weit gehender Anerkennung der Forderungen der Sachsen, die dann jedoch bei Homburg an der Unstrut (1075) besiegt werden. Die Führer der Opposition kommen in Haft, ihre Güter werden eingezogen, die Königsburgen wieder aufgebaut.

1075 Auf der römischen Fastensynode suspendiert *Papst Gregor VII.* einzelne nicht erschienene deutsche Bischöfe und lädt die fünf Räte Heinrichs IV., die bereits 1073 wegen der Maßnahmen des Königs bei der *Besetzung des Erzbistums Mailand* exkommuniziert worden waren, zur Verantwortung vor. Als Heinrich entgegen seinen Zusicherungen den Mailänder Erzstuhl erneut besetzt, sendet ihm Gregor ein ernstes Protest- und Mahnschreiben, das (am Jahresanfang 1076) am Königshof mit Empörung aufgenommen wird.

Papst Gregor VII. Erzbistum Mailand

1076 Die Mehrheit der deutschen Bischöfe kündigt in Worms dem bisher von ihnen anerkannten Papst den Gehorsam auf. Heinrich fordert Gregor in einem (auch propagandistisch verbreiteten) Manifest zur Abdankung auf. Auch die lombardischen Bischöfe sagen sich von ihm los. Gregor verbietet Heinrich auf der römischen Fastensynode die fernere Ausübung der Regierung, bannt ihn und entbindet seine Untertanen von den ihm geleisteten Eiden. Die Fürstenopposition zwingt Heinrich in Tribur (gegenüber Oppenheim) zur Entlassung der gebannten Räte und zum Versprechen des Gehorsams und der Genugtuung gegenüber dem Papst; Heinrich soll die Königswürde verlieren, wenn er länger als ein Jahr im Bann bleibe; Gregor soll an einer Reichsversammlung in Deutschland teilnehmen.

Heinrich kommt der drohenden Vereinigung von Fürstenopposition und Papsttum zuvor, indem er über den Mont Cenis nach Oberitalien zieht und dem nach Deutschland reisenden

1077 Papst durch dreitägige Bußleistungen vor der Burg *Canossa* (am Nordabhang des Apennin) die Absolution abringt (28. Jan.). Er verspricht Annahme des päpstlichen Schiedsspruchs im Streit mit den Fürsten und Sicherheit für seine Reise nach Deutschland. Gregor behandelt ihn in der Folgezeit als König. Canossa bedeutet einen momentanen politischen Erfolg Heinrichs IV., verletzt jedoch für dauernd die sakral-theokratische Königsidee. Ungeachtet der Vereinbarungen von Canossa erklärt die Fürstenopposition in Forchheim (15. März) Heinrich für abgesetzt und wählt den Schwabenherzog Rudolf von Rheinfelden zum König (Einbruch des Prinzips der freien Fürstenwahl). Rudolf verzichtet auf Erbrecht und gestattet kanonische Bischofswahl.

Bußgang nach Canossa

Gregor VII. hält sich in der Folgezeit neutral. Auf Seiten Rudolfs steht außer den sächsischen Großen die Mehrzahl der weltlichen Fürsten, aufseiten Heinrichs neben Teilen des Episkopats der niedere Adel, Ministeriale, Bürger und Bauern.

Der so genannte Investiturstreit

Der schon dem Mittelalter geläufige Begriff dient als zusammenfassende Bezeichnung für die geistigen und machtpolitischen Auseinandersetzungen, die im letzten Viertel des 11. und dem ersten des 12. Jahrhunderts zwischen Papsttum (sacerdotium) und Königtum (regnum) um die Abgrenzung der beiderseitigen Einflusssphären in der Kirche geführt werden. Der *gregorianischen Reform* geht es allgemein um Befreiung der Kirche aus der Fremdbestimmung durch Laiengewalt (libertas ecclesiae), um Zurückdrängung der Traditionen des römischen Staatskirchentums und des germanischen Eigenkirchenrechts zugunsten einer neuen, durch den priesterlich-sakramentalen Vorrang bestimmten Weltordnung. Dabei wird die Investitur der Bischöfe und Äbte durch das Königtum, von den Reformern als unvereinbar mit dem Prinzip freier, kanonischer Wahl und dem Verbot der Simonie betrachtet, zum entscheidenden, wenngleich keineswegs einzigen Streitpunkt. Als Simonie gilt der strengen Reformrichtung seit Humbert von Silva Candida († 1061) nicht nur die Gewährung geistlicher Ämter gegen Geldzahlung (nach Apg. 8, 18ff.), sondern jeglicher Empfang von Kirchen aus Laienhand. Angesichts der engen Verflechtung von Königsmacht und Reichskirche in Deutschland und Oberitalien kommt der von dem Königtum geforderte Verzicht auf Bestellung und rechtliche Leistungen der Bischöfe sowie auf Mitnutzung des Reichskirchengutes einer politischen Selbstaufgabe gleich. Ebenso aber widerstrebt der deutsche Episkopat einer Aufhebung seiner reichsrechtlichen Privilegien.

gregorianische Reform

In sein akutes Stadium tritt der Investiturstreit im Jahre 1075 durch den Konflikt um die Besetzung des Erzbistums Mailand. Sowohl die grundsätzlichen Forderungen und theologisch-kirchenrechtlichen Begründungen der Reformer als auch die dramatischen Auseinandersetzungen der beiden höchsten Gewalten rühren die Welt tief auf und lassen eine umfangreiche Streitschriftenliteratur entstehen. Schon vor der Empfehlung Ivos von Chartres von 1097 wird um Rudolf von Rheinfelden und im normannischen England mit der Unterscheidung von Kirchenamt und Kirchengut (spiritualia und temporalia bzw. regalia) und deren getrennter Verleihung durch Kirche und Königtum der Weg zu einem Kompromiss gezeigt. Die Beilegung des Kampfes zögert sich jedoch hinaus, da Kaiser und Papst den vollen Rechtsstandpunkt

Wormser Konkordat		durchzusetzen versuchen. Auch das *Wormser Konkordat* von 1122, das teilweise auf vorherigen Regelungen in Frankreich und England beruht, wird von rigorosen Reformern nicht gebilligt, erweist sich aber in der Folge als brauchbarer Ausgleich, der beiden Seiten eine selbstständige Neubegründung ihrer Positionen ermöglicht.
	1078–1080	Schlachtenbegegnungen beider Könige bringen keine Entscheidung.
	1079	Heinrich überträgt die schwäbische Herzogswürde an Friedrich von Staufen und verlobt ihm seine Tochter Agnes (Heirat um 1086/87).
	1080	Als Gregor VII. Heinrich erneut bannt und seiner Herrschaft entsetzt, tritt die Mehrheit der deutschen und lombardischen Bischöfe auf Heinrichs Seite. Eine Synode in Brixen setzt Gregor ab und erhebt Erzbischof Wibert von Ravenna (Clemens III.) als Gegenpapst. Rudolf von Rheinfelden stirbt an einer in der Schlacht an der Weißen Elster (bei Hohenmölsen) erlittenen Verwundung (Verlust der Schwurhand).
Erster Italienzug	1081–1084	*Erster Italienzug.*
	1081	Heinrich bricht im Frühjahr nach Italien auf, während die Opposition einen neuen Gegenkönig wählt: Graf Hermann von Salm. Gregor wird in Rom eingeschlossen.
	1084	Aber erst nach drei Jahren treten die Römer auf die Seite des Kaisers und seines Papstes.
Kaiserkrönung		Heinrich wird von Clemens III. *zum Kaiser gekrönt*. Das Nahen der Normannen unter Robert Guiscard zwingt ihn zum Rückzug. Seine Macht in Deutschland und Italien ist nichtsdestoweniger gefestigt.
	1087	Heinrich erreicht die Königskrönung seines ältesten Sohnes Konrad.
	1088	Der glücklose Gegenkönig Hermann wird bei einer Privatfehde tödlich verwundet.
Zweiter Italienzug	1090–1097	*Zweiter Italienzug*, veranlasst durch die Ehe Welfs V. mit Mathilde von Tuszien (1089), die zum Zusammenschluss der süddeutschen und oberitalienischen Königsgegner führt.
	1093	Der Abfall seines Sohnes Konrad, der nun auch die lombardische Königswürde empfängt, engt Heinrichs Bewegungsraum auf Venetien ein.
		Erst nach Auflösung der welfisch-tuszischen Ehe (1095) und Wiederversöhnung mit den Welfen (1096) kann Heinrich nach Deutschland zurückkehren (1097).
	1098	Anstelle des abgesetzten Konrad wird Heinrichs jüngerer Sohn (Heinrich V.) unter Ausschluss jeglicher Mitherrschaft zum Nachfolger gewählt (1099 gekrönt).
	1103	Als Voraussetzung für einen geplanten Kreuzzug verkündet Heinrich einen allgemeinen Reichsfrieden für vier Jahre.
Aufstand Heinrichs V.	1104	*Heinrich V. erhebt sich gegen seinen Vater*, in dessen fürsten- und papstfeindlicher Politik er eine Gefahr für das Reich erblickt.
	1105	Er nimmt den Kaiser gefangen und zwingt ihn in Ingelheim zum Thronverzicht.
	1106 7. Aug.	Heinrich IV. entkommt und beginnt vom Niederrhein aus den Kampf um sein Reich, stirbt aber und kann erst nach Lösung des Banns 1111 in Speyer kirchlich bestattet werden.
Heinrich V. fortgesetzter Investiturstreit	**1106–1125**	*Heinrich V.* (*wohl 1086, †1125; König 1098, Kaiser 1111). Hält wie sein Vater am königlichen *Investiturrecht* fest und lenkt auch innenpolitisch bald in dessen Bahnen ein.
	1106	Verhandlungen mit dem Papsttum, die in Guastalla bei Parma beginnen, scheitern zunächst. Nach dem Tod des letzten Sachsenherzogs Magnus aus dem Geschlecht der Billunger überträgt Heinrich unter Übergehung von dessen Schwiegersöhnen, des Welfen Heinrich des Schwarzen und des Askaniers Otto von Ballenstedt, die sächsische Herzogswürde Graf Lothar von Supplinburg (Süpplingenburg), der durch seine Ehe mit Richenza, Enkelin Ottos von Northeim, über ein reiches Eigengut verfügt und seine Macht im nordöstlichen Slawenland planmäßig erweitert (1110 Einsetzung der Schauenburger als Grafen in Holstein).
	1108, 1109	Heinrichs Feldzüge gegen Ungarn und Polen bleiben ergebnislos. In Böhmen kann er die Reichshoheit erneut durchsetzen.
Erster Italienzug	1110–1111	*Erster Italienzug.* Heinrich findet in Oberitalien allgemein Anerkennung.
	1111	Ein zunächst geheimer Vertrag mit Paschalis II., der eine radikale Trennung von Bischofsamt und Reichsgut vorsah, nach Verhandlungen in der römischen Kirche S. Maria in Turri in Sutri ratifiziert, scheitert bei der öffentlichen Verlesung im Krönungsgottesdienst am erregten Widerspruch der Bischöfe. Papst und Kardinäle werden gefangen gesetzt, bis Paschalis im Vertrag von Ponte Mammolo Investitur und Kaiserkrönung zugesteht. Die Reformer führen den Kampf um das Investiturverbot fort. Ein Abkommen mit der Markgräfin Mathilde von Tuszien setzt Heinrich als Erben ihrer Eigengüter ein.
	1112	Unter Führung Lothars von Sachsen und Erzbischof (seit 1109/1111) Adalberts I. von Mainz (†1137) sammelt sich erneut die Opposition der Fürsten, der Heinrich in der Schlacht am Welfesholz (bei Mansfeld) unterliegt (1115).
Zweiter Italienzug	1116–1118	*Zweiter Italienzug.*

1118	Nach dem Tod der Markgräfin Mathilde von Tuszien (1115) zieht Heinrich deren Allodien ein, während die Reichslehen neu vergeben werden. Da Beratungen mit dem Papsttum ergebnislos bleiben, lässt Heinrich Erzbischof Mauritius von Braga als Gegenpapst (Gregor VIII.) erheben.	
	Unter Papst Kalixt II. (1119–1124) kommen die Investiturverhandlungen wieder in Gang.	
1122 23. Sept.	Ein geplantes Abkommen in Mouzon an der Maas (1119) zerschlägt sich, doch führen neue Beratungen unter maßgeblichem Anteil der Fürsten zum *Wormser Konkordat*: Heinrich V. verzichtet zugunsten des Papsttums auf das Investiturrecht. Der Papst gesteht ihm die Wahl der Bischöfe und Äbte des deutschen Reichs in seiner Gegenwart und die Mitentscheidung von Wahldissensen zu. Der Gewählte empfängt vom König die Regalien durch das Zepter, und zwar in Deutschland vor, in den übrigen Teilen des Reichs nach der Weihe. Das Verhältnis von Königtum und Reichskirche wird künftig lehnsrechtlich interpretiert. Die Stellung der Bischöfe gleicht sich der der Fürsten an.	*Wormser Konkordat*
1124	Heinrich tritt aufseiten seines Schwiegervaters, König Heinrichs I. von England, in den Krieg gegen Frankreich ein, muss jedoch vor dem französischen Aufgebot zurückweichen.	
1124–1125	Mit Billigung des Kaisers unternimmt Bischof Otto I. von Bamberg im Auftrag Papst Kalixts II. und des Polenherzogs Bolesław III. den ersten Missionszug zu den von Polen unterworfenen Pomoranen.	
1125 23. Mai	Heinrich V. stirbt 44-jährig als letzter Salier (beigesetzt im Dom zu Speyer). Das salische Hausgut fällt an seine staufischen Neffen, Herzog Friedrich II. von Schwaben und dessen Bruder Konrad.	
1125–1137	**Lothar III.** (*1075, †1137; König 1125, Kaiser 1133)	*Lothar III.*
1125 Ende Aug.	Erzbischof Adalbert von Mainz lenkt die Wahl der Fürsten unter Übergehung Friedrichs von Schwaben auf den Sachsenherzog Lothar.	
	Dieser zieht durch Vermählung seiner Tochter Gertrud mit Heinrich dem Stolzen dessen Vater, den Bayernherzog Heinrich den Schwarzen, auf seine Seite. Erzbischof Adalbert wahrt sich entscheidenden Einfluss auf die Kanzlei Lothars, in der die salischen Traditionen abbrechen.	
1126	Ein Zug nach Böhmen zugunsten Ottos von Mähren endet mit einer Niederlage. Lothar muss seinen Gegner Soběslav belehnen.	
1127	Im Kampf gegen die Staufer, die Lothars Forderung nach Trennung von Reichsgut und salischem Hausgut nicht Folge leisten, belagert Lothar vergeblich den fränkischen Stauferstützpunkt Nürnberg. Die Stauferpartei erhebt jetzt *Konrad*, den Bruder Herzog Friedrichs von Schwaben, zum *Gegenkönig*.	*Konrad Gegenkönig*
1128	Er zieht nach Italien, wird von Erzbischof Anselm von Mailand zum König von Italien gekrönt, kann die mathildischen Güter aber nicht in seinen Besitz bringen.	
	Lothar überlässt die Verwaltung Burgunds dem Zähringer Konrad.	
	Bischof Otto I. von Bamberg († 1139) missioniert mit Unterstützung Lothars und Markgraf Albrechts des Bären ein zweites Mal bei Liutizen und Pomoranen.	
	Nach dem Tod des Obodritenfürsten Heinrich wird Herzog Knud Laward von Schleswig († 1131) mit Wagrien belehnt (um 1129).	
1130	Im *Papstschisma* zwischen Innozenz II. und Anaklet II. entscheiden sich Lothar und der deutsche Episkopat auf einer Synode in Würzburg zu Innozenz' Gunsten.	*Papstschisma*
1131	Lothar sucht den Papst in Lüttich auf, verspricht ihm Rückführung nach Rom, lässt seine Gegenforderung auf Rückgabe des königlichen Investiturrechts auf Vorstellungen Bernhards von Clairvaux hin jedoch fallen.	
1132–1133	*Erster Italienzug.*	*Erster Italienzug*
1133 4. Juni	Lothar findet in Oberitalien nur teilweise Anerkennung und vermag in Rom die Peterskirche nicht den Anhängern des von Roger II. von Sizilien gestützten Anaklet zu entreißen, wird daher in der Lateransbasilika *zum Kaiser gekrönt*.	*Kaiserkrönung*
	Die Erzbischöfe von Magdeburg und Hamburg-Bremen erhalten die Hoheit über die verselbstständigten Kirchenprovinzen Gnesen (mit dem neumissionierten Pommern) und Lund „restituiert", ohne ihre Ansprüche durchsetzen zu können. In Anerkennung älterer Rechte der römischen Kirche auf die mathildischen Güter empfängt der Kaiser diese gegen eine Zinszahlung zur Nutzung und überlässt sie seinem Schwiegersohn Heinrich dem Stolzen, der dafür dem Papst einen Lehnseid leistet.	
	Im Norden und Osten knüpft Lothar an die ottonische Grenz- und Markenpolitik an.	
1134	Der Dänenkönig Magnus erkennt die Hoheit des Reichs an. Lothar fördert die Missionsarbeit des Wagriermissionars Vicelin durch Anlage von Burg und Kanonikerstift Segeberg. Albrecht der Bär († 1170) wird mit der Nordmark belehnt, die er in den fünfziger Jahren um das Erbe des Hevellerfürsten Pribislaw-Heinrich erweitert (Havelland, spätere Mark Brandenburg).	

EUROPÄISCHES MITTELALTER Die Staatenwelt

| | 1135 | Auf einem großen Hoftag in Merseburg zahlt Bolesław III. von Polen Tribut für 12 rückständige Jahre nach und erkennt die Lehnshoheit des Kaisers für Pommern und Rügen an. Auch der neue Dänenkönig Erich II. Emune huldigt. Die Staufer söhnen sich mit dem Kaiser aus, Konrad legt den Königstitel ab. |

Zweiter Italienzug 1136–1137 *Zweiter Italienzug.*
- 1136 Lothar zieht in Begleitung Heinrichs des Stolzen mit beträchtlicher Streitmacht nach Italien und erlässt in Roncaglia ein Gesetz gegen die Veräußerung von Lehen.
- 1137 Dann stößt er nach Süden vor und erobert Apulien und Kalabrien. Roger II. weicht nach Sizilien zurück und macht vergebliche Friedensangebote. Weitere Eroberungen scheitern am mangelnden Kampfwillen des deutschen Heeres und an Zwistigkeiten mit Innozenz II., der an der seit 1059 in Süditalien aufgebauten päpstlichen Lehnshoheit festhält. Die Belehnung Rainulfs von Alife mit Apulien wird von Papst und Kaiser gemeinsam vorgenommen. Nach dem Abzug Lothars fallen die kaiserlichen Positionen rasch wieder Roger II. zu. Heinrich dem Stolzen übergibt Lothar die Reichsinsignien und sichert ihm nach der Markgrafschaft Tuszien auch die sächsische Herzogswürde.
- 4. Dez. Lothar stirbt nach Überschreitung der Alpen in Breitenwang in Tirol.

Die Staufer (1138–1254)

Konrad III. 1138–1152 *Konrad III.* (*1093, †1152; König 1138)
- 1138 Erzbischof Albero von Trier lässt in Koblenz von einer kleinen Fürstengruppe den einstigen Gegenkönig Konrad zum Nachfolger Lothars wählen. Heinrich der Stolze als Nächsterbberechtigter und mächtigster Fürst des Reichs wird durch staatsstreichartige Handhabung des Prinzips der freien Wahl übergangen.

Konrad III. knüpft in Kanzleiwesen und Herrschaftsauffassung an salische Traditionen an, ist jedoch durch fortdauernden *Konflikt mit den Welfen* beengt. Heinrich der Stolze liefert die Reichsinsignien aus, verweigert aber, da Konrad den Verzicht auf eines seiner Herzogtümer verlangt, die Huldigung. Ein Hoftag in Würzburg ächtet ihn und spricht ihm beide Herzogtümer ab.

Konflikt mit den Welfen

- 1139 Sachsen Markgraf Albrecht dem Bären, Bayern Leopold IV. von Österreich verliehen. Nach dem Tod Heinrichs des Stolzen wahrt in Sachsen die Kaiserinwitwe Richenza, in Süddeutschland Welf VI. die Rechte seines unmündigen Sohnes Heinrich des Löwen.
- 1140 Konrad schlägt Welf VI. vor der Burg Weinsberg (bei Heilbronn).
- 1142 Später erkennt er aber Heinrich den Löwen als Herzog von Sachsen an. Bayern kommt mit der Hand der Witwe Heinrichs des Stolzen an den Babenberger Heinrich II., Welf VI. bleibt in Opposition.
- 1146 Außenpolitische Beziehungen zu Byzanz (seit 1139), bei denen Konrad den Rang eines Imperator Romanorum beansprucht, führen zur Eheschließung Kaiser Manuels I. mit Konrads Schwägerin Bertha von Sulzbach (in Byzanz: Irene).
- Ende Dez. Konrad entschließt sich in Speyer unter dem Eindruck der Predigt Bernhards von Clairvaux zur Kreuznahme.
- 1147 Als Voraussetzung für eine längere Abwesenheit des Königs wird ein allgemeiner Reichsfriede verkündet, der zehnjährige Sohn Heinrich (VI.) zum König gewählt (†1150), die welfische Frage vertagt. Während Konrad in den Orient aufbricht (*Zweiter Kreuzzug* 1147–1149), erfüllen die sächsischen Großen ihr Kreuzgelübde durch den so genannten Wendenkreuzzug gegen die Slawenstämme an der südlichen Ostseeküste. Heinrich der Löwe kämpft gegen die Obodriten, Albrecht der Bär, Erzbischof Friedrich I. von Magdeburg und Bischof Anselm von Havelberg ziehen vor das (bereits christliche!) Stettin. Beide Unternehmungen fördern mittelbar die kirchliche und herrschaftliche Durchdringung der Küstenländer zwischen Elbe und Oder.

Zweiter Kreuzzug

- 1148 Konrad schließt in Thessalonike mit Manuel I. einen Angriffspakt gegen Roger II. von Sizilien, der mit Welf VI., Ludwig VII. von Frankreich und Ungarn verbündet ist.
- 1150 Konrad besiegt Welf VI. bei Flochberg westlich von Nördlingen.
- 1151 Ein Zug gegen Heinrich den Löwen, der weiterhin Bayern fordert, schlägt fehl.
- 1152 Konrad stirbt in Bamberg, ohne den vorbereiteten Romzug angetreten zu haben, zu dem ihn
- 15. Febr. sowohl Papst Eugen III. als auch der römische Senat aufgefordert hatten.

Friedrich I. (Barbarossa) 1152–1190 *Friedrich I. (Barbarossa)* (*1122?, †1190; König 1152, Kaiser 1155)

1152 Nach vorherigen politischen Absprachen erreicht Konrads Neffe Friedrich III. von Schwaben, ein Vetter Heinrichs des Löwen, seine einhellige Wahl zum König. Friedrich erstrebt eine umfassende Erneuerung der Königsgewalt auf der Grundlage des Ausgleichs mit den Fürsten. Konrads unmündigem Sohn Friedrich gibt er zum fränkischen Stauferbesitz das Herzogtum Schwaben, Welf VI. Tuszien, Spoleto und Sardinien, Berthold IV. von Zähringen das Rektorat von Burgund.

Staufer

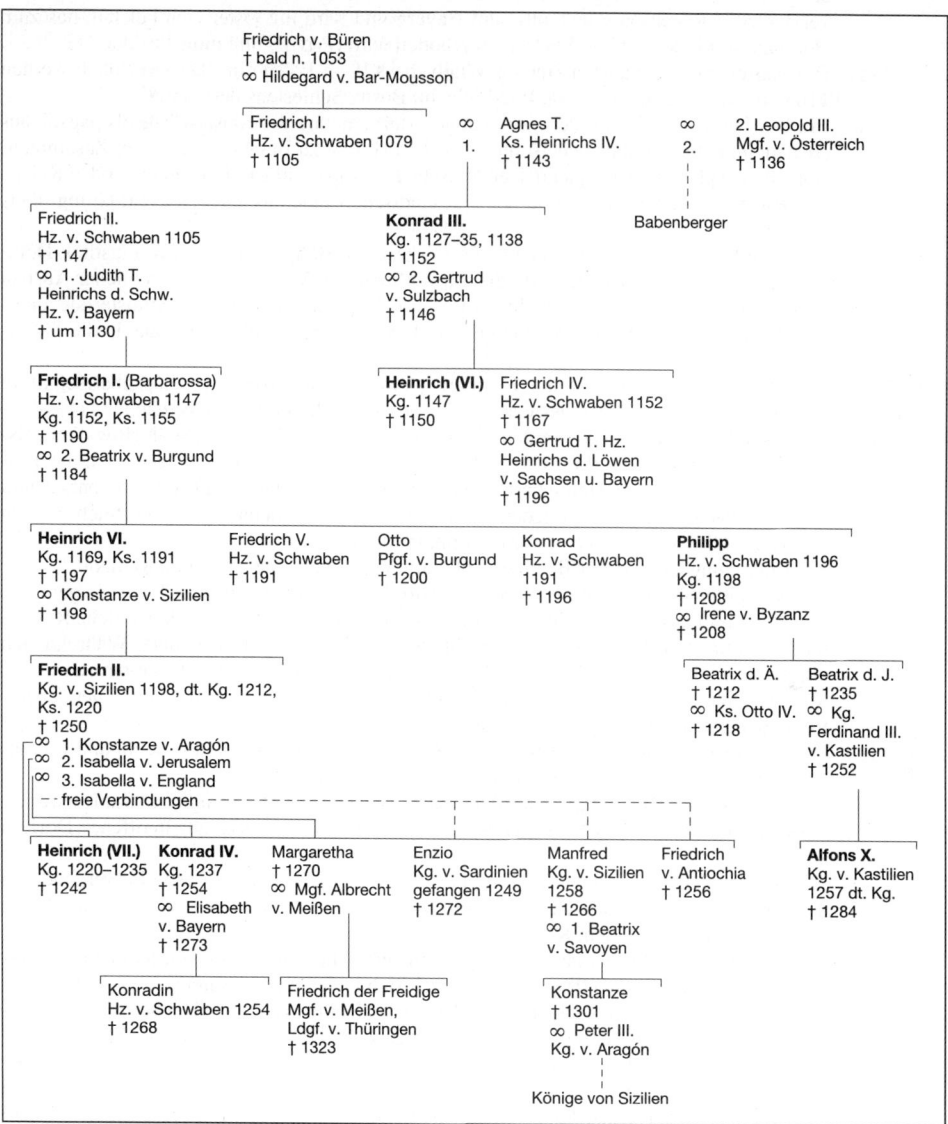

1153 Verhandlungen mit der römischen Kurie führen zum *Konstanzer Vertrag*. Friedrich verspricht Eugen III. Hilfe gegen Normannen und Römer, dieser die Kaiserkrönung und Unterstützung gegen innere Feinde.
1154 Auf dem Hoftag zu Goslar erhält Heinrich der Löwe Bayern und das Königsrecht der Bischofsinvestitur im Slawenland.
1154–1155 *Erster Italienzug*. Die Mehrzahl der oberitalienischen Städte huldigt Friedrich, der Beziehungen zur Bologneser Rechtsschule aufnimmt (Scholarenprivileg).

Kaiserkrönung	1155 18. Juni	Friedrich lehnt die Anerkennung des römischen Senats ab, die *Kaiserkrönung* findet daher unter Ausschluss der Römer in der militärisch gesicherten Peterskirche statt. Da der Kaiser weder Rom unterwerfen noch die Fürsten zum Weitermarsch nach Süditalien bewegen kann, nähert sich Papst Hadrian IV. nun den Normannen (1156 Vertrag von Benevent).
	1156–1167	Rainald von Dassel (1156 Hofkanzler, 1159 Erzbischof von Köln; † 1167) bestimmt Barbarossas Politik der Restauratio imperii (= Wiederherstellung der Reichsgewalt).
	1156	Durch Eheschließung mit Beatrix von Burgund gewinnt Friedrich unmittelbare Herrschaftsrechte in Hochburgund und in der Provence. Der Babenberger Heinrich Jasomirgott verzichtet in Regensburg endgültig auf Bayern und wird mit Österreich belehnt, das zum Herzogtum mit besonderen Vorrechten erhoben wird (Privilegium minus).
	1157	Der Kaiser greift zugunsten Herzog Władysławs II. in Polen ein. (Dessen Söhne werden 1163 und 1172 auf Intervention Friedrichs im Besitz Schlesiens bestätigt.)
	Okt.	Ein Brief Hadrians IV. mit der zweideutigen Bezeichnung der Kaiserwürde als päpstliches „beneficium" (= Wohltat; Lehen) führt auf dem Hoftag zu Besançon zu einem Zusammenstoß mit den päpstlichen Legaten. Der deutsche Episkopat tritt geschlossen hinter den Kaiser.
	1158	Der Papst lässt daher durch eine neue Gesandtschaft eine ausgleichende Erklärung überbringen. Friedrich belohnt die Anhängerschaft Vladislavs von Böhmen mit dem Königstitel. Heinrich der Löwe unterwirft endgültig die Slawenfürsten in Mecklenburg. Kirchlicher Ausbau (Bistümer Ratzeburg, Lübeck, Schwerin), Verwaltung durch sächsische Ministeriale, deutsche Besiedlung und Städtegründung (Lübeck, Schwerin) beziehen das Land in die sächsische Herrschaft ein.
Zweiter Italienzug	1158–1162	*Zweiter Italienzug*. Ziel ist die Errichtung einer unmittelbaren Territorialherrschaft in Oberitalien, die Teilhabe an der wirtschaftlichen Kraft der Lombardenstädte.
	1158	In Roncaglia (bei Piacenza) werden die Königsrechte in Italien festgestellt (Regalienweistum), die Kommunen zu ihrer Rückgabe verpflichtet. Weitere Gesetze definieren das Kaisertum als Quelle aller Herrschafts- und Gerichtsgewalt, das Recht auf Pfalzenbau und Steuererhebung, regeln Landfrieden und Lehnswesen. Regaliennutzung und Reichssteuern (Fodrum) sichern der Krone gewaltige Einkünfte.
	1159	Die Einsetzung kaiserlicher Beamter stößt auf Widerstände in Crema und Mailand. Das Verhältnis von Kaisertum und Städten wird künftig eher durch Einzelverträge geregelt. Protesten des Papstes gegen die Einbeziehung des Kirchenstaates in die kaiserliche Restaurationspolitik stellt Barbarossa sein Recht als Römischer Kaiser gegenüber. Während sich die Krise zuspitzt, stirbt Hadrian IV. Die Neuwahl (7. Sept. 1159) führt zu einem Schisma: Von der sizilienfreundlichen Kardinalsmehrheit wird Alexander III., von einer kaiserfreundlichen Minderheit Viktor IV. erhoben.
Konzil von Pavia	1160	Das von Friedrich nach *Pavia* einberufene *Konzil*, von Alexander III. abgelehnt und vorwiegend von Kaiseranhängern besucht, entscheidet für Viktor IV.
	1162	Nach Crema (1160) kapituliert Mailand nach einjähriger Belagerung. Die Stadt wird auf Verlangen der feindlichen Nachbarkommunen zerstört, die Bevölkerung in offenen Dörfern angesiedelt. Barbarossa versucht vergebens, König Ludwig VII. bei St-Jean-de-Losne in Burgund von der Partei des nach Frankreich ausgewichenen Alexander III. abzuziehen. Waldemar I. von Dänemark huldigt hier dem Kaiser.
Dritter Italienzug	1163–1164	*Dritter Italienzug*. Das geplante Unternehmen gegen die Normannen kommt nicht zu Stande. Die Städteopposition Oberitaliens sammelt sich im Veroneser Bund.
	1164	Heinrich der Löwe dehnt nach einem Aufstand in Mecklenburg seine Herrschaft bis zur Peene aus. Die Pommernherzöge Kasimir I. und Bogislaw I. erkennen seine Hoheit an.
	1165	Heinrich II. von England zeigt sich im Streit mit Thomas Becket zu einem kirchenpolitischen Bündnis mit Friedrich bereit. Kaiser und Fürsten schwören in Würzburg, nie Alexander III. oder einen Papst seiner Richtung anzuerkennen und beschließen härtere Maßnahmen gegen die Alexandriner im Reich (bes. Kirchenprovinz Salzburg). Die Heiligsprechung Karls des Großen in Aachen bezieht die Karlstradition in das staufische Staatsdenken ein.
Vierter Italienzug	1166–1168	*Vierter Italienzug*.
	1167	Die Erzbischöfe Christian von Mainz und Rainald von Köln vernichten bei Tusculum das stadtrömische Aufgebot. Alexander III. (1165 nach Rom zurückgekehrt) flieht, Paschalis III. wird in St. Peter inthronisiert, Rom durch Vertrag mit dem Senat gewonnen. Wenige Tage später macht eine verheerende Malariaepidemie alle Erfolge zunichte. Zahlreiche Fürsten (u. a. Rainald von Dassel, Friedrich IV. von Schwaben, Welf VII.) sterben. Friedrich

rettet sich nach Norditalien, wo die Erhebung der Städte und ihre Vereinigung zum Lombardenbund die Kaiserherrschaft auflöst.

1168 Mailand wird wieder aufgebaut, eine eigene Bundesfestung (Alessandria) westlich von Tortona errichtet. Barbarossa kommt über Burgund nach Deutschland zurück.

In den folgenden Jahren steht der *Ausbau der Königsmacht* in Deutschland im Vordergrund. Die Reichsterritorien im Oberrheingebiet, Schwaben, Franken und Ostmitteldeutschland werden durch Einsatz von Ministerialen, Rodung, Burgen- und Städtegründung sowie Erwerbung von Kirchenlehen verdichtet. In Sachsen erringt Heinrich der Löwe, seit 1168 mit der englischen Königstochter Mathilde (†1189) vermählt, eine königsgleiche Stellung.

Ausbau der Königsmacht

1169 Friedrichs Sohn *Heinrich VI.* wird zum *König gewählt*.

seit 1170 Diplomatische Kontakte zu Byzanz, Venedig, Frankreich und Sizilien lockern den Ring der alexandrinischen Gegner.

Königswahl Heinrichs VI.

1174–1178 *Fünfter Italienzug*.

1175 Barbarossa belagert vergebens Alessandria. Friedensverhandlungen mit den Lombarden (Vertrag von Montebello) scheitern.

Fünfter Italienzug

1176 Okt./Nov. Heinrich der Löwe versagt in Chiavenna die erbetene Waffenhilfe. Friedrich unterliegt bei Legnano dem lombardischen Bundesheer. In radikalem Wechsel seiner Politik erkennt er in Anagni Alexander III. an und isoliert den Lombardenbund.

1177 Juli/Aug. Der *Friede von Venedig* bringt erhebliche Verbesserungen der kaiserlichen Position. Friedrich behält die mathildischen Güter auf 15 Jahre, schließt mit Sizilien einen Waffenstillstand auf 15, mit den Lombarden auf 6 Jahre.

Friede von Venedig

1178 Auf dem Rückzug empfängt er in Arles die burgundische Königskrone.

1180 Bei neuerlichen Klagen gegen Heinrich den Löwen unterlässt der Kaiser im Gegensatz zu früheren Jahren Vermittlungsversuche. In zwei unterschiedlichen Verfahren wird Heinrich wegen Nichtbefolgen der Ladungsgebote nach Landrecht geächtet (1179), nach Lehnsrecht seiner Reichslehen verlustig gesprochen, nach Jahresfrist in die Oberacht erklärt. Sachsen wird aufgeteilt, der Westen als Herzogtum Westfalen dem Erzbischof von Köln, der Osten dem Askanier Bernhard verliehen. Pfalzgraf Otto von Wittelsbach erhält Bayern, die Steiermark wird selbstständiges Herzogtum.

Der Prozess Heinrichs des Löwen offenbart Macht und Grenzen (sog. Leihezwang) der lehnsherrlichen Stellung des deutschen Königs. Nicht das Königtum, sondern der Reichsfürstenstand ist Nutznießer der *Auflösung der Stammesherzogtümer*.

Auflösung der Stammesherzogtümer

1181 Im Reichskrieg gegen Heinrich den Löwen gewinnt der Kaiser Lübeck. Der Pommernherzog Bogislaw I. wird Vasall des Kaisers. Heinrich erhält bei seiner Unterwerfung den Eigenbesitz (Braunschweig, Lüneburg) zurück und geht zu seinem Schwiegervater ins Exil. Sein politisches Erbe im südlichen Ostseeraum tritt der Dänenkönig Knut VI. an, der seit 1184 die slawischen Küstenländer unterwirft.

1183 Der endgültige Friedensschluss mit den Lombardenstädten in Piacenza und Konstanz verpflichtet den nun offiziell anerkannten Lombardenbund zur Wahrung der (finanziell reduzierten) Kaiserrechte.

1184 Glanzvolles *Hoffest in Mainz* zur Schwertleite der Kaisersöhne Heinrich und Friedrich.

1184–1186 *Sechster Italienzug*.

1184 Friedrich trifft in Verona mit Papst Lucius III. zusammen. Der Kaiser bekennt sich zum Kampf gegen die Häresie. Eine Einigung über die mathildischen Güter bleibt aus; der Papst verweigert die Kaiserkrönung Heinrichs VI., der sich in Augsburg mit Konstanze, der erbberechtigten Tochter Rogers II. von Sizilien, verlobt (Trauung und Krönung 1186 in Mailand).

Mainzer Hoffest
Sechster Italienzug

1186 Als Urban III. im Trierer Schisma den kaiserfeindlichen Kandidaten weiht, besetzt Heinrich VI. den Kirchenstaat.

Die Mehrheit der deutschen Bischöfe unterstützt die Haltung des Kaisers.

1187 Die Fürstenopposition um Philipp von Köln wird durch ein Bündnis Friedrichs mit Philipp II. Augustus von Frankreich isoliert. Nach dem Fall Jerusalems lenkt das Papsttum im Interesse eines neuen Kreuzzugs ein.

1188 Clemens III. wird im Auftrag des Kaisers nach Rom zurückgeführt. Auf dem Mainzer „Hoftag Jesu Christi" nimmt Friedrich das Kreuz (*Dritter Kreuzzug* 1189–1192).

Dritter Kreuzzug

1189 Der Papst legt den Trierer Streit bei und verspricht die Kaiserkrönung Heinrichs VI. das Kaisertum erstattet den Kirchenstaat unter Vorbehalt der Reichshoheit zurück.

1190 10. Juni *Barbarossa* bricht von Regensburg aus in den Orient auf, *ertrinkt* aber, ohne Palästina erreicht zu haben, in Kleinasien *im Fluss Saleph*.

Tod Friedrich Barbarossas

1190–1197 *Heinrich VI.* (*1165, †1197; König 1169, Kaiser 1191)

Heinrich VI.

Welfen

Welfen (Este)

- **Welf IV.**
  Hz. v. Bayern 1070
  † 1101
  - **Welf V.**
    Hz. v. Bayern 1101
    † 1120
    ∞ 1089–1095
    Mathilde v. Tuszien
  - **Heinrich der Schwarze**
    Hz. v. Bayern 1120
    † 1126
    ∞ Wulfhild v. Sachsen
    † 1126
    - Judith
      † um 1130
      ∞ Friedrich II.
      Hz. v. Schwaben
      † 1147
    - **Welf VI. (2)**
      Hz. v. Spoleto 1152
      † 1191
      ∞ Uta v. Calw
      † nach 1196
      - **Welf VII.**
        † 1167
    - **Heinrich d. Stolze (1)**
      Hz. v. Bayern 1126
      Hz. v. Sachsen 1137
      † 1139
  - **Lothar III. v. Supplinburg**
    Hz. v. Sachsen 1106
    Kg. 1125, Ks. 1133
    † 1137
    ∞ Richenza v. Northeim
    † 1141
    - ∞ Gertrud
      † 1143
    - **Heinrich der Löwe**
      Hz. v. Sachsen 1142
      Hz. v. Bayern 1154/1156
      † 1195
      ∞ 2. Mathilde v. England
      † 1189
      - Gertrud
        † 1196
        ∞ 1. Friedrich IV.
        Hz. v. Schwaben
        † 1167
        ∞ 2. Kg. Knut VI. v. Dänemark
        † 1202
      - Heinrich I.
        Pfgf. b. Rhein 1195
        † 1227
        ∞ 1. Agnes T.
        Pfgf. Konrads b. Rhein
      - **Otto IV.**
        Kg. 1198, Ks. 1209
        † 1218
        ∞ 1. Beatrix T.
        Kg. Philipps
        † 1212
        ∞ 2. Maria v. Brabant
        † 1260
      - Wilhelm
        † 1213
        ∞ Helene v. Dänemark
        - Otto das Kind
          Hz. v. Braunschweig-Lüneburg 1235
          † 1252
          |
          Welfen bis 1918

Führt seit Abwesenheit seines Vaters die Regierung. Nach dem Eintreten des sizilischen Erbfalls durch den Tod König Wilhelms II. (18. November 1189) und der Königserhebung Tankreds von Lecce durch eine sizilische Nationalpartei schließt Heinrich Frieden mit Heinrich dem Löwen (Juli 1190), der im Oktober 1189 entgegen seinem Versprechen aus dem Exil zurückgekehrt war.

Erster Italienzug

1191 *Erster Italienzug.* Heinrich, in Rom von dem kurz zuvor geweihten Cölestin III. zum Kaiser gekrönt (15. April), gibt den Römern das kaisertreue Tusculum preis. Der Marsch nach Sizilien endet mit der vergeblichen Belagerung Neapels.

1192 Da Heinrich unter Berufung auf die Reichszugehörigkeit Süditaliens die päpstliche Lehnshoheit über Sizilien nicht anerkennt, belehnt Cölestin Tankred.
Innenpolitische Fehlgriffe (Lütticher Bistumsstreit) führen zur Bildung einer umfassenden Fürstenopposition (Niederrhein, Köln, Mainz, Trier, Zähringer, Welfen, Böhmen).

1193 Erst die Auslieferung des auf dem Rückweg von Akkon von Leopold V. von Österreich gefangenen Königs Richard Löwenherz an den Kaiser sprengt die feindliche Koalition.

1194 Richard wird nach Zusage zur Zahlung von 150000 Mark Silber Lösegeld und Lehnsleistung für England freigelassen. Heinrichs des Löwen ältester Sohn Heinrich wird als Gemahl der Erbtochter des staufischen Pfalzgrafen Konrad bei Rhein anerkannt, Heinrich VI. und Heinrich der Löwe (†6. August 1195) söhnen sich in Tilleda am Kyffhäuser aus.

Zweiter Italienzug

1194–1195 *Zweiter Italienzug.* Nach dem Tod Tankreds (20. Februar 1194) wird das Normannenreich mühelos erobert.

1194 25. Dez. Heinrich empfängt in Palermo die sizilische Königskrone, wird in dieser Würde jedoch von der Kurie nicht anerkannt.

Der normannische Thronschatz wird nach Deutschland gebracht.
1195 Heinrich ordnet die Verwaltung Reichsitaliens neu: Sein Bruder Philipp wird Herzog von Tuszien, der Reichstruchsess Markward von Annweiler wird Markgraf von Ancona und Herzog von Ravenna und der Romagna. Der Hoheitsanspruch des Imperiums wird auch auf andere Mittelmeerreiche ausgedehnt (Lehnsnahme der Könige von Kleinarmenien und Zypern).
1196 Heinrich bemüht sich um Zustimmung der Fürsten zur erblichen Herrschaft seines Hauses auch in Deutschland gegen Gewährung der Erblichkeit der Reichslehen in männlicher und weiblicher Linie und Verzicht auf das Spolienrecht (Heimfall des persönlichen Nachlasses) der Bischöfe. Nach dem Scheitern der Verhandlungen mit Papst Cölestin III., dem Heinrich für eine besitzrechtliche Absicherung in Italien und die Krönung seines Sohnes Friedrich finanzielle Sicherstellung der Kurie, vielleicht sogar die päpstliche Investitur der Kaiserherrschaft anbietet, lehnen die Fürsten den Erbreichsplan endgültig ab, wählen aber den fast zweijährigen Kaisersohn Friedrich zum König.

Als Sachwalter der mit seinem Bruder Philipp vermählten Tochter des entthronten Isaak II. Angelos nötigt Heinrich Kaiser Alexios III. von Byzanz zu jährlicher Tributzahlung.
1197 Niederwerfung einer Verschwörung in Sizilien. Mitten im Aufbruch des seit 1195 angekün-
28. Sept. digten Kreuzzugs stirbt Heinrich 31-jährig in Messina an der Malaria.

Mit seinem Tod zerfällt das staufische Großreich. Konstanze beschränkt sich auf päpstliche Anerkennung des sizilischen Thronrechts Friedrichs II. Das Papsttum beginnt mit Einziehung von Reichsgebiet in Mittelitalien (Rekuperationen). Deutschland wird nach der *Doppelwahl* von 1198 durch den staufisch-welfischen Thronstreit zerrissen. Reichsgut und Reichsrechte werden entfremdet.

Doppelwahl

1198–1208 *Philipp von Schwaben* (*1176 oder 1177, †1208; König 1198)
1198–1215 *Otto IV.* (*um 1177, †1218; König 1198, Kaiser 1209)
1198 Herzog Philipp von Schwaben, jüngster Sohn Friedrichs I., wird von Stauferanhängern in Thüringen erhoben. Hinter ihm steht die Mehrheit der deutschen Fürsten. Graf Otto von Poitou, Sohn Heinrichs des Löwen, auf Betreiben Erzbischof (1193–1205, 1212–1216) Adolfs I. von Köln († 1220) mit englischer Hilfe von einer norddeutschen Fürstengruppe gewählt, bittet den Papst um Unterstützung.

Philipp von Schwaben Otto IV.

Jahreswende Papst Innozenz III. entscheidet unter Berufung auf die kuriale Translationstheorie (Übertra-
1200/1201 gung des Kaisertums von den Griechen auf die Franken durch päpstliche Krönung Karls des Großen) und das päpstliche Weiherecht für Otto IV. Der päpstliche Anspruch auf Approbation der deutschen Königswahl und die Ansicht einer notwendigen Mitwirkung bestimmter Hauptwähler (später: Kurfürsten) werden Teil des kirchlichen Rechts (Dekretale „Venerabilem").
1201 Otto erkennt im Neusser Eid die Rekuperationen und die Hoheit des Papsttums über Sizili-
1202 en an. Die staufertreuen Fürsten protestieren in Halle an der Saale gegen die päpstliche Einmischung in die deutsche Thronfrage.
1204 Nach Abfall Adolfs von Köln zerfällt der welfische Anhang.
1205 *Philipp wird neu gewählt und in Aachen gekrönt.*
Die Kurie ist nach geheimen Verhandlungen zur offiziellen Anerkennung Philipps bereit,
1208 als dieser in Bamberg einem privaten Racheakt Ottos von Wittelsbach zum Opfer fällt.
1209 Otto IV. wird vom Stauferanhang nachgewählt, verzichtet auf das Spolienrecht, gestattet freie kirchliche Wahlen und ungehinderte Appellation an die Kurie.

Krönung Philipps

1209–1211 *Italienzug.*
1209 *Otto IV., von Innozenz III. zum Kaiser gekrönt,* beginnt trotz gegenteiliger Versicherungen
4. Okt. mit der Wiederherstellung der Reichshoheit in Mittelitalien und schreitet zur Eroberung des
1210 Königreichs Sizilien.
1211 Innozenz bannt ihn und lässt gegen ihn mit französischer Hilfe Friedrich von Sizilien als Gegenkönig in Deutschland aufstellen. Otto bricht daraufhin das Sizilienunternehmen ab.

Italienzug Kaiserkrönung Ottos IV.

1212–1250 *Friedrich II.* (*1194, †1250; König 1196/1212, Kaiser 1220).
1212 Nach Friedrichs Ankunft in Süddeutschland verlässt der Stauferanhang den Welfen. Friedrich wird nochmals in Frankfurt gewählt und in Mainz gekrönt.
1213 Er verbrieft in Eger (Goldbulle von Eger) mit Zustimmung der Reichsfürsten die kirchlichen Zugeständnisse Ottos IV.
1214 Dieser wird bei dem englisch-welfischen Zangenangriff auf Frankreich bei Bouvines (östlich Lille) von Philipp II. Augustus geschlagen. Die restlichen Fürsten gehen zu Friedrich über.

Friedrich II.

Otto stirbt 1218 verlassen auf der Harzburg.
1215 Friedrich nimmt bei seiner endgültigen Krönung in Aachen das Kreuz.

1216 Er verspricht Innozenz III., nach der Kaiserkrönung Sizilien seinem Sohn Heinrich (VII.) zu übertragen, lässt diesen jedoch nach Deutschland bringen und hier zum König wählen (1220). Sizilien soll trotzdem staatsrechtlich vom Imperium getrennt bleiben.

1220 In der Confoederatio cum principibus ecclesiasticis verzichtet Friedrich auf selbstständige
26. April Handhabung wichtiger Königsrechte in den Territorien der geistlichen Fürsten.

Die Anfänge der Landesherrschaft

Entstehungsgeschichte

Königsrechte

Als Landesherrschaft gilt die Machtausübung von Fürsten über Territorien (Länder) im mittelalterlichen Deutschland. Die Ausbildung der Landesherrschaft gründet sich auf den hohen Anteil der Adelsgewalt an der Wahrung öffentlicher Funktionen im frühen mittelalterlichen Reich, das von seinen Entstehungsbedingungen her keine alle Teile einheitlich erfassende Königsmacht kennt, und wird gefördert durch häufige Schwächungen des deutschen Königtums während Minderjährigkeit, durch Erhebungen von Fürsten und Bischöfen gegen das im Streit mit dem Papsttum gebundene Königtum, durch die Monopolisierung der Königswahl durch die Fürsten und das Erblichwerden der Reichslehen, weniger durch die Kaiser- und Italienpolitik der Könige selbst. Landesherrschaft ist indes nicht mit widerrechtlicher Aneignung von Reichsrechten gleichzusetzen. Wurzeln und *Entstehungsgeschichte* der Landesherrschaft sind in den einzelnen Territorien verschieden. Wesentlich ist die Verfügung über Grafschaften, markgräfliche und herzogliche Rechte (Dukat) sowie die Immunität (Ausnahmestellung innerhalb der öffentlichen Verwaltungsbezirke). Eine wichtige Rolle spielt die Handhabung finanziell und politisch wichtiger *Königsrechte* (Regalien), wie Zoll, Münze, Marktrecht, Geleit und die Übernahme von Aufgaben, die das Königtum mangels eigener Organe nicht erfüllen kann (Rechtspflege, Landfriedenswahrung), sowie die selbstständige Durchführung von Landesausbau und Städtegründung. Spätestens seit dem Wormser Konkordat (1122) wandeln sich auch die bisher dem König verfügbaren geistlichen Großimmunitäten zu Fürstentümern. In ihr entscheidendes Stadium tritt die Entwicklung der Landesherrschaft in der Stauferzeit. Das Königtum fördert sie, um stammesherzogliche Konkurrenzgewalten zu schwächen, versucht gleichzeitig aber, durch Ausbau des Königsbesitzes in Schwaben, Franken und Mitteldeutschland eigene „Reichs"-Territorien zu schaffen. Die Fürstengesetze von 1220 und 1231/32 begründen die Landesherrschaft weder rechtlich noch programmatisch, aber sie kennzeichnen die Machtsituation, die das Königtum zum Verzicht auf eigene Hoheitspolitik in den Fürstenterritorien zwingt, und markieren daher die faktische und rechtliche Entwicklung, die ungeachtet des Kronrechtsvorbehalts des Mainzer Landfriedens von 1235 nicht mehr rückgängig zu machen ist. Der Prozess der Staatwerdung, der seit dem 13. Jahrhundert in den westeuropäischen Monarchien zum Aufbau zentraler, einheitlicher Herrschaftsverbände führt, verwirklicht sich daher in Deutschland nicht im Reich als solchem, sondern in den Territorien. Der deutsche König nimmt an dieser Entwicklung nur insoweit teil, als er selbst Territorialfürst wird und von seiner Hausmacht aus auf Reich und Landesfürsten einwirkt.

Kaiserkrönung

1220 Friedrich II. erlässt bei seiner *Kaiserkrönung* eine Reihe von Gesetzen zugunsten der Kir-
22. Nov. che, u. a. über Ketzerbekämpfung und kirchliche Steuerfreiheit.
Der Schwerpunkt der Kaiserherrschaft verlagert sich nun nach Sizilien. In Deutschland führen bis zur Regierungsfähigkeit Heinrichs (1228) Erzbischof Engelbert von Köln († 1225) und Herzog Ludwig I. von Bayern († 1231) die Regentschaft.

1225 Nach Gefangennahme durch seinen Lehnsmann Graf Heinrich I. von Schwerin (1223) wird König Waldemar II. von Dänemark zur Rückgabe des 1202 bzw. 1214 abgetretenen Reichsgebietes nördlich von Elbe und Elde verpflichtet.
Seine Niederlage gegen eine norddeutsche Fürsten- und Städtekoalition bei Bornhöved (1227) beendet die dänische Vorherrschaft in Nordostdeutschland.

Goldene Bulle von Rimini

1226 Erneuerung des Lombardenbundes (verhindert dann das Zustandekommen der 1226 in Cremona, 1231 in Ravenna angesagten Reichstage). In der *Goldenen Bulle von Rimini* garantiert Friedrich dem Deutschen Orden Besitz und Hoheit des ihm von Herzog Konrad von Masowien angebotenen Kulmer Landes und der künftig von den heidnischen Prußen eroberten Gebiete, die 1234 auch in päpstlichen Schutz genommen werden.
Durch den Weitblick des Hochmeisters Hermann von Salza (1209–1239) beginnt nach dem Vertrag von Kruschwitz (1230) der Aufbau des preußischen Ordensstaates. Die Vereinigung mit dem 1202 gegründeten livländischen Schwertbrüderorden (1237) bezieht auch das Baltikum in den Herrschaftsbereich des Deutschen Ordens ein.

Kreuzzug

1228–1229 *Kreuzzug* des 1227 wegen abermaliger Verschiebung des mehrfach verzögerten Unterneh-
1229 mens von Papst Gregor IX. gebannten Kaisers. Friedrich, seit 1225 durch Heirat mit Isabella von Brienne auch König von Jerusalem, gewinnt durch Vertrag mit dem ägyptischen Sultan El-Kamil (Al-Malik al-Kamil) Jerusalem mit Teilen seines ehemaligen Landgebietes.

1230 Nach der Rückeroberung Apuliens aus der Hand des Papstes einigen sich Friedrich und Gregor IX. in San Germano (heute Cassino) im benachbarten Ceprano.
1231 Heinrich (VII.) verspricht im Statutum in favorem principum auch den weltlichen Fürsten eine Beschränkung der königlichen Territorial- und Städtepolitik gegenüber ihren Herrschaftsbereichen.
1232 Friedrich bestätigt das Gesetz, zwingt Heinrich aber zum Verzicht auf selbstständige Politik und bindet ihn an den Konsens mit Papst und Fürsten.
1234 Als Heinrich sich gegen Ausschreitungen der Ketzerinquisition in Deutschland wendet, kommt es zum Konflikt mit Papst und Kaiser.
1235 Friedrich kehrt nach Deutschland zurück, schlägt die Empörung Heinrichs nieder, der entthront und in Süditalien gefangen gesetzt wird († 1242). Auf dem Mainzer Hoftag (Aug. 1235) verkündet der Kaiser ein umfassendes *Landfriedensgesetz*, das die königliche Obergewalt auch für die von den Fürsten wahrgenommenen Hoheitsrechte betont. Zur Ausübung der königlichen Gerichtshoheit wird nach sizilischem Vorbild das Amt eines königlichen Hofrichters geschaffen. Otto von Lüneburg, Enkel Heinrichs des Löwen, wird unter Auftragung seiner Allodien zum Reichsfürsten erhoben (Herzogtum Braunschweig-Lüneburg. *Landfriedensgesetz*
1236 Friedrich eröffnet den Reichskrieg gegen die feindlichen Lombardenstädte, deren Widerstand vom Papst gestärkt wird. Italiens Städte sind in die Parteien der Guelfen (Papstanhänger) und Ghibellinen (Kaiseranhänger) geteilt.
1237 In Wien wird Friedrichs neunjähriger Sohn Konrad, König von Jerusalem, zum Römischen König gewählt. Friedrich siegt bei Cortenuova (zwischen Mailand und Brescia) über die Mailänder, muss (1238) die Belagerung Brescias aber erfolglos abbrechen.
1239 Die erneute und endgültige *Bannung Friedrichs* durch Papst Gregor IX. leitet einen gnadenlosen Macht- und Propagandakampf zwischen Kurie und Kaisertum ein, der erst mit der politischen und physischen Vernichtung des Stauferhauses endet. *Kirchenbann Friedrichs II.*
Friedrich macht die päpstlichen Rekuperationen rückgängig und rückt in den Kirchenstaat ein. Reichsitalien wird einer straffen Beamtenverwaltung unterstellt.
1241 Während Herzog Heinrich II. von Schlesien auf der Wahlstatt bei Liegnitz dem Vorstoß der Mongolen erliegt, verhindert Friedrich das Zustandekommen eines gegen ihn gerichteten Konzils durch Gefangennahme zahlreicher Prälaten in der Seeschlacht bei Montecristo (südöstlich von Elba).
1243/44 Friedensverhandlungen mit Innozenz IV. scheitern.
1245 Der Papst flieht nach *Lyon* und erklärt auf einem schwach besuchten *Konzil* den Kaiser als Ketzer und Verfolger der Kirche aller Ehren und Würden entkleidet. *Konzil von Lyon*
1246–1247 *Heinrich Raspe* (* um 1204, † 1247; König 1246) *Heinrich Raspe*
1246 22. Mai Auf Betreiben des Papstes wählt eine Gruppe von rheinischen Kirchenfürsten in Veitshöchheim bei Würzburg den thüringischen Landgrafen Heinrich Raspe, Reichsgubernator seit 1242, zum Gegenkönig.
Friedrich II., der insbesondere in Süddeutschland über starken Anhang verfügt, behält nach dem Aussterben der Babenberger mit Friedrich dem Streitbaren Österreich und Steiermark als Reichslehen ein und baut hier eine straffe Reichsverwaltung auf.
1247–1256 *Wilhelm von Holland* (* 1227, † 1256; König 1247). *Wilhelm von Holland*
1247 Nach dem Tod Heinrich Raspes erheben die rheinischen Erzbischöfe und ihr Anhang in Worringen bei Köln den Grafen Wilhelm von Holland zum neuen Gegenkönig.
1248 Wilhelm wird nach längerer Belagerung in Aachen gekrönt. Friedrichs Lagerstadt vor dem 1247 abgefallenen Parma wird mit Schatz und Krone von den Belagerten erobert.
1249 Sein (unehelicher) Sohn Enzio (1238 König von Sardinien) fällt in die Hände der Bolognesen, die ihn bis zu seinem Tod (1272) gefangen halten.
1250 13. Dez. *Friedrich stirbt*, politisch unbesiegt, in Castel Fiorentino bei Lucera (Apulien) und wird neben seinem Vater im Dom von Palermo beigesetzt. *Tod Friedrichs II.*

Die Wertungen Friedrichs II.

Friedrich II. versteht sich selbst als Abbild und Stellvertreter Gottes auf Erden, als Herr der Welt und der Elemente, als oberster Gesetzgeber, ja das beseelte Gesetz (lex animata) selbst, als Nachfolger der römischen Cäsaren und neuen Konstantin, als Bringer des goldenen Friedensreiches und letzten Kaiser der Weltgeschichte. Seit dem Kreuzzug von 1228/29 wird ihm in seinen offiziellen Staatsbriefen durch Übertragung von Worten der Bibel und Liturgie eine christusähnliche, *messianische Stellung* zugeschrieben. Seine Gegner indes sehen in ihm den zynischen Ungläubigen und verwerflichen Häretiker (so noch Dante), einen zweiten Pharao und Nero. Kuriale Manifeste und joachitische Schriften schildern ihn als Untier der Apokalypse, als Antichrist oder dessen Vorläufer. Seine Anhänger zweifeln an seinem Tod, und mehr- *messianische Stellung* fach tauchen nach 1250 in Italien und Deutschland „falsche Friedriche" auf. Die kirchliche Legende versetzt ihn in den Ätna (Sitz des Teufels). In Deutschland wird diese Vorstellung aufgenommen und mit prophetischen Hoffnungen verknüpft in der (erst seit dem 16. Jahrhundert auf Friedrich I. bezogen) Sage des im Kyffhäuser schlafenden Kaisers, der wiederkehrt, um die Kirche zu reinigen und das Reich zu erneuern.

Konrad IV. **1250–1254** *Konrad IV.* (*1228, †1254; König 1237)
- 1251 Konrad zieht nach Italien, um das sizilische Erbe anzutreten, für das der Papst einen nichtstaufischen Lehnsträger sucht.
- 1252 Eine Nachwahl in Braunschweig sichert Wilhelm weit gehende Anerkennung in Norddeutschland.
- 1254 21. Mai Konrad stirbt nach einem kurzen Siegeszug. Danach wird in Deutschland kein Stauferkandidat mehr erhoben.
- 1254 Rheinischer (Städte-) Bund mit Kerngruppe Mainz, Worms, Oppenheim, Bingen, der sich mit großer Schnelligkeit auf weite Teile des westlichen Reiches ausdehnt (1256 über 70 Städte); auch viele Fürsten treten bei. Das Ziel ist vor allem die Sicherung des Landfriedens.
- 1255 Wilhelm stärkt seine Stellung durch Anerkennung des Rheinischen Bundes.
- 1256 Er wird aber im Kampf gegen die Friesen bei Alkmaar erschlagen (28. Jan.).

Die Kultur der Salier- und Stauferzeit

Domschulen und Klöster Deutschlands Geistesleben in der Salier- und Stauferzeit ist bestimmt durch Leistungen der *Domschulen und Klöster*. Während im 12. Jahrhundert in Frankreich und Italien aus einzelnen Kathedralschulen und durch den Zusammenschluss von Lehrern und Scholaren Universitäten entstehen (Bologna, Paris), bleibt Deutschland die neue Organisationsform der Wissensvermittlung fremd. Es nimmt daher an der Entwicklung von Philosophie und Theologie, Jurisprudenz und Naturwissenschaften nur mittelbar teil. Das deutsche Geistesleben hält im Gegensatz zur dialektisch-scholastischen Methode Frankreichs an einer konservativen, symbolisch-typologischen Ausdeutung von Bibel und Weltgeschehen fest (Rupert von Deutz [†1129], Gerhoch von Reichersberg [†1169], Hildegard von Bingen [†1179]).

Geschichtsschreibung Die *Geschichtsschreibung* der Salierzeit hat sowohl in der Behandlung der Zeitgeschichte (Wipo [†nach 1046], Lampert von Hersfeld [†1081 oder 1085], Adam von Bremen [†nach 1081], das „Leben Kaiser Heinrichs IV.") als auch in der chronologisch interessierten Weltgeschichtsschreibung (Sigebert von Gembloux [†1112], Frutolf von Michelsberg [†1103]) Gutes geleistet. Den Höhepunkt der heilsgeschichtlichen Deutung der Universalhistorie bildet die „Historia de duabus civitatibus" Bischof Ottos von Freising (1143/46). Um Friedrich I. (1152–1190) und Heinrich VI. (1190–1197) blüht hofnahe Geschichtsschreibung (Otto von Freising [†1158] und Rahewin [†zwischen 1170 und 1177], Gunther von Pairis [†Anfang 13. Jh.], Gottfried von Viterbo [†1202]). Aus anderen Landschaften ragen hervor die Kölner Königschronik und Helmold von Bosau (†nach 1177).

adlige Laienkultur In der 2. Hälfte des 12. Jahrhunderts entwickelt sich in Deutschland eine reiche *adlige Laienkultur*, die durch ritterlich-höfische Standesideale geprägt ist und ihr spezifisches Ethos sowohl im Minnesang als auch in der Epik der mittelhochdeutschen Klassik ausdrückt. Förderung findet die deutschsprachige höfische Dichtung sowohl durch das Kaisertum als auch durch Territorialfürsten (Landgrafen von Thüringen, Babenberger). Politische Dichtung pflegen der so genannte Erzpoet (Archipoeta; lateinisch) und Walther von der Vogelweide (†1230). Gleichzeitige mittellateinische Lyrik Deutschlands überliefern die „Carmina Burana" (Gedichtsammlung aus Benediktbeuern vom Ende des 13. Jahrhunderts stammend). Obwohl das Kaisertum seit Heinrich IV. Kontakte zu den Lehrern des römischen Rechts in Italien pflegt und die Staufer dieses für die Neubegründung des Kaisergedankens heranziehen, hält das deutsche

Rechtswesen Sachsenspiegel *Rechtsleben* an der heimischen Überlieferung fest (Eike von Repgow: „*Sachsenspiegel*", um 1220/27). Ohne Einfluss auf Deutschland bleibt die Kulturblüte am sizilischen Hof Friedrichs II. (1198–1250), der sich selbst mit exakter Naturbeobachtung befasst (Verfasser eines Buches über die Vogeljagd mit hervorragenden ornithologischen Einsichten).

Die ältesten deutschen Werke

älteste deutsche Werke althochdeutsche Periode

9.–Mitte 11. Jh.:	Althochdeutsche Periode
Ende 8. Jh.	Wessobrunner Gebet
Anf. 9. Jh.	Muspilli
vor 840	Heliand (altsächsische Evangeliendichtung)
863/71	Otfried von Weißenburg, Evangelienharmonie
vor 1000–1022	Notker Labeo („der Deutsche"), Deutsche Übersetzungen aus lat. Bibel, klassischer Literatur, Philosophie und Artes

Deutschland im Hochmittelalter — Staufer

Mitte 11. Jh.–um 1170:	Frühmittelhochdeutsche Periode
um 1060/65	Williram von Ebersberg, Das Hohe Lied
um 1060/65	Wiener Genesis
1063	Ezzolied
1077/81	Annolied
1120/25	Leben Jesu der Frau Ava
um 1135/1150	Kaiserchronik
um 1150	König Rother (Spielmannsepos)
um 1150/60	Alexanderlied des Pfaffen Lamprecht
um 1170	Rolandslied des Pfaffen Konrad
1170/80	Herzog Ernst

um 1170–1250	**Mittelhochdeutsche Klassik**
	Heldenepos
um 1200	Nibelungenlied
1230/40	Kudrun
vor 1250	Ortnit/Wolfdietrich (A)
	Höfisches Epos
um 1170	Eilhart von Oberge, Tristant und Isalde
1170/1190	Heinrich von Veldeke, Eneit
um 1185–1202	Hartmann von Aue, Erec
	Gregorius
	Der Arme Heinrich
	Iwein
nach 1194	Ulrich von Zazikhofen, Lanzelet
1. und 2. Jahrzehnt des 13. Jh	Wolfram von Eschenbach, Parzival
	Willehalm
	Titurel
nach 1204	Wirnt von Grafenberg, Wigalois
um 1210	Gottfried von Straßburg, Tristan und Isolt
um 1210/20	Der Stricker, Karl
	Daniel vom blühenden Tal
um 1220	Heinrich von dem Türlin, Krone
zwischen 1220 und 1250/54	Rudolf von Ems
	Der Gute Gerhard
	Barlaam und Josaphat
	Alexander
	Wilhelm von Orlens
	Weltchronik
	Lyrik (vorwiegend Minnesang)
um 1150/70	Der Kürenberger
um 1160/70	Dietmar von Aist
um 1184	Kaiser Heinrich VI.
um 1170–1190	Friedrich von Hausen
um 1170/1190	Heinrich von Veldeke
um 1180–1187/89	Hartmann von Aue
um 1180–1195	Heinrich von Morungen
um 1185–1205	Reinmar der Alte
um 1200/1205	Wolfram von Eschenbach
1190–1230	Walther von der Vogelweide
um 1217/1237	Neidhart von Reuental
	Lehrhafte Dichtung
1215/16	Thomasin von Circlaere, Der welsche Gast
um 1230	Freidanks Bescheidenheit

Deutschland (1254–1493)

Die spätmittelalterliche Reichsgeschichte weist eine verwirrende Vielfalt von Aspekten auf, von denen nur zwei der wichtigsten angesprochen werden.

Heiliges Römisches Reich — Der äußere Rahmen des *Heiligen Römischen Reiches* ist, soweit es dessen engeres Gebiet (ohne Italien und Burgund) betrifft, durch Krise und Katastrophe der Staufer kaum in Mitleidenschaft gezogen worden und wird bis ins 15. Jh. hinein durch fremde Eingriffe nicht sehr beeinträchtigt. Grenzveränderungen zu Ungunsten des Reiches wurzeln vor allem im Unterschied zwischen einer relativ gering entwickelten zentralen Staatlichkeit in Deutschland und strafferer, modernerer Staatlichkeit des Nachbarn (Frankreich, Venedig). Neue Reichsglieder werden Schlesien (1250 Herzogtum Breslau Reichslehen, 1289–1368 alle Herzogtümer böhmische Lehen oder böhmischer Besitz), Savoyen (1361 vom Königreich Burgund) und Flandern mit Artois (1477/1493 als französisches Lehen an Habsburg).

Differenzierungen — Ebenso wichtig für die frühneuzeitliche Zukunft sind *Differenzierungen* innerhalb des Reiches, dessen Verfassung man als ein Kräftespiel von König, großen Landesherren und einigen begünstigten kleinen Mächten auffassen kann: Allseits achtet man zwar prinzipiell überkommene Rechte, insbesondere die Rechtsfigur des Königtums, aber dessen konkrete technisch-praktische und politische Möglichkeiten im Hinblick auf das Ganze sind im Vergleich zur Ausdehnung des Reiches gering; die Zentralgewalt ist stets überfordert, weil dynastische Kontinuität fehlt, die Mittelpunkte wechseln und weil in unserem Zeitalter die Fähigkeit, Kräfte zu sammeln und sie konzentriert und langfristig einzusetzen, zu schwach entwickelt ist. Währenddessen richtet sich eine Überfülle von regionalen und lokalen Kräften mit viel größerem Erfolg auf jeweils kleine Räume und schafft dort Neues und Fortwirkendes. Diese Entwicklungen werden vorerst kaum gestört; die *offene Verfassung* der nachstaufischen Zeit, die gegenüber dem Hochmittelalter wohl eine Lockerung des Gefüges mit sich bringt, entspricht einem Zeitalter geringer Herausforderung. Entscheidenden Wandel bringt das 15. Jh. mit sich, als vor allem Hussiten und Türken, Feinde des Glaubens, die Deutschen aufs heftigste herausfordern. Mit dem König, aber auch neben ihm und ohne ihn wird jetzt in mühseligen, quälenden Anstrengungen gemeinsames Handeln eingeübt und auf neue Weise der Weg zu gemeinsamen Institutionen beschritten (Heer, Steuern). Es tritt wieder eine Verdichtung ein, die das Reich am Leben erhält und zugleich darüber entscheidet, dass fortan neben dem Königtum unwiderruflich ein zweites Zentrum politischer Existenz besteht: Die sich im *Reichstag* zusammenfindenden Kurfürsten, Fürsten, Grafen, Herren, Reichs- und Freien Städte. Gleichwohl bleibt derjenige alte Zustand erhalten, dass im Reich Zonen ganz unterschiedlicher Integration beheimatet sind: Während sich z.B. der äußere Niederrhein seiner Wirtschaftsverfassung gemäß immer selbstständiger regt oder das livländische Ordensland kaum mehr als nominell zum Reich zählt, tragen die jeweilige königliche Hausmacht, die königsnahen Landschaften und königsnahe oder königsnah werdende Kurfürsten und Fürsten die Last der Selbstbehauptung des Reiches.

Gesellschaft: Um 1340 leben im Reich wohl 14 bis 15 Millionen Menschen, nach den Seuchenzügen der zweiten Hälfte des 14. Jh.s nur noch etwa 10 Millionen. Bald nach 1450 steigen die Bevölkerungsziffern wieder deutlich an, sodass nach dem Ende des Mittelalters der alte Zustand wieder erreicht ist. In diesem Zusammenhang, aber auch aus anderen Gründen ist entgegen äußerem Anschein Mobilität ein Hauptkennzeichen spätmittelalterlichen sozialen Lebens, für welche ein kleiner Anstoß genügt. Neben den ortsfesten Bauern, deren Horizont kaum über ihr Kirchspiel hinausreicht, stehen Landbewohner, die fast entvölkerte Städte in kurzer Zeit neu auffüllen oder scharenweise das Land durchziehen.

sprachliche Großgruppen — Bestehen bleiben allerdings die *sprachlichen Großgruppen* der Reichsbevölkerung: Weit überwiegend Deutsche, die freilich zwischen Niederrhein und Steiermark sehr verschiedene Mundarten sprechen, Tschechen als Mehrheit in Böhmen und Mähren, „Reichsromanen" in einem breiten, französisch sprechenden Gürtel an der Westgrenze, Italiener und Slowenen am Alpensüdrand, Wenden in Mitteldeutschland, Polen in Teilen Schlesiens, Balten in Livland.

soziale Großgruppen — Auch die *sozialen Großgruppen* bestehen weiter: Bauern (zwischen 80 und 90%), Städter (zwischen 10 und 20% mit großen regionalen Unterschieden) in gegen 4000 Städten, die allerdings meist kleine Ackerbürgersiedlungen sind. Die größten Städte sind als Einzelkommune Köln und als Siedlungsgruppe die Prager Städte (wohl je 40000 Einwohner), dann Lübeck, Danzig, Nürnberg u.a. Der Adel zerfällt in die Großgruppen des niederen Adels, der meist „landsässig", d.h. den werdenden Landesherrschaften eingegliedert, wird, während wenige als künftige Reichsritter ein Eigendasein behaupten, und des hohen Adels (Fürsten, Grafen, [Freie] Herren). Grafen und Herren steigen nur unter günstigen Umständen zu Landesherren auf, viele werden in Fürstentümer eingefügt. Die (im 13. Jh.) 20–30 weltlichen und etwa 90 geistlichen Reichsfürsten, einschließlich der Kurfürsten, sind (samt ihren Räten, Juristen und Kanzleinotaren) neben dem König und den Königsnahen die eigentliche, überdauernde politische Gruppe des Reiches, die freilich oft erst im Laufe des Spätmittelalters Zusammenhalt und gemeinsame Interessen erfährt. Gleichsam seitwärts der bisher Angeführten steht die Großgruppe der Kleriker und Ordensleute mit einer beträchtlichen sozialen Spannweite vom Reichsfürsten bis zum Vaganten, und unterhalb aller findet sich das zahlenmäßig nicht feststellbare Heer der Armen und Entwurzelten vor.

Die Landesherrschaft

Das politische Schicksal Deutschlands ist von seinen Anfängen an, ja von seinen Voraussetzungen her vor allem anderen Ergebnis des Kräftespiels zwischen Königtum und Adel. Fast alle Deutschen führen im Spätmittelalter ihr tägliches Leben als Angehörige adeliger oder entsprechender kirchlicher Herrschaft. Ihren Höhepunkt erfährt adelige Herrschaft im Spätmittelalter in der Landesherrschaft. Sie in erster Linie ist Ausdruck jener Verdichtung des sozialen Lebens in einem weiteren Sinn, die das alteuropäische Zeitalter deutscher Geschichte vom 12. bis 18. Jh. bezeichnet. In diesem Zeitalter ist sie neben der Ostsiedlung und der Ausbildung der Stadt die wichtigste Neuerung.

Alte Adelsherrschaft wird vor allem im Kampf der Nachbarn untereinander, weniger durch das Eingreifen des Königs, in einem Ausleseprozess für die Minderzahl der Erfolgreichen zur *Landesherrschaft* und in der frühen Neuzeit zur juristisch abgeklärten *Landeshoheit*. Die Unterlegenen werden (historisch gesehen zu Unrecht) allmählich als private Grundherren aufgefasst. Landesherrschaft ist beschränkt durch nach Raum und Zeit wechselnde Pflichten gegenüber dem König und (seit dem 15. Jh.) gegenüber dem Reich und durch die Freiheiten der vornehmeren Beherrschten, die sich gern in *Ständen* organisieren. Landesherrschaft ist der Inbegriff der Rechte des Herrn über sein Land und seine Leute, die höchste Gewalt im Reich nach derjenigen des Königs. Auch der König ist in seinen Hausmachtländern Landesherr, oft ein sehr moderner und erfolgreicher, und findet hier wesentliche Kraftquellen für sein Amt. Man kann Landesherrschaft kaum definieren, nur beschreiben. Sie wird in jahrhundertelanger Entwicklung mit unterschiedlicher Schnelligkeit verwirklicht und ist am Ende des alten Reiches oft noch nicht vollendet. Die großen Landesherrschaften entwickeln sich in der Regel schneller als die kleinen.

Landesherrschaft ist aus verschiedenen Wurzeln entstanden; daher ist sie aufzufassen als ein *Bündel von Einzelrechten*, das in jedem konkreten Fall anders zusammengesetzt sein kann, aber stets mehrere der folgenden Bestandteile enthält: 1. Eigengüter, d.h. erbter Adelsbesitz an Grund und Boden, auch an Wäldern, samt der Herrschaft über die das Land bebauenden Leute. 2. Landesausbau, d.h. die Umwandlung unbesiedelten Landes in besiedeltes Land. 3. Eine verfassungsmäßige Verbindung mit dem Königtum, die gern über die hochmittelalterliche Rechtsform der Grafschaft verläuft, d.h. vornehmlich über die mit dem Grafenamt verbundenen Gerichtsrechte, die jetzt als eigene Rechte aufgefasst werden. 4. Die sog. Niedergerichtsbarkeit, d.h. vor allem die Sühne der mit Geldstrafen bedrohten Vergehen. 5. Regalien, d.h. alte wirkliche oder nur theoretische Königsrechte (Markt, Zoll, Bergbau, Münze, Geleit). 6. Die Position eines Herzogs, zugunsten des werdenden Landesherrn (Bayern), oder das Fehlen einer solchen Würde als Erleichterung des Aufstiegs für andere. 7. Vogteien, d.h. Schutzherrschaften zumal über alte Klöster und Stifte mit reichem Besitz an Land und Leuten.

Landesherrschaft ist jedoch bei weitem nicht nur ein juristisches Problem, sondern es kommen hinzu das Durchsetzungsvermögen guter Verwaltung und politischer Erfolg, auch mit Gewalt. Im weiten Raum des Reiches kann sich Landesherrschaft ganz verschieden verwirklichen: Im Westen kann sie extrem kleingeteilt sein (d.h. in einem einzigen Dorf kann es mehrere Landesherren geben), im Bereich der Ostsiedlung ist sie im Allgemeinen wegen geringerer Konkurrenz großräumiger.

So sind Bildung des Gemeinwesens und Staatswerdung in Deutschland auf zwei Wegen, dualistisch, vor sich gegangen. *Reich und Landesherrschaft* bedingen sich gegenseitig, eines kann nicht ohne das andere bestehen. Das Reich ergänzt, was der Landesherrschaft an Staatlichkeit fehlt; die Landesherrschaft schafft das moderne Gefüge des Reiches. Die Entstehung der Landesherrschaft ist daher trotz aller Konflikte zwischen König und Landesherren nicht in erster Linie aufzufassen als eine Schwächung der Zentralgewalt, zumal es in den Anfängen des Reiches nie einen Einheitsstaat gegeben hat, sondern als Folge des Wachstums von Bevölkerung und von Aufgaben, kurz, von Verdichtung. Die Landesherrschaften übernehmen Funktionen, die die Reichsgewalt mangels einer Reichsverwaltung nicht übernehmen kann und die ihr auch – infolge der Ausdehnung des Reiches – unter den Bedingungen Alteuropas kaum zuwachsen können. Älterer Zeit ist das intensive und dauerhafte Handeln aus der Nähe angemessen; das Handeln des Königs, der meist aus der Ferne aktiv wird, kann kaum sehr intensiv und dauerhaft sein. So entsteht Landesherrschaft gleichsam in Freiräumen der Reichsverfassung. Ihre Entfaltung wird dann durch die Schwäche des spätmittelalterlichen Königtums begünstigt.

Das sog. Interregnum (1254[1256]–1273)

Als Interregnum bezeichnet man die nach dem Scheitern der Staufer fortdauernde, sich noch stärker ausprägende Schwächeperiode der Zentralgewalt, die vor allem durch ein Doppelkönigtum gekennzeichnet ist.

1247–1256 *Wilhelm von Holland* (*1227, †1256; König 1247/1252). – Seit 1254, dem Todesjahr des ungekrönt gebliebenen Stauferkönigs Konrad IV., ist er alleiniger Herrscher.

Thronkrise

1256 Wilhelm fällt in einem von seinen landesherrlichen Interessen bestimmten Feldzug gegen die Friesen.
Der Rheinische Städtebund zerbricht über der nun folgenden *Thronkrise:*

1257 Doppelwahl: Richard von Cornwall (*1209, †1272), Bruder des englischen Königs Heinrich III., Schwager Kaiser Friedrichs II., wird vor den Toren Frankfurts am Main gewählt (von Köln, Mainz, Pfalz, nachträglich von Böhmen) und einige Wochen später dann in Frankfurt Alfons X., der Weise (*1221, †1284), König von Kastilien, Enkel Philipps von Schwaben (von Trier, Sachsen, Brandenburg, nachträglich von Böhmen). In dieser Wahl zeigen sich die Polarisierung der europäischen Politik, die den Schwerpunkt im Mittelmeerraum besitzt, die bedeutsame Rolle des Geldes, die weiterbestehende Uneinigkeit der politischen Kräfte im Reich und ein fortwirkendes Interesse am deutschem Königtum als Basis eines Kaisertums.
König Richard wird gekrönt und schafft sich im Rheingebiet ansehnlichen Anhang, vermag sich aber in nur kurzen Aufenthalten im Reich (knapp vier Jahre insgesamt) nicht allgemein durchzusetzen. König Alfons kommt nie ins Reich und bleibt ungekrönt. Beide Herrscher sind in Deutschland ohne Hausmacht und bleiben daher auf Bündnispolitik angewiesen; in ihrer Heimat können sie nicht genug Kräfte mobilisieren und ihre Ziele im Reich nicht plausibel machen. So schreiten in diesen Jahrzehnten die Emanzipation der großen Fürsten, aber auch die Verselbstständigung vieler Kleiner und damit der Schwund des Reichsguts entscheidend fort.

letzte Staufer

Die letzten Staufer, zuerst Manfred (*1231, †1266), der Halbbruder Konrads IV. (seit 1258 König von Sizilien, gefallen 1266 in der Schlacht bei Benevent gegen Karl von Anjou, der im Vorjahr vom Papst mit Sizilien belehnt worden ist), dann Konradin (*1252, †1268), der junge Sohn Konrads IV., heftig umstrittener Herzog von Schwaben, suchen vor allem den sizilianisch-unteritalienischen Erbbesitz zu gewinnen oder zu behaupten.

1267 Konradin zieht nach Italien.

1268 Er wird bei Tagliacozzo (Ort in der mittelitalienischen Provinz Aquila) besiegt und in Neapel mit führenden Getreuen auf Befehl Karls von Anjou hingerichtet.
Es gibt sehr viele rechtmäßige und unrechtmäßige Erben des Stauferguts mit größerem und kleineren Anteilen, zu Recht erben z.B. die Herzöge von Bayern aus dem Hause Wittelsbach, zu Unrecht die Grafen von Württemberg.

1272 Tod König Richards.
Der Tod von König Alfons 1284 hat keine verfassungsgeschichtliche Bedeutung.

Die Kurfürsten

Wahlreich

Die Regelung der Herrschernachfolge ist die wichtigste Entscheidung in älteren Gemeinwesen. Deutschland ist stets ein *Wahlreich*, jedoch wird dieses Wählen sehr verschieden gehandhabt und hat unterschiedliche Bedeutung. Vom 10. Jh. an beobachtet man eine ständige Verminderung der Zahl der Wähler und schließlich, vor allem unter dem Einfluss des kirchlichen Rechts, eine zunehmende Verrechtlichung und *Formalisierung der Wahl*. Die Frage nach den Wurzeln des Kurfürstentums ist nach wie vor unbeantwortet. Ein Zusammenhang mit den königlichen Erzämtern ist wahrscheinlich, mit dem Königtum gewiss. Weil sich im Mittelalter sehr rasch Traditionen bilden, denen dann hohes Alter und Ansehen zugeschrieben werden, kann und "Formulierungshilfe" des Papsttums das Wahlrecht an wenigen hervorragenden Fürsten in einer Periode gleichsam hängen geblieben sein, als das Wählen wenig attraktiv gewesen ist (ausgehende Stauferzeit). Kaum wohl könnten die *sieben Kurfürsten* (die Erzbischöfe von Köln, Mainz und Trier, der König von Böhmen, der Pfalzgraf bei Rhein, der Markgraf von Brandenburg und der Herzog von Sachsen-Wittenberg) eine größere Zahl anderer Fürsten an der Mitwirkung hindern, wenn diese ernsthaft erstrebt würde. Umstritten ist das Kurrecht vor allem innerhalb der Familien (Sachsen-Wittenberg gegen Sachsen-Lauenburg; Wittelsbach-Pfalz gegen Wittelsbach-Bayern), aber auch das Recht einer böhmischen Stimme. Die beträchtlichen Vorteile des Kurfürstenranges stellen sich erst nach und nach heraus: Finanzielle und politische Zusagen des Kandidaten vor der Wahl, mehr oder weniger ständige Beteiligung an Reichsangelegenheiten, die Funktion des lange Zeit einzigen Kristallisationspunktes zentralen Handelns im Reich neben dem König. Als das spätmittelalterliche Königtum schwach ist oder am Rand des Reiches oder gar außerhalb von diesem weilt, leisten Kurfürsten Beträchtliches zum Nutzen des Reichsganzen und verbinden damit ihren eigenen Vorteil.

Formalisierung der Wahl

sieben Kurfürsten

Könige aus den Häusern Habsburg, Nassau, Wittelsbach und Luxemburg (1273–1493)

1273–1291 *Rudolf I., von Habsburg* (*1218, †1291; König 1273).

1273 Die Kurfürsten mit Ausnahme Böhmens, an dessen Stelle ausnahmsweise Niederbayern tritt, wählen nach Mahnung des Papstes in Frankfurt am Main einmütig den Grafen Rudolf von Habsburg.

Stammtafel der Habsburger

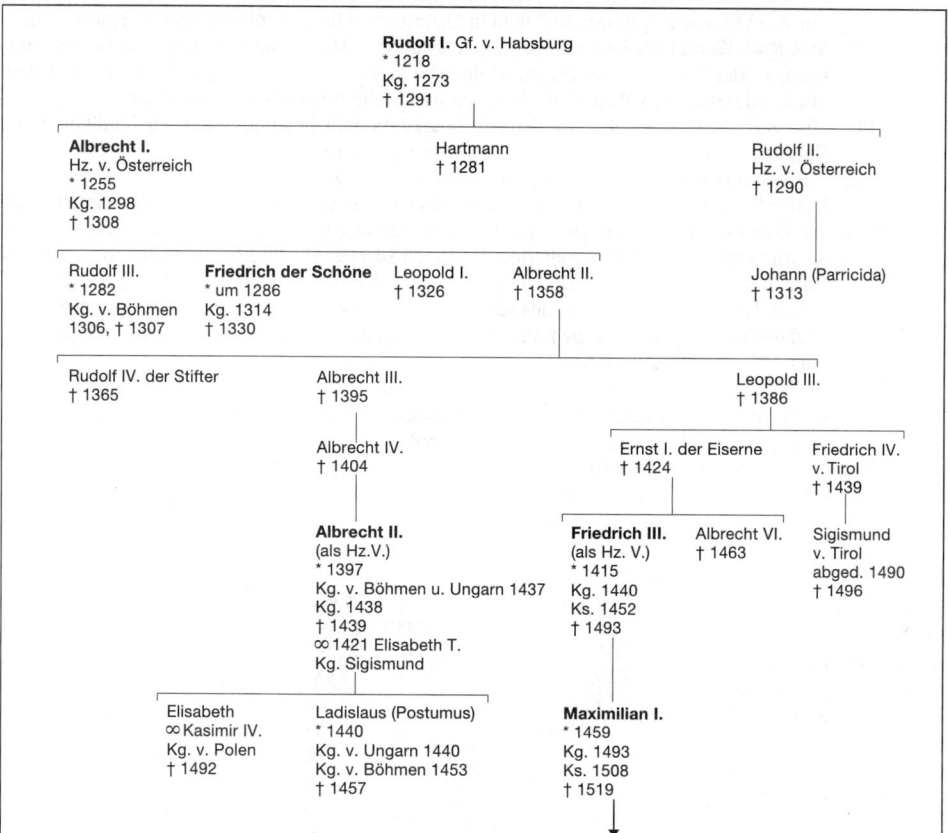

Graf Rudolf ist ein treuer Stauferanhänger, ohne deshalb mit der Kirche auf Dauer zu zerfallen, und ein nach innen und außen ehrgeiziger und erfolgreicher Landesherr mit Hausbesitz im Aar- und Zürichgau, im Elsass und im Breisgau.

Als König ist er populär, insbesondere bei den Städtern, obwohl er sich für seine Person sehr von den Staufern unterscheidet und durchaus nicht nur populäre Maßnahmen trifft. Jedoch tritt er im politischen Handeln immer wieder demonstrativ in die Nachfolge der Staufer ein und wird von denjenigen getragen, die diese schon gestützt haben, von königsnahen Grafen und Herren. Dieser Gruppe gehört er selbst an, aus ihr stammt auch ein wichtiger Bundesgenosse, Burggraf Friedrich III. von Nürnberg (*1225, †1297) aus dem Hause Hohenzollern.

1273, 1274 Hoftage in Speyer und Nürnberg, wo die Rückforderung (*Revindikation*) des entfremdeten Reichsguts seit 1245 (Absetzung Friedrichs II. durch den Papst) verkündet wird, freilich praktisch mit Ausnahme der politischen Freunde König Rudolfs.

Der Erfolg ist dort am größten, wo man wenig Widerstand leisten kann, bei den Kleinen, aber schließlich auch gegenüber dem mächtigsten Herrn:

Der mächtigste Landesherr im Reich ist König Přemysl Ottokar II. von Böhmen (1253–1278; *1233, †1278), der nach dem Aussterben der Babenberger in männlicher

Großreich Ottokars II.   Linie (1246) und nach dem Scheitern eines Zugriffs der Staufer das Herzogtum Österreich 1251 in Besitz nimmt; er heiratet die Babenbergerin Margarete. 1260/61 erwirbt Ottokar das ebenfalls früher babenbergische Herzogtum Steiermark nach ungarischem Zwischenbesitz hinzu und 1269 aus der Hinterlassenschaft des verwandten Herzogs Ulrich II. von Kärnten noch dieses Herzogtum und Krain. Er ist damit der größte „Staufererbe" und Hauptgewinner des Interregnums. *Ottokars Großreich* bildet in Ostmitteleuropa einen neuen Schwerpunkt mit Auswirkungen bis zur Ostsee. Er verweigert die Huldigung gegenüber Rudolf und die rechtliche Klärung seines Besitzes.

1276   Erster Zug Rudolfs gegen Ottokar (1275 in die Acht erklärt), der u.a. durch böhmische Adelsopposition geschwächt ist und sich ohne Kampf zur Huldigung für die böhmischen und zum Verzicht auf die österreichischen Länder bereitfindet.

Ein von Ottokar geschürter Aufstand in Österreich führt zur entscheidenden Kraftprobe:

Marchfeld   1278   Sieg Rudolfs und der Ungarn über Ottokar auf dem *Marchfeld* (bei Dürnkrut; Niederösterreich, in der Nähe der Grenze zu Mähren), Ottokar wird erschlagen. Ausgleich mit dem Vormund des jungen Wenzel II.: Böhmen und Mähren bleiben přemyslidisch.

Österreich und Steiermark   1282   *Österreich und Steiermark* werden habsburgisch durch Belehnung der Königssöhne durch Rudolf.

1286   Kärnten und Krain fallen an Graf Meinhard II. von Görz-Tirol.

König Rudolf kann zwar das staufische Herzogtum Schwaben nicht wiederherstellen, da der Widerstand vor allem des Grafen von Württemberg zu groß ist, aber er vermehrt seine schwäbische Hausmacht ansehnlich. Im Reich sorgt er für Frieden und zerstört persönlich Burgen von Landfriedensbrechern. Der frühe Tod von Päpsten (Gregor X. 1271–1276, Nikolaus III. 1277–1280) und kurzzeitige Schwierigkeiten im Reich verhindern den angestrebten Romzug; so bleiben Zugeständnisse an das Papsttum (Verzicht auf die Romagna) ohne Gegenleistung.

1289   Rudolf zwingt den Pfalzgrafen Otto IV. der Freigrafschaft Burgund zur Huldigung und kann damit für kurze Zeit das weitere Reichsgebiet im Südwesten gegenüber dem französischen Königtum stabilisieren.

„Grabesritt"   1291   *„Grabesritt"* Rudolfs nach Speyer, der sich damit ein letztes Mal zur Königstradition bekennt.

Entstehung der Schweizer Eidgenossenschaft

Ewiger Bund   1291 „*Ewiger Bund*" der drei Waldstätte Uri, Schwyz und Unterwalden; ein älteres, nicht definierbares Bündnis wohl während des Interregnums ist vorausgegangen. Motive waren wie anderswo das Streben nach lokaler Friedensordnung und die Selbstbehauptung gegenüber wirklichen oder vermuteten landesherrlichen Bestrebungen der Habsburger. Eine Feindschaft zwischen den drei Orten und Habsburg gibt es nur zeitweise, ein Interesse kann vor allem bestehen infolge der Öffnung des Weges über den St. Gotthard im frühen 13. Jh., der als nunmehr kürzeste Verbindung zwischen Oberrhein und Italien durch die Waldstätte führt. Die Vermutung eines Willens zur Staatsgründung wäre vollkommen anachronistisch. Die Überlieferung ist höchst dürftig und legendär überwuchert (weder der Rütlischwur noch die Vertreibung der Vögte, die Gestalt Geßlers oder die Apfelschussszene Tells sind historisch bezeugt). Der Altschweizer Bund, in seinen Anfängen nichts Ungewöhnliches, wird erst durch unvorhersehbare Entwicklungen der Folgezeit zum Ausgangspunkt eines wichtigen historischen Zusammenhangs: Durch das *Urkantone*   erfolgreiche Zusammenspiel der *„Urkantone"* mit nichthabsburgischen Königen, die die rechtlichen Schwächen der Schweizer Position bereitwillig bessern (Unterwalden ist habsburgisch, in Schwyz bestehen habsburgische Rechte), um dem Thronrivalen zu schaden, durch die Gunst der Topografie und vor allem infolge des fortgesetzten militärischen Erfolgs der Schweizer gegenüber den Habsburgern mit einer neuartigen, unritterlichen Kriegsführung (1315 Morgarten, 1386 Sempach). Der Erfolg zieht dann neue Erfolge nach sich, und die Niederlage Habsburgs wird, nachdem eine dauernde Verbindung dieses Hauses mit dem Königtum geschaffen ist, die Niederlage des Reiches einschließen: Am Ende des Mittelalters ist die inzwischen bedeutend vergrößerte Eidgenossenschaft de facto, 1648 de jure selbstständig.

Adolf von Nassau   **1292–1298**   Adolf von Nassau (*1250, †1298; König 1292).

Er stammt aus einem mittelrheinischen Grafenhaus und wird gewählt, weil der Sohn Rudolfs, Herzog Albrecht von Österreich, den Kurfürsten als zu mächtig erscheint. Aber auch Adolf strebt nach einer neuen Hausmacht im Osten, um seine überaus schmale heimische Basis aufzubessern. Beim Versuch, Schwierigkeiten des Hauses Wettin, das Sachsen und Thüringen beherrscht, auszunutzen, hat er zunächst Erfolg (Einziehung der Markgrafschaft Meißen, Ankauf der Nachfolge in Thüringen 1293), jedoch führt er damit auch die Gegnerschaft seiner Wähler und Böhmens herbei. Im Konflikt des englischen Königs mit dem französischen Herrscher ist Adolf von Nassau eine umworbene, jedoch sehr schwache Figur.

1294 Aufgrund eines Bündnisses mit Eduard I. von England lässt er sich Subsidien zahlen, jedoch kommt es nicht zum Kampf, obwohl ein Konflikt mit Frankreich populär gewesen wäre. Der Vorwurf einer Bestechung durch den französischen König lässt sich nicht erweisen.

1298 Nach seiner (unrechtmäßigen) Absetzung durch eine Kurfürstenversammlung in Mainz, die Herzog Albrecht zum neuen König wählt, entscheiden die Waffen zwischen den beiden Königen. Adolf fällt in der Schlacht von Göllheim (bei Worms).

1298–1308 *Albrecht I., von Habsburg* (*1255, †1308; König 1298).
Er wird in Frankfurt ein zweites Mal gewählt. Die Habsburger stehen in staufischer Tradition auf der anderen Seite des großen europäischen Konflikts:

1299 *Bündniserneuerung* in Quatrevaux (unweit Toul) mit Philipp IV. von Frankreich gegen territoriale Zugeständnisse Albrechts.

1301/02 Die dadurch beunruhigten, ein starkes Königtum ablehnenden rheinischen Kurfürsten werden, ehe sie aktiv werden können, vom König nacheinander besiegt oder gebeugt.

1303 Papst Bonifaz VIII., von Frankreich bedroht, erkennt nicht nur das rechtlich problematische *Königtum Albrechts* gegen verbale Zugeständnisse an, sondern sucht in der vergeblichen Hoffnung auf dessen Hilfe auch universale kaiserliche Rechtspositionen wiederaufzugreifen. Stattdessen bemüht sich Albrecht um den Erwerb Böhmens:

1306 Aussterben der Přemysliden in männlicher Linie. Albrecht setzt seinen Sohn Rudolf als böhmischen König durch, der jedoch 1307 stirbt.

1307 Ein königliches Heer wird von den Wettinern bei Lucka (Ostthüringen) geschlagen. Albrecht rüstet, um mit guten Aussichten beide Rückschläge auszugleichen und vielleicht eine große ostmitteleuropäische Hausmacht aufzubauen.

1308 Da wird er von seinem Neffen Johann (Parricida), dem er eine Erbteilung vorenthalten hat, bei Brugg an der Reuß ermordet.

Stammtafel der Luxemburger

```
                          Heinrich III.
                          Gf. v. Luxemburg
                          † 1288
        ┌─────────────────────┴─────────────────────┐
Heinrich VII. (als Gf. IV.)                    Balduin
* um 1274                                      * 1285
Kg. 1308, Kg. v. Italien 1311                  Eb. u. Kf. v. Trier 1307
Ks. 1312                                       † 1354
† 1313
    │
┌───┴────────────┬──────────────────┬──────────────────┐
Johann           Maria              Beatrix
* 1296           † 1324             † 1319
Kg. v. Böhmen 1310   ∞ 1322 Karl IV.    ∞ 1318 Karl II. Robert
† 1346           Kg. v. Frankreich  Kg. v. Ungarn
  1310 Elisabeth T.   † 1328         † 1342
Kg. Wenzel II. v. Böhmen
    │
┌───┴─────────┬─────────────────────┬──────────────────┐
Guta, auch Jutta (Bona)   Karl IV. (Wenzel)   Johann Heinrich
† 1349                    * 1316              Gf. v. Tirol 1335 41
∞ 1332 Johann II.         Kg. 1346            Mgf. v. Mähren 1355
Kg. v. Frankreich         Kg. v. Böhmen 1347  † 1375
† 1364                    Kg. v. Italien u. Ks. 1355
                          Kg. v. Burgund 1365
                          † 1378
    │                         │                    │
┌───┴──────┬─────────┬────────┴─────┬──────────┬───┴──────┬─────────┐
Margarete  Wenzel    Anna          Sigismund  Johann     Jobst     Prokop
† 1349     * 1361    † 1394        * 1368     * 1370     * 1351    † 1405
1338 Ludwig I. Kg. v. Böhmen ∞1382  Kg. v. Ungarn 1387  Hz. v. Görlitz 1378  Mgf. v. Mähren
Kg. v. Ungarn  1373   Richard II.   Kg. 1410   † 1396    1375
und Polen      Kg. 1376  v. England  Kg. v. Böhmen 1420             Kg. 1410
† 1382         abges. 1400  † 1400  Kg. v. Italien 1431             † 1411
               † 1419                Ks. 1433
                                     † 1437
                                       │
                                     Elisabeth
                                     † 1442
                                     ∞1421 Albrecht V.
                                     Hz. v. Österreich
                                     Kg. 1438
                                     † 1439
```

Heinrich VII. von Luxemburg

1308–1313 *Heinrich VII., von Luxemburg* (*um 1274, †1313; König 1308, Kaiser 1312).
 1308 Gegen einen französischen Anwärter wird auf Betreiben des Trierer Kurfürsten Balduin von Luxemburg dessen Bruder Graf Heinrich gewählt; er erkauft dies mit der Rückgabe der Revindikationen Albrechts.
 1310 Eine böhmische Partei bietet dem Haus Luxemburg die Krone an, nachdem Herzog Heinrich von Kärnten als Böhmenkönig gescheitert ist. Heinrich VII. belehnt seinen Sohn Johann mit Böhmen, der mit der Přemyslidin Elisabeth vermählt wird.
 Johann kann sich in der Folgezeit trotz vieler Schwierigkeiten in Böhmen behaupten und schafft damit die Grundlage für die *zweite zukunftsreiche Großdynastie* des deutschen Spätmittelalters.

zweite zukunftsreiche Großdynastie

 1310–1313 Italienzug Heinrichs VII., von Dante (*1265, †1321) und vielen Ghibellinen jubelnd begrüßt. Jedoch ist die Militärmacht Heinrichs bescheiden, sodass er sich durch Einzelabkommen und Einzelkämpfe nach Süden durcharbeiten muss.
 1311 In Mailand wird er zum König von Italien gekrönt.

Kaiserkrönung
 1312 *Kaiserkrönung* in Rom, die aber von Straßenkämpfen überschattet ist.
 1313 Auf dem ebenso schwierigen Rückmarsch stirbt der Kaiser unweit von Siena und wird im Dom von Pisa begraben. Das Heer löst sich auf.

Wittelsbacher

Stammtafel der Wittelsbacher

Otto II.
Hz. v. Bayern
u. Pfgf. bei Rhein
† 1253

Pfälzische Linien — Bayerische Linien

Ludwig II.
Hz. v. Oberbayern
u. Pfgf. bei Rhein
† 1294

Heinrich XIII.
Hz. v. Niederbayern
† 1290
(Söhne, Enkel, Urenkel)

Ludwig der Bayer

Rudolf I.
Hz. v. Oberbayern
u. Pfgf. bei Rhein
† 1319

Ludwig (als Hz. IV.)
* 1282
Hz. v. Oberbayern
Kg. 1314, Kg. v. Italien 1327
Ks. 1328
† 1347

| Adolf † 1327 | Rudolf II. † 1353 | Ruprecht I. † 1390 | Ludwig V. † 1361 | Stephan II. † 1375 | Ludwig VI. † 1365 | Wilhelm I. † 1389 | Albrecht I. † 1404 | Otto V. † 1379 |

Ruprecht II. † 1398 | Anna ∞ 1349 Kg. Karl IV. † 1353 | | Meinhard † 1363 | Stephan III. † 1413 | Friedrich † 1393 | Johann II. † 1397 | Wilhelm II. † 1417 | Johann III. † 1425

Ruprecht

Ruprecht (als Pfgf. III.)
* 1352
Kg. 1400
† 1410

Ludwig VII. † 1447 | Heinrich XVI. † 1450 | Ernst † 1438 | Wilhelm III. † 1435

Ludwig VIII. † 1445 | Ludwig IX. † 1479 | Albrecht III. † 1460

| Ludwig III. † 1436 | Johann † 1443 | Stephan † 1459 | Otto I. † 1461 |

Georg † 1505 | Johann IV. † 1463 | Sigmund † 1501 | Albrecht IV. † 1508 ↓

Ludwig IV. † 1449 | Friedrich der Siegreiche † 1476

Philipp † 1508 ↓

1314–1347 Ludwig IV., der Bayer, von Wittelsbach (*1282, †1347; König 1314, Kaiser 1328).
1314–1330 Friedrich der Schöne, von Habsburg (*um 1286, †1330; König 1314)

Doppelwahl
 1314 *Doppelwahl* einer habsburgischen Partei (Köln, Pfalz, Sachsen-Wittenberg, Böhmen in Gestalt des vertriebenen Königs Heinrich) und einer luxemburgischen Partei (Mainz, Trier, Böhmen, Brandenburg, Sachsen-Lauenburg). Friedrich ist der Sohn König Albrechts; anstelle des zu jungen Johann von Böhmen-Luxemburg tritt Herzog Ludwig von Oberbayern ein. Damit ist die dritte große königsfähige Dynastie der Folgezeit erhoben.

Werben und Plänkeln der beiden Könige um Fürsten und Städte im Reich, jedoch fällt jahrelang keine Entscheidung.

1315 Friedrichs Bruder Leopold wird von den Eidgenossen, die von Ludwig gefördert werden, am Morgarten (am Aegerisee, heute Kanton Schwyz) geschlagen.

1322 Bei Mühldorf am Inn *Sieg Ludwigs* unter Mithilfe Johanns von Böhmen. Friedrich wird gefangen und 1325 gegen Thronverzicht freigelassen. Nach dessen Ablehnung durch Friedrichs Brüder wird eine gemeinsame Regierung angestrebt, die jedoch nicht zu praktischen Ergebnissen führt. Friedrich kehrt mit dem Königstitel, aber ohne Regierungstätigkeit nach Österreich zurück († 1330).

Sieg Ludwigs

1323 Hoftag vom Nürnberg: Ludwig belehnt seinen gleichnamigen Sohn mit der 1320 durch das Aussterben der Askanier erledigten Mark Brandenburg. Im gleichem Jahr sendet Ludwig einen Vikar nach Italien und stößt dabei auf den Widerstand des Papstes. Auf beiden Seiten ahnt man nicht, dass man in einen letzten, für beide Seiten verhängnisvollen Konflikt zwischen Papsttum und Kaisertum hineinschlittert. Papst Johannes XXII. (1316–1334; *um 1245, † 1334) eröffnet einen Prozess gegen Ludwig wegen widerrechtlichen Königtums und Unterstützung von Ketzerei mit dem Ziel von dessen Sturz. Ludwig appelliert dagegen in Nürnberg an ein künftiges allgemeines Konzil.

1324 *Bann Ludwigs durch den Papst* wegen Ungehorsams, gegen welchen der König die Sachsenhauser Appellation (bei Frankfurt) an ein kommendes Konzil einlegt, in unglücklicher Verbindung mit einer Anklage gegen Johannes wegen Ketzerei (weil dieser die Armutstheorien radikaler Franziskaner ablehnt). Ohne dieses zur Kenntnis zu nehmen, folgt die Absetzung Ludwigs durch den Papst und die Verhängung von Bann und Interdikt über alle seine Gefolgsleute.

Bann Ludwigs durch den Papst

Zweite Ehe Ludwigs mit Margarete von Holland-Hennegau, die nach dem Tode ihres Bruders 1345 mit diesen Ländern belehnt wird und damit die wittelsbachische Hausmacht vermehrt.

1326 Die Gelehrten Marsilius von Padua (*um 1280, † 1342) und Johann von Jandun (*um 1286, † vor 1329) als Emigranten aus Paris bei Ludwig.

1327–1330 Italienzug Ludwigs.

1327 Krönung zum König von Italien in Mailand.
In Rom hat, während der Papst in Avignon weilt, eine Volksbewegung unter Führung von Sciarra Colonna die Macht ergriffen und sich vom Einfluss der französischem Anjou freigemacht.

1328 Ludwig wird von städtischem Beamten Roms *zum Kaiser gekrönt*. Papst Johannes wird abgesetzt, ein Franziskaner, Nikolaus V., zum neuem (Gegen-) Papst gewählt. Weitere radikale Franziskaner, z.B. Wilhelm von Ockham (*um 1285, † 1346/49), fliehen zu Ludwig. Der *Konflikt mit dem Papst* in Avignon, auf dessen Seite Frankreich steht und dessen Appelle an Gewissen und Rechtsgefühl der Gläubigen in Deutschland nicht ohne Wirkung sind, wird aufs äußerste verschärft. Bann und Interdikt und deren Durchbrechen, der Kampf von Gegenbischöfen und das Gegeneinander in Orden und beim Klerus hinterlassen tiefe Wunden, wobei jedoch infolge der langen Dauer des Konflikts allmähliche Abstumpfung eintritt. Weder Papst noch Kaiser können das Ringen gewinnen, jedoch muss Ludwig dann Abfall fürchten, wenn sich politische Vorteile mit der Gewissensbefreiung verbinden lassen. Dies gilt insbesondere für die Rivalen Luxemburg und Habsburg und die Kurfürsten, während die Reichs- und Freien Städte meist fest zu Ludwig halten, der sie sehr begünstigt. Zudem fühlt sich Ludwig trotz der ihn freilich zugleich belastenden publizistischen Hilfe radikaler Franziskaner, die in Ludwigs territorialer Residenz München ein geistiges Zentrum bilden, auf die Dauer den juristischen und geistigen Waffen des Papstes nicht gewachsen. Es kommt daher zu Versuchen, ein Übereinkommen mit der Kurie zu finden, das jedoch gemäß den Normen des Kirchenrechts und nach dem Willen entschlossener Päpste (Benedikt XII. 1334–1342; Clemens VI. 1342–1352) nur mit der Unterwerfung Ludwigs enden kann; zugleich drohen bedenkliche Folgen für die Rechtsposition des Königtums im Allgemeinen. So bestimmt die Suche nach Lösungen für die Papstfrage fortan die Politik Ludwigs.

Kaiserkrönung

Konflikt mit dem Papst

1335–1337 Verhandlungen mit dem Papst, die schließlich scheitern.

1337 Ludwig schließt in der Hoffnung auf politische Entlastung ein Bündnis mit Eduard III. von England gegen den französischen König.

1338 *Kurverein von Rhens* (unweit Koblenz). Auch die Kurfürsten fürchten nun um ihre Rechte und erklären unter der Führung Balduins von Trier (*1285, † 1354), dass der von ihnen oder ihrer Mehrheit gewählte König rechtmäßig und ohne päpstliche Bestätigung herrschen könne. Danach Hoftag in Frankfurt: Ludwig verkündet den Kurfürstenspruch in zugespitzter Form als kaiserliches Gesetz „Licet iuris": Die Königswahl allein begründe auch schon

Kurverein von Rhens

Rechte, ja Titel des Kaisers. Das Manifest „Fidem catholicam" verbietet die Beachtung des Interdikts und der päpstlichen Prozesse. Noch im selben Jahr Hoftag von Koblenz: Begegnung mit Eduard III. von England, der zum Generalvikar im Reich erhoben und als König von Frankreich anerkannt wird.

1340/41 Politische Wende Ludwigs von England zu Frankreich in der Hoffnung auf dessen Vermittlung beim Papst. Weil dies nicht eintritt, macht sich Ludwig ohne politischen Nutzen unglaubwürdig.

Erwerb der Grafschaft Tirol

1342 *Erwerb der Grafschaft Tirol* durch eine Ehe von Ludwigs gleichnamigem Sohn und der Erbtochter Margarete, die jedoch schon mit Johann Heinrich, dem Sohn König Johanns von Böhmen, vermählt ist. Johann Heinrich wird zwar vertrieben, aber die dem Rechtsempfinden hohnsprechende Gewalttat richtet großen politischen Schaden an und macht die Luxemburger zu Todfeinden.

Balduin von Trier versöhnt sich mit dem Papst. Die Luxemburger betreiben die Thronkandidatur Karls, des Sohnes König Johanns, mit päpstlicher Unterstützung.

1343, 1345 Es scheitern die letzten Verhandlungsversuche Ludwigs mit dem Papst.

Karl IV. von Luxemburg

1346–1378 *Karl IV., von Luxemburg* (*1316, †1378; König 1346, Kaiser 1355).

Karl ist der bedeutendste Herrscher des deutschen Spätmittelalters. Unter seiner Regierung wird ein Großteil der überkommenen Probleme der Zentralgewalt hintangehalten, sodass die Fortsetzung seines Systems, die dann nicht gelungen ist, wohl eine günstigere Verfassungsentwicklung ermöglicht hätte, als sie tatsächlich eintritt.

Karl wird am französischen Königshof erzogen (1323–1330) und erhält eine für Laienfürsten sehr ungewöhnliche Bildung. Nach einem Aufenthalt in Oberitalien weilt er 1333–1346 als Markgraf von Mähren vor allem in den böhmischen Ländern, wo er trotz adeligen Widerstandes und zeitweiliger Gegnerschaft seines Vaters zur strafferen Landesherrschaft přemyslidischen Vorbilds zurückzufinden sucht. 1342 übernimmt er die Regierung in Böhmen. Die *neuluxemburgische Hausmacht* (Böhmen, Mähren, Egerland, die Lausitzen, eine wachsende Zahl der schlesischen Fürstentümer) ist neben der habsburgischen die größte im Reich und günstiger gelegen als diese.

neuluxemburgische Hausmacht

1346 Der Papst fordert die Kurfürsten zur Neuwahl auf. Johann und Karl machen in Avignon große Zugeständnisse an das Papsttum (wenn auch ohne Verzicht aufgrundpositionen des Königtums), die aber vielfach durch die künftige Entwicklung überholt werden. Fünf Kurfürsten (Mainz, Köln, Trier, Böhmen, Sachsen-Wittenberg) wählen Karl in Rhens zum Gegenkönig, nach päpstlicher Approbation wird er in Bonn gekrönt. Vater und Sohn lassen sich als Verbündete der Franzosen in den Hundertjährigen Krieg ein und geraten in die Niederlage von Crécy (unweit Calais): Johann fällt, Karl entflieht.

1348 Die Habsburger lassen sich von Karl belehnen und nehmen damit Partei zu dessen Gunsten. In Brandenburg spielt dieser einen angeblichen Askanier, den „falschen Woldemar", gegen den Kaisersohn Ludwig aus und belehnt ihn. Die gebannten Wittelsbacher versuchen vergeblich, König Eduard III. von England als Königskandidaten für ihre Partei vorzuschieben. *Errichtung der Universität Prag* als der ersten im Reich nördlich der Alpen, Gründung der überaus großzügig geplanten Prager Neustadt.

Errichtung der Universität Prag Günther von Schwarzburg

1349 Nur Graf *Günther von Schwarzburg* (*1304, †1349) lässt sich gegen Karl zum König wählen, verzichtet aber als bald Schwerkranker nach wenigen Monaten in hoffnungsarmer Lage und stirbt. Durch ein Heiratsbündnis mit dem Pfalzgrafen spaltet Karl die Wittelsbacher Partei; die Oberpfälzer Mitgift bietet den Kern für die Entwicklung „Neuböhmens", die am Anfang der erfolgreichen Hausmachtpolitik Karls steht.

Auch bei den Reichsstädten setzt er sich durch. – Gegen den Widerstand des Papstes findet 1350 eine äußerliche Aussöhnung mit den bayrischen Wittelsbachern statt.

Die Große Pest

Die Anfänge Karls sind überschattet vom Einbruch der wohl schwersten sozialen und wirtschaftlichen Krise des deutschen Spätmittelalters, vom Kommen der Großen Pest und ihren direkten und indirekten *Folgen und Begleitumständen*. Allerdings darf man nicht alle Veränderungen des 14. Jh.s, das im Allgemeinen ein dunkleres Jh. als das 13. gewesen ist, auf diesen Zusammenhang zurückführen, und neben Stillstand und Rückschritt steht auch der Wandel. Die Pest kommt aus dem Mittelmeerraum, man kennt kein Heilmittel. Bei großen Unterschieden im Einzelnen dürfte etwa ein Drittel der Reichsbevölkerung dahingerafft worden sein (zuverlässige Zahlen gibt es nicht); vom ersten Ansturm sind gerade die böhmischen Länder kaum betroffen. Es zeigen sich Auswirkungen auf die Mentalität der Menschen (Geißlerzüge, Judenverfolgungen) und vor allem längerfristige soziale und wirtschaftliche Folgen. Dem ersten Seuchenzug folgen weitere, die erst in ihrer Summe – auf eine schon geschwächte Bevölkerung treffend

Folgen und Begleitumstände

– das ganze Unheil hervorbringen. Gegenüber der radikalen Verringerung der Zahl der Siedlungen in vielen Gegenden ist freilich zu bedenken, dass auch schon ältere Hungersnöte vorausgegangen sind und dass man die Aufgabe von Siedlungen und die Bevölkerungsmobilität zum Teil auch als „rationalisierende" Konzentration auffassen kann.

Die Menschenverluste haben – wohl von einer wenig durchschaubaren Münzkrise begleitet – schwer wiegende Folgen für das Preis- und Lohngefüge: Die Agrarpreise sinken – wenngleich mit einer bemerkenswerten Verzögerung – allmählich, und zwar für lange Zeit, während die Preise für gewerbliche Güter und die Löhne stark ansteigen. So verschlechtert sich die Lage vieler Bauern und beträchtlicher Teile des kleinen grundbesitzenden Adels (*Agrarkrise*, besonders Krise des Getreidebaus), während viele Städte trotz einer häufig sehr hohen Todesrate kraft ihrer wirtschaftlichen Anziehungskraft rasch wieder aufgefüllt werden und viele von ihnen Zeichen der Blüte zeigen. Die Ostsiedlung kommt in ihrer Breite zum Erliegen. Man muss aber betonen, dass die Verhältnisse im einzelnen sehr verschieden sind (schon der Begriff „Krise" ist vieldeutig) und sich infolge des Fehlens jeglicher gesamtwirtschaftlicher Daten nicht in voll befriedigender Weise aufklären lassen. Dies gilt auch für die Frage, wie sich solche Wandlungen auf das Königtum ausgewirkt haben.

Agrarkrise

1354–1355 Erster Italienzug Karls IV. mit sehr geringem militärischen Aufwand.
1355 Krönung zum König von Italien in Mailand und *Kaiserkrönung* in Rom durch einen päpstlichen Legaten. Weder vom Papst noch von Petrarca oder Cola di Rienzo lässt sich Karl in inneritalienische Angelegenheiten verwickeln, vielmehr setzt er die verbliebenen Kaiserrechte in Einnahmen um. – Karl zieht seinen Landrechtsentwurf (sog. Maiestas Carolina) in Böhmen zurück. Wenn er Böhmen über den engeren Königsbesitz (Krondomäne) hinaus zu durchdringen sucht, scheitert er meist am Widerstand des kraftvollen Adels, den er in seiner Mehrheit nicht zu gewinnen vermag.

Kaiserkrönung

1356 Hoftage in Nürnberg und Metz: *Erlass der Goldenen Bulle*, des wichtigsten „Grundgesetzes" des alten Reiches, das die Nachfolge im Königtum für die Zukunft regelt. Die Goldene Bulle ist ein Kompromiss zwischen Kaiser und Kurfürsten, weil etwas anderes angesichts des Verfassungszustandes des Reiches in krisenarmer Zeit kaum möglich ist, indessen ein sehr erfolgreicher. Die *Rechte der sieben Kurfürsten* werden letztgültig bestimmt. Einberufung und Leitung der Wahl obliegen dem Erzbischof von Mainz, der als Letzter seine vielleicht entscheidende Stimme abgibt. Mehrheitswahl ist einstimmiger Wahl gleichrangig, Selbstwahl eines Kurfürsten ist gestattet. Kurfürstentümer dürfen nicht geteilt werden, um Streit um Wahlstimmen zu vermeiden; sie erhalten Rechte, die ihnen Vorteile vor anderen Landesherrschaften sichern. Insbesondere wird Böhmen hervorgehoben, dessen König jetzt unter den weltlichen Kurfürsten als erster gilt. Nicht die Rede ist vom Papst und von den beiden großen rivalisierenden Dynastien.

Erlass der Goldenen Bulle

Rechte der sieben Kurfürsten

Mehrere Fürsten, vor allem die Habsburger, bemühen sich, den Vorsprung der Kurfürsten einzuholen (1358/59 Fälschung des sog. Privilegium maius zugunsten Österreichs, 1363 Erwerb Tirols durch die Habsburger, 1365 Gründung der Universität Wien).

1364 Einlösung der Niederlausitz (Kauf 1367).
1365 Übernahme der Verwaltung der Mark Brandenburg (Kauf 1373). Reise nach Avignon, Krönung zum *König von Burgund* in Arles.
1368 Mit dem Tod Herzog Bolkos von Schweidnitz-Jauer wird der Erwerb Schlesiens durch die Luxemburger vollendet.
1368–1369 Zweiter Italienzug zur Unterstützung des Papstes, der nach Rom zurückzukehren versucht. Wieder ist diplomatische Aktivität wichtiger als militärische.
1370 *Friede von Stralsund* nach der Niederlage des dänischen Königs gegenüber einem Bündnis von Hansestädten: Politischer Höhepunkt der Stellung der Hanse im niederdeutsch-nordeuropäischen Raum, den sie in ihrer Blütezeit zu einer Wirtschaftseinheit formt, nachdem sie – in diesem Randgebiet lange Zeit konkurrenzlos – erst diesen Raum im hohen Maße selbst geschaffen und damit viel zur „Europäisierung" des nördlich-nordöstlichen Viertels Europas beigetragen hat.

König von Burgund

Friede von Stralsund

Die Hanse

Eines der bemerkenswertesten Phänomene des europäischen Mittelalters erwächst aus verschiedenen Wurzeln. Hansen sind lokale, zumal niederländisch-niederrheinische *Kaufmannsgruppen* des 12., z.T. schon des 11. Jh.s, die in England wegen ihrer besonderen Privilegien zusammengefasst sind; die Hanse im späteren Sinn hat dann einen größeren Rahmen um diese Hansen gezogen. Einen anderen Anfang bildet die Genossenschaft der Kaufleute des Reiches auf der Ostseeinsel Gotland, die seit der 2. Hälfte des 12. Jh.s rechtsfähig ist. Eine dritte Wurzel stellt Lübeck dar, das künftige Haupt der Hanse, mit dessen

Kaufmannsgruppen

Gründung (endgültig 1158/59 durch Herzog Heinrich den Löwen) die erste vollausgebildete und moderne Großstadt und zugleich größte Stadt des mittelalterlichen Nordviertels Europas Zentrum und Modell für zahlreiche weitere Städte wird. Von Lübeck aus erschließt die Nordseekogge, ein lange Zeit weit überlegenes Fahrzeug, auch die Ostsee. Die Basis der hansischen Vor- und Frühzeit bildet die frühentwickelte Wirtschaftskraft des Rheinlandes und Westfalens. So hängt die Entfaltung der Hanse auch mit dem Aufstieg der Städte zusammen, ebenso wie mit der Vollentwicklung der deutschen *Ostsiedlung* seit etwa 1150. Eine weithin identische Sozial- und Wirtschaftsstruktur, das heißt ein Fernhandel treibendes Großbürgertum, ein vielfach verflochtener Personenkreis, ist und bleibt für die Hanse bezeichnend; es wächst hier heran. Es handelt sich nicht um ein politisch-institutionelles Gebilde, sondern um einen Personenverband mit gleichen oder ähnlichen Interessen.

Ostsiedlung

Die Geschichte der Hanse läuft ab zwischen der Mitte des 12. und der Mitte des 17. Jh.s. Um 1290/1300 löst Lübeck die Vorherrschaft Gotlands ab. Bis dahin ist Nowgorod erreicht, ist der Transport des Herings aus Schonen, der wichtigen Fastenspeise, in hansischer Hand, wird der Stockfisch aus dem norwegischen Bergen gegen Getreide getauscht (alles um 1200), werden die ersten überseeischen deutschen Städte gegründet (Riga 1201, Reval 1230, Stockholm um 1251 u.v.a.), wirkt man mit dem Deutschen Orden zusammen (Gründung Elbings 1237), der später als einziges Fürstentum Hansemitglied ist. Bis 1270/80 ist das hansische Städtesystem um die Ostsee vollendet, das die Ausfuhrgüter des flachen Landes erschließt (Getreide, Holz, Erze). Im Westen handelt man am intensivsten mit England (seit 1281 nur noch eine Hanse in London) und vor allem mit dem reichen Flandern (Mittelpunkt Brügge).

Um 1250 beginnt das Zeitalter des sesshaften Kaufmanns, um 1300 sind die Grundzüge der Hanse ausgebildet: ein eng verknüpftes System von etwa 30 größeren und mehr als 100 kleineren Städten mit einer Ausdehnung von 1500 km Länge und mehreren Hundert km Tiefe zwischen Köln und Reval, mit großen Kontoren in London, Brügge, Bergen und Nowgorod und vielen kleinen. Das 14. Jh. ist die *Blütezeit* der Hanse. Statt der Person des Kaufmanns tritt allmählich, vor allem infolge wachsender auswärtiger Konkurrenz, die Heimatstadt in den Vordergrund: Aus der Kaufmannshanse wird schrittweise die *Städtehanse*. Der Begriff der Hansestadt bleibt aber vage, es gibt stets aktive und passive Städte. Man handelt in der Hanse, in Gestalt von Städtebünden auf Zeit, kaum als Gesamthanse, sie ist keine juristische Person. Der Hansetag als einzige „Institution" von 1356 an handelt reagierend und kann abwesende Städte nicht binden. Wachsende relative Verdichtung ist auch hier Reaktion auf zunehmende Schwierigkeiten in der Umwelt, auch die Städtehanse entwickelt sich daher stetig weiter. Die Städte sind jedoch politisch unterschiedlich eingeordnet (Reichsstädte, Freie Städte, landesherrliche Städte), und die Landesherrschaft wird immer mächtiger. Andere Problemfelder sind die Sicherung der Auslandsprivilegien, Piraterie, fremde Konkurrenz, Wachstum von Territorial- und Nationalwirtschaft. Gegenmittel sind Drohung mit dem Abzug, Blockade und Krieg. Die stets kurzfristigen Militärbündnisse führender Hansestädte sind gegenüber Flandern, Dänemark, England und anderen bis ins 16. Jh. sehr wirksam (z.B. 1358–60 und 1388–92 erfolgreiche Blockaden Flanderns, 1435 erfolgreicher Friede mit Dänemark, 1474 mit England, 1483 mit Frankreich). Ein Umschwung zeigt sich am ehesten im *Wachstum defensiven Denkens* vom späten 14. Jh. an. Auch wenn die Konkurrenz von da an immer kräftiger wird, zumal in Gestalt der ebenfalls reichsangehörigen Holländer vom 15. bis zum 17. Jh., bleiben die Hansestädte mindestens gleichrangig, wenn nicht jedem Einzelkonkurrenten für sich genommen noch überlegen; der Abbau von Monopolen ist in einer Zeit kräftig wachsenden Handels nicht gleichbedeutend mit absolutem Rückgang. So ist das Handelsnetz der Hanse im 15. Jh. geografisch am umfangreichsten (bis Portugal und Island). Ökonomisch wichtiger als der Ostseebereich ist offenbar Flandern. Die *Vielfalt der Handelsgüter* ist außerordentlich groß und entzieht sich der Berechnung; dies gilt erst recht für den Nah- und Landhandel der Hanse, der anscheinend sehr ansehnlich ist. Im 16. Jh. schwinden allmählich die Voraussetzungen des hansischen Systems älteren Stils, Erfolge und Misserfolge halten sich die Waage, die stets schon bestehenden Interessengegensätze der Städte verschärfen sich beträchtlich. Von nun an geht es immer mehr um den Vorteil von Einzelstädten als um das Schicksal der ganzen Hanse. Der Friede von Stettin 1570 bezeichnet das Ende hansischer Einheit im alten Sinn in der Ostsee. Der Dreißigjährige Krieg führt den *Untergang des Städtebundes* herbei, 1669 findet der letzte Hansetag statt. Es gibt fortan nurmehr Wirtschafts- und politische Geschichte von Einzelstädten oder kleinen Städtegruppen an Nord- und Ostsee oder Territorialwirtschaft.

Blütezeit

Städtehanse

Wachstum defensiven Denkens

Vielfalt der Handelsgüter

Untergang des Städtebundes

Städtebünde und Ritterbünde

Mit der Wirtschaftskraft der Städte und mit ihrer Befestigung wächst im 13. und 14. Jh. das Selbstbewusstsein, der Zusammenschluss vermehrt ihre Kraft. Die *Freien Städte* (Köln, Mainz, Straßburg u.a.) haben sich gegenüber ihren bischöflichen Stadtherren verselbstständigt und beanspruchen, keinen Herrn zu haben; aus den königlichen Städten der Staufer werden durch ähnliche Verselbstständigung gegenüber dem Herrscher *Reichsstädte* (Nürnberg, Frankfurt a.M., Lübeck u.v.a.), auch landesherrliche Städte suchen sich ihres Herrn zu entledigen (mit Erfolg Hamburg, sonst auf die Dauer meist erfolglos). Seit dem Rheinischen Städtebund von 1254 bilden sich überall in Deutschland Städtebündnisse verschiedener Art,

Freie Städte

Reichsstädte

Größe und Dauer. Am wichtigsten sind neben der Hanse die *Bündnisse* der süddeutschen Reichs- und Freistädte. Weil die Landesherren Gegner der Reichsstädte sind, bleiben diese als die im Kräftespiel des Reiches zuletzt schwächeren auf den König angewiesen; ihre öffentliche Meinung ist dem Reich und seiner Spitze, dem König, zugeneigt.

Bündnisse

Die wichtigste oberdeutsche Reichsstadt ist *Nürnberg*, das zwischen dem Zeitalter Regensburgs und dem Zeitalters Augsburgs wirtschaftlich besonders im 14. Jh. Erstaunliches leistet (hoch entwickelte Handelsgesellschaften, gewerbliche Erfindungen auf fast allen Gebieten, große Finanzkraft, ausgedehnter Wirtschaftsraum). Es ist ein Zentrum des oberdeutschen Wirtschaftsgebiets, das – anders als das niederdeutsch-hansische beschaffen, aber ihm ebenbürtig oder gar (zumindest an Dynamik) überlegen – ebenfalls weit über die Grenzen des Reiches nach Osten und Südosten hinausreicht. Es ist, abweichend vom hansischen, dem Königtum verbunden und dient ihm – zum eigenen Vorteil – mit Geld und Information. Eine Anzahl von Städten erlebt *Bürgerkämpfe*, die häufig die politische Basis des Rates verbreitern (bis zu den Zünften), aber die äußeren Schwierigkeiten der Städte eher vermehren. Ludwig der Bayer begünstigt die Städte, die Städtepolitik Karls IV. und Wenzels jedoch ist in hohem Maße fiskalisch.

Nürnberg

Bürgerkämpfe

Der 1376 gegründete Schwäbische Städtebund unter der Führung Ulms behauptet sich gegenüber hohen Geldforderungen Karls IV. und zwingt ihn zum Nachgeben.

Ab 1338/54/79 Elsässischer Städtebund, 1381 Rheinischer Städtebund, die beide mit dem Schwäbischen Städtebund in Verbindung treten. 1382 Sächsischer (d.h. Niedersächsischer) Städtebund.

1388/89 Erster Städtekrieg. Niederlage der schwäbischen Städte bei Döffingen, der rheinischen bei Worms, Frankfurts am Main bei Kronberg. Der Gegensatz von Fürsten und Städten entlädt sich unter einem geschwächten Königtum, ein Umschwung zuungunsten der Städte tritt ein.

1449/50 Zweiter Städtekrieg mit dem Höhepunkt des Konflikts zwischen Nürnberg und Markgraf Albrecht Achilles von Brandenburg (1448–1453). Nürnberg behauptet sich, aber das Zeitalter gemeinsamen Handelns der Städte ist zu Ende. Die Territorien überholen die Städte, nur noch die großen und glücklichen vermögen sich selbstständig zu behaupten, viele kleine werden abhängig und verkümmern.

Ähnlich wie die Städte schließt sich vor allem seit dem ausgehenden 14. Jh. in vielen Landschaften (Schwaben, Franken, am Rhein u. a.) der Niederadel zu *Ritterbünden* zusammen, um sich entweder intern gegen Landesherren zu behaupten oder, wie im königsnahen Raum, von Landesherren politisch und gegenüber Städten wirtschaftlich unabhängig zu bleiben (Gesellschaft vom Löwen, Gesellschaften mit St. Jörgenschild, die Schlegler, die Sterner). Während einige Bünde 1381/82 gegen die Städte unterliegen, vermögen andere insbesondere im Zeitalter Sigismunds eine politische Rolle zu spielen. Später sind sie ganz in die Defensive gedrängt, bis sie dann z. T. am Schwäbischen Bund von 1488 mitwirken.

Ritterbünde

1376 Die Kurfürsten wählen Karls Sohn Wenzel (*1361, †1419) zum König, erstmals seit der Stauferzeit zu Lebzeiten des Vaters: ein großer Erfolg, der gegen die Interessen des Papstes, der Kurfürsten und der rivalisierenden Dynastien verwirklicht wird.

1377–1378 *Frankreichreise Karls*, auf welcher wohl weit gespannte dynastische Pläne erörtert werden. Infolge der schon 1372 erfolgten Verlobung der jüngeren Erbtochter König Ludwigs von Polen und Ungarn mit Karls Sohn Sigismund sollte Polen luxemburgisch werden, während Ungarn an einen französischen Prinzen fallen sollte. Dafür mag Karl burgundische Rechte preisgegeben haben (Ernennung des französischen Thronfolgers zum Reichsvikar im Arelat). Da aber die älteste Tochter Ludwigs früh starb, werden Sigismund und mit ihm seine habsburgischen Erben (bis ins 20. Jh.) auf Ungarn umgelenkt.

Frankreichreise Karls IV.

1378 Karl teilt testamentarisch seine Erblande: Wenzel erhält das Kerngebiet mit Böhmen, Sigismund Brandenburg und Johann das kleine Herzogtum Görlitz.

In Karls letzten Tagen bricht *das Große Schisma* der Kirche aus, das künftig die deutsche Politik überschatten wird. Karl entscheidet sich für den römischen Papst.

das Große Schisma

1378–1400 *Wenzel*, von Luxemburg (*1361, †1419; König 1376)

Wenzel

Der älteste Sohn Karls IV. übernimmt ein schweres Erbe, im Hinblick auf die gespaltene Kirche, auf das Gegeneinander von Fürsten, Städten und Rittern im Reich und auf die vom Vater mühsam kontrollierte Situation in Böhmen. Hier bricht die latente Krise zuerst auf:

1384/1385 Zerfall des karolinischen Systems in Böhmen; Wenzels Königtum wird schrittweise auf die Krondomäne zurückgedrängt. Infolgedessen gerät Wenzel auch im Reich und darüber hinaus in immer größere Schwierigkeiten.

1384 Heidelberger Stallung: mühsamer Ausgleichsversuch zwischen König, Fürsten und Städten, der wenigstens Zeitgewinn bringt.

Wenzel hat Mühe, das Reich auf seine kirchliche Politik (Unterstützung des römischen Papstes) festzulegen.

1386 *Schlacht bei Sempach* (heute Kanton Luzern): Herzog Leopold III. von Österreich unterliegt und fällt gegen die Eidgenossen und schwäbisch-rheinischen Städte. 1388 Näfels (heute Kanton Glarus), ebenfalls eine österreichische Niederlage gegen die Schweizer.

Schlacht bei Sempach

	1386–1394	Geheimverhandlungen Wenzels mit Clemens VII., dem Papst von Avignon, bleiben ohne Ergebnis.
	1388–1396	Wenzel bleibt dem Binnenreich fern.
	1389	Landfriede von Eger. Als Folge ihrer Niederlage im Ersten Städtekrieg 1388/89 müssen die Städte wenigstens vorerst auf ihre Bündnisse verzichten.
	1394	Gefangenschaft Wenzels in Böhmen in der Hand königsfeindlichen Hochadels und des Markgrafen Jobst von Mähren.
	1395	Wenzel erhebt Giangaleazzo Visconti von Mailand (*1351, †1402) zum Herzog, um ihn für sich zu gewinnen und einen Romzug vorzubereiten.
	1397–1400	Wenzels Machtverfall schreitet rasch fort. Die rheinische Kurfürstenopposition formiert sich unter der Führung von Pfalz und Mainz und schafft sich auf zunehmend gegen Wenzel gerichteten Königslosen Tagen trotz offenkundig unrechtmäßigen Handelns wachsenden Anhang im Westen des Reiches.
	1398	Erfolgloses Treffen Wenzels mit dem französischen König Karl VI. in Reims zwecks Beseitigung des Schismas. Die kirchenpolitischen Ziele des Königs, der jetzt Avignon zuneigt oder jedenfalls neutral ist, und der romtreuen rheinischen Fürstengruppe treten immer weiter auseinander.
Absetzung Wenzels	1400	Die vier rheinischen *Kurfürsten setzen* in Oberlahnstein *Wenzel ab* und wählen in Rhens den Pfalzgrafen Ruprecht III. (*1352, †1410) zum neuen König.
		Wenzel, der die Absetzung nicht anerkennt, aber zu militärischer Aktion im Binnenreich unfähig ist, wird abermals in Böhmen gefangen gesetzt und verstrickt sich in innerdynastische Kämpfe mit der mährischen Nebenlinie und mit Sigismund von Ungarn (1402/3). Die religiös-politisch-sozialen Auseinandersetzungen in Prag und Böhmen, nicht ohne Zusammenhang mit Gegensätzen zwischen Tschechen und Deutschen, erschweren seine Situation immer mehr.
		Wenzel stirbt 1419, nachdem er auch in seiner Landesherrschaft zum Schattenkönig geworden ist, und löst durch seinen Tod endgültig die hussitische Bewegung aus.
Ruprecht von Wittelsbach	**1400–1410**	*Ruprecht, von Wittelsbach* (*1352, †1410; König 1400).
		Die geistlichen Wähler streben zum Kurfürstenkönigtum alten Stils zurück, während sich der Pfälzer davon zu emanzipieren sucht. Doch reichen seine Kräfte hierfür nicht aus. Allerdings erobert er Neuböhmen und wird schrittweise im Westen, Nordwesten und Süden des Reiches anerkannt.
	1401–1402	Der Italienzug Ruprechts scheitert schon in Oberitalien an den Visconti.
	1403	Der römische Papst Bonifaz IX. (1389–1404; *um 1350, †1404) approbiert Ruprechts Königtum erst, als Frankreich zu Avignon übergeht.
	1405	Marbacher Bund der innenpolitischen Gegner Ruprechts, die die pfälzische Territorialpolitik unter der Königskrone fürchten. Ruprecht muss sich bescheiden.
Konzil von Pisa	1409	Das von Kardinälen berufene *Konzil von Pisa* setzt die Päpste von Rom und Avignon ab, die jedoch diesen Akt nicht anerkennen, und wählt einen dritten Papst. Hierüber spaltet sich der Anerkennungsbereich Ruprechts, der selbst dem römischen Papst treu bleibt, während viele unter Kurmainzer Führung zu Pisa übergehen.
		Der Tod (1410) erlöst den König aus einer fast unhaltbar gewordenen Situation.
Schlacht bei Tannenberg	1410	*Schlacht bei Tannenberg* (poln.: Grunwald): schwere Niederlage des Deutschen Ordens gegen König Władysław II. Jagiełło von Polen und Großfürst Witold von Litauen.

Der Deutsche Orden

Der Deutsche Orden (eigtl. Brüder vom Deutschen Haus St. Mariens zu Jerusalem), gegründet 1190/98 auf dem Dritten Kreuzzug im Heiligen Land als jüngster der drei großen Ritterorden, ist in vielen seiner Aspekte nicht preußisch oder deutsch, sondern gesamtkirchlich oder gar mittelmeerisch. Er breitet sich im Orient und in Europa schnell aus und besitzt um 1300 schon etwa 300 Kommenden. Sitz des Hochmeisters ist Akkon bzw. die Burg Montfort bis zum Verlust von 1291, dann Venedig. *Hermann von Salza*, (1209–1239), der 4. Hochmeister, ist eine der großen Gestalten des Zeitalters. Als Vermittler zwischen Papst und Kaiser erlangt er viele Privilegien und die Gleichstellung mit Templern und Johannitern.

1225/26 bietet der Herzog von Masowien das von diesem an die heidnischen Prußen verlorene Kulmer Land als Schenkung an, wenn der Orden das Prußenland erobern würde. 1226 verbrieft Friedrich II. in der *Goldenen Bulle von Rimini* dem Orden die volle Landeshoheit für die zu erwerbenden Gebiete, 1234 nimmt der Papst das Ordensland in den Besitz der Kirche. Eine Lehnsbindung bleibt jedoch verboten; so wird das Ordensland Preußen politisch nicht zum Reich gehören und immer mehr ein Fremdkörper in einer dynastisch bestimmten Umwelt werden, während der konsolidierte Teil des Ordensbesitzes im Reich unter der Leitung des Deutschmeisters schließlich ein Fürstentum wird (1494).

1230 beginnt die *Eroberung Preußens*, sie ist 1283 abgeschlossen. 1309 wird die Marienburg Sitz des Hochmeisters. Damals sind schon Städte gegründet (Königsberg 1255), Bauern kommen seit etwa 1300 und siedeln in planmäßig angelegten Dörfern neben den Prußen. Aus Deutschen und Prußen werden allmählich Preußen, ein deutscher Neustamm wie in Pommern oder Schlesien, der im 15. Jh. ein eigenes Selbstbewusstsein auch gegen den Orden gewinnt und durch litauische und polnische Einwanderer ergänzt wird.   *Eroberung Preußens*

1236 tritt der Orden in die Position der geschlagenen Schwertbrüder ein, die in *Livland* (im Baltikum) wirken, wo ungefähr von 1180 an, insbesondere seit Albert von Bremen 1199, ein überseeisches Missionsland, jedoch kein Land für Bauernsiedlung, besteht. Von 1207 an ist Livland als Lehen für den Erzbischof von Riga Teil des Reiches (bis 1563), sodass der Deutsche Orden nur eine untergeordnete Position gewinnen kann. Problematisch sind nach der Kampfzeit äußere Lage und Selbstverständnis des Ordens auch in Preußen. Neues Lebensgesetz werden landesherrliches Verhalten nach innen und politische Notwendigkeit nach außen. Nachdem 1242 der Versuch scheitert, die als schismatisch geltenden Großfürstentümer Pleskau und Nowgorod zu erobern, sieht man sich dem heidnischen Litauen gegenüber (Kriege 1245–1422 mit jährlichem Zuzug von Kreuzfahrern aus Mittel- und Westeuropa ohne durchschlagende Erfolge), vor allem aber dem christlichen Polen und auf dem Landweg ins Reich dem christlichen Pomerellen. Dieses wird 1309 mit problematischem Recht erobert; polnische Ansprüche sind nicht befriedigt (1327–43 Krieg, der mit polnischem Verzicht endet).   *Livland*

Obwohl Polen erstarkt, ist das 14. Jh. die Blütezeit des Ordenslandes; ein ungewöhnlich „modernes", planvolles und *effektives Staatswesen* entfaltet sich. Aber das Zusammenwachsen von Orden und Ordensland gelingt nicht, ja es vermehrt sich die Entfremdung im entscheidenden 15. Jh., weil die Ordensbrüder (in Preußen vor 1410 eher weniger als 700) sozial gesehen zu eng an den west- und mitteldeutschen Niederadel gebunden sind, der hier in wirtschaftlicher Not Versorgung sucht. Gegenüber der polnisch-litauischen Heirat von 1386 und dem Übertritt Litauens zum Christentum plant der Hochmeister einen militärischen Ausweg über Tannenberg (1410) und scheitert. Am Ersten Thorner Frieden (1411) ist vor allem die hohe Auslösesumme für die Gefangenen verderblich, die aus Geldnot den Weg zur Ständeverfassung erzwingt, der dann doch nicht konsequent begangen wird. Große Städte und Adel aber sehen mehr Bewegungsfreiheit bei der Hanse und in Polen und schließen sich 1440 im Preußischen Bund zusammen. Als dessen gewaltsame Auflösung droht, kommt es als innere Auseinandersetzung zum Dreizehnjährigen Krieg (1454–1466), der mit der Katastrophe des Ordens endet.   *effektives Staatswesen*

Im Zweiten Thorner Frieden (1466) *verliert der Orden Pomerellen und etwa die Westhälfte Preußens mit Marienburg, Danzig, Elbing und Thorn an den König von Polen* (künftig „Preußen königlichen Anteils", Realunion erst 1569). Der Rest, ein agrarischer Kleinstaat, kann sich zwar von direktem polnischen Einfluss freihalten, wandelt sich jedoch erst innerlich und dann äußerlich zum Landesfürstentum (1525 weltliches Herzogtum unter polnischer Lehnshoheit).   *Niederlage gegen Polen*

1410–1437 Sigismund, von Luxemburg (*1368, †1437; König 1410, Kaiser 1433)

    1410 *Doppelwahl* König Sigismunds von Ungarn, zugleich Markgraf von Brandenburg (durch Pfalz, Trier, Brandenburg, dieses wohl unberechtigt) und des Markgrafen Jobst von Mähren (*1351; †1411) (durch Mainz, Köln, Böltanen, nachträglich Sachsen-Wittenberg).   *Doppelwahl*

    1411 Tod Jobsts und *Neuwahl Sigismunds* einschließlich aller Stimmen Jobsts.   *Neuwahl Sigismunds*

1410–1414 Sigismund kommt vier Jahre hindurch nicht ins Reich, in welchem in seinem Sinne Pfalzgraf Ludwig III. und Burggraf Friedrich VI. von Nürnberg die Hauptrollen spielen.

Er ist durch innere und äußere *Probleme Ungarns* (1396 schwere Niederlage gegen die Türken bei Nikopolis, Konflikt mit Venedig, Sorgen mit Polen) festgehalten und hat nur in geringem Maße eine nutzbare Hausmacht im Reich (wegen der Hussitenkriege auch kaum als Erbe Wenzels nach 1419), sodass er sich vor allem auf Reichsstädte, königsnahen Adel und nacheinander auf verschiedene Fürsten stützen muss (Pfalzgraf, Burggraf von Nürnberg – Markgraf von Brandenburg, Herzog von Österreich). Infolge dieser wechselnden Basis und aufgrund außerordentlich weit gespannter Aufgaben wird sein politisches Verhalten von Unstetigkeit und Inkonsequenz bedroht.   *Probleme Ungarns*

Vor allem muss er die unhaltbar gewordene Situation der Kirche zu bereinigen trachten. Die Gedanken des *Konziliarismus*, beruhend auf alten Rechtsvorstellungen, haben sich in der intellektuellen Öffentlichkeit im Rahmen allgemeiner Kritik an der Kurie, an deren Stelle man auf den deutschen König als Vogt der Kirche blickt, trotz des Widerstandes der Päpste so weit durchgesetzt, dass sich alle Hoffnungen auf ein allgemeines Konzil richten. Reichs- und Kirchengeschichte erweisen sich auch im 15. Jh. als zusammengehörig, das Streben nach Reformen bezieht sich auf Kirche und Reich zugleich.   *Konziliarismus*

1414–1418 *Konzil von Konstanz*, bisher größte Kirchenversammlung des Mittelalters. Unter großem und erfolgreichem persönlichen Einsatz Sigismunds behandelt das Konzil drei Hauptfragen kirchlicher Existenz, das Papstproblem (causa unionis), das Reformproblem (causa refor-   *Konzil von Konstanz* mationis) und die Hus-Frage (causa fidei).

1415 Absetzung Johannes' XXIII. (*um 1370, †1419), Rücktritt Gregors XII. (*um 1325, †1417), Verurteilung und Hinrichtung des Johannes Hus (*um 1370, †1415), Übertragung von Brandenburg an Burggraf Friedrich VI. von Nürnberg (*1371, †1440).

1415–1417 Reise Sigismunds nach Frankreich und England im Dienste des Konzils und zur Vermittlung im Hundertjährigen Krieg.

1417 Papst Benedikt XIII. (†1423) abgesetzt. Wahl des Papstes Martin V., der sich allgemein durchsetzt.
Deutsches Konkordat, das zeitlich begrenzt ist.

Hussitenkrise 1419–1434 *Hussitenkrise* und Hussitenkämpfe. Die durch das Königtum Wenzels äußerlich hintangehaltenen, sich aber ständig vermehrenden religiösen Oppositionsgruppen mit unterschiedlichem sozialen und nationalen Engagement können angesichts der Stellung, die Böhmen im späteren 14. Jh. im Reich gewonnen hat, bald nicht mehr als innerterritoriale Angelegenheit gelten, zumal nicht nach dem Scheitern Sigismunds bei dem Versuch, die Landesherrschaft in Böhmen als Erbe Wenzels anzutreten (1420). Auch als Ketzer sind sie ein reichspolitisches Problem ersten Ranges.

1421 Sigismunds Heer bei Deutsch-Brod (Böhmen) geschlagen, er wird als König von Böhmen abgesetzt.

Tag von Nürnberg 1422 *Tag von Nürnberg:* die militärischen Leistungen aller Reichsglieder erstmals festgelegt. Die Herausforderung des Glaubens, des Königtums und zunehmend des Reiches führt ganz allmählich zu Verdichtungsvorgängen in der Reichsverfassung, wenngleich die Versuche, Reichszugehörigkeit und Verpflichtungen für das Reich in einer allgemeinen Weise als zusammengehörig erscheinen zu lassen, noch generationenlang umstritten sind und vielfach missachtet werden.
Privileg Sigismunds für die deutsche Ritterschaft mit der Erlaubnis zum Zusammenschluss untereinander und mit Reichsstädten.

1423 Er belehnt Friedrich den Streitbaren (*1370, †1428), Markgraf von Meißen aus dem Haus Wettin, mit dem Kurfürstentum Sachsen-Wittenberg nach dem Aussterben der Askanier.

1424 Kurverein von Bingen. Die sechs Kurfürsten vereinigen sich, auch gegen Sigismund, der jedoch diese Herrschaftskrise ohne abermaliges Gegenkönigtum überwindet.

1426–1430 Sigismund erneut abwesend vom Reich, das sich unter der Führung von Kurfürsten und päpstlichen Legaten auf Königslosen Tagen zu organisieren sucht.

1426 Niederlage eines Kreuzfahrerheeres bei Aussig (Nordböhmen) gegen die Hussiten.

1427 Niederlage eines Kreuzfahrerheeres bei Mies (Westböhmen). Die Hussiten gehen zur militärischen Offensive über Böhmen hinaus über.

Kriegssteuer Tag von Frankfurt am Main: Verabschiedung einer *Kriegssteuer*, der ersten allgemeinen Steuer im deutschen Spätmittelalter, die in Köln, Nürnberg, Erfurt, Salzburg und Breslau gesammelt und von einem ständischen Kollegialorgan und den Kriegshauptleuten in Nürnberg verwaltet werden soll.

1431 Niederlage eines Kreuzfahrerheeres bei Taus in Böhmen. Die Hoffnung auf eine militärische Lösung der Hussitenfrage wird aufgegeben.

Konzil von Basel **1431–1449** *Konzil von Basel.* Die konziliare Bewegung findet sich in Fortwirkung der Gedanken und Beschlüsse von Konstanz neu zusammen, stößt aber dabei schnell auf die Ablehnung des neuen Papstes Eugen IV. (1431–1447). Zunächst freilich, bis zum Höhepunkt 1434, unterstützen öffentliche Meinung und politische Gewalten Europas, insbesondere Sigismund, die Konzilspartei, sodass Eugen seinen Widerstand vorerst aufgeben muss (Rücknahme der Auflösungsbulle 1433). Das Konzil erlässt eine Anzahl von Reformdekreten, verfällt aber seit 1435 wachsender Radikalisierung. Bald bricht der Konflikt mit dem Papst neu auf. 1437 wird das Konzil von diesem nach Ferrara verlegt, die Mehrheit der Teilnehmer lehnt dies jedoch ab und eröffnet den Prozess gegen den Papst.

1431–1433 Italienzug Sigismunds.

1431 Krönung zum König von Italien in Mailand im Bündnis mit den Visconti.

Kaiserkrönung Sigismunds 1433 *Kaiserkrönung Sigismunds* durch Eugen IV. Im gleichen Jahr wird nach langwierigen Verhandlungen mit den Hussiten auf dem Konzil mit den gemäßigten Gruppen (Kalixtiner) ein Übereinkommen (Prager Kompaktaten) getroffen, das ihnen den Laienkelch gewährt.

1434 Die radikalen Taboriten werden bei Lipan (Lipany; östlich von Prag) geschlagen.

1435 Ausgleich Sigismunds mit Venedig.

1436 Sigismund zieht als Landesherr in Böhmen ein, wo freilich die Position der zentralen Gewalt sehr geschwächt und der Hochadel gestärkt ist.
Die Rolle Böhmens als Zentrallandschaft des Heiligen Römischen Reiches im Sinne Karls IV. kehrt nicht wieder.

Reichsidee und Reichsreform

Die Frage nach dem *Zusammenhalt des Reiches* ist neben der sich angesichts des Dynastienwechsels erhebenden Kontinuitätsfrage das zweite Grundproblem deutscher Geschichte im späten Mittelalter. Denn die Zentralgewalt ist häufig geschwächt, und das Reich ist im Vergleich zu den Nachrichten- und Verkehrsmitteln des Zeitalters sehr ausgedehnt; das Interesse der meisten politischen Kräfte richtet sich demgegenüber auf den inneren Ausbau regionaler Bereiche. Während die im Rahmen des Gesamten denkende und handelnde politische Gruppe im 14. Jh. noch klein ist (König, weltliche Kurfürsten, rivalisierende königsfähige Häuser und deren erste Diener, eine Anzahl führender Großbürger und Kleriker), erweitert sich dieser Kreis im 15. Jh. auf jeder Stufe beträchtlich. Zugleich wird man fähig, das Denken vom Reich, das bisher stark an die Person des Herrschers gebunden war, vom König zu lösen, ja gegen diesen zu wenden, sodass die *Formel von „Kaiser und Reich"* in der frühen Neuzeit geradezu als Gegensatz verstanden werden kann. Die realen Schwierigkeiten, die einer einheitlichen Reichspolitik fast unüberwindbar im Wege stehen, werden in der Regel von den Zeitgenossen stark unterschätzt.

Dieses gilt gerade für die Literatur über die Reichsreform (meist im Zusammenhang mit der Kirchenreform), deren gut gemeinte Vorschläge bestenfalls zum viel kleineren Teil am Ende des 15. Jh.s verwirklicht werden können. Jedoch bieten diese Autoren (als Beispiel für viele der große Gelehrte Nikolaus von Kues [*1401, †1464] mit dem Werk „De concordantia catholica", 1434) gute Belege für das Wachstum eines *Zusammengehörigkeits- und Nationalgefühls* im Reich, das noch vor dem Ende des Jh.s zu einer politischen Kraft wird und ebenso Zeugnis wie wesentlicher Teil der Verdichtung des Reiches ist. Diese bringt freilich zugleich an den Tag, welche Randgebiete sich nicht mehr zugehörig fühlen.

1438–1439 *Albrecht II., von Habsburg* (*1397, †1439; König 1438).
Nach dem Tode des letzten Luxemburgers verbleibt den Kurfürsten kaum eine andere Möglichkeit, als einmütig (ohne die ungeklärte Stimme Böhmens) den Schwiegersohn, d.h. „Erben", Albrecht V. Herzog von Österreich, zu wählen. Ihm ist es nicht beschieden, sich in seiner kurzen Regierungszeit von den Problemen seiner Erbansprüche auf Ungarn und Böhmen und von der Türkengefahr zu lösen und ins Binnenreich zu kommen. Daher setzt sich unter ihm die Distanz von Königtum und Reichsentwicklung fort.

1438 Das Basler Konzil suspendiert den Papst. Die Kurfürsten erklären ihre Neutralität zwischen Papst und Konzil.

1439 Mainzer Akzeptation: König Albrecht und die Mehrheit der Kurfürsten erkennen eine Reihe von Basler Konzilsdekreten an, ohne sich endgültig festzulegen. Im Grunde streben sie nach einem Ausgleich. Das Basler Konzil setzt Papst Eugen ab und wählt den Herzog von Savoyen als Felix V. zum *(letzten) Gegenpapst*. Eugen IV. verlegt das papsttreue Konzil von Ferrara nach Florenz.

1440–1493 *Friedrich III., von Habsburg* (*1415, †1493; König 1440, Kaiser 1452).
Nach dem unvermuteten Tode Albrechts besteht abermals nur die Möglichkeit, einmütig einen Habsburger, wenngleich diesmal aus der innerösterreichischen Linie zu wählen, den Herzog von Steiermark und Kärnten. Damit rückt der landesherrliche Mittelpunkt des Königtums in den äußersten Südosten, eine höchst gefährliche Situation, weil damit die Zustände Sigismunds und Albrechts eher noch gesteigert werden; denn Friedrichs Hausmacht ist schwach, von Ständeunruhen, innerfamiliären Sorgen sowie von Türken und später auch Ungarn bedroht.

1440 Friedrich wird Vormund des nachgeborenen Sohnes Albrechts II., Ladislaus (*1440, †1457), für das Herzogtum Österreich.

1442 Erst zwei Jahre nach der Wahl kann Friedrich zur *Krönung* ins Binnenreich kommen.

1444–1471 *Friedrich kommt 27 Jahre hindurch nicht ins Binnenreich.*
Die Verbindung der Königsnahen mit dem Herrscher, auf der ein großer Teil der Wirkung des Königtums und damit auch ein Stück Reichszusammenhalt beruht, verdünnt sich beträchtlich. Der Königshof wird „provinzialisiert", verliert stark an Anziehungskraft und dient viel weniger als zuvor als Anknüpfungspunkt für Sozialbeziehungen. 1451 erlischt das Königliche Hofgericht, das auf festem Kontakt zum Binnenreich beruht, und wird ganz durch das seit 1415 bestehende Königliche Kammergericht ersetzt, das in höherem Maß herrscherbezogen ist. Das Reich wird abermals der Selbstorganisation überlassen, wobei die Kurfürsten zunehmend von einigen größeren Fürsten eingeholt werden (Bayern, Hessen, Cleve u.a.) und diesen Mitsprache einräumen. Auseinandersetzungen zwischen großen Fürsten und zahllose kleine Fehden können sich ohne viel äußeres Hemmnis abspielen, da die Hussitengefahr beendet ist und Türken und Ungarn aus geografischen Gründen vor allem den König beschäftigen, während neue Drohungen aus dem Westen, zumal die ausgreifende Politik des Herzogtums Burgund, noch fern scheinen.

EUROPÄISCHES MITTELALTER Die Staatenwelt

Wiener Konkordat

1445 Österreichisches Konkordat Friedrichs III. mit dem Papst, das das Ende der Neutralität des Königs und seinen Übertritt zum Papsttum anzeigt.
1447 König, Kurfürsten und Fürsten entscheiden sich für den Papst und gegen das Konzil.
1448 *Wiener Konkordat*, das die Beziehungen zwischen „Staat" und Kirche bis zum Ende des alten Reiches regelt und die Besetzungsrechte kirchlicher Ämter zwischen Papst und Kapiteln bzw. Landesherren im Wesentlichen gleichmäßig aufteilt. Es gibt beträchtliche Zugeständnisse des Papstes an einzelne Landesherren, insbesondere an Friedrich III. für seine Hausmacht. Das Landeskirchentum der Reformationszeit kündigt sich an.

Kaiserkrönung

1452 Italienzug Friedrichs III. mit *Kaiserkrönung*, der letzten eines deutschen Herrschers in Rom. Ein Aufstand beendet die Vormundschaft Friedrichs über Ladislaus in Österreich.

Georg von Podiebrad

Friedrich III. verliert seinen bescheidenen dynastischen Einfluss auf Böhmen, den er als Vormund des Ladislaus (1453 König von Böhmen) besaß, an den aus dem Hochadel stammenden Landesverweser (seit 1452) *Georg von Podiebrad* (*1420, †1471), der sich nach Ladislaus' Tod selbst zum König von Böhmen macht (1458) und eine beträchtliche Rolle in der Reichspolitik zu spielen beginnt (1459/61 sogar Plan seiner Wahl zum deutschen König im Sinne einer Statthalterschaft für den Kaiser), aber durch seine innenpolitisch notwendigen Zugeständnisse an die Husfreunde diskreditiert ist. Jedoch bleiben trotz des wechselvollen Geschicks Böhmens nicht nur dessen Reichszugehörigkeit, sondern auch die habsburgischen Ansprüche bestehen und werden 1526 verwirklicht.

1454 Tag in Regensburg unter dem Eindruck der Eroberung Konstantinopels durch die Türken.
1457 Tod des Ladislaus, der seit 1440 auch König von Ungarn (seit 1446 mit dem Reichsverweser Johann Hunyádi) ist.
Gegenüber Ungarn bestehen ebenfalls Ansprüche Friedrichs III., 1459 wird er dort Gegenkönig. Dies führt jedoch nach Anfangserfolgen zu schweren Rückschlägen; denn der Sohn des Reichsverwesers an Ladislaus' statt, Matthias Corvinus (König 1458–1490), treibt bald eine aktive und erfolgreiche Politik gegen den Kaiser.

1458 Friedrich III. erbt Niederösterreich und nach schweren Kämpfen mit seinem Bruder Albrecht VI. nach dessen Tod (1463) auch Oberösterreich.
1460 Verlust des habsburgischen Thurgaus an die Eidgenossen (1418 schon der Aargau).
1460, 1462 Kurfürst Friedrich der Siegreiche von der Pfalz (1449–1476; *1425, †1476) besiegt Kurmainz, Württemberg, Baden, den Bischof von Speyer und verschiedene Grafen und schafft sich einen bedeutenden Hegemonialraum.

Das hegemoniale Gefüge im Reich kann sich, vom Kaiser kaum beeinflusst, durch zahlreiche Kriege und Gewalttaten umschichten: Wenige Größere machen viele Kleine von sich abhängig. Die *Schwäche und Ferne des Kaisers*, die in krassem Gegensatz zu seiner beharrlich festgehaltenen entscheidenden Verfassungsposition steht, macht ein Übereinkommen über Reformen im Reich unmöglich und lässt auch Landfriedensbemühungen ohne viel praktischen Erfolg bleiben.

Schwäche und Ferne des Kaisers

1466 Papst Pius II. setzt Georg von Podiebrad wegen Ketzerei ab, jedoch behauptet sich dieser bis zum Tode 1471.
Die böhmischen Nebenländer fallen dann an Matthias von Ungarn, sodass Friedrich III. aufs Höchste bedroht ist.

Karl der Kühne

1467–1477 *Karl der Kühne*, Herzog von Burgund (*1433, †1477), Besitzer zahlreicher Reichslehen (ab 1384 Freigrafschaft Burgund, 1421/29 Namur, 1426/33/36 Hennegau, Holland, Seeland, 1430 Brabant und Limburg, 1451 Luxemburg, 1440/56 auch Vogtei über die Hochstifte Lüttich, Utrecht, Cambrai beim Herzogtum Burgund), nur nominell Vasall des deutschen und französischen Königs, strebt nach dem Besitz von Lothringen und Elsass.
1469 Erpfändung des habsburgischen Besitzes (der Tiroler Linie) im Elsass und Breisgau, 1473 Eroberung von Geldern (Niederlande) und Zutphen (in der niederländischen Provinz Gelderland).
1471 Reichstag von Regensburg mit Teilnahme Friedrichs III. unter dem Druck der Türkennot.

Einfälle der Türken

seit 1471 *Einfälle der Türken* in die Steiermark.
1473–1475 Friedrich III. wieder im Binnenreich.
1473 Er verhandelt in Trier mit Karl von Burgund, wahrscheinlich über dessen Erhebung zum König sowie über ein Heiratsbündnis hinsichtlich seiner Erbtochter Maria (*1457, †1482). Die Gespräche scheitern.
1474 Die „Ewige Richtung" von Konstanz bringt unter burgundischem Druck einen Ausgleich zwischen Habsburg-Tirol und den Eidgenossen unter Anerkennung des Status quo. Die oberrheinischen Pfandgebiete Karls kehren nach einem Aufstand an Habsburg zurück.

1474–1475	Karl von Burgund mischt sich in ein kölnisches Kirchenschisma ein, scheitert aber bei der Belagerung von Neuß (1475), als das kaiserliche Heer heranrückt. Bei dieser Gelegenheit kommen nationale Gefühle zum Ausdruck.
1475	Karl erobert das Herzogtum Lothringen. Beim Friedensschluss mit dem Kaiser sagt Karl die Hand seiner Erbtochter Maria dem Kaisersohn Maximilian (*1459, †1519) zu.
1476	Karl wird bei Grandson (Kanton Waadt) und Murten (Kanton Freiburg) von den Eidgenossen besiegt.
1477	*Karl fällt bei Nancy* im Kampf gegen Eidgenossen, Lothringer und Elsässer. Maria von Burgund heiratet Maximilian, der dadurch Karls Lehen im Reich, d.h. die burgundischen Niederlande und die Freigrafschaft Burgund, für sein Haus gewinnt und sie erfolgreich gegen Frankreich verteidigt (Sieg bei Guinegate, Département Pas-de-Calais, 1479). Auch nach dem frühen Tode Marias (1482) behauptet sich Maximilian (Sieg bei Salins 1493).
1477, 1481	Beginn der bedrohlichen Einfälle des Matthias Corvinus in Österreich.
1485	Wien geht an Matthias verloren, der Kaiser flüchtet nach Tirol und ins Binnenreich und kann erst 1489 wenigstens nach Linz zurückkehren.
1486	*Maximilian* wird in Frankfurt am Main einmütig zum König gewählt. Der Reichstag von Frankfurt bringt die Diskussion um die Reichsreform wieder in Gang.
1488	Gründung des Schwäbischen Bundes aus Adel, Städten und Fürsten gegen Bayern.
1489	Die französische Grafschaft Flandern, ebenfalls burgundisches Erbe, erkennt Maximilian als ihren Herrn an; dies wird im Frieden von Senlis (Département Oise) 1493 von Frankreich hingenommen. Der Reichstag verfestigt sich organisatorisch.
1490	Nach Abdankung Sigismunds von Tirol fällt diese Grafschaft an Maximilian, der damit für sein künftiges Herrschertum eine binnenreichsnahe Hausmacht gewinnt und die Position seines Hauses und des an dieses künftig gebundenen Kaisertums im Reich wesentlich verbessert. Nach dem Tode von Matthias Corvinus (1490) erobert Maximilian die östlichen österreichischen Länder zurück und dringt in Ungarn ein.
1491	Friede von Preßburg: Maximilian behauptet ein Nachfolgerecht in Böhmen und Ungarn, auch wenn sich dort zunächst die Jagiellonen festsetzen.
1493	*Friedrich III. stirbt.*

Marginalien: *Karl fällt bei Nancy*; *König Maximilian*; *Friedrich III. stirbt*

Kunst und Literatur im Spätmittelalter

Kunst: Die *Baukunst* ist durch den gotischen Stil in verschiedener Ausprägung bezeichnet. Leider sind beim Profanbau die Verluste im Vergleich zu kirchlichen Bauten besonders hoch, zumal beim Wohnbau, weniger beim Repräsentativbau. Große Bauaufgaben in Haustein und Backstein sind Burgen und in den Städten Rathäuser, Kornhäuser, Kaufhallen, Hospitäler, Stadtbefestigung usw. Die bedeutendsten Backsteinburgen sind die Festen des Deutschen Ordens in Preußen (Marienburg begonnen um 1280, insbesondere das Mittelschloss des ausgehenden 14. Jh.s), unter den Burgen aus Haustein steht das Werk großer Herrscher voran (Karlstein unweit von Prag unter Karl IV., Ladislaussaal der Prager Burg 1502), alle mit um so reicheren Schmuckformen, je weiter die Zeit fortschreitet. Rathäuser: Lübeck 13.–15. Jh., Stralsund 13.–15. Jh., Lüneburg 14.–15. Jh., Köln 14.–16. Jh., Löwen 15. Jh. u.v.a. Sozialbauten: Heiliggeistspital in Lübeck (seit 1260/70) und in Nürnberg (seit 1339). Die größten Aufwendungen werden für die Stadtbefestigung erbracht (bestes Beispiel einer Großstadt: Nürnberg, 14.–15. Jh.). Dem schönsten Ausdruck gewinnt die spätmittelalterliche Architektur im *Kirchenbau*. Hier stehen der Typus der Basilika (in der Weise französischer Kathedralen) und der Hallenkirche nebeneinander. Als repräsentativste Form gilt die *Basilika* (Kölner Dom seit 1248, Langhausweihe des Straßburger Münsters 1276, Chorweihe der Lübecker Marienkirche 1291, Veitsdom in Prag seit 1341). Die wohl häufigere Hallenkirche wurzelt in hohem Maße im romanischen Westfalen und wird zum besonderen Ausdruck der deutschen Gotik (Elisabethkirche in Marburg seit 1235, Dom von Minden seit 1267, St. Stephan in Wien seit 1304, Parlerscher Hallenchor in Heiligkreuz zu Schwäbisch Gmünd seit 1351, Erstform des Ulmer Münsters seit 1377, Frauenkirche in München seit 1468, St. Marien in Danzig als die größte Halle vollendet 1502). Im deutschen Norden und weit darüber hinaus entwickelt in beiden Typen die Backsteingotik aufgrund technischer Beschränkungen besondere Ausdrucksformen (Marienkirche in Lübeck als Vorbild des Kirchenbaus im Ostseeraum, Marienkirche in Danzig). Das Bürgertum gewinnt als Auftraggeber neben Klerus und Fürsten an Bedeutung, aus der Kirche der Geistlichen wird zunehmend die Kirche der Gemeinde, der Turm der Kirche kann Wahrzeichen der Stadt werden.

Neues in der Sozialgeschichte der Kunst zeigt sich darin, dass an die Stelle der anonymen Bauhütte die Künstlerfamilie und bald die Einzelpersönlichkeit treten; diese kann ein nicht geringes Selbstbewusstsein

Marginalien: *Baukunst*; *Kirchenbau*; *Basilika*

EUROPÄISCHES MITTELALTER — Die Staatenwelt

Plastik

entfalten. Bestes Beispiel ist die Baumeister- und Bildhauerfamilie der Parler aus Köln und Schwäbisch Gmünd, die die oberdeutsche Kunst und die Kunst vieler Nachbarlandschaften in der 2. Hälfte des 14. Jh.s maßgeblich bestimmt (Büste Peter Parlers auf der Triforiumsgalerie im Chor des Prager Doms). In der gotischen *Plastik* sind Hauptaufgaben Fassaden- und Pfeilerschmuck und Grabmäler, in der Holzplastik Chorgestühl und Schnitzaltar. Erst allmählich löst sich der Verbund von Bau und Plastik (noch im älteren Sinn Westfassade des Straßburger Münsters seit 1280, Pfeilerfiguren des Kölner Doms um 1322). Dieser Eleganz der hohen Gotik gegenüber setzt sich gegen Ende des 14. Jh.s ein Realismus durch (Parler und Parlerschule). Unerhört reich und vielfältig ist die Plastik des 15. Jh.s, ein Höhepunkt deutscher Kunst überhaupt: Nikolaus Gerhaert von Leyden (*um 1430, †1473) an Rhein und Donau, Jörg Syrlin d.Ä. (*um 1425, †1491) in Ulm, Erasmus Grasser (*um 1450, †1518) in München, Michael Pacher (*um 1435, †1498) in St. Wolfgang, Veit Stoß (*um 1445, †1533) in Nürnberg, Bernt Notke (*um 1440, †1509) im Lübeck, Adam Kraft (*um 1460, †1508/1509) in Nürnberg, Tilman Riemenschneider (*um 1460, †1531) in Würzburg.

Tafelbild

Während die Wandmalerei zurücktritt (Szenen oberhalb des Chorgestühls im Kölner Dom um 1330), ist das *Tafelbild* sehr wichtig. Im 14. Jh. zeigen sich hier am besten international übergreifende Verbindungen, die im „Weichen Stil" als höfische Kunst um 1400 einen Höhepunkt finden. Dabei und zuvor schon ist bedeutungsvoll die Malerei am Hofe Karls IV. (1346–1378) und in dessen Umkreis (Prager Malerzeche, Meister Theoderich [†1381], Meister von Hohenfurth und Wittingau), dann im Westen Bertram von Minden (*1345, †1415) und Konrad von Soest (bezeugt 1394 – um 1425), auch Meister Francke von Hamburg (erstes Viertel des 15. Jh.s). In der Malerei des 15. Jh.s bis hin zum „Realismus" ragen ferner hervor der Kölner Meister der hl. Veronika (1. Hälfte des 15. Jh.s), Stefan Lochner (*zwischen 1405 und 1415, †1451), Konrad Witz (*um 1400, †um 1445), Martin Schongauer (*um 1450, †1491), Hans Multscher (*um 1400, †1467), Hans Holbein d.Ä. (*um 1465, †1524), Michael Wolgemut (*1434, †1519).

Druckgrafik

Das 15. Jh. bringt den ersten Höhepunkt der *Druckgrafik* (Holzschnitt und Kupferstich). Es sind Künste für viele, zumal in der Stadt, sie können privater Andacht und Liebhaberei dienen. Bücher mit holzgeschnittenen vollständigen Seiten (Blockbücher) werden vor und nach der Erfindung des Drucks mit beweglichen Lettern geschaffen, zuerst mit religiösen, seit dem späten 15. Jh. auch mit profanen Motiven. Der Kupferstich bildet sich etwa seit der Mitte des 15. Jh.s heraus und gewinnt nach anonymen Meistern ersten Glanz mit Martin Schongauer (*um 1450, †1491).

**Verbreitung des Papiers
Erfindung des Buchdrucks**

Literatur: Literatur in lateinischer und deutscher Sprache besteht weiterhin nebeneinander, jedoch erweitert sich der Begriff von Literatur beträchtlich; die Menge des Schrifttums nimmt stark zu, vor allem infolge zweier entscheidender Neuerungen: *Verbreitung des Papiers* als billiger Schreibstoff, der seit dem ausgehenden 14. Jh. auch in Deutschland hergestellt wird, und *Erfindung des Buchdrucks* vor 1455. Das neue Verfahren Johannes Gutenbergs (*um 1397, †1468), die Druckform aus beweglichen Metalltypen zusammenzusetzen (Versuche spätestens seit 1436, 1455 Vollendung der zweiundvierzigzeiligen lateinischen Bibel als erstes großes Druckwerk), bringt eine Umwälzung in der Buchherstellung mit sich. Dieses erste Massenmedium der Geschichte verändert vom späten 15. Jh. an die Rahmenbedingungen für den Ablauf des historischen Geschehens grundlegend.

lateinische Literatur

Die *lateinische Literatur* spielt jetzt wohl ihre größte Rolle in der „wissenschaftlichen" Welt im weitesten Sinne, d.h. seit 1348 auch in der von der lateinischen Wissenschaftssprache geprägten Welt der deutschen Universitäten. Große Theologen, Philosophen, Naturbeobachter, „Naturwissenschaftler", Publizisten, Juristen, Autoren amtlicher-politischer Texte und so genannter Fachliteratur, Geschichtsschreiber u.a. äußern sich lateinisch (Albertus Magnus [*um 1200, †1280], Alexander von Roes [2. Hälfte des 13. Jh.s], Heinrich von Langenstein [*1323, †1397], Johann von Neumarkt [*um 1310, †1380], Konrad von Megenberg [*um 1309, †1374], Lupold von Bebenburg [*vor 1300, †1363], Marsilius von Inghen [*um 1330, †1396], Matthäus von Krakau [*um 1335, †1410], Nikolaus von Kues [*1401, †1464], Thomas Ebendorfer [*1388, †1464] und viele andere). Der deutsche Humanismus schafft von der 2. Hälfte des 15. Jh.s an eine neulateinische, d.h. an der antiken Klassik geschulte Literatur und Dichtung (Konrad Celtis, *1459, †1508; Jakob Wimpfeling, *1450, †1528, u.v.a.).

deutschsprachige Literatur

Im 13. Jh. vollzieht die *deutsche Sprache* endgültig ihren Durchbruch zur „schönen" und zur sachbezogenen *Literatur*. Juristisches, Geschichtsschreibung und viele andere abstrakte oder konkrete Themen, dazu Übersetzungen aus dem Lateinischen (Scholastik seit dem 13. Jh., Bibeltexte seit dem 14. Jh.), vor allem jedoch „schöne" Literatur treten mit einer stark wachsenden Zahl von Autoren und Werken hervor. Es gibt keinen Höhepunkt, der mit der staufischen Klassik um 1200 vergleichbar wäre, jedoch eine Anzahl bemerkenswerter Texte, die allerdings z.T. unter neuartigen, sich immer weiter verändernden Rahmenbedingungen zu beurteilen sind, vor allem sind dies stärkere Regionalisierung und höhere soziale Differenziertheit. Prägende „idealisierende" Traditionen stehen einer immer mehr wirklichkeitsbezogenen Auffassung gegenüber, die einer Welt von immer größerer Buntheit gilt und ein starkes Interesse am Menschlichen hat. Infolgedessen ist der Inhalt oft wichtiger als die Form, können stark lehrhafte Züge nach vorn treten, findet man Extremes vom Feinsinnigen bis zum Derben vor.

Epik

Recht traditionsgebunden ist die *Epik*, die höfische Darstellungsformen bis ins 14. Jh. weiterträgt; jedoch dringen Wirklichkeit und Geschichtlichkeit ein. Die wohl besten Leistungen bieten Konrad von Würzburg (*zw. 1225 u. 1230, †1287) und Albrecht von Scharfenberg (2. Hälfte des 13. Jh.s). Man liebt noch lange Zeit Heroisch-Abenteuerliches als Unterhaltungsliteratur bei stetiger stofflicher Erweiterung. Prosaauflösungen höfischer Epen bringt dann das 15. Jh. (Elisabeth von Nassau-Saarbrücken, *1379, †1456, u.a.). Die *Prosa* wird auch die Ausdrucksform der Geschichtsschreibung anstelle älterer deutschsprachiger Reimchroniken (so noch die Steirische Reimchronik Ottokars aus der Geul; *um 1265, †1319/21), insbesondere in den Deutschen Städtechroniken vom 14. bis zum 16. Jh. (gesammelt in 36 Bänden). Gipfel dichterischer Prosa ist der vieldiskutierte „Ackermann" des Johannes von Tepl (von Saaz) (*um 1350, †um 1414). *Prosa*

Einen anderen Höhepunkt neuartiger spätmittelalterlicher Sprachgewalt erreichen die Gattung der Predigt und die Werke der *Mystik*. Berthold von Regensburg (*zw. 1200 u. 1210, †1272) ist ein Hauptmeister der Predigt, die Mystik beginnt mit Mechthild von Magdeburg (*1212, †1283), gipfelt bei Meister Eckhart (*um 1260, 1327) und seinen Schülern Johannes Tauler (*um 1300, †1361) und Heinrich Seuse (*1295, †1366) und findet einen bemerkenswerten Ausklang beim Autor der Theologia deutsch, vielleicht Johannes Lagenator von Frankfurt (*um 1380, †1440). *Mystik*

Auch die *Lehr- und Spruchdichtung* ist eine für das Zeitalter bezeichnende Gattung von großer Vielfalt, vom Messen der Umwelt am Ideal des staufischen Ritters bis zu konkreter Zeitkritik, vom abstrakten Moralisieren bis zur derben Situationskomik. Meister sind Wernher der Gartenaere (*vor 1250, †um 1280), „Meier Helmbrecht", Hugo von Trimberg (*um 1230, †um 1313) „Der Renner", Konrad von Ammenhausen „Schachzabelbuch" (1337) oder Heinrich Wittenweiler (†nach 1436) „Ring". *Lehr- und Spruchdichtung*

Die *Lyrik* erweitert ihre Thematik gegenüber der höfischen Zeit stark, ohne die großen Vorbilder aus dem Auge zu verlieren, und kann sich als sehr originell und vielfältig erweisen: Konrad von Würzburg (*1220–1230, †1287), Heinrich Frauenlob von Meißen (*um 1250, †1318), Oswald von Wolkenstein (*um 1377, †1445). Die Meistersinger pflegen die Formenwelt des späten Minnesangs weiter. Das deutsche Volkslied erwächst in großer Zahl im 14. und 15. Jh. Seine Motive sind Liebe, Tanz, Historisches und Religiöses. *Lyrik*

Das *Drama* in deutscher Sprache entsteht zuerst in geistlicher Gestalt aus lateinischer Tradition seit dem 13. und 14. Jh.; die frühesten erhaltenen Fastnachtsspiele als profane Gattung entstammen der ersten Hälfte des 15. Jh.s. Sie blühen nach 1450 und im 16. Jh. (Hans Rosenplüt, *um 1400, †um 1470; später Hans Sachs, *1494, †1576). *Drama*

Beim deutschen Humanismus besteht schon von den Anfängen an (2. Hälfte des 15. Jh.s) neben der lateinischen auch eine deutsche Literatur zumal als Übersetzungsliteratur (Niklas von Wyle, *um 1410, †1478 und Albrecht von Eyb, *1420, †1475); die besten Dichtungen Sebastian Brants (*1457, †1521) gehören noch dem Mittelalter an („Das Narrenschiff", 1494). – (Forts. S. 803)

Die Schweizer Eidgenossenschaft (1218–1515)

1218 Mit dem Aussterben der Zähringer erfolgt im Gebiet der heutigen Schweiz eine territorial-politische Verschiebung, wichtige Städte wie Zürich, Bern und Solothurn werden reichsfrei. Die Öffnung des Gotthardpasses verleiht der heutigen Zentralschweiz eine beträchtliche strategische und handelspolitische Bedeutung.

1231 Die Reichsunmittelbarkeit erreichen Uri im Freiheitsbrief von Hagenau (Haguenau, Elsass)
1240 durch König Heinrich (VII.) und Schwyz in dem von Faenza durch Kaiser Friedrich II.

1291 Nördlich des Gotthards schließen sich die *drei Waldstätte* Uri, Schwyz und Unterwalden (Talgenossenschaften von Rodungsfreien) enger zusammen (erster datierbarer Bund). *drei Waldstätte*
Damit entsteht ein Gegensatz zu den territorialstaatlichen Absichten der Savoyer und Habsburger (Herzöge von Österreich).

1315 Die erste kurze Phase dieses Gegensatzes gipfelt in der *Schlacht am Morgarten* (südöstlich *Schlacht am*
15. Nov. des Ägerisees) mit der Niederlage Herzog Leopolds I. von Österreich (1308–1326; *um *Morgarten*
1290, †1326).
Der Bund von 1291 wird erneuert und erweitert zu einem Abwehrbund gegen Habsburg.

1332 Aus politischen und wirtschaftlichen Motiven verbündet man sich mit der Stadt Luzern.
1351 Die Möglichkeit zur Erweiterung ins Mittelland führt zum Bündnis mit Zürich.
1353 Für Bern ist das Bündnis mit den Waldstätten eine Absicherung gegen unterwaldnerische Übergriffe ins Berner Oberland.
Im Rahmen der Städtekriege im letzten Viertel des 14. Jh.s gelingt den Eidgenossen (v.a.
1386 Luzern, Uri, Schwyz, Unterwalden) die Behauptung ihrer Position gegen das Haus Öster-
9. Juli reich in der *Schlacht von Sempach* (am Ostufer des Sempacher Sees im Schweizer Mittel- *Schlacht von*
1388 land), dann in der bei Näfels (Glarus). *Sempach*

| | Folge: stärkerer Zusammenschluss, Ausweitung der Interessen- und Einflusssphäre:
1401–1411 | Parteinahme für Appenzell gegen Österreich.
1415 | Eroberung des Aargaus, zu der die Eidgenossen von König Sigismund (Luxemburger) gegen Herzog Friedrich IV. von Österreich (*1382, †1439) aufgefordert werden.

Alter Zürichkrieg

1440–1446/50 Dass trotz gemeinsamer Erfolge der Zusammenhalt noch nicht gefestigt ist, zeigt sich u.a. im sog. *Alten Zürichkrieg*, der an den Differenzen in der Territorialpolitik verschiedener Orte entflammt, nicht innereidgenössisch geführt wird (Zürich sucht Hilfe bei Österreich) und erst nach relativ hart geführtem Kampf beigelegt werden kann.

1451–1466 Die Überwindung der Krise führt zum Erstarken, aggressivere Tendenzen zeigen sich. Als zugewandte Orte gewinnen die Eidgenossen Positionen nördlich der Rheinlinie (Rottweil 1463, Mülhausen [Elsaß] 1466/1515), durch Eroberung der österreichischen Landschaft Thurgau (1460) erreicht man die Bodenseegrenze.

Die zweite Hälfte des 15. Jh.s und der Beginn des 16. Jh.s sind gekennzeichnet durch außenpolitische Erfolge und internationales Ansehen. Nachdem der Gegensatz Eidgenossen–Habsburg durch Vermittlung Frankreichs in der *„Ewigen Richtung"* beigelegt ist, sieht sich die burgundische Macht einer großen Allianz gegenübergestellt:

Ewige Richtung 1474

1476 Der Angriff Herzog Karls des Kühnen wird bei Grandson (am Südwestufer des Neuenburger Sees) und Murten (am Ostufer den Murtensees) abgewehrt.

1477 Karl findet in der Schlacht von Nancy (Lothringen; 5. Jan.) den Tod.

Durch den Sieg gelangt der Bund zu internationaler Bedeutung. Die schon vorher als Krieger bekannten Schweizer stellen fortan noch mehr als bisher ihre überschüssige Jungmannschaft den Mächten als Söldner zur Verfügung.

Schwabenkrieg **1499**
22. Sept. Der *Schwabenkrieg* (Schweizerkrieg) gegen den Schwäbischen Bund und das Haus Österreich, erwachsen aus dem Konflikt um die Ausdehnung der Reichsreform König Maximilians I. auf die Eidgenossenschaft, führt nach Schweizer Siegen im Frieden von Basel zum faktischen Ausscheiden aus dem Reich.

1511–1515 Im großen Krieg um Italien zwischen den Valois und den Habsburgern greifen die Schweizer selbstständig ein. Nach mehreren Erfolgen bringt die den Schweizern von Frankreich

Niederlage von Marignano **1515 13./14. Sept.**
zugefügte *Niederlage von Marignano* (südöstlich von Mailand) die Wende.
Resultat dieser vier Jahre Großmachtzeit ist die Sicherung der „Ennetbirgischen Vogteien" und der Eroberungen südlich der Alpen (Tessin, Veltin; die Eroberung der Waadt durch Bern 1536 bildet ein spätes westliches Gegenstück).

Die Eidgenossenschaft am Ende des Mittelalters

dreizehn Orte Organisatorischer Aufbau: Die Eidgenossenschaft besteht zu dieser Zeit aus *dreizehn Orten*, den acht „alten" (Zürich, Bern, Luzern, Uri, Schwyz, Unterwalden, Zug, Glarus) und den fünf neuen (Freiburg, Solothurn, Basel, Schaffhausen und Appenzell), die 1481–1513 hinzukommen. Dieser Bund zwischen

Zugewandte Orte Stadt- und Landrepubliken unterhält Beziehungen zu *Zugewandten Orten* (z.B. St. Gallen, Mülhausen, Rottweil, Biel, Neuenburg), die in verschiedenartigen Verträgen an die Orte gebunden sind. Von den Orten gemeinsam verwaltet werden die Gemeinen Herrschaften (nicht alle von allen). Diese Kondominien fördern die Zusammenarbeit der Orte. – Seit 1400 bildet sich eine gemeinsame Oberbehörde, die *Tag-*

Tagsatzung *satzung* (Zweierdelegation aller Orte), heraus. Rechtliche Grundlage des Systems sind die einzelnen Bundesbriefe. Daneben stellen drei gemeinsame Konkordate (Pfaffenbrief 1370, Sempacherbrief 1393 und v.a. Stanser Verkommnis 1481) den Zusammenhalt her. – Zu Bedeutung gelangt die Entwicklung eines speziellen Schiedsverfahrens bei Streitigkeiten, das sog. „Eidgenössische Recht". – Dieses ganze System hat bis 1798 Bestand.

Wirtschaftliche und soziale Aspekte: Städtische Territorialwirtschaft und bäuerliche Genossenschaftsordnung bilden sich heraus. Die Städte sind Handels- und Gewerbezentren und beherrschen durch Erwerb größeren Territoriums bald das Mittelland. Die Mittellandbauern (Dreifelderwirtschaft) werden so zu Untertanen. Die Talgenossenschaften freier Bauern verlegen sich auf Viehzucht und Käseproduktion, gleichzeitig ergeben sich Verdienste aus Transportorganisationen (Transit über die Pässe). Für beide Gruppen bildet der Solddienst eine weitere Einnahmequelle. – Die unterschiedliche Wirtschaftsstruktur

Konflikte führt zu *Konflikten* zwischen Städte- und Länderorten. Seit der Mitte des 15. Jh.s geraten die Städte in eine Krise und versuchen in der Folge, durch Verbot des Handwerks auf dem Land die Konkurrenz einzudämmen. Den häufigen, daraus entstehenden Konflikten zwischen Stadt und Land können die Stadtobrigkeiten erfolgreich begegnen. Deren Erstarken, bei Berücksichtigung lokaler Sonderrechte, ist meist die Folge. – (Forts. S. 1082)

Das Papsttum (604–1492)
(Forts. v. S. 368)

Das Papsttum und die Anfänge des Kirchenstaates (7.–10. Jh.)

604–625 Die meist nur kurze Zeit regierenden Nachfolger Gregors des Großen, die Päpste Sabinian (604–606), Bonifaz III. (607), Bonifaz IV. (608–615), Adeodatus I. (Deusdedit) (615–618) und Bonifaz V. (619–625) können sich mit ihm nicht messen.

625–638 Erst sein Schüler *Honorius I.* versucht, in seinem Sinne die päpstliche Autorität zu stärken, die Versorgung Roms zu sichern und den Kontakt mit Angelsachsen und Langobarden aufrechtzuerhalten. Er vermag jedoch nicht, die bei der Ostkirche liegende kirchenpolitische Initiative zurückzugewinnen, stimmt vielmehr einer von Kaiser Herakleios zur Rückgewinnung der Monophysiten propagierten *Ausgleichsformel* (Ekthesis) zu, wonach es in Christus zwar zwei Naturen gibt, der Einheit seiner Persönlichkeit aber ein einheitlicher Wille entspricht (Monotheletismus).

Honorius I.

Ausgleichsformel

Die Ekthesis wird in den letzten großen Glaubensstreitigkeiten zwischen Ost und West zunächst von Severinus und dann von Martin I. († 655) 649 auf einer Lateransynode verdammt.

649–653

Der nicht vom Kaiser anerkannte Papst wird verbannt. Der erste Versuch einer Auflehnung gegen Orthodoxie und Ostreich ist damit trotz der Schwächung, die das Oströmische Kaisertum durch die arabische Invasion erfährt, gescheitert.

654–657 Der noch zu Lebzeiten Martins I. gewählte Eugen I. und sein Nachfolger Vitalianus bege-
657–672 ben sich wieder in Abhängigkeit von Kaiser Konstans II.

680–681 Auf dem *Sechsten Ökumenischen Konzil in Konstantinopel*, dem Ersten Trullanum, wird mit Zustimmung Agathos' (678–681) ein Glaubensdekret über zwei natürliche Wirkweisen und Willen in Christus beschlossen, aufgrund dessen Papst Honorius I. mit späterer Zustimmung Leos II. (682–683) als Häretiker verurteilt wird, woraus sich die im Spätmittelalter oft diskutierte *Honoriusfrage*, das Problem eines häretischen Papstes, ergibt.

Sechstes Ökumenisches Konzil

Honoriusfrage

Die Flucht vor der arabischen Expansion führt zu einer Zunahme des griechischen und syrischen Elementes in Rom. Von 685 bis 715 lösen sich Griechen und Syrer auf dem Papstthron ab.

692 Kaiser Justinian II. stellt auf dem Zweiten Trullanum, dem Quinisextum, den Unterschied zwischen Ost- und Westkirche heraus, kann die disziplinären Beschlüsse jedoch gegenüber Sergius I. (687–701) nicht durchsetzen.

708–715 Unter Konstantin I. (708–715), der als Letzter Papst Konstantinopel besucht, kommt es zu einer vorübergehenden Entspannung. Der endgültige Bruch wird anlässlich des *Bilderstreites* vollzogen.

Bilderstreit

715–731 Gregor II. (*669) und Gregor III. verweigern dem von Kaiser Leon III. eingesetzten Patri-
731–741 archen Anastasios die Anerkennung bzw. exkommunizieren auf einer römischen Synode
731 die Ikonoklasten, woraufhin Leon den süditalienischen Kirchenbesitz faktisch einzieht und die Kirchenprovinzen in Süditalien, Illyrien und Griechenland der römischen Jurisdiktion zugunsten des Patriarchen von Konstantinopel entzieht.

Das Papsttum wird zu einem „mittelitalienischen Rumpfpatriarchat", das sich stärker an die germanische Welt anlehnt.

741–752 Zacharias gibt einer von Pippin III., dem Jüngeren, nach Rom geschickten Gesandtschaft die berühmte Antwort, die 751/52 die Erhebung des Hausmeiers zum König der Franken (als Pippin I.) ermöglicht.

752–757 Stephan II. (III.) wendet sich angesichts der Bedrohungen Roms durch die Langobarden an Pippin.

754 Ein Treffen in Ponthion (Champagne) besiegelt die *Abkehr des Papsttums vom griechischen Osten*. Der vom Papst mit dem Patricius-Titel ausgestattete Herrscher gibt ihm in Quierzy (Oise) eine durch seinen Italienzug jedoch nur teilweise realisierte Restitutions- und Besitzgarantie für Mittelitalien (Korsika, Tuszien, den Exarchat mit Venetien und Istrien sowie die

Abkehr vom griechischen Osten

757–767 Herzogtümer Benevent und Spoleto), wodurch der *Kirchenstaat* mit den Schwerpunkten Rom und Ravenna unter Stephan II. (III.) und Paul I. geschaffen wird *(Pippinische Schenkung)*.

Kirchenstaat Pippinische Schenkung

		Zu ihrer Absicherung dürfte die sog. Konstantinische Schenkung (Fälschung) entstanden sein.
	767–768	Nach Pippins Rückzug aus Italien kommt es zu Auseinandersetzungen zwischen römischem Stadtadel und Klerus, die zum Sturz Konstantins II. führen.
	768–772	Unter Stephan III. (IV.) sieht sich Rom erneut dem Druck der Langobarden ausgesetzt, der erst 774 durch den Sieg des Frankenkönigs Karl (768–814) über Desiderius beseitigt wird. Karl verweigert dem Papst zwar die umfangreichen von Desiderius geschuldeten Restitutionen, bestätigt jedoch den Kirchenstaat mit Rom, Perugia, Ravenna und Bologna und vermehrt ihn um einen Teil des langobardischen Tuszien mit Orvieto und Viterbo sowie um die Sabina und Capua.
Siebtes Ökumenisches Konzil	**787** 795–816	Nach kurzfristiger Annäherung auf dem von den Franken verworfenen *Siebten Ökumenischen Konzil* in Nikaia (Nicaea) bedeutet die von Papst Leo III. vorgenommene *Kaiserkrönung Karls des Großen* eine weitere Abwendung des Papsttums von Ostrom und einen stärkeren Anschluss an das Frankenreich, dessen Herrscher maßgeblich den weiteren Ausbau der Reichskirche bestimmen.
Kaiserkrönung Karls des Großen	**800**	
Pactum Ludovicianum	816–817 817–824	Kaiser Ludwig der Fromme (814–840) bestätigt dem nach dem kurzen Pontifikat Stephans IV. (V.) gewählten Paschalis I. im *Pactum Ludovicianum* Bestand und Autonomie des Kirchenstaates sowie die Freiheit der Papstwahl.
	824–827	Unter Eugen II. wird das Patrimonium Petri stärker an das Reich gebunden und der gewählte Papst vor seiner Weihe zu einem Treueid veranlasst, der bis zur Erhebung Hadrians II. (867–872; *792) geleistet wird.
	827–858 846	Gregor IV. (827–844), Sergius II. (844–847), Leo IV. (847–855) und Benedikt III. (855–858) haben sich der Angriffe der Sarazenen zu erwehren, die bis in die Außenbezirke Roms vorstoßen, was in der Folge zur Ummauerung des rechten Tiberufers (Civitas Leonina) führt.
Pseudoisidorische Fälschungen	858–867	Nikolaus I. betont nachdrücklicher als seine Vorgänger die päpstliche Autorität gegenüber Franken und Byzantinern, wobei er sich auf die *Pseudoisidorischen Fälschungen* stützen kann.
	863	Er entscheidet im Eheprozess zwischen Kaiser Lothars I. Sohn, König Lothar II., und seiner Gemahlin Theutberga für diese, setzt dabei die Erzbischöfe von Köln und Trier ab, unterwirft den Erzbischof von Ravenna und greift in den Streit zwischen den Patriarchen Ignatios (*um 798, †877) und Photios (*vor 820, †891) von Konstantinopel ein, indem er den einen absetzt und die Wahl des anderen für nichtig erklärt. Die Absetzung des Photios wird auf
Achtes Ökumenisches Konzil	**869–870**	dem *Achten Ökumenischen Konzil in Konstantinopel*, dem letzten im Osten abgehaltenen allgemeinen Konzil, erneuert, tatsächlich kommt diese jedoch erst im Jahre 886 zu Stande.
	870	Chan Boris von Bulgarien (852–889), der (866) für die Christianisierung seines Reiches die Unterstützung des Papstes gesucht hat, kehrt in die griechische Obödienz zurück.
		Die Nachfolger Nikolaus' sehen sich stadtrömischen Parteikämpfen und dem Machtstreben der mittelitalienischen Herzöge ausgeliefert, ohne tatkräftige Unterstützung der von ihnen zu Kaisern gekrönten Herrscher finden zu können, wie 877 am erfolglosen Italienzug Karls des Kahlen deutlich wird.
Verbot der slawischen Liturgie	885–891 885	*Stephan V. (VI.)* verbietet die von Methodios und Kyrillos eingeführte *slawische Liturgie* und entscheidet damit über die Einbeziehung eines großen Teiles der West- und Südslawen in den lateinischen Westen.
Niedergang des Papsttums		Der *Niedergang* des Fränkischen Reiches reißt auch das *Papsttum* mit.
	891–896	Formosus (*um 816) ruft König Arnulf (887–893; 896 Kaiserkrönung in Rom) gegen die Herzöge Wido und Lambert von Spoleto zu Hilfe.
	896–897	Ein Gericht Stephans VI. (VII.) über Formosus' Leiche führt zu Auseinandersetzungen zwischen den Formosianern und ihren Gegnern.
	904–911	Nach rasch wechselnden Pontifikaten und dem Erlöschen des Kaisertums (900/901) beginnt mit Sergius III. die Herrschaft stadtrömischer Adelsgeschlechter über das Papsttum.
Sieg über die Sarazenen	914–928	*Johannes X.* besiegt 915 im Bündnis mit Byzanz, Spoleto und Gaeta am Garigliano die *Sarazenen*.

Die Päpste* (604–1059)

Sabinian	604 606	Stephan V. (VI.)	885–891
Bonifaz III.	607	Formosus	891–896
Bonifaz IV.	608–615	Bonifaz VI.	896
Adeodatus I.	615–618	Stephan VI. (VII.)	896–897
Bonifaz V.	619–625	Romanus	897
Honorius I.	625–638	Theodor II.	897
Severinus	640	Johannes IX.	898–900
Johannes IV.	640–642	Benedikt IV.	900–903
Theodor I.	642–649	Leo V.	903
Martin I.	649–653	Christophorus	903–904
Eugen I.	654–657	Sergius III.	904–911
Vitalianus	657–672	Anastasius III.	911–913
Adeodatus II.	672–676	Lando	913–914
Donus	676–678	Johannes X.	914–928
Agatho	678–681	Leo VI.	928
Leo II.	682–683	Stephan VII. (VIII.)	929–931
Benedikt II.	684–685	Johannes XI.	931–935
Johannes V.	685–686	Leo VII.	936–939
Konon	686–687	Stephan VIII. (IX.)	939–942
(Theodor	687)	Marinus II.	942–946
(Paschalis	687–692)	Agapet II.	946–955
Sergius I.	687–701	Johannes XII.	955–964
Johannes VI.	701–705	Leo VIII.	963–965
Johannes VII.	705–707	Benedikt V.	964–966
Sisinnius	708	Johannes XIII.	965–972
Konstantin I.	708–715	Benedikt VI.	973–974
Gregor II.	715–731	Bonifaz VII.	974
Gregor III.	731–741	Benedikt VII.	974–983
Zacharias	741–752	Johannes XIV.	983–984
(Stephan II.	752)	Bonifaz VII.	984–985
Stephan II. (III.)	752–757	Johannes XV.	985–996
Paul I.	757–767	Gregor V.	996–999
(Konstantin II.	767–768)	(Johannes XVI.	997–998)
(Philipp	768)	Silvester II.	999–1003
Stephan III. (IV.)	768–772	Johannes XVII.	1003
Hadrian I.	772–795	Johannes XVIII.	1003–1009
Leo III.	795–816	Sergius IV.	1009–1012
Stephan IV. (V.)	816–817	Benedikt VIII.	1012–1024
Paschalis I.	817–824	(Gregor VI.	1012)
Eugen II.	824–827	Johannes XIX.	1024–1032
Valentin	827	Benedikt IX.	1032–1045
Gregor IV.	827–844	Silvester III.	1045
(Johannes	844)	Benedikt IX.	1045
Sergius II.	844–847	Gregor VI.	1045–1046
Leo IV.	847–855	Clemens II.	1045–1047
Benedikt III.	855–858	Benedikt IX.	1047–1048
(Anastasius III.	855)	Damasus II.	1048
Nikolaus I.	858–867	Leo IX.	1049–1054
Hadrian II.	867–872	Viktor II.	1055–1057
Johannes VIII.	872–882	Stephan IX.	1057–1058
Marinus I.	882–884	Benedikt X.	1058–1059
Hadrian III.	884–885		

* (in Klammern: Gegenpäpste)

Die großen Fälschungen des Frühmittelalters

Die Konstantinische Fälschung

Das Constitutum Constantini ist eine zwischen 752 und 850 entstandene Fälschung in Urkundenform. *Kaiser Konstantin I.* (*um 285, †337) berichtet in ihr von seiner Heilung vom Aussatz durch Papst Silvester, sanktioniert den Primat des römischen Stuhles und überträgt ihm neben zahlreichen Ehrenvorrechten wie der Erlaubnis, kaiserliche Herrschaftszeichen tragen zu dürfen, die *Herrschaft über Rom*, Italien und die Provinzen des westlichen Reiches, nachdem er selbst sein Reich in den Osten und seine Residenz nach Byzanz verlegt hat, „da es sich nicht ziemt, dass ein irdischer Kaiser dort herrscht, wo der himmlische die Herrschaft über die Priester und das Haupt der Religion beheimatet hat". Zeitpunkt und Ort, Anlass und Zweck der Fälschung lassen sich nicht genau ermitteln. Neuere, freilich nicht unumstrittene Forschungen vermuten aufgrund stilistischer Merkmale, dass sie in den Kanzleien der Päpste Stephan II. (III.) (752–757) bzw. Paul I. (757–767) entstanden ist und den Anspruch auf den sich in diesen Jahren ausbildenden Kirchenstaat stützen sollte. Die Konstantinische Schenkung dient im hohen und späten Mittelalter als Argument für den *päpstlichen Suprematsanspruch*. Nachdem bereits zur Zeit Kaiser Ottos III. (*980, †1002) *Zweifel an ihrer Echtheit* geäußert und im 14. Jh. ihre Rechtsgültigkeit in Frage gestellt worden ist, wird sie im 15. Jh. aufgrund historisch-philologischer Kriterien als Fälschung erkannt. Erst seit Mitte des 19. Jh.s wird dies allgemein akzeptiert.

Suprematsanspruch

Die Pseudoisidorischen Fälschungen

Die nach Ursprung und Tendenz zusammengehörenden, in der Mitte des 9. Jh.s auftauchenden und im Mittelalter häufig Isidor von Sevilla (†636) zugeschriebenen Fälschungen *bestehen* im Wesentlichen aus der Collectio Hispana Gallica Augustodunensis, den Capitula Angilramni, der Kapitulariensammlung des Benedikt Levita sowie den Pseudoisidorischen Dekretalen. Die Sammlung enthält neben echten Konzilskanones und päpstlichen Dekretalen verfälschte sowie mosaikartig aus echten Quellenzitaten zusammengesetzte unechte Texte. Sie entsteht mit großer Wahrscheinlichkeit in der Kirchenprovinz Reims und verfolgt u. a. die Tendenz, durch Ausweitung des römischen Jurisdiktionsanspruches den Diözesanbischöfen Rechtsschutz gegen weltliches und kirchliches Gericht, gegen Laien und Chorbischöfe, vor allem aber gegen die Metropoliten zu verschaffen. Ihre eigentliche Wirkung setzt um die Mitte des 11. Jh.s ein, als im Zuge der *Kirchenreform* besonders die Pseudoisidorischen Dekretalen zur Stützung des römischen Primates herangezogen werden. Obwohl einzelne Stücke bereits im Mittelalter als Fälschungen erkannt werden, gelingt es erst zu Beginn der Neuzeit, den Nachweis zu führen.

Bestandteile

Kirchenreform

Papsttum und Kirche (955–1309)

Papsttum und römische Kirche geraten nach dem Zerfall des fränkischen Reiches, mit dessen Hilfe sie sich von Ostrom lösten und der Bedrohung durch die Langobarden entzogen, unter den Einfluss des stadtrömischen Adels und der langobardischen Herrscher. Die *Ottonen* (Könige bzw. Kaiser aus dem liudolfingischen Haus, 919–1024), denen auf Grund ihrer Festigung ihrer Herrschaft an einer funktionsfähigen Leitung der Gesamtkirche gelegen ist, unterstützen die päpstlichen Bemühungen um ein eigenes Territorium und tragen dazu bei, den universalen Anspruch des römischen Bischofs wieder zur Geltung zu bringen. Die Realisierung dieses Anspruchs erfolgt nicht ausschließlich mit politischen Mitteln.

Ottonen

Erst die in Burgund und Lothringen einsetzende monastische Reform, der bald eine Erneuerung des kanonikalen und eremitischen Lebens folgt, schafft das Bewusstsein von der Notwendigkeit der *Libertas ecclesiae*, der Freiheit von weltlicher Bevormundung und der Lösung aus zu weit gehender Verflechtung mit der weltlichen Gesellschaft. Die ersten *salischen Herrscher* (Könige bzw. Kaiser aus dem salischen oder fränkischen Haus, 1024–1125) verhelfen den Vertretern der Libertas ecclesiae zur Durchsetzung der Freiheit von weltlicher Bevormundung und zur Lösung aus zu weit gehender Verflechtung, wodurch das Recht des Römisch-deutschen Kaisertums auf Mitgestaltung von Kirche und Welt wesentlich beschränkt wird. Das Ende des Investiturstreits bedeutet nicht das Ende des Kampfes um die rechte Zuordnung von geistlicher und weltlicher Gewalt.

Libertas ecclesiae Salier

Gestützt auf Theologie, Kanonistik und neue Orden, im Bündnis mit italienischen Stadtstaaten und europäischen Herrschern, gelingt es dem Papst, mit den *Staufern* das Kaisertum als die zweite Universalmacht zeitweise auszuschalten und auf Dauer entscheidend zu schwächen. Dies erweist sich jedoch als ein Pyrrhussieg. Durch den letztlich negativen Ausgang der Kreuzzüge, zunehmende Häresie, wachsende Kirchenkritik sowie fortschreitende Rationalisierung und Säkularisierung des Lebens in seinem Ansehen geschwächt, wird der Papst 1309 von seinem Bundesgenossen, dem König von *Frankreich*, in eine *Abhängigkeit* gebracht, die größer ist als je zuvor die vom Kaiser.

Staufer

Abhängigkeit von Frankreich

Die Krise des Papsttums und der Sieg der Reformbewegung (955–1159)

Die Erneuerung des Mönchtums im 10. und 11. Jh.

Im ersten Drittel des 10. Jh.s setzt in Lothringen und Burgund im Anschluss an die von Benedikt von Aniane (†821) unternommenen Bemühungen um eine allgemeine Durchsetzung des *Benediktinertums* eine Erneuerung des in den politischen Niedergang des Frankenreiches einbezogenen Mönchtums ein, die bald auf das ganze Abendland ausgreift und eine neue Epoche in der Kirchen- und Ordensgeschichte einleitet.

Benediktinertum

In Niederlothringen reformiert Gerhard von Brogne († 959) von der 913/914 gegründeten Abtei Brogne bei Namur aus zahlreiche hennegauische, flämische und nordfranzösische Klöster, während die 933 von Klerikern der Diözese Metz restaurierte Abtei Gorze zu einem Reformzentrum wird, das besonders stark ins Römisch-deutsche Reich hineinwirkt. Der eigentliche Mittelpunkt der monastischen Erneuerung des 10. Jh.s ist jedoch das 909 von Wilhelm I. dem Frommen, Herzog von Aquitanien (886–918) und Graf von Mâcon, gegründete burgundische *Cluny*. Die schon 909 dem Heiligen Stuhl unterstellte und so dem Einfluss lokaler weltlicher und geistlicher Gewalten entzogene Abtei (libertas Romana) entwickelt einen auf der Benediktinerregel beruhenden, in eigenen Consuetudines und Statuta formulierten Lebensstil, der den feierlichen Kult im Dienste für Lebende und Verstorbene in den Mittelpunkt rückt, Studium, Askese und Handarbeit jedoch zurücktreten lässt. Unter den bedeutenden, zu hohem Alter gelangten Äbten Maiolus (954–994), Odilo (994–1049) und Hugo (1049–1109) bildet sich inner- und außerhalb Frankreichs um Cluny und dessen 1088 begonnene gewaltige dritte Klosterkirche (Cluny III) ein Verband von ca. 3000 Abteien und Prioraten, die in mehr oder minder großer Abhängigkeit vom Großabt in Cluny stehen. Durch seine Consuetudines wirkt Cluny auch auf zahlreiche Klöster und Klosterverbände wie diejenigen von St.-Benigne in Dijon, Farfa (Sabiner Berge), Cava dei Terreni, Fruttuaria (in Piemont, gegründet 1003) und Hirsau (im Schwarzwald, Neugründung nach 1049) ein, die auf eigenständige Reformen zurückgehen und ihre organisatorische Selbstständigkeit bewahren, sich jedoch der Ausstrahlung Clunys nicht entziehen können. – Die *Wirkungen Clunys* gehen weit über die monastische Welt hinaus. Auch wenn sein Anteil an Gregorianischer Reform, Kreuzzug, Reconquista, Gottesfriedensbewegung und Ausbildung der romanischen Kunst gelegentlich übertrieben wird, kann kein Zweifel daran bestehen, dass die cluniazensische Reformbewegung und die von ihr überschatteten selbstständigen Erneuerungsbemühungen in bestimmender Weise auf das geistliche und künstlerische Leben, auf die Frömmigkeit und die Lebenshaltung der hochmittelalterlichen geistlichen und profanen Gesellschaft einwirken.

Cluny

Wirkungen Clunys

Der deutsche König *Otto I.* (936–973) ist entschlossen, die italienische Königs- und die römische Kaiserkrone zu gewinnen.

Otto I.

960 Als ihn Papst Johannes XII. (955–964) gegen Berengar II. von Ivrea zu Hilfe ruft, lässt Otto
962 sich in St. Peter weihen und zum Kaiser krönen, nachdem er die früheren Schenkungen an
2. Febr. den Papst (Privilegium Ottonianum) bestätigt und dessen Person sowie das Patrimonium
13. Febr. Petri unter seinen Schutz genommen hat.

Johannes XII. verschwört sich mit dem Sohn Berengars gegen Otto, der ihn von einer römi-
963–965 schen Synode ab- und statt seiner Leo VIII. einsetzen lässt, gegen den die Römer nach der
964–966 Rückkehr Johannes' XII. den Papst Benedikt V. wählen.

Trotz des von Kaiser Otto I. beanspruchten Rechts auf die Bestätigung des Papstes kommt es infolge der Rivalitäten des *römischen Adels* zu einem häufigen Wechsel auf dem Papstthron.

römischer Adel

965–972 Johannes XIII. aus der Familie der Creszentier wird von Otto gestützt.
967 Der Papst stimmt auf der *Synode von Ravenna* der vom Kaiser seit 965 geplanten kirchlichen Organisation des Slawenlandes zu: Errichtung des Erzbistums Magdeburg mit den bisher Mainz unterstehenden Bistümern Brandenburg und Havelberg sowie den Neugründungen Merseburg, Meißen und Zeitz (später Naumburg).

Synode von Ravenna

973–974 Der Nachfolger des Johannes, Benedikt VI., wird von den *Creszentiern* gestürzt.
974 Ihr Kandidat Bonifaz VII. lässt ihn erdrosseln, flieht aber vor Kaiser Otto II. (973–983)
974–983 nach Griechenland und versucht vergeblich, Benedikt VII. zu verdrängen.

Creszentier

Bonifaz VII. beseitigt den von Kaiser Otto III. (983–1002) von Pavia nach Rom transferier-
983–984 ten Johannes XIV. und folgt ihm in einem zweiten kurzen Pontifikat (984–985).
985–996 Der nächste Papst, Johannes XV., fördert die Creszentier, die eine Art Tyrannei über die römische Kirche ausüben.

996 Otto III. designiert (statt des inzwischen mit den Creszentiern zerfallenen Johannes XV.)
996–999 seinen Vetter Brun, Sohn des Herzogs von Kärnten, zum Papst, der als Gregor V. den Stuhl Petri besteigt.

Der vom Kaiser zum Exil verurteilte Crescentius lässt in Abwesenheit Ottos den Kalabre-
997–998 sen Johannes Philagathos als Johannes XVI. zum (Gegen-)Papst erheben, doch Otto veranlasst die Enthauptung des Crescentius und verbannt Johannes zu lebenslanger Klosterhaft.

Otto lässt Gerbert von Aurillac (*um 940/950, † 1003), einen der größten Gelehrten seiner
999–1003 Zeit und seit 998 Erzbischof von Ravenna, als *Silvester II.* zum Papst wählen.

Silvester II.

Otto und Gerbert sind bestrebt, von Rom aus als neuer Konstantin und Silvester Kirche und Welt zu erneuern, wobei der Kaiser die Initiative übernimmt. Er vollzieht in Übereinstimmung mit dem Papst den Anschluss Polens und Ungarns an den Westen durch Erhebung
1000/1002 von Gnesen und Gran zu kirchlichen Metropolen und plant die Gewinnung Russlands sowie der unter venezianischer Herrschaft stehenden dalmatinischen Küstenstädte für das lateinische Christentum.

	1002	Nach dem frühen Tod Ottos reißen die Creszentier wieder die Herrschaft an sich, die Päpste
	1003–1012	Johannes XVII. (1003), Johannes XVIII. (1003–1009) und Sergius IV. (1009–1012) sind vollständig von ihnen abhängig.
Tuskulaner		Nach dem Tode Sergius' IV. gelingt es der Familie der *Tuskulaner*, ihr Familienmitglied
	1012–1024	Theophylakt als Benedikt VIII. mit Hilfe König Heinrichs II. (1002–1024) gegen den Kandidaten der Creszentier durchzusetzen.
	1014	Benedikt krönt Heinrich zum Kaiser, der ihm wie den übrigen Tuskulanerpäpsten in Rom freie Hand lässt, ordnet das Patrimonium, geht mit Pisanern und Genuesen ein Bündnis gegen die Mauren ein und befreit Sardinien.
	1020	Kaiser Heinrich II. eilt dem Papst gegen die von Süditalien nach Rom vorrückenden Byzantiner zu Hilfe und hält mit ihm in *Pavia* eine *Reformsynode* ab, auf der u. a. die Zölibatspflicht eingeschärft wird.
Reformsynode von Pavia	1022	
	1024–1045	Nach den Tuskulanerpäpsten Johannes XIX. (1024–1032) und Benedikt IX. (1032–1045)
	1045	gelingt es dem den Creszentiern nahe stehenden Silvester III., nach finanzieller Abfindung seines Vorgängers den Stuhl Petri zu besteigen, den er jedoch noch im gleichen Jahr zugunsten Gregors VI. räumen muss. König Heinrich III. (1039–1056), der sich die von den französischen Reformzentren ausgehenden Friedens- und Reformforderungen zu eigen macht, setzt auf der Synode von Sutri Silvester III. und Gregor VI. formell ab, drei Tage später auch Benedikt IX., ohne dazu jedoch eine eindeutige Legitimation zu besitzen. Auf seinen Vorschlag hin wird Bischof Suidger von Bamberg als Clemens II. gewählt, der Heinrich zum Kaiser krönt.
	1045–1046	
	1046	
	1046–1047	
	1048	Diesem Papst folgt nach seinem baldigen Tode der nur 23 Tage als Damasus II. regierende Poppo von Brixen.
Leo IX. Kirchenreform	1049–1054	Der bedeutendste der deutschen Reformpäpste, *Leo IX.* (1049–1054; *1002, †1054; Brun von Toul aus dem Geschlecht der Grafen von Egisheim im Elsass), öffnet der *Reform* den Weg nach Rom. Er schart mit Kardinal (seit 1051) Humbert von Silva Candida († 1061), Friedrich von Lothringen (Bruder des lothringischen Herzogs Gottfried des Bärtigen; später Papst Stephan IX.), Hugo dem Weißen (Hugo Candidus aus Remiremont, Kardinal) und Hildebrand (später Gregor VII.) ihre wichtigsten Vertreter um sich und legt gemeinsam mit ihnen die Grundlage für die spätere Gregorianische Reform. Auf zahlreichen Reisen und Synoden diesseits und jenseits der Alpen, auf denen Priesterehe, Simonie und Nikolaitismus verurteilt werden, stärkt er die *Autorität des Papsttums*. Das Reimser Konzil (1049) bezeichnet ihn als Universalis ecclesiae primas et apostolicus und gibt damit dem neu gewachsenen Selbstbewusstsein des lateinischen Westens gegenüber dem byzantinischen Osten Ausdruck.
Autorität des Papsttums		
	1053	Leos Pläne, mit eigenem Heer und der Unterstützung der Griechen die Normannen aus Süditalien zu vertreiben, scheitern, sein Heer wird bei Civitate (Apulien) geschlagen.
		Auf Veranlassung des byzantinischen Kaisers Konstantin IX. Monomachos (1042–1055), der an einem Bündnis gegen die Normannen interessiert ist, kommt es zwischen dem Patriarchen Michael Kerullarios sowie den römischen Kardinälen Humbert von Silva Candida und Friedrich von Lothringen zu Verhandlungen über die Wiederherstellung der kirchlichen Einheit. Sie scheitern wegen der Unnachgiebigkeit der Verhandlungspartner in liturgischen und dogmatischen Differenzen.
Schisma	**1054** 16. Juni	Eine päpstliche Bannbulle wird in der Hagia Sophia niedergelegt, worauf Patriarch und Synode mit der Bannung des Papstes reagieren. Damit beginnt das bis heute währende *Schisma* zwischen östlicher und westlicher Christenheit, wenngleich die Ansätze dafür viel früher liegen.

Kirchenspaltung und Unionsverhandlungen

Seit dem Schisma von 1054 werden Versuche unternommen, die Einheit der Kirche wiederherzustellen. Sie scheitern trotz den Unionen von 1274 (Zweites Konzil von Lyon) und 1439 (Konzil von Basel, in Florenz), weil sich *Kirchen- und Unionsbegriff* widersprechen: Dem theologisch begründeten Primat und der Uniformität von Ritus und Disziplin im Westen steht die Idee eigenständiger Patriarchenrechte und des Konzils als höchster Instanz gegenüber. Union heißt für Rom Unterwerfung unter die päpstliche Autorität mit Angleichung in Ritus und Disziplin, was ein Konzil nur bestätigen kann, für den Osten dagegen Verhandlungen zweier gleichberechtigter Kirchen mit Entscheidung auf einem Konzil. Wichtigste *Streitpunkte*: Filioque, Azymen, Fegfeuer, Priesterehe, Ritenpluralismus und eigene Hierarchien, alles jedoch der entscheidenden Primatsfrage untergeordnet. Gegenseitiges Misstrauen und Unverständnis sowie ungeeignete Unterhändler schaffen zusätzliche Spannungen.

Mit der Union sind stets *politische Fragen* verbunden: byzantinische Westpolitik, Kreuzzug, lateinisches Kaiserreich, normannisch-angevinische Eroberungspläne. Die Verhandlungen haben entgegengesetzte Ziele; die Alternative lautet seit Papst Innozenz III. (1198–1216): Union als Voraussetzung (Rom) oder als Folge (Konstantinopel) von Konzil und Kreuzzug bzw. Verzicht auf Kreuzzug. Größte Annäherung ab Mitte des 13. Jh.s unter den Päpsten Innozenz IV. und Gregor X., der den Osten selber kennt. Die Union von 1274 ist jedoch eine Kapitulation der Ostkirche aus politischer Not des Byzantinischen Reichs, in Florenz (1439) wird die Primatsfrage durch eine mehrdeutige Formel überspielt. Beide Unionen bleiben Entscheidungen der Reichs- und Kirchenspitze und werden vom Volk, geschürt vom aktiven Mönchtum, als Folge des Vierten Kreuzzugs (1202–1204) sowie der zwangsweisen Unterwerfung und Angleichung der griechischen Kirche nach 1204 abgelehnt.

politische Fragen

1055–1057	Nachfolger Papst Leos IX. wird der kaiserliche Kanzler Gebhard von Eichstätt als Viktor II., der Leos Politik fortsetzt und nach dem Tode Kaiser Heinrichs III. die Nachfolge König Heinrichs IV. (1056–1106) und die Regentschaft seiner Mutter Agnes sichert.
1057–1058	Während Agnes' Regentschaft (1056–1062) im Reich erfreuen sich die kirchlichen Reformer der Unterstützung Herzog Gottfrieds des Bärtigen von Lothringen, dessen Bruder Friedrich sie als *Stephan IX.* zum Papst erheben, ohne jedoch die Zustimmung der Regentin einzuholen. Der ehemalige Abt von Montecassino macht das italienische Mönch- und Eremitentum für die Kirchenreform fruchtbar: Er ernennt den Prior von Fonte Avellana, Petrus Damiani (*1007, †1072), zum Kardinalbischof von Ostia.
1057	
1058–1059	Gegen den Willen der Reformer wird nach Stephans Tod Bischof Johann von Velletri von den Tuskulanern als Benedikt X. erhoben.
1058–1061	Die Reformer wählen auf ungewöhnliche Weise in Siena Bischof Gerhard von Florenz, der als *Nikolaus II.* nach Rom zieht, den gegnerischen Papst in Sutri bannt und schließlich in Rom inthronisiert wird.
1059	Nikolaus bringt im Sinne des von Humbert von Silva Candida (†1061) in seinem Werk „Adversus Simoniacos" formulierten Programms ein von der römischen Synode gebilligtes *Papstwahldekret* zu Stande, das den Erfolg der Reformer sichern hilft. Es sieht einen dreistufigen Wahlgang vor: Die Kardinalbischöfe beginnen mit den Beratungen, die Kardinalpresbyter und -diakone schließen sich ihnen an, dem übrigen Klerus sowie dem römischen Volk bleibt nur die Zustimmung zu der von den Kardinälen vorgenommenen Wahl. Sie kann auch außerhalb Roms vorgenommen werden, wodurch sich das Papsttum prinzipiell von den Stadtrömern löst. Die Rechte des deutschen Königs werden mit der unbestimmten Formel Salvo debito honore et reverentia zumindest theoretisch gewahrt. Gegen Benedikt X. sucht Nikolaus Unterstützung bei den *Normannen*. Er nimmt von Richard von Aversa, Fürst von Capua, und Robert Guiscard, Herzog von Apulien und Kalabrien, Lehnshuldigung und Treueid entgegen und investiert sie mit den von ihnen eroberten Territorien (Synode von Melfi).
1061	Die Ausübung der Lehnsoberhoheit über die Normannen wird als Verletzung der Reichsrechte bezeichnet und führt nach dem Tode des Papstes zu einem Schisma. Die römische Opposition erbittet von König Heinrich IV. einen neuen Papst. Bischof Cadalus von Parma wird daraufhin von deutschen und lombardischen Bischöfen als Honorius II. gewählt. Die von Hildebrand angeführten Reformer wählen Bischof Anselm von Lucca als *Alexander II.* und inthronisieren ihn mit Hilfe des Fürsten Richard von Capua.
1061–1064	
1061–1073	
	Alexander wird vom Reichsepiskopat auf einer Synode in Mantua anerkannt.
1064	Der Papst setzt energisch den Kampf gegen Laieninvestitur und Nikolaitismus fort, verlangt das gemeinsame Leben (vita communis) der Kleriker, fördert die Reconquista in Spanien sowie die Zurückdrängung der Byzantiner aus Süditalien.
1073 22. April	Der seit langem einflussreiche Archidiakon (seit 1059) Hildebrand wird vom römischen Volk als Papst ausgerufen und erst danach vom Kardinal- und Stadtklerus als *Gregor VII.* (†1085) gewählt und inthronisiert. Gregor, einer der bedeutendsten Nachfolger Petri, hat Gregor VI. in die Verbannung nach Deutschland begleitet, von wo er 1047 in Cluny oder ein cluniazensisches Kloster eintrat; unter Nikolaus II. war er einer der Hauptberater, unter Alexander II. der wichtigste Mann an der Kurie. Mit ihm setzt sich der Reformgedanke in der römischen Kirche durch.
1075	Entsprechend dem von Gregor VII. formulierten *Dictatus Papae* wird die Unterordnung der weltlichen Gewalt unter die geistliche verlangt und der Sieg des Gottesreiches über die Mächte der Finsternis angestrebt.
	Der Papst wendet sich (seit 1074) auf mehreren römischen Synoden unter Androhung der Suspension gegen Simonie und Nikolaitismus und erklärt von Gebannten vorgenommene Ordinationen und ohne Billigung der Oberen erteilte Weihen als ungültig. Er nimmt den

Marginalien: *Stephan IX.*, *Nikolaus II.*, *Papstwahldekret*, *Normannen*, *Alexander II.*, *Gregor VII.*, *Dictatus Papae*

EUROPÄISCHES MITTELALTER Die Staatenwelt

Kampf gegen Laieninvestitur (durch Laien vorgenommene Besetzung geistlicher Ämter) auf, versucht, die vom kanonischen Recht vorgesehene freie Wahl der Bischöfe durchzusetzen, und meldet Bedenken gegen das Eigenkirchenrecht (Besitz von Kirchen und deren Zehnten in Händen von Laien) an. Zur Durchsetzung seiner Ziele bedient Gregor sich ständiger Legaten, die zumeist aus dem Land stammen, in dem sie die Interessen des Papstes vertreten sollen. Da er sich die letzte Entscheidung vorbehält, kommt es zu häufigen Appellationen nach Rom.

Seine Politik bezieht alle Länder der Christenheit ein. Er fördert Mission und Kirchenorganisation in Skandinavien, Polen, Böhmen, Ungarn und Russland, will (1074) mit einem abendländischen Heer Byzanz gegen die Seldschuken beistehen und eine Union der Kirchen herbeiführen. In England unterstützt er die von Lanfranc von Pavia (Erzbischof von Canterbury) im Einvernehmen mit Wilhelm dem Eroberer durchgeführte Kirchenreform, stößt jedoch auf Widerstand Lanfrancs, der auf Wahrung seiner Rechte gegenüber Rom bedacht ist. In Spanien verbindet sich mit der Beteiligung an der Reconquista der Versuch, die eroberten Gebiete als Eigentum für die römische Kirche zu gewinnen. Es gelingt jedoch nicht, die normannische Expansion in Süditalien zu stoppen. Ein von Gregor vorbereiteter Krieg bleibt ohne Erfolg. Im Vertrag von Ceprano (in Latium) muss er die Eroberungen der Normannen hinnehmen. In Mittelitalien wird der 1076 gebannte, 1078 vergeblich abgesetzte Erzbischof Wibert von Ravenna zum Haupt einer Opposition, während in Oberitalien die 1057 in Mailand entstandene revolutionäre Bewegung der Pataria, deren sich seit Stephan IX. die Päpste für ihre Ziele zu bedienen versuchten, an Bedeutung verliert.

Auf den stärksten Widerstand stößt die päpstliche Politik im Reich. Hier kommt es im so genannten *Investiturstreit* zu einem Entscheidungskampf zwischen Kaiser und Papst, Regnum und Sacerdotium, an dessen Ende eine Schwächung des Römisch-deutschen Kaisertums steht, von der es sich nicht wieder völlig erholen kann.

1075 Die Auseinandersetzung entzündet sich in Mailand, wo sich seit 1072 die Pataria gegen den von König *Heinrich IV.* eingesetzten Erzbischof stellt. Die römische Fastensynode spricht ein energisches Verbot der Laieninvestitur aus und entzieht damit dem König prinzipiell das Recht auf die Investitur.

1076 Reichstag und Synode in Worms erklären Gregor VII. wegen ungültiger Wahl für abgesetzt. Dieser bannt den König und führt damit den Abfall zahlreicher seiner Getreuen herbei. Auf dem Fürstentag von Tribur muss Heinrich IV. Gehorsam und Genugtuung versprechen. Die Fürsten beschließen seine Thronenthebung, wenn er nicht vom Bann gelöst wird.

1077 Heinrich sieht sich daher gezwungen, Gregor in *Canossa*, einem Schloss der Markgräfin Mathilde von Tuszien am Nordabhang des Apennin, um Lösung vom Bann zu bitten. Da die deutschen Fürsten dennoch mit Herzog Rudolf von Schwaben (Rudolf von Rheinfelden) einen Gegenkönig wählen, der auf das dynastische Erbrecht der Krone verzichtet und die freie Bischofswahl zugesteht, kommt es zu einem Bürgerkrieg in Deutschland, der nach dem Tode Rudolfs von dem Gegenkönig Hermann von Salm fortgesetzt wird. Der erneuten

1080–1100 Bannung Heinrichs IV. folgt die Wahl Wiberts von Ravenna als Clemens III. († 1100). Es gelingt Heinrich, die meisten Bischöfe Ober- und Mittelitaliens für sich zu gewinnen, sich mit dem Kaiser von Byzanz gegen Robert Guiscard zu verbünden und in Rom einzu-

1084 ziehen, wo ihn Clemens III. zum Kaiser krönt. Gregor verlässt mit den Normannen die von

1085 ihnen zurückgewonnene Stadt und stirbt am 25. Mai 1085 in Salerno.

1086–1087 Nach dem nur kurzen Pontifikat Viktors III. wird der Kardinalbischof Odo von Ostia als

1088–1099 *Urban II.* zum Papst erhoben. Es gelingt dem ehemaligen Cluniazenser, die Politik Gregors

1089 VII. erfolgreich fortzusetzen. Er wirkt der kaiserlichen Übermacht durch ein Ehebündnis

1093 zwischen Welf V. von Bayern und Mathilde von Tuszien entgegen und kann nach den Niederlagen des durch den Abfall seines Sohnes Konrad geschwächten Kaisers endgültig nach Rom zurückkehren.

1095 Urban II. nimmt in *Clermont* an einem *Konzil* teil und predigt den Kreuzzug, wodurch er die universale Stellung des Papsttums zur Geltung bringt.

1099–1118 *Paschalis II.* († 1118), der sich nach dem Tode Wiberts von Ravenna bedeutungslosen Ge-

1105–1111 genpäpsten, den Bischöfen Dietrich (Theoderich) von S. Rufina (1100–1102), Albert von Sabina (1102) und dem als Silvester IV. erhobenen Erzpriester Maginulf, gegenübersieht, führt in England, Frankreich und Deutschland den Kampf um die Investitur weiter.

1107 König Heinrich von England verzichtet anf die Investitur mit Ring und Stab, nimmt jedoch die Mannschaft vor der Konsekration entgegen, der König von Frankreich begnügt sich mit einem Treueeid.

Der Papst ergreift in Deutschland die Partei des von Heinrich IV. (1104) abgefallenen Sohnes, *Heinrich V.*, der jedoch weiterhin das königliche Investiturrecht beansprucht und darin

Kampf gegen Laieninvestitur

Investiturstreit

Heinrich IV.

Canossa

Urban II.

Konzil von Clermont
Paschalis II.

Heinrich V.

1111	von den Fürsten unterstützt wird. Sie lehnen einen von Paschalis II. in Sutri gemachten Vorschlag ab, wonach die Reichskirchen dem König gegen Verzicht auf die Investitur alle ihnen verliehenen Güter und Rechte zurückgeben sollten. König Heinrich V. nimmt den Papst gefangen und erzwingt neben der Kaiserkrönung eine Bestätigung des Investiturrechtes.	
1118	Paschalis wird durch einen Aufstand der Römer zur Flucht aus Rom gezwungen, er stirbt unmittelbar nach seiner Rückkehr.	
1118–1119 1119–1124	Nach dem nur einjährigen Pontifikat Gelasius' II., der im Exil in Cluny stirbt, wird Erzbischof Guido von Vienne als Kalixt II. zum Papst erhoben. Den gegen Gelasius erhobenen Gregor VIII. (1118–1121) lässt Heinrich V. bald fallen.	
1122 23. Sept. 1123	Nach gescheiterten Verhandlungen in Straßburg, Mouzon und Rom kommt es mit dem *Wormser Konkordat* zu einem auf dem Fürstentag zu Bamberg und dem *Ersten Laterankonzil* bestätigten Kompromiss, der den Investiturstreit in Deutschland und Reichsitalien beendet. Der Kaiser verzichtet auf Investitur mit Ring und Stab, behält jedoch das Recht der Regalieninvestitur in Deutschland sofort nach der Wahl, in Burgund und Reichsitalien binnen sechs Monaten nach der Weihe; die Wahl findet im deutschen Reichsgebiet in seiner oder seiner Bevollmächtigten Gegenwart statt.	*Wormser Konkordat Erstes Laterankonzil*
1124 1124–1130 1128	In einer tumultuarischen Wahl wird auf Betreiben des von den Frangipani unterstützten Kardinals Haimerich statt des bereits gewählten Cölestin II. Lambert von Ostia als Honorius II. zum Papst erhoben. Er nimmt im deutschen Thronstreit gegen den Staufer Konrad für Lothar von Supplinburg Stellung, schließt im Frieden von Benevent einen Waffenstillstand mit Roger II. von Sizilien und entscheidet im Streit um den Abbatiat von Cluny zugunsten des Petrus Venerabilis gegen Pontius, was als Wendung vom Mönchtum zum Episkopat gedeutet wird. Zusammen mit der Förderung des regulierten Chorherrentums ist diese Neuorientierung eine der Voraussetzungen für das nach seinem Tode entstandene Schisma von 1130.	*Honorius II.*

Die Päpste* (1058–1304)

Päpste von 1058 bis 1304

Nikolaus II.	1058–1061	(Kalixt III.	1168–1178)	
Alexander II.	1061–1073	(Innozenz III.	1179–1180)	
(Honorius II.	1061–1064)	Lucius III.	1181–1185	
Gregor VII.	1073–1085	Urban III.	1185–1187	*Gregor VII.*
(Clemens III.	1080–1100)	Gregor VIII.	1187	
Viktor III.	1086–1087	Clemens III.	1187–1191	
Urban II.	1088–1099	Cölestin III.	1191–1198	*Urban II.*
Paschalis II.	1099–1118	Innozenz III.	1198–1216	*Innozenz III.*
(Theoderich	1100–1102)	Honorius III.	1216–1227	
(Albert	1102)	Gregor IX.	1227–1241	
(Silvester IV.	1105–1111)	Cölestin IV.	1241	
Gelasius II.	1118–1119	Innozenz IV.	1243–1254	
(Gregor VIII.	1118–1121)	Alexander IV.	1254–1261	
Kalixt II.	1119–1124	Urban IV.	1261–1264	
(Cölestin II.	1124)	Clemens IV.	1265–1268	
Honorius II.	1124–1130	Gregor X.	1271–1276	
Innozenz II.	1130–1143	Innozenz V.	1276	
Anaklet II.	1130–1138	Hadrian V.	1276	
(Viktor IV.	1138)	Johannes XXI.	1276–1277	
Cölestin II.	1143–1144	Nikolaus III.	1277–1280	
Lucius II.	1144–1145	Martin IV.	1281–1285	
Eugen III.	1145–1153	Honorius IV.	1285–1287	
Anastasius IV.	1153–1154	Nikolaus IV.	1288–1292	
Hadrian IV.	1154–1159	Cölestin V.	1294	
Alexander III.	1159–1181	Bonifaz VIII.	1294–1303	*Bonifaz VIII.*
(Viktor IV.	1159–1164)	Benedikt XI.	1303–1304	
(Paschalis III.	1164–1168)			

* (in Klammern: Gegenpäpste)

1130–1143 1130 1130–1138	Die Frangipanipartei unter Kardinal Haimerich wählt überstürzt und unkanonisch *Innozenz II.*, die Mehrheit des Kollegiums entscheidet sich für den Kardinal Petrus Pierleoni als Anaklet II. (1130–1138). Innozenz gewinnt mit Hilfe Bernhards von Clairvaux fast	*Innozenz II.*

ganz Frankreich, England und Deutschland für sich, während sich Anaklet auf Rom, Mailand und Süditalien stützen kann.

1138 Der Tod Anaklets beendet das Schisma, da sein Nachfolger Viktor IV. auf den Pontifikat verzichtet.

Zweites Laterankonzil

1139 Innozenz versucht auf dem *Zweiten Laterankonzil*, die sich aus dem Schisma ergebenden Probleme zu lösen und noch einmal die Programmpunkte der gregorianischen Reform einzuschärfen.

1143–1144 Nach den kurzfristigen Pontifikaten Cölestins II. und Lucius' II., die sich der aufständi-
1144–1145 schen römischen Republikaner und der Normannen zu erwehren haben, wird der Zisterzi-
1145–1153 enser Bernhard aus Pisa als Eugen III. gewählt. Er weilt mit Unterbrechungen bis 1152 außerhalb Roms, wo der Senat und der gegen die Verweltlichung der Kirche predigende Arnold von Brescia (*um 1100, †1155) die Herrschaft übernommen haben.

Konstanzer Vertrag

1153 Im *Konstanzer Vertrag* kommt es zu einer Einigung mit dem deutschen König Friedrich I. (Barbarossa). Für den Schutz gegen Rom, die Normannen und Griechen wird die Kaiserkrönung und die Respektierung des Honor Imperii versprochen.

1153–1154 Auf den schwachen Anastasius IV. folgt der englische Kardinalbischof von Albano und
Hadrian IV. 1154–1159 ehemalige Abt von St. Ruf, Nikolaus Breakspear, als *Hadrian IV.* (*1110/1120). Er sucht gegen Römer und Normannen die Unterstützung Barbarossas. Dieser wird in Rom zum
1155 Kaiser gekrönt, nachdem er die Römer, die ihm vergeblich die Kaiserkrone aus ihrer Hand anboten, niedergeschlagen hat.

1156 Nach dem Abzug des Kaisers schließt Hadrian in Benevent einen Vertrag mit Wilhelm I. von Sizilien, der ihm die Rückkehr nach Rom und die Festigung seiner Herrschaft im Kirchenstaat ermöglicht.

1157 Auf dem Hoftag zu Besançon kommt es wegen der Interpretation des Begriffs beneficium („Lehen" oder „Wohltat") zu einer Auseinandersetzung über das Verhältnis von Kaiser und Papst.

Reichstag von Roncaglia

1158 Der auf der Autonomie seines Amtes bestehende Kaiser setzt auf dem *Reichstag von Roncaglia* die alten Reichsrechte wieder in Kraft, was für die oberitalienischen Städte eine weit gehende Einschränkung der inzwischen errungenen Freiheit bedeutet. Sie suchen ein Bündnis mit dem Papst, der den Kaiser unter Bannandrohung zur Rücknahme der Gesetze auffordert und durch Vermittlung einer Verständigung zwischen Kaiser Manuel Komnenos von Byzanz und König Wilhelm I. von Sizilien eine Front gegen Barbarossa zu errichten trachtet. Die sich anbahnende Konfrontation zwischen Kaiser und Papst wird durch Hadrians Tod verschoben, sie kommt erst unter seinen Nachfolgern zu Stande.

Die neuen Orden des 12. Jh.s

Der für das 12. Jh. charakteristische geistige und religiöse Aufschwung führt zur Bildung zahlreicher neuer Orden, in denen das bisher nur isoliert oder in lockeren Verbänden geführte Leben der Mönche, Kanoniker und Eremiten straffer organisiert wird.

Zisterzienser

Der *Zisterzienserorden*, der verwandte Neugründungen wie die Orden von La Chaise-Dieu (in der Auvergne, Klostergründung 1046) und Fontevrault (Westfrankreich, im Anjou; Gründung des Doppelklosters 1101) an Bedeutung weit übertrifft, geht auf Robert von Molesme (†1111) zurück, der 1098 das von ihm gegründete Kloster Molesme verlässt, um in Cîteaux (Burgund, südlich Dijon) ein eremitisch geprägtes Mönchsleben zu führen. Der dort errichtete Konvent kann nach dem Eintritt Bernhards (1112), des späteren Abtes von Clairvaux, in La Ferté (1113), Pontigny (1114), Clairvaux (in der Champagne; 1115) und Morimond (1115) Klöster gründen, die zu Mutterhäusern von Filiationen werden, die sich über ganz Europa verbreiten. Sie umfassen am Ende des Jh.s 530 Gliedklöster, in denen stärker als in Cluny Askese, Handarbeit und Armut das durch Benediktinerregel und Ordensstatuten geregelte Leben bestimmen. Höchste Autorität des Ordens ist das jährlich in Cîteaux unter dem Vorsitz des Vaterabtes tagende Generalkapitel der Äbte.

Prämonstratenser

Der *Prämonstratenserorden* ist neben den Kongregationen von Saint-Ruf (Sankt Rufus), Arrouaise (Aroasia, Klostergründung um 1090) und St. Viktor in Paris (Klostergründung 1113) sowie dem auf England beschränkten Gilbertinerorden (Doppelorden, um 1131 von Gilbert von Sempringham [*1089] gegründet) der wichtigste der im Laufe der Kanonikerreform entstandenen Zusammenschlüsse regulierter Chorherren. Er geht aus einem 1120 in Prémontré (bei Laon) von dem ehemaligen Wanderprediger Norbert von Xanten (*ca. 1080, †1134) gegründeten Kloster hervor. In seinen Stiften, deren Zahl sich zu Beginn des 13. Jh.s auf ca. 250 beläuft, wird ein von der Augustinerregel bestimmtes Ordensleben geführt, das ein gewisses Maß an Seelsorge einschließt.

Kartäuser

Der *Kartäuserorden* bringt die z.T. schon im 11. Jh. von Romuald in Camaldoli (um 1012 Kamaldulenser), Johannes Gualbertus in Vallombrosa (Vallombrosaner, nach 1039) und Stephan von Thiers (*1048,

† 1124) um 1076 in Muret (Grammontenser oder Orden von Grandmont) unternommenen Bemühungen, das Einsiedlerleben gemeinschaftlich zu organisieren, zu einem gewissen Abschluss. Der ehemalige Reimser Kanoniker Bruno († 1101) legt dazu mit der 1084 in der Chartreuse bei Grenoble gegründeten Eremitengemeinschaft die Grundlage. Die in den ältesten Kartausen geltende Lebensform wird von dem fünften Prior der Grande Chartreuse, Guigo († 1137), aufgezeichnet und bleibt auch für die nach 1200 vornehmlich nördlich der Alpen gegründeten Klöster bestimmend.

Gleichzeitig mit diesen Orden entstehen zahlreiche *Hospitalorden* und -kongregationen. Die bekanntesten, der aus einer 1095 in der Dauphiné gegründeten Bruderschaft hervorgegangene Antoniterorden und der 1198 von Johannes de Matha gegründete Trinitarierorden, widmen sich vornehmlich der Pflege der von Mutterkornbrand (Vergiftungserkrankung) Befallenen bzw. dem Loskauf der in sarazenische Gefangenschaft geratenen Christen.

Hospitalorden

Der Sieg des Papsttums (1159–1263)

Kirchenrecht und Kanonistik

Nach einer Periode des Sammelns und Ordnens der Kirchenrechtsquellen im frühen Mittelalter legt der italienische Theologe *Gratian*, der „Vater der Kanonistik", unter dem Einfluss der neu aufblühenden römischen Rechtswissenschaft und geprägt durch die Frühscholastik, in Bologna mit seiner um 1140 vollendeten, systematisch angelegten Kanonessammlung, dem von ihm als Concordia discordantium canonum bezeichneten *Decretum Gratiani*, die Grundlage für die seither schnell aufblühende Kanonistik. Sie wird erweitert durch die Gesetzgebungstätigkeit der Päpste (Dekretalen) und Konzilien (Konstitutionen), die sich in zahlreichen Sammlungen niederschlägt. Gregor IX. lässt durch den spanischen Kanonisten Raimund von Peñaforte († 1275) die Dekretalengesetzgebung des letzten Jahrhunderts einheitlich zusammenfassen (Liber Extra, publiziert 1234), doch nach den *Dekretalensammlungen* (Novellen) Innozenz' IV., Gregors X. und Nikolaus' III. sowie privaten (unautorisierten) Kompilationen tritt abermals Unübersichtlichkeit ein, sodass Bonifaz VIII. sich zur Beauftragung einer neuen Gesetzessammlung veranlasst sieht, welche 359 Dekretalen (darunter 251 von Bonifaz selbst) und die Kanones der beiden Lyoner Konzilien enthält (Liber Sextus, publiziert 1298).

Die Kanonistik erreicht in der Zeit zwischen Gratian und Johannes Andreae († 1348) ihren Höhepunkt mit Kanonisten wie Huguccio († 1210) und Johannes Teutonicus († 1245/1246). Nach der vorherrschenden Arbeitsmethode, dem exegetisch-analytischen Glossieren, wird diese klassische Epoche der Kanonistik als diejenige der Glossatoren bezeichnet, wobei zeitlich und sachlich zwischen der Dekretistik, der Bearbeitung des Dekretes Gratians, und der Dekretalistik, der Erklärung der dem Decretum Gratiani später hinzugefügten Dekretensammlung des *Corpus Iuris Canonici* (bestehend aus: Liber Extra Gregors IX., Liber Sextus Bonifatius' VIII., Clementinen Johannes' XXII., Extravagantes Johannes' XXII.), unterschieden wird.

Die Kanonistik, die ihre Ergebnisse in literarischen Gattungen wie Glossenapparaten, in Summen und Commenta niederlegt, wird besonders in Bologna und Paris betrieben, ist jedoch allenthalben in Europa inner- und außerhalb der Universitäten präsent. Kirchenrecht und Kanonistik sind ebenso Indiz wie Instrument des von Innozenz III. bis Bonifaz VIII. betriebenen energischen Ausbaus der *päpstlichen Machtstellung*. Der Papst bewahrt somit seine Souveränität auch dem Konzil gegenüber (die letzte Entscheidungsgewalt gegenüber Konzilsbeschlüssen), beruft und leitet die allgemeinen Synoden, deren Beschlüsse als seine Dekrete publiziert werden. Laien (z.B. der Kaiser) haben hieran keinen wesentlichen Anteil mehr. Erteilung von Privilegien und Dispensen sowie die höchste richterliche Gewalt über alle geistlichen und weltlichen Glieder der Christenheit stärken den päpstlichen Einfluss. In die gleiche Richtung zielen die Weiterentwicklung des obersten Verwaltungsrechts des Papstes, das Aufsichtsrecht über die Gesamtkirche, der Vorbehalt der Kanonisation, die Zentralisation des kirchlichen Ablasswesens, die Universitätsgründungen bzw. -privilegierungen, der maßgebliche päpstliche Einfluss auf die Besetzung kirchlicher Pfründen und viele andere Maßnahmen.

Gratian

Decretum Gratiani

Dekretalensammlungen

Corpus Iuris Canonici

päpstliche Machtstellung

1159–1181
1159–1164

1160

Nach dem Tode Eugens IV. wählt die Mehrheit der Kardinäle den Berater des Verstorbenen, den Kardinal Roland Bandinelli, als *Alexander III.* zum Papst, eine kaiserfreundliche Minderheit entscheidet sich für Oktavian Monticello, der sich Viktor IV. nennt.

Viktor wird auf dem Konzil von Pavia vom Reichsepiskopat anerkannt. Alexander, der die Unterstützung von Mönchtum und Episkopat der westlichen Länder (und folglich auch vonseiten der beiden miteinander im Konflikt befindlichen Könige Heinrich II. von England und Ludwig VII. von Frankreich) sowie der Sizilianer und Lombarden findet, begibt sich nach Frankreich. Einigungsversuche scheitern u.a. am Gegensatz zwischen Kaiser Friedrich I. (Barbarossa) und König Ludwig VII. von Frankreich.

Alexander III.

	Nach dem Tode Viktors betreibt Friedrichs Kanzler Rainald von Dassel die Wahl Kardinal
1164–1168	Guidos von Crema als Paschalis III.
	Alexander nimmt Verbindung mit dem Bund der lombardischen Städte auf und gewinnt mit den Erzbischöfen von Salzburg, Mainz, Trier und Magdeburg Anhänger im deutschen Epis-
1165	kopat. Er kehrt nach Italien zurück, wo er in den Normannen eine Stütze findet.
	Der auf seinem Vierten Italienzug zunächst siegreiche Barbarossa lässt nach der Eroberung
1167	der Leostadt Paschalis III. in St. Peter inthronisieren, Alexander flieht nach Benevent.

Thomas Becket 1170 In England wird *Thomas Becket*, Erzbischof von Canterbury, auf Betreiben König Heinrichs II., der 1164 in den Konstitutionen von Clarendon die alte Bindung der englischen Kirche an die Krone erneuern will, in seiner Kathedrale ermordet. Alexander III. zwingt den König von England zu Bußleistungen und kirchenpolitischen Konzessionen und
1173 spricht Thomas Becket heilig.

Nach dem Abfall seiner italienischen Bundesgenossen unternimmt Kaiser Friedrich I. auf
1176 seinem Fünften Italienzug Annäherungsversuche an Alexander III., die erst nach der kaiser-
Friede von 1177 lichen Niederlage in der Schlacht bei Legnano zum *Frieden von Venedig* führen.
Venedig Der vom Bann gelöste Kaiser erkennt Alexander III., der als Nachfolger Paschalis III. gewählte Kalixt III. (1168–1178) verfällt der Reichsacht, es wird Waffenstillstand mit den lombardischen Städten und den Normannen geschlossen.

Drittes 1179 Auf dem in Venedig vereinbarten *Dritten Laterankonzil*, an dem ca. 300 Bischöfe teilneh-
Laterankonzil men, beschließt man eine Zweidrittelmehrheit für die Papstwahl und Maßnahmen gegen Simonie, gegen Handel mit Ungläubigen und die anwachsenden Häresien.

1181–1185 Der Zisterzienserpapst Lucius III. muss vor den Römern nach Norditalien ausweichen, wo
1184 er den Kaiser auf der Synode von Verona zum Kreuzzug auffordert und für ein gemeinsames Vorgehen gegen die Ketzer gewinnt.

Durch die Heirat seines Sohnes Heinrich VI. mit Konstanze, Tochter König Rogers II. von
1186 Sizilien, leitet Kaiser Friedrich I. die für das Papsttum gefährliche Verbindung des Reiches
Sizilien mit dem Königreich *Sizilien* ein.

Unter dem Nachfolger Lucius' III., dem kaiserfreundlichen ehemaligen Mailänder Erz-
1185–1187 bischof Urban III., kommt es zu starken Spannungen zwischen Kaiser und Papst, die unter
1187–1191 Gregor VIII. (1187) und Clemens III. (1187–1191) jedoch wieder abnehmen.
1191–1198 Cölestin III. krönt Heinrich VI., Sohn Friedrich Barbarossas und Gatte der Konstanze von
1191 Sizilien, zum Römischen Kaiser, belehnt aber gleichzeitig Konstanzes Onkel Tankred von Lecce mit Sizilien, wodurch es zum Bruch mit dem Kaiser kommt.

1194 Heinrich versucht nach der Krönung in Palermo mit der Kurie einen Ausgleich herbeizu-
1196 führen und einen Erbreichsplan, der wohl die Lehnsnahme des Reiches vom Heiligen Stuhl einschließt, zu verwirklichen, woran ihn jedoch der Tod hindert.

Nach dem Tode Cölestins III., der sich nicht nur gegenüber dem Reich behaupten, sondern auch die materielle Basis der Kirche festigen kann (Verzeichnis der Einnahmen im Liber
Innozenz III. 1198–1216 Censuum, 1192), führt *Innozenz III*. Kirche und Papsttum zu einem neuen Höhepunkt. Der 38 Jahre alte Kardinaldiakon Lothar von Segni hat in Paris und Bologna Theologie und Kanonistik studiert und spielt bereits unter seinen Vorgängern Clemens und Cölestin an der Kurie eine bedeutende Rolle. Er macht sich die Sicherung des Kirchenstaates gegen die expansive Bedrohung von Süden und Norden, die Förderung des Kreuzzuges, die Eindämmung der Häresie und die Reform der Kirche zur Aufgabe, wobei er von der von ihm systematisch begründeten Auffassung ausgeht, dass in der Hand des römischen Bischofs die plenitudo potestatis, die Gesamtheit der kirchlichen Gewalt, liege und ihm damit auch in weltlichen Angelegenheiten eine entscheidende Rolle zukomme.

Der Papst beansprucht in Deutschland die Entscheidung über die Doppelwahl von 1198. Sie fällt nach längerem Zögern gegen den Staufen Philipp von Schwaben zugunsten Ottos von Braunschweig, der 1209 zum Kaiser gekrönt wird (Otto IV.), aber nach einem Angriffsversuch auf das seit 1198 unter päpstlicher Regentschaft stehende Königreich Sizilien dem Bann verfällt.

Friedrich II. Kaiser Heinrichs VI. Sohn *Friedrich II.* wird nach Verzicht auf eine Vereinigung Siziliens mit dem Reich und der Bestätigung der von Otto IV. dem Papst gemachten Konzessionen (Goldbulle von Eger, 1213) als deutscher König anerkannt.

In den mit dem deutschen Thronstreit eng verbundenen englisch-französischen Auseinan-
1209 dersetzungen ergreift der Papst zunächst für Frankreich gegen England Partei, da dessen Herrscher Johann ohne Land die königlichen Rechte bei der Bischofsbesetzung, speziell im Falle Canterburys, zu erweitern sucht. Nachdem Johann den päpstlichen Kandidaten, Stephan Langton, akzeptiert und sein Reich als Lehen dem Schutz des Heiligen Stuhles unterstellt hat (1213), tritt Innozenz gegen die englischen Barone und das sie unterstützende

1209–1229 Frankreich an die Seite des Königs und seines unmündigen Sohnes Heinrich III., ohne deswegen jedoch die engen Bindungen an den französischen König Philipp II. Augustus zu lösen. Nach der erfolglosen Ketzerpredigt zisterziensischer Legaten und angesichts der Wirkungslosigkeit von Disziplinarmaßnahmen sieht sich der Papst infolge der Ermordung des Zisterzienserpredigers Peter von Castelnau (1208) gezwungen, den Kreuzzug gegen die südfranzösischen Ketzer zu predigen. Die *Albigenserkriege* werden unter Raimund VI. von Toulouse und später Simon von Montfort mit großer Härte geführt und verfolgen neben der Ausrottung der Ketzer politische Ziele wie die Verhinderung der von König Peter II. von Aragón (Schwager und Verbündeter Raimunds VI.) angestrebten Ausdehnung seiner Herrschaft nach Südfrankreich. Der Papst sieht die Notwendigkeit, die Ketzer statt durch das Schwert mit dem Wort zu überzeugen und die sich von der Kirche entfernende religiöse Bewegung mit ihr zu vereinen. Es gelingt ihm, einzelne Gruppen der Waldenser und Humiliaten zu versöhnen und mit den zunächst mündlich anerkannten Orden der Dominikaner und Franziskaner der Kirche ein Instrument für die Bekämpfung der Irrlehre und die Gewinnung der positiven Impulse der Armutsbewegung zu verschaffen.

Albigenserkriege

Die Waldenser

Die Waldenser gehen auf den Kaufmann Waldes (Valdes, Valdus) aus Lyon zurück, der 1173/1176 durch das Evangelium und die Alexiuslegende dazu veranlasst wird, seinen Besitz zu verschenken und Gottes Wort zu verkündigen. Er und die sich ihm bald anschließenden Laien männlichen und weiblichen Geschlechts greifen damit die Tradition der sich seit der Mitte des 11. Jh.s in Europa ausbreitenden apostolischen *Armutsbewegung* auf. Sie wollen durch Predigt und vorbildliches Leben die Hierarchie und besonders das aufstrebende städtische Laientum für ein Leben nach dem Evangelium gewinnen, ohne jedoch Kirche und Glaubenslehre in Frage zu stellen. Erst als die Waldenser die ihnen 1179 auf dem Laterankonzil untersagte Glaubenspredigt fortsetzen und daraufhin 1184 auf der Synode von Verona *exkommuniziert* werden, kommt es in Organisation, Glaubenslehre und religiöser Praxis zur Trennung von der Kirche und zu einer stärkeren Hinwendung zu den zunächst auch von ihnen bekämpften Katharern. Die von Frankreich aus nach Italien und ins Reich gelangte Büßer- und Predigergemeinschaft gliedert sich in Anhänger (credentes), Sympathisierende (amici) und Prediger (perfecti). Sie muss den Verlust mit der Kirche versöhnter Gruppen (Wiedervereinigte Lombarden und Katholische Arme) hinnehmen, spaltet sich in einen französischen und einen italienischen Zweig, kann aber trotz aller inneren und äußeren Wandlungen in einigen europäischen Regionen – besonders in Savoyen und Piemont – bis auf den heutigen Tag überleben und Anhänger auch außerhalb Italiens finden.

Armutsbewegung

Exkommunikation

Die Bettelorden

Die ersten Bettelorden, der von Dominikus von Caleruega († 1221), Kanoniker an der Kathedrale zu Osma in Kastilien, gegründete *Dominikaner-* oder Predigerorden, und der auf Franz von Assisi, den aus Assisi in Umbrien stammenden Kaufmannssohn Giovanni (Franciscus) Bernardone (*1181/1182, †1226), zurückgehende *Franziskaner-* oder Minoritenorden stehen in engem Zusammenhang mit der sich außerhalb und innerhalb der Kirche entwickelnden Armutsbewegung des 12. und 13. Jh.s.
Der in Südfrankreich, im Zentrum der waldensischen und katharischen Häresie, entstandene, 1216 von Papst Honorius III. als Klerikerorden nach der Augustinerregel anerkannte Dominikanerorden verbindet mit der gemäßigten Befolgung des evangelischen Armutsgebotes den Willen zur Bekämpfung der Ketzerei, zur Seelsorge für die städtische Bevölkerung und zum Studium der Theologie.
Die Franziskaner, deren Bruderschaft erst nach spannungsreichen Auseinandersetzungen mit Hilfe des Kardinals und späteren Papstes Gregor IX., Hugolin von Ostia, zu einer eigenen Regel (1223) und dauernder organisatorischen Gestalt kommen, wollen in Gehorsam gegenüber Kirche und Hierarchie in vollkommener Armut, Heimatlosigkeit und vorbildhaftem Leben die Forderungen des Evangeliums in ihrer ganzen Radikalität erfüllen.
Nach dem Vorbild dieser beiden Bettelorden werden der 1256 aus der Union bisher selbstständiger toskanischer Eremitengemeinschaften hervorgegangene *Augustiner-Eremitenorden* und die um 1185 in Palästina am Berge Karmel entstandene, seit den dreißiger Jahren des 13. Jh.s in Europa heimisch gewordene Eremitengemeinschaft der *Karmeliten* umorganisiert und in den Dienst der Seelsorge gestellt. Im Laufe des 13. Jh.s stellen sich diesen zahlreiche andere kleinere Bettelorden wie z.B. die aus provenzalischen bzw. Florentiner Bußbruderschaften hervorgegangenen Sackbrüder und Serviten an die Seite. Die meisten dieser kleineren Bettelorden werden jedoch 1274 vom Zweiten Konzil von Lyon zur Auflösung gezwungen.
Die Bettelorden stellen ungeachtet aller individuellen Züge eine eigene Ordensgruppe dar, die sich vom älteren Mönchtum in zahlreichen Punkten unterscheidet. Sie lehnen prinzipiell nicht nur den persönli-

Dominikaner

Franziskaner

Augustiner-Eremitenorden
Karmeliten

Ordens-verfassung — chen, sondern auch gemeinsamen Besitz ab, kennen nicht die Bindung ihrer Mitglieder an einen Konvent (stabilitas loci), schränken den Gebrauch irdischer Güter ein, leben von Schenkungen und Arbeitslohn, wenn erforderlich auch vom Bettel. Sie konzentrieren sich auf die städtische Seelsorge, das Studium und die Lehre sowie die Heidenmission. Ihre *Ordensverfassung* hat genossenschaftlichen Charakter, die Superioren werden von Konvents-, Provinzial- und Generalkapiteln gewählt und haben sich vor diesen Gremien zu verantworten. Wegen ihrer reichen Privilegierung und der intensiven Lehrtätigkeit geraten die Bettelorden schon im 13. Jh. in Gegensatz zum Weltklerus und den Universitäten, besonders der Pariser Universität. Diese Gegensätze können gemildert werden. Die Sonderstellung der Bettelorden hat jedoch bis in die Neuzeit immer wieder Spannungen zum Ortsklerus aufkommen lassen. Dennoch kann ihre Bedeutung für Seelsorge, Ketzerbekämpfung, kirchliche Propaganda, Wissenschaft und Mission nicht hoch genug eingeschätzt werden.

Die Inquisition

Häresie — Die richterliche Verfolgung der *Häresie* durch ein von der Kirche eingesetztes Glaubensgericht und ihre Bestrafung durch die weltliche Gewalt hat ihre Wurzeln in der von Kaiser Konstantin I. hergestellten Verbindung von Staat und Kirche. Sie wird durch das römische Kaiserrecht und die in das Kirchenrecht aufgenommene Anschauung des Kirchenvaters Augustinus, wonach Ketzer mit Gewalt in die Kirche zurückgeführt werden können (Compelle intrare), legitimiert. Gegen die seit Beginn des 11. Jh.s vermehrt auftretenden Ketzer gehen zunächst die Fürsten mit strengen Strafen vor. Die Aufspürung, Verurteilung und Auslieferung an die weltliche Gewalt wird im Anschluss an die auf dem Laterankonzil von 1179, der Synode von Verona 1184 und dem Laterankonzil von 1215 getroffenen Bestimmungen in der Ketzergesetzgebung Kaiser Friedrichs II. (1231/1232) und der Dekretalensammlung Papst Gregors IX. (1234) als *Durchführung* — gemeinsame Aufgabe von Kirche und Staat geregelt. Die seither vornehmlich *von den Bettelorden durchgeführte* und unter Papst Innozenz IV. (1252) durch die Einführung der Folter verschärfte Inquisition kommt in Deutschland seit der Mitte des 14. Jh.s zum Erliegen, kann sich in England und Skandinavien nicht recht durchsetzen und wird in Frankreich wiederholt zur Durchsetzung politischer Ziele eingesetzt (Templer). In der Frühneuzeit wird sie in Frankreich, in den Niederlanden und in Deutschland (Hexenprozesse) wiederaufgenommen. In Spanien erreichte sie unter der Leitung eines vom König bestätigten und bevollmächtigten Großinquisitors bei der Verfolgung zwangsgetaufter Juden (Marranos) und Mauren (Moriscos) sowie Protestanten ihren letzten Höhepunkt. Sie wird im 19. Jh. auch in Spanien (1834) und Portugal (1821) endgültig abgeschafft.

Viertes Laterankonzil — **1215** Höhepunkt und Abschluss des Pontifikats Innozenz' III. ist das *Vierte Laterankonzil.* Auf der größten mittelalterlichen Kirchenversammlung, an der 400 Bischöfe sowie über 800 Äbte und Prälaten teilnehmen, werden Kreuzzug, Kirchenmission und Ketzerbekämpfung beraten sowie Beschlüsse betr. Klerus, Mönchtum und Laien gefasst, die zum großen Teil ins kanonische Recht aufgenommen werden und so von bleibender Wirkung sind.

1216–1227 Honorius III., bisher Kämmerer der römischen Kirche, krönt den deutschen König
1216 Friedrich II. zum Kaiser, vermittelt zwischen England und Frankreich, um die Durchführung eines Kreuzzuges zu ermöglichen, dringt auf Fortsetzung des Albigenserkrieges und fördert die entstehenden Bettelorden.

Gregor IX. — **1227–1241** Sein Nachfolger, *Gregor IX.*, Kardinal Hugolin von Ostia und Vetter Innozenz' III., wie dieser energische Persönlichkeit, nimmt den Kampf gegen die hegemonialen Absichten Friedrichs II. in Italien auf.

Exkommunikation Friedrichs II. — **1227** Den Auftakt bildet die *Exkommunikation des Kaisers,* der den u.a. 1225 im Vertrage von San Germano versprochenen Kreuzzug aufgeschoben hat. Der gebannte Kaiser gewinnt auf
1229 diplomatischem Wege Jerusalem zurück und fordert damit den Papst heraus. Es kommt jedoch in Ceprano und San Germano zur (vorläufigen) Versöhnung der beiden Mächte. Friedrich setzt den zentralistischen Ausbau seines sizilianischen Königreiches und die Wiederherstellung der königlichen Macht in Oberitalien fort. Sein Sieg über die lombardischen
1237 Städte bei Cortenuova, die Vermählung seines Sohnes Enzio mit der Erbin Sardiniens, eines päpstlichen Lehens, und der Versuch, seine Herrschaft auf Rom auszudehnen, lösen den Widerstand des Papstes aus, der ein Bündnis mit den oberitalienischen Städten eingeht. Als Friedrich zum Kampf gegen die lombardischen „Reichsrebellen" aufruft, verhängt Gregor über ihn erneut den Bann: Endkampf der Kurie gegen den Kaiser.
1241 Nach dem nur zwei Wochen dauernden Pontifikat Cölestins IV. und längerer Sedisvakanz (10. Nov. 1241–25. Juni 1243) wird der Genueser Kardinal Sinibald Fiescho (Fieschin) einstimmig als *Innozenz IV.* gewählt.

Innozenz IV. — **1243–1254** Der Jurist und Diplomat versucht zunächst, den Konflikt mit dem Kaiser beizulegen, um sich auf den Kreuzzug und die Abwendung der Mongolengefahr konzentrieren zu können.

1245	Es kommt jedoch zu keiner Einigung, der Papst begibt sich über Genua nach Lyon, von wo er den Kampf gegen den Kaiser organisiert und ein Konzil, das *Erste Konzil von Lyon*, abhält. Nach missglückten Einigungsbemühungen wird Friedrich II. wegen Meineids, Friedensbruchs, Gefangennahme von Prälaten und Verdachts der Häresie als Römischer Kaiser und König des Regnums abgesetzt. *Erstes Konzil von Lyon*

Der Papst mobilisiert in Deutschland, Italien und Sizilien alle Kräfte, um dem Spruch des Konzils Geltung zu verschaffen. Im Reich kommt es zur Wahl von Gegenkönigen, für Sizilien sucht der Papst in Richard von Cornwall, Karl von Anjou und Edmund, dem Sohn Heinrichs III. von England, Nachfolger für die Staufer.

1254–1261 Alexander IV. und sein Nachfolger Urban IV. haben den Widerstand der letzten Staufer
1261–1264 Manfred und Konradin zu überwinden.

Bündnis und Auseinandersetzung mit Frankreich (1263–1309)

1263 Urban gewinnt *Karl von Anjou* für Sizilien und vollzieht damit die lang dauernde Wendung des Papsttums nach Frankreich. — *Karl von Anjou*

1265–1268 Der nach anderthalbjähriger Sedisvakanz gewählte Franzose Clemens IV. belehnt Karl von
1265 Anjou in Rom mit Sizilien. Dieser schlägt den staufischen König Manfred von Sizilien bei
1266 Benevent und lässt den Schwabenherzog Konradin nach der verlorenen Schlacht bei Tagli-
1268 acozzo in Neapel enthaupten.

Während einer fast dreijährigen Vakanz (29. Nov. 1268–1. Sept. 1271) gelingt es Karl von Anjou als Herr des Königreiches Sizilien, die Basis für ein umfassendes Mittelmeerreich zu legen und damit eine Position anzustreben, die für das Papsttum gefährlicher werden kann als die Macht des Reiches.

1271–1276 Der als *Gregor X.* (*1210) gewählte Theobald Visconti sieht in der Befreiung der heiligen Stätten die Hauptaufgabe seines Pontifikates. Er versucht deswegen, in Italien den Streit zwischen Guelfen und Ghibellinen beizulegen und das Interregnum in Deutschland zu beenden. — *Gregor X.*

1274 Gregor beruft das *Zweite Konzil von Lyon* ein, auf dem die Kirchenunion mit den Griechen, Kreuzzug und allgemeine Kirchenreform beraten sowie eine neue Papstwahlordnung, nach der die wählenden Kardinäle am Sterbeort des Papstes bis zum positiven Ausgang der Wahl gemeinsam einen verschlossenen Raum beziehen sollen (Konklave), beschlossen werden. Auf dem Konzilskonsistorium vom 6. Juni 1274 lässt der deutsche König Rudolf I. (von Habsburg) die Konzessionen, die Otto IV. und Friedrich II. der Kirche gemacht hatten, bestätigen, den Verzicht auf Sizilien erklären und die Annahme des Kreuzes versprechen. Die für 1276 in Aussicht gestellte Kaiserkrönung kann wegen des Todes des Papstes nicht vorgenommen werden. — *Zweites Konzil von Lyon*

1276 Die nur kurzfristig regierenden Nachfolger, Innozenz V. (*1225; †1276), Hadrian V.
1276–1277 (1276), Johannes XXI. (1276–1277), sind nicht in der Lage, die Pläne Gregors X. aufzugreifen.

1277–1280 Erst Nikolaus III. versucht, gegenüber Karl von Anjou die Unabhängigkeit der Kirche zu bewahren.

1281–1285 Diese Bemühungen sind jedoch vergeblich, da sich der Franzose Martin IV. wieder ganz in den Dienst Karls stellt, dessen Pläne jedoch infolge der Erhebung Siziliens in der *Sizilianischen*
1282 *schen Vesper* scheitern. — *Sizilianische Vesper*

1285–1287 Nach den kurzfristigen Pontifikaten Honorius' IV. (*1210; 1285–1287) und Nikolaus' IV.
1288–1292 (1288–1292) kommt es vom 4. April 1292–5. Juli 1294 zu einer Sedisvakanz von 27 Monaten, da sich die verfeindeten Parteien der *Colonna und Orsini* nicht auf einen Kandidaten einigen können. — *Colonna und Orsini*

Der Verstrickungen und politischen Auseinandersetzungen müde, wählt das Kardinalskollegium einen achtzigjährigen Einsiedler aus den Abbruzzen, Petrus von Murrone, der sich

1294 Cölestin V. (*1215, †1296) nennt und von den Spiritualen und Fraticellen unter dem Ein-
5. Juli fluss der Prophezeiung des Joachim von Fiore als Urheber eines neuen Zeitalters der Kirche (Papa angelicus) begrüßt wird. Er ist seinem Amt nicht gewachsen, gerät in Neapel, wohin er sich mit der Kurie begibt, unter den Einfluss Karls II. von Neapel. Auf Rat des Kardinals Benedikt Gaetani tritt der unter Gewissensskrupeln leidende Papst von seinem Amt zurück. Anderthalb Jahre später stirbt der „Engelpapst", dessen Amtsverzicht seine Anhänger nicht als rechtsgültig betrachten, in der Gefangenschaft seines Ratgebers, der sein Nachfolger wird.

Bonifaz VIII.	1294–1303	Der aus dem römischen Geschlecht der Gaetani stammende, in Anagni geborene und in Bologna zum Juristen ausgebildete Sekretär der Päpste Martin IV. und Hadrian V., der Kardinal Benedikt Gaetani (*um 1230), gehört als *Bonifaz VIII.* zu den großen Päpsten des Mittelalters.
		Nach der Neuordnung von Kurie, Kirchenverwaltung und Kirchenstaat wendet er sich gegen Frankreich und die Gefahr einer Bevormundung der Kirche durch den französischen König.
Clericis laicos *Philipp der Schöne*	1296	Bonifaz verbietet mit der Bulle *Clericis laicos* den Fürsten, ihren Klerus ohne Zustimmung des Papstes zu besteuern, wodurch er die Finanzierung der englisch-französischen Auseinandersetzungen erschwert. König *Philipp der Schöne* von Frankreich reagiert darauf mit einem Ausfuhrverbot für Geld, Edelmetall und Wechsel.
		Der Widerstand der Colonna gegen die italienische Politik des Papstes und die Bereicherung seiner Familie, der bei Spiritualen und französischer Krone Rückhalt findet, zwingt
	1297	Bonifaz zunächst zum Einlenken. Nach der mit harter Hand vorgenommenen Unterwerfung
	1300	der Colonna wird das Heilige Jahr, das erste Jubeljahr der römischen Kirche, ausgerufen und den zahlreichen Romreisenden unter bestimmten Bedingungen der vollkommene Nachlass der Sündenstrafen gewährt.
		Aus Anlass eines von König Philipp dem Schönen von Frankreich gegen den Bischof von Pamiers, Bernard Saisset, geführten Prozesses nimmt Bonifaz den Kampf gegen den französischen König wieder auf, indem er die inzwischen zurückgezogenen Bestimmungen der
	1301	Bulle Clericis laicos erneut in Kraft setzt. Er beruft den französischen Episkopat, Domkapitel und Doktoren zu einer Synode nach Rom. Sein Einladungsschreiben Ausculta fili wird jedoch vom König und seinen Beratern im antipäpstlichen Sinne verfälscht und eine gegen den Papst gerichtete Ständeversammlung nach Paris einberufen.
Unam sanctam *Überordnung des Papstes*	1302 18. Nov.	Bonifaz formuliert in der am 18. Nov. veröffentlichten Bulle *Unam sanctam* in scharfer und herausfordernder Weise die päpstliche Doktrin von der *Überordnung des Papstes* über alle geistliche und weltliche Gewalt und von der Heilsnotwendigkeit der katholischen Kirche (extra ecclesiam nulla salus).
		Das Bündnis zwischen Colonna-Kardinälen, Spiritualen und französischem König sowie eine bewusst betriebene antipäpstliche Propaganda ermöglichen die Forderung nach einem allgemeinen Konzil, auf dem sich der Papst zu rechtfertigen habe.
		Bonifaz, der beabsichtigt, den König zu exkommunizieren, wird von dem französischen Le-
Attentat von Anagni	1303 7. Sept. 11. Okt.	gaten Wilhelm von Nogaret und Sciarra Colonna, dem Haupt der mit ihm verfeindeten Familie, beim *Attentat von Anagni* gefangengenommen. Er kann sich mit Hilfe der jetzt für ihn Partei ergreifenden Bürger der Stadt Anagni befreien und nach Rom fliehen, wo er stirbt.
		In der Gestalt des kraftvollen, von der Machtfülle seines Amtes überzeugten Papstes personifizieren sich wohl zum letzten Mal Anspruch und Möglichkeiten des mittelalterlichen Papsttums. Es ist daher kein Zufall, dass ihn die innerkirchliche Opposition und die Exponenten der nationalen Monarchien nicht nur zu seinen Lebzeiten mit einer hemmungslosen Propaganda attackieren, sondern auch noch posthum durch einen Prozess gegen sein Andenken zu diffamieren suchen.

Der Franziskanerorden und seine Zweige

Im Franziskanerorden kommt es schon zu Lebzeiten des Franz von Assisi (*1181/1182, †1226) zu Auseinandersetzungen über die Verwirklichung der Forderung nach der absoluten Armut. Sie führen nach seinem Tode zur Ausbildung von drei Richtungen, die auf die Befolgung der im Testament (1226) eingeschärften absoluten Armut, die Übernahme der Armutspraxis der älteren Orden bzw. eine Anpassung im Sinne der Regula bullata (1223) drängen.

Spiritualen Nach dem Generalat Bonaventuras (1257–1274), das in der Armutsfrage zu einer gewissen Übereinstimmung führt, verschärfen sich die Gegensätze. Die Armutseiferer *(Spiritualen)*, die sich in Mittelitalien und Südfrankreich unter Angelus Clarenus († 1337) und Ubertin von Casale († nach 1329), Hugo von Digne († ca. 1255) und Petrus Johannis Olivi (* 1248/1249, † 1298) zusammenschließen, gehen zu offenem Widerstand gegen Ordensleitung und Kirche über. Sie werden mit Ausnahme einer 1294 von Papst Cölestin V. anerkannten italienischen Splittergruppe in den Spiritualenkämpfen (1284–1318) verfolgt, exkommuniziert und in den Untergrund gedrängt, wo ihre Ideen bei den häretischen Fraticellen bis ins 15. Jh. weiterleben.

Seit 1368 nimmt in Italien der Wille zur strikten Regelbefolgung wieder zu. Die auf die Tradition des Spiritualentums zurückgreifende, seine antikirchliche Tendenz jedoch ablehnende Observanz des Paulus Trinci († 1390) kann sich mit Hilfe Bernhardins von Siena (*1380, †1444), Johannes Kapistrans (*1386, †1456), Alberts von Sarteano († 1450) und Jakobs von den Marken (*1393, †1476) diesseits und jenseits

der Alpen durchsetzen. Nach vergeblichen Versuchen, den gesamten Orden zu reformieren, kommt es unter Papst Eugen IV., der 1446 der Observanz die Wahl eines eigenen Generalvikars und eigener Provinzialvikare erlaubt, zur weit gehenden Trennung von den nicht observanten Franziskanern, den *Konventualen*. Unter ihnen entstehen im 15. Jh. eigene Reformgruppen: die Martianer, Colettaner, Diskalzeaten, Amadeiten, Clarener und Capriolanti.
1517 erfolgt die endgültige Trennung zwischen Observanten und Konventualen. Die als Minoriten (OFM) bezeichnete Observanz, der sich die von ihr unabhängig entstandenen Reformgruppen anschließen, setzt institutionell mit Generalat und Siegel die Tradition des Ordens fort. Die an Zahl geringeren Konventualen bilden seither den zweiten autonomen Zweig des ersten Ordens der Franziskaner. Die von dem Observanten Matthäus von Bascio (*1495, †1552) und seinen Mitbrüdern Ludwig und Raphael von Fossombrone gegründete Reformgruppe der *Kapuziner* wird 1619 von Papst Paul V. als selbstständiger Orden anerkannt und ist heute neben den Konventualen und Observanten der dritte Zweig des Franziskanerordens.

Neben dem Klarissenorden, dem zweiten Orden der Franziskaner, bildet sich seit dem 13. Jh. eine Fülle von Terziaren- und Terziarinnengemeinschaften aus, die den Status regulierter Konvente annehmen. Sie bilden eigene Brüder- oder Schwesternkongregationen und sind vorwiegend in Erziehung, Krankenpflege und Sozialfürsorge tätig.

Konventualen

Kapuziner

Papsttum und Kirche (1309–1492)

Das Papsttum, das nach dem Untergang der Staufer vergeblich versucht hat, in den Königen von England, der angevinischen Seitenlinie des französischen Königshauses und zeitweilig auch den deutschen Herrschern neue Bundesgenossen zu finden, steht am Beginn des 14. Jh.s im König von Frankreich einem Widersacher gegenüber, der noch weniger als der letzte Stauferkaiser gewillt ist, seine Interessen denjenigen des Papstes unterzuordnen. Der Kampf beider Mächte führt zu dem Attentat von Anagni südöstlich von Rom (1303) und der *Gefangenschaft in Avignon* (1309–1377). Seither gelingt es den Päpsten nicht mehr, in der europäischen Staatenwelt eine Rolle zu übernehmen, die mit derjenigen im Hochmittelalter vergleichbar wäre. Kirche und Papsttum vollziehen in Avignon eine tief greifende Wandlung im Sinne einer Fiskalisierung, Juridifizierung und Zentralisierung, die sie zum Objekt der Kritik der immer stärker nach der religiösen, intellektuellen und politischen Selbstständigkeit drängenden Individuen und gesellschaftlichen Gruppen macht und ständige Reformforderungen auslöst. Die Rückkehr der Päpste nach Italien gelingt nur um den Preis eines langdauernden *Schismas* (1378–1415). Die Reformkonzilien bringen zwar ein Ende der Spaltung, schwächen jedoch durch die Idee des Konziliarismus und durch ihre von den europäischen Herrschern in eigenem Sinne genutzten Reformforderungen Macht und Ansehen des Papsttums so sehr, dass die in der zweiten Hälfte des 15. Jh.s unternommenen Bemühungen um eine Neufundierung des Papsttums in der italienischen Staatenwelt ohne wirklichen Erfolg bleiben, vielmehr unter den Renaissancepäpsten zu einer weit gehenden Verweltlichung führen.

Gefangenschaft in Avignon

Schisma

Die Päpste* (1305–1492)

Clemens V.	1305–1314	Gregor XII.	1406–1415
Johannes XXII.	1316–1334	Alexander V.	1409–1410
(Nikolaus V.	1328–1330)	Johannes (XXIII.)	1410–1415
Benedikt XII.	1334–1342	Martin V.	1417–1431
Clemens VI.	1342–1352	(Clemens VIII.	1423–1429)
Innozenz VI.	1352–1362	Eugen IV.	1431–1447
Urban V.	1362–1370	(Felix V.	1439–1449)
Gregor XI.	1370–1378	Nikolaus V.	1447–1455
Urban VI.	1378–1389	Kalixt III.	1455–1458
Clemens VII.	1378–1394	Pius II.	1458–1464
Bonifaz IX.	1389–1404	Paul II.	1464–1471
Benedikt XIII.	1394–1417	Sixtus IV.	1471–1484
Innozenz VII.	1404–1406	Innozenz VIII.	1484–1492

* (in Klammern: Gegenpäpste)

Päpste von 1305 bis 1492

Johannes XXII.

Pius II.

Die Päpste in Avignon (1309–1377/1378)

	1303–1304 1304	Nach dem aus Treviso stammenden Dominikanerpapst Benedikt XI. (*1240, †1304), der nicht die Kraft besitzt, dem König von Frankreich zu widerstehen, ihn vielmehr vom Bann löst, wird nach fast einjährigem Konklave in Perugia der Erzbischof von Bordeaux, Bertrand de Got, als *Clemens V.* zum Papst gewählt.
Clemens V.	1305–1314	Der magenkranke, willensschwache Gascogner lässt sich in Lyon krönen, erhebt neun Franzosen, darunter vier Neffen, zu Kardinälen, nimmt erneut alle über König Philipp den Schönen von Frankreich verhängten Kirchenstrafen zurück und bleibt auf seinen Druck hin während des ganzen Pontifikats in Frankreich, seit 1309 vornehmlich Avignon, das formell Reichslehen in der Hand des Königs von Neapel ist.
	1309	Damit beginnt die Zeit des Avignonesischen Papsttums, der „Babylonischen Gefangenschaft" der Kirche.
Aufhebung des Templerordens		Clemens widersetzt sich dem 1309 in Avignon eröffneten, 1311 niedergeschlagenen Prozess gegen das Andenken Bonifaz' VIII., der auf eine Verketzerung seines Vorgängers hinausläuft, verschließt sich dem französischen Wunsch nach Übertragung des Kaisertums, stimmt jedoch der aus fiskalischen Gründen vom französischen König betriebenen *Aufhebung des Templerordens* zu.
	1311–1312	Sie erfolgt auf dem von Philipp geforderten Konzil von Vienne, das neben der Templerangelegenheit über Kreuzzug und Kirchenreform sowie über die Lehre des Petrus Johannis Olivi (*1248/1249, †1298) und die franziskanische Armut (usus pauper) verhandelt.
Johannes XXII.	1316–1334	Nach zweijähriger Vakanz können sich die französischen und italienischen Kardinäle in Lyon auf den zweiundsiebzigjährigen ehemaligen Kanzler Karls II. von Neapel (Anjou) und Bischof von Avignon, Jacques Duèze (*um 1245, †1334) aus Cahors, einigen. Er lässt sich in Gegenwart des Königs in Lyon als *Johannes XXII.* krönen und nimmt als erster Papst dauernd in Avignon seinen Sitz.
	1323	Der hierokratisch eingestellte Papst steigert durch systematischen Ausbau des Pfründen- und Abgabewesens die päpstlichen Einnahmen, verstärkt das französische Übergewicht im Kardinalskollegium, macht sich durch die Verdammung der Lehre von der absoluten Armut Christi und seiner Jünger große Teile des Franziskanerordens zum Gegner und gerät wegen seiner theologischen Anschauungen über die visio beatifica (Anschauung Gottes nach dem Hinscheiden) in Häresieverdacht. Politisch versucht er durch Beilegung der Kämpfe mit England und die Stützung der angevinischen Vormachtstellung in Italien die Rolle Frankreichs als Bundesgenosse des Papsttums auf Kosten des Reichs zu festigen. Johannes XXII. nützt den deutschen Thronstreit zwischen Ludwig dem Bayern und Friedrich dem Schönen zur Gewinnung des Reichsvikariats in Italien und nimmt in der letzten großen Auseinandersetzung zwischen Imperium und Sacerdotium mit allen kirchlichen Machtmitteln gegen den mit der Franziskaneropposition (Wilhelm von Ockham, Michael von Cesena) verbündeten
	1328	Ludwig Stellung, als dieser in Italien aktiv wird und nach seiner Kaiserkrönung in Rom den Minoriten Peter von Corbara als Nikolaus V. (1328–1330, †1333) zum (Gegen-)Papst wählen lässt.
Benedikt XII.	1334–1342	Der als *Benedikt XII.* zum Papst gewählte Theologe und Zisterzienser Jacques Fournier (*um 1285) beginnt mit dem Bau des Papstpalastes in Avignon, überführt das päpstliche Archiv von Rom dorthin und verstärkt die Bindung an die französische Krone durch Konzedierung von Kreuzzugszehnten für den Krieg gegen England. Er stößt in Deutschland, wo sich Kaiser Ludwig (der Bayer) und die Kurfürsten weigern, die päpstliche Approbation als rechtsnotwendige Voraussetzung für das Königtum anzuerkennen (1338: Licet iuris), auf eine weitverbreitete antikuriale Stimmung. Innerkirchlich bemüht er sich um eine Reform der avignonesischen Verwaltung und die Erneuerung des Ordenslebens.
Clemens VI.	1342–1352	Mehr noch als seine Vorgänger ist *Clemens VI.* (*1292) ein französischer Papst. Er unterstützt mit diplomatischen und finanziellen Mitteln die Sache Frankreichs gegen England, verhilft nach dem Tode Kaiser Ludwigs des Bayern dem „Pfaffenkönig" Karl IV. zur Krone,
	1348	erwirbt Avignon und die Grafschaft Venaissin durch Kauf von Königin Johanna von Neapel und versucht, die päpstliche Position in Italien, wo in Rom Cola di Rienzo (*1313, †1354) als Volkstribun die Verwaltung übernimmt, gegenüber den Visconti und den Königen von Ungarn zu behaupten.
	1352–1362 seit 1353	Innozenz VI. betreibt mit Hilfe des von ihm nach Italien entsandten Kardinals Albornoz (*um 1300, †1367) den Wiederaufbau des Kirchenstaats und schafft damit eine wichtige Voraussetzung für die Rückkehr des Papstes nach Rom.
Rückkehr Urbans V.	1362–1370 1367	Urban V. (*um 1310) begibt sich als erster avignonesischer Papst *wieder nach Rom*, von wo aus er mit Hilfe Kaiser Karls IV. seine italienische Machtstellung zurückzugewinnen sucht.

1370	Trotz Abratens Katharinas von Siena (*um 1347, †1380) und Birgittas von Schweden (*um 1303, †1373) zieht er sich jedoch enttäuscht nach Avignon zurück.
1370–1378 1377	Erst sein Neffe *Gregor XI.* (*1329) begibt sich trotz heftigen Widerstands der Kardinäle und des französischen Hochadels, ungeachtet auch der ungeklärten Lage in Oberitalien und der Toskana, endgültig nach Rom, wo die Päpste seither im Vatikan residieren.

Gregor XI.

Der päpstliche Fiskalismus

Die Päpste entwickeln in Avignon im Anschluss an ältere Praktiken ein wirkungsvolles System zur Erhebung der finanziellen Mittel, die sie nach zunehmendem Versiegen der italienischen Geldquellen zum Unterhalt der anspruchsvollen, sich infolge der Zentralisierung und Bürokratisierung ausweitenden Kurie, zur freiwilligen oder erzwungenen Unterstützung weltlicher Herrscher, zur Finanzierung ihrer eigenen Politik und zur Versorgung ihrer Klientel in gesteigertem Maße benötigen. Die wichtigsten *Einkünfte* der päpstlichen Finanzkammer bestehen neben Taxen und Sportlen aus den Abgaben bei der Besetzung der zunehmend dem Besetzungsrecht der Päpste reservierten geistlichen Stellen (servitia), den Einkünften aus vakanten (fructus intercalares) oder neu besetzten Stellen (annatae), der Hinterlassenschaft verstorbener Prälaten (spolia) und den allgemein oder regional begrenzt erhobenen Zehnten, Prokurationen und Subsidien. Die direkt bei der Kurie geleisteten, durch Kollektoren eingetriebenen oder von Banken vorfinanzierten Mittel geben den Päpsten politischen Handlungsspielraum, sie beleben Wirtschaft, Kultur und Kunst in und um Avignon. Die Rücksichtslosigkeit bei ihrer Eintreibung, die Mangelhaftigkeit ihrer Verwaltung und die Unkontrollierbarkeit ihrer Verwendung, die von den Betroffenen heftig kritisiert werden, führen jedoch zu einem solchen *Schwund an Vertrauen* in Papsttum, Kirche und geistliches Amt, dass man in dem im 14. Jh. ausgebildeten päpstlichen Fiskalismus einen Hauptgrund für die in der Reformation zu ihrem Höhepunkt kommende kirchenkritische Einstellung sehen muss.

Einkünfte

Schwund an Vertrauen

Das Große (Abendländische) Schisma (1378–1415)

1378 1378–1389 1378–1394	Nach dem frühen Tod Gregors XI. wird unter massivem Druck der an einem italienischen Papst interessierten römischen Bevölkerung in einem in seiner Rechtmäßigkeit bis heute umstrittenen Verfahren der Erzbischof von Bari, Bartolomeo Prignano (*um 1318), als Urban VI. zum Papst gewählt. Seine charakterlichen Schwächen (incapacità) und eine gegen die Kardinäle gerichtete Politik veranlassen diese, noch im gleichen Jahr in Fondi den Kardinal Robert von Genf (*um 1342) als Clemens VII. zu wählen, womit sie das Große *(Abendländische) Schisma* einleiten.
1379 1381	Es gelingt Clemens nicht, Urban aus Rom zu verdrängen, er muss vielmehr nach einer ihm von diesem bei Marino (über dem Albanersee) beigebrachten militärischen Niederlage zunächst an den Hof der mit ihm verbündeten Johanna I. von Neapel und dann nach Avignon zurückweichen. Er gewinnt neben den Anjous von Neapel nach kurzer Neutralität Frankreich, Savoyen, Burgund und später Kastilien, Aragón und Navarra, während die übrigen italienischen Territorien, fast das ganze Reich, die östlichen und nordischen Länder, Ungarn, England und seit 1385 auch Portugal die Partei Urbans ergreifen. Beide Päpste erhalten nach ihrem Tode Nachfolger, sodass das Schisma bestehen bleibt.
1389 1389–1404	In Rom wird der aus Neapel stammende Kardinal Pietro Tomacelli (*um 1350) als Bonifaz IX. gewählt. Er versucht sich gegen die neapolitanischen Anjous und ihre italienischen Anhänger durchzusetzen.
1394–1417 1395–1398	In Avignon folgt als Benedikt XIII. (†1423) der spanische Kardinal Pedro de Luna, der auf seiner Rechtmäßigkeit besteht und im Gegensatz zu den Beschlüssen der Pariser Synoden und dem Willen der französischen Krone nicht durch Abdankung (via cessionis) oder Absetzung (substractio), sondern via conventionis bzw. „via facti", also auf politischem und
1398 1403	diplomatischem Wege, den römischen Papst zurückdrängen will. Nachdem Frankreich seine Neutralität erklärt hat, wird Benedikt in Avignon belagert und muss in die Provence fliehen. Es gelingt ihm jedoch schon bald, seine Obödienz zurückzugewinnen und eine aktive Politik gegen die römischen Päpste in Italien fortzusetzen.
1404–1406 1406–1415 1407	Diese, Innozenz VII. (*um 1336) und Gregor XII. (*um 1325, †1417), weichen ihm jedoch aus und lassen es trotz einer in Marseille getroffenen Vereinbarung nicht zu den von ihm angestrebten Gesprächen kommen.
1408	Nachdem die Position Benedikts XIII. durch die Neutralitätserklärung Frankreichs erneut geschwächt ist, vereinbaren die Kardinäle beider Obödienzen auf einer Zusammenkunft in Livorno die Einberufung eines Generalkonzils, um im Sinne der von Heinrich von Langen-

Abendländisches Schisma

stein und Konrad von Gelnhausen propagierten konziliaren Theorie über die Päpste zu richten und durch eine Neuwahl die Einheit der Kirche wiederherzustellen.

Konzil zu Pisa **1409** Auf dem *Konzil zu Pisa*, an dem rund 200 Bischöfe persönlich oder durch Stellvertreter teilnehmen, werden die beiden Päpste als notorische Schismatiker, Häretiker und Eidbrecher abgesetzt. Nach einem kurzen Konklave wird nun einstimmig der von griechischen Eltern abstammende Kardinal von Mailand, Peter Philargi (*um 1340), als Alexander V. gewählt.

drei Päpste 1409–1410 Da es die beiden Gegenpäpste ablehnen, sich dem Spruch des Konzils zu unterwerfen, gibt es *drei Päpste*, von denen Gregor XII. Neapel und andere italienische Territorien sowie den deutschen König Ruprecht und einzelne Reichsfürsten, Benedikt XIII. Spanien, Portugal und Schottland zu ihrer Obödienz rechnen kann, während sich die übrigen Länder Alexander V. anschließen.

Die Konzile und der Sieg des Papsttums (1415–1492)

Der Konziliarismus

Konzil als höchste Instanz Der Konziliarismus oder die konziliare Theorie besagt, dass das allgemeine *Konzil als höchste Instanz* der Kirche zu gelten habe und ihm grundsätzlich auch der Papst unterworfen sei. Die Wurzeln dieser Theorie sind im älteren kirchlichen Recht und bei den hochmittelalterlichen Kanonisten zu suchen, die eine Kirchenversammlung als Instrument zur Beseitigung von Notständen wie der Häresie oder Handlungsunfähigkeit des Papstes betrachten. Im 14. Jh. werden diese Ansätze von Theologen wie Konrad von Gelnhausen (*um 1320, †1390), Heinrich von Langenstein (*1325, †1397), Pierre d'Ailly (Peter von Ailly; *1352, †1420) und Jean Gerson (Charlier; *1363, †1429) systematisiert und von Wilhelm von Ockham (*um 1285, †1347) und Marsilius von Padua (*1275/80, †1342) in Richtung auf eine kirchliche „Volkssouveränität" zugespitzt.

Kirchenpolitische Bedeutung erhält der Konziliarismus nach der Kirchenspaltung von 1378, als die Einberufung und Entscheidung eines Generalkonzils von weiten Kreisen als der einzig geeignete Weg zur Ablösung der schismatischen Päpste und zur Wahl eines neuen Oberhauptes der Kirche angesehen wird. Das Konstanzer Konzil (1414–1418) gibt nun dem Konziliarismus in dem Dekret Haec sancta seine klassische Formulierung und versucht mit der in dem Dekret Frequens vorgesehenen Periodizität des Generalkonzils ein Gegengewicht gegen den päpstlichen Absolutismus zu schaffen. Die in Basel (1431–1449) erneuerten und prinzipiell gedeuteten Superioritätsdekrete werden jedoch von den Päpsten missachtet bzw. unterlaufen. Dennoch bleibt der Konziliarismus bis zum Konzil von Trient (1545–1563) lebendig. Er spielt auch danach im Gallikanismus und Episkopalismus eine Rolle und gewinnt anlässlich der beiden Vatikanischen Konzilien (1869–1870 und 1962–1965) in historischer Forschung und theologischer Diskussion erneut an Bedeutung.

1410–1415 Auf Betreiben des deutschen Königs Sigismund (1410–1437), der die Wiederherstellung der kirchlichen Einheit mit Hilfe der größten, in Pisa geschaffenen Obödienz zu verwirklichen sucht, ruft der Nachfolger Alexanders V., der als Johannes XXIII. (†1419) gewählte ehemalige Condottiere Balthasar Cossa, nach Verhandlungen mit dem König in Lodi und
1413 Cremona ein Generalkonzil nach Konstanz ein, das ihm von Sigismund als Konzilsort vorgeschlagen wurde.

Kirchenversammlung von Konstanz **1414–1418** Nachdem der König durch einen Geheimvertrag die Teilnahme Englands und durch ein Bündnis diejenige Frankreichs erreicht hat, versammeln sich seit dem 28. Okt. 1414 zahlreiche Fürsten und Prälaten aus der ganzen Christenheit zur *Kirchenversammlung von Konstanz*, dem größten Kongress des Mittelalters. Das Konzil, das sich die Beseitigung der Kirchenspaltung (causa unionis), die Verbesserung der kirchlichen Zustände (causa reformationis) und die Niederschlagung der Ketzerei (causa fidei) zur Aufgabe gemacht hat, gibt sich nach dem Vorbild der Universitätsverfassungen eine Geschäftsordnung, nach der nicht nach Köpfen, sondern nach Nationen (deutsche, französische, englische, italienische) abgestimmt und so eine Majorisierung durch die italienischen Bischöfe verhindert wird.

1415 Der als rechtmäßig anerkannte Johannes XXIII. stellt auf Druck des Konzils seine Zession in Aussicht, flieht jedoch mit Hilfe Herzog Friedrichs IV. von Österreich (*1382/1383, †1439) aus Konstanz, um so die Versammlung zur Auflösung zu zwingen. In dieser Situation verkündet das Konzil im *Dekret Haec sancta* den Grundsatz, dass es unmittelbare Gewalt von Christus habe und dem Papst übergeordnet sei. Es setzt aufgrund dieser Legitimation Johannes XXIII. ab, der bis 1419 im Gewahrsam des Pfalzgrafen bei Rhein bleibt.

Dekret Haec sancta

Nachdem auch Gregor XII. im Jahr 1415 resigniert hat, begibt sich Sigismund im Anschluss an die am 6. Juli 1415 erfolgte *Verbrennung des Johannes Hus*, mit einer Abordnung des Konzils nach Perpignan, um den dort befindlichen Benedikt XIII. zur Abdankung zu veranlassen. Die Verhandlungen scheitern, Sigismund kann jedoch die spanischen Staaten zur Loslösung von Benedikt und zur Teilnahme am Konzil gewinnen (jetzt fünf Nationen).

Verbrennung des Johannes Hus

1417 Nach Sigismunds Rückkehr spricht das Konzil die Absetzung Benedikts aus.
Das Konzil beschäftigt sich mit der Reform der durch das Avignonesische Papsttum deformierten Kirche. Dabei ergibt sich die Frage, ob die Wahl eines neuen Papstes der Reform vorausgehen oder ihr folgen soll. Der letzte Vorschlag, der ohne Gegenwirkung eines Papstes die Reform der Kirche an Haupt und Gliedern sowie eine Einschränkung des päpstlichen Zentralismus ermöglicht hätte, kann trotz der Bemühungen Sigismunds und der Deutschen wegen des Widerstandes der romanischen Nationen nicht verwirklicht werden.

11. Nov. Von den Kardinälen und je sechs Vertretern der fünf Konzilsnationen wird daraufhin Odo
1417–1431 Colonna als *Martin V.* (* 1368) zum Papst gewählt.

Martin V.

Das Konzil verabschiedet in seiner 43. Sitzung sieben Reformdekrete, der Papst schließt mit
1418 den fünf Nationen eigene Konkordate, die eine Beschneidung des päpstlichen Zentralismus und Fiskalismus vorsehen. Zu einer tief greifenden Kirchenreform kommt es jedoch nicht.
Die im *Dekret Frequens* (1417) erhobene Forderung nach regelmäßigem Zusammentritt von Generalkonzilien lässt jedoch die Möglichkeit einer Fortsetzung des Reformwerkes offen.

Dekret Frequens

1431–1449 Das entsprechend diesem Dekret von Martin V. einberufene *Konzil von Basel* stößt zunächst
1431–1447 auf Widerstand Eugens IV. (1431–1447, *um 1383), der jedoch die von ihm angeordnete
1433 Auflösung zurücknehmen muss.

Konzil von Basel

Die Versammlung, die ausdrücklich ihre *Superiorität über den Papst* feststellt, tagt unter dem Vorsitz des von Eugen bestellten reformfreudigen Kardinals Giuliano Cesarini (* 1398, † 1444). Sie bildet nach den ihr zugewiesenen Gegenständen (Glaubenssachen, Kirchenfriede, Reform und Allgemeines) Deputationen, die nach Köpfen beschließen. Die aus jeder Nation (Italiener, Franzosen, Deutsche, Spanier) gleichmäßig besetzten Deputationen umfassen zahlreiche Universitätslehrer und Mitglieder des niederen Klerus, was dem Konzil einen stark „demokratischen" Charakter gibt. Es erlässt eine Reihe von Reformdekreten, die u. a. durch die Abschaffung von Reservationen und Annaten die Rechte und Einkünfte des Papstes beschränken. Der dem Konzil im Grunde ablehnend gegenüberstehende Eugen IV. verlegt es gegen den Willen der Mehrheit nach Ferrara (1437/1438), später nach Florenz (1439), wo eine kurzlebige Union mit den Griechen geschlossen wird.

Superiorität über den Papst

1439 Die in Basel verbliebenen Konzilsväter setzen den Papst ab und wählen den ehemaligen
1439–1449 Herzog Amadeus von Savoyen (* 1383, † 1451) als *Felix V. zum Papst*, der jedoch abdankt, als die römische Kurie die Anerkennung der meisten Fürsten erreicht und sich das 1448 nach Lausanne verlegte Konzil auflöst.

Gegenpapst Felix V.

Im Widerstreit zwischen dem Konzil und dem Papst gelingt es Frankreich in der Sanktion von Bourges (1438), dem deutschen König sowie den deutschen Fürsten in den vom Papst bestätigten so genannten *Fürstenkonkordaten*, größeren Einfluss auf die Besetzung kirchlicher Stellen zu gewinnen, sodass am Ende weder der Papst noch die auf dem Konzil versammelten Vertreter der Gesamtkirche, sondern die Fürsten Nutznießer des Konzils werden. Das durch das Zurückdrängen des Konziliarismus gestärkte Papsttum bemüht sich unter Verzicht auf eine wirkliche Kirchen- und Kurienreform um die Neuordnung des Kirchenstaates als seiner Machtbasis und schafft damit die Voraussetzung für die Renaissance, die das Antlitz Roms entscheidend prägt.

Fürstenkonkordate

1447–1455 Der als Kompromisskandidat von den Orsini und Colonna gewählte *Nikolaus V.* (* 1397),
1452 Förderer des Humanismus, Gründer der Vatikanischen Bibliothek und Planer tief greifender
1454 architektonischer Umgestaltungen Roms, vollzieht mit der Krönung König Friedrichs III. die letzte Kaiserkrönung in Rom und bemüht sich um eine Befriedung des Kirchenstaates und Italiens. Als Protector et Custos tritt er dem Vertrag von Lodi bei. Er bemüht sich vergeblich um die Errichtung einer Abwehrfront gegen die Türken.

Nikolaus V.

Ebenfalls als Verlegenheitskandidat gelangt der spanische Kardinal Alonso de Borja (Bor-
1455–1458 gia), Kalixt III., auf den Thron. Er setzt sich mit Energie, wenn auch ohne Erfolg, für die Rückerwerbung des 1453 von den Türken eroberten Konstantinopel ein. Er beruft zwei Neffen ins Kardinalskollegium und schafft damit die Voraussetzung für die Reihe der Borgiapäpste.

1458–1464 Sein aus dem Sieneser Geschlecht der Piccolomini stammender Nachfolger *Pius II.* (* 1405), der als ehemaliges Mitglied der Kanzlei Friedrichs III., Bischof von Trient und Siena eine zwischen Konzil und Papst schwankende Laufbahn hinter sich hat und wegen

Pius II.

	1459	seiner historischen und literarischen Werke (u. a. Commentarii, Historia Friderici III.) Ansehen genießt, konzentriert sich auf die Kirchenreform und die Abwehr der Türkengefahr. Er beruft zu diesem Zweck einen Fürstenkongress nach Mantua ein, kann jedoch den beabsichtigten Kreuzzug nicht mehr zu Stande bringen.
	1464–1471	Paul II. (*1418), Neffe Eugens IV., fördert zwar den Ausbau Roms (Palazzo Venezia), versteht es aber nicht, die humanistischen Literaten (Platina, Pomponius Laetus) für sich zu gewinnen.
Sixtus IV.	1471–1484	*Sixtus IV.* (*1414), aus dem Geschlecht der della Rovere, ehemaliger Generalminister der Franziskaner, betreibt den Ausbau Roms (S. Maria della Pace, Sixtinische Kapelle etc.) und die Festigung des Kirchenstaates als eines italienischen Fürstentums, wobei er sich eines
Nepotismus		rücksichtslosen *Nepotismus* bedient.
	1484–1492	Der als Kandidat der della Rovere auf den Papstthron gelangte Innozenz VIII. (*1432) steht hilflos den römischen Unruhen und der in der großen Liga vereinigten italienischen Staatenwelt (mit Ausnahme Venedigs) gegenüber. Beide Päpste sind den politischen und religiösen Problemen ihrer Zeit nicht gewachsen. – (Forts. v. S. 1006, 1008)

Italien (568–1494)

(Forts. v. S. 300, 363)

Italien (568–950)

Die *Langobarden*, ein von der Unterelbe nach Pannonien eingewanderter, kleiner westgermanischer Stamm, entschließen sich vor dem wachsenden Druck der benachbarten Awaren nach Italien auszuweichen, das Ostrom eben erst den Goten genommen hat. Letzte Welle der Völkerwanderung.

Langobarden

Langobardenreich in Italien (568–774)

568 Die Langobarden unter *König Alboin* dringen durch Venetien in die Poebene ein und erobern in kurzer Zeit Oberitalien. Mailand fällt 569; Pavia (Ticinum), nach dreijähriger Belagerung 572 erobert, wird Hauptstadt. Andere langobardische Scharen stoßen tief in die Halbinsel vor und errichten (zwischen 570 und 580) die Herzogtümer Spoleto und Benevent. Kerngebiet des Langobardenreiches bleiben Venetien, die Poebene und Toskana.
Alboin endet 572 durch Mord, ebenso sein Nachfolger Kleph 574; bis 584 herrschen allein die (wohl 36) Herzöge. Doch führt die Bedrohung von außen (Franken im Bündnis mit Byzanz) 584 zur *Wiederherstellung des Königtums*. Klephs Sohn Authari (584–590) und dessen Nachfolger Agilulf (590–615, vorher Herzog von Turin) gelingt es, das Bündnis von Franken und Byzantinern zu sprengen. Die Verständigung mit den Franken ist von Dauer. Byzanz bleibt der große Gegner, ist jedoch durch anderweitige Bedrohung gebunden.

König Alboin

Wiederherstellung des Königtums

Konsolidierung und Verfassung

Erste *Konsolidierung* der Verhältnisse unter Authari und Agilulf. Die Langobarden waren nicht als Föderierte des Reiches gekommen, sondern als Eroberer. Nach den Gräueln der ersten Phase, denen vor allem die grundbesitzende Schicht zum Opfer gefallen war, beginnen mit Authari Ansätze zu geregeltem Zusammenleben, doch bleibt die eingesessene Bevölkerung zunächst praktisch rechtlos. Der Gegensatz zwischen den halb barbarischen Eroberern und den unterworfenen Romanen, hier anfangs schärfer empfunden als in anderen germanischen Staaten der Völkerwanderungszeit, wird erst allmählich eingeebnet. Die *Romanisierung* der langobardischen Herrenschicht schreitet im 7. Jh. rasch fort (zumal Heirat zwischen Langobarden und Romanen nicht verboten ist) und überlagert die rechtliche Trennung zwischen Siegern und Besiegten. Zu Ausgleich und Verschmelzung trägt auch der allmähliche *Übertritt der Langobarden vom Arianismus zum Katholizismus* bei: betrieben von Autharis (dann Agilulfs) Gattin, der bayerischen Prinzessin Theudelinde († 627/28), gefördert durch die Gründung des Klosters Bobbio (612 durch den Iroschotten Columban) und abgeschlossen noch vor Ende des 7. Jahrhunderts.
Verfassung. Das langobardische Königtum, das eine eigentliche Dynastie mit festem Erbrecht nicht kennt, ist in seiner Macht stark eingeengt durch die zahlreichen – angeblich 36 – Herzöge (lateinisch duces, langobardischer Name unbekannt), ursprünglich Führer von Heeres- und Siedlungsverbänden, die sich nun um die vorgefundenen Städte gruppieren (Herzogtum Turin, Brescia usw.) und, vor allem in den Grenzgebieten, ihre eigene Politik treiben. Dem 584 wiederhergestellten Königtum gelingt es nur allmählich und unvollkommen, seine Machtbasis zu verbreitern (von den Herzögen abgetretenes neues Krongut, verwaltet durch königliche Gastalden) und das Erbrecht der Herzöge durch Einsetzung zu verdrängen. Die großen Herzogtümer *Spoleto und Benevent* im Süden bleiben bis auf Liutprand (712–744) vom Königreich weit gehend unabhängig und (durch den byzantinisch gebliebenen Korridor der Via Flaminia) auch räumlich getrennt. Abgesehen von der persönlichen Gefolgschaft (den Gasindi, aus denen die Träger der Hofämter und später die führenden Beamten hervorgehen), stützt sich das Königtum auf die Arimannen: gegen Kriegsdienst und Zins auf Fiskalland angesiedelte Freie, die unter Schultheißen (sculdahis, lateinisch centenarius) stehen und autonome Landgemeinden bilden.

Konsolidierung

Romanisierung

Übertritt zum Katholizismus

Verfassung

Spoleto und Benevent

Wiederaufnahme der Eroberungspolitik:

593 Agilulf erscheint vor Rom und wird durch eigenmächtige Verhandlungen Papst Gregors d.Gr. zum Abzug bewogen.

610 Erfolgreiche Kämpfe gegen den byzantinischen Exarchen von Ravenna führen zu ersten direkten Verhandlungen mit dem byzantinischen Kaiser: Waffenstillstand.
Nach Agilulfs Tod kommt es zu arianischen Reaktionen gegen Theudelindes Sohn Adalwald (616–626).

König Rothari

636–652 **König Rothari**.

643 Er veranlasst die erste Aufzeichnung des langobardischen Rechts (Edictus Rothari). König Rothari drängt die Macht der Herzöge zurück und erobert die ligurische Küste mit Genua. Er ist der letzte Arianer, seit Aripert I. (652–661, Neffe Theudelindes) sind die Könige Katholiken.

Grimoald

662–671 Mit *Grimoald* macht sich ein Herzog von Benevent mit Gewalt zum König und vereinigt zeitweilig die langobardischen Gebiete Nord- und Süditaliens in einer Hand.
Letzter, vergeblicher Versuch von Byzanz, das langobardische Italien zurückzugewinnen:

663 Kaiser Konstans II. landet in Süditalien, besucht Rom, weicht aber vor Grimoald nach Sizilien zurück, wo er bis zu seiner Ermordung 668 residiert.

um 680 Endlich Friede mit Byzanz, das die langobardische Herrschaft in Italien erstmals förmlich anerkennt.

Die byzantinische Präsenz. Das Papsttum

Der Besitzstand, der sich in diesen andauernden Kämpfen zwischen Langobarden und Byzantinern herausgebildet hat, verfestigt sich und wird das politische Bild der Halbinsel auf lange Zeit bestimmen. Byzantinisch bleiben: an der adriatischen Küste Istrien, der Küstensaum Venetiens, die Romagna mit Ravenna als Sitz des byzantinischen Statthalters von Italien (des Exarchen, darum „Exarchat Ravenna") und die Pentapolis (das „Fünfstädteland" von Rimini bis Ancona), durch einen schmalen, beidseitig von den Langobarden flankierten (sie aber auch trennenden) Korridor längs der Via Flaminia verbunden mit dem Dukat Rom. Im Süden der Dukat Neapel, die Spitzen der Halbinsel (Bruttium, heute Kalabrien, und Calabria, heute Apulien) sowie die Inseln Sizilien, Sardinien und Korsika.

lokale Gewalten

Doch reicht die byzantinische Präsenz nicht aus, diese Territorien wirksam zu schützen und zu verwalten. Das zwingt zur Selbsthilfe und führt zunehmend zur *Verselbstständigung der lokalen Gewalten*, die nun ihrerseits öffentliche Aufgaben übernehmen und insbesondere, als tribuni, die territoriale Miliz organisieren. Die lokalen, auf Grundbesitz beruhenden Oberschichten schaffen, besetzen und vererben Ämter: Ein neuer Adel entsteht und tritt in der Wahrnehmung öffentlicher Funktionen neben die Kirche, die – als einzig bestehende Ordnung inmitten des allgemeinen Zusammenbruchs – längst Funktionen von Organen des Staates und der städtischen Selbstverwaltung übernommen hat. Die *Bischöfe*, voran der Bischof von Rom, haben durch diplomatische Tätigkeit, Organisation der Getreideversorgung usw. ihre Autorität und ihr wirtschaftliches Gewicht (Großgrundbesitz durch Schenkungen) auch im weltlichen Bereich eingesetzt und gemehrt. Neue politische und dogmatische Differenzen (z.B. Steuerpolitik, Bilderstreit) bestärken das Papsttum in seiner Tendenz zur Verselbstständigung von Byzanz. Damit bereiten sich neue politische Konstellationen vor.

Bischöfe

König Liutprand

712–744 **König Liutprand**. Wiederaufnahme der Eroberungspolitik. Vorstöße gegen Ravenna und Rom veranlassen den Papst, der den (nominell vom Exarchen, faktisch aber vom Papst regierten) Dukat Rom bedroht sieht, zu einem ersten Hilfegesuch an die Franken; Karl Martell lehnt ab. Doch verzichtet Liutprand endlich, von Papst Zacharias (741–752) überredet, auf die Eroberung von Rom und Ravenna. Unterwerfung der Herzöge von Spoleto und Benevent, Höhepunkt des langobardischen Königtums.

739

749–756 König Aistulf nimmt die Expansionspolitik Liutprands wieder auf und erobert das Exarchat: Fall von Ravenna, *Ende der byzantinischen Herrschaft in Mittelitalien*.

Ende der Präsenz von Byzanz

751

754 Vor der langobardischen Bedrohung wendet sich der Papst abermals an die Franken: Pippin geht auf das Hilfegesuch Stephans II. (752–757) ein und macht ihm territoriale Versprechungen in Mittelitalien (Pippinische Schenkung). Der langobardische König Aistulf wird in zwei Feldzügen zur Abtretung seiner byzantinischen Eroberungen an den Papst gezwungen.

756

Anfänge des Kirchenstaates

Das sind die *Anfänge des „Kirchenstaates"*, gebildet aus den bisherigen byzantinischen Besitzungen in Mittelitalien (jedoch faktisch zunächst nur der Dukat Rom), unter fränkischer Oberhoheit; doch trägt dieses Gebilde, weder in seinen Grenzen noch im Ausmaß seiner Souveränität genau definiert (Patrimonium Petri ursprünglich nur Grundeigentum des Bischofs von Rom), in sich den Keim des Konflikts zwischen dem Papst und dem Kaiser (als patricius Romanorum, d.h. als Schutzherr von Rom in der Nachfolge des Exarchen), bis

Innozenz III. als „zweiter Begründer des Kirchenstaates" das Papsttum auch vom westlichen Kaisertum befreien wird.

773–774 *Eroberung des Langobardenreiches* durch Karl d.Gr., der in Fortführung der Italienpolitik seines Vaters auf Ersuchen Papst Hadrians I. interveniert.
Nur das Herzogtum Benevent bleibt außerhalb (Arichis I., 758–787, Hauptstadt Salerno), versteht sich fortan als Rechtsnachfolger des langobardischen Königtums und sucht nun Einverständnis mit Byzanz. Der letzte langobardische König Desiderius (756–774) geht in Gefangenschaft, das langobardische Reich wird in Personalunion mit dem Frankenreich verbunden (Karl als rex Francorum et Langobardorum).

Eroberung des Langobardenreiches

Damit ist für Jahrhunderte die weitere Entwicklung Italiens und die *Dreiteilung der Halbinsel* vorgezeichnet: Das langobardische, nun fränkische Oberitalien wird als das „Reichsitalien" der deutschen Kaiser eng mit dem nordalpinen Europa verbunden bleiben. Der Kirchenstaat, in Mittelitalien als breiter Gürtel von Meer zu Meer, wird der Umorientierung des Papsttums nach Westen, auf seine neue Schutzmacht, die Basis geben und später Gegenstand ihres unausweichlichen Konfliktes sein. Unteritalien bleibt außerhalb dieser Entwicklung und wird unter der Herrschaft der Byzantiner, dann der Normannen, Staufer, Franzosen und Spanier, seine eigenen Wege gehen. So ist die Gliederung Italiens weniger eine natürliche als eine historische.

Dreiteilung der Halbinsel

Die karolingische Vorherrschaft (774–875)

Italien behält im karolingischen Großreich eine gewisse Autonomie, wird jedoch fränkisch durchsetzt: An die Stelle der langobardischen Herzöge treten fränkische Grafen, die langobardische Führungsschicht wird durch Angehörige der fränkischen Reichsaristokratie ersetzt und aufgefüllt; damals kommen viele fränkische, alamannische, bayrische Familien ins Land, die später zu den mächtigsten italienischen Geschlechtern gehören werden (Supponiden in Parma, Widonen in Spoleto u.a.). Die zunehmende Feudalisierung des politischen und sozialen Gefüges erfasst auch die Kirche: Sie wird von den fränkischen Herrschern nun auch hier zur Organisation der Herrschaft herangezogen und ausgestattet (Landschenkungen, Hoheitsrechte, Immunität); einige Bischöfe erreichen bald die volle gräfliche Amtsgewalt. Doch wird sich das Feudalsystem hier, wo städtisches Leben nie ganz erloschen war, nicht so geschlossen durchsetzen wie nördlich der Alpen.

800 Durch die *Kaiserkrönung Karls d.Gr.* neues – westliches – Kaisertum, das seinen ideellen Mittelpunkt in Rom und seine reale Machtbasis nördlich der Alpen haben wird. Dadurch endgültiger Bruch mit Ostrom.

Kaiserkrönung Karls des Großen

812 Doch sucht Karl eine Verständigung: Im Frieden von Aachen überlässt er Ostrom gegen die Anerkennung als Imperator Venedig und die dalmatinische Küste.

Die Seestädte

Von diesem Ausgleich profitiert das aufsteigende *Venedig*. Gegründet durch Flüchtlinge des Hunnen- oder eher Langobardeneinfalls, wählt es, wohl seit 726, selbst seinen dux (venezianisch Doge) aus den tribuni, dem lokalen Adel. Die Siedlung, zunächst am Rande der Lagune, wächst erst mit der Verlegung des Dogen-Sitzes nach dem Rialto 811 ins Zentrum der Lagune hinein und zum nachmaligen Venedig heran. Die fränkische Herrschaft nur kurz erwägend (805–807) und sonst stets die nominelle Oberhoheit von Byzanz anerkennend, versteht es Venedig, seine Grenzlage nutzend, sich beiden Seiten zugleich zu entziehen und unentbehrlich zu machen: Das Pactum mit Kaiser Lothar I. 840 (erneuert 880 und öfters) sichert Venedigs Absatzwege in die Poebene. In Abwehr dalmatinischer Seeräuber und sarazenischer Vorstöße (seit etwa 830) erstes Ausgreifen in die Adria. Unter dem Dogen Pietro Orseolo II. (991–1009) Aufstieg zur Vormacht in der Adria; 992 günstige Verträge mit Ost- und Westreich. Nominell unter byzantinischer Oberhoheit, aber faktisch selbstständig unter selbst gewählten duces sind auch *Neapel* und (seit dem 9. Jh. vom Dukat Neapel gelöst) Gaeta und Amalfi, reine Seestädte ohne Hinterland, häufig in Konflikt mit dem benachbarten, langobardisch gebliebenen Herzogtum Benevent, aus dem 849, nach Intervention Kaiser Lothars, das Fürstentum Salerno ausscheidet.

Venedig

Neapel

817–855 Karls Sohn Pippin, Unterkönig in Italien 781–813, dessen Sohn und Nachfolger Bernhard nach Erhebung gegen Kaiser Ludwig den Frommen 817 ersetzt durch des Kaisers Sohn und Mitregenten Lothar I. Er wird 823 in Rom gekrönt. In der *Constitutio Romana* bekräftigt
824 Lothar die kaiserlichen Aufsichtsrechte über Papstnachfolge und Kirchenstaat.
843 Bei der Reichsteilung im Vertrag von Verdun fällt Italien an Lothar, der seinen ältesten Sohn Ludwig mit der Verwaltung dieses Unterkönigtums beauftragt: seit 844 König der

Constitutio Romana

Langobarden, seit 850 Mitkaiser, nach Lothars Tod 855 alleiniger Kaiser, jedoch praktisch nur in Italien.

855–875 Kaiser Ludwig II: kräftige Regierung über fast die gesamte Halbinsel, in Rom gegebenenfalls auch gegen Papst Nikolaus I. (858–867). Seine Hauptaufgabe wird die Abwehr der Sarazenen.

Offensive der Araber

Kampf mit Byzanz

Die im 7. Jh. einsetzende *Offensive der Araber*, die nach der (allzu pointierten, aber fruchtbaren) These von H. Pirenne die Einheit des Mittelmeerraums zerschneidet, Europa damit auf sich selbst verweist und so erst das Mittelalter heraufführt, gewinnt im frühen 9. Jh. eine neue Dynamik: *Kampf mit Byzanz* um die Hegemonie zur See. Die Sarazenen erobern seit 827 das byzantinische Sizilien (Palermo fällt 831, Syrakus 878, Taormina 902) und greifen, lokale Konflikte in wechselnden Bündnissen nutzend, aufs Festland über: 841 Bari und Tarent erobert. Die Seestädte Neapel, Gaeta und Amalfi versuchen aus Ohnmacht und handelspolitischem Interesse, sich mit den Arabern zu arrangieren. 846 Vorstoß bis vor die Mauern von Rom; zum Schutz der damals geplünderten Peterskirche ummauert Papst Leo IV. (845–855) den vatikanischen Stadtteil (seither Leostadt). Der Gegenstoß Kaiser Ludwigs II. scheitert nach anfänglichen Erfolgen (871 Eroberung von Bari mit oströmischer Flottenhilfe) am Misstrauen des Fürsten von Benevent, der Ludwig zeitweilig gefangenhält und sich nach Byzanz orientiert.

Araber

Bedeutendere Einfälle der Araber

Sizilien

Nordafrika

Westgotenreich

Tours und Poitiers

636	byzantinische Niederlage am Jarmuk gegen die Araber, die in der Folge Palästina, Syrien, Ägypten, dann Tripolis und Armenien, schließlich das westliche Nordafrika bis zum Atlantik erobern.	seit 827	sarazenische Eroberung Siziliens (Palermo 831, Syrakus 878, Taormina 902), danach Übergreifen aufs Festland:	
		841	fallen Bari und Tarent.	
		846	Vorstoß bis vor die Mauern von Rom.	
674–678	arabische Belagerung Konstantinopels.	seit etwa 880	sarazenische Stützpunkte südlich Gaeta (bis 915) und Salerno,	
711	Zerschlagung des Westgotenreichs auf der Iberischen Halbinsel, danach Übergreifen über die Pyrenäen.	883	Monte Cassino geplündert,	
		ca. 890–985	arabischer Stützpunkt Fraxinetum bei St. Tropez.	
732	fränkischer Abwehrerfolg (Karl Martell) zwischen Tours und Poitiers.	904	Plünderung von Thessalonike.	
826–961	Kreta in arabischer Hand.	918, 926	arabische Angriffe auf Reggio und Tarent.	

875 Damit ist die gesamtitalische Politik des Karolingers Ludwig II. († 875) gescheitert: Sizilien bleibt arabisch, Unteritalien wird wieder griechisch. Unter dem fähigen Feldherrn Nikephoros Phokas bauen die *Byzantiner* ihre Macht *in Süditalien* wieder auf, Bari wird für zwei Jh.e ihre wichtigste Basis. Durch die Rückeroberung der Südküste wächst der byzantinische Restbesitz hier wieder zusammen, fortan organisiert in den Themen (Militärprovinzen) Langobardia (Apulien, 891) und Calabria (das seither so genannte Kalabrien, um 950), seit etwa 969 koordiniert durch den Katepan von Italien. Die ausgebildete byzantinische Militärverwaltung legt sich hier nun über die Großgrundbesitzerschicht meist langobardischer Herkunft. Kalabrien wird durch sizilische Flüchtlinge zusätzlich besiedelt; in Apulien leben griechischer und lateinischer Ritus nebeneinander; die lateinischen Bistümer bleiben lateinisch, werden aber politisch zuverlässig besetzt. Doch misslingt ein weiteres Ausgreifen gegen Norden: Das Herzogtum Benevent, nach Zusammenbruch 899 restauriert und fortan leidlich stabil, widersteht weiterer Expansion.

Byzantiner in Süditalien seit 885

Die arabische Bedrohung hält an und rückt, im byzantinischen Süden eingedämmt, gegen Norden:

sarazenische Stützpunkte um 880 *Sarazenische Stützpunkte* an der Garglianomündung südlich Gaeta und in Agropoli südlich Salerno. Dauernde Bedrohung des Binnenlandes (883 Monte Cassino geplündert) und sämtlicher Küsten bis hinauf nach Grado (875) und an die Riviera (Stützpunkt Fraxinetum bei St.-Tropez, etwa 890–985), ja sogar der Poebene und der Alpenpässe. Papst Johannes VIII. (872–882) organisiert den Widerstand zur See, doch gelingt erst 915 einer Liga zwischen Johannes X., Byzanz, Neapel, Spoleto und Capua die Vernichtung des Stützpunkts bei Gaeta.

879 Karl III. der Dicke übernimmt die Regierung Italiens, wird 881 zum Kaiser gekrönt, 887 abgesetzt.

Das Ende der karolingischen Herrschaft. Ungarneinfälle

Der *Einsturz der karolingischen Herrschaft in Italien* lässt Strukturen zu Tage treten, die aus der Feudalisierung seit der fränkischen Eroberung erwachsen sind. Gräfliche und markgräfliche Dynastien bauen inmitten der Anarchie eigene Herrschaftsräume auf, sei es mit königlicher Übertragung (doch geht der Amtscharakter weit gehend verloren), sei es de facto. In den Grenzgebieten verselbstständigen sich große Markgrafschaften unter mächtigen Familien (Friaul, Ivrea, Tuszien, Herzogtum Spoleto). Die Schwäche des Königtums erschwert auch die Abwehr äußerer Bedrohung, die ihrerseits die Regionalisierung der Herrschaft vorantreiben wird: Bevor die Arabergefahr nachlässt (neue Angriffe auf Reggio 918, Oria 925, Tarent 926; slawische auf Siponto 927), beginnen die *Einfälle der Ungarn* (erstmals 899, bis Pavia; dann 921, 924, 937, 947 bis Apulien). Sarazenen- und Ungarneinfälle, vielleicht auch grundherrliches Interesse, führen zu Siedlungskonzentration: statt Einzelgehöften und offener Dörfer nun Zusammensiedlung der ländlichen Bevölkerung in neuen befestigten Plätzen bzw. Wiederbefestigung alter Siedlungen (sog. incastellamento), oft in Höhenlagen fern der Küste.

Einsturz der Herrschaft

Ungarneinfälle

Die sog. italienischen Nationalkönige (888–962)

Die *feudale Anarchie* macht das Königtum zum bloßen Titel, das Kaisertum zur partikularen Gewalt und den großen Feudaladel zum wahren Herrn der Lage: Mehrere Könige und sogar Kaiser – „nationale" Prätendenten (jedoch meist Markgrafen fränkischer Herkunft) und auswärtige (burgundische und ostfränkische) – bekämpfen einander, ihre Ansprüche jeweils aus karolingischer Herkunft ableitend.

feudale Anarchie

888 *Berengar (I.) von Friaul* aus der maasfränkischen Familie der Unruochinger wird König von Italien, jedoch in seiner Herrschaft bestritten und begrenzt zunächst durch Wido, Herzog von Spoleto (889–894 König, 891 Kaiser), und Sohn Lambert (891–898 König, 892 Mitkaiser), gegen die der Papst wiederum Arnulf von Kärnten ruft.

Berengar (I.) von Friaul

896 Arnulf wird vom Papst zum Kaiser gekrönt (†899). Durch den Tod seiner Gegner bleibt Berengar überlebender Sieger. 899 Niederlage gegen die eindringenden Ungarn an der Brenta. Der neue Gegenprätendent Ludwig der Blinde von der Provence (887 König von Niederburgund, 900 König von Italien, 901–905 Kaiser, †928) 905 besiegt.
899

Berengar wird 915 zum Kaiser gekrönt, doch bleibt seine Macht auf Oberitalien beschränkt
923 und auch dort bestritten: Berengar unterliegt 923 gegen *Rudolf II. v. Hochburgund* (seit 922 als König in Pavia) und wird 924 ermordet. Gegen Rudolf ruft der Clan um die Markgrafen von Toskana Hugo von Vienne (damals faktisch Herr von Niederburgund).

Rudolf II. von Hochburgund

926–946 *Hugo von Vienne* König von Italien, seit 931 sein Sohn Lothar Mitkönig.

Hugo von Vienne

Hugo vermag sich durch harte Politik gegen innen und außen bis 946 zu halten; er erreicht die Anerkennung durch Byzanz (weil potenzieller Verbündeter gegen die Langobarden in Unteritalien; seine Tochter heiratet Romanos II.), nicht aber die Kaiserkrönung in Rom. In Rom wird das *Papsttum*, ohne direkten kaiserlichen Schutz längst in der Gewalt des lokalen Adels, in zunehmender Ohnmacht und Verrohung (Prozess Stephans VI. gegen die exhumierte Leiche seines Vorgängers Formosus 897; mehrere Päpste ermordet) endlich zur Domäne einer römischen Adelsfamilie: Theophylakt (unter verschiedenen antiken Titeln faktisch Stadtherr), danach seine Frau Theodora und beider Tochter, die „senatrix" Marozia (vermählt nacheinander mit dem Herzog Alberich von Spoleto, dem Markgrafen Wido von Toskana und 932 König Hugo) erheben zwischen 904 und 931 sieben Päpste ihrer Wahl. Dieses sog. „Weiberregiment" wird, weil die Stadt zuletzt dem Zugriff König Hugos
932 öffnend, 932 durch Marozias Sohn Alberich II. beseitigt, der als neuer Stadtherr 932–954 die Papstwahlen weiterhin kontrolliert, in Rom aber auch die Reformbewegung zulässt.

Papsttum

945 Der an den deutschen Königshof geflüchtete Markgraf *Berengar (II.) von Ivrea* kehrt 945 mit Billigung Ottos I. nach Italien zurück und vertreibt 946 König Hugo (†947). Er be-
950 lässt Hugos Sohn Lothar den Königstitel, lässt sich aber nach dessen Tod 950 mit seinem Sohn Adalbert in Pavia krönen.

Berengar (II.) von Ivrea

Diese Missachtung seines Lehnsverhältnisses zu Otto I. und der Hilferuf von Lothars Wit-
951 we Adelheid geben dem deutschen König Anlass zu planvollem Eingreifen, das dann in die
962 deutsch-italienische Kaisergeschichte des Hochmittelalters überleitet.

Kultur und Wirtschaft im Frühmittelalter

Kunst und Kultur. Das kulturelle Leben, in langobardischer Zeit ohnehin äußerst dürftig, wird wohl ganz von der romanischen Bevölkerung getragen: Die Geschichte der Langobarden schreibt erst der stark romanisierte Langobarde Paulus Diaconus (etwa 720–799). Neben den Klöstern geben offenkundig auch lokale Grammatikerschulen die Kenntnis antiker Autoren in anspruchsloser Form weiter. Unter den Schreibern und Notaren setzen sich mancherorts schon seit dem 8. Jh. langsam, dann zunehmend die Laien durch, die ihre Berufsausbildung wohl in der Familie (oder sonst außerhalb der Kathedralschulen) erworben haben. Da das (längst verwilderte) Latein in Italien verständlicher (und d.h. als Literatursprache weiterhin verwendbar) bleibt, ist das Bedürfnis gering, die Volkssprache literarisch zu entwickeln. Auch in der Kunst tritt Italien im frühen Mittelalter noch vergleichsweise wenig hervor. Die *Architektur* bleibt unter dem (abnehmenden) Einfluss der alten Zentren Ravenna und Rom: Massive, düstere Kirchenbauten mit regelloser Anhäufung von Spolien (wieder verwendete antike Baustücke). Als Baumeister werden früh und häufig die magistri comacini (aus Como) genannt. Byzantinisch (-ravennatischen) Einfluss zeigen etwa die Abteikirche Pomposa (9. Jh.) oder die herzogliche Palastkapelle S. Sofia im langobardischen Benevent (um 760); im Übrigen wird die Tradition des frühchristlichen Kirchenbaus weitergeführt. Starke byzantinische Überlagerung (im 8. Jh. verstärkt durch vor dem Bildersturm flüchtende Künstler), sichtbar vor allem in den Mosaiken der Kirchen Roms zwischen 7. und 9. Jh. (S. Agnese um 635, Zenon-Kapelle in S. Prassede um 820) oder den Fresken von Castelseprio bei Mailand (Datierung strittig); weniger durchgängig hingegen in Freskomalerei und Kunsthandwerk, wo neben byzantinischen auch karolingische Einflüsse und römische Tradition spürbar sind. Ausgeprägt langobardische Ornamentik in der Goldschmiedekunst.

Wirtschaft. Nach den durch die Kriege und die Epidemien verursachten Bevölkerungsverlusten des 6. und 7. Jahrhunderts, die zur Verödung von Kulturland und zur Schrumpfung selbst der lokalen Märkte führten, beginnt seit dem späten 7. Jh. eine allmähliche Erholung. Die Stadt gewinnt langsam ihre (in Italien nie ganz verlorene) Bedeutung auch auf wirtschaftlichem Gebiet zurück. Noch herrscht drastischer Kapitalmangel; doch wächst die Rolle des Mobilienbesitzes, wie späte langobardische Gesetzgebung und frühe venezianische Testamente erkennen lassen. Der Friede von 680 fördert den *Handelsaustausch* zwischen der langobardischen Poebene und der byzantinisch gebliebenen Adriaküste: Öl und Getreide aus der Lombardei gegen Salz aus den Lagunen von Comacchio und Venedig. Venedig überflügelt Comacchio und beerbt 751 Ravenna als Hafen im Verkehr zwischen Byzanz und dem Abendland. Auch der Fernhandel, zeitweilig geschrumpft auf Luxuswaren, belebt sich seit dem 8. Jh.: Das byzantinische Italien wird, neben Spanien, zur Drehscheibe im Handel mit dem Islam (Export von Sklaven, Metallen, Holz, Getreide gegen Gewürze und Seide). Dass Byzanz im frühen 9. Jh. seine Seeherrschaft an die Araber verliert und aus dem westlichen Mittelmeerraum verdrängt wird, stärkt Venedigs Position im Handel zwischen Ost und West, zwingt auch Amalfi auf eigene Füße und zum Lavieren zwischen Byzantinern und Arabern (Kaufmannskolonien beider in Konstantinopel und Alexandrien; von dort Überführung der Markusreliquien 828 nach Venedig). Doch werden die Handelswege durch die Sarazenen- und Ungarneinfälle, der Landverkehr auch durch die in karolingischer Zeit einsetzende wachsende Feudalisierung beeinträchtigt. Wie am Meer Venedig, Bari, Amalfi, Neapel, so ist im Innern Pavia (wo auch die zentrale Fiskalverwaltung des regnum Italiae rudimentär überlebt; wichtige Münzstätte) um 900 ein Zentrum internationalen Handels, wird aber bald von Mailand verdrängt; daneben Piacenza und Lucca an der Via Francigena nach Rom und die Städte am Po (Fluss-Schifffahrt wichtig). Zahlreiche Marktrechtsverleihungen in Oberitalien im 9. und 10. Jh. im *agrarischen Bereich* frühe Bildung großer kirchlicher Grundherrschaften wie Bobbio, Nonantola, Farfa mit (jedenfalls in Oberitalien) Fronhofsystem, bewirtschaftet mit den dürftigen Ertragsquoten der Zeit (laut Urbar von S. Tommaso in Reggio, 10. Jh., Verhältnis Aussaat zu Ernte nur 1:1,7–3,3). Die *Klosterwirtschaft* hat – die Arbeitsvorschriften der Benediktsregel in Unternehmen umsetzend – zunächst große Bedeutung im agrarischen (und vielleicht auch gewerblichen) Bereich. Doch gehen weite Teile des kirchlichen Großgrundbesitzes durch langfristige Großpacht zuletzt praktisch in Adelsbesitz über. Durch frühe Stückelung des Grundbesitzes in Italien relativ früher Übergang zum Pachtsystem (mit Abgaben in Naturalien, seit 10. Jh. oft auch in Geld).

Italien (951–1266)

Die seit dem Tod Ludwigs II. (875) andauernden anarchischen Zustände auf der Halbinsel schaffen ein Machtvakuum, das endlich jene Macht zum Eingreifen herausfordert, die aus dem verfallenen karolingischen Großreich als die mächtigste hervorgegangen war: das deutsche Königtum. Es beansprucht aus der karolingischen Erbmasse in Italien das „Königreich Italien" und das Kaisertum und findet unschwer Anlässe zur Intervention.

951	Otto I., von König Lothars Witwe Adelheid gegen Berengar II. zu Hilfe gerufen, lässt sich in Pavia huldigen: „König der Franken und Langobarden" in karolingischer Tradition. Ehe mit Adelheid, Belehnung Berengars mit dem Königreich Italien. Lokale Konflikte lassen auch Alberichs II. Sohn Papst Johannes XII. (955–963), die nationalrömische Linie seiner Vorgänger verlassend, um Intervention bitten: Auf Verlangen Ot-	*Otto I.*
962	tos und mit grundlegender Vereinbarung (Privilegium Ottonianum) Kaiserkrönung in Rom. Der Kaiser, defensor („Verteidiger") der Kirche, gewährt Schutz und beansprucht Herrschaft – von vielen als notwendige Ordnungsmacht, von einigen bereits als Fremdherrschaft empfunden.	
963	Absetzung des aufrührerischen Papstes, Sieg über Berengar.	

Das regnum Italiae wird *„Reichsitalien"*. Auch hier stützt sich das deutsche Königtum zunehmend auf die Bischöfe („ottonisches Reichskirchensystem"), seit Heinrich II. (1002–1024) oft Deutsche. Aufstieg neuer Territorialmächte, zunächst in königlichem Dienst, wie der Markgrafen von Turin, der Markgrafen von Canossa; seit dem 11. Jh. steigen die Grafen von Savoyen (Humbert I. Weißhand, †ca. 1048, Stammvater des italienischen Königshauses) von den Alpen in die westliche Poebene hinab. *Reichsitalien*

Das durch die Kaiserkrönung wieder auflebende Zweikaiserproblem führt zur *Konfrontation mit Byzanz* und seiner gerade damals aktiven Italienpolitik. *Konfrontation mit Byzanz*

967	Otto I. zwingt die Fürstentümer Benevent und Capua (nicht Salerno und die kampanischen Seestädte) zur Anerkennung seiner Oberhoheit, kann aber mangels Flotte das byzantinische Bari nicht nehmen.
	Erst Johannes I. Tzimiskes (969–976) anerkennt Ottos Kaisertum und seine Position in Un-
972	teritalien: Heirat des Thronfolgers Otto II. mit der byzantinischen Prinzessin Theophanu.
	Gegen die neue Offensive der Sarazenen (zu deren Abwehr bald auch Venedig und Pisa auf-
982	treten) greift Otto II. in Unteritalien ein, wird aber bei Cotrone am Kap Colonne vernichtend geschlagen. Zugleich zerfällt mit dem Tode von Pandulf Eisenkopf von Benevent und Capua (981) dessen dynastische Territorialmacht, wichtigste Stütze des westlichen Kaisers in Unteritalien.

Noch anspruchsvoller in den Zielen, noch erfolgloser im Ergebnis die Italienpolitik seines Sohnes Otto III. (983–1002): Sein Programm einer Erneuerung des Römischen Reiches (Renovatio imperii Romanorum) scheitert nicht zuletzt am Widerstand der Römer selbst, die ihn aus der zur kaiserlichen Residenz erklärten Stadt vertreiben. Die deutsche Herrschaft, bei Ottos frühem Tod auch in Reichsitalien zusammenbrechend, wird durch Heinrichs II. (1002–1024) Politik begrenzter Ziele wieder konsolidiert.

1002	Markgraf *Arduin von Ivrea* wird in Pavia zum König der Langobarden ausgerufen. Doch bleibt seine Herrschaft beschränkt, da Bischöfe und hoher Adel nicht auf seine Seite treten (dankt 1014 ab).	*Arduin von Ivrea*

Doch bleibt eine lombardische Opposition, die die Krone, vergeblich, noch mehrmals auswärtigen Fürsten anbietet. Aus den römischen Parteikämpfen, geführt zwischen den Familien der Creszentier und Tuskulaner um Stadt und Papsttum, erhebt sich der Tuskulaner Papst Benedikt VIII. (1012–1024). Er ermutigt Pisa und Genua zu Aktionen gegen die Sarazenen und Apulien zu einem Aufstand (unter Meles 1017, wie schon 1009) gegen Byzanz. Nach dessen Scheitern ruft er Heinrich II. nach Unteritalien:

1021–1022	Dies führt zum dritten Italienzug Heinrichs mit Angriff auf die vom Katepan Boioannes seit 1018 angelegte Festungskette der Capitanata um das neu gegründete Troia, jedoch ohne dauernden Erfolg.

Venedigs wachsende Einflussnahme auf Dalmatien (1000 Flottenzug bis Ragusa) führt zur Vorherrschaft in der Adria (der Doge fortan dux Venetiae et Dalmatiae). Zugleich fördert die feindselige Politik Konrads II. (der die Ansprüche des Patriarchen Poppo von Aquileia auf Venedigs Patriarchat Grado unterstützt; erst 1044 vom Papst abgewiesen) die Abkehr Venedigs vom Festland. *wachsender Einfluss Venedigs*

1032	In Reaktion auf die Familienherrschaft der großen Dogendynastien Parteciaci, Candiani und Orseoli wird dem Dogen die Wahl eines Mitregenten (meist der Sohn) untersagt: statt erblicher Dogen-Monarchie fortan oligarchische Adelsrepublik.

Während der Kämpfe gegen Byzantiner und Sarazenen in Unteritalien erstes Auftreten der *Normannen*. Ritter aus der französischen Normandie, als Pilger aus Jerusalem heimkehrend, helfen 1015/1016 (vielleicht schon 999) dem von Sarazenen belagerten Salerno und ziehen weitere Normannen nach. Sie lassen sich im Zweiten Apulischen Aufstand gegen Byzanz (1017) und andernorts als Söldner einsetzen. *Normannen*

Die Grafschaft Aversa wird 1030 – zunächst als Lehen von Salerno, seit Heinrich III. (1039–1056) unmittelbar vom Reich – erstes normannisches Territorium in Unteritalien.

Ihre wachsende Verselbstständigung und Aggressivität (Ausgreifen gegen das byzantinische Apulien und das seit 1050/51 päpstliche Benevent) führen zur Reaktion der etablierten Mächte. Doch lässt sich diese junge Macht nicht mehr beseitigen:

1053 Sieg der Normannen bei Civitate, Papst Leo IX. gefangen.

Robert Guiscard

1059 Papst Nikolaus II. akzeptiert das Lehnsangebot der Normannen: Auf der Synode von Melfi erhält Richard von Aversa Capua, *Robert Guiscard* Apulien, Kalabrien und (das noch sarazenische) Sizilien als päpstliche Lehen. Mit diesem eigenmächtigen Schritt schafft sich das Papsttum künftigen militärischen Rückhalt.

1071 Mit der normannischen Eroberung enden die byzantinische Herrschaft in Unteritalien (1071 Verlust von Bari), die arabische Herrschaft auf Sizilien (1061 Messina, 1072 Palermo, 1088 Syrakus erobert von Guiscards Bruder Graf Roger I.) und das letzte langobardische Fürstentum (Salerno 1077). Amalfi 1131, Neapel 1139 erobert.

Roger II.

unteritalisch-sizilisches Reich

1101–1154 Unter Rogers I. Sohn *Roger II.* von Sizilien wachsen die verschiedenen normannischen Herrschaftsbereiche durch Erbfall, Kauf und Eroberung zu einem *unteritalisch-sizilischen Reich* zusammen, das durch seine relative innere Geschlossenheit die normannische Dynastie um Jahrhunderte überdauern wird. Aufbau einer machtvollen Monarchie (Königstitel 1130 durch Anaklet II.), die mit zentralistischer Verwaltung und „Beamten" (publici officiales) das feudale Element auf Sizilien mehr, auf dem Festland weniger einzudämmen versteht, das Städtewesen niederhält und sogar die Kirche kontrolliert (der Herrscher hat seit 1098 Legatengewalt; kirchliche Sonderrechte der sog. Monarchia Sicula). Schonung der arabischen Untertanen und Heranziehung in Verwaltung, Industrie (Seide) und Wissenschaft (Geograf Edrisi [al-Idrisi]).

Assisen von Ariano

1140 Einheitliche Gesetzgebung in den *„Assisen von Ariano"* (mit Elementen fränkisch-normannischer Herrschaft, byzantinischer Verwaltung, römischen Rechts) und relativ geordnetes Finanzwesen.

Doch setzen sich die Barone (Aufstände 1132/35, 1137/39) unter Wilhelm I. dem Bösen (1154–66) und besonders Wilhelm II. dem Guten (1166–89) wieder durch.

Erfolgreiche Abwehr der Restaurationsversuche von West- und Ostkaiser (1136/37 Lothar III., 1155/58 Manuel I. gegen Unteritalien), erfolgloses Ausgreifen gegen das byzantinische Griechenland (Korfu 1147–49 wie schon 1085, Thessalonike 1185) und das arabische Nordafrika (1148–1156/60 Mahdia und Tripolis, 1174/76 Ägypten).

Oberitalien

In *Oberitalien* wachsende soziale Spannungen: Der hohe städtische (weltliche und geistliche, bes. bischöfliche) Adel gerät zunehmend in Konflikt einerseits mit der Masse der kleinen Lehnsleute (valvassores), die im Unterschied zur obersten Schicht der Lehnsträger (capitanei) die Erblichkeit ihrer Lehen noch nicht haben durchsetzen können und aus dieser existenzbedrohenden Abhängigkeit heraustreben; andererseits mit dem städtischen Element, das die Herrschaft der feudalen Stadtherren nicht mehr unwidersprochen hinnimmt.

Der gemeinsame Gegensatz der kleinen Lehnsträger und des neuen städtischen Elements gegen die feudale Oberschicht entlädt sich früh vor allem in Mailand:

1035 Niederlage des Erzbischofs Aribert und der Capitani. Konrad II., von beiden Seiten zu Hilfe gerufen, entscheidet für die Valvassoren und erklärt in der *Constitutio de feudis* deren Lehen für erblich.

Constitutio de feudis

1037

Die von Mailand ausgehende Volksbewegung der Pataria (der „in Lumpen Gekleideten") verbindet mit dem Kampf gegen Feudaladel und bischöfliche Stadtherrn (und somit gegen das deutsche Königtum) in explosiver Mischung den Kampf der kirchlichen Reformbewegung gegen Priesterehe, Simonie und verweltlichten Episkopat und wird in beiden Zielsetzungen zum natürlichen Bundesgenossen des jungen Reformpapsttums.

Papsttum

1046 Mit den seit der Synode von Sutri von Heinrich III. eingesetzten, meist deutschen Päpsten hatte die cluniazensische Reformbewegung endlich auch Rom erfasst. Das *Papsttum*, durch kaiserliche Macht aus den römischen Adelsfehden herausgehoben, gewinnt durch die Reform neue Autorität. Es schafft sich durch die Belehnung der Normannen konkreten Rückhalt für eine selbstständige Politik ohne und notfalls gegen das Kaisertum (dessen Einfluss auf die Papstwahl zugleich durch das Papstwahldekret 1059 zurückgedrängt wird) und versteht nun auch in Oberitalien die Lage zu politischen, hierarchischen und reformerischen Zwecken zu nutzen und dort Fuß zu fassen.

1059

Kaiser-Papst-Konflikt

Über der Neubesetzung des Mailänder Bischofsstuhls 1071 kommt es zwischen *Kaiser* und *Papst* zum *Konflikt*, der zu gegenseitiger Absetzung und dann nach Canossa (1077) führt. Beide Seiten werden, auf der Suche nach Bundesgenossen, der kommunalen Bewegung entgegenkommen.

Der damit anhebende Kampf um die universale Hegemonie wird konkret auf italienischem Boden als Machtkampf ausgetragen. Das Papsttum wird italienische Territorialmacht.

1084 Heinrich IV. erobert Rom, muss aber vor den von Papst *Gregor VII.* gerufenen Normannen weichen. Plünderung Roms durch Robert Guiscard (1085).
1093 Minderung der kaiserlichen Macht auch in Oberitalien: erstes förmliches Bündnis oberitalienischer Städte gegen den Kaiser.
Die wichtigste Stütze des deutschen Herrschaftssystems, die Bischöfe, werden durch das Wormser Konkordat 1122 (in Italien Belehnung der Bischöfe erst nach ihrer Weihe) dem königlichen Einfluss weit gehend entzogen und in ihrer politischen Bedeutung als Stadtherren zunehmend durch die kommunale Bewegung ausgeschaltet. Der große Herrschaftskomplex der Markgrafen von Tuszien-Canossa zwischen Arno und Po (mit Zentrum Mantua-Modena-Reggio) kommt durch Testament der Markgräfin Mathilde († 1115) an das Papsttum, wird jedoch (weil neben Allod d.h. Eigengut auch viel Reichsgut enthaltend) weiterhin auch vom Kaiser beansprucht.
So haben Kaiser und Papst fortan im Norden mit den Kommunen, im Süden mit den Normannen zu rechnen.
Die normannische Eroberung Süditaliens bringt die Adria-Ausfahrt in neue Hände: darum seit 1081 mehrmals Flottenhilfe *Venedigs* für Byzanz vor der östlichen Adriaküste, hono-
1082 riert mit Handelsprivilegien 1082 (Abgabenfreiheit im ganzen Ostreich) und kroatischen Küstenstädten (der Doge seit 1094 auch dux Croatiae). Wendepunkt in der Geschichte Venedigs, einzigartige Stellung im Handel zwischen Byzanz und dem Westen.
1095 Das Pactum Heinrichs IV. gibt Venedig das Stapelrecht für alle Waren vom Festland (also das Monopol des Warenumschlags nun auch vom Westen her) und beendet zugleich die unfreundliche Politik der salischen Kaiser. Jedoch wachsende Konkurrenz durch die (stärker als Venedig in den Kreuzzügen engagierten) neuen Rivalinnen Pisa und Genua. Seit 1115 Krieg mit Ungarn um die dalmatinischen Küstenstädte. Die gemeinsame Furcht vor der Expansion Rogers II. lässt das Einverständnis Venedigs mit Byzanz andauern. Seit Manuel I. (1143–80) jedoch wachsende Entfremdung: byzantinisches Ausgreifen in die Adria (Ancona 1151 und 1157 besetzt), Begünstigung der genuesischen Konkurrenz, Vertreibung der venezianischen Kolonie aus Konstantinopel 1171. Der Doge Enrico Dandolo (1192–1205) lenkt den Vierten Kreuzzug auf Konstantinopel ab; 1204 Eroberung und Aufteilung des Byzantinischen Reiches. Gründung des lateinischen Kaiserreichs unter venezianischem Einfluss. Aufbau eines venezianischen Handelsimperiums im Osten.

Gregor VII.

Venedig

Die Kommunen (Stadtrepubliken)

In der städtischen Einwohnerschaft, deren Mitspracherechte hier nie ganz erloschen waren, wächst im frühen 11. Jh. der Widerspruch gegen den *feudalen Stadtherrn*: in der Regel der Bischof, der – dem karolingischen, dann ottonischen System entsprechend – vom König übertragene oder de facto ausgeübte Hoheitsrechte innehat und in der Stadt mit Exponenten der grundbesitzenden Führungsschicht, der er meist selbst entstammt (häufig alte Richterfamilien), Herrschaft ausübt. Die kommunale Bewegung, häufig organisiert in *Schwurgenossenschaften* zu solidarischer Rechts- und Friedenswahrung und getragen von den (freien) Stadtbewohnern aller Schichten einschließlich des Adels (der in Italien immer schon auch in der Stadt sitzt), gewinnt durch den Investiturstreit Spielraum und schafft sich allmählich eigene Institutionen. Anstatt der ad hoc amtenden, nicht gewählten boni homines u.a. Notabeln meist aus dem Gefolge des Bischofs treten nun – meist aus denselben Kreisen – gewählte, ständige Organe der Stadtgemeinde zunächst neben den bischöflichen Stadtherrn und dann an seine Stelle. Die freie Wahl des Exekutivorgans, der *Konsuln*, gilt als Indiz für erlangte Autonomie: in Pisa Konsuln erstmals 1085 genannt, in Asti 1095, Mailand 1097, Genua 1099, Lucca 1119, Bologna 1123, Siena 1125, Florenz 1138. Den Konsuln zur Seite steht (neben der zunehmend entmachteten Vollversammlung) in der Regel ein Großer und ein Innerer Rat mit Majoritätsentscheidung und kunstvollem Wahlmechanismus. Eigene Wege geht wieder einmal Venedig (oligarchische Adelsrepublik). Die verfasste Stadtgemeinde (Commune) zieht immer mehr öffentliche Rechte an sich und sucht Kontrolle auch über das Umland (sog. Contado, oft identisch mit der Diözese), aus dem sie Steuern, Getreide, Truppen zieht und wo sie, umliegende Feudalrechte mit Gewalt oder Geld erwerbend und den landsässigen Adel in die Stadt zwingend, am handgreiflichsten mit den alten Mächten in Konkurrenz tritt. In einer Phase wirtschaftlicher Expansion und starker Bevölkerungsvermehrung entstehend, übt die Kommune große Sogkraft aus: Unter den vielen Zuwanderern aus dem Umland relativ hoher Anteil der ländlichen Oberschicht; starke Mobilität (Dantes „confusion delle persone") und soziale Umschichtung. Wachsende Ausbildung der Institutionen: Nichts, was die Kommune zuletzt nicht geregelt und besteuert hätte. Seit mit der Autonomie auch die innere Parteiung wächst, tritt an die Stelle der Konsuln als Exekutivorgan und oberster Richter seit etwa 1175 ein von auswärts berufener (damit neutraler) *Podestà* mit kurzer Amtszeit (ursprünglich vom Kaiser eingesetzter Beamter). Die Kommune, Herrschaft ohne charismatischen Charakter durch freie Übereinkunft der (adeli-

feudale Stadtherren

Schwurgenossenschaften

Konsuln

Podestà

gen wie nichtadeligen) Bürger, vermag sich außerhalb von Ober- und nördlichem Mittelitalien nicht gegen die dort vorherrschenden feudalen Kräfte durchzusetzen. Einmal konsolidiert, greift sie hier jedoch ihrerseits in aggressiver Territorialpolitik gegen die Nachbarkommune aus – dauernde Gegnerschaft nach dem Schachbrettschema: der Nachbar der Feind, der Nachbar des Nachbarn der Freund (z.B. Pisa gegen Lucca gegen Pistoia gegen Florenz gegen Arezzo usw.); hier liegt die Chance des Kaisers, seine (nominell nicht bestrittene) Oberhoheit praktisch zur Geltung zu bringen. Doch muss Friedrich I. im Frieden von Konstanz 1183 förmlich anerkennen, was die Kommunen de facto längst errungen haben.

Friedrich I. Barbarossa 1152–1190 *Friedrich I. Barbarossa* sucht nach der Katastrophe des Investiturstreits in Italien neue zeitgemäße Ansätze, die kaiserliche Autorität zu restaurieren – die Kommunen anfangs verkennend und missachtend, die ihrerseits die kaiserliche Macht als (womöglich gegen den feindlichen Nachbarn abzuleitende) archaisch-fremde Gewalt empfinden („bei Frost, Überschwemmung und Kriegszug des Kaisers" ist in Lucca Verminderung der Pachtabgabe vorgesehen). *Renovatio-Programm*, römisch-rechtlich unterbaut durch die Rechtsschule

Renovatio-Programm 1158 von Bologna (Reichstag von Roncaglia 1158), mit Rückforderung der von den Kommunen usurpierten Regalien als Versuch, die Rechte des Reiches in diesem wirtschaftlich fortgeschrittensten Reichsteil auch fiskalisch nutzbar zu machen (was dem Kaiser endlich ein Mehrfaches seiner deutschen Einkünfte einbringt). Doch gelingt es trotz energischer, die Feindschaft zwischen den Kommunen (besonders gegen Mailand, zerstört 1162) nutzender

Städtebünde Versuche auf sechs Italienzügen von insgesamt rund 13 Jahren Dauer nicht, den in *Städtebünden* organisierten und vom Papsttum dauernd ermunterten Widerstand der Kommunen zu brechen:

1164 Veroneser Städtebund mit Verona, Vicenza, Padua, Treviso. Lombardischer Städtebund mit
1167 denselben, Mailand, Cremona, Bologna und Venedig.
1177 In Venedig Friede mit dem Papst, Waffenstillstand mit Kommunen und Normannen.

Friede von Konstanz 1183 Im *Frieden von Konstanz* anerkennt Friedrich (wie vorher schon in Sonderprivilegien für ihm verbündete Städte, z.B. Cremona, Pavia, Pisa, Genua) endlich allgemein die Errungenschaften der italienischen Kommune, bewahrt aber Oberhoheit und fiskalische Rechte. Verständigung, nach Papst und Kommunen, auch mit den Normannen: Die Heirat des staufischen Thronfolgers Heinrich (VI.) mit Rogers II. Tochter Konstanze 1186 gibt das

1189 Normannenreich 1189 an die Staufer. Die Vereinigung beider Reiche in einer Hand wird die äußerste Konfrontation zwischen Kaisertum und Papsttum auf italienischem Boden unausweichlich machen.

1194 Das unteritalische Reich, erst 1194 mit Flottenhilfe Pisas und Genuas von Heinrich VI. in Besitz genommen und, wie auch Reichsitalien, bald mit deutschen Ministerialen durchsetzt,
1197 bricht mit Heinrichs frühem Tod 1197 zusammen.

Innozenz III. 1198 Nach dem Tod der Königin Regentschaft *Innozenz' III.* (weil es ein päpstliches Lehen ist). Zugleich baut der Papst, die augenblickliche Schwäche des Kaisertums nutzend, die päpstliche Position in Mittelitalien zielstrebig aus: Die territoriale Basis wird verbreitert („Rekuperationen" in Tuszien, Herzogtum Spoleto, Mark Ancona, versuchsweise Romagna) und verdichtet, aus dem „Patrimonium" wird der Kirchenstaat (Innozenz III. als „zweiter Begründer des Kirchenstaats"). Doch misslingt dem Papsttum die Trennung von Imperium und Südreich.

Friedrich II. 1198–1250 *Friedrich II.*, Enkel Barbarossas und Rogers II., seit 1198 König von Sizilien (als Friedrich I.), seit 1212 Römischer König.

Neuordnung Unteritaliens durch Friedrich II.

Reorganisation des unteritalischen Reiches (kodifiziert in den Konstitutionen von Melfi 1231) als zentra-
organisierter Staat listisch und bürokratisch *organisierter Staat* ohne feudale und kommunale Autonomien – insofern verschiedentlich als „erster moderner Staat" unter „aufgeklärtem Absolutismus" bezeichnet. Die normannischen Ansätze weiterführend, sorgt die Monarchie, gestützt auf besoldete Beamte und geschulte Juristen und zu rücksichtslosem Durchgreifen neigend, für rigorose Rechtsprechung, straffe Staatsfinanz, Einordnung auch der Kirche in den Staat. Eigene staatliche Wirtschaftspolitik (Monopole, erste Goldprägung), eigene Staatsuniversität Neapel. Aufständische Araber werden nach Unteritalien umgesiedelt (Militärkolonie Lucera seit 1223) und dort durch Duldung gewonnen, das Land militärisch gesichert (Stauferkastelle).

Gregor IX. Mit Papst *Gregor IX.* (1227–1241) tritt der Kampf zwischen Kaiser- und Papsttum in seine letzte Phase. Der Papst mobilisiert den Widerstand der oberitalienischen Städte (Lombardi-

1226	scher Bund von 1226) und das erwachende Nationalgefühl („Libertas Italiae") gegen die deutsche Herrschaft in Reichsitalien, wo Friedrich indessen vor allem Italiener als Generalvikare und Podestàs einsetzt (Generalvikariat Piemont an die Grafen von Savoyen: Amedeo IV. 1233–53, Bonifaz 1253–63). Sieg Friedrichs bei Cortenuova (1237), Niederlage Friedrichs vor Parma (1248).

Der Kampf wird von beiden Seiten mit maßlosen Forderungen, apokalyptischer Propaganda und unerhörten Gräueln geführt, erfasst die ganze Halbinsel und wird in Oberitalien, alte Parteiungen zuspitzend und in neue Parteinamen fassend („*Guelfen*" = „Welfen" als päpstliche, „*Ghibellinen*" = „Waiblinger"/Staufer als kaiserliche Partei, erstmals um 1215), die im Innern angelegten Entwicklungskräfte vorantreiben und die Kommune allmählich in die Signorie führen. Unter den Führern der kaiserlichen Partei machen sich Ezzelino da Romano seit 1232 in Verona, Vicenza und Padua, Oberto Pallavicini seit 1250 in Cremona, Piacenza, Pavia und Vercelli zu Stadtherrn. In der Toskana ist Florenz Zentrum des guelfischen Widerstands; doch werden die Guelfen seit 1246 von Friedrich II. vertrieben. Gegen den ghibellinischen Adel (die Grandi) organisiert sich das Volk unter Capitano del popolo und Anziani (sog. Verfassung des primo popolo, 1250) und ruft die Guelfen 1251 zurück. Die verbannten Ghibellinen unter Farinata degli Uberti, verbündet mit Siena und unterstützt von Manfred von Sizilien, schlagen Guelfen und popolo 1260 vernichtend bei Montaperti. Doch werden die zurückgekehrten Ghibellinen nach dem Sieg Karls von Anjou (1267) abermals vertrieben. Fortan ist Florenz guelfisch, verliert Siena an Bedeutung.

Guelfen
Ghibellinen

1250	Dem noch unentschiedenen Konflikt gibt der Tod Friedrichs II. die Wende.
	Nachfolger im Königreich Sizilien wird sein natürlicher Sohn Manfred (zunächst als Regent, seit 1258 als König); gegen ihn ruft der Papst, bisher nur mit italienischen Kommunen im Bunde, den Bruder des französischen Königs Ludwig IX. d. Heiligen, *Karl v. Anjou*.
1266, 1268	Karl gewinnt das sizilische Reich durch Sieg über Manfred (Benevent 1266, gefallen) und Konrads IV. Sohn Konradin (Tagliacozzo 1268, hingerichtet). Statt Palermo wird Neapel Hauptstadt. So geht Unteritalien in eine neue Fremdherrschaft über. Erstes Ausgreifen Karls nach Oberitalien, Absichten auch auf Konstantinopel.

Karl v. Anjou

Kultur und Wirtschaft im Hochmittelalter

Auf fast allen Gebieten zeigen sich im Hochmittelalter – jedoch erst vom 12./13. Jh. an zunehmend – Ansätze zu jenen eigenen, epochemachenden Leistungen, durch die Italien fortan hervortritt: Zuerst auf dem Gebiete des *Rechts*. Während bisher allenfalls lokale Schulen die für Richter und Notare unentbehrlichen Grundkenntnisse vermittelt hatten, beginnt im späten 11. Jh. die systematische Sammlung, Sichtung und Auslegung des wiederentdeckten *römischen Rechts* in der spätantiken Kodifikation Kaiser Justinians – wichtig auch als Waffe in den politischen und ideologischen Auseinandersetzungen der Zeit: Für den Kaiser gegen die Kommunen (da es nachrepublikanisch ist), für die Kommunen gegen das Feudalwesen (von dem das römische Recht nichts weiß). Gelehrt zunächst an der Rechtsschule von Bologna (Irnerius, † um 1125), dann auch in anderen konkurrierenden Rechtsschulen und Universitäten italienischer Städte, wird das römische Recht eine unerhörte Wirkung auf ganz Europa ausüben. Zugleich Entwicklung des *kanonischen Rechts* (erste Bestandsaufnahme erfolgt durch Gratian in Bologna um 1140).

Recht

römisches Recht

kanonisches Recht

Kunst. In der *Baukunst* bleibt der frühchristliche basilikale Grundriss bis gegen 1100 die Regel. Romanisch sind erst (teilweise unter Einfluss der französischen und deutschen Romanik) die großen oberitalienischen Kirchen des 12. Jh. (andeutungsweise bereits S. Abbondio in Como, geweiht 1095; S. Ambrogio in Mailand, Umbau um 1100, mit Kreuzrippengewölbe; dann die Dome von Modena, Piacenza, Parma, Ferrara begonnen 1099–1140); in der Toskana der Dom von Pisa (begonnen 1063, byzantinische und orientalische Einflüsse eigenwillig verarbeitend), mit Baptisterium (begonnen 1153) und Campanile („Schiefer Turm", begonnen 1173) zu einer großartigen Szene vereinigt. In Florenz früh und eigenständig (stärker antiken Anregungen folgend) S. Miniato al Monte und das Baptisterium, beide 11./12. Jh. mit polychromer Marmorverkleidung. In Rom bleiben die zahlreichen Kirchen-Umbauten des 12. und 13. Jh. von romanischen Einflüssen unberührt, vielmehr im Grundriss der frühchristlichen Basilika, in der Ausstattung (neben eigenen Beiträgen: Marmorarbeiten der sog. Cosmaten) dem Byzantinischen verhaftet. Unter byzantinischem Einfluss bleibt auch Venedig (S. Marco als Kreuzkuppelkirche, 1063–1094). In Unteritalien rege Bautätigkeit seit der normannischen Eroberung (1070–1100 Baubeginn der Kirchen in Tarent, Acerenza, Bari, Canosa di Puglia, Troia, Trani): Hier vermengen sich lombardisch-romanische, normannische, byzantinische und auch sarazenische Einflüsse, vor allem auf Sizilien (La Martorana und die Cappella Palatina in Palermo begonnen 1143 bzw. 1140; die Dome von Cefalù und Monreale begonnen 1131 bzw. 1172). Byzantinisch auch die Ausstattung des – weithin als Vorbild wirkenden – Neubaus von Monte Cassino (1066–1071 unter Abt Desiderius) und der Mosaikschmuck der normannischen Kirchen Siziliens: Der byzantinische Einfluss ist im 12. Jh. eher im Wachsen. Neben der Kirchenbaukunst

Baukunst

bemerkenswerte Entwicklung auch der Profanarchitektur: Kommunale Bauten (Palazzi pubblici, Brunnen), kommunale Urbanistik (Gestaltung von Plätzen, Anlage von Siedlungen), Militärarchitektur (staufische Kastelle in Unteritalien). Neue Plastizität und Monumentalität zeigen die Skulpturen der ersten namentlich fassbaren Bildhauer Meister Wilhelm in Modena (seit 1099), Meister Nikolaus in Ferrara (1135) und, alle überragend, Benedetto Antelami in Parma (seit 1178). In Mittel- und Süditalien werden neue Ansätze greifbar erst in der an antiken Vorbildern orientierten *Bildhauerkunst* im Umkreis Friedrichs II. (Brückentor von Capua, um 1235); dieser Stil von erstaunlicher Antiken-Nähe wird von Niccolò Pisano (ca. 1225–1280) weiterentwickelt in die Toskana getragen (Kanzel im Baptisterium von Pisa, 1260). In Florenz und Rom Arnolfo di Cambio († 1302). In der *Malerei* (und Mosaikkunst) bleibt der byzantinische Einfluss vorherrschend; die befreiende Überwindung der „maniera greca" gelingt erst am Ende des 13. Jahrhunderts.

Bildhauerkunst

Malerei

Literatur
Die *Literatur*, deren Entwicklung in der Volkssprache durch die relative Verständlichkeit (und damit: literarische Verwendbarkeit) des Latein in Italien lange gehemmt wird, steht zunächst ganz unter fremden Vorbildern: Provençalische Troubadourlyrik und französische Ritterepen werden nachgeahmt und gerade auch von der bürgerlichen Schicht der Kommune gelesen, deren soziale Wertvorstellungen sie prägen (Namengebung und andere feudale Vorlieben des „bourgeois gentilhomme"). Erst im 13. Jh. Ansätze zu volkssprachlicher Dichtung (sizilische Dichterschule um Friedrich II., religiöse Volksdichtung nach Franz von Assisi), die in der Liebeslyrik des dolce stil nuovo (Guido Cavalcanti, Dante u. a.) um 1300 ihre erste Blüte erlebt. Zugleich Entwicklung der Prosa in volkssprachlichen artes dictandi (Briefmuster) und Übertragungen aus dem Lateinischen. Zunehmende Wirkung auf Lieddichtung und Malerei übt auch die franziskanische Bewegung, die (nicht zuletzt durch die Einrichtung des „Dritten Ordens") den städtischen Alltag durchdringt, den Laien anzusprechen versteht und so der bürgerlich-städtischen Kultur viele Ausdrucksformen leiht.

Insgesamt tritt die bürgerlich-städtische Gesellschaft wie im politischen und wirtschaftlichen, so auch im kulturellen Bereich nun überall in den Vordergrund, verdrängt Adel und Klerus aus ihrer lange vorherrschenden Position und prägt die weitere Entwicklung. In der *höfischen Kultur* führend die sizilische Monarchie (Roger II., Friedrich II.); persönliches Interesse des (von arabischen und jüdischen Gelehrten umgebenen) Herrschers an literarischen, naturwissenschaftlichen, medizinischen und philosophischen Themen: für viele Zeitgenossen unerhört die Rationalität der Fragestellung und die empirisch-experimentelle Methode.

höfische Kultur

wirtschaftliche Expansion

Bevölkerungsvermehrung
Wirtschaft. Im späten 10. Jh. beginnt in Italien – wie im 11. Jh. allgemein in Europa – eine Phase *wirtschaftlicher Expansion*, verursacht durch das Zusammentreffen mehrerer Faktoren in enger, kaum unterscheidbarer Wechselwirkung: ein Faktor jedenfalls die starke, durch das Nachlassen der Araber- und Ungarneinfälle noch begünstigte *Bevölkerungsvermehrung* (zwischen 1000 und 1300 vermutlich Verdopplung von etwa fünf auf zehn Millionen; Indiz: Im 12. und 13. Jh. Ausweitung der römischen Stadtmauerringe um ein Mehrfaches, z. B. Pisa von 30 auf 114 ha, Florenz 30–80–630 ha). Diese Bevölkerungsvermehrung zwingt zu Landgewinnung (z. B. Entsumpfungen in der Po-Ebene) und zu Steigerung des Bodenertrages (und umgekehrt: Ertragssteigerung ermöglicht Bevölkerungsvermehrung); zugleich setzt die Auflösung des Fronhofsystems Menschen und neue Produktivität frei. Es bildet sich ein Markt für agrarische und gewerbliche Produkte; wachsende Bedeutung des Fernhandels auch für Massenwaren.

Die wachsende Konkurrenz erzwingt, die wachsende Stadtbevölkerung ermöglicht stärkere Differenzierung, Spezialisierung und Arbeitsteilung im Gewerbe. Das kaufmännische Kapital besorgt die Rohstoffzufuhr und den Fernabsatz und schafft damit den Sog, der diese Entwicklung weiter vorantreibt (z. B. toskanische Tuchproduktion). Neben die alten Seestädte Venedig und Amalfi, die sich, zwischen Byzanz und Islam lavierend, notfalls mit den Arabern arrangiert hatten, treten neu Pisa und Genua, die eine aggressive Handelspolitik verfolgen und schon vor den Kreuzzügen zum Gegenangriff gegen die Araber übergehen: Angriffe gegen Reggio 1005, Sardinien 1015, Nordafrika 1034 und 1087, Palermo 1064, dann aktive Teilnahme am Ersten Kreuzzug. Im östlichen Mittelmeerbecken behauptet Venedig seine (seit den byzantinischen Handelsprivilegien von 1082 einzigartige) Position. Amalfis Handel verfällt. Rascher Ausbau eines dichten Handelsnetzes mit *Kaufmannskolonien* von Marokko bis Syrien und Ägypten, wo die Italiener Anschluss an den arabisch-indischen Gewürzhandel finden, dessen Produkte sie in ganz Europa absetzen (seit etwa 1175 auch auf den Champagne-Messen).

Kaufmannskolonien

erste Anhäufung von Kapital
In den Städten *erste Anhäufung von Kapital* aus (reinvestierten) Handelsgewinnen – so vermag Pisa im 12. Jh. mehrere kostspielige Bauvorhaben gleichzeitig zu finanzieren: Weiterbau der Kathedrale, Neubau von Baptisterium, Schiefem Turm, Stadtmauer, Werft, Straßen, Kanälen und Grenzburgen. Die Expansion des Handels (an dem sich in Italien immer auch der Adel beteiligt) mehrt das politische Gewicht der Kaufleute in den Städten; doch beteiligen sich am Fernhandel nachweislich (Genua 1200) auch kleinste Vermögen. Die Bevölkerungsvermehrung lässt die Bodenpreise langfristig steigen: Das nach Anlage suchende städtische Kapital dringt aufs Land ein und treibt dort die Auflösung traditioneller Wirtschaftsformen voran. Die *Bodennutzung* vor allem auf stadtnahen Böden zeigt ein neues ökonomisches Denken:

Bodennutzung

statt Besetzung von Hufen nun Verpachtung von Parzellen; Pachtverträge statt auf Dauer nun auf Zeit; neben festen (oft nur symbolischen) Geldabgaben nun inflationssichere, vermarktbare Naturalabgaben; statt fester Pachtsätze nun auch Anteil am – wachsenden – Ernteertrag (mezzadria d.h. Halbpacht, 12. Jahrhundert bis heute). Im Hochmittelalter tritt Italien, wirtschaftlich, an die Spitze Europas.

Italien (1266–1494)

Die Anfänge der Signorie

Den zunehmenden inneren Gegensätzen ist die Kommunalverfassung auf die Dauer nicht gewachsen. Den Mächtigen der Kommune (adelige und nichtadelige potentes, „Magnaten") tritt der zunehmend organisierte Popolo gegenüber, anfangs regional von Nachbarschaftsbezirken, dann korporativ von den angeseheneren Zünften getragen und zuletzt geführt vom Capitano del popolo (erstmals Parma 1244, Florenz 1250) und den Anziani; doch bleibt die eigentliche Unterschicht auch vom popolo ausgeschlossen. Diese wachsende Konfrontation zwischen Comune (Gesamtgemeinde) und Popolo, *die sozialen Konflikte* (deren Fronten aber nicht in Klassenschemata zu bringen sind: Es gibt handeltreibende Adelsfamilien wie grundbesitzende Popolanenfamilien) und politische Parteiung (unter den bald bedeutungslosen Parteinamen von Guelfen und Ghibellinen) entladen sich in dauernden Kämpfen. Darum der Ruf nach dem starken Mann, dem *Signore*: zunächst zu dem begrenzten Ziel, die Kommunalverfassung zu stabilisieren, dann als unverhülltes Parteiregiment. Der Aufstieg zum Stadtherrn führt meist über ein hohes städtisches Amt (Podestarie oder noch öfter Volkskapitanat) mit verlängerter, bald lebenslanger Amtsdauer und Ausnahmevollmachten, dann auch direkt unter neuem, sprechendem Titel (dominus perpetuus = immer währender Herr). Der Signore, selbst meist feudaler Herkunft und Haupt einer beliebigen aktueller Zielsetzung (hier für den popolo gegen die Magnaten, dort umgekehrt, meist jedoch gestützt auf den popolo minuto, der an der Signorie mehr gewinnt als andere), setzt sich gegen seinen nächsten Rivalen durch und erzwingt den inneren Frieden um den Preis der Freiheit. Dabei bleibt der äußere Anschein kommunaler Verfassung (mit plebiszitären Zügen) oft gewahrt, wofern man in der Signorie nur die krankhafte Verformung der Kommune und nicht etwas Neues sehen will. Während (und wegen) des Endkampfes Friedrichs II., vor 1250 in Oberitalien beginnend, ist die Signorie dort gegen 1300 bereits die Regel, erfasst dann auch den nördlichen Kirchenstaat, jedoch kaum die Toskana, was Florenz (seinerseits oligarchisches Zunftregiment) in seiner politischen Propaganda stets hervorheben wird („Freiheit" gegen „Tyrannei"). Die Signorie ist illegitim (wie ursprünglich freilich auch die Kommune) und darum auf Erfolge angewiesen: Viele Signori (darunter gewalttätige, von der popularisierenden Renaissance-Literatur später unnötig verherrlichte Gestalten) versuchen, Nachbarstädte hinzuzuerobern und sich ein flächiges, womöglich schon zentral verwaltetes Territorium zu schaffen (am erfolgreichsten die Visconti von Mailand). In Oberitalien ist das Reich, in Mittelitalien der Papst nicht stark genug, diese Entwicklung einzudämmen; wenn zur Beseitigung der Signori (versucht von Albornoz und Papst Martin V., erfolgreich erst Cesare Borgia) die Macht fehlt, werden sie durch Vergabe eines Titels (Reichsvikar bzw. apostolischer Vikar) wenigstens nominell in den Untertanenverband zurückgegliedert. Wo der Signore endlich, von Papst oder Kaiser, durch Anerkennung als Markgraf oder Herzog die Legitimierung erreicht, wird die Signorie zum *Prinzipat*, zum erblichen Fürstentum über Untertanen (so die Este: In Ferrara 1264 Signori, 1329 päpstliche Vikare, 1471 Herzöge, bis 1598; in Modena 1289 Signori, 1452 Herzöge, bis 1796! So die Gonzaga in Mantua: 1327 Signori, 1433 Markgrafen, 1530 Herzöge, in Mantua bis 1627); einige dieser Höfe werden zu Zentren der Renaissance-Kultur (Ferrara, Mantua, Urbino u.a.). Die italienischen Signorien, im 14. Jh. noch ein schwer durchschaubares Getümmel, werden im 15. Jh. durch die Konsolidierung weniger großer Territorialstaaten (Kirchenstaat, Venedig, Mailand, Florenz, Neapel) weit gehend beseitigt oder zugedeckt.

soziale Konflikte

Signore

Prinzipat

Die Herrschaft der Anjou, vom Papsttum gegen die letzten Staufer nach *Unteritalien* gerufen, droht auch nach Oberitalien auszugreifen:

1266–1285 *Karl I.* (*um 1220), bald auch päpstlicher Reichsvikar in Tuszien, übernimmt die ihm angetragene Signorie in Rom und in vielen guelfischen Kommunen Oberitaliens. Das Papsttum schwankt angesichts dieser neuen Konstellation zwischen nationaler Reaktion (der Römer Nikolaus III. 1277–80) und Neigung (der Franzose Martin IV. 1281–85). Doch wird die Anjou-Herrschaft von anderer Seite halbiert:

gegen Fiskalpolitik und Übergriffe der neuen Fremdherrschaft blutige Volkserhebung der
1282 *Sizilianischen Vesper*; die Aufständischen vertreiben die Franzosen und bieten die Herrschaft über Sizilien Manfreds Schwiegersohn Peter III. von Aragón (1276–85) an.

Unteritalien

Karl I.

Sizilianische Vesper

	Der seither andauernde Krieg um Sizilien, zuletzt zwischen Peters Sohn Friedrich II. (1296–1337) und dem Thronprätendenten des Papstes (Lehnsherr Siziliens) Karl von Valois, Bruder Philipps IV. von Frankreich, wird im Frieden von Caltabelotta vorläufig zugunsten Aragóns unterbrochen: Sizilien wird aragonesisch, Unteritalien bleibt französisch (Karl II. v. Anjou 1285–1309).
1302	
Mittelitalien	In *Mittelitalien* gerät das Papsttum, nun größte Territorialmacht Italiens, unter Bonifaz VIII. (1294–1303) als entschiedenstem Vertreter des päpstlichen Weltherrschaftsanspruchs mit der rücksichtslosen, die Macht des Königtums auch auf Kosten des Klerus verdichtenden Politik Philipps IV. v. Frankreich aneinander, dem der Kampf des Papstes mit den Colonna Gelegenheit zur Intervention gibt:
1303	Attentat von Anagni.
Oberitalien	*Oberitalien* ist, als Reichsitalien, vom Zusammenbruch der Reichsgewalt in anderer Weise betroffen: Der nachlassende äußere Druck lässt die politischen Kräfte im Innern umso ungehemmter fortwuchern, die Spannungen in und zwischen den Kommunen noch offener zu Tage treten. Mörderische Kämpfe unter den alten Parteinamen von Guelfen und Ghibellinen: Dabei meint „guelfisch" in der großen Politik das Bündnissystem Papst-Florenz-Anjou zur Aufrechterhaltung des Status quo nach dem Ende der Staufer, im Innern (nach guelfischem Selbstverständnis) die freie bürgerliche Kommune im Kampf gegen die alten feudalen Kräfte; doch ist der Parteiname oft nur ideologische Etikettierung herkömmlicher Feindschaften. Anarchie und Parteihass, manchen schmerzlich bewusst („Italien, Sklavin, Haus des Schmerzes..." Dante, Purgatorio VI), lassen viele endlich doch auf ein Eingreifen des Reiches hoffen; allein statt des von Dante erwarteten Universalkaisers kommt ein spätmittelalterlicher Territorialkönig:
1310–1313	Heinrich VII. (1308–13, seit 1310 in Italien, 1311 Krönung in Mailand, 1312 in Rom) wird, mangels eigenen Gewichtes, trotz besserer Vorsätze bald in die oberitalienischen Parteiungen hineingezogen; stirbt vor der entscheidenden, aussichtslosen Konfrontation mit Florenz und Robert v. Neapel (1313, begraben im Dom von Pisa).
Signorien	Auf die kleinteilige Auseinandersetzung der Partikulargewalten wirkt sein Erscheinen nicht dämpfend, sondern polarisierend: Aufstieg und Konsolidierung mächtiger *Signorien* wie der della Scala (oder Scaliger) von Verona, beginnend mit Mastino della Scala (1259 Podestà), gipfelnd in Cangrande: Signore (1311–1329), Führer der Ghibellinen Oberitaliens, Gastgeber Dantes; gewinnt auch Vicenza und Padua. Seine Nachfolger werden 1336–39 durch eine oberitalienische Liga auf den Kernbesitz Verona und Vicenza zurückgedrängt und 1387 von den Visconti beseitigt. In Padua die Carrara (1318–29, 1337–1406); in Ferrara und Modena die Este und in Mantua die Gonzaga.
Mailand 1311	In *Mailand* setzen sich gegen die anfangs mächtigen della Torre nach mehrfachen Anläufen die Visconti durch, endgültig 1311: Ottone Visconti, Erzbischof von Mailand 1277 und 1282 Signore, sein Großneffe Matteo I. (1287 Capitano del popolo, 1294 Reichsvikar, 1310 von Heinrich VII. aus der Verbannung zurückgeführt) 1311–22 Signore.
	Matteo und seine Nachfolger, darunter Azzone (1328–39) und Giovanni, Erzbischof von Mailand (1349–54), bauen die Visconti-Herrschaft, neuer Ausdruck von Mailands natürlichem Übergewicht in der Lombardei, zielstrebig bis Vercelli, Como, Alessandria, Cremona und Parma aus (zeitweilig sogar Genua 1353–56 und Bologna 1350–60, führt zur Konfrontation mit Venedig bzw. Florenz). Kräftiges, aber schreckliches Regiment der Brüder Bernabò und Galeazzo II. (1354–85 bzw. 1378), die den Bestand des Visconti-Staates gegen alarmierte Nachbarmächte (darunter besonders Giovanni II. von Montferrat 1338–72, dann Amedeo VI. von Savoyen 1343–83), gegen Florenz, Papst und Kaiser in mehreren Kriegen und Friedensschlüssen (1358,1364,1369,1370) im Wesentlichen bewahren.
Toscana	In der *Toscana* hingegen haben Signorien und ihre Territorialbildungen nur kurzen Bestand: in Pisa, das seit der Niederlage gegen Genua (Meloria 1284) absteigt und in Parteikämpfen vergeht, die Signorie der Gherardesca 1284–1320 und Ugucciones della Faggiola 1312–16; in Lucca (zeitweilig auch in Pistoia und Pisa) Castruccio Castracane 1316–28, schlägt als Führer der toskanischen Ghibellinen Florenz 1325 bei Altopascio.
Florenz	In *Florenz* führend der „popolo grasso" („fettes Volk": Besitzendes Bürgertum und integrierter Adel), der sich gegen „Magnaten" (alte feudale Familien) und „popolo minuto" (kleines Handwerk soweit organisiert oberhalb der Plebs) absetzt, sich in den arti maggiori organisiert (höhere Zünfte wie Tuchfabrikanten, Kaufleute, Bankiers, Notare) und seine politische Exklusivität im Klub der Parte Guelfa manifestiert:
seit 1282	Alleinherrschaft der Zünfte (Zunftpriaren bilden die Signoria), die in den Ordinamenti della
1293	Giustizia von 1293 den Adel vom politischen Leben ausschließen; seit 1295 kann er wenigstens durch Einschreibung in eine Zunft daran teilhaben. Innerhalb der Guelfen Fraktionsbildung zwischen (gemäßigten) Weißen und Schwarzen um die Familien der Cerchi und Donati; unter den 1302 verbannten Weißen ist Dante.

	Kritische Phase der 1340er-Jahre: 1341–46 Zusammenbruch zahlreicher Florentiner Firmen (s. Bankwesen); 1342/43 Signorie des von Adel und popolo minuto berufenen Walter von Brienne Herzogs von Athen; 1343/45 Konsolidierung der wachsenden Staatsschuld im Monte Comune mit 5%igen Anteilen; 1348 drastische Bevölkerungsverluste durch die *große Pest* (vor 1348 um 90–120000 Einwohner, im 15. Jh. etwa 40000). Zunehmende Expansion in die Toskana (1351 Prato, 1361 Volterra, 1384 Arezzo, 1411 Cortona annektiert).	
1342 1345 1348		*große Pest*
	Das *Königreich Neapel* bleibt, im Einverständnis mit Frankreich und der Kurie, Vormacht des guelfischen Bündnissystems in Italien.	*Königreich Neapel*
1309–1343	Höhepunkt unter Karls I. Enkel Robert dem Weisen von Anjou (*um 1279, Sohn Karls II.): realistisch, gelehrt, antikaiserlich in Politik und Programm (Denkschrift an den Papst zur Abschaffung des Kaisertums, das Dante in seiner „Monarchia" gerade noch einmal gerechtfertigt hat). Als König von Neapel zugleich päpstlicher Vikar für Reichsitalien, Generalkapitän der Truppen des Kirchenstaates, Signore zahlreicher guelfischer Städte (darunter zeitweilig Florenz, Rom, Genua); doch verhindert die Gegnerschaft der Visconti und das Eigeninteresse von Florenz ein dauerndes Fußfassen in Oberitalien.	
	Mit seiner Enkelin Johanna I. beginnt der Abstieg: 1347/48 verliert sie ihr Reich zeitweilig an König Ludwig von Ungarn (Bruder ihres ermordeten Gatten Andreas aus der ungarischen Anjou-Linie, die 1308–1382 in Ungarn herrscht [u.a. Karl Robert und sein Sohn Ludwig I., der Große]).	
	Wachsender Einfluss des großen Feudaladels, Bürgerkrieg zwischen Anhängern der ungarischen und der neapolitanischen Anjou unter den Parteinamen Durazzo und Tarent. Johannas Entscheidung für den avignonesischen Papst bei Ausbruch des Schismas 1378 kostet sie Thron (1381) und Leben (1382).	
	Erfolglos bleibt der zähe Kampf der Anjou von Neapel um *Sizilien*: Hier behauptet sich, natürlicher Bundesgenosse von Kaiser und Ghibellinen, die aragonesische Nebenlinie (Friedrich II. 1296–1337, Peter II. 1337–42, Ludwig II. 1342–55). Nach verheerenden, den Baronadel emportragenden Kriegen erst 1372 Friede mit Neapel und dem Papsttum. Friedrichs III. (1355–1377) Erbtochter Maria, deren Rechte von Peter IV. Von Aragón nicht anerkannt werden, heiratet dessen Enkel Martin den Jüngeren (König von Sizilien 1391 bis 1409). Nach dessen erbenlosem Tod anerkennt Sizilien, wie Aragón, 1412 Ferdinand I. († 1416), Bruder Heinrichs III. von Kastilien: abermalige und nun dauernde Bindung Siziliens an Aragón und somit zuletzt an Spanien.	*Sizilien*
	Unter den Seerepubliken verdrängt *Genua* endlich die alte Rivalin Pisa (Seesieg bei Meloria 1284), hält Korsika, verliert aber allmählich Sardinien an Aragón (das 1297 vom Papst die Insel als Ersatz für Sizilien erhält und bis 1336 erobert), seinen neuen Gegner und natürlichen Bundesgenossen Venedigs. Im Osten seit der Wiederherstellung des griechischen Kaisertums (1261) zeitweiliger Aufstieg Genuas auf Kosten Venedigs, das mit dem Sturz des lateinischen Kaisertums in Konstantinopel seine maßlosen Privilegien einbüßt. Genua dringt ins Schwarze Meer ein (Handelskolonie Caffa/Krim 1266–1475); wachsende Konfrontation beider Seemächte im Osten (1293–99 Krieg um die Meerengen, 1350–55 um Chios).	*Genua*
	Venedig verliert 1358 die dalmatinische Küste an Ungarn, bewahrt aber im Wesentlichen seine Position im Mittelmeerraum und geht im Innern stetig seinen eigenen Weg fern von Zunftherrschaft und Signorie.	*Venedig*
	Aristokratisch-oligarchische Verfassung von hoher Stabilität: Neben dem auf Lebenszeit gewählten Dogen steht als Träger der Souveränität der Große Rat, der 1297 erbrechtlich geschlossen wird (Serrata del Gran Consiglio); Neuzulassungen werden dessen oligarchischen Charakter nicht in Frage stellen. Strenge Unterdrückung gegenläufiger Tendenzen: Staatsstreichversuche von Bajamonte Tiepolo 1310 (seither Rat der Zehn zur Überwachung der Staatssicherheit mit geheimem Verfahren) und Marino Faliero 1355.	
1309	Das Papsttum übersiedelt nach Avignon unter den Schutz und Einfluss des französischen Königs.	*Papsttum*
	Der Kirchenstaat, seit den „Rekuperationen" Innozenz' III. ein äußerst heterogenes Gebilde, ist fortan sich selbst und seinen auseinander strebenden Entwicklungskräften überlassen: im Süden das alte Patrimonium (von Orvieto bis Terracina), von der kommunalen Bewegung fast unberührt und Domäne des alten Feudaladels (Colonna, Orsini, seit Bonifaz VIII. die Caetani); im Norden nun Romagna und Mark Ancona, deren selbstbewusste Stadtstaaten und Signorien (wie die Montefeltro seit 1234 in Urbino, die Polenta seit 1275 in Ravenna, die Malatesta seit 1295 in Rimini) sich die neue päpstliche Herrschaft nicht so leicht überstülpen lassen: nach Norden und auf neue Entwicklungen hin orientiert, wirtschaftlich stark, weit von Rom entfernt und praktisch unregierbar.	

Johannes XXII.	1316–1334	Doch greift das Avignonesische Papsttum schon unter *Johannes XXII.* energisch in die italienischen Verhältnisse ein, mit großem Aufwand an materiellen und geistlichen Mitteln:
	1320–1334	Der lang dauernde Feldzug des Kardinallegaten Bertrand du Pouget gegen die Ghibellinen Oberitaliens (besonders die Visconti), geführt im Einverständnis mit Robert von Neapel und zuletzt auch mit dem (von einigen Städten gerufenen) Sohn Heinrichs VII., König Johann von Böhmen (in Italien 1330–33), scheitert nach anfänglichen Erfolgen.
		Umgekehrt vermag auch die Reichsgewalt hier nicht mehr Fuß zu fassen:
Italienzug Ludwigs des Bayern	1327–1330	*Italienzug Ludwigs des Bayern* gegen den Willen des Papstes, der (da Wahl ohne seine Approbation) in Italien weiterhin die Reichsverweserschaft vacante imperio beansprucht;
	1327, 1328	Ludwig wird in Mailand gekrönt, dann in Rom von Vertretern des römischen Volkes (theoretische Grundlegung im „Defensor Pacis" 1324 des zu Ludwig flüchtenden Marsilius von Padua: Die Souveränität liegt beim Volke; Beschränkung des Klerus auf geistliche Aufgaben).
		Sein Nachfolger Karl IV. wird 1354/1355 nur noch hastig und unter Umgehung jeden Risikos die Kaiserkrone holen und unterwegs die bestehenden Verhältnisse gegen teures Geld legitimieren.
Rom		Die Abwesenheit der Päpste gibt auch in *Rom* selbst Raum zu Rückbesinnung auf eigenes Gewicht unabhängig vom (und gegebenenfalls auch: Gegen das) Papsttum. Die im 12. Jh. ausgebildete, jeder realen Grundlage entbehrende Rom-Ideologie (Erneuerung des Senats, „politische Archäologie") wird nun inmitten totaler Ruins schwärmerisch übersteigert in dem aus antiken Reminiszenzen und mystischen Vorstellungen seltsam gemischten Programm des Notars *Cola di Rienzo*.
Cola di Rienzo	1347, 1354	Er ergreift in zwei Anläufen (beim Zweiten getötet) als „Volkstribun" in Rom die Macht und ruft in lauten Manifesten das „ganze heilige Italien" zur Einigung unter der Führung Roms auf. Der große Adel wird aus der Stadt gedrängt, und fortan wortführend ist die aufsteigende Mittelschicht (viele Großviehzüchter, die Adels- und Kirchenbesitz auskaufen).
	1348	Die große Pest führt auch in Italien zu drastischer Verminderung der Bevölkerungszahlen. Eine dichte Folge von Epidemien (1361/1363, 1374/1375, 1383/1384, 1390/1391, 1399/1400 usw.) verhindert vorläufig jede Regenerierung. Abermaliger Versuch des (von der öffentlichen Meinung nach Italien zurückgeforderten) Avignonesischen Papsttums, den durch Schwäche, Misswirtschaft und Entfremdung weit gehend verlorenen Kirchenstaat wieder in die Hand zu bekommen:
Constitutiones Aegidianae	1353–1360	Der bedeutende spanische Kardinal Aegidius (Gil) Albornoz (*um 1300, †1367) gewinnt mit Energie und Maß den Kirchenstaat zurück. Seine *„Constitutiones Aegidianae"* (1357) bleiben bis 1816 Gesetzbuch des Kirchenstaates.
		Die sich abzeichnende Reinstallierung des Papsttums in Italien sehen die Visconti und sogar Florenz mit Argwohn:
Aufruhr im Kirchenstaat	1375–1378	Krieg der Otto Santi („acht Heilige", d.h. die Florentiner Kriegskommissare), Florenz schürt den *Aufruhr im Kirchenstaat* („Libertà!"). Der Papst trennt sich (zu beider Schaden) zeitweilig von seinen Florentiner Bankiers und belegt Florenz mit dem Interdikt: schwer wiegende Folgen für die Florentiner Marktposition. Massaker päpstlicher Söldner in Cesena.
	1378	In der Endphase des Krieges Aufruhr der Ciompi in Florenz: Wollschläger (und andere Lohnarbeiter in niederen Arbeitsgängen der Tuchproduktion), deren Wortführer oft als Unternehmer schon wirtschaftlich aufgestiegen waren, verlangen das Recht, sich in eigener Zunft organisieren und so endlich auch am politischen Leben der Kommune teilnehmen zu dürfen. Wirtschaftlicher Misserfolg und die harte Reaktion der etablierten Zünfte lassen das Ciompi-Regime rasch zusammenbrechen.
Rückkehr des Papsttums	1377	*Rückkehr des Papsttums* aus Avignon nach Rom (wie 1367–70 zeitweilig schon Urban V.). Erstes Problem ist die Wiederverwurzelung in Italien, notwendige Voraussetzung die Re-Italianisierung von Kurie und Kardinalskolleg. Nach tumultuarischer Wahl des Italieners Urban VI. 1378 Wahl eines französischen Gegenpapstes Clemens VII., der nach Avignon zurückkehrt:
Großes Abendländisches Schisma	1378–1415	*Großes Abendländisches Schisma*, fortan teilen sich zwei Päpste (seit dem Pisaner Konzil 1409 sogar drei) in die Gewissen und Abgaben der Christenheit.
		Die Verdoppelung der Zahl halbiert ihre Autorität und ihre Ressourcen. Diese Verluste werden erfindungsreich kompensiert mit Methoden, die das Papsttum freilich kompromittieren werden: Ämter- und Ablassverkauf, übermäßige Handhabung von Kreuzzug und Kirchenstrafen gegen politische Gegner, im Werben um Anhang gegenseitiges (von den politischen Mächten gern genutztes) Überbieten in Privilegien. Wachsende Bedeutung der Nepoten (Familien-Clan dreier neapolitanischer Päpste), weil einzig verlässliche Stütze im Kampf

aller um den Kirchenstaat, der zudem von französischem Einmarsch bedroht ist („via facti" als gewaltsame Lösung des Schismas).
Stetige, den Kirchenstaat notdürftig konsolidierende Politik erst unter Bonifaz IX. (1389–1404) in enger *Anlehnung an Neapel*:

1381 Denn hier setzt sich als Prätendent des römischen Papstes gegen Johanna I. Karl III. von Durazzo aus der ungarischen Linie der (älteren) Anjou durch, fortan in dauerndem Kampf mit den (jüngeren) französischen Anjou (Ludwig I. von Anjou, Bruder Karls V. von Frankreich, 1380 von Johanna I. adoptiert). Der Dynastiewechsel mindert den französischen Einfluss in Italien. Karls Sohn Ladislaus (1386–1414) nutzt das Schisma virtuos für seine Zwecke: seit 1400 Herr des Königreichs, seit 1404 ausgreifend in den Kirchenstaat, seit 1413 in die Toskana.

1378–1402 In Oberitalien unerhörte Machtkonzentration unter Galeazzos II. Sohn *Giangaleazzo Visconti* von Mailand (*1351, seit der Beseitigung Bernabòs 1385 alleiniger Signore; seit 1395 Herzog, also Reichsfürst).
Straff organisierter, zentral verwalteter Staat, dessen Finanzen (mit Ansätzen eines Budgets) ein Mehrfaches der Einnahmen des deutschen Königs abwerfen. Förderung von Kunst und Wissenschaft (Dom von Mailand seit 1386, Kartause von Pavia seit 1396; Universität und Bibliothek von Pavia). Verheiratet seine Tochter Valentina 1387 mit märchenhafter Mitgift (darunter Asti) an Ludwig, Herzog von Orléans, daher die Ansprüche des Hauses Orléans auf Mailand. Seine rasante Expansionspolitik (Verona, Padua, Pisa, Siena, Perugia, Assisi, Bologna) vereinigt und sprengt mehrere Koalitionen, drückt auf den Kirchenstaat,

1402 und führt Florenz, zunehmend isoliert, nach der Schlacht von Casalecchio an den Rand des Abgrunds.
Angeblich Plan eines italienischen Königtums. Seinen Söhnen Giovanni Maria (†1412) und Filippo Maria (1412–1447, *1392) gelingt es mühsam, sich im Kern des Visconti-Staates zu behaupten und gegen wechselnde Bündnisse (1426–1447 meist Florenz und Venedig) endlich wieder aus der Defensive hervorzutreten.

Der Tod seiner großen Gegner Giangaleazzo und Ladislaus befreit *Florenz* im Augenblick ihres Anmarsches von tödlicher Gefahr (nach strittiger These tiefe Breitenwirkung dieser Bedrohung auf das politisch-geistige Bewusstsein in Florenz: „Bürgerhumanismus" mit antik-republikanischer Gesinnung gegen die Signorie als Tyrannei). Die oligarchische Herrschaft der aus dem misslungenen Ciompi-Aufruhr gestärkt hervorgegangenen Albizzi-Faktion dauert an. Ihre erfolgreiche, aber kostspielige Außenpolitik (Abwehr des Visconti, Zugang zum Meer durch Erwerbung von Pisa 1405 und Livorno 1421) belastet die Innenpolitik: zu besserer Steuergerechtigkeit seit 1427 direkte Besteuerung der deklarierten Vermögen (einschließlich Investitionen!) mit Steuerfreibeträgen, seit 1480 mit Steuerprogression (sog. Catasto 1427–1495, wichtige Quelle zur Sozial- und Bevölkerungsgeschichte).
Schwindende Popularität der Albizzi (1426 ergebnisloser Krieg gegen Mailand) führt zur Ablösung durch die *Medici*, die mit Giovanni di Bicci dei Medici (*1360, †1429) seit etwa 1385 in der Papstfinanz aufgestiegen sind (seine römische Filiale erzielt bis 1420 30% Kapitalrendite und macht 50% der Gewinne des Gesamtunternehmens).

1434 Doch erst sein Sohn *Cosimo il Vecchio* (*1389, †1464) setzt Reichtum in politische Macht um und lenkt seit 1434 unter Wahrung der republikanischen Formen unauffällig die Geschicke der Stadt (vor allem durch Manipulation der Wahlverfahren, durch Sonderausschüsse und politische Besteuerungspraxis zum Ruin des Gegners).
Gleich bedeutend als Politiker, als Unternehmer, als Mäzen: fördert und finanziert – mit der Auftragstätigkeit von Pazzi, Strozzi, Rucellai wetteifernd – großzügig Baukunst (bevorzugter Architekt: Michelozzo, *1396, †1472), Skulptur (Donatello, *um 1386, †1466) und humanistische Handschriftenjagd (Poggio Bracciolini, *1380, †1459; Niccolò Niccoli, *1364, †1437), gründet die Platonische Akademie und die Medici-Bibliothek. Für die Dynamik der Florentiner Gesellschaft kennzeichnend die rasche Umschichtung der Vermögen und die starke soziale Mobilität, vor allem durch aufsteigende Zuwanderer (gente nuova): 1427 sind 20% der Einwohner, ja 60% der Notare Zuwanderer, von den Florentiner Humanisten ist fast keiner in Florenz geboren.
Mit der Rückkehr des Papsttums vom Konstanzer Konzil nach Rom (1420) beginnt auf allen Gebieten die Restauration, ohne die das Renaissance-Papsttum nicht zu denken ist. Zielstrebige Rückeroberung und *Reorganisation des Kirchenstaates* unter Martin V. (1417–1431).
Rom, im 14. Jh. völlig heruntergekommen (ca. 25000 Einwohner, etwa 3% der antiken Bevölkerung), wird erst jetzt stabile Residenz der Päpste und ist wirtschaftlich ganz von der Kurie abhängig (bei Abwesenheit des Papstes sinken hier Warenimporte, Schiffsverkehr,

Mieteinnahmen auf jeweils knapp zwei Drittel des Normalen). Die römische Kommune, bereits 1398 von Bonifaz IX. entmachtet, wird nun vollends domestiziert: 1434 letzte Papstflucht aus Rom bis 1848.

Wachsendes Gewicht der Florentiner in Finanz, Kanzlei, Kunst: Das Rom der Renaissance ist das Rom nicht der Römer, sondern der Florentiner. An der Kurie Poggio Bracciolini seit 1403, Leonardo Bruni (*um 1370, †1444) seit 1405, Antonio Loschi seit 1407, Flavio Biondo und Leon Battista Alberti seit 1432: Die päpstliche Kurie wird humanistisch, mit Nikolaus V. (1447–1455) auch der Papst.

Die Condottieri

Söldnerführer

Als politischer Faktor zwischen den Mächten wirken, unstet und schwer berechenbar, die Condottieri (von condotta, Soldvertrag). Die mit dem Abstieg der Kommune und ihrer Miliz wachsende Bedeutung des Soldwesens im 14. Jh. schafft einen eigenen Markt mit empfindlichen Sold-Notierungen; falls ohne Soldvertrag, machen diese *Söldnerführer* (zunächst überwiegend Nichtitaliener: Werner von Urslingen, John Hawkwood) Krieg auf eigene Faust. Höhepunkt der Condottieri ist die erste Hälfte des 15. Jh.s: Muzio Attendolo (†1424) und sein Sohn Francesco Sforza (*1401, †1466), Braccio da Montone (†1424), Niccolò da Tolentino (†1435), Erasmo da Narni, genannt Gattamelata (†1443), Niccolò Piccinino (†1444), Bartolomeo Colleoni (†1476). Bedenkenlos die Seiten wechselnd und entsprechend beargwöhnt und umworben, führen sie Krieg unter größtmöglicher Schonung ihrer Truppensubstanz, jedoch in blutiger Rivalität um den Aufstieg zum Territorialfürsten, der freilich nur wenigen gelingt (Francesco Sforza, Enkel eines Bauern, wird 1450 Herzog von Mailand). Die Condottieri bilden Schulen wie Künstler und Humanisten und suchen öffentliche Ehrung (gemalte Denkmäler im Dom von Florenz: John Hawkwood von Paolo Uccello [*1397, †1475] 1436, Niccolò da Tolentino von Andrea del Castagno 1456; Reiterstatuen für Venedigs Condottieri, jedoch auf eigene Kosten: Donatellos [*1386, †1466] Gattamelata 1447–53, Verocchios [*1436, †1488] Colleoni 1480–1496). Im konsolidierten Italien der zweiten Jahrhundert-Hälfte haben sie keinen Platz mehr.

Königreich Neapel

1435 Im *Königreich Neapel* beginnt nach dem erbenlosen Tod von Ladislaus' Schwester Johanna II. (1414–1435) der längst erwartete Kampf um die Thronfolge zwischen den (von der Königin 1421 bzw. 1423 nach- und gegeneinander adoptierten) Prätendenten Alfons V. von Aragón-Sizilien und Ludwig III. von Anjou (bzw. seit 1434 dessen Bruder René I. von Bar-Lothringen (*1409, †1480; „le bon roi René").

Alfons I. von Neapel-Sizilien

Alfons, Sohn Ferdinands I. von Aragón und Sizilien, erobert Neapel 1442 und erhält 1443 die päpstliche Belehnung als *Alfons I. von Neapel-Sizilien* (1443–1458). Glänzende Hofhaltung, Förderung von Kunst und Wissenschaft (Lorenzo Valla; Pisanello; Triumphtor des Castel Nuovo). Nachfolger in Neapel wird sein Sohn Ferrante (Ferdinand) (Baronenverschwörung 1485).

So wird nach Sizilien nun auch Unteritalien spanisch und bleibt es: Sizilien in Personalunion mit Aragón, Unteritalien unter rasch italianisierter Dynastie bis 1501 (aussterbend), dann unter spanischen Vizekönigen bis 1713.

Francesco Sforza

Nach dem Tode des letzten Visconti, Filippo Maria (1447; 1447–1450 ist Mailand „Ambrosianische Republik"), wird unerwartet sein Condottiere und Schwiegersohn *Francesco Sforza* Herzog von Mailand (1450–1466). Sforzas altes Einverständnis mit Cosimo Medici beendet die traditionelle Gegnerschaft zwischen Mailand und Florenz.

Unter den verbliebenen Seerepubliken Genua und Venedig heftige Rivalität um den Vorrang auf den Meeren:

Genua

Genua setzt insgesamt mehr auf Massenfracht in großbäuchigen Schiffen (Venedig mehr auf Luxuswaren in kostspieliger Galeerenfracht), orientiert sich zunehmend nach Westen und nimmt aktiv an den Vor-Entdeckungen und Entdeckungen teil. Im Innern ist Genua, in allem das Gegenbild Venedigs, noch unsteter und zerrissener als andere Städte: Zwiespalt zwischen republikanischen und signorilen Tendenzen, Kämpfe der guelfischen Fieschi und Grimaldi mit den ghibellinischen Spinola und Doria und dieser untereinander, fortwährender Ruf nach dem auswärtigen Signore (1396–1409 und 1458–1461 der französische König, 1409–1413 der Markgraf von Montferrat, 1421–1435 und 1464–1478 Visconti bzw. Sforza); schwacher staatlicher Rahmen: Flotte, Kolonien, Staatsschuldentilgung (Casa di San Giorgio 1407, erste öffentliche Bank) sind weit gehend in privater Regie.

Venedig

Venedig, im Chioggia-Krieg (1378–1381) von seiner großen Rivalin zeitweilig hart bedrängt, drückt Genua allmählich aus dem östlichen Mittelmeerbecken, wird dort aber seinerseits zunehmend von den Türken bedroht und steigt nun sicherheitshalber mit einem Bein aufs feste Land: Beginn der anfangs umstrittenen Terra-ferma-Politik; Venedig schafft

sich (nach ersten Ansätzen 1339 in der Mark Treviso) erstmals ein Festlands-Territorium als Glacis und (nach den Erfahrungen des Chioggia-Krieges) zur Sicherung seiner Versorgung und weitet es rasch bis gegen Mailand aus (1405 Verona, 1406 Padua, 1420 Friaul, 1428 Brescia und Bergamo).
Das Vordringen der Türken unter Mehmed II. (Konstantinopel 1453, Euboia/Negroponte 1470, Albanien 1479, Vorstöße nach Friaul 1473 und 1477 und Apulien 1480) drängt Venedig, das sich an seine schwer befestigten Flottenstützpunkte klammert (jenseits der 1420 den Ungarn abgewonnenen dalmatinischen Küste vor allem Korfu, Modon, Kreta, seit 1489 Zypern), nach langjährigem Krieg (1463–1479) in Ägäis und Levante, zeitweilig sogar in der Adria, in die Defensive.

1454   Nach dem Dynastiewechsel in Neapel 1443 (fortan Aragón) und Mailand 1450 (fortan Sforza) konsolidiert sich die italienische Staatenwelt vorläufig mit dem *Frieden von Lodi*: Venedig und Mailand verständigen sich endlich über die Abgrenzung ihrer Interessensphären (die Adda wird Westgrenze von Venedigs Terra ferma) und laden Florenz, Papst und Neapel ein, dem Vertrag zur Sicherung des Status quo beizutreten. Diese Erweiterung zu einer Entente der großen Mächte wird der sichtbarste Ausdruck der endlich erreichten Stabilisierung: labiles Gleichgewicht der (nicht saturierten, aber gleichmäßig schwachen) fünf größeren italienischen Mächte (Mailand, Venedig, Florenz, Papst, Neapel), umkreist von einer inzwischen geringeren Zahl kleinerer Mächte (die Republiken Genua, Siena, Lucca; die Fürstentümer der Gonzaga von Mantua, der Este von Ferrara; die Markgrafschaft Montferrat; Savoyen, seit 1416 Herzogtum, bleibt am Rande).

Friede von Lodi

1469–1492   Für die Erhaltung dieses prekären Gleichgewichts, dessen Grundlage das Einverständnis Mailand-Florenz-Neapel ist, wirkt vor allem Cosimos Enkel *Lorenzo dei Medici* („il Magnifico", *1449, Sohn des Piero di Cosimo 1464–1469).

Lorenzo dei Medici

Er gewinnt dadurch weithin politisches Ansehen, überdauert zugleich die Rivalität der anderen großen Florentiner Familien (Pazzi-Verschwörung 1478 im Bund mit Papst und Neapel) und fördert Künstler und Humanisten mit Kennerschaft, weniger mit Geld, da die Medici-Firma durch die allgemeine konjunkturelle Lage verfällt (1494 bankrott).

Das *Renaissance-Papsttum*, politisch auf das Gewicht eines Territorialfürstentums reduziert, droht auf seine Weise, den Kirchenstaat zu säkularisieren: Der Nepotismus, der zeitweilig durchaus politische Funktion hat (Verlässlichkeit der Amtsträger wichtiger als ihre Qualifikation), führt seit Sixtus IV. (1471–1484) zu versuchter Dynastiebildung in Form erblicher Kleinfürstentümer für Riario, della Rovere, Cibo, Borgia (und verunsichert dadurch auch die italienischen Mächte: Krieg von Ferrara 1482–1484). Die seit 1499 zu gleichem Zweck vorangetriebene Vernichtung der alten Signorien im Kirchenstaat durch Cesare Borgia (*1475, †1507) führt zwar nicht zu dem erstrebten Fürstentum, wird aber der Konsolidierung päpstlicher Herrschaft im Kirchenstaat vorarbeiten. Glanzvolle päpstliche Hofhaltung. 1475 Gründung der Vatikanischen Bibliothek. Seit Nikolaus V. (1447–1455, *1397) erste große *Bautätigkeit* in Rom seit anderthalb Jahrhunderten, auch jetzt noch oft auf Kosten der antiken Monumente (Marmor gebrannt zu Kalk), die die Humanisten gerade neu sehen lehren: nach den „Mirabilien" („Wundern") der Pilgerführer nun Flavio Biondos archäologisch-philologische Bestandsaufnahme „Roma instaurata" (1444–1446). Erstes Neubauprojekt für St. Peter (1452), erste große Kardinalspaläste (Palazzo Venezia seit 1455, Cancelleria seit 1483), erste Straßendurchbrüche; Ausmalung von Sixtinischer Kapelle (1481–1483) und Borgia-Gemächern (1492–1495). 1496 Michelangelo betritt Rom.

Renaissance-Papsttum

Bautätigkeit

Über dem scheinbar stabilen Gleichgewicht Italiens hängen jedoch drohend *die französischen Ansprüche*: Ansprüche des Hauses Anjou auf Neapel (1380 und 1423; 1481 dem französischen König vererbt), des Hauses Orléans auf Mailand (1387), die ihrerseits wieder Gegenansprüche (Spaniens und des Reiches) herausfordern. Das Ende des Einverständnisses Mailand-Florenz-Neapel führt zu immer verwegenerem Spiel mit der auswärtigen Intervention: Die Adelsopposition in Neapel, opponierende Kardinäle, vor allem aber Lodovico il Moro (*1452) in Mailand (der als Regent für seinen Neffen Giovanni Galeazzo Sforza 1480 die Herrschaft usurpiert hat und zu ihrer Bewahrung den französischen König auf seine Gegner hetzt) lassen *Karl VIII.* in Italien einmarschieren. In Florenz Vertreibung der Medici (1494–1512), fanatische Bußpredigten des Dominikaners *Girolamo Savonarola* (*1452), der der neuen Republik eine theokratische Verfassung zu geben versucht (1498 hingerichtet). Der französische König erobert 1495 Neapel, wird aber durch eine „Heilige Liga" (Papst, Spanien, Kaiser, Venedig, Sforza), die bereits viele auswärtige Mächte gefährlich interessiert zeigt, zum Rückzug gezwungen.

französische Ansprüche

1494

Karl VIII. Girolamo Savonarola

Doch hat der französische Einmarsch, das kunstvolle Gebilde der „Italia bilanciata" (Machiavellis „ausbalanciertes Italien") mit einem einzigen Stoß über den Haufen werfend, das (bei aller virtuosen Staatskunst und Diplomatie) geringe Eigengewicht der italienischen Mächte aufgedeckt: Für die große Mächtekonstellation der frühen Neuzeit ist Italien fortan nur noch Schauplatz und Objekt – der Kampf um die Hegemonie in Europa wird abermals auf dem Boden Italiens ausgetragen.

Kultur und Wirtschaft Italiens in Spätmittelalter und Renaissance

Wiedergeburt Italien übernimmt in Kunst und Wissenschaft die Führung in Europa. Anfänge der italienischen Renaissance: „*Wiedergeburt*" und das umliegende Wortfeld (renovare, restituere, reformare, reverti, resurgere usw., relativ spät auch renasci) meint das Erwachen der Musen, des Menschen, der Kunst, eines neuen Lebens (endlich auch: der Antike) nach dem Dunkel eines unseligen Mittel-Alters und umschreibt, als Lebensgefühl einiger wortführender Zeitgenossen, die Zuversicht, dass in der eigenen Gegenwart etwas Großartiges geschehen, durch eigene Leistung ein neues Zeitalter angebrochen sei – ist also Gegenwartsbewusstsein, mehr Kampfruf als Einsicht. Die Antike ist Ziel, aber mehr noch Mittel, und jedenfalls immer Maßstab – ein Wert, den man anfangs zu erreichen, dann zu übertreffen wagt. Nach eigenem Selbstverständnis beginnt die Renaissance bereits mit Dante (*um 1265, †1321) und Giotto (*1266, †1337), doch schwankt die heutige Forschung zwischen frühem und spätem Ansatz je nachdem, ob sie die mittelalterlichen oder modernen Elemente der Bewegung, ob sie Kontinuität oder Zäsur hervorheben will. Renaissance als Bezeichnung einer ganzen Epoche und die Anwendbarkeit des Begriffs auf alle Lebensbereiche der Zeit ist zwar weiterhin strittig, doch hat sich der Begriff (seit Jules Michelet 1855, Jakob Burckhardt 1860) als brauchbare Verabredung erwiesen.

Literatur Entfaltung der italienischen *Literatur* durch Dante, Petrarca, Boccaccio. Breite Schriftlichkeit: Briefe der hl. Katharina von Siena (*1347, †1380); Ricordi (persönliche Aufzeichnungen von Florentiner Kaufleuten); Reiseberichte (Marco Polo, *1254, †1324; Alvise da Ca' da Mosto, †1488).

Kultur Die italienische *Kultur* ist inzwischen durchaus Laienkultur. Gegen die herkömmliche Systematisierung traditionellen Buchwissens jetzt programmatische Betonung von Beobachtung, Erfahrung, Praxis und daraus wiederum das Bedürfnis nach theoretischer Reflexion auf allen Gebieten: in Ökonomie und Kunst die theoretischen Schriften von Leon Battista Alberti (*1404, †1472), in Politik und Staatskunst viele Abhandlungen (zumal im Staatsdienst viele Humanisten Karriere machen) bis hin zu Machiavelli (*1469, †1527).

frische Impulse Neuer Sinn für die praktische Anwendbarkeit theoretischer Erkenntnisse gibt dem Denken *frische Impulse*: Entwicklung von Geografie (der Mathematiker und Astronom Paolo dal Pozzo Toscanelli, †1482, postuliert den Westweg nach Asien) und Kartografie (statt Welt-Bildern mit Jerusalem als Mittelpunkt nun Portolankarten, früheste erhaltene um 1300), Messen von Raum und Zeit; technische Traktate (z.B. über Hydraulik) von Taccola (†vor 1458) zu Leonardo da Vinci (*1452, †1519). Neue methodische Ansätze auch in den historischen Wissenschaften: Flavio Biondo (†1463) in der Archäologie, Lorenzo Valla (†1457) in der Philologie; systematisches Sammeln und textkritisches Sichten antiker (auch griechischer) Handschriften. In der Rechtswissenschaft baut Italien seinen Vorsprung aus (Bartolo da Sassoferrato, †1357; Baldo degli Ubaldi, †1400) und verringert den französischen Vorsprung auf philosophisch-theologischem Gebiet. Nächst dem überall führenden Florenz (daneben Mailand, seit den 1440er-Jahren auch Rom und Neapel, noch später Venedig) werden Brennpunkte von Kunst und Kultur auch kleinere Höfe wie die von Lodovico Gonzaga in Mantua (†1478), Sigismondo Malatesta in Rimini (†1468), Federico da Montefeltre in Urbino (†1482).

Baukunst Kunst. In der *Baukunst* wird der gotische Kirchenbau, vermittelt zunächst durch die Zisterzienser, vor allem in den Kirchen der Bettelorden weiterentwickelt und angeeignet (S. Francesco in Assisi seit 1228, in Florenz S. Maria Novella seit 1245 und S. Croce seit 1294; daneben Dom vom Siena um 1250, Domfassade Orvieto seit 1310). In der Profanarchitektur monumentale Amtsgebäude: Piacenza, Palazzo del Comune seit 1281; Florenz, Bargello seit 1254 und Palazzo Vecchio seit 1299; Perugia, Palazzo dei Priori seit 1279; Siena, Palazzo Pubblico seit 1289; Venedig, Dogenpalast seit etwa 1340. Bei der Weiterentwicklung zur Renaissance-Architektur führend Florenz mit Filippo Brunelleschi (*1377, †1446): Die Antike wird ihm Vorbild in Technik (Domkuppel Florenz, seit 1420) und Form (S. Lorenzo seit 1425, Pazzi-Kapelle 1428, S. Spirito seit 1433). Das antike Vorbild theoretisch durchdringend und praktisch umsetzend Leon Battista Alberti (*1404, †1472): Palazzo Rucellai in Florenz und Umbau von S. Francesco in Rimini seit 1446, S. Sebastiano und S. Andrea in Mantua Entwürfe 1460 bzw. 1470. Neuentwicklung des kuppelbekrönten Zentralbaus. Urbanistik mit durchgeplanten Stadtentwürfen: Ausbau von Pius' II. Geburtsort Corsignano als „Pienza" 1460 (Bernardo Rossellino, *1409, †1464), einheitlich konzipierte Idealstadt „Sforzinda" (Filarete, 1464), erste Straßendurchbrüche in Rom um 1480. In der Profanarchitektur große Palazzi, offene Villen, geräumige Spitäler.

Malerei In der *Malerei* macht nach Cimabue (*um 1240, †um 1302) vor allem Giotto (*um 1266, †1337) Epoche: allmähliche Überwindung der „maniera greca" (byzantinischer Stil) durch neue anschauliche, monumentale, plastische Auffassung. Führend zunächst Siena (Duccio *um 1255, †1318, Simone Martini *um 1284, †1344), im 15. Jh. Florenz: Überwindung der Gotik durch Masaccio (*1401, †1428). Fra Angelico (*um 1400, †1455); Andrea del Castagno (*1423, †1457); Fra Filippo Lippi (*1406, †1469); Domenico Ghirlandaio (*1449, †1494); Sandro Botticelli (*1444, †1510). Das Studium der Malerei wird als Wissenschaft empfunden, Entwicklung und zunehmende Beherrschung der Perspektive: Paolo Uccello (*1397, †1475), Piero della Francesca (*um 1416, †1492), Melozzo da Forl (*1438, †1494), Andrea Mantegna (*1431, †1506). Ausbildung der für die Folgezeit wichtigsten Bildgattungen (Porträt, Selbstbildnis, Historienbild).

Die gotische *Plastik* (Höhepunkt Giovanni Pisano *um 1250, †um 1320) wird gegen 1400 in Florenz (Porta della Mandorla am Dom um 1395; Nanni di Banco, *um 1373, †1421) allmählich überwunden, die unterschiedlichen Tendenzen noch einmal nebeneinander sichtbar in der Konkurrenz um die Baptisteriumstüren 1401. Weiterführend Jacopo della Quercia (*um 1374, †1438), Lorenzo Ghiberti (*1378, †1455) und, alle überragend, Donatello (*um 1386, †1466). Unerhörtes Fortschreiten in den verschiedensten Techniken und Gattungen (wobei derselbe Künstler meist mehrere beherrscht): Neben dem Bronzeguss (Donatello, Ghiberti; Verrocchio *1436, †1488) Kleinplastik und Medaillen (Pisanello *um 1395, †nach 1450, Antonio Pollaiuolo *1432, †1498), glasierte Tonplastik (Luca della Robbia *1400, †1482), Bildnisbüsten (Desiderio da Settignano *um 1430, †1464), Grabmäler (Mino da Fiesole, *um 1430, †1484). Entwicklung der Kunsttheorie (Ghibertis Commentarii, gegen 1455; Albertis Schriften über Malerei, Plastik, Baukunst, seit 1436; Architekturtraktat des Filarete, 1464).

Plastik

Wirtschaft. Die Dynamik der wirtschaftlichen Entwicklung dauert an, Italien erreicht erst allmählich die Grenzen seines unerhörten wirtschaftlichen Wachstums, der große Vorsprung gegenüber der aufholenden internationalen Konkurrenz verringert sich nur langsam. Die (nicht unbestrittene) These, wonach das europäische Spätmittelalter eine Phase wirtschaftlicher Depression gewesen sei, trifft für Italien so wohl nicht zu: Jedenfalls zeigt das verstädterte Italien große Anpassungs- und Widerstandskraft und vermag Einbußen in einzelnen Sektoren oder Regionen anderweitig zu kompensieren.

Wirtschaft

Im *Fernhandel* behält das Geschäft mit indischen Gewürzen seinen Rang, vor allem auf der Route Alexandrien–Venedig (Gewinnspanne 20–30% netto). Der lebhafte Orienthandel (Syrien und Ägypten liefern Baumwolle und Gewürze gegen Tuche und Metalle, das Schwarze Meer Sklaven) weitet sich zeitweilig aus bis Fern-Ost: Seit Marco Polo (in China 1271–95) bis zum Ende der weite Räume ordnenden „Pax Mongolica" 1368 (Sturz der mongolischen Dynastie in Peking) holen Venezianer und Genuesen auf neunmonatigem Landweg Seide aus China. Neben die traditionellen Orient- und Afrika-Routen tritt seit etwa 1300 der regelmäßige Schiffsverkehr auch mit Nordwesteuropa (englische Wolle, flandrische Tuche); seither wachsender italienischer Anteil auch an der iberischen Wirtschaft und den Vor-Entdeckungen Portugals. Ohne Handelsschifffahrt, Bankwesen und andere italienische Dienstleistungen und Initiativen hätte die internationale Verflechtung des europäischen Marktes im Spätmittelalter solche Dimensionen nicht erreicht. Das Vordringen der Türken zwingt endlich zu kostspieligen Arrangements und Kriegen im Osten, schließt das Schwarze Meer und verweist vor allem Genua, von Venedig zunehmend aus dem östlichen Mittelmeerbecken abgedrängt, nach Westen: auf die Entdeckungen, die freilich den Mittelmeerraum schließlich (ganz jedoch erst seit dem späten 16. Jh.) in den toten Winkel drängen werden.

Fernhandel

Im *Gewerbe* steht nach Gewicht und Entwicklungsfähigkeit die Tuchproduktion an erster Stelle. In der Wolltuchindustrie führend Florenz: neben der Veredelung und Imitation flandrischer Tuche breites Sortiment eigener Herstellung zunächst mit englischer, dann viel spanischer Wolle; Jahresproduktion im 14. Jh. 20000–30000 Tuche (nicht 70000–80000, wie Giovanni Villani überliefert), im 15. Jh. 10000–20000; die Einbußen werden, Quantität durch Qualität kompensierend, teilweise durch Luxusproduktion ausgeglichen, darunter Seidenweberei, in der jedoch Lucca seine Führung knapp behauptet. Leinen-, Baumwollstoffe und Mischgewebe produziert Oberitalien gegen wachsende oberdeutsche Konkurrenz. Ausgeprägte *Spezialisierung* wie zwischen den Zünften, so auch zwischen den Städten: Waffen aus Mailand und Bergamo, Glas aus Venedig; aus Rom Vieh und antike Quadern von demontierten Tempeln (z.B. für den Dombau in Orvieto), aus Fabriano Papier; Rohstoffbeschaffung und Fernabsatz, oft auch die Koordinierung der Produktion (Verlagssystem) übernehmen große Handelsgesellschaften, die, gestützt auf ihr internationales Netz von Filialen und Agenten, in aller Welt mit Waren, Geld, Dienstleistungen und Nachrichten handeln. Im 14. Jh. überwiegen große, zentral gelenkte Firmen mit vielen Filialen und großem Gesellschaftskapital (wie die Florentiner Peruzzi mit 22 Gesellschaftern und 16 internationalen Kontoren), doch treten, nach der Erfahrung der großen Florentiner Bankrotte um 1345, an ihre Stelle kleinere Firmen mit relativ selbstständigen Unternehmen unter starkem Dach wie die Medici oder Francesco Datini von Prato (†1410; sein Firmenarchiv bewahrt 125000 Geschäftsbriefe!); sein Trust, mit zuletzt acht Einzelunternehmen zwischen Florenz und Barcelona, tätigt vom Wollankauf über die Tuchproduktion (im Verlagssystem: Heimarbeit auf rund 500 km^2) bis zum Vertrieb alles in eigener Regie (meist Tuchhandel; 40 Angestellte, mittlerer Kapitalertrag 15–20%). Die reichen Erfahrungen werden in Handelshandbüchern („Pratica della mercatura") detailliert weitervermittelt: frühestes Pisa 1278, wichtigste: Francesco Pegolotti und Niccolò da Uzzano (Florenz um 1335 bzw. 1442). Von der skizzierten

Gewerbe

Spezialisierung

Entwicklung bleibt weit gehend ausgeschlossen Unteritalien, dessen Handel in der Hand florentinischer und venezianischer Kaufleute liegt.

Landwirtschaft Wirtschaftliche Grundlage bleibt natürlich auch in Italien gleichwohl die *Landwirtschaft*, entsprechende Bedeutung behält die agrarische Konjunktur. Getreideüberschüsse produzieren Sizilien, Apulien und nördliches Latium. Daneben Sonderkulturen wie Safran (um L'Aquila), Zitrusfrüchte (Unteritalien) und Maulbeerplantagen für Seidenraupen (jetzt auch in Oberitalien). Der kirchliche Grundbesitz, im 14. Jh. auch in Italien in die Krise geratend, geht nun vielfach in die Hände von Unternehmern über, die zu Investitionen bereit und zu ökonomischer Nutzung des Bodens entschlossen sind; wachsende Produktivität vor allem in der Lombardei.

Bankwesen Das italienische *Bankwesen*. Die Wiederbelebung von Fernhandel und Geldwirtschaft führt zu praktischen Zahlungsproblemen, für die wiederum die italienischen Kaufleute erste Lösungen finden und weiterentwickeln. Erste Ansätze sichtbar in Genueser Notarsprotokollen des 12. Jh.s (Zahlungsanweisungen auf Depositen, Kontokorrentkredite, Auszahlungen an anderem Ort). Doch lassen erst die großen Champagne-Messen neue Formen des Zahlungsverkehrs und damit, seit etwa 1200, die Anfänge des internationalen Bankwesens richtig erkennen: Auf diesen Messen praktizieren italienische Kaufleute (viele Sienesen) zunehmend die bargeldlose Verrechnung von Schulden hier gegen Guthaben dort (z. B. Köln zahlt an den Papst mittels Krediten, aufgenommen bei italienischen Kaufleuten in Rom, rückzahlbar auf den Champagne-Messen). Aus dieser Praxis, die fast immer zugleich Wechseln (von einer Währung in

Wechselbrief die andere) und Leihen (weil rückzahlbar an anderem Ort, mit Laufzeit) ist, erwächst der *Wechselbrief* als Kreditpapier (seit 1400 auch giriert). Der Gewinn des Kreditgebers wird dabei (zur Umgehung des kanonischen Zinsverbots) im manipulierten Wechselkurs versteckt, d. h. die Schuldverschreibung lautet höher als die wirklich geliehene Summe. Rasche Entwicklung des ganzen Instrumentariums: Rechenhandbü-

Buchführung cher (mit Zinseszins und Amortisierung: Leonardo Fibonacci, Pisa 1202), *Buchführung* (Doppelte: Florenz gegen 1400), zahlreiche Techniken (daher italienisch die Fachausdrücke „Giro", „Agio" usw.). Der Florentiner Goldgulden („fiorino" nach der Florentiner Lilie), seit 1253 geprägt, wird vorbildlich. Anfänge der (See-)Versicherung im 14. Jh. seit der reisende, seine Waren begleitende Kaufmann gegen 1300 durch den sesshaften, die Warenströme vom Büro aus dirigierenden Kaufmann abgelöst wird und die

Netz von Champagne-Messen verkümmern, bauen italienische (meist toskanische) Gesellschaften ein *Netz von*
Kontoren *Kontoren und Agenten* über ganz Europa aus: von England bis Ägypten, von Marokko bis zur Krim (am
und Agenten wichtigsten Brügge; in Deutschland nur Köln – das wird bei Geldtransporten von Deutschland nach Rom das Aufsehen vergrößern und bis zur Reformation unvergessen bleiben). Bargeldloser Transfer in immer komplizierteren Verrechnungsfiguren ermöglicht ein regelrechtes Clearing über ganz Europa und damit

Kreditgeschäft den internationalen Ausgleich der Zahlungsbilanzen. Im *Kreditgeschäft* bieten die Kaufleute, gegen Verpfändung von Einnahmen, ihre guten Dienste dem Adel (der in seiner feudalen Mentalität meist schlecht zu wirtschaften versteht) und den Fürsten; hohe Gewinne bei hohem Risiko (die Zahlungseinstellung durch König Eduard III. von England lässt Bardi und Peruzzi, dann viele andere Florentiner Firmen 1341–1346 fallieren). Unentbehrlich vor allem für das Papsttum mit seinen Einkünften in aller Welt bringen italienische Familien-Firmen bald die Papstfinanz in ihre Hand: Anfangs Sienesen, dann meist Florentiner (wie die Alberti antichi, seit etwa 1400 die Medici), jedenfalls Toskaner, da meist nur sie Kaufleute und Bankiers zugleich sind. Die Entwicklung nötigt die Theologen zu differenzierterer Betrachtung des kanonischen Zinsverbotes (hl. Antoninus v. Florenz, *1389, †1459). Zahlreiche volkswirtschaftliche Einsichten in toskanischen Traktaten (Leon Battista Alberti), Predigten (hl. Bernardino von Siena, *1380, †1444), persönlichen Aufzeichnungen (Ricordi Florentiner Kaufleute) des 15. Jh.s.
Zeit wird Geld. – (Forts. S. 1006)

Die Iberische Halbinsel (507–1516)

(Forts. v. S. 331)

Die Iberische Halbinsel gliedert sich einerseits in schmale, mild-feuchte, mediterrane und atlantische Küstenstreifen und andererseits in die von Randgebirgen umschlossene und von Scheidegebirgen zerteilte, ausgesprochen kontinentale und trockene Hochebene, die Meseta. Diese *geografische Zweiteilung* in Meseta und Peripherie hat die historische Entwicklung auf der Halbinsel entscheidend geprägt. Mit der Expansion des Westgotenreiches auf der gesamten Halbinsel mit Hauptstadt im zentralen Toledo auf der Hochebene beginnt die Ausbildung einer nationalen Identität, an die die Reconquista-Reiche als Vorläufer der modernen Länder Spanien und Portugal anknüpfen.

geografische Zweiteilung

Das Westgotenreich auf der Iberischen Halbinsel (507–711)

	Vor und nach dem Zusammenbruch des Tolosanischen Reiches in der *Schlacht von Vouillé* (507) ziehen sich die Westgoten vor dem militärischen Druck der Franken über die Pyrenäen auf die iberischen Hochebenen zurück.
511–526	Ostgotenkönig *Theoderich I.* (493–526) interveniert und gliedert das Westgotenreich als Regent zum Schutz des unmündigen Amalarich (*502), des Sohnes des in Vouillé gefallenen Königs Alarich II. (484–507), seinem eigenen Königreich ein.
531	Nach Theoderichs I. Tod wird das nun wieder unabhängig gewordene arianische Westgotenreich unter Amalarich (526–531; *502, †531) bei Narbonne vom Frankenkönig Childebert I. (511–558) geschlagen.
Dez.	Amalarich wird kurz darauf in Barcelona, wohin er flieht, ermordet.
	Amalarich hat das Westgotenreich von den Tributzahlungen an Italien befreit. Er unterliegt aber dem militärischen Druck der Franken.
531–548	Nach seinem Tode schwingt sich der Ostgote Teudis, zuvor von Theoderich I. ernannter Heermeister in Hispania, zum neuen König der Westgoten mit Residenz in Barcelona auf. Teudis drängt die Franken erfolgreich hinter die Pyrenäengrenze zurück, kämpft jedoch ohne Erfolg gegen die *Oströmer*, die bereits das Vandalenreich in Afrika erobert haben.
548	Kurz nach seiner Niederlage gegen die oströmischen Land- und Seestreitkräfte bei Ceuta wird er in seinem Palast in Sevilla ermordet.
548–549	Übergangsherrschaft von Teudegisel, der nur 18 Monate regiert.
549	Danach besteigt Agila als erster reinblütiger Westgote den Thron.
554	Er wird von seinen eigenen Leuten während eines Aufstands der hispanoromanischen, katholischen Opposition unter Führung des adligen Rebellen *Athanagild*, der zur Unterstützung oströmische Truppen Kaiser Justinians ins Land holt, getötet.
554–567	Athanagild, der den ehemaligen oströmischen Verbündeten die Provinz Baetica und einen großen Teil der Ostküste überlassen muss, unumstrittener westgotischer König. Residenz in Toledo. Er vermählt seine Töchter Brunhild (†613) und Galswintha (†ca. 567/570) mit den Frankenkönigen Sigibert I. von Austrien (561–575) und Chilperich I. von Neustrien (561–584).

Schlacht von Vouillé

Theoderich I.

Oströmer

Athanagild

Entstehung und Gliederung des toledanischen Westgotenreichs

Die *Westgoten* wandern zum Teil schon vor, in ihrer Mehrzahl jedoch erst nach der Schlacht von Vouillé (507) über die Pyrenäen nach Süden. Sie lassen sich vor allem auf den von den Hispanoromanen weniger besiedelten Hochebenen zwischen den Flüssen Ebro und Tajo, insbesondere im Dreieck der Städte Palencia, Toledo und Calatayud, nieder. Sie dringen aber auch in die Provinz Tarraconensis (Barcelona) vor und gelangen später in die Provinz Baetica. Die *Wanderbewegung* der Westgoten wird nicht nur vom königlichen Gefolge und von Gruppen des Adels, sondern auch, insbesondere auf den Hochebenen zwischen Ebro und Tajo, von breiteren Volksschichten getragen. Im Verhältnis zur Gesamtbevölkerung bleiben aber die Westgoten auf den Hochebenen wie in Randspanien eine zahlenmäßig schwache Minderheit. Die Hispanoromanen sind im Gegensatz zu den eingewanderten Westgoten überwiegend in Randspanien, am dichtesten in der Provinz Baetica, ansässig. Der Nordwesten der Halbinsel wird darüber hinaus von den Sweben, der Norden von den Basken und die südöstlichen Küstenstriche seit der Mitte des 6. Jh.s von den Oströmern beherrscht.

Westgoten

Wanderbewegung

Frühformen des Feudalismus

Als verbündetes germanisches Kriegervolk siedeln die Westgoten auf der Iberischen Halbinsel ähnlich wie in Gallien im Rahmen der spätrömischen Form der Militäreinquartierung („hospitalitas"). Dabei überlässt der hispanoromanische Grundeigentümer dem westgotischen Krieger und seiner Familie ein Drittel seines Hauses und einen großen Teil, in der Regel zwei Drittel, seiner Ländereien. Große westgotische Grundbesitzer lassen ihre Ländereien nach römischem Vorbild durch Agenten und Prokuratoren verwalten und durch schollengebundene Kolonen oder abhängige Pächter bearbeiten. Neben ihnen existieren zahlreiche kleine, aber immer weniger freie, wirtschaftlich unabhängige westgotische Landbesitzer. Die militärische Unsicherheit der westgotischen Überlagerung führt im Agrarbereich zu institutionellen *Frühformen des späteren Feudalismus*. Die spätrömische Stadtkultur und die Handelsverbindungen sowohl im Landesinnern als auch zum Mittelmeerraum geraten zur gleichen Zeit in Verfall.

Die westgotische Minderheit hebt sich in sozialer Hinsicht deutlich von der hispanoromanischen Bevölkerungsmehrheit, die sie militärisch und politisch überlagert, ab. Die Westgoten sind Arianer, während die Hispanoromanen katholisch bleiben. Im Unterschied zu den Hispanoromanen zahlen die Westgoten für ihre Landanteile keinen Grundzins. Sie unterscheiden sich von den Hispanoromanen durch ihre eigene Gerichtsbarkeit und durch ihr eigenes Recht. Seit Leowigild (568–586) geht jedoch die westgotische Minderheit allmählich in kirchlicher und religiöser, in jurisdiktioneller und rechtlicher Hinsicht in der hispanoromanischen Bevölkerungsmehrheit auf. Auch der westgotische Adel verschwistert und verschwägert sich zunehmend mit dem hispanoromanischen Adel.

Königtum

Das *Königtum* ruht auf der adligen westgotischen Militäroligarchie. Die westgotischen Magnaten verdrängen als nationale Oberschicht seit Teudis (531–548) auf nationaler, provinzieller und regionaler Ebene die römischen Zivilbehörden und ziehen die gesamte politische, administrative und richterliche Gewalt an sich. Leowigild (568–586) verbessert durch Kriegsbeute, Steuern und Konfiskationen die finanzielle Grundlage des Königtums mit Toledo als Reichszentrum. Er ersetzt die Einfachheit des germanischen Heerkönigtums durch ein pomphaftes Hofzeremoniell byzantinischen Stils. Ursprünglich werden die westgotischen Könige von der Versammlung aller freien Krieger gewählt. Auf der Iberischen Halbinsel reduziert sich aber dann die Wahlberechtigung bei der Königswahl auf die Magnaten und die Prälaten des Reiches. Die Könige streben dabei gegen die Interessen der Magnaten eine Erbmonarchie an, indem sie vor ihrem Tode ihre Söhne an der königlichen Macht beteiligen. Lediglich zwei Könige, Leowigild (568–586) und Chindaswind (642–653), erreichen es, dass ihnen ihre Söhne als Thronerben nachfolgen. Bis 554 werden die westgotischen Könige meist von ihren Untertanen ermordet. Athanagild (554–567) ist seit Eurich (466–484) der erste westgotische König, der in seinem Bett stirbt. Die *Thronfolge* bleibt bis zum Ende des Westgotenreiches auf der Iberischen Halbinsel ein ungelöstes Problem.

Thronfolge

Leowigild

567–573 Kurze Herrschaft Leowas I.

568–586 Leowas Bruder *Leowigild* († 586) Mitregent und nach dessen Tod dann Alleinherrscher. Er ist in der Lage, die Westgotenherrschaft über die ganze Pyrenäenhalbinsel auszudehnen. Es gelingt ihm, das swebische Königreich im Nordwesten zu unterwerfen und endgültig dem Westgotenreich einzugliedern, die Basken zu besiegen und über die Pyrenäengrenze nach Norden abzudrängen und die Oströmer an der Südostgrenze in die Defensive zu schlagen.

Aufstand

579–585 Einen gefährlichen *Aufstand* der unzufriedenen katholischen Bevölkerungsmehrheit in der Provinz Baetica unter Führung seines zum Katholizismus übergetretenen Sohnes Hermenegild († 585) und dessen westgotischen katholischen Anhängern, denen sich der unterworfene Swebenkönig Miro (570–583) und der Präfekt der oströmischen Provinz anschließen, schlägt Leowigild nieder.

Um die kirchliche und politische Einheit des Reiches wieder herzustellen, tritt Leowigilds Nachfolger und Sohn Rekkared (586–601) zum katholischen Glauben über.

587

Reichsreligion

589 Auf dem III. Konzil von Toledo wird der Katholizismus als *Reichsreligion* und die kirchliche Einheit des Reiches feierlich verkündet.

Seit dieser Zeit werden die Juden Beschränkungen, Verfolgungen und Zwangsbekehrungen unterworfen. Von den Nachfolgern Rekkareds, Leowa II. (601–603) und Witterich (603–610), kann die kirchliche Einheit des Reiches nicht mehr rückgängig gemacht werden.

seit 610 Seit Gundemar (610–612) und Sisibut (612–621) regieren nur noch eifrige Katholiken auf dem westgotischen Thron.

Sisibut beginnt damit, die oströmischen Besitzungen in Südspanien zurückzuerobern. Sein Mitregent und Nachfolger Swintila (621–631) bringt die Eroberung zum Abschluss.

633 Das IV. Konzil von Toledo entscheidet sich unter anderem eindeutig für das Wahlkönigtum. Dieser Grundsatz wird jedoch nicht streng beachtet.

642–653 König Chindaswind († 653).

Er ist ein alter Magnat, der sich an vielen Verschwörungen gegen die Könige beteiligt hat und der selbst durch eine Revolte auf den Thron gelangt ist. Er lässt nach Gewalttaten unterlegener Thronbewerber alle seine Gegner aus dem höheren und niederen Adel, insgesamt mehrere hundert Personen, töten. Durch die Konfiszierung der betroffenen adligen Vermögen kann Chindaswind die Kronfinanzen aufbessern.

653 Sein Sohn Rekkeswind (653–672) beruft das VIII. Konzil von Toledo ein, auf dem für alle vom Vater verfolgten Personen eine Amnestie erlassen und die Königswahl bis ins einzelne festgelegt wird.

Rekkeswind fördert die Rechtseinheit zwischen Westgoten und Hispanoromanen durch den Erlass des *„Liber Iudiciorum"*.

Liber Iudiciorum

672/673 Gegen die Wahl König Wambas (672–680) bricht wieder ein Aufstand aus.

Das westgotische Königtum versinkt im verhängnisvollen Parteienstreit zwischen einflussreichen Magnatenfamilien, die rücksichtslos um die politische Macht kämpfen.

710 Die Wahl des letzten Westgotenkönigs Roderich ruft abermals die Opposition starker Gruppen von Magnaten hervor, die die Moslems um Hilfe bittend ins Land rufen.

711 Roderich fällt im Kampf gegen die Araber in der Schlacht am Guadalete. Die Iberische Halbinsel gerät unter *arabische Herrschaft*.

arabische Herrschaft

Staat und Kirche im Westgotenreich

Die *Konzilien* erlangen seit dem III. (589) und IV. Konzil von Toledo (633) eine reichsumfassende geistliche und politische Funktion, denn sie beschäftigen sich nicht nur mit kirchlichen Fragen, sondern legen auch Richtlinien für die Regierung des Staates fest. Sie urteilen als einzig zuständige Instanz über die Legalität der Staatsgewalt. Die Konzilien treffen deshalb Entscheidungen über die Thronfolge, den Schutz der königlichen Familie, die gerichtliche Sicherung von zivilen und geistlichen Amtsträgern, Entscheidungen über Amnestien, den Einzug von Vermögen, die Rechtslage der Juden usw.

Konzilien

Erzbischof *Isidor von Sevilla* (*um 560/570, †um 636) hat als überragende Autorität die Mitwirkung der Kirche an der Regierung des Staates entscheidend geprägt. Vor dem Untergang des Westgotenreiches ist auch die Kirche als Partei in die Auseinandersetzungen zwischen Königen und Magnaten verwickelt. Der Bischofssitz von Toledo wird in diesem Zusammenhang 681 zum Primat über alle anderen Bischofsstühle des Reiches erhoben, deren Besetzung in Zukunft durch ihn im Einvernehmen mit dem König erfolgen soll.

Isidor von Sevilla

Das arabische Iberien (Al-Andalus) (711–1492)

Die Iberische Halbinsel gerät in wenigen Jahren als „al-Andalus" in den Herrschaftsbereich der Kalifen von Damaskus. Die moslemischen Berber und Araber dringen nicht als Okkupanten, sondern mit geringen Kräften als Verbündete einer Partei in das vom Bürgerkrieg zerrissene Westgotenreich ein. Die großen Städte, auch die Hauptstadt Toledo, kapitulieren mit Ausnahme Méridas, eines Machtzentrums des letzten Westgotenkönigs Roderich (710–711), ohne militärischen Widerstand. Bei der Übernahme der Städte garantieren die Moslems zu Anfang die geltende Rechtsordnung mit alter Obrigkeit, Eigentumsverhältnissen und Religionsfreiheit. Sie ersetzen lediglich die westgotische Zentralregierung und schöpfen mit der Verpflichtung zu Kopfsteuern und Naturallieferungen die wirtschaftlichen Überschüsse der Bevölkerung ab. In einer späteren Phase werden die moslemischen Krieger, insbesondere die Araber, zu stadtsässigen Großgrundbesitzern.

Untergang des Westgotenreichs

Kalif Omar II. Ibn Abdal Asis von Damaskus (717–720) steht der Unterwerfung der Iberischen Halbinsel, die von dem Gouverneur von Afrika, Musa (*640, †716/717?), eigenmächtig begonnen worden ist, abwartend gegenüber.

719–721 As-Samh, der als Statthalter das Vertrauen des Kalifen genießt, stärkt die Stabilität der moslemischen Herrschaft auf der Halbinsel, dehnt sie über die Pyrenäen aus und erobert Narbonne.

721–726 Sein Nachfolger ist Anbasa (†726).

Er unterwirft mit Carcassonne und Nîmes die Reste des alten toledanischen Westgotenreiches. Gegenüber dem militärischen Druck der Franken unter Karl Martell (714–741) bleibt die Expansion der Moslems auf das Gebiet des Westgotenreiches beschränkt.

756–788 *Emir Abd ar-Rahman I.* (*731, †788)

Der einzige überlebende Nachkomme der von den Abbasiden ausgerotteten Omajjadendynastie von Damaskus errichtet im Gegensatz zu den früheren, nur für kurze Zeit ernannten Gouverneuren der Halbinsel seine Herrschaft als eigenständiges *„Emirat"* mit Zentrum in *Córdoba*. Er unterdrückt innenpolitische Gegner und Aufstände und legt die Grundlagen eines von Vorderasien unabhängigen Staates.

Emir Abd ar-Rahman I.

Emirat von Córdoba

	788–796	Sein zweiter Sohn Hischam I. (*757, †796) folgt ihm als Erbe des Emirats nach.
	796–822	Dessen Sohn und Nachfolger al-Hakam I. (*770, †822) hält trotz zahlreicher Aufstände als harter, grausamer Monarch die politische Einheit des Reiches aufrecht.
Emir Abd ar-Rahman III.	912–961	*Emir Abd ar-Rahman III.* (*891, †961) von Córdoba. Er baut die moslemische Herrschaft zu einem innen- und außenpolitisch starken Einheitsstaat aus. Aufstände innerhalb des Reiches schlägt er nieder, 927 erobert er Ceuta und 951 Tanger. Seine militärischen Erfolge und seine vornehme Abkunft erlauben es ihm, sich selbst zum
	929	„Kalifen" und „Fürsten der Gläubigen" zu ernennen.
maurische Kultur		Gestützt auf schwer integrierbare Söldnertruppen, führt er die entwickelte *maurische Kultur* mit intensiver, gartenbauartiger Landwirtschaft, blühender Verbrauchsgüter- und Luxusgüterindustrie, mit städtischer Zivilisation, regem Binnen- und Fernhandel, straffer Verwaltung, mit bewundernswerten Moscheen und Palästen, insbesondere dem Kalifenpalast von Córdoba und der Residenz as-Sahra, mit Hofgeschichtsschreibung, Philosophie, Dichtung, Naturwissenschaften und großen Bibliotheken zu ihrem Höhepunkt.
	976–1013	Unter Hischam II. (†1013) gehen die afrikanischen Besitzungen wieder verloren. Sein erster Minister und Feldherr Mohammed ibn Abi Amir, genannt Almansor = der Siegreiche (†1002), wird mit seinen Feldzügen zum Schrecken der christlichen Königreiche im Norden.
	1013–1031	Vom Ausgang seiner Regierungszeit bis zur Vertreibung des letzten Omajjadenkalifen, Hischam III. (1027–1031, *975, †1036), versinkt die Monarchie in dynastischen Auseinandersetzungen. Das Kalifat von Córdoba zerbricht angesichts der überaus starken Zentralisierung der Macht vor allem am Widerstand des arabischen Adels. Aristokratische Gruppen übernehmen in den nachfolgenden Kleinstaaten die Regierungsgewalt.
	seit 1031	Unter den zahlreichen sich befehdenden Taifa- (= Teil-)Königreichen gewinnen die mächtigeren, wie Sevilla und Granada, überregionale Bedeutung. Die politische Schwäche der Teilkönigreiche wird von einer hohen Kulturblüte begleitet.
	1080–1085	Alfons VI. von Kastilien (1072–1109) belagert und erobert Toledo.
Almoraviden	1086	Die *Almoraviden*, eine berberische politisch-religiöse Reformbewegung, überrennen und erobern, von dem Herrscher von Sevilla ins Land gerufen, den moslemischen Rest der Iberischen Halbinsel und machen ihn zu einer Provinz ihres nordafrikanischen Reiches.
	1090	Die Almoraviden erobern alle großen Städte, zuletzt Zaragoza (Saragossa), das erst 1110 fällt.
	1145	Ibero-moslemische Aufstände treiben sie aus dem Land. Im 12. Jahrhundert unterwirft eine zweite berberische politisch-religiöse Reformbewegung, die Almohaden, al-Andalus.
	1130–1163	Unter ihrem Emir Abd al-Mumin ben Ali (*1094, †1163) erobern sie die meisten Städte im Süden der Halbinsel.
	1163–1184	Sein Nachfolger Abu Jakub Jusuf erobert 1172 Murcia. An seinem Hof lebt Ibn Ruschd (Averroës; *1126, †1198), der Verfasser von Kommentaren zu Aristoteles.
	1195	Die Almohaden schlagen König Alfons VIII. (1158–1214) von Kastilien bei Alarcos (Provinz Ciudad Real).
Schlacht bei Navas de Tolosa	1212	Bei *Navas de Tolosa* (nahe Jaén) erleiden sie eine vernichtende Niederlage durch die vereinigten kastilischen, navarresischen und aragonischen Heere.
	1225	Sie geben die Iberische Halbinsel bis auf Granada auf, das zur Hauptstadt eines moslemischen Königreiches unter der Dynastie der *Nasriden* wird.
Nasriden	1235–1492	

Die christlichen Reiche auf der Iberischen Halbinsel (711–1252/1328)

In den asturischen Bergen bildet sich unter Pelagius, der aus altem westgotischem Adel stammt, eine Widerstandsbewegung gegen die moslemische Okkupation. 718 wird Pelagius von einer asturischen Versammlung zum Fürsten gewählt. 722 erlangt er bei Covadonga einen beachtenswerten militärischen Erfolg. Die junge *asturische Monarchie*, in die sich viele mozarabische Priester flüchten, versteht sich als Nachfolgerin und Erbin des alten Westgotenreiches. Um 750 werden die Moslems von den Asturern aus Galicien vertrieben. Auch die Basken behaupten im Westen der Pyrenäen um die Hauptstadt Pamplona erfolgreich ihre Unabhängigkeit gegen jede moslemische oder fränkische Oberhoheit. In den mittleren

asturische Monarchie

Pyrenäen, in den Bergen *Aragóns*, regiert ein Grafengeschlecht, das sich ebenfalls einer moslemischen oder fränkischen Vorherrschaft zu entziehen weiß. Im östlichen Pyrenäenraum schieben sich dagegen mit Unterstützung der fränkischen Könige immer zahlreichere Grafschaften als Grenzregion des Karolingerreiches („Spanische Mark") nach Süden vor.

Aragón

Die Reconquista

Die Reconquista (Rückeroberung des Landes aus der arabischen Herrschaft) zeichnet sich bis zum 11. Jh. durch politische und religiöse Toleranz aus. Im 12. Jh. nehmen dagegen die Kriegszüge der Reconquista-Königreiche gegen die moslemischen Kleinstaaten der Halbinsel *Kreuzzugscharakter* an. Alles zurückeroberte Land fällt in römischer und christlicher Rechtstradition an den Fiskus der jeweiligen Krone. Im Westen der Halbinsel verläuft die *Wiederbesiedlung* der zurückgewonnenen Ländereien in drei Phasen: Sie erfolgt in der ersten Phase bis zum Duero überwiegend als Siedlung freier Bauern unter monastischer oder adliger Leitung oder in eigener Initiative im Namen der Krone. In der zweiten Phase südlich des Duero wird die Siedlung vorwiegend von zentralen königlichen Städten und in deren Gerichtsbezirken von weiteren untergeordneten Städten geleitet und ebenfalls von freien Bauern durchgeführt. Zwischen Tajo und Guadiana erhalten in dieser Phase die Ritterorden von Calatrava, Santiago, Alcántara und der Templer von der Krone zur Grenzsicherung umfangreiche Grundherrschaften. Südportugal, Andalusien und das Königreich Murcia werden erst nach der Schlacht bei Navas de Tolosa (1212) in der dritten Phase im Auftrag der Krone von Städten, Ritterorden und Magnaten zugleich als Kolonisationsträger beziehungsweise Grundherren besiedelt. Die bäuerlichen Siedler kommen nicht nur aus dem kargen Norden, sondern auch als wohlhabende christliche Mozaraber mit höherer Kultur aus den moslemischen Reichen. Da im Süden der Halbinsel nur noch wenige neue Siedler zur Verfügung stehen, werden die weiten grundherrlichen Ländereien, die sich in späteren Jh.en zu Großgrundbesitzungen entwickeln, überwiegend durch extensive Viehzucht genutzt. Handel und Gewerbe treten in den christlichen Reconquista-Reichen hinter der Landwirtschaft zurück. Die Wiederbesiedlung im Osten der Halbinsel vollzieht sich ähnlich, jedoch spielen adlige und kirchliche Grundherren als Träger der Siedlung insgesamt eine größere Rolle als in León und Kastilien.

Kreuzzugscharakter
Wiederbesiedlung

Die militärische und politische *Expansionskraft* der christlichen Königreiche, die wirtschaftlich und sozial auf die Reconquista ausgerichtet sind, greift nach Abschluss der Bewegung auf der Halbinsel von den Reichen der Krone Aragón nach Italien und dem östlichen Mittelmeerraum, von Portugal nach Afrika, Ostasien und Brasilien und von Kastilien nach Afrika, Hispanoamerika und den Philippinen aus. Die iberische Reconquista führt zu dem Ergebnis, dass das westliche Mittelmeer im 13. Jh. zu einem „christlich" kontrollierten Meer wird, während das östliche Mittelmeer bis zum Seesieg über die Türken bei Lepanto (1571) weit gehend in moslemischer Hand bleibt.

Expansionskraft

León und Kastilien

	Das Königreich Asturien ist durch ein Niemandsland zum islamischen Herrschaftsgebiet hin geschützt.	
791–842	*König Alfons II. der Keusche* (*759, †842). Er baut die Hauptstadt Oviedo und das Verteidigungssystem südlich des Kantabrischen Gebirges aus. Für die östliche, vom Ebrotal her verwundbare Landschaft kommt aufgrund ihrer vielen Kastelle der Name Kastilien auf. Die Kunde vom Jakobsgrab (Santiago de Compostela) stärkt die Widerstandskraft der jungen Monarchie.	*König Alfons II. der Keusche*
850–866	Ordoño I. setzt die Expansion des Reiches nach Süden fort.	
866–909	*König Alfons III.* (*um 848, †910). Er erreicht und befestigt die Duero-Linie, ist jedoch in größerem Maße den Angriffen des Kalifats ausgesetzt. Er verlegt die Hauptstadt des Reiches von Oviedo nach León. Besonderen Ausbau erfährt der westliche Landesteil um Oporto (Portucale) am Duero. Das Gebiet nördlich und südlich dieser Stadt wird seit dem frühen 10. Jh. Portugal genannt. Der westliche Landesteil erlangt vor allem dadurch größere Selbstständigkeit, dass die leonesischen Könige dieses Territorium häufig einem ihrer Söhne übertragen. Noch stärker als der Westen des Reiches expandiert die Grenzmark Kastilien im Osten.	*König Alfons III.*
923–970	Unter den kastilischen Grafen ist Ferdinand González die stärkste Persönlichkeit.	
um 931	Er fasst mehrere kleine Grafschaften zur Großgrafschaft Kastilien zusammen.	
1035–1065	*König Ferdinand I.* (*um 1016). Sohn Sanchos des Großen von Navarra (†1035). Unter ihm wird Kastilien auf Kosten von León erweitert und zu einem eigenständigen Königreich erhoben.	*König Ferdinand I.*

Könige von Kastilien

Könige von Kastilien

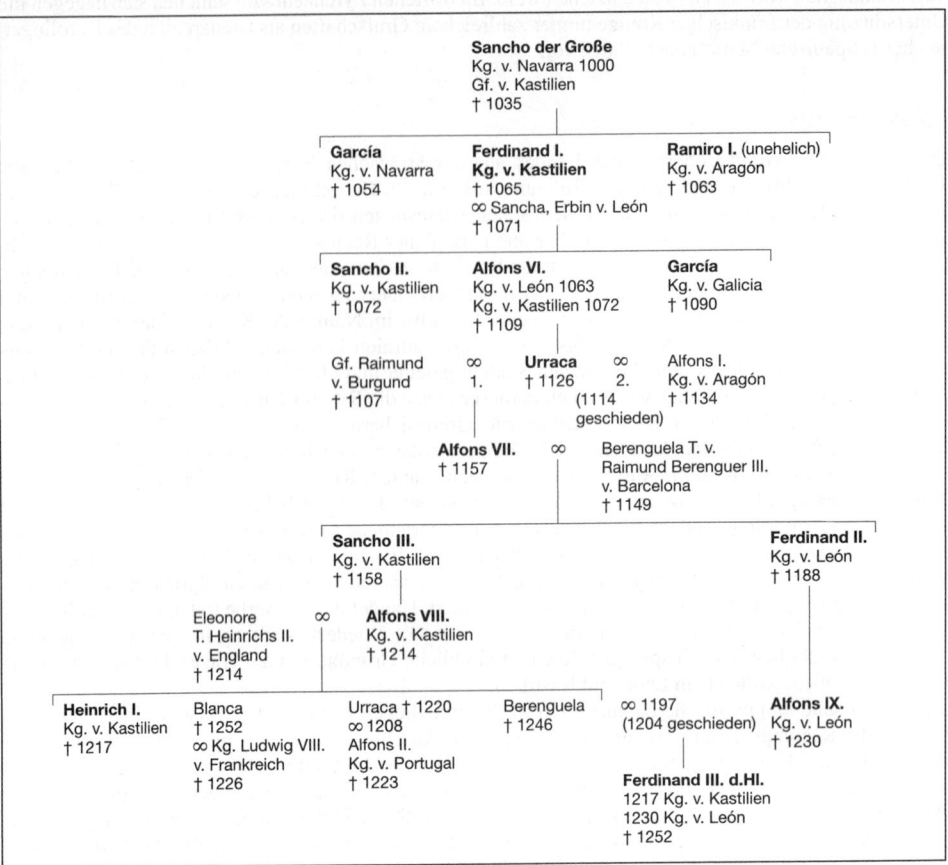

1037 Er beerbt den letzten König von León.
Danach verlagert sich das wirtschaftliche und politische Schwergewicht beider Reiche endgültig nach Kastilien. Ferdinand I. treibt die benachbarten moslemischen Teilkönigreiche militärisch in die Enge und erobert das Gebiet zwischen Duero und Coimbra. Sein zweiter Sohn ist

König Alfons VI. 1072–1109 König Alfons VI. (* vor Juni 1040, † 1109).

1085 Er erreicht mit der Eroberung Toledos, das zur Hauptstadt des Gesamtreiches wird, die Tajo-Linie. Er nennt sich, ähnlich wie andere leonesische Könige vor und nach ihm, die sich ohnehin als Nachfolger der westgotischen Monarchen sehen, „Imperator totius Hispaniae" (Herrscher ganz Spaniens), um symbolisch einen Hegemonialanspruch über alle übrigen christlichen und moslemischen Reiche auf der Halbinsel auszudrücken.
In den Kriegen gegen die moslemischen Teilkönigreiche ist sein Feldherr Roderich Díaz de Vivar (* um 1043, † 1099) mit dem arabischen Beinamen Cid (= Herr), der später in moslemische Dienste wechselt und in Valencia eine eigene Herrschaft begründet, die dominierende Persönlichkeit.
Die Almoraviden schlagen Alfons VI. in mehreren Schlachten und erobern nach dem Tode des Cid Valencia zurück. Die leonesisch-kastilische Expansion im Süden des Tajo und in Richtung auf das Mittelmeer wird von den Almoraviden und nach ihnen von den Almohaden gestoppt.

König Alfons VII. 1126–1157 König Alfons VII. (* 1105).

Auch er sieht sich als König von León und Kastilien, der als letzter Monarch den spanischen Kaisertitel führt, von den Almohaden militärisch in die Defensive gedrängt. Seit der Erbteilung beider Reiche regieren

1157–1188 Ferdinand II. (* 1137) als König von León
1158–1214 und Sancho III. (1157–1158) und nach ihm Alfons VIII. als König von Kastilien.

1195 1212 16. Juli	Wenige Jahre nach der Niederlage Alfons' VIII. gegen die Almohaden bei Alarcos erlangen die erstmals erfolgreich vereinten Heere Kastiliens, Aragóns und Navarras bei *Navas de Tolosa* (nahe Jaén) einen entscheidenden Sieg.	*Schlacht bei Navas de Tolosa*
1217–1252	König Ferdinand III. (*1201, †1252).	
1230	Als König von Kastilien und León vereinigt er beide Königreiche für alle Zukunft und erobert die moslemischen Reiche von Córdoba, Murcia, Jaén, Sevilla. Die Reconquista findet bis auf die Eroberung des Nasridenreiches Granada ihren Abschluss. Das Königreich León-Kastilien, das innerhalb von 50 Jahren sein Territorium verdoppelt, wird zum Hegemonialreich der Halbinsel. – (Forts. S. 558)	

Navarra

1000–1035	*König Sancho der Große* (*um 992, †1035). Unter ihm spielt das Königreich Pamplona (später Navarra genannt) eine zentrale Rolle unter den Reconquista-Reichen. Im Westen gehören zu ihm die Gebiete von Sobrarbe und Ribagorza, und sein Einfluss reicht bis Barcelona. Sancho der Große vereinigt darüber hinaus in seiner Person die Grafschaft Kastilien und das Königreich León. Nach seinem Tode werden seine Reiche unter seinen Söhnen aufgeteilt.	*König Sancho der Große*
1035–1054	Sein ältester Sohn García folgt ihm im Königreich Pamplona nach, das auf Kosten Kastiliens erweitert worden ist. Er verliert jedoch bald die Gebiete Sobrarbe und Ribagorza an das Königreich Aragón. Nach seinem Tode gehen im Kampf gegen seinen Bruder Ferdinand I. von Kastilien auch die Gebiete im Westen des Reiches wieder an Kastilien verloren.	
1076	Alfons VI. von Kastilien okkupiert schließlich die Provinzen Vascongadas und La Rioja, während Sancho Ramírez von Aragón den Rest des Königreiches Navarra mit der Hauptstadt Pamplona besetzt.	
1134	Nach dem Tode Alfons' I. von Aragón wird Navarra unter dem zum König erhobenen *García Ramírez* (1134–1150) in den Grenzen der heutigen Provinz Navarra ohne die kastilisch verbleibenden Gebiete La Rioja und Vascongadas wieder selbstständig. Er und sein Sohn Sancho VI. der Weise (1150–1194) behaupten zwar ihre Unabhängigkeit gegenüber den Königen von Kastilien und Aragón, können aber mangels moslemischer Grenzen durch die Reconquista keine Landgewinne erzielen.	*García Ramírez*
1194–1234	*König Sancho VII. der Starke* (*1154, †1235). Er vermählt seine Schwester Blanca mit Theobald III. von Champagne (†1201). Nach früheren Rückeroberungserfolgen verliert jedoch Sancho die baskischen Provinzen für alle Zukunft an Kastilien.	*König Sancho VII. der Starke*
1234–1253	Theobalds und Blancas Sohn Theobald IV. (*1200, †1253) vereint Navarra mit der Champagne. Seither wird das Königreich Navarra von französischen Herrscherhäusern regiert. Es gerät künftig immer enger in den französischen Macht- und Kulturbereich und entfremdet sich dem iberischen Kulturkreis. Johanna, Enkelin Theobalds IV. und Erbin von Navarra und Champagne, wird mit dem späteren König Philipp IV. von Frankreich (1285–1314) vermählt.	
1328	Nach dem Tode Karls IV., des letzten direkten Kapetingers, rufen die navarresischen Ständeversammlungen Johanna (*1312, †1349), die Tochter Ludwigs X. von Frankreich (1314–1316), zur Königin von Navarra aus, die durch ihre Heirat mit Philipp von Evreux (*1301, †1343) dieses nordfranzösische Haus für ein Jh. auf den Pampeloneser Thron bringt. – (Forts. S. 563)	

Aragón

1035–1063	*König Ramiro I.* Der Sohn Sanchos des Großen von Navarra erhält von seinem Vater die Grafschaft Aragón in den mittleren Pyrenäen und weitere Gebiete.	*König Ramiro I.*
1035	Nach dem Tode seines Vaters lässt er sich zum unabhängigen König von Aragón ausrufen. Als sein Bruder García von Navarra stirbt, gewinnt er die Territorien Sobrarbe und Ribagorza im Osten hinzu.	
1076	Sein Sohn Sancho Ramírez (1063–1094, *1043) besetzt im Westen den Kern des Königreichs Navarra mit der Hauptstadt Pamplona.	

Könige von Aragón

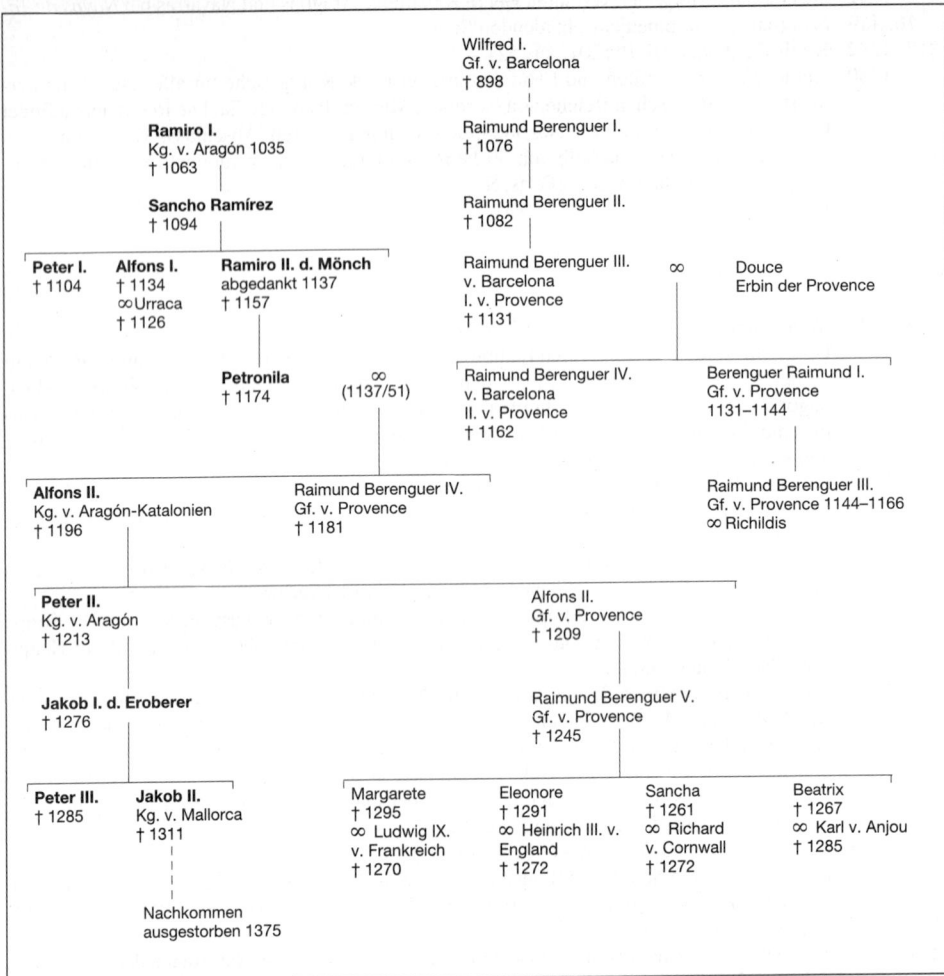

Reconquista

Sancho Ramírez und sein Sohn Peter I. (1094–1104, *1068/9?) erreichen durch die *Reconquista* großen Gebiets- und Machtzuwachs.

1096 Sie erobern mit Huesca den Mittelpunkt der moslemischen Herrschaft nördlich des Ebro.

Alfons I. der Kämpfer Eroberung Zaragozas

1104–1134 *König Alfons I. der Kämpfer* (*um 1073, †1134), ein Bruder Peters I.

1118 Er *erobert* die stark befestigte Hauptstadt des moslemischen Königreichs *Zaragoza*, das zur Hauptstadt Aragóns wird.

Der Besitz des Ebrotals in aragonischer Hand ist dadurch gesichert. Die aragonischen Positionen schieben sich rasch durch die Täler der südlichen Nebenflüsse des Ebro voran und gelangen bis in die Gegend von Teruel am Ostrand der Meseta. Die schnelle Ausdehnung Aragóns nach Süden schneidet der Südostexpansion der kastilischen Reconquista den Weg ab. Peters und Alfons' I. Bruder und Nachfolger Ramiro II. der Mönch (1134–1137, †1157)

1134 verliert Navarra, das wieder ein unabhängiges Königreich wird.

1137 Er verheiratet jedoch seine Tochter und Erbin Petronila (†1174) mit dem Grafen Raimund Berenguer IV. von Barcelona und erreicht dadurch eine der zukunftsträchtigsten Länderverbindungen auf der Halbinsel: Der Binnenstaat Aragón erhält Zugang zum Mittelmeer und das Küstengebiet Katalonien sein nötiges Hinterland.

Raimund Berenguer IV. (1137–1162), der seit der Abdankung Ramiros II. Aragón als Verweser regiert, kann jetzt die katalanische Reconquista bis zum unteren Ebro vortragen und Tortosa (1148) und Lérida (1149) erobern.

Usatges

Graf Raimund Berenguer I. von Barcelona (1035–1076) erlässt die *Usatges*, das berühmte katalanische Gesetzbuch. Sein Nachfolger Raimund Berenguer II. (1076–1082) wird von

	seinem Bruder ermordet. Raimund Berenguer III. (1096–1131) erwirbt durch Heirat die Provence (Raimund Berenguer I. von der Provence).	
1162–1196	König Alfons II. (*1152, †1196).	*Alfons II.*
1166	Der Sohn von Raimund Berenguer IV. und Petronila erwirbt die an eine Nebenlinie übergegangene Provence wieder zurück, die jedoch nur bis 1245 unter dem Hause der Grafen von Barcelona und Könige von Aragón verbleibt, um danach durch Heirat an das Haus Anjou zu fallen.	
	Alfons II. setzt die Eroberung der Gegend von Teruel fort.	
1171	Er beginnt die Unterwerfung des Königreichs Valencia, dessen Hauptstadt er belagert. Er ist mit Sancha (†1208), der Tochter König Alfons VII. von Kastilien, vermählt und pflegt das väterliche Bündnis mit Kastilien. Am Ende seiner Regierungszeit wendet er sich jedoch gegen die iberische Hegemonialmacht, eine Politik, die sein Sohn und Nachfolger Peter II. (1196–1213) wieder zugunsten Kastiliens korrigiert. Peter II. führt die langwierige Eroberung Valencias fort.	
1212	Er unterstützt Kastilien in der Schlacht bei Navas de Tolosa gegen die Almohaden.	
1213	Er findet als Verbündeter der Grafen von Toulouse und anderer südfranzösischer Großer in der Niederlage bei Muret (südwestlich von Toulouse, an der Garonne) in den Albigenserkriegen den Tod und verliert weit gehend die seit Jahrzehnten aufgebauten Herrschaftspositionen der Krone Aragón in Südfrankreich.	
1213–1276	König *Jakob* (= Jaime) *I. der Eroberer* (*1208).	*Jakob I.*
	Er wird zum Nationalhelden der Katalanen.	*der Eroberer*
1229–1235	Er erobert die Balearen und schließlich die Hauptstadt des Königreichs Valencia (1238), das künftig neben dem Königreich Aragón und dem Fürstentum Katalonien den dritten großen Bestandteil der Krone Aragón bildet.	
1240–1246	Nach der Einnahme Valencias fallen auch die moslemischen Festungen Cullera, Denia und Játiva im Süden des Reiches.	
1243–1244	Die Eroberung des Reiches Murcia durch Kastilien, die vollkommen im Rahmen des früheren Teilungsvertrags von Cazorla (1179) zwischen beiden iberischen Großreichen für die Reconquista der restlichen moslemischen Gebiete bleibt, schneidet den Ländern der Krone Aragón für künftigen Landgewinn den Weg ab.	
	Jakob I. richtet daher seine Expansion über die Balearen hinaus auf weitere mittelmeerische Territorien.	
1262	Zielstrebig verheiratet er seinen Erben Peter III. (1276–1285) mit Konstanze (†1302), der Tochter Manfreds von Sizilien. – (Forts. S. 561)	

Portugal

1095/1096	König Alfons VI. von León und Kastilien überträgt die *Grafschaft Portucale* zwischen den Flüssen Minho und Tajo als Entschädigung für militärische Dienste in der Reconquista seinem künftigen Schwiegersohn *Heinrich* (1093–1112), dem *Bruder des Herzogs von Burgund*.	*Grafschaft Portucale Heinrich von Burgund*
1109	Nach dem Tode Alfons VI. lehnt Heinrich die Lehnsoberhoheit der Könige von León über seine Grafschaft ab.	
	Seit der Gründung des Erzbistums Braga (1104) wird Portugal auch in kirchlicher Hinsicht allmählich unabhängig.	
1112–1185	Heinrichs Sohn Alfons I. (*1108/9?), für den die Mutter bis 1128 die Regentschaft hat, bemüht sich mehrfach ohne Erfolg, Galicien zu erobern.	
1139	Nach dem glänzenden Sieg bei Ourique (südwestlich von Beja) über die Moslems lässt er sich von seinen Rittern und Fußsoldaten zum König ausrufen.	
1143	Alfons VIII. von León und Kastilien erkennt durch die Vermittlung eines päpstlichen Legaten die *Unabhängigkeit* des neuen Staates de jure an, ein Faktum, das Papst Alexander III. Jahrzehnte später sanktioniert.	*Unabhängigkeit*
1179		
1185–1211	Alfons I. erobert Lissabon (1147).	
	Sein Nachfolger Sancho I. erwirbt durch Reconquista und bäuerliche Siedlung den Beinamen „der Siedlungsunternehmer" (o povoador).	
1211–1223	König Alfons II. beteiligt sich an der Schlacht bei Navas de Tolosa (1212).	
1223–1248	Dieser Sieg eröffnet seinen Nachfolgern Sancho II. (†1248) und nach ihm Alfons III. die Möglichkeit, bis um die Mitte des 13. Jh.s Südportugal bis zum portugiesisch-kastilischen Grenzfluss Guadiana zu erobern. – (Forts. S. 562)	
1248–1279		

EUROPÄISCHES MITTELALTER Die Staatenwelt

Könige von Portugal

Könige von Portugal

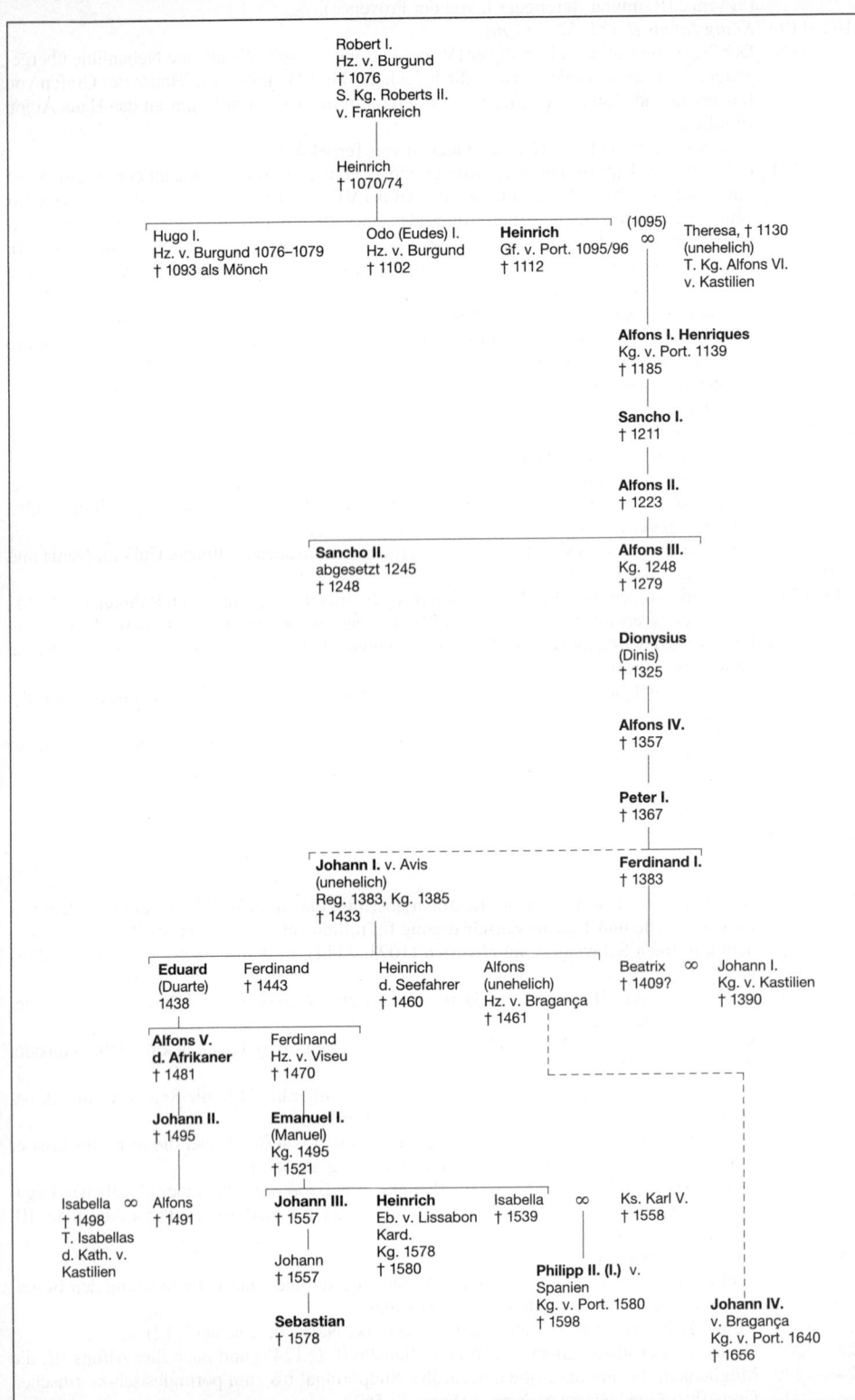

Die Iberische Halbinsel (1252–1516)

Das späte Mittelalter ist sowohl für die iberischen Monarchien als auch für die meisten übrigen Staaten Westeuropas seit dem Bevölkerungsverlust durch den Schwarzen Tod (Pest) eine Zeit der Mangelkrisen, der Preisrevolution, der sozialen Auflösung und allmählichen Neustrukturierung und Konsolidierung. Nach dem weit gehenden *Abschluss der Reconquista* (Rückeroberung des unter arabischer Herrschaft stehenden Landes) wird das Königtum immer machtloser, der in seinen Einkünften geschmälerte hohe Adel rebelliert gegen das Königtum und die Ständeversammlungen, besonders im Reich Aragón, gewinnen immer größere Privilegien. Früher als in anderen Ländern beginnt in Portugal und später in Spanien der nationalstaatliche Aufbau. Beide Staaten sind deshalb als erste europäische Nationen in der Lage, die bereits vorhandenen, auf Eroberung angelegten sozialen Kräfte und Mechanismen in den Mittelmeerraum, nach Afrika, Asien und Amerika zu lenken. Gleichzeitig beginnt wie überall in Westeuropa ein neuer Aufstieg des Königtums. Die Vereinigung der Kronen von Kastilien und Aragón wird zur Voraussetzung für den Aufstieg Spaniens zur europäischen Hegemonialmacht. — *Abschluss der Reconquista*

Im Hoch- und Spätmittelalter ist die königliche, kirchliche oder adlige *Grundherrschaft* die beherrschende agrarische Produktionseinheit. In León und Altkastilien absorbiert und verdrängt sie seit dem 11. Jh. mit zunehmender Grundbesitzkonzentration das freie bäuerliche Eigentum. In Andalusien, im Reino de Murcia und im südlichen Portugal vergibt die jeweilige Krone nach der Reconquista riesige Grundherrschaften an Adlige oder Ritterorden. Die *Agrarwirtschaft* der mittelalterlichen Reconquista-Reiche beruht ebenso wie im übrigen Europa vor allem auf dem Getreideanbau (Weizen, Roggen und Gerste). Daneben existiert Wein-, Gemüse-, Obst- und, insbesondere im Süden, Olivenanbau. Mit dem Fortschritt der Reconquista gewinnt die Viehzucht, insbesondere die Wanderschäferei, immer größere Bedeutung. Die Mesta, die nationale Genossenschaft der Viehbesitzer, entwickelt sich zum mächtigsten Interessenverband in Kastilien. Die kastilische Wolle findet in der nordeuropäischen und oberitalienischen Textilindustrie ihren Absatz. — *Grundherrschaft* / *Agrarwirtschaft*

In den aufstrebenden christlichen Städten Spaniens und Portugals beschleunigt sich gleichzeitig auch die zünftig organisierte *handwerkliche Warenproduktion* für regionale und zum Teil auch überregionale und überseeische Märkte. Wichtige Absatzchancen eröffnen die Herbergen an der Pilgerstraße nach Santiago de Compostela (angeblich Grab des Apostels Jakobus d.Ä.) und noch stärker die überregionalen und internationalen Messen, allen voran die Messen von Medina del Campo (südlich von Valladolid). Der rasche militärische Fortschritt der Reconquista bremst jedoch in Kastilien aufgrund mangelnder Arbeitskräfte die Entwicklung der Textilindustrie. Die ungünstigen Verkehrsverhältnisse des Landes hemmen die Entwicklung der Gewerbe ebenfalls. Das Binnenland Kastilien bleibt überwiegend ein agrarischer Rohstoffproduzent, bei dem Viehzucht und Wollexport nach Italien und Nordeuropa im Vordergrund stehen. Gleichzeitig muss Kastilien Luxusgüter und Fertigwaren, insbesondere für den Verbrauch der adligen und kirchlichen Eliten, aus Italien und dem nördlichen Europa importieren. In den Hafenstädten der Länder der Krone Aragón nehmen die Gewerbe, insbesondere die Textilindustrie, und auch der Überseehandel einen lebhafteren Aufschwung als in Kastilien. Die Kaufleute organisieren sich in den Seehäfen in Kaufmannsvereinigungen und Handelstribunalen (consulados). — *handwerkliche Warenproduktion*

Um 1480 erreicht die spanische *Bevölkerung* einschließlich der Bevölkerung Navarras etwa 5,4 Mio. Einwohner; davon beträgt die kastilische Bevölkerung rund 4,5 Mio. Menschen. Die größere Bevölkerungszahl auf der Meseta ist ein wichtiger Grund dafür, dass León-Kastilien zur iberischen Hegemonialmacht wird. In den christlichen Städten und Ortschaften leben neben der Masse der hispano-gotischen Bevölkerung nicht integrierte Minderheiten, die sich auf eigene Stadtviertel konzentrieren. Zu diesen *Minderheiten* gehören einmal fränkische Einwanderer und deren Nachkommen, ferner die unterworfene moslemische Bevölkerung in getrennten Maurenvierteln (morerías) und schließlich die jüdische Bevölkerung, die bereits unter moslemischer Herrschaft in Judenghettos (juderías) abgesondert worden ist. Die hispano-christliche Gesellschaft gliedert sich hierarchisch in Stände, wobei der niedere Adel im Vergleich zum übrigen Europa durch die Militärdienstmöglichkeiten während der Reconquista weitaus zahlreicher vertreten ist. — *Bevölkerung* / *Minderheiten*

Die christlichen Reconquista-Reiche sind im Spätmittelalter keine Wahlmonarchien mehr, sondern *Erbmonarchien*. Die in den *Ständeversammlungen* (Cortes) der einzelnen Reiche repräsentierten Stände: Adlige, Prälaten und Vertreter der Städte leisten dem neuen König den Treueid, während dieser schwört, die Gesetze, Privilegien und Freiheiten des Landes zu achten und zu bewahren. Dem König steht die Hofversammlung (lateinisch: curia regia) beratend zur Seite, der die Magnaten des Reiches angehören. Aus der curia regia entwickelt sich in Kastilien der Königliche Rat (Consejo Real) als oberste administrative und jurisdiktionelle Kronbehörde. Neben der Hofversammlung oder dem Königlichen Rat entstehen im Spätmittelalter in den einzelnen Reichen weitere Ämter und Behörden der königlichen *Zentralverwaltung*, — *Erbmonarchien* / *Ständeversammlungen* / *Zentralverwaltung* insbesondere die der königlichen Finanzverwaltung. Träger der Territorialverwaltung sind neben den im Spätmittelalter aufblühenden Städten vor allem die königlichen, geistlichen und adligen Grundherrschaften. Daneben gibt es für Spezialaufgaben bestimmte königliche Territorial- und Distriktsbeamte.

Kastilien (1252–1516)
(Forts. v. S. 553)

1252–1284 Unter Alfons X., dem Weisen (*1221, †1284), greift Kastilien nach dem vorläufigen Abschluss der Reconquista erstmals zur Expansion in den Mittelmeerraum aus.

1257 Um das Erbe der Staufer in Italien zu übernehmen, lässt sich Alfons, ein Verwandter der Staufer und Enkel Philipps von Schwaben, zum deutschen König wählen. Er erlangt jedoch nicht die Kaiserkrone, weil sich letztlich die Ständeversammlungen und die Großen Kastiliens dieser kostspieligen Außenpolitik mit Geldgeschenken und Truppenentsendungen widersetzen, aber auch, weil er als Herrscher zu unentschlossen und zu wenig energisch ist. Aufstände der moslemischen Bevölkerung des Landes engen dazu seinen Handlungsspielraum ein. Schließlich stößt der König mit seiner Italienpolitik auch auf den Widerstand der Kurie. Alfons X. lässt zahlreiche literarische, wissenschaftliche und juristische Werke, darunter die *Siete Partidas*, eine umfangreiche Gesetzessammlung in kastilischer Sprache, verfassen. Dank seiner Förderung entwickelt sich das Kastilische zur Nationalsprache.

Siete Partidas

1284–1295 Sancho IV. (*1258, †1295) stärkt durch das Bündnis, das er nach der Eroberung Siziliens durch Aragón gegen dieses Land mit Frankreich geschlossen hat, seine eigene innenpolitische Anerkennung und gleichzeitig die hegemoniale Machtstellung Kastiliens auf der Halbinsel.

1292 Er erobert mit aragonesischer und granadiner Hilfe die Festung Tarifa (Straße von Gibraltar) und drängt den Einfluss der moslemischen Berber an der Meerenge von Gibraltar zurück.

Seine politisch kluge Gemahlin María de Molina (†1321) führt vormundschaftlich die Regentschaft für ihren Sohn Ferdinand IV. (*1285, †1312; 1295–1312) und später auch für ihren Enkel Alfons XI. (*1311, †1350; 1312–1350, seit 1325 selbstständig). Die marokkanisch-granadiner Rückeroberungsversuche mit dem Ziel, die Kontrolle über die Meerenge von Gibraltar zurückzugewinnen, werden durch den kastilisch-portugiesischen *Sieg am Salado de Tarifa* (entspringt im Distrikt Tarifa) für alle Zukunft vereitelt.

Sieg am Salado de Tarifa

1340

Dauerkonflikt

1350–1369 Peter I., der Grausame (*1334, †1369), ist in einen *Dauerkonflikt* mit seinem unehelichen Halbbruder Heinrich von Trastámara (*1333, †1379) verwickelt, der die oppositionelle, durch Pest und Mangelkrisen geschädigte Adlige hinter sich vereinigt. In diesem Kampf, der zugleich ein Abschnitt des Hundertjährigen Krieges zwischen England und Frankreich ist, wird Peter trotz englischer Hilfe (Eduard, der Schwarze Prinz) geschlagen und wahrscheinlich von seinem Halbbruder, der französische Unterstützung erhält, ermordet (1369).

1368 Das von Heinrich erneuerte Bündnis Kastiliens mit Frankreich bleibt über ein Jh. bestehen.

Verbündeter Frankreichs

1372 Als *Verbündeter Frankreichs* erringt Heinrich von Trastámara (1369–1379: König Heinrich II.) über die englische Flotte bei La Rochelle (französischer Hafen nördlich der Gironde) einen Sieg (England sucht den kastilischen Wollexport nach Flandern zu unterbinden).

1373/1375 Heinrich II. zwingt die englischen Verbündeten Portugal, Navarra und Aragón zum Frieden.

1385 Heinrichs Sohn Johann I. (*1358, †1390; 1379–1390) wird von Portugal, das mit England verbündet ist, bei Aljubarrota (im heutigen Distrikt von Leiria) vernichtend geschlagen.

1390–1406 Seit der Regierungszeit Heinrichs III. (*1379, †1406) zieht sich Kastilien außenpolitisch aus dem Hundertjährigen Krieg zurück und greift in den Atlantikraum aus.

1404 Im Auftrage der Krone nehmen zwei Franzosen die wichtigsten der Kanarischen Inseln in Besitz.

Machteinbuße der Krone

1407–1454 Innenpolitisch wird unter Johann II. (*1405, †1454), aber auch schon unter seinem Vater Heinrich III., *die Macht der Krone* durch wohlhabende adlige Oligarchien *eingeschränkt*. Der Außenhandel, das fernhändlerische Stadtbürgertum, die Handelsmessen und die Handelsmarine nehmen einen bescheidenen Aufschwung.

Bürgerkrieg

1454–1474 In der anarchischen Regierungszeit Heinrichs IV. (*1425, †1474) erreicht der *Bürgerkrieg* zwischen schwacher Krone und oppositionellen Adelsgruppen seinen Höhepunkt. Die Krone wird dabei nur von einigen wenigen Adelsherren, vor allem aber von den Städtebünden unterstützt.

Könige von Kastilien – Aragón – Sizilien

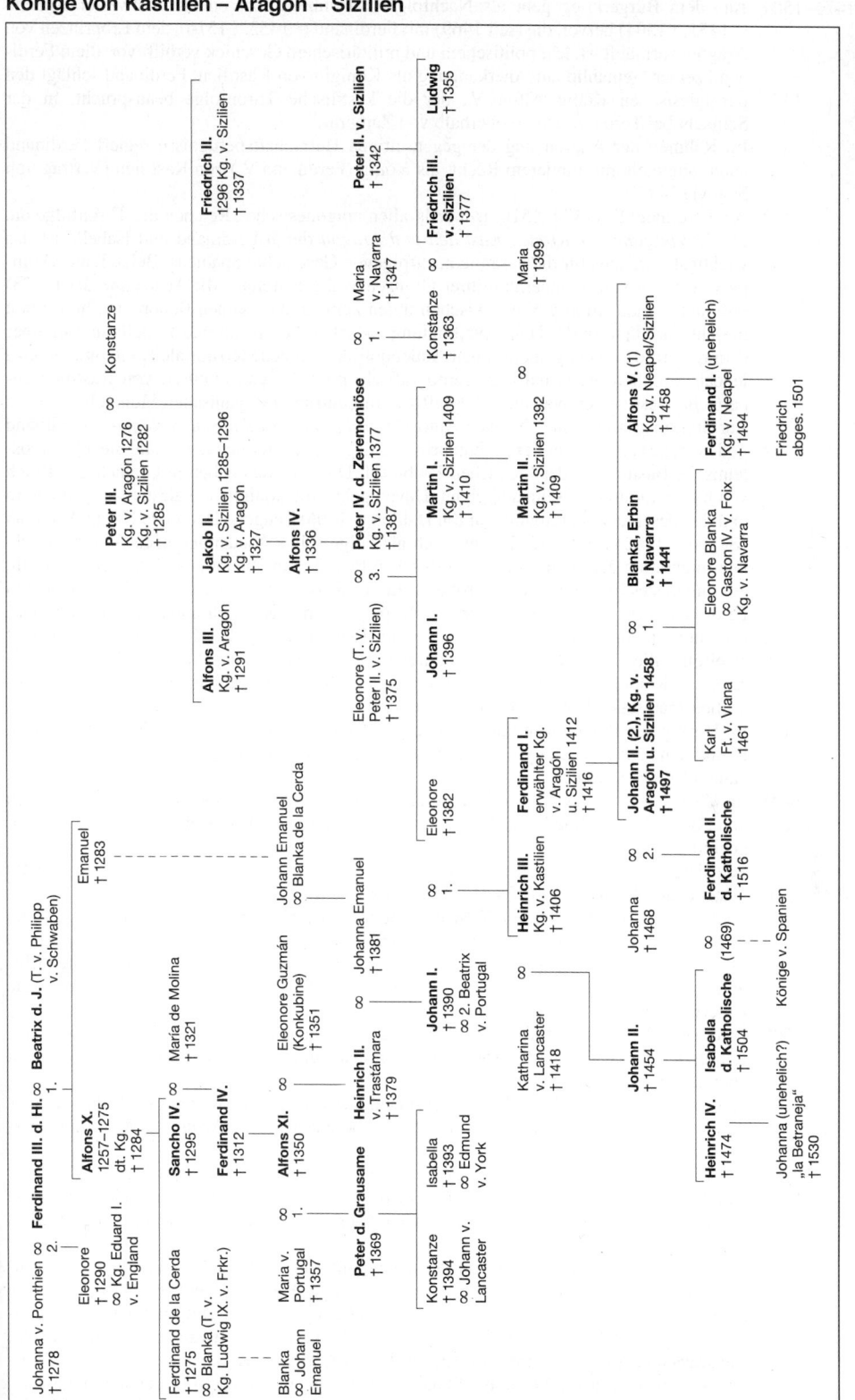

spanische Könige

Ferdinand II. der Katholische

Isabella die Katholische

	1474–1504	Aus dem Bürgerkrieg geht als Nachfolgerin Heinrichs dessen Halbschwester Isabella (*1451, †1504) hervor, die (seit 1469) mit Ferdinand (*1452, †1516), dem Erbprinzen von Aragón, vermählt ist. Mit politischem und militärischem Geschick verhilft vor allem Ferdinand seiner Gemahlin zur Anerkennung als Königin von Kastilien. Ferdinand schlägt den portugiesischen König Alfons V., der die kastilische Thronfolge beansprucht, in der Schlacht bei Toro (am Duero oberhalb von Zamora).
	1476	
		Im Rahmen der Abgrenzung der gegenseitigen Herrschaftsbefugnisse regiert Ferdinand auch, obgleich mit minderem Recht, als König (Ferdinand V.) von Kastilien (Vertrag von Segovia 1475).
Kastilien und Aragón vereint	1479	Als Ferdinand II. (1479–1516) tritt er in allen aragonesischen Reichen die Thronfolge an. Die *Vereinigung der Kronen Kastilien und Aragón* durch Ferdinand und Isabella ist das wichtigste Ereignis für die gesamte nachfolgende Geschichte Spaniens. Beide Länderkomplexe bleiben vorerst innerhalb ihrer Grenzen völlig getrennt. Mit Ausnahme der (1478) errichteten Inquisition gibt es zwischen ihnen keine gemeinsamen Behörden. Die Einheit besteht vor allem in der Heiratsverbindung zwischen Ferdinand und Isabella und in einer dadurch ermöglichten gemeinsamen Außenpolitik. Das neue territoriale Konglomerat wird jedoch räumlich, wirtschaftlich, demografisch, politisch und kulturell von Kastilien beherrscht. Kastilien entwickelt sich künftig zum Zentrum der spanischen Monarchie.
Eroberung Granadas	1481–1492	Zur Stärkung ihrer monarchischen Autorität *erobern die Katholischen Könige* (Ferdinand und Isabella) in einem harten, zehnjährigen Krieg *das Königreich Granada*, die letzte moslemische Bastion auf der Iberischen Halbinsel. Die Nasriden haben in Granada ein Reich von hoher kultureller Blüte aufgebaut. Davon geben die königliche Palastanlage Alhambra und die Geschichtsschreibung von Ibn Haldun (†1406) Zeugnis. Der letzte König Abdallah (Boabdil, 1482–1492, †1527) zieht sich als Folge seiner Niederlage nach Afrika zurück. Die Integration der unterworfenen arabischen Bevölkerung bleibt jedoch länger als ein Jh. ein ungelöstes innenpolitisches Problem. In der Außenpolitik gegenüber Italien sieht sich Ferdinand gezwungen, der Eroberung Neapels durch Frankreich entgegenzuwirken. Das bedeutendste außenpolitische Ereignis in der Regierungszeit der Katholischen Könige ist zweifellos die *Entdeckung Amerikas* durch Christoph Kolumbus. Die nachfolgende Eroberung und Kolonisierung des Doppelkontinents im Namen Kastiliens führt zum Aufbau des großen spanischen Kolonialreichs in Übersee.
Entdeckung Amerikas	1492 12. Okt.	
	1493	Im Vertrag von Barcelona erhält Ferdinand gegen die Zusicherung seiner Neutralität die an Frankreich verpfändeten Pyrenäengrafschaften Rosellón (französisch: Roussillon) und Cerdaña (Cerdagne) zurück.
Vertrag von Tordesillas	1494 7. Juni	Im *Vertrag von Tordesillas* werden die überseeischen Interessensphären zwischen Spanien und Portugal durch eine Nord-Süd-Linie 370 Meilen westlich der Kapverdischen Inseln abgegrenzt.
	1504–1516	Seit dem Tod Isabellas regiert Ferdinand Kastilien für seine regierungsunfähige Tochter Johanna die Wahnsinnige (*1479, †1555), als Regent.
	1504	Ferdinand lässt das Königreich Neapel durch Gonzalo Fernández de Córdoba (*1453, †1515), den „Großen Kapitän", zurückerobern, sodass es wieder zur Krone Aragón gehört. In Nordafrika werden nur einige wenige Brückenköpfe zur Sicherung der spanischen Mittelmeerrouten erobert (Melilla, Mers-el-Kébir und Oran). Im Atlantik gelangt dagegen die Unterwerfung der Kanarischen Inseln zum Abschluss.
	1506	Ferdinands Regentschaft über Kastilien wird von Johannas Gemahl, dem Habsburger Philipp dem Schönen (*1478, †1506), als rechtmäßigem König unterbrochen; dieser stirbt aber nach wenigen Monaten.
Inkorporierung Navarras	1512	Auf der Iberischen Halbinsel lässt Ferdinand *das Königreich Navarra* im Rahmen eines diplomatischen und militärischen Handstreichs besetzen und *der Krone von Kastilien inkorporieren* (1515). Das Ziel, Portugal auf dem Wege der Heiratspolitik zu annektieren, misslingt.
	1516	Durch den Tod Ferdinands fallen alle kastilischen und aragonesischen Reiche an seine Tochter Johanna und ihren Sohn Karl (als Kaiser Karl V., als König von Spanien Karl I., *1500, †1558).
königliche Macht verstärkt		Die habsburgische Thronfolge und der außenpolitische Gegensatz zu Frankreich bestimmen die Zukunft Spaniens. Die Katholischen Könige (Ferdinand und Isabella) *verbessern innenpolitisch die Macht der Krone* durch die Rückgewinnung entfremdeten Kroneigentums. Es gelingt ihnen, die Großmeisterwürden der kastilischen Ritterorden von Santiago, Calatrava und Alcántara, eine Domäne des hohen Adels, der Krone anzugliedern. In Kastilien beschneiden sie die Macht der Ständeversammlungen und kontrollieren die Magistratsoligarchien durch die Einsetzung königlicher Corregidores in den großen Städten. Mit der

Gründung der Santa Hermandad verbessern sie in Kastilien das Landpolizeiwesen. Sie bauen den Behördenapparat der königlichen Zentralverwaltung mit überwiegend bürgerlichen und kleinadligen Berufsbeamten aus. Die Kirche wird in ganz Spanien der straffen Kontrolle und Führung der königlichen Macht unterworfen. Um der Einheit und Reinheit des katholischen Glaubens willen *werden die Juden* (1492) und die islamische Bevölkerung (1502) *zur Taufe oder zur Emigration gezwungen.* Von den schätzungsweise 200000 in Spanien lebenden Juden verlassen etwa 150000 und von den rund 1000000 Anhängern des Islam etwa 300000 das Land. Aus Angst vor der *Inquisition* fliehen auch viele Neuchristen aus dem ehemals toleranten Spanien. Der Aufbau des spanischen Nationalstaats wird von den Katholischen Königen mit sehr hohen wirtschaftlichen und sozialen Kosten vorangetrieben. – (Forts. S. 1022)

Emigration der Juden

Inquisition

Aragón (1276–1516)
(Forts. v. S. 555)

1276–1285   Peter III. der Große (*1239, †1285) ist von seinem Vater Jakob I. durch zahlreiche Führungsaufgaben auf die Thronfolge vorbereitet worden.
1282   Als Gemahl Konstanzes, der Tochter und Erbin des Stauferkönigs Manfred von Sizilien (Sohn Kaiser Friedrichs II.), erobert Peter die Insel in sorgfältig geplanter Expedition.
     Nach einem antifranzösischen Volksaufstand in Palermo (*Sizilianische Vesper*) und nach
1282–1285   der Krönung Peters zum König von Sizilien besiegt er gegen die Politik Frankreichs und des französischstämmigen Papstes Martin IV. seinen Gegenspieler Karl von Anjou. Die Krone Aragón beherrscht mit Unterstützung katalanischer Handelsinteressen zeitweilig das westliche Mittelmeer. Peter III. stößt aber mit seiner kostspieligen Expansionspolitik auf den erbitterten Widerstand der vereinigten Stände des Binnenreiches Aragón mit Valencia, denen
1283   er in Zaragoza ein weit reichendes *Generalprivileg* zugestehen muss.
1285–1291   Sein ältester Sohn Alfons III. (*1265, †1291) kämpft um den Zusammenhalt und um die Rechte seiner Reiche Aragón, Valencia und Katalonien.
1287   Er ist aber gezwungen, den in der Unión Aragonesa vereinigten *Ständen weitere Privilegien zu gewähren* und die königlichen Machtbefugnisse noch stärker einzuschränken.
1291–1327   Nachfolger ist Jakob II. (*1264, †1327), Peters Sohn, seit 1285 in Sizilien König.
1295   Jakob schließt mit Frankreich und der Kurie den Frieden von Anagni. Darin verzichtet er zugunsten des Hauses Anjou auf Sizilien und wird dafür vom Papst als oberstem Lehnsherrn mit Sardinien und Korsika belehnt.
1296   Die Sizilianer erheben jedoch seinen Bruder Friedrich II. (1296–1337) zum König, dessen Nachkommen die Insel bis zum Aussterben der Linie regieren.
1323   Jakob II. kann nach langwierigen Kämpfen das bisher von Pisa verteidigte Sardinien erobern. Korsika bleibt jedoch im Besitz Genuas.
     Der Gegensatz der *Handelsinteressen* im Mittelmeer führt zu einer erbitterten Feindschaft zwischen der Krone Aragón und der Stadtrepublik Genua. Katalanische und aragonesische Söldner, die im Dienst König Friedrichs II. von Sizilien und des byzantinischen Kaisers gestanden haben, erobern Teile von Griechenland. Sie stellen die eroberten Gebiete unter den Schutz und die Souveränität Siziliens. Später werden diese Territorien direkt der Krone Aragón inkorporiert. König Friedrichs II. Sohn Manfred begründet die neue aragonesische Dynastie der Herzöge von Athen. Im Königreich Valencia gelingt es Jakob, das Eigentum des von Papst Clemens V. 1312 aufgelösten Templerordens dem 1317 neu gegründeten Ritterorden von Montesa zu erhalten. Die Beteiligung an der Reconquista tritt im Vergleich zur *Expansionspolitik* im Mittelmeerraum in den Hintergrund.
1336   Auf Jakobs schwachen, unpolitischen Sohn Alfons IV. (*1299, †1336; 1327–1336) folgt dessen Sohn Peter IV., der Zeremoniöse (*1319, †1387; 1336–1387).
1343–1349   Peter annektiert das von einer aragonesischen Nebenlinie regierte Königreich Mallorca mit den Pyrenäengrafschaften Rosellón und Cerdaña. Ihm gelingt es, den *Widerstand des* in der Unión vereinigten *aragonesischen Adelsstandes*, der dabei vom valencianischen Adel unterstützt wird, militärisch (Sieg in der Nähe von Zaragoza [Saragossa] bei Epila: 1348) und allmählich auch politisch zu brechen. In der Regierungszeit Peters steht die Krone Aragón aus verschiedenen innenpolitischen Gründen, aber auch im Rahmen des Hundertjährigen Krieges in militärischen Auseinandersetzungen mit Kastilien.
1377   Nach dem Tod Friedrichs III. von Sizilien ist Peter, mit dessen Schwester vermählt, König von Sizilien. Er lässt Sizilien durch seinen Sohn Martin als Vizekönig verwalten.

Sizilianische Vesper

Generalprivileg

weitere Ständeprivilegien

Handelsinteressen

Expansionspolitik

Adelswiderstand gebrochen

| | 1396/1410 | Nach dem Tode seiner beiden Söhne Johann I. (*1350, †1396; 1387–1396) und Martin I. (1396–1410) erlischt das Haus Barcelona. Martin ist 1409 auch auf dem Thron der aragonesischen Seitenlinie in Sizilien nachgefolgt. |

Schiedsspruch von Caspe 1412 Durch den *Schiedsspruch* der in *Caspe* (am Ebro östlich von Zaragoza) zusammengetretenen je drei Vertreter der Ständeversammlungen von Aragón, Katalonien und Valencia geht unter den zahlreichen Thronbewerbern Ferdinand I.(*1379, †1416; 1412–1416) aus dem Hause Trastámara, der Bruder König Heinrichs III. von Kastilien, als rechtmäßiger Erbe hervor. Seine Mutter Leonore ist die Tochter Peters IV., des Zeremoniösen, von Aragón. Ferdinand erbt auch den sizilianischen Thron.

Eroberung Neapels 1416–1458 Alfons V., der Großmütige (*1396, †1458), folgt als König und Fürst von Aragón, Katalonien, Valencia, Mallorca, Sardinien und Sizilien nach. Sein Hauptinteresse gilt der *Eroberung des Königreichs Neapel*.

1421–1423 Für die Geldbewilligungen der Neapelexpedition muss die Krone den katalanischen Ständeversammlungen (Cortes) weit reichende Zugeständnisse gewähren.

1431–1442 Nach einer zweiten, langwierigen Expedition gelingt es Alfons mit militärischem und diplomatischem Geschick, als König von Neapel anerkannt zu werden. Er kehrt als Liebhaber Italiens und der italienischen Renaissance in 25 Regierungsjahren nicht mehr nach Spanien zurück. Italien ist zum Zentrum des aragonesischen Mittelmeerreiches geworden.

Die iberischen Länder der Krone Aragón verwaltet sein Bruder Johann, der ihm als

1458–1479 Johann II. (*1398, †1479) nachfolgt. Der Thron von Neapel fällt jedoch nach Alfons' Tod an seinen unehelichen Sohn Ferdinand (1458–1494). Johann ist durch seine Gemahlin Blanca (seit 1425) zugleich auch König von Navarra. Trotz französischer Militärhilfe und der damit zusammenhängenden Verpfändung der Pyrenäengrafschaften Rosellón (Roussillon) und Cerdaña (Cerdagne) an Frankreich (1462) ist er nicht in der Lage, einen erbitterten katalanischen Aufstand gegen sich als autoritär herrschenden Kastilier niederzuschlagen.

1472 Die Katalanen erkennen ihn erst wieder nach langem wirtschaftlichem Niedergang während der Kriegsjahre als Herrscher an.

1479–1516 Auf Johann II. folgt Ferdinand II., der Katholische, der mit Isabella von Kastilien verheiratet ist. – (Forts. S. 1022)

Portugal (1279–1495)

(Forts. v. S. 555)

innerer Landesausbau 1279–1325 Alfons' III. Sohn Dionysius (Dinis; *1261, †1325) mit dem Beinamen „der Landwirt" ist der erste portugiesische König, der sich vorwiegend *dem inneren Landesausbau widmen kann*. Auf ihn gehen aber auch die Anfänge der portugiesischen Kriegsmarine und zahlreiche Verteidigungsbauten zurück. Dionysius legt die Grundlage zur sprachlichen Einheit des Landes, indem er den Dialekt von Porto zur Nationalsprache erhebt, die das Lateinische zunehmend verdrängt.

Universität Lissabon 1288 Dionysius gründet die *Universität Lissabon*, die später nach Coimbra verlegt wird.

1294/1308 Mit England schließt Dionysius einen Handelsvertrag und (1308) einen Militär- und Freundschaftspakt, der sich vor allem gegen Kastilien richtet.

Das portugiesische Eigentum des von Papst Clemens V. (1312) aufgehobenen Templerordens weiß Dionysius dem 1317/1319 neu gegründeten Christusorden, einem nationalen Ritterorden, zu reservieren.

Alfons IV. (1325–1357) leistet seinem Schwiegersohn, dem König von Kastilien, in der

1340 Schlacht am Salado gegen die Marokkaner und Granadiner entscheidende Hilfe.

Kriege gegen Kastilien 1367–1383 Nach der kurzen, friedvollen, auf das Gemeinwohl bedachten Regierungszeit Peters I. (1357–1367) verwickelt Ferdinand I. (*1345, †1383) mit Unterstützung des großgrundbesitzenden Adels das kleine Land in mehrere *Kriege gegen Kastilien*. Dabei droht die nationale Unabhängigkeit Portugals verloren zu gehen, die letztlich nur noch mit englischer Unterstützung erhalten bleibt.

1373 Der (1308) geschlossene Freundschaftsvertrag mit England wird erneuert. Diese außenpolitische Bindung, die bis in die jüngste Geschichte bestehen bleibt, fördert die Handelsbeziehungen zwischen beiden Ländern. Mit Ferdinands Tod endet die Herrschaft des Hauses Burgund in Portugal.

Aus den Nachfolgekämpfen geht mit Unterstützung des niederen Adels und des Stadtbürgertums als König Johann I. (*1357, †1433), unehelicher Halbbruder Ferdinands I., hervor.

1385–1433 Er ist Großmeister des Avis-Ordens und wird Begründer der Dynastie Avis.

1385	Nahe Aljubarrota (im heutigen Distrikt Leiria) fügt er mit englischer Hilfe den Kastiliern, die in die portugiesischen Thronfolgeauseinandersetzungen eingreifen, eine vernichtende Niederlage bei.
1386	Er lässt zu Windsor das Militärbündnis mit England erneuern und heiratet Philippa (1387), die Tochter des Herzogs von Lancaster.
1411	Kastilien erkennt in einem Friedens- und Bündnisvertrag die Unabhängigkeit Portugals an.
1415	Ceuta, ein wichtiger nordafrikanischer Handelsplatz gegenüber Gibraltar für Gold, Sklaven, Getreide und andere afrikanische Waren, wird unter dem Kommando Johanns I. erobert.
1431	Der Bündnisvertrag mit Kastilien von 1411 wird durch den Vertrag von Medina del Campo bestätigt. Unter Johann I. leitet Portugal, der im Vergleich zur Entwicklung anderer westeuropäischer Länder am frühesten abgeschlossene Nationalstaat, die ökonomisch bedingte *überseeische Expansion* ein, aus der die kleine Nation als erste Kolonialmacht Europas hervorgeht. Johanns I. Sohn *Heinrich der Seefahrer* (*1394, †1460) ist der wichtigste organisatorische und finanzielle Förderer der portugiesischen Entdeckungsfahrten. Als Großmeister des Christusordens stehen ihm dafür beträchtliche Einkünfte zur Verfügung. Zur Verbesserung der wissenschaftlichen Nautik gründet er in Sagres in Südwestportugal eine Seefahrtsschule, an der vor allem Mathematik und Astronomie unterrichtet wird. Heinrich treibt die Entdeckungsfahrten längs der afrikanischen Küste voran.
1433–1438	In der Regierungszeit von König Eduard (Duarte; *1391, †1438) wird ein portugiesisches Expeditionsheer bei der Belagerung von Tanger vernichtend geschlagen. Dabei gerät Ferdinand, der Bruder des Königs, als Geisel in moslemische Gefangenschaft.
1438–1481	Unter Alfons V., dem Afrikaner (*1432, †1481), der 1446 volljährig wird, schreitet die *Entdeckung und Eroberung* westafrikanischer Küstenplätze und Inseln voran. Der Sklaven-, Gold- und Pfefferhandel expandiert.
1458/1471	Portugiesische Expeditionsheere erobern in Nordwestafrika 1458 Alcácer Ceguer und 1471 Arcila und Tanger.
1474	Des Königs Ansprüche auf den kastilischen Thron, der nach dem Tode Heinrichs IV. vakant ist, bleiben ohne Erfolg.
1481–1495	Johann II. (*1455, †1495) gelingt es mit Unterstützung der Städte, die bisher eigenständige lokale und regionale Gerichtsbarkeit und Verwaltung des Adels und die Unabhängigkeit der Kirche der Kontrolle und Gewalt der Krone zu unterwerfen. Die Macht der Herzöge von Bragança, von Viseu und anderer einflussreicher Adelsfamilien wird durch Hinrichtung, Verbannung und Konfiskation der Güter gebrochen. Johann II. ist ähnlich den Katholischen Königen in Spanien der Schöpfer einer *frühabsolutistischen Staatsordnung*. Nach der Vertreibung der Juden aus Spanien werden die zum großen Teil nach Portugal einwandernden jüdischen Familien zu einem sozialen Problem. – (Forts. S. 1030)

Marginalia: *überseeische Expansion*; *Heinrich der Seefahrer*; *Entdeckungen und Eroberungen*; *frühabsolutistischer Staat*

Navarra (1328–1512)

(Forts. v. S. 553)

1328–1387	Auf Philipp III. (1328–1342/1349), Grafen von Evreux, und Johanna II. (1328–1349; *1312, †1349) folgt deren Sohn Karl II. (1349–1387) nach, unter dem Navarra in den Hundertjährigen Krieg hineingezogen wird.
1387–1425	Im Gegensatz zu seinem Vater widmet sich Karl III. intensiv dem inneren Landesausbau.
1425–1479	Dessen Tochter und Erbin Blanca ist mit König Johann II. von Aragón vermählt. Die Eingliederung Navarras in die Krone Aragón führt zum Bürgerkrieg im Lande.
1479	Nach dem Tode Johanns II. fällt das Königreich Navarra durch Heirat nacheinander an die französischen Grafenhäuser Foix und Albret.
1512	Um eine stärkere Bindung Navarras an Frankreich zu verhindern, lässt Ferdinand der Katholische *das Land* unter einem Vorwand kurzerhand *militärisch besetzen*.
1515	Durch die kastilischen Cortes von Burgos wird *Navarra der Krone von Kastilien inkorporiert*. Das institutionell selbstständig verbleibende Königreich Navarra wird künftig durch einen in Pamplona regierenden Vizekönig verwaltet. – (Forts. S. 1022)

Marginalia: *Besetzung durch Aragón*; *Inkorporation Navarras*

Die Britischen Inseln (4. Jh. bis 1485)

(Forts. v. S. 327)

Die Britischen Inseln (bis 1066)

Die sprachlich-ethnische Gliederung: Das Zeitalter der Völkerwanderung bringt die Ausgestaltung der ethnischen Gliederung der Inseln, die sich am deutlichsten in der sprachlichen Differenzierung der Völker abzeichnet. Die *keltische Bevölkerung* der ehemals römischen Provinz Britannien wird seit dem 5. Jh. durch einwandernde germanische Stämme nach Westen abgedrängt. Sie erhält sich im Südwesten der Insel (Devon und Cornwall), während ein Teil der Bevölkerung von dort an die Nordwestspitze Galliens übersiedelt (Aremorica, nach der neuen Bevölkerung aus Britannien „Bretagne" genannt); sie überlebt weiterhin auf der walisischen Halbinsel und im Nordwesten, in Cumbria/Cumberland und Strathclyde. Diese Völker sprechen Varianten des brythonischen Zweiges der keltischen Sprachfamilie: Cornisch, Bretonisch, Walisisch/Cymrisch (diese Sprachen bestehen sämtlich bis in die Neuzeit fort, während es für die Sprachen der Völker von Cumbria und Strathclyde keine schriftlichen Zeugnisse gibt). In Irland leben die Kelten (Goidelen), deren Sprache von der der britischen Kelten stark verschieden ist. Sie greifen im 5. Jh. nach Osten über und siedeln an der Südwestküste von Wales, hinterlassen dort aber kaum sprachliche Spuren. Andere irische Stämme aus Dalriada (Nordirland) greifen um dieselbe Zeit nach Nordosten über und gründen das gleichnamige Reich in Argylshire. Von dort dringt die irisch-gälische Sprache allmählich ostwärts in das schottische Hochland vor. Im Norden Schottlands leben die von den Römern so benannten Picten („die Bemalten"), ein Volk unbekannter Herkunft und Sprache. Ihre Sprache verschwindet im 9. Jh. durch die Ausdehnung von Strathclyde. Die *Stämme germanischer Sprache* gründen in England seit dem 5. Jh. kleine Reiche (Jüten in Kent, Sachsen entlang der Südküste, Angeln nördlich der Themse), deren Vereinigung zum englischen Reich in einem Prozess erfolgt, der sich über ein halbes Jt. erstreckt. Die *Wikinger* prägen in Siedlung und Sprache die Inseln vor allem entlang der Ostküste im mittleren Bereich (Dänen) und an der Nordküste Schottlands sowie auf den Inselgruppen des Nordens (Shetlands, Orkneys, Hebriden und bis nach Man); diese Siedler sind vornehmlich Norweger. Am Beginn der historischen Zeit gibt es auf den Britischen Inseln die lateinische Sprache, die pictische Sprache sowie zwei Varianten der keltischen Sprachfamilie; im Verlauf eines halben Jt.s von Bevölkerungsverschiebungen differenziert sich das Bild durch die Siedlung der germanischen und der skandinavischen Völker in England, Schottland und auf den Inseln erheblich. Siedlungsdichte und politische Entwicklung bewirken eine allmähliche Abschwächung des dänischen sprachlichen Einflusses, der vornehmlich in Ortsnamen noch erkennbar ist, sowie eine stete Verbreitung der englischen Sprache. Dennoch bleiben die Britischen Inseln bis 1066 der skandinavischen Welt verbunden.

Die angelsächsischen Einfälle

Die Chronologie der Ankunft der germanischen Stämme auf den Britischen Inseln ist höchst ungesichert. Archäologische Funde weisen auf die Siedlung von Germanen in der römischen Provinz Britannien seit dem 4. Jh. Einzig die *Angelsachsenchronik* bietet ein genaues chronologisches Gerüst, das freilich als unzuverlässig betrachtet werden muss. Diese im ausgehenden 9. Jh. zusammengestellte Chronik (die sicher zum Teil auf älterem Material beruht) berichtet von folgenden Einfällen:

449 Einladung von Hengist und Horsa durch Vortigern.
455 Hengist und Horsa kämpfen gegen Vortigern. Horsa fällt, Herrschaft Hengists und seines Sohnes Aesc.
477 Ankunft von Aelle und seinen drei Söhnen Cymen, Wlencing und Cissa.
495 Ankunft von Cerdic und seinem Sohn Cynric (Cerdic †534).
501 Ankunft von Port und seinen zwei Söhnen Bieda und Maegla in Portsmouth.
514 Ankunft der Westsachsen unter ihren Führern Stuf und Wihtgar (†544).

Die angelsächsischen Gebiete

596	Die *Christianisierung* der Angelsachsen erfolgt von Rom aus: Mission des Mönches Augustin († wohl 604) durch Papst Gregor den Großen. Weiterer Ausgangspunkt der Christianisierung ist Irland (Zentrum Iona, von dort Gründung Lindisfarnes durch Aidan [† 651]).	*Christianisierung*
664	Die *Synode von Whitby* entscheidet sich für die römische Organisation. Der politische und kulturelle Schwerpunkt liegt im 7. und beginnenden 8. Jh. in Northumbria (Beda Venerabilis, *um 673, † 735, Geschichtsschreiber der Angelsachsen und Theologe).	*Synode von Whitby*
8. Jh.	Verlagerung des politischen Schwerpunkts nach Mercia (König Offa, 757–796); Abgrenzung gegen Wales (Offa's Dyke).	
793	Beginn der *Wikingerzeit*. Als Folge davon verlagert sich der politische Schwerpunkt nach Wessex (Südwesten).	*Wikingerzeit*
seit 850	Intensive Siedlung der Dänen im Osten Englands im später so benannten Danelaw.	
871–899	König Alfred der Große von Wessex (*um 848).	

Die angelsächsischen Könige bzw. die dänischen Könige in England

Westsächsische Herrscher		
Egbert	802–839	*westsächsische Herrscher*
Ethelwulf	839–855	
Ethelbald	855–860	
Ethelbert	860–865/66	
Ethelred	865/66–871	
Alfred der Große	871–899	*Alfred der Große*
Eduard der Ältere	899–924	
Ethelstan	924–939	
Edmund	939–946	
Edred	946–955	
Englische Herrscher		
Edwy	955–959	*englische Herrscher*
Edgar	959–975	
Eduard der Märtyrer	975–978	
Ethelred II.	978–1016 (1013–1014 auf der Flucht)	
Dänische Herrscher		
Sven Gabelbart	1013–1014 (König von Dänemark 986–1014)	*dänische Herrscher*
Knut der Große	1016–1035	*Knut der Große*
Harald Hasenfuß	1035–1040	
Hardeknut	1040–1042	
Englische Herrscher		
Eduard der Bekenner	1042–1066	
Harald Godwinson	1066	
Edgar Etheling	1066 (gewählt in London, nicht gekrönt, † nach 1125)	

	Organisation des Widerstands gegen die Dänen. Kulturelle Blüte durch Alfreds Tätigkeit als Übersetzer (Orosius, Beda, Boethius) und Anregung angelsächsischer Annalistik. Unter seinen Nachfolgern gelingt die allmähliche Unterwerfung des Danelaw. Durchgreifende territoriale Organisation (Grafschaftssystem: „shire" mit dem Sheriff als Kronbeamten; mehrere „shires" unterstehen dem „ealdorman" oder „earl", eine Institution, die die Zentralisierung erschwert).
937	Schlacht bei Brunanburh (unbekannte Lage, darüber angelsächsisches Gedicht). Weiterer Ausgriff nach Norden mit der Eroberung des skandinavischen Königreiches von York durch Ethelstan (924–939). Gewinn von Northumbria, während die Errichtung einer Oberhoheit über die keltisch-britischen Herrscher von Wales und Cornwall nicht dauerhaft gelingt. Enge Beziehungen mit den Ottonen.

Kirchenreform	959–975	König Edgar (*um 944).
Unter ihm erneuter kultureller Aufschwung durch die monastisch geprägte *Kirchenreform* Erzbischof Dunstans von Canterbury (960–988, *um 909). Außerdem Blütezeit volkssprachlicher angelsächsischer Literatur (Aelfric, Mönch von Winchester, *um 955, †nach 1020).
	978–1016	König Ethelred II. (*968).
Unter ihm erneute Erschütterung der Herrschaft über England durch Däneneinfälle. Er erhebt im Danegeld die *erste allgemeine Steuer* eines mittelalterlichen Staates.
Steuer *Einigung*		Die endgültige *Einigung* des Königreichs England erfolgt unter dem dänischen
	1016–1035	König Knut dem Großen (*um 995).
Sie wird durch seine beiden Nachfolger Harald Hasenfuß (1035–1040) und Hardeknut (1040–1042) erhalten. Unter Knut geht das englisch geprägte Lothian an Schottland verloren.
Eduard der Bekenner	1042	Die angelsächsische Dynastie kommt mit *Eduard dem Bekenner* (*um 1003) wieder auf den Thron, der während der Dänenherrschaft in der Normandie im Exil gelebt und dort enge Kontakte zu dem Herzogshaus geknüpft hat.
	1042–1066	König Eduard der Bekenner.
Bindung Englands an die Normandie nach Eduards Herrschaftsantritt stößt im Land auf erheblichen Widerstand.
	seit 1052	Eduard steht unter der Kontrolle der Nationalpartei des Earl Godwin († 1053).
	1066	Nach Eduards Tod wird Godwins Sohn Harald (*um 1022) König. Er wehrt erfolgreich einen Einfall der Norweger bei Stamfordbridge (in der Nähe des Wash) ab.
Schlacht bei Hastings	14. Okt.	Er wird aber bei *Hastings* (an der Kanalküste) von Herzog Wilhelm von der Normandie (*1027 oder 1020, †1087) geschlagen und getötet. Darstellung des Feldzugs auf dem Teppich von Bayeux.
Die Überwindung der politischen Zersplitterung Englands hat ein halbes Jt. gedauert.
Wilhelm der Eroberer		Durch den Herrschaftsantritt *Wilhelms des Eroberers* erlebt England nach starken Bindungen an die skandinavische Welt eine historische Wende durch enge Kontaktnahme mit Frankreich, die die englische Geschichte der nächsten vier Jh.e bestimmt. – (Forts. S. 569)

Die keltischen Gebiete

Geschlossenheit

Die geografische Lage der keltischen Gebiete gibt diesem Raum eine gewisse *Geschlossenheit* (keltische Thalassokratie = Meer als verbindendes Element). Die Tatsache, dass die Völker dieser Gebiete verschiedene Zweige der keltischen Sprachfamilie benutzen, führt gleichwohl zu keinem Gefühl der Einheit; dennoch besteht ein reger Austausch im materiellen und geistigen Bereich zwischen diesen Völkern (Zeitalter der Heiligen, Pilger, Schrift, Miniatur, Skulptur), bei dem Irland dominierend ist. Diese Verbindungen zwischen den keltischen Gebieten sind möglich, da während drei Jh.en wenige Bedrohungen von außerhalb eine verhältnismäßig ungestörte Entwicklung ermöglichen. Die in den Sagen überlieferten blutigen Kämpfe der heroischen Zeit sind offenbar keine typischen Erscheinungen des politischen Alltags. Alle keltischen Gebiete sind in der Frühzeit in kleine Stammesreiche gegliedert, die einander das Gleichgewicht halten (Rinderraub als Krieg bezeichnet). Die soziale Struktur fördert die Entstehung monastisch geprägter Kirchenordnungen in diesen Gebieten, die aber nie zu einer keltischen Kirche zusammengefasst werden. Die Rivalität zwischen einzelnen „Heiligen" um den Primat im keltischen Bereich, die in der Hagiografie in Erscheinung tritt, scheint freilich einer späteren Entwicklungsstufe zugehörig zu sein. Die relativ geschlossene keltische Thalassokratie (die nicht zur Introvertiertheit führt) wird durch die Plünderungen und anschließenden Siedlungen der Wikinger seit dem ausgehenden 8. Jh. gesprengt. Die Isolierung der keltischen Gebiete voneinander nimmt zu. Karolingische, angelsächsische und skandinavische Einflüsse führen zu differenzierten Entwicklungen in diesen Ländern. In Irland und in der Bretagne wird unter äußerem Druck die politische Zersplitterung teilweise überwunden. Im sprachlichen, kulturellen und wirtschaftlichen Bereich bringen die neuen Kontakte wichtige Einflüsse, die jedem der keltischen Gebiete ein eigenes Gepräge geben. Am Ende des Frühmittelalters treten die inselkeltischen Völker in neuer Individualität in Erscheinung. Die nachlassende Expansion der skandinavischen Völker sowie die Hinwendung Englands zum europäischen Festland bewirken, dass die keltischen Gebiete jetzt zu *Randgebieten Europas* absinken.

Randgebiete Europas

Irland

Die Kelten (Goidelen) wandern in vorgeschichtlicher Zeit ein und unterwerfen die stark gemischte Vorbevölkerung, der sie ihre Sprache geben. Sie nennen sich *Gaelen* (lat. Name „Scoti"), ihr Land „Eriu" (lat. „Hibernia"). Die „filidh", Dichter und Seher, Hüter der episch-historischen Volkstradition, wirken auch nach der Christianisierung fort. Die Christianisierung des Landes erfolgt im 5. Jh., besonders durch die Tätigkeit des hl. Patrick, eines in Gallien erzogenen römischen Bürgers Westbritanniens (*um 385, †457/464 oder 491/493). Als Metropole des irischen Christentums gründet er Armagh; sein Einfluss scheint auf die Nordhälfte der Insel beschränkt gewesen zu sein. Statt der von ihm nach römischem Vorbild errichteten Bischofskirche entwickelt sich die *irische Mönchskirche*, in welcher der Abt das bedeutendere Amt innehat als der Bischof, der im Kloster residiert. Bedeutende irische Mission in den angelsächsischen Gebieten (Zentrum Iona), dann auf dem Festland (Klostergründungen Columbans des Jüngeren, zunächst in Burgund).
Blüte der irischen Gelehrsamkeit 500–800, Kalligrafie, Miniaturen, einige Kenntnis des Griechischen. Iroschottische Mission im Frankenreich. Politisch gliedert sich das Land in eine Vielzahl von Stammesstaaten („tuath", Pl. „tuatha", über 150), die von Königen („ri") geleitet werden. Die *Wikingereinfälle* setzen der hohen kulturellen Blüte des Landes ein Ende. Die Wikinger (vornehmlich aus Norwegen) siedeln seit der Mitte des 9. Jh.s an den Küsten der Insel und dringen sporadisch ins Landesinnere vor. Unter dem Eindruck der Einfälle wandeln sich die politischen Strukturen; seitdem werden mächtigere Könige der Provinzen Ulster, Connacht, Meath, Leinster und Munster bestimmt, die um die Oberherrschaft über die Insel ringen. Die politische Einigung des Landes unter einem Hochkönig („ard ri") gelingt nur in Ansätzen. Brian Boru († 1014 in der Schlacht von Clontarf bei Dublin) nennt sich „Kaiser der Schotten". Das politische Zentrum des Landes verlagert sich von Tara nach Dublin, einer Gründung der Wikinger.

Gaelen

irische Mönchskirche

Wikingereinfälle

Die irische Schriftsprache und die ältesten irischen schriftlichen Denkmäler

Die ältesten schriftlichen Zeugnisse in irischer Sprache stammen aus dem 4. bis 6. Jh. Es sind insgesamt etwa 300 Inschriften auf Gedenksteinen, die in Irland, Wales, Schottland und auf der Insel Man gefunden wurden. Die *Ogham-Schrift* (15 Konsonanten durch Striche, die Vokale durch Punkte dargestellt) basiert wahrscheinlich auf dem lateinischen Alphabet; es besteht wohl keine Verbindung dieser Schrift mit den Runen.
Im 5. Jh. kommt mit dem Christentum die lateinische Sprache und Schrift nach Irland. Sie trifft dort auf eine hoch entwickelte Gesellschaft mit reicher mündlicher Kulturtradition, die in weltlichen Schulen in langer und strenger Ausbildung durch Dichter/Seher („filidh") und Rechtsgelehrte („brehon") als privilegierte Gesellschaftsschicht gepflegt wird. Seit dem 6. Jh. wird neben der lateinischen auch die *irische Sprache* (Goidelic, Altirisch bis etwa 800) zur Aufzeichnung geistlicher und weltlicher Werke benutzt. Die altirische Sprache zeigt noch Spuren von Flexion, Passiv auf -r und die Deponensform. Recht und Religion weisen italo-keltisches Vokabular auf; Verwandtschaft mit Sanskrit. Mit der Christianisierung kommen neue lateinische Lehnwörter ins Irische, direkt (etwa für Lesen und Schreiben) und indirekt über das Brythonische. Die Wikingerzeit bringt eine Anzahl von Ausdrücken aus der Seefahrt. Das Irische ist die bedeutendste Sprache der keltischen Sprachfamilie (und erfährt nach langer Zurückdrängung durch das Englische eine Wiederbelebung vom ausgehenden 19. Jh. an).
Die mittelalterliche *irische Literatur* weist außerordentlichen Reichtum und große Vielfalt auf. Die ältesten schriftlichen Zeugnisse stammen vom Kontinent (Mission der Iroschotten) in der Form von Glossen (Würzburg, St. Gallen, Mailand, 7. Jh.) oder Gedichten (sog. Schulheft aus Reichenau, 9. Jh.); aus Irland die Homilie über die Messe (7. Jh.), volkssprachliche Notizen im Book of Armagh (8. Jh.), Vision Adamnans (9. Jh.). Der Großteil der altirischen Literatur ist freilich nur in Handschriften des Hoch- und Spätmittelalters erhalten und nur aufgrund philologischer Analyse ins Frühmittelalter zu datieren. Bedeutende Sammlungen im Book of Leinster (12. Jh.), im sog. Buch der Kuh von Dun, in Handschrift Oxford Rawlinson B 502, im sog. Gelben Buch von Lecan. Die Sprache weist beachtliche Einheitlichkeit auf, was auf die Pflege durch eine kleine Oberschicht deutet. Die bedeutenden umfangreichen Rechtssammlungen, die sämtlich die Gesellschaft vor der Ankunft des Christentums darstellen, wurden erstmals wohl im 6. oder 7. Jh. abgefasst und zeigen in den spätmittelalterlichen Handschriften umfangreiche Glossierungen (Erklärungen ungebräuchlicher oder veralteter Wörter), da die archaische Sprache schon nicht mehr verstanden wird.
Bereits seit dem späten 6. Jh. wird die irische Sprache auch von Geistlichen für *geistliche Werke* verwendet (älteste Dichtung „Amra Choluim Chille" von Dallan Forgaill, bald nach 597); reiche Annalistik, Sagen, Genealogien, Historien. Zyklen aus heroischer Zeit (Ulster-Zyklus mit der Geschichte vom Rinderraub „Tain Bo Cuailnge" mit dem Helden Cu Chulainn; Königszyklus; Fenian-Zyklus). Vielfältige heroische und lyrische Dichtung, Naturpoesie einzigartig im frühmittelalterlichen Europa, höfische

Ogham-Schrift

irische Sprache

irische Literatur

geistliche Werke

Dichtung (Preisgedichte, Satiren, Elegien). Im 8. Jh. wohl unter Einfluss des Lateinischen Einführung des Endreims.
Bedeutender Beitrag deutscher Philologen zur Erforschung des Altirischen seit der Mitte des 19. Jh.s: Johann Caspar Zeuss (*1806, †1856), Kuno Meyer (*1858, †1919), Rudolph Thurneysen (*1857, †1940). – (Forts. S. 584)

Schottland

Schottland bewohnen die von den Römern so genannten Pikten („die Bemalten"), ein Volk unbekannter Herkunft und Sprache.

um 400 Es wird durch St. Ninian christianisiert.

vier Königreiche um 550 Es existieren *vier Königreiche*: 1. Land der Pikten (Norden); 2. das von irischen Scoti aus Dalriada (Nordirland) gegründete gleichnamige Reich in Argyllshire (Beginn der gälischen Durchdringung Schottlands); 3. das keltisch-britische Strathclyde; 4. Bernicia, das Reich der Angeln (Südosten).

Christianisierung 6. Jh. Verstärkte *Christianisierung*, ausgehend von dem 563 durch Columban den Älteren (†597) gegründeten Kloster Hy oder Iona vor der Küste Dalriadas.

664/715 Konflikte zwischen irischen und römischen kirchlichen Gebräuchen werden schließlich zugunsten der Letzteren entschieden.

843 König Kenneth MacAlpin von Dalriada (†858) vereinigt sein Land mit dem der Pikten, deren Name verschwindet.

etwa Ende 9. Jh. Die Wikinger dehnen ihren Einfluss von den Orkneys und Shetlands sowie den Hebriden auch auf den Nordosten Schottlands aus.

Expansion nach Süden Die *Expansion des schottischen Reiches* ist seitdem nach Süden gerichtet, wie sich in der Folge zeigt:

1018 Eroberung Lothians (Nord-Bernicia) durch König Malcolm II. (1005–1034).

Thronwirren Trotz starker *Thronwirren* (Ermordung Duncans I., 1034–1040, durch Macbeth; Ermordung Macbeths, 1040–1057, durch Malcolm III. Canmore, 1057–1093) bleibt die politische Einheit des Landes gewahrt.

Das Land ist als Ergebnis der bisherigen Entwicklung dreisprachig: skandinavische Sprachen werden gesprochen auf den Inseln und im hohen Norden; gälisch nördlich des Forth; englisch in Lothian. – (Forts. S. 586)

Wales

Auf der walischen Halbinsel überleben die von den germanischen Stämmen nach Westen abgedrängten Briten, die sich selbst Cymry nennen (die Fremdbezeichnung „Waliser" kommt erst im 12. Jh. auf). Ihre keltische Sprache ist ein stark vom Lateinischen geprägter Zweig des Brythonischen. Volkssprachliche Dichtungen (Aneirin und Taliesin) seit dem 6. Jh. das geografisch äußerst zerklüftete Land gliedert sich in eine Vielzahl kleiner Stammesstaaten, die jede längerfristige politische Einigung des Landes *Kirche der* verhindern. Christianisiert noch unter römischer Herrschaft in Britannien, ist die *Kirche der Waliser* wie *Waliser* die der Iren monastisch organisiert mit stark asketischer Prägung (5. und 6. Jh. Zeitalter der Heiligen, am bedeutendsten St. David, der „Wassertrinker", †um 601). Die Wikingerstürme gehen im Wesentlichen an Wales vorbei. Seit dem 10. Jh. bildet sich allmählich unter englischem Einfluss eine Bischofskirche nach *Hywel Dda* römischem Muster heraus. Die Regionen Gwynedd, Powys und Dyfed werden vorübergehend von *Hywel Dda* („dem Guten", †950) geeint, zerfallen aber nach seinem Tod wieder. Hywel, der sich eng an das Königreich Wessex anlehnt, gilt als der Initiator der walisischen Rechtsbücher, die freilich erst seit dem späten 12. Jh. aufgezeichnet werden. – (Forts. S. 585)

Bretagne

An der Nordwestspitze Galliens ist kein Anzeichen einer gallo-keltischen Kontinuität nachzuweisen. Die Einwanderung der Inselkelten in die nach ihnen benannte Bretagne („Aremorica", „Britannia minor") erfolgt in der zweiten Hälfte des 5. Jh.s. Aus volkssprachlichen Glossen des 8. und 9. Jh.s ist die Sprache der Einwanderer dem brythonischen Zweig des Keltischen zuzuordnen; sie ist dem Cornischen näher als dem Walisischen. Monastische Siedlungen inselkeltischer Prägung sind seit dem 6. Jh. bezeugt. Im Osten der Aremorica bestehen die Bischofssitze der gallo-römischen Kirche fort (Rennes, Vannes, Nantes). Der kulturelle Einfluss des Karolingerreiches bewirkt die Übernahme der romanischen (später französischen) *Sprache* durch weltliche und geistliche Oberschichten. Die bretonische Mark der Karolinger wird erstmals 778 erwähnt (Tod des Präfekten Roland). Die Teilung des Landes in der Frühzeit in vier Fürstentümer wird unter dem Druck der karolingischen Bedrohung (Feldzüge 786, 799, 811) überwunden; es entsteht ein *Herzogtum*. Der Versuch, eine eigene Metropolitanverfassung durchzusetzen (Erzbistum Dol), um den kirchlichen Einfluss der Karolinger auszuschalten, scheitert schließlich 1199. Im 11. Jh. gewinnen die Normannen, dann die Grafen von Anjou, großen Einfluss auf die Geschicke des Herzogtums, das ein Lehen der Kapetinger ist. An der Eroberung Englands durch den Herzog der Normannen sind Bretonen maßgeblich beteiligt. Der kulturelle Austausch mit den inselkeltischen Völkern im Frühmittelalter ist schwach.

Sprache

Herzogtum

Die so genannte keltische Kontinuität

Das Problem der keltischen Kontinuität im engeren Sinn ist *sprachlich-literarischer Natur*. In den vier hier behandelten Ländern bleiben die keltischen Sprachen lebendig. Freilich werden sie nur in Irland und Wales von allen Schichten der einheimischen Bevölkerung benutzt und gepflegt. Folglich schlagen sie sich auch dort in literarischen Zeugnissen nieder, da die führenden Schichten literarisches Patronat betreiben. Gleichwohl ist der Übergang von mündlicher Tradierung zu schriftlicher Fixierung selbst ein Zeichen des Wandels. In Irland ist die literarische Tradition sehr konservativ; in Wales zeigen sich starke Einflüsse von außerhalb, besonders durch die lateinische Literatur und Poesie. In der Bretagne sind die Oberschichten der französischen Sprache verpflichtet, in Schottland erliegen die herrschenden Kreise den Einflüssen aus England. Die keltischen Sprachen werden bei den unteren Schichten bzw. im Hochland gepflegt.
Keltische Kontinuität im weiteren Sinn berührt allgemeine Fragen der *Gesellschaft*. Hier ist die Entwicklung von Land zu Land verschieden. Äußere Einflüsse gefährden den Bestand der Sozialstruktur und fördern die Tendenz zu staatlicher Einigung. Die politische Zersplitterung, die mehr oder weniger überwunden wird, ist freilich nichts typisch Keltisches, sondern überlebt lediglich bei den Völkern keltischer Sprache besonders lange. Ein Bewusstsein der Zusammengehörigkeit der keltischen Völker entsteht erstmalig unter dem Druck englischer Expansion im frühen 14. Jh. und ist nur von kurzer Dauer.

Sprache und Literatur

Gesellschaft

Die Britischen Inseln (1066–1485)

Das Gebiet der Normannenherrschaft
(Forts. v. S. 566)

Die völlig romanisierten Normannen erobern das angelsächsische England, das nun eng in den Kreis der von der römischen Kirche geprägten abendländischen Völker einbezogen wird. Es entsteht ein starkes, finanziell ungewöhnlich leistungsfähiges Königtum, das mit seinen Rittern über die erprobtesten Krieger des damaligen Europa verfügt. Die Verbindung Englands mit der Normandie ist nur durch eine straff zentralisierte Verwaltung zu verwirklichen. Die *Literatur* in englischer Sprache geht erheblich zurück; das Lateinische wird vorherrschend. Blütezeit der lateinischen Historiografie bis ins 13. Jh. (Wilhelm von Malmesbury, *um 1080, †nach 1142; Ordericus Vitalis, *1075, †nach 1143; Matthew Paris usw.). Unter dem Einfluss der französischen Sprache, die anfangs von der herrschenden Schicht gesprochen und später weiter gepflegt wird, wandelt sich das Altenglische zum Mittelenglischen. Durch die Thronbesteigung Heinrichs von Anjou 1154 wird aus dem anglo-normannischen das angevinische Reich, das eine schwere Bedrohung für die französischen Kapetinger wird. Die Ausdehnung der königlichen Oberhoheit über die inselkeltischen Nachbarn wird von der Krone nicht systematisch betrieben. In *Wales und Irland* bleiben Freiräume für die Aktivität anglo-normannischer Barone, die eine Mehrung ihrer persönlichen Macht anstreben und sich der königlichen Kontrolle nur widerwillig unterordnen. Die Verschmelzung des angelsächsischen und des französischen Elements zum englischen Volk setzt bereits im 12. Jh. ein und wird durch den Verlust der Normandie (1204) beschleunigt. Die Systematisierung der Verwaltung im 13. Jh. schlägt sich in einem reichen Aktenmaterial nieder. Die extensive Machtausübung durch die angevinischen Könige führt unter Johann (1199–1216) und Heinrich III. (1216–1272) zu schweren Verfassungskonflikten.

Literatur

Wales und Irland

Hastings und die Folgen

Wilhelm der Eroberer

Wilhelm, Herzog der Normandie (*1027?; †1087), der sich als designierter Nachfolger Eduards des Bekenners betrachtet, gewinnt den englischen Thron durch seinen Sieg bei Hastings (1066). Sein Heer umfasst nicht mehr als etwa 6000 Mann, aber die berittenen Normannen sind den zu Fuß kämpfenden Angelsachsen überlegen. Diejenigen angelsächsischen Adligen, die sich Wilhelm nicht unterwerfen, verlieren ihren Besitz. Regionale Opposition gegen die neue Herrschaft ist 1071 gebrochen. Die neue Herrschaft wird durch die Anlage eines ausgedehnten Netzes von Burgen gesichert.

1066–1087 König Wilhelm I. der Eroberer, Sohn Herzog Roberts des Teufels von der Normandie, regiert gleichzeitig England und die Normandie.

Regierungszentrale

1071 ist Wilhelm Herr über ganz England. Verlagerung der *Regierungszentrale* von Winchester nach Westminster (London). Drückende Fremdherrschaft der Normannen über die Engländer. Anstelle der englischen Grundherren treten fast durchweg normannische Barone. Bistümer und weltliche Ämter werden weit gehend mit Ausländern besetzt.

1070 Lanfranc, Italiener aus Pavia, Jurist, später Lehrer an der Klosterschule von Bec (Normandie) und Theologe, wird Erzbischof von Canterbury (*1005; †1089). Er verhindert eine allzu starke Einflussnahme des Papsttums auf das normannische England.

1086 Anlage des Domesday Book (unvollendet).

Könige von England

Genealogie der Könige von England im Hochmittelalter

Wilhelm der Eroberer

Robert der Teufel
Hz. d. Normandie
†1035

Wilhelm der Eroberer (illegitim)
als Wilhelm II. Hz. d. Normandie 1035
als Wilhelm I. Kg. v. England 1066
†1087,

Heinrich I.

Robert Kurzhose
Hz. d. Normandie 1087–1106
†1134

Wilhelm II. der Rote
Kg. 1087
†1100

Heinrich I.
Hz. d. Normandie 1106
Kg. 1100
†1135

Adela
†1137

∞ Stephan II.
Gf. v. Blois
†1102

Wilhelm Etheling
†1120

Mathilde
Gegenkgn.
†1167
∞ 1. Ks. Heinrich V.

∞ 2. Gottfried V.
Plantagenet
Hz. d. Normandie 1144
†1151

Stephan von Blois
Kg. 1135
†1154

Heinrich II.

Ludwig VII.
Kg. v. Frankreich
†1180

∞ 1.
(geschieden 1152)

Eleonore
Erbin v. Aquitanien
†1204

∞ 2.

Heinrich II.
Hz. d. Normandie 1151
Kg. 1154
†1189

Richard I. Löwenherz

Heinrich
†1183

Richard I. Löwenherz
Kg. 1189
†1199

Gottfried
†1186
∞ Konstanze T.
Gf. Conan IV.
v. d. Bretagne

Johann „ohne Land"
Hz. d. Normandie 1199
u. Kg.
†1216

Arthur v. d. Bretagne
†1203

Heinrich III.
Kg. 1216, †1272

Eduard I.
Kg. 1272, †1307

Das englische Kirchensystem

Das päpstliche Angebot an Wilhelm den Eroberer, England von der Kurie zu Lehen zu nehmen (Übersendung eines Banners), wird abgelehnt. Stattdessen gelingt es dem König in Zusammenarbeit mit Lanfranc von Pavia, der 1070 zum Erzbischof von Canterbury ernannt wird, die Kontrolle der Krone über die kirchlichen Ämter zu verschärfen. Bei der Ernennung von Bischöfen und Äbten werden Ausländer den Engländern vorgezogen. König und Erzbischof wehren Einmischungsversuche des Papstes in Angelegenheiten der englischen Kirche erfolgreich ab.

Metropolitansystem

Der Jurist und ausgezeichnete Verwalter Lanfranc führt ein ausgeprägtes *Metropolitansystem* ein, das der Erhöhung des Erzstuhls von Canterbury (Primat) dient. Zentralisierung der Kirchenherrschaft durch häu-

fige Synoden (1070, 1072,1075, 1076) unter Beteiligung des Herrschers. Die hohen geistlichen Amtsträger (Bischöfe, Äbte) werden Kronvasallen. Klöster sind der bischöflichen Aufsicht unterstellt. 1072 Schaffung eigener Gerichtshöfe für Geistliche.
Kurzer, heftiger Investiturstreit unter Erzbischof Anselm. 1107 Vereinbarung mit Papst Paschalis II. Der König verzichtet auf die Investitur mit Ring und Stab, ernennt die Bischöfe und Äbte und empfängt Mannschaft für deren weltlichen Besitz. Dadurch sichert sich der König eine starke Kontrolle über die Kirche. Bindungen an das Papsttum sind schwächer als vor 1066. Erst 1172 gibt der König die Appellation nach Rom frei.

Das Domesday Book und das Manorial-System

Das Domesday Book von 1086 (= Buch des Jüngsten Gerichts, unter diesem Namen volkstümlich seit dem 12. Jh.; wegen der Gründlichkeit der Untersuchung bekannt). Ein Verzeichnis, in dem Grafschaft für Grafschaft (die ärmeren nördlichen Grafschaften und einige der bedeutendsten Städte wie London und Winchester fehlen; die Untersuchung wird wahrscheinlich beim Tod Wilhelms I. abgebrochen) alles Land nach den einzelnen Herrenhöfen und kleineren Besitzungen mit Grundsteuerlast, Ackergröße, Gespannzahl, Bevölkerungsstand (ständisch gegliedert) und Wert verzeichnet ist. Bedeutende Quelle für die sozialen und wirtschaftlichen Umwälzungen in England in den zwei Jahrzehnten nach der normannischen Eroberung.
Das Manorial-System. Unter manor (Lehnwort aus dem Französischen, manoir = Wohnstatt/Bauernhof) versteht man die kleinste wirtschaftliche Einheit im Lehnssystem. Der Herr des manor ist ein Vasall. Das Manorial-System, das sich im Lauf eines Jhs. allmählich herausbildet, ist gekennzeichnet durch die Bewirtschaftung des Herrenhofes durch Hörige, die dem Herrn Abgaben und Dienstleistungen schulden. Der Herrenhof ist zugleich eine wichtige Zentrale der Lokalverwaltung, denn der Herr hat die Gerichtsbarkeit über die abhängigen Bauern. In den im Frühmittelalter von den Dänen besiedelten Ostteil Englands dringt das Manorial-System kaum ein, dort bleiben freie Bauern vorherrschend.

1087–1100 *König Wilhelm II. der Rote* (*zwischen 1056 u. 1060, †1100). Er folgt in England nach, während sein älterer Bruder Robert Kurzhose die Normandie erhält.

Wilhelm II. der Rote

1100–1135 *König Heinrich I. Beauclerk* („der Gelehrte', *1068, †1135).

Heinrich I. Beauclerk

    1100 Der jüngste Sohn des Eroberers übernimmt nach dem Tod Wilhelms II. die Herrschaft in England und der Normandie. Sein älterer Bruder Robert Kurzhose ist auf dem Ersten Kreuzzug.

    1106 Er wird nach seiner Rückkehr bei Tinchebrai von Heinrich geschlagen und auf Lebenszeit gefangen gesetzt. Heinrich ist ein bedeutender Verwalter. Ein Schatzamt (Exchequer) als oberste Finanzbehörde erscheint während seiner Herrschaft in England (erster Beleg 1118) und in der Normandie (erster Beleg 1130), die frühesten Beispiele in Westeuropa. Vor dem Exchequer rechnen die Verwalter der Grafschaften (sheriffs) jährlich zweimal ab. Ihre Rechnungslegung wird in den *Pipe Rolls* aufgezeichnet (ältestes Fragment für das Finanzjahr 1129/30 erhalten, seit 1158/59 durchgehend bis ins 19. Jh.).

Pipe Rolls

    Ab 1111 Kriege mit Frankreich, in denen Heinrich I. die Lehnshoheit über Maine und Bretagne gewinnt (1113) und 1119 bei Brémule siegt.

    1120 Heinrichs Sohn Wilhelm kommt bei einem Schiffsunglück ums Leben.

    1127 Daher lässt Heinrich seiner Tochter Mathilde (*1102, †1167), der Witwe Kaiser Heinrichs V., als seiner Nachfolgerin huldigen.

    1128 Er vermählt sie, ohne Rücksprache mit den Baronen zu nehmen, mit Gottfried (Geoffrey bzw. Geoffroi; *1113, †1151) Plantagenet (planta genista = Ginsterzweig, als Helmzier von Gottfried getragen, danach heißt seine Dynastie), dem Sohn des Grafen Fulko von Anjou, Maine und Touraine.

1135–1154 *König Stephan von Blois* (*um 1095, †1154).

Stephan von Blois

    1135 Der Sohn der Schwester König Heinrichs I., Adela, und Stephans II. von Blois sowie der mächtigste Adlige Englands usurpiert den Thron und wird von der Kirche und vielen Baronen anerkannt.

    1139 Erst nach gravierenden innenpolitischen Fehlern Stephans kommt Mathilde ins Land, um den Thron zu beanspruchen.
In dem nachfolgenden mehrere Jahre dauernden Bürgerkrieg, der ‚Zeit der Anarchie', kann sich Stephan gegen Mathilde behaupten, aber es gelingt ihm nicht, eine eigene Dynastie zu gründen.

    1153 Schließlich erkennt er Heinrich, Mathildes und Gottfrieds Sohn, als Nachfolger auf dem Thron an.

Das englische Lehnssystem

Wilhelm der Eroberer gewinnt durch die Schlacht von Hastings (1066) die Herrschaft über ein für seine Zeit stark zentralisiertes Reich. Als Eroberer betrachtet er sich als der Oberherr des gesamten Grund und Bodens. Die einheimische Adelsschicht verliert ihren sämtlichen Besitz, den der König an seine Gefolgsleute verteilen kann.

Die Normandie zählt zur Zeit der Eroberung Englands zu den am stärksten feudalisierten Regionen Europas. Hingegen kennt man in England weder unter den angelsächsischen noch unter den dänischen Herrschern die Grundelemente des Lehnssystems (Vasall, Kommendation, Lehen, Burg). Wilhelm I. führt das Lehnssystem in England ein; die von der Normandie unterschiedlichen Voraussetzungen resultieren in einem System besonderer Prägung. Die anfänglich als Fremdherrschaft empfundene Regierung der neuen Dynastie erfordert aktiven Kriegsdienst der Vasallen; diese Tendenz wird durch die bis etwa 1085 andauernde Bedrohung aus Skandinavien verstärkt.

Verwalter

Dem gestärkten normannischen Königtum in England gelingt es zu verhindern, dass sich in den Grafschaften Regionalmächte etablieren. Die *Verwalter* der Grafschaften sind die Sheriffs, absetzbare Kronbeamte. Die großen Barone (oberster Rangtitel comes/earl = Graf) haben über viele Grafschaften verstreuten Besitz (honor); dadurch wird Territorialisierung und Landesherrschaft unterbunden. Die Adligen sind vergleichsweise stark vom König abhängig. Als oberster Rechtsherr kann der König die Machtbildung des Adels auf lokaler Ebene weiter begrenzen. Die *Erblichkeit der Lehen* wird erst unter Heinrich II. (1154–1189) weit verbreitet.

Erblichkeit der Lehen

Diese wichtigsten Wesenszüge prägen die hochmittelalterliche Verfassungsgeschichte Englands und stärken die Zentralgewalt, vor allem im Vergleich mit der Entwicklung in Frankreich und Deutschland.

englische Zentralverwaltung

Die Anfänge der englischen Zentralverwaltung

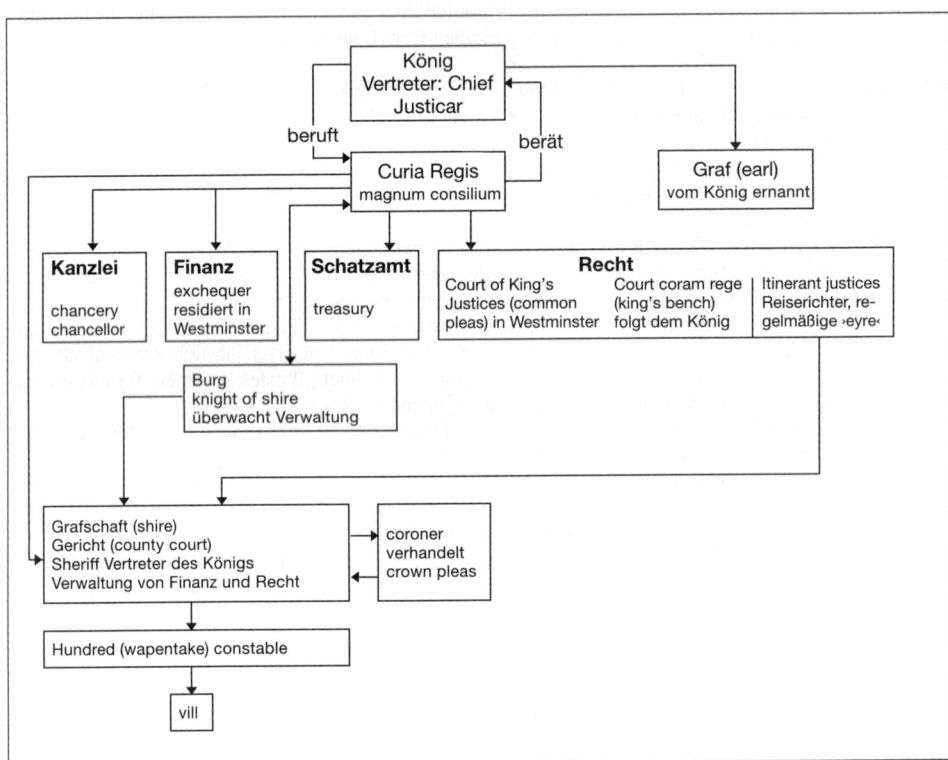

1154–1399 Haus Anjou-Plantagenet

König Heinrich II.

1154–1189 König Heinrich II. (*1133, †1189).
Bedeutender Staatsmann und Organisator sowie Reformer der Verwaltung. Unter ihm wird die Normandie erneut mit England verbunden; hinzu kommt der Anspruch auf die Oberhoheit über die Bretagne, der väterliche Besitz von Anjou, Maine und Touraine. Durch seine Ehe (1152) mit Eleonore (*1122, †1204), der geschiedenen Gattin Ludwigs VII. von

Frankreich, erhält er die Herrschaft über Poitou und Guyenne mit Gascogne. Für die festländischen Besitzungen ist Heinrich Vasall des französischen Königs. Gleichwohl ist er sehr viel mächtiger als sein Lehnsherr, denn das *Angevinische Reich* (so benannt nach dem regierenden Haus Anjou) erstreckt sich von der schottischen Grenze bis zu den Pyrenäen. Neben dem Reich der Staufer ist es die ebenbürtige Vormacht des Abendlandes.

Angevinisches Reich

1164 Über die *Konstitutionen von Clarendon* (Wiederherstellung gewisser Königsrechte) und die darin festgelegte Stellung der Kleriker vor weltlichen Gerichten kommt es zum Bruch mit *Thomas Becket* (*1118, †1170), dem Erzbischof von Canterbury und früheren Kanzler Heinrichs. Becket verbringt sechs Jahre im Exil in Frankreich.

Konstitutionen von Clarendon Thomas Becket

1170 Er wird nach seiner Rückkehr und einer scheinbaren Aussöhnung mit dem König in der Kathedrale von Canterbury von königlichen Rittern ermordet.
1173 wird er von Papst Alexander III. kanonisiert.

1171 Erster Feldzug Heinrichs nach Irland, um dort die seit zwei Jahren erfolgreich kämpfenden kambro-normannischen Barone unter Kontrolle zu bringen, was nur teilweise gelingt.

1172 Versöhnung Heinrichs mit dem Papst. Der König schwört einen Reinigungseid, gibt die Appellationen nach Rom frei.

1173–1174 Ein Aufstand der Söhne, die mit Schottland verbündet sind, wird niedergeschlagen. Kirchenbuße Heinrichs am Grab Thomas Beckets in Canterbury.
Große Rechtsreformen drängen die baronialen Gerichte zugunsten der königlichen Gerichte zurück; Einführung der Geschworenengerichte. In den königlichen Gerichten bildet sich das *Common Law* aus (common = für alle Untertanen, gleich, welcher Herkunft). Der Magister Vacarius aus Bologna hält 1149 in Oxford und Cambridge Vorlesungen über römisches Recht, dessen Studium in England schnell aufblüht. Heinrichs II. Reformen zeigen gewisse römisch-rechtliche Einflüsse.

Common Law

1187/1189 Ranulf von Glanvill (†1190), englischer Kronbeamter, verfasst oder veranlasst einen Traktat über die Gesetze Englands, der die absolutistischen Tendenzen Heinrichs II. darlegt.

1189–1199 *König Richard I.*, genannt Löwenherz (*1157, †1199).
Ein tapferer Ritter, aktive Teilnahme am dritten Kreuzzug. Gefangennahme auf der Rückreise und Auslieferung an Kaiser Heinrich VI.
Freilassung gegen ein hohes Lösegeld.

König Richard I.

1194 Erneute Abwesenheit von England durch Kriege mit Philipp II. Augustus von Frankreich, zu dem Richards Bruder Johann abfällt. Während Richards langer Abwesenheit aus England entwickelt sich die differenzierte Verwaltungspraxis unter dem Justitiar und Erzbischof von Canterbury Hubert Walter (1193–1205) mit für diese Zeit vorbildlicher Archivierung der Regierungsdokumente (Patent Rolls, Close Rolls usw.).

1199–1216 *König Johann* (‚ohne Land', da er bei der Apanagierung seiner Brüder durch den Vater Heinrich II. leer ausging; *1167, †1216).
Durch Erbansprüche des Sohnes seines verstorbenen älteren Bruders Gottfried, Arthur von der Bretagne, ist seine Herrschaft bedroht.

König Johann

1203 Er veranlasst Arthurs Ermordung.

1204 Mit einer Niederlage gegen Philipp II. Augustus kommt es zum Zusammenbruch des angevinischen Reiches; die Normandie geht verloren.

1207–1209 Das tyrannische Regiment Johanns, der sich mit dem Papst über die Wahl des Erzbischofs von Canterbury Stephan Langton überwirft, führt zum Interdikt und zur Bannung des Königs.

1213 Diese wird erst nach Jahren gelöst, als sich Johann angesichts der *drohenden Invasion* der Insel aus Frankreich dem Papst voll unterwirft und England von der römischen Kirche zu Lehen nimmt. Papst Innozenz III. verbietet daraufhin den französischen Angriff.

drohende Invasion

1214 Johann greift in Poitou (Provinz in West-Frankreich) ein, aber die Niederlage seiner Verbündeten bei Bouvines (bei Lille) beendet den Krieg und stärkt die Stellung des Adels gegen den König.

1215 15. Juni Die geistlichen und weltlichen Großen (Barone) erzwingen auf der Wiese von Runnymede bei Windsor des Königs Zustimmung zur Magna Carta libertatum.

Die Magna Carta und die Anfänge des Parlaments

Die Magna Carta ist eine Urkunde König Johanns, in der das Ergebnis zäher Verhandlungen zwischen dem König und geistlichen und weltlichen Großen des Reiches niedergelegt ist. Das Ziel der Verhandlungen ist die *Reform des Reiches* (Präambel und Art. 61). In den Ausführungen wird deutlich, dass nach Ansicht der Großen die angevinischen Könige Heinrich II., Richard I. und Johann ihre Macht in unzulässiger Weise ausgedehnt haben. Sie soll wieder beschnitten werden. Spezifische Bestimmungen handeln

Reform des Reiches

von lehnsrechtlichen Verpflichtungen, von der Zusage des Königs, willkürliche Rechtsprechung künftig zu unterbinden, den Königsforst einzuschränken, seine ausländischen Berater auszuweisen, die ausländischen Söldner im Dienst der Krone nach Beendigung des Bürgerkriegs zu entlassen, Maße und Gewichte zu vereinheitlichen usw. In diesen Bestimmungen ist der Inhalt der Magna Carta konservativ.

Ausführungsbestimmungen

Umfassende *Ausführungsbestimmungen* zur Verwirklichung der geplanten Reform (Art. 61) lassen Ansätze erkennen, die sich später im englischen Parlament niederschlagen. Die Barone werden 25 Männer aus ihrem Kreis wählen, deren Aufgabe es ist, die Verwirklichung der Reformen zu überwachen. Falls es zum Missbrauch der Macht durch den König kommt, sollen mindestens vier der 25 Barone den König darauf hinweisen und ihn zur Abhilfe mahnen. Wenn der Missbrauch nach 40 Tagen nicht abgeschafft ist, dann sollen alle Barone und Untertanen den König zur Besserung zwingen (Gehorsamsentzug, Besetzung von Burgen usw.), bis nach ihrer Ansicht die Reformen durchgeführt sind. Danach sollen sie dem König wieder gehorchen. Die Untertanen werden eidlich verpflichtet, den Baronen bei dieser Aufgabe zu helfen. Auch die Barone selbst schwören einen Eid, ihren Verpflichtungen nachzukommen. Kann unter den 25 Baronen keine Einmütigkeit erzielt werden, wird durch Mehrheitsbeschluss entschieden.

Der König verzeiht allen seinen Gegnern. Er verpflichtet sich, nichts zu unternehmen, um sich von diesen Versprechungen, die auch seine Nachfolger binden werden, befreien zu lassen. Die Urkunde ist vom König und den Baronen beeidigt.

Kontrolle königlichen Handelns

Neu an der Magna Carta ist die Institutionalisierung einer *Kontrolle königlichen Handelns*. Die Mitglieder des Kontrollorgans werden nicht vom König ernannt. Es bleibt ihnen überlassen zu entscheiden, ob im Einzelfall die versprochenen Reformen verwirklicht sind. Damit wird die königliche Machtvollkommenheit ('König von Gottes Gnaden') empfindlich eingeschränkt.

Der Papst entbindet Johann von seinen Verpflichtungen, die Carta zu befolgen, da sie ohne seine Zustimmung erlassen worden ist.

1216 Landung des französischen Kronprinzen Ludwig in England, Bürgerkrieg, aber nach dem Tod Johanns scharen sich die englischen Adligen um seinen legitimen Nachfolger.

König Heinrich III.

1216–1272 *König Heinrich III.* (*1207, †1272). Während seiner Minderjährigkeit, die eine Regentschaft notwendig macht (William Marshal, Hubert de Burgh), werden wesentliche Grundsätze der Magna Carta vorübergehend verwirklicht.

1225 Die Carta wird in einer überarbeiteten Fassung (ohne Art. 61, Widerstandspflicht) herausgegeben und bleibt nunmehr zentraler Bezugspunkt des Verhältnisses von Krone und Adel. Die Päpste besteuern rücksichtslos die englische Kirche, um Geld zum Kampf gegen Kaiser Friedrich II. zu sammeln, und verleihen viele Pfründen an Italiener und Ausländer. Der König seinerseits stützt sich auf ausländische Berater. Beides bewirkt eine starke fremdenfeindliche Stimmung in England.

1255 Die Annahme der sizilischen Krone für Heinrichs jüngeren Sohn Edmund verstärkt die Steuerforderungen des Königs und die wachsende Unzufriedenheit im Volk.

Aufstand der Barone

1258–1265 *Aufstand der Barone* (the barons' war), zunächst von oligarchischem Charakter.

1259 Provisionen von Oxford (erste Verwendung der englischen Sprache für königliche Verlautbarungen). Heinrich wird ganz von einem baronialen Ausschuss abhängig, alle wichtigen Staatsämter werden neu mit Parteigängern der Barone besetzt.

Spaltung unter den Baronen, indem Simon von Montfort (*1208, †1265) als Führer des aufsteigenden niederen Adels, der in der Verwaltung der Grafschaften tätigen Ritter, hervortritt.

Mise d'Amiens

1264 *Mise d'Amiens*, Schiedsspruch Ludwigs des Heiligen von Frankreich zwischen König und Baronen, einseitig zugunsten der königlichen Autorität, wird von den Baronen nicht anerkannt. Simon schlägt den König, zu dessen Partei jetzt die meisten Barone gehören, bei

1265 Lewes (im Osten Südenglands) vollständig und nimmt ihn gefangen. Die Regierung geht an Simon über; er stützt sich auf die Mittelklasse in Stadt und Land. Der Kronprinz Eduard (*1239, †1307), aus der Gefangenschaft entkommen, besiegt Simon bei Evesham (südwestlich von Northampton). Simon fällt.

Durch den Einfluss Eduards leben die Reformideen Simons von Montfort weiter.

Die Ausbildung des Parlaments und die Entwicklung des Rechts

Entwicklung des Parlaments

Der Aufstand der Barone ist wichtig für die *Entwicklung des Parlaments* (parlamentum = Besprechung, Versammlung). Schon unter Heinrich III. ist die übliche 'Große Ratsversammlung' (magnum concilium), bestehend aus den ersten Dienern des Königs und den Kronvasallen, 1254 erweitert worden durch vier gewählte Ritter als Vertreter jeder Grafschaft. Simon beruft 1265 zu seinem Parlament außer je zwei Grafschaftsrittern auch zwei Bürger aus jeder Stadt. Die Maßnahmen von 1254 und 1265, ursprünglich als Ausnahmen gedacht, werden allmählich zur Regel.

Recht: *Henry de Bracton* († 1268), der größte englische Jurist des Mittelalters, zwanzig Jahre lang Richter unter Heinrich III., schreibt in den Tagen Simons de Montfort sein umfangreiches Rechtsbuch De legibus et consuetudinibus regni Angliae. Sein Rechtsdenken ist vom Corpus iuris Civilis stark beeinflusst, aber: „Der König steht unter Gott und dem Gesetz, das erst den König macht." – Nur in geringem Umfang wird materiell römisches Recht übernommen (z.B. die Stellung der Hörigen wird nach dem Vorbild der römischen Sklaven herabgedrückt), aber es dient der geistigen Schulung der Juristen. Seit der umfangreichen Gesetzgebung Eduards I. (1272–1307) studieren die englischen Juristen nicht mehr das römische Recht. Sie werden seit dem 14. Jh. nicht mehr auf den Universitäten, sondern in besonderen *Rechtsschulen* (Inns of Court) ausgebildet und entwickeln das Common Law als Caselaw durch die Interpretation früherer Gerichtsurteile. Berichte über juristisch wichtige Gerichtsverhandlungen sind literarisch niedergelegt in den Year Books, die 1292 einsetzen und bis zu Heinrich VIII. (1509–1547) reichen. So wird der Einbruch fremden materiellen Rechts in das Common Law (Gewohnheitsrecht) auf ein Minimum reduziert.

Henry de Bracton

Rechtsschulen

England

Die als *Hundertjähriger Krieg* bekannten Auseinandersetzungen zwischen England und Frankreich sind von großer Bedeutung für die englische Gesellschaft. Da der Krieg im Wesentlichen außerhalb Englands geführt wird, bleibt die Zivilbevölkerung von negativen Begleiterscheinungen weit gehend verschont. Der Krieg bringt – zumal in seinem ersten Stadium bis etwa 1360 – der englischen Bevölkerung Beschäftigung und materiellen Gewinn.

Eduard III. (1327–1377), der Kriegsherr, wird zum Leitbild des spätmittelalterlichen Rittertums höfischer Prägung. Er ist in der Lage, die Loyalität seiner Familie (Gemahlin Philippa von Hainault, Patronin des Chronisten Jean Froissart), seines Volkes und die Zuneigung seines Adels zu gewinnen; der gesellschaftliche Idealzustand, der unter Eduard II. (1307–1327) empfindlich gestört worden war (Zeit der nicht standesgemäßen Günstlinge des Königs, die den Adel erbittert hatten), wird wieder hergestellt. In Nachahmung des nun populären und legendären König Artus mit seiner Tafelrunde verspricht Eduard III. 1344 die Gründung eines weltlichen Ritterordens. Er löst das Versprechen nach den Siegen von Calais und Crécy 1348 mit der Gründung des Hosenbandordens ein (Motto: ‚honi soit qui mal y pense'). Der Orden ist exklusiv, auf 26 Mitglieder begrenzt, und bietet dem König damit Gelegenheit, seine engsten Vertrauten auszuzeichnen. Schaffung eines Rittergerichts („curia militaris") zur Überwachung des ritterlichen Niveaus.

Es kommt zu einer Stratifizierung des *Adels*, indem eine kleine Schicht bevorzugt behandelt wird. Den wichtigsten Sektor dieser Schicht bilden die Nachkommen des Königs. Eduard III. hat sieben Söhne, seit 1337 (Schaffung der Herzogswürde) kommt es zur Apanagierung der Königskinder, die loyal mit ihrem Vater zusammenarbeiten. Ferner kann der König seine Gunst durch Heiratspolitik gezielt vergeben. Die kriegerischen Auseinandersetzungen bewirken, dass der Hochadel ständig dezimiert wird. Im 14. Jh. sterben 13 Grafen (earls) ohne legitime Nachkommen. Die verbleibenden Adligen werden reicher als ihre Standesgenossen im 13. Jh. Ihr neuer Reichtum manifestiert sich in intensiver Bautätigkeit (Burgen, Kirchen, Colleges).

Der aktive *Heerdienst* als Teil der lehnsrechtlichen Verpflichtungen war im späten 11. Jh. bereits durch Geldablösung (scutage) ersetzt worden, die ihrerseits im späten 12. Jh. außer Gebrauch gekommen war. Die Feldzüge des Hundertjährigen Krieges werden durch von Adligen angeworbene Söldnerkompanien geschlagen, die durch schriftliche Dienstverträge (indentures) verpflichtet werden. Während der Regierungszeit Eduards III. ist der Krieg für England gewinnbringend. Plünderungen und Lösegelder (z.B. 500000 Pfund Sterling für den französischen König Johann II.) erleichtern die Finanzierung. Als das nicht mehr der Fall ist, kommt es in England zur Krise: Das Parlament von 1376 (Good Parliament) fordert, der Krieg dürfe das Land finanziell nicht belasten.

Häufiger aktiver Kriegsdienst macht den Schwerbewaffneten (armiger) zum Wappenträger (arms = Waffen/Wappen). Persönliche Tüchtigkeit führt unter besonderen Umständen zu sozialem Aufstieg, dennoch erhebt Eduard III. wenige Männer außerhalb seiner Familie zu hohem Rang. Es gibt keine geschlossene Adelsklasse; Versuche, eine solche zu schaffen (Richard II., 1387; Heinrich V., 1415), bleiben erfolglos. Ein Gesetz von 1390 regelt die gesellschaftlichen Voraussetzungen zur Haltung eines Adelsgefolges (retainers). Die Herrschaft Eduards I. bildet den Höhepunkt der königlichen Gewalt im Mittelalter, zerrüttet aber mit ihren kostspieligen Feldzügen in Wales, Schottland und Frankreich die Staatsfinanzen. Das Spätmittelalter ist gekennzeichnet durch politische und soziale Unruhen, die die *Königsgewalt schwächen* und zu langjährigen dynastischen Kämpfen führen. Nach dem ebenso ehrgeizigen wie letztlich aussichtslosen Versuch, die französische Krone zu erwerben, schafft erst die Beschränkung auf die Insel die Voraussetzungen für die Großmachtpolitik der Tudors.

Hundertjähriger Krieg

Eduard III.

Adel

Heerdienst

geschwächte Königsgewalt

	1272–1307	König Eduard I. (*1239). Heinrichs III. tatkräftiger Sohn, bedeutender Herrscher und Gesetzgeber („Justinian Englands').
	1277 1282–1284	Das seit 1267 von der Krone lehnsabhängige Fürstentum Wales wird in zwei Feldzügen erobert, der letzte Fürst Llywelyn ap Gruffydd fällt. Der König übernimmt die Herrschaft im Fürstentum, dessen Eigenständigkeit gewahrt wird; es wird nach englischem Vorbild in Grafschaften eingeteilt. 1301 erhebt Eduard seinen gleichnamigen, in Caernarvon geborenen Sohn zum Fürsten von Wales („Prince of Wales"), ein Titel, der fortan fast jedem Thronerben verliehen wird.
Vertreibung der Juden	1290	Eduard vertreibt die Juden, die mit den Normannen im 11. Jh. nach England gekommen waren und der Krone zur Finanzierung ihrer Politik eine wichtige Stütze gewesen waren, aus England; erst unter Cromwell kehren die Juden nach England zurück. Im Folgenden stützt sich Eduard zur Finanzierung seiner Kriege auf italienische Bankhäuser (Bardi, Frescobaldi). Die *Vertreibung der Juden*, die auch dem Adel viel Geld geliehen hatten, trägt zur Popularität des Königs bei.
	1294–1297	Krieg mit Frankreich um Guyenne. Unter Berufung auf die Bulle „Clericis Laicos" (1296) verweigert der Klerus unter Erzbischof Winchelsey von Canterbury jede Besteuerung von Kirchengut. Doch der König kann die Geistlichkeit zwingen, ihm unter Umgehung des päpstlichen Verbots Geldgeschenke zu machen.
Model Parliament		Die Steuerforderungen für den Krieg mit Frankreich begünstigen kurzfristig die Ausbildung des Parlaments (*Model Parliament* 1295, das aber nicht wiederholt wird). Da die Last der neuen Steuern von beweglichem Vermögen hauptsächlich den Adel und die Städte trifft, legt die Krone zur leichteren Eintreibung auf die vorherige Zustimmung der Commons wert.
	1297	Bestätigung der Magna Carta, die über die Bewilligung Heinrichs III. hinausgeht, indem der König darauf verzichtet, ohne Zustimmung des Parlaments nicht nur Steuern von seinen Vasallen, sondern auch neue Zölle zu erheben.

Das Parlament in der Zeit Eduards I.

Der König versammelt das Parlament von Zeit zu Zeit, um Bitten und Beschwerden anzuhören. Der Name *Commons* erklärt sich daraus, dass sie die Gemeinden (communities) des Reiches (Grafschaften, Städte, Marktflecken) vertreten. Sie sind kein dritter Stand im Sinn der Reichstage und Ständeversammlungen des Kontinents, denn außer Städten gehören auch die Grafschaftsritter zu ihnen. Daneben ist ein besonderes Kennzeichen des englischen Parlaments, dass der Klerus keinen besonderen Stand bildet. Zwei Erzbischöfe, 18 Bischöfe und einige Äbte sitzen als Kronvasallen im Parlament. Die Steuern vom Kirchenbesitz werden seit dem 14. Jh. in den rein geistlichen Versammlungen (Konvokationen) bewilligt, die getrennt in den beiden Kirchenprovinzen Canterbury und York zusammengerufen werden.

		Das erstarkende Königtum strebt nach seiner Ausdehnung über Wales auch die Herrschaft über Schottland an. Das gelingt unter Eduard I. zeitweilig, aber kurz vor seinem Tod erwächst dort in Robert Bruce (*1274, †1329) ein seinem Nachfolger ebenbürtiger Gegner.
Günstlingswirtschaft Adelsopposition	1307–1327	König Eduard II. (*1284). Er tritt ein schwieriges Erbe an, kommt aber als Staatsmann seinem Vater nicht gleich. Unter ihm kommt es zur *Günstlingswirtschaft*, die die Opposition des hohen Adels stärkt und zu schweren inneren Auseinandersetzungen führt. Das erste Opfer dieser *Adelsopposition* ist der Gascogner Peter Gaveston, Regent während der Abwesenheit des Königs in Frankreich. Der hohe Adel unter Führung des Sohnes Edmunds von Sizilien, Thomas von Lancaster, will nach dem Vorbild der Provisionen von Oxford die Regierung selbst in die Hand bekommen.
	1310	21 Barone werden als Lords Ordainers eingesetzt.
	1312	Mit Gavestons Hinrichtung wird der König gedemütigt.
	1314 23./24. Juni	Eduard II. wird bei dem Versuch, die englische Garnison in Stirling in Schottland zu entsetzen, bei Bannockburn von Robert Bruce geschlagen. England verliert seinen Einfluss in Schottland, die Position des Königs im eigenen Land wird grundlegend erschüttert.
	1314–1322	Thomas von Lancaster regiert im Namen Eduards II., scheitert aber am Widerstand königstreuer Barone. Nach seinem Tod kommt es zu erneuter Günstlingswirtschaft, nun der Despensers, Vater und Sohn. Die Ordonnanzen der Ordainers werden abgeschafft. Die Herrschaft der Despensers führt zu erneuten inneren Kämpfen.

1325 Eduards Gemahlin Isabella, die Tochter des französischen Königs Philipps IV., geht nach Frankreich zurück und konspiriert gegen ihren Gemahl.

1326 Dann kehrt sie mit ihrem Geliebten Roger de Mortimer (*1286, †1330) und mit französischen Truppen nach England zurück. Die Despensers werden gehängt.

1327 Mit Zustimmung des Parlaments wird Eduard II. zur Abdankung gezwungen und einige Monate später im Gefängnis ermordet.

1327–1377 König Eduard III. (*1312). Während seiner Minderjährigkeit kommt es zur *Willkürherrschaft Mortimers*, der erst 1330 unter Zustimmung des Parlaments hingerichtet wird. Eduard III., ein leidenschaftlicher Krieger, versucht vergeblich, Schottland zu unterwerfen, wendet aber bald sein Augenmerk nach Frankreich.

Willkürherrschaft Mortimers

England und der Hundertjährige Krieg (1339–1453) um die französische Krone

Eduard III. kann die Unterstützung Flanderns gewinnen, dessen Städte mit ihrer Tuchindustrie auf die Einfuhr englischer Wolle angewiesen sind. 1346 und 1356 große englische Siege über Frankreich bei Crécy und Maupertuis. *Überlegene Waffentechnik* Englands: Die walisischen Langbogenschützen werden durch die abgesessenen Reiter verstärkt. Enge Zusammenarbeit der ritterlichen und bürgerlich-bäuerlichen Schichten, die in England bereits in der Lokalverwaltung und im Parlament zusammenarbeiten. Die lange Dauer des Krieges führt zur Verwendung von *Berufssoldaten*, die freilich auch sehr kostspielig sind und nur finanziert werden können, solange der erfolgreiche Krieg reiche Beute abwirft.

überlegene Waffentechnik

Berufssoldaten

Der ständige Geldbedarf führt zu einer häufigen Berufung von Parlamenten, die, da der König auf ihre Mitarbeit angewiesen ist, an Einfluss gewinnen. Die *Trennung des Parlaments* in Oberhaus (House of Lords) und Unterhaus (House of Commons) ist jetzt nachweisbar, ist aber wohl älter und hat ihre Ursprünge wohl in den nicht offiziellen Versammlungen der Commons in denen sie ihre Haltung zu Forderungen der Krone oder zu Anträgen der Großen beraten. Im Parlament haben die einzelnen Mitglieder der Commons kein Recht auf Rede. Lediglich der Sprecher (Speaker) antwortet im Namen aller. Im Unterhaus ist der Sprecher der Vorsitzende der Versammlung. Das House of Lords ist das oberste Reichsgericht. Das Steuerbewilligungsrecht des Parlaments ist voll ausgebildet; der König verzichtet auf sein Recht, von den Bewohnern seiner Krondomäne Steuer (tallage) zu erheben. Vom König bewilligte Petitionen der Commons werden Gesetz. Der Einfluss des Unterhauses schwindet aber unter schwachen Regierungen und während der internen Kriege. Der König ist zur Berufung des Parlaments nicht verpflichtet.

Trennung des Parlaments

1327 Das bisher nur sporadisch auftauchende Amt des *Friedensrichters* (Justice of the peace) wird auf ganz England ausgedehnt.

Sie werden vom König ernannt, vornehmlich aus dem Kreis der in den Grafschaften ansässigen kleinen Adligen (gentry). Sie üben Polizeigewalt aus, halten Gerichtssitzungen, die allmählich das alte Grafschaftsgericht (county court) ersetzen, und beaufsichtigen seit 1494 den Sheriff. Ihr Ansehen und Wirkungskreis vergrößern sich bis ins 18. Jh. immer mehr.

Friedensrichter

1348–1350 Erstes Auftreten der *Pest in England*. Die aus Ostasien vordringende Pest dezimiert die Bevölkerung um ein Viertel bis ein Drittel.

Pest in England

Weitere Pestepidemien bis ins frühe 15. Jh. führen dazu, dass die Bevölkerungszahl stagniert. Wirtschaftliche Auswirkungen: Landwirtschaftliche Erzeugnisse sinken im Wert wegen mangelnder Nachfrage, während die Arbeitskräfte erhebliche Lohnforderungen stellen.

1350 Das Parlament versucht vergeblich, die Löhne auf der Stufe vor Auftreten der Pest festzuschreiben und die Mobilität der Landarbeiter zu unterbinden (Statute of Labourers). Die bereits weit verbreitete Ablösung der Dienstleistungen auf den Herrenhöfen durch feste Geldzahlungen kann nicht wieder rückgängig gemacht werden.

1351 *Statute of Provisors* gegen die päpstliche Ernennung (provision) von Geistlichen und gegen Pfründenvergabe unter Ausschluss freier Wahl und unter Umgehung des Patronatsinhabers.

Statute of Provisors

1353 Verstärkung der antipäpstlichen Gesetzgebung im Statute of Praemunire, das die Anrufung des Papstes in Sachen, die dem König zustehen, unterbindet.

Das Verhältnis zum Papsttum verschlechtert sich weiter durch die päpstliche Parteinahme für Frankreich.

1363 Eduard (*1330, †1376), der Schwarze Prinz, Eduards III. ältester Sohn, wird als Verwalter Guyennes in Bordeaux eingesetzt.

Von dort aus führt er Krieg in Spanien.

1369 Der wieder aufflammende Krieg mit Frankreich bringt die ersten spürbaren Niederlagen für England und führt zu Plünderungen an der englischen Südküste, die die Unzufriedenheit der Bevölkerung mit der Kriegsführung verstärken.

Die letzten Regierungsjahre Eduards III. sind von Krisen erschüttert. Sein volkstümlicher ältester Sohn, der Schwarze Prinz, kommt von Krankheit gezeichnet nach England zurück.

Der König zeigt deutliche Anzeichen von Senilität. Die beherrschende politische Gestalt ist Johann von Gent (John of Gaunt; *1340, †1399), ein jüngerer Sohn Eduards III., durch Heirat reicher Herzog von Lancaster. Johann von Gent führt die Partei der Barone und versucht, zugunsten des Adels Kirchengut einzuziehen.

das „Gute Parlament"

1376 Dabei stößt er auf den Widerstand *des „Guten Parlaments"*, das eine strengere Kontrolle der königlichen Finanzen fordert. Mitglieder des königlichen Rats werden von den Commons vor den Lords angeklagt und von diesen verurteilt, die ersten nachweisbaren Fälle des Impeachment. Nach dem Tod des Schwarzen Prinzen gelangt Johann von Gent wieder an die Macht und beeinflusst die Zusammensetzung des neuen Parlaments.

Kulturelle Merkmale des 14. Jh.s

Erste Blüte der Nationalliteratur in englischer Sprache, stark sozialkritisch geprägt. „Piers the Plowman" (1362) von William Langland (*um 1330, †um 1400). *Geoffrey Chaucer* (*um 1340, †1400), bürgerlicher Herkunft, dichtet für den Hof in englischer Sprache – der bedeutendste Dichter des englischen Mittelalters. Hauptwerk: „Canterbury Tales" (1387–1400), eine Sozialstudie der englischen Gesellschaft. Die englische Sprache wird zudem von den englischen Mystikern des 14. Jh.s (Richard Rolle, *Juliana von Norwich* u. a. m.) verwendet, die in ihren Schriften den unmittelbaren Zugang zu Gott ohne Vermittlung der kirchlichen Institutionen und der gelehrten lateinischen Sprache suchen. In ähnlichem Geist, wenn auch in Werken lateinischer Sprache, wirkt der Kirchenreformer und Theologe *John Wiclif* (*wohl um 1320, †1384). Er lehrt in Oxford und bekämpft in seinen zahlreichen Schriften die weltliche Herrschaft der Kirche. Anfangs findet er bei Johann von Gent Unterstützung. Es kommt zum Bruch zwischen ihnen, als er den Heilscharakter und die Transsubstantiationslehre im Abendmahl bestreitet, die Abschaffung des Papsttums und die Auflösung der Klöster fordert und die Priesterbeichte und Heiligenverehrung für unwirksam erklärt. Das Seelenheil ist allein von der Vorherbestimmung abhängig; er vertritt das allgemeine Priestertum der Gläubigen. Er leistet entscheidende Anregungen zur Übersetzung der ganzen Bibel in die englische Volkssprache. Sein Hauptgegner ist William Courtney, Bischof von London, dann Erzbischof von Canterbury. 1382 werden einige Lehrsätze Wiclifs für ketzerisch erklärt, er stirbt zurückgezogen auf seiner Pfarre in Lutterworth (Leicestershire). Seine Anhänger heißen Lollarden (mumblers, diejenigen, die Gebete in der Volkssprache murmeln).

1377–1399 König Richard II. (*1367, †1400).
Sohn des Schwarzen Prinzen, für den Zehnjährigen herrscht eine Regentschaft unter Leitung Johanns von Gent. Unter seinem Einfluss kommt es zur Finanzierung der Kriege in Frankreich durch die Erhebung von erdrückenden *Kopfsteuern* (Poll Tax, 1377, 1379, 1380), die vor allem die armen Schichten der Bevölkerung belasten.

Kopfsteuern

Bauernaufstand

1381 Während der Eintreibung der dritten Kopfsteuer kommt es zum großen *Bauernaufstand*, teils politisch begründet (gegen die Missherrschaft Johanns von Gent; Empörung über die französischen Plünderzüge im Süden Englands), teils sozial motiviert (drückende Besteuerung).
Die Hauptforderung ist die Ablösung aller Dienste gegen vier Pence Pacht pro acre, die Abschaffung der persönlichen Unfreiheit und die Rücknahme der Kopfsteuer. Als Führer der Bewegung treten Wat Tyler und ein ehemaliger Priester John Ball hervor, der die Abschaffung von Standesprivilegien fordert. Der Aufstand ist am heftigsten im Südosten Englands. Die Kronbeamten, die die Kopfsteuer einsammeln, werden verjagt oder umgebracht, unbeliebte Grundherren werden erschlagen, die Grundbücher mit den Verzeichnissen der Dienstleistungen werden vernichtet.

13. Juni Der Zug der Bauern nach London führt dort zur Beteiligung der städtischen Unterschichten an dem Aufstand. Die Menge zündet den Savoy-Palast des Johann von Gent an, aber es kommt nicht zu allgemeinen Plünderungen. Der junge Richard II. rettet die Situation, indem er persönlich mit den Anführern der Aufständischen, die ihm vertrauen, verhandelt. Er verspricht, ihre Forderung nach Befreiung der Hörigen zu erfüllen und die Rebellen zu begnadigen.

14. Juni Inzwischen haben andere Haufen den Tower gestürmt und einige führende Persönlichkeiten (so Simon Sudbury, den Erzbischof von Canterbury und Kanzler) ermordet.
Bei einer weiteren persönlichen Begegnung zwischen dem König und den Aufständischen wird Wat Tyler erschlagen, was zum Zusammenbruch des Aufstandes in London und bald auch auf dem Land führt. *Der König widerruft alle Zugeständnisse*, verhindert aber gegen das Drängen seiner Berater eine blutige Rache an den Aufständischen. Das Parlament bekennt, dass Missstände in der Regierung zu dem Aufstand geführt haben. Die Kopfsteuer wird im Folgenden nicht wieder erhoben. Der Aufstand hat einige positive Ergebnisse.

Widerrufung der Zugeständnisse

1382	Richard II. heiratet Anna von Böhmen, eine Tochter Kaiser Karls IV. Die Kontakte zwischen Böhmen und England führen zu der Verbreitung der Ideen John Wiclifs in Böhmen, die großen Einfluss auf Hus ausüben. Die teils sozialkritischen Schriften Wiclifs wirken auch in England nach. Wiclif selbst leugnet vor seinem Tod jede persönliche Verantwortung für den Bauernaufstand; seine Anhänger sind in erster Linie in Adelskreisen zu finden.	
1389	Richard II. ergreift die persönliche Herrschaft und regiert anfangs sehr maßvoll.	
1394/1395	Er versucht eine Reform der Verwaltung der englischen Kolonie in Irland.	
1396	Dann schließt er einen Waffenstillstand mit Frankreich.	
seit 1397	Er entwickelt plötzlich ein *willkürliches Regiment*, lässt einige seiner vermeintlichen Gegner anklagen, verbannen oder hinrichten.	*Willkürregime Richards*
1398	Das Parlament von Shrewsbury bestätigt dem König, durch Gesetze nicht gebunden zu sein, und überträgt alle parlamentarische Gewalt einem Ausschuss von zwölf Lords und sechs Commoners, die aus dem Freundeskreis des Königs gewählt sind. Herzog Heinrich von Hereford, Lancasters Sohn, wird verbannt.	
1399	Als dessen Vater Johann von Gent stirbt, zieht der König seinen gewaltigen Landbesitz ein. Heinrich Bolinbroke, der neue Herzog von Lancaster, nutzt den Aufenthalt Richards II. in Irland zur Rückkehr nach England. Richard, der in Wales beträchtlichen Rückhalt hat, wird überlistet und gefangen genommen. Ein Parlament setzt ihn wegen Missherrschaft ab und billigt die Thronfolge Heinrichs von Lancaster. Richard II. stirbt 1400 unter mysteriösen Umständen im Gefängnis.	
1399–1461	*Haus Lancaster* (Nebenlinie des Hauses Plantagenet). Die Usurpation des Throns durch Heinrich Bolinbroke trägt zur Schwächung der Krone bei, die durch scharfe Gesetzgebung reagiert und dadurch Aufstände im Land provoziert. Die inneren Unruhen halten während des 15. Jh.s an und gipfeln in den sog. Rosenkriegen.	*Haus Lancaster*
1399–1413	König Heinrich IV. (* 1367). Enkel Eduards III. Das bessere Anrecht auf die Krone hat der junge Edmund Mortimer, Graf von March, Enkel einer Tochter Lionels, Herzogs von Clarence, des zweiten Sohnes Eduards III. Heinrich hält daher den Knaben gefangen. Er verdankt seine Krone dem Urteilsspruch des Parlaments, daher pflegt er während seiner Herrschaft sorgfältig die Beziehungen zu den beiden Häusern.	
1400–1410	*Aufstand in Wales* unter der Führung von Owain Glyn Dwr (engl.: Owen Glendower), der als nationaler Befreier gefeiert wird und den walisischen Fürstentitel annimmt. Bündnisse mit Schottland, Irland und Frankreich (1405) bedrohen den Bestand der neuen englischen Dynastie. Der Aufstand bricht 1410 zusammen, aber Glyn Dwr wird nicht gefasst. Scharfe antiwalisische Gesetzgebung, die erst von den Stuarts aufgehoben wird.	*Aufstand in Wales*
1403	Aufstand des Adels im Norden Englands niedergeschlagen, Henry Percy, genannt Harry Hotspur, fällt.	
1405	Scrope, Erzbischof von York, wird hingerichtet. Verfolgung der Lollarden, die im Hochadel zahlreiche Anhänger haben. 1401 Gesetz Heinrichs IV. über die *Ketzerverbrennung*, die bis dahin in England kaum üblich war. Das Lollardentum lebt seitdem hauptsächlich in den niederen Volksschichten weiter und geht schließlich in der Reformation auf.	*Ketzerverbrennung*
1407	Die in den Niederlanden tätigen englischen Kaufleute, die hauptsächlich Tuchexport betreiben, werden in der Handelskompanie der *Merchant Adventurers* zusammengefasst und privilegiert. Heinrich, Prinz von Wales, hat sich im Kampf gegen Glyn Dwr ausgezeichnet. Nach 1410 kommt es zum Zerwürfnis mit seinem Vater.	*Merchant Adventurers*
1413–1422	König Heinrich V. (* 1387). Als König sehr fromm, erbitterter Gegner der Lollarden, glänzender Feldherr in Frankreich, aber er lebt nicht lange genug, um den Bestand des Erreichten dauerhaft zu festigen. Sir John Oldcastle (* 1377, † 1417), eine wichtige Stütze der Lollarden, wird exkommuniziert und flieht. Eine Verschwörung seiner Anhänger gegen den König wird blutig bestraft. 1417 wird Oldcastle gefangen und verbrannt. Um die starken inneren Spannungen nach außen abzulenken und durch kriegerische Erfolge den Thron der Lancaster zu stützen, erneuert Heinrich den *Krieg mit Frankreich*. Erst jetzt ist die militärische Eroberung des Landes und die Vereinigung der Kronen von Frankreich und England ernsthaftes Kriegsziel.	*Krieg mit Frankreich*
1415	In Southampton wird eine Verschwörung aufgedeckt, deren Ziel es ist, Edmund von March, den Heinrich V. freigelassen hat, zum König zu machen. Edmunds Schwager, Richard von Cambridge (Haus York) und andere Große werden hingerichtet.	

EUROPÄISCHES MITTELALTER Die Staatenwelt

Sieg bei Azincourt
Flotte

1420 Der Krieg mit dem König von Frankreich führt 1415 zum *Sieg bei Azincourt* und zum Vertrag von Troyes, wonach Heinrich Katharina, die Tochter Karls VI. von Frankreich heiratet
1422 und nach Karls Tod König von Frankreich werden soll. In England *baut er eine starke Flotte auf*. Nach neuerlichen Siegen (Eroberung von Meaux) stirbt er mit 35 Jahren.

1422–1461 König Heinrich VI. (*1421).
Beim Regierungsantritt einjährig. Errichtung getrennter Regentschaften in Frankreich (Herzog Johann von Bedford (*1389, †1435; ältester überlebender Bruder Heinrichs V. und bedeutender Staatsmann) und England (Herzog Humphrey von Gloucester [*1391, †1447], jüngster Bruder des verstorbenen Königs, ehrgeiziger, aber politisch unfähiger Intrigant, Mäzen von Renaissancegelehrten: Duke Humphrey Bibliothek Oxford).

Das Parlament zur Zeit Heinrichs VI.

Der Einfluss des Unterhauses im Mittelalter erreicht wegen der Schwäche der königlichen Herrschaft unter Heinrich VI. seinen Höhepunkt. Das Petitionsrecht ist zum Recht der Gesetzesinitiative fortgebildet, indem die Mitglieder des Unterhauses Gesetzesanträge (bill, von bulla) bereits in Form fertiger Gesetze (statutes) einbringen. Bis dahin hatten alle „freeholders" (die zu einem freien Leiheverhältnis angesehenen Ritter und Bauern) die Parlamentsmitglieder der Grafschaft gewählt. 1430 *beschränkt ein Gesetz das aktive Wahlrecht* auf lastenfreie Einkommen aus freeholds von mindestens 40 Schilling jährlich, eine damals beträchtliche Summe. Dieser Satz bleibt bis zur Reform von 1832 in Kraft.

aktives Wahlrecht beschränkt

Verkauf der Flotte

Bedford kann trotz widriger Umstände bis zu seinem Tod 1435 den festländischen Besitz im Wesentlichen halten. Die *königliche Flotte wird verkauft*, und in England sinkt die Bereitschaft, sich in Frankreich militärisch zu engagieren. Der bedeutende Gegner Herzog Humphreys in England ist der wohlhabende Kanzler Henry Beaufort (*um 1375, †1447), Bischof von Winchester, Kardinal (Nebenlinie der Lancaster).

1439 Friedensverhandlungen in Calais scheitern an dem fortgesetzten Anspruch Englands auf den französischen Thron.
Heinrich VI. unterstützt Beauforts Politik, ist aber zu schwach, um sich durchzusetzen.
1445 Seine Ehe mit Margarete von Anjou (*1429, †1482) macht ihn in England unbeliebt.
1447 Es sterben Gloucester und Beaufort; Heinrichs Politik wird nun von William de la Pole, dem Grafen von Suffolk, geleitet.
1450 Parlamentsanklage (Impeachment) aufgrund falscher Beschuldigungen gegen Suffolk, dem der Verlust der Normandie zur Last gelegt wird. Er wird von dem ihm wohlmeinenden König verbannt, aber unterwegs ermordet. Infolge derselben politischen Beschwerden kommt es zum *Bauernaufstand* in Kent und Sussex, geführt von Jack Cade (†1450). Niederlage und Tod des Anführers, Zusammenbruch des Aufstandes.
Den Platz Suffolks nimmt 1450 Edmund Beaufort (†1455), Herzog von Somerset, ein, ein königlicher Günstling und anerkannter Sprecher der großen Mehrheit des Hochadels.
1453 *Ende des Hundertjährigen Krieges*. England verliert außer Calais alle festländischen Besitzungen. Der Krieg hat die Ausbildung des englischen Nationalbewusstseins gefördert, das Ansehen der Unterschichten gehoben und die Abhängigkeit der englischen von der französischen Kultur gemindert.
1454 Der geisteskranke König wird vorübergehend wahnsinnig; Herzog Richard von York wird Reichsprotektor.

Bauernaufstand

Hundertjähriger Krieg beendet

1455–1485 *Rosenkriege*, so benannt, weil eine rote Rose das Abzeichen der Lancaster, eine weiße Rose das der York bildet.

Rosenkriege

Das blutigste und düsterste Kapitel des englischen Mittelalters. Die *Rosenkriege* berühren in erster Linie den Hochadel und den kleinen Landadel (gentry), während die Masse der Bevölkerung kaum betroffen ist und eigentlich nur unter dem Fehlen einer festen Regierung leidet. Als Folge dieser Kriege wird die Zahl des hohen Adels drastisch dezimiert, was die nachfolgende Dynastie der Tudors stärkt. – Seit dem späten 14. Jh. umgeben sich die großen Barone mit niederen Gefolgsleuten, die zum Teil aus dem Landadel (gentry) ihrer Gegend kommen, die sich bedingungslos für ihren Herrn einsetzen. Der Herr unterhält und bezahlt sie und gibt ihnen ein mit seinem Abzeichen versehenes Kleid (livery), eine Art Uniform, und gewährt ihnen Hilfe (maintenance) gegen jedermann, mit offener Gewalt oder durch Einschüchterung der Gerichte. Dieses System von „livery and maintenance", das die innere Ordnung untergräbt, ist ein Anzeichen für die *Schwäche der Königsherrschaft*. Die auf dieser Grundlage versammelten Privatarmeen sind die wichtigsten Kampftruppen der Rosenkriege. Hinzu kommen die Soldaten, die nach der Beendigung des Hundertjährigen Krieges nach England zurückkommen und Betätigung suchen.

Schwäche der Königsherrschaft

Die Britischen Inseln von Hastings bis zu den Rosenkriegen 581

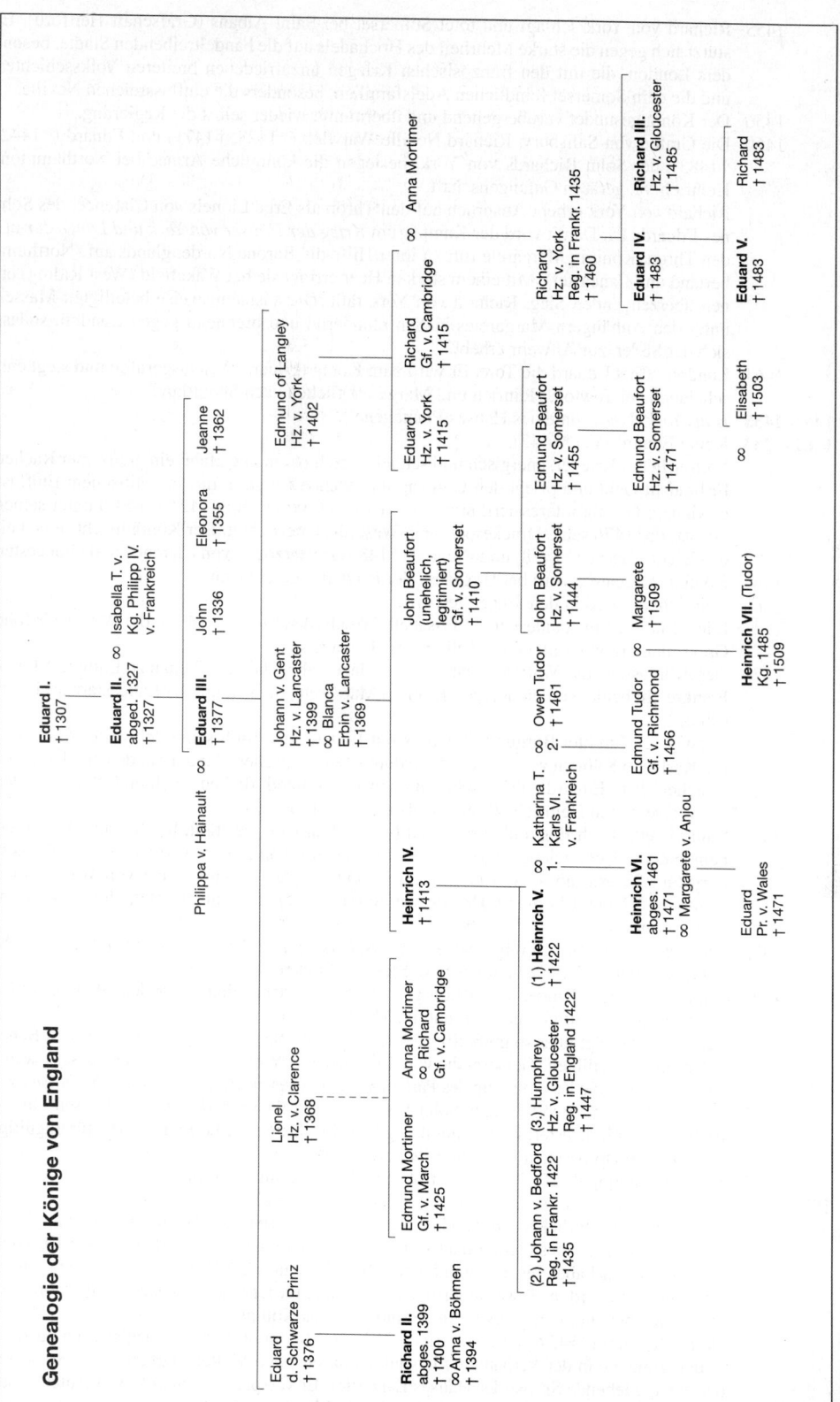

Könige von England

Heinrich VII.

Eduard I.

Eduard III.

	1455	Richard von York schlägt und tötet Somerset bei Saint Albans (Grafschaft Hertford). Er stützt sich gegen die starke Mehrheit des Hochadels auf die handeltreibenden Städte, besonders London, die mit den französischen Kriegen unzufriedenen breiteren Volksschichten und die dem Somerset feindlichen Adelsfamilien, besonders die einflussreichen Neville.
	1456	Der König gesundet vorübergehend und übernimmt wieder selbst die Regierung.
	1460	Die Grafen von Salisbury, Richard Neville Warwick (*1428, †1471) und Eduard (*1442, †1483), der Sohn Richards von York, besiegen die königliche Armee bei Northampton. Heinrich VI. gerät in Gefangenschaft.

Krieg zwischen York und Lancaster

Richard von York erhebt Anspruch auf den Thron als Erbe Lionels von Clarence, des Sohnes Eduards III. Damit wird der Kampf zum *Krieg der Häuser von York und Lancaster* um den Thron. Königin Margarete ruft zu ihrer Hilfe die Barone Nordenglands auf (Northumberland und Lancaster). Mit einem starken Heer erringt sie bei Wakefield (West Riding) einen überzeugenden Sieg. Richard von York fällt. Die ausnahmsweise beteiligten Massen unter den Anhängern Margaretes ziehen plündernd und brennend gegen London, sodass sich der Süden zur Abwehr erhebt.

	1461	London öffnet Eduard die Tore. Er wird zum König (Eduard IV.) ausgerufen und siegt entscheidend bei Towton. Heinrich und Margarete fliehen nach Schottland.
Haus York	1461–1485	*Haus York* (Nebenlinie des Hauses Plantagenet).
	1461–1483	König Eduard IV. (*1442). Vortrefflicher Krieger, energisch und schnell entschlossen in Gefahr, ein grausamer Rächer. Er braucht Geld und pflegt den Umgang mit reichen Bürgern, die an politischem Einfluss gewinnen. Geistig interessiert, nimmt er William Caxton (*um 1421, †1491) unter seinen Schutz, der 1476 seine Druckerpresse in Westminster errichtet. Der König macht seine beiden Brüder Georg (†1478) und Richard (†1485) zu Herzögen von Clarence und Gloucester.
	1464	Königin Margarete wird bei Hexham (Nordengland) geschlagen.
	1465	Heinrich VI. wird in den Tower gesperrt. Eduard heiratet unstandesgemäß Elisabeth Woodville (*1431, †1492), die Witwe Sir John Greys, und erregt damit den Unwillen des Hochadels.
	1470	Der ‚Königsmacher' Warwick und sein Schwiegersohn Clarence fliehen zu Ludwig XI. von Frankreich; beide werden dort mit Königin Margarete, dem Haupt der Lancasterpartei, versöhnt. Ludwig XI. fürchtet Burgunds Bündnis mit Eduard, der 1468 seine Schwester Margarete mit Karl dem Kühnen verheiratet und dadurch den englischen Handel mit den Niederlanden gesichert hat. Eduard, überrascht, muss nach Holland fliehen, während Warwick den schwachsinnigen Heinrich VI. nochmals auf den Thron setzt.
	1471	Eduard kehrt nach England zurück und besiegt Warwick, der fällt, bei Barnet. Die mit einem anderen Heer gelandete Königin Margarete wird von Eduard vernichtend bei Tewkesbury (am Severn, nördlich von Gloucester) geschlagen; Eduard, Prinz von Wales (Sohn Heinrichs VI.) und Edmund, Herzog von Somerset, werden hingerichtet, Heinrich VI. im Tower ermordet.
Friede von Picquigny	1475	Nach einem Einfall in Frankreich *Friedensschluss mit Ludwig XI. in Picquigny*: Verzicht auf den Versuch, den Festlandbesitz wiederzugewinnen.
	1478	Clarence, seinem Bruder verdächtig geworden, wird von Eduard vor dem Parlament des Hochverrats bezichtigt, verurteilt und im Tower umgebracht. Der König verfügt über so große Einnahmen aus Konfiskationen, Heimfall sowie den Benevolenzen, ‚freiwilligen' Geldern, die von den reichen Bürgern erpresst werden, dass er weniger denn je auf die Zustimmung des Parlaments angewiesen ist. *Beginnender Absolutismus.*
beginnender Absolutismus	1483	Es folgt Eduards zwölfjähriger Sohn Eduard V. (*1470) auf den Thron. Dessen Onkel, Richard von Gloucester, im Schottenkrieg bewährt, lässt die Ehe Eduards IV. für ungültig, die daraus entsprossenen Kinder für illegitim erklären. Mit Zustimmung des Parlaments wird Richard zum König gekrönt.
	1483–1485	König Richard III. (*1452). Die meisten mütterlichen Verwandten werden hingerichtet. Der Herzog von Buckingham, der Richards Thronbesteigung unterstützt hat, bereitet einen Aufstand zugunsten Heinrich Tudors vor, wird aber verraten und hingerichtet. Richard lässt Eduard V. und seinen jüngeren Bruder Richard im Tower umbringen. Der selbst für jene Zeit grausige Kindermord, der allmählich bekannt wird, zerstört die Popularität des Königs. Heinrich Tudor (*1457), Graf von Richmond, ein Abkömmling der südwalisischen Fürsten, in der Bretagne in der Verbannung lebend, ist durch seine Mutter Margarete von Somerset der einzige lebende Spross des Hauses Lancaster. Er verspricht, Eduards IV. Tochter Elisabeth zu heiraten und so die Häuser Lancaster und York zu versöhnen.

1485 Schlacht bei Bosworth (nördlich von Leicester), in der Richard fällt. Heinrich Tudor wird
22. Aug. auf dem Schlachtfeld zum König gekrönt.

Die königliche Verwaltung des Reiches

Die königliche Verwaltung des Reiches im Spätmittelalter ist die Fortsetzung der im 12. Jh. ausgebildeten Institutionen, die weiterentwickelt werden, sie ist aber auch durch besondere Ereignisse und Umstände des 13. und 14. Jh.s geprägt. Die Verwaltung ist weiterhin in einem sehr engen Sinn die Verwaltung des Königs. Die wichtigsten Abteilungen sind aus seinem Haushalt hervorgegangen. Es sind dies
1. *Kanzlei* (Chancery), das Sekretariat des Königs. Der Vorsitzende ist der Kanzler (chancellor); er verwahrt das große Siegel, mit dem die feierlichen Verlautbarungen des Königs bekräftigt werden. Kopien von Briefen und Urkunden werden dort angefertigt und aufbewahrt. Die wachsende Bürokratisierung bringt es mit sich, dass die Kanzlei an einem Ort bleibt, in Westminster. Dadurch büßt sie etwas an Bedeutung ein, da der persönliche Kontakt mit dem Herrscher schwächer wird. *Kanzlei*
2. *Finanzabteilung* (Exchequer). Der Vorsitzende ist der Treasurer. Diese Abrechnungsabteilung des laufenden königlichen Einkommens aus dem Reich residiert gleichfalls in Westminster. *Finanzabteilung*
3. *Kleiderkammer* (Wardrobe). Diese Abteilung hat den engsten ständigen Kontakt mit dem Herrscher, den sie überallhin begleitet. Sie ist am deutlichsten noch ein originaler Bestandteil des königlichen Haushalts. Eduard I. fördert ihre Bedeutung. Der Vorsteher (Keeper) der Kleiderkammer ist in der Regel der engste Vertraute des Königs. Seine Arbeit wird beaufsichtigt durch den Controller (den, der die counter-roll führt). Dieser beaufsichtigt das Sekretariat der Kleiderkammer. Er verwahrt das Privatsiegel des Königs (privy seal), das für die königliche private sowie für diplomatische Korrespondenz verwendet wird. *Kleiderkammer*
Während die Funktionen dieser drei Abteilungen niemals streng getrennt sind, ergibt sich doch bereits seit Eduard I. eine gewisse Sonderstellung der Kleiderkammer. Die dort einfließenden Gelder werden nicht vor dem Exchequer abgerechnet, sondern stehen für besondere Zwecke zur Verfügung.
4. *Königlicher Rat* (Council), die Versammlung des Königs mit den geistlichen und weltlichen Großen seines Reiches. In diesem Rat haben die Barone am ehesten die Möglichkeit, Entscheidungen des Königs zu beeinflussen. Sie sind zur Beratung verpflichtet, sofern aufgefordert, aber der König ist an ihren Rat nicht gebunden. Theoretisch ist er in der Auswahl seiner Berater völlig frei; in der Praxis kann es sich kein Herrscher leisten, die mächtigsten Barone von seinem Rat fernzuhalten. *königlicher Rat*
5. *Parlament*, im Grunde eine Erweiterung des Council. Es wird nicht regelmäßig berufen und ist keine repräsentative Versammlung des Volkes. Freilich werden seit der Mitte des 13. Jh.s neben den Großen des Reiches auch oft Vertreter jeder Grafschaft, einiger Städte und des niederen Klerus berufen, die sich als nützliches Gegengewicht gegen den Adel erweisen. 1322 wird bestimmt, dass Reformen des Reiches im Parlament beschlossen werden müssen; 1340 wird festgelegt, dass außerordentliche finanzielle Leistungen für den König der Zustimmung des Parlaments bedürfen. *Parlament*
Dennoch bleiben die Herrscher in der Regel in der Wahl ihrer engsten Berater frei (Kurialisten = Höflinge), während sich die hohen Adligen als „natürliche Berater" betrachten. Die Struktur der Verwaltung des Reiches ist in hohem Maß auf die Person des Herrschers zugeschnitten.

Der Zerfall des Manorial-Systems und die Entwicklung der Agrarwirtschaft

Das Manorial-System basiert in seiner Blütezeit auf der persönlichen Aufsicht des Grundherrn über seine Besitzungen. Die Zersplitterung des Besitzes, ein Merkmal des englischen Lehnssystems, macht solch eine persönliche Aufsicht selbst in Friedenszeiten problematisch, in Zeiten innerer Unruhe praktisch unmöglich. Das Spätmittelalter ist eine Zeit besonders starker politischer Unruhen in England. Die *Zersplitterung des Besitzes* mindert seinen Wert zudem durch hohe Transportkosten der landwirtschaftlichen Erzeugnisse. Im späten 12. und frühen 13. Jh. tragen mehrere Faktoren zu einer Blüte des Manorial-Systems bei. Bevölkerungswachstum verbilligt die Arbeitskräfte, während trotz erheblicher Inflation die große Nachfrage nach landwirtschaftlichen Erzeugnissen den Gewinn des Herrn des Manor hebt. Dennoch setzt sich die Tendenz durch, die unter Aufsicht des Grundherrn oder seines Vertreters bewirtschafteten Teile des Herrenhofes (demesne) gegen eine feste, manchmal auf Lebzeiten, manchmal für mehrere Generationen fixierte Abgabe zu verpachten (hier vermutet man den Ursprung der Bezeichnung farm = firma = feste Abgabe). Die *Verkleinerung der demesne* führt zu einem Rückgang der Dienstleistungen, die wesentlich zum Manorial-System gehören. Seit dem 13. Jh. gehen die Erträge der landwirtschaftlich genutzten Flächen spürbar zurück, vielleicht weil das Ackerland ausgelaugt ist. Hinzu kommen die demografischen Einbrüche des 14. Jh.s (Missernten und Hungersnöte 1315–1317; Pestepidemien seit 1348). Die Arbeitskräfte werden teuer, mangelnde Nachfrage führt zum Absinken der Preise und damit zu einem erheblichen Rückgang des Gewinns für den Grundherrn. Daraus resultiert eine modifizierte Wirtschaftsweise. Es verstärkt sich die Neigung zur Aufteilung des Ackerlands in Farmen (das umso mehr, als die für die *Zersplitterung des Besitzes* *Verkleinerung der demesne*

EUROPÄISCHES MITTELALTER Die Staatenwelt

verstärkte Weidewirtschaft: Bearbeitung der demesne unentbehrlichen Hörigen allmählich ihre Freilassung erlangen). Es kommt zur Umstellung des Ackerlandes auf Parkland und *zur verstärkten Weidewirtschaft* (enclosure), die weniger arbeitsintensiv ist. Die große internationale Nachfrage nach englischer Wolle beschleunigt die Tendenz zur Schafzucht. Im 15. Jh. ist die demesne fast überall völlig verschwunden. Damit ist das Manorial-System beendet. – (Forts. S. 958)

Irland
(Forts. v. S. 568)

Die Wikinger, die sich seit dem 9. Jh. an Irlands Küstenstreifen festgesetzt haben, die im Lauf des 10. Jh.s christianisiert worden sind, sind im 11. Jh. weit gehend mit der irischen Bevölkerung vermischt.

territoriale Bistümer: Unter ihrem Einfluss werden die ersten *territorialen Bistümer* gegründet (Dublin, Waterford, Limerick), deren Bischöfe ihre Weihe in Canterbury erhalten.

ab Mitte 11. Jh. Es kommt zu einer Reformbewegung in der irischen Kirche, die sich nicht an Canterbury anlehnt und die im 12. Jh. die Oberhand gewinnt (Synoden von Cashel 1101, Raith Bresail 1111).

Synode von Kells/Mellifont 1152 Sie findet in der *Synode von Kells/Mellifont* ihren Abschluss und wird gekennzeichnet durch Anerkennung der autonomen Organisation der irischen Kirche unter dem Primat von Armagh (Grafschaft im Norden des Landes).

um 1155 König Heinrich II. von England erhält in der Bulle ‚Laudabiliter' die päpstliche Erlaubnis, die irische Kirche zu reformieren und in Irland einzugreifen.

Die Initiative für das Eingreifen der Kambro-Normannen (von Wales) in Irland liegt jedoch bei König Dermot MacMurrough von Leinster (1134–1171), der in seinem Kampf gegen die O'Connors von Connacht um die Vorherrschaft in Irland Kambro-Normannen zu seiner Hilfe ins Land ruft.

Eroberung der Insel 1169 Mit ihrer Ankunft beginnt unter Gilbert fitz Richard, genannt Strongbow, die *Eroberung der Insel* im Osten.

1171 Bald kommt Heinrich II. selbst nach Irland und versucht, die Kambro-Normannen unter seine Kontrolle zu bringen.

Synode von Cashel 1172 Auf der *Synode von Cashel* wird er allgemein als Herrscher über Irland anerkannt. Es kommt zu keiner systematischen Eroberung des Landes, vielmehr kennzeichnen Privatunternehmungen einzelner Adliger das Bild.

1175 Im Vertrag von Windsor versucht Heinrich II., die Insel in ein anglo-normannisches Gebiet unter seiner Oberhoheit und in ein irisches Gebiet unter der Oberhoheit der O'Connor von Connacht zu teilen, aber er bleibt nicht lange genug im Land, um diese Politik zu verwirklichen.

1177 Er bestellt seinen Sohn Johann zum Herrn (Lord) von Irland.
Unter Johann erfolgt der Ausbau des englischen Einflusses auf der Insel.

1210 Er kommt persönlich nach Irland, aber seine anderen Verpflichtungen lassen ihm nicht die Zeit, sich der Unterwerfung Irlands zu widmen.
Dennoch vergrößert sich der englische Einfluss in Irland in der ersten Hälfte des 13. Jh.s.

um 1250 Schließlich haben die Iren die Kontrolle über gut zwei Drittel des Landes verloren. Damit ist aber der *Höhepunkt der englischen Herrschaft* erreicht.

Höhepunkt englischer Herrschaft 1254 Kronprinz Eduard wird zum Lord von Irland ernannt, aber er nimmt seine Aufgabe nicht persönlich wahr.
Inzwischen sind einige der englischen Adligen bereits weit gehend mit der irischen Oberschicht assimiliert; in der zweiten Hälfte des 13. Jh.s geht der Einfluss der englischen Herrschaft zurück.

Hauptmerkmale des irischen Hochmittelalters

Neuerungen: In einem Jh. intensiver englischer Herrschaft im Osten der Insel sind beachtliche *Neuerungen* festzustellen. Es kommt zur Gründung zahlreicher Städte nach englischem Recht (besonders in Meath unter Hugh de Lacy) und einer systematischen Anwendung moderner landwirtschaftlicher Methoden (Manorial-System). Ein erheblicher Teil des Gewinns wird nach England abgeführt, statt zum Ausbau der Landesherrschaft verwendet zu werden. Damit wird die Grundlage zu der künftigen weiteren Schwächung der englischen Kontrolle über Irland gelegt.

politische Zersplitterung: Die nicht unterworfenen Teile der Insel weisen die traditionelle *politische Zersplitterung* der frühen irischen Gesellschaft auf. Dennoch ist erheblicher geistiger Einfluss von außerhalb zu verzeichnen, der sich

● PLOETZ

v. a. in der Übersetzung zahlreicher philosophischer und medizinischer Texte ins Irische niederschlägt. Durch die Engländer hat Irland den Anschluss an die europäische Geistesentwicklung gefunden.
Das Spätmittelalter ist in Irland gekennzeichnet durch einen kontinuierlichen Niedergang des Gebietes der englischen Lordschaft im Osten, durch die Erstarkung der irischen Sippenverbände (*gälische Erneuerungsbewegung*) sowie durch die Assimilierung der englischen Territorialherren außerhalb der Lordschaft an Sitten und Lebensweise ihrer irischen Standesgenossen. Diese Entwicklungen werden durch das mangelnde Interesse der englischen Krone an Irland ebenso gefördert wie durch die finanziellen Lasten, die der Lordschaft aufgebürdet werden.

gälische Erneuerungsbewegung

Die gälische Erneuerungsbewegung beginnt im 13. Jh. mit der zunehmenden Anwerbung schottischer Söldner durch die Häuptlinge der irischen Sippenverbände, die allmählich wieder den Königstitel annehmen. Sie wird gefördert durch langjährige Abwesenheit englischer Territorialherren von ihren Besitzungen, eine Entwicklung, die die englische Regierung trotz wiederholter Gesetzgebung nicht rückgängig machen kann.

1315	*Invasion Irlands durch Eduard Bruce*, den Bruder des schottischen Königs, der die Herrschaft über die Insel anstrebt.
1315–1316	Er erobert Ulster und Connacht, scheitert aber bei dem Versuch der Unterwerfung von Leinster.
1316	Er wird als *Hochkönig von Irland* inauguriert und errichtet seinen Regierungssitz in Carrickfergus. Der Abfall der Provinz Leinster führt zu einem Eingreifen des Schottenkönigs Robert Bruce zugunsten seines Bruders, das aber keine entscheidende Wende bringt.
1317	Der Verbündete von Eduard Bruce, Donal O'Neill, verfasst ein ausführliches Schreiben an Papst Johannes XXII. (*Irish Remonstrance*), in dem er die Untaten der Engländer in Irland während der vergangenen eineinhalb Jh.e in scharfer Form anprangert und das Eingreifen Eduard Bruces rechtfertigt.
1318	Mit dem Tod von Eduard Bruce scheitert der Versuch, ganz Irland zu einen.

Invasion durch Eduard Bruce

Hochkönig von Irland

Irish Remonstrance

Bruces Invasion legt die Schwäche der englischen Lordschaft zum ersten Mal bloß. Es kommt zu einem verstärkten Bestreben, Engländer und Iren offiziell zu segregieren, das nur insoweit gelingt, als den Iren niederen Standes englisches Recht verweigert wird; es kann nicht verhindert werden, dass die englischen Territorialherren zunehmend irische Sitten und Gebräuche annehmen (Gälisierung der Anglo-Iren).

1361–1366	Lionel, der Sohn Eduards III., weilt als dessen persönlicher Vertreter in Irland.
1366	In den unter seinem Vorsitz verabschiedeten *Statuten von Kilkenny* ergehen strenge Anweisungen, die englische Lebensweise beizubehalten. Erst jetzt erkennt die Krone das Ausmaß und die Gefahr der Gälisierung der Anglo-Iren. Es fehlt aber an praktischen Maßnahmen, diesen Gesetzen Geltung zu verschaffen.
1394–1395	Mit Richard II. kommt seit zwei Jh.en erstmals wieder ein englischer König nach Irland. Ihm gelingt es, von den irischen Stammeskönigen als Lehnsherr anerkannt zu werden, aber er scheitert bei seinem Versuch, die anglo-irischen Territorialherren zu unterwerfen.

Statuten von Kilkenny

Die Unsicherheit der Verhältnisse in England nach der Usurpation der Krone durch das Haus Lancaster 1399 schwächt die Lordschaft weiter. Auf ein Gebiet von etwa 30 km im Umkreis von Dublin reduziert und gegen das Nachbarland durch Befestigungen getrennt, ist *die Lordschaft* seit 1446 als *Pale* bekannt. Außerhalb der Lordschaft ist die Angleichung der Anglo-Iren an die Iren vollzogen. Diese Entwicklung macht eine neuerliche systematische Unterwerfung des Landes notwendig, die jedoch erst unter den Tudors erfolgt. – (Forts. S. 958)

Pale

Wales

(Forts. v. S. 568)

Durch seine geografische Lage bedingt, erfährt Wales am frühesten und am intensivsten von den inselkeltischen Ländern die Expansion der englischen Nachbarn. Im Verlauf der ersten Hälfte des 12. Jh.s wird die territorial neu gegliederte *Kirche* der Provinzialherrschaft von Canterbury unterstellt (1147 von Papst Eugen III. bestätigt). Diese Eingliederung wirkt befruchtend auf das Geistesleben und bringt Schriften hervor, die die eigentümliche Mischung lateinischer und keltischer Kultur darstellen. Geoffrey of Monmouth macht mit seiner Historia Regum Britanniae (um 1136), die angeblich auf volkssprachlichem walisischem Material aufbaut, den historisch unbedeutenden Arthur zu einer Heldengestalt, die dem Geschmack des Lehnszeitalters entspricht und der europäischen Literatur entscheidende Anstöße

Kirche

liefert (Artus-Sagen). Giraldus Cambrensis (1147–1223) schildert in zahlreichen Werken (Beschreibung von Wales, Eroberung von Irland usw.) anschaulich die Vermischung des walisischen mit dem normannischen Gesellschaftssystem.

Statt systematischer Eroberung erlebt Wales das Vordringen einzelner Adliger aus England auf eigene Faust, wenn auch in lehnsmäßiger Abhängigkeit von der Krone. Diese *Marcher Lords* setzen sich seit dem ausgehenden 11. Jh. vor allem an der Ostgrenze und an der Südküste fest. Sie betrachten sich als Rechtsnachfolger der walisischen Kleinkönige, in deren Familien sie nicht selten einheiraten (Kambro-Normannen) und errichten unabhängige territoriale Herrschaften. In ihrem Einflussbereich bleibt die politische Zersplitterung erhalten.

Marcher Lords

In den unbesetzten Gebieten von Wales vollzieht sich unter dem Eindruck des Vordringens der Marcher Lords ein *gesellschaftlicher Wandel*, indem die Mehrzahl der Adligen zu Großbauern absinkt, während wenige Herrscher ihre Macht erweitern können und den Fürstentitel annehmen (gleichzeitig setzt sich die aus England stammende Fremdbezeichnung ,Waliser' auch im Land selbst durch; Welsch = Fremd).

gesellschaftlicher Wandel

Von den Fürsten von Nordwales (Gwynedd) und Südwales (Deheubarth) gelingt es nur den Herrschern von Gwynedd, ihre Machterhöhung zu sichern.

1197   Das Fürstentum Südwales zerbricht wieder.

seit 1189   Die anhaltende Schwächung des englischen Reiches nach dem Tod Heinrichs II. ermöglicht den Aufstieg der *Fürsten von Gwynedd* zu unbestrittener Vorherrschaft im freien Wales; jetzt erfolgt die Aufzeichnung der walisischen Rechtsbücher in lateinischer und walisischer Sprache. Llywelyn ab Iorwerth († 1240) dringt auf die alleinige Erbfolge seines Sohnes David, während bis dahin in Wales Teilung des Erbes unter alle männlichen Nachkommen üblich gewesen ist. Sein Enkel Llywelyn ap Gruffydd († 1282) vollendet die Konzentration der Macht im freien Wales in seinen Händen.

Fürsten von Gwynedd

1258   Er nimmt den Titel princeps Wallie (Fürst von Wales) an.

1267   Als solcher wird er im Vertrag von Montgomery von der englischen Krone (König Heinrich III.) anerkannt.

Widerstände im eigenen Lager schwächen seine Stellung ebenso wie das energische Eingreifen König Eduards I. seit 1274.

1277   Im Vertrag von Conway verliert Llywelyn die Herrschaft über Südwales und den Osten.

1282   Dann kommt es in Wales zum *Aufstand* gegen die tyrannische Herrschaft Eduards I., der unter erheblichem finanziellem Aufwand das Fürstentum militärisch erobert. Llywelyn fällt.

Aufstand

seit 1284   König Eduard regiert das Fürstentum selbst (Statutes of Rhuddlan).

1301   Dann ernennt er seinen ältesten Sohn Eduard von Caernarvon zum Fürsten von Wales (,Prince of Wales'), seit dieser Zeit der Titel des Thronerben.

Das Fürstentum wird nicht mit dem englischen Reich vereinigt, ist aber starkem kulturellem und wirtschaftlichem Einfluss aus England ausgesetzt.– (Forts. S. 958)

Schottland
(Forts. v. S. 568)

Die Herrscher, die sich seit dem 11. Jh. Könige der Schotten nennen, kontrollieren effektiv lediglich den anglisierten Südosten (Lothian) des Landes. Im Hochmittelalter können sie nur mit großer Mühe ihre Unabhängigkeit gegenüber dem stärkeren englischen Nachbarn bewahren.

1068   Die *Anglisierung Schottlands* wird in größerem Umfang durch die Eheverbindung König Malcolms III. Canmore (Großkopf) mit der Angelsächsin Margarete eingeleitet.

Anglisierung Schottlands

Die Königin erhält Unterstützung für ihre Pläne der Kirchenreform des Landes nach römischem Muster bei Erzbischof Lanfranc von Canterbury.

Unter den drei Söhnen aus der Ehe Malcolms mit Margarete, Edgar (1097–1107), Alexander I. (1107–1124) und David I. (1124–1153), wird die Verflechtung mit der englischen Politik stärker. Die Schwächung Englands unter König Stephan (1135–1154) ausnutzend, versucht David I., die Südgrenze seines Reiches zu verschieben und Cumberland, Westmoreland und Northumberland zu erwerben.

1138   Er wird aber in der ,Schlacht der Standarte' unter der Führung des Erzbischofs Thurstan von York entscheidend geschlagen.

Der Einfluss aus England macht sich im 12. Jh. vor allem durch das *Eindringen des Lehnswesens* bemerkbar.

Eindringen des Lehnswesens

1174   Wilhelm I. der Löwe (1165–1214) muss den englischen König als Lehnsherr über Schottland anerkennen (Vertrag von Falaise), eine Bindung, die 1189 wieder gelöst wird.

1192	Es erfolgt die Anerkennung der Autonomie der schottischen Kirche (Bulle ‚Filia Specialis'), die allerdings für die nächsten drei Jh.e ohne Erzbischof bleibt.	
1237	Alexander II. (1214–1249) erkennt die Tweed-Solway-Linie als die Südgrenze Schottlands an, die aber weiterhin umkämpft bleibt.	
	Sein Nachfolger Alexander III. (1249–1286) verbündet sich mit Norwegen.	
1281	Er verheiratet seine Enkelin Margarete mit König Erich III. Magnusson von Norwegen (1280–1299).	
1286	Margarete (the Maid of Norway) wird als Königin anerkannt.	
1290	Vier Jahre später gelingt es Eduard I. von England, seinen Sohn Eduard von Caernarvon mit ihr zu verheiraten, wobei vertragsmäßig die *Unabhängigkeit Schottlands* von England zugesichert wird (Vertrag von Birgham).	*Unabhängigkeit Schottlands*
seit 1290	Mit dem Tod Margaretes verstärken sich die Bemühungen des englischen Königs, Schottland in seine Gewalt zu bringen.	
1290–1292	Erstes Interregnum.	
1292	Eduard I. von England ernennt durch Schiedsspruch John Balliol (*um 1249, †1313) zum König, der ihm für Schottland den *Lehnseid* leistet.	*Lehnseid gegenüber England*
	Bei seinem Versuch, dennoch eine selbstständige Politik zu betreiben, scheitert Balliol und	
1296	dankt ab.	
1296–1306	Zweites Interregnum.	
	Eduard I. übernimmt persönlich die Herrschaft über Schottland. Schottische Allianz mit Frankreich.	
1297	Aufstand gegen die Engländer unter Führung von Sir William Wallace (*um 1270, †1305), 1298 niedergeschlagen.	
1299	Papst Bonifaz VIII. erklärt Schottland als unter besonderem päpstlichem Schutz stehend.	
1306	Robert Bruce ermordet seinen mächtigsten Rivalen im Kampf um den schottischen Thron, John Comyn, und wird zum König gekrönt.	
1306–1329	**König Robert (*1274).**	
1307	Mit dem Tod Eduards I. lässt der englische Druck auf Schottland nach, und Bruce kann seine Herrschaft gegen erhebliche Widerstände im Land festigen.	
1314 23./24. Juni	Die Schlacht von Bannockburn (bei Stirling) setzt dem englischen Eingreifen ein Ende und führt zur Anerkennung von Robert Bruce als König im eigenen Land.	
	Er aktiviert den Lehnsdienst des Adels und organisiert 1315 den Plan für die Eroberung Irlands durch seinen Bruder Eduard († 1318).	
1320	Die auf englischen Druck verhängte *päpstliche Exkommunikation* führt zur Deklaration von Arbroath, in der die englischen Eingriffe in schottische Verhältnisse scharf zurückgewiesen werden.	*päpstliche Exkommunikation*
1324	Robert Bruce wird vom Papst als König anerkannt,	
1328	schließlich auch in England durch die Regenten Isabella und Mortimer.	
	König David II. Der Regierungsantritt des minderjährigen David II., der mit einer Schwester Eduards III. verheiratet ist, schwächt die Stellung der Krone.	
1332	Es erheben sich die von Robert Bruce unterdrückten Barone und ernennen Eduard Balliol zum Gegenkönig (bis 1356). David II. flieht nach Frankreich, sein Schwager Robert the Stewart übernimmt die Regentschaft.	
1346	Nach der Niederlage des Verbündeten Frankreich bei Crécy gerät König David II. in englische Gefangenschaft. *Die Stellung des Adels* gegenüber der Krone wird dadurch *weiter gestärkt*.	*Stärkung des Adels*
1356	David wird gegen ein Lösegeld von 100000 Mark Sterling freigelassen, was eine intensive Besteuerung des Landes erfordert und zu einer Beteiligung der Stände an der Regierung führt.	
1371–1390 1390–1406	Durch die Passivität der ersten Könige aus dem Haus Stewart/Stuart, Robert II. (*1316) und Robert III. (*um 1340), verliert die Krone an Einfluss. Lehnswesen sowie systematische Besteuerung verfallen.	
1406	Der Thronfolger James gerät in englische Gefangenschaft.	
1406–1423	Regentschaften.	
1423–1437	In den Jahren seiner persönlichen Herrschaft kann Jakob I. (*1394) vorübergehend die Initiative an die Krone zurückbringen. Lange Jahre fehlender Kontrolle haben aber das Unabhängigkeitsgefühl des Adels gestärkt.	
1437	Als Tyrann geschmäht, wird der geschickte und energische König ermordet.	
	Fortdauernder Widerstand des Adels gegen die Forderungen der Krone, wobei die *Selbstständigkeitsbestrebungen* im gälischen Hochland und auf den Inseln besonders ausgeprägt sind. – (Forts. S. 958)	*Selbstständigkeitsbestrebungen*

Skandinavien

Skandinavien (bis 1035)

Übersicht des Gesamtraumes, die Frage der sog. nordischen Einheit

Nationalstaaten — Aus kleinen Stammesverbänden bilden sich während des Frühmittelalters die vier skandinavischen *Nationalstaaten* (Dänemark, Schweden, Norwegen, Island). Die Bewohner Skandinaviens betreiben Fischfang, Viehzucht und in beschränktem Maß Ackerbau (typisch sind Einzelhöfe). Durch die geografische Lage bedingt, betreiben sie seit jeher verhältnismäßig regen Außenhandel (Münzstätten seit dem 9. Jh.).

Im europäischen Rahmen weisen die skandinavischen Völker im Frühmittelalter archaische Züge der altgermanischen Zeit auf, die vor allem durch das unverhältnismäßig lange anhaltende Heidentum bedingt sind. Die aristokratisch geprägte *Gesellschaft* ist kleinräumig unter Häuptlingen organisiert, deren Befugnisse auf militärische und rituelle Funktionen beschränkt sind. Die kleinste soziale Einheit der Gesellschaft ist die Sippe als Friedensgemeinschaft. Die Häuptlinge werden aus dem Sippenverband gewählt, was blutige Streitigkeiten zwischen Rivalen fördert. In Skandinavien besteht das altgermanische Thing (Volks- und Gerichtsversammlung) fort.

Bevölkerungsverschiebungen — Bevölkerungszuwachs (durch Rodungen bezeugt), Fortschritte im Schiffsbau sowie Ansätze zur Überwindung der politischen Zersplitterung führen seit dem ausgehenden 8. Jh. zu erheblichen *Bevölkerungsverschiebungen*, die die Grenzen Skandinaviens überschreiten. Nach anfänglichen Raubzügen und Plünderungen lassen sich skandinavische Gruppen an den Küsten Europas nieder und vermischen sich allmählich mit der fremden Bevölkerung. Der fortgesetzte Handel bleibt nicht ohne Rückwirkungen auf die skandinavischen Länder, deren Verbindungen mit den europäischen Völkern enger werden. Skandinavien tritt aus der Geschichtslosigkeit heraus. Die seit dem 9. Jh. organisierte *christliche Mission* führt zu einer Abhängigkeit von der fränkischen Kirche, aus der sich Skandinavien erst im Hochmittelalter lösen kann. Mit der christlichen Religion gelangt auch das lateinische Alphabet in diese Länder. Die hoch entwickelte, bis dahin mündlich überlieferte Kultur wird allmählich schriftlich aufgezeichnet; wichtiges altgermanisches Gut ist in volkssprachlichen Überlieferungen Skandinaviens erhalten.

Einheitlichkeit — Wesentliche Gemeinsamkeiten in Sprache und Kultur geben den nordischen Völkern im Frühmittelalter eine gewisse *Einheitlichkeit*, die von den Zeitgenossen allerdings kaum als solche empfunden wird. Es gibt aber auch erhebliche lokale und regionale Unterschiede. So ist besonders Dänemark durch seine Grenze mit dem Frankenreich in der Frühzeit besser bekannt als die anderen Länder. Dieses Land ist auch am dichtesten besiedelt und entwickelt eine dynamische Politik, die zeitweilig zu einer über Skandinavien hinausgreifenden Vormachtstellung führt. Auch kommt es in Dänemark nicht, wie in den Nachbarländern, zu einer Herausbildung des Jarltums (Kleinfürsten). Die Dynastien der skandinavischen Länder sind eng miteinander verwandt und bekämpfen sich auf das heftigste.

Die nordische Frühzeit

Die Entwicklung Skandinaviens in der Frühzeit ist nur in Umrissen zu erkennen.

um 500 Die Dänen sind bezeugt in Schonen und auf den Inseln.
Sie breiten sich in der Folgezeit über Jütland aus (von dort sind die Angeln nach Britannien abgezogen). Das bedeutendste Stammesreich in Schweden ist das der *Svear* im Mälargebiet (um Uppsala) mit dem Haus der Ynglinge.

Svear-Reich

6. Jh. Sie breiten sich an der baltischen Küste und in Gotland aus (550–800 Vendelzeit).
Das angelsächsische Epos „Beowulf" berichtet von Kämpfen der Svear mit den Geatas (Goten?) und in Südschweden (West- und Ostgötaland).

seit etwa 650 Die Ynglinge greifen nach Norwegen über.
Versuche, die Aufsplitterung der Länder in Kleinstherrschaften zu überwinden und zur staatlichen *Einigung* fortzuschreiten (ein wichtiger Anstoß zu den Wikingerzügen) sowie erste Missionsversuche im frühen 9. Jh. bringen das Ende der Frühzeit.

Einigung

Die Wikingerzeit

In den skandinavischen Ländern ist die Wikingerzeit die Epoche der sog. *Reichssammlung* („rikssamling"); sie vollzieht sich unter schweren inneren und äußeren Kämpfen, wobei Dänemark die wichtigste Rolle zufällt. Zeitgenössische fränkische und englische Quellen berichten davon.

Reichssammlung

Schweden

Die schwedische Geschichte dieser Zeit ist schwer zu entwirren. Das Zentrum des Reiches bildet der *Handelsplatz Birka* im Mälarsee. Die Ausdehnung nach Jütland im 9. Jh. ist von kurzer Dauer, stärker sind die Bande über die Ostsee mit den baltischen Ländern. 1008 wird Olaf Schoßkönig (995–1022) getauft. – (Forts. S. 591)

Handelsplatz Birka

Norwegen

Zu Beginn der Wikingerzeit erfolgt die norwegische Besiedlung der Orkneys und Shetlands (weiteres Ausgreifen über die Hebriden bis zur Insel Man im 9. Jh.).

um 872 König *Harald I. Schönhaar* (860–933, *850), ein Ynglinger, eint die Kleinstämme Norwegens (Anstoß zur Besiedlung Islands).
Sein Sohn Erich I. Blutaxt (930–935) kann sich mit Gewalt nicht durchsetzen. Er wird von Haakon I. (935–959) vertrieben und wird 954 in Northumbria ermordet. Die inneren Kämpfe geben den Dänen Gelegenheit, ihre Oberhoheit über Norwegen zu errichten.

991 Olaf I. Tryggvasson (995–1000) versucht, seine Herrschaft nach England auszudehnen.

1015–1030 König *Olaf II. der Heilige* (*995).
Er christianisiert sein Reich gewaltsam, kann die Alleinherrschaft gewinnen und sich vorübergehend von Dänemark lösen. – (Forts. S. 592)

Harald I. Schönhaar

Olaf II. der Heilige

Die Normannen/Wikinger

Als Normannen (Nordmänner) oder Wikinger bezeichnen die Zeitgenossen die Menschen aus Dänemark und Norwegen, die seit dem Ende des 8. Jh.s, noch nicht christianisiert, in Raub- und Plünderzügen die Küsten und Flussläufe Westeuropas heimsuchen (793 Überfall des Inselklosters Lindisfarne an der Nordostküste Englands). Neben Abenteuerlust und Suche nach Beute gilt auch die Unwilligkeit, sich der erstarkenden Königsmacht im Heimatland zu unterwerfen, als Anstoß für die *Wikingerfahrten*, die durch eine hoch entwickelte Seefahrtstechnik (8. Jh. Segelschiff mit flachem Kiel ermöglicht Flussfahrt) eine neue Intensität erreichen.
Den häufigen Plünderzügen folgt seit der Mitte des 9. Jh.s die Siedlung an den Küsten Westeuropas, die zu einem allmählichen Zusammenleben mit der christlichen Bevölkerung führt. Die verkehrstechnische Überlegenheit der Wikinger kommt einem *ausgedehnten Handel* zugute, der sich in der Anlage von Handelsplätzen und Städten niederschlägt. Die Ausdehnung der schwedischen Wikinger (Waräger = Eidgenossen) nach Südosten, die weniger ausgeprägte kriegerische Züge hat, führt zur Staatsbildung der Rurikiden durch Oleg (879–912) und damit zur Grundlegung des russischen Reiches im Osten. Entsprechend entsteht an der Nordküste Frankreichs das Reich Rollos (911), der Ausgangspunkt der späteren Normandie. Zu den bleibenden historischen Leistungen der Wikinger gehört neben der Anregung des Handels und der Staatengründung auch eine Erweiterung des Weltbildes auf vier Kontinente.

Wikingerfahrten

ausgedehnter Handel

Dänemark

804–810 König Gotfrid von Dänemark.
Er führt schwere Kämpfe mit den Obodriten, den Verbündeten Karls des Großen. Er kann seine Eigenständigkeit bewahren und legt zum Schutz der Eidergrenze das erste Danewerk an.

826 Sein Nachfolger Harald nimmt das Christentum an.
Unter ihm kommt es zu ersten *Missionsversuchen* (Ansgar, „Apostel des Nordens", *um 801, †865); das organisatorische Zentrum ist das 831 gegründete Erzbistum Hamburg. Dennoch hält sich die heidnische Religion weiter.

Mitte 9. Jh. Dann erleiden die Dänen einen Rückschlag, dadurch dass der Schwedenkönig Olaf nach Jütland übergreift und das Handelszentrum Haithabu für drei Generationen unter schwedische Herrschaft bringt.

Missionierung

Harald Blauzahn	934 Jütland wird erst unter Gorm dem Alten († um 945) und seiner Gemahlin Thyra wieder dänisch. Sein Sohn *Harald Blauzahn* (um 945–986) gewinnt die östlichen Inseln und Südschweden. um 970 Dann kann er das norwegische Ostland (Viken) seinem Reich angliedern und das übrige Norwegen seiner Oberhoheit unterstellen. 983 Im Rahmen des großen Slawenaufstandes gegen die Ottonen gelingt ihm ein weiteres Vorrücken der Südgrenze. Innere Machtkämpfe können nach seinem Tod den dänischen Aufstieg nur vorübergehend hemmen. Durch eine Allianz mit Schwedens Olaf Schoßkönig (995–1022) gegen den Norweger Olaf Tryggvasson (995–1000) wird die Oberhoheit über Norwegen gefestigt. 1013 Die Dänen erobern England.
Knut der Große	**1018–1035** *Knut der Große*, König von Dänemark und England (seit 1016). Unter ihm Höhepunkt der Dänenherrschaft. – (Forts. S. 594)

Island

Landnahme	Die ältesten bezeugten Bewohner Islands sind keltische Mönche; seit 875 erfolgt im Rahmen der Wikingerzüge die *Landnahme* durch heidnische Scharen, vornehmlich aus Norwegen. Sie vollzieht sich während eines halben Jh.s. Es handelt sich in erster Linie um Adlige mit ihrem Gefolge, die sich den Zentralisierungsplänen Harald Schönhaars (860–933) in Norwegen entziehen. Das verhältnismäßig milde Klima der Insel ermöglicht Viehzucht, doch kaum Getreidebau. Die Besiedlung erfolgt in Form von Einzelgehöften (keine Dörfer). Der Kontakt mit Norwegen (Handel) bleibt bestehen. Während das in Skandinavien allgemein verbreitete Thing übernommen wird, bildet sich auf der Insel gleichwohl eine eigene Staatsform heraus. Im Laufe des 10. Jh.s kommt es allmählich zum Zusammenschluss der 39 Godenverbände („Gode" = Tempelherr, Sippenvorstand mit religiösen und gerichtlichen Funktionen) und zur Bezirksverfassung (965). Die Insel wird in vier Viertel geteilt. Die Verfassung ist herrschaftlich geprägt; es kommt nicht zur Ausbildung eines Königtums.
Missionierung	Die *Missionierung* der heidnischen Isländer beginnt am Ende des 10. Jh.s auf Initiative Olaf Tryggvassons von Norwegen. 1000 wird das Christentum durch Thingbeschluss angenommen. Seit der Mitte des 10. Jh.s erfreut sich die Insel einer langen Friedenszeit. Von Island aus wird durch Erik den Roten Grönland (982) und durch dessen Sohn Leif Amerika (1000) entdeckt. – (Forts. S. 596)

Skandinavien (1035–1280/1286)

	Im Rahmen einer gesamteuropäischen wirtschaftlichen Blüte nehmen die skandinavischen Länder verstärkt an dem Geschick ihrer Nachbarn teil. Das sich allmählich etablierende nationale Königtum stützt sich bei der Selbstbehauptung auf die nationale Kirche (Märtyrerkönige als Nationalheilige). Mit der In-
christliche Mission	tensivierung der *christlichen Mission* wird Skandinavien in die europäische Völkerfamilie aufgenommen. Ausdehnungspolitik (wenn auch in kleinerem Rahmen als in der Wikingerzeit, dafür in größerer Intensität) ist in allen drei Ländern zu erkennen. Wirtschaftlicher Aufschwung, Übergang zu produktiverer Dorfsiedlung, führt zu *Städtegründungen* und damit zur Entstehung neuer Bevölkerungsschichten. Es
Städtegründungen	kommt zu Auseinandersetzungen mit rivalisierenden Kräften (Hanse). Das Hochmittelalter bringt die erste Blüte volkssprachlicher und lateinischer Literatur (Sagen, Skaldendichtung, nationale Geschichtsschreibung). Die Gewohnheitsrechte werden kodifiziert, neue Gesetze werden erlassen. Trotz enger Zusammenarbeit mit der Kirche (Herrscherweihe) kann sich das nationale Königtum nicht dauerhaft etablieren. Adel, Städte, Bauern und Kirche kämpfen um eigenen Einfluss.

Schweden
(Forts. v. S. 589)

Verzeichnis der schwedischen Herrscher

Stenkil	um 1060
Blot-Sven	1080
Magnus Barfuß	1093–1103
Inge d. J.	† 1130
Sverker d. Ä.	1130–1156
Erich Jedvarsson, der Heilige	um 1156–1160
Karl Sverkersson	1161–1167
Knut Eriksson	1167–1196
Sverker d. J. Karlsson	1196–1208
Erich Knutsson	1208–1216
Johan Sverkersson	1216–1222
Erich Eriksson	1222–1229
Knut Holmgersson	1229–1234
Erich Eriksson	1234–1250
Jarl Birger Magnusson	1248
Waldemar Birgersson	1250/66–1275
Magnus Birgersson Ladulas	1275–1290

schwedische Herrscher

Zu Beginn des Hochmittelalters ist Schweden ein *loser Reichsverband* mit starken partikularen Kräften. Der König wird von den Svear auf ihrem Landschaftsthing gewählt. Danach wird er bei dem Umritt auf den anderen Landesthingen anerkannt. Seine Funktion beschränkt sich im Wesentlichen auf den militärischen Oberbefehl, sofern der starke Adel zur Kooperation bewegt werden kann.

loser Reichsverband

um 1060   Nach dem Aussterben der alten Uppsala-Könige kommt das Königsgeschlecht der westgötischen Stenkil auf den Thron. Das folgende Jh. wird geprägt durch die Auseinandersetzungen zwischen den christlichen Göten und den am Heidentum festhaltenden Svear Upplands. Unter den Stenkils wird das Christentum weit gehend eingeführt (Zerstörung des Uppsalatempels am Ende des 11. Jh.s).

1104   Die schwedische Kirche wird dem neu gegründeten dänischen Erzbistum Lund unterstellt. Um 1120 bestehen sechs schwedische Bistümer.

um 1130–1156   *König Sverker der Ältere* aus Östergötland. Mit ihm kommt das Geschlecht der Sverkir zur Macht. Seinen Hauptsitz hat es bei Alvastra nahe dem Vättersee.

König Sverker der Ältere

um 1156   Sverker wird ermordet, worauf die Upsvear Erich zum König erheben.
Das folgende Jh. ist von schweren Thronkämpfen zwischen den Geschlechtern Sverkers und Eriks geprägt.
Erich scheint seine Herrschaft über ganz Schweden durchgesetzt zu haben. Als eifriger Christ unternimmt er einen Kreuzzug nach Finnland, das nun unter den Einfluss Schwedens gerät.

König Erich

1160   Er wird von Dänen in Uppsala überfallen und enthauptet.
Schnell entwickelt sich ein Kult des Märtyrerkönigs, der zum Nationalheiligen Schwedens wird; seine Gebeine ruhen heute im Silberschrein zu Uppsala.

1164   Unter Erichs Nachfolger Karl Sverkersson (1161–1167) wird Uppsala Erzbistum.
Karl fällt bei Visingö gegen seinen Nachfolger, Erichs Sohn Knut (1167–1196). Im Rahmen der deutschen Ostkolonisation macht sich unter Knut der deutsche Einfluss auch in Schweden geltend. Es kommt zur Gründung zahlreicher Städte.

1187   Heidnische Seeräuber brennen die Handelsstadt Sigtuna am Mälar nieder und töten den Erzbischof von Uppsala in seiner Burg.

1196–1208   *König Sverker der Jüngere Karlsson.*
Er erlässt Gesetze zum Wohl der Kirche; Opposition der Söhne Knuts führt zum Sieg über den König und ein mächtiges dänisches Kontingent bei Lena in Westgötland. Sverker wird vertrieben.

König Sverker der Jüngere

1208–1216   König Erich Knutsson.
Er kann einen Rückeroberungsversuch Sverkers († 1210) siegreich abschlagen. Mit Sverkers Sohn Johann (1216–1222) erlischt das Haus der Sverkir.

König Erich Eriksson	1222–1229 und 1234–1250	**König Erich Eriksson.** Er stützt sich gegen Aufstände auf das mächtige Haus der Folkunger. Sie sind im Besitz des Jarlamtes, des höchsten Reichsamtes, dessen wichtigste Aufgabe die Führung des Ledung ist, des Krieger- und Schiffsaufgebotes.
	1248	Auf der Reichsversammlung (die gegen den vornehmlich zur richterlichen Funktion abgesunkenen Thing an Bedeutung ständig zugenommen hat) von Skenninge ordnet der Kardinallegat Wilhelm von Sabina das schwedische Kirchenwesen neu.
	1249	Der Folkunger Birger Jarl unternimmt einen großen Heerzug gegen Finnland.
Geschlecht der Folkunger	1250–1363	**Geschlecht der Folkunger.** Unter ihnen wird der Regionalismus überwunden; Expansion Schwedens nach Estland, Russland, Finnland.
	1250	Der unmündige Sohn Birger Jarls, Waldemar, ein Schwestersohn Erich Erikssons, wird zum König gewählt.
Birger Jarl	1250–1266	Doch die Regierungsgeschäfte beherrscht *Birger Jarl*, der die Beziehungen zu Norwegen und Dänemark pflegt. Stockholm wird als bedeutende Handelsstadt gegründet, während im Allgemeinen deutsche Hansekaufleute großen Einfluss in Schweden gewinnen; wirtschaftlicher Aufschwung. Im Rahmen einer umfassenden Gesetzgebung kommt es zu Neuerungen im Rahmen des Privat- und Prozessrechts. Die Königsmacht wird gegen den Adel gefestigt, aber zugleich durch beginnende Apanagierung der Prinzen wesentlich geschwächt. Nach der schwachen eigenen Regierung Waldemars (1266–1275) folgt dessen Bruder
König Magnus Birgersson	1275–1290	**König Magnus Birgersson Ladulas** (= Scheunenschloss). Er führt tief greifende Neuerungen ein.
	1279 oder 1280	Im Statut von Alsnö werden alle zu Pferd dienenden Krieger von der Steuer befreit, aber gleichzeitig pflegt Magnus die Beziehungen zu den freien Bauern als Gegengewicht gegen den Adel. Die Reichsämter des Drost (Truchsess und Stellvertreter des Königs), Marschall und Kanzler werden entwickelt; das dem zentralen Königtum gefährliche Jarlsamt wird nicht mehr besetzt. In diese Zeit fällt die Bindung der Insel Gotland an Schweden. – (Forts. S. 596)

Norwegen
(Forts. v. S. 589)

In Norwegen, zu dessen Königreich auch die heute schwedischen Provinzen Län Jämtland, Härjedalen und Bohuslän gehören, ist die Durchsetzung des nationalen Königtums schwierig.

König Magnus der Gute	1035–1047	**König Magnus der Gute.** Der Sohn Olafs des Heiligen wird von den Norwegern aus Russland herbeigerufen.
	1042	Er wird aufgrund eines Erbvertrages auch König von Dänemark. Diese Bindung wird unter seinem Nachfolger wieder gelöst.
	1047–1066	**König Harald Hardrada** (= der Strenge).
Oslo		Er gründet *Oslo*; als Überseehafen blüht Bergen. Als Hartaknuts Erbe erhebt er Anspruch auf den englischen Thron, wird aber bei Stamfordbridge von dem englischen König Harald Godwinson geschlagen und stirbt.
	1067(69)–1093	**König Olaf Kyrre** (= der Stille).
ruhige politische Entwicklung		Sohn Haralds. Mit ihm beginnt ein halbes Jh. einer *ruhigen politischen Entwicklung* des Landes. Bistümer und Städte werden gegründet.
	1093–1103	**König Magnus Barfuß.** Er intensiviert die norwegische Besiedlung der Orkneys, der Hebriden und der Insel Man. Es folgen gemeinsam seine Söhne Olaf († 1115), Eystein († 1123), Sigurd († 1130).
	1107–1111	Sigurd unternimmt einen Kreuzzug (Beiname Jórsalafari [Jerusalemfahrer]). Er führt den Kirchenzehnten ein. Eystein zwingt Jämtland zurück. Es schließt sich eine über ein Jh. dauernde Zeit innerer Wirren an, die durch die eigentümliche Mischung von Erb- und Wahlmonarchie verursacht werden. Die Entscheidung über den Thronfolger liegt beim Thing. Viele Anzeichen deuten auf eine erneute *politische Fragmentierung* des Landes in Kleinkönigtümer hin.
politische Fragmentierung	1162	Gegen die sich befehdenden unehelichen Nachkommen des Magnus Barfuß setzt Erling seinen fünfjährigen Sohn Magnus V. Erlingsson (1162–1184), Tochtersohn Sigurds des Kreuzfahrers, auf den Thron.
Erzbistum Trondheim		Erling sucht die Stütze der nationalen Kirche des Landes. 1152 wird *Trondheim (Nidaros) zum Erzbistum* erhoben. Durch die kirchliche Weihe (Krone interpretiert als Lehen König Olafs des Heiligen) wird die fehlende dynastische Legitimität ersetzt.

1164 Auf dem Reichstag zu Bergen wird versucht, die Thronfolge auf eheliche Kinder zu beschränken und die Primogenitur einzuführen.

Gegen das Bündnis von Kirche und Königtum erhebt sich die *Partei der Birkebeine* (benannt nach ihren Strümpfen aus Birkenrinde) in den Waldgebieten an der schwedischen Grenze. Ihr Anführer ist *Sverre Sigurdsson* (er betrachtet sich seit 1177 als König, † 1202).

Genealogie der Herrscher Norwegens

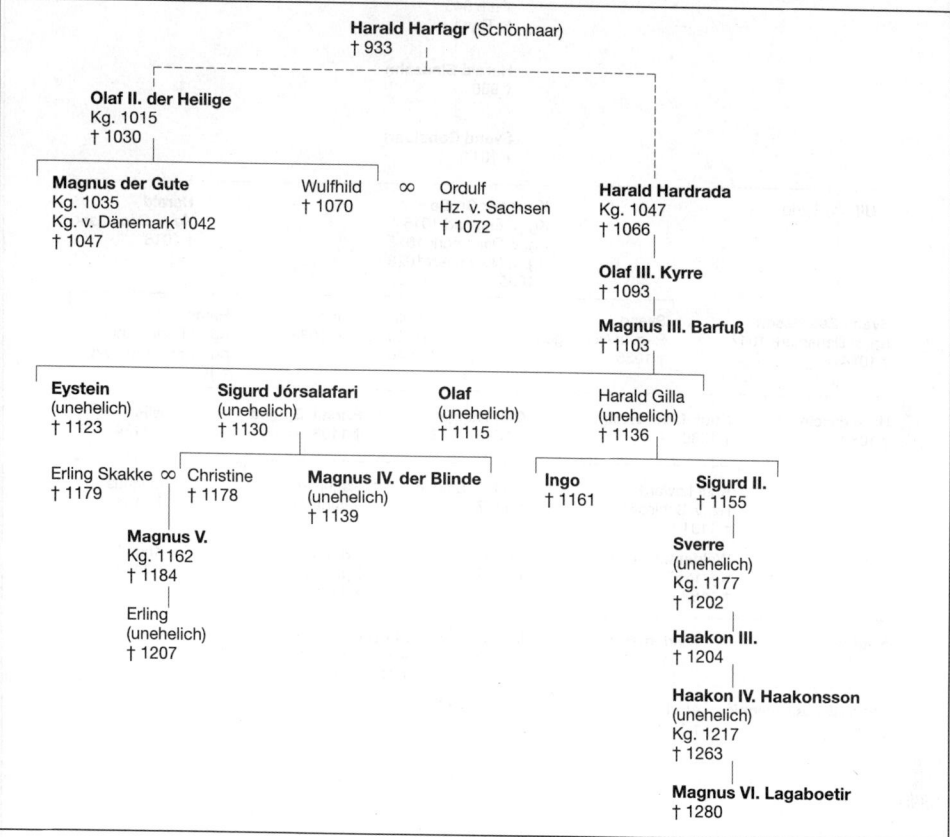

1177 Er erobert Trondheim.
1184 Dann besiegt er König Magnus Erlingsson in der Seeschlacht bei Firmreite.
Es erfolgt die Wiederherstellung der nationalen Einheit, die durch innere Reformen gestärkt wird. Unterteilung des Landes in Verwaltungsbezirke mit königlichen Beamten an der Spitze. Die Bauerngerichte werden neu organisiert.
1194 Gegen den wachsenden Widerstand der Kirche gelingt es ihm gleichwohl, von seinen Bischöfen gekrönt zu werden.
Das von Papst Innozenz III. über ihn verhängte Interdikt bleibt ohne konkrete Auswirkungen. Der Grundstein für ein starkes Erbkönigtum ist gelegt, das sich aber erst unter seinem zweiten Nachfolger Haakon Haakonsson voll entfalten kann und Norwegen auf den Höhepunkt der mittelalterlichen Entwicklung führt.

1217–1263 *König Haakon IV.*
1261 Er gewinnt Grönland und Island (1262/1264) auf friedlichem Weg.
In seine Regierungszeit fällt die beginnende Einflussnahme deutscher Kaufleute in Bergen, die zur Einfuhr vornehmlich von Getreide eine enge Verbindung mit der Hanse knüpfen.
1263–1280 *König Magnus VI.* Haakonsson Lagaboetir (= Gesetzesverbesserer).
Sohn Haakons IV. Sein großer Beitrag besteht in der *Vereinheitlichung des Rechts*.
1266 Er verzichtet zugunsten Schottlands auf die Hebriden und die Insel Man.
1277 Er regelt Streitfragen mit der Kirche in Tunsberg (freie Besetzung der Kirchenämter, eigene Gerichtsbarkeit). – (Forts. S. 596)

Dänemark
(Forts. v. S. 590)

Genealogie der Herrscher Dänemarks

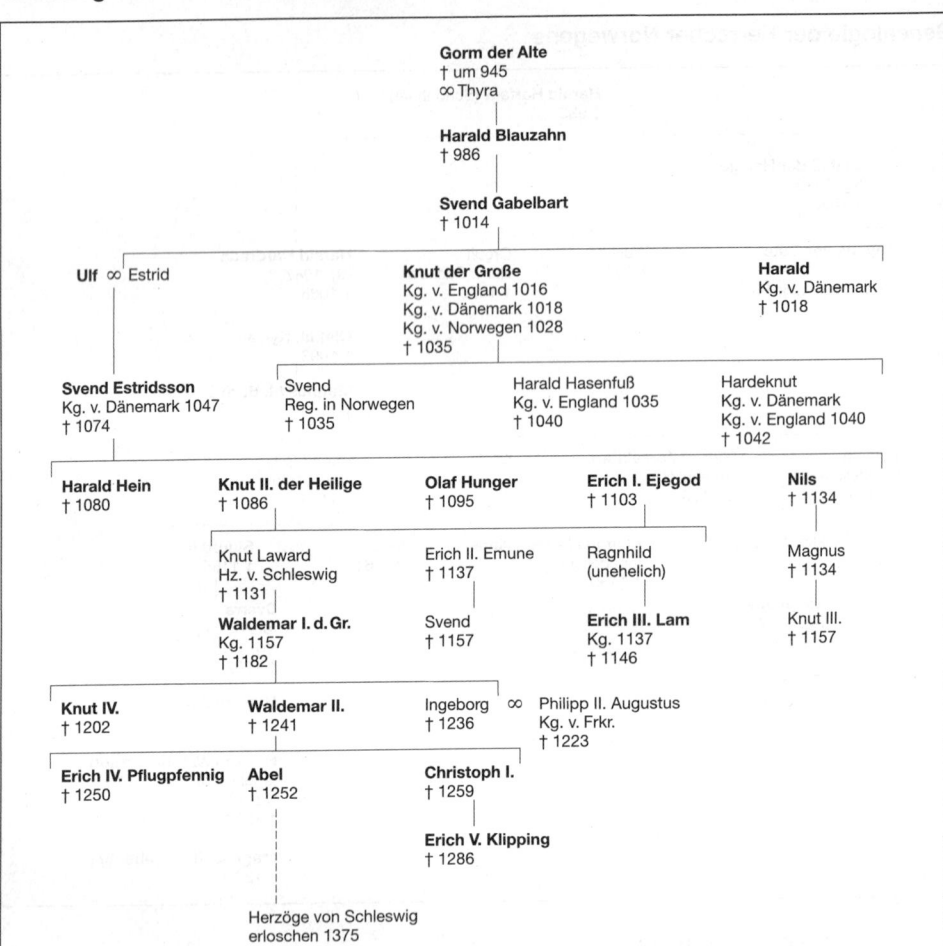

Die (relativ) größte Bevölkerungsdichte sowie seine geografische Lage als Brücke zwischen Nord- und Ostsee machen Dänemark zum *führenden Land Skandinaviens* im Hochmittelalter. Seine Südgrenze ist die Eider. Zu diesem Land gehören auch Teile des heutigen Südschweden.

1047–1074 *König Svend Estridsson.*
Er arbeitet eng mit der Kirche zusammen (Gründung der Bistümer Lund, Roskilde, Odense, Ribe, Århus, Viborg, Vestervig); er ist Lehnsmann der Salier; Freundschaft mit Erzbischof Adalbert von Goseck, der 1043 als Erzbischof von Hamburg-Bremen die Mission in Skandinavien aufnimmt. Einer der Söhne Svends, Knut II. (1080–1086), wird zum Nationalheiligen Dänemarks.

1104 Lund wird zum Erzbistum erhoben und wird damit zum Zentrum der dänischen Nationalkirche.
Rege Bautätigkeit während der nächsten 50 Jahre (Steindome).

1131 Der gewaltsame Tod des ersten vom dänischen König abhängigen Herzogs von Schleswig

1134 Knut Laward (= Lord/Herr) führt zu einem Feldzug Kaiser Lothars III. gegen Dänemark und endet mit der Huldigung des Dänenkönigs Magnus.
Thronstreitigkeiten und innere Unruhen stärken die Unabhängigkeit der Kirche von der Königsgewalt.

1157–1182	*König Waldemar I. der Große.*	*König*
	Er überwindet die nationalen Zwistigkeiten und leitet ein halbes Jh. dänischer Großmacht-	*Waldemar I.*
	politik ein. Er erhält wertvolle Unterstützung durch Absalon, den Bischof von Roskilde und	*der Große*
	späteren Erzbischof von Lund (1178–1201).	
1162	Waldemar leistet den Lehnseid für sein Reich an Kaiser Friedrich I.	

1157–1182 *König Waldemar I. der Große.*
Er überwindet die nationalen Zwistigkeiten und leitet ein halbes Jh. dänischer Großmachtpolitik ein. Er erhält wertvolle Unterstützung durch Absalon, den Bischof von Roskilde und späteren Erzbischof von Lund (1178–1201).

1162 Waldemar leistet den Lehnseid für sein Reich an Kaiser Friedrich I.
Es gelingt ihm, die innere Zerrissenheit des Landes zu überwinden, indem er gemeinsam mit Herzog Heinrich dem Löwen die Wenden bekämpft.

1169 Er erobert die Insel Rügen, lässt den heidnischen Tempel Swantewit zerstören und leitet eine zwangsweise Bekehrung zum Christentum ein.
Seine dynamische Kirchenpolitik (Einführung des Zehnten) führt zu Aufständen der Bauern von Schonen.

1181 Doch schlägt er deren Erhebung blutig nieder.
Das aus Deutschland eingeführte Ritterwesen dringt durch.

1182–1202 *König Knut IV.*
Er wird noch zu Lebzeiten seines Vaters gekrönt und setzt dessen *Expansionspolitik* fort.

1184 Er erringt einen großen Sieg bei der Insel Rügen über die Pommern.

1185 Dann huldigt ihm Herzog Bogislaw von Pommern, der bis dahin vom Reich lehnsabhängig war.
Knut gelingt es, Teile Mecklenburgs zu unterwerfen; er nennt sich seitdem König der Dänen und der Slawen. Dem Kaiser verweigert er den Lehnseid. In seine Regierungszeit fällt die Abfassung der Gesta Danorum des Saxo Grammaticus (*um 1150, †um 1220), die der herrschenden Dynastie gewidmete Geschichte der Dänen; Saxo ist im Dienst des Erzbischofs Absalon von Lund tätig.

1201 Knuts Bruder Waldemar erobert Holstein mit Lübeck und Hamburg; die weite Ausdehnung des dänischen Großreiches wird durch die deutschen Thronwirren ermöglicht, in denen der dänische König auf der Seite der Welfen steht.

1202–1241 *König Waldemar II. der Sieger.*
Er ist der Bruder Knuts IV., führt Dänemark auf den Höhepunkt seiner mittelalterlichen Macht. Er dehnt das Reich bis zur Elbe aus.

1219 Es erfolgt die *Eroberung Estlands* (Gründung von Reval) unter dem Danebrog, dem nach der Sage vom Himmel gefallenen Banner, ein weißes Kreuz auf rotem Grund, das fortan das Reichsbanner wird.

1227 Die Schlacht von Bornhöved führt zum Zusammenbruch der dänischen Vorherrschaft in Norddeutschland. Rügen und Estland bleiben erhalten.
Dem militärischen Niedergang folgt die wirtschaftliche Schwächung durch die konkurrierende Expansionspolitik der deutschen Ostsiedler entlang der Ostsee.

um 1231 Es wird das dänische Landbuch (Jordebog) oder Liber Census Daniae abgefasst, Verzeichnis aller königlichen Güter und Einkünfte.

1241 Kodifizierung des *jütischen Rechts* (Jyske Lov) in der dänischen Volkssprache. Der königlichen Exekutive werden drei Gesetzesversammlungen beigegeben, entwickelt aus den Landesthingen von Schonen, Seeland und Jütland.
Dem Zerfall des dänischen Großreiches folgt der allmähliche Niedergang der königlichen Herrschaft.
Waldemar II. hinterlässt seinem jüngeren Sohn Abel das Herzogtum Schleswig. Durch seine Heirat mit Mechthild von Holstein sichert dieser sich und seinen Nachfolgern die Unterstützung des holsteinischen Adels gegen das dänische Königtum. Das führt zum *Bürgerkrieg* mit seinem älteren Bruder Erich IV. Pflugpfennig.

1241–1250 *König Erich IV. Pflugpfennig.*
Er verlangt den Bauern neue Steuern ab.

1250 Nach dessen gewaltsamem Tod folgt Abel selbst auf den Thron, wird aber seinerseits 1252 von den Friesen erschlagen. Weitere Thronwirren schwächen das Königtum.

1259–1286 *König Erich V. Klipping.*

1282 Er muss in einer großen Handfeste Vorrechte des Adels sowie Gewohnheitsrechte billigen. Er verspricht ferner die jährliche Einberufung des Reichstages (Danehof) zur Gesetzgebung.
Am Ende des 13. Jh.s weisen Dänemarks etwa 70 Kaufmannsstädte auf erhebliche soziale und wirtschaftliche Wandlungen hin, die sich bis dahin vollzogen haben. – (Forts. S. 598)

Marginalia:
- *König Waldemar I. der Große*
- *Expansionspolitik*
- *König Waldemar II. der Sieger*
- *Eroberung Estlands*
- *jütisches Recht*
- *Bürgerkrieg*
- *König Erich V. Klipping*

Island

(Forts. v. S. 590)

Der durch die Besiedlung der Insel gegründete enge Kontakt mit Norwegen bleibt bestehen. Die Könige von Norwegen erheben seit Anbeginn Anspruch auf die Oberhoheit über Island, den sie aber erst in der Mitte des 13. Jh.s verwirklichen können.

isländische Kirche

Mitte 11. Jh. Der erste isländische Bischof (von Skalholt) wird noch in Deutschland geweiht, aber seit dem frühen 12. Jh. untersteht die *isländische Kirche* dem Erzbischof von Lund, seit 1152 dem Erzbischof von Trondheim.

Im Lauf des politisch ruhigen 12. Jh.s verbreitet sich das europäische Mönchtum auf der Insel; dennoch bleiben viele heidnische Bräuche lebendig. Innere Kämpfe werden im 13. Jh. durch die ehrgeizige Familie der Sturlungar ausgelöst. Jetzt hat Norwegen die Möglichkeit, die Unterwerfung der Insel schrittweise durchzuführen.

1238 Norweger werden zu Bischöfen in Island.
1256 Dann erhebt Norwegen zum ersten Mal Tribut.
Bergen wird das Handelsmonopol für Island zugesprochen.

alter Pakt

1264 Die Abhängigkeit der Insel von Norwegen wird durch den sog. *alten Pakt* anerkannt.
1281 Der Althing verliert seine Gesetzgebungsmacht, die im Folgenden durch königliche Verwalter ausgeübt wird.

Die Literatur Islands im Hochmittelalter

Islands einzigartige Bedeutung im Hochmittelalter liegt in der literarischen Blüte, die hauptsächlich in volkssprachlich verfassten Werken in Erscheinung tritt. Die isländische Literatur ist die beste Quelle für die *altnordische Mythologie*. Zu der ältesten Literatur, die noch im 11. Jh. aufgezeichnet wird, zählt das Werk über die Besiedlung der Insel (Landnamabok). Seit dem späten 12. Jh. werden die Götter- und Heldenlieder in der sog. Lieder-Edda gesammelt. Einzigartig für seine Zeit ist das literarische Werk des Staatsmannes Snorri Sturluson (*1179[78?], †1241). Er entstammt einer führenden Familie Westislands, ist mehrmals Sprecher des Althing und pflegt engen Kontakt zu den norwegischen Herrschern, der zu seiner Ermordung führt. Seine wichtigsten Werke sind eine Prosabearbeitung der Edda und die sog. Heimskringla, die norwegische Königsgeschichte von den Anfängen bis ins 12. Jh. Mit ihrer selbstständigen Quellenkritik zählt die Heimskringla zu den bedeutendsten Geschichtswerken des Mittelalters. Snorris Neffe Sturla Thordharson (*1214, †1284) wird von manchen Gelehrten als der Anreger des Landnamabok betrachtet.

altnordische Mythologie

Skandinavien (1280/1286–1523)

Norwegen (mit Island) und Schweden (1280–1389)

(Forts. v. S. 592, 593)

Herrscher Norwegens

Herrscher Norwegens

| Erich III. Magnusson | 1280–1299 | Magnus VII. Eriksson | 1319–1355 |
| Haakon V. Magnusson | 1299–1319 | Haakon VI. | 1355–1380 |

1280–1299 In Norwegen vereitelt Erich III. Magnusson (*1268, †1299), Sohn des Magnus VI. Haakonsson, genannt Lagaboetir (Gesetzesverbesserer), den Versuch des Erzbischofs von Trondheim, die Rechte der Kirche gegenüber dem Staat zu erweitern.

Konflikt mit der Hanse

Konflikt mit der Hanse infolge ihrer großen Privilegien von 1278. Norwegen ist von der Getreideeinfuhr aus den baltischen Provinzen abhängig, sodass eine Hungersnot ausbricht.

1285 Friede von Kalmar; die Hanse erzwingt die Bestätigung ihrer Privilegien, sie beherrscht den norwegischen Handel völlig.

1299–1319 Erichs Bruder Haakon V. Magnusson (*1270, †1319) führt das Land zu einer Blüte. Er nimmt den Ämtern der staatlichen Lokalverwaltung ihren aristokratischen Charakter und überträgt sie von ihm völlig *abhängigen Beamten*. Er macht Oslo, im reichsten und am dichtesten bevölkerten Teil des Reiches, zur Hauptstadt und beendet damit die norwegische Interessenausrichtung nach England.

abhängiges Beamtentum

1312 Haakons Tochter Ingeborg heiratet Erich Magnusson († 1318), den Bruder des Schwedenkönigs Birger.
Ihr dreijähriger Sohn wird nach Haakons Tod König von Norwegen als Magnus VII. Eriksson (1319–1355; *1316, † 1374). Unter ihm wird Norwegen zugunsten Schwedens vernachlässigt.

Herrscher Schwedens

Birger I. Magnusson	1290–1318	Karl VIII. Knutsson Bonde	1464–1465
Magnus Eriksson	1319–1363	Karl VIII. Knutsson Bonde	1467–1470
Albrecht von Mecklenburg	1363–1389	Sten Sture der Ältere	1471–1497
Margarete von Dänemark	1389–1412	Johann (Hans)	1497–1501
Erich der Pommer	1412–1439	Sten Sture der Ältere	1501–1503
Christoph von Bayern	1441–1448	Svante Nilsson Sture	1504–1512
Karl VIII. Knutsson Bonde	1448–1457	Sten Sture der Jüngere	1512–1520
Christian I.	1457–1464	Christian II.	1520–1523

Herrscher Schwedens

In Schweden folgt auf Magnus Ladulas sein Sohn Birger (1290–1318), bis 1302 unmündig († 1318). Der weltliche *Adel gewinnt die Oberhand* über Königtum und Kirche. Im Reichsrat hat die Führung Marschall Torgils Knutsson als Haupt des Adels. Er baut das Reich nach Osten aus. Die Apanagierung von Teilen des Reiches an die Herzöge Erich und Waldemar bedroht ernsthaft den Bestand des Reiches. Torgils wird hingerichtet.

Adel gewinnt die Oberhand

1317 Birger nimmt seine zu Gast geladenen Brüder im Schloss Nyköping gefangen und lässt sie 1318 umbringen. Daraufhin vertreibt der Adel den König nach Dänemark, wo er stirbt.

1319–1363 Die Großen übertragen die Krone an Herzog Erichs und der Ingeborg Sohn, den unmündigen König Magnus VII. Eriksson von Norwegen; die *Union mit Norwegen* ist nur als vorübergehende Einrichtung gedacht, während der Adel nach der Herrschaft strebt. Anlässlich der Wahl werden großzügige Freiheiten verbrieft: Privilegien von Adel und Kirche, Stellung des Reichsrats, keine eigenmächtige königliche Steuererhebung, Wahlkönigtum. Regentschaft durch Ingeborg, unterstützt von dem mächtigen dänischen Adligen Knut Porse († 1330), den sie 1327 heiratet. Seit 1331 selbstständige Herrschaft des Königs.

Union mit Norwegen

um 1350 Einführung einer *einheitlichen Rechtsordnung* (Landrecht ersetzt Landschaftsrechte). In das Landrecht werden die Adelsforderungen von 1319 aufgenommen. 1349/1350 verheerende Folgen der Pest.

einheitliche Rechtsordnung

1355–1380 Da sich Norwegen vernachlässigt fühlt, muss Magnus das Land seinem Sohn Haakon VI. Magnusson (*1339, † 1380) zur Nebenregierung überlassen.

1359 Magnus verlobt seinen Sohn Haakon mit der Tochter des Dänenkönigs Waldemar IV. Atterdag, Margarete (Hochzeit 1363).

Wegen des Verlustes von Schonen (1360), von Öland und Gotland (1361) an Dänemark

1363–1389 wird Magnus von den Schweden abgesetzt, Wahl seines Neffen Albrecht III. von Mecklenburg-Schwerin (*um 1340) zum König von Schweden, der

1365 in der Schlacht bei Gata Magnus und Haakon schlägt.

1371 Magnus verzichtet auf den schwedischen Thron († 1374).

Albrecht stützt sich auf die Macht seines Vaters und der Hanse, aber die tatsächliche Gewalt liegt beim Adel.

1380–1387 Margaretes Sohn Olaf († 1387) König von Norwegen.

1389 Albrecht wird als König von Schweden gestürzt. Thronfolge Margaretes.

Die heilige *Birgitta von Schweden* (*um 1303, † 1373), Mutter von acht Kindern, adliger Abstammung: Mit 40 Jahren verwitwet, sucht sie nun das Frauenideal der heiligen Witwe zu verwirklichen. Aufzeichnung ihrer Visionen. Sie gründet das Kloster Vadstena mit eigener Regel. Seit 1350 lebt sie in Rom. Sie setzt sich für die Rückkehr des Papstes aus Avignon ein und greift in die politischen Streitfragen des Tages ein. Pilgerfahrt nach Jerusalem. 1391 kanonisiert. – (Forts. S. 599)

Birgitta von Schweden

Dänemark (1286–1389)
(Forts. v. S. 595)

Herrscher Dänemarks

Herrscher Dänemarks

Erich VI. Menved	1286–1319	Christoph II.	1330–1332
Christoph II.	1320–1326	(Interregnum)	1332–1340
Waldemar III.	1326–1330	Waldemar IV. Atterdag	1340–1375

1286–1319 König Erich VI. Menved (*1274, †1319).
Er versucht trotz der inneren Schwäche des Königtums eine Rückkehr zur Großmachtpolitik, die nach Norddeutschland gerichtet ist.

    1300 Fürst Nikolaus von Rostock, durch eine Fehde mit Brandenburg schwer bedrängt, lässt Stadt und Land dem Dänenkönig zu Lehen auf.

    1304 Der deutsche König Albrecht I. bestätigt den Metzer Vertrag von 1214, jedoch ohne Lübeck.
Gegen die Grafen von Holstein nimmt Lübeck Erich zum Schutzherrn. In den folgenden Kämpfen der Fürsten (Mecklenburg, Rügen, Holstein, Sachsen-Lauenburg, Brandenburg) mit den Seestädten erhalten Letztere keine Hilfe von Lübeck.

Fürstenlager vor Rostock

    1311 Großes *Fürstenlager vor Rostock*. Waldemar von Brandenburg (*vor 1281, †1319) wird von Erich zum Ritter geschlagen. Die Feier geht in Krieg über, da Rostock die Herren nicht in seine Mauern lässt.
Die Stadt Wismar an der Ostsee muss sich 1311 Heinrich von Mecklenburg ergeben, 1312 auch Rostock. Nur Stralsund kann sich mit Hilfe Waldemars von Brandenburg behaupten. Auch die Kriege Erichs mit Schweden und Norwegen enden erfolglos.

Wahlkapitulation

1320–1326 Anlässlich der Wahl König Christophs II. (*1276, †1332) wird eine *Wahlkapitulation* vereinbart, die die Mitregierung der Stände vorsieht.
1330–1332
Allerdings fühlt sich Christoph an seine Versprechungen nicht gebunden. Seine Großmachtpolitik in Norddeutschland, die er nur durch strenge Besteuerung des Adels und des Klerus finanzieren kann, führt zu inneren Unruhen und schließlich zu seiner Vertreibung (nach Mecklenburg).

1326–1330 Graf Gerhard III. der Große von Holstein (*um 1293, †1340) wird zum Reichsverweser, sein Mündel, Herzog (seit 1325) Waldemar V. von Schleswig (*1314, †1364), als Waldemar III. zum nominellen König gewählt. Gerhard lässt sich von Waldemar Schleswig zum erblichen Besitz übertragen, mit der Bestimmung, Schleswig nie wieder mit der Krone Dänemarks zu vereinen (*Constitutio Waldemariana*).

Constitutio Waldemariana

1330–1332 Christoph II. kehrt vorübergehend auf den Thron zurück, wird aber von Gerhard auf der Lohheide am Danewerk geschlagen.
Ihm bleibt nur das kleine Lolland. Waldemar erhält Schleswig wieder, das übrige Reich ist in Gerhards Hand. Schonen stellt sich unter den Schutz Magnus Erikssons (1319–1363), des Königs von Schweden und Norwegen. Gerhard regiert nach Christophs Tod als Reichs-

1332–1340 verweser, aber die nun folgenden acht Jahre gelten als königslose Zeit (Anarchie). Starke Erbitterung in ganz Dänemark über die gewalttätige Herrschaft des holsteinischen Adels und der Hansestädte.

1340–1375 König Waldemar IV. Atterdag (*um 1320, †1375). Sohn Christophs. Ihm gelingt in 20 Jahren die neuerliche staatliche *Einigung Dänemarks*. Die Finanzkraft der Krone wird durch die Rücknahme entfremdeten Reichsgutes gesichert.

Einigung Dänemarks

    1346 Er verkauft Estland an den Deutschen Orden.

    seit 1348 Als Folge der Pest gelangt mehr Land unter die Aufsicht der Krone.

    1360 Waldemar gewinnt Schonen von Schweden zurück. Auf dem Danehof von Kalundborg kommt es zum Ausgleich zwischen der Krone, dem Adel und der Geistlichkeit (*großer Landfriede*), in dem alle Gruppen ihre gegenseitigen Verpflichtungen anerkennen.

großer Landfriede

    1361 Waldemar überfällt Gotland und nimmt nach dem Sieg über die Bauern dort Wisby in Besitz, was zu einer schweren Einbuße für die Hanse führt. Ihre Bedeutung geht im Folgenden zurück.

    1363 Es kommt zur Versöhnung mit Schweden und zur Heirat von Waldemars Tochter Margarete (*1353, †1412) mit Haakon, dem Sohn des Schwedenkönigs Magnus Eriksson.

Vormachtstellung der Hanse

1367–1370 Krieg mit der Hanse, der im Frieden von Stralsund beendet wird. *Die Hanse bewahrt ihre Vormachtstellung* im Ostseehandel.

| 1376–1387 | Nach Waldemars Tod folgt sein unmündiger Enkel, Margaretes und Haakons Sohn Olaf (*1370, †1387). Die Regentschaft wird von Margarete geführt, die 1387 Königin wird und die Kronen von Dänemark und Norwegen vereinigt. |

Die Unionszeit (1389–1523)
(Forts. v. S. 597)

Voraussetzung für die Union der nordischen Länder sind neben sprachlichen und kulturellen Gemeinsamkeiten die Bereitschaft des Adels, sich mit einer Fremdherrschaft abzufinden (was tatsächlich zu ständigen Reibereien führt) sowie der wirtschaftliche Niedergang Norwegens, die innere Zerrissenheit Schwedens und das erdrückende Übergewicht Dänemarks. Dazu kommt der weit verbreitete Wunsch nach Ruhe und Frieden. Zugleich bleibt aber die innere Spannung zwischen dem Streben der Herrscher nach absolutistischer Regierung und dem Verlangen des Adels nach Regierungsbeteiligung sowie nach der Teilnahme an der Wahl des Monarchen bestehen. Der Erfolg der Union wird durch die politischen Fähigkeiten der einzelnen Herrscher bestimmt.

Herrscher Dänemarks und Norwegens
Herrscher

Olaf	1380–1387	Christoph III. von Bayern	1439–1448
(als dänischer König)	1376–1387	Christian I. von Oldenburg	1448–1481
Margarete von Dänemark	1387–1412	Johann (Hans)	1481–1513
Erich der Pommer	1412–1439	Christian II.	1513–1523

	Margarete, 1363 mit König Haakon VI. Magnusson von Norwegen verheiratet.
1376	Margarete setzt beim dänischen Reichsrat in Slagelse die Wahl ihres Sohnes Olaf zum König von Dänemark durch, der 1380 nach dem Tod seines Vaters Haakon VI. auch König von Norwegen wird. Union von Norwegen und Dänemark bis 1814. 1387 stirbt Olaf als letzter vom Mannesstamm der Folkunger. Seine Mutter wird von den dänischen, dann von den norwegischen Ständen zur Königin gewählt.
1376–1387	
1387/1389– 1412	*Margarete* regiert als *Königin von Dänemark und Norwegen*, seit 1389 auch als Königin von *Schweden*: In Schweden Opposition gegen König Albrecht (von Mecklenburg-Schwerin).
1389	Er wird von Margaretes Feldherrn, dem Mecklenburger Heinrich Parow, bei Aasle unweit von Falköping geschlagen und gefangen genommen. Ganz Schweden fällt Margarete zu bis auf die Burg Stockholms, die sich mit Hilfe der seeräuberischen Vitalienbrüder jahrelang verteidigt (die Vitalienbrüder sind eine in Wismar und Rostock gebildete Genossenschaft von Kaperfahrern, so genannt, weil ihr nächster Zweck die Versorgung der Hauptstadt mit Viktualien war). – Kapitulation Stockholms 1398. Erst 1395 wird Albrecht freigelassen.
	Kräftige innere *Regierung Margaretes* in den drei Reichen *gegen den Adel*.
1389	Margarete verschafft ihrem Großneffen, Enkel ihrer Schwester Ingeborg, Erich dem Pommer (*1382, †1459), die Nachfolge in Norwegen, 1396 in Schweden und Dänemark.
1397 20. Juni	*Kalmarer Union*. Die Reichsräte der drei Länder werden nach Kalmar berufen, der vierzehnjährige Erich gekrönt. Vertragsentwurf (der nicht voll eingehalten wird), dass die drei Reiche nicht wieder getrennt werden und dass nach Erichs Tod unter seinen Söhnen gewählt wird. Die einzelnen Reiche behalten ihre Rechte und Gesetze, auch die königlichen Räte bleiben getrennt, aber im Kriegsfall ist gegenseitige Hilfe zu leisten. Margaretes geschickte Politik weiß ernstere Reibungen mit dem schwedischen Adel zu vermeiden. Sie gewinnt die öffentliche Meinung und stützt sich dabei auf das Kloster Vadstena mit seiner nationalen Tradition. Des Herzogtums Schleswig, dessen dänische Nebenlinie 1375 ausgestorben ist, haben sich die Grafen von Holstein bemächtigt. Um freie Hand gegen Schweden zu haben, belehnt Margarete den Enkel Gerhards III. des Großen, Gerhard von *Holstein*, mit *Schleswig*, sodass fortan beide *Herzogtümer vereinigt* sind (1386).
1404	Nach seinem Tod kann sie große Teile des Landes als Pfand erwerben.
1412–1439	König Erich der Pommer. Energisch und tüchtig, aber ohne das Geschick Margaretes.

Margarete regiert drei Reiche

Margarete regiert gegen Adel

Kalmarer Union

Schleswig und Holstein vereint

Kopenhagen Hauptstadt	1417	*Kopenhagen*, das bis dahin dem Bischof von Roskilde gehörte, nimmt er unter die Krone; rasche Entwicklung zur *Hauptstadt*.
		Langjähriger Krieg mit den Grafen von Holstein um Schleswig, in den auch die Hanse verwickelt wird. Erich versucht, den deutschen Kaufmann im Norden zurückzudrängen, begünstigt das Eindringen der Holländer und Engländer in die Ostsee, versucht seit etwa 1429 im Sund Zollerhebung von fremden Schiffen.
	1427	Neuer Krieg um Schleswig und die hansische Machtstellung im Norden.
	1431	Schleswig wird von Lübeck im Bunde mit Holstein genommen.
	1435	Friede von Vordingborg (Seeland), Erich muss das Herzogtum Schleswig den Grafen überlassen, erkennt aber ihr Recht nicht förmlich an.
Bauern- aufstand in Schweden		Seine die rechtliche Eigenstellung der einzelnen Länder missachtende Politik (Bevorzugung dänischer Beamter) zielt auf Verschmelzung der Reiche und eine absolute Herrschaft ab. Besonders in Schweden kommt es zu heftiger Opposition. *Die Bauern erheben sich* gegen die fremden Vögte. Ihr Führer wird 1434 Engelbrecht Engelbrechtsson (*um 1390, †1436) aus Dalarna, ein Bergmann, der sich bei seiner Erhebung auf das Bergbaugebiet um den Siljansee und den Dalälv sowie auf die Bauern stützt; er bringt den größten Teil des Landes mit Ausnahme einiger Burgen in seine Gewalt und zwingt den Reichstag von Vadstena zur Absage an Erich.
	1435	Engelbrecht wird auf dem Reichstag von Arboga zum Reichshauptmann gewählt, aber bereits 1436 ermordet.
	1438	Nun wird der Adlige Karl Knutsson Bonde zum Reichsverweser gewählt, und schließlich
Absetzung Erichs	1439	*setzt der dänische Reichstag Erich förmlich ab* und wählt seinen Schwestersohn Christoph III. von Bayern zum König († 1448).
	1441	Karl Knutsson tritt zurück, der schwedische Reichsrat schließt sich der dänischen Wahl an.
	1442	Dann wird Christoph auch in Norwegen anerkannt.
		Erich hält sich bis 1449 auf Gotland und stirbt 1459 in Pommern. Christoph regiert jedes Land nach seinen eigenen Gesetzen und mit den einheimischen Räten. Neue Fassung des
Christophs Landrecht		Landrechts in „*Christophs Landrecht*".
	1448	Christoph stirbt kinderlos.
		In Dänemark und Norwegen folgt Christian I. von Oldenburg (1448–1481, *1426, †1481), Schwestersohn Adolfs, Herzogs von Schleswig und Grafen von Holstein, der selbst die Krone ablehnt.
		Christian heiratet die Witwe seines Vorgängers, Dorothea von Brandenburg († 1496).
Unionsvertrag von Bergen	1450	*Unionsvertrag von Bergen* mit Norwegen verfügt eine ewige Vereinigung der Reiche Dänemark und Norwegen mit gemeinsamer Königswahl, erkennt aber Norwegens Selbstständigkeit an.
		In Schweden wird Karl Knutsson Bonde zum König gewählt, der sich aber nur vorübergehend durchsetzen kann (1448–1457, 1464–1465, 1467–1470). Karl hat Gotland besetzt, das jedoch durch Verrat an König Christian ausgeliefert wird. Jahrzehntelanger Streit um
	1457	die Insel zwischen Dänemark und Schweden. Adel und Kirche in Schweden erklären sich für Christian, der in Uppsala zum König von Schweden gekrönt wird.
	1459	Nach dem Tod Adolfs, des letzten Schauenburgers, in Holstein wird, ohne Rücksicht auf die
	1460	in ihrer lippischen Heimat und Südholstein begüterte Linie der Schauenburger, Christian von den Ständen zum Herzog von Schleswig und zum Grafen von Holstein gewählt, unter voller Wahrung der Selbstständigkeit der Lande.
Personalunion mit Dänemark		Die Stände halten so die Vereinigung der beiden Herzogtümer aufrecht, da die Schauenburger der Pinneberger Linie kein Anrecht auf Schleswig besitzen. Seitdem *Personalunion der Herzogtümer mit Dänemark*, aber keine Realunion der Herzogtümer untereinander (beides bis 1863). Sie sollen, wie es im königlichen Privileg heißt, ewich tosamende ungedelet bleiben. Die Stände sollen auch in Zukunft freies Wahlrecht unter den Kindern oder sonstigen Erben des Königs haben. (1474 Holstein mit Stormarn und Dithmarschen von Kaiser Friedrich III. zum Herzogtum erhoben.)
		(1468 tritt Christian die norwegischen Orkneys und Shetlandinseln als Mitgift seiner Tochter an Schottland ab: Ende der Westmeerherrschaft.)
Aufstand in Schweden	1464	*Aufstand in Schweden*, die Herrschaft Christians hört auf. König Karl Knutsson kehrt zurück, innere Wirren und Parteikämpfe.
	1465 1467–1470	Er wird wiederum vertrieben, seine dritte Regierungszeit kann nur noch den Schein einer Königsgewalt herstellen, er stirbt im Jahre 1470.
Sten Sture der Ältere	1471	Sein zum Reichsverweser gewählter Schwestersohn *Sten Sture der Ältere* (*um 1440) bringt als Führer einer nationalen Sammlungsbewegung König Christian am Brunkeberg bei Stockholm eine Niederlage bei. (Danach bleibt Schweden 25 Jahre lang von den Dänen

	unbehelligt.) Ein Beschluss des schwedischen Reichsrates hebt die alte Bestimmung auf, dass die Hälfte der Bürgermeister und Räte in den Städten Deutsche sein sollen. Friedenszeit, feste, maßvolle Regierung.	
1477	In *Uppsala* wird die erste *Universität* des Nordens gegründet.	*Universität in Uppsala*
1481–1513	Christians Sohn Johann (*1455, †1513) als König von Dänemark und Norwegen. Sein Bruder Friedrich erhält Anteil an den Herzogtümern. Auch Schweden ist zur Anerkennung Johanns bereit, nachdem er wie in Norwegen durch	
1483	den *Rezess von Halmstad* die Rechte des Adels und des Reichstages erweitert hat. Aber der Reichsverweser Sten Sture verhindert unter Vorwänden die Durchführung der Handfeste und damit Johanns Thronbesteigung. Er stützt sich vornehmlich auf Dalarna und die Bauern und gerät mit dem Adel in Konflikt. König Johann (Hans) verbündet sich mit Iwan III.: erstes dänisch-russisches Bündnis gegen Schweden.	*Rezess von Halmstad*
1495	Die Russen belagern Viborg.	
1497	Sten Sture wird vom einmarschierenden Dänenheer bei Retebro geschlagen, erkennt König Johann an und erhält Finnland zu Lehen, wohin er sich zurückzieht.	
1500	Schlacht von Hemmingstedt (bei Meldorf), völlige Niederlage der Dänen und Holsteiner unter König Johann durch die Dithmarscher (zwischen Eider und Elbe; sie bilden, früher zum Amtsbezirk der Grafen von Stade gehörig, eine Bauernrepublik unter dem Schutz des Erzstifts Bremen bis 1526).	
1501	Darauf folgen neue Unruhen in Schweden, Sten Sture wird abermals zum Reichsverweser gewählt († 1503). Die Dänen werden aus dem Lande vertrieben.	
1504	Auf Sten Sture folgt sein Vetter Svante Sture, beraten von Bischof Hemming Gad von Linköping.	
1512	Der Krieg mit Dänemark zieht sich hin bis Svante Stures Tod, dem sein Sohn Sten Sture der Jüngere (*um 1492) folgt.	
1513–1523	Christian II. (*1481, †1559), Schwager Kaiser Karls V., versucht, die dänische Vorherrschaft in Schweden wiederherzustellen, den lübischen Handel im Ostseeraum zurückzudrängen und die Macht des Adels und der Geistlichkeit zu beschränken.	
1520	Nach dem Sieg über den *Reichsverweser Sten Sture den Jüngeren* von Schweden lässt sich Christian II. in Stockholm als erblicher König krönen. Er liquidiert die Adelsopposition (*Stockholmer Blutbad*, daher sein Beiname „Christian Tyrann").	*Sten Sture der Jüngere Stockholmer Blutbad*
1521–1523	Aufstandsbewegung Gustav Wasas (*1496 oder 1497), der mit lübischer Hilfe die dänischen Statthalter vertreibt.	
1521	Seine Wahl zum Reichsverweser bedeutet das Ende der Union mit Dänemark.	
1523	Gustav Wasa wird zum König gewählt. Christian II. von Dänemark und Norwegen wird gestürzt. – (Forts. v. S. 1044, 1047)	

Ost- und Südosteuropa (374–1526)

(Forts. v. S. 311, 316)

Ost- und Südosteuropa
(Völkerwanderung, Früh- und Hochmittelalter)

Merkmale der Epoche

Entscheidende *Merkmale dieser Epoche* sind: Eindringen der Turkvölker, Abwanderung der Germanen, Landnahme der Slawen bis zu Ostsee, Adria, Balkan und oberer Wolga, Anfänge slawischer Staatenbildungen sowie Angliederung der osteuropäischen Völker an die antik-christlich bestimmte Kulturwelt. Die Eindämmung der Gefahren vonseiten der Nomadenvölker durch Byzanz und das Eingreifen der Skandinavier in der russischen Tiefebene verleihen mit der Aufnahme des Christentums und der Ordnungsformen der christlichen Imperien dem sich bildenden „Osteuropa" die „europäischen" Züge.

Vom Hunneneinfall bis zu den Bulgarenreichen (350–1018)

Hunnen

um 350 Die *Hunnen* brechen unter Balamir (oder Balamber) über die Wolga vor und vernichten das starke Reich der sarmatischen Alanen an Terek, Kuban und unterem Don.

375 Dann greifen sie die Ostgotenherrschaft des greisen Ermanarich zwischen Don und Dnjestr an. Sie dehnen ihre Herrschaft in der Folge über die Karpaten bis in die Donau- und Theißebene aus (Unterwerfung der Gepiden), wohin sich der Schwerpunkt aus Südrussland verlagert.
Tributzahlungen und Verträge mit wirtschaftlichen Zugeständnissen sichern dem Römischen Imperium vorübergehend Ruhe an der Nordgrenze zu (Hunnenzüge nach Persien).

Attila

seit 441 Eroberungen auf der Balkanhalbinsel unter *Attila*.

445/446 Er reißt die Alleinherrschaft an sich.
Nach Attilas Tod (453) Auflösung der hunnischen Herrenschicht und teilweise Rückzug nach Südrussland, wo sich unter den Attilasöhnen Dengizich (bis 468) und Irnek eine Restherrschaft hält. Die Hunnen verschmelzen mit den von Osten nachdrängenden Turkvölkern (u.a. Saraguren, Oguren, Onoguren, oft als Verbündete der Byzantiner gegen die Perser benutzt) zum Volk der Bulgaren:

482 Bulgaren werden von Byzanz erstmals aus Südrussland gegen die Ostgoten aufgeboten. Teile der Hunnen verbleiben im Donauraum und gehen in den nachfolgenden Germanen und Steppenvölkern (Awaren) auf.

Die direkten Folgen des Hunneneinfalls

Wanderzug der Ostgermanen

Der südrussische Steppenweg ist seither zum Einfallstor für eine ununterbrochene Kette neuer türkisch-mongolischer Nomadenvölker geworden, die durch ihre überlegene Kriegstechnik eine ständige Bedrohung der europäischen Völker- und Staatenwelt, mindestens in ihren östlichen Teilen, darstellen und seit dem 13. Jh. das Gesicht der russischen Reichsbildung entscheidend beeinflussen. Der *Wanderzug der Ostgermanen* in die osteuropäische Tiefebene wird unterbrochen, nach Süden und Westen abgelenkt und führt zur Errichtung germanischer Herrschaften auf weströmischem Boden, bis schließlich das Eindringen nordgermanischer Kriegerkaufleute in die osteuropäische Tiefebene seit dem 9. Jh. eine neue Welle germanischer Machtentfaltung einleitet. Die schnelle Ausbreitung und *Landnahme der Slawen* als selbstständiger Kolonisationsvorgang, teilweise auch im Gefolge der erobernden Türkvölker, beginnt und erreicht noch während des 6. und 7. Jh.s im Süden und Westen die Grenzen der Kulturwelt sowie im Norden das Gebiet der oberen Wolga.

Landnahme der Slawen

Awaren

558 In der Reihe der türkisch-mongolischen Steppenvölker erscheinen nach der Bildung des Bulgarenvolkes in Südrussland die *Awaren,* zunächst als Bundesgenossen der Byzantiner, bald als ihre gefährlichsten Feinde, und drängen von ihren Wohnsitzen im Kaukasus an die Donau vor. Ihr erster Vorstoß gegen das Frankenreich scheitert am Widerstand König Sigiberts in Thüringen.

562

567 Im Bund mit den Langobarden, die sich darauf nach Italien wenden, vernichten die Awaren das Reich der Gepiden, deren Sitze in Dakien und Pannonien unter dem Kagan Bajan (565–602) zum Zentrum einer sich von der Wolga bis zu den Ostgrenzen des Frankenreiches erstreckenden Herrschaft werden, der auch der erste politische Verband der Slawen, die Anten, erliegt.

seit 514/518 Unter awarischer Führung nehmen die *ständigen Einfälle* hunnisch-bulgarischer (seit 514) und slawischer (seit 518) Scharen in die oströmischen Donauprovinzen für Byzanz einen höchst bedrohlichen Charakter an:

ständige Einfälle

582 Sirmium wird erobert.
601 Erst spät gelingt den Byzantinern der Gegenstoß bis zur Theiß.
Der Angriff der Perser und innerbyzantinische Wirren ermöglichen neue Vorstöße der Awaren:
610 Vorstoß gegen Friaul,
626 gemeinsam mit den Persern Zug gegen Konstantinopel.
Den anfänglichen Raubzügen folgt die dauernde Niederlassung der Slawen auf dem ganzen Balkan einschließlich der Peloponnes im 7. Jh.
Gegen die Persergefahr und die Barbaren aus dem Norden sowie zur Sicherung seines Handels mit Indien und China findet Byzanz vorübergehend Erleichterung in der Herbeirufung der Türken (567) gegen die Awaren und auch im Bündnis mit dem Frankenreich.
626 Die Schwächung der Awarenmacht spiegelt sich in ihrer militärischen Niederlage vor Konstantinopel.
Außerdem kommt es zu Aufständen der Slawen im Westen (Zentrum wahrscheinlich in Mähren) unter Führung des fränkischen Kaufmanns Samo († um 660) und der Bulgaren in Südrussland, wo sich ein *Großbulgarisches Reich* unter Kovrat (oder Kubrat; seit etwa 619 byzantinischer Parteigänger, †642) gebildet hat.
Auch die Wanderung der Serben und Kroaten aus den Gebieten nördlich der Karpaten und ihre Ansiedlung auf dem Balkan durch Herakleios (Kaiser 610–641) bringt dem Byzantinischen Reich eine große Entlastung. Das Awarenreich im Donauraum überlebt die kurze Herrschaft Samos und besteht fort bis zur Vernichtung durch Karl den Großen 791–796.
um 650 Ende des Großbulgarischen Reiches durch die von Ostrom gegen die Perser seit 626 eingesetzten innerasiatischen Chazaren.

Groß-bulgarisches Reich

Das Reich der Chazaren

Das Chazarenreich bildet sich an der unteren Wolga und im Kaukasus; die Herrschaft der Chazaren breitet sich während des 8. und 9. Jh.s bis zum oberen Dnjepr aus, sie stehen wiederholt in politisch-dynastischen Beziehungen zum byzantinischen Hof. Griechisch-missionarische Einflüsse im Chazarenland; Vermittlerrolle im Handel zwischen Orient und Norden, Hauptstadt Balanger, seit 730 Itil an der Wolgamündung. Seit etwa 860 Anhänger der jüdischen Lehre. *Niedergang* in der 2. Hälfte des 9. Jh.s durch Konkurrenz der warägischen Reichsgründung am Dnjepr, Durchzug der Magyaren und dann Einzug der Petschenegen.

Niedergang

seit etwa 650 Mit der Auflösung der bulgarischen Macht in Südrussland erfolgt die Abwanderung bulgarischer Stämme: 1. An die mittlere Wolga: Entstehung des Wolgabulgarischen Reichs mit der wichtigen Handelsmetropole Bolgar als Hauptstadt nahe der Mündung der Kama in die Wolga. Zu Beginn des 10. Jh.s Annahme des Islam, Niedergang und Ende durch die Molgolen. – 2. Nach Pannonien: Vereinigung mit den übrigen Bulgaren unter awarischer Herrschaft; nach deren Ende Aufgehen im Bulgarischen Reich. – 3. Nach Mazedonien: Aufgehen in den Balkanslawen. – 4. Nach Benevent und v.a. 5. unter Asparuch (Isperich; *641, †702) über die Donau nach dem Balkan; Unterwerfung der eingewanderten Slawen.

Das Bulgarische Reich südlich der Donau (680–1018)

680 Begründung des *Donaubulgarischen Reichs* zwischen Isker, Balkan und Schwarzem Meer bis zu den Grenzen der Awaren und Chazaren im Norden nach dem Friedensschluss mit Byzanz, das sich durch jährliche Tribute den Frieden erkauft.
Schwerpunkt südlich der Donau; Hauptstadt Pliska; die *Verwaltung* liegt in Händen der bulgarischen Herrscher- und Militärkaste, die bis zum Beginn des 9. Jh.s von den Slawen streng geschieden bleibt; die Nähe von Byzanz ist bedeutsam.
8. Jh. Die Chane Tervel (702–718/719) und Kormisos (740–756) sind durch Felsreliefs (von Madara) und (nach türkisch-iranischer Tradition) Chronikinschriften (protobulgarisch) bekannt. Seit Mitte 8. Jh. Schwächeperiode durch Angriffe von Byzanz.

Donaubulgarisches Reich Verwaltung

Reformen	9. Jh.	Konsolidierung unter den Chanen Krum (802–814) und Omurtag (814–831), danach: *Reformen* nach byzantinischem Muster zur Stärkung der Stellung des Herrschers und zur Beseitigung des Einflusses des konkurrierenden bulgarischen Adels (dadurch Slawisierung des Staates) sowie – nach dem Untergang des Awarenreiches und dem Vorschieben der Grenzen über Siebenbürgen bis zur Theiß – militärische Unternehmungen gegen Byzanz (811 Kaiser Nikephoros besiegt und erschlagen, 813 Konstantinopel gefährdet), später gegen das Frankenreich. Die Palastbauten der Hauptstadt Pliska zeigen den Übergang von hunnischen zu byzantinischen Formen, vom Holz- zum Steinbau.
Christianisierung		Stärkung des bulgarischen Prestiges unter den Balkanslawen und erste vorübergehende Ansätze zur Staatsbildung bei den Serben der Raška mit allmählicher *Christianisierung* durch Byzanz (staatliche Selbstständigkeit wird hier jedoch erst im 11. Jh. erreicht).
	852–889	Chan Boris I. (852–889) sucht Anschluss an die westliche Christenheit (856, 864 Bündnis mit Ludwig dem Deutschen gegen Mähren), muss sich aber der Übermacht des byzantinischen Kaisers beugen, dessen Namen Michael er in der Taufe 864 annimmt:
	870	Definitive Eingliederung Bulgariens in die byzantinische Kirchenorganisation (Erzbistum mit sieben Diözesen).
slawisch-christlicher Staat		Pflege der slawischen Liturgie und der Missionsarbeit der Schüler der mährischen Slawenapostel Kyrillos und Methodios. Die Grundlagen zur slawischen Literaturblüte werden gelegt; Bulgarien wird zu einem *slawisch-christlichen Staat* mit einer neuen Hauptstadt, Preslaw, in deren prachtvollen Palästen und Kirchen der byzantinische Kunsteinfluss dominiert (ebenso in der Basilika von Pliska); 906 letzte erhaltene Inschrift in glagolitischen Zeichen.
Symeon d.Gr.	**893–927**	Höhe der Entfaltung unter dem griechisch gebildeten und erzogenen *Symeon d.Gr.* Unter ihm entsteht in Ochrid ein weiteres Kulturzentrum. Symeons (vergebliches) Ziel ist es, das Byzantinische Reich zu erobern und zu erneuern: Vier Kriege (894–896; 913; 914–923; 926–927). Handelsinteressen bilden den Anlass zur Eröffnung des *Krieges mit Byzanz*.
Krieg mit Byzanz	894–896	Dieses ruft die Magyaren aus Südrussland gegen Bulgarien herbei, worauf sich Symeon mit dem türkischen Nomadenvolk der Petschenegen verbindet.
	913	Belagerung von Konstantinopel und Triumph Symeons: In den Friedensverhandlungen wird Symeon die Kaiserkrone (Titel als Basileus von Bulgarien) zugestanden und die Eheverbindung seiner Tochter mit Kaiser Konstantin VII. versprochen. Tribute und territoriale Konzessionen der Byzantiner.
	917–918	Da Byzanz diese Zusagen bricht, entsteht ein neuer Krieg: Symeon macht sich zunächst zum Herrn der ganzen Balkanhalbinsel, scheitert aber am Widerstand des neuen byzantinischen Kaisers Romanos Lakapenos (920). Proklamation eines bulgarischen Patriarchats auf einer Synode bulgarischer Bischöfe.
	924	Friedensschluss mit byzantinischer Tributzahlung; Ausweitung der bulgarischen Macht auf dem Balkan durch Siege über die Serben. Im Westen werden Bulgarien Grenzen gezogen durch Begründung eines selbstständigen kroatischen Königreichs unter Tomislav (910–928) zwischen Adria und Drau.
Verfall Bulgariens	927–969	Rascher *Verfall* des durch Kriege erschöpften *Bulgariens* unter Peter: Der bulgarische Einfluss auf dem Balkan wird durch den byzantinischen ersetzt, dem Bulgarien selbst völlig erliegt (lange Friedensperiode; Höhepunkt der Christianisierung).
Bogumilensekte		Aber durch Anwachsen des geistlichen und weltlichen Großgrundbesitzes entsteht die sozial-religiöse Bewegung der *Bogumilensekte* (nach dem Muster der armenischen Paulikianer) mit der Lehre der Lebensverneinung, die von der Kirche bekämpft wird, aber eine große Anhängerschaft gewinnt. Verwüstung des Landes durch Magyaren und Petschenegen, innere Aufstände und Heere des mit den Byzantinern verbündeten russischen Großfürsten Swjatoslaw von Kiew (962–972), der darauf die Erneuerung des Bulgarischen Reiches zu seiner eigenen Aufgabe macht und erstmals die russische Balkanpolitik der Neuzeit ohne Erfolg zu verwirklichen sucht.
	972	Nach Vertreibung Swjatoslaws durch die Byzantiner ist Ostbulgarien byzantinische Provinz; Aufhebung des Patriarchats und Unterstellung unter Konstantinopel.
Westbulgarien	972–1014	Dagegen hält sich in *Westbulgarien* unter Samuel, gestützt auf die Bogumilen, eine bulgarische Herrschaft (Hauptstadt Prespa, später Ochrid; Patriarchat nach Ochrid verlegt). Von hier aus beginnt der Kampf um die Wiederherstellung des Bulgarischen Reiches zunächst mit einer erfolgreichen Expansion bis Larissa, Durazzo (989) und zeitweise bis zum Schwarzen Meer, worauf der byzantinische Kaiser Basileios II. (976–1025), der „Bulgarentöter", den grausamen Vernichtungskrieg eröffnet.
	1018	Dieser endet nach Samuels Tod mit der Einverleibung Bulgariens in das Byzantinische Reich. – (Forts. S. 628)

Die Ungarn und die Ausbreitung der Slawen

Ungarn

Die Gründung des Ungarischen Reichs vollzieht sich auf den Trümmern des Mährischen Reichs in der slawisch besiedelten Pannonischen Tiefebene während des 10. Jh.s. Aus ihren Wohnsitzen zwischen Don und Dnjepr, wahrscheinlich in Abhängigkeit von den Chazaren, nach der Mitte des 9. Jh.s von den Petschenegen vertrieben, erreichen die *Magyaren,* ein ugro-finnisches Volk mit einer türkischen Oberschicht, nach frühem Vordringen einzelner Abteilungen nach Westen, die untere Donau. *Magyaren*

889 Sie greifen als Bundesgenossen von Byzanz nach unglücklichen Kämpfen mit Bulgaren und Petschenegen (895–896) unter Árpád (Arpaden bis 1301) nach Pannonien hinüber.

896–907 Lösung der Bindung an die Chazaren und Westorientierung durch Bündnisse mit dem Ostfränkischen (892) und Byzantinischen Reich (895) leiten die Landnahme der sieben magyarischen Stämme und der chazarischen Kabaren an Theiß und mittlerer Donau ein.

899–955 Die Puszta wird zur Basis der ständigen Angriffsfeldzüge dieser Steppennomaden gegen das Abendland und Byzanz:
Besonders wird das ostfränkische Gebiet (zweiunddreißigmal) heimgesucht, daneben Italien (924), Lothringen, Westfranken, Burgund, Spanien.

934 Sie erscheinen auch vor Konstantinopel.

955 Nach dem Verfall der Zentralgewalt fördert die *Niederlage bei Augsburg* Sesshaftwerdung und Christianisierung (erste ungarische Fürsten 948 von Byzanz getauft; 972 unter Géza, Árpáds Urenkel, Einsetzen der bayrischen Mission). *Niederlage bei Augsburg*

Nach der von Géza eingeleiteten engen Verbindung zum bayrischen Herzogshaus (995 Ehe von Gézas Sohn mit Gisela, der Tochter Heinrichs II. von Bayern, des Zänkers) erfolgt unter *Stephan I., dem Heiligen* (997–1038, 1083 kanonisiert), die feste Angliederung des ungarischen Volkes an die westliche Christenheit durch Begründung des Erzbistums Gran, *Stephan I., der Heilige*

1001 und Stephan wird mit der vom Papst übersandten Krone zugleich zum König gekrönt (Ausdruck und Erfolg der Renovatio-Konzeption Ottos III.).

11. Jh. *Missionierung* unter deutscher Beteiligung, Benediktiner als Helfer. Einführung der Grafschaftsfassung zur Stärkung der Zentralgewalt und Finanzkraft gegenüber den heidnischen und partikularen Feudalgewalten. Thronwirren, heidnische Reaktionen (1046 und 1061) sowie Einfälle der Petschenegen (1067–1068) und der Kumanen (1071–1072) schwächen vorübergehend Ungarn (1044 lehnsabhängig vom Römisch-deutschen Reich; 1058 Unabhängigkeit definitiv anerkannt), leiten aber nach Erneuerung der Königswürde unter Andreas I. (1047–1061), Béla I. (1061–1063) und Géza (1074–1077), der sein Königsdiadem von Byzanz – der untere Teil der jetzigen Stephanskrone – erhält, zu einer neuen Periode der Machtentfaltung über. Unter Ladislaus I. (1077–1095), der mit Unterstützung Gregors VII. Königsmacht und *Missionierung*

1091 Kirchenzucht wieder herstellt, wird Binnenkroatien (bis zum Gvozd) angegliedert.

1095–1114 Koloman I. lässt sich in Biograd (in Dalmatien) zum König der Kroaten krönen und gewinnt auch den Venedig unterstehenden Teil der dalmatinischen Städte (1097–1102).

1102 Kroatien wird durch die Pacta conventa dauernd in Personalunion Teil des Ungarischen Reichs. – (Forts. S. 623)

Ausbreitung und Landnahme der Slawen

Unter und hinter der Kontrolle der türkischen Steppenvölker vollzieht sich seit dem Ausgang des 4. Jh.s die Ausbreitung und Landnahme der Slawen. Nach Süden durch die Mährische Pforte und Pannonien bzw. östlich des Karpatenbogens: Um 500 in der Dobrudscha, im 6. Jh. fortgesetzte Einfälle über die Donau nach Thrakien, Makedonien, Griechenland, Dalmatien mit anschließender Kolonisierung dieser Gebiete, in denen Mitte des 7. Jh.s die *Slawisierung* beendet ist. Eine Ausnahme bilden die alten römischen Städte an der dalmatinischen Küste, deren Bevölkerung oft erst später im Wesentlichen slawisiert ist, unter Aufrechterhaltung der römischen Stadtrechtsverfassung. *Slawisierung*

Die *Rehellenisierung Griechenlands* ist, infolge zahlenmäßig schwacher Slaweneinwanderung, von den Städten aus mit Hilfe der orthodoxen Mission bis Ende des 10. Jh.s vollzogen; ähnlich in Transsilvanien und der Walachei Romanisierung der dünnen Slawenschicht. Nach Westen werden noch während des 6. Jh.s Elbe und Ostalpen (Berührung mit Restgermanen in Ostdeutschland), nach Nordosten zur gleichen Zeit die Gebiete um Ilmensee und obere Wolga erreicht. *Rehellenisierung Griechenlands*

Die Weiträumigkeit und die Verschiedenheit der historischen Voraussetzungen führen zur Bildung der geschichtlich bekannten Gruppierung von Stämmen und Völkern; Südslawen: Slowenen, Kroaten, Serben, Bulgaren; Westslawen: Polen, Pomoranen, Nordwestslawen (zwischen Oder und Elbe), Sorben, Tschechen und Slowaken; Ostslawen: Russen mit ihren späteren, historisch bedingten Zweigen der Ukrainer, Weißrussen und Großrussen.

Aufspaltung der Slawen

Diese weitläufige *Aufspaltung der Slawen* wird weiterhin bedingt durch die ständige Differenzierung der Dialekte (Übernahme des Namens Karls des Großen zur Bezeichnung „Herrscher" eine der letzten gemeinslawischen Entlehnungen) und der kulturellen Grundlagen: Übergang vom Sippenverband zu territorialen Gemeinschaften in durch ständige Rodung erweiterten Offenlandschaften, mit sozialer Gliederung in Adel, Freie und Sklaven, teilweise demokratischen Lebensformen (Volksversammlung) und frühem Auftreten von Gaufürsten; Burgbezirksverfassung; Kriegstüchtigkeit, Piraterie in Ägäis und Ostsee; Handwerk: Metallarbeit, Textilien, Keramik vorwiegend unter dem Einfluss der Nachbarn entwickelt; Handel mit Frankenreich und Orient, Märkte mit Stadtcharakter in Anlehnung an Burgen; primitiver Naturkult und Ahnenverehrung, später (unter nordgermanischem Einfluss?) z. B. bei Nordwestslawen Götterbilder, Tempel und Priesterkaste; keine Schrift vor Einführung des Christentums. Nach ersten Herrschaftsbildungen der slawischen Wander- bzw. frühen Landnahmezeit (u. a. Verband der Anten in Südrussland, der Kroaten am Nordrand der Karpaten) und nach dem Zusammenbruch der Awarenmacht erfolgt zum Abschluss dieser Periode im Wirkungsbereich der griechisch-byzantinischen und der romanisch-germanischen Kultur- und Missionstätigkeit sowie der durch den arabischen Handel geförderten skandinavischen Expansion durch tatkräftige Dynastien die Bildung dauerhafter *Großreiche*. Ihre Einbeziehung in das diplomatische Spiel der führenden Kulturmächte dieser Zeit wird zu einem Vorgang von eminenter Bedeutung: Die Annahme der christlichen Lehre sowie die Nachahmung und Einführung bewährter Ordnungsprinzipien der als Muster dienenden Kulturwelt leiten den Prozess der „Europäisierung" der osteuropäischen Staaten- und Völkerwelt ein, der um die Jahrtausendwende für fast alle Slawen und die Magyaren seinen ersten Abschluss findet.

Großreiche

Ausgelöst wird diese Entwicklung durch Karls des Großen Awarensieg (795–796), wodurch es zum Machtanstieg des Donaubulgarischen Reiches (gemeinsame Grenzen mit dem Frankenreich in der Theißebene) und zur Entstehung des mährischen Staatsgebildes kommt, die beide in das Spannungsfeld der politisch-diplomatischen und missionarischen Bestrebungen der führenden Großmächte, des Karolingischen und des Oströmischen Imperiums, geraten.

Böhmen

Slawen-einwanderung

seit 6. Jh. *Slaweneinwanderung.*
7. Jh. Böhmen ist Teil des Reiches von Samo (623–658).
8./9. Jh. Die Oberhoheit des Karolingischen Imperiums ist nach dem Sieg Karls des Großen über die Awaren (791–796) besonders durch die Macht des Mährischen Reichs gefährdet.
845 Huldigung von 14 tschechischen Fürsten vor Ludwig dem Deutschen.
Böhmen wird Glied des mährischen Herrschaftsbereichs und sucht sich der fränkischen Oberherrschaft vorübergehend mit Erfolg zu entziehen. In Böhmen vollzieht sich noch in der 2. Hälfte des 9. Jh.s die Überwindung des Stammespartikularismus durch das Geschlecht der Přemysliden (bis 1306; sagenhafter Stammvater Přemysl) aus tschechischem Stamm (um Vyšehrad und Prag an der Moldau).

Fürst Bořivoj

um 874 Dessen erster historisch bezeugter Fürst Bořivoj wird unter mährischer Hoheit von Methodios getauft.
895 Es huldigen dem fränkischen König Arnulf in Regensburg der přemyslidische Fürst Spytihněv sowie Witizla (vielleicht Vorfahre Slavniks?) angesichts des Niedergangs des Mährischen Reichs und schließen sich unter dem Eindruck der Ungarngefahr dem Ostfrankenreich an. – (Forts. S. 611)

Mähren

Mähren, im Besitz der Kontrolle der wichtigen Handelsstraßen über den Jablunkapass, wird unter der Dynastie der Mojmiriden (Mojmír 830–846, wahrscheinlich schon Christ, unter der Tributhoheit des Fränkischen Reiches und in freundschaftlicher Verbindung zur bayrischen Kirche) nach einem Aufstand gegen die fränkische Oberhoheit und nach der Einsetzung Rastislavs (846–870), des Neffen Mojmírs, durch Ludwig den Deutschen (846) rasch selbstständig und infolge geschickter Ausnutzung der innerfränkischen Gegensätze zur *führenden Macht unter den Slawen* längs der Ostgrenze des Frankenreiches (Ausdehnung der Herrschaft über mindestens Böhmen und Nordungarn, ständige Erhebungen aller Slawen zwischen Ostsee und Adria; unglückliche und erfolglose Kriegszüge Ludwigs des Deutschen gegen Mähren und Böhmen). Eindrucksvolle *Zeugnisse von Kulturhöhe und Reichtum* dieser Herrschaft bilden die überraschenden archäologischen Entdeckungen von zahlreichen ausgedehnten und dicht besiedelten

führende slawische Macht

kulturelle Zeugnisse

Burgstädten (teilweise von 50 ha Größe und mehr!) im Gebiet der unteren March (Mikulčice, Pohansko, Uherské Hradiště [Ungarisch-Hradisch]), wo die Fundamente vieler Kirchen verschiedenen Typs (in Mikulčice bisher elf), teilweise noch aus der ersten Hälfte des 9. Jh.s neben weltlichen Steinbauten, zahllose Gräber mit kostbaren Beigaben und reiche Zeugnisse für gewerbliche Tätigkeit der Bevölkerung gefunden worden sind. Um sich der Macht des fränkischen Königtums und dem Einfluss der bairisch-ostfränkischen Kirche zu entziehen, sucht Rastislav Anlehnung an Byzanz, was zum sofortigen Bündnis zwischen dem Ostfränkischen Reich und Bulgarien (864) führt, und beruft für die Ausbreitung der christlichen Lehre in Mähren die Slawenapostel Konstantin (Kyrillos; *826 oder 827) und Methodios (Griechen aus Saloniki, von Photios entsandt).

Kyrillos und Methodios

Diese begründen unter Billigung Roms eine von Ostfranken unabhängige *Kirchenorganistion* mit slawischer Liturgie: Es kommt zur erfolgreichen Einführung einer slawischen Liturgie- und Literatursprache auf der Grundlage des südslawischen Dialekts aus der Umgebung von Saloniki. Die Texte werden in einem neu erschaffenen Alphabet geschrieben, welches aus der griechischen Kursive (unter Benutzung einiger Buchstaben aus orientalischen Schriften) entstanden ist. Ziemlich rasch nacheinander entstehen *zwei Typen* der neuen Schrift, sog. glagolitisches und sog. kyrillisches *Alphabet*. Das glagolitische Alphabet ist wahrscheinlich das ältere, obwohl einige Forscher das kyrillische Alphabet für älter halten. Die slawische Liturgie verbreitet sich rasch unter dem mährischen Klerus, und überraschend schnell werden die Evangelien in diese slawische Liturgie- und Literatursprache übersetzt. Konstantin (Kyrillos) stirbt 869, Methodios 885. Die Tat der beiden Brüder hat, trotz des Fehlschlags in Mähren, weltgeschichtliche Bedeutung durch die Aufnahme und Pflege, die dieses *slawische Christentum* in dem inzwischen weit gehend slawisierten Bulgarien und später in Russland und Serbien findet. In Mähren wird vorübergehend durch den Verrat Svatopluks, des Neffen Rastislavs, der Einfluss des Fränkischen Reichs und seiner Kirche wiederhergestellt.

Kirchen-organistion

Alphabet

slawisches Christentum

870–894 Trotzdem setzt Svatopluk (870–894) seine Ausdehnungspolitik fort. Böhmen und Schlesien, die Gebiete an der oberen Weichsel und Teile Ungarns gehören zu seiner Herrschaft.
895 Mit dem Tode Svatopluks Niedergang des Mährischen Reiches.
Anschluss der böhmischen Fürsten (Huldigung vor König Arnulf in Regensburg) an das Ostfränkische Reich.
906 *Vernichtung Mährens* durch die Ungarn. Die Errichtung des ungarischen Staates auf slawischem Siedlungsland (Slowaken und Slowenen) wird von nachhaltiger Wirkung für die Aufspaltung der gesamten Slawenwelt.

Vernichtung Mährens

Polen

Der Zusammenschluss der polnischen Stämme (Poleni = Feldbewohner) zwischen Weichsel und Oder unter dem Geschlecht der *Piasten* (bis 1370 bzw. 16. und 17. Jh. in Masowien und Schlesien; sagenhafter Stammvater; Zentren in Kruschwitz und Gnesen) muss bereits geraume Zeit vor dem ersten Erscheinen dieses auf Großpolen, Kujawien und Masowien ausgedehnten und wohl organisierten Reichs anlässlich seiner Expansion nach Westen und seines Zusammenstoßes mit Markgraf Gero stattgefunden haben:
963 Mieszko I. (Miseča, etwa 960–992), Kaiser Otto I. tributpflichtig für sein Land zwischen Oder und Warthe, schließt sich nach seiner Heirat mit Dobrawa, der Tochter Boleslavs I. von Böhmen, dem Christentum in westlicher Form an.
966 *Taufe Mieszkos I.*, Errichtung des Missionsbistums Posen, dessen Eingliederung von der 968 errichteten Erzdiözese Magdeburg angestrebt wird.
Staat und Kirche bleiben im Einflussbereich der ottonischen Reichskultur; dadurch wesentliche Mehrung christlicher Interessen an der Ostgrenze des Römisch-deutschen Reichs, dessen Expansion Mieszko durch formale Anerkennung der kaiserlichen Oberhoheit und Bundesgenossenschaft zu begegnen versteht; Ausweitung der polnischen Hoheitsgrenzen bis zur Ostsee, gemeinsame deutsch-polnische Kriegszüge gegen das (983) vom Reich abgefallene Slawenland (Liutizen und Obodriten zwischen Elbe, Oder und Ostsee) als Auftakt für das Ringen um die Gestaltung Mitteleuropas im 12. Jh.
981 Verlust der Grenzgebiete an Bug und San an das Kiewer Reich.
990 Der Konflikt mit der Přemyslidenmacht führt zur Eroberung Schlesiens und zur Angliederung der Landschaften an der oberen Weichsel (Krakau); zuletzt Unterstellung Polens unter den Schutz des Stuhles Petri.

Piasten-Dynastie

Taufe Mieszkos I.

Bolesław I. Chrobry	**992–1025**	Diese erfolgreiche Politik erfährt ihre Krönung durch *Bolesław I. Chrobry*, der in enger Freundschaft mit Kaiser Otto III. dem Piastenreich (um 1000 erstmals als Polonia bezeichnet) die Vormachtstellung innerhalb der christianisierten Slawenwelt an der Ostflanke des Imperiums verschafft (Sclavinia in der Renovatio-Konzeption Ottos III):
	999	Religiöse und politische Motive verbinden sich deutlich und führen nach dem Martyrium des Bischofs Adalbert-Vojtěch (997) – aus dem Geschlecht der Slavnikiden – zur Errichtung des Erzbistums Gnesen mit den Diözesen Kolberg, Breslau und Krakau für die eingegliederten Landschaften Pommern, Schlesien und Kleinpolen, in dessen Verband auch Posen (nach 1012) einbezogen wird.
	1000 März	Zusammenkunft Ottos III. mit Bolesław Chrobry in Gnesen am Grabe Adalberts als Ausdruck der Renovatio-Politik: Polen Glied des Imperium Romanum, Auszeichnungen und Mauritiuslanze an Bolesław, Eheverbindung zwischen Ottonen und Piasten, aber keine Krönung.
Konflikt mit Heinrich II.	nach 1002	Nach dem Tode Ottos III. führen Ansprüche Bolesławs auf das Erbe des 1002 ermordeten Markgrafen Ekkehard von Meißen zum *Konflikt mit Heinrich II.*, an dessen Wahl und Huldigung Bolesław teilnimmt.
	1003	Thronwirren in Prag bringen Bolesław, als Sohn der Dobrawa selbst Přemyslidenspross, die Herrschaft über Böhmen und Mähren.
	1003–1018	Bolesławs Weigerung, hierfür Heinrich II. den üblichen Lehnseid zu leisten, löst die lang dauernden Kriege zwischen dem Reich und den Piasten aus; hieraus geht Bolesław im Frieden von Bautzen 1018 als unabhängiger Herrscher und Herr der Lausitzer Marken sowie Mährens hervor. Mehrmaliges Eingreifen in die russischen Thronwirren (Besetzung Kiews 1018).
	1025	Kurz vor seinem Tod lässt sich Bolesław zum König krönen.
	1025–1034	Das Königtum seines Sohnes Mieszko II. nimmt durch Konflikte mit Konrad II., Koalitionen der Nachbarmächte und Thronwirren ein jähes Ende.
Lehnsabhängigkeit Polens	1033	Wiederherstellung der *Lehnsabhängigkeit Polens* vom Reich nach Verlust Pommerns, Mährens, der Lausitzen und der Gebiete zwischen Bug und Weichsel. Nach Mieszkos II. Tod Verschärfung der Krise durch soziale und heidnische Aufstände.
	1039	Břetislav I. von Böhmen benutzt Polens Schwächung zur Annexion Schlesiens, Verwüstung Polens und Wegführung der Reliquien des Nationalheiligen Adalbert nach Prag. Mit Hilfe
	1039–1058	Heinrichs III. und seiner deutschen Verwandten (Erzbischof Hermann II. von Köln) sichert Kasimir I. Restaurator, Mieszkos II. einziger Erbe und Sohn aus seiner Ehe mit der Nichte Ottos III., Richeza, den Fortbestand der piastischen Dynastie und des polnischen Reichs, das in enger kultureller und politischer Anlehnung an das salische Imperium mit dem geschützteren kleinpolnischen Krakau als neuem Zentrum wieder hergestellt wird. Die zahlreichen, in letzter Zeit aufgedeckten Denkmäler der Monumentalarchitektur des 10. und 11. Jh.s beweisen sämtlich die besonders enge Verbindung mit der ottonischen und salischen Baukunst (Sachsen, Rhein- und Maaslandschaft). – (Forts. S. 614)

Das Russische Reich

Waräger Das Russische Reich verdankt seine Entstehung dem Eindringen der *Waräger*, schwedischer Verbände von Kriegerkaufleuten mit dem Ziel der politisch-wirtschaftlichen Erschließung des Landes; der Begriff des räuberischen „Wiking" fehlt in Osteuropa gänzlich. Sie suchen über das Netz der osteuropäischen Ströme seit Beginn des 9. Jh.s direkten Kontakt mit den Märkten des Orients (Zurücktreten des friesischen Handels in der Ostsee). Sie errichten Stützpunkte und Tributherrschaften über die Stämme der Finnen, Slawen und Balten. So verschaffen sie sich den Zugang und sehr bald das Monopol der Kontrolle über den Wolgaweg und „den Weg von den Warägern zu den Griechen", den Dnjepr (Askold und Dir vor 860 in Kiew): Einströmen orientalischer Münzen nach Skandinavien, Erscheinen der Waräger auf den südlichen Märkten. Für sie und ihr Land setzt sich der Name Rus durch.

	860	Erster Angriff der Russen auf Byzanz.
	879–912	Durch die Vereinigung der einzelnen Warägerherrschaften und den Zusammenschluss des Nordens an Ladoga- und Ilmensee (Nowgorod) mit dem Dnjeprgebiet (Kernraum Kiew) durch Oleg (879–912) wird die Befreiung aller ostslawischen Stämme von der chazarischen Tributherrschaft angebahnt und die Gefahr eines von der Steppe beherrschten Osteuropa durch die Dynastie der Rurikiden (bis 1598) beseitigt. Es entsteht das *Reich von Kiew*.
Reich von Kiew	907, 941	Erneute Angriffe auf Konstantinopel enden erfolglos.
	912–945	Der Ausbau des Handels mit Byzanz (Verträge 911 und 944) besonders unter Igor und Olga,
	945–962	die Schwächung der chazarischen und wolgabulgarischen Macht durch Swjatoslaw

	(962–972) und dessen Teilnahme an der Vernichtung des Donaubulgarischen Reiches kennzeichnen den Aufstieg dieser auf dem Reichtum des Handels beruhenden russischen Macht.	
971	Deren Vordringen auf dem Balkan bereitet jedoch Byzanz mit der Vertreibung Swjatoslaws aus Bulgarien ein Ende.	
972	Auf dem Rückzug wird Swjatoslaw von den Petschenegen erschlagen.	
	Der wichtigste Unternehmer dieses ständig von den Steppennomaden bedrohten Handels ist der Großfürst. In seinen Machtbereich strömen christliche Einflüsse von den Küstenstädten des Schwarzen Meeres sowie von Byzanz (erste Kirchenorganisation unter Photios um 870; Olga, die Witwe Igors, als erste russische Fürstin spätestens 957 getauft) und später von Bulgarien her. Im 10. Jh. setzt die rasche *Slawisierung* der warägischen Oberschicht ein. Erbteilung führt erstmals zu Kämpfen um die Vormacht in Kiew.	*Slawisierung*
978–1015	Großfürst Wladimir (978–1015), Sohn Swjatoslaws und einer Slawin (980 mit warägischer Hilfe Alleinherrscher), führt mit der Heirat der byzantinischen Prinzessin Anna nach An-	
988	nahme der Taufe Russland in die Gemeinschaft der christlichen Völker: Übernahme der slawischen Liturgie- und Kirchensprache.	
	Die *Kirche* und ihre Organisation unterstehen dem Patriarchat von Konstantinopel und den von ihm eingesetzten griechischen Metropoliten. Machtvolle Ausweitung der byzantinischen Kultursphäre: Bau von Kathedralen und Kirchen unter Heranziehung griechischer und armenischer Baumeister; Einrichtung von Schulen und Gründung von Städten; Verbindungen zum Westen und nach Rom.	*Kirche*
1019–1054	Glanzvolle Entfaltung unter Wladimirs Sohn *Jaroslaw dem Weisen* (seit 1036 Alleinherrscher): Fortsetzung der Kulturarbeit (1037–1052 Sophienkirche in Kiew im byzantinischen Stil), Übersetzungen aus dem Griechischen, Anfänge einer russischen Geschichtsschreibung und Literatur, Kirchenordnung Jaroslaws und älteste Redaktion der „Russkaja Pravda". Die deutschen Chronisten Thietmar von Merseburg und Adam von Bremen rühmen Kiews Glanz.	*Jaroslaw der Weise*

Politik und Verfassung im 11. Jh.

Einsetzung des Russen Ilarion zum Metropoliten Kiews (1051) als autochthone Reaktion auf griechischen Einfluss. Im Zusammenwirken mit König Konrad II. und Knut von Dänemark greift Jaroslaw in Polen ein (Rückgewinnung der Czerwiner Burgen 1030/31) und hilft nach 1039 gemeinsam mit König Heinrich III. bei der Wiederherstellung der Piastenherrschaft (Ehe Kasimirs I. mit Jaroslaws Schwester Dobronega; politisches Zusammenwirken in Masowien). Jaroslaws Siege über Petschenegen und Tschuden (Fortsetzung der *Expansion* im Ostbaltikum, 1030 Gründung Dorpats) und sein erfolgloser Krieg mit Byzanz (1043), der durch den letzten russisch-byzantinischen Handelsvertrag beendet wird, umreißen Richtung und Grenzen seiner Politik. Die engen Familienbeziehungen Jaroslaws zu den Herrscherhäusern in Polen, Skandinavien, Frankreich, Ungarn, Byzanz und zu den deutschen Fürstenhäusern zeigen ihn als eine zentrale Gestalt der dynastischen Einheit Europas. *Expansion*

Russland, erwachsen aus einer *Konföderation von Stadtstaaten*, in denen auch nach ihrem Aufgehen in den Teilfürstentümern des Rurikidenhauses während des 11. Jh.s ein stark demokratisches Element in den Volksversammlungen der Bürgerkaufleute sich hält, repräsentiert in der Verbindung von Skandinaviertum, Slawentum und byzantinischem Christentum, während des 11. Jh.s ein höchst wertvolles, politisch und wirtschaftlich starkes Glied des sich bildenden Europa. Das Senioratsprinzip, das durch die Vielzahl der Fürsten verhängnisvoll wirkt, führt nach Jaroslaws Tod (1054) und der *Teilung des Reiches* unter die fünf Söhne (Teilgebiete Kiew, Černigov, Perejaslawl, Smolensk, Wolhynien) allerdings bald zur Schwächung des Staates und zu seiner Isolierung vom abendländischen Europa. – (Forts. S. 619) *Konföderation von Stadtstaaten* *Teilung des Reiches*

Kroatien

um 630	Die Kroaten, deren Namensbedeutung – bei allen Slawen als Stammes- und Ortsbezeichnung verbreitet – dunkel bleibt, haben unter byzantinischer Oberhoheit im heutigen Dalmatien und Kroatien die bisher von den Awaren unterworfenen Slawenstämme befreit.	
ca. Mitte 7. Jh.	Unter dem Einfluss lateinischer Kultur in den Küstenstädten Dalmatiens kommt es zur *Ausbreitung des Christentums* im Küstenstreifen, während die binnenwärts liegenden kroatischen Landschaften Pannoniens davon noch kaum berührt werden.	*Christianisierung*
um 800	Nach dem Zusammenbruch der awarischen Macht geraten das slawonische Hinterland und das dalmatinische Küstengebiet in die Abhängigkeit des Fränkischen Reiches.	

	Die Markgrafen von Friaul und die Patriarchen von Aquileja üben die Aufsicht über das kroatische Fürstentum (Vojnimir erster namentlich bekannter Fürst) aus.
812	Lediglich die Küstenstädte bleiben unter der byzantinischen Oberhoheit.
9. Jh.	Durch den Aufstand des Ljudevit (819–823) und das Eingreifen der Bulgaren (829–838) wird der fränkische Einfluss zunächst vorübergehend, nach der Mitte des 9. Jh.s definitiv zurückgedrängt.

Trpimir 845–864 Fürst *Trpimir;* Stammvater der kroatischen Dynastie (bis 1102).
Bistum Nin 864 Es wird ein *Bistum* in Trpimirs Residenz *Nin* gegründet und direkt Rom unterstellt.
um 880 Fürst Branimir löst sich aus der byzantinischen Hoheit und unterstellt sein Land dem Stuhl Petri.
910–928 Vom Westen christianisiert und stets in Verbindung zu Venedig stehend, schüttelt Kroatien unter Tomislav (910–928) die noch zeitweilig ausgeübte byzantinische Oberhoheit ab.
Tomislav um 924 *Tomislav* nimmt den Königstitel an.
Zusammenfassung des slawonischen Hinterlandes und des dalmatinischen Küstengebietes, Anschluss der byzantinisch verwalteten Seestädte unter Wahrung ihrer Autonomie; Seemacht, die sich gegen Venedig behauptet; Erbmonarchie; 15 Županien (Statthalterschaften), entwickelte Hof- und Landesverwaltung, Kanzlei im 11. Jh. – (Forts. S. 626)

Serbien, Albanien, Griechenland

(Forts. v. S. 303)

ab 539 Diese Gebiete erleben als Teil des Byzantinischen Reichs 539, 577, 585 Slaweneinfälle als rasche Raubzüge, 591, 609, 678–680, 688 Belagerungen von Saloniki. Im Gebirge südwärts wandernd, *siedeln sich Slawen* (sprachlich zu den Mazedoslawen gehörend) in den
slawische Gebirgstälern, dann auch am Rand der großen Ebenen an (an Ortsnamen ablesbar).
Ansiedlung um 750 Die Halbinsel Peloponnes ist mit Ausnahme der Städte im Wesentlichen slawisiert.
783 Doch halten sich die großen Stadtfestungen und abgelegene Küstengebiete (Tzakonia, Maina). Von ihnen geht dann die Christianisierung und Gräzisierung der Slawen aus. Die verwaltungsmäßige Verbindung mit Konstantinopel wird durch die Einrichtung von Themata (687/695 nur für Mittelgriechenland) für die Peloponnes wiederhergestellt.
Slawenaufstand 799 *Slawenaufstand* in Ostthessalien.
805 Erhebung gegen Patras niedergeschlagen.
Thessalonike und Dyrrhachion sowie Kephallenia werden wohl unter Nikephoros I. (802–811) als Themata Ausgangspunkte byzantinischer Unternehmungen gegen Bulgarien und über die Adria.
Hellenentum Die alte Streitfrage der Ersetzung des alten *Hellenentums* durch die Slawen ist nur für die weniger fruchtbaren Gebiete positiv zu beantworten; kulturell hat sich das Griechentum immer behauptet, ethnisch nur in den Städten – soweit es dort nicht später ein Opfer des 4. Kreuzzugs, dann der Katalanen, schließlich der Türken wird.
Altserbien wird früh christianisiert. Die Inseln haben kaum Slawen aufgenommen. Griechenlands Küsten sind arabischen Seeräubern preisgegeben.
826–961 Kreta ist in der Hand der Araber.
904 Thessalonike wird von ihnen geplündert.
Die Inseln vor der Küste Kleinasiens stellen einen Teil der byzantinischen Flotte (Thema Aigaion Pelagos seit 710/732); nur 654 sind Rhodos und Kos kurz von den Arabern besetzt. – (Forts. v. S. 626, 629)

Ost- und Südosteuropa (Hoch- und Spätmittelalter)

In dieser Epoche erfolgt die Konsolidierung der osteuropäischen Völker- und Staatenwelt durch intensive Hebung des Landesausbaus zum Zwecke der Vermehrung der wirtschaftlichen Kräfte. Hinzu kommen eine fortschreitende Differenzierung des Sozialgefüges und die Förderung der kirchlichen Bestrebungen, die auf die Überwindung des Heidentums innerhalb und außerhalb der staatlichen Grenzen abzielen. Dadurch wird in einem großen Teil Osteuropas der Weg für die in West- und Mitteleuropa entwickelten Rechts- und Wirtschaftsformen geebnet und die Kolonisation zu deutschem Recht eingeleitet. Das Schisma der Kirchen auf der einen Seite, der Misserfolg einer dauerhaften Sicherung und machtpolitischen Verklammerung der osteuropäischen Wald- und Steppenzone durch das Kiewer Russland und dessen zunehmende Verflechtung mit der türkisch-mongolischen und orientalischen Welt andrerseits lockern gegen Ende dieser Epoche Russlands Bindungen an den Westen und begründen die *Spaltung Europas*, die sich nach der zweieinhalb Jh.e währenden Mongolenherrschaft nie mehr geschlossen hat. – Unter den *Südslawen* festigt und vertieft sich als Ergebnis des vorausgegangenen Ringens der Gegensatz zwischen dem lateinischen Westen und dem orthodoxen Byzanz bzw. den unter byzantinischem kirchlichem und kulturellem Einfluss sich entwickelnden Staaten in Bulgarien und Serbien.

Die folgenden politischen Entscheidungen dieser Epoche sind für den Gang der osteuropäischen Geschichte bestimmend:

Die Entfremdung Russlands vom Westen durch die Mongolenherrschaft und die Ersetzung des Mosaiks der russischen Teilfürstentümer durch die Einheit des aufstrebenden zentralistischen Moskauer Staates die Expansion Litauens und seine Vereinigung mit Polen im machtvollen Jagiellonenreich, dessen Schwäche infolge des Ausbaus der Adelsherrschaft auf Kosten der Krone und infolge der sich als unüberbrückbar erweisenden nationalen und konfessionellen Gegensätze das Eindringen Moskaus in die europäische Politik zwangsläufig nach sich zieht; die Ausweitung des Osmanenreichs über den Balkan und große Teile Südosteuropas, die das uneinige Europa und die zersplitterte Staatenwelt des Südostens nicht verhindern können.

Gleichzeitig kommt der Europäisierungsprozess in Osteuropa durch den Anschluss Litauens an die westliche Kultur zu einem gewissen Abschluss, während der Vorgang der Intensivierung durch Kolonisierung, Ausbreitung und Ausformung der Sozial- und Rechtsordnungen andauert und in dieser Periode eine besondere Höhe erlebt, ohne jedoch das Gefälle des zeitlichen Nacheinander und die besonderen ethnischen und historischen Voraussetzungen im Werden Europas verwischen zu können.

Spaltung Europas Südslawen

Böhmen (906–1526)
(Forts. v. S. 606)

nach 906 Böhmen, nach dem Einbruch der Magyaren (906 Schlacht bei Preßburg) zunächst wieder politisch selbstständig, wird nach dem Eingreifen des ostfränkischen Königs Heinrich I. in
929 Prag sowie nach der Ermodung des Fürsten *Wenzel* (*um 903; 921/922–935; – Wenzel-
935 legenden, hl. Wenzel Nationalheiliger noch im 10. Jh.; später Wenzelskrone) durch seinen
935–967 Bruder *Boleslav I.*, endgültig erst durch Otto den Großen 950 unter eigener Dynastie in lockerer Form dem Reich eingegliedert. Zur přemyslidischen Herrschaft gehören im 10. Jh. auch Schlesien und das Krakauer Land, die erst 990 dem polnischen Piastenstaat zufallen. Im Ostteil Böhmens besteht noch bis 995 die Dynastie der Slavnikiden (zu ihr gehört der hl. Adalbert von Prag, der für die Ausbreitung des Christentums in Böhmen, Ungarn und Prußen wirkt; *um 956, †997).
973/976 In *Prag* wird ein *Bistum* (Kult des hl. Wenzel) errichtet und der Mainzer Kirchenprovinz angegliedert.
Unter Boleslav II. (967–999) dient Böhmen in Verbindung und in Rivalität mit Polen den Missionsbestrebungen der Zeit, gerät durch die expansive Politik Bolesławs I. von Polen (992–1025), der Prag in Besitz nimmt, in Gefahr, wird aber von Kaiser Heinrich II.
1003–1004 (1002/1014–1024) restauriert und zieht schließlich nach der endgültigen *Angliederung Mährens* (1029?) aus der piastischen Katastrophe durch den Siegeszug Břetislavs I.
1039 (1037–1055) nach Polen (Gebeine des hl. Adalbert von Gnesen nach Prag) politischen Nutzen.
1041 Auf Intervention Kaiser Heinrichs III. (1028/1046–1056) unterwirft sich Břetislav.
1050 Er verliert seine Eroberungen an Kasimir I. von Polen, der 1054 Schlesien durch Entscheid Heinrichs III. gegen Zinszahlung an Böhmen behält (stets Konfliktstoff bis 14. Jh.).
Böhmen erhält von Kaiser Heiurich IV. (1056/1084–1106) territoriale Zugeständnisse (Bautzener Land, die spätere Oberlausitz, als Lehen vom Reich).
1086 Böhmens Herrscher Vratislav I. (*um 1035, †1092, regiert seit 1061) wird König.
Nach Krisen und Thronwirren in der ersten Hälfte des 12. Jh.s (seit 1055 Senioratsverfassung mit anfänglich zwei, später fünf Teilgebieten, die zu Beginn des 13. Jh.s verschwinden)
1158 und Stärkung des Adels sowie nach Einführung der Primogenitur (1138) erhält Vladislav II. (regiert seit 1140; †1174) von Kaiser Friedrich I. die Königskrone als Vladislav I. (faktisch seit 1198 erblich).

Wenzel

Boleslav I.

Bistum Prag

Angliederung Mährens

Strukturelemente im 12./13. Jh.

Das Land ist in Burgbezirke gegliedert, die von Vertrauten des Herrschers verwaltet werden. Die alten führenden Adelsgeschlechter stellen seit der Ausrottung der Slavnikiden (995) und der Vršovci (1108) keine Bedrohung mehr für das Přemyslidenhaus dar. Das Einsetzen der *deutschen Kolonisation* im 12. Jh. (um 1170 Privileg für die deutschen Kaufleute, Sobieslavum) fördert die Einwanderung von Handwerkern und Bauern. Zum Adel und hohen Klerus tritt durch die Gründung von Städten nach deutschem Muster das Bürgertum als wichtiger Faktor im Staat, das zusammen mit jenen seit Beginn des 13. Jh.s in steigendem Maße den *Ständestaat* zu repräsentieren beginnt, vermehrt um den aus dem Ritterstand sich bildenden niederen Adel.

deutsche Kolonisation

Ständestaat

1198–1230 Die Machtstellung Böhmens wird unter Přemysl Ottokar I. (*1155, †1230) durch eine Reihe von Privilegien der deutschen Herrscher und der Päpste gefördert (1212 Goldene Bulle von Sizilien von Friedrich II.).

Přemysl Ottokar II.

1253–1278 Unter *Přemysl Ottokar II.* (*1233, †1278) steigt Böhmen kurzfristig zu europäischer Geltung auf: Besitzergreifung des Babenberger Erbes in Österreich, 1254/1255 Kandidat für die Kaiserkrone, Unterstützung des Deutschen Ordens, der 1255 seine Gründung am Pregel (in [Ost-] Preußen) zu Ehren Ottokars Königsberg nennt. Herrschaft über Österreich (1251), Steiermark (1254 teilweise, 1260 vollständig), Teile der Slowakei (1260) und des Egerlandes (1266), Krain und Kärnten (1269).

1273 Přemysl Ottokar II. unterliegt in der deutschen Königswahl Rudolf von Habsburg (König 1273–1291), verweigert die Herausgabe der Reichslehen, wird geächtet und findet in der
1278 Schlacht auf dem Marchfeld (bei Dürnkrut in Niederösterreich) den Tod, womit das Schicksal der Reichsgründung Ottokars und die Erbansprüche der Habsburger auf Österreich und die Steiermark entschieden werden.

1278/1283 Ottokars Sohn, König Wenzel II. (*1271, †1305), gewinnt Ausgleich für diese Verluste
bis 1305 durch Einfluss und Lehnshoheit über die Piastenfürsten Schlesiens und durch Eingreifen in Kämpfe der Teilfürsten Polens um Seniorat und Erneuerung des Königtums in Polen.

1300 Er wird nach Eroberung Klein- und Großpolens in Gnesen gekrönt und vermählt sich mit der Tochter des polnischen Königs Przemysł II. (1295/1296), Rixa Elisabeth (*1288, †1335).

Ende der böhmischen Herrschaft

1306 Nach der Ermordung Wenzels III. (1305–1306; *1289; *Ende der böhmischen Herrschaft* in Polen) wird Böhmen von König Albrecht I. (1298–1308) als Reichsgut eingezogen und seinem Sohn Rudolf (*1282), der Wenzels II. Witwe heiratet, übertragen.

1307 Dieser stirbt, worauf Heinrich von Kärnten (†1335) als Gemahl der ältesten Tochter Wenzels II., Anna (*1290, †1313), von den böhmischen Herren zum König (1307–1310) gewählt wird.
Doch wird er auf ihre Veranlassung durch Reichsfürstenurteil abgesetzt.
Böhmen erhält der Sohn Kaiser Heinrichs VII., Johann der Blinde von Luxemburg (*1296,
1310 †1346), der 1310 Wenzels II. jüngere Tochter, Elisabeth (*1292, †1330), ehelicht.

Luxemburger

Durch diese Eheverbindung bleibt der Anspruch der *Luxemburger* auf die polnische Krone erhalten, während der Versuch Wenzels II., nach dem Aussterben der Arpaden (1301) auch die ungarische Krone mit der böhmischen zu vereinigen, wirkungslos bleibt.
Unter Johann von Luxemburg bleibt die Herrschaft vorwiegend in den Händen des Adels. Im Bündnis mit dem Deutschen Orden setzt er die Politik Wenzels II. gegenüber Polen zu-
1335 nächst fort, verzichtet aber im Vertrag von Visegrád auf die Krone Polens, wofür seine Herrschaft über die schlesischen Fürstentümer durch König Kasimir III. den Großen von Polen anerkannt wird.

1333–1378 Johanns Sohn, der spätere König und Kaiser Karl IV. (*1316, †1378), der 1333 mit der Verwaltung Böhmens und Mährens betraut wird, führt *das Goldene Zeitalter* herauf:

Goldenes Zeitalter

1344, 1348 Erhebung des Bistums Prag zum Erzbistum, Gründung der Universität Prag.
Ausbau von Prag (Dom, Hradschin), das zur Hauptstadt des Reiches wird; Reform des Finanz- und Gerichtswesens; Pflege von Handel und Industrie, Kunst und Wissenschaft; Sicherung des Friedens durch kluge Diplomatie und Selbstbeschränkung; Erweiterung Böhmens, die von Johann 1327 bereits angebahnt war, durch Vereinigung mit Schlesien und der Lausitz (teilweise bereits 1319), Erwerb der Mark Brandenburg (1373). Karls politisches Hauptziel, die polnische und die ungarische Krone für sein Haus zu gewinnen, erreicht er jedoch nicht. Seine kirchlichen Reformbestrebungen bleiben ohne nachhaltige

Erneuerung der Frömmigkeit

Erfolge beim Klerus, worauf die ersten revolutionären Bewegungen zur *Erneuerung der Frömmigkeit* und des asketischen Ideals durch Konrad von Waldhausen (*um 1326, †1369) und Johann Militsch von Kremsier (Jan Milíč; *um 1325, †1374) einsetzen, die bald auch nationale Färbungen annehmen (Tomáš Štítný; *1331, †um 1401; neben Hus der erste tschechisch schreibende Theologe und Philosoph, den wir namentlich kennen). – Nach Karls Tod entwickelt sich Böhmen mehr und mehr zum *Ständestaat*, in dem sich das Wahlrecht der etwa 50 führenden Magnatenfamilien durchsetzt. *Ständestaat*

1373/1378–1419 König Wenzel IV. von Böhmen und Schlesien (*1361, †1419; 1376–1400 deutscher König), der 1382 seine Schwester Anna mit König Richard II. von England verheiratet, eine Verbindung, die für die geistigen Beziehungen zwischen England und Böhmen folgenreich wird, gerät in Konflikt mit dem böhmischen Adel, der ihn mehrfach seiner Freiheit beraubt, verliert an Macht und Ansehen und wird 1400 zum Verzicht auf die deutsche Königskrone gezwungen.

Unter Wenzel wird Johannes (Jan) Hus (*um 1370, †1415), Professor der Theologie und Führer der nationalen Partei an der Universität Prag, zum Haupt der Reformbewegung, die sich für die Lehre des Realisten John Wiclif, der 1382 seines Amtes als Professor in Oxford enthoben worden ist, entscheidet, während die Mehrheit der Deutschen sich für Anhänger des Nominalismus Wilhelms von Ockham erklärt.

1409 Die Unterstützung der Tschechen durch Wenzel führt zum Auszug der deutschen Studenten und Professoren Prags nach Leipzig.

1412 In den wachsenden Spannungen wird Hus gebannt.

1415 Nach seiner Verurteilung und Verbrennung in Konstanz kommt es zu nationalreligiösen

1419–1434 Aufständen und den *Hussitenkriegen* der Tschechen (führender Taboritenfeldherr Jan Žižka *Hussitenkriege* (*um 1370, †1424), die den deutschen König Sigismund (1410–1437; Kaiser 1433) als König von Böhmen (1419–1437) nicht anerkennen, im Zeichen der Forderung der vier *Prager* *Prager Artikel* *Artikel*: freie und ungehinderte Predigt der Heiligen Schrift; Abendmahl in beiden Formen für Laien und Geistliche (Utraquismus); apostolische Einfachheit; Bestrafung der Unmoral. Das Hussitentum gewinnt in Böhmen eine starke Position gegenüber den Katholiken.

1433 Die Spaltung der Hussiten ermöglicht es, in den *Prager Kompaktaten* die gemäßigte Partei *Prager* (Kalixtiner bzw. Utraquisten) für die Rückkehr in die alte Kirche zu gewinnen, während die *Kompaktaten* radikalen *Taboriten* unter Prokop dem Großen (*um 1380, †1434) den Kampf gegen Ka- *Taboriten*

1434 tholiken und Utraquisten fortsetzen, bei Lipan (Lipany nahe Český Brod) aber eine vernichtende Niederlage erleiden.

Auch der Prager Kompromiss wird von den Parteien nicht respektiert; die Auseinandersetzungen dauern an, in denen Böhmen sich zum konstitutionellen *Ständestaat* entwickelt.

1437–1439 Nach der kurzen Regierung Albrechts von Österreich (*1397, †1439; seit 1438 als Albrecht II. deutscher König), des Schwiegersohnes Sigismunds, kommt es zu Parteikämpfen während der Unmündigkeit von Albrechts Sohn Ladislaus Postumus (*1440, †1457; 1453 König von Böhmen), für den Kaiser Friedrich III. die Vormundschaft führt.

1452 *Georg von Podiebrad* ([Jiří z Poděbrad]; *1420, †1471) wird als Führer der Utraquisten *Georg von* Reichsverweser. *Podiebrad*

1458–1471 Nach Ladislaus' Tod wird er König von Böhmen.

Unter ihm entstehen die Unitas fratrum Bohemorum (Peter [Petr] Chelčický; *um 1390, †1460): Christentum als wahre Friedensliebe und humanitäre Gesinnung) und der Plan eines christlichen Fürstenbundes (Antoine Marini 1462–1464) zur Erhaltung des Friedens mit Einsetzung eines Schiedsgerichts und Sanktionen gegen Friedensstörer.

1468/1469 Podiebrad erliegt, auch von päpstlicher Seite bekämpft, dem Angriff des Ungarnkönigs Matthias Corvinus, dessen Herrschaft über Mähren, Schlesien und Lausitz und dessen Recht auf Nachfolge auch in Böhmen er anerkennen muss.

1471–1516 Nach Georgs Tod wählen die böhmischen Stände den Jagiellonen Vladislav II. (*1456, †1516; Sohn König Kasimirs IV. von Polen) zum Herrscher, der – nach seiner Einigung mit Matthias von Ungarn im Frieden von Olmütz (1479) – nach Matthias' Tod vom ungarischen Adel auch die Stephanskrone erhält (bis 1516).

In den Reihen der *Böhmischen Brüder*, welche an die Ideen des Hussitismus anknüpfen, *Böhmische* kommt es im 16. Jh. zur Anlehnung an die deutsche Reformation, bald überwiegt aber der *Brüder* Einfluss von Calvin. Die Sprache der *Kralitzer Bibel* (von Böhmischen Brüdern 1579–1593 *Kralitzer Bibel* herausgegeben) wurde bis Anfang des 19. Jh.s – teilweise sogar später – als vorbildliches Tschechisch angesehen und nachgeahmt.

1485 Es kommt zu einem Modus vivendi zwischen Katholiken und Utraquisten, der eine gewisse Entspannung auf religiösem Gebiet bringt (1512).

1500 Die Macht der Stände wächst fortgesetzt: Leibeigenschaft der Bauern und gesetzgebende

1508 Gewalt durch die Stände wird in der *Landordnung* festgelegt, die Kontrolle der königlichen *Landordnung* Finanzen durch den Adel bestimmt.

1526 Die im Frieden zu Preßburg 1491 dem Haus Habsburg von Vladislav zugesicherte und in Wien 1515 bestätigte Erbfolge tritt nach dem Tod Ludwigs II. (*1506, †1526; König von Böhmen und Ungarn 1516–1526) auf dem Schlachtfeld von Mohács ein.

Kultur im Spätmittelalter

Das geistige und künstlerische Antlitz Böhmens unter Karl IV. trägt übernational-abendländische Züge (Baumeister: Matthias von Arras, Peter Parler neben anderen deutschen, italienischen, französischen und einheimischen Künstlern: Karlstein mit Reliquienschätzen, Karlsbrücke, St. Georg-Reiterbild; Petrarcas Wirkung auf Karl IV. und Johann von Neumarkt), die ausstrahlen nach Nürnberg, Breslau, Krakau, Tangermünde sowie weiter nach Ost- und Südosteuropa und besonders durch den Frühhumanismus auf Polen und Ungarn einwirken. Für das deutsche Geistesleben ist die Ausbildung der neuhochdeutschen Schriftsprache durch die Kanzlei (um 1400 „Ackermann aus Böhmen" von Johann von Saaz) von entscheidender Bedeutung. Das Tschechische entfaltet sich in derselben Zeit zur gepflegtesten slawischen Schriftsprache (Alexandreis, Dalimil; religiös-philosophisches Schrifttum).

Polen
(Forts. v. S. 608)

Bolesław II. 1058–1079 Bolesław II. (*um 1042, †1083), mit Böhmen verfeindet, stützt die antisalischen Prätendenten in Ungarn und findet angesichts der drohenden Koalition zwischen König Heinrich IV., Böhmen und Russland, dem Bolesław 1069 die Grenzgebiete an Bug und San entrissen hat, die Unterstützung Papst Gregors VII.:

Krönung Bolesławs 1076 *Bolesław lässt sich krönen.* In seinem Konflikt mit Bischof Stanislaus (Stanislaw; aus Szczepanow, *um 1040) von Krakau zeigt sich zum ersten Mal die Macht des geistlichen und weltlichen Adels.

1079 Der König, der Bischof Stanislaus aus unbekannten Gründen töten lässt (1253 Heiligsprechung), wird aus dem Land vertrieben und sein jüngerer Bruder Władysław Hermann
1080–1102 (*1043, †1102) zum Herrscher gemacht.
Mit Judith (†nach 1100), der Schwester König Heinrichs IV., seit 1088 in dritter Ehe vermählt, verzichtet Władysław auf die Königskrönung und zahlt Tribut für Schlesien.
Nach einem Thronstreit unter seinen Söhnen, wobei der ältere Bruder Zbigniew (1102–1106, *vor 1085, †nach 1112) vergeblich mit Hilfe des deutschen Königs die Alleinherrschaft erstrebt, erlebt Polen unter Władysławs Sohn *Bolesław III.* (*1085,

Bolesław III. †1138); seit 1115 verheiratet mit Salomea von Berg, deren Schwestern mit Vladislav I. von Böhmen bzw. dessen Vetter Otto II. von Mähren vermählt sind) eine neue Machtentfaltung:
1102–1138 Niederlage König Heinrichs V. 1109, siegreicher Abschluss der Kämpfe mit Böhmen, das auch auf den Tribut für Schlesien 1111 verzichten muss. Entschlossener Kampf um das nach Mieszkos II. (König von Polen 1025–1034) Tod unabhängig gewordene Pommern,
1121 dessen Unterwerfung 1121 gelingt, und um die gleichfalls noch heidnischen Gebiete zwi-
1124/1125 schen Oder und Elbe mit Missionierung (Bischof Otto von Bamberg, Reisen 1124/1125 und
1128 1128) sowie Ausbau der Kirchenorganisation (Bistümer Lebus [gegründet um 1125] und Włocławek).
Durch Kaiser Lothars III. (1125/1133–1137) Eingreifen bleiben die Odergebiete deutsches Interessen- und Hoheitsgebiet:

Merseburger Hoftag 1135 Es erfolgt auf dem *Merseburger Hoftag* die Belehnung Bolesławs III. mit Westpommern und Rügen.

Einführung des Seniorats 1138 Die angestrebte Stärkung der Einheit durch *Einführung des Seniorats* (mit der Krönungs- und Hauptstadt Krakau und dem Zentralgebiet Polens in der Hand des jeweiligen ältesten Angehörigen der Piastendynastie) neben den im Piastenhaus erblichen Herzogtümern der übrigen Landschaften (zunächst Schlesien, Masowien, Großpolen, östliches Kleinpolen mit Sandomir [Sandomierz an der oberen Weichsel]) erweist sich als Fehlschlag und führt zu

Kriege unter den Teilfürsten beständigen *Kriegen unter den Teilfürsten.*
Für anderthalb Jh.e findet sich kein Souverän, dem es gelingt, die miteinander rivalisierenden Teilfürstentümer zu einigen; die Kirche und ihre Organisation bleibt in dieser Zeit neben der Dynastie das wichtigste Bindeglied für die Idee der Einheit der polnischen Piastenländer und des Königtums.

1140 Errichtung des exemten Bistums Wollin in Pommern (um 1176 nach Kammin in Pommern verlegt).

1146 Der Senior Władysław II. (1138–1146; *1105, †1159) wird von seinen Brüdern und dem Adel vertrieben. Er findet bei seinem Schwager, dem deutschen König Konrad III. (1138–1152), Zuflucht und stirbt im Exil.
1163 Der Konflikt des Nachfolgers Bolesław IV. (1146–1173; *um 1123, †1173) mit Kaiser Friedrich I. Barbarossa führt zur Herausgabe Schlesiens an die Söhne Władysławs (II.), womit der Boden für verstärkte Aufnahme westlicher Kultur- und Ordnungsformen bereitet ist.
1180 Es werden erstmals die Vorrechte der Geistlichkeit verbrieft und das Prinzip des Seniorats preisgegeben.

Strukturelemente Polens im 13. Jh.

Der Besitz Krakaus bleibt weiterhin Voraussetzung für die Wiederherstellung der Einheit des Staates und damit wichtigstes politisches Ziel. Seither bildet Polen eine *Gemeinschaft piastischer Territorialherrschaften*, vermehrt um Ostpommern unter einer eigenen Dynastie, zusammengehalten durch die einheitliche Kirchenorganisation und die Interessen der über alle Teilgebiete verteilten Adelsgeschlechter. Entscheidend für die Folgezeit wird der im Wettbewerb um die Hebung der Landeskultur einsetzende Prozess der Verwestlichung und damit der Einfluss deutscher Siedlung und Kultur in den polnischen Teilfürstentümern: Führend dabei sind die schlesischen Fürsten Heinrich I. (1201–1238) und Heinrich II. (1238–1241) in der ersten Hälfte des 13. Jh.s; Abwehrschlacht bei Liegnitz (1241) und Rückzug der Mongolen trotz ihres Sieges.

piastische Territorialherrschaften

In Pommern (schon im 12. Jh. dem polnischen Einfluss entzogen), in Schlesien und in den westlichen Randgebieten Polens werden große Teile des Adels, der Dörfer und Städte deutsch. Auch in Groß- und Kleinpolen sowie in Pommerellen und Masowien macht die *deutsche* städtische und ländliche *Kolonisation* dank der Förderung durch aufgeschlossene Piastenfürsten während des 13. Jh.s große Fortschritte: Die Vorzüge der durch die von allen Grundherrschaften geförderte deutsche Siedlungsbewegung entstehenden neuen Sozial-, Rechts- und Wirtschaftsordnung (persönliche Freiheit der Bauern und Bürger bei festgelegten Abgaben, Selbstverwaltung, Konzentration auf Ackerbau, Ausbau des Handwerks und Handels in neu angelegten Rechtsstädten; gehobene Lebensführung der Magnaten und der Szlachta) veranlassen ihre Anwendung auch bei der einheimischen Bevölkerung (Siedlung zu deutschem Recht).

deutsche Kolonisation

1226 Herbeirufung des *Deutschen Ordens* durch Konrad von Masowien (*1187 oder 1188, †1247) zur Bekämpfung der heidnischen Preußen (Prußen). Der Orden, der 1230 vom Kulmerland (mit Thorn [Toruń], Kulm [Culm/Chełmno] und Graudenz [Grudziądz]; 1233 Kulmer Handfeste) aus, das ihm Konrad von Masowien überlassen hat, die Unterwerfung der Prußen, ihre Christianisierung und Eindeutschung beginnt, entwickelt sich zu einem rein deutschen Staatswesen, zu einer führenden Militärmacht Europas und zerstört nach Annektierung Ostpommerns mit Danzig (1308) schließlich die polnischen Hoffnungen auf eine Restaurierung der polnischen Grenzen bis zur Ostsee im Sinne der piastischen Idee Bolesławs I. und Bolesławs III.

Deutscher Orden

Trotz der Zersplitterung bleibt die *Idee der polnischen Einheit* lebendig und verstärkt sich seit der Kanonisation des hl. Stanislaus (Stanisław) 1253 und durch die erhöhte Bedeutung des Adels. Diese Einheit wird dann durch Przemysł II. (*1257), Herzog von Großpolen und seit 1294 Erbe der pommerellischen Dynastie, angebahnt.

Idee der polnischen Einheit

1295 Przemysł II. lässt sich in Gnesen zum König krönen, wird aber schon 1296 ermordet.
Nun wird die Einheit von Wenzel II. von Böhmen (König von Böhmen seit 1278/1283, von
1300 Polen seit 1300, †1305), unterstützt von der Kirche und dem deutschen Bürgertum, durch seine Krönung in Gnesen und Ehe mit Przemysłs II. Tochter Rixa Elisabeth (*1288, †1335) gefördert. Polen droht zum *Nebenland der Přemysliden* herabzusinken.

Nebenland der Přemysliden

Halitsch (Halicz) und Litauen

Die in der Periode der polnischen Machtzersplitterung durchgeführten Interventionen im benachbarten russischen Teilfürstentum *Halitsch-Wolhynien* (Halitsch am Dnjestr in der heutigen Ukraine) bleiben ohne Erfolg. 1253 erhält Daniel von Halitsch die Königskrone aus der Hand von Papst Innozenz IV. Abschluss der Union der beiden Kirchen in der vergeblichen Hoffnung auf Hilfe aus dem Westen gegen die Mongolen. Das den Tataren tributäre Königtum Daniels, dem die Angliederung Kiews versagt bleibt, wird nach seinem Tod zur Interessensphäre ungarischer, masowischer und litauischer Politik.

Halitsch-Wolhynien

Litauens Aufstieg unter Mindaugas (Mindowe; †1263; vorübergehend Christ; Zentrum Nowogródek [im heutigen Weißrussland]) zu einer bedeutenden Macht im Osten bahnt sich in Abwehr des Deutschen Ordens sowie unter Ausnutzung der polnischen Schwächeperiode und des Zusammenbruchs des Kiewer Staats an.

Litauens Aufstieg

Władysław I. Łokietek	1306	Der Sieg *Władysław I. Łokieteks* (*1260 oder 1261, †1333), des piastischen Teilfürsten von Kujawien (beiderseits der Weichsel zwischen Thorn und Plock) und Sieradz (Stadt an der mittleren Warthe), über alle widerstreitenden Mächtegruppen nach dem Ende der Přemysliden ermöglicht die Konsolidierung der monarchischen Gewalt in einem verkleinerten Polen (ohne Schlesien, Masowien und das 1309 vom Orden besetzte Pommerellen): Mit dem Deutschen Orden gerät er in erbitterte Kämpfe. Daraufhin prozessieren er und sein Sohn an der Kurie gegen den Orden.
	1320	Mit seiner Krönung in Krakau beginnt eine neue Ära, die bis zum Erlöschen des Königtums am Ende des 18. Jh.s währt. Bei den masowischen Piasten setzt sich der böhmische Einfluss durch. Władysław stützt sich auf Ungarn (dessen König Karl Robert mit Władysławs Tochter Elisabeth seit 1320 verheiratet ist) und findet Unterstützung bei Litauen, während er nacheinander mit seinen mächtigen Nachbarn in Konflikt gerät: mit Brandenburg (Haus Wittelsbach) 1326–1329, mit Böhmen 1329–1331 und dem Deutschen Orden 1326–1332, an den er sogar Kujawien verliert.
Kasimir III., der Große	**1333–1370** 1335 1339	Władysławs I. Sohn *Kasimir III., der Große* (*1310, †1370) schließt unter Vermittlung König Karl Roberts von Ungarn Frieden mit Böhmen im Vertrag von Visegrád und nach erfolgreichem Prozess bei der Kurie auf Rückgabe Pommerellens, der aber politisch wirkungslos bleibt,
	1343	mit dem Deutschen Orden im Vertrag von Kalisch (Verzicht auf Pommerellen). Kasimir bricht das Bündnis seines Vaters mit Gedymin von Litauen und beginnt den Kampf mit Litauen um die Nachfolge in den Fürstentümern Halicz (Halitsch) und Wolhynien, deren letzter Fürst Bolesław Georg (1324–1340) vor seinem Tode Kasimir zu seinem Erben eingesetzt hat. Bis 1349 setzt er sich in Rotrussland (Halicz) und dann
	bis 1366	auch im westlichen Teil Wolhyniens durch, die politisch und kulturell damit für Jh.e mit der westlichen Kulturwelt verbunden werden.
Masowien	1351–1355	*Masowien* wird ein Lehen der Krone Polens (nach dem Aussterben der Piasten 1526 erfolgt die Eingliederung). Durch diese kluge und weitsichtige Politik sowie durch seine Maßnahmen auf dem Gebiet der Verwaltung (Kodifikation des polnischen Rechts; Oberhof für das deutsche Recht in Krakau; Grundlagen für eine Zentralregierung), der Landeskultur (Förderung der Kolonisation zu deutschem Recht, Gründung neuer Städte und Dörfer, Hebung des Bauernstandes), der Wissenschaft und Bildung (Akademie Krakau 1364 als Grundlage der Jagiellonischen Universität von 1400) und auch durch die Pflege der internationalen Beziehungen (Krakauer Kongress 1364 mit einem Plan für einen Kreuzzug) verschafft Kasimir Polen eine Achtung gebietende Stellung und bereitet die Großmacht des Jagiellonenreiches vor. Mit Kasimir III. stirbt das Haus der Piasten auf dem polnischen Thron aus, und das Reich fällt, wie in den Verträgen mit dem Haus Anjou vorgesehen, an Kasimirs Neffen *König*
König Ludwig I. von Ungarn	1370–1382	*Ludwig I. von Ungarn*, der Polen mit Hilfe seiner Mutter Elisabeth regiert, für Rotrussland vorübergehend Herzog Władysław von Oppeln zum Regenten einsetzt und unter dem der
	1374	Adel seine ersten Privilegien erhält (1374 in Kaschau, Košice, Ostslowakei). Der Gefahr, zum Nebenland Ungarns und zum Objekt der Hausmachtpolitik der Anjou herabzusinken, begegnet nach Ludwigs Tod die im Staat führende kleinpolnische Adelsschicht mit der Forderung nach einer Tochter Ludwigs als Herrscherin, die selbst im Lande regiert. Damit ist die polnisch-ungarische Union aufgehoben.
	1382	Da die als Erbin Polens vorgesehene Maria (†1395) in Ungarn gekrönt wird, werden die Ansprüche des mit ihr verlobten Sigismund von Luxemburg, Sohn Kaiser Karls IV. und
Hedwig von Polen	1384	Markgraf von Brandenburg, übergangen und Marias jüngere Schwester *Hedwig* (Jadwiga; †1399) als „König" *von Polen* in Krakau gekrönt. Man zwingt sie, ihr Verlöbnis mit Wilhelm von Österreich aufzugeben, um durch die Ehe mit dem Großfürsten Jagiełło (Jagailas) von Litauen die Rivalität der beiden Mächte durch eine Personalunion zu beenden und durch die Christianisierung dieses letzten Bollwerks des Heidentums die Aufgabe des Deutschen Ordens mit einem Schlage auf friedlichem Weg zu lösen.
	1385	Nach dem Versprechen Jagiełłos im Vertrag von Krewo, mit seinem Volk den katholischen Glauben anzunehmen und seine litauischen und „reussischen" Länder für immer mit der Krone Polens zu verbinden, folgt
Władysław II. Jagiełło Christianisierung Litauens	**1386**	in Krakau Wahl und Taufe Jagiełłos, danach seine Heirat mit Hedwig und seine Krönung als *Władysław II. Jagiełło* (1386–1434; das Haus der Jagiellonen bis 1572) sowie
	1387	die *Einführung des Christentums in Litauen* in Verbindung mit der Privilegierung des litauischen Adels nach polnischem Muster.– (Forts. S. 618)

Grundzüge der Union

Die polnisch-litauische Union bedeutet einen Markstein in der Geschichte Osteuropas: Sie stellt weder eine Inkorporation Litauens in das Königreich Polen dar, noch bildet sie lediglich einen losen Zusammenschluss unter einem gemeinsamen Herrscher. Die Union ist ein Lehnsverhältnis des litauischen Reichsverbandes, der unmittelbar Jagiełło als Großfürsten untersteht und staatsrechtlich auch seine Selbstständigkeit behält, sich zugleich aber zur Krone Polens (d.h. zu Władysław Jagiełło und Hedwig, beide als König) in Abhängigkeit befindet. Dieses komplizierte und rechtlich keineswegs geklärte Verhältnis der beiden Staatskörper wird trotz kurzer Unterbrechungen (1440, 1492) durch fünf *weitere Unionen* (1401, 1413, 1432, 1499, 1501) politisch immer enger gestaltet und schließlich 1569 in eine Realunion (Lubliner Union) umgewandelt. Nach dem Ende der litauischen Ostexpansion (Niederlage 1399 an der Worskla) und der Beilegung der inneren Gegensätze zwischen Władysław und seinem Vetter Witold (Wytautas), der 1401 als Großfürst von Litauen die Oberhoheit Władysławs anerkennt, erfolgt der gemeinsame *Angriff gegen den Deutschen Orden*, der durch die polnisch-litauische Verbindung seine Stellung im baltischen Raum bedroht sieht und seit 1382 die Landbrücke Samogitien besetzt hält.

weitere Unionen

Angriff auf Deutschen Orden

Die Jagiellonendynastie auf ihrem Höhepunkt

Jagiellonen

Jagiełło, † 1434
1377 Gft. v. Litauen
1386 als Władysław II. Kg. v. Polen
∞ 1. Hedwig, † 1399
T. v. Ludwig I. v. Ungarn u. Polen
∞ 4. Sophia Holszanska, † 1461

Jagiełło

Władysław III., † 1444
1434 Kg. v. Polen
1440 Kg. v. Ungarn

Kasimir IV., † 1492
1440 Gft. v. Litauen
1447 Kg. v. Polen
∞ 1454 Elisabeth, † 1505
T. v. Albrecht II. dt. König

Vladislav II., † 1516
1471 Kg. v. Böhmen
1490 v. Ungarn
als Wladislaw II.
∞ Anna v. Foix, † 1506

Johann I. Albrecht, † 1501
1492 Kg. v. Polen

Alexander, † 1506
1501 Kg. v. Polen
∞ Helene T.
Iwans III. v. Moskau,
† 1513

Sigismund I., d. Alte, † 1548
1506 Kg. v. Polen
∞ 1. Barbara Zapolya, † 1515
∞ 2. Bona (Sforza) v. Mailand,
† 1557

Sigismund I.

Anna, † 1547
∞ Ferdinand I.
Ks., † 1564

Ludwig II., † 1526
1516 Kg. v. Ungarn u. Böhmen
∞ 1522 Maria T. v. Philipp I. d. Schönen
v. Kastilien, † 1558

1410 *Schlacht bei Tannenberg*; der Deutsche Orden unterliegt und verliert im Ersten Thorner
1411 Frieden Samogitien.
Der Zusammenhalt beider Teile der Union (bekräftigt durch Übereinkommen zwischen den Vertretern des litauischen und polnischen Adels, z.B. 1413 in Horodło am oberen Bug) wird nach dynastischen und territorialen Differenzen und nach einer vorübergehenden Vereinigung der Kronen Polens und Ungarns (1440–1444) unter Władysław III. (1434–1444) unter der Herrschaft Kasimirs IV. (1447–1492; *1427, †1492) erneuert:
1447 Wolhynien fällt an Litauen, Podolien an Polen (vermehrte und gleiche Privilegien in beiden Reichen: in Polen Erbrecht der Jagiellonen, in Litauen Wahlrecht des Adels).
1454/1456 Auschwitz (1454) und Zator (1456) kommen an die Krone Polens.
1454 Erneut bricht der Krieg zwischen dem Deutschen Orden und Polen aus, das von den preußischen Ständen (1440 Preußischer Bund) entscheidend unterstützt wird: Der Adel benutzt den Krieg zur Erweiterung seiner Privilegien (1454 Statut von Nessau). Die Marienburg wird von den Polen genommen; der Hochmeister siedelt nach Königsberg über.
Im *Zweiten Thorner Frieden* erhält Kasimir IV. vom Deutschen Orden Pommerellen mit Danzig und Marienburg sowie das Ermland bei Wahrung der Autonomie und der deutschen Sprache (erst 1569 durch die Lubliner Union mit Polen staatsrechtlich vereinigt); der Hochmeister wird zu Heerfolge und Treueid verpflichtet.

Schlacht bei Tannenberg

Zweiter Thorner Friede

Die Jagiellonenherrschaft im Zenit

Idee eines Großreiches

Damit ist die jagiellonische *Idee eines Reiches von der Ostsee bis zum Schwarzen Meer* mit Einschluss des gesamten Dnjeprbassins wenigstens für kurze Zeit (die im Fürstentum Moldau gelegenen Schwarzmeerhäfen gehen 1484 an die Türken verloren) verwirklicht. Durch die 1454 geschlossene Ehe Kasimirs mit der Tochter Albrechts von Österreich (1438/1439 als Albrecht II. deutscher König), Elisabeth (*1437, †1505), ergeben sich Möglichkeiten für eine weit reichende dynastische Expansionspolitik: Zusammen mit dem von Vladislav II., dem ältesten Sohn Kasimirs, beherrschten Böhmen (seit 1471) und Ungarn (seit 1490) kontrolliert die jagiellonische Dynastie einen starken Block, dessen Größe zugleich mit dem ständigen Ausbau der Adelsmacht zur entscheidenden Schwäche wird, und zwar infolge der Vielzahl der Konfliktstoffe mit den aufkommenden *Rivalen*: Moskau, Türken, Habsburg und Schweden.

Rivalen

Durch die Auseinandersetzung mit diesen Mächten ist die Geschichte Polen-Litauens in den folgenden Jh.n gekennzeichnet (1500 erstes Bündnis der Jagiellonen mit Frankreich und Venedig gegen Habsburg, das seinerseits mit Iwan III. von Moskau und dem Deutschen Orden gegen die Jagiellonen zusammengeht). Unter Kasimirs drittem Sohn, Johann Albrecht (1492–1501; *1459, †1501), erfolgt der Rückschlag in der Moldau, und es beginnt die Expansion der Moskauer Großfürsten gegen Litauen (seit 1492: Großfürst Alexander von Litauen [*1461, †1506; der vierte Sohn Kasimirs], von 1501–1506 zugleich König von Polen). *Senat* (Magnaten und Geistliche) *und Sejm* (niederer Adel) erhalten im 15. Jh. ihre endgültige Form. Auf den Reichstagen von 1493 und 1496 wird die Stellung der Szlachta auf Kosten der Bauern (Leibeigenschaft) und der Städte befestigt und 1505 die legislative Gewalt durch die Szlachta fixiert. Polen ist ein *Ständestaat*. Unter den beiden letzten Jagiellonen, Sigismund I. (*1467, †1548; „der Alte", fünfter Sohn Kasimirs IV.; 1506–1548) und seinem Sohn Sigismund II. August (*1520, †1572; 1548–1572), erlebt Polen sein „Goldenes Zeitalter", seine Blüte in Kunst, Wissenschaft und Literatur.

Senat und Sejm

Ständestaat

Die Kultur des „Goldenen Zeitalters"

Verwestlichungsprozess

Architektur und Malerei der gotischen Periode sind Ausdruck des von der deutschen Ostsiedlung mitgeprägten *Verwestlichungsprozesses* (St. Marien in Krakau 1320–1446 charakteristisches Beispiel der „Weichselgotik"; in der Wandmalerei des 14. Jh.s schon italienische Einflüsse: Gnesen, Thorn, Czchów; Mitte des 15. Jh.s Realismus der „Kraukauer Schule"; daneben byzantinisch-ruthenische Einflüsse: Sandomir [Sandomierz], Wiślica, Lublin, Buchmalerei). Seit Beginn des 16. Jh.s Eindringen der italienischen Renaissance (Krakau, Wawel 1502–1516, Franciscus Florentinus; Sigismundkapelle 1517–1533, Bartolomeo Berecci), Einfluss deutscher (Veit Stoß, Hans Dürer, Michael Lenz, Hans Süß von Kulmbach) und flämischer Künstler. Die *Krakauer Universität* (15. Jh.:18338 Studenten immatrikuliert) entwickelt sich zu einem Zentrum humanistischer Studien, besonders der Mathematik, Astronomie und Philosophie, auch für auswärtige Lehrer und Studenten (Nikolaus Kopernikus [eigentlich Koppernigk], Philipp Callimachus, Buonacorsi, Conrad Celtis). Die geistige Bildung der polnischen Oberschicht repräsentieren im 15. Jh.: der Jurist und Rektor der Krakauer Universität Paul Włodkowiz (*um 1370, †1435), der Kanzler Zbigniew Oleśnicki (*um 1430, †1493), der Historiker Jan Długosz (*1415, †1480) und der Staatsrechtler der nationalpolnischen Renaissance-Bewegung Jan Ostroróg (*um 1436, †1501). – (Forts. S. 1060)

Krakauer Universität

Litauen
(Forts. v. S. 616)

Gedymin

1316–1341 Litauen (Hauptstadt Nowogródek [Nowogrudok, Weißrussland]) wird unter *Gedymin* (Gediminas; *um 1275, †1341) zu einer erstrangigen politischen und militärischen Macht (Anlage von Burgen und Städten, unter denen Wilna 1320 Residenz wird; Förderung der westlichen Kultureinflüsse), die die Befreiung der russischen Länder von der Mongolenherrschaft proklamiert: Nach dem Fürstentum Polock (Weißrussland) kommen die Gebiete um Witebsk und Minsk unter litauische Herrschaft, und Pleskau (russisch Pskow) sucht zeitweise Anlehnung und Schutz gegen Nowgorod. Widerstand findet Litauen in Smolensk,
1335 worüber es zum ersten Krieg mit Moskau kommt.
Seit dem Bund mit Polen (1325 Eheverbindung der Tochter Gedymins, Aldona [Anna; †1339] mit dem polnischen Thronerben Kasimir [1333–1370 König Kasimir III.]) wird Litauen ein gefährlicher Feind des Deutschen Ordens. Durch Ausbreitung des litauischen Einflusses nach Süden auf Wolhynien und Halitsch seit 1331 beginnt die Rivalität mit Polen um die Erbschaft (1340), die mit der Teilung dieses Fürstentums 1366 (bzw. 1377) endet.

Olgierd

1345–1377 Unter Gedymins Sohn *Olgierd* (*1296, †1377), der den Titel Großfürst führt und die Zielsetzungen im Osten übernimmt, werden Tschernigow, Nowgorod-Sewersk, Brjansk und
1362

	(1362) Kiew, der größte Teil von Wolhynien und Smolensk angegliedert, während Olgierds Bruder Kejstut (*1297, †1382) Kriege gegen den auf der Höhe seiner Macht stehenden Deutschen Orden unter Winrich von Kniprode (1351–1382) führt, dessen Pläne, Litauen zu erobern, scheitern (140 Kriegszüge haben der Orden und Litauen zwischen 1345 und 1382 geführt). Versuche, im Bund mit Twer auch Moskaus Machtbereich in den Sammlungs- und	
1368–1370 1372	Einigungsprozess der ostslawischen Tiefebene durch militärische Unternehmungen einzubeziehen, schlagen fehl.	
	Litauen ist ein vorwiegend ostslawisches Staatswesen, in dem die orthodoxe Bevölkerung das heidnische Litauertum weit überragt und kulturell beherrscht.	
1377–1434	*Jagiełło* (*um 1351, †1434), Olgierds Sohn, ist mit seinem Oheim Kejstut (1382 ermordet) und seinem Vetter Witold (*um 1352, †1430) in schwere Kämpfe verwickelt.	*Jagiełło*
1385	Er schließt den Vertrag von Krewo (bei Wilna) zur Begründung der Union mit Polen und vollzieht nach seiner Taufe und *Ehe mit Hedwig* (1386; seither als Władysław II. Jagiełło König von Polen) für sein Land den Anschluss an das Christentum lateinischer Prägung,	*Ehe mit Hedwig*
1387	worauf es zu Aufständen der heidnischen Kräfte unter Witold kommt, der schließlich 1392 als Großfürst von Litauen bestätigt wird; dafür erkennt er die polnische Oberhoheit an. Witold setzt die Politik Olgierds im Osten fort, erleidet aber eine vernichtende Niederlage an	
1399	der Worskla (Ukraine) durch die Tataren.	
	Seither gemeinsame Politik mit König Władysław II. Jagiełło: Kämpfe gegen den Deutschen Orden (Tannenberg 1410).	
1425–1430	*Höhepunkt von Witolds Macht*, als er die Vormundschaft über seinen Enkel Wassili II. von Moskau ausübt, seinen Einfluss in der Goldenen Horde geltend macht und im Einverständnis mit Kaiser Sigismund (Fürstentag von Lublin 1429) für sich und Litauen nach der Königskrone strebt.	*Höhepunkt von Witolds Macht*
	Der litauische Adel erhält die gleichen Rechte wie der polnische, wird weit gehend katholisch und gerät dadurch in steigenden Gegensatz zur russisch-orthodoxen Bevölkerung; der orthodox bleibende Teil des Adels wird von den Staatsämtern ausgeschlossen. Diese Konfliktstoffe bilden eine der wesentlichen Ursachen für die *Schwäche des Reichs* und für den Aufstieg Moskaus. Die Hoffnungen der litauischen Magnaten auf Wiederherstellung der vollen Selbstständigkeit Litauens schlagen fehl.	*Schwäche des Reichs*
1447	Es kommt erneut zur Personalunion mit Polen, nämlich unter Kasimir IV. (1440–1492), ohne dass das staatsrechtliche Verhältnis geklärt wird.	
1471–1478	Aber das politische Übergewicht in der russischen Tiefebene geht nun, nachdem der Vertrag von 1449 noch das Gleichgewicht der Kräfte gezeigt hat, verloren, da Iwan III. von *Moskau zur Offensive* übergeht: Groß-Nowgorod wieder Teil des Moskauer Staates.	*Offensive Moskaus*
1494	Es beginnt der Rückzug Litauens.	
1514	Smolensk wird von Moskau erobert und die litauische Ostgrenze an Dnjepr und Sosch (linker Nebenfluss des oberen Dnjepr) zurückgedrängt.	
1569 1. Juli	Die Unionen von Horodło 1413, Grodno 1432 und Mielnik 1501 bilden die Vorstufen für die staatsrechtliche Vereinigung Polens und Litauens in der *Union von Lublin*. – (Forts. S. 1059)	*Union von Lublin*

Russland (1054–1494)

(Forts. v. S. 609)

Die Erbfolgeordnung des Russischen Reichs

Nach Jaroslaws Tod (1054) beginnt der *Niedergang des Kiewer Reichs* infolge der unzulänglichen Erbfolgeordnung (Herrschaft als Gemeinbesitz des ganzen Rurikidengeschlechts mit dem Senior als Großfürst über Kiew und Nowgorod an der Spitze und mit fester Rangordnung der Teilfürstentümer für die jüngeren Mitglieder der Dynastie):

Niedergang des Kiewer Reichs

Jaroslaws fünf Söhne nehmen ihrem Alter entsprechend die nach ihrem politisch-wirtschaftlichen Wert abgestuften Teilgebiete (Kiew, Tschernigow (nördliche Ukraine), Perejaslawl (heute Pereslawl-Salesski im Gebiet Jaroslawl), Smolensk, Wolhynien) ein, wobei für die Erbfolge auf dem Kiewer Fürstenstuhl stets der Senior der Dynastie vorgesehen ist, sodass nach dem Tode des Kiewer Großfürsten ein Nachrücken der jüngeren Brüder erfolgen muss, was seit 1068 zu ständigen Bruderkriegen führt. Durch sie wird die politische Rolle und Bedeutung der städtischen Bevölkerung gegenüber dem Fürsten gestärkt und die Gefahr der Steppe (Kumanen oder Polowzer seit 1061; Bedrohung des Handels und Verwüstung des Südens) vermehrt.

Neuordnung des Gesamtreichs	1097	Auf der Fürstenversammlung von Ljubetsch kommt es zu einer *Neuordnung des Gesamtreichs*: Die Teilgebiete werden den einzelnen Zweigen des Rurikidenhauses zu erblichem Besitz neu zugewiesen (Idee der „Wottschina",Ватererbe).
Auflösung des Russischen Reichs		Jedoch wird dadurch die *Auflösung des Russischen Reichs* nur noch beschleunigt: Festlegung der einzelnen Linien, die ebenfalls nach Ältestenrecht Haupt- und Nebensitze ausgliedern, wobei Kiew nach wie vor als Besitz der gesamten Rurikidendynastie gilt. Unaufhörliche Kriege zwischen den verschiedenen Linien der Rurikiden, in die auch die Nachbarn eingreifen, lassen die Städte allmählich zurück- und einen landbesitzenden Adel (Bojaren) hervortreten.
Wladimir II. Monomach	1113–1125	Unter *Wladimir II. Monomach* (*1053, †1125) letzte Vormachtstellung Kiews: Noch einmal weit gespannte Familienpolitik (Schweden, Ungarn, Osseten, Byzanz). Er selbst ist in erster Ehe mit Gyda, einer Tochter König Haralds II. Godwinson von England, in dritter Ehe mit einer Tochter des Polowzer Chans verheiratet. Danach verlagert sich das politische Gewicht endgültig in die nahezu selbstständigen Fürstentümer und Stadtstaaten der verschiedenen Linien des Rurikidenhauses, unter denen der Kampf um Kiew als Hauptstadt des einstigen Einheitsstaates noch andauert.
	1169	Andrei Bogoljubski, der Sohn Juri Dolgorukis (1149–1157 Großfürst von Kiew), dem als fünftem Sohn Wladimir Monomachs das ferne Gebiet um Rostow im Nordosten zugefallen war, besiegt und tötet den Kiewer Großfürsten, plündert Kiew, verzichtet aber auf die Verlegung seiner Residenz an den Dnjepr.

Russland vor dem Einbruch der Mongolen

Großfürst		Der *Großfürst* regiert von dem inzwischen kolonisatorisch erschlossenen Waldgebiet des Nordostens aus (Fürstentümer Susdal [nördlich von Wladimir], Wladimir u. a., 1147 erste Erwähnung Moskaus). Die Bedeutung des von der Steppe allzusehr bedrohten Kiew ist verblasst (Abwanderung nach Nordosten und Westen). Ein neues Russland mit neuen Zentren im Nordosten, im Norden um Nowgorod und im Westen um Halitsch ist im Werden. Dynastische Beziehungen zu Petschenegen und anderen Steppenvölkern werden häufiger. Soziale Gliederung: Adel, mehrere Bauernklassen, Sklaven. Feudalismus, jedoch ohne spezifisch westeuropäische Merkmale. In der Kunst stehen neben einer einheimischen „Prämongolischen Schule" die Fresken byzantinischen Stils in den Erlöserkirchen von Pskow (Pleskau; 1156) und Nowgorod (1195), in der Kathedrale von Wladimir (1195, auch Reliefs von 1190) und der St.-Georgs-Kirche von Staraja Ladoga sowie in Jurjew-Polski (nordwestlich von Wladimir; 1230/1240). Die Kämpfe mit den Steppenvölkern und die Streitigkeiten der Teilfürsten untereinander um die Großfürstenwürde setzen sich im 13. Jh. bis zum Mongoleneinbruch fort. Während des 12. und 13. Jh.s lassen sich folgende häufig
Fürstentümer		wiederum geteilte *Fürstentümer* aufzählen: Kiew, Tschernigow, Perejaslawl, Halitsch, Wolhynien, Turow-Pinsk, Polozk (an der Düna), Murom-Rjasań, Susdal-Rostow, Groß-Nowgorod (hier dank den günstigen Handelsbeziehungen mit gotländischen und deutschen Kaufleuten Rückgang der Fürstenmacht und Herrschaft der Handelsaristokratie, die auch politisch ihre Macht bis zum Weißen Meer und zum Ural ausdehnt), die sämtlich ihre eigenen geschichtlichen Schicksale haben. Das gemeinsame Band bleiben die Kirche und die Dynastie. In dieser Situation trifft Russland der Einbruch der Tataren (Mongolen).
Dschingis-Chan	1206 1207/1211	Der mongolische Stammesfürst Temudschin (*um 1155 oder 1167) erhebt sich nach Unterwerfung der Tataren zum Herrscher aller Mongolen, gibt sich den Titel *Dschingis-Chan* (= höchster Herrscher?) und beginnt die Unterwerfung südsibirischer Stämme (1207) und Chinas (1211). Aus unbekanntem Anlass wendet er sich in der Folgezeit gegen das mittelasiatische Reich von Choresmien (Chwarism) und vernichtet dort die aus hellenistischer Zeit stammenden Kulturzentren. Er überrennt Nordpersien, Armenien, Georgien und greift auch die Fürsten der Polowzer in der südrussischen Steppe an. Auf deren Hilferuf unterstützen die Fürsten von Kiew, Tschernigow, Wolhynien und Ha-
	1223	litsch die Polowzer und erleiden in der Schlacht an der Kalka (nördlich des heutigen Schdanow) eine vernichtende Niederlage, die vorerst ohne politische Folgen bleibt: Das Reich des Dschingis-Chan beschränkt sich nach dem erfolglosen Angriff auf die Wol-
	1227	gabulgaren bei seinem Tode auf das Gebiet bis zur unteren Wolga.
Batu	1236	Erst *Batu*, der Enkel Dschingis-Chans und Neffe des neuen Großchans Ögädäi (Ügedei), der in Karakorum (im Tal des Orchon) residiert, führt – mit dem westlichen Teil des Reiches betraut – den Beschluss der Reichsversammlung von 1236 durch: Unterwerfung des Kyptschak, Russlands, Polens, Ungarns und schließlich ganz Europas.
	1237	Batu vernichtet die Wolgabulgaren und eröffnet den Kampf gegen die russischen Teilfürsten (Rjasań, Moskau, Wladimir).

1238 4. März	Er erobert das gesamte Oka- und obere Wolgagebiet nach dem Sieg am Siń, wo der Großfürst Juri fällt. Der Durchstoß auf Nowgorod und zur Ostsee wird durch Tauwetter verzögert und unterbleibt dann ganz. 1239–1240 wird der Angriff gegen Russland fortgesetzt.	
1240 6. Dez.	Nach dem *Fall Kiews* und der Unterwerfung von Halitsch und Wolhynien erfolgt der Einbruch der Mongolen Batus nach Ungarn und in die Walachei sowie nach Polen und Schlesien.	*Fall Kiews*
1241	Orda besiegt bei *Liegnitz* (Wahlstatt) ein polnisch-deutsches Ritterheer unter Herzog Heinrich II. von Schlesien. Ein anderes Mongolenheer erringt über Béla IV. von Ungarn im Tale der Theiß den Sieg. Nur der plötzliche Tod Ögädäis 11. Dez. 1241 veranlasst Batu zum *Rückzug* und entscheidet damit über das Schicksal Europas.	*Schlacht bei Liegnitz* *Rückzug*

Die Mongolenherrschaft in Russland

Nach der Unterwerfung Bulgariens und Transkaukasiens begründet Batu im Rahmen des mongolischen Gesamtreichs die *Herrschaft der Goldenen Horde* (Kyptschak) mit der Residenz Alt-Sarai bzw. Neu-Sarai (an der Stelle des heutigen Wolshskij) an der unteren Wolga. Voraussetzungen hierfür bilden einerseits die wirtschaftliche Sicherung durch Ausbeutung der agrarischen und finanziellen Kräfte Russlands, andererseits die militärische Sicherung durch Angliederung der Kaukasusgebiete. Die Herrschaft der Mongolen in Russland beschränkt sich auf Eintreibung von Tributen durch tatarische „Zähler", Treueversprechen und Gehorsam der Rurikiden (zwischen 1242 und 1430 mehr als 130 Huldigungsreisen russischer Fürsten in die „Horde" mit demütigenden Zeremonien) sowie ihre Verpflichtung zur Stellung von Truppenkontingenten. Als Großfürst wird der Bruder Juris Jaroslaw Wsewolodowitsch (1238 bis 1246), der Senior der jüngeren Linie des Wladimir Monomach mit dem Fürstentum Wladimir-Susdal, von Batu anerkannt, 1246 nach Karakorum zitiert und hier ermordet.

Herrschaft der Goldenen Horde

Die *Folgen der Mongolenherrschaft* für Russland sind wirtschaftlicher Niedergang und kultureller Verfall (Stärke des tatarischen Einflusses umstritten; Dynastie, Herrschaftsgedanke und Erbfolgeordnung der Rurikiden bleiben bestehen; Privilegien für die Kirche und einzelne Fürsten durch „Jarlyk") sowie der fast völlige Abbruch der Verbindungen zum Westen (Ausnahme: Nowgorod), für den Russland im 15. und 16. Jh. neu entdeckt werden muss. Vertieft wird diese Trennung durch das Vordringen der Schweden, Deutschen und Litauer im Baltikum und im nordwestrussischen Siedlungsgebiet. Sie werden als Feinde Russlands und der Orthodoxie von Nowgorod und Pleskau (Pskow) unter Führung des Nowgoroder Fürsten Alexander (1252–1263, *um 1220, Sohn des Großfürsten Jaroslaw), der 1253 selbst die Großfürstenwürde erhält, nacheinander geschlagen: 1240 (15. Juli) die Schweden unter Birger Jarl an der Newa (Beiname: Newskij), 1242 (5. April) der Deutsche Orden auf dem Peipussee, 1245 die Litauer vor Nowgorod. Die Erfolge und sein Eintreten für den mongolischen Herrschaftsanspruch (Huldigungsreisen nach Sarai und Karakorum 1248–1249) sowie sein Sieg über die von seinem Bruder Asidrei geführte antimongolische Fürstenkoalition haben Alexander, den Stammvater der Moskauer Dynastie, zum Nationalheiligen und Symbol der erfolgreichen Verteidigung Russlands gegen den Westen werden lassen (1380 Erhebung der Gebeine). Das Ergebnis dieser Entwicklung ist die *Abgrenzung* zwischen abendländischer und russisch-orthodoxer Welt und Russlands Ausschluss von der Ostsee.

Folgen der Mongolenherrschaft

Abgrenzung

Im Südwesten Russlands sucht Daniel von Halitsch und Wolhynien († 1264) zunächst mit päpstlicher Hilfe (1253 Krönung Daniels in Dorohyćyn durch päpstlichen Legaten), dann mit litauischer, vergeblich die Mongolenherrschaft abzuschütteln. Sein Land erstarkt durch intensive Kolonisation unter Heranziehung von deutscher, polnischer und ungarischer Bevölkerung und behauptet sich gegenüber Litauen, dem sich die russischen Fürsten von Polozk im oberen Dünagebiet unterwerfen.

1263	Nach Alexander Newskijs Tod (14. Nov.) sinkt die Macht des Großfürsten.

Russland befindet sich im 14. Jh. im *Zustand der Auflösung*. Politisch beherrschen es nach der Mitte des 14. Jh.s drei Mächte: Die Goldene Horde im Wolgagebiet mit dem Nordosten des alten Kiewer Reiches; Litauen – seit der offensiven Ostpolitik Gedymins und Olgierds mit der Hauptmasse der alten Fürstentümer im Westen, im Süden und in der Mitte des Kiewer Russlands (Kiew, Tschernigow, Smolensk, Polock, Wladimir-Wolynsk u.a.); Polen – seit Kasimirs Ostwendung mit Halitsch und dem westlichen Wolhynien. Daneben führt die Handelsrepublik Groß-Nowgorod im Nordwesten ihr politisches und kulturelles Eigendasein in enger wirtschaftlicher Verflechtung mit dem hansischen Wirtschaftsraum. Die Einheit Altrusslands der Kiewer Periode existiert nicht mehr und ist infolge der politischen, wirtschaftlichen und kulturellen Differenzierung in der Entstehen begriffenen *Dreiheit der russischen Völker* gewichen: die Großrussen auf dem Kolonialboden zwischen Oka und Wolga mit Wladimir als Zentrum; die Weißrussen zwischen Pripjet, Düna und oberem Dnjepr unter litauischer Herrschaft; die Ukrainer im Süden und Südwesten mit Kiew als Zentrum unter litauischer und polnischer Oberhoheit. Die Erinnerung

Zustand der Auflösung

Dreiheit der russischen Völker

an die Zusammengehörigkeit der Städte und Territorien unter den Rurikiden beginnt zu verblassen, denn es fehlt ein politisches Zentrum für die Wiederherstellung der russischen Einheit, deren Verwirklichung zunächst dem Großfürstentum Litauen durch die Angliederung der meisten Fürstentümer im Kampf gegen die Goldene Horde zu gelingen scheint.

Fürstentum Moskau

ab 1300 Ein neues Machtzentrum bildet sich zunächst im Fürstentum Wladimir-Susdal (1300 siedelt der Metropolit von Kiew nach Wladimir an der Kljasma über, 1326 dann endgültig nach Moskau, wo die Mariä-Himmelfahrt-Kathedrale errichtet wird) und nach den siegreichen Kämpfen mit dem Fürstentum Twer im *Fürstentum Moskau* (seit 1263 unter Alexander Newskijs [† 1263; Fürst von Nowgorod, seit 1252 Großfürst von Wladimir] jüngstem Sohn Daniel eigenes Fürstentum) unter Iwan I. Kalita („Geldsack"; *1304, † 1340) heraus.

1325–1340

1328 Dank seiner Skrupellosigkeit erhält Iwan I. vom Chan der Goldenen Horde das Recht der Steuereintreibung und die Großfürstenwürde (ständig bei Moskau, außer 1359–1362) übertragen; er veranlasst die Übersiedlung des Metropoliten nach Moskau und beginnt durch die Ausweitung seines Fürstentums „die *Sammlung der russischen Erde*".

„Sammlung der russischen Erde"

1359–1389 Die dadurch eingeleitete Expansion reicht unter Dimitri Iwanowitsch (Donskoi; *1350, † 1389) bereits bis zur Wolga und umfasst u.a. vorübergehend die Fürstentümer Twer, das in der Rivalität mit Moskau die Verbindung zu Litauen sucht, und Rjasań.

Zerfall der Goldenen Horde

Infolge des *Zerfalls der Goldenen Horde* wagt Dmitri – nach seiner siegreichen Abwehr der wiederholten Angriffe Olgierds von Litauen auf Moskau, das 1368 und 1370 der Belagerung widersteht – den offenen Bruch mit den Tataren, der die nationale Begeisterung steigert und auf dem Kulikower Feld (etwa 250 km südlich von Moskau) mit dem Sieg über Mamaj endet, der die Mongolenherrschaft zwar nicht beseitigt (Verwüstung Moskaus als Racheakt), aber schwer erschüttert und das Prestige Moskaus gewaltig hebt: Nischni Nowgorod wird angegliedert.

1380

1382

1393 Die Absplitterung neuer Chanate (Kasan und Krim), die sich untereinander befehden, und die inneren Schwierigkeiten des Litauischen Reiches sowie seine Niederlage an der Worskla durch die Tataren bringen Moskau eine Entlastung.

1399

Es entsteht ein neuer Herrschaftsbegriff (mehrfach im 14. Jh. Primogeniturerbfolge), und nach dem Vorbild der Metropoliten nennen sich die Moskauer Großfürsten seit Iwan Kalita „Großfürsten von ganz Russland". Der Sieg des Einheitsgedankens mit Primogenitur in den gefährlichen Rivalitätskämpfen der 1. Hälfte des 15. Jh.s, die Moskaus Macht für Jahrzehnte lähmen und das Übergewicht Litauens unter Witold zeigen, macht schließlich Moskau zum unbestrittenen Mittelpunkt des Großrussischen Reiches und nach dem „Verrat" von Byzanz in dessen mit der römischen Kirche geschlossener (kurzlebiger) Florentiner Union zum eigentlichen Hort der Orthodoxie.

1439

Iwan III. der Große

1462–1505 *Iwan III. der Große* (*1440, † 1505; Sohn Wassilis II. [*1415; 1433–1462; 1446 geblendet]), der sich als erster im diplomatischen Verkehr „Zar von ganz Russland" nennt und diesen Titel 1494 auch gegenüber Litauen durchsetzt, leistet den entscheidenden Ausbau: Aus einem System von Teilfürstentümern entsteht ein *nationaler Einheitsstaat*, mit einem neuen Beamtenadel im Dienst des Zaren. Das Reich wird durch Iwan den Großen um ein Vielfaches erweitert:

nationaler Einheitsstaat

1463 Jaroslawl (an der Wolga) wird inkorporiert;

Fall Groß-Nowgorods

1478 danach *fällt die Handelsrepublik Groß-Nowgorod*, die vergeblich auf die Hilfe Kasimirs IV. von Polen-Litauen hofft (Wetscheglocke als Symbol der Freiheit nach Moskau geschafft, Deportation zahlreicher Familien, Verwaltung durch vier moskowitische Statthalter); dann wird 1485 Twer, 1489 Wiatka unterworfen.

Durch die Heirat Iwans mit der Nichte des letzten byzantinischen Kaisers, der nach Rom geflohenen Zoe (Sophie) Palaiologina, gewinnt Moskau 1472 den Anspruch, als Hort der Orthodoxie und als das „Dritte Rom" (erstmals formuliert 1510 vom Pskower [Pleskauer] Mönch Filofei; Kernstück einer Staats- und Reichsideologie, die Moskau nicht nur mit Byzanz, sondern auch mit Rom verknüpft und für das geistliche und politische Leben große Bedeutung gewinnt) zu gelten; Übernahme des Doppeladlers nach westlichem Vorbild in das Moskauer Staatssiegel.

Befreiung von den Tataren

1480 Moskau befreit sich ohne Schwertstreich von der Tributherrschaft der *Tataren* (Zerstörung der Goldenen Horde durch die Krimtataren 1502), die nur noch in Raubzügen (1521 und 1571) von der Krim aus Moskau bedrohen.

1492 Moskau beginnt seinen Vormarsch nach Westen durch seine nun nicht mehr abreißenden Kriege mit Litauen;

1494 das Kontor der Hanse in Nowgorod wird geschlossen und die Festung Iwangorod (an der Narwa) gegen den Deutschen Orden errichtet.

Das Großfürstentum Moskau

Das Großfürstentum Moskau übernimmt die Aufgabe der Sammlung der orthodoxen russischen Territorien und führt sie im Laufe der nächsten Jh.e konsequent durch: Der Zusammenstoß mit dem Jagiellonenreich, der Kampf um das Dominium maris Baltici und die Auseinandersetzung mit dem Osmanenreich sind die bestimmenden Faktoren der russischen Politik, die allmählich in das Spiel der europäischen Großmächte einzutreten beginnt. Das politische Schicksal spiegelt sich in der *künstlerischen und literarischen Überlieferung*: Abgesehen von Nowgorod (Kirchen des 14. und 15. Jh.s) und der Heldendichtung (Leben Alexander Newskijs; Sieg über Mamai) bringt erst der politische Aufstieg Moskaus eine Blüte der stark traditionell gebundenen Architektur (Entwicklung zum spezifisch russischen Kirchenbau: 1475–1479 Uspenski-Kathedrale in Moskau), Malerei (Theophan der Grieche [Feofan Grek], *um 1410) und Ikonenkunst (Andrei Rubljow [Rublew], †1427?: Trinität); die Literatur wird weiterhin in der russischen Redaktion der kirchenslawischen Sprache geschrieben und bearbeitet v.a. religiöse Themen. – (Forts. S. 978)

Überlieferungen

Ungarn
(Forts. v. S. 605)

Ungarn gerät im 12. Jh. durch seine Stellung an der Adria in *Rivalität zum Byzantinischen* *Rivalität mit*
1128 *Reich*, das sich unter Kaiser Johannes II. in die ungarischen Thronstreitigkeiten einmischt. *Byzanz*
1159 Unter Kaiser Manuel I. übt Byzanz nachhaltigen Einfluss auf Ungarn (Stärkung des Adels und der orthodoxen Einflüsse) aus.
Dabei sucht das aufständische Serbien (Stephan Nemanja 1151–1196) Anlehnung an die neue Balkan- und Adriamacht, die sich nach dem 2. Kreuzzug der antibyzantinischen Koalition der europäischen Mächte unter Führung König Rogers II. (1130–1154) von Sizilien anschließt.
Vorübergehende Anlehnung Ungarns an Österreich und Böhmen, beginnende Ansiedlung der „Sachsen" in Südsiebenbürgen (Hermannstadt [Sibiu]) und der Zips (Spiš; im östlichen Vorland der Hohen Tatra), die Bindung an die westliche Kultur verstärken.
Kaiser Manuel I. gelingt es, in den Kämpfen der Thronprätendenten nach dem Tod König Gézas II. von Ungarn (*um 1130, †1162, König seit 1141), Dalmatien, Kroatien und Bosnien zu annektieren.
1167 Schließlich erhebt er *Béla III.* (1173–1196; *1148), den er mit seiner Tochter vermählt und *Béla III.*
1173 anfänglich zu seinem Nachfolger ausersehen hat, auf den ungarischen Thron.
nach 1180 Unter Béla III. Verwaltungsreform nach byzantinischem Vorbild.
Nach dem Fehlschlag der byzantinischen politischen und kirchlichen Pläne und nach dem Tode Manuels (1180) unterstützt Béla zunächst die Serben gegen das verfallende Byzanz, stellt die ungarische Herrschaft über Dalmatien, Kroatien und Bosnien wieder her, schützt
seit 1185 schließlich seit 1185 Byzanz gegen die Übermacht seiner Feinde auf dem Balkan und greift zeitweise über die Karpaten nach dem Besitz von Halitsch.
Siebenbürgen wird während des 12. Jh.s von den herbeigerufenen „Sachsen" (meist vom *Siebenbürgen*
Niederrhein) besiedelt. Damals bildet sich neben dem Hochadel ein Dienstadel heraus.
1222 Bélas Sohn, König Andreas II. (1205–1235; *1176 oder 1177; Vater der hl. Elisabeth von Thüringen), erlässt – vom Adel unter Führung des Thronfolgers gezwungen – die so genannte *Goldene Bulle*: Steuerfreiheit und Begrenzung der Heerfolgepflicht für den Adel, *Goldene Bulle*
Erb- und freies Verfügungsrecht über die Dienstgüter des niederen Adels, in dem die Krone eine Stütze gegen die Magnaten zu gewinnen sucht, Sicherheiten gegen Verhaftung, Besteuerung und Güterkonfiskation, jährliche Landesversammlung mit Beschwerderecht und Widerstandsrecht.
Förderung der *deutschen Einwanderung* (Gebiet um Kronstadt [Braşov] im südöstlichen *deutsche*
Siebenbürgen): *Einwanderung*
1211 Deutscher Orden im Burzenland (Ţara Bîrsei, im inneren Karpatenbogen, Zentrum Kronstadt), der 1225, als er versucht, ein selbstständiges Staatswesen zu errichten, Ungarn räumen muss.
1224 Dagegen werden die deutschen Siedler Siebenbürgens auf dem Königsboden als „sächsische Nation" anerkannt und erhalten Selbstverwaltung (*Privilegium Andreanum*). *Privilegium*
Mit den Kreuzzügen und vor allem der Ausbreitung der Zisterzienser und Prämonstratenser *Andreanum*
dringt französische Kultur nach Ungarn und fördert die durch deutsche und wallonische Siedler angebahnte Verwestlichung.

Verwüstung des Landes	1241	Die Niederlage Bélas IV. (1235–1270; *1206) durch die Mongolen hat die Entvölkerung und *Verwüstung des Landes* zur Folge.
Verfall der Zentralgewalt		Bélas Abwehrmaßnahmen (Ansiedlung der Kumanen und Burgenbau des Adels) erwiesen sich als gefährliche Sprengmittel für den Staat und führen zur Zersetzung der Grafschaftsverfassung, Machtsteigerung des Adels und zum *Verfall der Zentralgewalt*. Das aufblühende deutsche Städtewesen mit seinem privilegierten Bürgertum zeigt sich als Hauptträger des geistigen und wirtschaftlichen Lebens und zugleich als wertvollste Stütze der Krone.
	1301	Andreas III. (1290–1301; *um 1265), der letzte Arpade, ist zwar erfolgreich gegenüber König Rudolfs Ansprüchen auf Ungarn, den Magnaten aber nicht gewachsen.
innere Wirren	1301–1305 1305–1308	Nach dem Aussterben der Arpaden folgen *Jahre innerer Wirren*, in denen die Magnaten faktisch die Herrschaft ausüben und die Königswahl innerhalb der weiblichen Linie der Dynastie als ihr Privileg betrachten. Die Stephanskrone geht zunächst an Wenzel III. von Böhmen (*1289, †1306) dann an Otto III. von Niederbayern, schließlich mit Hilfe von Papst Bonifaz VIII. (1294–1303) an das französische Haus Anjou.
Herrschaft der Anjou	**1308–1382**	Die *Herrschaft der Anjou* bedeutet die Erneuerung der Zentralgewalt.
Ludwig I., der Große	1308–1342 1342–1382	Karl Robert (*1288, König 1308–1342) und sein bedeutender Sohn *Ludwig I., der Große* (*1326, †1382), schützen den niederen Adel gegen die Tyrannei der Magnaten, verleihen Privilegien an Bürgertum und Städte: Erneuerung des Bundes zwischen der Krone und den deutschen Städten.
	1312	Sieg Karl Roberts über den Adel mit Hilfe der Zipser.
		Die Anjou führen die Regierung mit königlichen Beamten, vorwiegend Italienern. Die Residenz Visegrád (an der Donau in der Nähe des heutigen Budapest) wird zu einem Zentrum italienischer Kultur, später Buda (1872 mit Pest zu Budapest zusammengeschlossen). – Anfänglich erfolgreiche Außenpolitik: Siege über Serbien, Unterwerfung Bosniens (1328).
	1320	Die Ehe Karl Roberts mit Władysławs I. Tochter Elisabeth (1320) begründet das Bündnis mit Polen, das dem Haus Anjou die Anwartschaft (1355) auf den polnischen Thron sichert, den Ludwig I. (1370) nach Kasimirs Tod gewinnt.
Vordringen der Türken	2. Hälfte 14. Jh.	Im Süden wird Ungarn seit der Mitte des 14. Jh.s, besonders nach dem Zusammenbruch des Serbenreichs nach dessen Herrscher Stephan Dušans Tod (1355) durch das *Vordringen der Türken* bedroht: Verselbständigung der nichtmagyarischen Reichsteile, Unabhängigkeit von Walachei und Moldau, Erneuerung des Königreichs Bosnien unter Stephan Tvrtko (1353–1391) und Entstehung eines Gürtels von serbischen und bulgarischen Fürstentümern, die Ungarn von Byzanz trennen und die eher bereit sind, Tribut an die Türken zu zahlen, als die Hegemonie Ungarns anzuerkennen. So scheitert auch die Reise des byzantinischen Kaisers Johannes V. an den ungarischen Hof 1366: Die Hilfe für Byzanz bleibt aus. Pestjahre: 1347–1360, 1380/1381. – Eindringen des Frühhumanismus aus Italien und Böhmen. 1367 Universität in Fünfkirchen (Pécs), 1389 in Buda.
	1382–1385	Maria (*1371, †1395), Tochter König Ludwigs, Königin (nochmals 1386–1387/1395).
	1385/1386	Nach einem kurzen Zwischenspiel Karls II. (III. von Neapel; *1345, †1386, König von Neapel seit 1381) kommt durch rasches Eingreifen der Gemahl der Maria von Ungarn, der Luxemburger *Sigismund* (deutscher König seit 1410; *1368, †1437) auf den Thron, während die jüngere Tochter Ludwigs, Hedwig (*um 1374, †1399; seit 1386 verheiratet mit Großfürst Jagiełło von Litauen), die Krone Polens seit 1384 trägt.
Sigismund	**1387** 1387–1437	
	1396 25. Sept.	Treulosigkeit der Feudalherren verursacht die Niederlage des von Sigismund geführten Kreuzheeres bei Nikopolis (zwischen Donau und Balkangebirge) durch die Türken.
	1401	Die Magnaten zwingen Sigismund zur Anerkennung ihrer Rechte, nachdem Vertreter der Städte 1397 zum ersten Mal auf einem Reichstag (in Temesvár [heute rumänisch Timişoara im westlichsten Teil von Rumänien]) erschienen sind.
	1405	Reichsstandschaft der Städte deutlich im Decretum minus Sigismunds. Intrigen der Kurie (Einsetzung des Ladislaus von Durazzo [seit 1386 König von Neapel] aus dem Haus Anjou zum König von Ungarn 1403) verhindern die Ausnutzung der vernichtenden Niederlage der Türken durch Timur Leng (1402 bei Angora [heute Ankara]), die Europa eine Atempause hätte geben können.
Barbara von Cilli	nach 1410	Nach der Wahl von Sigismund zum deutschen König (1410) liegt die Regierung Ungarns in den Händen seiner zweiten Gemahlin (seit 1408) *Barbara von Cilli* (†1451). Defensivmaßnahmen Sigismunds durch innere Reformen; Verlust Dalmatiens nach zwei Kriegen mit Venedig (etwa 1430). Ausbreitung des Feudalismus und Hussitentums (Aufstände 1433, 1436), Vordringen der Osmanen.
	1421	Die Heirat der Tochter Sigismunds und Barbaras, Elisabeth (*1409, †1442), mit Herzog Albrecht (*1397, †1439; 1438 auch deutscher König) von Österreich macht das *Haus Habsburg* zum Erben der ungarischen, böhmischen und deutschen Krone.
Haus Habsburg	**1437**	

1437–1439	Unter Albrecht II. sowie nach seinem plötzlichen Tod und der Erhebung von Władysław I. (Władysław III. von Polen; *1424, †1444), der im Kampf gegen die Türken bei Warna (an der heutigen bulgarischen Schwarzmeerküste) fällt, kommt es zu nationalen, antideutschen Ausbrüchen und Bürgerkriegen in der Nachfolgefrage des unmündigen Sohnes Albrechts, Ladislaus (V.) Postumus (*1440, †1457; König seit 1440/1444), in denen der Reichsverweser, *Johann* (János) *Hunyádi* (*um 1408, †1456), eine führende Rolle spielt.	
1440/1444 bis 1457		*Johann Hunyádi*
1446	Vom Reichstag gewählt, hat er bis zu seinem Tode (1456) gegen Kaiser Friedrich III. (1440/1452–1493), der die westlichen Provinzen besetzt hält, und gegen die Osmanen zu kämpfen. Sieg über die Türken bei Belgrad.	
1456		
	Nach Johann Hunyádis Tode herrscht sein Sohn *Matthias I. Corvinus* (*1440 oder 1443, †1490), der durch Schaffung eines Söldnerheeres seine durch Kaiser Friedrich III. (1459 Gegenkönig) bedrohte Regierung von dem Lehnsaufgebot unabhängig macht,	*Matthias I. Corvinus*
1463	die Türken besiegt und die Herrschaft in **Böhmen** (Krönung) einschließlich Mährens, Schlesiens und der Lausitz gegen Böhmens König Georg von Podiebrad erringt, die er aber gegen die Ansprüche König Kasimirs IV. von Polen, des Gemahls der Elisabeth von Habsburg (†1505), der Tochter König Albrechts II. (1437–1439), verteidigen muss:	*Böhmen*
1469		
1471	Auf Betreiben Kasimirs wird sein Sohn als Vladislav II. (*1456, †1516) vom böhmischen Adel zum König von Böhmen erhoben.	
1478	Erst im Vertrag von Brünn einigen sich beide dahin gehend, dass Matthias die Herrschaft über Böhmen Vladislav überlässt, aber die Nebenländer sowie den Königstitel und damit die Anwartschaft auf Böhmen behält.	
1485	Starke Abwehr gegen die Türken; Feindschaft mit Kaiser Friedrich III.; *Eroberung Wiens* und Verlegung der Residenz hierher.	*Eroberung Wiens*
	Gleichzeitig große Kultur- und Wirtschaftsblüte durch Reformen, Gesetzgebung, Förderung des Handels und Pflege des Humanismus (1467 Akademie in Preßburg gegründet, Universität Buda erneuert; erste magyarische Texte der ungarischen Literatur).	
1490	Tod des Matthias Corvinus löst Krieg um die ungarische Krone in der Jagiellonendynastie aus: Vladislav II. setzt sich mit Hilfe der ungarischen Magnaten und seiner böhmischen Truppen gegen seinen jüngeren Bruder Johann Albrecht (*1459, †1501), der von König Kasimir IV. von Polen und dem Woiwoden Stephan II. Báthory (†1493) von Siebenbürgen unterstützt wird, durch, vergleicht sich mit Matthias Corvinus' illegitimem Sohn Johann Corvin und behauptet sich gegen die Ansprüche des habsburgischen Thronfolgers, des späteren Kaisers Maximilian I.	
1490–1516	*Wladislaw (Vladislav) II.* wird vom ungarischen Reichstag rechtmäßig gewählt und gekrönt.	*Wladislaw (Vladislav) II.*
1491	Im Frieden von Kaschau verzichtet Johann Albrecht auf die ungarische Krone und erhält Teile des böhmischen Nebenlandes Schlesien als Kompensation; er folgt seinem Vater auf dem polnischen Thron. Die von Matthias Corvinus annektierten Landschaften, Mähren, Schlesien und die Lausitz, fallen an die Krone Böhmen zurück. Kroatien wird von Maximilian erobert. Im Frieden von Preßburg (1491) erkennt Wladislaw für den Fall des Aussterbens seiner Linie das habsburgische Nachfolgerecht an.	
	Rascher *Verfall des machtvollen Donaureichs* unter dem schwachen Regiment des vom Adel beherrschten Wladislaw: Auflösung des stehenden Heeres; Beschränkung der Privilegien der deutschen Städte; Kämpfe zwischen Adelsfamilien und Städten vernichten den Wohlstand des Landes.	*Verfall des Donaureichs*
1514	*Bauernaufstände* werden durch Johann Zápolya (*1487, †1540; König seit 1526) unterdrückt und führen zur Schollenpflicht der Bauern.	*Bauernaufstände*
	Kodifikation des ungarischen Gewohnheitsrechts (Tripartitum) durch den Juristen Verböczy (Idee der Stephanskrone).	
1515	Zwischen Wladislaw und Maximilian wird nach Eheverträgen zwischen ihren Kindern bzw. Enkeln der Erbvertrag von 1491 (Friede in Preßburg) bestätigt, der die Rechtsbasis für den Übergang der Länder der Stephanskrone und der Wenzelskrone an das Haus Habsburg bildet, der aber den ungarischen Ständen nicht vorgelegt worden ist.	
1516–1526	Die Abneigung der Magnaten unter Wladislaws Sohn *Ludwig II.* (*1506, †1526; 1516–1526 auch König von Böhmen; verheiratet seit 1522 mit der Habsburgerin Maria [*1505, †1558, Tochter König Philipps I. von Kastilien]) lähmt Ungarns Kräfte völlig:	*Ludwig II.*
1526	*Niederlage und Tod Ludwigs* im Kampf gegen die Türken bei Mohács (Südungarn). Buda und Pest werden von den Türken erobert und das Land verwüstet.	*Niederlage und Tod Ludwigs*
1527–1564	Gegen den Erben Ferdinand von Österreich (*1503, †1564, Kaiser seit 1556) erhebt sich ein nationales Königtum unter Johann Zápolya (1526–1540) mit Buda als Hauptstadt, von den Osmanen unterstützt.	

„Türkenfrage" — Durch den Herrschaftsanspruch auf Ungarn und das anhaltende Expansionsstreben der Sultane wird das Haus Habsburg von nun an unlöslich in die *Türkenfrage* verstrickt. Ungarn bleibt für anderthalb Jh.e unter osmanischer Herrschaft. – (Forts. S. 912)

Kroatien
(Forts. v. S. 610)

Stephan Držislav

969–997 Unter *Stephan Držislav* wechselt Kroatien wieder vorübergehend in die byzantinische Einflusssphäre über (Königstitel).
996
1000 Es erfolgt der erste große Angriff Venedigs auf Dalmatien.
1027 Das pannonische Kroatien (Siawonien) gerät unter ungarische Oberherrschaft, wird aber nach der Mitte des 11. Jh.s wieder mit dem küstenländischen Kroatien (Hauptstadt Nin) in Norddalmatien vereinigt.
1035–1058 Unter Stephan I. und unter Peter Krešimir IV. entfaltet sich Kroatien zu einem kräftigen
1058–1073 Staatswesen zwischen Drau und Adria, von der Narenta bis Istrien und wird zu einer Konkurrenz Venedigs zur See.
1076 Demetrius Zvonimir (1074–1089) wird vom päpstlichen Legaten gekrönt.
Die romanischen Elemente werden begünstigt, die Reste der byzantinischen nominellen Hoheitsrechte im Küstengebiet verschwinden.

Thronfolgewirren Ungarn

nach 1091 In *Thronfolgewirren* greift das verwandte Arpadenhaus *Ungarns* erfolgreich ein und gliedert sich unter Koloman I. das gesamte Kroatien (um 1200 durch Sirmium erweitert) nach einem Kompromiss mit den zwölf führenden Adelsfamilien durch die Garantie ihrer Privilegien (Pacta conventa) in Personalunion an: Koloman wird König der Kroaten, die Verwaltung Kroatiens von der Drau bis zum Meer einem Ban unterstellt. Dieses Schicksal unter der Stephanskrone Ungarns (1527–1918 unter dem Haus Habsburg) vertieft die Trennung von dem den Kroaten nahe stehenden serbischen Volk.
1102

Serbien
(Forts. v. S. 610)

7./8. Jh. Die vermutlich schon im 7. und 8. Jh. christianisierten Stämme Serbiens gelangen in Anlehnung an Byzanz und in Abwehr gegen die Bulgaren nur vorübergehend zu politischer Gemeinschaft und staatlicher Selbstständigkeit.
9./10. Jh. Im 9. Jh. geschieht dies unter Vlastimir (um 850), im 10. Jh. – nach dem Ende der durch Symeon (seit 893 Khan, seit 918 Zar der Bulgaren, †927) 924 begründeten bulgarischen
11. Jh. Herrschaft – unter Časlav (927–949), und im 11. Jh. – nach dem Ende des einflussreichen westbulgarischen Reiches Samuels (972–1014), aber unter der dauernden Gefahr von byzantinischer und ungarischer Seite – kommt es zur Staatsbildung durch die Fürsten von Zeta (Zetaebene in Montenegro):
um 1040 Aufstand unter Stephan Vojslav geglückt;

König Michael

1077 sein Sohn *Michael* wird von einem päpstlichen Legaten *zum König gekrönt*. Dieses serbische Königreich umfasst Zeta, Teile Bosniens und Raškas (Raszien, in Südserbien und Ostmontenegro); Zentrum ist Skadar (Skutari).

territoriale Verbände

1082–1106 Unter Konstantin Bodin beginnt der Zerfall in kleine *territoriale Verbände*, unter denen Raška das politische Übergewicht erlangt.
1089 Gründung des römisch-katholischen Erzbistums Bar (Montenegro).

Stephan Nemanja

um 1171 Erst in der 2. Hälfte des 12. Jh.s erreicht Serbien vom Gebiet der Raška aus eine dauerhafte Konsolidierung: Großžupan (Großfürst) *Stephan Nemanja* (1151–1196; *1114, †um 1200) begründet die serbische Einheit.
1172 Stephan geht infolge einer Niederlage gegen Byzanz nach Konstantinopel.
1180 Nach dem Tode Kaiser Manuels I. (1143–1180) schüttelt er die byzantinische Oberhoheit ab. Bosnien, das vorher zeitweise zu Serbien gehört hat, gerät unter ungarischen Einfluss, bis es im 14. Jh. zu einem unabhängigen Staatswesen wird. Staatsaufbau nach bulgarischem und byzantinischem Muster, erbliche Županien (später mit Beamtencharakter), Ausrottung der Bogumilensekte.

Stephan II.

1217 *Stephan II.* (1196–1228, Sohn Stephan Nemanjas) erhält von der römischen Kurie die Königskrone.

1219	Byzanz gesteht ihm die Anerkennung der kirchenorganisatorischen Selbstständigkeit Serbiens zu (orthodoxer Erzbischof wird Stephan Nemanjas Sohn, der hl. Sava [*1169 oder 1171, †1235 oder 1236]; Stärkung des Nationalgefühls; die Orthodoxie bleibt seitdem für die Serben die herrschende Glaubensform).
1243–1276	Der Freskenschmuck der Nemanja-Kirche in Studenica (Raška/Raszien) steht ganz in byzantinischer Tradition, dagegen Dečani (Südwestserbien; erbaut 1327–1335) in romanischer. Unter Stephan Uroš I. kommt auch die Organisation der katholischen Kirche auf serbischem Boden nach Abwehr von Ansprüchen des Erzbischofs von Ragusa (Dubrovnik) zum Abschluss (Erzbistum Bar seit 1089).
1282–1321	Während des 13. Jh.s, besonders unter Stephan Uroš II., *ständige Ausdehnung* des Serbischen Reichs zur Morava, zum Vardar und zur Adria. Serbien erfährt die größte Blüte seiner Macht unter *Stephan Uroš III.* (1322–1331) und seinem Sohn:
1330	Sieg bei Kustendil (Kjustendil, damals Welbuschd; im Südwesten des heutigen Bulgarien) und Annexion Bulgariens begründen die serbische Vorrangstellung auf dem Balkan und schwächen die byzantinische Macht in Makedonien. Nach Stephans III. Absetzung durch den serbischen Adel folgt ihm sein Sohn:
1331–1355	*Stephan Dušan* (Stephan Dušan Uroš IV.; *um 1308, †1355). Er dehnt nach vorbereitenden Kriegen gegen Bosnien und Ungarn unter Ausnutzung der byzantinischen Wirren sein Reich bis Thessalien aus.
1346	Annahme des Titels Imperator Rasciae et Romaniae sowie *Krönung in Skopje*, Errichtung des Patriarchats Serbien und Kodifizierung des Rechts (1349). Abschaffung der bis dahin geltenden Senioratsverfassung: An die Stelle des Župane treten vom Herrscher abhängige Beamte. Der Schwerpunkt dieses slawisch-griechischen Reichs liegt im griechischen Süden; der Norden wird von Dušans Sohn Uroš verwaltet; Aufbau nach byzantinischem Muster.
1354	Gesandtschaft an Papst Innozenz VI. und an Kaiser Karl IV., um unter Ausnutzung des byzantinisch-westlichen Gegensatzes in einem von Stephan vorgeschlagenen gemeinsamen Türkenkrieg zum „Kapitän" ernannt zu werden, bleibt erfolglos. Serbo-byzantinische Kunst in Gračanica bei Priština in Serbien (Kreuzkirche 1321).
1355	Stephan Dušan stirbt vor Erreichung seines Ziels, der Kaiserkrone von Byzanz, und sein Reich zerfällt in eine Reihe von *Teilfürstentümern* (Raška, Epirus, Zeta, Prilep [Stadt im heute jugoslawischen Teil Mazedoniens], Rudnik [südlich Belgrad]), unter deren Dynasten
nach 1365	nach Stephan Uroš' V. Tod (1365), des letzten Nemanjiden, der Fürst Lazar I. von Raška (*um 1329, †1389) hervorragt, der sich, in Verbindung mit Bosnien, Bulgarien und Byzanz, dem Vormarsch der Türken entgegenzustellen sucht. Morava-Schule (Maler im Nordosten Serbiens) der serbischen Kunst, donauländische Einflüsse und Eklektizismus.
1371	Die Entscheidung über Serbiens Zukunft fällt nach dem Sieg der Türken an der Maritza (Maritza, heutige griechisch-türkische Grenze in Thrazien) in der vergeblichen *Abwehrschlacht* der südslawischen Völker auf dem *Amselfeld* (Kosovo, Becken im Dinarischen Gebirge, Serbien), die durch die Vernichtung des serbischen Adels einen nachhaltigen Eindruck beim serbischen Volk hinterlässt.
1389 15. Juni	
	Das Land zwischen Donau, Save, Drina (rechter Nebenfluss der Save), und Timok (unterhalb des Eisernen Tors einmündender, rechter Nebenfluss der Donau) wird den Türken tributpflichtig.
1389–1427 1427–1456	Der Fürst Stephan Lazarević (ein Sohn Lazars I. von Raška und Freund Kaiser Sigismunds) und sein Neffe, Georg (Vuk) Branković (*um 1375, †1456), suchen Anlehnung an Byzanz, Ungarn und den Westen, ohne der Türkenmacht auf die Dauer widerstehen zu können, die nach dem
1444 10. Nov 1459	osmanischen Sieg bei Warna (an der heutigen bulgarischen Schwarzmeerküste) und nach dem Fehlschlag, Serbien dem Papst zu unterstellen (1457), ganz Serbien überrennt, Bosnien 1463 und die Herzegowina (Hercegovina) 1483 besetzt.
	Damit ist die *Vorherrschaft der Türken* auf dem Balkan vollendet. Lediglich Montenegro (bis 1528) und die Republik Ragusa (Dubrovnik, an der Küste Dalmatiens; 1205–1358 unter Venedig, danach bis 1526 unter Ungarn, mit großer Wirtschafts- und Kulturblüte bis zum 17. Jh.: „Südslawisches Athen") bleiben außerhalb der Türkenherrschaft, unter der Serbien bis zum Beginn des 19. Jh.s steht: *Ausrottung des serbischen Adels*; die nationale Idee bewahrt die Kirche.
	Das Goldene Zeitalter der Kunst spiegelt sich in der großen Zahl der aus dem 13. und 14. Jh. erhaltenen Kirchen (St. Lazar in Kuševac), Burgen, Ikonen und Freskomalereien so-

Marginalia: *ständige Ausdehnung Stephan Uroš III.*; *Stephan Dušan*; *Krönung in Skopje*; *Teilfürstentümer*; *Schlacht auf dem Amselfeld*; *Vorherrschaft der Türken*; *Ausrottung des serbischen Adels* wie in der Dichtung (Epen um die Schlacht auf dem Amselfeld und den legendären Nationalhelden Marko Kraljević [*um 1335, †1395], die bei allen Südslawen Verbreitung finden), wobei das dalmatinische Küstenland mit dem Zentrum Ragusa seit dem 14. Jh. unter dem Einfluss Venedigs und Italiens einen eigenen Stil entwickelt (Ivan Gundulić, *1588, †1638; einer der großen slawischen Dichter vor dem 18. Jh.). – (Forts. S. 1075)

Bosnien

1180–1204	Bosnien wird nach vorübergehender Befreiung von der ungarischen Herrschaft unter Kulin im 13. Jh. das Ziel zweier vom Papst angeregter Kreuzzüge gegen die hier herrschende Sekte der Bogumilen, die trotz Kontrolle durch das katholische Ungarn ihren Einfluss nicht verlieren und im 14. Jh. unter Stephan II. Kotromanić in unaufhörlichen Kriegen mit Ungarn, Kroatien, Serbien und Venedig die Grundlage für ein unabhängiges Staatswesen unter *Stephan Tvrtko* legen, das schließlich auch den Südteil Dalmatiens umfasst und zu einer Machtstellung auf dem Balkan in der Zeit des Verfalls von Serbien, Bulgarien und des Byzantinischen Reichs gelangt:
1322–1353	
1353–1391	
1376	„König der Serben und Bosniens";
1382	Abtretung Cattaros (Kotor, an der Adriaküste, heute zu Montenegro) durch Ungarn;
1390	„König Dalmatiens und Kroatiens".

Stephan Tvrtko

südslawische Einigung scheitert

Stephan Tvrtkos *Versuch, die Südslawen zu einigen, schlägt jedoch fehl.*
Nach dem Tode Stephan Tvrtkos erfolgt in Adelskämpfen ein rascher Zerfall, Kroatien und Dalmatien gehen an Ungarn verloren; in Kämpfen mit eigenem Adel und Nachbarmächten sinkt das Ansehen der Zentralgewalt völlig.

den Türken tributpflichtig

1436	Bosnien wird *den Türken tributpflichtig*.
1443–1461	Stephan Tomaš verfolgt die türkenfreundlichen Bogumilen und sieht sich nach dem Tod Johann Hunyádis von Ungarn (1456) der türkischen Gefahr schutzlos ausgeliefert.

Auch der Versuch, das Erbe des Vuk Branković (serbischer Herrscher 1427–1456) zu annektieren, schlägt fehl:

1461–1463	Nach der Eroberung Serbiens durch die Türken (1459) wird Bosnien 1463 von den Osmanen angegriffen, Stephan Tomašević gefangen und hingerichtet.

Bosnien wird türkisch

1463	*Bosnien wird türkisch* (bis 1878).
1483	Das Gebiet der Herzegowina hält sich unter Stephan Vukčić und seinen Söhnen bis 1483,
1528	das Banat Jajce im Nordwesten unter Ungarn bis 1528.

Die fortwährenden Türkeneinfälle nach Dalmatien und Kroatien führen schließlich zur Ablösung der östlichen Gebiete Kroatiens, während die westlichen Habsburg verbleiben.

Bulgarien
(Forts. v. S. 604)

Byzanz

nach 1018 Das Kernland des Reiches Samuels (Westbulgarien 976–1014, 980 gekrönt) wird nach seiner Unterwerfung durch *Byzanz* zum Thema Bulgarien (später Dukat), mit Skopje als Zentrum, zusammengefasst. Die Kirche (Erzbistum Ochrid [Ohrid im heutigen Mazedonien]) wird zum griechischen Instrument der Ausbeutung und Beherrschung des Volkes.

nach 1048 Nach dem Vordringen der Petschenegen über die Donau werden die Bulgaren fortgesetzt von ihnen und den nachfolgenden Steppenvölkern (Uzen, Kumanen) bedrängt. In dieser Lage hilft auch die Verbindung mit dem romanischen Element auf dem Balkan (Walachen, Rumänien) nichts. Zwei Aufstände (1040–1041, 1072–1073) bleiben erfolglos.

Zweites Bulgarisches Reich

1185 Erst nach der durch die Verselbstständigung Serbiens, die ungarischen und normannischen Angriffe ausgelösten Lockerung der byzantinischen Herrschaft erlangt Bulgarien unter den Brüdern Asen (1196) und Peter Asen († 1197) (Zentrum Trnovo = Tarnowo, heute Weliko Tarnowo, nördliches Bulgarien) seine staatliche Selbstständigkeit (*Zweites Bulgarisches Reich*; Zar Asen vom Erzbischof von Tarnowo gekrönt) wieder.

1197–1207 Bulgarien dehnt mit Hilfe der Kumanen unter Ausnutzung der byzantinischen Ohnmacht
1218–1241 seine Herrschaft unter Asens Bruder Kalojan (Iwan; Krone 1204 aus Rom; † 1207) und dem gebildeten und bedeutendsten Herrscher dieser Dynastie, Iwan Asen II. (*um 1190) über Nordalbanien, Makedonien und das westliche Thrakien zu einer für Byzanz bedrohlichen Machtstellung aus. – Blüte der Kultur.

Das Ziel, die Errichtung eines bulgarisch-byzantinischen Imperiums, erreicht Iwan Asen II. ebenso wenig wie einst Symeon. Zwar führt ihn sein Sieg über das epeirotische Kaisertum

bei Klocotniza (nahe Chaskowo, im südlichen Bulgarien) 1230 und die Errichtung eines autokephalen bulgarischen Patriarchats (1235 anerkannt) in greifbare Nähe des Erfolges gegenüber dem Lateinischen Kaisertum, aber nach seinem Tode wird Bulgarien durch ungarische und
1242 mongolische Einfälle (1242 Tributpflicht) schwer heimgesucht und gefährdet und geht nach
1258 der *Ausrottung der Asendynastie* (1258) in Adelskämpfen weiterer Auflösung entgegen. *Ausrottung der Asendynastie*
Die verschiedenen Völkergruppen, die dieser bulgarische Staat vereinigt, sowie Konflikte mit Byzanz unter Konstantin Tich (1258–1277) und den nachfolgenden Usurpatoren tragen zu seiner Schwächung bei; Bulgarien verliert gegenüber dem erstarkenden serbischen Staat an Einfluss und Macht. – Die Fresken von Bojana (bei Sofia; Herrscherporträts) von 1259, später die der Vierzig-Märtyrer-Kirche von Tarnowo zeigen den Anschluss an beste byzantinische Kunst.
Bulgarien bleibt nach dem Verfall der Zentralgewalt seit der Mitte des 13. Jh.s politisch ohnmächtig. Die beiden kumanischen Dynastien der Terter (in Trnovo [bulgarisch Tarnowo, heute Weliko Tarnowo in Nordost-Bulgarien], 1280–1323) und der Schischman (in Widin [am bulgarischen Donauufer], 1323–1396) versuchen vergeblich, politische Handlungsfreiheit auf dem Balkan zu gewinnen.
1330 Durch die Niederlage des Zaren Michael Schischman (1324–1330) von Widin bei Kjustendil (Westbulgarien) *verliert Bulgarien seine Selbstständigkeit an Serbien*, die führende Bal- *Bulgarien*
nach 1355 kanmacht unter Stephan Dušan (1331–1355), nach deren Zerfall der Prozess der Bildung *serbisch*
von Zwergstaaten auf dem Balkan sich fortsetzt, die der türkischen Invasion zum Opfer fallen: Bulgarien sucht Anlehnung an die Türken und verfeindet sich mit Serbien und Byzanz.
1386 Der letzte bulgarische Zar, Iwan III. (1371–1393), wird *Vasall des Sultans* Murad I. *Vasall des*
Der serbische Widerstand und anfängliche Erfolge gegen die Türken 1388 ermutigen Iwan *Sultans*
III. zur Verweigerung der Heerfolge, worauf ihn der Sultan unterwirft; nach der Schlacht auf dem Amselfeld (Kosovo; 1389) wird Bulgarien von den Türken angegriffen, Trnovo 1393 vernichtet und Vidin erobert.
1396 Bulgarien wird *türkische Provinz* bis 1878. *türkische*
Unter der Türkenherrschaft kommt es zu Verwüstungen und Verödungen des Landes durch *Provinz*
Flucht der Bevölkerung in die Berge und über die Donau, zum Eindringen des Islams und zur Ansiedlung von Türken. Gliederung des Landes in fünf Sandschaks, die von einem Generalgouverneur in Sofia verwaltet werden. Eine hohe Steuerlast liegt auf der christlichen Bevölkerung, deren Glaube toleriert wird; die Lage der Bauern verbessert sich; Kaufleute, Bergbau- und Militärsiedlungen werden privilegiert, der Handel wird durch Straßenbau gefördert. Aufstandsbewegungen unter habsburgischem Einfluss (1595 von Fürst Sigismund Báthory von Siebenbürgen und 1688) sind erfolglos; seit dem Ausgang des 17. Jh.s wird Habsburg von Russland abgelöst in dem Ziel, die christlich-orthodoxen Balkanvölker zu schützen. – (Forts. S. 1073)

Albanien und Griechenland
(Forts. v. S. 610)

Diese Gebiete erleben im Hochmittelalter als wieder gesicherter Besitz des Byzantinischen Reichs die *Gewinnung der Slawen für Christentum und byzantinische Kultur*; ja dank dieser Verbindung, auch für *Gewinnung* die griechische Sprache. Das Griechentum wird dadurch (wie im Altertum) ein Kulturbegriff gegenüber *der Slawen* der Ablösung des Restes der antiken Landbevölkerung durch die slawische Einwanderung. Nur im Gebirge halten sich Slawenstämme noch geschlossen. Neuaufbau der kirchlichen Hierarchie, *Missionstätig- Missions-* keit; bezeugt für Hosios Nikon Metanoeite in Sparta (Reste der Klosterkirche des 10. Jh.s) und Hosios *tätigkeit* Lukas bei Delphi in Mittelgriechenland, erfolgen in der Notzeit der Sarazenengefahr. In den Gebirgsgebieten vollzieht sich die Einwanderung der romanischen Wlachen (Walachen oder Aromunen: Rumänen) zunächst als Hirtenbevölkerung; das Vorland des Pindosgebirges im Westen und Osten wird im 11. Jh. Großwlachien. Gleichzeitig geht vom selben, weiter nördlich (bei Niš) gelegenen Ausgangspunkt die Besiedlung Rumäniens durch das gleiche Volk (das in seinen alten Sitzen sprachlich slawische Elemente aufgenommen hat) vor sich bis zur Walachei, dem dortigen Wlachien.
In *Albanien* erscheinen um 1100 zum ersten Mal die Albaner, ebenfalls ein Restvolk (im Mati-Gau [heute *Albanien* Verwaltungsgebiet Mat im nördlichen Albanien] erhalten, erste Erwähnung 1042; Hauptort dann Kroja [Croia, heute Krujë, nördlich von Tirana]), das aber sogar seine vorromanische, auf das Thrakische oder Illyrische zurückzuführende Sprache sich erhalten hat. Wie vorher gegen die Slawen, haben die Stadtfestungen und Machthaber nun die größeren Ebenen gegen die wlachische bzw. albanische Einwanderung zu verteidigen.

| | Die kaiserlichen Statthalter haben vor allem die Aufgabe des Küstenschutzes in den Themata Hellas (Hauptstadt Theben), Peloponnes (ab 783, Hauptstadt Korinth mit der starken Festung Akrokorinth), seit der ersten Hälfte des 11. Jh.s vereinigt; desgleichen der Dukat Thessalonike (ebenso damals aus mehreren Themata gebildet), die Themata Kephallenia (seit 880) und Nikopolis (mit Korfu und Ithaka, Hauptstadt Naupaktos [heute Nafpaktos]), der Dukat Dyrrhachion (Durazzo, in seinem Hinterland in Makedonien seit 1020 Thema Bulgaria mit Hauptstadt Ochrid [Ohrid] als Erbe des zweiten Bulgarenreichs; die Grenzen des Erzbistums Ochrid 1020 bewahren mit dem Ausgreifen nach Epeiros die Ausdehnung dieses Reiches in der Erinnerung). Die *Einfälle der Bulgaren* 918, nach 924, 978 und vor allem 996 bis zum Sieg bei den Thermopylen (Kaiser Basileios II., 976–1025), dann der Normannen auf den Ionischen Inseln, in Epeiros und bis Larissa (heute Larisa) in Thessalien (Robert Guiscard und sein Sohn Bohemund von Tarent 1081–85, geschildert in der Alexias der Anna Komnena [byzantinische Geschichtsschreiberin]), schließlich nach Theben und Korinth (König Roger II., 1147) bringen starke Verwüstungen und wirtschaftliche Schäden (für die Seidenweberei mit jüdischen Handwerkern), denen nur große Grundherren begegnen können. So kommt gegen 1200 ein byzantinisches Magnatentum auf (Sguros in Argos, Melissenos in Magnesia). Dasselbe gilt von Kreta, das 961 von Byzanz wiedergewonnen, um 1100 von Konstantinopel aus neu besiedelt und mit Burgen ausgestattet wird. Philippi kommt nach der bulgarischen Besetzung 836 nicht wieder hoch. Kämpfe um Durazzo 1018, 1040.

Kaiser Basileios II. besucht 1018 die Parthenonkirche in Athen. Seine Zeit leitet eine *Blüte des Kirchenbaus* ein, vor allem in Athen, kleine Kirchen auch in der Peloponnes (Eigenkirchen). Stiftungen des Kaisers oder der Statthalter (wie schon 872 Skripu) sind wohl die mosaikgeschmückten Klosterkirchen von Hosios Lukas in Phokis (um 1030) und Daphni bei Athen (1080). Die Entwicklung der Athosklöster (Anachoreten-Niederlassungen seit um 850) beginnt mit dem Typikon von 971/72 und der Anlage von Lavra unter Kaiser Nikephoros Phokas (Kreuzkuppelkirche nach 1000; 1045 300 Mönche), im zweiten Typikon (1046) erscheint zuerst die Bezeichnung „Der heilige Berg". |
|---|---|
| *Einfälle der Bulgaren* | |
| *Blüte des Kirchenbaus* | |
| *Franken-herrschaft* | **1204** Die Begründung des Lateinischen Kaiserreichs auf byzantinischem Boden bezeichnet für Griechenland den Beginn einer selbstständigen Entwicklung unter der sog. *Frankenherrschaft*. Die byzantinische Tradition hält auf dem Balkan nur das Despotat von Epeiros nach 1204 noch aufrecht.

Von einer Seitenlinie des Kaiserhauses unter Michael I. Angelos (1204–1215) mit der **1224** Hauptstadt Arta (im südöstlichen Epeiros) gegründet, schaltet es unter Theodor I. (1215–1230) das Kreuzfahrerkönigreich Thessalonike aus und treibt seither vor allem eine makedonisch-thessalische Politik (1236 Trennung von Epeiros und Thessalien). |
Staaten der Kreuzfahrer	So können sich im Südosten und Süden dieser Staatsbildung die *Staaten der Kreuzfahrer* entwickeln: in Mittelgriechenland die Markgrafschaften Budonitsa (Mendenitsa), Salona (einst Amphissa), die Herrschaft Athen (Hauptstadt Theben), das Fürstentum Achaia oder Morea, durch Wilhelm von Champlitte von Norden, Gottfried I. von Villehardouin (seit 1210 Fürst von Achaia/Morea, †um 1228) von Südwesten her gegründet und daher lockerer mit dem Königreich Thessalonike verbunden als die Besitzungen des Otto de la Roche in Athen und die Lehen dreier lombardischer Adliger (daher Tertien genannt, Dreiherren) aus Verona auf Euboia. Während Chios und Rhodos byzantinisch bleiben, kommen die Ägäisinseln als Herzogtum Archipelago (von Aigaion Pelagos, der byzantinischen Verwaltungsbezeichnung, Hauptort Naxos) an den Venezianer Markus I. (Marco I. Sanudo, 1207–1227), den Neffen des Dogen Dandolo.
Venedig	*Venedig* selbst sichert sich außer Kreta als Stützpunkte für die Fahrt dorthin die Südwestspitze der Peloponnes (Modon, Koron) und Kythera (Lehen der Venieri), gibt dagegen Korfu 1214 an Epeiros preis. Kephallenia, Ithaka und Zante stehen schon seit 1194 unter den italienischen Pfalzgrafen aus dem Haus Orsini (bis 1323). Vom wichtigen Hafen Negroponte (Chalkis) aus gewinnt Venedig auch auf Euboia Einfluss (ab 1209). Kreta wird gegen den Widerstand des einheimischen Adels (Aufstände unter Führung der Kalerghi) zur Ansiedlung venezianischer Militärkolonisten verwandt, Anfang des 14. Jh.s durch Festungsbauten geschützt. Die Insel heißt fortan nach dem Sitz des Duca Candia.
fränkisches Lehenswesen	Zwischen 1214 und 1259 entfaltet sich nach französischem Vorbild *fränkisches Lehenswesen* in den Hauptstädten Theben, Naxos, Andravida (Parlament der zwölf Barone von Morea nach Assises de Romanie). Doch kommt es bald zu Fehden.
Schlacht im Tal von Pelagonia	Ein Bündnis mit Michael II. von Epeiros gegen den Kaiser Michael VIII. von Nikaia führt **1259** zum Untergang der fränkischen Ritterschaft in der *Schlacht im Tal von Pelagonia*. Während Epeiros sich unter Michael II. (1231–1271) rasch erholt, muss es staufische Hilfe unter König Manfred von Sizilien mit Verzicht auf Korfu und das albanische Küstenland um Durazzo erkaufen (schon 1254 als Königreich Albanien besetzt). Der seit Pelagonia gefangene Fürst Wilhelm von Achaia aus dem Hause Villehardouin (1246–1278) muss auf seine wichtigsten Peloponnesfestungen verzichten, um freizukommen. So entsteht als Kern

neuer byzantinischer Machtbildung auf der Peloponnes die Herrschaft Mistra (mit Monemvasia).

1261 Seit dem Vertrag von Nymphaion wird auch Genua eine Levantemacht in der Ägäis.
Das wiedererstandene *Kaiserreich Byzanz* spielt schließlich alle Staaten gegeneinander aus: *Kaiserreich*
1262–1278 Neuer Aufstieg der byzantinischen Macht in Griechenland. *Byzanz*
1267 Der Übergang des staufischen Besitzes in Korfu und Albanien an Karl von Anjou (*1226,
†1285; ab 1265 König von Sizilien) leitet die *Einmischung der Anjou* in Griechenland ein; *Einmischung*
als Franzose wird er Lehnsherr des Fürsten von Achaia; *der Anjou*
1278 nach dem Aussterben der Villehardouin von Morea übernimmt Karl selbst die Regierung in
Achaia-Morea, beansprucht auch die Lehnshoheit über Athen und Kephallenia (häufiger
Wechsel der Vertreter des Königs).
seit 1279 Auch Epeiros sucht unter Nikephoros I. (1271–1296) bei den Anjou Halt gegen Byzanz,
erst recht beim Angriff des (aus Thessalien entstandenen) Herzogtums Neopatras (einst Hy-
1295, 1301 pata) auf Epeiros. Achaia wird 1301 Sekundogenitur der Anjou (Philipps von Tarent, Johanns von Gravina, dann Roberts von Tarent).
Die Macht in Griechenland aber liegt in den Händen der Herzöge von Athen (Guido II.
1287–1309); gegen die Anjou wehrt sich nur das von allen Seiten umzingelte Despotat
Epeiros unter Thomas I. (1296–1318). Die Kirchen in und bei seiner Hauptstadt Arta (um
1280) schlagen die Brücke zwischen Neapel und Serbien (Parigoritissa 1283/1296).
Die Inseln vor Kleinasiens Westküste kommen erst nach 1300 in abendländischen Besitz:
1304 Benedetto Zaccaria besetzt, schon seit 1275 Herr der Alaungruben von Foglia Vecchia
(Phokaia), die bereits 1261 Genua zugesprochene Insel Chios.
1309 Auf Rhodos und den Nachbarinseln (sog. Dodekanes) richtet der *Johanniterorden* seine *Johanniter-*
Herrschaft auf (befestigtes Ritterviertel in der Stadt Rhodos). *orden*
Seit 1306 *Niedergang der Frankenherrschaften* auf dem Festland. *Niedergang der*
1311 Einfall der katalanischen Söldnerkompanie unter selbst gewählten Führern (von Byzanz *Frankenherr-*
1303 gegen die Osmanen zu Hilfe gerufen, begann die Kompanie bald mit Raubzügen): *schaft*
Nach dem Sieg am Kephissos in Boiotien 1311 werden Südthessalien und Mittelgriechenland (Neopatras, Athen) besetzt. Der abendländischen Restaurationspolitik Karls von Valois (*1270, †1325) und Philipps von Tarent im Geiste Karls von Anjou ist damit der Boden
entzogen.
Gleichzeitig *Vordringen der Serben* durch Albanien nach dem Despotat Epeiros (Besetzung *Vordringen der*
von Durazzo 1319–1322). *Serben*
1333–1337 Der Angriff der Byzantiner auf das Despotat Epeiros ist erfolgreich, beseitigt aber zugleich
ein Bollwerk gegen die Serben.
Makedonien, Thessalien, seit 1349 auch Epeiros werden serbisch und können auch gegen
Einfälle des letzten Despoten Nikephoros II. 1356–1359 gehalten werden.
Mit Schwergewichtsverlagerung nach Jánnina im Norden entsteht das Despotat als serbische Sekundogenitur neu unter Thomas II. (1366–1384).
Die *Gründung des Katalanenstaates* (mit zahlreichen Burgwarten, Hauptstadt Lebadeia mit *Gründung*
großer Festung) zieht Griechenland in den Gegensatz von Anjou und Aragón hinein; die *des Katalanen-*
Katalanen unterstellen sich Friedrich von Aragón (als Friedrich II. 1296–1337 König von *staates*
Sizilien). Andererseits zwingt die Nähe des Katalanenstaates Venedig zur Verstärkung seiner Stellung auf Euboia. Mit Hilfe der Griechen von Mistra schlägt Ludwig von Burgund
als Fürst von Achaia 1316 den katalanischen Angriff auf sein Land (unter Ferdinand von
Aragón) zurück. Die Byzantiner sind hier die eigentlichen Gewinner; nachdem schon um
1300 die fränkischen Herrensitze großenteils gräzisiert worden sind (Gasmulen = Bastarde), ist nun auch außenpolitisch das Byzantinertum von Mistra als Despotat entscheidend,
erst recht, als es Sekundogenitur des Kaiserhauses der Kantakuzenen wird.
seit 1348 Kephallenia löst unter Leonardo Tocco (1357 bis um 1375) die Verbindung mit Achaia
(1324–1357). Auf den Inseln der Ägäis und in der Argolis bilden sich kleine Herrschaften.
1355 Die Insel Lesbos kommt von Byzanz an die genuesische Familie der Gattilusi (Ikaria 1362
an die der Arangio).
Von Chios, Samos, den Alaungruben von Foglia Vecchia und Foglia Nuova nimmt 1346 eine genuesische Handelskompanie (maona) Besitz; als Inhaberin der Mastixpacht (seit
um 1370 1357) erwirbt sie die Gesellschaft (nicht Familie) Giustiniani 1362 und behält sie bis 1566. *Krise der Fran-*
Krise der Frankenherrschaft: Venezianisch-genuesischer Krieg in der Ägäis. Aufstand des *kenherrschaft*
1373–1381 kretischen Adels gegen Venedig im Zeichen der Gräzisierung der Kolonisten (1380).
1380 Einfall der navarresischen Söldnerkompanie in Mittelgriechenland; die Katalanen werden
auf Attika beschränkt.
1383 Usurpation des Herzogtums Naxos durch Francesco Crispo von Melos.

	1386	Übernahme der Insel Korfu durch Venedig.
	1388	Im Kampf gegen sie bemächtigt sich der Florentiner Nerio Acciaiuoli, seit 1385 Herr von Korinth, der Stadt und Burg Athen (1388–1394 als Nerio I. Herzog von Athen).

Sein Verwandter Esau macht sich nach der Ermordung von Thomas II. zum Herrn von Epeiros (Despotes seit 1387) und drängt die Albaner zurück, denen Thomas die westlichen und südlichen Teile von Epeiros zur Landnahme (in ersteren bis 1945) hat preisgeben müssen. Die weiterwandernden Albaner werden zur Wiederbevölkerung der verödeten Argolis und Attikas sowie Südeuboias verwendet (dort sprachlich z.T. noch heute erhalten). Begünstigung der Griechen durch die Florentiner, Entstehen einer *griechisch-italienischen Mischkultur in Attika-Korinth* wie gleichzeitig auf Kreta. Ausweitung des byzantinischen Besitzes auf der Peloponnes unter den Palaiologen-Despoten von Mistra seit 1383. *Einmischung Venedigs* auf dem Festland: Erwerb von Argos und Nauplia durch Kauf 1388, Übernahme Athens aus Nerios Testament 1395, aber 1405 Einsetzung seines Sohnes Antonio. 1309 Tenos und Mykonos, 1401 Parga an der epeirotischen Küste, 1407 Lepanto (Naupaktos) venezianisch. Gegen neue albanische Besitznahme von Epeiros wenden sich die Pfalzgrafen von Kephallenia: Karl (Carlo I. Tocco, 1413–1429) erobert Epeiros, Venedig 1417 Navarino.

griechisch-italienische Kultur

Einmischung Venedigs

1390 Ganz Euboia wird venezianisch unter einem Bailo.

Albanien

In *Albanien* schließen sich an das Königtum der Anjou Staatsbildungen der Stammesfürsten um Kroja und im Norden an (Geschlecht der Balša in Skutari [albanisch Shkodër] 1366–1421, stets im Kampf mit Serben und Bulgaren). Doch sind ihre Gegensätze zu stark, um einen wirklichen Staat zu schaffen. An der Küste wirkt der Einfluss der Anjou, dann der Byzantiner und der dalmatinischen Küstenstädte (vor allem Ragusa). Im 14. Jh. beginnt die Volkswanderung der Albaner nach Nordosten und Süden.

Erster Einfall der Türken

1393 *Erster Einfall der Türken* unter Evrenos Beg in Griechenland, seither ist Thessalien osmanisch. Athen wird besetzt, Argos erstürmt.

1397

1402 Bajezids Niederlage bei Ankara (Angora; gegen die Mongolen) rettet auch Griechenland. So wird Thessalonike 1403 wieder frei und unterstellt sich 1423 Venedig, wird jedoch 1430 von den Türken genommen. Kaiser Manuel II. von Byzanz stellt 1415 die Isthmossperrfestung (Hexamilion) wieder her. Kulturelle Blüte des Despotats von Mistra (der Humanist Georgios Gemistos Plethon [*um 1355, †1452], Vollendung des Despotenpalastes von Mistra).

1414 Eroberung der Markgrafschaft Budonitsa durch die Türken.

In Familienstreitigkeiten verlieren die Tocchi 1430 Jánnina an die Türken; mit Karl (Carlo) II. (1429–1448) endet die Selbstständigkeit von Epeiros.

Ende der Frankenherrschaft

1415–1430 In der Peloponnes *beenden* nicht die Türken, sondern *die Palaiologen von Mistra die Herrschaft der Franken*, d.h. seit 1382 der navarresischen „Statthalter" der Könige von Neapel.

1423 Nach dem Türkeneinfall unter Tura Chan bemächtigen sich die drei Palaiologenbrüder der ganzen Halbinsel und behaupten sie gegen albanische Erhebungen mit türkischer Hilfe.

1458 Mit dem Feldzug Mehmeds II. nach Griechenland endet die Selbstständigkeit christlicher ab Staaten auf dem griechischen Festland mit Ausnahme der venezianischen Küstenplätze: Ar-

1463/1470 gos wird 1463, Negroponte und Pteleon 1470, Lepanto 1499, Modon, Koron 1500, Nauplia und das erst 1464 erworbene Monemvasia 1540 türkisch. Mit der Niederwerfung der Erhe-

Skanderbeg

bung des *Skanderbeg* (*um 1405, †1468; albanisch Skënderbeu, griechisch Georg Kastriotis, 1443–1448) endet die Freiheit Albaniens. Skanderbergs Anhänger werden von König Alfons V. dem Weisen von Neapel in Sizilien und Unteritalien angesiedelt. Antivari (Bar) bleibt bis 1571 der Hort der katholischen Nordalbaner (weiterhin in der Mirdita). Mehr als die Hälfte der Albaner nimmt unter türkischer Herrschaft (bis 1913) den islamischen Glauben an.

Johanniter halten Rhodos

1480 Die *Johanniter halten Rhodos* auch trotz Belagerung (gewinnen 1481 Ikaria dazu) und räumen nach erneuter Einschließung 1522 die Insel erst am 1. Jan. 1523. Die Genuesen behaupten Lesbos bis 1462, Samos bis 1475, Chios bis 1558 bzw. 1566. Die Inselbesitzungen der Venezianer werden noch länger gegen die Türken gehalten: Mykonos und die Nordsporaden bis 1537/1538, Andros bis 1514, Paros 1518–1520, 1531–1536.

1494–1500 Das Herzogtum Naxos wird zeitweilig von Venedig kontrolliert und hält sich noch bis zum
1511–1517 Jahr 1579.

Kephallenia und Zante sind seit 1482 venezianisch und bleiben es wie Korfu und Kythera bis 1797, Tenos bis 1715, ebenso lang die kleinen Inseln vor der Nordküste von Kreta.

Kreta

1538/1573 *Kreta* wird durch neue Festungsbauten (Candia 1538, Rethymno 1573) verstärkt und gewinnt mit der Entfaltung einer venezianisch-griechischen Mischkultur (auch Interesse für die Reste der Antike) Bedeutung für die Übermittlung byzantinischer Kunsttradition nach

1645/1669 dem Westen (El Greco, aus Fodele bei Candia); Aufnahme europäischen Barocks in Baukunst und Literatur (Klöster, Epos Erotokritos). Erst 1645 fällt die Insel in türkische Hand, 1669 ihre Hauptstadt Candia. – (Forts. S. 1079)

Walachei und Moldau

Die Gebiete von Walachei und Moldau mit romanischer bzw. reromanisierter Bevölkerung stellen zu Beginn des 13. Jh.s Außenposten des ungarischen Reichs dar und treten erst nach ihrer Befreiung von der Mongolenherrschaft (1241–1345; Dragos Begründer des Fürstentums Moldau) im Kampf gegen die Türkengefahr hervor:

1369 Die Walachei sichert ihre *Selbstständigkeit* gegenüber Ungarn. *Selbstständigkeit*
Nach 1389 (endgültig 1411) wird die Walachei unter Fürst Mircea dem Großen (*1386, †1418) den Türken tributpflichtig, erzielt in Aufständen des 15. Jh.s vorübergehend Erfolge gegen die Osmanen, gerät aber unter dem grausamen Vlad Țepes (Draculea; *1430/1431, †1476/1477; Fürst 1456–1462) in Konflikt mit Stephan dem Großen von Moldau; das Land versinkt durch Adelskriege in Ohnmacht und Zersplitterung.

1365 Das aus einer ungarischen Grenzmark entstandene *Fürstentum Moldau* kann die ungarische *Fürstentum*
1457–1504 Herrschaft abschütteln. Es gerät vorübergehend gegen Ende des 14. Jh.s in den Verband der *Moldau*
litauischen Macht und gewinnt unter *Stephan dem Großen* (*1433, †1504) unter Anerken- *Stephan der*
nung der polnischen Oberhoheit seine volle Unabhängigkeit von den Türken. *Große*

1475 Stephan vernichtet bei Racova ein türkisches Heer.
Er schließt ein Bündnis mit dem Türkmenen Usun Hasan gegen die Türken, muss sich aber eines Teilungsplans Polens und Ungarns erwehren und wendet sich 1490–1498 militärisch gegen Polen.
Nach diesen Enttäuschungen rät Stephan seinem Sohn Bogdan III., die *Tributherrschaft der* *Tributherr-*
Türken anzunehmen (Abkommen 1504), die trotz einiger Aufstandsversuche unter Johann *schaft der*
dem Schrecklichen 1572 und Michael dem Tapferen von der Walachei (*um 1550, †1601; *Türken*
Fürst 1593–1601) bis 1878 bestehen bleibt. – (Forts. S. 1070)

Das Byzantinische Reich
(Forts. v. S. 287, 345)

Das Byzantinische Reich (bis 843)

Byzanz und das Kontinuitätsproblem

starke Kontinuitätselemente

spätantike Strukturen

welthistorische Leistung

Antiker Staat, griechische Kultur und christlicher Glaube bestimmen Byzanz bis 1453. Kennzeichen seiner Geschichte sind daher *starke Kontinuitätselemente,* unter dieser Ebene fortwährende Umgestaltung, aber ohne tiefen Einschnitt. Verschiedene Ansätze für den Beginn der byzantinischen Geschichte zwischen Konstantin dem Großen († 337) und dem 7. Jh. In Staat, Gesellschaft und Wirtschaft bestehen die *spätantiken Strukturen* fort. Der autokratische Kaiser herrscht an der Spitze eines zentralisierten Beamtenapparats, die Staatsideologie des heilsgeschichtlichen „Imperium Romanum Christianum" (Römisches christliches Reich) umfasst alle Lebensbereiche. Die Diskrepanz zur politischen Wirklichkeit überspielt die Idee der „Familie der Könige". Bis 1453 sind die Reichsbewohner Römer bzw. Rhomäer, der Kaiser „Imperator Caesar Augustus" bzw. „Basileus (der Römer)", die Hauptstadt das Neue Rom. Die *welthistorische Leistung* des Byzantinischen Reiches ist die Abwehr der Perser, Araber und Seldschuken und die Erschließung der slawischen Welt sowie die Vermittlung des antiken Erbes an den Westen. Nachbarn und osmanische Nachfolger übernehmen wesentliche Staatselemente, für den Westen ist Byzanz bewundertes und beneidetes Vorbild. Die günstige Lage, Seeherrschaft und Staatsmonopole (Seide, Purpur) schaffen unerhörten Reichtum, der subtile Diplomatie, Prunk (das „Versailles des Mittelalters") und höchste künstlerische Leistungen erlaubt.

Latein als Amtssprache

Die spätantike Tradition in Staatsstruktur und Verwaltung mit *Latein als Amtssprache* bleibt bis Anfang 7. Jh. fast unverändert bei langsamem Vordringen griechischer und orientalischer Elemente. Die nur verwaltungstechnisch gedachte Reichsteilung von 395 verfestigt sich durch die unterschiedliche Entwicklung. Die Germanen sind im Osten seit 400 als selbstständiger Faktor ausgeschaltet, das Heer wird aus dem Reichsinnern rekrutiert. Offene Probleme: die Verteidigung gegen Barbaren, der Gegensatz zu Persien und das Verhältnis zur westlichen Reichshälfte, im religiösen Bereich der Gegensatz zwischen monophysitischem Osten und orthodoxem Westen mit politischen Folgen.

Die Übergangsphase (bis 610)

450 Nach dem Tode Theodosius' II. (408–450), dem das Reich den „Codex Theodosianus", den Entscheid gegen Nestorius (*nach 381, † um 451) und die staatliche Hochschule, die Hauptstadt eine neue Mauer verdankt, geht die Herrschaft mit der Hand seiner Schwester Pulcheria (*399, †453), vermutlich auf Betreiben des Alanen Aspar († 471), an den Offizier Markianos (*396?) über.

Markianos

450–457 Kaiser *Markianos.*
Offen sind die monophysitische Frage und das Hunnenproblem. Der Tod Attilas († 453) befreit das Reich nur vorübergehend, denn neue germanische Stämme (Ostgoten) drängen nach. Erfolgreiche Sanierung der Staatsfinanzen.

orthodoxes Glaubensbekenntnis

451 Nach dem Protest gegen die Räubersynode von Ephesos (449) lehnt das 4. Ökumenische Konzil von Chalkedon den Monophysitismus ab und legt das bis heute gültige *orthodoxe Glaubensbekenntnis* fest. Der Patriarch von Konstantinopel wird dem Papst gleichgestellt, dem nur Ehrenvorrang zukommt; Jerusalem wird fünftes Patriarchat. Der Osten des Reiches lehnt Chalkedon ab, die nicht anwesenden Armenier bleiben abseits.

Der Patriarch von Konstantinopel und die Ostkirche

Gleichstellung mit Rom

Seit 381 an zweiter Stelle nach dem Papst, erlangt der Patriarch von Konstantinopel 451 *Gleichstellung* mit einem bloßen Ehrenvorrang Roms. Als Bischof der Reichshauptstadt (Neues Rom) und wegen der Gleichsetzung von Reich und Ökumene erhebt er mit dem Titel „ökumenischer Patriarch" (seit 6. Jh.) Anspruch auf die Führung in der ganzen Ostkirche und bei Konflikten mit Rom für die Kirche überhaupt. Der Lehr- und Jurisdiktionsprimat des Papstes wird nicht anerkannt, die Appellationsmöglichkeit prak-

tisch aufgehoben, dagegen der eigene Primat gegenüber den östlichen Patriarchen von Antiocheia, Alexandreia und Jerusalem durchgesetzt, die nach der arabischen Expansion und in der Kreuzzugszeit häufig in Konstantinopel leben und auch hier erhoben werden.
Bis 1453 Reichskirche, auch in der Idee mit dem Staat untrennbar verbunden, ist die Kirche im Byzantinischen Reich vom Kaiser stark abhängig, der oft die Patriarchen selber einsetzt. Konflikte fast nur im personalen Bereich. Als höchstes Entscheidungsgremium gilt *das ökumenische Konzil* mit der Idee der Pentarchie („Fünfherrschaft", seit der Trennung von Rom z.T. auch Tetrarchie ohne den Westen) mit Mehrheitsentscheidung, die dem Osten das Übergewicht sichert.   *das ökumenische Konzil*
Hierarchischer Aufbau: Unter dem Patriarchen wechselnde Zahl von Metropoliten und „Erzbischöfen" (exemte Bischöfe bzw. Metropoliten ohne Suffragane), deren Rangfolge in periodisch erneuertem Verzeichnis („notitia") festgehalten wird. Neben dem Patriarchen für laufende Geschäfte die Synodos Endemusa, die seit dem 11. Jh. die Metropoliten wählt, und ein eigener Beamtenstab (z.B. Synkelloi). Schon im 5. Jh. erreicht Zypern die Autokephalie (Unabhängigkeit von einem Patriarchen). Bulgarien erhält 870 einen eigenen Erzbischof, 926/27–1018 bulgarisches Patriarchat (Ochrid), dann wieder 1186 Erzbistum Trnovo, von Papst Innozenz III. als Primas, 1235 von Nikaia als Patriarchat anerkannt (bis 1393); in Serbien 1219 autokephaler Erzbischof, 1347 Patriarchat (in Peć), 1375 von Konstantinopel als autokephal anerkannt (bis 1459); Russland hat seit 1037 eine eigene Metropole direkt unter dem Patriarchen, seit 1447 ohne Wahlbestätigung durch den Patriarchen, was 1459 Gennadios (*um 1405, †nach 1472) anerkennt. Nach der türkischen Eroberung von Konstantinopel wird der Patriarch offiziell zum Oberhaupt aller orthodoxen Christen eingesetzt, damit Vorrang in der Orthodoxie. Auch vor 1453 bleibt trotz Autokephalie die geistliche Gemeinschaft der orthodoxen Kirche auf der Basis der sieben ökumenischen Konzilien bestehen.
Liturgisch-disziplinäre Kennzeichen: nationalsprachliche *Liturgie*, gesäuertes Brot beim Abendmahl, kein Sabbatfasten, Priesterehe, Bart- und Haartracht der Priester, Abtrennung des Altarraums durch die Ikonostasis (seit 13. Jh.). Als Gegenkraft zu Patriarch und Klerus, aber auch als politische Opposition übt das *Mönchtum* oft einen bestimmenden Einfluss aus. Jedes Kloster lebt nach eigener Ordnung (Typikon) ohne Ordensbildung im westlichen Sinn. Es ist in der Regel dem Bischof unterstellt, daneben Stauropegialklöster (unter dem Patriarchen).   *Liturgie*   *Mönchtum*

457–474 Auf Markianos lässt Aspar Leon I. (*um 400), wieder einen Offizier, folgen. Vermutlich erste Krönung durch den Patriarchen. Gestützt auf Isaurier unter dem Häuptling Tarasidokissa (*426), beseitigt Leon den Alanen Aspar.
468 Feldzug gegen die Vandalen scheitert völlig.
Leon greift mehrfach im Westen ein, ohne dauernden Erfolg. Sein Kandidat Julius Nepos muss sich 475 nach Dalmatien zurückziehen, lebt noch bis 480. Auf Leon I. folgt mit kurzer Unterbrechung der Isaurier Tarasidokissa als Zenon.
474–491 Kaiser Zenon sieht nach dem Sturz des Romulus Augustulus 476 die Reichseinheit wieder
479 hergestellt, ernennt Odoaker zum Stellvertreter im Westen und schickt zur Entlastung des Balkans den Ostgoten Theoderich nach Italien.
488 Dessen Abzug bedeutet die endgültige *Befreiung Ostroms* von den Germanen, öffnet jedoch den Slawen den Weg.   *Befreiung Ostroms*
482 Eine Kompromissformel in der christologischen Frage („Henotikon") mit dem Verbot weiterer Diskussion, aber monophysitischer Tendenz hat den ersten großen Bruch mit dem Papsttum zur Folge (Akakianisches Schisma 484–519).
Nach dem Tode Zenons fordert das Volk die Erhebung eines römischen und orthodoxen Kaisers. Die Wahl fällt auf den tüchtigen Hofbeamten Anastasios.
491–518 Kaiser Anastasios I. vertreibt die verhassten Isaurier, welche in Thrakien angesiedelt werden. Wegen zunehmender Spannung mit Persien kommt er den Monophysiten entgegen. *Reformen*: Förderung des Gewerbes, statt Naturalabgaben Geldzahlungen, staatlicher Getreideaufkauf, füllen die Staatskasse und fördern wie die gestraffte Heeresorganisation die Zentralisierungstendenzen. Gegenüber dem persischen Nisibis wird die Festung Dara gebaut, ein Krieg (502–506) bleibt ohne Entscheidung.   *Reformen*
518–527 Kaiser Justin I. (*um 450), ein Bauernsoldat aus dem lateinischen Makedonien, steht ganz unter dem Einfluss seines gebildeten Neffen und Nachfolgers Justinian.
519 Er hebt das Henotikon auf und legt das Schisma durch volle Rückkehr zu Chalkedon bei.
527–565 Kaiser *Justinian I.* (*482).   *Justinian I.*
Der letzte römische Imperator auf dem oströmischen Kaiserthron hat als Leitlinie die römische Staatsidee mit dem Ziel der Restauration durch Reintegration der ostgermanischen Mittelmeerreiche. Das Imperium (Reich) soll der christlichen Oikumene (Welt) entsprechen. Seine Gattin Theodora (*um 497, †548) ergänzt als Monophysitin den katholischen Kaiser. Verwaltungsmann, kein Feldherr, regiert Justinian als „Kaiser ohne Schlaf" mit hervorragenden Mitarbeitern, den Generalen Belisar (*um 505, †565) und Narses (*um 478,

	†573/4), dem Prätorianerpräfekten Johannes Kappadox (†nach 547), dem Rechtsgelehrten Tribonian (†543/545).
	Als autokratischer christlicher Herrscher sieht sich Justinian auch an der Spitze der Kirche (oft als Caesaropapismus bezeichnet).
	529 Er schließt die Schule von Athen als Zeichen der Verchristlichung des Reiches an.
	Doch das christologische Problem erweist sich als unlösbar. Nach schwankender Haltung werden 543/544 drei angeblich nestorianische Schriften von Theodor von Mopsuestia (†428), Theodoret von Kyros (†spätestens 466) und Ibas von Edessa (†457) als nestorianisch verurteilt, um die Monophysiten zu gewinnen (sog. „Drei-Kapitel"-Streit bis 7. Jh.).
	Der Fiskalismus, das Zurückdrängen der Großgrundbesitzer, Abschaffung des Ämterkaufes
Nika-Aufstand	532 und Beschränkung der Zirkusparteien führt zum *Nika-Aufstand* in Konstantinopel. Der Kaiser wird von Theodora gerettet, Belisar und Narses ersticken den Aufstand blutig.
Codex Iustinianus	534 Überragende Leistung ist die Kodifikation des römischen Rechts unter Leitung von Tribonian (später „Corpus iuris civilis") in lateinischer Sprache: *Codex Iustinianus*, Digesten bzw. Pandekten und Institutionen, ergänzt durch griechische Novellen.
	Der Staatsschatz des Anastasios erlaubt große Erfolge im Westen, die aber durch Rückschläge im Osten und auf dem Balkan teuer bezahlt werden.
	534–535 Belisar zerstört das Vandalenreich und gewinnt mit Nordafrika die Kornkammer zurück, ebenso Sardinien, Korsika, Balearen und Ceuta.
	535–553 Lang dauernder Krieg gegen die Ostgoten: Nach raschen Anfangserfolgen verschlingt der Krieg durch Dauer und Intensität große Kräfte.
Sieg über die Ostgoten	Nach dem endgültigen *Sieg über die Ostgoten* wird Italien in das Byzantinische Reich eingegliedert. Papst Vigilius I., durch den Gotenkrieg wieder Reichsbischof, wird zum
	553 5. Ökumenischen Konzil in die Hauptstadt befohlen, das die Drei Kapitel verurteilt.
	554 Ausgreifen nach Spanien, wo aber nur die Mittelmeerküste gewonnen wird (bis 628).
	Trotz einem „ewigen Frieden" (532) zerstört der Perserkönig Chosrau I. (531–578) 540 als Bundesgenosse der Goten Antiocheia am Orontes. Hauptstreitpunkt das strategisch wichtige Lazika am Schwarzen Meer.
	561 Abschluss des endgültigen Friedens auf 50 Jahre gegen Tributzahlung.
	In der Syrischen Wüste entstehen arabische Satellitenstaaten: die monophysitischen Ghassaniden in Bosra (Syrien) gegen die heidnischen Lakhmiden in Hira (Irak). Auf dem Balkan drängen Bulgaren, Awaren und Slawen in das durch das Ende des Hunnenreiches und seit dem Abzug der Germanen geschaffene Vakuum, Festungsbauten und Tributzahlungen schützen die Reichsgrenzen nur unzureichend.
Handelskontakte Seidenmonopol Hagia Sophia	Intensive *Handelskontakte* mit dem Fernen Osten, um den persischen Zwischenhandel auszuschalten. Auf dem nördlichen Landweg kommt die Seidenraupe aus China nach Byzanz, das daraus *Seidenmonopol* errichtet, im Süden wird der Monsun entdeckt. Umfangreiche Bautätigkeit mit der *Hagia Sophia* in Konstantinopel (spezielle Kuppeltechnik), Kirchen in Ravenna, Thessalonike, Ephesos, Antiocheia, Palästen usw. Der große Geschichtsschreiber Prokopios von Kaisareia (*um 490, †nach 555) schildert Vandalen-, Goten- und Perserkrieg und Bauten, übt in der Geheimgeschichte („Anekdota") scharfe Kritik; Ämterbuch des Johannes Lydos (*490, †nach 552); großartige religiöse Hymnen von Romanos Melodos (*Ende 5. Jh., †um 555).
Erschöpfung des Reiches	Justinian macht Konstantinopel zur Hauptstadt des ganzen Mittelmeerraums als einer politischen und kulturellen Einheit. Im Ergebnis steht den äußeren Erfolgen die völlige *Erschöpfung des Reiches* mit Krisenzeichen (Truppenmeutereien, Finanznot, religiöser Zwist) gegenüber. Die Wahrung des Erbes – mit Ausnahme des nach 568 an die Langobarden verlorenen Italien – gelingt vorerst. Ähnlich der frühen Kaiserzeit Herrschaftskontinuität durch Adoption. Die Staatsausgaben, vor allem für Bauten, aber auch Tributzahlungen, werden scharf eingeschränkt. Die zurückhaltende Religionspolitik verhindert nicht zunehmende Entfremdung des sich auch sprachlich nationalisierenden monophysitischen Ostens.
	565–578 Kaiser Justin II. (*um 525–530) schließt ein Bündnis mit den Franken gegen die Langobarden, um freie Hand gegen Persien zu haben, mit dem er v.a. um Armenien kämpft (Krieg bis 628). Italien wird zwischen Langobarden und Byzanz geteilt, das hier (seit 584) und in Karthago (591) als ersten Einbruch in die spätantike Reichsordnung zivile und militärische Gewalt in Exarchaten zusammenfasst.
	578–582 Kaiser Tiberios I. Konstantinos.
Sieg über die Perser	581 Großer *Sieg über die Perser* bei Konstantina (in Mesopotamien), während Italien und Balkan vernachlässigt werden: 582 geht Sirmium verloren.
	582–602 Kaiser Maurikios (*539) sucht durch Reichsteilung unter seine Söhne (597) eine Dynastie zu gründen. Er führt als erster Kaiser seit Theodosios I. Kriege persönlich.

591 Der persische Thronfolger Chosrau II. flieht nach Byzanz. Maurikios adoptiert ihn und verhilft ihm zum Thron Persiens. Dafür tritt Chosrau einen großen Teil Armeniens ab.
Enge Kontakte zum Frankenkönig Childebert II. in Metz.
Auf dem Balkan stoßen die Slawen bis nach Nordgriechenland und auf die Peloponnes vor. Die romanisierten und gräzisierten Einwohner sammeln sich an den Küsten.

602–610 Kaiser *Phokas* (*um 547). *Phokas*
Schreckensherrschaft gegen die Aristokratie, nach außen Verlust des Balkans als gräzisiertes Gebiet zugunsten einer weit gehenden Slawisierung selbst großer Teile Griechenlands. Als orthodoxer Kaiser im Westen begrüßt (Phokas-Säule auf dem Forum in Rom), kommt Phokas dem Papst in der Frage des Titels „ökumenischer Patriarch" für das Neue Rom entgegen.

605–610 Chosrau II. zieht fast widerstandslos von Nisibis über Dara, Kaisareia bis Chalkedon. Das Reich wird gerettet durch den Exarchen von Karthago, der seinen Sohn Herakleios nach Konstantinopel schickt. Phokas wird gestürzt.

Das frühbyzantinische Reich (610–843)

In der Auseinandersetzung mit Persien bricht die bisherige Staatsstruktur zusammen. Das spätantik-oströmische, noch stark latinisierte Reich wird zu einem griechischen Reich, das auf allen Bereichen die Führung in der christlichen Welt hat. Die äußeren Provinzen und die Rückeroberungen Justinians gehen verloren, es bleiben die südliche Balkanhalbinsel, Kleinasien und Teile Italiens. Als Gegenmaßnahme gegen die persische und arabische Gefahr entsteht, auf älteren Ansätzen (Exarchate) aufbauend, die *Themenverfassung*: Bauern erhalten Landgüter gegen erbliche Dienstpflicht zu Pferd (Stratioten) als freizügige Kleingrundbesitzer. Das Heer besteht statt Söldnern aus Berufsmiliz mit Einteilung (beginnend in Kleinasien) in Themen: zuerst Truppenkörper, dann Militärbezirke, schließlich Verwaltungseinheiten unter Strategen, die zivile und militärische Gewalt vereinigen. Stratiotentum und Themenverfassung sind die tragenden Elemente des Staates bis ins 11. Jh. Eine hochentwickelte, in Logothesien gegliederte Zentralverwaltung mit dem Logothetos tu dromu an der Spitze hält das Reich zusammen.

Themenverfassung

Dynastie des Herakleios (610–711)

610–641 Kaiser *Herakleios* (*575). *Herakleios*
Er übernimmt ein im Innern ruiniertes, von außen tödlich bedrohtes Reich. Die Perser erobern 611 Antiocheia, 614 Jerusalem, von wo die Kreuzesreliquie nach Ktesiphon gebracht wird, 617–619 Ägypten, was Konstantinopel der Kornzufuhr beraubt.

615 Zuerst stehen die *Perser* vor Konstantinopel, zwei Jahre später auch die Awaren. *Perserkriege*
617 Eine Verlegung der Hauptstadt nach Karthago verhindert der Patriarch. Die Kirche stellt ihren Besitz zum Aufbau leichter Kavallerie zur Verfügung.
622 Dann beginnt der Gegenangriff im Norden nach Persien hinein.
626 Ein gleichzeitiger Angriff von Awaren und Persern auf die Hauptstadt wird in Abwesenheit des Kaisers nach einem Seesieg erfolgreich abgeschlagen.
627 Herakleios siegt entscheidend bei Ninive.
628 Dann steht er vor Ktesiphon. Das Sasanidenreich bricht zusammen. Chosrau II. wird gestürzt, Persien gibt alles zurück, auch Kreuzesreliquie (631 wieder in Jerusalem), die Reichsgrenze ist der Euphrat.
Auf dem Balkan stoßen Bulgaren, Kroaten und Serben nach. Innere *Reformen* unter Leitung *Reformen*
des Patriarchen Sergios (610–638): griechischer Kaisertitel Basileus (allgemeine Gräzisierung statt Latein), weitere Verkirchlichung und Judenfeindlichkeit. Mangels dynastischen Gesetzes sichert künftig die Erhebung des Sohnes zum Mitkaiser die Thronfolge; Prätendenten durch Verstümmlung ausgeschaltet. Nach der Rückeroberung der monophysitischen Ostprovinzen versucht Herakleios die *christologischen Streitigkeiten* mit Zustimmung *christologische*
Papst Honorius' I. durch den Monenergetismus (zwei Naturen, eine Wirkungskraft) zu *Streitigkeiten*
überwinden, dann Ausweichen auf den Monotheletismus (zwei Naturen, ein Wille) in der „Ekthesis" 638. Der Kompromiss scheitert.
Erschöpft wie das Sasanidenreich, leistet Byzanz der arabischen Expansion nach 632 nur schwachen Widerstand. *Schlacht am*
636 In der *Schlacht am Jarmuk* (Palästina) geht Syrien verloren. *Jarmuk*

		637 fällt Jerusalem, 640/646 Ägypten, wo dogmatische Probleme die arabische Eroberung erleichtern. Der ganze Osten des Reiches bis zum Antitaurus wird arabisch.
Konstans II.	641–668	Kaiser *Konstans II.* (*630) steht zuerst unter Vormundschaft des Senates. Die arabische Expansion geht weiter, 643 fällt Tripolis, 653 Armenien, während der Westen sich wegen des Monotheletismus abwendet.
	648	Ein neues Edikt („Typos") setzt die Ekthesis außer Kraft und verbietet theologische Diskussionen gegen erbitterten Widerstand des Westens unter Maximos dem Bekenner (*580,
	649	†662). Eine Lateransynode verdammt Ekthesis und Typos. Papst Martin I. wird nach Konstantinopel gebracht und stirbt als Hochverräter 655 auf der Krim. Unter Moawija I. (*um 600, †680) beginnen die Araber mit Flottenbau.
	655	Sie siegen über Konstans II. vor Lykien. Nach dem Friedensvertrag mit Moawija 659 beginnt Konstans II. auf dem Balkan Feldzüge gegen die Slawen mit Umsiedlungen. Er geht 662 nach Italien und besucht als letzter byzantinischer Kaiser Rom.
	663	Neue Residenz in Syrakus, wo er ermordet wird.
Konstantin IV.	668–685	Kaiser *Konstantin IV.* (*648).
byzantinischer Sieg	674–678	Er verteidigt Konstantinopel gegen einen zweiten arabischen Vorstoß und eine fünfjährige Belagerung durch den ersten großen *byzantinischen Sieg* (678). Die Griechen setzen als neue Waffe das griechische Feuer (Naphtaraketen gegen Schiffe) ein. Zwischen beiden Seiten umstritten, wird Zypern zum Niemandsland.
	679	Moawija verpflichtet sich zu Tribut.
	680	In der Dobrudscha entsteht das erste bulgarische Reich unter Asparuch (*641, †702).
Sechstes Ökumenisches Konzil	680/681	Nach dem Verlust der monophysitischen Provinzen verurteilt das *6. Ökumenische Konzil* in Konstantinopel den Monotheletismus und Honorius I. und stellt die Einheit mit dem Papsttum wieder her.
	685–695	Kaiser Justinian II. (*um 670).
Reformversuche	und 705–711	*Reformversuche*: Unter ihm entsteht der „Nomos Georgikós" (Ackergesetz) zugunsten der kleinen Grundbesitzer und Dörfer; um die gleiche Zeit auch der „Nomos Stratiotikós" (Soldatengesetz) und das Rhodische Seerecht.
	691/692	Eine Synode im Trullos (Saal des Kaiserpalasts) ergänzt die dogmatische Arbeit des 5. und 6. Ökumenischen Konzils (daher Quinisextum) auf disziplinärem Gebiet in spezifisch griechischer Sicht (Priesterehe, Sabbatfasten). Der Papst lehnt ab. Italien entfremdet sich dem Reich. Mit gewaltigen Umsiedlungen von Slawen soll Kleinasien gestärkt werden. Ein Aufstand zwingt Justinian, ins Exil zu gehen.
	695	
	695–717	Anarchische Zustände mit sechs Kaisern in 22 Jahren, darunter als eigentliche Terrorherrschaft nochmals Justinian II. (705–711), nutzen die Araber zur Eroberung von Karthago (695/698) und ganz Nordafrika bis zum Atlantik, dann Spaniens 711, wo byzantinische Besitzungen bereits 624 verloren gingen, und zu neuem Angriff auf Konstantinopel.
	717	Beim Herannahen der Feinde wird der Stratege des Thema Anatolikon Leon zum Kaiser erhoben.

Die Syrische Dynastie und der erste Ikonoklasmus (717–802)

		Der Verlust des Westens (außer einem Teil Italiens) sowie des Orients erleichtert eine innere Geschlossenheit, die Abwehr und Regeneration ermöglicht. Kleinasien und Thrakien werden Kerngebiete des Reiches als Kornlieferanten und Aushebungsbasis.
	717–741	Kaiser Leon III. (*um 675).
	717/718 718	Er sprengt mit bulgarischer Hilfe die neue arabische Belagerung Konstantinopels zu Wasser und zu Land. Der Höhepunkt der arabischen Expansion ist damit überschritten. Es folgen jahrhundertelange Grenzkriege, in denen sich byzantinische Akritai und islamische Ghasis (Glaubens- und Grenzkrieger) gegenüberstehen (Epos „Digenis Akritas"; ein byzantinischer Held, der die für beide Kulturen charakteristische gegenseitige Durchdringung verkörpert).
Verwaltungsreform		Neue *Verwaltungsreform*: Die großen Themen werden aufgelöst; bedeutende Gesetzgebung: Ekloge, Auszug und Überarbeitung des Corpus iuris civilis in griechischer Sprache und christlich-humanitärem Sinn; Richter werden staatlich besoldet. Eine neue religiöse Krise, Ikonoklasmus (Bildersturm), erschüttert Reich und Kirche.
	726	Aus vielfältigen Wurzeln und wohl auch persönlichen Gründen beginnt Leon III. in Parallele zu ähnlichen Bewegungen im Islam den Kampf gegen die Verehrung und Anbetung der Heiligenbilder (Ikonodulie bzw. Ikonolatrie), zugleich als Kampf um Kaiserkult und gegen das Mönchtum.

730	Ein Edikt befiehlt Zerstörung der *Bilder* und Absetzung des Patriarchen Germanos' I. (715–730, †732). Theologischer Hauptgegner ist Johannes Damaskenos (*um 650, †um 750).	*Bilderstreit*
741–775 754	Unter Kaiser Konstantin V. (*719), der mit eigenen Traktaten eingreift, erreichen die Auseinandersetzungen ihren Höhepunkt. Die Synode von Hiereia (Kaiserpalast bei Konstantinopel) verurteilt die Bilderverehrung als häretisch. Bilderfreundliche Mönche werden verfolgt, in der Kunst Bilder durch Ornamente ersetzt (Irenenkirche). Der Bilderstreit führt seit Leon III. zum *Konflikt mit dem Papsttum* und zur organisatorischen Abtrennung Unteritaliens und Illyricums von Rom. Der Bilderstreit bereitet sowohl die Kirchentrennung als auch die Verbindung des Papsttums mit den Franken vor und bedroht damit die Universalität von Kaisertum und Papsttum. Mit dem Verlust des Exarchats Ravenna (751) bricht die byzantinische Herrschaft in Mittelitalien zusammen. Schwere Kämpfe gegen Araber und vor allem Bulgaren (Sieg bei Anchialos 763).	*Konflikt mit dem Papsttum*
775–780	Kaiser Leon IV. (*750) vertritt einen gemäßigten Ikonoklasmus.	
780–797	Kaiser Konstantin VI. (*771). Vorerst unter der Vormundschaft seiner Mutter Irene (*um 752, †803), verlobt mit einer Tochter Karls des Großen.	
787	Das 7. Ökumenische *Konzil in Nikaia* kehrt zur Bilderverehrung zurück, verurteilt aber die Bilderanbetung: Einheit mit Rom wiederhergestellt. Radikale Ikonodulen (Zeloten) lehnen die Wiedereinsetzung ikonoklastischer Bischöfe ab, was zu neuen Konflikten führt.	*Konzil in Nikaia*
797	Irene stürzt ihren Sohn, um als Basileus allein zu regieren.	
797–802	Kaiserin Irene (*um 752). Sie sichert die staatrechtlich prekäre Stellung durch Privilegien für die Mönche und Tribute an den Kalifen Harun ar-Raschid (*763 oder 766, †809).	
800	Die Kaiserkrönung Karls des Großen, in byzantinischer Sicht eine Usurpation, schafft das *Zweikaiserproblem* (bis 1204). Das Projekt einer Ehe mit Karl scheitert.	*Zweikaiserproblem*
802	Irene wird vom Logotheten tu geniku (Finanzminister) Nikephoros I. gestürzt.	
802–811	Kaiser Nikephoros I. Versuch einer umfassenden Reform der Staatsfinanzen auch gegen kirchliche Privilegien: Allelengyon (gemeinschuldnerische Haftung der Dorfgemeinde), Herdsteuer (Kapnikon), Kataster, Zwangskredite für Kaufleute und Neureiche, Siedlungspolitik und Einführung der *Themenverfassung* auf dem Balkan. Nikephoros fällt bei einer	*Themenverfassung*
811	vernichtenden Niederlage gegen die Bulgaren, sein Sohn Staurakios überlebt nur wenige Monate.	
811–813	Kaiser Michael I. Rhangabé (†843).	
813	Ein schwacher Politiker, erkennt Karl den Großen als Basileus an. In Byzanz wird der Kaisertitel jetzt allgemein „Basileus der Römer". Die Studiten (Verteidiger der Bilderverehrung) treiben Michael I. zu einem neuen Krieg gegen die Bulgaren, denen er unterliegt.	
813–820	Kaiser Leon V. Der Kaiserhof kehrt unter starkem Einfluss des späteren Patriarchen Johannes Grammatikos zum Ikonoklasmus zurück.	
815	Eine Synode wiederholt die Beschlüsse von Hiereia und lehnt das 7. Ökumenische Konzil ab. Zweite Phase des Bildersturms.	
820	Eine Palastrevolution bringt Michael I. aus Amorion (Kleinasien), Gründer einer neuen Dynastie (820–867), auf den Thron.	
820–829	Kaiser *Michael II*. Er muss sich gegen den Usurpator Thomas den Slawen (†823) und dessen sowohl bilderfreundliches als auch sozialreformerisches Programm in einem langen Bürgerkrieg durchsetzen. Michael II. verkörpert das Stratiotentum. Sein Sohn	*Michael II.*
829–842	Kaiser Theophilos, Bewunderer der arabischen Kultur, mit volkstümlichen Zügen wie Harun ar-Raschid, fördert Wissenschaft und Kunst. Theophilos, der letzte Ikonoklast auf dem Kaiserthron, sucht die Diskussion durch ein Verbot zu unterdrücken. Die Themenverfassung wird in den Randgebieten weiter ausgebaut mit Kleisuren als kleineren Einheiten.	
826	In neuer Offensive beginnen die Araber die Eroberung Siziliens (seit 827), wo 831 Palermo fällt und neue Hauptstadt der Insel wird. Auch Kreta geht verloren, die *Thalassokratie* und der offene Seeweg nach dem Westen sind *gefährdet*. Eine Koalition mit den spanischen Omajjaden und den Karolingern bleibt ohne Ergebnis.	*gefährdete Thalassokratie*
838	In Kleinasien nach Niederlage bei Dazimon auch Amorion verloren.	
842	Mit dem Tod des Theophilos bricht der Ikonoklasmus zusammen.	

Verurteilung des Ikonoklasmus

843 Die Kaiserinwitwe Theodora (*um 810, †867) und der Minister Theoktistos lassen ohne Kontakt mit Rom auf einer Synode den *Ikonoklasmus endgültig verurteilen*. Verehrung soll dem Abgebildeten, nicht dem Bild gelten. Ende der inneren dogmatischen Auseinandersetzungen.

Verwaltung, Recht und Kunst

Unter dem absoluten, immer durch „Heer, Volk und Senat" erhobenen Kaiser (seit 457 mit Krönung durch den Patriarchen, im 13. Jh. auch Salbung) entspricht die Verwaltung in der Frühzeit der Reform des 3. Jh.s. Territorial zwei Präfekturen und sieben Diözesen mit dem Prätorianerpräfekten als kaiserlichem Statthalter an der Spitze (für die Hauptstadt ein Stadtpräfekt bzw. Eparch), mit scharfer Trennung von ziviler und militärischer Gewalt. In der hoch differenzierten *Zentralverwaltung* an erster Stelle der „magister officiorum", darunter der „quaestor sacri palatii" (Justiz), der „comes sacrarum largitionum" (Fiskus, im 6. Jh. abgelöst vom „sakellarios"), der „comes rerum privatarum" (kaiserliche Domänen), der „praepositus sacri cubiculi" (kaiserliches Schlafgemach, oft Eunuchen). Kennzeichen bleibt das Nebeneinander von Ämter- und Würdenhierarchie (mit Urkunde bzw. Abzeichen).

Zentralverwaltung

Themenverfassung

Im 7. Jh. bringt die *Themenverfassung* eine allgemeine Militarisierung der Verwaltung und statt Hierarchie ein Nebeneinander gleichberechtigter Logothesien mit dem Logothet „tu dromu" (Außenpolitik), „tu geniku" (Finanzen), „tu stratiotiku" (Heer), „Domestikos" (Garde). Sie verfallen wie die Themen (zuerst 4, dann 32, Ende 12. Jh. 89) durch Aufsplitterung, daher im 12. Jh. neue Spitzenämter Großdomestikos (Heer), Megasdux (Flotte), Logothet tu sekretu bzw. Großlogothet (Außenpolitik und Verwaltung). In der Spätphase durch die Feudalisierung und administrative Zersplitterung Auflösung der zentralen Behörden; die Großgrundbesitzer treten an die Stelle der Beamten.

Wie der Staat ein spätantikes Erbe, wird das Recht in großen Kodifikationen bis Ende 9. Jh. verchristlicht und unter Aufnahme gewohnheitsrechtlicher Elemente an die Umwelt angepasst oder wieder gereinigt. Schon Justinian (527–565) rückt die Kirche an den Anfang (bei Theodosius II., 408–450, noch am Schluss), dann Übergang zur griechischen Sprache mit Milderung (Leon III., 717–741) und neuer Klassizismus (Makedonen). Stets *hohes Rechtsbewusstsein* und Rechtsbildung mit juristischer Hochschule (seit 11. Jh.) sorgen für Kontinuität. Gemeinsame Sammlungen weltlichen und kirchlichen Rechts spiegeln die Einheit von Staat und Kirche.

hohes Rechtsbewusstsein

Kunst

Die *Kunst* des Oströmischen Reiches setzt vorerst die Antike fort mit bestimmender christlicher Komponente und zunehmendem Einfluss griechischer und orientalischer Elemente. Neue Stileinheit durch Justinians (527–565) große Bautätigkeit. Erst im 13. Jh. stärkere regionale Differenzierung, als das Reich sich aufsplittert und die von Byzanz erschlossene slawische Welt politisches Eigenleben gewinnt. Ziel ist weniger die individuelle Schöpfung des Künstlers als die Annäherung an das Vorbild bzw. den dargestellten Gegenstand in seinem ideellen Gehalt, daher genaue Vorschriften (z.B. Malerbuch des Dionysios) und Bildprogramme. Höchstleistungen in Architektur, Mosaik und Malerei, Elfenbein und Email. Wenig bekannt die Plastik. Die erhaltenen Zeugnisse gehören wegen der Zerstörung der Profanbauten ganz überwiegend der kirchlichen Kunst an.

Kirchenbau

Im *Kirchenbau* liturgisch bedingte Tendenz zum Zentralbau mit Narthex und Kuppel, im 6. Jh. Ausbildung der Kuppelbasilika als Vereinigung von Längs- und Zentralbau (Hagia Sophia 532–537), später Kreuzkuppelkirchen mit griechischem Kreuz als Grundriss und Ausstrahlung nach Westen (S. Marco in Venedig). Im Innern reiche Mosaiken (Konstantinopel, Ravenna, Thessalonike) und Marmorinkrustationen. Figürliche Zeugnisse der Frühzeit sind wegen des Ikonoklasmus fast nur im Westen erhalten, die umfangreichen ikonoklastischen Werke ihrerseits nach 843 zerstört worden. Später stärkere Verwendung von Fresken. Die Entwicklung der Ikonostasis fördert Tafelmalerei und Bildzyklen. Daneben Prunkhandschriften und Buchmalerei, an denen auch Kaiser beteiligt sind (Theodosius II., Leon VI., Konstantin VII.).

Das Byzantinische Reich (842–1204)

Nach der Abwehr der arabischen Expansion und der Überwindung der ikonoklastischen Krise beginnt eine neue politische und kulturelle Blütezeit mit machtvoller Expansion an allen Fronten. Durch Handel, Handwerk und hoch entwickelten Fiskalismus für die Zeit unermesslich reich, ist Byzanz weiterhin eine *führende christliche Macht*; obwohl im Westen die abendländischen Reiche aufsteigen und sich sowohl staatlich im Zweikaiserproblem (seit 800) als auch kirchlich der Gegensatz verschärft. Die Kreuzzüge und der wirtschaftliche Aufschwung des Westens künden die *Umkehrung des Kräfteverhältnisses* an, die in der Eroberung Konstantinopels durch die Kreuzfahrer 1204 ihren dramatischen Ausdruck findet. Byzanz verliert mit der Seeherrschaft die Kontrolle über den Handel an die italienischen Seestädte, dann die Flotte selbst. Das Reichsgebiet schrumpft im 11. Jh. durch den Verlust Anatoliens an die Seldschuken,

führende christliche Macht

Umkehrung des Kräfteverhältnisses

großer Teile des Balkans an neue, wechselweise dominierende slawische Reiche und Süditaliens auf die Hälfte, was das Gewicht der Hauptstadt mit 500000 bis 1 Mio. Einwohner steigert. Die Staatsgewalt ist in der Hand der Kaiser konzentriert mit hoch organisierter Bürokratisierung. Trotz Maßnahmen zugunsten der kleinen Grundbesitzer setzt eine Feudalisierung mit dynastischem Denken für die Staatsspitze (Porphyrogennetoi – Purpurgeborene) und erblichem Adel ein, ohne zu vollem Lehenswesen zu führen. Ende 12. Jh. auch partikularistische Tendenzen. Ähnliche Probleme in der Kirche zwischen Patriarchat und Mönchtum, das erfolgreich seine Selbstständigkeit verteidigt und meist das populäre, häufig ein oppositionelles Element darstellt.

842–867 Kaiser Michael III. (*838), Sohn des letzten ikonoklastischen Kaisers Theophilos. Seine Regierung stellt eine Übergangszeit dar. Der Kaisertitel wird um „Autokrator" erweitert, die Staatsfinanzen saniert. *Kaiser Michael III.*

856 Nach der Ermordung des Theoktistos erhält der Kaiseronkel Bardas, eigentlicher Schöpfer des Neubeginns, den Cäsar-Titel als präsumtiver Nachfolger. Er gründet in Konstantinopel die Hochschule neu mit dem Mathematiker Leon von Thessalonike und dem hoch gelehrten Photios (*um 820, †891); gleichzeitig die Dichterin Kassia.

858 Gegen die Erhebung des Photios (noch als Laie) zum Patriarchen appellieren die Studitenmönche an den Papst zugunsten des abgesetzten Ignatios: erster schwerer Konflikt mit Rom auf dem Weg zur endgültigen Entfremdung der Kirchen als Antwort auf das Ende des staatlichen Universalismus im Jahre 800.

863 Auf die Absetzung durch Papst Nikolaus I. antwortet Photios mit dogmatischen Angriffen
867 wegen des *Filioque-Zusatzes* (Lehre vom Ausgang des Heiligen Geistes „aus dem Vater und dem Sohn" statt wie früher nur „aus dem Vater") im Credo und belegt seinerseits, vom Kaiser gestützt, den Papst mit dem Bann. *Filioque-Zusatz*

Im Hintergrund steht der beginnende Kampf um die kirchliche und politische Zuordnung der slawischen Welt.
Eine Bitte des Mährenfürsten Rastislav (862) um die Entsendung von „Missionaren" leitet das Werk der Slawenlehrer *Konstantin-Kyrill* (*826/827, †869) und *Methodios* (Michael; †885) ein, die die glagolitische Schrift zur Übersetzung der Evangelien und Gesetzbücher (Nomokanon) schaffen. Der Bulgarenfürst Boris wendet sich, durch die Verbindung Byzanz – Mähren provoziert, an Rom, empfängt dennoch vom byzantinischen Patriarchen mit Michael III. als Paten die Taufe. Nach neuem Hin und Her erhält Bulgarien 870 ein Erzbistum in Ochrid mit Autonomierechten gegenüber dem Patriarchen von Konstantinopel. *Bulgarien* gehört zur byzantinischen Einflusssphäre. Überraschungsangriff der Rus von Kiew auf Konstantinopel (860) führt gleichzeitig zu ersten byzantinischen Kontakten zu Russland über das von Theophilos neu gegründete Thema Cherson (Krim) als Beginn von Mission und Handelsbeziehungen. *Konstantin-Kyrill Methodios* *Bulgarien*

Nach außen nutzt Byzanz die Schwäche des abbasidischen Kalifats zu einem Gegenangriff auf die Araber in Armenien und am Euphrat (863 Sieg des Petronas über den Emir von Melitene) und zur Flottenaktion auf das Nildelta 853, während die Rückeroberung Kretas zweimal misslingt (843, 865). In den letzten Jahren Michaels III. steigt der ehemalige Stallknecht Basileios nach der Ermordung des Bardas 865 zum Mitkaiser auf und lässt dann den Kaiser selbst umbringen.

Die Makedonische Dynastie (867–1025)

867–886 Kaiser Basileios I. (*um 827). *Kaiser Basileios I.*
Ein Bauernsohn aus Makedonien, vermutlich armenischer Herkunft, großer Staatsmann und Feldherr, wird der Gründer der glanzvollen Makedonischen Dynastie 867–1056, kann freilich auf Ansätzen seit 842 aufbauen. Im Innern wird die Staatsautorität gestärkt, Photios zugunsten von Ignatios abgesetzt und Kontakt mit Rom aufgenommen.

869/870 Das *Achte Ökumenische Konzil* in Konstantinopel verurteilt unter Zurückweisung päpstli-
877 cher Primatsansprüche Photios, der später Erzieher der Kaisersöhne und nach dem Tod des Ignatios wieder Patriarch wird. *Achtes Ökumenisches Konzil*
879/880 Eine neue Synode (in byzantinischer Sicht ökumenisch statt 869/870) rehabilitiert ihn mit päpstlicher Zustimmung.

Umfassende *Rechtskodifikation* soll die Gesetze „reinigen": Das Procheiron (Handbüchlein) vulgarisiert das Recht und bleibt bis ins 15. Jh. wichtig; die Epanagogé als Einleitung *Rechtskodifikation*

zur neuen Rechtssammlung enthält eine von Photios verfasste Staatslehre über das Verhältnis Kaiser-Patriarch.
Basileios setzt die Offensive gegen die Araber in Kleinasien fort, wo auch 872 die Paulikianer (dualistische Sekte), bereits unter Michael III. zum großen Teil nach Thrakien umgesiedelt, endgültig unterworfen werden. Im Westen geht 870 Malta und 878 Syrakus auf Sizilien verloren, aber nach Kontakten zu Ludwig II. dehnt sich dank dem Niedergang der karolingischen Macht der byzantinische Einfluss aus. Benevent anerkennt 873 die byzantinische Oberhoheit, Bari wird 876 eingenommen.

Kaiser Leon VI. der Weise **886–912** Kaiser *Leon VI. der Weise* (*866).
Der Theologe, Jurist und Buchmaler führt das Reformwerk weiter; Rechtssammlung der Basiliká mit kanonischem, privatem und öffentlichem Recht, ergänzt durch Novellen (894) mit wichtigen Aussagen über die Staatsauffassung, im 12. Jh. auch ein Register (Tipukeitos). Der Beamtenapparat wird ausgebaut, die Themen verkleinert und generalisiert (32 Themen für das ganze Reich) und parallel eine neue kirchliche Organisation in der Diatyposis 901/902. Der Kaiser hebt sich durch ein vom Orient beeinflusstes Zeremoniell stärker ab. Unter ihm entsteht ein Land- und Militäradel mit Strategendynastien (z.B. Phokai).

neuer Staatsaufbau ca. 896 Der *neue Staatsaufbau* mit Ämter- und Würdenstruktur schlägt sich im Kleterologion nieder.
Ähnliche Regelungen für Handwerk und Gewerbe im Buch des Präfekten bzw. Eparchen (9./10. Jh.), mit umstrittenem Einfluss auf das westliche Zunftwesen.
Von außen drohen von allen Seiten große Gefahren. Auf dem Balkan strebt Symeon von Bulgarien (893–927) die Herrschaft in Konstantinopel an und zwingt zu weit gespannten Bündnissen: Byzanz mit den neu auftretenden Magyaren, Serben, Kroaten gegen Bulgaren, Petschenegen, das Ostfrankenreich und Araber.

902 Auf Sizilien fällt der letzte byzantinische Stützpunkt Taormina,
904 der Renegat Leon von Tripolis erobert Thessalonike,
907 die Rus greifen unter Oleg (seit 882 Fürst von Kiew, †912) zum zweiten Mal an.
Symeon wartet auf den Tod Leons VI., der erst aus unkanonischer vierter Ehe mit der schönen Zoe Karbonopsina (sog. Tetragamiestreit mit innergriechischem Schisma bis 920) einen Sohn Konstantin (*905) hat:

Konstantin VII. Porphyrogennetos Symeon **913–959** Kaiser *Konstantin VII. Porphyrogennetos*.
Von Leons unfähigem Bruder Alexander provoziert, fordert Symeon eine Ehe Konstantins VII. mit seiner Tochter zur Wiederherstellung des Reiches unter bulgarischer Führung. Das 913 jugendliche Alter des Thronerben erlaubt einen Aufschub der Heirat, doch wird *Symeon* vom Patriarchen mit der byzantinischen Krone zum Kaiser der Bulgaren gekrönt. Nach militärischen Misserfolgen der Regentschaft übernimmt der Flottenkommandant

Romanos I. Lakapenos **920–944** *Romanos I. Lakapenos* (†948) die Regierung, schlägt die Bulgaren, verheiratet Konstantin mit seiner Tochter und wird Cäsar und Basileopator, dann Mitkaiser. Er ist der eigentliche Herrscher, seit 921 auch offiziell an erster Stelle. Romanos sucht die kleinen Grundbesitzer gegen den Adel zu schützen, schwächt sie aber durch hohen Steuerdruck.

924 Gefahr droht weiter von Symeon, dessen Forderung nach dem Titel „Kaiser der Römer und Bulgaren" Romanos zurückweist (Vertrag von 924).
927 Erst Symeons Tod rettet das Reich, denn sein Sohn Peter lässt sich gegen das Zugeständnis eines bulgarischen Patriarchats für ein Ehebündnis gewinnen.
Die Rus erscheinen unter Igor zum dritten Mal vor Konstantinopel (941).
Dank der Befriedung des Balkans beginnt eine Offensive im Osten.
943 Johannes Kurkuas gewinnt das Mandylion (Reliquie mit Antlitz Christi) von Edessa.

Romanos wird gestürzt 944 *Romanos wird von seinen Söhnen gestürzt.*
945 Die jungen Lakapenoi müssen dem legitimen Herrscher Konstantin VII. weichen.
Dieser tritt vor allem als Gelehrter hervor: Verfasser von Enzyklopädien und Traktaten (Zeremonienbuch, Über die Themen, Über die Reichsverwaltung), Förderer von Kunst und Literatur (der Hagiograf Symeon Metaphrastes [*1. Hälfte des 10. Jh.s, †Ende des 10. Jh.s], der Mystiker Symeon der neue Theologe [*um 949, †1022]).
Konstantin VII. pflegt diplomatische Beziehungen zum Westen. Nach mehreren Heiratsbündnissen seit Ende des 9. Jh.s gegen die Araber und mit dem Ziel, den staatlichen Universalismus wieder herzustellen, wird der Thronfolger Romanos II. mit einer Tochter König Hugos von Italien verheiratet. Nach 945 werden auch Gesandtschaften zu Otto dem Großen geschickt.
957 Der Besuch der Fürstin Olga von Kiew bereitet die Christianisierung Russlands vor.
Neue Gesetze verstärken den Schutz der Bauern durch Vorkaufsrecht der Nachbarn und Verkaufsverbot für Stratiotengüter an den Adel.

Die makedonische Renaissance (9.–11. Jh.)

Die Epoche ist gekennzeichnet durch *Palast- und Kirchenbauten* (Kreuzkuppelkirchen, „Nea" in Konstantinopel), majestätische Mosaiken (Hagia Sophia, Hosios Lukas, Nea Moni auf Chios) mit festem Programm der Bildzyklen und Fresken (frühe kappadokische Höhlenkirchen) sowie illuminierte Handschriften aus dem Studitenkloster und der kaiserlichen Schreibstube (Josua-Rolle), dann für Basileios II. (Psalter in Venedig, Menologion im Vatikan). Das „Suidas-Lexikon", die „Bibliothek" des Photios und sein Schüler Arethas von Kaisareia († nach 944) (Plato) spielen eine wichtige Rolle in der Überlieferung der antiken Literatur. Es blüht die *Geschichtsschreibung*: Fortsetzer des Theophanes, Genesios und Leon Diakonos (*um 950, †nach 992).

Palast- und Kirchenbauten

Geschichtsschreibung

959–963 Kaiser Romanos II. (*939).
Schon unter Romanos II. tritt der tüchtige Feldherr Nikephoros Phokas aus dem Militäradel hervor. Durch Heirat mit der Kaiserwitwe Theophano (*um 941) übernimmt er die Herrschaft für die unmündigen Erben Basileios II. und Konstantin VIII. als

963–969 *Kaiser Nikephoros II. Phokas* (*um 912).
Durch glanzvolle Feldzüge gewinnt er 961 Kreta, 965 Zypern, 969 Antiocheia und Aleppo.

968 Gegen die Bulgaren wird erfolgreich Swjatoslaw von Kiew gerufen, der freilich das Land nicht freigibt, während im Westen nach der Wiederherstellung des westlichen Kaisertums ein zähes militärisches und diplomatisches Ringen mit Otto dem Großen um Süditalien und eine Heirat einsetzt.
Nikephoros fördert den Adel, vergrößert die Stratiotengüter, verbietet Schenkungen an die Kirchen.

Kaiser Nikephoros II. Phokas

969 Der asketische Kaiser wird auf Betreiben Theophanos beseitigt, doch erzwingt der Patriarch ihr Exil. Es folgt ein armenischer Adliger und Feldherr als

969–976 *Kaiser Johannes I. Tzimiskes* (*um 925).
Der neue Herrscher kehrt zu restriktiver Politik gegenüber dem Großgrundbesitz zurück mit strengen Katasterkontrollen und Konfiskationen.

971 Der Athos, wo 963 das erste Kloster entstanden ist, erhält eine Verfassung (Tragos).

972 Durch die *Ehe seiner Nichte Theophano* († 991) *mit Otto II.* erreicht der Kaiser den Ausgleich mit Otto dem Großen.
Swjatoslaw muss 971 Bulgarien räumen, das seine staatliche und kirchliche Selbstständigkeit verliert. Im Osten stößt Tzimiskes bis nach Mesopotamien und vor die Tore Jerusalems vor. Nach seinem Tode wird kein neuer Feldherrenkaiser mehr erhoben. Der legitime Herrscher, der Sohn Romanos' II., führt allein den Kaisertitel.

Kaiser Johannes I. Tzimiskes

Ehe Theophanos mit Otto II.

976–1025 *Kaiser Basileios II.* (*958). Er ist ein großer Feldherr, aber ohne geistige Interessen, beseitigt die Regierung seines Großonkels, des Parakoimomenos Basileios, und regiert nun selbst.

985 Er schlägt Adelsrevolten mit Hilfe einer von Wladimir von Kiew gestellten warägischen Garde (Druschina) nieder.

988 Wladimir erhält die Kaiserschwester Anna zur Gattin und tritt zum Christentum über, die russische Kirche wird dem Patriarchen von Konstantinopel unterstellt.
Russland ist in den byzantinischen Kulturkreis einbezogen.

1014 Hauptgegner bleibt Bulgarien unter Zar Samuel in Prespa (Makedonien). Nach langem erbittertem Ringen *werden die Bulgaren bei Skopje vernichtet*, 14 000 Gefangene geblendet (Basileios „Bulgaroktonos" = Bulgarenschlächter).

1018 Ende des ersten bulgarischen Reiches, das in Themen aufgegliedert wird. Die Donau ist wieder die Grenze von Byzanz, die Slawen auf der Peloponnes werden gleichfalls unterworfen.

1021/1022 Im Osten übernimmt Basileios das Reich von Vaspurakan (Vansee), verteidigt Syrien gegen die Fatimiden (994–1001).
Ein geplanter Zug nach Sizilien kommt nicht mehr zur Ausführung, ein Ehebündnis mit Otto III. macht dessen Tod hinfällig.

1025 Byzanz ist beim Tode Basileios' II. auf dem *Höhepunkt seiner Machtstellung* vor neuen Krisen.
Seit Leon VI. (886–912) das Verbot des Landerwerbs durch Beamte auf Strategen beschränkt, dehnt sich der Großgrundbesitz trotz vereinzelten Gegenmaßnahmen aus. Die Bauern werden Pächter (Paroiken), die dem Staat weder Steuern noch Militärdienst leisten. Durch das Charistikariat (zeitlich begrenzte Übergabe von Kirchengut an Laien) nur ungenügender Ersatz. Ämterverkauf fördert den Aufstieg neuer Schichten, vor allem in den blühenden Städten.

Kaiser Basileios II.

Russland

Vernichtung Bulgariens

Höhepunkt der Machtstellung

Die Krise des 11. Jh.s

13 Thronwechsel in 50 Jahren

1025–1028 Nach der kurzen Regierung Konstantins VIII. Krise mit *13 Thronwechseln in 50 Jahren* (Chroniken des Johannes Skylitzes mit Historienbildern und Chronografie des Michael Psellos).
Die hauptstädtischen Beamten und die kleinasiatisch-thrakischen Militärs kämpfen um die Macht. In starkem Legitimitätsdenken geht sie bis 1056 über die beiden Töchter Konstantins VIII., Zoe (*978, †1050; 1042) und Theodora, beide in vorgerücktem Alter, bald an altgediente Beamte und Generale, bald an junge Abenteurer. Durch sein Wahlrecht erhält der Senat, wegen der Krönung der Patriarch neues politisches Gewicht.

1028–1034 Auf den früheren Eparchen Romanos III. Argyros, der zugunsten des Grundadels das Allelengyon (Steuerzuschlag für verödete Bauernländer) aufhebt,

1034–1041 folgt der militärfeindliche Paphlagonier Michael IV.,

1042 dessen Neffe Michael V. Kalaphates mit dem Versuch, die Kaiserin Zoe ins Kloster zu schicken, die Erhebung des Beamten Konstantin Monomachos provoziert.

Konstantin IX. Monomachos

1042–1055 Kaiser *Konstantin IX. Monomachos*.
Der fähige General Georgios Maniakes erobert nach großen Erfolgen im Osten (Edessa 1032) Teile Siziliens zurück, scheitert jedoch bei einem Putschversuch. Im gleichen Jahr

1043 letzter Angriff der Rus.
Mit byzantinischem Geld wird die von dem Fatimidenkalifen al-Hakim zerstörte Grabeskirche in Jerusalem wieder aufgebaut.

Königreich Ani

1045 Das armenische *Königreich Ani* wird dem Reich einverleibt: gefährliches Vakuum im Osten für die Zukunft.
Das Reich erreicht seine größte Ausdehnung seit der arabischen Expansion. In Konstantinopel entstehen eine philosophische und eine juristische Hochschule mit neuem Interesse für die Antike. Ihre führenden Gestalten Michael Psellos (Konsul der Philosophen, *1018, †um 1078), Humanist, Rhetoriker und Geschichtsschreiber, Johannes Xiphilinos (Nomophylax), Konstantin Leichudes spielen zugleich eine politisch bedeutende Rolle als Führer der Beamtenpartei.
Im Laufe von Verhandlungen mit Rom über dogmatisch-liturgische Differenzen (Filioque, gesäuertes oder ungesäuertes Brot/Azymen, Priesterehe, Sabbatfasten) legt der päpstliche

1054 16. Juli Legat Humbert von Silva Candida eine Bannbulle gegen den Patriarchen Michael Kerullarios († 1058), der Gleichberechtigung mit Rom will, auf dem Altar der Hagia Sophia nieder.

Beginn der Kirchenspaltung

Kerullarios erwidert sie auf einer Synode. Der Konflikt gilt als *Beginn der Kirchenspaltung*, doch liegen die Ansätze viel früher (Photios, Streichung des Papstes aus den Diptychen um 1000), andererseits gehen Beziehungen weiter.
Neben dem persönlichen Element geht es um die Zuordnung Unteritaliens und der slawischen Welt und den seit der Reformbewegung gesteigerten Primatsanspruch Roms.

1056 Mit dem Tode Theodoras stirbt die makedonische Dynastie aus.

Anarchie

Es folgen *anarchieähnliche Zustände* mit entscheidender Rolle hauptstädtischer Beamten wie Michael Psellos. Der Großgrundbesitz erlangt Steuer- und z.T. Gerichtsimmunität, Steuern werden verpachtet, Staatsland zeitlich befristet zur Nutzung ohne Steuerpflicht überlassen (Pronoia). Die Stratioten können die Dienstpflicht finanziell abgelten, an ihre Stelle treten Söldner (Waräger, Engländer). Die Folge sind große Gebietsverluste: bis 1071 die äußeren Provinzen Italien, Armenien, Mesopotamien, dann weite Teile Kleinasiens und des Balkans. Dem Reich stehen neue Völker gegenüber: die Petschenegen dringen 1048 und seit 1065 über die Donau vor, 1064 geht Belgrad verloren, die Kroaten erreichen mit der Erhebung Zetas zum Königreich 1077 staatliche Existenz; seit 1048 dringen türkische Seldschuken in Armenien ein, in Unteritalien machen sich die seit dem Ende des 10. Jh.s als Söldner auftretenden Normannen (Aufstand des Melus 1017) selbständig.

1056–1057 Gegen den von Theodora eingesetzten unfähigen Michael VI. Parapinakes (*1052) erhebt
1057–1059 sich Isaak Komnenos († 1061) aus dem kleinasiatischen Militäradel.
Er erringt Erfolge gegen Ungarn und Petschenegen, doch zwingt ihn allgemeiner Widerstand gegen Steuerreformpläne zur Abdankung.

1059–1067 Es folgt Konstantin X. Dukas aus dem Beamtenadel, dessen Witwe den General Romanos
1068–1071 IV. Diogenes heiratet.

1071 Im Kampf gegen die Seldschuken, die 1065 Ani erobert haben, erleidet Romanos eine vernichtende *Niederlage bei Mantzikert* (Malazgirt am Vansee) und wird gefangen.

Niederlage bei Mantzikert

1071–1078 Die Erhebung Michaels VII. Dukas durch die Beamten führt zum Bürgerkrieg, in dem Romanos nach Blendung stirbt, Psellos vom Logotheten Nikephoritzes gestürzt wird.

Kleinasien, bisher Kornkammer und Rekrutenbasis, ist in der Hand türkischer Banden, die schon 1080 an den Dardanellen erscheinen. Getreide muss künftig aus dem Balkan und Südrussland importiert werden, Söldner werden unentbehrlich.

1071 In Unteritalien erobern die Normannen unter Robert Guiscard den letzten byzantinischen Stützpunkt Bari und setzen 1081 nach Epeiros über.

1078–1081 Nikephoros III. Botaneiates aus der Phokai-Familie kann die äußere Gefahr nicht bannen und sieht sich Revolten gegenüber. (Geschichtswerk des Michael Attaleiates, seit 1034.) Das Reich wird gerettet durch den mit den Dukai verbundenen Alexios Komnenos aus dem Militäradel.

Die Zeit der Komnenen und Angeloi 1081–1204

1081–1185 Alexios ist der Gründer der *Dynastie der Komnenen*. *Dynastie der Komnenen*
Byzanz tritt in eine westliche Phase, feudale und dynastische Züge verstärken sich, die komnenische Großfamilie besetzt überall hohe Staatsämter. Die Staatsautorität wird wieder aufgerichtet, die territorialen Verluste zum Teil wieder gutgemacht, wirtschaftliche Krisensymptome (Münzverschlechterung, Niedergang von Handel und Handwerk) bleiben. Eine Titelinflation kündet die Auflösung des Zentralismus an.

1081–1118 *Kaiser Alexios I. Komnenos* (*1048). *Kaiser Alexios I. Komnenos*
Feldherr und Diplomat, in kritischer Situation erhoben, gewinnt er Adel und Klöster durch Privilegien und sichert das Reich gegen außen durch Bündnispolitik.

1082 Mit Hilfe Venedigs, das Abgabenfreiheit und Landeplätze in Konstantinopel erhält, wirft Alexios die Normannen zurück, die Byzanz mehr fürchtet als die Türken.

1085 Nach dem Tode Robert Guiscards wird Epeiros von den Normannen geräumt.
Einzug von Kirchengütern, Konfiskationen, Ausweitung des Charistikariats und der Pronoia füllen die Staatskasse. Steuerpacht wird üblich. Sowohl auf dem Balkan, wo jetzt Ungarn aufsteigt, als auch im westlichen Kleinasien stellt Alexios die byzantinische Herrschaft wieder her. Das innere Anatolien bleibt türkisch.

1090/1091 Dank überlegener Diplomatie gelingt es, einen Zangenangriff der bis nach Smyrna (Emir Tzachas) und an den Bosporus vorgedrungenen Türken und der Petschenegen erfolgreich abzuwehren.
Die Petschenegen werden von den herbeigerufenen Kumanen völlig vernichtet. Es folgt ein Feldzug nach Serbien. Dennoch sucht Alexios Hilfe im Abendland (Robert von Flandern, Konzil von Piacenza)

1095 und löst unbeabsichtigt den *Ersten Kreuzzug* aus, der statt Hilfe eine Vertiefung der Gegensätze bringt. *Erster Kreuzzug*
Die von Byzanz misstrauisch empfangenen Kreuzfahrer erobern Nikaia, siegen bei Dorylaion über die Seldschuken, doch trennen sich Reichspolitik und Kreuzzug, dessen religiöse Idee Byzanz fremd bleibt, bald. Um die Rechtsstellung des normannischen Fürstentums Antiocheia entstehen neue Konflikte.

1108 Nach erfolglosem Angriff auf Dyrrhachion muss Bohemund von Tarent im Vertrag von Deabolis (Devot) die byzantinische Oberhoheit für Antiocheia anerkennen.

1111 Wie Venedig erhält auch Pisa Handelsprivilegien.

1118–1143 *Kaiser Johannes II. Komnenos* (*1088). *Kaiser Johannes II. Komnenos Friedenszeit*
Der größte der Komnenen setzt nach Vereitlung von Palastintrigen gegen seine Nachfolge die Politik des Vaters kraftvoll, aber mit Maß fort. Im Innern *Friedenszeit* mit wirtschaftlicher Blüte und fortschrittlicher Sozialpolitik (Gründung des Pantokratorklosters mit Hospital). Das Schwergewicht der Außenpolitik liegt zunächst auf dem Balkan. Durch Heirat Johannes' mit der Arpadin Irene gerät Ungarn in den byzantinischen Einflussbereich.

1122 Durch einen neuen großen Sieg über die Petschenegen wird die Reichsgrenze an die Donau zurückverlegt.

1126 Nach vergeblichem Versuch, auch Venedig zurückzudrängen, legt ein neuer Vertrag die Vorherrschaft der italienischen Seestädte endgültig fest.
Das Heer wird weiter verstärkt, die Pronoia dient jetzt zum Aufbau schwer bewaffneter Reiterei nach westlichem Muster.

1139/1141 Verhandlungen mit dem Papsttum bleiben ohne Ergebnis.
Nach 1130 Bündnisse mit Pisa, Venedig und dem Reich gegen Roger II. von Sizilien, in den letzten Jahren folgen Feldzüge nach Kilikien und Antiocheia (1137, 1142/1143). Ein Jagdunfall (oder Mord?) verhindert den geplanten Zug nach Jerusalem.

Kaiser Manuel I.	**1143–1180**	Kaiser Manuel I. (*1120). Mit großen Interessen für Theologie, Astrologie und Medizin, heiratet er Bertha von Sulzbach (Irene), die Schwägerin des deutschen Königs Konrad III., und öffnet Byzanz dem lateinischen Einfluss. Das Herrscherzeremoniell wird mit ritterlichen Idealen verbunden (Turniere); normannische Adlige am Hof, die italienischen Kolonien wachsen. Manuel nimmt die universale Reichsidee mit Blick auf Italien wieder auf.
Zweiter Kreuzzug	1147–1149	Der *Zweite Kreuzzug* führt zu einer psychologischen Krise im Verhältnis zum Westen, nach einem Angriff Rogers II. auf Korfu und Theben zu einem neuen Privileg für Venedig, zu
	1148/1149	einem komnenisch-staufischen Bündnis gegen die Normannen im Vertrag von Thessalonike (Saloniki) mit Konrad III. und zu einer babenbergisch-byzantinischen Heirat.
	1155	Nach griechischer Offensive in Süditalien und gegen Ancona löst Friedrich Barbarossa das Zusammengehen, worauf Manuel mit Sizilien Frieden schließt.
Erfolge auf dem Balkan		*Auch auf dem Balkan große Erfolge*: Stephan Nemanja von Serbien muss besiegt 1172 nach Konstantinopel gehen, nach langen Kriegen wird eine Personalunion mit Ungarn vorbereitet, auch der Sultan von Ikonion kommt 1162 nach Konstantinopel. Im Schisma nach 1159 unterstützt Manuel Alexander III. und die lombardischen Städte, um das westliche Kaisertum zu beseitigen. Der Thronfolger Alexios II. wird mit einer Tochter Ludwigs VII. von Frankreich verlobt. Die Kreuzfahrerstaaten suchen seit 1158 Bündnis gegen Ägypten.
	1167	Der Gewinn von Dalmatien, Kroatien und Bosnien und das Handelsmonopol Venedigs
	1171	schaffen neue Gegensätze, die nach Verträgen mit Genua und Pisa 1169/1170 zu einem Vernichtungsschlag führen (20000 Venezianer verhaftet, aller Besitz beschlagnahmt).
strukturelle Schwächen		Die aktive Außenpolitik erfordert höchste militärische und finanzielle Anstrengung: Die Steuern steigen, der Großgrundbesitz, vor allem die Pronoiare werden gefördert, Handwerker und Handel verarmen. Zur Wiederbelebung des Stratiotentums werden Kriegsgefangene angesiedelt. Unter der glanzvollen Oberfläche zeigen sich *strukturelle Schwächen*, die Kräfte des Reiches werden überfordert.
	1176	Der Versuch, das Sultanat von Ikonion zu zerschlagen, führt zur schweren Niederlage von Myriokephalon.
Verlust Kleinasiens		*Kleinasien ist endgültig verloren.*
	1182	Nach dem Tode Manuels bricht das Bündnissystem auf dem Balkan zusammen. Ungarn und Serbien lösen sich, der Widerstand gegen die Kaiserinwitwe Maria von Antiocheia führt in nationaler und religiöser Reaktion zu einem allgemeinen Lateinermord.
	1183–1185	Kaiser Andronikos I. Komnenos, nach abenteuerlichem Leben erhoben, verspricht eine radikale Erneuerung gegen Korruption und Adel, für Rechtssicherheit und Steuergerechtigkeit. Wegen angeblicher Verschwörungen beginnt bald eine Schreckensherrschaft, der die Führungsschicht, auch die Kaiserinwitwe und Alexios II. (1180–1183), zum Opfer fallen.
das Reich desintegriert		*Das Reich desintegriert* an der Peripherie. Zypern und Trapezunt machen sich selbstständig. Ähnliche Tendenzen der Pronoiare in Kleinasien und Griechenland. In außenpolitischer Kehrtwendung verhandelt Andronikos mit Saladin.
	1185	Neuer normannischer Angriff mit Eroberung von Thessalonike. Andronikos wird gestürzt.
Dynastie der Angeloi	**1185–1204**	Es folgt die *Dynastie der Angeloi*, aus dem neuen Adel.
	1185–1195	Kaiser Isaak II. Angelos (*1155).
	1203–1204	Er vertreibt die durch eine Seuche geschwächten Normannen. Nach kurzen Reformansätzen kehren Feudaladel und Italiener, Steuerdruck und Korruption zurück. Die Seldschukenherrschaft in Kleinasien wird anerkannt, weil auf dem Balkan Bulgarien unter den Brüdern Asen, Peter und Kalojan wieder zu bedrohlicher Stellung aufsteigt. Daher neues Bündnis mit Ungarn. Dank der Zurückhaltung von Friedrich Barbarossa wird im Dritten Kreuzzug die Eroberung Konstantinopels vermieden, doch die innere Schwäche von Byzanz liegt offen.
	1195	Unter dem Vorwand notwendiger Reformen stürzt Alexios III. Angelos († 1210) seinen Bruder, ohne dass Besserung einträte. Die Verteidigung wird völlig vernachlässigt. Kaiser Heinrich VI., dessen Bruder Philipp von Schwaben (*1176 oder 1177, † 1208) die Tochter Isaaks, Irene (*um 1180, † 1208), geheiratet hat, erhält riesigen Tribut (Alamanikon). Auf dem Mittelmeer greift Seeräuberei um sich. Bulgarien unterstellt sich unter Kalojan kirchlich dem Papst. Unionsverhandlungen Alexios' III. mit Innozenz III. bleiben ergebnislos. Die Katastrophe kommt, als Venedig und der in den Westen entkommene Sohn Isaaks, Alexios IV., den Vierten Kreuzzug nach Konstantinopel ablenken.
	1203	Die Kreuzfahrer erobern Konstantinopel zum ersten Mal, setzen Isaak II. und Alexios IV. ein.
	1204	Deren lateinerfreundliche Politik führt zu „nationaler" Reaktion (Alexios V. Murtzuphlos).
Eroberung Konstantinopels	**13. April**	Nach einem Teilungsvertrag zweite *Eroberung Konstantinopels* durch die Kreuzfahrer. Die Plünderung mit Zerstörung unschätzbarer Kunstwerke ist ein tödlicher Schlag für die Stadt.

Die Kunst der Komnenenzeit

Sie setzt die klassische Tendenz des 11. Jh.s fort: Mosaiken von Daphni und *Hagia Sophia*, Blachernenpalast (Tekfursaray), dann auch Ausstrahlung nach Serbien, Bulgarien und vor allem Sizilien (Palermo, Monreale). Geschichtswerke von Anna Komnena (*1118, †1153/54; Biografie Alexios' I.), Johannes Kinnamos (*1118, †1180), Niketas Choniates (*1118, †1206), der Theologe Eustathios von Thessalonike (†1193/1198) mit Schilderung des Normannenangriffs von 1185, die Briefe des Michael Choniates von Athen (†1222), der auch vulgärgriechisch schreibende Dichter Theodor Prodromos (in der 1. Hälfte des 12. Jh.s.).

Hagia Sophia

Die westlichen Handelskolonien im Byzantinischen Reich

Seit dem 10. Jh. übernehmen die italienischen Seestädte, begünstigt durch ihre geografische und politische Zwischenstellung, steigenden Anteil am Handel zwischen Osten und Westen. Als Dank für Flottenhilfe gegen die Normannen und Bündnis gegen den westlichen Kaiser, teils auch in Konkurrenz gegeneinander, erhalten sie Handelsprivilegien und Quartier („embolum", eigentlich Straßenarkade) in Konstantinopel (Goldenes Horn) und anderen Städten (Thessalonike, Adrianopel, Philadelphia, Theben) mit Häusern, Kirchen, Anlegeplätzen. Bereits 944 feste Niederlassung der *Amalfitaner;* später mit Kirche und Athoskloster, *Venedig* erhält 988 eine Zollreduktion, dann Abgabenfreiheit im ganzen Reich außer Kreta und Zypern (erst 1148) und eigenes Quartier (bestätigt 1126), Pisa 1111, 1136 und 1170, Genua 1155 und 1169/1170 Zollreduktionen. Mit dem Privileg von 1126 ist die spätere Entwicklung vorgezeichnet. Wegen des gleichzeitigen Verfalls der byzantinischen Flotte beherrschen die Italiener bald Handel und Wirtschaft des Reiches. Manuel I. (1143–1180) schafft für niedergelassene Abendländer einen neuen Rechtsstatus (burgesioi) mit militärischer Dienstpflicht. Aus politischer Schwäche gestehen die Angeloi-Kaiser weitere Konzessionen zu.

Amalfitaner Venedig

Durch eigene Verwaltung (Konsuln, Prokuratoren, nach 1204 Podestà und Bailo), kirchliche Bindung an die Heimatstadt und eigene Gerichtsbarkeit werden die Niederlassungen zu *Kolonien*. Der Vierte Kreuzzug (1202–1204) gibt den Venezianern und ihrem Podestà als Herren von drei Achteln des Reiches und Konstantinopels eine Vormachtstellung. Nach 1261 geht sie an Genua über, jetzt ebenfalls im Genuss völliger Abgabenfreiheit mit Monopol für den gewinnreichen *Schwarzmeerhandel* (Korn, Seidenstraße). Pisa tritt zurück. Genua baut seine Niederlassung in Galata (seit 1267) zu einer eigenen Stadt mit Mauer und Graben aus, wo der Hauptumschlag stattfindet. Zolleinnahmen Anfang 14. Jh. 200000 Goldstücke gegenüber 30000 für den kaiserlichen Zoll. Um den Einfluss auf den Kaiser und um den Besitz von Inseln in der Ägäis liefern sich Genua und Venedig erbitterte Handelskriege (1294–1299, 1350–1352, 1377–1381), deren Hauptlast das Byzantinische Reich zu tragen hat, treten auch früh in Kontakt mit den Osmanen, doch haben sie Interesse an einem möglichst langen Überleben von Byzanz.
Kleinere Kolonien für Ancona, Ragusa, Florenz, Provenzalen, Katalanen usw. mit beschränkten Rechten.

Kolonien

Schwarzmeerhandel

Das Byzantinische Reich (1204–1453)

Von der Katastrophe des Jahres 1204 kann sich Byzanz nie mehr erholen. Zur territorialen *Zersplitterung* in zeitweise drei griechische und ein lateinisches Kaiserreich, die über 1261 hinaus bleibt, tritt eine administrative im Innern. Trotz erstaunlicher Regenerationskraft sinkt Byzanz nach 1282 zu einem Kleinstaat ab, der – territorial immer kleiner, finanziell immer ärmer, militärisch immer schwächer – mit Serben und Osmanen um seine Existenz kämpft. Im 15. Jh. ist es ein Stadtstaat. Die Konkurrenz der Gegner, die strategische Lage, eigene Heiratspolitik, überlegene Diplomatie und vor allem ein ungebrochenes Prestige sichern lange das Überleben. Hoffnung auf westliche Hilfe, Kreuzzüge gegen die Türken und Unionsverhandlungen bleiben vergeblich. Im Innern erfolgt eine Rückbesinnung auf das griechische Erbe, mit antikisierenden Tendenzen. Die Zentralverwaltung löst sich auf, weil die Großgrundbesitzer die Funktion der Beamten übernehmen. Demgegenüber steigt die Kirche, vor allem das Mönchtum, das jetzt die Patriarchen stellt, auf, weil sie über die Reichsgrenzen hinweg eine Klammer mit der slawischen Welt darstellt. Zum politischen Niedergang stehen die kulturelle Leistung mit Rückbesinnung auf die Antike (palaiologische Renaissance) sowie die Wirkung auf Um- und Nachwelt in schroffem Gegensatz.

Zersplitterung

Die Zeit des Lateinischen Kaiserreichs (1204–1261)

Balduin I. von Flandern 1204–1205 An die Spitze des Lateinischen Kaiserreichs tritt gemäß venezianischem Willen *Balduin I. von Flandern* (*1171, †1206).
Ihm fällt ein Viertel des Reiches mit Thrakien, Bithynien und ägäischen Inseln (Lesbos, Samos, Chios) zu, vom Rest geht die Hälfte zu freiem Eigen an Venedig, die andere Hälfte als Lehen an Kreuzritter. Der unterlegene Kaiserkandidat Bonifaz von Montferrat (*1155, †1207) lehnt den kleinasiatischen Anteil ab und errichtet das *Königreich Thessalonike* über Thrakien und Makedonien mit Vasallenfürstentümern in Griechenland, die nur mittelbar vom Kaiser abhängen. Venedig sichert sich die wichtigsten Inseln (Korfu, Kreta, Euboia), Hafenstädte auf der Peloponnes, an Hellespont und Marmarameer, Adrianopel und Teile Konstantinopels, sodass es wirtschaftlich und zur See das Lateinische Kaiserreich kontrolliert.

Königreich Thessalonike

1204 Diese Aufteilung wird vertraglich bestätigt.

Okt. Erster lateinischer Patriarch wird der Venezianer Thomas Morosini. Die intolerante Unterwerfung der griechischen Kirche und der anfänglich kooperationsbereiten Aristokratie machen die neue Ordnung zur verhassten Fremdherrschaft. Von Anfang an an akutem Menschenmangel, vor allem an waffenfähigen Leuten, leidend, können die Kreuzfahrer das Reich nur zum Teil erobern, erben aber äußere Feinde.

Schlacht bei Adrianopel 1205 14. April Balduin I. erleidet bei *Adrianopel* eine vernichtende Niederlage gegen die Bulgaren und stirbt in der Gefangenschaft.

1206–1216 Balduins Bruder Heinrich I. (*1174, †1216) kann die Lage nochmals stabilisieren, muss aber einen Dualismus Kaiser–Podestà Venedigs in einem Kronrat (erstes institutionalisiertes feudales Parlament) anerkennen.

Das Reich überlebt unter schwachen, vom Adel abhängigen Kaisern nur dank der Konkurrenz seiner Gegner bis 1261. *Balduin II.* (†1273) zieht sich mit dem Patriarchen nach Euboia zurück. Das Titularkaisertum wird politisches Handelsobjekt des Papsttums.

Balduin II. 1228–1261

An der Peripherie des lateinischen Besitzes (Romania) entstehen drei, teilweise bewusst national geprägte Zentren des Griechentums: das schon Ende des 12. Jh.s gegründete Kaiserreich der Großkomnenen in Trapezunt; das Despotat Epeiros (Epirus) der Angeloi und in Kleinasien ein *Kaiserreich in Nikaia* (Nicaea) unter den Laskariden. Alle sehen sich als Fortsetzer der Reichstradition und streben nach Konstantinopel. Trapezunt scheidet aus diesem Kampf schon 1214 politisch aus. Im Vordergrund steht Nikaia unter dem altadligen Schwiegersohn Alexios' III. (†1222), Theodor Laskaris, dessen Bruder 1204 als Konstantin (XI.) zum Kaiser ausgerufen worden ist. Theodor führt vorerst nur den Titel Despot.

Kaiserreich in Nikaia

1205–1222

Krönung Theodors I. 1208 Theodor I. zum Kaiser gekrönt.
Nach der Niederlage der Lateiner bei Adrianopel (1205) kann sich Nikaia konsolidieren, gegen lokale Magnaten einigen, 1211 die Türken abwehren.

1214 Ein Friedensvertrag mit Heinrich I. legt die Grenzen fest. Den Lateinern bleibt nur der Nordwesten bis Adramyttion (in der Nähe des heutigen Edremit in der Troas).
Kluge Agrargesetzgebung und Siedlungspolitik sowie merkantilistische Handelsgesetze und Konzessionen an die Großgrundbesitzer führen eine wirtschaftliche Blüte herbei. Scharfe Rivalität zu Epeiros (Epirus) unter Michael I. Angelos (1204–1215) und Theodor (1215–1230),

1224 der nach der Eroberung von Thessalonike den Kaisertitel annimmt.
Durch Niederlage gegen die Bulgaren bei Klokotnica in Thrakien (1230) scheidet Epeiros (Epirus) aus und verzichtet 1242 auf den Kaisertitel.

Kaiser Johannes III. Vatatzes 1222–1254 *Kaiser Johannes III. Vatatzes* (*1193, †1254).
Nikaia erreicht den Höhepunkt seiner inneren und äußeren Machtstellung.

1225 In einem neuen Friedensvertrag liegt die Grenze zu den Lateinern bei Nikomedeia; die Inseln Lesbos, Chios, Samos fallen an Nikaia, ebenso Adrianopel, das aber zu Theodor von Epeiros übergeht. Heiratsbündnis mit Kaiser Friedrich II. gegen Konstantinopel und Papst.

1246 Johannes III. erobert Thessalonike.

1254–1258 Theodor II. versucht, gestützt auf Beamte niederer Herkunft, den Kampf gegen den Adel, dessen Ansiedlungsrechte beschränkt werden. Die Mongolengefahr (seit 1243) bindet vorübergehend die griechischen Kräfte.

Die spätbyzantinische Zeit (1259–1453)

1259–1282 *Kaiser Michael VIII. Palaiologos* (*1224, †1282).
Ein Militär und Vertreter des Grundadels, setzt er sich nach dem Tode Theodors II. als Mitkaiser neben den unmündigen Johannes IV. Laskaris (1258–1261).

Kaiser Michael VIII. Palaiologos

1259 Sein Bruder Johannes Palaiologos erringt im Tal von Pelagonia (Makedonien) einen entscheidenden Sieg über Epeiros (Epirus), die fränkischen Barone von Achaia und Manfred von Sizilien.

1261 Für die Rückeroberung Konstantinopels sucht Michael VIII. im Vertrag von Nymphaion die Hilfe Genuas und seiner Flotte, das die bisherige Stellung Venedigs im Osten bekommen soll (Alaungruben in Phokaia [Phokäa, heute Foca, Golf von Izmir], Galata-Quartier seit 1267).

1261
25. Juli Doch Konstantinopel fällt überraschend vor der Durchführung des Vertrages. Das byzantinische *Kaiserreich ist wiederhergestellt*.
Michael VIII. lässt sich in der Hagia Sophia erneut krönen, seinen Sohn Andronikos zum Mitkaiser ausrufen und Johannes IV. blenden.
Damit Herrschaft der *Dynastie der Palaiologen* 1259/1261–1453.
Von Laskaridenpartei und Kirche angefochten, kommt Michael den Adelsinteressen durch Erblichkeit der Pronoiagüter entgegen. Er versucht Byzanz nochmals zur Großmacht zu machen; Hauptziele: Beseitigung der lateinischen und griechischen Partikularstaaten, Abwehr Bulgariens und Serbiens, Verhinderung eines Kreuzzuges und einer Koalition Papsttum–Sizilien.

Kaiserreich ist wiederhergestellt

Dynastie der Palaiologen

1264 Epeiros erkennt seine Oberhoheit an. Der 1259 gefangen genommene Fürst von Achaia, Wilhelm II. von Villehardouin (†1278), tritt 1261 Mistra und Monemvasia ab.
Unionsverhandlungen mit dem Papsttum hintertreiben erfolgreich die Angriffspläne Siziliens und den Kreuzzug zur Wiederherstellung des Lateinischen Kaiserreichs.

1274
6. Juli Auf dem *Konzil von Lyon* wird aufgrund eines persönlichen Glaubensbekenntnisses Michaels VIII. und seines Sohnes die *Union* mit Anerkennung des päpstlichen Primats verkündet. Sie führt zu schweren Konflikten in Konstantinopel. Die Unionsgegner unter Führung der Mönche (Zeloten) bestreiten dem Kaiser grundsätzlich Rechte in Glaubensfragen.
Gegen neue Kreuzzugspläne Karls I. von Anjou (*1226, †1285; ab 1265 König von Sizilien) im Bund mit dem Titularkaiser Philipp, Venedig, Serbien, Bulgarien, Epeiros (Epirus)

Konzil von Lyon
Union

1281 und Thessalien im Vertrag von Orvieto und die Exkommunikation durch Papst Martin IV. (1281) bildet Michael VIII. eine Koalition mit Ungarn, Mamluken, Goldener Horde sowie

1282 Aragón und steht im Hintergrund der Sizilianischen Vesper, die Byzanz rettet und die europäische Machtkonstellation verändert. Venedig wendet sich wieder Byzanz zu.

1282–1328 *Kaiser Andronikos II.* (*1260, †1332).
Die völlige Erschöpfung der Mittel zwingt zu drastischen Einschränkungen. Das Heer wird reduziert, die Flotte aufgelöst. Byzanz ist wirtschaftlich den italienischen Seemächten endgültig ausgeliefert. Von der Union wendet sich Andronikos ab. – Schon während Michaels VIII. Westpolitik dehnen sich die Türken, von den Mongolen abgedrängt, weiter in Kleinasien aus, dessen weit gehender Verlust Landwirtschaft, Handwerk und Finanzkraft von Byzanz untergräbt. Die Steuereinnahmen erreichen nur noch ein Achtel des 12. Jh.s, das Hyperpyron sinkt auf 50%. Versuche, mit westlichen Söldnern wie der katalanischen Kompanie unter Roger de Flor (1303–1305) die Türken zurückzudrängen, scheitern. Die Katalanen lassen sich zuerst in Gallipoli, dann in Athen nieder.

Kaiser Andronikos II.

1282

1299 Auf dem Balkan erobert das aufstrebende Serbien Makedonien und Thessalien, die als Mitgift einer byzantinischen Prinzessin abgetreten werden.

1307 Bulgarien erhält Mesembria an der Schwarzmeerküste und Gebiete südlich des Balkangebirges.

1318 Erfolge nur in Achaia auf Kosten der Lateiner, später auch in Epeiros (Epirus), wo die Dynastie der Angeloi erlischt, während Thessalien an andere Bewerber fällt.
Venedig verzichtet auf die 1204 gewonnenen Rechte in Konstantinopel und auf die Kreuzzugsidee zugunsten von Handelsprivilegien.

1328 Ein Bürgerkrieg zwingt den Kaiser zur Abdankung zugunsten seines Enkels.

1328–1341 Unter *Andronikos III.* wird das Gerichtswesen durch Einsetzung von besoldeten Richtern neu geordnet (ca. 1345 Rechtshandbuch des Konstantin Harmenopulos, Hexabiblos, das sich auch im slawischen Bereich durchsetzt und nach 1453, in Griechenland bis 1946, bleibt). – Aus privaten Mitteln Flottenneubau. Weiteren Verlusten an die Serben steht der Gewinn von Chios 1329 (bis 1346), Thessalien 1333, Epeiros (Epirus) 1337 (bis 1349) gegenüber: *Ende der Sonderreiche* auf dem Balkan.

Andronikos III.

Ende der Sonderreiche

	1341	Johannes Kantakuzenos usurpiert den Kaisertitel als Mitherrscher für Johannes V. Palaiologos (*1332, †1391). Jahrelanger Kampf des Grundadels gegen eine auf das Volk gestützte hauptstädtische Partei mit Eingreifen von Serben und Osmanen.
	1341–1347/ 1350	Mit den politischen Gegensätzen verbinden sich die soziale Bewegung der Zeloten in Thessalonike, die angeblich für die legitime Dynastie eintreten, und in verkehrter Frontstellung der Hesychasmusstreit (mystische Theologie der Gottesschau mit Zentrum auf dem Athos, Führer Gregorios Palamas).
Reich ruiniert	1347 1350	Der Sieg des Kantakuzenos, der zum Hauptkaiser auf zehn Jahre unter territorialer Reichsteilung als Johannes VI. zum zweiten Mal gekrönt wird und die radikalisierten Zeloten niederwirft, ist zugleich der Sieg des Hesychasmus und das Ende der Latinophilie in Byzanz. Das *Reich* ist völlig *ruiniert*, der eigentliche Sieger Serbien, das Epeiros (Epirus) und Thessalien erobert. Die Pest von 1347/1348 dezimiert die Bevölkerung von Konstantinopel, das nachher noch 100000, im 15. Jh. 50000 Einwohner hat.
	1354 1355	Die Besitznahme von Gallipoli durch die Osmanen als erste Eroberung auf europäischem Boden und der vergebliche Versuch einer Dynastiegründung zwingen Johannes VI. zur Abdankung (†1383).
Verlust Kleinasiens	1355–1391	Während der Alleinherrschaft von Johannes V. zerfällt Byzanz administrativ und feudal durch das von Johannes VI. eingeführte System von Apanagen bzw. Despotaten (Thrakien, Morea/Mistra) zuerst für die Kantakuzenoi bis 1382, dann die Palaiologen. Die letzten *Besitzungen in Kleinasien gehen verloren*.
	um 1370	Mit dem Fall von Adrianopel ist Byzanz durch die Osmanen eingekreist. Türkengefahr und Kreuzzugspläne, jetzt zugunsten von Byzanz gegen die Türken, werden bestimmende Faktoren neben der Unionsfrage.
	1376–1379 1390	Gegensätze über die zu befolgende Politik spiegeln sich in den Usurpationen von Andronikos IV. (†1385) und Johannes VII. (*um 1370, †1408).
osmanischer Vasallenstaat	1387	Johannes V. erklärt sich den Osmanen 1379 tributpflichtig, Byzanz ist ein *osmanischer Vasallenstaat*. Das Reichsgebiet schrumpft weiter, es fällt Thessalonike, nach dem osmanischen Sieg auf dem Amselfeld scheint das Ende nahe.
	1389	
Kaiser Manuel II.	**1391–1425**	*Kaiser Manuel II.* (*1370, †1425). Manuel kann die Selbstständigkeit des Reiches wahren, das fast nur noch aus Konstantinopel und Morea besteht, wo durch Reformen und Siedlungspolitik ein bedeutender Aufschwung einsetzt.
	1393/1394	Die Osmanen unterwerfen die Hauptstadt einer Blockade.
	1396 1399–1402	Hilfegesuche Manuels, die zum vergeblichen Kreuzzug von Nikopolis führen, und eine Reise nach Italien, Frankreich und England bringen keine Wende, aber sie wecken das Interesse für griechische Kultur und Sprache.
	1402	Die vernichtende Niederlage der Osmanen gegen Timur bei Ankara (Angora) gibt Byzanz nochmals 50 Jahre Frist. Athos und Thessalonike (bis 1430) zurückgewonnen.
	1424	Sultan Murad zwingt Manuel II. zur Rückkehr zur Tributpflicht und belagert die Stadt.
Konzil von Ferrara-Florenz	1425–1448 1439 6. Juli	Kaiser Johannes VIII. (*1392, †1448) unternimmt den letzten großen Unionsversuch auf dem *Konzil von Ferrara-Florenz*. Die Union wird im Osten abgelehnt, wo die Gegner die türkische Herrschaft der Unterwerfung unter Rom vorziehen. Russland bricht mit Konstantinopel.
	1444	Das Scheitern des Kreuzzuges von Warna besiegelt das Schicksal des neutral gebliebenen Byzanz.
Kaiser Konstantin XI. (XII.) Eroberung Konstantinopels	1449–1453 **1453** **29. Mai**	*Kaiser Konstantin XI. (XII.) Dragases* (*1403, †1453). Durch entscheidenden Einsatz von Artillerie und Überführung der türkischen Flotte zu Land ins Goldene Horn gelingt die osmanische *Eroberung Konstantinopels*.
	1460	Fall von Mistra als letztem byzantinischem Teilreich auf europäischem Boden.

Die Bedeutung des Falls von Byzanz

Der Fall von Byzanz führt durch die Auswanderung führender byzantinischer Gelehrter nach Italien (Florenz und Venedig) mit Handschriften antiker Autoren – wie zuvor schon die Unionsverhandlungen – zu intensiver Begegnung des Westens mit der griechischen Tradition. Entscheidende *Impulse für die Renaissance*. Wie das römische Recht hat Byzanz durch Bildungskontinuität der Nachwelt die griechische Literatur bewahrt.

Impulse für die Renaissance

Die griechische orthodoxe Kirche bleibt unter der Türkenherrschaft bestehen, der Patriarch von Konstantinopel Gennadios (Georgios Scholarios, *um 1405, †nach 1472) widerruft die Union und wird der offizielle Führer der orthodoxen Untertanen des Sultans. Politisch geht die Führerrolle in der Orthodoxie an das Großfürstentum Moskau, das das „Dritte Rom" sein will.

EUROPÄISCHE NEUZEIT (ETWA 1500 BIS 1945)

Übernationale Entwicklungen und Ereignisse der europäischen Neuzeit

Die Bezeichnung für die auf das Mittelalter folgende große *Epoche* in der Geschichte Europas kommt im Humanismus auf und wird seit C. Cellarius (*1638, †1707) als gültiger Periodisierungsbegriff verwendet. Obgleich solche Einteilungen immer umstritten bleiben, werden sie hier als eingebürgert und praktikabel verwendet. Konkret werden als *Einschnitte* verstanden vor allem die osmanische Eroberung Konstantinopels (1453; Ende des auf spätantiker Grundlage aufbauenden Byzantinischen Reichs, das dem Abendland bedeutende Traditionen vermittelt und dadurch dem Humanismus einen wesentlichen Impuls gibt), die europäische „Entdeckung" Amerikas (1492; Erweiterung des Weltbildes, Einschnitt in der Kolonialgeschichte) und vor allem der Beginn der Reformation Martin Luthers (1517; als geistige, auf soziale, politische und wirtschaftliche Bereiche übergreifende Umwälzung). Wichtige *konstitutive Merkmale* der europäischen Neuzeit wie die Zunahme der Schriftlichkeit, rapide ansteigend durch den Druck mit beweglichen Lettern ab etwa 1450, die wachsende wirtschaftliche und kulturelle Bedeutung des Bürgertums, der Aufbau von Flächenstaaten mit kontinuierlich tätigen, effektiven Herrschaftsapparaten oder die Entwicklung eines europäischen Staatensystems mit Bündnissen, Kriegen, Rivalitäten werden freilich bereits im Spätmittelalter deutlich. Kompromisshaft geht die neuere Forschung meist von einer Übergangszeit in der zweiten Hälfte des 15. Jh.s aus, während die Übertragung dieser Epochengrenze auf die außereuropäischen Völker und Kulturen eher zurücktritt. Ihnen wird eine eigenständigere Behandlung mit spezifischen Epochen zugestanden, bzw. die Veränderung jener Kulturen und Gesellschaften durch die europäische Ausbreitung setzt meist erheblich später, jedoch regional verschieden ein.

Gegenüber der Frage nach dem Beginn der Neuzeit erhalten andere *Epochengrenzen* durch die neuere Forschung eine vermehrte Aufmerksamkeit. So wird die *Frühe Neuzeit* vom Ende des Mittelalters bis zum Vorabend der Französischen Revolution (1789) verstärkt als eigene Epoche gesehen, teilweise sogar mit dem Spätmittelalter zu einem Zeitabschnitt zusammengefasst. Liegt in der Frühen Neuzeit gleichwohl ein Schwerpunkt der neuzeitlichen Abhebung vom Mittelalter, so erhält der durch die *Französische Revolution* eingeleitete Zeitraum (1789–1914) einen eigenen, gleichfalls heute stark betonten Charakter durch die politisch-industrielle Doppelrevolution, die in England schon im 17./18. Jh. beginnt und sich in ganz Europa auf dem Wege einer in den Einzelstaaten unterschiedlichen „Modernisierung" bis ins 20. Jh. fortsetzt. Hiervon hebt sich seinerseits das *Zeitalter der Weltkriege* (1914–1945) ab, in dem die Einbeziehung der ganzen Welt in die Probleme Europas den Kulminationspunkt überschreitet und Europa selbst in rapide wachsendem Maße durch die von außerhalb dieses Kontinents ausstrahlenden Kräfte erfasst wird. Am Ende, 1945, wird man kaum noch von einer europäischen Neuzeit sprechen.

Epochenbegriff

Einschnitte

konstitutive Merkmale

Epochengrenzen
Frühe Neuzeit

Französische Revolution

Zeitalter der Weltkriege

Frühe Neuzeit (etwa 1500 bis Ende des 18. Jh.s)

Allgemeine Entwicklungen

Die Frühe Neuzeit von 1500 bis zur Französischen Revolution 1789 ist eine Epoche mit einer vorwiegend stabilen feudalen Grundstruktur, auf der sich besonders deutlich im politischen, nicht so offenkundig im wirtschaftlichen Bereich zahlreiche Veränderungen abzeichnen, die sich meist als Weiterentwicklungen älterer Strukturen, oft auch mit echten Neuerungen verbunden, erweisen und deren Ineinander jene charakteristischen Formen soziokultureller Entwicklungen bilden, die wir als frühneuzeitlich bezeichnen.

Die Situation der Bevölkerung um und nach 1500

Bevölkerungszahl

Geht man von der *Bevölkerungszahl* um 1500 aus, so lässt sich diese für Europa auf etwa 60 bis 70 Mio. schätzen; sie liegt somit nicht höher als 200 Jahre früher. Dass das Defizit allenfalls aufgeholt, aber kein eigentliches Wachstum zu verzeichnen ist, liegt vor allem an Seuchen, Pest, Kriegen und Hungersnöten, besonders der Großen Hungersnot des 14. Jh.s. Diese Geißeln der Menschheit bleiben auch noch lange nach 1500 trotz etwas steigender Bevölkerungszahl für die demografische Entwicklung Europas von entscheidender Bedeutung.

Bevölkerungsentwicklung

Bevölkerungsentwicklung 1600–1800

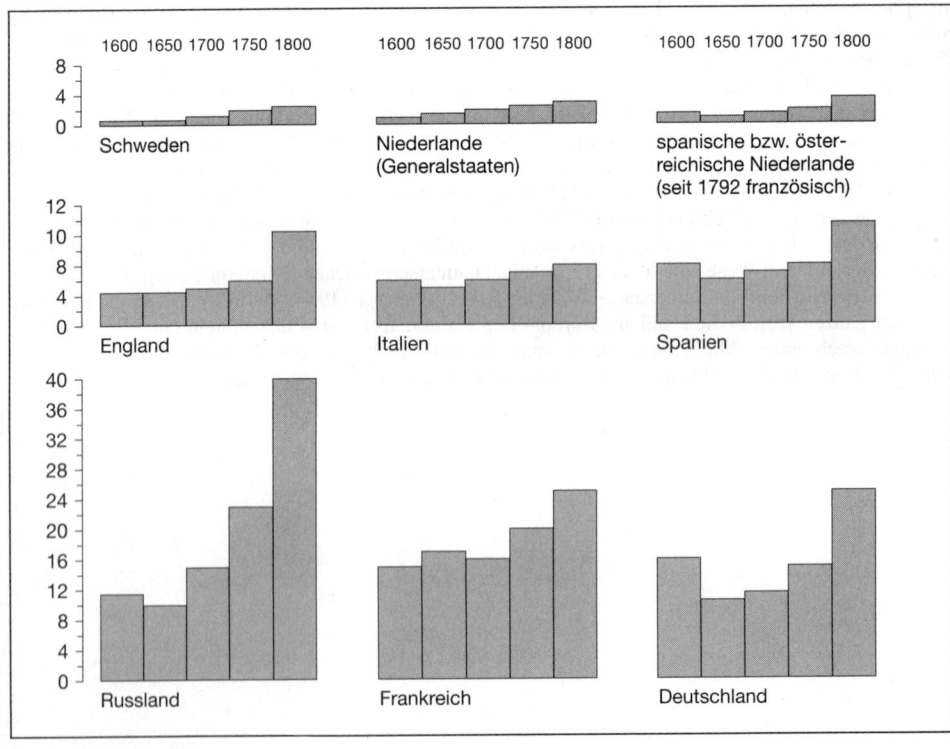

Krankheiten

Chroniken, Curricula Vitae, Denkwürdigkeiten und sonstige biografische Aufzeichnungen des 16. und 17. Jh.s, aber auch medizinische Traktate sind voll von detaillierten Schilderungen und wiederholten Klagen über *Krankheiten* verschiedenster Art, von Roter Ruhr, Virusgrippen, Syphilis sowie anderen Pandemien und Epidemien, deren Charakter heute kaum noch feststellbar ist, die die Menschen aber in großer

Zahl dahinrafften, oder von Leiden wie Epilepsie, Podagra, Nierenstein, Wassersucht etc., die die Lebenserwartung verringern. Gegen viele Krankheiten kennt man Hausmittel oft mehr abergläubischer als medizinischer Art; die Fürsten senden ihren Standesgenossen Amulette, die wahre Wunder vollbringen sollen.

Die niederen Schichten leiden zum großen Teil an permanenter *Unterernährung*, sodass die Reichen gewöhnlich älter werden als die Bedürftigen. Ungezählt sind auch die Klagen über hohe Preise, über die Verwüstung der bäuerlichen Felder infolge von Kriegseinwirkungen, über unerträgliche Abgaben an die Grundherren und nicht zuletzt über Kriegskontributionen, die bei allen nur denkbaren Gelegenheiten erhoben werden.

All diese Mangelerscheinungen sind Ausdruck von *Subsistenzkrisen*, da der Zunahme der Bevölkerung sowohl im 16. wie (nach der großen Stagnation des 17.) noch stärker im 18. Jh. nur begrenzte Wachstumsmöglichkeiten der Erträge in der Landwirtschaft und der Güterproduktion gegenüberstehen.

Unterernährung

Subsistenzkrisen

Der begrenzte Aufschwung von Landwirtschaft, Gewerbe und Handel

Dennoch setzt nach einem Jahrhundert der Stagnation bereits vor 1500 eine langsame *Zunahme der Bevölkerung* ein, bedingt durch das Zurückgehen der Krisenfaktoren, anders gesagt: durch eine Verbesserung in den Bereichen, die vorher das Sinken der Bevölkerungsquote mit bewirkten. Hier ist auch an ein Zurückgehen oder Verschwinden bestimmter Epidemien zu denken, aber der Hauptfaktor liegt in den Wandlungen, die sich in Landwirtschaft und Gewerbe vollziehen, die zwar nach Ländern verschieden, in der Grundstruktur in den Teilen Europas dennoch ähnlich sind.

Zunahme der Bevölkerung

Verflechtungen einer Handelsgesellschaft im 15./16. Jh.

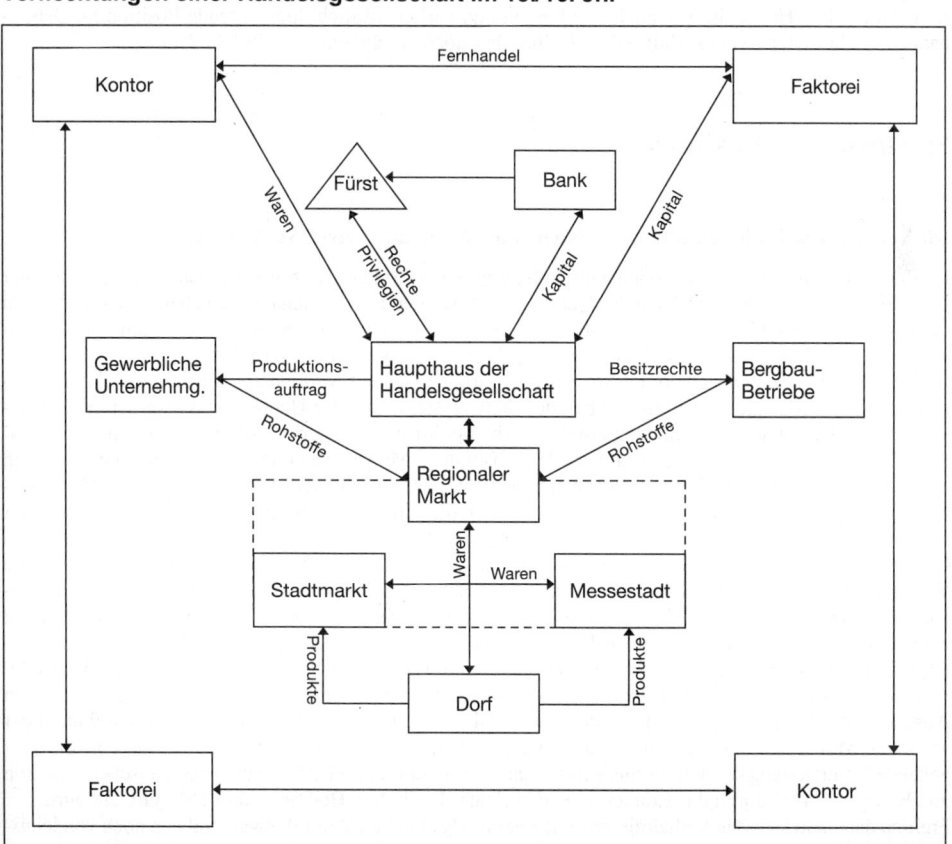

Verflechtungen im Handel

Getreide-
produktion
Viehzucht

Bodenkultur

Textilproduktion

Abwanderung
in die Städte

Steigerung der
Produktion

Überseehandel

Früh-
kapitalismus

Geht die *Getreideproduktion* vielerorts wegen des Arbeitskräftemangels und höherer Löhne für die Landarbeiter zurück, so werden anderswo, wie in der osteuropäischen Gutswirtschaft, zunehmend Überschüsse erwirtschaftet, die in die unterversorgten Gebiete ausgeführt werden können. Die *Viehzucht* wird intensiviert; mit ihr ist nicht nur ein höherer Fleischkonsum verbunden, sondern auch eine Bereicherung des Handels mit Häuten, Wolle und Butter. Die *Bodenkultur* wird qualitativ und quantitativ nach und nach verbessert, insofern man bis dahin ungenutzten Boden (wie Sümpfe und Moore) in die Nutzung einbezieht. Im Bereich von Garten- und Weinbau findet eine Veredlung statt, und nicht zuletzt werden in verstärktem Maße all jene Pflanzen (darunter Hanf und Flachs) angebaut, die einen Aufschwung der *Textilproduktion* ermöglichen.

Dennoch stehen im bäuerlichen Bereich einer Schicht mit deutlichem sozialem Aufstieg und materieller Verbesserung die Kleinbauern und Landarbeiter gegenüber, die die soziale Absicherung nicht schaffen und kümmerlich existieren. Dies erklärt die anhaltende *Abwanderung in die Städte*, denen es infolge des zu geringen Gewerbeaufschwungs an ausreichenden Arbeitsplätzen fehlt, sodass die vom Land Kommenden häufig Teil des städtischen Proletariats werden.

Der relative Aufschwung in den Städten ist ähnlich wie auf dem Lande in einer qualitativen, besonders aber quantitativen Veränderung der Produktion zu suchen. Die Herstellung von Textilien und Glaswaren in Manufakturen sowie die Gewinnung und Verarbeitung von Metallen erleben bereits vor und nach 1500 eine Blüte, und das umso mehr, als das Verlagssystem (eine meist kleingewerbliche Produktionsform, bei der die Arbeiter in ihren Wohnungen im Auftrag von „Verlegern" arbeiten) eine *Steigerung der Produktion* ermöglicht – jedenfalls verglichen mit dem herkömmlichen Zunftwesen, das dadurch in Rivalität mit der neuen Produktionsweise gerät und teilweise (deutlich in Frankreich, kaum in Deutschland) durch diese zurückgedrängt wird.

Mit dem Aufleben des Gewerbes erlebt auch der Handel eine Aufwärtsentwicklung, vor allem gefördert durch den *Überseehandel*, dem der Binnenhandel im Zuwachs bei weitem nachsteht. Die Handelszentren werden zahlreicher, die Praktiken der Kaufleute, namentlich der großen Handelsherren, differenzierter im Sinne des seit dem Mittelalter aufkommenden *Frühkapitalismus*, der mit den Namen der Bardi, Peruzzi, Medici, Fugger, Welser u.a. verbunden ist. Der Kaufmann, der zum Kaufherrn aufsteigt, erlangt eine gehobene soziale Stellung, die sich nicht selten in seiner Nobilitierung, mindestens im Bemühen darum, äußert. Die Hanse, immer noch von Bedeutung, verliert freilich ihre führende Position im Ostseehandel, erlebt in der zweiten Hälfte des 16. Jh.s aber noch einmal eine beachtliche Blüte.

Staatliche Entwicklungen

Die Verhältnisse im Reich und die entstehenden Nationalstaaten Westeuropas

Landesherr-
schaften

Nationalstaaten

Nationalgefühl

einheitliche
Untertanen-
schaft

Im Reich kommt es im ausgehenden Mittelalter und in der Frühen Neuzeit zur Herausbildung moderner *Landesherrschaften*, die die Macht des Kaisertums zunehmend einschränken, sich aber ihrerseits mit den Landständen (Adel, Geistlichkeit und Städten) auseinander setzen müssen, die mit dem ihnen verbliebenen Steuerbewilligungsrecht die Landesherren schwer zu „molestieren" vermögen.

In Westeuropa beginnen sich an der Schwelle zur Frühen Neuzeit *Nationalstaaten* zu entwickeln. In ihnen gelingt der Monarchie mittels Ausbau des Steuersystems und der Heeresverfassung der direkte Zugriff auf die Untertanen, die ihrerseits (teils mit dem politisch egalisierten Adel) weniger ein gemeinsames Untertanenbewusstsein gegenüber der absoluten Monarchie und ihren Apparaten als ein solidarisches *Nationalgefühl* und politische Selbstständigkeit nach außen entwickeln. Dieser Monopolisierung der politischen Macht in der Krone entspricht die schwer erkämpfte politische Ausschaltung der Stände. Dem Adel wird für den Verlust der politischen Zwischenstellung zwischen Krone und lokalen Gemeinden die soziale Privilegierung (Steuerfreiheit, Grund-, Gerichts-, Polizeihoheit) garantiert. Die sich hier anbahnende Entwicklung, bei der man zunächst an Spanien, Frankreich und England denkt, verläuft im Einzelnen unterschiedlich, lässt jedoch allgemeine Züge erkennen. Sie beruht primär auf einer außenpolitischen Situation, welche die bisher partikularen Kräfte zusammenschmiedet und auf dem Hintergrund der gemeinsamen Aufgabe das Nationalgefühl weckt. Im gleichen Sinne wirken die Vergrößerung der territorialen Machtgrundlage, die Ersetzung mittelalterlicher Herrschaftsvorstellungen, die ihren Ausdruck in der Lehnspyramide fand, durch Herausbildung der *einheitlichen Untertanenschaft* unter der absoluten Monarchie oder auch die Wandlungen im Verhältnis von Staat und Kirche, wie z.B. die weit gehende Unterstellung des Klerus unter den Staat, wie sie in Frankreich nach der Pragmatischen Sanktion von Bourges (1438) durch das Konkordat König Franz' I. mit dem Heiligen Stuhl 1516 erreicht wird.

Freilich darf man sich das Verhältnis zwischen nationalstaatlicher Zentralgewalt und den noch von lehnsrechtlichen Denkweisen geprägten Zwischengewalten keineswegs reibungslos vorstellen. Die Partikular-

gewalten fügen sich der Krongewalt meist erst in einem langen Prozess der Umgewöhnung, der zwar im Absolutismus weit fortschreitet, aber nie vollständig durchgeführt wird. Auf dem Wege der Schwächung der feudalen Kräfte haben die verschiedensten Faktoren eine Rolle gespielt, z.B. die schon im Spätmittelalter deutlich werdende Ersetzung der adligen Reiterheere durch Söldnerheere zu Fuß.
Während, aufs Ganze gesehen, im Reich der Absolutismus den *Aufstieg des Bürgertums* und die Entstehung eines bürgerlichen Selbstbewusstseins eher behindert, wird er namentlich in England, Frankreich und den Niederlanden stark gefördert. Von besonderer Wirkung in Westeuropa ist die Anlehnung der hochkommenden Schichten bäuerlicher und städtischer Herkunft an die Zentralgewalt, was nicht ausschließt, dass die Aufgestiegenen, haben sie ihr Ziel erreicht, ihre Aufnahme in den feudalen Stand betreiben, weil sie der feudalen Gesellschaft nicht nachstehen wollen. Eine Standeserhöhung bleibt das begehrte Ziel Vieler – auch das Studium und der teuer erworbene Doktortitel sind oft Mittel zur Standeserhöhung.

Aufstieg des Bürgertums

Auch in Osteuropa zeigen sich Ansätze zur Bildung nationaler Staaten, die jedoch nicht immer zur Realisierung gelangen. So bleiben z.B. in Polen-Litauen die Sonderinteressen des Adels dominierend.

Der Absolutismus als Staatsform der Frühen Neuzeit

Charakteristisch für die Herausbildung des neuzeitlichen Staates ist das energische, kontinuierliche Bemühen der Krone um *Ausweitung der staatlichen Kompetenzen*, um Intensivierung jeglicher Staatstätigkeit, bis hin zu entschiedenen Eingriffen in die Wirtschaftsprozesse, und um territoriale Ausweitung des Herrschaftsgebiets. Dem dienen vor allem die sich entwickelnden staatlichen Apparate der Zentralbehörden und Beamtenschaft sowie das Heer. Diese Faktoren entwickeln sich in den einzelnen Staaten durchaus verschieden und in unterschiedlichem Tempo, tendieren in jedem Fall jedoch zu einer Stärkung der Staatsmacht. An die Stelle des ständischen Elements im Mittelalter tritt zunehmend der Untertan als Objekt obrigkeitlicher Forderungen, zugleich aber auch ihrer Fürsorge, die so weit reicht, dass der Landesvater sich für das Seelenheil seiner Untertanen verantwortlich fühlt und mit entsprechenden Anordnungen in deren religiöses Leben eingreift. In den religiösen Bürgerkriegen des 16. Jh.s tritt der Herrscher als friedenssichernde Macht auf und bestimmt dafür die Form der Religionsausübung (oder der Tolerierung anderer Kulte). In diesen Phänomenen liegen praktische Ansatzpunkte für das Aufkommen des Absolutismus, der in einem langsamen Prozess entsteht, nie zur Vollendung gelangt, doch in weiten Teilen Europas zur vorherrschenden Staatsform wird.

Ausweitung staatlicher Kompetenzen

Seine *theoretische Begründung* findet der Absolutismus durch Jean Bodin (*1529 oder 1530, †1596) und Thomas Hobbes (*1588, †1679). In seinem Werk „De la République" (1576) stellt Bodin den Begriff der Souveränität in den Mittelpunkt; dessen Träger, der Monarch, besitzt die absolute und unteilbare Staatsgewalt, die an keinen Konsens anderer Gewaltträger gebunden ist. Mag auch die Souveränität des Herrschers absolut sein, sie ist dennoch keine Willkürherrschaft, weil sie vom göttlichen Recht und vom Naturrecht begrenzt ist. – Der Engländer Hobbes geht vom Urzustand der Menschen als „bellum omnium contra omnes" aus, dem die Menschen selbst durch einen *Gesellschaftsvertrag* ein Ende bereiten. Durch diesen Vertrag rufen sie den „Leviathan", nach Hobbes den Staat, ins Leben, an dessen Spitze der an keine andere Macht gebundene, mit unumschränkter Gewalt ausgerüstete Souverän steht. In seiner Hand liegen die gesetzgebende, die vollziehende und die rechtsprechende Gewalt; seine einzige Begrenzung findet er im *Naturrecht*, das seine Macht von Willkür trennt. Die Untertanen haben kein Widerstandsrecht gegen den Despoten, außer wenn der Souverän den Staatszweck, Friedensordnung und innere Sicherheit, nicht mehr erfüllen kann.

theoretische Begründung

Gesellschaftsvertrag

Naturrecht

Unbeschadet verschiedenster Ausprägungen – man denke z.B. an den aufgeklärten Absolutismus, der sich moderner rationaler Herrschaftstechniken bedient und seinen unveränderten Machtanspruch unter dem Einfluss der Aufklärung neu legitimieren muss – sind für alle absolutistischen Staaten charakteristisch die Zentralisierung der Verwaltung, der Ausbau des möglichst mit Bürgerlichen (außer in Deutschland) besetzten Behördenapparats, die Erweiterung des stehenden Heeres, die Unterordnung der Kirche unter den Staat, die Entmachtung der Aristokratie (ohne ihr die gesellschaftlichen Privilegien zu nehmen), eine Intensivierung der Wirtschaft und eine Regierungsweise, die neben dem persönlichen Regiment des Monarchen bereits auf bürokratische Apparate angewiesen ist, auch wenn das Prinzip des Delegierens vom Autokraten nur sehr bedingt akzeptiert wird, sodass er die Regierungsgeschäfte zwar möglichst selbst in der Hand behalten will, aber damit an die Grenzen seiner Leistungsfähigkeit stößt.

Das absolutistische *Frankreich wird zum Vorbild* für Europa, aber inwieweit es sich jeweils nachahmen lässt, hängt von den Voraussetzungen der verschiedenen Länder ab – man denke nur an England und die vom House of Commons erfolgreich betriebene Opposition gegen königliche Alleinherrschaftsbestrebungen zur Sicherung des Mitspracherechts bei Steuererhebungen.

Frankreich als Vorbild

Dauer und Wandel wirtschaftlicher Strukturen

Der Merkantilismus

Wirtschaftsform des absolutistischen Staats

Der in Europa vom 16. bis 18. Jh. als Wirtschaftslehre vorwaltende Merkantilismus ist die *Wirtschaftsform des absolutistischen Staats* und dazu bestimmt, dessen enorme finanzielle Bedürfnisse zu decken. Dies sind die Mittel vor allem für Heer, Beamtenapparat, aber nicht zuletzt auch für das fürstliche Hofleben, in dessen Gepränge der absolute Herrscher sich und seinen Staat darstellt. Nach Ländern verschie-

Merkantilismus

Das merkantilistische System

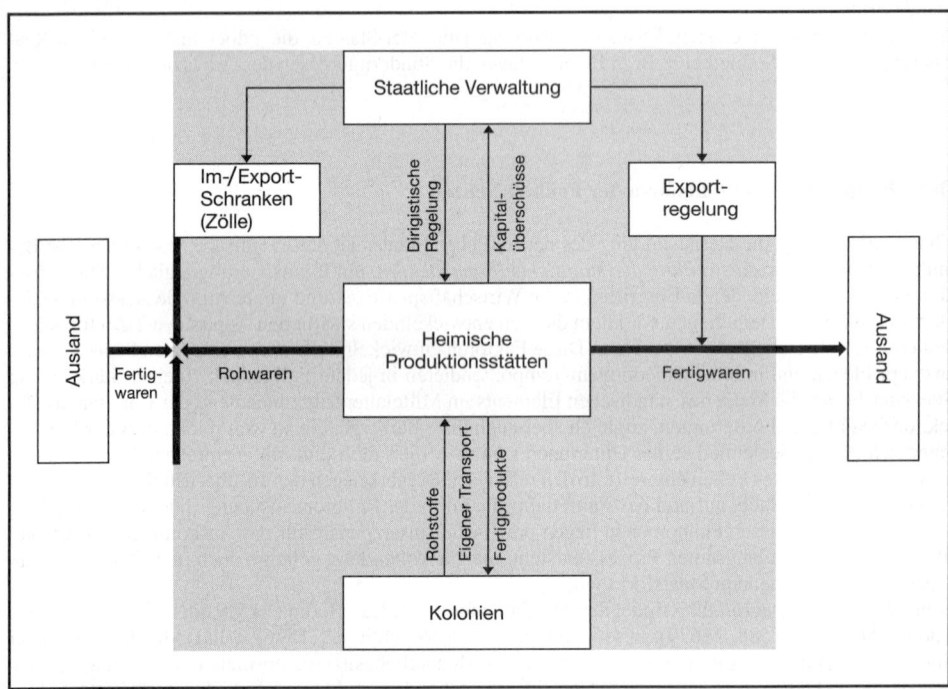

den ausgebildet, so in Frankreich als Colbertinismus, in Deutschland als Kameralismus, ist das Merkantilsystem in jedem Falle auf Wirtschaftsexpansion ausgerichtet und geht von der Theorie aus, dass der Reichtum eines Landes auf Geld, d. h. auf einer aktiven Handelsbilanz, beruht.

dirigistische Maßnahmen

Um dieses Ziel zu erreichen, entwickelt der Staat ein ganzes *Repertoire von dirigistischen Maßnahmen*, die dazu angetan sind, den Reichtum des eigenen Landes auf Kosten anderer Länder zu mehren: monopolartiger Besitz bzw. Erwerb von Rohstoffen, rigorose Abschließung gegen Konkurrenzimporte, Intensivierung des Exports und Aufhebung der Binnenzölle, Erschließung neuer Absatzmärkte, Ausbau von Handelswegen, Investitionen in Manufakturen und Handelskompanien, Einrichtung neuer Industriezweige, besonders für Luxusgüter, u. a. m. Eine rigorose Verwirklichung der theoretischen Postulate würde zu Wirtschaftsblockaden großen Umfanges führen, kommt aber nicht zu Stande, weil bei aller Ähnlichkeit in den einzelnen Ländern die dirigistischen Maßnahmen unterschiedlich ausgeprägt sind (so gibt es die Spielarten des küstenländischen und des binnenländischen Merkantilismus) und weil das System in den einzelnen Staaten immer wieder durchbrochen wird.

Trotz einzelner Erfolge, die der Merkantilismus vor allem zunächst in Frankreich erzielt, lässt sich kaum verkennen, dass er leider von falschen Voraussetzungen ausgeht; so bewirken ständige Exportüberschüsse eine Inflation und schadet die weit gehende Unterdrückung von Privatinitiativen auf die Dauer der Wirtschaft. Seine Wirkung auf die Entwicklung eines Besitz- und Wirtschaftsbürgertums ist sehr unterschiedlich: Während in Frankreich ein sozial starkes Bürgertum gegenüber einem schwächer werdenden absoluten Herrscher stark profitiert, kann sich in Deutschland ein Bürgertum kaum verselbstständigen gegenüber der staatswirtschaftlichen Initiative der Herrscher. Insgesamt sind die wirtschaftlichen Auswirkungen des Merkantilismus eher negativ, so in Frankreich, wo das merkantilistische System wegen der wachsenden finanziellen Bedürfnisse der Krone die zunehmende Verschuldung des Staatshaushalts bis hin zum Staatsbankrott nicht aufhalten kann. Anderswo ist dem Merkantilismus mehr Erfolg für das Staatsbudget beschieden, so in Brandenburg-Preußen mit seiner puritanisch geprägten Führung des Staatshaushalts.

Die Landwirtschaft

Von den *ungünstigen Wirkungen merkantilistischer Wirtschaftspolitik* sind überall die unteren Schichten am meisten betroffen, in besonderem Maße die Bauern, weil der Aus- und Aufbau von Manufakturen und „Industrien" die Landwirtschaft in den Hintergrund drängt und am stärksten leiden lässt. Ein hoher Prozentsatz der Bevölkerung lebt noch auf dem Lande, viele davon als Lohn- oder Saisonarbeiter. Die konkrete Situation ist in den einzelnen Staaten unterschiedlich. So können sich in *England* nur die Großbauern halten, sofern sie nicht von der Geldaristokratie aufgekauft werden. Die kleinen Bauern versuchen, trotz zahlreicher Verbote, in die Städte abzuwandern, um dort ihr Brot zu verdienen. Sonst sind sie als Pächter oder Landarbeiter auf ihren ehemaligen Gütern angestellt und versuchen durch Heimarbeit im Verlagswesen ihre kargen Einkünfte aufzubessern. In *Frankreich* bietet der Weinanbau zwar einen gewissen Nebenverdienst, doch resultieren aus den je nach Ernte und Nachfrage sprunghaft schwankenden Preisen Arbeitslosigkeit und Hungersnöte, die sogar zu blutig unterdrückten Revolten führen. Günstiger ist die Situation in der niederländischen Landwirtschaft, die nicht einem so hohen Steuerdruck und dem Aufkauf durch Kapitalisten ausgesetzt ist. In *Deutschland* verläuft die Entwicklung der Agrarstruktur im 17./18. Jh. in West und Ost verschieden. Einerseits entwickelt sich die herkömmliche Grundherrschaft weiter. Im Osten und Norden setzt sich mit der Gutsherrschaft eine neue Landwirtschaftsform durch. Während der Grundherr gewöhnlich sein Land verpachtet und eine Rente bezieht, bewirtschaftet der Gutsherr seinen Besitz selbst und hält die Gutsuntertanen in strenger Abhängigkeit. Die Landesherren entwickeln Ansätze zu einer Bauernschutzpolitik, die u.a. das „Bauernlegen" (vergeblich) verbieten. Weitere Maßnahmen sind Bodenmeliorationen, Anbau neuer Kulturpflanzen und die Modernisierung der Landwirtschaftsbetriebe, wozu zahlreiche einschlägige Erfindungen der Zeit Anlass geben. Aus diesen und anderen Ansätzen entwickelt sich schließlich die Theorie des *Physiokratismus*, der das Merkantilsystem in Praxis aber nur geringfügig variiert. Danach ist nicht das aus den Handelsüberschüssen gehortete Geld Maßstab des Wohlstandes, sondern die Produktivkraft der Bodenbewirtschaftung.

negative Auswirkungen

England

Frankreich

Deutschland

Physiokratismus

Religiöser, wissenschaftlicher und kultureller Wandel

Renaissance und Humanismus

Die kulturelle Situation im Europa des ausgehenden 15. Jh.s wird zunehmend geprägt durch die Strömungen von Renaissance und Humanismus. Diese stehen für einen *Wandlungsprozess*, in dem das Individuum im Zusammenspiel von Wiederentdeckung der klassischen Antike und neuerer, künstlerischer wie wissenschaftlicher Naturerfahrung sich aus der Gebundenheit des hierarchisch-christlichen Denkens des Mittelalters zu lösen beginnt, seinen Eigenwert als irdische und historische Persönlichkeit erkennt und ihm Ausdruck verleiht. *Ausgangspunkt dieser Entwicklung ist Italien*; hier lässt sich seit dem 14. Jh. eine Bewegung beobachten – Petrarca (*1304, †1374) –, die sich im 15. Jh. verstärkt ausbildet, allmählich alle künstlerischen und kulturellen Bereiche durchdringt und nach und nach, wenn auch in unterschiedlicher Weise, sich in ganz Europa ausbreitet.
Die geistesgeschichtlich und ästhetisch ausgerichtete Geschichtsforschung des 19. Jh.s (Jules Michelet, 1855; Jacob Burckhardt, „Die Kultur der Renaissance", 1860) hat für diese für sie so vorbildhafte Entwicklung, die sie fast ausschließlich am italienischen Vorbild festmacht, den Begriff der *Renaissance* = Wiedergeburt geprägt. Gemeint ist seither nicht mehr nur die Wiederentdeckung der klassischen, römisch-griechischen Kunst und Literatur, die allgemeine Wiederbelebung des antiken Erbes und die Befreiung des Menschen aus der dunklen Enge der mittelalterlichen Glaubenswelt, sondern die Grundlegung des modernen Welt- und Menschenbildes schlechthin (Wilhelm Dilthey, 1914). Benennt und beschreibt der Begriff der Renaissance schon in seiner Beschränkung auf die Kunst nicht einen bestimmten Stil, sondern einen immer schon positiven, schöpferischen Akt, so wird dies in der Verallgemeinerung seiner Bedeutung auf die gesamte Epoche noch hervorgehoben: Die Renaissance wird zum Ausdruck einer von der eigenen Gegenwart her nur als positiv zu beurteilenden Epoche des geschichtlichen Fortschritts, zur positiv besetzten *Umbruchsperiode*, zur Wiege der Moderne schlechthin. Das aber macht eine gegenwärtige Weiterverwendung des Renaissancebegriffs so schwierig. Für uns heute ist es wichtiger, die Einzigartigkeit und Außergewöhnlichkeit dieses Vorgangs, seinen Charakter als geschlossene und folgerichtige Bewegung und „momentanen" Akt infrage zu stellen. Es gilt vielmehr, den kulturellen

Wandlungsprozess

Ausgangspunkt Italien

Renaissance

Umbruchsperiode

Wandel der Frühneuzeit in seiner historischen Entwicklung zu begreifen und ihn vor dem Hintergrund und im Wechsel mit den gesellschaftlichen, wirtschaftlichen und politischen Veränderungen dieser Epoche zu bestimmen. Gerade die verstärkte Erfassung der Renaissance als *gesamteuropäische Erscheinung*, die Analyse der vielfältigen nationalen Ausprägungen erschweren eine typologische Bestimmung und eindeutige Festlegung. Hier gilt es immer mehr, die unterschiedlichen Bedingungen und Eigenheiten herauszuarbeiten. Darüber hinaus muss aber auch die Herausentwicklung des Renaissancedenkens aus dem Mittelalter berücksichtigt und die Kontinuität mittelalterlichen Gedankenguts betont werden. In gleicher Weise müssen so die immer wiederkehrenden Renaissanceansätze während des Mittelalters als auch die Fortdauer mittelalterlicher Phänomene in der Neuzeit gerade auch in kultureller Hinsicht beachtet werden.

gesamteuropäische Erscheinung

Humanismus

Auch der Begriff des *Humanismus*, der fast immer in enger Verbindung, ja, Analogie zur Renaissance genannt wird, sodass eine Unterscheidung und Trennung beider sich nur schwer treffen lässt, ist ein Kind des 19. Jh.s (Friedrich Immanuel Niethammer, 1808). Er wird zunächst als Bezeichnung für das Bildungsprogramm des klassizistisch ausgerichteten Bürgertums verstanden und bürgert sich erst allmählich als Begriff für die wiederum vorbildhafte wissenschaftliche Bewegung des 14. bis 16. Jh.s ein. Hier meint er die sich durchsetzende philologisch-kritische Pflege und Auseinandersetzung mit den antiken Schriften, zuerst der römisch-lateinischen, später der griechischen, aber auch der hebräischen (Johannes Reuchlin, *1455, †1522), die das gesamte wissenschaftliche und universitäre Leben Europas bestimmen.

Ausrichtung an der Antike

Diese neue *Ausrichtung an der Antike*, die in ungezählten Editionen klassischer Texte ihren Ausdruck findet (vgl. die Erfindung des Buchdrucks durch Johannes Gutenberg, ca. 1448), ist gekennzeichnet durch ein doppeltes Moment: Zum einen bewirkt und fördert sie die Abkehr von der mittelalterlichen Scholastik; vor allem nördlich der Alpen wird das Studium der „bonae literae" zum Kampfbegriff gegen die kirchlich bestimmte Universität und ihre institutionalisierten Studiengänge von Theologie, Jurisprudenz und Medizin. Dies zeigen sowohl die Gründungen humanistischer Universitäten, die nach florentinischem Vorbild geschaffenen Akademien (vor allem durch Conrad Celtis, *1459, †1508) als auch die von Universität zu Universität ziehenden und ihr Programm lehrenden humanistischen „vagierenden Poeten". Zum anderen aber schützt und stützt das antike Vorbild kraft historischer Autorität die neue Bewegung als eine gemeinsame Forderung nach einem direkteren, irdischeren und menschlicheren Wissen und Ausdruck. Ergänzt und begleitet wird diese Aufarbeitung der Antike von einem neuen Verhältnis des Menschen zur Natur, wie dies schon in Petrarcas Bergbesteigung des Mont Ventoux (nordöstlich von Avignon) angelegt ist. Bei Petrarca verschmelzen Gipfelerlebnis und Lektüre der „Confessiones" des heiligen Augustinus zu einer neuen Selbsterfahrung: Der Mensch erscheint als vollkommenster Teil der Natur als Schöpfung Gottes, ist aber auch Ausdruck einer neuen Religiosität.

Renaissancehumanismus

Und dieses Bewusstsein prägt die künstlerischen Vorstellungen des *Renaissancehumanismus*. Das Zusammenspiel von technischen, mathematischen und naturwissenschaftlichen Erkenntnissen, von Nachahmung der Natur und Vorbildlichkeit der Antike findet seinen Ausdruck in Architektur, Plastik und Malerei: In der neuen Klassizität der Bauwerke, den von riesigen Kuppeln überwölbten antiken Zentralbauten, wie sie von den Florentinern Filippo Brunelleschi (*1377, †1446) und Leon Battista Alberti (*1404, †1472) entwickelt worden sind und die in der Peterskirche mit der Kuppel Michelangelo Buonarroti (*1475, †1564) einen Höhepunkt finden; in der den irdischen Raum betonenden Horizontalen entgegen der gen Himmel weisenden Vertikalen der Gotik und in der genauen Perspektivierung des Raumes und der Landschaft; in dem strengen Naturalismus der Plastik, dem Ergebnis genauer Anatomiestudien und der vollkommenen Schönheit der Menschendarstellung Tizians (*1476/77 oder um 1490;

Leonardo da Vinci

†1576) oder Raffaels (*1483, †1520); den Kulminationspunkt verkörpert *Leonardo da Vinci* (*1452, †1519), der als universaler bildender Künstler, Naturforscher und Dichter alle Tendenzen dieses Zeitalters in sich vereinigt.

Diese Tendenz lässt sich, wenn auch mit zeitlicher Verzögerung, ebenfalls in der Entwicklung der Musik des 16. Jh.s verfolgen. Neben der Spätblüte der Polyfonie durch Orlando di Lasso (*um 1532, †1594) oder Giovanni Pierluigi Palestrina (*um 1525, †1594) ist die Hauptströmung auf ein neues Verhältnis

Musik und Sprache

von *Musik und Sprache* gerichtet. In den Mittelpunkt rückt nicht nur die Frage nach der Verständlichkeit des Textes, der in der mehrstimmigen polyfonen Stimmführung völlig verdeckt wurde, sondern zunehmend, durch die Hervorhebung des solistischen und affektiven Moments, eine Individualisierung und Ausdrucksverstärkung. Dies gilt in gleicher Weise für die Behandlung der menschlichen (Solo-)Stimme, die Entwicklung der verschiedenen Rezitativarten, die die Entstehung der Oper vorbereiten und einleiten (Florenz 1597: „Daphne" von Jacopo Peri [*1561, †1633]), als auch für die Instrumentalmusik. Der Charakter dieser Renaissancekunstwerke, ihre Betonung von perspektivisch-proportional-technischer Stimmigkeit und schöner Vollkommenheit ist zugleich irdisch wie göttlich motiviert, ihre Tendenz ebenso christlich wie säkular. Denn die neue irdische Vollkommenheit, die danach strebt, in dieser Harmonie und Schönheit auszudrücken, sucht zugleich die Identifikation von Göttlichem und harmonisch Schönem. Aber sie versteht sich auch da, wo sie sich zweckhaft christlich rückbindet, als Ausdruck eigenständiger Ästhetik. Das Ästhetische gewinnt im Verlauf der Renaissance gerade in seiner natürlichen und

historischen Legitimierung erstmals selbstständigen Wert, und dies macht den Doppelcharakter auch der christlich-religiösen Kunstwerke aus. Ja, der ästhetische Eigenwert des Kunstwerks, das nicht nur nachgebildet, sondern besser gebildet ist, erhebt dieses über die Natur.
Die solchermaßen im Schnittpunkt von Antike, Natur und Wissenschaft entspringende und sich legitimierende Bestimmung des *Individualismus*, die Neubestimmung des Selbstwertgefühls des Menschen als eines irdischen, natürlichen und historischen Wesens, vollzieht sich aber nicht als unmittelbarer, losgelöster künstlerischer Akt. Sie kann nur verstanden werden vor dem Hintergrund einer sich verändernden Gesellschaft und neuen, sich allmählich durchsetzenden Eliten.

Individualismus

So ist der Renaissancehumanismus Italiens im 15. Jh. zugleich *Ausdruck und Programm der politischen Macht* der italienischen Städte. Die politischen Machtzentren und die sie Regierenden finden darin ihren künstlerischen wie ideologischen Ausdruck. Denn Renaissance und Humanismus sind auch, vor allem für Italien, nationale Bewegungen und historisch-ideologische Legitimation. Der philologisch-kritischen und der künstlerischen Befreiung entspricht die ethische und politisch-programmatische. Dies wird schon in den mächtigen Reiterstandbildern der oberitalienischen Städte deutlich; noch mehr in der Entlarvung der Konstantinischen Schenkung durch Lorenzo Valla (*1405 oder 1407, †1447) und vor allem im Werk *Niccolò Machiavellis* (*1469, †1527), das gleichsam die neu gewonnene Selbstständigkeit und Rationalität des historischen Individuums auf den Staat und seinen Repräsentanten überträgt. Nicht mehr Verantwortung vor Gott oder dem eigenen Gewissen, sondern die Verantwortung vor dem Staat, als dessen Schöpfer und Wahrer er erscheint, wird zum Maßstab des politischen Handelns des „Fürsten".

Ausdruck politischer Macht

Niccolò Machiavelli

Diese Leitlinien sind auch für den außeritalienischen Renaissancehumanismus kennzeichnend, wenngleich er sich, vor allem nördlich der Alpen, modifiziert ausbildet und einen eigenen Charakter gewinnt. Über die frühen Vermittlungsstationen der Konzile von Konstanz (1414–1418) und Basel (1431–1449) und durch einen regen künstlerischen wie wissenschaftlichen Austausch, durch das Wirken von Italienern im Ausland (vor allem Enea Silvio de Piccolomini, *1405, †1464; seit 1458 Papst Pius II.) und Studienaufenthalte von Humanisten und Künstlern in Italien (z.B. Albrecht Dürer, *1471, †1528), setzen sich die Bewegungen von Renaissance und Humanismus in ganz Europa durch. Dort treffen sie nicht nur auf andere politische und gesellschaftliche Verhältnisse als in Italien, sondern auch auf eigenständige, aber z.T. vergleichbare künstlerische Strömungen, etwa die der niederländischen und französischen Malerei oder der deutschen spätgotischen Plastik. Überstrahlt wird der außeritalienische Humanismus von dem aus den Niederlanden stammenden Humanisten *Erasmus von Rotterdam* (*1466/69, †1536) und dem englischen Politiker und Humanisten *Thomas Morus* (*1478, †1535).

Erasmus von Rotterdam
Thomas Morus

Daneben ist der politische Charakter des Humanismus vor allem in *Deutschland* sehr viel stärker: Hier hat er einen deutlichen antirömischen, antipäpstlichen und nationalen Akzent. Gerade die Schwäche des deutschen Kaisers wird von den Humanisten nicht nur erkannt und beklagt, sondern macht sie zu entschiedenen Propagandisten des Kaisers, vor allem Maximilians I. (1493–1519). Das gilt sowohl für die humanistisch gesinnten kaiserlichen Räte (z.B. Conrad Celtis) als auch für die städtischen Patrizier, die in Deutschland zur wichtigsten Trägerschicht werden, wie die Humanistenzentren Nürnberg, Augsburg, Erfurt und Straßburg deutlich zeigen. Da die Reichsstädte zwar insgesamt einen wirtschaftlichen Machtfaktor darstellen, aber politisch vielfach auf die Person und Funktion des Kaisers angewiesen sind, um der entstehenden fürstlichen Territorialmacht entgegentreten zu können, richtet sich ihre Hoffnung und Tätigkeit auf die Stärkung der kaiserlichen Position. Der aufkommenden Reformation stehen die meisten Humanisten fern, mit Ausnahme Ulrichs von Hutten (*1488, †1523), der schon zuvor die schärfste antirömische, nationale und kaiserliche Propaganda betrieb.

Deutschland

Reformation und Gegenreformation

Die Begriffe Reformation und Gegenreformation, die sich als Bezeichnungen für den religiösen und kirchlichen *Wandlungsprozess* im Europa der frühen Neuzeit eingebürgert haben, drücken nur undeutlich, ja, verzerrend die Vielfalt und Komplexität der Ereignisse aus, die seit dem frühen 16. Jh. nicht nur das religiöse und kirchliche, sondern darüber hinaus auch das gesamte gesellschaftliche Leben und politische Machtgefüge in Europa verändern. Der Wandel ist so mannigfaltig, dass aber auch jede andere Begriffsbildung ihm nicht gerecht würde. Dies gilt zunächst für die unterschiedlichen Phasen der einzelnen *Reform(ations)bestrebungen* von Martin Luther in Deutschland (seit 1517), Ulrich Zwingli in der Schweiz (seit 1522), Johann Calvin in Genf und Westeuropa (seit 1541), der Entstehung der anglikanischen Kirche (seit 1534) und des Puritanismus in England, dem Reformkonzil von Trient (1545–1563) oder der Gründung neuer Orden, vor allem dem der Jesuiten (seit 1540).

Wandlungsprozess

Reformationsbestrebungen

Alle diese Vorgänge sind gekennzeichnet durch ihren *Doppelcharakter*: Sie beziehen sich nicht nur auf eine Erneuerung oder Regenerierung des christlichen Glaubens und seiner religiösen Formen, sondern betreffen in gleicher Weise die Kirche als institutionelles Gefüge und politischen Machtfaktor. Insofern müssen darüber hinaus die weit reichenden gesellschaftlichen und politischen Begleit- und Folgeerschei-

Doppelcharakter

nungen berücksichtigt werden: Die frühe Neuzeit ist auch eine Epoche der *Glaubens- und Religionskriege*: in Frankreich (1562–1598), in Deutschland (1618–1648) und England (1642–1649). Dies lässt rückblickend die universale Bedeutung und umfassende Funktion von Religion und Kirche, wie sie sich bis ins späte Mittelalter und den Beginn der frühen Neuzeit hinein entwickelt hat, erkennen: *Religion und Kirche* waren die entscheidende kulturelle, gesellschaftliche und politische Klammer Europas – eine Bedeutung, die sich nur langsam und allmählich abschwächt, bis sie im späten 18. Jh. sich verliert; ihre Entwicklung ist mit den Stichworten der Konfessionalisierung, Nationalisierung und Regionalisierung zu umreißen.

Glaubens- und Religionskriege

Religion und Kirche

Demgegenüber bleibt festzuhalten, dass dieser Prozess schon seit dem 14. Jh. in Gang gekommen ist. Der Wille zu Reformen und die Erkenntnis ihrer Notwendigkeit auf der einen Seite sind nicht plötzliche Erscheinungen des 16. Jh.s; auch die Epoche davor ist gekennzeichnet durch immer wieder unternommene Versuche, die *Institution der Kirche* einschließlich ihrer Glaubensinhalte *zu reformieren*. Sie scheitern jedoch allesamt. Auf der anderen Seite lässt sich auch die Tendenz der Nationalisierung schon lange Zeit beobachten, in England, Frankreich und vor allem in Spanien, dem Land, dem als besonders gefestigtem in dem innerkatholischen Regenerations- und Restaurationsprozess der frühen Neuzeit eine dominierende Rolle zukommt. Alle diese Strömungen, die sich seit der Zeit des großen Abendländischen Schismas (1378–1417) verstärken, bleiben aber – mehr oder weniger – bis ins 16. Jh. ohne weiter reichende Konsequenzen. Denn ihnen steht ein immer stärker werdender Konzentrations- und Zentralisationsprozess des *Papsttums* auch und gerade als weltlich-politischer Macht und der päpstlichen Kurie entgegen, dies umso mehr, als das Heilige Römische Reich Deutscher Nation nur noch einen immer weiter zerfallenden Torso darstellt. Die Epoche der Konzilien von Pisa (1409), Konstanz (1414–1418) und Basel (1431–1449), um nur die wichtigsten zu nennen, hat diese beginnende Divergenz klar aufscheinen lassen, und in der folgenden konzillosen Zeit verstärken sich diese Unterschiede noch. Die zunehmende *Italienisierung von Papsttum und Kurie* (d.h. die Ausbildung als italienische Nationalkirche) beschleunigt dieses Auseinanderstreben. So stellt die Gesamtkirche am Vorabend des so genannten Reformationszeitalters zwar immer noch ein in sich geschlossenes und quasi weltumfassendes System und Herrschaftsinstrument dar – zusammengehalten von einer hoch entwickelten, streng hierarchischen Bürokratie, betraut mit vorwiegend fiskalischen Aufgaben und ausgestattet mit einer autoritären Macht gerade auch in Hinblick auf Glaubensfragen –; doch sind, und dies zeigen die Entwicklungen und Ereignisse des 15. Jh.s, die nationalen und religiösen Risse, vor allem die sich durchsetzende Spaltung des mittelmeerischen Katholizismus italienischer Prägung und des nord- bzw. westeuropäischen Christentums nicht mehr zu übersehen. Hier sind die kühnsten reformerischen Forderungen laut geworden, von John Wiclif (*wohl um 1320, †1384) in England bis zum Böhmen Jan Hus (*um 1370, †1415); hier hat sich die neue Individualisierung und Verinnerlichung des Glaubens in Formen des Mystizismus und der Volksfrömmigkeit gegen die kultische Veräußerlichungs- und Verweltlichungsbewegung des Südens lange vorbereitet.

Reformversuche

Papsttum

Italienisierung der Kirche

Dies alles erklärt zwar nicht, warum gerade der Thesenveröffentlichung Martin Luthers (1517) eine derart signalhafte Bedeutung zukommt, macht aber andere Momente der Gesamtentwicklung verständlich: vor allem, warum die verschiedenen Bewegungen des Protestantismus sich nur im Norden bzw. im Zentrum Europas auf Dauer durchgesetzt haben. Gerade weil hier – wenn man von der Sonderstellung Englands absieht – keine gesamtstaatliche Zentralgewalt sich ausgebildet hat und so eine katholische Nationalkirche zum integralen Bestandteil absolutistischer Königsmacht geworden ist, die diese aber wiederum vor einem allzu starken Zugriff Roms geschützt hat, können sich die Reformationen durchsetzen: nicht nur im religiösen, sondern auch und vor allem im konfessionell-politischen und regional-absolutistischen Sinne. Spätestens seit dem *Augsburger Religionsfrieden* von 1555 wird die Frage der Konfession zu einer entschieden politischen, zu einem wichtigen Moment des sich ausbildenden und konsolidierenden Absolutismus.

Augsburger Religionsfriede

In Deutschland beginnt die Auseinandersetzung mit dem *Auftreten Martin Luthers*. Seine Kritik an den Missständen der Kirche, als deren sichtbarstes Zeichen er zunächst den Ablasshandel geißelt, führt innerhalb kurzer Zeit zu einer nationalen und volkstümlichen Bewegung. Vorbereitet durch den oben erwähnten Prozess der Volksfrömmigkeit und Mystik, gestützt auf eine ausgeprägte nationale Aversion gegen Rom und begünstigt durch die Schwäche des Reiches – verstärkt durch das Interregnum nach dem Tod Maximilians I. (1517) und die Auseinandersetzungen um die Kaiserwahl Karls V. (1519) –, entsteht eine breite Erhebung, die durch Luthers drei Reformationsschriften von 1520 („An den christlichen Adel deutscher Nation, von des christlichen Standes Besserung", „Von der babylonischen Gefangenschaft der Kirche", „Von der Freiheit eines Christenmenschen") einen ersten Höhepunkt findet. Die in diesen Programmschriften zum Ausdruck kommenden *Lehren Luthers*, das allgemeine Priestertum der Gläubigen, die Ablehnung der Sakramentenlehre (vor allem der Transsubstantiation [der durch die Konsekration in der Messe geschehenen Verwandlung der Substanz des Brotes und Weines in die des Leibes und Blutes Christi] beim Abendmahl), die alleinige Autorität der Heiligen Schrift und die zentrale Bedeutung der Predigt innerhalb des Gottesdienstes lassen erkennen, dass es nicht mehr nur um eine Reform der alten Kirche gehen kann. Dies zeigen auch die Ereignisse des Reichstages von Worms (1521) deutlich auf. Da-

Auftreten Martin Luthers

Lehren Luthers

mit ist in der Folgezeit eine Vielzahl von Einzelerhebungen und Einzelinteressen verbunden, die sich, ermutigt durch Luthers Auftreten und zumeist seinen Namen benutzend, in der Folgezeit durchsetzen: vom Reichsritteraufstand (1523) bis zum *Bauernkrieg* (1524–1525), von den Wittenberger Wirren (1522) bis zu den radikalen Täufergemeinden der Hutterischen Brüder in Mähren und der Wiedertäufer in Münster (1534–1535). Gerade die letztgenannten Bewegungen lassen jedoch deutlich erkennen, dass durch die zunehmende Rückbindung des Luthertums an das deutsche Landesfürstentum und Luthers entschiedene Absage an eine politische Umwälzung dieses neu entstandene Luthertum zu einem stabilisierenden Faktor des Territorialfürstentums wird. Das zeigen auch die Ereignisse des Reichtages von Speyer (1529). Innerhalb weniger Jahre breitet sich das Luthertum vor allem im Norden, Osten und Süden Deutschlands, in Livland (1522), Schweden (1527), Finnland, Dänemark und Norwegen aus. Parallel zu den Ereignissen in Deutschland vollzieht sich die Reformation von *Ulrich Zwingli* in der Schweiz, die sich schon seit der Mitte des 15. Jh.s im Reich zu lösen begonnen hat.

Bauernkrieg

Ulrich Zwingli

Die zweite Phase der Reformation ist verbunden mit dem Leben und Wirken des Genfer Reformators *Johannes Calvin*. In Frankreich geboren, ausgebildeter Jurist und als Anhänger der Reformation in die Schweiz geflohen, veröffentlicht er in Basel die erste Systematik einer evangelischen Glaubenslehre („Institutio religionis Christianae", 1536, danach noch mehrere Neuauflagen), deren wichtigster Bestandteil die Lehre von der doppelten *Prädestination*, der Vorausbestimmung des Menschen durch Gott zur ewigen Seligkeit oder zur ewigen Verdammnis, ist.

Johannes Calvin

Prädestination

Seit 1541 verwirklicht Calvin in Genf sein Modell einer christlichen Gemeinde: gegründet auf einen systematischen Glauben und eine strenge Kirchenzucht, gleichzeitig aber in engem Kontakt und theoretischer wie praktischer Verquickung mit der politischen Stadtführung. Und das hier geschaffene Modell, getragen von der wechselseitigen Durchdringung von *Religion und Politik* (der christlichen Grundlegung der Politik und der Politisierung aller Kirchenfragen, was im Gegensatz zum Luthertum auch das Widerstandsrecht gegen die Obrigkeit aus Glaubensgründen vorsieht), erweist sich als durchsetzungsfähig und durchsetzungskräftig. In einer zweiten Reformationswelle breitet es sich im Westen Deutschlands, in Frankreich (1559), Schottland (1560) und den nördlichen Niederlanden (1566) aus.

Religion und Politik

Kirchenverfassung

Kirchenverfassung

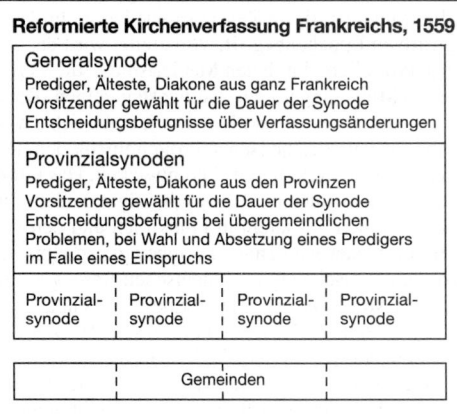

In England dringen, nachdem sich Heinrich VIII. 1534 von Rom losgesagt und zum Oberhaupt einer englischen Kirche gemacht hat, die unterschiedlichsten reformatorischen – vor allem calvinistische – Gedanken ein und setzen sich sowohl in der *anglikanischen Staatskirche* (39 Artikel, 1563) als auch im Puritanismus und in der Bewegung der Independenten (Unabhängigen), wenn auch in unterschiedlicher und konkurrierender Weise durch – ein Gegensatz, der aber auch, wie sich im Bürgerkrieg in der Mitte des 17. Jh.s zeigt, wiederum im engen Zusammenhang mit dem politischen Machtkampf steht.

anglikanische Staatskirche

Der Begriff der *Gegenreformation*, der im 18. Jh. in der Pluralform der Gegenreformationen in die protestantisch-deutsche Geschichtsschreibung Eingang findet und zunächst nur die gewaltsame Rekatholisierung protestantisch gewordener Gebiete bezeichnet, erscheint in der zweiten Hälfte des 19. Jh.s als allgemeiner Epochenbegriff für die Zeit nach 1550. Vor allem von Leopold von Ranke und seinen Schülern, die ja duale Geschichtsmodelle bevorzugen, wird damit schon in der Begriffsbildung der gesamte Wandlungs- und Wiederherstellungsprozess der katholischen Kirche als Reaktion auf die Reformation, und zwar, wie die zeitliche Abfolge zeigt, eindeutig auf die Reformation Martin Luthers bezogen und somit in ihrer Bedeutung reduziert. Der Begriff der Gegenreformation unterdrückt nicht nur die weiter zurück-

Gegenreformation

reichenden Reformbestrebungen innerhalb der katholischen Kirche, sondern auch die Bedeutung des Calvinismus. Sicherlich verstärken sich die katholischen Restaurations- und Regenerationsbestrebungen seit Beginn des 16. Jh.s, und richtig ist auch, dass sie von den Reformationen entscheidende Impulse empfangen, aber, und dies muss wiederholt werden: Alle Prozesse entspringen und sind Ausdruck der gleichen historischen Wurzel und Bewegung.

Reformkonzil von Trient Sichtbar wird der katholische Erneuerungsprozess vor allem durch die Ergebnisse des *Reformkonzils von Trient* (1545–1563), das Entstehen neuer Kongregationen und Orden (Oratorium der Göttlichen Liebe in Rom, 1517–1527; Theatiner 1524; Kapuziner 1528; Ursulinen 1544; Oratorianer 1575 u. a.); besondere Bedeutung kommt hier der 1534 von Ignatius von Loyola (*1491, †1536) gegründeten und 1540 vom Papst bestätigten „Gesellschaft Jesu", dem *Jesuitenorden*, zu. Geprägt ist dieser Prozess aber auch durch die bewusste Unterordnung des Katholizismus unter die Autorität des Papstes und die Rückbindung der katholischen Kirche an die absolutistischen Staatsmächte.

Jesuitenorden

Die höfisch-absolutistische Kultur

In der kulturellen Entwicklung des 17. und 18. Jh.s finden die sich in ganz Europa durchsetzenden gesellschaftlichen und politischen Tendenzen, die Ausbildung der absolutistischen Staatsmächte und die Konfessionalisierung der Territorien bestimmenden und eigenständigen Ausdruck. Dies gilt zunächst für die alle kulturellen Bereiche erfassende Zentralisierung, sowohl der Organisation von Wissenschaft und Ausbildung als auch der gesamten künstlerischen Produktion. Die weltlichen und kirchlichen Höfe, ob königlich, fürstlich oder bischöflich, werden ebenso zu dominierenden Trägern kultureller Aktivitäten wie das von Melanchthon bzw. dem Jesuitenorden geschaffene konfessionelle Unterrichtswesen. Daneben bestimmen diese Tendenzen aber auch den ästhetischen Charakter dieser Kultur: Sie schlagen sich nieder in einem monumentalen, aus dem Renaissancehumanismus weiterentwickelten *diesseitigen Formbewusstsein*, das auf der einen Seite die notwendige Repräsentationsfunktion dieser Kultur verbürgt, andererseits aber den immer weiter fortschreitenden technischen und wissenschaftlichen Erkenntnissen Ausdruck verleiht. Sie ist in gleicher Weise Ausdruck des absoluten Herrschaftsanspruchs der weltlichen und kirchlichen Mächte als auch des sich seiner welt- und naturbeherrschenden Rationalität immer bewusster werdenden Individuums.

diesseitiges Formbewusstsein

Barock Im Allgemeinen wird diese Epoche mit dem Begriff *Barock* bezeichnet. Diese ursprünglich abwertend gemeinte Stilbezeichnung (barock = schiefrund) für die Baukunst dieser Zeit wird wiederum am Ende des 19. Jh.s generalisiert und zum allgemeinen, nun positiven Epochenbegriff. Vorbereitet wird der Barock durch die Spätformen der italienischen Renaissance (vor allem durch den Manierismus), die sich in monumentalen Architekturkonzeptionen im Anschluss an Michelangelo am deutlichsten zeigen. Diese Architektur, die auch die Malerei und die Plastik in ein gigantisches Gesamtkunstwerk einbezieht, wird zum ästhetischen Ausgangspunkt des neuen Stils, der aber in seiner ästhetischen Programmatik dem Renaissancehumanismus verhaftet bleibt, d. h. dessen Tendenzen verstärkt und weiterentwickelt. Das gilt in verschiedener Weise für alle Bereiche der Kultur. Insgesamt bleibt auch der Barock geprägt von dem Zusammenspiel von Klassizität, ja, strengem *Klassizismus* (der sich vor allem in Frankreich und den von ihm beeinflussten Territorien durchsetzt), einem immer komplexer werdenden Formbewusstsein bis hin zum *geometrischen Formalismus* (der besonders den oberitalienischen und süddeutschen Barock prägt) und einem wissenschaftlichen und ästhetisch ausgerichteten *Naturalismus* (letzterer besonders in der flämisch-niederländischen Malerei eines Rubens [*1577, †1640] oder Rembrandts [*1606, †1669]). Der ästhetische Eigenwert künstlerischer Erzeugnisse, der sich in der Renaissance in der natürlichen und historischen Legitimierung von Schönheit und Harmonie ausgebildet hat, wird nun verstärkt: Die Kunst dieser Epoche ist immer, auch da wo sie sich als Ausdruck der Religion oder Religiosität versteht, geprägt von ihrer starken Diesseitigkeit, die sich in allen Kunstgattungen in einer das künstlerische Material selbst reflektierenden und an dieser rückgebundenen Stofflichkeit sowie in ihrem materiellen Formbewusstsein ausdrückt. Darüber hinaus gründet der säkulare Charakter in der repräsentativen, die universalen Machtansprüche von Staat und Kirche verbürgenden Funktion dieser Kunstwerke. All dies findet seinen Höhepunkt in der Umkehrung des Verhältnisses von Natur und Kunst, wie es die riesigen Parkanlagen und architektonischen Landschaftsentwürfe dieser Epoche beispielhaft zeigen: Das Ästhetische – das vom Menschen Geschaffene – erhebt sich damit über das Vorbild der Natur, denn diese soll nun künstlerisch gekonnt vollendet werden. Diese Tendenz, die sich auch in anderen Kunstgattungen aufzeigen lässt, ist gleichsam die ästhetische Entsprechung eines sich alles unterwerfenden und zu Eigen machenden Herrschafts- und Machtanspruchs des Individuums. Ihren Endpunkt findet diese Naturauffassung schließlich im Ästhetizismus des *Rokoko*, in dem die Natur zur ornamentalen Kulisse eines Schäferidylls herabsinkt.

Klassizismus

geometrischer Formalismus
Naturalismus

Rokoko

Der neue Stil breitet sich nach und nach, wenn auch in verschiedenen nationalen bzw. regionalen Ausprägungen, über ganz Europa mit der sich überall konsolidierenden zentralistischen Staatsmacht und der eng damit verbundenen Konfessionalisierung aus. Schon im ausgehenden 16. Jh. hat dieser neue Typ zu nationalen *Kulturblüten* geführt: zum einen im England Elisabeths I. (William Shakespeare, *1564, †1616) und zum anderen im Spanien Philipps II. (El Greco, *1541, †1614; Lope de Vega, *1562, †1635; Cervantes, *1547, †1616), wenn sie auch dort dem Renaissancehumanismus deutlicher verhaftet bleiben. Generell muss festgestellt werden, dass der „eigentliche" Barock sich nur in Italien und dem Gebiet des deutschen Reiches durchsetzt (über Österreich, Bayern und Süddeutschland bis nach Sachsen), während der Norden und Westen Deutschlands wie Europas stärker klassizistisch geprägt sind. Aber überall setzt sich der Typ der *Residenzkultur* durch. Ihr Kennzeichen ist zunächst die rege Bautätigkeit. Vor allem weil die alten Residenzen für den nun ständig wachsenden Verwaltungsapparat und die zunehmende höfische Repräsentation zu klein werden, entstehen überall neue Residenzen (Vorbild: Versailles); diese Entwicklung wird in Deutschland durch den nach den Zerstörungen des Dreißigjährigen Krieges notwendigen Wiederaufbau noch verstärkt. Und hier, meist außerhalb der alten Städte, entstehen die monumentalen und architektonischen Gesamtentwürfe. Zugleich aber ist die Residenz Mittelpunkt aller künstlerischen und wissenschaftlichen Tätigkeiten. Hier finden die seit dem Humanismus entstandenen und neu entstehenden Akademien, Gelehrten Gesellschaften, die groß angelegten Bibliotheken und Kabinette aller Art ebenso ihre Heimstatt wie die Theater, Orchester und Opernensembles.

Doch dieser *Doppelcharakter* von formaler Repräsentation und repräsentativem Formalismus ist auch innerhalb der einzelnen Kunstentwicklungen selbst festzustellen. So ist die *musikalische Entwicklung* dieser Epoche zum einen geprägt vom umfassenden Regelungs-, Formalisierungs- und Standardisierungsprozess der musikalischen Grundvoraussetzungen: Die modale Harmonik der Kirchentonarten wird ersetzt durch eine moderne Funktionsharmonik des Dur-Moll-Systemes, Dreiklang- und Kadenzmodelle werden entwickelt (Generalbass), und vor allem wird die Stimmung festgelegt: hier die Wohltemperierung der Tasteninstrumente (durch Andreas Werckmeister, 1700). Diese Entwicklungen entsprechen sowohl den fortschreitenden Erkenntnissen und den grundlegenden Formalisierungsbestrebungen dieser Zeit als auch einem aus der humanistischen Tradition weiterentwickelten Verständnis vom menschlichen Individuum. Die erwähnten Neuerungen zeigen zum anderen die Entwicklungen neuer repräsentativer Gattungen, des Konzerts, der Passion, des Oratoriums und der Oper, die auch das gleichberechtigte Nebeneinander von geistlichem und weltlichem Barock unterstreichen. Entspringen sie zunächst dem gleichem Formbestreben der Zeit, was vor allem die kunstvolle Geometrie der Fuge zeigt, so führen sie aber die Dramatisierungstendenz, die Affektisierung und das hohe Darstellungsbewusstsein dieser Zeit weiter. Ob weltlicher oder geistlicher Inhalt, er wird aus dem gleichen Verständnis heraus musikalisch dramatisiert: Die technische Formalisierung entspricht einer Standardisierung dramatischer Affekte. Hierbei muss auf die Nationalisierung der Traditionen abgehoben werden. So erlebt das Oratorium seine höchste Ausbildung in England durch Georg Friedrich Händel (*1685, †1759), die Passion in Deutschland durch Heinrich Schütz (*1585, †1672) und durch *Johann Sebastian Bach* (*1685, †1750), der darüber hinaus zum universalen Komponisten des Barock avanciert. Die Oper bildet sich vornehmlich in Italien aus (Florenz, Venedig, Neapel). In ihr verbinden sich alle auf das Individuum bezogenen musikalischen und dramatischen Vorstellungen ebenso wie der Repräsentationswille der Zeit; prägend sind Claudio Monteverdi (*1567, †1643) und Alessandro Scarlatti (*1660, †1725). Von Italien aus beginnt die Oper ihren Siegeszug durch ganz Europa, und die italienische Oper wird zur standardisierten Institution aller Höfe (vgl. die Tätigkeit des Italieners Jean-Baptiste Lully [*1632, †1687] am Hofe Ludwigs XIV. von Frankreich).

Entsprechende Entwicklungen lassen sich auch im Bereich der *Literatur* feststellen, obwohl hier die nationalen Unterschiede und die gattungsbezogene Aufspaltung eine generelle Darstellung der Entwicklungen erschweren. Zu beachten sind sowohl die eigenständigen Traditionen Englands (durch *William Shakespeare* und dessen Nachfolger) und Spaniens (durch *Cervantes* und Calderón, *1600, †1681), die Unterschiede weltlicher und geistlicher Literatur (das Jesuitendrama), wie die differenzierte Ausbildung von Lyrik, Dramatik und Prosa. Dennoch lässt sich überall die Tendenz zur Formalisierung und Standardisierung der literarischen Formen feststellen, wie die allgemein gebräuchlichen Formen des Sonetts oder des Versepos zeigen. Eine *Ausnahme bildet die Entwicklung in Frankreich*. Hier erreichen unter Ludwig XIV. literarische Theorie und Praxis ihren klassischen Höhepunkt, gerade in der Geschlossenheit klassizistischer Strenge, wie die Tätigkeit von Nicolas Boileau (*1636, †1711) und die Werke von Pierre Corneille (*1606, †1684) und Jean-Baptiste Racine (*1639, †1699) zeigen. Sie sind geprägt von der regelhaften Standardisierung aller dramatischen Mittel (etwa der Einheit von Ort, Zeit und Handlung); auf der anderen Seite findet in den Komödien von Molière (*1622, †1673) das Individuum mit all seinen Schwächen und Unzulänglichkeiten dramatische Gestalt. Diese Entwicklung führt dazu, dass die französische Theatertruppe zu einer ähnlichen Standardinstitution der Höfe (vor allem in Deutschland) wird wie die italienische Oper. Sie beeinflusst aber auch in starkem Maße die Entwicklung der deutschen Regelpoetik (Martin Opitz, *1597, †1639) und der deutschen Dramenproduktion.

Kulturblüte

Residenzkultur

Musik

Johann Sebastian Bach

Literatur

William Shakespeare Cervantes

Ausnahme Frankreich

Rationalismus und Aufklärung

Aufklärung — Die im 18. Jh. in ganz Europa zum dominierenden kulturellen Faktor werdende *Aufklärung* ist Ergebnis und Höhepunkt eines jahrhundertelangen Säkularisierungs- und Rationalisierungsprozesses. Dieser Wandel, der seit dem 16. Jh. in allen kulturellen Entwicklungen und Tendenzen seinen mehr oder minder deutlichen Niederschlag findet, erfasst die Gesamtheit der Menschen-, Welt- und Gottesvorstellungen.

Immanuel Kant — An seinem Ende steht das Programm der allumfassenden „Befreiung des Menschen aus seiner selbstverschuldeten Unmündigkeit" (*Immanuel Kant*, *1724, †1804; „Idee zu einer allgemeinen Geschichte in weltbürgerlicher Absicht", 1784). Der Mensch wird bestimmt als natürliches und vernunftbegabtes Wesen, das seiner selbst bewusst ist und auf die grundsätzliche Erkenntnismöglichkeit wie Entwicklungsfähigkeit seiner Verhältnisse vertraut. Das Individuum, die Gesellschaft und die Geschichte sind Gegenstand eines in pragmatischer Absicht unternommenen Raisonnements, das neben strenger philosophischer Reflexion innerhalb der Philosophie Bedeutung erlangt. Im Hinblick auf die Pädagogik ist Kant

Jean-Jacques Rousseau — von dem französischen Kulturphilosophen *Jean-Jacques Rousseau* inspiriert. Das neue überlegene Gegenwarts- und Selbstbewusstsein, das Vertrauen auf den eigenen wie allgemeinen Fortschritt lassen den gesamten Geschichtsprozess als vernünftig fortschreitenden und fortschreitend vernünftigen erscheinen, an dessen Ende „Glückseligkeit" sich in dieser Welt verwirklichen lasse. Damit wird der auf Offenbarung angelegten christlichen Religion der Boden entzogen.

Legitimation des Staates — Gleichzeitig aber zielt dieses Programm auf die *Legitimation des Staates* und dessen Repräsentation. Auch sie sollen auf die Grundlage des weiterentwickelten Naturrechts (begründet u. a. durch Hugo Grotius, *1583, †1645) gestellt und der allgemeinen Vernunfts- und Fortschrittsprogrammatik verpflichtet werden. Der Angriff, vor allem des wirtschaftlich immer einflussreicher werdenden dritten Standes, richtet sich im ausgehenden 18. Jh. gegen die Verschwendung des Hofes, die nur auf Geburt gegründete Vorherrschaft des Adels in allen gesellschaftlichen Bereichen und gegen die wirtschaftliche Verkrustung des Merkantilismus.

Souveränität des Volkes — Dies findet seinen Ausdruck in den Vorstellungen der *Souveränität des Volkes* (John Milton, *1608, †1674, in der Weiterentwicklung der Staatssouveränität von Jean Bodin, *1530, †1596), in den Forderungen nach liberalem Freihandel und nach einer Verfassung des Staates zum einen nach der konstitutionellen Monarchie und der Teilung der staatlichen Gewalten nach englischem Vorbild (*Montesquieu*,

Montesquieu Gesellschaftsvertrag — *1689, †1755), zum anderen nach dem demokratischen *Gesellschaftsvertrag*, der allein die Verbindung des Allgemeinwillens und des Wohles aller garantiere (Jean-Jacques Rousseau, *1712, †1778). Politische Realität werden diese Forderungen in der Amerikanischen Unabhängigkeitserklärung (4. Juli 1776) und in den verschiedenen Phasen der Französischen Revolution. In Deutschland gehen die Forderungen nicht so weit; sie bleiben im Wesentlichen beschränkt auf den „guten Monarchen", der nach dem Modell eines aufgeklärten Absolutismus, aufgrund seiner patriarchalischen Verantwortung und vernünftigen Einsicht, das Wohl des Staates und seiner Bürger garantiere.

Naturwissenschaften — Am Anfang dieser Entwicklung stehen im 16. Jh. neben der Wiederbelebung der klassischen Antike die revolutionären Erkenntnisse der *Naturwissenschaften*, vor allem der Physik. Die Forschungen von Nikolaus Kopernikus (*1473, †1543), Johannes Kepler (*1571, †1630) und Galileo Galilei (*1564, †1642), ihre Entdeckung, dass die Erde sich um die Sonne dreht, ihr Aufzeigen der Naturgesetze und damit ihre Begründung der Erforschbarkeit der Natur, setzen einen Prozess in Gang, der auf alle Gebiete ausstrahlt. Er enthebt – gegen den erbitterten Widerstand der Kirche – die Welt und damit auch den Menschen seiner religiös bestimmten Ausnahmestellung als Ebenbild Gottes und weist ihn in seine Natürlichkeit zurück. Gleichzeitig ist er aber unter den neuen Bedingungen in die Lage versetzt, sich rational über die Natur zu erheben, sich mit Hilfe seiner Fähigkeiten diese verfügbar zu machen. Die grundsätzliche Begründung der naturwissenschaftlichen, rationalen und empirischen Erkenntnis als auch ihrer induktiven Methode (Francis Bacon, *1561, †1626; John Locke, *1632, †1704) entzieht zwar der Kirche die offenbarende, auslegende Autorität, belässt aber den Menschen in seiner nun rational begründeten Ausnahmestellung. Und diese Dialektik der natürlichen und rationalen Begründung des Menschen wie seiner Fähigkeiten und seine gleichzeitige Überhebung über die Natur bleibt für die gesamte Entwicklung des modernen Denkens kennzeichnend.

Medizin — Die Erkenntnisse der modernen *Medizin* fördern die Entstehung des individuellen Menschenbildes. Im 16. Jh.: die Erforschung der menschlichen Anatomie und der Pathologie (Andreas Vesalius, *1514, †1564; Girolamo Fracastoro, *um 1478, †1553); im 17. Jh.: die des Blutkreislaufs (William Harvey, *1578, †1657). Parallel laufen die immer weiter fortschreitenden Erkenntnisse der Gesetzmäßigkeit der Natur, vor allem durch die überragenden Leistungen von Isaac Newton (*1643, †1727), der sowohl das Gravitationsgesetz, die Natur des Lichts und die Elektrizität entdeckt und gleichzeitig mit Gottfried Wilhelm Leibniz (*1646, †1716) die Differentialrechnung begründet.

Weltbild — Diese neuen Erkenntnisse finden ihren Niederschlag in einem neuen mechanistischen *Weltbild* und der rationalen Selbstbegründung der menschlichen Existenz. Der französische Philosoph und Naturwissenschaftler René Descartes (*1596, †1650) formuliert im Sinne einer philosophischen Wissenschaftstheorie dieses neue Welt- und Menschenbild. Unbezweifelbare Wahrheit liegt allein in der Selbstgewissheit des denkenden Ich – zusammengefasst in dem Leitsatz „Cogito, ergo sum = ich denke, also bin ich" (Resultat eines methodisch durchgeführten Zweifels). In der Weiterentwicklung dieser Vorstellungen durch Baruch de Spinoza (*1632, †1677) wird Gott nicht mehr als über der Schöpfung thronende Persönlichkeit, sondern als das dieser Schöpfung immanente logische Gesetz bestimmt. Gott ist, wie Gottfried Wilhelm Leibniz (*1646, †1716) es ausdrückt, allgegenwärtig in dem vollendeten und konfliktfreien System seiner Schöpfung, einem System der „prästabilierten Harmonie".

Im 18. Jh. setzen sich vor allem in den west- und mitteleuropäischen Staaten die verschiedensten Ausprägungen von Rationalismus, Aufklärung, Empirismus und Materialismus durch: in *England* in der Nachfolge John Lockes die Vertreter des Idealismus (George Berkeley, *1685, †1753), des Skeptizismus (David Hume, *1711, †1776) und des moralphilosophischen Sensualismus (Étienne-Bonnot de Condillac, *1715, †1780; Anthony Shaftesbury, *1671, †1713); in *Frankreich* die Enzyklopädisten (vor allem Denis Diderot, *1713, †1784), die in ihrem monumentalen Werk das gesamte Weltwissen zusammentragen wollen; daneben steht die Ausnahmepersönlichkeit *Voltaire* (*1694, †1778), der in seinen literarischen, philosophischen und geschichtlichen Werken sowohl als radikaler Aufklärer und Kritiker der Kirche als auch als skeptischer Humanist und Aristokrat dem mechanistischen Fortschrittsglauben vieler seiner Zeitgenossen entgegentritt. Darüber hinaus erreicht Jean-Jacques *Rousseau* (*1712, †1778) große Bedeutung. Neben seinen politischen Schriften begründen seine pädagogischen Romane, in denen er sein Programm der natürlichen Erziehung, der Erziehung zur Natur, darlegt, seinen Ruhm. In Deutschland wird die Aufklärung geprägt zum einen durch Gotthold Ephraim *Lessing* (*1729, †1781), der in seinen Dichtungen alle Tendenzen der Zeit zum Ausdruck bringt: In ihnen verbinden sich die Ideale religiöser wie gesellschaftlicher Toleranz und Humanität, die sich aber gleichzeitig gegen die Autorität eines dogmatischen Christentums richten, mit einem neuen bürgerlichen Selbstbewusstsein, das gerade in der höherwertigen Moralität des Bürgertums den moralischen Verfall des Adels anklagt. Zum anderen entwickelt Immanuel Kant, der bedeutendste Philosoph der Spätaufklärung, die Grundlage der neueren Philosophie. Sein Schaffen, das neben naturwissenschaftlichen Abhandlungen aufschlussreiche politische und geschichtsphilosophische Schriften umfasst, wird überragt von drei Hauptwerken: „Kritik der reinen Vernunft", 1781; „Kritik der praktischen Vernunft", 1788; „Kritik der Urteilskraft", 1790. Kant versteht seine Philosophie als Transzendentalphilosophie. Diese fragt nach den Bedingungen der Möglichkeit menschlicher Erkenntnis.

England

Frankreich

Voltaire

Rousseau

Lessing

Die säkulare Bedeutung der Aufklärung und des neuen bürgerlichen Selbstbewusstseins findet ihren Niederschlag in allen kulturellen Erscheinungen. Im 18. Jh. werden Kunst, Musik und Literatur zum Sprachrohr der verschiedenen Aufklärungsprogramme wie auch der gesellschaftspolitischen Forderungen des dritten Standes; zugleich wird dadurch die ihnen zugrunde liegende Ästhetik als funktionale, auf Wirkung hin angelegte, rückgebunden. So bringt die europäische *Literatur* einerseits die pädagogischen und didaktischen Vorstellungen dieser Zeit zum Ausdruck: Hier stehen utopische und gesellschaftliche Erziehungsromane neben Lehrgedichten und Fabeln. Andererseits bringen die bürgerlichen Trauerspiele sowohl in England (George Lillo, *1693, †1739), Frankreich (Denis Diderot) und Deutschland (G.E. Lessing) die gesellschaftliche Kritik des Bürgertums zum Ausdruck. In ihnen setzen sie dem politischen und moralischen Verfall des Adels ihre eigene Moralität, die sowohl der Privatheit der bürgerlichen Familie als auch ihrem Arbeitsethos entspringt, gegenüber. Sie machen aber auch deutlich, dass die Kultur sich aus der absolutistischen Fesselung, ihrer zentralistischen Rückbindung an den Hof und den Adel gelöst hat und sich an ein anderes Publikum wendet. Dies zeigt in gleicher Weise die Entwicklung der *Musik* des 18. Jh.s. Von Joseph Haydn (*1732, †1809) über Wolfgang Amadeus Mozart (*1756, †1791) bis zu Ludwig van Beethoven (*1770, †1827) vollzieht sich ein Wandel, der sowohl die Ablösung des höfischen Musikers und Komponisten wie die Entstehung der Symfonie als der musikalischen Gattung des Bürgertums bedeutet.

Literatur

Musik

Die internationalen Ereignisse vom 15. bis 18. Jh.

Entdeckungen und frühe Eroberungen

Für die Entstehung des modernen Weltsystems, der europäischen Expansion und der Europäisierung der Welt sind die großen Entdeckungen des 15./16. Jh.s und die daraus erwachsenden Eroberungen und Kolonialreiche überseeischer Gebiete von entscheidender Bedeutung.
Unter den ursächlichen *Voraussetzungen* sind vor allem vier hervorzuheben:

Voraussetzungen

Reconquista

1. In der *Reconquista*, dem Kampf der christlichen Staaten der Pyrenäenhalbinsel zur Zurückdrängung der arabischen Herrschaft (722–1492), hat die mittelalterliche Kreuzzugsbewegung einen ihrer wenigen großen bleibenden Erfolge. Die Kreuzzugsmentalität lebt in der Rückeroberungsbewegung Spaniens von den Mauren noch bis zum Beginn der Neuzeit fort. Es wirken darin nebeneinander Glaubenskrieg gegen die verhassten Araber wie echter Missionseifer; man übernimmt aber auch von den Mauren wissenschaftliche und technische Kenntnisse. Die feudale Gesellschaftsstruktur hat sich in Spanien durch die Reconquista in ihrer eigenen Ausprägung länger als in anderen europäischen Ländern erhalten, und der Adel gerät erst mit dem Ende der Reconquista (1492 Fall der letzten maurischen Besitzung Granada) in seine Krise der Legitimation und des standesgemäßen Einkommens. Solche krisenhaften Spannungen in den sich zentralisierenden und modernisierenden Königreichen Spanien und Portugal können in den expansiven Entdeckungs- und Erschließungsaufgaben weit gehend nach außen abgeleitet werden. – Der erste Sprung Portugals nach Afrika (Ceuta [an der marokkanischen Mittelmeerküste], 1415) und die Suche nach dem sagenhaften christlichen Königreich Abessinien sind sicher in der Kreuzzugstradition zu sehen.

wirtschaftliche Bedürfnisse

2. *Wirtschaftliche Bedürfnisse* werden deutlich zum dominierenden Antrieb. Dabei liegt bei den Entdeckern und Eroberern ein unstillbarer Hunger nach Schätzen, aber auch nach Geltung vor. Die Entdeckungspolitik der portugiesischen und spanischen Krone zielt jedoch weiter: Die konsequente Monopolisierung des Orienthandels durch die Türken – besonders nach dem Fall Konstantinopels (1453) –, welche sich ihre Waren in Gold bezahlen lassen, zwingt die sich im 15. Jh. in einer Phase ökonomischer Expansion befindende europäische Gesellschaft zu einer oft verzweifelte Formen annehmenden Suche nach neuen Zahlungsmitteln und Produkten (Gewürze vor allem und andere Luxusgüter wie Elfenbein, Edelhölzer und Duftstoffe). Zuerst bemüht man sich um alternative Zugänge zu den fernöstlichen Quellen der Orientprodukte und um das Entdecken von Gold. Man nimmt an, dass das aus Europa und anderen Gebieten jahrhundertelang abgeflossene Gold nicht in den Händen der arabischen Zwischenhändler geblieben ist, sondern im fernen „Indien" sich gesammelt hat. Umgeht man die von den Arabern beherrschten Handelsrouten, so kann man jene Orte im fernen Osten finden, wo sich die Schätze angehäuft haben. Diesem Ziel widmen sich zuerst mit wachsender Intensität die Portugiesen, indem sie Afrika südlich zu umschiffen suchen, was ihnen erst relativ spät (endgültig 1497) gelingt. Den spanischen Anstrengungen, auf der Westroute nach Indien zu gelangen, liegen grundsätzlich die gleichen ökonomischen Ziele und Erwartungen zugrunde. Allerdings haben sich die auf die indischen Goldschätze gesetzten Erwartungen nicht erfüllt. Offenbar hatten die Europäer – im Unterschied zu den Arabern – nicht vor, die Schätze und Produkte zu bezahlen bzw. einzutauschen, sondern man wollte diese „an sich nehmen".

nautische Fähigkeiten

3. Die wissenschaftlichen und *nautischen Fähigkeiten*, welche die großen Entdeckungsfahrten möglich machen, beruhen im Wesentlichen auf antikem Wissensgut, das – zum Teil durch die Araber vermittelt – im Humanismus „wieder belebt" und angewendet wird. Dies gilt besonders für die Annahme der Kugelgestalt der Erde, die einerseits über die Araber, andererseits über die humanistische Beschäftigung mit Ptolemaios (*wohl um 100, †nach 160) in Europa Geltung gewinnt. Bei der für die Westpassage entscheidenden Berechnung des Erdumfanges übernimmt Kolumbus die falsche Angabe des Ptolemaios von nur 28350 Kilometern und schätzt deshalb den Westweg nach Indien mit 11000 Kilometern (anstatt 21000 Kilometern) viel zu gering ein. Noch bei seinem Tode 1506 ist Kolumbus der festen Überzeugung, den Weg nach Indien gefunden zu haben.

Für jede Hochseeschifffahrt ist die astronomische Standortbestimmung unerlässlich. Von den Arabern übernimmt man verbesserte Messgeräte und entwickelt eigene astronomische Tafeln. Als erste führen die

astronomische Navigation

Portugiesen gegen 1480 die *astronomische Navigation* ein. Die schwierigen Strömungs- und Windverhältnisse vor der westafrikanischen Küste, die ein weites westliches Ausholen der Segelschiffe erforderlich machen, lassen eine reine Küstenschifffahrt nicht zu. Die Bestimmung der geografischen Breite wird mit den verbesserten Instrumenten und Hilfsmitteln annähernd zuverlässig möglich, doch die der Längengrade bereitet ohne genaue Chronometer (noch lange) größte Schwierigkeiten. Der (aus China kommende) Kompass als wichtigstes Instrument zur Bestimmung der Himmelsrichtung ist bereits seit dem

Kartografie

12./13. Jh. in Europa bekannt. Die *Kartografie* ist besonders in der Schule von Palma de Mallorca entwickelt worden, doch ließ sich bei größeren Karten noch keine Winkeltreue erreichen. (Erst Mercator, *1512, †1594, löst 1567 das Problem der Projektion einer Kugeloberfläche auf eine Ebene.) Bei der Planung des Vorhabens des Kolumbus spielt die Karte des Florentiners Toscanelli (*1397, †1482) eine Rolle, wonach der Seeweg über den Atlantik kürzer sei als der portugiesische um Südafrika. Diese Nachricht nimmt Kolumbus als zusätzliche Bestätigung seiner eigenen (falschen) Berechnungen über die Westroute.

Planung

4. Das bemerkenswerteste und für den Erfolg der Entdeckungen entscheidende Moment ist die genaue *Planung* und rationale Organisation der Entdeckungsfahrten erst durch das portugiesische, dann durch das spanisch-kastilische Königshaus. Die ersten Jahrzehnte der Entdeckungen an der afrikanischen Westküste sind geprägt vom persönlichen Einsatz eines portugiesischen Prinzen, des Infanten *Heinrich des*

Heinrich der Seefahrer

Seefahrers. Nach der Teilnahme an der Eroberung von Ceuta (1415) treibt er mit Energie, persönlichem und finanziellem Einsatz und mit systematischer Zielstrebigkeit die Entdeckung Afrikas voran. Er sammelt in großem Stil alle Nachrichten über Afrika, den arabischen Herrschaftsbereich und den Orient, wertet diese aus und macht sie seinen Plänen nutzbar. Um die Navigation voranzubringen, lässt er die Messinstrumente und -methoden verbessern; an Kap São Vicente (an der Südwestspitze Portugals) errichtet er eine Sternwarte. Er fördert die Entwicklung im Schiffsbau und lässt sogar einen hochseetüchtigen Schiffstyp entwickeln, die berühmte Karavelle, welche um die Mitte des 15. Jh.s in Gebrauch kommt. An seinem Hofe sammelt er einen Kreis von Fachleuten der Nautik und Kosmografie, der regelmäßig tagt. Für seine Pläne nutzt er die verfügbaren Finanzmittel des Christusordens (der ehemaligen Templer). Die Könige Johann II. (1481–1485) und Emanuel I. (1495–1521) übernehmen nach Heinrichs Tod dessen antreibende Leitungsfunktion und die von ihm entwickelten Methoden und erreichen in der Entdeckung und handelspolitischen Erschließung Ostasiens damit ihre großen Erfolge. – Die Spanier folgen in der Organisation ihrer Entdeckungsreisen dem portugiesischen Vorbild. Königin *Isabella I. von Kastilien* (1474–1504) übernimmt die Finanzierung der kolumbianischen Expedition. Um die neuen Erkenntnisse der astronomischen Navigation in der Hochseeschifffahrt praktisch auszunutzen, werden die Schiffe regelmäßig von „Piloten" geleitet. Die Ausbildung dieser Lotsen wird seit 1508 von einem neu geschaffenen Amt, dem Piloto Mayor, überwacht. Der erste Amtsinhaber ist der berühmte Florentiner Amerigo Vespucci der in seinem „Mundus novus" (1502) die neu entdeckten Gebiete erstmals als Neuen Kontinent bezeichnet, den man dann Amerika nennt.

Isabella I. von Kastilien

Insgesamt jedoch bleiben die Entdeckungsfahrten charakterisiert durch eine ganz erstaunliche Mischung von phantastischen geografischen Vorstellungen und märchenhaften Erwartungen sowie von kühl rechnender, zielstrebiger Organisation und hoher Modernität in Vorbereitung, Anlage und Auswertung jeder einzelnen Fahrt.

Das Zeitalter der portugiesischen Entdeckungen

14. Jh.	Wiederentdeckung der Kanarischen Inseln.
1415–1460	Prinz Heinrich der Seefahrer (*1394, †1460) fördert besonders intensiv die portugiesischen Entdeckungsfahrten an der westafrikanischen Küste südwärts. Als Beginn dieser Entwicklung gilt der *Überfall auf Ceuta* 1415.
1427–1431	Erkundung der Azoren.
1431	Im Vertrag von Medina del Campo (Stadt in der kastilischen Provinz Valladolid) Regelung der Ansprüche auf Nordafrika zwischen Portugal und Kastilien. Portugal ist bemüht, Kastilien möglichst aus seinen afrikanischen Besitzungen auszuschließen und die Neuentdeckungen zu monopolisieren.
1433	Nach wiederholten jahrelangen Bemühungen gelingt die *Umschiffung von Kap Bojador*.
1445	erreicht der im Auftrag des portugiesischen Königs fahrende Dinis Diaz Kap Verde und die Mündung des Senegal. Im Maße wachsender Ausbeute intensiviert sich der Schiffshandel (circa 25 Karavellen jährlich), und die staatlich geförderten Entdeckungen beschleunigen sich.
1448	Als erster dauernder Stützpunkt wird *Fort Arguin* (Westküste Afrikas) für den sich entwickelnden Handel, besonders mit Sklaven, errichtet.
1471/1472	Fernão do Póo (portugiesischer Seefahrer des 15. Jh.s) entdeckt die vor der Küste Kameruns gelegene, später nach ihm benannte Insel, bald danach wird der Äquator überschritten. Mit der Handelserschließung der Pfeffer-, Elfenbein-, Gold- und Sklavenküste – damit sind die Hauptgüter bezeichnet – erweisen sich die afrikanischen Neuentdeckungen als wirtschaftlich außerordentlich lohnend.
1479	*Vertrag von Alcaçovas*: Die Kanarischen Inseln gehen an Spanien; ganz Westafrika, speziell Guinea, und die anderen Afrika vorgelagerten Inseln werden Portugal zugesprochen.
1482–1484	Unter Führung des im Auftrag der portugiesischen Krone fahrenden Diogo Cão († um 1486) wird die *Kongomündung* erreicht.
1485–1486	Auf einer zweiten Reise überwindet Diogo Cão Kap Cross und erreicht die große Walfischbai. An dieser Fahrt nimmt der Nürnberger Patrizier und Kosmograf Martin Behaim (*1459, †1506 oder 1507) teil, der den ältesten erhaltenen, praekolumbianischen Globus (1492) herstellt.
1487 Aug.– 1488 Dez.	Durch einen heftigen Sturm weit nach Süden abgetrieben, umschifft Bartolomeu Diaz (*um 1450, †1500), der im Auftrag des portugiesischen Königs fährt, unvermerkt die Südspitze Afrikas, welche er Kap der Stürme nennt. Diese wird dann von König Johann II. von Portugal in *Kap der Guten Hoffnung* umbenannt. Auf der nördlichen Fahrt erkundet Diaz einen Teil der südostafrikanischen Küste, wird aber auf der Höhe des großen Fischflusses von der Mannschaft zur Umkehr gezwungen.
1487/88	König Johann II. organisiert Expeditionen, die auf arabischen Handelsrouten zu Lande und zur See Indien und Äthiopien (wegen seiner sagenhaften Goldschätze berühmt) erreichen

Überfall auf Ceuta

Umschiffung von Kap Bojador

Handelsstützpunkt Fort Arguin

Vertrag von Alcaçovas

Kongomündung

Kap der Guten Hoffnung

sollen. *Pedro de Covilhão* (*um 1450, †zwischen 1521 und 1527) erreicht als Erster *Indien* und erforscht auf dem Rückweg Teile der afrikanischen Ostküste bis zum südlichsten Handelsstützpunkt der Araber in Sofala (Zambesi). Auf einer zweiten Reise kommt er nach Äthiopien, wo er bis zu seinem Tode bleibt. Seine Berichte regen weitere Bemühungen an, die Seeroute um Afrika in den Indischen Ozean zu erschließen.

Von Kolumbus bis zur ersten Weltumseglung

Durch das *Eindringen der Spanier* in das portugiesische Entdeckungsmonopol bei der Suche nach der Indienroute entsteht jene einmalige Dynamik, welche in weniger als drei Jahrzehnten zu den großen Entdeckungen der Neuen Welt und zur Weltumfahrung führt. Die Spanier verfolgen im Wesentlichen die gleichen Ziele wie die Portugiesen: Sie suchen in Indien das Land, wo sich das in vielen Jh.en aus Europa abgeflossene Gold und die Rohstoffquellen der begehrten Orientwaren (Gewürze und viele Luxusgüter) befinden sollen. Neuartig ist am spanischen Vorgehen, dass die Spanier nicht mit den Portugiesen um die Afrikapassage konkurrieren, sondern – die Kugelgestalt der Erde voraussetzend – ihr Hauptaugenmerk auf die Westpassage richten, um die Reichtümer „Indiens" zu erreichen.

1492–1493 Erste Reise des Genuesen Christoph Kolumbus (*1451, †1506), die er im Auftrag und mit finanzieller Unterstützung der Königin Isabella von Kastilien durchführt (3. Aug. 1492–15. März 1493).

1492 12. Okt. Nach 36tägiger Westfahrt erreicht Kolumbus die Insel Guanahani, eine der Bahamas, die er *San Salvador* nennt. Danach entdeckt er u. a. Kuba und Haiti, welche er für Inseln Japans hält.

1493 Papst Alexander VI. (1492–1503) bestätigt Spanien das ausschließliche Entdeckungsrecht jenseits einer Linie hundert Seemeilen westlich der Azoren.

1493 25. Sept.– 1496 11. Juni *Zweite Reise des Kolumbus*: Mit 1500 Mann auf 17 Karavellen tritt Kolumbus diese Fahrt an, um die Entdeckungen in spanischen Besitz zu nehmen. Er gründet die erste feste Niederlassung La Isabella auf Haiti (dann von seinem Bruder nach S. Domingo verlegt). Weitere Erkundungen der Westindischen Inseln, besonders Kubas.

1494 7. Juni Der *Vertrag von Tordesillas* (in der spanischen Provinz Valladolid) trennt die spanischen und portugiesischen Interessengebiete durch eine Nordsüdlinie, welche nun 370 Seemeilen westlich der Kapverdischen Inseln verläuft. Dadurch gerät Brasilien stärker in den portugiesischen Bereich. Auch dieser Vertrag ist noch von Papst Alexander VI. verkündet und besiegelt worden.

1497 Erste Reise des Giovanni Caboto aus Genua (*um 1455, †1498 oder 1499) im *Auftrag der englischen Krone* von Bristol nach Neufundland (Cape Breton) auf der Suche nach der Insel Brasilia. Die Nichtrespektierung der spanisch-portugiesischen Demarkationslinie zeigt den begrenzten Wert einer Teilung der Neuen Welt in Interessensphären.

1498 Zweite Reise des *Caboto* mit seinem Sohn Sebastiano (*zwischen 1474 und 1483, †1557). Sie erkunden die nordamerikanische Ostküste zwischen Sankt-Lorenz-Strom und der Hudson-Mündung. Caboto nimmt zwar das entdeckte Land für die englische Krone in Besitz, doch da weder das gesuchte Zedernholz noch irgendwelche Edelmetalle gefunden werden, fehlt vorerst das weitere Interesse in England an den neuen Gebieten.

1497–1499 Dem Portugiesen *Vasco da Gama* (*um 1467, †1524) gelingt (im November 1497) erneut die Afrika-Umseglung. Er erkundet die ostafrikanische Küste nördlich bis Mombassa und Malindi und erreicht am 22. Mai 1498 mit Hilfe eines arabischen Lotsen Calicut in Indien. Im August 1498 tritt er die Rückfahrt über Malindi und das Kap der Guten Hoffnung an, welches er im März 1499 umschifft.

1498 30. Mai– 1500 25. Nov. *Dritte Reise des Kolumbus:* Dabei erreicht er erstmals das südamerikanische Festland (1. August) nahe der Orinoko-Mündung. Nach einem Aufstand der Siedler gegen ihn in Española (heute Haiti) wird er von einem aus Spanien herbeigerufenen königlichen Richter gefangen nach Spanien zurückgebracht. Er wird zwar freigelassen, verliert aber seine Privilegien als Vizekönig. Die Verwaltung der Neuen Welt geht nun an die Krone.

1499/1500 Erste Reise des *Amerigo Vespucci* (*1454, †1512, Florentiner Agent der Medici-Bank in Sevilla) zusammen mit dem spanischen Konquistador Alonso de Ojeda (†1515 in Santo Domingo) zur Erkundung der nordöstlichen Küstengebiete Südamerikas, vor allem Venezuelas: Er entdeckt die Amazonas-Mündung.

1500–1501 Der portugiesische Admiral Pedro Alvares de Cabral (*um 1467, †zwischen 1520/1526) erhält nach der Rückkehr Vasco da Gamas vom König die Leitung der Indienflotte übertragen und segelt mit 13 Karavellen von den Kapverdischen Inseln zuerst zur brasilianischen Küste, die er bei einem kurzen Aufenthalt (im April 1500) offiziell für Portugal als Terra de Vera Cruz in Besitz nimmt. Dann fährt er um die Südspitze Afrikas nach Indien, wo er Pfeffer und andere Gewürze lädt, die seine Flotte – ein Teil der Schiffe war verloren gegangen

	– nach Lissabon bringt. Mit dieser Eröffnung des regulären portugiesischen Indienhandels beginnt der rasche Aufstieg Lissabons zum Zentrum des Ostasienhandels.	
1501–1502	Zweite Reise des *Amerigo Vespucci* – nun in portugiesischem Dienst – zur Erkundung der brasilianischen Küste zwischen Pernambuco und dem Rio de la Plata. In seinem Reisebericht vertritt Vespucci die Ansicht, es handle sich hierbei um eine Neue Welt, was den Geografen Martin Waldseemüller (*um 1470, †um 1528) in Anlehnung an Vespuccis Vornamen „Amerigo" zu dem Namen „*America*" (1508) motiviert, der dann – zuerst nur für Südamerika – gebräuchlich wird.	*„America"*
1502 Mai–1504	*Vierte Reise des Kolumbus* zur Entdeckung der mittelamerikanischen Ostküste von Honduras südwärts bis nach Panama.	*vierte Kolumbusreise*
1506 20. Mai	Kolumbus stirbt in Valladolid, fast vergessen, in der festen Überzeugung, Indien auf der Westroute entdeckt zu haben.	
1519–1522	Mit fünf Karavellen unternimmt *Fernão de Magalhães* (spanisch Magallanes, *um 1480, †1521), ein Portugiese in spanischen Diensten, mit dem Auftrag, die Molukken auf der Westroute zu erreichen, die *erste Weltumseglung*. Er erkundet die brasilianische Küste von Pernambuco südwärts und durchfährt die nach ihm benannte Wasserstraße zwischen Feuerland und dem südamerikanischen Festland. Auf der Nordwestfahrt durch das Mare Pacificum erreicht er die Philippinen. Dort wird er von Eingeborenen erschlagen. Eines der Schiffe, geführt von Juan Sebastián Elcano (*wohl um 1486, †1526), setzt die Fahrt westwärts fort, berührt Borneo, die Molukken und Timor, umfährt Afrika südlich und erreicht schließlich mit 18 Überlebenden am 6. September 1522 den spanischen Ausgangshafen. Mit dieser ersten Weltumseglung ist die Kugelgestalt der Erde praktisch demonstriert.	*Fernão de Magalhães erste Weltumseglung*

Die Auswirkungen der Entdeckungen und Eroberungen

Die europäische Durchdringung immer größer werdender Gebiete in Übersee verursacht in oft dramatischer Weise eine *Zerstörung eingeborener kultureller und gesellschaftlicher Strukturen*. Auch die reine christliche Mission bedeutet mehr als nur die Beseitigung herkömmlicher (angeblich primitiver) Religionen, sondern ist ein wesentlicher Bestandteil der Kolonisierung, der für die Eingeborenen zuerst einmal einen Prozess der Entwurzelung ihrer lebensbestimmenden Mentalitäten darstellt.

Zerstörung von Strukturen

Als unmittelbare *Rückwirkungen auf Europa*, die relativ breite Kreise bald zu spüren bekommen, sind – neben den vielen phantastischen Abenteuergeschichten über die Neue Welt – die sich rasch in allen Gesellschaftsschichten ausbreitende Syphilis zu nennen, ferner die unaufhaltsam steigenden Preise. Fehlt bei diesen Vorgängen weit gehend das Bewusstsein für die Zusammenhänge, so rücken die eigentlich weit reichenden Wirkungen dieser europäischen Expansion und die daraus erwachsenden universalen Aufgaben erst langsam ins Bewusstsein der intellektuellen und politischen Eliten Europas: die geografische Erfassung und verkehrsmäßige Erschließung der nun als Weltkugel zu begreifenden Erde; die politische und rechtliche Ordnung der Weltmeere und Kolonialreiche; die wirtschaftliche Organisation dieses modernen Welthandelssystems.

Rückwirkungen auf Europa

Die *rechtlichen Folgen*: Die Wandlungen im überkommenen Weltbild und die Erfahrung, dass durch die Entdeckung so großer bewohnter Räume die Übereinstimmung von „Ökumene" (die gesamte bewohnte Welt) und Christenheit aufgehoben ist, wirft etliche Rechtsfragen auf. Der Anspruch auf die koloniale Besitznahme außereuropäischer Länder entstammt der Kreuzzugstradition, d.h. dem Missionsauftrag, die Heiden zu christianisieren. Dementsprechend werden in den bekannten *Teilungsverträgen* (Medina del Campo 1431, Alcaçovas 1479, Tordesillas 1494) den Vertragspartnern vom Papst Missionssphären als Kirchenlehen zugewiesen. Da mit der vertraglichen Aufteilung der Neuen Welt in eine portugiesische und eine spanische Hemisphäre zugleich eine Monopolisierung von kolonialen Interessengebieten gemeint ist, wodurch Dritte ausgeschlossen werden, wenden sich andere europäische Mächte, zuerst Frankreich (Franz I. seit 1532), dann auch England und die Niederlande dagegen, indem sie das „Recht der tatsächlichen Besetzung" (gegenüber dem der bloßen Entdeckung) behaupten. Gegenüber dem spanisch-portugiesischen Herrschaftsanspruch über die Meere fordern sie das „*freie Meer*" (und die „*freie Küste*"!). Klassisch formuliert dies der niederländische Jurist Hugo Grotius (*1583, †1645) in „Mare liberum", 1609. Doch nachdem die nachdrängenden Mächte in die begehrten „freien" Meere eingedrungen sind, suchen sie diese zu beherrschen und ihrerseits zu monopolisieren, wie die Niederländer dies in den ostasiatischen Gewässern tun. Im deutlichen Gegensatz zu den Beziehungen der europäischen Staaten untereinander bleiben die überseeischen Besitzungen weit gehend dem freien Spiel der Mächte ausgesetzt, und auf dem Weltmeer findet ein Kampf aller gegen alle statt. Internationale Verträge in Europa gelten nur sehr beschränkt in Übersee. Erst im Laufe des 17. Jh.s gebietet jedoch die Ausbildung einer *kolonialen Pentarchie* (Portugal, Spanien, Frankreich, England, Niederlande) die Einbeziehung der Meere und überseeischen Kontinente in das europäische Völkerrecht, und im 18. Jh. schließlich entwickelt sich die relative Parallelität von europäischen und überseeischen Konflikten und Verträgen.

rechtliche Folgen

Teilungsverträge

freies Meer und freie Küste

koloniale Pentarchie

Neben dem Problem der frühen Übertragung nationalstaatlicher Prinzipien des europäischen Völkerrechts auf die kolonialen Überseereiche steht die wichtige Auseinandersetzung um die rechtliche Einbeziehung der verschiedenen Eingeborenenrassen in europäische Rechtsnormen. Mit naturrechtlichen Argumenten kämpft Bartolomé de Las Casas (*1474, †1566) für eine Rechtsgemeinschaft aller Menschen; allerdings reicht seine Forderung nur bis zur Rechtsfähigkeit der Eingeborenen, speziell der Indianer, weil er ihnen wenigstens eine humanere Behandlung angedeihen lassen will. Wesentlich erfolgreicher ist sein Gegenspieler auf der Disputation von 1550, Juan Ginés de Sepúlveda (*um 1490, †1573), der die Ungleichheit der Rassen vertritt, womit er die herrschende Praxis rechtfertigt.

wirtschaftliche Auswirkungen

Die *wirtschaftlichen Wirkungen*: Die überseeischen Neuentdeckungen sind durch drei atlantische Schiffsrouten mit Europa verbunden, die von Spanien (Sevilla, Cadiz) nach Amerika, von Portugal (Lissabon) um Südafrika nach Ostindien – und durch das Schifffahrtsdreieck zwischen Portugal – Westafrika – Brasilien. Diese Fernhandelsrouten treten neben die klassischen Fernstraßen durch das Mittelmeer und die Ostsee, die insgesamt nicht an Bedeutung verlieren. Noch um 1600 liegen die Schwergewichte des Schiffsverkehrs eindeutig in den traditionellen Räumen des Mittelmeers, in der Nord-Ostsee und an der Atlantikküste. Erst im folgenden Jh. gewinnt der Überseeverkehr sein Übergewicht, woran die organisierten privilegierten Handelsgesellschaften (etwa die niederländische Ostindische Kompanie) wesentlichen Anteil haben. – An der Atlantikküste bilden sich neue Zentren, Lissabon (für Pfeffer) sowie Sevilla (Gold und Silber), und die großen Handelszentren profitieren kräftig vom wachsenden *Überseehandel*, vor allem Antwerpen (später von Amsterdam abgelöst), aber auch London. Diese Verlagerung der europäischen Handelsräume und Straßen nach Westen bedeutet aber noch nicht den Niedergang der mitteleuropäischen und italienischen Handels- und Finanzstädte. Besonders die italienischen Handelsstädte passen sich der neuen Situation geschickt an und verstärken ihre Präsenz auf allen westeuropäischen Märkten. Die Portugiesen können zwar den Pfefferhandel weit gehend auf Lissabon konzentrieren; die geringe Kraft des kleinen Landes (mit kaum 0,5 Mio. Einwohnern) reicht aber nicht aus, den arabischen Zwischenhandel im Indischen Ozean auf Dauer auszuschalten, sodass die alten Handelswege der Orientprodukte zum Mittelmeer und nach Italien im Wesentlichen weiter genutzt werden können. So kann sich Venedig rasch wieder erholen, und Genua, der alte Finanzplatz, übernimmt nach dem Ausbruch des niederländischen Aufstandes (nach den 60er-Jahren des 16. Jh.s) erneut den ersten Rang als europäischer Geldplatz. Die von den Italienern entwickelten Formen des Geschäfts- und Geldverkehrs setzen sich im 16. Jh. in ganz Europa durch. Auch wenn das begehrte Gold nicht im erhofften Maße gefunden wird, so erbringt der Überseehandel doch bald wachsenden Gewinn mit vielfältigen Produkten. Die Waren sind anfangs die bekannten exotischen *Luxusgüter*: neben Gewürzen auch Perlen, Seiden, Duftstoffe, Elfenbein, Edelhölzer usw. Für die Subsistenz breiter Verbraucherschichten kommen im Laufe des 16. Jh.s nach und nach *Massengüter* hinzu: Salz, Rohrzucker, Kakao, Kaffee, Farbholz, Indigo, Baumwolle, Fische, Häute; doch erst im 17./18. Jh. wachsen die Überseeflotten so stark an, dass sie den innereuropäischen Schifffahrtsströmen vergleichbare Warenmengen transportieren. In der Frühzeit üben auch verhältnismäßig geringe Mengen große Wirkung auf Markt und Preisgefüge aus.

Überseehandel

Luxusgüter

Massengüter

Edelmetalle

Als besonders folgenschwer erweisen sich die bis zum Ende des 16. Jh.s wachsenden Mengen von zufließenden *Edelmetallen*, wenig Gold, aber viel mehr Silber. In Sevilla registriert die Casa de la Contratación de las Indias 1521–1560 86 t angelandetes Gold und 574 t Silber. Das ist ein Mehrfaches der europäischen Produktion. Da daneben die europäische Warenproduktion nicht mehr entsprechend steigt und der Binnenhandel nur unerheblich expandiert, dann stagniert, sich darüber hinaus die europäische Wirtschaft mehr und mehr auf Geldstandard einstellt, bewirkt die ungewöhnliche Geldvermehrung eine lang anhaltende *Inflation*, die, von Spanien als Zentrum ausgehend, mehr oder weniger intensiv auf ganz Europa ausgreift. Während des 16. Jh.s inflationieren die Preise – voran die für Nahrungsmittel – um etwa das Fünffache. Diese für die Zeitgenossen ganz unverständliche, nicht enden wollende *Teuerung*, gelegentlich „Preisrevolution" genannt, traf primär die Mehrheit der von Geldrenten lebenden adligen Mittelschicht, aber auch die noch kleine Schicht der Lohnarbeiter, deren Löhne den Preisen nur ungenügend folgten. Erstmalig wurde der Zusammenhang zwischen überdimensionalem Edelmetallzufluss aus Übersee und abfließendem Kapital aus Spanien-Portugal in seiner inflatorischen Wirkung auf Frankreich von Jean Bodin (*1529 oder 1530, †1596) erkannt und beschrieben (1568).

Inflation

Teuerung

koloniale Ausbeutung

Von einem ausgeglichenen Austausch der Waren, Ideen, Pflanzen und Tiere kann man kaum sprechen – dazu ist der *Charakter kolonialer Ausbeutung* viel zu offenkundig. Aus dem indianischen Amerika kommen nach Europa unter anderem: Mais, Kakao, Tabak, Vanille, Erdnüsse, Tomaten – und die Kartoffel. Besonders Kartoffeln und Mais bieten wichtige Ernährungsmöglichkeiten für die wachsende Bevölkerung zu Beginn der Industrialisierung. Andere Nahrungs- und Genussmittel erlangen erst auf dem Umweg über Amerika ihre spezifische Bedeutung – so Rohrzucker und Kaffee. Zwar vermitteln die Europäer den Amerikanern manche ihrer epidemischen Krankheiten, wie Pocken und Typhus, doch übernehmen sie auch solche der Indianer, so vor allem die Syphilis, welche sich rasch ausbreitet.

Die großen europäischen Kolonialreiche (einschl. Mutterland) in Mio. qkm

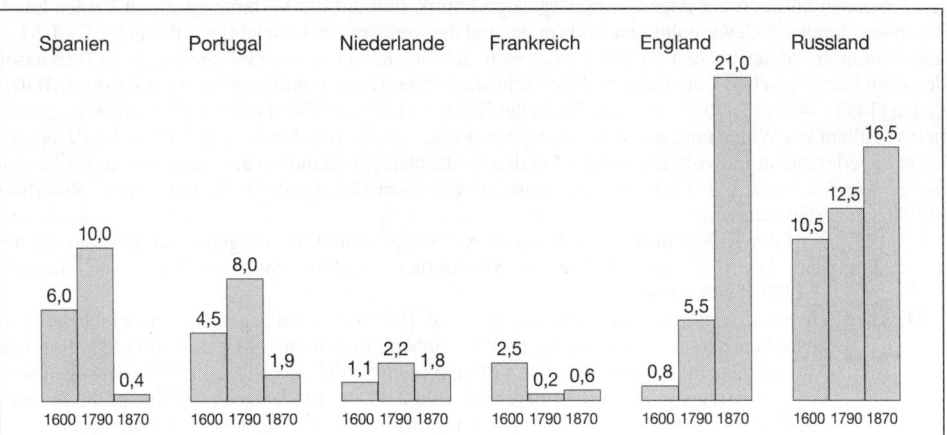

Die Entstehung des europäischen Staatensystems und seine Entwicklung von der Hegemonie zur Mächtebalance

Das Staatensystem im ausgehenden 15. Jh.

Das europäische Mächtesystem im letzten Drittel des 15. Jh.s ist bestimmt von der Suche nach neuen Prinzipien der Beziehungen der einzelnen Staaten zueinander. Nach dem Scheitern der Versuche einer gemeinabendländischen Politik (so auf den Reformkonzilien zu Konstanz, 1414–1418, und Basel, 1431–1449) tritt das universale Moment in den Beziehungen der europäischen Staaten zurück. Dafür verstärken sich die territorialen und nationalen Kräfte: Während im mittleren Teil Europas nördlich und südlich der Alpen verschiedene fürstliche und städtische Partikulargewalten die zerfallene kaiserliche Macht auszufüllen suchen, entwickeln sich im Westen an Stärke zunehmende nationale Monarchien, welche das europäische Geschehen zu bestimmen beginnen.

Nachdem *England* im Hundertjährigen Krieg aus Frankreich herausgedrängt worden ist, vermag sich das Haus Tudor in den Wirren der Rosenkriege aus der Selbstzerstörung des konkurrierenden Hochadels in den Besitz der englischen Krone zu bringen. Fast absolutistisch regiert ab 1485 Heinrich Tudor VII. (*1457, †1509), dann sein Sohn Heinrich VIII. (1509–1547; *1491, †1547); unter ihnen grenzt sich England rechtlich, kirchlich und politisch deutlich vom Kontinent ab.

Auf der Iberischen Halbinsel entsteht mit der Vereinigung von Kastilien und Aragón unter Isabella I. (1474–1504,*1451,†1504) und Ferdinand II. (1479–1516; *1452, †1516), die seit 1469 miteinander verheiratet sind, ein machtvolles *spanisches Königreich*. Mit dem Ende der Reconquista verfolgen beide Teilreiche noch intensiver ihre traditionellen Außenpolitiken, Kastilien im Atlantik und in Übersee, Aragón im Mittelmeer, besonders in Süditalien.

Nach dem Hundertjährigen Krieg sucht *der französische König* nicht ohne Erfolg seine Macht nach innen und außen auszubauen und zu festigen, allerdings ohne die großen Magnaten ausschalten zu können. Besonders die bedeutenden Herzogtümer am Rande des Königreiches entziehen sich weit gehend seiner Macht. Dies gilt in ganz besonderem Maße für die burgundischen Herzöge, die sich ein eigenes, mächtiges Zwischenreich aufbauen, welches zeitweise eine zentrale Stellung in Europa erlangt.

Der Aufstieg des Hauses Österreich und das Weltreich Karls V. (1477–1556)

Das *habsburgische Weltreich*, das unter Kaiser Karl V. (1519–1555/56; *1500, †1558) seine größte Ausdehnung und Bedeutung erlangt, entsteht aus einer Reihe dynastischer Verbindungen, Heiraten, realisierten Erbschaften, in deren Zentrum das burgundische Erbe und die Verbindung Österreichs mit Spanien stehen.

Die *Herzöge von Burgund*, aus einer Nebenlinie der Valois, bauen seit dem 14. Jh. ein eigenes Reich auf, welches sich sogar aus dem französischen Lehensverband löst (1455). Es umfasst schließlich neben dem Herzogtum Bourgogne und der Freigrafschaft Burgund (Franche-Comté) große Teile der Niederlande und die Picardie sowie Luxemburg. Mit Flandern und Brabant besitzen die Burgunderherzöge die reichsten Provinzen nördlich der Alpen. Ihre ehrgeizige Politik zielt auf die Verbindung dieser beiden Landkomplexe durch die Gewinnung von Lothringen und der drei strategisch wichtigen Bistümer Toul, Metz und Verdun. Im Süden suchen sie Savoyen an sich zu bringen, womit das Zwischenreich der Bedeutung des alten karolingischen Lotharingien nahe kommen würde. Diese Politik der Herzöge Philipps III. des Guten (1419–1467; *1396, †1467) und Karls des Kühnen (1467–1477; *1433, †1477) scheitert schließlich vor allem am Widerstand der schweizerischen Eidgenossen, von deren im geschlossenen Truppenkörper operierendem Fußvolk Herzog Karl in den Schlachten bei Grandson am Südwestufer des Neuenburger Sees (2. März 1476) und Murten, westlich von Bern (22. April 1477), mit seinem Ritterheer militärisch geschlagen wird.

Schlacht bei Nancy **1477 5. Jan.** Karl der Kühne fällt in der *Schlacht bei Nancy*, womit das burgundische Erbe an die mit dem österreichischen Erzherzog Maximilian verlobte Erbtochter Maria von Burgund (*1457, †1482) übergeht.

Heirat Maximilians **21. April** *Heirat Maximilians* mit Maria von Burgund. Habsburg kann gegen die Ansprüche der französischen Krone das burgundische Erbe sichern, indem nach Marias Tod (1482) Burgund Maximilians minderjährigem Sohn Philipp (dem Schönen; *1478, †1506) übertragen wird (so im Vertrag von Arras mit Frankreich vom 23. Dez. 1482). Doch der Kampf um das burgundische Erbe bleibt einer der zentralen Konfliktstoffe im französisch-habsburgischen Gegensatz.

1493 23. Mai Vertrag von Senlis (nordöstlich von Paris): Im Verlaufe des Kampfes um Burgund muss Maximilian der Abtretung der Bourgogne und Picardie an Frankreich zustimmen. Die übrigen Territorien des burgundischen Erbes bleiben jedoch habsburgisch.

1493–1519 Kaiser Maximilian kann zwar im deutschen Reich kaum bessere Machtpositionen gewinnen, besitzt aber neben seinen Erblanden (Österreich, Kärnten, Steiermark, Tirol, Vorderösterreich) in den reichen burgundischen Landen eine wesentlich gefestigtere Machtbasis.

Kampf um Italien **1494–1516** Der *Kampf um Italien*: Die habsburgische Bedrohung veranlasst Frankreich zum Angriff auf Italien. Karl VIII. (1483–1498; *1470, †1498) beansprucht das Königreich beider Sizilien als Erbe der Anjous, stößt damit aber direkt auf die Interessen Aragóns in Süditalien. Die französische Aktion ist diplomatisch gut vorbereitet und militärisch zunächst sehr erfolgreich; Karl fasst in Oberitalien Fuß und erobert Neapel, muss sich auf Druck einer im März 1495 gegründeten europäischen Liga (Liga von Venedig) aus Italien zurückziehen. Hauptkraft der antifranzösischen Liga unter päpstlicher Beteiligung ist Spanien-Aragón. Über den Kampf gegen das französische Vorgehen kommt es zu der folgenreichen Verbindung zwischen Österreich und Spanien.

Allianz Habsburg-Spanien **1496** Die *Allianz Habsburg-Spanien* wird durch eine doppelte Eheverbindung befestigt: Don Juan, Erbsohn der spanischen Könige, heiratet Margarete von Burgund, die Tochter Maximilians; er verstirbt schon 1497.

1497 Maximilians Sohn Herzog Philipp von Burgund heiratet Johanna (die Wahnsinnige), die Tochter Ferdinands von Aragón und Isabellas von Kastilien; er stirbt 1506.

1499 Aug. Karls VIII. Nachfolger Ludwig XII. (1498–1515; *1462, †1515) eröffnet die zweite Runde des französischen Versuchs, in Italien, nun vor allem in Mailand, Fuß zu fassen. Der Versuch, auch Neapel zu erobern, scheitert am massiven Widerstand Spaniens.

Vertrag von Blois **1505** Im *Vertrag von Blois* muss Frankreich die spanische Herrschaft in Süditalien (sie währt bis 1714) akzeptieren, erhält dafür gewissen Einfluss in Oberitalien (Mailand), und es kommt zu einer Regelung um das umstrittene Navarra. Schließlich muss aber Ludwig XII. 1512/13 seine sämtlichen italienischen Aspirationen aufgeben.

Franz I. **1515–1547** *Franz I.* (*1494, †1547). Er nimmt sofort die expansive Italienpolitik seiner Vorgänger voll auf und kann nach seinem Sieg über die Schweizer bei Marignano (südöstlich von Mailand, heute Melegnano) sich vorerst den Besitz von Mailand auch vertraglich gegenüber Spanien, Kaiser Maximilian und dem Papst sichern.

Wiener Fürstentag **22. Juli** Auf dem *Wiener Fürstentag* bringt Maximilian einen Heirats- und Erbvertrag mit dem Jagiellonenkönig Vladislav (*1456, †1516) von Böhmen (seit 1471) und Ungarn (seit 1490) zu Stande. Es findet eine doppelte eheliche Absprache statt: Ferdinand (I.) heiratet (1521) die Tochter Vladislavs, Anna (*1503, †1547), und Ferdinands Schwester Maria von Ungarn (*1505, †1558) heiratet (1522) Ludwig II. (*1506, †1526), König von Ungarn und Böhmen (1516–1526). Im Unterschied zu der anderen ehelichen Doppelverbindung Habsburgs mit Spanien sind diese Heiraten mit dem Kalkül auf ein Anerbe des *Ungarnreiches* geschlossen.

Hoffnung auf Ungarn

Haus Habsburg 1485–1780

Habsburger

Maximilian I.

```
Maximilian I.    ∞  Maria T. v.           Ferdinand       ∞  Isabella
Kg. 1486            Karl d. Kühnen        Kg. v. Aragón      Kgn. v. Kastilien
Ks. 1508            Hz. v. Burgund        † 1516             † 1504
† 1519              † 1482
```

Margarete	Philipp der Schöne ∞ Johanna d. Wahnsinnige	Katharina
Gen.-Stth. d. Ndld. 1506	Ehz. v. Österreich Kgn. v. Kastilien 1504	† 1536
† 1530	Kg. v. Kastilien 1506 Kgn. v. Aragón 1516	∞ Kg. Heinrich VIII.
	† 1506 † 1555	v. England, † 1547

```
Isabella T. v.  ∞  Karl V.         Ferdinand I.      ∞ Anna           Maria d. Katholische
Emanuel I.         Kg. v. Kastilien Kg. v. Böhmen 1527  v. Böhmen-Ungarn Kgn. v. England 1553
v. Portugal        u. Aragón 1516   dt. Kg. 1531        † 1547         † 1558
† 1539             (Karl I.)        Ks. 1556                           ∞ Philipp II.
                   Ks. 1519         † 1564                             v. Spanien
                   1556 abged.
                   † 1558
```

Karl V.

```
Philipp II.        Maria    ∞  Maximilian II.    Ferdinand    Karl
Kg. v. Spanien     † 1603      Kg. v. Böhmen     v. Tirol     v. Steiermark
Kg. v. Portugal 1580           dt. Kg. 1562      † 1595       † 1590
† 1598                         Kg. v. Ungarn
∞ 2. Maria                     1563                           Ferdinand II.
d. Katholische                 Ks. 1564                       Ks. 1619
v. England                     † 1576                         † 1637
```

```
Rudolf II.   Matthias    Maximilian   Albrecht                Ferdinand III.
Ks. 1576     Ks. 1612    † 1618       Stth. d. Niederlande    Ks. 1637
† 1612       † 1619                   † 1621                  † 1657

                                                              Leopold I.
                                                              Ks. 1658
                                                              † 1705
```

```
Maria Antonie    Joseph I.              Karl VI.
† 1692           Ks. 1705               Ks. 1711
                 † 1711                 † 1740

                 Maria Josepha   Maria Amalia     Maria Theresia
                 † 1757          † 1756           Ksn. 1740
                 ∞ Kg. August III. ∞ Ks. Karl VII. † 1780
                 v. Polen        † 1745           ∞ Hz. Franz Stephan
                 † 1763                           v. Lothringen, Ks. 1745
                                                  als Franz I., † 1765
```

Maria Theresia

1516
23. Jan. Der Tod Ferdinands von Aragón wirft die entscheidende Erbfolgefrage auf. Von den einmal in Aussicht gestandenen Nachfolgern für den spanischen Thron sind alle verstorben bis auf einen, Karl, den Sohn Johannas der Wahnsinnigen und Enkel Kaiser Maximilians.
Mai *Karl I.* wird König der vereinigten Königreiche Kastilien und Aragón (Mitte Mai).
1519
Juni Dieser spanische König wird – nach dem unerwartet plötzlichen Tod des sechzigjährigen Kaisers Maximilian (Jan. 1519) – in Konkurrenz zum französischen König Franz I. – in Frankfurt am Main von den Kurfürsten einstimmig als *Karl V.* zum Römischen König und Kaiser gewählt.

Karl I.

Kaiserwahl Karls V.

Person und Reich Karls V.

Der Habsburgerkaiser Karl V. (1519–1556) hat wie kein anderer die europäische Politik seiner Epoche geprägt. Geboren am 24. Febr. 1500 in Gent, wird er, noch unmündig, 1506 Herzog von Burgund und nominell König von Kastilien, 1516 (als Karl I.) regierender König der vereinigten spanischen Königreiche und 1519 deutscher König und Kaiser sowie Herr der österreichischen Erblande, die er 1521/1522 seinem Bruder Ferdinand überträgt. Als letzter deutscher Kaiser lässt er sich 1530 in Bologna (nicht in Rom) *vom Papst krönen.* Nach dem Scheitern seiner universalen Politik an der Übermacht der zahllosen Widerstände tritt Karl in mehreren Schritten 1555/56 zurück und lebt seit 1557 beim Kloser San Jerónimo de Yuste in Neukastilien, wo er am 21. Sept. 1558 stirbt.

letzte päpstliche Kaiserkrönung

Reich Karls V.

Das *Reich Karls V.*, in dem „die Sonne nicht untergeht", ist aus sehr unterschiedlichen Teilen zusammengeflossen: Der Kern seiner Herrschaft sind die burgundischen Niederlande. Dieses riesige Reich ist wesentlich ein dynastisches Gebilde mit den vielfältigsten Traditionen und Ansprüchen. Die Reichsteile spiegeln die widersprüchliche Fülle der Aufgaben wider, welche die Politik Karls V. beanspruchen und die sich schließlich als nicht zu bewältigen erweisen. Zuerst durch die burgundische Erbschaft, dann noch stärker durch die Verbindung mit Spanien, ist der Jahrhunderte währende *Konflikt mit Frankreich* bedingt. Dieser die europäische Geschichte lange beherrschende Streit wird in drei Hauptzonen ausgetragen: in den im deutsch-französischen Grenzgebiet liegenden Teilen des burgundischen Erbes, in Oberitalien und im spanisch-französischen Grenzgebiet (Navarra und Roussillon). Mit Spanien übernimmt Karl vor allem zwei außenpolitische Aufgabenbereiche: die Mittelmeerpolitik Aragóns und die amerikanische Kolonialpolitik Kastiliens. Während die Italien- und Mittelmeerpolitik Karl stark beschäftigte, hat er die atlantische Dimension seines Reiches kaum als Möglichkeit realisiert. Als Beherrscher Süditaliens gerät der Kaiser in eine gespannte Nachbarschaft zum Papst als Lehnsherr Süditaliens und als Herr des Kirchenstaates.

Konflikt mit Frankreich

Mit dem Besitz von Österreich – und besonders mit der von Maximilian 1515 geschaffenen ungarischen Anwartschaft – muss Karl die Verteidigung der Südostflanke gegen die vordringenden Türken übernehmen. Mit der Kaiserkrone endlich wachsen dem Habsburger zwei seiner schwierigsten Aufgaben zu: gegen die sich weit gehend verselbstständigenden deutschen Reichsstände und Territorien seine kaiserliche Autorität geltend zu machen und gegen die Reformation die Orthodoxie der katholischen Kirche aufrechtzuerhalten. Vor allem durch die dramatische Potenzierung von habsburgisch-französischem Gegensatz und Aufstand der deutschen protestantischen Fürsten wird Karl V. schließlich zur Aufgabe gezwungen.

Reichstag zu Worms

1521 *Reichstag zu Worms*: Auf seinem ersten (am 27. Jan. eröffneten) Reichstag, an dem Karl teilnimmt, erhält er Reichshilfe für seinen bevorstehenden Krieg gegen Frankreich. In Deutschland wird ein ständisches Reichsregiment während seiner Abwesenheit beschlossen, welches unter Vorsitz seines Bruders Ferdinand tagt.

Causa Lutheri

In der „*Causa Lutheri*" wird der Reformator nach Abschluss des Reichstages in die Reichsacht getan. Diese wird in den einzelnen Territorien sehr unterschiedlich durchgeführt.

erster Krieg gegen Franz I.

1521–1526 *Erster Krieg Karls V. gegen Franz I.* von Frankreich. – Der Krieg wird an drei Fronten zugleich geführt: an der spanisch-französischen Grenze, in Italien und in den burgundischen Niederlanden. Die Entscheidung fällt in Italien. Insgesamt entwickelt sich die Auseinandersetzung für König Franz I. in jeder Beziehung unglücklich: Mailand geht verloren, ein Entsatzversuch scheitert verlustreich. Der Konnetabel Karl von Bourbon, einer der Großvasallen der französischen Krone, wechselt zur kaiserlichen Seite über. In der Entscheidungsschlacht bei Pavia am 24. Febr. 1525 wird Franz vernichtend geschlagen und gefangen genommen.

Friede von Madrid

1526 14. Jan. Mai Im *Frieden von Madrid* diktiert Karl seinem gefangenen Vertragspartner seine Bedingungen: Aufgabe der italienischen Ansprüche, Übergabe der Bourgogne vor der Freilassung, Verzicht auf Lehnshoheit über Artois und Flandern. – Kaum wieder in Freiheit, widerruft Franz dieses erzwungene Diktat, und es gelingt ihm, die „Heilige Liga" von Cognac (westfranzösische Stadt an der Charente) gegen den übermächtigen Kaiser zusammenzubringen; sie besteht aus Papst Clemens VII., Florenz, Genua, Venedig, Mailand und England.

Schlacht bei Mohács

29. Aug. In der *Schlacht bei Mohács* gegen die Türken kommt der junge Ungarnkönig Ludwig II. um. Wie vertraglich vorgesehen, fallen über dessen Frau Maria Ungarn und Böhmen – samt Schlesien und den beiden Lausitzen – an Österreich. Doch von Ungarn kann Ferdinand nur den kleineren westlichen Teil in Besitz nehmen. Zentralungarn ist im Besitz der Türken; Siebenbürgen wird osmanischer Vasallenstaat.

zweiter Krieg gegen Franz I.

1526–1529 *Zweiter Krieg Karls V. gegen Franz I.* und die Hl. Liga von Cognac. Er verläuft für Frankreich nicht erfolgreicher als der erste Krieg. Der Einfluss Spaniens in Oberitalien wird nur noch gefestigter.

Sacco di Roma

1527 Im Verlaufe des Krieges kommt es durch die kaiserlichen Landsknechte zum *Sacco di Roma*, einer Plünderung Roms, die die Zeitgenossen in ungeheuren Schrecken versetzt. Nachdem es mit dem Papst im Frieden von Barcelona (29. Juni 1529) zu einem Vergleich gekommen ist, wird mit Frankreich in *Cambrai* der sog. „*Damenfriede*" – ausgehandelt von Karls Tante Margarete und der Mutter Franz' I., Luise von Savoyen – geschlossen, der für Frankreich eher ein „Waffenstillstand" ist. Wichtigster Punkt des Vertrages ist, dass die

Damenfriede von Cambrai

1529 3. Aug.

	Bourgogne vorerst weiter in französischem Besitz bleiben soll, womit die Teilung des burgundischen Erbes bestätigt wird. Frankreich verzichtet auf alle Ansprüche in Italien.	
Herbst	*Erste Belagerung der Stadt Wien durch die Türken*, die aber nach wenigen Wochen erfolglos, wohl wegen des frühen Wintereinbruchs, abgebrochen wird. – Seit 1523 hat die französische Krone mit den Türken Verbindungen wegen eines abgestimmten militärischen Vorgehens, um den Kaiser in einen Mehrfrontenkrieg zu verwickeln. Die türkischen Angriffe in Ungarn seit 1526 sind teilweise mit denen der Franzosen im Westen koordiniert.	*Türken belagern Wien*
1530 Juni–Nov.	*Reichstag zu Augsburg*: Zum ersten Mal kann sich der Kaiser seit 1521 den akuten Fragen im deutschen Reich zuwenden. Er will vor allem die zerfallene Glaubenseinheit wiederherstellen. Die „protestantischen" Reichsstände (so genannt seit ihrer Protestation auf dem Reichstag zu Speyer 1529) legen ihr Glaubensbekenntnis, die von Melanchthon verfasste, sehr maßvolle *Confessio Augustana*, vor. Es kommt wegen der Härte der katholischen Seite (Legat Campeggio) zu keiner Annäherung, und es droht nun eine gewaltsame Behandlung der Glaubensfrage.	*Reichstag zu Augsburg* *Confessio Augustana*
1531 6. Febr.	Die Protestanten formieren sich im *Schmalkaldischen Bund* zu einer Verteidigungsgemeinschaft gegen den Kaiser mit eigener Kasse und eigenen Truppen. Man sucht bald durch außenpolitische Beziehungen, vor allem zu Frankreich, Rückhalt und Unterstützung.	*Schmalkaldischer Bund*
	Nach seiner Kaiserkrönung durch den Papst in Bologna im Februar 1530 lässt Karl, obwohl sein Sohn Philipp bereits 1527 geboren ist, seinen Bruder *Ferdinand zum Römischen König wählen und krönen* (Jan. 1531). Das geschieht aus der Reihe der Kurfürsten unter Protest Kursachsens. Gegen die damit ausgedrückte Anwartschaft Ferdinands auf die Kaiserkrone als Karls Nachfolger bildet sich eine überkonfessionelle Opposition, geführt durch die bayerischen Wittelsbacher, durch Kursachsen und Hessen. Diese findet internationale Unterstützung bei Frankreich und Dänemark.	*Ferdinand Römischer König*
1532	Nürnberger Anstand: Seit 1531 wird für Karl und Ferdinand die Lage im Reich deswegen erneut prekär, weil sich die Türken wieder mit einem großen Heer auf dem Vormarsch in Richtung Wien befinden. Aufgehalten werden sie durch den heldenhaften Widerstand der kleinen Stadt Güns in Westungarn. Da Karl und Ferdinand unbedingt auf Hilfsmittel und Truppen aus dem Reich angewiesen sind, andererseits aber nach Augsburg von den Schmalkaldenern bzw. von den dahinter stehenden Reichsständen und von der überkonfessionellen Opposition gegen Ferdinand kaum Unterstützung erwarten können, bleibt ihnen keine andere Wahl, als sich auf der Nürnberger Reichsversammlung zu einem Stillhalteabkommen auf der Basis des Status quo mit den protestantischen Reichsständen durchzuringen (*Nürnberger Religionsfriede*). Obendrein besteht auch noch die Gefahr einer aggressiven Allianz zwischen Frankreich und der Opposition im Reich. Diese „politische" Behandlung der Sache der Reformation durch den Kaiser veranlasst die protestantischen Stände zur aktiven Hilfeleistung gegen die Türken. – Es kommt aber nicht zum entscheidenden Treffen, weil Süleiman der Prächtige (1520–1566; *um 1494, †1566) wegen eines Krieges mit den Persern seinen Angriff abbrechen muss.	*Nürnberger Religionsfriede*
1533	Es kommt schließlich zu einem separaten Friedensabkommen zwischen Süleiman und Ferdinand, worin diesem die von Österreich besetzten Teile Ungarns – gegen Zahlung eines Tributes – bestätigt werden. Der akute Schwerpunkt der Auseinandersetzungen verlagert sich ins Mittelmeer, wo Karl V. aktiv sein kann, da er nicht Vertragspartner der friedenschließenden Parteien ist. Im türkischen Auftrag sucht 1534 der Chaireddin Barbarossa (*um 1467, †1546, islamisierter Grieche aus Lesbos, türkischer Herrscher in Algier [seit 1518], bedeutender türkischer Admiral, operiert ab 1534 zusammen mit der französischen Flotte) die süditalienischen und sizilianischen Küsten heim, um Spanien die Kontrolle über die Straße von Sizilien zu entreißen.	
1535	Karl V. erobert mit einer Flottenexpedition unter Leitung des Genuesen Andrea Doria (*1466, †1560) Tunis und Biserta. Das Ziel, die afrikanische Küste zu kontrollieren, um das westliche Mittelmeer vom türkischen Einfluss zu befreien, wird aber nur partiell erreicht. Da diese Politik des Kaisers – die Seewege zwischen Spanien und Italien zu sichern – mit den Interessen des sich durch neue Privilegien der Türken entwickelnden französischen Orienthandels direkt kollidiert, wird Frankreich 1536 erneut aktiv. Es kommt im März 1536 zu einem formellen antihabsburgischen Bündnis zwischen dem „allerkatholischsten König" Franz I. und Süleiman, woraus sich eine direkte Zusammenarbeit beider Mächte besonders im Mittelmeerraum entwickelt.	
1536–1538	*Dritter Krieg zwischen Frankreich und Habsburg.* Er entsteht wegen einer unklaren Nachfolge in Mailand nach dem Tode Francesco Sforzas (Franz II., 1521–1535). In diesem Krieg erreicht das Zusammenspiel von französischen und türkischen Aktionen im Mittelmeer und Italien einen recht hohen Grad. Nach einigen heftigen, aber nicht entscheidenden Kämpfen	*dritter Krieg gegen Franz I.*

vermag Papst Paul III. (1534–1549; *1468, †1549) am 18. Juni 1538 in Nizza einen Waffenstillstand zu vermitteln.

Heilige Allianz

1538 Sept. Im Mittelmeer bildet sich 1538 eine *Hl. Allianz* (der Papst, Karl V., Venedig, Genua); deren genuesisch-venezianische Flotte wird aber bei Prevesa vor der ionischen Küste von Chaireddins überlegener türkischer Flotte zum Abdrehen gezwungen. Darauf scheidet Venedig aus der Allianz aus und schließt 1540 einen Separatfrieden. Karls Expedition gegen Algier im Oktober 1541 endet unglücklich und mit hohen Verlusten. Insgesamt gelingt es

osmanische Vorherrschaft

Karl V. nicht, die *osmanische Vorherrschaft* über Nordafrika und das westliche Mittelmeer zu brechen.

1541 Nach dem Tode des J. Zápolya, seit 1511 Fürst von Siebenbürgen (1526–1538 König von Ungarn; *1487, †1540), scheitert Ferdinands Versuch, seinen Anspruch auf ganz Ungarn durchzusetzen. Mit seinem Gegenfeldzug wirft Süleiman jeden Widerstand in Ungarn nieder. Die direkte türkische Verwaltung Ungarns wird verstärkt und die Dreiteilung für anderthalb Jh.e festgeschrieben. Dabei verbleibt Österreich nur ein etwa einhundert Kilometer breiter Streifen in Westungarn – und die Slowakei. Es muss dieser Teilung zustimmen und verspricht jährliche Tributzahlung.

vierter Krieg gegen Franz I.

1542–1544 *Vierter Krieg* zwischen Franz I. und Karl V. Er ist erneut veranlasst durch das Bemühen Frankreichs, den spanischen Einfluss in Oberitalien einzuschränken. Als Karl in Mailand 1540 seinen Erbsohn Philipp zum Herzog einsetzt, nimmt Franz die Ermordung zweier französischer Agenten in Mailand zum Anlass, den Krieg zu eröffnen. Er greift mit geringem Erfolg im Roussillon und in den Niederlanden an, wo sich der Herzog von Cleve mit Franz verbündet hat. Karl nimmt Wilhelm von Cleve das Herzogtum Geldern ab, welches er den Niederlanden (Vertrag von Venlo, 7. Sept. 1543) eingliedert.

Friede von Crépy

1544 18. Sept. Der Kaiser dringt bis vor Paris vor und sucht im *Frieden von Crépy* eine großzügige Friedensregelung mit Franz I. zu finden, den er damit für seine universalen Ziele gewinnen will, vor allem für die Teilnahme am Konzil, den Kampf gegen die Türken und die Wiederherstellung der kirchlichen Einheit im Reich. Karl verzichtet auf die Bourgogne; Frankreich soll sich aus Savoyen zurückziehen (was dann aber nicht geschieht); nach Heirat des Herzogs von Orléans mit der Infantin Maria soll dieser Mailand erhalten (was wegen des baldigen Todes des Herzogs unterbleibt).

Das Ende dieses Krieges macht für den Kaiser wieder den Weg frei zur Verfolgung seiner grundsätzlichen Ziele, des allgemeinen Konzils und der Herstellung der Glaubenseinheit.

Konzil von Trient

1545–1563 *Konzil von Trient*: Mit dem endlichen Zusammentreten des Konzils – und zwar in Italien, aber noch auf dem Boden des deutschen Reiches – wird ein lange verfolgtes Ziel kaiserlicher Politik Wirklichkeit. Es entspricht jedoch in zwei gravierenden Punkten nicht den Erwartungen des Kaisers: Die Protestanten lehnen die Teilnahme ab, und die Reformfragen werden nicht vorrangig vor den dogmatischen – der Abgrenzung gegen die Reformation dienenden – Definitionen behandelt.

Dessen ungeachtet besitzt das Konzil für die Regeneration der katholischen Kirche eine überragende Bedeutung. Das Konzil tagt in drei Sitzungsperioden, die mit längeren, durch die europäische Politik bedingten Pausen stattfinden.

erste Konzilsperiode

1545–1547 *Erste Konzilsperiode*: Im Vordergrund stehen wichtige dogmatische Lehrentscheidungen, darunter die Erklärung der Gleichrangigkeit von Tradition und Heiliger Schrift. Die Reformatoren sind in Trient nicht vertreten. Der französische Episkopat fehlt trotz der Zusagen von Crépy. Der Papst lässt schließlich (am 11. März 1547) das Konzil von der Mehrheit nach Bologna in den Kirchenstaat verlegen, wo es dem Einfluss des Kaisers entzogen, aber beschlussunfähig wird (1549 suspendiert Paul III. das Konzil).

Schmalkaldischer Krieg

1546–1547 *Schmalkaldischer Krieg*: Da der Weg der gütlichen Religionsgespräche, so noch 1540/1541 in Hagenau, Worms und Regensburg und auf den Reichstagen, keine Aussicht mehr bietet, sucht Karl V. die diplomatische und militärische Zerschlagung des protestantischen Bündnisses. Mit diplomatischen Verhandlungen zieht er die Wittelsbacher (durch Hoffnungen auf eine Kurwürde) aus der fürstlichen Opposition, sichert sich die Unterstützung des Papstes (mit Hilfstruppen), neutralisiert Brandenburg, lockt Moritz von Sachsen mit dem Versprechen der Kurwürde und isoliert den Bigamisten Philipp von Hessen wegen des Versuchs, seine Doppelehe zu legalisieren.

Der Kaiser beginnt den Krieg, den er formell nicht als Religionskrieg, sondern als Vollstreckung der Reichsacht an Hessen und Sachsen wegen ihres Überfalls auf Braunschweig

1547 24. April führt, gegen den sächsischen Kurfürsten Johann Friedrich, den er in der Schlacht bei Mühlberg a.d. Elbe schlägt und gefangen nehmen kann, und gegen Philipp von Hessen, der sich ihm ebenfalls bedingungslos (am 19. Juni 1547) gefangen geben muss. Damit ist das „landfriedensbrecherische" Bündnis der Protestanten zerschlagen.

1547 1. Sept.– 1548 30. Juni	*„Geharnischter Reichstag"* zu Augsburg. Der siegreiche Kaiser sucht seinen beiden Zielen, Einheit der Kirche und Reichsreform (ständischer Reichsbund mit gestärkter monarchischer Spitze), näher zu kommen. Gegen diese radikale Veränderung der historisch gewordenen Reichsverfassung entsteht Widerstand bei allen Reichsständen, weil sie um ihre Libertät fürchten. Die Reformpläne des Kaisers werden durch Ausweichen, Gegenvorschläge und Verschleppen vereitelt. Zugestanden werden nur zwei Punkte, die Bereitstellung eines finanziellen „Vorrates" für den Türkenkrieg und die Stärkung des kaiserlichen Einflusses auf das Reichskammergericht. – In der Glaubensfrage geht Karl seinen eigenen Weg, da sich der Papst von dem siegreichen Kaiser sofort feindselig distanziert (Abzug der Hilfstruppen und Verlegung des Konzils nach Bologna) und mit den Protestanten keine Lösung auf dem Verhandlungswege möglich ist. Aus eigener kaiserlicher Machtvollkommenheit lässt er von gemäßigten katholischen Theologen eine „kaiserliche Zwischenreligion" mit einigen den Protestanten entgegenkommenden, diesen wichtigen Punkten (unter anderem	*„Geharnischter Reichstag"*
1548 30. Juni	der Laienkelch und die Priesterehe) ausarbeiten und als *Augsburger Interim* zum Reichsgesetz erheben. Die Durchführung stößt auf massiven Widerstand; den Katholiken geht es zu weit, den Protestanten reicht es nicht aus. Für die katholischen Stände muss das Interim dispensiert, für die geistlichen Herrschaften eine komplizierte Sonderregelung des „geistlichen Vorbehaltes" getroffen werden. Nur in den süddeutschen Städten wird das Interim wirklich durchgeführt. Zentrum des Widerstandes ist Magdeburg.	*Augsburger Interim*
1551–1552	*Zweite Tagungsperiode des Trienter Konzils,* an dem auf kaiserliches Drängen nun auch protestantische Vertreter teilnehmen. Das Konzil tagt entgegen französischem Protest. Im Februar 1552 geht die Versammlung fluchtartig wegen der Fürstenrebellion in Deutschland auseinander.	zweite Konzilsperiode
1552	*Deutsche Fürstenrevolution*: Gegen den scheinbar übermächtig gewordenen Kaiser finden sich rasch alle oppositionellen Strömungen des Territorialismus und Protestantismus zusammen. Führer wird der jüngst vom Kaiser zum Kurfürsten erhobene Moritz von Sachsen. Mit großer Verstellungskunst und Vielseitigkeit bringt er die antikaiserlichen Kräfte zusammen, während er sich vom Kaiser die Vollstreckung der Reichsacht an Magdeburg übertragen lässt (Einzug als Reichsfeldherr in Magdeburg am 9. Sept. 1551). Er paktiert mit den deutschen Fürsten seit 1550 (Fürstenbund im Mai 1551) und koaliert mit König Heinrich II. von Frankreich (1547–1559; *1519, †1559), in den Verträgen von Lochau (in Kursachsen nahe Halle) (Okt. 1551) und Chambord (östlich von Blois) (Jan. 1552), dem er das Reichsvikariat über die Bistümer Toul, Metz, Verdun und Cambrai eigenmächtig zugesteht. Im März 1552 beginnt Moritz, zeitlich abgestimmt mit dem französischen Vorgehen gegen die vier eigenmächtig abgetretenen Städte, seine Operationen gegen den truppen- und wehrlosen Kaiser und erobert im Mai die kaiserliche Residenz Innsbruck. Karl ist bereits von Innsbruck nach Villach geflüchtet. Die Mehrheit der Reichsstände hält sich neutral zwischen den Kriegsfürsten und Habsburg. Ferdinand fällt die Aufgabe zu, im Reich die Verhältnisse zu regeln, während der Kaiser sich vergeblich darum bemüht, Frankreich die strategisch wichtigen Orte wieder abzuringen.	Deutsche Fürstenrevolution
2. Aug.	*Vertrag zu Passau*: Auf der Fürstenversammlung in Linz, dann ab Ende Mai in Passau, erhebt Moritz die Forderungen: Aufhebung des Interims und einen dauernden Religionsfrieden. Obendrein Abstellung der Gravamina und Beschwerden über das selbstherrliche Regiment des Kaisers. Der Kaiser leistet Widerstand, doch man einigt sich auf einen Religionsfrieden bis zur endgültigen Regelung auf dem nächsten Reichstag. Das Interim wird aufgehoben und der gefangene Landgraf von Hessen freigelassen.	Vertrag zu Passau
1552–1556	Krieg Karls V. gegen Frankreich um die besetzten Städte Toul, Metz und Verdun. Karl begibt sich in die Niederlande, sammelt Truppen und beginnt noch im Herbst 1552 mit der Belagerung von Metz. Er muss diese jedoch im Januar 1553 als aussichtslos abbrechen. Während Heinrich II. die besetzten Städte zu halten vermag, sind seine gleichzeitigen Unternehmungen in Italien wenig erfolgreich: Er kann zwar Siena besetzen und mit Hilfe einer türkischen Flotte auf Korsika landen, doch im Frühjahr 1555 muss die französische Besatzung Sienas kapitulieren, und Karl kann mit Frankreich einen fünfjährigen Waffenstillstand in Vaucelles am 5. Feb. 1556 aushandeln, der den Status quo bestätigt.	
1555 25. Sept.	*Augsburger Religionsfriede*: Er kommt nach mühevollen Verhandlungen zwischen König Ferdinand und den Reichsständen zu Stande. Der Kaiser kann und will die vereinbarten Regelungen nicht mittragen. Die wesentlichen Bestimmungen sind nicht nur für das Reich von großer Bedeutung: Die Protestanten, welche das Augsburger Bekenntnis (1530) anerkennen, werden reichsrechtlich den Katholiken gleichgestellt. Die Katholiken sollen mit ihnen in „ewigem Frieden" leben. Alle anderen Denominationen, namentlich Calvinisten, Täufer u.a. Sekten, bleiben ausgeschlossen. Nicht dem einzelnen Untertanen eines Territoriums,	*Augsburger Religionsfriede*

sondern nur den Reichsständen ist die Freiheit der Glaubenswahl (ius reformandi) zugestanden. Die Untertanen folgen dem Bekenntnisstand des Landesherrn (später formuliert als: „*cuius regio eius religio*"), wer dies aus Gewissensgründen nicht kann, darf unter gewissen Umständen das Emigrationsrecht (ius emigrandi) wahrnehmen. Diese Bestimmungen sichern die Einheit der entstehenden Landeskirchen in den Territorien. In den gemischtkonfessionellen Reichsstädten bleibt den Bürgern die Glaubensfreiheit zugebilligt. Für geistliche Fürsten wird mit dem „*Geistlichen Vorbehalt*" verhindert, dass diese beim Glaubenswechsel ihr geistliches Fürstentum mitnehmen und dann als säkularisierte Herrschaft behalten können; sie müssen in einem solchen Falle ihr Amt niederlegen. – Mit dem Religionsfrieden wird eine neue Reichsexekutionsordnung dekretiert, welche den Kaiser weit gehend ausschließt und die Reichskreise verselbstständigt.

cuius regio eius religio

Geistlicher Vorbehalt

Der Augsburger Reichsabschied wird zwar im Namen des Kaisers verkündet, von Karl V. jedoch nicht gebilligt.

Abdankung Karls

Die zwingende Konsequenz dieser unvermeidlichen Entwicklung im Reich ist die *Abdankung Karls*, die er wegen der schwierigen politischen Lage in mehreren Schritten vollzieht.

1555 Übertragung der Niederlande auf seinen Sohn Philipp (II.) am 25. Okt.
1556 Verzicht zugunsten Philipps auf seine Herrschaft in Spanien sowie auf die italienischen Be-
16. Jan. sitzungen und die überseeischen Kolonien.
12. Sept. Verzicht auf das Kaisertum zugunsten seines Bruders, König Ferdinand.

Vormacht Spaniens und europäische Glaubenskämpfe (1556–1660)

In diesem Saeculum des Überganges vom Mittelalter zur Neuzeit ist die europäische Politik noch stark von konfessionellen Kräften, aber schon ebenso deutlich von machtpolitischen Interessenkonflikten bestimmt. Besonders ausgeprägt ist die Gleichsetzung universaler und dynastischer Motive in der Politik Philipps II. von Spanien. Gegen Ende dieses weit gehend durch den von Spanien angeführten habsburgischen Mächteblock wie vom Kampf gegen dessen Übermacht bestimmten Jh.s ist die künftige Struktur des europäischen Staatensystems grundgelegt.

Die Hegemonie Spaniens und der Niedergang seiner Vormacht (1556–1609)

Die Art, wie Karl V. sein habsburgisches Weltreich teilt, ist entscheidend für die Veränderungen in der Mächtekonstellation wie für die relative Kontinuität der Konfliktzonen. *Das burgundische Erbe* erweist sich weiterhin als die eigentliche kritische Masse. Karl gibt die einträglichsten Provinzen in Italien und den Niederlanden seinem spanischen Erben und Sohn, Philipp. Die Österreicher behalten im Westen nur Vorderösterreich mit dem Elsass.

das burgundische Erbe

Frankreich gegen Habsburg

Der französisch-habsburgische Gegensatz wirkt in aller Schärfe weiter. Abgesehen von diesem Konflikt, erbt Philipp den Kampf mit den Türken im Mittelmeer und mit den italienischen Besitzungen auch die schwierige Nachbarschaft mit dem Papst.

Nach der Verfestigung der konfessionellen Spaltung bis zur Mitte des 16. Jh.s rücken das Reich und seine Territorialherren vorerst in den Schatten der europäischen Politik. Nur Österreich mit dem Königreich Böhmen und Teilen Ungarns sowie seinen Interessen in Italien spielt als größtes Territorium im Südosten des Reiches im europäischen Zusammenhang eine Rolle. Das außenpolitisch passive Reich wird nach der Jahrhundertwende zunehmend zum Operationsfeld europäischer Politik anderer Mächte.

Philipp II.

Heiratspolitik

1556–1598 *Philipp II.*, König von Spanien. Seine Politik verfolgt drei Ziele: die Macht des Königreiches Spanien, die Größe der habsburgischen Dynastie und – vor allem – den Schutz der katholischen Kirche. Philipps vier Ehen zeigen die Hauptrichtungen seiner *dynastischen Politik*: 1. Maria von Portugal (†1545). Diese 1543 geschlossene Heirat, aus der Don Carlos hervorgeht, führt 1580 zur Union Portugals mit Spanien. 2. Maria die Katholische von England (Ehe: 1554–1558); nach dem Tod der Königin sucht Philipp die Verbindung mit England fortzusetzen; deshalb wirbt er – vergeblich – um deren Nachfolgerin, Elisabeth I. (*1533, †1603; 1558–1603). 3. Elisabeth von Valois, Ehe: 1560–1568. Diese Heirat mit der Tochter des französischen Königs soll zu einem dauerhaften Ausgleich mit Frankreich führen. 4. Anna von Österreich, Tochter Maximilians II., Ehe: 1570–1580.

Friede von Cateau-Cambrésis

1559 *Friede von Cateau-Cambrésis*. Philipp kann sich seine Herrschaft in Italien und den Besitz
3. April der burgundischen Territorien bestätigen lassen. Dieser Friede und die Ehe mit Elisabeth von Valois bekräftigen die spanische Hegemonie in der zweiten Hälfte des 16. Jh.s, zumal durch den plötzlichen Tod Heinrichs II., der nur unmündige Söhne hinterlässt, Frankreichs außenpolitischer Handlungsspielraum wesentlich eingeschränkt wird.

1559 Erste Synode der calvinistischen Gemeinden Frankreichs in Paris.

1562–1563	Dritte und abschließende Sitzungsperiode des Tridentinums. Wegen des Vordringens des Calvinismus in Frankreich nimmt nun auch der französische Episkopat aktiv teil. Pius IV. bestätigt Jan. 1564 die Konzilsbeschlüsse insgesamt.	
1562–1598	*Hugenottenkriege*: Die acht französischen Religionskriege des 16. Jh.s sind ebenso Glaubenskämpfe wie Momente der Krise der französischen Dynastie und des Hochadels. Die katholische Partei schart sich um das katholische Haus Lothringen (Guise), die hugenottische um das Haus Bourbon. Zwischen beiden Parteien steht die Königinmutter Katharina Medici, die eine übergeordnete königliche Position der Patrioten aufzubauen sucht. Beide Religionsparteien finden Hilfe im Ausland: die Guise bei Philipp II. und dem Papst, die Hugenotten bei den calvinistischen Reichsständen, dann bei allen Gegnern der katholischen Vormacht Spanien (England und den Niederlanden). Die Hugenotten erreichen im Edikt von Saint-Germain (8. August 1570) bedingte Religionsfreiheit und mehrere Sicherheitsplätze.	*Hugenottenkriege*
	Nach dem Herrscherwechsel von Karl V. zu dem als Fremdling empfundenen Spanier Philipp II., der Unterstellung der *Niederlande* unter die spanische Zentralverwaltung und der Reorganisation der kirchlichen und politischen Verwaltung bildet sich eine Opposition gegen die spanische Fremdherrschaft. Die Abneigung richtet sich vor allem gegen den Kardinal Antoine Perrenot de Granvelle (*1517, †1586), der als Primas der Kirche und Vertreter des spanischen Zentralismus verhasst ist. Der König muss ihn aus den Niederlanden abberufen.	*Niederlande*
1564		
	Spanische Truppenstationierungen, Besteuerungen und vor allem die Missachtung der alten Privilegien fördern die antispanische Stimmung und geben der vom Hochadel getragenen Opposition Unterstützung, die sich um Wilhelm I. von Oranien, den Grafen Lamoraal von Egmond und Philipp Graf von Horne sammelt. Die Opposition weitet sich auf breitere Schichten des Adels und der Städte aus und verbindet sich mit der wachsenden calvinistischen Bewegung.	
1566	Erste Bilderstürme. Bittsteller eines Adelsbundes bei Margarete werden „Gueux" = Bettler genannt; diesen Titel übernehmen die Geusen als Parteinamen. Philipps rigorose Antwort	
1568	ist die *Entsendung Herzog Albas* als Statthalter (bis 1573). Alba geht scharf vor. Oranien flüchtet; Egmond und Horne werden hingerichtet.	*Entsendung Herzog Albas*
	Die nördlichen Inseln werden die Operationsbasis der Watergeusen (Wassergeusen). Sie bekommen die wichtige Provinz Holland, dann auch Seeland in die Hand.	
1571 7. Okt.	*Seesieg bei Lepanto* (im Golf von Korinth) über die Türken durch Don Juan d'Austria (*1547, †1578) mit einer Flotte der Heiligen Allianz. Lepanto leitet den Niedergang der türkischen Vorherrschaft im Mittelmeer ein.	*Seesieg bei Lepanto*
1572 23./24. Aug.	*Bartholomäusnacht* oder Pariser Bluthochzeit; grausame Verfolgungsjagd gegen Calvinisten in ganz Frankreich. Damit bricht die Widerstandskraft der Hugenotten aber nicht zusammen.	*Bartholomäusnacht*
1576	Genter Pazifikation: Vertrag zwischen den niederländischen Provinzen zwecks Vertreibung der spanischen Truppen.	
1578–1592	Der Statthalter Alexander Farnese, Herzog von Parma (*1545, †1592), kann die Südprovinzen durch Zusicherung der Wiederherstellung ihrer alten Rechte für Spanien zurückgewin-	
1579	nen und gegen die Nordprovinzen in der Union von Arras vereinen. Darauf schließen sich die sieben nördlichen Provinzen zur Union von Utrecht zusammen, die sich (1581) für unabhängig erklärt.	
1580–1640	*Vereinigung Portugals mit Spanien*: Eine Folge der Vereinigung der iberischen Königreiche mit ihren großen Kolonien ist eine Gewichtsverlagerung der Politik Philipps in den Atlantik und damit ein verstärkter Gegensatz zu England.	*Vereinigung Portugal – Spanien*
1584	Wilhelm von Oranien wird in Delft ermordet. Sein Sohn Moritz von Nassau-Oranien (*1567, †1625) folgt ihm im Amt eines erblichen Statthalters. Er kann militärische Erfolge	
1585 Aug.	Farneses nicht verhindern, so die spektakuläre Eroberung Antwerpens. Auch ein von Königin Elisabeth I. von England Ende 1585 entsandtes Expeditionsheer unter Robert Dudley Graf Leicester (*1532[?], †1588) richtet wenig gegen Farnese aus.	
	Dass sich die abgefallenen Provinzen dann ohne direkte englische Hilfe gegen Spanien behaupten, liegt vor allem an Spaniens Engagement im Krieg mit England und an Philipps Eingreifen in die französischen Religionskriege.	
1585–1590	Achter Hugenottenkrieg oder *Krieg der drei Heinriche*: König Heinrich III. v. Frankreich (*1551, †1589; 1574–1589), Heinrich von Navarra (IV., Führer der Hugenotten), und Heinrich Guise (*1550, †1588), Führer der katholischen Partei. Philipp II. verbündet sich mit den Guise und zahlt hohe Subsidien; auf hugenottischer Seite kämpft ein deutsches Heer unter Pfalzgraf Johann Kasimir (*1543, †1592), das mit englischen Hilfsgeldern finanziert	*Krieg der drei Heinriche*

ist. Für die Nachfolgefrage entscheidend wird die Ermordung von Heinrich Guise Dez. 1588, den König Heinrich in Blois umbringen lässt, um sich aus der Abhängigkeit der Lothringer zu befreien. Als Heinrich III. im Aug. 1589 seinerseits von einem fanatischen Dominikaner niedergestochen wird, bestimmt er sterbend Heinrich von Navarra zu seinem Nachfolger. Um diese calvinistische Thronfolge zu verhindern, interveniert Philipp nun mit eigenem Heer. Aus dem Kampf um die Thronfolge wird so ein Krieg des spanischen Königs gegen alle seine Gegner in Europa.

Niederlage der spanischen Armada

1588 *Niederlage der spanischen Armada*: Die Gegensätze zwischen Spanien und der englischen Politik werden in den achtziger Jahren so grundsätzlich, dass Philipp sich zu einer Invasion der englischen Insel entschließt. – Die „unbesiegbare Armada", im Kanal von der englischen Flotte dreimal angegriffen, wobei sich die Artillerie der beweglicheren englischen Schiffe der Entertaktik der Spanier als überlegen erweist, und vor Calais durch einen Branderangriff aus der Formation geworfen, wird von englischen Schiffen in die Nordsee verfolgt. Geschlagen erleidet die spanische Flotte auf dem Rückweg um Schottland und Irland in den Herbststürmen weitere schwere Verluste. Diese Niederlage bedeutet nicht die Ablösung der spanischen Seemacht durch die englische. Der Wiederaufbau einer modernisierten Armada und die Sicherung der Überseerouten werden verstärkt durchgeführt. Doch der bleibende Verlust der Seeverbindung zu den Niederlanden und die psychologische Wirkung sind folgenschwer.

Juli

französischer Thronfolgestreit

1590–1598 Der *Kampf um die französische Thronfolge*: Philipp von Spanien erhebt für seine Tochter aus seiner Ehe mit Elisabeth von Valois Erbansprüche und marschiert mit seinen Truppen in Frankreich ein.

1593 Heinrich IV. konvertiert in Saint-Denis zum katholischen Glauben. Da auch die Mehrheit
Aug. der Katholiken die Kandidatur des spanischen Königs ablehnt, wird aus dem Bürgerkrieg
1594 ein nationaler Krieg der Franzosen gegen den ausländischen Zugriff auf die französische
Febr. Krone.

1595 Heinrich erklärt Spanien formell den Krieg.

1596 Bündnis zwischen Heinrich IV. und Elisabeth I. Damit wird der Erhalt der nördlichen Niederlande als internationales Ziel der Gegner Spaniens proklamiert.

Edikt von Nantes

1598 *Edikt von Nantes*. Es sucht zwei Ziele miteinander in Einklang zu bringen: Frankreich
13. April bleibt eine katholische Monarchie; andererseits wird den 1,2 Mio. Hugenotten volle Gewissensfreiheit und in gewissen Grenzen Kultfreiheit gewährt. Ohne Einschränkungen werden die Hugenotten bürgerlich und rechtlich gleichgestellt. Sie erhalten in einem zusätzlichen Erlass zahlreiche Sicherheitsplätze mit hugenottischen Garnisonen.

Friede von Vervins

1598 *Friede von Vervins*: Separatfrieden zwischen Heinrich IV. von Frankreich und Philipp II. von Spanien; England und die Niederlande bleiben weiter im Krieg. Spanien räumt Frankreich, die Grenzen entsprechen dem Vertrag von Cateau-Cambrésis (1559). Philipp verzichtet auf alle Thronansprüche in Frankreich. Im Ergebnis bedeutet dies das Scheitern der spanischen Kriegsziele, nämlich der beabsichtigten Bindung Frankreichs an Spanien und der Ausrottung der Hugenotten.

Waffenstillstand

1604 Spanien beendet den Krieg mit England und schließt 1609 einen zwölfjährigen *Waffenstillstand* mit den abgefallenen Niederlanden.

Das Zeitalter der europäischen Kriege (1608–1660)

1608 Im Römisch-deutschen Reich organisieren sich die Protestanten unter Führung von Kurpfalz (ohne Beteiligung von Kursachsen) zur Union. Dagegen verbünden sich unter Leitung
1609 Bayerns viele katholische Reichsstände zur Liga. Der erste auftretende Konfliktfall im Reich zeigt die begrenzte Bedeutung dieser konfessionellen Bündnisbildungen im Vergleich zu der außerordentlichen Wirkung internationaler Einflussnahmen auf Reichsangelegenheiten.

Jülich-Clevischer Erbfolgestreit

1609–1614 Im *Jülich-Clevischen Erbfolgestreit* steht eine Erbmasse zur Disposition, auf die sich wegen ihrer Größe und strategischen Bedeutung und wegen der Zugehörigkeit zu unterschiedlichen Konfessionen (Jülich und Berg sind katholisch, Mark und Ravensberg lutherisch und Cleve aufgrund erasmianischer Einflüsse gemischt konfessionell) ein lebhaftes Interesse richtet.

Vertrag von Dortmund

1609 Im *Vertrag von Dortmund* beschließen die Haupterben Johann Sigismund von Brandenburg (*1572, †1619; 1608–1619) und Wolfgang Wilhelm von Pfalz-Neuburg (*1578, †1653; 1614–1653) eine Gemeinschaftsregierung, der die Landstände zustimmen. – Kaiser Rudolf II. lässt Erzherzog Leopold (*1586, †1632) mit Truppen ins Land einmarschieren.

Johann Sigismund und Wolfgang Wilhelm finden über die Union, der der Brandenburger beitritt, Unterstützung bei Frankreich, England und den Generalstaaten.

1610 Europa bewegt sich am Rande eines großen Krieges, der jedoch durch die Ermordung Heinrichs IV. verhindert wird.

Die „possedierenden" Fürsten nehmen einen Konfessionswechsel vor, der Brandenburger tritt (1613) zum Calvinismus über, der Neuburger zum Katholizismus. Jetzt unterstützen Spanien, der Kaiser und die Liga Wolfgang Wilhelm, während die Niederlande für Johann Sigismund eintreten.

1614
12. Nov. Vertrag von Xanten: Er bringt eine Teilung der Erbmasse, von der Brandenburg Cleve, Mark und Ravensberg, Pfalz-Neuburg Jülich und Berg erhält. Die Gefahr eines großen europäischen Krieges ist noch einmal für kurze Zeit gebannt.

Er beginnt jedoch in Böhmen als ein letzter Versuch des Adels der habsburgischen Kronländer, seine Privilegien gegen den bürokratischen Zentralismus und katholischen Konfessionalismus der österreichischen Regierung zu verteidigen, woraus schließlich *der Dreißigjährige Krieg* erwächst.

1618–1648

1618–1623 *Böhmisch-Pfälzischer Krieg*: Der kinderlose Kaiser Matthias lässt 1617 seinen Vetter Erzherzog Ferdinand in Böhmen zum König wählen. Ferdinand beginnt eine scharf zentralistische und antiprotestantische Politik mit gewaltsamen Rekatholisierungen.

1618 Beschwerden eines protestantischen Landtags werden schroff zurückgewiesen. Darauf kommt es zum offenen Aufstand:

23. Mai *Fenstersturz zu Prag*. Für den kommenden Krieg suchen beide Seiten Unterstützung.

1619 Nach Matthias' Tod geben sich die Böhmen eine landständische Verfassung: Sie erklären Ferdinand für abgesetzt und wählen als böhmischen König Kurfürst Friedrich V. von der Pfalz, Schwiegersohn König Jakobs I. von England. Da Ferdinand selbst kaum über Truppen verfügt, stellt Maximilian von Bayern die Truppen der Liga, 30000 Mann unter Befehl Tillys, zur Verfügung. Weitere Subsidien stammen vom Papst und von Spanien. – Die Unterstützung für Friedrich von Böhmen ist dagegen enttäuschend: Jakob I. dringt auf Neutralität. Die Union ist auf englischen und französischen Druck hin zu keiner Hilfe bereit, und Moritz von Oranien kann nur einige Regimenter schicken. Lediglich Bethlen Gábor (*1580, †1629), seit 1613 Fürst von Siebenbürgen, unternimmt einen Entlastungsvorstoß gegen Wien, wird aber im Juni 1620 von Ferdinand abgefunden, worauf er sich zurückzieht.

1620
8. Nov. Tillys und kaiserliche Truppen schlagen die böhmische Armee unter Christian von Anhalt vernichtend in der *Schlacht am Weißen Berge*. Der „Winterkönig" Friedrich flieht in die Niederlande, die Anführer des Aufruhrs werden hingerichtet, ihre Güter enteignet und neu ausgegeben. Hauptgewinner an dieser Umverteilung ist der böhmische Adlige Albrecht von Wallenstein. – Die Schlussphase des Krieges findet in der Pfalz statt: Der spanische General

1621 Ambrogio Spinola (*1569, †1630) operiert gegen die mit niederländischen Geldern finanzierte Armee des Grafen Mansfeld, der bei Wiesloch (nahe Heidelberg) einen Erfolg erringt. Tilly besiegt das Heer des Markgrafen von Baden und eine neue, durch niederländische, englische und dänische Hilfsgelder zusammengebrachte Armee unter Christian von

1622 Halberstadt bei Höchst und nimmt die Pfalz ein.

1621–1626 Der Kampf um den freien Landweg in Graubünden: Spaniens Kampf um den Landweg in die Niederlande (Mailand/heutiger Schweizer Kanton Graubünden/Rheintal) ist schon seit dem Verlust des freien Seeweges in der späteren Regierungszeit Philipps II. ein Zentralproblem der spanischen Politik, dies jetzt umso mehr, als der Waffenstillstand mit den niederländischen Nordprovinzen 1621 ablaufen wird. Das eigentlich kritische Wegstück von Mailand ins Rheintal stellt das die Alpenpässe kontrollierende Graubünden dar, speziell das Veltlintal. Hier bedrohen am ehesten französische, aber auch venezianische Sperren den Weg.

Im Diktat von Mailand wird das Veltlin unter spanische Militärverwaltung gestellt. Damit ist die Aufmarschroute fest in spanischer Hand; im Vertrag von Monzon muss Habsburg 1626 die Zugehörigkeit des Veltlins zu Graubünden anerkennen, erhält jedoch freien Durchgang für seine Truppen.

1621–1628 Spanischer *Feldzug gegen die Niederlande*: Trotz des Todes Philipps III. im Jahr des Auslaufens des Waffenstillstandes (1621) wird von Spanien der Angriff auf die Niederlande eröffnet. Der Misserfolg des mit großem finanziellen Einsatz geführten Krieges ist mit dem ungebrochenen Widerstandswillen der Niederländer und dem Zusammenwirken aller Gegner Habsburgs zu erklären.

1624–1642 *Kardinal Richelieu* Erster Minister des französischen Königs Ludwigs XIII. Sein Hauptziel ist die Stärkung der Krone Frankreichs im Innern mit Hilfe des Absolutismus, nach außen durch Erringung der französischen Vorherrschaft in Europa, vor allem durch Brechung der

Dreißigjähriger Krieg
Böhmisch-Pfälzischer Krieg

Fenstersturz zu Prag

Schlacht am Weißen Berge

Feldzug gegen die Niederlande

Kardinal Richelieu

Macht des Hauses Habsburg. Seine Bündnisse mit den protestantischen Mächten hält er für von der Staatsräson gefordert. Richelieu sucht lange indirekt durch Subsidien den Kampf gegen Habsburg zu lenken, ehe er selbst direkt eingreift.

Dänisch-Niedersächsischer Krieg

Wallenstein

1625–1629 *Dänisch-Niedersächsischer Krieg*:
1624 Bündnis der Generalstaaten mit England und Frankreich sowie mit König Christian von Dänemark, um den Krieg im Reich weiterzuführen.
1625 April *Wallenstein* wird Generalissimus aller kaiserlichen Truppen. Er stellt dem Kaiser aus eigenen finanziellen Mitteln ein Heer von ca. 24000 Mann zur Verfügung.
Sept. 1626 Wallenstein beginnt seinen Feldzug mit der Besetzung der protestantischen Bistümer Magdeburg und Halberstadt. An der Dessauer Elbbrücke hindert er den Vormarsch Mansfelds nach Böhmen.
25. April
27. Aug. Bei Lutter am Barenberge erleidet das Heer Christians durch Tilly eine Niederlage.
bis 1628 Wallensteins und Tillys Armeen vertreiben die Dänen aus Niedersachsen und verfolgen sie nach Jütland. Holstein, Mecklenburg und Pommern werden erobert.

Restitutionsedikt

Friede von Lübeck

Gustav Adolf

1629 *Restitutionsedikt* Kaiser Ferdinands II.: Es ordnet die Rückgabe der seit dem Passauer Vertrag (von 1552) von den Protestanten eingezogenen geistlichen Güter an.
6. März
22. Mai *Friede von Lübeck* zwischen Kaiser Ferdinand und König Christian, der seine Gebiete zurückerhält und verspricht, sich künftig aus allen Reichsangelegenheiten herauszuhalten. Da auch England die antihabsburgische Allianz nun verlässt, wenden sich Frankreich und die Niederlande dem schwedischen König *Gustav Adolf* zu. Das kommt den Zielen Gustav Adolfs entgegen, der Schweden zur Ostseevormacht erheben will. Auf den Besitz der östlichen Küsten hat er bereits erhebliche Mühen verwendet: Mit dem Frieden von Stolbowo (1617) bleibt Russland weiterhin von der Ostsee abgeschnitten, Schweden kontrolliert den russischen Seehandel.
25. Sept. Im Waffenstillstand von Altmark tritt Polen Livland und die Verwaltung der preußischen Seezölle an Schweden ab, welches nun auch Polens Küste beherrscht.

Mantuanischer Erbfolgestreit

1628–1631 *Mantuanischer Erbfolgestreit*: Das Aussterben des Hauses Gonzaga (Ende 1627) bringt die Reichslehen Mantua und Montferrat an den Kaiser zurück, den Nächstberechtigten, Herzog Karl von Nevers-Gonzaga (*1580, †1637), übergeht. Während spanische Truppen umgehend das strategisch wichtige Montferrat besetzen, bringt Karl von Nevers Mantua in seine Hand. Richelieu lässt vergeblich französische Truppen eingreifen.
1630 Mantua wird von den Spaniern erobert. Die Niederlage des Kaisers erreicht Richelieu jedoch mit Hilfe der Kurfürsten und Gustav Adolfs:

Regensburger Kurfürstentag

Juni–Aug. *Regensburger Kurfürstentag*: Die ständische Opposition gegen den übermächtig gewordenen Kaiser organisiert sich ohne Unterschied der Konfession besonders im Kurfürstenkollegium und knüpft über Maximilian von Bayern Kontakte zu Richelieu, der die Kurfürsten in ihren Forderungen nach Entlassung Wallensteins und Aufhebung des Restitutionsediktes bestärkt. Ferdinand muss der Entlassung Wallensteins und der Unterstellung der reduzierten kaiserlichen Truppen unter das Kommando der Liga zustimmen.

Schwedischer Krieg

1630–1635 *Schwedischer Krieg*:
König Gustav Adolf landet in Pommern.
1631 Im Vertrag von Bärwalde (bei Küstrin) sichert Frankreich den Schweden für den Feldzug 23. Jan. gegen den Kaiser hohe Subsidien zu. Seine beiden „natürlichen" Verbündeten, die Kurfürsten von Sachsen und Brandenburg, die neutral bleiben wollen, zwingt Gustav Adolf zu Bündnisverträgen.
6. April Vertrag von Chierasco (Cherasco in Piemont): Der Kaiser gesteht Karl von Nevers Mantua und Montferrat zu und räumt Graubünden, das von französischen Truppen besetzt wird.
17. Sept. Bei Breitenfeld siegen die Schweden über die Armee Tillys; er zieht sich nach Ingolstadt zurück, um Bayern zu decken. Mitteldeutschland bleibt den Schweden überlassen.
1632 Bei Rain am Lech vernichtet Gustav Adolf die Armee Tillys, der tödlich verwundet wird, April fällt in Bayern ein, erobert Augsburg und München. Der von Gustav Adolf konzipierte Entscheidungsfeldzug gegen Wien steht bevor. Kaiser Ferdinand beruft Wallenstein in sein zweites Generalat, das mit ungewöhnlichen Vollmachten ausgestattet ist. Wallenstein vertreibt die sächsische Armee aus Böhmen, bezieht ein befestigtes Lager bei Nürnberg und verweigert jede Entscheidungsschlacht. Erst als Wallenstein sein Winterlager bei Magdeburg aufschlägt, kommt es zum Kampf:

Tod Gustav Adolfs

16. Nov. Die Schlacht von Lützen verläuft unentschieden, doch *der Schwedenkönig fällt*.
Die politische Führung übernimmt sein Kanzler Oxenstjerna, den Oberbefehl teilen sich Herzog Bernhard von Weimar (*1604, †1639) und Gustaf Graf Horn (*1592, †1657).
1633 Oxenstjerna bringt mit zahlreichen protestantischen Reichsständen den Heilbronner Bund April zu Stande. Allerdings muss er Richelieu darin ein gleichberechtigtes Entscheidungsrecht

	einräumen. Wallenstein führt eigenwillige Verhandlungen mit Schweden hinter dem Rücken des Kaisers. Daher:	
1634	*Ächtung Wallensteins. In Eger wird er* im Febr. von Offizieren seiner Armee *ermordet*.	*Ermordung Wallensteins*
6. Sept.	Oberbefehlshaber des kaiserlichen Heeres wird Matthias Graf Gallas (*1584, †1647; bis 1645), dem bald darauf bei Nördlingen die Vernichtung der Armee Schwedens und seiner Verbündeten gelingt. – Hierauf Zerfall des Heilbronner Bundes.	
1635	Im Frieden zu Prag zwischen dem Kaiser und Kursachsen (in der Folge treten fast alle Reichsstände bei) werden die Bekenntnisse auf dem Stand vor dem Restitutionsedikt fixiert, der Kaiser erhält den Oberbefehl über eine Reichsarmee gegen Schweden.	
1635–1648	*Schwedisch-Französischer Krieg*:	*Schwedisch-Französischer Krieg*
1635	Das sich abzeichnende Kriegsende widerspricht den Zielen Richelieus, der daher zur direkten, militärischen Kriegsteilnahme übergeht.	
19. Mai	Französische Kriegserklärung an Spanien mit einer Offensive beantwortet. Gallas erobert Trier und rückt in Lothringen und die Franche-Comté ein.	
18. Sept.	Kriegserklärung Frankreichs an Kaiser Ferdinand.	
Okt.	Bernhard von Weimar stellt sein Heer in französische Dienste.	
1636	Bei Wittstock an der Dosse (Prignitz) gelingt den Schweden ein Sieg gegen ein kaiserlich-sächsisches Heer.	
1637–1657	*Kaiser Ferdinand III*.	*Kaiser Ferdinand III.*
1637	Angriffe Frankreichs und der Generalstaaten gegen die spanischen Niederlande: Die Franzosen dringen ins Artois ein, die Holländer erobern Breda und einen breiten Streifen der südlichen Niederlande.	
März	Ein Aufstand in Graubünden gegen die französische Besatzung zwingt die Franzosen zum Verlassen des Landes. Das Veltlin und die Alpenpässe geraten wieder unter spanische Kontrolle.	
1640/1641	Auf dem Reichstag zu Regensburg besteht unter den Reichsständen Einmütigkeit, mit den ausländischen Mächten über einen Frieden zu verhandeln.	
1642	Schwedischer Sieg bei Breitenfeld (nahe Leipzig).	
1643	Sturz von Olivares als leitender spanischer Minister wegen der Erfolglosigkeit seiner Politik.	
19. Mai	Schlacht von Rocroi (in den Ardennen): ein französisches Heer unter Louis II., Prinz von Condé (*1621, †1686), vernichtet die spanische Armee.	
1644	Beginn der Friedensverhandlungen in Osnabrück und Münster.	
1643–1645	*Schwedisch-Dänischer Krieg* wegen des Versuchs der Dänen, Hamburg unter Kontrolle zu bringen, und wegen der hohen Sundzölle:	*Schwedisch-Dänischer Krieg*
1645	Im Frieden von Brömsebro muss Dänemark die Durchfahrtzölle herabsetzen. Schwedische Schiffe erhalten Zollfreiheit. Schweden hat seine Führungsrolle im Norden auch gegen Dänemark bestätigt. Schwedische Offensive in Böhmen, Schlacht bei Jankau (südlich Prags), Vernichtung der kaiserlichen Armee. Operationen der französischen Armeen unter Henri de la Tour d'Auvergne, Vicomte de Turenne (*1611, †1675), und Condé führen zur Vernichtung des bayrischen Heeres (Allerheim bei Ulm, 3. Aug.).	
1646–1648	Zangenangriffe der schwedischen und französischen Heere gegen Bayern.	
1648	Vernichtung der letzten kaiserlichen und bayrischen Armeen bei *Zusmarshausen* (bei Ulm).	*Zusmarshausen*

Gesamteuropäische Aspekte des Westfälischen Friedens von 1648

Das Friedenswerk macht die europäische Bedeutung der verschiedenen Kriege deutlich, welche als der „Dreißigjährige Krieg" bezeichnet werden.

Dauer, Intensität und Komplexität der Friedensverhandlungen erklären sich aus dem Bemühen, eine *umfassende Lösung aller Streitfragen* und Ansprüche der schwedisch-französischen Koalition mit den deutschen Reichsständen und dem Kaiser zu suchen.

Regelungen

Die Feste Breisach muss der französischen Politik der rechtsrheinischen Brückenköpfe zugestanden werden. Die Bistümer Toul, Metz und Verdun stehen schon seit 1552 unter französischer Schutzherrschaft. Die französischen Landforderungen an den Kaiser klingen bescheiden; ihr Wert liegt in der vagen, ausdehnbaren Beschreibung. – Das Ausscheiden der Schweizer Eidgenossen aus dem Reich hat mehr formalen Wert. – Die nördlichen Niederlande bekommen die volle Souveränität im Rahmen dieses internationalen Vertragswerkes garantiert (separat davon erhielten sie bereits am 30. Jan. 1648 ihre Unabhängigkeit von der spanischen Krone bestätigt). – Die Schweden erhalten die Flussmündungen von Oder, Elbe und Weser sowie die Bistümer Bremen und Verden und Vorpommern.

Das Schwergewicht der französischen Friedenskonzeption liegt vor allem in der dauerhaften europäischen Lösung der verfassungsrechtlichen und konfessionellen Probleme des Reichs.

Reichsstände selbstständig

Entscheidend wird die Vollendung der *Selbstständigkeit aller Reichsstände*. Der derart verfassungsmäßig festgeschriebene und von den Garantiemächten Frankreich und Schweden überwachte Zustand ist die erste europäische Funktion des Friedenswerks. Die kaiserlichen Erblande sind zu dem südöstlichen Länderkomplex Österreich geworden, der aber doch in enger Beziehung zum Reich bleibt. Das Endziel, die Trennung der deutschen und spanischen Habsburger, ist auf diesem Wege nur teilweise zu erreichen, doch die Gemeinsamkeiten werden gemindert. Von großer Bedeutung ist die immense *Stärkung des französischen Einflusses auf Mitteleuropa*. Die Durchsetzung von Schwedens Vormachtstellung in Nordeuropa ist dank der französischen Unterstützung möglich gewesen. Die Austragung des spanischen Konfliktes bleibt für Frankreich die dringendste europäische Frage.

Stärkung Frankreichs

Der von Richelieu 1635 an Spanien erklärte Krieg setzt sich nach dem Westfälischen Frieden noch lange fort.

1656 Als Antwort auf englische Flottenerfolge im Mittelmeer und in der Karibik erklärt Spanien England den Krieg.

1657 Frankreich schließt mit Lord-Protektor Cromwell einen Freundschaftsvertrag gegen Spanien.

Nach Kaiser Ferdinands III. Tod († 1657) kann Richelieus Nachfolger Mazarin eine Unterstützung Spaniens durch die deutschen Habsburger verhindern: Er drängt die Kurfürsten, sich in der Wahlkapitulation von Leopold I. versprechen zu lassen, Spanien keinen Beistand zu leisten.

1658 Unter Führung von Kurmainz schließen sich mehrere deutsche Fürsten mit Schweden und Frankreich zum (Ersten) Rheinbund zusammen.

Pyrenäenfriede

1659 7. Nov. Der *Pyrenäenfriede* besiegelt das Ende der spanischen Vormachtstellung und bringt Frankreich bedeutende Territorial- und Machtgewinne.

Erster Nordischer Krieg

1655–1660 *(Erster) Nordischer Krieg*:
Er zeigt die Grenzen der schwedischen Macht und die Stärke des französischen Einflusses. Nach der Abdankung Königin Christines zugunsten ihres Vetters Karl Gustav von Pfalz-Zweibrücken regiert dieser als Karl X. Gustav Wasa. – Um Schwedens Stellung an der baltischen Küste auszubauen, greift er (1655) Polen an und siegt bei Warschau (1656). Daraufhin wird der Krieg zum Kampf einer Koalition aus Russland, Österreich, den Generalstaaten und Dänemark zur Rettung Polens und Niederringung Schwedens. Die Schweden werden aus Polen verdrängt, Dänemark jedoch muss im Frieden von Roskilde (1658) auf seine südschwedischen Besitzungen verzichten.

1659 Schweden unterliegt auf der dänischen Insel Fünen dem von der holländischen Flotte herbeigeschafften Heer der Verbündeten.

Friede von Oliva

1660 Um Schwedens endgültige Niederlage zu verhindern, vermittelt Frankreich den *Frieden von Oliva* (bei Danzig): Schweden behält seine deutschen, Dänemark verliert seine südschwedischen Besitzungen. Polen entsagt allen Ansprüchen auf den schwedischen Thron. – Russland erreicht auch in diesem Waffengang nicht den Zugang zur Ostsee. Es muss (im Frieden von Kardis 1661) seine Eroberungen in Estland und Livland herausgeben. Als Ergebnis dieser Kriege ist Schweden zu einer mittleren Macht herabgesunken. Dafür stark gewachsener Einfluss Frankreichs im Ostseeraum.

Die französische Hegemonie und die Entstehung des europäischen Mächtegleichgewichts (1661–1720)

Nach dem Tode Mazarins übernimmt Ludwig XIV. die Leitung der französischen Politik. Mit seiner höfischen Kultur wie in seinem staatlichen Ausbau wird das absolutistische Frankreich vorbildlich für das kontinentale Europa. Das Ziel der französischen Außenpolitik bleibt die *Hegemonie Frankreichs*, doch bringt Ludwig XIV. die französischen Ansprüche viel entschiedener zur Geltung. Der unverblümte Einsatz seiner Machtmittel bewirkt eine ausgeprägte hegemoniale Phase Frankreichs (1661–1685), wobei jedoch die ungehemmte Eroberungspolitik die Gegenwehr Europas rasch anwachsen lässt (1685–1720). Frankreich kann zwar auf dem Kontinent Spanien als Vormacht ablösen, doch auf den ehemals von Spanien-Portugal beherrschten Meeren und in den Kolonialreichen übernehmen die Seemächte die Führung. Im freien Meer konkurrieren mehrere Mächte, besonders seit 1650 England und die (unabhängigen) Niederlande. Cromwells Navigationsakte von 1651 erweist sich als ein vorzügliches Instrument, die Niederlande als bisher größte Handelsmacht vom englischen Seehandel weit gehend auszuschließen. Die durch diese Ausschließungspolitik ausgelösten englisch-niederländischen Kriege gehen im Ergebnis zugunsten Englands aus.

Hegemonie Frankreichs

Auch als England in der Glorious Revolution (1688/1689) zur inneren Beruhigung kommt, kann sein Interesse nur ein spannungsreiches, doch kontrollierbares *Gleichgewicht der europäischen Mächte* sein, das auch den Sorgen und Bedürfnissen der durch Frankreich sich bedroht fühlenden mittleren und kleineren Mächte entgegenkommt. Während sich in der Folge das europäische Staatensystem nach diesem Prinzip organisiert, begründet England die Hegemonie Europas im Weltmaßstab über die anderen Kontinente.

Mächtegleichgewicht

1665–1667 *Englisch-Niederländischer Krieg*: Die Niederlande, unterstützt von Frankreich und Dänemark, sind zwar auf See erfolgreich, stimmen aber im Frieden von Breda der Abtretung der Neu-Niederlande (mit Neu-Amsterdam [New York]) zu, um dagegen von England Surinam (und den ungehinderten Einfluss in Südostasien) zurückzuerhalten.
1667

Englisch-Niederländischer Krieg

1667–1668 *Devolutionskrieg*: Mit Erbansprüchen auf Flandern und Brabant (nach dem flandrischen Erbbrauch des droit de dévolution) greift Frankreich nach dem Tode des spanischen Königs Philipp IV. an.

Devolutionskrieg

1668 Tripelallianz der Niederlande, Englands und Schwedens hält die französischen Heere auf
2. Mai   und zwingt Ludwig XIV. zum Frieden von Aachen: Frankreich behält Lille und darf etliche Festungen in den spanischen Niederlanden besetzen.

1672–1678 *Niederländischer Krieg*: Die französischen Armeen überrennen das südliche Holland.
1672   Wilhelm III. von Oranien kommt an die Macht. Durch Öffnung der Schleusen kann das Kernstück Hollands um die Stadt Amsterdam verteidigt werden. Gegen diesen Angriff formiert sich eine europäische Allianz:

Niederländischer Krieg

1673   Koalition mit dem Kaiser und Spanien gegen Frankreich.
1674   England schließt den Zweiten Frieden von Westminster mit den Niederlanden. Erklärung des Reichskrieges (außer Bayern und Hannover) gegen Frankreich.
1675   Brandenburgs Großer Kurfürst schlägt die Schweden bei Fehrbellin (nw. Berlins).
1676   Die französische Flotte unterstützt den antispanischen Aufstand in Sizilien.
Die nur kurzfristig verdeckten Gegensätze zwischen den Koalitionspartnern geben Frankreich die Möglichkeit, mit den einzelnen Gegnern gesondert Frieden zu schließen:

1678–1679 In den *Friedensverträgen von Nimwegen* mit den Niederlanden, Spanien, dem Kaiser und Schweden sowie Dänemark werden die Niederlande wiederhergestellt, Spanien verliert die Franche-Comté und Teile Westflanderns und erhält einige der von Frankreich besetzten Festungen zurück. Der Kaiser überlässt Frankreich Freiburg i. Br.; dafür verzichtet Ludwig auf Philippsburg.

Friede von Nimwegen

1679   Separatvertrag von Saint-Germain-en-Laye mit Brandenburg, wonach der Kurfürst praktisch alle Eroberungen in Pommern an Schweden zurückgeben muss. Er schließt daraufhin einen Subsidienvertrag mit Ludwig XIV.

ab 1679 *Reunionspolitik Ludwigs XIV.* erweitert das französische Territorium besonders im Elsass und Lothringen.

Reunionspolitik Ludwigs XIV.

1681   Straßburg wird im Handstreich besetzt.

1683–1699 Der *Türkenkrieg* verändert die Lage im Südosten grundlegend. Eine letzte Expansionsphase
1683   seit den sechziger Jahren führt die Türken bis vor Wien, wo sie von einem europäischen Entsatzheer unter dem Polenkönig Johann III. Sobieski geschlagen werden.
Karl von Lothringen, Max II. Emanuel von Bayern, Ludwig Wilhelm I. von Baden und Prinz Eugen von Savoyen erobern Ungarn schrittweise zurück. Im Frieden von Karlowitz (1699) sichert sich Habsburg fast ganz Ungarn.

Türkenkrieg

1685   Aufhebung des Edikts von Nantes, die *Hugenotten* verlieren ihre Kultfreiheit. Schock bei den protestantischen Staaten, mit denen Frankreich Bündnisse unterhält.

Hugenotten

1688/1689 Glorious Revolution: Wilhelm von Oranien, dem Erbstatthalter der Niederlande, wird die englische Krone angetragen. Mit der Verbindung von England und den Niederlanden erhält die Allianz gegen Ludwigs Hegemoniepolitik eine entscheidende Stärkung.

1688–1697 *Pfälzischer Krieg*: Gegen Frankreichs Einfall in die Pfalz bildet sich in kurzer Zeit eine große europäische Koalition.

Pfälzischer Krieg

1692   Seeschlacht von La Hogue, Vernichtung der französischen Flotte, Übergang der Seeüberle-
Mai   genheit an England.
In den Kämpfen der folgenden Jahre können sich die französischen Heere zwar behaupten,
1697   doch Ludwig XIV. muss in Rijswijk den ersten Verlustfrieden abschließen (Rückgabe aller
20. Sept. Reunionsgewinne, außer im Elsass; Lothringen restituiert): Erfolg in Richtung auf ein Gleichgewicht. Allerdings kann dieser Friede nicht zum Tragen kommen wegen des bevorstehenden spanischen Erbfalls.

1700–1720 *(Zweiter oder Großer) Nordischer Krieg*:
König Karl XII. Wasa von Schweden sieht sich einer Koalition aus Dänemark, Polen, Sachsen und Russland gegenüber, reagiert mit einem Blitzfeldzug gegen Dänemark und er-

Zweiter Nordischer Krieg

	1700	zwingt den Frieden von Travendal (Traventhal). Dann schlägt er das die Stadt Narwa in Estland belagernde Russenheer und operiert in den folgenden Jahren gegen August den Starken in Polen und Sachsen.
	1706	Karl rückt in Sachsen ein, schlägt August und zwingt ihn im Frieden von Altranstädt (bei Leipzig) zum Verzicht auf Polens Krone. Dann wendet er sich gegen Zar Peter I., der in der Zwischenzeit sein Heer reorganisiert hat.
	1709	Nach Süden abgedrängt, wird Karls Heer bei Poltawa vernichtend geschlagen. Peter I. erobert Livland, Estland, Ingermanland, Karelien und Finnland, die Dänen Schleswig, Bremen und Verden, Brandenburg-Preußen besetzt Stettin.
	bis 1716	Alle schwedischen Besitzungen außerhalb des Stammlandes gehen verloren.
	1719/1720	Die Friedensschlüsse von Stockholm und Frederiksborg (bei Kopenhagen) entsprechen den Interessen Britanniens und dem Prinzip des Gleichgewichts: Hannover (dessen Kurfürst seit 1714 König Georg I. von Großbritannien ist) erhält die Herzogtümer Verden und Bremen, Dänemark die Zollhoheit im Sund und Teile Schleswigs, Brandenburg-Preußen Vorpommern, aber ohne Wismar und Rügen. Der französische Einfluss ist durch den britischen ersetzt. Im Osten des baltischen Raumes ist Russland endgültig als neue Großmacht eingerückt.
	1721	Im Frieden von Nystad mit Schweden gewinnt Russland Ingermanland, Estland, Livland und Teile Kareliens. Damit ist Russlands Zugang zur Ostsee auf Dauer gesichert. Die Ostsee wird künftig beherrscht durch den britisch-russischen Gegensatz.
Spanischer Erbfolgekrieg	**1701–1714**	*Spanischer Erbfolgekrieg*:
	1700	Tod des letzten spanischen Habsburgers Karl II. Da der vorgesehene Kandidat, der bayrische Kurprinz Joseph Ferdinand, gestorben ist (1699), verbleiben als berechtigte Erben der
	1. Nov. 1701	Sohn des Kaisers, Karl, und der Enkel Ludwigs XIV., Herzog Philipp von Anjou (*1683, †1746), der in Madrid einzieht.
	7. Sept.	Dagegen bildet sich die Große Haager Allianz aus Großbritannien, dem Kaiser und den Generalstaaten, denen sich Preußen, das Reich und Savoyen anschließen.
	1703	Erzherzog Karl landet in Spanien.
erste Schlacht bei Höchstädt	20. Sept.	*Erste Schlacht bei Höchstädt* an der Donau: Bayern und Franzosen siegen über die Kaiserlichen.
	1704	England erobert Gibraltar und Menorca.
zweite Schlacht bei Höchstädt	13. Aug.	*Zweite Schlacht bei Höchstädt* an der Donau: Marlborough und Prinz Eugen siegen über Franzosen und Bayern.
	1706	Nach dem Sieg Herzog Marlboroughs über das französische Heer bei Ramillies (in Brabant) Rückeroberung der spanischen Niederlande.
	7. Sept.	Schlacht bei Turin: Prinz Eugen erobert Norditalien zurück.
	1708	Marlborough und Prinz Eugen vernichten bei Oudenaarde (Ostflandern) eine französische Armee.
Malplaquet	1709	Bei *Malplaquet* (nordwestlich Maubeuge) Sieg Prinz Eugens und Marlboroughs über die französische Armee.
	1710	In den britischen Unterhauswahlen stürzt das Whig-Ministerium; die Tories, welche die hochbesteuerte, kriegsmüde Landaristokratie repräsentieren, machen Frankreich ein Friedensangebot.
	1711	Tod Kaiser Josephs I.; Erzherzog Karl wird zum Kaiser gewählt. Die Vereinigung Spaniens mit den kaiserlichen Erblanden ist nicht im Interesse der Allianz.
Friede von Utrecht	1713 11. April	*Friede von Utrecht* zwischen Frankreich, Großbritannien, den Generalstaaten, Savoyen, Preußen, Portugal: Der Bourbone Philipp V. bleibt spanischer König; Spanien behält alle Kolonien. Strenges Verbot jeder Personal- oder Realunion mit Frankreich. Die spanischen Besitzungen in Italien (Neapel, Sardinien, Mailand) und in den Niederlanden werden österreichisch. Sizilien geht an Savoyen. Die Generalstaaten erhalten sieben Grenzfestungen gegen Frankreich in den südlichen Niederlanden. Großbritannien behält Gibraltar und Menorca; von Frankreich bekommt es Neufundland, Neuschottland und die Hudsonbai, Spanien überlässt ihm einen Teil des Sklavenhandels.
Friede von Rastatt	1714	*Friede von Rastatt* mit dem Kaiser und von Baden (Schweiz) mit dem Reich: Bestätigung von Utrecht.
	1715	Tod Ludwigs XIV.

Europäische Gleichgewichtspolitik und Kampf um die Weltmacht (1720–1783)

Zunächst erlebt Europa eine kurze Zeit der Kabinettspolitik, in welcher durch territoriale Kompensationen, Teilungen oder dynastische Umsetzungen Konvenienzen (= Übereinkünfte) erreicht werden sollen. Die Mächtekonstellation hat sich zuungunsten Frankreichs verändert. Die Gruppe der *europäischen Großmächte* besteht aus Frankreich, Großbritannien, dem Hause Österreich und Russland, wobei Großbritannien (keineswegs unumstritten) führt. In den folgenden Kriegen erweist sich Preußen als neue Großmacht, Russland baut seine Stellung aus. Parallel dazu spielt sich zwischen Großbritannien und Frankreich der Kampf um die Führungsrolle auf den Weltmeeren und um den Besitz der Kolonialreiche ab.

europäische Großmächte

- 1713 Pragmatische Sanktion Kaiser Karls VI. zur Anerkennung seiner einzigen Erbtochter. Die Regelung sucht der Kaiser durch die Stände des Reichs und die europäischen Mächte anerkennen zu lassen.
- 1728 Kongress von Soissons (an der Aisne): Karl VI. sagt gegen Anerkennung der Pragmatischen Sanktion zu, seine Erbtochter Maria Theresia nur mit einem Prinzen zu verheiraten, der das europäische Gleichgewicht nicht stört.
- 1733–1735 *Polnischer Thronfolgekrieg*: Frankreich favorisiert Stanislaus Leszczyński, Russland und Österreich setzen Augusts des Starken Sohn Friedrich August von Sachsen durch. Hinter der polnischen Nachfolgefrage steht die der geplanten Heirat Maria Theresias mit dem lothringischen Herzog Franz Stephan.

Polnischer Thronfolgekrieg

- 1735 Wiener Vorfriede (endgültig 1738): Friedrich August II. von Sachsen auf dem polnischen Thron als August III. bestätigt, Stanislaus Leszczyński mit Lothringen abgefunden. Der Herzog von Lothringen wird mit der Toskana entschädigt und darf Maria Theresia heiraten. Das bisher österreichische Neapel-Sizilien geht erneut an Spanien zurück; dafür erhält Österreich Parma-Piacenza.
- **1740–1780** Kaiserin Maria Theresia.
- **1740–1748** *Österreichischer Erbfolgekrieg*:
- 1740–1742 *Erster Schlesischer Krieg*: Angriff König Friedrichs II. des Großen von Preußen (1740–1786) gegen Österreich.
- 1741 Antiösterreichische Geheimallianz von Nymphenburg (heute zu München), bestehend aus Frankreich, Bayern, Spanien, dann auch Sachsen und Preußen.
- 1742 Der bayrische Kurfürst Karl Albrecht lässt sich als Karl VII. zum Kaiser wählen. Maria Theresia schließt den Sonderfrieden von Breslau und Berlin mit Friedrich II., der Schlesien behält und die antiösterreichische Allianz verlässt.
- 1743 Sieg der „Pragmatischen Armee" bei Dettingen am Main.

Österreichischer Erbfolgekrieg Erster Schlesischer Krieg

Friedrich befürchtet ein österreichisches Übergewicht und eröffnet, nach erneutem Bündnis
- 1744–1745 mit Bayern (Kaiser Karl VII.) und Frankreich, den *Zweiten Schlesischen Krieg*. Frankreich zieht sich hingegen zurück, Österreich kann mit Sachsen, Großbritannien und den Generalstaaten eine Allianz gegen Preußen abschließen.
- 1745 Kaiser Karl VII. stirbt, Maria Theresias Gatte wird als Franz I. zum Kaiser gewählt. Das veranlasst Preußen, sich mit Österreich und Sachsen im Frieden von Dresden zu arrangieren. Bei Fontenoy (Hennegau) schlägt Moritz von Sachsen (Maréchal de Saxe, natürlicher Sohn Augusts des Starken, in französischen Diensten; *1696, †1750) die Seemächte, erobert die österreichischen Niederlande und dringt in Holland ein.
- 1746 Der Stuart-Prinz Karl Eduard (*1720, †1788) wird von Großbritannien bei Culloden (Schottland) geschlagen.
- 1748 *Aachener Friede*: Die in Übersee eroberten Plätze werden gegenseitig zurückgegeben.
- 18. Okt. Preußen wird der Besitz Schlesiens bestätigt. Die Pragmatische Sanktion wird anerkannt. Parma-Piacenza geht von Österreich an Spanien.

Zweiter Schlesischer Krieg

Aachener Friede

Mit den Ergebnissen des Friedens von Dresden und Aachen kann sich Maria Theresia nicht abfinden, sondern sucht eine große Allianz zur „Teilung Preußens" zu schaffen.
Seit 1749 geraten Frankreich und Großbritannien in Nordamerika in direkten Konflikt.

- 1754–1763 Der *French and Indian War* wird das amerikanische Pendant zum Siebenjährigen Krieg in Europa. Entsprechend kommt es auch in Indien zu militärischen Auseinandersetzungen.
- 1756 Umschlag der Bündnisse: Die Westminsterkonvention soll Großbritannien in Hannover gegen Frankreich stärken und Preußen Rückendeckung gegen Russland geben. Darauf Bruch Russlands mit Großbritannien und Frankreichs mit Preußen.
- 16. Jan.
- 1757 Österreichs Staatskanzler Kaunitz kann Frankreich zu einer Offensivallianz gewinnen und mit Russland einen Teilungsvertrag gegen Preußen abschließen.
- **1756–1763** *Siebenjähriger Krieg*: Er ist ein Doppelkrieg, der als Dritter Schlesischer Krieg (Schauplatz Deutschland) in Europa und als See- und Kolonialkrieg auf allen Meeren, in Amerika und

French and Indian War

Siebenjähriger Krieg

Indien geführt wird. Während Preußens einziger starker Verbündeter, Großbritannien, ihm nur Subsidien zahlt, engagiert sich Frankreich zeitweise in hohem Maße im preußisch-österreichischen Konflikt und bewirkt so sein Unterliegen im Kolonialkrieg mit.

1756 Präventivschlag Friedrichs II. durch Einfall in Sachsen.

1757 Bereits im ersten Kriegsjahr gerät Preußen in eine strategisch kritische Lage (Niederlage bei Kolin). Die Russen siegen bei Großjägerndorf (östlich Königsberg), die französische Armee besetzt Hannover. Friedrich gelingen zwei Entlastungserfolge (Roßbach, Leuthen).

Kolonialkrieg

1757–1758 Erfolgreiche Konzentration der britischen Kräfte auf den Seekrieg und den nordamerikanischen *Kolonialkrieg*. Die französischen Atlantikhäfen werden durch die britische Flotte blockiert. Mit der Eroberung des Ohiogebiets verlagert sich der Kampf nach Kanada. In Indien hat sich Frankreich seit den vierziger Jahren als expansiv erwiesen. Bei Plassey (1757), nördlich von Kalkutta, werden die französischen Truppen aber geschlagen.

1758 Preußen muss die Last des kontinentalen Krieges allein weitertragen (Sieg von Zorndorf, Niederlage bei Hochkirch).

1759 Die für die Invasion der Insel zusammengezogene französische Flotte wird in zwei Seeschlachten von der britischen vernichtet. Damit ist Frankreich außerstande, neue Kräfte in Übersee einzusetzen: britische Eroberung von Quebec (1760 ergeben sich die französischen Truppen in Nordamerika endgültig). – Herzog Ferdinand von Braunschweig vermag den

12. Aug. französischen Vormarsch bei Minden aufzuhalten, Frankreich zieht sich weit gehend aus dem deutschen Krieg zurück. Dagegen Friedrichs schwerste Niederlage bei Kunersdorf. Nur die Erschöpfung der Gegner bewahrt Preußen vor endgültiger Eroberung.

1761 Die Streichung der britischen Subsidien nach den großen Erfolgen in Nordamerika lässt Preußen völlig isoliert. – In Indien führt der britische Feldzug zur Ausschaltung der französischen Truppen.

1762 Der Tod der russischen Zarin Elisabeth bringt Preußen Entlastung, da ihr Nachfolger Peter III. im Sonderfrieden zu Petersburg alle Eroberungen aufgibt.

Friede von Paris

1763 10. Febr. Nach dem Vorfrieden von Fontainebleau (1762) schließen Großbritannien und Portugal mit Frankreich und Spanien den *Frieden von Paris*: Frankreich überlässt Großbritannien seine nordamerikanischen Besitzungen (Neuschottland, Kanada, Louisiana östlich des Mississippi). Spanien erhält von Frankreich Louisiana westlich des Mississippi als Kompensation für Florida, welches an Großbritannien abzutreten ist. Die indischen Besitzungen Frankreichs verbleiben (außer fünf Handelsplätzen) bei Großbritannien, das auch die afrikanischen Eroberungen (Senegambien) behält und nun die unbestritten führende See- und Kolonialmacht der Welt ist.

Friede von Hubertusburg

15. Febr. *Friede von Hubertusburg*. Bestätigung Preußens als Großmacht, Festschreibung des deutschen Dualismus.

1764 Polnische Frage: Der von Russland und Preußen favorisierte Stanislaus Poniatowski wird zum (letzten) polnischen König gewählt.

1768–1772 Der russische Einfluss zeigt sich, als Poniatowski mit Reformen beginnt. Die Nachbarmächte sind einer Modernisierung Polens abgeneigt. Es kommt zum Bürgerkrieg, worauf Russland eingreift und den polnischen Widerstand niederwirft.

Russisch-Türkischer Krieg

1768–1772 Im *Russisch-Türkischen Krieg* erringt Russland auf dem Balkan so große Erfolge, dass es 1769/1770 zu einer Annäherung Preußens und Österreichs und zu einem Vertrag zwischen Österreich und der Türkei kommt.
Es gelingt einer russischen Flotte, im östlichen Mittelmeer bei Tscheschme (Çeşme, gegenüber Chios) die türkische zu vernichten.

Erste Polnische Teilung

1772 *Erste Polnische Teilung*. Russland erhält Gebiete östlich von Düna und Dnjepr und verzichtet auf seine Eroberungen auf dem Balkan. Österreich annektiert Ostgalizien und Lodomerien (Rotrussland). Preußen gewinnt die wichtige Landverbindung: Westpreußen.

1774 Juli Russland gewinnt im Frieden von Kütschük Kainardsche (in Rumänien: Kertsch, an der Dnjeprmündung) den Zugang zum Schwarzen Meer, Große und Kleine Kabardei, Asow, freie Schiffahrt auf dem Schwarzen Meer und der Donau sowie die Durchfahrt durch die Meerengen. Für die Christen in den Donaufürstentümern bekräftigt Russland seine Rolle als Schutzmacht.

amerikanischer Unabhängigkeitskrieg

1775–1783 *Der amerikanische Unabhängigkeitskampf* löst auch in Europa Kriege aus.

1777 Frankreich greift in den nordamerikanischen Krieg aktiv ein.

1779 Spanien tritt in den Krieg gegen Großbritannien ein.

1779–1782 Erfolglose, französische Invasionsversuche gegen Großbritannien.

Seeneutralität

1780 Bündnis der bewaffneten *Seeneutralität* (Russland, Frankreich, Spanien, Portugal, Niederlande, Schweden, Dänemark, Österreich und Preußen). Ihr Grundsatz: Neutrale Flagge schützt feindliches Gut außer Bannware (= Kriegsgut), wird Seerecht.

1781	Eine französische Flotte riegelt die in Yorktown zu Lande eingekreisten britischen Truppen von See her ab und zwingt sie zur Kapitulation.
1783 3. Sept.	*Friede von Paris* zwischen Großbritannien und den USA; Großbritannien erkennt die Unabhängigkeit der Vereinigten Staaten an. Frankreich schließt in Versailles Friedensverträge mit Großbritannien und Spanien: Frankreich erhält die Insel Tobago (Antillen) und in Westafrika Senegambien, Spanien bekommt Florida zurück und behält Menorca. Indem Großbritannien sich auf die Loslösung der nordamerikanischen Kolonien einstellt, kann es seine erschütterte Stellung im Atlantik wiederherstellen und den Handel mit den USA sichern. Als eigentlicher Verlierer geht Frankreich aus dem Krieg hervor: Es hat in Nordamerika keinerlei Gewinn aus seinem Einsatz ziehen können.

Friede von Paris

Übernationale Entwicklungen und Ereignisse von der Französischen Revolution bis zum Ersten Weltkrieg (1789–1914)

Das 19. Jh., genauer der Zeitabschnitt von der Französischen Revolution bis zum Ende des Ersten Weltkriegs, bringt in allen europäischen Staaten, wenn auch stark phasenverschoben, die Ablösung des Ancien Régime und eine tiefgreifende Wandlung der alteuropäischen Agrar- und Adelsgesellschaft. Am Ausgang der traditionalen und an der Schwelle der bis heute sich fortbildenden modernen Welt steht die *politisch-industrielle Doppelrevolution*, die in England bereits im 17. Jh. einsetzt (Parlamentarisierung des politischen Systems mit der Glorreichen Revolution 1688/1689, Industrialisierung seit der Mitte des 18. Jh.s) und sich in der Folgezeit bis ins 20. Jh. hinein in ganz Europa fortsetzt. Die „*Modernisierung*" der Staaten verläuft in recht unterschiedlichen Bahnen und wird entweder auf revolutionärem Weg (Frankreich) oder durch Reformen – seien sie liberaler (Großbritannien) oder konservativer (Preußen–Deutschland) Art – erreicht. Am Ende der damit skizzierten Entwicklung bildet sich – in manchen Fällen erst im 20. Jh. – *der bürokratisierte Massenstaat* heraus, in dem die Reste feudaler Strukturen abgebaut sind.

Doppelrevolution
Modernisierung

bürokratisierter Massenstaat

Grundzüge europäischer Sozial- und Wirtschaftsgeschichte im 19. Jh.

Wirtschaftliche Entwicklung

Die wirtschaftliche Entwicklung steht im Zeichen des *Siegeszugs der industriellen Revolution*, eines in mehreren Etappen verlaufenden wirtschaftlichen Wachstumsvorgangs, der zu einer bis dahin nicht gekannten Umwälzung der Lebens- und Produktionsbedingungen führt. Von Großbritannien in der zweiten Hälfte des 18. Jh.s ausgehend, erfasst die Industrialisierung im ersten Drittel des 19. Jh.s Belgien, die Niederlande, Frankreich und die Schweiz, in der Mitte des Jh.s Deutschland und seit dem letzten Jahrhundertdrittel Schweden, Italien, Russland und das übrige Europa. Industrialisierung heißt Umbruch im Bereich der Produktionsverfahren, der Technik, der Energiequellen, des Transportwesens, der Märkte, der Bevölkerungszahl und der Gesellschaftsstrukturen. „Die industrielle Revolution verwandelt die Menschen von Bauern und Schafhirten in Betätiger von Maschinen, welche mit lebloser Energie angetrieben werden" (Carlo M. Cipolla).

industrielle Revolution

Industrialisierung

Dampfmaschinenkapazitäten (in 1000 PS)

Dampfmaschinen

	1840	1850	1860	1870	1880	1888	1896
Großbritannien	620	1290	2450	4040	7600	9200	13700
Deutschland	40	260	850	2480	5120	6200	8080
Frankreich	90	270	1120	1850	3070	4520	5920
Österreich	20	100	330	800	1560	2150	2520
Belgien	40	70	160	350	610	810	1180
Russland	20	70	200	920	1740	2240	3100
Italien	10	40	50	330	500	830	1520
Spanien	10	20	100	210	470	740	1180
Schweden	–	–	20	100	220	300	510
Niederlande	–	10	30	130	250	340	600
Europa	860	2240	5540	11570	22000	28630	40300

Eine ausreichende Rohstoff- und Grundstoffbasis sowie aufnahmebereite Märkte sind Voraussetzung für die Nutzbarmachung technischer Erfindungen, damit es zu einer industriellen Massenproduktion kommen kann. Das bedeutet zu Beginn der Industrialisierung *Mechanisierung* der Textilproduktion und Aus-

Mechanisierung

nutzung der Kohle zur Erzeugung von Dampfkraft. Die alten Produktions- und Verteilungsmethoden (Handwerk, Manufaktur, Verlagssystem) sind der maschinellen Fertigung und dem Fabriksystem unterlegen und hören auf bzw. werden sekundär. Zum Motor der wirtschaftlichen Entwicklung und zur Quelle wirtschaftlichen Wachstums wird die Industrieproduktion.

Baumwollspindeln in europäischen Industriestaaten (in 1000)

	1834	1852	1861	1867	1913
Großbritannien	10000	18000	31000	34000	55576
Frankreich	2500	4500	5500	6800	7400
Deutschland	626	900	2235	2000	10920
Schweiz	580	900	1350	1000	1389
Belgien	200	400	612	625	1469
Österreich-Ungarn	800	1400	1800	1500	4864

Baumwollspindeln

Roheisenproduktion (in 1000 t)

	1800	1850	1880	1900	1913
Großbritannien	190	2249	7900	9100	7500
Frankreich	60	406	1500	2700	5000
Deutschland	40	212	2700	8500	17000

Roheisenproduktion

Die Industrialisierung geht Hand in Hand mit einer *Liberalisierung der Wirtschaftspolitik*. Zunächst bleiben zwar die seit dem Merkantilismus üblichen Schutzzölle bestehen. Doch fallen in der Mitte des 19. Jh.s die wachstumshemmenden Handelsbeschränkungen fort, sodass sich der Warenstrom in wirtschaftlichen Großräumen national und international in einer *arbeitsteiligen Weltwirtschaft* frei entfalten kann (Deutscher Zollverein 1834, Abschaffung der Kornzölle und Durchsetzung des Freihandelsprinzips in Großbritannien 1846, britisch-französischer und preußisch-französischer Handelsvertrag 1860 bzw. 1862). Nach 1850 wird der freie Weltmarkt eine Realität. Nur Österreich-Ungarn und Russland bleiben abseits. Daneben ist als Bedingung für die industriewirtschaftliche Entwicklung die seit Beginn des 19. Jh.s einsetzende Einführung der *Gewerbefreiheit* anzuführen.

liberale Wirtschaftspolitik

arbeitsteilige Weltwirtschaft

Gewerbefreiheit

Die Industrialisierung tritt in der Mitte des Jh.s in ein neues Stadium ein, in dem die industrielle Technik, die sich vorher meist auf empirischer Grundlage entwickelt hat, verwissenschaftlicht wird. Dies betrifft vor allem die Stahlherstellung, die zur Schlüsselindustrie in der zweiten Phase der Industrialisierung wird.

Das europäische Eisenbahnnetz 1850–1914

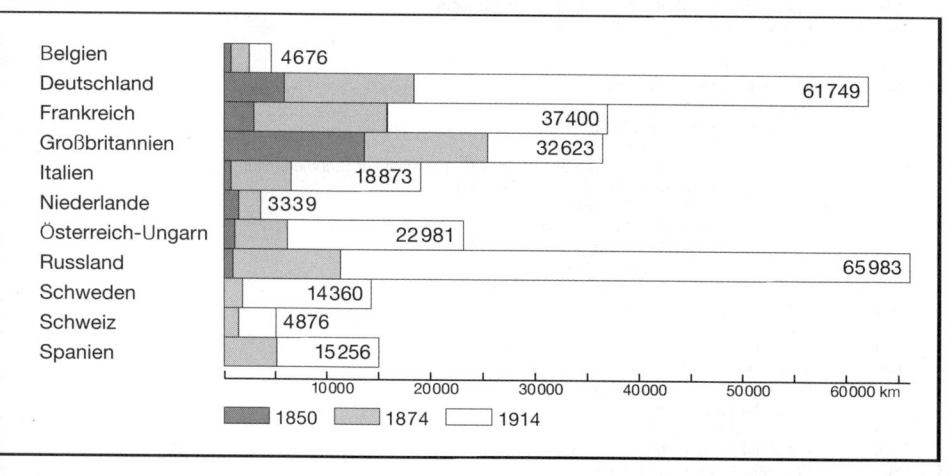

europäisches Eisenbahnnetz

Das *Zeitalter von Eisen und Stahl* manifestiert sich im Bau der Eisenbahnen, die das Transportwesen wegen der Schnelligkeit und der Preisgünstigkeit der Beförderung revolutionieren. Der Zugang zu Rohmaterialien wie auch Märkten wird zwar auch durch Verbesserungen im Straßenbau und durch die nach wie

Zeitalter von Eisen und Stahl

vor wichtigen Wasserstraßen (Kanalbauten; freie Schifffahrt auf Rhein, Elbe und Weser bis 1831, auf der Donau 1856; Entwicklung der Dampfschifffahrt seit 1807) erleichtert, doch bildet die Eisenbahn einen völlig neuen Durchbruch im Verkehrswesen. Darüber hinaus steigert der Eisenbahnbau in Europa die Nachfrage nach Grundstoffen (Eisen, Holz) und kurbelt die Metall- und Maschinenbauindustrie entscheidend an.

Chronologische Übersicht

Erfindungen und Entdeckungen

Wichtige technische Erfindungen und naturwissenschaftliche Entdeckungen

1709	Eisengewinnung durch Koks (Abraham Darby)
1712	Benutzung einer Dampfmaschine beim Bergbau (Abpumpen von Grubenwasser) in England (Thomas Newcomen)
1733	Fliegendes Weberschiffchen (John Kay)
1735	Gussstahl (Benjamin Huntsman)
1768	Spinnmaschine (Spinning Jenny) (James Hargreaves)
1769	Dampfmaschine mit erheblich weniger Kohleverbrauch (James Watt) Spinnmaschine (Richard Arkwright)
1779	Mule-Spinnmaschine (Samuel Crompton)
1780	Mechanisches Walzverfahren in der Eisenerzeugung (Henry Cort)
1783	Kattundruckmaschine
1784	Puddelverfahren für die Überführung von Roh- in Schmiedeeisen (Henry Cort)
1785	Mechanischer Webstuhl (Edmund Cartwright)
1790	Sodagewinnung durch Schwefelsäure und Salz (Nicolas Leblanc)
1793	Baumwollentkernungsmaschine
1799	Patentierung des Bleichpulvers (Charles Tennant)
1802	Dampfwagen für Straßenverkehr (Richard Trevithick)
1803	Lokomotive (Richard Trevithick)
1805	Netzstrickmaschine (J.M. Jacquard)
1807	Dampfschiff (Robert Fulton)
1809	Elektrischer Telegraph (Samuel Thomas Sömmering)
1812	Schnelldruckpresse (Friedrich Koenig)
1814	Lokomotive (George Stephenson)
1832/33	Benutzung des Elektromagnetismus für Fernverständigung (Karl Friedrich Gauß, Wilhelm Eduard Weber)
1833	Elektrolyse (Michael Faraday)
1834	Elektromotor (Moritz Hermann von Jacobi)
1835	Revolver (Samuel Colt)
1836	Zündnadelgewehr (Hinterlader) (Johann Nikolaus von Dreyse)
1837	Fotografie (Louis Daguerre) Schreibtelegraf (Samuel F. B. Morse)
1841	Kunstdünger (Justus von Liebig)
1844	Erste Telegrafenlinie Baltimore-Washington
1851	Erstes Unterseekabel Dover-Calais
1855	Gas-Bunsen-Brenner (Robert Wilhelm Bunsen)
1856	Konverter zur Erzeugung von Stahl (Sir Henry Bessemer)
1859	Spektralanalyse (Robert Kirchhoff, R. W. Bunsen)
1861	Fernsprecher (Johann Philipp Reis) Dampfpflug
1864	Siemens-Martin-Technik zur Stahlherstellung
1867	Stahlbeton (Joseph Monier) Dynamit (Alfred Nobel)
1876	Viertaktmotor (Nikolaus Otto) Telefon (Alexander G. Bell)
1879	Einführung des Thomas-Verfahrens (Sidney G. Thomas) zur Stahlherstellung (Senkung der Produktionskosten um 80–90%) Glühlampe (Thomas A. Edison) Elektrische Eisenbahn (Werner Siemens)
1880	Synthetischer Farbstoff (Adolf von Baeyer)
1883	Maschinengewehr (Hiram S. Maxim)
1884/85	Kraftwagen (Gottlieb Daimler, Wilhelm Maybach, Carl Benz)
1885	Nahtlose Röhren (Reinhard Mannesmann) Kunstseide
1887	Entdeckung der elektrischen Wellen (Heinrich Rudolf Hertz)
1895	Röntgen-Strahlen (Wilhelm C. Röntgen)
1897	Drahtlose Telegrafie (Guglielmo Marconi) Diesel-Motor (Rudolf Diesel)
1898	Radium (Marie Curie)
1900	Luftschiff (Ferdinand Graf von Zeppelin)
1903	Radioaktivität (Ernest Lord Rutherford) Motor-Flug (Orville und Wilbur Wright)
1907	Betonguss (Thomas A. Edison)
1909	Synthetischer Kautschuk (Fritz Hofmann)

Dampfmaschine

Lokomotive

Kraftwagen

Begünstigt wird die Industrialisierung durch einen weiteren Faktor, der namentlich in Großbritannien von Anfang an gegeben ist: Wie immer die in der Forschung umstrittene Bedeutung *des Faktors Kapital* für die Industrialisierung im einzelnen anzusetzen ist, es kann kein Zweifel an der Wichtigkeit des Investitionskapitals bestehen, das von *Kredit-, Investitions- und Hypothekenbanken* bereitgestellt wird, die in Belgien in den zwanziger Jahren, in Frankreich und Deutschland in den fünfziger Jahren neu gegründet werden.

Faktor Kapital

Banken

Die Periode industriellen Wachstums und die Epoche des Freihandels gehen in den siebziger Jahren zu Ende, als mit dem 1873 einsetzenden Konjunktureinbruch die *„Große Depression"* beginnt. Das Wirtschaftswachstum verlangsamt sich, stagniert auch, doch bleiben größere Rückschläge aus. In den neunziger Jahren setzt eine bis zum Ersten Weltkrieg dauernde Erholung ein. Einschneidend für den Welthandel erweist sich der Entschluss der Industrieländer (mit Ausnahme Großbritanniens, der Niederlande und Dänemarks), Schutzzölle einzuführen, um die eigenen Volkswirtschaften durch staatliche Interventionen und protektionistische Maßnahmen im Konkurrenzsystem der Weltwirtschaft zu schützen. Diese Entwicklung setzt zuerst 1878 in Deutschland ein und prägt die folgenden Jahre der internationalen Handelsrivalität im Zeitalter des Imperialismus. Der freie Kapitalismus des liberalen Zeitalters wandelt sich zum „organisierten Kapitalismus" (Rudolf Hilferding; *1877, †1941; Theoretiker des Marxismus; Finanzsachverständiger der SPD, Reichsfinanzminister 1923 u. 1928/29). *Wirtschaftliche Konzentrationserscheinungen* wie Aktiengesellschaften, Konzerne, Trusts oder Kartelle führen besonders in Deutschland und den USA zu Einschränkungen im Wettbewerb.

Große Depression

wirtschaftliche Konzentration

Anteile an der Weltproduktion 1860–1900 [in %]

Jahr	Großbritannien	Frankreich	Deutschland	Russland	USA
1860	36	12	16	4	17
1870	32	10	13	4	23
1880	28	9	13	3	28
1890	22	8	14	3	31
1900	18	7	16	6	31

Weltproduktionsanteile

Die verschärfte Konkurrenzsituation, in der sich die Großmächte in der *Phase der Hochindustrialisierung* im letzten Drittel des Jahrhunderts befinden, ist zusätzlich dadurch geprägt, dass Großbritannien als wirtschaftliche Führungsmacht von Deutschland und den USA einge- und überholt wird. Mit Abstand folgen in Europa Frankreich, Italien und Schweden. Im Fernen Osten etabliert sich Japan als Industriemacht. Als neue und billigere *Energiequellen* werden Elektrizität und Erdöl genutzt. Mit der Elektro- und der chemischen Industrie entwickeln sich neue Industriezweige (Herstellung synthetischer Farbstoffe, elektrische Geräte und Maschinen, Leitungssysteme), in denen Deutschland überragende Anteile am Weltmarkt erringt. Ferner sind die Entwicklung des Verbrennungsmotors und die Anfänge des Kraftfahrzeugbaus sowie des Flugzeugwesens zu erwähnen.

Hochindustrialisierung

Energiequellen

Gegenüber diesen Tendenzen, die das Jh. prägen, nimmt die *Landwirtschaft* an relativer Bedeutung ab. Vor dem Ersten Weltkrieg stellen Industrie und Bergbau den größten Teil aller Erwerbstätigen in Europa. Auf das ganze Jh. und den unterschiedlich stark industrialisierten Kontinent insgesamt bezogen, muss jedoch das nach wie vor gegebene erhebliche Gewicht des Agrarsektors betont werden. Entgegen den pessimistischen Prognosen des englischen Nationalökonomen Thomas Robert Malthus (*1766, †1834), der unter dem Eindruck der Bevölkerungsexplosion in England eine unausweichliche Verelendung der Massen voraussagt, weil die Bevölkerung in geometrischer Progression, der Bodenertrag aber nur in arithmetischer Reihe zunehme (Essay on the Principle of Population, 1798), gelingt es der Landwirtschaft, ihre Erträge durch verbesserte Anbaumethoden erheblich zu steigern. Unter Vernachlässigung der Viehhaltung und damit Rückgang der Fleischproduktion kommt es zu vermehrtem Anbau von Getreide, zur Überwindung der Dreifelderwirtschaft und zur Einführung der *Fruchtwechselwirtschaft* mit Anbau von Kartoffeln und Zuckerrüben, im letzten Drittel des Jh.s zur Einführung landwirtschaftlicher Maschinen und des Kunstdüngers. Die steigende Agrarproduktion wird in der ersten Hälfte des Jh.s von der zahlenmäßig zunehmenden Bevölkerung sogleich wieder aufgebraucht. Kommt es zu Missernten wie 1816/1817 oder 1846/1847, so bedeutet dies katastrophale Einbrüche, die steigende Lebensmittelpreise, aber auch Krankheit und Tod für Millionen Menschen in Europa bedeuten. In der Vorgeschichte der Revolutionsereignisse von 1848 sind dies nicht zu unterschätzende Faktoren. Armut oder Industrialisierung lautet Mitte des 19. Jh.s die unausweichliche Alternative.

Landwirtschaft

Fruchtwechselwirtschaft

Bevölkerung und gesellschaftliche Kräfte

Bevölkerungszahl

Grundlegend ist die Tatsache, dass die europäische Bevölkerung seit der Mitte des 18. Jh.s explosionsartig zunimmt. Die Zunahme in der ersten Hälfte des 19. Jh.s beträgt 40%. Ansteigende Lebensmittelproduktion, bessere medizinische Versorgung und Hygiene, frühere Eheschließungen führen zu steigenden Geburtenraten, vor allem aber zu einem Rückgang der Mortalität. Die *Bevölkerungszahl* steigt auch noch in der zweiten Hälfte des Jh.s, als die Geburten wieder zurückgehen. Die größten Zuwachsraten sind in ländlichen Gebieten zu verzeichnen. Als Ventil für den Bevölkerungsdruck erweisen sich die expandierenden Industriegebiete und die Möglichkeit der Auswanderung.

Verstädterung

Jahrzehntelang ist eine steigende Tendenz zur *Verstädterung* zu beobachten, die in Großbritannien am stärksten ist, wo 1870 nur noch 35% der Bevölkerung auf dem Land leben (in Frankreich 67,5%, in Deutschland 64%). Bildung von Ballungsräumen und weiter Industrielandschaften.

Bevölkerungsentwicklung

Anteil Europas an der Entwicklung der Weltbevölkerung (in Mio.)

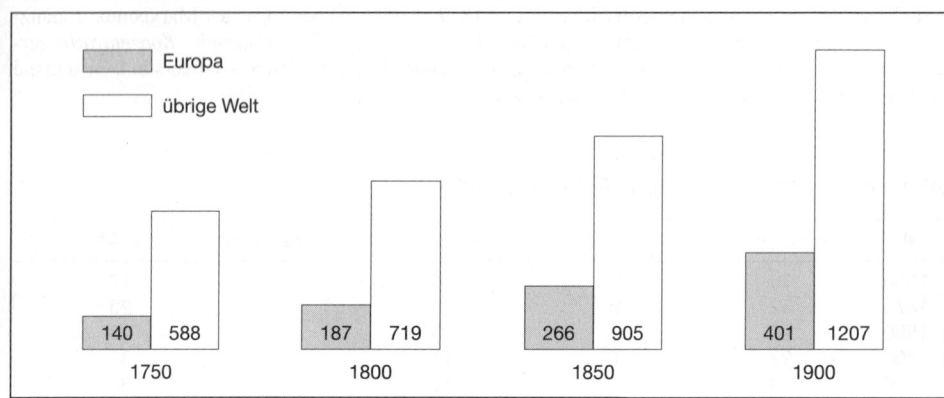

Stadt-Land-Verhältnis

Verteilung der Gesamtbevölkerung zwischen Stadt und Land (in Prozenten)

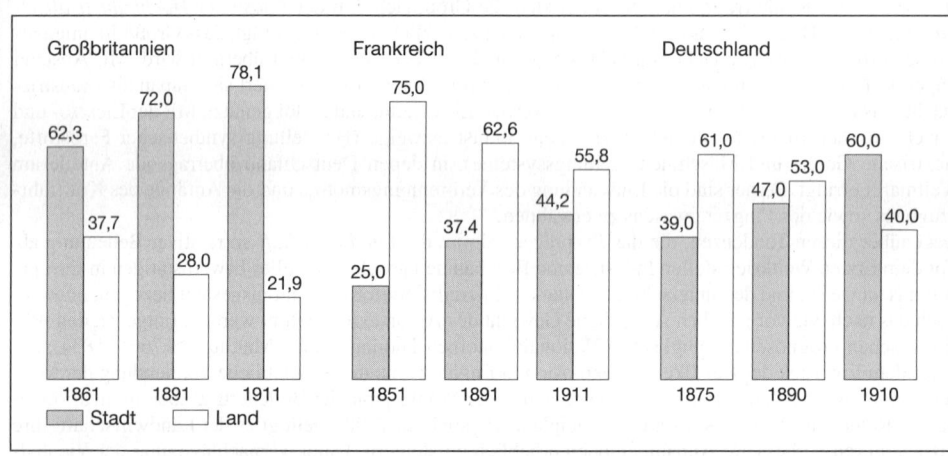

Bevölkerungsexplosion

Industriegesellschaft

Die *Bevölkerungsexplosion*, die in England ihren Anfang nimmt, geht der industriellen Revolution teils voraus, teils ist sie mit ihr verknüpft. Hand in Hand mit der Industrialisierung geht ein tiefgreifender sozialer Wandlungsvorgang, der die vorrevolutionäre, agrarisch bestimmte Adelsgesellschaft in eine *Industriegesellschaft* verwandelt. In den Ländern Mittel- und Osteuropas bleibt dem Adel jedoch weiterhin die politische Führungsposition erhalten. In Westeuropa dagegen drängt das Bürgertum erfolgreich auf Teilnahme am politischen System. Der Übergang von der ständischen zur bürgerlichen Gesellschaft verläuft in den Ländern Europas ebenso wie die Industrialisierung selbst phasenverschoben. Auf dem flachen Land wird die wirtschaftliche Position des adligen Großgrundbesitzes nach der Bauernbefreiung in vielen Fällen gestärkt. Bei Unrentabilität kleiner Bauernstellen entsteht eine sozial schwache Landarbeiterschaft.

Zu den gesamtgesellschaftlich ausschlaggebenden Schichten des Industriezeitalters werden das *Bürgertum und die Arbeiterschaft*. Nicht ausschließlich, aber vorrangig zum Träger der Industrialisierung wird das Bürgertum, das in Industrie, Handel und Finanz eine bürgerliche Oberschicht bildet, die entweder in das politische System integriert wird (Großbritannien), es dominiert (Frankreich) oder von ihm faktisch weit gehend ausgeschlossen bleibt und sich oft auf adlige Lebensformen und Wertvorstellungen fixiert (Preußen–Deutschland). Die bürgerlichen Mittelschichten untergliedern sich in den „*alten Mittelstand*" (selbstständige Kleinunternehmer, Kaufleute, Handwerker, Gewerbetreibende) und den seit dem letzten Drittel des Jh.s an Bedeutung zunehmenden „*neuen Mittelstand*" (Angestellte und Beamte im Bereich der Verwaltung, bei Behörden und Unternehmen, der technischen Intelligenz und vor allem der Dienstleistungen). Während bürgerliche Schichten in der Frühphase der Industrialisierung oft mit den sozialen Unterschichten politisch zusammengehen und soziale Forderungen gegenüber dem Machtmonopol des Adels erheben, grenzen sie sich spätestens 1848 von den Zielen des „*vierten Standes*", der Arbeiterschaft, ab. Die Lage der Lohnarbeiterschaft wird für die gesamte Epoche zur sozialen Frage. Zum Proletariat zählen nicht nur die seit jeher lohnabhängigen Arbeiter auf dem Land und in den Städten, sondern auch vorher unabhängige Handwerker, deren Existenz durch das arbeitsteilige Fabriksystem vernichtet wird. Die Situation der Arbeiterschaft, deren Anteil an der Gesamtbevölkerung ständig wächst, während der der Selbstständigen sinkt, ist zunächst von *Massenarmut* (Pauperismus), schlechten Wohnverhältnissen, niedrigen Löhnen, langer Arbeitszeit und sozialer Unsicherheit bestimmt. Kinder- und Frauenarbeit sind die Regel, werden aber in den verschiedenen Industrieländern zu verschiedenen Zeitpunkten gesetzlich eingeschränkt. Andererseits bedeutet die Industrialisierung einen Ausweg aus dem Problem der Überbevölkerung durch wachsendes Arbeitsplatzangebot. Seit der Mitte des Jh.s beginnen die Löhne zu steigen; seit seinem Ende kommt es – zuerst in Deutschland – zu staatlicher Sozialgesetzgebung. Der von der Arbeiterbewegung geforderte Acht-Stunden-Tag wird aber erst nach dem Ersten Weltkrieg realisiert.

Bürgertum und Arbeiterschaft

alter Mittelstand
neuer Mittelstand

vierter Stand

Massenarmut

Kinderarbeitszeit in Deutschland um 1825

Kinderarbeitszeit

Kreis	Arbeitszeit (in Stunden)	Kreis	Arbeitszeit (in Stunden)
Iserlohn	14	Trier	8–14
Dortmund	10–15	Breslau	10–14
Hagen	10–12	Frankfurt/O.	7–16
Bochum	14,5	Erfurt	10–14
Düsseldorf	6–13	Magdeburg	9–14
Aachen	8–12	Potsdam	13–14
Koblenz	11–14	Berlin	7–12
Köln	11–14		

Grundzüge europäischer Geistes- und Politikgeschichte

Politische Theorien und Strömungen

Die Widersprüche des Jh.s schlagen sich im politischen Denken nieder, das die politischen, sozialen und ökonomischen Problemstellungen der Zeit von unterschiedlichen politischen Standorten und Interessenlagen her deutet und zu voneinander abweichenden Lösungsvorschlägen kommt.
Am vorrevolutionären Europa orientiert ist der *Konservatismus*, der im Zuge der Restauration nach dem Wiener Kongress 1815 zur prägenden politischen Kraft wird. Von Revolutionsfurcht bestimmt, sucht der Konservatismus an historisch und organisch gewachsenen, als „*gottgewollt*" verstandenen Ordnungen festzuhalten, die zwar historisch wandelbar, aber an konstant bleibenden Grundvorstellungen und Grundwerten (monarchische Staatsform, Autorität, gestufte Gesellschaft, Familie, Besitz, antirationalistischer Affekt) ausgerichtet sind. In der Auseinandersetzung mit den Kräften der Veränderung gerät der Konservatismus in die Gefahr, zur Reaktion und zur Reformunfähigkeit zu erstarren. Dass dies nicht so sein muss, wird am Beispiel der englischen Entwicklung und des Konservatismus von Edmund Burke (*1729, †1797) deutlich, der die Wechselbeziehung von „*Erhaltungs- und Verbesserungsprinzip*" betont. Sein deutscher Übersetzer Friedrich von Gentz (*1764, †1832), der einflussreiche Berater Fürst von Metter-

Konservatismus

„*gottgewollte*" *Ordnung*

Erhaltungsprinzip

nichs, des Vorkämpfers der Restauration, wirkt dagegen unbeweglich und plädiert 1815 für „die Wiederherstellung dessen, was zwanzig Jahre voller Wirren zerstört hatten", für „die Wiedererrichtung des politischen Gebäudes aus den ungeheueren Trümmermassen, die ein schrecklicher Umsturz auf dem Boden Europas zurückgelassen hatte". Als Theoretiker einer autoritär-erstarrten Gesellschaft ist der Schweizer Staatstheoretiker Karl Ludwig von Haller (*1768, †1854) zu nennen, der mit seinem Hauptwerk „Die Restauration der Staatswissenschaften" (1816–1834) der auf den Wiener Kongress folgenden Epoche ihren Namen gibt. Revolutionen stellen sich ihm als verabscheuungswürdiges Werk einer Verschwörerclique dar, nicht als Konsequenz wirtschaftlichen und gesellschaftlichen Wandels. Als zweiter bedeutender Systematiker des gegenrevolutionären Ideensystems ist der deutsche Staatsrechtler Friedrich Julius Stahl (*1802, †1861) zu nennen (Werke u.a.: Philosophie des Rechts nach geschichtlicher Ansicht, 1830–1837; Das monarchische Prinzip, 1845; Der christliche Staat, 1847; Die Revolution und die konstitutionelle Monarchie, 1848). Er entwickelt eine Rechts- und Staatslehre „auf der Grundlage christlicher Weltanschauung" und will das Prinzip der Legitimität gegen das revolutionäre *Prinzip der Volkssouveränität* behaupten, um die in seinen Augen 1848 erfolgte „Umwälzung der ewigen Gesetze menschlicher Ordnung" rückgängig machen zu können.

Prinzip der Volkssouveränität

Der Konservatismus sieht sich zunächst zwei Strömungen gegenüber, die vorrevolutionäre Strukturen zu beseitigen suchen, dem Nationalismus und dem Liberalismus. Beide gehen oft Hand in Hand und verbinden sich bis 1848 auch gelegentlich mit sozialistischem Gedankengut.

Nationalismus

Nationalismus wirkt mit seiner Forderung nach Selbstbestimmung bzw. nationaler Einigung nach dem Wiener Kongress, der nationale Hoffnungen enttäuscht, als Sprengkraft für Vielvölkerstaaten wie Österreich-Ungarn, die Niederlande oder die Türkei bzw. Staaten, die wie Russland oder Preußen starke nationale Minderheiten aufweisen. Ein durch die *Romantik* angekurbeltes Interesse für nationale Überlieferungen und historische Wurzeln verstärkt das nationale Bewusstsein in Deutschland, Italien, Belgien, Irland, Polen, Ungarn oder bei den Balkanvölkern. In diesen Ländern erhält der Nationalismus revolutionäre Qualität.

Romantik

Liberalismus

Für die Emanzipation des Individuums von absolutistisch-staatlicher Bevormundung kämpft der *Liberalismus*, abgeleitet von „los liberales", wie sich die Verfechter der spanischen Verfassung von 1812 nennen. In politischer Hinsicht drängt der Liberalismus auf Konstitutionalisierung der politischen Systeme. Die Staatsgewalt wird verfassungsrechtlich beschränkt und ist in erster Linie den Schutz der persönlichen Freiheitsrechte abgestellt. In wirtschaftlicher Hinsicht fordert der Liberalismus von Adam Smith (*1723, †1790) ausgehend den Abbau merkantilistischer Beschränkungen auf dem Binnenmarkt wie im Außenhandel (Gewerbe-, Handels-, Unternehmer-, Koalitions-, Wettbewerbsfreiheit) und ganz allgemein den Rückzug des Staates aus dem gesellschaftlichen und wirtschaftlichen Bereich (laissez faire). Zum Träger liberaler Ideen wird das *Besitz- und Bildungsbürgertum*, das das Machtmonopol des Adels erfolgreich in Frage stellt (Juli-Revolution 1830 in Frankreich, Wahlrechtsreform 1832 in Großbritannien). Zugleich entwickelt sich diese Verengung auf das gehobene Bürgertum, das zur Abgrenzung gegenüber der Arbeiterschaft tendiert und die zerstörerische Eigendynamik der Revolution fürchtet, zum zentralen Problem des Liberalismus, der das Ziel der Demokratisierung nur bedingt weiterverfolgt. Nur in Großbritannien, wo *John Stuart Mill* (*1806, †1873) das allgemeine Wahlrecht fordert, kommt es zu einem Zusammengehen von Liberaler Partei und Arbeiterbewegung, während die Liberalen auf dem Kontinent zumeist in eine Defensivposition gegenüber den Fragen des „vierten Stands" geraten.

Besitz- und Bildungsbürgertum

John Stuart Mill

Die Bedürfnisse und Interessen der Arbeiterschaft geraten seit der Mitte des Jh.s in einen immer stärker werdenden Gegensatz zum Bürgertum: Sie beginnt sich von der anfänglich gegebenen politischen Führung durch bürgerliche Mittelschichten zu lösen. Der Gedanke der Revolution geht vom liberalen Bürgertum auf die sozialistische Arbeiterschaft über.

Sozialismus

Aus dieser Gegenbewegung gegen den bourgeoisen Liberalismus entwickelt sich die die zweite Hälfte des 19. Jh.s ganz wesentlich bestimmende Strömung des *Sozialismus*. Zwar gibt es auch innerhalb der Kirchen Tendenzen eines christlichen Sozialismus, doch ist dieser mit der Geschichtsmächtigkeit der sozialistischen Arbeiterbewegung und ihren Theorien nicht zu vergleichen.

Innerhalb des Sozialismus sind unterschiedlichste Denkansätze und Strategieüberlegungen auszumachen, die zwischen der Möglichkeit gradueller Reformen und revolutionärer Aktion schwanken. Dies gilt schon für die sog. „Frühsozialisten", die ganz allgemein soziale Missstände beseitigen wollen und eine gerechte Eigentums- und Gesellschaftsordnung unter Einbeziehung der Arbeiterschaft anstreben. So will Claude Henri de Saint-Simon (*1760, †1825) die sozialen Spannungen des Industriezeitalters durch eine Sicherung des sozialen Friedens zwischen den sozialen Schichten erreichen, und zwar durch moralische Anstrengung und technokratische Steuerung der wirtschaftlichen und gesellschaftlichen Ordnung. Die starke Rolle des Staates betont ebenfalls Louis Blanc (*1813, †1882), der das Wettbewerbssystem durch eine nationale Wirtschaft, durch vom Staat einzurichtende Nationalwerkstätten und Gemeinschaftsfabriken überwinden will. Louis-Auguste Blanqui (*1805, †1881) dagegen ist ein Mann der revolutionären Aktion, der keine Gemeinsamkeiten zwischen den sozialen Schichten gelten lassen will („tödliches Duell zwischen Dividenden und Löhnen") und die revolutionäre Auseinandersetzung mit der Bourgeoisie sucht. Gegen Gewaltanwendung spricht sich Pierre-Joseph Proudhon (*1809, †1865) aus, der den kapitalistischen Geld- und Warenumlauf durch direkten, auf dem Prinzip der Gegenseitigkeit und Gleichwertigkeit (Mutualismus) beruhenden Austausch überwinden will. Ohne Arbeitsleistung oder durch Ausbeutung gewonnenes ‚Eigentum ist Diebstahl'. Proudhon wendet sich entschieden gegen staatliche wie kirchliche Autoritäten. Er verkörpert die anarchistische Richtung des Sozialismus und prägt den modernen Begriff des *Anarchismus*.

Anarchismus

An die gedankliche Dichte und Vielfalt der französischen Frühsozialisten reichen englische und deutsche Frühsozialisten nicht heran. Hier sind zu nennen Robert Owen (*1771, †1858), der Gütergemeinschaften mit gemeinsamer Lebensführung, demokratischer Selbstverwaltung und sozialer Gleichheit fordert; Wilhelm Weitling (*1808, †1871), der als Ziel die „Gemeinschaft aller Erdengüter" angibt; Moses Hess (*1812, †1875), erster Theoretiker des deutschen *Kommunismus*, der das Privateigentum abschaffen will und Anarchie als herrschaftslose Ordnung eines kommunistischen Gemeinwesens erstrebt.

Kommunismus

Gegenüber dem frühen oder „utopischen" Sozialismus versuchen Karl Marx (*1818, †1883) und Friedrich Engels (*1820, †1895) den *„wissenschaftlichen" Sozialismus* zu entwickeln. Während Lorenz von Stein (*1815, †1890; Der Sozialismus und Kommunismus des heutigen Frankreich, 1842) als bürgerlicher Theoretiker eine wissenschaftliche Analyse des Klassenkampfes (Gegensatz von Kapital und Arbeit) liefert und zum Schutz der bürgerlichen Gesellschaft staatliche Sozialreformen empfiehlt, stellen sich Marx und Engels, ebenfalls Theoretiker bürgerlicher Herkunft, auf die Seite der Lohnarbeiterschaft und sagen die Revolution und Diktatur des Proletariats voraus. Ihr prägender Einfluss auf die sich langsam formierende Arbeiterbewegung beginnt mit dem im Februar 1848 in London publizierten *„Kommunistischen Manifest"*. Karl Marx veröffentlicht u.a. 1859 seine „Kritik der politischen Ökonomie" und 1867 den ersten Band seines Hauptwerks *„Das Kapital"*, dessen zweiten und dritten Band 1885 und 1894 Friedrich Engels herausgibt.

wissenschaftlicher Sozialismus

Kommunistisches Manifest „Das Kapital"

Friedrich Engels, der wesentlich zur Ausbildung des Marxismus beiträgt, verfasst u.a. 1845 „Die Lage der arbeitenden Klassen in England", 1880 „Die Entwicklung des Sozialismus von der Utopie zur Wissenschaft", 1884 „Der Ursprung der Familie, des Privateigentums und des Staates".

Hervorstehend an der *Marxschen Lehre* ist der Anspruch einer wissenschaftlichen Welterklärung. Der Geschichtsablauf vollziehe sich nach Gesetzen, die man wissenschaftlich erkennen könne. Seine reale Triebfeder seien ökonomische Strukturen, das Sein der sozialen und ökonomischen Verhältnisse („Unterbau"). Davon hängen das Bewusstsein, die Ideenwelt und politisch-staatliche Organisationsformen („ideologischer Überbau") ab. Der gegenwärtige Kampf des Proletariats gegen die Bourgeoisie sei der letzte in der Geschichte der Klassenkämpfe. In ihm werde das Proletariat mit dem Ziel der klassenlosen Gesellschaft im kommunistischen Endzustand die „Selbstentfremdung" des Menschen überwinden. Auf der Grundlage des *historischen Materialismus* werden als Entwicklungsphasen des Kapitalismus unterschieden bzw. vorhergesagt: Akkumulation des Kapitals, Kapitalkonzentration, Verelendung der Arbeiterschaft, Überproduktionskrisen, sich verschärfende innere Widersprüche des kapitalistischen Systems und sein unvermeidlicher Zusammenbruch, schließlich Revolution und Diktatur des Proletariats. Die Revolution erscheint sowohl als objektives Phänomen, zu dem es aufgrund der Strukturgesetze des Kapitalismus zwangsläufig kommt, wie auch als Aktion, die handelnd ins Werk gesetzt werden muss.

Lehre von Karl Marx

historischer Materialismus

Als Organisationsformen der lohnabhängigen Arbeiterschaft bilden sich seit der Mitte des Jh.s Gewerkschaften und politische Parteien auf nationaler Ebene. Die wichtigsten Formen der *Gewerkschaftsbewegung* sind die freien (sozialistischen) Gewerkschaften, die liberalen Gewerkschaften und die christlichen Gewerkschaften.

Gewerkschaftsbewegung

1901 Beginn internationaler gewerkschaftlicher Zusammenarbeit.
1908 Internationaler christlicher Gewerkschaftsbund.
1913 Gründung des Internationalen Gewerkschaftsbunds, einer losen Vereinigung der freien Gewerkschaften.

Ebenfalls seit der Jahrhundertmitte bilden sich mit dem Ziel, die soziale Lage der Arbeiterschaft zu verbessern und politische Rechte zu erkämpfen, sozialistische Parteien sowie politische Arbeiterorganisationen, die eher christlich-konfessionell oder am liberalen Prinzip der Selbsthilfe orientiert sind. In der sozialistischen Arbeiterbewegung Europas sind deutlich der britische und der kontinentaleuropäische Typ zu unterscheiden. In Großbritannien herrscht Pragmatismus vor, der wenig Raum lässt für die Beschäftigung mit theoretisch-ideologischen Fragen. Man ist bereit, das gegebene politische System des Parlamentarismus zu akzeptieren und Veränderungen durch evolutionäre Reform anzustreben. Die kontinentale *Arbeiterbewegung* dagegen, die sich mit weniger liberalen Regierungsformen konfrontiert sieht, hebt auf die revolutionäre Umgestaltung von Staat und Gesellschaft ab. Sie bildet allerdings keine einheitliche Bewegung, sondern zerfällt, stark vereinfacht, in zwei Hauptflügel: in einen größeren, von Karl Marx wesentlich beeinflussten sozialdemokratischen Flügel, der unter zunächst taktisch verstandener Anerkennung des Parlamentarismus auf Gewinnung der Staatsmacht abzielt, und in einen syndikalistisch-anarchistischen, der primär die bürgerliche Gesellschaft und ihren Staat zersetzen will, sich für die direkte

Arbeiterbewegung

Aktion entscheidet und also den parlamentarischen Weg ablehnt (Michail A. Bakunin, *1814, †1876; Georges Sorel, *1847, †1922).

Revisionismusdebatte
Seit der Jahrhundertwende kommt es innerhalb der europäischen, besonders aber der deutschen Sozialdemokratie zur sog. *„Revisionismusdebatte"*. Im Anschluss an Überlegungen Eduard Bernsteins (*1850, †1932; „Revisionismus heißt Weiterbildung von Theorie und Praxis der Sozialdemokratie im evolutionistischen Sinn") gewinnt eine Richtung an Boden, die zentrale Punkte des orthodoxen Marxismus kritisiert, indem sie am zwangsläufigen Zusammenbruch des Kapitalismus und an der unvermeidlichen Polarisierung der kapitalistischen Gesellschaft zweifelt, schließlich Veränderungen nicht auf revolutionärem, sondern evolutionärem Weg im Rahmen von nationalen parlamentarischen Demokratien anstrebt. Zwar werden Resolutionen gegen die Revisionisten verabschiedet (Dresdner Parteikongress der SPD 1903, Kongress der II. Internationale 1904 in Amsterdam), doch ist der wachsende Einfluss des Revisionismus nicht aufzuhalten.

I. Internationale
Im internationalen Rahmen kommt es am 28. September 1864 in London zur Gründung der Internationalen Arbeiter-Assoziation, kurz *I. Internationale* genannt, durch britische Gewerkschaftler, eine französische Arbeiterdelegation sowie deutsche und polnische Emigranten, darunter Karl Marx, der wesentlichen Anteil an der Programmformulierung hat. Die Parole des Kommunistischen Manifests „Proletarier aller Länder, vereinigt Euch!" wird ins Programm aufgenommen. Wesentlich stärker als der bürgerliche Liberalismus ist der Sozialismus eine internationale Bewegung. Vom europäischen Bürgertum wird die Internationale zum Schreckgespenst stilisiert, um die Ziele der Arbeiterbewegung propagandistisch wirkungsvoll bekämpfen zu können. Es handelt sich bei der Internationale jedoch keineswegs um einen gut organisierten Versuch einer Verschwörung mit dem Ziel der sozialistischen Umwälzung, sondern zunächst um eine lose Verbindung nationaler Gruppen der Arbeiterschaft, die um 1868 in den meisten europäischen Ländern und den USA Fuß fasst. Nach Artikel I der Statuten dient die Internationale „zur Herstellung eines Mittelpunkts der Verbindung und des planmäßigen Zusammenwirkens zwischen den in verschiedenen Ländern bestehenden Arbeitergesellschaften, welche dasselbe Ziel verfolgen, nämlich: den Schutz, den Fortschritt und die vollständige Emanzipation der Arbeiterklasse". Man geht davon aus, „dass die Emanzipation der Arbeiterklasse durch die Arbeiterklasse selbst erobert werden muss".

Pariser Commune-Aufstand Konferenz der Internationale
Nach dem *Scheitern des Pariser Commune-Aufstands* 1871 kommt es auf der *Konferenz der Internationale* von Den Haag 1872 zu einer Auseinandersetzung zwischen dem unter Karl Marx stehenden Flügel und seinem persönlichen Gegner Michail Bakunin, der aus der Internationale ausgeschlossen wird. Während Bakunin eine prinzipiell gegen staatliche Autoritäten gerichtete Position einnimmt, plädiert Marx für die Umwandlung der Internationale in eine politische Partei zur Eroberung der Staatsmacht und Errichtung eines revolutionären Staats: „Diese Konstituierung des Proletariats als politische Partei ist unerlässlich, um den Triumph der sozialen Revolution und ihres höchsten Zieles, die Aufhebung der Klassen, zu sichern." Infolge der inneren Auseinandersetzungen zerfällt die Internationale, deren Generalrat von London nach New York verlegt wird. Die Auflösung erfolgt 1876.

II. Internationale
Zur Wiederbelebung der Internationale kommt es mit der Gründung der *II. Internationale* im Juli 1889 in Paris. Sie verfügt wiederum nur über eine lose Organisation und tastet die Autonomie der nationalen Parteien nicht an. Vorrangig erscheint eine Koordination der sozialpolitischen Ziele in den großen Industrieländern. Gefordert wird der Acht-Stunden-Tag. Der 1. Mai soll mit Massendemonstrationen als Arbeiterfeiertag begangen werden. Die internationale Arbeit spielt sich auf regelmäßigen Kongressen ab. Hervorzuheben sind:

1891 Brüssel: Grundsätzliche Fragen sollen nach Nationen entschieden werden.
1896 London: Ausschluss von Anarchisten.
1900 Paris: Internationales Sozialistisches Büro wird als Exekutivorgan mit Sitz in Brüssel geschaffen.
1904 Amsterdam: Niederlage der Revisionisten. Das mehrheitlich vertretene Prinzip des Klassenkampfes führt jedoch nicht zur Planung revolutionärer Aktionen, da man an den automatischen Zusammenbruch des Kapitalismus glaubt *(Zusammenbruchstheorie)*. – Gründung der Interparlamentarischen Sozialistischen Kommission zur Koordinierung der Arbeit in den nationalen Parlamenten.

Zusammenbruchstheorie

nationale Gegensätze
Die II. Internationale krankt an dem Gegensatz zwischen orthodoxen Marxisten, revolutionären Sozialisten und Revisionisten. Auch in der seit 1900 debattierten Kriegsfrage (Kampf gegen Militarismus und Krieg) offenbaren sich *nationale Gegensätze*. Über der Polarisierung „Sozialreform oder Revolution" (Rosa Luxemburg; *1870, †1919) verliert die Internationale ihre integrative Kraft, die 1914 mit Kriegsausbruch (Bewilligung der Kriegskredite durch deutsche und französische Sozialisten) endgültig verschwindet.

Politische Systeme

Die politischen Systeme des 19. Jh.s sind das Produkt der Auseinandersetzung mit den Umwälzungen, die in Gestalt der *politischen Revolutionen* (Amerikanische Revolution, Französische Revolution) und der *industriellen Revolution* seit dem Ende des 18. Jh.s die allgemeine Entwicklung in Europa bestimmen.

politische Revolutionen

Die politischen Ordnungen der vorrevolutionären *Adelsgesellschaft* werden mit Tendenzen konfrontiert, die auf Veränderung drängen. Die politisch-sozialen Führungsschichten in den europäischen Nationalstaaten reagieren darauf entweder durch Reformbereitschaft oder durch Festhalten an bestehenden Herrschaftsformen. Die Geschichte Europas im 19. Jh. steht im Spannungsfeld von Beharrung und Wandel, Legitimität und Revolution, Restauration und Reform, monarchischer Autorität und Volkssouveränität. In Großbritannien gelingt es, das politische System für alle sozialen Schichten schrittweise zu öffnen (Wahlrechtsreformen 1832, 1867 und 1884/1885). Durch die Anpassung des politischen Systems an die Bedingungen des Industriezeitalters und durch die immer wieder gezeigte Fähigkeit zur Reform werden revolutionäre Erschütterungen vermieden, obwohl die Konfliktlagen mit denen anderer Länder übereinstimmen. Der europäische Kontinent dagegen wird von verschiedenen Revolutionswellen heimgesucht, die verschiedene Aspekte der großen Französischen Revolution wieder aufnehmen und fortsetzen.

industrielle Revolution
Adelsgesellschaft

Nach dem Wiener Kongress scheint sich zunächst im *Zeitalter der Restauration* die „Solidarität der Throne" zu behaupten und das Prinzip der Legitimität gegenüber dem der Revolution durchzusetzen, doch darf das Restaurationszeitalter nicht als einfache Wiederherstellung vorrevolutionärer Zustände missverstanden werden. So werden die preußischen Reformen mit der Bauernbefreiung und Gewerbefreiheit nicht zurückgenommen. Aber auch die politischen Verfassungen in Europa wandeln sich. Nach dem Vorbild der französischen Charte constitutionelle vom 4. Juni 1814 beginnt sich auf dem Kontinent der *Typus der konstitutionellen Monarchie* durchzusetzen. Zwar wird das monarchische Prinzip aufrechterhalten und liegt die Souveränität weiterhin beim Monarchen, doch teilt dieser gemäß einer Verfassung die Macht mit anderen Staatsorganen, insbesondere mit einer meist aus zwei Kammern bestehenden Repräsentativversammlung, die das Steuerbewilligungsrecht hat und bei der Gesetzgebung mitwirkt, jedoch in der Regel zunächst kein förmliches Budgetrecht und keine Gesetzesinitiative besitzt. Ferner kennt die konstitutionelle Monarchie die Verankerung von Grundrechten und die prinzipielle staatsbürgerliche Gleichheit.

Zeitalter der Restauration

konstitutionelle Monarchie

In Deutschland werden Verfassungen nach diesem Muster *eingeführt* in Nassau (1814), Sachsen-Weimar-Eisenach (1816), Bayern und Baden (1818), Württemberg (1819), Hessen-Darmstadt (1820). Bis 1841 folgen fast alle deutschen Staaten mit Ausnahme Österreichs, Preußens, Oldenburgs und Hessen-Homburgs. Hervorzuheben ist vor allem die Ablösung des Polizeistaats durch den Rechtsstaat, der die Freiheit des Individuums und sein Eigentum schützt. Diese Sicherung der bürgerlichen Rechtssphäre, die in Großbritannien endgültig schon seit der Glorreichen Revolution (Glorious Revolution) ein Element der staatlichen Ordnung darstellt, wird auch von den Verfechtern der Restauration nicht angezweifelt. Die Staatsverwaltung wird an das Gesetz gebunden. Der Philosoph Georg Wilhelm Friedrich Hegel (*1770, †1831; Grundlinien der Philosophie des Rechts, 1821) fordert als Idealstaat den monarchischen Rechtsstaat, in dem die Rechte und Pflichten von Bürger wie Staat gesetzlich geregelt sind; was nichts über Regierungsform und Herrschaftssystem aussagt. Rechtsschutz zieht nicht notwendigerweise politische Freiheit nach sich, weswegen bei Hegel die Omnipotenz des Staates dem Individuum übergeordnet bleibt.

Verfassungen in Deutschland

Im europäischen Rahmen hat die „Solidarität der Throne", die in der Praxis Interventionsbereitschaft gegen nationalistisch und liberal motivierte Aufstände bedeutet, nach 1815 nicht lange Bestand. Großbritannien schert sehr schnell aus der Einheitsfront der Großmächte aus und bildet zusammen mit Frankreich das *Lager der liberalen Westmächte*, während Österreich, Preußen und Russland *die konservativen Ostmächte* darstellen, denen als weitere Großmacht noch das Osmanische Reich zuzurechnen ist. Bis 1848 kommt es gegen diesen Machtblock häufig zu *Protestbewegungen, Aufständen und Revolutionen*:

liberale Westmächte – konservative Ostmächte
Unruhen

1815–1817 Serbischer Aufstand gegen die osmanische Herrschaft.
1820 Revolution in Spanien, die 1823 niedergeschlagen wird. Revolution in Portugal.
1820 Aufstände in Italien, die in Neapel beginnen, 1821 auch Piemont ergreifen.
1821 Beginn des bis 1829 dauernden griechischen Unabhängigkeitskriegs.
28. Juli 1830 Revolution in Frankreich. Die Juli-Revolution wirkt als Initialzündung liberaler Bewegungen und erweist sich als Triebkraft für die Bildung weiterer konstitutioneller Regierungssysteme.
25. August 1830 Aufstand in Brüssel und Beginn des Abfalls Belgiens von den Niederlanden.
1830–1831 Unruhen in Braunschweig, Göttingen, Kurhessen, Sachsen.
1830–1831 Aufstand in Polen.

1830–1831 Unruhen in Mittelitalien greifen 1831 auf Modena, Parma, Bologna und die Emilia-Romagna über.
1832 Hambacher Fest.
1834 Gründung des „Jungen Europa" in Bern, einer gegen das monarchische Prinzip gerichteten internationalen Bewegung (Italien, Deutschland, Polen), die Aufstände vorbereitet, aber rasch scheitert.
1834–1839 Bürgerkrieg in Spanien, wo die europäischen Gegensätze zwischen konservativen und liberalen Mächten ausgetragen werden.
1846 Aufstand in Krakau.
1847 Anwachsen der liberal-konstitutionellen Bewegung in Italien: Gründung der Zeitschrift „Il Risorgimento" (wonach die Nationalbewegung ihren Namen erhielt) durch Cesare Balbo (*1789, †1835) und Camillo Cavour (*1810, †1861) in Piemont-Sardinien; Erhebung in Messina (1847) und Palermo (1848). Danach Einführung einer konstitutionellen Verfassung im Königreich Neapel-Sizilien.
1847 Sonderbundskrieg in der Schweiz zwischen liberalen und konservativ-katholischen Kantonen.
Februar 1848: Revolution in Paris. Von Baden ausgehend Unruhen in verschiedenen deutschen Staaten.
13.–15. März 1848: Aufstand in Wien, der Erhebungen in Italien, Böhmen und Ungarn nach sich zieht.
18. März 1848: Aufstand in Berlin.

Revolution von 1848

Für kurze Zeit verschmelzen in der *Revolution von 1848* verschiedene Strömungen (konstitutionell-liberale, radikal-demokratische, sozialrevolutionäre, national-idealistische), die sich aber bald wieder trennen und dadurch die Stoßkraft der Revolution zunichte machen. Das Ende der revolutionären Bewegungen kommt 1849 mit der Wiederherstellung der vorrevolutionären Ordnung in Österreich-Ungarn und Preußen. Sowohl die Forderungen nach Einheit wie nach Freiheit bleiben unerfüllt. Bis auf Frankreich bringt die Revolution keinen Wandel in der Regierungsstruktur.
Die zweite Hälfte des Jh.s verläuft mit Ausnahme des polnischen Aufstands 1863 und des Aufstands der Commune in Paris 1871 ohne revolutionäre Erschütterungen. Die politischen Systeme sind von der Verfestigung der Bürokratien und von der Debatte um Liberalisierung der Regierungsform und Demokratisierung des Wahlrechts bestimmt. Die allgemeine Tendenz der *Weiterentwicklung konstitutioneller zu parlamentarischen Systemen* verläuft ohne einheitliches Muster. Insgesamt ist das Europa des ausgehenden 19. Jh.s, von Frankreich abgesehen, immer noch eine monarchisch geprägte Welt mit nach wie vor bedeutsamer Rolle der Krone, insbesondere in der Außenpolitik, aber auch in der Innenpolitik. Unübersehbar aber ist die Durchdringung von Staat und Gesellschaft. Politik ist nicht mehr Angelegenheit weniger Privilegierter, sondern wird mehr und mehr zum Objekt der sich ausbildenden *Massengesellschaft*. Der Staat hat nicht mehr das Monopol der politischen Artikulation und Aktion. Staatliche Entscheidungsträger haben sich mit der politischen Öffentlichkeit auseinander zu setzen, die sich im Zeichen der technisierten Nachrichtenübermittlung und der expandierenden Presse als kontrollierende Öffentlichkeit ausbildet. Alle Bereiche der Gesellschaft werden durch Beseitigung spätfeudaler Zwischengewalten ins politisch-staatliche Leben integriert (Bauernbefreiung seit Anfang, Judenemanzipation seit Mitte des Jh.s). Die Herstellung einer politischen Öffentlichkeit und allgemeinen Staatsbürgerschaft zieht *neue politische Organisationsformen* nach sich (politische Parteien, Gewerkschaften, Verbände).
Neben den positiven Aspekten der Demokratisierung stellen sich die spezifischen Probleme der Massengesellschaft und der mit ihr einhergehenden Erscheinungen der emotionsgeprägten Agitation und politischen Propaganda. Politische Denker wie John Stuart Mill erkennen schon Mitte des 19. Jh.s die in ihren Augen gefährlichen Tendenzen, nämlich an die Stelle des staatlichen Absolutismus die *Herrschaft der Gesellschaft*, eine „mittelmäßige Herrschaft" (Mill), setzen zu wollen.

Parlamentarisierungstendenzen

Massengesellschaft

politische Organisationsformen

Herrschaft der Gesellschaft

Internationales System

Revolutionskriege und französisches Hegemonialstreben (1791–1815)

Herausforderung

Das Zeitalter der Französischen Revolution und Napoleons bedeutet eine doppelte *Herausforderung* der internationalen Gesellschaft. Einmal wird ihre Homogenität durch den Sieg der Revolution in Frankreich gestört. Die Kräfte der Gegenrevolution, die ein Interventionsrecht zugunsten der Monarchie proklamieren, beschleunigen die Ausweitung der Revolution über die Grenzen Frankreichs hinaus. Außenpolitik und weltanschaulich-ideologische Fragen verquicken sich. Zum anderen stellt die französische Außenpolitik, die zudem eine Umwälzung des Kriegswesens (levée en masse) mit sich bringt, das seit dem Frieden von Utrecht (1713) ins europäische Staatensystem eingeführte Ordnungsprinzip des Gleichgewichts der Kräfte in Frage. Der *doppelten Revolutionierung* treten als Gegenkräfte die Großmächte Österreich,

doppelte Revolutionierung

Preußen, Russland und Großbritannien entgegen, die ihre spezifischen Interessenlagen (monarchischer Konservatismus, Handelsinteresse) zur Geltung bringen wollen.

1791 27. Aug. *Pillnitzer Deklaration* (am rechten Elbufer; südöstlich von Dresden): von Kaiser Leopold II. von Österreich und König Friedrich Wilhelm II. von Preußen unter Mitwirkung der emigrierten Brüder des französischen Königs formulierte Erklärung, die eine Intervention in Frankreich zugunsten einer „den Rechten des Souveräns und den Interessen der Nation gleichmäßig angemessenen monarchischen Regierung" in Aussicht stellt. — *Pillnitzer Deklaration*

1792 20. April Französische Kriegserklärung an Österreich. Krieg wird zum Mittel, die Revolution zu sichern. Ideologische und militärstrategische Elemente überlagern sich bei der Formulierung der Kriegsziele: Durchsetzung der Errungenschaften der Revolution auch in anderen Ländern und Sicherung der „natürlichen Grenzen" Frankreichs im Alpen- und Rheingebiet. Beides führt zu Gegenaktionen der europäischen Mächte, die an der Erhaltung des Status quo interessiert sind.

1792–1797 *Erster Koalitionskrieg.* Zunächst Erfolge der Koalition (Österreich, Preußen). — *Erster Koalitionskrieg*

1792 20. Sept. Die Kanonade von Valmy (Dorf zwischen Reims und Verdun) bringt eine Wende zugunsten der französischen Truppen, die an den Rhein vordringen und Speyer, Worms und Mainz sowie ganz Belgien besetzen. Im Alpengebiet wird Savoyen annektiert.

1793 Febr. Die Koalition wird durch den Beitritt Großbritanniens, Hollands, Spaniens, Sardiniens, Neapels, Portugals und des Römisch-deutschen Reichs verstärkt.

März Französische Niederlage bei Neerwinden (Gemeinde in der Provinz Lüttich). Rückeroberung der österreichischen Niederlande. Störung des Außenhandels und der Getreideversorgung Frankreichs durch die britische Flotte.

1794–1795 Nach der *„levée en masse"* von 1793 gelingt dem französischen Revolutionsheer abermals ein Umschwung des Krieges. — *levée en masse*

1795 Nach Besetzung der Niederlande *Gründung der Batavischen Republik* (26. Jan.). — *Batavische Republik*

5. April Sonderfriede von Basel zwischen Frankreich und Preußen. Frankreich bleibt im Besitz des linken Rheinufers. Preußen zieht sich aus dem Krieg zurück, um freie Hand gegen Polen zu haben, sodass Österreich die Hauptlast im Krieg gegen Frankreich trägt.

1796 Während die französischen Truppen in Süddeutschland geschlagen werden, muss Österreich in Italien gegen die von Napoléon Bonaparte (*1769, †1821) befehligte Revolutionsarmee Niederlagen hinnehmen.

1797 Die *militärischen Erfolge Napoleons* führen zur Bildung französischer Satellitenstaaten: der Cisalpinischen Republik (Mailand, Modena, Ferrara, Bologna, Emilia-Romagna) und der Ligurischen Republik (Genua). — *militärische Erfolge Napoleons*

17. Okt. Friede von Campo Formio (italienisches Dorf bei Udine): Österreich tritt alle linksrheinischen Besitzungen (darunter Belgien) ab und erhält dafür Venedig.

1798 Weitere Erfolge Frankreichs führen in der Schweiz zur Bildung der Helvetischen Republik; in Italien zur Gefangenschaft des Papstes und Umwandlung des Kirchenstaats in eine unter französischer Führung stehende Republik.

1798–1799 Mit Spitze gegen Großbritannien trägt Napoléon Bonaparte den Krieg in den Mittelmeerraum. Besetzung Maltas und Einnahme Kairos, aber britischer Seesieg bei Abukir (Dorf nordöstlich von Alexandria). Dadurch wird das französische Heer von der Heimat abgeschnitten. Auch in Syrien bleibt Frankreich ohne militärischen Erfolg.

1799–1802 *Zweiter Koalitionskrieg.* Unter Führung Großbritanniens sind Russland, Österreich, Portugal, Neapel und die Türkei gegen Frankreich verbündet. Preußen bleibt neutral. — *Zweiter Koalitionskrieg*

1799 Frankreich erobert Neapel und gründet die Parthenopäische Republik. Es folgen wiederholte militärische Erfolge der Alliierten, sodass es zur Auflösung der italienischen Tochterrepubliken kommt.

Okt. Russland verlässt wegen der britischen Besetzung Maltas die Koalition.

1800 Französische Siege bei

14. Juni Marengo (südöstlich von Turin) und

3. Dez. Hohenlinden (Gemeinde östlich von München).

1801 *Friede von Lunéville*: Bestätigung des Friedens von Campo Formio (9. Febr.). — *Friede von Lunéville*

April Nach dem 1800 erneuerten „bewaffneten Neutralitätsbündnis" von 1780 zwischen Dänemark, Schweden, Russland und Preußen zum Schutz des neutralen Handels kommt es zum militärischen Eingreifen Großbritanniens in der Ostsee.

1802 27. März *Friede von Amiens* zwischen Großbritannien und Frankreich. Großbritannien gibt bis auf Trinidad und Ceylon überseeische Eroberungen zurück. Frankreich verzichtet auf Ägypten. Der Friedensschluss konsolidiert die französische Außenpolitik auf dem Kontinent, wo es 1802 zur Neuordnung Italiens und 1803 in Deutschland zum Reichsdeputationshauptschluss kommt. — *Friede von Amiens*

	1804	Napoleon trifft Vorbereitungen zur Invasion in England, das eine neue Koalition (Großbritannien, Russland, Österreich, Schweden, Neapel) gegen Frankreich organisiert. Spanien und die süddeutschen Staaten sind mit Frankreich verbündet, Preußen bleibt wiederum neutral.
Dritter Koalitionskrieg	**1805**	*Dritter Koalitionskrieg:*
	17. Okt.	Österreichische Niederlage bei Ulm; daraufhin Besetzung Wiens.
	21. Okt.	Britischer Seesieg bei Trafalgar (spanisches Kap, südlich von Cádiz) über die französisch-spanische Flotte.
	2. Dez.	Sieg Napoleons gegen österreichische (Kaiser Franz I.) und russische (Zar Alexander I.) Truppen in der *Dreikaiserschlacht* bei Austerlitz (östlich von Brünn).
Dreikaiserschlacht	15. Dez.	Französisch-preußisches Bündnis im Vertrag zu Schönbrunn. Preußen soll das Kurfürstentum Hannover erhalten.
	26. Dez.	Friede von Preßburg: Österreich tritt Venetien an das Königreich Italien ab und Tirol, Vorarlberg, Eichstätt, Passau, Burgau, Brixen und Trient an Bayern, das außerdem die Freie Stadt Augsburg erhält. Bayern und Württemberg werden Königreiche. Österreich wird als Entschädigung Salzburg zugesprochen.
Rheinbund	**1806**	Napoleon schafft sich mit dem *Rheinbund* ein Glacis ihm ergebener süddeutscher Staaten. 16 süddeutsche Fürsten verlassen den Verband des Heiligen Römischen Reiches Deutscher Nation. Bis 1811 werden weitere 20 deutsche Territorien Mitglieder des Rheinbunds.
		Preußen, mit Sachsen und Russland verbündet, fordert ultimativ den Abzug französischer Truppen rechts des Rheins und die Auflösung des Rheinbunds. Diese Konfrontation führt zum *Vierten Koalitionskrieg.*
Vierter Koalitionskrieg	14. Okt.	Preußische Niederlage in der Doppelschlacht bei Jena und Auerstedt (in Thüringen).
Kontinentalsperre	21. Nov.	Von Berlin aus verfügt Napoleon die *Kontinentalsperre* gegen Großbritannien. In allen Häfen des Kontinents soll die Einfuhr britischer Waren verhindert werden, um sowohl den Absatz britischer Fertigprodukte auf dem Kontinent als auch die Einfuhr von Getreide nach den britischen Inseln zu unterbinden und so die ökonomische Basis der britischen Großmachtstellung zu treffen. Tatsächlich kommt es in Frankreich und Deutschland zur Ausbildung eigenständiger Industriezweige.
	Dez.	Bündnis Napoleons mit Kurfürst Friedrich August III. von Sachsen, der als König Friedrich August I. dem Rheinbund beitritt.
	1807	In der Schlacht bei Preußisch-Eylau (südlich von Königsberg) kann Napoleon gegen russisch-preußische Truppen keine Entscheidung erzwingen (7./8. Febr.).
	14. Juni	Napoleon siegt in der Schlacht von Friedland (südöstlich von Königsberg) über die Russen; Frankreich besetzt Königsberg.
Friede von Tilsit	7.–9. Juli	*Friede von Tilsit* (Stadt in Ostpreußen an der unteren Memel): Russland erhält einen Teil von Neuostpreußen, erkennt Napoleons Brüder als Könige an und tritt der Kontinentalsperre bei. Preußen tritt seine Besitzungen westlich der Elbe ab und verliert die meisten nach 1772 von Polen gewonnenen Gebiete an das neu geschaffene Herzogtum Warschau unter König Friedrich August I. dem Gerechten von Sachsen (als Kurfürst: Friedrich August III., 1768–1827; *1750, †1827). Danzig wird Freie Stadt. Napoleon strebt enge Zusammenarbeit mit Zar Alexander I. (*1777, †1825) an. Europa soll in Interessensphären aufgeteilt und neu geordnet werden. Allerdings verhindert Napoleon die Festsetzung Russlands in Konstantinopel.
	Sept.	Im Kampf gegen die Kontinentalsperre erzwingt Großbritannien nach viertägiger Beschießung Kopenhagens die Auslieferung der dänischen Flotte und verhindert dadurch die Schließung der Ostsee. Dänemark verbündet sich mit Frankreich und Russland und erklärt Großbritannien den Krieg.
	1807/1808	Napoleon weitet den Krieg auf die Iberische Halbinsel aus.
Fünfter Koalitionskrieg	**1809**	*Fünfter Koalitionskrieg* endet mit der Niederlage Österreichs.
	14. Okt.	Im Frieden von Schönbrunn wird Österreich erheblich geschwächt und danach zusammen mit Preußen vertraglich dem napoleonischen Hegemonialsystem einverleibt.
Krieg Napoleons gegen Russland	**1812**	*Krieg Napoleons gegen Russland*, das aus wirtschaftlichen Gründen die Kontinentalsperre durchbrochen hat. Frankreich ist mit Preußen und Österreich verbündet.
	24. Juni	
	7. Sept.	Französischer Sieg in der Schlacht bei Borodino (Dorf westlich von Moskau) und Besetzung Moskaus.
	14. Sept.	
Rückzug der „Großen Armee"	19. Okt.	Infolge russischen Widerstands gegen einen Frieden *Rückzug der „Großen Armee"* Napoleons, die völlig aufgerieben wird.
	30. Dez.	Konvention von Tauroggen: Preußisch-Russischer Neutralitätsvertrag.
	1813	Preußisch-Russisches Bündnis (28. Febr.).
	16. März	Preußische Kriegserklärung an Frankreich.
	Mai/Juni	Französische militärische Erfolge; Großbritannien tritt der Koalition bei.

12. Aug.	Österreich wird Mitglied der Koalition.	
Aug./Sept.	Wechselnder Kriegsverlauf; französische Teilerfolge verhindern nicht den Niedergang der Stellung Frankreichs in der internationalen Politik.	
16.–19. Okt.	*Völkerschlacht bei Leipzig* mit Niederlage Napoleons. Französischer Rückzug über den Rhein. Die napoleonische Hegemonialpolitik bricht zusammen. Rheinbund löst sich auf.	*Völkerschlacht bei Leipzig*
1814	Der Krieg geht auf französischem Boden weiter.	
1. März	*Quadrupelallianz* von Chaumont: gegen Frankreich gerichtetes Bündnis zwischen Großbritannien, Österreich, Russland und Preußen.	*Quadrupelallianz*
31. März	Einzug der Verbündeten in Paris.	
6. April	*Abdankung Napoleons*: Exil auf Elba.	*Abdankung Napoleons*
10. April	Nach dem Zusammenbruch des letzten militärischen Widerstands napoleontreuer Truppen kehren die Bourbonen nach Frankreich zurück.	
30. Mai	Erster Friede von Paris: Frankreich wird im Wesentlichen auf der Grundlage der Grenzen von 1792 als Großmacht bestätigt.	
Nov.	Beginn des *Wiener Kongresses* zur Neuordnung des europäischen Staatensystems. Vertreten sind alle europäischen Staaten und Herrschaften mit Ausnahme der Türkei. Dem Wiener Kongress fällt zunächst die Aufgabe zu, nach dem Scheitern der napoleonischen Hegemonialpolitik eine Ordnung des multipolaren Gleichgewichts wiederherzustellen und diese Ordnung durch eine gemeinsame Garantie der Großmächte zu sichern. Auch das besiegte Frankreich nimmt von Anfang an am Kongress teil. Das Fünfergremium der Großmächte (Großbritannien, Österreich, Russland, Preußen, Frankreich) ist die zentrale Instanz des Kongresses. Detailprobleme werden in insgesamt 13 Sonderkommissionen vorgeklärt, einer konferenztechnischen Neuerung in der Geschichte der neuzeitlichen Friedensschlüsse. Alle wichtigen Entscheidungen fallen in den Beratungen der Großmächte untereinander.	*Wiener Kongress*
1815	Eine Vollversammlung des Kongresses tritt nie zusammen.	
1. März	*Rückkehr Napoleons* nach Frankreich. In Belgien wird ein preußisches Heer unter Fürst Gebhard Leberecht Blücher (*1742, †1819) und ein deutsch-britisch-niederländisches Heer unter Arthur Wellesley, Herzog von Wellington (*1769, †1852), zusammengezogen.	*Rückkehr Napoleons*
25. März	Während des Wiener Kongresses wird eine Viermächtekonvention unterzeichnet (Großbritannien, Österreich, Russland, Preußen), die den endgültigen Sturz Napoleons zum Ziel hat.	
8. Juni	*Wiener Kongressakte*: Österreich tritt Belgien an die Niederlande ab und überlässt den Breisgau sowie das benachbarte Gebiet an Baden und Württemberg. Es erhält zurück: Tirol, Vorarlberg, Kärnten, Krain, Triest, Galizien, Mailand, Venetien, Salzburg, das Innviertel. Preußen überlässt an Bayern: Ansbach und Bayreuth; an Hannover: Ostfriesland, Hildesheim, Goslar und Lingen; an Russland: die polnischen Gebiete aus der dritten polnischen Teilung. Es erhält: Schwedisch-Pommern mit Rügen (von Dänemark im Austausch gegen Lauenburg), die Rheinprovinz (Kurtrier, Kurköln, Aachen, Jülich, Berg), eine Vergrößerung Westfalens und fast die Hälfte des Königreichs Sachsen. An Bayern kommen außer Ansbach und Bayreuth noch die Reichsstädte Augsburg und Nürnberg. Bayern, Sachsen und Württemberg bleiben Königreiche; hinzu kommt ebenfalls als Königreich das frühere Kurfürstentum Hannover. An die Stelle des früheren Heiligen Römischen Reiches Deutscher Nation tritt der *Deutsche Bund*, gebildet von 37 souveränen Fürsten und vier freien Städten. Mit Russland wird der größte Teil des Herzogtums Warschau (Kongresspolen) als Königreich Polen in Personalunion vereinigt. Krakau wird Freistaat unter gemeinsamem Schutz Österreichs, Russlands und Preußens (1846 Österreich einverleibt). Großbritannien behält von den Erwerbungen der napoleonischen Zeit Malta (1800 besetzt), Helgoland (1807 besetzt), Ceylon (seit 1802 britisch), die Kapkolonie (1806 erobert). Über die Ionischen Inseln wird ein britisches Protektorat errichtet. Im britischen Interesse liegt auch die Sicherung gegen Frankreich durch die Neuordnung am unteren Rhein (Königreich der Niederlande, preußische Rheinprovinz). Holland und das bisher österreichische Belgien werden zum Königreich der Niederlande vereinigt. Hinzu kommt auch das Großherzogtum Luxemburg. Schweden wird in Personalunion mit Norwegen vereinigt. Dänemark wird mit Schwedisch-Pommern entschädigt, tauscht dies aber gegen Lauenburg an Preußen. Die 19 Kantone der Schweiz werden um drei weitere vermehrt (Genf, Wallis, Neuenburg). Das bis zur napoleonischen Zeit zu Graubünden gehörende Veltlin bleibt bei der Lombardei. Am 20. Nov. 1815 unterzeichnen die fünf Großmächte eine Deklaration, in der sie die immer währende Neutralität der Schweiz anerkennen und die Unverletzlichkeit ihres Territoriums in den neuen Grenzen garantieren. In Spanien, Portugal, Sardinien (durch Genua vergrö-	*Wiener Kongressakte* ... *Deutscher Bund*

ßert) und in der Toscana werden die *alten Dynastien wieder hergestellt*; dies geschieht auch in Neapel, nachdem der zunächst noch als König anerkannte Murat sich nach der Rückkehr Napoleons von Elba für ihn und ein unabhängiges Italien erklärt hat und am 13. Okt. 1815 kriegsrechtlich erschossen worden ist. „König beider Sizilien" wird Ferdinand I.
Der Kirchenstaat wird wieder hergestellt.

dynastische Restauration

Italien ist lediglich ein „geographischer Begriff" (Metternich). Den bestimmenden Einfluss hat hier Österreich, das im neu geschaffenen Lombardo-Venezianischen Königreich, in den österreichischen Sekundogenituren Toscana und Modena und auch in dem Napoleons Gemahlin zugesprochenen Herzogtum Parma herrscht.

Schlacht bei Waterloo
1815
18. Juni *Schlacht bei Belle-Alliance* (*Waterloo*; 15 km südlich von Brüssel) mit gemeinsamem Sieg Blüchers und Wellingtons über Napoleon.

Heilige Allianz
26. Sept. *Heilige Allianz*: Zar Alexander I. von Russland entwirft in Paris ein Manifest der Monarchen an die Völker und teilt den Entwurf zuerst Kaiser Franz I. von Österreich und König Friedrich Wilhelm III. von Preußen mit. Nach Umgestaltung des Textes durch Metternich, der das Dokument in konservativem Sinn überarbeitet und anstelle der von Alexander I. vorgesehenen religiös-moralischen Aussagen restaurativ-konservative Ziele setzt, erfolgt die Unterzeichnung durch die drei Monarchen. Diesem Dokument treten bis auf den Papst und den osmanischen Sultan alle europäischen Monarchen bei. Der britische Prinzregent tritt nur persönlich bei.

20. Nov. Zweiter Friede von Paris: Frankreich tritt Philippeville und Marienbourg an die Niederlande, Saarlouis und Saarbrücken an Preußen, Landau an Österreich (weiter an Bayern), den Rest von Savoyen an Sardinien ab. Teile Nord- und Ostfrankreichs bleiben besetzt. Frankreich zahlt eine Kriegsentschädigung von 700 Mio. Franken und gibt die aus Deutschland und Italien geraubten Kunstschätze zurück.

Quadrupelallianz
Am gleichen Tag *Quadrupelallianz* zwischen Großbritannien, Österreich, Russland und Preußen zur Sicherung der nachnapoleonischen Ordnung vor Gefahren, die ihr durch eine Neubelebung der Revolution in Frankreich hätte drohen können. Im Mittelpunkt aber steht die Idee des europäischen Gleichgewichts und des Konzerts der Mächte Europas. Zum Zweck der Friedenswahrung sieht die Allianz regelmäßige Konsultationen der Großmächte vor. Die europäischen Angelegenheiten sollen von einer zu institutionalisierenden Konferenzdiplomatie geregelt werden.

Europäisches Mächtekonzert und multipolares Gleichgewicht nach dem Wiener Kongress (1815–1890)

Merkmale der neuen Ordnung
Betrachtet man die Friedensregelung von 1815 zusammenfassend, so sind als wesentliche *Merkmale der neuen Ordnung* festzuhalten: 1. das Prinzip des Mächtegleichgewichts auf dem europäischen Kontinent, 2. die Bestätigung Großbritanniens als führender See- und Welthandelsmacht; 3. der Gedanke der Legitimität und das Gefühl der Solidarität der alten Mächte des vorrevolutionären Europa in der Abwehr nationaler und liberaler Bewegungen. Bis zum Ende des Jh.s gelingt es, Kriege zwischen Großmächten zu lokalisieren und damit die Grundstruktur des internationalen Systems zu erhalten. Die Kriege des 19. Jh.s resultieren aus der *Expansionspolitik* der Großmächte, aus verschiedenen nationalen Befreiungsbewegungen und aus den Einigungsbestrebungen in Italien und Deutschland. Entscheidend ist, dass die auftretenden zwischenstaatlichen Konflikte letztlich immer wieder auf der Grundlage der bestehenden internationalen Ordnung gelöst werden können. Erst 1914 ist die Grenze der Belastbarkeit für das internationale System erreicht, sodass Konflikte nicht mehr unter Kontrolle zu bringen sind und es zum allgemeinen Weltkrieg kommt. Das internationale System des 19. Jh.s ist zum *Macht- und Konfliktausgleich* in der Lage und kann sich als europäisches Konzert erhalten. Dies geschieht vor dem Hintergrund der Industrialisierung und des wirtschaftlichen Wachstums im Rahmen eines freien Welthandels, der sich Mitte des Jh.s durchsetzt. Die *liberale Weltwirtschaftsordnung* wird von London aus gelenkt. Großbritannien – „Werkstatt" und Finanzzentrum der Welt, Flotten- und Handelsvormacht – spielt eine Führungsrolle in der internationalen Politik. Es erweist sich als Stabilisator der im Zeichen Europas stehenden Weltpolitik.

Expansionspolitik

Machtund Konfliktausgleich
liberale Weltwirtschaftsordnung

1818 Frankreich nimmt am Kongress von Aachen teil und kehrt damit in den Kreis der das internationale System bestimmenden Großmächte zurück. Die alliierten Besatzungstruppen werden vorzeitig aus Frankreich zurückgezogen. Damit hat sich in der europäischen Politik die Vorherrschaft der fünf Großmächte, die Pentarchie, etabliert.

15. Nov. Deklaration von Aachen, mit der die europäische Solidaritätspolitik im Konzert der Mächte einen Höhepunkt erreicht und mit der die „Ruhe der Welt" (le repos du monde) als Frieden stiftendes Ziel der Zusammenarbeit der fünf Großmächte anvisiert wird.

1820	Angesichts liberaler Bewegungen und revolutionärer Erschütterungen in Spanien, Portugal, Neapel-Sizilien und Piemont-Sardinien zerfällt die Solidarität der Mächte in einen *liberalen Westblock* (Großbritannien, Frankreich) und die *konservativen Ostmächte* (Österreich, Preußen, Russland).	*liberaler Westblock konservative Ostmächte*
Okt./Nov.	Auf dem Mächtekongress von Troppau (heute: Opava [Tschechien]; 1849–1918 Hauptstadt des Kronlandes Österreich-Schlesien) erklären sich die Ostmächte für das *Interventionsprinzip*.	*Interventionsprinzip*
19. Nov.	Gegen den Widerstand Frankreichs und Großbritanniens Unterzeichnung eines Protokolls, in dem die Ostmächte ihre Entschlossenheit erklären, Staaten, „welche eine durch Aufruhr bewirkte Regierungsveränderung erlitten haben", nötigenfalls mit Waffengewalt „in den Schoss der großen Allianz zurückzuführen".	
1821 Jan.–Mai	Ebenfalls gegen den Protest der Westmächte beschließt der Kongress von Laibach (heute Ljubljana: Hauptstadt Sloweniens) bewaffnete Intervention in Italien.	
1822 Okt.–Dez.	Kongress von Verona, wo ein Eingreifen zugunsten der Bourbonen in Spanien beschlossen wird und Frankreich noch einmal in den Kreis der Interventionsmächte zurückkehrt. Großbritannien spricht sich dagegen aus.	
1828/1829	*Russisch-Türkischer Krieg*, nachdem Russland entgegen seiner bisherigen Praxis eine Unabhängigkeitsbewegung unterstützt hat, nämlich die griechische Unabhängigkeitsbewegung gegen die türkische Herrschaft.	*Russisch-Türkischer Krieg*
1829	Im Frieden von Adrianopel (heute: Edirne; in der Türkei) erhält Russland die Donaumündung. Damit wird die russische Expansionspolitik auf dem Balkan manifest, die vom Niedergang des Osmanischen Reiches profitiert. Die dadurch aufgeworfene „orientalische Frage" führt immer wieder zu Interventionen der europäischen Großmächte in diesem Raum, der zu einem der gefährlichen Krisenherde der internationalen Politik wird.	
1830	Die französische *Juli-Revolution* zerstört definitiv das Prinzip der Legitimität als Grundlage der internationalen Politik. Auf der Basis liberaler Grundsätze bahnt sich eine britisch-französische Interessengemeinschaft (Entente cordiale) an.	*Juli-Revolution*
1831 20. Jan.	Die in London seit Nov. 1830 tagende Konferenz der fünf Großmächte erkennt die *Unabhängigkeit Belgiens* an und verbürgt seine Neutralität.	*Unabhängigkeit Belgiens*
1839–1841	Orientalische Krise: Im Krieg zwischen der Türkei und dem die Unabhängigkeit anstrebenden Pascha von Ägypten tritt Frankreich für Ägypten ein, Großbritannien und Russland stehen aufseiten der Türkei.	
1840 15. Juli	Erste Londoner Konvention zwischen Großbritannien, Russland, Österreich und Preußen, die sich gegen Frankreich richtet und die in Frankreich Kriegsstimmung auslöst.	
1841 13. Juli	Zweite Londoner Konvention (Meerengenvertrag). Durch ein Übereinkommen des Sultans mit den fünf Großmächten werden die Dardanellen und der Bosporus für nichttürkische Kriegsschiffe in Friedenszeiten geschlossen.	
1853 1. Nov.	Ausbruch des Russisch-Türkischen Krieges, der sich zum *Krimkrieg* ausweitet, in den verschiedene europäische Mächte verwickelt sind und der erneut die Gefährdung der europäischen Friedensordnung durch die orientalische Frage deutlich werden lässt.	*Krimkrieg*
1854 28. März	Britisch-Französische Kriegserklärung an Russland. Großbritannien will aus handelspolitischen und strategischen Gründen ein russisches Vordringen im Donauraum und an den Meerengen verhindern. In Frankreich braucht Kaiser Napoleon III. einen außenpolitischen Prestigeerfolg.	
14. Juni	Bündnis des im Krieg neutralen Österreichs mit der Türkei.	
Juli	Russland räumt die Donaufürstentümer, die von Österreich und der Türkei besetzt werden.	
Sept.	Landung französischer und britischer Truppen auf der Krim.	
Okt.	Beginn der *Belagerung von Sewastopol* (im Südwesten der Halbinsel Krim) mit hohen Verlusten der Alliierten. Begründung der modernen Kriegskrankenpflege (Großfürstin Helene Pavlovna und Florence Nightingale; * 1820, † 1910).	*Belagerung von Sewastopol*
2. Dez.	Bündnis Österreichs mit den Westmächten. Ohne in den Krieg einzutreten, bindet Österreich durch seine Haltung starke russische Kräfte. Preußen hält sich neutral.	
1855 26. Jan.	Sardinien schließt ein Bündnis mit den Westmächten und tritt in den Krieg gegen Russland ein, um beim Friedensschluss die italienische Frage erörtern zu können.	
8. Sept.	Fall Sewastopols.	
28. Nov.	Kars (auf einem Plateau im armenischen Hochland), dem in Kleinasien eine Schlüsselstellung zukommt, wird von russischen Truppen erobert.	
1856 30. März	*Friede von Paris*: 1. Russland tritt die Donaumündungen mit einem kleinen, am linken Ufer der unteren Donau gelegenen Teil von Bessarabien an die Moldau ab und verliert dadurch die Kontrolle über die Donauschifffahrt, die für frei erklärt wird. 2. Russland verzichtet auf den Anspruch besonderer Schutzherrschaft über die Christen in der Türkei, die unter den	*Friede von Paris*

Schutz der Großmächte gestellt werden und deren Gleichstellung mit der islamischen Bevölkerung zugesichert wird. Ebenso verzichtet Russland auf Schutzherrschaft über die Donaufürstentümer. 3. Das Schwarze Meer wird neutralisiert. Russland darf im Schwarzen Meer keine Kriegsschiffe unterhalten und keine Waffenplätze anlegen. 4. Die Westmächte geben Sewastopol nach der Zerstörung der Hafenbauten und Befestigungen an Russland zurück. Russland gibt Kars zurück. 5. Russland darf auf den Ålandinseln (finnische Inselgruppe am Eingang zum Bottnischen Meerbusen) keine Befestigungen anlegen.

Mit dem Friedensschluss kommt die russische Expansionsbewegung vorerst zum Stehen. Weiterhin wird die Türkei als Mitglied des europäischen Konzerts der Mächte anerkannt und die orientalische Frage internationalisiert. Frankreich erreicht eine Stärkung seiner Position im europäischen Staatensystem.

1859 Italienischer Einigungskrieg: Krieg Sardiniens und Frankreichs gegen Österreich.

Friede von Zürich

10. Nov. *Friede von Zürich*: Österreich tritt die Lombardei mit Ausnahme von Mantua und Peschiera del Garda an Frankreich ab. Napoleon III. übergibt sie Sardinien. Die während des Krieges vertriebenen Herrscher von Toscana und Modena sollen wieder eingesetzt, die abgefallenen päpstlichen Besitzungen wiederhergestellt werden, was aber durch die nationale Bewegung verhindert wird.

Volks-abstimmungen

1860 *Volksabstimmungen* führen zum Anschluss von Toscana, Parma, Modena und der Emilia-Romagna an Sardinien. Savoyen und Nizza, wo ebenfalls Volksabstimmungen stattfinden, werden an Frankreich abgetreten.

1866 Preußisch-Italienisches Bündnis gegen Österreich (April).

Deutscher Krieg

15. Juni Beginn des *Deutschen Krieges* zwischen *Österreich* einerseits und *Preußen* und *Italien* andererseits (bis 26. Juli).

3. Juli Schlacht von Königgrätz (heute: Hradec Králové, Tschechien; Stadt in Ostböhmen) in der Nähe des Dorfes Sadowa bringt militärische Entscheidung zugunsten Preußens, das damit deutschen Dualismus für sich entscheidet und Führungsmacht in Deutschland wird.

23. Aug. Friede von Prag zwischen Preußen und Österreich, in dem Österreich der Auflösung des Deutschen Bundes zustimmt.

3. Okt. Friede von Wien zwischen Österreich und Italien: Österreich tritt Venetien ab.

Deutsch-Französischer Krieg

1870 *Deutsch-Französischer Krieg*:

19. Juli Nach der „Emser Depesche" (Telegramm des Vortragenden Rats von Abeken vom 13. Juli 1870 an den preußischen Ministerpräsidenten Bismarck) erfolgt französische Kriegserklärung an Preußen. Die übrigen europäischen Großmächte bleiben neutral.

1871 Friede von Frankfurt a. M.: Elsass-Lothringen fällt an das neugegründete Deutsche Reich:
10. Mai Frankreich zahlt 5 Mrd. Francs.

Nach Italien gibt es jetzt mit dem Deutschen Reich einen weiteren neuen Faktor im internationalen System. Österreich und Frankreich müssen eine deutliche Schwächung ihrer Position hinnehmen. Dem Deutschen Reich fällt eine Schlüsselrolle im europäischen Kräftefeld zu. Bismarcks Außenpolitik zielt auf Isolierung Frankreichs bei gleichzeitiger deutscher Annäherung an Österreich und Russland.

Dreikaiser-abkommen

1873 *Dreikaiserabkommen* (Konsultativpakt) zwischen Österreich, Russland und dem Deutschen Juni/Okt. Reich.

Krieg-in-Sicht-Krise

1875 *Krieg-in-Sicht-Krise*: Beunruhigt durch französische Rüstungen, lässt Bismarck durch die April/Mai Presse warnen. In der „Post" vom 8. April erscheint ein von Konstantin Rößler (*1820, †1896; Professor für Philosophie und Publizist für die preußische Regierung) verfasster und von Bismarck gebilligter Artikel „Ist der Krieg in Sicht?" Aufgrund von Nachrichten über deutsche Präventivkriegspläne veranlasst die französische Diplomatie Russland und Großbritannien zu einem Friedensschritt in Berlin.

Russisch-Türkischer Krieg

1877 *Russisch-Türkischer Krieg*. Nach wechselndem Kriegsverlauf russisches Vordringen bis in die Nähe von Konstantinopel, das nur mit Rücksicht auf die europäischen Großmächte nicht besetzt wird.

Friede von San Stefano

1878 *Friede von San Stefano* (türkisch: Yesilköy; südwestlicher Vorort von Istanbul): Serbien, 3. März Montenegro und Rumänien sollen unabhängige Staaten werden; Bulgarien, mit Ostrumelien und Mazedonien bis ans Ägäische Meer ausgedehnt, soll zwei Jahre unter russischer Besetzung bleiben, dann autonomes und der Türkei tributpflichtiges Fürstentum werden. Russland erhält in Asien Teile Armeniens mit Kars, Ardahan und Batum, in Europa den 1856 verlorenen Teil von Bessarabien, für den Rumänien mit der Dobrudscha (Gebiet zwischen der unteren Donau und dem Schwarzen Meer) entschädigt wird.

Österreich-Ungarn erklärt Russland für vertragsbrüchig und verständigt sich mit Großbritannien, das der Türkei gegen Abtretung der Insel Zypern Beistand verspricht. Die Kriegs-

	gefahr wird gebannt durch die Einberufung eines Kongresses, zu dem sich Bismarck unter der Bedingung einer Einigung zwischen Großbritannien und Russland bereit erklärt.	
13. Juni– 13. Juli	*Berliner Kongress*, der den Frieden von San Stefano revidiert. Russland behält den 1856 verlorenen Teil Bessarabiens bis zum Donaudelta sowie Kars, Ardahan und Batum als Freihafen. Völlig verändert wird Bulgarien, das als autonomes tributpflichtiges Fürstentum statt 164000 nur 64000 km, statt 4,5 Mio. nur 1,85 Mio. Einwohner umfassen soll. Ostrumelien wird eine von der Pforte abhängige Provinz mit Verwaltungsautonomie, Mazedonien wird an die Türkei zurückgegeben. Die russische Besetzung Bulgariens wird auf neun Monate befristet. Montenegro, Serbien (mit geringen Gebietsgewinnen) und Rumänien werden unabhängig. Griechenland soll einen Teil von Epirus und Thessalien erhalten. Österreich-Ungarn besetzt Bosnien und die Herzegowina. In Russland herrscht Enttäuschung über das Kongressergebnis und Missstimmung gegen Bismarck, der zwar alle russischen Forderungen unterstützt hat, zugleich aber entschlossen war, sich „nicht von Österreich abtreiben" zu lassen.	*Berliner Kongress*
1879 7. Okt.	Als es nach dem Berliner Kongress zur Abkühlung der deutsch-russischen Beziehungen kommt, strebt Bismarck nach einer engeren Verbindung mit Österreich und legt mit dem *Zweibund* (Beistandspakt) die Grundlage für die bis zum Ersten Weltkrieg dauernde Mächtekonstellation in Mitteleuropa.	*Zweibund*
1881 18. Juni	Erneuerung des Dreikaiserabkommens und Neutralitätsabkommen zwischen dem Deutschen Reich, Österreich-Ungarn und Russland: Im Falle des Angriffs einer vierten Macht auf einen der Vertragspartner sind die beiden anderen zu wohlwollender Neutralität verpflichtet.	
1882 20. Mai	*Dreibund* zwischen dem Deutschen Reich, Österreich-Ungarn und Italien: Defensivabkommen mit dem Ziel, Frankreich zu isolieren.	*Dreibund*
1887 18. Juni	Als das Drei-Kaiser-Bündnis wegen russisch-österreichischer Spannungen auf dem Balkan nicht verlängert wird, findet Bismarcks Bündnispolitik ihren Abschluss mit dem sog. *„Rückversicherungsvertrag"*, einem drei Jahre geltenden (danach nicht mehr erneuerten) Neutralitätsabkommen zwischen dem Deutschen Reich und Russland. Anerkennung der historischen Rechte Russlands auf dem Balkan, insbesondere des maßgebenden Einflusses in Bulgarien. Zusatzprotokoll, in dem Deutschland sich zu moralischem und diplomatischem Beistand verpflichtet, falls Russland Zugang zum Schwarzen Meer selbst zu verteidigen und „Schlüssel seines Reiches in der Hand zu behalten" für notwendig halten sollte.	*Rück- versicherungs- vertrag*
12. Dez.	*Orient-Dreibund* zwischen Österreich-Ungarn, Italien und Großbritannien, durch der Besitzstand der Türkei gegen einen russischen Angriff gesichert werden soll.	*Orient- Dreibund*

Die Krise des internationalen Systems im Zeitalter des Imperialismus (1890–1914)

Fläche und Bevölkerung imperialistischer Staaten Europas

imperialistische Staaten

Land	Jahr	Mutterland Fläche in 1000 km²	Einwohner in Millionen	Abhängige Gebiete Fläche in 1000 km²	Einwohner in Millionen
Großbritannien	1881	314	34,5	22136	257,3
	1899	314	38,1	27781	347,4
	1909	314	45,1	29557	349,1
Frankreich	1881	528	36,9	526	5,6
	1899	536	38,5	3792	44,7
	1909	536	39,3	5947	42,8
Deutsches Reich	1881	540	45,2	–	–
	1899	540	54,3	2600	9,4
	1909	540	60,6	2657	12,4

koloniale Aufteilung

Die koloniale Aufteilung der Welt 1914

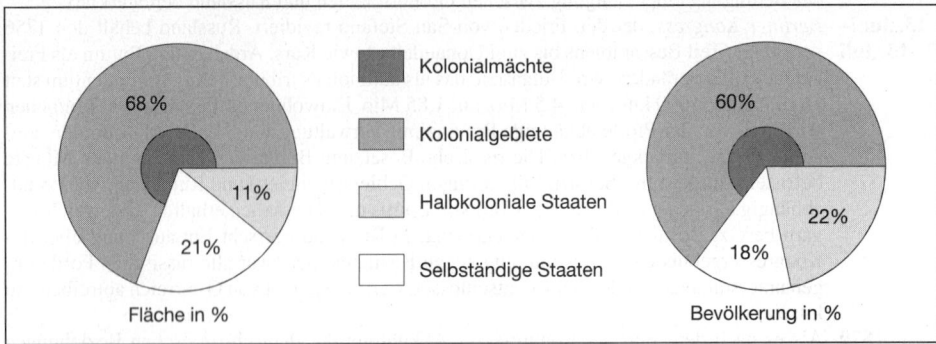

Gegensätze der Großmächte

Seit den achtziger Jahren des 19. Jh.s beginnt eine Entwicklung, die die internationale Ordnung zusammenbrechen lässt. Das ohnehin schon auf Wettbewerb angelegte Staatensystem zerfällt im Zeitalter des Imperialismus unter den *Gegensätzen seiner Großmächte*. Der überseeisch-koloniale Spielraum, in den die Energien Europas abgeleitet werden konnten, ist zu Beginn des 20. Jh.s erschöpft. Afrika und Asien sind weit gehend aufgeteilt. Die westliche Hemisphäre bleibt den USA vorbehalten, die in der Karibik und in Mittelamerika expandieren und in Südamerika ihre wirtschaftliche Überlegenheit zur Geltung bringen. In Konkurrenz zu Europa und Japan dringen sie ferner im pazifischen Raum und in Südostasien vor.

Bündnissysteme Europas

Europäische Bündnissysteme 1879–1912

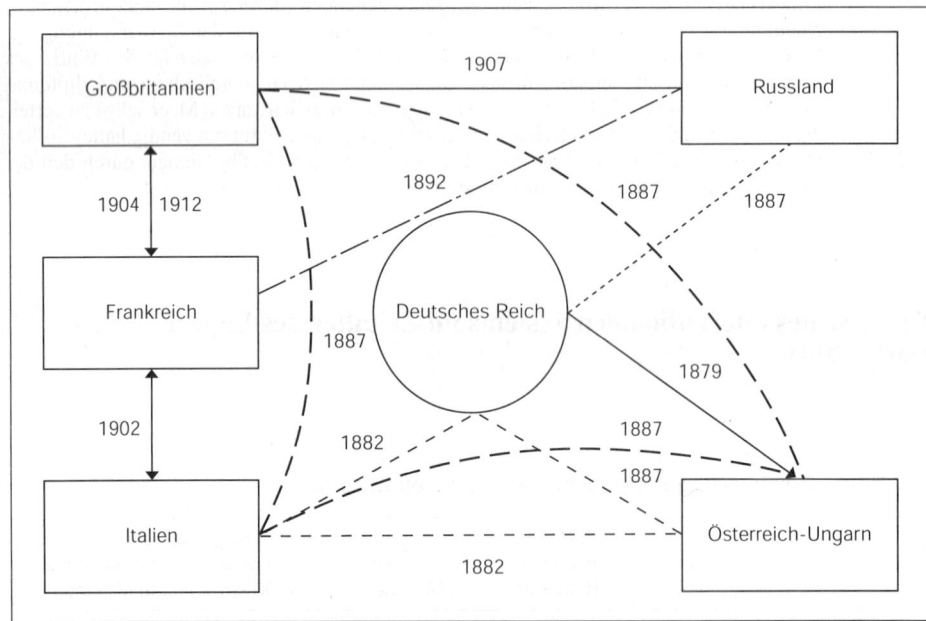

Antriebskräfte des Imperialismus

Die Gründe für diese beispiellose Expansionsbewegung Europas und der USA sind im einzelnen umstritten. Man hat zwischen politischen, wirtschaftlichen und innenpolitisch-gesellschaftlichen *Antriebskräften* unterschieden, die durch eine missionarisch wirkende imperialistische Gesinnung verbrämt werden. Vieles spricht dafür, dass der Imperialismus Ende des 19. und Anfang des 20. Jh.s eine äußerste Zuspitzung des schon immer zwischen den souveränen Nationalstaaten bestehenden Konkurrenzverhältnisses ist. So gesehen ist Imperialismus eine letzte Möglichkeit, Annexionen in Europa vorerst zu vermeiden, wie sie beispielsweise am Ende des Deutsch-Französischen Krieges 1871 oder nach dem Russisch-Türkischen Krieg 1878 durchgesetzt werden. Imperialismus ist eine Extremform nationaler Gegensätze, die eine Verschärfung traditioneller zwischenstaatlicher Konflikte mit sich bringt. Vor allem drei Faktoren tragen dazu bei und lassen einen kriegerischen Konfliktaustrag beinahe unausweichlich werden. Einmal beginnen sich die Industriestaaten *wirtschaftlich voneinander abzukapseln*. Die Weltwirtschaft muss mit protektionistischen Maßnahmen in allen Ländern fertig werden. Zum anderen schlägt sich der Stand der Technik im *Wettrüsten der Großmächte* nieder, deren militärische Apparate wiederum auf die Politik zurückwirken. Und schließlich sind die innenpolitisch-gesellschaftlichen Spannungen vor allem in Deutschland, Österreich-Ungarn und Russland in Rechnung zu stellen, wo starke Kräfte der alten Führungsschichten Reformen der politisch-sozialen Verfassung ihrer Länder verhindern und die inneren Gegensätze durch die Flucht ins außenpolitische Abenteuer zu überdecken versuchen.

Koloniale Expansion europäischer Staaten

	Großbritannien	*Frankreich*	*Deutsches Reich*	*Andere Länder*
1882	Ägypten	Guinea. Am Kongo		
1883		Bamako (Niger) als Beginn der Durchdringung Westafrikas. Annam (Vietnam).		
1884	Südost-Neuguinea Somaliland	Guinea Tonking	Togo, Kamerun Dt.-Südwestafrika Bismarckarchipel Kaiser-Wilhelm-Land	Merw (Russland)
1885	Betchuanaland Nigeria (z. T. 1861)		Dt.-Ostafrika Marshallinseln	Massaua/Eritrea (Italien). Rio de Oro Protektorat (Spanien). Beginn der Erwerbung des Kongo (Belgien).
1886	Oberburma Kenia	Kambodscha		
1888		Somaliland		
1889	Rhodesien			Somaliland (Italien)
1890	Sansibar (Zanzibar)			Eritrea Kolonie (Italien)
1891	Zentralafrikanisches Protektorat (Njassaland)			
1892		Sudan, Dahomey		
1893		Elfenbeinküste Laos		
1894	Uganda			
1895		Verwaltungseinheit Frz.-Westafrika		Pamir (Russland)
1896		Madagaskar Kolonie		
1898	Waihaiwei		Kiautschou	Port Arthur (Russland)
1899	Sudan		Marianen, Karolinen, Palau-, Samoa-Inseln	
1900	Nigeria Protektorat	Protektorat des Tchad		Mandschurei (Russland)
1902	Burenrepubliken			
1908				Kongo (Belgien)
1910	Südafrik. Union			
1912				Tripolis, Dodekanes (Italien)

wirtschaftliche Abkapselung Wettrüsten der Großmächte

koloniale Expansion Großbritannien Frankreich Deutsches Reich

Die internationale Politik wird stärker als zuvor von *Bündnisabsprachen* bestimmt. Während Bismarcks Bündnispolitik noch eine prinzipielle Offenheit nach allen Seiten angestrebt hat, verfestigt sich das internationale System seit der Jahrhundertwende zunehmend durch Allianzverflechtungen und *Blockbildungen*. Symptomatisch sind die Abkommen, die Großbritannien schließt und die seine traditionelle Politik der Bündnisfreiheit beenden. Diese Entwicklung hätte möglicherweise stabilisierend für das Staatensystem wirken können, wenn es zu einer definitiven Ausbildung von Blöcken gekommen wäre. Dies ist aber nicht der Fall, weil Italien aus dem Dreibund herausstrebt, besonders aber weil Großbritannien nur zögernd seine Politik der freien Hand aufgibt und es letztlich unsicher bleibt, wie London auf Veränderungen im internationalen Gefüge reagiert. Solche Veränderungen drohen in erster Linie vonseiten des Deutschen Reiches, dessen wirtschaftliches und militärisches Potenzial an sich schon einen Wandel im internationalen Kräftefeld bewirkt. Als die deutsche Politik unter Bernhard von Bülow und Alfred von Tirpitz seit 1897 zur weltpolitischen Offensive ansetzt und die deutsche Flottenrüstung eine Versteifung im deutsch-britischen Verhältnis zur Folge hat, droht eine Revolutionierung der bestehenden internationalen Ordnung.

1885 26. Febr. „*Kongoakte*" als Ergebnis der seit 15. Nov. 1884 in Berlin tagenden Kongokonferenz: Neutralität des Kongobeckens, freie Schifffahrt auf Kongo und Niger, freier Handel im Kongogebiet. Die Okkupationen an der afrikanischen Küste werden festgelegt und abgegrenzt. Ferner wird bestimmt, dass nur derjenige Staat Anspruch auf ein Gebiet erheben kann, der es auch tatsächlich in Besitz nimmt. Die Kongoakte wird richtungweisend für den nun einsetzenden *kolonialen Imperialismus*. Kolonialbesitz wird für die nächsten Jahre zum diplomatischen Faustpfand, das in der Politik des europäischen Mächteausgleichs eingesetzt werden kann. Es kommt zu einer Reihe von Verträgen über Grenzen und Einflusssphären. Doch ist innerhalb weniger Jahre dieser Spielraum erschöpft, da ganz Afrika unter den europäischen Staaten aufgeteilt ist.

1890 1. Juli *Helgoland-Sansibar-Vertrag*: deutsch-britische Interessenabgrenzung in Afrika. Deutschland gibt die Schutzherrschaft über das Sultanat Sansibar (Zanzibar) auf und erhält das bisher britische Helgoland.

1892 17. Aug. Französisch-russische Militärkonvention: Wenn einer der beiden Vertragspartner von einer der Dreibundmächte angegriffen wird und Deutschland daran teilnimmt, ist der andere mit allen Kräften zum Kampf gegen Deutschland verpflichtet.

1894 Französisch-russischer Zweibund auf der Grundlage der inzwischen ratifizierten Militärkonvention von 1892.

1896 3. Jan. Verschlechterung der deutsch-britischen Beziehungen infolge der Krüger-Depesche des Kaisers.

1898 Juli *Faschoda-Krise*: britisch-französische Truppenberührung am Weißen Nil. Der Konflikt wird durch einen Kompromiss bereinigt. Großbritannien erhält das obere Niltal, Frankreich den westlichen Sudan. Britisch-deutsche Bündnissondierungen, die bis 1901 andauern, aber ohne Ergebnis bleiben.

30. Aug. Angolavertrag zwischen Großbritannien und Deutschland: Einigung über die portugiesischen Kolonien in Afrika und auf den Sundainseln.

1899 21. März Sudanvertrag: Abgrenzung der britischen und französischen Interessensphären in Zentralafrika.

18. Mai– 29. Juli Erste *Haager Friedenskonferenz* mit 26 Teilnehmerstaaten, die auf Anregung Russlands mit dem Ziel einer allgemeinen Abrüstung stattfindet, ohne dass es zu konkreten Vereinbarungen kommt. Verabschiedet werden Konventionen und Deklarationen über die Beilegung internationaler Streitigkeiten (Gründung des Haager Schiedsgerichtshofs) und über die Humanisierung der Kriegsführung.

1902 30. Jan. Britisch-Japanisches Bündnis gegen die Ausdehnungsbestrebungen Russlands in Ostasien und zur Aufrechterhaltung des Status quo in China und Korea.

1. Nov. Italienisch-Französisches Neutralitätsabkommen, mit dem zugleich der vorherrschende Einfluss Italiens in Tripolis und Frankreichs in Marokko anerkannt wird.

1904–1905 *Russisch-Japanischer Krieg* infolge von Interessengegensätzen in der Mandschurei.

1904 8. April Entente Cordiale zwischen Großbritannien und Frankreich: kein formelles Bündnis, aber kolonialer Interessenausgleich. In Ägypten wird die britische, in Marokko die französische Vorherrschaft anerkannt.

1905 31. März Besuch des deutschen Kaisers in Tanger (Hafen in Nordmarokko), um gegen die französische Durchdringung Marokkos Stellung zu beziehen, führt in der Folge zur Ersten Marokkokrise.

1905 5. Sept. Friede von Portsmouth (New Hampshire, USA): Russland anerkennt Japans vorherrschende Interessen in Korea, tritt Port Arthur und den südlichen Teil von Sachalin an Japan ab und verpflichtet sich, die Mandschurei zu räumen. Die wichtigsten Auswirkungen auf die internationale Politik: Russland wendet sich vom Fernen Osten ab, um auf dem Balkan wie-

Internationales System Zeitalter des Imperialismus

der stärker aktiv zu werden. Japan wird Vormacht im Fernen Osten und tritt endgültig in den Kreis der Großmächte ein.

1906 Jan.–April 7. April — *Konferenz von Algeciras* (spanischer Hafen, westlich von Gibraltar), die für Marokko zwar das Prinzip einer Politik der offenen Tür bestätigt, gleichzeitig aber angesichts einer britisch-französisch-russisch-italienischen Front zur Isolierung Deutschlands führt (Algeciras-Akte). — *Konferenz von Algeciras*

Rüstungsausgaben 1907–1914 (in Mio. Dollar)

Rüstungsausgaben

Jahr	Großbritannien	Frankreich	Deutschland
1907–08	291,8	243,7	290,5
1913–14	385,0	277,2	352,7

1907 15. Juni–18. Okt. — Zweite Haager Friedenskonferenz mit 44 Teilnehmerstaaten, bei der infolge der deutschen und österreichischen Widerstände das Abrüstungsproblem ausgeklammert bleibt. Haager Landkriegsordnung mit völkerrechtlich verbindlichen Bestimmungen über die Regeln der Landkriegsführung.

31. Aug. — Britisch-russisches Abkommen über Persien (Teilung in eine nördliche russische, eine südliche britische Einflusssphäre und in eine mittlere neutrale Zone), Afghanistan (Russland verzichtet auf Einflussnahme), Tibet (besonderes Interesse Großbritanniens, im übrigen aber beiderseitige Zurückhaltung). Großbritannien erreicht damit die Sicherung der indischen Grenzen, Russland erhofft sich Unterstützung in der Meerengenfrage.

1908 5. Okt. — Österreichisch-russische Übereinkunft, die die Meerengen für russische Kriegsschiffe öffnen soll und die Annexion von Bosnien und der Herzegowina durch Österreich-Ungarn vorsieht. Beides soll auf Kosten des Osmanischen Reiches geschehen, das die Selbstständigkeitsbestrebungen auf dem Balkan infolge innerer Probleme nicht mehr unter Kontrolle bringen kann. *Der Balkan wird zum gefährlichen Konfliktherd*, in den die Großmächte direkt (Österreich-Ungarn, Russland, Italien) oder indirekt (Deutsches Reich, Frankreich, Großbritannien) verwickelt sind. — *Balkan wird Konfliktherd*

1909 — Britischer Widerstand gegen Meerengenpläne und Annexionskrise, in der Deutschland zugunsten Österreich-Ungarns tätig wird. Russland tritt daraufhin hinter Serbien, das sich durch die Annexion in seinen eigenen außenpolitischen Plänen gestört sieht.
Deutsch-britische Kontakte, die bis 1912 andauern und das Ziel einer Begrenzung der Flottenrüstung verfolgen, bleiben ohne Ergebnis.

1911 1. Juli — *Zweite Marokkokrise* als Folge der französischen Besetzung von Fès (östlich von Rabat, Marokko) und der daraufhin erfolgten Entsendung des deutschen Kanonenbootes „Panther" nach Agadir (Panther-Sprung nach Agadir). Ein Ausgleich wird gefunden, indem Deutschland das französische Protektorat über Marokko anerkennt und selbst in Äquatorialafrika entschädigt wird. Folge: Festigung der britisch-französischen Entente. — *Zweite Marokkokrise*

Sept. — Nach italienischer Annexion von Tripolis und der Cyrenaica (Libyen) Krieg zwischen Italien und der Türkei. Angesichts der militärischen Schwäche des Osmanischen Reiches sehen sich die Balkanstaaten zu einer offensiven Politik ermutigt.

1912 12. März — *Balkanbund* zwischen Serbien und Bulgarien unter russischer Patronage: Angriffsbündnis gegen die Türkei und Defensivabkommen gegen Österreich-Ungarn zur Erhaltung des Status quo und gegen eine weitere Expansion Österreich-Ungarns. Im Mai erfolgt der Beitritt Griechenlands, im August Montenegros. — *Balkanbund*

Juli — Französisch-Russische Marinekonvention über die Zusammenarbeit der Seestreitkräfte.

17. Okt. — Kriegserklärung des Balkanbundes an die Türkei eröffnet den *Ersten Balkankrieg*, der einen schnellen militärischen Zusammenbruch der Türkei bringt. — *Erster Balkankrieg*

18. Okt. — Friede von Lausanne (am Nordufer des Genfer Sees, Schweiz): Tripolis und Cyrenaica werden autonom, kommen de facto aber an Italien.

Nov. — Gefahr eines europäischen Krieges infolge des österreichisch-russischen Gegensatzes über Serbien. Österreich-Ungarn will ein serbisches Vordringen verhindern und tritt für ein unabhängiges Albanien ein. Der deutschen und britischen Diplomatie gelingt ein Abbau der Gegensätze, die in der Londoner Botschafterkonferenz bereinigt werden.

22./23. Nov. — Britisch-französischer Notenaustausch über die militärische Zusammenarbeit (Flotte und Heer) zur Abwehr eines etwaigen deutschen Hegemonialanspruchs. Kein formeller Bündnisvertrag, aber klare Bindung Großbritanniens, das für den Fall eines Krieges eindeutig zur Unterstützung des französischen Bündnispartners verpflichtet ist.

PLOETZ ●

Flottenrüstung europäischer Mächte am Vorabend des Ersten Weltkriegs

Flottenrüstung in Europa
Linienschiffe

1. Linienschiffe	fertig (nur neuere)	Tonnage	im Bau	Tonnage
Großbritannien	59	1 013 840	16	433 840
Deutschland	33	537 050	7	180 600
Frankreich	21	345 730	12	314 800
Russland	8	110 200	8	184 920
Italien	12	184 660	6	165 400
Österreich-Ungarn	15	181 110	5	119 370

Panzerkreuzer

2. Panzerkreuzer				
Großbritannien	43	604 540	1	28 960
Deutschland	13	185 990	4	106 400
Frankreich	19	200 610	–	–
Russland	6	64 940	4	130 000
Italien	9	76 540	–	–
Österreich-Ungarn	2	13 600	–	–

Großkampfschiffe

davon Großkampfschiffe (Dreadnoughts)				
Großbritannien	29	621 360	17	462 800
Deutschland	17	380 700	11	287 000
Frankreich	10	203 800	12	314 800
Russland	–	–	12	314 920
Italien	4	87 000	6	165 400
Österreich-Ungarn	3	64 110	5	119 370

Friede von London

1913
30. Mai *Friede von London*: Abtretung aller türkischen Gebiete westlich der Enos-Midia-Linie (heute: Enez, türkischer Ort an der Ägäis in der Nähe der heutigen griechisch-türkischen Grenze; Midia, am Schwarzen Meer, europäische Türkei) und aller ägäischen Inseln. Der Friedensschluss überdeckt nur mühsam die nationalistischen Gegensätze der Balkanstaaten untereinander.

26. Juni In den Auseinandersetzungen um die Kriegsbeute (vor allem Mazedonien) greift Bulgarien Serbien und Griechenland an und entfesselt den *Zweiten Balkankrieg*. Rumänien und auch die Türkei treten gegen Bulgarien in den Krieg ein, das vollständig geschlagen wird. Serbien geht als Hauptgewinner aus dem Konflikt hervor.

Zweiter Balkankrieg

10. Aug. Friede von Bukarest: Der Südteil der Dobrudscha mit Silistria kommt an Rumänien, Mazedonien größtenteils an Serbien, Adrianopel an die Türkei, Kreta, ein Teil Mazedoniens mit Saloniki und Kavala an Griechenland. Das Fürstentum Albanien (mit Skutari, Durazzo und Valona) wird selbstständig. Serbien ist damit der angestrebte Zugang zur Adria versperrt. Der Balkan bleibt das „Pulverfaß" Europas. Sowohl Russland wie Österreich-Ungarn versuchen, ihre Position auf dem Balkan durch ein System von Satellitenstaaten auszubauen. Dadurch droht der lokale Konflikt sich stets zu einer allgemeinen Konfrontation auszuweiten.

1914
Juni Deutsch-britische Verständigung über den Bau der Bagdadbahn durch eine deutsche Gesellschaft, die auf den Bau der Endstrecke von Basra zum Persischen Golf verzichtet.

Attentat von Sarajewo

28. Juni *Ermordung des österreichischen Thronfolgerpaares* in Sarajewo.

6. Juli Das Deutsche Reich sichert Österreich-Ungarn unbedingte Bündnistreue zu.

20.–23. Juli Besuch der französischen Staatsführung in St. Petersburg. Zusicherung der französischen Bündnistreue.

Ultimatum

23. Juli Auf 48 Stunden befristetes *Ultimatum* Österreich-Ungarns an Serbien. Darin wird gefordert: 1. Unterdrückung jeder Propaganda und aller Aktionen, die auf österreichisch-ungarisches Staatsgebiet zielen, 2. gerichtliche Untersuchung gegen die Teilnehmer am Mordanschlag, soweit sie sich in Serbien befinden, unter Mitwirkung österreichischer Beamter.

25. Juli Der russische Kronrat entscheidet, „Serbien zu unterstützen, auch wenn man dazu die Mobilmachung erklären und Kriegshandlungen beginnen müsse", falls österreichische Truppen die serbische Grenze überschreiten sollten. Die serbische Regierung sendet daraufhin eine nur halb entgegenkommende Antwort nach Wien. Abends Abbruch der diplomatischen Beziehungen zwischen Österreich-Ungarn und Serbien. Beide machen mobil.

österreichische Kriegserklärung

26.–31. Juli Britische und deutsche Vermittlungsversuche (Vorschlag einer Botschafterkonferenz und
28. Juli direkter Verhandlungen zwischen Russland und Österreich-Ungarn) scheitern.
Österreich-Ungarn erklärt Serbien den Krieg.

29. Juli Teilmobilmachung in Russland.
30. Juli Russische Generalmobilmachung.
31. Juli Generalmobilmachung in Österreich-Ungarn. Die deutsche Regierung erklärt den „Zustand drohender Kriegsgefahr" und fordert Russland ultimativ (zwölf Stunden) auf, die Mobilmachung zurückzunehmen, und Frankreich (18 Stunden), im Fall eines deutsch-russischen Krieges neutral zu bleiben.
1. Aug. Nach Ausbleiben einer russischen Antwort erfolgt in Deutschland die allgemeine Mobilmachung und die *Kriegserklärung an Russland*. Die französische Regierung ordnet die Mobilmachung an und erklärt, dass Frankreich „gemäß seinem Interesse" handeln werde.
3. Aug. Deutsche *Kriegserklärung an Frankreich*. Deutscher Einmarsch in Belgien.
4. Aug. Britisches Ultimatum an Deutschland, die belgische Neutralität zu respektieren, und Abbruch der diplomatischen Beziehungen, was einer Kriegserklärung gleichkommt.

Damit befinden sich bis auf Italien, das vorerst neutral bleibt, und die Türkei, die ihre bewaffnete Neutralität erklärt, alle Mächte im Krieg. Es folgen die Kriegserklärungen Serbiens an Deutschland (6. Aug.), Österreich-Ungarns an Russland (6. Aug.), Frankreichs an Österreich-Ungarn (11. Aug.), Großbritanniens an Österreich-Ungarn (12. Aug.).

Der *Ausbruch des Ersten Weltkriegs* ist als Zusammentreffen struktureller Faktoren und der bewussten Bereitschaft zum kriegerischen Risiko zu erklären. Innenpolitische Spannungen, wirtschaftliche Gegensätze und Wettrüsten allein hätten nicht ausgereicht, wenn nicht in den politischen Führungen die Bereitschaft zum Krieg hinzugetreten wäre. Dies heißt freilich nicht, dass die deutsche Regierung etwa im Sommer 1914 planmäßig den allgemeinen Krieg herbeiführen will. Aber sie nimmt bewusst das Risiko einer kriegerischen Entwicklung in Kauf, deren Eigendynamik zum allgemeinen Krieg führt. Auch die russische Führung will zu diesem Zeitpunkt keinen Krieg, doch hat die systematische Vorbereitung Russlands auf einen Krieg gegen Deutschland und Österreich-Ungarn im Frühjahr 1914 eingesetzt.

Kriegserklärung an Russland
Kriegserklärung an Frankreich

Gründe für den Kriegsausbruch

Übernationale Entwicklungen und Ereignisse im Zeitalter der Weltkriege (1914–1945)

Weltgegensatz

Die Jahre 1914 und 1945 bezeichnen Anfang und Ende des Zeitalters der Weltkriege. Bei Beginn des Ersten Weltkriegs handelt es sich vorwiegend um eine Fortsetzung des alten Kampfes innerhalb des überlieferten europäischen Staatensystems. Im Jahre 1917 wird die Ausweitung zu dem *Weltgegensatz*, der bis Ende der achtziger Jahre anhält, in den Anfängen sichtbar: Kriegseintritt der USA und bolschewistische Revolution. Während dem Bolschewismus in den Wirren des Bürgerkriegs sowohl vom Deutschen Reich wie von den Ententemächten die „Atempause" gewährt wird, die seine stürmische Entwicklung in Russland ermöglicht, entscheidet der Einsatz der Vereinigten Staaten von Amerika den Krieg gegen Deutschland. Nach dem Scheitern der Idee von US-Präsident Woodrow Wilson vom „Gerechtigkeitsfrieden" ziehen sich die USA freilich wieder von Europa zurück. Dieses wird in den Versailler Friedensverträgen unter der Vorherrschaft Frankreichs und Großbritanniens neu geordnet. Doch ist diese Ordnung brüchig infolge der Ablehnung durch Deutschland, welches das Selbstbestimmungsrecht nicht im gewünschten Ausmaß erhält, und infolge der Aufteilung Ostmitteleuropas in labile Nationalstaaten mit starken nationalen Minderheiten. Die Sprengkräfte sind auf die Dauer stärker als die gleichfalls in der Neuordnung von 1919 angelegten Möglichkeiten zu einer ruhigen, ausgleichenden Revisionspolitik.

Krise der Demokratie

Während sich die Bolschewisten innenpolitisch durchsetzen und Russland sich zur gewaltigen Industriemacht entwickelt, krankt Europa an den Gegensätzen, die im Jahre 1919 nicht beseitigt, sondern vervielfacht werden. Verfassungspolitisch ist dies begleitet von einer allgemeinen *„Krise der Demokratie"*, wirtschaftspolitisch von einem Zurückbleiben des Potenzials der europäischen Staaten gegenüber der Entwicklung der großen Weltmächte. Der heraufkommende Gegensatz zwischen dem weltrevolutionären bolschewistischen Russland einerseits, den Vereinigten Staaten von Amerika und Westeuropa andererseits wird in den dreißiger Jahren überdeckt durch die Expansionspolitik der diktatorischen Regime Deutschlands, Italiens und Japans. In Italien und Deutschland werden zudem im *Faschismus und Nationalsozialismus* neue politische Ideologien und Herrschaftsformen entwickelt, in denen die Demokratie überwunden und die militante Abwehr gegen den Bolschewismus ausgedrückt werden soll. Ihre Politik scheint in den dreißiger Jahren zum Erfolg zu gelangen, sie scheitern jedoch durch die Maßlosigkeit ihrer politischen Ziele, durch den destruktiven Ausschließlichkeitscharakter ihrer „politischen Religion" sowie durch die Verantwortungslosigkeit, mit der das Spiel mit dem Krieg getrieben und das internationale Vertrauen zerstört wird.

Faschismus und Nationalsozialismus

Die Sowjetunion zieht aus dieser politischen Entwicklung Gewinn, da bereits vor 1939 deutlich wird, dass das Gewicht der Sowjetunion in einem kommenden Krieg entscheidend sein muss. Sie kann sich daher von der Außenseiterstellung in den Mittelpunkt der Weltpolitik hineinschieben.

Zweiter Weltkrieg

Der *Zweite Weltkrieg* verändert die Landkarte Europas völlig und verwandelt auch die Afrikas und Asiens. Innerhalb dieser so umgestalteten Welt sind die Machtverhältnisse gründlich verschoben. Die bereits gesunkene Bedeutung Europas schwindet noch mehr; das entscheidende Wort in der Weltpolitik sprechen seither die in Amerika und Asien bestimmenden Weltmächte.

Der Erste Weltkrieg (1914–1918)

Vorgeschichte des Krieges

Ursachen

Ursachen: Das alte europäische Staatensystem wird vor 1914 zum Weltstaatensystem. Zu den europäischen Hauptmächten Großbritannien, Frankreich, Deutsches Reich, Russisches Reich treten die Vereinigten Staaten von Amerika und Japan. Außerdem kommt Österreich-Ungarn und Italien im Staatensystem große Bedeutung zu. Die traditionelle, stets auf den Krieg als letztes Mittel gerichtete Politik der großen Mächte hat sich im weltpolitischen Zusammenhang zum *Imperialismus* gesteigert, der sich in fortgesetzten wirtschafts- und militärpolitischen Konflikten ausdrückt. Kriegsgefährlich sind in erster Linie die deutsch-britische Flottenrivalität, Frankreichs Ziel, Elsass-Lothringen zurückzugewinnen, und Russlands Drang nach den Meerengen. *Nationalistische Propaganda* ergreift in allen Staaten, besonders heftig in Deutschland, weite, vorwiegend mittelständische Volksmassen. Zündstoff enthalten die nationalen Bewegungen der kleinen Völker in Ostmitteleuropa. Die Verbindung dieser meist slawischen Nationalismen mit dem russisch geführten Panslawismus und (seit 1905) Neoslawismus wirkt sprengend gegenüber den bestehenden monarchischen, übernationalen Reichen. Sie werden gesteigert durch das nur durch einen Krieg zu erreichende Ziel der Zertrümmerung Österreich-Ungarns.

Imperialismus

nationalistische Propaganda

Eintritt wichtiger Staaten in den Ersten Weltkrieg, die Kriegserklärungen 1914-1917

Kriegserklärungen

1914	1915	1916	1917
28. Juli Österreich-Ungarn an Serbien	23. Mai Italien an Österreich-Ungarn	9. März Deutsches Reich an Portugal	6. April USA an Deutsches Reich
1. Aug. Deutsches Reich an Russland	14. Okt. Bulgarien an Serbien	27. Aug. Rumänien an Österreich-Ungarn	14. Aug. China an Deutsches Reich
3. Aug. Deutsches Reich an Frankreich	15.–20. Okt. Alliierte an Bulgarien	28. Aug. Deutsches Reich an Rumänien*	7. Dez. USA an Österreich-Ungarn
4. Aug. Kriegszustand: Deutsches Reich – Belgien		28. Aug. Italien an Deutsches Reich	
4. Aug. Großbritannien an Deutsches Reich		25. Nov. Griechenland an Deutsches Reich	
6. Aug. Österreich-Ungarn an Russland		* Kurz darauf Kriegserklärungen der Türkei und Bulgariens an Rumänien	
6. Aug. Serbien an Deutsches Reich			
7. Aug. Montenegro an Österreich-Ungarn			
11. Aug. Montenegro an Deutsches Reich			
11. Aug. Frankreich an Österreich-Ungarn			
12. Aug. Großbritannien an Österreich-Ungarn			
23. Aug. Japan an Deutsches Reich			
2.–5. Nov. Russland, Großbritannien, Frankreich an Türkei			

Phasen des Krieges

Der Automatismus und die Schwerkraft der starren europäischen Bündnissysteme und der militärischen Operationspläne wirken, als der Krieg in der Julikrise 1914 droht, teils lähmend, teils kriegstreibend auf die politischen Führungen.

Gliederungsübersicht

1914	Kriegserklärungen und Mobilmachungen
1914	Der Bewegungskrieg im Westen
1914–1915	Die Kampfhandlungen im Osten
1915–1916	Der Stellungskrieg im Westen
1915–1917	Der Krieg im Osten
1914–1916	Die Nebenkriegsschauplätze
1915	Der Krieg auf dem Balkan
1915–1916	Italienischer Kriegsschauplatz
1914–1918	Der Krieg zur See
	Nordsee (1916)
	Ostsee (1917–1918)
	Mittelmeer und Atlantik (1914)
	Unterseebootkrieg (1914–1918)
1914–1918	Der Luftkrieg
1914–1918	Der Krieg in den deutschen Kolonien
	Afrika (1914–1918)
	Der Kampf um Tsingtau (1914)
	Ozeanien (1914)
1916–1917	Das allgemeine Kriegsgeschehen
1916–1917	Friedensbemühungen und Kriegseintritt der Vereinigten Staaten von Amerika
1917–1918	Die russische Revolution und die Friedensschlüsse von Brest-Litowsk und Bukarest
1918	Der Entscheidungskampf im Westen
1918	Zusammenbruch der Mittelmächte

Kriegserklärungen und Mobilmachungen

1914 Ermordung des österreichisch-ungarischen Thronfolgerpaares in Sarajewo (28. Juni).

23. Juli Überreichung eines auf 48 Stunden befristeten Ultimatums Österreich-Ungarns an Serbien mit der Forderung, alle gegen die Donaumonarchie gerichteten Aktionen zu unterbinden.

28. Juli Österreich-Ungarn erklärt Serbien den Krieg.

1. Aug. Kriegserklärung des Deutschen Reiches an Russland und Befehl zur allgemeinen Mobilmachung in Deutschland. Allgemeine Mobilmachung in Frankreich.

2. Aug. Im Zuge der deutschen Mobilmachung Besetzung Luxemburgs, um die luxemburgischen Eisenbahnen zu sichern.
Abends Überreichung eines deutschen Ultimatums in Brüssel, in der die belgische Regierung aufgefordert wird, als neutrale Macht den Durchmarsch der deutschen Truppen zuzulassen.

3. Aug. Ablehnende belgische Antwortnote. Darauf erfolgt der deutsche Einmarsch in Belgien. Nachmittags Kriegserklärung des Deutschen Reiches an Frankreich.

britisches Ultimatum

4. Aug. Die Verletzung der belgischen Neutralität durch das Deutsche Reich gibt Großbritannien den Anlass zum Kriegseintritt. *Britisches Ultimatum*, Abbruch der diplomatischen Beziehungen gleichbedeutend mit Kriegserklärung an Deutschland.
Abbruch der diplomatischen Beziehungen zwischen Belgien und dem Deutschen Reich: Kriegszustand.

Der Bewegungskrieg im Westen 1914

Der deutsche Aufmarsch und Operationsplan geht auf eine Denkschrift des preußischen Generalfeldmarschalls Alfred Graf von Schlieffen (*1833, †1913) vom Jahr 1905 zurück (sog. „Testament des Grafen Schlieffen"), die auf der Voraussetzung eines Zweifrontenkrieges im Westen und Osten aufbaut. Der Grundgedanke des *Schlieffenplans* beruht auf folgenden Überlegungen: Schwerpunktbildung zur raschen Offensive im Westen gegen Frankreich; mit schwachen Kräften defensiv im Osten; im Westen große Schwenkung mit starkem rechtem Flügel durch Belgien, Umfassung und operative Überholung, Einschließung und Vernichtung des gegen die Moselfestungen, den Jura und die Schweizer Grenze gedrängten Gegners.

deutscher Aufmarsch

Schlieffenplan

Der französische Aufmarschplan (Operationsplan XVII) ist gleichfalls offensiv gedacht: Er sieht eine Vorwärtsstrategie in Lothringen vor (Offensivvorstoß mit zwei Armeen beidseits von Metz-Diedenhofen, mit zwei weiteren Armeen nordöstlich in das Ardennengelände – die 5. Armee unter Verstärkung der britischen Expeditionsstreitmacht sowie der belgischen Armee als Flankendeckung bis zur Maas). Den planmäßigen Aufmarsch leitet General Joseph Jacques-Césaire Joffre (*1852, †1921).

Truppenstärken im Ersten Weltkrieg

Truppenstärken

Mittelmächte	gesamte Truppenstärke (in Mio.)	Feldheere bei Kriegsbeginn (in Mio.)
Deutschland	11,0	2,3
Österreich-Ungarn	7,8	1,4
Türkei	2,8	–
Bulgarien	1,2	
gesamt:	**22,8**	**3,7**
Ententemächte	gesamte Truppenstärke (in Mio.)	Feldheere bei Kriegsbeginn (in Mio.)
Frankreich	8,5	1,8
Russland	12,0	3,4
Großbritannien	9,0	0,4
Italien	5,5	–
USA	4,8	–
Rumänien	0,75	
Serbien	0,7	0,2
gesamt:	**41,25**	**5,8**

Mittelmächte

Entente

1914

17. Aug. Der deutsche Aufmarsch wird planmäßig mit sieben Armeen unter Führung des deutschen Generalstabschefs (Chef der Obersten Heeresleitung – OHL), Generaloberst *Helmuth von Moltke* (*1848, †1916), beendet.

General von Moltke

20. Aug. Einzug der deutschen Truppen in Brüssel. Der schnelle Vormarsch der ersten, zweiten und dritten deutschen Armee auf dem rechten Flügel in südlicher Richtung schließt sich an.

22.–28. Aug. In großen Grenzschlachten wird die französische Offensive gestoppt; keine operativen Entscheidungen. Deutscher Sieg bei Neufchâteau (Belgien; 22./23. Aug.) und Überschreiten der Maas, die Festung Longwy wird gewonnen (26. Aug.), Montmédy genommen (28. Aug.).

30. Aug.– 5. Sept. Die deutschen Truppen dringen bis an und über die Marne vor. Paris ist durch den deutschen Angriffsflügel mit der Front nach Süden bedroht.

3. Sept. Die französische Regierung flüchtet nach Bordeaux. *General Joffre* ordnet den Rückzug der französischen Streitkräfte hinter die Marne an. Die deutsche Verfolgung wird nicht zur operativen Überholung gesteigert. Die Angriffskraft der drei deutschen Armeen des rechten Flügels ist geschwächt durch die Anstrengungen des Vormarschs und die Abgabe von vier Korps, die zur Beobachtung Antwerpens und zur Belagerung von Maubeuge (nahe der belgischen Grenze an der Sambre) benötigt werden. General Joffre bildet vor Paris eilig eine sechste Armee, die der – entgegen dem Schlieffenplan – nördlich von Paris nach Südosten einschwenkenden deutschen ersten Armee in der rechten, offenen Flanke steht.

General Joffre

Schlacht an der Marne	5.–12. Sept.	*Schlacht an der Marne*: General Joffre gibt den Befehl zum großen Gegenangriff auf der ganzen Front zwischen Verdun (an der Maas) und Paris. Der deutsche Vormarsch wird zum Stehen gebracht. Besonders kritisch wird die Lage am rechten deutschen Flügel (erste und zweite Armee unter Generaloberst Alexander Kluck [*1846, †1934] und Generalfeldmarschall Karl von Bülow [*1846, †1921]. Der deutsche Generalstabschef von Moltke, krank und ohne genügenden Kontakt mit der Front, beurteilt die Lage pessimistisch und gibt den Rückzugsbefehl.
Rückzug	10.–12. Sept.	*Rückzug* der deutschen Truppen hinter die Aisne. Der Gegner folgt zunächst zögernd und drängt dann heftig nach, ohne zum operativen Erfolg zu gelangen.
General von Falkenhayn	14. Sept.	Generaloberst von Moltke wird durch den preußischen Kriegsminister, *Generalleutnant Erich von Falkenhayn* (*1861, †1922), als Chef der Obersten Heeresleitung abgelöst.
	Sept.–Nov.	Wechselnde verlustreiche Kämpfe. Ganz Belgien bis zum Yserkanal in deutscher Hand. Im Ringen um die offene Heeresflanke, im sog. Wettlauf zum Meer, gelingt es den Deutschen nicht, die Kanalhäfen zu gewinnen und damit die wichtigen Nachschubhäfen der britischen Expeditionsarmee, Dünkirchen (nahe der belgischen Grenze) und Boulogne-sur-Mer (an der Kanalküste), zu erreichen.
Stellungskrieg		Die Front erstarrt auf der ganzen Linie. Der Krieg wird zum *Stellungskrieg*. Der deutsche Operationsplan ist gescheitert. Damit entsteht auf beiden Seiten die bis 1918 nicht mehr gelöste Aufgabe, aus der festen Front wieder zum schlachtentenentscheidenden Bewegungskrieg zu kommen. Die großen Einbruchs- und Materialschlachten geben von da an dem Krieg im Westen das Gesicht. Die Frontlinie verläuft von der Kanalküste bei Nieuport (britisch) westlich an Péronne an der Somme (deutsch) vorbei, nördlich von Soissons an der Aisne und Reims durch den Argonnerwald, bricht bei Verdun um, das französisch bleibt, um dann durch die Vogesen und den Sundgau die Schweizer Grenze zu erreichen.
		Das besetzte Belgien wird unter deutsche Militärverwaltung gestellt.

Die Kampfhandlungen im Osten 1914–1915

Hauptfront Galizien		Aus der strategischen Lage im Osten und den Aufmarschplänen ergeben sich zwei Schwerpunktbildungen: die *Hauptfront Galizien* und die Nebenfront Ostpreußen. Die Tiefe zwischen diesen beiden Flanken ist nur schwach besetzt und spielt zunächst militärisch keine Rolle. Auf deutscher Seite steht im Osten nur die achte Armee, deren Aufmarsch, mit Schwerpunkt in Ostpreußen, am 10. Aug. beendet ist. Mit stärkeren Kräften (vier Armeen) marschieren die österreichisch-ungarischen Truppen unter ihrem Generalstabschef, Franz Freiherr Conrad von Hötzendorf (*1852, †1925), in Galizien auf, um ihre Offensive vorzubereiten.
		Die russischen Truppen stehen unter Führung von Großfürst Nikolaj Nikolajewitsch (*1856, †1929) mit zwei Armeen (Ost- und Südflügel, und zwar vom Njemen her unter Paul von Rennenkampff [*1854, †1918] und vom Narew her unter General Alexander Wassiljewitsch Samsonow [*1859, †1914]) gegen Ostpreußen und mit fünf Armeen gegen Galizien. Damit ist – entgegen den Wünschen der Franzosen – der Schwerpunkt an die Front gegen Österreich-Ungarn gelegt. Die russischen Streitkräfte sind den Streitkräften der Mittelmächte zahlenmäßig etwa um das Doppelte überlegen.
General von Hindenburg Ludendorff	1914 19.–22. Aug.	Nach russischem Vormarsch und deutschem Rückzug in Ostpreußen (größter Teil der Provinz fällt in russische Hand) wird Generaloberst Paul von Beneckendorff und von *Hindenburg* (*1847, †1934) Oberbefehlshaber (Chef des Generalstabs: Generalmajor Erich *Ludendorff* [*1865, †1937]).
Schlacht bei Tannenberg	26.–30. Aug.	*Schlacht bei Tannenberg* (ostpreußisches Dorf – Masurengebiet). Die russische Narew-Armee im Raum Hohenstein-Gilgenburg-Ortelsburg wird von den deutschen Truppen eingeschlossen und größtenteils vernichtet (93 000 Gefangene): Die große Umfassungsschlacht gelingt mit zahlenmäßig unterlegenen Kräften.
Schlacht an den Masurischen Seen	6.–15. Sept.	*Schlacht an den Masurischen Seen*. Die russische Njemen-Armee muss unter schweren Verlusten Ostpreußen räumen. Durch rechtzeitigen Rückzug entgeht sie der Vernichtung.
	26. Aug.– 12. Sept.	Schlachten bei Lemberg (ukrain. Lviv, russ. Lwow): Russischer Sieg erzwingt den Rückzug der österreichisch-ungarischen Truppen aus Ostgalizien.
	28. Sept.	Beginn des Vormarsches deutscher und österreichisch-ungarischer Truppen in Südpolen.
Stellungsfront in Polen	Okt./Dez.	Nach wechselvollen Kämpfen kommt es zur Festigung einer *Stellungsfront in Polen*.
	1915 Febr.	Winterschlacht in Masuren: Die russische 10. Armee wird geschlagen (über 100 000 Gefangene).

Erster Weltkrieg

Der Stellungskrieg im Westen 1915–1916

Trotz mehrfacher großer Durchbruchsversuche der Franzosen und Briten im Herbst 1915 wird die deutsche Stellungsfront im Wesentlichen nicht erschüttert.
Sowohl der französische Oberbefehlshaber Joseph Joffre wie der deutsche Generalstabschef (Chef der Obersten Heeresleitung) Erich von Falkenhayn planen 1916 die Kriegsentscheidung im Westen: Joffre bereitet eine große Offensive an der Somme vor, Falkenhayn lehnt die Pläne der Generale Hindenburg und Ludendorff, im Osten mit starken Kräften den entscheidenden Sieg und damit den Frieden zu erzwingen, ab. Falkenhayn sucht die Entscheidung auf dem französischen Kriegsschauplatz, wobei er den U-Boot-Krieg in seine Überlegungen mit einbezieht. Er will durch einen Massivangriff auf die Festung Verdun, den Eckpfeiler der französischen Front, der Sommeroffensive der Franzosen zuvorkommen und durch eine lang andauernde „*Materialschlacht*" den Gegner „ausbluten" lassen.

Materialschlacht

Kampf um Verdun

Der Kampf um Verdun (1916)
Chronologisches Verlaufsschema

21. Febr.	Beginn des deutschen Angriffs
24. Febr.	Deutscher Angriff erreicht nordöstliche Festungswerke
25. Febr.	Fort Douaumont in deutscher Hand / Zwischenwerk Hardaumont in dt. Hand
2. März	Dorf Douaumont in deutscher Hand
7. März	Höhe 304 größtenteils in dt. Hand
22. Mai	Franzosen auf dem Fort Douaumont
23. Mai	Angriff auf Fort Douaumont abgeschlagen
2. Juni	Fort Vaux in deutscher Hand
23. Juni	Erstürmung der Festungen Thiaumont und Fleury
24. Okt.	Franzosen erobern Thiaumont und Douaumont zurück
2. Nov.	Deutsche räumen und sprengen das Fort Vaux
15./16. Dez.	Erfolgreiche französische Offensive auf dem Ostufer der Marne

Verluste: 360 000 Franzosen / 335 000 Deutsche

Douaumont

1916
21. Febr.– Juli
  „*Verdun-Offensive*": Ein Teil der Festungswerke wird eingenommen (Erstürmung des Forts Douaumont am 25. Febr.), Verdun selbst bleibt aber in französischer Hand. Sowohl die französischen als auch die deutschen Verluste sind verheerend (mit über 350 000 Gefallenen liegen die französischen Verlustziffern etwas höher als die deutschen).
  Infolge der Schlacht um Verdun können die Franzosen mit wesentlich geringeren Kräften als geplant in die Somme-Offensive eintreten, die daher hauptsächlich von den Briten getragen wird.

Verdun-Offensive

24. Juni/ 1. Juli–26. Nov.
  Schlacht an der Somme: Das Ergebnis der mit großer Überlegenheit an Material und Truppen (104 Divisionen) vorgetragenen Offensive ist lediglich ein Eindrücken der deutschen Front in 40 km Breite und etwa 12 km Tiefe, ohne dass der Durchbruch gelingt. Beim Abschluss der monatelangen Materialschlacht betragen die Verluste der Deutschen über 400 000, die der Franzosen fast 200 000, die der Briten über 400 000 Mann.

Schlacht an der Somme

29. Aug.
  Im Zusammenhang mit der Lage an der Ostfront und der Kriegserklärung Rumäniens wird Generalfeldmarschall von Hindenburg zum Chef des Generalstabes des Feldheeres und Generalleutnant Ludendorff zum ersten Generalquartiermeister ernannt (dritte Oberste Hee-

Der Krieg im Osten vom Frühjahr 1915 bis zum Frühjahr 1917

	resleitung); der Rücktritt von General Falkenhayn, der zur neunten Armee nach Rumänien versetzt wird, ist auf den Misserfolg bei Verdun und auf die Somme-Krise zurückzuführen.
24. Okt.–16. Dez.	Erfolgreiche französische Angriffe bei Verdun führen zur Rückeroberung der verlorenen Festungswerke. Die großen Materialschlachten bleiben ohne operative Entscheidung, führen aber zu beiderseitiger Erschöpfung.
General Nivelle 26. Dez.	Infolge des Scheiterns der Somme-Offensive wird General Joseph Joffre durch General *Georges Robert Nivelle* (*1858, †1924) als Oberbefehlshaber der französischen Streitkräfte ersetzt.

Der Krieg im Osten vom Frühjahr 1915 bis zum Frühjahr 1917

Schlacht von Gorlice-Tarnow	1915 1.–3. Mai	*Durchbruchsschlacht von Gorlice-Tarnow* (Galizien, südöstlich von Krakau). Die westgalizische Front der Russen wird unter Führung des Generalobersten August von Mackensen (*1849, †1945) durchstoßen.
Rückzug der Russen	3.–5. Mai	Eiliger *Rückzug der Russen* und Übergang der verbündeten deutschen und österreichisch-ungarischen Truppen über den Dunajec. Der überraschende Durchbruchserfolg kann operativ ausgenutzt werden und leitet damit die Reihe der aufeinander folgenden erfolgreichen Angriffe der Mittelmächte an der Ostfront ein.
Offensive der Mittelmächte *neue Stellungsfront*	Mai–Okt.	Die *Offensive der Mittelmächte* bringt großen Raumgewinn (Litauen, Kurland, Polen erobert; Galizien mit Lemberg zurückerobert), führt aber wegen Kräftemangels und z.T. erfolgreicher russischer Gegenangriffe nicht zu operativen Umfassungen und zur Vernichtung des Gegners. Die *neue Stellungsfront* verläuft in südnördlicher Richtung von der Bukowina (Czernowitz österreichisch) durch Ostgalizien und Wolhynien (Tarnopol russisch, Dubno österreichisch) über Pinsk (deutsch), Baranowitschi (deutsch), Smorgon (russisch), Dünaburg ([Dwinsk] russisch), dünaabwärts zum Rigaer Meerbusen (Riga mit Brückenkopf russisch).
	25. Aug.	General Hans Hartwig von Beseler (*1850, †1921) wird Generalgouverneur des unter deutscher Verwaltung stehenden nördlichen „Kongresspolen". Statthalter im südlichen Polen wird der österreichische Feldzeugmeister Karl von Kuk (*1853, †1935). Litauen und Kurland unter deutscher Militärverwaltung des Oberbefehlshabers Ost.
Brussilow-Offensive	1916 Sommer	Groß angelegte russische Offensive (*Brussilow-Offensive*) gegen die Ostfront der Mittelmächte unter General Alexej Brussilow (*1853, †1926): gegen Verbände der k. u. k. Armee in der Bukowina bedeutender Schlachtensieg (Desertionen sowie über 200000 Gefangene).
	1917 März	Bis zur russischen „Februarrevolution" und der Abdankung des Zaren bleibt die Front im Osten im Wesentlichen unverändert.

Die Nebenkriegsschauplätze bis August 1916

Osmanisches Reich	1914 2.–5. Nov.	Das *Osmanische Reich* tritt an der Seite der Mittelmächte in den Krieg ein (Okt.). Nach türkisch-russischen Seekämpfen auf dem Schwarzen Meer folgen Kriegserklärungen Russlands, Frankreichs und Großbritanniens an die Türkei. Annexion Zyperns durch Großbritannien.
Kämpfe um die Dardanellen	1915 19. Febr.– 1916 6. Jan.	*See- und Landkämpfe um die Dardanellen:* Britische und französische Streitkräfte versuchen vergeblich, nach strategischen Plänen des britischen Marineministers W. Churchill die Meerengen bei Gallipoli (türkisch: Gelibolu) zu nehmen, werden aber unter großen Verlusten von türkischen und deutschen Verbänden, die nach deutschen Generalstabsplänen operieren, zur Räumung gezwungen. Damit bleibt Russland eine direkte Verbindung mit seinen westlichen Verbündeten versperrt, zumal die Ostseeausgänge von der deutschen Flotte kontrolliert werden.
Armenien	1916 Jan.–Juli	Beginn des russischen Vordringens im Kaukasus und in *Armenien*: Ganz Armenien gerät in russische Hand.
	29. April	Eine britische Offensive in Mesopotamien wird durch türkische Gegenwehr vereitelt: Kapitulation der britisch-indischen Truppen. Wechselvolle Kämpfe finden am Sueskanal statt, bis die Briten endgültig das Ostufer besetzen können.

Der Krieg auf dem Balkan

1915 6. Okt.	Um die Verbindung zur Türkei herzustellen, beginnen die Mittelmächte die *Offensive gegen Serbien.*	*Offensive gegen Serbien*
9. Okt.	Belgrad wird erstürmt.	
14. Okt.	Bulgarien, das Mazedonien gewinnen will und am 6. Sept. einen Bündnisvertrag mit Deutschland abgeschlossenen hat, erklärt Serbien den Krieg. Ganz Serbien wird von deutschen, österreichisch-ungarischen und bulgarischen Truppen erobert; Montenegro kapituliert (25. Jan. 1916): Die Italiener werden aus Albanien vertrieben. Den Franzosen und Engländern gelingt es, nach verlustreichem Rückzug an der griechisch-mazedonischen Grenze nördlich von Saloniki eine Stellungsfront zu halten. Griechenland protestiert gegen die Verletzung seiner Neutralität (Landung der Alliierten Anfang Oktober in Saloniki und Einbeziehung griechischen Staatsgebiets in das Operationsgebiet). Es befindet sich faktisch in der Hand der Alliierten, die Griechenland zum Kriegseintritt drängen.	
Okt.-Dez.		
1916 6.–22. Juni	„Pacific blockade" Griechenlands durch die Entente, deren Ultimatum vom 21. Juni die Demobilisierung der griechischen Armee sowie Verfassungs- und Regierungsumbildung fordert.	

Italien

Italiens Bündnisverpflichtungen bestehen seit dem Dreibundvertrag von 1882 einmal gegenüber den Mittelmächten und zum anderen durch den italienisch-französischen Geheimvertrag von 1902 auch zu den Ententemächten. In den innenpolitischen Auseinandersetzungen um ein Für und Wider der Neutralität Italiens können sich die *Befürworter einer Intervention* gegenüber Österreich-Ungarn (weit gehende Gebietsversprechungen durch die Ententemächte) durchsetzen. Auf die Bemühungen des deutschen Reichskanzlers Bethmann Hollweg, durch österreichische Zugeständnisse im Trentino-Gebiet Italien von einem Kriegseintritt abzuhalten, reagiert Wien zu spät.

Befürworter einer Intervention

1915 *Kriegserklärung Italiens* an Österreich-Ungarn (23. Mai).
Kriegserklärung an das Deutsche Reich erst am 28. Aug. 1916.
Die kriegerischen Auseinandersetzungen werden in drei Gebieten ausgetragen: 1. Die Isonzolinie (Isonzo, Fluss im italienisch-jugoslawischen Grenzgebiet), 2. die Kärntner Grenzlinie, 3. die Tiroler Grenzlinie.

Kriegserklärung Italiens

1915/1916 In fünf *Isonzoschlachten* versuchen die Italiener vergeblich die Einnahme des Brückenkopfes von Görz (am Eintritt des Isonzo in die Friaulische Ebene) und den Durchbruch durch die österreichisch-ungarische Front (Juni 1915–März 1916).

Isonzoschlachten

Der Krieg zur See

Der Seekrieg ist von ausschlaggebender Bedeutung. Die trotz der deutschen U-Boot-Kriegsführung durchgehaltene *britische Blockade* gegen Deutschland ist kriegsentscheidend.

britische Blockade

Nordsee

Bei Kriegsausbruch liegt der Schwerpunkt des kommenden Seekriegs in der Nordsee (deutsch-britisches Kräfteverhältnis in der Nordsee 1:1,8). Großbritannien hat sich unter dem Einfluss des Marineministers Winston Churchill seit 1911 zur Fernblockade entschlossen (zwischen den Shetland-Inseln und Norwegen) und ist nicht genötigt, die Entscheidung durch die Schlacht zu suchen. Auf deutscher Seite erwartet man eine enge Blockade. Entgegen der Auffassung des Großadmirals Alfred von Tirpitz (*1849, †1930), des Staatssekretärs des Reichsmarineamts, entschließt man sich nicht zum Schlachteinsatz der Hochseeflotte, stattdessen erfolgt der Befehl zum *„Kleinkrieg"* durch Minen- und U-Booteinsatz mit dem Ziel, ein für Deutschland besseres Kräfteverhältnis zu erreichen, um dann die Entscheidungsschlacht mit der Hochseeflotte zu suchen.

Kleinkrieg

1916 *Seeschlacht vor dem Skagerrak.* Die britische „Grand Fleet" (mit 37 Großkampfschiffen) unter Admiral John Rushworth Jellicoe (*1859, †1935) trifft mit der deutschen Hochseeflotte (21 Großkampfschiffe) unter Vizeadmiral Reinhard Scheer (*1863, †1928) zusammen. Der Kampf wird nicht bis zur Entscheidung durchgeführt. Gleichwohl wird die Schlacht ein Erfolg der deutschen Flotte, die mit unterlegenen Kräften den Briten einen Verlust von 115000 t gegenüber nur 61000 t eigener Einbuße zufügt.
31. Mai–1. Juni

Seeschlacht vor dem Skagerrak

Ostsee

1917 Die deutsche Hochseeflotte unterstützt die Einnahme der baltischen Inseln Ösel, Moon und Dagö (14.–20. Okt.).
1918 Vorbereitende Unternehmungen gegen die Ålandinseln (finnische Inselgruppe am Eingang zum Bottnischen Meerbusen).
Helsinki 3.–4. April Deutsches Landungsunternehmen mit Unterstützung starker Flotteneinheiten in Hangö (Finnland). Einnahme (11.–12. April) von *Helsinki* (Helsingfors).

Überseeische Gewässer

1914 Die deutschen Kreuzer „Goeben" und „Breslau" brechen nach Konstantinopel durch.
11. Aug. Die Schiffe werden von der Türkei erworben, behalten aber ihre deutsche Besatzung.
Seekrieg im Schwarzen Meer 28. Okt. Beginn des *Seekriegs im Schwarzen Meer* zwischen Türkei und Russland.
1. Nov. Seeschlacht bei Coronel (chilenische Hafenstadt): Das deutsche ostasiatische Kreuzergeschwader unter Vizeadmiral Maximilian Graf Spee (*1861, †1914) vernichtet ein britisches Geschwader.
9. Nov. Der Kreuzer „Emden" wird, nachdem er erfolgreich im Handelskrieg eingesetzt worden ist (Aufbringung bzw. Versenkung von 23 Handelsschiffen) im Indischen Ozean bei Sumatra durch den australischen Kreuzer „Sydney" versenkt.
Seeschlacht bei den Falklandinseln 8. Dez. *Seeschlacht bei den Falklandinseln* (Inselgruppe im Südatlantik, östlich der Magellanstraße): Vernichtung des Kreuzergeschwaders unter Graf Spee (Kreuzer „Scharnhorst", „Gneisenau", „Leipzig" und „Nürnberg"; Kreuzer „Dresden" kann entkommen, wird aber im März 1915 versenkt) durch britischen Verband moderner Großkampfschiffe.

Unterseebootkrieg

1914 Die Bedeutung der U-Boot-Waffe wird allgemein sichtbar, als das Unterseeboot „U 9" unter
Kapitänleutnant Weddigen 22. Sept. dem Kommando von *Kapitänleutnant Otto Weddigen* vor der niederländischen Küste drei (alte) britische Kreuzer versenkt. Die Steigerung des deutschen U-Boot-Krieges gegen Handelsschiffe des Kriegsgegners ist eine Antwort auf die britische Fernblockade (Sperrung des Kanals und der Nordsee zwischen Norwegen und Schottland für deutsche Schiffe) und der Versuch, das vom Seetransport abhängige Großbritannien seinerseits empfindlich zu treffen.
2. Nov. Mitteilung Großbritanniens an alle nicht Krieg führenden Staaten, dass die Nordsee als Kriegsgebiet zu betrachten sei (Verminung!).
1915 Die deutsche Reichsleitung kündigt an, die Gewässer rings um Großbritannien seien als
4. Febr. Kriegsgebiet zu bezeichnen.
uneingeschränkter U-Boot-Krieg „Lusitania" 22. Febr. Der *uneingeschränkte U-Boot-Krieg* (Torpedierung von Handelsschiffen Krieg führender und neutraler Staaten innerhalb der erklärten Seekriegsgewässer) wird befohlen.
7. Mai Deutsches U-Boot versenkt den britischen Passagierdampfer „*Lusitania*", der auch Kriegsmaterial und Munition geladen hat (vor dem Auslaufen in New York erfolgt Warnung des deutschen Botschafters). Unter den 1198 umgekommenen Personen sind auch 139 US-Staatsbürger, was eine scharfe Protestnote der USA zur Folge hat.
13. Mai Nach weiterem scharfem Notenwechsel (die USA erheben auch in London gegen die britische Praxis einer Hungerblockade Einspruch!) erfolgt (wegen Kriegsdrohung der USA) eine Einschränkung des deutschen U-Boot-Kriegs durch den Befehl, neutrale Schiffe und feindliche Passagierdampfer zu schonen.
1916 Erneut Beginn des verschärften deutschen U-Boot-Kriegs (eigenmächtiges Vorgehen der
29. Febr. Admiralität entgegen der politischen Führung von Reichskanzler Bethmann Hollweg) gegen bewaffnete Handelsschiffe: Mit Geschützen bestückte Handelsschiffe sollen wie Kriegsschiffe behandelt werden.
6. März Kaiser Wilhelm II. schließt sich der Meinung Bethmann Hollwegs an und lehnt gegen das Votum von General Falkenhayn und Admiral Tirpitz den uneingeschränkten U-Boot-Krieg (auch gegen neutrale Schiffe, ohne vorherige Warnung) ab.
Admiral Tirpitz 17. März Das daraufhin erfolgte Entlassungsgesuch von *Admiral Tirpitz* wird angenommen.
4. Mai Deutsche Note an die USA, in der eine Rückkehr zu den völkerrechtlichen Regeln des Kreuzerkrieges zugesagt wird, falls auch Großbritannien sich zur Einhaltung des Völkerrechts verpflichte, da man sich sonst „die volle Freiheit der Entschließung vorbehalten" müsse (bis zum Beginn des Jahres 1917 hat der U-Boot-Krieg infolge dieser Einschränkung nur geringe Bedeutung).

1917 *Rückkehr zum uneingeschränkten U-Boot-Krieg* nach dem unbefriedigenden Ausgang der
1. Febr.   Seeschlacht vor dem Skagerrak vom Mai/Juni 1916 (gegen die politische Führung ist die
           Admiralität der Ansicht, dadurch Großbritannien innerhalb von sechs Monaten in die Knie
           zwingen zu können).
1. Febr.– 6 141 000 BRT Schiffsraum der Alliierten werden versenkt (dazu 1,127 Mio. BRT der Neu-
31. Dez.   tralen). Die Folge des uneingeschränkten U-Boot-Kriegs ist der Kriegseintritt der USA, ein
           Umstand, vor dem Reichskanzler Bethmann Hollweg mehrmals öffentlich gewarnt hat.
1918   Trotz anhaltender Versenkungsziffern von monatlich über 600 000 BRT tritt der durchschla-
           gende Erfolg des U-Boot-Kriegs nicht ein: keine ernsthafte Störung des Nachschubs aus
           den USA nach Europa.

Rückkehr zum U-Boot-Krieg

Der Luftkrieg

Zum ersten Mal werden in einem Krieg *Luftstreitkräfte* eingesetzt, sie sind aber für das allgemeine Kriegsgeschehen noch ohne größere Bedeutung. In erster Linie werden sie für Aufklärungsoperationen eingesetzt. Ihre Entwicklung bis zum Kriegsende eröffnet jedoch die Aussicht auf grundlegende Wandlungen in der gesamten zukünftigen Kriegsführung.

Luftstreitkräfte

1914   Mit dem Übergang zum Stellungskrieg tritt die Nahaufklärung (Lichtbild und Artillerieer-
Herbst   kundung) in den Vordergrund, wozu sich fliegendes Material hervorragend einsetzen lässt.
Dez.   Erste Funkanlage in einem deutschen Flugzeug.
1915/1916 Nächtliche Angriffsfahrten mit Zeppelin-Luftschiffen gegen militärische Ziele in Paris,
           London, Südengland und im Osten.
1916   Kampfgeschwadereinsätze bei Verdun und an der Somme auf beiden Seiten.
März
1918   Nach erheblichen deutschen Anstrengungen für die Luftaufrüstung gegen die *alliierte
           Überlegenheit* wird zum Höhepunkt der Kraftanspannung der deutschen Luftstreitkräfte er-
           reicht: 1338 Flugzeuge, etwa ein Drittel sämtlicher Fliegerverbände und die Hälfte der
           Jagd- und Bomberkräfte sind für den Angriff zusammengezogen. Seitdem keine weitere
           Steigerung. Seit dem Sommer zunehmende deutsche Unterlegenheit. *Bombenangriffe der
           Alliierten* auf Front- und Grenzgebiete Westdeutschlands.

alliierte Überlegenheit

Bombenangriffe der Alliierten

Der Krieg in den deutschen Kolonien

Afrika

Die *schwachen deutschen Streitkräfte* in den deutschen Kolonien sind auf einen Krieg nicht vorbereitet, sodass die Besitzungen nach kurzer Zeit mit Ausnahme Deutsch-Ostafrikas, dessen Schutztruppe sich unter dem Kommando von Generalmajor Paul von Lettow-Vorbeck (*1870, †1964) bis zum Waffenstillstand 1918 behaupten kann, verloren gehen (1914 gehen Togo und Kamerun verloren; 1915 erfolgt die deutsche Kapitulation in Deutsch-Südwestafrika).

schwache deutsche Streitkräfte

1914   Sieg der deutschen Afrika-Truppe unter *General von Lettow-Vorbeck* bei Tanga (Ostafrika;
           heute in Tanzania) über ein britisch-indisches Expeditionskorps (2.–5. Nov.).
1916   Konzentrischer Aufmarsch überlegener britischer Truppen (Inder, Südafrikaner, dazu Por-
           tugiesen) gegen Deutsch-Ostafrika.
4. Sept.   Daressalam (Ostafrika) in britischer Hand. Der deutschen Streitmacht gelingt die Loslö-
           sung vom Feind; in strapazenreichen Märschen kann die operative Handlungsfreiheit erhal-
           ten bleiben.
1917   Sieg der Deutschen unter Lettow-Vorbeck bei Mahiwa. Einmarsch in Portugiesisch-Ostaf-
           rika unter erfolgreichen Operationen bis fast an den Sambesi (15.–18. Okt.).
1918   *Waffenstillstand:* Der deutschen Schutztruppe (155 Weiße, rd. 1200 Askaris, 3000 Träger)
14. Nov.   ist es gelungen, 120 000 Mann alliierter Truppen im Kampf zu binden.

General von Lettow-Vorbeck

Waffenstillstand

Der Kampf um Tsingtau

1914   Nach Ablauf des japanischen Ultimatums zur Übergabe der Festung Tsingtau (chinesische
23. Aug.   Provinz Shantung) erfolgt die Kriegserklärung Japans an das Deutsche Reich.
28. Sept.– Beschießung von Tsingtau durch japanische Großkampfschiffe sowie durch japanische Ar-
Okt.   tillerie.
7. Nov.   *Kapitulation* der deutschen Besatzung.

Kapitulation

Ozeanien

1914 Deutsch-Neuguinea wird von australischen, die Samoainseln von neuseeländischen Truppen besetzt (Aug.–Okt.).

Sept.–Okt. Die Marschallinseln und Marianen, die Palauinseln und Karolinen werden von den Japanern in Besitz genommen.

Politische Geschichte des Krieges bis Sommer 1916

Probleme — Die wichtigsten politischen *Probleme* der ersten Kriegsjahre sind:
1. die Lösung der Frage des Verhältnisses von Kriegsführung und Politik im Koalitionskrieg, 2. die innenpolitischen Auseinandersetzungen in den einzelnen Staaten, 3. die Bemühungen um den Frieden und die Kriegsziele.

Führung — Die Frage einer koordinierten politischen und militärischen *Führung* ist bei beiden Koalitionen unvollkommen gelöst. Aufseiten der Entente ist die Verbindung zwischen dem Westen und Russland aus äußeren und inneren Gründen schwierig. Im Vertrag zu London vom 5. Sept. 1914 verpflichten sich Großbritannien, Frankreich und Russland, keine Sonderfrieden zu schließen. Japan tritt dem Vertrag am 19. Okt. 1915 bei. Die notwendige militärische Kooperation wird zwischen Herbst 1915 und Sommer 1917 durch *interalliierte Konferenzen* hergestellt: Hervorzuheben ist die Konferenz von Chantilly (französische Stadt im Departement Oise, nördlich von Paris; vom 6.–8. Dez. 1915), in der der Beschluss korrespondierender Offensiven und der Räumung der Dardanellen gefasst wird.

interalliierte Konferenzen

Aufseiten der Mittelmächte ist die Einheitlichkeit dadurch belastet, dass die beiden Monarchen als „oberste Kriegsherren" de facto ausfallen, dass damit den auseinander fallenden Ressorts der politischen und militärischen Leitung die verbindende Spitze fehlt, dass die Generalstabchefs beider Monarchien zunehmend in Gegensatz zueinander geraten und dass Außenpolitik und Kriegsziele beider Monarchien sich vielfach widersprechen.

Die Reise des US-Oberst Edward M. House (*1856, †1938) vom Febr.–März 1915 im Auftrag von US-Präsident Woodrow Wilson nach London, Berlin und Paris bleibt ohne Erfolg: Seine unzulängliche Friedensvermittlung scheitert. Friedensversuche sind bis Ende 1916 noch nicht von Bedeutung.

Das Geschehen vom Frühjahr/Sommer 1916 bis Ende 1917

1916 Beginn der österreichisch-ungarischen Offensive zwischen Etsch und Brenta gegen Italien.

14. Mai Anfangserfolge: Die Festungen Asiago und Arsiero können erobert werden.

16. Mai Das *Sykes-Picot-Abkommen* legt die „Einflusszonen und Territorialerwerbungen" der Entente in der Türkei fest, d.h. de facto Aufteilungsplan.

Sykes-Picot-Abkommen
Brussilow-Offensive

Juni Wegen der einsetzenden *Brussilow-Offensive* im Osten muss der österreichisch-ungarische Angriff am italienischen Kriegsschauplatz abgebrochen werden: Die besetzten italienischen Festungen werden wieder geräumt.

Isonzo 6.–9. Aug. Erneute Schlacht am *Isonzo*: Görz wird von den Italienern eingenommen.

Im Hochsommer 1916 ist an allen Fronten das Gesetz des Handelns den Mittelmächten verloren gegangen. Es bleibt nur ein „System von Aushilfen" (General Falkenhayn). Diese Lage ist der Hintergrund für den *Kriegseintritt Rumäniens*, das seit langem durch hohe Versprechungen (Siebenbürgen, Bukowina, Banat) der Entente dazu gedrängt worden ist.

Kriegseintritt Rumäniens

27. Aug. König Ferdinand I. von Rumänien erklärt Österreich-Ungarn den Krieg. In den folgenden Tagen Kriegserklärungen Deutschlands, der Türkei und Bulgariens an Rumänien.

28. Aug.– 9. Dez. Siegreicher Feldzug deutscher, bulgarischer und türkischer Truppen unter Generalfeldmarschall von Mackensen durch die Dobrudscha (zwischen der unteren Donau und dem Schwarzen Meer).

26.–29. Sept. Nach Beginn der Operationen der Armee des Generals von Falkenhayn in Siebenbürgen werden die Rumänen in der Schlacht bei Hermannstadt (rumänisch: Sibiu) entscheidend geschlagen.

Proklamation Polens

5. Nov. Der *polnische Staat* wird durch gemeinsame Erklärung von Kaiser Wilhelm II. und Kaiser Franz Josef I. *proklamiert*. Kurz darauf bildet sich ein polnischer Staatsrat in Warschau. Die Exekutive bleibt jedoch in Händen des deutschen Generalgouverneurs in Warschau und des österreichisch-ungarischen in Lublin (im Südosten Polens).

23.–27. Nov. Deutsche und bulgarische Truppen unter Generalfeldmarschall von Mackensen überschreiten die Donau und vereinigen sich mit der Armee von Falkenhayn.

1.–5. Dez. Entscheidungsschlacht am Arges. Letzter rumänischer Widerstand durch rasche Verfolgung gebrochen.

6. Dez.	*Einzug der Sieger in Bukarest.* Der größte Teil Rumäniens – damit auch die wichtigen Erdölfelder – sind in der Hand der Mittelmächte; die Moldau bleibt allerdings rumänisch.	*Einzug der Sieger in Bukarest*
1917 11. März	Vordringen der Briten vom Persischen Golf gegen Bagdad, das genommen wird. Die Verbindung zwischen der Front der Briten und der Russen wird hergestellt. Nach Abzug der Russen infolge der Revolution besetzen die Briten Teheran und ganz Persien.	
April–Mai	Französisch-britische Durchbruchsoffensive an der deutschen Westfront (Verlauf: von Westen bei Arras über die Aisne bis zur Champagne) scheitert. Im französischen Heer ausgedehnte Meutereien.	
15. Mai	*General Henri Philippe Pétain* (*1856, †1951) neuer französischer Oberbefehlshaber, stellt die Ordnung wieder her. Verhaftungen sozialistischer und pazifistischer Agitatoren.	*General Pétain*
Mai/Dez.	Wiederholte erfolglose britische Offensiven in Flandern.	
12. Juni	Abdankung von König Konstantin II. von Griechenland aufgrund französisch-britischen Drucks (Ultimatum und militärisches Vorgehen in Thessalien und auf dem Isthmus von Korinth).	
27. Juni	*Griechenland* tritt nach Bildung einer neuen Regierung unter Eleutherios Venizelos dem Bund der Entente bei (Einsatz griechischer Truppen erst 1918).	*Griechenland*
24.–27. Okt.	Durchbruch der Truppen der Mittelmächte zwischen Flitsch und Tolmein am oberen *Isonzo*: Zusammenbruch der italienischen Front. Vordringen der Verbündeten auf der ganzen Linie. Mit Hilfe britisch-französischer Hilfstruppen kann die Piave-Linie (Fluss Piave entspringt am Südfuß der Karnischen Alpen und fließt nordöstlich von Venedig in das Adriatische Meer) behauptet werden (300000 italienische Gefangene; Massendesertionen und Demoralisierung im italienischen Heer).	*Isonzo*
	Anfang Nov. erfolgreiche britische Offensive von der Sueskanalfront nach Palästina.	
8. Dez.	Jerusalem wird von den Türken geräumt.	

Friedensbemühungen und Kriegseintritt der Vereinigten Staaten von Amerika

Der Wille des amerikanischen Präsidenten Woodrow Wilson, einen allgemeinen Frieden zu vermitteln, trifft mit Friedensabsichten des deutschen Reichskanzlers Bethmann Hollweg während der zweiten Hälfte des Jahres 1916 zusammen. Wilsons Aktion wird durch die Präsidentenwahl in den USA vorübergehend gehemmt. Nach der Wiederwahl Wilsons im Nov. 1916 ist der Weg wieder frei. Die deutsche und amerikanische Initiative gehen nun nebeneinander her und hemmen sich in ihrer Wirkung.

1916 21. Nov.	*Tod Kaiser Franz Josephs I.*; Nachfolger wird sein Großneffe Karl (Gemahlin Zita von Bourbon-Parma [*1892, †1989]). Das neue Kaiserpaar erwägt Sonderfriedenspolitik der Doppel-Monarchie. Ottokar Graf Czernin vertritt als Außenminister diese neue Linie.	*Tod Kaiser Franz Josephs I.*
12. Dez.	*Friedensdeklaration* der deutschen Reichsleitung: Die USA werden aufgefordert, die Ententemächte zu informieren, dass Deutschland zu Friedensverhandlungen bereit sei. Bestimmte Vorschläge zur Friedenslösung werden in Aussicht gestellt, aber noch nicht ausgesprochen. Die Entente lehnt ab (Premierminister Lloyd George kann sich mit seiner im Sept. 1916 ausgegebenen „Knock-out"-Parole im Kabinett durchsetzen; aber auch ein zur Verständigung mit dem Gegner bereiter Politiker wie Sir Edward Grey erklärt, der Krieg könne nicht eher aufhören, bis der preußische Militarismus ausgemerzt sei; der französische Ministerpräsident Aristide Briand schließlich hält allein das Wort Friede schon für frevelhaft angesichts der Bedrohung der Freiheit).	*Friedensdeklaration*
21. Dez.	*Note Wilsons* an die Krieg führenden Mächte und an die Neutralen, um „einen Meinungsaustausch über ihre Friedensbedingungen und Forderungen anzuregen".	*Note Wilsons*
26. Dez.	Die Antwort der Mittelmächte ist zustimmend und enthält den Vorschlag, eine Friedenskonferenz einzuberufen.	
1917 9. Jan.	Im deutschen Hauptquartier zu Pleß (in Oberschlesien; südlich Kattowitz) wird der unbeschränkte U-Boot-Krieg beschlossen. Der Kaiser schließt sich der Obersten Heeres- und Marineleitung gegen den Willen des Reichskanzlers Bethmann Hollweg, der auf den sicheren Kriegseintritt der Vereinigten Staaten von Amerika hinweist, an: Die Militärs wollen dies in Kauf nehmen, da sie durch den U-Boot-Einsatz mit der Niederlage Großbritanniens innerhalb von sechs Monaten rechnen. Eine andere Möglichkeit zum Sieg wird nicht mehr gesehen. Es ist die „letzte Karte".	
10. Jan.	Die Antwort der *Entente* auf den Vorschlag einer Friedenskonferenz ist nach diplomatischer Intervention der USA unter bestimmten Bedingungen zustimmend. Damit geben die Ententemächte zum ersten Mal offiziell und im Zusammenhang ihre Kriegsziele bekannt: Wiederherstellung der Eigenständigkeit Belgiens, Serbiens und Montenegros, Räumung aller besetzten Gebiete mit „Reparationen", Neuordnung Europas nach dem Nationalitätenprinzip, Befreiung der Italiener, Südslawen, Rumänen und Tschechoslowaken von fremder	*Entente*

Oberherrschaft, Verdrängung der osmanisch-türkischen Herrschaft aus Europa, Autonomie Polens innerhalb des Russischen Reiches, Sicherungen für den künftigen Frieden innerhalb dieser neuen Ordnung. Wilson sucht diese weit gehenden Bedingungen abzuschwächen und die Mittelmächte zur Veröffentlichung ihrer Bedingungen zu veranlassen.

Frieden ohne Sieg

22. Jan. Rede von US-Präsident Wilson vor dem Senat in Washington: *„Frieden ohne Sieg"*.

31. Jan. Deutsche Note an die USA kündigt den unbeschränkten U-Boot-Krieg zum 1. Febr. an mit dem Hinweis auf Großbritanniens völkerrechtswidrige Blockade.

3. Febr. Abbruch der diplomatischen Beziehungen zwischen den USA und dem Deutschen Reich. Auf einen Appell der USA hin folgt diesem Schritt die Mehrzahl der lateinamerikanischen Staaten sowie China.

16. Febr. Geheimvertrag zwischen Großbritannien und Japan, das die deutschen Südseeinseln nördlich des Äquators, Tsingtau und die Halbinsel Shantung zugesichert erhält.

Febr.–Mai Diplomatische Friedensversuche des k. u. k. Außenministers, Graf Czernin, bleiben ohne Erfolg. Czernin erklärt Deutschland gegenüber, dass Österreich-Ungarn nicht länger als bis zum Herbst durchhalten könne, erkennt den Anspruch Frankreichs auf Elsass-Lothringen an, will Italien Welschtirol zugestehen, Polen an Deutschland freigeben und Rumänien der Doppelmonarchie angliedern. Im Ganzen ein Programm im Geiste alter Kabinettspolitik.

11. März Abschluss eines russisch-französischen Notenaustausches: Russland erhält freie Hand für seine Grenzziehung im Westen, Frankreich für seine Ostpolitik, d. h. Besetzung von Elsass-Lothringen, des Saargebiets und Bildung eines Pufferstaates.

2. April Nachdem die öffentliche Meinung in den USA immer stärker zum Krieg gedrängt und der britische Geheimdienst eine deutsche Note (sog. Zimmermann-Depesche) entziffert hat, in der Mexiko von Deutschland ein Bündnis angeboten wird (Angebot der Abtretung von Texas, Neu Mexiko und Arizona an Mexiko), erfolgt die Botschaft Präsident Wilsons an den Senat, Deutschland den Krieg zu erklären.

Kriegserklärung der USA

6. April *Kriegserklärung der USA* an das Deutsche Reich (an Österreich-Ungarn erst am 7. Dez.).

19.–21. April Britisch-französisch-italienische Konferenz in Saint-Jean-de-Maurienne (östlich von Grenoble). Die Italiener verweigern jede Kürzung ihrer im Jahre 1915 garantierten Territorialansprüche, die genau fixiert werden (dabei die Brennergrenze).

19. Juli Friedensresolution des Deutschen Reichstags (Mehrheit aus SPD, Zentrum, Fortschritt) fordert erfolglos einen Frieden der Verständigung und Versöhnung.

Friedensnote Benedikts XV.

1. Aug. Eine *Friedensnote Papst Benedikts XV.* an die Krieg führenden Mächte bleibt ohne Erfolg.

Die russische Revolution und die Friedensschlüsse von Brest-Litowsk und Bukarest

Gründe für die Revolution

Die *Gründe für den Sieg der russischen Revolution* sind die für das Zarenreich verheerenden Kriegsfolgen (über drei Millionen Tote, Inflation, Preissteigerungen z. T. bis 700%, die Streiks und Unruhen hervorrufen), die ungelöste Verfassungsfrage (Scheinkonstitutionalismus), die innere Brüchigkeit der Führungsschicht, die durch Parteiungen und Intrigen gespalten ist, die Anstoß erregende Kamarilla um die Zarin, die linksrevolutionäre Haltung der russischen „Intelligenz", die agrarrevolutionäre Bereitschaft der Kleinbauern im übervölkerten Dorf (Scheitern der Stolypinschen Agrarreform von 1906/1910) und die weit fortgeschrittene Organisation der Industriearbeiterschaft durch die sozialistischen Parteien.

1917

8. März Beginn von Streiks und Unruhen in Petersburg (Petrograd – später Leningrad) infolge katastrophaler Lebensmittelknappheit. Da die Petrograder Truppen zu den aufständischen Sozialisten übergehen, ist die Revolution in der Hauptstadt entschieden. Der Arbeiterrat (Sowjet) hat die Macht in Händen, ist aber nicht fähig, die Regierung zu übernehmen.

12. März Bildung einer provisorischen Regierung aus dem Dumakomitee des „Progressiven Blocks" und der Sozialrevolutionäre. Leitung: Fürst Georgi J. Lwow.

Zar Nikolaus II. dankt ab
Ankunft Lenins

15. März *Zar Nikolaus II. dankt ab* und wird gefangen gesetzt. Er wird (17. Juli 1918) mit seiner Familie erschossen.

16. April *Ankunft Wladimir Iljitsch* (Uljanow) *Lenins* und anderer Führer der Bolschewisten in Petrograd (die Rückkehr aus dem Schweizer Exil erfolgt durch die tätige Mithilfe der deutschen Behörden).

17. April Rede Lenins über die Aufgaben des Proletariats in der gegenwärtigen Revolution („Aprilthesen"): Beendigung des Krieges, Republik der Arbeiterräte, Nationalisierung des gesamten Bodens, Kontrolle über die Produktion und Verteilung durch die Räte (Sowjets).

Mitte Mai Umbildung der Regierung: Der Sozialrevolutionär Alexander Fiodorowitsch Kerenski wird Kriegsminister. Er versucht noch einmal den Kampfgeist der Fronttruppen zu entfachen. Einsatz von Rednern der II. Internationale, besonders aus Frankreich (Albert Thomas), an der russischen Front.

30. Juni–11. Juli	*Russische Offensive* (Kerenski hält trotz der Formel eines Friedens ohne Annexionen und Kontributionen konsequent an Kriegsteilnahme fest) unter General Brussilow, die nach Anfangserfolgen in Galizien scheitert.	*russische Offensive*
20. Juli	Rücktritt des Ministerpräsidenten Lwow (Scheitern der Agrarreform): Kerenski wird Ministerpräsident.	
1.–5. Sept.	Schlacht um Riga (Livland, heute Lettland): Riga wird von den Deutschen genommen (3. Sept.).	
13. Sept.	Erringung der absoluten Mehrheit für die Bolschewisten im Petrograder Sowjet.	
16. Sept.	*Ausrufung der Republik*. Diktatur Kerenskis.	*Ausrufung der Republik*
18. Sept.	Bolschewistische Mehrheit im Moskauer Sowjet.	
12.–20. Okt.	Im Zusammenwirken von deutschen Marine- und Landstreitkräften werden die Inseln Ösel, Dagö und Moon erobert.	
6./7. Nov.	Putsch der Bolschewisten in Petrograd erfolgreich, da das Militär auf der Seite der Aufständischen steht. Kerenski entkommt und geht später ins Ausland.	
7. Nov.	II. Allrussischer Sowjetkongress in Petrograd: knappe Mehrheit der Bolschewisten im Bündnis mit den abgespaltenen linken Sozialrevolutionären (390 der insgesamt 649 Delegierten). Rechte Sozialrevolutionäre und Menschewisten verlassen den Kongress. – Aufruf der Bolschewisten an die Bürger Russlands.	
8. Nov.	Bildung einer bolschewistischen *Regierung der Volkskommissare*. Regierungsdekret über den Frieden enthält Aufforderung zu Waffenstillstand und Friedensschluss an alle Kriegführenden, verbunden mit der Idee der proletarischen Weltrevolution. Dekret über den Grund und Boden bestimmt die entschädigungslose Enteignung des Großgrundbesitzes. Gleichzeitig und kurz darauf greift die bolschewistische Revolution auf andere Städte und dann auch auf das Land über.	*Regierung der Volkskommissare*
25. Nov.	Die Wahlen zur Konstituierenden Nationalversammlung, die noch von der Kerenski-Regierung ausgeschrieben worden sind, ergeben, bei 41,7 Mio. abgegebenen Stimmen, 9,8 Mio. für die Bolschewisten und 22 Mio. für die Sozialrevolutionäre (Masse der Bauern!), während sich der Rest auf bürgerliche Gruppen und Menschewisten verteilt.	
28. Nov.	Vorschlag zum Waffenstillstand an alle Kriegführenden durch Leo Trotzki, Volkskommissar des Äußeren. Während die Entente ablehnt, erklären sich die Mittelmächte bereit.	
15. Dez.	Abschluss des Waffenstillstandes zwischen dem Deutschen Reich und Russland.	
22. Dez.	Beginn der Friedensverhandlungen in Brest-Litowsk (am Bug und am Ausgang des Dnjepr-Bug-Kanals). Die Mittelmächte sind ohne einheitlich vorbereitetes Programm. Die neue bolschewistische Regierung unterbreitet: Verzicht auf Annexionen, alsbaldige Räumung der besetzten Gebiete, Selbstbestimmungsrecht der Völker, Verzicht auf Kriegsentschädigungen.	
1918 19. Jan.	Die neugewählte Volksvertretung wird am Tag nach ihrem ersten Zusammentreten durch bolschewistische Truppen gesprengt. Lenin hat sich gegen die parlamentarische und für die Räterepublik entschieden.	
9. Febr.	Separat-Friede des Deutschen Reichs, Österreich-Ungarns und der Türkei mit der *Ukraine*. Ein ukrainischer Staat wird anerkannt, der als Gegenleistung für günstige Grenzziehung im Westen (Cholmer Land) und Zusage ukrainischer Autonomie in Ostgalizien umfangreiche Getreidelieferungen an die Mittelmächte verspricht.	*Ukraine*
10. Febr.	Erklärung Trotzkis, Russland sehe den Kriegszustand als beendet an und werde demobilisieren, ohne die deutschen Friedensbedingungen anzunehmen. Abbruch der Verhandlungen.	
18. Febr.	Wiederbeginn des Krieges. Deutscher Vormarsch. Die Sowjetregierung kapituliert.	
3. März	Abschluss des *Friedens von Brest-Litowsk* (zwischen Deutschland, Österreich-Ungarn, Türkei, Bulgarien und Sowjetrussland). Darin verzichtet Sowjetrussland auf seine Hoheitsrechte in Polen, Litauen, Kurland, deren künftige Verhältnisse vom Deutschen Reich im Einvernehmen mit den dortigen Völkern nach dem Selbstbestimmungsrecht gelöst werden sollen. Estland und Livland bleiben vorläufig von deutscher Polizeimacht besetzt. Sie werden durch Ergänzungsvertrag vom 27. Aug. 1918 vollständig aus dem russischen Staatsverband entlassen. Die Ukraine und Finnland werden von den Sowjets als selbstständige Staaten anerkannt. Sowjetrussland soll demobilisieren; die Mittelmächte verpflichten sich zur Räumung der besetzten Gebiete nach allgemeinem Friedensschluss. Weißruthenien bleibt unter sowjetischer Herrschaft. Reparationen werden von den Mittelmächten nicht gefordert. Lenin, ein Gegner der Trotzki-Initiative vom 10. Febr., setzt die Annahme des Friedensvertrages durch („Atempause").	*Friede von Brest-Litowsk*

Friedensvertrag von Bukarest

7. März Finnland schließt mit dem Deutschen Reich einen Sonderfrieden.
7. Mai *Friedensvertrag von Bukarest* zwischen den Mittelmächten und Rumänien, das die Dobrudscha an Bulgarien abtreten muss und den Deutschen Rechte in der Ausnutzung der Ölquellen einräumt.

Der Entscheidungskampf im Westen 1918

Offensive im Westen

Infolge der Entlastung durch den Frieden von Brest-Litowsk kann die deutsche Oberste Heeresleitung den Plan einer *Offensive im Westen* fassen, auf welche sie die Hoffnung für eine Schlacht- und Kriegsentscheidung setzt. Im Frühjahr ist die Stärke des deutschen Westheeres mit fast 200 Divisionen und etwa 3,5 Mio. Mann derjenigen der Alliierten etwa gleich. Die deutsche Seite sieht sich zu schnellem Handeln gezwungen, damit die nach Europa entsandten US-Truppen nicht das Kräfteverhältnis endgültig zuungunsten der Mittelmächte verschieben.

1918
21. März–6. April Erste deutsche Offensive in der Picardie zwischen Arras und La Fère mit dem Ziel, die Briten von den Franzosen zu trennen, erstere ans Meer zu drängen und auszuschalten. Nach Anfangserfolgen der durchbrechenden deutschen Truppen sind zwei der drei angreifenden Armeen bald erschöpft. Die Front der Briten kann nach starken Verlusten (90000 Gefangene) wieder geschlossen werden. Weitere deutsche Angriffe bleiben erfolglos.

alliierte Gegenoffensive

18. Juli Beginn der *alliierten Gegenoffensive* unter dem gemeinsamen Oberbefehlshaber General Ferdinand Foch (*1851, †1929). Entscheidend für die Erfolge der Alliierten von diesem Wendepunkt des Jahres 1918 an sind neben der zunehmenden deutschen Erschöpfung das schnell wachsende Übergewicht an Truppen und Material infolge des Eintreffens der US-Amerikaner und der Masseneinsatz von (zunächst nur britischen) Tanks (Panzer).

Schlacht bei Amiens

8.–11. Aug. *Schlacht bei Amiens* (an der Somme): tiefer Einbruch der Briten mit 450 Tanks beiderseits der Straße Amiens-Saint-Quentin am 8. Aug.: der „schwarze Tag des deutschen Heeres" (General Ludendorff). Seitdem pausenlose Angriffe der Alliierten gegen die deutsche Front zwischen Aisne und Flandern.

Siegfriedstellung

Sept. Rückverlegung der deutschen Front in die „*Siegfriedstellung*" (Kampflinie von Arras über Saint-Quentin bis Reims).
Sept.–Nov. In Abwehrschlachten muss die deutsche Verteidigungsfront zurückgenommen und verkürzt werden, wird aber insgesamt gehalten.

Wilsons Friedenspolitik

US-Präsident Wilson nimmt im Laufe des Jahres 1918 mehrfach zu den Bedingungen und Grundsätzen eines allgemeinen Friedens programmatisch Stellung, die als Grundlage der Friedensverhandlungen gemeint sind.
Am 8. Jan. 1918 hält Präsident Wilson im Zusammenhang mit der in Brest-Litowsk erörterten Friedensfrage eine Rede. Darin gibt er *14 Punkte* bekannt, die als Richtlinien für den Weltfrieden dienen sollen:

14 Punkte

1. Öffentlichkeit aller internationalen Vereinbarungen, 2. Freiheit der Meere, 3. Freiheit des Welthandels, 4. Rüstungsbeschränkung, 5. Internationale Regelung der Kolonialfragen, 6. Räumung und Freiheit Russlands, 7. Räumung und Wiederherstellung Belgiens, 8. Räumung allen französischen Gebiets und Abtretung Elsass-Lothringens an Frankreich, 9. Berichtigung der italienischen Grenzen nach dem nationalen Prinzip, 10. Freiheit zu autonomer Entwicklung der Völker Österreich-Ungarns (nicht identisch mit Zerschlagung Österreich-Ungarns), 11. Räumung Rumäniens, Serbiens und Montenegros, internationale Garantien für die Balkanstaaten, 12. nationale Autonomie der nicht türkischen Völker des Osmanischen Reiches, Öffnung und internationale Garantie der Meerengen (Bosporus und Dardanellen), 13. Bildung eines unabhängigen polnischen Staates mit Zusicherung eines freien und sicheren Zugangs zum Meer auf einem Gebiet, das von unbestreitbar polnischer Bevölkerung bewohnt ist, 14. Gründung eines Völkerbundes.

Weiterentwicklung seiner Grundsätze

In weiteren Reden *entwickelt Wilson diese Grundsätze weiter* (zuletzt am 27. Sept. 1918); sie gipfeln in den Begriffen einer „Herrschaft des Rechts" und einer „unparteiischen Gerechtigkeit" im Völkerleben, wofür eine „Friedensorganisation" in der „general and common family of the League of Nations" mit demokratischen Verfassungen geschaffen werden soll.

Staatsverschuldung und Inflation im Ersten Weltkrieg (Staatshaushalte 1914–1918)

		1914	1915	1916	1917	1918	1914–1918
Deutsches Reich (Mrd. Mark)	Ausgaben	8,8	25,8	27,8	52,2	44,4	159,0
	Einnahmen	2,5	1,8	2,1	8,0	7,4	21,8
	Defizit	6,3	24,0	25,7	44,2	37,0	137,2
Frankreich (Mrd. Francs)	Ausgaben	10,4	22,1	36,8	44,7	56,6	170,6
	Einnahmen	4,2	4,1	4,9	6,2	6,8	26,2
	Defizit	6,2	18,0	31,9	38,5	49,9	144,4
Großbritannien (Mio. Pfund)	Ausgaben	560	1560	2200	2700	2580	9500
	Einnahmen	230	340	570	710	890	2730
	Defizit	330	1220	1630	1990	1690	6860

Staatsverschuldung

Deutsches Reich

Frankreich

Großbritannien

Zusammenbruch der Mittelmächte

Bulgarien

1918
15.–24. Sept. Erfolgreiche *Durchbruchsoffensive* der Briten, Franzosen, Griechen, Serben und Italiener in Mazedonien. Auflösung und Zusammenbruch der bulgarischen Armee; dadurch wird Bulgarien alliiertes Operationsgebiet.

30. Sept. Abschluss eines Waffenstillstands mit den Alliierten: Bulgarien muss demobilisieren und alle ehemals serbischen und griechischen Gebiete räumen.

4. Okt. Zar Ferdinand I. von Bulgarien dankt zugunsten von Kronprinz Boris ab.

Durchbruchs-offensive

Türkei

1918
18./19. Sept. Beginn der *Palästinaschlacht*: Die türkische Front (gehalten von türkischen Truppen, die von deutschen Einheiten unterstützt werden) wird bei Jaffa von britischen Streitkräften durchbrochen.

Sept./Okt. Vorrücken der britischen Truppen bis nach Aleppo (Haleb in Syrien), Damaskus und Beirut unter General Edmund Allenby (*1861, †1936) mit Unterstützung arabischer Einheiten (Oberst Thomas Edward Lawrence [*1888, †1935]). Das deutsche Asienkorps kann sich bis nach Anatolien durchkämpfen.

14./15. Okt. Türkisches Kabinett entsendet Waffenstillstandsnote an US-Präsident Wilson.

30. Okt. *Waffenstillstand zu Mudros* (auf der Insel Lemnos): Die Türkei muss die Meerengen öffnen, alle Kriegsschiffe ausliefern, ihr Staatsgebiet für alliierte Operationen freigeben und sich von den Mittelmächten lösen.

Palästina-schlacht

Waffenstillstand zu Mudros

Österreich-Ungarn

1918
15.–24. Juni *Offensive der Österreicher* auf dem Plateau der Sieben Gemeinden und am unteren Piave (Golf von Venedig) scheitert. Rückzug der Österreicher aus dem Mündungsgebiet des Piave. Seitdem steigert sich die Demoralisation der Truppe, besonders der nicht deutschsprachigen Teile der Armee.

14. Aug. Kaiser Karl und der neue Außenminister (seit 16. April) Stefan Graf Burián von Rajecz im deutschen Hauptquartier in Spa (Belgien, südlich von Lüttich): Keine Einigung über das taktische Vorgehen in der Friedensfrage. Österreich-Ungarn drängt auf rasche Friedensinitiative und geht immer mehr einen eigenen Weg.

14. Sept. Note Österreich-Ungarns mit Anregung einer allgemeinen Friedenskonferenz wird von US-Präsident Wilson abgelehnt.

4. Okt. Österreich-Ungarn tritt dem deutschen Waffenstillstandsangebot bei.

17. Okt. *Manifest Kaiser Karls* an die Völker der Monarchie mit dem Versprechen, die österreichische Reichshälfte föderativ umzugestalten, kommt zu spät und treibt die Ungarn zur Abspaltung, deren Parlament die Selbstständigkeit Ungarns, das nur noch durch Personalunion mit Österreich verbunden sei, erklärt.

20. Okt. Antwort Präsident Wilsons auf das österreichisch-ungarische Waffenstillstandsangebot vom 4. Okt.: Die Selbstständigkeitswünsche der Völker der Monarchie müssten anerkannt

Offensive der Österreicher

Manifest Kaiser Karls

werden. Damit erklären die USA die Auflösung Österreich-Ungarns zur Bedingung von Waffenruhe.

21. Okt. Eröffnung der deutsch-österreichischen Nationalversammlung in Wien. Revolution in Wien.

24. Okt. Beginn von Angriffen der Italiener und der Alliierten: Durchbruch italienischer Truppen am unteren Piave, nachdem die dort stehenden ungarischen abgerückt sind. Die Italiener besetzen Triest (3. Nov.) und Fiume (5. Nov.).

27. Okt. Österreichisches Waffenstillstandsangebot unter den geforderten Bedingungen.

Tschechoslowakei
28. Okt. Proklamation der unabhängigen *Tschechoslowakei* in Prag.

Jugoslawen
29. Okt. Die *Jugoslawen* erklären in Agram (kroatisch: Zagreb) das staatsrechtliche Verhältnis der jugoslawischen Gebiete der Monarchie mit Österreich-Ungarn für gelöst.

selbstständige ungarische Regierung
1. Nov. Bildung einer *selbstständigen ungarischen Regierung* unter Graf Michael Károlyi.

3. Nov. Abschluss des Waffenstillstandes zwischen Österreich-Ungarn und den Alliierten. Bedingungen: Demobilisierung, Räumung des Gebiets von Südtirol, Tarvis (italienisch: Tarvisio, an der österreichischen Grenze) und Idria (westlich von Laibach [Ljubljana]). Die reichsdeutschen Truppen müssen innerhalb 15 Tagen Österreich-Ungarn verlassen haben. Der Kriegshafen Pola wird an die Alliierten übergeben.

3.–4. Nov. Massengefangennahme nach Waffenstillstand der bis zuletzt die Front haltenden österreichischen Truppen vorwiegend deutscher Nationalität durch die Italiener.

11. Nov. Kaiser Karl „verzichtet auf jeden Anteil an den Regierungsgeschäften".

Gesamtverluste
Gesamtverluste im Ersten Weltkrieg

	Gefallene	Verwundete	Gefangene
Deutschland	1 808 000	4 247 000	618 000
Frankreich	1 385 000	3 044 000*	446 000
Großbritannien	947 000	2 122 000	192 000
Italien	460 000	947 000	530 000
Österreich-Ungarn	1 200 000	3 620 000	2 200 000
Russland	1 700 000	4 950 000	2 500 000
Türkei	325 000	400 000	
USA	115 000	206 000	4 500

* 1,1 Mio. anerkannte Kriegsinvaliden

Deutsches Reich

1918
14. Aug. Konferenz im deutschen Hauptquartier in Spa (Belgien): Die Oberste Heeresleitung erklärt die Fortführung des Krieges als aussichtslos; Friedensvermittlung durch die Königin der Niederlande wird vorgesehen.

29. Sept. Generäle Hindenburg und Ludendorff fordern ein sofortiges Waffenstillstandsangebot;

30. Sept. Entlassung von Reichskanzler Georg Graf Hertling.

Prinz Max von Baden
3. Okt. *Prinz Max von Baden* wird zum Reichskanzler ernannt; er bildet eine Regierung, in der die Mehrheitsparteien (Sozialdemokraten, Links- und Nationalliberale, Zentrum) durch Staatssekretäre ohne Geschäftsbereich vertreten sind.

Waffenstillstandsangebot
3.–4. Okt. *Waffenstillstandsangebot* der deutschen Regierung an US-Präsident Wilson auf der Grundlage des 14-Punkte-Programms. Es folgt ein Notenwechsel, bei dem deutlich wird, dass es sich nur um eine widerspruchslose Annahme der Bedingungen handeln würde. Dazu wird die von Präsident Wilson nur indirekt ausgesprochene Forderung einer Abdankung Kaiser Wilhelms lanciert. Trotz hoffnungsloser militärischer Lage versucht die Oberste Heeresleitung daraufhin die Fortführung des militärischen Widerstandes zu erreichen.

26. Okt. Nach der Entlassung General Ludendorffs und dem österreichischen Waffenstillstandsgesuch (27. Okt.) scheidet diese Möglichkeit aber endgültig aus.

28. Okt. Beginn der Meuterei auf der deutschen Hochseeflotte, die dadurch am Auslaufen gehindert werden soll.

Aufstand der Matrosen in Kiel
3. Nov. Ein *Aufstand der Matrosen in Kiel* greift auf andere Städte über. In den folgenden Tagen Ausbreitung der Revolution über viele große Städte des Reichs. Bildung von Arbeiter- und Soldatenräten.

5. Nov. Letzte Note Präsident Wilsons: Die deutsche Waffenstillstandskommission wird von General Foch empfangen werden.

7. Nov.	*Revolution in München.*	*Revolution in München*
9. Nov.	*Revolution in Berlin*: Prinz Max von Baden gibt „de facto" die Thronentsagung Kaiser Wilhelms II. (unterzeichnet erst am 28. Nov. 1918) sowie des Kronprinzen bekannt und tritt zurück. *Philipp Scheidemann* (SPD) ruft die Republik aus. Übertragung der Regierungsgeschäfte an den Vorsitzenden der SPD, Friedrich Ebert.	*Revolution in Berlin* *Philipp Scheidemann*
8.–11. Nov.	Waffenstillstandsverhandlungen General Fochs mit der deutschen Waffenstillstandskommission unter Führung von Matthias Erzberger. Die deutschen Unterhändler können nur unwichtige Änderungen an den harten Bedingungen erreichen.	
11. Nov.	In Compiègne (nordfranzösische Stadt an der Mündung der Aisne in die Oise) *Abschluss des Waffenstillstandes.* Hauptbedingungen: Räumung der besetzten Gebiete Frankreichs, Belgiens, Luxemburgs sowie Elsass-Lothringens innerhalb von 15 Tagen. Abgabe großer Mengen von Kriegsmaterial und von Verkehrsmitteln; Räumung des linken Rheinufers, das von den Alliierten besetzt werden soll, einschließlich dreier Brückenköpfe von Mainz, Koblenz, Köln; Bildung einer neutralen Zone von 10 km Breite rechts des Rheins; unverzügliche Rückbeförderung der Kriegsgefangenen ohne Recht auf Gegenseitigkeit; Verzicht auf die Friedensverträge von Brest-Litowsk und Bukarest; Zurückführung aller deutschen Truppen im Osten und Südosten hinter die Grenzen von 1914; die deutschen Truppen sollen jedoch auf ehemals russischem Staatsgebiet noch stehen bleiben, bis die Abberufung günstig erscheine (russische Revolution!); Ablieferung aller U-Boote, Abrüstung und Kontrolle der deutschen Hochseeflotte; Ablieferung von 2000 Jagd- und Bombenflugzeugen. Dauer des Waffenstillstandes zunächst 36 Tage.	*Abschluss des Waffenstillstandes*

Internationale Entwicklung zwischen den Weltkriegen (1918/1919–1939)

Die Zeit zwischen 1919 und 1939 ist sowohl als Nachgeschichte des Ersten wie auch als Vorgeschichte des Zweiten Weltkrieges anzusehen. In der Mitte (1929–1933) liegt die Epoche der Weltwirtschaftskrise, eine der entscheidenden Ursachen für die auf den Zweiten Weltkrieg hintreibende Entwicklung.
Die Zeit nach 1919 ist im Allgemeinen durch folgende Tendenzen bestimmt:
1. Die Versuche, Garantien gegen die Gefährdung der Sicherheit und der neugesetzten *Nachkriegsordnung* zu gewinnen. Im Zusammenhang damit stehen die außenpolitischen Bestrebungen, durch Konferenzen und Bündnissysteme die Pariser Friedensverträge aufrechtzuerhalten, auszubauen oder durch neue Verträge zu revidieren. Die Innenpolitik der Staaten ist von den Versuchen gekennzeichnet, die Abwehr gegen revolutionäre Bewegungen aufzunehmen oder nach revolutionären Erschütterungen neue Lebenssicherung in neuen Verfassungen zu gewinnen. Als geistige Haltung entspricht dem das Streben, nach Entbehrungen und Verlusten möglichst schnell die Sicherheit des bürgerlichen Lebens wiederzugewinnen.

2. Die Entwicklung der *Technik* und die Fortsetzung der *Industrialisierung*, die stärker als vor dem Kriege den Lebensstil der Menschen bestimmt und große Gebiete ergreift, die vor 1914 noch kaum industrialisiert sind (wichtigstes Beispiel: Russland). Die Veränderung der Lebensweise durch verstärkten Einsatz technischer Mittel bewirkt zugleich eine neue Stufe der Rationalisierung auf fast allen Gebieten (z. B. Landwirtschaft, Industrie, Handel, „neue Sachlichkeit" in der Kunst, persönliche Lebensgestaltung und Verhaltensweisen, deutlicher Geburtenrückgang). Auf politisch-gesellschaftlichem Gebiet entsprechen dem eine erhöhte Notwendigkeit und Fähigkeit zur Organisation und zu zentralisierter Führung von Massen – in Propaganda, Wahlkämpfen, Wirtschaftskämpfen der demokratischen USA ebenso sichtbar wie in der Organisation ganzer Völker durch eine zur Totalität strebende Integration von Staaten des faschistisch-nationalsozialistischen oder bolschewistisch-kommunistischen Herrschaftstyps.

3. Die revolutionären Ereignisse am Ende des Ersten Weltkrieges wirken in vielerlei Gestalt auf die aus der Sicherheit geworfenen Völker nicht nur Europas, sondern auch Asiens, Afrikas und Lateinamerikas. Die Revolution hat die *politisch-gesellschaftliche Ordnung* der jahrhundertealten Monarchien (Deutschland, Österreich-Ungarn, Russland, Osmanisches Reich, China) beseitigt und gefährdet nicht minder die bürgerlich-liberale Demokratie, besonders dort, wo sie sich, selbst anfällig und gefährdet, in der Krise befindet, so in Frankreich, Italien, Spanien und Deutschland sowie in den ostmitteleuropäischen Staaten, in denen die soziale Basis für eine Demokratie nach westlichem Vorbild nur unvollkommen vorhanden ist.

Nachkriegsordnung

Technik und Industrialisierung

politisch-gesellschaftliche Ordnung

4. Die im Politischen sichtbare *Krise* wird in Wissenschaft und Kunst der Zeit, vor allem in der Theologie und Philosophie, deutlich. Hier wird die Überlieferung geistiger Selbstsicherheit und Fortschrittsgläubigkeit revidiert, so etwa in der Existenzphilosophie oder in der dialektischen Theologie. Während der Säkularisierungsprozess der Massen fortschreitet und durch die totalitären politischen Systeme beschleunigt wird, ist die *Erneuerung der Religion*, von verschiedensten Richtungen her, im Besonderen aber ein neues Verständnis für die Bewährung christlichen Glaubens, Kennzeichen der Jahre zwischen den Weltkriegen.

Die *internationalen Beziehungen* sind bestimmt durch:
Kampf um Stabilisierung oder Revision der Pariser Friedensverträge;
Zurückziehen der Politik der USA, der Dominions des British Commonwealth of Nations und Japans von den europäischen Fragen;
Festigung und Ausbau der kommunistischen Herrschaft in der Sowjetunion und das Prinzip der Weltrevolution als ständig drohender politischer Faktor (Komintern);
Japans Expansion in Ostasien;
Bildung des faschistischen Italien und des nationalsozialistischen Deutschland und deren expansive Außenpolitik;
zahlreiche Konfliktstoffe, die sich aus den Grenzziehungen und den nationalen Gegensätzen vor allem in Ostmitteleuropa und in den mit ihrer Emanzipation beginnenden kolonialen oder halbkolonialen Ländern Asiens und Afrikas ergeben.

Internationale Nachkriegsordnung und Ereignisse bis zum Ausbruch der Weltwirtschaftskrise 1929

Die Friedensverträge (1919/1920)

Nach Abschluss und In-Kraft-Treten der Waffenstillstandsvereinbarungen von 1918 werden die Vorbereitungen zu einer allgemeinen Friedenskonferenz aufgenommen. Sie wird nicht zur Weltfriedenskonferenz, weil Sowjetrussland ausgeschlossen ist. Auch die Besiegten sind nicht als Teilnehmer und Verhandlungspartner zugelassen.

1918 2.–3. Dez. Geheimkonferenz zwischen dem britischen Premier David Lloyd George und dem französischen Ministerpräsidenten Georges Clemenceau. Der Plan für die Friedenskonferenz wird festgelegt, die Interessen abgesteckt.

1919 18. Jan. *Eröffnung der Friedenskonferenz* im Spiegelsaal des Schlosses zu Versailles mit 70 Delegierten aus 27 Siegerstaaten.
Bei den monatelangen nachfolgenden Verhandlungen sind die Sitzungen des Obersten Rats der „großen Zehn", der Vertreter der fünf Hauptmächte (USA, Großbritannien, Frankreich, Italien, Japan), von größerer Bedeutung als die Vollversammlungen. Der Oberste Rat wird alsbald ersetzt durch den *Viererrat*, die „großen Vier" (US-Präsident Woodrow Wilson, britischer Premier David Lloyd George, französischer Ministerpräsident Georges Clemenceau, italienischer Ministerpräsident Vittorio Emanuele Orlando), schließlich (ohne Orlando) die „großen Drei".

2.–6. März Gründungskongress der III. Internationale (Komintern) in Moskau. Ihre Gründung wird von Lenin bezeichnet als die „Vorstufe der internationalen Republik der Sowjets, des Weltsieges des Kommunismus".

29. April Die *Verfassung des Völkerbundes* wird in der Vollversammlung der Pariser Friedenskonferenz angenommen (Teil I mit 26 Artikeln in allen Friedensverträgen).

Der Völkerbund

Völkerbund

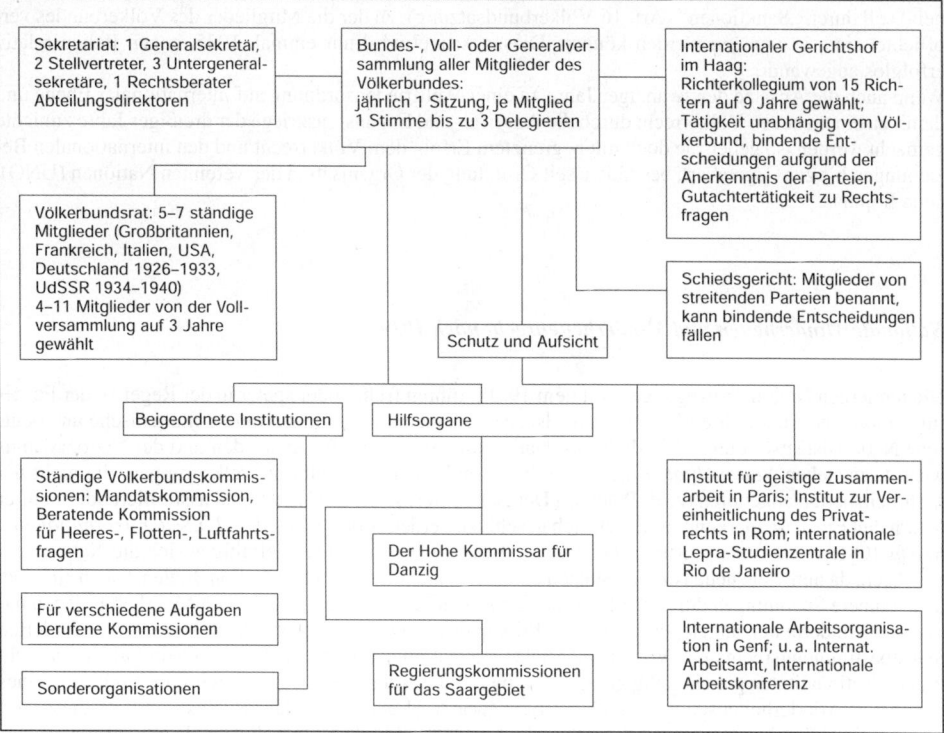

Der Völkerbund, dem die USA später nicht beitreten, soll eine Organisation des Friedens und der Sicherheit für das neue, in den Friedensverträgen festgesetzte politische System sein. Die Mitglieder werden zu gegenseitiger Hilfe bei Friedensverletzungen verpflichtet. Sie erkennen bei Streitigkeiten den Schiedsspruch des *Haager Ständigen Internationalen Gerichtshofes* an. Sanktionen kann mit Zweidrittelmehrheit auch die Völkerbundsversammlung oder der Völkerbundsrat verhängen. Arbeitsgesetzgebung (Internationales Arbeitsamt), Gesundheitswesen und internationale Verwaltung (ehemals deutsche Kolonien, Saargebiet für 15 Jahre, Freie Stadt Danzig) gehören zur Zuständigkeit eines ständigen Sekretariats. Dieses registriert alle Verträge, die zwischen Mitgliedern geschlossen werden. Erster Generalsekretär: *Sir Eric Drummond* (*1876, †1951). Der Völkerbundsrat besteht aus den Vertretern der Großmächte und aus vier jeweils von der Vollversammlung gewählten Mächtevertretern. Der Völkerbund beginnt seine Tätigkeit Anfang 1920 in Genf.

Internationaler Gerichtshof

Sir Eric Drummond

Das Völkerrecht nach dem Ersten Weltkrieg

Die Gründung des Völkerbundes ist trotz seiner nur begrenzten Wirkungskraft und schließlich seines Scheiterns ein Markstein in der Geschichte des Völkerrechts. Bis 1914 sind die Staaten – in der Tradition des europäischen Staatensystems – Völkerrechtssubjekte der Völkerrechtsgemeinschaft, insoweit bestimmte Regeln ihrer Beziehungen, vor allem Abschluss und Einhaltung von internationalen Verträgen, von ihnen anerkannt werden. Sie sind aber dabei voll souveräne Staaten, die den inneren Angelegenheiten nicht durch internationale oder gar übernationale Bindungen in ihrer Souveränität eingeschränkt werden, abgesehen von Verpflichtungen, die sie durch freiwillig geschlossene Verträge mit anderen Staaten (z. B. Handelsbestimmungen oder Bündnisverpflichtungen) eingehen. Der *Krieg* ist *als letztes Mittel* der Politik anerkannt. Er ist völkerrechtlich nicht geächtet, jedoch in seinen Mitteln eingeschränkt, z. B. Rechtsschutz der Zivilbevölkerung (Haager Friedenskonferenzen von 1899 und 1907).
Im Ersten Weltkrieg wird der alte *Gedanke eines allgemeinen Weltfriedens*, in dem der Krieg ausgeschlossen sein soll, politisch wirksam, besonders im Friedensprogramm des amerikanischen Präsidenten Woodrow Wilson, der damit den Kriegseintritt der Vereinigten Staaten rechtfertigt. Der Völkerbund wird gegründet mit dem Hauptziel eines allgemeinen Friedens und internationaler Sicherheit. Aus relativen

Krieg als letztes Mittel

Weltfriede

Verbot des Angriffskrieges

Kriegsverboten in der Völkerbundsatzung (Art. 10, 12, 13, 15) wird das *allgemeine Verbot des Angriffskrieges* als Mittel der Politik im Briand-Kellogg-Pakt von 1928. Die neu begriffene „kollektive Sicherheit" soll durch „Sanktionen" (Art. 16 Völkerbundsatzung), zu der die Mitglieder des Völkerbundes verpflichtet sind, erzwungen werden können. Dieser Artikel wird nur einmal, 1935, gegen Italien relativ erfolglos angewandt.

Wenn auch die Ansätze der zwanziger Jahre zu einer Weltfriedensordnung auf internationaler Ebene und damit zu einem neuen Völkerrecht durch die Angriffs- und Expansionskriege der dreißiger Jahre zunichte gemacht werden, so geben sie doch mit begrenztem Erfolg dem Völkerrecht und den internationalen Beziehungen bis zur Gegenwart, besonders seit Gründung der Organisation der Vereinten Nationen (UNO), neue Impulse.

Nationale Minderheiten und Minderheitenrecht nach 1919

Nationalitätenfragen
Ende der übernationalen Reiche

Die modernen Nationalbewegungen seit dem 19. Jh. führen früher oder später in der Regel zu der Forderung, dass eine Nation ihren Staat (Nationalstaat) ausbauen und gewinnen müsse (italienische und deutsche Nationalstaatsbildung). Im Maße wie Nation und Staat identifiziert werden und der Nationalismus wächst, entstehen *Nationalitätenfragen*, die im Grundproblem gipfeln, ob Volksgruppen, die nicht der Mehrheitsnation angehören (z. B. Polen im Deutschen Reich von 1871), national assimiliert oder in ihrer nationalen Eigenart anerkannt und rechtlich geschützt werden sollen. Nach dem *Ende der übernationalen Reiche* (Österreich-Ungarn, Russisches Reich, Osmanisches Reich) vervielfältigen sich die Nationalitätenfragen, da nun viele neue Nationalstaaten entstehen, die in Wirklichkeit Nationalitätenstaaten sind, bei denen innere Spannungen durch die Konflikte zwischen der jeweiligen ethnischen Mehrheit und den nationalen Minderheiten angelegt sind. Da das Prinzip des von US-Präsident Wilson besonders geforderten Selbstbestimmungsrechts der Völker angesichts der nationalen Gemengelage in Ostmitteleuropa nicht für alle Nationalitäten gleichmäßig gerecht durchgesetzt werden kann oder soll, wird die Notlösung eines rechtlichen Minderheitenschutzes unabweisbar. Zwar wird ein allgemeiner Rechtsgrundsatz dieser Art nicht in die Völkerbundsatzung einbezogen, doch wird der Minderheitenschutz z. T. in die Friedensverträge aufgenommen und durch besondere *Minderheitenschutzverträge* rechtskräftig, so z. B. das deutsch-polnische Oberschlesienabkommen von 1922. In diesen Verträgen geht es um die Garantie staatsbürgerlicher Gleichstellung sowie um Freiheit der Sprache, der Religionsausübung, der kulturellen Einrichtungen, besonders der Schulen mit Unterricht in der jeweiligen Muttersprache.

Minderheitenschutzverträge

Zuständig für die Behandlung von Klagen nationaler Minderheiten gegen ihre Staaten aufgrund der Verträge wird der Völkerbundsrat. Kontrolle und (begrenzte) Durchsetzung des Minderheitenschutzes werden damit zu einer wichtigen Aufgabe des Völkerbundes. Die Behandlung der Minderheiten-Beschwerden in Genf ist allerdings schleppend und großenteils unwirksam. Sie unterliegt daher zunehmend der Kritik.

Der Friedensvertrag von Versailles

Übergabe der Friedensbedingungen

1919	*Übergabe der Friedensbedingungen* an die am 29. April eingetroffenen deutschen Vertreter.
7. Mai	Außenminister Ulrich Graf von Brockdorff-Rantzau, der Führer der deutschen Delegation, versucht in mehreren Noten Milderungen zu erreichen. Zu mündlicher Verhandlung wird er nicht zugelassen.
16. Juni	Mantelnote der Siegermächte mit den endgültigen Friedensbedingungen, die gegenüber der ersten Fassung nur wenig geändert sind. Die wichtigste Milderung betrifft die Volksabstimmung in Oberschlesien anstelle der bedingungslosen Abtretung.
20. Juni	Nach Regierungswechsel (Rücktritt der Koalitionsregierung Scheidemann und Berufung einer neuen Regierung unter Reichskanzler Gustav Bauer; in der nur Sozialdemokraten und Zentrumsleute vertreten sind) in Berlin und Abstimmung in der deutschen Nationalversammlung, die sich mit 237 gegen 138 Stimmen der Deutschen Demokratischen Partei, der Deutschen Volkspartei und der Deutschnationalen Volkspartei unter Protest zur Annahme des Friedensvertrages entschließt:
28. Juni	*Unterzeichnung des Friedensvertrages in Versailles* durch den neuen deutschen Außenminister Hermann Müller und Verkehrsminister Johannes Bell.

Unterzeichnung des Vertrages

Die Bestimmungen des Versailler Friedensvertrages

Der *„Clemenceau-Frieden"* wird weit gehend von den Franzosen durchgesetzt, wenn er auch in wesentlichen Bestimmungen infolge des Widerstands von US-Präsident Wilson und Premier Lloyd George abgeschwächt werden kann (vor allem in der Forderung der Abtretung von deutschen Gebieten westlich des Rheins).

Clemenceau-Friede

Teil I enthält – wie in allen andern Friedensverträgen – die Völkerbundssatzung.
Teil II und III betreffen die *neuen Grenzen*, die politischen Klauseln (Ausbeutung der Gruben), die Saar und die Volksabstimmungen. Ohne Abstimmung werden abgetreten: Elsass-Lothringen, fast ganz Posen und Westpreußen (Polen und Freie Stadt Danzig), Memelgebiet, Hultschiner Ländchen (Tschechoslowakei). *Abstimmungen* sollen stattfinden in: Nordschleswig, Regierungsbezirk Marienwerder und Allenstein, in Eupen-Malmédy und Oberschlesien. Im Saarbecken verzichtet Deutschland auf das Eigentum an den Kohlengruben zugunsten Frankreichs mit Möglichkeit des Rückkaufsrechts. Nach 15 Jahren soll Abstimmung im Saargebiet stattfinden. Deutschland erkennt die Unabhängigkeit Österreichs als „unabänderlich" an; Änderung nur „mit Zustimmung des Rats des Völkerbundes".

neue Grenzen

Abstimmungen

Besetzung des linksrheinischen Gebiets mit drei Brückenköpfen in drei Zonen mit der Möglichkeit der Räumung nach fünf, zehn und fünfzehn Jahren.
Teil IV bezieht sich auf die deutschen Rechte und Interessen im Ausland. Das Reich *verzichtet auf alle überseeischen Besitzungen.*

überseeische Besitzungen

Die militärischen Bestimmungen in Teil IV und V setzen fest: Auslieferung fast des gesamten Kriegsmaterials. Auflösung des Großen Generalstabs. Aufhebung der allgemeinen Wehrpflicht. Auflösung des deutschen Heeres. Festsetzung einer Höchstgrenze für Zahl und Stärke der Einheiten sowie für Bewaffnung des neuen Berufsheeres von 100000 Mann Land- und 15000 Mann Marinetruppen mit 4000 Offizieren (Dienstzeit 12 Jahre, Offiziere 25 Jahre). Alle Festungen und befestigten Plätze bis zu 50 km ostwärts des Rheins werden geschleift. Interalliierte, auf Deutschlands Kosten zu unterhaltende Kommissionen überwachen die Abrüstung und den erlaubten Rüstungsstand Deutschlands.
Teil VI enthält Vorschriften über die Kriegsgefangenen und die Grabstätten.
Teil VII bringt Strafbestimmungen: Wilhelm II. wird unter Anklage gestellt „wegen schwerster Verletzung der internationalen Moral und der Heiligkeit der Verträge". Ein besonderer Gerichtshof soll gebildet werden. Die deutsche Regierung soll alle „Kriegsverbrecher" ausliefern.
Teil VIII behandelt die Wiedergutmachungen *(Reparationen)*. Der einleitende Artikel 231 erklärt, „dass Deutschland und seine Verbündeten als Urheber aller Verluste und aller Schäden verantwortlich sind, welche die alliierten und assoziierten Regierungen und ihre Angehörigen infolge des ihnen durch den Angriff Deutschlands und seiner Verbündeten aufgezwungenen Krieges erlitten haben" (Kriegsschuldparagraf). Mit dieser einseitigen Feststellung der Kriegsschuld der Mittelmächte, insbesondere Deutschlands, werden alle Reparationen begründet. Die Gesamtschuld des Deutschen Reichs soll von einer besonderen Reparationskommission festgelegt und innerhalb von 30 Jahren, beginnend mit dem 1. Mai 1921, abgelöst werden. Alle Handelsschiffe über 1600 BRT und die Hälfte aller Handelsschiffe von 1000–1600 BRT sowie z. T. Fischereifahrzeuge und die Fluss-Schifffahrtsflotte sollen abgeliefert werden. Ebenso große Mengen von Maschinen, Fabrikeinrichtungen, Baumaterialien usw.; ähnliche Kohlelieferungen für eine Zeitdauer von zehn Jahren, ebenso Lieferungen von Benzol, Steinkohlenteer, schwefelsaurem Ammoniak drei Jahre lang. Ablieferung von Farbstoffen, Lokomotiven, Eisenbahnwagen, Lastkraftwagen, landwirtschaftlichen Maschinen. Übergabe der deutschen Unterseekabel.

Reparationen

Teil IX enthält finanzielle Bestimmungen.
Teil X regelt wirtschaftliche Bestimmungen: Volle Meistbegünstigung der Signatarstaaten im Handelsverkehr auf fünf Jahre. Die Zollordnung der besetzten Gebiete wird von den Alliierten bestimmt. Aufhebung aller Handelsverträge. Ferner muss Deutschland eine Reihe von Verträgen anerkennen, die von den Alliierten in Zukunft ohne Mitwirkung Deutschlands geschlossen werden, außerdem auch die Kriegsentschädigung (Wiederherstellung, Wiedergutmachung), die die Alliierten späterhin der Sowjetunion zusprechen.
Teil XI bestimmt für die Luftschiffe der Alliierten Freiheit des Überfliegens und der Landung auf deutschem Hoheitsgebiet.
Teil XII über Häfen, *Wasserstraßen* und Eisenbahnen, erklärt Elbe, Memel, Oder, Donau und Rhein für *international,* bestimmt freie Durchfahrt für alle Nationen durch den Nord-Ostsee-Kanal, Freihäfen für die Tschechoslowakei in Hamburg und Stettin.

internationale Wasserstraßen

Teil XIII befasst sich mit der Organisation der Arbeitsbedingungen im Sinne des Völkerbunds.
Teil XIV behandelt die *Sicherheiten* für die Ausführung des Vertrages. Bestimmungen über die Räumungsfristen des besetzten Gebiets, die bis zu 15 Jahre betragen.

Sicherheiten

Teil XV enthält Verschiedenes: Deutschland verpflichtet sich u. a., mit allen Bestimmungen einverstanden zu sein, die bezüglich der Gebiete der ehemaligen österreichisch-ungarischen Monarchie, Bulgariens und der Türkei getroffen werden.

Der Friedensvertrag von Saint-Germain-en-Laye

Österreich und Ungarn werden von den Siegermächten als Rechtsnachfolger der Donaumonarchie und damit als Anstifter des Krieges angesehen, die Tschechen, Jugoslawen und siebenbürgischen Rumänen dagegen zu den Siegern gerechnet.

Deutsch-Österreich

1919 Überreichung der Friedensbedingungen für *Deutsch-Österreich* (2. Juni). Der endgültige
2. Sept. Wortlaut der Friedensbedingungen in Saint-Germain-en-Laye (Stadt westlich von Paris, an der Seine) überreicht. Wichtige Milderung: In Kärnten soll eine Abstimmung stattfinden. Die Siegermächte fordern Abänderung des Artikels 61 der deutschen Reichsverfassung, der den Anschluss Deutsch-Österreichs an das Deutsche Reich vorsieht.
10. Sept. Unterzeichnung des Friedensvertrages zwischen Deutsch-Österreich und den Siegerstaaten in Saint-Germain-en-Laye.

Die Hauptbedingungen des Friedensvertrages

Südtirol

1. Die Trennung Ungarns von Österreich wird aufrechterhalten. 2. *Südtirol* bis zum Brenner mit knapp 0,25 Mio. deutschsprachiger Einwohner fällt an Italien, das außerdem durch das Küstenland mit Triest, Istrien, Teile von Kärnten und Krain, Dalmatien und dalmatinische Inseln vergrößert wird (außer Fiume). 3. Anerkennung der selbstständigen Staaten Tschechoslowakei, Polen, Ungarn und Jugoslawien durch Österreich mit den sich daraus ergebenden Abtretungen. 4. Dem neuen Bundesstaat „Österreich" wird der Name „Deutsch-Österreich" sowie der durch die Wiener Nationalversammlung beschlossene

Anschluss wird untersagt

Anschluss an das Deutsche Reich untersagt. 5. Die Artikel über Völkerbund, Vertretung der Interessen im Ausland, Wiedergutmachung, Kriegsverbrecher, Abrüstung, Luftschifffahrt, Häfen, Wasserstraßen usw. entsprechen (ebenso wie im Vertrag mit Ungarn) der Friedensurkunde von Versailles. Das Heer wird auf 30000 Mann beschränkt.

Bei Abschluss der Verträge von Versailles (Art. 245/246) und Saint-Germain (Art. 193, 196) erfolgen nicht mehr die zum letzten Mal in den Napoleonischen Kriegen üblichen Einziehungen wertvollen Kunstgutes als Beute, sondern nur beschränkte und mit anderen Motiven begründete Auslieferungen (z. B. die in Berlin befindlichen Flügel des Genter Altars als Entschädigung für die verbrannte Bibliothek in Löwen).

Der Friedensvertrag von Neuilly

Bulgarien

1919
27. Nov. Unterzeichnung des Friedensvertrags durch *Bulgarien* in Neuilly-sur-Seine (Stadt am Nordwestrand von Paris) aufgrund der am 18. Sept. übergebenen Bedingungen. Bulgarien behält im Norden die Grenzen von 1913 (Silistria bleibt bei Rumänien). Abtretung thrakischer Gebiete. Strumitza (Mazedonien) fällt an Jugoslawien, das Küstengebiet am Ägäischen Meer bis zur Maritza an Griechenland, doch bulgarischer Zugang zum Hafen Dedeagatsch (Alexandropolis). Heeresbeschränkung auf 20000 Mann. Kriegsentschädigungen und Kohlelieferungen.

Der Friedensvertrag von Trianon

territoriale Verluste Ungarns

1920
4. Juni Unterzeichnung des Friedensvertrags von Trianon (zwei Lustschlösser im Park von Versailles). *Ungarn tritt ab*: die Slowakei an die Tschechoslowakei, Westungarn (Burgenland) an Österreich, Kroatien-Slawonien an Jugoslawien, das Banat an Jugoslawien und Rumänien, Siebenbürgen an Rumänien. Heer: 35000 Mann.

Der Friedensvertrag von Sèvres

Mustafa Kemal (Atatürk)

1919 Griechen besetzen Smyrna (Izmir) im Einvernehmen mit den Siegermächten (15. Mai).
23. Juli Zusammentreten des Türkischen Nationalkongresses unter Führung *Mustafa Kemals (Atatürk)*, der die Unverletzlichkeit des türkischen Anatolien fordert und zur nationalen Verteidigung aufruft.
1920 Mustafa Kemal eröffnet die Nationalversammlung in Ankara (23. April).
10. Aug. Unterzeichnung des Friedensvertrages von Sèvres (französische Stadt im südwestlichen Vorortbereich von Paris) durch die türkische Regierung. Der Friedensvertrag wird von den Nationalisten unter Mustafa Kemal nicht anerkannt.

Die Hauptbedingungen des Friedensvertrags

1. Internationale Kontrolle und Verwaltung der Meerengen. 2. Wiederherstellung der Kapitulationen zur Rechtssicherheit der Ausländer in der Türkei, 3. Finanz- und Militärkontrolle, Heeresbeschränkung auf 50000 Mann, internationale Kontrolle über Häfen, Fluss-Schifffahrt und Eisenbahnen, Reparationen, 4. *Abtretungen:* a) an Griechenland Thrakien mit Gallipoli, die Ägäischen Inseln, Smyrna (nach fünf Jahren Plebiszit), b) an Frankreich Syrien und Kilikien, an Großbritannien Irak und Palästina, dazu die Schutzherrschaft über Arabien (Königreich Hedschas), an Italien den Dodekanes und Rhodos, 5. Türkisch-Armenien wird selbstständiger Staat, 6. Zypern und Ägypten bleiben unter britischer, Tripolitanien unter italienischer Herrschaft. Der Türkei bleibt demnach Konstantinopel (Istanbul) mit Hinterland bis zur Catalcalinie und Anatolien (etwa 10 Mio. Einwohner).

Abtretungen

Grenzkonflikte nach und während der Friedensregelung

Die Pariser Friedensverträge haben *nicht den „Gerechtigkeitsfrieden"* im Sinne Wilsons gebracht. Vom Tage ihrer Unterzeichnung an ist daher als notwendiges Ziel der Politik vorgezeichnet: für die Sieger, vor allem das am meisten interessierte Frankreich, Stabilisierung und Sicherung, für den Besiegten, in erster Linie das Deutsche Reich, Revision.
In einem Defensivvertrag (28. Juni 1919) zwischen Frankreich, Großbritannien und den USA wird gegenseitige Bündnispflicht im Falle eines deutschen Angriffs auf Frankreich vereinbart. Die USA ratifizieren diesen Vertrag ebenso wenig wie den Vertrag von Versailles und entziehen sich damit weiterer Verantwortung für das politische System von Versailles.
Folgende Grenzfragen führen unmittelbar nach oder schon während der Friedensregelung zu Konflikten:
Fiume (kroatisch: Rijeka/Jugoslawien): Auf der Friedenskonferenz werden italienische Ansprüche auf Fiume nicht berücksichtigt. Nach Schaffung eines Freistaates Fiume versucht der italienische Freischarenführer Gabriele D'Annunzio vergeblich, die Frage durch Putsch im italienischen Sinne zu lösen. Im Vertrag von Rapallo vom 12. Nov. 1920 wird Fiume freie Stadt. Doch verzichtet Jugoslawien endgültig im Vertrag von Rom vom 27. Jan. 1924 auf die Stadt zugunsten Italiens.
Kärnten: Nach Einbruch jugoslawischer, vor allem serbischer Truppen in die Steiermark und in Kärnten erbitterte Kämpfe mit Heimatwehren. Am 13. Jan. 1919 Abschluss eines Waffenstillstands. US-Kommission in Kärnten. Ende April erneutes militärisches Vorgehen der Jugoslawen. Die Friedensregelung sieht Abstimmung im strittigen Gebiet Kärntens vor, das bis zur Abstimmung unter jugoslawischer Besatzung bleibt. Durch das Votum vom 10. Okt. 1920 bleibt das Gebiet bei Österreich.
Das *Burgenland* mit vorwiegend deutschsprachiger Bevölkerung auf ungarischem Staatsgebiet wird im Friedensvertrag von Saint-Germain Österreich zugesprochen. Im Aug. 1921 Putsch magyarischer Freischärler, die das Land besetzt halten. Durch italienische Vermittlung kommt der Vorschlag einer Abstimmung für das Gebiet um Ödenburg (ungarisch: Sopron) und Umgebung zu Stande, den die österreichische Regierung annimmt. Die Abstimmung am 14. Dez. 1921 ergibt einen knappen Sieg für Ungarn, sodass entgegen den Friedensbestimmungen Ödenburg an Ungarn zurückgegeben werden muss.
Oberschlesien: Eine Volksabstimmung soll über die Zugehörigkeit des Landes entscheiden. Das zur Abstimmung bestimmte Gebiet ist seit Ende Febr. 1920 von alliierten Truppen besetzt. Wachsende Unruhe. Die Abstimmung vom 20. März 1921 in Oberschlesien ergibt eine Mehrheit von 60% für ein Verbleiben beim Deutschen Reich. Trotzdem spricht im Okt. 1921 der Oberste Rat der Alliierten den Teil des Industrierreviers mit Pleß, Myslowitz, Kattowitz, Königshütte, Tarnowitz, Rybnik und Lublinitz Polen zu. Mehrfach Kämpfe polnischer Freischaren mit deutschen Freikorps.
Teschen (polnisch: Cieszyn; an der Olsa): Das Industriegebiet wird im Jan. 1919 von der Tschechoslowakei besetzt. Zusammenstöße zwischen Polen und Tschechoslowaken sind die Folge. Nachdem der Plan einer Volksabstimmung aufgegeben wird, fügt sich die Tschechoslowakei auf Druck Frankreichs einem Spruch des Botschafterrats, durch den die Stadt Teschen geteilt wird und der kleinere, wirtschaftlich wertvollere Teil an Polen fällt.
Memel (litauisch: Klajpeda): Das Memelgebiet (Ostpreußen nördlich der Memel) erhält am 4. Okt. 1920 einen eigenen Staatsrat mit französischem Präfekten. Am 10. Jan. 1923 Einfall litauischer Freischaren, die das Memelgebiet besetzen. Die Botschafterkonferenz fügt sich dem vollzogenen Gewaltakt. 1924 übertragen die vier Hauptmächte im Memelabkommen des Völkerbundes alle ihre Rechte aus dem Versailler Vertrag an Litauen. Dem Memelland wird durch das Memelstatut Autonomie unter litauischer Staatshoheit zugesichert. Die Wahlen zum Memelländer Landtag ergeben stets hohe deutsche Wahlsiege.
Wilna (litauisch: Wilnjus; an der Mündung der Wilejka in die Wilija): Die Stadt wird von den Litauern als historische Hauptstadt beansprucht, obgleich sie überwiegend polnisch besiedelt ist. Am 9. Okt. 1920 wird Wilna von polnischen Freischaren besetzt. Eine Volksabstimmung vom 8. Jan. 1922 entscheidet für Polen. Am 8. April wird die Stadt Wilna mit umliegendem Gebiet Polen einverleibt. Litauen protestiert und erkennt diesen Akt nie an.

kein Gerechtigkeitsfriede

Fiume

Kärnten

Burgenland

Oberschlesien

Teschen

Memel

Wilna

Die internationalen Ereignisse (1920–1929)

Reparationen   1920 Eine Reihe von Konferenzen der europäischen Siegermächte zur Friedensregelung behandelt insbesondere die Frage der deutschen „*Reparationen*":
in San Remo (an der Riviera di Ponente, Ligurien) (18.–26. April);
in Hythe (westlich von Dover) und Boulogne-sur-Mer (20.–22. Juli);
in Spa (Belgien) (erstmals deutsche Vertreter zugelassen): 5.–16. Juli.

19. Juli–7. Aug. Zweiter Weltkongress der Kommunistischen Internationale (Komintern). Diese erhält ihre Statuten. Ziel: Aufbau von kommunistischen Parteien nach sowjetischem Vorbild und Lenkung dieser Parteien durch Moskau.

„Kleine"   14. Aug. Vertrag zwischen der Tschechoslowakei und Jugoslawien leitet die *„Kleine" Entente* ein,
Entente   die gegen ungarische Revisionspolitik und gegen Versuche habsburgischer Wiederherstellung gerichtet ist. Im April und Juni 1921 folgen die Verträge zwischen der Tschechoslowakei und Rumänien und zwischen Rumänien und Jugoslawien.

Aug.–Sept. Konferenz zur Reparationsfrage zwischen dem britischen Premier Lloyd George, dem französischen Ministerpräsidenten Alexandre Millerand und dem italienischen Ministerpräsidenten Giovanni Giolitti.

24. Sept. Finanzkonferenz des Völkerbundes in Brüssel (bis 8. Okt.).

Völkerbunds-   15. Nov.– Erster Zusammentritt der *Völkerbundsversammlung* in Genf. Die USA haben den Eintritt
versammlung   18. Dez. abgelehnt. Argentinien scheidet wieder aus. Österreich und Bulgarien als Mitglieder aufgenommen. Die Vollversammlung beschließt die Einrichtung des Internationalen Gerichtshofes und bestätigt die Mandate über die deutschen Kolonien.

Dez. Sachverständigenkonferenz zur Reparationsfrage in Brüssel.

Konferenz in   1921 *Konferenz in Paris*. Ohne Zuziehung Deutschlands wird festgesetzt: eine Entschädigung
Paris   24.–29. von 269 Mrd. Goldmark, zahlbar in 42 Jahresraten (eine unveränderliche feste Hauptsumme von 226 Mrd. und eine veränderliche Nebensumme von 43 Mrd. Goldmark). Ferner eine 42-jährige Abgabe von der deutschen Ausfuhr in Höhe von je 12% des Wertes (jährlich etwa 1–2 Mrd. Goldmark).

19. Febr./3. März Das Bündnis- und Vertragssystem der Entente wird nach Ostmitteleuropa durch den Abschluss von Bündnissen zwischen Polen und Frankreich und zwischen Polen und Rumänien ausgedehnt (am 25. Jan. 1924 folgt der Abschluss eines ähnlichen Vertrages zwischen Frankreich und der Tschechoslowakei).

21. Febr.– Konferenz in London: Deutsche Gegenvorschläge in der Reparationsfrage werden als indiskutabel abgelehnt. Der britische Premier Lloyd George betont die Kriegsschuld Deutschlands als Grundlage der Vertragsbedingungen. Nach ergebnisloser Sonderkonferenz des deutschen Außenministers Simons mit den Vertretern der Entente werden die Verhandlungen mit Deutschland am 7. März abgebrochen.

Besetzungen an   8. März Als Strafmaßnahme werden „*Sanktionen*" im Ruhrgebiet eingeleitet: Besetzung von Düs-
Rhein und Ruhr   seldorf, Duisburg, später auch Mülheim und Oberhausen. Verlegung der Zolllinie an die Grenze des besetzten Gebiets.

Reparations-   27. April Festsetzung der deutschen *Reparationssumme* von insgesamt 132 Mrd. Goldmark durch die Re-
summe   parationskommission (nicht gerechnet die Zurückerstattungen gemäß Art. 238 und 232, Abs. 3).

5. Mai Londoner Ultimatum der Alliierten: 1. Schnelle Entwaffnung; 2. Einzelheiten der Zahlungsfestlegung der 132 Mrd. Goldmark in 37 Jahren. Jährliche Zahlungen für den Zinsen- und Amortisationsdienst um 2 Mrd. Goldmark sowie eine 26%ige Ausfuhrabgabe. Zahlung einer Goldmilliarde sofort (innerhalb von 25 Tagen); 3. unverzügliche Aburteilung der „Kriegsverbrecher"; 4. im Falle der Nichterfüllung wird Besetzung des Ruhrgebiets für den 12. Mai angedroht.

11. Mai Das Deutsche Reich nimmt nach einer Abstimmung im Reichstagsplenum das Ultimatum an. Trotzdem werden die Sanktionen (Zollgrenze und zusätzliche Besetzungen) nicht aufgehoben.

Friedensver-   24.–25. *Friedensverträge der Vereinigten Staaten* von Amerika mit dem Deutschen Reich und Ös-
träge der USA   Aug. terreich.

6.–7. Okt. Wiesbadener Abkommen der Minister für Wiederaufbau von Frankreich (Louis Loucheur) und Deutschland (Walther Rathenau) über die Realisierung der Reparationszahlungen und Herabsetzung der Kohlelieferungen.

Abrüstung   12. Nov. Washingtoner Konferenz (*Abrüstung*). Ergebnis: 1. Flottenabkommen der fünf Mächte
                  1922   USA, Großbritannien, Japan, Frankreich, Italien untersagt Neubauten großer Kriegsschiffe,
                  6. Febr. setzt das Stärkeverhältnis auf 5:5:3:1,75:1,75 fest und führt weitere Beschränkungen der Rüstung und Seebefestigungen ein. 2. Viermächteabkommen (Pazifikabkommen) zwischen USA, Großbritannien, Japan und Frankreich garantiert den Besitzstand im Pazifik und hebt das Bündnis zwischen Großbritannien und Japan (1902) auf. 3. Neunmächteabkommen

über die Unabhängigkeit Chinas und den Grundsatz der „offenen Tür" in China. 4. Im Shantung-Vertrag gibt Japan die Provinz Shantung und den darin gelegenen Flottenstützpunkt Kiautschou an China zurück.

1922
6.–13. Jan. Konferenz von Cannes (am Golf von Napoule) beschließt Einberufung einer Weltwirtschaftskonferenz nach Genua.

28. Febr. *Ägypten* wird zum unabhängigen Königreich erklärt. — *Ägypten*

10. April–19. Mai Konferenz von Genua soll Regelung internationaler Wirtschafts- und Reparationsprobleme bringen. Anwesend sind Vertreter von 28 europäischen Staaten, Japan und den englischen Dominions. Die USA und die Türkei fehlen. Der sowjetische Außenminister Georgi Wassiljewitsch Tschitscherin sucht die internationale Anerkennung Sowjetrusslands und die Erörterung der Abrüstung in das Programm der Konferenz zu bringen. Schroffe Ablehnung durch den ehemaligen französischen Ministerpräsidenten und Vorsitzenden der Reparationskommission Jean Louis Barthou (* 1862, † 1934). Die Hauptarbeiten der Konferenz werden in die Ausschüsse verlegt, um Deutschland und Sowjetrussland möglichst weit gehend auszuschließen. Die Konferenz wird ergebnislos abgebrochen, da Sowjetrussland sich weigert, russische Vorkriegsschulden anzuerkennen.

16. April Abschluss und Veröffentlichung des deutsch-sowjetischen *Sondervertrags von Rapallo* auf der Grundlage gegenseitiger Gleichberechtigung. Aufnahme von diplomatischen Beziehungen. Alle Ansprüche aus der Zeit des Krieges zwischen Deutschland und dem früheren Russland gelten als erledigt. Damit hat Sowjetrussland auf die Ansprüche aus Art. 116 des Versailler Vertrages verzichtet. Der Drehpunkt der Aufsehen erregenden diplomatischen Aktion ist der Art. 116, mit dessen Hilfe Frankreich die russischen Vorkriegsschulden auf das Deutsche Reich hat abwälzen wollen. — *Rapallo-Vertrag*

15. Juni–20. Juli Die Haager Konferenz bringt kein Ergebnis. Inzwischen macht die fortlaufende Entwertung der Reichsmark einen Transfer der deutschen Reparationsschulden in der geforderten Höhe vollends unmöglich. Daher mehrfach Gesuche der deutschen Regierung um ein Moratorium, wogegen Frankreich mit der Forderung auf Finanzkontrolle und mit „Retorsionen" antwortet. Die Verknüpfung der Reparationen mit der allgemeinen internationalen Verschuldung, bei der vor allem die USA der große Gläubiger der Ententestaaten sind, wird in einer britischen Note Arthur James Balfours versucht, aber von den USA abgelehnt.

7.–14. Aug. Konferenz in London. Der französische Ministerpräsident und Außenminister Raymond Poincaré fordert von Deutschland als Gegenleistung für ein Moratorium *„produktive Pfänder"*, darunter Gewinnbeteiligung an der deutschen chemischen Industrie. Großbritannien widersetzt sich den französischen Forderungen. Das Moratorium kommt daraufhin nicht zu Stande. — *produktive Pfänder*

10. Okt. Waffenstillstand und Vorkonferenz von Mudanya (nördlich von Bursa am Marmara-Meer, Türkei). Der Ausgang des griechisch-türkischen Krieges bedeutet für Lloyd George den Zusammenbruch seiner Orientpolitik.

28. Okt. *„Marsch auf Rom"*. Beginn der faschistischen Machtergreifung in Italien. Über Italien hinausgehend, werden „Faschismus" und „Antifaschismus" zu internationalen Tendenzen. — *Marsch auf Rom*

Faschismus

Faschismus, italienisch fascismo, von lateinisch fascis („Rutenbündel"). In der Französischen Revolution und im italienischen Risorgimento ist dies das Symbol revolutionärer Bewegungen verschiedener Richtungen. *Benito Mussolini* nimmt es 1919 auf für seine Kampfbünde (fasci di combattimento). „Faschismus" wird damit zur Bezeichnung dieser politischen Bewegung und des Herrschaftssystems in Italien von 1922 bis 1945. Alsbald wird Faschismus über Italien hinaus zum idealtypischen Begriff eines politischen Systems, das beansprucht, die Schwächen oder Gefahren des parlamentarischen Liberal- oder Sozialdemokratie einerseits, des Kommunismus andererseits zu überwinden. Mussolini hat den Faschismus selbst als eine „democrazia totalitaria" bezeichnet: Das durchorganisierte Volk soll total durch ein den Staat und die (Einheits-)Partei zusammenfassendes Herrschaftssystem in Form einer Pyramide erfasst werden, an deren Spitze der Führer des Faschismus und der Staatschef in einer Person stehen soll (*„Führerprinzip"*). Der Lenkung von oben sollen aktive Dienstbereitschaft und Zustimmung von unten entsprechen. Der Faschismus ist betont nationalistisch, antiliberal, antisozialistisch, antipluralistisch-parlamentarisch, rücksichtslos gegen individuelle Grundrechte, wenn politische „Notwendigkeit", und expansionistisch völkerrechtsverletzend, wenn der nationale Egoismus (sacro egoismo) es erfordern. Das idealtypische Bild des faschistischen Herrschaftssystems wird nirgends in der Wirklichkeit voll erreicht. Die Disziplin der Führerpyramide wird de facto durch fortgesetzte Machtkämpfe von Amtsträgern, Kompetenzwirrwarr und Grenzen der Integration des Staates durch die Partei beeinträchtigt. Auch die Kirchen können in den faschistischen Regimen nicht „gleichgeschaltet" werden. — *Benito Mussolini* — *Führerprinzip*

Ähnliche antidemokratische und antikommunistische Bewegungen wie in Italien werden in anderen Nationen schon in den dreißiger Jahren vielfach als „faschistisch" bezeichnet, so besonders der deutsche Nationalsozialismus, die spanische Falange, die ungarischen Pfeilkreuzler, die eiserne Garde in Rumänien, die kroatische Ustaša, aber auch erfolglose faschistische Bewegungen in Großbritannien und Frankreich. Obwohl viele „faschistische" Gemeinsamkeiten und personell-organisatorische Verbindungen vorhanden sind, kommt es zu keiner „faschistischen Internationale".

Theorien über Entstehungsbedingungen, Trägerschaft und Strukturtypologie des Faschismus bzw. der über Italien hinausgehenden Faschismen werden seit 1922 vielfältig entwickelt, besonders von marxistischer Seite, die den Faschismus als Folge des kapitalistischen Systems begreift. Dass besonders mittelständisch-kleinbürgerlich-bäuerliche Massen anfällig für „Faschismus" gewesen sind, wird oft bemerkt.

ähnliche Bewegungen

Friedenskonferenz in Lausanne

französisch-belgische Note

Besetzung des Ruhrgebiets

passiver Widerstand

Inflation und Wirtschaftskrise

Rheinische Republik

autonomer Pfalzstaat

1922
5. Nov.–
5. Dez. IV. Weltkongress der Komintern bestätigt Änderung der weltrevolutionären Strategie im Sinne der „Einheitsfront", d. h. Zusammengehen (auch Regierungskoalitionen) mit sozialistischen bzw. sozialdemokratischen Parteien und Gewerkschaften.

20. Nov.–
1923
24. Juli *Friedenskonferenz in Lausanne.* Sie wird zunächst abgebrochen (4.–23. April) wegen der Differenzen in der Mosulfrage (das Gebiet um die Stadt am Tigris ist nach dem Ersten Weltkrieg von Großbritannien besetzt worden, wird danach zum Streitobjekt zwischen Irak und Türkei: 1925 vom Völkerbund dem Irak zugesprochen) und der Kapitulationen. Erst nach erneutem Zusammentreten Ergebnis: 1. Bildung eines Balkanblocks aus Rumänien, Jugoslawien, Griechenland und Bulgarien, das bisher zur Türkei gehalten hat. 2. Abschluss des Orientfriedens zwischen Großbritannien, Frankreich, Türkei, Griechenland, Bulgarien, Sowjetunion und Italien. Der Frieden von Sèvres vom 10. Aug. 1920 ist damit revidiert. Großbritannien erneuert seine alten freundschaftlichen Beziehungen zur Türkei. Die entfestigten Meerengen bleiben der Türkei. Handelsschiffe haben freie Durchfahrt.

9.–11. Dez. Zweite Londoner Konferenz. Neue deutsche Vorschläge (u. a. Bewilligung eines internationalen Bankkredits) bleiben unberücksichtigt. Die Konferenz ist erfolglos. Die Briten und Amerikaner widersetzen sich der französischen Rheinpolitik. Ministerpräsident Poincaré drängt auf Verschärfung, um einen Vorwand zur Besetzung des Ruhrgebiets zu gewinnen. Die italienische Politik (seit 30. Okt. 1922 faschistische Regierung) schließt sich Frankreich an.

1923
9. Jan. In der Sitzung der Reparationskommission wird festgestellt (gegen die Stimme Großbritanniens), dass Deutschland vorsätzlich seine Kohlelieferungen vernachlässigt habe. Damit hat Frankreich freie Hand.

10. Jan. *Französisch-belgische Note* an das Deutsche Reich: Infolge des deutschen Versäumnisses müsse eine Ingenieurkommission zur Kontrolle des Kohlensyndikats ins Ruhrgebiet geschickt werden, zu deren Schutz Besatzungstruppen notwendig seien.

11. Jan. Stattdessen Einmarsch der Franzosen (fünf Divisionen mit zwei Generalkommandos und zahlreichen schweren Waffen) in Essen. Nach und nach folgt die *Besetzung des ganzen Ruhrgebiets.* Beginn des Ruhrkampfes. Großbritannien verhält sich abwartend. Die USA ziehen ihre Besatzungstruppen aus dem Rheingebiet zurück.

13. Jan. Reichskanzler Wilhelm Cuno verkündet im Reichstag den *„passiven Widerstand".* Die Kohlelieferungen werden eingestellt. Verhaftungswelle im Ruhrgebiet. Eisenbahnbeamte verweigern die Arbeit auf den von Franzosen besetzten Bahnstrecken. Die Gewerkschaften unterstützen den passiven Widerstand. Zechen liegen still. Blutige Zusammenstöße zwischen der Bevölkerung und den Besatzungstruppen. Hilfsaktion im Reich für die Ruhrbevölkerung. Deutsche Versuche, im Mai und Juni mit Frankreich zu Verhandlungen zu kommen, werden von Großbritannien unterstützt, scheitern aber.

Während *Inflation und Wirtschaftskrise* in Deutschland weiter fortschreiten, ist der passive Widerstand nicht durchzuhalten. Nach Rücktritt Wilhelm Cunos (12. August) erklärt sich

26. Sept. der neue Reichskanzler Gustav Stresemann zum Einlenken bereit: Aufruf der Reichsregierung „An das deutsche Volk". Der passive Widerstand muss aus innenpolitischen und finanziellen Gründen abgebrochen werden. Notwendigkeit, mit Frankreich zur Verständigung zu kommen. Zunächst jedoch keine Änderung der französischen Rhein-Ruhr-Politik (endgültige Räumung des Ruhrgebiets erfolgt erst Ende Aug. 1925).

21. Okt. Die Franzosen lassen in Aachen durch deutsche Separatisten die *„Rheinische Republik"* ausrufen. Der Versuch scheitert schnell am Widerstand der Bevölkerung sowie an der Ablehnung Großbritanniens.

24. Okt. Der Beauftragte der Rheinlandkommission für die Pfalz verkündet in Speyer die Errichtung eines *„autonomen Pfalzstaates".* Die bewaffneten Separatisten können sich vorübergehend durchsetzen, da sie von der Besatzungsmacht gestützt werden. Die Ergebnisse einer britischen Untersuchungskommission und der Widerstand der Bevölkerung lassen jedoch die-

	sen Versuch scheitern. Die deutsche *Inflation* (verbunden mit neuen inneren Unruhen) erreicht ihren Höhepunkt. Auch der Franc fällt. Die internationale Finanzkrise drängt zur Lösung.	*Höhepunkt der Inflation*
30. Nov.	Die vom britischen Premier Stanley Baldwin angeregte Konferenz der Reparationskommission zur Regelung der Reparationsfrage mit Beteiligung der USA beschließt die Bildung von zwei Sachverständigenausschüssen zur Untersuchung der deutschen Währungsstabilisierung und zur Rückleitung des ins Ausland geflüchteten deutschen Kapitals.	
6. Dez.	Die USA sind daran interessiert, die europäischen Gegensätze zu mildern und zur Regelung der internationalen Zahlungsprobleme, im Besonderen auch der deutschen Reparationen, zu kommen. In diesem Sinne Botschaft des neuen US-Präsidenten Calvin Coolidge an den Kongress.	
1924 14. Jan.	Zusammentritt des Internationalen Sachverständigenausschusses zur deutschen Finanzsicherung, Währungsstabilisierung und Ordnung des Staatshaushaltes unter Vorsitz des amerikanischen Finanzfachmanns *Charles Gates Dawes* (*1865, †1951) in Paris.	
22. Jan.	Der Regierungswechsel in Großbritannien von der konservativen Regierung Baldwin zum Kabinett des Führers der Labourparty, James Ramsay MacDonald, wirkt im Sinne einer gewissen Entspannung gegenüber Deutschland.	
9. April	Die Berichte der Finanzausschüsse werden dem Vorsitzenden der Reparationskommission, dem französischen Justizminister Louis Barthou, zugestellt. Das Ergebnis der Arbeiten des ersten Ausschusses ist der *Dawesplan*, der unter dem Schlagwort „Business, not politics" die Rückzahlung der europäischen Schulden an die USA durch sichere Grundlagen der deutschen Zahlungsfähigkeit für die Reparationsschulden sicherstellen will. Die Wiedergesundung der deutschen Volkswirtschaft wird also anerkannt. Strafmaßnahmen wie die Ruhrbesetzung werden abgelehnt.	*Dawesplan*

Die Bestimmungen des Dawesplans

1. Die *Reparationsquellen*: a) die Industrie übernimmt 5 Mrd. Goldmark Obligationen, die als erste Hypothek eingetragen werden. Die Reparationszahlungen bestehen in deren jährlicher Verzinsung (5%) und Tilgung (1%). Hierfür wird die Bank für deutsche Industrieobligationen AG geschaffen;
b) die deutschen Eisenbahnen werden in eine Aktiengesellschaft mit einem Kapital von 15 Mrd. Goldmark umgewandelt; als erste Hypothek werden 11 Mrd. Goldmark Reparations-Schuldverschreibungen auf die deutschen Eisenbahnen eingetragen, die mit 5% zu verzinsen und mit 1% jährlich zu tilgen sind; Überwachung der Gesellschaft durch ausländischen Eisenbahnkommissar;
c) die Einnahmen des Reiches aus bestimmten Zöllen und indirekten Steuern werden als Sicherheit für die Reparationszahlungen an die Internationale Reparationskommission verpfändet;
d) Umgestaltung der Reichsbank zu der von der Regierung unabhängigen deutschen Notenbank in Berlin.

2. *Deutsche Belastung*: bis 1927/1928 sind jährlich 1–1,75 Mrd. Mark zu zahlen; am 1. Sept. 1928 beginnt das Normaljahr mit 2,5 Mrd. Mark; über die endgültige Höhe und Dauer der deutschen Kriegsentschädigung wird nichts angegeben; nur die Verzinsung und Tilgung der Reichsbahnobligationen mit 660 Mio. Mark und der Industrieobligationen mit 300 Mio. Mark werden auf 37 Jahre begrenzt.

3. *Festlegung von Sanktionen* bei Nichterfüllung.

Reparationsquellen

deutsche Belastung

Festlegung von Sanktionen

1924	Um die deutsche Mark bei Rückkehr zur Goldwährung zu stabilisieren, schlägt der Reparations-Ausschuss vor, Deutschland eine Anleihe von 800 Mio. Goldmark zu gewähren.	
16. April	Die deutsche Regierung nimmt den Dawesplan an.	
16. Juli– 16. Aug.	Londoner Konferenz nimmt den Dawesplan im Ganzen an. Anschließend erfolgt eine Einladung an die deutsche Regierung. Reichskanzler Wilhelm Marx, Außenminister Gustav Stresemann und Finanzminister Hans Luther nach London. Das *Londoner Abkommen* wird gemäß dem Dawesplan abgeschlossen.	*Londoner Abkommen*
29. Aug.	Der deutsche Reichstag stimmt nach langem Widerstreben der Deutschnationalen zu.	
1. Sept.	Der Dawesplan wird in Kraft gesetzt.	
2. Okt.	Das „Genfer Protokoll für die friedliche Regelung internationaler Streitigkeiten" ist das Ergebnis langer Beratungen über Abrüstung und Sicherheitspolitik auf der Tagung des Völkerbundes in Genf. Die britischen Dominions widersetzen sich dem Protokoll, weil sie von ihrer günstigen geografischen Lage her nicht geneigt sind, sich in internationale Streitigkeiten verwickeln zu lassen. Die neue konservative Regierung Baldwin in England unterzeichnet daher das Protokoll nicht. Es bleibt wirkungslos.	
1925 6. Jan.	Deutsche Protestnote wegen Nichträumung der Kölner Zone durch die französischen Besatzungstruppen.	

deutsche Friedensoffensive	9. Febr.	Die Reichsregierung macht den Vorschlag eines Sicherheitsvertrages betreffs der Westgrenze. Diese *deutsche „Friedensoffensive"* wird vor allem von Großbritannien aufgenommen, während Frankreich zögert.
	4. Juni	Die Entwaffnungsnote der Botschafterkonferenz an das Deutsche Reich wird in Berlin überreicht: Verletzungen der Friedensvertragsbestimmungen werden aufgezählt, weitergehende Entwaffnung wird gefordert; die Kölner Zone werde geräumt werden, wenn Deutschland den noch nicht erfüllten Verpflichtungen nachkommen werde.
	16. Juni	Französische Antwortnote auf den deutschen Sicherheitsvorschlag vom 9. Febr. Darin wird ein deutsch-polnischer Schiedsvertrag vorgeschlagen. Polen soll also in ein Sicherheitspaktsystem mit hineingenommen werden.
Räumung des Ruhrgebiets	Juli	Beginn der *Räumung des Ruhrgebiets.*
	24. Aug.	Antwort des französischen Ministerpräsidenten Aristide Briand auf die deutsche Antwortnote vom 20. Juli: In ihr wird 1. Unverletzlichkeit der bestehenden Verträge, 2. Eintritt Deutschlands in den Völkerbund ohne Vorbehalte und Vorrechte, 3. Abschluss des Garantiepakts ohne Preisgabe französischer Rechte bei der Besetzung des linken Rheinufers gefordert.
Konferenz von Locarno	5.–16. Okt.	*Konferenz von Locarno* (am Lago Maggiore, Schweiz; Teilnehmerstaaten: Deutsches Reich, Großbritannien, Frankreich, Belgien, Italien, Polen, Tschechoslowakei): Der Vertrag von Locarno umfasst:
Unverletzlichkeit der Grenzen		1. Sicherheits-, Rhein- oder Westpakt zwischen Deutschland, Belgien, Frankreich, Großbritannien und Italien. Die *Unverletzlichkeit der Grenzen* zwischen Deutschland einerseits, Belgien und Frankreich andererseits wird garantiert. Deutschland verzichtet also endgültig auf Elsass-Lothringen. Die Rheingrenze wird entmilitarisiert.
Schiedsabkommen		2. *Schiedsabkommen* zwischen Deutschland und Belgien sowie zwischen Deutschland und Frankreich.
		3. Schiedsvertrag zwischen Deutschland und Polen sowie zwischen Deutschland und der Tschechoslowakei. Deutschland verpflichtet sich, keine Änderungen der polnischen Grenzen mit Gewalt zu versuchen, und erkennt Frankreichs Defensivverträge mit Polen und der Tschechoslowakei an.
		Der Eintritt Deutschlands in den Völkerbund wird für März 1926 geplant. Für das Rheingebiet sollen sich Erleichterungen aus dem Vertrag von Locarno ergeben, besonders die Zusage der Räumung der Kölner Zone.
		Der Vertrag von Locarno bedeutet einen wichtigen Schritt auf dem Wege europäischer Friedenssicherung und ist geeignet, eine politische Verständigung zwischen Frankreich und Deutschland einzuleiten. Der „Geist von Locarno" gibt zu großen Hoffnungen Anlass und wird gleichzeitig von nationalistischer Seite scharf kritisiert.
Irak	1926 13. Jan.	Der *Irak* wird von Großbritannien als unabhängiger Staat anerkannt. Das britische Mandat bleibt in Kraft. Einrichtung neuer britischer Luftbasen im Irak.
	März	Tagung des Völkerbundsrates in Genf. Deutschlands Eintritt wird bis zum Herbst verschoben infolge französischer Verschleppungstaktik und Rangstreitigkeiten, wie dem Anspruch Brasiliens auf einen ständigen Sitz. Auch die Einberufung der vorbereitenden Kommission für die Abrüstungskonferenz wird vertagt.
	18.–26. Mai	Erste Tagung der vorbereitenden Kommission für die Abrüstungskonferenz, die in den folgenden Jahren vielfach tagt, ohne wesentliche Ergebnisse zu bringen.
	5. Juni	Mosulvertrag: Der Streit Großbritanniens mit der Türkei seit der Friedenskonferenz von Lausanne (20. Nov. 1922–24. Juli 1923) um Mosul (am Tigris, Irak) und seine Ölquellen zugunsten Großbritanniens beendet. Das Erdölgebiet wird an das britische Mandatsgebiet Irak abgetreten.
Aufnahme in den Völkerbund	8. Sept.	Das Deutsche Reich wird einstimmig *in den Völkerbund aufgenommen* und erhält einen ständigen Ratssitz.
	12. Dez.	In Genf wird vereinbart, dass die Interalliierte Militärkommission am 31. Jan. 1927 aus Deutschland zurückgezogen werden soll. Die Kontrolle der deutschen Rüstungen geht auf den Investigationsausschuss des Völkerbundes über.
	1927	Weltwirtschaftskonferenz in Genf (4.–23. Mai).
	Juni–Juli	Dreimächtekonferenz zur Seeabrüstung in Genf zwischen Großbritannien, USA und Japan ergebnislos.
	1928 13. April	Der US-Staatssekretär Frank Billings Kellogg (*1856, †1937) unterbreitet den Signaturmächten des Locarnovertrags vom Okt. 1925 einen Plan zur Ächtung des Krieges, der von Aristide Briand aufgenommen und weitergeführt wird.
	17. Juli– 1. Sept.	VI. Weltkongress der Komintern, ohne oppositionelle Gruppen. „Programm der Kommunistischen Internationale": neue Generallinie der ultralinken Taktik, d.h. Kampf in erster Li-

	nie gegen die „sozialfaschistischen" Sozialdemokraten (Folgen für die spätere Machtergreifung Adolf Hitlers in Deutschland).	
27. Aug.	Der *Kelloggpakt*, der den Verzicht auf den Krieg als Werkzeug internationaler Politik ausspricht, wird von Vertretern von 15 Nationen (darunter Gustav Stresemann für Deutschland) unterzeichnet. Bis Ende 1929 geben 54 Staaten ihre Unterschrift unter den „Kriegsächtungspakt".	*Kelloggpakt*
Sept.	Auf der Tagung des Völkerbundsrats Einigung über folgende Punkte: 1. Verhandlungen über die Frage einer vorzeitigen Räumung des französisch besetzten Rheinlandes sollen angesetzt werden. 2. Es wird als notwendig anerkannt, das Reparationsproblem neu und endgültig zu regeln. 3. Eine Feststellungs- und Vergleichskommission soll hierfür gebildet werden.	
1929 9. Febr.	*Litwinow-Protokoll* (benannt nach dem sowjetischen Außenpolitiker Maksim Maksimowitsch Litwinow [*1876, †1951]): ein Nichtangriffspaktsystem zwischen der Sowjetunion, Rumänien, Polen, Lettland und Estland.	*Litwinow-Protokoll*
11. Febr.– 7. Juni	Konferenz in Paris zur Revision des Dawesabkommens über die deutschen Reparationsverpflichtungen. Vertreten sind: Belgien, Deutschland, Großbritannien, Frankreich, Italien, Japan unter dem Vorsitz des amerikanischen Wirtschaftsfachmanns *Owen D. Young* (*1874, †1962).	*Owen D. Young*
März	Auf der Tagung des Völkerbundsrats Rede Stresemanns über die Frage des Schutzes der Minderheiten.	

Der Youngplan

Das Ergebnis der Pariser Verhandlungen, in denen wiederum die Gegensätze zwischen den Alliierten selbst überbrückt werden müssen, ist der Youngplan. Die Höhe und Zahl der Annuitäten (Jahresleistungen) und der Modus der Transferierung werden festgesetzt. Gegenüber dem Dawesplan werden die deutschen Zahlungsverpflichtungen herabgesetzt. Höhe und Fristen der Zahlungen werden mitbestimmt von der 22,8 Mrd. Mark zu 5,5% betragenden Schuld der Alliierten an die USA. Die *deutsche Reparationsschuld* wird für die ersten 37 Jahre auf 30,95 Mrd., für die Gesamtzeit des Youngplans von 59 Jahren, also bis 1988, auf 34,5 Mrd. Mark festgesetzt. Die *Annuitäten* sollen in den ersten 37 Jahren allmählich von 1,7 auf 2,1 Mrd. Mark steigen. Für die letzten 22 Jahre werden Beträge angesetzt, die den jeweils fälligen Kriegsschuldenzahlungen der Alliierten an die USA entsprechen sollen. Von den Annuitäten sind 600 Mio. Mark im Durchschnitt bedingungslos und ohne Schutz für den deutschen Handel unter allen Umständen von Deutschland zu bezahlen. Sie sind transferungeschützt und unaufschiebbar. In dieser Transferverpflichtung unter eigener Verantwortung ohne die Transferklausel des Dawesplans liegt ein gefährliches Risiko für das Deutsche Reich. Bei außergewöhnlichem Notstand soll die Möglichkeit bestehen, die Übertragung des geschützten und aufschiebbaren Teils der Jahresrate (gut zwei Drittel der Leistung) bis zu zwei Jahre aufzuschieben. Da das Reich die volle Verantwortung für den Transfer übernehmen soll, fallen die Reparationskommission und das fremde Kontrollsystem in Zukunft fort. Deutschland erlangt damit seine *wirtschaftliche und finanzielle Souveränität* wieder. Zur Verwaltung der deutschen Leistungen als Treuhändern wird die Bank für Internationalen Zahlungsausgleich (BIZ) mit Sitz in Basel geschaffen. Die Zahlung der festgesetzten Annuitäten gilt als eine endgültige Erfüllung aller noch als unbeglichen gebliebenen Verpflichtungen des Deutschen Reiches. Der Youngplan soll also im Gegensatz zum Dawesplan die endgültige Lösung der Reparationsfrage bringen. Nur für den Fall eines Schuldennachlasses der USA gegenüber seinen europäischen Schuldnern soll eine Ermäßigung der deutschen Schuldenlast möglich sein.

deutsche Reparationsschuld Annuitäten

wirtschaftliche Souveränität

1929 6.–31. Aug.	Erste Haager Konferenz: Beratung über den Youngplan mit erheblichen Differenzen, auch wieder zwischen Großbritannien und Frankreich. Deutschland erreicht für die Annahme des Youngplans die Räumung des ganzen Rheinlands vor der Versailler Frist (2. und 3. Zone bis spätestens 30. Juni 1930).	
5. Sept.	Auf der Völkerbundsversammlung legt Aristide Briand den Plan der „*Vereinigten Staaten von Europa*" vor (Zoll- und Wirtschaftsunion). Höhepunkt der Bestrebungen zu einem europäischen Zusammenschluss, die propagandistisch durch die „*Paneuropa*"-Bewegung des Grafen Richard von Coudenhove-Kalergi (*1894, †1972) verbreitet werden und politisch vor allem von Aristide Briand und Gustav Stresemann, freilich in unterschiedlicher Zielrichtung, vertreten werden.	*Vereinigte Staaten von Europa „Paneuropa"-Bewegung*
25. Okt.	Der *Schwarze Freitag* an der Börse von New York leitet (nach dem Börsenkrach vom Vortag) die große Weltwirtschaftskrise ein.	*Schwarzer Freitag*

Allgemeine Entwicklung von der Weltwirtschaftskrise bis zum Ausbruch des Zweiten Weltkrieges 1929–1939

Die Weltwirtschaftskrise

Die Weltwirtschaftskrise der Jahre 1929 bis 1933 (z. T. darüber hinaus) hat eine weit größere Epochenbedeutung als die großen Konjunkturkrisen des 19. Jh.s, weil mit ihr die Weltwirtschaft der europäisch-amerikanischen Mächte mit (wenig eingeschränktem) Freihandel und Automatismus der Goldwährung endgültig zu Ende geht. Ihre Ursachen sind vielfältig und im einzelnen in ihrer Bedeutung umstritten. Die Weltwirtschaftskrise ist sowohl eine (übliche, wenn auch besonders starke) *Konjunkturkrise* wie eine *Strukturkrise* der durch den Ersten Weltkrieg verzerrten oder gestörten Weltwirtschaft.

Konjunktur- und Strukturkrise

Nachdem um 1925 (Währungsstabilisierungen, besonders des britischen Pfundes mit Rückkehr zur Goldwährung, Reparationsregelung durch den Dawesplan) die Kriegsfolgen für die Nationalwirtschaften und den Welthandel großenteils überwunden zu sein scheinen, kommt es zwischen 1925 und 1929 zu einem Konjunkturaufschwung, der freilich von einer weltweiten *Agrarkrise* (besonders in den USA und in Deutschland) begleitet wird. Nach dem Index der Weltagrarpreise (1923/1925 = 100) fallen diese bis Ende 1929 auf rd. 70, bis 1932 auf 24,4, während die Lagerbestände bis zur gleichen Zeit auf 260 stiegen. Der „Schwarze Freitag" (25. Okt. 1929) an der New Yorker Börse leitet eine (nur vorübergehend aufgehaltene) Kette von Kurseinbrüchen ein. Eine starke monetäre Expansion in den USA ist vorhergegangen. Sie führt im Zusammenhang mit dem Reparations- und Kriegsschuldenkapitalzufluss nach den USA zu erheblichem Kapitalrückfluss von den USA nach Deutschland mit starker Zinsdifferenz (hohe Zinsen in Deutschland, niedrige in den USA). So wird nach dem Okt. 1929 die USA-Finanzkrise nach Deutschland und Europa übertragen. Von 1930 an wirkt sich eine, z. T. finanzpolitisch bewusst verstärkte Deflationsspirale katastrophal aus: Preis- und Lohnabfall, Kreditverknappungen, Produktionsrückgang, sprunghafte Erhöhung der Arbeitslosigkeit, Rückgang des Welthandels, nationalwirtschaftliche Maßnahmen der Wirtschaftspolitik ohne ausreichende internationale Zusammenarbeit, Devisenbewirtschaftung, Autarkiebestrebungen. Der im 19. Jh. im Allgemeinen selbstständig funktionierende weltwirtschaftliche Ausgleich wird durch eine Vielzahl von Bestrebungen nationalstaatlicher Konjunkturpolitik zerrissen, so z. B. Gegensatz zwischen der britischen Pfundabwertung mit Abgehen vom Goldstandard (Sept. 1931) und der zyklisch konformen, die Krise verstärkenden Deflationspolitik der deutschen Regierung unter Reichskanzler Heinrich Brüning in Deutschland.

Agrarkrise

politische Wirkungen

Die *politischen Wirkungen* der Weltwirtschaftskrise sind erheblich: z. B. in Deutschland Aufstieg des Nationalsozialismus, in den USA Sieg Franklin D. Roosevelts bei den Präsidentenwahlen und Ablösung der innenpolitischen Herrschaft der Republikanischen Partei, in Großbritannien nationales Konzentrationskabinett James Ramsay MacDonald.

1932/1933 beginnt die Konjunkturkrise zu Ende zu gehen, doch die weltwirtschaftliche Strukturkrise bleibt bestehen.

Zweite Haager Konferenz
Flottenkonferenz in London

1930
Jan. *Zweite Haager Konferenz* (3.–20. Jan.) zur endgültigen Regelung der Reparationsfrage (Haager Schlussakte). Der Youngplan (der „Neue Plan") wird angenommen.

21. Jan.– 22. April *Flottenkonferenz in London* zwischen USA, Großbritannien, Japan, Frankreich, Italien, erschwert durch neue französische und italienische Ansprüche. Ergebnis: 1. Fünfmächtevertrag: Verzicht auf den Bau neuer Panzerschiffe bis 1936, Beschränkungen für U-Boote. 2. Dreimächtevertrag (Großbritannien, USA, Japan) über Kreuzer, Zerstörer und U-Boote. Festsetzung der Tonnageziffern für die einzelnen Schiffstypen und der Gesamttonnage. Klausel, wonach jedes beteiligte Land zu zusätzlichen Rüstungen schreiten darf, wenn eine außerhalb des Paktes stehende Macht durch übermäßige Rüstungen das Gleichgewicht zur See stört.

Febr.–März Zollfriedenskonferenz in Genf soll das 1927 begonnene Werk der Weltwirtschaftskonferenz fortführen. Annahme eines Abkommens: Handelsverträge sollen bis zu einer bestimmten Zeit nicht gekündigt werden. Schutzzölle sollen zunächst weder erhöht noch neu eingeführt werden. Das Abkommen wird auf der Konferenz in Genf im März 1931 fallen gelassen.

17. Mai Der französische Außenminister Aristide Briand lässt den Völkerbundstaaten ein „Memorandum über die Organisation eines Systems eines europäischen Staatenbundes" überreichen. Das Projekt hat keinen Erfolg, da es zu stark politisch belastet ist. „Paneuropa" scheitert vor allem am Widerspruch Großbritanniens und ist seit Ausbruch der Weltwirtschaftskrise und ihren politischen Folgen (Nationalsozialismus!) nicht mehr zu verwirklichen.

Österreichische Credit-Anstalt

1931
11. Mai Der Zusammenbruch der *Österreichischen Credit-Anstalt* wirkt alarmierend auf Wirtschaft und Politik in ganz Europa. In Deutschland folgt die Darmstädter und Nationalbank

(13. Juli), wo der allgemeine Bankkrach durch eine zeitweilige Auszahlungssperre und andere Maßnahmen verhindert wird. Die *Finanzkrise* wird allgemein.

20. Juni Herbert Hoover, Präsident der USA, schlägt angesichts dieser Lage ein Moratorium für alle internationalen Zahlungsverpflichtungen auf ein Jahr vor *(Hoover-Feierjahr*; am 6. Juli verkündet). Der Vorschlag wird von allen beteiligten Staaten angenommen, nur Frankreich hat Vorbehalte.

Finanzkrise

Hoover-Feierjahr

Weltwirtschaftskrise

Weltwirtschaftskrise

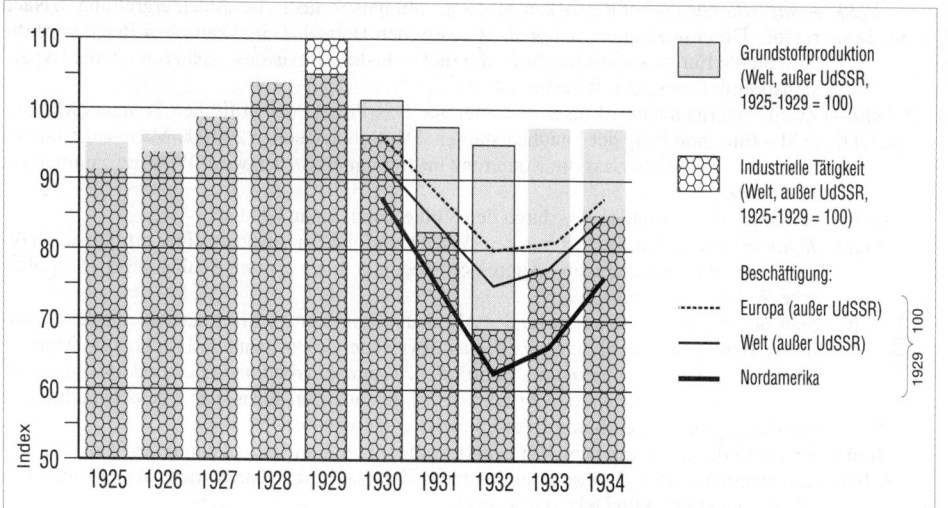

19. Aug. Der Sachverständigenausschuss stellt fest, dass Deutschland nicht in der Lage sein werde, nach Ablauf des Hooverjahres die Reparationszahlungen wieder aufzunehmen.

18. Sept. *Japan besetzt Mukden* und andere Plätze in der Mandschurei (China). Der langjährige Kriegszustand zwischen Japan und China beginnt.

Japan besetzt Mukden

21. Sept. Die Bank von England sieht sich gezwungen, vom Goldstandard abzugehen, d.h. Aufgeben der liberalen Währungspolitik. Folge: statt stabiler Wechselkurse bei schwankendem Preisniveau schwankende Wechselkurse und autonom bestimmtes Preisniveau. Dem Beispiel Englands folgen die Länder mit Pfundwährung: Indien, Ägypten, Palästina, Irland, Australien, Neuseeland, Südafrika; ferner die skandinavischen Staaten, Portugal, Estland, später Japan und die Tschechoslowakei. So entsteht der „*Sterlingblock*".

Sterlingblock

10. Dez. Der Völkerbundsrat beschließt, eine Kommission aus Vertretern der USA, Großbritanniens, Deutschlands, Frankreichs und Italiens unter Vorsitz des Briten Victor Earl Lytton zur Untersuchung des japanisch-chinesischen Konflikts zu bilden.

1932
2. Febr. Eröffnung der (erfolglosen) internationalen Abrüstungskonferenz in Genf: Frankreich schlägt eine internationale Armee beim Völkerbund vor und verlangt Sicherheitsgarantien vor Abrüstung. Die USA machen konkrete Abrüstungsvorschläge. Deutschland fordert „nach der eigenen Entwaffnung die allgemeine Abrüstung".

18. Febr. Die besetzte Mandschurei wird von Japan als selbstständiger, aber unter japanischem Protektorat stehender Staat erklärt *(Mandschukuo)*.

Mandschukuo

6.–8. April Konferenz über Donaufragen in London (Großbritannien, Frankreich, Italien, Deutschland). Ablehnung des französischen Plans, der eine Zusammenfassung des Donauraums ohne Deutschland und Italien beabsichtigt.

16. Juni– 9. Juli Konferenz in Lausanne: unter Vorsitz des britischen Premiers MacDonald Abkommen, welches das Reparationsproblem beendet. *Ablösung der deutschen Reparationsschuld* durch eine einmalige Abfindungssumme von 3 Mrd. Reichsmark. Daneben bleiben freilich noch Restzahlungen sowie der Dienst für die Dawes- und Younganleihe. Das Abkommen wird nicht ratifiziert, da es von einem befriedigenden Abkommen der verschuldeten Mächte mit dem Gläubigerland USA abhängig gemacht wird. Doch tritt es faktisch in Kraft. Das Ende der Reparationen ist gekommen. Die deutsche Regierung veröffentlicht im Jan. 1932 zur Vorbereitung der Lausanner Konferenz eine Aufstellung, wonach insgesamt 53 155 Mio.

Ablösung der Reparationsschuld

Goldmark bzw. Reichsmark bezahlt worden sind (einschließlich aller Sachleistungen). Der Vorschlag eines deutsch-französischen Konsultativpakts wird von Großbritannien vereitelt.

4. Sept. Der Lyttonbericht (Beschluss des Völkerbundrates vom 10. Dez.) über den japanisch-chinesischen Konflikt stellt die Unrechtmäßigkeit des japanischen Vorgehens fest, schlägt jedoch gleichwohl vor, die Mandschurei in ein autonomes Gebiet unter chinesischer Staatshoheit, aber unter japanischer Kontrolle zu verwandeln. Die „besonderen Rechte und Interessen Japans" werden anerkannt.

11. Dez. Konferenz der Großmächte in Lausanne: Deutschlands Rüstungsgleichberechtigung wird grundsätzlich anerkannt.

Adolf Hitler **1933**
30. Jan. *Adolf Hitler* deutscher Reichskanzler (sog. nationalsozialistische „Machtergreifung"). Nach rascher Durchsetzung der nationalsozialistischen Herrschaft im Deutschen Reich wird die Geschichte Europas zunächst durch die rücksichtslose Revisions-, später durch die Expansionspolitik Deutschlands bestimmt.

2. Febr.– Zweite internationale Abrüstungskonferenz. Das Projekt des britischen Premiers MacDonald – Einschränkung der Landheerstärken; Deutschland sollen 200000 Mann zugestanden werden – scheitert, sodass die Konferenz im Juni unterbrochen wird. Wiederzusammentritt im Oktober.
14. Okt.

25. Febr. Annahme des Lyttonberichts durch den Völkerbund. Japan lehnt ab.

Austritt Japans 27. März *Japan* erklärt seinen *Austritt aus dem Völkerbund*. Dieser Ausgang einer erfolglosen Völkerbundspolitik gegen einen „Aggressor" bedeutet einen ernsten Schlag gegen die politische Weltordnung von 1919.

März Statt der ergebnislosen Versuche der Abrüstungskonferenz schlägt der italienische Staatsführer Benito Mussolini einen Viererpakt zwischen Großbritannien, Frankreich, Deutschland und Italien vor, in dem eine Politik der Zusammenarbeit und des Friedens (mit Möglichkeit von Revisionen der Friedensverträge) auf der Basis der Gleichberechtigung (Rüstungsgleichberechtigung Deutschlands) vorgesehen ist.

2. Juni– Scheitern der Internationalen Wirtschaftskonferenz in London und damit des Vorhabens eines internationalen Währungsabkommens hauptsächlich durch den Widerstand von US-Präsident Franklin Delano Roosevelt.
27. Juni

Viererpakt **15. Juli** In abgeschwächter Form wird der *Viererpakt* abgeschlossen. Bei betonter Anerkennung des Völkerbundes, des Locarno- und des Kelloggpaktes wird damit der Versuch unternommen, die Politik Europas auf eine neue Grundlage zu stellen.

2. Sept. Nichtangriffspakt und Freundschaftsvertrag zwischen Italien und der Sowjetunion. Ergebnis der Initiative Mussolinis, der hierdurch größere Freiheit gegenüber dem Westen zu gewinnen sucht.

14. Okt. Deutschland verlässt die Abrüstungskonferenz, da in einem neuen Plan, den der britische Außenminister John Simon vorlegt, der vorgesehene Rüstungsausgleich auf vier Jahre verschoben werden soll.

Austritt Deutschlands 14. Okt. Das *Deutsche Reich* erklärt seinen *Austritt aus dem Völkerbund*. Trotzdem gehen die Verhandlungen über die Rüstung weiter. Nach Anerkennung der deutschen Gleichberechtigung ist eine begrenzte deutsche Aufrüstung konsequent. Großbritannien und Italien vertreten diese Auffassung, während Frankreich ablehnt.

16. Nov. Aufnahme der diplomatischen Beziehungen zwischen den Vereinigten Staaten von Amerika und der Sowjetunion.

Rüstungsfrage 18. Dez. Deutsches Memorandum zur *Rüstungsfrage*: Forderung auf Gleichberechtigung. Vorschlag der Umwandlung der Reichswehr in ein kurz dienendes Heer von 300000 Mann, Einzelvorschläge zur allgemeinen Rüstungsbeschränkung.

Nichtangriffspakt **1934**
26. Jan. *Nichtangriffspakt* und Freundschaftsvertrag zwischen dem Deutschen Reich und Polen geschlossen.

9. Febr. Abschluss des Balkanpakts zwischen der Türkei, Griechenland, Rumänien und Jugoslawien (ohne Bulgarien). Beistandspakt und Empfehlung, die Außenpolitik in Übereinstimmung zu bringen.

17. März Römische Wirtschaftsprotokolle zwischen Italien, Österreich und Ungarn.

17. April Französische Note an Großbritannien, die das Deutsche Reich beschuldigt, durch Erhöhung der militärischen Ausgaben den Versailler Vertrag gebrochen zu haben. Die Verhandlungsgrundlage sei nicht mehr gegeben.

Die sich aus dem deutschen Austritt aus dem Völkerbund und der französischen Ablehnung deutscher Gleichberechtigung ergebende Spannung führt zu neuen politischen Gruppierungen. Bedeutung fällt der Sowjetunion zu, die aus dem Zerfall des europäischen Staatensystems Vorteil ziehen kann. Eine Annäherung Frankreichs an die Sowjetunion, die sich schon seit 1932 vorbereitet hat, liegt nahe.

27. Juni	Der französische Außenminister Louis Barthou veröffentlicht den Vorschlag eines Ostpaktes, der einen kollektiven Nichtangriffspakt für die Oststaaten mit französischer Garantie und Anlehnung an den Völkerbund vorsieht („Ost-Locarno"). Die deutsche Regierung lehnt einen Beitritt ab.	
18. Sept.	Die *Sowjetunion* tritt dem Völkerbund bei. Die gemeinsame Stellung gegen die Außenpolitik Hitlers beschleunigt die Herstellung guter Beziehungen zwischen der Sowjetunion und den westlichen Mächten.	*Beitritt der Sowjetunion*
9. Okt.	Außenminister Barthou, die treibende Kraft zu einem französischen Ostpaktsystem und einem Zusammengehen mit der Sowjetunion, und der jugoslawische König Alexander werden in Marseille ermordet; verantwortlich ist die kroatische Ustaša-Bewegung.	
1935 7. Jan.	Aussprache Pierre Lavals, des Nachfolgers Barthous, mit Staatschef Mussolini in Rom führt zu einem Abkommen über Kolonialkompensation in Nordafrika und zum Plan einer Garantie der österreichisch-italienischen Grenzen. Geheimbesprechung über Abessinien (Äthiopien). Italien ist damit in die Antirevisionsfront Frankreichs eingereiht.	
6. März	Die französische Regierung kündigt Wiedereinführung der zweijährigen Militär-Dienstzeit an.	
7. März	Erneuerung des französisch-belgischen Militärabkommens von 1921.	
16. März	Deutschland sagt sich von den Rüstungsbeschränkungen des Versailler Vertrags los und führt die *allgemeine Wehrpflicht* ein.	*allgemeine Wehrpflicht*
11./14. April	Zusammentritt der Konferenz in Stresa (am Südwest-Ufer des Lago Maggiore) zwischen Großbritannien, Frankreich, Italien. Einvernehmen, „sich mit allen geeigneten Mitteln jeder einseitigen Aufkündigung von Verträgen zu widersetzen". Doch bleibt die „Stresafront" beim Deklamatorischen.	
17. April	Verurteilung des deutschen Vertragsbruchs durch den Völkerbund.	
2. Mai	Französisch-sowjetischer Beistandspakt auf fünf Jahre für solche Fälle geschlossen, in denen eine der vertragschließenden Parteien „einer Drohung oder Angriffsgefahr durch einen europäischen Staat ausgesetzt ist".	
16. Mai	Beistandspakt zwischen der Sowjetunion und der Tschechoslowakei. Darin die bedeutsame Klausel, dass Hilfeleistung nur im Falle eines militärischen Beistandes durch Frankreich erfolgen solle.	
21. Mai	*Reichstagsrede Adolf Hitlers* mit dem „Friedensprogramm" von 13 Punkten. Vor allem Vorschlag des Abschlusses zweiseitiger Nichtangriffsverträge (im Gegensatz zum französischen Paktsystem kollektiver Sicherheit).	*Reichstagsrede Adolf Hitlers*
18. Juni	*Deutsch-britisches Flottenabkommen*: Großbritannien erklärt sich im Gegensatz zur „Stresafront" mit der deutschen Seeaufrüstung bis zu 35 % der britischen Kriegsflotte einverstanden. Empörung in Frankreich. Erfolg der deutschen Revisionspolitik, die hier eindeutig von Großbritannien gestützt wird.	*Flottenabkommen*
25. Juli– 20. Aug.	VII. Weltkongress der Komintern: Schwenkung von der ultralinken zur antifaschistischen „Volksfront"-Taktik. Stützung der sowjetischen Außenpolitik durch die neue Linie der Komintern.	
Sept.	Beginn der *Abessinienkrise*.	*Abessinienkrise*
3. Okt.	Die Italiener fallen in Abessinien (Äthiopien) mit Truppen ein.	
11. Okt.	Völkerbund beschließt Sanktionen gegen Italien; diese betreffen Waffenembargo, Kredit- und Rohstoffsperre, doch werden sie nicht von allen Ländern strikt durchgehalten. Vor allem Frankreich, aber auch Großbritannien lassen Italien de facto freie Hand. Deutschland unterstützt Italien mit Rohstofflieferungen. Der abessinische Feldzug wird nicht unterbrochen.	
1936 15. Jan.	Auf der Londoner Flottenkonferenz fordert Japan erfolglos die gleiche Flottenstärke wie Großbritannien und die USA und verlässt die Konferenz. Damit ist der Weg für das Wettrüsten zur See freigegeben.	
7. März	Deutsche Truppen besetzen das entmilitarisierte *Rheinland*. Vorwand ist die Ratifizierung des französisch-sowjetischen Bündnisses im Widerspruch zum Locarnovertrag, der durch den neuen Überraschungsschlag Hitlers gleichfalls verletzt wird. Auch diesmal kaum Widerstand der Ententemächte.	*Besetzung des Rheinlands*
25. März	Flottenabkommen zwischen Großbritannien, den USA und Frankreich. Die Mächte verpflichten sich zur gegenseitigen Unterrichtung über ihren Flottenneubau.	
10. April	Note der Türkei an die beteiligten Mächte mit dem Vorschlag einer Revision der Lausanner Meerengenkonvention.	
22. Juni– 20. Juli	Nach Zustimmung der Mächte Konferenz zur Meerengenfrage in Montreux. Diplomatisches Zusammenspiel der Türkei mit Großbritannien im Gegensatz zur Sowjetunion. *Neue Meerengenkonvention*: Wiederherstellung der vollen türkischen Souveränität über die	*Meerengenkonvention*

	Meerengen einschließlich des Befestigungsrechts. Freie Durchfahrt für Handelsschiffe. Durchfahrt für Kriegsschiffe anderer Mächte unter erschwerenden Bedingungen.
4. Juli	Nachdem Italien die Eroberung Abessiniens vollendet hat, billigt der Völkerbund die Einstellung der Sanktionen. Wie in der mandschurischen Frage scheitert die Völkerbundspolitik auch hier.
spanischer Bürgerkrieg — 18. Juli	Beginn des *Bürgerkrieges in Spanien*. Offiziersputsche in Spanisch-Marokko und an mehreren Stellen Spaniens gegen die „Volksfront"-Regierung. Der Aufstand der Armee (Führung General Francisco Franco) wird durch eine schnell einsetzende militärische Hilfe von Deutschland (Unternehmen Condor) und Italien unterstützt. Auf der anderen Seite steht hinter der Volksfront-Regierung die Sowjetunion. Großbritannien verfolgt eine Politik des „non-intervention".
Achse Berlin-Rom — 25. Okt.	Deutsch-italienischer Vertrag begründet die „*Achse Berlin-Rom*". Das Deutsche Reich erkennt die Annexion Abessiniens durch Italien an; beide Mächte vereinbaren einheitliches Vorgehen in der spanischen Frage und erkennen die Regierung Franco an. Abgrenzung der wirtschaftlichen Interessensphären in Südosteuropa.
14. Nov.	Das Deutsche Reich kündigt die Versailler Bestimmungen über die deutschen Wasserstraßen auf.
Antikominternpakt — 25. Nov.	*Antikominternpakt* zwischen Deutschland und Japan: beiderseitige Unterrichtung über die Tätigkeit der kommunistischen Internationale. Aktives Einschreiten gegen die Tätigkeit der Komintern vorgesehen. Große Propagandawirkung.
1937 25. März	Nichtangriffspakt zwischen Italien und Jugoslawien auf fünf Jahre beseitigt die seit den Friedensverträgen gespannte Lage zwischen den beiden Staaten und soll einen Keil in die Kleine Entente treiben.
Japanisch-Chinesischer Krieg — 7. Juli	Der Zwischenfall an der Marco-Polo-Brücke (südwestlich von Peking) eröffnet (ohne Kriegserklärung) wieder den *Japanisch-Chinesischen Krieg*, in dem der Widerstand der Chinesen unter der Nanking-Regierung Chiang Kai-shek unerwartet hartnäckig wird. (Im Herbst Bildung einer Einheitsfront der Nanking-Regierung mit der kommunistischen Partei Chinas [KPCh].)
21. Aug.	Nichtangriffspakt zwischen der Sowjetunion und China.
10.–14. Sept.	Konferenz von Nyon (am Nordwest-Ufer des Genfer Sees). Teilnehmer, Mittel- und Schwarzmeermächte (außer Italien), beschließen Maßnahmen zur Bekämpfung des „Piratentums" im Mittelmeer, d.h. vor allem des Kampfes italienischer U-Boote gegen sowjetische Schiffe mit Zufuhr für Volksfront-Spanien.
Quarantänerede — 5. Okt.	Rede des US-Präsidenten Roosevelt mit scharfer Absage an die Fortsetzung der Neutralitätspolitik. Der Aggressor Japan müsse einer Quarantäne unterworfen werden (*Quarantänerede*).
3. Nov.	Zusammentritt einer Konferenz in Brüssel, die feststellt, dass Japan den Neunmächtevertrag verletzt habe.
6. Nov.	Beitritt Italiens zum Antikominternpakt.
19. Nov.	Lord Halifax (Edward Frederick L. Wood), Lordsiegelbewahrer und Mitglied des britischen Kabinetts, bei Reichskanzler Hitler, um die deutschen Forderungen und die Möglichkeiten deutsch-britischer Politik zu sondieren. Das Ergebnis ist gegenseitige Verstimmung.
1.–17. Dez.	Reise des französischen Außenministers Yvon Delbos zu den französischen Alliierten in Ostmitteleuropa ohne befriedigendes Ergebnis. Das französische Paktsystem im Osten ist entwertet. Besonders Polen und Jugoslawien durch die Verträge von 1934 und 1937 mit Deutschland und Italien der „Achse" angenähert.
Austritt Italiens — 11. Dez.	Italien tritt aus dem *Völkerbund* aus.
Einmarsch in Österreich — 1938 12. März	*Einmarsch deutscher Truppen in Österreich* nach vorausgegangenem Ultimatum und Rücktritt des österreichischen Bundeskanzlers Kurt Schuschnigg. Übernahme der Regierung durch Arthur Seyß-Inquart.
Anschluss Österreichs — 13. März	Der *Anschluss Österreichs* an das Deutsche Reich ist vollzogen (durch Volksabstimmung vom 10. April nachträglich bestätigt). Da die Mächte anderweitig festgelegt sind und insbesondere die britische Politik unter Premier A. Neville Chamberlain an einem Ausgleich mit Deutschland interessiert ist, wird der Anschluss allgemein als vollzogene Tatsache hingenommen.
polnisch-litauischer Konflikt — 16.–19. März	*Polnisch-litauischer Konflikt*. Polen nutzt die durch die Österreichfrage günstige Situation aus und stellt ein Ultimatum an Litauen, die Beziehungen zu Polen aufzunehmen und die Wilnagrenze anzuerkennen. Litauen nimmt an.
16. April	Britisch-italienisches Abkommen. Großbritannien ist an einer Entspannung im Mittelmeer interessiert, Italien an einer Annäherung an Großbritannien als Gegengewicht gegen die seit dem Anschluss Österreichs vermehrte Macht Hitlers. Während Großbritannien die italieni-

sche Herrschaft in Abessinien anerkennt, verpflichtet sich Italien im Gegenzug, die italienischen Freiwilligen aus Spanien nach dem (unmittelbar bevorstehenden) Ende des spanischen Krieges zurückzuziehen. Ferner Regelung aller strittigen Fragen im Nahen Osten.

24. April   Die Sudetendeutsche Partei Konrad Henleins fordert die autonome Selbstverwaltung der sudetendeutschen Gebiete.

28. April   Konferenz zwischen dem französischen Ministerpräsidenten Édouard Daladier und dem britischen Premier Chamberlain in London beschließt, dass in Prag und Berlin auf Einlenken hingewirkt werden soll: Der tschechoslowakische Staatspräsident Edvard Beneš soll Henleins Forderung der Autonomie annehmen.
Konrad Henlein in London (13.–14. Mai).

3.–9. Mai   Besuch von „Führer und Reichskanzler" Hitler mit großem Gefolge in Rom. Demonstrativ wird in Feiern und Paraden die Einheit der „Achse" zur Schau gestellt. Doch weicht Staatschef Mussolini dem Abschluss eines Bündnisses aus. Hitler spricht feierlich den Verzicht auf Südtirol aus. Papst Pius XI. verlässt während des Besuchs Rom.
Seit Ende April beginnt sich die *sudetendeutsche Frage* zuzuspitzen. Ähnlich wie beim Anschluss Österreichs verbinden sich hier alte Forderungen aus dem Selbstbestimmungsrecht der Völker, die 1918/1919 erhoben, aber nicht verwirklicht worden sind, mit der rücksichtslosen nationalsozialistischen Außenpolitik.   *sudetendeutsche Frage*

20. Mai   Mobilmachung der Tschechoslowakei aus Anlass deutscher Truppenkonzentrationen.

30. Mai   Hitlers Weisung an die Wehrmacht enthält sein Ziel: „Es ist mein unabänderlicher Entschluss, die Tschechoslowakei in absehbarer Zeit durch eine militärische Aktion zu zerschlagen."

19.–21. Juli   Der Besuch des britischen Königspaares in Paris unterstreicht demonstrativ die britisch-französische Freundschaft.

21.–23. Aug.   Konferenz der Kleinen Entente. Ungarns Recht zur Wiederaufrüstung wird anerkannt. Nichtangriffspakte sind vorgesehen. Im Sept. spitzt sich, getrieben von Hitler, die sudetendeutsche Krise zu. Hitler veranlasst Henlein zur Verschärfung seiner Politik, um zu provozieren. Hitlers These: „England blufft".

16. Sept.   Besprechung des britischen Premierministers *Chamberlain* mit Hitler in Berchtesgaden. Chamberlain ist bereit, der Tschechoslowakei die Abtretung der sudetendeutschen Gebiete nahe zu legen.   *Neville Chamberlain*

19. Sept.   Der französische Ministerpräsident Daladier und Außenminister Georges Bonnet in London. Großbritannien und Frankreich wünschen die friedliche Beilegung des Konflikts durch Annahme des Prinzips der Selbstbestimmung für die Sudetendeutschen.

22.–24. Sept.   *Besprechungen* Chamberlains mit Hitler *in Godesberg*. Hitler verlangt mehr als das Zugeständnis des Selbstbestimmungsrechts für die Sudetendeutschen und bezieht polnische und ungarische Territorialforderungen mit ein. Chamberlain will nicht über die Grundlage der Berchtesgadener Besprechung hinausgehen. Hitler fordert die Übergabe der sudetendeutschen Gebiete durch die Tschechen für den 26. Sept., dann für den 1. Okt., an das Deutsche Reich.   *Godesberger Besprechungen*

24. Sept.   Die deutschen Forderungen werden abends in London dem tschechoslowakischen Gesandten überreicht.

25. Sept.   Die Tschechoslowakei lehnt die deutschen Forderungen ab.

26. Sept.   Sir Horace Wilson, der außenpolitische Berater Chamberlains, fährt nach Berlin. Vorschlag direkter Verhandlungen zwischen Deutschland und der Tschechoslowakei unter britischer Vermittlung.
Abends *Rede Hitlers im Berliner Sportpalast*: Die Abtretung des Sudetenlandes sei die letzte Revisionsforderung. Hitler ist zum Einmarsch ins Sudetenland entschlossen.   *Rede Hitlers im Sportpalast*

28. Sept.   Die britische Regierung bittet den italienischen Staatschef Mussolini um Vermittlung. Hitler nimmt Mussolinis Vermittlungsvorschlag an, die nicht erheblichen Differenzpunkte auf einer Viererkonferenz in München zur Lösung zu bringen.

29. Sept.   *Konferenz in München* (Teilnehmer sind die Staats- und Regierungschefs des Deutschen Reichs, Italiens, Frankreichs und Großbritanniens sowie Minister und Diplomaten): Die Tschechoslowakei soll die deutsch besiedelten Randgebiete Böhmens, Mährens und Schlesiens vom 1.–10. Okt. räumen und an das Deutsche Reich abtreten. Die ungarischen und polnischen Ansprüche sollen später geregelt werden. Die Resttschechoslowakei soll die Garantie der Großmächte gegen unprovozierten Angriff erhalten. Anschließend unterzeichnen Hitler und Chamberlain eine deutsch-britische Nichtangriffserklärung.
Damit haben Großbritannien und Frankreich den deutschen Forderungen nachgegeben. Der Frieden ist gerettet. Dies wird in allen europäischen Staaten als Erleichterung empfunden. Die Möglichkeit einer neuen Stabilisierung der europäischen Ordnung besteht, sofern die   *Konferenz in München*

Politik Hitlers wirklich seinen Beteuerungen gemäß territorial befriedigt ist. Diese Erwartung erweist sich als falsch.

deutscher Einmarsch

1. Okt. Beginn des *Einmarsches deutscher Truppen* in die sudetendeutschen Gebiete.

2. Okt. Polnische Truppen besetzen das Olsagebiet (tschechoslowakisch-polnisches Grenzgebiet; Teschen, polnisch: Cieszyn).

21. Okt. Hitlers interne Weisung, die „Erledigung der Resttschechei" militärisch vorzubereiten. Durch die Beendigung der Sudetenkrise ist das deutsche und italienische Übergewicht bei den kleinen Staaten des Ostens erheblich gewachsen. Dem entspricht der *Erste Wiener Schiedsspruch* der Achsenmächte, dem sich die Tschechoslowakei und Ungarn unterwerfen. Er befriedigt die ungarischen Revisionswünsche gegenüber der Slowakei nicht vollständig. Ungarische Truppen besetzen kurz darauf die von der Tschechoslowakei abgetretenen Gebiete.

Erster Wiener Schiedsspruch

2. Nov.

9. Nov. Die nationalsozialistischen Ausschreitungen gegen Juden in Deutschland, von Reichspropagandaminister Josef Goebbels inszeniert als vorschützende Antwort auf die Ermordung eines Mitgliedes der Deutschen Botschaft in Paris, Ernst vom Rath, durch den Juden Heinrich Grünspan, wirken aufs Neue international alarmierend, insbesondere in den USA (*„Reichskristallnacht"*).

„Reichskristallnacht"

26. Nov. Bekräftigung des Nichtangriffspakts zwischen Polen und der Sowjetunion. Polen, das in der tschechoslowakischen Frage mit Deutschland zusammengespielt hat, versucht, sich gegen Deutschland eine Rückendeckung im Osten zu verschaffen, nachdem es die deutsche Anfrage betreffs Rückkehr Danzigs zum Reich und einer exterritorialen Verbindung durch den „Korridor" (24. Okt. und 19. Nov.) abgelehnt hat.

30. Nov. Antifranzösische Propaganda in der italienischen Kammer und Presse (Forderung nach Abtretung von Korsika und Tunis) führt zu ernster italienisch-französischer Spannung.

6. Dez. Deutsch-französische Nichtangriffserklärung in Paris.

Entgegen diesen Ausläufern der Politik des Münchener Abkommens bereiten sich jedoch neue Konflikte vor. In mehreren Ländern steigern sich die Maßnahmen zur Kriegsvorbereitung, obwohl die offizielle Diplomatie noch den Anschein erweckt, an der Ausgleichspolitik festhalten zu wollen.

22. Dez. Italien kündigt das Laval-Mussolini-Abkommen vom 7. Jan. 1935.

1939 Großbritannien und Frankreich erkennen Franco-Spanien an (27. Febr.).

12. März Hitler entschließt sich zur Zerschlagung der Tschechoslowakei, wozu der Ausbruch eines Konflikts zwischen der Prager Regierung und den Slowaken den Vorwand gibt.

13. März Die Führer der Slowaken, Jozef Tiso (*1887, †1947) und Ferdinand D'určanský (*1906, †1974), in Berlin. Sie wollen die Unabhängigkeit der Slowakei proklamieren.

Slowakei

14. März Unabhängigkeitserklärungen der *Slowakei* und der Karpathen-Ukraine. Ungarn beginnt mit Besetzung der Karpathen-Ukraine.

Emil Hácha

15. März Der tschechoslowakische Staatspräsident *Emil Hácha*, der um eine Unterredung mit Hitler gebeten hat, und der Außenminister František Chvalkovský unterzeichnen unter Druck den Vertrag über die Schaffung des Reichsprotektorats Böhmen und Mähren. Einmarsch der deutschen Truppen in die Tschechoslowakei. Die tschechischen Truppen werden ohne Widerstand entwaffnet.

Protektorat Böhmen und Mähren

16. März Hitler lässt in Prag einen „Erlass über das *Protektorat Böhmen und Mähren*" verkünden. Die beiden Länder werden dem Deutschen Reich eingegliedert und erhalten als Staat beschränkter Souveränität mit eigenem Staatsoberhaupt Autonomie in Verwaltung, Rechtsprechung und Kultur. In Prag soll als Vertreter des Reichs ein Reichsprotektor residieren (Frh. von Neurath), während das Protektorat in Berlin durch einen Gesandten vertreten sein soll.

Die Slowakei stellt sich unter den Schutz des Reichs, worauf ein Vertrag in Berlin geschlossen wird (23. März), in dem dieser Schutz durch militärische und außenpolitische Einbeziehung der Slowakei realisiert wird. Die Slowakei führt alsbald ein Volksgruppenrecht ein. Auch diesmal ist die überraschende Aktion Hitlers geglückt, ohne dass außer diplomatischen Protesten ernsthafter Widerstand erfolgt. Ist jedoch die Angliederung des Sudetenlandes nach der Logik des Selbstbestimmungsrechts der Völker und im Einvernehmen mit den europäischen Großmächten vollzogen, so gilt dies für die Gewaltaktion vom März 1939 nicht mehr. Diese widerspricht zudem Hitlers Versprechungen vom Sept. 1938. Das internationale Vertrauen ist damit endgültig zerstört. Die Gefahr für den Ausbruch eines europäischen Krieges ist in bedrohliche Nähe gerückt. Premier Chamberlain kündigt in seiner Birmingham-Rede das Ende der „appeasement policy" an.

21. März Deutsches Angebot an Polen: Wiederholung des schon am 24. Okt., 19. Nov. 1938, 5./6. Jan. 1939 Polen übergebenen Vorschlags: Rückgabe Danzigs, exterritoriale Auto- und

	Eisenbahn durch den Korridor, langfristige Garantie der deutsch-polnischen Grenze. Das Angebot erfolgt in dem psychologisch ungünstigen Moment der Vertrauenskrise. (23. März polnische Teilmobilmachung im Korridor.) Polen lehnt (am 26. März) ab.	
23. März	Einmarsch deutscher Truppen ins Memelgebiet aufgrund eines Abkommens mit Litauen. Die *Wiedervereinigung des Memelgebiets* mit dem Deutschen Reich wird durch Reichsgesetz verkündet.	*Memelgebiet*
23. März	Deutsch-rumänisches Handelsabkommen führt zu weit gehender Einfügung Rumäniens in ein deutsch geführtes mitteleuropäisches Wirtschaftssystem (Bedeutung des rumänischen Öls).	
28. März	Kurz nach Beendigung des Bürgerkriegs tritt Spanien dem Antikominternpakt bei.	
31. März	Premierminister Chamberlain gibt die britisch-französische *Garantieerklärung für Polen* ab.	*Garantieerklärung für Polen*
7. April	Italien besetzt Albanien als Kompensation für die neuen deutschen Erwerbungen. König Zogu flieht nach Griechenland.	
12. April	Die albanische Nationalversammlung bietet in Tirana König Viktor Emanuel die Krone Albaniens an.	
13. April	Ausdehnung der britisch-französischen Garantie auf Rumänien und Griechenland.	
15. April	Botschaft von US-Präsident Roosevelt an Hitler und Mussolini mit der Aufforderung, sich weiterer Überfälle zu enthalten, und mit dem Vorschlag zu einer internationalen Konferenz. Mussolini und Hitler (Reichstagsrede vom 28. April) antworten ablehnend. In der Reichstagsrede werden außerdem das deutsch-britische Flottenabkommen und der deutsch-polnische Nichtangriffspakt aufgekündigt. Hitler fordert die Nachbarstaaten zum Abschluss von Nichtangriffspakten auf.	
17. April	Die *Sowjetunion* leitet durch ihren Botschafter in Berlin die *Annäherung* an Deutschland ein. Sie setzt das Doppelspiel monatelang fort. Das Gewicht der Sowjetunion steigt angesichts des drohenden Krieges.	*sowjetische Annäherung*
18. April	Die Sowjetunion bietet in Verhandlungen mit Großbritannien in Moskau einen britisch-französisch-sowjetischen Dreibund, unter Umständen mit Einschluss Polens, an. Das Bündnis kommt jedoch trotz langwieriger Verhandlungen nicht zu Stande.	
26. April	Großbritannien führt die allgemeine Wehrpflicht ein.	
3. Mai	Die Entlassung Litwinows als Außenminister der Sowjetunion deutet auf das Scheitern der sowjetischen Bündnisverhandlungen mit den Westmächten hin. Litwinows Nachfolger, *Wjatscheslaw M. Molotow*, schwenkt auf eine politische Linie mit Deutschland ein.	*Wjatscheslaw M. Molotow*
12. Mai	Britisch-türkische Beistandserklärung, der sich auch Frankreich anschließt.	
22. Mai	Abschluss eines Militärbündnisses zwischen Italien und dem Deutschen Reich („*Stahlpakt*").	*Stahlpakt*
31. Mai–7. Juni	Deutschland schließt Nichtangriffspakte mit Estland, Lettland und Dänemark. Schweden, Norwegen und Finnland haben vorher abgelehnt.	
Ende Juli	Die deutsch-sowjetischen Wirtschaftsverhandlungen kommen in Gang. Von nun an gelingt es Hitler allmählich, die Briten zu überspielen, da die sowjetische Führung glaubt, ihre Interessen im Zusammengehen mit Deutschland besser als an der Seite der Westmächte verwirklichen zu können.	
24. Juli	Beistandsvertrag zwischen Frankreich, Großbritannien und der Sowjetunion. Er tritt jedoch nicht in Kraft, weil die sich anschließenden Verhandlungen über eine Militärkonvention nicht zur Einigung führen, vor allem wegen der Frage des Durchmarschrechts der Sowjetunion durch Polen und Rumänien.	
23. Aug.	Reichsaußenminister Joachim von Ribbentrop in Moskau. Abschluss des *deutsch-sowjetischen Nichtangriffspaktes*. Darin ein geheimes Zusatzprotokoll: Deutschland erklärt, dass Estland, Lettland, Finnland, Bessarabien und Polen östlich der Flüsse Pissa, Narew, Weichsel, San außerhalb seiner Interessensphäre liegen. Die Sowjetunion erklärt ihrerseits ihr Desinteressement an dem polnischen Gebiet westlich dieser Linie sowie an Litauen. Alle Balkanfragen sollen nur nach gemeinsamer Verständigung geregelt werden.	*Nichtangriffspakt*
	Der japanische Botschafter in Berlin, Hiroshi Oshima, legt im Namen seiner Regierung Protest gegen den Vertrag unter Berufung auf den Antikominternpakt ein.	
	Brief Chamberlains an Hitler warnt vor einem Krieg und erklärt, dass Großbritannien seiner Bündnispflicht gegenüber Polen nachkommen werde. Beginn der Mobilmachung in Großbritannien.	
25. Aug.	*Britisch-polnischer Bündnisvertrag* zum Zweck der gegenseitigen Beistandsleistung unterzeichnet.	*britisch-polnisches Bündnis*
	Hitler fordert vom britischen Botschafter in Berlin, Neville Henderson, freie Hand gegenüber Polen, erklärt die deutsche Westgrenze als endgültig und bietet Garantien für Großbri-	

tannien. Mussolini teilt Hitler mit, dass Italien nicht kriegsbereit sei und daher nicht in einen Krieg eintreten könne. Aufgrund dieser Mitteilung und der Meldung vom Abschluss des britisch-polnischen Bündnisses widerruft Hitler den für den 26. Aug. gegebenen Vormarschbefehl gegen Polen.

26. Aug. Brief des französischen Ministerpräsidenten Daladier an Hitler, in dem die französische Verständigungsbereitschaft betont und gleichzeitig darauf hingewiesen wird, dass Frankreich seine Verpflichtung gemäß dem Bündnis mit Polen einhalten werde.

Henderson bei Hitler
28. Aug. Botschafter *Henderson bei Hitler*: Großbritannien bietet seine Vermittlung für direkte deutsch-polnische Verhandlungen an. Während die unmittelbaren Kriegsvorbereitungen in allen beteiligten Staaten vorangehen, entspannt sich die Lage vorübergehend infolge des britischen Schritts.

29. Aug. In seiner Antwort hält Hitler die Forderungen auf Danzig, den Korridor und Sicherheit für die deutsche Minderheit in Polen aufrecht, erklärt sich zu direkten Verhandlungen bereit und bittet Henderson zu vermitteln, dass ein bevollmächtigter Vertreter Polens am 30. Aug. in Berlin erscheinen soll. Diese Fristsetzung wird von Henderson als ultimativ bezeichnet.

30. Aug. Als bis Mitternacht kein polnischer Unterhändler eingetroffen ist, bezeichnet Außenminister Ribbentrop Botschafter Henderson gegenüber die deutschen Vorschläge, die Ribbentrop vorliest, ohne den Text Henderson zu überlassen, als erledigt. – In Polen Mobilmachung.

Hermann Göring
31. Aug. Reichsminister *Hermann Göring*, tags zuvor zum Vorsitzenden des Reichsverteidigungsrates ernannt, schaltet sich ein und lässt durch seinen schwedischen Kontaktmann Birger Dahlerus, entgegen Hitlers Befehl, den Wortlaut der deutschen Vorschläge Botschafter Henderson übermitteln. Dieser veranlasst Dahlerus, die Vorschläge sofort dem polnischen Botschafter in Berlin, Josef Lipski, mitzuteilen. Lipski erklärt jedoch, „nicht daran interessiert zu sein, mit Deutschland auf dieser Basis zu verhandeln", teilt aber Außenminister Ribbentrop mit, dass die polnische Regierung dem Vorschlag zu direkten Verhandlungen nachkommen werde. Ribbentrop übergibt jedoch die deutschen Vorschläge nicht. Lipski bittet nicht, sie ihm zu überlassen.
Mittags gibt Hitler erneut den Befehl zum militärischen Angriff.
Der Vermittlungsvorschlag Mussolinis (internationale Konferenz) wird nicht mehr berücksichtigt. – Die als überholt erklärten 16 deutschen Vorschläge betreffs Regelung der Danzig- und Korridorfragen werden durch Rundfunk bekannt gegeben.

deutscher Angriff auf Polen
1. Sept. Beginn des *deutschen Angriffs auf Polen*. Großbritannien und Frankreich stellen aufgrund ihrer Bündnisverpflichtungen die Kriegserklärung an das Deutsche Reich in Aussicht, falls die deutschen Truppen nicht sofort zurückgezogen würden.

2. Sept. Italienischer Konferenzvorschlag ohne Erfolg.

3. Sept. Großbritannien und Frankreich erklären dem Deutschen Reich den Krieg.

Der Zweite Weltkrieg (1939–1945)

Ursachen und Vorgeschichte des Krieges

eingeschränkte Handlungsfähigkeit
Die Weltwirtschaftskrise (1929–1933) hat die nach dem Ersten Weltkrieg 1919/1920 errichtete globale Ordnung tiefgreifend erschüttert. Die daraus resultierende Einschränkung der *internationalen Handlungsfähigkeit* der diese Ordnung garantierenden Mächte USA, Großbritannien und Frankreich bietet den 1914/1918 besiegten oder im Siege zu kurz gekommenen Mächten Deutschland, Italien und Japan die Chance, eine Neuverteilung der Hauptrohstoffzentren und -absatzgebiete anzustreben (Schaffung von autarken, strategisch weit absicherbaren „Großräumen" auf dem europäischen Kontinent, im Mittelmeerraum und in Ostasien). Der im Kern machtpolitisch, ökonomisch und militärstrategisch fundierte Konflikt zwischen den etablierten Mächten und den „have-nots" wird überlagert von gesellschaftspolitisch-ideologischen Kampffronten (Ringen zwischen liberal-demokratischen, faschistisch-nationalsozialistischen und sozialistisch-kommunistischen Kräften), in deren Rahmen auch die 1919/1920 aus Mitteleuropa abgedrängte und isolierte Sowjetunion von 1934 an (Aufnahme in den Völkerbund) eine zunehmend bedeutendere Rolle spielt. Sie ist unter Führung Josef Stalins bestrebt, den erwarteten kriegerischen Zu-

sammenstoß der beiden „imperialistischen" Mächtegruppen zu fördern und selbst in einer Position der „Hinterhand" zu verharren, um erst in einer späteren Phase ihr entscheidendes „Gewicht" in die Waagschale zu legen.

Ohne Absprache untereinander, aber die Erfolge der jeweils anderen nutzend, entwickelt sich die Expansion der *drei „have-nots"* zu einer Gefährdung der globalen Positionen Großbritanniens und Frankreichs sowie – in längerfristiger Perspektive – auch der USA, die ihr in den zwanziger Jahren globales Engagement seit der Weltwirtschaftskrise beträchtlich eingeschränkt haben. Versuche Adolf Hitlers, mit Großbritannien, seinem „Programm" entsprechend, zu einem Arrangement zu gelangen, das ihm „freie Hand" zur Eroberung des europäischen Kontinents böte, scheitern an der Haltung der britischen Regierung (Neville Chamberlain), die wohl im Rahmen eines „General Settlement" zu Revisionen in Mitteleuropa zu deutschen Gunsten, nicht aber zu einer Aufgabe des ganzen Kontinents bereit ist.

drei „have-nots"

Nach Beginn des *Japanisch-Chinesischen Krieges* (Juli 1937), in dessen Verlauf (bis zum Frühjahr 1939 ganz Nord- und Mittelchina sowie der größte Teil der Küstenprovinzen Südchinas von Japan erobert werden, ohne dass die Westmächte militärisch eingreifen, beschleunigt Hitler – auch in Ausnutzung des die Lähmung der außenpolitischen Handlungsfreiheit der Westmächte in Europa demonstrierenden Spanischen Bürgerkrieges (seit Juli 1936) – die Abwicklung seines *Expansions-„Programms"*. Zwar gelingt der „Anschluss" Österreichs (März 1938) und die Einbeziehung der Tschechoslowakei in das „Großdeutsche Reich" (in zwei Etappen: Gewinnung der sudetendeutschen Gebiete aufgrund des Münchener Abkommens, Sept. 1938, und Errichtung des Protektorats Böhmen und Mähren, März 1939), doch scheitert das Bemühen, Polen durch begrenzt scheinende Forderungen (Danzig, exterritoriale Bahn- und Straßenverbindung durch den ‚Korridor' nach Ostpreußen) in ein Satellitenverhältnis zum Deutschen Reich zu bringen. Am 31. März 1939 garantiert Großbritannien die „Unabhängigkeit" Polens. Frankreich zieht am selben Tag mit einer Garantieerklärung nach. Daraufhin lässt Hitler militärische Vorbereitungen für eine Eroberung Polens im Herbst 1939 einleiten.

Japanisch-Chinesischer Krieg

Hitlers Expansions-Programm

Die Anstrengungen Großbritanniens und Frankreichs, die Sowjetunion für eine Militärallianz gegen Deutschland zu gewinnen, scheitern an der Forderung Stalins, die Baltischen Staaten in das angestrebte Sicherheitssystem (d.h. faktisch in den sowjetischen Machtbereich) einzubeziehen und Polen zu einer Zustimmung für sowjetische „Hilfe" bei einem deutschen Angriff zu veranlassen. Während der Abschluss des „Stahlpakts" Deutschland – Italien ohne Bedeutung für die internationale Konstellation bleibt, weil Benito Mussolini Italien erst nach 1942 als kriegsfähig erklärt, und eine deutsche Allianz mit Japan nicht zu Stande kommt, weil die japanische Führung nur ein Bündnis mit anti-sowjetischer, nicht aber anti-britischer Stoßrichtung akzeptiert, somit das von deutscher Seite seit Ende 1937 avisierte „weltpolitische *Dreieck Berlin-Rom-Tokyo*" als Militärbündnis nicht erreicht wird, gelingt unter Aufteilung Ostmitteleuropas in eine deutsche und eine sowjetische Interessensphäre (bei der Polen auf der Linie Narew-Weichsel-San geteilt wird) am 23. Aug. 1939 der Abschluss eines *Nichtangriffspaktes* zwischen dem Deutschen Reich und der Sowjetunion und damit die Abwendung eines Zweifrontenkrieges wie 1914. Die Erwartung Hitlers, dass nunmehr auch Großbritannien und Frankreich die Eroberung Polens hinnehmen werden, erweist sich jedoch als trügerisch. Am 25. Aug. 1939 schließen Großbritannien und Polen einen *Beistandsvertrag*. Hitler zieht daraufhin zwar den schon für den 26. Aug. erteilten Angriffsbefehl zurück und sucht durch diplomatische Aktivitäten in den nächsten Tagen doch noch Großbritannien zum Abseitsbleiben zu veranlassen. Obwohl diese ergebnislos bleiben, gibt Hitler, nachdem Polen am 30. Aug. die Mobilmachung erklärt hat (nach der bereits am 26. Aug. erfolgten getarnten deutschen) und zu keinen direkten Verhandlungen mit ihm bereit ist, am 31. Aug. mittags erneut den Befehl zum Angriff – für den 1. Sept. 1939 4.45 Uhr – und nimmt damit das Risiko der Kriegserklärung durch Großbritannien und Frankreich auf sich, obwohl Deutschland für einen längeren europäischen Krieg noch nicht zureichend gerüstet ist.

Dreieck Berlin-Rom-Tokyo

Beistandsvertrag

Großbritannien und Frankreich stellen am 3. Sept. ultimativ die Forderung, dass die deutschen Truppen hinter die Reichsgrenze zurückgezogen werden, und erklären nach Ablauf der gestellten Frist den Krieg.

Der Kriegsverlauf

Phasen des Krieges

Gliederungsübersicht

Europäischer Krieg

Europäischer Krieg (Sept. 1939–Juni 1941)

1939	Die Eroberung Polens (1. Sept.–1. Nov.)
1939–1940	Politik und Kriegsführung während der „drôle de guerre" (28. Sept. 1939 bis 28. März 1940)
1940	Besetzung Dänemarks und Norwegens durch deutsche Truppen (9. April bis 10. Juni)
1940	Der deutsche Westfeldzug (10. Mai–4. Juli)
1940	Die Wendung des europäischen Krieges von West nach Ost (Juni–Dez.)
1940–1941	Der Krieg auf dem Balkan, in Afrika und im Nahen Osten (Sept. 1940–Juli 1941)
1940–1941	Vorbereitungen des deutschen Angriffs auf die Sowjetunion (18. Dez. 1940 bis 21. Juni 1941)
1941	Situation im Westkrieg (10./11. Mai–17. Juni)

Ausweitung

Ausweitung zum Weltkrieg durch „Zusammenwachsen" des europäischen und des ostasiatischen Krieges (Juni–Dez. 1941)

1941	Der Ostkrieg bis zur Wende vor Moskau (22. Juni–6. Dez.)
1941	Der europäisch-atlantische Westkrieg (Juli–Dez.)
1941	Die weltpolitische Entwicklung (Juni–Dez.)

Wende

Übergang der Initiative auf die Mächte der „Anti-Hitler-Koalition" (Dez. 1941–Herbst 1942)

1941–1942	Der Ostkrieg (Dez. 1941–Nov. 1942)
1942	„Hitlers Europa"
1942	Der europäisch-atlantische Westkrieg (Jan.–Dez.)
1941–1942	Der ostasiatische und pazifische Krieg (Dez. 1941–Dez. 1942)
1942	Probleme der „Dreierpakt"-Mächte
1941–1942	Die „Anti-Hitler-Koalition" (Dez. 1941–Dez. 1942)

Zurückdrängung

Ansturm der „Anti-Hitler-Koalition" auf die „Festungen" Europa und Ostasien (Herbst 1942–Sommer 1944)

1943–1944	Die „Anti-Hitler-Koalition" (Jan. 1943–Juli 1944)
1942–1944	Der Ostkrieg (Dez. 1942–Juni 1944)
1943–1944	„Hitlers Europa" (Jan. 1943–Juni 1944)
1943–1944	Der europäisch-atlantische Westkrieg (Jan. 1943–Juni 1944)
1943–1944	Der ostasiatisch-pazifische Krieg (Jan. 1943–Juli 1944)

Ende

Endkampf und Kapitulation Deutschlands und Japans (Sommer 1944–Sept. 1945)

1944–1945	Die „Anti-Hitler-Koalition" (Aug. 1944–April 1945)
1944–1945	Der europäisch-atlantische Westkrieg (Juni 1944–Mai 1945)
	Der westliche Kriegsschauplatz
	See- und Luftkrieg in Europa und im Atlantik
	Die Geschehnisse des Luftkrieges über Deutschland in der Endphase
	Der italienische Kriegsschauplatz
	Griechenland/Jugoslawien
	Der nördliche Kriegsschauplatz
1944–1945	Der Ostkrieg (Juni 1944–Mai 1945)
1945	Das Ende des Krieges in Europa (Mai–Aug.)
1944–1945	Der ostasiatisch-pazifische Krieg (Juli 1944–Sept. 1945)

Obenstehende Großgliederung des Kriegsverlaufs ergibt sich aus der Abfolge von „Blitzfeldzügen", mit denen Hitler die kontinentaleuropäischen Gegner nacheinander aus dem Feld zu schlagen erstrebte, aus der Ausstrahlung der darauf beruhenden großen Anfangserfolge auf die Expansionspolitik der anderen „havenots", Italien und Japan, und aus der zunächst infolge der divergierenden Interessen gehemmten, seit 1941 aber zur totalen Niederwerfung der Aggressoren entschlossenen „Antwort" der „herausgeforderten" Gegenmächte der „Anti-Hitler-Koalition".

Europäischer Krieg (September 1939–Juni 1941)

Die Eroberung Polens

1939
1. Sept.
4.45 Uhr Der *deutsche Angriff*, dem sich der „Schutzstaat" Slowakei am 5. Sept. anschließt, beginnt. Zwei Heeresgruppen mit starken Panzerkräften, massiv unterstützt durch die Luftwaffe, stoßen zangenartig von Ostpreußen und Schlesien aus mit dem Ziel vor, die Masse des polnischen Heeres im großen Weichselbogen einzuschließen. *deutscher Angriff*

10 Uhr Hitler motiviert den Angriff in einer Reichstagserklärung mit polnischen Übergriffen auf das Reichsgebiet, u. a. einen (deutscherseits gestellten) Überfall auf den Rundfunksender Gleiwitz (Oberschlesien). Er erklärt die *„Freie Stadt Danzig"* als in das Deutsche Reich eingegliedert. *Danzig*

2. Sept. Mussolini strebt vergeblich eine Vermittlung mit dem Ziel eines zweiten „München" an und erklärt Italien als „nicht Krieg führend".

3. Sept. Nach Ablauf eines Ultimatums, die deutschen Truppen aus Polen zurückzuziehen, *erklären Großbritannien* (11 Uhr) *und Frankreich* (17 Uhr) *dem Deutschen Reich den Krieg*. *brit.-frz. Kriegserklärung*
Da die Franzosen trotz Zusage an Polen, am 15. Kriegstage gegen Deutschland offensiv werden zu wollen, passiv bleiben und Großbritannien sich auf Flugblattaktionen beschränkt, erschöpft sich der Westkrieg während des deutschen Feldzuges gegen Polen in Spähtruppunternehmen vor dem Westwall (Beginn des „Komischen Krieges" – *drôle de guerre"*), obwohl das deutsche Heer zur Abwehr einer Großoffensive im Westen in dieser Zeit unfähig ist. Großbritannien erklärt wie 1914 eine Blockade gegen Deutschland, die jedoch infolge der sich intensivierenden Wirtschaftsbeziehungen zur Sowjetunion und der über ihr Territorium weiter möglichen Verbindung mit Ostasien keine vergleichbare Wirkung zeitigt. *„drôle de guerre"*

17. Sept. Nachdem die polnische Regierung auf rumänisches Territorium übergetreten ist (wo sie interniert wird), lässt die Sowjetregierung die *Rote Armee nach Ostpolen einrücken*. Die deutschen Truppen ziehen sich auf die am 23. Aug. vereinbarte Linie (Narew – Weichsel – San) zurück. *sowjetischer Einmarsch in Polen*

18. Sept. Die Schlacht im großen Weichselbogen (an der Bzura) endet mit der Waffenstreckung der stärksten polnischen Armee (170000 Gefangene).

27. Sept. Die seit zehn Tagen eingeschlossene polnische Hauptstadt Warschau kapituliert nach deutschen Luftangriffen.

28. Sept. In Moskau unterzeichnen die beiden Außenminister Wjatscheslaw M. Molotow und Joachim von Ribbentrop einen *Deutsch-Sowjetischen Grenz- und Freundschaftsvertrag*, der in einem geheimen Zusatzabkommen die Demarkationslinie zwischen der deutschen und sowjetischen Interessensphäre von der Weichsel an den Bug verlegt und dafür ganz Litauen (außer einem südwestlichen Zipfel) als Teil der sowjetischen Sphäre anerkennt. *Deutsch-Sowjetischer Vertrag*

6. Okt. Der letzte polnische Widerstand erlischt; damit ist die *Eroberung Polens abgeschlossen*. In deutscher Hand befinden sich 694000, in sowjetischer 217000 polnische Kriegsgefangene. Die deutschen Verluste betragen 10572 Tote, die sowjetischen belaufen sich auf 737 Tote. In einer Reichstagsrede richtet Hitler ein „Friedensangebot" an die Westmächte auf der Basis der Anerkennung der vollzogenen Eroberung und Teilung Polens. Es wird von Frankreich und Großbritannien (12. Okt.) abgelehnt. *Eroberung Polens abgeschlossen*

8. Okt. In einem Erlass gliedert Hitler über Westpreußen und Posen hinaus polnische Gebiete (u. a. Lodz, Ciechanow, Suwalki) an das „Großdeutsche Reich" ein.

25. Okt. Rest-Polen (zwischen den „Eingegliederten Ostgebieten" und der sowjetischen Interessensphäre) wird als *„Generalgouvernement* für die besetzten polnischen Gebiete" (unter Hans Frank als „Generalgouverneur" mit Sitz in Krakau) zu einer Art „Nebenland" des Reiches. Während die „Eingegliederten Ostgebiete" durch Vertreibung der Polen und Ansiedlung von Deutschen aus den Baltischen Staaten, Wolhynien, Bessarabien u. a. „germanisiert" werden, beginnt im Winter 1939/1940 die physische Ausrottung der polnischen Führungsschicht im „Generalgouvernement". Diese Maßnahmen werden mit der in der deutschen Propaganda um das Zehnfache erhöhten Zahl von Opfern (ca. 7000) an Volksdeutschen durch polnische Ausschreitungen im Aug. und Sept. 1939 (3. Sept. „Bromberger Blutsonntag") zu rechtfertigen gesucht. Die Juden werden in Groß-Ghettos in den größten Städten des Generalgouvernements sowie in Lodz konzentriert. *Generalgouvernement*

1. Nov. Nach Pseudo-Plebisziten werden die westukrainischen Gebiete Polens der Ukrainischen Sowjetrepublik, am 2. Nov. (mit Ausnahme des Litauen überwiesenen Gebietes um Wilna) Nordostpolen der Bjelorussischen Sowjetrepublik eingegliedert. Auf Enteignungen folgen vom Winter 1939/1940 Deportationen der zu „Volksfeinden" deklarierten Polen. Die physische Vernichtung eines Teils von ihnen sowie des Gros der in sowjetische Gefangenschaft geratenen polnischen Offiziere schließt sich an (April 1943 Entdeckung von über 4100 Leichen bei Katyn durch deutsche Soldaten).

Politik und Kriegsführung während der „drôle de guerre"

1939
28. Sept. Estland räumt der Sowjetunion militärische Stützpunkte auf seinem Territorium ein; Lettland und Litauen folgen am 5. bzw. 10. Okt.

9. Okt. Hitler begründet in einer Denkschrift seinen Entschluss, zum frühestmöglichen Zeitpunkt gegen Frankreich offensiv zu werden, damit, dass die Zeit gegen Deutschland arbeite. Der auf den 12. Nov. 1939 festgelegte Angriff wird vom 7. Nov. an fortlaufend (insgesamt 29mal), schließlich bis zum 10. Mai 1940, verschoben.

11. Okt. Beginn von (ergebnislosen) Verhandlungen zwischen der Sowjetunion und Finnland über eine Rückverlegung der Grenze auf der Karelischen Landenge und Einräumung von Stützpunkten für die Rote Armee und Flotte in Finnland.

„Royal Oak" **14. Okt.** Versenkung des britischen Schlachtschiffes *„Royal Oak"* durch „U 47" (Kapitänleutnant Prien) in der Bucht von Scapa Flow: erster spektakulärer Erfolg des deutschen Seekrieges gegen Großbritannien.

19. Okt. Die Türkei schließt mit Großbritannien und Frankreich einen Beistandspakt.

3. Nov. Der amerikanische Kongress ändert das bisher rigorose Neutralitätsgesetz durch die Wiedereinführung der „cash-and-carry"-Klausel faktisch zugunsten der europäischen Westmächte ab, nachdem am 2. Okt. auf einer panamerikanischen Konferenz in Panama in einem 300 sm umspannenden Sicherheitsgürtel östlich des amerikanischen Doppelkontinents alle Kriegshandlungen untersagt worden sind.

7. Nov. Die Königin der Niederlande Wilhelmina und der König der Belgier Leopold III. bemühen sich vergeblich um eine Friedensvermittlung, desgleichen am 13. Nov. König Carol II. von Rumänien.

Attentat auf Hitler
Generaloberst Ludwig Beck
Carl-Friedrich Goerdeler
8. Nov. Ein *Attentat auf Hitler* in München durch den Einzelgänger Elser schlägt fehl, ein von der Widerstandsbewegung geplantes Attentat (Erich Kordt) wird daher unausführbar. Kontaktbemühungen im Laufe des Winters 1939/1940 der Widerstandsgruppe um *Generaloberst Ludwig Beck* und den ehemaligen Oberbürgermeister von Leipzig *Carl-Friedrich Goerdeler*, um Großbritannien zum Stillhalten während des angestrebten Umsturzes zu bewegen, führen, da kein Versuch unternommen wird, zu verstärktem Misstrauen auf britischer Seite.

Winterkrieg **30. Nov.** Sowjetische Streitkräfte des Leningrader Militärbezirks greifen Finnland auf breiter Front vom Eismeer bis zur Karelischen Landenge an: *Beginn des sowjetisch-finnischen Winterkrieges.*

2. Dez. Die Sowjetunion schließt mit der von ihr in der eroberten finnischen Grenzstadt Terijoki installierten kommunistischen Gegenregierung Finnlands unter dem Komintern-Funktionär Otto Wilhelmowitsch Kuusinen einen „Beistandspakt". Da die sowjetische Offensive ins Stocken gerät und in Helsinki unter Risto Ryti eine alle politischen Kräfte des Landes zusammenfassende Koalitionsregierung gebildet werden kann, bleibt dies ohne weit reichende Bedeutung.

„Graf Spee" **13. Dez.** Seegefecht an der Rio-de-la-Plata-Mündung (gemeinsame Mündungstrichter von Paraná und Uruguay), bei dem das deutsche Panzerschiff *„Graf Spee"* beschädigt wird. Es muss sich am 17. Dez. vor Montevideo (Uruguay) selbst versenken.

14. Dez. Hitler empfängt in Berlin den Führer der norwegischen Partei „Nasjonal Samling" Vidkun Quisling, der ihn auf die Gefährdung der norwegischen Neutralität durch Großbritannien hinweist. Hitler befiehlt daraufhin die Ausarbeitung einer „Studie Nord". Der Völkerbund erklärt die Sowjetunion als Aggressor im Kriege gegen Finnland und schließt sie aus der Liga der Nationen aus.

16. Dez. Der britische Marineminister Winston Churchill, der schon am 19. Sept. eine Denkschrift über die Unterbindung deutscher Erztransporte aus Nordschweden ausgearbeitet hat, legt dem Kabinett ein weiteres Memorandum hierzu vor.

1940
10. Jan. Notlandung eines deutschen Flugzeuges bei Mechelen (Belgien), bei der Fragmente deutscher Unterlagen in belgische Hand fallen, aus denen hervorgeht, dass die vorbereitete deutsche Westoffensive über niederländisches und belgisches Gebiet geführt werden soll. Hitler erlässt daraufhin den „Grundsätzlichen Befehl Nr. 1" über Geheimhaltung, der auch der höchsten militärischen Führern die Möglichkeit zu umfassender Urteilsbildung nehmen soll.

Eintritt des Kriegszustands mit Deutschland

1939	1940	1941	1942	1943	1944	1945
Polen 1. Sept.	Norwegen 9. April	Jugoslawien 6. April	Panama 19. Jan.	Irak 16. Jan.	Liberia 27. Jan.	Ecuador 2. Febr.
Großbritannien 3. Sept.	Dänemark[1] 9. April	Griechenland 6. April	Mexiko 22. Mai	Bolivien 7. April	San Marino 21. Aug.	Paraguay 8. Febr.
Australien 3. Sept.	Niederlande 10. Mai	UdSSR 22. Juni	Brasilien 25. Aug.	Iran 9. Sept.	Rumänien[5] 25. Aug.	Peru 12. Febr.
Indien 3. Sept.	Belgien 10. Mai	China (Chungking-Regierung) 9. Dez.	Äthiopien[4] 1. Dez.	Italien (Badoglio-Regierung) 13. Okt.	Bulgarien 8. Sept.	Uruguay 15. Febr.
Neuseeland 3. Sept.	Luxemburg 10. Mai	Frankreich (De Gaulle-Komitee) 9. Dez.		Kolumbien 27. Nov.	Ungarn (Gegenregierung) 31. Dez.	Venezuela 16. Febr.
Frankreich 3. Sept.		USA[2] 11. Dez.				Ägypten 26. Febr.
Südafrikanische Union 6. Sept.		Kuba 11. Dez.				Syrien 26. Febr.
Kanada 10. Sept.		Dominikanische Republik 11. Dez.				Libanon 27. Febr.
		Guatemala 11. Dez.				Saudiarabien 28. Febr.
		Nicaragua 11. Dez.				Türkei 1. März
		Haiti 11. Dez.				Finnland[6] 3. März
		Honduras 12. Dez.				Argentinien 27. März
		El Salvador 12. Dez.				
		Tschechoslowakei[3] 17. Dez.				

[1] einen Tag lang
[2] durch deutsche Kriegserklärung
[3] Exilregierung; rückwirkend ab 15. März 1939
[4] durch die seit Mai 1941 wieder im Lande befindliche Regierung
[5] nach Sturz Antonescus
[6] rückwirkend ab 15. Sept. 1944

	15. Jan.	Die belgische Regierung lehnt die Forderung der Alliierten ab, ihnen bei einem deutschen Angriff eine Durchmarscherlaubnis über belgisches Territorium zu erteilen.
Expeditionskorps nach Narvik	5. Febr.	Der alliierte Kriegsrat beschließt, zur Unterstützung Finnlands und zur Unterbrechung der deutschen Erzzufuhr aus Nordschweden ein *Expeditionskorps nach Narvik* zu entsenden.
	11. Febr.	Deutsch-sowjetisches Wirtschaftsabkommen sichert umfangreiche Erdöl-, Edelmetall- und Getreidelieferungen für Deutschland.
	1. März	Hitler unterzeichnet die Weisung zur Vorbereitung einer deutschen Besetzung Dänemarks und Norwegens.
	2. März	Hitler empfängt den auf einer Rundreise durch die europäischen Hauptstädte befindlichen amerikanischen Unterstaatssekretär Sumner Welles, der im Auftrage Präsident Franklin D. Roosevelts die Chancen für eine Friedensregelung erkunden soll.
	10. März	Mussolini erklärt dem deutschen Außenminister Ribbentrop bei einem Besuch in Rom seine Bereitschaft, Italien in absehbarer Zeit an der Seite Deutschlands in den Krieg zu führen.
sowjetisch-finnischer Friede	12. März	Nachdem der finnische Feldmarschall Karl Gustav Freiherr von Mannerheim (* 1867, † 1951) am 7. März für eine Beendigung des Krieges plädiert und die Rote Armee am 11. März Wiborg erobert hat, unterzeichnet – für die Alliierten überraschend – in Moskau eine finnische Regierungsdelegation einen *Waffenstillstands- und Friedensvertrag*: Finnland tritt die Karelische Landenge mit Wiborg, einige karelische Gebietsstreifen in Mittel- und Nordfinnland sowie den finnischen Teil der Fischerhalbinsel am Eismeer an die Sowjetunion ab. Hangö wird an die UdSSR „verpachtet". Die finnische Wehrmacht hat im Winterkrieg ca. 25000 Tote, die Sowjetunion (nach eigenen Angaben) fast 40000 verloren.
	18. März	Treffen Hitler – Mussolini am Brenner beendet die infolge der italienischen „Nichtkriegführung" eingetretenen Spannungen zwischen den „Achsen"-Partnern.
Paul Reynaud	20. März	Nach dem Rücktritt Edouard Daladiers bildet *Paul Reynaud* eine neue französische Regierung, die die Kriegsführung intensivieren will.
	28. März	Der alliierte Kriegsrat beschließt, Anfang April die norwegischen Gewässer zu verminen und Stützpunkte in Norwegen zu besetzen. Außerdem sollen zwecks Unterbrechung der Öllieferungen aus Rumänien und der Sowjetunion an Deutschland Maßnahmen vorbereitet werden (Störung der Donauschifffahrt; Luftangriffe von Syrien aus auf Baku, Vorstoß der französischen „Orient-Armee" von Syrien aus ins sowjetische Kaukasusgebiet). Die bis Ende April 1940 vorangetriebenen Vorbereitungen werden nach Beginn der deutschen Westoffensive (10. Mai 1940) aufgegeben.

Besetzung Dänemarks und Norwegens durch deutsche Truppen

	1940	Die Alliierten verschieben (5. April) ihre Aktion gegen Norwegen auf den 8. April.
	7. April	Gemäß der von Hitler am 2. April festgelegten Terminplanung laufen die ersten deutschen Flottenverbände mit Heerestruppen an Bord nach Dänemark und Norwegen aus. Das britisch-französische Expeditionskorps wird eingeschifft.
	8. April	Britische Kriegsschiffe verminen die norwegischen Gewässer.
Unternehmen „Weserübung"	9. April 5.00 Uhr	Beginn des *Unternehmens „Weserübung"* zur Besetzung Dänemarks und Norwegens durch deutsche Truppen: Dänemark fügt sich unter Protest der Aktion: König Christian X. und die dänische Regierung fungieren unter der deutschen Besatzungsmacht weiter.
Widerstand		In Norwegen sind etwa gleichzeitig in allen größeren Häfen von Oslo über Bergen und Drontheim bis Narvik deutsche Truppen an Land gesetzt worden. Die norwegischen Streitkräfte leisten Widerstand. Verhandlungen zwischen dem deutschen Gesandten in Oslo und der norwegischen Regierung scheitern an Hitlers Forderung, Quisling zum neuen Ministerpräsidenten einzusetzen. König und Regierung rufen zum *Widerstand* auf. Die deutsche Flotte erleidet schwere Verluste (am 9./10. April: einen Schweren, zwei Leichte Kreuzer; zehn Zerstörer, darunter acht vor Narvik). Die deutschen Landbrückenköpfe können gehalten und in den folgenden Wochen ausgeweitet werden.
alliierte Landungen	14. April	Die *alliierten Landungen* setzen – verspätet – ein, zunächst bei Narvik, am 15. April bei Namsos, am 18. April bei Andalsnes. Durch diese wird Drontheim von beiden Seiten bedroht.
	16. April	Britische Truppen besetzen mit Zustimmung des dänischen Gouverneurs die Färöer-Inseln.
Josef Terboven	24. April	Hitler ernennt Gauleiter *Josef Terboven* zum „Reichskommissar für Norwegen" und errichtet eine deutsche Zivilverwaltung.
	2. Mai	Nachdem deutsche Truppen, von Oslo und Drontheim vorstoßend, sich vereinigt haben, räumen die Briten Namsos und Andalsnes.
Narvik	28. Mai	Die alliierten Streitkräfte dringen nach vierzehntägigen Kämpfen in die Stadt *Narvik* ein, doch kann sich die deutsche Kampfgruppe (General Eduard Dietl) an der Erzbahn halten.

7. Juni Die norwegische Regierung lässt sich als Exilregierung in London nieder.
10. Juni Nachdem sich die alliierten Truppen im Raum Narvik wieder eingeschifft haben und Narvik am 8. Juni wieder von der „Gruppe Dietl" besetzt ist, *kapituliert* auf Weisung König Haakons *der Befehlshaber der norwegischen Streitkräfte* in Nordnorwegen. Nordnorwegen wird bis zum Nordkap und zur finnischen Grenze bei Kirkenes von deutschen Truppen besetzt. Die deutschen Verluste bei dem damit abgeschlossenen Unternehmen „Weserübung" betragen über 1300 Tote und 2300 Vermisste. Die Verluste der deutschen Kriegsmarine wirken sich auf die Erwägungen hinsichtlich einer Invasion der britischen Inseln aus. *norwegische Kapitulation*

Der deutsche Westfeldzug 1940

1940 Die über ein halbes Jahr andauernde ‚Pause' für das aus Polen an die deutsche Westgrenze verlegte Gros des deutschen Heeres hat eine weitaus bessere Ausstattung und Ausrüstung erlaubt, als es bei einem Angriffsbeginn im Herbst 1939 der Fall gewesen wäre, gegen den sich daher auch eine Opposition unter den Befehlshabern gestellt hat. Der Operationsplan ist im Winter 1939/1940 unter dem Einfluss der Vorschläge des Generals Erich von Manstein (*1887, †1973) von der ursprünglichen vagen Anlehnung an den Schlieffenplan weg derart umgestaltet worden, dass nunmehr der Hauptstoß aus der Mitte der Front über die Ardennen und die Maas hinweg bis zur Somme-Mündung vorgesehen ist, durch den die starke französisch-britische Nordgruppe in Flandern eingeschlossen wird. Erst danach soll über einen Vorstoß aus Paris und hinter die Maginot-Linie die Entscheidung in Frankreich gesucht werden.

10. Mai 5.35 Uhr Von der Nordsee bis zur Südgrenze Luxemburgs beginnt mit zwei deutschen Heeresgruppen mit Schwerpunkt (Panzerkräfte, Luftwaffe) bei der südlicheren, unter Verletzung der Neutralität der Niederlande, Belgiens und Luxemburgs die lang erwartete, von Hitler immer wieder hinausgeschobene *Westoffensive* mit dem Ziel, Frankreich zur Waffenstreckung zu zwingen, ein Arrangement mit Großbritannien zu erreichen und danach die Wendung nach Osten, gegen die Sowjetunion, zu vollziehen. *Westoffensive*

Auf die Nachricht vom Beginn der deutschen Offensive rücken Teile der französisch-britischen Nordgruppe nach Belgien ein und gehen damit in die deutsche Falle.

10. Mai Die durch das gescheiterte Norwegen-Unternehmen in eine Krise geratene britische Regierung *Chamberlain tritt zurück*. Unter dem bisherigen Marineminister Winston Churchill wird ein Kriegskoalitionskabinett gebildet, in dem der Führer der Labour Party, Clement Richard Attlee, stellvertretender Ministerpräsident wird. Es beschließt am 11. Mai die Eröffnung eines (in seinen Wirkungen zunächst begrenzt bleibenden) Bombenkrieges gegen das deutsche Hinterland. Die niederländischen Inseln Curaçao und Aruba werden von britischen Truppen besetzt, um ein Übergreifen der deutschen Okkupation auf die westliche Hemisphäre auszuschließen. Auch Island wird von britischen Truppen besetzt, um die lebenswichtigen Atlantik-Routen abzuschirmen. *Chamberlain tritt zurück Winston Churchill*

14. Mai 21.30 Uhr Nach deutschen Luftlandungen im Zentrum der Niederlande und einer (trotz laufender Kapitulationsverhandlungen nicht mehr angehaltenen) *Bombardierung Rotterdams* (über 900 Tote) wird der Kampf in den Niederlanden eingestellt (Unterzeichnung der militärischen *Kapitulation* am 15. Mai, 11.45 Uhr). Königin Wilhelmina und die niederländische Regierung haben sich am 13. Mai nach London ins Exil begeben. Am 18. Mai wird Arthur Seyß-Inquart „Reichskommissar für die Niederlande"; deutsche Zivilverwaltung. *Bombardierung Rotterdams niederländische Kapitulation*

17. Mai Brüssel wird kampflos von deutschen Truppen besetzt.

19. Mai Die über die Maas bei Sedan gesetzte deutsche Panzergruppe von Kleist (Befehlshaber: General Ewald von Kleist, *1881, †1954) erreicht Abbéville und die Somme-Mündung. Damit sind sämtliche nördlich dieses „Sichelschnittes" befindlichen alliierten Kräfte von den Landverbindungen abgeschnitten. Die Panzergruppe von Kleist setzt ihren Vormarsch an der Kanalküste nach Norden fort.

24. Mai Hitler hält ihn am La-Bassée-Kanal an, um die Panzer für die zweite Etappe des Frankreich-Feldzuges zu schonen.

26. Mai Auf Weisung des britischen Kriegsministers Anthony Eden löst sich das britische Expeditionskorps aus der alliierten Front und zieht sich auf *Dünkirchen* zurück, wo am 27. Mai die Einschiffung beginnt, durch deutsche Luftangriffe gestört, aber nicht unterbunden. *Dünkirchen*

28. Mai 10.00 Uhr *König Leopold III. kapituliert* mit der belgischen Armee und begibt sich in deutsche Kriegsgefangenschaft. Die belgische Regierung erklärt sich als Exilregierung und führt an der Seite der Alliierten den Krieg weiter. *Leopold III. kapituliert*

4. Juni Die Evakuierung des britischen Expeditionskorps aus Dünkirchen (Unternehmen „Dynamo") ist abgeschlossen: Über 338 000 Mann, darunter 123 000 Franzosen, sind abtransportiert worden. Die deutschen Truppen nehmen Dünkirchen ein. Damit ist der „Kessel" nördlich der Somme-Linie beseitigt: Insgesamt 1,2 Mio. französischer, britischer, belgischer und niederländischer Soldaten befinden sich in deutscher Kriegsgefangenschaft.

5. Juni 5.00 Uhr Die zweite Phase des deutschen Westfeldzuges beginnt mit dem deutschen Vorstoß über die improvisierte Weygand-Linie (benannt nach dem neuen französischen Oberbefehlshaber) südlich der Somme in Richtung auf die untere Seine, der sich am 9. Juni ein zweiter Stoß hinter den Rücken der Maginot-Linie mit Richtung auf die Schweizer Grenze anschließt.

Kriegseintritt Italiens

10. Juni Mussolini verkündet den *Kriegseintritt Italiens*, verzichtet jedoch auf jegliche Offensivoperation infolge der unzureichenden Kriegsbereitschaft Italiens.

12. Juni Spanien, bislang neutral, erklärt sich als „nicht Krieg führend"; Franco lässt am 14. Juni die internationale Zone von Tanger besetzen und lässt Hitler am 16. Juni außerordentlich hohe Bedingungen für einen spanischen Kriegseintritt übermitteln.

13. Juni Präsident Roosevelt erklärt sich zur materiellen Unterstützung Frankreichs bereit, lehnt jedoch einen von Ministerpräsident Paul Reynaud geforderten sofortigen Kriegseintritt der USA ab.

Besetzung von Paris

14. Juni *Paris* wird kampflos von deutschen Truppen *besetzt*.

16. Juni Die Mehrheit der (seit dem 14. Juni in Bordeaux befindlichen) französischen Regierung lehnt den Plan der britischen Regierung, eine „Union" zwischen Großbritannien und Frankreich zu bilden (eine Staatsangehörigkeit, eine Regierung, eine Wehrmacht), ab und spricht sich für ein Waffenstillstandsersuchen aus. Reynaud tritt zurück; *Marschall Philippe Pétain*

Marschall Pétain

17. Juni (*1856, †1951) bildet eine neue Regierung und lässt in der Nacht vom 16./17. Juni ein Waffenstillstandsgesuch an Hitler hinausgehen.

Die über Verdun vorstoßende Panzergruppe Guderian (Befehlshaber: Generaloberst Heinz Guderian (*1888, †1954) erreicht die Schweizer Grenze. Damit ist die Masse des französischen Heeres in Lothringen und in der Maginot-Linie eingeschlossen.

General de Gaulle

18. Juni Hitler und Mussolini treffen sich in München zu einer Aussprache über die Waffenstillstandsbedingungen gegenüber Frankreich. – *General Charles de Gaulle* (Unterstaatssekretär im französischen Kriegsministerium) erklärt sich in London zum „Führer der Freien Franzosen" und fordert – bei zunächst nur geringem Echo – zur Fortsetzung des militärischen Widerstandes an der Seite Großbritanniens auf.

21. Juni Obwohl die Regierung Pétain am 20. Juni auch Italien um Waffenstillstand gebeten hat, eröffnen die Italiener an der Alpenfront eine Offensive, die nur wenige Kilometer vorankommt. Deutsche Truppen stoßen über Lyon von Westen auf die Alpen zu.

Waffenstillstand

22. Juni Im Wald von Compiègne wird ein deutsch-französischer *Waffenstillstand* unterzeichnet. Er sieht die Besetzung Frankreichs nördlich der Linie Genf – Tours sowie der französischen Atlantikküste bis zur spanischen Grenze vor, belässt jedoch die (zu demobilisierende) Flotte sowie das Kolonialreich in der Hand der französischen Regierung. Eine kleine Luftwaffe und ein 100000-Mann-Freiwilligenheer werden ebenfalls zugestanden.

24. Juni Italienisch-französischer Waffenstillstand unterzeichnet. Er schafft entmilitarisierte Zonen auf französischem Territorium in den Alpen und in Tunesien, sieht aber keine Besetzung französischer Gebiete außerhalb des eroberten Grenzstreifens in den Alpen vor.

25. Juni 1.35 Uhr In Frankreich tritt Waffenruhe ein; die deutschen Truppen ziehen sich auf die Demarkationslinie zurück bzw. rücken im Südwesten auf diese Linie vor. Die deutschen Verluste im Westfeldzug betragen rd. 27000 Tote und über 18000 Vermisste, die französischen rd. 92000 Tote, 1,9 Mio. französische Soldaten in deutscher Kriegsgefangenschaft.

28. Juni Großbritannien erkennt das von General de Gaulle gegründete „Nationalkomitee des Freien Frankreich" an. Deutsche Truppen besetzen die britischen Kanalinseln Jersey, Guernsey und Alderney.

30. Juni

Belgien und die französischen Departements Nord und Pas-de-Calais werden dem deutschen „Militärbefehlshaber Belgien und Nordfrankreich" (General Alexander Ernst Freiherr von Falkenhausen [*1878, †1966]) und das übrige besetzte Frankreich dem „Militärbefehlshaber Frankreich" General Otto von Stülpnagel (*1878, †1948) unterstellt.

Vichy

1. Juli Die französische Regierung Pétain errichtet in *Vichy* ihren Sitz.

Oran

3. Juli Churchill lässt das vor *Oran* liegende französische Flottengeschwader in einem Überfall durch das britische Gibraltar-Geschwader vernichten (über 1100 Tote), um einen befürchteten deutschen Zugriff zu verhindern und gegenüber den USA die Entschlossenheit seiner Regierung zu demonstrieren, den Kampf auch ohne kontinentalen Verbündeten fortzusetzen.

4. Juli Die Regierung Pétain bricht die diplomatischen Beziehungen zu Großbritannien ab.

Die Wendung des europäischen Krieges von West nach Ost (Juni 1940–Dezember 1940)

1940 15. Juni	Nach einem sowjetischen Ultimatum besetzt die Rote Armee Litauen (einschließlich des als deutsches Interessengebiet eingeräumten Südwestzipfels) und löscht dessen Souveränität aus. Am 17. Juni folgt die *Besetzung Lettlands und Estlands*. Am 6. Aug. sind alle drei Baltischen Staaten zu Sowjetrepubliken innerhalb der UdSSR geworden.	*sowjetische Besetzungen*
26. Juni	Die Sowjetunion fordert von Rumänien ultimativ die Abtretung Bessarabiens und der Nordbukowina (bis zum 1. Juli von der Roten Armee besetzt).	
1. Juli	Stalin empfängt in Moskau den neuen britischen Botschafter Cripps, der ihm eine Botschaft Churchills übermittelt, in der die Sowjetunion zur Wendung gegen Deutschland aufgefordert wird. Stalin lehnt ab.	
2. Juli	König Karl II. von Rumänien bittet um die Garantie der rumänischen Grenzen durch Deutschland und um die Entsendung einer deutschen Militärmission nach Rumänien.	
16. Juli	Hitler erlässt eine Weisung zur Vorbereitung einer Landung auf der britischen Insel, „wenn nötig" (Unternehmen „Seelöwe").	
19. Juli	In einer Reichstagsrede richtet Hitler einen letzten „Friedensappell" an Großbritannien (am 22. Juli abgelehnt). Präsident Roosevelt unterzeichnet die „Two Ocean Navy Expansion Act", die den Bau einer amerikanischen Zwei-Ozean-Großflotte bis 1945 vorsieht (zu dieser Zeit ist die US-Flotte im Pazifik konzentriert, während der Schutz des Atlantiks der britischen Flotte obliegt).	
31. Juli	Hitler erklärt den Spitzen von OKW (Oberkommando der Wehrmacht) und OKH (Oberkommando des Heeres) seinen Entschluss, im Frühjahr 1941 einen etwa fünfmonatigen *Feldzug gegen die Sowjetunion* zur Eroberung des ökonomisch bedeutendsten Teils des europäischen Russlands zu führen. Die Heeresstärke soll zu diesem Zweck auf 180 Divisionen erhöht werden (Schwerpunkt: Panzerproduktion).	*Feldzug gegen die Sowjetunion*

Deutsche Panzer- und Flugzeugproduktion

Waffenproduktion

Panzer (in 1000 t)	1940	37	**Flugzeuge** (in Stück)	1940	10 250
	1941	83		1941	11 030
	1942	140		1942	14 700
	1943	369		1943	25 220
	1944	622		1944	37 950

13. Aug.	Ein verschärfter deutscher *Luftkrieg gegen Großbritannien* wird mit dem Ziel eingeleitet, die Luftherrschaft als Voraussetzung für eine erfolgreiche Invasion zu erringen.	*Luftkrieg gegen Großbritannien*
17. Aug.	Das Gebiet um die britischen Inseln wird vom OKW zum „Operationsgebiet" für die „totale Blockade" Großbritanniens erklärt. Die Möglichkeiten eines Erfolgs des U-Boot-Krieges bleiben wegen der geringen Zahl der einsatzbereiten deutschen U-Boote vorerst weiter sehr beschränkt. Ein deutsch-finnisches Transitabkommen erlaubt, den Nachschub für die deutschen Streitkräfte in Nordnorwegen über finnisches Territorium zu leiten. Es ist Ausdruck der Wendung im deutsch-finnischen Verhältnis.	
30. Aug.	Im *Zweiten Wiener Schiedsspruch* wird von Deutschland und Italien die Abtretung Nordsiebenbürgens und des Szekler-Zipfels von Rumänien an Ungarn erzwungen. Deutschland und Italien garantieren – ohne Konsultation der Sowjetregierung, die die Entscheidung als gegen ihre Interessen gerichtet betrachtet – die rumänischen Grenzen (nach der Überlassung der Süd-Dobrudscha an Bulgarien im Vertrag von Craiova am 7. Sept. 1940). Am 2. Sept. entschließt sich Hitler zur Entsendung einer deutschen Militärmission nach Rumänien.	*Zweiter Wiener Schiedsspruch*
2. Sept. 4. Sept.	Zwischen Großbritannien und den USA wird ein Tauschvertrag abgeschlossen: 50 ältere US-Zerstörer gegen die Einräumung von Stützpunkten auf den Bahamas, auf Jamaika, Antigua, Santa Lucia und Trinidad sowie in Britisch-Guayana für die USA. König Carol ernennt General Ion Antonescu zum Ministerpräsidenten (Staatsführer) Rumäniens und dankt am 6. Sept. zugunsten seines Sohnes Michael ab. Antonescu sucht engste Anlehnung an Deutschland.	
7. Sept.	Im Zuge einer erneuten Verschärfung des Luftkrieges gegen Großbritannien – propagandistisch als „Antwort" auf die relativ schwachen britischen Luftangriffe auf Berlin seit der Nacht vom 25./26. Aug. bezeichnet – werden schwere *deutsche Luftangriffe* gegen London geführt: 65 Tage lang ununterbrochen Nachtangriffe gegen London.	*deutsche Luftangriffe*

Deutsche Bombenabwürfe auf Großbritannien (in Tonnen)

Bomben auf Großbritannien

1940	36 800 t	1943	2298 t
1941	21 860 t	1944	9151 t (einschl. V-Waffen)
1942	3260 t	1945	761 t (einschl. V-Waffen)

Battle of Britain

15. Sept. Der „Battle-of-Britain"-Tag, an dem es zu ausgedehnten Luftschlachten über Südostengland kommt, zeigt, dass die britische Abwehr ungebrochen ist: 56 deutsche und 26 britische Flugzeuge werden an diesem Tag abgeschossen.

17. Sept. Hitler verschiebt das für den 21. Sept. vorgesehene Unternehmen „Seelöwe" „bis auf weiteres"; die Vorbereitungen sollen als Täuschungsmanöver fortgesetzt werden.

25. Sept. Ein Landungsversuch gaullistischer Streitkräfte bei Dakar mit Unterstützung der britischen Flotte wird abgewehrt. Damit ist der Versuch, einen besonders wichtigen Teil des französischen Kolonialreichs (Westafrika) zum Abfall von der Vichy-Regierung zu veranlassen, gescheitert.

Dreimächtepakt

27. Sept. In Berlin wird ein „Dreimächtepakt" Deutschland – Italien – Japan unterzeichnet: Durch die Drohung mit einem Zwei-Ozean-Krieg soll ein Eingreifen der USA in den europäischen oder in den ostasiatischen Krieg verhindert werden. Die Beziehungen zur Sowjetunion sollen unberührt bleiben; in der Zielvorstellung Japans und Deutschlands soll diese bei der Neuaufteilung der Erde in „Großräume" (Europa/Afrika, Ostasien, westliche Hemisphäre) durch Eröffnung einer Expansionsmöglichkeit in Richtung Indischer Ozean gewonnen werden.

4. Okt. Hitler und Mussolini treffen sich am Brenner, um die Möglichkeiten eines Interessenausgleichs mit Spanien und Vichy-Frankreich zu erörtern und diese in einen „Kontinentalblock" von „Madrid bis Yokohama" einzufügen.

12. Okt. Die ersten Teile der deutschen Wehrmachtmission treffen in Rumänien ein.

22. Okt. Hitler trifft in Montoire-sur-le-Loir (nahe Tours) den stellvertretenden französischen Ministerpräsidenten *Pierre Laval*, den Exponenten einer „Collaboration" mit Deutschland innerhalb der Vichy-Regierung.

Pierre Laval

23. Okt. Hitler scheitert bei seinen Bemühungen, in einer Begegnung in Hendaye General Franco zu einem Eintritt *Spaniens* in den Krieg zu bewegen.

Spanien

24. Okt. Ein Treffen Hitlers mit Marschall Pétain in Montoire-sur-le-Loir gibt der „Collaborations"-Politik Lavals vorübergehend Auftrieb, bis die am 11. Nov. beginnende Ausweisung von 100000 Lothringern ins unbesetzte Frankreich diesen Ansatz zerstört.

28. Okt. Beginn eines italienischen Angriffs auf Griechenland, mit dem Mussolini endlich Kriegserfolge erringen will. Hitlers Besuch in Florenz kommt zu spät, um ihn davon zurückzuhalten.
5.30 Uhr

3. Nov. Beginn der griechischen Gegenoffensive gegen die von Albanien aus vorgedrungenen Italiener, die bis Anfang Dez. 1940 fortgeführt und in deren Verlauf etwa ein Drittel Albaniens von den Griechen erobert wird. Erste britische Einheiten landen in der Nähe von Athen, nachdem schon am 29. Okt. *Kreta* von britischen Kräften besetzt worden ist.

Kreta

4. Nov. Hitler, der britische Luftangriffe von Griechenland aus auf das rumänische Erdölgebiet befürchtet, beschließt, im Frühjahr 1941 einen Entlastungsangriff von Rumänien über Bulgarien nach Griechenland zu führen.

Franklin D. Roosevelt

5. Nov. Präsident *Roosevelt* wird zum dritten Mal zum Präsidenten der USA gewählt.

10. Nov. Nach der Einnahme von Libreville (Gabun) ist ganz Französisch-Äquatorialafrika in der Hand der „freifranzösischen" Kräfte de Gaulles.

11. Nov. Die italienische Flotte in Tarent wird von britischen Torpedoflugzeugen angegriffen: Drei Schlachtschiffe fallen langfristig aus.

Molotow in Berlin

12./13. Nov. Der Besuch des sowjetischen Regierungschefs und Außenkommissars *Wjatscheslaw M. Molotow in Berlin* (Unterredungen mit Hitler und Ribbentrop) endet ergebnislos: Molotow fordert die Überlassung Finnlands und Bulgariens in die sowjetische Einflusssphäre, die Aufhebung der deutschen Garantie für Rumänien und Stützpunkte an den türkischen Meerengen als Preis für einen Beitritt der Sowjetunion zum „Dreimächtepakt".

Coventry

14./15. Nov. Ein schwerer deutscher Luftangriff zerstört das Zentrum von *Coventry* in England (554 Tote).

20. Nov. Ungarn tritt dem „Dreimächtepakt" bei; am 23. Nov. folgt Rumänien, am 24. Nov. die Slowakei.

5. Dez. Die britische und die Vichy-Regierung einigen sich in einem Geheimabkommen darauf, den Status quo im französischen Kolonialreich nicht weiter zu verändern.

7. Dez.	General Franco lehnt einen Kriegseintritt Spaniens endgültig ab: Hitler verzichtet daraufhin auf die bereits vorbereitete Eroberung Gibraltars.				
13. Dez.	Pétain entlässt Pierre Laval; damit endet die erste Phase der „Collaboration". Wichtigster Minister in Vichy ist nunmehr Admiral François Darlan, der im Febr. 1941 stellvertretender Ministerpräsident und Außenminister wird.				
18. Dez.	Hitler unterzeichnet die „Weisung Nr. 21 (Fall Barbarossa)", die die deutsche Wehrmacht darauf vorbereitet, „auch vor Beendigung des Krieges gegen England die UdSSR in einem schnellen Feldzug niederzuwerfen". Als Abschluss der Vorbereitungen ist der 15. Mai 1941 angegeben.				*Weisung Nr. 21 (Fall Barbarossa)*
29. Dez.	Nachdem Churchill Präsident Roosevelt am 8. Dez. die katastrophale finanzielle Situation Großbritanniens dargelegt hat, das bald nicht mehr in der Lage sei, die Lieferungen aus den USA zu bezahlen, fordert Roosevelt vom amerikanischen Kongress Konsequenzen aus der Tatsache, dass die USA das „Arsenal der Demokratie" sein müßten.				

Rüstungsproduktion der Großmächte

Rüstungsproduktion

	1939	1940	1941	1943	
USA	0,6	1,5	4,5	37,5	
Großbritannien	1,0	3,5	6,5	11,1	
Sowjetunion	3,3	5,0	8,5	13,9	in Milliarden Dollar; Preise von 1944
Deutschland	3,4	6,0	6,0	13,8	
Japan	–	1,0	2,0	4,5	

Der Krieg auf dem Balkan, in Afrika und im Nahen Osten (September 1940–Juli 1941)

1940 13. Sept.	Von Libyen aus eröffnen die Italiener eine Offensive, die jedoch schon am 16. Sept. nach der Einnahme von Sidi Barrani (90 km von der libysch-ägyptischen Grenze an der Küste gelegen) endet.	
28. Okt.	Beginn des italienischen Angriffs auf Griechenland.	
21. Nov.	Die griechische Gegenoffensive erreicht mit der Einnahme von Koritza einen ersten Höhepunkt.	
9. Dez.	General Wavell beginnt mit seiner Nilarmee eine *Gegenoffensive in Nordafrika*. Im ersten Anlauf überrennen die Briten die italienischen Kräfte in Ägypten und nehmen 38 000 Mann gefangen. Nach der Einnahme von Sollum (17. Dez.) dringen sie nach Libyen hinein vor.	*Gegenoffensive in Nordafrika*
1941 19. Jan.	Beginn einer britischen Offensive gegen Eritrea, die am 3. Febr. vor Keren vorerst zum Stehen gebracht werden kann.	
19./20. Jan.	Beim Treffen Hitler–Mussolini auf dem Berghof oberhalb von Berchtesgaden wird das Ende des im Juni 1940 von Mussolini verkündeten „Parallelkrieges" Italiens besiegelt. Italien muss sich nunmehr der deutschen Strategie unterordnen.	
21. Jan.	Die Festung *Tobruk* in Italienisch-Nordafrika wird von den Briten erobert.	*Tobruk*
6. Febr.	Benghasi, die Hauptstadt der Cyrenaika, fällt. Die britische Nilarmee dringt bis zum 8. Febr. bis El-Agheila an der Großen Syrte vor. Seit dem 9. Dez. 1940 sind 140 000 Italiener in britische Gefangenschaft geraten.	
10. Febr.	Von Kenia aus beginnt eine britische Offensive gegen Italienisch-Somaliland. Am 25. Febr. fällt die Hauptstadt Mogadiscio (Mogadischu). Die britisch-südafrikanischen Kräfte stoßen daraufhin in Richtung auf die Bahnlinie Dschibuti – Addis Abeba vor.	
11. Febr.	Die ersten Teile des *„Deutschen Afrika-Korps"* (General Erwin Rommel [*1891, †1944]) treffen in Tripolis ein.	*Deutsches Afrika-Korps*
1. März	Bulgarien tritt dem „Dreimächtepakt" bei und lässt am 2. März deutsche Truppen einmarschieren.	
4. März	Stärkere britische Kräfte landen in Griechenland (bis 24. April insgesamt 58 000 Mann).	
16. März	Britische Truppen landen von Aden aus in Berbera und erobern das im Aug. 1940 von den Italienern besetzte Britisch-Somaliland zurück.	
24. März	Das „Deutsche Afrika-Korps" erobert El-Agheila (Golf von Sidra, Libyen).	
25. März	Jugoslawien tritt dem „Dreimächtepakt" bei.	
27. März	In einem *Staatsstreich in Belgrad* wird die Regierung des Prinzen Paul, die den Paktbeitritt zu verantworten hat, gestürzt: Der 17-jährige König Peter II. wird für volljährig erklärt und	*Staatsstreich in Belgrad*

beruft eine neue Regierung unter dem Luftwaffengeneral Duschan Simović. Hitler beschließt, Jugoslawien „militärisch und als Staatsgebilde zu zerschlagen".

Die Briten erobern Keren in Eritrea und setzen ihren Vormarsch zur Eroberung Italienisch-Ostafrikas fort (1. April Einnahme von Asmara).

General Rommel Cyrenaika — 30. März *General Rommel* setzt in der Cyrenaika zur Gegenoffensive an und erobert bis zum 13. April mit Ausnahme der Festung Tobruk, die eingeschlossen wird, die gesamte *Cyrenaika* einschließlich der ägyptischen Grenzstadt Sollum zurück.

1. April Durch einen Staatsstreich in Bagdad kommt die anti-britische und „achsen"-freundliche Regierung Raschid Ali al-Gailani ans Ruder.

3. April Der ungarische Ministerpräsident Graf Pál Teleki verübt Selbstmord aus Protest gegen den deutschen Druck, der Ungarn zur Teilnahme am Krieg gegen Jugoslawien veranlassen will.

5./6. April In Moskau wird ein sowjetisch-jugoslawischer Freundschaftsvertrag unterzeichnet.

Jugoslawien und Griechenland — **6. April** *Beginn des deutschen Angriffs auf Jugoslawien und Griechenland* von „Österreich", Ungarn, Rumänien und Bulgarien aus. Italien und (am 11. April) Ungarn schließen sich an. Belgrad wird fünfmal heftig bombardiert.

5.15 Uhr

Britische Truppen erobern Addis Abeba, die Hauptstadt Italienisch-Ostafrikas.

9. April Saloniki fällt in deutsche Hand. Die griechische Ostmazedonien-Armee kapituliert.

Unabhängiger Staat Kroatien — 10. April Mit deutscher Unterstützung wird in dem gerade eroberten Agram ein „*Unabhängiger Staat Kroatien*" proklamiert, dessen Führung der aus dem italienischen Exil zurückkehrende Führer der rechtsradikalen Ustascha-Bewegung Ante Pavelić übernimmt. Kroatien muss an Italien den größten Teil der dalmatischen Küste abtreten, erhält jedoch Bosnien und die Herzegowina.

Belgrad — 12. April *Belgrad* von deutschen Truppen eingenommen.

17. April Die jugoslawische Wehrmacht kapituliert: 344000 jugoslawische Kriegsgefangene in deutscher Hand. König Peter und die Regierung Simović begeben sich nach London ins Exil. – Jugoslawien wird von Deutschland und Italien in Besatzungszonen aufgeteilt. Ungarn und Bulgarien erhalten größere Teile zur Besetzung zugewiesen, Bulgarien auch griechische Territorien.

Kapitulation Griechenlands — 21. April Die *griechische Heeresführung kapituliert* vor der deutschen Wehrmacht (am 23. April unter Teilnahme italienischer Vertreter wiederholt).

27. April Athen wird von deutschen Truppen besetzt. Die Briten räumen Griechenland und ziehen sich auf Kreta zurück. In Athen wird eine griechische Regierung (General Georgios Tsolakoglu) unter der deutschen Besatzungsmacht gebildet. 223000 griechische und 22000 britische Kriegsgefangene sind in deutsche Hand geraten. Deutsche Verluste während des Balkanfeldzuges: 2600 Tote, 3100 Vermisste.

2. Mai Mit einem Luftangriff britischer Kräfte gegen die um den britischen Stützpunkt Habbaniya zusammengezogene irakische Armee beginnt ein militärischer Konflikt zwischen Großbritannien und dem Irak, in den Hitler wegen des Vorrangs seines Ostkriegsplanes nur mit schwachen Luftwaffenverbänden eingreift (über Syrien).

Aufstand in Serbien — 10. Mai Der jugoslawische Generalstabsoberst Draža Mihajlović beginnt mit seinen serbisch-nationalistischen königstreuen Tschetniks in Südwestserbien einen *Aufstand* gegen die deutsche Besatzungsmacht.

Abessinien — 18. Mai Die italienischen Hauptkräfte (unter dem Herzog von Aosta) kapitulieren am Amba Alagi in *Abessinien*. Damit ist der größte Teil Italienisch-Ostafrikas in britischer Hand (nur Gondar hält sich noch bis zum 28. Nov. 1941).

Eroberung Kretas — **20. Mai** Deutsche Luftlandung auf der *Insel Kreta*, das in 12-tägigen verlustreichen Kämpfen *erobert* wird: 6580 Tote und Vermisste.

24. Mai König Georg II. und seine Regierung begeben sich ins Exil.

30. Mai Nach der Eroberung Bagdads durch die Briten begibt sich die irakische Regierung Gailani nach Iran ins Exil.

1. Juni Ganz Kreta befindet sich in deutscher und italienischer Hand.

Syrien — **8. Juni** Britische und gaullistische Truppen rücken von Palästina und vom Irak aus nach *Syrien* ein. Die Truppen der Vichy-Regierung (General Henri F. Dentz) leisten hartnäckigen Widerstand.

18. Juni In Ankara wird ein deutsch-türkischer Freundschaftsvertrag abgeschlossen.

4. Juli Die KP Jugoslawiens (Generalsekretär Josip Broz-Tito) beschließt den „bewaffneten Aufstand" gegen die „faschistische" Besetzung Jugoslawiens. Damit stehen den Besatzungsmächten, die am 9. Juli das staatsrechtliche Ende Jugoslawiens proklamieren, zwei konkurrierende Widerstandsbewegungen gegenüber, die nach anfänglicher Kooperation vom 2. Nov. 1941 an sich auch untereinander bekämpfen.

| 14. Juli | General Dentz muss einem Waffenstillstand zustimmen, der Syrien den Briten und Gaullisten überlässt, jedoch den Vichy-Soldaten die Rückkehr ins unbesetzte Frankreich gestattet. Damit ist die vorübergehend bedrohte Nahostposition wieder fest in britischer Hand. |

Die weltpolitische Entwicklung: Japan, die USA und die Sowjetunion (Juni 1940–Juni 1941)

1940 20. Juni	Frankreich überlässt Japan die Kontrolle seiner Grenze von Indochina nach China und schneidet damit Chiang Kai-shek eine wichtige Nachschublinie ab.
18. Juli	Großbritannien schließt die Burma-Straße für drei Monate und erschwert damit weiter die Situation der nationalchinesischen Regierung in Chungking.
22. Juli	Nach dem Rücktritt der neutralistisch orientierten Regierung Yonai, die in den vorausgehenden Wochen in Auswirkung der deutschen Erfolge in Europa schon das Verhältnis zu Deutschland zu verbessern trachtete, übernimmt Fürst Fumimaro Konoye erneut die Regierung Japans. Yosuke Matsuoka wird Außenminister. Die neue Regierung strebt eine Wiederaufnahme der Bündnisverhandlungen mit Deutschland an, die im Aug. 1939 abgebrochen sind, und ist jetzt auch zu einer antiwestlichen Stoßrichtung des Bündnisses bereit.
22. Sept.	Vichy-Frankreich räumt Japan Militärstützpunkte in Nord-Indochina ein.
27. Sept.	Unterzeichnung des „Dreimächtepaktes". Die USA reagieren darauf mit einer Einschränkung ihrer Handelsbeziehungen mit Japan.
18. Okt.	Großbritannien öffnet wieder die Burma-Straße für den Nachschub nach China.
1941 6. Jan.	In einer Kongressbotschaft verkündet Präsident Roosevelt die *„vier Freiheiten"* als Leitvorstellung der amerikanischen Politik.
29. Jan.	In Washington beginnen geheime amerikanisch-britische Generalstabsbesprechungen über eine gemeinsame Kriegsführung im Falle eines Kriegseintritts der USA.
11. März	Das amerikanische *Pacht- und Leihgesetz* (Lend-Lease-Act), das den Präsidenten ermächtigt, alle Staaten mit Waffen und Ausrüstung zu unterstützen, deren Verteidigung im Interesse der USA liege, tritt in Kraft. Es kommt zunächst überwiegend Großbritannien und – mit Abstand – China zugute, nach Nov. 1941 auch der Sowjetunion.
27. März	Als Ergebnis der zweimonatigen amerikanisch-britischen Stabsbesprechungen in Washington wird die Konzeption *„Germany first"* in einem Zwei-Ozean-Krieg gegen Deutschland und Japan festgelegt.
27. März– 5. April	Der japanische Außenminister Yosuke Matsuoka besucht im Zuge einer Europareise Hitler und Ribbentrop. Mit ihm wird ein japanischer Vorstoß gegen Singapur erörtert, nicht hingegen der inzwischen von Mitte Mai auf Mitte Juni verschobene Angriff Deutschlands auf die Sowjetunion.
13. April	Matsuoka schließt mit Molotow in Moskau einen *Neutralitätsvertrag Japan – Sowjetunion*.
16. April	Es beginnen amerikanisch-japanische Geheimverhandlungen mit dem Ziel eines Modus vivendi in Ostasien und im Pazifik, die die japanische Regierung dem deutschen Bundesgenossen in ihrem substantiellen Kern geheim hält.
26. April	Die USA dehnen ihre Großbritannien begünstigenden Neutralitätspatrouillen im Atlantik bis auf die Linien 26° West und 20° Süd aus.
6. Mai	*Josef Stalin*, bisher ‚nur' Generalsekretär der KPdSU, übernimmt anstelle Molotows den Vorsitz im Rat der Volkskommissare der UdSSR und wird damit Regierungschef. Molotow bleibt Außenkommissar.
3. Juni	Hitler deutet dem japanischen Botschafter Hiroshi Oshima gegenüber den bevorstehenden Krieg mit der Sowjetunion an und stellt Japan die Beteiligung daran frei.
14. Juni	Roosevelt erlässt eine Verordnung, die das „Einfrieren" deutscher Guthaben in den USA ermöglicht, und fordert am 16. Juni die Schließung aller deutschen Konsulate in den USA.
21. Juni	In den Geheimverhandlungen mit Japan stellt US-Außenminister Cordell Hull unannehmbare Bedingungen: Wiederherstellung der „Offenen Tür" in China und Aufgabe der „Automatik" des „Dreimächtepakts".

Vorbereitungen des deutschen Angriffs auf die Sowjetunion

1940	Hitler erlässt die „Weisung Nr. 21 (Fall Barbarossa)" (18. Dez.).
1941	Das OKH schließt die Aufmarschanweisung für „Barbarossa" ab (31. Jan.).
17. Febr.	Für die Zeit nach „Barbarossa" soll ein deutscher Aufmarsch in Afghanistan zur Bedrohung Britisch-Indiens vorbereitet werden.

	30. März	In einer Rede vor über 200 Befehlshabern der Wehrmacht kündigt Hitler eine radikale Kriegsführung ohne Beispiel (rassenideologischen Vernichtungskrieg) und ohne Bindung an die kriegsrechtlichen Normen an.
Rudolf Heß	10. Mai	Der „Stellvertreter des Führers" *Rudolf Heß* fliegt – auf eigene Initiative oder im Einvernehmen mit Hitler? – nach Großbritannien mit dem Ziel, vor Beginn des deutschen Angriffs auf die Sowjetunion ein Arrangement mit der britischen Regierung zu Stande zu bringen, um die erstrebte Rückenfreiheit Deutschlands im Westen zu erreichen. Er wird nach Verhören durch britische Regierungsmitglieder zum Kriegsgefangenen erklärt. – Als Nachfolger von Heß, den Hitler als geisteskrank bezeichnet, wird *Martin Bormann* „Leiter der Parteikanzlei".
Martin Bormann		
	13. Mai	Ein Erlass Hitlers über die Kriegsgerichtsbarkeit im Gebiet „Barbarossa" sichert Straffreiheit für ein brutales Vorgehen gegen die sowjetische Zivilbevölkerung zu.
Kommissarbefehl	6. Juni	Das OKW erlässt „Richtlinien für die Behandlung politischer Kommissare" *(Kommissarbefehl),* die eine „Liquidierung" der Kommissare nach der Gefangennahme vorsehen.
	12. Juni	Aus einigen pro-deutschen Gesten der Sowjetregierung zieht die britische Regierung den Schluss, dass ein neues deutsch-sowjetisches Arrangement bevorsteht. Sie lässt Vorbereitungen für Luftangriffe auf das Erdölzentrum Baku von Flugplätzen bei Mosul im Nordirak aus treffen.
	12. Juni	Hitler empfängt den rumänischen Staatsführer Antonescu in München und vereinbart mit ihm das Mitwirken Rumäniens am Ostkrieg vom ersten Tage an.
Einsatzgruppen	21. Juni	Hinter den drei an der Ostgrenze aufmarschierten Heeresgruppen sind vier *Einsatzgruppen* der Sicherheitspolizei und des Sicherheitsdienstes – SD (insgesamt ca. 3000 Mann) zusammengezogen, die auf dem eroberten sowjetischen Territorium „Sonderaufgaben" zu erfüllen haben, deren wichtigste die *systematische Tötung aller Juden* („Ostjudentum" in Hitlers Ideologie als „Reservoir des Bolschewismus" fixiert) ist. Militärischer Sieg im Osten und rassenideologischer Krieg sollen am gleichen Tage beginnen.
Judenvernichtung		

Situation im Westkrieg (Mai/Juni 1941)

	1941 10./11. Mai	Nach einem letzten schweren Luftangriff auf London mit über 500 deutschen Flugzeugen (rd. 2000 Brände; über 1200 Tote) wird das Gros der deutschen Luftwaffe (61%) nach Osten verlegt.
„Bismarck"	24. Mai	Bei einem Unternehmen im Atlantik vernichtet das deutsche *Schlachtschiff „Bismarck"* das größte britische Kriegsschiff, den Schlachtkreuzer „Hood", wird aber selbst am 27. Mai von überlegenen britischen Streitkräften versenkt. Damit kommt der Einsatz deutscher Überwasserschiffe im Atlantik faktisch zum Erliegen; nur noch Vorstöße ins Nordmeer und ins Eismeer zur Störung der Verbindungswege zu den sowjetischen Polarhäfen werden in der Folgezeit unternommen. Der Erfolg im *U-Boot-Krieg* hält sich, von der relativ geringen Zahl (durchschnittlich 30 Boote in See) abgesehen, auch wegen der Einschränkungen, die Hitler in Blickrichtung auf die USA erlässt, deren Kriegseintritt er unbedingt bis zum Abschluss des Unternehmens „Barbarossa" hinauszögern möchte, in Grenzen.
U-Boot-Krieg		
	28. Mai	In Paris wird ein deutsch-französisches Protokoll unterzeichnet, das eine Unterstützung der deutschen Kriegsführung in Libyen und Einrichtung von Stützpunkten an der nordwestafrikanischen Küste bis Dakar vorsieht. (Die Vichy-Regierung zieht sich davon am 14. Juli wieder zurück, da Hitler nicht zu einem Präliminarfrieden mit Frankreich bereit ist.)
deutsche Strategie	11. Juni	Der Entwurf einer *„Weisung Nr. 32"* sieht für die deutsche Strategie nach dem Sieg über die Sowjetunion weit ausgreifende Operationen über Bulgarien und die Türkei, von Libyen aus und evtl. von Transkaukasien gegen die britische Nahoststellung sowie nach der Eroberung Gibraltars den Aufbau einer Bastion in Nordwestafrika sowie die Besetzung der portugiesischen und spanischen Atlantik-Inseln vor.
	17. Juni	Nach Abwehr eines britischen Angriffs an der libysch-ägyptischen Grenze herrscht auf dem nordafrikanischen Kriegsschauplatz bis zum 18. Nov. 1941 Kampfpause.

Ausweitung zum Weltkrieg durch „Zusammenwachsen" des europäischen und des ostasiatischen Krieges (Juni 1941–Dezember 1941)

Der Ostkrieg bis zur Wende vor Moskau (22. Juni 1941–5. Dezember 1941)

1941
22. Juni
3.15 Uhr Auf Befehl Hitlers tritt das deutsche Ostheer von der Ostsee bis zu den Karpathen, unterstützt durch die Luftwaffe, zum Überraschungsangriff auf die Sowjetunion an: insgesamt 152 Divisionen, 3 050 000 Mann, d. h. drei Viertel des Feldheeres. *Ziel* ist es, möglichst in Kesselschlachten westlich von Düna und Dnjepr die Rote Armee zu zerschlagen und danach den größten Teil des europäischen Russlands bis zur Linie Archangelsk – Wolga – Astrachan in Besitz zu nehmen. Nach Abzug der deutschen Kampftruppen – im Aug./Sept. – sollen 54 Divisionen als Besatzungskräfte im Osten bleiben, die in Vorstößen über den Ural Verbindung mit der von Osten anrückenden japanischen Armee aufnehmen sollen. Das eroberte Gebiet soll in vier „Reichskommissariaten" (Ostland, Ukraine, Moskowien, Kaukasien; faktisch dann nur die beiden ersten eingerichtet) deutscher Zivilverwaltung unterstellt werden. Die Rote Armee, die mit 2,5 Mio. Mann an der Westgrenze, mit 2,2 Mio. Mann im Fernen Osten und im Kaukasus (gegen die potenziellen Gegner Japan und Großbritannien) aufmarschiert ist, wird vom deutschen Angriff weit gehend überrascht, da Stalin alle britischen und amerikanischen Warnungen vor einem deutschen Angriff als Provokation betrachtet und auch die Informationen seines Spions Richard Sorge in Tokyo nicht ernst genommen hat bzw. bis zuletzt bemüht bleibt, sich mit Hitler auf einer neuen Basis zu arrangieren. Die deutsche Luftwaffe fliegt massive Einsätze gegen sowjetische Flugplätze und zerstört bereits am ersten Tag über 1200 sowjetische Flugzeuge. Die Rote Luftwaffe fällt in den ersten zwei Jahren des Ostkrieges weit gehend aus. Stalin befiehlt das Halten aller Stellungen, auch an vorgeschobenen Frontbögen, und wirft im Laufe der nächsten Wochen einen großen Teil der nun erst mobilisierten Reserven (über 10 Mio. Mann) in die Schlachten an der sowjetischen Westfront. Die meisten Industrieanlagen in den bedrohten Gebieten können improvisiert nach Osten verlagert werden. *Kriegsziele*

22. Juni *Rumänien und Italien* schließen sich dem Ostkrieg an, Rumänien mit dem Gros seiner Armee; Italien entsendet ein Expeditionskorps. *Rumänien und Italien*

Churchill begrüßt trotz seiner antikommunistischen Grundeinstellung die Sowjetunion als Verbündeten.

23. Juni Die *Slowakei* schließt sich dem deutschen Angriff an; Ungarn bricht die diplomatischen Beziehungen zur Sowjetunion ab. *Slowakei*

26. Juni *Finnland*, in dessen Norden deutsche Truppen mit dem Ziel aufmarschiert sind, nach Murmansk vorzustoßen (am 7. Sept. 1941 endgültig an der Liza-Linie gescheitert), tritt als „Waffengefährte", nicht Bundesgenosse an der Seite Deutschlands in den Krieg mit der Begründung ein, die Sowjetunion habe mit Luftangriffen den Krieg faktisch eröffnet. Ziel ist die Wiedergewinnung der im Moskauer Frieden vom 12. März 1940 abgetretenen Gebiete. *Finnland*

27. Juni Auch *Ungarn* tritt nach angeblichen sowjetischen Luftangriffen in den Krieg gegen die Sowjetunion ein. *Ungarn*

29. Juni Das Zentralkomitee der KPdSU erklärt den Abwehrkampf gegen die deutsche Invasion zum „*Großen Vaterländischen Krieg der Sowjetunion*". *Großer Vaterländischer Krieg*

3. Juli Stalin, der am 1. Juli den Vorsitz über das Verteidigungskomitee der UdSSR übernommen hat, ruft die Bevölkerung zum Partisanenkampf hinter der Front auf.

Der Chef des Generalstabes des deutschen Heeres, Generaloberst Franz Halder (*1884, †1972), ist der Überzeugung, dass der Feldzug gegen die Sowjetunion bereits innerhalb der ersten 14 Tage gewonnen worden ist.

8. Juli Hitler verkündet seinen Entschluss, Moskau und Leningrad dem Erdboden gleichmachen zu wollen.

9. Juli Die erste große *Kesselschlacht* (bei Białystok und Minsk) ist abgeschlossen: fast 330 000 sowjetische Kriegsgefangene. *Kesselschlacht*

12. Juli Die Sowjetunion und Großbritannien schließen ein Abkommen über gegenseitige Hilfeleistung und gegen einen Separatfrieden eines Partners.

16. Juli Hitler bezeichnet vor den Spitzenvertretern von Partei, Staat und Wehrmacht die Aufteilung und Ausbeutung des eroberten Russlands als deutsches Kriegsziel im Osten. *Alfred Rosenberg* wird Reichsminister für die besetzten Ostgebiete. Nach der Besetzung von Smolensk verhält die Mitte der deutschen Angriffsfront, während der Vormarsch im Norden, in den baltischen Ländern und in der Ukraine bis Anfang Aug. 1941 zügig weitergeht. *Alfred Rosenberg*

Iran	5. Aug.	In der dreiwöchigen Kesselschlacht von Smolensk sind wiederum 310 000 sowjetische Kriegsgefangene zu verzeichnen.
	25. Aug.	Sowjetische und britische Truppen marschieren in den neutralen *Iran* ein, dessen Streitkräfte am 28. Aug. den Kampf einstellen müssen. Der Schah Resa Pahlewi dankt unter dem Druck der Alliierten am 16. Sept. zugunsten seines Sohnes Mohammed Resa ab. Iran wird neben dem Pazifik und der Murmansk-Archangelsk-Route im hohen Norden zur Hauptverbindungsroute für die alliierten Hilfslieferungen für die Sowjetunion. Das Land wird in eine südliche, britische und eine nördliche, sowjetische Zone aufgeteilt. Die Landesmitte bleibt „neutral".
Leningrad	8. Sept.	Mit der Einnahme von Schlüsselburg am Ladoga-See ist *Leningrad* von allen Landverbindungen abgeschnitten. Hitler hält den Angriff der Heeresgruppe Nord auf Leningrad an und befiehlt die Aushungerung der Millionenstadt, die nur über den Ladoga-See notdürftig versorgt werden kann.
Kiew	19. Sept.	*Kiew* wird von deutschen Truppen erobert.
	26. Sept.	Die große Kesselschlacht ostwärts von Kiew, die Hitler vor Fortsetzung des Vormarsches in Richtung Moskau den Heeresgruppen Süd und Mitte befohlen hat, endet mit der Gefangennahme von 665 000 sowjetischen Soldaten.
Angriff auf Moskau	**2. Okt.**	Die Heeresgruppe Mitte tritt aus dem Raum ostwärts Smolensk bis Orel wieder zum *Angriff auf Moskau* an (Unternehmen „Taifun").
	3. Okt.	Hitler erklärt bei der Eröffnung des Winterhilfswerks, dass die Sowjetunion geschlagen sei und „sich nie mehr erheben" werde. Er verbietet am 7. Okt. die Annahme der Kapitulation Moskaus.
Sowjetregierung	16. Okt.	Die *Sowjetregierung* (außer Stalin selbst) und das diplomatische Korps verlassen Moskau und siedeln nach Kujbyschew an der Wolga über.
	19. Okt.	Stalin lässt in Moskau den Belagerungszustand ausrufen.
	20. Okt.	Die Doppelschlacht bei Wjasma und Brjansk endet wieder mit der Gefangennahme von 673 000 sowjetischen Soldaten.
	16. Nov.	Nach der Einnahme von Kertsch ist die ganze Halbinsel Krim mit Ausnahme der Festung Sewastopol in deutscher Hand.
	21. Nov.	Die Heeresgruppe Süd erobert Rostow am Don, muss es jedoch am 28. Nov. 1941 wieder aufgeben und sich auf die Mius-Linie zurückziehen.
	23. Nov.	Die nach dem Ende der Schlammperiode am 15. Nov. wieder aufgenommene deutsche Offensive auf Moskau erreicht Klin (nordwestlich Moskau) und am 28. Nov. den Wolga-Moskwa-Kanal.
	30. Nov.	Stalin billigt den Entwurf seines Generalstabschefs B. Schaposchnikow für eine sowjetische Gegenoffensive im Raume Moskau.
	1. Dez.	Der Oberbefehlshaber der Heeresgruppe Mitte, Feldmarschall Fedor von Bock (*1880, †1945) meldet den Zeitpunkt als „sehr nahe gerückt, an dem die Kraft der Truppe völlig erschöpft ist".
sowjetische Gegenoffensive	**5. Dez.**	Die *sowjetische Gegenoffensive* beginnt bei der „Kalininfront". Ihr schließt sich am 6. Dez. die „Westfront" (Armeegeneral Georgi K. Schukow [*1896, †1974]) an. Damit ist das Unternehmen „Barbarossa" als gescheitert anzusehen. Das auf einen Winterkrieg unvorbereitete deutsche Ostheer ist in eine schwere Krise geraten.

Bilanz des Ostkrieges 1941

sowjetische Kriegsgefangene

Insgesamt sind 3,35 Mio. *sowjetische Soldaten in deutsche Kriegsgefangenschaft* geraten (im weiteren Verlauf des Krieges nochmals 2,4 Mio.). Von ihnen haben – Folge des rassenideologischen Vernichtungskrieges, aber auch organisatorischer Unzulänglichkeit – mindestens 2,53 Mio. die deutsche Gefangenschaft nicht überlebt. Von den „Einsatzgruppen" der Sicherheitspolizei und des SD wurden 1941 hinter der deutschen Front über eine halbe Mio. Menschen getötet.

Überlegenheit der Roten Armee

Die zahlenmäßige *Überlegenheit der Roten Armee* hat trotz aller Erfolge in den Kesselschlachten 1941 nicht gebrochen werden können. Im Dez. 1941 schätzt der deutsche Heeresgeneralstab die Stärke der Roten Armee höher ein als bei Beginn des Angriffs am 22. Juni 1941.

Die deutsche Wehrmacht hat im Ostkrieg bis zum 1. Dez. 1941 insgesamt über 162 000 Tote und über 33 000 Vermisste verloren.

Der europäisch-atlantische Westkrieg (Juni 1941–Dezember 1941)

1941
7. Juli — Amerikanische Truppen landen auf *Island*, das seit dem 25. März 1941 in das erweiterte Operationsgebiet deutscher U-Boote um die Britischen Inseln einbezogen worden ist. *Island*

11. Sept. — Präsident Roosevelt verkündet nach einem Zwischenfall im Atlantik den sog. „Schießbefehl" (shoot-on-sight-order) gegen deutsche Schiffe, die sich in Gebiete wagten, deren Schutz für die Verteidigung der USA als notwendig betrachtet würde.

13. Nov. — Der amerikanische Kongress ändert das Neutralitätsgesetz: Amerikanischen Handelsschiffen wird das Befahren der Kriegszone gestattet; sie werden bewaffnet.

18. Nov. — Nach monatelanger Kampfpause *britische Offensive* in Nordafrika gegen die deutsch-italienischen Truppen. Die seit April 1941 eingeschlossene Festung Tobruk, gegen die für den 23. Nov. ein deutscher Angriff geplant worden ist, wird entsetzt. Die Panzergruppe Afrika (Generaloberst Rommel) zieht sich aus der Cyrenaika bis zur Marsa-el-Brega-Stellung zurück, aus der heraus sie am 21. Jan. 1942 wieder zum Gegenangriff antritt. *britische Offensive*

Die weltpolitische Entwicklung (Juni 1941–Dezember 1941)

1941
2. Juli — Die seit Beginn des deutsch-sowjetischen Krieges permanent tagenden japanischen Führungsgremien, von Ribbentrop zur Entscheidung für eine Teilnahme Japans am Kriege gegen die Sowjetunion gedrängt, beschließen gegen den isolierten Außenminister Matsuoka, der die Wendung gegen die Sowjetunion befürwortet, die japanische Expansion nach Süden fortzusetzen und zunächst Süd-Indochina zu besetzen, dabei „notfalls" auch den Krieg gegen die USA und Großbritannien in Kauf zu nehmen. Ein (vorzubereitender) Angriff von der Mandschurei aus gegen Sowjet-Fernost soll nur bei einem sich abzeichnenden Zusammenbruch der Sowjetunion geführt werden.

14. Juli — Hitler, der durch eine Weisung die deutsche Rüstung schwerpunktmäßig auf Luftwaffe und Marine im Blick auf den kommenden Westkrieg umstellt, macht dem japanischen Botschafter Oshima gegenüber das Angebot eines umfassenden Offensivbündnisses zur „Vernichtung" der Sowjetunion und der USA.

15. Juli — Im Zuge einer Neubildung des japanischen Kabinetts unter Konoye wird Außenminister Matsuoka „ausgebootet"; Nachfolger wird Admiral a. D. Soemu Toyoda. Die Verhandlungen mit den USA über einen ‚Modus vivendi' sollen fortgesetzt werden.

18. Juli — Stalin fordert von Großbritannien die *Errichtung einer „zweiten Front"* im Westen oder im Norden Europas. *zweite Front*

25. Juli — Die Japaner rücken in *Süd-Indochina* ein, am 29. Juli kommt ein Abkommen mit dem französischen Generalgouverneur über die Einräumung von Stützpunkten für die Japaner zu Stande. *Süd-Indochina*

30./31. Juli — Der Vertraute Roosevelts, Harry Hopkins, verhandelt in Moskau mit Stalin über die Möglichkeiten materieller Hilfe für die Sowjetunion.

1. Aug. — Als Reaktion auf die Besetzung Süd-Indochinas verkünden die USA ein *Öl-Embargo* gegen alle Aggressoren. Damit wird Japan an einem Lebensnerv getroffen. Vorausgegangen war am 26. Juli die Sperrung der japanischen Guthaben in den USA. Großbritannien und die Niederlande schließen sich diesen Maßnahmen an. *Öl-Embargo*

14. Aug. — Roosevelt und Churchill, die sich vom 9.–12. Aug. auf Kriegsschiffen in der Argentia-Bucht (Neufundland) getroffen haben, verkünden die *Atlantik-Charta:* Ablehnung aller territorialen Veränderungen ohne freie Zustimmung der betroffenen Völker; Recht aller Völker, „sich diejenige Regierungsform zu wählen, unter der sie leben wollen"; gegen Hitler-Deutschland und Japan, aber – wie es scheint – auch gegen die Annexionen der Sowjetunion gerichtet. *Atlantik-Charta*

14. Aug. — Die *polnische Exilregierung* in London, mit der die Sowjetunion am 30. Juli diplomatische Beziehungen aufgenommen hat, schließt mit dieser ein Abkommen über die Freilassung polnischer Kriegsgefangener von 1939 und die Bildung einer polnischen Armee (General Władysław Anders [*1892, †1970]) in der Sowjetunion, die später auf westlichen Kriegsschauplätzen gegen Deutschland kämpfen soll. *polnische Exilregierung*

6. Sept. — Der japanische Kronrat beschließt die Eröffnung des Krieges gegen die USA und Großbritannien, wenn die Geheimverhandlungen mit den USA nicht bis zum 10. Okt. zu einem befriedigenden Abschluss gebracht werden können.

18. Okt. — Nach dem Rücktritt des Kabinetts Konoye bildet der bisherige Kriegsminister *General Hideki Tojo* eine neue japanische Regierung, in der der frühere Botschafter in Berlin und Moskau Shigenori Togo Außenminister wird. Kaiser Hirohito hebt den Beschluss vom 6. Sept. *General Tojo*

Verhandlungsabbruch USA – Japan

japanischer Kronrat

vorerst auf und lässt die Geheimverhandlungen mit den Vereinigten Staaten von Amerika fortführen.

20. Okt. In den Rahmen der Kriegsvorbereitungen Japans wird ein Überraschungsangriff auf die amerikanische Flotte in Pearl Harbor für den Fall eines Scheiterns der Verhandlungen mit den USA eingefügt.

25. Nov. Präsident Roosevelt entschließt sich zum *Abbruch der Verhandlungen mit Japan* und lässt am 26. Nov. durch Außenminister Cordell Hull eine für Japan unannehmbare „10-Punkte-Note" übergeben.

28. Nov. In Unkenntnis des Standes der amerikanisch-japanischen Verhandlungen sagt Außenminister Ribbentrop dem japanischen Botschafter Oshima auf eine Sondierung hin deutsche militärische Unterstützung im Falle eines Krieges Japans mit den Vereinigten Staaten von Amerika zu.

1. Dez. Der *japanische Kronrat* entscheidet sich endgültig für einen Krieg gegen die USA, Großbritannien und die Niederlande.

5. Dez. Hitler sagt den Japanern Hilfe im Kriegsfalle zu und billigt den Abschluss eines von Japan vorgeschlagenen militärischen Beistandspaktes, der einen Separatfrieden eines Partners ausschließt.

6. Dez. Auf Druck der Sowjetunion erklärt Großbritannien Finnland, Ungarn und Rumänien den Krieg.

Wehrmachtsstärke

Stärke der deutschen Wehrmacht (einschl. Waffen-SS)

1939	3,085 Mio. Mann		im Vergleich:
1940	6,050 Mio. Mann		Stärke des US-Heeres
1941	7,234 Mio. Mann	1941	1,460 Mio. Mann
1942	8,310 Mio. Mann	1942	3,074 Mio. Mann
1943	9,480 Mio. Mann	1943	6,993 Mio. Mann
1944	9,420 Mio. Mann	1944	7,992 Mio. Mann
1945	7,590 Mio. Mann	1945 (1. Mai)	8,266 Mio. Mann

Lieferungen an die UdSSR

Kriegsmateriallieferungen Großbritanniens und der USA an die Sowjetunion
(in Tonnen)

	Persischer Golf	Pazifik	Nordatlantik	Schwarzes Meer	Sowjet. Arktis	Gesamt
1941	13 502	193 299	153 977	–	–	360 778
1942	705 259	734 020	949 711	–	64 107	2 453 097
1943	1 606 979	2 388 577	681 043	–	117 946	4 794 545
1944	1 788 864	2 848 181	1 452 775	–	127 802	6 217 622
1945	44 513	2 079 320	726 725	680 723	142 538	3 673 819
Summe	4 159 117	8 243 397	3 964 231	680 723	452 393	17 499 861
Prozent	23,8 %	47,1 %	22,7 %	3,9 %	2,5 %	100 %

Pearl Harbor

7. Dez. Japan eröffnet den Pazifik-Krieg mit einem Überfall auf die amerikanische Flotte in *Pearl Harbor* (bei dem 19 schwere amerikanische Kriegsschiffe außer Gefecht gesetzt werden, darunter fünf Schlachtschiffe – die US-Flugzeugträger befanden sich auf See) und mit einer Offensive gegen die südostasiatischen Besitzungen der USA, Großbritanniens und der Niederlande. Thailand wird von Indochina aus besetzt und als Satellit zur Kriegserklärung an die USA gezwungen.

Der japanische Grundkriegsplan vom 5. Nov. 1941 sieht vor, in einer ersten Etappe Britisch-Malaya, die Philippinen, Hongkong, Guam und Wake und in einer zweiten Etappe Burma und Niederländisch-Indien zu erobern, danach in die strategische Defensive überzugehen und in einem Ermattungs- und Abnutzungskrieg am Rande des eroberten Riesenraums die USA und Großbritannien zur Anerkennung des japanisch beherrschten ost- und südostasiatischen „Großraums" zu bewegen.

9. Dez. China (Chiang Kai-shek) erklärt Deutschland den Krieg.

11. Dez. Hitler erklärt den USA den Krieg, ohne dazu vertragsrechtlich verpflichtet zu sein, da der „Dreimächtepakt" nur eine militärische Beistandspflicht für den Fall eines Angriffs der USA auf einen Paktpartner vorgesehen hat.
Auch Mussolini erklärt den USA den Krieg. Deutschland, Italien und Japan schließen ein Abkommen über gemeinsame Kriegführung und verpflichten sich, keinen Sonderfrieden mit den USA oder Großbritannien abzuschließen.

Kriegs-erklärung an USA

Der Übergang zum Weltkrieg

Da die Sowjetunion die Fortdauer der Gültigkeit des sowjetisch-japanischen Neutralitätsvertrages vom 13. April 1941 bestätigt, hat der nun aus dem Zusammenwachsen von europäischem und japanisch-chinesischem Krieg entstandene Weltkrieg zwar einen globalen Charakter, doch stehen sich nicht zwei Mächtegruppen geschlossen gegenüber. Die nun zu Stande gekommene „Anti-Hitler-Koalition" Großbritannien – USA – Sowjetunion bezieht sich nur auf den europäischen Krieg; im Pazifik kämpfen die USA und Großbritannien ohne die Sowjetunion gegen Japan. Sie führen demnach einen Zwei-Ozeankrieg gewaltigen räumlichen Ausmaßes, während die Sowjetunion nur an einer großen Landfront – allerdings um ihre Existenz – kämpft.

Anti-Hitler-Koalition

Übergang der Initiative auf die Mächte der „Anti-Hitler-Koalition" (Dezember 1941–Herbst 1942)

Der Ostkrieg (Dezember 1941–November 1942)

1941
16. Dez. Hitler fordert die Soldaten der deutschen Ostfront zum „fanatischen Widerstand" auf und *verbietet* angesichts der massiv vorgetragenen sowjetischen Offensive, vor allem in der Mitte der Front, im Raume um Moskau, jede *operative Rückzugsbewegung*. Auch wegen der äußerst strengen Winterkälte, auf die das deutsche Ostheer völlig unzureichend vorbereitet ist, droht wiederholt ein Zusammenbruch. Die starke sowjetische Offensive zielt darauf ab, die Heeresgruppe Mitte zwischen Smolensk und Wjasma einzukesseln und zu vernichten.

Verbot eines Rückzugs

19. Dez. Nach der Entlassung des Feldmarschalls Walther von Brauchitsch (*1881, †1948) macht sich *Hitler* selbst zum *Oberbefehlshaber* des deutschen Heeres. Er führt an der Ostfront mit dem Generalstab des Heeres (zunächst weiter: Generaloberst Halder), während er die westlichen Kriegsschauplätze mit dem Wehrmachtführungsstab (General Alfred Jodl; [*1890, †1946]) zu steuern sucht.

Hitler Oberbefehlshaber

1942
9. Jan. Eine *sowjetische Offensive* an der Naht zwischen den Heeresgruppen Nord und Mitte stößt von den Waldai-Höhen bis in den Raum nördlich Smolensk vor.

sowjetische Offensive

10. Jan. Hitler verlegt den Schwerpunkt der deutschen Rüstung wieder auf das Heer zurück (Weisung vom 14. Juli 1941).

15. Jan. Er gibt nach langem Zögern sein Einverständnis zum Rückzug der Heeresgruppe Mitte aus unhaltbar gewordenen Positionen auf die *Winterstellung* westlich von Moskau.

Winterstellung

18. Jan. Eine sowjetische Offensive im Südabschnitt der Ostfront durchbricht die deutschen Stellungen am Donez südlich von Charkow und erzielt eine tiefe Einbuchtung in die deutsche Front. Im Bereich der Heeresgruppe Nord wird im Raume von Demjansk eine deutsche Kräftegruppe (ca. 95 000 Mann) eingeschlossen, die sich, durch die Luftwaffe versorgt, im Kessel bis zum Entsatz am 28. April 1942 halten kann.

23. Febr. Stalin erklärt in einem Befehl an die Rote Armee: „Die Hitler kommen und gehen, das deutsche Volk, der deutsche Staat bleibt."

2. März Die sowjetische Offensive in der Mitte der Front erreicht mit der Eroberung von Juchnow faktisch ihren Abschluss. Es ist nicht gelungen, die Heeresgruppe Mitte vollständig einzuschließen und eine Entscheidung im Großen zu erzwingen. Doch ist das *deutsche Ostheer* durch die Ausfälle (auch durch Erfrierungen) so *geschwächt*, dass eine Wiederaufnahme der Offensive an der gesamten Front vom Ladoga-See bis zur Halbinsel Krim nach Abklingen der Frühjahrsschlammperiode, die mehrere Wochen lang Operationen ausschließt, nicht möglich ist. Der *Partisanenkrieg* hinter der deutschen Front, der im Herbst 1941 im größeren Stil eingesetzt hat, weitet sich – Folge der brutalen deutschen Besatzungspolitik und der Praktiken von Sicherheitspolizei und SD – immer mehr aus und bindet starke deutsche Kräfte im Hinterland.

deutsches Heer geschwächt

Partisanenkrieg

*Heeres-
gliederung*

Die deutschen Heeresgliederungen 1932–1944

| | 1932 | 1935 | 1936 | 1937 | 1938 | 1939 | | | 1940 10.5. | 1941 22.6. | davon in | | | | | | | Gesamt | | |
						Osten	Westen	Reserve	Gesamt	Osten	Finnland	Norweg. Dänem.	Südosten	Westen	Afrika	Heimat	1942	1943	1944
Inf.-Div.	7	24	36	32	35	40,3	42,3	4	129	151	99	1	8+1	5,3	38	–	1	–	–	–
Inf.-Div. mot.	–	–	–	4	4	4,6	–	–	4,6	10	10,6	–	–	–	–	–	–	–	–	–
le. Inf.-Div. mot.	–	–	–	–	4	4	–	–	4	5	4	–	–	–	–	–	–	–	–	–
le. Inf.-Brig. mot.	–	–	–	1	–	–	–	–	–	–	–	–	–	–	–	–	–	–	–	–
Pz.-Div.	–	3	3	3	5	7	–	–	10	21	19	–	–	–	–	2	–	–	–	–
Geb.-Brig.	–	1	1	1	–	–	–	–	–	–	–	–	–	–	–	–	–	–	–	–
Geb.-Div.	–	–	–	–	3	3	–	–	3	6	2	2	–	2	–	–	–	–	–	–
Kav.-Div.	3	2	–	–	–	1	–	–	1	1	1	–	–	–	–	–	–	–	–	–
Kav.-Brig.	–	1	1	1	1	–	–	–	–	–	–	–	–	–	–	–	–	–	–	–
SS-Div. mot.	–	–	–	–	–	–	–	–	3,3	5	3,5	1	–	–	–	–	–	–	–	–
SS-Pol. Div.	–	–	–	–	–	–	–	–	–	1	1	–	–	–	–	–	–	–	–	–
Sicherungs-Div.	–	–	–	–	–	–	–	–	9	9	9	–	–	–	–	–	–	–	–	–
Insgesamt	10	31	41	42	52	60	42,3	4	160	209	149	4	8+1	7,3	38	2	1	186	206	228

Geb. = Gebirgs, le. = leichte, mot. = motorisiert, Pol. = Polizei, Pz. = Panzer

Ziele der deutschen Offensive

5. April Hitler legt in der „Weisung Nr. 41" die *Ziele* und Operationsphasen *für die deutsche Sommeroffensive* 1942 fest: Zunächst soll die Südfront bis zum Don vorgeschoben und die Landbrücke zur Wolga bei Stalingrad in die Hand genommen, anschließend dann der Kaukasusraum bis zur türkischen und iranischen Grenze (Erdölzentren) erobert werden. Außerdem soll Leningrad genommen und die Landverbindung mit den Finnen hergestellt werden. Zur Abstützung der wesentlich verlängerten Südfront sollen Ungarn, Italiener und Rumänen in stärkerem Maße als 1941 eingesetzt werden.

kleinere deutsche Offensiven

8. Mai An der südlichen Ostfront beginnen *kleinere deutsche Offensiven*: zur Wiedergewinnung der im Dez. 1941 verloren gegangenen Halbinsel Kertsch (bis 18. Mai) und zur Eroberung der Festung Sewastopol (7. Juni–4. Juli); zur Gewinnung besserer Ausgangsbasen für die große Sommeroffensive Vorausgehen einer Kesselschlacht südlich Charkows, die sich aus einer am 9. Mai begonnenen fehlgeschlagenen sowjetischen Offensive entwickelt (Abschluss: 28. Mai; 239000 sowjetische Gefangene – letzte gelungene deutsche Kesseloperation), und weitere Teilschläge am mittleren Donez (bis Mitte Juni 1942).

19. Juni Bei der Notlandung eines deutschen Generalstabsoffiziers fallen den Sowjets Befehle und Karten über die erste Phase der deutschen Sommeroffensive in die Hand.

deutsche Sommeroffensive

28. Juni 2.15 Uhr Die große *deutsche Sommeroffensive* beginnt im Raum östlich von Kursk und Charkow. Sie führt am 3. Juli zur Einnahme von Woronesch und am 23. Juli zur Eroberung von Rostow am unteren Don, doch bleibt die Gefangenenzahl gering, da die Rote Armee – im Gegensatz zu 1941 – einen strategischen Rückzug hinter den Don, die Wolga bei Stalingrad, auf den westlichen und mittleren Kaukasus einleitet.

12. Juli Die „Heeresgruppe Nord" schließt die Ausräumung des im Winter 1941/1942 entstandenen „Wolchow-Kessels" südöstlich von Leningrad ab.

General Andrej Wlassow

Dabei fällt *General Andrej Wlassow* (*1901, †1946) als Kriegsgefangener in deutsche Hand. Er erklärt sich bereit, an der Seite der deutschen Wehrmacht mit – aus sowjetischen Kriegsgefangenen und Überläufern zu bildenden – russischen Verbänden für eine Befreiung Russlands von der Herrschaft Stalins zu kämpfen. Hitler lehnt das Angebot ab (bis Sept. 1944) und gestattet nur den Einsatz ehemaliger sowjetischer Soldaten in kleinen Freiwilligenverbänden und als „Hilfswillige" im Rahmen deutscher Einheiten. Trotzdem erreicht die Stärke der Osttruppen und Hilfswilligen bis Mitte 1943 die Zahl von über einer halben Mio.

23. Juli Hitler ändert den Operationsplan so ab, dass statt des vorgesehenen Nacheinanders nunmehr gleichzeitig ein deutscher Vorstoß gegen das Wolga-Knie bei Stalingrad und ins Kaukasusgebiet sowie die Eroberung Leningrads vorgesehen sind.

30. Juli Rote Armee beginnt Entlastungsoffensive an der mittleren Front, die – mit wechselnden Schwerpunkten geführt – keinen operativen Erfolg zeitigt, aber deutsche Kräfte bindet.

6. Aug. Deutsche Verbände erobern das am Nordwestrand des Kaukasus gelegene Ölgebiet von Maikop, dessen Anlagen unbrauchbar gemacht worden sind.

19. Aug.	Der Oberbefehlshaber der 6. deutschen Armee, General Friedrich Paulus (*1890, †1957), gibt den Befehl zum *Angriff auf Stalingrad*, das durch deutsche Vorstöße bis zur Wolga nördlich und südlich der Stadt umklammert wird. Am 25. Aug. wird vom sowjetischen Oberkommando der Belagerungszustand für die Stadt erklärt.	*Angriff auf Stalingrad*
27. Aug.	Eine sowjetische Offensive südlich von Schlüsselburg bindet die für die Eroberung Leningrads (Angriffsbeginn für den 14. Sept. vorgesehen) bereitgestellten deutschen Kräfte, sodass die Absicht, die Stadt zu nehmen und dem Erdboden gleichzumachen, aufgegeben werden muss.	
9. Sept.	*Führungskrise* im deutschen Oberkommando: Hitler entlässt den Oberbefehlshaber der in den Kaukasus vorgedrungenen (21. Aug.: Hissung der deutschen Flagge auf dem Elbrus), aber vor Erreichen der wichtigsten Erdölzentren im Raume westlich Grosnij liegen gebliebenen Heeresgruppe A, Feldmarschall Wilhelm List (*1880, †1971), und übernimmt (bis 22. Nov.) selbst deren Führung, ohne den Vormarsch in Richtung Grosnij und Baku wieder in Gang bringen zu können. Die ins Auge gefasste Entlassung auch von Wilhelm Keitel (Chef OKW [*1882, †1946]) und Alfred Jodl (Chef des Wehrmachtführungsstabes) unterbleibt schließlich, doch wird der Chef des Generalstabes des Heeres, Franz Halder, am 24. Sept. durch General Kurt Zeitzler ersetzt.	*Führungskrise*
1942 4. Okt.	Die Vertreter der sowjetischen Oberkommandos (Georgi Schukow und Alexander Wassilewskij) besprechen mit den Befehlshabern der im Raume Stalingrad haltenden „Fronten" die Anlage der geplanten Umfassungsoperation, durch die die 6. deutsche Armee im Gebiet zwischen Wolga und Don eingeschlossen und vernichtet werden soll.	
10. Nov.	Die *6. deutsche Armee* greift einige gegnerische Schlüsselstellungen in Stalingrad (u. a. das Hüttenwerk „Roter Oktober") an. Sie hat neun Zehntel des Stadtgebiets in wochenlangen harten Kämpfen erobert, doch ist es ihr nicht gelungen, der 62. sowjetischen Armee (General Wassili J. Tschuikow; *1900, †1982) die von dieser gehaltenen Positionen am Westufer der Wolga zu entreißen.	*6. deutsche Armee*
19. Nov. 5.00 Uhr	Aus den Don-Brückenköpfen nordwestlich von Stalingrad beginnt eine sowjetische Großoffensive, die die Front der dort haltenden 3. rumänischen Armee ebenso zerreißt wie am 20. Nov. die folgende zweite Großoffensive aus dem Raum südlich von Stalingrad die der 4. rumänischen Armee.	
22. Nov.	Die sowjetischen Angriffszangen treffen sich bei Kalatsch am Don. Damit ist die 6. deutsche Armee (ca. 250000 Mann) im Raum zwischen Wolga und Don *im Raum Stalingrad eingeschlossen*.	*Stalingrad*
23. Nov.	Hitler lehnt die von General Paulus erbetene Handlungsfreiheit (zwecks Ausbruch der 6. Armee nach Westen) ab und verspricht eine Luftversorgung wie im Falle des Kessels von Demjansk; sie erweist sich in den folgenden Wochen als völlig unzureichend.	
27. Nov.	Feldmarschall Erich von Manstein übernimmt den Oberbefehl über eine neu gebildete Heeresgruppe („Don"), die einen Entsatz der 6. Armee und eine Wiederherstellung der Frontsituation vor dem 19. Nov. herbeiführen soll.	
	Die *Initiative an der deutsch-sowjetischen Front* ist im großen endgültig auf die sowjetische Seite übergegangen.	*Initiative in sowjetischer Hand*

„Hitlers Europa" 1942

1942 20. Jan.	Der Chef des Reichssicherheitshauptamtes *Reinhard Heydrich*, den Hermann Göring im Namen Hitlers am 31. Juli 1941 (auf dem Höhepunkt der Siegeserwartungen) beauftragt hat, „alle erforderlichen Vorbereitungen für eine Gesamtlösung der Judenfrage im deutschen Einflussbereich in Europa zu treffen", teilt den Vertretern der obersten Reichsbehörden die vorbereitete „Endlösung" mit (auf der sog. *„Wannseekonferenz."* in Berlin): Deportation und Ausrottung der Juden im ganzen deutsch-beherrschten Europa. Die systematische physische Ausrottung der europäischen Juden erfolgt in den „Vernichtungslagern" Chełmno, Belzec, Sobibor, Treblinka, Majdanek und Auschwitz-Birkenau vom Frühjahr 1942 an (bis Oktober 1944). Der *„Endlösung"* fallen insgesamt 4,2–5,7 Millionen Juden zum Opfer.	*Reinhard Heydrich* *Wannseekonferenz* *„Endlösung"*
1. Febr.	Unter dem Reichskommissar Josef Terboven wird in Oslo eine norwegische Regierung unter dem Führer der „Nasjonal Samling" Vidkun Quisling eingesetzt.	
8. Febr.	Nach dem Tode des Reichsministers für Bewaffnung und Munition Fritz Todt wird *Albert Speer* sein Nachfolger. Unter seiner Leitung (seit 2. Sept. 1943: Reichsminister für Rüstung und Kriegsproduktion) wird die Rüstungsproduktion in Deutschland enorm gesteigert, ohne dass ihr relativer Abfall gegenüber der Rüstungsproduktion der Gegenmächte zu verhindern ist.	*Albert Speer*

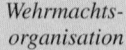

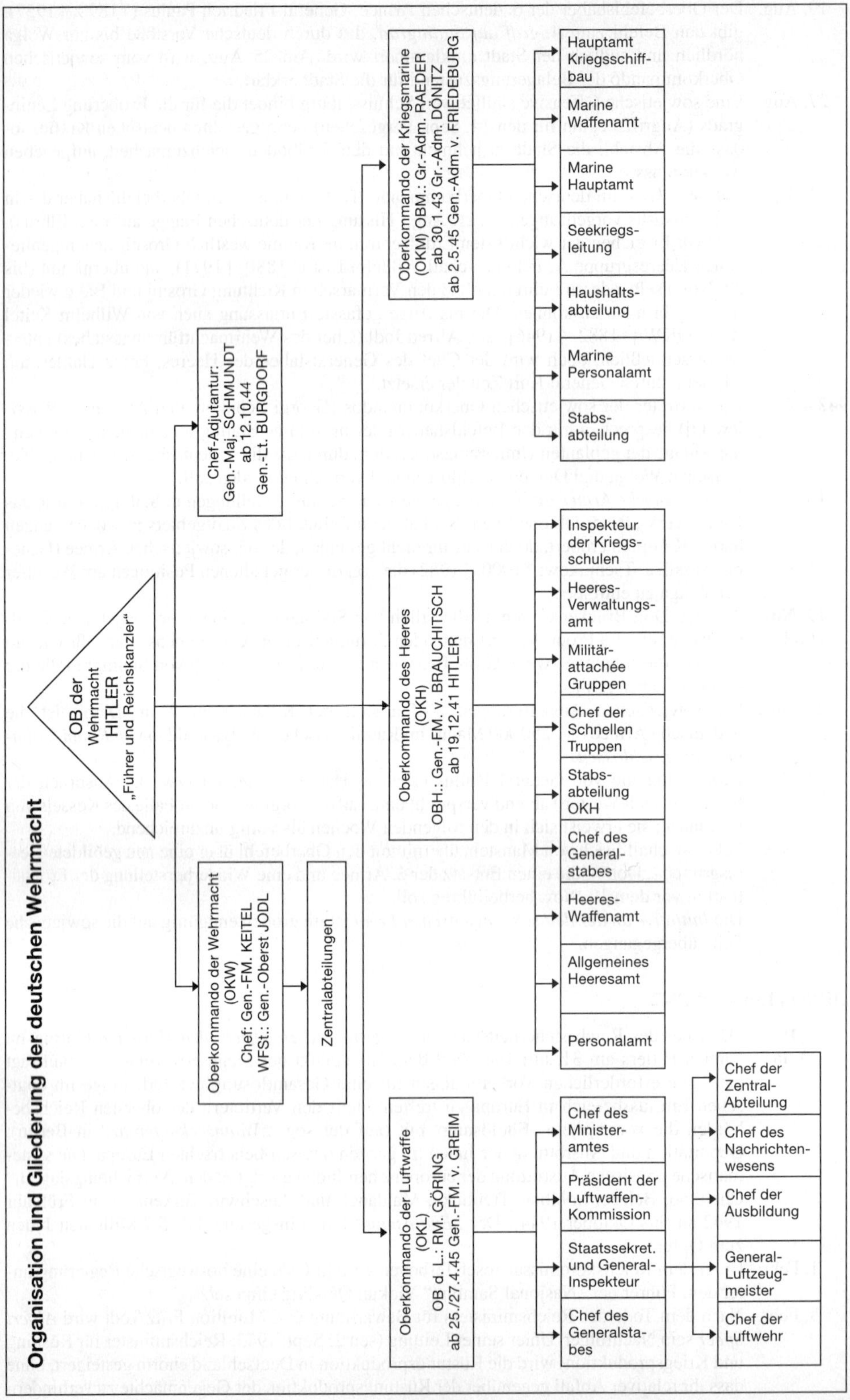

21. März Hitler ernennt den Gauleiter von Thüringen Fritz Sauckel zum „Generalbevollmächtigten für den Arbeitseinsatz". Aus den deutsch-besetzten Gebieten werden teils durch Werbung, vor allem aber unter Zwang insgesamt 7,5 Mio. Menschen als sog. „*Fremdarbeiter*" – zusätzlich zu den rd. 30 Mio. deutschen zivilen Arbeitskräften – im Verlauf des Krieges in der deutschen Kriegswirtschaft „eingesetzt".

26. April Hitler lässt sich vom Reichstag (in dessen letzter Sitzung überhaupt) Vollmachten als „Oberster Gerichtsherr" erteilen.

12. Mai Erste genaue datierbare Massenvernichtung durch Gas in Auschwitz-Birkenau: 1500 Juden sind das Opfer.

„Fremdarbeiter"

Die Ausrottung der Juden Europas
(errechnete Mindestzahlen nach Reitlinger)

Judenvernichtung

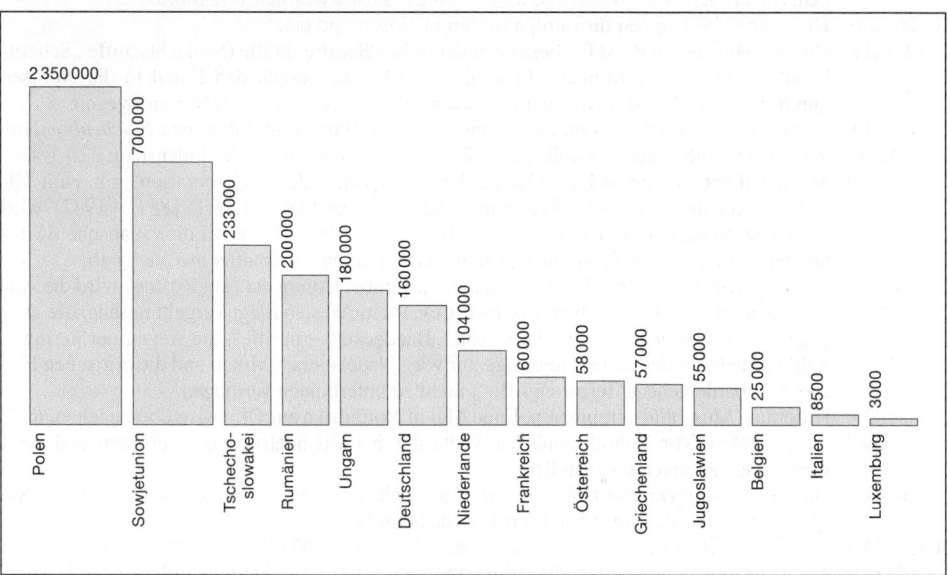

27. Mai Auf den Chef des Reichssicherheitshauptamtes und stellvertretenden Reichsprotektor in Böhmen und Mähren *Reinhard Heydrich* wird in Prag *ein Attentat verübt*. Er erliegt seinen Verletzungen am 4. Juni.

10. Juni Zur Vergeltung für das Attentat auf Heydrich wird das tschechische Dorf *Lidice* dem Erdboden gleichgemacht. Alle männlichen Einwohner werden getötet.

12. Juni Himmler billigt den schon im Juli 1941 im Entwurf erstellten *„Generalplan Ost"*, der in Etappen eine Aussiedlung von 30 Mio. Tschechen, Polen, Ukrainern und Weißruthenen nach Sibirien vorsieht, um eine „Germanisierung" in die Wege zu leiten. Wegen des Kriegsverlaufs unterbleibt – von Ansätzen in Galizien abgesehen – eine Realisierung dieses Vorhabens.

22. Juli Der Abtransport der insgesamt rd. 350000 Juden aus dem Warschauer Groß-Ghetto ins Vernichtungslager Treblinka beginnt.

18. Okt. Hitler erlässt den sog. „Kommandobefehl": Bei „Kommando"-Unternehmen gestellte Gegner in Uniform oder Zivil sind „bis auf den letzten Mann niederzumachen".

27. Dez. Das sog. „Smolensker Komitee" unter General Wlassow wird gegründet; doch erhält Wlassow keine größeren Wirkungsmöglichkeiten.

Heydrich-Attentat
Lidice

Generalplan Ost

Widerstandsbewegungen

Im Laufe des Jahres 1942 nehmen die Aktivitäten der Widerstandsbewegungen im deutsch-besetzten Europa erheblich zu, besonders in dem seit dem 11. Nov. total besetzten Frankreich, in Polen (14. Febr.: Zusammenfassung zur „Heimatarmee"), in Jugoslawien und in Griechenland sowie in den besetzten sowjetischen Gebieten. Versuche der deutschen Besatzungsmacht, durch sich steigernde Vergeltungsaktionen die Partisanen und ihren Rückhalt in der Bevölkerung zu treffen, steigern nur die Härte des „Untergrundkampfes".

Der europäisch-atlantische Westkrieg (Januar–Dezember 1942)

U-Boot-Krieg	1942 11. Jan.	Nachdem mit dem Kriegseintritt der USA die auf Hitlers Weisungen zurückgehenden Hemmnisse für die U-Boot-Kriegsführung im Atlantik entfallen sind, wird der *U-Boot-Krieg* sprunghaft intensiviert und räumlich ausgedehnt. Beim ersten Auftreten vor der amerikanischen Ostküste erringen die U-Boote besonders große Erfolge. Die „Schlacht im Atlantik" nähert sich seit Aug. 1942, mit den Gruppenoperationen gegen die von den USA nach Großbritannien laufenden Konvois, ihrem Höhepunkt.
Panzergruppe Afrika	21. Jan.	Der Abzug eines großen Teils der britischen Mittelmeerflotte in den Indischen Ozean, um dort eine Abwehrposition gegenüber den in Südostasien vordringenden Japanern aufzubauen, erleichtert die Situation der deutsch-italienischen Kräfte in Nordafrika. Die Gegenoffensive der *Panzergruppe Afrika* (Generaloberst Erwin Rommel) gewinnt daher rasch an Boden. Sie erreicht am 7. Febr. in den Raum von El-Gazala westlich von Tobruk.
	26. Jan.	Die ersten US-Truppen für Europa treffen in Nordirland ein.
	12. Febr.	Die seit Monaten in Brest festliegenden deutschen Seestreitkräfte (Schlachtschiffe „Scharnhorst", „Gneisenau", Kreuzer „Prinz Eugen") brechen durch den Kanal in die Nordsee durch. Hitler verlegt das Gros der deutschen Überwasserflotte nach Nordnorwegen.
Flächenbombardement	28./29. März	Das britische „Bomber-Command" (unter General Harris) führt das erste *Flächenbombardement* auf eine deutsche Großstadt, Lübeck, durch: Zerstörung der Innenstadt; 320 Tote.
	18. April	Marschall Pétain ernennt Pierre Laval, der als Exponent der „Collaboration" gilt, zum Ministerpräsidenten der Vichy-Regierung. Admiral François Darlan (*1881, †1942) wird Oberbefehlshaber der französischen Streitkräfte. Die USA, die weiter diplomatische Beziehungen zur Regierung Pétain unterhalten, berufen ihren Botschafter aus Vichy ab.
	24.–27. April	In vier aufeinander folgenden Angriffen des „Bomber Command" auf Rostock wird die Altstadt zerstört; 204 Tote. – Die deutsche Luftwaffe im Westen fliegt Vergeltungsangriffe, u. a. gegen Bath, Exeter und Canterbury (sog. „Baedecker"-Angriffe), die wegen der geringen Zahl verfügbarer deutscher Flugzeuge nur wie „Nadelstiche" wirken und die britischen Flächenbombardements („Terrorangriffe") nicht zu unterbinden vermögen.
	29./30. April	Hitler und Mussolini vereinbaren, Ende Mai in Nordafrika zur Offensive überzugehen, nach der Einnahme von Tobruk zunächst Malta durch Luftlandetruppen zu erobern und dann weiter nach Ägypten vorzustoßen.
deutsch-italienische Offensive	26. Mai	Die *deutsch-italienische Offensive* aus der El-Gazala-Stellung in Nordafrika beginnt. Sie bleibt zunächst vor dem Wüstenfort Bir Hacheim liegen.
Angriff der Briten auf Köln	30./31. Mai	Erster *1000-Bomber-Angriff der Briten auf Köln* fordert 474 Tote und über 5000 Verletzte.
	10. Juni	Nach der Einnahme von Bir Hacheim kommt die deutsch-italienische Offensive in Nordafrika in Fluss.
	21. Juni	Im Überraschungsangriff wird Tobruk genommen.
	30. Juni	Ohne Rücksicht auf die ursprüngliche Planung stößt Rommel mit seinen Kräften nach Ägypten vor und erreicht El-Alamein (100 km westlich von Alexandria). Mangels Kräften ist ein weiterer sofortiger Vorstoß bis Kairo, wie von Rommel beabsichtigt, nicht möglich. Alle Versuche in der Folgezeit, wieder zum Bewegungskrieg überzugehen, scheitern (letzter Versuch am 2. Sept. abgebrochen).
General Montgomery	13. Aug.	*General Bernard Law Montgomery* (*1887, †1976) wird Oberbefehlshaber der 8. britischen Armee in Ägypten.
	19. Aug.	Britisch-kanadische Verbände unternehmen einen bewaffneten Überfall gegen Dieppe. Das als „Test" für die Stärke der deutschen Westverteidigung anzusehende Unternehmen endet verlustreich für die Angreifer. Hitler befiehlt einen verstärkten, schwerpunktmäßig um die Häfen gelegten Aufbau der Verteidigung *(Atlantik-Wall)* zur Abwehr einer Invasion.
Atlantik-Wall	22. Sept.	Das zwischen Roosevelt und Churchill vereinbarte Großunternehmen einer Landung in Französisch-Nordwestafrika wird von dem zum Oberbefehlshaber hierfür ernannten amerikanischen General Dwight D. Eisenhower auf den 7. Nov. festgelegt.
	23. Okt. 21.40 Uhr	Die britische 8. Armee (General Montgomery) eröffnet mit weit überlegenen Kräften eine Großoffensive gegen die deutsch-italienische Panzerarmee Afrika in der El-Alamein-Stellung. Sie setzt am 2. Nov. zum Durchbruch an. Gegen Hitlers Befehl „Halten um jeden Preis" leitet Rommel am 4. Nov. einen weiträumigen Rückzug ein, der erst in der Marsa-el-Brega-Stellung am 22. Nov. vorübergehend zum Stillstand kommt.
Marokko und Algerien	7./8. Nov.	Für die deutsche Führung überraschend landen amerikanisch-britische Invasionsstreitkräfte in *Marokko und Algerien*. Marschall Pétain, der die diplomatischen Beziehungen zu den USA abbrechen lässt, protestiert gegen diese alliierte Landung und befiehlt den französischen Truppen, Widerstand zu leisten. An der marokkanischen Küste und bei Oran setzt sich die französische Marine auch zur Wehr. Dagegen gibt Admiral François Darlan, der

sich zufällig in Algier aufhält, am Abend des 8. Nov. den Befehl, in Algier-Stadt den Widerstand einzustellen.

9. Nov. Erste deutsche Alarmeinheiten werden auf dem Luftwege nach Tunesien überführt. Die französische Regierung beugt sich dem deutschen Druck und stimmt zu, dass in Tunesien ein deutsch-italienischer Brückenkopf errichtet wird.

10. Nov. Aufgrund einer Geheimverbindung zwischen Pétain und Darlan (der öffentlich von Pétain desavouiert wird) stimmt dieser einem allgemeinen Waffenstillstand in Nordwestafrika zu. Am 13. Nov. wird Darlan von Eisenhower als De-facto-Oberhaupt des französischen Staates in Nordafrika anerkannt. Ihm unterstellt sich auch Westafrika, sodass die Vichy-Regierung ihren afrikanischen Kolonialbesitz verloren hat. De Gaulle, über die alliierte Invasion nicht informiert, protestiert bei Churchill gegen seine Ausschaltung.

11. Nov. 7.00 Uhr Das bisher unbesetzte *Frankreich* wird von der deutschen Wehrmacht *besetzt*. Italien besetzt Korsika und die Provence bis zur Rhône mit Ausnahme des Kriegshafens Toulon, in dem sich die französische Kriegsflotte befindet und der von der Besetzung ausgespart bleibt. Pétain protestiert gegen den Bruch des deutsch-französischen Waffenstillstandes vom 22. Juni 1940. — *Besetzung ganz Frankreichs*

17. Nov. Erste Kampfberührung zwischen den von Algerien aus nach Tunesien vorgedrungenen alliierten und den deutschen Truppen 50 km westlich von Bizerta. Am 27. Nov. besetzen britische Vorausabteilungen den Flugplatz Djedeida zwischen Bizerta und Tunis. Mit der Rückeroberung dieses Platzes durch die Deutschen am 1. Dez. ist der alliierte Versuch gescheitert, vor dem Aufbau einer stärkeren deutschen Stellung auch Tunesien in ihre Hand zu bekommen. Am 9. Dez. übernimmt Generaloberst Hans-Jürgen von Arnim die in Tunesien neu gebildete 5. Panzerarmee. Es bildet sich eine Front halbwegs zwischen der algerisch-tunesischen Grenze und Bizerta/Tunis.

27. Nov. Um einen befürchteten Übergang der französischen Flotte zu den Alliierten zu verhindern, lässt Hitler *Toulon* in einer Überraschungsaktion besetzen. Der französische Befehlshaber lässt die Kriegsflotte Frankreichs sich selbst versenken (61 Schiffe mit 225 000 t). Die französische Luftwaffe und das Waffenstillstandsheer werden aufgelöst. — *Toulon*

12. Dez. Die Armee Rommel zieht sich nach einem Angriff der 8. britischen Armee von der Marsa-el-Brega-Stellung zur Buerat-Stellung an der Großen Syrte zurück.

24. Dez. Admiral Darlan wird in Algier von einem fanatischen Parteigänger de Gaulles ermordet. Sein Nachfolger als De-facto-Staatschef wird General Henri-Honoré Giraud (*1879, †1949), der im April 1942 aus deutscher Kriegsgefangenschaft geflohen ist und seit Beginn der Invasion Nordwestafrikas nominell als Oberbefehlshaber der französischen Truppen in Nordwestafrika fungiert hat.

Der ostasiatische und pazifische Krieg (Dezember 1941–Dezember 1942)

1941 8. Dez. Die Japaner landen im Norden von *Britisch-Malaya* und beginnen den Vormarsch nach Süden in Richtung Singapur. Ein dagegen eingesetzter britischer Flottenverband wird von der japanischen Marine-Luftwaffe erfasst; sie versenkt am 10. Dez. die Schlachtschiffe „Prince of Wales" und „Repulse", den Kern der britischen Ostasienflotte. Andere japanische Kräfte landen auf Luzón, der nördlichsten Philippinen-Insel, sowie auf den Gilbert-Inseln. — *Britisch-Malaya*

10. Dez. Die amerikanische Insel Guam wird von den Japanern erobert; nach längeren Kämpfen folgt am 23. Dez. die Insel Wake.

22. Dez. Die Japaner landen auf der südlichsten Philippinen-Insel Mindanao.

27. Dez. *Hongkong* kapituliert vor den Japanern. — *Hongkong*

1942 2. Jan. Die Japaner erobern *Manila* (Philippinen). Die amerikanischen Verteidiger von Luzón ziehen sich auf die Halbinsel Bataan und die Felseninsel Corregidor in der Manila-Bucht zurück. — *Manila*

11. Jan. Der japanische Angriff mit dem Ziel der Eroberung von *Niederländisch-Indien* beginnt mit Landungen auf der Ölinsel Tarakan und auf Celebes. — *Niederländisch-Indien*

16. Jan. Von Thailand aus beginnen die Japaner eine Offensive zur Eroberung Burmas.

25. Jan. Japanische Landungen auf Neu-Guinea bedrohen Australien, das eine totale Mobilmachung anordnet.

7. Febr. Der Kampf um die Festung *Singapur* beginnt. Die japanische 25. Armee (General Hobun Yamashita) drängt die Briten bis auf die Stadt selbst zurück. — *Singapur*

15. Febr. Der britische General Arthur E. Percival kapituliert mit rd. 70000 Mann.

20. Febr. Die Japaner landen auf Timor und erobern auch den portugiesischen Teil der Insel, den die Alliierten am 18. Dez. 1941 besetzt haben.

7. März Rangun, die Hauptstadt Burmas, ist von den Japanern erobert.

Indonesien	8. März	Die niederländischen Streitkräfte kapitulieren auf Java. Damit ist ganz *Indonesien* in japanischer Hand.
	23. März	Die Andamanen-Inseln im Indischen Ozean werden von den Japanern besetzt.
	23. März– 12. April	Der britische Lordsiegelbewahrer Sir Stafford Cripps bemüht sich in Delhi vergeblich in Verhandlungen mit Mohandas Karamchand (Mahatma) Gandhi und Jawaharlal (Pandit) Nehru um eine Lösung des Indien-Problems, damit die Gefahr eines Aufstandes in Indien bei weiterem Vordringen der Japaner abgewendet wird.
	1.–9. April	Eine japanische Flottenoperation im Seegebiet um Ceylon führt zu starken Luftangriffen auf britische Stützpunkte, doch entgeht die britische Eastern Fleet knapp der Vernichtung. Der Schwerpunkt der japanischen Operationen verlagert sich danach in den Pazifik.
	9. April	US-Verteidiger der Halbinsel Bataan ziehen sich auf die Insel Corregidor zurück.
	18. April	16 von einem Flugzeugträger gestartete amerikanische Bomber führen einen überraschenden Luftangriff auf Tokyo aus. Obwohl der Angriff nur geringen Schaden verursacht, bestimmt er doch die japanische Führung, über den ursprünglichen Operationsplan hinaus die Eroberung der Midway-Insel im Zentralpazifik anzustreben, um einen weiträumigeren Schutz der japanischen Hauptinseln südöstlich von ihnen zu gewinnen.
Burma-Straße	29. April	Im Zuge ihres Vormarsches in Burma durchschneiden die Japaner die *Burma-Straße*, die bisherige Hauptnachschublinie für Chiang Kai-shek. Eine alliierte Luftbrücke von Assam nach Chungking wird als notdürftiger Ersatz eingerichtet.
	4.–8. Mai	Die „Seeschlacht im Korallenmeer" ist zwar ein taktischer Erfolg der Japaner, doch geben diese ihre Absicht auf, bei Port Moresby im Süden von Neu-Guinea zu landen. Somit kann ein Vorfeld nördlich von Australien von den Alliierten gehalten werden.
	5.–8. Mai	Um einen zusätzlichen Stützpunkt im Indischen Ozean zu gewinnen, landen die Briten im Norden Madagaskars und besetzen den Hafen von Diego Suarez gegen französischen Widerstand (von Sept. bis Nov. 1942 folgt gegen französischen Widerstand die vollständige Besetzung der Insel).
	6. Mai	Die Felseninsel Corregidor wird von den Japanern erobert. Damit sind die Philippinen ganz in japanischer Hand. General Douglas MacArthur (*1880, †1964), der alliierte Oberbefehlshaber im Südwestpazifik (seit 17. März 1942), ist bestrebt, von Australien aus eine frühestmögliche Rückeroberung vorzubereiten.
See-Luft-Schlacht bei Midway Wende im Pazifik-Krieg	3.–7. Juni	*See-Luft-Schlacht bei Midway:* Die Japaner verlieren vier ihrer besten Flugzeugträger, die Amerikaner einen. Die Japaner müssen die Absicht, auf der Midway-Insel zu landen, aufgeben. Die Überlegenheit der Japaner im See-Luft-Krieg ist gebrochen, die *Wende im Pazifik-Krieg* eingetreten. Die fundamentale Bedeutung dieser Schlacht wird der japanischen Nation ebenso wie den „Dreierpakt"-Partnern gegenüber geheim gehalten.
	7. Juni	Die Japaner besetzen die Aleuten-Inseln Attu und Kiska.
	24. Juni	Eine am 7. Juni begonnene japanische Offensive in China zur Eroberung von Flugplätzen, die für den Absprung amerikanischer Bomber gegen das japanische Mutterland in Betracht kommen, ist abgeschlossen.
Guadalcanar	7. Aug.	Die Amerikaner landen auf der japanisch-besetzten Salomonen-Insel *Guadalcanar*. Damit beginnt ein viermonatiges Ringen mit einer Kette von See-Luft-Schlachten, bei dem die Amerikaner schwere Verluste erleiden. Da die Kräfte der Verteidiger schließlich zusammenschmelzen, beschließt die japanische Führung am 31. Dez., die Insel zu räumen.
	8. Aug.	Der „Allindische Kongress" in Delhi fordert die Briten zum sofortigen Verlassen des Landes auf. Mahatma Gandhi und Jawaharlal („Pandit") Nehru werden daraufhin verhaftet, was zum Ausbruch schwerer Unruhen führt, die erst im Nov. 1942 abklingen. Infolge der verlorenen Midway-Schlacht sind die Japaner nicht in der Lage, die Krise der britischen Herrschaft in Indien auszunutzen.
	17. Dez.	Die Briten versuchen, von Indien aus nach Burma vorzustoßen, scheitern aber beim Versuch, die Insel Akyab einzunehmen. Die Offensive bleibt stecken.
	29. Dez.	Das von den Briten seit Juli 1940 blockierte Französisch-Somaliland (Dschibuti) schließt sich de Gaulle an. Damit ist der Zugang zum Roten Meer in alliierter Hand.

Probleme der „Dreierpakt"-Mächte 1942

	1942 18. Jan.	In einem deutsch-italienisch-japanischen Militärabkommen werden die Operationszonen abgesteckt. Trennungslinie ist der 70. Längengrad Ost, der Madagaskar in den deutschen, den größten Teil Indiens in den japanischen Operationsbereich verweist. Dessen ungeachtet sind Madagaskar, Indien und Portugiesisch-Timor Streitobjekte zwischen Deutschland und Japan.

29./30. April	Bei dem Treffen Hitler – Mussolini in Schloss Kleßheim (bei Salzburg) wird das Problem einer *Indien- und Arabien-Erklärung* der „Dreierpakt"-Staaten erörtert, doch das Misstrauen gegenüber den japanischen Absichten lässt das Projekt nicht Realität werden.	*Indien- und Arabien-Erklärung*
29. Mai	Hitler empfängt den indischen Nationalistenführer Subhas Chandra Bose, der kurz vor Beginn des deutschen Angriffs auf die Sowjetunion über Afghanistan – Moskau nach Deutschland gelangt ist und von Berlin aus eine anti-britische Propagandakampagne leitet. Bose drängt, seitdem die Japaner Burma erobert haben, in den japanischen Machtbereich zu gelangen, doch zögert Hitler die Abreise hinaus. Erst im Juni 1943 gelangt Bose mit einem U-Boot in das japanisch besetzte Singapur.	
3. Juli	Die deutsche und die italienische Regierung veröffentlichen eine *Ägypten-Erklärung*, die die Basis für das Verhältnis zu dem als „unabhängig" und „souverän" bezeichneten Land nach der in Kürze erwarteten Besetzung Kairos darstellen soll.	*Ägypten-Erklärung*
15. Juli	Hitler empfängt den ehemaligen irakischen Ministerpräsidenten Raschid Ali al-Gailani, der sich nach seiner Flucht aus dem Irak über Iran in den deutschen Machtbereich begeben hat. In Konkurrenz zu dem ebenfalls nach Europa ausgewichenen „Großmufti" von Jerusalem Husseini sucht Gailani propagandistisch im Sinne der „Achse" in den arabischen Raum hineinzuwirken.	
2. Sept.	Nachdem Außenminister Ribbentrop im Frühjahr 1942 erneut vergeblich versucht hat, Japan zu einem Angriff auf die Sowjetunion zu veranlassen, schlägt der japanische Botschafter Hiroshi Oshima im Namen seiner Regierung einen deutsch-sowjetischen Separatfrieden vor, den Japan vermitteln würde. Diesem ersten Vorstoß folgen bis zum Herbst 1944 weitere, die alle auf die Ablehnung der deutschen Seite stoßen.	
1. Dez.	Mussolini rät Hitler, den Ostkrieg „auf die eine oder andere Weise abzuschließen".	
14. Dez.	Bei Kontakten in Stockholm erreicht den deutschen Gesprächspartner über einen Mittelsmann das Angebot Stalins an Hitler, einen *Separatfrieden* auf der Basis der Grenze von 1939 abzuschließen. (Im April, Juni und Sept. 1943 folgen weitere Offerten mit wechselnder Basis, die alle von Hitler von vornherein abgelehnt werden.)	*Separatfriede*
18. Dez.	Hitler lehnt die ihm von Graf Ciano (Galeazzo Graf Ciano di Cortellazzo) überbrachte Anregung Mussolinis ab, einen Frieden mit Stalin ähnlich dem Brest-Litowsk-Frieden abzuschließen.	

Die „Anti-Hitler-Koalition" (Dezember 1941–Dezember 1942)

1941 16.–20. Dez.	Nachdem Stalin am 8. Nov. bereits in einem Brief an Churchill festgestellt hat, dass keine Vereinbarung über Kriegsziele und Pläne für die Friedensregelung zwischen der Sowjetunion und Großbritannien bestehe, legt er während eines Besuches von Außenminister Anthony Eden die *sowjetischen Ziele* dar: Anerkennung der sowjetischen Grenzen vom 22. Juni 1941, Zustimmung zur Annexion von Petsamo und der Einrichtung sowjetischer Stützpunkte in Rumänien; Abtretung Ostpreußens an Polen und von Tilsit an die Sowjetunion; Aufteilung Deutschlands.	*sowjetische Ziele*
1942 1. Jan.	Die Vertreter von 26 Nationen, darunter auch der Sowjetunion, unterzeichnen in Washington den *Pakt der „Vereinten Nationen"*. Sie bekennen sich zu den Prinzipien der „Atlantik-Charta" und verpflichten sich, keinen Separatfrieden mit Deutschland oder Japan abzuschließen.	*Pakt der Vereinten Nationen*
14. Jan.	Das am 22. Dez. 1941 begonnene Treffen Roosevelts und Churchills (*„Arcadia"-Konferenz*) wird mit der Vereinbarung abgeschlossen, an der am 27. März 1941 beschlossenen Konzeption „Germany first" festzuhalten und zunächst alle Anstrengungen auf den europäischen Kriegsschauplatz zu konzentrieren. Im Pazifik soll vorerst strategisch defensiv operiert werden. Ein amerikanisch-britischer militärischer Führungsstab („Combined Chiefs of Staff") mit Sitz in Washington wird gebildet, der bis zu seiner Auflösung 1945 die Grundzüge der westalliierten Strategie festlegt.	*Arcadia-Konferenz*
26. Mai	Obwohl Churchill bereit wäre, die sowjetischen Annexionsforderungen zu akzeptieren, lehnt die britische Regierung wegen der Weigerung Roosevelts sie schließlich doch ab. Außenkommissar Molotow unterzeichnet daher, weil ein sowjetisches Interesse am Bündnis besteht, einen auf 20 Jahre angelegten *britisch-sowjetischen Bündnisvertrag*, der ausdrücklich Annexionen und Einmischung in die inneren Angelegenheiten anderer Staaten verwirft.	*britisch-sowjetischer Vertrag*
29. Mai– 1. Juni	Bei einem Besuch in Washington gewinnt Molotow aus Äußerungen Roosevelts den Eindruck, als stehe eine amerikanische Landung in Frankreich im Jahre 1942 bevor. Da sie nicht erfolgt, verschlechtert sich das Verhältnis zwischen der Sowjetunion und den Westalliierten in der Folgezeit beträchtlich.	

	18.–26. Juni	Roosevelt und Churchill konferieren in Washington über Probleme der Zweiten Front und die in den USA im Gange befindliche Nuklearforschung. Es wird am 25. Juli endgültig entschieden, im Spätherbst 1942 nicht in Frankreich, sondern in Französisch-Nordwestafrika zu landen.
	12.–16. Aug.	Churchill teilt Stalin während eines Besuches in Moskau die Entscheidung über die Invasionsabsichten der Westalliierten in Nordwestafrika mit.
	19. Okt.	Ein „Prawda"-Artikel zum Fall Rudolf Heß ist Symptom für das Misstrauen zwischen den Partnern der „Anti-Hitler-Koalition".
	14. Dez.	Während der Schlacht um Stalingrad streckt Stalin einen ersten Friedensfühler zu Hitler aus.

Ansturm der „Anti-Hitler-Koalition" auf die ‚Festungen' Europa und Ostasien (Herbst 1942 – Sommer 1944)

Die „Anti-Hitler-Koalition" (Januar 1943 – Juli 1944)

Casablanca „bedingungslose Kapitulation"	1943 24. Jan.	Im Rahmen der vom 14.–26. Jan. in *Casablanca* tagenden Konferenz zwischen Roosevelt und Churchill (mit ihren militärischen Stäben) verkünden sie *die Formel von der „bedingungslosen Kapitulation"* (Unconditional Surrender), zu der Deutschland, Italien und Japan gezwungen werden sollen. Sie schließen damit Waffenstillstand auch mit einer Nach-Hitler-Regierung in Deutschland aus. Gefordert wird nicht nur eine militärische, sondern auch eine staatlich-politische Kapitulation. – Der Versuch, eine Aussöhnung zwischen General de Gaulle und General Giraud herbeizuführen, führt nur zu einer oberflächlichen, schnell wieder von de Gaulle gelösten Vereinbarung zwischen den rivalisierenden Repräsentanten Frankreichs im alliierten Lager. Im militärischen Bereich wird die Fortsetzung der Mittelmeerstrategie mit den Etappen – Eroberung Tunesiens, Landung auf Sizilien – festgelegt. Der Kampf gegen die U-Boot-Gefahr und der Bombenkrieg gegen Deutschland sollen erheblich intensiviert werden.
	30./31. Jan.	Churchill und der türkische Staatspräsident Ismet Inönü treffen sich in Adana. Es gelingt nicht, die Türkei zu einem Bruch mit Deutschland zu veranlassen; vielmehr sucht diese angesichts des sowjetischen Vormarsches nach Westen einen Block der Neutralen mit den Donau- und Balkanstaaten zu formieren, gegen den sich die deutsche Führung nach Festigung der deutschen Position im Süden der Ostfront im März 1943 erfolgreich wendet.
	1. März	In Moskau wird eine „Union polnischer Patrioten" als Kern einer künftigen kommunistischen Regierung Polens gegründet (am 8. Mai 1943 bekannt gegeben).
Katyn	13. April	Im Walde von *Katyn* (Nähe Smolensk) werden von deutschen Soldaten Massengräber polnischer Offiziere entdeckt (über 4100), die vor der deutschen Besetzung des Gebiets angelegt sind (im Frühjahr 1940: Mordaktion der sowjetischen NKWD).
	26. April	Nachdem sich die exil-polnische Regierung für eine internationale Untersuchung der Gräber bei Katyn ausgesprochen und damit zu erkennen gegeben hat, dass sie die sowjetische Version nicht glaubt, die Toten Opfer der Deutschen seien, bricht die Sowjetunion die diplomatischen Beziehungen zu ihr ab.
	8. Mai– 3. Juni	Auf einer Konferenz in Hotsprings (Virginia/USA) bereiten die USA eine Organisation für Lebensmittel und Landwirtschaft vor, die später von den „Vereinten Nationen" als eines ihrer Organe anerkannt wird.
Kommunistische Internationale	15. Mai	Die *„Kommunistische Internationale"* (Komintern) in Moskau wird aufgelöst. Diese Entscheidung Stalins ist unter internationalen Aspekten (Blick auf die westlichen Alliierten) wie unter innenpolitischen Aspekten (Appelle an den russischen Patriotismus im „Großen Vaterländischen Krieg") zu sehen.
	4. Juli	Der Ministerpräsident der polnischen Exilregierung General Władysław Sikorski stürzt unter mysteriösen Umständen bei Gibraltar tödlich ab. Sein Nachfolger wird der Führer der Bauernpartei, Stanisław Mikołajczyk.
	12./13. Juli	In Krasnogrod bei Moskau wird von deutschen kommunistischen Emigranten und bei Stalingrad gefangen genommenen Offizieren das „Nationalkomitee Freies Deutschland" gegründet. Es soll, anknüpfend an Tauroggen- (30. Dez. 1812) und an Rapallo- (16. April 1922) Erinnerungen, an der Front und in der Heimat eine national-deutsche Anti-Hitler-Be-

	wegung entfachen und ein künftiges deutsch-russisches Bündnis als Ziel propagieren. Der am 11./12. Sept. gegründete „Bund Deutscher Offiziere" unterstützt diese Aktivitäten, die insgesamt keine größere Bedeutung gewinnen, da sie an der deutschen Front ohne Resonanz bleiben.	
30. Juli	De Gaulle, der sich in der innerfranzösischen Auseinandersetzung in Algier durchgesetzt hat, bildet ein regierungsähnliches Komitee.	
3. Aug.	Zwischen alliierten Vertretern und Emissären der seit dem 25. Juli am Ruder befindlichen italienischen Regierung Badoglio wird in Lissabon der erste Kontakt aufgenommen.	
14.–24. Aug.	Konferenz Roosevelts und Churchills in *Quebec:* Statt einer weiteren Intensivierung des Krieges im Mittelmeerraum nach dem zu erwartenden Ausfall Italiens wird beschlossen, im Mai 1944 von der britischen Insel aus zur Invasion Frankreichs zu schreiten. Dies wird Stalin am 26. Aug. mitgeteilt.	*Quebec*
3. Sept.	In Cassibile (Sizilien) wird ein zunächst geheim gehaltener *Waffenstillstand* zwischen den USA, Großbritannien und *Italien* abgeschlossen (am 8. Sept. von General Eisenhower bekannt gegeben).	*Waffenstillstand mit Italien*
19.–30. Okt.	Die Konferenz der Außenminister Molotow, Eden und Hull in Moskau führt zu einer engeren Kooperation zwischen den Hauptmächten der „Anti-Hitler-Koalition". Es wird eine „Europäische Beratende Kommission" (European Advisory Commission) mit Sitz in London gegründet, die den drei Regierungen Vorschläge für die mit der Beendigung des Krieges in Europa im Zusammenhang stehenden Problemen vorlegen soll (vor allem Regelung der Nachkriegsverhältnisse in Deutschland). Es werden die Wiederherstellung Österreichs in den Grenzen von 1937, die Verurteilung deutscher Kriegsverbrecher und eine Viermächtevereinbarung (mit China) über die Zusammenarbeit der Alliierten nach dem Kriege vereinbart.	
9. Nov.	In Washington wird von Vertretern von 44 alliierten Nationen die Organisation UNRRA (United Nations Relief and Rehabilitation Administration) geschaffen, die in den „befreiten" Gebieten die Wirtschaft wieder in Gang setzen soll.	
22.–26. Nov.	*Konferenz in Kairo* zwischen Roosevelt; Churchill und Chiang Kai-shek: Neben militärischen Operationen wird die Rückgabe Formosas (Taiwans) und der Pescadoren-Inseln von Japan an China vereinbart; Korea soll ein unabhängiger Staat werden.	*Konferenz in Kairo*
28. Nov.– 1. Dez.	*Konferenz der „Großen Drei"* (Roosevelt, Stalin, Churchill) *in Teheran:* Abgesehen von der Bestätigung, dass die westalliierte Invasion in Frankreich im Mai 1944 stattfinden soll, werden vereinbart: Festlegung der sowjetisch-polnischen Grenze auf der Curzon-Linie; das Gebiet Białystok fällt an Polen zurück, die Sowjetunion erhält dafür das nördliche Ostpreußen mit Königsberg. Churchill und Stalin betrachten die Oder als neue polnische Westgrenze. Deutschland soll aufgeteilt werden (Churchill: Zweiteilung in Nord und Süd, wobei der Süden mit Österreich und Ungarn zu einer „Donaukonföderation" zusammengeschlossen werden soll. Roosevelt: Bildung von fünf „autonomen" Staaten. Stalin: Für Zerstückelung ohne Festlegung im einzelnen). Josip Broz Tito soll als selbstständiger alliierter Befehlshaber in Jugoslawien anerkannt werden, d.h. die Westalliierten lassen Draža Mihajlović fallen. Roosevelt und Churchill beharren auf der Freiheit Finnlands; Stalin lehnt eine Wiederholung von Wahlen in den Baltischen Ländern ab. Eine „Deklaration der drei Mächte über Iran" wiederholt die Zusicherung, dessen Unabhängigkeit, Integrität und Souveränität zu wahren.	*Konferenz in Teheran*
2.–6. Dez.	Treffen Roosevelts und Churchills mit dem türkischen Staatspräsidenten Ismet Inönü in Kairo: Dieser lehnt einen Kriegseintritt der Türkei gegen militärische Unterstützung ab.	
12. Dez.	Der Präsident der Tschechoslowakei (im Exil) *Edvard Beneš* schließt in Moskau mit der UdSSR einen Freundschafts- und Beistandspakt und manifestiert damit die Ostorientierung der Tschechoslowakei in der Nachkriegszeit.	*Edvard Beneš*
1944 15. Jan.	In der „Europäischen Beratenden Kommission" in London legt der Vertreter Großbritanniens den Entwurf einer Aufteilung Deutschlands in Besatzungszonen vor, in dem die Ost-West-Demarkationslinie auf der Höhe Lübeck-Helmstedt-Eisenach-Hof vorgesehen ist. Die Sowjetunion stimmt am 18. Febr. zu, nachdem statt der britischerseits vorgeschlagenen gemischten Besatzungsverbände in allen Zonen (bei Federführung jeweils einer Macht in einer Zone) integrale Zonen vorgesehen werden. Präsident Roosevelt, der ursprünglich eine andere, für die Westmächte günstigere Zonenaufteilung anvisiert hat, stimmt im April 1944 zu.	
13. März	Die sowjetische Regierung erkennt die Regierung Badoglio in Italien an, dem die westlichen Alliierten den Status einer „mit Krieg führenden" Macht zugestanden haben, nachdem es am 13. Okt. 1943 Deutschland den Krieg erklärt hat.	
5. Mai	Die britische Regierung schlägt der sowjetischen eine Aufteilung Südosteuropas in „Operationszonen" vor: Rumänien soll sowjetische, Griechenland britische „Operationszone" wer-	

		den. In den Verhandlungen wird die Absprache auf Jugoslawien, das zur britischen, und Bulgarien, das zur sowjetischen „Operationszone" gehören soll, ausgeweitet. Roosevelt stimmt am 12. Juni der Absprache zu.
	8. Mai	Die tschechoslowakische Regierung im Exil schließt mit der Sowjetunion ein Abkommen über die „Befreiung" ihres Landes durch die Rote Armee.
Bretton Woods	1.–22. Juli	Konferenz von Vertretern von 44 Regierungen der „Vereinten Nationen" in *Bretton Woods* über Währungs-, Zahlungs- und Handelsfragen der Nachkriegszeit. Ein internationaler Geldfonds von 10 Mrd. US-Dollar wird eingerichtet.
	25. Juli	Die „Europäische Beratende Kommission" in London hat den Entwurf einer Urkunde für die „politische Kapitulation" Deutschlands fertig gestellt.
Lublin-Komitee	25. Juli	Das am 22. Juli in der soeben von der Roten Armee eroberten Stadt Chelm westlich des Bug gegründete „Polnische Komitee der Nationalen Befreiung" (aus Kommunisten und prosowjetischen Vertretern) siedelt nach Lublin über *(„Lublin-Komitee")*. Am 26. Juli wird dieses „Komitee" von der Sowjetunion als einzige Repräsentation Polens anerkannt.

Der Ostkrieg (Dezember 1942–Juni 1944)

	1942 12. Dez.	Aus der improvisierten neuen Front südlich des Don nordöstlich von Rostow beginnt ein deutscher Entsatzvorstoß mit dem Ziel, die Verbindung mit der eingekesselten deutschen 6. Armee im Raum Stalingrad wiederherzustellen. Die Angriffsgruppe kämpft sich bis zum 21. Dez. bis auf 48 km an den Einschließungsring heran, kommt dann jedoch infolge Erschöpfung der Kräfte nicht mehr weiter. Hitler erteilt nicht den Befehl zum Ausbruch aus dem Kessel. Damit ist das Schicksal der 6. Armee besiegelt.
sowjetische Offensiven	16. Dez.	Am mittleren Don beginnt eine neue *sowjetische Offensive* gegen die italienische 8. Armee, die zerschlagen wird. Der deutsche Entsatzvorstoß in Richtung Stalingrad wird durch diesen auf Rostow zielenden Angriff in der Flanke bedroht.
	1943 12. Jan.	Eine dritte sowjetische Offensive am oberen Don zertrümmert die 2. ungarische Armee. Damit ist die gesamte südliche Ostfront auf das Schwerste bedroht. Die Heeresgruppe A zieht sich aus dem Kaukasus auf Rostow und in den sog. Kubanbrückenkopf zurück.
	18. Jan.	Nach der Rückeroberung von Schlüsselburg besteht eine schmale Landverbindung der Roten Armee zu dem eingeschlossenen Leningrad.
	23. Jan.	Hitler verbietet der 6. Armee die Kapitulation, obwohl deren Kräfte seit der am 10. Jan. begonnenen systematischen Zerschlagung des Kessels durch konzentrische Angriffe von sechs sowjetischen Armeen dahinschmelzen.
General Paulus kapituliert	31. Jan.	Der soeben zum Feldmarschall ernannte *Generaloberst Friedrich Paulus kapituliert* mit der Südgruppe in Stalingrad.
	2. Febr.	Mit der Kapitulation des Nordkessels ist das *Ringen um Stalingrad beendet*. Von den rd. 250000 Mann, die sich anfangs im Kessel befanden, sind 34000 Mann ausgeflogen worden. 130000 geraten (nach sowjetischen Angaben) in sowjetische Gefangenschaft. Nach 1945 kehren ca. 6000 von ihnen zurück. Stalin gibt am 7. Nov. 1943 an, dass 146000 Gefallene gesammelt und verbrannt worden seien.
Charkow	6. März	Nachdem die Rote Armee im Vorstoß nach Westen Rostow, Charkow und Kursk genommen hat und auf den Dnjepr vorrückt, beginnt westlich *Charkow* ein deutscher Gegenstoß, der die sowjetische Offensive zum Stehen bringt. Charkow wird am 14. März zurückerobert, doch gelingt es nicht, einen breiten sowjetischen Frontbogen mit Kursk als Mittelpunkt zum Einsturz zu bringen, sodass die in der eintretenden Schlammperiode wieder verfestigte Front diese Ausbuchtung behält.
Operation „Zitadelle"	5. Juli	Um die Initiative im Osten wenigstens an einer Stelle zurückzugewinnen, beginnt auf Befehl Hitlers die *Operation „Zitadelle"* von Orel und von Charkow aus mit dem Ziel, die sowjetischen Kräfte im Kursker Bogen einzuschließen und zu vernichten. Die Sowjets treten nördlich Orel zum Gegenstoß an. Da insgesamt das Unternehmen „Zitadelle" als gescheitert anzusehen ist (im Süden konnten nur 18, im Norden 10 km Gelände gewonnen werden), bricht Hitler am 13. Juli – auch im Blick auf die am 10. Juli geglückte alliierte Landung in Sizilien, die eine Verlegung von Kräften nach Italien erforderlich macht – die Operation ab.
Generaloffensive	17. Juli	Am Donez beginnend, weitet sich die nun einsetzende sowjetische *Generaloffensive* Zug um Zug auf den gesamten Raum zwischen dem Asowschen Meer und dem oberen Dnjepr aus. Der von Hitler am 12. Aug. improvisiert befohlene „Ostwall" („Pantherstellung": Narwa – Pleskau – Witebsk – Dnjepr – Asowsches Meer) wird im Bereich des Dnjepr bereits im Herbst 1943 überwunden. Am 6. Nov. fällt Kiew; am 4. Jan. 1944 überschreitet die Rote Armee die alte polnische Grenze (vor dem 1. Sept. 1939) in Wolhynien.

1944 14. Jan.	Eine sowjetische Großoffensive drängt die deutsche *Heeresgruppe Nord* von Leningrad bis zum Peipus-See zurück. Die neue Front von Narwa über Pleskau – Witebsk bis zu den Pripjetsümpfen hält dann bis zur Pause der Frühjahrsschlammperiode.	*Heeresgruppe Nord*
4. März	Eine sowjetische Großoffensive im Süden drängt die deutschen Armeen ganz aus der Ukraine hinaus und erreicht Mitte April die Linie Dnjestr – nördlich Jassy – Karpathen, hat also bereits einen Teil Rumäniens überflutet. Nördlich der Karpathen kommt die Offensive in Ostgalizien zum Stehen. Von Mitte April 1944 herrscht an der gesamten Ostfront „Ruhe" mit Ausnahme der Halbinsel Krim, die vom 9. April bis 12. Mai von der Roten Armee rückerobert wird (ein relativ großer Teil der deutschen und rumänischen Truppen kann noch über See nach Rumänien zurückgeführt werden).	
9. Juni	Drei Tage nach Eröffnung der westalliierten Invasion in Frankreich, während an der Ostfront von Narwa bis zur Dnjestr-Mündung noch „Ruhe" herrscht, beginnt die Rote Armee auf der Karelischen Landenge eine *Offensive gegen die Finnen*. Sie erobert am 20. Juni Wiborg, kommt dann jedoch infolge deutscher Waffenunterstützung für die Finnen etwa auf der Höhe der Grenze vom 12. März 1940 zum Stillstand. Die deutsche Unterstützung wird Finnland erst gewährt, nachdem Staatspräsident Ryti am 22. Juni Außenminister Ribbentrop gegenüber die Verpflichtung abgegeben hat, keinen Sonderfrieden mit der Sowjetunion abzuschließen (über den bereits im Frühjahr 1944 mehrere Wochen lang vergeblich verhandelt worden ist).	*Offensive gegen die Finnen*

„Hitlers Europa" (Januar 1943–Juni 1944)

1943 10. Jan.	Marschall Ion Antonescu wird von Hitler im Hauptquartier „Wolfsschanze" empfangen. Die seit der Katastrophe der beiden rumänischen Armeen im Raum Stalingrad schwelende Vertrauenskrise wird oberflächlich bereinigt, doch sucht Antonescu in Kontaktaufnahme mit den Westmächten – vergeblich – nach einem Ausweg für Rumänien, das diesem eine Kapitulation vor der Sowjetunion erspart. Gleiches versucht im Auftrage des Reichsverwesers Nikolaus Horthy von Nagybánya Ministerpräsident Miklos von Kallay für Ungarn.	
3. Febr.	Marschall Karl Gustav von Mannerheim erklärt die Notwendigkeit für Finnland, bei der ersten möglichen Gelegenheit aus dem Krieg auszuscheiden.	
18. Febr.	Reichspropagandaminister Joseph Goebbels ruft in einer *Rede im Berliner Sportpalast* zum „totalen Krieg" auf. In München wird ein Flugblatt der Geschwister Hans und Sophie Scholl verbreitet („Wiederherstellung der Ehre – Kampf gegen die Partei").	*Goebbels Rede im Sportpalast*
13. März	Eine in Hitlers Flugzeug gelegte Zeitbombe versagt – ein für den 21. März im Berliner Zeughaus geplantes Attentat gegen ihn erweist sich als unausführbar.	
19. April– 19. Mai	*Aufstand im Warschauer Ghetto:* Nachdem über 300000 der rd. 350000 Juden des Ghettos ins Vernichtungslager Treblinka transportiert sind, kommt es beim Versuch der völligen Auflösung des Ghettos zum Aufstand der Verzweifelten. SS- und Polizeiverbänden unter SS-Brigadeführer Jürgen Stroop gelingt es erst in einem einmonatigen Kampf, den Widerstand zu brechen. Zahl der jüdischen Opfer: über 56000.	*Aufstand im Warschauer Ghetto*
11. Juni	Himmler befiehlt die ‚Liquidierung' sämtlicher polnischer, am 21. Juni auch sämtlicher Ghettos in den besetzten sowjetischen Gebieten.	
19. Juli	Zusammentreffen Hitler – Mussolini in Feltre bei Belluno bleibt ohne Ergebnis im Blick auf die krisenhafte Entwicklung in Italien nach der alliierten Landung in Sizilien (10. Juli).	
25. Juli	Nachdem der „Große Faschistische Rat" Mussolini aufgefordert hat, König Viktor Emanuel III. den ihm am 10. Juni 1940 übertragenen Oberbefehl über die italienische Wehrmacht zurückzugeben, bietet *Mussolini* dem König den Rücktritt an. Dieser lässt ihn verhaften und ernennt Marschall Pietro Badoglio zum neuen Ministerpräsidenten, der erklärt, den Krieg an der Seite Deutschlands fortsetzen zu wollen. Das faschistische System in ganz Italien bricht ohne nennenswerten Widerstand seiner Funktionsträger in sich zusammen. Hitler wittert Verrat und leitet Vorbereitungen ein, um einen „Abfall" Italiens vom „Achsen"-Bündnis aufzufangen.	*Mussolini*
28. Aug.	Der plötzliche Tod des Königs Boris III. schwächt die deutsche Position in Bulgarien, das sich im Krieg gegen die Sowjetunion neutral verhält, jedoch aufgrund der „Dreierpakt"-Verpflichtungen am 13. Dez. 1941 Großbritannien und den USA den Krieg erklärt hat.	
29. Aug.	Der deutsche Militärbefehlshaber erklärt in Dänemark den Ausnahmezustand. Die dänische Regierung tritt zurück, das Heer wird entwaffnet, die dänische Kriegsflotte versenkt sich selbst. Streiks und Sabotageaktionen breiten sich aus. Die dänische Widerstandsbewegung bildet einen „Freiheitsrat".	

Waffenstillstand	8. Sept.	Bei Bekanntwerden des am 3. Sept. abgeschlossenen *Waffenstillstands der Regierung Badoglio mit den Alliierten* setzen in Italien und in den italienisch besetzten Gebieten in Frankreich und in Südosteuropa deutsche Gegenmaßnahmen ein.
Gegenregierung	9. Sept.	Im deutschen Machtbereich wird *eine italienisch-faschistische Gegenregierung* gebildet. Der „Unabhängige Staat Kroatien" schließt sich die im Mai 1941 an Italien abgetretenen dalmatinischen Gebiete an.
		Zwischen Ungarn und Großbritannien werden geheime Absprachen getroffen, die einen Waffenstillstand vorsehen, sobald alliierte Truppen die Grenzen Ungarns erreichen.
	12. Sept.	Eine deutsche Fallschirmjäger-Einheit befreit den auf dem Gran-Sasso-Massiv in den Abruzzen gefangen gehaltenen Mussolini.
	15. Sept.	Mussolini tritt an die Spitze der faschistischen Gegenregierung, die unter deutscher Oberaufsicht (Reichsbevollmächtigter: Botschafter Rahn, Höchster SS- und Polizeiführer: SS-Obergruppenführer Karl Wolff) die Verwaltung Nord- und Mittelitaliens übernimmt.
Salò		Sitz der „republikanisch-faschistischen Regierung" wird *Salò* am Gardasee.
	8. Okt.	Franco fordert die Rückkehr der im Juni 1941 zur Teilnahme am Kampf gegen die Sowjetunion an die deutsche Ostfront entsandten „Blauen Division". Sie wird einige Wochen später vom OKW freigegeben.
	16.–25. Okt.	Unter deutschem „Schutz" tagt in Tirana eine albanische Nationalversammlung, die die Unabhängigkeit des Landes von Italien beschließt.
	9. Dez.	Heinrich Himmler sucht einen Geheimkontakt zu den USA über Schweden. Die Verbindung kommt jedoch nicht zu Stande.
	1944	Marschall Antonescu versichert Hitler in Kleßheim seiner Bündnistreue. Daraufhin werden die Planungen für eine deutsche Besetzung Rumäniens eingestellt (26.–28. Febr.).
	17. März	In Kairo beginnen geheime Waffenstillstandsverhandlungen von Vertretern der rumänischen Oppositionsparteien mit Vertretern der drei alliierten Hauptmächte.
Besetzung Ungarns	19. März	Nachdem Reichsverweser Horthy am 18. März in Kleßheim (bei Salzburg) unter Druck der *Besetzung Ungarns* durch deutsche Truppen zugestimmt hat, beginnt der Einmarsch. Ministerpräsident Kallay, der die Kontakte zu Großbritannien unterhalten hat, begibt sich in die türkische Gesandtschaft in Budapest. Neuer Ministerpräsident wird am 23. Aug. der bisherige Gesandte in Berlin Döme Sztójay.
	24./25. März	Hitler lässt 50 britische Offiziere aus dem Kriegsgefangenenlager Sagan, die geflohen und wieder ergriffen sind, zur Abschreckung vor weiteren Fluchtversuchen erschießen.
	15. Mai– 27. Juni	Durch das „Sonderkommando Eichmann" werden aus dem besetzten Ungarn 380000 ungarische Juden deportiert, zum größten Teil nach Auschwitz, wo mindestens 250000 vergast werden.
Oradour-sur-Glane	10. Juni	Als Vergeltung für Überfälle der französischen Résistance wird von Einheiten der SS-Division „Das Reich" das französische Dorf *Oradour-sur-Glane* zerstört. Die gesamte Einwohnerschaft wird getötet.

Der europäisch-atlantische Westkrieg (Januar 1943–Juni 1944)

	1943 21. Jan.	Der Sieg über die deutschen U-Boote wird auf der Konferenz von Casablanca an die Spitze der Prioritätenliste der alliierten Kriegsführung gesetzt.
Luftoffensive	27. Jan.	Die 8. USAAF (United States Army Air Forces) führt von Großbritannien aus ihren ersten Tages-Fliegerangriff auf Reichsgebiet aus. Ziel: Wilhelmshaven. Von nun an ‚Arbeitsteilung' in der *Luftoffensive:* Tagesangriffe durch die amerikanischen, Nachtangriffe durch die britischen Bomberverbände; dazu Tagesangriffe der schnellen britischen „Moskitos".
	31. Jan.	Der Befehlshaber der deutschen U-Boote, Admiral Karl Dönitz (*1891, †1980), wird als Nachfolger Erich Raeders (*1876, †1960) Oberbefehlshaber der Kriegsmarine.
	1.–28. Febr.	Deutsche U-Boote versenken im Atlantik, im Nordmeer, im Mittelmeer und im Indischen Ozean insgesamt 380000 BRT alliierten Handelsschiffsraums (im Jan. 1943: 218000). Im März 1943 steigt die Ziffer auf 590234 BRT, im April 1943 liegt sie bei 276000 BRT, im Mai 1943 bei 225000 BRT, dann sinkt sie rapide ab.
Luftwaffen-helfer	11. Febr.	Schüler deutscher höherer Schulen (ab 15 Jahren) werden als *Luftwaffenhelfer* zum Dienst bei der Flugabwehr einberufen.
	14. Febr.	In Tunesien beginnt eine deutsche Angriffsoperation mit dem Ziel, durch einen Vorstoß über den Kasserine-Pass nach Ostalgerien den Aufmarsch der Alliierten durcheinander zu bringen. Generalfeldmarschall Rommel bricht am 24. Febr. das Unternehmen nach Anfangserfolgen ab.
	23. Febr.	Nachdem die Panzerarmee Afrika am 23. Jan. Tripolis und damit Italienisch-Nordafrika aufgegeben hat, werden die nunmehr in Tunesien zusammengerückten deutsch-italieni-

	schen Kräfte zur „Heeresgruppe Afrika" organisatorisch zusammengefasst. Rommel, der das längerfristige Halten des „Brückenkopfs Tunesien" bezweifelt, wird am 9. März von Hitler abberufen (Nachfolger: Generaloberst Hans-Jürgen von Arnim).	
19. März	Angesichts einer Großoffensive der 8. britischen Armee zieht sich die italienische 1. Armee aus der Mareth-Linie in Südtunesien nach Norden zurück.	
7. April	Die britische 8. Armee und die amerikanischen Truppen schließen einen engen Ring um die „Heeresgruppe Afrika" im Nordteil Tunesiens.	
5. Mai	Der Endkampf um den „Brückenkopf Tunesien" beginnt. Bizerta und Tunis fallen.	
13. Mai	Die Reste der „*Heeresgruppe Afrika*" kapitulieren. Damit ist der Kampf in Nordafrika beendet. 130000 deutsche und fast 120000 italienische Soldaten sind in britische und amerikanische Kriegsgefangenschaft geraten.	*Heeresgruppe Afrika kapituliert*
24. Mai	*Großadmiral Karl Dönitz* bricht nach mehreren schweren Misserfolgen (43 deutsche U-Boote im Mai 1943 verloren, davon 21 bei der Bekämpfung von Geleitzügen im Nordatlantik) die „Schlacht im Atlantik" ab. Damit ist die entscheidende Wende im U-Boot-Krieg eingetreten. Sie ist wesentlich durch die britische Funkaufklärung und die gelungene Entschlüsselung des deutschen Funkverkehrs („Ultra") herbeigeführt worden.	*Großadmiral Dönitz*

Schiffsraumbilanz des Handelskrieges

Schiffsraumbilanz

	Verlust an deutschen U-Booten	Versenkte alliierte Tonnage in BRT	Britische und amerikanische Neubauten	Bilanz
1939	(4 Mon.) 9	810 000 BRT	332 000 BRT	− 478 000 BRT
1940	22	4 407 000 BRT	1 219 000 BRT	− 3 188 000 BRT
1941	35	4 398 000 BRT	1 984 000 BRT	− 2 414 000 BRT
1942	85	8 245 000 BRT	7 182 000 BRT	− 1 063 000 BRT
1943	237	3 611 000 BRT	14 585 000 BRT	+ 10 974 000 BRT
1944	241	1 422 000 BRT	13 349 000 BRT	+ 11 927 000 BRT
1945	(4 Mon.) 153	458 000 BRT	3 834 000 BRT	+ 3 376 000 BRT
insgesamt:	782	23 351 000 BRT	42 485 000 BRT	+ 19 134 000 BRT

11. Juni	Die Insel Pantelleria zwischen Tunesien und Sizilien kapituliert, ohne dass die italienische Besatzung die Widerstandsmöglichkeiten ausgenutzt hat. Am 12. Juni folgt Lampedusa.	
10. Juli	Unter dem Oberbefehl General Dwight D. Eisenhowers *landen* britische und amerikanische *Streitkräfte* im Südosten *Siziliens*. Die italienische Verteidigung bricht schnell zusammen. Augusta und Syrakus kapitulieren. Am 16. Juli werden die auf der Insel befindlichen deutschen Truppen unter einheitlicher Führung zusammengefasst und im Nordostteil der Insel gegenüber der Straße von Messina konzentriert.	*alliierte Landung auf Sizilien*
19. Juli	Ein erster alliierter Luftangriff auf die Stadt Rom fordert 166 Tote unter der Zivilbevölkerung.	
24.–30. Juli	Im Zuge der in Casablanca beschlossenen und am 10. Juni systematisch eingeleiteten alliierten Luftgroßoffensive gegen die deutschen Städte wird in der Operation „Gomorrha" Hamburg schwerstens getroffen: 30000 Tote; 277000 Wohngebäude zerstört, 24 Krankenhäuser, 277 Schulen, 58 Kirchen. Im Hafen sind 180000 BRT Handels- und Hafenfahrzeuge versenkt worden.	
1. Aug.	Von Nordafrika aus greifen amerikanische Bomber das rumänische Erdölgebiet von Ploieşti an. Der Angriff zeitigt nur wenig Wirkung und wird erst am 5. April 1944 wiederholt. Deutsche Truppen marschieren über den Brenner nach Norditalien ein und beziehen Positionen, von denen aus sie rasch gegen die italienischen Kräfte vorgehen können.	
17. Aug.	Die letzten deutschen Truppen verlassen im Zuge eines planmäßigen Rückzuges über die Straße von Messina Sizilien.	
3. Sept.	Zwei britische Divisionen landen an der „Stiefel"-Spitze Italiens in *Kalabrien* und folgen den sich nach Norden zurückziehenden deutschen Kräften.	*Kalabrien*
8. Sept.	Mit Bekanntwerden des am 3. Sept. abgeschlossenen Waffenstillstandes zwischen der Regierung Badoglio und den Westalliierten laufen die deutschen Gegenmaßnahmen (Fall „Achse") an: *Besetzung Roms* durch deutsche Truppen (10. Sept.); Entwaffnung und Gefangennahme oder Entlassung der Soldaten der italienischen Armeen im Mutterland, in Südostfrankreich, in Jugoslawien, Albanien und Griechenland. In Jugoslawien und Griechen-	*Besetzung Roms*

		land können die Widerstands- und Partisanenbewegungen große Mengen an Waffen und Munition erbeuten und sich in Räumen festsetzen, die bisher von den Italienern gehalten worden sind. – Die Regierung Badoglio kann in das von den Alliierten in den folgenden Tagen von Tarent aus eroberte Gebiet ausweichen (Regierungssitz: Bari).
Salerno	9. Sept.	Die 5. amerikanische Armee landet in *Salerno*. Den daraufhin in diesen Raum verlegten deutschen Kräften gelingt es zwar nicht, die Amerikaner wieder ins Meer zu werfen, doch verzögern sie die Entfaltung der alliierten Invasionsarmeen und ermöglichen den Aufbau einer deutschen Verteidigung nördlich von Neapel – viel weiter südlich als ursprünglich geplant (ein Rückzug bis zur Linie Pisa – Florenz – Rimini ist für den Fall einer kühn ausgreifenden alliierten Strategie in Italien vorgesehen gewesen). Die italienische Schlachtflotte, die den Bestimmungen des Waffenstillstandes gemäß von La Spezia nach Malta ausgelaufen ist, wird von der deutschen Luftwaffe angegriffen, die das Schlachtschiff „Roma" versenkt. Am 10. Sept. erreicht der italienische Verband Malta.
	14.–16. Sept.	Britische Truppen nehmen die bisher italienisch besetzten Inseln Leros und Samos in der Ägäis.
Sardinien geräumt	20. Sept.	Die letzten deutschen Truppen haben *Sardinien geräumt*.
	22. Sept.	Britische Klein-U-Boote beschädigen das im Alta-Fjord in Nordnorwegen liegende Schlachtschiff „Tirpitz" schwer. Die Reparaturen dauern bis Mai 1944.
Korsika	5. Okt.	*Korsika*, auf dem gaullistische Kräfte gelandet sind, wird von den deutschen Truppen aufgegeben.
	12. Okt.	Portugal räumt den westlichen Alliierten Stützpunkte auf den Azoren ein, bleibt jedoch neutral.
	14. Okt.	Amerikanischer Luftangriff auf Schweinfurt führt zu hohen Verlusten für die Angreifer (Herbstkrise der amerikanischen Tagesangriffe). In Süditalien wird die 15. USAAF zur Führung des strategischen Luftkrieges gegen Deutschland nun auch von Süden sowie gegen Ziele in Südosteuropa gebildet.
	22. Okt.	
	3. Nov.	Hitlers „Weisung Nr. 51" (die letzte strategische Weisung, die er erteilt) sieht eine Verstärkung der deutschen Kräfte im Westen zur Abwehr einer alliierten Invasion in Frankreich vor.
Ägäische Inseln	12. Nov.	Mit einer Landung auf Leros wird die Rückeroberung der von den Briten besetzten *Ägäischen Inseln* eingeleitet. Sie ist am 22. Nov. mit der Kapitulation von Samos abgeschlossen.
	18. Nov.	Es beginnt eine Serie von fünf Großangriffen britischer Bomber auf Berlin, die bis zum 3. Dez. über 8600 t Bomben abwerfen, 2700 Zivilisten töten und 250000 Menschen obdachlos machen.
	24. Dez.	General Eisenhower, bisher Oberbefehlshaber der alliierten Streitkräfte im westlichen Mittelmeer und in Italien, wird zum Oberbefehlshaber der in Vorbereitung befindlichen alliierten Invasion in Frankreich ernannt.
	26. Dez.	Das deutsche Schlachtschiff „Scharnhorst" wird bei einem Angriffsversuch auf einen alliierten Geleitzug im Nordmeer von britischen Streitkräften versenkt.
General Rommel	**1944** 1. Jan.	Generalfeldmarschall *Erwin Rommel* übernimmt als Oberbefehlshaber der Heeresgruppe B (unter dem Oberbefehlshaber West, Feldmarschall Gerd von Rundstedt [*1875, †1953]) das Kommando über alle deutschen Streitkräfte im Westen nördlich der Loire und damit im voraussichtlichen Invasionsraum.
	21./22. Jan.	Zum ersten Mal seit Mai 1941 greifen starke deutsche Luftwaffenverbände London an. Die Angriffsserie („Little Blitz") hält bis zum 27. April 1944 an.
	22. Jan.	Ein amerikanisches Korps landet überraschend in Anzio und Nettuno südlich von Rom, nutzt jedoch die Chance eines schnellen Zugriffs auf Rom nicht. Die in den folgenden Wochen um den Landekopf zusammengezogenen deutschen Kräfte können diesen in mehreren Versuchen wohl etwas eindrücken, aber nicht beseitigen. So bleibt neben der inzwischen bis auf die Linie Monte Cassino – Ortona nach Norden zurückgedrängten deutschen Hauptfront eine zweite Front in Italien bestehen.
Monte Cassino	15. Febr.	Das nicht in die deutsche Verteidigungsstellung einbezogene Kloster *Monte Cassino* wird durch alliierte Bomber und Artillerie vernichtet.
	11. März	Die irische Regierung lehnt die Forderung der Alliierten ab, die diplomatischen Vertreter der „Achsen"-Mächte auszuweisen.
	17. März	Die 15. USAAF greift Wien an.
Ploieşti	5. April	Nach einem vorausgegangenen Luftangriff auf Bukarest (4. April) beginnt eine alliierte Luftoffensive gegen das rumänische Erdölgebiet von *Ploieşti*, auch gegen Ölraffinerien und Hydrierwerke bei Wien, Budapest und in Oberschlesien.
	21. April	Unter alliiertem Druck stellt die Türkei die Chrom-Erzlieferungen nach Deutschland ein.

5. Mai	Spanien schließt auf Druck der Alliierten das deutsche Generalkonsulat in Tanger und schränkt die Wolfram-Lieferungen nach Deutschland ein.	
12. Mai	Beginn einer *alliierten Luftoffensive* zur systematischen Zerschlagung der Werke zur synthetischen Treibstoffherstellung in Deutschland, vor allem gegen Merseburg, Tröglitz, Böhlen, Pölitz, Bräx. Die deutsche Treibstofferzeugung ist entscheidend getroffen. In fünf „Hydrier-Denkschriften" macht Speer Hitler auf die katastrophalen Konsequenzen für die Kriegsführung Deutschlands aufmerksam (zwischen dem 30. Juni 1944 und dem 19. Jan. 1945). An der italienischen Hauptfront beginnt eine alliierte Großoffensive.	*Luftoffensive der Alliierten*
23. Mai	Auch aus dem Landekopf Anzio-Nettuno treten die Amerikaner zum Angriff an. Nachdem am 25. Mai zwischen beiden alliierten Fronten die Verbindung hergestellt ist, beginnt ein *allgemeiner deutscher Rückzug* von der Adria bis zum Tyrrhenischen Meer.	*deutscher Rückzug*
1.–5. Juni	Unter Verzicht auf größere Angriffe auf das Reichsgebiet konzentriert sich die alliierte Luftwaffe auf die systematische Zerschlagung der Verkehrsverbindungen und der Küstenanlagen in Frankreich und Belgien.	
2. Juni	Die neue bulgarische Regierung Bagrjanoff beginnt in Istanbul geheime Waffenstillstandsverhandlungen mit den Westalliierten.	
4. Juni	Die Alliierten ziehen in das zur „Freien Stadt" erklärte *Rom* ein.	*Rom*
6. Juni 6.30 Uhr	Nachdem bereits in den Nachtstunden Luftlandetruppen abgesetzt worden sind, beginnt von See aus die *alliierte Invasion im Westen an der Normandie-Küste* zwischen der Orne-Mündung bei Caen und Cherbourg. Schon am ersten Tag werden acht alliierte Divisionen gelandet. Da die deutschen Reserven wegen der absoluten alliierten Luftherrschaft nur verstreut herangeführt werden und nicht geschlossen zum Angriff auf die Landeköpfe antreten können (auch massive Wirkung der Schiffsartillerie der Invasionsflotte), ist die von Feldmarschall Rommel entwickelte Konzeption, den Gegner am ersten entscheidenden Tage ins Meer zurückzuwerfen, nicht zu verwirklichen. Schon am Abend des ersten Tages steht fest, dass die Invasion gelungen ist. In den nächsten Tagen vereinigen sich die einzelnen Landeköpfe. Es bildet sich eine geschlossene Front heraus, die zunächst noch keinen größeren Hafen auf alliierter Seite belässt (künstliche Häfen und Pipe-Lines als Rückhalt).	*Invasion in der Normandie*

Der ostasiatisch-pazifische Krieg (Januar 1943 – Juli 1944)

1943 9. Jan.	Die von Japan in Nanking als Gegenregierung zur Regierung Chiang Kai-sheks in Chungking am 20. März 1940 ins Leben gerufene chinesische „Nationalregierung" unter Wang Ching-wei erklärt den USA und Großbritannien den Krieg.	
20. Jan.	Japan schließt mit Deutschland ein Wirtschaftsabkommen, das – mangels Landverbindung – nur durch die Lieferung von Kautschuk und anderen Rohstoffen aus Südostasien über Handels-U-Boote und Blockade-Brecher eine gewisse Bedeutung erhält.	
8. Febr.	Die letzten Japaner haben die seit dem 7. Aug. 1942 umkämpfte Salomonen-Insel Guadalcanar geräumt.	
18. April	Der Oberbefehlshaber der japanischen Flotte, Admiral Isoruku Yamamoto, wird über dem Südpazifik abgeschossen.	
21. April	Mamoru Shigemitsu wird neuer japanischer Außenminister im Kabinett Tojo. Er intensiviert den Kontakt zur Sowjetunion und verstärkt die Anstrengungen, einen deutsch-sowjetischen Separatfrieden zu vermitteln. Vor allem bereitet er eine Wendung in der japanischen Politik gegenüber den besetzten Gebieten vor: statt brutaler Besatzungspolitik Werbung um die asiatischen Nationen im Rahmen einer von Japan geführten *„Großostasiatischen Wohlstandssphäre"* (Parole: „Asien den Asiaten").	*„Großostasiatische Wohlstandssphäre"*
30. Juni	Mit Landungen amerikanischer Streitkräfte auf Neuguinea und Rendova (Salomonen) beginnt eine *alliierte Großoffensive* im südlichen Pazifik, die durch zähes Festhalten der Japaner an ihren Stellungen, äußerst verlustreiche Landkämpfe auf den jeweiligen Inseln, die im Zuge des sog. „Inselspringens" angegriffen werden, und See-Luft-Schlachten im Raum dieser Inseln gekennzeichnet sind.	*alliierte Großoffensive*
28. Juli	Die Japaner haben die Aleuten-Insel Kiska geräumt, sodass die amerikanische Invasion ins Leere stößt.	
1. Aug.	Das von den Japanern besetzte *Burma* erklärt seine Unabhängigkeit (Regierungschef: Ba Maw) und erklärt den USA und Großbritannien den Krieg.	*Burma*
30. Sept.	Die japanische Hauptverteidigungslinie wird auf die Marianen und West-Karolinen zurückverlegt.	
14. Okt.	Die *Philippinen* erklären ihre Unabhängigkeit (Präsident: José Laurel).	*Philippinen*
21. Okt.	In Singapur wird von Subhas Chandra Bose (der den deutschen Machtbereich mit U-Boot am 7. Febr. 1943 verlassen und über Singapur Mitte Juni 1943 in Tokio eingetroffen ist)	

eine „Regierung Freies Indien" proklamiert. Ihr wird von Japan die Verwaltung der besetzten Andamanen- und Nikobaren-Inseln übertragen, die völkerrechtlich zu Britisch-Indien gehören.

Inselspringen 28. Okt. Ein Versuch der Amerikaner, durch einen Handstreich auf Choiseul (Salomonen) das *„Inselspringen"* zu beschleunigen, scheitert. So kehren sie zum systematischen, langsamen Vorantasten zurück.

30. Okt. Japan schließt mit der „Nanking-Regierung" einen Freundschaftsvertrag, in dem es auf alle Sonderrechte in China aufgrund der Boxer-Protokolle verzichtet.

Großostasienkonferenz 1.–3. Nov. In Tokio findet eine *Großostasienkonferenz* statt, auf der Tojo und Shigemitsu den Regierungschefs Mandschukuos, „Nanking-Chinas", Burmas, der Philippinen, Thailands und des „Freien Indien" gegenüber ihre Politik „Asien den Asiaten" zu demonstrieren bemüht sind.

20.–25. Nov. US-Truppen landen auf den Gilbert-Inseln Tarawa und Makin, die von den Japanern hartnäckig verteidigt werden.

1944
31. Jan. Zwei US-Divisionen landen auf der Insel Kwajalein (Marshallinseln): beiderseits sehr hohe Verluste.

4. Febr. Von West-Burma aus beginnt eine japanische Offensive nach Westen mit dem Ziel, in den östlichen Teil Indiens vorzustoßen. Geplant sind die Einnahme des Hafens von Chittagong und die Eroberung von Imphal und Dimapur in Assam. Die Mitwirkung der indischen „Nationalarmee" Subhas Chandra Boses soll eine Erhebung der Inder gegen die britische Herrschaft einleiten. Am 8. März kann zwar Imphal eingeschlossen werden, doch kommt danach der Vormarsch ins Stocken. Am 6. April setzt ein britischer Gegenstoß von Arakan aus der japanischen Offensive, die ohne politische Auswirkung in Indien geblieben ist, ein definitives Ende.

japanische Offensive in Südchina 17. April Es beginnt eine große *japanische Offensive in Südchina* mit dem Ziel, die dort inzwischen errichteten neuen US-Flugbasen zu erobern und eine Landverbindung von Hankow nach Kanton und von dort nach Indochina herzustellen.

17. Mai US-Truppen landen auf Wakde und auf Biak (Neuguinea).

12.–15. Juni Ein US-Korps landet auf der Marianen-Insel Saipan, von der aus nach Fertigstellung von Flugbasen Luftangriffe auf das japanische Mutterland möglich sind.

18. Juni Von Flugplätzen in China greifen erstmals amerikanische Geschwader („Superfestungen") die japanischen Hauptinseln an.

Tojo tritt zurück 18. Juli Die japanische Regierung *Tojo tritt zurück*. Neuer Regierungschef wird General a.D. Kuniaka Koiso, stellvertretender Ministerpräsident Admiral Mitsumasa Yonai, der Vorgänger Konoyes 1940. Außenminister bleibt Mamoru Shigemitsu.

Guam 21. Juli US-Truppen landen auf *Guam* (Marianen-Inseln).

24. Juli Die kaiserliche Konferenz in Tokio legt als neue Verteidigungszone Japans die Linie Philippinen – Formosa – Ryukyu-Inseln – Mutterland – Kurilen fest.

Endkampf und Kapitulation Deutschlands und Japans (Sommer 1944–September 1945)

Die „Anti-Hitler-Koalition" (August 1944–April 1945)

1944
1. Aug. Der Aufstand der national-polnischen „Heimatarmee" (General Tadeusz Bór-Komorowski) in Warschau versetzt die „Anti-Hitler-Koalition" in eine kritische Situation. Die (wie es schien) im stürmischen Vormarsch auf Warschau befindliche, tatsächlich bereits durch einen deutschen Gegenstoß aufgehaltene Rote Armee unternimmt keinen Versuch, den Polen zu Hilfe zu kommen, die von der deutschen Wehrmacht hart bedrängt und am 2. Okt. zur Kapitulation gezwungen werden. Stalin verbietet den westalliierten Flugzeugen, die Nachschub heranfliegen, die Landung auf sowjetischen Flugplätzen östlich von Warschau.

2. Aug. Die Türkei bricht die diplomatischen Beziehungen zu Deutschland ab.

Die Konferenz von Vertretern der USA, Großbritannien, der Sowjetunion und China in

Dumbarton Oaks 21. Aug.– 7. Okt. *Dumbarton Oaks* (USA) empfiehlt, den Völkerbund durch eine neue internationale Organisation, die „Vereinten Nationen", zu ersetzen, und arbeitet Vorschläge für die Organisation derselben aus.

Morgenthau-Plan 11.–16. Sept. Konferenz zwischen Roosevelt und Churchill in Quebec: Der revidierte *Morgenthau-Plan* (Entwurf des amerikanischen Finanzministers Henry Morgenthau jr., das um die Ostgebiete verkleinerte Deutschland zu einem Agrarland zurückzuverwandeln und aufzuteilen) wird von ihnen angenommen. Doch zieht Roosevelt nach Protesten von Außenminister Cordell Hull und Kriegsminister Henry L. Stimson sowie Kritik in der amerikanischen Öffentlichkeit seine Unterschrift am 22. Sept. wieder zurück.

12. Sept. Die „Europäische Beratende Kommission" in London stellt das sog. *1. „Zonenprotokoll"* fertig. Es sieht die Aufteilung Deutschlands in drei Besatzungszonen und ein besonderes Gebiet Groß-Berlin (Grenzen von 1920) vor. — *Zonenprotokoll*

In Moskau wird das *Waffenstillstandsabkommen mit Rumänien* von den Repräsentanten der Sowjetunion, der USA und Großbritanniens unterzeichnet: Rumänien nimmt mit seiner Armee am Kampf gegen Deutschland teil. — *Waffenstillstand mit Rumänien*

19. Sept. Unterzeichnung des *Waffenstillstandsabkommens mit Finnland* in Moskau: Nur die Sowjetunion und Großbritannien sind Vertragspartner, da die USA nicht Krieg gegen Finnland geführt hat. Weil die Deutschen nicht bis zum 15. Sept. Finnland geräumt haben, muss sich die finnische Regierung verpflichten, militärisch an der Vertreibung der deutschen Lappland-Armee mitzuwirken. In Vorwegnahme des Friedensvertrages wird die Abtretung des Gebietes von Petsamo und die Verpachtung des Territoriums von Porkkala-Udd bei Helsinki an die Sowjetunion (anstelle von Hangö, das Finnland zurückgeben wird) erzwungen, außerdem die Zahlung von 300 Mio. US-Dollar Reparationen. — *Waffenstillstand mit Finnland*

9.–18. Okt. Konferenz zwischen Stalin und Churchill in Moskau (mit dem amerikanischen Botschafter Harriman als Beobachter): Statt der im Mai/Juni 1944 vereinbarten Operationszonen werden *Einflusssphären* in Südosteuropa abgesteckt: Rumänien soll 90%, Bulgarien 80% sowjetischem „Einfluss" unterworfen werden, Griechenland 90% britischem. In Ungarn und in Jugoslawien soll der britische und der sowjetische „Einfluss" je 50% betragen (im Falle Ungarns kurz danach auf 80% zugunsten des sowjetischen „Einflusses" modifiziert). Der zu den Verhandlungen hinzugezogene Ministerpräsident der polnischen Exilregierung Mikołajczyk lehnt die von Stalin geforderte, von Churchill schon akzeptierte Curzon-Linie als künftige polnisch-sowjetische Grenze ebenso ab wie die von dem ebenfalls hinzugezogenen Präsidenten des „Lublin-Komitees" verlangte Bildung einer gemeinsamen Regierung mit einem Übergewicht der pro-kommunistischen Minister. — *Einflusssphären*

15. Okt. Nachdem in Moskau ein geheimer Präliminarwaffenstillstand zwischen der Sowjetunion und Ungarn unterzeichnet ist, proklamiert *Reichsverweser Horthy* über den Budapester Rundfunk den Waffenstillstand, wird jedoch durch einen von deutscher Seite unterstützten Staatsstreich der „Pfeilkreuzler" unter Ferencz Szálasi zur Zurücknahme des Feuereinstellungsbefehls gezwungen. Er wird in Deutschland interniert, während das am 16. Okt. installierte Szálasi-Regime den Krieg an der deutschen Seite weiterführt. — *Reichsverweser Horthy*

23. Okt. Die Regierung de Gaulles, die der General nach der „Befreiung" von Paris (25. Aug.) gebildet hat, wird von den USA, Großbritannien und der Sowjetunion als „Provisorische französische Regierung" anerkannt.

28. Okt. In Moskau wird von den Vertretern der Sowjetunion, der USA und Großbritanniens der Waffenstillstand mit Bulgarien unterzeichnet, nachdem Stalin dem von Churchill geforderten Rückzug der bulgarischen Truppen aus dem besetzten Griechisch-Thrazien zugestimmt hatte (das nach einer Vereinbarung zwischen dem sowjetischen Oberkommando und der pro-sowjetischen Regierung Georgiew zunächst von bulgarischen und sowjetischen Truppen gemeinsam besetzt bleiben sollte). Bulgarien verpflichtet sich, an der Seite der Roten Armee am Krieg gegen Deutschland weiter teilzunehmen.

7. Nov. Roosevelt wird zum vierten Mal zum Präsidenten der USA gewählt.

10. Nov. Die Sowjetunion, die USA und Großbritannien erkennen das von *Enver Hoxha* (Hodscha) installierte kommunistische Regime als Regierung Albaniens an. — *Enver Hoxha*

14. Nov. In der „Europäischen Beratenden Kommission" in London werden das 2. Zonenprotokoll, das die Zuweisung Nordwestdeutschlands an Großbritannien und Süddeutschlands einschließlich Hessens sowie Bremens an die USA vorsieht, und das „Kontrollabkommen" für Deutschland, das einen „Alliierten Kontrollrat", bestehend aus den Militärbefehlshabern der Besatzungszonen, als oberste Instanz der Besatzungsmächte in Deutschland in seinen Funktionen umschreibt, unterzeichnet.

3. Dez. In Athen *erhebt sich die* kommunistisch beherrschte Widerstandsorganisation *ELAS gegen die Regierung.* Ihr Versuch, am 6. Dez. die Regierungsgebäude zu besetzen, wird mit Unterstützung der britischen Truppen unter General Scobie abgewehrt. Obwohl die USA und die „linke" Öffentlichkeit im Westen das Vorgehen kritisieren, drängen die britischen Truppen auf Befehl Churchills die Aufständischen nach dem Norden des Landes zurück. (Die Sowjetunion verhält sich, die Absprache über die „Einflusssphären" respektierend, passiv.) Am 11. Jan. 1945 wird ein Waffenstillstand zwischen der griechischen Regierung und der — *kommunistischer Aufstand*

ELAS abgeschlossen, der jedoch nur eine Zwischenetappe im griechischen Bürgerkrieg einleitet.

7. Dez. Im von der Roten Armee besetzten Debrecen wird eine ungarische Gegenregierung unter General Bela Miklós-Dalnóki (im Wesentlichen aus Linksliberalen und wenigen Kommunisten bestehend) eingesetzt.

General de Gaulle 10. Dez. *General de Gaulle* und sein Außenminister Georges Bidault (* 1899, † 1983) unterzeichnen in Moskau einen gegen Deutschland gerichteten sowjetisch-französischen Bündnisvertrag mit 20 Jahren Geltungsdauer. Stalin lehnt die von de Gaulle geforderte Anerkennung der Rhein-Linie als deutsch-französische Grenze ab, de Gaulle die von Stalin geforderte Anerkennung des „Lubliner Komitees". Er stimmt aber der Oder-Neiße-Linie als polnischer Westgrenze zu.

15. Dez. Churchill bekennt sich in einer Unterhausrede zur Westverschiebung der polnischen Grenzen auf Kosten Deutschlands und zur Totalaustreibung der Deutschen aus den betreffenden Gebieten.

17. Dez. Der Nachfolger Mikołajczyks als Chef der polnischen Exilregierung in London, der Sozialist Tomasz Arciszewski, erklärt sich für eine Ausdehnung Polens nach Westen, doch ohne Einbeziehung von Breslau und Stettin in die an Polen abzutretenden Gebiete.

1945
3. Jan. Die Bemühungen der Sowjetunion, von den USA einen 6-Mrd.-US-Dollar-Kredit zu günstigen Bedingungen (Laufzeit 30 Jahre, 2,5 % Zinsen) zum Wiederaufbau der zerstörten Industriegebiete des Landes zu erhalten, zerschlagen sich endgültig. Damit wird deutlich, dass die Kooperationspolitik Roosevelts in den USA selbst an ihre Grenzen gestoßen ist.

Lubliner Komitee 5. Jan. Das zur „Provisorischen Regierung" Polens umgebildete „*Lubliner Komitee*" wird von der Sowjetunion als einzige Repräsentanz Polens anerkannt. Es siedelt nach der Einnahme Warschaus durch die Rote Armee (17. Jan.) in die polnische Hauptstadt über.

20. Jan. In Moskau wird ein Waffenstillstand mit der ungarischen Gegenregierung (in Debrecen) abgeschlossen.

Jalta-Konferenz 4.–11. Febr. *Konferenz der „Großen Drei"* (Stalin, Roosevelt, Churchill) in *Jalta* (Krimkonferenz): Es kommt zu einem Kompromiss über die zu gründenden „Vereinten Nationen" (UN); die Großmächte erhalten ein absolutes Vetorecht; die Ukrainische und die Weißruthenische Sowjetrepublik werden zu ordentlichen Mitgliedern der UN, sodass die UdSSR mit drei Stimmen vertreten ist, alle übrigen Staaten nur mit einer. In der Polenfrage wird die Curzon-Linie mit einigen kleineren Abweichungen zugunsten Polens endgültig als polnische Ostgrenze anerkannt, eine weite Verschiebung Polens nach Westen („beachtlicher territorialer Zuwachs") in Aussicht genommen. Nach Aufnahme einiger „demokratischer Führer" aus dem Ausland soll die Provisorische Regierung Polens allgemein anerkannt werden (d.h. die Exilregierung wird dann von den Westmächten fallen gelassen).

Deutschlandfrage In der *Deutschlandfrage* wird die Hinzuziehung Frankreichs als vierte Besatzungsmacht mit eigener Zone (auf Kosten der amerikanischen und britischen Zone) vereinbart. Die Reparationsfrage bleibt ungelöst, die von Stalin geforderte Gesamthöhe (20 Mrd. US-Dollar, davon die Hälfte für die Sowjetunion) soll als eine von mehreren Möglichkeiten von der in Moskau zusammentretenden Reparationskommission diskutiert werden.

Für Jugoslawien wird die von Josip Broz (Tito) und dem jugoslawischen Ministerpräsidenten im Exil Ivan Šubašić schon vereinbarte Verschmelzung beider Regierungen begrüßt.

In einer „Erklärung über das befreite Europa" wird allen Völkern das Recht zugestanden, „demokratische Einrichtungen nach freier Wahl zu schaffen". So bald wie möglich sollen „frei gewählte und dem Willen des Volkes entsprechende Regierungen" eingesetzt werden.

Hinsichtlich Ostasiens gibt Stalin die Zusicherung, zwei oder drei Monate nach der deutschen Kapitulation in den Krieg gegen Japan einzutreten. In einem Geheimabkommen vom 11. Febr. erkennen die Westmächte die Wiederherstellung der Rechte Russlands gegenüber China aus der Zeit vor dem Russisch-Japanischen Krieg von 1904/1905 (Häfen und Eisenbahnen in der Mandschurei) an. Roosevelt verpflichtet sich, die Zustimmung Chiang Kai-sheks zu dieser die Souveränität Chinas empfindlich einschränkenden Vereinbarung herbeizuführen. Danach soll ein Freundschafts- und Bündnisvertrag zwischen der UdSSR und China geschlossen werden.

Türkei 1. März Die *Türkei* erklärt dem Deutschen Reich den Krieg (im letztmöglichen Moment, um noch in die UN aufgenommen zu werden).

Rumänien 6. März In *Rumänien* erzwingt die Sowjetunion von König Michael ultimativ die Entlassung der Regierung und die Berufung eines kommunistisch-beherrschten Kabinetts.

14. März Die Provisorische Regierung Polens errichtet in den deutschen Ostgebieten vier Woiwodschaften und nimmt damit die Entscheidung eines Friedensvertrages vorweg.

19. März	Die Sowjetunion kündigt den sowjetisch-türkischen Freundschafts- und Neutralitätspakt von 1925. Am 7. Juni fordert Außenminister Molotow für den Abschluss eines neuen Freundschaftsvertrages die Abtretung von Stützpunkten an den Dardanellen und von Kars und Ardahan in Armenien.	
27. März	16 führende Mitglieder der national-polnischen Untergrundbewegung werden von den Sowjets verhaftet und am 21. Juni wegen „zersetzender Tätigkeit im Rücken der Roten Armee" zu hohen Freiheitsstrafen verurteilt.	
11. April	Freundschaftspakt der Sowjetunion mit Jugoslawien unter Tito.	
12. April	Nach dem plötzlichen Tode Roosevelts wird *Harry S. Truman* Präsident der USA.	*Harry S. Truman*
21. April	Freundschafts- und Beistandspakt zwischen der Sowjetunion und der Provisorischen Regierung Polens.	
25. April	In San Francisco beginnt die Gründungskonferenz der „Vereinten Nationen".	
26. Juni	Unterzeichnung der Gründungsurkunde der *„United Nations Organization" (UNO)* durch die Vertreter von 51 Nationen. Die Unterschrift Polens, dessen Provisorische Regierung zur Zeit der Konferenz von den Westmächten nicht anerkannt ist, wird am 15. Okt. 1945 nachvollzogen.	UNO

Der europäisch-atlantische Westkrieg (Juni 1944 – Mai 1945)

Der westliche Kriegsschauplatz (Juni 1944 – Mai 1945)

1944 12. Juni	Bis zu diesem Tage sind bereits 326000 Mann alliierter Truppen in der Normandie gelandet (bis zum 29. Juli 1,566 Mio. Mann). Deutscherseits beginnt der Abschuss von unbemannten Flugkörpern (propagandistisch als *„Vergeltungswaffe" V 1* bezeichnet) gegen den Großraum London. Eine größere Wirkung geht von diesem in wechselnder Stärke bis zum Verlust der Abschussrampen in Nordfrankreich am 1. Sept. geführten Einsatz nicht aus (bis dahin 8000 V 1 abgeschossen, danach von der Nordsee aus noch weitere 1200; ferner auf Antwerpen und andere Städte im Westen im Winter 1944/1945 nochmals 8000).	*„Vergeltungswaffe" V 1*
30. Juni	*Cherbourg* wird von den Alliierten erobert. Die Front verläuft nun vom Fuße der Halbinsel Cotentin bis in den Raum östlich von Caen. Die materialmäßige Übermacht drückt die Verteidiger systematisch weiter zurück.	Cherbourg
17. Juli	Generalfeldmarschall Rommel wird durch Fliegerangriff schwer verletzt; sein Nachfolger als Oberbefehlshaber der „Heeresgruppe B" wird Günther von Kluge (*1882, †1944), der seit dem 3. Juli bereits als Nachfolger Rundstedts als Oberbefehlshaber West die Verantwortung für den ganzen westlichen Kriegsschauplatz trägt.	
31. Juli	Der *Durchbruch der Amerikaner* durch den Westteil der deutschen Front bei Avranches leitet zum Bewegungskrieg über. Hitler befiehlt das Halten von „Festungen" an der Küste und einen Gegenangriff gegen Avranches, der scheitert und infolge des Vorstoßes der Amerikaner in den Rücken der bisherigen Front zum Kessel von Falaise führt. Aus diesem kann ein Teil der deutschen Truppen noch ausbrechen, doch ist Frankreich verloren. Feldmarschall Walter Model (*1891, †1945), Nachfolger von Kluges, der am 18. Aug. Selbstmord verübt, bleibt nur, den Rückzug der Trümmer des Westheeres auf eine improvisierte neue Front: belgisch-niederländische Grenze – Westwall bis Trier – westlich Elsass-Lothringens, nicht zur Katastrophe werden zu lassen.	Durchbruch der Amerikaner
15. Aug.	Amerikanisch-französische Landung an der Südküste Frankreichs zwischen Cannes und Toulon: Die Invasoren stoßen bei nur hinhaltendem deutschem Widerstand schnell zur französisch-italienischen Alpengrenze und Rhône-aufwärts in Richtung Lyon–Dijon vor. Die Landung in Südfrankreich erweist sich als strategisch überflüssig; Churchill hat sich mit seinem Alternativplan nicht durchsetzen können, mit starken Kräften von der italienischen Front aus über Laibach (Ljubljana) nach Wien vorzustoßen.	
17. Aug.	*Marschall Pétain* und Pierre Laval, letzterer hat in Paris seine Demission erklärt, werden von Hitler gezwungen, von Vichy aus zunächst nach Belfort und später nach Sigmaringen überzusiedeln, um die ‚legale' französische Regierung im deutschen Machtbereich zu halten.	*Marschall Pétain*
25. Aug.	Die Amerikaner und De-Gaulle-Truppen rücken in *Paris* ein, dessen Zerstörung Hitler vergeblich befohlen hat (Weigerung des Stadtkommandanten Dietrich von Choltitz, diesen Befehl auszuführen).	Paris
3. Sept.	Die Briten besetzen *Brüssel*. Der König der Belgier, Leopold III., ist schon bei Invasionsbeginn nach Deutschland gebracht worden.	Brüssel

	4. Sept.	Mit der Einnahme von Antwerpen, des ersten unzerstörten Hafens, scheint der Rest des deutschen Westheeres, der sich noch zwischen der Seine- und der Somme-Mündung im Rückzug befindet, von der Verbindung nach Deutschland abgeschnitten. Doch stoßen die Alliierten nicht über Antwerpen hinaus nach Norden vor, sodass der Rückzug über Walcheren und die Maas-Mündung überraschend doch gelingt. Die Folge ist, dass der Zugang zu Antwerpen für die Alliierten bis Nov. 1944 gesperrt bleibt.
	8. Sept.	Von beweglichen Abschussrampen beginnt der Einsatz von Raketengeschossen („V 2") gegen London (auch gegen Antwerpen). Anders als bei der „V 1" besteht keine Abwehrmöglichkeit, sodass die psychische Belastung der Zivilbevölkerung durch den Einsatz dieser neuen Waffe beträchtlich ist, ohne dass es gelingt, die britische Widerstandskraft zu zermürben. (Bis zum 27. März 1945 werden insgesamt 1115 „V 2" gegen London abgeschossen, weitere 2050 gegen Antwerpen, Brüssel und Lüttich bis 2. April 1945.)
Arnheim	17. Sept.	Um das Verlangsamen und Ausrinnen der alliierten Offensive zu verhindern und nach Möglichkeit doch noch 1944 die Entscheidung herbeizuführen, lässt der britische Oberbefehlshaber Feldmarschall Bernard Montgomery starke Luftlandetruppen im Raume von *Arnheim* und Nimwegen hinter der deutschen Front absetzen mit dem Ziel, die Rheinbrücken in Besitz zu nehmen und über sie hinweg einen Vorstoß in die Norddeutsche Tiefebene zu ermöglichen. Das Unternehmen schlägt bei Arnheim fehl; die Luftlandetruppen werden aufgerieben. Lediglich ein schmaler „Schlauch" von der niederländisch-belgischen Grenze bis Nimwegen kann gehalten werden, sodass sich die Front an der deutschen Westgrenze bis zum Reichswald verlängert.
Aachen	21. Okt.	Nach schweren Kämpfen geht *Aachen* als erste deutsche Großstadt verloren. In äußerst verlustreichen Kämpfen dringen die Amerikaner bis zur Rur-Linie (Rur: Nebenfluss der Maas) bei Düren vor, bleiben dort aber im Nov. stecken. Der mehrfach versuchte Durchbruch durch die deutsche Front gelingt nicht. Auch im Süden, in Lothringen und im Elsass, bleibt es bei Teilerfolgen für die Alliierten.
improvisierte Westfront	22./23. Nov.	Metz und Straßburg fallen in alliierte Hand, doch vor der deutsch-französischen Grenze und in einem größeren Brückenkopf im Oberelsass halten sich die deutschen Kräfte, sodass die *improvisierte Westfront* mit einigen „Einbuchtungen" bei Beginn des Winters als stabilisiert betrachtet werden kann.
Ardennenoffensive	**16. Dez.** 5.30 Uhr	Hitler, der seit Ende Juli den Gedanken verfolgt hat, durch einen starken Gegenschlag die Westalliierten militärisch durcheinander zu bringen und nach Möglichkeit Großbritannien friedensreif zu machen, ist der Initiator der an diesem Tage beginnenden *Ardennenoffensive* im Raume zwischen Monschau und Echternach, für die unter Entblößung aller anderen Fronten, auch der Ostfront, die letzten deutschen Reserven zusammengezogen sind. Die Überraschung gelingt. Doch Hitlers allzu weit gestecktes Ziel: Antwerpen und die Einschließung der Heeresgruppe Montgomery in den südlichen Niederlanden und im nördlichen Belgien, ist unerreichbar. Nicht einmal die erste Etappe, die Gewinnung von Übergängen über die Maas, kann erreicht werden. Die deutschen Kräfte bleiben vor Malmédy, im Raume von Bastogne, das nicht genommen werden kann, und im nördlichen Luxemburg stecken, nachdem bei Aufklaren des Wetters die alliierte Luftüberlegenheit voll zur Geltung kommt.
	22. Dez.	Das Scheitern des Unternehmens ist nicht mehr zu übersehen.
	31. Dez.	Hitler befiehlt einen zweiten Offensivstoß im Westen: von Norden und Süden gegen Straßburg, das infolge einer Intervention de Gaulles bei General Eisenhower nicht, wie schon erwogen, von den Amerikanern geräumt wird. Die Krise aufseiten der Westalliierten ist beim Jahreswechsel bereits überwunden. Allerdings sind sie bei Beginn der sowjetischen Großoffensive am 12. Jan. 1945 nicht in der Lage, ihrerseits sofort zur Offensive im Westen überzugehen.
	1945 8. Febr.	Eine britisch-kanadische Offensive beginnt südöstlich von Nimwegen. Sie kommt gegen hartnäckigen deutschen Widerstand, im Reichswald und südlich davon, nur schrittweise voran.
	23. Febr.	Nachdem durch Überfluten der Rur die alliierte Großoffensive hinausgezögert, aber nicht verhindert werden kann, setzt sie nun mit voller Wucht ein und führt rasch zum Einsturz der deutschen Verteidigungspositionen links des Rheins.
Rheinbrücke bei Remagen	7. März	Den US-Truppen fällt die unzerstörte *Rheinbrücke bei Remagen* in die Hand; sie errichten einen – bald ausgeweiteten – Brückenkopf auf der rechtsrheinischen Seite. Von hier aus und von einem am 24. März bei Wesel gewonnenen weiteren großen Brückenkopf stoßen sie zangenartig um das Ruhrgebiet und das Bergische Land herum vor.
Ruhrkessel	1. April	Hier wird die stärkste deutsche Kräftegruppe im Westen, die „*Heeresgruppe B*" unter Feldmarschall Model, *eingeschlossen*.

18. April	Mit ihren letzten Teilen wird sie zur Übergabe gezwungen. An diesem Tage haben die US-Truppen, in der Mitte Deutschlands nach Osten vorstoßend, bereits die Elbe und die Mulde erreicht und Brückenköpfe über sie gebildet. Magdeburg ist seit dem 18. April, Leipzig seit dem 19. April in ihrer Hand.	
25. April	Die Amerikaner treffen mit der Roten Armee bei *Torgau* an der Elbe zusammen. Damit ist das noch von den Deutschen gehaltene Gebiet in zwei Teile zerschnitten, den Nord- und den Südraum.	*Torgau*
	Nordraum:	
26. April	Die Briten, die ins Emsland und in die Lüneburger Heide vorgedrungen sind, nehmen Bremen.	
2. Mai	Die über die untere Elbe nach Osten vorstoßenden Briten nehmen Lübeck, die Amerikaner Schwerin und Wismar und verlegen damit der Roten Armee den Weg nach Schleswig-Holstein. Am 3. Mai rücken die Briten in das zur „Offenen Stadt" erklärte Hamburg ein.	
5. Mai	Die seit 19. April durch den britischen Vorstoß von Arnheim bis Groningen und zur Ijssel-See von ihren Verbindungen abgeschnittene „*Festung Holland*" (Generaloberst Blaskowitz) kapituliert im Zuge der am 4. Mai im Hauptquartier Montgomerys in der Lüneburger Heide unterzeichneten Teilkapitulation.	*Holland*
	Südraum:	
30. April	München wird von den Amerikanern besetzt, die einen hartnäckigen deutschen Widerstand in der sog. „*Alpenfestung*" befürchten und daher mit stärkeren Kräften im Südraum als in Mitteldeutschland operieren.	„*Alpenfestung*"
3. Mai	Die über Nordtirol in die Alpen hinein vorstoßenden Amerikaner treffen am Brenner auf die von Oberitalien herankommenden eigenen Kräfte. Im Osten haben sie die Linie Karlsbad–Budweis–Linz erreicht, verzichten jedoch auf den von der tschechischen Aufstandsbewegung in Prag erwarteten Stoß auf die Hauptstadt.	
	Die Franzosen, die am 22. April Stuttgart erobert haben und bis zum Bodensee vorgedrungen sind, stoßen nach Vorarlberg hinein weiter.	
	Im Augenblick der allgemeinen Kapitulation sind noch die „Festungen" Dünkirchen, Kanal-Inseln (Jersey, Guernsey, Alderney), Lorient, St. Nazaire und La Rochelle in deutscher Hand. Ihre Übergabe erfolgt am 10. Mai.	

See- und Luftkrieg in Europa und im Atlantik (Juni 1944 – Mai 1945)

1944	Bei der Invasion in der Normandie ist die *alliierte Überlegenheit* zur Luft und auf See so überwältigend, dass der opferreiche Einsatz der schwachen deutschen Kräfte dagegen nichts Wesentliches auszurichten vermag. Die U-Boot-Stützpunkte am Atlantik gehen verloren; der U-Boot-Krieg wird von Norwegen aus fortgesetzt.	*alliierte Überlegenheit*
8. Sept.	Mit der Kriegserklärung Bulgariens an Deutschland verlieren die seit jeher schwachen, aber insgesamt, zuletzt (April/Mai 1944) bei der Rückführung deutscher Truppen von der Krim, erfolgreichen leichten deutschen Seestreitkräfte im Schwarzen Meer ihre letzten Basen. Die Schiffe versenken sich selbst.	
12. Nov.	Schwere britische Bomber versenken im Tromsö-Fjord das deutsche Schlachtschiff „*Tirpitz*".	„*Tirpitz*"
23. Nov.	Nachdem deutsche Seestreitkräfte schon bei der Räumung Süd-Finnlands und Estlands (Sept. 1944) mitgewirkt haben, ist es ihnen gelungen, von der lange gehaltenen Halbinsel Sworbe (Ösel) fast 20000 Soldaten und Flüchtlinge zu evakuieren.	
1945	Im großen Stil wird die deutsche Kriegsmarine bei den *Räumungstransporten aus den Ostseebrückenköpfen* eingesetzt, die nach der Einnahme des größten Teils der deutschen Ostgebiete durch die Rote Armee im Zuge der sowjetischen Großoffensive (vom 12. Jan. 1945 an) infolge der Feuerunterstützung durch die noch verbliebenen deutschen Seestreitkräfte (Schwere Kreuzer „Prinz Eugen", „Scheer", „Lützow") mehrere Wochen lang gehalten werden können.	*Räumungstransporte*
23. Jan.– 9. Mai	Von der deutschen Kriegsmarine werden nach Schleswig-Holstein und Dänemark von Pillau, Danzig-Gotenhafen(Gdingen)-Hela, Kolberg und den von der Heeresgruppe Kurland gehaltenen Häfen Libau und Windau insgesamt 2002602 *Flüchtlinge, Verwundete und Soldaten evakuiert*. Auf dem Seetransport treten Verluste von etwa 14000 Menschen ein, davon die meisten durch die Torpedierung der großen Schiffe „Gustloff", „Steuben" und „Goya" durch sowjetische U-Boote.	*Evakuierungen*
9. April	Durch britischen Luftangriff auf Kiel werden die Schweren Kreuzer „Scheer" und „Hipper" vernichtet, am 16. April bei Swinemünde der Schwere Kreuzer „Lützow".	

| | 5.–9. Mai | Bei der letzten Evakuierungsfahrt von Hela nach Dänemark werden noch 43 000 Menschen nach Westen transportiert. |

Die Geschehnisse des Luftkrieges über Deutschland in der Endphase

Stuttgart	**1944** 24.–29. Juli	In drei Nächten greifen über 600 Bomber der britischen Royal Air Force (RAF) *Stuttgart* an und verwüsten große Teile der Innenstadt: über 100 000 Obdachlose, fast 900 Tote unter der Zivilbevölkerung.
	Aug.	Zwei schwere britische Luftangriffe auf Königsberg (26./27.; 29./30. Aug.) vernichten weit gehend die Innenstadt.
	18./19. Dez.	Bei einem britischen Luftangriff auf Gotenhafen (Gdingen) werden zahlreiche Kriegs- und Handelsschiffe versenkt.
	24. Dez.	Die alliierte Luftwaffe fliegt 6000 Einsätze gegen die deutschen Kräfte im Raum der Ardennenoffensive. Von ihrem Beginn am 16. Dez. an sind bereits 1088 deutsche Flugzeuge vernichtet worden.

Flugzeugverluste

Deutsche Flugzeugverluste

1.9.1939 –	9.5.1940	937 Stück	1.7.1942 –	31.12.1942	5 240 Stück
10.5.1940 –	1.7.1940	1 239 Stück	1.1.1943 –	31.12.1943	17 495 Stück
1.7.1940 –	1.4.1941	4 085 Stück	1.1.1944 –	30.5.1944	11 658 Stück
1.4.1941 –	28.6.1941	2 160 Stück	1.6.1944 –	31.12.1944	20 622 Stück
29.6.1941 –	30.6.1942	8 529 Stück			

Insgesamt: 1.9.1939 – 31.12.1944	71 965 Stück

Überraschungsschlag	**1945** 1. Jan.	In einem *Überraschungsschlag* greifen über 1000 deutsche Flugzeuge alliierte Flugplätze in den südlichen Niederlanden, in Belgien und Nordfrankreich an. 479 alliierte und 277 deutsche Flugzeuge werden zerstört oder abgeschossen (bei den deutschen zwei Drittel durch die eigene Flak, die keine Kenntnis von dem Unternehmen hatte). Damit sind die letzten deutschen *Fliegerreserven verbraucht*. Die deutsche Luftwaffe ist zu keiner größeren Aktion mehr fähig.
Fliegerreserven verbraucht		
	3. Febr.	Bei einem besonders schweren amerikanischen Luftangriff auf Berlin werden 2264 Tonnen Bomben abgeworfen: rd. 22 000 Tote unter der Zivilbevölkerung.
Luftangriff auf Dresden	13./14. Febr.	Zwei schwere britische und ein amerikanischer *Luftangriff auf Dresden*, das voll von Flüchtlingen aus Schlesien ist, verwüsten die Innenstadt. Die Zahl der Opfer, die bis zu 200 000 geschätzt wurde, beträgt ca. 35 000.
	14./15. April	Nachdem Hildesheim, Halberstadt und Würzburg bereits in ihren historischen Stadtkernen zerstört sind, trifft ein schwerer britischer Angriff Potsdam: rd. 5000 Tote unter der Zivilbevölkerung.
	April	Letzter westalliierter Luftangriff auf Berlin (18./19.).
	2./3. Mai	Mit einem Angriff auf den Kieler Hafen schließt das britische Bomberkommando den strategischen Luftkrieg gegen Deutschland ab.

Bombenabwürfe

Alliierte Bombenabwürfe auf deutsches Reichsgebiet und deutsch besetzte Gebiete (in Tonnen)

1940	14 600 t	1943	226 500 t
1941	35 500 t	1944	1 188 580 t
1942	53 755 t	1945	477 000 t

Der italienische Kriegsschauplatz (Juli 1944 – Mai 1945)

Grüne Linie	**1944** 4. Aug.	Nachdem die Alliierten Rom besetzt haben (4. Juni), ziehen sich die deutschen Kräfte in Etappen auf die „*Grüne Linie*" (südöstlich La Spezia – Apennin – nördlich Rimini) zurück. Die Räumung von Florenz schließt den Rückzug ab.
Resistenza		Im Bereich des unter der deutschen Militärmacht etablierten „republikanisch-faschistischen" Regimes Mussolinis in Norditalien entwickelt sich eine umfangreiche Partisanenaktivität der italienischen „*Resistenza*", die allerdings keine strategische Bedeutung gewinnt.

Die deutsche Front kann im Zuge der alliierten Offensiven nur an der Adria ein größeres Stück zurückgedrückt werden (5. Dez. Preisgabe von Ravenna).

1945
9. April Die alliierte Großoffensive von Meer zu Meer beginnt. Sie erzielt am 19. April den Durchbruch auf Bologna.
27. April US-Truppen erobern Genua. Am 28. April wird Mussolini bei Dongo von italienischen Partisanen gefangen genommen und erschossen.
29. April Im alliierten Hauptquartier in Caserta wird die – schon seit Anfang März in Verhandlungen in der Schweiz vorbereitete – *Kapitulation* der deutschen Streitkräfte in Italien unterzeichnet. Sie tritt am 2. Mai 14 Uhr in Kraft. *Kapitulation in Caserta*
2. Mai Teile der 8. britischen Armee dringen in Triest ein und nehmen die Übergabe der deutschen Besatzung entgegen. Da jugoslawische Partisanen schon am 30. April Vororte von Triest erreicht haben, entwickelt sich ein *Konflikt zwischen Tito und den Westalliierten*, der erst mit dem Rückzug der jugoslawischen Partisanen aus Südkärnten (25. Mai), das zur britischen Besatzungszone Österreichs gehört, und nach der Festlegung einer Demarkationslinie in der Venezia Giulia und in Istrien (21. Juni), der zufolge Triest und Pola von den Briten zu besetzen sind, abklingt. *Konflikt mit Tito*

Griechenland/Jugoslawien (August 1944 – Mai 1945)

1944
25. Aug. Nach dem Frontwechsel Rumäniens befiehlt Hitler eine „Auflockerung" der Besetzung Südosteuropas und eine Verlegung des Schwerpunkts der deutschen Verteidigung an die Drina-Linie in Mittel-Jugoslawien. Die ägäischen Inseln sollen geräumt werden. Das Tempo der sowjetischen Offensive in Rumänien und Bulgarien führt zur Beschleunigung des *Rückzuges aus Griechenland*. *Rückzug aus Griechenland*
21. Sept. Die Peloponnes ist von den deutschen Truppen geräumt. Die Aufgabe der Inseln verläuft reibungslos, bis die Briten, die sich zunächst passiv verhalten, die Flugplätze in Griechenland angreifen. So bleiben schließlich deutsche Besatzungen auf Leros, Kos, Rhodos und West-Kreta u. a. zurück und halten sich dort bis zur allgemeinen Kapitulation.
13. Okt. Britische Truppen rücken in das von den Deutschen geräumte und zur „freien Stadt" erklärte *Athen* ein. *Athen*
2. Nov. Nachdem am 31. Okt. Saloniki aufgegeben wird, haben sich die deutschen Truppen hinter die Nordgrenze Griechenlands zurückgezogen. Der Rückzug der „Heeresgruppe E" (Generaloberst Alexander Löhr) nimmt Züge der Anabasis an, da sich die deutschen Verbände, an der Flanke von der Roten Armee in Bulgarien und Nordost-Jugoslawien – am 20. Okt. ist Belgrad von sowjetischen und Tito-jugoslawischen Truppen eingenommen worden – bedroht, durch das von den Tito-Partisanen durchsetzte Gebiet in Mazedonien und Montenegro auf die Drina-Linie durchschlagen müssen. Die aus Albanien abgezogenen deutschen Truppen finden am 18. Dez. Anschluss an die „Heeresgruppe E".
1945 Der über 1500 km geführte Rückzug findet an der Drina-Linie sein vorläufiges Ende (13. Jan.).
6. April Nach der Aufgabe von Sarajewo zieht sich die „Heeresgruppe E" langsam aus Kroatien auf die Südgrenze Österreichs zurück. Im Augenblick der allgemeinen Kapitulation steht das Gros der Kampfverbände noch auf jugoslawischem Boden und fällt in *jugoslawische Kriegsgefangenschaft*. *jugoslawische Kriegsgefangenschaft*
8. Mai Tito-Partisanen besetzen Agram.
15. Mai Die Masse des kroatischen Heeres, das sich der britischen 8. Armee ergeben hat, wird von dieser an die Partisanenarmee Titos ausgeliefert. Auf dem Marsch von Bleiburg nach Marburg an der Drau werden 30000, in der Umgebung Marburgs weitere 50000 kroatische Soldaten, ferner 30000 Zivilisten umgebracht. Auch die auf deutscher Seite kämpfenden serbischen und slowenischen Hilfskräfte werden ausgeliefert und von Partisanen getötet.
25. Mai Klagenfurt und Südkärnten werden von den Tito-Partisanen geräumt. Die *Briten besetzen ganz Kärnten*. *Briten besetzen ganz Kärnten*

Der nördliche Kriegsschauplatz (Oktober 1944 – Mai 1945)

1944 Im Zuge ihrer Offensive gegen die deutsche Lappland-Armee (ab 7. Okt.) erobert die Rote Armee nach dem finnischen Petsamo (15. Okt.) die norwegische Grenzstadt Kirkenes. Sie folgt der sich zurückziehenden deutschen Armee bis zum Tana-Fjord. Die deutschen Truppen gehen in Etappen weiter bis zum Lyngen-Fjord zurück, wo sie bis zur allgemeinen Kapitulation stehen bleiben.

	1945 25. April	An der norwegisch-schwedisch-finnischen Drei-Länder-Ecke räumen die deutschen Truppen den letzten Zipfel finnischen Territoriums. Damit ist der deutsch-finnische Krieg, der von Finnland am 3. März rückwirkend zum 15. Sept. 1944 erklärt worden ist, beendet.
	4. Mai	Die im Hauptquartier Montgomerys in der Lüneburger Heide abgeschlossene Teilkapitulation schließt Dänemark mit ein. Hier – wie in Norwegen nach der allgemeinen Kapitulation – werden die deutschen Truppen in britische Gefangenschaft überführt.
	11. Mai	Sowjetische Truppen besetzen Bornholm.

Der Ostkrieg (Juni 1944–Mai 1945)

sowjetische Großoffensive	1944 22. Juni	Am Jahrestag des deutschen Angriffs gegen die Sowjetunion 1941 beginnt eine *sowjetische Großoffensive* gegen die deutsche „Heeresgruppe Mitte", die einen nach Osten vorspringenden großen Frontbogen zwischen Witebsk und Bobruisk hält. Sie führt in wenigen Tagen zu einer Katastrophe, die Stalingrad weit in den Schatten stellt.
Minsk	8. Juli	Nach der Einnahme von *Minsk* (3. Juli) haben die sowjetischen Truppen die Reste der 4. deutschen Armee in einem Kessel südöstlich der Stadt zur Aufgabe des Kampfes gezwungen. Damit sind seit Offensivbeginn 28 deutsche Divisionen zerschlagen und rd. 350000 Mann gefallen oder in sowjetische Kriegsgefangenschaft geraten. Ein Riesenloch ist in die deutsche Front geschlagen, durch das die Rote Armee in Richtung Ostpreußen und Weichselbogen bei Warschau vordringt.
Galizien	13. Juli	Eine zweite sowjetische Großoffensive in *Galizien* gegen die deutsche „Heeresgruppe Nordukraine" dringt über Lemberg auf die obere Weichsel vor.
Stauffenberg-Attentat	**20. Juli**	Im Führerhauptquartier „Wolfsschanze" bei Rastenburg (Ostpreußen) scheitert das *Attentat* des Obersten i.G. Claus Schenk *Graf von Stauffenberg* (*1907, †1944) *auf Hitler*.
	29. Juli	Vordringende sowjetische Truppen erreichen die Rigaer Bucht bei Tukkum. Damit ist die „Heeresgruppe Nord" in Estland und im nördlichen Lettland von den Landverbindungen abgeschnitten. Die in Galizien vordringenden sowjetischen Kräfte überschreiten bei Baranow die Weichsel und errichten auf dem westlichen Ufer einen Brückenkopf, den sie in den nächsten Wochen zu einer Absprungsbasis für künftige Operationen ausbauen.
	3. Aug.	Südöstlich von Warschau (in dem sich am 1. Aug. die polnische „Heimatarmee" gegen die deutsche Besatzung erhoben hat) wird die sowjetische Offensive durch einen deutschen Gegenstoß aufgehalten. Auch an der ostpreußischen Grenze kommt die sowjetische Offensive vorläufig zum Halten.
	20. Aug.	Sowjetische Großoffensive an der rumänisch-deutschen Front in der Moldau und in Bessarabien: Die neue 6. deutsche Armee wird südwestlich von Kischinew eingeschlossen und aufgerieben. Durch das in die Front geschlagene Loch dringt die Rote Armee ins Zentrum Rumäniens vor.
Verhaftung Antonescus	23. Aug.	König Michael lässt den Staatsführer *Marschall Antonescu verhaften*, proklamiert die Einstellung des Kampfes gegen die Sowjetunion und erklärt nach einem deutschen Luftangriff auf Bukarest an Deutschland am 25. Aug. den Krieg.
	31. Aug.	Nachdem sie am Vortage das Erdölgebiet von Ploieşti besetzt haben, ziehen sowjetische Truppen in Bukarest ein. Am 6. Sept. erreichen sie das Eiserne Tor. Um das ungarische Nord-Siebenbürgen entwickeln sich mehrere Wochen dauernde Kämpfe.
	5. Sept.	Die Sowjetunion erklärt Bulgarien den Krieg: Die Rote Armee marschiert über die Donau und von der Dobrudscha aus in Bulgarien ein. In der Nacht zum 9. Sept. schiebt ein kommunistisch gesteuerter Staatsstreich in Sofia die am 2. Sept. gebildete pro-westliche Regierung Murawjew beiseite, die am 8. Sept. durch eine Kriegserklärung an Deutschland dem Dilemma für Bulgarien, vollkommen isoliert zu werden, zu entgehen gehofft hat. Am 19. Sept. ist *Sofia in sowjetischer Hand*.
Sofia in sowjetischer Hand	19. Sept.	Finnland, das bereits am 4. Sept. den Kampf gegen die Sowjetunion eingestellt hat, verpflichtet sich zur Teilnahme an der Vertreibung der deutschen Lappland-Armee aus Nordfinnland. Diese zieht sich unter Zerstörung der Städte und Unterkünfte auf die norwegische Grenze zurück.
Heeresgruppe Nord	13. Okt.	Die „Heeresgruppe Nord" räumt Riga und zieht sich über Tukkum, das am 21. Aug. von deutschen Truppen zurückerobert worden ist, nach Kurland zurück. Dort ist die Heeresgruppe weiter von der Landverbindung mit Ostpreußen abgeschnitten, die durch einen sowjetischen Vorstoß zur Memel-Mündung und nach Polangen am 10. Okt. wieder, dieses Mal aber endgültig, abgerissen ist. In sechs Kurland-Schlachten im Winter 1944/1945 gelingt es der Roten Armee nicht, die Kurland-Armeen zu zertrümmern.

15. Okt.	Ein am 29. Aug. in der Mittel-Slowakei begonnener *Aufstand* wird von der deutschen Wehrmacht niedergekämpft, nachdem die Rote Armee nicht über den Dukla-Pass in die Slowakei eindringen kann.	*slowakischer Aufstand erfolglos*
	Die Waffenstillstands-Proklamation des ungarischen Reichsverwesers Horthy bleibt militärisch folgenlos, da die Ungarische Armee weiter an der Seite der deutschen Wehrmacht an den sich in die ungarische Tiefebene verlagernden Kämpfen teilnimmt.	
16. Okt.	Sowjetische Offensive gegen *Ostpreußen* wird nach Anfangserfolgen abgeschlagen. In Nemmersdorf südlich Gumbinnen werden bei der Rückgewinnung Gräueltaten der sowjetischen Eroberer an der deutschen Zivilbevölkerung entdeckt. Die Front verläuft nach Abklingen der Kämpfe (5. Nov. Rückeroberung von Goldap) bereits auf deutschem Boden.	*Ostpreußen*
8. Dez.	Beginn einer sowjetischen Großoffensive in Ungarn zwecks Einschließung von Budapest (die am 24. Dez. erzwungen ist). Die Stadt hält sich bis zum 11. Febr. 1945.	
1945 12. Jan. Jan.–März	Vom Baranow-Brückenkopf aus beginnt eine Großoffensive gegen die von allen Reserven (wegen der Ardennenschlacht im Westen) entblößte deutsche Ostfront, die sich in wenigen Tagen auf den gesamten Raum zwischen der Memel und den Karpathen ausdehnt. Sie wird für die Bewohner der deutschen Ostgebiete zur Katastrophe. Sie versuchen, sich in Trecks nach Westen durchzuschlagen oder die Ostseebrückenköpfe zu erreichen, von denen aus die deutsche Kriegsmarine eine großangelegte Rettungsaktion durchführt. Für diejenigen, die von der Roten Armee eingeholt oder überrollt werden, bedeutet dies in den meisten Fällen Verschleppung, Vergewaltigung oder Tod.	
April	Durch den Vorstoß der Roten Armee aus dem Raum nördlich Warschau zum Frischen Haff bei Elbing wird Ostpreußen abgeschnürt. Die 4. Armee wird im Raume Heiligenbeil zusammengedrängt und bis zum 29. März aufgerieben. *Königsberg*, das seit dem 30. Jan. vom Samland abgeschnitten ist, Mitte Febr. aber noch einmal entsetzt werden kann, kapituliert am 9. April. Im Samland wird Pillau bis zum 25. April gehalten. Im Augenblick der allgemeinen Kapitulation hält sich die „Armee Ostpreußen" noch an der Weichselmündung, auf der Frischen Nehrung sowie auf der Halbinsel Hela. Danzig ist bereits am 30. März von der Roten Armee erobert worden.	*Königsberg*
	Am schnellsten hat sich die sowjetische Großoffensive in der Mitte der Front entfaltet. Warschau wird am 17. Jan. erobert. Am 30. Jan. hat die Rote Armee schon bei Küstrin einen *Brückenkopf über die Oder* gewonnen und bedroht unmittelbar Berlin.	*Brückenkopf über die Oder*
	Das oberschlesische Industriegebiet ist Ende Januar unzerstört in sowjetische Hand gefallen. Am 15. Febr. ist *Breslau* von allen Seiten umzingelt. Es kann bis zum 6. Mai gehalten werden. Die Front kommt erst am Rande der Sudeten und im Bereich der Lausitzer Neiße und der Oder vorübergehend zum Stehen. In Hinterpommern hat der Kampf um Kolberg (bis 18. März) die Sowjets kurze Zeit aufgehalten.	*Breslau*
6. März	Mit der aus der Ardennenschlacht abgezogenen 6. SS-Panzerarmee führt Hitler die letzte deutsche Offensive in *Ungarn*; Ziel ist die Sicherung des ungarischen Erdölgebiets und die Wiedergewinnung der Donaulinie. Der Angriff scheitert nach wenigen Tagen.	*Ungarn*
16. März	Die Rote Armee tritt in Ungarn zum Gegenangriff an und durchbricht die deutsche Front am 25. März. Am 4. April ist ganz Ungarn in ihrer Hand.	
13. April	Die Rote Armee erobert *Wien* und dringt danach bis St. Pölten vor. Sie besetzt das Burgenland und in den Tagen der allgemeinen Kapitulation die Steiermark (Graz am 8. Mai). (Am 27. April bildet der ehemalige Bundeskanzler Karl Renner im sowjetisch besetzten Wien eine österreichische Regierung, die vorerst [bis 7. Juli] von den Westmächten nicht anerkannt wird.)	*Wien*
16. April	Die Rote Armee beginnt an der Lausitzer Neiße und an der mittleren Oder den *Großangriff auf Berlin*.	*Großangriff auf Berlin*
22. April	Hitler entscheidet sich, in Berlin zu bleiben.	
25. April	Bei Ketzin westlich von Berlin treffen die Zangenarme der beiden sowjetischen Offensivkeile um Berlin zusammen. Damit ist die von schwachen Wehrmachtseinheiten, „Volkssturm" und Hitlerjungen verteidigte Reichshauptstadt von allen Landverbindungen abgeschnitten.	
28. April	Die 12. deutsche Armee (General Walther Wenck; *1900, †1982) stößt von Belzig aus zum Entsatz auf Berlin vor, muss aber nach der Gewinnung von Ferch den Angriff abbrechen. Zu ihr können sich jedoch Teile der südlich Frankfurt/Oder eingeschlossenen 9. deutschen Armee durchschlagen. Danach tritt die 12. Armee den Rückzug auf die Elbe in Richtung auf den amerikanischen Machtbereich an.	
30. April	*Selbstmord Hitlers* im Bunker der Reichskanzlei in Berlin (ca. 15.30 Uhr).	*Selbstmord Hitlers*

Kapitulation Berlins

2. Mai *Kapitulation der Verteidiger von Berlin* vor der Roten Armee. Die sog. „Gruppe Ulbricht" (kommunistische Funktionäre) kehrt aus der Moskauer Emigration zurück und beginnt mit dem Aufbau eines kommunistisch beherrschten Verwaltungsapparats in Berlin. – Die Rote Armee besetzt Rostock.

5.–9. Mai In Prag Aufstand tschechischer Nationalisten gegen die deutsche Besatzungsmacht, der von SS-Verbänden und einer Division der im Okt. 1944 gegründeten „Wlassow-Armee" zunächst niedergeschlagen wird. Doch gehen die Wlassow-Truppen schließlich zu den Tschechen über.

7. Mai Die Rote Armee erreicht die Linie Wismar – Schwerin – Wittenberge und trifft dort auf die
8. Mai Amerikaner (7. Mai). Am 8. Mai rückt sie in Dresden ein.

10. Mai Prag wird von der Roten Armee besetzt.

Wehrmachtsverluste

Verluste der deutschen Wehrmacht

Kriegsjahr	Tote	Vermißte/Kriegsgefangene
1939/1940	88 353	5 420
1940/1941	160 171	14 228
1941/1942	485 000	65 844
1942/1943	464 524	389 967
1943/1944	573 238	974 249
bis 30. 11. 1944	139 713	264 346
Summe:	1 911 300	1 714 054

Einschließlich der aus der Wehrmacht Entlassenen
Summe aller Ausfälle bis 30. 11. 1944: 4 774 148

Das Ende des Krieges in Europa (Mai–August 1945)

Großadmiral Dönitz

1945 1. Mai *Großadmiral Karl Dönitz* erhält in Plön (Schleswig-Holstein) die Nachricht vom Tode Hitlers und übernimmt die Nachfolge als Staatsoberhaupt (Reichspräsident). Er verlegt am 2. Mai sein Hauptquartier nach Flensburg und beruft eine geschäftsführende Reichsregierung mit dem bisherigen Reichsfinanzminister *Lutz Graf Schwerin von Krosigk* als „Leitendem Minister" und Außenminister. Er entlässt Joachim von Ribbentrop und Heinrich Himmler, die sich im März/April vergeblich um Waffenstillstand mit den Westmächten bemüht haben. Ziel Dönitz' ist es, auf dem Wege über Teilkapitulationen Zeit zu gewinnen, um einem möglichst großen Teil des deutschen Ostheeres und der Flüchtlinge den Weg in den britisch-amerikanischen Machtbereich offen zu halten. Er billigt nachträglich die am 29. April abgeschlossene und am 2. Mai bekannt gegebene deutsche Kapitulation in Italien.

Lutz Graf Schwerin von Krosigk

Kapitulation im Westen

4. Mai In seinem Auftrag unterzeichnet Admiral Hans-Georg von Friedeburg (*1895, †1945) im Hauptquartier des britischen Oberbefehlshabers Feldmarschall Montgomery die *Kapitulation* aller deutschen Streitkräfte in den Niederlanden, in Nordwestdeutschland (einschließlich der Inseln) und in Dänemark. Montgomery erklärt sich mündlich mit dem Übertritt der in Mecklenburg gegen die Rote Armee kämpfenden deutschen Truppen in britische Kriegsgefangenschaft einverstanden. In Haar bei München kapituliert die „Heeresgruppe G".

deutsche Gesamtkapitulation

7. Mai 2.41 Uhr Generaloberst Alfred Jodl unterzeichnet im Hauptquartier des westalliierten Oberbefehlshabers General Eisenhower in Reims die *deutsche Gesamtkapitulation*. Es wird nur eine zweitägige Frist zum Rückzug der Truppen der deutschen Ostfront in den westlichen Machtbereich zugestanden.

9. Mai 0.16 Uhr Im sowjetischen Hauptquartier in Berlin-Karlshorst wird von Generalfeldmarschall Wilhelm Keitel (Chef des Oberkommandos der Wehrmacht), Admiral von Friedeburg (Oberbefehlshaber der Kriegsmarine) und Generaloberst Hans-Jürgen Stumpff ([*1889, †1968], stellv. OB der Luftwaffe; Nachfolger des am 23. April von Hitler aller Ämter entkleideten Hermann Göring ist Ritter von Greim) die Unterzeichnung der Kapitulation wiederholt. Seit 0.01 Uhr schweigen die Waffen, jede Truppenbewegung ist untersagt. In den letzten Tagen sind noch 1,85 Mio. Mann (d.h. über die Hälfte) des deutschen Ostheeres in den westlichen Machtbereich gelangt.
Im Bereich Böhmen und Mähren wird ein Teil von ihnen, auch die „Wlassow-Division", nachträglich von den Amerikanern der Roten Armee übergeben. Stalin wendet sich in einer Rundfunkansprache anlässlich des Sieges gegen eine Zerstückelung Deutschlands, die auf

der Jalta-Konferenz von den „Großen Drei" beschlossen worden ist, von der sich jedoch Ende März schon die Sowjets und die britische Regierung distanziert haben.

23. Mai Die *Regierung Dönitz* in Flensburg-Mürwick, der eine Enklave überlassen worden ist und die bisher mit einer alliierten Kontrollkommission zusammengearbeitet hat, wird auf Weisung General Eisenhowers verhaftet und in die Kriegsgefangenschaft geführt. Damit ist de facto die de jure noch bestehende und bis dahin als solche von den Alliierten anerkannte deutsche Zentralregierung beseitigt. — *Regierung Dönitz*

5. Juni Die vier Hauptsiegermächte erklären mit der *Berliner Deklaration* ihrer Militärbefehlshaber die Übernahme der obersten Regierungsgewalt in Deutschland und setzen das am 14. Nov. 1944 vereinbarte Kontrollabkommen in Kraft. — *Berliner Deklaration*

29. Juni Die nach Prag zurückgekehrte Regierung unter Edvard Beneš tritt die Karpathen-Ukraine an die Sowjetunion ab, mit der die Tschechoslowakei damit eine gemeinsame Grenze gewinnt.

1.–4. Juli Briten und Amerikaner ziehen sich von der erreichten Linie Wismar – Wittenberge – Leipzig – Mulde auf die im 1. Zonenabkommen vom 12. Sept. 1944 vereinbarte *Demarkationslinie* zwischen Ost und West (Lübeck – Helmstedt – Eisenach – Hof) zurück. Die Westalliierten rücken in die von der Roten Armee geräumten Berliner Westsektoren ein. — *Demarkationslinie*

5. Juli Die USA und Großbritannien erkennen die um einige Exilpolitiker (Stanisław Mikołajczyk stellvertretender Ministerpräsident) erweiterte Warschauer Regierung als „Regierung der nationalen Einheit" Polens völkerrechtlich an und lassen damit die Exilregierung von Thomas Arciszewski fallen.

17. Juli– *Potsdamer Konferenz* der „Großen Drei" (Truman für die USA, Churchill – ab 29. Juli infolge des Wahlsieges der Labour Party Clement Attlee – für Großbritannien und Stalin für die UdSSR). — *Potsdamer Konferenz*
2. Aug.

26. Juli Die „Großen Drei" senden einen ultimativen Appell an die japanische Regierung zur bedingungslosen Kapitulation. Die unbefriedigende Antwort löst die Forderung nach baldigem Kriegseintritt der Sowjetunion aus, wie in Jalta vereinbart.

Die Ergebnisse der Potsdamer Konferenz

Der Inhalt der Gespräche ist in einem Protokoll zusammengefasst, von dem ein größerer Teil am 2. Aug. im *Kommunikee* (unzutreffend oft als „Potsdamer Abkommen" bezeichnet) veröffentlicht wird. Im Mittelpunkt steht das Deutschland-Problem, bei dem vielfach Formelkompromisse angeboten werden. Das Scheitern der Konferenz kann durch das von Stalin am 30. Juli angenommene Vorschlags-„Paket" des (am 1. Juli von Präsident Truman berufenen neuen) amerikanischen Außenministers James F. Byrnes verhindert werden. — *Kommunikee*

Es verknüpft die Anerkennung der Regierungen der sowjetischen Satellitenstaaten (unter bestimmten Bedingungen) mit der deutsch-polnischen Grenzfrage und dem Reparationsproblem. Deutschland soll während der Besatzungszeit als wirtschaftliche Einheit betrachtet werden, doch bringt die Regelung der Reparationsfrage *faktisch* die *Teilung Deutschlands* in zwei unterschiedliche Wirtschaftsgebiete mit sich. Da die USA und Großbritannien die Festlegung auf Gesamtziffern ablehnen, wird vereinbart, die Reparationen aus der laufenden Produktion der jeweiligen Besatzungszonen zu entnehmen, außerdem aus den deutschen Auslandsguthaben im jeweiligen Machtbereich. Jedoch sollen auch 15 % der Industrieausrüstungen der Westzonen gegen Lebensmittel aus der sowjetischen Zone und 10 % der für die Friedenswirtschaft „unnötigen" industriellen Ausrüstung ohne Gegenleistung aus den Westzonen an die Sowjetunion übergeben werden. — *faktische Teilung Deutschlands*

Das Gebiet Nordostpreußen mit Königsberg soll bei der „bevorstehenden Friedensregelung" der Sowjetunion abgetreten werden. Die übrigen deutschen *Ostgebiete bis zur Oder und Lausitzer Neiße* werden der Verwaltung des polnischen Staates unterstellt und aus der sowjetischen Besatzungszone ausgegliedert. Dies soll „bis zur endgültigen Festlegung der Westgrenze Polens" im Friedensvertrag mit Deutschland gelten. — *Ostgebiete*

Artikel XIII sieht die „Überführung der deutschen Bevölkerung oder von Bestandteilen derselben, die in Polen, der Tschechoslowakei und Ungarn zurückgeblieben sind", „in ordnungsgemäßer und humaner Weise" in deutsche Gebiete vor. Mit „Polen" sind, wie aus den Verhandlungen hervorgeht, auch die deutschen Ostgebiete gemeint.

Eine deutsche Zentralregierung ist vorerst nicht vorgesehen, wohl aber die Einrichtung von „Staatssekretariaten" für „Finanzwesen, Transportwesen, Verkehrswesen, Außenhandel und Industrie" ‚unterhalb' des Alliierten Kontrollrats.

Dem Friedensvertrag mit Deutschland soll der *Abschluss von Friedensverträgen* mit den ehemaligen europäischen Verbündeten Deutschlands vorausgehen, die auf der für Sept. 1945 vorgesehenen Fünfmächte-Außenministerkonferenz in London beraten werden sollen.

Der ostasiatisch-pazifische Krieg (Juli 1944–September 1945)

1944	
24. Juli	Die Amerikaner landen auf Tinian (Marianen). Sie bauen die eroberten Inseln dieser Gruppe als Flugbasen für Angriffe auf das japanische Mutterland aus.
3. Aug.	Nationalchinesische Truppen unter Führung des Chiang Kai-shek als Generalstabschef zur Verfügung gestellten amerikanischen Generals Joseph W. Stillwell erobern die Stadt Myitkyina in Nordburma. Ziel ist die Wiederöffnung einer Landverbindung zu China über Nordburma – Assam.
8. Aug.	Im Zuge ihrer großen Offensive im Süden Chinas erobern die Japaner die Flugbasis Henyang, die die Amerikaner zu Angriffen auf die japanischen Hauptinseln benutzt haben.
18. Okt.	Präsident Roosevelt beruft General Stillwell aus China zurück.
19. Okt.	General Douglas MacArthur leitet mit einer Landung amerikanischer Truppen auf der Insel Leyte die *Rückeroberung der Philippinen* ein.
22.–25. Okt.	Unter Einsatz ihrer gesamten Flotte versuchen die Japaner, die amerikanische Landungsflotte vor Leyte zu vernichten. Der Ausgang dieser „Seeschlacht bei den Philippinen", in der die Japaner drei Schlachtschiffe und vier Flugzeugträger, die USA nur einen Flugzeugträger verlieren, markiert das *Ende Japans als Seemacht*. Die Rückeroberung der Philippinen ist zwar noch zu verzögern, aber nicht mehr zu verhindern. Damit aber wird die Verbindung zu den japanischen Positionen in Indonesien und in der Inselwelt des Südpazifik langfristig unhaltbar.
11. Nov.	Die Japaner haben die letzten großen Flugbasen der Amerikaner in Südchina erobert und eine Landverbindung mit Indochina hergestellt.
24. Nov.	Die *amerikanische Luftoffensive* gegen das japanische Mutterland von Saipan aus beginnt. Tokio wird an diesem Tage und am 26. Nov. angegriffen.
1945	Die Rückeroberung Burmas durch die Briten wird mit der Besetzung von Akyab eingeleitet.
28. Jan.	Ein erster alliierter Transport erreicht über die neue Burma-Straße (Assam-Straße) „Nationalchina".
4. Febr.	Manila wird von US-Streitkräften besetzt.
17. Febr.	Nach der Besetzung der Bataan-Halbinsel und der Felseninsel Corregidor (durch Fallschirmjägerabsprung) haben die Amerikaner die gesamte Manila-Bucht in ihrer Hand.
19. Febr.	Die Amerikaner landen auf Iwojima (Bonin-Inseln) und erobern es bis zum 16. März unter schweren Opfern.
25. Febr.	Von Saipan aus fliegen US-Geschwader einen *Brandbombenangriff auf Tokio*, bei dem 28000 Gebäude zerstört werden.
9. März	Nach einem Ultimatum entwaffnen die Japaner die französischen Truppen in Indochina. Am 11. März hebt die japanische Regierung die französischen Protektorate und Kolonialstatuten für Indochina auf. Dem früheren Kaiser von Annam Bao Dai wird die Pseudo-Herrschaft über Vietnam übertragen.
9./10. März	280 US-Bomber führen von den Marianen aus einen Großangriff auf Tokio: Ein Viertel aller Gebäude wird zerstört, fast 84000 Tote und 40000 Verwundete sind die Opfer.
1. April	Die Amerikaner landen auf *Okinawa* (Ryukyu-Inseln), unterstützt von einer gewaltigen Armada. Der Versuch der Japaner, durch einen Selbstopferungsangriff ihrer Rest-Flotte die Landung zu zerschlagen, endet am 7. April mit der Versenkung der letzten großen Kriegsschiffe Japans, darunter des Superschlachtschiffes „Yamato". Der Widerstand der Japaner auf Okinawa bricht am 21. Juni zusammen. Die USA haben mit Okinawa eine Flugbasis nur 500 km von der südlichen Hauptinsel Kyuschu entfernt gewonnen.
5. April	Die *Sowjetunion* kündigt den sowjetisch-japanischen Neutralitätsvertrag vom 13. April 1941 (völkerrechtlich wirksam erst am 13. April 1946!). Die japanische Regierung Koiso tritt zurück. Admiral a. D. Kantaro Suzuki bildet ein neues Kabinett, in dem wieder Shigenori Togo Außenminister wird.
3. Mai	Die Briten erobern Rangun, die Hauptstadt Burmas.
6. Mai	Japan betrachtet alle mit Deutschland abgeschlossenen Verträge aufgrund der Kapitulationsbereitschaft der Regierung Dönitz als von dieser gebrochen und bekundet seine Entschlossenheit, allein weiter zu kämpfen.
16. Juli	In New Mexico (USA) gelingt die *Erprobung der Atomwaffe*.
21. Juli	Außenminister Togo bekundet in einer Botschaft an die Sowjetregierung die Bereitschaft Japans zur Kapitulation unter der Bedingung des Fortbestandes der Monarchie. Die Antwort der japanischen Regierung auf den am 26. Juli abgesandten ultimativen Appell zur bedingungslosen Kapitulation wird von den „Großen Drei" in Potsdam als unzureichend erklärt.
6. Aug.	Abwurf der ersten amerikanischen Atombombe auf *Hiroshima*: 80% der Stadt werden vernichtet, über 90000 Menschen getötet, fast 40000 verletzt (mit langfristigen Nachwirkungen).

Rückeroberung der Philippinen

Ende Japans als Seemacht

amerikanische Luftoffensive

Brandbombenangriff auf Tokio

Okinawa

Sowjetunion

Erprobung der Atomwaffe

Hiroshima

8. Aug.	Die Sowjetunion erklärt Japan den Krieg und beginnt eine Offensive zur Eroberung der Mandschurei, Koreas und der Kurilen.	
9. Aug.	Abwurf einer zweiten amerikanischen Atombombe auf *Nagasaki*: über 40000 Tote und 60000 Verwundete.	*Nagasaki*
10. Aug.	Kaiser Hirohito veranlasst die *Absendung eines Kapitulationsangebots* an die Alliierten (Vorbehalt hinsichtlich der Rechte des Kaisers).	*japanisches Kapitulationsangebot*
11. Aug.	Die chinesischen Kommunisten unter Mao Tse-tung schließen sich in Nordchina mit zwei Armeen der sowjetischen Offensive an. Sie nähern sich Nanking und Shanghai.	
14. Aug.	Die japanische Regierung akzeptiert die alliierte Antwort, in der die Einsetzung einer alliierten Militärregierung in Japan angekündigt wird: Für die Durchführung der Potsdamer Beschlüsse soll der japanische Kaiser verantwortlich sein. Nach dem Rücktritt des Kabinetts Suzuki beruft Kaiser Hirohito eine neue Regierung unter dem Prinzen Naruhiko Higashikuni mit Mamoru Shigemitsu als Außenminister.	
14. Aug.	In Moskau wird ein Freundschafts- und Bündnisvertrag zwischen der Sowjetunion und der chinesischen Regierung Chiang Kai-shek unterzeichnet, in dem China die in der Geheimabsprache zwischen den „Großen Drei" getroffenen Zwangsauflagen („gemeinsame Benutzung" der Häfen Port Arthur und Dairen, Beteiligung der Sowjetunion an den Eisenbahnen in der Mandschurei) akzeptieren muss.	
14. Aug.	Siegestag der Alliierten über Japan („VJ-Day").	
18. Aug.	Stalin lehnt eine Forderung Präsident Trumans ab, den USA eine zentral gelegene Kurilen-Insel zu überlassen.	
	Subhas Chandra Bose, der indische Nationalistenführer, stürzt bei Taipeh (Formosa) tödlich ab.	
20. Aug.	Der Führer der „Viet-Minh"-Partisanen in *Indochina* Ho-Chi-Minh erklärt in Hanoi die Machtübernahme der Kommunisten.	*Indochina*
21. Aug.	Die Japaner kapitulieren in der Mandschurei vor der Roten Armee.	
25. Aug.	Truppen Chiang Kai-sheks rücken in die Hauptstadt der Chinesischen Republik Nanking ein, drei Tage später in Shanghai.	
2. Sept. 10.30 Uhr	Die Vertreter Japans (Außenminister Shigemitsu, Generalstabschef General Yoshijiro Umezu) unterzeichnen auf dem amerikanischen Schlachtschiff „Missouri" in der Tokio-Bucht die *„bedingungslose Kapitulation"* Japans. Die Gegenzeichnung erfolgt durch General MacArthur. Die japanischen Hauptinseln sollen von den USA besetzt werden. Die japanische Kapitulation in Korea südlich des 38. Breitengrades soll von den USA, nördlich davon von der Sowjetunion entgegengenommen werden. In Indonesien, Singapur und im südlichen Indochina (südlich des 16. Breitengrades) soll die Übergabe an die Briten, im nördlichen Indochina an Chiang Kai-shek erfolgen.	*japanische Kapitulation*
2. Sept.	Ho-Chi-Minh proklamiert die Unabhängigkeit der „Demokratischen Republik Vietnam".	
8. Sept.	*Offizieller Einzug* der Amerikaner mit General MacArthur an der Spitze *in Tokio*.	*Einzug in Tokio*
9. Sept.	Die japanische China-Armee (rd. 1 Mio. Mann) kapituliert in Nanking vor Chiang Kai-shek.	
10. Okt.	Chiang Kai-shek und Mao Tse-tung, die sich am 28. Aug. in Chungking, dem provisorischen Sitz der Regierung Chiang Kai-shek, getroffen haben, vereinbaren ein Stillhalteabkommen.	
24. Okt.	Die Entwaffnung der Japaner wird offiziell für abgeschlossen erklärt.	

Bilanz des Zweiten Weltkrieges

Der Versuch der drei „have-nots" Deutschland, Italien und Japan, die Spannungen zwischen den etablierten Großmächten untereinander sowie zwischen ihnen und der Sowjetunion ausnutzend, die 1919/1920 errichtete Weltordnung umzustürzen und die Erde in (auf ihre Interessen ausgerichtete) autarke, strategisch gesicherte „Großräume" aufzuteilen, ist im Verlaufe des Krieges nicht nur gescheitert, sondern hat im Gegenschlag nach der Verwüstung großer Teile des europäischen Kontinents und des ostasiatisch-pazifischen Raumes in einem äußerst opferreichen Ringen zur politischen Katastrophe für die „have-nots" selbst geführt, im Falle Deutschlands infolge des rassenideologischen Vernichtungskrieges mit der Ausrottung der europäischen Juden darüber hinaus auch zu einer *moralischen Katastrophe.*

Japan und Italien scheiden als Großmächte aus, können jedoch ihre nationale Einheit wahren. *Deutschland* hingegen, das von Frankreich und Großbritannien – wie die Anfangsphase des Krieges gezeigt hat – nicht in die Schranken gewiesen werden konnte, hat nur durch das Zusammenwirken der Sowjetunion

moralische Katastrophe
Japan und Italien
Deutschland

und der USA in einem „widernatürlichen" Bündnis total besiegt werden können und ist infolge des Zusammentreffens der beiden fundamental divergierenden Gesellschaftssysteme der beiden im Kriegsverlauf zu „Supermächten" aufgestiegenen ‚Flügelmächte' im Zentrum Deutschlands faktisch geteilt worden. Die Rivalität dieser beiden *„Supermächte"* – Großbritannien und Frankreich fallen ihnen gegenüber weit zurück – ist schon im Verlauf des Krieges mehrfach deutlich zu tage getreten, sodass der zu Ende gehende Zweite Weltkrieg unmittelbar in den kalten Krieg der beiden „Supermächte" um Europa und Ostasien (wo zunächst die USA als überlegene Siegermacht wirken) sowie in Südostasien in die Auseinandersetzung zwischen den von den Japanern seit 1943 geförderten nationalistischen Bewegungen und den zurückkehrenden Kolonialmächten übergeht.

Supermächte

Menschenverluste

Menschen-verluste Sowjetunion

Polen

Deutschland:	5,25 Millionen, davon 500 000 Zivilisten
Sowjetunion:	20,6 Millionen, davon 7 Millionen Zivilisten
	(offizielle Angaben der Sowjetunion)
USA:	259 000
Großbritannien:	386 000, davon 62 000 Zivilisten
Frankreich:	810 000, davon 470 000 Zivilisten
Polen:	4,52 Millionen, davon 4,2 Millionen Zivilisten; ferner 1,5 Millionen in den von der Sowjetunion 1939 annektierten polnischen Ostgebieten
Italien:	330 000
Rumänien:	378 000
Ungarn:	420 000, davon 280 000 Zivilisten
Jugoslawien:	1,69 Millionen, davon 1 280 000 Zivilisten
Finnland:	84 000
Norwegen:	10 000
Dänemark:	1 400
Bulgarien:	20 000
Griechenland:	160 000, davon 140 000 Zivilisten
Belgien:	88 000, davon 76 000 Zivilisten
Niederlande:	210 000, davon 198 000 Zivilisten
Japan:	1,8 Millionen, davon 600 000 Zivilisten
China:	unbekannt
Gesamtverluste:	rund 55 Millionen Tote

Die europäischen Einzelstaaten in der Neuzeit (etwa 1500 bis 1945)

Deutschland 1493 bis 1790/92: Heiliges Römisches Reich, Österreich, Brandenburg-Preußen
(Forts. v. S. 501)

Die Entwicklung im Reich bis zum Ende des Dreißigjährigen Krieges

1493–1519	König, ab 1508 Kaiser *Maximilian I.* (*1459, †1519).	*König Maximilian I.*
1493 19. Aug.	Maximilian I., seit dem 9. April 1486 Erwählter Römischer König, übernimmt nach dem Tode seines Vaters Friedrich III. die Regierung im Reich und muss sich vor allem mit den seit 1486 wieder verstärkt verfolgten reichsständischen Reformbestrebungen auseinander setzen. Führender Kopf dieser Bemühungen um eine Reform der Reichsverfassung ist Berthold von Henneberg (*1441/42, †1504), 1484–1504 Erzbischof und Kurfürst von Mainz.	
1495	Auf dem Reichstag zu Worms kommt es zu ersten grundlegenden Reformbeschlüssen: die *Verkündung des „Ewigen Landfriedens"*, die Errichtung eines ständig tagenden Reichskammergerichts, die Erhebung des Gemeinen Pfennigs und die Formulierung einer „Handhabung Friedens und Rechts" schaffen die Voraussetzungen für die Ausbildung des Reiches als eines einheitlichen Friedens- und Rechtsraumes.	*Ewiger Landfriede*

Die Wormser Reformbeschlüsse von 1495

Die zwischen König Maximilian I. und der Gesamtheit der Reichsstände geschlossenen Vereinbarungen betreffen die innere Verfassung des Reiches und schaffen eine neue Rechtsgrundlage. Mit dem Verbot jeglicher Fehde und Eigenhilfe werden aus rechtmäßigen Institutionen des Mittelalters (entstanden als Ersatz für fehlende staatliche Prozessführung) Friedensbruchs- und Unrechtsdelikte. Das *Reichskammergericht* soll als höchste rechtliche Institution des Reiches über die Einhaltung des Landfriedens wachen und seine praktische Durchführung ermöglichen. Es stellt die erste von der Person des Kaisers gelöste Reichsbehörde dar mit einem von ihm ernannten Kammerrichter (später Präsidenten) an der Spitze, der Fürst, Graf oder Freiherr sein soll. Daneben besteht das Gericht aus 16 Beisitzern (Assessoren): sechs von den Kurfürsten, zwei von den Erblanden Österreich und Burgund, acht von den übrigen Reichsständen vorgeschlagen. Diese Zusammensetzung bedeutet eine Einschränkung der kaiserlichen Gerichtsgewalt und Rechtsprechung und Bindung an ständische Mitsprache. Im Reichskammergericht, das zunächst in Frankfurt am Main seinen festen Sitz erhält (später häufig wechselnd, u. a. in Nürnberg, Regensburg, Speyer, Esslingen, zuletzt ab 1693 in Wetzlar), ist ein Erfolg der ständischen Reichsreform am deutlichsten sichtbar.

Reichskammergericht

Mangels eines eigenen Reichsbeamtentums scheitert die Reform auf dem Gebiet des Reichsfinanzwesens, Grundlage einer geordneten Reichsverwaltung. Zwar wird mit dem *„Gemeinen Pfennig"* (eine Verbindung zwischen Kopf- und Vermögenssteuer jedes Reichsangehörigen) von den Reichsständen gegen Maximilians Plan einer Besteuerung nach Matrikularbeiträgen, wonach jeder Reichsstand für Aufteilung und Einzug eines Fixums zuständig sein sollte, eine Reform der Reichssteuern beschlossen, jedoch kann diese dann nicht realisiert werden: Die Territorien mit ihren Verwaltungsapparaten versagen sich, und auch der Versuch eines Einzugs über die lokalen Kirchenorganisationen (Pfarreien) ist erfolglos.

„Gemeiner Pfennig"

An den Widerständen Maximilians scheitert die Errichtung einer ständischen Reichsregierung. Ein Reichsregiment neben dem Kaiser soll Höhepunkt und Abschluss einer ständischen Reichsreform bilden, jedoch in der *„Handhabung Friedens und Rechts"* kann man sich in Form eines Vertrages zwischen König und Ständen nur auf die jährliche Einberufung eines Reichstages (Mindestdauer ein Monat) einigen, was sich nicht realisieren lässt. Trotz mancher Anfangsschwierigkeiten und bleibender Probleme zeigt sich aber gerade in Ausbau und Verfestigung der Reichstagsverfassung (z.T. schon vor dem Wormser Reformreichstag) insbesondere zwischen 1495 und 1498 ein dauerhafter Erfolg der *Reichsreformbemühungen* an der Wende vom 15. zum 16. Jahrhundert: Teilnahmerecht aller Reichsstände (geistliche und

„Handhabung Friedens und Rechts"

Reichsreformbemühungen

weltliche Kurfürsten und Reichsfürsten, Reichsprälaten, Reichsgrafen, Reichsstädte seit 1489 regelmäßig, aber keine Reichsritter); „Propositions"-Recht des Kaisers (stärkster Einfluss auf die Tagesordnung); Beratungen in drei Kurien (Kurfürstenrat, Reichsfürstenrat, Reichsstädterat) und in sich mehr und mehr bildenden Ausschüssen verschiedener Art; Reichstagsdirektorium beim Kurfürsten von Mainz als Erzkanzler des Reiches; vom Kaiser verkündete „*Reichsabschiede*" seit 1497, die in Form von Verträgen zwischen ihm und den Reichstagsberechtigten die Beschlüsse zusammenfassen.

Reichsabschiede

1498 Mit der Erneuerung von Hofrat und Hofkanzlei will Maximilian die Reichsgeschäfte stärker an sich ziehen und den Einfluss des Kurfürsten von Mainz als Leiter der Reichshofkanzlei zurückdrängen. Er kann sich mit der Forderung nach einem königlichen Regiment nicht durchsetzen und muss zur selben Zeit militärischer Niederlagen in Italien (Italien-Politik und Kampf um „Gleichgewicht" europäischer Mächte ohne Rückendeckung des Reiches) den Reichsständen auf dem Augsburger Reichstag das *1. Reichsregiment* mit Sitz in Nürnberg zugestehen, das u. a. auch seine Außenpolitik beaufsichtigen soll. Der sich schnell als zu schwach erweisende ständische Einungsgedanke, verbreitetes Desinteresse an einer Beteiligung an der Reichsregierung und zwei Jahre erfolgloser Tätigkeit auf allen Gebieten lösen das ständische Reichsregiment schon 1502 wieder auf.

1. Reichsregiment

1500

Maximilian I. Römischer Kaiser

1508 6. Febr. *Maximilian I. nimmt* mit päpstlicher Zustimmung im Dom von Trient den *Titel eines Erwählten Römischen Kaisers an*, ohne je vom Papst zum Kaiser gekrönt zu werden. Seine Nachfolger nehmen unmittelbar nach der Aachener Königskrönung den Kaisertitel an.

1512 Reichstag zu Köln. Aus den analog zu den alten Hauptlanden des Reiches gebildeten sechs geografischen Wahlbezirken (Kreisen), aus denen 1500 ein Teil der Regimentsräte, ab 1507 Beisitzer des Reichskammergerichts gewählt werden sollen, entsteht in Kontinuität der mittelalterlichen Landfriedensbezirke und unter Einbeziehung der kurfürstlichen Lande und habsburgischen Erblande (aber Ausschluss von Böhmen und der Eidgenossenschaft) die Einteilung des Reiches in zehn *Reichskreise*: Österreichischer, Burgundischer, Kurrheinischer (vor allem die vier Kurfürsten am Rhein), Fränkischer, Bayerischer, Schwäbischer, Oberrheinischer, Obersächsischer (u. a. Kursachsen und Kurbrandenburg), Niederrheinisch-Westfälischer und Niedersächsischer Kreis. Diesen neben und über den Territorien sich erstreckenden, halb ständischen, halb aus der Reichsgewalt abgeleiteten genossenschaftlichen Korporationen wird die Wahrung des Landfriedens und die Verteidigung nach außen übertragen. Die Wahrnehmung ständiger Geschäfte gibt ihnen als Selbstverwaltungskörpern die Möglichkeit einer festen Entwicklung.

Reichskreise

Martin Luther

1517 Beginn der Reformation durch *Martin Luther* (*1483, †1546; 1505 Eintritt in das Kloster der Augustinereremiten in Erfurt, 1512 Doktor der Theologie und Professor für Bibelauslegung in Wittenberg). Zwischen 1511 und 1517 gelangt Luther, der selbst in den Traditionen der Scholastik und des Ockhamismus ausgebildet war, zu einer neuen Theologie, indem er die als Strafgerechtigkeit Gottes gedeutete „Gerechtigkeit Gottes" (Röm 1, 17) als Gnadengerechtigkeit versteht. Von diesem Ansatz aus kommt Luther zur Erkenntnis, dass die Rechtfertigung des Menschen vor Gott durch den Glauben allein geschieht. Damit werden für das mittelalterliche Leben fundamentale Vorstellungen erschüttert, wobei Luther das Neue zunächst nur als in Gegensatz theologischer Schulrichtungen erscheint. – Mit der

95 Thesen

Herbst *Versendung von 95 lateinischen Thesen* gegen den Missbrauch des Ablasses (u. a. durch den Dominikaner und Ablassprediger Johann Tetzel, *1465, †1519) an Erzbischof Albrecht von Magdeburg (zugleich Erzbischof und Kurfürst von Mainz, *1490, †1545) und andere hohe kirchliche Würdenträger betritt Luther zwar den Bereich der kirchlichen Öffentlichkeit, ohne jedoch damit zugleich den Boden der innertheologischen Diskussion zu verlassen (er lädt zu einer akademischen Disputation seiner Thesen ein, die indessen nicht in der von ihm gewünschten Form zu Stande kommt). – Als sie einige Zeit später, ins Deutsche übersetzt, von Freunden Luthers durch den Druck verbreitet werden, erregen sie großes Aufsehen, nicht zuletzt deshalb, weil im spätmittelalterlichen Ablasswesen fromme Bedürfnisse der Gläubigen und das Geld- und Herrschaftsinteresse der Kirche wechselseitig Befriedigung finden. – Ob Luther seine 95 Thesen am 31. Okt. 1517 an die Wittenberger Schlosskirche, akademischem Brauch entsprechend, angeschlagen hat, ist heute umstritten und wahrscheinlich auf eine missverstandene Überlieferung zurückzuführen.

1518 Reichstag zu Augsburg. – Als der Dominikanerorden in Rom Anklage gegen Luther wegen Ketzerei erhebt, kommt ein Ketzerprozess gegen ihn in Gang. Vor dem Kardinallegaten Cajetan (*1469, †1534) verweigert Luther – weil er sich nicht widerlegt sieht – in Augsburg den Widerruf seiner Lehre und festigt seine negative Auffassung vom Papsttum.

Ulrich Zwingli

Beginn der Reformation in der Schweiz: *Ulrich (Huldrych) Zwingli* in Zürich (*1484, †1531) als reformerischer Humanist Schüler des Erasmus von Rotterdam, folgt Anregungen Luthers, führt aber die Trennung von der alten Kirche und eine reformatorische Neuordnung selbstständig durch, für die er 1523 die Stadt Zürich gewinnt.

1519 Nach dem Tode Maximilians I. (12. Jan.) erbt sein Enkel *Karl* (*1500, †1558; seit 1516 König des vereinigten Spaniens) die habsburgischen Erblande (Österreich, Steiermark, Kärnten, Krain, Tirol, Vorderösterreich am Oberrhein und die burgundischen Besitzungen). Bei seiner Wahl zum Römischen König und Kaiser in Frankfurt am Main (28. Juni) siegt Karl über seinen von Papst Leo X. (1513–1521) unterstützten französischen Rivalen, Franz I., wobei weniger die vom augsburgischen Bankhaus Fugger verbürgten hohen Bestechungsgelder für die Kurfürsten als vielmehr deren Misstrauen gegen Papst und französischen König ausschlaggebend sind. Eine von der römischen Kurie unterstützte Kandidatur des sächsischen Kurfürsten Friedrichs III., des Weisen (1486–1525, *1463, †1525) scheitert an dessen Weigerung, sodass der Habsburger schließlich einstimmig (mit geheimem Vorbehalt des Kurfürsten von Brandenburg) gewählt wird. Der Wahl geht die Annahme einer *Wahlkapitulation* voraus (Vertrag, in dem der zu Wählende den Wählern für den Fall seiner Wahl bestimmte Versprechungen und Zugeständnisse macht), in der Karl auf die von den Kurfürsten vertretenen Interessen des Reiches (auch gegen die gewaltige Hausmacht des Habsburgers) verpflichtet wird und u.a. ein ständisches Reichsregiment zugestehen muss. Diese erste Wahlkapitulation eines Römischen Königs und Kaisers dient allen späteren bis zum Ende des Reiches als Vorbild, seit 1711 „Capitulatio perpetua", und gilt als eine Art Verfassungsurkunde (Reichsgrundgesetz).

Kaiser Karl

Wahlkapitulation

1519–1556 Als *Kaiser Karl V.* vereinigt der Nachfolger Maximilians Gebiete unter seiner Macht, die an Umfang, Bevölkerung und Reichtum alles übertreffen, was jemals seit dem Reich der Karolinger von einer Hand regiert wurde. Karl fühlt sich weder als Spanier noch als Deutscher, sondern als Niederländer und Burgunder. Er steht noch in der Tradition des universalen mittelalterlichen Kaisertums, verstanden als weltliches und geistliches Amt. Sein bedeutendster Berater ist der Großkanzler (1518–1530) Mercurino de Gattinara (*1465, †1530) aus Piemont (Oberitalien).

Kaiser Karl V.

1520 Nachdem Luther in einer akademischen Disputation mit dem Ingolstädter Theologen Johannes Eck (*1484, †1543), einem der theologischen Hauptgegner der Reformation, 1519 in Leipzig neben dem Papst auch allgemeine Konzile für irrtumsfähig erklärt hat, veröffentlicht er *drei reformatorische Programmschriften* von weit reichender Wirkung im Reich: 1. „An den christlichen Adel deutscher Nation von des christlichen Standes Besserung", 2. „De captivitate Babylonica ecclesiae" („Von der Babylonischen Gefangenschaft der Kirche"), 3. „Von der Freiheit eines Christenmenschen". Trotz unterschiedlicher Thematik durchzieht sie die gleiche Forderung nach der wahren Kirche als Gemeinschaft der Gleichgestellten und Freien, nicht als der Gefangenen in einem perfekten Herrschaftssystem, in dem die kirchliche Hierarchie alle Wahrheit und alles Heil vermittelt.

reformatorische Schriften

10. Dez. Nach Ablauf der Widerrufsfrist für 41 von Rom als ketzerisch betrachtete Sätze *verbrennt Luther die Bannandrohungsbulle Exsurge Domine* („Erhebe dich, Herr!") vom 15. Juni.

1521 Reichstag zu Worms.

Luther verbrennt Bannbulle

Der Wormser Reichstag von 1521 und seine Folgen

Trotz des seit dem 5. Januar rechtswirksamen Bannes wird Luther auf den Reichstag vor Kaiser und Reich geladen, auf dem er aber am 18. April in lateinischer Rede den Widerruf seiner Lehre verweigert. Seine Schriften dürften zu dieser Zeit in weit über einer halben Million Exemplaren verbreitet sein, eine außerordentlich große Zahl angesichts eines nur geringen Anteils Lesekundiger an der Gesamtbevölkerung. Obwohl das ihm zugesagte kaiserliche Geleit eingehalten wird, lässt Kurfürst *Friedrich der Weise* Luther auf seiner Rückreise von Worms auf die Wartburg in Sicherheit bringen. Hier überträgt er 1521/22 das Neue Testament aus der Vulgata und der griechisch-lateinischen Erasmusausgabe von 1519 ins Deutsche. Seine *Bibelübersetzung* wird die Grundlage für die neuhochdeutsche Schriftsprache.

Das auf dem Wormser Reichstag im Mai erlassene Reichsgesetz *(Wormser Edikt)* verhängt über Luther die Reichsacht (wer seiner habhaft wird, soll ihn dem Kaiser ausliefern) und ordnet die Vernichtung seiner Schriften an (wer sie liest, kauft, behält oder druckt, soll ebenfalls geächtet werden). – Karl V. muss den Reichsständen das in der Wahlkapitulation zugesagte ständische 2. *(Nürnberger) Reichsregiment* gewähren, erreicht aber gegenüber jenem von 1500, dass es nur während seiner Abwesenheit vom Reich in Aktion treten darf. Außerdem steht ihm die Ernennung von zwei weiteren Mitgliedern zu, sodass das Übergewicht der Vertreter der Kurfürsten, der übrigen reichsständischen Gruppen und der Reichskreise nicht zu groß wird. Mit vielfach ernsthaften Reformversuchen (Exekutionsordnung zur Durchführung des Landfriedens auf Grundlage der Reichskreise, Reichsmünzordnung, Reichssteuerordnung, Grundlegung einer Reichswirtschaftspolitik, Reichskriegsverfassung) scheitert das 2. Reichsregiment am Wider-

Friedrich der Weise

Bibelübersetzung
Wormser Edikt

Nürnberger Reichsregiment

stand der Territorialgewalten, wobei die konfessionspolitische Entwicklung bereits die Gegensätze verschärft, zudem eine Beilegung des Glaubensstreites unmöglich macht (Nürnberger Reichstage 1522, 1522/23, 1524). Der wichtigste Plan, das Reich zu einem einheitlichen Zollgebiet (Reichszoll) umzugestalten, scheitert an reichsstädtischen Interventionen beim Kaiser. Mit der Rückkehr Karls V. 1530 ins Reich hört das Regiment auch juristisch auf zu bestehen. – Erstmals in Worms liegen die von verschiedenen Reichsständen zusammengestellten Beschwerden der deutschen Nation gegen den Heiligen Stuhl in Rom (gravamina) vor, die auf den folgenden Reichstagen wiederholt zu umfangreichen Beschwerdekatalogen zusammengefasst werden. – Verbindlich für die Zukunft bleibt die Wormser Reichsmatrikel als fast ausschließlich anzuwendendes Modell für die Erhebung von Reichssteuern.

1521/1522 In Erbverträgen von Worms und Brüssel überlässt Karl V. die habsburgischen Erblande seinem Bruder Ferdinand (*1503, †1564), Erzherzog von Österreich, den er auch während seiner Abwesenheit vom Reich als Statthalter dem Reichsregiment zuordnet.

Außenpolitik Karls V.

Chronologische Übersicht Außenpolitische Unternehmungen Karls V. im Kampf um die Vormachtstellung in Europa

1521–1526	Erster Krieg gegen Franz I. von Frankreich	1535	Feldzug in Nordafrika und Eroberung von Tunis
1525	Schlacht und Sieg bei Pavia	1536–1538	Dritter Krieg gegen Franz I.
1526	Friede von Madrid; Heilige Liga von Cognac	1538	Waffenstillstand von Nizza
		1541	Expedition gegen Algier
1526–1529	Zweiter Krieg gegen Franz I.	1542–1544	Vierter Krieg gegen Franz I.
1527	Sacco di Roma	1544	Friede von Crépy (Crépy-en-Laonnais, Département Aisne)
1529	„Damenfriede" von Cambrai		

Ritterkrieg

1522–1523 *Ritterkrieg.*
Weniger aufgrund wirtschaftlichen Niedergangs als vielmehr wegen des Verlustes und schließlichen Fehlens sozialer Funktionen im Reich gerät die Ritterschaft seit Beginn des Jahrhunderts in eine kritische Lage. Als soziale Gruppe beginnt sie sich in landständischen Adel und Reichsritterschaft aufzuspalten, während Reichsgrafen und Herren (die Inhaber kleiner reichsunmittelbarer Herrschaftsgebiete) den auf den Reichstagen vertretenen Teil des niederen Adels bilden. Trotz sehr unterschiedlicher sozialer Stellung werden im niederen Adel zuerst standesspezifische Ausprägungen der reformatorischen Bewegung sichtbar. Unter Berufung auf sie sucht Franz von Sickingen (*1481, †1523) einen Ausweg aus der Situation der Ritter zwischen aufblühendem Bürgertum und sich im Landesfürstentum abschließenden hohen Adel in Überfällen auf Städte (Worms, Metz) und städtische Kaufleute und im landfriedensbrecherischen Krieg gegen ein geistliches Territorium (Kurfürstentum Trier). Mangels Zuzugs der Standesgenossen und gegen die Kraft des vereinigten Heeres von Kurtrier, Kurpfalz und der Landgrafschaft Hessen vermag sich Sickingen mit seinen Leuten nicht zu behaupten; tödlich verwundet stirbt er auf seiner Feste Landstuhl bei Kaiserslautern (7. Mai 1523). Wichtigster Propagandist der Ritter und humanistischer Ratgeber Sickingens ist Ulrich von Hutten (*1488, †1523), der – Luthers Anregung folgend – seine ätzende Kritik an den kirchlichen Missständen teilweise in deutscher Sprache verbreitet und aufgrund der Niederlage nach Zürich flieht. Er stirbt auf der Insel Ufenau (Zürichsee).
Die schon früher einsetzende Trennung der Ritterschaft in landständischen Adel und Reichsritterschaft wird seit ca. 1540 zunehmend deutlicher.

1524–1525 Bauernkrieg.

Ursachen, Verlauf und Folgen des Bauernkrieges

Schon im 15. Jh. und zu Beginn des 16. Jh.s erhebt sich gelegentlich der „gemeine Mann" („Bundschuh", „Armer Konrad") und bringt seine Beschwerden und Forderungen vor, zumeist jedoch nur in lokalen oder regionalen Unruhen des deutschen Südens und Südwestens aus unterschiedlichen Anlässen und mit wechselnder Intensität und Zielsetzung. Im Kampf um das *„alte Recht"* wehrt er sich gegen landesherrliche Bemühungen, einen einheitlich regierten, geschlossenen Untertanenverband herzustellen, gegen gleichzeitige Steigerung von Abgaben und Dienstleistungen, gegen Willkür und Missbräuche im Rechtswesen, gegen Einschränkungen bäuerlicher Autonomie, des Gemeinbesitzes und seiner Nutzung. Die reaktionären Grundstrukturen dieser Bauernunruhen wandeln sich zum Kampf um das „göttliche Recht" (als Formel erstmals bei Wiclif Ende des 14. Jh.s) und werden durch die reformatorische Bewegung am

„altes Recht"

Maßstab des Evangeliums intensiviert, ohne dass am Anfang eine Elendssituation der größten sozialen Gruppe im Reich steht. Die *Summe von Aufständen* in Salzburg, Tirol, im Allgäu, in Schwaben, am Oberrhein, in Franken und Thüringen macht den Bauernkrieg aus, dessen vielfältige rechtliche, wirtschaftliche, soziale und kirchlich-reformatorische Forderungen in den „zwölf Artikeln der Bauernschaft in Schwaben" (ausgearbeitet von dem Memminger Kürschner Sebastian Lotzer; *um 1490, †nach 1525, und dem Prediger in der Reichsstadt Memmingen, Christoph Schappeler; *1472, †1551, veröffentlicht Mitte März 1525) zum grundlegenden Katalog zusammengefasst werden, der im Ganzen kein radikales Programm darstellt. Ihr großer Erfolg weitet die regionalen Aufstände zum *Bauernkrieg* aus, an dem auch Ritter und Bürger führend beteiligt sind (Florian Geyer, *um 1490, †1525; Götz von Berlichingen, *1480, †1562; Graf Wilhelm von Henneberg, *1480, †1559; Wendel Hipler, *1465, †1526; Friedrich Weigandt, †nach 1525; Michael Gaismair, *um 1490, †1532). Der thüringische Theologe *Thomas Müntzer* (*um 1490, †1525) hat in Mitteldeutschland als die soziale Krise ausnützender religiöser Revolutionär mit chiliastisch-kommunistischen Vorstellungen große Erfolge. Er fordert (damit weit über Luther hinausgehend) größere eigene Aktivität zur Verwirklichung des Reiches Gottes auf Erden und die Beseitigung sozialer Not, um frei zu sein für Bibelstudium und Empfang des Heils. Auf den Verfassungsumsturz in der Stadt Mühlhausen (Thüringen) folgt die vernichtende *Niederlage der Bauern* bei Frankenhausen am Südhang des Kyffhäusers (Thüringen, 15. Mai 1525) gegen das vereinigte Heer der Fürsten von Hessen, Sachsen und Braunschweig; Müntzer wird gefangen genommen und enthauptet.

Besorgt um die Reinerhaltung des Evangeliums und mäßigend auf den von ihm geachteten Bauernstand einredend, sucht *Luther* in dem großen Konflikt zu vermitteln. Als er jedoch erkennt, dass seine Lehre politisch missverstanden wird, schreibt er im Mai 1525 hart und leidenschaftlich „Wider die räuberischen und mörderischen Rotten der Bauern" und fordert deren rücksichtslose Niederwerfung durch die Obrigkeiten. Sieger der Auseinandersetzungen sind die Fürsten, deren militärischer Erfolg ihre Stellung als Landesherren stärkt. Die Bauern verschwinden als reichspolitischer Faktor, spielen als soziale Gruppe aber in einzelnen Territorien gelegentlich auch weiterhin eine Rolle.

1525 In der Auseinandersetzung mit Erasmus antwortet Luther, der in dessen Schrift „De libero arbitrio diatribe" („Vom freien Willen", 1524) angegriffen wird, mit einer seiner wichtigsten theologischen Schriften: „De servo arbitrio" („Vom unfreien Willen"); sie führt einen *Bruch mit dem Humanismus* herbei.

Einen ersten wichtigen Erfolg der Reformation stellt die Schaffung eines geschlossenen evangelischen Territoriums dar: außerhalb der Reichsgrenzen der Deutschordensstaat in Preußen unter Hochmeister *Albrecht von Brandenburg* (*1490, †1568), der sich zu Luther
8. April bekennt, mit dem er seit 1523 persönlich verbunden ist. Albrecht befolgt dessen Rat zur Säkularisation und wird durch den Vertrag von Krakau weltlicher Herzog von Preußen unter Lehnshoheit des polnischen Königs. Davor wagten nur freie Städte diesen Schritt zur geschlossenen *Übernahme des Luthertums*; Schwierigkeiten und Probleme gibt es auch in den Territorien evangelisch gesinnter Fürsten. – Die Bildung konfessioneller Bündnisse im Reich beginnt mit dem Regensburger Konvent (Juni 1524 vom päpstlichen Legaten und Erzherzog Ferdinand einberufen) und den Vereinigungen von Dessau (Juli 1525: Herzog Georg von Sachsen, Kurfürsten Joachim von Brandenburg und Albrecht von Mainz, Herzöge Erich und Heinrich von Braunschweig) und Torgau-Gotha (Mai 1526: Landgraf Philipp von Hessen und Kurfürst Johann von Sachsen).

1526 *Erster Reichstag zu Speyer*. Während der Nürnberger Reichstag von 1523 vieldeutig beschloss, in Zukunft allein das Evangelium nach der Auslegung der Schriften zu lehren, 1524 ebendort den Reichsständen die Befolgung des Wormser Edikts „sovil inen muglich" anheim gestellt wurde, heißt es auf dem Speyerer Reichstag, jeder Stand solle sich bis zum bald erwarteten Konzil gegenüber seinen Untertanen so verhalten, „wie ein jeder solches gegen Gott und Kayserl. Majestät hoffet und vertraut zu verantworten"; es wird damit das Wormser Edikt weit gehend außer Kraft gesetzt.

1527 Der Kurfürst Johann der Beständige von Sachsen (1525–1532; *1468, †1532) führt in seinem Territorium eine Kirchen- und Schulvisitation durch (alte kirchenrechtliche Institution mit neuer Zielgebung: umfassende Überprüfung der kirchlichen Gegebenheiten an jedem Ort, des Wissensstandes von Pfarrern, Lehrern und Gläubigen, der sittlichen Zustände und der Besitzverhältnisse). Daraus erwächst in der Folgezeit das deutsche evangelische *Landeskirchentum*, das an die vorreformatorische kirchliche Landeshoheit anknüpft, die Luther nicht umgehen kann. Der hessische Landgraf Philipp der Großmütige (*1504, †1567) folgt in der Organisation der Kirche dem sächsischen Beispiel und gründet mit der *Universität Marburg* a. d. Lahn die erste evangelische Hochschule ohne päpstliches Privileg (ein kaiserliches Privileg folgt erst Jahrzehnte später). Das von Philipp Melanchthon (*1497, †1560), Professorenkollege Luthers in Wittenberg (erster evangelischer Dogmatiker), reorganisierte

Universitätswesen und von ihm geschaffene evangelische Schulwesen, die landesfürstliche Gewalt, die mit der Einziehung von Kloster- und Kirchengut beginnt, und die Pfarrgeistlichkeit werden die Grundpfeiler des evangelischen Kirchenwesens. Die Entwicklung der Reformation zu einer „Bildungsbewegung" liegt im Interesse des sich formierenden „frühmodernen Staates" (Beamtenschaft).

Zweiter Reichstag zu Speyer

1529 *Zweiter Reichstag zu Speyer.* Nachdem das Konzil nicht zusammengetreten ist, will Ferdinand als kaiserlicher Statthalter im Reich das Wormser Edikt wieder voll in Kraft setzen durch Aufhebung der die Religionsfrage betreffenden Partien des Speyerer Reichsabschieds von 1526, was die „protestatio" (im April) evangelischer Reichsstände auslöst (Kurfürst Johann von Sachsen, die Reichsfürsten Georg der Fromme von Brandenburg-Ansbach [*1484, †1543], Ernst von Braunschweig-Lüneburg [*1497, †1546], Philipp von Hessen, Wolfgang von Anhalt, 14 Reichsstädte, unter ihnen Straßburg, Nürnberg, Ulm und Konstanz). Unter Berufung auf das Gewissen beziehen sie Stellung gegen ein Reichsgesetz und die Aufrechterhaltung geistlicher Obrigkeit und werden seither *Protestanten* genannt.

Protestanten

Im September rücken die Türken als Herren Ungarns (1526 Sieg von Mohács, einer südungarischen Stadt an der Donau) bis vor Wien und belagern es. Ihr Angriff auf das Abendland bindet Kräfte, die der fortschreitenden Reformation möglicherweise Einhalt gebieten könnten. – Im Oktober organisiert Philipp von Hessen in Marburg ein *Religionsgespräch zwischen Luther und Zwingli* und ihren engsten Beratern, in dem die theologischen Meinungsverschiedenheiten ausgeräumt werden sollen. Das gelingt zwar in 14 der sog. Marburger Artikel, in die das Gespräch zusammengefasst wurde, scheitert aber im Artikel 15 über die Abendmahlsfrage, weil Luther auf einer Realpräsenz Christi im Abendmahl besteht, die Zwingli und seine Anhänger ablehnen. Die Spaltung des Protestantismus bleibt bestehen.

Treffen Luther – Zwingli

1530 Im Februar empfängt Karl V. als letzter Römischer König gemäß mittelalterlichen Herkommens vom Papst in Bologna, nicht mehr in Rom, die Kaiserkrone. Gleich nach seiner Rückkehr ins Reich findet der *Reichstag zu Augsburg* statt, an dessen Ende die unversöhnliche konfessionelle Konfrontation steht. Das Augsburgische Bekenntnis (CA = *Confessio Augustana*) wird ohne Beteiligung Luthers (er hält sich als Gebannter zu seinem Schutze auf der Feste Coburg auf) von *Melanchthon* in lateinischer und deutscher Sprache verfasst, von protestantischen Reichsfürsten und -städten unterzeichnet und nach einer lateinischen Einführungsrede des alten kursächsischen Kanzlers Gregor Brück (1521–29; *1483, †1557) am 25. Juni dem Kaiser in deutscher Fassung von dem jungen kursächsischen Kanzler Christian Beyer vorgetragen. Unter Betonung der Gemeinsamkeiten mit der alten Kirche und der Gegnerschaft zum Schwärmertum werden die Differenzen oberflächlich zugedeckt, aber in den entscheidenden Punkten des neuen Glaubens (Rechtfertigungslehre, Predigtamt, Kirchenauffassung) doch klar zum Ausdruck gebracht. Eine katholische Gegenerklärung, hauptsächlich von Johannes Eck und Johannes Cochläus (*1479, †1552) bearbeitet, die „Confutatio", führt nicht zu der von Karl V. angestrebten Unterwerfung der Protestanten. Eine besondere Konfessionsschrift der südwestdeutschen Städte Straßburg, Konstanz, Lindau und Memmingen, die „Confessio Tetrapolitana", und ein eigenes Bekenntnis Zwinglis („Ratio Fidei") verdeutlichen die Zersplitterung des Protestantismus, aber auch die altgläubige Seite bietet kein geschlossenes Bild (aktive katholische Reichsstände, konzilianter päpstlicher Legat Campeggio, devot-religiöser Kaiser in erasmisch-orientierter Umgebung). Der Reichsabschied ergeht in Abwesenheit der Protestanten, deren „Apologie" der Augustana (durch Melanchthon) als Widerlegung der „Confutatio" vom Kaiser nicht anerkannt wird; jeglicher Widerstand gegen das wieder belebte Wormser Edikt wird zum Landfriedensbruch und damit zur Sache des reorganisierten Reichskammergerichts erklärt. Die Verlagerung des konfessionellen Streites in die reichsrechtliche Zuständigkeit vertieft die Kluft zwischen den Religionsparteien.

Reichstag zu Augsburg Confessio Augustana

1531 Die *Wahl Erzherzog Ferdinands* von Österreich (seit 1526 König von Ungarn und seit 1527 König von Böhmen) *zum Römischen König* (5. Jan. in Köln, Krönung Aachen 11. Jan.) zu Lebzeiten des Kaisers (vivente imperatore), seit Karls V. Kaiserkrönung möglich, gemäß der Goldenen Bulle zumindest problematisch, ist auf dem Augsburger Reichstag vorbereitet worden und soll dessen Anwartschaft auf das Erbe im Kaisertum unterstreichen. Gegner einer Erblichkeit der habsburgischen Dynastie im Reich sind vor allem Bayern (alte Rivalität der Wittelsbacher gegen die erfolgreichen Habsburger), aber auch der Kurfürst von Sachsen, der an der Wahl nicht beteiligt ist, obwohl ein Ausschluss des „Ketzers" durch Karl V. am Widerstand der übrigen Kurfürsten scheitert.

Ferdinand Römischer König

23. Febr. Mehrere protestantische Reichsstände schließen im *Schmalkaldischen Bund* (Schmalkalden am Südhang des Thüringer Waldes) ein Verteidigungsbündnis unter Führung Kursachsens und vor allem Hessens gegen die kaiserliche Religionspolitik, das sich in den nächsten Jah-

Schmalkaldischer Bund

ren stark erweitert und Beziehungen zu auswärtigen Mächten anknüpft. – Im Oktober, nach Zwinglis Tod als Feldprediger in der Schlacht bei Kappel (westlich des Zürichsees), wo die evangelischen Eidgenossen eine schwere Niederlage erleiden und an Macht verlieren, entschärft sich der innerprotestantische Gegensatz. Wenig später erklären die oberdeutschen Städte Confessio Augustana und Confessio Tetrapolitana für übereinstimmend. – Im überkonfessionellen Bund von Saalfeld (Nordostfuß des Thüringer Waldes; Oktober) finden sich Kursachsen, Bayern und Hessen zum Boykott des neuen Königtums Ferdinands I. zusammen, dem bald Dänemark und Frankreich beitreten.

1532 Erster Erfolg des Schmalkaldischen Bundes ist der Nürnberger „Anstand" (eine Art befristeter Religionsfriede), den Karl V. angesichts der bewaffneten Macht der Protestanten und der Türkengefahr den protestantischen Reichsständen auf einer Reichsversammlung in Nürnberg gewähren muss. Ohne dass die katholischen Reichsstände auf dem gleichzeitig tagenden Regensburger Reichstag (zur Bereitstellung einer Türkenhilfe) zustimmen, wird den Protestanten vorläufig (bis zu einem Konzil oder Reichstag) der Sache noch freie Religionsausübung zugestanden („Religionsprozesse" vor dem Reichskammergericht sollen ausgesetzt werden). Die Protestanten leisten dafür Hilfe gegen die Türken. Erstmals wird der als Ketzerei öffentlich verurteilte und genau definierte Protestantismus im Reich auf einer rechtlichen Basis geduldet. – Im Regensburger Reichsabschied (27. Juli) wird die „*Constitutio Criminalis Carolina*" („Kaiser Karls V. und des Heiligen Römischen Reiches Peinliche Gerichtsordnung") verkündet, die in der Reichsgesetzgebung die Bereiche des Strafverfahrens und materiellen Strafrechts abdeckt und das erste deutsche Reichsstrafgesetzbuch darstellt. *Peinliche Gerichtsordnung*

1534 Am 2. Februar hört der 1488 gegründete Schwäbische Bund auf zu bestehen, im Mai erhält Herzog *Ulrich von Württemberg* (*1487, †1550) sein Territorium vor allem dank der Unterstützung Philipps von Hessen zurück, nachdem es 1519 habsburgischer Verwaltung unterstellt worden war. Entscheidender Sieg der Opposition im Reich gegen die Habsburger und Sieg fürstlicher Souveränität, der im Vertrag von Kaaden (29. Juni, in Westböhmen an der Eger) festgeschrieben wird. Ferdinand I. erreicht lediglich die Anerkennung seines Römischen Königtums durch die Protestanten, die auch Bayern im September nachvollzieht (Linzer Vertrag). *Ulrich von Württemberg*

Das Täuferreich von Münster 1534/1535

Als religiöse Gruppe besonderer Art innerhalb der reformatorischen Bewegung formiert sich das *Täufertum* (Kennzeichen: Erwachsenentaufe; die irdische Ordnung ist nach der biblischen Weissagung zu gestalten; Wiederbelebung von Lebensformen aus der älteren Kirchengeschichte), das sich nach 1525 vor allem im Verbreitungsgebiet des Bauernkrieges in vielfältiger Weise ausbreitet und erst verhältnismäßig spät auch den niederdeutschen Raum erreicht. *Täufertum*

Ins westfälische Münster bringt 1531 der einheimische Kaplan Bernhard Rothmann (*um 1495, †nach 1535) die reformatorische Lehre von einer Reise nach Straßburg mit. 1533 ergibt die Ratswahl eine lutherische Mehrheit. Während das Täufertum um 1534/35 in weiten Teilen des Reiches bereits unterdrückt oder ausgerottet ist (Täuferexekutionen auf der Grundlage eines alten Wiedertaufe-Verbots und detaillierter Bestimmungen der Reichsgesetzgebung von 1529/30), zeigen sich weite Kreise in Münster empfänglich für ein spezifisch niederländisches Täufertum, das sich in einem isolierten Gebiet des Reiches entwickelt hat und dessen Prophet der fränkische Kürschner *Melchior Hoffmann* aus Schwäbisch Hall (*um 1500, †1543/44; seit 1523 Wanderprediger in Norddeutschland, Livland und Schweden, zuletzt in Straßburg, wo er eingekerkert wurde) ist. Seine von holländischen Anhängern, den Melchioriten, verbreitete Lehre (spekulative Bibeldeutung, Ankündigung des baldigen Weltendes) – Hoffmanns quietistische Endreichsvorstellungen werden jedoch nicht geteilt – wird von der Stadt wie in einem Rausch übernommen, nachdem der die Kindertaufe verwerfende und mit dem lutherischen Rat streitende Rothmann sich hat taufen lassen. Die Folge ist die Errichtung eines apokalyptischen „Gottesreiches" (Vision der Heiligen Stadt) und eine weitere Radikalisierung der Bewegung unter dem Bäcker Jan Matthijsz (*zwischen 1490/1500, †1534) und dem Schneider *Jan Bockelson* (*um 1509, †1536) aus Leiden (Beseitigung des Privateigentums an Geld; Nahrungsmittel und Grundbesitz werden zum Eigentum der Gemeinschaft erklärt; Aufhebung aller Schulden; Vielweiberei und Zwangsehe). Bevölkerungsverluste infolge von blutigem Glaubensterror (es gibt nur noch Wiedergetaufte in der Stadt) und Abwanderung werden durch Zuzug von Täufern aus Holland, Friesland und vom Niederrhein ersetzt. Nach dem eindeutigen Erfolg der Täufer bei der Ratswahl im Februar 1534 lässt sich Bockelson im September 1534 zum „*König von Zion*" ausrufen. Reichs- und Kreisexekution gegen das landfriedensbrecherische Münster kommen nur zögernd zu Stande (Koblenzer und Wormser Versammlungen Dezember 1534 und April 1535). *Belagerungen Münsters* durch Kriegstruppen katholischer und evangelischer Reichsstände unter Füh- *Melchior Hoffmann* *Jan Bockelson* *„König von Zion" Belagerungen Münsters* rung seines Bischofs Franz von Waldeck (1532–1553; *1491, †1553; Bischofsweihe 1541) sind erst im Juni 1535 erfolgreich, als die Stadt durch Verrat fällt. Es folgen *Hinrichtungen der Aufrührer*, Bestrafung der Bürgerschaft, und gegen schwache Widerstände evangelischer Reichsfürsten kommt es zur Wiederherstellung des Katholizismus, der einen beträchtlichen Erfolg der Altkirchlichen darstellt, insofern sie erstmals eine verlorene Position zurückgewinnen. Das Täufertum, dessen Sozialstruktur keineswegs im Gegensatz zu derjenigen der Gesamtbevölkerung steht und nicht etwa ausschließlich von den untersten Schichten gekennzeichnet ist, tritt nach der Katastrophe von Münster nirgends mehr sozialrevolutionär in Erscheinung.

Hinrichtung der Aufrührer

Seit 1536 sammelt sich um Menno Simons (*1496, †1561) eine Gruppe, die nach ihm benannten Mennoniten, die in schärfstem Gegensatz zu den himmlischen Propheten von Münster stehen.

1538 Bildung eines Bundes katholischer Reichsstände (Herzöge von Sachsen, Bayern, Braunschweig, Erzbischöfe von Magdeburg und Salzburg) in Nürnberg als Gegengewicht zum Schmalkaldischen Bund auf Initiative des Reichsvizekanzlers Matthias Held (1531–1540; †1563) ohne rückhaltlose Unterstützung des Kaisers.

1539 Im Frankfurter „Anstand", der den Nürnberger unter Einbeziehung aller seit 1532 dazugekommenen Anhänger der Confessio Augustana verlängert, wird ein Religionsgespräch zwischen Theologen und Laien beider Konfessionen vereinbart. – In Nordwestdeutschland entsteht unter Missachtung kaiserlicher Erbansprüche der größte Territorialkomplex (Cleve, Mark, Jülich, Berg, Ravensberg, Geldern) unter dem erasmisch gesinnten, zeitweise dem Protestantismus zuneigenden Herzog Wilhelm V. von Cleve (1539–1592), der habsburgischen Expansionsbestrebungen von den (dem Hause Österreich gehörenden) Niederlanden her im Wege steht.

1540 Angesichts eines neuen Türkenkrieges drängt Karl V. auf einen friedlichen Ausgleich im Glaubensstreit und fördert das in Hagenau begonnene und in Worms fortgesetzte Religions-
1541 gespräch während des Regensburger Reichstages. Trotz größter Verständigungsbereitschaft auf beiden Seiten (u.a. Melanchthon; Martin Bucer, *1491, †1551, aus Straßburg; Johann Gropper, *1503, †1559, als kurkölnischer Rat; Kardinal Gasparo Contarini, *1483, †1542, als päpstlicher Legat) und obwohl man einer Einigung in der zentralen Frage der Rechtfertigung sehr nahe kommt, können die Meinungsunterschiede in der Sakramentenfrage nicht überbrückt werden. Schließlich lehnen die Reichsstände beider Konfessionen, die römische Kurie und Luther die Gesprächsergebnisse insgesamt ab und markieren damit das vorläufige *Ende theologischer Einigungsbemühungen* zwischen den Konfessionen. Wegen der Türkengefahr gewährt der Kaiser nochmals die Verlängerung des Nürnberger „Anstandes" bis zum Ende eines Generalkonzils, einer Nationalversammlung oder eines Reichstages und verspricht den Protestanten u.a. eine Umbesetzung des Reichskammergerichts, da es wegen der „Religionsprozesse" immer wieder zu Unruhe kommt. Im Geheimvertrag mit Philipp von Hessen (13. Juni) wegen dessen Doppelehe (Straflosigkeit bei Unterordnung unter habsburgische Interessen; Versprechen des Kaisers, den Landgrafen der Religion wegen nicht mit Krieg zu überziehen) klingt erstmals der Krieg als Mittel kaiserlicher Politik gegen die Protestanten an.

Scheitern der Einigungsversuche

Ein neues Zentrum des Protestantismus entsteht mit der Reformation in Genf durch den aus dem nordfranzösischen Noyon stammenden *Johann Calvin* (Jean Cauvin, *1509, †1564), die zweite überragende Gestalt der Reformationsgeschichte neben Luther. Calvin wendet sich unter Einfluss des Luthertums Anfang der dreißiger Jahre dem neuen Glauben zu (er selbst spricht später von einer „plötzlichen Bekehrung"), er publiziert 1536 in Basel seine Glaubenslehre („Institutio religionis Christianae"), die nichts anderes als ein Schlüssel zum rechten Verständnis der Bibel sein will, wirkt in Genf und Straßburg und organisiert 1541 in Genf (gegen heftigen Widerstand bis 1555) das Kirchenwesen auf der Grundlage des Gemeindeprinzips. Vor allem in der *Prädestinationslehre* unterscheidet sich Calvin grundlegend von Luther.

Johann Calvin

Prädestinationslehre

1542 Der Reichstag zu Speyer bewilligt noch einmal einen Gemeinen Pfennig zur Finanzierung der Türkenhilfe durch das Reich. Der Modus seiner Erhebung gibt den Reichskreisen neue Impulse und verstärkt ihre innere Konsolidierung; zugleich fördert er das Entstehen einer reichsritterschaftlichen Organisation. Die Türken beschäftigen nach ihrer Eroberung von Ofen (heute: Buda, Teil von Budapest; 1541) auch noch die nächsten Reichstage (Nürnberg 1542 und 1543, Speyer 1544) und halten sich nahe der Südostgrenze des Reiches bis zum Ende des 17. Jh. s. – Im „Braunschweiger Krieg" erobert der Schmalkaldische Bund mit dem Herzogtum Braunschweig-Wolfenbüttel die letzte Bastion des Katholizismus in Norddeutschland ohne Eingriff des Kaisers.

1542–1543	Mit der Eroberung des Herzogtums Geldern und der Grafschaft Zutphen festigt Karl V. seine Machtbasis am Niederrhein (Verlierer ist Herzog Wilhelm V. von Cleve). Im Venloer Vertrag vom 7. September 1543 wird die Einbeziehung dieser Gebiete in die niederländischen Erblande festgeschrieben und damit gleichzeitig der Protestantismus zurückgedrängt, der ansonsten aber jetzt auch in geistliche Fürstentümer einzubrechen beginnt (Naumburg, Merseburg). Reformationsversuche im Bistum Münster und Erzbistum Köln (1542–1547; Kurfürst Hermann von Wied, *1477, †1552; [1515–1547 Erzbischof von Köln] holt Bucer, zeitweise auch Melanchthon, an den Bonner Hof).	
1545–1563	*Konzil zu Trient* (Concilium Tridentinum), zunächst auf Reichsboden. Die Protestanten beschließen auf dem Reichstag zu Worms (1545), der Zusammenkunft fernzubleiben.	*Konzil zu Trient*
1545–1547	Erste Periode, dann Verlegung ins päpstliche Bologna. Wichtigste Entscheidung ist die Gleichstellung von Heiliger Schrift und kirchlicher Tradition (Teilerfolg der Reformation, 8. April 1546).	
1545	Eineinhalbjähriger Waffenstillstand Ferdinands I. mit dem türkischen Sultan: Verzicht auf eroberte Teile Ungarns und Tributverpflichtung.	
1546	18. Februar: *Tod Luthers* in Eisleben. – Geschickte Vertragspolitik Karls V. mit Herzog Wilhelm IV. von Bayern (*1493, †1550) und dem protestantischen Herzog Moritz von Sachsen (*1521, †1553; 1541 Herzog, 1547 Kurfürst), zwei prominenten Mitgliedern des oppositionellen Reichsfürstenstandes. Gegen Neutralitätszusagen im bevorstehenden Krieg mit den Protestanten eröffnet der Kaiser den Wittelsbachern Aussichten auf eine Heiratsverbindung mit den Habsburgern und territoriale Erwerbungen, dem Wettiner solche auf die reichen Stifter Magdeburg und Halberstadt, beiden ferner eine vage Hoffnung auf eine Kurwürde (pfälzische bzw. ernestinisch-sächsische).	*Tod Luthers*
1546–1547	Nach einem Reichstag zu Regensburg, auf dem ein neuerliches Religionsgespräch scheitert, bricht der *Schmalkaldische Krieg* aus. Karl V. führt den Krieg, den er als Exekution einer Reichsacht versteht, seit Juni 1546 vor allem gegen Philipp von Hessen und Kurfürst Johann Friedrich von Sachsen (1532–1547; *1503, †1554), Schwiegervater Philipps und Vetter Moritz' von Sachsen, der ab Oktober 1546 offen ins kaiserliche Lager wechselt, um die	*Schmalkaldischer Krieg*
1547 24. April	sächsische Kur tatsächlich zu erwerben. Der Krieg verlagert sich von Süddeutschland, das die Schmalkaldener dem Kaiser samt den protestantischen Ständen und Städten überlassen, nach Sachsen, wo Johann Friedrich in der *Schlacht bei Mühlberg/Elbe* besiegt und gefangen genommen wird. Dasselbe Schicksal erleidet der sich ergebende Hesse in Halle (19. Juni). In der Wittenberger Kapitulation (19. Mai) muss der zum Tode verurteilte Sachse auf seine Kurwürde, die an Moritz von der albertinischen Linie fällt, und die Kurlande, die an seine Söhne übergehen, verzichten, lässt sich aber nicht zwingen, die bisher ergangenen Konzilsbeschlüsse zu akzeptieren; das Todesurteil wird nicht vollstreckt. Beide Häupter der Schmalkaldener treten lange Haftstrafen an; ihr Bund verliert jegliche Macht.	*Schlacht bei Mühlberg/Elbe*
1547–1548	Auf dem *Reichstag zu Augsburg* fallen die wichtigsten Entscheidungen durch den Sieger des vorangegangenen Krieges; mit seinem Hauptanliegen jedoch, der Schaffung eines Bundes aller Reichsstände, dazu Reichsritterschaft und möglicherweise landständischer Adel, unter habsburgischer Teilnahme und kaiserlicher Führung, kann sich Karl V. nicht durchsetzen, denn er hätte die Reichsverfassung von Grund auf verändert. Hauptverantwortlicher für diesen Misserfolg ist der Herzog von Bayern in seinem Einsatz für *fürstliche Libertät* und gegen den dynastischen Rivalen. Immerhin erreicht Karl V. eine Reorganisation des Reichskammergerichts mit Stärkung des kaiserlichen Einflusses und die Anlegung eines finanziellen „Vorrats" für künftige Türkenkriege. Das *„Augsburger Interim"* ist die Konsequenz	*Reichstag zu Augsburg* *fürstliche Libertät*
1548 15. Mai	aus der kompromisslosen Ablehnung eines Ausgleichs mit den Protestanten seitens des Trienter Konzils und des Papstes, die die kaiserlichen Bemühungen stark enttäuschen. Das von gemäßigten Theologen beider Konfessionen erarbeitete, in konziliarer Form den katholischen Standpunkt beinhaltende Schriftstück soll wieder eine Lösung der Religionsfrage auf Reichsebene vorbereiten; es gesteht den Protestanten bis zur endgültigen Entscheidung des Konzils Priesterehe und Laienkelch zu. Die darin entworfene Ordnung, die für das Reich verbindlich sein und beruhigend wirken soll, löst aber auf beiden Seiten heftigsten Widerstand aus und bleibt weithin wirkungslos. Magdeburg wird zum neuen Zentrum des lutherischen Widerspruchs, das sich schon nach dem Schmalkaldischen Krieg behauptet hat und 1550/51 eine Exekution der von Karl V. verhängten Reichsacht abwehren kann, mit der der Kaiser den neuen protestantischen Kurfürsten von Sachsen, Moritz, beauftragt hat.	*Augsburger Interim*
1550–1551	Am Rande eines neuen Reichstages zu Augsburg, des letzten, an dem Karl V. persönlich teilnimmt, kommt es zum Vertragsabschluss über die „spanische Sukzession" (Regelung der Herrschaftsordnung in den Besitzungen des Hauses Habsburg vom 9. März 1551). Ferdinands I. mit seiner Wahl zum Römischen König entstandener Anspruch auf Kaiser-	

	nachfolge bleibt bestehen, aber ihm soll nicht sein Sohn Maximilian, sondern Karls V. Sohn Philipp folgen. Ferdinand wird dadurch noch mehr an die Seite der Reichsstände gedrängt.
1551–1552	Zweite Periode des Trienter Konzils, das jetzt auch evangelische Reichsfürsten und -städte beschicken (Kursachsen, Kurbrandenburg, Württemberg, Straßburg), die sogar – durch Vermittlung des Kaisers und deutscher Bischöfe – Zugang zu einer Generalkongregation erhalten (24. Januar 1552), um ihre reformatorischen Vorstellungen vorzutragen.
1552 15. Jan.	Nach der Errichtung eines vielschichtigen Bündnissystems mit protestantischen Fürsten (seit 1550), u. a. im Zusammenhang mit der Belagerung Magdeburgs, schließt Moritz von Sachsen mit dem französischen König Heinrich II. den Vertrag von Chambord (Schloss im Loiretal) und schafft damit eine überkonfessionelle internationale Allianz gegen Karl V. Als Exponent der deutschen Fürstenopposition gegen absolutistische Neigungen des Kaisers führt Moritz ab März den *Fürstenkrieg*, in dem sich nichtprotestantische Reichsstände wie Bayern und die geistlichen Kurfürsten am Rhein neutral verhalten. Er zwingt den lange Zeit passiven Karl V. zur Flucht von Innsbruck nach Villach (Kärnten) und erreicht eine Suspension des Trienter Konzils.
2. Aug.	Im *Passauer Vertrag* einigen sich König Ferdinand (angesichts einer neuen Türkenbedrohung), die „Kriegsfürsten" und die Neutralen z. T. gegen den Kaiser auf die Entlassung Philipps von Hessen und Johann Friedrichs von Sachsen aus der Haft, auf die Aufhebung des Interims und die Verabschiedung eines dauernden Religionsfriedens zwischen beiden Konfessionen auf einem innerhalb eines halben Jahres zu veranstaltenden Reichstag für den Fall, dass es zu keinem theologischen Religionsausgleich kommt, und auf die Gewährung freier Religionsausübung der Protestanten bis zu diesem Reichstag.
1552–1553	Vergebliche Belagerung der Reichsstadt Metz durch Karl V., die der französische König gemäß dem Vertrag von Chambord eingenommen hatte, um den Kaiser an Truppenbewegungen aus den Niederlanden zu hindern. Heinrich II. behält die Städte Cambrai, Metz, Toul und Verdun als „Reichsvikar".
1553 9. Juli	Tod des Kurfürsten Moritz von Sachsen in der Schlacht bei Sievershausen (in Niedersachsen) gegen den Landfriedensbrecher Markgraf Albrecht Alcibiades von Brandenburg-Kulmbach (*1522, †1557) (Markgrafenkrieg).
1555	*Reichstag zu Augsburg* unter der Leitung Ferdinands I. (Karl V. lebt seit Februar 1553 in Brüssel. Er kehrt nicht mehr ins Reich zurück.)

Marginalia: *Fürstenkrieg*; *Passauer Vertrag*; *Reichstag zu Augsburg*

Das Augsburger Friedenswerk von 1555

Religions- und Landfriede

Ohne Durchführung des im Passauer Vertrag vorgesehenen erneuten Religionsgespräches kommt es am 25. September zum Abschluss des *Augsburger Religions- und Landfriedens*, mit dem auf Dauer das Nebeneinander von Katholiken und Anhängern der Confessio Augustana (bei ausdrücklichem Ausschluss anderer Bekenntnisse, vor allem der Reformierten) reichsrechtlich geregelt wird, wobei man die Hoffnung auf einen von Theologen herbeigeführten Religionsausgleich nicht aufgibt. Indem das Reich darauf verzichtet, die Konfessionseinheit wiederherzustellen, erleidet die mittelalterlich-universalistische Kaiser- und Reichsidee Karls V. ihre endgültige Niederlage. Der Religionsfriede von 1555 ist das Dokument des Einbaus der von Luther ausgelösten Reformationsbewegung und ihrer Ergebnisse in die Reichsverfassung. Im einzelnen verliert das Reich die Religionshoheit zugunsten der Territorien und nimmt damit die 1526 auf dem Speyerer Reichstag verfolgte Linie wieder auf. Eine Wahlfreiheit zwischen beiden zugelassenen Konfessionen wird aber nur den Reichsständen, dagegen nicht dem einzelnen Untertanen zugestanden, der die Religion seiner Obrigkeit annehmen muss (ius reformandi), wenn er nicht von dem ihm eingeräumten Recht der Auswanderung Gebrauch machen will (ius emigrandi). Voraussetzung für eine Auswanderungserlaubnis ist, dass der Untertan nicht Leibeigener ist und dass er eine Nachsteuer an den Landesherrn entrichtet. Die formelhafte Wendung *„cuius regio, eius religio"* („Wem das Land gehört, der bestimmt auch die Religion") findet sich allerdings nicht im Religionsfrieden, sondern ist ein interpretierender Rechtssatz, in den einige Jahrzehnte später der staatskirchenrechtliche Grundsatz der Neuzeit gekleidet wird. Ein Nebeneinander beider Konfessionen wird nur in den Reichsstädten zugelassen, in denen bereits Parität herrscht. Die Forderung nach Freistellung bei der Wahl des Bekenntnisses auch für die Untertanen wirft theologische, reichsrechtliche und machtpolitische Fragen von größter Tragweite auf, greift an die Wurzeln der Reichsverfassung und scheitert deshalb am Widerstand Ferdinands und der katholischen Reichsstände. Hinsichtlich des Besitzes von Kirchengütern wird für protestantische Fürsten das Jahr 1552 maßgeblich, für Reichsstädte und geistliche Fürstentümer ergehen komplizierte Sonderregelungen. Eingeschränkt wird das ius reformandi durch den sog. Geistlichen Vorbehalt *(Reservatum ecclesiasticum)*: Danach verliert ein geistlicher Reichsfürst Rechte und Einkünfte, Land und Herrschaft, wenn er zum Protestantismus übertritt; eine Neuwahl durch Dom- bzw. Stiftskapitel muss einen katholischen Kandidaten zum Nachfolger bestimmen. Da dieser Vorbehalt die Säkularisation geistlicher Fürstentümer verhindern und ihren gegenwärtigen Besitzstand sichern soll, wird er von den protestantischen Reichsständen nicht akzeptiert. Gleichwohl fügt Ferdinand sie kraft königlicher Machtvollkommenheit in den Religionsfrieden ein und gesteht andererseits dem protestantischen landsässigen Adel, Ritterschaften, Städten und Gemeinden geistlicher Territorien, die schon lange der Confessio Augustana anhängen, in einem königlichen Erlass (*Declaratio Ferdinandea*, 24. September) als Kompensation die Freiheit der Religionsausübung zu. Die übrigen Landstände unterliegen dem ius reformandi; die Reichsritter werden in der Wahl ihres Bekenntnisses den Reichsständen gleichgestellt. Geistlicher Vorbehalt und Declaratio Ferdinandea machen in besonderer Weise den Kompromisscharakter des Religionsfriedens deutlich. An der Einschätzung ihrer reichsrechtlichen Verbindlichkeit entzünden sich in Zukunft schwere Auseinandersetzungen: Zum einen wird der Geistliche Vorbehalt, obwohl im Reichsabschied verankert, von den Protestanten nie anerkannt, zum anderen wird vonseiten der Katholiken der Declaratio Ferdinandea eine reichsrechtliche Wirksamkeit abgesprochen, weil sie dem Abschied nicht einverleibt wurde. Daneben bergen wenig präzise Formulierungen genügend Konfliktstoff und tragen Keime vielfältiger Auslegungsstreitigkeiten in sich. – Wie der Religionsfriede, so dient auch die *Reichsexekutionsordnung* der Errichtung und Sicherung eines allgemeinen Landfriedens auf Dauer. Sie bildet zugleich den Abschluss der mehr als ein halbes Jahrhundert andauernden Bemühungen um eine Reichsreform, bei denen sich der Kaiser weder im monarchischen noch im reichsständisch-bündischen Sinne hat durchsetzen können, und wird grundlegend für die Wahrung der inneren Ordnung des Reiches in den nächsten zweieinhalb Jahrhunderten. Indem den *zehn Reichskreisen* mit der Vollstreckung der reichskammergerichtlichen Urteile und der Aufstellung des Heeres die Sicherung des Landfriedens anvertraut wird, werden sie zu Exekutivorganen für das Reich und können für das gesamte Reichsgebiet integrierende Funktionen ausüben. Dabei tritt die Tendenz deutlicher hervor, die Stände unter Ausschluss des Kaisers, aber bei Einbindung in überterritoriale Institutionen zu Trägern der Reichsexekutive zu machen. Jeder Reichskreis für sich entwickelt seit den dreißiger Jahren verstärkt ein Eigenleben mit einem selbstständigen Wirkungskreis, ohne die reichsständische Libertät zu gefährden. Wie die Kreisobersten (früher Kreishauptleute) keine Hoheitsrechte über die Kreisstände besitzen, so wird diesen auch bei der Ausgestaltung der inneren Verfassung der Kreise Rechnung getragen. Das Amt des Kreisobersten, der unmittelbar über Truppen zur Sicherung des Landfriedens verfügen kann, hat der vornehmste weltliche Reichsstand inne. Die wichtigste politische Stellung nehmen die kreisausschreibenden Fürsten (Kreisdirektoren) ein, je ein weltlicher und ein geistlicher Fürst in den sechs alten Kreisen, nur ein Fürst in den vier seit 1512 bestehenden (Kurrheinischer, Obersächsischer, Burgundischer, Österreichischer Kreis). Zu ihren Aufgaben gehören Einberufung und Durchführung von Kreistagen (weit gehend nach dem Vorbild des Reichstages organisiert), die Verkündung von Reichsgesetzen und kaiserlichen Edikten durch Patente, die dann über die Kreisstände in den Territorien weiter publiziert werden, und die Vollstreckung von Reichskammergerichtsurteilen. Jeder zu einem Kreis gehörende Reichsstand besitzt die Kreisstandschaft und damit das Recht zur Teilnahme am Kreistag, wo er eine Stimme hat; entschieden wird nach einfacher Mehrheit. Der Kreistag behandelt aus seiner Mitte kommende Angelegenheiten (Gesetzgebung, Polizei, Verkehrswesen, Kreismilitär, Wirtschaft und Handel) und Aufgaben, die ihm vom Reich zugewiesen werden (Einziehung von Reichssteuern, Moderation von Reichsanschlägen, Besetzung von Beisitzerstellen am Reichskammergericht, Zollfragen, Aufsicht über das Münzwesen, Abstellung von Kreistruppen an das Reich). Für mehrere oder alle Kreise betreffende Angelegenheiten gibt es die Möglichkeit der Einberufung allgemeiner Kreistage mehrerer oder aller Kreise. Auf einem solchen *Reichskreistag* ist 1554 in Frankfurt am Main ein wichtiger Schritt zur Ausarbeitung dieser Reichsexekutionsordnung getan worden. Für die Beseitigung von Landfriedensbruch wird ein nach Dringlichkeit abgestuftes Verfahren vorgesehen, in dem der Kaiser keinen bestimmenden Einfluss ausüben kann. Ist ein betroffener Kreis allein nicht in der Lage, eine Gefahr abzuwenden, sollen bis zu fünf benachbarte Kreise bei der Hilfeleistung zusammenwirken; wenn auch sie keinen Erfolg haben, hat der Kurfürst von Mainz einen *Reichsdeputationstag* für alle Kreise auszuschreiben, an dem auch der Kaiser beteiligt werden soll. Damit wird in einem Ausschuss von Reichs- und Kreisständen eine Basis für den Zusammenschluss mehrerer Kreise zur Lösung gemeinsamer Aufgaben geschaffen, auf der später die Kreisassoziationen aufbauen. Nicht behoben wird 1555 der Mangel, dass die Kreiseinteilung nicht alle Reichsländer umfasst. Böhmen mit seinen Nebenländern, Herrschaften wie Jever und Knyphausen, einzelne Reichsgrafen und die gesamte Reichsritterschaft werden den Kreisen nicht zugeordnet. Andererseits sind die Kreise keine in sich geschlossenen Gebilde (Teile des Österreichischen liegen innerhalb des Schwäbischen Kreises) und gehören manche Reichsstände mehreren Kreisen an (z. B. Brandenburg, Braunschweig, Mainz), was ebenso erhebliche Probleme in sich birgt wie die unterschiedliche Zahl von Ständen in einzelnen Kreisen (fünf im Österreichischen, 95 im Schwäbischen) und ihr sehr verschiedenes politisches Gewicht (Brandenburg und Österreich einerseits, kleine Reichsgrafen und Reichsstädte andererseits). Insgesamt bilden die Reichskreise eine mittlere Instanz zwischen dem Reich und den Reichsständen, in der reichs-, kreis- und landständische Ebene eng miteinander verwoben sind, und stellen ein bedeutsames föderatives Element dar. Durch ihre Funktion als Friedenssicherer spielt sich in ihnen ein wesentliches Stück Reichsgeschichte ab.

Declaratio Ferdinandea

Reichsexekutionsordnung

zehn Reichskreise

Reichskreistag

Reichsdeputationstag

	1556 12. Sept.	Karl V. verzichtet auf die Kaiserwürde und zieht sich in die Nähe des westspanischen Klosters San Jerónimo de Yuste zurück, wo er am 21. September 1558 stirbt.

Kaiser Ferdinand I. **1556–1564** *Kaiser Ferdinand I.* Seine Proklamierung zum Erwählten Römischen Kaiser verzögert sich bis zum März 1558, da die Kurfürsten erst jetzt den bis dahin in der deutschen Geschichte einmaligen Vorgang des Thronverzichts durch einen amtierenden Kaiser akzeptieren und damit rechtskräftig werden lassen.

1556–1557 Reichstag zu Regensburg, auf dem noch einmal der Versuch eines religiösen Vergleichs zwischen den Konfessionen beschlossen wird, der aber im Wormser Religionsgespräch 1557 scheitert. – Auf den Reichstagen der Folgezeit sind die Reichsfürsten beider Konfessionen stets besonders auf die Bewahrung ihrer „Libertät" bedacht.

Reichs- münzordnung 1559 *Reichsmünzordnung*, deren Durchführung den Reichskreisen übertragen wird. Die Zentralbehörden des Reiches am Sitz des Kaisers (Reichshofkanzlei, Reichshofrat) werden neu organisiert. In der Reichskanzlei erhält der Mainzer Kurerzkanzler des Reiches das Ernennungsrecht eines Reichsvizekanzlers für den Wiener bzw. Prager Behördensitz. Der Reichshofrat bekommt durch eine neue Ordnung die Möglichkeit, sich zu einer Konkurrenzinstitution zum Reichskammergericht zu entwickeln. Seine Besetzung erfolgt nur durch den Kaiser, wodurch sein Standpunkt hier gewahrt bleibt.

1562–1563 Dritte Periode des Konzils von Trient, in der die Jesuiten, die auch von Ferdinand I. zur Wiederherstellung des Katholizismus im Reich und in den habsburgischen Erblanden gerufen werden, maßgeblichen Einfluss gewinnen. Seit 1553 gibt es bereits ein Jesuitenkolleg in Wien. Vor allem der holländische Jesuit Petrus Canisius (*1521, †1597), 1547 und 1562 Konzilstheologe in Trient und Verfasser von drei bekannten Katechismen (darunter der Große Katechismus „Summa Doctrinae christianae", 1555), bahnt durch seinen Einfluss auf den Kaiser einer Erneuerung der alten Kirche den Weg.

Kaiser Maximilian II. **1564–1576** *Kaiser Maximilian II.* (*1527, †1576), ist seit 24. Nov. 1562 bereits Römischer König. Er lehnt die Verkündung der Beschlüsse des Konzils von Trient zu einem Zeitpunkt ab, da das Reich einen Höhepunkt der Ausbreitung des Protestantismus erfährt (nach dem Urteil eines venezianischen Gesandten sind sieben Zehntel des Reiches lutherisch).

1566 Reichstag zu Augsburg. Kaiser und katholische Reichsstände nehmen die Trienter Konzilsdekrete offiziell an. Jesuiten werden in der Folgezeit verbreitet mit Seelsorge, Schul- und Hochschulunterricht betraut. Führender calvinistischer Reichsstand ist die Kurpfalz. – Der Kaiser erklärt die Reichsritterschaft zu einer festen Korporation zwar ohne Zulassung zu den Reichstagen, aber mit engen Verbindungen zum Kaiserhaus.

Reichstag zu Speyer 1570 *Reichstag zu Speyer.* An den starken territorialen Interessen der Reichsstände scheitert ein Plan des Kaisers, das Reichskriegswesen zu reformieren, sich zu unterstellen und Reichsangehörigen den Eintritt in fremde Kriegsdienste zu verbieten. Neben diesen Vorstellungen entwickelt der kaiserliche Feldoberst Lazarus von Schwendi (*1522, †1584), dessen Gedanken den Reichstag beherrschen, in seinem „Diskurs und Bedenken über den Zustand des Heiligen Reiches" (1570) Pläne für eine gemäßigt-zentralistische Umgestaltung des Reiches. Als Anhänger der *Freistellungsbewegung*, die sich mit der Beseitigung des „Reservatum ecclesiasticum" Gewissens- und Glaubensfreiheit zum Ziel setzt, legt er zugleich Reformvorschläge in den Bereichen Religionsfrage, Rechtswesen (Beschleunigung von Reichskammergerichtsverfahren und Ausbau des Mittels der Gütlichkeitsverfahren) und Kriegswesen (Einschränkung des Söldnerwesens) sowie Reichskreisverfassung (Kaiser als Ständiger Oberbefehlshaber aller Kreise) vor.

Freistellungs- bewegung

1576 Reichstag zu Regensburg. Die Niederlage der Freistellungsbewegung verschärft zugleich die konfessionellen Spannungen im Reich. Ende aller Bemühungen um eine umfassende Reform der Reichsverfassung.

Kaiser Rudolf II. **1576–1612** *Kaiser Rudolf II.* (*1552, †1612). Seine Regierungszeit ist beherrscht vom permanenten Streit um die Auslegung des Augsburger Religionsfriedens und bleibt auch von lokalen militärischen Auseinandersetzungen in dieser Frage nicht verschont. Die Tatsache, dass der Religionsfriede nicht in allen Punkten eindeutig formuliert ist (Umfang des obrigkeitlichen Rechtes, das Bekenntnis der Untertanen zu bestimmen, Reformationsrecht der Reichsstädte, Verbindlichkeit der „Declaratio Ferdinandea" für katholisch-geistliche bzw. des „Geistlichen Vorbehalts" für protestantische Reichsstände, Säkularisierung landsässiger Stifte und Klöster), wirkt sich mehr und mehr in den Territorien aus, in denen weniger ausgleichsbereite Fürsten als um die Jahrhundertmitte regieren. Das Problem der Anerkennung des 1555 nicht berücksichtigten Calvinismus tritt stärker hervor.

Konkordien- formel 1577 Die *Konkordienformel*, deren Haupturheber Jakob Andreae (*1528, †1590), Kanzler der Universität Tübingen, ist, schafft ein einheitliches Lehrbekenntnis der lutherischen Orthodoxie, dem sich die meisten lutherischen Territorien anschließen. – Auf einem Frankfurter

Reichsdeputationstag wird eine bis zum Ende des Alten Reiches gültige *Reichspolizeiord-* *Reichspolizei-*
nung verabschiedet. *ordnung*

1582 Reichstag zu Augsburg, auf dem wie auf seinen Nachfolgern zu Regensburg 1594, 1597/98, 1603 und 1608 die Stände das Geschehen beherrschen und der Kaiser nur dann politisch an Einfluss gewinnt, wenn er sich für eine der vertretenen Richtungen entscheidet. Der evangelische Administrator des Erzstiftes Magdeburg kann Sitz und Stimme auf dem Reichstag nicht erringen und damit den Geistlichen Vorbehalt nicht durchbrechen.

Der Versuch des Kölner Erzbischofs und Kurfürsten Gebhard Truchseß von Waldburg (1577–1583; *1547, †1601), sein Kurfürstentum evangelisch zu machen (erhebliche ver-
1583 fassungsrechtliche Konsequenzen für Mehrheit im Kurfürstenrat), löst den *Kölner Krieg* *Kölner Krieg*
seitens des Domkapitels und Landtages aus und wird mit Absetzung seitens des Papstes und des Kaisers verfolgt. Unter weit gehender Zurückhaltung der Protestanten wird ein Nachfolger aus dem bayerischen Hause Wittelsbach gewählt und durchgesetzt, das bis 1761 mit Köln verbunden bleibt.

1583–1604 Straßburger Kapitelstreit. Neben Kämpfen u. a. um Paderborn und Osnabrück gewinnen die Straßburger Auseinandersetzungen um den Pfründenentzug bei vier exkommunizierten Kölner Prälaten (zugleich Straßburger Domherren) symptomatische Bedeutung für die konsequente Durchsetzung des Geistlichen Vorbehalts.

1588 Die reichsständische Visitationskommission für das Reichskammergericht, die sich zu einer Art Revisionsinstanz entwickelt hatte, hört auf zu bestehen, da die katholischen Reichsstände den magdeburgischen Administrator bei einem periodischen Wechsel der Mitglieder nicht als Vertreter akzeptieren.

1593–1609 Türkenkrieg, in dessen Verlauf sich die Lage der Stände in den habsburgischen Landen auf Kosten des Landesfürstentums bessert (1608: Preßburger Konföderation).

1600 *Zusammenbruch der Reichsjustiz.* Der 1594 vom Reichstag mit der Visitation des Reichs- *Zusammen-*
kammergerichts beauftragte und 1597/98 von ihm zur Revisionsinstanz für Entscheidungen *bruch der*
des Reichskammergerichts erhobene Reichsdeputationstag wird von Kurpfalz für unzustän- *Reichsjustiz*
dig erklärt (nur Reichstage können über die verbindliche Auslegung des Religionsfriedens befinden) und von ihr, Kurbrandenburg und Braunschweig-Wolfenbüttel lahmgelegt; er tritt nicht mehr zusammen. Auslöser für diese Entwicklung ist der so genannte Vierklosterstreit (Säkularisierung von vier landsässigen Klöstern durch protestantische Reichsstände, die das Reichskammergericht aufhebt, was wiederum von den Protestanten angefochten wird).

1603 Reichstag zu Regensburg. Nachdem der Reichstag 1594 eine Türkenhilfe gebilligt hatte, opponiert Kurpfalz jetzt dagegen und erhebt die Forderung, kein Reichsstand brauche mehr Steuern zu zahlen, als er für sich bewilligt habe. Dies bedeutet, dass das Majoritätsprinzip in Reichsfinanzbeschlüssen aufgehoben und ein neues Verfassungsprinzip aufgestellt wird. Die Handlungsunfähigkeit des Reichstages nimmt zu.

1606 *Verträge von Wien*: Der älteste lebende Bruder des Kaisers, Erzherzog Matthias (*1557, *Verträge*
†1619), wird zum Chef des Hauses Habsburg erhoben und erhält von Rudolf II. auch die *von Wien*
Vollmacht über Krieg und Frieden in den Erblanden.

1608 *Reichstag zu Regensburg*, auf dem die Reichsacht gegen die Reichsstadt Donauwörth *Reichstag zu*
(1607) und ihre Vollstreckung (1608) durch Bayern für Zündstoff sorgen: Unterstützung ei- *Regensburg*
ner dortigen katholischen Minderheit gegen die Protestanten, Entscheidung des Reichshofrates in einer Religionssache, Umgehung des Schwäbischen Reichskreises bei der Exekution. Die protestantischen Reichsstände fordern erneute Bestätigung des Augsburger Religionsfriedens und drohen Verweigerung der beantragten Türkenhilfe an. Die katholischen Reichsstände fordern die wechselseitige Herausgabe der seit 1555 vertragswidrig angeeigneten Besitzungen, u. a. die von den Protestanten besetzten norddeutschen Bistümer. Über diese Gegensätze kommt es zum Bruch: Die Protestanten verlassen unter Führung von Kurpfalz den Reichstag, der sich ohne Reichsabschied auflöst.

Kurpfalz gründet mit anderen süddeutschen protestantischen Ständen (Württemberg, Baden-Durlach, Ansbach-Bayreuth) die zunächst auf zehn Jahre befristete *Union*, der sich *Union*
bald Hessen-Kassel, Brandenburg, Pfalz-Zweibrücken und 17 oberdeutsche Reichsstädte anschließen, dagegen nicht Kursachsen.

1609 Die Reichsstadt Donauwörth kommt an Bayern. – Der Vormarsch des Protestantismus in Österreich wird gestoppt (Resolutionskapitulation). – Unter bayrischer Führung vereinigen sich mit Ausnahme von Österreich und Salzburg katholische Reichsstände zur *Liga*, die den *Liga*
defensiven Zweck hat, Landfrieden und katholische Religion zu verteidigen.

1609–1614 *Erbfolgestreit* um die Vereinigten *Herzogtümer Cleve-Jülich-Berg*, an dem neben *Erbfolgestreit*
Pfalz-Neuburg, Kurbrandenburg und dem Kaiser auch das benachbarte Ausland interessiert ist und in dem sich erstmals die beiden konfessionellen Schutzbünde gegenüberstehen,

nachdem fast gleichzeitig der Brandenburger zum Calvinismus und der Pfälzer zum Katholizismus überwechseln.

1609 9. Juli Rudolf II. erteilt durch seinen Majestätsbrief den böhmischen Ständen volle Religionsfreiheit und ständische Privilegien, um seine Herrschaft in Böhmen zu retten, die er dann 1611 aber doch auch an seinen Bruder Matthias verliert.

1611 Erstmals fordern die Kurfürsten einen Kaiser angesichts seines Alters und seiner Krankheiten auf, einen Römischen König zu seinen Lebzeiten wählen zu lassen, und legen kraft eigener Autorität einen Wahltermin für Anfang Mai 1612 fest. Rudolf II. stirbt aber bereits am 20. Jan. 1612.

Kaiser Matthias **1612–1619** *Kaiser Matthias.* Seinem streng katholischen Vetter Erzherzog Ferdinand (*1578, †1637) sichert er gegen den Widerstand der protestantischen Stände die Nachfolge in Böhmen, Ungarn und dem Reich. Einflussreichster politischer Berater des Kaisers ist der Wiener Kardinal Melchior Klesl (*1552, †1630), ein glänzender Organisator und auf Ausgleich unter den Konfessionsparteien bedachter Politiker. Sein Versuch, 1613 den Reichstag wieder funktionsfähig zu machen, scheitert jedoch.

Vertrag von Xanten 1614 12. Nov. Im *Vertrag von Xanten* kommen Jülich und Berg an Pfalz-Neuburg, Cleve und die Grafschaften Mark und Ravensberg sowie die Herrschaft Ravenstein an Kurbrandenburg. Wie das seit 1613 calvinistische Herrscherhaus der Hohenzollern gegenüber seinen alten lutherischen Territorien eine tolerante Religionspolitik entwickelte, so verfolgte er diese auch gegenüber den Neuerwerbungen.

1617 Oñate-Vertrag. Erzherzog Ferdinand sagt dem spanischen König Philipp III., der als Enkel Kaiser Maximilians II. Ansprüche geltend macht, in einem Geheimabkommen mit dem spanischen Gesandten in Prag, Graf Oñate, die Erfüllung spanischer Forderungen im Reich (habsburgische Lande im Elsass und in der Ortenau) und in Italien zu.

Herzogtum Preußen 1618 Das *Herzogtum Preußen* fällt nach dem Tode Herzog Albrecht Friedrichs durch Erbschaft an die brandenburgische Hauptlinie des Hauses Hohenzollern.

1618–1648 Dreißigjähriger Krieg. Was als lokale Revolte der mehrheitlich protestantischen Stände gegen die katholische Dynastie Habsburgs in Böhmen beginnt, endet als großer Krieg fast aller europäischen Völker im Reich. Die Ursachen für diese Ausweitung liegen einmal im unüberbrückbar gewordenen religiösen Gegeneinander nach der Glaubensspaltung und zum anderen in den ungelösten Problemen der Reichsverfassung. Inhaltlich werden die kriegerischen Auseinandersetzungen vom Ringen um die wahre Glaubenslehre geprägt, formal werden sie getragen vom Streben der Stände, ihre Macht und Souveränität im Reich zu mehren, das die Unterstützung ausländischer Staaten findet, weil es der Schwächung der Macht des Hauses Habsburg in Europa dient. Demgegenüber besteht seitens der habsburgischen Kaiser das Ziel, das Reich als religiöse und politische Einheit zu erhalten.

Dreißigjähriger Krieg

Phasen des Dreißigjährigen Krieges

1618–1623 Böhmisch-Pfälzischer Krieg
1625–1629 Dänisch-Niedersächsischer Krieg
1630–1635 Schwedischer Krieg
1635–1648 Schwedisch-Französischer Krieg

Prager Fenstersturz 1618 23. Mai Ständischer Aufstand in Prag wegen Verletzung des Majestätsbriefes von 1609. „*Prager Fenstersturz*": Die kaiserlichen Statthalter Jaroslaw von Martinitz (*1582, †1649) und Wilhelm von Slavata (*1572, †1652) werden aus einem Fenster im Hradschin gestürzt, aber nicht getötet. Konstituierung eines Landtages, der eine Regierung aus 30 Direktoren einsetzt und eine Armee aufstellt. Nach dem Tod Kaiser Matthias' (20. März 1619) bezeichnet Georg Erasmus von Tschernembl (*1567, †1626; Calvinist und Anhänger der politischen Theorie der Monarchomachen, oberösterreichischer Ständeführer) den Landtag als Organ der Volkssouveränität und billigt den Ständen eigenmächtiges Handeln zu. Die erbländischen Stände verweigern dem Nachfolger Matthias' die Huldigung.

1619 31. Juli Konföderationsakte: Die Böhmen geben sich eine eigene ständische Verfassung und laden alle Länder der habsburgischen Herrschaft ein, sich ihnen anzuschließen.

16. Aug. Verbindung mit den österreichischen Ständen.

22. Aug. Absetzung des böhmischen Königs Ferdinand (seit 29. Juni 1617).

Friedrich V. von der Pfalz 26./27. Aug. Wahl des Führers der Union, des Kurfürsten *Friedrich V. von der Pfalz* (*1596, †1632), zum König von Böhmen. Indem er im Herbst in Prag gekrönt wird und dort seine Residenz nimmt, wird der innerhabsburgische Konflikt zu einer Reichsangelegenheit.

1619–1637	Kaiser Ferdinand II. (seit 28. Aug. 1619), bestimmende politische Gestalt des Absolutismus in seiner Epoche, gelingt die Wiederherstellung der monarchischen Zentralgewalt unter katholisch-konfessionellem Vorzeichen in den habsburgischen Ländern. Gegen Friedrich V. von der Pfalz verbündet er sich mit Herzog Maximilian I. von Bayern (*1573, †1651), dem Haupt der Liga; Bedingungen des Bayern: Erstattung der Kriegskosten und eventuellen Landverlusts, Übertragung der pfälzischen Kur auf die bayrische Linie des Hauses Wittelsbach.	*Kaiser Ferdinand II.*
1620 8. Nov.	In der *Schlacht am Weißen Berge* bei Prag wird das böhmische Heer unter Christian von Anhalt (*1568, †1630) geschlagen; Friedrich V. („Winterkönig") flüchtet, über ihn wird die Reichsacht verhängt, und er verliert die Kurwürde.	*Schlacht am Weißen Berge*
1621	Die politischen, religiösen und sozialen Folgen für Böhmen und Mähren sind weit reichend: Die Anführer des Aufruhrs werden hingerichtet, die beteiligten Deutschen und Tschechen müssen das Land verlassen; etwa die Hälfte des adligen Grundbesitzes wird enteignet und zum großen Teil an landfremde Geschlechter verteilt. Mit der Ausweisung der protestantischen Pfarrer setzt die teilweise gewaltsame Rückführung Böhmens zum Katholizismus ein; dies veranlasst 150 000 Protestanten zur Auswanderung. Die alte Ständeverfassung wird 1627 durch die „Verneuerte Landesordnung" im absolutistischen Sinne umgestaltet: Zwar bleiben Landtag und Steuerbewilligungsrecht bestehen, aber Justiz, Verwaltung und Gesetzgebung gehen an den König über, dessen Wahl nur formal fortbesteht; die böhmische Hofkanzlei wird nach Wien verlegt. Böhmen und seine Nebenländer werden den habsburgischen Erblanden fest einverleibt, in denen der absolutistische Staatsbildungsprozess voranschreitet (unteilbare erbliche Gesamtmonarchie mit Primogenitur-Erbfolge laut Testament Ferdinands II. vom 10. Mai 1621). Im Reich löst sich die Union auf; nur einige evangelische Söldnerführer wie Graf Ernst von Mansfeld (*1580, †1626), Bischof Christian von Halberstadt (*1599, †1626) und Markgraf Georg Friedrich von Baden-Durlach (*1573, †1638) setzen den Kampf zur Verteidigung von Ober- und Kurpfalz fort, werden aber von spanisch-niederländischen Truppen und einem Heer der Liga unter *Johann von*	
1623	*Tilly* (*1559, †1632) vertrieben. Herzog Maximilian I. von Bayern erhält die pfälzische Kurwürde und die Oberpfalz als Pfandbesitz.	*Johann von Tilly*
1625	Der große Organisator und wohl hervorragendste Militär seiner Zeit, *Albrecht von Wallenstein* (Waldstein, *1583, †1634, aus protestantischer, tschechisch-böhmischer Adelsfamilie, seit 1606 katholisch, gelangt in kaiserlichen Diensten und durch Heirat einer begüterten Frau zu großem Vermögen und ausgedehntem Landbesitz), stellt dem Kaiser ein eigenes Söldnerheer zur Verfügung, das nach neuen Grundsätzen unterhalten wird. Wallenstein erhält den Oberbefehl über alle kaiserlichen Truppen im Reich und wird zum Dank für mehrfache tatkräftige Parteinahme (schon 1619 rettete er mährisches Kriegsvolk und die Kriegskasse nach Wien) zum Herzog von Friedland erhoben. Sein Angebot und die Verstärkung der Ligatruppen erfolgen angesichts der Aufstellung einer beachtlichen Streitmacht unter dem Obersten des Niedersächsischen Reichskreises, König Christian IV. von Dänemark (*1577, †1648; 1588–1648), in seiner Eigenschaft als Herzog von Holstein.	*Albrecht von Wallenstein*
1626	Sieg der Liga unter Tilly bei Lutter am Barenberge in der Nähe von Salzgitter über Christian IV. und *Sieg Wallensteins* über Ernst von Mansfeld an der Elbbrücke *bei Dessau,* woraufhin die vereinigten Heere Tillys und Wallensteins *Norddeutschland unterwerfen.*	*Sieg Wallensteins bei Dessau Eroberung Norddeutschlands*
1628	Wallenstein wird vom Kaiser zum „General des Baltischen und Ozeanischen Meeres" und zum Herzog von Sagan ernannt; erfolglose Belagerung Stralsunds (von Dänemark und Schweden unterstützt).	
1629 6. März	Kaiser Ferdinand II. auf dem Höhepunkt seiner Macht. Mit dem *Restitutionsedikt* wird die Rückgabe aller seit dem Passauer Vertrag von den Protestanten eingezogenen geistlichen Güter verfügt und die „Declaratio Ferdinandea" für ungültig erklärt. Da dieses Edikt – obwohl reichsrechtlich umstritten – entscheidende Gewichtsverschiebungen zugunsten des Katholizismus im Reich einleitet, ruft es internationale Reaktionen hervor.	*Restitutionsedikt*
22. Mai	Im Frieden von Lübeck verpflichtet sich Dänemark bei Rückerhalt seiner besetzten Gebiete zur Nichteinmischung in die deutschen Streitigkeiten.	
1630	Auf dem *Kurfürstentag zu Regensburg,* auf dem der Kaiser seinen gleichnamigen Sohn zum Römischen König wählen lassen will, erzwingt Maximilian I. von Bayern, der im kaiserlichen Machtanstieg eine Gefahr für den Reichsfürstenstand sieht, die Entlassung Wallensteins. Ferdinand II. soll ferner Kriegsführung und Außenpolitik der reichsständischen Kontrolle unterwerfen.	*Kurfürstentag zu Regensburg*
1631	Tillys Truppen erobern Magdeburg, werden aber bei Breitenfeld in der Nähe Leipzigs von schwedischen Truppen besiegt.	

Gustav II. Adolf	1632	Wallenstein tritt sein zweites Generalat „in absolutissima forma" an, nachdem der protestantische Schwedenkönig *Gustav II. Adolf* (*1594, †1632) bis Süddeutschland vorgedrungen und Tilly in der Schlacht bei Rain am Lech ums Leben gekommen ist.
Schlacht bei Lützen	6. Nov.	Auf dem Marsch nach Norden kommt es bei *Lützen* unweit Breitenfeld zur unentschiedenen *Schlacht* zwischen Wallenstein und den Interventionsarmeen, in der Gustav II. Adolf fällt.
	1633	Zusammenschluss der protestantischen Reichsstände im Heilbronner Bund unter Führung des schwedischen Reichskanzlers Axel Oxenstjerna (*1583, †1654).
Absetzung Wallensteins	1634	*Absetzung* und Ächtung *Wallensteins*, der sich mit weit reichenden Macht- und Friedensplänen hinter dem Rücken des Kaisers trägt; Ermordung in Eger (25. Febr.) in Ausführung kaiserlicher Befehle. Nach der Niederlage der protestantischen Truppen (unter Beteiligung schwedischer Kontingente) bei Nördlingen in Bayern löst sich der Heilbronner Bund auf.
Friede zu Prag	1635	*Friede zu Prag* zwischen dem Kaiser und Kursachsen. Konfessionspolitische Bestimmungen: Ausschluss des Calvinismus, Fixierung des katholischen und evangelischen Besitzstandes auf 40 Jahre nach dem Stand von 1627, kaiserlicher Verzicht auf Durchführung des Restitutionsediktes von 1629, paritätische Besetzung des Reichskammergerichts; territorialpolitische Bestimmungen: Pfälzische Eroberungen bleiben bei Bayern, die Lausitzen und Magdeburg fallen an Kursachsen; verfassungsrechtliche Bestimmungen: Die pfälzische Kurwürde bleibt bei Bayern, der Kaiser erhält den Oberbefehl über eine Reichsarmee zum gemeinsamen Kampf gegen die Schweden, wobei die Reichsstände auf ihr „ius armorum" und „ius foederis" verzichten. Fast alle Reichsstände schließen sich dem Frieden in der Folgezeit an. Die gestärkte Position des Kaisers zeigt sich bei der Römischen Königswahl seines Sohnes, Ferdinands III. (22. Dez. 1636). Die weitere internationale Ausdehnung der kriegerischen Handlungen verfolgt das Ziel der Schwächung des Hauses Habsburg.
Kaiser Ferdinand III.	1637–1657	*Kaiser Ferdinand III.* (*1608, †1657; 1625 ungarischer, 1627 böhmischer König).
	1644	Die Eröffnung der Friedensverhandlungen von Kaiser und Reich mit Schweden in Osnabrück und mit Frankreich in Münster beendet den Krieg noch nicht. Die endgültigen Friedensberatungen beginnen 1645.
	1648	Friede von Münster und Osnabrück.

Der Westfälische Friede von 1648

Bestandteile des Friedenswerkes
Das den Dreißigjährigen Krieg beendende *Friedenswerk besteht aus* europäischen Friedensschlüssen zwischen Kaiser und Reichsständen auf der einen und Frankreich (Friede von Münster) bzw. Schweden (Friede von Osnabrück) auf der anderen Seite, aus einem revidierten Religionsfrieden für das Reich und aus umfassenden Regelungen der Verfassungsverhältnisse des Reiches, die den Westfälischen Frieden zu einem der wichtigsten Dokumente der frühneuzeitlichen Reichsverfassung machen.

bedeutsam für Mächtekonstellation
Für die *Mächtekonstellation in Europa werden bedeutsam*: 1. Schwedens Landgewinne Vorpommern mit Stettin und der Odermündung, Rügen, Wismar, Erzstift Bremen (ohne die Stadt) und Stift Verden (Elbe- und Wesermündung) und die mit den deutschen Besitzungen verbundene Reichsstandschaft, 2. Frankreichs Erwerbungen der habsburgischen Besitztitel im Elsass (ohne Reichsstand zu werden), der Besitzbestätigung der lothringischen Bistümer Metz, Toul und Verdun und des Besatzungsrechts im rechtsrheinischen Philippsburg sowie der Gewinn von Breisach, 3. die Erringung der vollen Souveränität der Eidgenossen und der Niederländer und das damit verbundene Ausscheiden der Schweiz und der nördlichen Niederlande aus dem Reichsverband (die südlichen = spanischen Niederlande bleiben Glied des Reiches). 4. Indem Schweden und Frankreich über ihre Erwerbungen hinaus zu Garantiemächten des gesamten Friedenswerkes werden, wird das Ausmaß der ausländischen Einwirkungen auf das Reich als Völkerrechtsobjekt betont.

Grundlage für die Ordnung der konfessionellen Rechts- und Besitzverhältnisse wird der Augsburger Religionsfriede von 1555, der – den Erfahrungen des letzten Jh.s Rechnung tragend – präzisiert wird, um Auslegungsstreitigkeiten weit gehendst auszuschalten. Indem die obersten Reichsinstitutionen in Zukunft paritätisch besetzt werden sollen, scheiden Kaiser und Reich als Schiedsinstanzen in Religionsangelegenheiten aus. Die Einführung nach Konfessionen unterschiedener Gremien auf den Reichstagen (Corpus Evangelicorum und Corpus Catholicorum) und deren getrennte Beratungen konfessioneller Probleme

Itio in partes
(Itio in partes) schließt Majorisierungen bei Streitigkeiten in Religionsfragen aus: Nur die Übereinstimmung beider Corpora kann zu einem reichsrechtlich verbindlichen Beschluss führen. Als Norm für den konfessionellen Besitz- und Bekenntnisstand gelten die Zustände des Jahres 1624, womit die Streitigkeiten über die Verbindlichkeit von Geistlichem Vorbehalt und Declaratio Ferdinandea beendet

„Normaljahr"
werden. Mit diesem *„Normaljahr"* wird zugleich das an das Prinzip „cuius regio, eius religio" geknüpfte Recht der Territorialherren, die Konfession in ihrem Land zu bestimmen, eingeschränkt, denn es nimmt die endgültige Fixierung der konfessionellen Grenzen im Reich vor: Religionswechsel der Obrigkeit müssen in Zukunft nicht mehr von den Untertanen nachvollzogen werden; der Bekenntnisstand der Be-

völkerung der einzelnen Territorien ist mit dem Jahre 1624 festgelegt (Ausnahme: habsburgischer Kaiser für seine Erblande, Bayern für die Oberpfalz). Neben einer Präzisierung des Augsburger Religionsfriedens enthält der Westfälische Friede eine Ausdehnung der Religionsbestimmungen auf die Reformierten, die den Status einer reichsrechtlich anerkannten Konfession erwerben.
Wie die neuen Religionsbestimmungen die Verfassungsverhältnisse im Reich beeinflussen, so auch die Gebietsabtretungen an Schweden und Frankreich. Während die im Norden des Reiches von ihnen betroffenen Reichsterritorien Kurbrandenburg und Mecklenburg mit evangelischen Fürstbistümern entschädigt werden (Kurbrandenburg erhält Kammin, Halberstadt, Minden, dazu Hinterpommern und die Anwartschaft auf Magdeburg, Mecklenburg bekommt Ratzeburg und Schwerin), gehen Kaiser und Reich bei den Verlusten an Frankreich leer aus. Für die Rheinpfalz wird eine *achte Kurwürde* eingerichtet, nachdem Bayern die von ihr erworbene bestätigt worden ist; auch die Oberpfalz bleibt bei Bayern. – Für die Zukunft des Reiches noch sehr viel bedeutsamer wird das völkerrechtlich gesicherte *Alleinvertretungsrecht der Reichsstände*. Ihnen werden Mitbestimmung in allen Reichsangelegenheiten (Erlass und Auslegung von Gesetzen, Erklärung eines Reichskrieges, Ausschreibung von Kriegssteuern, Werbung und Einquartierung von Soldaten, Anlage neuer Reichsbefestigungen, Besetzung bestehender Festungen des Reiches mit Soldaten innerhalb reichsständischer Territorien, Friedensschluss des Reiches, Bündnisse), volle Landeshoheit in geistlichen und weltlichen Angelegenheiten und das Bündnisrecht untereinander und mit ausländischen Mächten zuerkannt (Ius foederum), allerdings unter dem auf Drängen Bayerns mit Zustimmung aller Reichsstände gegen Frankreich und Schweden durchgesetzten Vorbehalt, dass sie ihre Verpflichtungen gegenüber Kaiser und Reich nicht verletzen und sich ihre Bündnisse nicht gegen Kaiser und Reich, Reichsfrieden und Vertragswerk von Münster und Osnabrück richten. In dem Maße, in dem alle modernen staatlichen Funktionen von der Genehmigung durch die Reichsstände abhängig gemacht werden, werden Kaiser und Reich auf den Gebieten Außenpolitik und Wehrhoheit (Ius pacis ac belli) entscheidend eingeschränkt. Alle Bemühungen, das Reich nach den vergeblichen Ansätzen von 1547 und 1635 doch noch zu einem konkurrenzfähigen modernen Staat umzubilden, werden durch diese reichsrechtlichen Festschreibungen unterbunden. Grundprobleme der Reichsverfassung wie die Königs- und Kaiserwahl, die Verfassung der Reichskreise, das Reichssteuerwesen und die Reichsgerichtsbarkeit bleiben im Westfälischen Frieden unerörtert und werden dem ersten Reichstag nach 1648 zur Beratung und Entscheidung zugewiesen, Während die „Entwicklungsverspätung" des Reiches in einem international garantierten Reichsgrundgesetz verfassungsrechtlich verankert wird, stärken dieselben Bestimmungen das *Prinzip der „teutschen Libertät"* und geben den Reichsterritorien die Chance, sich zu modernen Staaten zu entwickeln und als absolute Fürstenstaaten mit denen gleicher Ausgestaltung in Europa zu konkurrieren.

achte Kurwürde

Alleinvertretungsrecht

„teutsche Libertät"

Folgen des Dreißigjährigen Krieges

Die Kriegsauswirkungen lassen sich bis heute nicht hinreichend vollständig beschreiben, da sie sich in ihren Verheerungen nicht gleichmäßig über das Reich verteilen. Neben großen, vom Krieg völlig verschonten Gebieten mit einer nahezu ungestörten Weiterentwicklung gibt es andere mit nicht selten mehrfach wiederholten Zerstörungen, Verlusten und Ausplünderungen. So eindeutig für die Mitte des 17. Jh.s ein *wirtschaftlicher Rückgang* im Reich festzustellen ist, so problematisch ist es freilich, ihn allein als Folge des über lange Zeiten immer wieder unterbrochenen Krieges von 1618 bis 1648 zu bezeichnen, denn allem Anschein nach tritt bereits an der Wende vom 16. zum 17. Jh. eine wirtschaftliche Stagnation ein, die eine rückläufige Entwicklung mit krisenhaften Zügen einleitet, für die in Kriegs- und unsicheren Friedenszeiten eine Beschleunigung anzunehmen ist. Auch hier liegt eine unterschiedliche Betroffenheit vor, unterschiedlich bezüglich der Regionen und der Bevölkerungsgruppen. Hinsichtlich der Bevölkerungsverluste ist in gleicher Weise wie bei den Zerstörungen und Verwüstungen zu differenzieren: Mecklenburg, Pommern, Brandenburg und Niederschlesien sind – auch von durchziehenden Armeen – mehr betroffen als Sachsen, Nordhessen und Bayern – die Pfalz, Böhmen und südwestdeutsche Gebiete stärker als Schleswig-Holstein und große Teile des Rheinlands, Westfalens und Niedersachsens. Insgesamt muss man von einem *Rückgang der Bevölkerung* von bis zu 50% in ländlichen und bis zu 30% in städtischen Gebieten ausgehen. Die Konsequenz ist eine starke soziale Umschichtung mit weit gehenden Veränderungen der Wirtschaftsstruktur: Verringerung landwirtschaftlicher Anbauflächen und des Viehbestandes, Rückgang von Handel und Gewerbe, Besitzumschichtungen infolge von Verschuldungen. Die kriegsbedingten positiven Auswirkungen auf das Wirtschaftsleben – für die Armeen benötigtes Geld und Gut fließt teilweise ins ausgepreßte Land zurück – vermögen das negative Gesamtbild kaum zu verändern. Ebenso wenig lassen sich die kulturellen Folgen des Krieges verallgemeinern, denn in einer Residenz- und Handelsstadt sind sie anders spürbar als in anderen Städten oder gar auf dem Land. Wie der Kriegsbeginn eingeleitete Baumaßnahmen und Universitätsgründungen (Rinteln [im Weserbergland] 1621, Salzburg 1622, Altdorf bei Nürnberg 1622) nicht verhindert, so löst der Friede nicht sogleich neue aus. Schließlich lassen sich auch *die politischen Folgen* des Dreißigjährigen Krieges nicht allein auf die Er-

wirtschaftlicher Rückgang

Rückgang der Bevölkerung

die politischen Folgen

eignisse seines Zeitalters und die Bestimmungen des Westfälischen Friedens zurückführen. Die verfassungsrechtlichen Verankerungen der Entmachtung des Kaisers, der Aufsplitterung des ohnmächtigen Reiches in eine Vielzahl von souveränen (Territorial-)Staaten und der Libertät der Reichsstände, die es ihnen erlaubt, sich zu selbstständigen Völkerrechtssubjekten zu entwickeln und zum Teil zu eigenständigen Mittel- oder Großmächten im europäischen Mächtesystem aufzusteigen, tragen zu einem großen Teil Entwicklungen und Realitäten Rechnung, die lange vor 1618 einsetzen und bis zum Ende des Reiches (1803/1806) bestehen bleiben. Aber auch das *Reich*, mehr Völkerrechtsobjekt als -subjekt, behält eine gewisse *politische Bedeutung*, indem es der Mehrzahl der für eine eigenständige politische Rolle zu schwachen Reichsstände Rückhalt und Schutz gewährt, als Rechtsverband auch von den Mittel- und Großmächten nicht verlassen und als Raum für verschiedene Assoziationsbestrebungen auf der Ebene der Reichskreise genutzt wird, ohne dass sich aus ihnen auf Dauer handlungsfähige politische Gebiete entwickeln, die etwa zu einer stärkeren Integration des Reiches führen. Als noch so lockerer Rahmen für die *deutsche Staatenvielfalt* bleibt es darüber hinaus ein wesentlicher Bestandteil des europäischen Staatensystems. Die Frage, wie stark mit dem Jahre 1648 eine zusammenhängende Reichsgeschichte zugunsten vieler Territorialgeschichten zurücktritt, deren Summe die deutsche Geschichte ausmacht, unterliegt einer ständigen Diskussion. Ihre Beantwortung hängt weit gehend von der unterschiedlichen Einschätzung der politischen Bedeutung des Reiches von der Mitte des 17. bis zum Beginn des 19. Jh.s ab.

Bedeutung des Reichs

deutsche Staatenvielfalt

zerstörte Orte

Anzahl und Verteilung der im Dreißigjährigen Kriege zerstörten Ortschaften

	Schlösser	Städte	Dörfer
Pommern, Mecklenburg und Holstein	203	307	2041
Mark Brandenburg	48	60	5000
Meißen	96	155	1386
Schlesien	118	36	1025
Mähren	63	22	333
Böhmen	215	80	813
Österreich	51	23	313
Pfalz	109	106	807
Franken	44	26	313
Vogtland und Thüringen	68	41	409
Stift Merseburg, Halle, Magdeburg, Halberstadt, Hildesheim	217	103	1105
Braunschweig, Lüneburg und Stift Bremen	50	38	406
Stift Osnabrück, Minden, Paderborn, Fulda	213	304	1027
Westfalen	119	97	1019
Stift Köln, Metz, Trier	327	205	2033
Stift Würzburg	15	10	80
Limburg	20	16	200
Summe	1976	1629	18310

Der Aufstieg Brandenburg-Preußens und Österreichs zu europäischen Großmächten im 17. Jh.

Kurfürst Friedrich Wilhelm

1640–1688 *Friedrich Wilhelm* von Brandenburg, der Große Kurfürst (*1620, †1688), nutzt als Erster die rechtlichen Möglichkeiten, die den Territorien mit Westfälischem Frieden, Jüngstem Reichsabschied (1654) und Wahlkapitulation Leopolds I., an der Brandenburg entscheidenden Anteil hat, gegeben sind, und schafft die Grundlage für den Aufstieg Brandenburg-Preußens durch Errichtung eines stehenden Heeres, Zentralisation der Verwaltung und Einschränkung des traditionellen Steuerbewilligungsrechtes der Landstände.

1653 Kurmärkischer Landtags-Rezess, der dem Adel nach dem Regiment des kurfürstlichen Ministers Adam von Schwarzenberg (seit 1636; *1584, †1641) zwar seine sozialen und wirtschaftlichen Privilegien wieder sichert und sogar erweitert, dem Kurfürsten aber zugleich langfristig Heeressteuern für sein seit 1644 im Aufbau befindliches stehendes Heer bewilligt, womit die Stände praktisch auf ihre Mitwirkung bei der zentralen politischen Willensbildung verzichten (letzter allgemeiner Landtag).

Deutschland Der Aufstieg Brandenburg-Preußens und Österreichs

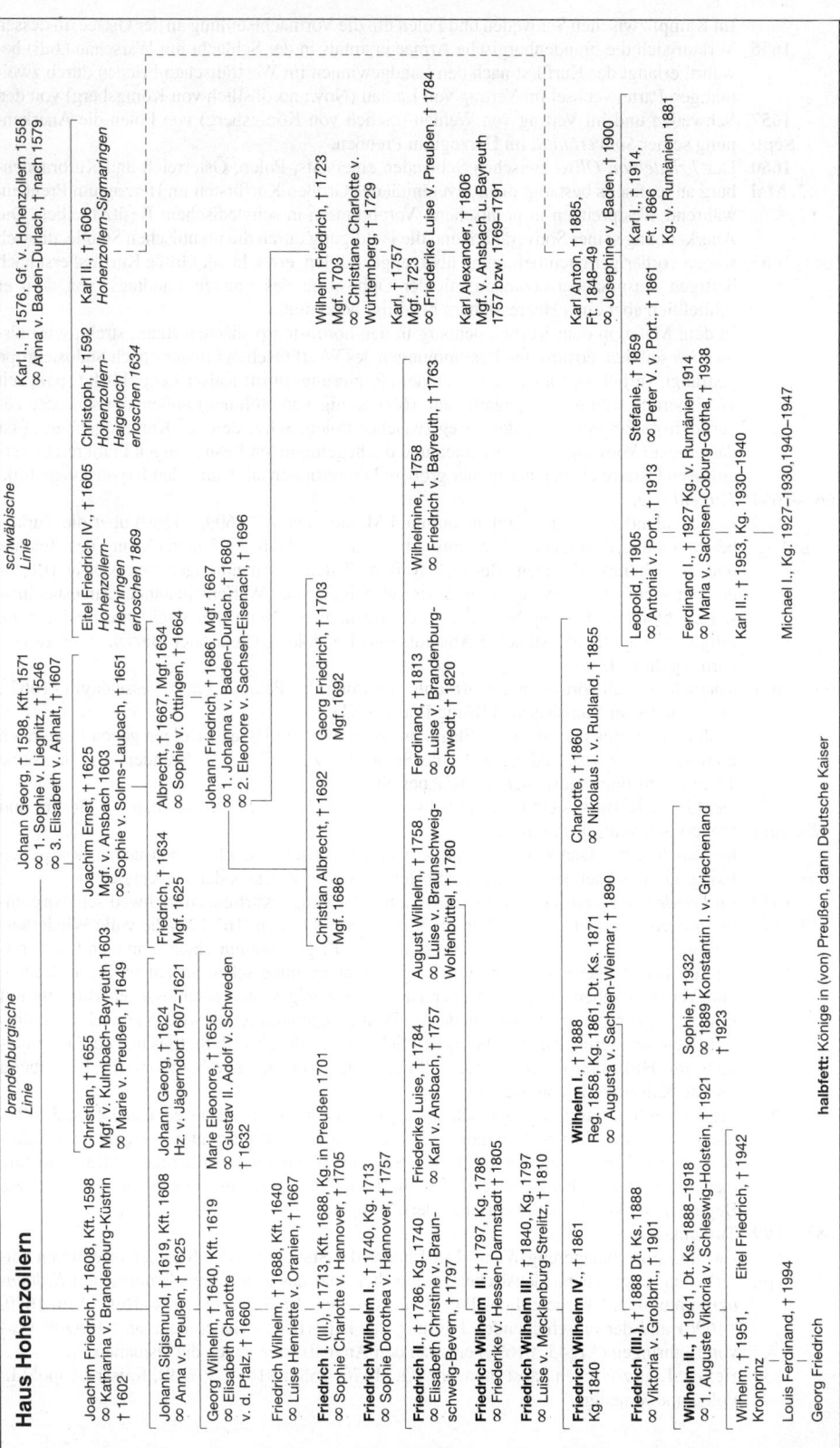

Hohenzollern

Wilhelm I.

Friedrich II.

Wilhelm II.

	1656	Im Kampf zwischen Schweden und Polen um die Vormachtstellung an der Ostsee, in dessen Verlauf sich die brandenburgische Armee erstmals in der Schlacht um Warschau (Juli) bewährt, erlangt der Kurfürst nach den Landgewinnen im Westfälischen Frieden durch zweimaligen Parteiwechsel im Vertrag von Labiau (Nov.; nordöstlich von Königsberg) von den
Souveränität	1657 Sept.	Schweden und im Vertrag von Wehlau (östlich von Königsberg) von Polen die Anerkennung seiner *Souveränität* im Herzogtum Preußen.
Friede von Oliva	1660 3. Mai	Der *Friede von Oliva* zwischen Schweden einerseits, Polen, Österreich und Kurbrandenburg andererseits bestätigt die Souveränität des Großen Kurfürsten im Herzogtum Preußen, während Westpreußen in polnischem, Vorpommern in schwedischem Besitz bleiben. Die
	1661–1663	Anerkennung seiner Souveränität und die Huldigung durch die preußischen Stände, die sich wegen vorheriger Nichtbefragung übergangen fühlen, erreicht der Große Kurfürst erst nach heftigen Auseinandersetzungen mit der Opposition des Langen Landtags, von dem er schließlich aber auch Heeressteuern bewilligt bekommt.
Österreich		In dem Maße, in dem Kurbrandenburg in den nordosteuropäischen Raum strebt, wird *Österreich* seit den territorialen Bestimmungen des Westfälischen Friedens nach Südosteuropa gedrängt, verhält sich aber auch nach dem Regierungsantritt Kaiser Leopolds I. (1658; seit 1655 bereits König von Ungarn, seit 1656 König von Böhmen) außenpolitisch eher zögernd, trotz Eingreifens in den Krieg zwischen Polen, Schweden und Kurbrandenburg. Erst das erneute Vordringen der Osmanen und die hegemonialen Bestrebungen Frankreichs veranlassen Österreich zu einer immer größere Dimensionen annehmenden Expansionspolitik.
Türkenkrieg	1663–1664	*Türkenkrieg.*
	1664 1. Aug.	Entscheidender Sieg des Grafen Raimund Montecuccoli (*1609, †1680) über die Türken bei St. Gotthard-Mogersdorf (Szentgotthárd) an der Raab mit Unterstützung des Reiches und der Rheinbundstaaten. Bei den Waffenstillstandsverhandlungen von Vasvár (Eisenburg) macht Österreich zugunsten eines zwanzigjährigen Waffenstillstandes Zugeständnisse (u. a. bleibt die Festung Neuhäusl [Erczeukuivar an der Neutra] türkisch), um die durch die religiöse Frage (konfessioneller Absolutismus Leopolds I.) belasteten Beziehungen zu Ungarn regeln zu können.
	1665–1671	Magnatenverschwörung in Ungarn unter Führung des Palatins Franz Vesselényi (†1667), unterstützt vom französischen König Ludwig XIV.
		Während die Reichstruppen im Elsass nur zeitweise zu kleinen Erfolgen gegen Frankreich kommen, veranlasst Ludwig XIV. die Schweden zum Einfall in Brandenburg, das seine Truppen aus dem Südwesten des Reiches abzieht.
Schlacht bei Fehrbellin	1675 28. Juni	Der Große Kurfürst siegt über die Schweden bei *Fehrbellin* (nordwestlich von Berlin) und erobert Schwedisch-Pommern.
		Im Bündnis mit Dänemark beginnt Kurfürst Friedrich Wilhelm einen neuen nordischen Krieg mit dem Ziel, jede schwedische Herrschaft auf Reichsboden zu beenden.
Saint-Germain-en-Laye	1679 29. Juni	Im *Frieden von Saint-Germain-en-Laye* muss der Große Kurfürst auf Schwedisch-Vorpommern wieder verzichten, da schon im Nimwegener Frieden (1678/79) die volle Wiederherstellung des Friedens von 1648 vorgesehen war. Er gewinnt nur einen schmalen Landstreifen rechts der Oder und eine Beteiligung an hinterpommerschen Seezöllen. Auch Bremen und Verden bleiben in schwedischer Hand. Im wenig später geschlossenen Bündnis mit Frankreich zur Unterstützung von dessen Politik gegen das Reich wird eine wichtige politische Neuorientierung Brandenburgs deutlich; Ziel ist der Erwerb Stettins und der Odermündung mit Hilfe Frankreichs; dafür will der Große Kurfürst eine bourbonische Bewerbung um die Kaiserwürde unterstützen.
		Trotz eines habsburgisch-ungarischen Ausgleichs kommt es in den siebziger Jahren des Jh.s immer wieder zu Zurücksetzungen und Verfolgungen der Protestanten in Ungarn, die Tököly zu einem Bündnis mit dem türkischen Sultan veranlassen. Der Ehrgeiz des Kara Mustafa (seit 1676 osmanischer Großwesir; *1634/1635, †1683) und die Lage in Ungarn stehen am Beginn neuer kriegerischer Auseinandersetzungen.
	1683–1699	Türkenkrieg.
Schlacht am Kahlenberg Johann III. Sobieski	1683 12. Sept.	Zweite Türkenbelagerung Wiens. Der Entsatz der Stadt durch den Sieg der vereinigten kaiserlichen, bayrischen, sächsischen, polnischen und der Reichskreis-Truppen am *Kahlenberg* unter dem Oberbefehl des Polenkönigs *Johann III. Sobieski* (1674–1696; *um 1629, †1696) und der entscheidenden Führung des kaiserlichen Generalleutnants Herzog Karl von Lothringen (*1643, †1690) eröffnet den Angriffskrieg gegen die Osmanen.
	1684	Heilige Liga zwischen Papst Innozenz XI. (1676–1689; *1611, †1689), Kaiser Leopold I., Polen und Venedig.

1685　Mit dem *Edikt von Potsdam* beantwortet der Große Kurfürst die von der Aufhebung des Ediktes von Nantes (1685) in Frankreich ausgelöste Verfolgung der Hugenotten und leitet seinen erneuten politischen Frontwechsel in Europa ein.   *Edikt von Potsdam*

1686　Nach der Bereitstellung eines Kontingentes von 8000 Brandenburgern tritt Friedrich Wilhelm durch einen Geheimvertrag auf die Seite des Kaisers und sichert ihm Hilfe gegenüber Ludwig XIV. zu. Für den Verzicht auf die schlesischen Herzogtümer Liegnitz, Brieg und Wohlau gewinnt er den Kreis Schwiebus (zwischen Neumark und Polen) nur scheinbar, da Kurprinz Friedrich sich im Revers zu Potsdam ohne Wissen seines Vaters gegenüber Österreich zur Rückgabe dieses Landgewinns bei Regierungsantritt verpflichtet.

1687　Nach wechselndem Kriegsverlauf in *Ungarn* Sieg Karls von Lothringen und Max Emanuels von Bayern (*1662, †1726; als Maximilian II. Emanuel 1679–1726 bayrischer Kurfürst) über die Türken am Berge Harsány bei Mohács (12. Aug.), der den Habsburgern ganz Ungarn öffnet und die *Einnahme Siebenbürgens* ermöglicht. Bei den Verhandlungen mit Fürsten und Ständen Siebenbürgens behält Michael I. Apafi (1661–1690; *1632, †1690) aufgrund des Vertrages von Blasendorf (nordöstlich von Alba Julia) die Fürstenwürde auf Lebenszeit. Auf dem Reichstag von Preßburg müssen die ungarischen Stände auf ihren Widerstandsvorbehalt aus der Goldenen Bulle von 1222 verzichten, die Erblichkeit des ungarischen Königtums der Habsburger im Mannesstamm anerkennen, Leopolds Sohn Joseph zum König krönen und ihm das Recht auf Prüfung ihrer „hergekommenen Gewohnheiten" zugestehen. (Dem Arbeitsergebnis einer Hofdeputation [Juli 1688], die eine Verwaltungsreform im absolutistischen Sinne vorbereiten soll, das „Einrichtungswerk des Königreichs Ungarn", widersetzen sich die Stände erfolgreich.)   *Ungarn* *Einnahme Siebenbürgens*

1688　Max Emanuel von Bayern, seit 1685 Schwiegersohn Leopolds I., beweist als kaiserlicher Oberkommandierender seine militärischen Fähigkeiten bei der Einnahme Belgrads, das aber 1690 wieder an die Türken verloren geht. In der Folgezeit tritt Markgraf Ludwig Wilhelm I. von Baden (1677–1707; *1655, †1707), der *Türkenlouis*, als große Feldherrnbegabung hervor.   *Türkenlouis*

1697　Sieg des neuen Oberkommandierenden *Prinz Eugen von Savoyen* (*1663, †1736) bei Zenta (am Unterlauf der Theiß).   *Prinz Eugen von Savoyen*

1699
26. Jan.　Friede von Karlowitz (nordwestlich von Belgrad), in dem die habsburgische Herrschaft über Ungarn, Siebenbürgen und große Teile Slawoniens und Kroatiens bestätigt wird. Österreich ist zur Großmacht emporgestiegen. – Prinz Eugen, von Ludwig XIV. abgewiesen, ist in kaiserlichem Dienst tätig. 1697 Oberbefehlshaber, von 1703 bis zum Tode Präsident des Hofkriegsrates, erwirbt er sich dank seiner militärischen und politischen Fähigkeiten außerordentliche Autorität.

Das Reich vom Westfälischen Frieden bis zur Französischen Revolution

Markiert das Jahr 1648 auch das Ende einer zusammenhängenden Reichsgeschichte, so leitet es dennoch nicht nur eine Zeit ein, in der das Reich lediglich eine Summe seiner größeren, mittleren und kleinen Territorien darstellt. Auch als Völkerrechtssubjekt bleibt es gleichwohl bestehen und behält vor allem für die mittleren und kleinen Reichsstände seine Bedeutung, nicht zuletzt als schützende Rechtsgemeinschaft durch das Reichskammergericht.

1649–1651　Auf dem Nürnberger Exekutionstag wird über die Ausführung der Bestimmungen des Friedensvertrages von 1648 gerungen, insbesondere die Räumung besetzter Reichsgebiete von
bis 1653　ausländischen Truppen, die teilweise erreicht wird. Ausbreitungstendenzen Brandenburgs in Jülich–Cleve–Berg und seine Auseinandersetzungen mit Schweden um Hinterpommern sorgen für weitere Unruhe im Reich. Erst nach der *Wahl Ferdinands IV.* (*1633, †1654; seit 1646 König von Böhmen, 1647 von Ungarn) *zum Römischen König*, mit der Ferdinand III. den Habsburgern die Kaiserkrone weiterhin sichern will, kommt es zum: *Ferdinand IV. Römischer König*

1653–1654　Regensburger Reichstag zwecks Durchführung der Reichsverfassungs-Bestimmungen von 1648. Angesichts der Auseinandersetzungen um das schlesische Herzogtum Jägerndorf zwischen Brandenburg und dem Wiener Hof schließt Ferdinand III. aus Furcht vor einer Niederlage seiner Seite den Reichstag.

1654
17. Mai　Der Reichstagsabschied erlangt als „*Jüngster Reichsabschied*" (JRA, letzter Abschied eines Reichstages, danach nur noch Reichsschlüsse [Conclusa Imperii] des ab 1663 ständig tagenden, sog. „Immer währenden Reichstages") Bedeutung für die Reichsverfassungsgeschichte, auch wenn er die ihm 1648 – um ihre Lösung dem Einfluss Frankreichs und   *Jüngster Reichsabschied*

Schwedens zu entziehen – zugewiesenen Grundfragen, etwa Kaiser- und Königswahl, Reichskreisverfassung, Reichssteuerwesen, Reichsgerichte, kaum beantwortet. Während sich eine Neuorganisation des Reichskammergerichts nicht durchsetzt (Überlastung, unregelmäßige Finanzierung, ungenügende personelle Ausstattung), ordnet der Kaiser seinen Reichshofrat ohne Beteiligung der Reichsstände aus eigener Machtvollkommenheit neu. Das Corpus evangelicorum wird unter sächsischer Direktion umgebildet; die zur Beratung und Lösung noch unerledigter Fragen vorgesehene Reichsdeputation soll paritätisch besetzt werden. Entscheidend für die Zukunft wird Artikel 180 JRA, der Untertanen und Landstände in den reichsständischen Territorien auf ihren Beitrag zur militärischen Organisation des Reiches (Kreishilfen) und Unterhaltung der Garnisonen und Festungen der Reichsstände verpflichtet. Damit wird die *Errichtung stehender Heere* in den Territorien ermöglicht, und zwar ohne besondere Bewilligung der dazu notwendigen Mittel. Auf seinen Antrag, Mehrheitsbeschlüsse bei Bewilligungen von Reichssteuern für alle Reichsglieder verbindlich zu machen, muss der Kaiser verzichten, womit sich die reichsfürstliche Libertät erneut durchsetzt. Die den Reichsständen zugebilligte Souveränität erhält jene Ausstattung, die diese zum Ausbau ihrer Territorien zu selbstständigen Staaten brauchen, gleichzeitig wird sie Kaiser und Reich verweigert, denen sich auch kleinere und mittlere Reichsfürsten zu entziehen suchen. Gerade diese streben aus ihrem besonderen Sicherheitsverlangen heraus die Bildung von *Unionen* an, um ihre eigene Lage zu festigen. Die 1648 in Aussicht genommene Reintegration der Reichskreise (Reform der Kreisverfassung des Reiches zwecks Verbesserung von Wehrverfassung, Verwaltung und Polizeiwesen) beginnt mit unterschiedlicher Intensität, wobei die politische Geografie eine sehr wesentliche Rolle spielt. Über die Grenzen der einzelnen Reichskreise hinaus gehen verschiedene Bündnisse (Assoziationen). Während der Plan des Grafen Georg Friedrich von Waldeck (*1620, †1692) einer reichsfürstlichen Opposition unter Führung Brandenburgs gegen den Kaiser („großes Dessein")

1654 letztlich scheitert (15. Dez.), gewinnt die Rheinische Allianz größere Bedeutung, der nach Kurköln, Kurtrier, Pfalz-Neuburg, Bistum Münster 1655 Kurmainz beitritt.

1655 Durch den frühen Tod Ferdinands IV. (9. Juli 1654) müssen sich die Reichsstände auf einem Frankfurter Reichsdeputationstag mit der Frage der Kaiserwahl beschäftigen, die im Spannungsfeld reichsständischer Gegensätze und ausländischer Interessen (besonders

1657 Frankreichs) steht. Noch vor einer Klärung stirbt Kaiser Ferdinand III., dessen Tod ein einviertel jähriges *Interregnum* einleitet, das die Zerrissenheit und Ohnmacht des Reiches in aller Deutlichkeit offenbart.

1658–1705 Kaiser Leopold I. (*1640, †1705). Seine Wahl erfolgt auf einem Kurfürstentag während eines neuen Krieges in Nordosteuropa (1655–1660), der auch die Interessen des Reiches berührt. In seiner Wahlkapitulation muss Leopold allerdings auf Drängen Kurbrandenburgs den Territorialfürsten erhebliche Zugeständnisse machen, welche eine Weiterentwicklung des frühmodernen Staates in den Territorien garantieren: U. a. wird den Landständen jede Disposition über Landessteuern entzogen, jedes Selbstversammlungsrecht genommen und die Anrufung von Reichsgerichten in diesen Punkten verboten. Hinsichtlich der französisch-spanischen Auseinandersetzungen muss sich Leopold I. zur Neutralität verpflichten.

1658 Die Unionsbestrebungen der in der Rheinischen Allianz zusammengeschlossenen Reichsfürsten werden von Frankreich unterstützt und führen zur *Bildung eines* gegen die Habsburger gerichteten (Ersten) *Rheinbundes* (Kurmainz, Kurköln, Pfalz-Neuburg, Hessen-Kassel, Braunschweig-Lüneburg, Schweden für Bremen-Verden, Bistum Münster [ab 1660], Kurtrier [ab 1662], Brandenburg [ab 1665]), der zugleich Instrument der französischen Politik im Reich sein soll.

Die antihabsburgische Opposition im Reich, verstärkt durch den Beitritt Sachsens und Bayerns, und die neuerliche Bedrohung Österreichs durch die Türken zwingen Leopold zur

1663–1664 Einberufung eines neuen Reichstages nach Regensburg, der sich zum *immer währenden Gesandtenkongress* entwickelt, auf dem die Reichsstände nicht mehr persönlich erscheinen. Erst sehr spät erreicht Leopold I. die Aufstellung einer Reichsarmee, von der sich aber die Kontingente der Rheinbundfürsten unter eigenem Kommando absondern. Als Mitglied des Rheinbundes entsendet Ludwig XIV. 6000 Franzosen zum Kampf gegen die Türken, ohne sein Bündnis mit der Pforte zu brechen.

Nach der Mitwirkung französischer Truppen bei der kurmainzischen Unterwerfung der

1667 Stadt Erfurt und der Schiedsrichterrolle Ludwigs XIV. im Streit zwischen Kurpfalz und seinen von Mainz geführten Nachbarn verstärkt sich Frankreichs Einfluss auf das Reich mit

1667–1668 dem Einmarsch in die zum Burgundischen Reichskreis gehörenden Niederlande weiter, mit dem der sog. *Devolutionskrieg* eröffnet wird. Die rheinischen Fürsten sichern den Franzosen zu, Truppen Dritter nicht durch ihre Territorien ziehen zu lassen, Brandenburg und Österreich bleiben neutral. Der Reichstag übt sich unter maßgeblicher Einflussnahme des Kurfürstenrates in Zurückhaltung. Innerhalb des Rheinbundes verschärfen sich die Gegensätze zwischen rheinischen Fürsten und seinen in einer Braunschweiger Defensivallianz zusammengeschlossenen nordwestdeutschen Mitgliedern.

1668 *Auflösung des Rheinbundes.* — *Auflösung des Rheinbundes*

1672–1678 Eroberungskrieg Ludwigs XIV. von Frankreich gegen die nördlichen Niederlande. Als er die Generalstaaten angreift, hat er zuvor in einer umfassenden diplomatischen Aktion bis auf Kurbrandenburg alle Staaten und Reichsstände zumindest für eine neutrale Haltung gewinnen können, um die Republik zu isolieren. – Die Verletzung der Reichsneutralität am Niederrhein führt zu Bündnissen Habsburgs mit Brandenburg und den nördlichen Niederlanden, aber nicht zum vollständigen Bruch zwischen Wien und Paris. Immerhin werden durch militärische Aktionen im Reich französische Truppen aus den Niederlanden abgezogen, die Ludwig XIV. schließlich ohne Entscheidung verlässt.

Das Interesse des französischen Königs gilt von nun an Lothringen, dem Elsass, Trier und

1674 der Pfalz und führt auf Drängen des Kaisers, aber gegen den Willen Bayerns und Hannovers, zur Kriegserklärung des Regensburger Reichstages an Frankreich. Trotz der Wieder-

1675/1676 herstellung der 1672 von den Franzosen zerstörten Straßburger Rheinbrücke, einem Sieg an der Conzer Brücke bei Trier (1675) und der Eroberung von Philippsburg (1676), Frank-

1677 reichs rechtsrheinischem Vorposten seit 1648, gelingt den Reichstruppen kein durchschlagender Erfolg. Freiburg, die Hauptstadt des österreichischen Breisgaus, fällt 1677 an die Franzosen. Allgemeine Kriegsmüdigkeit der Reichsstände und deren zum Teil gegenüber Frankreich geäußerte Sonderinteressen führen schließlich zum Frieden.

1679 *Friede von Nimwegen* zwischen Frankreich und Kaiser und Reich (1678 schon zwischen — *Friede von Nimwegen* Frankreich und Spanien sowie Frankreich und den Generalstaaten), in dem die französische Vormachtstellung bestätigt wird: Frankreich hat keine territorialen Verluste hinzunehmen und tauscht lediglich das Besatzungsrecht in Philippsburg (südlich von Speyer) mit dem in Freiburg im Breisgau.

1679–1684 Die *französische Reunionspolitik* verfolgt das Ziel, die angestrebte Grenze mit dem Reich — *französische Reunionspolitik* lückenlos zu schließen und Frankreich unangreifbar zu machen. Die sich auf mittelalterliches Lehnsrecht stützenden Reunionen (Aneignung von Gebieten, die von den seit 1648 vom Reich an Frankreich abgetretenen Territorien früher einmal abhängig waren) erweisen sich als Annexionen auf dem Rechtsweg, von denen u. a. Mömpelgard (westlich von Basel), Salm (südwestlich von Straßburg), Leiningen (Rheinpfalz), Saarbrücken, Zweibrücken, Sponheim (Hunsrück), Veldentz (nordöstlich von Trier), Prüm (Eifel), Aremberg (Eifel), Teile der Bistümer Trier und Speyer und das gesamte Elsass erfasst werden.

1681 *Das Reich verliert die Reichsstadt Straßburg*, die die französische Oberhoheit anerkennt. — *Straßburg französisch* Von der Kanalküste bis nach Freiburg im Breisgau entsteht damals ein neu angelegtes Fortifikationssystem (Festungsbauer: Sébastien le Prestre de Vauban, *1633, †1707). – Im Reich wächst die Einsicht in die Notwendigkeit einer grundlegenden Militärreform. Der Regensburger Reichstag beschließt eine neue Reichskriegsverfassung, nach der auch in Friedenszeiten ein Heer von 40000 Mann bestehen bleiben soll, dessen Aufstellung Sache der Reichskreise ist. Der in Hannover 1692 als Kurfürst an die Macht gekommene Herzog Ernst August von Braunschweig-Lüneburg-Calenberg (1679–1698; *1629, †1698) tritt für ein Bündnis deutscher Fürsten mit dem Kaiser zur Abwehr französischer Übergriffe auf das Reich ein. Kurfürst Johann Georg III. von Sachsen (1680–1691; *1647, †1691) und Kurfürst Max Emanuel von Bayern ändern ihre französfreundliche Politik. Die gegen Frankreich gerichteten Bestrebungen des Grafen Georg Friedrich von Waldeck zielen auf eine Zusammenfassung der Kräfte im Reich und führen zur Frankfurter Assoziation des Oberrheinischen und des Fränkischen Reichskreises.

1682 In der *Laxenburger Allianz* verbindet sich die Frankfurter Assoziation mit dem Kaiser. – Für — *Laxenburger Allianz* Verständigung mit den Franzosen treten die vier rheinischen Kurfürsten, Münster und vor allem Kurbrandenburg ein. Ausgleichsbemühungen zwischen Frankreich und einer Reichsdeputation mit dem Ziel einer Begrenzung der Reunionen scheitern in Frankfurt am Main an den Forderungen Ludwigs XIV.

1684 Die Wiener Entscheidung für die Fortsetzung des neuen Türkenkrieges und die Erneuerung des Französisch-Brandenburgischen Bündnisses führen zum *Regensburger Stillstand*, in — *Regensburger Stillstand* dem das Reich und Spanien (durch den Kaiser vertreten) den französischen Besitz aller seit dem 1. Aug. 1681 reunierten Gebiete und der Stadt Straßburg und Luxemburgs vorläufig auf 20 Jahre anerkennt.

Während sich im Norden Brandenburg mit Schweden verständigt und damit den französischen Einfluss zurückdrängt, kommt es im Süden des Reiches in der sich schnell wieder

Pfälzischer Krieg	1686	auflösenden Augsburger Allianz zu einem gegen Frankreich gerichteten Zusammenschluss des Kaisers mit Bayern, fränkischen und oberrheinischen Kreisständen, an der sich auch Schweden, Spanien und später Kurmainz beteiligen. Sie bringt aber kaum mehr als eine antifranzösische Stimmung im Reich zum Ausdruck, denn zu verschieden sind die politischen Interessen ihrer Mitglieder. Über das Kurfürstentum Köln sucht Ludwig XIV. seine Position im Westen des Reiches zu stabilisieren.
Pfälzischer Krieg	1688–1697	So genannter *Pfälzischer Krieg* infolge des pfälzischen Erbstreites nach dem Aussterben des Hauses Pfalz-Simmern im Mannesstamm (1685 starb Kurfürst Karl) und dem Herrschaftsantritt des schon in Jülich und Berg regierenden habsburg-freundlichen, katholischen Pfalz-Neuburgers Philipp Wilhelm. Ludwig XIV. beansprucht für seine Schwägerin Liselotte von Orléans (Elisabeth Charlotte von der Pfalz) u. a. die Grafschaft Simmern und Teile der Grafschaft Sponheim. Eigentlicher Gegner Frankreichs wird der englische König Wilhelm von Oranien in einer Auseinandersetzung von europäischem Ausmaß.
	1688	Zusammenschluss Brandenburgs, Sachsens, Hannovers, Hessen-Kassels im sog. Magdeburger Konzert nach der französischen Besetzung Kurkölns und der Eroberung Philippsburgs. – Entschluss des Kaisers zum Kampf im Westen trotz des gleichzeitigen Türkenkrieges (Zweifrontenkrieg). – *Kriegserklärung* des Regensburger Reichstages *an Frankreich*.
Kriegserklärung an Frankreich Joseph I. Römischer König	1690	Verstärkung der antifranzösischen Stimmung im Reich angesichts der Gewalttaten und großen Zerstörungen an Rhein und Mosel (besonders betroffen: Worms, Speyer, Mannheim, Heidelberg). Diese Entwicklung begünstigt die *Wahl Josephs I. zum Römischen König* (Sohn Leopolds I.; seit 1687 König von Ungarn), bewirkt aber keine Überwindung der Interessengegensätze und Uneinigkeit der am Krieg beteiligten Reichsstände.
neunte Kurwürde	1692 März	Ein Kurtraktat führt zur *Einrichtung einer neunten Kurwürde*. Herzog Ernst August von Braunschweig-Lüneburg-Calenberg vergrößert sein Territorium, weist auf die Schwächung der Protestanten im Kurkolleg (seit Kurpfalz katholisch ist) hin und fordert für sich und sein Haus eine neue Kur. Erst nachdem der Welfe nach Ablehnung seines Wunsches durch den Kaiser ein Bündnis mit Frankreich eingeht, stimmt Leopold I. der neunten Kur zu und verpflichtet Hannover zur Unterstützung in allen Reichsangelegenheiten. – Diese Entwicklung und die Bemühungen Kursachsens um die Bildung einer dritten Partei zwischen Frankreich und eindeutig habsburgisch orientierten Reichsständen lähmen die Kriegsführung am Rhein. Im Frankfurter Assoziationsrezess der sog. Vorderen Reichskreise wirkt sich der Wiederbelebung des Assoziationsgedankens nicht mehr aus. Der *Friede von Rijswijk* (südlich von Den Haag) vom 30. Okt. beendet jahrelange Friedensbemühungen zwischen den Krieg Führenden. Zwar verzichtet Frankreich u. a. auf Freiburg, die Reunionen, die rechtsrheinischen Brückenköpfe, aber es erhält die endgültige Anerkennung seines Besitzes des Elsass einschließlich Straßburgs. – Kurfürst Friedrich August I. von Sachsen (1694–1733; *1670, †1733) wird bei einer Doppelwahl König August II. von Polen (August der Starke; 1697–1706 und 1709–1733), nachdem er zum katholischen Glauben übergetreten ist. – Während die ausgreifenden Pläne des bayrischen Kurfürsten Max II. Emanuel, das spanische Erbe des Habsburgers Karls II. seinem Sohn zu sichern, am frühen Tod Joseph Ferdinands (*1692, †1699) scheitern, erreicht Kurfürst Friedrich III. von Brandenburg (*1657, †1713) ebenfalls eine Rangerhöhung (als äußere Anerkennung der vom Großen Kurfürsten erreichten Macht) durch die Ernennung zum König Friedrich I. in Preußen (18. Jan. 1701 Krönung in Königsberg).
Friede von Rijswijk	1697	
	1700	
Friedrich I. in Preußen	1701–1713	König *Friedrich I. in Preußen* (nicht von Preußen mit Rücksicht auf den polnischen Besitz Westpreußens). Der Krontraktat vom 16. Nov. 1700 verpflichtet ihn zur politischen und militärischen Unterstützung des Kaisers, dessen Zustimmung man in Berlin anstrebt, obwohl das Königtum auf dem nicht zum Reich gehörenden Preußen gründet.
Spanischer Erbfolgekrieg	1701–1714 1702	Kampf der um Österreich und England gruppierten Haager Allianz (7. Nov. 1701) gegen Frankreich im *Spanischen Erbfolgekrieg*. Von den Reichsständen kann Ludwig XIV. nur Bayern und Kurköln auf seine Seite ziehen. Eine erneute Assoziation der Vorderen Reichskreise strebt zwar eine neutrale Haltung an, entscheidet sich im Nördlinger Traktat aber doch für den Anschluss an die Haager Allianz. Im Herbst erfolgt die Reichskriegserklärung an Frankreich. Eine einheitliche Kriegsführung des Reiches kommt nicht zu Stande. – Die Neutralität Brandenburg-Preußens im gleichzeitigen *Nordischen Krieg* (1700–1721) verhindert eine Verknüpfung der Kriege im Westen und Osten Europas.
Nordischer Krieg		
	1704	Prinz Eugens und Marlboroughs (John Churchill) Sieg über Franzosen und Bayern bei Höchstädt an der Donau hat die Besetzung Bayerns durch die Kaiserlichen zur Folge.
Kaiser Joseph I.	1705–1711	*Kaiser Joseph I.* (*1678, †1711). Er setzt die Reichsacht-Erklärung gegen die wittelsbachischen Kurfürsten von Bayern und Köln durch, gerät aber in Gegensatz zu den größeren Reichsfürsten, als er sich um eine Restauration des Kaisertums bemüht.

1711–1740	Kaiser Karl VI., Bruder Josephs I. (*1685, †1740). Seine Wahl (12. Okt. 1711) kann Ludwig XIV. wegen des Ausschlusses der wittelsbachischen Kurfürsten nicht verhindern.	*Kaiser Karl VI.*
1713 19. April	Karl VI. verkündet im Augenblick des Friedens von Utrecht (April 1713), an dem Kaiser und Reich nicht beteiligt sind, die *Pragmatische Sanktion* (habsburgisches Erbfolgegesetz): Seine künftigen Kinder (auch Töchter) sollen den Vorrang vor den Töchtern seines verstorbenen Bruders Joseph haben. Da Karl nach dem frühen Tode eines Sohnes selbst nur Töchter besitzt, gilt deren älteste, Maria Theresia, als Erbin. Der Kaiser erreicht die Zustimmung der Erbländer, Ungarns und nach mühevollen Verhandlungen auch der europäischen Großmächte und des Reiches. Als Gegenleistung für die britische Garantie (1731) muss er den gesamten, 1722 mit der Gründung der Handelsgesellschaft in Ostende begonnenen Ostindienhandel einstellen.	*Pragmatische Sanktion*
1713–1740	Friedrich Wilhelm I., König in Preußen (*1688, †1740). Als Sohn König Friedrichs I. wird er dessen Nachfolger und schafft durch strengste Sparsamkeit, größten Fleiß und persönliches Beispiel einen gut verwalteten, absoluten Militär- und Beamtenstaat (Soldatenkönig). Seine Untertanen nimmt er mit aller Härte in die Pflicht und erzieht sie zu unbedingter Subordination; außenpolitisch ist er aus Gewissensgründen friedfertig und kaum engagiert.	*König Friedrich Wilhelm I.*
1714	Der *Friede von Rastatt* (7. März) zwischen dem Kaiser und Frankreich beendet die letzten Kampfhandlungen des Spanischen Erbfolgekrieges am Oberrhein. Im Wesentlichen werden die Bestimmungen des Utrechter Friedens übernommen: Zu den italienischen Erwerbungen kommen allerdings die spanischen Niederlande; die wittelsbachischen Kurfürsten werden restituiert. Der Friede von Baden (Schweiz) mit dem Reich (7. Sept.) bringt keine wesentlichen Veränderungen.	*Friede von Rastatt*
1716–1718	Türkenkrieg.	*Türkenkrieg*
1717	Gewinn Belgrads durch Prinz Eugen.	
1718	Mit dem *Frieden von Passarowitz* (südöstlich von Belgrad; 21. Juli) beginnt die teilweise deutsche Besiedlung des Banats, Nordserbiens mit Belgrad und der Kleinen Walachei. – Im Westen kommt es zur gegen Spanien gerichteten Quadrupelallianz (2. Aug.) zwischen dem Kaiser, Frankreich und Großbritannien. Die nördlichen Niederlande sollen das vierte Bundesmitglied sein, treten aber nie bei.	*Friede von Passarowitz*
1719	Hannover erhält im Zuge der Beendigung des Nordischen Krieges im Ersten Frieden von Stockholm die schwedischen Herzogtümer Bremen und Verden.	
1720	Österreich bekommt Sizilien; der Herzog von Savoyen wird durch Sardinien (mit Königstitel) entschädigt. – Brandenburg-Preußen erhält im Zweiten Stockholmer Frieden das lang erstrebte Vorpommern bis zur Peene und damit die Odermündung mit Stettin.	
1731/32	Das Reich als Ganzes tritt politisch so gut wie gar nicht in Erscheinung und findet auf dem Regensburger Reichstag kaum zu Gemeinsamkeiten. Es kommt lediglich zum Erlass einer Zunftordnung für das ganze Reich. Der Kaiser kann außerdem eine Reichsgarantie für seine Pragmatische Sanktion erreichen, der aber nicht alle Reichsstände zustimmen.	
1733–1735	Polnischer Thronfolgekrieg. – Der Gegensatz zwischen Österreich und Frankreich in der polnischen Thronfolgefrage führt zum Krieg (teilweise auch als Reichskrieg geführt), in dem Österreich gegen Frankreich, Spanien und Sardinien fast ganz Italien militärisch verliert; die Franzosen besetzen u. a. Lothringen.	*Polnischer Thronfolgekrieg*
1735	Vorfriede zu Wien (endgültig 1738): Der 1702 auf Veranlassung Karls XII. von Schweden gewählte König Stanislaus I. Leszczyński (*1677, †1766; 1704–1709, 1733–1736) verzichtet auf die polnische Krone und wird durch Lothringen und Bar entschädigt, die nach seinem Tod an Frankreich fallen sollen. Herzog Franz Stephan von Lothringen (1736 mit der Tochter Karls VI., Maria Theresia, vermählt) wird für sein Stammland durch das Großherzogtum Toskana (nach dem Aussterben der dort regierenden Medici 1737) entschädigt. Österreich überlässt Neapel und Sizilien als Sekundogenitur den spanischen Bourbonen, die dafür Parma und Piacenza an Österreich abtreten. – Der eigentliche Gewinner ist Russland, dessen Kandidat Friedrich August II. von Sachsen (*1696, †1763) als August III. König von Polen wird.	
1736	Tod des Prinzen Eugen von Savoyen.	
1736–1739	In den von Russland begonnenen Krieg gegen die Türkei greift auch das mit ihm verbündete Österreich ein. Während der russische Oberkommandierende Burkhard Christoph Graf von Münnich (*1683, †1767) große Erfolge erzielt, die Moldau gewinnt und den Einzug der	
1739	Zarin in Konstantinopel plant, werden die Österreicher geschlagen und unter französischer Vermittlung zum *Frieden von Belgrad* genötigt, dem auch Russland beitritt: Österreich verliert Belgrad, Serbien, die Kleine Walachei und die Festung Orşova (am Eisernen Tor) an die Türken; das zerstörte Azow (im Mündungsgebiet des Don) und die Kabardeien (Kauka-	*Friede von Belgrad*

EUROPÄISCHE NEUZEIT Einzelstaaten

sus) sollen eine Barriere zwischen Russland und der Türkei bilden. Das Prestige Österreichs ist schwer getroffen; Russland wird seitdem sein Rivale auf dem Balkan.

König Friedrich II. der Große **1740–1786** *Friedrich II. der Große* (*1712, †1786), als Sohn Friedrich Wilhelms I. preußischer König. Strenge Erziehung; Vorliebe des Prinzen für französische Literatur und Musik, Abneigung gegen militärische Übungen, Jagden, das Tabakskollegium; der Vater hält ihn deshalb für untüchtig. Nachdem der Plan einer Vermählung Friedrichs mit einer Tochter Georgs II. von England gescheitert ist, Fluchtversuch 1730 unweit Mannheims während einer Reise mit dem König. Verhör in Wesel, Kriegsgericht; der Kronprinz kommt als Gefangener nach Küstrin (sein Freund Hans Hermann von Katte, *1704, †1730, wird hingerichtet), arbeitet dort in der Kriegs- und Domänenkammer. 1732 Aussöhnung mit dem Vater; der Prinz erhält die Führung eines in Neuruppin stehenden Regiments, heiratet 1733 Elisabeth Christine von Braunschweig-Bevern, lebt dann mit seinen Freunden auf Schloss Rheinsberg unweit Ruppins. Bedeutendster und geistvollster Fürst des sog. aufgeklärten Absolutismus, Feldherr und Staatsmann, bekennt sich als „premier serviteur de l'Etat" (erster Diener des Staates), „Philosoph" im Sinne des 18. Jh.s und der französischen Bildung, die ihm auch die antiken Vorbilder (Stoa) vermittelt. Verbindung mit Voltaire (*1694, †1778), der 1750–1753 in Sanssouci Friedrichs Gast ist.

Maria Theresia **1740–1780** In Österreich folgt ihrem Vater Karl VI. *Maria Theresia* (*1717, †1780), Königin von Ungarn (1741) und Böhmen (1743), Erzherzogin von Österreich, vermählt mit Franz Stephan von Lothringen (*1708, †1765), seit 1737 Großherzog von Toskana, Mitregent der österreichischen Erblande, 1745 Kaiser Franz I. Stephan. Maria Theresia, aufgewachsen unter wienerischen und italienischen Eindrücken, fromm katholisch, verbindet warmherzige Natürlichkeit und herrscherliche Würde.

Österreichischer Erbfolgekrieg **1740–1748** *Österreichischer Erbfolgekrieg* um die Geltung der Pragmatischen Sanktion von 1713: Rechtmäßigkeit des Übergangs der habsburgischen Länder auf Maria Theresia. Erbansprüche erhebt u. a. Kurfürst Karl Albrecht von Bayern (*1697, †1745, seit 1726 Kurfürst von Bayern, 1742 zum Kaiser gewählt), der die Pragmatische Sanktion nicht anerkennt. Der Krieg wird ausgelöst durch den *Einmarsch* Friedrichs II. des Großen, *in Schlesien* einen Schritt, der, diplomatisch nicht vorbereitet und mit Rechtsgründen nicht zu stützen, die preußische Politik auf Jahrzehnte hinaus bindet, neue Gegensätze entstehen lässt und in weltweite Auseinandersetzungen hineinführt.

Einmarsch in Schlesien

Erster Schlesischer Krieg **1740–1742** *Erster Schlesischer Krieg:* Friedrich II. besetzt Schlesien, zieht in Breslau ein, schließt nach weiteren preußischen Erfolgen ein Bündnis mit Frankreich, das zusammen mit Bayern und Sachsen in den Krieg eingreift. Kurfürst Karl Albrecht von Bayern, nach der Erstürmung Prags mit Hilfe französischer und sächsischer Truppen (1741) König von Böhmen, wird

Karl VII. Römischer Kaiser **1742–1745** nach einvierteljähriger Thronvakanz als *Karl VII.* zum Römischen *Kaiser* gewählt. – Im
1742 Frieden von Breslau tritt Österreich Ober- und Niederschlesien und die Grafschaft Glatz an Preußen ab und gewinnt dadurch Kräfte zum Kampf gegen Bayern und Franzosen. Prag wieder besetzt, der Kurfürst und Kaiser Karl aus Bayern vertrieben. Großbritannien greift an der Seite Österreichs in den Krieg ein.

Die sog. Pragmatische Armee, aus Österreichern, Niederländern, Briten und deutschen
1743 Söldnern gebildet, besiegt die Franzosen bei Dettingen (auf dem rechten Mainufer zwischen Aschaffenburg und Hanau, 27. Juni).

1744 Neues Bündnis Friedrichs II. mit Frankreich. Als die Österreicher über den Rhein marschiert sind, rückt Friedrich in Böhmen ein (das er bald wieder räumen muss) und löst den *Zweiten Schlesischen Krieg* aus.

Zweiter Schlesischer Krieg **1745** Tod Kaiser Karls VII. (20. Jan.) – Sein Nachfolger in Bayern, Maximilian III. Joseph (1745–1777; *1727, †1777) verzichtet freiwillig auf die Kaiserkrone und schließt mit Österreich den Frieden zu Füssen (22. April). Er erhält seine Lande gegen Anerkennung der Pragmatischen Sanktion zurück und verspricht dem Gemahl Maria Theresias seine Wahlstimme. Friedrich schlägt die Österreicher bei Hohenfriedberg (in Niederschlesien am Nordrand des Waldenburger Berglandes; 4. Juni) und Soor (Nordböhmen). Im Frieden von Dresden (25. Dez.) wird Friedrich II. der Besitz von Schlesien bestätigt; dafür erkennt er den Gemahl Maria Theresias als Kaiser an.

Kaiser Franz I. Stephan **1745–1765** *Kaiser Franz I. Stephan* (*1708, †1765).
1746 Österreichisch-Russisches Bündnis. – Die Bemühungen des Kaisers um eine Stellungnahme des Reiches gegen Frankreich scheitern am Widerstand Preußens. – Der Österreichische Erbfolgekrieg hat durch den kolonialpolitischen Gegensatz zwischen Frankreich und Großbritannien einen neuen Schwerpunkt erhalten.

Friede von Aachen **1748 18. Okt.** *Friede von Aachen* zwischen Frankreich und den Seemächten, dem Österreich beitreten muss: In den Kolonien Rückgabe der gegenseitigen Eroberungen, also keine Entscheidung.

● PLOETZ

Österreich erhält die von den Franzosen eroberten Niederlande zurück, muss aber Parma und Piacenza für eine zweite Sekundogenitur der spanischen Bourbonen in Italien hergeben und einen Teil des Herzogtums Mailand an Sardinien abtreten. Die Pragmatische Sanktion von 1713 wird anerkannt, der preußische Besitz von Schlesien und Glatz bestätigt.

Wenzel Anton Graf von Kaunitz (*1711, †1794), 1748 österreichischer Bevollmächtigter auf dem Aachener Friedenskongress, 1750–1753 Botschafter in Paris mit dem Ziel, ein
1753   Bündnis mit Frankreich zu Stande zu bringen; 1764 Fürst; wird österreichischer Staatskanzler und damit bedeutendster Politiker Wiens für mehr als drei Jahrzehnte.

1756/1757   Kaunitz erreicht trotz traditioneller Widerstände ein Defensiv- (1. Mai 1756), dann ein Offensivbündnis (1. Mai 1757) zwischen Frankreich und Österreich mit dem Ziel der Rückgewinnung Schlesiens (gegen Abgabe der österreichischen Niederlande an Frankreich) als Folge der Westminsterkonvention (16. Jan. 1756) zwischen Preußen und Großbritannien (Verpflichtung zu gemeinsamer Abwehr jedes Angriffs einer fremden Macht im Reich); grundlegende Veränderung der Bündnisse in Europa. Russland, das Preußen durch einen Angriff schwächen will und mit Österreich seit 1746 verbündet ist, einigt sich mit diesem
1756   über die geplante Offensive. Friedrich II. von Preußen kommt dem Angriff seiner Gegner zuvor, indem er überraschend und ohne Kriegserklärung in Sachsen einrückt (29. Aug.).

1756–1763   *Siebenjähriger Krieg*. Er hat zwei Schwerpunkte: 1. Kampf Preußens um Schlesien und um seine Existenz (Dritter Schlesischer Krieg) gegen Österreich, Russland, Frankreich, Schweden und die Mehrzahl der Reichsfürsten (Anfang 1757 beschließt eine Reichstagsmehrheit auf Drängen Österreichs und Frankreichs eine Reichsbewaffnung und Exekution gegen Preußen; sie findet auch Unterstützung bei protestantischen Reichsständen); seit 1758 Preußisch-Britisches Subsidienbündnis; 2. Kampf zwischen Großbritannien und Frankreich um die Kolonien.   *Siebenjähriger Krieg*

1757   Sieg Friedrichs II. bei Prag über das Heer Karls von Lothringen (6. Mai); Niederlage bei Kolin (an der Elbe in Mittelböhmen) am 18. Juni durch den österreichischen Feldmarschall Leopold Graf von Daun (*1705, †1766); Siege bei Roßbach (südlich von Halle, westlich von Leipzig) über Franzosen und Reichsarmee und bei Leuthen (westlich von Breslau in Niederschlesien) über die Österreicher (5. Dez.).

1758   Auf den preußischen Sieg bei Zorndorf (nördlich von Küstrin) über die Russen (25. Aug.; Verdienst des auch am Sieg bei Roßbach wesentlich beteiligten Kavalleriegenerals Friedrich Wilhelm von Seydlitz, *1721, †1773) folgt die Niederlage bei Hochkirch (im Lausitzer Bergland) gegen die Österreicher unter Daun (14. Okt.). – Die Russen besetzen Ostpreußen, das der Zarin Elisabeth huldigt.

1759   Schwerste *Niederlage* Friedrichs II. *bei Kunersdorf* (östlich von Frankfurt/Oder) gegen die Österreicher unter dem aus Livland gebürtigen General Ernst Gideon Freiherr von Laudon (Loudon; *1717, †1790) und die Russen unter Graf Peter Saltykow (12. Aug.). Eine   *Niederlage bei Kunersdorf*

1760   Reichsarmee erobert Dresden. Danach befindet sich der Preußenkönig nur noch in der Verteidigung, siegt aber bei Liegnitz (15. Aug.) und Torgau (3. Nov.), verliert die britischen Subsidien, kämpft mit letzten Kräften, verzichtet aber auf Schlesien nicht. Eine für Preußen
1762   günstige Wendung („Mirakel" des Hauses Brandenburg) bringt der Thronwechsel in Russland: Nach dem Tod der Zarin Elisabeth (5. Jan.) schließt ihr Nachfolger Peter III. Frieden mit Preußen (5. Mai) unter Verzicht auf jeden Gewinn und geht dann sogar ein Bündnis ein (19. Juni), das freilich nicht von langer Dauer ist.

1763   *Friede von Hubertusburg* (bei Leipzig) zwischen Österreich, Preußen und Sachsen (eine   *Friede von*
15. Febr.   Beteiligung Großbritanniens, Frankreichs und Russlands kann Friedrich II. nach den Entwicklungen des Jahres 1762 verhindern): Preußen behält Schlesien und Glatz und begründet damit erneut seine Stellung als Großmacht. Friedrich II. gibt die Zusage, Erzherzog Joseph zum Römischen König zu wählen (27. März 1764).   *Hubertusburg*

1764   Russisch-preußisches Verteidigungsbündnis und Einigung über die Nachfolge auf dem polnischen Thron (Stanislaus Poniatowski, als Stanislaus II. August, 1764–1795 König, *1732, †1798).

1765–1790   *Kaiser Joseph II*. (*1741, †1790), in den österreichischen Ländern bis 1780 nur Mitregent   *Kaiser* seiner Mutter Maria Theresia, dann auch König von Böhmen und Ungarn, ein hochbegabter, unruhiger, selbstlos und hastig regierender Aufklärer von starrer Konsequenz; er sucht der kaiserlichen Politik im Reich neue Impulse zu geben u.a. durch Wiederherstellung alter kaiserlicher Rechte und Reaktivierung der Reichsgerichte, scheitert aber am Widerstand eines Teils der Reichsstände.   *Joseph II.*

1769   Im Zuge eines Überdenkens der Mächtekonstellation zwischen Russland, Preußen und Ös-
Aug.   terreich kommt es zur Begegnung zwischen Joseph II. (unter dem Decknamen Graf von Falkenstein) und Friedrich II. in Neisse, um Zarin Katharina unter Druck zu setzen.

	1770 Sept.	Zweites Treffen zwischen Joseph II., begleitet von Staatskanzler Kaunitz, und Friedrich II. in Mährisch-Neustadt nach den großen Erfolgen der Russen über die Türken.

Erste Teilung Polens **1772 5. Aug.** Vertrag zwischen Preußen, Österreich und Russland auf Kosten Polens. *Erste Teilung Polens*: Preußen erwirbt Ermland und Westpreußen ohne Danzig und Thorn, Österreich erhält Galizien, Russland nimmt sich das Gebiet östlich der Düna und des Dnjepr.

1775 Österreich erwirbt die Bukowina im Zuge der Bereinigung der Orientfrage.

Bayerischer Erbfolgekrieg **1778–1779** *Bayerischer Erbfolgekrieg* infolge des Aussterbens der wilhelminischen Linie der Wittelsbacher (Tod des Kurfürsten Maximilian III. Joseph am 30. Dez. 1777). Gemäß dem Westfälischen Frieden vereint Kurfürst Karl Theodor von der Pfalz (seit 1742 pfälzischer Kurfürst; *1724, †1799) nun bayrische und pfälzische Kur. – Der Versuch Josephs II., die österreichische Stellung im Reich durch den Erwerb Niederbayerns und der Oberpfalz zu

1779 13. Mai stärken, wird von Friedrich II. mit diplomatischer Unterstützung Russlands vereitelt. Der Friede von Teschen (Nordmähren), der Österreich das Innviertel zuspricht und Preußens Ansprüche auf Ansbach-Bayreuth und Sachsen anerkennt, wird von Russland garantiert.

1780 29. Nov. Mit dem Tod Maria Theresias kommt Kaiser Joseph II. in Österreich zur Alleinregierung und sucht durch aktive Politik Österreichs Machtstellung zu festigen und auszudehnen.

1785 Joseph II., der Katharinas weit ausgreifende Türkenpolitik unterstützt, findet den Beistand der Zarin für seinen Tauschplan (Erwerb Bayerns gegen Abtretung der österreichischen Niederlande an den bayerischen Thronerben). Friedrich II. durchkreuzt (primär nicht um

deutscher Fürstenbund des Reiches willen) die österreichische Reichspolitik durch *Gründung des deutschen Fürstenbundes* als eines schon seit 1782 in Erwägung gezogenen Zusammenschlusses von Reichsständen zur Erneuerung und Stärkung von Ansehen und Kraft des Reiches (besonders aktiv die Fürsten von Anhalt-Dessau, Baden, Zweibrücken und Herzog Karl August von Sachsen-Weimar [1757–1828; *1757, †1828; bis 1775 unter der Regentschaft seiner Mutter Anna Amalia]). Keimzelle ist ein Drei-Kurfürsten-Bund zwischen Brandenburg-Preußen, Hannover und Sachsen zur Aufrechterhaltung des bestehenden Reichssystems, dem sich Kurmainz, Zweibrücken, Hessen-Kassel, Braunschweig, Sachsen-Gotha, Sachsen-Weimar, Anhalt-Dessau, Baden, Mecklenburg und Osnabrück anschließen.

König Friedrich Wilhelm II. 1786 **1786–1797** Tod Friedrichs des Großen. – Nachfolger wird sein Neffe: *Friedrich Wilhelm II.* (*1744, †1797). Minister Ewald Friedrich Graf von Hertzberg (*1725, †1795) ist bis 1791 Leiter der preußischen Politik.

1787–1792 Österreich führt im Bund mit Russland seinen letzten Türkenkrieg: Der greise Laudon erobert 1789 Belgrad. Preußen schließt 1790 ein Bündnis mit der Türkei. Im Frieden von Swischtow (Sistowa an der unteren Donau; 1791) gewinnt Österreich den Pass des Eisernen Tores (Orśova an der Donau). Friede von Iaśi (1792).

1790 Preußens Haltung zur Proklamation der Unabhängigkeit der Vereinigten Belgischen Staaten im Berliner Vertrag (9. Jan.), die Verhinderung der Wiedereinsetzung des vertriebenen Fürstbischofs von Lüttich durch preußische Truppen, die mit Kontingenten des Westfälischen Reichskreises gemäß einem Reichskammergerichtsbeschluss das Gegenteil bewirken sollten, und die Niederlage der Kreistruppen (ohne preußische Beteiligung) gegen die Aufständischen in Lüttich führen zu einer Reichskrise.

Kaiser Leopold II. **1790–1792** Tod Josephs II. – Da er kinderlos ist, wird sein Nachfolger sein Bruder, Großherzog Leopold I. von Toskana (1765–1790), als *Kaiser Leopold II.* (*1747, †1792). In der kurzen Zeit seiner Regierung kann er eine Reihe wichtiger innen- und außenpolitischer Fragen lösen. Noch vor seiner einstimmigen Wahl zum Römischen Kaiser (30. Sept. 1790) trägt er

Konvention von Reichenbach durch seine Zustimmung zur *Konvention von Reichenbach* (im Eulengebirge/Niederschlesien) zum Ausgleich zwischen Österreich und Preußen bei (27. Juli): Österreich verzichtet auf Gebietserwerbungen von der Türkei, Preußen auf Vergrößerungspläne zulasten Polens. – Mit dem Ende des Fürstenbundes verliert Preußen an Einfluss im Reich.

Formen des einzelstaatlichen Absolutismus im Reich

Die absolute Monarchie findet im Heiligen Römischen Reich Deutscher Nation nach 1648 in der Vielzahl seiner souveränen Territorien unterschiedlicher Größe und Bedeutung im europäischen Mächtesystem mannigfaltige Ausprägungen. Sie werden vor allem an den innenpolitischen Wandlungen deutlich.

Brandenburg-Preußen *Brandenburg-Preußen*:
Aufgrund der außenpolitischen Erfolge in der zweiten Hälfte des 17. Jh.s schafft Kurfürst Friedrich Wilhelm (der Große Kurfürst) nicht nur das Fundament für den Aufstieg seines Territoriums zu einer europäischen Großmacht, sondern vor allem auch die Voraussetzungen dafür, dass Brandenburg-Preußen von seinem inneren Aufbau her zum führenden Staat im Reich und dann auch in Europa wird. Entscheidend dafür sind die weit gehende Ausschaltung der Stände und die Beschneidung ihres Steuerbewilligungs-

rechtes (1653), die Gründung des Staates auf ein starkes Heer, in dem Friedrich Wilhelm den einzigen Weg sieht, den führenden europäischen Staaten ebenbürtig zu werden (seit 1644), und die Einrichtung einer zentralen Verwaltung mit einem allein dem Staatsinteresse dienenden Beamtentum. Damit wird der Große Kurfürst zum entscheidenden *Wegbereiter des Absolutismus* in Brandenburg-Preußen. In dem Bestreben, die Grundsätze der Sparsamkeit, Einfachheit und Ordnung zu den obersten Maximen der Staatsverwaltung zu erheben, schafft König Friedrich Wilhelm I. 1722/23 das Generalfinanz-, Kriegs- und Domänendirektorium (= *Generaldirektorium*) durch die Zusammenlegung des Generalkriegskommissariats (seit 1660), das sich von einer Armeebehörde zum Träger merkantilistischer Wirtschaftspolitik entwickelt, und des Generalfinanzdirektoriums (seit 1713), entstanden aus der Geheimen Hofkammer. Das Generaldirektorium wird oberste Behörde für die gesamte innere Staatsverwaltung und Wirtschaftspolitik, dem die Kriegs- und Domänenkammern in den Provinzen untergeordnet sind; an seiner Spitze stehen in den vier Provinzialdepartements, die die frühere Selbstständigkeit der verschiedenen Landesteile noch erkennen lassen, Dirigierende Minister und 18 bis 19 Geheime Finanzräte. Das Territorialprinzip bleibt mit dieser Einteilung in Provinzialdepartements zwar erhalten, aber jedes dieser Departements hat zugleich einen alle Provinzen umfassenden Aufgabenbereich (*Fachressorts* für den Gesamtstaat). Die Hauptsäule des brandenburgisch-preußischen Staates ist das Heer, in dessen Diensten auch Verwaltung und Wirtschaft stehen (durch Schutzzölle begünstigte Manufakturen für militärische Rüstung, strenge Steuerverwaltung, Anlage eines Staatsschatzes, Einrichtung einer Oberrechenkammer nach französischem Vorbild). Es beruht auf Werbung und Rekrutierung (Kantonreglement von 1733), nicht auf allgemeiner Wehrpflicht, und erreicht in Friedenszeiten eine Truppenstärke von 80 000 Mann (Verdoppelung unter Friedrich Wilhelm I.). Im *Staatshaushalt* beansprucht der Militäretat in der Regel das Drei- bis Vierfache des Budgets der Zivilverwaltung. Parallel zum äußerst leistungsfähigen Beamtentum entsteht ein preußisches Offizierskorps, das vornehmlich vom in seinen politischen Rechten eingeschränkten einheimischen Adel gebildet wird und ein starkes Selbstbewusstsein entwickelt. Seine Stellung als erster Stand im Staat unterstreicht der König dadurch, dass er seit 1725 selber ständig Uniform trägt.

Wozu die von Friedrich Wilhelm I. ausgeformte Regierungsweise und Verwaltungsorganisation fähig ist, zeigt das „Retablissement Litauens", jener systematische Wiederaufbau des durch die Pest entvölkerten Landes (1709/10) durch Bodenverbesserungen und Neubesiedlung. Bevölkerungspolitische wie religiöse Gründe (Anhänger des Hallenser Pietismus) veranlassen den König 1732 zur Aufnahme von über 15 000 Salzburger Protestanten, Vertriebene aus dem Land des Erzbischofs Leopold Anton Graf von Firmian (*1679, †1744; seit 1727 Fürsterzbischof von Salzburg).

Mit dem Regierungsantritt Friedrichs II. des Großen setzt sich die Tendenz zur Schaffung von Fachdepartements fort. Indem für die außenpolitischen Angelegenheiten mit dem Kabinettsministerium eine selbstständige Institution entsteht, bleiben für den ursprünglich umfassend zuständigen Geheimen Rat nur noch die Zuständigkeitsbereiche Justizwesen und geistliche Angelegenheiten; er wird damit selbst zu einem Fachdepartement. Seine politischen Entscheidungen fällt der König alleine „aus dem Kabinett", von wo aus er sie überwacht. Durch sein strenges *persönliches Regiment* mittels schriftlicher Weisungen an die Minister und Betonung von Über-/Unterordnungen hält er die obersten Behörden des brandenburgisch-preußischen Staates zusammen und verwirklicht über sie den *Zentralismus* als staatliche Organisationsform, wodurch die Regierungsstellen in den Provinzen weit gehend bedeutungslos werden.

Indem Friedrich II. auf dem von seinem Vater gelegten Fundament weiter baut, entwickelt er zugleich jene Regierungsweise, die man den „*aufgeklärten Absolutismus*" nennt. Er sucht die Errungenschaften im Zuge der Erhaltung, Festigung und Erweiterung des modernen Staates mit den Forderungen der Aufklärung zu verbinden und bemüht sich – nachdem Brandenburg-Preußens Machtstellung auf Kosten der personellen, finanziellen und wirtschaftlichen Kräfte in vielen Kriegen begründet ist – insbesondere um Wohlstand und Bildung der Untertanen. Dabei bleiben die alten Sozialstrukturen unangetastet: Gutsuntertänigkeit der Bauern (aber Bauernschutzpolitik gegen das Bauernlegen durch die Gutsherren und Milderung der Frondienste), bevorzugte Stellung des Adels als Träger der Staatsgesinnung in Heer und Verwaltung, Einsatz ehemaliger Unteroffiziere in unteren Verwaltungspositionen und in Volksschulen, Benachteiligung des Bürgertums infolge der Staatsaufsicht über die Städte. Zur größten Leistung Friedrichs des Großen wird die *innere Kolonisation*, bei der im ganzen preußischen Staatsgebiet ca. 900 Dörfer neu errichtet und fast 60 000 Siedlerstellen neu angelegt, insgesamt etwa 300 000 Menschen angesiedelt werden; zur inneren Kolonisation gehört die Urbarmachung des Warthe-, des Oder- und des Netzebruchs, der Bau von Straßen und Kanälen. Im Sinne des Merkantilismus werden die Industrialisierung des Landes vorangetrieben (Seidenindustrie, Leineweberei, Tuchherstellung, Montanindustrie, eigenes Departement für Berg- und Hüttenwesen im Generaldirektorium, Porzellan-, Glas- und andere Manufakturen) und Handel und Gewerbe gefördert (besondere Abteilungen innerhalb des Generaldirektoriums seit 1740, asiatische Handelskompagnie in Emden, Ausbau von Binnen- und Außenhandel, ab 1785 Handelsvertrag mit der neuen Union in Nordamerika), das Bankwesen durch die nach dem Erwerb Westpreußens entstandene Seehandelsgesellschaft belebt, aus der sich später die Preußische Staatsbank

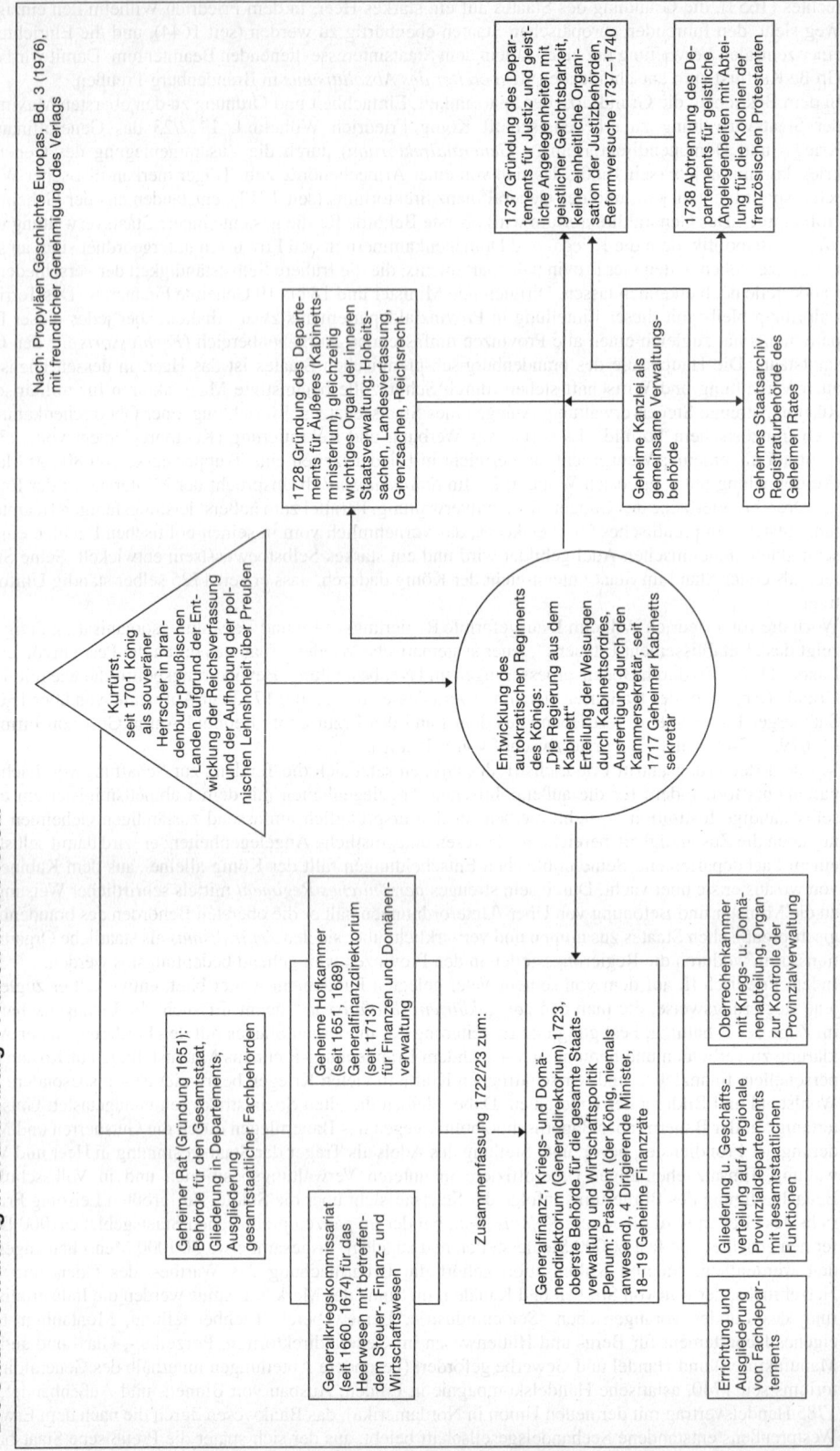

entwickelt, der verbrauchte Staatsschatz durch eine konsequente Steuerpolitik (Erhebung der Verbrauchssteuer, Akzise, durch Steuerpächter) und die Einrichtung von Monopolen (Tabak- und Kaffeemonopol) wieder aufgefüllt. Mit der Fortsetzung der von Justizminister Samuel von Cocceji (*1679, †1755) eingeleiteten Rechtspflegereform verzichtet der König in Preußen nicht nur auf die Kabinettsjustiz und regt die Errichtung einer Gerichtsverfassung mit dreifachem Instanzenzug an, sondern schafft mit dem Akt der Kodifikation eines einheitlichen Rechts für den brandenburgisch-preußischen Staat vor allem die Voraussetzung für die Entwicklung dieses Staates zu einem Rechtsstaat mit grundsätzlicher Anerkennung unabhängiger Rechtsprechung. Aufgrund der entscheidenden Vorarbeiten in der Regierungszeit Friedrichs II. wird 1794 das *„Allgemeine Landrecht für die preußischen Staaten"* publiziert. Im Sinne des Toleranzgedankens setzt der König die traditionelle preußische Religions- und Kirchenpolitik fort (1747 Baugenehmigung für die katholische Hedwigskirche in Berlin, Aufnahme der in Süd- und Westeuropa ausgewiesenen Jesuiten nach dem päpstlichen Verbot des Ordens). – Die Bildungspolitik dagegen gelangt über Anfänge nicht hinaus. *Allgemeines Landrecht*

Österreich:
Aus dem Geheimen Rat des 16. Jh.s entwickelt sich hier die Geheime Konferenz als eine engere Behörde, ab 1709 die Ständige Konferenz. Für Außenpolitik, Justizwesen und Verwaltung ist die seit 1655 kollegialisch organisierte österreichische Hofkanzlei zuständig, für das Finanzwesen die Hofkammer, für das Militärwesen der Hofkriegsrat. Alle diese Behörden bestehen jeweils getrennt für Österreich, Böhmen, Ungarn, später auch für die italienischen und niederländischen Gebiete. Erst zu Beginn des 18. Jh.s wachsen die Länder unter der Krone Habsburgs enger zusammen. Beim Kampf um die internationale Anerkennung der *Pragmatischen Sanktion* geht es für die Monarchie in Österreich um die Sicherung ihrer Einheit mit Hilfe eines Staatsgrundgesetzes. *Österreich*

Pragmatische Sanktion

Maria Theresia folgt bei der Umgestaltung und Modernisierung ihrer Länder ab 1746 den Grundlinien einer *Verwaltungsreform* (Zentralverwaltung; „Gubernien", sog. Repräsentationen und Kammern für die Bereiche Militär, Finanzen und Wirtschaft der Länder und Verpflichtung der Beamten auf die Königin, nicht mehr auf die Stände; Kreisämter über den grundherrlichen Lokalverwaltungen mit Zuständigkeit staatlicher Behörden über Land und Stadt, die vor allem von Graf Friedrich Wilhelm von Haugwitz (aus der schlesischen Verwaltung kommend; *1702, †1765) zum Teil am Beispiel Preußens, aber auch aus den Lehren der österreichischen Kameralisten entwickelt wird, und macht aus den bis dahin getrennten Landesteilen ihrer Monarchie (ohne Ungarn und die südlichen Niederlande) einen vereinheitlichten Beamtenstaat. Als oberste Behörde für die politische und Finanzverwaltung der österreichischen Länder (einschließlich Böhmens) wird 1749 das „Directorium in publicis et cameralibus" (Vereinigung von österreichischer und böhmischer Hofkanzlei) geschaffen, und analog zur preußischen Entwicklung werden Generalkriegskommissariat und Kommerzienhofkommission in das Directorium einbezogen (unter Kaunitz wird die Finanzverwaltung dann allerdings wieder ausgegliedert). Die *Rechtspflege* wird durch Schaffung einer „Obersten Justizstelle" von der Verwaltung völlig getrennt (Ministerium und oberster Gerichtshof). Durch die Schaffung des Staatsrates im Jahre 1760 wird eine allen Hofstellen (Vereinigte Hofkanzlei, Staatskanzlei, Oberste Justizstelle, Hofkammer, Hofrechenkammer und Hofkriegsrat) übergeordnete, beratende Körperschaft eingerichtet, die für die Koordinierung der Staatsverwaltung sorgen soll (1765 erneut reformiert). Im Zuge einer *Heeresreform* geht man zu einem dem preußischen Kantonalsystem vergleichbaren Rekrutierungssystem über, bei dem vor allem die Bauern geschützt werden (entscheidende Schritte in Richtung Bauernbefreiung; Ablösung der Fronden auf den Staatsgütern). Im Dienste dieser Reform stehen die Militärakademie in Wiener Neustadt und das Theresianum in Wien. Mit dem sog. Theresianischen Kataster wird die Grundlage für eine auch den Adel und die Geistlichkeit einbeziehende allgemeine direkte Besteuerung geschaffen. Wie in Brandenburg-Preußen gehört die *innere Kolonisation* (Besiedlung des Banats und der Nachbarlandschaften mit Kolonisten verschiedener Volkstums, unter ihnen viele südwestdeutsche Bauern; „Schwabenzüge") zu den größten Leistungen Österreichs. Das Volksschulwesen wird aufgebaut und erfährt Ergänzungen durch die Errichtung einer Normalschule zur Ausbildung von Lehrern in Wien (1770) und die Ausarbeitung einer allgemeinen Schulordnung (1774). *Verwaltungsreform*

Rechtspflege

Heeresreform

innere Kolonisation

Der bedeutendste Wegbereiter des *„Josephinismus"*, einer an den Namen Josephs II. geknüpften, aufgeklärt-katholischen, ganz auf den rationalen Nutzen gerichteten Staatsauffassung, ist der holländische Arzt *Gerard van Swieten* (*1700, †1772; 1745 nach Wien berufen), der Begründer der ersten Klinik in Wien und der „älteren Wiener medizinischen Schule". Schematischer als seine Mutter strebt Joseph II. mit seinen *Reformen* die Schaffung des Einheitsstaates auch unter Einbeziehung von Ungarn und den südlichen Niederlanden an. Mit unzähligen Verordnungen greift der Kaiser sehr weit in alle Lebensverhältnisse ein und erzielt zum Teil beachtliche Fortschritte; 1781 wird die Leibeigenschaft aufgehoben und ein Toleranzpatent (scharfer Gegensatz zu Maria Theresia seit 1777) erlassen. Joseph II. gründet viele Wohlfahrtseinrichtungen, reformiert die Justiz (klarer Instanzenzug von Orts- und Landgerichten über Appellationsgerichte zur Obersten Justizstelle, 1786 erster Teil eines Allgemeinen Gesetzbuches, 1787 gegenüber der Nemesis Theresiana von 1768 gemildertes Allgemeines Strafgesetzbuch, 1788 Kriminalgerichtsord- *Josephinismus*

Gerard van Swieten

Reformen

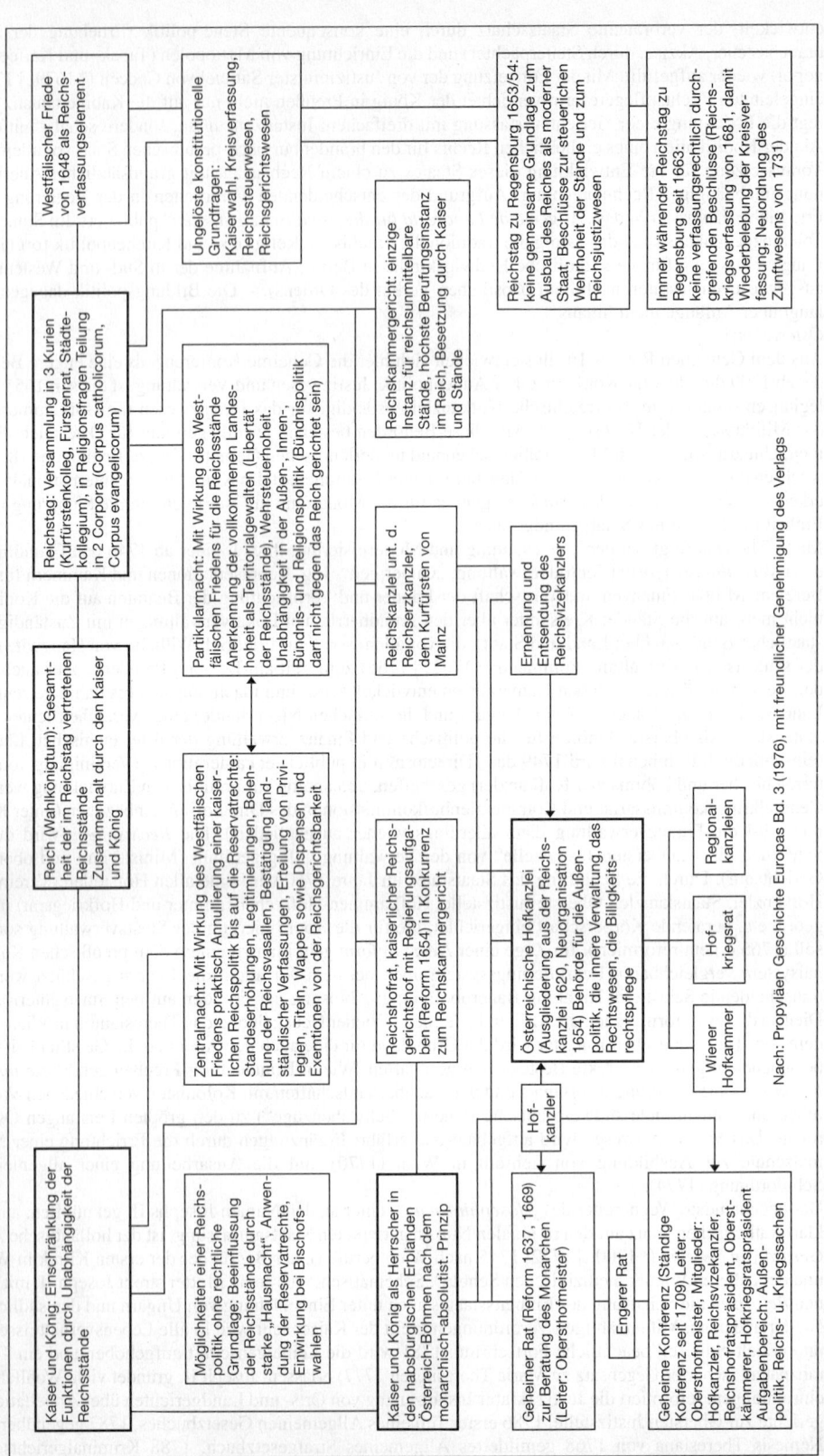

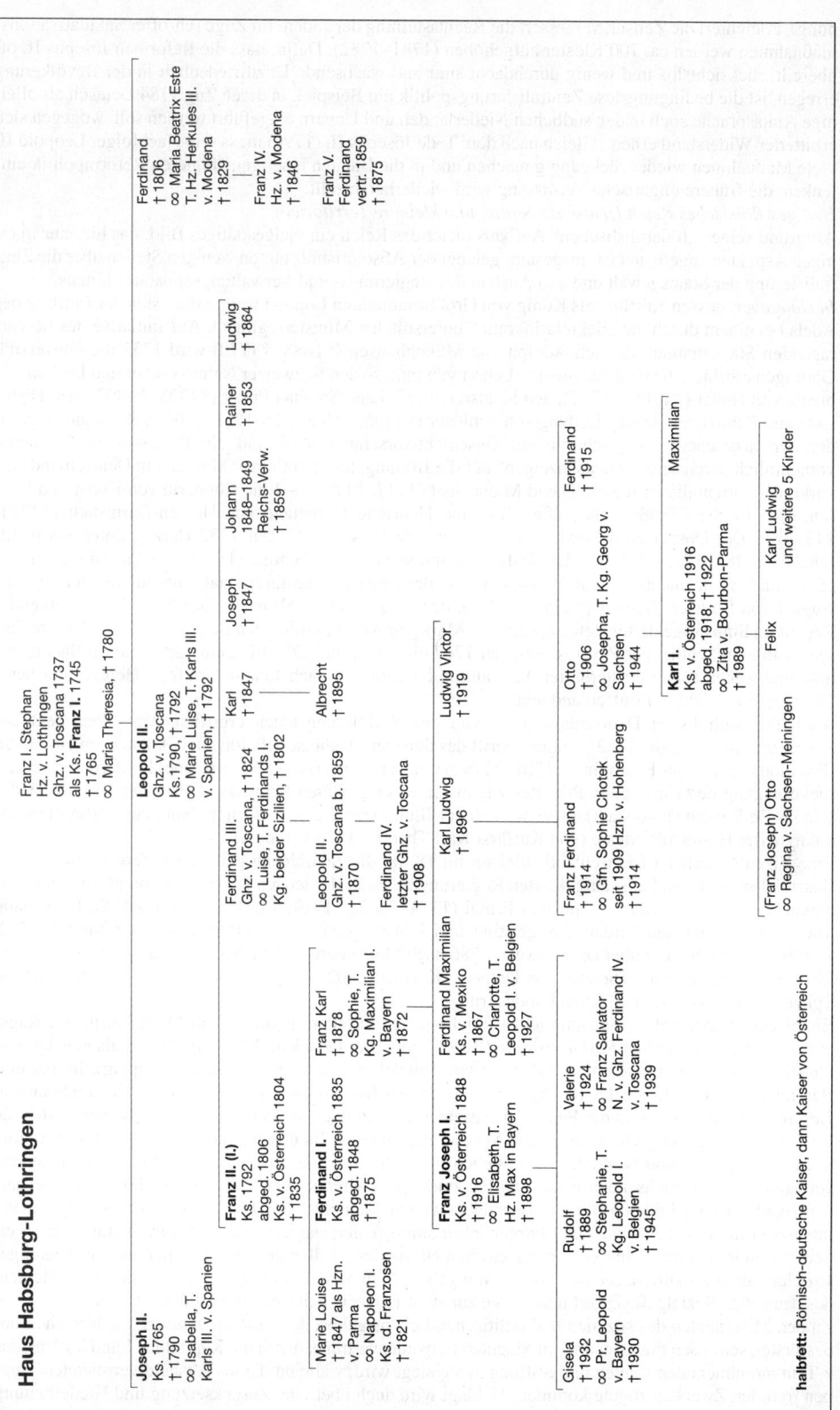

nung), erleichtert die Zensur, verbessert die Rechtsstellung der Juden. Im Zuge schroffer Säkularisationsmaßnahmen werden ca. 700 Klöster aufgehoben (1781–1782). Dafür, dass die Reformen Josephs II. oft übereilt, rücksichtslos und wenig durchdacht sind und wachsende Unzufriedenheit in der Bevölkerung erregen, ist die bedingungslose Zentralisierungspolitik ein Beispiel, in deren Zug 1784 Deutsch als alleinige Amtssprache auch in den südlichen Niederlanden und Ungarn eingeführt werden soll, wogegen sich erbitterter Widerstand erhebt. Gleich nach dem Tode Josephs II. (1790) muss sein Nachfolger Leopold II. viele Maßnahmen wieder rückgängig machen und in die Bahnen einer gemäßigteren Reformpolitik einlenken; die frühere ungarische Verfassung wird wiederhergestellt.

Heiliges Römisches Reich *Heiliges Römisches Reich Deutscher Nation und kleinere Territorien*:
Aufgrund seines „föderalistischen" Aufbaus bietet das Reich ein vielgestaltiges Bild, das hier nur in einigen Aspekten angedeutet ist. Insgesamt gelangt der Absolutismus nur an wenigen Stellen über die Zentralisierung der Staatsgewalt und den Ausbau des Regierungs- und Verwaltungsapparates hinaus.

Hannover *In Hannover*, dessen Kurfürst als König von Großbritannien in London weilt, erhält sich der Einfluss des Adels bei einem durch die „Sekretariokratie" unterstützten Ministerregiment. Auf Initiative des hervorragenden Staatsmannes Gerlach Adolph von Münchhausen (*1688, †1770) wird 1737 die Universität Göttingen eröffnet, die bald bedeutende Lehrer gewinnt, den Schweizer Naturforscher und Dichter Albrecht von Haller (*1708, †1777), den Staatsrechtler Johann Stephan Pütter (*1725, †1807), den Historiker und Publizisten August Ludwig von Schlözer (*1735, †1809), der 1761–1769 in Russland Begründer der russischen wissenschaftlichen Geschichtsforschung wird und als Professor in Göttingen vornehmlich durch seine „Staatsanzeigen" auf die Bildung der öffentlichen Meinung in Deutschland einwirkt, den Orientalisten Johann David Michaelis (*1717, †1791). – Eine Gönnerin von Kunst und Wissenschaft ist die „Große Landgräfin" Karoline Henriette Christiane von Hessen-Darmstadt (*1721, †1774). – Der Despot Karl Eugen von Württemberg (1744–1793, seit 1737 Herzog unter Vormundschaft; *1728, †1793), Schillers Landesherr, ist mit seiner eigensüchtigen Härte eine Ausnahme von der „Serenität". Ganz anders der kunstsinnige und an der Idee des Wohlfahrtsstaates orientierte Herzog Karl August von Sachsen-Weimar (*1757, †1828), der Freund seines Ministers Goethe. – Ein bedeutender Regent im Sinn aufgeklärter Reformpolitik ist Markgraf Karl Friedrich von Baden (*1728, †1811, regiert seit 1746), ein Schüler der Physiokraten, der 1767 die Folter und 1783 die Leibeigenschaft in Baden aufhebt und wegen seiner musterhaften Verwaltung berühmt ist (nach Johann Gottfried Herder „der beste Fürst, der vielleicht in Deutschland lebt").

Auch das katholische Deutschland wird von den Aufklärungsideen ergriffen. Von Trier geht der *Febronianismus* *Febronianismus* aus, die 1763 in einer Schrift des dortigen Weihbischofs Johann Nikolaus von Hontheim (Pseudonym: Justinus Febronius, *1701, †1790) u. a. vertretene (später widerrufene) Forderung nach Zurückdrängung des päpstlichen Primates zugunsten einer größeren Selbstständigkeit der Bischöfe jedes Landes. In Bayern (Ingolstadt) entsteht 1776 der Illuminatenorden als Geheimbund zur Verbreitung säkularisierter Humanitätsideale (von Kurfürst Karl Theodor 1784 verboten).

Eine Eigentümlichkeit Deutschlands bleiben im 18. Jh. die zahlreichen geistlichen Territorien mit einflussreichem Adel und z. T. aufgeklärten Regierungen. Einer der letzten Kurfürsten von Mainz und Kurerzkanzler, Friedrich Karl Joseph von Erthal (1774–1802; *1719, †1802), stellt 1784 die Universität Mainz wieder her und fördert das geistige und künstlerische Leben (Johannes von Müller [*1752, †1809], Geschichtsschreiber der Schweiz, 1786 nach Mainz berufen). Erthals Koadjutor und letzter Kurfürst von Mainz ist Karl Theodor von Dalberg (Kurfürst 1802–1813; *1744, †1817), der später an die Spitze des (napoleonischen) Rheinbundes tritt.

Residenzstädte Ein eigenes Leben haben die zahlreichen Reichsstädte (vor allem Frankfurt am Main, Nürnberg, Augsburg), die landständischen *Residenzstädte* (Berlin, Potsdam, Dresden, Würzburg, Wien) als geistige und künstlerische Mittelpunkte und die Zentren von Handel und Gewerbe (Hamburg, Leipzig). Immer einflussreicher wird im Laufe des 18. Jh.s die Rolle, die das Bürgertum in Führungspositionen von Staat und Gesellschaft übernimmt. In der Phase der Auseinandersetzungen mit den Landständen bedienen sich die Fürsten bevorzugt bürgerlicher Räte und Verwaltungsbeamter. Im übrigen hat der Ausbau des absolutistischen Obrigkeits- und Wohlfahrtsstaates ebenso wie die ständige Erweiterung der Finanz- und Heeresverwaltung einen wachsenden Bedarf an Personen mit fachlicher Qualifikation zur Folge, der nur aus dem akademisch gebildeten Bürgertum gedeckt werden kann. Das Ergebnis dieses Prozesses der Staatsintensivierung ist die *Bildung einer bürgerlichen Staatsdienerschaft*, die vielfach den Charakter eines eigenen Standes annimmt und sich in der zweiten Hälfte des 18. Jh.s immer deutlicher als selbstständiger sozialer Faktor artikuliert. Sie ist trotz des Mangels an ökonomischem Rückhalt das dynamische Element des deutschen Sozialgefüges auf dem Wege zur staatsbürgerlichen Gesellschaft des 19. Jh.s.

bürgerliche Staatsdienerschaft

Soldatenhandel Zu den Missständen des sozialen und politischen Lebens gehört der „*Soldatenhandel*"; zahlreiche Landesfürsten schließen mit auswärtigen Mächten Subsidienverträge, durch die Kapital ins Land kommt, das z. T. in monumentalen Bauten und Stiftungen angelegt wird, während die ins Ausland vermieteten Truppen fremden Zwecken zugute kommen. Geklagt wird auch über eine Zurücksetzung und Niederhaltung des Bürgerstandes, aber die Unzufriedenheit findet nur in der Literatur Ausdruck.

Deutschland 1789 bis 1914:
Heiliges Römisches Reich, Deutscher Bund, Deutsches Reich

Im Zeitalter der Französischen Revolution und Napoleons (1789/92–1815)

Deutschland und die Revolution

Die Französische Revolution von 1789 übt eine starke Wirkung aus. Von der deutschen Intelligenz (z. B. die Dichter Wieland und Schiller, die Philosophen Kant und Fichte) wird sie in ihren freiheitlichen Prinzipien begrüßt, in ihren terroristischen Konsequenzen jedoch abgelehnt. Die zahlreichen in Deutschland ausbrechenden, aber meist lokal begründeten Unruhen gewinnen keinen Zusammenhang, und die – politisch sehr heterogenen – *„deutschen Jakobiner"* bleiben ohne breite Resonanz. (Die unter führender Beteiligung von Georg Forster [*1754, †1794] während der französischen Besetzung 1793 gegründete *Mainzer Republik* endet nach wenigen Wochen.) Ein Übergreifen der Revolution von Frankreich auf Deutschland wird u. a. durch Unterschiede in der Sozialstruktur verhindert, so durch die vergleichsweise geringere Zahl und schwächere Position des deutschen Bürgertums, den weniger gravierenden adlig-bäuerlichen Gegensatz. Durch die Reformbereitschaft des aufgeklärten Absolutismus sind Missstände gemildert, der staatliche Einfluss auf die Intelligenz – häufig Beamte – ist stärker. Schließlich fehlt die Hauptstadt, welche den Brennpunkt einer revolutionären Entwicklung hätte abgeben können.

deutsche Jakobiner
Mainzer Republik

1792–1806	Kaiser Franz II. (*1768, †1835: als Franz I. 1804–1835 Kaiser von Österreich).
1792–1797	Im *Ersten Koalitionskrieg* (Frankreich gegen – u. a. – Österreich und – bis 1795 – Preußen) vermengt sich die Tendenz der Ausbreitung revolutionärer Ideen und Reformen durch Frankreich mit den militärischen Entscheidungsfragen der Krieg führenden Mächte.
1793	Preußen erzwingt mit Russland die Zweite Polnische Teilung.
1794	In-Kraft-Treten des Allgemeinen Landrechts für die preußischen Staaten (Gesamtrechtskodifikation, geschaffen u. a. von Johann Heinrich Casimir von Carmer [*1721, †1801] und Karl Gottlieb Svarez [*1746, †1798]); bestimmt vom Geist der Aufklärung (naturrechtlich begründete Zweckbestimmung von Staat und Gesellschaft), hat es die Errichtung von Rechtsstaat und Staatsbürgergesellschaft zum Ziel, bestätigt aber die altständische Gesellschafts- und Eigentumsordnung.
1795	Österreich und Preußen führen im Bund mit Russland die Dritte Polnische Teilung durch (beide vergrößern sich außerhalb des Reichsgebiets 1793/1795 um 115000 bzw. 200000 qkm mit hauptsächlich polnischen Einwohnern). Im *Frieden von Basel* scheidet das im Osten festgelegte Preußen aus dem Krieg gegen Frankreich aus, Norddeutschland wird neutralisiert (und erhält damit eine kulturell bedeutsame zehnjährige Atempause).
1797	Der Friede von Campo Formio (bei Udine in Ost-Oberitalien) zwischen Frankreich und Österreich bestätigt die faktische Annexion des linksrheinischen Reichsgebiets durch Frankreich ohne die Grundlage eines Friedensvertrags mit dem Heiligen Römischen Reich.
1797/1798	Der Rastatter Gesandtenkongress, auf dem eine Reichsdeputation prinzipiell der Abtretung des linken Rheinufers an Frankreich, der Entschädigung der hiervon betroffenen deutschen Fürsten und Säkularisation der geistlichen Herrschaften zustimmt, ergebnislos.
1797–1840	König Friedrich Wilhelm III. von Preußen (*1770, †1840).
1799–1802	Zweiter Koalitionskrieg unter Teilnahme Österreichs gegen Frankreich; Preußen neutral.
1801	Der *Friede von Lunéville* (Frankreich-Österreich) gilt auch für das Reich. De-jure-Abtretung des linken Rheinufers. Die dort „depossedierten" Fürsten sollen im rechtsrheinischen Reichsgebiet entschädigt werden.
1803	Vom Reichstag wird ein entsprechender Plan eines Reichstagsausschusses angenommen:

Erster Koalitionskrieg

Friede von Basel

Friede von Lunéville

Der Reichsdeputationshauptschluss

Durch diesen werden die politischen und rechtlichen Grundlagen des alten Reichs zerstört. Zahlreiche Kleinstaaten (zusammen 112 Reichsstände rechts des Rheins) werden aufgehoben, indem fast sämtliche geistlichen Herrschaften säkularisiert (rechtsrheinisch allein rund 10000 km² mit über drei Millionen Untertanen) und kleinere Territorien mediatisiert werden. Die geistlichen Gebiete, außer Mainz und den beiden geistlichen Ritterorden, sowie die Reichsstädte, außer Hamburg, Lübeck, Bremen, Frankfurt a. M., Nürnberg und Augsburg, dienen zur Ausführung der versprochenen Entschädigungen, wobei die

Säkularisation Mediatisierung

Betroffenen z. T. das Mehrfache ihrer Verluste erhalten. Bildung von vier neuen Kurfürstentümern: Baden, Hessen-Kassel, Salzburg (bis 1805), Württemberg. *Säkularisation und Mediatisierung* zerstören die letzten Grundlagen kaiserlicher Macht im Reich (außerhalb des Hauses Österreich), geistliche Herrschaften, Reichsstädte sowie – de facto, nicht de iure – Reichsritterschaft, und stärken u. a. die mit Frankreich verbündeten deutschen Mittelstaaten.

Gebietsveränderungen

Wichtigste Gebietsverluste und -entschädigungen im Reichsdeputationshauptschluss

	linksrheinische Verluste	rechtsrheinische Gewinne
	(in Tausend Einwohnern)	
Baden	25	237
Bayern	730	880
Preußen	127	558*
Württemberg	14	110

* Bistümer (Hochstifte) Hildesheim, Münster, Paderborn; Erfurt und das Eichsfeld (von Kurmainz); Abteien (Reichsstifte) Elten, Essen, Herford, Quedlinburg, Werden; Reichsstädte Goslar, Mühlhausen (Thüringen), Nordhausen.

Kaiser von Österreich

1804 Als (vorweggenommene) Antwort auf die (bevorstehende) Kaiserkrönung Napoleons nimmt Kaiser Franz II. den *Titel eines erblichen Kaisers von Österreich* an.

Friede von Preßburg

1805 Nach der Niederlage in der Dreikaiserschlacht von Austerlitz (Dritter Koalitionskrieg: Österreich mit Verbündeten gegen Frankreich; Preußen wieder neutral) ist Österreich zum *Frieden von Preßburg* gezwungen und tritt Venetien an das Königreich Italien sowie Tirol, Vorarlberg, Eichstätt, Passau, Burgau, Brixen, Trient an Bayern ab, welches außerdem die Freie Stadt Augsburg erhält. Bayern und Württemberg werden Königreiche. Österreich erhält Salzburg als Entschädigung.

Errichtung des Rheinbundes

1806 *Errichtung des Rheinbundes*: 16 süd- und westdeutsche Fürsten treten aus dem Reich aus und gründen in Paris unter Napoleons Protektorat den Rheinbund (bis 1811 weitere 20). Fürstprimas ist bis 1810 der bisherige Kurerzkanzler Karl Theodor von Dalberg (*1744, †1817). Österreich, Preußen, Braunschweig, Kurhessen halten sich fern.

Ende des deutschen Kaisertums

Kaiser Franz II. legt auf ein Ultimatum Napoleons hin die Römisch-deutsche Kaiserwürde nieder. Nun auch formales *Ende des Heiligen Römischen Reichs Deutscher Nation*.

1806/1807 Vierter Koalitionskrieg: Das fast völlig isoliert gegen Frankreich kämpfende Preußen erleidet nach der militärischen Katastrophe von Jena und Auerstedt den staatlichen Zusammenbruch und wird zur Mittelmacht herabgedrückt:

Friede von Tilsit

1807 *Friede von Tilsit*: Preußen auf Ost- und Westpreußen (ohne Danzig), Brandenburg (östlich
7.–9. Juli der Elbe), Pommern und Schlesien beschränkt.

Deutschland unter napoleonischer Herrschaft

Vierteilung Deutschlands

Bis 1812 ergibt sich eine *Vierteilung Deutschlands*: 1. An Frankreich abgetretene Gebiete links des Rheins, 1811 vergrößert durch die französische Annexion der deutschen Küstengebiete mit Bremen, Hamburg und Lübeck sowie Teile von Berg und Westfalen; 2. Rheinbundstaaten; 3. Preußen; 4. Österreich – beide im napoleonischen Machtbereich.

Code Napoléon

Neben Gegnerschaft weithin Bewunderung für Kaiser Napoleon, in dem man den Gestalter des Fortschritts in Gesellschaft und Politik sieht. – Die unmittelbare französische Einwirkung führt zur Rechtsvereinheitlichung und zur Einführung rechtsstaatlicher Prinzipien (*Code Napoléon*), was die Emanzipation des Bürgertums vorantreibt und weit ins 19. Jh. im Sinne einer Verstärkung reformorientierter Kräfte fortwirkt. Letzteres gilt auch von den Rheinbundstaaten, obwohl es dort nur z. T. zur dauerhaften Rezeption des Code Napoléon kommt (Badisches Landrecht von 1809, in Kraft bis 1900); doch werden die Adelsprivilegien großenteils beseitigt, und die Ersetzung der Auslese nach Geburt durch Qualifikationskriterien lässt den modernen Beamtentypus entstehen. Die Einführung von Verfassungen führt freilich nur zu einem Scheinkonstitutionalismus mit betont obrigkeitsstaatlichen Reformen. Die territoriale Arrondierung und bürokratische Zentralisierung des rheinbündischen Spätabsolutismus lassen mit einem Schlag zahlreiche territoriale Eigentümlichkeiten enden. Mächtigster Rheinbundstaat ist Bayern mit seinem Minister Maximilian von Montgelas (*1759, †1838; Minister 1799–1817), bedeutend sind außerdem König Friedrich von Württemberg (1797–1816, *1754) und der badische Minister Sigismund von Reitzenstein (*1766, †1847; Minister 1809/1810, 1813–1818, 1832–1842).

Regierung und Verwaltung in Preußen seit 1807/1815

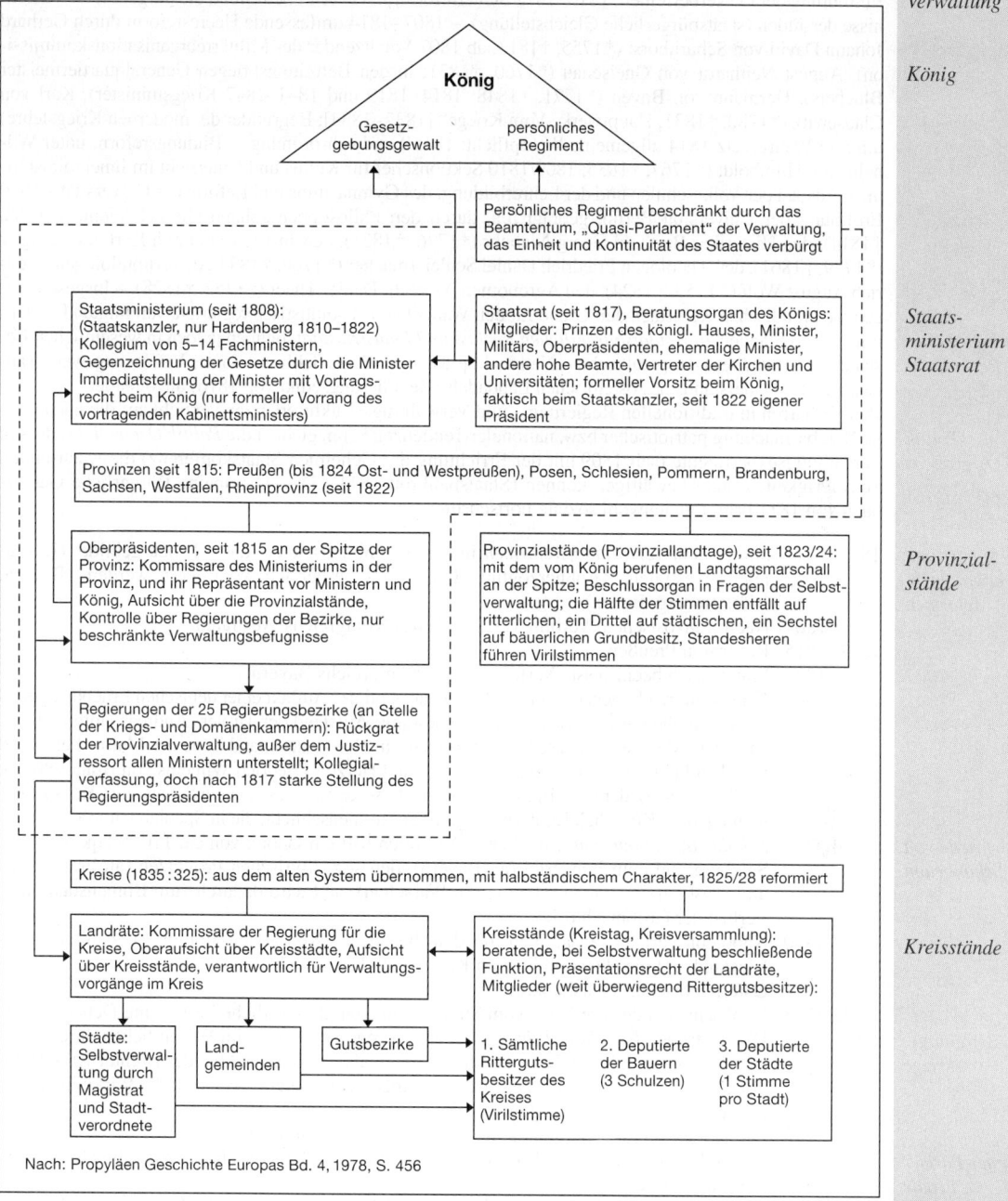

Nach: Propyläen Geschichte Europas Bd. 4, 1978, S. 456

Die durch das Allgemeine Landrecht von 1794 vorbereiteten *preußischen Reformen* werden als „Revolution von oben" in Gang gesetzt durch den leitenden Minister Reichsfreiherr Karl vom und zum Stein (*1757 zu Nassau, seit 1780 im preußischen Staatsdienst, 1804 Minister, †1831) bis 1808 und fortgesetzt durch Karl August Freiherr (1814 Fürst) von Hardenberg (*1750, 1790–1803 leitender Minister für Ansbach-Bayreuth, 1804–1806 preußischer Außenminister, †1822), von 1810 ab: Aufhebung der personegebundenen Erbuntertänigkeit der Bauern durch das Edikt von 1807 sowie der bodengebundenen Grundherrschaft über die Vollbauern 1811/1816. Selbstverwaltung der Stadtbürger durch die Städteordnung von 1808. Reform der Ministerien und Verwaltungsbehörden, statt Kabinettsregierung und Generaldirektonum ein einheitliches Staatsministerium (fünf Fachminister: Äußeres, Inneres, Krieg, Finanzen, Justiz). Nach Steins auf Verlangen Napoleons erfolgter Entlassung (1808) Fortführung der Reformen: 1810 Einführung der Gewerbefreiheit, 1810–1812 Steuerreform, 1812 Edikt betreffend die bürgerlichen Verhältnisse der Juden (staatsbürgerliche Gleichstellung). – 1807–1814 umfassende Heeresreform durch Gerhard Johann David von Scharnhorst (*1755, †1813; ab 1807 Vorsitzender der Militärreorganisationskommission), August Neithardt von Gneisenau (*1760, †1831; in den Befreiungskriegen Generalquartiermeister Blüchers), Hermann von Boyen (*1771, †1848; 1814–1819 und 1841–1847 Kriegsminister), Karl von Clausewitz (*1780, †1831; Hauptwerk „Vom Kriege" [1832–1834]; Begründer der modernen Kriegslehre) u.a.: im Wehrgesetz 1814 allgemeine Wehrpflicht; 1815 Landwehrordnung. – Bildungsreform unter Wilhelm von Humboldt (*1767, †1835; 1809/1810 Sektionschef für Kultus und Unterricht im Innenministerium): Ausbau der Volksschulen und der Lehrerbildung, des Gymnasiums und Reform der Universität – 1810 Eröffnung der Universität Berlin, geprägt u.a. durch den Philosophen Johann Gottlieb Fichte (*1762, †1814), den Historiker Barthold Georg Niebuhr (*1776, †1831), den Juristen Friedrich Karl von Savigny (*1779, †1861), den Theologen Friedrich Daniel Schleiermacher (*1768, †1834), den Altphilologen Friedrich August Wolf (*1759, †1824), den Agronomen Albrecht Daniel Thaer (*1752, †1828). – Insgesamt legen die preußischen Reformen den Grund für den Wandel von absolutistisch regierten, vereinigten Ländern mit adligen Ständen zum *staatsbürgerlichen Rechts- und Industriestaat*, bleiben jedoch in wesentlichen Bestandteilen (Scheitern der preußischen „Nationalrepräsentation" als Schlussstein des Verfassungswerks) angesichts des Widerstands des ostelbischen Landadels (Regulierungsedikt von 1816) unvollendet.

staatsbürgerlicher Rechtsstaat

Das Verharren in traditionellen Regierungs- und Verwaltungsstrukturen unter Verzicht auf die nachhaltige Nutzbarmachung patriotischer bzw. nationaler Tendenzen kennzeichnet die *Politik Österreichs*, dessen Verwaltungsexperimente (seit 1809 mit der Errichtung der Geheimen Staatskonferenz) die wachsenden Schwierigkeiten nicht bewältigen können (Staatsbankrott 1811). Das Allgemeine Bürgerliche Gesetzbuch von 1811 bringt gleichwohl soziale Fortschritte.

Politik Österreichs

Staats- und Verwaltungsreformen	1807–1811	*Staats- und Verwaltungsreformen* in den Rheinbundstaaten, die z.T. neu gebildet (Königreich Westfalen, Großherzogtum Berg), z.T. erheblich vergrößert werden (Bayern, Württemberg, Baden).
	1807	Nach französischem Vorbild Verfassung des Königreichs Westfalen.
	1807–1815	Reform in Preußen.
	1808	Französisch beeinflusste Verfassung des Königreichs Bayern.
	1809	Krieg Österreichs gegen Frankreich als beabsichtigter Auftakt einer deutschen Erhebung gegen Napoleon, die nur in Ansätzen in Gang kommt: Aufstand der Tiroler (Andreas Hofer, *1767, †1810, in Mantua erschossen) gegen Bayern. In Norddeutschland Züge des Majors Ferdinand von Schill (*1776, fällt 1809 in Stralsund) und Herzog Friedrich Wilhems von Braunschweig (*1771, †1815), der nach England entkommt, wo er seine „Schwarze Schar" zur „King's German legion" (Königlich Deutsche Legion) zusammenschließt, die in Spanien kämpft.
Friede von Schönbrunn	14. Okt.	*Friede von Schönbrunn* (in Wien): Österreich tritt ein Gebiet von ca. 110000 qkm ab, mit Salzburg und dem Innviertel (an Bayern), den sog. Illyrischen Provinzen (an Frankreich) und Westgalizien (an das Herzogtum Warschau), und wird dadurch zum Binnenstaat unter Verlust der Großmachtrolle.
	1810	Napoleon verleibt (zusammen mit dem bisherigen Königreich Holland) Oldenburg, Ostfriesland und die Hansestädte dem Kaiserreich Frankreich ein.
	1811	Österreichischer Staatsbankrott.
	1812/1813	Denkschriften des Freiherrn vom Stein für eine bundesstaatliche Verfassung Deutschlands.
Befreiungskriege	1813/1814	Die deutschen *Befreiungskriege* (Niederwerfung Napoleons), im Wesentlichen durch reguläre Truppen geführt und entschieden, werden als „Volkskrieg" (so der Dichter Karl Theodor Körner; *1791, †1813) begriffen und üben in der Folgezeit eine starke Wirkung auf die deutsche Nationalbewegung aus.
	1813	Die Kriegsereignisse bewirken die Auflösung des Rheinbundes.
Erster Pariser Friede	1814	*Erster Pariser Friede*. Stellt im Großen und Ganzen die deutsch-französische Grenze von 1792 wieder her.
	1814/1815	Wiener Kongress der Staatsoberhäupter und Minister Europas zur Neuordnung Deutschlands und des europäischen Staatensystems.
	1815	Deutsche Bundesakte.

Wiener Kongress und Deutscher Bund

Wiener Kongressakte

Hauptbestimmungen der *Wiener Kongressakte* vom 8. Juni 1815: Österreich tritt Belgien an die Niederlande ab und überlässt den Breisgau sowie das benachbarte Gebiet an Baden und Württemberg; dagegen erhält es seine alten Gebiete zurück: Tirol, Vorarlberg, Kärnten, Krain, Triest, Galizien, Mailand, Venetien, Salzburg, Innviertel. – Preußen überlässt an Bayern: Ansbach und Bayreuth; an Hannover: Ostfriesland, Hildesheim, Goslar und Lingen; an Russland: die polnischen Gebiete aus der dritten Teilung Polens; es erhält dafür: Schwedisch-Pommern mit Rügen (von Dänemark im Austausch gegen Lauenburg), die Rheinprovinz (Kurtrier, Kurköln, Aachen, Jülich und Berg), eine Vergrößerung Westfalens und fast die Hälfte des Königreichs Sachsen. An Bayern kommen außer Ansbach und Bayreuth noch die Reichsstädte Augsburg und Nürnberg. – Bayern, Sachsen und Württemberg bleiben Königreiche; hinzu kommt das frühere Kurfürstentum Hannover ebenfalls als Königreich. – Die Römisch-deutsche Kaiserwürde wird trotz Steins Bemühungen nicht wiederhergestellt.

An die Stelle des früheren Heiligen Römischen Reiches Deutscher Nation tritt der *Deutsche Bund* unter Österreichs Leitung, gebildet von 37 souveränen Fürsten und vier freien Städten. Grundgesetz ist die Bundesakte vom 8. Juni 1815 (ergänzt durch die Wiener Schlussakte von 1820). Die ersten elf Artikel der Bundesakte werden in die Kongressakte aufgenommen und dadurch unter den Schutz bzw. die Garantie der Signatarmächte gestellt. Nach Metternichs Auffassung wird damit kein Interventionsrecht der Mächte begründet, doch nehmen verschiedene Mächte es in der Folgezeit in Anspruch, z. T. auf Betreiben einzelner Bundesglieder. Zweck des Bundes ist (Artikel 2): „Erhaltung der äußeren und inneren Sicherheit Deutschlands, der Unabhängigkeit und Unverletzbarkeit der einzelnen deutschen Staaten". Oberste Behörde ist der Bundestag in Frankfurt am Main, eine Versammlung von Gesandten der Bundesstaaten unter dem Vorsitz des österreichischen Gesandten. Das Bundesheer wird aus den Kontingenten der Einzelstaaten gebildet. Bundesfestungen sind Mainz, Luxemburg, Landau, Ulm und Rastatt. Die Gliedstaaten sind voll souverän nur gegenüber ihren Untertanen, nicht gegenüber dem Bund, aus dem sie nicht austreten dürfen und dessen Mehrheitsbeschlüsse für sie bindend sind. Rechtskraft erhalten allgemeine Rechtsordnungen nur durch einzelstaatliche Gesetzgebung. Artikel 13 der Bundesakte verspricht Verfassungseinrichtungen: „In allen Bundesstaaten wird eine landständische Verfassung stattfinden." *Österreich und Preußen* gehören nicht mit ihrem ganzen Gebiet dem Bund an, und zwar Österreich nicht mit seinen polnischen, ungarischen und italienischen Gebietsteilen (wohl aber mit Böhmen, Mähren, Krain, Triest, Tirol bis südlich von Trient, mithin mit sechs Millionen Slawen und fast einer halben Million Italienern); Preußen nicht mit den Provinzen Preußen (Ost- und Westpreußen) und Posen. *Weitere Mitglieder* des Deutschen Bundes sind u. a. der König von Großbritannien als König von Hannover, der König von Dänemark als Herzog von Holstein und Lauenburg, der König der Niederlande als Großherzog von Luxemburg.

Der Deutsche Bund von 1815

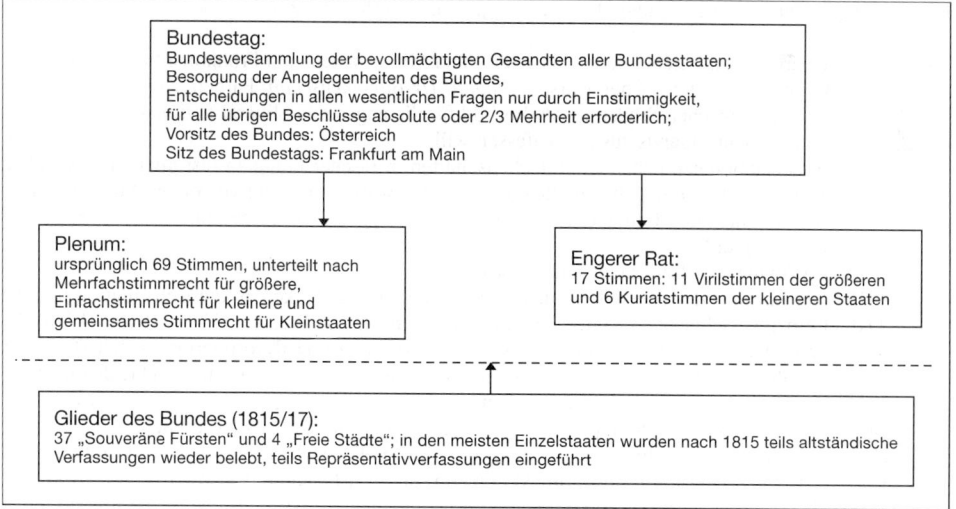

Der deutsche Vormärz (1815–1847)

Der durch die europäischen Mächte völker- und staatsrechtlich begründete *Deutsche Bund* fügt sich in das Gleichgewicht des europäischen Staatensystems ein und bewirkt – allein schon wegen der Verminderung seiner Staaten auf 41 – eine Modernisierung Deutschlands gegenüber dem alten Reich; doch steht er im Gegensatz zur allmählich stärker werdenden nationalen und liberal-konstitutionellen Bewegung. Daraus

deutsche Frage	erwächst die Spannung der *deutschen Frage* der folgenden Jahrzehnte. Leitender Minister in Österreich, der Führungsmacht des Bundes, ist Fürst Clemens von Metternich (*1773, †1859, seit 1809 Minister des Auswärtigen, seit 1821 Staatskanzler, seit 1826 Vorsitzender der Ministerkonferenz für die inneren Angelegenheiten), der in seiner Innen- und Außenpolitik für die Erhaltung der 1815 für Europa und Deutschland gesetzten Ordnung wirkt. Er steht daher in unversöhnlichem Gegensatz zum Liberalismus und zu al-
Metternichsches System	len revolutionären Bewegungen *(Metternichsches System).* Bürgerlich-liberale Forderungen nach Verfassungs-, Rechts- (Schwurgerichte, Pressefreiheit) und Sozialreformen (Bauernbefreiung) werden kaum erfüllt, der Deutsche Bund konsequent zur Unterdrückung nationaler und liberaler Bewegungen eingesetzt. So erhält das Bürgertum nur sehr begrenzten politischen Einfluss, kann sich aber wirtschaftlich
Industrialisierung	v. a. in Preußen (Gewerbefreiheit seit 1810) stark entfalten. Die *Industrialisierung* setzt nur zögernd, besonders in Sachsen und dem Rheinland, ein. Es gibt Hungerkrisen und, v. a. ab etwa 1830, Massenelend (Pauperismus). Formen modernen politischen Lebens (Wahlen, Parteien, Parlamentarismus) können sich nur ansatzweise in den Verfassungsstaaten im Rahmen des Frühkonstitutionalismus herausbilden. Die Entstehung eines Spannungsfeldes zwischen Staat und Gesellschaft ist die langwirkende Folge.

Der Frühkonstitutionalismus

Verfassungen	Die Einführung von *Verfassungen* (schriftlichen Grundgesetzen) lässt konstitutionelle Monarchien z. T. nach dem Muster der französischen Charte von 1814 entstehen: Nassau 1814, Schwarzburg-Rudolstadt, Schaumburg-Lippe, Waldeck, Sachsen-Weimar-Eisenach, Sachsen-Hildburghausen 1816, Bayern, Baden (am ehesten den konstitutionellen Ideen entsprechend), Liechtenstein 1818, Württemberg 1819, Braunschweig, Hessen-Darmstadt 1820, Sachsen-Coburg 1821. Weitere Verfassungen folgen. Österreich widersteht bis 1848. In Preußen werden entgegen dem Verfassungsversprechen 1823 nur Provinzialstände eingeführt. – Die Verfassungen *beschränken die monarchische Gewalt nur teilweise* und dienen den Fürsten
monarchische Gewalt Integration	bzw. den (teilweise schon bürgerlich geprägten) Bürokratien v. a. der ehemaligen Rheinbundstaaten zur politischen und rechtlichen *Integration* der alten und der in napoleonischer Zeit hinzugekommenen Untertanen sowie zur Verbreiterung der gesellschaftlichen Basis des Staats. Die meist oktroyierten (vom Landesherrn erlassenen) Konstitutionen (in Württemberg kommt es 1819 zum Verfassungsvertrag zwischen König Wilhelm I. [1816–1864, *1781] und dem Landtag) sehen Grundrechtsgarantien, Wahlrecht (an Geburts-, Vermögens- bzw. Steuerkriterien gebunden) sowie Mitwirkung des (meist in zwei Kammern gegliederten) Parlaments an der Gesetzgebung (v. a. Steuerbewilligungsrecht) vor, doch bleibt die Krone alleiniger Träger von Souveränität und Staatsgewalt („monarchisches Prinzip").

	1814–1821	Übergang zahlreicher deutscher Klein- und Mittelstaaten zum Frühkonstitutionalismus.
Ur-Burschenschaft	1815	Gründung der Jenaischen Burschenschaft *(Ur-Burschenschaft;* Farben Schwarz-Rot-Gold), die alle deutschen Studenten als Vorbild für die angestrebte liberal-nationale politische Einigung Deutschlands zusammenfassen will.
		Entstehung entsprechender Burschenschaften in rascher Folge an fast allen Hochschulen; radikale Gruppierungen sind die Gießener „Schwarzen" und der von einem Mitglied dieser Vereinigung, Karl Follen (*1796, †1840), in Jena gegründete „Verein burschenschaftlicher Unbedingter".
	1816	Eröffnung des Bundestages in Frankfurt a. M.
Wartburgfest	1817 18. Okt.	*Wartburgfest* der deutschen Burschenschaften zum Andenken an die Reformation und die Leipziger Schlacht. – König Friedrich Wilhelm III. von Preußen (1797–1840; *1770) dekretiert die Preußische Union zwischen Lutheranern und Reformierten. – Schaffung des preußischen Staatsrats, in dem u. a. die Spitzen der Behörden vertreten sind („Beamtenparlament") als oberste Behörde Preußens.
Zollgesetz	1818	*Zollgesetz* schließt Preußen zum einheitlichen Wirtschaftsgebiet zusammen.
	1819 März	Der unter dem Einfluss des Privatdozenten Karl Follen stehende Student Karl Ludwig Sand (*1795, †1820) ermordet in Mannheim den Lustspieldichter August von Kotzebue (*1761), der als russischer Generalkonsul regelmäßig über deutsche Verhältnisse an den Zaren berichtet hat.
	Juli	Missglücktes Attentat auf den nassauischen Staatsrat Karl von Ibell.
Karlsbader Beschlüsse	Aug.	Auf Veranlassung Metternichs fasst eine deutsche Ministerkonferenz die später vom Bundestag bestätigten *Karlsbader Beschlüsse* des Deutschen Bundes (Karlsbad in der Nähe von Eger): Vorzensur für Zeitungen und alle Schriften unter 20 Druckbogen; Verbot der Burschenschaften; Entlassung „revolutionär" gesinnter Lehrkräfte; Überwachung der Universitäten. In Mainz wird eine Zentraluntersuchungskommission des Deutschen Bundes eingesetzt.
		In Preußen wird Friedrich Ludwig Jahn verhaftet, Ernst Moritz Arndt 1820 vom Amt als Professor in Bonn suspendiert. Wirkung im Bundesgebiet: Verstärkung aller auf Erhaltung der Ruhe und überlieferten Ordnung gerichteten Bestrebungen.

1819 Rücktritt Boyens nach Revidierung des Landwehrgesetzes von 1815 (Selbstständigkeit der Landwehr eingeschränkt). Nach einem Konflikt zwischen den beiden Verfassungsbefürwortern Wilhelm von Humboldt (Sturz 31. Dez.) und Staatskanzler Hardenberg wendet sich
1820 Preußen faktisch von der Realisierung des Verfassungsversprechens ab (formell 1821): Auch Hardenberg wird entmachtet.
1820 Wiener Schlussakte des Deutschen Bundes bestätigt Souveränität auch der Klein- und Mittelstaaten, proklamiert das monarchische Prinzip (des Frühkonstitutionalismus).
1828 Der Gründung des gegen Preußen gerichteten Mitteldeutschen Handelsvereins (Sachsen, Hannover, Kurhessen, thüringische Kleinstaaten) folgt unter Führung der bedeutenden preußischen Finanzminister Friedrich von Motz (1825–1830, *1775, †1830) und Karl Georg Maaßen (1830–1834, *1769, †1834) der *Zollvertrag* zwischen Preußen und Hessen-Darmstadt (Kern des späteren Zollvereins). Im selben Jahr schließen Bayern und Württemberg einen Zollvereinsvertrag. – Die Aufsehen erregende Schrift von Charles Sealsfield (Karl Postl aus Mähren; *1793, †1864) „Austria as it is" schildert Schwächen und Zerfall des österreichischen Kaiserstaats. *Zollvertrag*
1830/1831 Nach der französischen Julirevolution Unruhen in mehreren deutschen Bundesstaaten (Braunschweig, Hannover, Sachsen, Kurhessen). Erregend wirkt auch der polnische Freiheitskampf.
1831 Der Anschluss Kurhessens an das preußisch-hessische Zollsystem sprengt faktisch den Mitteldeutschen Handelsverein. Die deutschen Einigungshoffnungen beginnen sich auf Preußen zu richten, dessen Verwaltung als Vorbild wirkt (auch in Süddeutschland: Paul Achatius Pfizer [*1801, †1867], „Briefwechsel zweier Deutscher", Stuttgart 1831), obgleich im selben Jahr durch die revidierte Städteordnung eine Teilrücknahme der preußischen Reform von 1808 erfolgt.
1832 *Hambacher Fest:* Massenkundgebung des süddeutschen radikalen Liberalismus mit Teilnahme polnischer Flüchtlinge. Der Redakteur Johann Georg August Wirth (*1798, †1848) fordert die „vereinigten Freistaaten Deutschlands" und das „konföderierte republikanische Europa". – Sechs Artikel als Abwehrmaßnahme der Regierungen: Der Bundestag legt die deutschen Staaten auf das monarchische Prinzip fest, überwacht die Landtage und verbietet politische Vereine, Volksversammlungen und öffentliche Kundgebungen. *Hambacher Fest*
27. Mai
1833 Der *Deutsche Zollverein* schließt unter Führung Preußens die meisten deutschen Staaten mit Ausschluss Österreichs (und vorläufig des von Hannover geführten Steuervereins) wirtschaftlich zusammen. *Deutscher Zollverein*
1833 Der Frankfurter Wachensturm von Studenten und Handwerkern, gedacht als Signal für eine allgemeine Erhebung, wird Anlass zur Verschärfung des Repressionssystems:
1834 Die Wiener Konferenzen beschließen weitere Einschränkungen rechtsstaatlicher, liberaler und landständischer Freiheiten (Sechzig Artikel).
1835 *Erste deutsche Eisenbahn*, von Nürnberg nach Fürth. *erste deutsche Eisenbahn*
1835–1848 Kaiser Ferdinand I. von Österreich (*1793, †1875), der geistig behinderte Sohn von Franz I., überlässt die Regierung Metternich.
1836–1841 *Kölner Kirchenstreit* (Kölner Wirren) wegen der verschiedenen Grundsätze des Staates und der Kirche in Bezug auf die Erziehung der Kinder aus konfessionellen Mischehen. Erzbischof Klemens August Freiherr von Droste zu Vischering (*1773, †1845) wird (1837; 1839 auch Erzbischof Martin von Dunin von Gnesen-Posen [*1774, †1842]) zu Festungshaft verurteilt. Erregung im deutschen Katholizismus, dessen Politisierung gefördert wird. Beilegung durch König Friedrich Wilhelm IV. *Kölner Kirchenstreit*
1837 Die Personalunion zwischen Hannover und Großbritannien löst sich infolge des verschiedenen Erbrechts: In Hannover kommt König Ernst August (*1771, †1851) auf den Thron. Ernst August hebt die 1833 gewährte Verfassung auf und ordnet Wahlen zur Ständeversammlung nach der Verfassung von 1819 an. Die *Göttinger Sieben* (die Göttinger Professoren Jakob und Wilhelm Grimm, Friedrich Christoph Dahlmann, Georg Gottfried Gervinus, Heinrich Ewald, Wilhelm Albrecht, Wilhelm Eduard Weber) verweigern die Teilnahme an der Wahl, protestieren und werden abgesetzt, Jakob Grimm, Dahlmann und Gervinus landesverwiesen. Starker Protest in ganz Deutschland. *Göttinger Sieben*
1839 In Preußen wird die Arbeitszeit für Jugendliche in den Fabriken auf zehn Stunden beschränkt, Kinderarbeit verboten: *Beginn der preußischen Arbeitsschutzpolitik.*
1840–1861 König Friedrich Wilhelm IV. von Preußen (*1795, †1861), mit großen Erwartungen begrüßt, anfangs politisch entgegenkommend (Freilassung der Erzbischöfe, Rehabilitierung Arndts und Jahns), hochbegabter christlichdeutscher Romantiker. *preußische Arbeitsschutzpolitik*
1840 Kriegsstimmung im Zusammenhang mit der 1839 ausgebrochenen orientalischen Krise. Die französische Forderung nach der Rheingrenze ruft eine Verstärkung des deutschen Na-

tionalgefühls hervor („Die Wacht am Rhein" und Nikolaus Beckers [*1809, †1845] Rheinlied – „Sie sollen ihn nicht haben..." – entstehen), das sich auch in den folgenden Jahren, verstärkt durch romantisches Geschichtsbewusstsein, äußert.

1842 Kölner Dombaufest zur Bekundung christlicher Glaubenseinheit.
1843 Feier des „Tausendjährigen Bestehens des Deutschen Reiches" (Vertrag von Verdun 843).
1844 Weberaufstand in Schlesien als extremes Anzeichen der durch die Anfänge der Industrialisierung hervorgerufenen Übergangskrise.

Die Auswanderung steigt an: 1834–1845 auf jährlich fast 20000, 1846–1855 auf jährlich 110000 im Durchschnitt (im Gebiet des späteren Deutschen Reichs). Die mechanisierte Industrialisierung beginnt, besonders wirksam im Maschinenbau.

Pauperismus Von den vierziger Jahren an taucht der Begriff *Pauperismus* als Bezeichnung der vorindustriellen Massenarmut auf, die durch starkes Bevölkerungswachstum (1816–1850 um etwa 50%) besonders in der unterbäuerlichen Schicht und Mangel an Arbeitsstellen entsteht. – Parallel zu diesen Entwicklungen rascher *Ausbau des Eisenbahnnetzes*:

Ausbau des Eisenbahnnetzes

1847 Mit Fertigstellung der Köln-Mindener Bahn gibt es eine direkte Eisenbahnverbindung von Berlin bis Antwerpen.

Der Eisenbahnbau wird einer der wichtigsten Faktoren des industriebestimmten Wirtschaftswachstums, das sich aber erst nach der Mitte des Jh.s entlastend gegenüber der ländlichen Übervölkerung, dem Preisverfall für Produkte des Heimgewerbes und der verbreiteten Stagnation der gewerblichen Wirtschaft allgemein auswirkt.

1845–1847 Infolge von Missernten Wirtschafts- und Versorgungskrise, örtlich soziale Unruhen. Steigende politische Erregung. Nationale, konstitutionelle und soziale Forderungen werden laut; besonders wichtig dazu:
1846/1847 Germanistentage von Professoren in Frankfurt a. M. und Lübeck,
1847 Allgemeines deutsches Sängerfest in Lübeck (gesamtdeutsch-nationaler Enthusiasmus).

Vereinigter Landtag Versammlung demokratischer Politiker in Offenburg (Baden), liberaler Parlamentarier in Heppenheim an der Bergstraße, *Berufung des preußischen Vereinigten Landtags*, dessen Zusammensetzung aus den Mitgliedern der Provinziallandtage und dessen geringe Befugnisse im liberalen Bürgertum Enttäuschung verursachen und der bald wieder aufgelöst wird. – In London entsteht der *Bund der Kommunisten* (Karl Marx [*1818, †1883], Friedrich Engels [*1820, †1895]) durch Zusammenschluss der deutschen Handwerksgesellen-Auslandsorganisationen (Auslandsvereine). – Hungerepidemie unter den Landarbeitern in Oberschlesien. – In Österreich wachsende Spannung durch die Entwicklung der *Nationalitätenbewegung*, besonders des magyarischen und tschechischen Nationalismus. Unter den Polen Posens kann die – nach Eindeutschungsversuchen in den dreißiger Jahren (Oberpräsident Eduard Heinrich von Flottwell; *1786, †1865) – entgegenkommendere Verwaltungspolitik Friedrich Wilhelms IV. die Entstehung und Ausbreitung eines bürgerlich-demokratischen Nationalbewusstseins nicht aufhalten (führend der Posener Arzt Karol Marcinkowski [*1800, †1846] und der nach ihm benannte Bildungsverein).

Bund der Kommunisten

Nationalitätenbewegung

Die Revolution von 1848/1849

„bürgerliche Revolution" Sie wird oft als *„bürgerliche" Revolution* bezeichnet. Das trifft insofern zu, als die politische Programmatik des bürgerlichen Liberalismus vorherrschend ist. Doch handelt es sich tatsächlich um eine Revolution des Volkes aller Schichten, allerdings ohne einheitliche Führung und aufgesplittert in widersprüchliche Zielsetzungen. Träger der revolutionären Kämpfe sind vielfach die von der sozialen Frage des Vormärz in erster Linie betroffenen Gesellen und Facharbeiter. Das im Febr. 1848 erscheinende Kommunistische Manifest von Karl Marx bleibt fast ganz unbekannt. Die Führer der liberalen Opposition in den Abgeordnetenhäusern stellen sich an die Spitze der durch die Februarrevolution in Frankreich angestoßenen Bewegung, die in vielen deutschen Staaten auf eine sich bereits verschärfende politische Krise trifft.

Märzrevolution 1848 *Märzrevolution:* Eine badische Volksversammlung in Offenburg (27. Febr.) fordert Pressefreiheit, Schwurgerichte, Vereinsfreiheit, Volksbewaffnung, ein deutsches Parlament.
Febr./März

Ähnliche Versammlungen finden in Württemberg, Hessen-Darmstadt, Nassau und anderen Staaten statt. An mehreren Stellen Zusammenstöße der Aufständischen mit Regierungstruppen. Die Regierungen zeigen sich nachgiebig; der Bundestag in Frankfurt hebt die Zensur für Druckschriften auf, erklärt den alten deutschen Reichsadler zum Bundeswappen und Schwarz-Rot-Gold zu den deutschen Bundesfarben. Berufung von *Märzministerien* mit liberalem Einschlag in Bayern, Württemberg, Baden, Hessen-Darmstadt, Sachsen, Hannover

Märzministerien

Deutschland   Die Revolution von 1848/1849   845

13.–15. März	und mehreren kleineren Staaten. Revolutionäre Aktionszentren werden Wien, Berlin und Frankfurt mit teils eigener, teils wechselseitig wirkender Entwicklung. Aufstand in Wien. *Metternich tritt zurück und flieht nach England.* Bürgerwehr und Studenten beginnen die Stadt zu beherrschen.	*Sturz Metternichs*
18. März	Unruhen und Straßenkämpfe in Berlin.	
19. März	Die Truppen verlassen auf Befehl des Königs (dem sein Bruder Prinz Wilhelm [der spätere König und Kaiser Wilhelm I.] und der Kommandierende General nicht zustimmen) ihre Stellungen und marschieren aus der Stadt. Bildung einer Bürgerwehr, die den Schutz des Schlosses und die Aufrechterhaltung der Ordnung in der Stadt übernimmt. Amnestie für alle politischen Vergehen.	
20. März	Infolge wiederholter Unruhen in München dankt, auch persönlich diskreditiert, König Ludwig I. (seit 1825; *1786, †1868) zugunsten seines Sohnes Maximilian II. (*1811, †1864) ab.	
21. März	Proklamation König Friedrich Wilhelms von Preußen „An mein Volk und an die deutsche Nation", worin er betont, dass er sich zur Rettung Deutschlands an die Spitze des Gesamtvaterlandes stelle.	
28. März	Gründung des Mainzer katholischen „Piusvereins für religiöse Freiheit" leitet die lebhafte katholische Vereinsbewegung 1848 ein.	
29. März	Liberales Ministerium Ludolf Camphausen (*1803, †1890) in Preußen. Berufung einer preußischen Nationalversammlung nach Berlin (am 22. Mai eröffnet).	
31. März	Mit Zustimmung des Bundestags tritt in Frankfurt am Main ein aus 574 Mitgliedern von Landtagen gebildetes *Vorparlament* zusammen (bis 3. April) und beschließt die Berufung einer Nationalversammlung zur Feststellung der deutschen Reichsverfassung. Der vom Vorparlament gewählte Fünfzigerausschuss amtiert als gesamtdeutsche Übergangs-Institution (bis zum 18. Mai) und beschließt die Wahl einer deutschen Nationalversammlung; Durchführung nach (z. T. eingeschränktem) allgemeinem, gleichem Wahlrecht im Bundesgebiet, Schleswig und den nicht zum Deutschen Bund gehörenden preußischen Provinzen.	*Vorparlament*
April	Eine v. a. durch die Auflehnung der Bauern gegen großgrundbesitzende Standesherrn getragene *republikanische Erhebung in Baden* (Friedrich Hecker [*1811, †1881], Gustav von Struve [*1805, †1870], Georg Herwegh [*1817, †1875]) wird von Bundestruppen unter General Friedrich von Gagern (*1794, †1848) schnell unterdrückt.	*Erhebung in Baden*
12. April	Der Bundestag beschließt, die Räumung Schleswigs von dänischen Truppen gewaltsam zu erzwingen, um *Dänemark an der Annexion des Herzogtums zu hindern*, und erkennt die provisorische schleswig-holsteinische Landesregierung in Kiel an. – Führung des Kriegs gegen Dänemark v. a. durch preußische Truppen.	*Krieg um Schleswig*
3. April–8. Mai	Der dem Bundestag beigeordnete Siebzehnerausschuss (17 von den Einzelstaaten entsandte Politiker) arbeitet eine *erbkaiserlich-föderativ-konstitutionelle Verfassung* mit Zweikammersystem, Grundrechtskatalog und Verfassungsgewähr aus, deren Grundmuster für die weitere deutsche Verfassungsgeschichte beispielgebend ist, obgleich die Verfassung nicht Realität wird.	*konstitutionelle Verfassung*
25. April	In der Verfassungsurkunde des Innenministers Franz Freiherr von Pillersdorf (*1786, †1862) für alle österreichischen Provinzen (also außer Ungarn) wird festgesetzt (§ 4): „Allen Volksstämmen ist die Unverletzlichkeit ihrer Nationalität und Sprache gewährleistet."	
15. Mai	Zweiter Aufstand Wien, der die Einberufung eines (gesamt-) österreichischen Reichstags erzwingt.	
17. Mai	Der regierungsunfähige Kaiser Ferdinand I. verlässt Wien und geht in das der Monarchie ergebene Innsbruck.	
18. Mai	Die *Deutsche Nationalversammlung* (Parlament) wird in Frankfurt am Main (Paulskirche) eröffnet.	*Nationalversammlung*

Die Frankfurter Nationalversammlung

Von den für Österreich bestimmten Abgeordneten werden nur zwei Drittel gewählt, weil die tschechischen Wahlkreise Böhmens nicht mitwählen: Der tschechische Historiker František Palacký (*1798, †1876) lehnt die deutsche Einladung am 11. April in erster Linie mit dem Hinweis darauf ab, dass er kein Deutscher sei. Die Nationalversammlung von rund 585 Abgeordneten besteht überwiegend aus wirtschaftlich gesicherten Männern (meist Juristen, Verwaltungsbeamte, Professoren), die bereits herausgehobene Positionen im öffentlichen Leben bekleiden *(Honoratiorenparlament)* und keiner bestimmten politischen Richtung rückhaltlos verpflichtet sind. Gleichwohl bildet sich eine parteimäßige Struktur von fortwirkender Bedeutung aus; die Fraktionen benennen sich noch nach Tagungslokalen, stellen aber eine

Honoratiorenparlament

Die Fraktionen der Nationalversammlung

Fraktionen in der Paulskirche

Hauptrichtung	DEMOKRATISCHE LINKE (demokratische Linke)			LIBERALE MITTE (liberale Mitte)				KONSERVATIVE RECHTE (konservative Rechte)
Flügel der Hauptrichtung	extreme Linke	gemäßigte Linke		linkes Zentrum		rechtes Zentrum		Protestanten, Konservative
Fraktion („Partei")	Donnersberg	Deutscher Hof	Nürnberger Hof (Abspaltung vom Deutschen Hof im Oktober 1848)	Westendhall (Abspaltung vom Deutschen und Württemberger Hof im Sept. 1848)	Württemberger Hof	Augsburger Hof (Abspaltung vom Württemberger Hof im Dez. 1848)	Landsberg (Abspaltung von Kasino und Württemberger Hof)	Pariser Hof (Abspaltung vom Kasino)	Kasino	Café Milani
Politische Ziele	Großdeutsch-nationale Demokratie durch revolutionäre Aktion	Kleindeutsches Erbkaisertum Parlamentarisch-demokratische Republik			Mehrheitlich für großdeutsche Lösung	Erbkaiserlich-kleindeutsche Lösung Parlamentarische Monarchie	Demokratische Monarchie, preußische Machtposition	Großdeutsche Lösung	Mehrheitlich für preußische Führung Starke Zentralgewalt mit auf die Legislative beschränkter Volksvertretung	Einzelstaatlich-monarchische Integrität im föderalistischen Rahmen
Bedeutende Mitglieder (in Auswahl; nicht repräsentativ für die Fraktionsstärke)	Arnold Ruge (* 1802, † 1880)	Robert Blum (* 1807, † 1848), Johann von Itzstein (* 1775, † 1855)	Wilhelm Löwe („Calbe") (* 1814, † 1886)	Jakob Venedey (* 1805, † 1871) vom Deutschen Hof, Franz Raveaux (* 1810, † 1851) vom Württemberger Hof	Friedrich Theodor Vischer (* 1807, † 1887), Karl Mittermaier (* 1787, † 1867), Heinrich Simon (* 1805, † 1860), Arnold Duckwitz (* 1802, † 1881)	Robert von Mohl (* 1799, † 1875), Gustav Rümelin (* 1815, † 1889)	Sylvester Jordan (* 1792, † 1861) vom Württemberger Hof, Wilhelm Jordan (* 1819, † 1904) vom Deutschen Hof		Ernst Moritz Arndt (* 1769, † 1860), Friedrich Christoph Dahlmann (* 1785, † 1860), Johann Gustav Droysen (* 1808, † 1884), Max Duncker (* 1811, † 1886), Jakob Grimm (* 1785, † 1863), Georg Waitz (* 1813, † 1886), Eduard Simson (* 1810, † 1899), Hermann von Beckerath (* 1801, † 1870), Friedrich Daniel Bassermann (* 1811, † 1855), Karl Mathy (* 1806, † 1868) Anton von Schmerling (* 1805, † 1893), Johann Heckscher (* 1797, † 1865), Karl Theodor Welker (* 1790, † 1869)	Max Gravell (* 1781, † 1860), Ernst Merck (* 1811, † 1863), Karl Ludwig von Bruck (* 1798, † 1860), Joseph Maria von Radowitz (* 1797, † 1853), Franz Joseph Buß (* 1803, † 1878)

Aufgliederung politischer Richtungen und Flügel dar. Den geistigen Schwerpunkt der Verfassungsarbeit bildet das rechte Zentrum. Zum Präsidenten wird der liberale hessen-darmstädtische Minister Heinrich Freiherr von Gagern (*1799, †1880) gewählt, der für die Grundlage des Verfassungswerks der Nationalversammlung die *Souveränität der Nation* erklärt. Zu den Abgeordneten gehören auch einzelne Tschechen aus Mähren, Italiener aus Südtirol (Trentino), ein Pole aus Posen. Ein Großteil der Arbeit wird in den Ausschüssen geleistet, deren wichtigster der Verfassungsausschuss ist.

Souveränität der Nation

Die berufsständische Zusammensetzung der Frankfurter Nationalversammlung

Frankfurter Nationalversammlung

1. Geistige und freie Berufe		2. Staats- und Gemeindediener		3. Wirtschaftsstände	
a) Professoren an Universitäten und Gymnasien	94	a) Offiziere	18	a) Landwirte	46
b) Lehrer	30	b) Diplomaten	11	b) Kaufleute	35
c) Geistliche	39	c) Richter, Staatsanwälte	110	c) Fabrikanten	14
d) Advokaten	106	d) Höhere Verwaltungsbeamte	115	d) Handwerker	4
e) Ärzte	23	e) Bürgermeister	21		
f) Bibliothekare	3	f) Mittlere Beamte	37		
g) Verleger, Buchhändler	7				
h) Schriftsteller	20				
i) Sonst. Akademiker	35				
	357		**312**		**99**

Insgesamt:		*Davon akademisch gebildet*:	
1. Geistige und freie Berufe	357	1. Geistige und freie Berufe	rd. 300
2. Staats- und Gemeindediener	312	2. Staats- und Gemeindediener	rd. 250
3. Wirtschaftsstände	99	3. Berufslose (mindestens 20 von 44)	rd. 20
4. Ohne Berufsangabe	44		
	812		**rd. 570**

31. Mai Die Nationalversammlung beschließt auf Antrag der österreichischen Abgeordneten *eine Schutzerklärung für die nichtdeutschen Minderheiten*, laut der „den nicht deutsch redenden Volksstämmen Deutschlands [...] ihre volkstümliche Entwicklung" und die Gleichberechtigung ihrer Sprache in Kirche, Schule, innerer Verwaltung und Rechtspflege gewährleistet wird (später § 188 der Reichsverfassung von 1849).

Minderheitenschutz

1. Juni In Köln beginnt unter Leitung von Karl Marx und Mitarbeit von Friedrich Engels die radikal-republikanische „Neue Rheinische Zeitung" zu erscheinen (bis 19. Mai 1849).

2.–12. Juni *Slawenkongress* in Prag, beschickt von den österreichischen Slawen und den Posener Polen (der einzige Russe ist der Anarchist Michail Alexandrowitsch Bakunin; *1814, †1876), beschließt unter Leitung Palackýs ein Manifest, das die Umformung des österreichischen Kaiserstaats „in einen Bund von gleichberechtigten Völkern" wünscht. Das Programm ist für die Erhaltung der Donaumonarchie (in der Palacký ein Gegengewicht gegen die Gefahr einer russischen Universalmonarchie sieht) und gegen die Vereinigung der Deutschösterreicher mit Deutschland.

Slawenkongress

13. Juni Erster Demokratenkongress in Frankfurt a. M. beschließt Zentralisierung der demokratischen Vereine (Zentrale Berlin) und Parteiprogramm für das Ziel einer demokratisch-unitarischen deutschen Republik.

16. Juni *Pfingstaufstand der tschechischen Radikalen in Prag*, niedergeworfen von Alfred Fürst zu Windischgrätz (*1787, †1862).

Pfingstaufstand in Prag

29. Juni Auf Vorschlag ihres Präsidenten Gagern wählt die deutsche Nationalversammlung *Erzherzog Johann von Österreich* (*1782, †1859) zum *Reichsverweser*; der Bundestag überträgt ihm seine Vollmachten.

Reichsverweser

1. Juli Gründung der Neuen Preußischen Zeitung („Kreuzzeitung"; bis 1939) als Organ der konservativ-junkerlichen Gegenbewegung.

15. Juli Erzherzog Johann ernennt ein deutsches *Reichsministerium* (Ministerpräsident: bis Sept. 1848 Karl Fürst von Leiningen [*1804, †1856]); doch es zeigt sich bald, dass die neu geschaffene Zentralgewalt weder den Einzelstaaten noch dem Ausland gegenüber wirkliche Macht hat. – Beginn des Handwerker- und Gewerbekongresses in Frankfurt a. M., der (15. August) der Nationalversammlung den Entwurf einer allgemeinen deutschen *Gewer-*

Reichsministerium

Gewerbeordnung

Gesellen- und Arbeiterkongress	*beordnung* (gegen Gewerbefreiheit) zuleitet. (Bruch mit den nicht gleichberechtigt zugelassenen Gesellen.)
	20. Juli Daher Beginn eines eigenen Gesellenkongresses, der sich zum *Gesellen- und Arbeiterkongress* ausweitet.
	22. Juli Konstituierender österreichischer Reichstag eröffnet.
	12. Aug. Kaiser Ferdinand kehrt auf Wunsch des Reichstags nach Wien zurück.
Junkerparlament	18./19. Aug. *Junkerparlament* (Vereinigung der agrarisch-konservativen Opposition Preußens gegen die preußische Nationalversammlung); Ausgangspunkt zur Bildung einer konservativen Partei.
Deutscher Arbeiterkongress	23. Aug.–3. Sept. Erster Allgemeiner *Deutscher Arbeiterkongress* in Berlin unter Leitung von Stephan Born (*1824, †1898, Setzergeselle, Beziehung zu Marx und Engels) nach vorangegangener lebhafter Organisationstätigkeit (Arbeitervereine). Beschlossen werden Organisations- und Selbsthilfemaßnahmen, soziale und politische Forderungen (u. a. gewerkschaftliche Organisation von Lokalkomitees der Arbeiter mit Assoziationskassen, Gewährung des Wahlrechts an alle männlichen Einundzwanzigjährigen, Abschaffung der indirekten Steuern, Zehnstundentag, unentgeltlicher Volksschulunterricht ohne konfessionellen Religionsunterricht). (Born wird Vorsitzender des „Zentralkomitees der deutschen Arbeiterverbrüderung" mit dem Sitz in Leipzig und Redakteur des Korrespondenzblatts „Die Verbrüderung". Die Arbeiterorganisationen werden 1854 durch Beschluss des Bundestags aufgehoben.)
	26. Aug. Unter britisch-russischem Druck schließt Preußen den Waffenstillstand von Malmö mit Dänemark (Räumung von Schleswig und Holstein, Absetzung der provisorischen deutschen schleswig-holsteinischen Regierung).
	5. Sept. Die Frankfurter Nationalversammlung verwirft unter Führung des liberalkonstitutionellen Historikers Friedrich Christoph Dahlmann (*1785, †1860) mit einer linken Mehrheit den preußisch-dänischen Waffenstillstand; daraufhin Rücktritt des Reichsministeriums Leiningen.
Bauernbefreiung in Österreich	7. Sept. Der österreichische Reichstag beschließt aufgrund eines (25. Juli) von dem Bauernsohn Hans Kudlich (*1823, †1917) gestellten Antrags die *Aufhebung aller bäuerlichen Untertänigkeitsverhältnisse*.
	16. Sept. Die deutsche Nationalversammlung billigt Malmö, nachdem Dahlmanns Versuch einer Reichs-Regierungsbildung gescheitert ist; neuer Reichs-Ministerpräsident wird der bisherige Innenminister Anton von Schmerling (bis Dez. 1848; *1805, †1893).
	18. Sept. In einem Volksaufstand werden die Abgeordneten Felix Fürst Lichnowsky (*1814) und General Hans von Auerswald (*1792) ermordet. Preußische und österreichische Truppen stellen die Ruhe wieder her. Die Autorität der deutschen Nationalversammlung ist schwer erschüttert durch ihre augenfällig gewordene Schwäche gegenüber der revolutionären Linken und den Staatsregierungen.
zweiter badischer Aufstand	21.–25. Sept. *Zweiter badischer Aufstand* mit Ausrufung der deutschen Republik durch Struve in Lörrach (nahe Basel), niedergeschlagen von badischen Truppen bei Staufen (nahe Freiburg i. Br.).
Erster Deutscher Katholikentag	3.–6. Okt. Erster *Deutscher Katholikentag* (Generalversammlung der Pius-Vereine).
	6. Okt. Dritter allgemeiner Aufstand in Wien, Barrikadenkämpfe. Der Kriegsminister Theodor Graf Baillet von Latour (*1780) wird ermordet, das Zeughaus geplündert. Kaiser Ferdinand begibt sich nach Olmütz (Nordmähren, heute Olomouc).
	27. Okt. Die Frankfurter Nationalversammlung nimmt in erster Lesung einen Entwurf zu §§ 2/3 der Reichsverfassung an, laut dem (§ 2) kein Teil des Deutschen Reiches mit nichtdeutschen Ländern zu einem Staat vereinigt sein und (§ 3) zwischen einem deutschen und einem nichtdeutschen Land, die dasselbe Staatsoberhaupt haben, nur Personalunion bestehen darf. Damit ist Österreich vor die Wahl gestellt; entweder einer Auflösung seines Staatsverbands in eine Personalunion zuzustimmen oder dem neuen Deutschen Reich fernzubleiben.
	Okt. Zweiter deutscher Demokratenkongress in Berlin ohne Ergebnis.
	31. Okt. Einnahme Wiens nach achttägigen heftigen Kämpfen durch kaiserliche Truppen (Windischgrätz und Josef Jelačić, Ban von Kroatien [*1801, †1859]).
konservatives Ministerium in Preußen	2. Nov. *Konservatives Ministerium* Friedrich Wilhelm Graf von Brandenburg (*1792, †1850) *in Preußen*.
	9. Nov. Robert Blum (*1807), Mitglied des Frankfurter Parlaments, (und viele andere) durch kaiserliche Truppen nach der Einnahme Wiens standrechtlich erschossen. – Die preußische Nationalversammlung in Berlin wird auf Befehl des Königs vertagt und zum 27. November in die Stadt Brandenburg berufen.
	10. Nov. General Friedrich von Wrangel (*1784, †1877) rückt, ohne Widerstand zu finden, in Berlin ein.
	21. Nov. Felix Fürst zu Schwarzenberg (*1800, †1852) übernimmt das kaiserliche Ministerium.

Verfassungswerk der Frankfurter Nationalversammlung von 1849

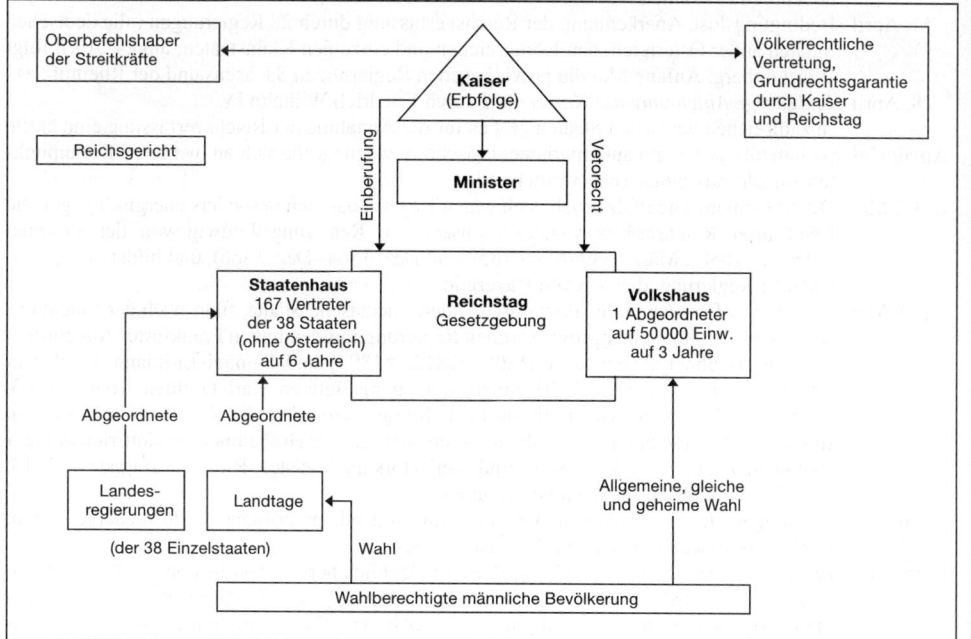

Verfassung

Kaiser

Reichstag

22. Nov.	Der österreichische Reichstag, nach Kremsier (heute Kroměříž) in Mähren verlegt, wird wieder eröffnet.
27. Nov.	Schwarzenbergs Programm ist die Absage an den Frankfurter Verfassungsentwurf: „Österreichs Fortbestand in staatlicher Einheit ist ein deutsches wie ein europäisches Bedürfnis."
2. Dez.	Kaiser Ferdinand I. dankt ab; ihm folgt sein Neffe Franz Joseph I. (*1830, †1916). *Wiedererstarken der Donaumonarchie* durch das Zusammenwirken von Dynastie, Armee und Bürokratie.
5. Dez.	Da die preußische Nationalversammlung in Brandenburg nicht in beschlussfähiger Zahl zu Stande kommt, befiehlt der König ihre Auflösung und die Verkündung *(Oktroyierung)* einer *preußischen Verfassung* (31. Jan. 1850 in Kraft).
15. Dez.	Das Scheitern seines großdeutsch-österreichischen Programms zwingt Reichs-Ministerpräsident Schmerling zum Rücktritt.
18. Dez.	Nachfolger (bis März/Mai 1849) wird der bisherige Präsident der Nationalversammlung, Heinrich von Gagern, der eine kleindeutsch-erbkaiserliche Lösung anstrebt. Der Konflikt um die *großdeutsche oder kleindeutsche Lösung* hat die bisherige Fraktionsgliederung des Paulskirchenparlaments weit gehend umgewandelt: Nun stehen die gemäßigt-konstitutionellen Fraktionen als Erbkaiserliche Partei, die als vorläufige Konzeption einen Bundesstaat ohne Österreich mit dem König von Preußen als Kaiser vertritt, gegen „großdeutsche" Österreicher, Süddeutsche und Republikaner, die Österreich an der Spitze Deutschlands erhalten wollen.
1849 4. März	Der Reichstag von Kremsier wird aufgelöst und eine *Verfassung für Österreich oktroyiert*, die die Erhaltung des österreichischen Gesamtstaates voraussetzt (§ 5: „Alle Volksstämme sind gleichberechtigt, und jeder Volksstamm hat ein unverletzliches Recht auf Wahrung und Pflege seiner Nationalität und Sprache"). (Die Verfassung wird 1851 wieder aufgehoben, ohne tatsächlich in Kraft getreten zu sein.)
28. März	In Frankfurt wird die *deutsche Reichsverfassung* nach langen Auseinandersetzungen vollendet. Die aus der Verbindung von unitarischen und föderativen, demokratischen und monarchischen Elementen entstandene Kompromissverfassung kann, obwohl sie nicht in Kraft tritt, die deutsche Verfassungsentwicklung (nicht zuletzt durch ausführliche und fortschrittliche Grundgesetzkodifikation) maßgeblich mitgestalten und ist nicht ohne Einfluss auf die Reichsverfassungen von 1867/1871 und 1919. – *Kaiserwahl*: Friedrich Wilhelm IV. von Preußen mit 290 Stimmen (bei 248 Enthaltungen) gewählt.
3. April	Der König von Preußen erklärt einer Abordnung des Frankfurter Parlaments (Eduard Simson [*1810, †1899; 1867–1873 Reichstagspräsident]), die ihm angetragene Würde eines

wiedererstarkende Donaumonarchie

preußische Verfassung

großdeutsch oder kleindeutsch

österreichische Verfassung

deutsche Reichsverfassung

Kaiserwahl

		Kaisers der Deutschen nur mit Zustimmung aller deutschen Regierungen, d.h. der Fürsten, annehmen zu können.
	14. April	Bedingungslose Anerkennung der Reichsverfassung durch 28 Regierungen (alle deutschen Staaten außer Österreich, den Königreichen und einzelnen Kleinstaaten; am 24. April folgt Württemberg, Anfang Mai die provisorischen Regierungen Sachsens und der Rheinpfalz).
Ablehnung der Kaiserwahl	28. April	*Endgültige Ablehnung der Kaiserwahl* durch Friedrich Wilhelm IV.
Mairevolution	April/Mai	In zahlreichen deutschen Staaten gibt es für die Annahme der Reichsverfassung eine breite parlamentarische und außerparlamentarische Bewegung, die sich an mehreren Brennpunkten zur *Mairevolution* 1849 verdichtet:
	1.–17. Mai	Die linksrheinische Pfalz erhebt sich gegen Bayern, das sich besonders energisch gegen die Frankfurter Reichspolitik wendet (konservative Regierung Ludwig von der Pfordten [*1811, †1880], März 1849–März 1859 und Dez. 1864–Dez. 1866), und bildet eine provisorische Regierung, die sich von Bayern lossagt.
Aufstand in Dresden	3.–9. Mai	*Aufstand in Dresden*, unterstützt durch andere sächsische Städte, führt nach der Flucht des Königs zur Bildung einer provisorischen Regierung mit den linken Frankfurter Abgeordneten Otto Heubner („Deutscher Hof"; *1812, †1893) und Samuel Erdmann Tzschirner („Donnersberg", *1812, †1870) sowie dem gemäßigteren Karl Gotthelf Todt (*1803, †1852) an der Spitze. Die militärische Führung übernimmt der Arbeiterführer Stephan Born. Mit den Aufständischen solidarisieren sich u.a. der Hofbaumeister Gottfried Semper (Barrikadenbau; *1803, †1879) und der Hofkapellmeister Richard Wagner (*1813, †1883), die beide anschließend emigrieren.
	5.–9. Mai	In blutigem Barrikadenkampf wird der Aufstand mit preußischer Hilfe niedergeworfen. Zahlreiche Erschießungen und Zuchthausstrafen.
preußische Unionspolitik	9.–15. Mai	*Einsetzen der preußischen Unionspolitik*: Maßgeblich beraten von Joseph Maria von Radowitz (*1797, †1853; Sept.–Nov. 1850 Außenminister), will Friedrich Wilhelm IV. einen kleindeutschen, preußisch geführten, auf dynastischem Wege vereinbarten Bundesstaat verwirklichen, dem Österreich durch einen weiteren Bund angeschlossen werden soll.
	10. Mai	Rücktrittserklärung des Reichs-Ministerpräsidenten Gagern.
Aufstand in Baden	12.–16. Mai	*In Baden republikanischer Aufstand* unter Beteiligung des Heeres und mit Bildung einer provisorischen Regierung Lorenz Brentano (*1813, †1891); zeitweiliger militärischer Oberbefehlshaber der polnische Revolutionsgeneral Ludwik Mieroslawski (*1814, †1878). Großherzog Leopold (1830–1852; *1790) flieht. Neuwahlen in Baden mit durchgängigem Sieg der Linken.
	16. Mai	Großdeutsch-konservatives Reichsministerium mit Ministerpräsident Max Grävell (*1781, †1860), später Fürst August Sayn-Wittgenstein-Berleburg (bis Dez. 1849; *1788, †1874).
	26./28. Mai	Preußen, Sachsen, Hannover schließen das Dreikönigsbündnis und verabschieden die sog.
Erfurter Reichsverfassung		*Erfurter Reichsverfassung* auf der Basis der preußischen Unionspolitik. Nach Abberufung der österreichischen (5. April), dann auch der preußischen (14. Mai) und anderer Abgeordneter durch die Regierungen aus der Frankfurter Nationalversammlung be-
Rumpfparlament	30. Mai	schließt die linke Mehrheit die Verlegung nach Stuttgart *(Rumpfparlament)*, während die großdeutsch-gouvernementale Gruppe in Frankfurt bleibt. – Dreiklassenwahlrecht in Preußen.
	6. Juni	Das Rumpfparlament in Stuttgart (etwa 100 Abgeordnete) wählt eine provisorische Reichs-
	18. Juni	regentschaft, wird aber von der württembergischen Regierung gewaltsam aufgelöst.
	Juni/Juli	Preußische und andere deutsche Bundestruppen (Oberbefehlshaber Prinz Wilhelm von Preußen [„Kartätschenprinz"], der spätere König und Kaiser Wilhelm I.) besiegen die Aufständischen in der Pfalz und in Baden und stellen die alte Ordnung wieder her, nicht ohne zahlreiche Todesurteile und Erschießungen. (Etwa 80000 Badener [über 5% der Bevölkerung], darunter viele Teilnehmer am Aufstand wie Struve und Carl Schurz [*1829, †1906], emigrieren.)
	25.–27. Juni	Eine Versammlung von 150 Mitgliedern der früheren Erbkaiserlichen Partei in Gotha stimmt mehrheitlich dem preußischen Unionsplan zu. Nach und nach Beitritt von 25 kleineren Staaten (Österreich und die Königreiche opponieren bzw. fallen ab) zur Union.
	Aug.	Die endgültige Niederwerfung der Revolutionen in Ungarn und Italien befähigt Österreich zum Vorgehen gegen die preußische Unionspolitik.
Rücktritt des Reichsverwesers	Dez.	Erzherzog Johann legt die Würde des *Reichsverwesers* nieder.
	1850	In-Kraft-Treten der (am 5. Dez. 1848) oktroyierten preußischen Verfassung (31. Jan.).
Erfurter Unions-Parlament	20. März–29. April	Das *Erfurter Unions-Parlament* (Abgeordnete fast zur Hälfte aus Preußen, darunter der spätere Ministerpräsident Bismarck) führt die Beratung und Beschließung der Verfassung der Deutschen Union nach den Wünschen des preußischen Königs durch.

Anf. Mai Fürstenkongress der Union in Berlin, der aber keine Einigung über das In-Kraft-Setzen des Unionsvertrags erzielt.

Die Verfassung Preußens von 1849/1850

preußische Verfassung

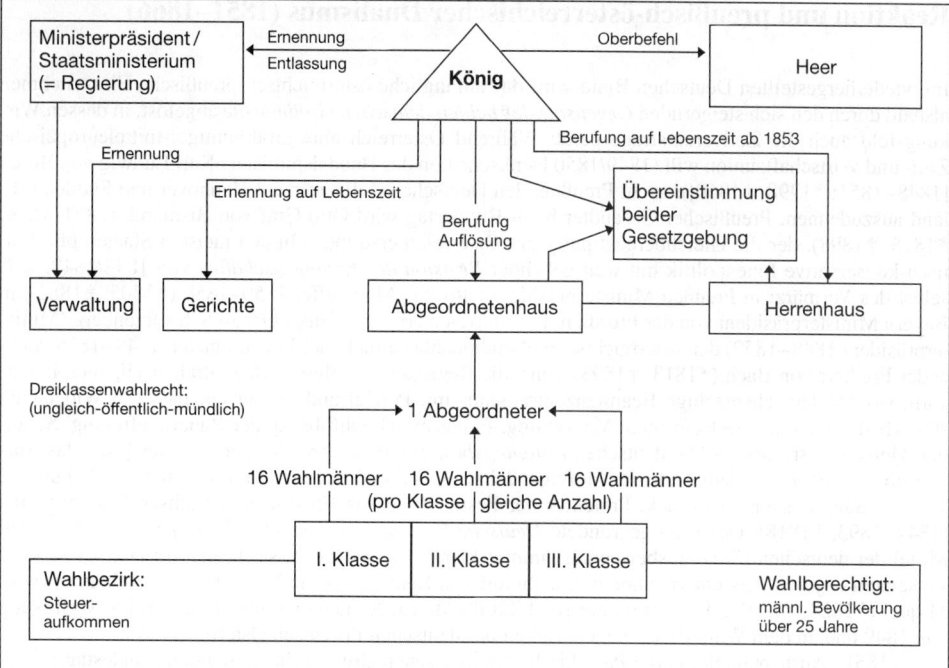

König

Abgeordnetenhaus

Dreiklassenwahlrecht

10. Mai / 1. Sept. Den preußischen Unionsbestrebungen tritt Österreich (unter Schwarzenberg) entschlossen entgegen durch eine Konferenz der ihm anhängenden Staaten in Frankfurt a. M. und die *Wiedereröffnung des Frankfurter Bundestags* (ohne die nun nur noch 22 Unionsstaaten).

21. Sept. Eingreifen des Rumpf-Bundestags im Verfassungsstreit von Kurhessen sowie im erneuten

25. Okt. Konflikt zwischen Dänemark und dem von Preußen unterstützten Holstein.
Akute Kriegsgefahr zwischen Österreich und Preußen. Der Krieg wird auf russischen Druck durch preußisches Nachgeben vermieden:

2. Nov. Rücktritt des Außenministers Radowitz.

29. Nov. *Olmützer Punktation* (Olmütz in Mähren) zwischen Österreich und Preußen, das auf das Eingreifen in Hessen verzichtet und seine deutsche Unionspolitik aufgibt.

1851 Es scheitert jedoch auch der Schwarzenbergsche Plan eines „Siebzigmillionenreichs" (Einbeziehung des gesamten Staatsgebiets der Donaumonarchie in einen reformierten Deutschen Bund).

Mai Wiedereintritt der ehemaligen Unionsstaaten in den Bundestag. Damit ist der *Deutsche Bund wiederhergestellt*.

Frankfurter Bundestag eröffnet

Olmützer Punktation

Deutscher Bund

Zur Bewertung der deutschen Revolution von 1848/1849

Die bürgerlich-liberale Revolution scheitert an der *Doppelaufgabe* einer Staats- und Verfassungsschöpfung angesichts der zweifachen Frontstellung gegen demokratisch-sozialrevolutionäre Kräfte auf der einen, das Beharrungsvermögen der auf Dynastien, Bürokratien, Armeen und partikulare Tendenzen gestützten Einzelstaaten auf der anderen Seite. Die Wirkung besteht aber nicht nur in der Resignation des Bürgertums, das sich auf die Vereinbarung mit den herrschenden Gewalten verwiesen sieht, sondern z. B. in der Klärung zentraler nationaler und Verfassungs-Fragen (Rechtsstaat, Grundrechte, großdeutsch-kleindeutsch, Bundesstaatsprobleme) sowie – trotz des Rückschlages der Gegenrevolution – in der *Förderung des gesellschaftlichen Emanzipationsprozesses*. Österreich und Preußen – dieses nun unwiderruflich zum Verfassungsstaat geworden – befinden sich in deutlicher Konkurrenz um die Führung. Ein Parteiensystem mit dem in zwei Hauptrichtungen gespaltenen Liberalismus, den Anfängen einer

Doppelaufgabe

Emanzipationsprozess

konservativen und einer katholischen Partei sowie politischen Organisationen der Arbeiterbewegung ist auf gesamtdeutscher Ebene hervorgetreten. In keiner wesentlichen Frage kann die folgende Ära der „Reaktion" tatsächlich hinter den März 1848 zurück.

Reaktion und preußisch-österreichischer Dualismus (1851–1866)

Gegensatz der beiden Mächte

Im wiederhergestellten Deutschen Bund wird das anfängliche österreichisch-preußische Einvernehmen alsbald durch den sich steigernden *Gegensatz der beiden deutschen Großmächte* abgelöst, in dessen Wirkungsfeld auch die Zollvereinsfrage gerät: Während Österreich eine großräumige, mitteleuropäische Zoll- und Wirtschaftsunion will (1849/1850 Denkschriften des Handelsministers Karl Ludwig von Bruck [1848–1851; *1798, †1860]), sucht Preußen, den Deutschen Zollverein auf Hannover und Süddeutschland auszudehnen. Preußischer Gesandter beim Bundestag wird Otto Graf von Bismarck (1851–1859; *1815, †1898), der die Gleichberechtigung mit Österreich erstrebt. – In den meisten Staaten bürokratisch-konservative Innenpolitik mit weit gehender *Revision der Errungenschaften* von 1848/1849, z. T. selbst des Vormärz: in Preußen Ministerpräsident Otto von Manteuffel 1850–1858 (*1805, †1882), in Bayern Ministerpräsident von der Pfordten. In Österreich erneuert Felix Fürst zu Schwarzenberg (Ministerpräsident 1848–1852) den österreichischen Großmachtanspruch; der Innenminister, 1849–1859 Alexander Freiherr von Bach (*1813, †1893), führt die Regierung absolutistisch-zentralistisch, auch in Ungarn, wo der deutschsprachige Beamtenzentralismus mit Polizei und Zensur auf passiven Widerstand stößt; bedeutende innere Reformen: Verwaltung, Finanzen, Durchführung der Bauernbefreiung, Schul- und Universitätsreform. – Die deutschen *Einigungsbestrebungen*, deren Träger in erster Linie das Bürgertum ist, finden seit dem Ende der fünfziger Jahre in zahlreichen Massenveranstaltungen (Schützen-, Turner-, Sängerfesten) Ausdruck. Protektor der Feste ist Herzog Ernst II. von Sachsen-Coburg-Gotha (1844–1893, *1818). Der 1859 gegründete *Deutsche Nationalverein* stellt sich die Aufgabe, Ziele und Mittel der deutschen Einigungsbewegung „immer klarer im Volksbewusstsein hervortreten zu lassen". Zu seinem engeren Ausschuss gehören u. a. Rudolf von Bennigsen (*1824, †1902) und Johannes (von) Miquel (*1828, †1901); der Verein, der rund 25000 Mitglieder gewinnt, hält an der Reichsverfassung von 1849 und an dem Wunsch der Zugehörigkeit der deutschen Provinzen Österreichs fest.

Revision der Errungenschaften

Einigungsbestrebungen

Deutscher Nationalverein

1851 Aufhebung der in der Paulskirche beschlossenen Grundrechte durch den Bundestag.

1852 Neue Verfassung Kurhessens in reaktionärem Sinne mit Unterstützung des Bundes. – Preußen und Österreich vereinbaren mit den drei anderen Großmächten sowie Schweden und Dänemark das Zweite Londoner Protokoll, das das Erbfolgerecht weiblicher Linie für Dänemark, Schleswig und Holstein anerkennt. Dänemark sichert die Sonderstellung der beiden Herzogtümer zu.

1854 Hannover und die anderen Mitglieder des (norddeutschen) Steuervereins schließen sich dem Deutschen Zollverein an. Die preußische Erste Kammer wird durch Königliche Verordnung in das vom Adel dominierte Herrenhaus umgewandelt. – Österreichisch-russische Verstimmung sowie russisch-preußische Annäherung im Zuge des Krimkrieges.

Triaspolitik

1854/1860 Bemühungen mittelstaatlicher Regierungen um die Bildung einer dritten Kraft zwischen Österreich und Preußen (*Triaspolitik*), Konferenzen von Bamberg und Würzburg.

1857 In Preußen übernimmt Prinz Wilhelm (*1797, †1888), nachdem sein Bruder, König Friedrich Wilhelm IV., durch schwere geistige Erkrankung regierungsunfähig geworden ist, die Stellvertretung (1858 die Regentschaft). Innenpolitischer Kurswechsel durch Berufung liberaler Minister: die *„Neue Ära"*.

Neue Ära

1859 Gründung des Deutschen Nationalvereins in Frankfurt a. M. Der 100. Geburtstag Schillers veranlasst in ganz Deutschland national-patriotische Gedenkfeiern. – Österreich verliert den Krieg gegen Frankreich und Sardinien, muss auf die Lombardei verzichten. Der von Hermann Schulze-Delitzsch (*1808, †1883) nach Weimar einberufene erste Genossenschaftstag gründet den Allgemeinen Verband der auf Selbsthilfe bestehenden deutschen Erwerbs- und Wirtschaftsgenossenschaften.

1860 Infolge der militärischen Niederlage Österreichs Aufgabe des zentralistisch-spätabsolutistischen Systems Schwarzenberg-Bach durch Konstitutionalisierung und Entgegenkommen gegenüber den Nationalitäten (*Oktoberdiplom*).

Oktoberdiplom Februarpatent

1861 *Februarpatent*: Politik des Oktoberdiploms abgelöst durch ein deutsch-liberal gefärbtes Verfassungsexperiment (Zweikammerparlament [Reichsrat], dessen Abgeordnetenhaus aus indirekten Wahlen der Landtage gebildet wird) des Regierungschefs (1861–1865) Anton von Schmerling (*1805, †1893), der damit die Entwicklung Österreichs zur konstitutionellen Monarchie einleitet.

Nach dem Tod Friedrich Wilhelms IV. wird der Prinzregent König:

1861–1888	Wilhelm I., König von Preußen (ab 1871 zugleich Deutscher Kaiser; vermählt mit Prinzessin Augusta von Sachsen-Weimar [*1811, †1890], die politisch nicht ohne Einfluss ist).	
1860	Als Machtausgleich für die von Wilhelm I. und Kriegsminister Albrecht von Roon (1859–1873; *1803, †1879) erstrebte Heeresverstärkung (verbunden mit Abdrängen der Landwehr in die Reserve und Wahrung des extrakonstitutionellen Charakters der Armee als Machtfaktor der Krone) werden vom Abgeordnetenhaus, das mit liberaler Mehrheit die von der Regierung vorgesehenen Ausgaben ablehnt, eine Verstärkung seines Budgetrechts und der Verzicht auf die dreijährige Dienstzeit verlangt.	
1861	Die liberale Opposition schließt sich zur *Deutschen Fortschrittspartei* zusammen, die bei Neuwahlen die relative Mehrheit erhält.	*Deutsche Fortschrittspartei*
1862–1866	*Verfassungskonflikt in Preußen.*	*Verfassungskonflikt in Preußen*
1862	Ausscheiden der liberalen Minister aus der Regierung. Der Landtag wird aufgelöst und mit verstärkter liberaler Mehrheit neu gewählt. Kompromissvorschläge scheitern daran, dass Wilhelm I. an der dreijährigen Dienstzeit festhält. Die Abdankung des Königs wird durch die *Ernennung Otto von Bismarcks zum Ministerpräsidenten* verhindert, der die Regierung auch gegen die parlamentarische Mehrheit führt und (vier Jahre lang) ohne verfassungsmäßig bewilligtes Budget regiert. – Gründung des Deutschen Reformvereins (Publizist Julius Fröbel; *1805, †1893) in Frankfurt a. M. (gegen den Deutschen Nationalverein) mit großdeutschem Programm für die deutsche Einigung.	*Otto von Bismarck*
1863	Schmerling verfolgt eine aktive Deutschlandpolitik und legt hierzu einen großdeutschen Bundesreformplan (deutsches Parlament aus Delegierten der einzelstaatlichen Kammern) vor. Einladung zu dem von Kaiser Franz Joseph geleiteten Frankfurter Fürstentag. Die Mehrzahl der Fürsten wird für den Entwurf gewonnen, doch scheitert der Plan, weil König Wilhelm den Fürstentag auf Bismarcks Drängen nicht besucht und die Mittelstaaten nicht ohne Preußen abschließen wollen.	
	Preußen schließt mit Russland die *Alvenslebensche Konvention* zu gegenseitiger Unterstützung bei der Niederwerfung des polnischen Aufstandes; das preußische Abgeordnetenhaus fordert dagegen absolute Neutralität.	*Alvenslebensche Konvention*
	Wiederbeginn der *Arbeiterbewegung*: Allgemeiner Deutscher Arbeiterverein unter Führung von Ferdinand Lassalle (*1825, †1864); Vereinstag deutscher Arbeitervereine in Tradition der (von 1850 ab verbotenen) „Arbeiterverbrüderung" von 1848, beeinflusst durch den linksliberalen Genossenschaftspolitiker Hermann Schulze-Delitzsch.	*Arbeiterbewegung*
1864	*Krieg Österreichs und Preußens gegen Dänemark*: Christian IX. (*1818, †1906), König von Dänemark nach dem Tod König Friedrichs VII. (†1863), bestätigt eine Verfassung, die im Widerspruch zu den Vereinbarungen mit Preußen und Österreich (u.a. Londoner Protokoll 1852) die Einverleibung Schleswigs in Dänemark vorsieht. Österreich und Preußen fordern die Aufhebung dieser Verfassung und marschieren, als Dänemark ablehnt, in Schleswig ein. In Deutschland nationalbetonte Bewegung zugunsten des (seit dem Verzicht von Herzog Christian August umstrittenen) Erbrechts der Linie Schleswig-Holstein-Sonderburg-Augustenburg (Herzog Friedrich [VII.] [*1829, †1880]). Siege der deutschen Truppen:	*Krieg gegen Dänemark*
18. April	Die Preußen erstürmen die Düppeler Schanzen.	
29. Juni	Nach mehrwöchigem Waffenstillstand Übergang auf die Insel Alsen.	
1. Aug.	Nach Verhandlungen Vorfriede in Wien.	
30. Okt.	*Friede von Wien*: Dänemark tritt die Herzogtümer Schleswig, Holstein und Lauenburg an Österreich und Preußen ab.	*Friede von Wien*
1865	Bismarck, der auf eine Angliederung der Herzogtümer an Preußen hinarbeitet, bekämpft die Bewegung zugunsten des Augustenburgers in Schleswig-Holstein. Ein Ausgleich mit Österreich (Außenminister Johann Bernhard Graf Rechberg 1859–1864; *1806, †1899)	
14. Aug.	gelingt ihm im *Vertrag von Gastein* (heute Badgastein im österreichischen Bundesland Salzburg): Die Ausübung der gemeinsamen Rechte in den Herzogtümern soll in Holstein Österreich, in Schleswig Preußen zustehen; Lauenburg kommt gegen Geldentschädigung an Preußen; Kiel soll Bundeshafen unter preußischem Oberbefehl werden. Die Verlängerung des Zollvereinsvertrags und der Handelsvertrag zwischen Österreich und dem Deutschen Zollverein bedeuten faktisch das Scheitern der österreichischen Zollunionspolitik von 1849/1850. – Etwa gleichzeitig mit der 1863 neu ansetzenden Arbeiterbewegung vollzieht sich der öffentlich sichtbare Beginn der seit den vierziger Jahren sich vorbereitenden deutschen *Frauenbewegung*: Eröffnung der ersten deutschen Frauenkonferenz in Leipzig. Dort Gründung des Allgemeinen Deutschen Frauenvereins. (Von da an lebhafte Frauenorganisationsbildungen. 1913 umfasst der Bund deutscher Frauenvereine rd. eine halbe Mio. Mitglieder.)	*Vertrag von Gastein* *Frauenbewegung*

Vormacht-stellung in Deutschland	**1866** April	Spannungen in der schleswig-holsteinischen Frage werden von Bismarck benutzt, um Preußen die *Vormachtstellung in Deutschland* mit kriegerischen Mitteln zu verschaffen: befristetes geheimes Angriffsbündnis Preußens mit Italien gegen Österreich; Antrag Preußens beim Bundestag in Frankfurt auf Bundesreform durch ein deutsches Parlament aufgrund des allgemeinen Wahlrechts.
	Juni	Nachdem Österreich erklärt hat, die Erbfolge in Holstein dem Bundesurteil zu unterwerfen (Verletzung des Gasteiner Vertrags von 1865), rücken preußische Truppen in Holstein ein. Außerdem beantragt Preußen Bundesreform mit Ausschluss Österreichs. – Österreich schließt einen Geheimvertrag mit Frankreich, das für die künftige Abtretung Venetiens an Frankreich sowie u. U. die Bildung eines „unabhängigen" Rheinstaats auf Kosten Preußens Neutralität verspricht. – Der Bundestag beschließt auf österreichisch-bayrischen Antrag die Mobilmachung eines Teils der Bundesarmee. Preußen erklärt die Bundesakte für gebrochen und tritt aus dem Bund aus. Sachsen, Kurhessen, Hannover lehnen Preußens Aufforderung, sich dem preußischen Reformvorschlag anzuschließen, ab.
Deutscher Krieg	15. Juni– 26. Juli	Krieg um die Vorherrschaft in Deutschland *(Deutscher Krieg)*, zugleich österreichisch-italienischer Krieg. Preußen kämpft im Bund mit den kleineren norddeutschen Staaten (mit Preußen 18) gegen Österreich, Bayern, Württemberg, Sachsen, Hannover, Baden, Kurhessen, Hessen-Darmstadt, Nassau u.a. (insges. 13).
	29. Juni	Die hannoveranische Armee wird bei Langensalza (im Thüringer Becken nahe der Unstrut) zur Kapitulation gezwungen.
Schlacht bei Königgrätz	3. Juli	Die militärische Entscheidung fällt in der *Schlacht bei Königgrätz* (Nordböhmen, heute Hradec Králové). Entgegen den französischen Erwartungen siegen die vereinigten preußischen Armeen (Chef des Generalstabs 1857–1888 Helmuth von Moltke [*1800, †1891]) über das österreichische Haupther (Ludwig August von Benedek [*1804, †1881]).
	26. Juli	Gegen den Willen des Königs, mit Unterstützung des Kronprinzen (des späteren Kaisers Friedrich [*1831, †1888]) setzt Bismarck den Österreich entgegenkommenden Vorfrieden von Nikolsburg (Südmähren, heute Mikulov) durch, um Kompensationsforderungen des von Österreich zur Vermittlung angerufenen Kaisers Napoleon III. sowie die Einmischung Russlands auszuschließen und Österreich künftig als Bundesgenossen zu gewinnen. Die französischen Forderungen nach deutschen Gebieten werden von Bismarck abgelehnt.
	Aug.	Friedensschlüsse und (zunächst geheime) Schutz- und Trutzbündnisse Preußens mit den süddeutschen Staaten.
Friede von Prag	23. Aug.	*Friede von Prag* zwischen Preußen und Österreich; Österreich stimmt der Auflösung des Deutschen Bundes, den von Preußen beabsichtigten Annexionen (mit Ausnahme von Sachsen, dessen Integrität anerkannt wird) und der geplanten Neugestaltung Deutschlands ohne Österreich zu. Österreichs Rechte in Schleswig-Holstein gehen auf Preußen über. Keine Gebietsabtretungen Österreichs an Preußen; die Kriegsentschädigung beläuft sich auf 20 Mio. Taler.
Indemnitäts-vorlage	3. Sept.	Das preußische Abgeordnetenhaus nimmt mit 230 gegen 75 Stimmen die *Indemnitätsvorlage* an (staatsrechtliche Entlastung der Regierung für die 1862–1865 budgetlos geführte Verwaltung), durch die der Verfassungskonflikt beendet wird.
Folgen des Verfassungs-konflikts		Zu den *Folgen des Verfassungskonflikts*, dessen Streitfragen sich z.T. auf die Ebene des Norddeutschen Bundes bzw. Deutschen Reichs verlagern, gehört außer der Neugruppierung der Parteien (Abspaltung des rechten, für die Indemnität stimmenden Flügels der Fortschrittspartei, aus dem 1867 die Nationalliberale Partei entsteht) eine Stärkung obrigkeitsstaatlicher und sozialkonservativer Tendenzen.
	20. Sept.	Preußen annektiert Hannover, Kurhessen, Nassau und Frankfurt a. M.
Norddeutscher Bund gegründet	1866–1867	*Gründung des Norddeutschen Bundes* unter Führung Preußens (mit den annektierten Gebieten) mit den Bundesgenossen von 1866, Sachsen und den nördlich des Mains gelegenen Teilen des Großherzogtums Hessen.
	1867 12. Febr.	Der konstituierende norddeutsche Reichstag wird aufgrund des allgemeinen, gleichen und direkten Wahlrechts gewählt (rechtsliberal-konservative Mehrheit).
Grundlage der Reichsver-fassung		Sein erster Präsident ist Eduard Simson (*1810, †1899), der letzte Präsident der Frankfurter Nationalversammlung. Die Verfassung des Norddeutschen Bundes wird die *Grundlage für die spätere Reichsverfassung*. Bismarck wird Bundeskanzler.
Ausgleich	1867	*Österreichisch-ungarischer Ausgleich* (Ministerpräsident bzw. Reichskanzler Friedrich Ferdinand [Graf] von Beust [*1809, †1886]): Die Niederlage von 1866 und der Verlust Venetiens haben zur Folge, dass Wien durch Zustimmung zum staatlichen Dualismus die Forderungen der Magyaren befriedigen muss. Das Königreich Ungarn mit Nebenländern erhält einen eigenen Reichstag sowie ein eigenes Ministerium und schließt mit Österreich ein Zoll- und Handelsbündnis, das alle zehn Jahre erneuert werden soll. Zur Beschlussfassung

über die gemeinsamen Angelegenheiten treten jährlich abwechselnd in Wien und Budapest getrennt tagende Delegationen aus beiden Reichs-Parlamenten (je 60 Abgeordnete) zusammen. Gemeinsam bleiben der „österreichisch-ungarischen Monarchie" das Heer (mit deutscher Kommandosprache), die auswärtige Politik und die Finanzen. Außenminister: Beust (bis 1871), Julius Graf Andrássy (1871–1879; *1823, †1890).

Das Deutsche Reich im Zeitalter Bismarcks (1867/1871–1890)

Die Reichsgründung (1867–1871)

Nach der Jahrhundertmitte wird Mitteleuropa in wachsendem Maße von der *industriellen Revolution* erfasst, deren Schwerpunkte – u. a. das heutige rheinisch-westfälische Industriegebiet (Ruhrgebiet) – größtenteils in Preußen, dem Hegemoniestaat des Zollvereins, liegen, sodass dieses einen entscheidenden Vorteil vor dem österreichischen Kaisertum im Ringen um die Führung in Deutschland besitzt. Dies und der wirtschaftliche Aufstieg des 1849/1850 an seiner politischen Emanzipation gehinderten Bürgertums bilden wesentliche Rahmenbedingungen für die sich nun anbahnende Lösung der deutschen Frage: Nach dem Sieg von 1866 und der *Gründung des Norddeutschen Bundes* sucht Bismarck, die süddeutschen Staaten möglichst eng an diesen zu binden. In diesem Zusammenhang stehen die Militärbündnisse und die Neubildung des Zollvereins. Die *kleindeutsche Reichsgründung* gelingt schließlich mit Hilfe des Deutsch-Französischen Krieges.

industrielle Revolution

Norddeutscher Bund
kleindeutsche Reichsgründung

1867 Durch Zollbundesrat und Zollparlament wird der Deutsche Zollverein zu einem politischen Zusammenschluss zwischen dem Norddeutschen Bund und den vier süddeutschen Staaten.

1868 Wahlen zum Zollparlament. Gründungsjahr der meisten deutschen *Gewerkschaften* (Berufsvereine). Dabei Konkurrenz der beiden sozialdemokratischen Richtungen und der liberalen Gewerkvereine. Der Allgemeine Deutsche Arbeiterkongress in Berlin beschließt die Gründung des Verbands Deutscher Arbeiterschaften.

Gewerkschaften

1869 Gründung der marxistischen Sozialdemokratischen Arbeiterpartei in Eisenach unter Führung von *August Bebel* (*1840, †1913) und Wilhelm Liebknecht (*1826, †1900). Zusammenschluss der Hirsch-Dunckerschen Gewerkvereine zum Verband der Deutschen Gewerkvereine. – Gewerbeordnung des Norddeutschen Bundes (1871 auf das Deutsche Reich ausgedehnt): einheitliche Gewerbefreiheit.

August Bebel

1870–1871 *Deutsch-Französischer Krieg.*

Deutsch-Französischer Krieg

1870
6. Juli Die von Bismarck geförderte Kandidatur des Erbprinzen Leopold von Hohenzollern-Sigmaringen (*1835, †1905) auf den spanischen Thron veranlasst die französische Regierung zu einer drohenden Kammererklärung.

12. Juli Infolge der französischen Erregung verzichtet der Vater des Prinzen, Fürst Karl Anton (*1811, †1885), im Namen seines Sohnes auf die Kandidatur.

13. Juli Die Regierung Napoleons III. lässt von König Wilhelm in Bad Ems (im ehemals nassauischen Teil Hessens) die Erklärung fordern, dass er einer solchen Kandidatur niemals wieder seine Zustimmung geben werde, was dieser zurückweist. Bismarck gibt die telegrafische Mitteilung der Vorgänge mit verschärfender Kürzung bekannt *(Emser Depesche).* Nach diesen beiderseitigen Provokationen:

Emser Depesche

19. Juli Kriegserklärung Frankreichs an Preußen. Die süddeutschen Staaten stellen sich – entgegen französischen Erwartungen – sofort an die Seite des Norddeutschen Bundes. Alle Nachbarn Deutschlands bleiben neutral. Die deutsche Heeresleitung (Chef des Generalstabs General von Moltke) ergreift mit drei Armeen die Offensive.

4./6. Aug. Deutsche Erfolge in den Grenzschlachten von Weißenburg (Unterelsass, französisch Wissembourg), Wörth (südwestlich von Weißenburg), Spichern (Lothringen, französisch Spickeren).

6./18. Aug. Erfolgreiche Kämpfe gegen die Armee des Marschalls François Achille Bazaine (*1811, †1888) bei Vionville und Mars-la-Tour bzw. Gravelotte und Saint-Privat; Bazaine muss sich in die Festung Metz zurückziehen (Kapitulation 27. Okt.).

2. Sept. Kapitulation der Armee des Marschalls Marie Edme Graf von Mac-Mahon (*1808, †1893) bei Sedan (an der Meuse nahe der belgisch-französischen Grenze); Kaiser Napoleon III. wird gefangen genommen.

4. Sept. Sturz des französischen Kaisertums. *Frankreich Republik.*

Frankreich Republik

19. Sept. Belagerung von Paris beginnt.

Zusammen-schluss Okt./Nov. In Verhandlungen – besonders mit Bayern – erreicht Bismarck den *Zusammenschluss* der süddeutschen Staaten, die eine Stärkung des föderalen Elements und Reservatrechte durchsetzen, mit dem Norddeutschen Bund zum Deutschen Reich.

Nov.–Febr. Erfolgreiche Operationen gegen republikanische Entsatzheere werden mit der Übergabe von Belfort (16. Febr. 1871) abgeschlossen.

Kaiser Wilhelm I. **1871 18. Jan.** *König Wilhelm I.* von Preußen wird im Spiegelsaal des Schlosses von Versailles *zum Deutschen Kaiser ausgerufen.*

26. Febr. Vorfriede von Versailles: Frankreich tritt an Deutschland das Elsass (ohne Belfort) und Lothringen mit Metz ab. Frankreich zahlt in drei Jahren fünf Mrd. Francs.

10. Mai Der Frieden von Frankfurt a. M. bestätigt den Vorfrieden.

Das Bismarckreich

Durch die Entstehung des Deutschen Reiches werden die europäischen Machtverhältnisse in vielen Beziehungen verändert. Die Niederlage im Krieg, das Erlebnis des unglücklichen Kampfes auf dem eigenen Boden, der Aufstieg Deutschlands, der Verlust von Elsass und Lothringen werden in Frankreich nicht verwunden. Das *Revanchebedürfnis* einerseits, das Sicherheitsverlangen andererseits belasten seitdem die deutsch-französischen Beziehungen und die ganze europäische Politik. Der deutsche Nationalstaat entspricht in seiner „kleindeutschen" Gestalt dem Verlangen und den von Bismarck kunstvoll genutzten politischen Möglichkeiten der Zeit; Bismarck erklärt Deutschland für „saturiert", ohne dass die letzten Konsequenzen aus dem Nationalstaatsgedanken gezogen worden sind.

Revanchebedürfnis

Bundesstaat Das Deutsche Reich (1870: 40,8 Mio. Einwohner) ist ein *Bundesstaat;* Träger der Souveränität ist die Gesamtheit der Fürsten und Freien Städte, vertreten im Bundesrat, in dem Preußen nur 17 von 58 Stimmen stellt. Der König von Preußen ist erblicher Deutscher Kaiser, der u. a. den Oberbefehl über die deutsche Land- und Seemacht führt (über die bayrische Armee nur im Kriegsfall), den Reichstag beruft, eröffnet, schließt (aufgrund eines Bundesratsbeschlusses auch auflösen kann) und den Reichskanzler ernennt. Der *Reichskanzler* (in der Regel zugleich preußischer Ministerpräsident) führt den Vorsitz im Bundesrat, ist allein verantwortlich (jedoch nicht im Sinne parlamentarischer Verantwortung vor dem Reichstag) und der Vorgesetzte der Staatssekretäre (geschäftsführende Leiter der Reichsämter).

Reichskanzler

Staatsorgane

Die Staatsorgane des Deutschen Reiches von 1871

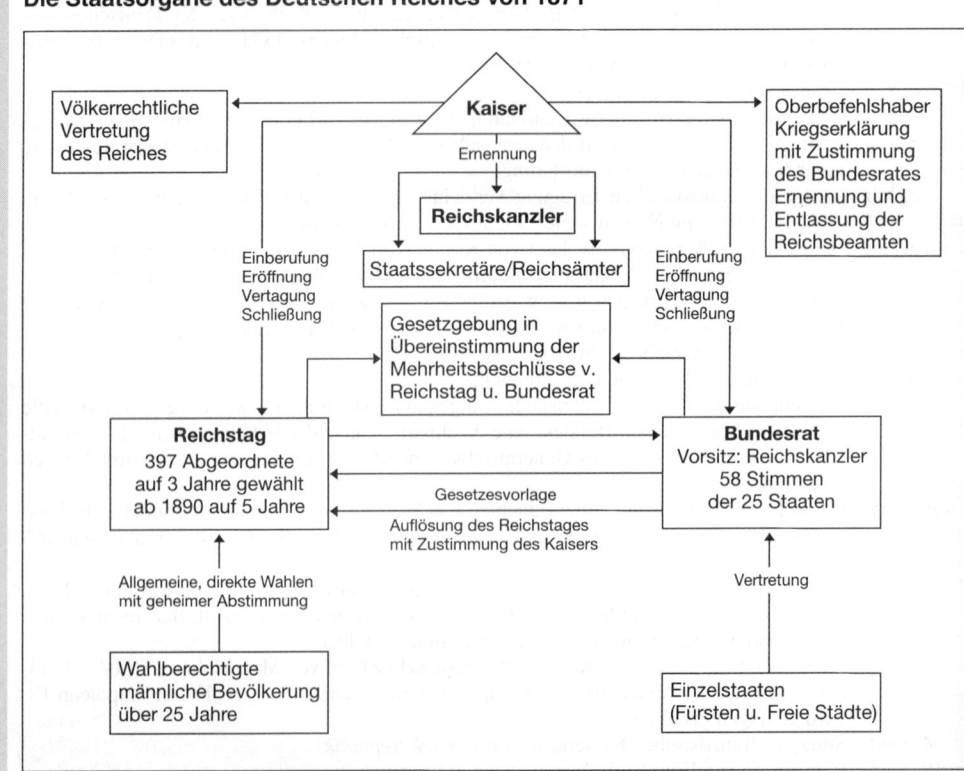

Kaiser

Reichskanzler

Reichstag und Bundesrat

Bismarck (seit 1865 Graf, seit 1871 Fürst) ist 1871–1890 Reichskanzler. Reichsminister oder eine Reichsregierung als Institution gibt es nicht. Elsass-Lothringen wird ein besonderes Reichsland, das (seit 1879) von einem Statthalter regiert wird und (seit 1911) im Bundesrat vertreten ist. Die *hegemoniale Stellung Preußens*, das (nach den Annexionen von 1866) 62 % der Bevölkerung und 65 % der Fläche des Reichs (1910) umfasst, ist in der Reichsverfassung mehrfach verankert und mit föderativen Regelungen verbunden. Der Zollverein und preußische Militärkonventionen mit den übrigen Staaten (außer Bayern) vervollständigen das Gefüge nach der wirtschafts- und militärpolitischen Seite.

hegemoniale Stellung Preußens

Der *Reichstag* (397 Abgeordnete) geht aus allgemeinen, gleichen, direkten und geheimen Wahlen hervor, ist aber nur zusammen mit dem Bundesrat Träger der Reichsgesetzgebung. Zwischen allgemeinem Wahlrecht und begrenzten Befugnissen des Parlaments (zumal faktische Einflusslosigkeit in der Außenpolitik) besteht eine Spannung, die in Auseinandersetzungen um den Heeresetat (in Kontinuität zum preußischen Heereskonflikt) und um parlamentarische Einflussnahme auf die Reichspolitik sichtbar wird. Das Mehrheitswahlrecht mit seiner trotz Bevölkerungsverschiebungen (Verstädterung) seit 1867/1871 stets gleichbleibenden Wahlkreiseinteilung begünstigt regional konzentrierte Parteien (Konservative, Zentrum) und wirkt sich u. a. gegen die Sozialdemokratie aus.

Reichstag

Es besteht allgemeine Wehrpflicht. Der *Bereich der militärischen Kommandogewalt des Monarchen* ist nach wie vor der ministeriellen Verantwortlichkeit und dem parlamentarischen Einfluss entzogen. In *Preußen* wird das Abgeordnetenhaus weiter nach dem Dreiklassenwahlrecht gewählt. Krone, Adel, Heer und die nach 1879 (Robert von Puttkamer [* 1828, † 1900], Vizepräsident des Staatsministeriums und Innenminister 1881–1888, Kultusminister 1879–1881) besonders konservativ geprägte Bürokratie dominieren. Das Reich braucht das preußische Staatsministerium und die preußische Verwaltung als Ergänzung und Unterbau seiner Exekutive, folgt jedoch z. T. anderen Entwicklungstendenzen. Die Spannung zwischen der parlamentarisch unabhängigen, monarchisch bestimmten Amtsaristokratie einerseits, der Dynamik der aufkommenden industriellen Gesellschaft mit ihren Interessenverbänden und der negativ integrierten Arbeiterschaft andererseits bleibt außerdem nicht nur erhalten, sondern verschärft sich. Noch belastender ist anfangs, dass nationale Minderheiten, linksliberales Bürgertum und der Katholizismus sich ablehnend verhalten bzw. mit dem Staat in Konflikt geraten.

Militärwesen

Preußen

Die *stärkste Reichstagspartei* sind in den ersten Jahren nach der Reichsgründung *die Nationalliberalen*, die Partei des national gesinnten Industrie- und Bildungsbürgertums (Führer Rudolf von Bennigsen [* 1824, † 1902; Fraktionsvorsitzender bis 1883 und 1887–1898] und Johannes von Miquel [* 1828, † 1901]), die für den liberalen Rechtsstaat und Bismarcks Außenpolitik eintritt. Gouvernemental ist die liberal-konservative (freikonservative), agrarisch-industrielle Deutsche Reichspartei eingestellt, während die stärkeren, meist preußischen Altkonservativen dem Reich kritisch gegenüberstehen. Die auf altkonservativer Basis 1876 entstandene Deutschkonservative Partei entwickelt sich zur agrarischen Interessenvertretung. In Gegensatz zur Regierung tritt mehr und mehr die linksliberale Fortschrittspartei (später Freisinnige) unter Führung des streng parlamentarischen Altliberalen Eugen Richter (* 1838, † 1906). Oppositionell sind die Polen und einige kleinere Gruppen (Welfen, Dänen), die 1874 durch die elsässischen Autonomisten verstärkt werden, sowie die langsam zunehmende Zahl der sozialdemokratischen Abgeordneten, seit dem Kulturkampf auch das Zentrum, die von Ludwig Windthorst (* 1812, † 1891) geführte politische Partei des Katholizismus. – *Das konstitutionelle System*, das die Übernahme der Regierungsverantwortung durch eine Parlamentsmehrheit und das Aufrücken der Parteiführer in Regierungsämter nicht vorsieht, dagegen dem von der Krone ernannten Leiter der Exekutive das Regieren mit wechselnden Mehrheiten ermöglicht, lässt die Parteien nicht in eine staatstragende Rolle hineinwachsen und verhindert das parlamentarische Einüben von pragmatischen Kompromissen und dauerhaften Koalitionen.

Nationalliberale Partei

konstitutionelles System

Besonders kennzeichnend für die politisch-gesellschaftliche Struktur sind die *Interessenverbände*, von denen einige (Centralverband Deutscher Industrieller, Vereinigung der Steuer- und Wirtschaftsreformer, beide 1876 gegründet) bereits im Kampf um den Schutzzoll Einfluss ausüben.

Interessenverbände

Bismarcks Zusammenarbeit mit den Liberalen (1871–1878)

Im Zeichen der liberalen Reichstagsmehrheit 1871–1877 wird das von Bismarck 1867 eingegangene *Bündnis mit dem bürgerlich-nationalen Liberalismus* fortgesetzt; zahlreiche Gesetze zur Rechtsvereinheitlichung. Gleichzeitig führt der Gegensatz zwischen den vom Zentrum und katholischen Kirchenführern vertretenen kirchenpolitischen Auffassungen und dem von Bismarck entwickelten Anspruch des Staates im Zusammenhang mit der durch das Unfehlbarkeitsdogma (1870, Erstes Vatikanisches Konzil) entstandenen Lage zum Konflikt (der Name *Kulturkampf* stammt aus einer Rede des liberalen Abgeordneten Rudolf Virchow [* 1821, † 1902] vom 17. Jan. 1873). Bismarck wird zu seiner Einstellung auch durch die Gegnerschaft zu der auf religiösen Kräften ruhenden, mit Welfen, Polen, Elsässern verbündeten Massenpartei bestimmt; verfassungspolitische Motive sowie soziale Gegensätze zwischen Katholiken und Protestanten treten hinzu. Der Liberalismus unterstützt und verbreitet den Kampf z. T. im Sinne der

Bündnis mit den Liberalen

Kulturkampf

858 EUROPÄISCHE NEUZEIT Einzelstaaten

Deutsche Parteien 1860–1920, I

deutsche Parteien

Konservative

- 1848 Kreuzzeitungspartei (preußische Konservative)
  - Altkonservative
  - Neukonservative → Neugründung → 1876 Deutschkonservative Partei → 1908 Deutsche Vereinigung ← Zentrum
  - 1866 Freikonservative (Deutsche Reichspartei)
  - 1878 Christlich-Soziale P.
- 1917–18 Deutsche Vaterlands-Partei
- 1918 Deutschnationale Volkspartei

National-liberale

- Altliberale
- 1867 Nationalliberale Partei
  - 1871–74 Liberale Reichspartei
  - (1879) Nationalliberale Partei
  - Nationalliberale Partei
  - 1901 Reichsverband der nationalliberalen Jugend
  - 1896 National-sozialer Verein — 1903
- 1918 Deutsche Volkspartei

Liberale

- 1861 Deutsche Fortschrittspartei
  - 1868 Deutsche demokratische Volkspartei
  - 1874–78 Gruppe Löwe-Berger
  - 1880 Liberale Vereinigung (Sezession)
  - 1885 Demokrat. Partei
  - 1884 Deutsche Freisinnige Partei
  - Freisinnige Vereinigung
  - Freisinnige Volkspartei
  - 1908 Demokratische Vereinigung — 1918
- 1910 Fortschrittliche Volkspartei
- 1918 Deutsche Demokratische Partei

1860 — 1870 — 1880 — 1890 — 1900 — 1910 — 1920

● PLOETZ

Deutschland   Das Deutsche Reich im Zeitalter Bismarcks   859

Deutsche Parteien 1860–1920, II

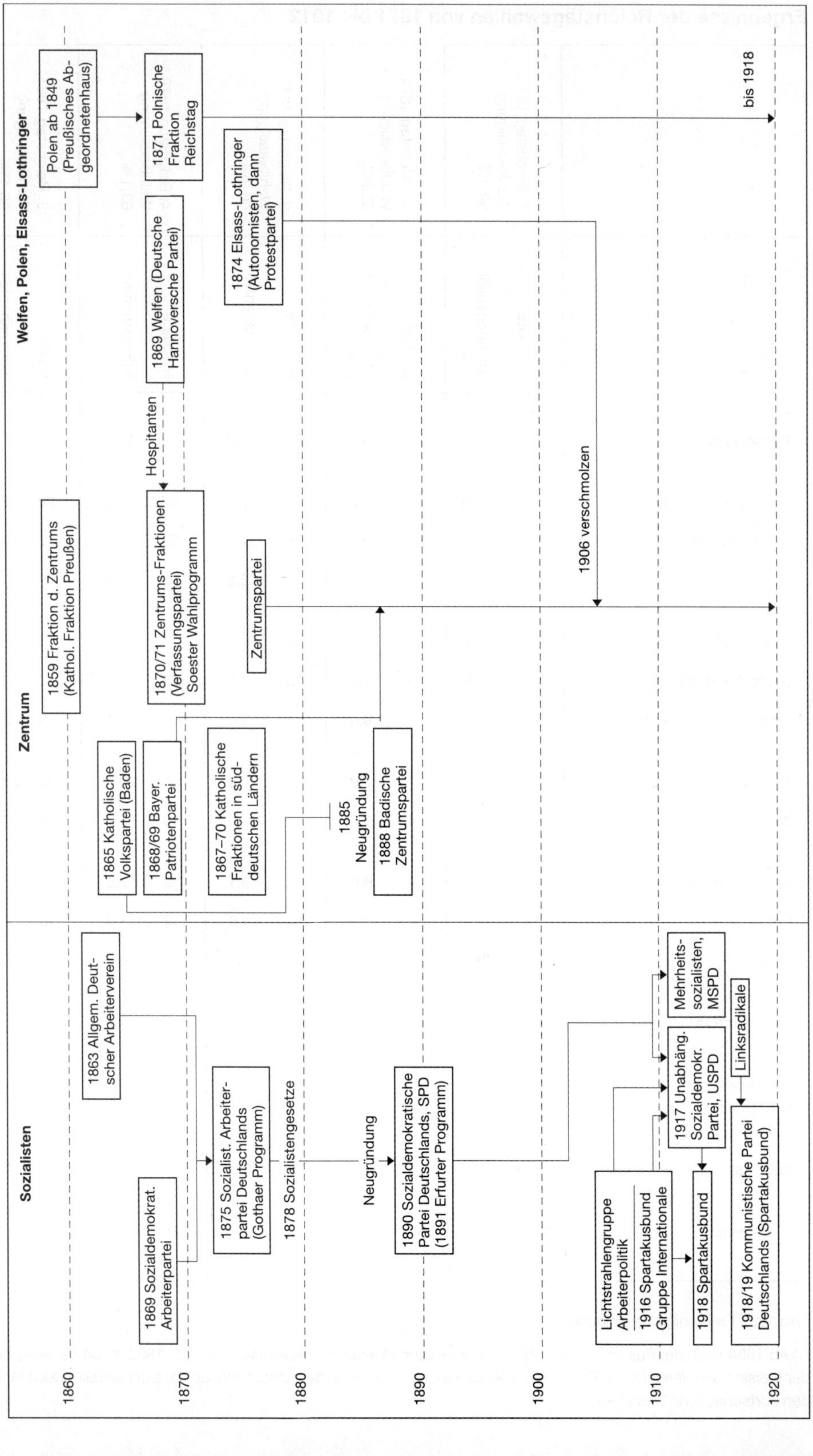

Welfen, Polen, Elsass-Lothringer

- Polen ab 1849 (Preußisches Abgeordnetenhaus)
- 1871 Polnische Fraktion Reichstag — bis 1918
- 1869 Welfen (Deutsche Hannoversche Partei)
- 1874 Elsass-Lothringer (Autonomisten, dann Protestpartei)
- 1906 verschmolzen

Zentrum

- 1859 Fraktion d. Zentrums (Kathol. Fraktion Preußen)
- 1865 Katholische Volkspartei (Baden)
- 1868/69 Bayer. Patriotenpartei
- 1867–70 Katholische Fraktionen in süddeutschen Ländern
- 1870/71 Zentrums-Fraktionen (Verfassungspartei) Soester Wahlprogramm
- Hospitanten
- Zentrumspartei
- 1885 Neugründung
- 1888 Badische Zentrumspartei

Sozialisten

- 1863 Allgem. Deutscher Arbeiterverein
- 1869 Sozialdemokrat. Arbeiterpartei
- 1875 Sozialist. Arbeiterpartei Deutschlands (Gothaer Programm)
- 1878 Sozialistengesetze
- Neugründung
- 1890 Sozialdemokratische Partei Deutschlands, SPD (1891 Erfurter Programm)
- Lichtstrahlengruppe Arbeiterpolitik
- 1916 Spartakusbund Gruppe Internationale
- 1917 Unabhäng. Sozialdemokr. Partei, USPD
- Mehrheitssozialisten, MSPD
- Linksradikale
- 1918 Spartakusbund
- 1918/19 Kommunistische Partei Deutschlands (Spartakusbund)

deutsche Parteien

Elsass-Lothringer

Polen

Welfen

Zentrum

Sozialisten

1860 — 1870 — 1880 — 1890 — 1900 — 1910 — 1920

PLOETZ

Ergebnisse der Reichstagswahlen von 1871 bis 1912

		1. Reichstag 1871, Wahlbeteiligung 50,7%		2. Reichstag 1874, Wahlbeteiligung 60,8%		3. Reichstag 1877, Wahlbeteiligung 60,3%		4. Reichstag 1878, Wahlbeteiligung 63,1%		5. Reichstag 1881, Wahlbeteiligung 56,1%	
		Mandate	Stimmenanteil v. H.	Mandate	Stimmenanteil v. H.	Mandate	Stimmenanteil v. H.	Mandate	Stimmenanteil v. H.	Mandate	Stimmenanteil v. H.
Konservative	Konservative	57	14,1	22	6,9	40	9,7	59	13,0	50	16,3
	Reichspartei (Freikonserv.)	37	8,9	33	7,2	38	7,9	57	13,6	28	7,4
National-liberale	Nationalliberale	125	30,1	155	29,7	128	27,2	99	23,1	47	14,7
	Liberale	30	7,2	3	1,0	13	2,5	10	2,7	–	–
	Liberale Vereinigung*	–	–	–	–	–	–	–	–	46	8,4
Linksliberale	Deutsche Fortschrittspartei**	46	8,8	49	8,6	35	7,7	26	6,7	60	12,7
	Deutsche Volkspartei	1	0,5	1	0,4	4	0,8	3	1,1	9	2,0
Zentrum	Zentrum	63	18,6	91	27,9	93	24,8	94	23,1	100	23,2
	Welfen	7	1,6	4	1,8	4	1,6	10	1,7	10	1,7
Sozial-demokraten	Sozialdemokraten	2	3,2	9	6,8	12	9,1	9	7,6	12	6,1
	Polen	13	4,5	14	3,8	14	4,0	14	3,6	18	3,8
	Dänen	1	0,5	1	0,4	1	0,3	1	0,3	2	0,3
	Elsass-Lothringer	–	–	15	4,5	15	3,7	15	3,1	15	3,0
	Antisemiten, Wirtschaftliche Vereinigung***	–	–	–	–	–	–	–	–	–	–
	Sonstige	–	2,0	–	0,9	–	0,5	–	0,3	–	0,3
	insgesamt	382	–	397	–	397	–	397	–	397	–

* Ab 1893 Freisinnige Vereinigung.

** Ab 1884 nach der Fusion mit der Liberalen Vereinigung Deutsch-Freisinnige Partei, ab 1893, nach der Abspaltung der Freisinnigen Vereinigung, Freisinnige Volkspartei, ab 1910 nach dem Zusammenschluss der linksliberalen Gruppen Fortschrittliche Volkspartei.

Deutschland — Das Deutsche Reich im Zeitalter Bismarcks

Reichstagswahlen

	6. Reichstag 1884, Wahlbeteiligung 60,3 %		7. Reichstag 1887, Wahlbeteiligung 77,2 %		8. Reichstag 1890, Wahlbeteiligung 71,2 %		9. Reichstag 1893, Wahlbeteiligung 72,2 %		10. Reichstag 1898, Wahlbeteiligung 67,7 %		11. Reichstag 1903, Wahlbeteiligung 75,3 %		12. Reichstag 1907, Wahlbeteiligung 84,3 %		13. Reichstag 1912, Wahlbeteiligung 84,5 %		
	Mandate	Stimmenanteil v. H.	Mandate	Stimmenanteil v. H.	Mandate	Stimmenanteil v. H.	Mandate	Stimmenanteil v. H.	Mandate	Stimmenanteil v. H.	Mandate	Stimmenanteil v. H.	Mandate	Stimmenanteil v. H.	Mandate	Stimmenanteil v. H.	
	78	15,2	80	15,2	73	12,4	72	13,5	56	11,1	54	10,0	60	9,4	43	9,2	*Konservative*
	28	6,9	41	9,8	20	6,7	28	5,7	23	4,4	21	3,5	24	4,2	14	3,0	
	51	17,6	99	22,3	42	16,3	53	13,0	46	12,5	51	13,9	54	14,5	45	13,6	*Nationalliberale*
	–	–	–	–	–	–	–	–	–	–	–	–	–	–	–	–	
	67	17,6	32	12,9	66	16,0	13	3,9	12	2,5	9	2,6	14	3,2	42	12,3	*Linksliberale*
							24	8,7	29	7,2	21	5,7	28	6,5			
	7	1,7	–	1,2	10	2,0	11	2,2	8	1,4	6	1,0	7	1,2			
	99	22,6	98	20,1	106	18,6	96	19,1	102	18,8	100	19,8	105	19,4	91	16,4	*Zentrum*
	11	1,7	4	1,5	11	1,6	7	1,3	9	1,4	6	1,0	1	0,7	5	0,7	
	24	9,7	11	10,1	35	19,8	44	23,3	56	27,2	81	31,7	43	28,9	110	34,8	*Sozialdemokraten*
	16	3,6	13	2,8	16	3,4	19	3,0	14	3,1	16	3,7	20	4,0	18	3,6	
	1	0,3	1	0,2	1	0,2	1	0,2	1	0,2	1	0,2	1	0,1	1	0,1	
	15	2,9	15	3,1	10	1,4	8	1,5	10	1,4	9	1,1	7	1,0	9	1,3	
	–	–	1	0,2	5	0,7	16	3,5	13	3,3	11	2,6	16	3,9	13	2,9	
	–	0,2	2	0,6	2	1,0	5	1,7	18	4,5	11	3,5	17	3,0	6	2,0	
	397	–	397	–	397	–	397	–	397	–	397	–	397	–	397		

* * * Antisemiten traten bei den Reichstagswahlen von 1887 bis 1903 als Splittergruppen unter den Parteinamen Christlich-Soziale Partei, Deutsche Reformpartei, Deutsch-Soziale Reformpartei und Deutsch-Soziale Partei auf. Ab 1907 erscheint in dieser Rubrik auch die Wirtschaftliche Vereinigung, in der die Antisemiten als dominierende Gruppe aufgegangen sind.

Kirchenfeindschaft. Wichtiger Mitarbeiter Bismarcks ist der preußische Kultusminister Adalbert Falk (1872–1879; *1827, †1900). Der bedeutendste parlamentarische Gegner Bismarcks im Kulturkampf ist der Zentrumsführer Windthorst.

1871 Reichsmünzgesetz. Mark wird Währungseinheit. – Nach der Aufhebung der katholischen Abteilung im preußischen Kultusministerium (Juli) und dem im Dez. als Reichsgesetz erlassenen sog. *Kanzelparagrafen* (Zusatz zum Strafgesetzbuch, der den Missbrauch des geistlichen Amts zur Gefährdung des öffentlichen Friedens mit Gefängnis bedroht) folgen:

Kanzelparagraf

1872 preußisches Schulaufsichtsgesetz (die Schulinspektion wird verstaatlicht; katholische Ordensangehörige werden vom Lehrberuf an öffentlichen Schulen ausgeschlossen) und das reichsgesetzliche Verbot des Jesuitenordens.

In den „Gründerjahren" nach dem Einströmen der Milliarden aus Frankreich kommt es zu

1873 einem ungesunden Aufschwung der kapitalistischen Wirtschaft, dem Zusammenbrüche und eine bis Ende der siebziger Jahre anhaltende *Wirtschaftskrise* folgen. Wachsender Gegensatz zwischen den Vertretern des Schutzzolls und des Freihandels mit Auswirkungen auf die Parteipolitik. – Reichseisenbahnamt als erste zentrale Behörde der inneren Verwaltung nach dem Reichskanzleramt gebildet. – *Dreikaiserabkommen* zwischen Österreich-Ungarn, Russland und dem Deutschen Reich.

Wirtschaftskrise

Dreikaiserabkommen

Versuch einer staatlichen Kirchenaufsicht mit dem Mittel der (für beide Konfessionen geltenden) preußischen *Maigesetze* (nach Änderung der preußischen Verfassung) über Vorbildung und Anstellung der Geistlichen, über kirchliche Disziplinargewalt, u.a. mit Strafbestimmungen gegen Übertreter. Während das Zentrum (ca. 28%) bei der Reichstagswahl

Maigesetze

1874 seine Wählerzahl verdoppelt (1873 schon bei der preußischen Landtagswahl), folgen das Reichs-Verbannungsgesetz (Expatriierungsgesetz) gegen den sich versteifenden passiven Widerstand des katholischen Klerus und das Gesetz über die obligatorische *Zivilehe* (1875 auf das ganze Reich ausgedehnt).

Zivilehe

Reichsgesetze über die Presse.

1875 Das *Sperr- oder Brotkorbgesetz* sperrt staatliche Zuschüsse an die katholische Kirche, das Klostergesetz hebt Ordensniederlassungen in Preußen (außer einigen Krankenpflegeorden) auf. – In den deutsch-französischen Beziehungen kommt es zu der auch auf Russland und Großbritannien ausgeweiteten *Krieg-in-Sicht-Krise*. – Auf dem Kongress in Gotha vereinigen sich der Allgemeine Deutsche Arbeiterverein (gegründet 1863, Lassalleaner) und die 1869 gegründete Sozialdemokratische Arbeiterpartei zur Sozialistischen Arbeiterpartei Deutschlands (seit 1890 *Sozialdemokratische Partei Deutschlands*). Das Gothaer Programm fordert – unter Betonung des internationalen Charakters der Arbeiterbewegung – u.a. wirksame Arbeiterschutzgesetze und die sozialistische Umgestaltung von Staat und Gesellschaft („erstrebt [...] mit allen gesetzlichen Mitteln den freien Staat und die sozialistische Gesellschaft").

Sperr- oder Brotkorbgesetz

Krieg-in-Sicht-Krise

Vereinigung zur SPD

1876 Alle preußischen Bischöfe sind verhaftet oder ausgewiesen, nahezu ein Viertel der katholischen Pfarrstellen vakant. – Durch Umwandlung der Preußischen Bank in die Reichsbank wird eine Zentralnotenbank geschaffen. – Gründung der preußisch-agrarisch orientierten Deutschkonservativen Partei, die die Altkonservativen reorganisiert und ein Bündnis von landwirtschaftlichen mit schwerindustriellen Interessen anstrebt. Beginn der Agitation des Centralverbands Deutscher Industrieller für den Schutzzoll.

1877 Bei der Reichstagswahl entfallen annähernd eine halbe Mio. Stimmen (ca. 9%) auf die Sozialdemokraten.

Schutzzoll, Konservatismus und Kampfpolitik Bismarcks (1878–1890)

1878 Bismarck leitet einen *innenpolitischen Kurswechsel* ein: Wendung vom wirtschaftspolitischen und allgemeinpolitischen Liberalismus zu Schutzzoll, Konservatismus, staatlicher Sozialpolitik, verbunden mit dem Kampf gegen die Sozialdemokratie und nicht zuletzt einer Verbesserung der Finanzsituation des Reiches, trotz des (bis 1887) gespannten Verhältnisses Bismarcks zu dem ihm wiederholt mehrheitlich widerstrebenden Reichstag. Um die Sozialisten, in denen Bismarck mit vielen Zeitgenossen eine Revolutionsgefahr sieht, zu bekämpfen, legt Bismarck, ein fehlgeschlagenes Attentat auf Wilhelm I. argumentativ nutzend, dem Reichstag ein Sondergesetz gegen die Sozialdemokratie vor, das zunächst an rechtsstaatlichen Bedenken der Reichstagsmehrheit scheitert; nach einem zweiten Attentat und Neuwahl des inzwischen aufgelösten Reichstags *Annahme des Sozialistengesetzes* (trotz fehlender Verbindung zwischen Attentätern und Sozialdemokraten), das u.a. ein Verbot sozialistischer Vereine, Versammlungen und Druckschriften und die Ausweisung von sozialdemokratischen Führern und Agenten vorsieht. – Der Berliner Hof- und Domprediger

innenpolitischer Kurswechsel

Annahme des Sozialistengesetzes

(1874–1890) Adolf Stoecker (*1835, †1909) gründet die evangelisch-konservative Christlich-soziale Arbeiterpartei, die eine staatliche Sozialpolitik fordert, aber kaum Anhang in der Arbeiterschaft findet. – Fortsetzung der Arbeiterschutzpolitik. – Berliner Kongress unter Bismarcks Vorsitz zur Schlichtung des durch den russisch-türkischen Frieden von San Stefano entstandenen Gegensatzes zwischen Großbritannien und Österreich-Ungarn einerseits, Russland andererseits.

1879 Eröffnung des Reichsgerichts in Leipzig. – Nachdem sich im Kulturkampf die Begrenztheit staatlicher Machtmittel und der Zusammenhalt des katholischen Kirchenvolks gezeigt haben, strebt Bismarck im Zeichen der konservativen Wende seiner Politik (ohne Zentrum keine Reichstagsmehrheit gegen die Liberalen) einen Ausgleich an, der durch die flexible Haltung Papst Leos XIII. (1878–1903) erleichtert wird. – *Der Kanzler bricht öffentlich mit den Nationalliberalen.* Die neue konservativ-katholische, agrarisch-industrielle („Bündnis zwischen Roggen und Eisen") Reichstagsmehrheit beschließt Schutzzoll und Tabaksteuererhöhung, deren Einnahmen dem Reich bis zu einer bestimmten Höhe (Franckensteinsche Klausel) zugute kommen, die Lebenshaltung der sozial Schwachen verteuern (Stärkung der Sozialdemokratie) und die Nationalliberale Partei langfristig schwächen. Ausschlaggebende Partei im Reichstag wird das Zentrum, die stärkste und stabilste Fraktion. – Reichskanzleramt nach Ausgliederung verschiedener Ressorts (als neuer Reichsämter) in „Reichsamt des Innern" umbenannt. – Geheimes Verteidigungsbündnis zwischen dem Deutschen Reich und Österreich-Ungarn *(Zweibund).*

1880 Erstes Milderungsgesetz zur Beilegung des Kulturkampfs.

1881 Geheimes Neutralitätsabkommen zwischen dem Deutschen Reich, Österreich-Ungarn und Russland auf drei Jahre *(Dreikaiservertrag).* Bismarck versucht (Kaiserliche Botschaft), durch eine auf Versicherungsschutz zielende *Sozialgesetzgebung* die Arbeiterschaft für den monarchischen Staat zu gewinnen. Die konservativ-nationalliberale Niederlage bei den Wahlen beraubt den Kanzler jedoch der Hoffnung auf eine gouvernementale Mehrheit.

1882 Zweites Milderungsgesetz. Gründung der Evangelischen Arbeitervereine unter Einfluss von Adolf Stoecker. – Geheimer Dreibundvertrag (Verteidigungsbündnis) zwischen dem Deutschen Reich, Österreich-Ungarn und Italien.

1883 Krankenversicherungsgesetz. Drittes Milderungsgesetz.

1884 Unfallversicherungsgesetz. Vereinigung der Fortschrittspartei mit der Liberalen Vereinigung (1880 als linker Flügel von den Nationalliberalen abgespaltene sog. Sezession) zur Deutschen Freisinnigen Partei, deren führender Mann Eugen Richter wird.

1884/1885 Gründung deutscher „Schutzgebiete" *(Kolonien)* in Südwestafrika, Kamerun, Togo und Ostafrika, außerdem im Pazifik (Neuguinea, Bismarckarchipel, Marshallinseln).

Deutsche Kolonien (Stand 1913/1914)

	Fläche in 1000 km²	Einw. in 1000		Eisenbahnen in km	Export in Mio. Mark	Import in Mio. Mark	Defizit Reichsbeitrag in Mio. Mark
		Einheimische	Weiße				
in Afrika							
Togo	88	1031	0,4	325	9,9	11,4	–
Kamerun	504	3326	1,8	310	23,3	34,2	6,9
Deutsch-Südwestafrika	830	80	15	1960	39,0	32,5	38,5
Deutsch-Ostafrika	1020	7645	5	1250	31,4	50,3	40,9
in Asien und im Pazifischen Ozean							
Palau, Karolinen Marianen, Marshallinseln	13,2	15	0,5	–	6,9	3,4	
Samoa	25,5	35	0,5	–	5,1	4,9	0,16[1]
Deutsch-Neuguinea und Bismarckarchipel	230	719	0,9	–	5,1	5,9	1,7
Kiautschou	0,56	192	4,4	435[2]	79,6	6,1	10,3

[1] erfasst unter Deutsch-Neuguinea und Bismarckarchipel; [2] deutsche Schantungeisenbahn nach Tsinan

1885 Erhöhung der Landwirtschaftszölle.

Beendigung des Kulturkampfes

1886 Erstes Friedensgesetz zur *Beendigung des Kulturkampfes*. Ansiedlungsgesetz für die Provinzen Posen und Westpreußen zur Stärkung des Deutschtums durch Siedlung auf angekauften Großgütern polnischer Besitzer; hat nicht die erwarteten Auswirkungen.

1887 Das Zweite Friedensgesetz beendet abschließend den Kulturkampf, aus dem im Wesentlichen das Jesuitengesetz (bis 1917), der Kanzelparagraf (bis 1953), die staatliche Schulaufsicht und die Zivilehe Bestand haben. – Gründung der Deutschen Kolonialgesellschaft (Zusammenschluss der Gesellschaft für deutsche Kolonisation und des Deutschen Kolonialvereins) zur Agitation für koloniale Ausbreitung (1914: 40000 Mitglieder). – Der im Zeichen der Heeresvorlage und einer von Regierungsseite mit dem letzten Ziel der nationalen Integration propagandistisch ausgenutzten Kriegsgefahr mit konservativ-nationalliberaler Mehrheit neu gewählte „Kartell-Reichstag" stimmt dem Septennat zu (Festlegung der Heeresstärke auf sieben Jahre). – *Rückversicherungsvertrag*: geheimes Neutralitätsabkommen zwischen Russland und dem Deutschen Reich auf drei Jahre als Ersatz für den infolge russisch-österreichischer Spannungen nicht mehr erneuerten Dreikaiservertrag: deutsche Anerkennung der historischen Rechte des Zarenreichs auf dem Balkan; in einem ganz geheimen Zusatzprotokoll verpflichtet sich Deutschland zu moralischem und diplomatischem Beistand, falls der russische Kaiser es für notwendig halten sollte, den Zugang zum Schwarzen Meer selbst zu verteidigen und „den Schlüssel seines Reichs in der Hand zu behalten".

Rückversicherungsvertrag

Ende der achtziger Jahre nehmen die deutsch-französischen Spannungen zeitweilig zu; die deutsch-russischen Beziehungen verschlechtern sich laufend. Die Reichsbank schließt auf Bismarcks Veranlassung die russischen Wertpapiere von der Beleihung aus. Die Folge sind der Abfluss russischer Werte nach Amsterdam und Paris sowie die Verlagerung der russischen Staatsschuld auf den französischen Kapitalmarkt.

1888 Neue Heeresverstärkung. – Nach dem Tod Kaiser Wilhelms I. besteigt sein den Liberalen zuneigender, aber schwer kranker Sohn als Kaiser Friedrich (III.) (*1831, vermählt mit Viktoria [*1840, †1901], der ältesten Tochter von Königin Viktoria von Großbritannien und Prinzgemahl Albert von Coburg, Gegnerin Bismarcks) den Thron, stirbt schon nach drei Monaten, sodass eine Generation übergangen wird. Ihm folgt sein Sohn als *Kaiser Wilhelm II*. (*1859, †1941).

Kaiser Wilhelm II.

1889 Alters- und Invaliditätsversicherung. Bergarbeiterstreik im Ruhrgebiet.

1890 Der neugewählte Reichstag hat eine Mehrheit von Gegnern Bismarcks; die *Sozialdemokratie* ist mit 1,5 Mio. Wählern (knapp 20%) *erstmals stimmstärkste Partei*.

SPD stimmstärkste Partei Entlassung Bismarcks

20. März *Bismarcks Entlassung*, hauptsächlich wegen des persönlichen Gegensatzes zwischen dem alten Kanzler, der seine Machtstellung behaupten will, und dem nach dem „persönlichen Regiment" strebenden jungen Kaiser. Politische Probleme (Sozialpolitik, Sozialistengesetz, Bismarcks bis zu Staatsstreichüberlegungen gehendes Kampfprogramm gegen Reichstag und Sozialdemokratie) treten demgegenüber zurück.

Das Zeitalter Kaiser Wilhelms II. (1890–1914)

Wandel zum Industriestaat

In der Phase der Hochindustrialisierung, im letzten Drittel des 19. Jh.s, vollzieht sich der *Übergang Deutschlands vom Agrar- zum Industriestaat*, im Jahr 1895 zieht der industrielle Anteil der Erwerbstätigen mit dem land- und forstwirtschaftlichen gleich. Die Zunahme des Pro-Kopf-Einkommens (Verdreifachung 1851–1913) ist in den beiden Jahrzehnten um die Jahrhundertwende am stärksten und wird zwischen Reichsgründung und Erstem Weltkrieg von einer Vervierfachung der Ausfuhr sowie einer Versechsfachung der Industrieproduktion begleitet. Damit ist der Aufstieg in die Gruppe der drei größten Industrienationen (neben USA und Großbritannien) gegeben, der primär auf dem Verbund von Kohle und Eisen (die deutsche Roheisen- und Stahlherstellung erreicht je etwa ein Viertel der Weltproduktion), bald aber auch auf der raschen *Expansion von Elektrizität und Chemie als der „jungen" Industrien* beruht. Die Zahl der Aktiengesellschaften, 1886 bereits 2143, steigt bis 1913 auf 5340 an, und noch rascher nimmt das Nationalkapital auf 16,1 Mrd. zu (4,9 Mrd. eingezahltes Kapital waren es 1886). Die wachsende Tendenz zur Betriebsvergrößerung (Steigerung der durchschnittlichen Beschäftigtenzahl je Betrieb 1871–1914 in Industrie und Handwerk um über 100%) verändert soziale Strukturen – augenfällig u. a. im Vordringen von Großunternehmen (einschl. Versandhäusern), Filialbetrieben und Konsumgenossenschaften gegen die kleinen Einzelhandelsgeschäfte, also gegen den „alten" Mittelstand. Großbetriebe, entstehend aus Vereinigung gleichartiger Werke (horizontale Konzentration) bzw. aus Zusammenlegung verschiedener Produktionsstufen (vertikale Konzentration), bedeuten außerdem eine Machtballung von

„junge" Industrien

(auch) politischer Relevanz. Dem *Ausbau des Verkehrswesens* (im Innern die Verdichtung des Eisenbahnnetzes, das fast vollständig in staatliche Hand, jedoch kaum die des Reichs, gerät) entspricht die – nach 1900 besonders starke – Expansion des Außenhandels von 7,3 (1891) auf 17,8 (1911) Mrd. Mark. Überseeische Auslandsmärkte werden übrigens hauptsächlich in den angelsächsisch beherrschten Gebieten Asiens, Afrikas und Amerikas gesucht, kaum in den für die deutsche Volkswirtschaft bedeutungslosen Kolonien (Schutzgebieten) des Reichs.

Ausbau des Verkehrswesens

Die Berufszugehörigen nach Stellung im Beruf und nach „Berufsabteilungen" 1882–1907

Berufszugehörige

	Selbstständige in Mio.	in %	Mithelfende Familienangehörige in Mio.	in %	Lohnarbeiter in Mio.	in %	Angestellte in Mio.	in %
1882	5,19	32,0	10,71			66,1	0,31	1,9
1907	5,49	22,3	4,29	17,4	13,55	55,1	1,29	5,2

	Land- und Forstwirtschaft in Mio.	in %	Industrie und Bergbau in Mio.	in %	Handel und Verkehr in Mio.	in %	Sonstige in Mio.	in %
1882	19,2	42,5	16,1	35,5	4,5	10,0	5,4	11,9
1895	18,5	35,8	20,3	39,1	6,0	11,9	7,1	13,7
1907	17,7	28,6	26,4	42,8	8,3	13,4	9,4	15,2

Industrieller Aufstieg und wirtschaftliche Konzentration vollziehen sich vor dem Hintergrund eines stürmischen *Bevölkerungswachstums* (1871–1910 um 58% auf 65 Mio.) und einer raschen Verstädterung: Der Anteil der Stadtbevölkerung steigt von 36% (1870) auf 60% (1910), die Zahl der Großstädte auf 48 (Berlins Einwohnerzahl steigt auf 2, mit Vororten 3,7 Mio.). Neben der großen Zahl der Lohnarbeiter beginnen die Angestellten aufzusteigen. Die *Arbeiterfrage* (organisierter Klassenkampf), das Mittelstandsproblem („alter", d.h. gewerblicher, und „neuer", d.h. Angestellten-Mittelstand) und die Besorgnisse der Landwirtschaft *(Landflucht,* Preisstützung, Betriebsgrößenstruktur) wirken sich in vielfältigen innenpolitischen Spannungen und Organisationsbildungen aus. Die unbestreitbaren Vorteile des industriellen Aufstiegs auch für breitere Schichten (Volksvermögen 1913 auf ca. 270–310 Mrd. geschätzt bei jährlichem Zuwachs von 3–4 Mrd., Sparkasseneinlagen 1880–1913 auf 16,8 Mrd. verzehnfacht, Abnahme des Bevölkerungsanteils unterhalb des steuerpflichtigen Mindesteinkommens von 70% [um 1890] auf 40% [1913]) können die *sozialen Gegensätze* freilich nur mildern, die sich u.a. in der Kluft zwischen Arbeiterschaft und Bürgertum zeigen. Zwar wird die (im Vergleich zu den Verhältnissen vor der Hochindustrialisierung) relative Verbesserung der Lebensbedingungen in der Industriearbeiterschaft begleitet von einer Hinwendung der SPD, insbesondere aber der Gewerkschaften, zum pragmatischen Durchsetzen realisierbarer Forderungen, doch kann die staatliche Sozialpolitik – in dieser Zeit ein Vorbild für alle Industrienationen – keinen Ausgleich zwischen Arbeiterschaft und monarchischem Obrigkeitsstaat herbeiführen. Das Festhalten an vielfach als arbeiterfeindlich empfundenen Regelungen wie der Einschränkung des Koalitionsrechts und dem preußischen Dreiklassen-Wahlsystem trägt vielmehr zur Entfremdung bei, obgleich die Integrationsmittel des Kaiserreichs wie der Einfluss des Militärischen und das Nationalgefühl nicht nur auf Adel, Bauern- und Bürgertum wirken. Versuche, diese innenpolitisch-gesellschaftlichen Spannungen nach außen abzuleiten oder doch außenpolitisch zu überspielen, gehören zu den wesentlichen Merkmalen des Zeitalters des Imperialismus.

Bevölkerungswachstum

Arbeiterfrage

Landflucht

soziale Gegensätze

Entwicklung der Löhne im Deutschen Reich 1871–1913 (Index 1895 = 100)

Löhne Lebenshaltung

	Brutto-Geldlöhne	Lebenshaltung	Reallöhne		Brutto-Geldlöhne	Lebenshaltung	Reallöhne
1871	70	106	66	1895	100	100	100
1875	98	113	87	1900	118	106	111
1880	82	104	79	1910	147	124	119
1890	98	102	96	1913	163	130	125

Der Wandel in Wirtschaft und Gesellschaft bewirkt den fast ununterbrochenen Anstieg der sozialdemokratischen Wählerstimmen auf schließlich über ein Drittel, womit die SPD, trotz der Benachteiligung der großstädtischen Wähler durch die Wahlkreiseinteilung, schließlich die stärkste Reichstagsfraktion stellt.

Freie Gewerkschaften

Diese Verschiebung wird möglich vor allem durch Rückgang der Nichtwähler von 49% (1871) auf 16% (1912) der Wahlberechtigten. Parallel steigt die Mitgliederzahl der sozialistisch orientierten *Freien Gewerkschaften* (1890: 100000, 1900: 690000, 1910: 2 Mio.), neben denen die linksliberalen Hirsch-Dunckerschen Gewerkvereine und die christliche Gewerkschaftsbewegung keine vergleichbare Bedeutung gewinnen können. Unter den für das wilhelminische Zeitalter typischen, politisch wirksamen Interessenverbänden ist der mit der Deutschkonservativen Partei verflochtene Bund der Landwirte (162000 Mitglieder im Gründungsjahr 1893, 330000 Mitglieder 1913) der einflussreichste, daneben u. a. der schon 1876 gegründete Centralverband Deutscher Industrieller, der Deutschnationale Handlungsgehilfenverband (Gründung 1893) und der 1909 gegründete Hansabund. Daneben stehen *Agitationsvereine* wie der Alldeutsche Verband (Gründung 1894), die 1887 entstandene Deutsche Kolonialgesellschaft und der 1898 ins Leben gerufene Deutsche Flottenverein.

Agitationsvereine

Arbeiterorganisationen

Arbeiterorganisationen im Deutschen Reich 1912/14 (in Tausend)

SPD	Mitglieder	1912	970	davon 130 Frauen
		1914	1085	davon 175 Frauen
	Wähler	1912	4250	(Männer über 25 Jahre)
Gewerkschaften	Mitglieder	1913	2530	Freie
			343	Christliche
			107	Liberale
			280	„Gelbe"
Konsumgenossenschaften	Mitglieder	1913	1621	Zentralverband (sozialdemokratisch)
			143	Reichsverband (christlich)

Machteliten des Hofs

Der tiefgreifende Wandel von Wirtschaft und Gesellschaft schafft wachsende Probleme für eine Politik, die auch unter Wilhelm II. bestimmt wird von den *Machteliten des Hofs*, der Armee und der Bürokratie, den agrarischen Führungsschichten v. a. Preußens mit seiner verfassungsmäßigen Sonderstellung und durch das oft getrübte Bündnis des Agrariertums mit der Schwerindustrie. Schwierigkeiten entstehen nicht nur aus Interessengegensätzen zwischen Industrie und Landwirtschaft sowie der Heterogenität jeder Mehrheitsbildung im Reichstag, sondern auch aus der Verfassungslage, z. B. der fehlenden Finanzhoheit des Reichs und seinen unzureichenden Einnahmequellen im Vergleich zu den wachsenden Aufgaben und der Rüstung. Als besonders problematisch erweist sich, dass im Zentrum der Exekutive nicht mehr der in vielen Fragen kompetente, einflussreiche Reichsgründer die Fäden in der Hand hält, sondern dass sich z. T. widerstreitende Einflüsse und Zielsetzungen (Kaiser, Kanzler, Staatssekretäre, preußische Minister, militärische Stellen, Höflinge, außerhalb der Verantwortung stehende Ratgeber und Interessenverbände) überkreuzen und das – zumal in den auswärtigen Beziehungen – verhängnisvolle *Schwanken der deutschen Politik* dieser Zeit verursachen, welches die persönlichen Eingriffe des Monarchen noch verstärken; dieses „*persönliche Regiment*" *Wilhelms II.* wird zu einem Charakteristikum der Epoche.

Schwanken der deutschen Politik

1890–1894 Reichskanzler (bis 1892 auch preußischer Ministerpräsident) Leo Graf Caprivi (*1831, †1899), daneben als preußischer Finanzminister (1890–1901) der nationalliberale Politiker Johannes von Miquel (*1828, †1901), als preußischer Handelsminister (1890–1896) Hans Freiherr von Berlepsch (*1843, †1926), als Staatssekretär im Auswärtigen Amt (1890–1897) Adolf Freiherr Marschall von Bieberstein (*1842, †1912), außenpolitisch maßgebend (bis 1906) der vortragende Rat Friedrich von Holstein (*1837, †1909). Innenpolitisch „*Neuer Kurs*": Versuch einer Heranziehung von Zentrum und Linksliberalen, eines sozialpolitischen Ausgleichs sowie einer den nationalen Wünschen der Polen in Posen entgegenkommenden Politik.

„Neuer Kurs"

Rückversicherungsvertrag
Sozialistengesetz

1890 *Der Rückversicherungsvertrag* mit Russland *wird nicht erneuert*. Deutsch-britische Annäherung (Tauschvertrag Helgoland-Sansibar).
Nichtverlängerung des Sozialistengesetzes. Gründung der Generalkommission der Freien Gewerkschaften Deutschlands als Dachorganisation der sozialistisch orientierten Gewerkschaften (Vorsitzender bis 1919 Karl Legien [*1861, †1920]). Im Anschluss an die Beratungen der Ersten Internationalen Arbeiterschutzkonferenz in Berlin (März 1890):

Arbeiterschutzgesetzgebung

1890/1891 *Arbeiterschutzgesetzgebung* (u. a. Einsetzung von Gewerbegerichten, Verbot der Kinderarbeit bis zur Vollendung der Schulpflicht, Begrenzung der Arbeitszeit von Jugendlichen unter 16 Jahren auf zehn, von Frauen auf elf Stunden täglich, Vorschriften zum Schutz von Leben und Gesundheit der Arbeiter, obligatorische Arbeitsordnungen).

1891 Erfurter Parteiprogramm der SPD mit vulgärmarxistischen Grundsätzen und praktischen Nahzielen. – *Einkommensteuergesetz* (progressive Einkommensteuer) zugunsten der niederen Einkommen und höherer Staatseinnahmen als Kernstück der preußischen Steuerreform.

Einkommensteuergesetz

1891–1893 Handelsverträge mit Österreich-Ungarn, Italien, Belgien, der Schweiz, Rumänien. Durch Senkung der Getreidezölle Ermäßigung des Brotpreises, durch Senkung der Einfuhrzölle für deutsche Industrieerzeugnisse Förderung der Exportindustrie.
1892 Nach Scheitern eines Schulgesetzentwurfs Rücktritt Caprivis als preußischer Ministerpräsident; der Nachfolger, Botho Graf zu Eulenburg (*1831, †1912), stützt sich ganz auf die Konservativen.

Die soziale Zusammensetzung der höheren Beamtenschaft in Preußen

Herkunft preußischer Beamter

Dienststellung	Zahlen	Beruf der Eltern						
		Beamte und Offiziersfamilien	Freie wissenschaftliche Berufe, Rechtsanwälte, Professoren, Lehrer, Geistliche	Landwirte	Handel und Gewerbe	Alter (agrarischer) Adel	Neuer (Beamten- und Berufs-) Adel	Nichtadelig
Oberpräsidenten	12	7	–	5	–	7	4	1
Regierungspräsidenten	36	21	1	10	4	16	7	13
Oberpräsidialräte	12	4	2	5	1	6	–	6
Oberregierungsräte	141	60	18	33	30	27	5	109
Verwaltungsgerichtsdirektoren	36	17	9	5	5	2	–	34
Polizeipräsidenten	22	11	2	5	4	11	4	7
Regierungsräte	612	279	97	114	122	117	22	473
Regierungsassessoren	506	258	63	92	93	161	34	311
Landräte und Oberamtmänner	481	228	30	152	71	241	27	213
Summe	1858	885	222	421	330			
1. Staatsminister	11	–	–	–	–	5	2	4
2. Unterstaatssekretäre	9	–	–	–	–	2	–	7
3. Ministerialdirektoren	28	–	–	–	–	5	1	22
4. Senatspräsidenten beim O.-V.-G.	8	–	–	–	–	1	–	7
5. Vortragende Räte in den Ministerien, bei der Oberrechnungskammer und Staatsschuldenverwaltung	244	–	–	–	–	20	10	214
6. Oberverwaltungsgerichtsräte	45	–	–	–	–	4	–	41

1893 Die Mehrbeschäftigung von Arbeitskräften aufgrund der Handelsverträge bewirkt einen schlagartigen Rückgang der Auswanderung auf 25 bis 30% des bisherigen Umfangs. (Seit 1896 übertrifft die Zahl der Einwanderer die der deutschen Auswanderer.) – *Bund der Landwirte* gegründet: Reaktion der Agrarinteressen auf die Handelsverträge (die auch den Bruch zwischen den Konservativen und Caprivi zur Folge haben): Er wird zu einer der mächtigsten politischen Massenorganisationen in Deutschland. – Teilreform des Dreiklassenwahlrechts in Preußen. – Nach Auflösung des Reichstags (wegen Ablehnung einer Heeresverstärkung) neue Militärvorlage: weitere Verstärkung vom Reichstag angenommen.

Bund der Landwirte

1894 März Gegen den Widerstand deutscher Agrarkreise und der Konservativen wird der deutsch-russische Handelsvertrag abgeschlossen und vom Reichstag angenommen.

1. Juli *Alldeutscher Verband* gegründet, hervorgegangen aus dem Allgemeinen Deutschen Verband (1891), verbindet Nationalismus mit völkischen und imperialistischen Zielsetzungen (bis zu 40000 Mitglieder; erst 1939 aufgelöst).
Nach Widerstand Caprivis gegen einen von Eulenburg befürworteten, vom Kaiser gegen die SPD ins Auge gefassten Staatsstreichplan werden beide von Wilhelm II. entlassen.

Alldeutscher Verband

1894–1900 Reichskanzler und preußischer Ministerpräsident Chlodwig Fürst zu Hohenlohe-Schillingsfürst (*1819, †1901). Versuch Wilhelms II. zur Praktizierung seines persönlichen Regiments. Innenpolitisch maßgebend Finanzminister Miquel.

	1894	Deutscher Ostmarkenverein gegründet (nach den Gründern Adolf von Hansemann, Hermann Kennemann, Christof von Tiedemann *„Hakatisten"* genannt), tritt für deutsche Ansiedlung in den polnisch besiedelten Gebieten an der Ostgrenze ein.
Hakatisten		
	1894/1895	Die gegen kritische, v. a. sozialdemokratische Äußerungen gerichtete sog. Umsturzvorlage wird vom Reichstag abgelehnt.
	1895	Die Gewerkschaftsführung (Dachorganisation seit 1890) wird gegenüber der SPD selbstständig (die 1906 [Mannheimer Parteitag] die Unabhängigkeit der Gewerkschaftsarbeit anerkennt). – Eröffnung des Kaiser-Wilhelm-Kanals (heute Nord-Ostsee-Kanal).
	1896	Wilhelm II. beglückwünscht den Präsidenten der Südafrikanischen Republik (Transvaal), Paulus Krüger, zur erfolgreichen Abwehr des Jameson Raid *(Krügerdepesche);* in Großbritannien starke Verstimmung.
Krügerdepesche		
	1898	Deutschland besetzt und erwirbt durch Pachtvertrag mit China auf 99 Jahre Kiautschou (Provinz Schantung). Erstes Flottengesetz vom Reichstag angenommen: Beginn des auf den Kaiser zurückgehenden, vom Staatssekretär im Reichsmarineamt (1897–1916) Alfred von Tirpitz (*1849, †1930) geplanten langfristigen *Ausbaus der Kriegsflotte* (zunächst 19 Linienschiffe). Der im selben Jahr mit Unterstützung des Reichsmarineamts gegründete Deutsche Flottenverein (schließlich über 1 Mio. Mitglieder) wirbt für Flottenverstärkung und imperialistische Politik. (Neben ihrer [militär-]politischen Zielsetzung wird die Marinerüstung wichtiges nationales Integrationsmittel und hat wirtschaftliche Bedeutung.) – Scheitern britisch-deutscher Bündnissondierungen.
Ausbau der Kriegsflotte		
weitere pazifische Kolonien	1899	*Erweiterung des Kolonialbesitzes im Pazifik:* Das Deutsche Reich erwirbt von Spanien die Karolinen, die Marianen und die Palauinseln. Die Samoainseln werden zwischen Deutschland und den Vereinigten Staaten geteilt, nachdem Großbritannien auf seinen Anteil verzichtet hat. – Die deutsche Politik ist während des Burenkriegs streng neutral. Eine Einschränkung des Koalitionsrechts, die ein Sonderstrafrecht für Arbeiter schaffen soll (sog. Zuchthausvorlage), kommt im Reichstag zu Fall. Innenpolitische Schwenkung:
	1899–1907	Ära Posadowsky: Artur Graf von Posadowsky-Wehner (*1845, †1932; 1897–1907 Staatssekretär im Reichsamt des Innern) gibt die aktive Repressivpolitik gegen die Sozialdemokratie auf.
Bürgerliches Gesetzbuch	1900	Das BGB *(Bürgerliches Gesetzbuch)* (1896 verabschiedet) tritt am 1. Jan. in Kraft.
	Juni	Zweites Flottengesetz: 36 Linienschiffe einschließlich Reserven (Gleichstand mit der britischen Heimatflotte) angestrebt.
Reichskanzler von Bülow	**1900–1909**	*Reichskanzler* Graf (1905 Fürst) *Bernhard von Bülow* (*1849, †1929; 1897–1900 Staatssekretär im Auswärtigen Amt) überlässt die Innenpolitik weit gehend Posadowsky.
	1900–1903	Ausbau der Sozialgesetzgebung mit Zustimmung der SPD.
polnische Protestbewegung	1901	Gegen den deutschsprachigen Religionsunterricht in den Volksschulen der Provinz Posen (seit 1900 von der Regierung vorgeschrieben) erhebt sich eine *polnische Protestbewegung.* – Erneute deutsch-britische Bündnissondierungen scheitern an Forderungen Berlins (Absicherung durch das britische Parlament, vertragliche Einbeziehung Großbritanniens in den Dreibund).
Revisionismus	1903	Erhöhung der Getreidezölle auf den Stand vor 1892. – Der Dresdner SPD-Parteitag lehnt den von Eduard Bernstein (*1850, †1932) verfochtenen *Revisionismus* (Reformpolitik auf der Basis des Bestehenden) trotz z. T. reformistischer Praxis ab.
	1904	Aufhebung der Franckensteinschen Klausel von 1879 für Zölle (1906 auch für Reichsstempelabgaben) zur Verbesserung der Finanzlage des Reichs.
Ausbau des Mittellandkanals	1905	Kaiser Wilhelm II. schließt mit Zar Nikolaus II. persönlich bei Björkö (finnische Insel im Bottnischen Meerbusen) ein Verteidigungsbündnis, von dem sich der Zar jedoch zurückzieht. – Der *Ausbau des Mittellandkanals* zum Binnenschifffahrtsweg vom Rhein über die Elbe zu den preußischen Ostprovinzen (an dem die Industrie interessiert ist) – zweimal (1899, 1901) am Widerstand der agrarischen Konservativen (Furcht vor billigem Getreideimport) gescheitert – wird, um ihnen entgegenzukommen, vom Reichstag unter Verzicht auf die Verbindung zwischen der Elbe und Hannover beschlossen.
Erste Marokkokrise	1905/1906	*Erste Marokkokrise.* Beginn der deutsch-britischen Flottenrivalität.
Experiment des Bülow-Blocks	1906–1909	*Experiment des Bülow-Blocks* (regierungsnahe Reichstagsmehrheit aus den konservativen und liberalen Parteien unter Ausschluss von Zentrum und SPD); Staatssekretär im Reichsamt des Innern (1907–1909) Bethmann Hollweg.
polnischer Schulstreik offenes Wettrüsten	1906	*Polnischer Schulstreik* gegen den deutschsprachigen Religionsunterricht in Posen und Westpreußen. – Flottengesetznovelle bereitet Übergang zu dem (1905/1906 mit der britischen „Dreadnought" begonnenen) Bau von Großkampfschiffen vor: *Offenes Wettrüsten* mit Großbritannien beginnt. – Als erste direkte Reichssteuer wird die Erbschaftssteuer bewilligt, die aber (ebenso wie die Maßnahmen von 1904) das Defizit im Reichsetat nicht ausgleichen kann. Wegen der Kolonialpolitik Bruch zwischen Bülow und dem Zentrum, Ende der Ära Posadowsky.

● PLOETZ

Die Reichsverschuldung bis 1908

	Die Ausgaben (ordentliche und außerordentliche)	Die Einnahmen	Somit Mehrausgaben
1900	1 688 878	1 475 159	213 719
1901	1 768 755	1 512 686	256 069
1902	1 764 334	1 829 913	−65 579
1903	1 815 763	1 612 407	203 356
1904	1 872 120	1 687 820	184 300
1905	2 006 089	1 839 250	166 839
1906	2 186 575	1 888 069	298 506
1907	2 614 824	2 269 555	345 269
Voranschlag 1908	2 589 116	2 213 686	375 430
Summe der Mehrausgaben 1900 bis 1908	18 306 454	16 328 545	1 977 909

Die Gesamtdifferenz zwischen Bedarf und Deckung beläuft sich somit für die letzten neun Jahre auf rund zwei Milliarden Mark. [...] Die Folge dieses Missverhältnisses ist die ständige starke Steigerung der Schuld, die im Verlaufe von nur dreißig Jahren auf mehr als 4¼ Milliarden Mark aufgelaufen ist. Die erste Schuldbegebung fand im Jahre 1877 statt, seitdem ist die begebene Schuld gewachsen:

im Jahre	1880	auf	267 786 500 M
„ „	1885	„	444 000 000 M
„ „	1890	„	1 317 797 700 M
„ „	1895	„	2 125 255 100 M
„ „	1900	„	2 395 650 000 M
„ „	1905	„	3 543 500 000 M
„ „	1908	„	4 253 500 000 M

1908 Reichsvereinsgesetz. – Flottengesetznovelle zur Beschleunigung des Rüstungstempos. – Die preußische Regierung lässt sich durch ein Gesetz ermächtigen, notfalls bis zu 70000 ha polnischen Landbesitz zu enteignen (gegen angemessene Entschädigung, mit Ausschluss geerbten Besitzes) und an deutsche Siedler zu verkaufen. Dieses *Enteignungsgesetz*, von dem nur wenig Gebrauch gemacht wird (1635 ha enteignet), löst, weil es nationales Ausnahmerecht schafft, scharfe Gegenreaktionen aus.

Daily-Telegraf-Affäre: Ein in der englischen Tageszeitung „Daily Telegraf" erschienenes Interview Wilhelms II. wird die Veranlassung dazu, dass im Reichstag und in der Presse Kritik am „persönlichen Regiment" des Kaisers geübt wird. Reichskanzler Bülow, der an der Veröffentlichung des Interviews wesentlich mitschuldig ist, verliert das Vertrauen des Kaisers; schwere Erschütterung des Ansehens der Monarchie. Stärkung von Parlamentarisierungstendenzen.

1909 Die preußische Wahlrechtsfrage und Bülows Vorlage zur Reichsfinanzreform führen zu seinem Sturz und zum Ende des Blocks. – Bosnische Annexionskrise.

1909–1917 *Reichskanzler Theobald von Bethmann Hollweg* (* 1856, † 1921).

1909 *Reichsfinanzreform* durch Reichstagsmehrheit von Konservativen und Zentrum (Besteuerung des mobilen Kapitals sowie neue bzw. höhere indirekte Steuern). Dagegen Gründung des Hansabundes für Gewerbe, Handel und Industrie (für liberale, antimonopolistische Wirtschafts- und Finanzpolitik).

1910 *Verfassungs- und Wahlgesetz für Elsass-Lothringen*, das den deutschen Bundesstaaten verfassungsrechtlich gleichgestellt wird und für seine zweite Kammer das für den Reichstag geltende Wahlrecht erhält. – Die linksliberalen Parteien schließen sich in der Fortschrittlichen Volkspartei zusammen, die für Zusammenarbeit mit der SPD und allmähliche Parlamentarisierung eintritt.

1911 Zweite Marokkokrise.

1912 Jan. Als Ergebnis der Reichstagswahlen können die Sozialdemokraten ihre Abgeordnetenzahl mehr als verdoppeln und sind mandatsstärkste Partei (110 von 397).

Flottennovelle (25 Großkampfschiffe aktiv, 16 in Reserve; Bauprogramm bis 1920).

1913 Heeresverstärkung (zwei neue Armeekorps). – Zu Nachfolgern des verstorbenen SPD-Vorsitzenden Bebel wählt der Jenaer Parteitag Hugo Haase (* 1863, † 1919) und Friedrich Ebert (* 1871, † 1925).

Zabern-Affäre	Nov./Dez. *Zabern-Affäre*: Die rechtswidrige, durch ein Kriegsgerichtsurteil gedeckte Verhaftung von zivilen Demonstranten durch Militär in dem unterelsässischen Garnisonstädtchen Zabern (französisch Saverne) – Schädigung der Bemühungen um ein besseres Verhältnis zu den Elsässern – zeigt den Machtanspruch des Militärs auf und führt zu einem Missbilligungsbeschluss des Reichstags.
	1914 Deutsch-britisches Bagdadbahnabkommen (Juni).
Ausbruch des Ersten Weltkrieges	Juli/Aug. Juli-Krise, *Ausbruch des Ersten Weltkrieges*.

Deutschland 1914 bis 1945

Deutschland im Ersten Weltkrieg (1914–1918)

Der Krieg, in dessen letztem Jahr etwa acht von 16,7 Mio. männlichen Deutschen zwischen 15 und 60 Jahren im Dienst der Streitkräfte stehen (insgesamt etwa 1 808 000 gefallen), greift tief in die Entwicklung ein. Wirtschaftlich ergibt sich eine *Stärkung kriegswichtiger Industriezweige* (Metall-, Maschinen-, Elektro-, chemische Industrie), im Arbeitsleben eine vermehrte *Heranziehung von Frauen* und Jugendlichen, was die Stärkung von Emanzipationstendenzen zur Folge hat. Die Mobilisierung und Organisation aller Kräfte im Dienste der Kriegsführung verschafft dem Staat einen steigenden Einfluss auf die Wirtschaft *(Kriegssozialismus)*; Gründung von Reichswirtschaftsamt und Reichsarbeitsamt. Zur Deckung der Kriegskosten ist das Reich wegen der Schwächen seiner Finanzverfassung mehr noch als andere Krieg führende Staaten auf das Mittel der Anleihe verwiesen (insgesamt neun Kriegsanleihen mit 96,93 Mrd. Mark, die aber nur etwa 60 % der Kriegskosten erbringen) – erst 1916 wird der Weg der Einführung neuer Steuern beschritten.

kriegswichtige Industrie Heranziehung von Frauen Kriegssozialismus

Die Verflechtung von in die Kriegswirtschaft einbezogenen Betrieben besetzter Gebiete mit deutschen Firmen wird zum neuen Verbindungselement von Wirtschaftsinteresse und Kriegszielpolitik. Die Anspannung der Arbeitskräfte lässt die Bedeutung der Arbeiterbewegung wachsen, mit der sich die Arbeitgeber zu arrangieren beginnen. *Soziale Veränderungen* sind noch stärker bei den mittelständischen Gruppen sichtbar, wo eine (auch im Vergleich zu anderen Teilen der Gesellschaft) erhebliche Verarmung festzustellen ist. Die Parteipolitik wird von den beiden Alternativen Verständigungsfrieden (von der Linken gefordert) und Siegfrieden (Ziel der Rechten und lange auch der Mitte) sowie schließlich von der Zusammenarbeit der überwiegenden Reichstagsmehrheit (ohne Konservative) im Interfraktionellen Ausschuss bestimmt. Gegenüber der Kooperation der Reichstagsmehrheit und der Annäherung der SPD an den Staat bilden sich radikale Parteien auf der Linken (USPD) und der Rechten (Vaterlandspartei). So unsicher die *Parlamentarisierung des Reichs* am Vorabend des Kriegs noch scheint, so unausweichlich wird sie in seinem Verlauf: Die Verfassung des Deutschen Reichs erweist sich gegenüber den außerordentlichen Belastungen weniger gewachsen als die großen Demokratien des Westens.

soziale Veränderungen

Parlamentarisierung des Reichs Kriegskredite

1914
4. Aug. Im Reichstag werden die *Kriegskredite* von allen Parteien einschließlich der Sozialdemokraten bewilligt.

Burgfriede

1915 Der innenpolitische *Burgfriede* wird gehalten, wenngleich die linke Opposition in der SPD wächst und die Diskussion um eine verfassungspolitische „Neuorientierung" beginnt.

1916 Abspaltung einer linken sozialdemokratischen Fraktion im Reichstag (24. März).

Hindenburg und Ludendorff

29. Aug. Die Übernahme der Obersten Heeresleitung durch Generalfeldmarschall Paul von *Hindenburg* (*1847, †1934) *und* General Erich *Ludendorff* (3. OHL) leitet die Zeit des maßgebenden Einflusses Ludendorffs in den entscheidenden Fragen der Politik ein:
Hindenburg-Programm: Maßnahmen zur Zusammenfassung aller Kräfte des Wirtschafts- und Arbeitspotenzials, Kriegsamt für die zentrale Leitung der Kriegswirtschaft unter General Wilhelm Groener (*1867, †1939).

Hilfsdienstgesetz

5. Dez. Vaterländisches *Hilfsdienstgesetz* vom Reichstag angenommen: verpflichtet die nicht eingezogenen Männer vom 17.–60. Lebensjahr zum Dienst in der Rüstungsindustrie und in kriegswichtigen Einrichtungen; mit der Begründung obligatorischer Arbeiter- und Angestelltenausschüsse in den Betrieben sowie paritätischer Schlichtungsausschüsse wird der Weg zur Mitbestimmung der Arbeitnehmer und zur Erweiterung des gewerkschaftlichen Einflusses beschritten.

Die Gewinnung von Stickstoff aus der Luft (Haber-Bosch-Verfahren; Leunawerk [Leuna an der Saale bei Merseburg]) seit 1916/1917 macht die deutsche Kriegswirtschaft in der Schießpulver- und Sprengstoffproduktion von der Salpetereinfuhr unabhängig.

1917	Dagegen Verschärfung der innenpolitischen Spannung in der ersten Hälfte des Jahres 1917. Der harte Winter, die knapp werdende Ernährung, die russische Revolution, die Kriegserklärung der USA wirken lähmend, zumal die versprochene Neuorientierung unterbleibt.	
7. April	Die *Osterbotschaft Wilhelms II.* als König von Preußen kündigt die Aufhebung des Dreiklassenwahlrechts an.	*Osterbotschaft Wilhelms II.*
9.–11. April	*Spaltung der SPD* auf der Gothaer Konferenz. Gründung der Unabhängigen Sozialdemokratischen Partei Deutschlands (USPD, Vorsitzender Hugo Haase; *1863, †1919), die offen den Kampf gegen die Fortführung des Krieges aufnimmt. Große Streiks in Berlin, Leipzig und anderen Städten (Mitte April).	*Spaltung der SPD*
6. Juli	Der Zentrumsabgeordnete Matthias Erzberger (*1875, †1921) fordert im Hauptausschuss des Reichstags eine Friedensresolution mit dem Programm des annexionslosen Friedens, da keine Aussicht auf den Sieg bestehe und dieser auch durch den U-Boot-Krieg nicht erzwungen werden könne. (Von diesem Tage an treffen sich führende Abgeordnete der SPD, des Zentrums, der Fortschrittspartei und zeitweise auch der Nationalliberalen zu informellen politischen Koordinationsbesprechungen im sog. Interfraktionellen Ausschuss. Damit wird die Parlamentarisierung der Reichsverfassung vorbereitet.)	
14. Juli	Reichskanzler *Bethmann Hollweg* wird *entlassen* nach Rücktrittsdrohung von Hindenburg und Ludendorff, die seine gescheiterten innen- und außenpolitischen Verständigungsversuche ablehnen. Sein Nachfolger Georg Michaelis (gleichzeitig preußischer Ministerpräsident, *1857, †1936) vermag weder eine konstruktive Zusammenarbeit mit der Reichstagsmehrheit noch eine gegenüber der Heeresleitung eigenständige Politik zu bewerkstelligen.	*Bethmann Hollweg entlassen*
19. Juli	*Friedensresolution* der Reichstagsmehrheit im Sinne der Rede Erzbergers vom 6. Juli. Die innere Entwicklung wird hinfort bestimmt durch den Gegensatz zwischen einer fortschreitenden Parlamentarisierungstendenz und dem beherrschenden politischen Einfluss der Heeresleitung (Ludendorff).	*Friedens-resolution*
2. Sept.	Wolfgang Kapp (*1858, †1922) gründet die rechtsradikale Deutsche Vaterlandspartei zur Förderung der Siegfriedensbestrebungen; Unterstützung durch die Alldeutschen sowie durch Konservative und Liberale (Auflösung 10. Dez. 1918).	
1. Nov.	Der bisherige bayrische Ministerpräsident Georg Graf Hertling (*1843, †1919) vom rechten Flügel des Zentrums wird Reichskanzler und preußischer Ministerpräsident, vermag aber trotz Einbeziehung führender Parlamentarier (Vizekanzler Friedrich von Payer, Fortschritt [*1847, †1931], u.a.) in Staatssekretärs- und Ministerstellen keinen eigenen Kurs gegen Ludendorff durchzusetzen.	
1918 28. Jan.	Beginn eines mehrere Tage andauernden, erfolglosen *Massenstreiks* in Berlin und anderen großen Städten.	*Massenstreiks*
14. Aug.	Auf einer Konferenz im Kaiserlichen Hauptquartier erklärt die Oberste Heeresleitung erstmals offen die *Fortführung des Krieges* für *aussichtslos*.	*Fortführung des Krieges aussichtslos*
29. Sept.	Hindenburg und Ludendorff fordern ultimativ die Erneuerung der politischen Leitung mit parteipolitischer Anbindung und ein sofortiges Waffenstillstandsangebot.	
30. Sept.	Reichskanzler Hertling entlassen.	
3. Okt.	*Prinz Max von Baden* (*1867, †1929), der das Ersuchen der Obersten Heeresleitung um sofortigen Waffenstillstand unterzeichnet, wird zum Reichskanzler und preußischen Ministerpräsidenten ernannt. Die Mehrheitsparteien treten durch Staatssekretäre ohne Portefeuille in die Regierungsverantwortung ein.	*Prinz Max von Baden*
24.–28. Okt.	*Verfassungsreform* von Reichstag, Bundesrat und Kaiser angenommen: Der Reichskanzler bedarf jetzt des Vertrauens des Reichstags; Kriegserklärung und Friedensschluss nur noch mit Zustimmung von Reichstag und Bundesrat.	*Verfassungs-reform*
26. Okt.	Entlassung Ludendorffs, Nachfolger Groener.	
28. Okt.	Beginn der *Meuterei auf der deutschen Hochseeflotte*, die dadurch an einem letzten, in der Zielsetzung umstrittenen Auslaufen gehindert werden soll.	*Meuterei der Hochseeflotte*
3./4. Nov.	Matrosenaufstand in Kiel.	
6. Nov.	Übergreifen der Bewegung auf Hamburg, Bremen, Lübeck.	
7. Nov. 8. Nov.	*Revolution* in München. Sturz der Wittelsbacher, Freistaat Bayern proklamiert: Regierung der Arbeiter-, Bauern- und Soldatenräte unter Kurt Eisner (USPD, *1867, †1919).	*Revolution*
9. Nov.	Reichskanzler Prinz Max von Baden verkündet eigenmächtig unter Druck der Massen die Abdankung des Kaisers. Philipp Scheidemann (SPD; *1865, †1939) ruft die *Deutsche Republik* aus, um der radikalen Linken zuvorzukommen. Prinz Max überträgt dem SPD-Vorsitzenden *Friedrich Ebert* (*1871, †1925) die Wahrnehmung der Geschäfte des Reichskanzlers. Vom Großberliner Arbeiter- und Soldatenrat legitimierter *Rat der Volksbe-*	*Deutsche Republik Friedrich Ebert*

Rat der Volksbeauftragten		*auftragten* aus je drei SPD- (darunter Ebert und Scheidemann) und USPD- (darunter Haase) Mitgliedern.
	10. Nov.	Flucht Wilhelms II. in die neutralen Niederlande.
Waffenstillstand von Compiègne	11. Nov.	*Waffenstillstand von Compiègne* (an der Oise nordöstlich von Paris) nach Verhandlungen unter Erzbergers Führung.
	12. Nov.	Im „Aufruf des Rats der Volksbeauftragten an das deutsche Volk" stellt dieser sich als „die aus der Revolution hervorgegangene Regierung" vor. Sie werde „das sozialistische Programm verwirklichen". Dagegen sieht sich der ebenfalls auf der Versammlung der Berliner Arbeiter- und Soldatenräte gewählte „Vollzugsrat" dieser Räte als das übergeordnete revolutionäre Organ an. Dahinter steht die Absicht einer Räteverfassung für Deutschland, während Ebert das Ziel einer parlamentarischen Demokratie verfolgt. – Die Provisorische Nationalversammlung von Deutsch-Österreich erklärt den Anschluss an Deutschland.
	14. Nov.	Ernennung der Fachminister beim Rat der Volksbeauftragten, darunter auch mehrere Nichtsozialisten.
Stinnes-Legien-Abkommen		Als Gegengewichte gegen eine weitertreibende sozialistische Revolution wirken: die von Anbeginn enge Verbindung zwischen Ebert und der Obersten Heeresleitung (Hindenburg und Groener) zwecks geordneter Auflösung des Heeres und Aufrechterhaltung von Ruhe und Ordnung und das sog. *Stinnes-Legien-Abkommen:*
	15. Nov.	Gründung der Zentralarbeitsgemeinschaft zwischen Arbeitgebern und Arbeitnehmern (Gewerkschaften) im Sinne einer Tarifpartnerschaft auf neuen sozialpolitischen Grundlagen (z.B. kollektiver Arbeitsvertrag, Achtstundentag).
	25. Nov.	Konferenzen von Regierungsvertretern der Bundesstaaten, in denen sich überall der revolutionäre Umschwung (Ende der Monarchien) zeigt: für Aufrechterhaltung der Reichseinheit und Wahlen zur Nationalversammlung.
Abdankung Kaiser Wilhelms II.	28. Nov.	*Abdankung Kaiser Wilhelms II.*
	29. Nov.	Beschluss des Rats der Volksbeauftragten auf der Basis der Regierungs-Konferenzen vom 25. Nov.
deutscher Rätekongress	16.–20. Dez.	*Deutscher Rätekongress* in Berlin. Die auf der Basis von Betrieben und einzelnen Truppenteilen mehr oder minder spontan entstandenen, insgesamt sehr heterogenen, gleichwohl zu Trägern der Revolution gewordenen Arbeiter- und Soldatenräte, die an sich alle exekutiven, legislativen und jurisdiktionellen Befugnisse beanspruchen (sich aber allenfalls auf die Leitung und Kontrolle der vorhandenen Institutionen beschränken), sind mehrheitlich SPD-orientiert. Der Kongress lehnt das Rätesystem als politische Organisationsform des Reichs ab und beschließt Wahlen zur Nationalversammlung am 19. Jan. 1919.
	24. Dez.	Unruhen und Kämpfe um das Berliner Schloss.
	29. Dez.	Die USPD tritt aus dem Rat der Volksbeauftragten aus.
KPD	ab 30. Dez.	Gründungsparteitag (bis 1. Jan. 1919) der *Revolutionären Kommunistischen Arbeiterpartei (später KPD)* in Berlin; führend u. a. Karl Liebknecht (*1871, †1919) und Rosa Luxemburg (*1870, †1919).

Die Weimarer Republik (1919–1933)

In der Novemberrevolution, die im Februar 1919 verebbt, verhindern die Mehrheitssozialisten (SPD) unter Friedrich Eberts Führung im Zusammengehen mit Heeresleitung (Wilhelm Groener) und Verwaltungsspitzen die gesellschaftliche Umwälzung und setzen die Errichtung des *liberaldemokratischen Verfassungsstaats* durch. In ihm bleiben die Wirtschafts- und Agrarverfassung (Großgrundbesitz) unangetastet, infolge der Parlamentarisierung werden die alten, in den Spitzen weiterhin adligen Führungseliten verdrängt, halten sich aber großenteils im Heer und im diplomatischen Dienst. Das abschreckende Beispiel der bolschewistischen Oktoberrevolution, ein weit verbreitetes Bedürfnis nach Ruhe und Ordnung, die relative Stabilität wichtiger Stützen der alten Ordnung und die Notwendigkeit, überwältigende aktuelle Probleme vor allem der Ernährung zu lösen, verfehlen ihre Wirkung nicht, zumal sich die vorrangige Frage nach einem vertretbaren Friedensschluss rasch als unlösbar erweist: Der *Versailler Vertrag* wird nicht nur wegen seiner Bestimmungen an sich zur Hypothek der jungen Republik, sondern weil er verbunden ist mit der Anerkennung der Kriegsschuld und der Verweigerung der internationalen Gleichberechtigung. Die mangelnde Bereitschaft der Rechten und des Militärs, die von der Koalitionsregierung

liberaldemokratischer Staat

Versailler Vertrag

der SPD und des Zentrums mangels jeder Alternative eingegangene Annahme des Vertrags zu respektieren und die militärische Niederlage als unkorrigierbar anzuerkennen, hilft, die Republik zu diskreditieren. Die u. a. von Hindenburg und Ludendorff frühzeitig wider ihr besseres Wissen verbreitete *Dolchstoßlegende*, die Revolution sei der unbesiegten Frontarmee in den Rücken gefallen, findet angesichts der Diskrepanz zwischen Nationalstolz, Kriegspropaganda und militärischen Erfolgen auf der einen, dem raschen Zusammenbrechen der Front auf der anderen Seite weithin Glauben und vergiftet die Atmosphäre nachhaltig.

Dolchstoßlegende

Unter den *finanziellen Kriegsfolgen* sind die von den Siegern auferlegten Reparationen als im Ergebnis weniger wirksam zu veranschlagen als die von der Kriegsfinanzierung durch Anleihen verursachte *Entwertung des Geldes*, die sich nach Kriegsende durch das Vordringen von lange zurückgestauter Kaufkraft bei noch zu geringer Güterproduktion erheblich beschleunigt. Kriegsfolgelasten aller Art (z.B. Versorgung von Kriegsopfern, Hinterbliebenen, entlassenen Berufssoldaten) führen zur Überlastung des Etats, der, um den Staatsbankrott zu vermeiden, in die weitere Kreditierung, in diesem Falle also in die Beschleunigung der Inflation ausweicht. V. a. mittelständische Gruppen (wie kleine Selbstständige) werden stark geschädigt und wenden sich – in erster Linie auf Kosten der Parteien der bürgerlichen Mitte – bald von der Republik ab. Dagegen können sich sowohl die unteren Lohnstufen der Arbeitnehmer als auch das wirtschaftende Unternehmertum verbessern, doch werden erstere hart von der bei Kriegsende erstmals im deutschen Industriestaat auftretenden Massenarbeitslosigkeit getroffen (Anfang 1919 noch über 1 Mio.). Diese finanziellen, wirtschaftlichen und sozialen Kriegsfolgen hängen ebenso wenig wie die außenpolitischen mit der Entstehung des demokratischen Staats zusammen, werden ihm jedoch nicht nur von ehemaligen politisch-gesellschaftlichen Machtträgern des Kaiserreichs, sondern auch von weiten Bevölkerungskreisen angelastet.

finanzielle Kriegsfolgen Entwertung des Geldes

Auch der kaiserliche Autoritätsverlust, nur zeitweilig ausgeglichen durch das Ansehen der Heeresleitung, hinterlässt ein Defizit, das den demokratischen Neuansatz auf Dauer belastet. Diese und andere Kriegsfolgen erweisen sich als Dauerprobleme, deren Folgen die Republik bis zu ihrem Ende begleiten.

Aufbau und Institutionen der Weimarer Republik

Aufbau und Institutionen

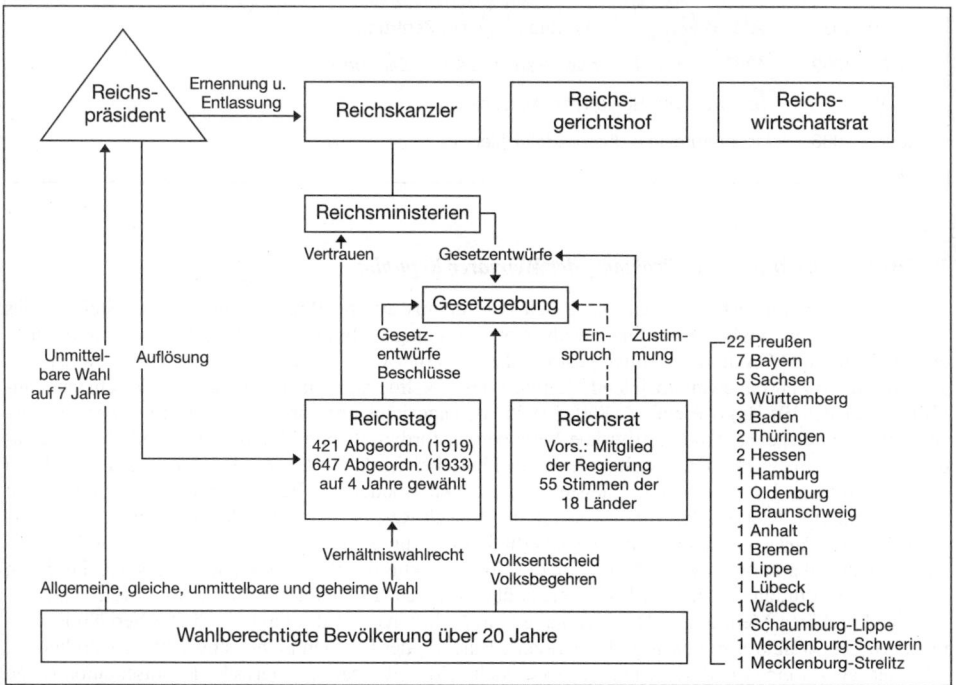

Reichspräsident Reichskanzler

Reichstag

Die Reichsregierungen der Weimarer Republik

Reichsregierungen

Regierungs-bildung am	Tage	Reichskanzler
13.2. 1919	130 Tage	Philipp Scheidemann, SPD
21.6.	277	Gustav Bauer, SPD
27.3. 1920	76	Hermann Müller, SPD
25.6.	313	Konstantin Fehrenbach, Zentrum
10.5. 1921	165	Joseph Wirth, Zentrum
26.10.	384	Joseph Wirth, Zentrum
22.11. 1922	263	Wilhelm Cuno, parteilos
13.8. 1923	51	Gustav Stresemann, DVP
6.10.	48	Gustav Stresemann, DVP
30.11.	177	Wilhelm Marx, Zentrum
3.6. 1924	195	Wilhelm Marx, Zentrum
15.1. 1925	223	Hans Luther, parteilos
20.1. 1926	111	Hans Luther, parteilos
16.5.	215	Wilhelm Marx, Zentrum
29.1. 1927	498	Wilhelm Marx, Zentrum
28.6. 1928	637	Hermann Müller, SPD
30.3. 1930	556	Heinrich Brüning, Zentrum
9.10. 1931	233	Heinrich Brüning, Zentrum
1.6. 1932	170	Franz von Papen, bis 3.6. Zentrum
3.12.	55	Kurt von Schleicher, parteilos
30.1. 1933		Machtergreifung durch Adolf Hitler

Verfassung, Strukturen und Probleme der Weimarer Republik

Verfassung Nach der *Verfassung* ist das Deutsche Reich eine demokratische Republik mit starker Stellung des Reichspräsidenten, dessen Ausnahmegewalt (Notverordnungsrecht nach Artikel 48, wenn „die öffentliche Sicherheit und Ordnung erheblich gestört oder gefährdet wird") sich als zweischneidig erweist. Der auf eine starke Zentralgewalt abzielende Entwurf des linksliberalen Staatsrechtlers und Reichsinnenministers (1918/1919) Hugo Preuß (*1860, †1925) ist angesichts der normativen Kraft der ohne verfassungspolitisch einschneidende territoriale Veränderung fortbestehenden Länder nur in erheblich veränderter Fassung maßgebend. Gefährlichere Mängel bestehen im *Reich-Länder-Verhältnis* (Dauerproblem der Reichsreform, Fortbestehen der meisten Kleinstaaten, Sonderrolle Bayerns, Finanzreform) sowie in der mangelhaften Klärung der Verantwortung im Dreieck Reichspräsident – Reichsregierung – Reichstag, die es den *Parteien* erschwert, in eine dauerhafte Regierungsverantwortung mit einzutreten: Das Rollenverständnis der Parteien wird ebenso wie die Grundstruktur des Parteiensystems in gewandelter Form aus dem Konstitutionalismus des Kaiserreichs übernommen. Es bleibt bei kurzfristigen Einigungsformeln und prekären Mehrheiten. Der Übergang vom Mehrheits- auf das eingeschränkte Verhältniswahlrecht (16 Großwahlkreise) beseitigt die regionale Bindung der Parteien nicht, schwächt sie lediglich ab, erleichtert aber kleinen und kleinsten Gruppen noch stärker die parlamentarische Repräsentation (ohne freilich als Hauptursache der Parteienzersplitterung gelten zu können, die sich gegenüber der Kaiserzeit nur graduell verstärkt).

Reich-Länder-Verhältnis
Parteien

So gelingt es – besonders nach der Wahlniederlage von 1920 – gerade der stärksten Partei der Republik, der *SPD* (1,02 Mio. Miglieder 1929, vorwiegend Arbeiter), immer weniger, das Reich durch Beteiligung an der Exekutive mitzugestalten, obgleich die Sozialdemokraten maßgebliche Repräsentanten der Weimarer Republik stellen wie den Reichspräsidenten Ebert, die Regierungschefs Scheidemann, Bauer und

SPD

Müller (1920 und 1928–1930), den Wehrminister (1919/1920) Noske, den Justizminister (1921/1922,1923) Gustav Radbruch (*1878, †1949), den Finanzminister (1923,1928/1929) Rudolf Hilferding (*1877, †1941); die Partei bleibt im Reichstag fünf Jahre lang in der Opposition, versucht jedoch den modellhaften *Ausbau Preußens* in fast ununterbrochen 1919–1932 dauernder Koalition mit dem Zentrum: Mit fast fünf Achteln der Bevölkerung und mehr als drei Fünfteln der Fläche stellt das größte Land einen bemerkenswerten Stabilitätsfaktor dar, sehen sich die Republikfeinde von rechts lange Zeit auf eine Außenseiterrolle beschränkt. Die preußische Sozialdemokratie wird durch Politiker wie Ministerpräsident (1920/1921 und 1921–1925 sowie 1925–1932) Otto Braun (*1872, †1955) und Innenminister (1920–1921 und 1921–1926 sowie 1930–1932) Karl Severing (*1875, †1952; 1928–1930 Reichsinnenminister) charakterisiert.

Ausbau Preußens

Die Parteien im Reichstag 1919–1938

Parteien

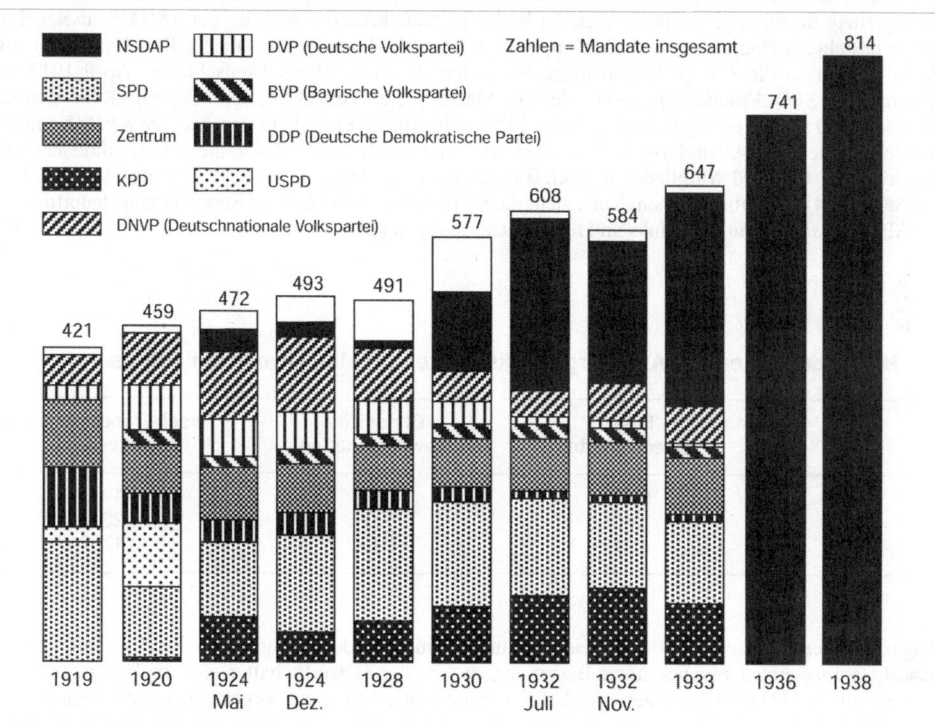

Das *Zentrum* ist die eigentliche Regierungspartei der Weimarer Zeit: Bis 1932 an allen Kabinetten des Reichs wie auch Preußens beteiligt, stellt die katholische Partei neben dem bereits 1921 ermordeten Minister Erzberger die Reichskanzler Fehrenbach (1920/1921), Wirth (1921/1922), Marx (1923/1924 und 1926–1928) und Brüning (1930–1932) in den verschiedensten politischen Kombinationen, sich gegen Ende der Republik stark nach rechts öffnend; die schichtenübergreifende soziale Integrationspartei kann mit Hilfe ihrer unangefochtenen Position im katholischen Kirchenvolk taktische Beweglichkeit mit innerer Stabilität verbinden.

Zentrum

Demgegenüber vollzieht sich der Niedergang der *liberalen Parteien* im Zusammenhang mit dem schwindenden Einfluss der bürgerlichen Honoratiorenschichten und der politischen Enttäuschung im gewerblichen und neuen Mittelstand. Zunächst trifft dies die liberaldemokratische DDP (Deutsche Demokratische Partei, 16. Nov. 1918 Zusammenschluss von Fortschritt und linkem Flügel der Nationalliberalen), die bedeutenden Anteil am Zustandekommen der Verfassung hat (Preuß) und bis 1932, zuletzt als Deutsche Staatspartei, an fast allen Reichsregierungen beteiligt ist (1922 Reichsaußenminister Rathenau, 1920–1928 Reichswehrminister Otto Geßler [*1875, †1955]). Etwas länger hält sich die von Banken, Schwer- und Exportindustrie unterstützte, von Rechts-Nationalliberalen im Dez. 1918 gegründete DVP (Deutsche Volkspartei), die in Gustav Stresemann bis Okt. 1928 über einen herausragenden Parteivorsitzenden verfügt, sich aber nicht geschlossen und vorbehaltlos zur Republik bekennt. Ähnliches gilt auch für die *BVP* (Bayerische Volkspartei, Nov. 1918 vom Zentrum abgespalten), die, konservativ mit monarchistischer Tendenz, sich ausschließlich auf Bayern beschränkt, aber durch stabile Wählerschaft (Reichs-

liberale Parteien

BVP

präsidentenwahl 1925) und Teilnahme an Koalitionsregierungen 1922–1932 auch auf Reichsebene nicht ohne Einfluss ist. In Bayern selbst stellt die BVP während der Weimarer Zeit stets die stärkste Fraktion (SPD bis 1932 dort an zweiter Stelle, dann NSDAP); unter ihrem Ministerpräsidenten Heinrich Held (1924–1933; *1868, †1938) findet Bayern zu beträchtlicher politischer Stabilität, wenn auch angesichts eines konservativ durchwirkten, extremen Föderalismus („Ordnungszelle Bayern") Konflikte mit dem Reich nicht ausbleiben.

Gegner der Republik DNVP
Unter den *Gegnern der demokratischen Republik* ist vor dem Aufstieg der Nationalsozialisten am stärksten die *DNVP* (Deutschnationale Volkspartei, gegründet 22. Nov. 1918 als Zusammenschluss der Rechten, insbesondere der Konservativen und der Vaterlandspartei mit Unterstützung alldeutscher Kreise), die autoritäre, monarchistische und nationalistische Ziele mit industriellen und großagrarischen Interessen verbindet; sie nimmt während der wirtschaftlichen Erholungsphase an Koalitionsregierungen teil, radikalisiert sich jedoch von 1928 an unter der Führung des alldeutschen Großverlegers Alfred Hugenberg (*1865, †1951). Noch weiter rechts stehende, deutschvölkische Gruppen erringen nur vorübergehend eine begrenzte Bedeutung, bis im Gefolge der Weltwirtschaftskrise der Aufstieg der *NSDAP* einsetzt. Dagegen besteht als Hauptträger der Linksopposition gegen die liberaldemokratische Republik schon von deren Beginn an die *USPD* (Unabhängige Sozialdemokratische Partei Deutschlands, April 1917 als linksradikale SPD-Abspaltung gegründet) als Massenpartei (zuletzt 893000 Mitglieder), die sich im Oktober 1920 spaltet und später teils mit der SPD, teils mit der Ende 1918 gegründeten *KPD* (Kommunistische Partei Deutschlands) vereinigt; diese wird erst durch diesen Zusammenschluss ihrerseits zur Massenpartei (360000 Mitglieder im Okt. 1932); unter der Führung Ernst Thälmanns (1925–1933; *1886, †1944) auf stalinistischem Kurs, sieht die KPD während der Zeit der Republik den Hauptfeind in der SPD, die sich somit nach links und rechts zu verteidigen hat.

Gewerkschaften
Die Mitgliederzahlen der Arbeitergewerkschaften (in Mio. jeweils am Jahresende):

	Freie Gewerkschaften	Christliche Gewerkschaften	Hirsch-Dunckersche Gewerkvereine
1919	5,48	0,86	0,19
1922	7,89	1,05	0,23
1929	4,91	0,67	0,17

Massenorganisationen
Angesichts der Schwächen in der Parteienstruktur, der mangelnden Stetigkeit der Reichspolitik kommt den *Massenorganisationen* besondere Bedeutung zu. Von den Gewerkschaften sind die Freien (sozialistischen), die (1933) 65,9% der gewerkschaftlich organisierten Arbeiter, Angestellten und Beamten stellen (Christliche Gewerkschaften 18,5%, liberale Hirsch-Dunckersche Gewerkvereine 8,3%), SPD-orientiert, während das Zentrum sich außer auf die Christlichen Gewerkschaften (Vorsitzender 1919–1929 der Zentrumspolitiker Adam Stegerwald; *1874, †1945) auch auf katholische Organisationen wie den Volksverein für das katholische Deutschland (bereits 1890 unter Beteiligung Windthorsts gegründet, 1928 in die Katholische Aktion eingegliedert) stützen kann. Wesentlich für die Deutschnationalen ist der Reichslandbund (1921 unter Einschluss des Bundes der Landwirte gegründet), mit über 5 Mio. Mitgliedern von sehr großer Breitenwirkung, der sich immer weiter nach rechts entwickelt.

Wehrverbände
Gleichfalls parteipolitisch wirksam sind halbmilitärische *Wehrverbände*, die das öffentliche Leben in besonderer Weise durch häufig gewaltsame, gegen Ende bürgerkriegsähnliche Auseinandersetzungen mitprägen. Der vom Anspruch her überparteiliche, tatsächlich nationalkonservative Stahlhelm (Bund der Frontsoldaten, Gründung Nov. 1918, 400000–500000 Mitglieder 1930) steht den Rechtsparteien nahe und geht 1929 zur offenen Bekämpfung der Republik über, steht damit gegen das republiktreue, vorwiegend sozialdemokratische Reichsbanner Schwarz-Rot-Gold (1924 gegründet, bis zu 3 Mio. Mitglieder), aber auch gegen den Roten Frontkämpferbund (Gründung 1924, über 110000 im Jahr 1927, 1929 verboten) der KPD. Währenddessen lässt die Bedeutung der (insgesamt über 100) *Freikorps* bereits nach, welche, seit Ende 1918 nach der Auflösung der kaiserlichen Armee aus Freiwilligen gebildet und von Januar 1919 an vorwiegend zur Bekämpfung linksgerichteter Aufstandsbewegungen eingesetzt, in der Mehrheit antirepublikanisch orientiert sind. Die Freikorps gehen großenteils in der *Reichswehr* auf; sie ist gemäß dem Versailler Vertrag auf ein 100000-Mann-Heer (Marine 15000) von langdienenden Berufssoldaten begrenzt, befindet sich in starker personeller Kontinuität zur Kaiserzeit und versteht in Distanz zum demokratisch verfassten Staat ihre Rolle als die des potenziellen Schiedsrichters in der Staatskrise.

Die Krisenjahre (1919–1923)

In den ersten Jahren nach dem Sturz des Kaiserreichs gilt es, der Republik eine Verfassung zu geben und sie mit Leben zu erfüllen, Reichseinheit und Republik gegen Extremismus, Separatismus und außenpolitische Gefahren zu verteidigen sowie nicht zuletzt die schweren wirtschaftlichen, sozialen, finanziellen Probleme – vor allem die Inflation – zu bewältigen.

1919
6.–15. Jan. Von Kommunisten, USPD und revolutionären Obleuten der Metallarbeiter in Gang gesetzter *Spartakusaufstand;* Generalstreik, Unruhen, Straßenkämpfe in Berlin. Unter Oberbefehl des Volksbeauftragten Gustav Noske (SPD; *1868, †1946) stellen Truppen die Ordnung wieder her. Die dabei gefangen genommenen USPD-Führer *Karl Liebknecht und Rosa Luxemburg* werden von Freikorpsoffizieren *ermordet* (15. Jan.). — *Spartakusaufstand Liebknecht und Luxemburg*

19. Jan. Wahlen zur Nationalversammlung, Dreiviertelmehrheit für die Parteien, die die parlamentarisch-demokratische Republik anstreben (SPD, DDP, Zentrum).

11. Febr. Zusammentritt der Nationalversammlung in Weimar, Friedrich *Ebert zum* vorläufigen *Reichspräsidenten gewählt.* — *Friedrich Ebert Reichspräsident*

13. Febr. Koalitionsregierung SPD-DDP-Zentrum unter Ministerpräsident Scheidemann (SPD).

März/April Wiederholt Unruhen, besonders im Ruhrgebiet und in Bayern.

6./7. April Räterepublik Bayern in München durch Arbeiter-, Bauern- und Soldatenräte ausgerufen.

ab 1. Mai Blutige Niederwerfung der Räterepublik in München durch Freikorps.

20. Juni Rücktritt der Regierung Scheidemann, die sich nicht über die Haltung zu den endgültigen Friedensbedingungen der Siegermächte (Mantelnote vom 16.) einigen kann.

21. Juni Neue SPD-Zentrum-Koalitionsregierung Gustav Bauer (SPD; *1870, †1944). Die Deutsche Demokratische Partei scheidet aus der Regierung aus, weil sie auf der Ablehnung des Friedensvertrags besteht.

23. Juni Die Nationalversammlung ermächtigt die Reichsregierung mit der Mehrheit der USPD, der SPD und des Zentrums zur Unterzeichnung des Friedensvertrags.

28. Juni *Vertragsunterzeichnung* in *Versailles* (bei Paris) durch Außenminister Hermann Müller. — *Versailler Vertrag*

11. Aug. Die von der Nationalversammlung beschlossene *Reichsverfassung* wird vom Reichspräsidenten unterzeichnet. — *Reichsverfassung*

Im Vordergrund stehende Probleme sind zunächst die von den Siegermächten geforderte Auslieferung der „Kriegsverbrecher" (die Angelegenheit verläuft praktisch im Sande), die Entwaffnung des Heeres, der Freikorps und der Baltikumtruppen im Gefolge des Friedensvertrags, Auseinandersetzungen um Sozialisierungsmaßnahmen, Streiks, Geldentwertung, anhaltend schlechte Ernährungslage.

Aug. Von außen unterstützter Polenaufstand in Oberschlesien von deutschen Truppen niedergeschlagen.

Sept. Reichsgesetz über die Reichsfinanzverwaltung (Grundlage für den Aufbau einheitlicher Finanzämter im Reich) als Beginn der Erzbergerschen *Reichsfinanzreform* (Vizekanzler und Finanzminister Erzberger im Kabinett Bauer). — *Reichsfinanzreform*

8. Okt. Attentat auf den USPD-Vorsitzenden Haase (†17. Nov.).

13. Dez./ Fortsetzung der Finanzreform durch die Reichsabgabenordnung und das Landessteuergesetz (1923 ersetzt durch das Finanzausgleichsgesetz): Die Finanzhoheit wird beim Reich zentralisiert, dem jetzt auch alle direkten Steuern (v. a. Einkommen- und Vermögenssteuer) zugewiesen sind, zuungunsten der Länder- und Gemeinde-Steuerhoheit. Die angestrebte Konsolidierung der Reichsfinanzen wird jedoch durch die sich beschleunigende Inflation (vorerst) zunichte gemacht.
1920
30. März 1920

1920
10. Jan. *In-Kraft-Treten des* Versailler *Vertrags.* Die abzutretenden Gebiete werden geräumt. Beginn der Repatriierung der Gefangenen, der Heimkehr der Deutschen aus den ehemaligen Kolonien, von Abwanderung und Ausweisungen aus den abgetretenen Gebieten. — *In-Kraft-Treten des Vertrags*

13. Jan. Die große Demonstration der USPD und der KPD vor dem Reichstag (gegen das Betriebsrätegesetz) wird durch Maschinengewehrfeuer (42 Tote) auseinandergetrieben.

19. Jan. Beginn des von Erzberger gegen den deutschnationalen ehemaligen Bankier und Staatssekretär (1915/1916 im Reichsschatzamt, 1916/1917 im Reichsamt des Innern) Karl Helfferich (*1872, †1924) angestrengten Beleidigungsprozesses, in dem die Agitation der Rechten gegen Erzberger als „Erfüllungspolitiker" und als Architekt der Finanzreform gipfelt, welche die großen Vermögen stärker belasten soll.

4. Febr. Betriebsrätegesetz in Kraft: Aufbauend auf den seit 1891 bestehenden Arbeiterausschüssen und dem Hilfsdienstgesetz von 1916, wird die Wahl von Betriebsräten durch alle Betriebsangehörigen mit Zuständigkeit für soziale Fragen festgelegt.

	10. Febr.	Abstimmung in der ersten Zone in Nordschleswig mit 75% Stimmenmehrheit für Dänemark. Der südliche, deutsch besiedelte Teil dieser Zone, in dem deutsch gestimmt wird (Apenrade, Tondern), ist damit majorisiert worden.
Erzberger tritt zurück	12. März	*Erzberger* verliert den Beleidigungsprozess gegen Helfferich und *tritt* als Reichsfinanzminister *zurück*.
Kapp-Lüttwitz-Putsch	13.–17. März	*Kapp-Lüttwitz-Putsch:* Versuch des Alldeutschen Wolfgang Kapp (*1858, †1922) und des Generals Walter von Lüttwitz (*1859, †1942), mit Hilfe der von Lüttwitz befehligten Marinebrigade Ehrhardt (1919 gegen die Räterepublik in München eingesetztes Freikorps) die Regierungsgewalt in die Hand zu bekommen. Besetzung der Regierungsgebäude in Berlin, Flucht der Regierung nach Stuttgart. Der Putsch scheitert am passiven Widerstand der Ministerialbürokratie und am Generalstreik der Gewerkschaften. Zur gleichen Zeit neues Aufflackern der Revolution in Sachsen.
Reichswehr		Der Konflikt zwischen Ebert, Noske, dem Chef der Heeresleitung, General Walter Reinhardt (*1872, †1930), und dem Chef des Truppenamts, General Hans von Seeckt (*1866, †1936), um das von Reinhardt befürwortete, von Seeckt mit Erfolg abgelehnte Eingreifen der *Reichswehr* gegen die Putschisten endet damit, dass Seeckt von Ebert an Reinhardts Stelle berufen wird, der mit Noske (22. März) zurücktritt: Die Reichswehr verharrt gegenüber den Republikfeinden von rechts in einer neutralen Stellung und verweigert die Identifikation mit dem demokratischen Staat.
	14. März	Abstimmung in der zweiten, südlichen Zone in Schleswig mit 80% Stimmenmehrheit für Deutschland.
Aufruhrbewegung im Ruhrgebiet	15. März–10. Mai	Kommunistische *Aufruhrbewegung im Ruhrgebiet:* hereinstoßende Freikorps fast überall von der „Roten Armee" zurückgedrängt.
	27. März	Umbildung der Reichsregierung unter dem neuen Reichskanzler Hermann Müller (SPD; *1876, †1931); Wehrminister Noske durch den Liberalen Geßler ersetzt. Weiter „Weimarer Koalition" von Zentrum, DDP, SPD.
	2. April	Nach Ultimatum Einmarsch von Reichswehr im Ruhrgebiet, die nach schweren Kämpfen die Ruhe wiederherstellt.
	6. April	Frankreich besetzt als Reaktion auf die Kämpfe im Ruhrgebiet Frankfurt am Main, Darmstadt und kleinere Städte.
Land Thüringen	30. April	Das *Land Thüringen* durch Reichsgesetz geschaffen.
	1. Mai	Eugenio Pacelli zum (ersten) Nuntius beim Deutschen Reich ernannt (bis 1929; *1876, †1958; 1939–1958 Papst Pius XII.).
Reichstagswahlen	6. Juni	*Reichstagswahlen* entscheiden gegen die „Weimarer Koalition", die statt ihrer Dreiviertelmehrheit nur noch knapp die Hälfte der Mandate erhält und die Mehrheit nie wieder erringt, während sich die USPD vervierfacht und sich die Rechtsparteien DNVP und DVP verdoppeln.
	25. Juni	Die mittelbare Folge ist die Bildung einer Regierung ohne SPD, aber mit DVP sowie DDP unter dem Kanzler Konstantin Fehrenbach (Zentrum; *1852, †1926).
instabile Regierungen		Langfristig wird die *Instabilität der Regierungsbildung* festgeschrieben, da weder eine tragfähige Mehrheit der Opposition noch eine von den gemäßigten Parteien ausgehende homogene Majorität möglich ist.
	11. Juli	Volksabstimmung in den Bezirken Allenstein (Ostpreußen; 98%) und Marienwerder (Westpreußen; 92% für Deutschland), die beim Deutschen Reich verbleiben.
	Aug.	Von außen unterstützter polnischer Putsch gegen die deutsche Sicherheitspolizei in Oberschlesien.
Eupen und Malmedy	20. Sept.	Abtretung von *Eupen und Malmedy* (südlich von Aachen) an Belgien durch den Völkerbund entschieden, nachdem anstelle einer Volksabstimmung die öffentliche Eintragung in Listen keine Mehrheit für Deutschland ergeben hat (trotz 82,5% deutscher Einwohnerschaft).
	16. Okt.	Spaltung der USPD auf dem Parteitag in Halle. Die Mehrheit ist für die III. (kommunistische) Internationale, die Minderheit für die parlamentarische Demokratie.
	Dez.	Zusammenschluss des linken USPD-Flügels mit der KPD.
alliierte Besetzung	1921 8. März	*Alliierte Besetzung von Düsseldorf und Duisburg* als Sanktionsmaßnahme gegen die deutsche Ablehnung eines ultimativ geforderten Zahlungsmodus für die Reparationen.
	Ende März	Kommunistischer Aufruhr in Mitteldeutschland und Hamburg auf Weisung der Internationale. Vorwiegend von Schutzpolizei niedergeworfen.
	20. März	Abstimmung in Oberschlesien ergibt eine Mehrheit von 60% für Deutschland.
	23. März	Wehrgesetz als gesetzliche Grundlage der Reichswehr.
Oberschlesien	**2. Mai**	Der polnische Politiker und ehemalige polnische Autonomist im Deutschen Reich Woyciech Korfanty (*1873, †1939) beginnt mit einem Freikorpseinfall in *Oberschlesien,* der

	von der französischen Besatzungsmacht toleriert wird. Erfolgreicher Widerstand des mit Duldung der britischen Besatzungsmacht aufgebauten deutschen Selbstschutzes.	
4. Mai	Rücktritt der Regierung Fehrenbach, die die Verantwortung für die Erfüllung der alliierten Zahlungsforderung vom 27. April nicht übernehmen will.	
10. Mai	Bildung eines neuen Reichskabinetts der Weimarer Koalition unter Joseph Wirth (Zentrum; *1879, †1956).	
11. Mai	Die neue Regierung nimmt das alliierte Zahlungsultimatum unter Druck an.	
25. Aug.	Unterzeichnung des Friedensvertrags zwischen den USA und dem Deutschen Reich.	
26. Aug.	*Ermordung Erzbergers* durch Angehörige einer rechtsradikalen Geheimorganisation.	*Ermordung Erzbergers*
29. Aug.	Infolgedessen Verhängung des Ausnahmezustandes durch den Reichspräsidenten. Deswegen Konflikt zwischen Bayern und dem Reich. Starke, extrem nationalistische Agitation in München, u. a. durch die NSDAP (deren Vorsitzender seit dem 29. Juli Adolf Hitler ist).	
Sept.	Görlitzer Programm der SPD in der Tradition des (noch 1903 abgelehnten) Revisionismus.	
12. Okt.	Genfer Schiedsspruch des Völkerbundsrats spricht einen mehrheitlich polnisch besiedelten Teil des oberschlesischen Industriereviers (später sog. Ost-Oberschlesien) Polen zu.	
26. Okt.	Kabinett Wirth umgebildet.	
1922 16. April	*Vertrag von Rapallo* mit der UdSSR. Gegenseitige Gleichberechtigung, Wiederaufnahme der diplomatischen Beziehungen, Verzicht auf Ansprüche aus der Zeit des Krieges.	*Vertrag von Rapallo*
24. Juni	Tödliches *Attentat* auf den Reichsaußenminister *Walter Rathenau* (*1867; DDP), einen der hervorragendsten Politiker der Republik, der Opfer der Rechtsradikalen wird, die den Republikaner, Juden und „Erfüllungspolitiker" treffen wollen. Am gleichen Tag Verordnung des Reichspräsidenten zum Schutz der Republik; desgleichen Einsetzung eines außerordentlichen Staatsgerichtshofs.	*Attentat auf Rathenau*
18. Juli	Der Reichstag nimmt das Reichsgesetz zum Schutz der Republik an (*Republikschutzgesetz,* Erlass 21. Juli, 1927 verlängert, 1930 durch das Zweite Republikschutzgesetz ersetzt, 1932 dieses außer Kraft). Bayern sieht darin einen Eingriff in die Hoheitsrechte der Länder und erlässt eine eigene Notverordnung zum Schutz der Verfassung.	*Republikschutzgesetz*
Aug.	Beginn des schnellen Verfalls der Reichswährung (*Inflation*).	*Inflation*
Ende Aug.	Der Konflikt mit Bayern wird erst nach langen Verhandlungen und Angliederung eines süddeutschen Senats an den Staatsgerichtshof beseitigt.	
14. Nov.	Im Zusammenhang mit den Reparationsverhandlungen Rücktritt der Regierung Wirth.	
22. Nov.	Bildung der „Regierung der Wirtschaft" unter dem parteilosen Wilhelm Cuno (*1876, †1933), Generaldirektor der Hamburg-Amerika-Linie: bürgerliches Minderheitskabinett (DDP, Zentrum, DVP, BVP) unter Einschluss parteiloser Fachminister. Die verbreitete Hoffnung, dass Männer „mit diskontfähiger Unterschrift" Erfolg in der Reparationsfrage haben und die drohende Ruhrbesetzung abwenden könnten, stellt sich freilich als verfehlt heraus.	
1923	Einfall litauischer Freischaren ins Memelland (10. Jan.).	
11. Jan.	Besetzung des Ruhrgebiets durch die Franzosen, *Beginn des Ruhrkampfes.*	*Beginn des Ruhrkampfes*
13. Jan.	Verkündung des *passiven Widerstands* durch den Reichskanzler: Arbeitsverweigerung mit gewerkschaftlicher Unterstützung, dagegen hartes Durchgreifen der Franzosen. Während Inflation und Wirtschaftskrise in Deutschland fortschreiten, ist der passive Widerstand nicht durchzuhalten, weil die hierdurch hoch getriebenen finanziellen Verpflichtungen des Reichs dessen Leistungsfähigkeit übersteigen und dieses daher zu vermehrter Banknotenemission übergeht, sodass der Geldumlauf sich rasch vermehrt und der Markwert ins Bodenlose sinkt. Die durch die Geldentwertung bewirkte Beseitigung von Geldschulden, der Verlust an Werten und die Vernichtung sozialer Existenzen bedeuten eine Umverteilung, die die sozialen Auswirkungen der Novemberrevolution weit überragt und schwere Schädigungen verursacht, ohne jedoch (etwa im Mittelstand) ausschließlich negativ zu wirken.	*passiver Widerstand*
12. Aug.	Der Ruhrkampf ist nicht länger durchzuhalten. Die Regierung Cuno tritt zurück.	
13. Aug.	Gustav Stresemann (DVP; *1878, †1929) bildet ein erstes Kabinett der großen Koalition (DVP, Zentrum, DDP, SPD). Die neue Regierung muss den Ruhrkampf abbrechen, die Währung stabilisieren und die Verfassung des Reichs gegen die Bedrohungen von rechts und links schützen. Die Krise in Wirtschaft und Politik treibt ihrem Höhepunkt zu.	
26. Sept.	Die nationalistische Welle während des Ruhrkampfs und separatistische Erscheinungen in der bayrischen Pfalz lassen die Regierung in München auf die Beendigung des passiven Widerstands im Ruhrgebiet mit der Verhängung des Ausnahmezustands in *Bayern* reagieren; der Regierungskommissar von Oberbayern, Gustav von Kahr (*1862, †1934), wird zwecks	*Bayern*

	Aufrechterhaltung der öffentlichen Ordnung zum Generalstaatskommissar bestellt und ihm die gesamte vollziehende Gewalt übertragen, wobei ihm die Befugnis erteilt wird, die Hilfe der Reichswehr in Anspruch zu nehmen.
27. Sept.	Der Reichspräsident verhängt als Gegenmaßnahme den Ausnahmezustand für das Reichsgebiet. Die vollziehende Gewalt liegt beim Reichswehrminister Otto Geßler, d.h. faktisch bei General Hans von Seeckt, dem Chef der Heeresleitung.
6. Okt.	Umbildung des Kabinetts Stresemann.

Ermächtigungsgesetz

13. Okt. Das *Ermächtigungsgesetz* wird vom Reichstag angenommen. Die Reichsregierung kann auf dem Verordnungsweg wirtschaftliche, finanzielle und soziale Maßnahmen treffen, wobei sogar von Grundrechten abgewichen werden darf. Befristet bis spätestens 31. März 1924.

Deutsche Rentenbank

16. Okt. Verkündung des Beschlusses über die Errichtung der *Deutschen Rentenbank*. Damit soll die Inflation beseitigt werden.

22. Okt. Im Zuge der Inflation wird ein Dollarstand von 40 Mrd. Mark erreicht (Jan. 1923 um 18000 Mark).

Unruhen im Freistaat Sachsen

Mitte bis Ende Okt. *Unruhen im Freistaat Sachsen:* Regierung der „republikanisch-proletarischen Verteidigung" (SPD und KPD) zur Abwehr der „großkapitalistischen Militärdiktatur" (Anlass: Verbot der kommunistischen Presse durch den örtlichen Militärbefehlshaber aufgrund des Ausnahmezustands). Offene Auflehnung der sächsischen Regierung, die nach Einmarsch der Reichswehr in die größeren Orte Sachsens und Einsetzen eines Reichskommissars (29. Okt.) zurücktreten muss.

Okt./Nov. In Thüringen ähnlicher Konflikt wie in Sachsen.

ab 19. Okt. Konflikt zwischen Bayern und dem Reich (bis 18. Febr. 1924): Generalstaatskommissar von Kahr weigert sich, den „Völkischen Beobachter" (Organ der NSDAP) zu verbieten, der den Chef der Heeresleitung scharf angegriffen hat. Daraufhin wird das Blatt von Reichs wegen verboten. Der bayrische Wehrkreiskommandeur, General Otto von Lossow, führt das Zeitungsverbot nicht durch, wird darauf seines Postens enthoben, aber von Kahr wieder eingesetzt. Der bayrische Teil der Reichswehr wird von der bayrischen Staatsregierung „bis zur Wiederherstellung des Einvernehmens zwischen Bayern und dem Reich" feierlich in Pflicht genommen. Damit de facto zwei sich gegenseitig nicht anerkennende Regierungen. Die Reichseinheit ist gefährdet, das künftige Verhalten der Reichswehr fraglich.

Rheinische Republik

21. Okt. *Ausrufung der Rheinischen Republik* in Aachen mit französischer Unterstützung. Das Unternehmen bricht angesichts des Widerstands der Bevölkerung zusammen.

22.–24. Okt. Blutige Straßenkämpfe zwischen Kommunisten und Polizei in Hamburg verschärfen die Krisenstimmung.

3. Nov. Infolge der Ereignisse in Bayern und Sachsen Austritt der sozialdemokratischen Minister aus der Reichsregierung.

Höhepunkt der allgemeinen Verwirrung. Gerüchte von bevorstehender Rechtsdiktatur. Kahr schwankt, ob er gegen Berlin marschieren soll. Völkische und Nationalsozialisten wollen ihn dazu drängen.

Hitler-Putsch

8./9. Nov. *Hitler-Putsch* in München: In der Nacht zum 9. Nov. erklärt Hitler die Regierungen des Reichs und Bayerns für abgesetzt und sich selbst zum Reichskanzler. Trotz Ludendorffs Teilnahme erfüllt sich die Hoffnung auf Polizei und Reichswehr nicht. Kahr und Lossow ersticken den Putsch im Keim, der Demonstrationszug der Putschisten wird vor der Feldherrnhalle durch Maschinengewehrfeuer der Polizei zerstreut. (Hitler wird verhaftet und später zu Festungshaft verurteilt.) – Auf die Nachricht vom Münchener Putsch hin wird die vollziehende Gewalt im Reich dem Chef der Heeresleitung, General von Seeckt, formell übertragen (bis Ende Febr. 1924).

Ende der Inflation Rentenmark

15. Nov. Neue Währungsordnung und *Ende der Inflation.* Durch eine z.T. fiktive Deckung aus Schulden der Landwirtschaft und Industrie an das Reich wird die Rentenbank mit 3,2 Mrd. Rentenmark gegründet. Eine *Rentenmark* gleich eine Billion Papiermark. Es gelingt in den folgenden Monaten, wieder zu einem ausgeglichenen Reichshaushalt zu kommen. An der Vorbereitung der Stabilisierung sind vor allem Helfferich (DNVP) und Hilferding (SPD) beteiligt. Die praktische Durchsetzung ist, neben Hjalmar Schacht (seit 12. Nov. Reichswährungskommissar, 1923–1930 Reichsbankpräsident; *1877, †1970), v.a. das Verdienst des Reichsfinanzministers (1923/1924) Hans Luther (1925/1926 Reichskanzler).

23. Nov. Seeckt erlässt ein Verbot der nationalsozialistischen und der kommunistischen Partei. – Rücktritt des Kabinetts Stresemann, Ausscheiden der SPD aus der Reichsregierung (für vier Jahre).

Stresemann Außenminister

30. Nov. Der Zentrumsführer Wilhelm Marx (*1863, †1946) bildet eine bürgerliche Minderheitsregierung (Zentrum, DDP, DVP, BVP), in der *Stresemann Außenminister* wird (bis 1929 ohne Unterbrechung).

Die Konsolidierung (1924–1928)

Die Regierung Stresemann hat während ihres kurzen Bestehens die gefährliche Krise gemeistert. Es folgt eine Zeit des ruhigeren Aufbaus und der *Stabilisierung der Republik* innen- wie außenpolitisch, doch werden die innenpolitischen Belastungen aus den Anfangsjahren der Republik übernommen und können nicht voll überwunden werden. Die Inflation hat zur Verarmung, v. a. in den Mittelschichten (Vernichtung von Sparkapital) und zur Stärkung von Radikalisierungstendenzen geführt. Die Aufwertung bleibt eine der ungelösten Forderungen der Jahre nach 1923. Kehrseite der Exportsteigerung, von der die Großbanken und die einschlägigen Industrien profitieren, sind die nur geringe Erhöhung der Reallöhne, der anhaltende Kapitalmangel und die wachsende Abhängigkeit vom internationalen Kapitalverkehr. Die *Kredite des Auslands* übertreffen die Reparationsleistung des Reichs (1924–1931 20,5 zu 10,8 Mrd. RM), die Zinslast wächst. Zu einer breit angelegten, erheblichen Verbesserung des Lebensstandards kommt es nicht, die Arbeitslosenzahl ist meist recht hoch (bis zwei Mio. 1925/1926). Die wirtschaftliche Konzentration verschärft sich, es entstehen weitere Großkonzerne (1925 I.G. Farbenindustrie A.G., 1926 Vereinigte Stahlwerke). Bis 1925 folgt noch eine Anpassungskrise mit zahlreichen Firmenzusammenbrüchen, am bekanntesten die Auflösung des 2888 Firmen umfassenden Stinnes-Konzerns nach dem Tod des Gründers Hugo Stinnes (*1870, †1924). Die wirtschaftliche Beruhigung reicht jedoch mit der Zeit aus, den radikalen Flügelparteien einen Teil ihrer Anhängerschaft zu entziehen.

Stabilisierung der Republik

Kredite des Auslands

1924
18. Febr. Der im Okt. 1923 begonnene Konflikt zwischen München und Berlin wird nach Rücktritt Kahrs und Lossows beigelegt.
Der *Dawesplan* zur Regelung des Reparationenproblems vom 9. April soll helfen, die deutsche Zahlungsfähigkeit wiederherzustellen, legt die finanziellen Grundlagen für die Reparationen fest und regelt die Zahlungsweise in festen Raten (und die Sanktionen für Nichteinhaltung der Termine), jedoch nicht die endgültige Höhe und Dauer der Zahlungen. Die Auseinandersetzungen hierüber beeinflussen die deutsche Innenpolitik wesentlich.

Dawesplan

4. Mai *Reichstagswahlen*. Gewinne der Kommunisten, der Deutsch-Völkischen Freiheitspartei und der Deutschnationalen auf Kosten von SPD, DDP, DVP.

Reichstagswahlen

3. Juni Umbildung des Kabinetts Marx.
29. Aug. Bei den Abstimmungen im Reichstag über die Dawesgesetze wird infolge Spaltung der Deutschnationalen die Zweidrittelmehrheit erreicht.
11. Okt. Einführung der *Reichsmark*.
7. Dez. *Reichstagswahlen* nach vorzeitiger Auflösung. Starke Verluste der Kommunisten und Völkischen v.a. zugunsten der SPD u.a. gemäßigter Parteien als Erfolg der Überwindung der Staatskrise.

Reichsmark
Reichstagswahlen

15. Dez. Rücktritt der Regierung Marx.
1925
15. Jan. Der parteilose Hans Luther (*1879, †1962) bildet eine Koalitionsregierung vom Zentrum bis zu den Deutschnationalen, die zum erstenmal Regierungspartei werden.
28. Febr. Tod des Reichspräsidenten Ebert.
29. März Reichspräsidentenwahl: Karl Jarres (DVP; *1874, †1951), der gemeinsame Kandidat von DVP und DNVP, erhält vor dem Sozialdemokraten Otto Braun und fünf weiteren Kandidaten die relative, jedoch nicht die notwendige absolute Mehrheit.
26. April Generalfeldmarschall von *Hindenburg* (*1847, †1934) mit 14,7 Mio. Stimmen als Kandidat der Rechtsparteien (zu denen sich hier auch die BVP gesellt) vor Marx mit 13,8 Mio. als Kandidat der „Weimarer Koalition" und Ernst Thälmann (KPD) mit 1,9 Mio. zum *Reichspräsidenten* gewählt.

Paul von Hindenburg Reichspräsident

ab 14. Juli Alliierte Räumung des Ruhrgebiets (bis 1. Aug.).
Juli/Aug. Ausweisung der deutschen Optanten durch die polnische Regierung (rd. 20000 Vertriebene). Die Reichsregierung antwortet mit Ausweisungsbefehl für die polnischen Optanten. (Insgesamt sind bis 1925 über eine halbe Mio. Deutsche aus den an Polen abgetretenen Teilen der preußischen Provinzen Schlesien, Posen und Westpreußen ausgewandert oder vertrieben worden.)
25. Aug. Räumung der „Sanktionsstädte" Düsseldorf und Duisburg durch die Franzosen.
12. Okt. Unterzeichnung des deutsch-russischen Handelsvertrags.
Die Konferenz von *Locarno* (am Lago Maggiore) endet mit einem Vertrag Deutschlands mit Belgien, Großbritannien, Frankreich, Italien, Polen und der Tschechoslowakei, der die Unverletzlichkeit der deutschen Westgrenze, die Entmilitarisierung des Rheinlandes und einen deutsch-polnischen Gewaltverzicht enthält.

Locarno

15./16. Okt. Meinungsverschiedenheiten um den Vertrag von Locarno führen zur Regierungskrise, da die Deutschnationalen unter dem von nun an zunehmenden Einfluss Alfred Hugenbergs (Scherl GmbH) gegen die Annahme des Vertrags stimmen:

*Reichs-
präsidenten-
wahlen*

Die Reichspräsidentenwahlen 1925 und 1932

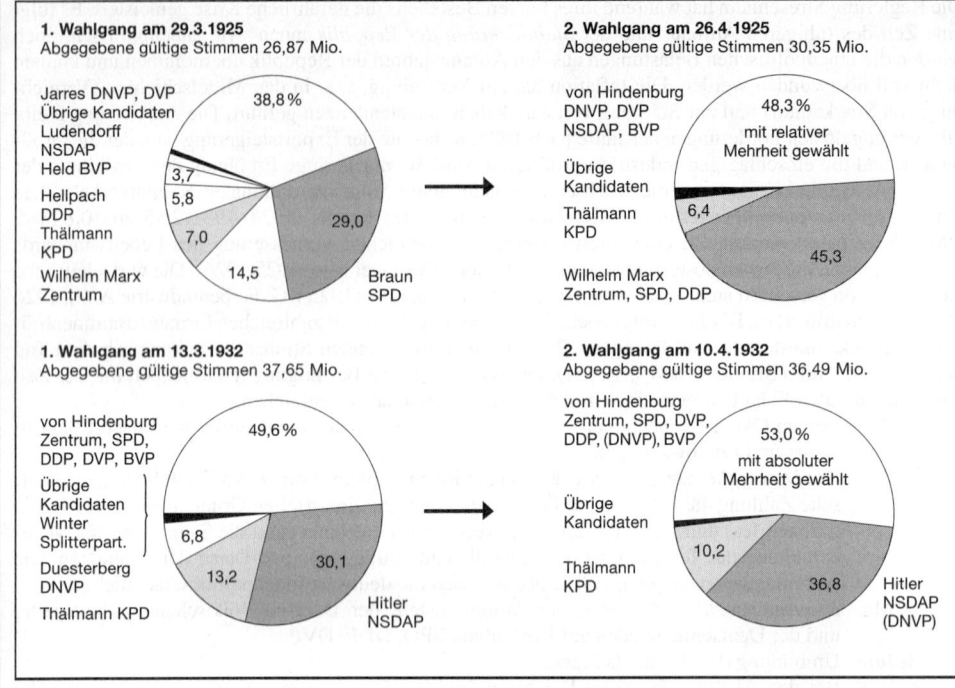

25. Okt. Austritt der deutschnationalen Minister aus dem Reichskabinett.
1. Dez. Unterzeichnung des Vertrags von Locarno. Räumung der Kölner Zone von britischen Truppen (bis 31. Jan. 1926).
5. Dez. Rücktritt des Reichskanzlers Luther und des Rumpfkabinetts.
1926 Zweite Regierung des parteilosen Hans Luther, Minderheitskabinett der Mitte (DDP, Zentrum, DVP, BVP).
20. Jan.
24. April Freundschafts- und Neutralitätsvertrag mit der Sowjetunion.

*Flaggen-
verordnung*
5. Mai *Flaggenverordnung* des Reichspräsidenten: Die deutschen Gesandtschaften und Konsulate im Ausland sollen neben der Reichsflagge (Schwarz-Rot-Gold) auch die Handelsflagge (Schwarz-Weiß-Rot) zeigen. Hierauf scharfe Angriffe in der Presse und im Reichstag, der die Haltung des Reichskanzlers missbilligt.
12. Mai Daher Rücktritt Luthers.
16. Mai Marx erneut Kanzler. Die übrigen Minister bleiben. Die Verordnung bleibt in Kraft.

Volksentscheid
20. Juni *Volksentscheid* aufgrund eines von den Sozialdemokraten und Kommunisten durchgebrachten Volksbegehrens auf entschädigungslose Enteignung der Fürsten erreicht die hohe Zahl von 14,5 Mio. Stimmen, reicht aber nicht zur nötigen Mehrheit von rd. 20 Mio. aus.

*Deutschland im
Völkerbund*
8. Sept. Aufnahme Deutschlands in den *Völkerbund*.
6. Okt. Rücktritt des Chefs der Heeresleitung Seeckt wegen der Teilnahme eines von ihm eingeladenen Hohenzollernprinzen am Reichswehrmanöver. Nachfolger Wilhelm Heye (bis 1930; *1869, †1946).
16. Dez. Rede Scheidemanns im Reichstag gegen die Reichswehr-Kooperation mit der Roten Armee.
17. Dez. Daraufhin erfolgreiches sozialdemokratisches Misstrauensvotum.
1927 Bildung einer neuen Regierung Marx (ohne DDP) mit Einschluss der Deutschnationalen.

*Ende der stillen
Koalition
Arbeitslosen-
versicherung*
29. Jan. Damit *Ende der stillen Koalition* der Mitte mit der tolerierenden SPD.
16. Juli Gesetz zur Zwangsversicherung gegen Arbeitslosigkeit über die Reichsanstalt für Arbeitsvermittlung und *Arbeitslosenversicherung*.
Sept. Deutschland tritt dem Ständigen Internationalen Schiedsgerichtshof in Haag bei.
1928 Konferenz der Länderminister zum Zweck der Vereinheitlichung der Verwaltung. Die Pläne zur Reichsreform sind jedoch gegen die partikularen Länderinteressen nicht zu verwirklichen.
Jan.
14. Jan. Reichswehrminister Geßler reicht seinen Abschied ein.

19. Jan.	Nachfolger wird Hindenburgs Generalquartiermeister von 1918, General Wilhelm Groener (bis 1932; *1867, †1939).	
20. Mai	*Reichstagswahlen.* Niederlage der Regierungsparteien. Gewinne der SPD und KPD, auf die zusammen 42% aller Mandate entfallen.	*Reichstags-wahlen*
28. Juni	Entsprechend dem Wahlergebnis neue Regierung Hermann Müller (SPD) mit großer Koalition (SPD, DDP, Zentrum, DVP, BVP).	
22. Okt.	*Hugenberg* als Vertreter einer scharfen, nationalistischen Oppositionspolitik (gegen Gustav Stresemanns Außenpolitik) zum Parteivorsitzenden der Deutschnationalen gewählt.	*Hugenberg*

Wirtschaftskrise und Zerfall der Republik (1929–1933)

Die Jahre der Wirtschaftskonjunktur gehen zu Ende. Sie sind für Deutschland infolge hoher Kapitalzufuhr, vor allem aus den USA, möglich gewesen: 1929 beträgt die deutsche *Auslandsverschuldung* 25 Mrd. RM (davon 12 Mrd. kurzfristig) gegen rd. 10 Mrd. deutsche Auslandsguthaben. Im Winter 1928/1929 Anzeichen einer neuen Krise. Die *Erwerbslosenziffer* steigt auf über 2 Mio. Empfindliche Fehlbeträge im Reichshaushalt. Im Zusammenhang mit der beginnenden Krise neuer Aufschwung der bisher bedeutungslosen *Nationalsozialisten.* Die Deutschnationalen und der Stahlhelm gehen zum offenen Kampf gegen die Republik über. Das Zentrum öffnet sich nach rechts (Fraktions- und Parteivorsitzender seit 1928/1929 Ludwig Kaas; *1881, †1952).

Auslands-verschuldung Erwerbslose

National-sozialisten

Daten zur wirtschaftlichen Entwicklung 1928/1929–1937

Wirtschafts-daten

	1928	1929	1932	1933	1934	1935	1936	1937
1. Bruttosozialprodukt (Mrd. RM)	–	89,0	58,0	59,0	67,0	74,0	83,0	93,0
2. davon Rüstungsausgaben (%)	–	1,0	1,0	3,0	6,0	8,0	13,0	13,0
3. davon Konsum (%)	–	72,0	81,0	78,0	75,0	72,0	65,0	64,0
4. Beschäftigung (Mio.; Jahresdurchschnitt)	–	18,4	12,9	13,4	15,5	16,4	17,6	18,9
5. Durchschnittliche Arbeitszeit in der Industrie (wöchentlich)	–	46,04	41,47	42,94	44,56	44,44	45,56	46,06
6. Löhne und Gehälter insgesamt (Mrd. RM)	44,9	–	27,4	27,7	31,2	35,4	37,7	41,5
7. Vermögens- u. Unternehmereinkommen + unverteilte Gewinne insgesamt (Mrd. RM)	25,6	–	15,6	16,7	19,4	22,1	25,2	28,6
8. Durchschnittliche Stundenverdienste in der Industrie (Arbeiter). Index 1932 = 100	–	132,7	100,0	96,9	99,3	100,8	102,5	104,6
9. Wochenverdienste (Arbeiter) Index 1932 = 100	–	149,4	100,0	102,2	109,7	112,3	116,6	120,6
10. Lebenshaltungsindex (amtlich) 1932 = 100	–	127,7	100,0	97,8	100,4	102,0	103,2	103,7
11. Gewerbliche Gütererzeugung insgesamt: Index 1928 = 100	–	100,9	58,7	65,5	83,3	95,8	106,7	116,7
12. Produktionsgüter Index 1928 = 100	–	103,2	45,5	53,7	–	99,4	112,9	126,0
13. Verbrauchsgüter Index 1928 = 100	–	98,5	78,1	82,9	–	91,0	97,5	102,8

Das System der Präsidialkabinette (ab 1930)

Die übliche parlamentarische Regierungsbildung kann nicht mehr versucht werden. Brünings Minderheitsregierung bleibt. Der Übergang zur Phase der Präsidialkabinette (bis 1933) beginnt mit der „*parlamentarisch tolerierten Präsidialregierung*", d.h. einer Regierung mit der Autorität des Reichspräsidenten unter parlamentarischer Duldung durch die nicht an der Regierung beteiligte SPD – Kontakte mit der NSDAP im Okt. 1930 bleiben ergebnislos – sowie mit Unterstützung der Reichswehr (General Kurt von Schleicher, seit 1929 Chef des neu errichteten Ministeramts im Reichswehrministerium, 1932 Reichswehrminister, 1932/1933 Reichskanzler), und führt zu wachsender Abhängigkeit des Reichskanzlers von dem seit dem Sommer 1931 eine Annäherung an die Deutschnationalen (die mit den Nationalsozialisten verbündet sind) fordernden Reichspräsidenten. Brüning verfolgt das *Ziel einer Verfassungsrevision:* funktionsfähiger Parlamentarismus mit Monarchie nach britischem Vorbild. Er nutzt die Wirtschaftskrise, um die Streichung der Reparationen zu erreichen, und meint, sie mit Spar- und Deflationspolitik bis

Präsidial-regierung

Verfassungs-revision

Konjunkturrückgang — zum erwarteten Aufschwung der Wirtschaft durchstehen zu können. Doch die Maßnahmen führen kurzfristig zur *Verstärkung des Konjunkturrückgangs* und zu verstärkter Arbeitslosigkeit. Das wirkt sich politisch verhängnisvoll aus. Hitler ist der Nutznießer, indem er durch eine ununterbrochene Propagandawelle immer neue Massen des Bürgertums und der Arbeitslosen gewinnt.

1929	Am 1. Mai kommunistische Unruhen in Berlin mit Todesopfern.
Juni	*Youngplan* — Der *Youngplan* zur endgültigen Regelung der Reparationsfrage beendet die internationale Finanzkontrolle, legt Zahlungsraten und Laufzeit fest.
3. Okt.	Reichsaußenminister Stresemann stirbt, der bis zu seinem Tod wesentlichen Anteil an der konstruktiven Haltung der DVP zur Republik hat.
	Das Volksbegehren der „nationalen Einheitsfront" Hugenbergs und Hitlers (die Volkskonservativen spalten sich von den Deutschnationalen ab) gegen den Youngplan erreicht mit 4,1 Mio. Eintragungen gerade die erforderliche Mindestziffer.
21. Dez.	Rücktritt des Finanzministers Hilferding (SPD) auf Drängen des Reichsbankpräsidenten Schacht.
22. Dez.	*Volksentscheid erfolglos* — Der *Volksentscheid* über den Youngplan bringt nur 5,8 Mio. Stimmen und bleibt damit erfolglos, doch kommt die Kampagne der nationalsozialistischen Parteipropaganda zugute.
Ende 1929	Kassendefizit des Reiches 1,7 Mrd. RM.
	Die schwierige Finanzlage führt zu einem scharfen Memorandum des Reichsbankpräsidenten gegen den von Schacht zuvor befürworteten Youngplan.
1930	Rücktritt Schachts, der der Rechten publizistisch zugute kommt. Nachfolger Luther (bis März 1933). Schwere Belastung der bereits brüchigen Regierungskoalition.
7. März	
13. März	Reichsgesetz zum Youngplan.
27. März	*Sturz der Regierung Müller* — *Sturz der Regierung Müller* über die Frage einer Beitragserhöhung der Arbeitslosenversicherung. SPD und DVP sind unter dem Druck der Freien Gewerkschaften einerseits, der Arbeitgeberverbände andererseits angesichts der zunehmenden Wirtschaftskrise nicht mehr in einer Koalition zusammenzuhalten.
30. März	*Minderheitskabinett Brüning* — Heinrich *Brüning* (Zentrum; *1885, †1970) bildet sein *Minderheitskabinett* mit einer Koalition vom Zentrum bis zu den Volkskonservativen. Die Sozialdemokraten ausgeschaltet. Von vornherein klarer Wille Brünings, die Regierung nicht parlamentarisch zu gefährden, sondern die *verfassungsmäßigen Möglichkeiten des Reichspräsidenten* (Kombination von Notverordnungs- und Auflösungsrecht) auszunutzen, um mit Hilfe einer starken Exekutive durchgreifende wirtschafts- und finanzpolitische Maßnahmen zu treffen.
30. Juni	Rheinlandräumung der Alliierten.
16. Juli	*Notverordnung* — Erste große *Notverordnung* des Reichspräsidenten aufgrund von Art. 48 der Reichsverfassung zur „Sicherung von Wirtschaft und Finanzen". Als der Reichstag einen sozialdemokratischen Antrag auf Aufhebung der Notverordnung annimmt, wird er aufgelöst.
18. Juli	
14. Sept.	*Reichstagswahlen* — *Reichstagswahlen*. Verluste der Deutschnationalen und der bürgerlichen Mittelparteien, Gewinne der Kommunisten, sensationeller *Anstieg der NSDAP* von 12 auf 107 Mandate.
1. Dez.	Notverordnung Brünings setzt die deflationistische Wirtschaftspolitik fort: Kürzung der Beamtengehälter und Erhöhung der Beiträge zur Arbeitslosenversicherung. Der Haushalt kann jedoch nicht ausgeglichen werden.
Ende Dez.	4,4 Mio. Arbeitslose.
1931	Während des ganzen Jahres zunehmende Radikalisierung des innenpolitischen Kampfes, v. a. durch die Nationalsozialisten:
9. Febr.	Auszug der „nationalen Opposition" (NSDAP, DNVP) aus dem Reichstag.
20. März	Die Regierung veröffentlicht den deutsch-österreichischen Zollunionsplan.
	Proteste und wirtschaftliche Druckmaßnahmen Frankreichs und der Kleinen Entente.
11. Mai	Zusammenbruch der Österreichischen Credit-Anstalt mit schweren Auswirkungen auf die Darmstädter und Nationalbank (eine der vier deutschen Großbanken):
13. Juli	*Bankkrach* — *Bankkrach*.
14. Juli	Schließung der Banken, Sparkassen und Börsen.
Aug.	Notverordnung mit Vollmachten an die Länder, auch unabhängig von der jeweiligen Landtagsmehrheit für den Haushaltsausgleich zu sorgen; die Funktionsfähigkeit der parlamentarischen Demokratie unter den Bedingungen der Staats- und Wirtschaftskrise wird damit sichtbar in Frage gestellt. Viele Länderregierungen amtieren nur noch geschäftsführend.
9. Aug.	Missglückter Volksentscheid in Preußen über die Auflösung des Landtags. Wiederaufnahme und Erleichterungen des Geld- und Zahlungsverkehrs.
	Senkung des (zuvor schrittweise auf 15% erhöhten) Diskontsatzes auf 10%.
3. Sept.	Infolge französischen Drucks auf Österreich muss auf den Zollzusammenschluss verzichtet werden.

5. Sept.	Der Haager Gerichtshof verkündet die Unzulässigkeit des Zollunionsplans.	
6. Okt.	Notverordnung zur Sicherung von Wirtschaft und Finanzen.	
11. Okt.	Tagung der Nationalsozialisten, der Deutschnationalen und des Stahlhelms in Bad Harzburg. Bildung der *Harzburger Front* zur Neuformierung der nationalistischen Opposition.	*Harzburger Front*
16. Dez.	Bildung der *Eisernen Front* (SPD, Gewerkschaften, Arbeitersportverbände, Reichsbanner Schwarz-Rot-Gold). Damit versucht die Sozialdemokratie, Anschluss an die üblich werdenden Gewaltmethoden des inneren Kampfes zu gewinnen, um die Republik zu verteidigen.	*Eiserne Front*
8. Dez.	Erneute Notverordnung zur Sicherung von Wirtschaft und Finanzen.	
10. Dez.	Der Reichskommissar für Preisüberwachung (Leipziger Oberbürgermeister Carl Friedrich Goerdeler; *1884, †1945) beginnt seine Tätigkeit. Lohn- und Gehaltskürzungen.	
Ende Dez.	5,66 Mio. Arbeitslose. Höhepunkt der Konkursziffer im Jahr 1931. Schwere Krise der Landwirtschaft trotz agrarpolitischer Stützungsmaßnahmen.	
1932	Fortsetzung der Krise. Die *Arbeitslosenziffer übersteigt die 6-Millionen-Grenze* und fällt auch in den konjunkturell günstigeren Monaten nicht mehr unter fünf Millionen.	*sechs Millionen Arbeitslose*
23. Jan.	Durch das Kreditabkommen werden die kurzfristigen Auslandsschulden um ein Jahr verlängert, z. T. mit Aussicht auf langfristige Umwandlungen.	
13. März	Erster Wahlgang der *Reichspräsidentenwahl:* Hindenburg (diesmal unterstützt durch die demokratisch-republikanischen Parteien) 18,7 Mio., Hitler (NSDAP) 11,3 Mio., Thälmann (KPD) 5,0 Mio., der 2. Stahlhelm-Bundesführer Theodor Duesterberg (unterstützt von seiner Organisation und der DNVP; *1875, †1950) 2,6 Mio.	*Reichspräsidentenwahl*
10. April	Zweiter Wahlgang: Hindenburg (jetzt auch von Duesterberg unterstützt) 19,4 Mio., Hitler 13,4 Mio., Thälmann 3,7 Mio., *Hindenburg wieder gewählt*. Die Wahl ist eine klare Entscheidung des Volkes für die Republik und gegen Hitler, jedoch ist der Reichspräsident über Brüning verärgert, der ihn zur Kandidatur mit Unterstützung der Sozialdemokraten gegen die Rechte veranlasst hat.	*Hindenburg wieder gewählt*
13. April	Die Notverordnung „zur Sicherung der Staatsautorität" verbietet die Wehrorganisationen der NSDAP (SA und SS).	
24. April	Die Landtagswahlen in Preußen, Bayern, Württemberg, Anhalt und Hamburg bringen ein starkes Anwachsen der NSDAP.	
	Innenpolitische *Krise in Preußen:* Nicht die (seit 1925 ununterbrochen bestehende) Weimarer Koalition des Ministerpräsidenten Braun (SPD) hat von jetzt an die Mehrheit, sondern Nationalsozialisten und Kommunisten, die aber keine Regierung bilden können, sodass das Kabinett Braun geschäftsführend im Amt bleibt.	*Krise in Preußen*
9.–12. Mai	Tumultuarische Reichstagssitzung. Brünings letzte Kanzlerrede („100 Meter vor dem Ziel").	
12. Mai	Reichswehrminister Groener tritt zurück (bleibt Innenminister). Die Reichstagsmehrheit toleriert Brüning weiterhin.	
30. Mai	*Brüning tritt* mit seinem Kabinett *zurück*, nicht weil seine Regierung nicht mehr durchzuhalten ist, sondern als Opfer von (zuletzt großagrarischen: Osthilfeprojekt der Regierung) Intrigen, vor allem Schleichers entschiedenem Willen, die Wendung nach rechts zu vollziehen, möglichst unter Einbeziehung der NSDAP.	*Brüning tritt zurück*
1. Juni	Gemäß der These, nicht einen „Damm gegen die Naziflut" zu halten, sondern diese Flut zu „kanalisieren", bildet der von Schleicher vorgeschobene *Franz von Papen* (3. Juni Austritt aus der Zentrumspartei; *1879, †1969) ein schnell zusammengestelltes „Kabinett der nationalen Konzentration" ohne parlamentarische Mehrheit. Schleicher selbst wird Wehrminister. – Papens Wirtschaftspolitik wird begünstigt durch das Ende der Reparationen (Ergebnis von Brünings Anstrengungen).	*Franz von Papen*
4. Juni	Papen löst den Reichstag auf.	
14. Juni	Aufhebung des Verbots von SA und SS; Gegenleistung Hitlers: Tolerierung der Regierung. Notverordnung mit einschneidenden Vorschriften über die Sozialversicherung, Einführung der Salzsteuer, Kürzung der Arbeitslosen-, Krisen- und Wohlfahrtsunterstützung.	
17. Juli	Altonaer Blutsonntag als erster Höhepunkt bürgerkriegsähnlicher Auseinandersetzungen nach Wiederzulassung der SA, die zielstrebig Straßenkämpfe mit Kommunisten provoziert.	
20. Juli	*Preußenputsch:* Durch Notverordnung und mit Hilfe des militärischen Ausnahmezustandes wird die geschäftsführende Regierung Braun ihres Amtes enthoben, der sozialdemokratische Einfluss beseitigt. Papen Reichskommissar für Preußen. Die preußische Regierungsgewalt geht in die Hände des Essener Oberbürgermeisters Franz Bracht (*1877, †1933) über als Stellvertreter Papens.	*Preußenputsch*
31. Juli	*Reichstagswahlen.* Behauptung (z. T. mit Verlusten) der Kommunisten, der Sozialdemokraten, des Zentrums, der Deutschnationalen und der Bayerischen Volkspartei. Die liberalen	*Reichstagswahlen*

NSDAP stärkste Fraktion		und kleineren bürgerlichen Parteien verlieren zugunsten der *Nationalsozialisten*, die mit Hilfe einer Wahlbeteiligung von 83% und der neu hinzugekommenen Jungwähler 230 von 608 Mandaten (37,8%) erreichen und die *stärkste Fraktion* stellen (Reichstagspräsident Hermann Göring; *1893, †1946).
	13. Aug.	Hitler und Papen bei Hindenburg. Hitler lehnt den Vizekanzlerposten ab.
	28. Aug.	Papens wirtschaftspolitischer Zwölfmonatsplan: Freiwilliger Arbeitsdienst, Betonung der Privatinitiative in der Wirtschaft, Steuergutscheine für Unternehmer bei Neueinstellung von Arbeitnehmern.
	30. Aug.	Zusammentritt des neuen Reichstags.
	4. Sept.	Notverordnung auf der Basis des Programms vom 28. Aug. mit Bestimmungen gegen das Tarifrecht.
	12. Sept.	Auflösung des Reichstags, der die Aufhebung der Notverordnung vom 4. Sept. verlangt.
Reichstagswahlen	6. Nov.	*Reichstagswahlen.* Rückgang der NSDAP auf 196 Mandate (von insgesamt 584) (33,5%). Gewinne der Deutschnationalen und der Kommunisten.
	3.–7. Nov.	Streik bei den Berliner Verkehrsbetrieben mit faktischem Zusammengehen von Nationalsozialisten und Kommunisten.
Rücktritt Papens	17. Nov.	*Rücktritt des Kabinetts Papen.* Ergebnislose Verhandlungen mit Hitler und Prälat Ludwig Kaas (Zentrum) um die Regierungsbildung.
Kurt von Schleicher Reichskanzler	3. Dez.	General Kurt von *Schleicher* (*1882, †1934) wird *Reichskanzler.* Schleicher plant, durch Verbindung mit Gregor Strasser (*1892, †1934), dem Reichsorganisationsleiter der NSDAP, die Spaltung der Nationalsozialisten sowie nach Neuwahlen eine Regierung auf breiter Basis einschließlich Strassers zu Stande zu bringen, und sucht vergeblich, eine „Front der Gewerkschaften" zu seiner Stütze zu machen. – *Schwere Krise der NSDAP*, die tatsächlich vor der Gefahr der Spaltung steht. Doch gelingt es Hitler mit Hilfe von Goebbels, Strasser zu isolieren, und Schleichers Plan fällt zusammen.
schwere Krise der NSDAP		
	11. Dez.	Anerkennung der deutschen Rüstungsgleichberechtigung in einem System allgemeiner Sicherheitsgarantie.
	1933	Papen und Hitler treffen sich im Haus des Bankiers Kurt von Schroeder (*1889, †1966) in Köln.
	4. Jan.	Beginn des offenen Zerwürfnisses zwischen Papen und Schleicher.
	15. Jan.	Nationalsozialistischer Wahlerfolg in Lippe durch Konzentration des gesamten Propagandaapparats.
Schleicher tritt zurück	28. Jan.	*Schleicher tritt* als Reichskanzler *zurück*, nachdem Hindenburg seine befristete Diktatur als letzte Möglichkeit, die Ernennung Hitlers als Reichskanzler zu vermeiden, ablehnt.

Die nationalsozialistische Herrschaft (1933–1945)

expansive Wirtschaftspolitik Staat lenkt die Wirtschaft

Durch die noch von Brüning eingeleitete Lösung des Reparationsproblems, die gleichfalls vor 1933 geschaffenen Ansätze zur Kreditausweitung des Staats und die weltweite Erholung von der Wirtschaftskrise (New Deal in den USA ab 1933) wird eine *expansive Wirtschaftspolitik* erleichtert, deren finanzpolitisches Mittel eine zunehmende öffentliche Verschuldung und deren wirtschaftspolitische Voraussetzung eine wachsende *staatliche Verfügung über die gesamte Wirtschaft* sind. Die hierzu erforderliche Zusammenfassung exekutiver Zuständigkeiten beginnt schon 1933 mit der zeitweiligen gemeinsamen Leitung der preußischen Ministerien für Landwirtschaft, Wirtschaft und Arbeit durch Reichswirtschaftsminister Hugenberg und setzt sich 1934–1937 dadurch fort, dass Reichsbankpräsident Schacht nicht nur Wirtschaftsminister des Reichs und Preußens, sondern auch Generalbevollmächtigter für die Wirtschaft ist; sein kurzzeitiger Nachfolger (1937/1938) in beiden Ministerämtern wird Göring als Beauftragter für den Vierjahresplan (seit 1936); auch unter Walter Funk (1938–1945, *1890, †1960) werden beide Ministerien von einer Hand geleitet; daneben werden aber schon 1933/1935 Reichskommissare für einzelne Aufgabenbereiche ernannt.

Kriegsfähigkeit

Die vollständige Lenkung der Wirtschaft erreicht erst in der zweiten Hälfte des Kriegs Minister Speer; gleichzeitig verliert der 1936 zur Erreichung der Autarkie des Reiches, der *Kriegsfähigkeit* der Wirtschaft und der „Einsatzfähigkeit" der Wehrmacht binnen vier Jahren proklamierte, aber schon im Sommer 1938 durch wirtschaftspolitische Schwerpunktbildung durchlöcherte Vierjahresplan (Verlängerung 1940) jede Bedeutung. Die gesamte Wirtschaft wird von 1934 ab durch die Reichswirtschaftskammer (mit fachlicher und regionaler Untergliederung) organisatorisch zusammengefasst. Die staatliche Rohstoff- und Devisenzuweisung an die Firmen innerhalb des Vierjahresplans führt freilich zu wirksamer Wirtschaftslenkung, die im Krieg durch Ausgabe von Lebensmittelkarten und Warenbezugsscheinen, durch Steuerung von Arbeitskräften und Arbeitsmarkt erheblich verstärkt wird.

Eigentumsrecht und privatwirtschaftliches Unternehmertum bleiben im Prinzip trotzdem erhalten, doch vollziehen sich im Zuge der „Arisierung" jüdischen Besitzes (ab 1938) wirtschaftliche Konzentrationen, die dem Großbesitz zugute kommen. Nach anfänglichen Maßnahmen zur Behebung der Arbeitslosigkeit und dem Beginn des Autobahnbaus 1933 (bis 1939: 2100 km) wird 1934 die infolge von Staatsaufträgen in Gang gesetzte *Aufrüstung* zunehmend zum Motor des wirtschaftlichen Wiederaufstiegs, der sich in erster Linie in den Produktions- und Investitionsgüterindustrien einschließlich der Baubranche (Monumentalbauten!) auswirkt. Schon 1936 übersteigt der Index der Industrieproduktion den vor der Weltwirtschaftskrise erreichten Stand, übertrifft die Rohstahlproduktion sogar ihre Höhe vor dem Ersten Weltkrieg und beläuft sich auf 22% der Weltproduktion. Mit der Vervierfachung der metallverarbeitenden Produktion 1932–1939, aber einem geringeren Zuwachs in anderen, z.B. Konsumgüterindustrien (Textilindustrie 1938 unter dem Stand von 1928), zeigen sich zielbedingte Ungleichgewichte. Da aber in fast allen Industriezweigen die Beschäftigtenzahl in den Friedensjahren steigt (1932–1939 von annähernd acht auf mehr als 16 Mio.), wird noch vor Kriegsausbruch die Vollbeschäftigung erreicht. Die Verbesserung der materiellen Situation des einzelnen hält sich gleichwohl in engen Grenzen: Noch 1936 verfügt nur 11% der Bevölkerung über ein Jahreseinkommen von über 3000 RM, und die unterste Einkommensgruppe (bis 1200 RM im Jahr) umfasst 54% der Deutschen (einschließlich Rentner, ohne Arbeitslose). Der Lohnindex wird auf real (1938) 107,5 geschätzt (1933 = 92,5; 1936 = 100).

Aufrüstung

Produktion wichtiger Grundstoffe 1928–1939

	1928	1935	1938	1939
Steinkohlenförderung	150 871 000 t	151 908 000 t (einschl. Saargebiet)	186 186 000 t	187 956 000 t
Braunkohlenförderung	165 185 000 t	147 005 000 t	194 985 000 t	212 109 000 t
Erdölförderung	92 000 t	427 000 t	609 000 t (einschl. Österreich)	885 000 t
Eisenerzförderung	6 475 000 t	6 044 000 t	12 351 000 t	14 710 000 t
Benzine aller Art (aus Mineralöl)	241 000 t	877 800 t (1936)	1 494 000 t (einschl. Österreich)	
Treibstofferzeugung der Hydrier-Synthesewerke	–	–	766 000 t	1 049 600 t
Kunstkautschukerzeugung	–	–	5200 t	22 400 t

Grundstoffproduktion

Der *Krieg* selbst bringt neben dem Anwachsen des Rüstungsgeräts von 7% (1939) über 22% (1942) auf 40% (1944) der industriellen Nettoproduktion (Konsumgüter parallel 31–25–22) einen Rüstungsanteil von über 50% bei mehreren Branchen (Eisen, Stahl, Blech- und Metallwaren, Fahrzeuge, Schiffe; Feinmechanik und Optik 70%, Luftfahrt 100%) mit Wandlungen, z. T. Schwankungen im Anteil bestimmter Rüstungsgüter. Die Produktionssteigerungen sind jedoch zu letztlich entscheidenden Teilen (Steinkohle, Eisenerz, Nichteisenmetalle, Erdöl) auf Gebietsausweitungen bzw. Eroberungen von 1938 ab zurückzuführen, was 1944/1945 mit dem raschen Zurückweichen der Front eine dann durch die Schäden des Luftkriegs beschleunigte, schnelle Abwärtsentwicklung in den wirtschaftlichen Zusammenbruch hinein mitverursacht.

Krieg

Kohleförderung unter deutscher Herrschaft im Kohlewirtschaftsjahr 1943/1944 (in Steinkohleneinheiten)

	Vorkriegsdeutschland	249,1 Millionen t = 57,3 %
	Angegliederte Gebiete	98,5 Millionen t = 22,6 %
	Besetzte Gebiete	84,7 Millionen t = 19,5 %
	Einfuhr	2,4 Millionen t = 0,6 %
	Summe	434,7 Millionen t = 100 %

Kohleförderung

Die hierin deutlich werdende Rolle des Staats in Ankurbelung und Lenkung des wirtschaftlichen Wiederaufstiegs bedingt eine *Ausweitung der Reichsausgaben* ab 1933/1934 bis 1935/1936 bereits um mehr als die Hälfte, bis 1938/1939 auf das Vierfache (31,8 Mrd. RM), wovon im Durchschnitt der Jahre 1933–1938 mehr als die Hälfte auf Rüstungsausgaben entfällt. Dies ist nur leistbar durch eine *Zunahme der* öffentlichen *Verschuldung*, die mit wachsenden staatlichen Eingriffen in Kreditwesen (1934 Kreditwesengesetz: öffentliche Kontrolle der Kreditinstitute) und Geldverkehr (Verschärfung der 1931 eingerichteten Devisenbewirtschaftung) Hand in Hand geht und schon bis 1939 den Anteil der kreditfinanzierten Staatsausgaben auf ein Fünftel hochtreibt. Da die traditionellen Mittel der Kreditschöpfung nicht ausreichen, bewirkt Schacht die Gründung der Metallurgischen Forschungs-G.m.b.H. durch die Rüstungsfirmen Krupp, Siemens, Rheinmetall und Deutsche Werke mit Engagement von Reichswehrminis-

Ausweitung der Reichsausgaben

Zunahme der Verschuldung

terium und Reichsbank; von dieser „Mefo" ausgestellte, vom Reich garantierte, von der Reichsbank diskontierte, jahrelang prolongierte Wechsel dienen dem Staat als Zahlungsmittel für Rüstungszwecke in großem Umfang: 1935 sind es 2,4 Mrd., 1936 schon 4,9 und 1938 gar 12 Mrd. RM – dann werden statt der Wechsel Schatzanweisungen ausgegeben.

kriegerische Expansion

Die überragende Rolle des Staats in der Wirtschaft – nicht nur als Auftraggeber – erlaubt den Firmen keine Alternative, doch lässt die nun überbordende Staatsverschuldung, finanzwirtschaftlich gesehen, bereits vor 1939 nur noch die freilich schon immer geplante *kriegerische Expansion* als Ausweg offen vor der Alternative von Staatsbankrott oder weitestgehender Verminderung der Einkommen. Auf den Kriegsausbruch wird – statt Kriegsanleihen – durch einen „Kriegsbeitrag" der Länder und Gemeinden sowie durch Steuererhöhungen reagiert; die Einnahmen des Reichs steigen auf 96,2 Mrd. RM (1943/1944), ohne dem Hochschnellen der unmittelbaren Kriegsausgaben von 32,3 (1939/1940) über 75,6 (1941/1942) auf 128,4 Mrd. (1944/1945) folgen zu können. Insgesamt beträgt die Verschuldung am Ende des Kriegs ca. 390 Mrd. (einschl. Mefo-Wechsel) und summieren sich die reinen Kriegsausgaben auf ca. 510 Mrd.

Währungskatastrophe

RM: Die schon nach dem Ersten Weltkrieg eingetretene *Währungskatastrophe* zulasten der Geldvermögen steht damit erneut bevor.

Zentrale Strukturen des Herrschaftssystems

NSDAP

Die Nationalsozialistische Deutsche Arbeiterpartei *(NSDAP)* geht auf die am 5. Jan. 1919 von Anton Drexler (*1884, †1942) und Karl Harrer (*1890, †1928) in München gegründete Deutsche Arbeiterpartei (DAP) zurück, deren bestimmende Figur 1919/1920 *Adolf Hitler* wird (Mitverfasser des 25-Punkte-Programms vom 24. Febr. 1920). Der vom Glauben an die „arische Herrenrasse" und die „jüdische Weltgefahr" maßgeblich beeinflusste Propagandaredner, seit Juli 1921 Parteivorsitzender mit diktatorischen Vollmachten, nutzt die in der Niederlage 1918 entstandenen Enttäuschungen und Ängste („Novemberverbrecher", „Erfüllungspolitik") zielstrebig aus. Nach dem Scheitern seines Putsches vom 9. Nov. 1923 (Parteiverbot) zu fünf Jahren Festungshaft verurteilt, verfasst er die 1925/1926 erstmals erscheinende Rechenschafts- und Programmschrift *Mein Kampf* (Auflage bis Jan. 1933 etwa 300000, 1943: 9,8 Mio.), die als politische Ziele den rassereinen Führerstaat und die Eroberung von Lebensraum im Osten proklamiert. Die am 27. Febr. 1925 neugegründete NSDAP steigt als militante, straff gegliederte Organisation mit (1928) 100000 (Anfang 1933: 1400000, 1935: 2,5 Mio., 1945: 8,5 Mio.) Mitgliedern zum Bundesgenossen (Youngplankampagne 1929), dann Koalitionspartner (1933) der antirepublikanischen Rechten auf.

Adolf Hitler

„Mein Kampf"

Sozialstruktur

Die Sozialstruktur der NSDAP-Mitgliedschaft im Vergleich mit der deutschen Bevölkerung

Soziale Stellung	Bevölkerung 1933[a]		NSDAP-Mitglieder 1935[b] in %
	Männliche Erwerbspersonen in %	Erwerbspersonen insgesamt[c] in %	
Arbeiter	55,1	46,3	32,1
Angestellte	11,8	12,5	20,6
Selbstständige außerhalb der Landwirtschaft	11,9	9,7	20,2
Beamte	6,5	4,6	13,0
Bauern = Selbstständige und Mithelfende in der Landwirtschaft	14,0	20,7	10,7
Sonstige = Hausangestellte und Mithelfende außerhalb der Landwirtschaft	0,6	6,2	3,4
Insgesamt	99,9	100,0	100,0

a) Berechnet nach: Stat. Jahrbuch 55 (1936), S. 26 und 53 (1934), S. 16, Tabelle 16c.
b) NSDAP-Parteistatistik, Bd. II, S. 157.
c) Die Prozentangaben für die Bevölkerung weichen in der NSDAP-Parteistatistik (Bd. II, S. 157) geringfügig von den hier berechneten Werten ab: Der Angestelltenanteil wird dort mit 12,4 %, der Selbständigenanteil mit 9,6 % und der Beamtenanteil mit 4,8 % angegeben.

Führermythos
Joseph Goebbels

Erklärungen für den nationalsozialistischen Aufstieg sind neben straffer Führung und dem Aufbau des *Führermythos* (Gruß „Heil Hitler" seit 1923/1924) in einer vielfach als orientierungslos empfundenen Krisenzeit eine (angesichts tiefgreifender sozialer und parteipolitischer Konflikte besonders wirksame) Volksgemeinschaftsideologie, perfekte Propaganda (Reichspropagandaleiter seit 1929 *Joseph Goebbels*,

Parteiorgan „Völkischer Beobachter" seit 1920), militärisch-mitreißendes Auftreten (Anklang an das „Fronterlebnis" und die Tradition des Kaiserreichs), demonstrativ-gewaltsames Durchsetzen (SA-Terror) gegen den innenpolitischen Gegner und nicht zuletzt der wirkungsvolle Appell an antimarxistische und antikapitalistische Einstellungen im sozial bedrohten, großenteils wirtschaftlich geschädigten (Klein-)Bürgertum (vor 1933 das Hauptreservoir der Partei; die Arbeiter bleiben trotz des Parteinamens relativ schwach vertreten). Entscheidend werden schließlich das erfolgreiche Ausnutzen der *Weltwirtschaftskrise*, die die Regierungen der Republik schwach und uneinig erscheinen lässt und für welche die NS-Propaganda leicht faßliche Erklärungsmuster (in Gestalt von Feindbildern wie Siegermächten, Juden, Marxismus) bereithält, sowie breite *antidemokratische Grundstimmungen* und die Bündnisbereitschaft der konservativen Kräfte z. T. einschließlich Reichswehr und der publizistischen Unterstützung durch den Hugenberg-Konzern. Demgegenüber ist die 1930 erheblich werdende finanzielle Förderung aus der Großindustrie nur zusätzlich zu beurteilen.

Weltwirtschaftskrise

antidemokratisches Klima

Der Aufbau des „Führerstaates"

„Führerstaat"

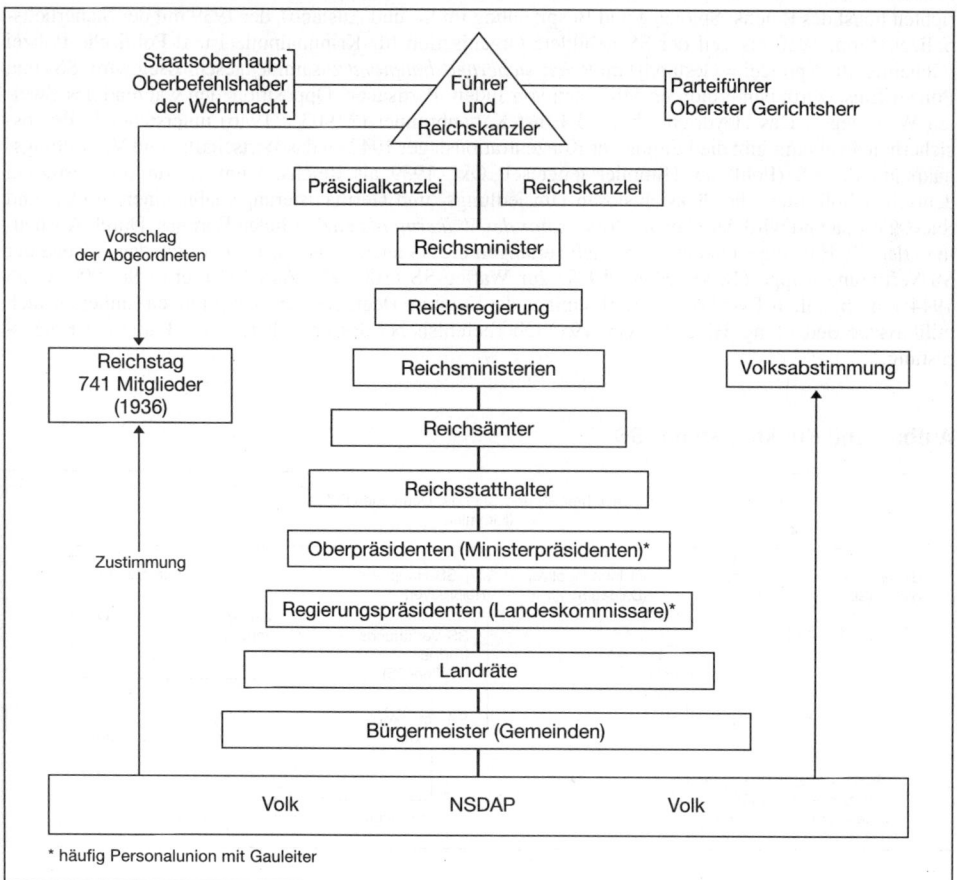

Führer und Reichskanzler

Im Zuge der „Machtergreifung" vollzieht sich 1933/1934 durch Umbesetzungen und Personalunionen von der kommunalen bis hin zur Reichsebene eine wechselseitige *Durchdringung von Partei- und Staatsapparat*: Der „Stellvertreter des Führers", Rudolf Heß (*1894, †1987), wird Reichsminister. Er wirkt ab 1934 in der Tätigkeit aller Ministerien mit. Nach Heß' Ausscheiden 1941 erhält Martin Bormann, der Leiter der Parteikanzlei, einen vergleichbaren Einfluss. Generell bleibt aber ein Nebeneinander von Partei und Staat erhalten, das, durch vielfache *Kompetenzüberschneidungen* und persönliche Rivalitäten noch im Krieg die Herrschaftseffektivität, ja den totalitären Charakter des Regimes einschränkend, Hitler die Rolle des obersten Schiedsrichters sichert und zugleich die Partei weit gehend auf propagierende, ideologisierende und den einzelnen „Volksgenossen" kontrollierende Funktionen begrenzt.
Einen starken Bedeutungsverlust muss die mitgliederstärkste Parteigliederung (Mitgliederzahl 1931: 77000, 1933 zunächst etwa 700000, dann rasch zunehmend), die 1920 gegründete *SA* (Sturmabteilung,

Verflechtung von Partei und Staat

Kompetenzüberschneidungen

SA

„Braunhemden"), hinnehmen, die, seit 1930 Hitler als Oberstem SA-Führer direkt unterstellt und in der Krisenzeit der Weimarer Republik sowie 1933 Hauptträgerin des Straßenterrors, danach weit gehend funktionslos und 1934 mit der Ermordung ihres Stabschefs (seit 1931) Röhm entmachtet wird.

SS
Heinrich
Himmler

Die gleichzeitig zur selbstständigen Parteigliederung erhobenen, 1925 in der SA zum persönlichen Schutz der leitenden Funktionäre gebildeten, schwarz uniformierten *SS* (Schutzstaffeln), von ihrem Reichsführer (seit 1929) *Heinrich Himmler* (*1900, †1945) zur Parteipolizei mit (Anfang 1933) 50000 Mitgliedern ausgebaut, werden durch wechselseitige Verflechtung mit den staatlichen Sicherheitsorganen (Himmler: 1933 kommissarischer Polizeipräsident von München und Politischer Polizeikommandeur für Bayern, 1936 Staatssekretär im Reichsinnenministerium sowie „Reichsführer SS und Chef der Deutschen Polizei", 1943 Reichsinnenminister und Generalbevollmächtigter für die Reichsverwaltung),

Unterdrückungs-
instrument
SD

die in wachsendem Maße von den SS kontrolliert werden, letztlich zum wichtigsten, den Rechtsstaat in weiten Bereichen aufhebenden *Unterdrückungsinstrument*. Hierzu dient neben den Waffen-SS-Totenkopfverbänden (Ende 1938: 8500 Mann) zur Bewachung der schon im März 1933 schnell improvisierten, von 1938/1939 an in großem Maßstab ausgebauten Konzentrationslager der 1931 gegründete *SD* (Sicherheitsdienst des Reichsführers SS) unter Heydrich (Partei-Nachrichtendienst, ab 1936 offizieller Nachrichtendienst des Reichs; Spionage und Bespitzelung im In- und Ausland), der 1939 mit der Sicherheitspolizei (Sipo; 1936 als Teil der SS gebildete Organisation für Kriminalpolizei und Politische Polizei [Geheime Staatspolizei = Gestapo]) im *Reichssicherheitshauptamt* zusammengeschlossen wird. SS- und Polizei-Einsatzgruppen ermorden Millionen von Juden, Partisanen, Oppositionellen während des Zweiten Weltkrieges. Das Heydrich, ab 1943 Ernst Kaltenbrunner (*1903, †1946) unterstehende Reichssicherheitshauptamt gibt die Leitung der Konzentrationslager 1942 an das Wirtschafts- und Verwaltungshauptamt der SS (Pohl) ab. Himmler leitet seit Okt. 1939 als Reichskommissar für die Festigung deutschen Volkstums die rücksichtslosen Umsiedlungs- und Germanisierungsmaßnahmen in Ost- und Südosteuropa und wird der oberste *Organisator des Völkermords* an den Juden Europas. Durch Ausbeutung der KZ-Häftlinge und eigene Betriebe erlangen die SS auch wirtschaftliche, durch den Ausbau der SS-Verfügungstruppe (18000 Mann 1939) zur Waffen-SS (100000 Mann 1940, etwa 900000 Mann 1944; einschließlich Totenkopfverbände) mit an der Front im Heeresverband kämpfenden Einheiten auch militärische Bedeutung; Himmler wird 1944 Oberbefehlshaber des Ersatzheeres und Leiter der Heeresrüstung.

Reichssicher-
heitshauptamt

Organisator des
Völkermords

Aufbau der SS

Aufbau und Funktionen der SS

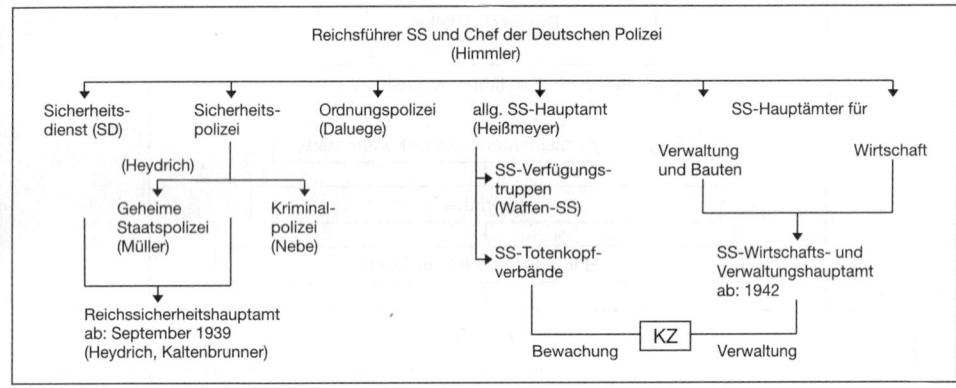

Adolf Hitler
Reichskanzler

1933
30. Jan.
Hindenburg beruft *Adolf Hitler* (*1889, †1945) zum *Reichskanzler*; Papen wird Vizekanzler und Reichskommissar in Preußen (bis 10. April 1933), der DNVP-Vorsitzende Hugenberg Reichswirtschaftsminister, General Werner von Blomberg (*1878, †1946) Reichswehrminister, Franz Seldte (*1882, †1947; Stahlhelm) Reichsarbeitsminister, ferner die Nationalsozialisten Wilhelm Frick (*1877, †1946) Reichsinnenminister und Göring Reichsminister ohne Geschäftsbereich sowie preußischer Innenminister. Sachkenntnis und Ansehen der parteilosen Fachminister sind für Hitler hauptsächlich in den ersten Jahren seines Regimes wichtig. Die Zusammensetzung des Kabinetts, in der die *konservativen Kräfte* und Organisationen (Deutschnationale, Stahlhelm, Reichswehr) das *Übergewicht* besitzen, gibt diesen die Hoffnung, Hitlers Alleinherrschaft zu verhindern. Doch ist die *Schlüsselposition der preußischen Polizei* in nationalsozialistischer Hand und durch Blomberg die tolerierende Haltung der Reichswehr gesichert.

Konservative

preußische
Polizei

Mitglieder der Reichsregierung 1933–1945

Reichsregierung

Reichskanzler	Adolf Hitler (NSDAP; *1889, †1945)
Vizekanzler	30. Jan. 1933–7. Aug. 1934: Franz von Papen (1. März–Juni 1933; bis 1932 Zentrum; *1879, †1969); seit 7. Aug. 1934: unbesetzt
Auswärtiges	30. Jan. 1933–4. Febr. 1938: Konstantin Frhr. von Neurath (parteilos; *1873, †1956); 4. Febr. 1938–30. April 1945: Joachim von Ribbentrop (NSDAP; *1893, †1946)
Inneres	30. Jan. 1933–24. Aug. 1943: Wilhelm Frick (NSDAP; *1877, †1946); 24. Aug. 1943–30. April 1945: Heinrich Himmler (NSDAP; *1900, †1945)
Finanzen	Johann Ludwig Graf Schwerin von Krosigk (parteilos; *1887, †1977)
Wirtschaft	30. Jan.–29. Juni 1933: Alfred Hugenberg (DNVP; *1865, †1951); 29. Juni 1933–3. Aug. 1934: Kurt Schmitt (parteilos; *1886, †1950); 3. Aug. 1934–30. Jan. 1935: (beurlaubt) Kurt Schmitt; 3. Aug. 1934–26. Nov. 1937: Hjalmar Schacht (ursprünglich DDP; *1877, †1970); 26. Nov. 1937–15. Jan. 1938: Hermann (Wilhelm) Göring (NSDAP; *1893, †1946); 4. Febr. 1938–3. April 1945: Walter Funk (NSDAP; *1890, †1960)
Arbeit	Franz Seldte (Stahlhelm; seit 27. April 1933: NSDAP; *1882, †1947)
Justiz	3. Febr. 1933–29. Jan. 1941: Franz Gürtner (bis Ende Juni 1933; DNVP; *1881, †1941); Febr. 1941–24. Aug. 1942: (beauftragt) Franz Schlegelberger (parteilos; *1876, †1970); 24. Aug. 1942–30. April 1945: Otto Georg Thierack (NSDAP; *1889, †1946)
Wehr (seit 21. Mai 1935: Krieg)	30. Jan. 1933–4. Febr. 1938: Werner von Blomberg (parteilos; *1878, †1946); seit 4. Febr. 1938: aufgehoben
Chef des OKW	4. Febr. 1938–30. April 1945: Wilhelm Keitel (*1882, †1946)
Post	30. Jan. 1933–2. Febr. 1937: Paul Frhr. Eltz von Rübenach (parteilos; *1875, †1943); 2. Feb. 1937–30. April 1945: Wilhelm Ohnesorge (NSDAP; *1872, †1962)
Verkehr	30. Jan. 1933–2. Febr. 1937: Paul Freiherr Eltz von Rübenach (parteilos); 2. Febr. 1937–30. April 1945: Julius Dorpmüller (NSDAP; *1869, †1945)
Ernährung	30. Jan.–29. Juni 1933: Alfred Hugenberg (DNVP); 29. Juni 1933–23. Mai 1942: (Richard) Walter Darré (NSDAP; *1895, †1953); 23. Mai 1942–6. April 1944: (beauftragt) Herbert Backe (NSDAP; *1896, †1947); 6. April 1944–30. April 1945: (Minister) Herbert Backe
Volksaufklärung und Propaganda	13. März 1933: neu geschaffen; bis 30. April 1945: (Paul) Joseph Goebbels (NSDAP; *1897, †1945)
Luftfahrt	28. April 1933: neu geschaffen; bis 23. April 1945: Hermann Göring (NSDAP; s. oben)
Wissenschaft, Erziehung und Volksbildung	1. Mai 1934: neu geschaffen; bis 30. April 1945: Bernhard Rust (NSDAP; *1883, †1945)
Forsten	3. Juli 1934: neu geschaffen; bis 23. April 1945: Hermann Göring (NSDAP; s. oben)
Kirchen	18. Juli 1935: neu geschaffen; bis 13. Dez. 1941: Hanns Kerrl (NSDAP; *1887, †1941); 14. Dez. 1941–30. April 1945: unbesetzt
Oberbefehlshaber des Heeres (mit Kabinettsrang)	20. April 1936–5. Febr. 1938: Werner Frhr. von Fritsch (*1880, †1939); 5. Febr. 1938–19. Dez. 1941: Walther von Brauchitsch (*1881, †1948); 19. Dez. 1941–30. April 1945: Adolf Hitler
Oberbefehlshaber der Kriegsmarine	20. April 1936–30. Jan. 1943: Erich Raeder (parteilos; *1876, †1960); 30. Jan. 1943–30. April 1945: Karl Dönitz (parteilos; *1891, †1980)
Oberbefehlshaber der Luftwaffe	7. März 1935–23. April 1945: Hermann Göring (s. oben); 23.–30. April 1945: Robert Ritter von Greim (*1892, †1945)
Ohne Geschäftsbereich	(Die Bezeichnung „ohne Geschäftsbereich" entfällt ab 4. Febr. 1938); 30. Jan.–28. April 1933: Hermann Göring; 1. Dez. 1933–30. Juni 1934: Ernst Röhm (NSDAP; *1887, †1934); 1. Dez. 1933–10. Mai 1941: Rudolf Heß (NSDAP; *1894, †1987); 16.6.1934–18.7.1935: Hanns Kerrl (s. o.); 19. Dez. 1934–30. April 1945: Hans Frank (NSDAP; *1900, †1946); 26. Nov. 1937–23. Juli 1944 (vorläufig amtsenthoben 22. Jan. 1943): Hjalmar Schacht (s. o.); 1. Dez. 1937–30. April 1945: (Staatsminister und Chef der Präsidialkanzlei des Führers und Reichskanzlers) Otto Meißner (NSDAP; *1880, †1953); 5. Febr. 1938–30. April 1945: (Vorsitzender des Geheimen Kabinettsrats) Konstantin Frhr. von Neurath (s. o.); 1. Mai 1939–30. April 1945: Arthur Seyß-Inquart (NSDAP; *1892, †1946)
Bewaffnung und Munition (ab 2. Sept. 1943: Rüstung und Kriegsproduktion)	17. März 1940–8. Febr. 1942: Fritz Todt (*1891, †1942); 8. Febr. 1942–30. April 1945: Albert Speer (*1905, †1981)
Besetzte Ostgebiete	17. Juli 1941–30. April 1945: Alfred Rosenberg (NSDAP; *1893, †1946)

Himmler

Goebbels

Göring

EUROPÄISCHE NEUZEIT   Einzelstaaten

Böhmen und Mähren (Sitz Prag)	20. Aug. 1943: neu errichtet; bis 30. April 1945: Karl Hermann Frank (NSDAP; *1898, †1946)
Reichskommissar für den Arbeitsdienst	30. Jan. 1933–6. Juli 1934: Franz Seldte (Stahlhelm, seit 27. April 1933: NSDAP; s. oben); 6. Juli 1934–30. April 1945: Konstantin Hierl (NSDAP; *1875, †1955)
Reichskommissar für die Gleichschaltung der Justiz	25. April 1933–19. Dez. 1934: Hans Frank (NSDAP; s. oben)
Reichskommissar für den Sport	27. April 1933–25. März 1943: Hans von Tschammer und Osten (NSDAP; *1887, †1943); Okt. 1944–30. April 1945: (kommissarisch; ehrenamtlich) Karl Ritter von Halt (*1891, †1964)
Reichskommissar für das Siedlungswesen	April 1933–6. Dez. 1934: Gottfried Feder (NSDAP; *1883, †1941); 6. Dez. 1934: Aufgaben vom Reichsarbeitsministerium übernommen
Reichskommissar für Milch- und Fettwirtschaft	Ab 4. Aug. 1933: Bernd Frhr. von Kanne (*1884) (ab 5. Nov. 1934 auch: Durchführung der Marktordnung)
Reichskommissar für Rohstoffwirtschaft	30. Juni 1934–21. Jan. 1937: Jean Puppe (*1882, †1941)
Reichskommissar für die Preisbildung	5. Nov. 1933–1. Juli 1935: Carl-Friedrich Goerdeler (bis 1931 DNVP; *1884, †1945); ab 29. Okt. 1936: Josef Wagner (NSDAP; *1899, †1944?); nach 1944: Hans Fischböck (*1895, †1967)
Reichskommissar für Luftfahrt	30. Jan.–28. April. 1933: Hermann Göring (NSDAP; s. oben)
Reichskommissar für Arbeitsbeschaffung	30. Jan.–30. März 1933: Günter Gereke (Landvolk; *1893, †1970); ab 25. März 1933: (beauftragt) Friedrich Syrup (parteilos; *1881, †1945)
Reichskommissar für den gewerblichen Mittelstand	Ab 22. März 1933: Erich Wienbeck (DNVP; *1876, †1949)
Reichskommissar für das Kraftfahrwesen, im Reichswehrministerium	Karl Eduard Herzog von Sachsen-Coburg-Gotha (Stahlhelm; seit April 1933: NSDAP; *1884, †1954)
Reichskommissar für die Rückgliederung des Saargebiets	11. Febr. 1935–31. März 1941: Josef Bürckel (NSDAP; *1895, †1944)
Reichskommissar für die Wiedervereinigung Österreichs mit dem Deutschen Reich	23. April 1938–31. März 1940: Josef Bürckel (NSDAP)
Reichskommissar für Sudetendeutschland	1. Okt. 1938–1. Mai 1939: Konrad Henlein (NSDAP; *1898, †1945)
Reichskommissar für die besetzten norwegischen Gebiete	24. April 1940–30. April 1945: Josef Terboven (NSDAP; *1898, †1945)
Reichskommissar für die niederländischen Gebiete	19. Mai 1940–30. April 1945: Arthur Seyß-Inquart (NSDAP; s. oben)
Staatssekretär und Chef der Reichskanzlei	(ab 26. Nov. 1937 Minister): Hans Heinrich Lammers (NSDAP; *1879, †1962)
Reichspressechef	30. Jan. 1933–15. Jan. 1938: Walter Funk (NSDAP; s.oben); 15. Jan. 1938–30. April 1945: Otto Dietrich (NSDAP; *1897, †1952)

Reichsstatthalter

Die Reichsstatthalter 1933–1945

ANHALT UND BRAUNSCHWEIG: 6. Mai 1933–23. Okt. 1935: Wilhelm (Friedrich) Loeper (*1883, †1935); 29. Nov. 1935–19. April 1937: (beauftragt) Fritz Sauckel (*1894, †1946); 19. April 1937–April 1945: Rudolf Jordan (*1902)
BADEN: 6. Mai 1933–April 1945: Robert Wagner (früher: Backfisch) (*1895, †1946)
BAYERN: 10. April 1933–29. April 1945: Franz Ritter von Epp (*1868, †1946)
DANZIG-WESTPREUSSEN: 1. Sept. 1939–März 1945: Albert Forster (*1902, †1948?)
HAMBURG: 16. Mai 1933–3. Mai 1945: Karl Kaufmann (*1900, †1969)
HESSEN: 6. Mai 1933–Ende März 1945: Jakob Sprenger (*1884, †1945)
KÄRNTEN: 1940–27. Nov. 1941: (stellv.) Franz Kutschera (*1909); 27. Nov. 1941–April 1945: Friedrich Rainer (*1903, †1947)
LIPPE UND SCHAUMBURG-LIPPE: 16. Mai 1933–4. April 1945: Alfred Meyer (*1891, †1945)
MECKLENBURG UND LÜBECK: 27. Mai 1933–1. Mai 1945: Friedrich Hildebrandt (*1898, †1948)
NIEDERDONAU: 2. April 1940–April 1945: Hugo Jury (*1887, †1945)
OBERDONAU: 12. April 1940–Mai 1945: August Eigruber (*1907, †1947)
OLDENBURG UND BREMEN: 6. Mai 1933–15. Mai 1942: Karl Röver (*1889, †1942); 27. Mai 1942–April 1945: Paul Wegener (*1908)
ÖSTERREICH: 14. März 1938–30. April 1939: Arthur Seyß-Inquart (s. oben)
PREUSSEN: April 1933–30. April 1945: Adolf Hitler (s.oben); 30. Jan. 1935–24. April 1945: (mit der Ausübung der Geschäfte beauftragt) Hermann Göring (s.oben)
SACHSEN: 6. Mai 1933–Mai 1945: Martin Mutschmann (*1879, †1947)

SALZBURG: 15. März 1940–27. Nov. 1941: Friedrich Rainer (s. Kärnten); 27. Nov. 1941–Anf. Mai 1945: Gustav Adolf Scheel (*1907, †1979)
STEIERMARK: 12. April 1940–Mai 1945: Siegfried Uiberreither (*1908, †1971)
SUDETENLAND: 1. Mai 1939–Mai 1945: Konrad Henlein (*1898, †1945)
THÜRINGEN: 6. Mai 1933–April 1945: Fritz Sauckel (s. Anhalt und Braunschweig)
TIROL: 12. April 1940–Mai 1945: Franz Hofer (*1902, †1975)
WARTHEGAU: 23. Okt. 1939–Jan. 1945: Artur Greiser (*1897, †1946)
WESTMARK: 31. März 1941–28. Sept. 1944: Josef Bürckel (*1895, †1944); 29. Sept. 1944–März 1945: (stellv.) Willi Stoehr (*1903)
WIEN: 12. April–7. Aug. 1940: Josef Bürckel (s.oben); 8. Aug. 1940–April 1945: Baldur von Schirach (*1907, †1974)
WÜRTTEMBERG: 6. Mai 1933–April 1945: Wilhelm Murr (*1888, †1945)

1. Febr.	Auflösung des Reichstags. Versuch, aus dem Regierungswechsel eine „Revolution" zu machen und die deutschnationalen Koalitionspartner zu überspielen. Göring beginnt in Preußen mit seinen Amtsenthebungen. Die skrupellose Ausnutzung legaler und scheinlegaler Mittel, deren ständige Ausdehnung und die Schaffung neuer Instrumente verbinden sich mit Gewaltaktionen der SA zur Eroberung einer Vielzahl staatlicher Positionen und zur Unterdrückung und Einschüchterung von Gegnern, die z.T. zu emigrieren beginnen.
11. Febr.	Der preußischen Polizei wird eine sog. Hilfspolizei (v. a. aus SA und SS) an die Seite gestellt.
17. Febr.	Görings „Schießerlass" ermuntert die Polizei zum Schusswaffengebrauch.
27. Febr.	*Reichstagsbrand* in Berlin. Die Brandlegung (Nationalsozialisten – SA-Führer, Göring?) ist umstritten. Rasche politische Ausnutzung: Der Brand wird den Kommunisten zur Last gelegt. Verbot der kommunistischen, in Preußen auch fast der ganzen sozialdemokratischen Presse. Verhaftungswelle, vor allem gegen kommunistische Funktionäre.
28. Febr.	Die Verordnung des Reichspräsidenten *zum Schutz von Volk und Staat* setzt wichtige Grundrechte außer Kraft und leitet damit (bis zum Ende der NS-Herrschaft gültig) den Abbau der rechtsstaatlichen Grundlagen ein; außerdem Handhabe zur Beseitigung nicht genehmer Länderregierungen. Zahlreiche, z.T. nur angebliche politische Gegner werden in „Schutzhaft" genommen, die ersten *Konzentrationslager* (KZ) eingerichtet. – Nicht nur wegen des faktischen Verbots der KPD finden somit die anberaumten Reichstagswahlen nicht mehr unter den Bedingungen freier Wahlen statt.
5. März	*Reichstagswahlen.* Absolute, nicht relative Behauptung der Sozialdemokraten, des Zentrums, der Bayerischen Volkspartei und der Deutschnationalen (letztere in der „Kampffront Schwarz-Weiß-Rot" mit dem Stahlhelm). Anstieg der Nationalsozialisten auf 288 von 648 Sitzen (44%) auf Kosten der Reste der kleinen bürgerlichen Parteien, der Kommunisten und vor allem mit Hilfe der bisherigen Nichtwähler und der Jungwähler (Wahlbeteiligung 89%). Zusammen mit der Kampffront Schwarz-Weiß-Rot erreichen die Nationalsozialisten eine knappe absolute Mehrheit von 52%. Diese Zahlen stellen einen Ausdruck der großen wirtschaftlichen und politischen Krise in ihrem Höchststadium und der Massenpsychose der „nationalen Revolution" dar, der sich jedoch 56% der Wähler auch zu diesem Zeitpunkt entziehen können.
5.–10. März	Absetzung aller noch nicht nationalsozialistisch geführten Länderregierungen und Einsetzung von „Reichskommissaren". Sog. *Gleichschaltung* durch Zusammenwirken von (verdeckter) Lenkung aus Berlin und organisiertem Terror einer manipulierten „Revolution von unten".
13. März	Joseph Goebbels (*1897, †1945) wird zum Reichsminister für Volksaufklärung und Propaganda.
21. März	Der „Tag von Potsdam": Feier in der Garnisonskirche, in der, durch Hindenburg und Hitler personifiziert, die Verbindung des Gegensatzpaares „Preußen" – „Nationalsozialismus" vollzogen werden soll. Volkspsychologischer Erfolg.
24. März	„Gesetz zur Behebung der Not von Volk und Reich" *(Ermächtigungsgesetz):* Gesetze können von der Reichsregierung, außerhalb des in der Verfassung vorgesehenen Verfahrens und von der Verfassung abweichend, erlassen werden; befristet auf vier Jahre. Das Gesetz wird am 23. März von NSDAP, DNVP, Zentrum und den kleineren Parteien (bei Ausschluss der Kommunisten) gegen die Stimmen allein der SPD angenommen.

Marginalia:
- *Reichstagsbrand*
- *„Schutz von Volk und Staat"*
- *Konzentrationslager*
- *Reichstagswahlen*
- *Gleichschaltung*
- *Ermächtigungsgesetz*

	31. März	Erstes Gesetz „zur Gleichstellung der Länder mit dem Reich": Die Länderparlamente werden ohne Wahl nach dem Verhältnis der Reichstagswahl neu gebildet, die Länderregierungen können Gesetze in Abweichung von den Verfassungen erlassen.
Boykott jüdischer Geschäfte	1. April	Organisierung des *Boykotts jüdischer Geschäfte* durch Joseph Goebbels und Robert Ley als Beginn der Verdrängung der Juden aus Wirkungsbereichen und Berufen aller Art.
	7. April	Zweites Gesetz zur Gleichschaltung der Länder: Einsetzung von Reichsstatthaltern. – Das Gesetz, „zur Wiederherstellung des Berufsbeamtentums" schließt alle „Nichtarier" aus und leitet Auswechselungen aus politischen Gründen ein.
Aufhebung der Gewerkschaften	2. Mai	Am Tage nach der ersten nationalsozialistischen Maifeier Besetzung der Gewerkschaftshäuser, *Aufhebung der Gewerkschaften*.
	10. Mai	Bildung der „Deutschen Arbeitsfront" als faktische Zwangsvereinigung von Arbeitern, Angestellten und Unternehmern (1936 etwa 20 Mio. Mitglieder), der NSDAP angeschlossen und Robert Ley (*1890, †1945) unterstellt.
	1. Juni	Erstes Gesetz zur Verminderung der Arbeitslosigkeit (Erstes Reinhardt-Programm).
	Juni/Juli	Selbstauflösung aller noch bestehenden bürgerlichen Parteien (Zentrum: 5. Juli) unter Druck.
	22. Juni	Verbot der SPD, deren Parteiführer teils verhaftet werden, teils emigrieren. Die Exil-SPD [„SoPaDe"] befindet sich 1933–1937 in Prag, 1938–1940 in Paris, 1941–1945 in London.
	27. Juni	Selbstauflösung der DNVP.
	29. Juni	Austritt Hugenbergs aus dem Kabinett.
NSDAP einzige Partei	14. Juli	Gesetz gegen die Neubildung von Parteien. Die *NSDAP* ist von nun an die *einzige Partei* im Deutschen Reich.
Abschluss des Konkordats	20. Juli	Der *Abschluss des Konkordats* zwischen dem Deutschen Reich und der Kurie übt eine große Wirkung auf den Katholizismus Deutschlands und der Welt aus. Hoffnungen werden erweckt, die später im Kirchenkampf zerstört werden.
Reichsnährstand	13. Sept.	Zusammenfassung aller in der Landwirtschaft Tätigen im *Reichsnährstand* wird eingeleitet (Reichsbauernführer bis 1942: Reichsminister für Ernährung und Landwirtschaft Walter Darré; *1895, †1953).
	21. Sept.	Zweites Gesetz zur Verminderung der Arbeitslosigkeit (Zweites Reinhardt-Programm); die „Arbeitsschlacht" wird eröffnet.
Reichskulturkammergesetz	22. Sept.	*Reichskulturkammergesetz:* Reichskulturkammer als berufsständische Zusammenfassung der im kulturellen Raum Tätigen; Präsident Reichsminister Goebbels.
	23. Sept.	Baubeginn der militärstrategischen Reichsautobahn.
	27. Sept.	Wehrkreispfarrer Ludwig Müller (NS-Glaubensbewegung Deutsche Christen; *1883, †1945) wird auf der Nationalsynode in Wittenberg zum Reichsbischof der Deutschen Evangelischen Kirche (gegen den am 26. Mai bereits von den Vertretern der Landeskirchen in Loccum gewählten Pastor Friedrich von Bodelschwingh [Bethel; *1877, †1946]) gewählt. Dagegen richtet sich Protest des neuen Pfarrernotbundes (etwa 2000 Pastoren, leitend Martin Niemöller; *1892, †1984). *Beginn des Kirchenkampfes* in der evangelischen Kirche zwischen den offiziell geförderten Deutschen Christen und der im Entstehen begriffenen Bekennenden Kirche.
Beginn des Kirchenkampfes		
	29. Sept.	Das Reichserbhofgesetz setzt für alle Bauernhöfe von etwa 7,5–125 ha die Eigenschaft als „Erbhof" fest, der ungeteilt auf den ältesten Sohn im Erbfall übergeht, unveräußerlich und unbelastbar ist. – Die nationalsozialistische Agrarpolitik geht auf Erzeugungssteigerung und Sicherung des Bauerntums („Blut und Boden") aus, schont den Großgrundbesitz und fördert in bescheidenem Maße die innere Kolonisation.
	4. Okt.	Das Schriftleitergesetz führt (zusammen mit dem Reichskulturkammergesetz vom 22. Sept.) die kulturelle und geistige „Gleichschaltung" weiter.
Austritt aus dem Völkerbund	14. Okt.	*Austritt* des Reichs *aus dem Völkerbund*.
	12. Nov.	(Manipulierte) Reichstagswahlen, verbunden mit der Frage, ob die Politik, die zum Austritt aus dem Völkerbund geführt hat, gebilligt werde; von 92% der abgegebenen Stimmen wird die Einheitsliste der NSDAP „gewählt".

Parteienauflösung 1933

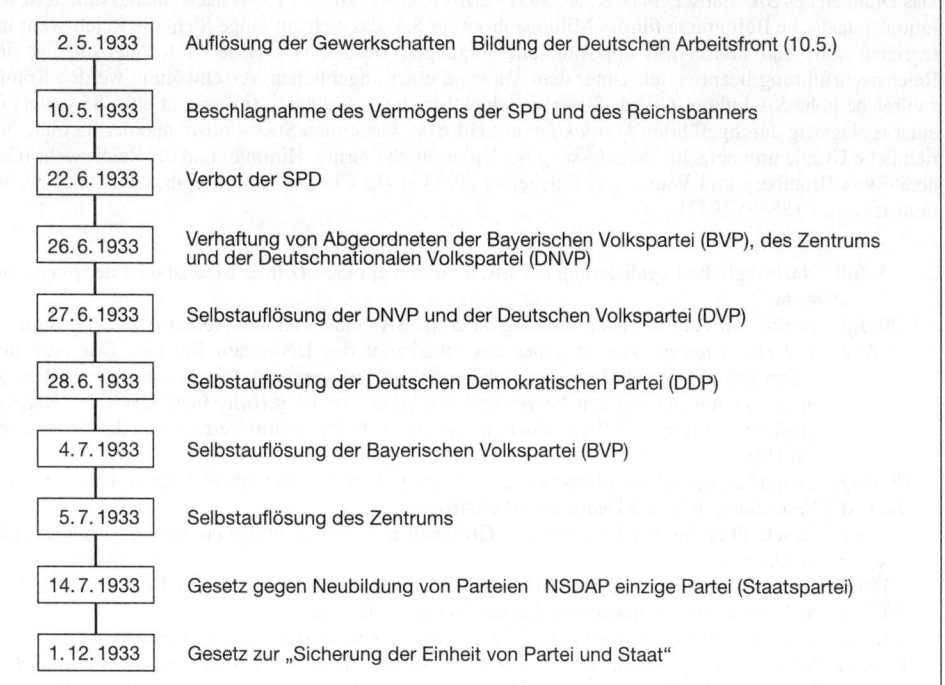

2. 5. 1933	Auflösung der Gewerkschaften Bildung der Deutschen Arbeitsfront (10.5.)
10. 5. 1933	Beschlagnahme des Vermögens der SPD und des Reichsbanners
22. 6. 1933	Verbot der SPD
26. 6. 1933	Verhaftung von Abgeordneten der Bayerischen Volkspartei (BVP), des Zentrums und der Deutschnationalen Volkspartei (DNVP)
27. 6. 1933	Selbstauflösung der DNVP und der Deutschen Volkspartei (DVP)
28. 6. 1933	Selbstauflösung der Deutschen Demokratischen Partei (DDP)
4. 7. 1933	Selbstauflösung der Bayerischen Volkspartei (BVP)
5. 7. 1933	Selbstauflösung des Zentrums
14. 7. 1933	Gesetz gegen Neubildung von Parteien NSDAP einzige Partei (Staatspartei)
1. 12. 1933	Gesetz zur „Sicherung der Einheit von Partei und Staat"

Die Stabilisierung der NS-Herrschaft

Der Reichstag besitzt hinfort nur noch dekorative Bedeutung als Hintergrund für Führerreden zu wichtigen Anlässen. Mit dieser Reichstagswahl ist ein gewisser Abschluss der Entwicklung zum *Führerstaat* mit totalitärem Anspruch erreicht, wodurch die Weimarer Verfassung nicht formell aufgehoben, jedoch faktisch überwunden ist (Ermächtigungsgesetz in der Folge mehrfach erneuert). In der NSDAP und ihren Gliederungen ist der „Führerwille" scheinbar absolut organisiert und die cäsaristische Verbindung von „Führer" und „Masse" hergestellt. Die durch geschickte Finanzierung (Reichsbankpräsident Schacht 1933–1939) und öffentliche Arbeitsbeschaffung bei beginnendem allgemeinem Konjunkturaufschwung festzustellende Verbesserung der *Wirtschaftslage* lässt 1933 die Arbeitslosenziffer von sechs auf vier Millionen (noch ohne Auswirkung der Aufrüstung) sinken und trägt, propagandistisch ausgewertet, zur Stabilisierung des Regimes bei.

- Dez. Benzinvertrag zwischen dem Reich und der I. G. Farben: Beginn des Aufbaus einer deutschen Mineralölindustrie für wehrwirtschaftliche Zwecke.
- **1934**
- 20. Jan. Das Gesetz „zur Ordnung der nationalen Arbeit" schafft mit der „Betriebsgemeinschaft" und dem „Treuhänder der Arbeit" die Grundlagen des nationalsozialistischen Arbeitsrechts. Sozialpolitische und weltanschauliche Überwachung der Betriebe durch die Deutsche Arbeitsfront bei Wahrung unternehmerischer Freiheit in betrieblichen Fragen.
- 26. Jan. Nichtangriffspakt mit Polen.
- 30. Jan. Gesetz über den *Neuaufbau des Reiches*. Die Volksvertretungen der Länder werden aufgehoben. Die Hoheitsrechte der Länder gehen auf das Reich über.
- 14. Febr. Aufhebung des Reichsrats.
- 20. April Ernennung Heinrich Himmlers zum Chef des Geheimen Staatspolizeiamts in Preußen (Entstehung der *Gestapo* seit Frühjahr 1933).
- 30./31. Mai Reichs-Bekenntnissynode in Barmen-Gemarke *(Bekennende Kirche)*, Verabschiedung der Barmer Theologischen Erklärung gegen die Lehren der Deutschen Christen.
- 14./15. Juni Erstes Treffen Hitlers und des italienischen faschistischen Diktators Benito Mussolini in Venedig.
- 17. Juni Rede Papens (verfasst von dem jungkonservativen Schriftsteller Edgar Jung; *1894, †1934) in Marburg mit scharfer offener Kritik an der nationalsozialistischen Politik.

Die Röhm-Affäre (30. Juni – 2. Juli 1934)

Das Drängen des SA-Stabschefs (seit Jan. 1931) Ernst Röhm (*1887, †1934) nach einer „zweiten Revolution" (staatliche Befugnisse für das Millionenheer der SA, das sich auf lange Sicht die Reichswehr integrieren soll) und konservativ-oppositionelle Regungen werden von Hitler mit Unterstützung der Reichswehrführung beantwortet: Unter dem Vorwand einer angeblichen Verschwörung werden Röhm, zahlreiche hohe SA-Führer, Gregor Strasser, Schleicher, Jung, Kahr u.a. (insgesamt etwa 85 Opfer) in einer schlagartig durchgeführten *Mordaktion* mit Hilfe der Geheimen Staatspolizei und der SS ohne gerichtliche Urteile umgebracht. Veranlassung bei Hitler durch Göring, Himmler und die Reichswehr (Generäle von Blomberg und Walter von Reichenau [1933–1935 Chef des Ministeramts im Reichswehrministerium; *1884, †1942]).

Mordaktion

	3. Juli	Nachträgliche Legalisierung der Morde durch ein Gesetz über Maßnahmen der Staatsnotwehr.
	20. Juli	Die SS wird aus der Unterordnung unter die SA gelöst und unmittelbar Hitler unterstellt.
Tod Hindenburgs *„Führer und Reichskanzler"*	2. Aug.	*Tod Hindenburgs.* Gesetz „über das Oberhaupt des Deutschen Reichs": Das Amt des Reichspräsidenten wird mit dem des Reichskanzlers vereinigt. Die Befugnisse des Reichspräsidenten gehen auf den *Führer und Reichskanzler Adolf Hitler* über. Der Titel „Reichspräsident" soll nach Hitlers Willen in Zukunft entfallen. Sofort Vereidigung der Wehrmacht auf Hitler.
	19. Aug.	„Volksbefragung" zum Gesetz vom 2. August; 84% der Stimmberechtigten stimmen zu.
	24. Okt.	Verordnung über die Deutsche Arbeitsfront.
	5. Dez.	Gesetz über das Kreditwesen: Die Großbanken unterstehen der Führung des Reichsbankpräsidenten.
	1935	Abstimmung im Saargebiet. 91% für Rückgliederung an das Deutsche Reich, 9% für Aufrechterhaltung des gegebenen Zustandes, 0,4% für Frankreich.
	13. Jan.	
Rückgabe des Saargebiets Wehrpflicht	17. Jan.	Der Völkerbundsrat beschließt die *Rückgabe des Saargebiets* an Deutschland.
	16. März	Gesetz „für den Aufbau der Wehrmacht", Wiedereinführung der allgemeinen *Wehrpflicht*.
	April	Betriebsratswahlen mit vielen Misserfolgen der NS-Einheitsliste, weshalb das Ergebnis nicht bekannt gemacht wird.
Flottenabkommen	18. Juni	*Flottenabkommen mit Großbritannien*, das sich mit einer Stärke der deutschen Kriegsmarine von bis zu 35% der britischen einverstanden erklärt: Erfolg von Hitlers Politik der Revision der Ergebnisse des Ersten Weltkrieges.
Nürnberger Gesetze	Sept.	Reichsparteitag mit den antisemitischen „*Nürnberger Gesetzen*":
	15. Sept.	Im „Gesetz zum Schutz des deutschen Blutes und der deutschen Ehre" werden Ehen mit Juden verboten. Der Nachweis „arischer" Abstammung ist hinfort Vorbedingung für jede öffentliche Anstellung. Fortschreitende Ausschaltung und Ausnahmerechtstellung der Juden. Bis zum Herbst 1938 wandern rund 170000 Juden – 1/3 ihrer Gesamtzahl – aus Deutschland aus.
		Unterstützung Italiens während des (am 3. Okt. begonnenen) abessinischen Feldzugs.
Rheinland-Besetzung	**1936**	Das Deutsche Reich kündigt den Locarnovertrag und stellt durch vertragswidrige *Besetzung der entmilitarisierten Zone des Rheinlandes* die militärische Souveränität wieder her.
	7. März	
	29. März	Manipulierte Billigung der Politik Hitlers mit 99% Ja-Stimmen.
	11. Juli	Abkommen mit Österreich; Wiederherstellung freundschaftlicher Beziehungen. Voraussetzung zur Bildung der „Achse Berlin-Rom".
Olympische Spiele in Berlin	1. Aug.	Eröffnung der *XI. Olympischen Sommerspiele in Berlin*.
	24. Aug.	Einführung der zweijährigen Militärdienstzeit.
Aufrüstung	8.–14. Sept.	Reichsparteitag in Nürnberg mit antibolschewistischer Tendenz. Verkündung des Vierjahresplans im Zusammenhang mit der *Aufrüstung*.
	18. Okt.	Göring wird mit der Durchführung des Vierjahresplans betraut.
	25. Okt.	Deutsch-italienischer Vertrag („Achse"); einheitliches Vorgehen in der spanischen Frage, Anerkennung der Regierung Francisco Franco vereinbart.
	14. Nov.	Die Hoheit über die deutschen Ströme wiederhergestellt.
	18. Nov.	Anerkennung der Regierung General Francos in Spanien.
	25. Nov.	Antikominternpakt mit Japan.
	1937	Verlängerung des Ermächtigungsgesetzes um vier Jahre (30. Jan.).
	14. März	Papst Pius XI. nimmt durch die Enzyklika „Mit brennender Sorge" scharf gegen die nationalsozialistische Kirchenpolitik Stellung.
	Sept.	„Triumphaler" Besuch Mussolinis in Deutschland (25.–28.).
	26. Nov.	Schacht wird auf eigenes Drängen als Reichswirtschaftsminister entlassen (zunächst durch Göring, dann durch Funk ersetzt).

5. Nov.	Hitler gibt den Oberbefehlshabern und Außenminister Konstantin von Neurath (*1873, †1956) den Entschluss bekannt, die angeblichen Raumprobleme auf dem Wege der Gewalt zu lösen; Nahziele: Österreich und die Tschechoslowakei (festgehalten in der sog. *Hoßbach-Niederschrift*).	*Hoßbach-Niederschrift*

Die Fritsch-Krise vom Februar 1938

Nach der Besprechung vom 5. Nov. 1937, in der Neurath, Blomberg und Fritsch Bedenken vorbringen, zunächst Rücktrittsgesuch Neuraths. 5. Febr. 1938 Entlassung des Reichskriegsministers von Blomberg (vorgeschobener Anlass: unstandesgemäße Eheschließung) und des Oberbefehlshabers des Heeres, Generaloberst von Fritsch (Intrige Himmlers und Görings: Fritsch durch gedungene Belastungszeugen fälschlich der Homosexualität beschuldigt). Kein Reichskriegsminister wird mehr ernannt, Fritsch durch Generaloberst von Brauchitsch ersetzt. *Bildung eines Oberkommandos der Wehrmacht* (OKW) unter General Wilhelm Keitel, der sich Hitler vollständig fügt. Reichsaußenminister von Neurath wird durch den Hitler ergebenen Joachim von Ribbentrop ersetzt. Damit wird ein stärkerer Einfluss der Partei auch auf das Auswärtige Amt angestrebt.

Oberkommando der Wehrmacht

1938 12. März	Einmarsch in Österreich nach vorausgegangenem Ultimatum und erzwungenem Rücktritt des Bundeskanzlers Kurt Schuschnigg (*1897, †1977). Übernahme der Regierung durch den Nationalsozialisten Arthur Seyß-Inquart (*1892, †1946).	
13. März	*Anschluss Österreichs* an das Deutsche Reich.	„*Anschluss*" *Österreichs*
Mai	Besuch Hitlers mit großem Gefolge in Rom (3.–9.).	
30. Mai	Hitlers Weisung an die Wehrmacht kündigt Zerschlagung der Tschechoslowakei an.	
27. Aug.	Rücktritt des Chefs des Generalstabs des Heeres, Generaloberst Beck, der nach der Entlassung Fritschs und in der Entwicklung, die zum Krieg treibt, sein Bleiben nicht mehr verantworten kann. Nachfolger wird General Franz Halder (bis 1942; *1884, †1972).	
Sept.	*Sudetenkrise:* Hitler veranlasst den sudetendeutschen Führer Konrad Henlein (*1898, †1945) zur Verschärfung seiner Politik der überhöhten Forderungen gegenüber der Regierung in Prag und fordert die Abtretung der sudetendeutschen Gebiete an das Deutsche Reich. – In der zweiten Septemberhälfte wird eine Erhebung maßgebender hoher Offiziere des Heeres (Halder) vorbereitet, aber wegen Hitlers außenpolitischen Erfolgen nicht ausgeführt: Nach Besprechungen Hitlers mit dem britischen Premierminister Arthur Neville (*1869, †1940) in Berchtesgaden (16. Sept.) und Godesberg (22.–24. Sept.) bittet dieser (28. Sept.) Mussolini um Vermittlung.	*Sudetenkrise*
29. Sept.	*Münchner Konferenz* von Hitler, Mussolini, Chamberlain und Édouard Daladier (französischer Ministerpräsident) beschließt Abtretung der sudetendeutschen Gebiete.	*Münchner Konferenz*
1. Okt.	Beginn des Einmarsches in das Sudetenland.	
9./10. Nov.	*Reichskristallnacht:* Goebbels organisiert „spontane" Ausschreitungen gegen die Juden. 91 Morde, Zerstörung bzw. schwere Beschädigung von jüdischen Wohnungen und über 7000 Geschäften sowie fast allen Synagogen im Reich, insbesondere durch SA und aufgehetzte Jugendliche.	„*Reichskristallnacht*"
	Kurz darauf Beschlagnahme alles jüdischen Eigentums, den deutschen Juden auferlegte Sondersteuer (1 Mrd. Reichsmark), etwa 30000 Verhaftungen von Juden. Endgültige Ausschaltung der Juden aus dem Wirtschaftsleben.	
1939 20. Jan.	Entlassung Schachts als Reichsbankpräsident, da er gegen die Finanzpolitik Einspruch erhebt.	
15. März	Staatspräsident und Außenminister der Tschechoslowakei stimmen in Berlin unter Druck der Schaffung des *Reichsprotektorats Böhmen-Mähren* zu. Deutscher Einmarsch in die Rest-Tschechoslowakei.	*Protektorat Böhmen-Mähren*
16. März	Der Bruch von Hitlers Versprechungen, die 1938 vereinbarten Grenzen zu respektieren, führt zum *Ende der britischen appeasement policy* und bedeutet unmittelbare Kriegsgefahr bei einer Fortsetzung der Revisionsforderungen. Bildung des Reichsprotektorats Böhmen-Mähren.	*Ende der appeasement policy*
21. März	Die Reichsregierung fordert von Polen u.a. die Rückgabe Danzigs.	
31. März	Britisch-französische Garantieerklärung für Polen.	
28. April	In einer Reichstagsrede lehnt Hitler die Aufforderung US-Präsident Franklin D. Roosevelts (*1882, †1945), sich weiterer Gewaltaktionen zu enthalten, ab und kündigt das deutsch-britische Flottenabkommen sowie den deutsch-polnischen Nichtangriffspakt.	
23. Aug.	Deutsch-sowjetischer Nichtangriffspakt *(Hitler-Stalin-Pakt);* Verständigung über die Zukunft Ostmitteleuropas, das in Interessensphären (zur deutschen gehört der größte Teil Polens) eingeteilt wird.	*Hitler-Stalin-Pakt*

26. Aug. Die Rationierung der Lebensmittel tritt in Kraft (Ausgabe von Lebensmittelkarten).
29. Aug. In seiner Antwort auf einen britischen Vermittlungsversuch hält Hitler an seinen Forderungen auf Danzig, eine Landverbindung mit Ostpreußen und Garantien für die deutsche Minderheit in Polen ultimativ fest.
30. Aug. Ein aus den Ministern Göring, Heß, Frick, Funk, Lammers und dem Chef OKW, Generaloberst Keitel, gebildeter Ministerrat für die Reichsverteidigung gewinnt bei der Führung der Geschäfte ebenso wenig Bedeutung wie die von Frick bekleidete Stellung eines Generalbevollmächtigten für die Reichsverwaltung (GBV).

deutscher Angriff auf Polen

1. Sept. Beginn des Krieges durch den *deutschen Angriff auf Polen*; Rede Hitlers vor dem Reichstag, in der er seine Nachfolge regelt.
3. Sept. Britisch-französische Kriegserklärung.

Die oberste Führung im Kriege

Oberbefehl über die Wehrmacht

Adolf Hitler, seit 30. Jan. 1933 Reichskanzler, seit 2. Aug. 1934 auch Staatsoberhaupt, übernimmt am 4. Febr. 1938 den persönlichen *Oberbefehl über die Wehrmacht*. Er bestimmt am 1. Sept. 1939 für den Fall seines Todes als Nachfolger Göring, dann Heß. Falls keiner von ihnen mehr am Leben ist, soll der Nachfolger von einem „Senat" gewählt werden. Doch wird das als Grundlage erforderliche Gesetz nicht erlassen. Das Reichskabinett kommt seit 1937 nicht mehr zu einer Sitzung zusammen. Im Gegensatz zu den militärischen Stellen, bei denen im Laufe des Krieges ein immer schnellerer Wechsel eintritt, behält Hitler im zivilen Sektor die einmal Ernannten möglichst lange bei; für dringende Aufgaben ernennt er immer mehr Sonderbeauftragte, unter denen der im März 1942 für den Arbeitseinsatz ernannte Generalbevollmächtigte, Gauleiter Fritz Sauckel (*1894, †1946), der wichtigste wird. So entstehen viele Hitler unmittelbar unterstellte und unter sich nicht ausreichend abgegrenzte Behörden, was im Effekt einen Verwaltungswirrwarr entstehen lässt. Auch werden die Verantwortlichen immer seltener zum Vortrag zugelassen, da sich Hitler vom Sommer 1941 an fast ausschließlich der militärischen Führung hingibt.

6. Okt. In einer Rede vor dem Reichstag entwickelt Hitler seine Gedanken über eine Beendigung des Krieges und eine europäische Neuordnung, die auf der Auslöschung Polens beruhen soll und Ostmitteleuropa ausschließlich zur deutschen und sowjetischen Interessensphäre macht. (Sie werden am 12. Oktober vom britischen Premier Chamberlain abgelehnt.)
8. Okt. Rückgliederung der 1920 Polen zugesprochenen Gebiete, bei der über die Grenze von vor 1920 hinausgegriffen wird.

Hans Frank Generalgouverneur

12. Okt. Ernennung von *Hans Frank* (*1900, †1946) zum *Generalgouverneur* der besetzten polnischen Gebiete.

Euthanasie-Verordnung

Okt. Mit Hilfe einer auf den 1. Sept. 1939 zurückdatierten *Euthanasie-Verordnung* wird die Vernichtung der unheilbar Geisteskranken eingeleitet. Die Aktion wird vor der Öffentlichkeit weit gehend verschleiert. – Verträge über Rücksiedlung der Volksdeutschen mit den baltischen Staaten und über Südtirol mit Italien.
3. Nov. Es folgt ein entsprechender Vertrag mit der UdSSR.
7. Nov. Ergebnisloser niederländisch-belgischer Friedensschritt.

Georg Elser

8. Nov. Scheitern eines von dem Einzelgänger *Georg Elser* unternommenen Attentats gegen Hitler mittels einer Bombe mit Zeitzünder im Münchener Bürgerbräukeller.
13. Nov. Rumänischer Friedensschritt.
1940 Josef Terboven wird zum Reichskommissar für Norwegen ernannt (24. April).
18. Mai Rückgliederung der 1920 aufgrund Völkerbundsbeschluss an Belgien abgetretenen Gebiete von Eupen-Malmedy und Moresnet.
19. Mai Seyß-Inquart wird zum Reichskommissar für die Niederlande ernannt.
19. Juli Hitlers dritte Kriegsrede vor dem Reichstag, die sich mit einem vagen Friedensappell an Großbritannien wendet.
22. Juli Außenminister Lord Halifax antwortet über den Rundfunk ablehnend.
2. Aug. Die militärische Verwaltung in den westlichen Grenzgebieten geht an Zivilbehörden über, die sich Hitler unmittelbar unterstellt: Elsass (Gauleiter Robert Wagner-Baden), Lothringen (Gauleiter Josef Bürckel) und Luxemburg (Gauleiter Gustav Simon); Luxemburg wird 1942 einverleibt. Das „Generalgouvernement für die besetzten polnischen Gebiete" (fortan nur *Generalgouvernement*) wird dem Reich entsprechend angegliedert.

Generalgouvernement Rücksiedlung Volksdeutscher

5. Sept. Abkommen mit der UdSSR über die *Rücksiedlung der Volksdeutschen* aus Bessarabien und
22. Okt. der Nordbukowina.
Entsprechende Abkommen mit Rumänien betr. Südbukowina und Norddobrudscha.

Flucht und Vertreibung aus den deutschen Ostgebieten und den von Volksdeutschen bewohnten Ländern (Zahlen in Tausend)

(deutsche Staatsangehörige und Volksdeutsche im Vergleich zur Zahl der Vertriebenen)

Gebiet	Deutsche Staatsangehörige bzw. Volksdeutsche 1939	1944/1945	Gesamtzahl der Vertriebenen 1950
südliches Ostpreußen	1314	1370	1234
östliches Pommern	1884	1956	1430
östliches Brandenburg	642	657	395
Schlesien	4577	4751	3197
gesamte dt. Ostgebiete (ohne nördliches Ostpreußen)	8417	8734	6256
Danzig	380	395	291
Polen (ohne polnische Ostgebiete)	1236	1263	618
gesamter heute polnischer Bereich	10033	10392	7165
Estland	23	24	
Lettland	64	75	92
Litauen	52	54	
Memelland	118	129	78
nördliches Ostpreußen	1154	1209	725
polnische Ostgebiete	135	138	70
Transkarpatien	13	13	3
nördliche Bukowina	44	45	37
Bessarabien	93	95	79
Sowjetunion	1427	1500	62
gesamter Bereich der Sowjetunion	3123	3282	1146
Tschechoslowakei	3464	3620	2997
Ungarn	623	633	213
Jugoslawien	537	550	297
Rumänien	660	689	137
übrige Balkanstaaten	6	6	3
insgesamt	18446	19172	11958

Flucht und Vertreibung

polnischer Bereich

ehemals sowjetischer Bereich

Die volksdeutschen Umsiedler

Insgesamt werden bis 1944 umgesiedelt 770000 Volksdeutsche, davon aus Est- und Lettland 77000, aus Litauen 51000, aus dem östlichen Warthegau, Galizien und dem Narewgebiet 136000, aus dem östlichen Generalgouvernement 33000, aus Bessarabien 93000, aus der Nordbukowina 44000, aus der Südbukowina 52000, aus der Dobrudscha 15000, aus dem rumänischen Staatsgebiet vor dem Ersten Weltkrieg 10000, aus Gottschee (Kočevje, deutsch besiedeltes Gebiet in Slowenien) und Laibach 15000, aus Bosnien 18000, schließlich aus Russland rund 220000. Von diesen werden 450000 wieder angesiedelt, und zwar im Wartheland 245000, in Danzig-Westpreußen 57000, in den zusätzlich annektierten Teilen Ostpreußens 8000, in den entsprechenden Oberschlesiens 38000.

1941 16. Juli	Hitler legt in seinem Hauptquartier bei Rastenburg (Ostpreußen) mit Göring, Keitel, Lammers, Rosenberg und dem Leiter der Parteikanzlei Martin Bormann (*1900, †1945) die deutschen *Ziele im Osten* fest: Aufteilung der UdSSR in vier Reichskommissariate und Eingliederung größerer Teile (u. a. der Krim) in das „Großdeutsche Reich".
17. Juli	Rosenberg wird an die Spitze eines neuen Reichsministeriums für die besetzten Ostgebiete gestellt.
3. Okt.	Hitler kündigt eine neue Offensive an der Ostfront an, die am 2. Okt. gegen Moskau begonnen hat, aber nicht das Ende des Unternehmens „Barbarossa" bringt, obwohl Reichspressechef Otto Dietrich (9. Okt.) verkündet, dass der Feldzug im Osten entschieden sei. Daher *Rückschlag in der allgemeinen Stimmung*, die durch die Nachrichten über die unzureichende Winterbekleidung des Ostheeres und die von Goebbels überstürzt eingeleitete Sammlung von wärmenden Kleidungsstücken noch verschlechtert wird. (Zuversicht stellt sich erst wieder ein, als im Frühjahr 1942 an der Ostfront abermals Erfolge erzielt werden.)

Ziele im Osten

Rückschlag in der Stimmung

Hitler Oberbefehlshaber des Heeres	25. Nov. Die Universität Straßburg wird als Reichsuniversität wieder ins Leben gerufen (die französische ist evakuiert nach Clermont-Ferrand). 19. Dez. Hitler *übernimmt* anstelle von Generalfeldmarschall Walther von Brauchitsch (*1881, †1948) den Oberbefehl über *das Heer*.

Gewaltsame Unterdrückungsmaßnahmen; Ausrottung der Juden („Endlösung")

Konzentrationslager — Die dem Reichssicherheitshauptamt (RSHA) (Reinhard Heydrich; *1904, †1942), ab 1942 dem Wirtschafts- und Verwaltungshauptamt (WVHA) der SS (Oswald Pohl; *1892, †1951) unter Himmler unterstehenden, der ordentlichen Gerichtsbarkeit entzogenen *Konzentrationslager* (KZ), bereits 1933 eingerichtet, nehmen im Laufe des Krieges an Zahl (insgesamt 394 Männer- und 17 Frauenlager; Haupt- und Nebenlager zusammengezählt) und Umfang gewaltig zu (Dachau seit März 1933; nordwestlich von München), Buchenwald (bei Weimar), Oranienburg („Sachsenhausen", nördlich von Berlin), Auschwitz (westlich von Krakau, 1940 eingerichtet), Flossenbürg (Oberpfalz) u. a.: 1939 im ganzen Reich 20000 Häftlinge, davon über die Hälfte Kriminelle; am 1. Aug. 1944: 524277 In- und Ausländer. In die Lager werden politische Gegner, Kriminelle und „Asoziale" überführt. Es wird üblich, politisch Unliebsame nach Freisprüchen durch die ordentlichen Gerichte oder nach Abbüßung kürzerer Gefängnisstrafen in den KZ festzuhalten. Dies trifft auch Geistliche beider Konfessionen, Angehörige religiöser Sekten, Homosexuelle u.a.

Wehrwirtschaft — Ab Febr. 1942 werden die KZ auch in den Dienst der *Wehrwirtschaft* gestellt (Aufbau von Fabriken in und bei den KZ). Um die Produktionsleistung zu heben, werden Fremdarbeiter in sie eingeliefert, auch Gefängnisinsassen der besetzten Länder. Da auch politisch Verdächtige nichtdeutscher Länder (u.a. norwegische Pastoren und Studenten) dort gefangen gehalten werden, sind schließlich in den KZ alle Nationen und alle sozialen Gruppen vertreten. Um die Wirkung des Terrors zu erhöhen und jegliche Kritik zu unterbinden, wird um die KZ ein Gürtel des Schweigens gezogen, durch den nur unklare Nachrichten nach außen dringen und der auch vielen amtlichen Stellen den Einblick verwehrt. – Die Geschichte der KZ ist eine einzige Geschichte menschlichen Leidens. Insassen werden mit Hilfe von Ärzten zur Durchführung medizinischer Experimente missbraucht und kommen dabei zu Tode. Die Versuche, die KZ, an die die Front heranrückt, vor Eintreffen der Gegner zu evakuieren, führen zur Überbelegung der anderen Lager und damit zu Zuständen, in denen Unzählbare zugrunde gehen. Daher finden die Alliierten im Zuge ihres Vorrückens eine Lage, die noch schlimmer ist, als der schärfste Gegner des Regimes sie erwartet hat.

Vernichtungslager — Besondere Lager *(Vernichtungslager)* dienen dazu, die vor Beginn des Krieges eingeleitete Verfolgung und Ausrottung der Juden zu Ende zu führen. Geleitet wird er vom Sonderreferat des SS-Obersturmbannführers Adolf Eichmann (*1906, †1962), der Himmler untersteht, aber im Rahmen der von Hitler erteilten Weisungen handelt. Im Okt. 1939 beginnt eine Aussiedlung in den durch den Polenfeldzug geöffneten Raum von Lublin (Ostpolen). Mit Beginn des Russlandfeldzugs (22. Juni 1941) wird durch die Einsatzgruppen des SS-Sicherheitsdienstes (SD) die *Ausrottung der Juden* in den eroberten sowjetischen Gebieten eingeleitet (ca. 1,4 Mio. Opfer). Ende Juli 1941 wird diese „Endlösung" auf alle im deutschen Macht- und Einflussbereich liegenden Gebiete West-, Mittel-, Süd- und Südosteuropas ausgedehnt.

Ausrottung der Juden — Bis zum 31. Oktober 1941 werden allein 537000 Juden aus dem Reich, 30000 aus dem „Protektorat" in die Lager im Osten abtransportiert. Dieser Aktion widersetzen sich nur Italien, ab Ende 1942 Rumänien, bis März 1944 auch Ungarn erfolgreich. Ein Teil der Juden wird zur Zwangsarbeit gebracht, eine „Auslese" bleibt im Lager Theresienstadt (Böhmen; Terezín). Die große Mehrheit wird in einer Vernichtungsaktion in bestimmten Lagern (Auschwitz-Birkenau, Majdanek [Ostpolen], Treblinka [Mittelpolen, am Bug], Sobibor [Ostpolen] und Chełmno [Culm; nahe der unteren Weichsel]) mit Hilfe von Gaskammern umgebracht, sodass schließlich *Millionen Juden getötet* sind (Gesamtzahl mit 4,2–5,7 Mio. hauptsächlich nichtdeutschen Juden errechnet; Juden lebten in Deutschland 1925: 564379; davon nach jüdischer Berechnung 1933–1951 ausgewandert: 295000; bei Kriegsende noch lebend: 15000; Abgang durch natürlichen Tod usw.: 65000; also deutsche Juden ermordet: mindestens 190000).

Warschauer Ghetto — Da die verbliebenen 60000 Bewohner des *Warschauer Ghettos* sich nach dem Abtransport von 300000 Juden in das Vernichtungslager Treblinka dem Räumungsbefehl Himmlers widersetzen, wird die Räumung durch eine „Polizeiaktion" (19. April–16. Mai 1943) in heftigen Häuserkämpfen erzwungen; dabei werden fast alle Juden umgebracht.

Die Vernichtungsaktion, die auch die Zigeuner erfasst, wendet sich ferner von 1940 an (begonnen mit Kinder-Euthanasie, die schon 1939 durch Verordnung, also noch nicht durch ein Gesetz eingeleitet war) gegen die Geisteskranken, die mit der Begründung, es handle sich um die „Vernichtung unwerten Lebens", umgebracht werden; durch öffentliche Proteste der hohen Geistlichkeit ab Aug. 1941 wesentlich eingeschränkt.

„Wannseekonferenz"	1942 In der *„Wannseekonferenz"* wird von Heydrich den Staatssekretären der wichtigsten 20. Jan. Reichsministerien mitgeteilt, die „Endlösung der Judenfrage" solle durch Aussiedlung in den Osten und andere Maßnahmen durchgeführt werden.

8. Febr.	Anstelle des tödlich verunglückten Fritz Todt (*1891, Minister seit 1940) wird Albert Speer (*1905, †1981) Reichsminister für Munitionsbeschaffung.	
21. März	Um Arbeitskräfte aus den besetzten Gebieten zu gewinnen, erhält Gauleiter Sauckel als Generalbevollmächtigter für den Arbeitseinsatz (GBA) weit gehende Vollmachten (mit deren Hilfe er 7,5 Mio. *Fremdarbeiter* in die deutsche Wehrwirtschaft eingliedert).	*„Fremdarbeiter"*
22. April	Um die immer größer werdenden Spannungen in der Wirtschaft zu beheben, setzt Göring (im Rahmen des Vierjahresplans von 1936) eine „Zentrale Planung" in Kraft.	
26. April	Hitler verlangt vom Reichstag Vollmacht, dass er nach eigenem Gutdünken als Oberster Gerichtsherr entscheiden und strafen kann, wenn das „Wohl des Volkes" es verlange.	
20. Aug.	An die Stelle des (am 29. Jan. 1941 gestorbenen) Reichsjustizministers Franz Gürtner tritt der bisherige Vorsitzende des Volksgerichtshofs Otto Georg Thierack, der das Justizwesen vollends der Parteiwillkür ausliefert. Dessen Nachfolge übernimmt der ehemalige Rechtsanwalt *Roland Freisler* (*1893, †1945).	*Roland Freisler*
30. Aug.	Gauleiter Simon (Koblenz-Trier), dem die Verwaltung Luxemburgs übertragen worden ist, verkündet die Einverleibung Luxemburgs in das Reich und den Beginn von Einziehungen. – Ein Generalstreik wird mit Gewalt gebrochen.	
1. Okt.	Das nördliche, bisher zu Jugoslawien gehörige Slowenien (April 1941 besetzt, seit 17. April 1941 deutsche Zivilverwaltung), wird dem Reich einverleibt.	
1943	Nach der am 2. Febr. zu Ende gehenden Katastrophe von *Stalingrad*, für die eine dreitägige Trauer angeordnet wird, fällt die Stimmung noch tiefer als im Vorwinter und führt in militärischen Kreisen zur Vorbereitung eines Attentats. Die Pläne scheitern jedoch alle, z. T. schon in der Vorbereitung. Zudem verschließt die auf der Konferenz von Casablanca (14.–26. Jan.) von US-Präsident Roosevelt erhobene Forderung der bedingungslosen Übergabe die Hoffnung, dass ein ohne Hitler abgeschlossener Waffenstillstand zu besseren Bedingungen führen könne.	*Stalingrad*
12./13. Juli	Unter den in Stalingrad Gefangenen bildet sich, angeleitet und gefördert von der UdSSR, ein Nationalkomitee Freies Deutschland in Krasnogorsk (bei Moskau), das die Kampfkraft des deutschen Ostheeres auszuhöhlen sucht und unter den Kriegsgefangenen wirbt.	
ab 24. Juli	Zerstörung großer Teile von Hamburg (bis 3. Aug.). Berlin, das seit langem, aber bisher noch nicht empfindlich angegriffen worden ist, droht nun das gleiche Schicksal.	
6. Aug.	Goebbels verkündet, dass die Berliner Bevölkerung (soweit angängig) evakuiert werden soll. – Alle Maßnahmen gegen den sich verschärfenden Bombenkrieg erweisen sich jedoch als unzulänglich.	

Der 20. Juli 1944 und seine Folgen

20. Juli: Eine von Oberst i.G. *Claus Graf Schenk von Stauffenberg* (*1907, †1944) in das Führerhauptquartier gebrachte Bombe tötet mehrere Anwesende, verletzt Hitler jedoch nur leicht, der gleich anschließend den zu Besuch eintreffenden Mussolini empfängt. Stauffenberg kann noch nach Berlin zurückfliegen, wo die dem Befehlshaber des Ersatzheeres (Generaloberst Fritz Fromm; *1888, †1945) unterstehenden Verbände nur teilweise in Marsch gesetzt worden sind, um die Übernahme der Regierung zu sichern. Goebbels bewirkt jedoch, dass der mit der Besetzung der Wilhelmstraße beauftragte Major Ernst Remer sich gegen die Widerstandsbewegung entscheidet. Die militärischen Dienststellen in Berlin (Bendlerstraße) werden von Hitler-Anhängern besetzt, worauf Fromm General Friedrich Olbricht (*1888), Stauffenberg, Albrecht Mertz von Quirnheim und Werner von Haeften (*1908) standrechtlich erschießen lässt. Keitel verhindert telefonisch das Übergreifen der Bewegung auf die Generalkommandos und die besetzten Gebiete (nur in Paris, General Carl Heinrich von Stülpnagel [*1886, †1944], und in Wien kommt es zu vorübergehender Verhaftung von Angehörigen der SS-Dienststellen), und Hitler macht durch eine Ansprache über den Rundfunk dem Gerücht, er sei getötet, ein Ende. Um Mitternacht ist der Aufstand niedergeschlagen.

Graf von Stauffenberg

Ziel der – ihrer politischen Herkunft nach sehr heterogenen – *Verschwörer* ist es, dem nationalsozialistischen Terror-Regime ein Ende zu bereiten, den Rechtsstaat in Deutschland wiederherzustellen und eine Regierung mit *Generaloberst Ludwig Beck* (*1880, †1944) als Staatsoberhaupt ans Ruder zu bringen, mit der die Kriegsgegner zu verhandeln bereit sind (doch gehen diese auf die dem 20. Juli vorhergehenden Sondierungen nicht ein). Himmler, der zum Oberbefehlshaber des Ersatzheeres ernannt wird (Fromm anschließend verhaftet, später erschossen), lässt alle Verdächtigen und deren Angehörige festsetzen. Zahl der im Zusammenhang mit dem 20. Juli *Verhafteten*: rund 7000. Die Zahl der Hingerichteten: etwa 200. Es ergibt sich, dass der Kreis der unmittelbaren und mittelbaren Mitwisser viel größer ist und alle Richtungen, selbst leitende Parteimänner (Polizeipräsident Wolf Heinrich Graf von Helldorf [*1896, †1944], SS-Obergruppenführer Arthur Nebe), umfasst und auch ein Regierungsprogramm vorbereitet ist. In die vorausgehenden Attentatsversuche wird jedoch nur teilweise hineingeleuchtet.

Ziel der Verschwörer General Beck

Zahl der Verhafteten

Volksgerichtshof — Der *Volksgerichtshof* unter Roland Freisler verhängt in einer Reihe von Schau- und Nebenprozessen zahlreiche Todesurteile, die durch Strang und Beil vollzogen werden (u. a. Generalfeldmarschall Erwin von Witzleben [*1881, †1944], die Generale Paul von Hase, Helmut Stieff [*1901, †1944] und viele andere Offiziere; Beamte: Staatssekretär a. D. Erwin Planck, die Botschafter Ulrich von Hassell [*1881, †1944] und Friedrich Werner Graf von der Schulenburg [*1875, †1944], Gesandter Kiep, Legationsrat Adam von Trott zu Solz [*1909, †1944] und andere; Politiker: der als Regierungschef vorgesehene frühere Preiskommissar unter Hitler, *Carl Goerdeler* [*1904, †1945], der frühere preußische Finanzminister Johannes Popitz [*1884, †1945], die Sozialdemokraten *Wilhelm Leuschner* [*1890, †1945] und Julius Leber [*1891, †1945], eine Reihe Gewerkschaftsführer, Geistliche beider Konfessionen, z. B. Pater *Alfred Delp* [*1907, †1945] und *Dietrich Bonhoeffer* [*1906, †1945] sowie eine Anzahl Mitglieder des christlich-konservativen, von Graf Helmuth James von Moltke [*1907, †1945] geleiteten *Kreisauer Kreises*). Durch Selbstmord entziehen sich dem Gericht u. a. die Generalfeldmarschälle Günther von Kluge (18. Aug. 1944; *1882) und Erwin Rommel (14. Okt. 1944; *1891), vor die Alternative „Gift oder Anklage" gestellt, Generaloberst Ludwig Beck, die Generäle Eduard Wagner (*1894, †1944), Hans Henning von Tresckow (*1901, †1944) und Erich Fellgiebel (*1886, †1944).

Die Aburteilungen ziehen sich vom 7. Aug. 1944 bis April 1945 hin. Noch in den letzten Wochen werden Gefangene umgebracht, u. a. Admiral Wilhelm Canaris (*1887) und General Hans Oster (*1888); andere entgehen dem Tod, weil ihre Prozesse noch nicht abgeschlossen sind (u. a. die ehemaligen Minister Andreas Hermes [Zentrumspartei] und Schacht, Generaloberst Franz Halder [*1884, †1972], General d. Inf. Alexander von Falkenhausen [*1878, †1966]). Freisler wird am 3. Febr. 1945 durch Fliegerbomben getötet. Durch Diffamierung der Verschwörer als „reaktionäre Clique" (Reden von Goebbels, Himmler [3. Aug.] und Ley) wird die Öffentlichkeit über Wesen und Ausmaß des Widerstands getäuscht.

Volkssturm

1944
25. Sept. Alle waffenfähigen Männer zwischen 16 und 60 Jahren werden zum *Deutschen Volkssturm* aufgerufen, dessen Aufbau und Leitung den Gauleitern übertragen wird. Er wird militärisch Himmler als dem Oberbefehlshaber des Ersatzheeres, im übrigen Bormann unterstellt.
Ohne ausreichende Ausbildung und Ausrüstung werden diese Truppen in den Kampf geworfen, nachdem die deutschen Vorkriegsgrenzen jetzt im Osten und Westen vom Gegner erreicht sind. Daran schließen sich weitere Versuche an, die letzten Kräfte und Mittel zu mobilisieren.

1945
Jan. Ein „Volksopfer" für Wehrmacht und Volkssturm bringt noch beträchtliche Bestände an Kleidung zusammen (30. Jan. letzte Rundfunkrede Hitlers).
12. Febr. Die deutschen Frauen und Mädchen werden zum Hilfsdienst für den Volkssturm aufgerufen, nachdem schon (seit Jan. 1943) Jungen (in der Endphase auch Mädchen) in den Luftwaffenhelfer-Einheiten Flakgeschütze bedienen.
5. März Der Jahrgang 1929 wird eingezogen.
19. März Hitler befiehlt, alle für den Feind nutzbaren Industrie- und Versorgungsanlagen beim Zurückgehen zu zerstören (*Nero-Befehl;* durch das Eingreifen Speers und des Feldmarschalls Kesselring [*1885, †1960] nicht zur Auswirkung gelangt und Anfang April durch den Erlass von Ausführungsbestimmungen unwirksam gemacht).
2. April Schließlich wird das Bestehen einer den Widerstand hinter den feindlichen Linien fortsetzenden *Organisation „Werwolf"* bekannt gegeben, die sich praktisch nicht auswirkt, jedoch die Gegner zu harten Abwehrmaßnahmen veranlasst.
30. April *Selbstmord Hitlers* in Berlin; Großadmiral Dönitz testamentarischer Nachfolger.
7./9. Mai *Gesamtkapitulation der Wehrmacht.*
23. Mai Die Alliierten lösen die von Dönitz ernannte letzte, geschäftsführende Reichsregierung des bisherigen Finanzministers, nunmehrigen Außenministers Graf Schwerin von Krosigk auf.
– (Forts. S. 1396)

Vom Deutschen Reich abgetrennte Länder (1919–1945)

Saargebiet

seit 1919	Das Saargebiet wird durch eine Kommission verwaltet, die dem Völkerbundsrat verantwortlich ist. Die Kohlenfelder sind zu vollem Eigentum an Frankreich abgetreten. Sie sind von Frankreich zurückzukaufen, falls die Volksabstimmung für Deutschland entscheidet.
1925	Das Saargebiet wird in *Zollunion mit Frankreich* vereinigt (10. Jan.). Bei den Wahlen zum Landesrat und den Kommunen stets Siege der deutschen Parteien. Der Versuch der Franzosen, eine separatistische Bewegung für den Status quo zu schaffen, scheitert.
1935 13. Jan.	*Volksabstimmung* (91 % für Wiederanschluss an Deutschland). Anschließend Rückgabe an das Deutsche Reich.

Zollunion mit Frankreich

Volksabstimmung

Freie Stadt Danzig

1919	Bildung des Freistaats ohne Volksabstimmung. Danzig polnisches Zollgebiet, von Polen nach außen vertreten. *Kontrolle* und Verfassungsaufsicht *des Völkerbundsrats*. Vielfach Streitigkeiten mit Polen, so 1925 um die Grenzlinie für den Postverkehr im Danziger Hafen oder um die Westerplatte (vor der Hafeneinfahrt), die von Polen für die Anlage eines Munitionsdepots beschlagnahmt worden ist.
seit 1929	Der Danziger Hafen beginnt unter der Konkurrenz des nahen, von Polen neu ausgebauten Hafens Gdingen (Gdynia) zu leiden. Um diese Frage entstehen in der Folge scharfe Differenzen.
1931	Entscheidung des Haager Gerichtshofs für Danzig. Polen ist verpflichtet, den Danziger Hafen auszunutzen.
1933 6. März	Landung polnischer Truppen auf der Westerplatte, die auf Druck der Mächte wieder zurückgenommen werden.
28. Mai	Wahlen zum Volkstag mit absoluter Mehrheit für die NSDAP (39 von 72 Abgeordneten). Bildung einer *nationalsozialistischen Regierung* unter Senatspräsident Hermann Rauschning (*1887, †1982).
1934	Ausgleich der Streitpunkte mit Polen durch unmittelbare Verhandlungen (Auswirkung des deutsch-polnischen Pakts).
28. Nov.	Rücktritt Rauschnings, der als Gegner Hitlers emigriert.
1935	Zollkrieg mit Polen.
1936	Auseinandersetzung mit dem Völkerbundsrat wegen der verfassungswidrigen nationalsozialistischen Gleichschaltungspolitik, die weiter fortschreitet.
1939 1. Sept.	Der Völkerbundskommissar für Danzig, *Carl Jacob Burckhardt* (*1891, †1974), verlässt die Stadt.
1945	Danzig kommt nach Besetzung durch sowjetische Truppen unter polnische Verwaltung.

Kontrolle des Völkerbundsrats

NS-Regierung

Carl Jacob Burckhardt

Memelgebiet

seit 1919	Trotz der eindeutig deutschen Mehrheit bei allen Wahlen zum Landtag und der Rechtsstellung des Memelstatus immer wieder litauische Übergriffe und Konflikte zwischen dem litauischen Gouverneur und dem Landtag, vor allem um die Personalbesetzung des memelländischen Direktoriums und um die Schulfrage.
1934	Höhepunkt der Spannung.
1939 23. März	Aufgrund eines Abkommens mit Litauen *Einmarsch der deutschen Truppen* ins Memelgebiet.
1945	Das Land wird Teil der Litauischen SSR im Rahmen der UdSSR.

Einmarsch deutscher Truppen

Österreich bzw. Österreich-Ungarn (1804–1918)

Kaisertum Österreich (1804–1867)

	1804	Franz II. (*1768, †1835; seit 1792 Herrscher in Österreich und Römisch-deutscher Kaiser)
Erbkaisertum Österreich	11. Aug.	bildet die Länder der Habsburgermonarchie zu einem *Erbkaisertum Österreich* um und nimmt den Titel „Kaiser von Österreich" an (als solcher Franz I.).
	1805	Österreich beteiligt sich am Dritten Koalitionskrieg gegen Kaiser Napoleon, muss aber nach Napoleons Sieg im Frieden von Preßburg Venetien, Tirol und Vorderösterreich abtreten (und erhält dafür Salzburg).
Abdankung als Römisch-deutscher Kaiser	1806 6. Aug.	Als Konsequenz aus dem Zusammenbruch des Heiligen Römischen Reichs Deutscher Nation legt Franz I. die *Römisch-deutsche Kaiserkrone* nieder.
	1809	Kriegserklärung Österreichs an Frankreich und Erhebung der Tiroler unter Andreas Hofer (*1767; siegt mehrmals am Berg Isel bei Innsbruck, gerät nach dem Friedensschluss in französische Hände und wird 1810 auf Befehl Napoleons in Mantua standrechtlich erschossen).
	21. Mai–22. Mai	Erzherzog Karl (*1771, †1847) schlägt Napoleon bei Aspern und Eßling (zwei Dörfer bei Wien) und besiegt ihn damit zum ersten Mal, wird aber von ihm bei Wagram (nordöstlich von Wien) entscheidend geschlagen.
	5./6. Juli	
	14. Okt.	Im Frieden von Schönbrunn (Schloss in Wien) tritt Österreich das Innviertel, Salzburg, Westgalizien und die Illyrischen Provinzen (u. a. Slowenien, Istrien, Dalmatien) ab. Es wird damit zum Binnenstaat.
		Wenige Tage vor dem Friedensschluss wird Clemens von Metternich (*1773, †1859) Außenminister, der fast 40 Jahre lang die Geschicke Österreichs und dann Europas maßgebend bestimmt.
	1810	Der von ihm betriebenen Aussöhnung mit Frankreich dient die Heirat der ältesten Kaisertochter, Marie Louise (*1791, †1847), mit Napoleon.
	1811	Verkündung des Staatsbankrotts, finanzieller Kriegslasten und Kriegsfolgen.
	1813	In den Befreiungskriegen schließt sich Österreich nach anfänglicher Zurückhaltung den Verbündeten gegen Napoleon an. Der österreichische Oberkommandierende Fürst Karl Philipp zu Schwarzenberg (*1771, †1820) wird Oberkommandierender aller verbündeten Truppen.
Wiener Kongress	1814–1815	Nach der Besiegung Napoleons verzichtet Österreich auf dem *Wiener Kongress* (auf dem Metternich als Präsident eine führende Rolle spielt) endgültig auf die südlichen Niederlande (das heutige Belgien) und Vorderösterreich (Breisgau etc.; außer Vorarlberg), erhält aber den übrigen verlorenen Besitz (einschließlich der Lombardei und Venetiens) zurück. Damit wird die Habsburgermonarchie ein territorial in sich abgeschlossener Staat, der weniger als bisher mit Deutschland verklammert und stärker nach Südosten orientiert ist („Donaumonarchie"). Der auf dem Kongress geschaffene Deutsche Bund steht aber unter österreichischer Leitung. In der Folgezeit wirkt Metternich (seit 1821 Staatskanzler) in seiner Außen- und Innenpolitik für die Erhaltung der Grenzen sowie der monarchischen Ordnung in Europa. Er bekämpft deshalb alle liberalen, nationalen und sozialen Bewegungen.
industrieller Aufschwung	ab 1830	*Industrieller Aufschwung* mit Anwachsen von Arbeiterschaft und Unternehmertum; soziale Probleme (Pauperismus) und Spannungen, in wachsendem Maße verschärft durch die Nationalitätenfrage.
	1833	Wirtschaftlicher Zusammenschluss der meisten deutschen Staaten ohne Österreich im Deutschen Zollverein unter preußischer Führung.
	1835	Nach dem Tod von Kaiser Franz I. folgt Ferdinand I. (*1793, †1875), der wegen Kränklichkeit und Geistesschwäche die Herrschaft ganz der Geheimen Staatskonferenz überlässt, die aufgrund innerer Gegensätze nicht angemessen auf die politisch-gesellschaftlichen Probleme reagiert.
	1846	Einverleibung des Freistaates Krakau durch Österreich.
Revolution	1848	Die große Teile Europas erfassende *Revolution* führt zu einer starken Erschütterung des österreichischen Staats.
Rücktritt Metternichs	März	Aufstand in Wien (13.–15.). *Metternich tritt zurück* und verlässt Österreich.
	16. März	In Ungarn (wo hauptsächlich der magyarische Kleinadel Träger des erwachenden Nationalbewusstseins ist) fordert Lajos Kossuth (*1802, †1894) eine eigene ungarische Regierung.
	18. März	Beginn der Erhebung der Italiener Österreichs gegen Wien, denen sich das Königreich Sardinien anschließt.

22. März	Unter Lajos Graf von Batthyánj (*1806, †1849) *Bildung eines ungarischen Kabinetts*, dem neben dem revolutionär-demokratischen Finanzminister Kossuth (eigentliches Haupt der Regierung) auch konservative Politiker angehören.	*ungarisches Kabinett*
	Der Widerstand der slawischen Bevölkerung und der Nebenländer der Krone Ungarns (Kroatien, Siebenbürgen) gegen die magyarischen Ansprüche, ihre Forderung nach politischer Gleichberechtigung werden vom Wiener Hof unterstützt.	
15. Mai	Erneuter Aufstand in Wien, der die Einberufung eines österreichischen Reichstags erzwingt (am 22. Juli eröffnet).	
17. Mai	Kaiser Ferdinand geht nach Innsbruck. *Slawenkongress* in Prag, beschließt unter Leitung von František Palacký (*1798, †1876) ein Manifest, das die Umformung der Habsburgermonarchie „in einen Bund von gleichberechtigten Völkern" wünscht.	*Slawenkongress*
2.–12. Juni		
16. Juni	Der *Pfingstaufstand* der tschechischen Radikalen wird von Alfred Fürst zu Windischgrätz (*1787, †1862) niedergeschlagen.	*Pfingstaufstand*
25. Juli	Der österreichische Oberbefehlshaber in Oberitalien Josef Wenzel Graf Radetzky (*1766, †1858) schlägt die Italiener bei Custozza (südöstlich vom Gardasee).	
Aug.	Danach Abschluss eines Waffenstillstands mit Sardinien.	
12. Aug.	Kaiser Ferdinand kehrt auf Wunsch des Reichstags nach Wien zurück.	
6. Okt.	Dritter allgemeiner Aufstand in Wien, Barrikadenkämpfe. Kaiser Ferdinand begibt sich nach Olmütz (Nordmähren).	
31. Okt.	*Einnahme Wiens* nach achttägigen heftigen Kämpfen durch kaiserliche Truppen. Windischgrätz verhängt das Standrecht.	*Einnahme Wiens*
	Die gefangen genommenen Führer des Aufstandes, darunter Robert Blum (*1804, †9. Nov.), Mitglied des Frankfurter Parlaments, werden erschossen.	
21. Nov.	Felix Fürst zu Schwarzenberg (*1800, †1852) wird Ministerpräsiden. Sein Programm (27. Nov.) ist eine Absage an den Frankfurter Verfassungsentwurf.	
22. Nov.	Der nach Kremsier in Mähren verlegte Reichstag wird wieder eröffnet.	
2. Dez.	Kaiser Ferdinand I. dankt ab. Ihm folgt sein Neffe *Franz Joseph I.* (*1830, †1916).	*Kaiser Franz Joseph I.*
	Der ungarische Reichstag (den Ferdinand aufgelöst hat, der sich aber für unauflösbar erklärt hat) erkennt den Thronwechsel nicht an. Das führt zum *Ungarischen Freiheitskrieg*, in dem mit wechselnden Erfolgen gekämpft wird.	*Ungarischer Freiheitskrieg*
1849 4. März	Der Reichstag von Kremsier wird aufgelöst und eine Verfassung oktroyiert, die die Erhaltung des österreichischen Gesamtstaats voraussetzt. (1851 wieder aufgehoben.)	
21. März 23. März	Das Königreich Sardinien wird nach Kündigung des Waffenstillstands bei Mortara (südwestlich von Pavia) und Novara (westlich von Mailand) von Radetzky vernichtend geschlagen.	
14. April	Als Antwort auf die oktroyierte Verfassung erklärt der ungarische Reichstag das Haus Habsburg-Lothringen in Ungarn für abgesetzt und ruft die *Republik* aus.	*Ungarn Republik*
	Kossuth (seit Sept. 1848 Ministerpräsident) wird zum Reichsverweser gewählt. Mit russischer Hilfe gelingt den Österreichern die Niederschlagung des ungarischen Aufstands.	
Juni/Juli		
11. Aug.	Kossuth (der sich zum Diktator gemacht hat) dankt ab und geht in die Verbannung.	
13. Aug.	Die ungarische Armee kapituliert bei Világos vor den Russen (bewusst nicht vor den Österreichern).	
	Die Österreicher verhängen über die Aufständischen ein blutiges Strafgericht.	
1850 29. Nov.	Nach der Niederwerfung der Revolution stellt Felix Fürst zu Schwarzenberg die Vormacht Österreichs im Deutschen Bund wieder her und zwingt Preußen im Vertrag von Olmütz zur Aufgabe seiner deutschen Unionspolitik.	
1851/1852	Silvesterpatent; Einrichtung einer *neoabsolutistischen Regierungsweise*.	*Neo-absolutismus*
	Die reaktionäre Regierungspolitik der folgenden Jahre wird nach dem Tod Schwarzenbergs (1852) vom Kaiser selbst bestimmt. Innenminister ist 1849–1859 Alexander Freiherr von Bach (*1813, †1893), der Verfechter einer absolutistischen und zentralistischen Politik. Revision der meisten Errungenschaften von 1848/1849. Reformen im Sinne obrigkeitsstaatlicher Modernisierung und Wirtschaftsförderung, Wiedergewinnung der Großmachtposition, aber Verschärfung des Nationalitätenproblems.	
1853–1856	Die österreichische Politik im *Krimkrieg* führt aber zur Zerstörung der Freundschaft mit Russland und zur außenpolitischen Isolierung.	*Krimkrieg*
1859/1860	Nach der *Niederlage im Italienischen Einigungskrieg* (Schlachten bei Magenta und Solferino, Juni 1859) verliert Österreich die Lombardei (Friede von Zürich, Nov. 1859) und muss das absolutistisch-zentralistische Herrschaftssystem aufgeben.	*Italienischer Einigungskrieg*
1860 21. Okt.	So wird das sog. *Oktoberdiplom*, eine der Autonomie der Kronländer Rechnung tragende Verfassung, erlassen.	*Oktoberdiplom*
1861 21. Febr.	Doch wird diese bald durch das Februarpatent ersetzt, eine zentralistisch-liberale Verfassung mit starker Betonung der Gemeindeautonomie.	

Auch dieses Verfassungsexperiment stößt in Ungarn auf Ablehnung. – Exponent des neuen Kurses Ministerpräsident (1860–1865) Anton Ritter von Schmerling (*1805, †1893; 1848 Reichs-Ministerpräsident in Frankfurt a.M.).

1863 Der letzte Versuch, Österreichs Führung in Deutschland zu erhalten, scheitert auf dem zum Zweck einer Bundesreform von Kaiser Franz Joseph einberufenen Fürstentag in Frankfurt a.M. am Widerstand Preußens.

Niederlage im Deutschen Krieg

1866 Durch die *Niederlage im Deutschen Krieg* verliert Österreich Venetien an Italien und wird von einer Mitwirkung bei der Bildung des deutschen Nationalstaats ausgeschlossen. Seine Stellung als Großmacht kann Österreich aber behaupten.

Doppelmonarchie

1867 Die Niederlage führt auch zu einer Umgestaltung des Reiches in die *Doppelmonarchie* Österreich-Ungarn durch den sog. Ausgleich, dem die Bildung eines konstitutionellen ungarischen Ministeriums (Febr. 1867) vorausgeht.

Der österreichisch-ungarische Ausgleich

Zisleithanien Transleithanien

Die in Personalunion verbundenen beiden selbstständigen, konstitutionellen Monarchien Österreich (*Zisleithanien*: „Die im Reichsrat vertretenen Königreiche und Länder") und Ungarn (*Transleithanien*: „Die Länder der ungarischen Krone") mit je einem eigenen Reichsrat bzw. Reichstag haben nur das Heer, die auswärtige Politik und die Finanzen gemeinsam (nur drei gemeinsame „kaiserliche und königliche" [k.u.k.] Ministerien). Zur Beschlussfassung über die gemeinsamen Angelegenheiten treten jährlich abwechselnd in Wien und Budapest getrennt tagende Delegationen aus beiden Reichsparlamenten zusammen (österreichischer Reichsrat, ungarischer Reichstag). Die Kosten der gemeinsamen Angelegenheiten werden auf beide Reichshälften verteilt nach einer (für Ungarn günstigen) Quote (70 : 30, dann 63,6 : 36,4), über die alle zehn Jahre neue Ausgleichsverhandlungen stattfinden. Jede der beiden Reichshälften hat für ihre eigenen Angelegenheiten („kaiserlich königlich" [k.k.] bzw. „königlich" [k.]) eine eigene Regierung mit Ressortministern. Der Ausgleich festigt zwar die Verfassungslage der Donaumonarchie, lässt aber bei Deutschen, Ungarn und Slawen eine zunehmende Unzufriedenheit und in der österreichischen Reichshälfte wachsende Instabilität zurück.

Österreich-Ungarn (1867–1914)

Auf der 1867 geschaffenen Grundlage besteht die Verfassung der Habsburger Monarchie bis zu ihrem Ende. Dabei wird es immer dringender, die vielfältigen Nationalitätenprobleme und die politisch-sozialen Fragen im Zusammenhang der Industrialisierung zumindest der westlichen Reichshälfte mit der Verfassung in Einklang zu bringen. Der Zusammenhalt der vielgestaltigen Doppelmonarchie beruht mehr und mehr vornehmlich auf der Person des Kaisers und Königs. Franz Joseph I. (*1830, †1916; 1848–1916), in jüngeren Jahren nicht ohne Ungeduld, verkörpert die Monarchie in unermüdlicher Pflichttreue und strenger Gewissenhaftigkeit mit einer im Alter allmählich erstarrenden Würde. – Der österreichischen Reichshälfte bringt die *Dezemberverfassung* (1867) die endgültige Einführung des konstitutionellen Regierungssystems, verbunden mit liberalen Grundrechten. Zu dem Toleranz versprechenden Nationalitätengesetz in Ungarn (1868) im Widerspruch steht eine scharfe Magyarisierungspolitik. Der Ungarisch-Kroatische Ausgleich von 1868 mit dem autonomen Kroatien sichert im ungarischen Reichsteil die magyarische Vorherrschaft bei Verstärkung ungarisch-slawischer Spannungen.

Dezemberverfassung

Die Nationalitätenprobleme

Ungarn

Die wichtigsten Nationalitätenprobleme sind in *Ungarn*:
1. Rumänische Frage in Siebenbürgen: Vornehmlich bei den ca. 3,5 Millionen unter dem Magyarisierungsdruck stehenden Rumänen in Ungarn entwickelt sich das rumänische Nationalbewusstsein.
2. Kroatischer Widerstand gegen die Magyarisierungspolitik. An die Stelle des kroatisch-serbischen Gegensatzes tritt nach 1900 mehr und mehr eine jugoslawische Gemeinsamkeit gegen Ungarn.
3. Widerstand der langsam zu einem nationalen Solidaritätsbewusstsein zusammenwachsenden verschiedenen Gruppen von eingesessenen Deutschen (in der ungarischen Reichshälfte rund zwei Millionen) gegen die Entnationalisierungsbestrebungen.

österreichische Reichshälfte

In der *österreichischen Reichshälfte* sind am wichtigsten:
4. Die böhmische Frage. Der deutsch-tschechische Nationalitätenkampf erhält seine besondere Schärfe durch die Umprägung der Idee des „böhmischen Staatsrechts" ins Nationalstaatliche, durch das wirtschaftliche Empordrängen des tschechischen Bürgertums und durch das Festhalten der Wiener Regierung am Zentralismus. 1871 scheitert das tschechische Verlangen nach einem Ausgleich, der dem ungarischen

entspricht. In den achtziger Jahren geht die böhmische Landtagsmehrheit an die Tschechen über. 1869 Teilung der Technischen Hochschule, 1882 der Universität Prag in eine deutsche und eine tschechische.
5. Die italienischen Autonomiebestrebungen und die auf die Vereinigung Südtirols und Triests mit Italien gerichtete Irredentalosung.
6. Der polnisch-ruthenische Gegensatz in Galizien.

1867–1870 1867–1874	Zentralistisch-liberal orientiertes „Bürgerministerium" mit dem Ziel des liberalen Verfassungsstaats, dadurch *Kulturkampf* in der österreichischen Reichshälfte.
1868	Mit Hilfe der deutsch-liberalen Mehrheit im Reichsrat werden die österreichischen Maigesetze über Ehe, Schule und interkonfessionelle Fragen erlassen. Sie werden von Papst Pius IX. im Widerspruch zum Konkordat von 1855 gesehen.
1869	Verschärfend das *Reichsvolksschulgesetz* (interkonfessionelle, achtjährige staatliche Schule).
1870	In Zisleithanien scheitert das föderalistisch-konservative Kabinett des Grafen Karl von Hohenwart (*1824, †1899).
1871–1879	Liberales Kabinett des Fürsten Adolf Auersperg (*1821, †1885). Ende des Kulturkampfs; rechtsstaatliche Justizreform.
1873	*Direktwahl des Reichsrats* eingeführt unter hohem Zensus (nur 6% der Bevölkerung wahlberechtigt). – Eröffnung der Wiener Weltausstellung (1. Mai). Sie gibt Zeugnis vom wirtschaftlichen Aufschwung Österreich-Ungarns seit 1867, der mit dem Wiener Börsenkrach (9. Mai) endet.

Außenpolitisch versucht Österreich-Ungarn (1867–1871 Außenminister Friedrich Ferdinand [Graf] von Beust [*1809, †1886]) von 1867 bis 1870 mehrmals durch Annäherung an Frankreich und Italien, Bismarcks Reichsgründung zu verhindern, scheitert aber am ungarischen Widerstand (Außenminister 1871–1879 Julius Graf Andrássy; *1823, †1890) und der russischen Drohung. Nach dem Fehlschlagen der Revanchepolitik gegen Preußen wird für Österreich-Ungarn das Verhältnis zu Russland am wichtigsten, mit dem sich seine Balkaninteressen kreuzen.

1875–1890 1877/1878	Ungarischer Ministerpräsident Kálmán (Koloman) Tisza (*1830, †1902), Begründer (1875) und Führer der ungarischen Liberalen Partei, energische *Magyarisierungspolitik*. Auf die Dreikaiserpolitik (seit 1873) folgt im Zusammenhang mit dem Russisch-Türkischen Frieden von San Stefano eine schwere Krise der Beziehungen zu Russland, die durch den Berliner Kongress insofern ihre Schärfe verliert, als sich die russische Missstimmung seitdem vornehmlich gegen Deutschland richtet.
1878	Die bisher türkischen Provinzen *Bosnien und Herzegowina werden* gemäß Art. 25 des Berliner Kongressvertrags *von Österreich-Ungarn besetzt* und in Verwaltung genommen. Seitdem strebt die Monarchie danach, die Okkupation in eine Annexion zu verwandeln.
1879	Folge der Okkupation: Rücktritt der Regierung Fürst Adolf Auersperg, da die Deutsch-Liberalen die Annexion ablehnen. Ende der deutsch-liberalen Ära.
1879–1893	Die österreichische Regierung des Grafen Eduard Taaffe (*1833, †1895) stützt sich auf den „Eisernen Ring" einer antiliberalen, polnisch-tschechischen Reichsratsmehrheit.
1879	Verteidigungsbündnis mit dem Deutschen Reich (*Zweibund*) gegen Russland. Auf österreichisch-ungarischer Seite ist Graf Andrássy führend.
1881	Das Neutralitätsabkommen mit Deutschland und Russland (Dreikaiservertrag) wird 1884 verlängert, verliert jedoch seine Grundlage, als der Gegensatz zu Russland 1885 in der bulgarischen Krise wieder offenbar wird.
1882	Die Regierung Taaffe erweitert das Wahlrecht auf den gewerblichen Mittelstand. In Wien wird der *Dreibund* zwischen Österreich-Ungarn, dem Deutschen Reich und Italien unterzeichnet.
1883	Österreich-Ungarn schließt ein geheimes Verteidigungsbündnis mit Rumänien, dem Deutschland beitritt. In Zisleithanien Novellierung der Gewerbeordnung zwecks Milderung sozialer Spannungen.
1887	Österreich-Ungarn verbürgt im *Orient-Dreibund* zusammen mit Großbritannien und Italien den Besitzstand der Türkei gegen einen russischen Angriff. Der Dreibundvertrag wird mit dem Zugeständnis verlängert, dass Österreich-Ungarn seinen Machtbereich auf dem Balkan nicht ohne vorherige Verständigung mit Italien ausdehnen wird.
1889	Der einzige Sohn des Kaisers, Kronprinz Erzherzog Rudolf (*1858), verübt Selbstmord.
1890	Deutsch-tschechische Ausgleichsverhandlungen scheitern an den Jungtschechen.
1893	Sturz des Kabinetts des Grafen Taaffe beim Versuch, zum allgemeinen Wahlrecht überzugehen.
1896	Kronprinz ist (seit 1889) der Bruder des Kaisers, Erzherzog Karl Ludwig, dann wird es dessen Sohn Franz Ferdinand (*1863, †1914), der infolge unebenbürtiger Heirat (Gräfin Sophie Chotek, *1868, †1914) 1900 zum Verzicht auf die Thronfolge etwaiger Kinder aus

dieser Ehe gezwungen wird. Ungarn setzt bei dieser Gelegenheit die einseitige Kündbarkeit des österreichisch-ungarischen Rechtsverbandes durch.

Franz Ferdinand sammelt einen Kreis von Politikern verschiedener Nationalität um sich und entwickelt mit den Jahren ein politisches Programm, das die Sprengung des Dualismus und die Brechung der ungarischen Vorherrschaft durch den *Trialismus* vorsieht (Errichtung eines großkroatischen Staates, um die jugoslawische Frage im Gegensatz zu großserbischen Plänen im Rahmen der Donaumonarchie zu lösen).

Trialismus

Badeni-Krise 1897 *Badeni-Krise*: Die Regierung des polnischen Grafen Kasimir Felix Badeni (*1846, †1909; Ministerpräsident Zisleithaniens seit 1895) erlässt am 5. April 1897 Sprachverordnungen für das Königreich Böhmen (Gleichberechtigung der tschechischen mit der deutschen Landessprache), die von der Mehrheit des Wiener Reichsrats getragen werden. Dagegen Obstruktion der deutschen Abgeordneten im Reichsrat sowie Demonstrationen und Ausschreitungen, besonders in Wien und Graz. Rücktritt Badenis.

Schwere Belastung des Verhältnisses zwischen Deutschen und Tschechen, fortdauernde Verhärtung des auf alle gesellschaftlichen Bereiche übergreifenden Nationalitätenkonflikts, Regieren mit dem Notstandsparagrafen durch die Spitzen der Bürokratie kennzeichnen von nun an die Situation im österreichischen Reichsteil.

1897–1910 Kommunale Reformen des Wiener Bürgermeisters Karl Lueger (*1844, †1910).
1898 Kaiserin Elisabeth (*1837) in Genf von einem italienischen Anarchisten ermordet.

Nationalitäten-programm 1899 Aufhebung der Sprachverordnungen Badenis. *Nationalitätenprogramm* der (1888/1889 gegründeten) Sozialdemokratischen Partei auf dem Gesamtparteitag in Brünn mit der Forderung, Österreich in einen „demokratischen Nationalitätenstaat" umzuwandeln.

Zusammenhang von Reichserhaltung und demokratisch-nationaler Reformpolitik propagiert durch den Parteiführer Viktor Adler (*1852, †1918) und Karl Renner (*1870, †1950) (die beide erst beim Zerfall Österreich-Ungarns die großdeutsche Lösung für Deutsch-Österreich vertreten).

1900–1904 Das österreichische Kabinett Ernst von Koerber (*1850, †1919) versucht vergeblich, die Nationalitäten Zisleithaniens durch ein weit gespanntes Wirtschaftsprogramm zu integrieren.

ab 1903 Graf István (Stefan) Tisza (*1861, †1918; ungarischer Ministerpräsident 1903–1905 und 1913–1917, Sohn Kálmán Tiszas) will die nationalungarische Machtstellung gegen die trialistischen Bestrebungen sichern. In wachsendem Maße werden die ungarische Magyarisierungspolitik und der Budapester Einfluss auf die österreichisch-ungarische Politik zum *gesamtstaatlichen Desintegrationsfaktor* und zur außenpolitischen Gefährdung der Donaumonarchie.

Desinte-grationsfaktor Ungarn Mährischer Ausgleich 1905 *Mährischer Ausgleich*: vorbildliche Regelung der Sprachen- und Nationalitätenfrage in Mähren: Deutsche und Tschechen wählen in den Landtag eine feststehende Zahl von Abgeordneten ihrer Nationalität in national getrennten Kurien. Die Gemeindevertretungen bestimmen selbst über ihre Amtssprache, müssen aber auch Eingaben, die in anderen Landessprachen abgefasst sind, annehmen und unter bestimmten Voraussetzungen (wenn die Minderheit mindestens ein Fünftel der Einwohnerzahl ausmacht) in dieser Sprache erledigen. Die Schulverwaltung wird durchgehend national getrennt.

Regierung der Unabhängigkeitspartei in Ungarn.

1905–1910
1906–1908 Das österreichische Kabinett des Freiherrn Max Wladimir von Beck (*1854, †1943) beabsichtigt, durch eine Demokratisierung die neuen Massenparteien an den Staat heranzuführen und diesen so auf eine breitere Grundlage zu stellen.

allgemeines Wahlrecht in Österreich Zensuswahl-recht in Ungarn 1906 In der österreichischen Reichshälfte wird nach mehreren vorangegangenen Wahlrechtsreformen für die Wahlen in den Reichsrat *das allgemeine, gleiche, direkte und geheime Wahlrecht eingeführt*, während *in Ungarn das Zensuswahlrecht*, das die Herrschaft der magyarischen Herrenschicht sichert, fortbesteht.

1907 Erste Wahlen zum österreichischen Reichsrat nach dem neuen Wahlrecht verändern das parlamentarische Kräfteverhältnis zugunsten der volkstümlichen Massenparteien: 96 Abgeordnete für die antiliberale Christlich-Soziale Reichspartei (nach 1880 von Karl Lueger gegründet; christlich, sozial, antiliberal und antisemitisch orientierte Partei des Kleinbürgertums), 87 Sozialdemokraten (davon 50 deutscher Nationalität), 90 Deutschnationale bzw. Deutschliberale.

1908 Nach Vereinbarung mit dem russischen Außenminister, dem der österreichisch-ungarische Außenminister Alois Freiherr von Aehrenthal (*1854, †1912) dafür seine Zustimmung zur Öffnung der Dardanellen für russische Kriegsschiffe verspricht, erklärt Österreich-Ungarn die *Annexion von Bosnien und der Herzegowina*, die ein Schritt zur Verwirklichung des Trialismus – d.h. der Einigung der Südslawen unter der Herrschaft der Donaumonarchie – sein soll. Da Russland seine Meerengenpläne wegen britischen Einspruchs nicht durchsetzt, macht

Annexionskrise 1909 die rechtliche Anerkennung der Annexion seitens der Mächte Schwierigkeiten und wird in der *Annexionskrise* nur dank deutscher Unterstützung erreicht.

1908–1914 Sprachen- und Machtkampf zwischen Tschechen und Deutschen in Böhmen und im Wiener Reichsrat.
Führer der Jungtschechen ist Karl Kramář (*1860, †1937); sein Ziel: Föderalismus des Reiches zugunsten der tschechischen Dominanz in Böhmen und Mähren und deren Vereinigung mit der ungarischen Slowakei.

1910 Sprachlicher *Ausgleich in der Bukowina* nach dem Muster Mährens.

Sprachenkampf

Ausgleich in der Bukowina

Nationale Gliederung der österreichisch-ungarischen Monarchie (Volkszählung 1910, in %)

Nationalitäten

	Deutsche	Magyaren	Tschechen (T) und Slowaken (S)	Polen	Ruthenen	Rumänen	Kroaten	Serben	Slowenen	Italiener	Serbokroaten (Bosniaken)
Gesamtmonarchie	23,9	20,2	12,6	10	7,9	6,4	5,3	3,8	2,6	2	1,2
Zisleithanien	35,6	–	slaw.: 60,71	–	–	–	–	–	–	–	–
Kronländer											
Niederösterreich	95	–	5 (T)	–	–	–	–	–	–	–	–
Oberösterreich	100	–	–	–	–	–	–	–	–	–	–
Salzburg	100	–	–	–	–	–	–	–	–	–	–
Steiermark	70,5	–	–	–	–	–	–	–	29,4	–	–
Kärnten	78,6	–	–	–	–	–	–	–	21,2	–	–
Tirol	57	–	–	–	–	–	–	–	–	42	–
Vorarlberg	100	–	–	–	–	–	–	–	–	–	–
Böhmen	36,8	–	63,2 (T)	–	–	–	–	–	–	–	–
Mähren	27,6	–	71,7 (T)	–	–	–	–	–	–	–	–
Schlesien	43,9	–	24,3 (T)	31,7	–	–	–	–	–	–	–
Galizien	1,1	–	–	58,6	40,2	–	–	–	–	–	–
Bukowina	21,4	1,3	–	–	38,4	34,4	–	–	–	–	–
Krain	5,3	–	–	–	–	–	–	–	94,4	–	–
Küstenland	3,7	–	–	–	–	–	–	–	32,6	43	20,7
Dalmatien	0,5	–	–	–	–	–	–	–	–	2,8	96,2
Transleithanien (in Klammern Angaben für 1900)	9,8 (11,1)	48,1 (45,4)	9,4 (S) (10,5)	–	2,3 (2,2)	14,1 (14,5)	8,8 (8,7)	5,8 (5,5)	–	–	–
Kronländer											
Ungarn	10,4 (11,9)	54,5 (51,4)	10,7 (S) (11,9)	–	2,5 (2,6)	16,1 (16,6)	1,1 –	2,5 –	–	–	–
Kroatien und Slawonien	5,1 (5,6)	4,1 (3,8)	–	–	–	–	62,5 (61,7)	24,6 (25,8)	–	–	–

Zisleithanien

Transleithanien

1913 Scheitern des Deutsch-Tschechischen Ausgleichs, daher:
1914 erneute tschechische Obstruktion im Reichsrat, der vertagt wird; Notstandsregierung in Zisleithanien. – In Galizien wird die Vertretung der ruthenischen Minderheit im Landtag durch ein Wahlgesetz gesichert.
28. Juni Der Thronfolger Erzherzog Franz Ferdinand, der Träger des trialistischen Reformprogramms, wird zusammen mit seiner Gemahlin in *Sarajewo* (Bosnien) von großserbischen Nationalisten ermordet.
23. Juli Ultimatum an Serbien, fünf Tage später gefolgt von der Kriegserklärung.

Attentat von Sarajewo

Österreich-Ungarn im Ersten Weltkrieg (1914–1918)

Die *Kriegsführung* wird gehemmt durch a) die dualistische Verfassung (magyarische Sonderwünsche); b) die geringere Ausschöpfung der Wehrkraft als bei den übrigen Großmächten; c) die Vielsprachigkeit im Heer (25% deutsch, 17% magyarisch, 58% andere, darunter 17% tschechisch). Umso höher ist die

Kriegsführung

Leistung des k.u.k. Heeres im Weltkrieg zu beurteilen. – Innenpolitisch streng obrigkeitliche Regierung mit Hilfe des § 14 (Notverordnungsparagraf) und des Ausnahmezustandes. – In Ungarn Fortbestehen der parlamentarischen Regierungsform unter der tatsächlichen Herrschaft des bedeutenden Ministerpräsidenten Graf István Tisza (*1861, †1918).

1916
21. Okt. Der österreichische Ministerpräsident Karl Reichsgraf von Stürgkh (*1859) ermordet. Nachfolger Ernst von Koerber (*1850, †1919).

Kaiser Franz Joseph I. stirbt Kaiser Karl I.

21. Nov. *Kaiser Franz Joseph I. stirbt* (*1830, regiert seit 1848); Nachfolger sein Großneffe *Karl I.* (1916–1918; *1887, †1922).

14. Dez. Rücktritt des Ministeriums Koerber.
Heinrich Graf von Clam-Martinitz (*1863, †1962) bildet ein neues Kabinett, Graf Czernin (*1872, †1932) wird Außenminister.

1917 Einberufung des Abgeordnetenhauses in Wien nach dreijähriger Pause.

Ziel eines Sonderfriedens

30. April Versuch einer Versöhnungspolitik mit dem *Ziel eines Sonderfriedens* mit der Entente. Hoffnung Karls I., die Monarchie vor dem Zerfall retten zu können. Pläne einer Föderation mit nationalen Autonomien.

23. Mai Das ungarische Ministerium Graf Tisza tritt zurück.
Juni Ministerium Graf von Clam-Martinitz in Österreich tritt zurück.
Nachfolgekabinett unter Ernst von Seidler (*1862, †1931) bis Juli 1918.

Juni–Aug. In Ungarn Ministerium Moritz Graf Esterházy (*1881, †1960).
Aug. Ministerium Alexander Wekerle (Ungarn; bis Okt. 1918) (*1848, †1921).

1918
April Der österreichische Außenminister Graf Czernin wird ersetzt durch Graf Stefan Burián (*1851, †1922), der bis 25. Okt. 1918 im Amt bleibt.

Nationalitätenkongress Tschechoslowakei

10. April *Nationalitätenkongress* von Völkern der Doppelmonarchie in Rom. Tschechen, Südslawen, Rumänen und Polen fordern das Selbstbestimmungsrecht.

30. Juni Italien und Frankreich erkennen die Selbstständigkeit der *Tschechoslowakei* an. Großbritannien folgt diesem Schritt am 13. August, die USA am 3. September. – (Forts. S. 1067)

Republik Österreich (1918–1938/1945)

1918
30. Okt. Zweite Sitzung der deutsch-österreichischen provisorischen Nationalversammlung. Note an Präsident Wilson, in der die *Gründung Deutsch-Österreichs* aufgrund des Selbstbestimmungsrechts mitgeteilt wird.

Gründung Deutsch-Österreichs

12. Nov. Nach dem Regierungsverzicht Kaiser Karls (11. Nov.) nimmt die deutsch-österreichische Nationalversammlung einstimmig das Gesetz über die Staatsform Deutsch-Österreichs an mit der Festsetzung: „Deutsch-Österreich ist ein *Bestandteil der Deutschen Republik*."

„Teil der Deutschen Republik"

13. Nov. Die Deutschen in Böhmen und Mähren erklären gleichfalls den Anschluss.

22. Nov. Gesetz über Umfang, Grenzen und Beziehungen des Staatsgebietes von Deutsch-Österreich: Danach umfasst Deutsch-Österreich (als Teil des Deutschen Reiches) aufgrund des Selbstbestimmungsrechts „das geschlossene Siedlungsgebiet der Deutschen innerhalb der bisher im Reichsrat vertretenen Königreiche und Länder", d.h. die Alpenländer, Österreich und die deutschbesiedelten Gebiete von Böhmen, Mähren und Schlesien.

1919
16. Febr. Wahlen zum konstituierenden Parlament. Sozialdemokraten 72, Christlich-Soziale 61, Großdeutsche 26 Sitze.

14. März Das Parlament nimmt eine Verfassung an und erklärt Deutsch-Österreich als Bestandteil des Deutschen Reiches.

Karl Renner

Karl Renner (*1870, †1950; Sozialist) wird Staatskanzler. Regierungskoalition von Sozialdemokraten und Christlich-Sozialen. Nach den Wahlen werden die seit 1918 bestehenden Arbeiterräte politisch aktiv.

1. März Konferenz der Arbeiterräte.
Die revolutionäre Bewegung wächst nach dem Ausrufen der Räterepubliken in Budapest (21. März) und München (5. April).

17. April Kommunistischer Putsch in Wien scheitert.
Unruhen bis zum Sommer.

Deutsch-Österreich verboten

Österreich, dem durch den Friedensvertrag von St. Germain das Selbstbestimmungsrecht verweigert und die Führung des Namens *Deutsch-Österreich verboten* wird, ist auch aus wirtschaftlichen Gründen eine besonders problematische Schöpfung der Friedensverträge,

1920 die durch mehrfache hohe Auslandskredite gestützt werden muss.
Abstimmung in Kärnten (10. Okt.).

10. Nov.	Die *neue Verfassung* (Bundesstaat) tritt in Kraft. Das Parlament steht im Schwerpunkt der Verfassung. Es fehlen die Gegengewichte starker Präsidentenstellung und „unmittelbarer Demokratie".	*neue Verfassung*
Dez.	Michael Hainisch (*1858, †1940) wird zum Bundespräsidenten gewählt. Koalitionsregierung mit Bundeskanzler Michael Mayr.	
1921	Abstimmung in Tirol. 98,8% für den Anschluss an das Deutsche Reich (24. April).	
29. Mai	Abstimmung in Salzburg. 99,3% für den Anschluss an das Reich. Weitere Abstimmungen werden verhindert. Frankreich droht mit Einstellung der eingeleiteten Hilfsaktion. Lebensmittelnot.	
21. Juni	Johann Schober (*1874, †1932) bildet eine Regierung aus Christlich-Sozialen und Großdeutschen.	
1922	Neue Regierung (31. Mai) des Prälaten *Ignaz Seipel* (christlich-sozial; *1876, †1932).	*Ignaz Seipel*
4. Okt.	Genfer Protokolle: Internationale Kredite an Österreich unter Garantie des Völkerbunds (Finanzkontrollkommission). Die Unabhängigkeit Österreichs wird garantiert. Scharfe Opposition der Sozialdemokraten gegen die Annahme. Renner (SPÖ) erklärt den Anschluss an den Staat, „zu dem wir der Natur der Dinge nach gehören", als einzige Lösung.	
1923	Durch Mehreinnahmen und Ausgabensenkung (von 250000 Beamten 100000 entlassen) Beginn finanzieller Gesundung.	
20. Okt.	Christlich-sozialer Wahlsieg.	
1924	Der Antrag, die Finanzkontrolle zu beenden, wird vom Völkerbund abgelehnt.	
Nov.	Rücktritt des Kabinetts Seipel. Neue Regierung Rudolf Ramek (*1881, †1941) auf der bisherigen Grundlage (Christlich-Soziale und Großdeutsche).	
Dez.	Wiederwahl des Bundespräsidenten Hainisch.	
1926	Aufhebung der Finanzkontrolle. Neue Regierung Seipel.	
1927	*Sozialistischer Aufruhr* und Generalstreik in Wien.	*sozialistischer Aufruhr*
15. Juli	Der Justizpalast wird in Brand gesteckt. Die Bundesregierung stellt die Ordnung schnell wieder her. Damit ist die innerpolitische Spannung offen zum Ausdruck gekommen. In den folgenden Jahren bestimmen zunehmend Wehrverbände die Innenpolitik. Die Heimwehren erwachsen aus teils christlich-sozialer, teils faschistischer Ideologie; der Republikanische Schutzbund aus den Sozialisten. Beide schon 1923 gegründet.	
1928	*Wilhelm Miklas* (*1872, †1956) zum Bundespräsidenten gewählt (5. Dez.).	*Wilhelm Miklas*
1929	Verschärfung der innerpolitischen Krise. Mehrfach Unruhen und drohender Ausbruch eines Bürgerkriegs. Trotzdem gelingt es nach Rücktritt Seipels, die Verfassungsreform durchzubringen. Dadurch ist die Parlamentsrepublik in eine *Präsidentschaftsrepublik* umgewandelt mit ähnlich starker Stellung des Präsidenten wie in der Weimarer Verfassung.	*Präsidentschaftsrepublik*
1930 Jan.	Bundeskanzler Johannes Schober setzt mit Hilfe Italiens auf der Haager Konferenz durch, dass die österreichischen Reparationsverpflichtungen fast völlig aufgehoben werden.	
6. Febr.	Abschluss des Freundschaftsvertrags mit Italien. Die faschistischen Einflüsse verstärken sich auch innenpolitisch.	
9. Nov.	Wahlen ergeben 72 Sozialisten gegen 66 Christlich-Soziale, die weiterhin mit der bürgerlichen Koalition die Regierung mit Kanzler- und Ministerwechsel führen.	
1931	Freundschaftsvertrag mit Ungarn (26. Jan.).	
19. März	Plan einer Zollunion mit Deutschland.	
11. Mai	Der *Bankkrach* bei der Österreichischen Credit-Anstalt offenbart die hoffnungslose Finanzlage. Erste Hilfe durch einen englischen Kredit. Die neue Regierung Karl Buresch (*1878, †1936) soll ein Sanierungsprogramm versuchen. Drastische Einschränkungsmaßnahmen und neue Auslandskredite.	*Bankkrach*
13. Sept.	Ein Heimwehrputsch in der Steiermark scheitert.	
9. Okt.	Wiederwahl von Miklas zum Bundespräsidenten. Französische Pläne (Tardieu) zu einer Einbeziehung Österreichs in einen wirtschaftlich und politisch neu geordneten Donauraum unter französischer Führung im Herbst 1931 und Frühjahr 1932 ohne Erfolg.	
1932 24. April	Landtagswahlen in Niederösterreich, Salzburg, Kärnten, Steiermark, Wien bringen erstmals starke Erfolge für die Nationalsozialisten.	
20. Mai	Neues Kabinett unter *Engelbert Dollfuß* (christlich-sozial; *1892, †1934) auf unsicherer parlamentarischer Basis.	*Engelbert Dollfuß*
15. Juli	*Lausanner Protokoll*: Völkerbundsanleihe von 300 Millionen Schilling, verbunden mit der Verpflichtung für Österreich, bis 1952 keine wirtschaftliche oder politische Union mit dem Deutschen Reich einzugehen. – Trotz der nationalen Erregung in Österreich Annahme.	*Lausanner Protokoll*

	1933 Anfang März	Um dem Anwachsen der nationalsozialistischen Bewegung zu begegnen, führt Dollfuß einen Staatsstreich durch.
	März	Aufhebung der parlamentarischen Verfassung. Einführung einer berufsständischen Verfassung. Seit dem 7. März regiert Dollfuß mit Hilfe des „Kriegswirtschaftlichen Ermächtigungsgesetzes" vom 24. Juli 1917. *Austrofaschistische Diktatur*.
austrofaschistische Diktatur	30. März	Auflösung des Republikanischen Schutzbundes.
	20. Mai	Dollfuß gründet die „Vaterländische Front" als ständestaatlich orientierte, die politischen Parteien ersetzende „Sammelbewegung".
	26. Mai	Betätigungsverbot für die Kommunistische Partei. Unruhen der Nationalsozialisten in den nächsten Monaten.
	19. Juni	Verbot der Nationalsozialistischen Partei. Dollfuß führt seine Politik in Anlehnung an Italien durch.
	1934 Febr.	Blutige Straßenkämpfe in Wien und anderen Städten zwischen „Republikanischem Schutzbund" und Regierung (11.–16. Febr.). Anschließend Verbot der Sozialisten und aller anderen Parteien außer der „Vaterländischen Front".
	17. März	Abschluss der „Römischen Protokolle": politische und wirtschaftliche Zusammenarbeit zwischen Italien, Österreich und Ungarn.
faschistische Verfassung	30. April	*Bundesverfassung* nach faschistischem Vorbild von dem an sich beschlussunfähigen Nationalrat angenommen.
	1. Mai	Unterzeichnung des Konkordats (vom 5. Juni 1933).
nationalsozialistischer Putsch italienische Truppen Kurt Schuschnigg	25. Juli	*Nationalsozialistischer Putsch*: Dollfuß ermordet. Aufstand in Steiermark und Kärnten. Das Eingreifen des Deutschen Reichs zugunsten der Nationalsozialisten wird verhindert, da *Italien an der Grenze Truppen zusammenzieht*. Die Aufstände werden niedergeschlagen.
	30. Juli	Der bisherige Unterrichtsminister *Kurt Schuschnigg* (*1897, †1977) wird Bundeskanzler. Er setzt die Linie Dollfuß fort.
	1936	Ernst Rüdiger Starhemberg (*1899, †1956; Vizekanzler seit 1. Mai 1934) übernimmt die Führung der „Vaterländischen Front".
	1. April	Einführung der allgemeinen Wehrpflicht.
	14. Mai	Rücktritt Fürst Starhembergs als Vizekanzler und Führer der „Vaterländischen Front", die Schuschnigg selbst übernimmt.
	11. Juli	Ein Abkommen mit dem Deutschen Reich beendet vorübergehend die Spannung.
	10. Okt.	Auflösung der Heimwehr und politische Ausschaltung ihrer Anhänger.
	1937	Steigerung der Habsburger Restaurationsbestrebungen, denen Schuschnigg geneigt scheint. Dies führt zu neuen Spannungen mit den Nationalsozialisten und dem Deutschen Reich. Bei einem Treffen mit Mussolini in Venedig ergibt sich für Schuschnigg, dass Österreich von Italien keine Hilfe gegen den Nationalsozialismus zu erwarten hat. Infolgedessen sucht Schuschnigg Anschluss bei der Kleinen Entente.
	1938	Schuschnigg bei Hitler in Berchtesgaden. Unter Druck sagt er eine Amnestie für die Nationalsozialisten in Österreich und die Hereinnahme der Nationalsozialisten in die Regierung zu.
	12. Febr.	
	18. Febr.	Daher Seyß-Inquart (*1892, †1946; Nationalsozialist) Innenminister.
nationalsozialistische Unruhen	1. März	*Beginn nationalsozialistischer Unruhen*, unter anderem in Graz. Die Lage spitzt sich zu.
	9. März	In letzter Stunde will Schuschnigg eine Volksabstimmung „für ein freies und deutsches, unabhängiges und soziales, für ein christliches und einiges Österreich" organisieren.
	11. März	Ultimatum des Deutschen Reichs.
	12. März	Einmarsch der reichsdeutschen Truppen.
Anschluss Österreichs	**13. März**	Der *Anschluss Österreichs* an das Deutsche Reich wird proklamiert.
	1945	Nach Besetzung durch die Rote Armee wird Österreich vorläufig in Besatzungszonen geteilt. – (Forts. S. 1435)

Ungarn als Reichsteil der Donaumonarchie (1867–1914)

(Forts. v. S. 626)

Strukturwandel   Der dualistische Ausgleich von 1867 führt zu einem umwälzenden *Strukturwandel* der Habsburgermonarchie. Dabei vollzieht sich die Entwicklung in beiden Reichshälften in beinahe entgegengesetzten Bahnen. Die Richtung wird durch die unterschiedliche staatspolitische Vergangenheit bestimmt.
Das 1526 an das Haus Österreich gefallene, bis 1699 größtenteils unter osmanischer Herrschaft stehende Ungarn geriet mehrfach in Konflikt mit der Wiener Zentralisierungspolitik, doch stimmte der Landtag 1722/1723 der Pragmatischen Sanktion zu.

Für Ungarn bedeutet der Ausgleich den Sieg der *Idee des Einheitsstaates*. Die ungarische Führungsschicht verbindet diese in einer langen historischen Tradition stehende Idee mit dem Ideal des Nationalstaates westeuropäisch-französischer Prägung und mit einem doktrinären Liberalismus. Das staatsrechtliche Verhältnis zu Österreich gilt als die Lebensfrage der Nation. Im Budapester Parlament wird 50 Jahre hindurch in der Hauptsache um die Auslegung oder Weiterentwicklung des Ausgleichs gerungen. Die Anhänger und Gegner des Ausgleichs stehen sich in beständiger Polarität gegenüber. Die von den *Parteien des Ausgleichs* gestellten Regierungen besitzen fast 40 Jahre hindurch eine sichere Mehrheit. Sie müssen stets nach zwei Seiten agieren: Auf der einen Seite gilt es, den Ausgleich gegen die „nationale" Opposition zu verteidigen, und auf der anderen Seite müssen unter dem Druck der öffentlichen Meinung bei den alle zehn Jahre anstehenden Ausgleichsverhandlungen immer wieder „nationale Forderungen" gestellt werden. Die Oppositionsparteien wenden als schärfste Waffe die Obstruktion an, da sie keine Alternative zur Regierungspraktik bieten können.

Idee des Einheitsstaates

Parteien des Ausgleichs

1868 Gründung des Allgemeinen Arbeitervereins und Bildung der oppositionellen, an 1848 anknüpfenden Unabhängigkeitspartei.
Um den nationalen Souveränitätsanspruch zu befriedigen, wird eine kleine Heimatarmee, die Honvéd, aufgestellt.
1871 Demonstration in Pest für die Pariser Kommune.
1873 Börsenkrach, durch den das Ansehen der „Parteien von 1867" schwer erschüttert wird. Zur
1875 Meisterung der sich in der Folgezeit entwickelnden gefährlichen Situation vereinigt Graf Kálmán Tisza (*1830, †1902), der Hauptführer der gemäßigteren nationalen Opposition, seine Anhänger mit dem Rest der liberalen Reformpartei von Ferencz Deák (*1803, †1876) zur *Liberalen Partei*, die den Ausgleich bejaht.
Sie bleibt anschließend mehr als 30 Jahre an der Regierung, zunächst (bis 1890) mit Tisza als Ministerpräsident. Dieser versteht es, sich durchzusetzen, wendet dabei aber oft recht fragwürdige Mittel an (Einschränkung des Stimmrechts, gelenkte Wahlen, ungleichmäßige Festsetzung der Wahlkreise).

Liberale Partei

1895 Kongress der ungarländischen Nationalitäten.
1896 Jahrtausendfeier der ungarischen Landnahme.
1903 Wegen militärischer Fragen Konflikt mit der Krone.
1905 Wegen der darauf folgenden Spannung lässt Ministerpräsident Graf István (Stefan) Tisza (*1861, †1918) das Parlament auflösen und Neuwahlen abhalten. Die Niederlage der bisher regierenden Liberalen Partei führt zu einer Staatskrise.
1906 Es kommt zu einer Koalition der *Unabhängigkeitspartei* und der ihr nahe stehenden politischen Gruppen.
Jedoch, Franz Joseph I. lehnt den größten Teil des Regierungsprogramms ab und zwingt die Koalition, auf der Grundlage des Ausgleichs von 1867 zu regieren.
1910 Die Koalition erleidet bei den Wahlen eine schwere Niederlage. István Tisza, der die Liberale Partei aufgelöst hat, reorganisiert seine Anhänger in der Nationalen Arbeiterpartei, die die Regierung übernimmt.
Die Industriearbeiter, deren Zahl durch die Industrialisierung schnell zugenommen hat, demonstrieren mehrfach für das allgemeine Wahlrecht.
1912 Sie rufen schließlich den *Generalstreik* aus.
1913 Graf István Tisza wird erneut Ministerpräsident (bis 1917).
1914 Er lehnt nach der Ermordung des Thronfolgers Franz Ferdinand den Krieg gegen Serbien ab, muss sich aber der Entscheidung des Kronrats beugen.

Unabhängigkeitspartei

Generalstreik

Ungarn als selbstständiger Staat (1918–1945)

Die Restauration der Habsburger wird durch den Obersten Rat der Alliierten verhindert. Ungarns Politik zwischen den Kriegen ist bestimmt durch den Kampf um die Revision des Friedens von Trianon, die Habsburger-Restaurationsbestrebungen und die Aufrechterhaltung einer überlieferten feudalen Herrschaftsordnung ohne Bodenreform. Im März und Okt. 1921 versucht König Karl vergeblich die Rückkehr nach Ungarn, um den Thron wiederzugewinnen. Das zweite Mal wird er gefangengenommen und muss ins Exil nach Madeira († 1922). Auf Druck der Entente wird ein Gesetz angenommen, wonach kein Mitglied des habsburgischen Hauses je wieder auf den ungarischen Königsthron zurückkehren darf.

1918 Nach der Ungarischen Revolution, der Bildung der Regierung Michael Graf Károlyi
16. Nov. (*1875, †1955) und der Abdankung Kaiser (König) Karls Proklamation der Ungarischen Republik.

Republik

	1919 21. März	Graf Károlyi, der im Januar zum Präsidenten gewählt worden ist, tritt zurück aus Protest gegen die Entscheidung der Alliierten, Siebenbürgen an Rumänien zu geben. Bildung einer Regierung aus Sozialisten und Kommunisten, die alsbald von der *Rätediktatur Béla Khuns* (*1885 oder 1886?, †1937 oder 1939?) abgelöst wird.
Rätediktatur Béla Khuns	28. März	Kriegserklärung Ungarns an die Tschechoslowakei mit der Absicht, die Slowakei zurückzuerobern.
	10. April	Beginn der Invasion der Rumänen, die (4. Aug.–14. Nov.) Budapest besetzt halten.
	1. Aug.	Béla Khun flieht aus Budapest.
Miklós Horthy Staatsoberhaupt	1920 1. März	Miklós (Nikolaus) *Horthy* (*1868, †1957), Oberbefehlshaber der ungarischen Truppen, wird zum Staatsoberhaupt und Reichsverweser gewählt.
Monarchie mit vakantem Thron	23. März	Er proklamiert Ungarn als *Monarchie mit vakantem Thron*.
Friedensvertrag von Trianon	4. Juni	*Friedensvertrag von Trianon* (Schloss im Park von Versailles): Ungarn verliert nun auch de jure das Banat, Siebenbürgen, Kroatien, den Hauptteil der Batschka, die Woiwodina, die Slowakei, Zips, die Karpathen-Ukraine und das Burgenland (außer Ödenburg [Sopron]).
	1921	Kabinett (14. April) des Grafen Stefan Bethlen (*1874, †1947), der bis ins Jahr 1931 im Amt bleibt.
	1922 2. Juni	Wahlen zur Nationalversammlung. Unter wirksamer Beeinflussung Mehrheit für die Regierung. Damit sind die Voraussetzungen zum Fortleben der restaurativen Politik Bethlens gegeben.
	18. Sept.	Ungarn zum Völkerbund zugelassen.
	1923/1924	Sturz der ungarischen Währung. Hilfe durch eine Völkerbundsanleihe nach dem Beispiel Österreichs. Finanzkontrolle durch den Völkerbund, die 1926 aufgehoben wird.
	1926	Einrichtung eines Oberhauses (11. Nov.), das die ländliche Aristokratie repräsentiert.
	1927 5. April	Freundschafts- und Schiedsvertrag mit Italien. Damit Steigerung der ungarischen Revisionsforderung.
	1929	Ein Freundschafts- und Schiedsvertrag mit Polen ist ein weiterer Schritt zur Überwindung der ungarischen Isolierung.
Reparationsschuld Ungarns	1930, Jan.	Auf der Haager Konferenz Regelung der *Reparationsschuld Ungarns*.
	Juni	Kundgebungen gegen die Friedensbedingungen des Vertrages von Trianon, nachdem die Haager Abmachung angenommen worden ist.
	1931 Aug.	Auch in Ungarn schwere Finanzkrise. Anleihe Frankreichs mit der Bedingung, dass die Revisionspropaganda eingestellt wird. Infolge der Krise Rücktritt der Regierung Bethlen. Neue Regierung Graf Julius Károlyi (*1871, †1947).
	1932	Reserve gegenüber den französischen Donauplänen. Stattdessen außenpolitisch weiterhin Anlehnung an Italien.
Vitéz Gömbös	30. Sept.	Nach Rücktritt der Regierung Károlyi Bildung der Regierung durch Julius *Vitéz Gömbös* (*1886, †1936; Rechtsradikaler und Antisemit), der antihabsburgisch eingestellt ist.
	1933	Gömbös, stark beeindruckt von der nationalsozialistischen Herrschaft in Deutschland, aktiviert die ungarische Außenpolitik auf zahlreichen Reisen nach Berlin, Wien, Rom, Sofia, Ankara.
	1934	Römische Wirtschaftsprotokolle (17. März) zwischen Italien, Österreich und Ungarn. Innenpolitische Spannungen führen zur Umbildung der Regierung Gömbös (4. März).
	1935	Bei den Neuwahlen setzt sich Gömbös gegen den noch immer starken Einfluss Bethlens in der Einheitspartei durch. Wichtigste Oppositionspartei ist die Bauernpartei (Kleinlandwirtepartei) von Tibor von Eckhardt (Vorsitzender seit 1932; *1888, †1972) mit dem Programm einer Boden- und Wahlreform.
	1936 6. Okt.	Tod von Gömbös. Regierungsneubildung durch Koloman Darányi (*1886, †1939). Unter der neuen Regierung allmählich, besonders im Laufe des Jahres 1937, Verschlechterung der Beziehungen zum Deutschen Reich. Gemeinsame Politik mit Österreich.
Férenc Szálasi	1937 März	Verhaftung von *Férenc Szálasi* (*1897, †1946) und anderen Führern der ungarischen Nationalsozialisten, die mit der Parole der Bodenreform innenpolitisch gefährlich werden.
	Okt.	Aus verschiedenen Gruppen Bildung der Ungarischen Nationalsozialistischen Partei unter Führung Szálasis, die Annäherung an den Reichsverweser Horthy sucht.
	1938	Erneute Verhaftung Szálasis und anderer nationalsozialistischer Führer (Febr.). Doch bringt der Anschluss Österreichs eine Verstärkung des deutschen Einflusses auf Ungarn.
	13. Mai	Neue Regierung durch Béla von Imrédy (*1891, †1946) gebildet. Innenpolitik: Förderung der ländlichen Siedlung, Beschränkung der Juden im Wirtschaftsleben.
	Aug.	Staatsbesuch Horthys in Deutschland mit Betonung guter deutsch-ungarischer Beziehungen.
Wiener Schiedsspruch	4.–11. Nov.	Nach dem *Wiener Schiedsspruch* Einmarsch ungarischer Truppen in die von der Slowakei abgetretenen Gebiete.

	Die Ungarn sehen damit ihre Forderungen jedoch noch nicht erfüllt.	
1938/1939	Daher im Winter 1938/39 wiederholt Grenzzwischenfälle.	
1939	Gesetz über die allgemeine Wehrpflicht (27. Jan.).	
15. Febr.	Rücktritt der Regierung Imrédy.	
24. Febr.	Die neue Regierung Paul Graf Teleki (*1879, †1941) tritt dem Antikominternpakt bei.	
13. März	Beginn des Einmarsches ungarischer Truppen in die *Karpathen-Ukraine*. Kämpfe mit den Ukrainern.	*Karpathen-Ukraine*
11. April	Austritt Ungarns aus dem Völkerbund.	
3. Mai	Scharfe Anti-Juden-Gesetzgebung.	
28. Mai	Regierungssieg bei den Wahlen. Jedoch starker Anstieg der Nationalsozialisten.	
Ende Juli	Zwischenfälle an der rumänischen Grenze erhöhen die allgemeine Spannung.	
1940 30. Aug.	Da die infolge der ungarischen Revisionswünsche bestehende Spannung zu Rumänien zu einem Krieg zu führen droht, fällen der deutsche Außenminister von Ribbentrop und sein italienischer Amtskollege, Graf Ciano, den *Zweiten Wiener Schiedsspruch* (der Erste: 2. Nov. 1938), der Ungarn in Siebenbürgen von den 1920 verlorenen Gebieten 11 927 km² mit 1 Mio. Bewohnern zurückgibt. Rumänien erhält dafür eine Garantie für die nunmehrigen Grenzen.	*Zweiter Wiener Schiedsspruch*
20. Nov.	Beitritt zum Dreimächtepakt.	
12. Dez.	Ungarisch-Jugoslawischer Freundschaftsvertrag.	
1941 27. Jan.	Tod des Außenministers Graf István Csáky (*1894, †1941), auf den der bisherige Gesandte in Bukarest László von Bárdossy (*1890, †1946) folgt (4. Febr.).	
2. April	Selbstmord des Ministerpräsidenten Graf Teleki, dessen Nachfolge von Bárdossy antritt.	
11. April	Ungarn erklärt den Vertrag mit Jugoslawien durch Luftangriffe (7. April) für gebrochen und beteiligt sich am deutschen *Einmarsch in Jugoslawien*. Es erhält den Winkel zwischen Drau und Mur, das Baranyadreieck sowie die Batschka (Bácska, westlich der Theiß). Das Gebiet östlich des Flusses (Westbanat) wird mit Rücksicht auf Rumänien einer deutschen Militärverwaltung unterstellt, geheim aber Ungarn für später zugesagt.	*Einmarsch in Jugoslawien*
23. Juni	Abbruch der diplomatischen Beziehungen zur UdSSR.	
26. Juni	Angeblich sowjetischer Luftangriff (bis heute Herkunft der Flugzeuge unaufgeklärt) auf Kaschau (ung. Kassa, heute: Košice, Slowakei) und Munkács; daraufhin (am 27. Juni) Kriegserklärung an die UdSSR. Drei ungarische Divisionen nehmen am Vormarsch in die Ukraine hinein teil.	
6. Dez.	Großbritannien erklärt Ungarn, Ungarn erklärt den USA den Krieg (12. Dez.).	
1942 10. März	Auf den erkrankten Ministerpräsidenten und Außenminister von Bárdossy folgt Miklós von Kállay (*1887, †1967), der im Auftrage des Reichsverwesers Verbindung zu den westlichen Alliierten sucht.	
1943 Jan.	Die an der *Donfront* eingesetzte ungarische zweite Armee erleidet schwere Verluste und wird aus der Front gezogen. Fortan werden ungarische Einheiten nur noch in rückwärtigem Gebiet bei der Partisanenbekämpfung eingesetzt. Innere Schwierigkeiten vergrößern die Not der Regierung, die bei der deutschen Führung in den Verdacht gerät, den „Abfall" vorzubereiten.	*Donfront*
4. Mai	Das Parlament wird unbefristet vertagt.	
1944 19. März	*Besetzung Ungarns* durch deutsche Verbände („Fall Margarete I") nach einer Aussprache Hitlers in Kleßheim (bei Salzburg) mit dem Reichsverweser von Horthy, der unter Druck in eine Umbildung der Regierung einwilligt: Kabinett unter Döme Sztójay (*1883, †1946). An die Stelle des Gesandten tritt ein „Bevollmächtigter des Großdeutschen Reiches". Daraufhin verstärkt Ungarn auf deutsche Veranlassung wieder seine militärischen Anstrengungen.	*Besetzung Ungarns*
23. Aug.	Nach dem Ausscheiden Rumäniens aus dem Bündnis mit Deutschland steht den Sowjettruppen der Weg nach Ungarn offen.	
23. Aug.	General Géza Lakatos (*1890, †1967) bildet eine neue Regierung.	
11. Okt.	Nachdem die *Rote Armee in Ungarn* eingedrungen ist, schließt Reichsverweser von Horthy in Moskau einen Präliminarwaffenstillstand und erklärt (15. Okt.) in einer Rundfunkproklamation, dass er die UdSSR um Waffenstillstand gebeten habe.	*Rote Armee in Ungarn*
16. Okt.	Horthy widerruft unter deutschem Druck (Einsatz des Sonderkommandos Skorzeny gegen die Budapester Burg), tritt zurück und wird durch den Führer der Pfeilkreuzler, Férenc Szálasi, als „Staatsführer" ersetzt, der auch das Amt des Ministerpräsidenten übernimmt. Er kann sich nur mit deutscher Hilfe halten.	
3. Dez.	Der Oberbefehlshaber der 1. Armee, Generaloberst Béla Miklós von Dálnoki (*1890, †1948), der in das sowjetische Lager übergegangen ist, bildet in Debrecen eine Gegenregierung. – (Forts. S. 1512)	

Königreich Frankreich (1494–1789)

(Forts. v. S. 454)

Das Zeitalter der Renaissancekönige und der Hugenottenkriege

Hervorragendstes Kennzeichen des frühneuzeitlichen Frankreich ist die zunehmende Stärke seines Königtums. Gegen Ende des 15. Jh.s sind bereits etwa zwei Drittel des Staatsgebietes im unmittelbaren Besitz der Krone; durch zielstrebige Familienpolitik der Valois und Orléans kommen bis Mitte des 16. Jh.s das Herzogtum Bretagne und eine Reihe von „Apanagen" (die Ausstattung nachgeborener, meist männlicher Mitglieder regierender Fürstenhäuser mit Territorialbesitz und finanziellen Einkünften, um einen standesgemäßen Unterhalt zu ermöglichen) mit dem Königshaus verwandter Feudalherren hinzu. Feudaladel und Stände sind weit gehend entmachtet; die Zentralgewalt dehnt ihren Geltungsbereich mehr und mehr aus; insbesondere setzt sie ein funktionierendes Steuersystem durch. Die katholische Kirche wird stärker denn je von der monarchischen Gewalt beherrscht: Die Bischöfe werden faktisch von der Krone ernannt, die Kirche wird besteuert, die kirchliche Gerichtsbarkeit eingeschränkt („gallikanische Freiheiten", bestätigt im Konkordat von 1516). Die Staatsfinanzen sind zunächst durchaus gesund; die wirtschaftlich aufsteigenden bürgerlichen Kräfte sehen im Königtum einen Bundesgenossen gegen die Feudalherren.

Der gewaltige Machtzuwachs befähigt die französischen Renaissancekönige zu einer kraftvollen Außenpolitik, die vor kriegerischen Aktionen nicht zurückschreckt. Zunächst noch ohne fest umrissene nationalstaatlich-territoriale Zielsetzung führt diese neue Außenpolitik zur Begründung des habsburgisch-französischen Gegensatzes und damit zur Herausbildung des internationalen Gleichgewichtssystems in Europa.

Karl VIII. **1483–1498** Karl VIII. aus dem Hause Valois (*1470, †1498).

1494–1495 Mit dem Feldzug gegen die italienischen Stadtstaaten, der den Anspruch des Hauses Anjou auf Neapel geltend machen soll, beginnen die Auseinandersetzungen zwischen den französischen Königen und Habsburg. Nachdem Karl Neapel erobert hat, erfährt die Koalition italienischer Staaten entscheidende Unterstützung durch Spanien und Habsburg; die französischen Truppen müssen sich daraufhin überstürzt zurückziehen.

Ludwig XII. **1498–1515** Ludwig XII. aus dem Hause Orléans (*1462, †1515).

Der König erobert Mailand und Neapel, verliert letzteres aber nach der Schlacht am Garigliano (Unterlauf des mittelitalienischen Flusses Liri) an Ferdinand von Aragón und Mailand
1513 nach der Schlacht bei Novara (westliche Poebene) an die Schweiz.

Franz I. **1515–1547** Franz I. aus dem Hause Orléans-Angoulême (*1494, †1547).

1515 Der König erobert mit einem Sieg über die Eidgenossen bei Marignano (südöstlich von Mailand) Mailand zurück.

1516 Konkordat mit Papst Leo X.

Bei seinen Bemühungen, die Nachfolge Kaiser Maximilians I. im Reich anzutreten, unterliegt Franz I. seinem Gegenkandidaten Karl von Spanien (Karl V.), dessen habsburgisch-spanisches Weltreich Frankreich von allen Seiten zu umklammern droht.

Im Bündnis mit einigen protestantischen Landesherren, den Päpsten und den

Friede von Crépy **1544** Türken führt Franz I. insgesamt vier Kriege mit Karl V. um Italien, die im *Frieden von Crépy* (Crépy-en-Laonnais, Nordfrankreich) mit einem vorläufigen Kompromiss abgeschlossen werden. Territorial wird der Status quo aufgrund der Friedensschlüsse von Madrid (1526) und Cambrai (1529) im Wesentlichen bestätigt. Der zweite Sohn Franz' I. soll eine Tochter Karls V. heiraten und dann Mailand erhalten (eine Verabredung, die nicht zu Stande kommt, weil Herzog Charles vor der Eheschließung stirbt).

Heinrich II. **1547–1559** Heinrich II. (*1519, †1559) ist seit 1533 mit Katharina von Medici (*1519, †1589) verheiratet.

1552 Der Kampf gegen Karl V. bricht erneut aus, da die deutsche Fürstenopposition Heinrich II.
15. Febr. im Vertrag von Chambord das Reichsvikariat über die Bistümer Toul, Metz und Verdun überlässt.

1556 Nach dem Thronverzicht Karls und der Reichsteilung wird aus dem deutsch-französischen ein spanisch-französischer Krieg.

Friede von Cateau-Cambrésis **1559** *Friede von Cateau-Cambrésis* (südöstlich von Cambrai) zwischen Heinrich II. von Frankreich und Philipp II. von Spanien. Frankreich muss außer auf Artois, Flandern und die Franche-Comté auf Savoyen und Piemont, d.h. die Alpenpässe, verzichten, kann aber die 1552 erworbenen Bistümer behalten und Calais gegen eine Zahlung definitiv für die Krone sichern.

Staat und Kultur der Renaissance

In den wechselvollen Kämpfen bestätigt sich die innere Stärke des Königtums und die wachsende „nationale" Interessenbindung der Feudalherren; der Connétable Karl von Bourbon (*1490, †1527) findet keine Nachahmer, als er (1523) in das Lager Karls V. überwechselt. Die Feldzüge nach Italien beschleunigen das Vordringen der italienischen Renaissance nach Frankreich und führen zur Ausbildung einer erstmals national akzentuierten Kultur, die den Humanismus und Rationalismus des antiken Erbes mit Diesseitsfrömmigkeit, praktischem Moralismus und Interesse an der Staatseinheit verbindet. Den *Höhepunkt des literarischen Patriotismus* bilden die „Essais" des Schriftstellers, Philosophen und Moralisten Michel Eyquem de Montaigne (*1533, †1592); daneben kennzeichnen die humanistische Dichtung von François Rabelais (*wohl um 1494, †1553), Clémerit Marot Pierre de Ronsard (*1524 oder 1525, †1585) und Joachim Du Bellay (*um 1522, †1560) sowie die Architektur der Königsschlösser an der Loire und in Paris (Louvre, Fontainebleau) die Epoche. Mäzenatentum und Prachtentfaltung Franz I. fördern diese Renaissancekultur beträchtlich, führen aber auch – zusammen mit den immer kostspieliger werdenden italienischen Unternehmungen – zu einem Defizit im Staatshaushalt. Zur Deckung der Finanzlücken lässt Franz die Unsitte der *Ämterkäuflichkeit* zur Regel werden; von da an beginnt die Korruption die königliche Bürokratie zu zersetzen. Seit den vierziger Jahren wird das Reich zudem durch blutige Protestantenverfolgungen erschüttert.

literarischer Patriotismus

Ämterkäuflichkeit

1559–1589 *Frankreich im Zeichen konfessioneller Auseinandersetzungen*
Auf König Heinrich II. folgen seine drei Söhne:
1559–1560 Franz II. (*1544, †1560).
1560–1574 Karl IX. (*1550, †1574).
1574–1589 Heinrich III. (*1551, †1589).
Während ihrer Regierungszeit spitzen sich die Gegensätze zwischen katholischem und hugenottischem (= eidgenössischem) Volksteil (die französischen Calvinisten werden seit etwa 1560 Hugenotten gen.) zu erbitterten Glaubenskriegen zu. Die Familien des Hochadels verbinden die religiösen Kontroversen mit ihrem Kampf um Machtausweitung auf Kosten der Krone, der durch die Silberinflation (infolge der überseeischen Entdeckungen) verarmte Landadel nimmt zu Raubzügen Zuflucht, die städtischen Massen kämpfen unter der Fahne des traditionellen Katholizismus gegen die Lasten des Renaissancekönigtums, bürgerliche Hugenotten suchen sich gegen die Feudalherren zu behaupten. Das in Lothringen beheimatete Geschlecht der Guise führt die katholische, das der Bourbonen unter dem Prinzen Ludwig I. von Condé (*1530, †1569) die protestantische Partei an; das Spanien Philipps II. favorisiert die Katholiken, England die Protestanten. Das französische Königshaus steht zwischen den Parteien, versucht unter der Leitung der einflussreichen Königsmutter Katharina von Medici zu vermitteln, verliert jedoch zunehmend an Einfluss. An außenpolitische Ambitionen ist nicht mehr zu denken; Westeuropa wird jetzt von Spanien überragt.

1562 1. März	Seit dem Überfall Herzog Franz von Guises (*1519, †1563) auf eine gottesdienstliche Versammlung der Calvinisten in Vassy (Ostfrankreich) behaupten sich die Hugenotten in drei Kriegen gegen die Partei der Guisen.
1570 8. Aug.	*Edikt von Saint-Germain-en-Laye* (westlich von Paris): Die Krone muss den Hugenotten bedingte Religionsfreiheit und als Faustpfand für die getroffenen Abmachungen und Zufluchtsstätte vier Städte (die bedeutendste davon La Rochelle) auf zwei Jahre zur Selbstverwaltung zugestehen.
	Der Hugenottenführer Admiral Coligny (*1519, †1572) gewinnt zunehmenden Einfluss
1572 23./24. Aug.	auf Karl IX.; als sich jedoch Heinrich von Navarra aus dem Hause der Bourbonen mit Margarete, der Schwester des Königs, vermählt, veranstaltet die Guisenpartei mit Wissen Katharinas die sog. *Bartholomäusnacht*, ein Blutbad unter den zur Hochzeit nach Paris geströmten Protestanten. 3000–4000 Hugenotten werden ermordet, unter ihnen Coligny; in den Provinzen fallen weitere 12000–20000 den anschließenden Verfolgungen zum Opfer.
1572–1573 ab 1575	Nach der „Pariser Bluthochzeit" werden die Kämpfe noch heftiger geführt. Im Vierten Hugenottenkrieg werden den Protestanten alle Sicherheitsplätze genommen; im Fünften Krieg können sie jedoch ihre Rechte entscheidend erweitern:
1576 6. Mai	Im *Edikt von Beaulieu* (Beaulieu-sur-Mer, Côte d'Azur) erhalten sie neben einigen anderen Zugeständnissen acht Sicherheitsplätze, diesmal ohne eine zeitliche Befristung.
1576	Die radikalen Katholiken formieren sich in der *„Heiligen Liga"* zum Vernichtungskampf gegen den Protestantismus und gewinnen den schwachen König Heinrich III. für sich.
1585	Das Edikt von Paris hebt alle Rechte der Hugenotten wieder auf.
	Seit dem Tode des letzten Königsbruders Franz von Alençon-Anjou (*1566, †1584) wird aus dem Bürgerkrieg auch ein *Kampf um die Krone*: Die meisten Rechtstitel auf die Nachfolge des kinderlosen Heinrich III. besitzt Heinrich von Navarra, der neue Führer der pro-

Edikt von Saint-Germain-en-Laye

Bartholomäusnacht

Edikt von Beaulieu
Heilige Liga

Kampf um die Krone

Heinrich III.	1588	testantischen Partei. Die Katholiken betreiben nun die Absetzung Heinrichs III. zugunsten eines Guisen; ein Aufstand der Pariser Massen treibt ihn in die Flucht; während der Belagerung von Paris durch das Bourbonenheer wird *Heinrich III.* von einem fanatisierten Dominikaner *ermordet.*
ermordet	12. Mai	
	1589	
Haus Bourbon	2. Aug.	
	1589–1792	Das *Haus Bourbon* in Frankreich.
Heinrich IV.	**1589–1610**	Als *Heinrich IV.* (*1553, †1610) kann der König von Navarra (seit 1562) seine Rechte anfangs nur sehr schwer geltend machen, zumal sich die „Liga" mit Philipp II. von Spanien verbündet hat und der Hugenottenkrieg so mehr und mehr mit der Auseinandersetzung Spaniens mit England und den Niederlanden verschmilzt. Gegen den Hegemonieanspruch Spaniens wendet sich jedoch eine wachsende Zahl gemäßigter Katholiken (die sog. Dritte Partei der „Politiker", unter ihnen Jean Bodin [*1530, †1596], der die epochemachende Lehre vom Monarchen als Verkörperung der staatlichen Souveränität entwickelt), die das nationale Interesse Frankreichs über den religiösen Integralismus stellen. Mit ihrer Hilfe gelingt Heinrich IV. schließlich der Ausgleich.
	1593	König Heinrich konvertiert unter dem Einfluss seines (calvinistisch bleibenden) Ministers Maximilian de Béthune, Herzog von Sully (*1560, †1641) zum Katholizismus; daraufhin öffnet ihm Paris freiwillig die Tore; der Widerstand der „Liga" in den Provinzen wird schrittweise gebrochen.
	25. Juli	
	1594	
	22. März	
Edikt von	1597	Nach dem Ende der Kämpfe bestätigt das *Edikt von Nantes* die erkämpften Rechte der Protestanten: Eingeschränkte, aber gesicherte Kultfreiheit, Zulassung zu allen Würden und Ämtern, konfessionell gemischte Kammern in den Parlamenten für Streitsachen zwischen Katholiken und Protestanten; in einem zusätzlichen Erlass erhalten sie etwa 150 Sicherheitsplätze, die von 1,2 Millionen Hugenotten, einem guten Zwölftel der Gesamtbevölkerung Frankreichs, bewohnt werden.
Nantes	**1598**	
	13. April	
Friede	Mai	Von England und den Niederlanden unterstützt, schließt Heinrich IV. im gleichen Jahr den Krieg gegen Spanien erfolgreich ab: Im *Frieden von Vervins* (bei Laon) muss Spanien französische Gebietsgewinne in der Provence und im Rhonetal anerkennen und auf jede Einmischung in innerfranzösische Angelegenheiten verzichten.
von Vervins		

Die Rekonstruktionspolitik Heinrichs IV.

Die Verluste der insgesamt acht Kriege sind groß, allein in der letzten Phase seit 1585 etwa eine Million Todesopfer, Hunger, Pest, eine Wolfsplage, Emigration von 16000 wirtschaftlich leistungsfähigen Hugenotten. Unter der Leitung des *Herzogs von Sully* setzt eine Phase nüchterner Rekonstruktionspolitik ein: Die zerrüttete Finanzverwaltung wird durch eiserne Spardisziplin und die Einführung regelmäßiger Rechenschaftsberichte der Beamten neu geordnet, die Einnahmequellen des Staates werden durch eine Systematisierung des Systems der Ämterkäuflichkeit wieder gesteigert; seit 1604 sind die Ämter faktisch erblich. Die Landwirtschaft wird durch Erschließung von Ödland wesentlich gefördert, neue Straßen entstehen. Kanäle werden projektiert, erste Ansätze zu einer merkantilistischen Schutzzollpolitik gemacht. Das im Handel dominierende und auch in der Kolonisierung der überseeischen Gebiete (insbesondere Kanada) führende Bürgertum dringt, von der Krone als politisch ungefährlich bewusst gefördert, angesichts der finanziellen Krise des Grundadels in die hohen (und teuren) Beamtenstellen ein; als noblesse de robe vermischt es sich mit den alten Führungsschichten, nimmt dabei aber deren Bewusstseinshaltung an und konserviert damit die ständische Struktur Frankreichs über den wirtschaftlichen Niedergang der Feudalherren hinweg. Durch die Verschmelzung der Güter der Bourbonen mit dem Krongut wird die Zentralisierung des Landes entscheidend vorangetrieben.

Heinrich IV. sieht in dieser Rekonstruktionspolitik die Grundlage für eine neue Großmachtstellung Frankreichs auf dem Kontinent. Von Sullys grand dessin beeinflusst, das die völlige Umgestaltung Europas zu einer von Frankreich geführten république chrétienne vorsieht, sucht er als Protektor der protestantischen Fürsten Deutschlands den *Kampf gegen Habsburg* wieder aufzunehmen.

Herzog von Sully

Kampf gegen Habsburg

1610	Als sich Heinrich 1610 anschickt, aktiv in den Jülich-Clevischen Erbfolgestreit einzugreifen, wird er von dem katholischen Fanatiker François Ravaillac (*1578, 1610 hingerichtet) ermordet – der Konflikt mit Habsburg ist noch einmal verschoben; zugleich wird den führenden Kräften des Landes deutlich, wie labil der die Konfessionsspaltung überwindende nationale Konsens noch ist: Das in den Schriften des Staatslehrers und Philosophen Jean Bodin theoretisch vorbereitete und von Heinrich IV. in ersten Ansätzen praktizierte Führungsmodell des königlichen Absolutismus zur Herstellung des inneren Friedens gewinnt immer mehr Anhänger.
14. Mai	

Das Zeitalter der großen Kardinäle

Unter der politischen Führung der Kardinäle Richelieu und Mazarin wird Frankreich zwischen dem zweiten und sechsten Jahrzehnt des 17. Jh.s endgültig zur absolutistisch regierten Großmacht: Das Land, dessen Territorium nun fast ganz der Krone gehört, wird nach letzten heftigen Widerstandsversuchen der Gegenkräfte vom König und seinem Beamtenapparat beherrscht; die Gefahr der habsburgischen Umklammerung wird beseitigt und so trotz verbleibender innerer Schwächen die Grundlage für eine Führungsrolle Frankreichs auf dem Kontinent gelegt.

1610–1643 *Ludwig XIII.* (*1601, †1643), Sohn Heinrichs IV. (aus seiner zweiten Ehe mit Maria von Medici [*1573, †1642]). — *Ludwig XIII.*

Die Partei- und Religionsgegensätze brechen zunächst wieder auf. Als Regentin für den anfangs noch unmündigen Sohn entlässt Heinrichs IV. zweite Frau Maria von Medici Sully und orientiert sich wieder an der spanischen Vormacht.

1619 Maria gerät in Konflikt mit dem König, muss den Hof verlassen, söhnt sich aber schließlich im Vertrag von Angoulême (an der Charente) mit Ludwig aus.

Der Architekt der Vermittlung, Marias Protégé Armand Jean du Plessis, Herzog von *Richelieu* (*1585, †1642), ein machtbewusster Monarchist, seit 1622 Kardinal, intrigiert gegen das Kabinett Ludwigs, tritt auf Betreiben Marias selbst in das Kabinett ein und reißt alsbald — *Richelieu*

1624–1642 die faktische Leitung der Regierungsgeschäfte an sich. Ohne große persönliche Sympathie vertraut sich Ludwig nun der Führung Richelieus an, dessen Politik auf eine konsequente Verwirklichung des absolutistischen Staatsgedankens zielt.

Richelieus Innenpolitik

Die ersten Anstrengungen absolutistischer Politik Richelieus sind auf die *Beseitigung des hugenottischen „Staats im Staate"* gerichtet. Nach langer, vom König und seinem Minister — *Kampf gegen die Hugenotten*

1628 persönlich geleiteter Belagerung erfolgt die *Kapitulation von La Rochelle*, dem wichtigsten der protestantischen Sicherheitsplätze. — *Kapitulation von La Rochelle*

1629 Im Gnadenedikt von Alès (Südfuß der Cevennen) und Gnadenedikt von Nîmes werden den Hugenotten alle Sicherheitsplätze genommen, ihre religiösen, bürgerlichen und sozialen Rechte jedoch von der Krone bestätigt; damit bleibt das Hugenottentum als religiöse Sondergruppe erhalten, hört aber auf, eine politisch eigenständige Gegenkraft im Staate zu sein.

Die infolge der Kämpfe in der Königsfamilie wieder mächtige Adelsopposition wird von Richelieu Schritt um Schritt in ihren Rechten eingeschränkt. Nachdem es ihm gelungen ist,

1630
11. Nov. sich einer Verschwörung dieser Gruppe mit der Königsmutter Maria zu entziehen (journée des dupes), kann er das Gewaltmonopol des modernen Staates gegen die überkommenen Feudalrechte durchsetzen: Das Duell wird verboten, die Befestigungen der Adelsburgen werden, soweit sie nicht in Grenznähe liegen, geschleift.

Gaston von Orléans (*1608, †1660), der Bruder des Königs, und Heinrich Herzog von

1632 Montmorency (*1595, †1632), der Gouverneur der Languedoc, organisieren 1632 einen Aufstand gegen die Krone, werden aber geschlagen.

30. Okt. Seit der spektakulären *Hinrichtung Montmorencys* in Toulouse wagt die schwer getroffene Adelsopposition keinen offenen Aufstand mehr, obwohl es auch weiterhin nicht an Versuchen fehlt, Richelieu zu beseitigen. — *Hinrichtung Montmorencys*

Zur Stärkung der Königsmacht betreibt Richelieu eine systematische Kulturpolitik; die in

1635 Paris gegründete *Académie Française* zur Pflege der französischen Sprache wird vom Pariser Parlament erst nach hinhaltendem Widerstand 1637 genehmigt. — *Académie Française*

1641 Die adligen Provinz-Gouverneure, deren Ämter inzwischen erblich geworden sind, werden in ihren Machtbefugnissen durch königliche Gesandte (die „Intendanten") abgelöst (Titel und Einkünfte bleiben ihnen erhalten); die Generalstände werden nicht mehr einberufen (letztmalig 1614); das Parlament von Paris wird zunehmend bedrängt und verliert das Recht auf Einspruch gegen königliche Edikte – nur in Finanzangelegenheiten darf es noch in die Regierungsentscheidungen eingreifen.

Die Wirtschaftskrise des 17. Jh.s

Der Kampf Richelieus gegen die antizentralistischen Kräfte wird erschwert durch die *wirtschaftliche Dauerkrise*, die Frankreich trotz der Anstrengungen Sullys nicht überwindet. Missernten, Seuchen, durch wirtschaftliche Pressionen erpresste Rekrutierungen und die vielen inneren und äußeren Fehden lassen die Rezession bis in die Mitte des 17. Jh.s andauern. Seit den dreißiger Jahren stagniert das Preisniveau, — *wirtschaftliche Dauerkrise*

EUROPÄISCHE NEUZEIT Einzelstaaten

*Über-
produktions-
krise*
in den vierziger Jahren fällt es sogar; die *Überproduktionskrise* vernichtet die Existenz vieler Bauern, Handwerker und Fabrikanten. Obwohl Richelieu die Steuerschraube im Interesse einer ehrgeizigen Außenpolitik bis aufs Äußerste anspannt, sinken die Einnahmequellen des Staates: Frankreichs fiskalische Leistungsfähigkeit geht zurück.

Die partielle Verelendung der Bauern und Handwerker und die brutalen Steuererhebungsmethoden lösen ab 1630 zahlreiche Revolten aus, die sich mit den regionalen und feudalen Sonderinteressen gegen die königliche Zentralgewalt verbinden.

Außenpolitik 1626–1648

*anti-
habsburgische
Außenpolitik*
**1626
5. März**
Infolge der inneren Schwäche des Landes und dementsprechender Unzulänglichkeit der französischen Armee beginnt Richelieus *antihabsburgische Außenpolitik* mit diplomatischen, nur sekundär militärisch abgesicherten Aktionen. Die von ihm entfesselte „Veltlin-Affäre" endet im Vertrag von Monzon (Pyrenäen-Südrand) mit einem Erfolg Spaniens, das sein Durchzugsrecht durch dieses strategisch wichtige Graubündner Tal sichert.

*Mantuanischer
Erbfolgestreit*
1628–1631
Im *Mantuanischen Erbfolgestreit* operiert das französische Heer im savoyischen Westalpengebiet; zugleich sichert Richelieu in Geheimverhandlungen mit dem päpstlichen Vermittler, Giulio Mazarini, dem Herzog von Nevers gegen die Forderungen des Hauses Habsburg den Besitzanspruch auf Mantua und Monferrato (in Piemont) und erwirbt zudem von Savoyen die Alpenpässe Pinerolo und Perosa im Vertrag von Turin (1632); die spanischen Nebenlande in Italien können fortan von Frankreich überwacht werden.

*Dreißigjähriger
Krieg*
In den *Dreißigjährigen Krieg* greift Frankreich zunächst nur indirekt auf antihabsburgischer Seite ein:

1631 Richelieu gewährt Gustav II. Adolf von Schweden im Vertrag von Bärwalde finanzielle Unterstützung (die er wieder einstellt, als ihm der Schwedenkönig im deutschen Südwesten zu mächtig zu werden droht).

1633–1635 Richelieu stationiert Truppen in dem zum Reich gehörigen Herzogtum Lothringen.

Kriegseintritt
1635
19. Mai
Als die Schweden nach der Schlacht bei Nördlingen (1634; im heute bayrischen Schwaben) bis fast an die Ostsee zurückweichen und mit den Kaiserlichen verbündete spanische Truppen Mittelrhein und Moseltal besetzen, dabei den Trierer Kurfürsten gefangennehmen, der sich unter französischen Schutz gestellt hat, glaubt sich Richelieu zum offenen *Kriegseintritt* gezwungen, obwohl die französische Heeresorganisation noch keineswegs für eine Auseinandersetzung mit den spanischen Elitetruppen gerüstet ist. In der Tat dringen die spanischen und kaiserlichen Verbände bis nach Corbie westlich von Paris vor und lösen in der Hauptstadt eine Revolte gegen den Kardinal aus. Dieser denkt für einen Moment an Resignation, weiß dann aber durch kaltblütiges, energisches Auftreten die Pariser Massen für sich zu gewinnen und schlägt die Habsburger an der Spitze einer von ihm und dem König
1636 persönlich geführten Armee ins Rheintal zurück.

Die Idee des „nationalen" französischen Zentralstaats erfährt durch diesen dramatischen Erfolg beträchtlichen Auftrieb. Richelieu erweitert das französische Heer, unter Heinrich IV.
1642 10000 Mann, von 60000 auf 150000 und beginnt nun mit einer Offensive gegen Spanien und Österreich, die bei seinem Tode noch andauert.

Mazarin
1643–1661
Unter Richelieus Nachfolger *Mazarin* (jenem Giulio Mazarini [*1602, †1661], der 1632 in päpstlichen Diensten mit dem Kardinal verhandelt hat, unterdessen aus Bewunderung für Richelieu als Nuntius nach Paris gekommen und dessen vertrauter Schüler geworden ist, seit 1639 in französischen Diensten, seit 1641 Kardinal, ohne je geistliche Weihen empfangen zu haben) erringen die französischen Truppen die entscheidenden Erfolge:

1643 Sieg der französischen Reiterei über das spanische Fußvolk bei Rocroi (Rocroy; französische Ardennen), Feldzüge Turennes in Mitteldeutschland, gipfelnd in der Niederwerfung
1645 der Kaiserlichen bei Nördlingen.

1647–1648 Zangenangriff gegen Bayern im Verein mit den Schweden. Diese Siege und eine geschickte
*Westfälischer
Friede*
**1648
24. Okt.**
Diplomatie ermöglichen Mazarin im *„Westfälischen Frieden"* von Münster und Osnabrück den Triumph über Österreich:

Frankreich erzielt nicht nur beträchtliche Territorialgewinne – die österreichische Landgrafschaft Ober- und Niederelsass, den Sundgau, die Landgrafschaft über zehn elsässische Reichsstädte, Breisach rechts des Rheins, die definitive Bestätigung der Bistümer Metz, Toul, Verdun – sondern auch eine Schwächung der Stellung des Kaisers im Reich und damit des Heiligen Römischen Reiches insgesamt, in dessen Verhältnisse es sich als Bürge der Reichsverfassung nun jederzeit formal einmischen kann.

• PLOETZ

Mazarin

1648–1653 *Aufstand der „Fronde"*: Die Opfer der absolutistischen Zentralisierung sehen nach dem Tode Richelieus und Ludwig XIII. den Zeitpunkt gekommen, ihre frühere Macht zurückzuerobern. Trotz der außenpolitischen Erfolge ist die Situation dafür günstig: Für den bei Herrschaftsantritt 1643 fünfjährigen Thronfolger Ludwig XIV. führt die politisch isolierte Königsmutter Anna (*1601, †1666) aus habsburgisch-spanischem Hause die Regentschaft (von 1643–1661); ihr Leitender Minister Mazarin verfügt als Diplomat italienischer Herkunft ebenso wenig über eine politische Hausmacht. Das Pariser Parlament erobert seine Kompetenzen zurück, verweigert die Registrierung besonders unpopulärer Sondersteuern für die Bevölkerung der Hauptstadt und erreicht es im Juli 1648, dass die Regentin den Intendanten als wichtigsten Trägern der absolutistischen Gewalt die Ausübung ihrer Funktionen untersagt. Als Mazarin den volkstümlichen Parlamentsrat Pierre Broussel (*1575, †1654) verhaften lässt, kommt es zum offenen Aufstand der Pariser Massen gegen die Regierung, dem sog. *Tag der Barrikaden*.

1648 27. Aug.

1649 Jan. Die Königsfamilie flüchtet nach Saint-Germain, wo sie sich bis zum September aufhält. Ein großer Teil des Hochadels, an ihrer Spitze die königlichen Feldherren Prinz Louis II. Condé (*1621, †1686) und Turenne (*1611, †1675), schließt sich dem Volksaufstand an und gibt ihm eine feudalistische Ausrichtung. Nach wechselvollen Kämpfen in den Provinzen muss *Mazarin ins Exil* gehen (zum Kölner Erzbischof).

1651 Nach Ludwigs XIV. Regierungsantritt im September 1651 und infolge der Unfähigkeit Condés, Paris zu regieren, *zerfällt die Fronde* jedoch zusehends.

1652 Jan. Ludwig XIV. ruft *Mazarin* aus dem Exil zurück; obwohl Condé nun mit Spanien (das immer noch mit Frankreich Krieg führt) ein förmliches Bündnis abschließt, kann *Mazarin* nach erbitterten Kämpfen

1653 Jan. in Paris als Sieger einziehen. Dem Parlament wird über die 1641 entzogenen Rechte hinaus auch das unter Richelieu noch verbliebene Bestätigungsrecht in Finanzangelegenheiten genommen; die Intendanten werden schrittweise wieder in ihre Rechte eingesetzt. Die Machtstellung des absoluten Königtums ist nun stärker als je zuvor.
Der Krieg mit Spanien kann jetzt offensiv fortgesetzt werden.

1657 Mazarin schließt ein Bündnis mit dem England Cromwells.
Der Kardinal vereinbart nach vergeblicher Kandidatur Ludwigs XIV. für die deutsche Kaiserwürde mit mehreren deutschen Fürsten einen ersten, gegen habsburgische Machtansprüche gerichteten (auf drei Jahre befristeten) *Rheinbund*.

1658

1659 7. Nov. Der *Pyrenäenfriede* (geschlossen auf einer Insel des Grenzflusses Bidassoa in den Pyrenäen) mit Spanien bringt Frankreich weitere Territorial- und Machtgewinne: Teile von Flandern, die Grafschaft Hennegau, Städte im Luxemburgischen, die Grafschaften des Artois, Besitztitel in Lothringen – also eine Vorverlegung der Nordostgrenze; weiter die Grafschaften Roussillon, Conflans und die nördliche Cerdagne – also eine südwestliche Expansion auf Kosten Spaniens, dazu ein Heiratsvertrag zwischen Ludwig XIV. und der ältesten Tochter Philipps IV. von Spanien, Maria Theresia, in dem die Infantin zwar auf alle Erbansprüche verzichten muss, freilich nur unter der Bedingung, dass eine hohe Mitgift gezahlt wird. Die Ehe wird 1660 geschlossen, ohne dass eine solche Zahlung erfolgt. Damit ist die habsburgische Gefahr auch von der spanischen Seite her eingedämmt; es wird fortan Ziel der französischen Politik, sich das spanische Erbe oder zumindest Teile davon anzueignen.

Frondeaufstand

Tag der Barrikaden

Mazarin ins Exil
Zerfall der Fronde
Rückkehr Mazarins

Rheinbund
Pyrenäenfriede

Das Zeitalter Ludwigs XIV.

Merkmale des Zeitalters

Politik

Seit der Niederwerfung der antimonarchischen Opposition und dem doppelten Triumph über Habsburg im Westfälischen und im Pyrenäenfrieden ist Frankreich die stärkste Macht Europas. Unter Ludwig XIV. (1643–1715; *1638, †1715), der nach dem Tode Mazarins 1661 die Regierung selbst in die Hand nimmt und dem bisher abstrakten *Absolutismus* das Gepräge seiner zugleich herrschaftsbewussten und oberflächlichen Persönlichkeit gibt, wird *der entmachtete Adel* in ein weit verzweigtes System gut dotierter Hofämter eingefügt und so über seine politische Einflusslosigkeit hinweggetäuscht.

Absolutismus entmachteter Adel

Das Parlament verliert auch noch das Remonstrationsrecht (Einspruchsrecht), ist nur noch für die Rechtsprechung zuständig und kann nicht mehr verhindern, dass der König aus eigener Machtvollkommenheit neue Steuern erhebt. Religiöses, kulturelles und wirtschaftliches Leben unterstehen mehr und mehr dem Einflussbereich des Staates; trotz politischer Entmachtung bleibt der Adel jedoch gesellschaftlich tonangebend. Gesellschaftliches und politisches Leben konzentrieren sich auf den Hofstaat des Königs, der an die 4000 Menschen umfasst. Prachtentfaltung, hierarchische Ordnung, rigoros durchgeformte Etikette an der königlichen Residenz, zunächst vornehmlich die Schlösser von Marly (10 km von Versailles) und Trianon im Park von Versailles, dann ab 1682 das neue Schloss von Versailles, demonstrieren die herrscherliche Machtstellung, als deren Symbol überall das Sonnen-Emblem erscheint (*„Sonnenkönig"*).

Sonnenkönig

Ludwig XIV. verfügt über die bestorganisierte und zahlenstärkste Armee Europas (unter Kriegsminister Louvois, *1641, †1691), starke *Befestigungsanlagen* (erbaut von Vauban, *1633, †1707) und zunächst auch über die größte Flotte der Welt. Die königliche Intendantur in den Provinzen und die königlichen Magistrate in den Städten werden ausgebaut; auf dem Lande üben die adligen Grundherren (seigneurs) weiterhin Verwaltungs- und Polizeirechte aus. Insgesamt ist die *Position der Krone dominierend*, jedoch nicht tatsächlich „absolut": Der Herrscher bleibt trotz umfassender Machtansprüche an die Mitwirkung der vielfältigen regionalen Zwischengewalten und an Grundwerte eines säkularisierten Katholizismus gebunden, aus dem er die Legitimation für seine Herrschaft ableitet.

Befestigungsanlagen

Position der Krone dominierend

Wirtschaftsleben

Ludwigs bedeutendster Mitarbeiter *Jean Baptiste Colbert* (*1619, †1683), vom persönlichen Verwalter Mazarins zum Generalkontrolleur der Finanzen aufgestiegen, versucht die zerrütteten Staatsfinanzen durch eine Vereinheitlichung der unübersichtlichen, teilweise widersprüchlichen und ungerechten Steuerbestimmungen neu zu ordnen, scheitert aber trotz einschneidender Maßnahmen und anfänglicher Erfolge am Widerstand zahlreicher Interessengruppen und regionaler Gegenkräfte sowie am Entschluss des Königs, das Land erneut in kriegerische Aktionen zu verwickeln. Erfolgreicher sind Colberts Bemühungen um eine Vereinheitlichung der Zölle. 1664 werden die nördlichen und mittleren Regionen des Landes zu einer Zolleinheit ohne Binnenzölle zusammengefasst, während im übrigen Frankreich die Binnenzölle erhalten bleiben. Am meisten erreicht der Finanzkontrolleur mit einer planmäßigen Wirtschaftsförderung: Durch einen Schutzzoll, der das ganze Reich umgibt, Übernahme auswärtiger Produktionsmethoden und Reglementierung der Herstellungsprozesse sucht er den Export auf Kosten des Imports zu steigern, um dem Staat Geldmittel für seine Großmachtpolitik zu verschaffen (System des *Merkantilismus*). Im Zuge dieser Maßnahmen entsteht der Canal du Midi (Verbindung von Atlantik und Mittelmeer), wird das Schifffahrtsvolumen vervielfacht und werden die Grundlagen für die französischen Großmanufakturen geschaffen, die die erste ihrer Art in Europa sind; in ihren Schwerpunkten Textilproduktion sowie Erzeugung von Luxusartikeln bleiben sie bis ins 20. Jh. hinein führend. Die Landwirtschaft wird dagegen vernachlässigt, was später die Kritik der „Physiokraten" hervorruft.

Jean Baptiste Colbert

Merkantilismus

Kolonialreich

Ergänzt werden die Maßnahmen zur Wirtschaftsförderung durch eine systematisch betriebene Überseepolitik, die *das französische Kolonialreich zum zweitgrößten der Welt* (nach dem spanischen) werden lässt. Träger der kolonialen Expansion sind seit der Zeit der Renaissancekönige von der Krone geförderte bürgerliche Unternehmer (1541 Gründung der ersten Kolonie „Nouvelle France" [Neufrankreich] bestehend aus Neufundland, Teilen von Labrador und der St. Lorenzbucht; 1560 französische Handelsniederlassung an der nordafrikanischen Küste; unter Heinrich IV. systematische Kolonisierung Kanadas), seit Richelieu große, mit besonderen Privilegien ausgestattete und daher vom Staat abhängige Kolonialgesellschaften, die die Ausdehnung der Kolonialgebiete mit politischer Zielrichtung gegen das spanische Weltreich vorantreiben (neben Kanada nun zahlreiche Antilleninseln, Stützpunkte am Senegal und auf Madagaskar).

zweitgrößtes Kolonialreich

Colbert erlässt strenge Bestimmungen zur Steigerung der wirtschaftlichen Erträge aus den Kolonien: Diese dürfen nicht mit dem Mutterland konkurrieren oder Produkte an Drittländer liefern; der Handel muss von französischen Staatsbürgern wahrgenommen werden; zur wichtigsten Aufgabe der kolonialen Unternehmungen wird die Belieferung des Mutterlandes mit dort nicht erhältlichen Agrarprodukten und Rohstoffen („pacte colonial"). Mehr und mehr wird auch das Hinterland der Handelsniederlassungen erschlossen, Kolonisten werden systematisch angesiedelt. Im Zusammenhang mit den europäischen Kriegen Ludwigs XIV. ergibt sich daraus die Notwendigkeit, die neuen Territorien auch gegen militärische Eroberung abzusichern, und so entsteht die Idee eines auch politischen *empire d'outre-mer*. 1682 wird Louisiana (weit größer als der spätere amerikanische Bundesstaat) für die französische Krone in Besitz genommen, die vorhandenen Kolonien werden erweitert, eine Reihe von Niederlassungen in Ostindien zusätzlich gegründet. Colberts Kolonialreichspläne reichen noch bedeutend weiter, stoßen aber ebenfalls

empire d'outre-mer

an die Grenze der inneren Leistungsfähigkeit des Landes und der Entscheidung Ludwigs XIV. für eine offensive und kostspielige Europapolitik.

Kunst und Wissenschaft

Sie lassen das Zeitalter Ludwigs XIV. zum grand siècle der französischen Geschichte werden. Von der Krone bewusst gefördert, tragen sie vielfach zur Verherrlichung des absolutistischen Herrschergedankens bei und begründen Frankreichs Rang als führende Kulturnation Europas, gelangen in ihrem universalistischen Moralismus aber oft auch darüber hinaus zu einer *Kritik* der bestehenden gesellschaftlichen Zustände. Wegbereiter der *neuklassischen Literatur* Frankreichs sind der Philosoph und Mathematiker René Descartes (*1596, †1650; seit 1629 in den Niederlanden lebend), dessen „Discours de la méthode" 1637 die Grundlagen für rationalistisches und aufklärerisches Denken legt, sowie Blaise Pascal (*1623, †1662), wie Descartes ein hervorragender Mathematiker, daneben ein von verinnerlichter christlicher Frömmigkeit (Jansenismus) geprägter Existenzphilosoph. Am antiken Vorbild, besonders an Horaz' „Ars poetica" orientierte ästhetische Regeln kodifiziert der Schriftsteller und Kunsttheoretiker Nicolas Boileau-Despréaux (*1636, †1711) in seiner „Art poétique" (1674). „Gebändigter" Stil und moralistische Weltsicht spiegeln sich in den klassischen Tragödien von Pierre Corneille (*1606, †1684) und Jean Racine (*1639, †1699), in den Charakterkomödien von Jean-Baptiste Poquelin, gen. Molière (*1622, †1673), in den eleganten „Contes" und satirischen Tierfabeln von Jean de La Fontaine (*1621, †1695), in den aphoristischen „Maximen und Reflexionen" („Réflexions ou sentences et maximes morales", 1665) des Fronde-Führers François VI. Duc de La Rochefoucauld (*1613, †1680) und in den „Charakteren" (1688) des artverwandten Jean de La Bruyère (*1645, †1696). Jacques-Bénigne Bossuet (*1627, †1704), der führende katholische Theologe und Kanzelredner der Epoche, definiert das kirchenpolitische Selbstverständnis des absolutistischen Staates in den vier Artikeln der „Gallikanischen Freiheiten" (1690 von Papst Alexander VIII. verworfen). Erzbischof François Fénelon (*1651, †1715) übt in einem Fürstenspiegel Kritik am Absolutismus. In der Malerei dominiert das antikmythologische Vorbild (Nicolas Poussin, *1593 oder 1594, †1665), in der Architektur große Staatsbauten (Jules Hardouin Mansart [*1646, †1708], Louis le Vau [*1612, †1670] erbauten 1661–1684 das Schloss Versailles), in der Musik die klassische Oper (Jean-Baptiste Lully, *1632, †1687; Jean-Philippe Rameau, *1683, †1764).

neuklassische Literatur

Auf der Grundlage der inneren und äußeren Erfolge der Krone sucht Ludwig XIV. sein Reich an der Ostgrenze, vom Ärmelkanal bis zum Mittelmeer, *territorial zu erweitern.* Bis 1688 kann er die Vormachtstellung Frankreichs auf dem Kontinent fortlaufend steigern; danach wird er in das europäische Gleichgewichtssystem zurückverwiesen; die übersteigerte Expansionspolitik schädigt die innere Substanz des Staates.

territoriale Expansion

1667–1668 Unter Berufung auf umstrittene Erbansprüche auf die spanischen Niederlande (nach dem sog. Devolutionsrecht; daher *Devolutionskrieg*) greift Ludwig XIV. Spanien in Flandern und Burgund an, wird nach raschen Anfangserfolgen aufgehalten, da England und Holland
1668 ihren See- und Handelskrieg aufgeben und sich mit dem bisher mit Frankreich verbündeten
23. Jan. Schweden zur Tripelallianz gegen das französische Vordringen verständigen.
2. Mai Im Frieden von Aachen muss sich Frankreich mit dem Gewinn niederländischer Grenzfestungen, darunter Lille, zufrieden geben.
1670 Ludwig XIV. fällt in Lothringen ein, vertreibt dessen Herzog Karl IV. und hält das Land militärisch besetzt (bis 1697).

Devolutionskrieg

1672–1678 *Niederländischer Krieg.*
Durch Bündnis und Subsidienverträge mit England, Schweden und deutschen Fürsten abgesichert, greift Ludwig die niederländischen Generalstaaten an. Diese geraten im ersten
1672 Kriegsjahr an den Rand der militärischen Niederlage; ein Volksaufstand bringt *Wilhelm III. von Oranien* (1672–1702; *1650, †1702) an die Macht, der zur Verteidigung des Landes
1673 die Deiche der Kernprovinz Holland öffnen lässt und eine Koalition mit dem Reich, Brandenburg, Österreich und Spanien zu Stande bringt.
Ludwig gewinnt Schweden und Polen als Bundesgenossen. Das Ergebnis des Kräfteringens
1678–1679 ist der *Friede von Nimwegen*:
Die Niederlande werden restituiert, müssen sich aber zu fortwährender Neutralität verpflichten, Spanien muss weitere Teile Westflanderns (unter anderem Cambrai) und die Franche-Comté an Frankreich abgeben, Lothringen bleibt faktisch unter französischer Herrschaft.
1679 Aus Enttäuschung über den Frieden von Saint-Germain-en-Laye, der Schweden die preußischen Eroberungen in Pommern größtenteils zurückgibt, schließt Friedrich Wilhelm von Brandenburg (der „Große Kurfürst") einen Subsidienvertrag mit Frankreich.

Niederländischer Krieg Wilhelm III. von Oranien

Friede von Nimwegen

EUROPÄISCHE NEUZEIT Einzelstaaten

Bourbonen

Louis Philippe

Heinrich IV.

Ludwig XIV.

Häuser Bourbon ältere Linie und jüngere Linie (Orléans)

Heinrich IV., † 1610
│
Ludwig XIII., † 1643
│
├── **Ludwig XIV.**, † 1715
│   │
│   └── Ludwig, Dauphin, † 1711
│   │
│   ├── Ludwig, † 1712, Hz. v. Bourgogne
│   │   │
│   │   └── **Ludwig XV.**, † 1774
│   │   │
│   │   └── Ludwig, Dauphin, † 1765
│   │   │
│   │   ├── **Ludwig XVI.**, † 1793
│   │   │   │
│   │   │   └── Ludwig (XVII.), † 1795
│   │   │
│   │   ├── **Ludwig XVIII.**, † 1824
│   │   │
│   │   └── **Karl X.**, † 1836
│   │   │
│   │   ├── Ludwig Anton, † 1844, Hz. v. Angoulême ∞ Marie Therese Charlotte, † 1851
│   │   │
│   │   └── Karl Ferdinand, † 1820, Hz. v. Berry
│   │   │
│   │   └── Heinrich V., † 1883, Gf. v. Chambord
│   │
│   └── Philipp, † 1746, Hz. v. Anjou, seit 1701 als Philipp V. Kg. v. Spanien
│   Stammvater der Bourbonen in Spanien, Neapel und Parma
│
└── Philipp I., † 1701, Hz. v. Orléans ∞ Elisabeth Charlotte v. d. Pfalz, † 1722
    │
    └── Philipp II., † 1723, Hz. v. Orléans
        │
        └── Ludwig, † 1752, Hz. v. Orléans
            │
            └── Ludwig Philipp, † 1785, Hz. v. Orléans
                │
                └── Ludwig Philipp (Égalité), † 1793, Hz. v. Orléans
                    │
                    └── **Louis Philippe**, † 1850, Hz. v. Orléans, Kg. d. Franzosen 1830, abges. 1848
                        │
                        ├── Ferdinand, † 1842, Hz. v. Orléans
                        │   │
                        │   ├── Ludwig Philipp, † 1894, Gf. v. Paris
                        │   │   │
                        │   │   ├── Ludwig Philipp, † 1926, Hz. v. Orléans
                        │   │   │
                        │   │   └── Ferdinand, † 1924, Hz. v. Montpensier
                        │   │
                        │   └── Robert, † 1910, Hz. v. Chartres
                        │   │
                        │   └── Johann, † 1940, Hz. v. Guise
                        │   │
                        │   └── Henri, Gf. v. Paris ∞ Isabella (T. v. Pr. Peter v. Orléans)
                        │
                        ├── Ludwig, † 1896, Hz. v. Nemours
                        │
                        ├── Luise, † 1850 ∞ Leopold I., Kg. d. Belgier, † 1865
                        │
                        ├── Klementine, † 1907 ∞ Pr. August v. Sachsen-Coburg Gotha-Kohári, † 1881
                        │
                        ├── Heinrich, † 1897, Hz. v. Aumale
                        │
                        └── Anton, † 1890, Hz. v. Montpensier

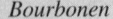

seit 1679	Ludwig XIV. eignet sich Städte und Dörfer im Elsass und in Lothringen gewaltsam an, die von französischen Sondergerichtshöfen (den sog. *Réunionskammern*) aufgrund zweifelhafter historischer Ansprüche der Krone zugesprochen werden (insgesamt etwa 600). 1681 wird Straßburg annektiert, 1684 Luxemburg und Trier besetzt. Durch den von Frankreich	*Réunionskammern*
1684	begünstigten Vorstoß der Türken gebunden, erkennen Kaiser und Reich im Regensburger Stillstand die Réunionen auf 20 Jahre an.	
1685 18. Okt.	Etwa zur gleichen Zeit intensiviert der französische König die seit seinem Regierungsantritt geübte Drangsalierung der Hugenotten. *Aufhebung des Edikts von Nantes* durch das sog. Revokationsedikt von Fontainebleau: Kultfreiheit, protestantische Erziehung und Auswanderung von Protestanten werden verboten. Nahezu der Hälfte der einen Million französischer Protestanten gelingt es dennoch zu fliehen (besonders nach den nördlichen Niederlanden, England, Brandenburg); Frankreich verliert beträchtliche wirtschaftliche und intellektuell-moralische Kräfte. Hugenottenverfolgungen, Réunionspolitik und Begünstigung der Türken nehmen die öffentliche Meinung in Europa gegen Frankreich ein.	*Aufhebung des Edikts von Nantes*
1688–1697	*Pfälzischer Krieg*. Als Ludwig XIV. rechtlich unhaltbare Erbansprüche seiner Schwägerin Elisabeth Charlotte (Liselotte von der Pfalz) auf die Pfalz gewaltsam durchsetzen will und in Süddeutschland einmarschiert, verbünden sich die Generalstaaten, England (jetzt beide unter Wilhelm von Oranien), Österreich, Spanien, deutsche Reichsfürsten, Schweden und Savoyen zur Zurückwerfung der französischen Expansion, der im Hinblick auf die bevorstehende Nachfolgeregelung für den kinderlosen, schwächlichen Karl II. von Spanien (1665–1700, bis 1675 unter Vormundschaft; *1661, †1700) besondere Gefährlichkeit zugemessen wird.	*Pfälzischer Krieg*
1689	Auf dem französischen Rückzug aus dem Rheingebiet „Zerstörung der Pfalz" (u. a. Heidelberger Schloss, Speyerer Dom); jahrelanger Stellungs- und Belagerungskrieg.	
1692	Abwehr einer Invasion Englands und vernichtende Niederlage der französischen Flotte in der Seeschlacht von La Hogue (vor der Küste der Normandie).	
1697	*Friede von Rijswijk*. Er beendet den Pfälzischen Krieg: Frankreich muss auf alle Réunionen außerhalb des Elsass und auf die rechtsrheinischen Städte verzichten, ebenso auf seine pfälzischen Erbansprüche. Lothringen wird endgültig restituiert, allerdings behält Frankreich ein Durchmarschrecht. Der Zenit der französischen Expansion ist überschritten.	*Friede von Rijswijk*
1701–1713/ 1714	*Spanischer Erbfolgekrieg*: Ludwig XIV. nimmt nach dem Tod des letzten spanischen Habsburgers das spanische Erbe für seinen Enkel Philipp von Anjou (*1683, †1746) an (1700) und provoziert damit eine neue antifranzösische Koalition unter der Führung Wilhelms von Oranien. Für den Ausgang des Krieges wird die englische Gleichgewichtspolitik entscheidend: England will eine Vereinigung Spaniens mit Österreich ebenso verhindern wie die Vereinigung mit Frankreich.	*Spanischer Erbfolgekrieg*
1713	Im Frieden von Utrecht kann Philipp von Anjou die spanischen Hauptlande und Kolonien behalten, muss aber die Nebenlande abgeben und auf eine Vereinigung mit Frankreich verzichten. Frankreich bleibt eine Großmacht unter anderen, während England zum Schiedsrichter des Kontinents und zur führenden Macht in Übersee aufsteigt.	
1715 1. Sept.	Bei seinem Tode hinterlässt Ludwig XIV. ein erschöpftes Land: Die Einwohnerzahl ist von 21 Millionen im Jahre 1700 auf 18 Millionen gesunken; der Staatshaushalt ist um 18 Jahresbudgets überzogen.	

Frankreich vor der Revolution

1715–1774	*Ludwig XV.* (*1710, †1774).	*Ludwig XV.*
1715–1723	Für den bei Herrschaftsantritt fünfjährigen Urenkel Ludwigs XIV. führt Herzog Philipp II. von Orléans (*1674, †1723) die *Regentschaft*, unterstützt von Kardinal Guillaume Dubois (*1656, †1723). Als Gegenleistung für die Ausschaltung eines von Ludwig XIV. verfügten Regentschaftsrates erhält das Pariser Parlament seit Richelieu verlorene Rechte, insbesondere das Remonstrationsrecht (vor der Registrierung königlicher Edikte) zurück.	*Regentschaft*
1716–1720	Mit den Erträgen einer Bank zur Erschließung der Kolonialgebiete (Spekulation auf Silberfunde in Louisiana) sucht John Law, schottisch-französischer Finanzmann und Wirtschaftstheoretiker (*1671, †1729), die zerrütteten Staatsfinanzen zu sanieren; als sich die Spekulation als überhöht erweist, bricht die Staatsbank zusammen, und es setzt eine gewaltige Inflation ein; die Staatsschulden haben sich auf Kosten der Gläubiger um die Hälfte verringert, die unteren Bevölkerungsschichten leiden unter der Preissteigerung. Handel und Gewerbe, in geringem Maße auch die Landwirtschaft, erleben jedoch einen neuen Aufschwung.	

Kardinal de Fleury	**1726–1743**	Unter dem greisen *Kardinal André Hercule de Fleury* (*1653, †1743) als Leitendem Minister des nunmehr großjährigen Königs setzen sich wirtschaftlicher Aufschwung und zunehmendes Auseinanderdriften der Einkommen fort.
Polnischer Thronfolgekrieg	**1733–1735** 1735	In der Außenpolitik werden zunächst Erfolge erzielt: Im *Polnischen Thronfolgekrieg* versucht Fleury zwar vergeblich, Ludwigs XV. Schwiegervater Stanislaus Leszczyńskiauf den polnischen Thron zurückzubringen, erreicht aber im Vorfrieden von Wien (endgültig 1738), dass das Herzogtum Lothringen dem Gatten der österreichischen Thronerbin Maria Theresia genommen und Leszczyński sowie als dessen Erben Ludwig XV. übertragen wird.
Österreichischer Erbfolgekrieg	**1740–1748** 1748	Im *Österreichischen Erbfolgekrieg* kämpft Frankreich mit Preußen (zeitweise) und mehreren Reichsständen gegen das Thronfolgerecht Maria Theresias, die von England unterstützt wird; seine Bemühungen bleiben jedoch ohne dauerhaften Erfolg, wie der Friede von Aachen zeigt. Der britisch-französische Gegensatz in Übersee dauert fort, wird sogar verstärkt, da die französischen Besitzungen in Nordamerika und Vorderindien (Generalgouverneur Joseph-François Dupleix 1742–1754 [*1697, †1763]) beträchtlich anwachsen und die englischen Siedler sich bedroht fühlen.
	1751–1752 ab 1754	Erste militärische Auseinandersetzungen auf indischem Territorium. Kämpfe an der Grenze zwischen französischem und britischem Gebiet in Nordamerika.
Siebenjähriger Krieg	**1756–1763** 1756 1. Mai	*Siebenjähriger Krieg*: Als sich Preußen und England über die Neutralität Norddeutschlands verständigen, geht Ludwig XV. auf das Bündniswerben des österreichischen Kanzlers Wenzel Anton Graf Kaunitz (*1711, †1794) ein. Der Vertrag von Versailles sieht Unterstützung der österreichischen Pläne auf Rückgewinnung Schlesiens gegen die Zusage vor, die österreichischen Niederlande an Frankreich abtreten zu wollen. Während die durch Preußen ausgelösten Kämpfe in Mitteleuropa starke französische Kräfte binden, ohne dass sich der Status quo auf Dauer verändern lässt, erweisen sich die britischen Streitkräfte in Indien und Nordamerika als den französischen überlegen. 1759 wird der größte Teil der französischen
britische Eroberung Kanadas Friede von Paris	1763 10. Febr.	Flotte vernichtet und *Kanada von britischen Truppen erobert*. Im *Frieden von Paris* muss Frankreich auf den größten Teil seines Kolonialimperiums verzichten, lediglich einige Inseln und Handelsplätze sowie die Westhälfte von Santo Domingo bleiben erhalten. Frankreich ist außenpolitisch so geschwächt, dass es 1772 die Erste Teilung Polens ohne Gegenwehr hinnehmen muss.
Mätressen		Auch innenpolitisch verliert die Krone an Ansehen: Ludwig XV. diskreditiert sich unter dem Einfluss seiner *Mätressen* (insbesondere die Marquise de Pompadour 1745–1764 [*1721, †1764] und die Gräfin Dubarry 1769–1774 [*1743, †1793]) durch frivolen Lebensstil und nachlässige Handhabung der Regierungsgeschäfte.
Ludwig XVI.	**1774–1792**	*Ludwig XVI.* (*1754, †1793). Der Enkel Ludwigs XV. besitzt nicht die nötige Energie, die unterdessen gewaltig angewachsenen Probleme in den Griff zu bekommen.

Die Krise der absolutistischen Herrschaft

Die Unfähigkeit der Monarchen zu einem Zeitpunkt, da eine Fülle unerledigter und neuer Probleme zusammentrifft, führt das bisher gerade wegen der Leistungsfähigkeit der Krone erfolgreiche absolutistische Regime in eine Krise, von der es sich nicht mehr erholt.

In der Durchdringung des Staates durch die einheitliche königliche Gewalt werden seit Ludwig XIV. keine Fortschritte mehr erzielt; was an archaischem Wirrwarr unterschiedlicher Rechtsgebiete, feudaler und moderner Kompetenzen, Privilegien und gegensätzlicher Verordnungen geblieben ist, bleibt erhalten; darüber hinaus nehmen die ständischen Parlamente den Kampf um die politische Macht wieder auf. Weil *Missstände* der Staatsapparat nicht modernisiert wird, wachsen die *Missstände* im Steuersystem ins Unermessliche: Trotz der Maßnahmen Laws zur Senkung der Staatsschuld gelingt es nicht, zu einem ausgeglichenen Budget zu kommen; infolge der Kriege nach dem Ende der Ära Fleury nimmt das Defizit wieder beträchtlich zu, ohne dass die Krone in der Lage ist, sich einen verlässlichen Überblick über ihre Einnahmen und Ausgaben zu verschaffen. Adel und Klerus, deren Spitzen immer noch zu den einkommensstärksten Gruppen des Landes zählen, sind von der wichtigsten direkten Steuer, der „Taille" (Einkommen- und Grundsteuer) befreit, während die wichtigste indirekte Steuer, die „Gabelle" (Salzsteuer), an Generalpächter mit hohen Gewinnen verpachtet ist und zudem in den einzelnen Territorien ganz unterschiedlich gehandhabt wird.

Auseinanderdriften der Einkommen Beträchtlich verschärft wird die Steuer-Ungerechtigkeit durch *Auseinanderdriften der Einkommen* infolge des anhaltenden wirtschaftlichen Aufschwungs, den Frankreich unter den beiden Nachfolgern Ludwigs XIV. erlebt (ablesbar etwa an der Vervierfachung des Außenhandels zwischen 1715 und 1789). Zu *Bevölkerungswachstum* seinen Ursachen zählen, sich zum Teil wechselseitig bedingend, erstens ein beträchtliches *Bevölkerungswachstum* (von etwa 18 Millionen im Jahre 1715 auf etwa 26 Millionen 1789), zweitens ein Agrarboom, drittens eine moderne liberalkapitalistische Wirtschaftspolitik in Gestalt extensiver Kapitalnutzung (Law), weiterer Vereinheitlichung des französischen Wirtschaftsgebietes durch neue Verkehrswege und Binnenzollabbau (Fleury), Aufhebung merkantilistischer Regulierungen, schrittweise Einführung der Gewerbefreiheit, Freigabe des interregionalen Getreidehandels (Necker), viertens eine zunehmende Marktorientierung der Agrarproduktion, fünftens (und zunächst ganz am Rande) seit den 60er-Jahren des 18. Jh.s erste Ansätze zur Industrialisierung (Textilindustrie, Bergbau).

Der *Aufschwung stärkt die großbürgerlichen Kräfte* (Großhändler, Großkaufleute, Reeder, Verleger, vor allem Pächter und andere Inhaber der großen landwirtschaftlichen Betriebe) finanziell und quantitativ beträchtlich: Die Perspektive auf einen Aufstieg in die adlige Herrenschicht mittels Ämterkauf (jetzt nicht seltener realisierbar als im 17. Jh.) genügt ihnen nicht mehr, zumal sich die wohlhabenden Adligen ihrer Erwerbsweise anpassen und objektiv gesehen die gleichen Agrar- und Handelskapitalisten-Funktionen wahrnehmen; sie fordern – zum Teil unterstützt von den bürgerlichen „Zwischenschichten" städtischer Honoratioren – eine Aufhebung der politischen und gesellschaftlichen Privilegierung des Adels. Innerhalb der alten Herrenschicht behalten jedoch diejenigen Kräfte die Oberhand, die sich entweder nicht auf die neuen Produktionsbedingungen einzustellen wissen und darum um ihren Abstieg fürchten oder bereits für eine kapitalistische Existenz zu arm und umso mehr auf ihre Privilegien angewiesen sind oder alte Vorrechte und neuen Reichtum monopolisieren möchten.

Aufschwung des Großbürgertums

Die arbeitenden Schichten partizipieren nur in sehr geringem Maße an dem Aufschwung; ihre Einkünfte können mit den steigenden Preisen kaum Schritt halten. Statt der nur noch wenig belastenden Frondienste, die ohnehin im Laufe des Jh.s schrittweise aufgehoben werden, empfindet die Masse der am Rande des Existenzminimums laborierenden bäuerlichen Kleinpächter die Einkommensunterschiede zur Agrarkapitalistenschicht als gravierend, das gleiche gilt für die landwirtschaftlichen Kleinproduzenten in den Städten. Während des ganzen Jh.s hält die Landflucht an; in den Städten entsteht ein Proletariat aus deklassierten Handwerksmeistern, Gesellen ohne Aufstiegsmöglichkeiten und Manufakturarbeitern. Kaufkraftschwund und Getreidepreisverfall seit den 70er-Jahren des 18. Jh.s sowie Arbeitskräfteüberschuss seit den 80er-Jahren verschärfen das *Protestpotenzial*, das sich gegen die „Herren" richtet, zunächst aber auch in Fortsetzung der Koalitionen früherer Jh.e von den ständischen Parlamenten gegen die Krone mobilisiert werden kann.

arbeitende Schichten

Protestpotenzial

Die vielfältige, in ihrer Zielsetzung vielfach gegensätzliche Oppositionsstimmung artikuliert sich in der *Staatskritik der Aufklärung* und wird von dieser mit geformt. Charles de Secondat, Baron de La Brèdeet de Montesquieu (*1689, †1755), Senatspräsident in Bordeaux, fordert die *Gewaltenteilung* als Voraussetzung für politische Freiheit; Voltaire (François-Marie Arouet, *1694, †1778) kämpft gegen Vorurteile, kirchliche Unterdrückung und irrationalistische Traditionen; Denis Diderot (*1713, †1784) und Jean-Baptiste le Rond d'Alembert (*1717, †1783) bieten in der unter ihrer Leitung entstehenden 35bändigen Enzyklopädie nicht nur eine Summe der aufklärerischen Kritik an Staat und Kirche, sondern auch umfassende Begründungen für die Prinzipien der Rechtsstaatlichkeit, des Naturrechts, der Freiheit und der Gleichberechtigung; Jean-Jacques Rousseau (*1712, †1778) weitet die Staatskritik zu einer generellen Zivilisationskritik aus und entwickelt mit der *Idee des Gesellschaftsvertrages* als alleiniger Grundlage des Staates ein radikales, verabsolutiertes Demokratiemodell. Physiokratische Wirtschaftstheoretiker (insbesondere François Quesnay [*1694, †1774] und Victor de Riqueti, Marquis de Mirabeau [*1715, †1789]) kritisieren den Merkantilismus und fordern neben der Freiheit der Wirtschaft Agrarreformen zur Steigerung der landwirtschaftlichen Produktion, in der sie die Quelle allen Reichtums sehen. Träger der immer intensiver werdenden Reformdiskussion werden die bürgerlichen Zwischenschichten, die entsprechenden mittleren und unteren Ränge des Klerus und den aufklärerischen Idealen verpflichtete Adlige, denen eine Liberalisierung des Systems nach englischem Muster vorschwebt. Die erfolgreiche Beteiligung eines französischen Freiwilligenkorps unter dem Marquis de Lafayette (*1757, †1834) am amerikanischen Unabhängigkeitskrieg (1775–1783) verschafft der Idee der politischen Demokratie zusätzliche Breitenwirkung.

Staatskritik der Aufklärung Gewaltenteilung

Idee des Gesellschaftsvertrages

1770   Ludwig XV. versucht auf Anraten seines Kanzlers René-Nicolas-Charles-Augustin de Maupeou (*1714, †1792) die Adelsopposition einzudämmen, indem er die Rechte des Pariser Parlaments auf rein beratende Funktionen beschränkt. Als dessen Mitglieder daraufhin geschlossen zurücktreten, setzt Ludwig, ohne ihnen den zustehenden Kaufpreis ihrer Ämter zu erstatten, neue königliche Gerichtshöfe ein.

1774 Nov.   Der Versuch scheitert, als sein Nachfolger Ludwig XVI. die Parlamente, wenn auch mit eingeschränkten Rechten, restituiert.

1774–1776   Ludwigs XVI. erster Finanzminister *Anne-Robert-Jacques Turgot* (*1727, †1781) unternimmt weit reichende Schritte zur Liberalisierung von Handel und Gewerbe; sein Versuch, durch Schaffung einer gestuften Landschaftsvertretung die Steuerlast nach Gesichtspunkten der Leistungsfähigkeit umzuverteilen, scheitert am Widerstand der Parlamente, die seine Entlassung erzwingen.

Anne-Robert-Jacques Turgot

Jacques Necker **1777–1781** Sein zweiter Nachfolger, der Bankier *Jacques Necker* (*1732, †1804), wagt nur noch Reformen, die das Sozialgefüge unangetastet lassen, nimmt zu weiterer Staatsverschuldung
1781 Zuflucht, veröffentlicht den ersten öffentlichen Rechenschaftsbericht (Compte rendu), der erhebliche Beunruhigung über die Ausgaben des Hofes auslöst, obwohl er das tatsächliche Ausmaß der Verschuldung noch verschleiert. Die um die Königin Marie Antoinette (*1755, †1793), eine Tochter Kaiserin Maria Theresias, organisierten reformfeindlichen Hofkreise bewerkstelligen auch seinen Sturz. Ein Erlass des Kriegsministers Philippe-Henri de Ségur (*1724, †1801) macht den Eintritt in die Offizierslaufbahn vom Nachweis von vier Generationen adliger Vorfahren abhängig.
1783–1787 Nach Necker macht Charles-Alexandre de Calonne (*1734, †1802) wieder hemmungslos neue Ausgaben, in der Hoffnung, eine umfassende Steuerreform im Sinne Turgots doch noch durchbringen zu können.
1787 Um die Parlamentsopposition zu umgehen, lässt er den König eine Notabelnversammlung einberufen, die er über das ganze Ausmaß der Finanzkrise informiert; diese entscheidet jedoch nicht anders als die Parlamente: Sie erzwingt Calonnes Entlassung.
1787–1788 Étienne-Charles de Loménie de Brienne (*1727, †1794) versucht nun als Generalkontrolleur der Finanzen, die Krise zu bewältigen, ohne die Interessen der Privilegierten anzutasten, natürlich vergeblich. Gegen dennoch ausgeschriebene neue Steuern rufen die Parlamente zum Steuerboykott auf; Gerichts- und Verwaltungsbehörden, Aristokraten, Kleriker und Stadtbürgerschaften schließen sich dem Aufruhr an. Schließlich gibt Ludwig XVI. dem
Einberufung der 1788 Drängen der Parlamente auf eine Bekanntmachung zur *Einberufung der Generalstände*
Generalstände 8. Aug. (zum Mai 1789) nach; eine Woche später erklärt die Staatskasse den *Bankrott*. Beide Seiten,
Bankrott 16. Aug. ständische Opposition und Krone, hoffen den Machtkonflikt durch Einbeziehung des „Dritten Standes" für sich entscheiden zu können.

Frankreich: Revolution, Republik, Kaiserreich (1789–1914)

Die Französische Revolution (1789–1799)

Träger des Nachdem sich das Königtum als unfähig erwiesen hat, den modernen Einheitsstaat auf Dauer gegen die
Umbruchs feudale Vielfalt durchzusetzen und die aus der sozialen Umschichtung des 18. Jh.s entstandenen Probleme zu bewältigen, verliert es ab 1788 die Initiative. *Träger des nun einsetzenden revolutionären Umbruchs* sind erstens die liberalen Reformkräfte aus Adel, Großbürgertum und Bildungsbürgertum, zweitens das Kleinbürgertum und unterbürgerliche Schichten in den Städten, besonders in Paris, drittens die Masse der bäuerlichen Kleinpächter auf dem Land. Jede dieser drei Gruppen verfolgt durchaus eigenständige Zielsetzungen; ihr (im einzelnen bis heute umstrittenes) Ineinanderwirken bestimmt die Dynamik des Revolutionsverlaufs.
liberale Den *liberalen Reformern*, die mit dem Bürgertum schlechthin keineswegs identisch sind, vielmehr die
Reformer aufgeklärten Eliten aller drei Stände darstellen, geht es um eine umfassende Erneuerung des Landes auf allen innenpolitischen Gebieten, insbesondere in den Bereichen der Regierungsorganisation, der Administration, der Justiz, der Steuer- und Finanzpolitik sowie der Wirtschaftspolitik, mit dem Ziel, einen leistungsfähigen staatlichen Rahmen für die vornehmlich agrarkapitalistische Produktionsweise zu schaffen und den Zugang zur staatlichen Macht entsprechend der wirtschaftlichen Leistungsfähigkeit zu regeln. Am englischen Vorbild orientiert, hoffen sie zunächst, diese Reformen mit dem Königtum durchsetzen zu können; erst als die Krone mehr und mehr zum Gefangenen der Reformgegner wird, ringen sie sich – nicht ohne Fraktionskämpfe – zur republikanischen Lösung durch.
Bauern- Der *Bauernbewegung*, die durch den Konflikt zwischen traditionellen und reformbereiten Eliten zwar
bewegung ausgelöst, aber nicht von ihr bestimmt wird, geht es in Fortsetzung früherer Revolten um die Befreiung von den Domanial-, Seigneurial- und Feudallasten. Ihr Ideal ist die selbstständige landwirtschaftliche Kleinproduzenten-Existenz; als dies erreicht ist, scheiden die Bauern aus dem revolutionären Prozess aus und bilden fortan die konservativste Grundschicht des Landes.
Tradition der Noch stärker als die Bauernbewegung ist der Aufstand der kleinbürgerlichen Handwerker, Gesellen und
Massenrevolten städtischen Unterschichten der *Tradition der Massenrevolten* früherer Jh.e verhaftet: Motor dieser Bewegung sind zunächst einmal akute Probleme der Versorgungslage, die die arbeitenden Schichten für demagogische Manipulationen anfällig machen (und zunächst durch die adlige Reaktion, dann durch konkurrierende Gruppen der um die Macht kämpfenden bürgerlichen Zwischenschichten genutzt werden); im

Kern richtet sie sich gegen die Dynamisierung des Wirtschaftslebens, nicht zuletzt gegen die beginnende industriekapitalistische Produktion; ihr – objektiv nicht mehr erreichbares – Ideal ist eine Gesellschaft selbstständiger Ein- oder Zweimann-Betriebe, und sie kämpfen daher für einen Staat, der dieses sozio-ökonomische Ideal garantiert und jeden Bürger entsprechend seiner sozialen Nützlichkeit unmittelbar am politischen Entscheidungsprozess partizipieren lässt.

Die liberale Revolution (1788/1789–1792)

1788 Aug.– 1789 April	In Erwartung der für Mai 1789 einberufenen Generalstände, die die Finanzkrise des Staates lösen sollen, artikulieren die Gruppen ihre Ziele, während die Krone in Entscheidungslosigkeit verharrt. Eine Fülle von *Reformbroschüren* überflutet das Land, darunter von Abbé Emmanuel-Joseph Sieyès (*1748; †1838): „Was ist der Dritte Stand?" („Qu'est-ce que le Tiers État?").
1788 25. Sept.	Das Parlament von Paris fordert die Zusammensetzung der Generalstände nach dem Muster von 1614.
27. Dez.	Der wieder berufene Finanzminister (nun auch Premierminister) Jacques Necker (*1732; †1804) verfügt die Verdoppelung der Abgeordnetenzahlen des Dritten Standes, lässt jedoch offen, ob korporativ nach Ständen oder nach Köpfen abgestimmt werden soll. In nahezu 40000 Denkschriften (Cahiers de doléances), nach Ständen getrennt abgefasst, trägt die Bevölkerung ihre Forderungen vor.
1789 5. Mai	*Zusammentritt der Generalstände* in Versailles. Ludwig XVI. überlässt den Abstimmungsmodus der Entscheidung der Abgeordneten.
17. Juni	Als nach sechs Wochen immer noch keine Einigung erzielt ist, erklärt sich der Dritte Stand unter dem Einfluss Sieyès' und des Grafen von Mirabeau (Honoré Gabriel de Riqueti: *1749, †1791 – Sohn des physiokratischen Theoretikers) zur *Nationalversammlung*. Eine Reihe von Vertretern der privilegierten Stände, besonders aus dem niederen Klerus, schließen sich an.
20. Juni	Als der König das mit Gewalt verhindern will, verpflichten sich die Abgeordneten des Dritten Standes und die Mandatsüberträger, erst nach Verabschiedung einer Verfassung auseinander zu gehen („*Ballhausschwur*").
23. Juni	Der König stellt sich offen auf die Seite der alten ständischen Ordnung.
11. Juli	Steigende Lebensmittelknappheit, Gerüchte über die bevorstehende Auflösung der Nationalversammlung und die Entlassung des populären Necker führen zum Aufruhr in Paris; die Wahlmänner der Stadtbezirke nehmen als „Kommune" die Verwaltung der Stadt in die Hand; Volksmilizen (Nationalgarden) werden gebildet.
14. Juli	Volksmassen *erstürmen* das (kaum belegte) alte Stadtgefängnis, die *Bastille*. Gleichartige Aufstände in den Städten und Ortschaften des Landes schließen sich an. Als der König das Geschehen nach außen hin billigt, beginnt der Adel zu emigrieren. Die „Große Furcht" vor einem Aristokraten-Komplott versetzt die bäuerliche Bevölkerung in der letzten Juli-Woche in Panik; es kommt zu einer Kette von Gewalttätigkeiten: Herrensitze werden geplündert oder zerstört; Archive, die die Feudallasten verzeichnen, vernichtet. Um den bürgerlichen Besitz zu retten, entschließen sich die Honoratioren der Nationalversammlung, über die beabsichtigte Steuergleichheit hinaus den Großgrundbesitz zu opfern.
4./5. Aug.	Das *Feudalsystem wird aufgehoben*, der Kirchenzehnte abgeschafft, die Abgeordneten der ersten beiden Stände verzichten auf alle Privilegien. In den folgenden Tagen beschließt die Versammlung die entschädigungslose Aufhebung der Frondienste, die Ablösbarkeit der übrigen Grundherrenrechte und der richterlichen Ämter durch Geldentschädigung, die Einführung des Gleichheitsgrundsatzes für die Steuerpflicht, die Zulassung zu den Ämtern und die Stellung vor Gericht.
26. Aug.	Eine Erklärung der Menschen- und Bürgerrechte wird verabschiedet (nach dem amerikanischen Vorbild von dem Amerikakämpfer Lafayette – Marie Joseph de Motier: *1757; †1834 – unter Mitwirkung des amerikanischen Gesandten Thomas Jefferson – *1743, †1826 – verfasst).
5./6. Okt.	Als sich der König weigert, die Erlasse des 4. August zu unterzeichnen, gelingt es radikalen Agitatoren (Georges Danton, Camille Desmoulins, Jean Paul Marat), die politisierten Pariser Massen unter dem Eindruck fortdauernder Brotknappheit und Arbeitslosigkeit zum Zug nach Versailles zu mobilisieren. Der König kapituliert vor der Forderung, nach Paris überzusiedeln, die Nationalversammlung schließt sich an, eine zweite Emigrationswelle des Adels folgt. In Paris steht nunmehr die Nationalversammlung unter dem Druck des städtischen Aufstands; der König ist (in den Tuilerien) de facto ein Gefangener der Revolution.

Randnotizen: Reformbroschüren · Zusammentritt der Generalstände · Nationalversammlung · Ballhausschwur · Erstürmung der Bastille · Feudalsystem wird aufgehoben

Die Notabeln-Monarchie

Verfassung

Die neue *Verfassung* geht von den Prinzipien der Volkssouveränität und der Gewaltenteilung aus; politische Mitwirkung wird jedoch durch ein Zensuswahlrecht an Vermögen und Bildung gebunden (vier Millionen durch Steueraufkommen, Beruf oder Gesinnung qualifizierte männliche Aktivbürger mit aktivem Wahlrecht, darüber bei höherem Steueraufkommen die Klasse der Wahlmänner und schließlich die Klasse der Wählbaren). Die Reste feudaler Administration werden beseitigt; Provinzen und Intendanturen durch 83 einheitlich strukturierte Departements ersetzt, eine unabhängige Gerichtsbarkeit und eine neue Armee, die Nationalgarde, geschaffen. Wirtschaftliche Vorrechte, Monopole, Gewerbeordnungen, Binnenzölle, Zünfte und Korporationen werden abgeschafft, Berufsassoziationen ohne Widerstand der kleinbürgerlich-städtischen Delegierten verboten (loi Le Chapelier 14.6.1791). Bezüglich der Landwirtschaft setzen die Großbauern die freie Preisbildung und die Freiheit der Bewirtschaftung durch; im Interesse der Masse der Kleinbauern bleiben jedoch Gemeinschaftsweide und Gemeindegüter für die Armen erhalten. Zur Deckung der Staatsschuld und zur Bekräftigung des Bündnisses zwischen Bauern und liberalen Eliten wird der Kirchenbesitz zum Nationaleigentum erklärt und in kleinen Parzellen verkauft (Dekret vom 2.11.1789), zugleich dient er als Pfand für eine massenhaft verbreitete staatliche Schatzanweisung (Assignate, ausgegeben 19.12.1789); damit wächst der Kreis der unmittelbar materiell am Gelingen der Revolution Interessierten beträchtlich.

Konflikt mit der katholischen Tradition

Zwei Entwicklungen beeinträchtigen den Erfolg der liberalen Revolution und führen über sie hinaus: Erstens schafft die staatliche Neuorganisation des Kirchenwesens einen *Konflikt mit der katholischen Tradition*, der den bereits entmachteten Kräften der alten Ordnung neuen Zulauf aus den strenggläubigen bäuerlichen Gebieten verschafft. Die religiösen Orden werden aufgehoben, Mönchsgelübde für ungültig erklärt (Dekret vom 13.4.1790), neue Bistümer entsprechend den Departementsgrenzen geschaffen, die Geistlichen in den Status von wählbaren Staatsbeamten überführt (Constitution civile du clergé vom 12.7.1790) und bei Strafe zum Eid auf die neue Kirchenverfassung verpflichtet (27.11.1790). Die meisten Bischöfe und mehr als die Hälfte des niederen Klerus verweigern die Eidesleistung, zumal Papst Pius VI. im Frühjahr 1791 die Zivilkonstitution für ungültig erklärt. Zweitens leistet der König insgeheim erbitterten Widerstand gegen die Rolle des obersten Exekutivbeamten der Nation, die ihm die neue Verfassungsordnung diktiert; er nimmt damit dem Konzept der konstitutionellen Monarchie die notwendige Glaubwürdigkeit, schürt die Furcht vor der Konterrevolution und stärkt den Einfluss der radikalen Kräfte, die das Gleichheitsideal über die liberale Meritokratie hinaus verwirklicht sehen wollen. Vermittlungsversuche Mirabeaus und La Fayettes scheitern.

	1791 20.–25. Juni	Ludwig XVI. versucht, außer Landes zu fliehen, um einen Stimmungsumschwung zugunsten des Ancien Régime zu provozieren, wird aber in Varennes erkannt und nach Paris zurückgeführt.
Verfassung	17. Juli	Eine Petitionskampagne, die die Bestrafung des Königs fordert, endet mit einer zentralen Kundgebung auf dem Marsfeld, die von der Nationalgarde unter La Fayette zusammengeschossen wird. Damit sind die Liberalen zum ersten Mal gegen die städtischen Massen auf die Seite der Ordnung getreten; die Mehrheit der Abgeordneten tritt aus dem Jakobinerklub aus und trifft sich fortan im Kloster der Feuillants. Während die neue Ordnung definitiv etabliert wird – am 3. September tritt die *Verfassung* in Kraft –, sind die Träger der Revolution bereits gespalten. In der Legislative steht der großen Mehrheit liberaler, nun mehr bürgerlicher als adliger Abgeordneten (auf ihrem linken Flügel steht die politisch aktive Gruppe der Girondisten um Jacques Pierre Brissot, Pierre Victurnien Vergniaud, Jean Marie Roland de la Platière, mit Verbindungen zur Provinz und zum besitzbürgerlichen Mittelstand) eine kleine Gruppe radikaldemokratischer Advokaten und Journalisten mit Verbindungen zu den städtischen Massen gegenüber (um Maximilien de Robespierre, Georges Danton, Jean Paul Marat, wie die Girondisten noch im Jakobinerklub).
Erster Koalitionskrieg *Girondisten*	1792–1797	*Erster Koalitionskrieg.* Unter dem Eindruck des Krieges mit Österreich und Preußen gewinnen die radikalisierten Massen entscheidenden Einfluss. Obwohl Kaiser Leopold II., der Bruder der französischen Königin, als aufgeklärter Absolutist die Maßnahmen des monarchistischen Auslands zugunsten des französischen Königtums auf diplomatische Aktionen beschränken will und in der Pillnitzer Deklaration (27. August 1791) mit Friedrich Wilhelm II. von Preußen jede Intervention von der Zustimmung der europäischen Herrscher abhängig macht, verbreitet sich in der Bevölkerung die Furcht vor einer Verschwörung des Königs mit den auswärtigen Mächten zur Konterrevolution. Die *Girondisten* predigen den Krieg als Mittel zur Revolutionierung ganz Europas, die Feuillants erhoffen sich von einem kurzen, siegreichen Feldzug eine Stabilisierung im Innern, und auch der König arbeitet auf den Krieg hin – in der Hoffnung auf eine rasche Niederlage und anschließende Restituierung der alten Ordnung.

1792 20. April	Auf Vorschlag des Königs beschließt die Legislative die Kriegserklärung an Österreich. Die Nachricht von der Niederlage der französischen Truppen in den ersten Kämpfen bei Lille steigert die Furcht vor der konterrevolutionären Verschwörung; zusammen mit einer neuen Teuerung führt sie zum Aufstand der Massen gegen den König.
20. Juni	Ein erster Marsch auf die Tuilerien bleibt ergebnislos.
11. Juli 25. Juli	Als aber Preußen in den Krieg eintritt, die Legislative „das Vaterland in Gefahr" erklärt und der Herzog Karl Wilhelm Ferdinand von Braunschweig als Oberbefehlshaber der Verbündeten die bedingungslose Unterwerfung unter die Autorität des Königs fordert, erstürmen die Pariser Massen die Tuilerien.
10. Aug.	Sie erzwingen, unterstützt von gleichartigen Aufständen in den Provinzstädten, von der Nationalversammlung die *Suspendierung des Königtums*; der König wird mit seiner Familie von der Pariser Kommune im Temple gefangen gesetzt; die Kommune terrorisiert die Stadt. Unter dem Druck der Straße schreibt die Legislative Neuwahlen zu einem Nationalkonvent nach allgemeinem Wahlrecht (mit Ausnahme der Dienstboten) aus.
2.–5. Sept.	Die erregten kleinbürgerlichen Massen greifen zur Volksjustiz, gipfelnd in den Septembermorden, in denen 1000–1500 Pariser Gefängnisinsassen getötet werden. Eine neue Emigrationswelle setzt ein (nun auch schon von Anhängern der konstitutionellen Monarchie wie La Fayette); die radikalen bürgerlichen Intellektuellen, die das Bündnis mit den Volksmassen weit weniger scheuen als die Notabeln-Elite, werden zu Schlüsselfiguren des revolutionären Prozesses.

Suspendierung des Königtums

Die Konventsherrschaft (1792–1794)

1792 20. Sept. 21. Sept.	Während mit der Kanonade von Valmy der Rückzug der preußischen Truppen beginnt (bald erobern die Revolutionstruppen Speyer, Worms, Mainz und besetzen ganz Belgien), schafft der am gleichen Tage zusammengetretene Nationalkonvent (Convention nationale) sogleich das Königtum ab; dem König wird wegen landesverräterischer Beziehungen der Prozess gemacht. Infolge des vorangegangenen Terrors fehlen im Konvent die gemäßigten Kräfte; die Girondisten, die nun aus dem Jakobinerklub austreten, dominieren (genannt die „Ebene", nach den unteren Rängen des Konvents), geraten aber immer mehr unter den Druck der radikalen Jakobiner (genannt der „Berg", ca. 110 von 749 Abgeordneten). Jene wollen eine föderalistische Republik, diese die zentralistische Herrschaft der volonté générale.
1793 17. Jan.	Ludwig XVI. wird vom Konvent zum Tode verurteilt (am 21. Januar mit der Guillotine hingerichtet). Daraufhin treten England, Holland, Spanien, Sardinien, Neapel, Portugal, der Papst und das Römisch-deutsche Reich dem *Bündnis gegen Frankreich* bei.
1. Febr.	Frankreich erklärt England und Holland den Krieg. Militärische Niederlagen (Verlust Belgiens), Überlaufen des von den Girondisten favorisierten Oberbefehlshabers Charles François Dumouriez (*1739, †1823) zu den Österreichern, Inflation, drohende Hungersnot infolge der englischen Blockade und vor allem ein royalistischer Aufstand in der Vendée (ausgelöst durch den Versuch des Konvents, massiv neue Truppen anzuwerben) führen im Frühjahr 1793 zu einer neuen Krisenstimmung unter den Pariser Massen, die von der Bergpartei zur Schaffung von Ausnahmegesetzen genutzt wird.
10. März 6. April	Ein *Revolutionstribunal* wird errichtet, die Güter der Emigranten verstaatlicht, ein Zwangskurs für die Assignaten und ein Höchstpreis für Getreide festgesetzt, schließlich der Wohlfahrtsausschuss (Comité du salut public) als Exekutivorgan des Nationalkonvents geschaffen (zunächst unter dem Vorsitz von Danton).
2. Juni	Als die Girondisten die Provinz gegen die Hauptstadt mobilisieren, zwingt ein von den Führern der Pariser Stadtbezirke (den „enragés") vorbereiteter bewaffneter Aufstand den Konvent zur Verhaftung von 29 Gironde-Führern.

Bündnis gegen Frankreich

Revolutionstribunal

Die Terrorherrschaft des „Jahres II"

Nach der Beseitigung der Gironde-Führer kann sich die „Bergpartei" als provisorischer Schiedsrichter zwischen bürgerlichem Konvent und städtischen Revolutionären (nun Sansculotten genannt) etablieren; die innere und äußere Bedrohung der Revolution führt sie zur Errichtung eines diktatorischen Kriegsregimes. Im Sommer 1793 ist das Elsass in preußischer, Toulon in englischer Hand; Lyon und die Städte des Südwestens werden von Royalisten gehalten, die Departements der Bretagne und der Normandie von Girondisten, das Gebiet zwischen Sèvres und Loire vom Vendée-Aufstand. Danton, der auf einen Friedensschluss hinarbeitet, wird im *Wohlfahrtsausschuss* durch Robespierre abgelöst; der Ausschuss übernimmt, unterstützt durch einen allgemeinen Sicherheitsausschuss (Comité de sûreté générale), nach und nach die Funktionen einer provisorischen Revolutionsregierung (offiziell am 10. Oktober), die das Land

Wohlfahrtsausschuss

weniger einheitlich als gewalttätig beherrscht. Von den Enragés und ihren Anhängern erneut belagert, stimmt der Konvent am 5. September *systematischen Terrormaßnahmen* zu (die sich allerdings zunächst gegen die Führer der Enragés selbst wenden): „Revolutionsausschüsse" können nun „Verdächtige" aufgrund vager Indizien verhaften, das Revolutionstribunal wird erweitert, die Verfahren radikal vereinfacht, die Zahl der Todesurteile steigt rapide (auf insgesamt etwa 17000 bis Juli 1794). Gegen die liberalen Prinzipien der Bergpartei erzwingen die Sansculotten einen Lohn- und Preisstopp (Maximum-Gesetz vom 27. September, das häufig umgangen wird), eine Zwangsanleihe von den „Reichen", Requirierungen, Produktionskontrolle und die Gründung staatlicher Unternehmen; den Bauern wird die Abschaffung der verbliebenen grundherrlichen Rechte und der Erwerb verstaatlichter Emigrantengüter zugestanden. Bankwesen und Großhandel können jedoch im Wesentlichen vor dem Zugriff des kleinbürgerlichen Zorns gerettet werden; die Ventôse-Dekrete (26. Februar, 3. und 13. März 1794) zur kostenlosen Verteilung des Grundbesitzes von 300000 noch festzustellenden „Verdächtigen" werden nicht ausgeführt. Der Konvent führt einen *republikanischen Kalender* ein (24. Oktober 1792, Jahr I beginnend mit dem ersten Tag der Republik 22. September 1792); antiklerikale Gruppen unter der Führung des linken Flügels der Bergpartei, der Hébertisten (um Jacques-René Hébert), organisieren antireligiöse Maskenzüge, schließen Kirchen und führen republikanische Vernunft-Kulte ein. Ein ebenso demokratisches wie totalitäres Nationalbewusstsein entsteht, gefördert durch die Erfolge der Revolutionsarmee, die Lazare Nicolas Carnot nach der Einführung der allgemeinen militärischen Dienstpflicht (Levée en masse, 23. August) neu organisiert.

Diktatorischer Zwang, die Qualität des Revolutionsheeres und die Zerrissenheit der Gegenkräfte tragen dazu bei, dass sich das Regime behaupten kann. Vor Beginn des Winters hat sich die militärische Lage an der Nord- und Ostgrenze gefestigt; die Aufstände sind unter Kontrolle gebracht und wandeln sich zu Guerillakämpfen (chouannerie); im Frühjahr beginnen die Siegeszüge der Armee. Mit den Erfolgen schwindet allerdings auch die Legitimation des diktatorischen Regimes; nur geschickte Taktik und Verschärfung des Terrors können seinen Untergang hinauszögern.

1793 Nov.–Dez.		Um den Machtanspruch der radikalen Hébertisten einzudämmen, lässt Robespierre eine Kampagne Dantons und Desmoulins' gegen Entchristianisierung und Terror zu.
1794 13. März		Robespierre seinerseits inszeniert (Jan.) eine Kampagne gegen Hébertisten und Dantonisten. Mit Unterstützung Dantons erreicht er die Verhaftung Héberts und seiner Anhänger (am 24. März hingerichtet), lässt dann aber Danton, der für einen baldigen Kompromissfrieden mit den europäischen Mächten anstrebt, vor dem Sicherheitsausschuss im Stich.
30. März		Danton wird mit seinen Anhängern verhaftet (guillotiniert am 5. April = 16. Germinal). Mit diesen beiden „Germinalprozessen" beginnt die eigentliche *Diktatur Robespierres*. Der organisierte Terror nimmt zu, die Volksbewegung geht zurück und lässt Robespierre von der Gnade des Konvents abhängig werden. Zur Rettung seiner Macht führt der Diktator den Kult des „Höchsten Wesens" ein (erstmals gefeiert am 8. Juni).
10. Juni		Er lässt ein neues Terrorgesetz beschließen, das jeden Rechtsbeistand ausschließt und auch Konventsmitglieder ohne Zustimmung der Konventsmehrheit dem Revolutionstribunal ausliefert; in den folgenden sechs Wochen werden 1285 Todesurteile gefällt.
26. Juni		Der Sieg der Revolutionstruppen über Österreich bei Fleurus gibt Belgien an Frankreich zurück; die Expansion der Revolution beginnt.
27. Juli		(= 9. Thermidor) *Sturz Robespierres*: Mitglieder beider Ausschüsse schmieden aus Furcht vor der eignen Verhaftung ein Komplott gegen den Diktator (am folgenden Tag mit 21 seiner Anhänger guillotiniert). Für eine Fortsetzung des Terrors findet sich, nachdem die Revolution nicht mehr bedroht ist, keine Basis mehr.

Die Thermidorianer und das Direktorium (1794–1799)

Das Erbe der Macht übernimmt die *bürgerliche Mehrheit des Konvents*, ehemalige Anhänger und Mitläufer des Terrors ebenso wie die Girondisten, mehr er- als getragen von jener Schicht aus Besitz und Bildung, deren Interessen an die Revolution gebunden sind: die Träger der liberalen Umwälzung von 1789 und mehr noch das Heer von kleinen Eignern, Bürgern, Bauern, Militärs und Beamten, die durch die Revolution zu Besitz oder Amt gelangt sind. Statt auf die Koalition mit der schwindenden städtischen Revolutionsbewegung stützt sich das Regime nun mehr und mehr auf die Armee und ihre Siege; die Expansion der Revolution wird so zu einer innenpolitischen Notwendigkeit. In Reaktion auf den Dirigismus und Puritanismus der *Terrorherrschaft* entfalten sich ein wirtschaftlicher Liberalismus und ein bürgerlich-mondäner, am aristokratischen Vorbild orientierter Lebensstil. Egalitäre Kräfte, die sich dieser Entwicklung entgegenstellen, werden vernichtet; die royalistische Reaktion dagegen nimmt immer bedrohlichere Formen an. Als Ausgleich zwischen bürgerlicher Republik (die nicht gelingt) und Royalismus (für den es keine hinreichende soziale Basis mehr gibt) bietet sich die Rückkehr zum Modell der konstitutionellen Monarchie von 1791 an; für das Amt des revolutionären Monarchen, an dem es der liberalen Revolution gefehlt hat, liefert die siegreiche Armee einen Ersatzkandidaten: Bonaparte.

1794 Sommer	Nach dem Sturz Robespierres kommt es zu Gewaltmaßnahmen gegen die militanten Jakobiner („weißer Terror").
8. Dez. 24. Dez.	Die im Juni 1793 ausgeschlossenen Girondisten werden wieder in den Konvent aufgenommen, die Maximum-Gesetze abgeschafft.
1795 1. April 20.–23. Mai	Die Zurückdrängung des radikalen Jakobinertums und neues Elend infolge der schlechten Ernte von 1794 führen zum zweimaligen *Aufstand der Sansculotten* gegen den Konvent. Nach der Niederschlagung des zweiten Ansturms lässt der Konvent die Pariser Vorstädte systematisch entwaffnen.

Aufstand der Sansculotten

22. Aug. Die *Direktorialverfassung* entspricht dem Ideal der liberalbürgerlichen Republik – Gewaltenteilung, Zweikammersystem, Zensuswahlrecht nach Alter, Vermögen, Zivilstand, an der Spitze der Exekutive ein Präsidium von fünf Direktoren mit fünfjähriger Amtszeit, unter denen die Fachminister arbeiten – wird aber von den Thermidorianern selbst umgangen, als sie ihre Macht in Gefahr sehen: Ein so genanntes „Zweidritteldekret" bestimmt, dass zwei Drittel der Konventsmitglieder in die neu zu wählenden beiden Kammern aufgenommen werden müssen.

Direktorialverfassung

5. Okt. Gegen diese Bestimmung richtet sich, allerdings ohne Erfolg, ein royalistischer Aufstand in Paris (= 13. Vendémiaire).

31. Okt. Fünf frühere Angehörige des Terrorregimes werden Direktoren, es sind: Paul François Jean Nicolas Graf von Barras, Reubell, Letourneur, Lazare Nicolas Graf Carnot, Louis-Marie Larevellière-Lépeaux. Die Wirtschafts- und Finanzkrise des Winters 1795/96 ermöglicht es François Noël Babeuf (*1760; †1797), die letzten verbliebenen Elemente des Hébertismus und Robespierrismus zu einer Verschwörung zu versammeln, die im Sinne des alten agrarischen Gleichheitsdenkens das Privateigentum an Land abschaffen will.

1796 10. Mai Die Bewegung wird jedoch von Carnot mühelos niedergeschlagen, Babeuf am 27. Mai 1797 hingerichtet. Gegen die royalistisch gesonnene Parlamentsmehrheit, die die ersten regulären Wahlen vom Frühjahr 1797 erbracht haben, organisieren die Direktoren Barras, Reubell und Larevellière-Lépeaux mit Unterstützung republikanischer Generäle (insbesondere Napoléon Bonapartes, des späteren Kaisers) einen *Staatsstreich* (= 18. Fructidor) gegen die übrigen Regierungsmitglieder und das Parlament. Durch neuen Terror isolieren sich die Thermidorianer vom Bürgertum, ohne die Sansculotten zurückzugewinnen.

1797 4. Sept.

Staatsstreich

17. Okt. Bonaparte erobert große Teile Ober- und Mittelitaliens und zwingt Österreich zum *Frieden von Campo Formio*. Kaiser Franz II. muss Belgien und die Lombardei abtreten und Frankreich die Annexion des linken Rheinufers zugestehen. Nach der Batavischen Republik in den Niederlanden (16. Mai 1795) werden mit der Ligurischen Republik in Genua (6. Juni 1797), der Helvetischen Republik in der Schweiz (9. Februar 1798), der Römischen Republik auf dem Territorium des Kirchenstaates (15. Februar 1798), schließlich der Parthenopäischen Republik um Neapel (23. Januar 1799) eine Reihe von Satellitenstaaten errichtet, in denen den Idealen der Revolution verpflichtete „Jakobiner" mit den Besatzern zusamenarbeiten, die Mehrheit der Bevölkerung jedoch unter dem Eindruck wachsender wirtschaftlicher Ausbeutung mit der Zeit von den „Befreiern" abrückt.

Friede von Campo Formio

1798 11. Mai Die Ausnahmemaßnahmen des Direktoriums und die Manipulation der Teilwahlen vom Frühjahr 1798 (Gesetz vom 22. Floréal) reichen nicht hin, die royalistische Reaktion einzudämmen; um ihr zuvorzukommen, arbeiten Generäle und traditionelle Liberale (Sieyès) auf ein zugleich strafferes und populäreres Regime hin.

1799 Im Frühjahr wird Sieyès in das Direktorium gewählt, am 18. Juni (= 30. Prairial) fast das gesamte bisherige Regierungspersonal ausgewechselt. Der Zusammenbruch der italienischen Tochterrepubliken im Sommer stärkt die Royalisten und Jakobiner weiter; um Erstere auszuschalten, präsentiert Sieyès den populären Kriegshelden Bonaparte als „starken Mann" gegen die Letzteren.

Bonaparte, der seit über einem Jahr mit wechselndem Erfolg in Ägypten und Syrien (gegen England) gekämpft hat und am 8. Oktober zurückkehrt, organisiert mit Sieyès, von Polizeiminister Joseph Fouché (Herzog von Otranto – *1759, †1820) und Außenminister Charles Maurice de Talleyrand (Herzog von Talleyrand-Périgord: *1754, †1838 – einem der wenigen eidwilligen Bischöfe von 1790) gedeckt, den *Staatsstreich vom 18. Brumaire*: Das Direktorium wird aufgelöst, eine Neuordnung der Verfassung beschlossen; Bonaparte tritt als Erster von drei Konsuln an die Spitze einer provisorischen Regierung, ohne sich auf die von Sieyès vorgelegte Verfassung festlegen zu lassen.

9. Nov.

Staatsstreich vom 18. Brumaire

15. Dez. Bonaparte erklärt die Revolution als auf ihre Grundsätze zurückgeführt und damit „beendet".

Das Zeitalter Napoleons (1799–1815)

nationale Führungsgestalt

In dem Korsen Napoléon Bonaparte (*1769, †1821) findet die liberal-bürgerliche, an Besitz und Bildung orientierte französische Führungsschicht die *nationale Führungsgestalt*, die es ermöglicht, die tiefen Spaltungen, die die Revolution im Lande hinterlassen hat und den Bestand ihrer Errungenschaften bedroht, wenn nicht zu überwinden, so doch abzumildern und zu überdecken. Sein Regime entspricht zwar keineswegs dem Ideal der Notabelnrepublik mit monarchischer Spitze, das seine Förderer im Auge haben (es stößt darum auch alsbald auf eine liberale Opposition), dämmt jedoch die Gegenkräfte ein und sichert wesentliche Interessen des Kartells aus großen und kleinen Besitzern. Napoleons Herrschaft basiert auf der *Autorität*, die er in der Armee und durch die Armee genießt, und auf plebiszitärer Zustimmung großer Bevölkerungsmassen, beides über einen modernen Nationalismus vermittelt, der sich als Erbe der Revolution präsentiert, jedoch die Frontstellung gegen die traditionellen (insbesondere religiösen) Werte des Ancien Régime aufgibt; solange Napoleon politische und wirtschaftliche Stabilisierung garantiert, erträgt das Bürgertum den von ihm erzwungenen Verzicht auf politische Mitwirkungsrechte.

Autorität

Die napoleonische Synthese

Konsulatsverfassung

1799 24. Dez. Die *Konsulatsverfassung* gibt den formal-demokratischen Rahmen für Napoleons cäsaristisches Regime: allgemeines Wahlrecht, aber ein mehrfach filterndes indirektes Wahlverfahren, zwei gewählte Kammern, von denen die erste (Tribunat) nur beraten, die zweite nur ohne Debatte abstimmen darf, daneben Staatsrat und Senat, deren Mitglieder von der Regierung ernannt werden; an der Spitze der Exekutive ein Erster Konsul auf zehn Jahre, der neben allgemeinen Exekutivbefugnissen auch das Recht hat, seine beiden Mit-Konsuln zu berufen, Gesetze zu erlassen und Staatsverträge abzuschließen. In einer Volksabstimmung mit großer Mehrheit gebilligt, tritt sie noch vor Ende 1799 in Kraft; Napoleon beruft Jean Jacques Régis de Cambacérès (*1753, †1824) und Charles François Lebrun (*1739, †1824) zu seinen Mit-Konsuln, nachdem Sieyès resigniert hat.

Staatsorgane

Die obersten Staatsorgane nach der französischen Verfassung von 1799

Erster Konsul

Senat

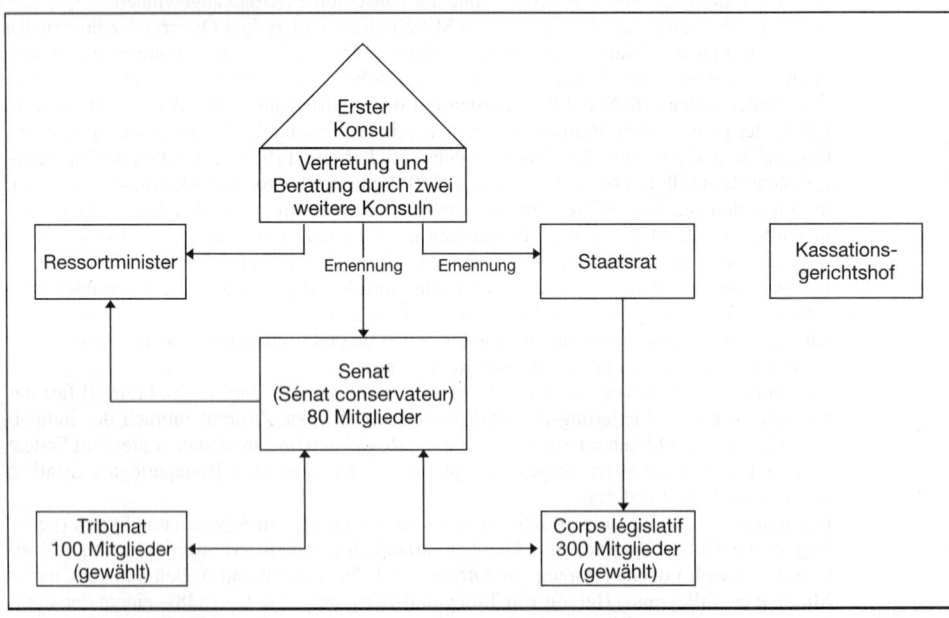

zentralistisches Präfektensystem

1800 14. Juni/3. Dez. Die französischen Siege über die Österreicher bei Marengo und Hohenlinden stellen nicht nur Frankreichs Positionen in Italien und im Rheinland wieder her, sondern festigen auch Napoleons innere Machtstellung entscheidend. Die lokalen und regionalen Selbstverwaltungsorgane der Revolution werden aufgelöst und durch ein *zentralistisches Präfektensystem* ersetzt.

1801	Erstmals wird seit Beginn der Revolution wieder ein regulärer Staatshaushalt aufgestellt; die Staatseinnahmen steigen nicht zuletzt wegen der Kontributionen und Reparationen aus den besiegten Staaten. Die Spannungen zur katholischen Kirche werden durch ein *Konkordat* überwunden: Papst Pius VII. stimmt der beamtenrechtlichen Stellung des Klerus zu, verzichtet auf die Rückgabe der enteigneten Kirchengüter und erkennt damit die Umwälzungen der Revolution an; dafür sichert Napoleon die nötige gottesdienstliche Freiheit und die Rückgabe des Kirchenstaates zu.	*Konkordat*
1802 April	Durch eine Amnestie, verbunden mit der Rückgabe der noch nicht veräußerten Güter werden die 140000 rückkehrwilligen Emigranten zur Mitarbeit am neuen Staat eingeladen.	
2. Aug.	Napoleon lässt sich nach einem entsprechenden Plebiszit zum *Konsul auf Lebenszeit* ernennen.	*Konsul auf Lebenszeit*
1804 21. März	Nach einem royalistischen Anschlag schaltet er rivalisierende Generäle republikanischer Tendenz aus, lässt den (tatsächlich nicht beteiligten) bourbonischen Herzog von Enghien, Louis Antoine Henri de Bourbon (*1772, †1804), ohne ordentliches Gerichtsverfahren erschießen und betreibt in Wiederaufnahme römischer und karolingischer Traditionen die Umwandlung seiner Herrschaft in ein erbliches Kaisertum.	
6. Nov. 2. Dez.	Eine erneute Volksabstimmung billigt die Verfassungsänderung. Von Papst Pius VII. gesalbt, *krönt sich* Napoleon in der Pariser Kathedrale Notre-Dame *selbst zum Kaiser* der Franzosen (Napoleon I.). Damit ist Frankreich in der politischen Verfassung endgültig vom liberalen Modell abgerückt; in der sozialen Ordnung bleiben jedoch die Errungenschaften der Revolution erhalten, durch die Schaffung bzw. Kodifizierung eines egalitären, die individuelle Rechtssphäre und das Privateigentum schützenden Rechtssystems: 1804 erscheint ein bürgerliches Gesetzbuch (*Code civile* oder Code Napoléon), 1806/08 ein Handelsgesetzbuch, eine Zivil- und eine Strafprozessordnung, 1810 ein Strafgesetzbuch (Code pénal).	*Selbstkrönung Napoleons*
1804/1810		*Code civile*

Imperium über Europa

Wesentliche Elemente der französischen Ordnung werden nach Art des aufgeklärten Absolutismus auf die eroberten und in französische Protektorate umgewandelten Gebiete übertragen. Im Wechselspiel von geschickter Diplomatie (Außenminister Talleyrand, bis 1807) und schlagkräftigem Truppeneinsatz (1805: 250000 Mann, dazu bald Hilfskontingente aus den besiegten Gebieten, Versorgung durch Requirierung an Ort und Stelle, Oberkommando stets bei Napoleon) gelingt es dem Kaiser, die Hegemonie über den europäischen Kontinent zu erringen:

1805	Über die bisherigen Eroberungen und *Tochterrepubliken* hinaus werden Genua und die Ligurische Republik annektiert, Venetien mit der Cisalpinischen Republik zum Königreich Italien vereinigt.	*Tochterrepubliken*
1806	Das Königreich Neapel wird in einen Satellitenstaat umgewandelt, ein *Rheinbund* deutscher Fürsten gegründet, die sich dem französischen Protektorat unterstellen, eine Kontinentalsperre gegen englische Industrieprodukte errichtet.	*Rheinbund*
1807	Nach der Niederlage Preußens (um mehr als die Hälfte seines Staatsgebietes reduziert) wird das Königreich Westfalen als *Satellitenstaat* (unter Napoleons Bruder Jérôme; *1784, †1860) und das Herzogtum Warschau als Protektorat errichtet (1809 um Westgalizien vergrößert), Portugal besetzt.	*Satellitenstaaten*
1808/1810	Spanien wird in ein Satellitenkönigtum umgewandelt und *Etrurien annektiert*, der Kirchenstaat, Illyrien, Dalmatien, der schweizerische Kanton Wallis, Holland (bisher Satellitenkönigreich) und die norddeutsche Küstenregion annektiert, der französische Marschall Jean Baptiste Jules Bernadotte (*1763, †1844) zum schwedischen Kronprinzen gewählt, die österreichische Kaisertochter Marie Louise (*1791, †1847) mit Napoleon vermählt.	*Annexionen*

Innere Krise und äußerer Zusammenbruch

Auf dem Höhepunkt seiner Macht sucht der Kaiser auch die Formen des Ancien Régime in den Dienst seiner Herrscherstellung zu nehmen: Die neuen Satellitenländer werden zu Monarchien unter der Herrschaft seiner Brüder und Schwäger deklariert; er selbst verbindet seine Dynastie durch die Heirat mit der österreichischen Kaisertochter mit dem Altadel Europas; in Frankreich wird ein neuer, an die Person des Kaisers gebundener hierarchischer *Verdienstadel* geschaffen, der alte Adel wieder belebt und ein kaiserlicher Hofstaat eingerichtet – Tendenzen, die bei den etablierten Kräften der europäischen Aristokratie und des französischen Bürgertums freilich nur auf Skepsis stoßen. Die Annexion des Kirchenstaates (wegen Missachtung der Kontinentalsperre) belastet die Beziehungen zur katholischen Kirche erneut aufs *Verdienstadel*

Kontinental-
sperre

Schwerste. Die ständigen Kriege bringen die führenden Wirtschaftskreise gegen Napoleons Politik auf; die *Kontinentalsperre* führt zwar langfristig zu einer Beschleunigung der Industrialisierung des Kontinents, zunächst aber zu einer Beeinträchtigung von Handel, Industrie und Exporten. Die schlechte Ernte des Jahres 1811 führt zu einem Preisanstieg, der um so weniger verkraftet werden kann, als infolge der Kriegsanstrengungen die Staatsfinanzen wieder knapp werden. Es kommt zu Hungerrevolten und Desertionen. Diese Krisensymptome reichen jedoch noch nicht hin, Napoleons Herrschaft ernsthaft zu erschüttern; die cäsaristische Herrschaftstechnik erweist sich als überlegen.

Feldzug gegen
Russland

1812 Als Napoleon im *Feldzug gegen Russland* (um dieses in die Kontinentalsperre zurückzu-
ab 19. Okt. zwingen) eine entscheidende Niederlage erfährt (Schwächung der verbündeten Armee beim weiträumigen Kriegszug gegen Moskau, auf dem Rückzug Auflösung im russischen Winter), verstärken sich die Auflösungserscheinungen.

22. Okt. Ein erster Aufstandsversuch General Malets scheitert.

1813 Preußen (28. Februar) und Österreich (12. August) schließen sich der antinapoleonischen Front an.

„Völker-
schlacht"

16.–19. In der *„Völkerschlacht"* bei Leipzig unterliegt die französische Armee den alliierten Trup-
Okt. pen. Bis zum Jahresende bricht das gesamte außerfranzösische Imperium zusammen; in Frankreich werden die Steuern um 200 % erhöht und die Beamtengehälter um 25 % gekürzt.

1814 Mit Mühe kann Napoleon dem Vormarsch der alliierten Truppen in Ostfrankreich (Plateau
Jan.–März von Langres) Widerstand leisten.

31. März Die Verbündeten marschieren in Paris ein.

1. April Unter dem Schutz der Besatzung bildet Talleyrand, der seit seinem Ausscheiden aus der Regierung Napoleons (1807) Kontakte zu den jetzigen Gegnern, insbesondere zum russischen Zaren, unterhalten hat, eine provisorische Regierung.

Absetzung
Napoleons

2. April Der Senat folgt der Politik Talleyrands und erklärt *Napoleon für abgesetzt*, da er die Verfassung verletzt habe.

6. April Napoleon entsagt in Fontainebleau der Krone; die Alliierten weisen ihm die Insel Elba als souveränes Fürstentum und Exilsitz zu (wo er am 4. Mai eintrifft). In Übereinstimmung mit den Interessen der Alliierten verabschiedet der Senat am gleichen Tag eine von Talleyrand entworfene „Charte constitutionnelle", die den Grundzügen der Verfassung von 1791 entspricht, und beruft *Ludwig XVIII.* (*1755, †1824) aus dem Hause Bourbon, den Bruder des letzten französischen Königs, aus dem englischen Exil auf den Thron des konstitutionellen Monarchen.

Ludwig XVIII.

Erster Friede
von Paris

Um den Bourbonen auf dem französischen Thron nicht als Komplizen eines Verzichtfrie-
30. Mai dens erscheinen zu lassen, verzichten die Alliierten im *Ersten Frieden von Paris* auf weit reichende Gebietskonzessionen und Reparationen. In allen Territorien, die am 1. Januar 1792 (d.h. vor Beginn der Koalitionskriege) zum Staatsgebiet Frankreichs gehörten, wird die französische Zivilverwaltung wieder eingeführt; zusätzlich werden Frankreich die päpstlichen Enklaven Avignon und Venaissin, die württembergische Grafschaft Mömpelgard (Montbéliard), die Festung Landau, die Städte Saarlouis und Saarbrücken zugeteilt.

Die Herrschaft der Hundert Tage

Ludwig XVIII., persönlich den aufklärerischen Idealen verpflichtet, bemüht sich um einen Ausgleich zwischen den Kräften des Ancien Régime und dem Frankreich der Revolution und Napoleons, macht jedoch unter dem Eindruck seiner sakrosankten Stellung den Royalisten mehr Zugeständnisse, als die liberale Notabelnschicht um Talleyrand erwartet hat.

Charte constitu-
tionnelle

1814 Sogleich nach Regierungsantritt lehnt er die vom Senat verabschiedete Verfassung ab und
4. Juni ersetzt sie durch eine oktroyierte „*Charte constitutionnelle*", die zwar die sozialen Errungenschaften und Besitzverhältnisse der Revolution sowie die Rechts- und Verwaltungsstruktur des Kaiserreichs konsolidiert, im übrigen aber die mittleren Schichten von politischer Mitwirkung fernhält und die Freiheiten einschränkt: Nach englischem Vorbild wird die Legislative aus einer Pairs- und einer Deputiertenkammer gebildet; Letztere ist an einen hohen Zensus gebunden, verfügt über das Steuerbewilligungsrecht, aber nicht über die Gesetzgebungsinitiative; die Exekutive liegt beim König, der den Ministerpräsidenten bestimmt; seine Akte bedürfen ministerieller Gegenzeichnung.

Restauration

Die Wiedereinführung des Lilienbanners statt der Trikolore lässt breite Schichten eine vollständige *Restauration* der vorrevolutionären Verhältnisse befürchten; insbesondere die kleinen und großen Besitzgewinner der Revolutionszeit beginnen, um ihre Erwerbungen zu fürchten, zumal die im Gefolge Ludwigs XVIII. zurückkehrenden Emigranten in ihrer Mehrzahl die Errungenschaften der Revolution demonstrativ negieren.

1815	Obwohl der König mit Talleyrand, Fouché und den Marschällen Auguste Viesse de Marmont, Nicolas Jean Soult und Michel Ney führende Männer des napoleonischen Regimes an die Spitzen von Regierung und Armee beruft und die verhassten militärischen Konskriptionen abschafft, macht sich so eine *wachsende Unzufriedenheit* breit. Wesentlich gefördert wird sie durch Einsparungen in der Verwaltung und die drastische Reduzierung der napoleonischen Armee (über 10000 bewährte napoleonische Offiziere auf halben Sold gesetzt). Die wachsende Opposition gegen die Restauration und Gerüchte über eine bevorstehende Ausweisung aus Elba veranlassen Napoleon, nach Frankreich zurückzukehren.	*wachsende Unzufriedenheit*
1. März	Er landet mit wenigen Getreuen in Cannes; sein *Marsch auf Paris* wird zu einem Triumphzug. Marschall Ney, der den Kaiser aufhalten soll, schließt sich ihm bei Lyon an; König Ludwig XVIII. flieht nach Gent.	*Marsch auf Paris*
13. März	Auf die Nachricht von der Rückkehr Napoleons nehmen die Alliierten den Krieg gegen Frankreich wieder auf.	
20. März	Napoleon zieht in Paris ein. Um seine Macht wiederherzustellen, sucht Napoleon nun das Bündnis mit den liberalen Kräften.	
22. April	Henry-Benjamin Constant de Rebecque (*1767, †1830), jahrelang Wortführer der liberalen Opposition, arbeitet einen „Acte additionnel" zu den Verfassungen des Kaiserreiches aus, der die parlamentarischen Rechte erweitert, die Autonomie der Justiz bekräftigt und Kultus- und Pressefreiheit einführt, von Napoleon freilich nur als provisorisches Zugeständnis verstanden wird.	
18. Juni	Noch bevor die österreichischen und russischen Truppen zurückgekehrt sind, siegen eine britisch-niederländisch-deutsche Armee unter Arthur Wellesley Herzog von Wellington und eine preußische Armee unter Gebhard Leberecht Fürst Blücher von Wahlstatt bei *Waterloo* (Belle-Alliance, nahe Brüssel) über Napoleon.	*Schlacht bei Waterloo*
22. Juni	Auf Betreiben Fouchés dankt Napoleon zum zweiten Mal ab und stellt sich den Engländern.	
7. Juli	Die Verbündeten nehmen zum zweiten Mal Paris ein. Napoleon wird auf die Atlantikinsel St. Helena in die Verbannung gebracht. Ludwig XVIII. kehrt auf den Thron zurück.	
20. Nov.	Im *Zweiten Frieden von Paris* muss Frankreich Philippeville und Marienbourg an die Niederlande, Saarlouis und Saarbrücken an Preußen, Landau an Österreich (weiter an Bayern), die 1814 verbliebenen Teile von Savoyen an Sardinien abtreten, Reparationen in Höhe von 700 Millionen Francs zahlen, die von Napoleon geraubten Kunstschätze zurückgeben und für einen Zeitraum von drei bis fünf Jahren (bis zur Zahlung aller Entschädigungen) 150000 Mann alliierter Besatzungstruppen in Nordostfrankreich dulden.	*Zweiter Friede von Paris*

Das Frankreich der Notabeln (1815–1848)

Nach dem Scheitern der napoleonischen Synthese behauptet sich die *grundbesitzende Bourgeoisie*, erweitert um die nun ebenfalls agrarkapitalistisch tätigen Teile des alten Adels sowie die handels- und industriekapitalistisch tätigen Familien, endgültig als politisch führende Klasse des Landes. Während sich der Besitz der Masse kleiner Landwirte durch Erbteilung zunehmend aufsplittert, und diese zunehmend von Pacht- und Arbeitsverträgen mit den großen Grundbesitzern abhängig werden, schließt sich der Großgrundbesitz nach dem Zuzug emigrierter Adliger nach unten ab. Die Einkommensunterschiede auf dem Lande sind sehr groß; allein 1826 sind 28% des Bodens im Besitze des einen (!) Prozents der Eigentümer, die mehr als 300 Francs Grundsteuer aufbringen und damit wahlberechtigt sind.

Die *Industrialisierung* des Landes schreitet nur langsam voran; nach 1830, als die Folgen des Staatsbankrotts von 1814, der Kriegsentschädigungen und der Überflutung mit englischen Produktionsüberschüssen (infolge der Kontinentalsperre) überwunden sind, steigert sich das Tempo. Eine Pionierrolle spielt nach wie vor die Textilindustrie (mit mechanischem Webstuhl); daneben entwickeln sich Bergbau, Eisenhütten, Eisenbahnen. Promotoren der Industrialisierung sind seit den dreißiger Jahren rasch wachsende Großbanken (Bankiersfamilien: Laffitte, Périer, Rothschild, Hottinger, Mallet, Delessert u.a.). 1825–1844 steigt die Industrieproduktion um 66%; der Anteil der Landwirtschaft am Nationalprodukt sinkt jedoch nur von 76% auf 73%; 80–75% der Bevölkerung bleiben Agrarbürger.

Das *Zensuswahlrecht* beschränkt die politische Mitwirkung auf die vermögensstarke Oberschicht (die „Notabeln"). Zunächst sind von 29 Millionen Franzosen etwa 100000 wahlberechtigt (darunter 60% Großgrundbesitzer); nach der Julirevolution 1830 erweitert sich der Kreis der Wahlberechtigten durch Senkung des Zensus auf 200000 bis 241000 von 35 Mio. Den Kern der Oberschicht bilden die durch besonders hohes Steueraufkommen qualifizierten wählbaren Bürger (ca. 18000). Aus ihnen rekrutiert sich

grundbesitzende Bourgeoisie

Industrialisierung

Zensuswahlrecht

Notabeln-Elite die *Notabeln-Elite*: durch Besitz und Bildung unabhängige Großbürger, meist Grundbesitzer oder Beamte, aber auch besonders einflussreiche Industrielle, die das Parlament beherrschen, zwischen Paris und ihrem Wahlkreis vermitteln und bei relativ schwach ausgeprägter staatlicher Organisation den Produktivkräften den größeren nationalen Rahmen erschließen. Innerhalb der Notabeln-Elite versucht zunächst der durch die auswärtige Intervention von 1814/15 begünstigte traditionelle Adel, die politische Führungsstellung zurückzuerobern (ohne das soziale Gefüge ernsthaft erschüttern zu können), bis ihn die Julirevolution 1830 ins politische Abseits drängt.

Not der Unterschichten Die *Not der Unterschichten* (Hungersnöte, industrieller Pauperismus) artikuliert sich in Revolten und Streiks ohne langfristige Perspektiven; eine Arbeiterbewegung kommt infolge des langsamen, evolutionären Charakters der Industrialisierung kaum (zunächst nur über die traditionsreichen Handwerkerbünde, also außerhalb der neuen Industriezweige) zu Stande; die Masse der bäuerlichen Kleineigentümer bleibt sozial konservativ und politisch neutral, im Westen und Süden oft auch royalistisch gesonnen. Erst die zunehmende Zentralisierung des politischen und wirtschaftlichen Lebens infolge der Dynamisierung der Produktion stellt die politische Ordnung der Notabeln (deren Stärke in der Provinz liegt) zunehmend in Frage.

Ludwig XVIII. **1814–1824** Ludwig XVIII. möchte nach Napoleons Herrschaft der Hundert Tage erneut einen Ausgleich zwischen dem alten und dem neuen Frankreich zu Stande bringen, kann aber nicht verhindern, dass die royalistische Reaktion nun schärfere Formen annimmt als zuvor.

1815 10. Juli Mit dem ausdrücklichen Willen zur liberalen Kontinuität beruft Ludwig XVIII. das Kabinett Talleyrand/Fouché. Im Süden und zum Teil auch im Westen des Landes breitet sich jedoch eine Welle royalistischen „weißen Terrors" gegen die seit der Revolution emporgestiegenen Machthaber aus; „Kollaborateure" der Hundert Tage werden bestraft (u. a. Exekution von Marschall Ney).

14.–22. Aug. Aus den ersten Wahlen nach der neuen Charte geht eine mehrheitlich ultraroyalistisch gesonnene Zweite Kammer („la chambre introuvable") hervor. Die Ultras fordern die Aufhebung der Nationalgüter, des Code civil und des Konkordats.

Ablösung Talleyrands **24. Sept.** Sie erreichen die *Ablösung Talleyrands* durch Armand-Emmanuel du Plessis, Herzog von Richelieu (*1766, †1822), einen Nachfahren des Kardinals, gemäßigten Royalisten, seit 1789 in russischen Diensten; ferner die Rückerstattung der bisher noch nicht verkauften Kirchengüter und die Aufhebung der zivilen Ehescheidung.

1816 5. Sept. Als sich die Kammer gegen die Budgetvorlage der Regierung sperrt, löst Ludwig XVIII. sie unter dem Druck der um ihre Reparationen besorgten Alliierten auf.

1816–1820 In der neuen Kammer herrscht eine Mehrheit von gemäßigten Royalisten (sog. Konstitutionellen). Von Teilwahl zu Teilwahl verringert sich die Zahl der Ultras um Louis Gabriel Ambroise Vicomte de Bonald und François René Vicomte de Chateaubriand und wächst die Zahl der Liberalen, die sich in einer Partei der „Unabhängigen" zu sammeln beginnen (um Benjamin Constant, Pierre-Paul Royer-Collard, Maine de Biran, eigentl. Marie François Pierre Gonthier de Biran). Zwischen beiden Gruppierungen, nun nach der Sitzordnung in der Kammer erstmals als Rechte und Linke bezeichnet, entwickeln sich heftige Prinzipienkämpfe. Die wirtschaftliche Stabilisierung macht rasche Fortschritte, sodass schon 1818 alle Reparationsschulden bezahlt sind.

Kongress von Aachen **1818 Okt.–Nov.** Auf dem *Kongress von Aachen* wird Frankreich der Abzug der Besatzungstruppen zugestanden und trotz der Erneuerung der Quadrupelallianz gegen eine erneute Revolution in die „Heilige Allianz" aufgenommen. Die Regierungen Dessoles/Decazes (ab 29. Dezember 1818) und Decazes (ab 20. November 1819) setzen die konstitutionell-liberale Politik fort. Trotz ihrer Erfolge kommt es zu einer Reihe von Aufstands- und Putschversuchen.

1820 14. Febr. Nach der Ermordung des Herzogs Charles Fernand von Berry (des einzigen Stammhalters der regierenden Dynastie) können die Ultras ihren Einfluss wieder verstärken.

21. Febr. Elie Herzog von Decazes wird von Richelieu abgelöst; mit Hilfe der Konstitutionellen bringen die Ultras Ausnahmegesetze und ein neues Wahlgesetz durch.

Nov. Entsprechend steigen in Kammerwahlen (4./13.) die ultraroyalistischen Stimmen an.

1821 14. Dez. Richelieu muss dem zwischen Ultras und Gemäßigten stehenden Verwaltungsexperten Joseph Graf von Villèle weichen; dieser gerät selbst unter den Druck seiner ultraroyalistischen Kabinettskollegen, darunter (1822–1824) Außenminister François René Vicomte de Chateaubriand (*1768, †1848).

Kongress von Verona **1822 Okt.–Dez.** Chateaubriand erreicht auf dem *Kongress von Verona*, dass Frankreich mit der Intervention der Heiligen Allianz gegen die Revolution der Liberalen in Spanien beauftragt wird.

1823 Französische Truppen schlagen die Spanische Revolution nieder.

1824 Febr./März In den Kammerwahlen (26. Febr.–6. März) reduziert sich der liberale Anteil auf ganze 19 Parlamentssitze („La chambre retrouvée").

	Ein „Septennalitätsgesetz" schafft die bisherigen jährlichen Teilwahlen zugunsten einer siebenjährigen Legislaturperiode ab.	
16. Sept. 1824–1830	Nach dem Tod Ludwigs XVIII. wird dessen bereits 67-jähriger Bruder *Karl X.* (*1757, †1836), der ganz unter dem Einfluss reaktionärer und ultramontaner Remigranten steht, König (1824–1830). Beginn einer ultramontanen Gesetzgebung, die der liberalen Bewegung neuen Aufschwung verschafft. Publizisten und Historiker wie Adolphe Thiers und François Guizot verherrlichen die Französische Revolution und fordern eine Parlamentarisierung der Verfassung.	*Karl X.*
1827	Vorzeitige Neuwahlen bringen den Liberalen 180 Sitze (17./24. Nov.).	
1828 5. Jan.	Karl X. beruft ein Kabinett der gemäßigten Rechten unter Jean Baptiste Gay Comte de Martignac, das vergeblich versucht, einen Ausgleich zwischen den Liberalen und dem König zu schaffen. Eine Verwaltungsreform scheitert an der Wahlrechtsfrage.	
1829 8. Aug.	Um das Problem des Ausgleichs mit der liberalen Opposition wenig besorgt, löst der König daraufhin Martignac durch ein Kabinett politisch unerfahrener und äußerst unpopulärer Ultras ab (Fürst Jules Armand von Polignac, La Bourdonnaye, Bourmont).	
1830 18. März	Die *Kammer* erklärt dem König mit einer Mehrheit von 221 gegen 181, die Regierung trage den „Wünschen des Volkes" nicht Rechnung.	*Kammeropposition*
16. Mai	Dieser antwortet mit erneuter Kammerauflösung und einer als Ablenkungsmanöver gedachten militärischen Expedition nach Algerien.	
5. Juli	Der außenpolitische Erfolg (Eroberung Algiers) zeitigt jedoch nicht die erhoffte Wirkung; die Neuwahlen erhöhen die „oppositionelle" Mehrheit von 221 auf 274 Abgeordnete.	

Die Julirevolution

1830 26. Juli	Karl X. löst die oppositionelle Kammer sogleich wieder auf, hebt die Pressefreiheit auf und verfügt ein neues Wahlrecht, das die Zahl der Abgeordneten wesentlich verringert und Gewerbe- und Fenstersteuer von der Berechnung des Zensus ausschließt, d. h. das Industriebürgertum entrechtet („*Juli-Ordonnanzen*"). Die Opposition (führend jetzt Adolphe Thiers – *1797, †1877 – im „National") sieht darin einen Staatsstreich und ist zum Widerstand entschlossen.	*Juli-Ordonnanzen*
27.–29. Juli	Unabhängig von der liberalen Opposition liefern die Kleinbürger von Paris, durch eine Überproduktionskrise und schlechte Ernten seit Mitte der zwanziger Jahre an den Rand der wirtschaftlichen Existenz gedrängt, der königlichen Armee unter dem Eindruck der Agitation jakobinischer Intellektueller und Studenten *Barrikadenkämpfe*, die mit der Einnahme des Palais Bourbon enden.	*Barrikadenkämpfe*
	Die städtischen Revolutionäre wollen eine Republik unter der Präsidentschaft des Generals La Fayette ausrufen, werden jedoch von der liberalen Kammermehrheit überfahren, die unter dem Einfluss von Adolphe Thiers, Charles Maurice de Talleyrand, Jacques Laffitte, Pierre Jean de Béranger eine konstitutionelle Monarchie unter dem liberal-großbürgerlich orientierten Herzog Louis Philippe von Orléans (*1773, †1850 – aus der jüngeren Seitenlinie der Bourbonen) anstrebt.	
30. Juli	Die Kammer beruft den Herzog von Orléans zum Generalstatthalter des Königreichs.	
2. Aug.	Karl X. dankt zugunsten seines Enkels ab, geht ins Exil nach England und beauftragt den Generalstatthalter mit der Regentschaft.	
3. Aug.	Die Kammer beschließt eine Revision der Charte von 1814 (u. a. Aufhebung des königlichen Notstandsrechts, Gesetzesinitiativrecht für die Kammern, Verbot der Zensur).	
9. Aug.	*Louis Philippe* wird zum König gewählt und auf die revidierte Charte vereidigt, die Trikolore wird wieder Nationalflagge.	*Louis Philippe*

Louis Philippe (1830–1848)

Während die Regierungen der Heiligen Allianz Louis Philippe zunächst als „Barrikadenkönig" ablehnen, bleibt im Innern unter den Notabeln umstritten, ob es sich bei der Julirevolution lediglich um eine Rückkehr zu den Prinzipien von 1814 und 1791 handele, die es zu konsolidieren gelte (so etwa Guillaume Guizot, Salvandy und Casimir Périer, später „Parti de l'Ordre" genannt), oder den Auftakt zu weiterer Parlamentarisierung und Demokratisierung im Sinne der girondistischen Ideale (so Thiers, Dupont de l'Eure, Laffitte, Armand Carrel, „Parti du Mouvement"). Die royalistischen Ultras, jetzt Legitimisten genannt, bleiben erbitterte Gegner des neuen Regimes; Pairs und hohe Funktionäre aus ihren Reihen verweigern den Eid auf Louis Philippe und erleichtern damit das Vordringen großbürgerlicher Notabeln in die Führungspositionen von Verwaltung und Militär.

Opposition der Republikaner		Gefährlicher als die ultraroyalistische und ultramontane Opposition, von der sich ein Teil aus dem politischen Leben zurückzieht, ist die *Opposition der Republikaner*, die sich um den Erfolg „ihrer" Revolution gebracht sieht, sich in zahlreichen, vom italienischen Carbonaritum beeinflussten Geheimgesellschaften organisiert, Verbindungen mit den in Paris versammelten radikaldemokratischen Exilanten aus dem übrigen Europa (insbesondere Polen) aufnimmt und durch das Anwachsen der städtischen Unterschichten infolge der zunehmenden Industrialisierung Zuwachs erhält (Étienne-Vincent Arago, Godefroy Cavaignac, Garnier-Pagès, Alexandre Auguste Ledru-Rollin, die „Frühsozialisten", insbesondere Louis Blanc und Auguste Blanqui). Ein vom „Parti du Mouvement" im Interesse der nationalen Versöhnung bewusst geförderter Napoleon-Kult führt zur Sammlung von Unzufriedenen aus allen Lagern in der Bonapartisten-Bewegung, die sich unter Louis Napoléon Bonaparte (*1808, †1873; später Kaiser Napoleon III.), einem Neffen des Kaisers, ebenfalls gegen das Regime richtet.
	1830 2. Nov.	Das Ministerium Laffitte kommt den Forderungen der Republikaner halbherzig entgegen, unterstützt die revolutionären Bewegungen in Belgien, Italien und Polen, ohne zu intervenieren, und verliert damit die Unterstützung der Mitte, ohne die Linke zu gewinnen.
	1831 13. März	Laffittes Nachfolger Casimir Périer (*1777; †1832) „säubert" die Administration und schränkt die Demonstrationsfreiheit ein.
Arbeiteraufstand in Lyon	20.–22. Nov.	Er lässt einen *Arbeiteraufstand in Lyon* niederschlagen und gewinnt die Anerkennung des Regimes durch das legitimistische Ausland. Der Kreis der Wahlberechtigten wird verdoppelt, die Erblichkeit der Pairswürde abgeschafft.
	1832 16. Mai	Eine Choleraepidemie, der auch Périer zum Opfer fällt, steigert Aufruhr und Repression; in der Vendée entfacht die Herzogin von Berry eine legitimistische Bauernrevolte.
	5.–6. Juni	In Paris kommt es erneut zu Straßenkämpfen; erst das Zögern La Fayettes und der parlamentarischen Opposition ermöglicht es der Juli-Monarchie, sich definitiv zu etablieren.
	13. Okt.	Im Kabinett des Marschalls Nicolas Jean Soult (*1769; †1851) arbeiten die führenden Politiker des „Mouvement" (Thiers) und des „Ordre" zusammen (Victor Herzog von Broglie und Guillaume Guizot). Wirtschaftlicher Aufschwung und ein dem liberalen Individualismus verpflichtetes Elementarschulgesetz begünstigen die Stabilisierung des Regimes.
Aufstandsversuche	1834	*Republikanische Aufstandsversuche* in Lyon und Paris blutig niedergeschlagen (April).
	21. Juni	Die Kammerwahlen nach dem neuen Zensus bescheren der Regierungs-„koalition" eine breite, wenig konsistente Mehrheit: in den Grundsätzen des Notabelnsystems ist sie einig, lässt aber Spielraum für persönliche oder lokale Rivalitäten und materielle Interessen.
Regierungskrisen	1834–1840	Die Folge sind rasch wechselnde Kabinette mit fast immer gleichem Personal, wiederholte langwierige *Regierungskrisen*, eine Politik, die ihre Wähler mit einseitigen materiellen Vorteilen besticht, wachsende Einflussmöglichkeiten des Königs und damit langfristig ein Sieg des „Parti de l'Ordre".
	1835 28. Juli	Die republikanische Opposition isoliert sich in der Illegalität; ein misslungenes Attentat auf den König führt zur Verschärfung der Strafbestimmungen gegen Aufruhr und zur Einschränkung der Pressefreiheit („Septembergesetze").
Louis Napoléon Bonaparte	1836 30. Okt.	Ein *Aufstandsversuch Louis Napoléons* in Straßburg scheitert schon im Ansatz. In der Außenpolitik begründen Talleyrand (jetzt Botschafter in London) und Broglie eine erste Entente cordiale mit England: Intervention zugunsten der belgischen Unabhängigkeit sowie Unterstützung der Liberalen in den spanischen Karlistenkriegen und in Portugal. Französischer Widerstand gegen englische Freihandelsforderungen und englische Dominanz in der Interventionspolitik führen zu einer Annäherung an Österreich.
	1836	Das Projekt einer Heirat der österreichischen Erzherzogin Therese mit dem Thronfolger (von Thiers betrieben) scheitert jedoch am Einspruch Metternichs.
Orientkrise	1839–1841	In der *Orientkrise* steht Frankreich wieder vor einer geschlossenen legitimistischen Front Englands, Österreichs, Russlands und Preußens: Der von Frankreich protegierte ägyptische Herrscher Mohammed Ali (*1769; †1849) muss sich unter Druck der vier Mächte wieder der türkischen Oberhoheit fügen. In Frankreich führen nationale Erregung über diese diplomatische Niederlage (Forderung nach der Rheingrenze als Kompensation) und eine neue Welle republikanischer Unruhen und Streiks (dazu auch ein neuer Aufstandsversuch Louis Napoléons am 6. August 1840 in Boulogne) an den Rand des Krieges.
	1840 20. Okt.	Erst als der König Thiers (jetzt zum zweiten Mal Ministerpräsident) die Unterstützung für mehr demonstrativ als real gemeinte Truppenverstärkungen verweigert und dieser daraufhin abdankt, ebbt die Bewegung ab.
Guillaume Guizot	1840–1847	Der Rücktritt Thiers' bedeutet das Ende aller Versuche zu autonom-parlamentarischer Regierung. *Guillaume Guizot* (*1787, †1874), der starke Mann des nun folgenden Kabinetts Soult, versteht sich als Anwalt Louis Philippes.
	1843 2. Sept.	Gegen die öffentliche Meinung setzt er eine oberflächliche Wiederannäherung an England durch (Besuch der Königin Viktoria).

Forderungen nach Senkung des Wahlzensus begegnet er, durch eine neue Hochkonjunktur begünstigt, mit Appellen an den individuellen sozialen Aufstieg („enrichissez-vous"). Die ständige Notwendigkeit, zwischen den divergierenden Interessen und Fraktionen den kleinsten gemeinsamen Nenner zu suchen, führt zur Immobilität.

1846 Aug. Entpolitisierung der Oberschicht, Zersplitterung der Opposition und einseitige Regierungsunterstützung für „ministerielle" Kandidaten lassen die Wahlen zu einem Erfolg für Guizot werden: Die Regierungsmehrheit beträgt künftig 291 von 459 Stimmen.

10. Okt. Dennoch setzt unmittelbar nach den Wahlen die *Krise des Regimes* ein: In der Außenpolitik führt Guizots Versuch, dem Königshaus die Anwartschaft auf den spanischen Thron zu sichern („Spanische Heiraten"), zum Bruch der Entente cordiale und zur Unterstützung der konterrevolutionären Politik Österreichs (Angliederung Krakaus, Unterstützung des konservativen Sonderbundes in der Schweiz), was heftige Kritik der nationalen und liberalen Kräfte auslöst. Schlechte Getreideernten und eine damit verbundene neue Überproduktionskrise (1846–1847) rufen soziale Unruhen und Unzufriedenheit der Geschäftswelt mit der Regierung hervor. *Krise des Regimes*

Korruptionsskandale schüren die Erregung und lassen die herrschende Oberschicht an der Legitimität ihres Machtmonopols zweifeln.

1847 Juli– 1848 Febr. Eine von Kräften des Mouvement eingeleitete „Kampagne der Bankette" mit Forderungen nach Senkung des Wahlzensus und Reform der politischen Sitten radikalisiert sich rasch, kann aber nicht genügenden politischen Druck erzeugen. Als Guizot (seit 1847 selbst Ministerpräsident) ein für den 22. Februar 1848 vorgesehenes Bankett verbietet, fügt sich die parlamentarische Linke.

23. Febr. Die radikalen Republikaner organisieren jedoch Demonstrationen in Paris, die sich nach der Erschießung einiger Demonstranten zum *revolutionären Aufstand* ausweiten. *Revolution*

24. Febr. Die Entlassung Guizots kann die Bewegung nicht mehr eindämmen, und als sich die Aufständischen dem königlichen Palast nähern, dankt Louis Philippe ab; Dupont de l'Eure und Alexandre-Auguste Ledru-Rollin (*1807, †1874) geben die Bildung einer „linken" provisorischen Regierung bekannt, die sich für die *Einführung der Republik* ausspricht. Ohne schon ernsthaft bedroht zu sein, haben die herrschenden Notabeln vor dem hauptstädtischen Kleinbürgertum und den nachdrängenden Unterschichten kapituliert. *Einführung der Republik*

Zweite Republik und Zweites Empire (1848–1870)

Nach der überraschenden Kapitulation der herrschenden Notabeln der Juli-Monarchie im Februar 1848 sind zunächst die *Republikaner* die Erben der Macht: Städtische Kleinbürger, Intellektuelle, Arbeiter, wenige demokratisch gesonnene Notabeln (Alexandre-Auguste Ledru-Rollin, Garnier-Pagès, Etienne-Vincent Arago) und Literaten (Alphonse de Lamartine, später auch Victor Hugo). Vom Volkstumsbegriff der Romantik geprägt, hoffen sie auf eine nationale und soziale Republik und sind davon überzeugt, diese *republikanische Ordnung* – da im Interesse der überwiegenden Mehrheit des Volkes liegend – auf legalem Wege, also mit den Mitteln der parlamentarischen Demokratie erreichen zu können. Ihr Appell löst soziale Erhebungen in den Städten und auf dem Lande aus, weckt Erinnerungen an traditionelle Gemeinschaftsformen der ständischen Gesellschaft, gewinnt damit einen Teil der Bauern (vor allem des Zentrums und Südostfrankreichs) für die republikanische Bewegung und setzt unter den Arbeitern erstmals Energien zur Selbstorganisation frei, führt aber auch alsbald zu einer Kraftprobe zwischen bürgerlichem Republikanismus und Pariser Arbeitermassen. Das Großbürgertum befindet sich in einer Phase wirtschaftlicher und psychologischer Depression, gewinnt aber rasch an Macht zurück, als große Teile des bisher unterhalb der Machtelite verbliebenen Bürgertums und der bäuerlichen Kleinbesitzer von der Angst vor einer sozialen Revolution ergriffen werden und sich mit den Notabeln zu einer „Partei der Ordnung" zusammenschließen. Im Kampf um die geeignetste Form der Eindämmung der republikanischen Bewegung setzt sich der *Bonapartismus* durch: Seine plebiszitär-cäsaristische Herrschaftstechnik versteht es besser als der traditionelle Notabeln-Liberalismus, die Besitzängste der Bauern und die soziale Not der städtischen Unterschichten für eine *autoritäre Staatsform* in Dienst zu nehmen; eine neue, dynamischere Generation industrieller Unternehmer schließt sich ihm darum an. Nach Louis Philippe ermöglicht die Herrschaft Napoleon III. eine zweite Welle der Industrialisierung, nun unter stärkerer Zentralisierung des politischen Lebens. *Republikaner* *republikanische Ordnung* *Bonapartismus* *autoritäre Staatsform*

1848 24. Febr. Die *provisorische Regierung* besteht aus liberalen Republikanern (so Marie, Isaak Adolphe Crémieux, Etienne-Vincent Arago, Garnier-Pagès) und Sozialisten (Louis Blanc, Albert), zwischen ihnen in der Vermittlungs- und damit Führungsrolle Alphonse de Lamartine und *provisorische Regierung*

		Alexandre-Auguste Ledru-Rollin. De facto ein elfköpfiger Souverän, versucht sie, der Revolte gerecht zu werden, ohne die Reaktion der Ordnungskräfte zu provozieren.
	25. Febr. 3. März	Sie verkündet ein allgemeines Recht auf Arbeit, hält aber an der Trikolore statt der roten Fahne fest, führt den Zehn- bzw. Elfstundentag und das allgemeine gleiche Wahlrecht (für Männer) ein. Arbeitslose werden in eine neue mobile Nationalgarde und in Nationalwerkstätten (nicht, wie die Arbeiter gefordert haben, Produktionskooperativen, die das Prinzip des Privateigentums bedrohen würden) integriert.
liberale Mehrheit	23. April	Die Wahlen zur Nationalversammlung bringen eine *Mehrheit für die liberalen Republikaner* (450 von 900 Sitzen, je 200 für die republikanische Linke und die Orleanisten, 50 für die Legitimisten).
	5. Mai	In der neuen fünfköpfigen Exekutivkommission sind die Sozialisten nicht mehr vertreten.
	15. Mai	Eine Massendemonstration der Sozialisten (nun mehr und mehr unter der Führung von Auguste Blanqui: *1805; †1881), die bis in die Nationalversammlung vordringt, wird als Aufstandsversuch gedeutet und mit ersten Verhaftungen beantwortet.
Arbeiteraufstand Eugène Cavaignac	23.–27. Juni	Als die Exekutivkommission die unproduktiven Nationalwerkstätten, mittlerweile Zentren der sozialistischen Agitation, auflöst, bricht in Paris ein spontaner *Arbeiteraufstand* los, der vom republikanischen Bürgertum mit Entschlossenheit zurückgeschlagen wird.
	24. Juni	Die Nationalversammlung ernennt Kriegsminister Eugène *Cavaignac* (*1802; †1857 – Bruder des republikanischen Führers der dreißiger Jahre) zum Militärdiktator; blutige Straßenschlachten fordern über 3000 Tote; die Hauptakteure werden scharf verfolgt. Louis Blanc flüchtet aus Furcht vor einer Verhaftung nach London. Unter der Regierung Cavaignac geht die *Republikanisierung* in den Provinzen weiter, die Zugeständnisse an die Arbeiter werden jedoch zum Teil zurückgenommen (Zwölfstundentag).
Republikanisierung		
	4. Nov.	Die neue Verfassung spricht nur noch vage vom „Recht auf Unterstützung" und nennt „Familie", „Arbeit", „Eigentum", „öffentliche Ordnung" als Grundlagen der Republik; an der Spitze der Exekutive soll ein vom Volk direkt gewählter Präsident stehen (nach dem Willen der „Partei der Ordnung"), der aber nach vierjähriger Amtszeit nicht wieder gewählt werden kann (so das Zugeständnis an die engagierten Republikaner).
Louis Napoléon Bonaparte	10. Dez.	In den Präsidentschaftswahlen siegt *Louis Napoléon Bonaparte*, von den Orleanisten (Thiers) unterstützt, mit 5,4 Millionen Stimmen überraschend über Cavaignac (1,4 Millionen) und Ledru-Rollin (0,4 Millionen).
	20. Dez.	Sein erstes Kabinett unter Odilon Barrot (*1791; †1873) besteht aus liberalen Notabeln; Republikaner sind nicht mehr vertreten.
Sieg der „Partei der Ordnung"	1849 13. Mai	Die Parlamentswahlen bestätigen den *Sieg der „Partei der Ordnung"* und rufen zugleich neue Ängste hervor: etwa 500 Sitze für die „Partei der Ordnung", knapp 100 für die liberalen Republikaner, aber 200 Mandate für die republikanische und sozialistische Linke („Montagnards").
	Mai–Juli	Französische Truppen zerschlagen die Römische Revolution und führen Papst Pius IX. wieder in den Kirchenstaat zurück.
	13. Juni	Ledru-Rollins Versuch, die Nationalversammlung durch eine republikanische Massendemonstration zum Abbruch dieser Expedition zu zwingen, schlägt fehl; der Führer der linken Republikaner muss ins Exil gehen.
	1850 15. März	Eine konservative Schulgesetzgebung – Zulassung von Klerikern zum Lehramt ohne staatliche Prüfung, Auflösung des Universitätsmonopols für Sekundarschulen (loi Falloux) – setzt die katholische Kirche wieder in ihre traditionelle Rolle als Ordnungsmacht ein; der Laizismus wird zum Kernpunkt des republikanischen Programms.
	31. Mai	Nach einer Einschränkung des Wahlrechts (Ausschluss aller nicht persönlich Steuerpflichtigen, Strafverfolgten und weniger als drei Jahre Ortsansässigen) fühlt sich die „Partei der Ordnung" vor einem Wahlsieg der Republikaner sicher; die Gegensätze zwischen den Ambitionen des Präsidenten und den Monarchisten treten nun stärker hervor. Louis Napoleon festigt seine Popularität durch häufige Provinzreisen und Armeebesuche.
	1851 5. Jan. 19. Juli	Es gelingt ihm, den legitimistisch eingestellten Kommandeur der Pariser Nationalgarde, General Nicolas Théodule Changarnier, abzusetzen. Der Versuch aber, das Parlament mit der nötigen Dreiviertelmehrheit zu einer Verfassungsänderung zu bewegen, die seine Wiederwahl 1852 ermöglichen würde, scheitert. Daraufhin erklärt er sich für die Aufhebung des Wahlgesetzes vom Mai 1850, teilt damit die Republikaner und schwächt so die Front der Gegner eines Staatsstreichs entscheidend.
Staatsstreich Louis Napoléons	2. Dez.	*Staatsstreich Louis Napoléons*: Führende Orleanisten (Thiers), Legitimisten (Changarnier) und Republikaner (Cavaignac) werden verhaftet, die Nationalversammlung für aufgelöst erklärt und besetzt, eine neue Verfassung mit allgemeinem Wahlrecht und einem starken, auf zehn Jahre zu wählenden Präsidenten angekündigt.

		Zweite Republik und Zweites Empire	

3.–4. Dez. Ein republikanischer Versuch, in Paris bewaffneten *Widerstand* zu leisten (der Verfassung entsprechend), findet nicht die nötige Massenunterstützung und scheitert an einer demonstrativen Schießaktion der überlegenen Armee; spontaner Widerstand in zahlreichen Departements des Zentrums und des Südens kann jedoch erst am 10. Dezember gebrochen werden. In einem Drittel der Departements herrscht Belagerungszustand, Sondergerichtshöfe leiten eine systematische Verfolgung von Regimegegnern ein (neben Gefängnis- und Todesstrafen Deportationen nach Guyana und Algerien, Verbannungen – so Hugo, Thiers, und Säuberungen – so Michelet). *Widerstand*

20. Dez. Louis Napoléon lässt den Staatsstreich durch ein Referendum ratifizieren: 7,4 Mio. Ja- gegen 0,6 Mio. Neinstimmen und 1,5 Mio. Enthaltungen. Nach weniger als einem Jahr hat sich die Herrschaft des „Prinz-Präsidenten" soweit stabilisiert, dass er durch ein neues Plebiszit die *Wiedereinführung des Kaisertums* beschließen lassen kann.

1852 2. Dez. Am Jahrestag seines Staatsstreichs und der Kaiserkrönung seines berühmten Onkels besteigt er als Napoleon III. den Thron. *Wiedereinführung des Kaisertums*

Grundstrukturen des Zweiten Empires

Die *Verfassung* des neuen Kaiserreiches behält das allgemeine Wahlrecht bei und ergänzt es durch Plebiszite, schränkt aber die Rechte des Parlaments erheblich ein: Der gesetzgebende „Corps législatif" ist auf 300 Mitglieder beschränkt, die nach dem Prinzip der Persönlichkeitswahl (keine Listen) delegiert werden, tagt nur drei Monate im Jahr, hat keinerlei Initiativrecht; die Gesetze werden vielmehr von einem vom Kaiser ernannten Staatsrat vorbereitet und von einem aus ebenfalls ernannten Persönlichkeiten und Amtsträgern (Kardinälen, Marschälle, Admirale) zusammengesetzten Senat kontrolliert; Letzterer hat darüber hinaus die Möglichkeit, durch Senatskonsulte Verfassungsänderungen herbeizuführen. Die politischen Mitwirkungsrechte werden noch dadurch weiter eingeschränkt, dass die Regierung „offizielle" Wahlkandidaten aufstellt, und die nichtkonforme Presse mit Erscheinungsverbot bedroht wird. Stützen der Macht sind neben der Repressionsdrohung durch Militär und Verwaltung der direkte Appell an wenig aufgeklärte Wählermassen, die katholische Kirche, Erfolge in der Außenpolitik, die dem 1815 entstandenen nationalistischen Revisionismus Genüge tun, und materielle sowie politische Zugeständnisse an politisch relevante Gruppen. Da deren Interessen vielfach gegensätzlich sind, bleibt das Regime ständig von politischer Instabilität bedroht. *Verfassung*

Frankreich – Bruttosozialprodukt und Bruttoinvestitionen (Mio. Francs)

	B. S. P. in jeweiligen Preisen	B. S. P. in Preisen von 1905–13	B. Inv. in jeweiligen Preisen	B. Inv. in Preisen von 1905–13
1781–90	7 700	6 949	1 299	1 172
1803–12	9 755	7 324	2 147	1 612
1815–24	10 503	8 969	1 724	1 472
1825–34	12 503	10 977	2 031	1 783
1835–44	14 894	12 929	2 630	2 283
1845–54	17 407	14 628	3 041	2 555
1855–64	22 824	17 972	4 675	3 681
1865–74	26 499	21 199	5 097	4 078
1875–84	27 235	23 418	5 401	4 644
1885–94	27 321	27 541	5 275	5 318
1895–1904	29 095	30 788	6 208	6 569
1905–13	38 035	38 035	7 972	7 972

Sozialprodukt und Investitionen

Wirtschaftspolitisch den Prinzipien des Saint-Simonismus verpflichtet, fördert das Regime die *industrielle Entwicklung* durch Schlüsselinitiativen (Förderung des Eisenbahnbaus, Bankenkonzentration, Investitionsförderung, Staatsaufträge, Verbesserung der Verkehrsverbindungen, auch für die Landwirtschaft) einerseits und sozialpolitische Befriedung andererseits (Arbeitsbeschaffungsprogramme, Selbsthilfeeinrichtungen unter staatlicher Aufsicht, Wohnungsbau. Am Zwölfstundentag wird festgehalten, autonome Arbeiterkoalitionen bleiben bis 1864 verboten, ein Streikrecht gibt es nicht. *industrielle Entwicklung*

In den Jahren des Kaiserreichs verdoppelt sich die *industrielle Produktion* nahezu, das Handelsvolumen verdreifacht sich. Die bisher vorherrschenden Einzelbanken werden mehr und mehr von Großgruppen abgelöst, der Kapitalbesitz durch Ausgabe von Aktien und staatlichen Anleihen über das bisherige Groß- *industrielle Produktion*

Kapitalexport — bürgertum hinaus ausgeweitet (1852 Gründung des „Crédit mobilier", erste moderne Anlagebank, Gebr. Pereire). Die wachsende Prosperität ermöglicht den *Kapitalexport*; Frankreich wird zum Gläubiger- und Rentnerland. Nach der ersten globalen Wirtschaftskrise von 1857 ist der Rückstand gegenüber der Industrieentwicklung in England so weit aufgeholt, dass ein Freihandelsvertrag zwischen beiden Ländern möglich wird (Cobden-Vertrag 1860); 1864 folgt ein Freihandelsabkommen mit Preußen. *Weltausstellungen* 1855 und 1867 in Paris demonstrieren den neuen industriellen Reichtum. Die Modernisierung der Städte (besonders die Neugestaltung von Paris durch den Seine-Präfekten Georges-Eugène Haussmann 1853–1865) dient ebenso der Repräsentation wie der Beseitigung von Unruheherden und der Arbeitsbeschaffung.

Weltausstellungen

Kolonialbesitz — Der Aufstieg zur Industriemacht verstärkt das Interesse an *Kolonialbesitz*: Algerien wird unter französischen Siedlern zur Kornkammer Frankreichs; die Besitzungen im Senegal werden erweitert, neue Stützpunkte am Golf von Guinea, an der afrikanischen Ostküste und in Indochina (Protektorat über Annam) errichtet.

Bau des Sueskanals — Höhepunkt der kapitalistischen Erschließung der Überseegebiete ist der *Bau des Sueskanals* (1859–1869) durch Ferdinand de Lesseps (*1805; †1894). Trotz der gewaltigen Industrialisierungswelle bleiben jedoch beträchtliche Teile vorindustrieller Produktionsweisen erhalten; Frankreich wird zu einem Land der gemischten Wirtschaftsformen, in dem die Industriebevölkerung noch in der Minderheit bleibt.

1852–1857 Die ersten Herrschaftsjahre Napoleons III. verlaufen relativ ruhig:
Angehörige aller politischen Gruppen haben sich dem Regime (aus Überzeugung oder Resignation) angeschlossen oder angesichts der wachsenden Prosperität aus dem politischen Leben zurückgezogen. Der Herrscher betreibt eine *Politik des „juste milieu"*, die einen Ausgleich zwischen den Parteiungen herbeiführen soll; so wird etwa der Einfluss der Kirche im Schulwesen gefördert, ohne dass dem Drängen auf Verbot antiklerikaler Organe nachgegeben würde.

Politik des „juste milieu"

Krimkrieg — 1853/1854–1856 Erste außenpolitische Erfolge stärken Napoleons Stellung: Im *Krimkrieg* zwischen Russland und der Türkei interveniert Frankreich mit England, Österreich und Sardinien auf der türkischen Seite, um sich in dem liberalen England einen Bundesgenossen gegen die konservativen Mächte zu sichern.

Pariser Friedenskongress — 1856 Febr./März Tatsächlich kann Frankreich auf dem *Pariser Friedenskongress* als Führungsmacht auftreten, deren Stimme im Streit der ehemaligen antirevolutionären Viererallianz den Ausschlag gibt; konkrete Zugeständnisse bleiben allerdings aus. Die Bindung an Großbritannien und die italienische Einigungsbewegung (Sardinien-Piemont seit 1850/1852 unter Minister Camillo Benso Graf von Cavour; *1810, †1861) rückt Napoleon III. innenpolitisch wieder näher an die Liberalen der Julimonarchie.

1857 Juni Vorgezogene Wahlen (21./22.) bestätigen die Popularität des Regimes (90%), lassen aber einen unvermutet starken republikanischen Widerstand in den Städten erkennen.

1858 14. Jan. Ein fehlgeschlagenes Attentat des revolutionären Italieners Felice Orsini auf das Kaiserpaar führt daraufhin zu scharfen Verfolgungsmaßnahmen gegen republikanische Kräfte (etwa 430 Verbannungen).

1859 4./24. Juni Ende der fünfziger Jahre verschlechtert sich die Stellung des Regimes. Den Krieg an der Seite Sardinien-Piemonts gegen Österreich bricht Napoleon III. trotz der erfolgreichen Schlachten von Magenta und Solferino ab (preußische Interventionsgefahr, schlechter Truppenzustand, Widerstand der Konservativen), sodass Frankreich wohl Savoyen und Nizza, Piemont aber nur die Lombardei erhält und die italienischen Einigungskämpfe ohne französische Unterstützung fortführen muss. Obwohl der Kaiser die französischen Truppen im Kirchenstaat belässt, sieht er sich wachsender Kritik von ultramontaner Seite ausgesetzt. Der Freihandelsvertrag mit Großbritannien ruft die Opposition der protektionistischen Mehrheit des orleanistischen Bürgertums auf den Plan. Unter der bürgerlichen Jugend, für die sich mit der Androhung der „roten Gefahr" nicht mehr die Erlebnisse von 1848 verbinden, breitet sich eine republikanische Oppositionsstimmung aus.

Oppositionsbewegung — 1859 16. Aug. Napoleon III. versucht dem Entstehen einer *Oppositionsbewegung* durch Zugeständnisse zuvorzukommen: Er erlässt eine Generalamnestie für politisch Verfolgte.

1860 24. Nov. Verfügung über die Veröffentlichung der Senatsdebatten und die parlamentarische Diskussion der jährlichen kaiserlichen Adressen.

1861 Verstärkung der parlamentarischen Budgetkontrolle (31. Dez.).

1863 30./31. Mai Die Parlamentswahlen werden zu einem halben Misserfolg des Regimes: Die Oppositionsstimmen verdreifachen sich; im „Corps législatif" sitzen künftig 15 „Unabhängige" (gemäßigte Opponenten von parlamentarischen Legitimisten bis zu Orleanisten, unter ihnen Thiers) und 17 Republikaner. Selbst innerhalb der Regierungsfraktion wird der Wunsch nach einem vorsichtigen Liberalismus laut („Dritte Partei", deren Grundsatz-Amendement 1866 45 Stimmen erhält).

1863 *Außenpolitische Misserfolge* zehren am Prestige des Kaisers: Seine diplomatische Intervention zugunsten der polnischen Aufständischen (gegen die russische Herrschaft) bleibt erfolglos. — *außenpolitische Misserfolge*

1866 Sein Versuch, Mexiko in einen französischen Vasallenstaat zu verwandeln (Expedition seit 1861) scheitert am Widerstand der Guerilleros und an einem amerikanischen Ultimatum. Seine Hoffnung, als Preis für die Neutralität im Preußisch-Österreichischen Krieg die bayerische Pfalz, Rheinhessen, Saarbrücken und Saarlouis zurückgewinnen zu können (Vertragsentwurf vom 5. August 1866), wird durch Bismarcks raschen Friedensschluss mit Österreich zunichte gemacht; auf die Forderung nach preußischer Einwilligung in die Annexion Belgiens als Gegenleistung für eine neutrale Haltung gegenüber der deutschen Einigung erhält er nur hinhaltende Antworten.

1867 Selbst der Erwerb der Festung Luxemburg vom holländischen König scheitert am Einspruch Preußens.

1867–1868 Größere Freiheiten für die Arbeiterbewegung werden von dieser ebenso wenig honoriert wie weitere *Liberalisierungsdekrete* (Interpellationsrecht, Aufhebung der Genehmigungspflicht für Presseerzeugnisse und unpolitische Versammlungen) von der parlamentarischen Opposition. — *Liberalisierungsdekrete*

1869 Die nächsten Parlamentswahlen stärken die Oppositionskräfte entscheidend: 25 Republikaner, 74 Liberale; aber auch die Mehrheit der Regierungsabgeordneten – 136 von 216 – ist für eine Parlamentarisierung.
22./23. Mai

8. Sept. Das *„Empire libéral"*: Napoleon III. kommt den Liberalisierungsforderungen weit gehend entgegen. Ein Senatskonsult gewährt dem „Corps législatif" Gesetzesinitiativrecht und Budgetbewilligungsrecht nach Einzelpositionen; die Minister sind künftig dem Kaiser und der Kammer zugleich verantwortlich. — *Empire libéral*

1870 Vom Kaiser beauftragt, bildet der Oppositionspolitiker Emile Ollivier (*1825; †1913) ein liberales Reformkabinett, das den Interessen der protektionistischen Geschäftswelt und der Konservativen stärker Rechnung trägt.
2. Jan.

8. Mai Napoleon III. lässt die Verfassungsreformen durch ein Referendum billigen und kann damit trotz der Parlamentarisierung seine plebiszitäre Stellung noch einmal festigen (7,3 Mio. Jagegen 1,5 Mio. Neinstimmen und 2,0 Mio. Enthaltungen).

19. Juli Der Ausbruch des Deutsch-Französischen Krieges, Folge einer doppelten diplomatischen Offensive, in der es der französischen Regierung um die Verhinderung der deutschen Einheit auf Kosten der französischen Machtstellung geht, führt zum *Sturz des Kaisertums*. — *Sturz des Kaisertums*

1. Sept. Als Napoleon III. nach der Niederlage bei Sedan in deutsche Kriegsgefangenschaft gerät, bricht in Paris ein Arbeiteraufstand los (die liberale Regierung hat entschlossen gegen eine seit 1869 wachsende Streikbewegung gekämpft), der in das Parlament vordringt.

4. Sept. *Ausrufung der Republik* sowie Bildung einer provisorischen Regierung. Ohne den Kaiser und ohne Erfolg hat das in seinen Befugnissen ohnehin schon eingeschränkte Kaisertum keine Stütze mehr. Napoleon III. stirbt (1873) im Londoner Exil. — *Ausrufung der Republik*

Die Dritte Republik (1870–1914)

Mit der deutschen Forderung nach Gebietsabtretungen konfrontiert, führt die Provisorische Regierung (republikanische Parlamentarier wie Léon Gambetta und Jules Favre, nur ein Verbindungsmann zur Arbeiterbewegung, der Journalist Henri de Rochefort, an der Spitze der populäre General Louis Jules Trochu) den Krieg weiter, ohne dass schon über die künftige Ordnung des Landes entschieden wäre.

1870 Paris wird von den deutschen Armeen eingeschlossen. Gambetta versucht vergeblich, die Hauptstadt mit rasch aufgestellten neuen Truppen zu entsetzen.
19. Sept.

1871 *Kapitulation von Paris*. — *Kapitulation von Paris*
28. Jan.

13. Febr. Da Bismarck auf einen Friedensvertrag mit einer legalen Regierung besteht, wird eine Nationalversammlung gewählt, in der infolge des Sicherheitsbedürfnisses der Landbevölkerung die „Partei der Ordnung" wieder eine große Mehrheit aufweist.

26. Febr. Thiers, von der Versammlung zum „Chef der Exekutive" gewählt, handelt die Bedingungen des Präliminarfriedens von Versailles aus: Abtretung von Elsass und Lothringen, aber ohne Belfort, Reparationen in der beträchtlichen Höhe von 5 Mrd. Francs, Besetzung Ostfrankreichs bis zur Ableistung der Entschädigungssumme (endgültig vereinbart im Frieden von Frankfurt 10. Mai 1871).

Pariser Kommune		Die *Pariser Kommune*: Der doppelte Schock der Niederlage und der Wahl einer monarchistischen Nationalversammlung löst unter den radikal-demokratisch-jakobinischen und sozialistischen Kräften der Hauptstadt erhebliche Unruhen aus, die noch gesteigert werden, als die Nationalversammlung aus Furcht vor Pressionen Versailles als Tagungsort wählt und die endgültige Entscheidung über die Staatsform ausdrücklich auf die Zeit nach dem Abzug der Besatzungstruppen verschiebt. Als Thiers die während der Belagerung gebildete mobile Nationalgarde auflösen will, werden zwei Generäle erschossen.
	18. März	Die Regierung flieht daraufhin nach Versailles und gibt den regierungstreuen Truppen den Befehl zum Abzug; ein großer Teil der wohlhabenden Bevölkerung folgt.
	26. März	Wahlen zum Generalrat des Seine-Departements, an denen von 470000 Wahlberechtigten nur 230000 teilnehmen, führen zu einer Stadtversammlung in revolutionärer Aufbruchstimmung, deren Charakter – Kommunalorgan oder nationale Gegenregierung – ungewiss bleibt. Die Abgeordneten der Kommune, meist Handwerker und Arbeiter, daneben Intellektuelle, eine heterogene Mischung aus Jakobinern, Blanquisten, Anhängern der Internationale, Proudhonisten und Anarchisten, beginnen mit einer Arbeiterschutzgesetzgebung, reorganisieren die von ihren Besitzern verlassenen Betriebe in Selbstverwaltungen und fordern die Gemeinden des Landes auf, sich ihrem Programm anzuschließen und so eine föderalistische Republik zu begründen. Die Ordnungskräfte der Nationalversammlung lassen Truppen unter General Marie Edme Mac Mahon (*1808, †1893) gegen die Hauptstadt vorrücken.
Barrikadenkampf	21.–28. Mai	Diese fällt nach fast zweimonatiger Belagerung und achttägigem *Barrikadenkampf*. Ein Viertel der Arbeiterbevölkerung ist Opfer der schweren Kämpfe; über 10000 Strafurteile folgen.
		Der Kampf zwischen Kommune und Nationalversammlung trennt die gemäßigten (Jules Ferry, Jules Favre, Jules Grévy) und radikalen Republikaner (Léon Gambetta) von den Revolutionären und gewinnt einen Teil der Ordnungskräfte (die gemäßigten Orleanisten um Thiers) für das Prinzip des allgemeinen Wahlrechts und der konservativen Republik; damit ist die Basis geschaffen, auf der sich die Dritte Republik etablieren kann. Zunächst dominieren freilich die monarchistischen Kräfte: Thiers, der als Präsident bis 1873 mit einer vorsichtigen Politik die traditionelle Notabeln-Elite wieder in ihre Rechte einsetzt und den vorzeitigen Abzug der Besatzungstruppen erreicht, zieht sich dennoch die Gegnerschaft der monarchistischen Orleanisten (Herzog Albert de Broglie: *1821; †1901) zu.
	1873 24. Mai	Nach einem Misstrauensvotum (362 : 348 Stimmen) tritt er zurück; neuer Präsident wird der legitimistisch eingestellte General Mac Mahon, Ministerpräsident Herzog von Broglie. Legitimisten und Orleanisten einigen sich im Prinzip darauf, den Grafen Henri de Chambord (Henri Charles de Bourbon, Graf von Chambord, Herzog von Bordeaux, Enkel Karls X., *1820, †1883) als Thronprätendenten durchzusetzen.
	27. Okt.	Als sich dieser weigert, die parlamentarische Regierungsform und die Trikolore zu akzeptieren, finden sich die Orleanisten allmählich mit dem Prinzip eines republikanischen Präsidenten ab.
Präsident der Republik	1875 30. Jan.	Der Vorschlag, einen *„Präsidenten der Republik"* von Senat und Kammer wählen zu lassen (auf sieben Jahre), findet eine knappe Mehrheit (353 : 352 Stimmen). Als Kompromiss zwischen dem allgemeinen Wahlrechtsprinzip der Republikaner und dem Notabelnprinzip der Orleanisten wird neben der Deputiertenkammer ein Senat geschaffen, der unter Mitwirkung der Kommunen und Departements gewählt wird. Die Minister sind vor beiden Kammern verantwortlich; im Falle eines Misstrauensvotums kann der Präsident jedoch auch die Kammer auflösen.
	1876 5. März	Die Ambivalenz dieses Verfassungskompromisses zeigt sich sogleich nach den Wahlen. Dem legitimistischen Präsidenten Mac Mahon steht nun eine republikanische Kammermehrheit (360 von 510 Abgeordneten) gegenüber.
	1877 18. Mai	Entlassung des gemäßigten republikanischen Kabinetts Simon durch Mac Mahon, der damit in die entscheidende Kraftprobe mit den Republikanern geht.
Jules Grévy	1879 30. Jan.	Vorzeitiger Rücktritt Mac Mahons; neuer Präsident wird der Republikaner *Jules Grévy* (*1807, †1891). – 1880 wird der „14. Juli" zum Nationalfeiertag erklärt.

Grundstrukturen der Dritten Republik

republikanische Koalition — Nun hat die *republikanische Koalition* aus dem neuen industriellen Großbürgertum und aufsteigendem Mittelbürgertum (den „neuen Schichten") endgültig über die Notabeln der konstitutionellen Monarchie gesiegt, auch wenn diese weiterhin große Teile der ökonomischen Macht behalten; weil sie sich als Garantin der Ordnung erweist, kann sie über die Republikaner der Zweiten Republik hinaus Anhänger unter

den Bauern finden; und weil sie die jakobinische Tradition fortführt, kann sie – noch – einen großen Teil der Arbeiter bei sich halten.
Ökonomisch beruht dieser politische Machtwechsel auf dem Vordringen des mittleren Bürgertums. Die Bedeutung des ländlichen Großgrundbesitzes geht infolge einer strukturellen Agrarkrise seit Mitte der 70er-Jahre zurück, die *Industrialisierung* und die Konzentration der Industriebetriebe schreiten nach wie vor nur langsam fort (Anteil der Landwirtschaft an der Gesamtproduktion um 1890 65,1% und vor 1914 immer noch 44,6%); beides ermöglicht den Bedeutungszuwachs der seit dem Zweiten Empire mehr und mehr wertpapierbesitzenden bürgerlichen Mittelschichten.

Industrialisierung

Die obersten Organe der Dritten Französischen Republik

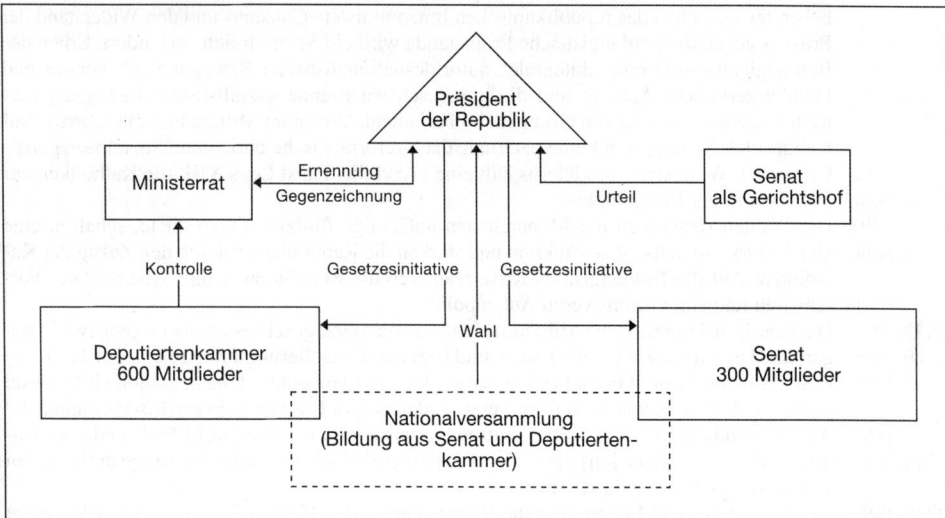

Organe der Dritten Republik

Präsident

Nationalversammlung

Ohne sich mit dem Industriekapital allzu eng zu verbinden, engagiert sich das breit gestreute Bankkapital vornehmlich im Kapitalexport-, Handels- und Immobiliengeschäft; die Bereitschaft zu riskanten Investitionen ist vergleichsweise gering. Die französische Wirtschaft verliert auf diese Weise an Krisenanfälligkeit, gerät aber auch gegenüber dynamischeren Industrienationen (Großbritannien, USA, Deutschland) ins Hintertreffen; Gesellschaft und Politik werden vom gleichen vorsichtig malthusianistischen Geist geprägt. Eine neue Welle imperialistischer Expansion soll die relative Schwäche der französischen Wirtschaft ausgleichen, kann aber, da sie vom Industriekapital nur wenig unterstützt wird, diese Funktion nicht erfüllen.

Preisentwicklung in Frankreich 1781–1913*

Preisentwicklung

1781–90	110,8	1855–64	127,0
1803–12	133,2	1865–74	125,0
1815–24	117,1	1875–84	116,3
1825–34	113,9	1885–94	99,2
1835–44	115,2	1895–1904	94,5
1845–54	119,0	1905–13	100

* Allgemeiner Französischer Preisindex, 1905–13 = 100

1879–1885 Unter der politischen Führung von *Jules Ferry* (*1832; †1893) in wechselnden Kabinetten Unterrichts- und Premierminister, sucht das republikanische Mittelbürgertum seine noch schwache Machtposition einmal durch den Kampf gegen das inzwischen dominierende klerikale Schulwesen (Autonomie und Ausweitung der Universitäten, laizistische Sekundarschule für Mädchen, schrittweises Verbot der Klerikertätigkeit an Elementarschulen, allgemeine Schulpflicht) und zum Zweiten durch eine mit nationalem Prestigedenken motivierte, aber auch als Unterstützung für die Industriebourgeoisie gedachte Wiederaufnahme der *Kolonialexpansion* (1881 Protektorat über Tunesien, 1883 Beginn der Eroberung

Jules Ferry

Kolonialexpansion

Tongkings, 1885 Bestätigung des Protektorats über Annam durch China, Kolonisierung Madagaskars) zu stabilisieren. Ferrys Kolonialpolitik stößt auf heftige Kritik nicht nur der Rechten, sondern auch der republikanischen Linken (Radikal-Sozialisten) um Georges Clemenceau (*1841, †1929). Ihr Programm: Konzentration auf Revisionspolitik in Europa, Überwindung des Verfassungskompromisses von 1875, soziale Reformen zugunsten der Arbeiter.

Sturz Ferrys 1885 30. März Aus den Wahlen nach dem *Sturz Ferrys* gehen Monarchisten und Radikale gestärkt hervor; eine dauerhafte Mehrheitsbildung wird unmöglich.

Instabilität der Regierungen 1886–1889 Enttäuschung über mangelnden sozialen Fortschritt, *Instabilität der Regierungen* und Ausgleichspolitik mit Deutschland lassen eine antiparlamentarisch-nationalistische Bewegung um den radikalen Kriegsminister Georges Boulanger (*1837; †1891) entstehen. Nur durch beherztes Vorgehen des republikanischen Innenministers Constans und den Widerstand der Provinz gegen die boulangistische Propaganda wird ein Staatsstreich verhindert. Erben des Boulangismus sind eine „integrale" autoritär-nationalistische Bewegung mit vorwiegend kleinbürgerlichem Anhang und die nun rasch wachsende sozialistische Bewegung (zunächst in einer Vielzahl von Gruppen, im Parlament Alexandre Millerand, Jean Jaurès). Auf katholischer Seite entsteht eine paternalistisch-reformistische christliche Sozialbewegung.

1892 20. Febr. Gegen den Widerstand des Klerus lädt eine Enzyklika Papst Leos XIII. die Katholiken zur Mitarbeit in der Republik ein.

1893 3. Sept. Die Wahlen reduzieren die Monarchisten auf einige fünfzig Abgeordnete, schaffen eine gleich starke sozialistische Fraktion und stärken die Republikaner durch den Zuzug der Katholiken. Auf die Boulangismus-Krise reagieren die Republikaner mit Arbeitsschutz-Vorschriften und einer offensiveren Außenpolitik.

27. Dez./18 94 Jan. Die Russisch-Französische Militärkonvention von 1892, geschlossen als Gegengewicht gegen den Dreibund, wird rechtskräftig und beendet die Isolierung Frankreichs seit 1871.

1894–1898 Unter Außenminister Gabriel Hanotaux wird die nur von einer kleinen, „kolonialen" Partei getragene Kolonialexpansion fortgesetzt: Sudan, Togo, Dahomey, Französisch-Kongo.

1898 Juli–Nov. Aus Faschoda am oberen Nil (Schnittpunkt zwischen britischer Nord-Süd- und französischer West-Ost-Expansion) zieht sich Frankreich jedoch auf britische Kriegsdrohung hin wieder zurück (Faschoda-Krise).

Dreyfus-Affäre **1898–1899** *Dreyfus-Affäre*: Die Debatte um die Rehabilitation des 1894 zu Unrecht wegen Spionage verurteilten jüdischen Offiziers Alfred Dreyfus, ausgelöst durch einen offenen Brief von Emile Zola an den Präsidenten der Republik („J'accuse"), löst unter den kleinbürgerlichen Schichten eine Welle von Klerikalismus, Nationalismus und Antisemitismus aus, gewinnt republikanische Intellektuelle für die Sache des Sozialismus und Sozialisten für die Republik; ihr Ergebnis ist neben der Begnadigung (1899) und dem Freispruch (erst 1906) des Offiziers die Formierung von Parteien („Parti radical" 1901, „Parti socialiste" SFIO 1905) und Aktionskomitees (Freimaurerlogen, Menschenrechtsliga, laizistische Organisationen, Volksuniversitäten, der Gewerkschaftsdachverband CGT, die protofaschistische „Action française" unter Charles Maurras) über das bisherige Honoratiorensystem hinaus und die Bildung eines Blocks aus Radikalsozialisten und Sozialisten, der die bisherige, durch ihr Zögern in der Affäre diskreditierte republikanische Mehrheit ablöst.

1899–1906 Kabinett Pierre Marie Waldeck-Rousseau (1899–1902), gefolgt von Émile Combes (1902–1905) und Maurice Rouvier (1905–1906).

1902 1. Nov. Außenminister Théophile Delcassé verbessert die Beziehungen zu Italien (Geheimvertrag über Marokko und Tripolis).

Entente cordiale 1904 8. April Mit Großbritannien Pakt in der *Entente cordiale*: Interessenausgleich über Hinterindien und Nordafrika.

Erste Marokkokrise **1905** Daraufhin Isolierung Deutschlands in der *Ersten Marokkokrise*, Ausdehnung der französischen Vormachtstellung in Marokko, das seit 1902 französischem Kapital offen steht.

Alexandre Millerand, erster sozialistischer Minister (noch ohne Parteimandat), versucht vergeblich, ein generelles Schlichtungsverfahren für Arbeitskämpfe durchzusetzen; dagegen setzt der Block unter dem Druck der Sozialisten die Entklerikalisierung des Staates fort (staatliche Genehmigungspflicht für Orden, die restriktiv gehandhabt wird, Entzug der Unterrichtsbefugnis für nicht zugelassene Orden, Klosterschließungen bei Verstößen, Abbruch der diplomatischen Beziehungen zum Papst).

Trennung von Kirche und Staat 3. Juli Das Gesetz über die *Trennung von Kirche und Staat* unterbindet finanzielle Zuwendungen und das Mitwirkungsrecht des Staates.

Wachsende Klassenspannungen zwischen bürgerlichen Radikalen und Sozialisten, verschärft durch eine neue Hochkonjunktur und die Zuspitzung der internationalen Lage, lassen den Block auseinander brechen.

1906–1909	Ministerpräsident Georges Clemenceau setzt, obwohl selbst von der Notwendigkeit neuer Sozialgesetze überzeugt, Truppen und Justiz gegen Streikbewegungen ein.
1909–1910	Ministerpräsident Aristide Briand (*1862; †1932), aus den Reihen der Sozialisten hervorgegangen, versucht eine Politik sozialen Ausgleichs, scheitert jedoch am Widerstand der Unternehmer.
1910 Okt.	Die Niederschlagung eines Eisenbahner-Generalstreiks (10.–17.) trennt die Sozialisten definitiv von der radikalen Regierungsmehrheit.
1911 4. Nov.	Die *Zweite Marokkokrise*, ausgelöst durch fortdauernde deutsch-französische Handelsrivalitäten in Marokko, endet zwar mit der Anerkennung des französischen Protektorats über das Land (gegen Abtretung französischer Kongogebiete an Deutschland), die wirtschaftlichen Gegensätze zum Deutschen Reich und die nationalistische Agitation dauern jedoch fort.
1913 17. Jan.	Die Wahl *Raymond Poincarés* (*1860, †1934) zum Staatspräsidenten zeigt, dass die um einen Ausgleich bemühten Kräfte (Jean Jaurès) in die Minderheit geraten sind.
19. Juli	Die Debatte um die Einführung der dreijährigen Militär-Dienstzeit führt die Nationalisten der Rechten und der Linken zusammen.
1914	Die *Oppositionskräfte* sammeln sich um die SFIO – „Parti socialiste". Nach ihrem Wahlerfolg (102 statt bisher 70 Sitze) klingen die Spannungen zwischen Nationalisten und Pazifisten jedoch wieder ab.
31. Juli	Ein nationalistischer Fanatiker ermordet Jaurès.
3. Aug.	Deutschland erklärt Frankreich den Krieg. Unter Hintanstellung der Klassengegensätze bilden Regierungsmehrheit und Sozialisten die „Union Sacrée" zur Verteidigung der Republik.

Randglossen: *Zweite Marokkokrise*; *Raymond Poincaré*; *Oppositionskräfte*

Frankreich (1914–1944)

Nach vorübergehender Bedrohung durch die militante Rechte (Dreyfus-Affäre von 1898–1899) und die sozialistische Linke (Streikbewegungen bis 1910) hat sich die *republikanische Ordnung* Frankreichs stabilisiert. Industrielle und agrarische Gesellschaft haben sich gegenseitig durchdrungen: Die mangelnde Dynamik des malthusianistischen Industriebürgertums bewahrt die Bauern und Kleinbürger vor dem wirtschaftlichen Niedergang; Schulsystem und öffentlicher Dienst eröffnen ihnen Aufstiegsmöglichkeiten ins mittlere Bürgertum; dieses wiederum kann über die Beteiligung am Finanzkapital ins Großbürgertum aufsteigen. Alle diese Gruppen arbeiten eng zusammen, sind an einer Änderung des Status quo wenig interessiert und wünschen darum einen relativ *schwachen Staat*, wie er mit der Dritten Republik verwirklicht ist: Die politische Beteiligung ist gering, es fehlt an Transmissionsriemen (Verbänden, Parteien, Assoziationen) zwischen dem Einzelnen und dem Staat; die Regierungen intervenieren nur, wenn der Status quo gefährdet ist; Entscheidungsprozesse sind langsam. Eine Ausnahme bilden die Organisationsformen der Arbeiterklasse, die dieser breiten Interessenkoalition nicht angehört und – da zahlenmäßig immer noch geringer als in vollindustrialisierten Ländern – in eine Ghettosituation gerät. Ideologisch bleibt die Arbeiterbewegung freilich innerhalb des Konsensbereichs der radikalen Republik, während eine Minorität der bürgerlich-bäuerlichen Koalition – Erben der monarchistischen Traditionen – außerhalb dieses Bereichs bleiben. Dies macht es notwendig, das Land vom Zentrum her, in wechselnden Koalitionen von der gemäßigten Rechten bis zur gemäßigten Linken zu regieren; die Radikalen als Repräsentanten des Zentrums können somit ohne große Abhängigkeit von ihren Wählern und ohne Sorge um den Verlust ihrer Macht die politische Szene beherrschen.

Im Ersten Weltkrieg wird der *ideologische Konsensbereich* auch auf die Rechte ausgedehnt, der soziale jedoch nicht auf die Arbeiterbewegung, was deren Radikalisierung zur Folge hat. Nach dem Kriege leidet das Bürgertum unter den wirtschaftlichen Kriegsfolgen, die den politischen Gewinn mehr als wettmachen; die republikanische Synthese bleibt jedoch noch stabil. Erst die Weltwirtschaftskrise von 1929–1933 offenbart ihre Schwächen, den Mangel an internationaler Konkurrenzfähigkeit, an Entscheidungsfähigkeit und an Integrationsfähigkeit neuer Klassen, und bereitet ihren Untergang vor. Während des Zweiten Weltkrieges versuchen die seit der Krise der dreißiger Jahre zahlreichen Kritiker des Systems der Dritten Republik von politisch entgegengesetzten Positionen her – „Vichy-Regime" und „Résistance" – das Land an die Bedingungen des modernen Industriezeitalters anzupassen.

Randglossen: *republikanische Ordnung*; *schwacher Staat*; *ideologischer Konsens*

Frankreich im Ersten Weltkrieg (1914–1918)

Union sacrée	1914 4. Aug.	Beginn der „*Union sacrée*": Das Parlament erteilt der Regierung einstimmig außerordentliche Vollmachten für die Kriegsführung. Sozialisten wie Marcel Sembat (*1862, †1922) und Jules Guesde (*1845, †1922) treten in die Regierung ein. Tatsächlich jedoch liegen die wichtigen Entscheidungen bei Generalstabschef Joseph Jacques-Césaire Joffre (*1852, †1921).
Stellungskrieg	5.–12. Sept.	In der Schlacht an der Marne wird der deutsche Vormarsch zum Stehen gebracht; der Krieg auf französischem Boden wird zum *Stellungskrieg*.
	1915	Im Frühjahr beginnt sich das Land auf einen längerfristigen Krieg einzustellen.
	20. Mai	Der Sozialist Albert Thomas (*1878, †1932) wird Staatssekretär für die Kriegsproduktion. Er unternimmt neue Anstrengungen, die Sozialpartnerschaft zwischen Arbeitern und Unternehmern zu institutionalisieren, kann aber einseitige Kriegsgewinne und Inflation nicht verhindern. Die seit Jahren diskutierte Einführung der Einkommensteuer wird auch jetzt nicht durchgesetzt (erst gegen Ende des Krieges); stattdessen verschuldet sich der Staat durch breit gestreute Schatzanweisungen und Auslandsanleihen (besonders in den USA).
Verdun	1916	Der deutsche Angriff bei *Verdun* (Febr.–Juli) und die französische Offensive an der Somme (Juni–Nov.) kosten Frankreich eine halbe Mio. Tote, ohne Entscheidungen zu erbringen. In der Frage der Kriegsziele machen sich Staatspräsident (1913–1920) Raymond Poincaré und Ministerpräsident (1915–1917) Aristide Briand (*1862, †1932) die Forderungen nach Annexion des Rheinlands und der Saar zu Eigen.
Philippe Pétain	1917 2.–20. Mai	Ein schlecht vorbereiteter französischer Angriff in der Champagne führt zu ausgedehnten Truppenmeutereien, die erst durch die Ernennung von General *Philippe Pétain* (*1856, †1951) zum Befehlshaber der Nordarmee beendet werden können. Unter dem Eindruck der allgemeinen Verschlechterung der militärischen Lage und der Russischen Februarrevolution (1917) wächst unter Sozialisten und Gewerkschaftlern die Gegnerschaft zur „Union sacrée".
	7. Sept.	Nachdem ihnen die Teilnahme an der Internationalen Sozialistischen Konferenz in Stockholm verweigert wird, scheiden die Sozialisten aus der Regierung aus.
Georges Clemenceau	16. Nov.	*Georges Clemenceau* (*1841, †1929), populärer Kritiker der bisherigen Führungsschwächen und Gegner des sozialistischen Pazifismus, bildet ein Kabinett (2. Kabinett: 1917–1920) „über den Parteien" und erkämpft sich starke Vollmachten.
	1918	Die Autorität der Zivilregierung über die Militärs wird wiederhergestellt, eine Streikwelle eingedämmt (März–April).
Gegenoffensive der Alliierten	18. Juli	Nach fünf deutschen Offensiven (März–Juli) beginnt die entscheidende *Gegenoffensive der Alliierten* unter dem gemeinsamen Oberbefehl von General Ferdinand Foch (*1851, †1929): schrittweise Zurückdrängung der deutschen Front.
Waffenstillstand	11. Nov.	Pétains Plan einer Offensive in Lothringen (um den französischen Friedensforderungen gegenüber den Alliierten Nachdruck zu verleihen) wird durch den *Abschluss des Waffenstillstands* zwischen Frankreich und dem Deutschen Reich überholt.

Kriegsfolgen und Stabilisierung (1918–1930)

außerordentliche Verluste — Der Krieg kostet Frankreich *außerordentliche Verluste* an Menschenleben und Material: 1 310 000 Tote oder Vermisste (mehr als 10 % der männlichen Aktivbevölkerung), materielle Verluste im Werte von etwa 55 Mrd. Francs des Jahres 1913, d. h. der gesamte Zuwachs des Nationalprodukts in den elf letzten Vorkriegsjahren. Steuererhöhungspläne zum Ausgleich der Staatsverschuldung scheitern jedoch; in der Öffentlichkeit verbreitet sich die Vorstellung, dass „Deutschland alles zahlen wird".

Forderungen in Versailles — Von Annexionisten (Forderung nach Abtretung des linken Rheinufers) und sozialistischen Pazifisten (Forderung nach kollektiver Sicherheitsorganisation unter deutscher Beteiligung) heftig kritisiert, fordert Ministerpräsident Clemenceau auf der *Friedenskonferenz von Versailles* (18. Jan.–28. Juni 1919) über die Rückgabe von Elsass-Lothringen hinaus hohe Reparationen, ständige militärische Besetzung des Rheinlandes, Annexion des Saargebietes, ein um Oberschlesien und Westpreußen vergrößertes Polen, eine internationale Armee für den Völkerbund, muss jedoch in all diesen Punkten Abstriche machen (Reparationshöhe nicht festgelegt, Rheinland nur auf fünfzehn Jahre besetzt, Saargebiet unter Völkerbundsmandat, Volksabstimmung in Oberschlesien, keine Völkerbundsarmee); trotz des Machtgewinns bleibt Frankreichs Sicherheit ungewiss. Ein Teil der französischen Öffentlichkeit (hauptsächlich Sozialisten) arbeitet darum auf einen Ausgleich mit Deutschland hin, der eine Milderung der Friedensbedingungen einschließt (Aristide Briand; Louis Loucheur, *1872, †1931; François Seydoux, *1905, †1981), der andere – zunächst dominierende – Teil unter Führung von Poincaré dagegen auf eine extensive Auslegung der Vertragsbestimmungen, die Frankreichs augenblickliche Überlegenheit über Deutschland möglichst lange sichert.

1919	Kriegslasten, Inflation und das Beispiel der Russischen Oktoberrevolution von 1917 führen zu einem Anstieg und einer Radikalisierung der organisierten Arbeiterbewegung (Confédération Générale du Travail von 700000 auf 1 Mio. Mitglieder, Section Française de l'Internationale Ouvrière – SFIO – Sozialistische Partei Frankreichs von 36000 auf 133000). Aus	
16. Nov.	Furcht vor einer bolschewistischen Revolution bildet sich ein „*Nationaler Block*" von Konservativen bis Radikalen, der in den Wahlen einen überwältigenden Sieg erringt: 417 Sitze gegen nur 100 der nichtsozialistischen Linken (Édouard Herriot, *1872, †1957) und 68 der Sozialisten (Sitzverlust trotz Stimmengewinn infolge der Weigerung, erneut Wahlbündnisse einzugehen).	*Nationaler Block*
1920 18. Jan.	Clemenceau, dem diktatorische Neigungen nachgesagt werden, unterliegt bei der Kandidatur für das Amt des Staatspräsidenten und tritt daraufhin als Ministerpräsident zurück.	
19. Jan.	Nachfolger (bis 23. Nov.) wird Alexandre Millerand (*1859, †1943).	
1920–1924	Regierungen des Nationalen Blocks, deren Politik den Interessen der Geschäftswelt entgegenkommt, die alten klerikal-laizistischen Spannungen entschärft und lediglich in der Frage der Deutschlandpolitik gespalten bleibt.	
1920 Mai	Die von den Wahlen enttäuschte Gewerkschaftsbasis erzwingt einen *Generalstreik*, der jedoch ebenfalls scheitert, zumal die Regierung, um die Unruhe abzufangen, den Achtstundentag eingeführt hat.	*Generalstreik*
20.–26. Dez.	Doppelt enttäuscht und in der Erwartung einer baldigen Revolution schließt sich die Mehrheit der Sozialisten auf dem Parteitag von Tours der Kommunistischen Internationale an. In den folgenden Jahren wird die *Kommunistische Partei* rasch bolschewistisch; die neuen Kader bekämpfen die Sozialisten oft erbitterter als die Rechten. Die Minderheit von Tours (Léon Blum, *1872, †1950) führt die Tradition der Sozialistischen Partei fort und gewinnt in der Opposition zum Nationalen Block rasch neuen Zulauf, besonders aus den verarmten Mittelschichten (1924 wieder 110000 Mitglieder).	*Kommunistische Partei*
1921 16. Jan.	Kabinett (6. Mal: 1921–1922) Briand: Angesichts der Schwierigkeiten, Reparationslieferungen von Deutschland zu bekommen, ist *Aristide Briand* um den Preis eines britischen Garantiepakts zu Zugeständnissen in der Reparationsfrage bereit (Konferenz von Cannes), stößt jedoch auf den Widerstand der Blockmehrheit und tritt zurück.	*Aristide Briand*
1922 18. Jan.	Sein Nachfolger (2. Kabinett: 1922–1924) Raymond Poincaré (*1860, †1934) verweigert jedes Zugeständnis in der Reparations- und Abrüstungsfrage (Konferenz von Genua).	
1923 11. Jan.	Poincaré lässt das *Ruhrgebiet besetzen*, um Briten und Amerikaner (die für eine Stundung der Reparationen eintreten, ohne ihrerseits von der Begleichung der französischen Kriegsschulden abzusehen) zu neuen Verhandlungen im Interesse Frankreichs zu zwingen und dem „kalten Wirtschaftskrieg" der deutschen Stahlindustrie gegen die französische Konkurrenz ein Ende zu setzen.	*Ruhrbesetzung*
1924 9. April	In der Tat gestehen ihm die Alliierten im Dawes-Plan kontrollierte Reparationslieferungen nach Maßgabe der deutschen Prosperität zu. Andererseits verschärft die Ruhrbesetzung die deutsche Inflation und löst, durch die Spekulation der französischen Finanzwelt verstärkt, eine Inflationswelle in Frankreich aus (der Gegenwert für einen Dollar fällt von elf Francs 1921 auf 28 Francs im März 1924), die die Erfolge der Poincaréschen Stabilisierungspolitik (Einkommensteuer, indirekte Steuern, Sparhaushalt) zunichte macht.	
11. Mai	Bei den Parlamentswahlen erringt daraufhin das „*Linkskartell*" aus Radikalsozialisten und Sozialisten einen knappen Sieg. Als Außenminister der von den Sozialisten parlamentarisch unterstützten Regierung Édouard Herriot unternimmt Aristide Briand vergebliche Versuche zur Stärkung der kollektiven Sicherheit (Genfer Protokoll, das nach der Wahlniederlage der britischen Labour-Party nicht ratifiziert wird).	*Linkskartell*
1925 16. Okt.	Erfolgreiche Initiativen Briands und Gustav Stresemanns (Reichsaußenminister 1923–1929) führen zu einem Deutsch-Französischen Ausgleich: Garantie der deutschen Westgrenze im *Vertragspaket von Locarno*. Innenpolitisch scheitert Ministerpräsident Herriot am Widerstand der Geschäftswelt gegen die sozialistischen Forderungen nach Kapitalbesteuerung (Finanzknappheit durch Nichterneuerung der Schatzanweisungen, neue Inflationswelle durch Spekulation). Nach dem Rücktritt Herriots (10. April 1925) wird auch den folgenden Regierungen die finanzielle Unterstützung verweigert.	*Vertragspaket von Locarno*
1926 23. Juli	Erst als Poincaré (4. Mal: 1926–1928) wieder ein Kabinett auf der Grundlage des Nationalen Blocks bildet, kehren sich die Kapitalbewegungen um. Von der Geschäftswelt unter-	

stützt, kann Poincaré mit beträchtlichen Erhöhungen indirekter und direkter Steuern (dabei aber Senkung der Einkommensteuer!) die *Stabilität der Währung* wiederherstellen und den Etat ausbalancieren. Der durch den Krieg erlittene Substanzverlust ist damit einigermaßen gleichmäßig auf alle Bevölkerungsgruppen verteilt, freilich um den Preis einer Missachtung des Wählerwillens und der Aufrechterhaltung der bestehenden sozialen Ungleichheit. Aristide Briand, weiterhin Außenminister; setzt die *Politik des Ausgleichs* mit Deutschland fort, nunmehr von einer Mehrheit der öffentlichen Meinung getragen.

Stabilität der Währung

Politik des Ausgleichs

30. Sept. Auf Initiative des luxemburgischen Industriellen Emil Mayrisch (*1862, †1928) entsteht ein deutsch-französisch-belgisch-luxemburgisches Stahlkartell, das dem „kalten Stahlkrieg" ein Ende setzt.

1928
6. Febr. Infolge der Präferenz der amerikanischen Kreditgeber für Deutschland (nicht zuletzt eine Folge der ungeregelten französischen Kriegsschulden) wird das Misstrauen gegenüber dem deutschen Nachbarn zwar zeitweise wieder stärker, kann aber durch den Abschluss des *Briand-Kellogg-Kriegsächtungspakts* noch einmal eingedämmt werden.

Briand-Kellogg-Pakt

22./29. April Infolge der inneren und äußeren Stabilisierung kann der Nationale Block bei den Wahlen Gewinne erzielen; die Mehrheit der Radikalen schließt sich nun Poincaré an, der daraufhin ein Kabinett der „Nationalen Union" (5. Mal: 1928–1929) von André Tardieu (*1876, †1945) bis Édouard Herriot zu bilden in der Lage ist.

25. Juni Derart abgesichert, kann Poincaré es wagen, die Stabilisierungspolitik mit einer Abwertung des Franc abzuschließen.

16. Sept. Es ist ihm ferner möglich, in Verhandlungen um eine vorzeitige Räumung des Rheinlandes als Preis für eine definitive Reparationsregelung einzuwilligen (am 7. Juni 1929 mit dem *Young-Plan* erfolgreich abgeschlossen; daraufhin Rheinlandräumung am 30. Juni 1930).

Young-Plan Gegensätze

1929
16. Juli Nach dem Rücktritt Poincarés aus Krankheitsgründen treten die *Gegensätze* innerhalb der Nationalen Union stärker hervor.

22. Okt. Briands elftes Kabinett (seit 29. Juli) scheitert am Misstrauen der Rechten gegen seine Ausgleichspolitik.

1930 Tardieus erstes Kabinett seit 2. Nov. 1929 scheitert am Widerstand des Senats gegen dessen
4. Dez. Entparlamentarisierungspläne.

1932 Pierre Laval (*1883, †1945) gelingt der Versuch nicht, die Radikalsozialisten durch eine
10. Febr. Wahlrechtsänderung definitiv an den Nationalen Block zu binden. Dennoch scheint die Stabilität fortzudauern: Frankreich wird von der Weltwirtschaftskrise zunächst kaum betroffen: Im Gegenteil steigen infolge der kurz zuvor getroffenen Abwertung die Exporte und infolge der Währungsstabilisierung der Zustrom auswärtigen Geldes; die Arbeitslosigkeit ist beseitigt und der Konsumanteil am Nationalprodukt folglich vergleichsweise groß.

Die Krise der dreißiger Jahre (1930–1936)

Ab Ende 1930 führen zunehmende Zahlungsunfähigkeit der europäischen Nachbarn, Ausbleiben der Reparationen *(Hoover-Moratorium)* und Abwertung des britischen Pfundes zu einer Krise des französischen Exports, die wiederum eine Krise der Industrieproduktion auslöst (Produktionssenkung 1931 um 17,5%, in der Stahlindustrie um 29%). Ohne dass die Krise die gleichen dramatischen Ausmaße annimmt wie in den vollindustrialisierten Ländern, brechen daraufhin die sozialen Grundlagen der republikanischen Synthese nach und nach zusammen: Eine Kapitalflucht aus Furcht vor der Krise verursacht den Zusammenbruch zahlreicher Kleinbanken; in Industrie und Handel müssen die Kleinbetriebe schließen und sind die größeren zur Konzentration gezwungen; unter den Arbeitern breitet sich erneut *Arbeitslosigkeit* aus (1935 etwa zwei von 12,5 Mio. Lohnempfängern); ein allgemeiner Kaufkraftverlust um 15% führt zum Preisverfall für Produkte der Landwirtschaft und des gewerblichen Mittelstands. Unternehmer und freie Berufe leiden in der Regel wenig unter der Krise, sehen aber mit Sorgen in die Zukunft; lediglich das zur Konzentration fähige Großkapital erzielt Gewinne.

Hoover-Moratorium

Arbeitslosigkeit

Von den Regierungen nur langsam und mit unzulänglichen Maßnahmen (Agrarprotektionismus, Aufrechterhaltung der Geldwertstabilität durch Deflationspolitik) bekämpft, dauert die *Krise*, nachdem sie 1932 ihren Höhepunkt bereits überschritten hat, bis 1938. Politisch löst sie zunächst einmal eine Kritik an den Schwächen des Parlamentarismus, an Individualismus und Protektionismus aus, die, sowohl auf der extremen Rechten als auch auf der Linken des politischen Spektrums (und mit vielfachen Übergängen) angesiedelt, langfristig Alternativen zum auseinander brechenden System der Dritten Republik anbietet: autoritäre Neo-Sozialisten (Montagnon; Adrien Marquet [*1885, †1955]; Marcel Déat, *1894, †1955, 1933 aus der Sozialistischen Partei ausgeschlossen), technokratische Planwirtschaftler (André

Krise

Philip, *1902, †1970, CGT-Funktionäre), christliche Personalisten (Emmanuel Mounier, *1905, †1950), korporative Syndikalisten (Robert Aron, *1905), integrale Nationalisten (Pierre Drieu la Rochelle, *1893, †1945). Darüber hinaus aktiviert die Krise die aus der Tradition des Bonapartismus und Boulangismus hervorgegangenen militanten Gruppen der extremen Rechten – die „Action française" (Charles Maurras, *1868, †1952; Léon Daudet, *1867, †1942, Jacques Bainville, *1879, †1936), die „Jeunesses patriotes" (Pierre Taittinger) sowie als die einzige Massenbewegung (150000 Mitglieder) die „Ligue de Croix-de-Feux" (Colonel de La Rocque) – und ruft damit den Widerstand der Linken gegen die faschistische Gefahr hervor.

1932 8. Mai	Die ersten Wahlen nach dem Einsetzen der Wirtschaftskrise werden zu einer Niederlage für André Tardieu der nach dem Sturz Lavals (2. Kabinett: 13. Jan.–16. Febr. 1932) wieder die Leitung der Regierungsgeschäfte übernommen hat (3. Kabinett: seit 20. Febr.). Radikale und Sozialisten verzeichnen große Gewinne (zusammen 335 Sitze gegen 230 des Blocks).	
4. Juni	Herriot bildet ein Kabinett (3. Mal) aus Radikalen und Zentrum, das auf die parlamentarische Unterstützung der Sozialisten angewiesen ist.	
14. Dez.	Als die USA ein Moratorium der französischen Kriegsschulden verweigern (entsprechend dem Deutschland auf der Konferenz von Lausanne gewährten dreijährigen Moratorium für die Reparationszahlungen), bindet Herriot die Existenz seines Kabinetts an die pünktliche Zahlung der Schuldenrate und wird folglich gestürzt.	
1932/1933	*Die folgenden Kabinette* Joseph Paul-Boncour (*1873, †1972), Edouard Daladier (*1884, †1970) und Albert Sarraut (*1872, †1962) *stürzen* über Sparmaßnahmen, mit denen sie den Staatshaushalt sanieren möchten. Streiks, Straßenkämpfe zwischen Ligen und Kommunisten und Finanzskandale häufen sich. Ein Skandal um den betrügerischen Finanzier Alexandre Stavisky, in den radikale Abgeordnete verwickelt sind, wird von der Rechten zur Agitation gegen die Regierungsmehrheit genutzt.	*wechselnde Kabinette*
1934 27. Jan.	Ministerpräsident (2. Mal: seit 27. Nov. 1933) Camille Chautemps (*1885, †1963), wie seine vier Vorgänger auf die Linksmehrheit der Wahlen von 1932 gestützt, wird zum Rücktritt gezwungen. Eine Welle von *Demonstrationen der extremen Rechten* folgt.	
6. Febr.	Als das neue Kabinett Daladier (2. Mal: 30. Jan.–7. Febr. 1934) den wegen einseitiger Begünstigung der Rechten ins Zwielicht geratenen Polizeipräfekten Jean Chiappe (*1878, †1940) ablöst, veranstalten die Ligen einen *Marsch auf das Palais Bourbon* (Sitz der Kammer); gleichzeitig demonstriert die kommunistische Soldatenbund für die Verhaftung Chiappes. In Tumulten mit der Polizei werden 17 Demonstranten erschossen, über 2000 verletzt; die Erstürmung des Palais Bourbon wird nur dadurch verhindert, dass Colonel de La Rocque im letzten Moment den Rückzug befiehlt. Der Vorwurf der Rechtspresse, eine „Regierung der Mörder" zu bilden, demoralisiert die Radikalen.	*Demonstrationen der Rechten Marsch auf das Palais Bourbon*
7. Febr.	Daladier muss zurücktreten.	
9. Febr.	Unter dem Vorsitz des ehemaligen Staatspräsidenten (1924–1931) Gaston Doumergue (*1863, †1937) wird ein Kabinett der „Nationalen Einigung" gebildet, in dem André Tardieu wieder die führende Rolle übernimmt. Damit ist die durch die Wahlen von 1932 angetastete Macht der Rechten wiederhergestellt. Die Anhänger der Sozialisten und Kommunisten, bisher durch den kommunistischen Kampf gegen die sozialistischen „Sozialfaschisten" voneinander isoliert, sehen in dem Sturm der Ligen den Versuch eines faschistischen Staatsstreichs und drängen ihre Parteiführungen zur gemeinsamen Verteidigung.	
12. Febr.	Erfolgreicher *eintägiger Generalstreik*, zu dem beide Seiten unabhängig voneinander aufgerufen haben.	*Generalstreik*
27. Juli	Nach entsprechenden Revirements der Komintern (Aufstieg von Maurice Thorez, *1900, †1964) schließen Sozialisten und Kommunisten einen „Aktionspakt gegen den Faschismus". Auch unter den *Regierungen der Rechten* dauern Finanz- und Staatskrise fort. Tardieus Projekt einer Stärkung der Rechte des Präsidenten und Einschränkung der Parlamentsrechte scheitert	*Regierungen der Rechten*
8. Nov. 1934	am Widerspruch der Radikalen: Doumergue und mit ihm Tardieu müssen zurücktreten.	
9. Nov.– 1935 30. Mai	Während Tardieu nun die außerparlamentarische Agitation schürt, versucht der Zentrist Pierre-Étienne Flandin (*1889, †1958) die Deflationspolitik fortzusetzen, wird aber gestürzt, als er außerordentliche Vollmachten zur Abwehr einer internationalen Bankoffensive gegen den Franc verlangt.	
1935 5. Juni	Sein Nachfolger Pierre Laval (die Regierung unter Fernand Bouisson – *1874, †1959 – ist nur vom 1.–4. Juni im Amt) erhält die erbetenen Vollmachten und macht mit einer rigorosen *Deflationspolitik* (Senkung aller Staatsausgaben und Preise für staatliche Dienstleistungen um 10%) den eben beginnenden Wirtschaftsaufschwung wieder zunichte. Wachsende soziale Unruhen sind die Folge, ebenso eine neue Agitationswelle der Ligen und wachsende Resignation vor dem Aufstieg des nationalsozialistischen Deutschland, dem man infolge der Finanzkrise keine rüstungsintensive Offensivpolitik mehr entgegensetzen kann. Nach	*Deflationspolitik*

dem Abschluss des Französisch-Sowjetischen Beistandspakts (2. Mai 1935) wechseln die französischen Kommunisten vom Antimilitarismus zu einem militanten Nationalismus; die Abkehr vom selbst gewählten Isolationismus und die soziale Krise ermöglichen ihnen eine Verdoppelung ihrer Mitgliedszahlen (auf 200000) und die Gewinnung der Sozialisten und Radikalsozialisten für das *Volksfrontbündnis*.

Volksfront-
bündnis
gemeinsames
Wahlprogramm

14. Juli

1936
12. Jan.

Auf eine Massendemonstration der drei Parteien zusammen mit den Gewerkschaften und antifaschistischen Aktionskomitees folgt die Erarbeitung eines *gemeinsamen Wahlprogramms*: Auflösung der Ligen, Reform der Banque de France, Nationalisierung der Rüstungsindustrie, Kaufkraftschöpfung nach Art des amerikanischen New Deal, aber keine grundlegenden Sozialreformen (aufgrund des Widerstands der Radikalen wie der Kommunisten). Die Radikalen, nun unter dem Druck ihres von der Deflation besonders betroffenen kleinbürgerlichen Anhangs, scheiden aus der Regierung Laval aus und zwingen diesen damit zum Rücktritt.

24. Jan.–
4. Juni

Bis zu den Wahlen führt Albert Sarraut (*1872, †1962) ein Übergangskabinett ohne die Rechte, das von den Sozialisten stillschweigend geduldet wird.

Die Regierungen der Volksfront (1936–1938)

Sieg des Volks-
frontbündnisses

1936
26. April
3. Mai

Bei den Wahlen siegt das *Volksfrontbündnis* mit 376 : 222 Sitzen weniger spektakulär als erwartet. Die Sozialisten bleiben stärkste Partei (147 Sitze), die Radikalen verlieren ein Drittel (106 Sitze), die Kommunisten treten erstmals als starke politische Kraft im Parlament auf (von elf auf 72 Sitze). Der Sieg löst eine von großer Euphorie der Arbeiter und ebensolcher Furcht der Rechten begleitete Streikwelle aus, die Produktion und Handel nahezu zum Erliegen bringt.

Kabinett Blum

4. Juni

Das *Kabinett Blum* wird aus Sozialisten und Radikalen gebildet: Die Kommunisten haben sich auf Moskauer Direktive hin auf die parlamentarische Unterstützung beschränkt, um der von der Rechten geschürten Kommunistenfurcht den Wind aus den Segeln zu nehmen.

Matignon-
Verträge

7. Juni

Die Regierung Blum vermittelt sogleich die *Matignon-Verträge* zwischen sozialistischer Gewerkschaft (CGT) und Arbeitgebervertretern: Lohnerhöhungen zwischen sieben und 15%, Tarifvertragsordnung, Anerkennung der gewerkschaftlichen Betriebsräte.
Wenige Tage später folgen die gesetzliche Einführung der Vierzigstundenwoche und des fünfzehntägigen Jahresurlaubs, bald darauf die im Jan. beschlossenen Maßnahmen. Durch staatliche Getreidemarktregulierung steigt das Einkommen der Bauern. Obwohl die kommunistische Parteiführung zur Wiederaufnahme der Arbeit aufruft, geht die Streikbewegung nur langsam zurück. Dies, die Schaffung von Produktionsengpässen durch Senkung der Arbeitszeit qualifizierter Arbeiter und vor allem der passive Widerstand der Unternehmer wie die Kapitalflucht ins Ausland verhindern, dass die Kaufkraftschöpfung zu einem Produktionsaufschwung führt; eine neue Ausweitung des Haushaltsdefizits und eine neue Inflationswelle sind die Folge. Die *militärische Aufrüstung* (angesichts Hitlers Bruch mit dem Versailler System) verschärfen Defizit und Inflation. Von der Stärke der sozialen Bewegung überrascht, machen sich die Kommunisten die Forderungen nach weiterer Umverteilung zu Eigen (und stärken damit ihren Einfluss unter der rasch wachsenden sozialistischen Gewerkschaftsorganisation CGT).

militärische
Aufrüstung

keine Interven-
tion in Spanien

1. Aug.

Ebenso attackieren die Kommunisten Blums Politik der *Nichtintervention im Spanischen Bürgerkrieg*, für die sich dieser auf britischen Druck hin entschieden hat, um einen Angriff der faschistischen Mächte auf ein isoliertes Frankreich zu verhindern.

28. Sept.

Die Abwertung des Franc um 25–35%, durch den rapiden Schwund der Goldreserven erzwungen, führt zwar zu einem leichten Wiederanstieg der Produktion, ermöglicht aber auch den Währungsspekulanten beträchtliche Gewinne und ist zu gering, um das Handelsbilanzdefizit zu reduzieren.

1937
13. Febr.

Als eine neue Kapitalflucht einsetzt, sieht sich Blum genötigt, eine „Pause" des Volksfrontprogramms zu verkünden: Zurückstellung weiterer sozialpolitischer Maßnahmen (Altersversorgung, Arbeitslosenunterstützung, laufende Lohnerhöhung), Rückkehr zur Orthodoxie des ausgeglichenen Budgets und Berufung traditioneller Bankiers zu „Beratern" der Regierung. Diese „Kapitulation" raubt der Regierung die in der Arbeiterbewegung verbliebene Unterstützung, ohne ihr das Vertrauen der Geschäftswelt zurückzugewinnen; die Angriffe der Rechten nehmen vielmehr an Schärfe zu (antisemitische Hetze gegen den Juden Blum).

16. März

Nach einer kommunistischen Demonstration gegen eine Veranstaltung der Ligen (jetzt als „Parti social français" organisiert) in Clichy, bei der fünf Demonstranten getötet werden,

	beschleunigt sich die Krise: Generalstreik der CGT gegen die Regierung, neue Kapitalflucht, Produktionsrückgang, Verschärfung der Arbeitslosigkeit.	
21. Juni	*Blum* fordert außerordentliche Vollmachten zur Behebung der Finanzkrise und *tritt*, als der Senat diese verweigert, *zurück*.	*Rücktritt Blums*
22. Juni	Nach dem Scheitern des „Experiment Blum" bildet der Radikale Camille Chautemps (*1885, †1963) ein *Zweites Volksfrontkabinett*, dessen Akzente deutlich nach rechts verlagert sind: Den Kommunisten, die nun zum Regierungseintritt bereit sind, werden Ministerämter verweigert; statt des Sozialisten Vincent Auriol (*1884, †1966) übernimmt der Radikale Georges Bonnet (*1889, †1973) das Finanzministerium. Die neue Regierung erhält die erbetenen finanzpolitischen Vollmachten, kehrt zu deflationistischen Maßnahmen zurück, kann aber eine ständige weitere *Verschlechterung der Wirtschaftslage* nicht verhindern. Der „Parti social français" erhält starken Zulauf (800000 Mitglieder); rechtsextreme Terroristen verüben Attentate.	*Zweites Volksfrontkabinett* *schlechtere Wirtschaftslage*
Dez.	Eine neue massive Streikwelle setzt ein.	
1938 15. Jan.	Als sich Chautemps der kommunistischen Unterstützung entledigen will, demissionieren die Sozialisten und zwingen ihn damit zum Rücktritt.	
18. Jan.	Chautemps bildet ein neues Kabinett (4. Mal) ohne sozialistische Minister, wird aber weiterhin von Sozialisten und Kommunisten unterstützt, die eine Rückkehr der Radikalen zur Koalition mit der Rechten nicht zulassen wollen. Chautemps versucht, sich durch außerordentliche Vollmachten für eine Austeritätspolitik von der Abhängigkeit zu den Linken zu befreien; daraufhin verweigern die Sozialisten ihre Zustimmung.	
10. März	Chautemps tritt erneut zurück.	
13. März	Léon Blum versucht nun, angesichts des drohenden Staatsbankrotts und der wachsenden nationalsozialistischen Gefahr (Anschluss Österreichs an das Deutsche Reich am 12./13. März) ein Kabinett (2. Mal) der Nationalen Union von den Kommunisten bis zu den Konservativen zu bilden, muss sich aber, da sich die Mehrheit der Rechten verweigert, mit einer *Neuauflage des Volksfrontkabinetts von 1936* begnügen. Ohne große Illusionen fordert Blum Vollmachten für ein Produktionsförderungsprogramm mit Kapital- und Geldmarktkontrolle. Als der Senat ihm diese Maßnahmen verweigert, muss das Zweite Kabinett Blum zurücktreten.	*neues Volksfrontkabinett*

Auf dem Weg zur Niederlage (1938–1940)

1938 12. April	Im Dritten *Kabinett Daladier* sind die Sozialisten nicht mehr vertreten, dagegen eine Reihe von Gegnern der Volksfront (Paul Reynaud, *1878, †1966); Sozialisten und Kommunisten halten aber zunächst weiterhin an ihrer Regierungsunterstützung fest. Daladier ist jedoch bestrebt, ohne die Volksfrontmehrheit zu regieren. Er kündigt den Abbau der Sozialgesetzgebung an.	*Kabinett Daladier*
29. Sept.	Daladier stimmt im *Münchner Abkommen* dem Druck der deutschen Führung auf Abtretung der sudetendeutschen Gebiete der Tschechoslowakei zu. Beides stößt auf heftige Opposition der Kommunisten.	*Münchner Abkommen*
11. Nov.	Die Radikalen erklären daraufhin ihren Austritt aus dem Volksfrontbündnis. Auf eine Mehrheit aus Zentrum und Rechten gestützt („Nationaler Block"), leitet Daladier mit Dekreten zum Abbau der Vierzigstundenwoche und Reduzierung des Überstundenlohns eine deflationäre Sanierungspolitik ein; Reynaud zum Finanzminister berufen.	
30. Nov.	Ein von der sozialistischen Gewerkschaft (CGT) mit Unterstützung der Kommunisten ausgerufener Generalstreik scheitert, nachdem die Regierung Truppen zur Wiederherstellung der Ordnung eingesetzt hat.	
	Mit Ausnahme der Kommunisten, die eine offensive Bündnispolitik unter Einschluss der Sowjetunion fordern, sind alle Parteien in der Frage der *Haltung gegenüber der nationalsozialistischen Expansionspolitik gespalten*. Bei der Rechten überwiegt die Neigung zur Appeasementpolitik (Beschwichtigungspolitik gegenüber Hitler), bei den Sozialisten zunächst die Zustimmung zum Münchner Abkommen, dann die Forderung nach Eindämmung von Hitlers Expansionspolitik mit Hilfe der Sowjetunion. Zwischen beiden entschließen sich Daladier und Georges Bonnet, nunmehr Außenminister, zunächst zur Forcierung der Aufrüstung und dann, nach der Zerschlagung der „Rest-Tschechei" (März 1939), zu einer Eindämmungspolitik ohne Bemühen um sowjetisches Engagement, die folglich von der britischen Politik abhängig bleibt.	*NS-Eroberungspolitik*

Garantieerklärung für Polen	**1939** 31. März	Frankreich schließt sich der britischen *Garantieerklärung für die territoriale Integrität Polens* an.
	13. April	Daraufhin kündigt Daladier den automatischen Beistand Frankreichs für Griechenland, Rumänien und Polen im Falle eines deutschen oder italienischen Angriffs an.
	1. Sept.	Bis zuletzt auf ein Einlenken Hitlers in der polnischen Frage hoffend, verlangt die Regierung Daladier ultimativ den Rückzug der deutschen Truppen aus Polen.
	2. Sept.	Die Kammer verabschiedet einstimmig (auch mit den Stimmen der Kommunisten) Kriegskredite.
Kriegserklärung Frankreichs	**3. Sept.**	*Frankreich erklärt* zusammen mit Großbritannien dem Deutschen Reich *den Krieg*.
	26. Sept.	Die Kommunistische Partei wird wegen ihres Eintretens für den Deutsch-Sowjetischen Nichtangriffs-Pakt verboten; die kommunistischen Abgeordneten mit den Stimmen aller übrigen Fraktionen unter Strafverfolgung gestellt.
	1940	Im Frühjahr wächst die Bereitschaft zu aktiver Kriegsführung; Daladier, der vor einer Intervention im Sowjetisch-Finnischen Winterkrieg gezögert hat, tritt nach einer Stimmenthaltung der Kammermehrheit in der Vertrauensfrage zurück.
Paul Reynaud	21. März	Nachfolger wird *Paul Reynaud*, der zu offensiver Kriegsführung entschlossen ist, dafür aber nur knapp die Hälfte der Kammerstimmen (darunter die meisten Linken) erhält.
deutscher Angriff	**10. Mai**	Der *deutsche Angriff* an der Westfront ist unerwartet erfolgreich.
	18. Mai	Um das Vertrauen in die französische Führung wiederherzustellen, beruft Reynaud neben Parlamentariern der Rechten Marschall Philippe Pétain als stellvertretenden Ministerpräsidenten in das Kabinett sowie General Maxime Weygand (* 1867, † 1965; Mitarbeiter Fochs) zum Oberbefehlshaber.
	19. Mai	
	5. Juni	Nach der deutschen Einnahme Dünkirchens wird das Kabinett um unpolitische Fachleute erweitert (unter ihnen als Unterstaatssekretär im Kriegsministerium der spätere General Charles de Gaulle; * 1890, † 1970).
	14. Juni	Bevor die deutschen Truppen Paris besetzen, flieht die Regierung durch die Touraine nach Bordeaux.
	17. Juni	Reynaud ist für die Fortsetzung des Kampfes, bleibt aber in der Minderheit und tritt zurück.
Regierungschef wird Pétain		Neuer *Regierungschef wird Pétain* (von Staatspräsident Albert Lebrun, * 1871, † 1950, berufen), der sogleich um Waffenstillstand nachsucht. Kaum beachtet, ruft Charles de Gaulle über Radio London zur Fortsetzung des Kampfes auf.
	18. Juni	
Waffenstillstand	**22. Juni**	*Abschluss des Waffenstillstands*: Frankreich wird nördlich und westlich der Linie Genf, Dôle, Tours, Mont-de-Marsan, spanische Grenze besetzt; Elsass-Lothringen und die Departements Nord und Pas-de-Calais werden vom Staatsgebiet abgetrennt; die unbesetzten Landesteile bleiben in der Verwaltung der französischen Regierung.
	28. Juni	Die britische Regierung erkennt das von de Gaulle gebildete „Nationalkomitee der Freien Franzosen" an und lässt das vor Oran (heute: Algerien) liegende französische Geschwader zerstören (um es nicht in die Hände der Deutschen fallen zu lassen); daraufhin bricht Pétain die diplomatischen Beziehungen zu Großbritannien ab.
	3. Juli	

Das Regime von Vichy und die Résistance (1940–1944)

	1940 10. Juli	In Vichy (Nordrand des Zentralmassivs), wohin die Regierung (1. Juli) umgezogen ist, übertragen Senat und Abgeordnetenkammer auf Betreiben von Pierre Laval (* 1883, † 1945) mit 569 gegen 80 Stimmen Marschall Pétain die Vollmachten zur Erarbeitung einer neuen Verfassung.
Pétain Staatschef	17. Juli	*Pétain wird „Chef des französischen Staates"* mit nahezu absoluten Vollmachten, Laval sein Stellvertreter und Nachfolger.
	24. Okt.	Laval, der einen engen Anschluss Frankreichs an Deutschland wünscht, arrangiert ein Treffen Pétains mit Hitler.
	13. Dez.	Da aber Pétain den Friedensvertrag mit Deutschland nicht mit dem von Hitler geforderten Preis des Kriegseintritts auf deutscher Seite bezahlen will, entlässt er Laval und stellt ihn unter Hausarrest. Neuer Außenminister wird Pierre-Étienne Flandin (* 1889, † 1958), der auf einen unabhängigeren Kurs gegenüber Deutschland bedacht ist.
François Darlan	**1941** 9. Febr.	Nachdem die Deutschen seinen Rücktritt erzwungen haben, wird Admiral *François Darlan* (* 1881, † 1942) als Vizepräsident, Außen-, Innen- und Marineminister zur beherrschenden Figur des Regimes.
		Opportunisten, die traditionelle Rechte und eine Vielzahl technokratischer und korporativer Reformer unterstützen Pétains Politik der „nationalen Revolution": Abschaffung des Parla-

ments, Aufhebung aller Mandate, die aus dem allgemeinen Wahlrecht hervorgegangen sind, Auflösung der Gewerkschaften und Arbeitgeberverbände zugunsten korporativer Berufsverbände, dirigistische Wirtschaftslenkung durch „Organisationskomitees" der Unternehmerschaft. Anfangs von der großen Mehrheit der Bevölkerung resignierend unterstützt, verliert das Regime *(„Etat français")* mit zunehmender deutscher Repression und Verschlechterung der deutschen Kriegslage an Anhang. – *Etat français*

1942 19. Febr. In Riom (nördlich von Clermont-Ferrand) wird ein Prozess gegen die „Hauptverantwortlichen für die Niederlage" (u.a. Léon Blum) eröffnet, der jedoch wegen des negativen Propagandaeffekts wieder abgebrochen werden muss.

19. April Pierre Laval kehrt zurück und übernimmt als Ministerpräsident die tatsächliche Leitung des Regimes. Französische Arbeitskräfte (über 170000) werden im Deutschen Reich eingesetzt, eine allgemeine Arbeitspflicht verkündet.

8. Nov. Amerikanische und britische Truppen unter General Dwight D. Eisenhower *landen an der nordafrikanischen Küste.* *alliierte Landung in Afrika*

11. Nov. Da die Truppen des Vichy-Regimes kaum Widerstand leisten, lässt Hitler auch die *Südzone Frankreichs besetzen.* *Besetzung der „Südzone"*

In Algier schließt Admiral Darlan einen Waffenstillstand mit den USA und erklärt sich zum Staatschef in Nordafrika.

Darlan wird von einem Gegner des Vichy-Regimes ermordet.

24. Dez. Im Kampf gegen General Henri-Honoré Giraud (*1879, †1949), der vom Vichy-orientierten Kolonialrat in Algier mit der Leitung der Zivil- und Militärverwaltung beauftragt und von der amerikanischen Regierung gefördert wird, setzt General de Gaulle die innerfranzösische *Résistance* zur Stärkung seiner Legitimität ein. *Résistance*

1943 27. Mai Jean Moulin, Repräsentant de Gaulles in Frankreich, vereint die auf Anfänge seit 1940 zurückgehenden, seit Mitte 1941 rasch anwachsenden Widerstandsorganisationen der Linken (Combat, Franc-Tireur, Libération u.a.) und der Rechten (insbesondere die Organisation Civile et Militaire) zusammen mit Vertretern der republikanischen Parteien in einem „nationalen Widerstandsrat" *(„Conseil National de la Résistance").*

3. Juni De Gaulle kann daraufhin die Bildung eines von ihm und Giraud gemeinsam präsidierten „Komitees für die nationale Befreiung" in Algier durchsetzen. Nach Moulins Ermordung wird Georges Bidault Präsident der Résistance. *Conseil National de la Résistance*

17. Sept. Die Schaffung einer Konsultativen Versammlung verstärkt die Präsenz republikanischer Vichy-Gegner in Algier.

1. Okt. Giraud muss zurücktreten. Der innerfranzösische Widerstandskampf verschärft sich.

1944 1. Febr. Die paramilitärischen Verbände werden in den *„Forces Françaises de l'Intérieur"* zusammengefasst; die Widerstandsgruppen werden zu Massenorganisationen, in denen die Kommunisten eine hervorragende Rolle spielen. *Forces Françaises de l'Intérieur*

4. April Die Vertreter der Kommunisten akzeptieren die wiederholte Aufforderung de Gaulles, in das Befreiungskomitee einzutreten.

3. Juni Angesichts der bevorstehenden Invasion der Alliierten deklariert sich das Befreiungskomitee zur „Provisorischen Regierung der französischen Republik".

6. Juni 15. Aug. Die Operationen der Alliierten nach der *Landung in der Normandie* und in Südfrankreich werden von Verbänden des „Freien Frankreich" und der Résistance unterstützt. *Landung in der Normandie*

19. Aug. Als die alliierten Truppen die Seine beiderseits von Paris erreichen, beginnt die Résistance den *Aufstand in der Hauptstadt.* *Aufstand in der Hauptstadt*

25. Aug. General de Gaulle zieht in Paris ein.

9. Sept. Nachdem die alliierten Truppen die Westgrenze des Deutschen Reiches erreicht haben, bildet de Gaulle die *Provisorische Regierung* durch Hinzuziehung repräsentativer Vertreter der innerfranzösischen Résistance um (von den Alliierten am 23. Oktober anerkannt) und beginnt mit der Reorganisation des Landes. *Provisorische Regierung*

In der Résistance findet Frankreich zu einem neuen Grundkonsens: Ein General, der von der äußersten, vorrepublikanischen Rechten kommt, formiert mit sozialistisch und kommunistisch inspirierten Widerstandsgruppen ein demokratisches Regime, das von der großen Mehrheit der Bevölkerung getragen wird. Die „blockierte" Gesellschaft der Dritten Republik ist zerstört, die Kluft zur Arbeiterklasse weit geringer geworden; über die neuen Kräfteverhältnisse ist freilich noch nicht entschieden. – (Forts. S. 1444)

Die Britischen Inseln (1485–1789)

(Forts. v. S. 584, 585, 586, 587)

Die englische Geschichte der Frühen Neuzeit umfasst den Zeitraum von der Etablierung einer starken Krongewalt unter den Tudors im 16. Jh. bis zur Ausbildung eines politischen Systems in der Mitte des 18. Jh.s, das wiederum von einem hohen Maß politischer Stabilität geprägt ist und das im Zeichen der Errungenschaften der Glorreichen Revolution (1688) steht. Dazwischen liegt das 17. Jh. mit seinen politischen Umwälzungen, die zur Suprematie des Parlaments führen, und mit einer gesellschaftlichen und wirtschaftlichen Entwicklung, die die Stellung des hocharistokratischen Großgrundbesitzes und des mittleren grundbesitzenden Adels, der Gentry, konsolidiert sowie England im Zuge der „commercial revolution" auf den Weg einer überseeisch orientierten Welthandelsmacht bringt.

Tudor-Dynastie (1485–1603)

Nach den Rosenkriegen des 15. Jh.s gelingt es der Tudor-Dynastie, in England stabile politische Verhältnisse zu schaffen. Aufstandsversuche gegen das neue Herrscherhaus (1486–1487, 1491–1497) werden niedergeworfen. Durch die Ausschaltung der innenpolitischen Opposition und Einziehung zahlreicher Ländereien wird der König größter Grundherr in England und kann seine Herrschaft auf gesteigerte Kroneinnahmen und eine starke Hausmacht gründen. Bedeutsam für die Staatsverwaltung ist die so genannte *„Tudor-* *Tudor-Revolution*, die maßgeblich von Thomas Cromwell, einem Vertrauten Heinrichs VIII., in den *Revolution"* dreißiger Jahren des 16. Jh.s durchgeführte Straffung der staatlichen Behördenorganisation und des Rechtswesens bringt und damit ältere Tendenzen intensiviert. Die Verfassungswirklichkeit wird durch den Aufstieg des Unterhauses geprägt, mit dessen Hilfe die Trennung von Rom durchgeführt wird. Es bleibt aber vorerst ein Instrument in der Hand der Krone. Zum langfristig politisch ausschlaggebenden *Gentry* Faktor entwickelt sich der mittlere grundbesitzende Adel, die *Gentry*. Sie wird zur führenden sozialen Gruppe im Unterhaus. Hervorzuheben ist, dass innerhalb der besitzenden Schichten (Hochadel, Gentry, städtisches Bürgertum) ein vergleichsweise hohes Maß an sozialer Mobilität herrscht, die im Unterschied zur kontinentaleuropäischen Adelsgesellschaft das gesellschaftliche Gefüge Englands prägt und flexibel gestaltet. Grundlage politischer Macht ist der Landbesitz. In der Landwirtschaft setzt ein durch die nächsten Jahrhunderte sich fortsetzender Rationalisierungs- und Konzentrationsprozess (Umwandlung von Acker- in Weideland, Einhegung der Allmende) ein, der frühe kapitalistische Produktionsmethoden auf dem Land begünstigt. Zugleich erwacht im Laufe des 16. Jh.s ein verstärktes Interesse am Außenhandel.

Heinrich VII. **1485–1509** Heinrich VII. – Noch auf dem Schlachtfeld von Bosworth (22. Aug. 1485) wird Heinrich VII. (*1457, †1509) zum ersten Tudor-Herrscher erhoben.
7. Nov. Heinrich VII. erklärt sich durch Parlamentsgesetz zum neuen rechtmäßigen König.
Nov./Dez. Navigationsakte zum Schutz des englischen Handels.
1486 Heinrich VII. heiratet Elisabeth von York (*1466, †1503): Versöhnungsversuch gegenüber
18. Jan. den Yorkisten.
1490 Weitere Navigationsakte.
1495 Durch Parlamentsgesetz werden die Rosenkriege formell beendet: Amnestiezusicherung und Eigentumsgarantie für die Tudor-Gegner.
1496 Magnus Intercursus: Friedens- und Handelsabkommen mit den habsburgischen Niederlanden, das die für England wichtigen Handelsbeziehungen nach Holland regelt.
1509 Tod Heinrichs VII. (21. April), Nachfolger wird sein Sohn:
Heinrich VIII. **1509–1547** Heinrich VIII. (*1491, †1547).
1509 Heinrich VIII. heiratet mit päpstlicher Zustimmung Katharina von Aragón (*1485, †1536),
11. Juni eine Tochter Ferdinands II. von Aragonien, die Witwe von Heinrichs verstorbenem Bruder Arthur.
Thomas Wolsey 1515 *Thomas Wolsey* (*um 1474, †1530), Erzbischof von York, wird Kardinal und Lordkanzler. Als leitender Minister steigt er zur beherrschenden Figur in der englischen Innen- und Außenpolitik auf und trägt entscheidend zur Stärkung der königlichen Zentralgewalt bei. Außenpolitisch verfolgt er im Bündnis mit Kaiser Karl V. einen antifranzösischen Kurs.
Defensor Fidei 1521 Heinrich VIII. veröffentlicht eine Schrift gegen Martin Luther und erhält vom Papst den Titel *„Defensor Fidei"*.
Trennung von 1527 *Heinrich VIII. will sich von Katharina trennen*, weil in dieser Ehe kein Sohn geboren wird
Katharina und weil er Anne Boleyn heiraten möchte. Um sein Ziel zu erreichen, leitet Heinrich die Trennung von Rom ein, die ihm eine Lösung seines privaten Problems bringt: 1533 erklärt Thomas Cranmer (*1489, †1556), ein evangelischer Theologe, seit 1532 Erzbischof von

	Canterbury, zusammen mit einem geistlichen Tribunal die erste Ehe des Königs für ungültig.	
1529	Sturz Wolseys. Lordkanzler bis 1532: Sir Thomas More (*Thomas Morus*; *1478, †1535), ein Freund des Erasmus und Verfasser der „Utopia". Das so genannte Reformationsparlament tritt zusammen. Es tagt bis 1536 und beschließt auf dem Gesetzesweg die *Trennung von der römischen Kirche*.	*Thomas Morus* *Trennung von Rom*
1530	Heinrich VIII. stellt – beraten von Thomas Cromwell (*um 1485, †1540), der zum führenden Minister aufsteigt – den englischen Klerus unter Anklage, weil er gegen das Statute of Praemunire (von 1353) verstoßen habe, d.h. nicht den König als alleinige und oberste Appellationsinstanz anerkannt, sondern dem Papst diese Funktion zuerkannt habe.	
1532	Das Parlament verbietet kirchliche Zahlungen an Rom und hebt die Eigenständigkeit kirchlicher Gerichtsbarkeit auf.	
1533	Heinrich VIII. heiratet heimlich Anne Boleyn (25. Jan.).	
März	Act of Appeals beseitigt endgültig die juristische Bindung der englischen Kirche an Rom und integriert sie in den englischen Staat. Damit wird die Reformation in England staatsrechtlich vollzogen.	
7. Sept.	Dem Königspaar wird eine Tochter geboren, die spätere Königin Elisabeth I.	
1534 Nov.	*Suprematsakte.* Dem König als Oberhaupt der englischen Kirche muss von Geistlichen und Beamten als Anerkennung seiner vollen kirchlichen Oberhoheit der Suprematseid geleistet werden.	*Suprematsakte*
1535	*Hinrichtung von Eidverweigerern*, darunter Kardinal John Fisher und Sir Thomas More (Thomas Morus).	*Hinrichtung von Eidverweigerern*
1536	Tod Katharinas von Aragón (8. Jan.).	
19. Mai	Hinrichtung Anne Boleyns wegen angeblichen Verrats.	
30. Mai	Dritte Ehe des Königs mit Jane Seymour (*1509, †1537). Beginn der bis 1539 dauernden *Klosterauflösungen*. Etwa zwei Drittel des der Krone anheimfallenden klösterlichen Grundbesitzes werden verkauft. Durch diese größte Besitzumwälzung der englischen Neuzeit erfolgt eine Stärkung der Gentry.	*Klosterauflösungen*
1537	Geburt des Thronfolgers, des späteren Königs Eduard VI., und Tod der Königin im Wochenbett.	
1539	Um steigender Unruhe in der Kirche vorzubeugen, werden die *„Sechs Artikel"* verabschiedet, die die wesentlichen Elemente der katholischen Dogmatik bestätigen. Die Reformation in England ist mehr ein politisch-staatlicher als theologischer Vorgang.	*Sechs Artikel*
1540 6. Jan.	In vierter Ehe heiratet Heinrich VIII. auf Betreiben Thomas Cromwells die protestantische Anna von Cleve (*1515, †1557). Annullierung der Ehe (9. Juli).	
23. Juli	Hinrichtung Thomas Cromwells wegen angeblichen Häretikertums. Seine Gegner sind die konservativen Kräfte des Landes in Hochadel und Kirche. Am gleichen Tag heiratet der König Katharina Howard (*um 1520, †1542). Heinrich VIII. nimmt mit Billigung des irischen Parlaments, das auch seinen Suprematsanspruch duldet, den *Titel eines Königs* (statt Lord) *von Irland* an, um Irland befrieden zu können.	*König von Irland*
1542	Hinrichtung der Königin Katharina Howard wegen Untreue.	
1543	Letzte Eheschließung Heinrichs VIII., mit Katharina Parr (*1512, †1548).	
1547 28. Jan.	Tod Heinrichs VIII. – Durch die Kriegsführung gegen Frankreich und die ständigen Konflikte mit Schottland sind die Staatsfinanzen zerrüttet. Die finanzielle Unabhängigkeit der Krone ist durch vermehrten Verkauf von Kronländern hinfällig geworden. Neuer König ist der neunjährige (*1537) Sohn Heinrichs VIII.:	
1547–1553	Eduard VI. – Das Land wird nacheinander von den Protektoren Eduard Seymour Somerset (*um 1506, †1552) und Northumberland (*1502, †1553) regiert, die den Protestantismus weiterentwickeln wollen. Einführung des von Thomas Cranmer, Erzbischofs von Canterbury, unter Einfluss der deutschen Reformatoren Bucer und Melanchthon verfassten *Common Prayer Book*. Auf dieser Grundlage entwickelt sich die englische Hochkirche (High Church), die in der Lehre protestantisch, in der bischöflichen Verfassung und in der Form des Gottesdienstes katholisch ist.	*Eduard VI.* *Common Prayer Book*
1549		
1553 6. Juli	Tod Eduards VI., der testamentarisch Lady Jane Grey (*1537, †1554), eine Urenkelin Heinrichs VII., zur Königin bestimmt. Diese kann sich aber nicht halten und muss am 19. Juli der legitimen Thronfolgerin weichen.	
1553–1558	*Maria Tudor*, auch „Maria die Katholische" (*1516, †1558), eine Tochter aus der ersten Ehe Heinrichs VIII. Es folgt der Versuch einer Rekatholisierung Englands mit grausamen Verfolgungen der Protestanten. Die Königin erhält den Beinamen „Bloody Mary" (Maria die Blutige).	*Maria Tudor*

Häuser Tudor und Stuart

Die Häuser Tudor und Stuart (England, Schottland)

Heinrich VIII.

Heinrich VII. Tudor
Kg. v. England, † 1509

Heinrich VIII.
Kg. v. England, † 1547
∞ 1. Katharina v. Aragón, † 1536
   2. Anne Boleyn, † 1536
   3. Jane Seymour, † 1537

Elisabeth I.

Jakob IV. Stuart ∞ 1. Margarete
Kg. v. Schottland   † 1514
† 1513

Maria I.
Kgn. v. England, † 1558
∞ Philipp II.
Kg. v. Spanien, † 1598

Elisabeth I.
Kgn. v. England
† 1603

Eduard VI.
Kg. v. England
† 1553

Jakob V.
Kg. v. Schottland, † 1542
∞ 1. Magdalene, 1537
   2. Maria v. Guise-Lothringen
   † 1560

Margarete Douglas
∞ Matthäus Stuart
Ururenkel Jakobs II.
Kg. v. Schottland

Jakob Stuart
Gf. v. Murray
Reg. v. Schottland
† 1570

Maria Stuart   2. ∞   Heinrich Stuart
Kgn. v. Schottland, † 1587   Gf. v. Darnley
∞ 3. Jakob Hepburn, Gf. v. Bothwell   † 1567
  † 1578

Jakob (VI.) I.
Kg. v. Schottland u. v. England
† 1625
∞ Anna v. Dänemark
† 1619

Karl I.

Elisabeth   Heinrich Friedrich   **Karl I.**
† 1662   † 1612   Kg. v. England u. v. Schottland
∞ Friedrich V.   † 1649
Kft. v. d. Pfalz   ∞ Henriette T. Heinrichs IV. v. Frankreich
Kg. v. Böhmen   † 1669
† 1632

Sophia, † 1714   **Karl II.**   Maria   **Jakob II.**
∞ Kft. Ernst August   † 1685   † 1660   vertr. 1688
v. Hannover   ∞ Wilhelm II.   † 1701
† 1698   v. Oranien
                                              Gen.-Stth. d. Ndld.
                                              † 1650

Georg I.   Sophie Charlotte
† 1727   † 1705
                ∞ Kg. Friedrich I.
                in Preußen
                † 1713

Wilhelm III.

Georg II.   Sophie Dorothea   **Wilhelm III.** ∞ Maria † 1695   Anna   Jakob Eduard
† 1760   † 1757   v. Oranien   † 1714   Thronf.
                ∞ Kg. Friedrich Wilhelm I. Gen.-Stth. d.   Kgn. v. Großbr. † 1766
                in Preußen   Ndld. 1672   1702
                † 1740   Kg. v. Großbr.   ∞ Pr. Georg
                                     1689, † 1702   v. Dänemark
                                                                         † 1708

Friedrich Ludwig   Karl Eduard
Pr. v. Wales   Thronf.
† 1751   † 1788

Georg III.
† 1820

● PLOETZ

1554	Heiratsvertrag zwischen Maria und Philipp, dem Sohn Karls V. und künftigen Philipp II. von Spanien. Dadurch gerät England in den Sog der antifranzösischen Politik Habsburgs.
1555	Gründung der Muscovy Company für den Russlandhandel.
1556	Hinrichtung Thomas Cranmers.
1558 17. Nov.	Tod Marias und Thronbesteigung der aus der Ehe Heinrichs VIII. mit Anne Boleyn stammenden Tochter:
1558–1603	*Elisabeth I.* (*1533, †1603). Lord Burghley (*1520, †1598) wird für vier Jahrzehnte ihr Erster Minister. Wiederherstellung der anglikanischen Bischofskirche, die sich allerdings mit puritanischen Strömungen auseinander setzen muss. Sie konzentrieren sich vor allem in Schottland (wohin der calvinistische Reformator John Knox [*um 1505 oder um 1513, †1572] aus seinem Genfer Exil 1559 zurückkehrt), werden aber auch von einer puritanischen Oppositionsgruppe im englischen Unterhaus vertreten.
1559	Mit der *Erneuerung der Suprematsakte* (Monarch als oberster Kirchenherr der anglikanischen Nationalkirche) und der Uniformitätsakte (Forderung nach äußerer Konformität der Gläubigen) wird die Staatskirche gesetzlich wiederhergestellt. Die Königin betreibt eine nach Kompromissen strebende gemäßigte Kirchenpolitik.
1563	Die „39 Artikel" regeln das kirchliche Leben in England.
1568 19. Mai	Auf der Flucht aus Schottland, wo sie der calvinistischen Adelsopposition zugunsten ihres Sohns Jakobs VI. 1567 gewichen war, wird die katholische *Maria Stuart* (*1542, †1587) gefangen genommen.
1570	*Der Papst exkommuniziert Königin Elisabeth* und entbindet ihre Untertanen vom Treueid. Gründung der Börse in London als Konkurrenz zu Antwerpen.
1571	Aufdeckung der Ridolfi-Verschwörung, die einen Umsturz zugunsten Maria Stuarts anstrebt.
1576	Zunahme puritanischer Aktivitäten, die auch im Unterhaus artikuliert werden und auf Reinigung der anglikanischen Kirche von katholischen Formen drängen.
1577	*Francis Drake* (*um 1540, †1596) beginnt seine Erdumseglung, teilweise ein staatlich geduldetes Unternehmen gegen spanische Handelsverbindungen in Übersee.
1583	Aufdeckung eines Stuart-Komplotts.
1584	Beginn der Inbesitznahme des nordamerikanischen Virginias, benannt nach der unverheirateten Königin Elisabeth I.
1585	Konflikt mit Spanien, von dem die Errichtung einer politisch-militärischen und wirtschaftlichen Hegemonialstellung auf dem Kontinent und darüber hinaus die Betreibung der Gegenreformation droht.
1587	Offener Krieg mit Spanien.
8. Febr.	*Hinrichtung Maria Stuarts* nach Aufdeckung einer im Vorjahr stattgefundenen erneuten katholischen Verschwörung.
1588	Englischer Seesieg über die *spanische Armada* im Ärmelkanal.
1600	Gründung der East India Company (31. Dez.).
1601 Sept.	Niederlage eines spanischen Heeres, das die aufständischen Iren unterstützt. Niederwerfung der irischen Rebellion.
1603 24. März	Tod Königin Elisabeths. Nachfolger wird der erste Stuart-König auf dem englischen Thron, ein Sohn Maria Stuarts.
1603–1625	*Jakob I.* (*1566, †1625; als König von Schottland Jakob VI.). Er regiert England und Schottland in Personalunion.

Randbegriffe: *Elisabeth I.* — *Erneuerung der Suprematsakte* — *Gefangennahme Maria Elisabeth exkommuniziert* — *Francis Drake* — *Hinrichtung Maria Stuarts spanische Armada* — *Jakob I.*

Stuart-Dynastie, Republik, Restauration (1603–1688)

Das 17. Jh. erlebt den Durchbruch des Parlamentarismus in England, der freilich immer noch ständisch gebunden bleibt und nicht mit einem modernen demokratischen Parlamentarismus verwechselt werden darf. Die Stuart-Dynastie unterliegt im Kampf um die Souveränität im Staat, der ein Erbe der ungelösten Fragen der Tudor-Verfassung darstellt. Die Beziehungen zwischen Krone und Parlament, speziell zwischen Krone und Unterhaus, entwickeln sich schon unter Elisabeth I. zu einem labilen Gleichgewicht. Im Unterschied zu den Tudors befinden sich die Stuart-Könige in ständiger Finanznot, die durch die während der elisabethanischen Kriegsführung entstandenen Schulden und eine allgemeine Geldentwertung bedingt ist. Die Krone ist also stärker auf das Unterhaus angewiesen, das zusätzliche Mittel bereitstellen, andererseits aber in die königliche Regierungsgewalt nicht eingreifen soll. Im Unterhaus selbst formieren sich Kräfte, die die Auffassung vom göttlichen Recht der Könige und die königlichen Prärogativrechte, nach denen die hohe Politik in der alleinigen Entscheidungsgewalt des Königs liegt, in Frage stellen. Schon unter Jakob I., der auch theoretische Schriften zur Begründung seines Königtums verfasst (u. a.

"The True Law of Free Monarchies", 1598) und sich in der Herrscherauffassung von seinen Tudor-Vorgängern prinzipiell nicht unterscheidet, in konkreten Fragen gegenüber dem Parlament aber ungeschickt, wenn verfassungsrechtlich auch korrekt vorgeht, kommt dieser Gegensatz offen zum Ausbruch. Er wird endgültig erst mit der Glorreichen Revolution 1688/89 bereinigt.

	1604 Jan.	Hampton-Court-Konferenz: Da man den die Bischofskirche angreifenden Puritanern kirchliche Freiheiten verwehrt (Jakob I.: „No Bishops, no King"), werden sie endgültig in die Opposition gedrängt.
	Juni	Erste Differenzen zwischen König und Unterhaus.
„Pulververschwörung"	1605 5. Nov.	Aufdeckung der *Pulververschwörung* (Gunpowder Plot, katholischer Attentatsversuch gegen die gesamte Staatsspitze). Dadurch nachhaltige Diskreditierung des Katholizismus.
	1608	Erste religiös motivierte größere Auswanderungen nach Nordamerika.
Francis Bacon	1618	*Sir Francis Bacon* (*1561, †1626) wird Lordkanzler und erweist sich als konsequenter Verteidiger der königlichen Prärogative.
„Mayflower"	1620	Das Auswandererschiff „*Mayflower*" segelt mit 120 Pilgervätern nach Neu-England.
	1621	Anklage und Sturz Bacons durch das Parlament, das ihm Korruption vorwirft.
		Der Gegensatz zwischen Krone und Unterhaus verstärkt sich. Verhaftung einzelner Abgeordneter.
		Um Geld für die Kriegsführung im Dreißigjährigen Krieg zu erhalten, macht der König dem Unterhaus weit reichende Zugeständnisse (u.a. Mitsprache bei Ämterbesetzungen und auf dem Gebiet der Außenpolitik).
	1625	Tod Jakobs I. (27. März).
Karl I.	1625–1649	Karl I. (*1600, †1649), Jakobs I. Sohn, wird sein Nachfolger.
Petition of Right	1628	*Petition of Right*.
	7. Juni	Der König ist wegen Finanzknappheit gezwungen, einer Petition des Unterhauses durch seine Zustimmung Gesetzeskraft zu geben: Danach sind ohne Zustimmung des Parlaments Gelderhebungen jeglicher Art nicht möglich und dürfen Verhaftungen ohne Angabe des Grundes nicht vorgenommen werden (Habeas Corpus).
	1629	Auflösung des Parlaments für die nächsten elf Jahre. Der König regiert mit Hilfe der zentralen Regierungsbehörden (Earl of Strafford, *1593, †1641; erster Minister) und der königlichen Gerichte und stützt sich auf die konservativen Elemente im hohen Klerus (William Laud, *1573, †1645, Erzbischof von Canterbury). Zur Deckung der Staatsausgaben greift er auf Zölle und Einfuhrabgaben zurück und weitet die Erhebung des Schiffsgelds (bisher nur von den Seestädten zu leistende Abgabe für die Kriegsmarine) ohne Genehmigung des Parlaments auf Binnenstädte aus.
	1638	Zwecks Abwehr gegen die anglikanische Hochkirche bildet sich in Schottland ein Solemn League and Covenant.
Kurzes Parlament	1640 13. April	Um Geldmittel für einen Krieg gegen Schottland zu erhalten, wird ein Parlament einberufen, das (wegen seiner Dauer von nur 22 Tagen) *Kurze Parlament*. Als das Unterhaus jedoch grundsätzlich Geldbewilligungen von der vorherigen Abstellung aller Missstände abhängig macht und auch in Glaubensfragen unnachgiebig bleibt, wird es aufgelöst.
	20. Aug.	Oppositionskreise in London rufen die Schotten zu Hilfe.
Langes Parlament	3. Nov.	Erneuter Zusammentritt eines Parlaments, des *Langen Parlaments*, das formal bis 1660 besteht. John Pym (*1584, †1643) artikuliert im Unterhaus die Ziele der Opposition: Gleichstellung der Puritaner mit den Anglikanern, Herstellung des Gleichgewichts zwischen Krone und Parlament, Finanzkontrolle durch das Parlament, Abschaffung der königlichen Sondergerichte.
	Nov./Dez.	Verhaftung Straffords und Anklage Lauds.
	1641 16. Febr.	Triennial Act, wonach das Parlament mindestens alle drei Jahre vom König einzuberufen ist.
	12. Mai	Hinrichtung Straffords, dessen Todesurteil Karl unter Druck unterschrieben hat.
	Juni	Aufhebung der königlichen Sondergerichte und Verbot von ungesetzlichen Steuerauflagen.
	Okt.	Katholischer Aufstand in Irland mit blutigen Ausschreitungen unter den Protestanten in Ulster.
	22. Nov.	Mit 159 zu 148 Stimmen verabschiedet die puritanische Mehrheit des Unterhauses knapp die Grand Remonstrance, ein Dokument, das die Souveränität beim Parlament verankert und die Bischofskirche auflöst. Als wichtig erweist sich, dass die City von London die Forderungen unterstützt.
	1642 4. Jan.	Ein Versuch des Königs, die radikalen Führer des Unterhauses verhaften zu lassen, misslingt.
Flucht des Königs	10. Jan.	*Flucht des Königs* aus London.

Die Puritanische Revolution

Das Parlament spaltet sich. Zwei Drittel des Oberhauses und ein Drittel des Unterhauses stehen auf der Seite des Königs: Die „Kavaliere" (die späteren Tories) haben ihre Basis bei der alten Grundbesitzaristokratie. Dem steht die Partei der „Rundköpfe" (die späteren Whigs) gegenüber, deren Interesse im Überseehandel und in einer modernen Wirtschaft liegt. Grob gesagt stehen der Norden und Westen aufseiten des Königs, der Osten und Süden einschließlich Londons aufseiten des Parlaments. Damit sind die bevölkerungsreichsten und wohlhabendsten Gebiete Englands in der Hand des die puritanische Sache verfechtenden Parlaments. Während die Royalisten an der Bischofskirche festhalten wollen, sind ihre Gegner gespalten in eine Mehrheit des Parlaments, die den presbyterianischen Puritanismus durchsetzen will, und in die Independenten, die eine von aller Kirchenregierung unabhängige Gemeindeorganisation befürworten. Fragt man nach den tieferen *Ursachen* der Puritanischen Revolution, so sind mehrere Faktoren in Rechnung zu stellen. Der Konflikt entspringt sowohl verfassungsrechtlichen wie religiösen und gesellschaftlich-wirtschaftlichen Gegensätzen. Im Verlauf des Bürgerkriegs verselbstständigen sich religiös-ideologische Triebkräfte, die das politische Handeln zunehmend bestimmen und eine klare gesellschaftliche Zuordnung der Bürgerkriegsparteien unmöglich erscheinen lassen. Das Grunderfordernis der Zeit formuliert unter dem Eindruck der innenpolitischen Wirren *Thomas Hobbes* (*1588, †1679. Hauptwerke: „De Cive", 1642; „Leviathan", 1651; „Behemoth", 1668, gedruckt 1679), der den Kampf aller gegen alle („Der Mensch ist des Menschen Wolf") im Interesse der Rechtssicherheit und einer ungestörten Entwicklung der bürgerlichen Marktgesellschaft durch die Grundlegung eines säkularisierten, über die ungeteilte Souveränität verfügenden Staats beenden will.

Ursachen der Revolution

Thomas Hobbes

1642–1646 *Erster Bürgerkrieg*.
    1644 Nach anfänglichen militärischen Misserfolgen des Parlamentsheers baut Oliver Cromwell (*1599, †1658) eine disziplinierte Truppe auf, die Ironsides (Eisenseiten), und schlägt das königliche Heer im Marston Moor (Gebiet nordwestlich von York). Cromwell nutzt den Sieg zur Stärkung der Position der Independenten. Es kommt zu einem immer stärker werdenden Gegensatz zwischen Independenten und Presbyterianern.
    1645
    14. Juni Vernichtende Niederlage der Royalisten bei Naseby (nördlich von Northampton), die die erste Phase des Bürgerkriegs praktisch beendet.
    1647
    23. Jan. *Auslieferung Karls I.* an das Parlament, nachdem der König im April 1646 zu den Schotten geflohen ist, weil diese überwiegend presbyterianisch sind und Karl I. sich aus dem daraus resultierenden Gegensatz zum independistisch orientierten Parlamentsheer einen Vorteil verspricht.
    Okt. Die auf dem radikalen Flügel der Independenten stehenden Levellers („Gleichmacher") unter dem englischen Revolutionär John Lilburne (*1614, †1657) fordern u.a. mehr Demokratie, Aufhebung sozialer Schranken und religiöse Toleranz, stoßen damit bei der Armeeführung aber auf Widerstand.
    1648 *Zweiter Bürgerkrieg*.
    Jan. Cromwell besetzt Edinburgh.
    Aug. Entscheidender Sieg Cromwells bei Preston (nordöstlich von Liverpool; 17./18. Aug.).
    6./7. Dez. Die Armee führt eine „Säuberung" des Parlaments durch, bei der die presbyterianischen Abgeordneten vertrieben werden. Übrig bleibt nach diesem Sieg des Independentismus ein *Rumpfparlament* von nur noch etwa 60 radikalen Mitgliedern.
    1649
    1. Jan. Nachdem das Rumpfparlament die Anklage beschlossen hat, wird Karl I. wegen Tyrannei und Anzettelung eines Bürgerkrieges der Prozess gemacht.
    30. Jan. *Hinrichtung Karls I.*
    19. Mai Die Armee proklamiert die von einem 41-köpfigen Staatsrat regierte *englische Republik*. England wird zu einem „freien Commonwealth" erklärt, „regiert durch die Repräsentanten des Volkes im Parlament, ohne König und Oberhaus".
    Juni Beginn einer Erhebung in Irland, die Cromwell bis Herbst niederwirft.
    1650
    April Kriegerische Auseinandersetzung mit Schottland, wo Karl II. (*1630, †1685), Sohn Karls I., als legitimer König anerkannt wird. Sie dauert bis Sept. des folgenden Jahres.
    Aug. Cromwell gründet den merkantilistisch ausgerichteten Volkswirtschaftsrat, der die gesamte Innen- und Außenwirtschaft Englands lenkt und überwacht.
    1651 Navigationsakte zur Unterbindung des holländischen Zwischenhandels (9. Okt.).
    1652 Die Navigationsakte führt zum ersten Seekrieg mit Holland.
    1653 Beseitigung des Rumpfparlaments (April).
Zusammentritt eines „Parlaments der Heiligen", das von der Armee abhängig ist (4. Juli).
    16. Dez. Im Namen der Armee wird das Instrument of Government verkündet, eine geschriebene Verfassung, nach der Oliver Cromwell als Lord-Protektor Alleinherrscher wird.

Erster Bürgerkrieg

Auslieferung Karls I.

Zweiter Bürgerkrieg

Rumpfparlament

Hinrichtung Karls I. englische Republik

EUROPÄISCHE NEUZEIT Einzelstaaten

*Staats-
gliederung*

Unterhaus

Lord-Protektor

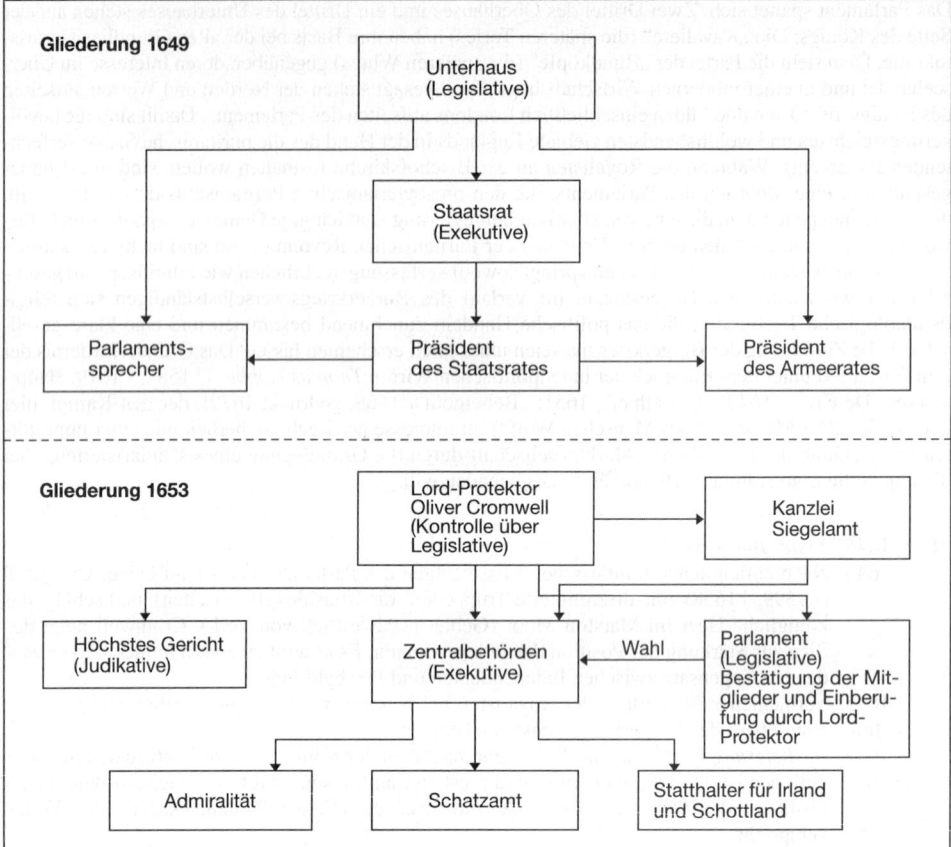

Die Gliederung des englischen Staates 1649 und 1653

*Oliver
Cromwell*

1653–1658 *Oliver Cromwell Lord-Protektor.* – Neben ihm existieren ein Staatsrat und ein Parlament.
 1654 Erstmaliger Zusammentritt des Parlaments, das Opposition übt und die Ablehnung des neuen Systems durch große Bevölkerungskreise erkennen lässt.
 1655 Auflösung des Parlaments. Cromwell regiert als Militärdiktator (Jan.).
 1657 Das wegen des Krieges mit Spanien aus Geldnot wieder einberufene Parlament macht Oli-
 Mai ver Cromwell zum Lord-Protektor auf Lebenszeit mit dem Recht, seinen Nachfolger zu bestimmen. Gleichzeitig wird das militärische Element im Staatsrat zurückgedrängt.
 1658 Isolierung Cromwells von praktisch allen politisch-gesellschaftlichen Gruppen. Attentatsversuche.
 3. Sept. Tod Cromwells. Nachfolger wird sein unfähiger Sohn:

*Richard
Cromwell*

1658–1659 *Richard Cromwell Lord-Protektor* (*1626, †1712).
 1659 Gegensätze zwischen Armee und Parlament. Starke Tendenzen, das von Oliver Cromwell aufgelöste Rumpfparlament wieder einzuberufen, das schließlich zusammentritt (7. Mai).
 24. Mai Richard Cromwell legt sein Amt nieder.
 Okt.–Dez. Auseinandersetzungen zwischen Rumpfparlament und Armee, die aber nicht einheitliche Ziele verfolgen. General George Monck (*1608, †1670) optiert für eine gemäßigte Lösung.
 1660 Es kommt zum Wiederzusammentritt des Langen Parlaments, wie es 1648 existiert hat.
 21. Febr. Damit wird das Parlament zum Träger der Kontinuität.
 16. März Selbstauflösung dieses Parlaments.
 25. April Eröffnung eines neuen Parlaments (Konventionsparlament), das royalistisch-presbyterianisch ausgerichtet ist.
 29. Mai Einzug Karls II. in London.

Karl II.

1660–1685 *Karl II.* – Restauration der Stuarts durch das Parlament. Starke Tendenz zur konstitutionellen Monarchie. Die streng staatskirchliche Gesetzgebung verschärft die religiösen Gegensätze. Viele der außerhalb der Staatskirche stehenden radikalprotestantischen Puritaner (die

Dissenters bilden Mitte des 17. Jh.s rund ein Drittel der englischen Bevölkerung) wandern in die Kolonien aus. – Die Außenbeziehungen Englands werden durch den Gegensatz zu Holland (Seekriege 1665–1667, 1672–1674) geprägt.

1673   Das Parlament beschließt die *Testakte*: Wer ein ziviles oder militärisches Amt bekleiden will, muss den König als Oberhaupt der Kirche anerkennen und sich gegen die katholische Abendmahlslehre erklären.   *Testakte*

1679   Das Parlament setzt *Habeas-Corpus-Akte* durch: Schutz der persönlichen Freiheit und Sicherung gegen willkürliche Verhaftung. Ein Verhafteter hat Anspruch darauf, unverzüglich dem Gericht vorgeführt zu werden.   *Habeas-Corpus-Akte*

1679–1681   *Exclusion Crisis*: Spaltung des Parlaments in zwei Lager, in Whigs und Tories. Die Whigs treten für protestantische Freiheiten und für einen naturrechtlich begründeten Gesellschaftsvertrag ein und wollen den Ausschluss (exclusion) von Jakob (*1633, †1701), dem katholischen Bruder Karls II., von der Thronfolge erreichen. Die Tories verkünden das Prinzip der Legitimität und verteidigen das göttliche Recht der Könige. Auf die Tories gestützt, kann sich Karl II. gegen whiggistische Strömungen und auch Staatsstreichversuche behaupten.   *Exclusion Crisis*

1685   Tod Karls II. und Nachfolge seines katholischen Bruders (6. Febr.).

1685–1688   *Jakob II.* (als König von Schottland Jakob VII.). – Sogleich setzen Rekatholisierungsversuche ein. Ämterbesetzung durch Katholiken.   *Jakob II.*

1688 Juli   Nach mehreren Indulgenzerklärungen, mit denen Jakob II. die Testakte aufhebt, um Katholiken den Zugang zu Ämtern zu ermöglichen, wird Wilhelm von Oranien (*1650, †1702), der mit Maria (*1662, †1694), der ältesten Tochter Jakobs II., verheiratet ist, von einflussreichen Mitgliedern des Oberhauses (sowohl Whigs wie Tories) ins Land gerufen.

15. Nov.   *Landung Wilhelms in England.*   *Landung Wilhelms*

22. Dez.   Flucht des Königs ins Exil nach Frankreich.

1689   Ein neugewähltes Parlament setzt Jakob II. ab.

Jan. 13. Febr.   *Declaration of Rights* durch das Parlament bringt konstitutionelle Beschränkung des Königtums. Thronbesteigung Wilhelms III. und seiner Frau Maria II. durch Parlamentsakte. Wilhelm III. verkörpert nicht nur das protestantisch-freiheitliche Element des englischen Verfassungslebens. Er steht auch im Zentrum der Koalition gegen die Hegemonialbestrebungen Ludwigs XIV. und tritt im Pfälzischen und Spanischen Erbfolgekrieg als Heerführer hervor.   *Declaration of Rights*

Glorreiche Revolution und Haus Hannover (ab 1688/89)

Die Glorreiche Revolution (Glorious revolution) von 1688/89 ist das Ergebnis eines souveränen Akts des ohne königliche Einberufung zu Stande gekommenen Konventionsparlaments. Das Königtum verliert weit gehend seinen charismatischen Charakter. Der Königstitel resultiert aus vertraglichem Konsens. Das göttliche Recht der Könige weicht der Etablierung der Souveränität beim Parlament, das die Nachfolgefrage regelt und die Krone wie ein gewöhnliches Staatsamt (mit den damit verbundenen Befugnissen) vergibt. Mit seinen „Two Treatises of Government" (1690) liefert *John Locke* (*1632, †1704), der Theoretiker des bürgerlich-liberalen Staatsgedankens, eine Beschreibung der neuen Lage, die auf einem „Trust" basiere, einer Treuhandschaft, die Krone und Parlament zum Nutzen des mit Widerstandsrechten ausgestatteten Volks ausüben. – In der Regierungspraxis, die die folgenden Jahrzehnte bestimmt, bleiben die königlichen Prärogativrechte allerdings erhalten: Die Wahl der Minister und die hohe Politik, insbesondere die Außenpolitik, liegen weiterhin in der Entscheidungsgewalt der Krone. In der Verfassungstheorie wird der dadurch entstandenen Unklarheit, wo die Souveränität im Staat liegt, begegnet, indem man von einem System der „Checks and Balances" zwischen Krone, Lords und Commons ausgeht (William Blackstone, *1723, †1780; „Commentaries on the Laws of England", 1765–69). Die Souveränität befindet sich beim *„King in Parliament"*.   *John Locke*

   King in Parliament

Sozialgeschichtlich bedeutet dieser Vorgang die Vorherrschaft der großen grundbesitzenden Whig-Familien des Landes, die in der überwiegenden Zahl der Fälle die Wahlen zum Unterhaus kontrollieren. Sie sind freilich in enger Verbindung mit dem in Handel, Finanz und Gewerbe tätigen Bürgertum zu sehen. „Landed", „commercial" und „moneyed interest" bilden aufs Ganze gesehen eine Interessengemeinschaft. Die englische Wirtschaft beginnt, ungeachtet immer wieder zu verzeichnender Einbrüche, in eine Phase des Wachstums einzutreten, die es dem Staat ermöglicht, sich hoch zu verschulden. Die kostspielige Außenpolitik (Kriegsführung Wilhelms III. gegen Frankreich, Spanischer Erbfolgekrieg, Kriege gegen Spanien und Frankreich zwischen 1739 und 1763) wird durch Erhöhung der Grundsteuer und öffentliche Anleihen finanziert, ohne dass die beständig ansteigende Staatsverschuldung die Staatsfinanzen, das Preisgefüge oder die gesamtwirtschaftliche Entwicklung negativ belastet. – Die Außenpolitik steht seit dem Frieden von Utrecht im Zeichen einer Politik des Gleichgewichts gegenüber dem europäischen Kontinent und im Zeichen der überseeischen Expansion, die ihren Höhepunkt im Siebenjährigen Krieg erreicht.

Bill of Rights	**1689** 23. Okt.	*Bill of Rights*: Die Deklaration vom Februar erhält Gesetzeskraft. Dadurch Fixierung der zentralen Regeln des englischen Verfassungslebens: keine Aufhebung von Gesetzen und keine Gelderhebungen ohne parlamentarische Zustimmung, Bekräftigung der parlamentarischen Freiheiten (u.a. freie Rede), Verbot eines stehenden Heeres, Ausschluss von Katholiken von der Thronfolge.
	1690 1. Juli	Sieg Wilhelms III. in der Schlacht an der Boyne, einem Fluss in Ostirland, wo Jakob II. zur Rückeroberung Englands mit französischer Hilfe ein Heer zusammengezogen hat.
	1694	Ein Gesetz (Triennial Act) bestimmt, dass alle drei Jahre Neuwahlen zum Unterhaus stattfinden müssen. Gründung der Bank von England.
	1695	Das Unterhaus schafft die Vorzensur für Druckschriften ab: Aufschwung der Publizistik und Ausweitung der politischen Öffentlichkeit ganz allgemein.
Act of Settlement	1701	*Act of Settlement*: Regelung der protestantischen Erbfolge; Festlegung, dass der Monarch Anglikaner sein muss. Angesichts der Kinderlosigkeit des Königspaars wird dadurch das Haus Hannover erbberechtigt, dessen Kurfürstin Sophie eine Enkelin von Jakob I. ist.
Königin Anna	**1702** 8. März	Tod Wilhelms III. und Thronbesteigung seiner Nachfolgerin, Königin *Anna* (*1665, †1714), einer Schwester Königin Marias II.
	1703	Handelsvertrag mit Portugal, nach dem englischen Gesandten Methuen benannt, der England den portugiesischen und brasilianischen Markt öffnet.
Realunion mit Schottland	1707	*Realunion mit Schottland* und erstes Parlament des Vereinigten Königreichs von Großbritannien.
	1710	Wahlsieg der Tories, denen die allgemeine Kriegsmüdigkeit zugute kommt und die auf schnelle Beendigung der kontinentalen Kriegsführung im Spanischen Erbfolgekrieg drängen.
	1711	Gründung der South Sea Company.
	1713	Beendigung des Spanischen Erbfolgekrieges (Vertrag von Utrecht) und handelspolitisch wichtiger Vertrag (Asiento) mit Spanien, der Großbritannien das Monopol des Sklavenhandels in den spanischen Kolonien und eine begrenzte Öffnung des spanischen Übersemarkts bringt.
	1714	Tod der Königin Anna und Ende der von Lord Bolingbroke (*1678, †1751) betriebenen Tory-Politik, die entgegen der Rechtslage auf eine Restauration der Stuarts abzielt.
	1714–1901	Das Haus Hannover.
Georg I. *Robert Walpole*	**1714–1727**	*Georg I.* – Beginn einer jahrzehntelangen Vorherrschaft der Whigs in der englischen Innenpolitik unter Führung von *Sir Robert Walpole* (*1676, †1745), des ersten „Premierministers" (1715–1717; 1721–1742), der die Staatsschuld zu drosseln sucht, nach innenpolitischem Ausgleich strebt und eine unkriegerische Außenpolitik verfolgt.
	1715	Gescheiterter Jakobitenaufstand in Schottland, der den Stuart-Prätendenten auf den Thron bringen soll.
	1716	Septennial Act: Heraufsetzung der Parlamentsperiode auf sieben Jahre.
	1720	Finanzskandal um die South Sea Company infolge von Spekulationen und übermäßigen Kurssteigerungen.
Georg II.	**1727–1760**	*Georg II.* (*1683, †1760), Sohn Georgs I.
	1733	Walpole scheitert mit seinem Vorhaben, eine Akzisesteuer auf Wein und Tabak einzuführen, um die Grundsteuer senken zu können. Der Plan muss gegen den Widerstand einer heftig opponierenden Öffentlichkeit aufgegeben werden. Der Vorgang zeigt nachdrücklich, wie sich in der Öffentlichkeit artikulierende Interessen zum unüberwindlichen Hindernis für die Regierung werden können.
	1739	Unter dem Druck einer in Parlament und Öffentlichkeit tätigen Opposition erklärt Großbritannien Spanien den Krieg wegen seit längerer Zeit anstehender handelspolitischer Gegensätze vor allem in der Karibik. Walpole versucht vergeblich, seine Friedenspolitik fortzusetzen, und muss eine deutliche Schmälerung seiner innenpolitischen Machtstellung hinnehmen. Die Kriegserklärung lässt nicht nur die aggressive Variante des britischen Merkantilismus zum Durchbruch kommen, sondern ist auch verfassungsgeschichtlich bedeutsam, weil sie plebiszitäre Züge in der Politik verstärkt.
	1742	Rücktritt Walpoles. Es beginnt ein innenpolitischer Machtkampf zwischen verschiedenen Whig-Gruppierungen.
	1745–1746	Letzter Jakobitenaufstand zur Wiederherstellung der Stuart-Dynastie scheitert.
	1748	Im Frieden von Aachen, der den Österreichischen Erbfolgekrieg beendet, bleiben die Konflikte in Übersee ungelöst.

1756 Beginn des Siebenjährigen Kriegs, in dem Großbritannien durch die Niederlagen Frankreichs in Amerika und Indien zur führenden Welthandelsmacht aufsteigt. Die britische Politik steht unter der Führung *William Pitts des Älteren* (*1708, †1778; Secretary of State mit kurzer Unterbrechung 1756–1761), der zwar mit dem Herzog von Newcastle (*1693, †1768; Secretary of State 1724–1754, First Lord of the Treasury 1754–1756, 1757–1762) als einem der wichtigsten Repräsentanten der Whig-Aristokratie zusammenarbeitet, dessen innenpolitische Position sich jedoch im Wesentlichen auf die Popularität seiner expansiven Außenpolitik stützt, von der der britische Überseehandel profitiert.

William Pitt der Ältere

1760–1820 *Georg III.* (*1738, †1820). – Er will den Krieg – vor allem den Landkrieg in Europa – beenden und das königliche Prärogativrecht der Ministerernennung wieder stärker zur Geltung bringen. Dadurch ergibt sich ein Gegensatz sowohl zu den alten Whig-Familien wie zu William Pitt, der unabhängig von der Krone zu regieren versucht.

Georg III.

1775–1783 Nordamerikanischer Unabhängigkeitskrieg, in dem die Politik des Premiers Frederick Lord North (*1733, †1792; 1770–1782) scheitert. – William Pitt der Jüngere (*1759, †1806) wird erstmals Premierminister (1783–1801).

Großbritannien (1789–1914)

Das Jahr 1789 bildet für die englische Geschichte nicht eigentlich eine Zäsur wie für Kontinentaleuropa. Mit größerer Berechtigung könnte man einen Einschnitt in den sechziger Jahren des 18. Jh.s suchen, als 1. die Bewegung einsetzt, die, von unterschiedlichsten politischen Kräften getragen, eine *Reform des Wahlrechts* fordert, und 2. die erste Phase der industriellen Revolution beginnt. Dieser Abschnitt wird begleitet von einer Festigung der außenpolitischen Stellung Großbritanniens und reicht bis zum Ende der dreißiger Jahre des 19. Jh.s. Danach setzt die Blütezeit als führende Handels-, Industrie- und Finanzmacht ein, die eine hegemoniale Rolle im Weltstaatensystem spielt. Zugleich wird das politische System in weiteren Reformen den Erfordernissen des Industriestaats angepaßt. An der Wende zum 20. Jh. und endgültig im Ersten Weltkrieg verliert Großbritannien seine Führungsposition. Die Geschichte des Landes steht fortan im Zeichen eines ständig zunehmenden Machtverlusts im internationalen System und einer Abfolge vor allem wirtschaftlicher, aber auch sozialer und politischer Krisen.

Reform des Wahlrechts

Industrialisierung und politisch-soziale Verfassung (1789–1836)

Grundstrukturen zu Beginn des 19. Jh.s

In allen Bereichen der britischen Wirtschaft kommt es seit der Mitte des 18. Jh.s zu tiefgreifenden Wandlungsprozessen, deren Ergebnis der Durchbruch der Industrialisierung ist. Aufgrund seiner politischen und gesellschaftlichen Bedingungen, seiner natürlichen Ressourcen und Ausgangslage wird Großbritannien zum *Modellfall der industriellen Revolution*. In diesem Prozess der Modernisierung wird vor allen anderen westlichen Ländern ein deutlicher Vorsprung errungen. Die Entwicklung wird durch den Zusammenfall mehrerer Faktoren begünstigt. Zu konstatieren sind ein Wandel in der Landwirtschaft durch weitere Kommerzialisierung (zwischen 1760 und 1815 erlässt das Parlament über 3000 Gesetze, die sog. *Enclosure Acts*, zur Einhegung von Gemeindeland mit der Konsequenz, dass sich eine besitzlose, oft in die Städte abwandernde Landarbeiterschaft bildet) und eine Verbesserung der Anbaumethoden. Es kommt zu einer rapiden Bevölkerungszunahme mit hoher Bevölkerungsdichte in neuen städtischen Ballungsgebieten. Begleitet von technischen Neuerungen (Spinnmaschine, mechanischer Webstuhl, Dampfmaschine) und Verbesserungen im Verkehrswesen (Straßen-, Brücken-, Kanalbau, seit 1825 erste Eisenbahnlinien; Entwicklung von Dampfschiff, Lokomotive, Telegrafie) kommt es zu neuen Produktionsmethoden (Eisenverhüttung mittels Koks, Dampfantrieb, Arbeitsteilung, Übergang von der Hausindustrie zum Fabrikbetrieb in den Städten, Massenproduktion mit Kinder- und Frauenarbeit).

Modellfall Großbritannien

Enclosure Acts

Die erste Phase der industriellen Revolution (etwa 1760–1840) umfasst vor allem in der Textilherstellung die Entwicklung zur industriellen Massenproduktion. Zur Schlüsselindustrie des wirtschaftlichen Wandels wird in dieser Phase der Industrialisierung die Baumwollproduktion. Der Import von Rohbaumwolle steigt 1775–1810 etwa um das Zwanzigfache.

Optimale *außenpolitische Bedingungen* sind dadurch gegeben, dass Großbritannien seit dem Ende des Siebenjährigen Kriegs (1763) führende Welthandelsmacht geworden ist. Nach den Napoleonischen Krie-

außenpolitische Bedingungen

gen und dem Wiener Kongress (1814/15) wird diese Position weiter ausgebaut. Die britische Rolle des Gleichgewichtshalters in Europa und die Konsolidierung der Hegemonialstellung in Übersee gehen Hand in Hand. Nach dem Amerikanischen Unabhängigkeitskrieg (1775–83) erfolgt der Ausbau des zweiten britischen Imperiums (Kanada, Indien, Australien, Ceylon, Südafrika).

politisches System Die Industrialisierung und die damit einhergehenden sozialen Veränderungen (Entstehung eines bürgerlichen Industrieunternehmertums und einer Industriearbeiterschaft) vollziehen sich innerhalb eines *politischen Systems*, das von vornehmlich agrarisch geprägten Interessen bestimmt ist. Nach wie vor liegt die politische Macht beim Landbesitz. Trotz rasch voranschreitender Industrialisierung bleibt es vorerst bei den vorindustriellen Herrschaftsstrukturen, die sich in England im Unterschied zu Kontinentaleuropa aber als flexibel und reformfähig erweisen. Die mit dem Siebenjährigen Krieg einsetzende Kritik am bestehenden politischen System und die Forderung nach Reform betrifft vor allem die Zusammensetzung des Unterhauses. Von seinen knapp 500 Sitzen ist zu Beginn des 19. Jh.s über die Hälfte hinsichtlich der Kandidatenaufstellung und der Wahl in fester Hand des Großgrundbesitzes. Der *Wahlmodus* ist seit dem 16. Jh. unverändert. Besonders das Wahlrecht der Boroughs (städtische Wahlkreise), die neben den ländlichen Grafschaften Abgeordnete ins Unterhaus entsenden, bedarf der Korrektur. Infolge von Bevölkerungsverschiebungen ist es zum Phänomen der Rotten Boroughs gekommen, die entvölkert, aber immer noch im Unterhaus repräsentiert sind. Große Städte wie Liverpool oder Manchester sind dagegen gar nicht vertreten. Das Verlangen nach Reform des Wahlrechts fällt seit 1789 mit der Auseinandersetzung über die Französische Revolution zusammen: Die Reaktion ist unterschiedlich, insgesamt aber ablehnend. Reformbewegung und politischer Radikalismus bleiben vorerst ohne ausreichende Massenbasis. Nicht zuletzt unter den Auswirkungen der Revolutionskriege setzt sich *Edmund Burkes* (*1729, †1797; führender Vertreter der Whigs im Unterhaus) konservative Position durch, die er 1790 in seinen „Reflections on the Revolution in France" niederlegt. Das Buch wird zur Grundlagenschrift des europäischen *Konservatismus* im 19. Jh. Demgegenüber bleibt Thomas Paines (*1737, †1809) 1791 veröffentlichte Schrift „Rights of Man" (Forderung u. a. nach allgemeinem Wahlrecht und sozial politischen Maßnahmen) zunächst auf den publizistischen Bereich beschränkt und schreckt mit seinem Radikalismus und seiner Areligiosität gemäßigte Kräfte ab. Zum eigentlichen theoretischen Kopf der sich letztlich durchsetzenden Reformbewegung und des Liberalismus in England wird Jeremy Bentham (*1748, †1832) mit seinem Utilitätsdenken („das größte Glück der größten Zahl") und seiner 1789 erschienenen „Introduction to the Principles of Morals and Legislation".

Erweiterung des Wahlrechts Neu im Zusammenhang mit der Forderung nach *Erweiterung des Wahlrechts* sind Organisationen teils religiös-sittlicher, teils politisch-sozialer Färbung, die außerhalb des Parlaments wirken und teilweise über eine Massenbasis verfügen. Ihre Agitation mit Hilfe von Publizistik, Petitionen und Demonstrationen in einem bis dahin nicht gekannten Ausmaß lässt sie zu einem Unruhefaktor in der Innenpolitik werden, dem die Regierung unter Leitung von William Pitt dem Jüngeren (*1759, †1806; 1783–1801, 1804–1806) reformunwillig begegnet. Die 1792 gegründete London Corresponding Society erfasst sowohl bürgerliche Schichten wie die Arbeiterschaft, die sich von einer Parlamentsreform auch eine Lösung ihrer sozialen Probleme verspricht. Die *Methodistenbewegung* John Wesleys (*1703, †1791) verbindet religiöse Erneuerung mit sozialem Engagement und spricht dadurch die neue Industriearbeiterschaft an, der sie Wege zur Solidarisierung und Selbsthilfe aufzeigt. Die Methodisten sind aber ebenso wenig sozial-revolutionär wie die innerhalb der Staatskirche bleibende evangelikale Bewegung, die unter William Wilberforce (*1759, †1833) neben anderen philanthropischen Zielen vor allem für die Abschaffung des Sklavenhandels eintritt. In den zwanziger und dreißiger Jahren entwickelt der *Philanthropismus* auch soziale Aktivitäten (Robert Owen, *1771, †1858). Die politisch am weitesten reichende Massenbewegung ist die Katholische Assoziation, die der irische Anwalt Daniel O'Connell (*1775, †1847) 1823 mit dem Ziel der Katholikenemanzipation gründet und die quasi staatliche Funktionen in Irland an sich zieht. Neben der Forderung nach politischen Reformen werden soziale Probleme der Arbeiterschaft in der seit 1802 von William Cobbett (*1763, †1835) herausgegebenen, weit verbreiteten Zeitschrift Political Register artikuliert. Die Arbeiterschaft beginnt sich in Gewerk- und Unterstützungsvereinen zu organisieren, die mit den staatlichen Instanzen kollidieren, welche die Löhne festsetzen. Die seit 1824 erlaubten gewerkschaftlichen Organisationen sind teilweise reine Arbeitervertretungen, teilweise auf ein Bündnis mit dem gleichfalls politisch unterprivilegierten Bürgertum abgestellt.

1792	Verordnung gegen „aufrührerische Zusammenkünfte und Druckschriften" (Mai).
1793 7. Mai	Das Unterhaus lehnt eine Wahlrechtsreform ab und setzt einen Ausschuss zur Verfolgung Verdächtiger ein.
1794 Mai	Parlamentsbeschluss über die Aufhebung der *Habeas-Corpus-Akte* für ein Jahr. Zahlreiche Verhaftungen der Gegner des Premiers William Pitt des Jüngeren.
1795	Unangemeldete Veranstaltungen von mehr als 50 Personen verboten (18. Dez.).
1798	Erneute Aufhebung der Habeas-Corpus-Akte mit Wirkung bis 1801.

1799/1800	Verbot von politischen Vereinigungen und Gewerkschaften: Unterdrückung von Reformbewegung und Ansätzen organisierter Arbeiterbewegung (Combination Acts). –	
1801 1. Jan.	In-Kraft-Treten der *Unionsakte*, die Großbritannien und Irland vereinigt, nachdem es zwischen den politisch und sozial benachteiligten Katholiken und den Protestanten trotz durchgeführter Teilreform und weiterer Reformversprechen (Wahlrecht, Katholikenemanzipation) zu unaufhebbaren Gegensätzen gekommen ist, die durch die Intervention des revolutionären Frankreich in Irland noch verstärkt worden sind. Irland ist im Parlament des *Vereinigten Königreichs von Großbritannien und Irland* mit 32 Oberhaus- und 100 Unterhausmitgliedern vertreten.	*Unionsakte* *Vereinigtes Königreich*
Febr.	Rücktritt William Pitts des Jüngeren, weil die Union in der Katholikenfrage entgegen den Versprechungen Pitts keinen Fortschritt bringt.	
1807 25. März	Mit dem gesetzlichen *Verbot des Sklavenhandels* erzielt die seit 1790 agitierende Anti-Slavery Association einen ersten Erfolg.	*Verbot des Sklavenhandels*
1811	Beginn der *Ludditen-Unruhen* (genannt nach dem sagenhaften Ned Ludd), einer Maschinenstürmerbewegung, die in der Textilindustrie planmäßig Maschinen zerstört und sich hauptsächlich bis 1814, vereinzelt noch bis 1816 hinzieht.	*Ludditen-Unruhen*
1813	17 Arbeiterführer werden hingerichtet. Den Hintergrund bilden durch die Napoleonischen Kriege bedingte Außenhandelsprobleme, die zu einer Absatzkrise der zugleich steigenden Industrieproduktion, zu sozialer Not und Arbeitslosigkeit führen.	
1815	Vom Landwirtschaft betreibenden Großgrundbesitz werden Getreidezölle durchgesetzt, um dem nach der Aufhebung der Kontinentalsperre eingetretenen Preissturz für Getreide entgegenzuwirken. Leidtragende dieser künstlich aufrechterhaltenen Teuerung sind breite Bevölkerungsschichten, deren Löhne stagnieren. Noch einmal behaupten damit die grundbesitzenden Schichten ihr Machtmonopol.	
1816	Die Aufhebung der 1799 eingeführten Einkommensteuer bringt dem gewerblichen Mittelstand und dem Unternehmertum eine Entlastung und verhindert zugleich ein Bündnis der Mittelschichten mit der Arbeiterschaft.	
1819 16. Aug. Dez.	*Peterloo-Massaker* (ironische Anlehnung an „Waterloo"): Auf dem St.-Peters-Feld bei Manchester demonstrieren 60000 Arbeiter für eine Parlamentsreform. Als Truppen die Menge auflösen, gibt es 12 Tote. Die Regierung verfügt mit den sog. Knebelgesetzen (Six Acts) eine weitere Einschränkung der Presse- und Versammlungsfreiheit. Auf diesem Höhepunkt innenpolitischer Repression durch die Tories beginnt zugleich deren politischer Rückhalt im Land zu bröckeln.	*Peterloo-Massaker*
seit 1822	Eine Änderung vollzieht sich vor dem Hintergrund der Erschließung neuer Überseemärkte (Südamerika) durch eine sich im Aufschwung befindende Wirtschaft und im Rahmen einer von liberalen Ideen getragenen Außenpolitik (Außenminister George Canning 1822–1827; *1770, †1827), die – nicht zuletzt im Interesse der Erweiterung britischer Absatzmärkte – Freiheits- und Unabhängigkeitsbewegungen in Griechenland, Portugal und Südamerika unterstützt und sich damit von dem auf dem Wiener Kongress (1815) formulierten Legitimitätsprinzip abwendet.	
1824 21. Juni	Lockerung der Knebelgesetze und Wiederzulassung von Gewerkschaften. Die Arbeiterbewegung hält sich im Rahmen des bestehenden politischen Systems, dessen Parlamentarismus sie reformieren will. Der Wandel soll durch Evolution, nicht durch Revolution eintreten.	
1825	Das Gesetz zur Aufhebung sämtlicher lokaler Zölle fördert den Binnenhandel.	
1828 9. Mai Juli	*Aufhebung der Testakte* von 1673. Emanzipation des protestantischen Dissent (nicht zur Kirche von England gehörende Protestanten). Die Katholikenemanzipation kommt ein weiteres Stück voran, als O'Connell gegen den bisherigen Abgeordneten von Clare (Westirland), einen Großgrundbesitzer, gewählt und damit die feudale Bindung der Wähler an den Grundherrn durchbrochen wird.	*Aufhebung der Testakte*
1829 13. April	*Catholic Emancipation Act*: Katholiken werden zu Parlament und öffentlichen Ämtern zugelassen. Jedoch verringert sich die Zahl der Wahlberechtigten in Irland drastisch, da diese als Qualifikation eine Jahrespacht von zehn Pfund vorweisen müssen.	*Catholic Emancipation Act*
	Gleichzeitig entwickelt sich eine verstärkte Organisation der Arbeiterschaft zusammen mit bürgerlichen Kreisen. Der Bankier Thomas Attwood gründet in Birmingham zum Zweck der Wahlrechtsreform die „Politische Union zum Schutz der öffentlichen Rechte". Parallelgründungen in zahlreichen Städten.	
1830 26. Juni Nov.	Tod König Georgs IV. Mit Wilhelm IV. (*1765, †1837) folgt ein der Reformbewegung nicht prinzipiell verschlossener Monarch auf den Thron. Unterhauswahlen bringen eine Stärkung der Whigs. Regierungsbildung unter Lord Grey (*1764, †1845), der die *Parlamentsreform* in Angriff nimmt.	*Parlamentsreform*

EUROPÄISCHE NEUZEIT Einzelstaaten

Honnover und Coburg

Elisabeth II.

Viktoria

Georg III.

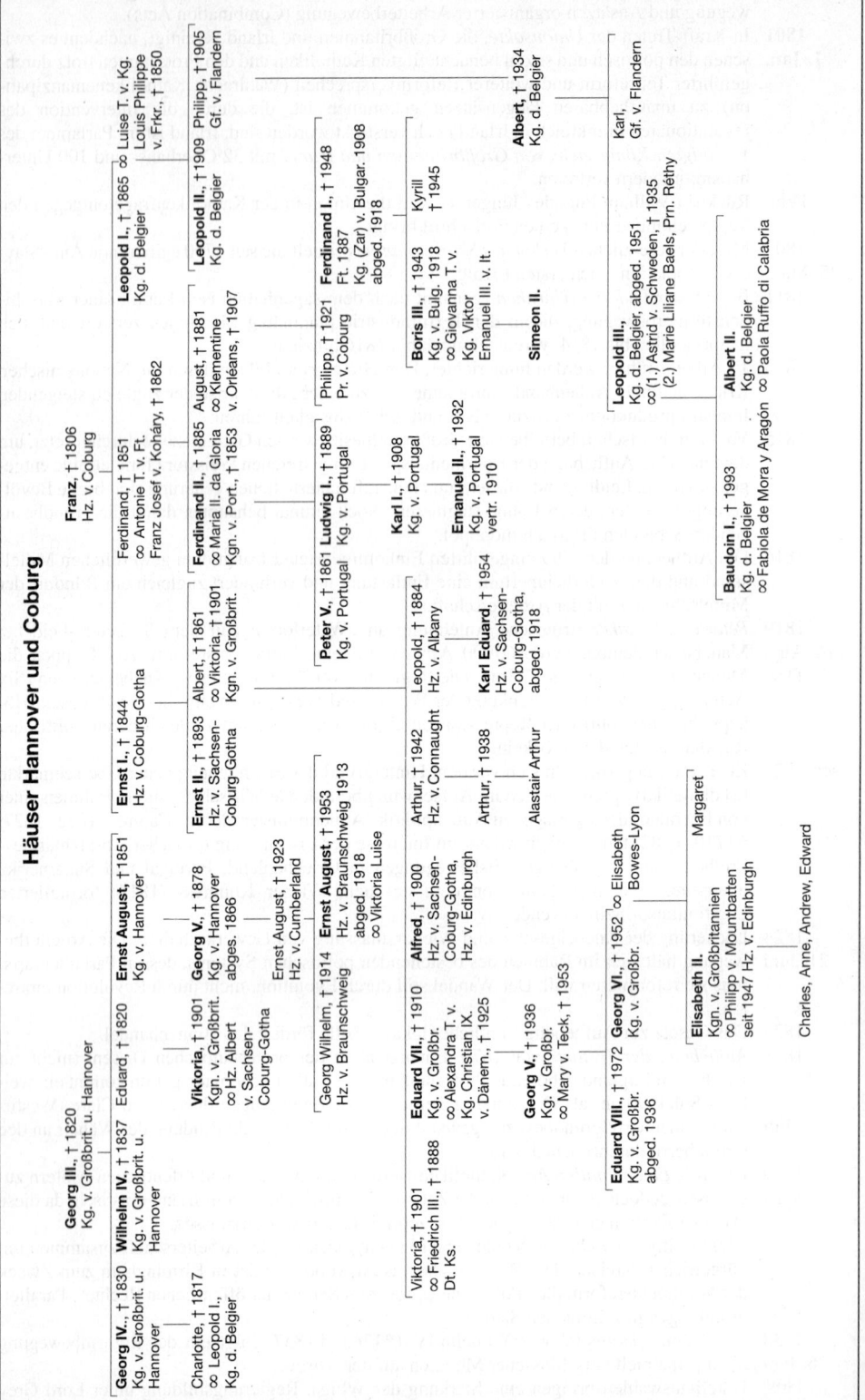

● PLOETZ

1831 Francis Place gründet in London die radikaldemokratische Political National Union, die Bürgertum und Arbeiterschaft mit dem Ziel der Parlamentsreform zusammenschließen soll. Der immer stärker werdende Druck der Öffentlichkeit ist nicht mehr zu ignorieren.

Mai Neuwahlen bringen den Whigs eine Mehrheit von 140 Mandaten, doch scheitern die Reformen wiederholt am Widerstand des Oberhauses.

1832 Erneute Ablehnung der Reform durch das Oberhaus (14. April).
Öffentlicher Druck (Revolutionsdrohung). – Der Widerstand des Oberhauses wird durch einen Peersschub überwunden.

4. Juni Das *Reformgesetz* wird angenommen. Seine wesentlichen Bestimmungen: Umverteilung der Unterhaussitze vom vorher überrepräsentierten Süden zu den neuen Industriezentren Nord- und Mittelenglands; 56 Boroughs fallen weg, 30 verlieren einen Sitz, 22 neue werden geschaffen; Neueinteilung der Wahlkreise auf Grafschaftsebene. Es bleibt beim Zensuswahlrecht. In den Boroughs sind Besitzer und Mieter von Häusern wahlberechtigt, deren jährlicher Mindestertrag zehn Pfund beträgt. Auf dem Land ist das Wahlrecht an den Grundbesitz gebunden und entsprechend den Eigentums- und Pachtverhältnissen sehr unterschiedlich geregelt. Die Zahl der Wahlberechtigten verdoppelt sich im Vereinigten Königreich auf eine Million Wähler (4,2 % der Bevölkerung). Hauptnutznießer sind die städtischen Mittelschichten (commercial and financial interest), ohne dass die grundbesitzende alte politische Elite (landed interest) entscheidende Einbußen hinnehmen muss. Die Arbeiterschaft geht hingegen leer aus. Bewertung der Reform: Öffnung des politischen Systems für bisher nicht an ihm partizipierende Schichten. Teilweise Anpassung an Bedingungen des Industriezeitalters. Diese Reformfähigkeit bleibt auch weiterhin Merkmal der politisch-sozialen Eliten Großbritanniens. *Reformgesetz*

1833 Die *Einführung eines Fabrikgesetzes* bringt Begrenzung der Arbeitszeit für Kinder und Jugendliche und leitet eine Serie von Gesetzen zur Arbeitsverfassung ein. Im Bereich des britischen Empire erfolgt die Sklavenbefreiung bei finanzieller Entschädigung englischer Pflanzer in Westindien. *Einführung eines Fabrikgesetzes*

1834 Ein Armengesetz, das die bisherige Praxis der Lohnsubventionen aufhebt und Arbeitshäuser einrichtet, wird zum Ausgangspunkt für die politische Mobilisierung der Arbeiterschaft.
14. Aug.

Nov./Dez. Gegen die Unterhausmehrheit beruft der König Tory-Regierungen, zuerst unter dem Herzog von Wellington, dann unter Sir Robert Peel (*1788, †1850). Peel wendet sich in dem nach seiner Geburtsstadt genannten Tamworth-Manifest direkt an die Wähler des Landes und sucht die konservativen Elemente seiner Partei den Gegebenheiten der Reform und den Bedingungen des Industriezeitalters anzupassen. Es gelingt ihm jedoch nicht, durch diesen Appell an die Öffentlichkeit die Mehrheitsverhältnisse im Unterhaus zu korrigieren.

1835 Die Regierung verliert die Unterhauswahlen.
Jan. Der gesamte Vorgang unterstreicht die seit 1832 konsolidierte zentrale Stellung des Unterhauses als Verfassungsinstitution und die vorrangige Rolle der Wählerschaft in der Verfassungswirklichkeit bei gleichzeitigem Bedeutungsrückgang von Krone und Oberhaus.

9. Sept. Eine Städteordnung bringt als wichtige Ergänzung der Reform von 1832 die Demokratisierung des kommunalen Wahlrechts.

1836 Die Gründung der London Working Men's Association wird über London hinaus zum organisatorischen Neuanfang der *Arbeiterbewegung*. *Arbeiterbewegung*
Juni

1837 Tod König Wilhelms IV. Mit der Thronbesteigung von *Königin Viktoria* (*1819, †1901) beginnt das nach ihr benannte Zeitalter, das in seinen Grundstrukturen über den Tod der Königin hinaus bis zum Ersten Weltkrieg dauert. – Infolge unterschiedlichen Erbrechts endet die Personalunion mit Hannover. *Königin Viktoria*
20. Juni

Das Viktorianische Zeitalter (1837–1914)

Die ersten Jahrzehnte des Viktorianischen Zeitalters zeichnen sich durch Prosperität und wissenschaftlichen Fortschritt aus. Nach der Wachstumskrise Ende der dreißiger/Anfang der vierziger Jahre erfolgt ein wirtschaftlicher Aufschwung. In der zweiten Phase der *industriellen Revolution* wird die Produktionsgüterindustrie ausschlaggebend. Großbritannien wird „Werkstatt der Welt". Verbesserungen in der Eisen- und Stahlindustrie lassen die Produktion hochschnellen. Das Transportwesen wird durch den Eisenbahnbau revolutioniert. Die Gesamtausfuhr steigt um mehr als das Vierfache. Die globale Überlegenheit Großbritanniens als Industrie-, Handels- und Finanzmacht führt folgerichtig zum Freihandel. Das liberale Weltbild manifestiert sich in John Stuart Mills Schrift „On Liberty" (1859). In der *Außenpolitik* der führenden Wirtschaftsmacht wird *Friedenswahrung* zum nationalen Interesse. Von den Ausnahmen des *industrielle Revolution*

Friedenswahrung

Opiumkriegs gegen China (1840–42) und des Krimkriegs (1853–56) abgesehen, verfolgt Großbritannien vor dem Hintergrund seiner Flottenüberlegenheit eine unkriegerische Politik des multipolaren Gleichgewichts, der Bündnisfreiheit und der „splendid isolation", um so zur autonomen Durchsetzung seiner Wirtschaftsinteressen zu kommen.

Innenpolitik

Die *Innenpolitik* ist geprägt durch eine ausgedehnte Gesetzgebung im Arbeits- und Sozialbereich und in der Staatsverwaltung, ferner durch eine Ergänzung der „bürgerlichen" Reform von 1832 durch eine weitere *Ausdehnung des Wahlrechts*. Im bisher nur Adel und bürgerlichen Reichtum repräsentierenden Parlament ist gegen Mitte des Viktorianischen Zeitalters auch die Arbeiterschaft vertreten, nachdem es in den sechziger Jahren zu großen Demonstrationen für dieses Ziel gekommen ist. Damit wird die Reform fortgeschrieben und die Arbeiterschaft im politischen System integriert. Parallel sind die Anfänge eines *Zweiparteiensystems* erkennbar (Konservative Partei: 1832 Carlton Club, 1870 Conservative Central Office als Parteizentrale im modernen Sinn. Liberale Partei: 1836 Reform Club, 1861 Liberal Central Association).

Ausdehnung des Wahlrechts

Zweiparteiensystem

Stagnation

Die zweite Hälfte des Viktorianischen Zeitalters (von den siebziger Jahren bis zum Ersten Weltkrieg) ist geprägt durch wirtschaftliche *Stagnation*, imperialistische Außenpolitik und weit reichende innenpolitische Veränderungen. Es bahnt sich der Grundwiderspruch zwischen weltpolitischem Engagement und relativem Machtverlust Großbritanniens an. Daneben machen sich innere Erschütterungen und politisch-soziale Wandlungen (Irlandproblem, Frauenbewegung, Streiks) bemerkbar. Das Land erlebt die Gleichzeitigkeit von innen- und außenpolitischen Krisenlagen.

Elemente der Massendemokratie

Die Erweiterung der Wählerschaft hebt die bisherige autonome Stellung des Parlaments auf und fügt dem britischen Parlamentarismus Elemente einer plebiszitären *Massendemokratie* ein. Der in den großen politischen Parteien organisierte Wählerwille wird zur Legitimationsbasis der Regierungen. Als Parteiführer werden der konservative Benjamin Disraeli (*1804, †1881) und der liberale William Ewart Gladstone (*1809, †1898) zu Schlüsselfiguren der nationalen Politik. Konservative und Liberale nähern sich hinsichtlich ihrer sozialen Zusammensetzung immer mehr an. Beide Parteien suchen zu einer Einbeziehung der Arbeiterschaft zu kommen. Mit der von ihnen 1867 eingebrachten Wahlreform wollen die Konservativen die *Tory*-Demokratie mit Verankerung nicht nur bei der landbesitzenden Aristokratie, sondern auch bei Mittelstand und Arbeiterschaft realisieren. In der Folgezeit werden jedoch die Liberalen, die seit 1868 verschiedene innenpolitische Reformen durchsetzen, zur politischen Heimat der Arbeitervertreter (Lib-Labs), bevor die Arbeiterbewegung eine eigene politische Parteiorganisation aufbaut.

Tory-Demokratie

Einkommen und Investitionen

Großbritannien, Volkseinkommen und inländische Brutto- und Nettoanlageinvestitionen (Mio. Pfund)

	V. E. in jeweiligen Preisen	V. E. in Preisen von 1900	B. A. Inv. in jeweiligen Preisen	N. A. Inv. in jeweiligen Preisen	N. A. Inv. in Preisen von 1900
1855	636	508	–	–	–
1860	694	559	43	27	31
1865	822	662	82	56	61
1870	936	774	74	51	56
1875	1113	912	114	83	81
1880	1076	932	94	67	70
1885	1115	1115	79	49	57
1890	1385	1416	86	50	55
1895	1447	1587	93	62	77
1900	1750	1750	190	141	141
1905	1776	1757	173	123	136
1906	1874	1834	164	113	122
1907	1966	1883	150	100	105
1908	1875	1835	120	77	83
1909	1907	1846	121	75	81
1910	1984	1881	124	81	86
1911	2076	1947	120	78	84
1912	2181	1985	129	84	84
1913	2265	2021	157	105	100

wirtschaftliche Entwicklung

Die *wirtschaftliche Entwicklung* ist dadurch geprägt, dass Großbritannien seinen Vorsprung als „Werkstatt der Welt" und Handelsmacht verliert. Anders als seine Hauptkonkurrenten USA und Deutschland entwickelt das Land keine Wirtschaftskonzentration und kein modernes Industriemanagement. Signifikant sind Einbrüche im Außenhandel. Es wird weit gehend am Freihandel festgehalten. Parallel zu schlechten Ernten in den siebziger Jahren mit Druck auf die Getreidepreise durch billige Überseeimporte kommt es zu einer Verlangsamung der industriellen Produktion. In der Stahlerzeugung wird Großbritannien nach 1890 von den USA und Deutschland überholt. Der Anteil der britischen chemischen Industrie an der Weltproduktion beträgt vor dem Ersten Weltkrieg 11% (USA 34%, Deutschland 24%). Die Wachstumsraten der industriellen Produktion verringern sich. Die wirtschaftliche Stagnation ist ein Grund für die schon 1872 von Disraeli in seiner Kristallpalast-Rede geforderte *Politik des Imperialismus*. Veröffentlichungen wie die von Charles Dilke (*1843, †1911; The Greater Britain, 1868) und Robert Seeley (*1834, †1895; The Expansion of England, 1883) und die unter Mitwirkung von Cecil Rhodes (*1853, †1902) 1884 erfolgte Gründung der Imperial Federation League begleiten eine imperialistische Erwerbspolitik im Mittelmeerraum (1878 Zypern), in Afrika (seit den achtziger Jahren Verfolgung der Kap-Kairo-Linie gleichzeitig von Norden und Süden, ferner 1885 Nigeria), in Asien (seit 1876 Beludschistan, 1898 Weihaiwei) und im Pazifik (1884 Südost-Neuguinea). Die Europapolitik ist seit der Jahrhundertwende von der zunehmenden Tendenz gekennzeichnet, die Politik der Bündnisfreiheit aufzugeben. Die Politik der „splendid isolation" hat keine Entsprechung mehr in den finanziellen, wirtschaftlichen und militärischen Machtmitteln Großbritanniens.

Politik des Imperialismus

8. Mai 1838 Veröffentlichung der People's Charter und Begründung der *Chartisten-Bewegung*, die primär politische Forderungen erhebt (gleiches und geheimes Wahlrecht für Männer über 21 Jahren). Die Massenbasis der Bewegung bilden die das Arbeitshaus fürchtenden Unterschichten. Bemerkenswert ist, dass man eine Verbesserung der Lage nicht außerhalb des bestehenden politischen Systems, sondern im Rahmen des Parlamentarismus sucht. Die Bewegung hat organisatorische Schwächen, ist uneins in der Zielsetzung und zerfällt Ende der vierziger Jahre mit dem allgemeinen Wirtschaftsaufschwung. Ihre Petitionen zur Wahlrechtsreform (1839: 1,3; 1842: 3,3; 1848: 2 Millionen Unterschriften) werden vom Unterhaus zurückgewiesen. – In Manchester gründet der Fabrikant Richard Cobden (*1804, †1865) einen Verein zur Durchsetzung des Freihandels (mit Parallelorganisationen in vielen Städten). Der Manchester-Liberalismus fordert freien Wettbewerb und Abschaffung der Zölle auf Rohstoffe und Getreide. Die Freihandelsbewegung gründet auf nationaler Ebene

Chartisten-Bewegung

1840 die *Anti Corn Law League* (mit Agitation inner- und außerhalb des Parlaments). Bedeutsam ist, dass Unternehmer- und Arbeiterschaft gleichgerichtete Interessen gegen die Getreidezollgesetze entwickeln.

Anti Corn Law League

1842 Wiedereinführung der 1816 aufgehobenen Einkommensteuer.

1845 Einsetzen einer drei Jahre dauernden *Hungersnot in Irland* (Kartoffelkrankheit). Durch Tod und Auswanderung reduziert sich die irische Bevölkerung von 6,5 auf 5,5 Millionen.

Hungersnot in Irland

1846 Die *Abschaffung der Getreidezölle* durch das liberal-konservative Kabinett Sir Robert Peel
Mai bedeutet eine Weichenstellung zum Freihandel und den Sieg des industriellen Unternehmertums über die Landwirtschaft.
Die Tory-Partei spaltet sich in einen Flügel unter Robert Peel und einen weiteren unter Benjamin Disraeli.

Abschaffung der Getreidezölle

1847 Gesetzliche Einführung des 10-Stundentags in den Fabriken.

1848 Public Health Act zur Zentralisierung des Gesundheitswesens.

1849 Aufhebung der Navigationsakte von 1651.

1851 Mit der Gründung der Maschinenarbeitergewerkschaft wird die Bildung überregionaler Berufsgewerkschaften eingeleitet.

1860 Ein Handelsvertrag (Cobden Vertrag) mit Frankreich liberalisiert die britisch-französischen
23. Jan. Handelsbeziehungen.

1865 *Colonial Law Validity Act* bringt innen- und handelspolitische Autonomie für die weißen
Juni Siedlungskolonien, deren Gesetzgebung nur für den Fall der Unvereinbarkeit mit einem die Kolonien betreffenden Reichsgesetz eingeschränkt wird. Die Kolonien haben seit den dreißiger Jahren große Einwanderungswellen aus dem Mutterland erlebt (Kapkolonie, Kanada, Neuseeland, Australien). Die Idee der kolonialen Selbstverwaltung geht Hand in Hand mit einem besonders bei den Liberalen weit verbreiteten Desinteresse an einer aktiven, auf direkte politisch-militärische Herrschaft zielenden Kolonialpolitik. Neuerwerbungen in der ersten Hälfte des 19. Jh.s (Singapur 1819, Falkland-Inseln 1833, Aden 1839, Hongkong 1841) dienen vorrangig der Sicherung von imperialen Verbindungswegen und Überseemärkten (Kriege in China und Indien).

Colonial Law Validity Act

1865/1867 Aufstände in Irland, hinter denen der eine Lostrennung Irlands anstrebende, in Amerika gegründete Bund der Fenier steht.

1867 Die *zweite Wahlrechtsreform*, die von Disraeli in der Absicht initiiert wird, radikaleren Re-
15. Aug. formbestrebungen den Wind aus den Segeln zu nehmen (Tory-Demokratie), bringt als we-

zweite Wahlrechtsreform

sentliche Bestimmung eine Ausdehnung des Borough-Wahlrechts: 1. auf die städtische Arbeiterschaft, sofern sie (ohne Rücksicht auf den Mietwert) ein Haus bewohnt, 2. auf Inhaber von Wohnungen mit einer Jahresmiete von mindestens 10 Pfund. In den Grafschaften bleiben die Arbeiter weiterhin ohne Wahlrecht. Hier werden mehr Grundeigentümer und Pächter als bisher wahlberechtigt. Die Zahl der Wahlberechtigten steigt von 1,4 auf 2,5 Millionen.

Trades Union Congress

1868 Die Einzelgewerkschaften schließen sich zur Dachorganisation des *Trades Union Congress* zusammen.

britische Institutionen

Die obersten Institutionen Großbritanniens um 1900

König

Premierminister

Parlament

```
                    König
                    des Vereinigten
                    Königreichs von
                    Großbritannien und Irland

              Ernennung   Gegen-
                          zeichnung

  Staatsrat  ←  Premierminister/Kabinett  →  Oberster Gerichtshof,
  (Privy Council)  (alle Kabinettsmitglieder      Obergerichte
                  sind gewählte Unterhaus-
                  mitglieder)

         Auflösung des Unterhauses   Kontrolle

                        Parlament
  Unterhaus – House of Commons    Oberhaus – House of Lords
  (Gesetzesinitiative, Budgetrecht)        (Veto)
```

1869 Trennung von Staat und Kirche in Irland durch Abschaffung der Anglikanischen Kirche als Staatskirche, um zu einer Milderung der dortigen Konfliktsituation zu kommen.

1870 Denselben Zweck verfolgt ein Landgesetz, das für gekündigte Pächter eine Entschädigung vorsieht.

1872 Einführung der geheimen Abstimmung bei Wahlen (18. Juli).

1875 Disraeli erwirbt für Großbritannien mit 4 Millionen Pfund (kurzfristig bereitgestellt von Bankier Baron Lionel Nathan Rothschild) Sueskanal-Aktien.

1877 Königin Viktoria trägt seit 1. Jan. den Titel „Kaiserin von Indien".

1881 Das Unterhaus erlässt ein Zwangsgesetz, das die Exekutive in Irland zu vorbeugenden Verhaftungen berechtigt. Ein gleichzeitig verabschiedetes Landgesetz wird von Charles Stuart Parnell (*1846, †1890), irischer Unterhausabgeordneter (seit 1875) und Verfechter der Home Rule, zurückgewiesen. Vorausgegangen sind Aktionen der von Parnell gegründeten *Irischen Landliga* zum Schutz gekündigter Pächter.

Sept./Okt.

Gründung der Irischen Landliga

1882 Wiederholte Anschläge in Irland gegen britische Regierungsvertreter.

1884 Dritte Wahlrechtsreform, die das Wahlrecht auch auf dem Land auf die Wohnungsinhaber ausdehnt und damit der ländlichen Arbeiterschaft (soweit Haushaltsvorstand) die politische Mitbestimmung eröffnet, was die Zahl der Wahlberechtigten auf rund 5 Millionen erhöht.

6. Dez.

1885 Bei Neueinteilung der Wahlkreise wird stärker auf die Relation von Bevölkerungszahl und Abgeordnetenzahl geachtet. Zur Regel wird der *Ein-Mann-Wahlkreis* (während früher die Wahlbezirke in der Regel zwei Abgeordnete entsandten).

25. Juni

Ein-Mann-Wahlkreis

1886 Die Home-Rule-Vorlage von Premierminister Gladstone für Irland scheitert im Unterhaus, da 93 „unionistische" Liberale unter Joseph Chamberlain (*1836, †1914) dagegen stimmen. Die nach Auflösung des Unterhauses abgehaltenen Wahlen bringen eine konservative Mehrheit. Die Liberalen sind in Gladstone-Anhänger und Unionisten gespalten.

8. Juni

Home-Rule-Gesetz abgelehnt

1893 Ein vom Unterhaus des Parlaments verabschiedetes *Home-Rule-Gesetz* wird vom Oberhaus abgelehnt.

8. Sept.

1899 Okt. Ausbruch des Burenkriegs. Die fast dreijährigen kriegerischen Auseinandersetzungen bedeuten für die Weltreichs- und Außenpolitik Großbritanniens eine Zäsur. Unter dem Eindruck der brutalen Kriegsführung kommt es im Unterhaus zu anti-imperialistischer Kritik. Der *Commonwealth-Gedanke* wird in einzelnen Stellungnahmen sichtbar und beginnt den traditionellen Imperialismus zurückzudrängen. Weltpolitisch sieht sich das Land in der Defensive. Die Politik der „splendid isolation" zeigt angesichts eines im internationalen Vergleich eingetretenen relativen Machtverlusts deutliche Risse. Schon ein Jahr nach Kriegsausbruch ist in Regierungskreisen der Gedanke eines Bündnisses mit Deutschland geäußert worden. *Commonwealth-Gedanke*

1900 Die bisherigen Interessenvertretungen und Organisationen der Arbeiterbewegungen (Gewerkschaften, die 1883 gegründete Fabian Society und die seit 1893 bestehende Independent Labour Party) bilden eine eigene Wahl- und Parteiorganisation der Arbeiterschaft (*Labour Representation Committee*), die ab 1906 Labour Party heißt. *Labour Representation Committee*
28. Febr.

1901 Auf Königin Viktoria folgt ihr Sohn als Eduard VII. (*1841, †1910); er verzichtet auf Eingreifen in Regierungshandlungen.
22. Jan.

1902 Unter Aufgabe der traditionellen Politik der Bündnisfreiheit wird *ein Flottenbündnis* mit Japan geschlossen. *Flottenbündnis*
30. Jan.

1904 Bündnis (*Entente cordiale*) mit Frankreich. *Entente cordiale*

1905 Kostspieliges Schlachtflottenprogramm mit neuen Großkampfschiffen (Dreadnoughts) wird beschlossen.
8. April

Okt. Beginn der bis zum Ersten Weltkrieg andauernden militanten *Suffragettenbewegung* unter Führung von Emmeline Pankhurst (geb. Goulden, *1858, †1928), die das Frauenstimmrecht fordert (Demonstrationen, Tumulte). *Suffragettenbewegung*

1906 Die Wahlen bringen einen erdrutschartigen Sieg der Liberalen, die bei gleichzeitiger Drosselung der Flottenrüstung eine groß angelegte Sozialpolitik einleiten und das Land auf den Weg zum sozialen Wohlfahrtsstaat bringen.
Jan.

1910 Tod König Eduards VII. (6. Mai), Nachfolger sein Sohn Georg V. (*1865, †1936).

Juli Beginn der zwei Jahre andauernden Streikwelle (Gründe: Lohnfragen, politische Unzufriedenheit wegen der Unterrepräsentation im Parlament infolge des ungleichen Wahlrechts).

1911 Das Oberhaus, das 1909 das Budget abgelehnt und damit einen Verfassungskonflikt hervorgerufen hat, verliert durch Parlamentsgesetz sein Vetorecht bei allen Finanzvorlagen und behält im übrigen nur ein aufschiebendes Veto.
18. Aug.

1914 Nach zweimaliger Verabschiedung eines *Home-Rule-Gesetzes* durch das Unterhaus 1912/1913 und jeweiligem Veto des Oberhauses wird das Gesetz endgültig und ohne weitere Vetomöglichkeit des Oberhauses verabschiedet, kann aber wegen Widerständen sowohl seitens des protestantischen Ulster wie seitens der 1905 gegründeten, radikalen irischen Sinn Fein-Bewegung (sinn fein = wir selbst) und angesichts eines drohenden Bürgerkriegs nicht in Kraft gesetzt werden. Mit Ausbruch des Ersten Weltkriegs wird das ganze Problem auf Eis gelegt. *Home-Rule-Gesetz*
Mai

Großbritannien (1914–1945)

1914 Der *Eintritt in den Krieg* wird vom Unterhaus gebilligt, ausgenommen der pazifistische Flügel der Labour Party unter Führung von Ramsay MacDonald (*1866, †1937). *Eintritt in den Krieg*
4. Aug. Der Krieg bringt bisher unbekannte staatliche Eingriffe in Wirtschaft und Gesellschaft mit sich (Produktionslenkung, Handelsregelungen, Verbrauchsbeschränkungen, allgemeine Wehrpflicht, Arbeitsverpflichtungen, Einschränkung des Streikrechts).

1915 Bildung einer nationalen Koalitionsregierung unter Einschluss der Labour Party (26. Mai).

1916 *Osteraufstand* der Sinn Fein-Bewegung in Dublin mit Ausrufung der Irischen Republik wird unterdrückt. *Osteraufstand*
24. April

7. Dez. Umbildung und Straffung des Kabinetts. *David Lloyd George* (*1863, †1945) wird Premierminister eines Kriegskabinetts mit weit gehenden Vollmachten. *David Lloyd George*

1917 Der bisher deutsche Name des Königshauses wird in „Haus Windsor" geändert (17. Juli).

2. Nov. Außenminister Arthur James Balfour (*1848, †1930) stellt den Juden ein „national home" in Palästina in Aussicht.

1918 Nach einer von Lloyd George gestellten Vertrauensfrage stimmen 106 Liberale unter Herbert H. Asquith (*1852, †1928) gegen die Regierung. Die dadurch entstandene Spaltung der Liberalen leitet deren politischen Niedergang ein.
9. Mai

Für alle Männer mit vollendetem 21. und Frauen mit vollendetem 30. Lebensjahr unter bestimmten Besitzvoraussetzungen wird das *Wahlrecht* eingeführt. Dadurch Vermehrung der *Wahlrecht*

Wahlberechtigten um zwei Millionen Männer und sechs Millionen Frauen auf insgesamt 21,3 Mio.

Wahlsieg der Konservativen

14. Dez. Die liberalkonservative Regierung wird im Dezember von der Wählerschaft klar bestätigt. Deutlicher *Wahlsieger sind die Konservativen*, die damit für die nächsten beiden Jahrzehnte ihre führende Stellung in der britischen Politik begründen. Die Labour Party ist nicht mehr in der Regierung vertreten und übernimmt (zunächst als Oppositionspartei) im Zweiparteiensystem die frühere Rolle der Liberalen, die innerhalb kurzer Zeit zu einer kleinen Partei zusammenschrumpfen. Die in Irland gewählten Abgeordneten gehören überwiegend der Sinn Fein-Bewegung an, gehen nicht nach Westminster und gründen in Dublin ein eigenes, revolutionäres Parlament. Eamon de Valera bildet eine illegale Regierung. Die irische republikanische Befreiungsarmee beginnt den bewaffneten Kampf gegen britische Ordnungskräfte.

Probleme der Zwischenkriegszeit

Machtverlust

Nach dem Ersten Weltkrieg (1 Million Tote; 2,5 Millionen Verwundete) verschärfen sich die schon in der zweiten Hälfte des Viktorianischen Zeitalters aufgetretenen Probleme. Der *Machtverlust* in der Welt als Wirtschafts- und Militärmacht nimmt weiter zu. Bis 1926 erlebt das Land eine Serie von Streiks. Verluste im Außenhandel können zum Teil auf den Empire-Märkten wettgemacht werden. Die alten Industrien (Kohle, Eisen und Stahl, Schiffsbau, Textilien) weisen ein erhebliches *Modernisierungsdefizit* und dauernde Arbeitslosigkeit auf. In der Chemie-, Elektro- und Motorenindustrie ist dagegen eine Aufwärtsentwicklung zu verzeichnen. Als entscheidend erweist sich, dass Modernisierung und Ausbau der britischen Wirtschaft bei gleichzeitig durchzuführenden sozialen Reformen und staatlichen Anstrengungen in verschiedenen gesellschaftlichen Bereichen und die Erhaltung der immer noch bestehenden britischen Weltstellung von der Wahrung des Friedens abhängig sind. Großbritannien ist nicht in der Lage, gleichzeitig die Kosten für inneren Strukturwandel und Rüstung aufzubringen. Zugleich ist das Weltreich – durch größere Eigenständigkeit der Dominions (seit der Reichskonferenz 1907 gebräuchliche Bezeichnung) und beginnende Unabhängigkeitsbewegungen in den abhängigen Kolonialgebieten (vor allem Indien) einem Wandlungsprozess ausgesetzt – mit einer ständigen strategischen *Überbeanspruchung* konfrontiert. Als einzige Großmacht ist Großbritannien in der Zwischenkriegszeit in allen großen *Krisenherden* verwickelt, die seit 1931 den Gang der Weltpolitik bestimmen (Ferner Osten mit der Expansion Japans in China, Ausgreifen Italiens im Mittelmeerraum und Veränderungen des Status quo in Europa durch Deutschland). Aus alldem resultiert der Zwang zur Friedenswahrung, die *Politik des Appeasement*. Sie ist keineswegs nur eine Erscheinung der Deutschlandpolitik Ende der dreißiger Jahre, sondern hat weltpolitischen Zuschnitt und wird schon während der Friedenskonferenz 1919 konzipiert. Krieg gilt als allerletzter Ausweg zur Verteidigung eigener Interessen, weil Krieg notwendigerweise zu weiteren Machteinbußen führen muss.

Modernisierungsdefizit

Krisenherde

Politik des Appeasement

1919   Verstärkte sozialpolitische Maßnahmen der Regierung durch Wohnungsbauförderung und Verbesserung der Arbeitslosenversicherung.
Gleichzeitig ausgedehnte Streiks und Arbeitslosigkeit:

„Blutiger Sonntag"

„Blutiger Sonntag" in Dublin (21. Nov.).

1920
23. Dez. Gesetz zur Teilung Irlands in Nord- und Südirland mit Parlamenten in beiden Teilen (Government of Ireland Act) wird von Dublin abgelehnt.

Irischer Freistaat

1921
6. Dez. Unter der Bezeichnung *Irischer Freistaat* erhält der größere Teil Irlands nach Verhandlungen mit dem kompromissbereiten Flügel der Sinn Fein-Bewegung Dominionstatus. Nordirland bleibt abgetrennt.

1921/1922   Washingtoner Flottenkonferenz. Großbritannien büßt auch formell seine im Ersten Weltkrieg an die USA verlorene traditionelle Flottenüberlegenheit ein (13. Nov. 1921 – 6. Febr. 1922).

1922   Nach Auseinanderfallen der Kriegskoalition Wahlsieg der Konservativen (15. Nov.).

1923
6. Dez. Wegen der den früheren Programmaussagen der Konservativen widersprechenden, jetzt aber geplanten Schutzzollpolitik erneute Wahlen mit konservativen Verlusten.

erste Labour-Regierung

1924
22. Jan. Die *Labour Party bildet erstmals die Regierung* (Minderheitskabinett MacDonald), scheitert aber noch im selben Jahr angesichts der parlamentarischen Mehrheitsverhältnisse.

29. Okt. Neuwahlen bringen Rückkehr der Konservativen in die Regierung (Kabinett Stanley Baldwin, *1867, †1947) und eine entscheidende Reduzierung der Liberalen.

1925
28. April Schatzkanzler Winston S. Churchill (*1874, †1965) kündigt im Parlament die Rückkehr zum 1914 aufgegebenen Goldstandard der Währung an. Damit Überbewertung des Pfundes mit daraus resultierenden Exportschwierigkeiten.

1926 3.–12. Mai	Streik der Bergarbeiter wegen drohender Lohnkürzungen weitet sich zu einem neuntägigen Generalstreik aus, dem die gut vorbereitete Regierung erfolgreich begegnet und der mit einer Niederlage der Arbeiterbewegung endet.	
19. Okt.– 18. Nov.	Eine Reichskonferenz definiert den *Dominionstatus* (Balfour-Formel), wonach die Dominions „autonome Gemeinschaften innerhalb des britischen Empire, gleich im Status, in keiner Weise einander in inneren und äußeren Angelegenheiten untergeordnet", aber „doch durch eine gemeinsame Bindung an die Krone vereinigt und als Mitglieder des British Commonwealth of Nations frei assoziiert" sind.	*Dominionstatus*
1927 27. Mai	Abbruch der 1924 von der Labour-Regierung aufgenommenen diplomatischen Beziehungen zur Sowjetunion wegen Spionage- und Propagandavorwürfen.	
28. Juni	Ein Streikgesetz verbietet Sympathie- und Generalstreiks.	
1928 Juli	Mit der rechtlichen Gleichstellung von Frauen und Männern erhalten auch Frauen mit Vollendung des 21. Lebensjahrs das Wahlrecht.	
1929 Mai	Die Labour Party wird nach Unterhauswahlen erstmals stärkste Partei, ist in ihrer Regierungstätigkeit aber auf die Tolerierung durch die Liberalen angewiesen.	
Juni	Premierminister wird abermals *Ramsay MacDonald* (bis Juni 1935).	*Ramsay MacDonald*
3. Okt.	Wiederaufnahme der Beziehungen zur Sowjetunion (im Interesse der Exportindustrie).	*Wirtschafts- und Finanzkrise*
1931 24./25. Aug.	Das in der allgemeinen *Wirtschafts- und Finanzkrise* über der Frage der Arbeitslosenunterstützung (drei Millionen Arbeitslose) gespaltene Labour-Kabinett macht einem National Government *(Allparteienregierung)* Platz, in dem die Konservativen die Mehrheit besitzen. Die nicht koalitionsbereiten Labour-Politiker und Liberalen gehen in die Opposition. Dadurch kommt es zu Parteispaltungen.	*Allparteienregierung*
21. Sept.	Abkehr vom Goldstandard.	
27. Okt.	Klarer Wahlsieg der Koalition, die bis 1940 bestehen bleibt.	
11. Dez.	Das *Statut von Westminster* bringt die staatsrechtliche Bestätigung der 1926 gefundenen Formel für den Dominionstatus.	*Statut von Westminster*
1932	Aufgabe der bisherigen Handelspolitik durch Einführung von Importzöllen (29. Febr.).	
Aug.	Reichskonferenz von Ottawa: Schaffung von Zollpräferenzen im Empire.	
1934	Beginn der *Wiederaufrüstung* bei gleichzeitiger Politik der Friedenswahrung.	*Wiederaufrüstung*
1935 18. Juni	Deutsch-Britisches Flottenabkommen, das aus britischer Sicht den Auftakt zu weiteren Rüstungsbegrenzungsabkommen bedeuten soll.	
1936 10. Dez.	Tod König Georgs V. (20. Jan.). *Thronverzicht* seines Sohnes *Eduards VIII.* (*1894, †1972 als Herzog von Windsor), der eine vor der Scheidung stehende Amerikanerin heiraten will und dadurch in Gegensatz zu Premierminister (seit Juni 1935) Baldwin und einer breiten Öffentlichkeit gerät. König wird sein Bruder Georg VI. (*1895, †1952).	*Thronverzicht Eduards VIII.*
1937 28. Mai	*Neville Chamberlain* (Konservativer; *1869, †1940) wird Premierminister und setzt in Übereinstimmung mit der öffentlichen Meinung konsequent die Politik von Aufrüstung und gleichzeitiger Entspannung in Europa und der Welt fort. Krieg scheidet angesichts einer neuerlichen wirtschaftlichen Rezession und eines drohenden Dreifrontenkriegs (Deutschland, Italien und Japan als Gegner) auch im machtpolitischen Sinne als vernünftige Möglichkeit der Politik aus.	*Neville Chamberlain*
1938 Okt.	Das nicht kriegsbereite Land begrüßt in seiner überwiegenden Mehrheit nach der Sudetenkrise die Aufrechterhaltung des Friedens.	
1939 26. April	Einführung der allgemeinen Wehrpflicht: In der unmittelbaren Vorgeschichte des Zweiten Weltkriegs nimmt die britische Kriegsbereitschaft zu, ohne den alles überragenden Gedanken einer unkriegerischen Lösung aus den Augen zu verlieren.	
1./13. Sept.	Ultimatum und *Kriegserklärung* an Deutschland.	*Kriegserklärung*
1940 10. Mai	Bildung einer Koalitionsregierung unter Einschluss der Labour Party mit dem Konservativen *Winston S. Churchill* als Premierminister und dem Labour-Politiker Clement Attlee (*1883, †1967) als Stellvertreter in der Regierung. Außerordentliche Vollmachten.	*Winston S. Churchill*
1941	Dienstpflicht für die 20- bis 30-jährigen (ab 1942: 18- bis 50-jährigen) Frauen (Dez.).	
1942 Juni–Aug.	Angesichts militärischer Misserfolge auf fast allen Kriegsschauplätzen kommt es zu einer Führungskrise, in der Stafford Cripps (Labour) als Alternative zu Churchill erscheint. Churchills Stellung stabilisiert sich aber mit Besserung der Kriegslage Ende Oktober.	
1. Dez.	Vorlage des Beveridge-Reports, eines umfassenden Programms zur Durchsetzung des Wohlfahrtsstaats durch Reformen und staatliche Lenkungsmaßnahmen (Familie, Renten, Gesundheitswesen, Beschäftigungspolitik, Wohnungsbau, Bildung und Erziehung).	
1945 Juli	Nach Beendigung des Krieges bringen die Unterhauswahlen die erste klare Mehrheit für die Labour Party. Im Wahlkampf geht es vorrangig um Wege zur Gestaltung einer zukunftsorientierten Sozial- und Wirtschaftspolitik. Der Kriegserfolg allein reicht für Churchill und die	

Konservativen nicht aus zum Wahlsieg. Attlees Erfolg gründet sich auf einen nationalen Konsens, der weniger in doktrinärem Sozialismus, sondern in pragmatischer Reformbereitschaft besteht. Reformpläne müssen allerdings in Einklang gebracht werden mit der schwierigen Allianz- und Wirtschaftslage. Das britische Volksvermögen hat um 7,5 Mrd. Pfund abgenommen. Die Staatsverschuldung beträgt 3,35 Mrd. Pfund. Die Kriegswirtschaft, deren Mobilisierungsgrad in Großbritannien im Vergleich zu anderen Ländern am höchsten gewesen ist, kann nur langsam abgebaut werden. – (Forts. S. 1459)

Irland (1922–1945)

	1922 8. Jan.	Der mit London ausgehandelte Vertrag über den Dominion-Status wird vom irischen Parlament, dem „Dail Eireann" (Versammlung von Irland), mit 64 zu 57 Stimmen ratifiziert.
Irischer Freistaat	6. Dez.	In-Kraft-Treten der irischen Verfassung. König Georg V. von Großbritannien proklamiert den *Irischen Freistaat*.
Bürgerkrieg	1922–1923	*Bürgerkrieg* zwischen dem gemäßigten und dem radikalen Flügel der Sinn Fein-Bewegung (Spaltung in Vertragsgegner – Fianna Fáil – und in Vertragsanhänger – Fine Gael). Die Radikalen (Fianna Fáil) unter Eamon de Valera (*1882, †1975) wollen die Unabhängigkeit für ganz Irland, also einschließlich Ulster, Ministerpräsident *William Thomas Cosgrave* (*1880, †1965) tritt für Ausgleich mit Großbritannien ein, also Anerkennung des Status quo.
William Thomas Cosgrave		
Eamon de Valera	1932 März	*Eamon de Valera* Ministerpräsident: Seine Regierung betreibt die Loslösung vom Commonwealth und die Wiedervereinigung mit Nordirland (Ulster), führt hohe Schutzzölle ein und beginnt einen wirtschaftlich ruinösen Zollkrieg mit Großbritannien.
	1933	Formierung verschiedener Gegenströmungen zur Politik der Regierung (faschistische „Blauhemden", Irische Einheitspartei).
	1936 Febr.	Handelsvertrag mit Großbritannien, ergänzt durch einen weiteren Vertrag 1938, der zu einer relativen Entspannung zwischen Dublin und London führt.
Verfassung Eire	1937 29. Dez.	Neue irische *Verfassung*. Der Staat trägt die Bezeichnung *Eire* und löst sich de facto, wenn auch nicht formell aus dem Commonwealth. (Irland als souveräner, demokratischer Staat bezeichnet; Schaffung eines Präsidentenamtes). Als Staatsgebiet wird „die ganze Insel" bezeichnet, der Geltungsbereich der Gesetze jedoch auf die 26 unabhängigen Grafschaften beschränkt.
	1938 17. Juni	Wahlen bringen Sieg de Valeras, der im neuen Verfassungssystem wieder Ministerpräsident wird.
	1939–1945	Im Zweiten Weltkrieg bleibt Irland neutral, Nordirland ist als Teil Großbritanniens am Krieg beteiligt.
	1945	Neuwahlen bestätigen die Regierung de Valera (30. Mai). – (Forts. S. 1466)

Russland (1505–1795/1796)

(Forts. v. S. 623)

Wassili III. Iwanowitsch	1505–1533 1514	*Wassili III. Iwanowitsch* (*1479, †1533) setzt die Politik Iwans III. fort. Er unterwirft 1510 Pskow und erobert zum ersten Mal Smolensk. Der Mönch Philotheos (Filofei) in Pskow entwickelt nach 1510 die Idee, dass Moskau nach dem Fall Konstantinopels das „Dritte Rom" sei („und ein viertes wird es nicht geben").

Strukturelemente des Großfürstentums im 16. Jh.

Um eine wirksame Moskauer Zentralverwaltung zu schaffen, erscheint 1497 ein Gesetzbuch („Sudebnik") und werden „Prikase" eingerichtet (Behörden mit gemischt sachlichen und territorialen Ressorts).

Dienstadel — Es bildet sich ein stark differenzierter, zahlreicher *Dienstadel*, dessen obere (hauptstädtische) Ränge („tschiny") die Nachkommen der früheren Teilfürsten und der alten Moskauer Bojarenschaft innehaben und dessen mittlere und untere Schichten, auf die die Moskauer Herrscher ihre Macht hauptsächlich gründen, aus den Bojaren der Teilfürsten und der städtischen und bäuerlichen Bevölkerung rekrutiert werden. Auf der nach Herkunft und Dienstdauer verschiedenen, unter Iwan III. fixierten genealogischer Würde jeder Familie beruht deren Recht, in den Militär-, Hof- und Verwaltungsämtern nicht unter Vorgesetzten minderer Würde dienen zu müssen („mestnitschestwo" = *Stellenordnung*). Der steuerfreie Adel leistet Garnison- und Kriegsdienst sowohl für seine erblichen („wottschina") wie seine (zunächst persönlich verliehenen, dann gleichfalls erblichen) Dienstgüter („pomestje"). Die ursprünglich in freiem Vertrag arbeitenden, durch Verschuldung und staatliche Bindungsmaßnahmen endgültig im 18. Jh. leibeigen werdenden Bauern zahlen Steuern ebenso wie die persönlich freie, im 17. Jh. geburtsständisch geschlossene Händler- und Handwerkerbevölkerung der Städte.

Stellenordnung

1533–1584 *Iwan IV.* Wassiljewitsch, gen. Grosny („der Schreckliche", in korrekter Übersetzung eigentlich „der Furchtgebietende"; *1530, †1584).

Iwan IV. Grosny

1547 Der Sohn Wassilis wird zum „*Zaren und Selbstherrscher des ganzen großen Russland*" gekrönt und beginnt seine selbstständige Regierung (Berater: der Moskauer Metropolit Makari [*1482, †1564], der Priester Silwestr [†um 1566], Fürst Andrei Michailowitsch Kurbski [*um 1528, †1583], Alexei Fjodorowitsch Adaschew [†1561] aus niederem Adel) mit einer Serie von Reformen:

Zarenkrönung

Es werden der „semski sobor" (beratende Landesversammlung aus Vertretern der Kirche und der adligen und städtischen „Ränge") eingerichtet sowie ein neuer „sudebnik" geschaffen (1550). Die Hundertkapitel beschließt *Reformen*, die die Kirche enger an die Autokratie binden. – In der Lokalverwaltung werden die bisher ernannten, mit Sporteln entschädigten („kormlenie"- [= Nahrung] System) Beamten durch gewählte, zusammen mit ihren Gemeinden für Amtsführung und Steueraufkommen haftende ersetzt. Besoldete, stehende Strelitzen-(Schützen-)Regimenter ergänzen das Aufgebot des Dienstadels.

Reformen

1552–1556 *Eroberung* der tatarischen *Chanate Kasan und Astrachan*. Russische Kolonisation und Mission.

Eroberung Kasans und Astrachans

1553 Die Engländer entdecken über das Weiße Meer den nördlichen Zugang zum Moskauer Reich und stellen eine wichtige Handelsverbindung mit Westeuropa her.

Entgegen den Warnungen seiner Berater wendet sich der Zar statt gegen den Krimchan mit einem Eroberungskrieg westwärts:

1558–1582 *Krieg um Livland*. Narwa und Dorpat werden erobert. Herzog Magnus von Holstein (*1540, †1580) lässt sich (1576) in Moskau als Vasall des Großfürsten zum „König von Livland" erheben. Reval und Riga bleiben unabhängig.

Krieg um Livland

ab 1560 Iwan IV. verschärft den Konflikt mit der Hocharistokratie: Hinrichtungen und Güterkonfiskationen, vor allem unter den Bojaren. Silwestr und Adaschew werden gestürzt.

1564 Kurbski flieht nach Polen und führt eine publizistische Auseinandersetzung („Briefwechsel") mit dem Zaren.

1565–1572 Mit der „*opritschnina*" schafft Iwan IV. sich einen besonderen Machtapparat, der aus einer Art Leibtruppe und etwa der Hälfte des Staatsgebietes besteht. Der andere Reichsteil bleibt unter der normalen (bojarischen) Verwaltung („semschtschina"). Massenmorde und -umsiedlungen, Plünderungen und Gütereinziehungen treffen die ganze Bevölkerung. Die eingezogenen Güter erhält der Dienstadel. Mit dieser terroristischen Politik will Iwan IV. seine absolute Herrschaft v. a. gegen den Hochadel durchsetzen.

opritschnina

1571 Der Krimchan brennt Moskau nieder; wieder vorübergehend russische Tributpflicht.

1579/1581 In mehreren Feldzügen siegen Polen und Schweden.

Mit Hilfe päpstlicher Friedensvermittlung (durch den Jesuiten Antonio Possevino, *1533,

1582 †1611) kommt es dann zum Frieden (zehnjähriger Waffenstillstand) von Jam Zapolski (südlich von Pskow) zwischen Polen und Russland: Moskau verzichtet auf Livland und auf Polozk (an der Düna). Schweden erhält 1583 Estland und Ingermanland.

Beginn der Unterwerfung Sibiriens.

Folgen der Regierung Iwans IV.

Ausdehnung der Herrschaft und neue Siedlungsmöglichkeiten im Osten; Niedergang der Machtstellung im Westen, dennoch beginnende Anerkennung als europäische Macht; innere Zerrüttung des Reiches (u. a. durch starke Mobilisierung des Landbesitzes), soziale und wirtschaftliche Krise; erste Maßnahmen zur Fesselung des Bauern an den Boden.

1584–1598 Mit Iwans IV. schwachsinnigem Sohn *Fjodor I. Iwanowitsch* (seinen eigentlichen Thronfolger Iwan hat er 1581 getötet) erlischt der regierende Stamm der Rurikdynastie. Die Regentschaft führt Fjodors Schwager Boris Godunow, eine überlegene Persönlichkeit.

Fjodor I. Iwanowitsch

1589 Godunow erreicht mit der *Errichtung des Patriarchats Moskau* auch die formelle kirchliche Unabhängigkeit von Konstantinopel.

Patriarchat Moskau

	1591 Der letzte Sohn Iwans IV., Dmitri, kommt in Uglitsch (westlich von Jaroslawl) achtjährig unter nie ganz geklärten Umständen ums Leben.
Boris Godunow	**1598–1605** *Boris Fjodorowitsch Godunow* (*um 1550/1551, †1605) wird zum Zaren gewählt von einem geschickt beeinflussten „semski sobor". Er wirbt um den Dienstadel mit der faktischen Schollenbindung der Bauern, die mit ersten Unruhen reagieren. Nach seinem Tode kommt es zu schweren Wirren.
Zeit der Wirren	**1605–1613** *Zeit der Wirren* („smuta"):
	1605 Polnische Truppen besetzen Moskau im Namen eines Falschen Dmitri.
	1609/1610 Nach dessen Sturz tritt ein zweiter Prätendent („vor [= Räuber] von Tuschino") auf, gegen den sich der Bojar Fürst Wassili (IV.) Iwanowitsch Schuiski (*1552, †1612), 1606 zum Zaren gewählt, mit schwedischer Hilfe (Vertrag von Viborg 1609, gegen Verzicht auf Livland) zunächst behaupten kann.
	1609 1610 Nachdem die Republik Polen und Sigismund III., der für sich oder seinen Sohn den Zarenthron beansprucht, offiziell in den Krieg eingetreten sind, wird Schuiski gestürzt. Von Nowgorod aus (1610 genommen) versuchen die Schweden, einen eigenen Kandidaten durchzusetzen.
	1611 Smolensk geht an Polen verloren.

Zur sozialgeschichtlichen Bedeutung der „smuta"

Die eigentliche Bedeutung dieser Kämpfe liegt darin, dass zwei sozialpolitische Tendenzen vergeblich durchzudringen trachten: der Versuch, die politische Macht des Bojarentums wiederherzustellen, und der auf Wiedergewinnung der Freizügigkeit und Beseitigung des wirtschaftlichen Drucks gerichtete revolutionäre Radikalismus der Bauern. Führer des Bauernaufstandes ist der Läufling Iwan Issajewitsch Bolotnikow († 1608), der 1606/1607 (bis zu seiner Gefangennahme und Hinrichtung) als erster in Russland einen sozialen Umsturz anstrebt. Ein Landesaufgebot („opoltschenie") unter Führung des Kaufmanns Kusma Minin († 1616) und des Fürsten Dmitri Poscharski (*1578, †1642) kann 1612 Moskau zurückgewinnen und die Polen aus dem Landesinnern vertreiben.

Michael Fjodorowitsch	**1613–1645** Zar *Michael Fjodorowitsch* (*1596, †1645). Mit seiner Wahl durch einen „semski sobor" wird die nichtfürstliche, mit den Rurikiden verwandte Familie der Romanows die neue Herrscherdynastie Russlands. Michaels Vater, Patriarch Filaret (Fjodor Nikititsch, *um 1554/1555, †1633), ist 1618–1633 Mitregent.
	Es entfaltet sich die staatstragende Djakenbürokratie (djak = niedriggeborener Berufsbeamter).
	1617 Friede von Stolbowo: Ingermanland und Ostkarelien an Schweden, Nowgorod wieder an Russland.
	1618 Waffenstillstand mit Polen, das Smolensk behält.
Alexei Michailowitsch	**1645–1676** Zar *Alexei Michailowitsch* (*1629, †1676). – Die schon seit Iwan III. angebahnte Verbindung mit dem europäischen Westen verstärkt sich.
	1649 Das Uloschenie kodifiziert im Wesentlichen das geltende Recht, u. a. die Bindung der Bauern („krepostnoe prawo"). Bald darauf werden semski sobor und mestnitschestwo abgeschafft.
Spaltung der orthodoxen Kirche	1653 Die Kirchenreform des Patriarchen Nikon (*1605, †1681) führt zur *Spaltung* (raskol) *der orthodoxen Kirche*: Die Altgläubigen werden verfolgt, ihr Führer Protopope Petrowitsch Awwakum (*um 1621) hingerichtet (1682).
	1654 Die Kosaken in der Ukraine unter ihrem bedeutendsten Hetman, Bogdan Chmelnizki (*1595, †1657), unterstellen sich dem Moskauer Zaren. Daraus entsteht ein langwieriger Krieg mit Polen, den der Zar durch einen Angriff auf Schweden (1656) erweitert: (Erster) Nordischer Krieg (1655–1660). Die livländischen Eroberungen (u.a. Dorpat) fallen 1661 im Frieden von Kardis (Livland) wieder an Schweden zurück.
	1667 Waffenstillstand von Andrusowo zwischen Russland und Polen: Smolensk, die linksufrige Ukraine mit Kiew an Russland.
	1667–1671 Der Aufstand des Donkosaken Stepan Timofejewitsch Rasin, gen. Stenka Rasin (*um 1630, 1671 hingerichtet), mit Teilnahme der Bauern im Wolga- und Uralgebiet, wird blutig niedergeschlagen.
Fjodor III. Alexejewitsch	**1676–1682** Zar *Fjodor III. Alexejewitsch* (*1661, †1682).
	1677–1681 Der erste russisch-türkische Krieg endet mit dem Waffenstillstand in Bachtschissarai (Krim): Dnjepr als Grenze anerkannt, Tributpflicht Moskaus erneuert, friedliche Beziehungen vereinbart. Damit gewinnen die Türken Rückenfreiheit für den Vormarsch auf Wien (1683). Der türkisch-tatarische Druck bleibt für Moskau eine Gefahr.

Nach Fjodors Tod bringt ein Aufstand der Strelitzen Sofia Alexejewna (*1657, †1704), einer Tochter des Zaren Alexei aus erster Ehe (Maria Miloslawskaja), die Regentschaft (1682–1689) für die beiden minderjährigen Zaren, ihren schwachbegabten Bruder Ioan und ihren Halbbruder Peter. Maßgebend ist ihr westlich gebildeter Günstling Fürst Wassili Wassiljewitsch Golizyn (*1643, †1714).

1686
6. Mai Der Ewige Frieden mit Polen bestätigt den Waffenstillstand von 1667. Bündnis: Moskau tritt der „Heiligen Liga" zum Kampf gegen die Türken bei. Vertragsgemäße Feldzüge Golizyns nach der Krim (1687, 1689) bleiben erfolglos.

1689
27. Aug. Im Regierungsauftrag schließt Fjodor Alexejewitsch Golowin (*1650, †1706) in Nertschinsk den ersten Staatsvertrag einer europäischen Macht mit China: Die Russen verzichten auf das Stromgebiet des Amur, sichern sich dadurch den Besitz Ostasiens und gewinnen Bewegungsfreiheit für den russisch-chinesischen Handel.

Vertrag von Nertschinsk

1682/1689–1725 Zar *Peter* I. Alexejewitsch, *der Große* (*1672, †1725). *Peter der Große*

Peters wachsender Gegensatz zu seiner Halbschwester führt zu deren Sturz und Verbannung ins Kloster (1689). Zunächst regieren für die Brüder (Iwan stirbt 1696) die mütterlichen Verwandten Peters (Naryschkin). Der Zar baut seine Spielregimenter (die späteren Garderegimenter) auf und beginnt mit Seefahrt und Schiffbau. Entgegen allem Herkommen verkehrt er in der Moskauer Ausländervorstadt, wo er u.a. den Genfer Franz Lefort (*1656, †1699) und den im Moskauer Dienst bewährten Schotten General Patrick Gordon (*1635, †1699) zu Vertrauten und Beratern gewinnt.

Nach einem erfolglosen Feldzug (1695) erobert Zar Peter im Krieg mit dem Osmanischen

1696 Reich die Festung *Asow* an der Mündung des Don.

1697–1698 *Erste Auslandsreise* eines Moskauer Zaren: Peter begleitet unter einem Decknamen eine von Lefort und Golowin geführte russische Gesandtschaft über Riga und Kurland nach Preußen, Holland, England (wo er sich zum Schiffsbauingenieur ausbilden lässt) und nach Wien. Da Kaiser Leopold I. mit Rücksicht auf die spanische Erbfolgefrage mit der Pforte Frieden schließen will, scheitert eine gemeinsame Fortsetzung des Türkenkrieges.

erste Auslandsreise

1698 Peter trifft auf der Rückreise nach Moskau in Rawa (Rawa-Ruska) bei Lemberg mit August dem Starken zusammen, mit dem er sich über die Gegnerschaft zu Schweden verständigt. Nach seiner Rückkehr bricht Peter mit den altmoskauer Sitten und zwingt die Russen zum (kirchlich untersagten) Bartscheren. – Ein bereits niedergeworfener Aufstand der Strelitzenregimenter wird durch grausame Verhöre und Hunderte von Hinrichtungen gerächt.

1700
1. Jan. Die byzantinische Zeitrechnung wird abgeschafft und der aus den protestantischen Ländern übernommene *Julianische Kalender* in Kraft gesetzt.

Julianischer Kalender

14. Juli Friede mit der Pforte: Russland gewinnt Asow. Der Krimchan darf von Moskau keinen Tribut mehr fordern.

1700–1720 *(Zweiter oder Großer) Nordischer Krieg* gegen Schweden.

Großer Nordischer Krieg

Die Reformen Peters des Großen

Peter der Große, der Russland den Zugang zur Ostsee erringt, verlegt während des Nordischen Krieges die Residenz von Moskau nach dem 1703 gegründeten St. Petersburg („Fenster nach Europa"; so der Dichter Alexandr Sergejewitsch Puschkin, *1799, †1837), das in holländisch-bürgerlichem Frühbarock mit großen Menschenverlusten auf Sumpfboden erbaut wird. Zahlreiche ausländische Baumeister wie z.B. Domenico Trezzini (*um 1670, †1734), Andreas Schlüter. (*um 1660, †1714) und Jean-Baptiste-Alexandre Leblond (*1679, †1719) sind beteiligt. Mit allen Mitteln wird der Schwerpunkt des russischen Seehandels in die neue Hauptstadt verlegt.

Gegen den Widerstand der Altmoskowiter greift Peter durch Reformen tief in das russische Leben ein. Erfüllt von Leidenschaft für Schiffbau und Seefahrt; ist er persönlich Sachverständiger dafür geworden, der seine Kenntnisse in Holland und England vervollkommnet hat. Obgleich Russland bis dahin über keinerlei Seeschiffe verfügt, gelingt der rasche Aufbau der Ostseeflotte (beim Ende der Regierung Peters 32 Linienschiffe, 16 Fregatten, große Galeerenflotte). Das Heer, schon vorher zum Teil modern geschult, wird durch Neuaushebungen ungefähr verfünffacht und – nach westeuropäischem Vorbild und mit deutschen Rangbezeichnungen – beschleunigt ausgebildet. Auch andere Reformen sind von den Bedürfnissen des Krieges bestimmt. Die Dienstpflicht des Adels wird verschärft, das Steueraufkommen durch Einführung der Kopfsteuer (anstelle der Besteuerung nach Höfen) erhöht. In vielen Zweigen der Wirtschaft beginnt eine eigene Produktion; natürliche Reichtümer werden erschlossen (Bergbau), zu den 13 älteren Manufakturbetrieben entstehen 178 neue, die z.T. sehr groß sind. Merkantilistische Anregungen wirken mit. Kanalbauten sollen die Wasserverbindung von der Ostsee zur Wolga herstellen, so der Kanal von Wyschni Wolotschek (fertig gestellt durch den russischen Kaufmann M. I. Serdjukow) und der Ladoga-Umgehungskanal (gebaut von dem deutschen, aus Oldenburg stammenden Ingenieur und General

Burkhard Christoph Graf von Münnich, *1683, †1767). – Durch Einführung der Einerbfolge nach englischem Vorbild (1714) soll u. a. die Eigentätigkeit des Adels angeregt werden; dem gleichen Zweck dient auch die Städtereform. Die Leibeigenschaft der Bauern wird nicht gemildert, ja u. a. durch die Schaffung leibeigener Fabrikbauernschaften verschärft. Dadurch bleibt die alte Sozialstruktur im Ganzen erhalten, obgleich die Rangtabelle (1722) in 14 Rangstufen neuen Dienstadel entstehen lässt, der auch Nichtadligen gewisse Aufstiegsmöglichkeiten bietet. Die Zentralverwaltung wird z. T. nach schwedischem Vorbild umgestaltet (neben dem 1711 gegründeten Senat werden 1717 fachliche Regierungskollegien geschaffen). Planmäßig werden Ausländer – darunter viele Deutsche – nach Russland gezogen, zahlreiche fähige Russen im Ausland ausgebildet. Die neue Regierungsschicht ist ganz auf das Werk des Zaren eingestellt. Peter trifft dreimal mit Gottfried Wilhelm von Leibniz zusammen (1711, 1712, 1716). Mittelbar und unmittelbar werden Anregungen aus dem deutschen Protestantismus wirksam. Unter dem Einfluss der Frühaufklärung beginnt die Säkularisierung. Das Patriarchat wird nach dem Tod des Patriarchen Hadrian (1700) nicht mehr besetzt. Der geistig bedeutendste Mitarbeiter Peters, der aus der Ukraine stammende Bischof und spätere Erzbischof Feofan Prokopowitsch (*1681, †1736), früher Rektor der Kiewer theologischen Akademie, verfasst im Auftrag des Zaren das Geistliche Reglement, ein Kirchengesetz (1721), das an die Stelle des Patriarchen ein geistliches Kollegium mit staatlichem Behördencharakter, den *Heiligen Synod* setzt. Klosterreformen (besonders 1724) sollen den Eintritt in den Mönchsstand erschweren und die Klöster zu nutzbringender Arbeit anhalten. Viele fachlich-weltliche Ausbildungsanstalten treten ins Leben.

Peters dynastische Heiratspolitik begründet die Verbindung mit deutschen Fürstenhäusern: Eine Nichte heiratet den Herzog von Kurland, eine andere den Herzog Leopold von Mecklenburg-Schwerin, der Sohn und Thronfolger Alexei die Schwägerin Kaiser Karls VI., Charlotte von Braunschweig-Wolfenbüttel, seine Tochter Anna den Herzog von Holstein-Gottorf. Der Sohn aus dieser Ehe ist der spätere Zar Peter III. Mehrere Mitarbeiter Peters erhalten Adelstitel des Römischen Reiches, so der ihm am nächsten stehende Alexander Danilowitsch Menschikow (*1673, †1729) im Jahre 1705 den Reichsfürstentitel. Seit 1706 verleiht der Zar verdienten Würdenträgern die dem alten Russland fremden westeuropäischen Adelstitel Baron und Graf. Der erste russische Graf ist der Feldherr Boris Petrowitsch Scheremetew (*1652, †1719); die ersten russischen Barone sind die im Übersetzungsdienst emporgekommenen Diplomaten Peter Pawlowitsch Schafirow (*1669, †1739; später Vizekanzler, aus russisch gewordener jüdischer Familie) und Heinrich J. Fr. Ostermann (1686 in Bochum geborener Pfarrerssohn, †1747).

Alexei Petrowitsch	1718	Peters willensschwacher und unbedeutender Sohn aus erster Ehe *Alexei Petrowitsch* (*1690, †1718) (dessen Gattin 1715 stirbt), ungeeignet als Fortsetzer seines Werkes, wird ohne eigenen Tatwillen Mittelpunkt aller Hoffnungen der Gegner des Zaren. Dem Verlangen des Vaters nach Wesensänderung kann er nicht entsprechen, flieht 1716 nach Österreich, wird in Tirol und Neapel verborgen gehalten, kehrt auf Versprechungen hin nach Russland zurück, wo er wegen Gesinnungs- und Gedankensünden zum Tod verurteilt wird und wohl an den Folgen der Foltern stirbt.
Kaisertitel	**1721** Okt.	Gleich nach dem Nystader Frieden nimmt Peter den *Kaisertitel* an, der von Preußen und den Generalstaaten sofort, von Schweden 1723, vom Kaiser und England 1742, Frankreich und Spanien 1745, Polen 1764 anerkannt wird: nicht Erneuerung des byzantinischen, sondern Errichtung eines neuzeitlich-russisch-europäischen Kaisertums.
Thronfolge- ordnung	1722 Febr.	Peter erlässt eine *Thronfolgeordnung*, nach der dem regierenden Herrscher die Bestimmung des Nachfolgers zusteht, stirbt aber, bevor er einen Nachfolger bestimmt hat.
	1722–1723	Nach mehrjähriger Vorbereitung Feldzug Peters gegen Persien, der zur Abtretung persischer Provinzen am Kaspischen Meer an Russland führt (u. a. Derbent und Baku). Im Auftrag des Zaren Forschungsreisen in Sibirien (D. G. Messerschmidt) und 1741 Entdeckungsfahrt des Dänen Vitus Bering (*1680, †1741) von Kamtschatka aus durch die später nach ihm benannte Meerenge.

Ergebnisse der Regierung Peters des Großen

Peter verändert Russland tiefgehend, ohne freilich die sozialgeschichtlichen Grundlagen wandeln zu können. Die Übernahme der westeuropäischen Technik, schon lange im Gange, wird von ihm beschleunigt; zugleich öffnet er den geistigen Kräften der Neuzeit die Tür, wodurch ein weit fortwirkender Zwiespalt im russischen Leben entsteht. Die Machtsteigerung bedeutet Annäherung an den Westen und steigenden Einfluss auf das politische Leben Mitteleuropas.

Katharina I. Alexejewna	**1725–1727**	Auf Peter I. folgt seine (von ihm 1724 zur Kaiserin gekrönte) Gattin *Katharina I. Alexejewna* (*1684, †1727), bäuerlich-litauischer Herkunft. Maßgebend ist hierbei Peters Jugendfreund und fähiger, aber bedenkenloser Mitarbeiter A. D. Menschikow. Die Außenpolitik

	wird im Sinne Peters vom Vizekanzler Ostermann geleitet. Nach Katharinas Tod folgt ihr:	*Peter II.*
1727–1730	*Peter II. Alexejewitsch* (*1715, †1730), Enkel Peters I., unter dem Einfluss einer Bojarengruppe. Menschikow wird nach Sibirien verbannt (1727), die Residenz nach Moskau zurückverlegt.	*Alexejewitsch*
1730–1740	*Anna Iwanowna* (*1693, †1740), Witwe des Herzogs Friedrich Wilhelm von Kurland,	*Anna Iwanowna*
1730 Dez.	Nichte Peters des Großen. Sie zerreißt beim Regierungsantritt die ihr von der oligarchischen Bojarenpartei abgenötigte Wahlkapitulation und hebt die von Peter angeordnete Einerbfolge auf.	
	Die Terrorherrschaft ihres Günstlings Ernst Johann Biron (Bühren; *1690, †1772) wird zum Inbegriff selbstherrlicher (deutscher) Ausländerwirtschaft („Bironowschtschina") in Russland. Im neu geschaffenen Ministerkabinett ist Ostermann die Seele der Regierung und Leiter der Außenpolitik. Residenz wird wieder Petersburg.	
1734	Englisch-russischer Handelsvertrag, der erste handelspolitische Spezialvertrag Russlands.	
1735–1739	Krieg Russlands gegen die Pforte, geführt von Münnich, seit 1736 im Bund mit Österreich.	
1737	Er erobert Otschakow (am Schwarzen Meer).	
1739	Münnich schlägt die Türken bei Stawutschane (am Prut), besetzt die Moldau und stellt als erster für Russland einen militärischen Plan zur Eroberung Konstantinopels und zur Wiedererrichtung des griechischen Kaisertums auf.	
	Ostermanns Kriegsziel (1737): russisches Protektorat über Moldau und Walachei. Nach österreichischem Sonderfrieden wird in Belgrad auf französischen Druck hin ein Kompromissfrieden geschlossen.	
1740–1741	Zweimaliger *Staatsstreich*: Nach Annas Tod stürzt Feldmarschall Münnich den noch von der Kaiserin zum Regenten ernannten Biron, der nach Sibirien verbannt wird. Für den kleinen Zaren Iwan VI. Antonowitsch (1740–1741; *1740, †1764) aus dem Hause Braunschweig-Bevern führt die Regentschaft seine Mutter, Anna Leopoldowna (*1718, †1746), die Tochter der Nichte Peters I. Mit Hilfe der Garderegimenter und des französischen Gesandten erfolgreicher Staatsstreich Elisabeth Petrownas, die den Thron besteigt.	*Staatsstreich*
1741–1762	Kaiserin *Elisabeth Petrowna* (*1709, †1762), die jüngere Tochter Peters des Großen. Ostermann und Münnich werden nach Sibirien verbannt (Ostermann stirbt 1747, Münnich und Biron werden 1762 begnadigt). Leitender Minister: Graf Alexei Petrowitsch Bestuschew-Rjumin (*1693, †1766; 1741 Vizekanzler, 1744–1758 Kanzler).	*Elisabeth Petrowna*
1741–1743	Schwedisch-Russischer Krieg, endet im Frieden zu Åbo mit schwedischen Gebietsverlusten in Finnland.	
1746	Auf Betreiben Bestuschews schließt Russland mit Österreich ein Verteidigungsbündnis auf 25 Jahre vornehmlich gegen Preußen. Bestuschew ist auch weiterhin aktiver Gegner Preußens und die stärkste Stütze der österreichischen Revanchepolitik. Dementsprechend nimmt Russland am Siebenjährigen Krieg zunächst gegen Preußen teil.	
1755	In Moskau wird die *erste russische Universität* gestiftet. An der Akademie der Wissenschaften in Petersburg (gegründet 1725) wirkt Michail Wassiljewitsch Lomonossow (*1711, †1765); studiert in Deutschland unter dem Einfluss von Christian von Wolff (*1679, †1754), Chemiker und Physiker, Verfasser einer russischen Grammatik, von Oden und Dramen („Vater der russischen Schriftsprache"), Träger eines neuen russischen Selbstgefühls.	*erste russische Universität*
	Nach Elisabeths Verfügung gelangt ihr Neffe Peter, Herzog von Holstein-Gottorf (*1728), auf den Thron.	
1762–1917	Haus Holstein-Gottorf in Russland.	
1762	*Peter III. Fjodorowitsch* (*1728, †1762), Bewunderer Friedrichs des Großen, beendet den Krieg mit Preußen, beginnt unvorsichtig ins Werk gesetzte Neuerungen. Trotz der dem Adel gewährten Aufhebung des Dienstzwanges bleibt er unbeliebt. Nach sechsmonatiger Herrschaft wird er durch eine Verschwörung entthront und ermordet.	*Peter III. Fjodorowitsch*
1762–1796	*Katharina* II. Alexejewna, *die Große* (*1729, †1796; Prinzessin Sophie von Anhalt-Zerbst, Witwe Peters III.).	*Katharina die Große*
	Als Nichtrussin mit Hilfe der Garden durch einen Staatsstreich und dank des gewaltsamen Todes ihres Gatten auf den Thron gelangt, ist sie stets auf ihre Anerkennung als legitime Kaiserin bedacht. Erfüllt vom Ideengut der französischen Aufklärung, gewinnt sie Anhänger durch Bevorzugung der Russen gegenüber den Ausländern und durch intellektuelle Überlegenheit, pflegt Korrespondenz mit Voltaire, Diderot und anderen französischen Aufklärern; geistvoll und moralisch bedenkenlos; verfolgt zugleich *Reformpläne* und die Erhöhung der Machtstellung Russlands. Ihre Außenpolitik ist imperialistisch vor allem in Richtung auf Polen und das Osmanische Reich. Leitender Staatsmann 1763–1783: Graf Nikita Iwanowitsch Panin (*1718, †1783).	*Reformpläne*

984 EUROPÄISCHE NEUZEIT Einzelstaaten

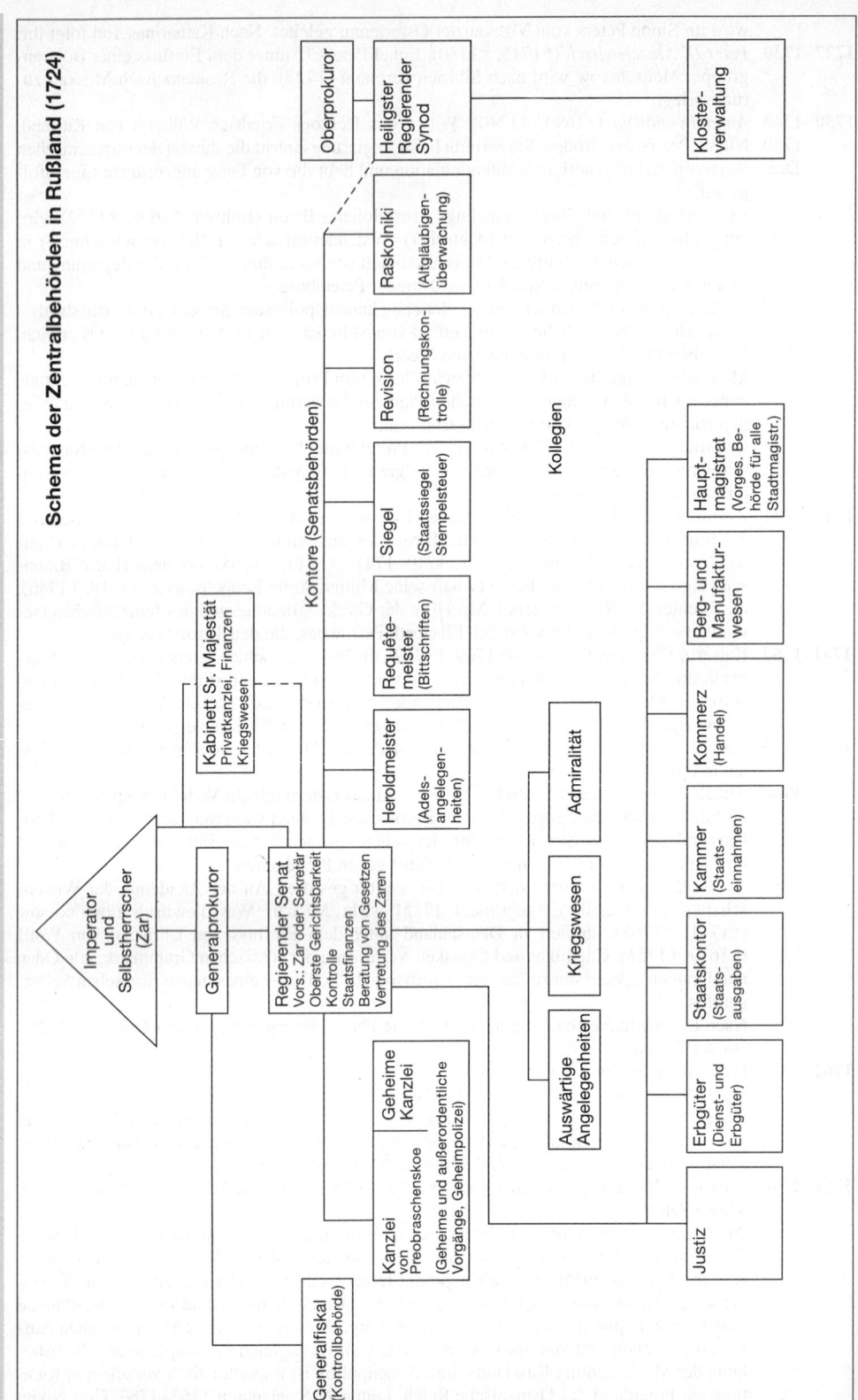

1764	Preußisch-russischer Beistandsvertrag. In Polen erzwingt Russland die Wahl Stanislaus Poniatowskis zum König. Katharina gründet mit Bauern, die in verschiedenen Gegenden Deutschlands angeworben werden, die deutschen Wolgakolonien.	
1767–1768	Eine *gesetzgebende Kommission* aus rund 450 Vertretern aller Stände (außer den Leibeigenen) berät über Reformen und wird veranlasst, der Kaiserin zur nachträglichen Legitimierung ihrer gewaltsamen Thronbesteigung den Titel „die Große" anzubieten. Aller Theorie zum Trotz wird die bäuerliche Leibeigenschaft durch Ukase der Kaiserin verschärft (Klagen gegen die Gutsbesitzer sind mit schweren Strafen bedroht). Die wirtschaftliche Lage der Bauern ist unterschiedlich; durch selbst gegründete Textilmanufakturen können auch Leibeigene gegebenenfalls zu Kapitalbesitz gelangen (so das reiche Scheremetewsche Dorf Iwanowo im Gouvernement Wladimir).	*gesetzgebende Kommission*
1768–1774	*Russisch-Türkischer Krieg*, begonnen von der Pforte, die in die polnischen Wirren eingreift. Große militärische Erfolge der Russen unter dem Oberbefehlshaber Graf Pjotr Alexandrowitsch Rumjanzew (*1725, †1796) seit 1770: Die Moldau und die Walachei werden besetzt, zuletzt die Donau überschritten.	*Russisch-Türkischer Krieg*
1770 Juli	Die russische Ostseeflotte vernichtet unter Mitwirkung schottisch-englischer Seeleute bei Tscheschme (Çeşme; gegenüber der Insel Chios) die türkische Flotte. Schwerste türkische Niederlage zur See seit Lepanto (1571).	
1772	*Erste Teilung Polens*; Russland erhält das Land östlich der Düna und des Dnjepr (Polnisch-Livland, Teile der Woiwodschaften Polock, Witebsk und Minsk, die ganze Woiwodschaft Mohilew).	*Erste Teilung Polens*
1773–1774	Die allgemeine Unzufriedenheit und die Abneigung gegen die als ausländische Usurpatorin betrachtete Kaiserin bei den breiten Bevölkerungsschichten löst einen ausgedehnten Aufstand im Ural- und Wolgagebiet aus, an dem sich Kosaken, Fabrikarbeiter, Leibeigene und moslemische Völker beteiligen. Der Anführer, der Kosak Jemeljan Iwanowitsch Pugatschow (*um 1742, 1775 hingerichtet) gibt sich als der wunderbar gerettete Peter III. aus. Die Erhebung wird mit militärischen Mitteln niedergeworfen.	
1774 21. Juli	*Friede von Kütschük Kainardsche* (bei Silistra an der unteren Donau) beendet den Türkenkrieg. Russland erhält an der Dnjeprmündung einen schmalen Zugang zum Schwarzen Meer, dazu die Straße von Kertsch, die Große und die Kleine Kabardei (Nordkaukasien) und freie Handelsschifffahrt auf den türkischen Gewässern. Rückgabe der russischen Eroberungen in Moldau und Walachei an die Pforte. Russland erwirbt das Recht, zugunsten dieser Fürstentümer und der griechisch-orthodoxen Kirche gegenüber der Pforte Vorstellungen zu erheben, die diese zu beachten verspricht (doppeltes Interventionsrecht).	*Friede von Kütschük Kainardsche*
1779	Russland greift durch die Garantie des Friedens von Teschen nachhaltig in das preußisch-österreichische Verhältnis ein.	
1780	Zur Sicherung des Handelsverkehrs der Neutralen im nordamerikanischen Unabhängigkeitskrieg greift Katharina II. gegen die Methode der britischen Seekriegführung durch die Erklärung der bewaffneten Seeneutralität ein, deren Grundsätze für das Seekriegsrecht epochemachend werden.	
1783	Die *Krim* in Russland einverleibt. Grigori Alexandrowitsch Potjomkin (Potemkin), Günstling der Zarin 1774–779; *1739, †1791), erschließt und kolonisiert die neu gewonnenen südrussischen Gebiete.	*Krim*
1787–1792	*Zweiter Türkenkrieg* und Bündnis Russlands mit Österreich. Gleichzeitig Krieg mit Schweden 1788–1790. Russland erhält im Frieden zu Jassy (Iaşi) das Küstenland am Schwarzen Meer bis zum Dnjestr.	*Zweiter Türkenkrieg*
1790	Frieden von Värälä bestätigt den Status quo mit Schweden (14. Aug.).	
1793 23. Jan.	Russisch-preußischer Geheimvertrag gegen Polen, „um den Geist der Rebellion und der gefährlichen Neuerung zu bekämpfen".	
1. Okt.	*Zweite Teilung Polens*. Russland erwirbt den noch übrigen Teil von Litauen, Wolhynien und Podolien.	*Zweite Teilung Polens*
1794	Gründung der Hafenstadt Odessa, um die sich der französische Emigrant Herzog von Richelieu (*1766, †1822), der in russische Dienste getreten ist, Verdienste erwirbt (später französischer Ministerpräsident). Freiheitskampf der Polen unter Tadeusz Kościuszko. Der russische Feldherr Alexander Wassiljewitsch Suworow (*1729, †1800) erstürmt Praga, eine Vorstadt Warschaus, und zieht in Warschau ein.	
1795	*Dritte Teilung Polens*. Russland erwirbt nun auch den Rest der ostpolnischen Gebiete bis zum Bug und zum Njemen sowie das Herzogtum Kurland, dessen Herzog Peter Biron (1769–1795; *1724, †1800) abdankt.	*Dritte Teilung Polens*

Russland (1789–1914)

Die Französische Revolution bleibt ohne direkte Wirkung auf das Russische Reich. Die Autokratie behauptet sich gegen jegliche Ansätze einer Liberalisierung bis in das 20. Jh. Verwaltung und Bildungswesen werden modernisiert, nicht aber demokratisiert; die *Industrialisierung* erreicht in den Jahrzehnten nach der Bauernbefreiung (1861) ihren Höhepunkt, auch wenn Russland insgesamt ein Agrarstaat bleibt. Reformen, die die Autokratie in Frage stellen könnten, werden wie jegliche Opposition nach Möglichkeit unterdrückt, sodass sich politische, soziale und kulturelle Befreiungsbewegungen grundsätzlich in Opposition zum herrschenden System entwickeln müssen, das sich mehr und mehr auf einen an reaktionären Ordnungsmodellen orientierten großrussischen Nationalismus und die orthodoxe Staatskirche stützt, wenn es demokratische oder nationale Forderungen abzuwehren gilt. Die Intelligenz wendet sich nach den Napoleonischen Kriegen zum Teil dem „Westen" zu und rezipiert die Philosophie Hegels und Schellings. Die „Westler" entdecken vor allem den französischen utopischen *Sozialismus*, die „Slawophilen" grenzen sich gegenüber „dem Westen" ab. Ihre die russische Vergangenheit idealisierende Ideologie geht in der zweiten Jahrhunderthälfte in einen expansiven Nationalismus über. Die russische Literatur erreicht mit Iwan Sergejewitsch Turgenjew (*1818, †1883), Fjodor Michajlowitsch Dostojewski (*1821, †1881) und Lew Nikolajewitsch Tolstoj (*1828, †1910) im letzten Jahrhundertdrittel Weltgeltung. Die Intelligenz radikalisiert sich in anarchistischen und nihilistischen Gruppen, die ihre prinzipielle Ablehnung des Staates insbesondere in der Zeit der spektakulären Attentate zwischen 1877 und 1881 durch individuellen Terror Ausdruck verleihen. Die Bewegung der Narodniki, der „Volkstümler", scheitert mit ihrer idealisierenden Vorstellung vom „Volk", die 1902 noch im Programm der Sozialrevolutionäre fortwirken. Die 1898 gegründete Sozialdemokratische Partei, die als erste ein marxistisches Programm vertritt, schwächt sich in der Grundsatzdebatte um Massenpartei und elitäre Kaderpartei. Auch die zu Jahrhundertbeginn entstehenden, für einen demokratischen Konstitutionalismus eintretenden bürgerlichen *Parteien* stehen in entschiedenem Gegensatz zur zaristischen Autokratie.

In den Napoleonischen Kriegen wechselt die Regierung mehrfach die Front. Sie verfolgt weiter eine expansionistische Politik: 1795 fällt das polnische Teilungsgebiet an Russland, 1809 Finnland, 1812 Bessarabien; das Osmanische Reich, Zentralasien und, verstärkt nach der Niederlage im Krimkrieg (1856), der Ferne Osten bleiben die territorialen Ziele, bei denen die Konflikte mit Österreich-Ungarn, Großbritannien bzw. Japan bereits vorprogrammiert sind. Die nach dem Russisch-Türkischen Krieg 1878 verfolgten Pläne einer Neuordnung des Balkans korrigiert der Berliner Kongress. Die Annäherung an Österreich-Ungarn und das Deutsche Reich scheitert an der Balkanfrage; die Bindungen an Frankreich werden nach 1890 immer stärker. Die Niederlage im *Russisch-Japanischen Krieg* 1904/1905 führt nicht zuletzt zur Revolution von 1905/1907, die – allen Verfallserscheinungen zum Trotz – noch einmal mit militärischen Mitteln unterdrückt werden kann. Am 27. Juli 1914 macht das mit Serbien verbündete Russland überstürzt mobil. Die russische Regierung opfert damit die dringend notwendige innere Stabilisierung außenpolitischen Zielen.

Der mit einem liberalen Reformprogramm angetretene Kaiser Alexander I. (1804–1825) bestimmt auf dem Wiener Kongress maßgeblich die Neuordnung Europas und setzt mit der Heiligen Allianz 1815 das Legitimitätsprinzip als Grundlage restaurativ-antirevolutionärer Politik in Europa durch. Die christlich-mystisch bestimmte, an der Reaktion orientierte Politik seiner letzten Lebensjahre setzt, verunsichert durch den misslungenen Aufstandsversuch der „Dekabristen", das bürokratische Polizeisystem Nikolaus' I. (1825–1855) fort, das im Krimkrieg scheitert. Es gelingt ihm nicht, die staatliche Administration einer langsam arbeitsteiliger werdenden Gesellschaft anzupassen, in der Ansätze einer Selbstverwaltung nie weit gediehen sind und in der eine zentralistische Bürokratie alles dominiert. Die von Alexander II. (1855–1881) veranlassten *Reformen* lassen die Autokratie unangetastet und öffnen sie nicht im Sinne eines Konstitutionalismus. Die 1861 proklamierte Bauernbefreiung kann die Agrarfrage nicht lösen; ihre Folgen verschärfen die sozialen Gegensätze auf dem Lande. Nach der Ermordung seines Vaters unterstützt Alexander III. eine Politik der entschiedenen Reaktion und einer rücksichtslosen Russifizierung, die der wenig Autorität besitzende Nikolaus II. (1894–1917) fortführt, der 1905 mit einer revolutionären Bewegung konfrontiert wird. Das gewählte Parlament, die Duma, weicht bald einem *Scheinkonstitutionalismus*, der keine Gefahr für das zaristische Regime darzustellen scheint. Das mit der Industrialisierung in Moskau, St. Petersburg und im Donezbecken entstehende Industrieproletariat bildet die Basis für die sozialistischen Parteien, die in der Revolution 1905/1907 ihre Ziele noch nicht durchsetzen können. Die durch einen massiven großrussischen Nationalismus ideologisch gestützte zaristische Autokratie verliert in den letzten Herrschaftsjahren immer mehr die sowieso schon geringe Unterstützung im bäuerlichen Volk und in der bürgerlichen Gesellschaft.

1790 Alexander Nikolajewitsch Radischtschew (*1749, †1802) veröffentlicht mit der „Reise von Mai Petersburg nach Moskau" eine radikale Anklage gegen die *Leibeigenschaft*.

1796 17. Nov.	Tod Katharinas II. (*1729). Nachfolger wird ihr Sohn Paul I. (*1754, †1801). Sein politisches Handeln wird wesentlich aus dem Gegensatz zu seiner Mutter bestimmt. Er reduziert die Lokalbehörden und führt – entgegen der „Gnadenurkunde" von 1785 – die Besteuerung des Adels ein.	
1797 16. April	*Krönung Pauls I.* Der Kaiser erlässt eine Thronfolgeordnung, die die Erblichkeit im Mannesstamm des Hauses Romanow festlegt.	*Krönung Pauls I.*
1798/1799	Beitritt Russlands zur Zweiten Koalition gegen Frankreich. Die russische Ostseeflotte operiert gemeinsam mit der Großbritanniens vor den Niederlanden, die Schwarzmeerflotte mit	
1799	der türkischen im Mittelmeer; Alpenübergang der russischen Landstreitkräfte unter General Alexander W. Suworow.	
Okt.	Ausscheiden aus der Koalition wegen Streitigkeiten mit Großbritannien um Malta.	
1801	*Annexion Georgiens* (18. Jan.).	*Annexion Georgiens*
23./24. März	Mit Wissen seines Sohnes Alexander wird Paul I. in einem Staatsstreich von Gardeoffizieren abgesetzt und vermutlich umgebracht.	
1801–1825	*Alexander I.* (*1777, †1825): Erzogen im Geiste der französischen Aufklärung durch den Schweizer Frédéric Cézar de La Harpe (*1754, †1838), tritt Alexander seine Herrschaft gegen das Misstrauen des Adels an. Die in ihn gesetzten liberalen Hoffnungen, die zu erfüllen er sich zumindest im ersten Jahrzehnt seiner Herrschaft bemüht, kann er nicht verwirklichen. 1807–1812 arbeitet Michail Michailowitsch Speranskij (*1772, †1839) an der Modernisierung des zentralen Staatsapparats mit dem Ziel, feste Rechtsgrundsätze in Verwaltung und Justiz durchzusetzen, muss jedoch der antifranzösischen Stimmung und den Intrigen adeliger Konkurrenten wegen weichen. Nach 1812 verfällt Alexander mehr und mehr mystisch-religiösen Einflüssen. Die von ihm als sentimentales Manifest christlicher Brüderlichkeit gefasste Heilige Allianz, nicht ohne Sendungsbewusstsein auf dem Wiener Kongress verkündet, redigiert Fürst Metternich in ein antirevolutionäres politisches Manifest um. Im Inneren herrscht der verhasste Höfling Alexei Andrejewitsch Araktschejew (*1769, †1834), dessen selbstherrliche Brutalität sprichwörtlich wird.	*Alexander I.*
1802 20. Sept.	*Ministerialreform.* Die Kollegien werden durch Fachministerien, darunter das für Volksaufklärung ersetzt. Gründung von Universitäten.	*Ministerialreform*
1803 3. März	Ein Erlass (Ukas) des Zaren stellt es Gutsbesitzern frei, Leibeigene durch Einzelverträge in den Stand freier Ackerbauern zu überführen, bleibt aber ohne Wirkung. Eine grundsätzliche Lösung der Leibeigenenfrage scheut Alexander wegen der Auswirkungen auf Staat und Gesellschaft. In Estland (1816), Kurland (1817) und Livland (1819) wird dagegen die persönliche Bauernbefreiung durchgeführt.	
1805 11. April	Britisch-russische Allianz gegen Napoleon, wird durch den Beitritt Österreichs (9. Aug.) zur Dritten Koalition.	
2. Dez.	Niederlage von Austerlitz.	
1807 7. Juli	*Friede von Tilsit:* Alexander vollzieht einen Allianzwechsel und erneuert das russisch-französische Bündnis.	*Friede von Tilsit*
1809 17. Sept.	Im Frieden von Frederikshamn verzichtet Schweden auf *Finnland*, das mit Karelien und Wyborg zum Großfürstentum mit eigener Verfassung und bedeutender Autonomie vereinigt wird, und die Ålandinseln.	*Finnland*
1810	Der *Reichsrat* nimmt seine Tätigkeit auf. 1811 regelt ein Statut die einheitliche Organisation der Ministerien.	*Reichsrat*
1812 28. Mai	Frieden von Bukarest nach sechsjährigem Russisch-Türkischem Krieg. Russland erhält Bessarabien und transkaukasische Gebiete.	
24./28. Juni	Napoleons Grande Armée überschreitet die Memel und erreicht Wilna (Juni). Beginn des *„Vaterländischen Krieges"* (Sommer-Herbst 1812).	*„Vaterländischer Krieg"*
7. Sept.	Schlacht bei Borodino (Dorf westlich von Moskau). Die einzige große Schlacht des Feldzuges ist für beide Seiten verlustreich und bringt keine Kriegsentscheidung.	
14. Sept. 19. Okt.	Napoleon rückt bis Moskau vor, muss aber nach dem Brand der Stadt den Rückzug befehlen.	
ab 26. Nov.	Verlustreicher Übergang der Grande Armée über die Beresina (bis 29.).	
1813 24. Okt.	Im Frieden von Gülistan (südlich von Taschkent) erkennt Persien die russische Einflusssphäre im Kaukasus und am Kaspischen Meer an. Die islamischen Kaukasusvölker leisten bis 1864 Widerstand.	
1814 31. März	Einzug der siegreichen russischen Armee in Paris. Für Alexander I. als „Befreier Europas" und die russische Intelligenz bestätigt sich das Bewusstsein der Zugehörigkeit zur europäischen Völkergemeinschaft.	

Wiener Kongress	**1814/1815**	*Wiener Kongress*: Alexander erweist sich als führender Herrscher Europas. Kongresspolen wird mit dem Russischen Reich vereinigt, erhält aber eine Konstitution, ein Parlament mit zwei Kammern, behält die eigene Verwaltung und ein eigenes Heer.
Heilige Allianz	1815 26. Sept.	In der *„Heiligen Allianz"* sieht Alexander den außenpolitischen Ausdruck seiner „heiligen Mission", die die Autokratie im Innern Russlands nicht berührt. In der Folge unterstützt er die antirevolutionäre Interventionspolitik der Kongresse von Aachen (1818) bis Verona (1822).
	1818 27. März	Alexander I. eröffnet den polnischen Sejm (Reichstag) und kündet für Russland Reformen an. Er enttäuscht aber die in ihn gesetzten Hoffnungen durch eine verstärkt illiberale Politik.
	1818/1819 1822	Verbot sämtlicher Geheimgesellschaften. Die in der Nachfolge des 1816 als „Bund der Rettung" gegründeten „Wohlfahrtsbundes" 1821 in der Ukraine entstandene „südliche Gesellschaft" und die „nördliche" in St. Petersburg mit republikanisch-zentralistischem bzw. konstitutionell föderalistischen Programm bestehen jedoch in der Illegalität weiterhin.
Bibelgesell-schaft	1824	Sturz Alexander N. Golizyns (*1773, †1844), der seit 1816 eine reaktionäre Bildungspolitik praktiziert, zugleich aber als Vorsitzender der 1814 gegründeten Russischen *Bibelgesellschaft* Exponent der mit orthodoxer Bigotterie verbundenen mystisch-religiösen Mode und des von ihr produzierten reaktionären Obskurantismus ist, durch den aktiven Widerstand der an der russischen Überlieferung orientierten orthodoxen Hierarchie (1826 Auflösung der Bibelgesellschaft).
	1825 1. Dez.	Unerwarteter Tod Alexanders I. in Taganrog. Durch den geheimen Thronverzicht seines Bruders, des Großfürsten Konstantin (1822), bestehen zunächst Unklarheiten hinsichtlich der Nachfolge.
Nikolaus I.	1825–1855	*Nikolaus I.* (*1796, †1855): Die antireformerisch-reaktionäre Haltung seines durch die Vormacht der Bürokratie und die enge Verbindung mit der orthodoxen Kirche bestimmten
Aufstand der Dekabristen	1825 26. Dez.	Polizeiregimes wird durch den *Aufstand der „Dekabristen"* verstärkt, auch wenn dieser sofort niedergeschlagen wird, da nur ca. 3000 Soldaten von den verschworenen Offizieren zur Eidesverweigerung veranlasst werden. Die Führer der „nördlichen" und der „südlichen" Gesellschaft werden hingerichtet, die Mitglieder zur Zwangsarbeit in Sibirien verurteilt.
	1826	Krönungsmanifest Nikolaus' I., der die „allmähliche Vervollkommnung" der „vaterländischen Einrichtungen" von oben proklamiert. Die „Dritte Abteilung" der kaiserlichen Kanzlei wird als gefürchtete *Geheimpolizei* eingerichtet, die Meinungen und Gesinnungen nicht nur im Bildungswesen und der Publizistik überwacht.
Geheimpolizei	7. Okt.	Konvention von Akkerman (heute: Bjelgorod-Dnjestrowski): Russland fordert die Pforte auf, frühere Zugeständnisse für die Balkanvölker einzuhalten. Die russisch-britische Verständigung in der griechischen Frage führt zum gemeinsamen
	1827	Seesieg bei Navarino über die türkisch-ägyptische Flotte (20. Okt.).
	1828	Sieg im Krieg mit Persien (seit 1826) mit Gebietsgewinnen (Friede von Turkmantschaj). Einschränkung des Gymnasialbesuchs auf Söhne von Adeligen und Beamten.
Russisch-Türkischer Krieg	**1828/1829** 1829 14. Sept.	*Russisch-Türkischer Krieg*. Im Frieden von Adrianopel erwirbt Russland fast das gesamte Donaudelta und Teile Armeniens. Die 1828 besetzten Donaufürstentümer bleiben bis 1834 unter russischer Verwaltung. Die freie Durchfahrt durch den Bosporus öffnet dem südrussischen Getreide neue Märkte.
	1830	Sammlung der Gesetze des Russischen Reiches erscheint unter der Leitung Speranskijs.
polnische Revolution	29. Nov.	*Polnische Revolution*: Nach der Pariser Julirevolution erheben sich polnische Patrioten in Warschau gegen die russische Besatzungsmacht. Fürst Adam Jerzy Czartoryski (*1770, †1861) bildet eine von der Adelspartei getragene nationale Regierung.
	1831 26. Mai	Der Sejm (Reichstag) setzt die Dynastie Romanow ab (15. Jan.). Der russische Oberbefehlshaber Hans Graf von Diebitsch siegt bei Ostrołęka.
	Juli	Sein Nachfolger Iwan Fjodorowitsch Paskewitsch (*1782, †1856) überschreitet im Juli die Weichsel.
	Aug.	Die polnischen Radikalen stürzen die Regierung Czartoryskis der von Paris aus die polnische Emigration führen wird.
	8. Sept.	Paskewitsch erobert Warschau, die Verfassung wird aufgehoben, Polen als besetztes Gebiet verwaltet.
Inkorporation Polens	1832	Durch das Organische Statut wird das Königreich *Polen dem russischen Reich inkorporiert*, 1837 in Gouvernements eingeteilt und einer entschiedenen Russifizierungspolitik ausgesetzt.
	1833 8. Juli	Russisch-Türkisches Defensivbündnis von Unkiar Skelessi, in dem die Pforte sich zur Schließung der Meerengen im Kriegsfall verpflichtet, löst in Großbritannien eine Welle russlandfeindlicher Publizistik aus.

18. Sept./ 15. Okt.	In den Konventionen von Münchengrätz und Berlin wird mit Österreich die nur einvernehmliche Aufteilung der europäischen Türkei vereinbart und die Heilige Allianz erneuert.	
1839–1841	*Orientalische Krise*: Russland unterstützt mit Großbritannien den türkischen Sultan gegen das mit Frankreich verbündete Ägypten.	*orientalische Krise*
1841 13. Juli	In der Meerengenkonvention wird die Schließung der Dardanellen für nichttürkische Kriegsschiffe vereinbart.	
1842	Die „Verordnung über die verpflichteten Bauern" bleibt ohne Wirkung (wie 1803).	
1849 13. Aug.	Intervention in Ungarn: Sieg über die ungarische Revolutionsarmee bei Viágos (nördlich des Maros).	

Industrialisierung und Eisenbahnbau

In die dreißiger Jahre fallen die Anfänge einer Industrialisierung. Eine Großindustrie, die die entlegenen Regionen des Landes, aber bald auch die asiatischen Märkte mit ihren Erzeugnissen versorgt, entsteht erst nach 1861. Voraussetzung dafür ist die *Verbesserung des Transportwesens*: 1837 nimmt die Eisenbahn zwischen St. Petersburg und Zarskoje Selo den Betrieb auf, die 1851 eröffnete Strecke zwischen St. Petersburg und Moskau ist die längste der Welt. Nach dem Krimkrieg wird der Eisenbahnbau auch aus militärischen Gründen verstärkt.

Verbesserung des Transportwesens

1853–1856	*Krimkrieg*: In dem anlässlich eines Streits um die heiligen Stätten in Jerusalem entstehenden Konflikt unterstützen Großbritannien und Frankreich die Türkei gegen Russland.	*Krimkrieg*
1854 Okt.	Nach der französischen Landung auf der Krim wird die Belagerung von Sewastopol kriegsentscheidend.	
1855 2. März	Nach dem Tod Nikolaus' II. wird der Zusammenbruch des Regimes in einer militärischen und wirtschaftlichen Krise offensichtlich.	
1855 9. Sept.	*Alexander II.* (*1818, †1881) führt den Krimkrieg bis zur Kapitulation von Sewastopol weiter.	*Alexander II.*
Nov.	In Asien erobert Russland Kars im armenischen Hochland.	
1856 30. März	Im Frieden von Paris muss Russland Kars wieder freigeben, dazu die Donaumündung und Teile Bessarabiens an die Moldau abtreten und der Schutzherrschaft über die Christen im Osmanischen Reich entsagen. Das Schwarze Meer wird neutralisiert.	

Innen- und außenpolitische Lage in der Mitte des 19. Jh.s

Russland verliert seine europäische Vormachtstellung an Frankreich, zu dem es sich aber bemüht, gute Beziehungen zu unterhalten. Der Gegensatz zu Großbritannien hat sich vertieft, die Beziehungen zu Österreich-Ungarn sind schlechter geworden. Im Inneren hat die Niederlage die *Rückständigkeit* von Verwaltung, Armee und Wirtschaft verdeutlicht. Die Leibeigenschaft, ob in der Form des Leibzinses (obrok) oder des Frondienstes (barschtschina), hemmt jeden Fortschritt, sodass Alexander II., der „Zar-Befreier", die Reform verordnet, die die Diskussion von Slawophilen und Westlern beherrscht. Alexander Herzens (*1812, †1870) in London gedruckte Emigrationszeitschrift „Die Glocke" beeinflusst, in vielen Exemplaren eingeschmuggelt, die Meinung selbst der Hofkreise. Auszüge erhalten die Mitglieder der Komitees, die seit 1857 über die Bauernfrage beraten.

Rückständigkeit

1855–1881	Alexander II. verfolgt zunächst Reformen, wenn auch unter dem Einfluss der hochadeligen Hofgesellschaft, die das Reich nach wie vor als ihre Domäne betrachtet, inkonsequent. Mit dem polnischen Aufstand (1863) nehmen die autokratisch-reaktionären Züge seiner Politik überhand.	
	Der Mitte der vierziger Jahre begonnene *Ausbau Sibiriens* wird fortgeführt. Eine russische	*Ausbau Sibiriens*
1858	Expedition besetzt das linke Ufer des Amur, das mit dem Küstengebiet des Amur in Verträgen mit China 1858 und 1860 erworben wird.	
1860	Gründung von Wladiwostok (Hafenstadt am Japanischen Meer).	
1861 3. März	Das Manifest über die *Bauernbefreiung* löst zunächst Unruhen aus. 47 Mio. Bauern erhalten die persönliche Freiheit, bleiben aber an das Mir-System als Umverteilungsgenossenschaft mit kollektiv genutzter Feldflur und Haftung der Gemeinde gebunden und müssen zudem an den früheren Besitzer den Landwert übersteigende Ablösesummen leisten, obwohl die individuellen Landanteile zu gering bemessen sind, sodass die Masse verarmt und nur eine Minderheit eine ausreichende wirtschaftliche Basis findet. Die Agrarfrage wird nicht gelöst, an die Stelle der Leibeigenschaft tritt ein neues Problem: der Landhunger der bäuerlichen Massen.	*Bauernbefreiung*
1862–1866	Erfolgreiche Verbesserung der Finanzverwaltung nach westeuropäischem Vorbild.	

polnischer Aufstand	**1863** 22. Jan.	*Polnischer Aufstand:* 1861 beginnt Graf Alexander Wielopolski (*1803, †1877) als Chef der polnischen Zivilverwaltung bei engem Anschluss an Russland mit deren Repolonisierung, auch im Bildungswesen. Den polnischen Demokraten reichen diese Reformen nicht aus; nach vereinzelten Anschlägen proklamiert die revolutionäre Zentrale das von den Bauern bearbeitete Land zu deren Eigentum.
Alvenslebensche Konvention	8. Febr.	Russland versichert sich ungeachtet der Proteste Großbritanniens, Frankreichs und Österreichs in der *Alvenslebenschen Konvention* der preußischen Unterstützung.
	1864 5. Aug.	Russland muss den Aufstand länger als ein Jahr militärisch bekämpfen. Der polnische Diktator Romuald Traugutt (*1826, †1864) wird hingerichtet.
	2. März	Die russische Verwaltung übereignet den Bauern in einer Agrarreform das Land, baut aber die Reste einer Autonomie ab und praktiziert in den siebziger Jahren die völlige Russifizierung von Verwaltung, Justiz und Unterrichtswesen. Die russische öffentliche Meinung wendet sich radikal gegen Polen.
Gouvernements	13. Jan.	Einführung der Selbstverwaltung (Semstwo) für *Gouvernements* und Kreise zum Jahresbeginn. Trotz bürokratischer Hemmnisse entfaltet sich in den Semstwos, die überwiegend vom Provinzadel getragen werden, eine rege Aktivität: Volksbildung, Verkehrswege und soziale Fürsorge werden verbessert.
Justizreform	2. Dez.	Die *Justizreform* erhält Gesetzeskraft. Unabhängige Richter, Öffentlichkeit des Verfahrens und gemilderte Strafen werden eingeführt.
	1864/1868	Turkestan, Taschkent und Samarkand werden erobert.
	1865	Gesetz über die höhere Schule leitet deren Modernisierung ein. Nach dem Universitätsgesetz (1863, Einführung der Autonomie) und dem über die Volksschulen (1864) ist damit das gesamte Bildungswesen gesetzlich neu geregelt. Das Presse- und Zensurgesetz schreibt die bestehende Praxis fest.
Attentat auf Alexander II.	**1866** 16. April	Erstes *Attentat auf Alexander II.* (durch Dmitri V. Karakasow). Als Reaktion beschneidet der Kaiser die Rechte der Semstwo und ernennt den Grafen Dimitri Andrejewitsch Tolstoj (*1823, †1889) zum Minister für Volksbildung, der bestrebt ist, sämtliche Reformen zurückzunehmen.
	1867	Zweiter Slawenkongress in Moskau unter Beteiligung tschechischer, südslawischer u.a. Vertreter offenbart Zwiespalt in der polnischen Frage. Russland verkauft Alaska für 7,2 Mio. US-Dollar an die Vereinigten Staaten von Amerika.
	1869	Der Dorpater Historiker Carl Schirren (*1826, †1910) protestiert mit seiner gegen Samario gerichteten „Livländischen Antwort" gegen den Russifizierungsdruck in den baltischen Provinzen.
Stadtreform	1870	*Stadtreform.* Nach dem Vorbild der Semstwo erhalten die Städte eine von der Bürgerschaft zu tragende Selbstverwaltung.
		Im Deutsch-Französischen Krieg wohlwollende Neutralität gegenüber Preußen.
	1871 13. März	Die Londoner Pontuskonferenz sanktioniert den russischen Widerruf der Schwarzmeerklausel des Pariser Friedens von 1856.
		Schulreform: Die Gymnasialbildung wird auf das formale Erlernen von Mathematik und klassischen Sprachen konzentriert.
Verrückter Sommer	**1873**	*„Verrückter Sommer":* Massenaufbruch der „Narodniki" (Volkstümler) „ins Volk". Ihre ideologischen Wurzeln liegen – wie bei Slawophilen und Westlern – im Glauben an das russische Volk und in der Idealisierung der Dorfgemeinde. Nach dem Scheitern der von moralischen Skrupeln freien Verschwörungstheorie Sergej Gennadiewitsch Netschajews (*1847, †1882) folgen die jungen Narodniki überwiegend den anarchistischen Thesen Michail Alexandrowitsch Bakunins (*1814, †1876). Die spontane Aktion dieser intellektuellen Elite erweist sich als völliger Misserfolg; die Bauern lassen sich weder für den „Mir" (Dorfgemeinschaft mit periodisch stattfindender Neuverteilung des Gemeindelandes) begeistern, noch für den Kampf gegen den Zaren gewinnen: Der Gutsbesitzer ist ihr Feind; sie wollen das Land nicht als Kollektiv-, sondern als Privateigentum.
Dreikaiserabkommen	22. Okt.	*Dreikaiserabkommen* zwischen Österreich, Russland und dem Deutschen Reich. Franz Joseph und Alexander II. schließen am 6. Juni einen Konsultativpakt, dem Wilhelm I. am 22. Oktober beitritt.
Verbot von Gewerkschaften	1874	*Verbot von Gewerkschaften.* In der Folge bilden sich illegale Arbeiterorganisationen. Heeresreform. Der Kriegsminister Graf Dmitrij Alexejewitsch Miljutin (*1816, †1912) setzt die Einführung der allgemeinen Wehrpflicht und die Herabsetzung der aktiven Dienstzeit durch.
	1875–1876	Aufstände in Bosnien, der Herzegowina und in Ostrumelien veranlassen Serbien und Montenegro zum Krieg gegen das Osmanische Reich, an dem russische Freiwillige teilnehmen.
	1876 18. Mai	Ein Ukas untersagt den Gebrauch des „kleinrussischen Dialekts", d.h. der ukrainischen Sprache in Druckschriften und auf dem Theater. Das österreichische Galizien wird zum politischen und kulturellen Zentrum der Ukrainer (Ruthenen).

8. Juli 1877	Im Abkommen von Reichstadt und im Geheimabkommen von Budapest sichert Österreich Neutralität im Falle eines russisch-türkischen Krieges zu und erhält dafür die Zustimmung für eine Besetzung Bosniens und der Herzegowina.
15. Jan. 1877	Kriegserklärung gegen die Türkei. Russische Truppen überschreiten die Donau, können aber Plewna trotz rumänischer Unterstützung nicht einnehmen.
24. April	
10. Dez.	General Graf Eduard Iwanowitsch Totleben (*1818, †1884) zwingt die Festung zur Kapitulation. Die russischen Truppen rücken bis Konstantinopel vor, das nur aus Rücksichtnahme auf die anderen europäischen Mächte nicht eingenommen wird. In Asien Eroberung von Kars im armenischen Hochland (10. Nov. 1877).
1878 31. Jan.	Waffenstillstand: Alexander II. (*1818, †1881) steht unter immer stärkerem Einfluss des Außenministers Nikolai Pawlowitsch Ignatjew (*1832, †1908), der in nationalistischer Verblendung weder die eigenen noch die fremden Kräfte richtig einschätzt.

Diktatfriede von San Stefano

3. März Der *Diktatfriede von San Stefano* beschwört die Gefahr des Konfliktes mit Großbritannien und Österreich herauf.

11. April Prozess gegen Wera Iwanowna Sassulitsch (*1849, †1919), die bei einem Attentatsversuch den Petersburger Stadtkommandanten General Dimitrij Feodorowitsch Trepow (*1855, †1906) verwundet hat. Motiv war die von Trepow rechtswidrig angeordnete Auspeitschung eines noch nicht rechtskräftig verurteilten politischen Gefangenen. Justizminister Graf Konstantin Iwanowitsch Pahlen (*1830, †1912) lässt, um ein Exempel zu statuieren, den Anschlag als kriminelles Verbrechen öffentlich aburteilen; das Gericht jedoch spricht die Angeklagte unter dem Beifall der Petersburger Gesellschaft frei.

Spektakuläre Attentate (1877–1881), die in „Nihilistenprozessen" mit Verbannung und Todesstrafe geahndet werden, die die Radikalisierung noch verstärken.

Berliner Kongress

13. Juni– 13. Juli *Berliner Kongress*: Unter dem Druck Großbritanniens und Österreich-Ungarns werden durch Vermittlung des deutschen Reichskanzlers Bismarck die Friedensbedingungen von San Stefano revidiert: Die Erwerbungen Bessarabiens und in Asien werden bestätigt, die Türkei behält das territorial verkleinerte Bulgarien als autonomes tributpflichtiges Fürstentum sowie Mazedonien.

1879 Okt. Die folgende Verstimmung zwischen Alexander II. und dem deutschen Kaiser führt zum deutschen Zweibund mit Österreich-Ungarn.

Ermordung Alexanders II.

1881 13. März Alexander II. fällt einem *Sprengstoffanschlag* des „Volkswillens" zum Opfer. Die Ermordung bedeutet praktisch das Ende der individuellen Terror verfolgenden Fraktion der Narodniki. Die zuvor gebilligten Reformen des Innenministers Graf Michail Tarijelowitsch Loris-Melikow (*1825, †1888) werden mit dem Attentat gegenstandslos.

1881–1894 Alexander III.: Er lehnt jede Reform ab und verstärkt, beeinflusst vom Oberprokurator des Heiligen Synod Konstantin P. Pobedonoszew (*1827, †1907), die Autokratie. Er verweigert die Bestätigung der baltischen Privilegien und forciert die Russifizierung in den nicht-russischen Gebieten. Die Agenten und Spitzel der politischen Polizei, der Ochrana, kontrollieren verschärft Schulen, Universitäten, Presse und Justiz. Die öffentliche Meinung wird durch den autokratisch orientierten großrussischen Nationalismus Michail N. Katkows (*1818, †1887) bestimmt.

Pogrome

1881–1882 Zahlreiche *Pogrome*; die gegen Juden gerichteten Ausnahmebestimmungen werden verschärft.

1881 18. Juni Dreikaiservertrag: geheimes Neutralitätsabkommen mit dem Deutschen Reich und Österreich-Ungarn (1884 verlängert).

1883 Staatliche Bauernbank soll bäuerlichen Landkauf finanzieren.

In Genf gründet Georgij W. Plechanow (*1856, †1918) mit der „Befreiung der Arbeit" eine erste marxistische Gruppe, die sich entschieden mit dem „Narodnitschestwo" auseinander setzt.

1884 Autonomie der Universitäten aufgehoben.

März Spannungen mit Großbritannien wegen der Besetzung Merws an der afghanischen Grenze, 1885 durch britisches Entgegenkommen bei der Grenzregelung nach Kriegsgefahr beendet.

bulgarische Krise

1885–1886 *Bulgarische Krise:*

1886 20. Aug. Fürst Alexander von Bulgarien wird durch von Russland beeinflusste Offiziere abgesetzt, die bulgarische Regierung setzt sich jedoch gegen Russland durch.

1887 18. Juni Wegen Spannungen mit Österreich Nichtverlängerung des Dreikaiservertrages, stattdessen schließt Außenminister Nikolaj Karlowitsch Giers (*1820, †1895) mit Reichskanzler Bismarck den (dann von deutscher Seite 1890 nicht verlängerten) „Rückversicherungsvertrag".

13. März Attentatsversuch auf Alexander III. Die beteiligten Narodniki, darunter Lenins Bruder Alexander Uljanow (*1866), werden hingerichtet.

Militär-konvention	**1892** **17. Aug.** Aug.	Russisch-französische *Militärkonvention* als Defensivbündnis gegen den Dreibund geschlossen. Sergej J. Witte (*1849, †1915) Finanzminister (bis 1903; 1903–1906 Ministerpräsident). Durch Schutzzölle begünstigt er die vor allem durch französisches Kapital beschleunigte Industrialisierung, stabilisiert durch Einführung der Goldwährung den Rubelkurs und fördert den 1891 begonnenen Bau der Transsibirischen Eisenbahn.
Nikolaus II.	**1894–1917**	*Nikolaus II.* (*1868, †1918) unterliegt in der Politik dem Einfluss seiner hysterisch-bigotten Gemahlin Alexandra von Hessen-Darmstadt. Nachdem der 1904 geborene Thronfolger Alexej an der Bluterkrankheit leidet, gewinnt der sibirische Bauer Grigorij J. Rasputin (*1871?, †1916) durch hypnotische Beeinflussung des subjektiven Krankheitsverlaufs wachsenden Einfluss auf die Entscheidungen des Hofes. Persönlich wenig durchsetzungsfähig, kann der Kaiser sich mit Hilfe Sergej J. Wittes und Pjotr Arkadjewitsch Stolypins (*1862, †1911; seit 1906 Innenminister und zugleich Ministerpräsident) gegen die konstitutionellen Forderungen der Revolution von 1905–1907 noch behaupten. 1890–1900 steigt die Zahl der in wenigen Zentren konzentrieren Industriearbeiter von 1,425 auf 2,373 Mio. Die Textilindustrie um Łódź ausgenommen, überwiegt der Metallbereich, der um 1900 mit einer Überproduktionskrise konfrontiert wird.
	1895 Nov.	Julij Ossipowitsch Martow (urspr. Zederbaum – *1873, †1923) und Wladimir Iljitsch Uljanow (Lenin, *1870, †1924) fassen im „Kampfbund zur Befreiung der Arbeit" die Petersburger marxistischen Gruppen in der ersten sozialdemokratischen politischen Organisation zusammen.
	20./21. Dez.	Der Kampfbund wird aufgehoben.
	1896 Jan.	Die Führer des Kampfbundes, darunter Lenin, werden auf vier Jahre nach Sibirien verbannt.
	Mai	Bei der Krönung des Zaren Massenunglück auf dem Chodynkafeld mit fast 3000 Toten.
	Juni	Der zur Krönung in Moskau weilende chinesische Kanzler Li Hung-Chang schließt ein geheimes Verteidigungsbündnis gegen Japan und lässt den Bau der sibirischen Eisenbahn durch die Mandschurei zu.
russisch-japanischer Vertrag	9. Juni	*Russisch-japanischer Vertrag* über Korea. Unruhen in Finnland, Polen, dem Baltikum und der Ukraine gegen die Russifizierung, Streiks und Agrarunruhen im ganzen Reich.
	1897	In Fortsetzung der 1882 begonnenen Arbeiterschutzgesetzgebung wird die tägliche Arbeitszeit gegen den Willen der Unternehmer auf 11,5 Stunden begrenzt.
	1898 13.–15. März	Erster Parteitag der Sozialdemokratischen Arbeiterpartei Russlands in Minsk. Nach der Verhaftung des Zentralkomitees sammelt sich die Partei im Ausland. Nach dem Ende der Verbannung lebt *Lenin (1900–1905) in der Emigration* (London, München, Genf).
Emigration Lenins Port Arthur	25. April	Russisch-japanischer Vertrag erkennt Vorrang der japanischen Interessen in Korea an. Russland besetzt aufgrund eines Pachtvertrages mit China *Port Arthur*.
	1899 März	Nikolaus II. hebt die finnische Verfassung auf. Ein oktroyiertes Wehrgesetz wird mit passivem Widerstand beantwortet, 1904 der Generalgouverneur Nikolaj J. Bobrikow (*1839, †1904) ermordet.
Attentate	**1901–1905**	Zunahme der *Attentate*, denen u.a. der Innenminister Wjatscheslaw Konstantinowitsch Plehwe (*1846, †1904) sowie der Onkel und Schwager des Kaisers, Großfürst Sergej (*1857, †1905), zum Opfer fallen.
	1902	Innenminister Plehwe beseitigt die Reste der Selbstverwaltung und versucht, die Arbeiterbewegung durch Agenten zu unterwandern. Die neu gegründete Partei der Sozialrevolutionäre verbindet marxistische Gedankengänge mit der Tradition der Narodniki.
	1903 30. Juli	Zweiter Parteikongress der Sozialdemokratischen Arbeiterpartei in Brüssel und London. In der Organisationsfrage Spaltung in Menschewiki (Minderheitler) um Julij O. Martow, Georgij Walentinowitsch Plechanow (*1856, †1918) und Leo Bronstein (Trotzki, *1879, †1940), die verschiedene Formen der politischen Entwicklung zulassen wollen, und die *Bolschewiki* um Lenin, die die Diktatur des Proletariats durch eine Elitepartei durchsetzen wollen. Nach dem Auszug des Jüdischen Arbeiterbundes erhalten die Anhänger Lenins die Mehrheit (bolschinstwo). Nach erneuter Zusammenarbeit seit 1906 wird die endgültige Spaltung 1912 vollzogen. Die in Stuttgart von Peter Bernhardowitsch Struwe (*1870, †1944) herausgegebene radikal-demokratische Zeitschrift „Befreiung" hat großen Einfluss in Russland. Die „Befreier" bilden eine politische Gruppe.
Bolschewiki		
	1904 Nov.	Kongress der Semstwovertreter, Konstitutionalisten haben die Mehrheit. Die Führung des russischen Liberalismus geht auf die doktrinäre Intelligenz über.
Russisch-Japanischer Krieg	**1904–1905**	*Russisch-Japanischer Krieg* wegen Interessengegensätzen in Korea und der Mandschurei. Kapitulation von Port Arthur (15. Jan.).

Mai	Die russische Ostseeflotte geht in der Seeschlacht von Tsushima (Insel in der Korea-Straße) zugrunde.
5. Sept.	Im Frieden von Portsmouth (USA) erkennt Russland die Interessen Japans in Korea an, räumt die Mandschurei und tritt Port Arthur sowie Süd-Sachalin an Japan ab.

Die soziale und politische Struktur gegen Ende der Zarenherrschaft

Die politische Struktur des Russischen Reiches steht in einem eigentümlichen Gegensatz zwischen der wachsenden Wirtschaftskraft der sich wandelnden sozialen Struktur und der Autokratie, der eine bürgerliche Basis fehlt. Die Intelligenz rekrutiert sich aus verschiedenen Ständen (Rasnotschinzy), hat aber innerhalb der fest durchgliederten, auf den Staat bezogenen „Gesellschaft" außerhalb der Semstwo keinen festen Ort. Ein Mittelstand aus Fachleuten und Unternehmern entsteht erst verspätet, die Masse der Bevölkerung sind Bauern. Die „Mitte" ist radikal-demokratisch, sie bestimmt wesentlich die Erste und Zweite Duma, da die Linksparteien nicht zur Ersten Duma kandidieren. In den Westgebieten brechen die *nationalen Spannungen* in offenen Auseinandersetzungen auf. *nationale Spannungen*

1905 22. Jan.	„*Blutiger Sonntag*": Nachdem eine friedliche Demonstration vor dem Winterpalais in St. Petersburg vom Militär zusammengeschossen wird, schlägt die Streikbewegung in revolutionäre Unruhen um, die sich mit Streiks, Kundgebungen und Attentaten über das gesamte Reich ausbreiten.	*„Blutiger Sonntag"*
Juni	*Generalstreik* in Odessa.	*Generalstreik*
24. Juli	Nikolaus II. schließt bei Björkö mit dem deutschen Kaiser Wilhelm II. ein Verteidigungsbündnis, das die russische Seite 1907 für gegenstandslos erklärt.	
19. Aug.	Alexander Grigorjewitsch Bulygin (*1851, †1919) veröffentlicht als Innenminister den Entwurf für eine „Duma" als beratendes parlamentarisches Organ.	
Herbst	Auf den finnischen Nationalstreik reagiert Nikolaus II. mit einem entgegenkommenden Manifest. In den baltischen Provinzen Ausschreitungen gegen die deutsche Herrenschicht (6. Nov.). Die sozialistisch organisierten Arbeiter rufen den Generalstreik aus und bilden unter Beteiligung von Bolschewiki, Menschewiki, Sozialrevolutionären und Parteilosen in	
26. Okt.	St. Petersburg den ersten Sowjet (Rat).	
Okt.	Gründungskongress der „Konstitutionellen Demokraten" als Partei der nichtsozialistischen Intelligenz liberaler und radikal-demokratischer Richtung (Abkürzung KD, daher „Kadetten").	
30. Okt.	*Oktobermanifest*, von Ministerpräsident Witte ausgearbeitet, gewährt allen Untertanen die Rechte freier Bürger, sagt grundsätzlich das allgemeine Wahlrecht zu und verspricht, die Duma als Organ der Legislative einzusetzen.	*Oktobermanifest*
1906	Abkommen über französische Anleihe.	
Febr.	*Erster Allrussischer Gewerkschaftskongress*.	*Gewerkschaftskongress*
6. Mai	Vor dem Zusammentritt der ersten Duma oktroyiert Nikolaus II. ein „Grundgesetz".	
10. Mai– 21. Juli	Stärkste Partei in der *1. Duma* „der Volkshoffnung" sind die „Kadetten"; die radikalen Bauernabgeordneten formieren sich in der Gruppe der „Trudowiki" (Werktätigen). Bolschewiki und Menschewiki, die sich in Stockholm wieder vereinigen (bis 1912), kandidieren nicht für die Duma. Die konservativeren Kräfte der Semstwobewegung, die „Oktobristen", gründen sich auf das Oktobermanifest und lehnen eine Konstituante (Verfassunggebende Versammlung) ab, bleiben damit aber in der Minderheit, sodass der Kaiser die	*1. Duma*
22. Juli	1. Duma auflöst und Neuwahlen anordnet.	
30. Juli	Meuterei der Marinesoldaten der Ostseeflotte in Kronstadt und Sveaborg (bis 2. Aug.).	
13. Aug.	*Erster Allrussischer Kongress* des Bauernbundes fordert die Nationalisierung des gesamten Bodens zugunsten der Bauern.	*erster Allrussischer Kongress*
1. Sept.	Neuer Ministerpräsident wird Pjotr A. Stolypin (*1862, †1911), der mit dem Gesetz über die Einrichtung von Militärtribunalen eine rigorose Standgerichtsbarkeit ermöglicht und so Polizei und Militär die Oberhand gewinnen lässt.	
22. Nov.	Seine *Agrarreform* ermöglicht die Umwandlung des Gemeinde- in Privateigentum und erfasst bis 1914 etwa ein Fünftel des bäuerlichen Besitzes.	*Agrarreform*
1906–1910	Der Außenminister Alexander P. Iswoljski (*1856, †1919) versucht im Ausgleich mit Großbritannien Unterstützung für die russische Meerengen- und Balkanpolitik zu gewinnen.	
1907	*2. Duma* „des Volkszorns" mit starkem sozialistischem Einfluss.	*2. Duma*
16. Juni	Nach ihrer Auflösung (15. Juni) sichert der Kaiser durch eine Wahlrechtsänderung eine konservative Mehrheit.	

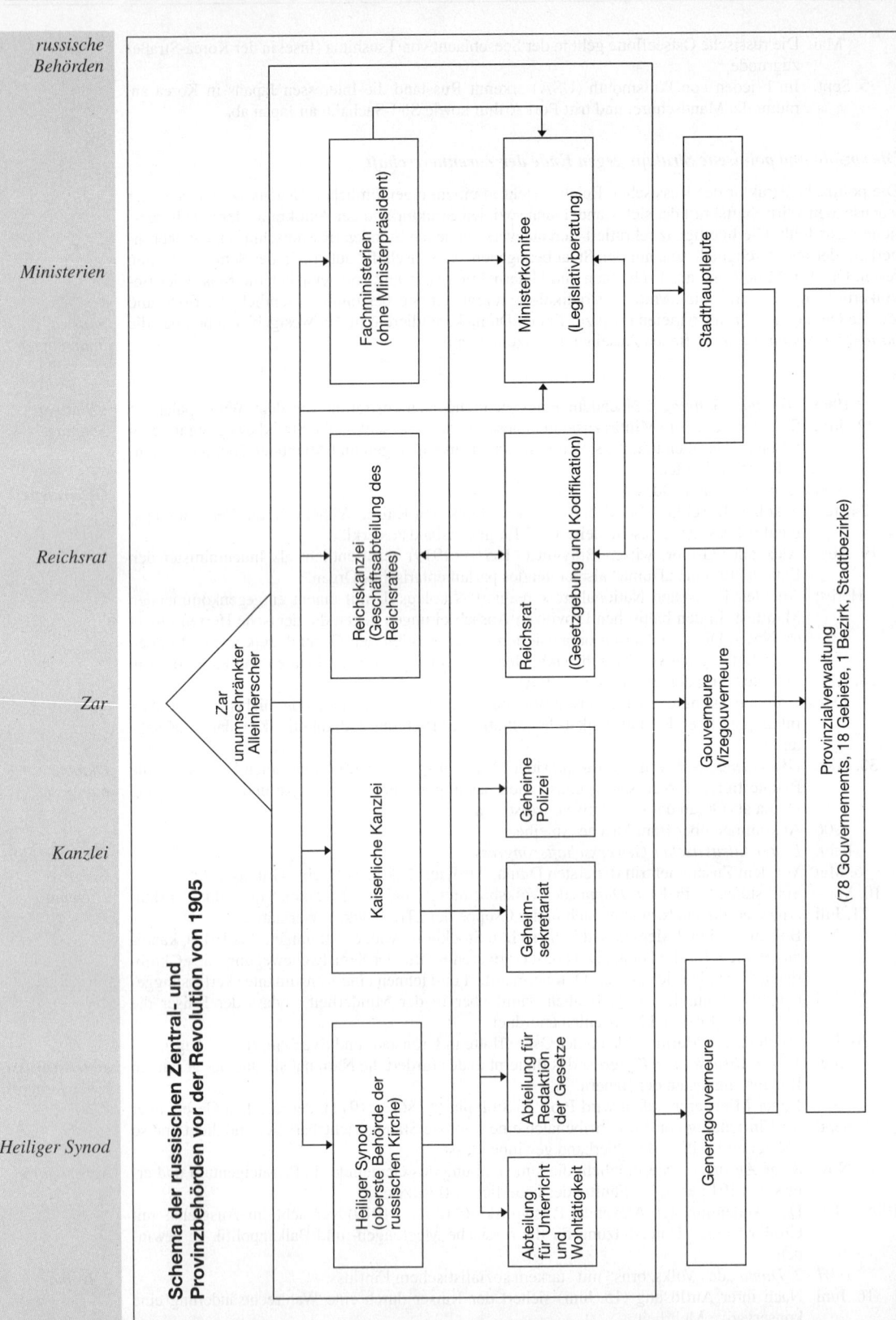

Zusammensetzung der 1.–4. Duma

	1. Duma 10. Mai 1906 bis 21. Juli 1906	2. Duma 20. Febr. 1907 bis 2. Juli 1907	3. Duma 1. Nov. 1907 bis 9. Juni 1912	4. Duma 15. Nov. 1912 bis 6. Okt. 1913
Zahl der Abgeordneten	524 (478)[1]	518	442	442
Sozialdemokraten – Bolschewiki – Menschewiki	18	65	19	7 7
Sozialrevolutionäre		37		
Volkssozialisten		16		
Trudowiki	79	104	14	10
Kadetten	179	98	54	59
Progressioten			28	48
Oktobristen	16	32	154[2]	98
Übrige Rechte		22		
Gemäßigte Rechte u. Nationalisten			97	120
Radikale Rechte			50	65
Nationale Gruppen[3]	63	76	26	21
Parteilose	105	50		
Kosaken		17		
Partei der demokratischen Reformen		1		

[1] Zahl der maximal anwesenden Abgeordneten
[2] Einschließlich Sympathisanten
[3] Polen, Ukrainer, Litauer, Letten, Esten, Muslime und weitere

31. Aug. Britisch-russische Verständigung über die Gebietsabgrenzung in Persien, Afghanistan und Tibet.

14. Nov. 3. *Duma* der „Herren" oder der „Lakaien" mit Mehrheit des konservativen bis reaktionären Landadels, der gegenüber die liberale und sozialistische Opposition nur ein Viertel der Abgeordneten stellt. Zugleich reduziert das Wahlgesetz auch die Zahl der Nationalitätenvertreter. Dem Klub der polnischen Dumaabgeordneten steht bis 1909 der Nationaldemokrat Roman Dmowski (*1864, †1939) vor.

1908 Okt. Die Duma unterstützt den massiven *Nationalismus* der Außenpolitik Alexander Iswolijskis, der aber in der *bosnischen Annexionskrise* einen Misserfolg erleidet, als er die mit dem österreichischen Außenminister Alois Freiherr von Aehrenthal abgesprochene Öffnung der Dardanellen für russische Kriegsschiffe aufgrund englischen Einspruchs nicht durchsetzen kann und seine Zustimmung zur österreichisch-ungarischen Annexion Bosniens zurücknimmt.

1909 Verstärkte Politik gegen die Autonomie Finnlands.

1911 24. März Ministerpräsident Pjotr Arkadjewitsch Stolypin (*1862, †1911) zwingt den Kaiser durch Rücktrittsdrohung, ein von der Duma gebilligtes, vom Reichsrat aber abgelehntes tendenziell antipolnisches Semstwogesetz in Kraft zu setzen.

14. Sept. Stolypin fällt einem Attentat zum Opfer, sein Nachfolger wird (bis Januar 1914) der Finanzminister Wladimir N. Kokowzow (*1853, †1943).

1912 Jan. In Prag erheben die Bolschewiki den Anspruch, die einzigen Vertreter der Sozialdemokratischen Arbeiterpartei zu sein, und spalten diese damit endgültig. Das Zentralkomitee kooptiert Josef Wissarionowitsch Dschugaschwili (*Stalin;* *1879, †1953).

Febr. Der russische Gesandte in Belgrad, Graf Nikolaus von Hartwig (*1855, †1914), bereitet ein Bündnis zwischen Serbien und Bulgarien zur Aufteilung der europäischen Türkei vor, aus dem nach dem Beitritt Montenegros und Griechenlands der 1. Balkankrieg (ab Okt.) entsteht.

Juli Französisch-russische Marinekonvention über die Zusammenarbeit der Seestreitkräfte.

8. Juli Interessenausgleich mit Japan in Geheimvertrag über die Mongolei und die Mandschurei.

4. Duma 28. Juli ***4. Duma*** tritt zusammen. Die oktobristische Mitte geht in die Opposition. Nach Stolypins Ermordung bleibt die Regierung ohne eigentliche Initiative. Den sozialen und nationalen Auflösungserscheinungen weiß die Regierung nur die brüchig gewordene Autokratie entgegenzusetzen.

1914 Russische Rüstungsanleihe in Frankreich zum Zweck der Vergrößerung des Heeres.

Juli Besuch der französischen Führung, die ihre Bündnistreue zusichert.

25. Juli Der russische Kronrat beschließt in Krasnoje Selo, „Serbien zu unterstützen, auch wenn man dazu die Mobilmachung erklären und Kriegshandlungen beginnen müsse".

General- 29./30. Juli Nikolaus II. zieht den Befehl zur *Generalmobilmachung* nach einem Telegramm
mobilmachung Wilhelms II. zurück, lässt sich aber doch von Außenminister Sergjei Dimitrijewitsch Sasónow (*1861, †1927) umstimmen, da der Generalstab angeblich auf eine Teilmobilisierung nicht vorbereitet ist. Faktisch ist die Mobilmachung bereits im Gange.

Russland/Sowjetunion (1914–1945)

Februar- Die militärischen Niederlagen im Ersten Weltkrieg zerrütten das zaristische Herrschaftssystem vollends.
revolution In der *Februarrevolution* von 1917 übernimmt zwar die Provisorische Regierung die Macht, muss diese aber mit den Arbeiter- und Soldatenräten (Sowjets) in einer eigentümlichen Form der Doppelherrschaft teilen. Sie scheitert, weil sie den aussichtslosen Krieg gegen den Willen der Bevölkerung weiterführt, die Dynamik der agrarischen Revolution mit dem Landhunger der Bauern unterschätzt und die Lösung der Nationalitätenfrage vertagt. Die bolschewistische Politik des Friedens um jeden Preis, der Landverteilung an die Bauern, die fast drei Viertel der Bevölkerung von 165 Mio. ausmachen, und der Selbstbestim-
Oktober- mung der Nationalitäten geht dagegen nach der *Oktoberrevolution* auf die Forderungen der Mehrheit der
revolution Bevölkerung ein, ohne sie allerdings, längerfristig gesehen, zu erfüllen.
Der in der Phase des Kriegskommunismus unternommene Versuch, Produktion und Verteilung von Industrie- und Agrarprodukten im sozialistischen Sinne zu verändern, scheitert, weil der Bürgerkrieg und der Zerfall des Staatsgebietes in eigenständige Teile den Wirtschaftsorganismus des Landes zerstören. Die „proletarische Naturalwirtschaft" weitet sich mit dem Ausbau des Systems unentgeltlicher Versorgung aus. Verstaatlichung von Produktion und Distribution, Ablieferungspflicht, Inflation und Wirtschaftsblockade führen zu Versorgungskrise und Hungersnot. Massenunzufriedenheit gefährdet die Macht der Sowjets, die Lenin durch die Ausschaltung der Opposition zu erhalten sucht. Die Neue Ökonomische Politik beschränkt 1921–1927 den staatlichen Zugriff auf Industrie, Verkehrs-, Bank- und Kreditwesen sowie den Außenhandel und löst durch die teilweise Wiederherstellung des Binnenmarktes und im Rückgriff auf privatwirtschaftliche Formen die akute Notlage, die dem wirtschaftlichen Wiederaufbau
Zwangs- weicht. Die Durchsetzung der forcierten Industrialisierung in der Planwirtschaft 1928 zieht die
kollektivierung *Zwangskollektivierung* der Landwirtschaft nach sich. Stalins „Revolution von oben" verändert die gesellschaftliche Struktur stärker als die Oktoberrevolution des Jahres 1917.
Die unter weltrevolutionären Vorzeichen begonnene Außenpolitik weicht bald einer Zweigleisigkeit von Kommunistischer Internationale, die immer mehr für die Ziele der UdSSR in Anspruch genommen wird, und konventioneller Außenpolitik, die allmählich die internationale Anerkennung erreicht. Die Bildung der UdSSR (Union der Sozialistischen Sowjetrepubliken) Ende 1922 zeigt die Tendenz zur territorialen Wiederherstellung des russischen Imperiums, die bis 1945 zu verfolgen ist. Stalins Ende 1924 formulierte Theorie des „Sozialismus in einem Lande" sichert diese Politik ideologisch ab. Das von Lenin 1921 proklamierte Prinzip der monolithischen Oppositionslosigkeit wird 1931/1932 auf Philosophie, Literatur und Kunst übertragen, die in der „NEP-Periode" (Neue-Ökonomische-Politik-Periode) beschränkte Experimentierfreiheit besessen haben. Die Beseitigung aller „Widersprüche" und der Austausch der Funktio-
„Säuberungen" närs- und Offizierselite in den *„Säuberungen"* der dreißiger Jahre vervollkommen das stalinistische Instrumentarium totalitärer Machtausübung. Der Ausschaltung der bürgerlichen, der nichtbolschewistischen sozialistischen und der bolschewistischen innerparteilichen Opposition folgt in der „Stalin-Verfassung" 1936 die verfassungsmäßige Anerkennung der staatsbestimmenden Funktion der Einheitspartei.
Sowjet- Der *„Sowjetpatriotismus"* mobilisiert insbesondere in den Kriegsjahren 1941–1945 alle nationalen Ge-
patriotismus fühle zugunsten des stalinistischen Regimes, das den revolutionären Schwung mehr und mehr durch bürokratische Monotonie ersetzt hat.

Die Revolutionsphase (1914–1918)

1914	Eintritt in den Ersten Weltkrieg.	
1. Aug.	St. Petersburg in *Petrograd* (1924–1991 Leningrad) umbenannt.	*Petrograd*
26. Aug.–15. Sept.	Nach Anfangserfolgen müssen sich die russischen Truppen nach der *Niederlage bei Tannenberg* und an den Masurischen Seen aus Ostpreußen zurückziehen.	*Niederlage bei Tannenberg*
1915 Mai–Okt.	In der deutschen Gegenoffensive gehen Polen, Litauen, Kurland und westrussische Gebiete verloren. Die nationale Einmütigkeit des Kriegsbeginns verliert sich in der Verschärfung der sozialen und wirtschaftlichen Gegensätze bis zur Unerträglichkeit.	
1916 Juni–Aug.	Administration und militärische Versorgung brechen zusammen. Die *erste Brussilow-Offensive* bringt Geländegewinne in Wolhynien und Galizien, die hohen Verluste demoralisieren die Truppen jedoch weiter.	*erste Brussilow-Offensive*
30. Dez.	Ermordung des angeblichen „Wundermönchs" und einflussreichen Günstlings der Zarin, Grigorij Rasputin, in der Hoffnung, die Monarchie dadurch retten zu können. Revolutionäre Unruhen wegen der Kriegsdauer und der Ernährungslage.	
1917 8. März	Der Frauendemonstration zum sozialistischen Frauentag schließen sich Arbeiter der Putilow-Werke in Petrograd an.	
10. März	Zar Nikolaus II. befiehlt, gegen die sich ausbreitenden Unruhen und die Fraternisierungen mit gegnerischen Truppen mit allen Mitteln vorzugehen. Die Truppe gehorcht zunächst dem Schießbefehl, sodass der Kaiser den Appell des Duma-Präsidenten M. V. Rodzianko, ein der Duma verantwortliches Ministerium zu berufen, keiner Antwort würdigt.	
12. März	In der Nacht zum 27. Febr. (alter russischer Kalender) verbündet sich die Petrograder Garnison mit den Arbeitern: *Februarrevolution*. Die Parteien des Progressiven Blocks, Menschewiki und Trudowiki, bilden ein Provisorisches Dumakomitee zur „Wiederherstellung der staatlichen und öffentlichen Ordnung", zugleich formiert sich das Provisorische Exekutivkomitee des Petrograder Sowjet der Arbeiter- und Soldatendeputierten.	*Februarrevolution*
14. März	Befehl Nr. 1 des Provisorischen Exekutivkomitees dekretiert die Bildung von Soldatenkomitees mit Verfügungsgewalt über die Waffen in allen Truppenteilen.	
15. März	Die Sowjets beteiligen sich nicht an der – Justizminister (Febr.–Mai 1917) Alexander Kerenski (*1881, †1970) ausgenommen – bürgerlichen *Provisorischen Regierung* des Fürsten Georgi Jewgeniewitsch Lwow (*1861, †1925), weil die sozialistischen Parteien, ausgenommen Bolschewiki und linke Sozialrevolutionäre, in der Februarrevolution die bürgerliche Revolution sehen, die vor einer sozialistischen stattfinden müsse. *Doppelherrschaft* von Sowjets und Provisorischer Regierung.	*Provisorische Regierung* *Doppelherrschaft*
15./16. März	Nikolaus II. tritt zugunsten seines Bruders Michael zurück, der auf den Thron verzichtet.	
16. April	Wladimir Iljitsch Uljanow, genannt *Lenin* (*1870, †1924), kehrt auf deutsche Veranlassung aus seinem Schweizer Exil nach Petrograd zurück.	*Lenin*
17. April	In den Aprilthesen fordert Lenin die Bekämpfung der Provisorischen Regierung und die Machtübernahme durch die Sowjets. Die Provisorische Regierung kann keine funktionierende Ordnung aufbauen. Den Semstwos (ständische Selbstverwaltung) und den Stadtdumen treten allerorts Sowjets gegenüber.	
18. Mai	Sechs Menschewisten und Sozialrevolutionäre treten in die Regierung ein.	
16. Juni	Sie werden deshalb auf dem *1. Allrussischen Sowjetkongress* (105 Bolschewiki, 285 gemäßigte Sozialrevolutionäre, 248 Menschewiki) von Lenin und den Bolschewiki kritisiert.	*1. Allrussischer Sowjetkongress*
30. Juni	Eine von Kerenski befohlene erneute Offensive, die Kerenski-Offensive, führt zum endgültigen militärischen Zusammenbruch.	
16. Juli	Juliputsch: Arbeiter- und Bauerndemonstrationen in Petrograd fordern „Alle Macht den Sowjets". Das bolschewistische Zentralkomitee übernimmt nur zögernd die Leitung der Unruhen, die andere Parteien nicht unterstützen und die das Militär niederschlägt. Leo Dawidowitsch Trotzki (*1879, †1940; eigentlich Leib Bronstein) und Leo Borisowitsch Kamenjew (*1883, †1936) werden verhaftet. Lenin flieht nach Finnland (24. Juli).	
21. Juli	*Kerenski Ministerpräsident* (nach Rücktritt Lwows).	*Kerenski Ministerpräsident*
Aug.	Bei den Wahlen zum Petrograder Sowjet Stimmengewinne der Bolschewiki (33% gegenüber 37% der Sozialrevolutionäre). Die allgemeine Desorganisation verschlechtert die Versorgungslage und steigert die Ungeduld der Bevölkerung: Befehlsverweigerungen der Soldaten, Bauern eignen sich Land an. Kerenski beruft die „Staatskonferenz" aus 2000 Vertretern aller Parteien, ausgenommen die Bolschewiki.	

	9. Sept.	Kornilowputsch: Der Oberbefehlshaber der Armee L. G. Kornilow putscht nach seiner Absetzung gegen die Provisorische Regierung.
	14. Sept.	Kerenski setzt sich durch und erklärt Russland zur Republik. Der folgende Linksruck bringt den Bolschewisten im Petrograder und im Moskauer Sowjet die Mehrheit.
	23. Okt.	Nach seiner Rückkehr setzt Lenin im Zentralkomitee gegen Grigorij Jewsejewitsch Sinowjew (*1883, †1936) und Leo B. Kamenjew den Beschluss zur Machtergreifung durch bewaffneten Aufstand durch.
	25. Okt.	Zentrale des Aufstands wird das auf Antrag der Menschewisten zur Abwehr der Gegenrevolution und eines deutschen Angriffs gebildete Militärrevolutionäre Komitee der Sowjets.
Trotzki	4. Nov.	Das Komitee, von *Trotzki* organisiert, übernimmt am 22. Okt. (alter russischer Kalender) die militärische Befehlsgewalt in Petrograd; Provisorische Regierung als „Instrument der Gegenrevolution" bezeichnet.
	6. Nov.	Am Morgen des 24. Okt. lässt Kerenski die Druckerei des „Arbeiterweg" und die Newa-Brücken besetzen, bolschewistische Truppen und Rote Garden (Arbeitermilizen) nehmen in der folgenden Nacht alle wichtigen Punkte der Stadt ein.
Oktober-revolution	7. Nov.	*Oktoberrevolution*: Nach dem Angriff auf das Winterpalais, bei dem die Angreifer die einzigen sechs Toten der Revolution zu beklagen haben, wird die Provisorische Regierung verhaftet. Das Militärrevolutionäre Komitee übernimmt in Petrograd die Staatsgewalt. Am Abend verlassen rechte Sozialrevolutionäre, Menschewisten und Bundisten den für diesen Tag einberufenen 2. Allrussischen Sowjetkongress. Die zunächst nur in Petrograd übernommene Macht geht formal auf den Sowjetkongress über, der die Machtübernahme durch lokale Sowjets einleiten und sichern soll und sofort
Dekret über den Frieden	8. Nov.	dem „*Dekret über den Frieden*", das „sofortigen Frieden ohne Annexionen und Kontributionen" anbietet, dem „Dekret über den Grund und Boden", das die entschädigungslose Enteignung der Gutsbesitzer anordnet und die Verfügung über das Land den Kreis-Landkomitees und den Bezirkssowjets der Bauerndeputierten überträgt, und der Bildung einer
Rat der Volks-kommissare		provisorischen Arbeiter- und Bauernregierung, des „*Rats der Volkskommissare*", zustimmt. Dessen Vorsitz übernimmt Lenin, Trotzki übernimmt das Kommissariat für Äußeres, Josef Stalin (*1879, †1953; eigentlich Josef Dschugaschwili) das für Nationalitätenfragen. (Nach dem Rücktritt der beteiligten Sozialrevolutionäre aus Protest gegen den Frieden von Brest-Litowsk sind im März 1918 nur noch die Bolschewisten vertreten.)
	15. Nov.	„Deklaration über die Rechte der Völker Russlands" proklamiert Selbstbestimmung einschließlich des Rechts auf selbstständige Staatsbildung. Gründung der Transkaukasischen Föderation. [Zunächst erklären Georgien (22. Nov.) und der Estnische Volkstag (28. Nov.) die Unabhängigkeit, nach dem Waffenstillstand von Brest-Litowsk folgen Finnland (6. Dez.), die Ukraine (22. Jan. 1918), die Baltischen Ritterschaften (28. Jan.), Estland (24. Febr.), Weißrussland (25. März), Armenien (26. Mai) und Aserbeidschan (28. Mai), von denen aber nur Finnland und die baltischen Staaten ihre Selbstständigkeit bis 1939 bewahren können.]
	8. Dez.	Wahlen zur Verfassunggebenden Versammlung ergeben 23,5% der Stimmen für die Bolschewisten, 62% für die anderen sozialistischen, 13% für die bürgerlichen Parteien. Gründung der Geheimpolizei Tscheka.
Waffenstillstand	15. Dez.	*Waffenstillstand* von Brest-Litowsk.
	22. Dez.	Beginn russisch-deutscher Friedensverhandlungen.
	1918 18. Jan.	Verfassunggebende Versammlung eröffnet; als sie sich weigert, die „Sowjetmacht" vorbehaltlos anzuerkennen, lässt Lenin sie gewaltsam auflösen.
	25. Jan.	Der Dritte Sowjetkongress gründet an ihrer Stelle die „russische Sowjetrepublik" als „Föderation nationaler Sowjetrepubliken".
	22. Jan.	Unabhängigkeitserklärung der Ukraine.
	9. Febr.	Die Ukraine schließt einen Separatfrieden („Brotfrieden") mit den Mittelmächten. Nach der Besetzung begünstigen die deutschen Truppen die Regierung Pavel P. Skoropadskys (*1873, †1945), die im Nov. ein Direktorium unter dem Sozialisten Simon Petljura (*1879, †1926) ablöst. Nach der Besetzung Kiews proklamieren die Bolschewiki die Ukraine zur Sowjetrepublik (8. April 1919).
	14. Febr.	Einführung des Gregorianischen Kalenders.
Friede von Brest-Litowsk	3. März	*Friede von Brest-Litowsk* mit den Mittelmächten: Sowjetrussland verzichtet auf seine Hoheit in Polen, Litauen und Kurland sowie durch einen Ergänzungsvertrag vom 27. Aug. auf Estland und Livland und erkennt die Selbstständigkeit Finnlands und der Ukraine an. Lenin, der zunächst die Verhandlungstaktik Trotzkis ablehnt (Erklärung Trotzkis vom 10. Febr., Russ-
	15. März	land sehe den Krieg als beendet an und werde demobilisieren, ohne die deutschen Friedensbedingungen anzunehmen), setzt die Ratifizierung des Friedensvertrags durch den Vierten

Sowjetkongress durch (Nichtigkeitserklärung am 13. Nov. 1918 nach dem deutschen Zusammenbruch). Der *Regierungssitz* wird in das weniger gefährdete *Moskau* verlegt.

25. März Weißrussische (Weißruthenische) Volksrepublik in Minsk proklamiert, von der deutschen Besatzungsmacht aber nicht anerkannt. Die am 1. Jan. 1919 gegründete Weißrussische Sowjetrepublik, im Februar 1920 mit Litauen vereinigt („LitBel"), schließt am 16. Jan. 1921 ein Bündnis mit der Sowjetrepublik.

April *Trotzki* wird *Verteidigungskommissar* und schafft mit der Roten Armee die Voraussetzung für den Sieg im Bürgerkrieg.

Moskau Regierungssitz

Trotzki Verteidigungskommissar

Bürgerkrieg und Beginn der Neuen Ökonomischen Politik (1918–1924)

Obwohl die Bolschewiki noch Ende 1917 eine Minderheit darstellen, stößt ihre Machtergreifung zunächst auf keinen politisch motivierten Widerstand. Erst im Frühjahr 1918 entwickeln sich bewaffnete Auseinandersetzungen: Die *Kosaken* gehen zum Widerstand über, als bolschewistische Einheiten Ende Febr. 1918 die im Januar gebildete Don-Republik auflösen, zugleich entzieht der deutsche Vormarsch den Süden der Kontrolle des Rats der Volkskommissare; Entwaffnungsversuche und Verzögerungen des Rücktransports erbittern die 40000 Mann zählende *tschechische Legion*; die Nichtanerkennung der russischen Staatsschulden und die Enteignung von Industriebetrieben veranlassen britische und französische Truppen zur Landung in Murmansk und Archangelsk (*alliierte Intervention*, Juni 1918–Okt. 1919). *Die gegenrevolutionären Kräfte* vereinigen sich in den „weißen" Armeen, deren Konkurrenz oder zumindest Nichtkoordination und politisches Versagen zur militärischen Katastrophe führen. Die Kriegsschauplätze sind: Sibirien und das Ural-Wolga-Gebiet (japanische Landung in Wladiwostok, Admiral Alexander Wassiljewitsch Koltschak [*1873, †1920] sammelt Truppen in Sibirien, Zusammenschluss mit der tschechischen Legion, Einnahme Kasans [8. Aug.], Koltschak erklärt sich zum „Reichsverweser von ganz Russland" [Nov.], seit Jan. 1919 Gegenoffensive der Roten Armee, Fernost-Republik fällt nach Abzug der Japaner [Okt. 1922] an die Sowjetmacht), Südrussland und untere Wolga (Freiwilligenarmee unter General Kornilow, unter Anton Iwanowitsch Denikin [*1872, †1947] 1919 Erfolge im Kaukasus und in der Ukraine, unter Peter Nikolajewitsch von Wrangel [*1878, †1928] im Nov. 1920 Rückzug über die Krim in die Emigration), Weißrussland und Baltikum (Unabhängigkeitsbewegungen im Herbst 1919, Vormarsch von General Nikolaj Nikolajewitsch Judenitsch [*1862, †1933] auf Petrograd). Herrscht in Moskau die radikale Linke, so repräsentieren die „Weißen" die extreme Rechte, die demokratische Mitte steht zwischen diesen Extremen.

In den bis 1921 dauernden Jahren des *Kriegskommunismus* sinkt die Industrieproduktion auf ein Siebtel des Vorkriegsstandes, die Bauern reagieren auf die im April 1918 verordnete Ablieferungspflicht mit der Drosselung der Produktion. Der Oberste Volkswirtschaftsrat und das Volkskommissariat für Versorgung können die Ernährungskrise des Winters 1921/1922 nicht verhindern.

Kosaken

tschechische Legion alliierte Intervention gegenrevolutionäre Kräfte

Kriegskommunismus

1918 März Umbenennung der Sozialdemokratischen Arbeiterpartei Russlands (Bolschewiki) in Kommunistische Partei Russlands (Bolschewiki); abgekürzt KPR (b).

April Nationalisierung des Außenhandels.

14. Juni Ausschluss der gemäßigten Sozialrevolutionäre und der Menschewisten aus den Sowjets.

6. Juli Politischer Selbstmord der linken Sozialrevolutionäre durch Putschversuch, bei dem der deutsche Botschafter Graf Mirbach ermordet wird.

10. Juli Der Fünfte Allrussische Sowjetkongress nimmt die Verfassung der Russischen Sozialistischen Föderativen Sowjetrepublik (RSFSR) an, die das Rätesystem festschreibt.

16. Juli *Nikolaus II. und die Zarenfamilie* in Jekaterinburg (Swerdlowsk) hingerichtet.

Aug. Krise des Bürgerkriegs (Vorrücken Admiral Kojtschaks).

1919 Erster Kongress der Kommunistischen Internationale *(Komintern)* in Moskau (2. März).

18.–23. März Achter Parteitag der KPR: Politisches Büro (Politbüro) als zentrale politische Führungsinstanz (mit wachsendem Einfluss Lenins), Organisationsbüro und Sekretariat werden eingerichtet.

Okt. Zweite Krise des Bürgerkriegs (durch militärische Erfolge von General Denikin).

26. Dez. Dekret über die Beseitigung des Analphabetentums.

1920 Vertrag von Dorpat (2. Febr.) erkennt die Selbstständigkeit Estlands an.

März–Okt. *Russisch-Polnischer Krieg.*
Der mit der unabhängigen Ukraine verbündete polnische Staats- und Heerführer Josef Piłsudski stößt mit seinen Truppen bis Kiew vor.

7. Mai/14. Aug. Der Gegenstoß der Roten Armee wird mit Hilfe des französischen Generals Maxime Weygand (*1867, †1965) vor Warschau aufgehalten („Wunder an der Weichsel").

Hinrichtung der Zarenfamilie Komintern

Russisch-Polnischer Krieg

	12. Juli	Anerkennung der Selbstständigkeit Litauens und Lettlands (11. Aug.).
	Juli/Aug.	Zweiter Kominternkongress: Lenins „21 Punkte" verpflichten die kommunistischen Parteien auf das sowjetrussische Vorbild.
	12. Okt.	Polnisch-Russischer Waffenstillstand.
	14. Okt.	Friede von Dorpat mit Finnland.
	1921	Kürzung der Brotzuteilung in den Städten um ein Drittel, Schließung der 64 größten Petrograder Industriewerke wegen Brennstoffmangels.
	22. Jan.	
	22. Febr.	Einrichtung der Staatlichen Plankommission (Gosplan).
	24. Febr.	Verhängung des Standrechts gegen die Streikwelle in Petrograd; Zunahme des „Grünen Anarchismus" bei den Bauern.
	25. Febr.	Georgien nach Intervention Sowjetrepublik.
Aufstand von Kronstadt	**28. Febr.**	*Aufstand von Kronstadt* (Kronschtadt): Aus Sympathie mit streikenden Arbeitern fordern 16000 Matrosen der Kriegsmarine geheime Neuwahl der Sowjets, freie Agitation, Wiederherstellung der Grundfreiheiten für „Arbeiter, Bauern, Anarchisten und linkssozialistische Parteien" und die Wiederherstellung der in der Revolution errungenen Freiheiten.
	7. März	Lenin ordnet den Angriff auf Kronstadt an, das nach hartem Kampf erobert wird (18. März).
Neue Ökonomische Politik	8.–16. März	Als Konsequenz setzt Lenin auf dem Zehnten Parteitag der KPR in der Resolution über „die Einheit der Partei" das Verbot der Fraktionsbildung durch. Die beschlossene *Neue Ökonomische Politik* (NEP) löst die Versorgungskrise, die in der Hungersnot 1921–1922 ihren Höhepunkt erreicht.
	16. März	Nach Verträgen mit dem Iran und Afghanistan Friedensvertrag mit der Türkei. Handelsvertrag mit Großbritannien.
Friede von Riga	18. März	*Friede von Riga* mit Polen legt die Westgrenze ca. 250 km östlich der Curzon-Linie fest.
	6. Mai	Deutsch-Sowjetischer Handelsvertrag.
	16. Sept.	Wiedereinführung des Stücklohns in der Industrie. Die Gewerkschaften sind der Partei untergeordnet und haben ihre Kontrollfunktion verloren.
Tscheka	**1922** Febr.	Umbenennung der *Tscheka* in GPU (Staatliche Politische Verwaltung), seit 1934 NKWD, 1944 MWD, 1953 KGB.
Stalin Generalsekretär	3. April	*Josef Stalin* wird *Generalsekretär* der Partei. Bis Mai 1924 lässt er 16000 Posten neu besetzen, nach „Säuberungen" in der Partei werden zu den verbliebenen 472000 Mitgliedern 316000 Kandidaten als „Leninaufgebot" aufgenommen.
Vertrag von Rapallo	**16. April**	Im Rahmen der Konferenz von Genua, der ersten internationalen Konferenz mit sowjetischer Beteiligung, schließt Außenminister Georgi Wasiljewitsch Tschitscherin (*1872, †1936) den *Vertrag von Rapallo* mit dem Deutschen Reich.
	Sommer	Nach dem Verbot von Menschewisten und Sozialrevolutionären (1921) Schauprozesse.
	10. Nov.	Angliederung der Fernöstlichen Republik.
	Dez.	Erster Allunions-Sowjetkongress.
	30. Dez.	Staatsvertrag der Ukrainischen, Weißrussischen und der Transkaukasischen Sowjetrepublik mit der Russischen Sozialistischen Föderativen Sowjetrepublik zur Bildung der Union der Sozialistischen Sowjet-Republiken (UdSSR).
	1923	Verfassung der UdSSR in Kraft (6. Juli).
Tod Lenins	1924	*Tod Lenins* (21. Jan.).
	31. Jan.	Der Zweite Allunions-Sowjetkongress ratifiziert die Verfassung. Formal ist das föderative Prinzip bestimmend, inhaltlich das zentralistische.

Aufstieg Stalins zur Alleinherrschaft (1924–1929)

Politbüro   Bereits seit dem 1922 die Krankheit Lenins offensichtlich wird, sind Machtkämpfe in der Partei im Gange. In dem im Juni 1924 nach dem 13. Parteikongress gewählten *Politbüro*, der wichtigsten politischen Machtinstanz, ist Leo Kamenjew, der Parteisekretär von Moskau, Nachfolger Lenins im Vorsitz, Grigori J. Sinowjew, Parteisekretär von Leningrad und Vorsitzender der Komintern, sein Vertreter. Ihm gehören u. a. der Nachfolger Lenins als Vorsitzender des Rates der Volkskommissare Alexej Iwanowitsch Rykow (*1881, †1938) und Leo Dawidowitsch Trotzki als Verteidigungskommissar sowie Nikolai Bucharin (*1888, †1938) und der Führer der Gewerkschaften Tomski an, dazu Josef Stalin in keineswegs führender Position. Unter Berufung auf „leninistische" Prinzipien schaltet Stalin zunächst Trotzki und die Anhänger der „permanenten Revolution" sowie die Gegner der Neuen Ökonomischen Politik (Sinowjew, Kamenjew) aus, nach dieser „linken" Opposition geht er mit deren Argumenten gegen die „rechten" Befürworter einer Fortführung der Neuen Ökonomischen Politik (Bucharin, Rykow, Tomski) vor. In den „Säuberungen" der Jahre 1936–1938, die Stalin und seine engsten Mitarbeiter zu verantworten haben, werden die Revolutionäre und Funktionäre der ersten nachrevolutionären Jahre hingerichtet, dazu die Rote Armee „gesäubert". Stalin führt die unter Lenin begonnene Politik der Ausschaltung jeglicher Opposition weiter; indem er die Führungselite durch ihm ergebene „Apparatschiks" ersetzt, schafft er einen Machtapparat, der seine Alleinherrschaft ermöglicht, die an die Stelle des Prinzips der kollektiven Führung tritt. Seine Theorie der Möglichkeit des *Sozialismus in einem Lande* (Trotzki vertritt dagegen die Theorie, dass die Revolution in Russland nur dann gesichert sei, wenn vor allem in den europäischen Industriestaaten die Revolution sich durchsetzen könne) verändert die Zielrichtung der sowjetischen Außenpolitik, die die *Komintern* weniger als Instrument der Weltrevolution als der Durchsetzung politischer Ziele der UdSSR begreift. Die Politik der kollektiven Sicherheit führt zur internationalen Anerkennung. Die Anpassung der Ideologie an die politischen Notwendigkeiten setzt Stalin, der das Führungskollektiv bis 1929 ausgeschaltet hat, durch eine rigorose Kontrolle der innerparteilichen Ideologiediskussion durch. Zugleich wird der relativ pluralistische Charakter von Kultur und Gesellschaft der Neuen-Ökonomischen-Politik-Periode seit 1929 unterdrückt zugunsten der (letztlich von Stalin definierten) *„Parteilichkeit"*.

Aufbau der KPdSU (Bolschewiki) in den Jahren nach der Oktoberrevolution

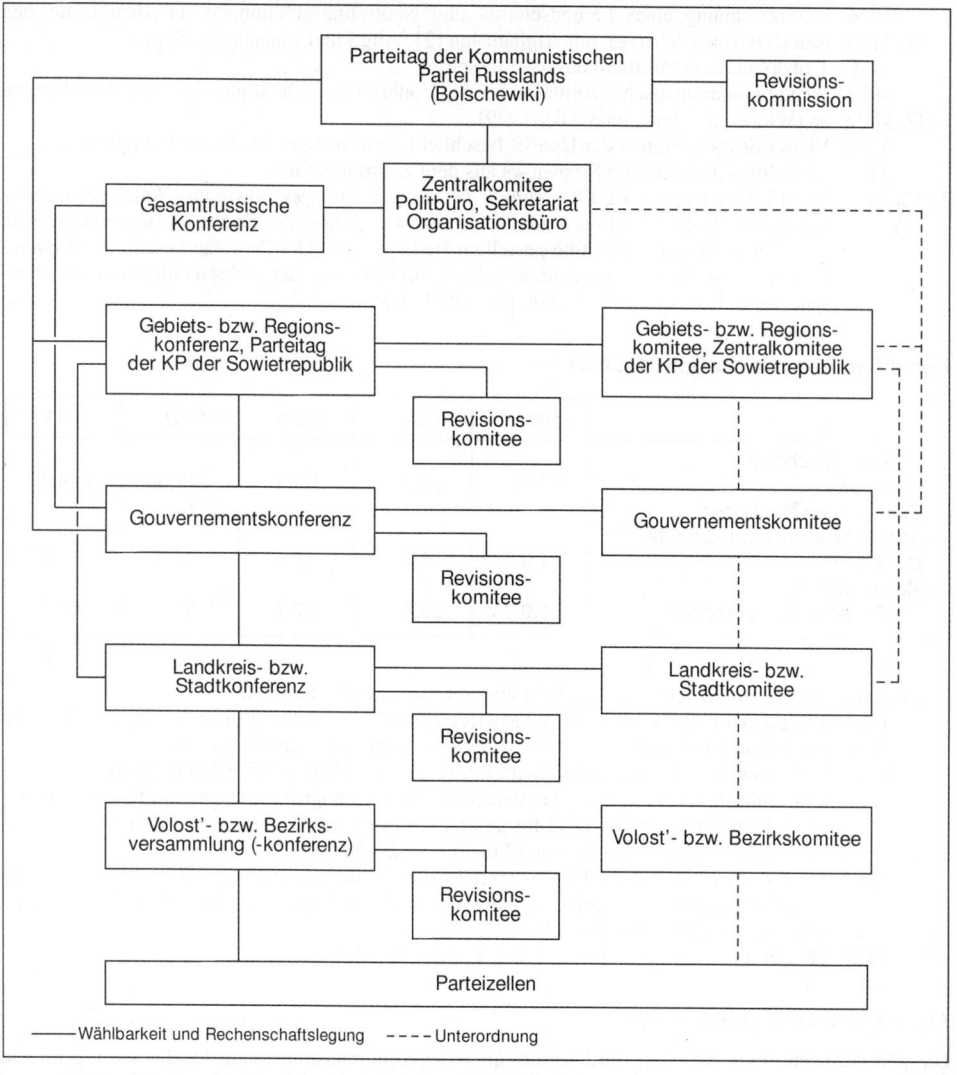

1924 Petrograd in *Leningrad* umbenannt (26. Jan.).
1. Febr.–28. Okt. *Völkerrechtliche Anerkennung* durch Großbritannien, Italien (7. Febr.), Österreich (25. Febr.), Griechenland (8. März), Norwegen (10. März), Schweden (18. März), China (31. Mai), Dänemark (18. Juni), Mexiko (4. Aug.) und Frankreich (28. Okt.).

	5. Febr.	Dekret über die Währungsstabilisierung hält die Inflation auf.
	1925	Abschaffung der Politischen Kommissare in der Roten Armee.
Rücktritt Trotzkis	17. Jan.	*Trotzki tritt,* von Stalin gezwungen, als Kriegskommissar *zurück.*
	20. Jan.	Diplomatische Anerkennung und Rückgabe der Insel Sachalin durch Japan.
	März	Gründung des Gottlosenverbandes (Selbstbezeichnung der kommunistischen Freidenkerbewegung mit atheistischer Zielrichtung).
Sozialismus in einem Land	März–April	14. Parteikonferenz der KPR. Generalsekretär Stalin vertritt These vom *Sozialismus in einem Land.*
	Juni	Zentralkomitee betont Recht der Partei auf Kulturüberwachung.
	12. Okt.	Handelsabkommen mit dem Deutschen Reich.
Industrialisierungsdebatte	17.–31. Dez.	14. Parteitag der Kommunistischen Partei der Sowjetunion (KPdSU) mit großer *Industrialisierungsdebatte* führt zu entscheidender Auseinandersetzung mit der Gruppe um Sinowjew (sog. „linke Opposition"), der von Sergej Kirow als Parteisekretär von Leningrad abgelöst wird. Stalin setzt den Ausbau der Staatsindustrie mit Sozialisierung gleich, der Parteitag legt erstmals Kontrollziffern für die Wirtschaftsentwicklung fest. Sinowjew und Kamenjew verbünden sich mit Trotzki gegen Stalin.
	1926 24. April	Unterzeichnung eines Freundschafts- und Neutralitätsabkommens mit dem Deutschen Reich (Berliner Vertrag), mit Afghanistan (31. Aug.) und Litauen (28. Sept.).
	Okt.	Trotzki aus dem Politbüro ausgeschlossen.
	1927 27. März	Wegen kommunistischer Agitation bricht Großbritannien die diplomatischen Beziehungen ab (Wiederaufnahme am 3. Okt. 1929).
	April	Vierter Sowjetkongress der UdSSR beschließt Ausarbeitung des Ersten Fünfjahrplans.
	Okt.	Ausschluss Trotzkis und Sinowjews aus dem Zentralkomitee.
Parteiausschlüsse *sozialistischer Aufbau*	2.–19. Dez.	Der 15. Parteitag der KPdSU *schließt Trotzki und Sinowjew* sowie ihre Anhänger *aus der Partei aus.* Trotzki wird nach Alma-Ata verbannt, Sinowjew, Kamenjew u.a. unterwerfen sich den zur Wiederaufnahme gestellten Bedingungen. Der Parteitag beschließt *Maßnahmen zum „sozialistischen Aufbau":* Zusammenfassung der selbstständigen Bauernwirtschaften in Kollektivwirtschaften, forcierte Industrialisierung.

Kollektivierung

Kollektivierung der Landwirtschaft

	1929	1930	1931	1932	1933
Zahl der Kolchosen (in Tausend)	57,0	85,9	211,1	211,05	224,5
Zahl der den Kolchosen angeschlossenen Bauernhöfe (in Millionen)	1,0	6,0	13,0	14,9	15,2
Kollektivierung der Bauernhöfe (in Prozent)	3,9	23,6	52,7	61,5	65,0

	1928	Beginn der Zwangskollektivierung.
	29. Aug.	Beitritt zum Briand-Kellogg-Pakt über die Ächtung des Krieges.
	1929 Jan.	Trotzki wird aus der UdSSR ausgewiesen (am 21. Aug. 1940 in seinem Exil in Mexiko durch einen mutmaßlichen Agenten des sowjetischen Geheimdienstes ermordet).
	9. Febr.	Unter Führung Maxim Maximowitsch Litwinows (*1876, †1951) durch „Moskauer Protokoll" zum Briand-Kellogg-Pakt Abschluss von Nichtangriffsverträgen mit Polen, Rumänien, Lettland und Estland, 1932 fortgesetzt mit Finnland (21. Jan.), Lettland (5. Febr.), Estland (4. Mai), Polen (25. Juli) und Frankreich (29. Nov.).
sozialistischer Wettbewerb	April	16. Parteikonferenz der KPdSU verurteilt die „rechte Abweichung" Rykows und Bucharins. Aufruf zum *„Sozialistischen Wettbewerb"* durch Steigerung der individuellen Arbeitsleistung. Annahme des Ersten Fünfjahrplans.
	1929	Fünfter Sowjetkongress bestätigt den Ersten Fünfjahrplan.

Erster Fünfjahrplan (1929–1932)

Die zentralistische Planwirtschaft wird bereits im Kriegskommunismus versucht, die 1921 gebildete Staatliche Planungskommission wird mit der Vorbereitung beauftragt. Das Hauptziel ist der Ausbau der Schwerindustrie, danach die Technisierung der Landwirtschaft in zwangsweise gebildeten Kolchosen (Kollektivwirtschaften). Im April 1929 übernimmt das Zentralkomitee die optimistischste Planvariante und datiert den Beginn des Plans auf Okt. 1928 zurück. Ausbau des Verkehrswesens, die Erschließung von Bodenschätzen und Energiequellen und die Gründung neuer Industriewerke werden durch die „Stoßarbeiterbrigaden", Druck und Propaganda forciert. Die brutal durchgeführte Kollektivierung stößt auf solchen Widerstand, dass Stalin Anfang 1930 die „Exzesse" kritisieren muss, doch auch die Hungersnot 1932–1933 nicht vermeiden kann. Die Planzahlen werden in der Schwer- und Grundstoffindustrie erheblich übererfüllt, bleiben aber in der Konsumgüterproduktion und insbesondere im Agrarbereich hinter dem Planansatz zurück. Im Dezember 1932 erklärt Stalin den Fünfjahrplan für abgeschlossen. Die Industrialisierung führt durch die neue, „dritte" Klasse der technischen Intelligenz zu einer veränderten Sozialstruktur.

Verteilung der Berufstätigen (ohne Studierende und Militärpersonen) auf die Wirtschaftsbereiche (in % zur Gesamtzahl der Berufstätigen)

	1913	1928	1937	1940	1950	1958	1960	1965	1968
Industrie und Bauwirtschaft	9	8	24	23	27	31	32	35	36
Land- und Forstwirtschaft (einschließlich der individuellen Nebenwirtschaften)	75	80	56	54	48	42	39	32	29
Verkehr, Post- und Fernmeldewesen	2	2	5	5	5	7	7	8	8
Handel, Gaststätten, Erfassung und materiell-technische Versorgung	9	3	4	5	5	5	6	6	7
Volksbildung, Gesundheitswesen, Wissenschaft und Kunst	1	2	5	6	8	10	11	14	15
Staatsverwaltung, Verwaltung der genossenschaftlichen und gesellschaftlichen Organisationen, Kredit- und Versicherungseinrichtungen	4	5	3	3	3	2	2	2	2
sonstige Zweige der Volkswirtschaft (Wohnungs- und Kommunalwirtschaft)	0	0	3	4	4	3	3	3	3

1929	Erster Unionskongress (5.–10. Dez.) der Stoßarbeiterbrigaden ruft zur Erfüllung des Fünfjahrplans in vier Jahren auf.
21. Dez.	Stalins 50. Geburtstag: Stalin lässt sich als Alleinherrscher feiern, *Beginn des Personenkults*.
22. Dez.	Protokoll von Chabarowsk (Hauptstadt der gleichnamigen Region; an der Mündung des Ussuri in den Amur gelegen) stellt nach chinesischem Überfall auf die Mandschurei-Eisenbahn (10.–11. Juli) den Status quo wieder her. Verschärfung der Kollektivierung, Enteignung und Massendeportation der *Kulaken*, der wirtschaftlich starken Bauernschicht.

Die Ära Stalin bis zum Ende des Zweiten Weltkriegs (1929–1945)

1929–1930	*Produktions- und Ablieferungskrise.* Die ukrainische und weißrussische Intelligenz „nationaler Abweichung" wird liquidiert.
1930 11. März	Beschluss des Zentralkomitees, die „Verzerrungen der Parteilinie in der Kollektivwirtschaftsbewegung" zu bekämpfen; Verlangsamung und Rücknahme von Maßnahmen.
1. Mai	Eröffnung der Turkestan-Sibirischen Eisenbahn (Turksib).
14. Aug.	Allgemeine Grundschulpflicht eingeführt.
Dez.	Wjatscheslaw Michailowitsch *Molotow* (*1890, †1986) Vorsitzender des Rates der Volkskommissare.
1931 4. Febr.	Stalin fordert Steigerung des Industrialisierungstempos durch Einsatz der Technik und die Ausbildung technischer Spezialisten.
1932 23. April	Bildung von Zwangsverbänden für Schriftsteller und Künstler. Die Doktrin des Sozialistischen Realismus vertritt Andrej Alexandrowitsch Schdanow (*1892, †1948) auf dem Ersten Schriftstellerkongress (Aug. 1934).
2. Sept.	Nichtangriffs- und Freundschaftspakt mit Italien und (29. Nov.) Frankreich.
12. Dez.	Nach dem japanischen Einfall in die Mandschurei (Febr.) Abkommen mit China.
1933	Verlängerung des deutsch-sowjetischen Handelsvertrages von 1926 (29. Mai).
28. Juli	Diplomatische Beziehungen mit Spanien und (16. Nov.) den USA.
2. Sept.	Nichtangriffsvertrag mit Italien.

Analphabeten **Die Beseitigung des Analphabetentums**

	Nach der Volkszählung von		
	1897	1926 (in %)	1939
Zahl der Lese- und Schreibkundigen	24	51,5	81,2
davon Männer	35,8	66,5	90,8
davon Frauen	12,4	37,1	72,6
lese- und schreibkundige Stadtbewohner	52,3	76,3	89,5
lese- und schreibkundige Dorfbewohner	19,6	45,2	76,8
davon Frauen	8,6	30,0	66,6

Zweiter Fünfjahrplan
1934 Der 17. Parteitag (Jan./Febr.) bestätigt den *Zweiten Fünfjahrplan* (1933–1937).
16. März Verordnung über den Unterricht in staatsbürgerlicher Geschichte schreibt „Sowjetpatriotismus" vor.
16. April Stiftung des Ehrentitels „Held der Sowjetunion".
8. Juni Das Gesetz „Über den Verrat an der Heimat" ruft alle Sowjetbürger zum „Patriotismus" auf.
9. Juni Diplomatische Anerkennung durch Rumänien und die Tschechoslowakei.

Aufnahme in den Völkerbund
18. Sept. Die *Aufnahme in den Völkerbund* bedeutet die volle Einbeziehung in das System der kollektiven Sicherheit. Intensivierung der Beziehungen zu den Demokratien des Westens.
1. Dez. Ermordung Sergej Kirows.

Schauprozesse
1935/1936 In den folgenden großen *Schauprozessen* erfolgt die Liquidierung der „trotzkistischen"
1935 Opposition Sinowjews und Kamenjews.
22. Jan. Abkommen mit Japan.
9. April Handelsabkommen mit Deutschland.
2./16. Mai Beistandsverträge mit Frankreich und der Tschechoslowakei.

Volksfronttaktik
25. Juli– 7. Kongress des Kominform beschließt gemeinsamen Kampf mit den westlichen Demokra-
20. Aug. tien gegen das nationalsozialistische Deutschland: *Volksfronttaktik*.
30./31. Der Hauer Alexej Stachanow (*1905, †1977) überbietet angeblich die Tagesnorm um das
Aug. Vierzehnfache. Die Stachanowbewegung propagiert die individuelle Leistungssteigerung zur Planüberfüllung.
22. Sept. Einführung von Diensträngen in die Rote Armee.
1936 Erklärung der Nichteinmischung in den Spanischen Bürgerkrieg. Verschlechterung der deutsch-russischen Beziehungen.

Stalin-Verfassung
25. Nov.– Achter Sowjetkongress der UdSSR: Annahme der neuen, „demokratischen" Verfassung der
5. Dez. UdSSR (*„Stalin-Verfassung"*), die die Führungsrolle der KPdSU verankert.
1937 Fortsetzung der „Säuberungen" im „Prozess der 17" gegen Karl Radek (*1885, †1939? –
Jan. früher Sobelsohn) u. a.
Mai Wiedereinführung der Politischen Kommissare in der Roten Armee, auf die die „Säuberungen" ausgeweitet werden.

Hinrichtung Tuchatschewskis
17. Juni Marschall Michail Nikolajewitsch *Tuchatschewski* (*1893, †1937), der zusammen mit Trotzki wesentlichen Anteil am Aufbau der Roten Armee hat, und andere Armeeführer werden durch ein Sondergericht zum Tode verurteilt und *hingerichtet*. Die Beseitigung der Führungsschicht verlangsamt den Aufbau der Roten Armee.
21. Aug. Nach Zusammenstößen an der mandschurisch-sowjetischen Grenze Beistandspakt mit China gegen Japan. Entsendung von Freiwilligenbrigaden nach Spanien.

Schauprozess der 21
1938 Nach *„Schauprozess der 21"* Hinrichtung Bucharins, Rykows und anderer „innerer Fein-
März de" aus führenden Parteipositionen.
17. März Verurteilung der deutschen Annexion Österreichs.
12. Aug. Nach Zuspitzung der militärischen Auseinandersetzungen mit Japan Waffenstillstand.
Sept. In der Sudetenkrise nimmt die UdSSR eine entschiedene Haltung gegen die deutsche Politik ein, kann aber aufgrund der Politik Großbritanniens und Frankreichs nicht eingreifen.
Nov. „Kurzer Kurs der Geschichte der KPdSU" schreibt stalinistische Dogmen als philosophische Generallinie der Partei fest.

Lawrenti P. Berija
Dez. Lawrenti Pawlowitsch *Berija* (*1899, †1953) Chef des sowjetischen Geheimdienstes NKWD.
27. Dez. Stiftung des Ehrentitels „Held der sozialistischen Arbeit".
1939 18. Parteitag der KPdSU nimmt Dritten Fünfjahrplan (1938–1942) an. 54 % der Delegierten
10.–21. gehören der „neuen Intelligenz" an. Stalins Rede, die Sowjetunion werde sich nicht in einen
März Konflikt hineinziehen lassen, deutet Umorientierung der Außenpolitik an.

April–Aug.	Verhandlungen mit Großbritannien (Angebot eines britisch-französisch-sowjetischen Dreibunds) scheitern.	
3. Mai	Wjatscheslaw M. *Molotow* löst Maxim M. Litwinow als *Außenminister* ab. Abkehr von der Politik der kollektiven Sicherheit.	*Molotow Außenminister*
11. Mai	Überfall Japans auf die Mongolische Volksrepublik.	
15. Sept.	Die militärische Auseinandersetzung mit der UdSSR endet mit Waffenstillstand.	
11.–23. Aug.	Die Verhandlungen mit Großbritannien und Frankreich scheitern an der Weigerung Polens, für die im Kriegsfall zugestandene Besetzung der baltischen Staaten der Roten Armee ein unbeschränktes Durchmarschrecht zu gewähren.	
19. Aug./ 23. Aug.	Abschluss eines deutsch-sowjetischen Handelsabkommens und eines *Nichtangriffspakts* durch Reichsaußenminister Ribbentrop und Außenminister Molotow in Moskau. Ein Geheimabkommen sieht die Aufteilung Polens und Ostmitteleuropas vor.	*Hitler-Stalin-Pakt*
17. Sept.	Einmarsch sowjetischer Truppen nach Polen bis zur im deutsch-sowjetischen Nichtangriffspakt vereinbarten Demarkationslinie.	
1./2. Nov.	Die annektierten Gebiete werden mit der Weißrussischen bzw. Ukrainischen Sozialistischen Sowjetrepublik (SSR) vereinigt.	
27.–28. Sept.	Außenminister Ribbentrop vereinbart in Moskau Neuabgrenzung der Interessensphären. Der Vertrag von Moskau gibt der UdSSR hinsichtlich des Baltikums freie Hand.	
28. Sept.	Estland muss der UdSSR im Beistands- und Handelsabkommen Stützpunkte einräumen.	
5./10. Okt.	Gleich lautende Verträge mit Lettland und Litauen folgen, nur Finnland geht auf die sowjetischen Forderungen nicht ein.	
3. Nov.	Deutsch-sowjetischer Vertrag über Umsiedlungen in den neuen Interessengebieten.	
30. Nov.	Der Angriff der Roten Armee führt zum *Winterkrieg mit Finnland*, der den Ausschluss der UdSSR aus dem Völkerbund (14. Dez.) zur Folge hat.	*Winterkrieg mit Finnland*
1940 10. Febr.	Wirtschaftsabkommen mit dem Deutschen Reich sichert der UdSSR Industrieprodukte, dem Deutschen Reich Rohstoffe und Getreide.	
12. März	*Friede mit Finnland*. Die abgetretenen Teile werden mit der Karelofinnischen Autonomen Republik zur Karelofinnischen Sozialistischen Sowjetrepublik vereinigt.	*Friede mit Finnland*
Frühjahr	Erschießung von mehr als 4000 polnischen Offizieren in *Katyn*.	*Katyn-Morde*
4.–17. Juni	Aufgrund sowjetischer Ultimaten lassen Estland, Lettland und Litauen die Besetzung weiterer Stützpunkte durch die Rote Armee zu und bilden ihre Regierungen um.	
26. Juni	Übergang vom sechs- bzw. siebenstündigen Arbeitstag zum Achtstundentag, um die Verteidigungskraft der UdSSR zu stärken.	
27. Juni	Nach Ultimatum Räumung der Nordbukowina und Bessarabiens durch Rumänien; Umsiedlung der Deutschen. Bildung der Moldauischen Sozialistischen Sowjetrepublik (2. Aug.).	
13. Juli	Britischer Vorschlag an die Sowjetunion zum Frontwechsel an deutsche Botschaft weitergeleitet.	
21. Juli	Bildung der *Lettischen, Litauischen und Estnischen Sozialistischen Sowjetrepublik*. Nach der Aufnahme in die UdSSR Vertrag über die Umsiedlung der Baltendeutschen (10. Jan. 1941).	*Sowjetrepubliken im Baltikum*
31. Juli	Hitler ist zum Angriff auf die UdSSR entschlossen.	
13. Aug.	Abschaffung der Politischen Kommissare in der Roten Armee.	
3. Sept.	Protest gegen die Rumänien gewährte deutsche Garantie.	
2. Okt.	Erlass über die Schaffung staatlicher Arbeitsreserven. Aufhebung der Schulgeldfreiheit für höhere Schulen.	
12.–13. Nov.	Hitler lehnt *Molotows* in Berlin vorgetragene *Forderungen* nach Stützpunkten an den Dardanellen, in Bulgarien und Finnland ab.	*Molotow in Berlin*
25. Nov.	Die UdSSR lehnt den Beitritt zum Dreimächtepakt ab. Verstärkung der Divisionen an der sowjetischen Westgrenze.	
18. Dez.	Hitler gibt die Weisung für den Fall eines Angriffs auf die UdSSR vor dem Ende des Krieges mit Großbritannien („Fall Barbarossa").	
1941	Deutsch-sowjetisches Wirtschaftsabkommen (10. Jan.).	
2. März	Sowjetischer Protest gegen den Beitritt Bulgariens zum Dreimächtepakt.	
5. April	Freundschafts- und Nichtangriffsvertrag mit Jugoslawien.	
13. April	Neutralitätsabkommen mit Japan.	
6. Mai	Stalin, bisher nur Erster Sekretär der KPdSU, übernimmt den Vorsitz des Rats der Volkskommissare.	
22. Juni	*Deutscher Überfall* auf die UdSSR.	*deutscher Überfall*
22./26. Juni	Kriegserklärungen Rumäniens, Italiens, der Slowakei, Finnlands und Ungarns an die UdSSR. Das Verhältnis zu Japan vom deutschen Angriff nicht betroffen.	
30. Juni	Bildung des Staatlichen Verteidigungskomitees unter Vorsitz Stalins, der den Oberbefehl übernimmt.	

		In Lemberg wird eine ukrainische Nationalregierung gebildet, von der deutschen Besatzung aber an der Tätigkeit gehindert.
	12. Juli/ 2. Aug.	Beistandsabkommen mit Großbritannien gegen Deutschland, mit den USA sowie den Exilregierungen der Tschechoslowakei, Jugoslawiens und Polens.
	16. Juli	Wiedereinführung der Politischen Kommissare in der Roten Armee.
	10. Okt.	Neugliederung des Oberbefehls.
	16. Okt.	Wegen der Bedrohung Moskaus Regierung nach Kuybischew (Samara) an der Wolga verlegt.
	8. Dez.	Stalin bleibt in Moskau, bis der Angriff zurückgeschlagen ist.
	1942 26. Mai	Ein Sowjetisch-Britischer Bündnisvertrag wird abgeschlossen (gekündigt erst am 7. Mai 1955).
	9. Okt.	Trennung zwischen militärischer und politischer Kommandogewalt aufgehoben. Abschaffung der Politischen Kommissare in Armee und Flotte.
Kampf um Stalingrad	**Nov.**	*Kampf um Stalingrad* (bis 2. Febr. 1943).
	1943	Stalin vom Obersten Sowjet zum Marschall ernannt (7. März).
	15. Mai	Auflösung der Komintern und weitere äußerliche Angleichung an die westlichen Alliierten nach Krise der Beziehungen.
	21. Aug.	Verordnung über „Sofortmaßnahmen zur Wiederherstellung der Wirtschaft".
	4. Sept.	Stalin empfängt Vertreter der russisch-orthodoxen Kirche und erklärt sich mit der Wahl eines Patriarchen von Moskau einverstanden.
	12. Dez.	Vertrag über wechselseitige Hilfe nach dem Kriege mit der tschechischen Exilregierung.
	1944	Ende der 900 Tage andauernden Blockade Leningrads (28. Jan.). Ernennung eines Verteidigungskommissars und Außenministers für jede Sowjetrepublik, um mehr Stimmen in der UNO zu erhalten.
Frühjahrsoffensive	4. Juli	Nach der *Frühjahrsoffensive* (3. März bis 15. Mai) überschreitet die Rote Armee die alte polnische Grenze im Mittelabschnitt.
Dumbarton Oaks	21. Aug.–28. Sept.	Die Konferenz von *Dumbarton Oaks* (USA) billigt der Ukraine und Weißrussland eine eigene Vertretung zu.
	Aug./Sept.	Waffenstillstand mit Rumänien (23. Aug.), Finnland (4. Sept.) und nach Kriegserklärung am 5. Sept. mit Bulgarien (9. Sept.).
	10. Dez.	Bündnis- und Beistandspakt mit Frankreich (bis 7. Mai 1955).
Konferenz von Jalta	**1945**	*Konferenz von Jalta* (4.–11. Febr.).
	11. April	Vertrag mit Jugoslawien über die Zusammenarbeit nach dem Kriege (gekündigt am 28. Sept. 1948).
	21. April	Vertrag mit Polen (1965 um 20 Jahre verlängert).
deutsche Kapitulation	**9. Mai**	*Deutsche Kapitulation* in Berlin-Karlshorst. – (Forts. S. 1516)

Italien (Ende 15.–Ende 18. Jh.)

(Forts. v. S. 524, 546)

Der Kampf um Italien (1494–1700)

Italien, führende Kulturnation Europas, politisch gesehen aber das am stärksten zerrissene Gebiet des Kontinents, erfährt zwar durch den Frieden von Lodi (1454) eine Konsolidierung in Form eines labilen Gleichgewichts zwischen den fünf größten Mächten des Landes (Mailand, Florenz, Kirchenstaat, Venedig und Neapel), bleibt aber mit seiner Fülle von Klein- und Kleinstaaten ein nur notdürftig überdeckter europäischer Krisenherd, in dem es immer wieder zu militärischen Auseinandersetzungen kommt. Dabei zeigt sich besonders deutlich, dass Frankreich und Habsburg-Spanien, die Mächte, die immer wieder Ansprüche auf Italien erheben, je nach den Kräfteverhältnissen die Oberhand gewinnen, sie aber in der Folge nicht zuletzt auch deshalb wieder verlieren, weil die inneritalienischen Staaten durch schnell wechselnde Bündnisse eine bleibende Vorherrschaft, wie sie schließlich Spanien erreicht, zu verhindern suchen.

Italienfeldzug Karls VIII.	1494	Nach dem gescheiterten *Italienfeldzug Karls VIII.* von Frankreich behält Neapel seine Selbstständigkeit nur noch dem Scheine nach; in Wirklichkeit üben Spanien und Venedig seither eine Art Schutzherrschaft über Süditalien aus.
Kämpfe um Mailand und Neapel	1497–1507	*Auseinandersetzungen um Mailand und Neapel.* Ludwig XII. von Frankreich erhebt Anspruch auf Mailand.

1500 Der Kapitulation des Herzogs Ludovico Moro (*1452, †1508; 1494–1499) folgt die Annexion Mailands.
1501 Erneuter Angriff auf Neapel, vom Norden durch ein französisch-päpstliches Heer, vom Süden durch spanische Truppen.
1503 Sieg der Spanier am Garigliano (Mittelitalien).
1504 Im Waffenstillstand von Lyon erkennt Frankreich die Herrschaft Spaniens über Neapel an, behält dafür die Kontrolle Mailands. Neapel wird als Vizekönigreich der spanischen Zentralgewalt unterstellt.
1508 *Liga von Cambrai* (Kaiser Maximilian und Ludwig XII. von Frankreich, denen sich u. a. der Papst anschließt). Das Bündnis ist gegen Venedig gerichtet, dessen Festlandsbesitz aufgeteilt werden soll. — *Liga von Cambrai*
1510 Papst Julius II. schließt wegen der drohenden Fremdherrschaft in Italien Frieden mit Venedig. Dann verbündet er sich mit Spanien, um die französische Herrschaft in Mailand zu stürzen. Von den Eidgenossen lässt er sich für fünf Jahre militärische Hilfe garantieren.
1512 Schlacht bei Ravenna. Blutige Niederlage des 1511 von Julius II. mit Venedig und Spanien gegen Frankreich gebildeten Heiligen Bundes. – Durch das Eingreifen der schweizerischen Truppen kommt die französische Herrschaft in Mailand, Genua und Florenz zum Erliegen.
1513 In der Schlacht von Novara zwingen die in Oberitalien zu Einfluss gelangten Eidgenossen die Franzosen zum Rückzug über die Alpen.
1515–1547 König *Franz I. von Frankreich*. — *Franz I. von Frankreich*
1515 Er setzt die Politik um Mailand fort. Schlacht von Marignano, in der die Eidgenossen durch ein französisch-venezianisches Heer geschlagen werden. Leo X. und die übrigen Verbündeten erkennen die französische Vorherrschaft in Oberitalien an. Italien besteht damals aus einem im Norden von Frankreich beherrschten Gebiet und dem spanisch bestimmten Süden. Dazwischen befindet sich eine Reihe nach wie vor selbstständiger italienischer Staaten.
1521–1530 *Habsburgs Einflussnahme* auf Italien. Karl V. stellt die gesamte Herrschaftsverteilung in Italien in Frage und beansprucht von Frankreich die Herrschaft auch in Oberitalien. — *Habsburgs Einflussnahme*
1521 Päpstlich-kaiserliche Offensivallianz zur Vertreibung der Franzosen aus Mailand und Genua.
1525 24. Febr. Die Schlacht von Pavia, entscheidet die Auseinandersetzungen um Mailand für Kaiser Karl V.
1526 Friede von Madrid (Jan.), den der gefangene Franz I. nach seiner Freilassung für nichtig erklärt.
Mai Abschluss der Heiligen Liga von Cognac zwischen Frankreich, Venedig, Florenz, Mailand und Clemens VII. für Vertreibung der Spanier aus Neapel, freien Besitz Mailands für Francesco Sforza und die Freilassung der als Geiseln festgehaltenen beiden Söhne Franz' I.
1527 Eintreffen starker kaiserlicher Landsknechtsverbände in Oberitalien, die eigenmächtig nach Rom marschieren und die Stadt plündern *(Sacco di Roma)*. — *Sacco di Roma*
1528 April Seeschlacht von Amalfi (am Golf von Salerno): vernichtende Niederlage einer spanischen Entsatzflotte durch französische und Genueser Seestreitkräfte. – Der Umschwung zugunsten Habsburgs erfolgt durch den Übertritt des genuesischen Flottenbefehlshabers Andrea Doria (*1466, †1560) in das Lager Karls V.
1529 Friede von Barcelona zwischen Karl V. und Clemens VII. (Juni).
Juli *Friede von Cambrai* zwischen Franz I. und Karl V. Wiederholung des schon in Madrid geleisteten Verzichts auf alle Rechte in Italien durch die französische Krone. — *Friede von Cambrai*
1530 Glanzvolle Krönung Karls V. in Bologna durch Clemens VII.
1530–1549 Wiederaufleben der Auseinandersetzungen in Italien. Verschlechterung des Verhältnisses Kaiser – Papst; Wiederannäherung Clemens' VII. an Frankreich.
1535 Neuer Streit um Mailand nach dem Tod des erbenlosen Herzogs Francesco Sforza zwischen Frankreich und Habsburg. Nach habsburgischer Auffassung fällt Mailand als Reichslehen heim.
1538 Juni Nach zahlreichen kriegerischen Auseinandersetzungen zehnjähriger Waffenstillstand von Nizza, der eine Anerkennung des Status quo in Italien bringt.
1542–1544 Erneuter Krieg zwischen dem Kaiser und Franz I. Die Kämpfe, vorwiegend auf außeritalienischem Boden ausgetragen, führen nach wechselnden Erfolgen zum *Frieden von Crépy*, der Frankreichs Verzicht auf Italien bestätigt. — *Friede von Crépy*
1544 Sept.
1550–1555 Unter dem Pontifikat Julius III. scheint Italien besonders fest mit dem Habsburgischen Universalreich verbunden. Der Hof Heinrichs II. von Frankreich (1547–1559) und Katharinas von Medici entwickelt sich zum Mittelpunkt der italienischen Opposition gegen die habsburgische Vormacht. – Papst Paul IV. (1555–1559) schließt mit Frankreich ein Offensivbündnis ab, das ganz Italien noch einmal in Bewegung bringt.

Nach Abdankung Kaiser Karls V. stehen sich dessen Sohn Philipp II. von Spanien und Heinrich II. von Frankreich gegenüber, wobei die spanische Seite bei den kriegerischen Auseinandersetzungen erfolgreicher ist. Herzog Alba kann sogar Rom einnehmen.

Friede von Cateau-Cambrésis

1559 April *Frieden von Cateau-Cambrésis* zwischen Philipp II. und Heinrich II. Sein wichtigstes Ergebnis besteht in der Erhaltung der Vielstaatlichkeit Italiens, das aber als Ganzes fest in spanischer Hand ist. Frankreich scheidet vorerst aus der italienischen Politik aus.

Bis zum Beginn des 18. Jh. tragen die italienischen Staaten zwar untereinander manche Streitigkeiten aus, spielen aber in der europäischen Politik nur eine nachgeordnete Rolle.

1628–1631 Mantuanischer Erbfolgestreit. Erfolgreicher Versuch des französischen Ministers Richelieu, für Frankreich in Oberitalien wieder eine Einflusszone zu schaffen.

Pyrenäenfriede

1659 *Pyrenäenfriede*: Parma und Modena in die französische Einflusszone einbezogen.

Hauptmerkmale der Kultur im 16. und 17. Jh.

An Gemeinsamkeiten der italienischen Staaten sind hier z. B. der beginnende wirtschaftliche Niedergang, die Wandlung der Gesellschaft in Richtung auf aristokratische Strukturen, Ansätze zur Ausbildung absolutistischer Herrschaftsformen, vor allem aber die Gemeinsamkeiten in der künstlerischen Entwicklung zu nennen.

Musik

Schon im 16. Jh. tritt Italien in der *Musik* eine führende Stellung an, die sich im 17. Jh. fortsetzt. An eigenen musikalischen Leistungen hat es einmal mit Palestrina (*um 1525, †1594) und der „Römischen Schule" den Höhepunkt kirchlicher A-cappella-Polyfonie aufzuweisen, dann mit der Venezianischen Schule die Ansätze zum „konzertierten Stil", d.h. zur Komposition mit divergierenden, zum Teil mehrchörig disponierten Gruppen aus Singstimmen und Instrumenten, endlich bedeutende Vertreter des Madrigals und mit Jacopo Peri (*1561, †1633), Giulio Caccini (*um 1550, †1618) und Claudio Monteverdi (*1567, †1643) die Anfänge der Oper. Im 17. Jh. konzentriert sich das Musikleben vor allem auf Oper und Instrumentalmusik. Der bedeutendste Vertreter der Opernmusik ist damals Alessandro Scarlatti (*1660, †1725). Die Höhepunkte der Instrumentalmusik reichen mit Arcangelo Corelli (*1653, †1713) und Antonio Vivaldi (*um 1678, †1741) in das 18. Jh. hinein.

Dichter

Die bedeutendsten *Dichter* des Cinquecento sind Ludovico Ariosto (*1474, †1533) und Torquato Tasso (*1544, †1595).

bildende Kunst
Leonardo da Vinci
Raffael
Michelangelo

In der *bildenden Kunst* führt die Hochrenaissance in den ersten Jahrzehnten des Cinquecento zu Vereinfachung, Harmonisierung und klassischer Reife. Hauptvertreter dieser Epoche sind *Leonardo da Vinci* (*1452, †1519), Fra Bartolomeo (*1472, †1517) und Andrea del Sarto (*1486, †1531). Unter dem Schutz der Päpste bildet sich in Rom ein neues Kunstzentrum, mit *Raffael* (*1483, †1520) als bedeutendstem Vertreter. An Genialität steht ihm *Michelangelo* (*1475, †1564) am nächsten. – In den dreißiger Jahren des 16. Jh.s bahnt sich im Manierismus eine Wandlung zu innerlich erregter, oft übersteigerter Gestaltung an. Für die Malerei sei hier Tintoretto (*1518, †1594), für die Baukunst Andrea Palladio genannt (*1508, †1580), der schon die Voraussetzungen für die klassizistische Architektur der Folgezeit in Europa schafft. Kompliziert verschränkte Plastiken schaffen besonders Benvenuto Cellini (*1500,

Barock

†1571) und Giovanni da Bologna (*um 1524, †1608). – Auch der *Barock* (etwa seit 1600) hat seine Ursprünge in Italien. Unter Zufluss neuen antiken, vornehmlich hellenistischen Formgutes werden große repräsentative Aufgaben unter dem Zusammenwirken aller Künste bewältigt. Bedeutende Architekten nach und neben Gian Lorenzo Bernini (*1598, †1680) sind Francesco Borromini (*1599, †1667) und Guarino Guarini (*1624, †1683). – In der Malerei schaffen Michelangelo da Caravaggio (*1573, †1610) und Annibale Carracci (*1560, †1609) die Voraussetzungen für die Kunst von Guido Reni (*1575, †1642), Peter Paul Rubens (*1577, †1640), Rembrandt (*1606, †1669) und für die französische Klassik.

Das Papsttum im 16. und 17. Jh.

(Forts. v. S. 524)

Die Päpste sind im 16. Jh. mit Erfolg bestrebt, den Kirchenstaat zu vergrößern, die Bedeutung ihrer Stellung zu erhöhen, die Folgen der Reformation zu überwinden, den Katholizismus zu festigen und seinen Einflussbereich nach Möglichkeit auszudehnen.

Alexander VI.

Alexander VI. aus dem Hause Borgia (*um 1430, †1503; 1492–1503); Förderer von Kunst und Wissenschaft; missbraucht sein Amt zur Versorgung seiner Kinder; sein Sohn Cesare Borgia, Herzog der Romagna, ist Vorbild des „Principe" von Machiavelli. – Pius III. (*1439, †1503; 1503); durch frühen Tod an

Julius II.

Realisierung von Reformen gehindert. – *Julius II.* (*1443, †1513; 1503–1513); der bedeutendste Renaissancepapst; Begründer des neuzeitlichen Kirchenstaates. – Leo X. (*1475, †1521; 1513–1521); aus dem Hause Medici; der von ihm zum Bau der Peterskirche ausgeschriebene Ablass gibt den äußeren Anlass zur Reformation. – Hadrian VI. aus Utrecht (*1459, †1523; 1522–1523; bis 1963 werden ausschließlich Italiener gewählt); Erzieher und Ratgeber des späteren Kaisers Karl V.; tritt für eine kirchliche Reform ein. –

Clemens VII. aus dem Hause Medici (*1478, †1534; 1523–1534); er flieht während des Sacco di Roma in die Engelsburg; damals scheint das Ende des Kirchenstaates gekommen zu sein. – *Paul III.* (*1468, †1549; 1534–1549); ein Farnese; fördert trotz weltlicher Einstellung die Erneuerung der Kirche; bestätigt 1540 den Jesuitenorden und zentralisiert 1542 das Inquisitionswesen; beruft 1545 das *Trienter Konzil* ein. – Julius III. (*1487, †1555; 1550–1555); Sympathisant Habsburgs. – Marcellus II. (*1501, †1555; 1555); einer der Konzilspräsidenten in Trient. – Paul IV. (*1476, †1559; 1555–1559); betreibt eine antihabsburgische Politik; betätigt sich als Kirchenreformer, ist aber in ausgeprägten Nepotismus verstrickt. – Pius IV. (*1499, †1565; 1559–1565); beendet das Konzil von Trient. – Pius V. (*1504, †1572; 1566–1572); bannt Elisabeth von England; wirbt für einen Kreuzzug gegen die Türken. – Gregor XIII. (*1502, †1585; 1572–1585); Förderer der kirchlichen Reform; führt 1582 den Gregorianischen Kalender ein. – Sixtus V. (*1521, †1590, 1585–1590); geniale Persönlichkeit; stellt Sicherheit und Ordnung im Kirchenstaat wieder her. – Clemens VIII. (*1536, †1605; 1592–1605); ihm gelingt die Aussöhnung mit Frankreich. – Leo XI. (*1535, †1605; 1605); stirbt nach einem Pontifikat von wenig mehr als drei Wochen. – Paul V. (*1522, †1621; 1605–1621); aus dem Haus Borghese; unterstützt die Habsburger zu Beginn des Dreißigjährigen Krieges. – Gregor XV. (*1554, †1623; 1621–1623); gründet 1622 die *Congregatio de propaganda fide*. – Urban VIII. (*1568, †1644; 1623–1644); Förderer von Künsten und Wissenschaften; neigt zum Nepotismus; unter seinem Pontifikat wird Galilei von der Inquisition gezwungen, sein Bekenntnis zum kopernikanischen Weltbild zu widerrufen. – Innozenz X. (*1574, †1655; 1644–1655); unter ihm Restaurierung der Lateranbasilika; verurteilt 1653 einige Sätze des C. Jansenius. – Alexander VII. (*1599, †1667; 1655–1667); erlässt u. a. Konstitutionen gegen den *Jansenismus*; beauftragt Bernini mit der Ausgestaltung des Petersplatzes. – Clemens IX. (*1600, †1669; 1667 bis 1669). – Clemens X. (*1590, †1676; 1670–1676). – Innozenz XI. (*1611, †1689; 1676–1689); Vorkämpfer der Türkenabwehr; entschiedener Gegner Ludwigs XVI. – Alexander VIII. (*1610, †1691; 1689–1691); verurteilt eine Reihe von Sätzen des Jansenismus und die vier Gallikanischen Artikel. Neigt zum Nepotismus. – Innozenz XII. (*1615, †1700; 1691–1700); eifriger Reformer mit streng geistlicher Ausrichtung. – (Forts. S. 1015)

Paul III.

Trienter Konzil

Congregatio de propaganda fide

Jansenismus

Die Päpste (1492–1799)

frühneuzeitliche Päpste

Alexander VI.	1492–1503	Paul V.	1605–1621	
Pius III.	1503	Gregor XV.	1621–1623	*Julius II.*
Julius II.	1503–1513	Urban VIII.	1623–1644	
Leo X.	1513–1521	Innozenz X.	1644–1655	
Hadrian VI.	1522–1523	Alexander VII.	1655–1667	
Clemens VII.	1523–1534	Clemens IX.	1667–1669	
Paul III.	1534–1549	Clemens X.	1670–1676	
Julius III.	1550–1555	Innozenz XI.	1676–1689	
Marcellus II.	1555	Alexander VIII.	1689–1691	
Paul IV.	1555–1559	Innozenz XII.	1691–1700	
Pius IV.	1559–1565	Clemens XI.	1700–1721	
Pius V.	1566–1572	Innozenz XIII.	1721–1724	
Gregor XIII.	1572–1585	Benedikt XIII.	1724–1730	*Gregor XIII.*
Sixtus V.	1585–1590	Clemens XII.	1730–1740	
Urban VII.	1590	Benedikt XIV.	1740–1758	
Gregor XIV.	1590–1591	Clemens XIII.	1758–1769	
Innozenz IX.	1591	Clemens XIV.	1769–1774	
Clemens VIII.	1592–1605	Pius VI.	1775–1799	*Pius VI.*
Leo XI.	1605			

Italien (18. Jh.)

Der Spanische Erbfolgekrieg (1701–1714) sowie die Kriege um die Nachfolge in Polen (1733–1735) und in Österreich (1740–1748) beenden die spanische Vorherrschaft. Sie führen zu erheblichen territorialen Veränderungen, bei denen *Österreich eine quasi-hegemoniale Stellung* durchsetzt.

Vorherrschaft Österreichs

1701 Ein kaiserliches Heer beginnt unter dem Prinzen Eugen (*1663, †1736) in Italien den erfolgreichen Kampf gegen Franzosen und Spanier.

1703 Übertritt des Herzogs Viktor Amadeus II. von Savoyen (1675–1730; *1666, †1732) auf die kaiserliche Seite.

	1706	Großer österreichisch-savoyischer Sieg über die Franzosen bei Turin (7. Sept.).
	1707/1708	Österreichische Truppen besetzen Süditalien. Das Herzogtum Mantua (Reichslehen!) wird österreichisch (1708).
Friede von Utrecht	**1713–1714**	Die *Friedensschlüsse* von Utrecht (Abmachungen vom 13. Juli) und von Rastatt (1714, 6. März) bestimmen für Italien: Österreich erhält das Herzogtum Mailand, die vormals spanischen Küstenorte in der Toskana, das Königreich Neapel und Sardinien. – Viktor Amadeus von Savoyen bekommt Monferrato (Gebiet in Piemont) sowie Sizilien mit der Königskrone.
	1718	Seit dem Frieden von Passarowitz, der für den Südosten Europas die Hegemonie Österreichs konsolidiert, steht Venedig, welches Morea (Peloponnes) und Candia (auf Kreta) verliert, in dessen Schatten. Nachdem Großbritannien, Frankreich, Österreich und die Niederlande (Quadrupelallianz von London, 1718) einen spanischen Angriff auf Sardinien und Sizilien abgewehrt und österreichische Truppen die Spanier aus Sizilien vertrieben haben,
Tausch Sizilien – Sardinien	1720	erhält Österreich *Sizilien im Austausch gegen das ärmere Sardinien*.
	1733–1735	Gegen die gegnerische Koalition im Polnischen Erbfolgekrieg (Frankreich, Spanien, Savoyen) verliert Österreich den größten Teil der italienischen Besitzungen (Niederlagen der Österreicher bei Bitonto [Apulien], 25. Mai 1734 und bei Parma, 29. Juni 1734).
	1735	Im Vorfrieden von Wien musste Kaiser Karl VI. Neapel und Sizilien den spanischen Bourbonen als Sekundogenitur abtreten, erhält aber Mailand zurück, dazu Parma und Piacenza. Piemont erhält Novara (westliche Poebene) und Tortona (am Nordrand des Ligurischen Apennins, bis dahin bei Mailand). Der künftige Gemahl Maria Theresias, der Erbin der österreichischen Monarchie, Franz Stephan von Lothringen, tritt sein Stammland an den auf Polen verzichtenden König Stanislaus Leszcyński ab und soll dafür nach dem Tod des letzten Medici (1737) das Großherzogtum Toskana erhalten.
Österreichischer Erbfolgekrieg Friede von Aachen	**1740–1748**	Der *Krieg um die österreichische Erbfolge* stellt diese Machtverteilung in Frage, wird aber mit einem Kompromiss beendet, der Österreichs Stellung konsolidiert und zugleich die Aussöhnung mit den Bourbonen und darüber hinaus ein dauerhaftes Gleichgewicht erreicht.
	1748 18. Okt.	Die im *Frieden von Aachen* verabredete Neuordnung hat bis zum Einmarsch Napoléon Bonapartes Bestand und ist großenteils auf dem Wiener Kongress wiederhergestellt worden: Österreich behält Mailand (von dem aber erneut Grenzstreifen an Savoyen gehen) und Mantua, dazu als Sekundogenitur die Toskana. Der seit 1735 in Neapel regierende Bourbone Karl (*1716, †1788; als Karl III. seit 1759 spanischer König) bleibt König von Neapel-Sizilien, sein Bruder Philipp erhält Parma und Piacenza.
	1753 11. Mai	Ein Heirats- und Sukzessionsvertrag zwischen Österreich und Modena bestimmt die Heirat der Erbin von Modena mit einem Habsburger; infolge dieser Heirat (1771) wird Modena eine habsburgische „Tertiogenitur" (Haus Habsburg-Este).

Die Einzelstaaten im Zeitalter des aufgeklärten Absolutismus

Gleichgewicht und Friede ermöglichen eine Reformpolitik nach den Grundsätzen des aufgeklärten Absolutismus, die in den habsburgischen Staaten ihre größten Erfolge erzielt. Dabei kommt es zu einer *Symbiose* fruchtbaren *Symbiose* italienischer und österreichischer Aufklärung. Der Wiener Hof beschäftigt zahlreiche Beamte, Wissenschaftler und Künstler aus Italien. Die Reformen bezwecken eine effiziente Verwaltungs-, Justiz- und Steuerorganisation, Zurückdrängung des gesellschaftlichen Einflusses der Kirche (meist ohne Eingriffe in die Glaubensverkündigung), dazu Wirtschaftsförderung.

Mailand Im Herzogtum *Mailand* werden unter Maria Theresia (1745–1780; *1717, †1780) eine große Steuerreform durchgeführt und ein Kataster geschaffen (Leitender Minister: Carl Graf von Firmian [*1718, †1782] aus dem Trentino, bedeutendster Mitarbeiter der Nationalökonom Pompeo Neri [*1706, †1776] aus der Toskana). Seit 1768 lehrt in Mailand der berühmte Jurist Cesare Beccaria, Marchese de Bonesana (*1738, †1794), der in seinem bahnbrechenden Hauptwerk „Dei delitti e delle pene" (1764) die Umgestaltung des Strafrechts im Sinne der Aufklärung und die Abschaffung von Todesstrafe und Folter fordert.

Joseph II. (1780–1790) zerstört durch seinen Zentralismus die Sympathien breiter Bevölkerungskreise für das Haus Habsburg.

Toskana Die *Toskana* wird unter Großherzog Peter Leopold (1765–1790), dann als Leopold II. Römisch-deutscher Kaiser (1790–1792; *1747, †1792) zum Musterland des Reformismus, der hier auch konsequent auf Wirtschaft und Kirchenpolitik übergreift: Einführung des Freihandels, umfangreiche Maßnahmen zugunsten der Bauern und überhaupt einer ausgeglichenen Sozialstruktur von Stadt und Land; Pensionierung der Jesuiten (1773), deren Besitz beschlagnahmt wird; Förderung von jansenistisch inspirierter Kirchenreform (Synode von Pistoia 1786).

In den bourbonischen Staaten Neapel-Sizilien und Parma wird der aufgeklärte Absolutismus in geringerem Ausmaß verwirklicht.
In *Neapel* (König Karl VII. 1735–1759; seitdem als Karl III. König von Spanien; ihm folgt 1759 sein Sohn König Ferdinand IV. [*1751, †1825]) ist Hauptvertreter der Aufklärung der Leitende Minister Marchese Bernardo Tanucci (bis 1776; *1698, †1783), in Parma der Minister Guillaume du Tillot (bis 1771). – In Neapel werden 1767 die Jesuiten ausgewiesen, 1788 wird das päpstliche Oberlehensrecht über das Königreich abgeschafft. Antonio Genovesi (1740–1769 Prof. in Neapel; *1712, †1769) verbreitet die Aufklärungsphilosophie. *Neapel*

Im *Kirchenstaat* bleibt es im Wesentlichen bei der herkömmlichen Regierungsweise. *Kirchenstaat*
Unter den Päpsten des 18. Jh.s, die sämtlich in defensiver Auseinandersetzung mit Staatskirchentum, Jansenismus und Episkopalismus stehen, sind hervorzuheben Benedikt XIV. (17401758; *1675, †1758), ein bedeutender, auf Ausgleich mit den Ideen der Zeit bemühter Kanonist, und Pius VI. (1775–1799; *1717, †1799), der durch seine Reise nach Wien (1782) vergeblich das Staatskirchentum Josephs II. zu mäßigen sucht und nach anfänglicher Zurückhaltung entschiedener Gegner der Französischen Revolution wird. Rom wird seit der Jahrhundertmitte, v. a. durch den Kunstgelehrten Winckelmann (*1717, †1768) und dessen Gönner Kardinal Alessandro Albani (*1692, †1779) Zentrum des klassizistischen Antikenstudiums.

In *Savoyen-Sardinien* muss Karl Emanuel III. (1730–1773; *1701, †1773; seit 1730 als Karl Emanuel I. König von Sardinien) nach der Überbrückung des zuvor ausgenutzten Gegensatzes zwischen Habsburg und Bourbon auf weitere Expansion verzichten. *Savoyen-Sardinien*

Die Republiken *Venedig und Genua* werden vom Reformismus nicht berührt, das Patriziat behauptet seine Regierung. *Venedig und Genua*
Nach weiterem Rückgang des Levantehandels blüht in Venedig die Luxusindustrie (Glas, Keramik, Email, Filigran, Seide). Die Stadt gilt als „Hauptstadt des Rokoko", den die Maler Giovanni Battista Piazzetta (*1682, †1754), Giovanni Battista Tiepolo (*1696, †1770), Antonio Canaletto (*1697, †1768) und Francesco Guardi (*1712, †1793) zur Vollendung bringen. Carlo Goldoni (*1707, †1793) schildert in zahlreichen Komödien das Leben der Stadt. In der Musik ist Antonio Vivaldi (*1678, †1741), der Schöpfer des Solokonzerts mit Orchester, von größter Wirkung, u. a. auf Johann Sebastian Bach (*1685, †1750).
Genua ist dem seit 1755 von Pasquale Paoli (*1725, †1807) geführten Aufstand der Korsen nicht gewachsen. 1768 wird Korsika an Frankreich verkauft, welches die Insel unterwirft.

Italien (1796–1914)

Die französische Zeit (1796–1814)

Italien ist in das Hegemonialsystem des revolutionären und napoleonischen Frankreich einbezogen. Napoléon Bonapartes Siege *vereinfachen Italiens politische Landkarte* wesentlich und schaffen größere und zugleich konstitutionell fortgeschrittene Staaten; eine bürgerliche Rechts- und Sozialordnung wird eingeführt. *politische Landkarte vereinfacht*

    1796 *Feldzug Bonapartes* (Oberbefehlshaber der Italienarmee seit 2. März 1796) in Italien. Nach Waffenstillstand Piemonts (Abtretung von Savoyen und Nizza) und mehreren Siegen über die Österreicher (u. a. bei Lodi 10. Mai) Besetzung der Lombardei, Emilia und Romagna. *Feldzug Bonapartes*
März

    1797 Kapitulation der österreichischen Festung Mantua, seitdem französisches Vordringen nach Venetien.
2. Febr.

19. Febr. Friede von Tolentino: Der Kirchenstaat tritt die Emilia-Romagna ab, Ablieferung vieler Kunstwerke.

18. April Französisch-österreichischer Präliminarfriede in Leoben.

Mai–Juli Zusammenfassung von Lombardei, Modena, Emilia und Romagna zur Cisalpinischen Republik. Errichtung der Ligurischen Republik (Genua). Satellitenstaaten mit Verfassungen nach französischem Vorbild.

17. Okt. *Friede von Campo Formio*: Österreich erkennt die Cisalpinische Republik an und erhält als Entschädigung den größten Teil der Republik Venedig. *Friede von Campo Formio*

1798/1799 Französisches Ausgreifen in den Rest des Kirchenstaates und nach Neapel. Verhaftung und Entfernung Pius' VI. (*1717, †1799), Errichtung von Republiken in Rom (Febr. 1798) und Neapel (Jan. 1799).

    1799 Russische und österreichische Truppen (2. Koalition) vertreiben die Franzosen.

	Zusammenbruch der Republiken und Wiederherstellung der alten Gewalten. Reaktion und Repression, besonders in Neapel.
1800	Kardinal Barnaba Chiaramonti (*1742, †1823) in Venedig zum Papst gewählt: Pius VII.
14. März	Sein Staatssekretär: Kardinal Ereole Consalvi (*1757, †1824).
14. Juni	Sieg des Ersten Konsuls Bonaparte bei Marengo: Oberitalien zurückerobert.

Friede von Lunéville

1801
9. Febr. *Friede von Lunéville*: Wiederherstellung der Cisalpinischen Republik (seit 1802 Italienische Republik, Bonaparte Präsident), Habsburg verliert auch die Toskana.

15. Juli Konkordat Pius' VII. mit Bonaparte: Papst und Staat beschließen gemeinsamen Wiederaufbau der französischen Kirche.

1805
März Umwandlung der Republik ins Königreich Italien: Napoleon König, sein Stiefsohn Eugène Beauharnais, Herzog von Leuchtenberg (*1781, †1824) Vizekönig.

26. Dez. Friede von Preßburg (nach Sieg über 3. Koalition): Vereinigung Venetiens mit dem Königreich Italien.

Napoleons Bruder Joseph Bonaparte (*1768, †1844) König von Neapel (1808 folgt ihm Napoleons Schwager Joachim Murat; *1767, †1815).

Annexionen

1807/1808 *Annexion* der Toskana und des Kirchenstaats, die wie Piemont, Parma und Genua direkt mit Frankreich vereinigt werden.

1806/1810 Einführung der napoleonischen Codices.

1809 Verhaftung Pius' VII.

Soziale und politische Lage in der französischen Zeit

Hegemonie Napoleons über das ganze festländische Italien. Den alten Dynastien bleiben Sardinien und Sizilien unter britischem Schutz. Es formiert sich eine modernisierende Elite aus Bürgern und Adligen, *Liberalisierung* die *Liberalisierung* des Regierungssystems mit wirtschaftlichen Neuerungen und Emanzipation des dritten Standes, gelegentlich auch mit der nationalen Idee zu verbinden sucht. – Bürgerliche Besitzakkumulation.

Polizeiregiment und Steuerdruck, Verweigerung politischer Partizipation und generelle Indienstnahme Italiens für französische Interessen erwecken aber auch patriotische Gegenreaktionen, denen Ugo Foscolo (*1778, †1827), Italiens letzter großer klassizistischer Dichter, leidenschaftlichen Ausdruck gibt.

Die Restauration (ab 1814/1815)

1814 Nov.– Der Wiener Kongress beschließt Neuordnung im Sinne von Restauration, Legitimität und
1815 Juni Gleichgewicht und gibt Österreich bestimmenden Einfluss: Österreich erhält Lombardei und Venetien (als Lombardo-Venezianisches Königreich), dazu wieder die Sekundogenituren in Toskana und Modena. Wiederhergestellt werden auch der Kirchenstaat und das Königreich Neapel-Sizilien (nunmehr Königreich beider Sizilien). Piemont-Sardinien wird um Ligurien mit Genua vergrößert. Napoleons Gattin, die Habsburgerin Marie Louise (*1791, †1847), erhält Parma. Die Regierungen der Toskana und Parmas bleiben reformistisch; die Österreichs versucht einen patriarchalischen Mittelweg zwischen Restauration und aufgeklärter Reform „von oben" (Förderung von Wirtschaft, Verkehr, Schule). In Piemont und im Kirchenstaat werden alle französischen Neuerungen sofort, in Neapel nach einigem Zögern abgeschafft. – Unterdrückung liberaler und nationaler Aspirationen. Pius VII. und Kardinal *Konkordate* Consalvi (die im Kirchenstaat zunächst noch Reformen durchführen) schließen zur Anpassung der Kirche an die veränderten politischen Verhältnisse *Konkordate* mit mehreren Staaten. Die darin ausgesprochene Anerkennung der Säkularisationen schwächt das Eigengewicht der Landeskirchen, die Neuordnung durch den Papst stärkt dessen zentrale Regierungsgewalt, in deren Dienst sich der 1814 wiederhergestellte Jesuitenorden stellt.

Risorgimento und Nationalstaatsbildung

politisch-soziale Risorgimento (Wiederauferstehung) meint die Ideen und die *politisch-soziale Bewegung*, welche zum
Bewegung Einheitsstaat führen und dadurch den bis heute gewichtigsten Beitrag zur Wiedereingliederung Italiens ins moderne Europa leisten. Seine Träger gehören meist der neuen großbürgerlich-adligen Oberschicht des Nordens an, der es auch um die Schaffung eines einheitlichen Marktes geht. Das Risorgimento beeinflusst die nationalstaatliche Umgestaltung Europas und ist zentrales Glied der bürgerlichen Revolution

Die den alten Autoritäten verbundenen, von der bürgerlichen Umgestaltung nicht profitierenden Unterschichten stehen meist abseits. Erste Anstöße kommen von Geheimbünden, so den Carbonari, denen es aber an Einheitlichkeit der Führung und Zielsetzung fehlt.

1820 Juli Nach dem spanischen Vorbild *Revolution* in Neapel, geführt von Offizieren um General Guglielmo Pepe (*1783, †1855). König Ferdinand I. (IV., *1751, †1825) bewilligt eine Verfassung nach spanischem Muster, erbittet aber insgeheim die Hilfe Österreichs, dessen Truppen mit Ermächtigung der anderen konservativen Regierungen (Kongress zu Laibach, Februar 1821) im März 1821 intervenieren und die vorrevolutionäre Ordnung wiederherstellen. — *Revolution*

1821 März Revolution auch in Piemont. König Viktor Emanuel I. (*1759, †1824) dankt zugunsten seines Bruders Karl Felix (*1765, †1831) ab, der mit Hilfe Österreichs schon im April die alte Ordnung wieder aufrichtet.

Vordergründige Stärkung der Stellung Österreichs, welches seitdem als der Feind der nationalen Bewegung betrachtet wird. Wesentliche *Verschärfung der Repression* in allen Staaten, die politische Emigration nimmt erstmals größere Ausmaße an. Die Führer der Opposition in der Lombardei, darunter Graf Federigo Confalonieri (*1785, †1846) und der romantische Dichter Silvio Pellico (*1789, †1854 – „Le mie prigioni", 1832) werden 1824 verurteilt und bis 1832 auf der Festung Spielberg bei Brünn gefangen gehalten. — *Verschärfung der Repression*

Die konservativ-traditionalistisch-klassizistische Ideologie und Publizistik erleben, von den Regierungen gefördert, kurzen Aufschwung; aber die Mehrheit der Intellektuellen wendet sich von der bestehenden Ordnung ab. – Entstehung einer romantisch-nationalen und gemäßigt-liberalen Publizistik, die ihr Zentrum aus Mailand ins freiere Florenz verlegt. Starke patriotische Wirkungen haben die ersten Gedichte des großen Lyrikers Giacomo Leopardi (*1798, †1837) und noch mehr der 1826 in Mailand erschienene historische Roman „I promessi sposi" von Alessandro Manzoni (*1785, †1873).

1831 Febr.–März Unter dem Eindruck der Julirevolution *Aufstände in Mittelitalien*, so in weiten Teilen des Kirchenstaats, wo Leo XII. (*1760, †1829; 1823–1829) repressiv regiert. Der neue Papst, der kirchlich wie politisch ebenso reaktionäre Gregor XVI. (*1765, †1846; 1831–1846), erbittet sofort die Hilfe Österreichs, welches die Aufstände niederwirft. — *Aufstände in Mittelitalien*

Durch die Besetzung von Ancona beteiligt sich an der Befriedung des Kirchenstaates auch Frankreich, welches damit erneut als Konkurrent Österreichs in Italien auftritt. Vergeblich raten die Großmächte dem Papst zu maßvollen politischen Reformen.

In seiner ersten Enzyklika „Mirari Vos" (1831) verurteilt Gregor XVI. jede Auflehnung gegen die legitime Obrigkeit und alle liberalen Tendenzen: Der Konflikt zwischen konservativem Kirchentum und säkularisierendem Liberalismus *(Kulturkampf)* kündigt sich an. — *beginnender Kulturkampf*

1832 Der 1831 ausgewiesene Advokat Giuseppe Mazzini (*1805, †1872) gründet in Marseille den Geheimbund „La giovine Italia" und 1834 in Bern „La giovine Europa" mit Gruppen aus italienischen, deutschen und polnischen Emigranten. In kühnen, teils utopischen Schriften begründet Mazzini den revolutionären, republikanisch-unitarischen Flügel des Risorgimento: Er fordert den Aufstand der Italiener als Initiative zum größeren Aufstand des jungen Europa der Völker gegen das alte Europa der Monarchen. In der Hoffnung auf Brüderlichkeit der Völker wird der Nationalismus zur Ersatzreligion erhoben.

1833 1842/1843 Erste Aufstände von Sympathisanten Mazzinis werden v. a. in Palermo grausam unterdrückt. Die revolutionäre Haltung der Oberschicht und breiter wirtschaftlicher Aufschwung begünstigen den gemäßigten Liberalismus, dessen erster Führer, der Geistliche Vincenzo Gioberti (*1801, †1852), in seinem politischen Hauptwerk das „neoguelfische" Programm einer Föderation der italienischen Staaten unter Vorsitz des Papstes entwirft. – Andere gemäßigte Liberale („Moderati"), so Graf Cesare Balbo (*1789, †1853) und Marchese Massimo Tapparelli d' Azeglio (*1798, †1866), setzen ihre Hoffnungen auf die piemontesische als die einzige nationalitalienische Dynastie mit starkem Heer, von nationaler Einigung erwarten sie auch konstitutionelle Freiheiten.

1846 Politische und administrative *Reformen* des neuen Papstes *Pius IX.* (Giovanni Maria Graf Mastai-Ferretti, *1792, †1878) geben dem Neoguelfentum größten Auftrieb. Die Toskana und Piemont schließen sich seit 1847 der Reformpolitik an. Balbo und Graf Camillo Cavour — *Reformen Pius' IX.*

1847 gründen die Zeitschrift „Il Risorgimento", die der Bewegung den Namen gibt. Mazzinianer und Demokraten erheben radikale Forderungen, die durch wirtschaftliche Rückschläge (seit 1846) begünstigt werden.

1848 27. Jan. Nach Aufstand in Palermo verspricht König Ferdinand III. (*1810, †1859) eine Verfassung: Kompromiss zwischen Krone, Adel und Bürgertum. Toskana und Piemont (8. Febr.) folgen: König Karl Alberts (*1798, †1849) monarchisch-repräsentatives „Statuto" hat die Revolution überdauert und ist 1861 die Verfassung Italiens geworden.

Aufstände	März	Nach Ausbruch der Revolution in Wien erfolgreiche *Aufstände* in Venedig und Mailand, welches die österreichische Armee nach fünftägigem Straßenkampf räumt.
	24. März	König Karl Albert von Piemont erklärt Österreich den Krieg und tritt damit an die Spitze der nationalen Bewegung.
Marschall Radetzky	25. Juli	Die österreichische Armee des 81-jährigen Marschalls Joseph Wenzel Graf *Radetzky* (*1766, †1858) schlägt die Italiener bei Custozza, südöstlich vom Gardasee; Österreichs konservative Konsolidierung beginnt.
	Aug.	Mailand zurückerobert, Piemont schließt Waffenstillstand. Radikalisierung in der Toskana und im Kirchenstaat.
	Nov.	Nach Ermordung des Ministerpräsidenten Pellegrino Rossi (*1787) flieht Pius IX. nach Gaeta. In Rom organisiert Giuseppe Mazzini die Republik.
	1849 März	Karl Albert wagt Wiederaufnahme des Krieges, wird von Radetzky bei Novara (23. März, westlich von Mailand) erneut besiegt und dankt ab zugunsten seines Sohnes Viktor Emanuel II. (*1820, †1878).
	April–Juli	Österreichische Truppen besetzen die Toskana und den Norden des Kirchenstaates. Ein französisches Korps erobert Rom zurück (3. Juli).
	Aug.	Auch Venedig kapituliert, Piemont schließt Frieden (7. August).

Der Modernisierungsprozess unter Camillo Cavour

Die alten Herrschaften sind wiederhergestellt, aber die nationale Revolution hat unerwartete Kraft und Breitenwirkung bewiesen und einen Prozess gesellschaftlicher Emanzipation eingeleitet. Die Niederlage führt zu Ernüchterung und „*Realpolitik*"; sie stärkt indirekt die „Moderati", denn der eigentliche Verlierer ist der demokratische Radikalismus.

Realpolitik

In den fünfziger Jahren betreibt der liberale Realpolitiker Camillo Benso Graf von Cavour (*1810, †1861; 1850 Landwirtschafts-, 1851 auch Finanzminister, 1852 Ministerpräsident), dem die Bildung einer großen liberalen Partei („Historische Rechte") gelingt, die *Modernisierung Piemonts* und seine Angleichung ans liberale Westeuropa. Während in der Lombardei vorwiegend die Wirtschaft (Eisenbahnbau, Seidenindustrie, Besitzkonzentration) gefördert wird, geht es Cavour um die Synchronisierung von wirtschaftlichem, gesellschaftlichem und politischem Fortschritt, die Piemont zur Schaffung der italienischen Staatsnation befähigt hat. Freihandel, Eisenbahnbau und Bankgründungen, Abbau kirchlicher Privilegien und Übergang zum Parlamentarismus sind die wichtigsten Leistungen.

Modernisierung Piemonts

Die *Beteiligung am Krimkrieg* (1853–1856) ermöglicht es Cavour, die formelle Gleichberechtigung Piemonts mit den Großmächten zu erreichen und auf dem Pariser Friedenskongress (1856) die italienische Frage zur Sprache zu bringen. Kaiser Napoleon III., der die noch offenen nationalen Probleme im Sinne der französischen Großmacht zu lösen gedenkt, verspricht ihm 1858 (Geheimtreffen in Plombières) Frankreichs Hilfe in einem Krieg, der Österreich aus Italien vertreiben, Piemont ganz Oberitalien einbringen und die übrige Halbinsel in zwei bis drei Staaten zusammenfassen soll; Rom soll dem Papst verbleiben, Frankreich Savoyen und Nizza erhalten. Soziale Erschütterungen sollen unbedingt vermieden werden.

Beteiligung am Krimkrieg

	1859	Beginn des Krieges Piemonts und Frankreichs gegen Österreich (Mai).
Schlacht bei Solferino Henri Dunant	Juni	Siege der Verbündeten bei Magenta (4. Juni, westlich von Mailand) und bei *Solferino* – San Martino in der Provinz Mantua, südlich vom Gardasee (24. Juni; blutige Massenschlacht, die einen Zeugen, *Henri Dunant* [*1828, †1910], erste Initiativen zur Gründung des „Roten Kreuzes" ergreifen lässt). Aufstandsbewegung in Mittelitalien, meist geführt von Mitgliedern der 1857 gegründeten „Società nazionale", ihr Ziel: Anschluss an Piemont.
	12. Juli	Napoleon III. steckt zurück und schließt mit Österreich den Vorfrieden von Villafranca.
Friede von Zürich	10. Nov.	Der *Friede von Zürich* folgt: Österreich tritt (nur) die Lombardei (mit Ausnahme der Festungen Mantua und Peschiera) an Napoleon ab, der sie an Piemont weitergibt; die durch den Aufstand vertriebenen Monarchen in Toskana, Modena und Parma sollen wieder eingesetzt, die Regierungsrechte des Papstes in der Emilia-Romagna wiederhergestellt werden.
	1860 Jan.	Die von Cavour insgeheim unterstützte Aufstandsbewegung in Mittelitalien verhindert die Ausführung der Züricher Restitutionsverpflichtungen; Cavour, der aus Protest gegen Villafranca zurückgetreten ist, wird erneut Ministerpräsident.
	24. März	Piemont tritt Savoyen und Nizza an Frankreich ab. Dafür erklärt Napoleon III. sein Einverständnis mit dem Anschluss von Toskana, Modena, Parma, Emilia-Romagna an Piemont. Plebiszite legitimieren diesen Anschluss.
Zug der Tausend	Mai	Der von Mazzini beeinflusste Freischarenführer Giuseppe Garibaldi (*1807, †1882) landet mit Freiwilligen *(„Zug der Tausend")* auf Sizilien, erobert zunächst die Insel, dann das un-

	teritalienische Festland und am 7. Sept. Neapel, König Franz II. weicht in die Festung Gaeta zurück.	
Sept.	Um die Eroberung Unteritaliens nicht der Linken zu überlassen und Komplikationen in Rom zu vermeiden, entsendet die Regierung Cavour Truppen in den Kirchenstaat und die Abruzzen.	
Okt./Nov.	Plebiszite in Neapel, in Umbrien und in den Marken entscheiden den Anschluss an Piemont, Garibaldi tritt zugunsten Viktor Emanuels von seiner Diktatur zurück.	
1861	König Franz II. muss in Gaeta kapitulieren (Febr.).	
14. März	Viktor Emanuel II. von Piemont nimmt auf Beschluss des neugewählten ersten italienischen Parlaments den Titel „*König von Italien*" an.	*König von Italien*
	Mit Ausnahme von Venetien und dem Rest des Kirchenstaates um Rom (seit 1849 unter dem Schutz einer französischen Garnison) bildet Italien einen liberal-parlamentarisch regierten Staat. Maßgebend ist (und bleibt bis zum Ersten Weltkrieg) die bürgerliche Oberschicht (rigoroses Zensuswahlrecht).	
1861–1865	Aufstände der „Briganten" aus den von der neuen bürgerlichen Ordnung benachteiligten Unterschichten Süditaliens werden grausam unterdrückt.	
1864 15. Sept.	*Konvention mit Frankreich* zur vorläufigen Regelung der „Römischen Frage": Frankreich sagt Abzug seiner römischen Garnison binnen zweier Jahre zu – Italien garantiert den Rest des Kirchenstaats, die Hauptstadt wird nach *Florenz* verlegt.	*Konvention mit Frankreich*
8. Dez.	Pius IX. verurteilt in der Enzyklika „*Quanta cura*" und dem beigefügten „Syllabus errorum" politische und gesellschaftliche Prinzipien des Liberalismus. Der europäische Dimensionen annehmende „Kulturkampf" zwischen katholischer Kirche und säkularisierendem Liberalismus spitzt sich zu.	
1866	Geheimbündnis Italiens mit Preußen (8. April).	
	Italien tritt an Preußens Seite in den Krieg gegen Österreich-Ungarn ein.	
24. Juni 20. Juli	Niederlage gegen die Österreicher bei Custozza (südöstlich vom Gardasee) und in der Seeschlacht bei Lissa (Vis; Insel vor der dalmatinischen Küste).	
3. Okt.	Durch preußische und französische Vermittlung erhält Italien aber im Frieden von Wien-*Venetien*; Plebiszite bestätigen die Zession.	*Venetien*
	Infolge des Krieges Finanzkrise und Steuererhöhungen.	
1867 Nov.	Garibaldi versucht erfolglos, in den Kirchenstaat einzudringen (Gefecht bei Mentana), worauf die französische Garnison nach Rom zurückkehrt.	
1869 8. Dez. 1870 18. Juli	Beginn des *1. Vatikanischen Konzils*, auf dem Pius IX. nach lebhafter Opposition (u.a. der meisten deutschen und österreichischen Bischöfe) das von der ultramontanen Bewegung seit langem geforderte Dogma der päpstlichen Unfehlbarkeit verkündet (wonach der Papst unfehlbar ist, wenn er ex cathedra in Fragen der Glaubens- und Sittenlehre entscheidet). Dies ist der Höhepunkt der päpstlichen Autoritätssteigerung und der ultramontanen Konzentration, der in den meisten Ländern kulturkämpferische Reaktionen hervorruft.	*Erstes Vatikanisches Konzil*
20. Sept.	Nach Abzug der französischen Garnison aus Rom (in den Krieg gegen Deutschland) besetzen italienische Truppen Rom.	
2./9. Okt.	Die päpstliche Herrschaft wird gebrochen. Ein Plebiszit bestätigt den Anschluss. Rom wird Hauptstadt des nun völlig geeinten Italien, aber die „Römische Frage" steht zwischen der Führungsschicht des Staates und den Katholiken Italiens.	

Die Päpste (1800–1922) (Forts. v. S. 1009)

Pius VII.	1800–1823	Pius IX.	1846–1878
Leo XII.	1823–1829	Leo XIII.	1878–1903
Pius VIII.	1829–1830	Pius X.	1903–1914
Gregor XVI.	1831–1846	Benedikt XV.	1914–1922

Päpste von 1800 bis 1922
Pius IX.
Leo XIII.

(Forts. S. 1022)

Italien bis zum Ausbruch des Ersten Weltkriegs (1871–1914)

1871 13. Mai	Das „*Garantiegesetz*" sichert dem Papst freie Kirchenregierung und Dotation zu. Es wird von Pius IX. nicht akzeptiert, der vielmehr den Katholiken die aktive Teilnahme an der italienischen Politik verbietet („Non expedit", 1874).	*Garantiegesetz*
1876	Die auf Stabilität bedachten Rechtsliberalen müssen die Regierung an die Linksliberalen	

	März	abtreten, die eine Reformpolitik höherer Staatsleistungen beginnen, daneben Industrialisierung, Rüstung und Kolonialpolitik forcieren.
	1877	Matteo Renato Imbriani-Poerio (*1843, †1901) gründet die Vereinigung „Italia irredenta" (Das unerlöste Italien), welche unter Berufung auf Mazzini und das Nationalitätsprinzip den Anschluss des Trentino, Triests, Friauls und Istriens fordert und schnelle Verbreitung findet.
König Humbert I.	1878–1900	*König Humbert I.* (*1844, †1900)
	1882	Nach der Besetzung von Tunis durch Frankreich wendet Italien sich an Deutschland und Österreich-Ungarn und schließt mit ihnen (zunächst auf fünf Jahre) den Dreibund, der auch die Monarchie stabilisieren soll. Ein von Italien angeregtes Zusatzprotokoll besagt, dass der Vertrag sich nicht gegen England richten darf.
Landnahme in Ostafrika	1882– 1884/1885	Mit dem Erwerb der Häfen Assab und Massaua am Roten Meer beginnt die italienische *Landnahme in Ostafrika*, vorerst in Eritrea; es folgen erste Handelsstützpunkte in Somalia.
	1887	Bei der Erneuerung des Dreibundes sichert Österreich für Gebietsveränderungen auf dem Balkan Italien Kompensation zu.
	1887–1891 1893–1896	Ministerpräsident Francesco Crispi (*1819, †1901) führt eine Politik des Autoritarismus, des Imperialismus und der inneren Reformen. Trotzdem heftige Klassengegensätze, Agrarkrise im Süden.
	1889	Eroberung äthiopischer Gebiete und Versuch, ein Protektorat über das ganze Kaiserreich durchzusetzen (Vertrag von Uccialli).
Kolonie Eritrea	1890	Konstituierung der *Kolonie Eritrea*.
	1892	Gründung der sozialistischen Partei, die Crispi zu unterdrücken sucht.
	1895/1896	Wiederaufnahme des Krieges in Äthiopien, in dem Kaiser Menelik (*1844, †1913) den Italienern bei Adua eine vernichtende Niederlage beibringt (1. März 1896). Crispi muss zurücktreten.
Leo XIII.	1878–1903	Papst *Leo XIII.* (Gioacchino Graf Pecci *1810, †1903) bemüht sich um Verständigung der Kirche mit den Staaten (u.a. Beilegung des deutschen Kulturkampfes) und mit der modernen Kultur, um aktive Mitwirkung der Kirche bei der Lösung der neuen sozialen Probleme; den Anspruch auf den Kirchenstaat hält er aufrecht.
Sozialenzyklika Rerum Novarum	1891 15. Mai	Die *Sozialenzyklika „Rerum Novarum"*, die zum Programm der katholischen Bewegung wird, plädiert für eine christliche Lösung der Arbeiterfrage; sie verwirft den Sozialismus, aber auch die kapitalistische Praxis.
	1900 29. Juli	Die Ermordung König Humberts I. bedeutet den Höhepunkt einer Periode der Unruhen und der Repression.
König Viktor Emanuel III.	1900–1946	*König Viktor Emanuel III.* (*1869, †1947):
	1900 14. Dez.	Aufgrund der Enttäuschungen in Afrika sucht Italien erneute Annäherung an Frankreich und schließt zunächst ein Abkommen, welches Marokko als französisches, Tripolis als italienisches Einflussgebiet anerkennt.
	1902 1. Nov.	Es folgt ein geheimes Neutralitätsabkommen mit Frankreich. Infolgedessen unterstützt Italien auf der Konferenz von Algeciras (anlässlich der 1. Marokkokrise von 1905/1906) Frankreich.
	1903–1914	Papst Pius X. (Giuseppe Sarto, *1835, †1914) regiert autoritär und verurteilt die ihm als „modernistisch" erscheinenden Strömungen (Enzyklika „Pascendi dominici gregis" 1907), führt aber viele praktische Reformen durch. Das „Non expedit" wird gelockert, der Eintritt der Katholiken ins politische Leben Italiens eingeleitet.
	1903–1905 1906–1909 1911–1914	Ministerpräsident Giovanni Giolitti (*1842, †1928) führt eine Politik sozialen Ausgleichs, welche die Opposition in den liberalen Staat integrieren soll. 1912 wird das fast allgemeine Wahlrecht eingeführt. Hochindustrialisierung des Nordens.
	1909 24. Okt.	Abkommen von Racconigi (südlich von Turin): Italien und Russland stimmen ihre Balkan- und Mittelmeerinteressen ab.
Nationalistenkongress	1910 Dez.	Erster Kongress der „*Associazione Nazionalista Italiana*", die 1923 in der faschistischen Partei aufgegangen ist. Die Nationalisten bedienen sich des Irredentismus, fordern Expansionspolitik und werden von der Großindustrie unterstützt. Viele junge Intellektuelle neigen zu Nationalismus und Imperialismus.
	1911	Italien annektiert Tripolis und die Cyrenaica.
	1911–1912	Daraus entsteht der Italienisch-Türkische Krieg, in dem die Italiener auch Rhodos und die Inseln des Dodekanes besetzen.
Friede von Lausanne	1912 18. Okt.	*Friede von Lausanne*: Der Sultan verzichtet auf Tripolis und die Cyrenaica. – Keine Einigung über die besetzten Inseln, die Italien nicht herausgibt.
	1914 März	Giolitti muss zurücktreten, seine Integrationspolitik wird abgebrochen. Nachfolger wird der rechtsliberale, mit dem Nationalismus sympathisierende Antonio Salandra (*1853, †1931).

Italien (1914–1945)

1914 3. Aug.	Bei Ausbruch des Weltkrieges erklärt Italien zunächst seine Neutralität. In den folgenden Monaten fordert Italien als Kompensationen für die österreichischen Balkanansprüche das Trentino, Görz (Gorizia, am Isonzo), Gradiska (Gradisca d'Isonzo), Istrien mit Triest, Inseln in Dalmatien und Stützpunkte in Albanien. Die Mittelmächte taktieren hinhaltend.
1915 April	Sie bieten wesentliche Konzessionen erst im April 1915 an, nachdem die ebenfalls mit Italien verhandelnden Ententemächte dessen Forderungen akzeptiert und Erweiterungen seines Kolonialbesitzes zugesagt haben.
26. April	Auf dieser Basis wird in London ein *Geheimvertrag* zwischen Großbritannien, Frankreich, Russland und Italien geschlossen, in dem dieses sich zum Kriegseintritt verpflichtet. Heftige Auseinandersetzungen, mit denen die Kriegstreiber, an der Spitze der vom Sozialismus abrückende Benito Mussolini (*1883, †1945) und der Dichter Gabriele d'Annunzio (*1863, †1938), die neutralistische Kammermehrheit um Giovanni Giolitti unter Druck setzen. Der mit den Interventionisten sympathisierende Antonio Salandra (*1853, †1931) tritt zurück und wird unter dem Druck der Straße wieder berufen.
23. Mai	*Kriegserklärung* an Österreich-Ungarn.
1916	Kriegserklärung an Deutschland (28. Aug.).
1917 Sept.	In insgesamt elf Isonzoschlachten (seit Juni 1915) erzielen die Italiener bei z.T. schweren Verlusten lediglich Geländegewinne ohne Durchbruch.
1918 3. Nov.	Nach faktischer Auflösung Österreich-Ungarns (Okt.): Waffenstillstand.

Geheimvertrag

Kriegserklärung

Kriegsfolgen für Italien – Die Grundlegung der faschistischen Herrschaft

Die schließliche Teilnahme Italiens am Sieg der Entente ist mit ca. 600000 Gefallenen, wirtschaftlichem und finanziellem Bankrott und überbordendem Nationalismus zu teuer bezahlt. Auf der Friedenskonferenz werden Italiens Ansprüche nur unvollkommen erfüllt, das ressentimentgeladene Schlagwort vom „verstümmelten Sieg" (vittoria mutilata) geht um. Aus der latenten wird die akute *Systemkrise*, der die liberale Führungsschicht nicht gewachsen ist; sie versteht die neuen Massenbewegungen nicht zu integrieren. Radikale Bewegungen erstarken. Der Niedergang des liberalen Systems und der *Aufstieg des Faschismus* (von lat. „fascis": Rutenbündel, Amtssymbol der antik-römischen Magistrate) bedingen sich gegenseitig. Der Faschismus verspricht den Bürgern Schutz vor der „roten Revolution" und den aufsteigenden Mittelschichten die volle Partizipation.

Systemkrise

Aufstieg des Faschismus

1919–1921	Die Ministerpräsidenten Francesco Saverio Nitti (*1868, †1953) und (erneut) Giovanni Giolitti setzen zwischen Rechts und Links nur wenige Reformen durch und finden keine stabilen Mehrheiten.
1919	Jan.: Gründung der katholischen Volkspartei unter Luigi Sturzo (*1871, †1959).
März	Gründung der ersten Kampfverbände Mussolinis.
Sept.	Gabriele d'Annunzio erobert mit nationalistischen Freischärlern die Stadt Fiume (Rijeka, an der Küste Dalmatiens).
Nov.	Parlamentswahlen. Sozialisten (156 Abgeordnete) und Katholiken (100 Abgeordnete) sind die stärksten Parteien in der Kammer (insgesamt 508 Abgeordnete). Die Faschisten gewinnen kein Mandat.
1920	Zahlreiche Streiks in Industrie und Landwirtschaft.
Aug.	Abkommen mit Albanien (Abzug der Italiener) und Griechenland (Zusage der Abtretung des Dodekanes).
12. Nov.	Vertrag von Rapallo (südlich von Genua) mit Jugoslawien. *Fiume wird Freistaat.* Grenzregelung in Istrien und Dalmatien.
1921	Auf dem Kongress der Sozialisten in Livorno (Jan.) Abspaltung der Kommunisten.
15. Mai	Parlamentswahlen. Mandatsgewinne der Liberalen, Demokraten und Katholiken, Verluste der Sozialisten. Mit Hilfe Giolittis, der die Faschisten zu „konstitutionalisieren" sucht, erhalten diese 35 (von 535) Mandate.
1920–1922	Nach Mussolinis Rechtswendung *wird der Faschismus Massenbewegung*, aufgrund der sozialen Krise und des staatlichen Machtvakuums nach Giolittis Rücktritt (27. Juni 1921) gewinnt er zunehmend bürgerliche und agrarische Anhänger. Mit Billigung der alten Eliten (so Armee, Bürokratie) bekämpfen seine „squadre" die Linken.

Fiume wird Freistaat

Faschismus wird Massenbewegung

	1921	Mussolini erzwingt die Umwandlung der Bewegung zur Partei (Nov.).
	1922 Okt.	Italien kündigt das Abkommen vom Aug. 1920 mit Griechenland und gibt den Dodekanes nicht heraus.
Marsch auf Rom	28. Okt.	Faschistischer *Marsch auf Rom*, vor dem die Regierung (seit 25. Febr.) Luigi Facta (* 1861, † 1930) zurückweicht.
Mussolini Ministerpräsident		Der König beruft zum *Ministerpräsidenten Mussolini*, sodass dessen Machtübernahme teils revolutionär, teils legal ist. Mussolini kommt den Vertretern des „alten Staates" weit entgegen, nimmt in sein Kabinett auch Nationalisten, Rechtsliberale und Katholiken auf; sein Programm addiert nationalistische Postulate.
	25. Nov.	Mussolini betont die Staatsautorität und erhält außerordentliche, auf ein Jahr befristete Vollmachten zur Sanierung des Staates, besonders der Finanzen.
Faschistischer Großrat	Dez.	Gründung des *Faschistischen Großrats* und der Miliz: Beginn der Institutionalisierung der faschistischen Regierung.
	1923	Die Nationalisten gehen in der faschistischen Partei auf (März).
Italianisierung Südtirols	Juli	Beginn der rücksichtslosen *Italianisierung Südtirols*: Das Italienische wird Amts- und Schulsprache, 1925 Gerichtssprache. 1927 werden deutsche Parteien und Vereine aufgelöst.
	Aug.–Sept.	Nach Ermordung italienischer Offiziere bei Grenzabsteckung auf griechischem Boden besetzen die Italiener Korfu, müssen es aber auf Druck des Völkerbunds, vor allem Großbritanniens, wieder räumen.
	14. Nov.	Neues Wahlgesetz: Die Partei mit relativer Mehrheit von 25 % der Stimmen soll zwei Drittel der Mandate erhalten.
	1924 6. April	Parlamentswahlen: Die Faschisten erhalten 65 % der Stimmen, 356 Mandate, die anderen Parteien insgesamt 147 Mandate.
	10. Juni	Der sozialistische Abgeordnete Giacomo Matteotti (* 1885), der die faschistischen Übergriffe im Wahlkampf angeprangert hatte, wird von einem faschistischen Kommando entführt und ermordet. Der Mord führt in die schwerste *Krise des Faschismus*, die für seine „totalitäre" Umgestaltung entscheidend geworden ist.
Krise des Faschismus	15. Juni	Die Mehrheit der nichtfaschistischen Abgeordneten zieht sich aus der Kammer auf den Aventin zurück; sie fordert Aufklärung des Mordes, Auflösung der Miliz und Beendigung der Gewaltmethoden.
		Mussolini kann nur langsam und mit Hilfe der Radikalen in seiner Partei seine Stellung wieder festigen und führt dann den Gegenschlag aus:
Unterdrückung der Opposition	1925 3. Jan.	In einer Kammerrede übernimmt er die Verantwortung für alle Aktionen der Faschisten und kündigt die *Unterdrückung der Opposition* an: Antifaschistische Organisationen werden aufgelöst, ihre Führer verhaftet, ihre Zeitungen unterdrückt.
	Nov.	Nach dem Versuch eines Attentats auf Mussolini werden Freimaurerei und sozialistische Partei aufgelöst.
	Dez.	Treffen Mussolinis mit dem britischen Außenminister Joseph Austen Chamberlain in Rapallo. Vorbereitung eines Abkommens über Abessinien (Äthiopien), das in wirtschaftliche Interessenzonen aufgeteilt wird.
	24. Dez.	Gesetz über die Befugnisse des Regierungschefs (Capo del Governo), die ihn mit fast unbeschränkter Führungsgewalt ausstatten.
	1926 31. Jan.	Gesetz über die Befugnisse der italienischen Regierung, Dekrete mit Gesetzeskraft zu erlassen.
	3. April	Gesetz über die kollektiven Arbeitsbeziehungen. Die Tarifautonomie wird beseitigt, ein staatlich-faschistisches Monopol für die Arbeitsverträge errichtet. Streik und Aussperrung werden verboten, Berufsverbände (confederazioni) der Arbeitgeber wie der Arbeitnehmer angeordnet, Arbeitgeber und Arbeitnehmer derselben Sparte in je einer „corporazione" zusammengefasst.
	6. April	Gesetz über die Präfekten, welches deren Stellung stärkt, auch gegenüber der faschistischen Partei.
	3. Sept.	In den Gemeinden tritt an die Stelle des gewählten Bürgermeisters der ernannte podestà.

Die Stabilisierung der faschistischen Herrschaft

Mit diesen Gesetzen sind staatliche und faschistische Hierarchie zusammengefasst, die Arbeiterschaft ist in diese Hierarchie integriert. Damit besteht eine faschistische Verfassungsgesetzgebung, die die fortgeltende liberale Verfassung aushöhlt. Zugleich leitet Mussolini damit, nachdem die Opposition nicht mehr gefährlich ist, zu einer *Normalisierung* über, die den Konsens alter Eliten festigt. Die Partei (besonders der radikale Flügel um den 1924–1926 als Generalsekretär amtierenden Roberto Farinacci [* 1892, † 1945]) wird zurückgedrängt; nicht sie regiert fortan, sondern die (faschistisch durchsetzte) Bürokratie.

Wichtige Mitarbeiter des „Duce" Mussolini sind die (früher nationalistischen) Minister Alfredo Rocco (*1875, †1935) und Luigi Federzoni (*1878, †1967).

25. Nov.	Das Gesetz zum Schutz des Staates bringt die polizeistaatliche Absicherung des neuen Systems (u. a. Wiedereinführung der Todesstrafe).	
	Den oppositionellen Abgeordneten wird das Mandat aberkannt, *Italien ist Einparteienstaat*.	*Italien ist Einparteienstaat*
	Freundschaftsverträge mit Spanien (7. Aug.), Rumänien (15. Sept.), Albanien (27. Nov.).	
1927	Freundschaftsvertrag mit Ungarn (5. April).	
21. April	Carta del lavoro: sozialpolitisches Programm gemäß dem Gesetz vom 3. April 1926.	
22. Nov.	Defensivbündnis mit Albanien, welches de facto italienisches Protektorat wird.	
1928 12. Mai	*Neues Wahlgesetz*: Die künftig nur mehr 400 Abgeordneten werden vom Faschistischen Großrat aus den Vorschlägen der „confederazioni" ausgewählt und auf eine Einheitsliste gesetzt, welche die Wähler nur insgesamt annehmen oder ablehnen können.	*neues Wahlgesetz*
9. Dez.	Gesetz über die Konstitutionalisierung des Großrats, welches aus dem obersten Parteiorgan ein Staatsorgan *(Staatsrat)* macht.	*Staatsrat*
	Freundschaftsverträge mit der Türkei, Griechenland und Abessinien (Äthiopien).	
1929 11. Febr.	Den Höhepunkt in der Politik der konsensstiftenden Kompromisse mit den alten Eliten bilden die *Lateranverträge* mit dem Hl. Stuhl: Im Hauptvertrag anerkennt der italienische Staat die Souveränität und die Regierungsgewalt des Papstes über den „Staat der Vatikanstadt", der Hl. Stuhl erklärt die Römische Frage für beigelegt. – Die Finanzkonvention sagt dem Hl. Stuhl als Ersatz für den alten Kirchenstaat eine hohe Entschädigung zu. – Das Konkordat bestätigt die katholische Religion als privilegierte Staatsreligion, garantiert ihr die Freiheit der Seelsorge wie des Religionsunterrichts und verleiht der kirchlich geschlossenen Ehe zivilrechtliche Wirkung. Das staatliche Eherecht wird dem kanonischen Recht angeglichen.	*Lateranverträge*
24. März	Die erste Kammerwahl nach dem neuen Wahlgesetz erbringt plebiszitäre Zustimmung.	
21. April	Bildung des Nationalen Rats der Korporationen, der ein beratendes Zentralorgan für die Ordnung der Beziehungen von Kapital und Arbeit ist.	

Die Außenpolitik des „ausschlaggebenden Gewichts"

Mussolini tritt auf als Schöpfer und Garant einer cäsaristisch begründeten und ständisch gegliederten Staatsordnung, und als solcher wird er von der Mehrheit der Italiener anerkannt. Auch im Ausland erreicht sein *Prestige* den Höhepunkt. Aus gesicherter Position beginnen Mussolini und Außenminister Dino Grandi (*1895, †1988) eine Außenpolitik des „ausschlaggebenden Gewichts" zwischen den Westmächten und dem nach 1933 wieder aufrüstenden Deutschland.

Mussolinis Prestige

1930 Jan.–April	Auf der Londoner Flottenkonferenz treten französisch-italienische Spannungen um Tonnageprobleme (Unzufriedenheit beider Mächte mit den Schiffsbaubegrenzungen des Washingtoner Abkommens von 1921/1922) und Mittelmeerfragen auf. Neues italienisches Kriegsschiffbauprogramm.	
6. Febr.	Freundschaftsvertrag mit Österreich.	
1930/1931	Erfolgreiche Bekämpfung der *Wirtschaftskrise* durch gelenkte Produktionssteigerung und Produktionskostensenkung, Intensivierung der Landwirtschaft und Zollerhöhungen, zudem durch Eingliederung gefährdeter Unternehmen in staatliche Holding-Gesellschaften.	*Wirtschaftskrise*
1934 15. Jan.	Gesetz zur Errichtung der 22 endgültigen, alle Wirtschaftszweige umfassenden Korporationen, die aber auch nur beratende Funktionen haben.	
17. März	*Römische Protokolle* mit Österreich und Ungarn, in denen Mussolini die beiden Donaustaaten v. a. wirtschaftlich an Italien bindet, gegen französische Donaupläne und deutsche Expansionsabsichten.	*Römische Protokolle*
14./15. Juni	Erstes *Treffen Mussolinis* mit Adolf *Hitler* in Venedig, bei dem der Duce zurückhaltend bleibt.	*Treffen Mussolini – Hitler*
25. Juli	Beim (fehlgeschlagenen) nationalsozialistischen Putsch in Wien tritt Italien als Garant der österreichischen Unabhängigkeit auf und kann dafür Gegenleistungen der Westmächte erwarten.	
1935 7. Jan.	Abkommen mit Frankreich über Kolonialkompensation in Nordafrika: Die günstige Situation nutzt Mussolini zum Aufmarsch gegen Abessinien (Äthiopien) aus. Abessinische Beschwerde beim Völkerbund.	
3. Okt.	Beginn des italienischen Einfalls in Abessinien.	
9. Dez.	Die britisch-französischen Versuche zur Beilegung des Konflikts gipfeln im Hoare-Laval-Plan (benannt nach dem damaligen britischen Außenminister, Sir Samuel Hoare	

		[*1880, †1959] und dem damaligen französischen Ministerpräsidenten Pierre Laval), der von der Opposition in Großbritannien und Frankreich als „Verrat am Völkerbund" bezeichnet wird. Er wird nach Rücktritt Hoares (19. Dez.) fallen gelassen. Die Sanktionen verhindern Italiens Vorgehen nicht, da sie nicht konsequent durchgeführt werden.
Annexion Abessiniens	1936 9. Mai	Italien erklärt die *Annexion Abessiniens*. König Viktor Emanuel nimmt den Titel „Kaiser von Äthiopien" an. Folge des Abessinienkrieges ist wegen deutscher Wirtschaftshilfe eine Annäherung Mussolinis an Hitler.
Spanischer Bürgerkrieg	Juli	Im *Spanischen Bürgerkrieg* ist der Einsatz italienischer Freiwilliger von vornherein erheblich (schließlich 50000–75000).
	5. Okt.	Abwertung der Lira als Folge der Haushaltsbelastung durch den Abessinien- und den Spanienkrieg.
„Achse" Berlin – Rom	25. Okt. 1937	Vereinbarung mit dem Deutschen Reich: Begründung der *„Achse" Berlin – Rom*. Abkommen mit Großbritannien (2. Jan.): Erhaltung des Status quo im Mittelmeer.
	März	Reise Mussolinis nach Libyen. Erklärung der italienischen Freundschaft für die Moslems als Versuch eines neuen Kampfmittels gegen Großbritannien.
	25. März	Nichtangriffspakt mit Jugoslawien.
Mussolini in Berlin	25. Sept.	*Mussolini* trifft zu einem Staatsbesuch in Berlin ein: „triumphaler" Empfang.
	11. Dez.	Italien tritt aus dem Völkerbund aus.
	1938	Zum Anschluss Österreichs an das Deutsche Reich (13. März) und in der Sudetenkrise (Sept.) nimmt Mussolini eindeutig Stellung im Sinne der Politik der „Achse" Berlin–Rom, wenngleich er am Ausgleich interessiert ist (Konferenz in München vom Sept.).
	17. Nov.	Nach dem Vorbild der NS-Rassegesetze ergeht ein antisemitisches Gesetzesdekret.
	1939 19. Jan.	Bildung der Kammer der Fasci und der Korporationen. Zusammenfassung von Partei, Staat und Korporationen in einer repräsentativen Spitzenorganisation. Dadurch wird die Deputiertenkammer überflüssig.
„Stahlpakt"	22. Mai	Weitere Steigerung enger deutsch-italienischer Beziehungen *(„Stahlpakt")*, obwohl Mussolini Italien erst nach 1942 für einen europäischen Krieg als zureichend gerüstet sieht.
Südtirol	23. Juni	Abkommen mit Deutschland über die Aussiedlung der deutschen Bevölkerung aus *Südtirol* (am 21. Dez.), ergänzt durch ein Abkommen über die Deutschsprachigen in den angrenzenden Provinzen (nur zum geringen Teil durchgeführt).
	2. Sept.	Der von Mussolini unternommene Vermittlungsversuch vor Ausbruch des Zweiten Weltkrieges scheitert. Italien bleibt daraufhin zunächst „nicht Krieg-Führend".
Kriegseintritt Italiens	1940 10. Juni	*Italien* erklärt Frankreich und Großbritannien den Krieg und tritt (11. Juni) in den Krieg im Westen ein. Das entspricht ebenso wie die anfängliche „Nicht-Krieg-Führung" nicht Hitlers Absichten. Mussolini übernimmt den Oberbefehl. Italienische Truppen greifen (ab 19. Juni) die französischen Alpenbefestigungen an, die aber diesem Druck erst nachgeben, als sie durch deutsche Verbände im Rücken umfasst sind.
	18. Juni	Besprechung zwischen Hitler und Mussolini in München über französische Bitte um Waffenstillstand, der (20. Juni) ein gleiches Ansuchen an Italien folgt.
	24. Juni	Italienisch-französischer Waffenstillstand in der Nähe Roms, darauf (25. Juni) Einstellung der Kampfhandlungen.
Dreimächtepakt	27. Sept.	*Dreimächtepakt* in Berlin, unterzeichnet von Deutschland, Italien und Japan: Die Beteiligten werden zu gemeinsamem Kampf gegen jede sich in den Krieg einmischende Macht verpflichtet. Die Stellung zur UdSSR soll unberührt bleiben.
	28. Okt.	Ultimatum an Griechenland und nach dessen Ablehnung Beginn des für Italien unglücklich verlaufenden *Italienisch-Griechischen Krieges*, der erst durch den deutschen Balkanfeldzug eine andere Wendung nimmt.
Italienisch-Griechischer Krieg	6. Dez.	Anstelle von Marschall Pietro Badoglio (*1871, †1956) wird infolge des Rückschlags auf dem Balkan Marschall Graf Ugo Cavallero (*1880, †1943) Chef des Generalstabes der Wehrmacht (den Oberbefehl hat Mussolini inne).
Verlust von Abessinien	1941	*Verlust von Abessinien* und Rückschlag in Nordafrika, aufgefangen durch das deutsche Afrika-Korps unter General Rommel.
deutscher Balkanfeldzug	6. April	Nach Beginn des *deutschen Balkanfeldzugs* beteiligt sich Italien an der Besetzung Kroatiens, Dalmatiens und der griechischen Inseln (11. April Laibach, 18. April Cetinje und Cattaro, 27. April Korfu).
	18. Mai	Vertrag mit der neuen kroatischen Regierung des von Italien in seiner Emigrantenzeit geförderten „Poglavnik" Ante Pavelić: Italien lässt sich bisher jugoslawische Gebiete und Inseln zusprechen; der Herzog Aimone von Spoleto (*1900, †1948), ein Vetter des Königs, wird als König von Kroatien in Aussicht genommen. Die Verwirklichung dieses Planes wird von der infolge der Abtretungen noch gesteigerten Feindschaft der Kroaten gegen Italien durchkreuzt.

● PLOETZ

1943 31. Jan.	Da die deutschen Kräfte wegen des Ostfeldzugs wieder aus Griechenland abgezogen werden müssen, werden Militärverwaltung und Besetzung Italien überlassen; das gibt der Feindschaft der Griechen gegen Italien neuen Auftrieb. Am Ostfeldzug beteiligt sich Italien durch Entsendung einer Reihe von Divisionen, die im Dezember 1942 am Don in die Katastrophe der deutschen Südfront einbezogen werden. Generaloberst Vittorio Ambrosio (*1870, †1958) tritt anstelle Cavalleros an die Spitze des *italienischen Generalstabes* der Wehrmacht. General Mario Roatta (*1887, †1968) Chef des Generalstabes des Heeres (1. Juni). Dadurch verstärkt sich die Spannung zwischen der militärischen Führung Deutschlands und Italiens, die durch Gegensätze auf dem Balkan und in Nordafrika bedingt ist.	*Umbildungen im Generalstab*
6. Febr.	Mussolini bildet das Kabinett um und übernimmt anstelle seines Schwiegersohns, Graf Ciano, selbst das Außenministerium.	
13. Mai	Kapitulation der deutschen und italienischen Kräfte in Tunesien.	
10. Juli	Nach Einnahme der Inseln Pantelleria und Lampedusa Landung der Alliierten auf Sizilien.	
17. Juli	In einer Botschaft an das italienische Volk rufen US-Präsident Roosevelt und der britische Premier Churchill zur Erhebung gegen das faschistische Regime auf.	
24. Juli	Der Große Faschistische Rat tritt zusammen und bittet den König mit 19 gegen 7 Stimmen, den bisher von Mussolini innegehabten Oberbefehl in seine Hand zu nehmen.	
25. Juli	*Mussolini* begibt sich zum König, erklärt ihm seinen Rücktritt und wird beim Verlassen des Palastes *verhaftet*.	*Verhaftung Mussolinis*
26. Juli	Der König beauftragt *Marschall Badoglio* mit der Regierungsbildung, der ein Kabinett ohne faschistische Mitglieder bildet und die Faschistische Partei auflöst. Die Wahl einer neuen Volksvertretung vier Monate nach Beendigung der Feindseligkeiten wird zugesagt. Badoglio erklärt, den Widerstand an der Seite der Deutschen fortsetzen zu wollen, doch rechnet Hitler von vornherein mit einem Ausscheiden Italiens. Es werden deshalb weitere deutsche Verbände nach Italien entsandt und die schon vorhandenen so umgruppiert, dass sie einen Umschwung aufzufangen vermögen.	*Marschall Badoglio*
3. Sept.	Nach in Lissabon (3. Aug.) eingeleiteten Verhandlungen unterzeichnen Bevollmächtigte Badoglios in Cassibile (Sizilien) einen zunächst noch geheimen Waffenstillstand, der formal US-Präsident Roosevelts Forderung der bedingungslosen Übergabe entspricht, Italien jedoch gewisse Rechte lässt. Briten landen in Kalabrien, US-Truppen (9. Sept.) bei Salerno.	
8. Sept.	Auf die von US-General Dwight D. Eisenhower nachmittags vollzogene *Bekanntgabe des Waffenstillstandes* laufen die deutschen Gegenmaßnahmen an, die zur Besetzung Roms und zur Entwaffnung, Gefangennahme oder Entlassung der italienischen Kräfte in Südfrankreich, Italien und auf dem Balkan führen. Dem König, dem Kronprinzen und Badoglio gelingt die Flucht ins alliierte Lager.	*Waffenstillstand*
12. Sept.	*Mussolini*, der von Rom nach der Insel Maddalena und dann auf den Gran Sasso in den Abruzzen gebracht worden ist, wird von den Deutschen *befreit* und nach Deutschland geflogen. Mussolini tritt an die Spitze der (9. Sept.) gebildeten *Gegenregierung* und schwenkt auf einen republikanisch-sozialistischen Kurs um. Er veranlasst (12. Febr. 1944) ein Sozialisierungsgesetz. Ehemalige Faschistenführer, die am 24. Juli im Großen Rat gegen Mussolini stimmten, werden zum Tode verurteilt (8. bis 10. Jan. 1944) und erschossen (darunter Mussolinis Schwiegersohn Graf Galeazzo Ciano und Marschall Emilio de Bono [*1886, †1944]). Die Alliierten setzen die „Badoglio-Divisionen" ein, die inzwischen wieder kampfverwendungsfähig gemacht worden sind. An die Spitze des Generalstabes tritt der in Tunis gefangen genommene Marschall Giovanni Messe (*1883, †1968).	*Befreiung Mussolinis Gegenregierung*
1944 28./29. Jan.	Verschiedene Widerstandsgruppen (darunter Kommunisten und Sozialisten, aber auch linksliberale und katholische Kräfte), die sich zu einem *Komitee der nationalen Befreiung* (Comitato di Liberazione Nazionale – CLN) zusammengeschlossen haben, tagen in Bari: Sie wenden sich gegen den König und den von den Alliierten unterstützten Badoglio. Doch setzt sich der im April aus Moskau zurückkehrende Kommunist Palmiro Togliatti (*1893, †1964) dafür ein, dass die innenpolitischen Fragen zurückgestellt werden.	*Komitee der nationalen Befreiung*
15. April	Neubildung des Kabinetts Badoglio, dem jetzt neben Togliatti auch der Philosoph Benedetto Croce (*1866, †1952) angehört und dessen Außenministerium der aus der Emigration zurückgekehrte Graf Carlo Sforza (*1872, †1952) übernimmt.	
9. Juni	Nach der Einnahme Roms durch die Alliierten (4. Juni) ernennt König Viktor Emanuel III. seinen Sohn *Umberto* (*1904, †1983) zum *Generalstatthalter des Königreichs*. Gleichzeitig tritt Badoglio zugunsten eines Koalitionsministeriums unter Ivanoe Bonomi (*1873, †1951) zurück, in dem Togliatti seinen Platz behält.	*Umberto Generalstatthalter*

| | 11. Dez. | Der Austritt der Sozialisten macht eine Umbildung der Regierung Bonomi erforderlich, wobei der den Alliierten nicht genehme Sforza ausscheidet und Togliatti zum stellvertretenden Ministerpräsidenten aufsteigt. |

| | 1945 24. Febr. | Die Funktionen der (11. Nov. 1943) eingesetzten Alliierten Kommission werden auf im Wesentlichen beratende Tätigkeiten beschränkt (Ende 1945 ganz abgebaut); jedoch gilt Italien noch nicht als alliiertes, sondern nur als mit Krieg führendes Land, wird daher auch nicht in die Vereinten Nationen aufgenommen. |

5. April Die Generaloffensive der Alliierten führt zum Zusammenbruch der deutschen Front.

Erschießung von Mussolini 28. April *Mussolini*, der versucht, auf Schweizer Gebiet überzutreten, wird von kommunistischen Partisanen mit seiner Geliebten (Clara Petacci) *erschossen*.

Kapitulation der Heeresgruppe C 29. April Unterzeichnung einer *Sonderkapitulation der deutschen Heeresgruppe C* (Südwest) in Caserta. – (Forts. S. 1469)

Papsttum/Vatikanstaat (1914–1944)

(Forts. v. S. 1015)

1914–1922 Papst Benedikt XV. (Giacomo Della Chiesa, *1854) mildert innerkirchliche Gegensätze und tritt 1914/1915 für Begrenzung des Krieges (Neutralität Italiens) ein.

Friedens-initiative 1917 Er ergreift eine große *Friedensinitiative*.

nach 1918 Der Papst wendet sich gegen eine Aufteilung Europas in Sieger und Besiegte.

1920 Friedensenzyklika „Pacem Dei munus" (23. Mai).

1922–1939 Papst Pius XI. (Achille Ratti, *1857) fördert Mission, Katholische Aktion und Wissenschaft; versucht, durch große Enzykliken die Werte christlicher Gesellschaftsordnung zu erhalten und schließt zur Anpassung an die durch den Weltkrieg veränderte Lage zahlreiche Konkordate.

Lateranverträge 1929 *Lateranverträge* (11. Febr.): „Staat der Vatikanstadt" durch Vertrag mit Italien.

1939–1958 Pius XII. (Eugenio Pacelli, *1876).

1939–1945 Strikte Neutralität im Zweiten Weltkrieg.

1944 Besetzung Roms durch die Alliierten (4. Juni). – (Forts. S. 1476)

Spanien (1516–1944)

(Forts. v. S. 561, 562, 563)

Spanien (1516–1788)

1516 Mit dem Tode Ferdinands des Katholischen fällt die Thronfolge in allen Reichen der Krone
23. Jan. Aragón und der Krone Kastilien an dessen regierungsunfähige Tochter Johanna (*1479,

Karl I. **1516–1556** †1555) und an deren Sohn *Karl* (*1500, †1558) als Prinzregenten.

1517 Um Thronfolgewirren vorzubeugen, kommt Karl, Herzog von Burgund, aus den Niederlanden nach Spanien und wird von den kastilischen Cortes und danach von denen der Krone

1518 Aragón als für seine Mutter regierender König Karl I. anerkannt.
Formal erhält er jedoch erst mit dem Tode Johannas († 1555) die alleinige Königsgewalt über die kastilischen und aragonischen Reiche.

1519 Nach der Wahl Karls zum Kaiser (Karl V., 1519–1556) wird die Wirtschaftskraft des spanischen Imperiums immer stärker zur wichtigsten Grundlage der universalistischen kaiserlichen Politik.

Gegen die Verletzung alter ständischer Rechte durch die Krone, gegen überhöhte finanzielle Forderungen und die Einsetzung von Ausländern in zentrale Hofämter, insgesamt gegen die

Aufstand der Comuneros 1520–1521 Überfremdung der nationalen Interessen, richtet sich der *Aufstand* der städtischen Comuneros in Kastilien.

1521 In der Schlacht von Villalar wird das Heer der Aufständischen, deren Bewegung sich immer stärker zu einer sozialen Rebellion von Arm gegen Reich entwickelt hat, von königlichen Truppen vernichtend geschlagen.

Zahlreiche Kriege gegen Frankreich und die moslemischen Herrschaftspositionen in Nordafrika bedrohen und lähmen die spanischen Seeverbindungen nach Italien. Die Außenpolitik des Kaisers, Europa angesichts der eigenen Interessen Frankreichs, der Protestanten, des Papsttums und der Moslems unter habsburgischer Hegemonie zu vereinigen und zu befrieden, scheitert. Die Kosten dieser Politik ruinieren die Finanzkraft Kastiliens im Gegensatz zu derjenigen der weithin geschonten aragonischen Reiche.

1556–1598 *Philipp II.* (*1527, †1598) erhält von seinem Vater in Brüssel die volle Regierungsgewalt über die Niederlande mit Burgund (1555) und über die Kronen von Kastilien und Aragón mit allen Nebenländern und Kolonien (1556). *Philipp II.*

1556 Karl zieht sich, persönlich immer stärker zum Kastilier geworden, in seine kastilische Klosterresidenz San Jerónimo de Yuste (Extremadura) zurück, wo er zwei Jahre später stirbt. Eine dynastische Verbindung der spanischen Habsburger mit England findet mit dem Tode Maria Tudors (*1516, seit 1553 Königin), der zweiten Gemahlin Philipps II., ein Ende.
1558

Im Rahmen einer Neuorientierung der Außenpolitik schließt Philipp II., um den seit 1556
1559 dauernden Krieg gegen Frankreich zu beenden, den *Frieden von Cateau-Cambrésis* (südöstlich von Cambrai). Dabei kann er seine italienischen und niederländischen Besitzungen behaupten. *Friede von Cateau-Cambrésis*

Nach zielstrebig vorangetriebener Flottenrüstung erringt Spanien gemeinsam mit Venedig
1571 und dem Heiligen Stuhl als Verbündeten den *Seesieg von Lepanto* (am Golf von Korinth) über die Osmanen, durch den die moslemische Seeherrschaft im Mittelmeer gebrochen wird. Seither richtet sich die spanische Außenpolitik mit Schwergewicht im atlantischen Raum gegen England. *Seesieg von Lepanto*

1580 Durch die *Annexion Portugals* und seiner Kolonien wird Spanien zur größten Kolonialmacht Europas. *Annexion Portugals*

Der Plan einer spanischen Invasion in England, das seit 1585 die Aufständischen in den
1588 Niederlanden unterstützt, scheitert mit dem *Untergang der Armada* nach verlustreichem Kampf gegen die englische Flotte. *Untergang der Armada*

Die verstärkte spanische Flottenrüstung im Atlantikraum sichert zwar den Seeverkehr zu den hispano-amerikanischen Kolonien, die spanische Seeverbindung zu den Niederlanden bleibt jedoch abgeschnitten.

Registrierte königliche und private Gold- und Silbereinfuhren aus Amerika nach Spanien (Wert in 1000 Pesos zu je 450 Maravedis)

Gold- und Silbereinfuhren

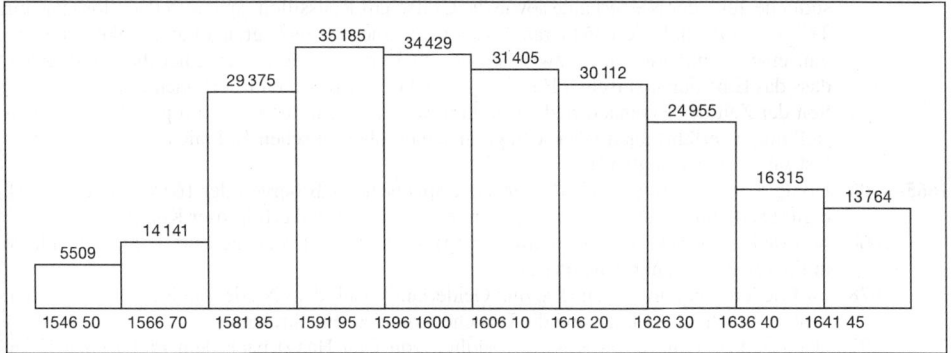

1590 Mit dem Ziel einer dynastischen Vereinigung Spaniens mit Frankreich interveniert Philipp II. in Frankreich, wenn auch ohne Erfolg, zugunsten der katholischen Partei gegen die Hugenotten.

Im Frieden von Vervins (Département Aisne) verzichtet Philipp II. 1598 auf alle Ansprüche im Hinblick auf den französischen Thron.

Außenpolitisch bleibt der seit den sechziger Jahren währende Unabhängigkeitskampf in den spanischen Niederlanden die stärkste militärische Belastung. Innenpolitisch ringt Spanien mit dem Regionalismus und der Integration der ethnischen Minderheiten. Die verschiedenen Königreiche Spaniens bleiben, von Ausnahmen abgesehen, nur durch die Person des Königs und die gemeinsame Außenpolitik miteinander verbunden.

1590–1592 Ansätze zur Kastilisierung von Aragón führen zum Aufstand dieses Reiches mit Zentrum in Zaragoza (Saragossa). Die verschärfte Zwangsintegration der kulturell arabisch verbleiben-

Morisken		den *Morisken* (nach der Reconquista in Spanien zurückgebliebene Mauren) im Königreich Granada kulminiert in deren Rebellion (1568–1570), nach der Unterdrückung des Aufstands in der Zwangsverteilung auf verschiedene Provinzen Kastiliens (1570–1571) und schließlich, nach dem Scheitern der Integrationsbemühungen, in der Vertreibung der Morisken (1609–1614), insgesamt etwa 300000 Menschen, aus ganz Spanien.
Philipp III.	**1598–1621**	König *Philipp III.* (*1578, †1621).
		Er überlässt seinem Günstling, dem Herzog von Lerma (*1553, †1625), entscheidenden Einfluss auf die Staatsgeschäfte.
Friede mit England	1604	Aufgrund der materiellen Erschöpfung des Imperiums setzt Philipp III. die Friedenspolitik fort und schließt *Frieden mit England*, wobei jedoch die umstrittene Frage des spanischen Kolonial- und Handelsmonopols in Übersee offenbleibt.
	1607 1609	Es folgt ein Waffenstillstand mit den Niederlanden, der aber, nachdem Spanien die Souveränität der Generalstaaten nicht in einem formalen Frieden anerkennen will, auf zwölf Jahre begrenzt wird.
Philipp IV.	**1621–1665**	König *Philipp IV.* (*1605, †1665).
Olivares		Er und sein allmächtiger Günstling Gaspar de Guzmán (*1587, †1645), Graf (später auch Herzog) von *Olivares*, bemühen sich, Spaniens abnehmende Weltgeltung mit militärischen Mitteln wiederherzustellen.
	1621	Der Waffenstillstand mit den Niederlanden wird nicht verlängert.
Kämpfe mit den Niederlanden		Erste militärische Erfolge in den *Niederlanden* sind nicht von langer Dauer. Die Beteiligung spanischer Truppen am Dreißigjährigen Krieg in Deutschland und die Verteidigung der spanischen Herrschaft in Italien werden zu zusätzlichen Belastungen.
	1635	Die französische Kriegserklärung an den Kaiser und an Spanien verlängert die spanischen Kampflinien von den Niederlanden und Deutschland über die Franche-Comté bis zu den Pyrenäen.
Loslösung Portugals	1640	Der katalanische Aufstand und die *Loslösung Portugals* auf der Halbinsel schwächen die äußere militärische Situation Spaniens.
	1643	Der Herzog von Olivares wird gestürzt und allmählich von Luis de Haro (*1598, †1661) als neuem königlichen Günstling und erstem Sekretär ersetzt.
unabhängige Generalstaaten	1648	Ein spanisch-niederländischer Sonderfrieden erkennt die *Unabhängigkeit der Generalstaaten* sowie deren Recht zur Gründung von Kolonien und zum Handel in Übersee an. Nach dem Militärbündnis zwischen Frankreich und England (1657) muss Spanien entscheidende Niederlagen hinnehmen.
Pyrenäenfriede	1659	Im *Pyrenäenfrieden* behauptet Spanien zwar seinen italienischen Besitzstand, muss jedoch südliche Teile der Niederlande sowie die Grafschaft Roussillon (spanisch Rosellón) und ein Teil der Grafschaft Cerdaña (französisch Cerdagne; Pyrenäengrenze) an Frankreich abtreten; eine vereinbarte Heirat zwischen beiden Herrscherhäusern eröffnet die Möglichkeit, dass das Erbe der spanischen Habsburger an die französischen Bourbonen fällt.
		Seit der Zeit des Pyrenäenfriedens verliert Spanien nicht nur seine europäische Vormachtstellung; es erfährt auch Rückschläge in seinen überseeischen Kolonien (1655–1660 Verlust Jamaikas an England).
Karl II.	**1665–1700**	König *Karl II.* (*1661, †1700), der letzte spanische Habsburger, der 1675 volljährig wird, regiert seitdem selbst, ist aber insgesamt ein unfähiger und erfolgloser König.
	1668	Im Frieden von Aachen (Devolutionskrieg) muss Spanien verschiedene strategische Plätze in Flandern an Frankreich abtreten.
	1678	Im Frieden von Nimwegen (Provinz Gelderland) nach dem Niederländischen Krieg fallen weitere flandrische Plätze und die Franche-Comté an Frankreich.
	1697	Der Friedensschluss von Rijswijk (südlich von Den Haag) nach dem Pfälzischen Krieg nimmt nochmals Grenzberichtigungen zugunsten Frankreichs vor.
	1700	Um die Einheit des spanischen Imperiums zu bewahren, setzt Karl II., kinderlos, in seinem Testament Philipp von Anjou (*1683, †1746), den Enkel König Ludwigs XIV. von Frankreich, zum Thronerben ein.
Philipp V.	**1700–1746**	König *Philipp V.* wird 1702 in allen Teilen des Imperiums anerkannt.
Spanischer Erbfolgekrieg	1701–1714	Da Ludwig XIV. Philipps Ansprüche auf den französischen Thron gegen die Bestimmungen des Testaments Karls II. bestätigt, kommt es zum *Spanischen Erbfolgekrieg*.
	1713, 1714	In den Friedensschlüssen von Utrecht und Rastatt wird die spanische Monarchie aufgeteilt: Philipp V. erhält Spanien und die überseeischen Kolonien. Die spanischen Niederlande, Mailand, Neapel und Sardinien fallen an Österreich, Sizilien an Savoyen, Gibraltar und Menorca an England.
		Spanien ist in Europa auf die Iberische Halbinsel zurückgeworfen. Nach vergeblichen Versuchen, die italienischen Besitzungen zurückzuerobern, verbündet sich Spanien mit Frank-

ab 1733	reich (erster, zweiter und dritter Bourbonischer Familienpakt 1733, 1743 und 1761). Im Rahmen der europäischen Kriege des Jahrhunderts erhält Spanien das Königreich Neapel und Sizilien (1734/1735) sowie (1748) die Herzogtümer Parma, Piacenza und Guastalla zurück.
1746–1759	König Ferdinand VI. (*1713, †1759). Er verfolgt außenpolitisch eine Neutralitätspolitik, lässt jedoch gleichzeitig zum Schutz des Überseereiches Heer und Flotte ausbauen.
1759–1788	König *Karl III.* (*1716, †1788).
1762–1763 1779–1783	Er setzt die bourbonische, antibritische Außenpolitik fort. Um die Überlegenheit Großbritanniens aufzuholen, treibt Karl III. die Reform und Modernisierung von Staat, Wirtschaft und Gesellschaft voran. Spanien kann als Kriegspartei im Siebenjährigen Krieg und im Amerikanischen Unabhängigkeitskrieg seinen kolonialen Besitzstand behaupten.

Karl III.

Bevölkerung, Wirtschaft und Kultur

Die Bevölkerung Spaniens steigt bis zum Ende des 16. Jh.s auf etwa 8,5 Millionen an, schrumpft bis zum Jahre 1717 auf rund 7,5 und wächst bis zum Ausgang des 18. Jh.s wieder auf etwa 10,5 Millionen Einwohner. Während im 17. und 18. Jh. die Bevölkerung auf der Meseta (der den spanischen Kernraum einnehmenden Hochfläche von León, Extremadura, Alt- und Neukastilien) zurückgeht und dann *stagniert*, stagniert sie zunächst und wächst danach in den peripheren Regionen.
Spanien bleibt bis zum Ende des 18. Jh.s insgesamt ein verhältnismäßig zurückgebliebenes, typisch mediterranes *Agrarland*. Steigende soziale Kosten imperialer Politik und verheerende Epidemien entvölkern die Agrarzonen der Meseta. Die durch die Entvölkerung und die koloniale Nachfrage bedingten Lohnsteigerungen sowie die städtischen Höchstpreisfixierungen für Lebensmittel machen die Landwirtschaft unrentabel. Diese Rahmenbedingungen verstärken die Konzentration des Bodeneigentums in der Hand von Klerus und Adel, also der weniger ökonomisch und mehr traditional orientierten Werteliten. Die extensive Viehzucht, insbesondere die Schafzucht, wird erst durch die Bevölkerungszunahme im 18. Jh. zugunsten der intensiveren Getreideproduktion zurückgedrängt.
Hohe Löhne und hohe Transportkosten machen in ähnlicher Weise in den Gewerbestädten der Meseta die Industrie, insbesondere die Textilindustrie, auf den amerikanischen Exportmärkten im Vergleich zu nordeuropäischen Produktionszentren konkurrenzunfähig. Angesichts eines schwachen, adligen Lebensstil nachahmenden Bürgertums beherrschen ausländische Kaufleute und Unternehmer den spanischen Außenhandel. Die sozialökonomischen Modernisierungsbemühungen des aufgeklärten Absolutismus im 18. Jh. sind auf der Meseta wenig erfolgreich; die peripheren Provinzen erleben dagegen in dieser Zeit einen industriellen Aufschwung.
In Wissenschaft und Kunst ist Spanien auf dem Höhepunkt und zur Zeit des Niedergangs seiner politischen Macht in Europa bahnbrechend. Die spanische Spätscholastik wird zur Grundlage des modernen Natur- und Völkerrechts. Die Literaturen und die bildenden Künste des spanischen *Siglo de Oro* („Goldenes Jh.") gelten in ihrer Gattung jeweils als eigenständige große Leistungen, die vom Naturalismus oder vom Geist der Gegenreformation geprägt sind.

Stagnation

Agrarland

Siglo de Oro

Spanien (1789–1914)

Im 18. Jh. dringen die Ideen der französischen Aufklärung in Spanien ein, wirken jedoch nur auf einige wenige Bereiche, vor allem auf die Wirtschaft. Die wichtigste Veränderung ist die Stärkung der Stellung des wohlhabenden Bürgertums in den Küstengebieten und den größeren Städten des Inneren. Der *aufgeklärte Absolutismus* unter Karl IV. (1788–1808) verliert gegen Ende des 18. Jh.s an Einfluss. Unter der ideologischen Bedrohung durch die Französische Revolution schließen sich Monarchie und Kirche – nach erheblichen Auseinandersetzungen im 18. Jh. – erneut zu einem Zweckbündnis zusammen. Reformistische Tendenzen werden unterdrückt.

aufgeklärter Absolutismus

1808	Unter dem Vorwand der Besetzung Portugals durch die Briten und im Einvernehmen mit Karl IV. (*1748, †1819) und dem Günstling der Königin, Manuel de Godoy, dringt ein französisches Heer in Spanien ein und besetzt das Land. Nach der erzwungenen *Abdankung Karls IV.* (Meuterei von Aranjuez) zugunsten seines Sohnes Ferdinand VII. (*1784, †1833) zwingt Napoleon in Bayonne Vater und Sohn zur Thronentsagung. König von Spanien wird Napoleons Bruder Joseph Bonaparte (*1768, †1844).
1808	Allgemeiner Volksaufstand gegen die französische Besetzung (2. Mai).
1808–1814	Er leitet den *Unabhängigkeitskrieg* ein, der von einem englischen Heer unter Sir Arthur Wellesley (*1769, †1852), dem späteren Herzog von Wellington, unterstützt wird.

Abdankung Karls IV.

Unabhängigkeitskrieg

	1812 18./19. März	In Cádiz treten die Cortes, die alten Reichsstände, zusammen und arbeiten eine Verfassung aus. Nach ihr sollen die Grundsätze der Französischen Revolution verwirklicht werden: Volkssouveränität, konstitutionelle Monarchie mit Gewaltenteilung, Garantie der Grundfreiheiten. Der Schwerpunkt der Macht liegt bei der Volksvertretung. Der Katholizismus wird als Staatsreligion anerkannt. Die Verfassung von Cádiz bleibt das Werk einer fortschrittlichen Minderheit.
Kolonien	1811–1825	Alle spanischen *Kolonien* – mit Ausnahme von Kuba, Puerto Rico und den Philippinen – gewinnen ihre Unabhängigkeit.
Ferdinand VII.	1814–1833	Als König *Ferdinand VII.* nach der Niederlage Napoleons auf den Thron zurückkehrt, hebt er die Verfassung auf, führt die Inquisition wieder ein, ruft die Jesuiten zurück und löst die Cortes auf. Mit Unterstützung der Servilen regiert er gegen den Widerstand der Liberalen absolutistisch (1814–1820).
Revolution	1820	Gegen die absolute Herrschaft Ferdinands erheben sich die Liberalen unter dem Offizier Rafael de Riego y Núñez (*1784, †1823). Als die *Revolution* gegen den König das ganze Land umfasst, leistet dieser wieder den Eid auf die Verfassung (1820–1823: konstitutionelle
	1823	Epoche), ruft jedoch die Heilige Allianz zu Hilfe, die eine französische Armee („Die Hunderttausend Söhne des Heiligen Ludwig") entsendet und die liberale Bewegung niederwirft. Danach lässt der König die Liberalen grausam verfolgen und regiert erneut absolutistisch (1823–1833).
Karlistenkriege	1834–1839	Nach Ferdinands Tod erheben die Regentin Maria Christina (*1806, †1878) für die minderjährige Tochter Isabel und sein Bruder Don Carlos (*1788, †1855) Ansprüche auf den Thron. Der Thronstreit löst eine Reihe von Bürgerkriegen, die sog. *Karlistenkriege*, aus, durch die das Land in carlistas (Schwerpunkte: Baskenland, Navarra, Aragonien, Katalonien) und cristinos gespalten wird; der erste Krieg endet mit dem Kompromiss von Vergara.
	1837	Zur Finanzierung des Krieges greift Minister Juan Alvarez Mendizábal (*1790, †1853) zu dem Mittel der Veräußerung der Kirchengüter (desamortización), die vom Adel und vom aufstrebenden Großbürgertum aufgekauft werden. Die im gleichen Jahr erlassene relativ liberale Verfassung kann durch ständige Revolten und Militärputsche (Pronunciamientos) kaum Anwendung finden. In der zweiten Hälfte des Jh.s häufen sich die Aufstände des ländlichen Proletariats.
Isabella II.	1843–1868	*Isabella II.* (*1830, †1904) muss mit den Liberalen regieren, teils mit den moderados (Narváez), teils mit den progresistas (Espartero). Zwischen diesen beiden Gruppen steht die gemäßigte Unión liberal (O'Donnell).
neue Verfassung	1845	Eine *neue Verfassung* gibt der Krone weitere Befugnisse und beschränkt die Rechte des Parlaments.
	1851	Das Konkordat bestätigt die Ausnahmestellung der katholischen Kirche in Spanien.
	1859/1865	Außenpolitisch sind der Krieg in Marokko (1859), der „Krieg des Pazifik" (1861), der Krieg in Mexiko (1861) und der Krieg mit Chile und Perú, (1865) patriotisch-propagandistische Feldzüge, die allerdings erhebliche militärische Mängel offenbaren.
	1868 Sept.	Unter der Führung von Prim, Serrano und Topete weitet sich ein militärischer Aufstand gegen Isabella II. zu einer landesweiten Revolution aus.
	1869	Nach der Absetzung der Königin übernimmt General Francisco Serrano y Dominguez (*1810, †1885) die Regentschaft.
Hohenzollernkandidatur	1871–1873	Nach der *fehlgeschlagenen Kandidatur* des Prinzen Leopold von Hohenzollern-Sigmaringen wählen die Cortes den Herzog Amadeo d'Aosta (*1845, †1890), Sohn Viktor Emanuels II. von Italien, zum König Amadeus I.
Republik	**1873–1874**	Nach dessen Abdankung wird Spanien *Republik* (vier Präsidenten in einem Jahr). Angesichts der innenpolitisch chaotischen Situation bereitet General Pavía durch Staatsstreich der Republik ein Ende und leitet die Restauration ein.
	1875–1885	Isabellas Sohn Alfons XII. (*1857, †1885) regiert mit der Verfassung von 1876 (konstitutionelle Monarchie, Zweikammersystem).
	1885–1902	Nach Alfons' Tod übt die Königinwitwe Maria Christina bis zur Volljährigkeit Alfons' XIII. die Regentschaft aus. Gemäß dem Pacto del Pardo regieren abwechselnd der Konservative Cánovas del Castillo und der Liberale Sagasta.
Krieg mit den USA	**1898**	Im *Krieg mit den USA* verliert Spanien die letzten überseeischen Kolonien Kuba, Puerto Rico und die Philippinen. Die militärische Niederlage bekundet zugleich den Bankrott des politischen Regimes der Restauration. Kritik an der Restaurationszeit übt die geistige Bewegung der Generation von 1898.
Alfons XIII.	1902–1931	Während der Regierungszeit *Alfons' XIII.* (*1886, †1941) kommt es im Zusammenhang mit dem Feldzug gegen die Rif-Kabylen in Marokko zu schwerwiegenden innenpolitischen
	1909	Auseinandersetzungen („Tragische Woche" in Barcelona).

Die Vereinheitlichung von Recht und Verwaltung in der Restaurationszeit stößt auf den Widerstand des baskischen und katalanischen Regionalismus. Katalanische Autonomiebestrebungen bewegen sich auf einen politischen Separatismus hin.

1913 Katalonien erhält die Selbstverwaltung (Mancomunitat).

Mit der fortschreitenden *Industrialisierung*, vor allem in den Küstengebieten, bildet sich eine zahlreichere Arbeiterschaft heraus, die in Kastilien und im Baskenland sich mehr dem marxistischen Sozialismus und in Katalonien mehr dem anarchistischen Syndikalismus anschließt. Einen günstigen Nährboden findet der Anarchismus auch im ländlichen Proletariat Andalusiens.

Industrialisierung

Spanien (1914–1944)

1914 Zu Beginn des Ersten Weltkriegs erklärt Spanien seine Neutralität, aus der die Wirtschaft des Landes großen Nutzen zieht.

1917 Trotz der günstigen Wirtschaftskonjunktur führen die Zuspitzung der militärischen Lage in Marokko und die zunehmenden sozialen Probleme über einen Generalstreik zur *Staatskrise*. *Staatskrise*

1918 Antonio Maura (*1853, †1925) bildet zwar ein „Kabinett der nationalen Regierung"; dieses hat aber nur kurzen Bestand und wird von noch kurzlebigeren Kabinetten abgelöst.

1923
13. Sept.
1923–1930
Als zu den ungelösten innenpolitischen Problemen noch militärische Niederlagen in Marokko kommen, putscht der Generalkapitän von Katalonien, *Miguel Primo de Rivera* (*1870, †1930), und errichtet eine *Diktatur*, die vorerst auf keine öffentlich hervortretende Opposition stößt.

Diktatur Primo de Riveras

1925
2. Dez.
Primo de Rivera bildet ein Militärdirektorium, das später in ein ziviles Kabinett umgebildet wird.

Der Diktator setzt die Verfassung außer Kraft, löst das Parlament auf und verbietet die politischen Parteien; zugleich lässt er eine Einheitspartei, die Unión Patriótica gründen.

1925–1927 Der größte Erfolg der Diktatur ist, in Zusammenarbeit mit Frankreich, die *Beendigung des Marokkokrieges*. Die Regierung ist auf vielen Gebieten außerordentlich aktiv: sie entfaltet eine ausgedehnte Gesetzgebungstätigkeit, beginnt mit einer Agrarreform, leitet eine soziale Reformpolitik ein, vergibt öffentliche Arbeitsaufträge. Allmählich jedoch verliert Primo de Rivera jegliche Unterstützung: wegen Zensurmaßnahmen und einer reaktionären Kulturpolitik die der Intellektuellen (Universitäten), wegen Beeinträchtigung ihrer Privilegien die der alten Aristokratie, wegen bestimmter Sozialgesetze die der Bank- und Geschäftswelt, wegen einer Heeresreform die des Militärs, wegen der Aufhebung der Mancomunitat die der Katalanen. Schließlich verliert er auch das Vertrauen des Königs.

Beendigung des Marokkokrieges

1930
28. Jan.
Als zu diesen Schwierigkeiten noch die Weltwirtschaftskrise kommt, *tritt Primo de Rivera zurück.*

Rücktritt Primo de Riveras

30. Jan. Nachfolger als Ministerpräsident wird General Dámaso Berenguer (*1873, †1953).

Nach dem Ende der Diktatur werden die politischen Parteien wieder aktiv. Im Pakt von San Sebastián (Nordspanien) schließen sich verschiedene bürgerliche und sozialistische Parteien mit dem Ziel zusammen, die Monarchie zu stürzen. Auch viele Liberale und Intellektuelle (u.a. José Ortega y Gasset [*1883, †1955], Gregorio Marañón [*1887, †1960], Ramón Pérez de Ayala [*1881, †1962]) sprechen sich für die Republik aus.

1931
12. April
Bei den Gemeindewahlen siegen auf dem Land die monarchistischen, in den größeren Städten jedoch die prorepublikanischen Parteien.

14. April Daraufhin wird in verschiedenen Städten die *Republik* ausgerufen. König (seit 1886/1902) Alfons XIII. verlässt Spanien, ohne auf seine Thronrechte zu verzichten.

Republik

Niceto Alcalá Zamora (*1877, †1949) bildet eine provisorische Regierung aus republikanischen und sozialistischen Mitgliedern des Revolutionskomitees.

1931–1936 *Hauptprobleme* der Zweiten Republik sind die Regionalismusfrage, die Agrarreform, die Stellung der Kirche und das Militär.

Hauptprobleme

10./11. Mai Bereits wenige Wochen nach Ausrufung der Republik kommt es zu antiklerikalen Ausschreitungen. Kirchen und Klöster werden in Brand gesteckt.

28. Juni Bei den Wahlen zur Verfassunggebenden Versammlung erringen Republikaner und Sozialisten eine überwältigende Mehrheit.

Alcalá Zamora bildet ein republikanisch-sozialistisches Koalitionskabinett.

9. Dez. Die republikanische *Verfassung* ist liberal-fortschrittlich; sie garantiert das Privateigentum, die Grundrechte und -freiheiten, die Gleichberechtigung aller Spanier. Staat und Kirche werden getrennt.

Verfassung

	10. Dez.	Nachdem Manuel Azaña (*1880, †1940) das Amt des Ministerpräsidenten (bis 1933) übernommen hat, wird Alcalá Zamora zum Präsidenten der Republik gewählt (bis 1936).
	1931–1933	In den ersten zwei Jahren der Republik (bienio de reformas) versucht die Regierung, die Hauptprobleme des Landes zu lösen.
	1932	Nach eingehenden Beratungen wird ein Autonomiestatut für Katalonien verabschiedet, das
	15. Sept.	der Region eine Regierung (Generalitat), ein Parlament, Kulturhoheit und eigenes Budget zubilligt.
Agrarreformgesetz		Gleichzeitig versucht das *Agrarreformgesetz*, die jahrhundertealten sozialen Probleme durch Neuverteilung des Grundbesitzes und Ansiedlung von Kleinbauern zu lösen. Das Verhältnis zwischen Staat und Kirche wird angesichts des Laizismus des Staates und der Entkonfessionalisierung des gesellschaftlichen Bereichs zusehends gespannter. Als Azaña die dringend notwendige Reform des Militärwesens einleitet, schafft er eine weitere oppositionelle, republikfeindliche Gruppe, die sich in der UME (Unión Militar Española) zusammenschließt.
	1933	Starke Kräfte der Arbeiterschaft, vor allem die in der anarcho-syndikalistischen Gewerkschaft CNT organisierten, führen zahlreiche Aufstände gegen die Republik durch.
Radikalisierung	8. Jan.	Die *Radikalisierung* auf der Linken ruft eine Gegenbewegung auf der Rechten hervor: Ledesma Ramos gründet die faschistisch beeinflussten Juntas de Ofensiva Nacional-Sindicalista (JONS).
	29. Okt.	Die antiparlamentarische, antimarxistische und antiliberale Falange Española (FE) wird von José Antonio Primo de Rivera (*1903, †1936) gegründet.
	19. Nov.	Bei den Parlamentswahlen siegen die vereinigten Rechtsparteien.
	1934–1936	Es beginnen die „zwei schwarzen Jahre" der Republik (bienio negro).
	1934 3. Okt.	Neuer Regierungschef wird der Radikale Alejandro Lerroux (*1866, †1949), der ein Jahr später eine Koalitionsregierung mit der weiter rechts stehenden, 1932 entstandenen, katholischen CEDA (Confederación Española de Derechas Autónomas) von José Maria Gil Robles Quiñones (*1898, †1980) bildet.
Rücknahme von Reformen		Die begonnenen *Reformen* der ersten zwei Jahre werden zum großen Teil *rückgängig* gemacht.
	Okt.	Die Antwort der Linken sind Generalstreik und Bergarbeiteraufstand in Asturien, wo vorübergehend eine Räterepublik ausgerufen wird. In Barcelona proklamiert Lluis Companys (*1883, †1940) die Unabhängigkeit Kataloniens. Beide Aufstandsversuche werden blutig niedergeschlagen, Katalonien verliert die Autonomie.
	1936	Als Folge zunehmender innenpolitischer Schwierigkeiten löst der Präsident die Cortes auf.
Frente Popular	16. Febr.	Die Linksparteien schließen sich zum Wahlblock der Volksfront *(Frente Popular)* zusammen und gewinnen deutlich die Parlamentswahlen.
	10. Mai	Präsident der Republik wird Manuel Azaña (bis 1939).
		In den folgenden Monaten wird das Land von Unruhen erschüttert, Generalstreiks lähmen die Wirtschaft, politische Morde häufen sich. Das Land ist in zwei Lager gespalten.
	13. Juli	Die Ermordung des monarchistischen Abgeordneten José Calvo Sotelo (*1893) wird zum
	17./18. Juli	Anlass des von der Rechten seit Monaten vorbereiteten Militärputsches, der sich zu einem
Bürgerkrieg	**1936–1939**	*Bürgerkrieg* ausweitet.
		Führer der Revolte, die in Marokko beginnt, sind die Generäle Sanjurjo, Mola, Franco (*1892, †1975), Queipo de Llano u.a.
	24. Juli	Unter Führung von General Cabanellas entsteht in Burgos (Altkastilien) eine Junta.
Volksfrontregierung	4. Sept.	In Madrid wird eine *Volksfrontregierung* unter Francisco Largo Caballero (*1869, †1946), unter Einschluss der Kommunisten, gebildet.
		Im republikanischen Herrschaftsgebiet greift eine soziale Revolution unter Führung der Anarchisten und Linkssozialisten um sich, die sich gegen den bürgerlichen Staat und das kapitalistische Wirtschaftssystem richtet.
Francisco Franco	1. Okt.	Im Lager der Aufständischen wird *Francisco Franco* in Burgos zum „Generalissimus" und Chef der nationalspanischen Regierung (caudillo) erklärt.
	6. Nov.	Die Erreichung des Hauptziels der Rebellen, die Eroberung Madrids, scheitert am entschlossenen Widerstand der Bevölkerung und an deren Unterstützung durch die Internationalen Brigaden.
Hilfen für Franco		Bedeutend wichtiger als die Unterstützung der Republik durch die UdSSR, zu einem geringen Teil auch durch andere Staaten, ist die *Hilfe* Deutschlands (vor allem Legion Condor), Italiens und Portugals *für Franco*, ohne die der Aufstand zusammengebrochen wäre. Die Westmächte (Frankreich/Großbritannien) erklären ihre Neutralität und bilden in London ein
	18. Nov.	„Nichteinmischungs-Komitee", dem alle Großmächte beitreten. Deutschland und Italien erkennen das Francoregime diplomatisch an.

	Das republikanische Lager ist in sich gespalten und geschwächt, während Franco in seinem Herrschaftsbereich an die straffe Zentralisierung aller Kräfte geht.
1937 19. April	Er schließt die Falange und die Traditionalisten zu einer Einheitspartei (FET y de las JONS) unter seiner Führung zusammen.
26. April	Deutsche Flieger zerstören *Guernica* (Guernica y Luno, nordöstlich von Bilbao), die „heilige Stadt" der Basken.
18. Mai	Die republikanische Regierung, die inzwischen nach Valencia (an der Mittelmeerküste) umgesiedelt ist, wird umgebildet. Neuer Regierungschef wird der Sozialist Juan Negrín (*1887, †1956).
1. Juli	Die spanischen Bischöfe beziehen fast geschlossen Partei für die Aufständischen. Die Kriegsfronten verhärten sich zusehends.
1939 1. April	Nach wechselvollen, materialreichen Kämpfen mit z. T. hohen Menschenverlusten bedeutet der militärische Sieg der Aufständischen das *Ende des Bürgerkrieges*. Francos Regierung ist bereits vor Beendigung der Kampfhandlungen von den Westmächten diplomatisch anerkannt worden. Die Zahl der im Krieg und durch Terror Getöteten beläuft sich wahrscheinlich auf über eine halbe Million.

Guernica

Ende des Bürgerkrieges

Die obersten Institutionen Spaniens unter Generalissimus Franco

Spanien unter Franco

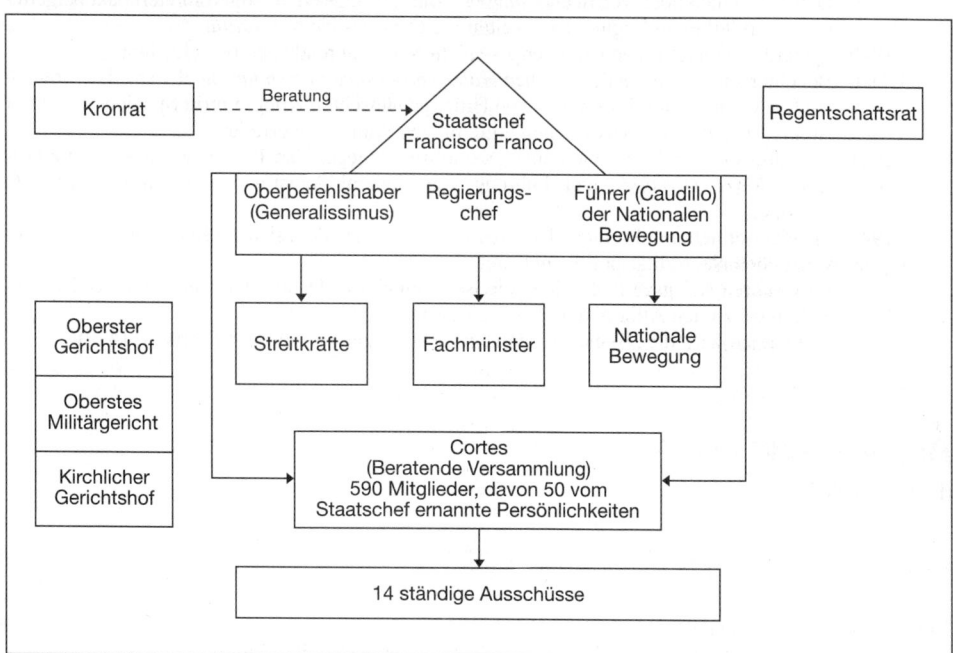

Staatschef

Grundlegung des Franco-Regimes

Das franquistische System leitet seine Legitimation aus dem Bürgerkrieg und dem traditionalen Katholizismus her; Gewaltenteilung wird, ebenso wie das allgemeine Wahlrecht, abgelehnt. Die Massenmedien sind strenger Zensur unterworfen. Außerhalb der Verfassungsinstitutionen werden keine politischen Zusammenschlüsse oder freie Gewerkschaften geduldet. Das Regime stützt sich sicherheitspolitisch auf die Armee. Bei der Gestaltung des „Neuen Staates" *(Nuevo Estado)* spielen die konservativ-katholische und militärische Tradition ebenso eine Rolle wie die Ideologie der Falange. Der Staat hat keine kodifizierte Verfassung, sondern Verfassungsgrundgesetze (leyes fundamentales). Das Regime entwickelt sich von der Militärdiktatur des Bürgerkrieges, die stark faschistisch geprägt ist, zum zentralistisch-autoritären Ständestaat.

Die provisorische Organisation des neuen spanischen Staates erfolgt durch die Schaffung der Junta Técnica del Estado (1. Okt. 1936). Durch das Gesetz zur Organisation der spanischen Zentralverwaltung (30. Jan. 1938) werden die Ministerien eingerichtet. Die Grundsätze der neuen Wirtschafts- und Sozialpolitik sind in der „Charta der Arbeit", in dem Fuero del Trabajo (9. März 1938, als Gesetz am 26. Juli

„Nuevo Estado"

1947 verkündet), niedergelegt, das sich gegen Kapitalismus und Marxismus wendet und nach den Forderungen der Falange alle Zweige der Wirtschaft in vertikalen Syndikaten zusammenfasst.
Das „Gesetz über die Bildung der spanischen Cortes", die Ley de creación de las Cortes (17. Juli 1942), regelt Zusammensetzung und Funktion der berufsständischen Kammer, die kein vom Volk gewähltes Parlament ist. Die Cortes haben als Hauptaufgabe die „Vorbereitung und Ausarbeitung der Gesetze", diese müssen vom Staatschef gebilligt werden, d.h., die Cortes sind v.a. eine beratende Versammlung.

Grundgesetz der Spanier

Das *„Grundgesetz der Spanier"* Fuero de los Españoles (17. Juli 1945), garantiert bestimmte Grundrechte, deren Anerkennung allerdings die Wahrung der Grundprinzipien des Staates voraussetzt. Politische Betätigung wird an die Institutionen Familie, Gemeinde und Syndikat gebunden. Das Gesetz enthält viele autoritäre Züge (z.B. Pflicht zur Treue dem Staatschef gegenüber). Zur Legitimation des „demokratischen" Charakters des Regimes wird ein „Gesetz über den Volksentscheid", Ley del referendum (22. Oktober 1945), erlassen; allerdings steht nur dem Staatschef das Recht zu, Gesetzentwürfe dem Volksentscheid zu unterwerfen, wodurch die akklamatorische Funktion des Gesetzes deutlich wird. – Mit dem durch Volksentscheid gebilligten „Gesetz über die Nachfolge in der Staatsführung", der Ley de sucesión en la jefatura del Estado (26. Juli 1947), gelangt die institutionelle Grundlegung des politischen Systems des neuen Staates zum Abschluss. Spanien wird zum *Königreich* erklärt; die Staatsführung wird Franco übertragen, dem allein das Recht zusteht, seinen königlichen Nachfolger zu bestimmen.

Königreich

Neutralität

1939 Obwohl Franco noch vor Beendigung des Bürgerkrieges dem Antikominternpakt beigetreten ist, erklärt er zu Beginn des Zweiten Weltkriegs seine *Neutralität*.

1940 Später bezeichnet Franco Spanien als „nicht Krieg führende Nation" (13. Juni).

Hitler–Franco

23. Okt. Bei einer Zusammenkunft zwischen *Hitler und Franco in Hendaye* an der spanisch-französischen Grenze lehnt Franco den von Hitler gewünschten Kriegseintritt Spaniens ab; Hitler ist nicht bereit, die bewusst hohen Forderungen Francos zu erfüllen.

„Blaue Division"

1941
22. Juni Allerdings entsendet Spanien eine „Kampftruppe gegen den Bolschewismus" an die Ostfront *(Blaue Division* unter Führung von General Agustín Muñoz Grandes [*1896, †1970]).

1942
20. Dez. Spanien schließt mit Portugal den „Iberischen Pakt", in dem sich die Rückkehr zu einer prowestlichen Neutralitätspolitik andeutet.
Im weiteren Kriegsverlauf kühlen die Beziehungen zu Deutschland ab, die Wirtschaftsbeziehungen zu den Alliierten werden verbessert.

1944 Schließlich wird die „Blaue Division" zurückgezogen (6. März). – (Forts. S. 1479)

Portugal (1495–1945)

(Forts. v. S. 563)

Portugal (1495–1777)

Emanuel I.

1495–1521 König *Emanuel I.* (Manuel, *1469, †1521).
Er baut den königlichen Hof in Lissabon als administratives und politisches Zentrum des Landes aus. Die Macht des Adels, der zunehmend durch Ehrenämter an den Hof gebunden wird, nimmt weiter ab. Die Ständeversammlungen (Cortes) werden nur noch selten einberufen.

1521 Die zahlreichen Reformgesetze sind in der so genannten Manuelinischen Gesetzeskompilation (Ordenações Manuelinas) zusammengefasst.

koloniale Expansion

Die *Expansion* des portugiesischen *Kolonialreichs* um Afrika herum nach Indien und über die Atlantikinseln nach Brasilien macht Lissabon ein halbes Jh. lang zum bedeutendsten Exporthafen Europas. Afonso de Albuquerque (*um 1462, †1515) gilt als der hervorragendste portugiesische Vizekönig (1509–1515) in Indien. Seit der Mitte des 16. Jh.s wird das portugiesische Monopol des afrikanischen Sklaven- und des asiatischen Gewürzhandels immer stärker von Franzosen und Engländern durchbrochen. Mehrere nordwestafrikanische Küstenstädte, unter Emanuel I. erobert, fallen unter seinem Sohn Johann III. wieder in moslemische Hand zurück.

Johann III.

1521–1557 König *Johann III.* (*1502, †1557).
Mit sinkenden Kolonialeinkünften, bankrotten Staatsfinanzen und abnehmender Bevölkerung stößt die überseeische Expansion Portugals an die Grenzen ihrer Möglichkeiten.
Auf Johann III. folgt sein minderjähriger Enkel

1557–1578	König *Sebastian* (* 1554, † 1578).	*König Sebastian*
1578	Er regiert seit 1568 selbst und sucht in romantischer Blindheit durch einen Marokkofeldzug Portugals Größe in Nordafrika wiederherzustellen. Die Expedition endet mit einer vernichtenden Niederlage, in der Sebastian und nahezu alle der rund 18 000 beteiligten Offiziere und Soldaten das Leben verlieren.	
1578–1580	Mit dem Tode des Lissaboner Erzbischofs Heinrich (* 1512, † 1580), der Sebastian nachfolgt, stirbt die *Dynastie Avis* aus.	*Ende der Avis-Dynastie*
1580	Als einer der Thronprätendenten *annektiert König Philipp II. von Spanien Portugal* (als portugiesischer König Philipp I.), ohne auf großen Widerstand zu stoßen.	*spanische Annexion*
	Das Land bleibt jedoch weit gehend autonom und wird nur durch die Person des Königs und seine Ratgeber oder Stellvertreter und durch eine gemeinsame Außenpolitik mit Spanien vereinigt. Diese Form von Personalunion bleibt unter Philipp III. (II.) und Philipp IV. (III.) von Spanien bestehen.	
1640	Die stärkere Unterordnung Portugals unter die imperiale Außenpolitik Spaniens durch Spaniens leitenden Sekretär Olivares führt zum Aufstand und zur *Loslösung des Landes*.	*Loslösung von Spanien*
1640–1656	Herzog Johann von Bragança, der aus der Dynastie Avis stammt, wird als *Johann IV.* (* 1604, † 1656) zum König gekrönt.	*Johann IV.*
1656–1706	Ihm folgen Alfons VI. (1656–1667; * 1643, † 1683) und Peter II. (1667/1683–1706, * 1648, † 1706) nach.	
1661	Portugal erneuert den *Freundschafts-, Handels- und Militärpakt mit England* und schließt Frieden mit den Generalstaaten.	*englisches Bündnis*
1663	Dabei muss es zugunsten Englands und der Generalstaaten wichtige koloniale Positionen in Ostasien aufgeben.	
1668	*Spanien erkennt* nach mehreren militärischen Niederlagen im Frieden von Lissabon die *Unabhängigkeit Portugals* endgültig *an*.	*spanische Anerkennung*
	Während des Spanischen Erbfolgekrieges (1701–1714) unterstützt Portugal an der Seite Großbritanniens die habsburgische Partei.	
1703	Die kommerzielle Abhängigkeit von Großbritannien wird durch den nach dem englischen Gesandten benannten Methuen-Vertrag verstärkt.	
1706–1750	Als typischer Repräsentant des monarchischen Absolutismus modernisiert König *Johann V.* (* 1689, † 1750) die wirtschaftlichen, sozialen und kulturellen Verhältnisse sowie nicht zuletzt die Marine des kleinen Landes.	*Johann V.*
1750–1777	Unter König *Joseph I.* (* 1714, † 1777) ist Sebastião José de Carvalho e Melo, Marquis von Pombal (* 1699, † 1782), der führende aufklärerisch gesinnte Politiker. 1750 zum Minister des Auswärtigen und 1756 zum Premierminister ernannt, leitet er rational den *Wiederaufbau* der durch Erdbeben zerstörten Hauptstadt *Lissabon*.	*Joseph I.* *Wiederaufbau Lissabons*
1755 1. Nov.		
	Pombal muss außenpolitisch zur Sicherheit gegenüber dem bourbonischen Spanien am Bündnis mit Großbritannien festhalten. Innenpolitisch sucht er durch eine konsequente Merkantilpolitik Handel und Gewerbe zu stärken. Er drängt den Einfluss des Adels und der Kirche im Staat zurück.	
1759	Die Jesuiten werden ausgewiesen, ihr Vermögen wird konfisziert. Eine scharfe Regierungspropaganda mit europäischer Wirkung rechtfertigt diese Maßnahme.	
seit 1761	Im Auftrage Pombals reorganisiert Graf Wilhelm von Schaumburg-Lippe das portugiesische Heer.	
	Die Reformen Pombals im Erziehungswesen stoßen auf traditionale Barrieren.	
1777	Nach dem Tode Josephs I. wird Pombal gestürzt.	
	Um 1700 beträgt die Bevölkerung Portugals rund zwei Millionen und 1768 2,4 Millionen Einwohner. Ähnlich wie in Kastilien hemmt der Reichtum aus den Kolonien auch in Portugal die Entfaltung der Landwirtschaft, der Industrie und des unternehmerischen Bürgertums.	

Portugal (1789–1914)

1807	Als Bundesgenosse Großbritanniens wird Portugal, das der französ. Kontinentalsperre nicht beigetreten ist, in die napoleonischen Kriege verwickelt. Das Land wird von einem französischen Heer unter Andoche Junot (* 1771, † 1813) besetzt, die königliche Familie muss vor der Besatzungsarmee nach Brasilien fliehen.	
	In Abwesenheit König Johanns VI. (* 1769, † 1826; 1816–1826), der für seine geisteskranke Mutter Maria I. 1792 die Leitung der Staatsgeschäfte (1807–1821 von Brasilien aus)	

liberale Verfassung	1821	übernommen hat, beschließen die Cortes eine *liberale Verfassung*, die der König nach seiner Rückkehr bestätigt.
	1822	Brasilien erklärt seine Unabhängigkeit.
	1823 1826 1827	Johanns jüngerer Sohn Dom Miguel de Bragança (*1802, †1866) erzwingt mit Unterstützung der absolutistisch-klerikalen Partei die Aufhebung der Verfassung. König Peter IV. (*1798, †1834; als Peter I. Kaiser von Brasilien: 1822–1831) entsagt dem Thron zugunsten seiner Tochter Maria II. da Gloria (*1819, †1853; Königin 1834–1853) und bestimmt seinen Bruder Dom Miguel zum Regenten.
Staatsstreich	1828 1834	Dieser hebt durch *Staatsstreich* die Verfassung auf und lässt sich zum König ausrufen; sein Bruder Peter und die Liberalen können seine reaktionäre Herrschaft brechen und ihn zum Verlassen des Landes zwingen.
	1836	Maria II. da Gloria besteigt den Thron; sie heiratet Ferdinand von Sachsen-Coburg-Koháry (*1816, †1885), der Stammvater des neuen Hauses Sachsen-Coburg-Braganza wird.
	1839 1846	Nach inneren Wirren und revolutionären Aufständen erlangt Antonio Bernardo da Costa Cabral (*1803, †1889) diktatorische Gewalt, muss aber den liberalen Führern Terceira, Saldanha und Palmela weichen.
Sanierung der Staatsfinanzen	1853–1861	Unter Peter V. (*1837, †1861) wird die dringende *Sanierung der Staatsfinanzen* in Angriff genommen.
	1861–1889	In der Regierungszeit seines Bruders Ludwig (Luis) I. (*1838, †1889) werden die Reformen (Verwaltung, Gesetzgebung, Finanzen) fortgesetzt; Liberale und Konservative (Progressistas und Regeneradores) wechseln sich in der Regierung ab.
Kolonialbesitz	1889–1908	Unter König Karl I. wird der afrikanische *Kolonialbesitz* ausgedehnt; zugleich verschlechtert sich die finanzielle Lage des Landes zusehends (Staatsbankrott 1891).
	1907	Da die Stellung der Monarchie immer unsicherer wird, errichtet Ministerpräsident João Fernando Pinto Franco (*1855, †1929; 1906–1908) zur Stützung der Krone eine Diktatur.
	1908 1. Febr.	König Karl I. (*1863, †1908) und der Thronfolger fallen einem Attentat zum Opfer. Nachfolger auf dem Thron wird Emanuel II. (*1889, †1932; 1908–1910), der durch eine
Revolution Republik	**1910** 5. Okt.	*Revolution* gestürzt wird (4. Okt.). Teófilo Braga (*1843, †1924) bildet die erste Regierung der *Republik*.
	1911 20. April	Die Abschaffung der Monarchie wird von den Cortes verkündet. Die neue Republik ist antiklerikalistisch eingestellt und verkündet die Trennung von Staat und Kirche.
		Innenpolitische Krisen erschüttern in den folgenden Jahren die Stabilität des Landes.

Portugal (1914–1943/45)

keine feste Regierungsgewalt		Die Republik kann *keine feste Regierungsgewalt* herstellen. Von 1911 bis 1926 erlebt das Land unter acht Präsidenten 44 Regierungen sowie 20 Revolutionen und Staatsstreiche.
Verbündeter Großbritanniens	1916	Portugal, das zuerst neutral geblieben ist, wird als *Verbündeter Großbritanniens* von Ministerpräsident (1913–1914, 1915–1916, 1916–1917) Alfonso da Costa (*1871, †1937) in den Ersten Weltkrieg geführt.
	1917	Nach einem Militäraufstand übernimmt Sidonio Pais (*1872) die Regierung, wird aber schon ein Jahr später ermordet.
Militäraufstand	1926 28. Mai	Der Zusammenbruch der republikanischen Politik führt zu einem (weiteren) *Militäraufstand* unter Führung des Generals Gomes da Costa (*1863, †1929), der das Parlament auflöst und die Verfassung suspendiert.
		Unterstützt wird der Putsch vom Klerus, den Großgrundbesitzern und der Armee. Die Diktatur muss vor allem die Finanzen sanieren.
	9. Juli 1928	General António Carmona (*1869, †1951) übernimmt die Macht. Er lässt sich zum Präsidenten wählen (und übt dieses Amt bis 1951 aus).
Salazar		Finanzminister in der neuen Regierung wird *António de Oliveira Salazar* (*1889, †1970). Diesem gelingt mit fast unumschränkten Vollmachten die Sanierung der Finanzen.
União Nacional	1930	Die Gründung der allein zugelassenen faschistischen „Nationalen Union" *(União Nacional)* weist auf den angestrebten neuen Staatstypus (Estado Novo) hin. Mehrere Aufstände (1927, 1930, 1931) werden unterdrückt.
	1932 5. Juli	*Salazar wird Ministerpräsident* und bleibt mehrere Jahrzehnte die beherrschende politische Persönlichkeit in Portugal.
	1933 19. März	Die neue Verfassung gibt der diktatorialen Regierungsform ihre staatsrechtliche Begründung. Portugal wird nach faschistischem Vorbild zum korporativistischen Ständestaat. Im Parla-

	ment ist nur die nationale Einheitsbewegung vertreten; daneben gibt es eine Ständekammer (Cámara Corporativa).
11. April	Salazar festigt die Beziehungen des Mutterlandes zu seinem überseeischen Imperium. Durch den Acto Colonial verlieren die Überseebesitzungen ihren offiziellen Charakter als Kolonien. (Nach dem Zweiten Weltkrieg [1951] zu Überseeischen Gebieten erklärt.)
1936–1939	Während des Spanischen Bürgerkrieges dient Portugal, das offiziell „neutral" ist, als Basis der Franco-freundlichen Interventionsstaaten; seit 1937 pflegt das Land wieder gute Beziehungen zu Großbritannien.
1939	Spanien und Portugal schließen einen Freundschafts- und Nichtangriffsvertrag (17. März).
1940	Das Konkordat mit dem Heiligen Stuhl hält die Trennung von Staat und Kirche aufrecht, erkennt aber die Rechtspersönlichkeit der Kirche an und garantiert ihre freie Betätigung.
1939–1945 1943	Im Zweiten Weltkrieg bleibt Portugal *neutral*, gewährt jedoch Großbritannien und den USA Stützpunkte auf den Azoren. In dieser Zeit arbeitet Salazar an der inneren Konsolidierung seines Regierungssystems. – (Forts. S. 1483)

Zweiter Weltkrieg

Niederlande, Belgien und Luxemburg (1477–1944/45)

Niederlande (Nord- und Südprovinzen 1477–1782)

Die burgundisch-habsburgische Zeit (1477–1568)

Die Politik der burgundischen Herzöge beendet die Zersplitterung des Gebiets und zielt von Beginn an auf die Durchsetzung einer starken *Zentralgewalt*, die Unterwerfung des Adels und der Geistlichkeit sowie auf die Beschneidung des städtischen Partikularismus ab. Der territoriale Zusammenschluss gelingt nur zum Teil, da sich die nordöstlichen Territorien der burgundischen Herrschaft widersetzen. Die frühen Zentralisierungsmaßnahmen werden nach dem Tode Herzog Karls des Kühnen (* 1432, † 1477) unter dessen Tochter Maria von Burgund (* 1457, † 1482) beschnitten. Erst den Habsburgern unter Kaiser Karl V. (* 1500, † 1558) gelingt die Abrundung des Zusammenschlusses. Das in der Pragmatischen Sanktion von 1549 festgelegte Erbfolgerecht fasst die Niederlande zu einem geschlossenen Territorium zusammen. Alle Territorien sind unter Beibehaltung ihrer eigenen Verwaltungsinstanzen der von den Burgundern eingerichteten und von den Habsburgern ausgebauten Brüsseler Zentralverwaltung unterworfen, mit einem Generalstatthalter an der Spitze, dem eine Reihe von Räten zur Seite stehen. Die einzelnen Territorien entsenden ihre Vertreter in die Generalstaaten. Spaniens König Philipp II. (* 1527, † 1598) versucht, als Nachfolger Karls V. durch verschärfte Zentralisierung seine Macht zu erhöhen. Der politische Konflikt mit den um ihre *Privilegien* fürchtenden, in den Generalstaaten vertretenen Territorien vertieft sich noch durch die Ausbreitung des *Calvinismus* in den Niederlanden und die Opposition des zum großen Teil zum protestantischen Glauben übergetretenen eingesessenen niederen Adels. Dieser schließt sich im „Adelsbund" zusammen und tritt für Glaubensfreiheit ein. Die nicht nur aus politisch-religiösen (Unversöhnlichkeit Philipps), sondern auch aus wirtschaftlich-sozialen Gründen (Wirtschaftskrise in den Südprovinzen) ausbrechenden Unruhen versucht der vom König entsandte Generalstatthalter Herzog Alba (* 1507, † 1582) mit Waffengewalt zu unterdrücken. Er setzt ein Sondertribunal gegen die Aufständischen ein, das schärfste Urteile fällt und ausführt.

Zentralgewalt

Privilegien Calvinismus

1477	Das Große Privileg: Maria von Burgund muss die Privilegien der Städte und Territorien garantieren.
1524–1543	Kaiser Karl V. bringt Friesland (1524), Flandern (1526), Utrecht und Overijssel (1528), Groningen und Drenthe (1536) sowie Gelderland (1543) in seinen Besitz.
1555	Karl V. überträgt seinem Sohn Philipp II. die Herrschaft über die Niederlande.
1559	Margarete II. von Parma (* 1522, † 1586) wird Generalstatthalterin in den Niederlanden.
1566	Der Adelsbund („gueux", „*Geusen*") reicht bei der Generalstatthalterin eine Bittschrift ein, in der er den Rückzug der spanischen Truppen und den Widerruf des Inquisitionsedikts fordert. Die religiösen Unruhen führen im gleichen Jahr zum Bildersturm.
1567	Alba kommt mit einem spanischen Heer in die Niederlande.
1568	Die aufständischen Grafen Egmond (* 1522) und Horne (* 1524) hingerichtet. Beginn des Widerstands der Geusen (Wasser- und Waldgeusen). Der vor der Ankunft Albas geflohene Prinz *Wilhelm der Schweiger* von Nassau-Oranien (* 1533, † 1584) fällt mit einem kleinen Heer ohne bleibenden Erfolg in die Niederlande ein.

„*Großes Privileg*"

Geusen

Wilhelm der Schweiger

Entstehung und Entwicklung der Republik der Vereinigten Niederlande bis zum Ende des Achtzigjährigen Krieges (1568–1648)

Spanisch-Niederländischer Krieg

Im Jahre 1568 beginnt der achtzigjährige *Spanisch-Niederländische Krieg,* der erst mit dem Westfälischen Frieden 1648 beendet wird. In diese Periode fällt Gründung und Aufstieg der Republik, die in diesem Zeitraum den Grundstein für ihre Machtstellung im 17. Jh. legt. Die in der Union von Utrecht (1579) zusammengeführten sieben Provinzen schaffen sich mit dem Unionstext eine „Konstitution", deren wesentlicher Charakter ein ausgeprägter Partikularismus ist, dessen Möglichkeiten zu gemeinsamer Aktion vornehmlich durch die Provinz *Holland* bestimmt werden. Die einzelnen Provinzen behalten ihre Vertretungsgremien (Provinzialstände), aus denen sie Abgeordnete mit imperativem Mandat in die Generalstaaten der Union entsenden. Die politische Führung hat ein sog. Ratspensionär; den Holland stellt. Die Institution des Statthalters wird beibehalten und bleibt nach dem Tode Wilhelms (1584) in der Familie *Nassau-Oranien.* Die Oranier Moritz und Friedrich Heinrich übernehmen die militärische Führung. Der aus den Erfordernissen des Krieges und dem Partikularismus erwachsene Konflikt zwischen politischer und militärischer Führung führt, verstärkt durch religiöse Zwistigkeiten, 1619 zur Hinrichtung des Ratspensionärs. Das Amt des Statthalters nimmt im Krieg an Ansehen und Bedeutung zu und wird schließlich unter Friedrich Heinrich erblich.

Holland

Nassau-Oranien

Außenpolitisch wächst die Bedeutung der Republik. England bietet sich zu Anfang als Bündnispartner an. Die Einbeziehung in den Jülich-Clevischen Erbfolgestreit (1609–1614) unterstreicht den gewonnenen Einfluss, und schließlich nehmen die Niederlande im Rahmen des säkularen französisch-spanischen Gegensatzes zur Zeit Friedrich Heinrichs eine Schlüsselstellung im Zusammenspiel mit Frankreich ein. Als Seemacht nehmen sie früh den Kolonialhandel auf und schaffen sich Stützpunkte im ostindischen Archipel (Niederländisch-Indien) sowie in Latein- und Nordamerika (Gründung Neu-Amsterdams 1625).

1572 Einnahme Den Briels durch die Wassergeusen unter Lumey (1. April).

Juli Zusammenkunft der Provinzen Holland und Zeeland in Dordrecht, auf der der gemeinsame Kampf gegen Spanien unter der Führung des als Statthalter anerkannten Wilhelm von Oranien beschlossen wird.

Genter Pazifikation
Union von Utrecht
Union von Arras
Lossagung vom spanischen König

1576 *Genter Pazifikation.* Verkündung der Religionsfreiheit in allen Provinzen.

1579 *Union von Utrecht.* Zusammenschluss der sieben nördlichen Provinzen als Kampfgemein-
23. Jan. schaft, der die Grundlage der Republik bildet. – Im gleichen Jahr kehren die Südprovinzen Hennegau und Artois in der *Union von Arras* (niederländisch Atrecht) unter die Herrschaft Spaniens zurück. Damit sind im Großen und Ganzen die Grenzen der Nord-Süd-Trennung bis auf Nord-Brabant und Teile im Limburger Bereich festgelegt.

1581 *Lossagung vom spanischen König* (Akte van Afzwering).

1584 Nachdem Verhandlungen zur Souveränitätsübertragung auf den Herzog von Anjou gescheitert sind, bieten Holland und Zeeland Wilhelm von Oranien den Grafentitel an (1584) mit sehr begrenzten Befugnissen. Wilhelm von Oranien wird jedoch von Balthazar Gérard in Delft erschossen.

1585 Sein Sohn Moritz von Oranien (*1567, †1625) wird Statthalter von Holland und Zeeland. Nachdem der Versuch der Union, der Königin Elisabeth I. von England die Souveränität anzubieten, durch die glücklose Mission des als Generalstatthalter 1585 entsandten englischen Grafen Leicester (Robert Dudley) gescheitert ist (1587), übernimmt Moritz auch den Oberbefehl über die Flotte (1588) und die Landmacht (1589).

1602 Gründung der Vereinigten Ostindischen Companie (VOC).

1609–1621 Spanisch-niederländischer Waffenstillstand.
König Philipp III. von Spanien erkennt die Selbstständigkeit der Niederlande an.

1619 Hinrichtung Oldenbarnevelds (*1547) nach Machtkonflikt mit Moritz von Oranien über Fragen der Religion.
Der Konflikt, in dem auch der Völkerrechtsgelehrte Hugo Grotius (*1583, †1645) betroffen ist, festigt die Macht des Statthalters.

1625 Friedrich Heinrich (*1584, †1647) wird Statthalter und Oberbefehlshaber der See- und Landmacht. – Unter ihm wird die Statthalterschaft erblich. Die Hofhaltung des Oraniers gleicht der europäischer Fürsten.

Anerkennung der Republik

1648 Internationale *Anerkennung der Republik* durch Spanien und im Westfälischen Frieden durch die daran beteiligten Mächte, darunter Kaiser und Reich.

Das „Goldene Jahrhundert" der Republik (1648–1713)

Die Republik steigt zu einer führenden *Handels- und Seemacht* auf. Mittels eines auf Kolonial- und Ostseehandel, Stapelmarkt und Seefracht-Monopol aufgebauten, bis dahin ungekannten Kapitalreichtums entwickelt sie sich zum Geldgeber Europas. Die *Vereinigte Ostindische Companie*, neben der seit 1621 auch die Westindische Companie tätig ist, bildet sich zu einem der einflussreichsten Wirtschaftskonsortien heran. Träger der Wirtschaftsmacht ist ein vor allem in Amsterdam tätiges Regentenpatriziat; das ein oligarchisches Regiment führt und weit gehend die Geschicke der Republik in dieser Periode bestimmt. Die starke Stellung der Regenten, die die Führungsmacht der Seeprovinzen Holland und Zeeland und innerhalb dieser Provinzen wiederum der großen Städte unterstreicht, führt nach dem Westfälischen Frieden (1648) zu scharfem *Konflikt* mit der Statthalterschaft, die sich auf den Adel und die Bevölkerung der Landprovinzen stützt. Die Auseinandersetzung zwischen Amsterdam und dem Statthalter Wilhelm II. über Truppenentlassungen führt dazu, dass nach dem plötzlichen Tod Wilhelms die Provinzen Holland, Zeeland, Utrecht und Overijssel keine Statthalter mehr benennen (1650, Grote Vergadering). Die statthalterlose Zeit dauert bis 1672.

Verfassung der Vereinigten Niederlande im 17. Jahrhundert

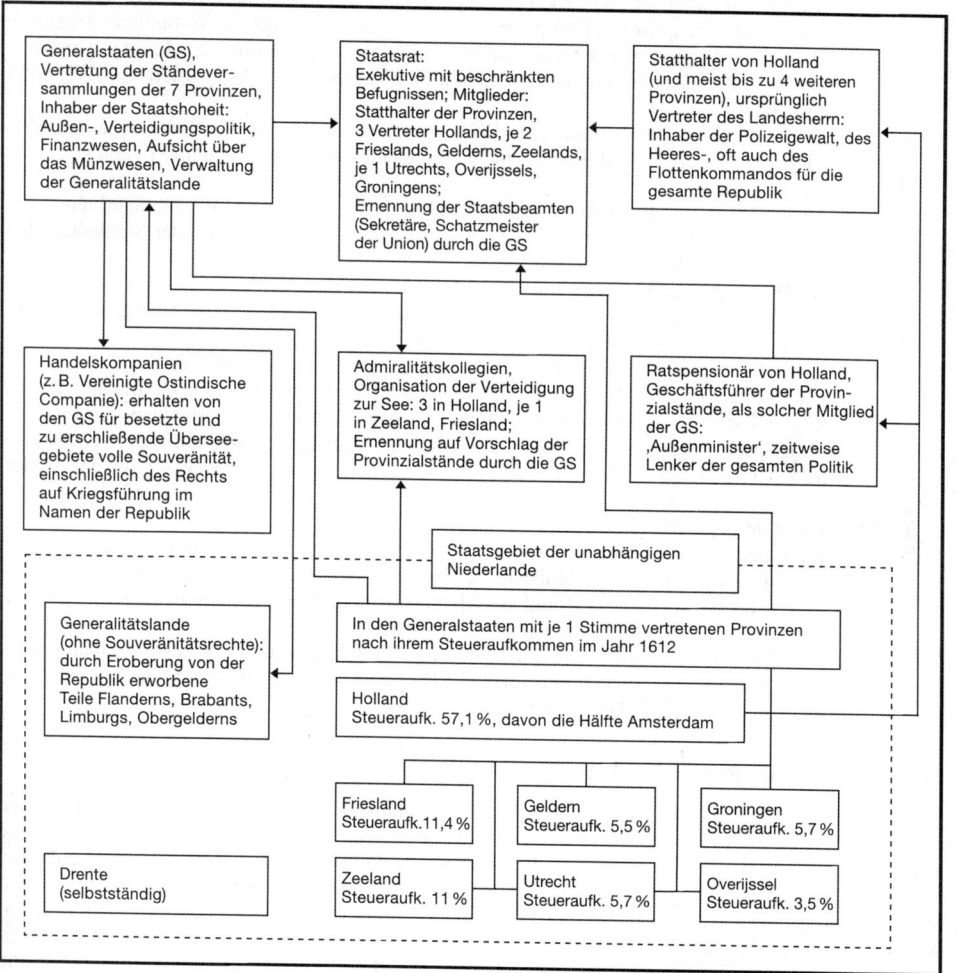

Wenngleich die innere Struktur keineswegs gefestigt ist, verstärken doch die wirtschaftliche Stellung, das damit verbundene Schifffahrtspotenzial und die geografische Lage des Landes die außenpolitische Position der Republik. Zunächst noch Gegner des Handelskonkurrenten England und im Nordischen Krieg (1700–1721) von Frankreich unterstützt, erreicht die Republik schon gegen Ende der statthalterlosen Zeit unter dem Ratspensionär Johan de Witt; erst recht aber unter dem Statthalter Wilhelm III. von Oranien die Stellung eines begehrten *Koalitionspartners* gegen den Expansionismus Ludwigs XIV. von Frankreich. Die durch den Krieg gegen Frankreich ohnehin schon verstärkte Macht des neuen Statthalters wächst noch mit seiner Übernahme der englischen Königskrone (1689), und durch diese Personalunion ist die englisch-niederländische Basis der weiteren Koalitionen gegen Ludwig XIV. gelegt. Konsequenzen der Kriege, zuletzt des Spanischen Erbfolgekriegs (1701–1713), den der Ratspensionär Anthonie Heinsius (*1641, †1720) nach dem Tode Wilhelms (1702) in der zweiten statthalterlosen Periode weiterführt, ist die völlige finanzielle Erschöpfung des Landes. Der Friede von Utrecht (1713) zeigt auch eine deutliche Schwächung der außenpolitischen Position, obgleich Frankreich von den südlichen Niederlanden ferngehalten und selbst ein Barriere- und Garnisonstraktat für dieses Territorium erreicht wird.

außenpolitische Koalitionen

1652–1654 Erster *Englisch-Niederländischer Krieg*. Endet mit dem Frieden von Westminster. Die Engländer ziehen die von Cromwell ausgegebene Navigationsakte nicht zurück.

erster Krieg gegen England

1653 Johan de Witt (*1625, †1672) wird Ratspensionär und bestimmt als Vertreter der Regentenpartei die Innen- und Außenpolitik.
Durch enge Freundschaft mit führenden Familien seiner Zeit beherrscht er den holländischen Regierungsapparat.

1654 *Seklusionsgesetz* (Akte von Seclusie) von der holländischen Ständeversammlung angenommen (nicht von allen Städten). Es bestimmt, dass kein Vertreter des Hauses Oranien jemals wieder Statthalter oder Oberbefehlshaber des Landheeres werden soll, und geht auf eine Forderung des englischen Lordprotektors Cromwell zurück, der die Verbindung der Häuser Oranien und Stuart fürchtet und nur bei Erfüllung der Forderung den Frieden von Westminster unterzeichnen will, der den ersten Englisch-Niederländischen Krieg (1652–1654) abschließt.

Seklusionsgesetz 4. Mai

1665–1667 *Zweiter Englisch-Niederländischer Krieg*, den Johan de Witt infolge seiner Schaukelpolitik zwischen Frankreich und England nicht vermeiden kann; endet mit dem Frieden von Breda (Nordbrabant).

zweiter Krieg gegen England

1667 *Ewiges Edikt*. Beschluss der holländischen Provinzialstände, nach dem die Statthalterschaft ganz abgeschafft und der militärische Oberbefehl für unvereinbar mit der Statthalterschaft in anderen Provinzen erklärt wird.
Die Provinzen stimmen 1670 zu.

Ewiges Edikt 5. Aug.

1667–1668 *Devolutionskrieg*. Die Republik und ihre Bundesgenossen können die Annexion der spanischen Niederlande durch Frankreich verhindern.

Devolutionskrieg

1672–1678 *Niederländischer Krieg Frankreichs* (Niederländisch-Französischer Krieg):

Krieg gegen Frankreich

1672 Die Republik wird im Süden von Frankreich, im Osten von Münster und Köln angegriffen. England steht, obwohl in Triple-Allianz mit den Niederlanden verbunden, zunächst auf französischer Seite (Dritter Englisch-Niederländischer Krieg), schließt aber – ebenso wie Münster und Köln – Frieden mit der Republik (1674), dem der Friedensschluss der Niederlande mit Frankreich in Nimwegen (1678) folgt.

20. Aug. Johan de Witt wird in Den Haag ermordet.
Kurz zuvor ist *Wilhelm III. von Oranien* (*1650, †1702) von den holländischen Ständen zum Statthalter und Oberbefehlshaber ernannt worden. Nach der Wiedereroberung der Provinzen Utrechts, Gelderland und Overijssel erwirbt Wilhelm III. durch Regierungsverordnungen fast diktatoriale Gewalt.

Wilhelm III. von Oranien

1688–1713 Die Zeit der Koalitionen, die unter Führung des König Statthalters gegen Frankreich geschlossen werden. Die hier entwickelte außenpolitische Konstellation findet mit dem Frieden von Utrecht (1713) ihr Ende.

Der Niedergang der Republik (1713–1782)

Das 18. Jh. ist für die Republik wirtschaftlich das Jh. des relativen Rückgangs. Während Großbritannien sein Außenhandelsvolumen um das Dreifache, Frankreich um das Fünffache erhöhen kann, stagniert die Republik. Die Ursache liegt wesentlich in der veränderten Position des holländischen (Amsterdamer) *Stapelmarkts:* Wandlungen in der internationalen Verkehrsstruktur; die scharfe britische und französische Konkurrenz sowie neue Methoden der Preisbildung lassen die Bedeutung des Stapelmarkts absinken. Auch die Tatsache, dass sich niederländische Kaufleute nun auf Geld- und Kommissionshandel konzentrieren, begünstigt insgesamt noch die relativ rückläufige Bewegung. Gleichzeitig bleibt die technische Entwicklung zurück, weil die Industrie als verarbeitender Sektor vom Stapelmarkt abhängt. Da Fischerei und Walfang gleichfalls zurückgehen, setzt eine große strukturelle Arbeitslosigkeit ein bei steigenden Preisen durch hohe indirekte Steuern. Während so die Unterschichten Not leiden, die untere Mittelschicht gleichfalls die Konsequenzen des wirtschaftlichen Rückgangs spürt, profitiert lediglich die im Geld- und Kommissionshandel tätige kleine Schicht von ehemaligen Kaufleuten von dieser Entwicklung. Dies führt zu einer schweren Belastung der *innenpolitischen Situation,* die in erster Linie, wie

Stapelmarkt

Innenpolitik

schon im Jh. zuvor, geprägt ist vom Gegensatz zwischen den Anhängern Oraniens und der Regentenoligarchie, die sich immer mehr abkapselt. Die zweite statthalterlose Zeit endet, als 1747 im Zuge des Österreichischen Erbfolgekrieges französische Truppen das Grundgebiet der Republik betreten und Wilhelm IV. von Oranien zum Statthalter und Oberbefehlshaber des Heeres und der Flotte berufen wird, außerdem diese Ämter für erblich erklärt werden. Der Gegensatz zur kaufmännischen Aristokratie bleibt bestehen, er verschärft sich noch durch auftauchende demokratische Forderungen und spitzt sich während des Amerikanischen Unabhängigkeitskrieges zu, als sich die dynastischen Interessen der Oranier (Bindung an Großbritannien) und die Kaufmannsinteressen (Aufrechterhaltung des Schmuggelhandels) sowie die Sympathien breiter niederländischer Schichten für die amerikanischen Aufständischen gegenüberstehen. Der Statthalter wird schließlich zum Krieg gezwungen (Vierter Englisch-Niederländischer Krieg).

1747 Wilhelm IV., Prinz von Oranien, wird erblicher Statthalter sowie Oberbefehlshaber des Landheeres und der Flotte. — *Wilhelm IV.*

1780 Aufkommen der Patriotenbewegung, die zwischen 1785 und 1787 die Regierung der Provinzen Holland und Utrecht übernimmt.
Der Statthalter zieht sich nach Nimwegen zurück.

1780–1784 Vierter Englisch-Niederländischer Krieg.

1782 Preisgabe der Barrierestädte.

1787 Sept. Einfall des preußischen Heeres nach dem Zwischenfall von Goejanverwellesluis, wo die Frau des Statthalters, Wilhelmina, Schwester des preußischen Königs, von Patrioten auf dem Weg nach Den Haag aufgehalten wird.
Die Folge ist eine *Stärkung der Orangisten*. Der Statthalter zieht wieder in Den Haag ein. Zahlreiche Patrioten flüchten nach Frankreich. — *Stärkung der Orangisten*

1788 *Akte van Harmonie.* Die Provinzen garantieren das bestehende Staatssystem, nachdem auch die Regentenoligarchie in Gegensatz zu den demokratischen Patrioten die Seite der Oranier gewählt hat. Großbritannien und Preußen garantieren die Akte. — *Akte van Harmonie*

Die südlichen Niederlande (16.–18. Jh.)

In den südl. Provinzen bringt der Tod von Don Luis Requésens (*1528, †1576), Nachfolger Albas in der Generalstatthalterschaft, zwar mit der *Genter Pazifikation* (1576) einen Erfolg der aufständischen Provinzen, insofern Religionsfreiheit für das gesamte niederländische Gebiet verkündet wird, die Haltung der Calvinisten lässt allerdings die Übereinkunft scheitern. Die Katholiken (Malcontenten) sondern sich in der Union von Arras (Atrecht; 1579) ab. Dies bedeutet Rückkehr unter die spanische Herrschaft. Generalstatthalter Alexander Farnese (*1545, †1592), Herzog von Parma, gelingt es, ganz Flandern und Brabant, einschließlich Antwerpen (1585), für den spanischen König sicherzustellen. Die Übertragung der Souveränität der südlichen Provinzen 1601 auf die Tochter des spanischen Königs Isabella und deren Gemahl Erzherzog Albrecht von Österreich (*1559) ist von relativ geringer Dauer, da Albrecht 1621 kinderlos stirbt. Es gelingt dem Erzherzogs-Paar nicht, die nördlichen Niederlande zu unterwerfen und wieder dem katholischen Glauben zuzuführen. Das südniederländische Gebiet fällt nach dem Tode Albrechts erneut an Spanien. Bis zum Frieden von Münster (1648) sind die südlichen Provinzen *strategisches Zentrum* im spanisch-niederländisch-französischen Konflikt. — *Genter Pazifikation* / *strategisches Zentrum*

Albrecht und Isabella bemühen sich in ihrer Regierungszeit um den Wiederaufbau des darniederliegenden Gewerbes. Zu diesem Zweck fördern sie in umfangreichem Maße das Gildenwesen, unterwerfen Produktion und Handel scharfen Qualitätsbedingungen. Das in der Aufstandsphase zerrüttete Leinengewerbe wächst durch Wiederherstellung der Handelsbeziehungen zu Frankreich und England zu neuer Blüte heran.

Im späten 17. Jh. sind die Südprovinzen für die Republik und deren Bundesgenossen im Wesentlichen ein gegen den Expansionismus Ludwigs XIV. zu verteidigendes, folglich heiß umkämpftes Territorium. Die Republik versucht durch eine Reihe von Barriere-Traktaten eine Verteidigungslinie gegen Frankreich aufzubauen. Wirtschaftlich ist in den Südprovinzen ein Wiederaufstieg festzustellen, der der Blüte der wirtschaftlichen Entwicklung in der Republik jedoch in keiner Weise entspricht. Antwerpen kann als Handelsstadt durch die Schließung der Schelde die alte Position nicht mehr erreichen. Einen Teil der alten Antwerpener Aktivitäten übernehmen die flandrischen Küstenstädte, die durch ein dichtes Kanalnetz mit dem Binnenland verbunden sind. Nach 1690 gehen Industrie und Gewerbe allgemein zurück. Es setzt eine Abwanderung der Bevölkerung aus Brüssel und Antwerpen aufs platte Land ein. Arbeitslosigkeit und Pauperismus breiten sich aus.

Auch im Spanischen Erbfolgekrieg (1701–1713) gehören die Südprovinzen zu den Hauptkriegsschauplätzen. Im *Frieden von Utrecht* (1713) werden sie den österreichischen Habsburgern zugesprochen und fortan als Österreichische Niederlande bezeichnet. Im Österreichischen Erbfolgekrieg von einer französischen Armee erobert (1745), verbleiben die Südprovinzen im Aachener Frieden (1748) gleichwohl beim Haus Österreich. — *Friede von Utrecht*

Nördliche Niederlande bis zum Ende der Herrschaft Napoleons (1789–1813)

Unter dem Einfluss der Aufklärung gewinnen jene demokratischen Ideen an Boden, die ihren organisatorischen Ausdruck in der Bewegung der „Patrioten" finden und zunächst gegen das Haus Oranien gerichtet sind. Die Regenten schließen sich den „Patrioten" an. Es kann nicht ausbleiben, dass es zwischen der Oligarchie und dem demokratischen Flügel zu scharfen Gegensätzen kommt. Die innenpolitischen Auseinandersetzungen werden durch den Einfall der Franzosen 1795 beendet. – Außenpolitisch sinkt die Republik im späten 18. Jh. zur *Bedeutungslosigkeit* herab. Mit dem Einfall Frankreichs wird die Batavische Republik gegründet, in der die ehemaligen „Patrioten" die Verwaltung übernehmen.

Bedeutungslosigkeit

Königreich Holland

- 1793 Kriegserklärung Frankreichs an die Republik.
- 1795 Gründung der Batavischen Republik.
- 1806 Umwandlung der Republik in das *Königreich Holland* unter Kaiser Napoleons I. Bruder Ludwig (*1778, †1846).
- 1810 Abdankung Ludwigs wegen der für Holland negativen Auswirkungen der Kontinentalsperre; Einverleibung des Königreichs Holland in das französische Kaiserreich.

Die Einführung des französischen Rechts und Verwaltungssystems wirkt bis weit ins 19. Jh. fort.

Niederlande (1813/15–1945)

Königreich der Niederlande (1813/15–1914)

Belgische Frage und monarchische Regierung (1813/15–1848)

Das Königreich wird geprägt durch Auseinandersetzungen um die Verfassung, in denen der Liberale *Thorbecke* (*1798, †1872) die vornehmlichste Rolle spielt. Es erweist sich im übrigen, dass der am Konferenztisch festgelegte Zusammenschluss der ehemaligen Republik mit den südlichen (ehemals österreichischen) Niederlanden eine Fiktion bleibt. Wenngleich die hohe wirtschaftliche Aktivität des Königs insbesondere den Süden des Landes industriell fördert, stößt die Einigungspolitik auf erheblichen Widerstand. Die Sprachen- und Kirchenpolitik sowie die im Süden stärker verankerten liberalen Ideen lassen die Politik des Königs schließlich scheitern. So findet die Verordnung, das Niederländische zur offiziellen *Landessprache* in den flämischen Provinzen zu erheben, keine Zustimmung bei dem französisch gesinnten Teil des flämischen Bürgertums. Die konservativen Kräfte des Südens widersetzen sich dem Versuch, die Kirche unter die Aufsicht des Staats zu bringen. Die Folge ist ein Zusammenschluss (Union) der belgischen Liberalen und Katholiken, der die Revolution und die Trennung Belgiens von den Niederlanden einleitet. Im Norden führt der Kampf gegen das Grundgesetz von 1815, das ein Zweikammersystem errichtet und eine starke Position des Monarchen garantiert, 1848 unter dem Eindruck der Revolutionen in Europa zum Erfolg, insofern die volle Ministerverantwortlichkeit in die Verfassung aufgenommen wird. Die Generalstaaten (Kammern) erhalten das Recht auf Verfassungsänderung und auf Mitsprache in Kolonialfragen. Die Zweite Kammer geht aus direkten Wahlen hervor, die Erste Kammer aus Abgeordneten der Provinzialstände; Zensuswahlrecht

Johan Rudolf Thorbecke

Landessprache

Wilhelm I.

Revolution in Brüssel
Lostrennung Belgiens

- 1813 Wilhelm VI. (*1772, †1843), Prinz von Oranien, nimmt den Titel Souveräner Fürst an.
- 1814 Vertrag von Chaumont zwischen den gegen Napoleon verbündeten Großmächten; Beschluss, die nördlichen und südlichen Niederlande zu vereinen.
- **1815** Der Souveräne Fürst nimmt als *Wilhelm I.* den Titel König der Niederlande an (16. März).
- 24. Aug. Das neue Grundgesetz wird verkündet. In der Zweiten Kammer sollen die nördlichen und südlichen Niederlande trotz Bevölkerungsmehrheit des Südens gleich stark vertreten sein.
- 1816 Die Niederlande erhalten den größten Teil der Kolonien zurück.
- 1828 Bildung der Union aus Liberalen und Katholiken in Belgien.
- 1830 *Revolution in Brüssel* unter dem Einfluss der französischen Julirevolution.
- 1839 Endgültige *Lostrennung Belgiens* (Londoner Protokoll der europäischen Großmächte).
- 1840 Verfassungsrevision. Abdankung Wilhelms I.
- 1840–1849 Sein Sohn Wilhelm II. (*1792, †1849) besteigt den Thron.
- 1848 Verfassungsänderung im Sinne stärkerer Parlamentsbefugnisse.

Verfassungskrise, Wahlrechtsbewegung und sozialer Wandel (1848–1914)

Erst die *Verfassungskrise* bringt in Vollendung der Bestrebungen von 1848 das Übergewicht des Parlaments. An die Stelle der Verfassungsbewegung tritt wenig später die von anderen sozialen Kräften getragene Wahlrechtsbewegung in diesem Land, das gegenüber anderen westeuropäischen Staaten wirtschaftlich zurückliegt. Vor allem der industrielle Sektor kommt nicht zur Entwicklung, da das Handelskapital sich nicht zur Investition in technische Neuerungen entschließen kann und die Banken eher auf Kapitalexport gerichtet sind. Der Kampf um die staatliche Unterstützung der Konfessionsschulen weist auf eine Eigenart der niederländischen Politik und Gesellschaft hin: die *Konfessionalisierung*. Die in der zweiten Hälfte des 19. Jh.s aufkommenden konfessionellen Parteien (Katholiken = RKSP, Protestanten = ARP, CHU) unterstreichen das ebenso wie die schon vorher einsetzenden innerkirchlichen Zwistigkeiten. Die konfessionellen Parteien drängen die ehemalige Vormachtstellung der Liberalen zurück. Gegen die konfessionelle Koalition kann sich auch die Sociaal-Democratische Arbeiderspartij (SDAP, seit 1894) nicht durchsetzen. – In der Außenpolitik verfolgt das Königreich einen neutralen Kurs.

Verfassungskrise

Konfessionalisierung

1849–1890	König *Wilhelm III.* (*1817, †1890).	*Wilhelm III.*
1849–1853	Erste Ministerpräsidentschaft des Liberalen Thorbecke.	
1862–1866	Thorbecke wieder Ministerpräsident.	
1866–1868	Der *Verfassungskonflikt* mit dem König endet mit einer Schwerpunktverlagerung zugunsten des Parlaments.	*Verfassungskonflikt*
1871–1872	Thorbecke erneut Ministerpräsident. Auf den Verfassungskonflikt folgen Kämpfe um Konfessionsschule, Wahlrecht und Sozialgesetzgebung; dies begünstigt das Aufkommen konfessioneller Parteien.	
1887, 1896	Erweiterung des Wahlrechts.	
1888–1891	Kampf der konfessionellen Parteien um Wahlrechtserweiterung und Sozialgesetzgebung.	
1890–1948	Wilhelms Tochter *Königin Wilhelmina* (*1880, †1962), deren Stellung bis 1898 ihre Mutter Emma von Waldeck (*1858, †1934) als Regentin wahrnimmt.	*Königin Wilhelmina*
1890	Ende der Personalunion mit Luxemburg.	
1899	Erste Haager Friedenskonferenz auf Vorschlag des russischen Zaren und auf Einladung von Königin Wilhelmina. Gründung des Haager Schiedsgerichts.	
1907	Zweite Haager Friedenskonferenz (Ergebnis beider Konferenzen: die *Haager Landkriegsordnung*).	*Haager Landkriegsordnung*

Niederlande (1914–1945)

1914–1918	Die Niederlande, im Ersten Weltkrieg neutral, halten auch weiterhin ihre *Neutralität* durch.	*Neutralität*
1920	Ablehnung der wiederholten Aufforderung, den ehemaligen Kaiser Wilhelm II. auszuliefern.	
1926–1927	Kommunistischer Aufstand in Java nach harten Kämpfen niedergeschlagen.	
1931	*Wirtschaftskrise*. Schutzzollpolitik für die Landwirtschaft.	*Wirtschaftskrise*
1933 April	Bildung eines Krisenkabinetts durch Ministerpräsident (1925–1926 und 1933–1939) Hendrikus Colijn (*1869, †1944), das die Finanzkrise und radikale Bewegungen von rechts und links bekämpfen soll.	
1934	Die Regierung Colijn setzt mit Erfolg ihre Maßnahmen fort. Keine Guldenentwertung. Arbeitsbeschaffung. Innenpolitisch jedoch Anwachsen der nationalsozialistischen Bewegung. Gespannte Lage in Niederländisch-Indien, das vom Kommunismus einerseits, möglicher japanischer Expansion andererseits bedroht ist.	
1936	Aufrüstung in den Niederlanden und ihren Kolonien.	
1939	Hendrikus Colijn tritt zurück (27. Juli).	
9. Aug.	Neues Kabinett Jan de Geer (*1870, †1960), in dem auch die Römisch-Katholische Staatspartei und die Sozialdemokraten vertreten sind. Bis zum Kriegsausbruch und nach Kriegsbeginn Festhalten an der Neutralitätspolitik.	
1940 13. Mai	Nach *Beginn des deutschen Angriffs* siedelt Königin Wilhelmina mit der Regierung nach London über. Die Regierung führt von Großbritannien aus die Geschäfte weiter.	*deutscher Angriff*
19. Mai	Als Reichskommissar für die Niederlande wird Arthur Seyß-Inquart eingesetzt, der sich auf ein aus niederländischen Staatssekretären gebildetes Gremium stützt.	
1941	Die Exilregierung erklärt Japan den Krieg (8. Dez.).	
1942	Die Japaner erobern Niederländisch-Indien, fördern Selbständigkeitsbestrebungen.	
1944	Zur Verbesserung der Verteidigungsmöglichkeiten in den Niederlanden werden von der deutschen Wehrmacht fortschreitend Landflächen durch Öffnen der Schleusen unter Wasser gesetzt.	

BENELUX	5. Sept.	Die Niederlande, Belgien und Luxemburg einigen sich auf eine Zollunion *(BENELUX)*.
	17. Sept.	Luftlandung der Alliierten bei Arnheim. Der Landeraum bei Arnheim wird von den Deutschen abgeriegelt, aber der von Nimwegen zur neuen Front gebildete Schlauch kann nicht mehr beseitigt werden. In der Erwartung baldiger Befreiung treten die niederländischen Eisenbahner in den Streik, der bis Kriegsende aufrechterhalten wird und die (durch den Verlust der zum Kampfgebiet gewordenen Südprovinzen) gefährdete Versorgung des verbliebenen Teils der Niederlande noch mehr erschwert.
	1945 April	Durch den Vorstoß der Briten in Richtung Ostfriesland ist Holland, das noch von deutschen Truppen besetzt bleibt, vom übrigen deutschen Kampfraum abgetrennt und wird seitens der deutschen Führung zur „Festung" erklärt.
deutsche Kapitulation	5. Mai	Die *deutsche Kapitulation* im britischen Hauptquartier schließt die in der „Festung Holland" noch Widerstand leistenden deutschen Truppen mit ein. Diese werden entwaffnet und auf Reichsgebiet überführt.
Rückkehr der Königin	23. Mai	Das niederländische Exilkabinett tritt in Haag zusammen.
	18. Juni	Die *Königin kehrt* in die Niederlande *zurück*. – (Forts. S. 1452)

Südliche Niederlande und Belgien (1789–1945)

Südliche Niederlande bis zur Revolution in Brüssel (1789–1830)

Die österreichischen Herrscher Maria Theresia (*1717, †1780) und, in ihrer Nachfolge, Joseph II. (*1741, †1790), betreiben eine *Politik der Zentralisierung* und des Absolutismus, nicht immer unter Berücksichtigung der Traditionen dieses Territoriums. Diese Politik in weltlichen und religiösen Belangen ist eine der Ursachen der Brabantischen Revolution (1789), die jedoch wegen des stark ausgeprägten Partikularismus nicht lange anhält. Kirchenverfolgung und Konskriptionen führen 1798 zu Aufständen gegen die neue, nunmehr französische Herrschaft. Mit dem Konsulat des späteren Kaisers Napoléon Bonaparte (1799–1804) beginnt die Industrialisierung.

Politik der Zentralisierung

1789	*Brabantische Revolution*: Die Generalstaaten (Ständeversammlung) der österreichischen Niederlande rufen die Unabhängigkeit der „Vereinigten Niederlande" aus. Sie schaffen einen „Staatenbund" von fast souveränen Provinzen.
1790	Die österreichische Restauration setzt sich mit Waffengewalt durch. In den Koalitions- und Napoleonischen Kriegen wird das Land immer wieder zum Schlachtfeld:
1792	Erster Einfall der Franzosen. Sie besetzen nach der Schlacht bei Jemappes (in der belgischen Provinz Hennegau) das gesamte Gebiet.
1793	Schlacht von Neerwinden (in der belgischen Provinz Lüttich), die mit einer Niederlage der Franzosen endet.
1794	Schlacht bei Fleurus (nordöstlich von Charleroi), Niederlage der Österreicher.
1795	Einverleibung in die französische Republik (1. Okt.). Fortwirkung des französischen Rechts und Verwaltungssystems bis tief ins 19. Jh.
1798	Aufstände (Bauernkrieg, Klüppelkrieg).
1814/1815	Durch Beschlüsse der gegen Napoleon verbündeten Großmächte werden die Süd- mit den Nordprovinzen vereinigt.
1828	Union der Liberalen und Katholiken aus Protest gegen die (nord-) niederländische Herrschaft.
1830 ab 25. Aug.	*Revolution in Brüssel* gegen das niederländische Königtum Wilhelms I.; Proklamation der Unabhängigkeit Belgiens.

Brabantische Revolution

Revolution in Brüssel

Belgien (1831–1913/14)

Verfassung

Die Belgier geben sich nach der Revolution eine *Verfassung*, die in den folgenden beiden Jahrzehnten von den Liberalen Europas als vorbildlich angesehen wird. Zwar bleibt die die Revolution tragende Union von Katholiken und Liberalen bis 1847 bestehen, gleichwohl zeigen sich unmittelbar nach dem Erfolg von 1830 die ersten Risse. Dazu tritt die Entwicklung eines neuen Gegensatzes: Den Konservativen stehen die Demokraten gegenüber. Sie rekrutieren ihre Anhänger aus beiden Gruppen der alten Union. König Leopold I. regiert mit den Konservativen. Die Liberalen der Union finden ihre Anhänger vornehmlich in den großen Städten, die Katholiken ihre Wähler auf dem Lande.

Nach 1848 setzt sich ein *Antiklerikalismus* durch, der das politische Leben in den kommenden Jahrzehnten mitbestimmt. Das äußert sich zum ersten mal in den großen Demonstrationen gegen das sog. Klostergesetz, nach dem den Privaten, insbesondere auch der Geistlichkeit, das Recht zuerkannt werden soll, karitative Einrichtungen zu verwalten (1857); das zeigt sich auch in der Schulgesetzgebung (1879), in der festgelegt wird, dass alle Gemeinden mindestens eine Schule haben müssen, in der die Religion kein Pflichtfach ist. Die Lehrer solcher Schulen werden in den staatlichen Lehrerbildungsanstalten ausgebildet. Die Katholiken breiten auf eigene Kosten ihr eigenes Schulsystem aus. Der Episkopat verbietet den Besuch der öffentlichen Schulen. In diesem Schulstreit werden entsprechend den wechselnden Kabinettsmehrheiten immer wieder andere Lösungen angeboten. — *Antiklerikalismus*

In dieser Periode entsteht auch die *Flämische Bewegung*, die 1830 unter dem Kleinbürgertum heranwächst und ab 1848 eine bedeutende Rolle in der belgischen Innenpolitik zu spielen beginnt. Aufgrund ihrer demokratischen Ausgangsbasis ist sie zunächst mit der radikal-liberalen Strömung verbunden, die seit den sechziger Jahren innerhalb der Liberalen Partei ganz entschieden auf Demokratisierung drängt, zum Teil sogar einen Ausgangspunkt der sozialistischen Bewegung bildet. Zugleich hat die Flämische Bewegung jedoch enge Beziehungen zur Geistlichkeit und damit zur Katholischen Partei. Die Flämische Bewegung entsteht als Ergebnis des Kampfes um die Stellung der flämischen Sprache in der belgischen Gesellschaft: Die mit der *Brüsseler Revolution* eingeführte Sprachenfreiheit droht durch das auf französische Sprache und Kultur ausgerichtete Großbürgertum über das Zensuswahlsystem zu einer Monopolstellung des Französischen zu führen. Hiergegen wendet sich die Flämische Bewegung, die sich bald am ehesten durch die Katholiken vertreten fühlt. Die Sprachengesetze ab 1873 bringen eine Verstärkung der Position des Flämischen. — *Flämische Bewegung* — *Brüsseler Revolution*

Außenpolitisch führt Belgien streng die Politik der auf der Londoner Konferenz garantierten Neutralität durch. Wirtschaftlich zählt es mit seiner vergleichsweise frühen Industrialisierung zu den industriellen Großmächten des Kontinents. Die Periode 1830–1913 zeichnet sich durch einen starken Anstieg des Bruttosozialprodukts aus. Die industrielle Produktion steigt im gleichen Zeitraum um das Zwölffache. Der *Produktionsanstieg* übertrifft das Bevölkerungswachstum, sodass ein erheblicher Anstieg des Wohlstandes festzustellen ist, wenngleich sich dieser Anstieg nicht sofort in allen Schichten durchsetzt. Der Kohlebergbau kann den Verlust des nordniederländischen Markts durch Gewinnung des nordfranzösischen ausgleichen. Die Umstellung der Eisenerzeugung von Holz- auf Koksöfen begünstigt das Wachstum. Dies alles vollzieht sich auf dem Hintergrund der seit 1861 durchgeführten Freihandelspolitik, die noch durch die Ablösung des Scheldezolls (1863) und den Ausbau der Infrastruktur gefördert wird. Trotz der allgemein positiven Tendenz gerät die Wirtschaft mehrfach in starke Krisen, die bei Zunahme der Industriearbeiterschaft zu sozialen Spannungen und Konfrontationen führen. Krisenanfälliger noch ist die Landwirtschaft, während sich der Außenhandel Belgiens nach anfänglichem Stillstand zu hoher Blüte entwickelt. — *Produktionsanstieg*

1831 20. Jan. Die Londoner Konferenz der fünf Großmächte erkennt die belgische Unabhängigkeit an und stipuliert die garantierte Neutralität des Landes.
1831–1865 Leopold von Sachsen-Coburg-Gotha (*1790, †1865) als *Leopold I.* König der Belgier. — *Leopold I.*
1834 Inbetriebnahme der ersten Eisenbahnlinie. (Das Netz wird nach und nach zum dichtesten der Erde ausgebaut.)
1839 19. April Das Londoner Protokoll der Großmächte bestätigt den niederländisch-belgischen Vertrag vom 16. Febr. Der größere Teil Luxemburgs wird mit Belgien vereinigt.
1848 Erste Erweiterung des Zensuswahlrechts.
1855–1857 Unter Pierre De Decker (*1812, †1891) letztes Kabinett der katholisch-liberalen Union; es scheitert an der liberalen Opposition gegen das Klostergesetz.
1857–1860 Erste, lokale Gründungen der belgischen *Arbeiterbewegung*.
1861 Beginn der Freihandelspolitik. — *Arbeiterbewegung*
1865–1909 *Leopold II.*, König der Belgier (*1835, †1909). — *Leopold II.*
ab 1873 Erste Sprachgesetze verbessern die Position des Flämischen.
1878 Gesetz de Laet (betreffend die Sprache in Rechtsprechung, Erziehungswesen und Verwaltung) zugunsten des Flämischen.
1879 Das liberale Schulgesetz des Kabinetts Hubert Frère-Orban (*1812, 1896; Ministerpräsident 1868–1870 und 1878–1884) hat den Schulstreit mit dem Katholizismus zur Folge.
1885 Leopold II. wird nach der Berliner Kongokonferenz Souverän des „unabhängigen" Kongostaats.
1886 Großer Streik in Wallonien.
1892 Einführung des allgemeinen Wahlrechts für Männer über 25 Jahre als Mehrstimmrecht mit maximal drei Stimmen je Wahlberechtigtem. Das neue *Wahlrecht* verstärkt die flämische Position und drängt die Liberalen zurück. — *Wahlrecht*
1898 Das Flämische wird als offizielle Landessprache anerkannt (bis dahin nur die französischsprachigen Gesetzestexte rechtsverbindlich).

	seit 1903	Verstärkter Kampf um die Flamisierung der Universität von Gent.
	1908	Leopold II. tritt den Kongostaat als Kolonie an den belgischen Staat ab.
Albert I.	1909–1934	König *Albert I.* (*1875, †1934).
	1913	Das Kabinett Charles Graf Broqueville (katholisch-konservativ; *1860, †1940; Ministerpräsident 1911–1918, 1932–1934) führt angesichts der zunehmenden Spannungen in Europa die allgemeine Wehrpflicht ein.

Belgien (1914–1944)

	1914 Nov.	Nach dem deutschen Einmarsch in Belgien (3. Aug.) wird dieses bis zum Herbst fast ganz erobert und anschließend unter *Militärverwaltung* gestellt.
Militärverwaltung	1918	Erst nach der alliierten Julioffensive beginnt der Rückzug der Deutschen.
		Nach der schweren Schädigung durch den Krieg schnell Wiedergesundung. Belgiens Neutralität wird durch den Vertrag von Versailles und formell durch Abkommen zwischen Belgien, Frankreich, Großbritannien und den Niederlanden aufgehoben. Regierung abwechselnd gebildet von Katholiken und Sozialisten. Innenpolitische Belastung durch die *flämische Frage*.
flämische Frage	1920	Militärkonvention mit Frankreich (7. Sept.).
	1922	Gesetz betreffs Gleichberechtigung der flämischen mit der französischen Sprache (1. Jan.).
	1926 Juli	Finanzkrise. Abwertung und Stabilisierung des belgischen Franc. Einführung der Belga (= 5 bfrs).
	1930	Einführung der flämischen Sprache an der Universität Gent (flämische Universität aus dem Ersten Weltkrieg).
	1932 19. Juli	Konvention zwischen Belgien, den Niederlanden und Luxemburg über den schrittweisen Abbau der Zollschranken.
	Sept.	Außerordentliche Vollmachten für die Regierung zur Bekämpfung der Finanzkrise.
	1933	Beginn eines umfangreichen Befestigungsbauprogramms.
Leopold III.	1934 17. Febr.	König Albert I. tödlich verunglückt. Nachfolger (1934–1944 und 1950–1951) *Leopold III.* (*1901, †1983).
	12. Juli	Verbot politischer Wehrverbände.
	1935 26. März	Kabinett Paul van Zeeland (*1893, †1973) als Regierung der „nationalen Konzentration". Die Regierung erhält Ermächtigung auf ein Jahr, wertet den Franc ab und versucht, die zerrüttete Finanzlage zu sanieren.
	1936	Sozialreformprogramm der Regierung Zeeland. Parlamentswahlen bringen erstmals Erfolge der faschistischen „Rexisten".
	14. Okt.	Kündigung des Militärbündnisses mit Frankreich. Die Zusammenarbeit der Generalstäbe bleibt jedoch bestehen.
	Dez.	Eine Wehrvorlage mit Erhöhung der Dienstzeit wird angenommen.
	1937	Deutsche Note „garantiert" Unverletzlichkeit Belgiens (13. Okt.).
	25. Okt.	Rücktritt der Regierung Paul van Zeeland.
		Seitdem mehrfach Regierungswechsel, da die Mehrheitsverhältnisse schwierig sind.
	1939 18. April	Nach Wahlen mit Gewinnen der Liberalen und Katholiken Regierungsbildung durch Hubert Pierlot (*1883, †1963) mit diesen Parteien.
Kriegsausbruch		Bei Kriegsausbruch mobilisiert Belgien, bleibt aber *neutral*.
	1940 5. Jan.	Umbildung des Kabinetts Pierlot; militärische Maßnahmen in Erwartung eines deutschen Angriffs (12. Jan.).
	10. Mai	Deutscher Angriff auf Belgien.
	28. Mai	König Leopold III. kapituliert, bleibt als Oberbefehlshaber beim Heer. Er erhält Schloss Laeken in Brüssel als Aufenthaltsort zugewiesen, muss sich jedoch aller Regierungshandlungen enthalten.
Militärverwaltung		Ganz Belgien wird unter deutsche *Militärverwaltung* (unter General v. Falkenhausen) gestellt.
	31. Mai	Das nach Limoges geflüchtete Rumpfparlament bestätigt einen gegen den König gerichteten Beschluss des Kabinetts Pierlot.
	Juni	Die Exilregierung führt von London aus die Geschäfte weiter.
Léon Degrelle Kollaboration		In Belgien finden die Deutschen einen Gefolgsmann in *Léon Degrelle* (*1906, †1994), der seiner ursprünglich belgisch-christlichen, dann wallonischen Partei eine faschistisch-autoritäre Richtung gibt und an der deutschen Ostfront mitkämpft. In Flandern tritt neben die nationale flämische Bewegung (VNV) unter DeClerq die „Deutsch-flämische Arbeitsgemeinschaft" (De Vlag), die vom Reichssicherheitshauptamt gefördert wird und die VNV bekämpft. Die *Widerstandsbewegung* spaltet sich in eine rechts- und in eine linksgerichte
Widerstand		

	Gruppe. Ihre Auswirkung bleibt ebenso wie in den Niederlanden bis zum Heranrücken der Alliierten begrenzt.	
1941	Belgische Exilregierung erklärt Japan den Krieg (20. Dez.).	
1944 18. Juli	Befehl zur Umwandlung der Militärverwaltung Belgien-Nordfrankreich in eine Zivilverwaltung unter einem Reichskommissar (Gauleiter Josef Grohé), die sich wegen des Zusammenbruchs der deutschen Front in Frankreich nicht mehr auswirkt.	
3. Sept.	Britische Panzertruppen rücken in Brüssel ein.	
5./8. Sept.	Zusammen mit den Niederlanden und Luxemburg Gründung einer Zollunion (BENELUX).	
20. Sept.	Die Exilregierung trifft in Brüssel ein.	*Befreiung*
	Senat und Kammer bestimmen anstelle des Königs dessen Bruder, den Grafen Karl von Flandern (*1903, †1983), zum Regenten. – (Forts. S. 1454)	

Luxemburg (1815–1945)

1815	Auf dem Wiener Kongress wird das *Großherzogtum Luxemburg* (in den Grenzen des heutigen Großherzogtums und der gleichnamigen belgischen Provinz) in Personalunion mit den Niederlanden, aber als Glied des Deutschen Bundes geschaffen. Die Hauptstadt Luxemburg wird Bundesfestung mit preußischer Besatzung.	*Großherzogtum Luxemburg*
1830	Nach der Revolution in Brüssel wird der größere, wallonische, westliche Teil des Landes dem unabhängig werdenden Belgien zugesprochen.	
1839	Bestätigung der Regelung von 1830 und der Unabhängigkeit des Großherzogtums.	
1841	Oktroyierung einer landständischen Verfassung.	
1842	Beitritt zum Deutschen Zollverein.	
1848	Verkündung einer liberalen, stark an die belgische angelehnten Verfassung.	
1856	Die liberale *Verfassung* wird durch eine konservative ersetzt.	*Verfassung*
1866	Nach Auflösung des Deutschen Bundes bewirkt der französische Kaiser Napoleon III. durch seinen Wunsch, das Großherzogtum dem König der Niederlande abzukaufen, eine internationale Krise.	
1867	*Londoner Vertrag:* Luxemburg neutralisiert, Abzug der preußischen Truppen.	*Londoner Vertrag*
1868	Parlamentarische, noch heute gültige Verfassung.	
1890	Das niederländische Königshaus erlischt im Mannesstamm, in Luxemburg folgt die *walramische Linie des Hauses Nassau*.	*Haus Nassau*
1890–1905	Großherzog Adolf (*1817, †1905; 1839–1866 letzter Herzog von Nassau).	
1905–1912	Großherzog Wilhelm IV. (*1852, †1912).	
1912–1919	Großherzogin Marie Adelheid (*1894, †1924).	
1914–1918	Luxemburg während des Ersten Weltkriegs *deutsch besetzt.*	*deutsche Besatzung*
1919	Großherzogin Charlotte (*1896, †1985) tritt die Regierung an.	
1921 22. Dez.	Nach Lösung der Wirtschaftsunion mit dem Deutschen Reich durch die Friedensverträge und nach dem Verzicht Frankreichs auf Eingliederung Abschluss einer Zoll- und Handelsunion mit Belgien auf 50 Jahre. Übergang der Eisenbahn in belgische Verwaltung.	
1925	Abzug der französischen Militärbesatzung.	
1940	Das neutrale Luxemburg wird beim Westfeldzug (Beginn 10. Mai) von deutschen Truppen überfallartig besetzt und später dem Gau Koblenz-Trier zugeteilt.	
1942	*Annexion Luxemburgs* (30. Aug.).	*Annexion Luxemburgs*
1944	Einigung auf eine *Zollunion* mit Belgien und den Niederlanden (5. Sept.)	*Zollunion*
1945	Erste Wahlen nach dem Krieg (21. Okt.). – (Forts. S. 1458)	

Skandinavien (1523–1945)

Skandinavien (16.–18. Jh.)

Einen Interessenausgleich zwischen den in der Kalmarer Union von 1397 vereinigten Reichsteilen Dänemark (mit Norwegen, Island, Grönland) und Schweden bringen die Oldenburger nicht zu Stande. Schweden löst sich aus der Union und wird in der Neuzeit zum erfolgreichen Rivalen Dänemarks im Kampf um das Dominium maris baltici. In den Herzogtümern entsteht durch dynastisch bedingte (im Ripener Vertrag verbotene) Landesteilungen der Gottorfer Staat, der bald nach Souveränität strebt, sich mit Schweden verbündet und zur ernsten Bedrohung Dänemarks wird (Umklammerung).

Schweden (1523–1818)
(Forts. v. S. 601)

Haus Wasa **1523–1654** Das *Haus Wasa*.
Gustav I. 1523–1560 Gustav I. Wasa (*1496 oder 1497, †1560; seit 1544 erblicher König) muss sich gegen vielfache Widerstände im Inneren (Adelsgruppen, Landschaften, Bauern) durchsetzen.

Reformation   1527 Schrittweise Einführung der *Reformation:* Der Reichstag von Västerås beschließt die Säku-
    1540 larisation des Kirchengutes (Verfünffachung des königlichen Grundbesitzes); es ergeht eine Kirchenordnung.
           Laurentius Petri (*1499, †1573) wie sein Bruder Olaus (Olavus, *1493?, †1522), ehemaliger Student in Wittenberg, schwedischer Reformator und seit 1531 erster lutherischer Erz-
    1541 bischof Schwedens, gibt eine schwedische Bibelübersetzung heraus.

Die Politik Gustavs I.

Die Zentralverwaltung wird modernisiert: Reichs- oder Regimentsrat (Verwaltungsspitze und höchstes Gericht), erweiterte Kanzlei (mit deutscher Abteilung für Außenpolitik), Kriegsrat, Kammerrat (mit getrennter Rent- und Rechenkammer). Die Lokalverwaltung wird dem Adel entzogen, alle Verwaltungsfunktionen gehen an nicht adlige Vögte über, die direkt der Zentralverwaltung unterstehen. Der König unterhält ein stehendes Heer und baut eine Kriegsflotte auf. Durch planmäßige Förderung nimmt die Wirtschaft Aufschwung, insbesondere die Metallgewinnung und zunehmend auch Metallverarbeitung (Kupfer, Eisen, vorübergehend Silber). Es entsteht der selbstständige frühmoderne schwedische Staat.

Erich XIV. 1560–1568 Erich XIV. (*1533, †1577).
Expansion ins   Er beginnt die *schwedische Expansionspolitik im Baltikum*, wobei starke wirtschaftliche
Baltikum   und fiskalische Interessen (Teilhabe am Russlandhandel) mit im Spiel sind. Gegner im Kampf um die Ostseeherrschaft sind Russland, Polen sowie Dänemark, das den Sund beherrscht.

        1561 Reval und die estländische Ritterschaft unterstellen sich schwedischem Schutz, damit wird
Erwerb   Estland schwedischer Besitz.
Estlands 1563–1570 Der nordische Siebenjährige Krieg gegen Dänemark um die Beherrschung des Baltikums endet ohne Gebietsveränderungen im Frieden von Stettin (1570).

Johann III. 1568–1592 Johann III. (*1537, †1592).
        Er kommt nach dynastischem Streit und durch Absetzung seines Bruders Erich (Reichstagsbeschluss 1569) auf den Thron. Seine auf Versöhnung mit dem Katholizismus gerichtete Kirchenpolitik (er ist mit der katholischen Jagellonin Katharina verheiratet) scheitert endgültig 1580.

    1570–1583 Krieg mit Russland; Schweden erwirbt Narwa, Iwangorod (am rechten Ufer der Narwa) und (bis 1595) Ingermanland (Russlands Zugang zur Ostsee), erlangt jedoch nicht die Kontrolle über die Eismeerküste.

    1590–1595 Der erneute Krieg mit Russland endet mit der Anerkennung des schwedischen Besitzes.
Sigismund **1592–1599** Sigismund (*1566, †1632).
        Er stammt aus der Ehe Johanns III. mit der Jagellonin Katharina, ist wie seine Mutter katholisch und seit 1587 König von Polen. Im Streit um die Regierungsführung wird er von Herzog Karl von Södermanland (seinem evangelischen Onkel), Reichsvorsteher seit 1594, vertrieben und durch Reichstagsbeschluss abgesetzt.

1600/1604–	*Karl IX.* (*1550, †1611).	*Karl IX.*
1611	Er regiert als „Erbfürst", bis ihm der Reichstag 1604 mit der *Erb-Einung von Norrköping* das erbliche Königtum überträgt. Er fördert Handel und Gewerbe, insbesondere die Metallverarbeitung mit Waffenherstellung, und legt neue Städte an (u. a. Göteborg 1607, zerstört 1611, Neuanlage 1619). Außenpolitisch setzt er den Kurs seiner Vorgänger fort.	*Erb-Einung von Norrköping*
1609–1617	Schweden greift in die russischen Wirren ein und erhält 1617 im Frieden von Stolbowo (Gebiet Leningrad) Ingermanland und Ostkarelien. Russland ist damit von der Ostsee abgeschnitten.	
	Neben dem hocharistokratischen Reichsrat hat sich seit Gustav I. Wasa der Reichstag als Repräsentativorgan des schwedischen Volkes entwickelt (vier Kurien: Adel, Geistlichkeit, Bürger, Bauern). Die Könige lassen den Reichstag in den zahlreichen wichtigen politischen und Glaubensfragen mitentscheiden und benutzen ihn als wirksames Gegengewicht zu Reichsrat und Hochadel. Am Ende des 16. Jh.s zieht der Reichstag das Steuerbewilligungsrecht an sich.	
1611–1613	Die Außenpolitik Karls IX. führt unter Gustav Adolf zum *Kalmarkrieg* mit Dänemark. Die vom besiegten Schweden zu zahlende Kriegsentschädigung verstärkt die Verbindungen zu den Niederlanden (Kapitalbedarf, Exportsteigerung).	*Kalmarkrieg*
1611–1632	*Gustav II. Adolf* (*1594, †1632).	*Gustav II. Adolf*
	Der König erkennt bei Regierungsantritt die ständischen Mitbestimmungsrechte in der „Königsversicherung" an (ausgearbeitet vom 1612 zum Reichskanzler ernannten Axel Oxenstjerna, *1583, †1654). Unter Leitung des Kanzlers wird die *Zentralverwaltung* im hocharistokratischen Sinn modernisiert: In Anknüpfung an die fünf hohen Reichsämter (Kanzler, Drost, Schatzmeister, Marschall, Admiral) entstehen kollegiale, von Reichsratsmitgliedern geleitete Zentralbehörden.	*Zentralverwaltung*
1617	Die Heeresorganisation wird reformiert und den finanziellen Möglichkeiten angepaßt: Zehn Landschaften stellen und unterhalten je ein Regiment.	
1624	Die Landesuniversität Uppsala wird neu dotiert und privilegiert. Sie soll nicht nur Theologen, sondern auch Beamte und Offiziere ausbilden. Im Fach Politik ist die Lehre von der „Monarchia mixta", der ständisch mitbestimmten Königsherrschaft, maßgebend.	
	Die Entwicklung der Metallverarbeitung geht weiter (1627 zieht der niederländische Waffenfabrikant Louis De Geer nach Schweden).	
	Von dieser Entwicklung profitiert in erster Linie der Adel (1626 im Ritterhaus zusammengeschlossen). Der erhöhte Bedarf an Beamten und Offizieren eröffnet Aufstiegschancen. Besoldungen und Belohnungen bestehen wegen Geldmangel oft aus Dotationen und Verpfändungen aus dem Krongut und vergrößern den adligen Grundbesitz, während der königliche schrumpft.	
	In Gustav II. Adolf verbinden sich evangelische Frömmigkeit und persönliche Tapferkeit mit militärischem Geschick und politischem Ehrgeiz. Er verwirklicht die schwedische *Ostseeherrschaft* und rettet den Protestantismus in Deutschland.	*Ostseeherrschaft*
1621–1629	Zunächst werden im Krieg mit Polen (beendet 1629 durch den Waffenstillstand von Altmark [südöstlich von Marienburg]) Riga, Livland und Teile Preußens erobert. (Schweden erhebt bis 1635 ertragreiche Seezölle vor den preußischen Häfen Danzig, Elbing, Memel, Pillau.)	
	Gegen die zur Ostsee vordringende kaiserliche Macht (1628 Mecklenburg, Stralsund, 1629 Preußen) greift Gustav II. Adolf in den *Dreißigjährigen Krieg* ein. Er landet auf der Insel	*Dreißigjähriger*
1630		*Krieg*
1632	Usedom in der Odermündung. Nach großen Erfolgen fällt er in der Schlacht bei Lützen (bei Leipzig). Mindestziele Schwedens sind die Sicherung der Augsburger Konfession und eine Satisfaktion in Form eines Landgebietes im Reich.	
1632–1654	*Christine* (*1626, †1689; die weibliche Erbfolge ist seit 1590 in Schweden gültig); für sie regiert bis 1644 ein Vormundschaftsrat (Mitglieder: die Chefs der fünf Regierungskollegien) unter der Leitung des Kanzlers Axel Oxenstjerna. Rechtliche Grundlage ist die Regierungs-Ordnung von 1634 („regeringsform", angeblich politisches Testament Gustavs II. Adolf, doch von keinem Nachfolger als Grundgesetz anerkannt). Die politische Stellung der Aristokratie verfestigt sich zum „Ratskonstitutionalismus", ihre wirtschaftliche Macht wächst durch fortgesetzte Dotationen aus dem Krongut. Schweden wird politisch, wirtschaftlich und kulturell fest in das europäische System integriert.	*Königin Christine*
1648	Der Westfälische Frieden bringt Gebietsgewinne in Deutschland.	
1654	*Königin Christine* dankt zugunsten ihres Vetters Karl Gustav von Pfalz-Zweibrücken ab und konvertiert zum Katholizismus (†1689 in Rom).	*Pfalz-Zweibrücken*
1654–1718	Das Haus Pfalz-Zweibrücken.	
1654–1660	*Karl X. Gustav* (*1622, †1660). Er bringt das schwedische Reich zur größten Ausdehnung.	*Karl X. Gustav*

	1655–1657	Karl führt im Bund mit Brandenburg glücklos Krieg in Polen: Russland besetzt Livland, Brandenburg wechselt die Front, der Kaiser und Dänemark erklären den Krieg.
	1657–1658	Unerwartet erfolgreich verläuft der Feldzug gegen Dänemark. Karl (verbündet mit Gottorf) überquert den vereisten Kleinen und Großen Belt und erzwingt im *Frieden von Roskilde* (1658) die Abtretung großer Landgebiete.
Friede von Roskilde		
Friede von Oliva	**1660** 1661	Während der kurz darauf von ihm erneuerten Kriegshandlungen stirbt der König. Schweden schließt *Frieden mit Polen in Oliva* (Verzicht der polnischen Wasa auf den schwedischen Thron), mit Dänemark in Kopenhagen (Ende des [Ersten] Nordischen Kriegs [1655–1660]) und mit Russland in Kardis (Rückgabe der von Russland eroberten Gebiete in Livland).
Karl XI.	1660–1697	*Karl XI.* (*1655, †1697), mündig 1672; vorher regiert ein hocharistokratischer Vormundschaftsrat.
Reduktion		Der Reichstag tritt häufig zusammen; hier kommen wegen ungelöster Finanzprobleme Konflikte zwischen Ratsaristokratie, niederem Adel und nicht adligen Ständen zum Austrag. Der Adel hat durch Erwerb von Krongut 72 % des schwedischen Grundbesitzes in die Hand bekommen (1560: 22 %), damit die Basis der Staatsfinanzen geschmälert und fordert zum Ausgleich höhere Steuerleistungen (Kontribution) der anderen Stände. Diese verlangen umgekehrt die Einziehung des entfremdeten Krongutes *(Reduktion)* – wie bereits 1655 beschlossen, aber nicht durchgeführt. Der König geht zusammen mit den nichtadligen Ständen gegen den Adel vor: Der Reichstag 1680 beschließt die Reduktion (es sinkt der adlige Anteil am Grundbesitz auf 33 %; die von den adligen Gütern ausgehende Gefahr für den Bauernstand ist gebannt) und überlässt Karl XI. durch die „Ständeerklärungen" von 1680, 1682 und 1693 die absolute Regierung (mit Steuererhebungsrecht).
Entmachtung des Reichsrats		*Der Reichsrat wird entmachtet* (1682 „Königlicher Rat"), die Zentralverwaltung reorganisiert. Die Staatsfinanzen werden auf krisenfesten Naturalhaushalt umgestellt (Domänenstaat, nicht Steuerstaat wie 1661 in Dänemark). Diesem Muster folgt die Heeresreform („indelningsverk"): Statt Besoldung erhalten Offiziere und Soldaten Bauernhöfe zur Nutzung angewiesen. Die Flotte wird verstärkt. Gegen die Reduktion regt sich in Livland Widerstand, angeführt von Johann Reinhold von Patkul (*1660, 1707 hingerichtet). (Karl XI. hebt deshalb 1694 die Selbstverwaltung auf.)
	1674–1679 1675–1679	Außenpolitisch bleibt Schweden Großmacht. Im Bund mit Frankreich führt es Krieg gegen Brandenburg, darauf greift Dänemark auf der Gegenseite ein. Im Frieden von St. Germain (1679) erhält zwar Brandenburg Hinterpommern. Der Friede von Lund (nordöstlich von Malmö) aber bringt keine Gebietsveränderungen: Die südschwedischen Provinzen sind auf Dauer gewonnen; hier hat bereits 1668 die zweite Landesuniversität Lund den Lehrbetrieb aufgenommen.
Karl XII. Großer Nordischer Krieg	**1697–1718**	*Karl XII.* (*1682, †1718).
Verlust der Großmachtstellung		Er führt gegen eine übermächtige Koalition seiner Gegner seit 1700 den *(Zweiten oder Großen) Nordischen Krieg*. Militärisch begabt, doch ohne politischen Weitblick, bringt er sein Land in die tiefste Krise. Er fällt (möglicherweise ermordet) vor der Festung Frederikshald (südöstlich von Oslo) in Norwegen. Die *schwedische Großmachtstellung geht verloren*, besiegelt in den Friedensschlüssen 1719–1721.
	1719–1720	Ulrike Eleonore (*1688, †1741; Schwester Karls XII.); sie dankt ab zugunsten ihres Ehemannes, Friedrichs von Hessen-Kassel.
Friedrich I.	**1720–1751**	*Friedrich I.* (*1676, †1751).

Merkmale der Freiheitszeit

Die Regierungs-Ordnungen von 1719 und 1720 ändern die Verfassung im ständischen Sinn („Freiheitszeit" bis 1772). Der Reichstag (mit Gesetzgebungs- und Steuerbewilligungskompetenz) tritt alle drei Jahre zusammen und kontrolliert den regierenden Reichsrat (Ernennungsvorschläge, Absetzungsrecht, Protokollprüfung). Er entwickelt parlamentarische Arbeitsweise mit Ausschüssen und Parteien: „Hüte" (zunächst außenpolitisch an Frankreich orientiert, dann Adelspartei) und „Mützen" (russlandfreundlich, kämpfen später gegen Adelsprivilegien). Die Verwaltungsorganisation des Absolutismus bleibt bestehen. – Während der Freiheitszeit erholt sich die Wirtschaft (unterbrochen von kriegsbedingten Krisen). Manufakturen und Handel werden merkantilistisch gefördert (Ostindische Kompanie 1738). Agrarreformen setzen ein: Pächter erwerben Eigentumsrecht an Höfen der Krone, Auflösung der Mehrfelderwirtschaft, Flurbereinigung („storskifte" 1757). Die Kultur wird reicher: In Uppsala wirken der Physiker und Astronom Anders Celsius (*1701, †1744), bekannt durch seine Thermometerskala, und der Botaniker Carl von Linné (*1707, †1778), der die binäre Nomenklatur einführt („Systema naturae", 1735). Akademien entstehen, 1739 für die Naturwissenschaften, 1786 die Schwedische Akademie.

1741–1743	Auf Betreiben der „Hüte" führt Schweden erfolglos Krieg gegen Russland und muss im Frieden von Åbo (1743) das südfinnische Gebiet östlich der Kymmene abtreten. Auf russischen Druck wird Adolf Friedrich von Gottorf zum Nachfolger des kinderlosen Königs gewählt.	
1751–1818	Das *Haus Holstein-Gottorf.*	*Haus Holstein-Gottorf*
1751–1771	Adolf Friedrich (*1710, †1771). Er versucht vergeblich, die königliche Macht zu steigern (Staatsstreich 1756).	
1757–1762	Schwedens Teilnahme am Siebenjährigen Krieg gegen Preußen endet im Frieden von Hamburg (1762) ohne Gebietsverluste.	
1771–1792	*Gustav III.* (*1746, †1792).	*Gustav III.*
1772	Der König führt mit Unterstützung des Adels einen Staatsstreich durch und beschränkt die Rechte des Reichstages (Regierungs-Ordnung 1772), der zwar das Steuerbewilligungs- und teils das Gesetzgebungsrecht behält, aber fortan nur vom König, der die Regierung führt, einberufen wird.	
1789	*Gustav III.* setzt auf einem Reichstag mit der „Vereinigungs- und Sicherheitsakte" eine weitere Stärkung seiner Macht durch (Recht über Krieg und Frieden, Beseitigung des Reichsrates), gleichzeitig die *Abschaffung der meisten Adelsprivilegien* (Nichtadlige erhalten Zutritt zu den Ämtern, Recht auf Grunderwerb; Besserstellung der Bauern).	*Abschaffung von Adelsprivilegien*
1788–1790	Im Krieg gegen Russland operiert Schweden erfolgreich, doch bestätigt der Friede von Werela den Friedensvertrag von Åbo 1743.	
1792	Adlige Gegner lassen Gustav III. auf einem Maskenball in der Oper ermorden.	
1792–1809	Gustav IV. Adolf (*1778, †1837), bis 1796 unter Vormundschaftsregierung, wird im Zuge der napoleonischen Wirren abgesetzt. Nachfolger wird sein Onkel:	
1809–1818	Karl XIII. (*1748, †1818). – (Forts. S. 1050)	

Dänemark-Norwegen (mit Island und Grönland) (1523–1788/92)

(Forts. v. S. 601)

Dänemark ist bis 1660 ein *Wahlreich.* Der hocharistokratische Reichsrat wählt die Könige aus der regierenden Dynastie. In den Wahlkapitulationen („Handfesten") werden die politischen Rechte und Pflichten festgelegt, in zunehmendem Maß dem Adel wirtschaftliche Vorrechte gegenüber nichtadligen Ständen eingeräumt.		*Wahlreich*
1523–1533	Friedrich I. (*1471, †1533), Schwiegervater Herzog Albrechts von Preußen, als Nachfolger seines vertriebenen Onkels (Christian II.) gewählt. Nach seinem Tod versucht Lübeck (unter seinem Bürgermeister Jürgen Wullenwewer; *um 1492, †1537), Christian II. wieder auf den Thron zu bringen, wird aber in der „Grafenfehde" gemeinsam von Dänemark und Schweden besiegt.	
1534–1559	*Christian III.* (*1503, †1559) muss nach der Wahl sein Königreich erobern.	*Christian III. Reformation*
1536	Er lässt durch Beschluss des Reichstags (Reichsrat, Adel, Bürger, Bauern) die *Reformation* einführen und das Kirchengut säkularisieren (Verdreifachung der Bruttoeinnahmen der Krone). – Kirchenordnung („Ordinatio ecclesiastica"), an der der norddeutsche Reformator Johannes Bugenhagen (*1485, †1558) mitwirkt.	
1537		

Reichsverwaltung unter Christian III.

Die Zentralverwaltung wird modernisiert. Der *Reichsrat* bleibt oberstes Gremium für Verwaltung und Rechtsprechung. Neben der Dänischen Kanzlei (zuständig für Innenpolitik und für Schweden) steht die aus den Herzogtümern stammende Deutsche Kanzlei (zuständig für die Herzogtümer und die Außenpolitik); aus Ersterer gliedert sich die Rentkammer als Leitende Finanzbehörde aus. Der Reichsrat behält seinen Mitgliedern die hohen Reichsämter vor (Hofmeister, Kanzler, Marschall, Admiral). Die Lokalverwaltung, ebenfalls in adliger Hand, wird (besonders finanziell) wirksamer königlicher Kontrolle unterstellt. Christian III. hinterlässt einen wohlgeordneten Staat, hat aber mit der 1544 aus dynastischem Versorgungsinteresse durchgesetzten Teilung der Herzogtümer den Keim für spätere gefährliche Konflikte gelegt.	*Reichsrat*

1559–1588	Friedrich II. (*1534, †1588) setzt die dynastische Politik fort und verschafft seinem Bruder Magnus von Holstein (*1540, †1580) 1560 Ösel und Kurland. Der Gegensatz zu Schweden wird im nordischen Siebenjährigen Krieg (1563–1570) gewaltsam ausgetragen. Der Friede von Stettin bringt keine Gebietsveränderungen. Zur Kriegsfinanzierung wird der Sundzoll drastisch erhöht (zum Schiffszoll kommt Lastzoll).	
1570		
1588–1648	*Christian IV.* (*1577, †1648). Er fördert nach westeuropäischem Vorbild planmäßig die wirtschaftliche Entwicklung des Landes: gründet oder erneuert Städte (u.a. Kristianopel und Kristianstad in Südschweden,	*Christian IV.*

Christianshavn vor Kopenhagen, Glückstadt a.d. Unterelbe, Christiania – das alte Oslo), fördert Handelskompanien (1616 Dänische Ostindische Kompanie). Er strebt nach dem Dominium maris septentrionalis, nimmt das vergessene *Grönland* wieder unter dänische Oberhoheit und lässt nach der Nord-West-Passage suchen.

Grönland

Kalmarkrieg 1611–1613 *Kalmarkrieg* gegen Schweden; Dänemark siegt und setzt seine Ansprüche auf die Lappmark am Nordkap durch. Dagegen endet Christians IV. Beteiligung am Dreißigjährigen Krieg mit einer Niederlage (besiegelt im Frieden von Lübeck 1629). Schwedens Aufstieg zur Großmacht verweist Dänemark auf den zweiten Platz im Ostseeraum.

1643–1645 Schwedisch-dänischer Krieg; die Bistümer Bremen und Verden gehen Dänemark verloren.

Friede von Brömsebro 1645 Im *Frieden von Brömsebro* (südwestlich von Kalmar) muss es Halland am Kattegat (auf 30 Jahre), die Inseln Gotland und Ösel sowie Jämtland und Härjedalen (in Norwegen) abtreten.

Friedrich III. 1648–1670 *Friedrich III.* (*1609, †1670) muss im (Ersten) Nordischen Krieg (1655–1660) weitere Gebietsverluste hinnehmen. Nach seiner Kriegserklärung 1657 besetzt Schweden mit Gottorfer Hilfe fast ganz Dänemark.

Friede von Roskilde 1658 Schweden erzwingt im *Frieden von Roskilde* (westlich von Kopenhagen) von Dänemark die Abtretung der Landschaften Schonen, Blekinge, Halland (endgültig), Bohuslän (am Skagerrak), Drontheim sowie der Inseln Bornholm und Hven.

1660 Der im gleichen Jahr von Schweden erneuerte Krieg endet im Frieden von Kopenhagen mit der Rückgabe von Bornholm und Drontheim an Dänemark.

Erbmonarchie Durch Beschluss des Reichstages (Bürger und Geistlichkeit gehen zusammen gegen Adel und Reichsrat vor) wird Dänemark *Erbmonarchie*.

1661 Die „Erb- und Alleinherrschafts-Akte" (in der Form eines Herrschaftsvertrages) überträgt dem König auch die „absolute Regierung".
Es folgen grundlegende Reformen: Sechs neue, nach Ressorts gegliederte Kollegien leiten die Zentralverwaltung. Die Staatsfinanzen werden durch Verkauf von Krongut und eine Steuer auf Grundbesitz (auch adligen) saniert. Bürger erhalten Zugang zu allen Beamtenstellen. Die Wirtschaft wird gefördert: 1668 Dänische Westindische, 1674 Westindisch-Guineeische Kompanie.

Lex Regia 1665 *Lex Regia*, Grundgesetz Friedrichs III., das den absolutistischen Staat in Dänemark festschreibt. Dieses Gesetz, das bis 1849 gilt, ist das einzige seiner Art in Europa.

1670–1699 Christian V. (*1646, †1699) lässt das Dänische Recht („Danske Lov") kodifizieren und 1683 in Kraft setzen.

1675–1679 Versuch Christians, die verlorenen Provinzen von Schweden zurückzuerobern, scheitert.

1699–1730 Friedrich IV. (*1671, †1730) nimmt am Zweiten Nordischen Krieg (1700–1721) teil.

1713 Er okkupiert den Gottorfer Staat und erhält im Frieden von Frederiksborg (auf Seeland) den
1720 Schleswiger Teil endgültig; dagegen wird der Gottorfer Besitz in Holstein zurückgegeben (künftig Großfürstentum Kiel).

1730–1746 Christian VI. (*1699, †1746).
1746–1766 Friedrich V. (*1723, †1766).
1766–1808 Christian VII. (*1749, †1808).

Friedenszeit Unter diesen drei Königen erlebt Dänemark einen *langen Frieden*. Die Leitenden Minister Johann Hartwig Ernst Graf Bernstorff (1751–1770 dänischer Außenminister; *1712, †1772) und sein Neffe Andreas Peter Graf Bernstorff (1773–1780 Außenminister, 1784–1797 Ministerpräsident; *1735, †1797) vollenden die Neutralitätspolitik.
Unter Vermittlung Caspar von Salderns, holsteinischer Ratgeber am Petersburger Hof

1767 (*1711, †1786), kommt ein Vergleich mit den Gottorfern (inzwischen Zaren von Russland)
1773 zu Stande, endgültig bestätigt im Vertrag von Zarskoje Selo: Großfürst Paul (der spätere Zar Paul I. Petrowitsch 1796–1801) überlässt Dänemark seine holsteinischen Gebiete, das im Austausch der jüngeren Gottorfer Linie (Fürstbischöfe von Lübeck-Eutin) die Grafschaften Oldenburg und Delmenhorst abtritt.

gesellschaftliche Reform Seit der Jahrhundertmitte kommt eine grundlegende *gesellschaftliche Reform* in Gang: die Bauernbefreiung. Die Lösung ihrer Probleme (Gutswirtschaft, Schollenbindung, bäuerliche Lasten, Mehrfelderwirtschaft) wird in Fachzeitschriften erörtert, auf Privatgütern (auch der Bernstorffs) erprobt und dann schrittweise landesweit gesetzlich durchgeführt.

Aufhebung der Leibeigenschaft 1788 Die *Aufhebung der Leibeigenschaft* vollendet das Reformwerk. Die außenpolitische Neutralität führt zu wirtschaftlicher Blüte; insbesondere der Kolonialhandel erlebt in der „florisanten Periode" großen Aufschwung. Erfolgreichster Unternehmer (gleichzeitig leitender Staatsbeamter) ist der in Pommern geborene, seit 1761 in Kopenhagen ansässige Heinrich Carl Schimmelmann (1762 geadelt; *1724, †1782). Doch setzt ein weiteres Reformgesetz

aufgeklärter Absolutismus dem freien Gewinnstreben in Übersee eine Grenze: 1792 ergeht ein Sklavenhandelsverbot, das erste in Europa. Dänemark ist ein Modell für *aufgeklärten Absolutismus*.

1770–1772 Johann Friedrich *Struensee* (deutscher Leibarzt des geisteskranken dänischen Königs Christian VII., Günstling der Königin; *1737, 1772 hingerichtet) beschleunigt als Leitender Minister hektisch und rücksichtslos die Reformen. Dieses Zwischenspiel führt zu einer dänischen Reaktion unter Kabinettssekretär Ove Høegh-Guldberg (*1731, †1808). Die Reformarbeit wird verlangsamt. 1773 wird Dänisch alleinige Amtssprache. Das Indigenatsgesetz von 1776 schließt Ausländer vom Staatsdienst aus. Die nationalen Konflikte des 19. Jh.s deuten sich an. – (Forts. v. S. 1051, 1052)

Johann Friedrich Struensee

Skandinavien (1780/89–1914)

Staat und Verfassung – vom Absolutismus zum konstitutionell-parlamentarischen Staat (Ende 18. Jh. bis 1848)

Gegen Ende des 18. Jh.s besteht in beiden skandinavischen Reichen (Dänemark-Norwegen unter Christian VII. 1766–1808, Schweden unter Gustav III. 1771–1792 und Gustav IV. Adolf 1792–1809) absolutistische Staats- und Regierungsform, z. T. mit aufgeklärten Zügen, und merkantilistisches Wirtschaftssystem. Anzeichen beginnender Lockerung sind in Dänemark liberale Maßnahmen in der Ära Struensee (1770–1772; anschließend Rückkehr zum Merkantilismus bis 1798). In Schweden werden durch die Vereinigungs- und Sicherheitsakte von 1789 viele Adelsprivilegien aufgehoben. Zu Beginn des 19. Jh.s setzt sich auch unter dem Einfluss der Französischen Revolution und der Napoleonischen Kriege die *konstitutionelle Monarchie* schrittweise durch.

In Dänemark kommt es mit der Einführung gewählter Landstände 1834 zu einem ersten Schritt in Richtung auf provinzielle Selbstverwaltung. Schleswig und Holstein verstehen sich als selbstständige Herzogtümer in Personalunion mit der dänischen Krone. Unter Christian VIII. (1839–1848) Ansätze kommunaler Selbstverwaltung mit weit gehender wirtschaftlicher Autonomie für viele reiche Handelsstädte. Für Schweden (seit 1814 mit Norwegen in Personalunion) bedeutet die unter dem Einfluss englischer und französischer Ideen entstehende Diskussion der *Repräsentationsfrage* (representationsfrågan) seit den 1830er-Jahren die allmähliche Umwandlung in ein System mit ständischer Vertretung neuer Prägung. Nach Rückschlägen unter Oskar I. (1844–1858) und Karl XV. (1859–1872) erfolgt 1865/1866 die Einführung des Zweikammersystems und Ablösung des Vierständereichstags durch Änderung der seit 1809 bestehenden Verfassung.

konstitutionelle Monarchie

Repräsentationsfrage

Das Zeitalter der Französischen Revolution und Napoleons (1780–1815)

1780 *Bewaffnetes Neutralitätsbündnis* (vaebnet neutralitetsforbund) zwischen Dänemark-Norwegen, Schweden und Russland. Es wird – 1800 erneuert – von den Briten als Bedrohung angesehen.

Bewaffnetes Neutralitätsbündnis

1801 2. April Um die Kontinentalsperre aufrechtzuerhalten, kämpft eine britische Flotte siegreich gegen die dänische im Öresund vor Kopenhagen. Dänemark kündigt daraufhin das Bündnis. Es hält zu Napoleon. Der Friede von Tilsit (1807) bedroht Schwedens Neutralität; Russland erstrebt den Besitz Finnlands, Schweden dagegen erhofft den Erwerb Norwegens.

1807 Sept. Eine britische Flotte bombardiert und besetzt Kopenhagen; Dänemark muss das Bündnis mit Frankreich teuer bezahlen (Kriegserklärung an Großbritannien).

Nach dem Umschwung und der Niederlage Napoleons bei Leipzig (1813) will Dänemark in die Koalition gegen Frankreich eintreten; Schweden fordert dafür offen die Abtretung Norwegens. *Jean Baptiste Bernadotte* (*1763, †1844; als Karl XIV. Johann König von Schweden 1818–1844) zieht als schwedischer Feldherr direkt von Leipzig gegen Dänemark.

Jean Baptiste Bernadotte

1813

1814 Im *Frieden von Kiel* muss Dänemark den norwegischen Reichsteil freigeben. Es ist durch die Kriegsfolgen völlig verschuldet: Staatsbankrott zugegeben von Friedrich VI. (*1768, †1839; 1784/1808–1839).

Friede von Kiel

Eine starke Bewegung in Norwegen drängt auf Unabhängigkeit; in Eidsvoll wird eine Verfassung ausgearbeitet (Mai 1814), die wenige Monate in Kraft ist. Prinz Christian Frederik von Dänemark–Oldenburg (später als Christian VIII. König von Dänemark, *1786, †1848; 1839–1848) nimmt die Krone an, verzichtet aber nach wenigen Monaten.

1815 In Verwirklichung der Vorstellungen des Kieler Friedens kommt Norwegen in die Personalunion mit Schweden; es hat begrenzte Autonomie gemäß der Reichsakte von 1815 und behält ein eigenes Parlament (storting). Die Außenpolitik bestimmt Schweden.

Norwegen und Schweden in Personalunion (1814–1905/14)

Schweden (1848–1914)
(Forts. v. S. 1047)

	1848 In Schweden Einführung liberaler Reformen nach der Thronbesteigung König Oskars I. (1844–1858; *1799, †1859); später (ab 1852) Übergang zu konservativer Regierung. Seit 1857 regiert der Kronprinz Karl (ab 1859 König als Karl XV.; *1826, †1872) zunächst streng konservativ. Umbildung der Struktur des schwedischen Staatsrats.
Industrialisierung	1850 Die *Industrialisierung Schwedens* beginnt etwa um die Mitte des Jh.s. Sie hängt zusammen mit dem großen Nutzholzbedarf in Westeuropa nach der durch die industrielle Revolution bedingten Bevölkerungsvermehrung; er kann durch Norwegen nicht mehr gedeckt werden. Großbritannien führt zudem zu dieser Zeit für seine Holzeinfuhr den Freihandel ein.
	1852 In Schweden kommt die neue Dampfsäge in Gebrauch, die den Prozess der Holzverarbeitung und die Verfahren des Holztransports grundlegend verändert. Aufschwung des Holzhandels und führender Holzfirmen, aber zugleich auch der Eisenausfuhr.
Novembertraktat	**1855** **25. Nov.** Während des Krimkriegs schließt Oskar I. für Schweden und Norwegen mit Großbritannien und Frankreich einen Vertrag ab, der gegen mögliche russische Übergriffe gerichtet ist *(Novembertraktat)*.
	1858 Stahlherstellung nach dem Bessemer-Verfahren. Entwicklung des Verkehrswesens und vor allem der Schifffahrt (Dampfschiffe seit etwa 1880).
	seit 1860 Eisenbahnbau durch Staat („Stammbahnen") und Private. Entstehung eines modernen Bankwesens (Bankhaus Wallenberg seit 1856).

Trotz der wirtschaftlichen Veränderungen seit den fünfziger Jahren vermehrte Auswanderung nach den USA.

1864 Verwirklichung der Gewerbefreiheit und freihändlerischer Wirtschaftskurs unter dem Finanzminister Freiherr Johan August Gripenstedt (*1813, †1874).

Parlamentsreform
1865 *Parlamentsreform* führt zur Abschaffung des alten Vierständereichstags; Übergang zum Zweikammersystem (1866). In der Zweiten Kammer tritt als neue Kraft die Landwirtepartei (lantmannaparti) auf, die für die Abschaffung traditioneller Belastungen des Bodens eintritt. Sie verhindert die Durchführung einer notwendig gewordenen Wehrreform.

Wegen einer schweren Krise in der schwedischen Landwirtschaft, die seit Ende der siebziger Jahre durch überhöhte billige Einfuhren hervorgerufen wird und die Getreidepreise drückt, erhebt sich die Forderung nach Schutzzöllen. Arvid Graf Posse (*1820, †1901; Landwirtepartei) wird ‚Staatsminister' (Ministerpräsident). Mitte der achtziger Jahre wird

Zollfrage
die *Zollfrage* (tullfrågan) zum beherrschenden Problem der Politik.

1886 Bildung einer Schutzzollpartei aus Landwirtschaft und Industrie. Die Regierung Oskar Robert Themptander (*1844, †1897) hält zunächst an der freihändlerischen Linie fest; sie setzt sich aber im folgenden Jahr nur durch, weil Oskar II. (König 1872–1907, *1829, †1907) von seinem Recht der Reichstagsauflösung Gebrauch macht. Aber 1887 muss die freihändlerische Regierung demissionieren.

1887 Mit dem Ende der achtziger Jahre wächst in Schweden in großem Stil (nach dem Bau neuer Eisenbahnlinien) als wichtiger Wirtschaftszweig die Erzausfuhr an; sie steigt bis 1913 auf 6440000 Tonnen in einem Jahr. Hauptabnehmer des (in beiden Weltkriegen strategisch wichtigen) Rohstoffs ist Deutschland.

Metallindustrie
In derselben Zeit entwickelt sich die *Metallindustrie*, vor allem die Maschinenindustrie, sprunghaft (1896 bis 1900 von 43 auf 84 Mio. Kronen). Die Technisierung (Elektrifizierung) und Industrialisierung erfasst weite Bereiche. Zunahme von Aktiengesellschaften: 1896 bis 1905 von 24% auf 35% Anteil an der Industrie. Modernisierung des Geschäftslebens.

Der Dichter Viktor Rydberg (*1828, †1895) wird zum Sänger des industriellen Zeitalters (‚Neue-Grotte-Lied') und zugleich zum Warner vor möglichen tragischen Entwicklungen. Die wirtschaftliche Krise führt in diesem Jahrzehnt zu einer vermehrten Auswanderung vor allem in die Vereinigten Staaten (Wisconsin, Minnesota). Schutzzollpolitik unter der neuen Regierung Dietrich Gillis Freiherr von Bildt (*1820, †1894), in die (seit 1892) auch die Industrie einbezogen wird.

Arbeiterschutzgesetzgebung
1889 Als Folge der verstärkten Industrialisierung Schwedens *Arbeiterschutzgesetzgebung;* Begründung der Sozialdemokratischen Partei. Hjalmar Branting (*1860, †1925) wird 1897 als erster Sozialdemokrat in den Reichstag gewählt. Im folgenden Jahr Zusammenschluss der Gewerkschaften in der LO (Landsorganisation); als Antwort darauf entsteht der schwedische Arbeitgeberverband (1902). Beginn von harten sozialen Auseinandersetzungen und Tarifkonflikten.

1895 Der schwedische Chemiker *Alfred Nobel* (*1833, †1896), Erfinder des Dynamits, stiftet | *Alfred Nobel*
den jährlichen Nobelpreis, mit einem Kapital von 31 Mio. Kronen, für Physik, Chemie, Medizin und als Literatur- und Friedenspreis (Statuten vom 29. Juni 1900).
1907 *Gustav V. Adolf* wird König von Schweden (*1858, †1950; 1907–1950); er ist vermählt mit Victoria von Baden (†1930), der Enkelin des Deutschen Kaisers Wilhelm I.
1908 Ein Vertrag in St. Petersburg zwischen Russland, Deutschland, Dänemark und Schweden legt die Erhaltung des Status quo in der Ostsee fest; ergänzt durch Nordseeabkommen in Berlin.
1909 Einführung des allgemeinen Wahlrechts für die Zweite Kammer und des Verhältniswahlsystems für beide Kammern unter der konservativen Regierung Arvid Lindman (*1862, †1936). | *Wahlrecht*
1912 Vereinbarung über *Neutralitätsregeln* zwischen den drei nordischen Staaten. | *Neutralitätsregeln*
Auseinandersetzungen über die Verteidigungsfrage zwischen Gustav V. und dem liberalen Ministerium Karl Albert Staaff (*1860, †1915; Ministerpräsident 1905/1906, 1911–1914).
1913 Organisation eines Systems der Altersversicherung.
1914 Bauernzug nach Stockholm führt zum Rücktritt des Kabinetts Staaff (2. Febr.). – (Forts. S. 1053)

Norwegen (1848–1907)
(Forts. v. S. 1049)

In Norwegen richtet sich nach der Herstellung der Union mit Schweden das Interesse auf die innere Politik: Entwicklung des Landes unter der Unionsverfassung und Ausbau der wirtschaftlichen Möglichkeiten.

Die *Bewegung des Skandinavismus*, in Dänemark und Schweden entstanden, ergreift auch | *Bewegung des*
in Norwegen die akademische Jugend. Der Gedanke eines Zusammenschlusses der nordi- | *Skandinavismus*
1848 schen Mächte gewinnt Nahrung, als die schleswig-holsteinische Frage seit 1846 den Fortbestand der Union der Herzogtümer mit Dänemark fraglich macht. Im Frühjahr 1848 Bildung einer von Dänemark unabhängigen schleswig-holsteinischen provisorischen Regierung, die vom Deutschen Bund anerkannt wird. Als die Bundesexekution wirksam wird und preußisch-deutsche Truppen durch Holstein vormarschieren, veranlasst Oskar I. unter dem Einfluss des Skandinavismus die Aufstellung eines schwedisch-norwegischen Hilfskorps in Schonen und auf Fünen.
1849 Die Aufhebung der britischen Navigationsakte aus dem 17. Jh. öffnet norwegischen Frachtschiffen den Weg in den Welthandel und zu britischen Häfen. Das führt zum Ausbau einer starken Handelsflotte in der 2. Hälfte des 19. Jh.s (um 1860: 4893 Schiffe mit 25500 Mann; 1877: 8064 Seeschiffe mit etwa 1,5 Mio. BRT, das ist eine der größten Handelsflotten der Welt).

Die *beginnende Industrialisierung* des Landes führt schon 1848 zur Begründung einer zu- | *beginnende*
nächst schwachen sozialistischen Bewegung. | *Industrialisierung*
1852 Bei der vorläufigen Lösung der Schleswig-Holstein-Frage durch das Londoner Protokoll (‚London-Traktat') stehen Norwegen und Schweden auf der Seite Dänemarks.
1864 Auch während des preußisch-dänischen Konflikts um Schleswig-Holstein erwachen in Norwegen und Schweden wieder starke Sympathien zugunsten des nordischen Nachbarn (Skandinavismus). Es kommt aber aus politischen Rücksichten zu keinem entschiedenen Eingreifen.
1882 Starke *Auswanderung* nach Amerika im Zusammenhang mit Wirtschaftskrisen seit der Mit- | *Auswanderung*
te der ersten Hälfte des Jahrhunderts, verstärkt seit den sechziger Jahren. Höhepunkt die Auswanderung von 29000 Norwegern in einem Jahr nach Wisconsin, Illinois, Iowa, Minnesota, Dakota. Die Auswanderer bewahren zum Teil noch lange ihre Sprache und Eigenart.

Gründung des ‚norwegischen Arbeitervereins' (Arbeiderforening) 1874 in Christiania aus bürgerlichen Linken, aber auch schon Marxisten. Nach Überwindung der Wirtschaftskrise
1887 der siebziger und frühen achtziger Jahre erfolgt die Gründung einer norwegischen *Arbei-* | *Arbeiterpartei*
terpartei (Führer: Knudsen, Jeppesen), die sich der 1889 gegründeten Internationale anschließt.
1898 Die Durchsetzung des allgemeinen Stimmrechts ermöglicht eine verstärkte sozialistische
1903 Wahlagitation. Einzug der Arbeiterpartei in den Storting mit fünf Abgeordneten.

Soziale Gesetzgebung seit 1892: Einschränkung der Kinderarbeit, Arbeiterunfallversiche- | *soziale*
rung, Vorsorge für Seeleute. Einrichtung der Arbeiterbedarfs- und Wohnungsbank; arbeiter- | *Gesetzgebung*
freundliche Politik der linken Regierungen.
1905 Die Auflösung der schwedisch-norwegischen Union erfolgt nach langen Jahren hitziger
7. Juni/ Diskussion (Staatsratsfrage) durch Stortingbeschluss und Volksabstimmung in Norwegen
13. Aug. und den Verzicht des Königs Oskar II. auf die norwegische Krone.
25. Nov. Prinz Karl (2. Sohn König Friedrichs VIII. von Dänemark) wird als *Haakon VII.* König von | *Haakon VII.*
Norwegen (*1872, †1957; 1905–1957; während des 2. Weltkriegs im Exil in England, Rückkehr 1945). Thronfolger ist sein Sohn Olav (*1903, †1991).

1907 Deutschland, Frankreich, Großbritannien und Russland übernehmen vertraglich die Garan-
2. Nov. tie für Norwegens Integrität (Abkommen in Christiania/Oslo). – (Forts. S. 1053)

Dänemark (1814–1914)
(Forts. v. S. 1049)

Reorganisation

Die Regierung Friedrichs VI. (1808–1839), der schon als Kronprinz für seinen kranken Vater regiert, zeigt stark der Vergangenheit verhaftete Züge. Dänemarks wirtschaftliche und politische *Reorganisation* vollzieht sich deshalb nur langsam. Auch auf geistigem Gebiet und in der Dichtung ist die Vergangenheit stark (Romantik, Nationalismus). Führend sind hier A. O. Oehlenschläger (*1779, †1850) und der Theologe und Pädagoge N. F. S. Grundtvig (*1773, †1872); letzterer Begründer eines national geprägten Volksbildungswesens. Von deutscher philosophischer Tradition beeinflusst ist Henrik Steffens (*1773, †1845) und der Hegels Philosophie reflektierende christliche Denker Søren Kierkegaard (*1813, †1855). Hans Christian Andersen (*1805, †1875) gestaltet in spätromantischem Geist eine Märchenwelt, die weit über die Grenzen Dänemarks hinaus Aufnahme findet.

erste Verfassung Dänemarks
Schleswig-Holstein-Frage

1849 Vereinzelte liberale Ansätze führen unter Friedrich VI. (*1808, †1863; 1848–1863, Sohn Christians VIII.) zur Verkündigung des ‚Juni-Grundgesetzes' (juni-grundloven), der *ersten Verfassung Dänemarks*.
In der *Schleswig-Holstein-Frage* steht Dänemark vor der Gefahr einer weiteren Dezimierung des Staatsgebiets. Es erfährt dabei aber auch gesamtskandinavische Solidarität (Skandinavismus als geistige und politische Bewegung).

Gesamtstaatsverfassung

1852 Auch durch die ‚Bekanntmachung' (kungørelse) von 1852, die eigene Verfassungen für
18. Jan. Schleswig und Holstein und eine dänische *Gesamtstaatsverfassung* vorsieht (oktroyiert 1854), ist die Personalunions-Frage nicht zu lösen. Die schleswig-holsteinischen Stände lehnen auch die (liberalere) Verfassung von 1855 ab.

Staatskrise

1862 Eine erneute *Staatskrise* droht; der Erlass der ‚Novemberverfassung' vermag ihr nicht abzuhelfen. Im folgenden Krieg gegen Preußen und Österreich (1863–1864) verliert Dänemark die Herrschaft über die Herzogtümer.

Christian IX.

1863–1906 König *Christian IX.* (Glücksburg; *1818, †1906).
1866 Eine Verfassungsreform führt zur Abschaffung des Reichsrats und Einführung des Zweikammersystems (allgemeines Wahlrecht erst 1915).
In der Volksvertretung (folketing) bilden sich liberale Mehrheiten (venstre); es wird trotzdem konservativ regiert. Erstes Ministerium der Linken (Johann Heinrich Deuntzer, *1845, †1918; 1901) wird deshalb als Systemwechsel (systemskifte) empfunden. Erst im 20. Jh. hat Dänemark ein parlamentarisches Regierungssystem.

Island

1903 *Island*, das 1814 bei Dänemark bleibt, erhält wegen starker nationaler Bestrebungen schließlich eine autonome Verfassung, 1904 einen ersten landsmännischen Minister.
1906–1912 Friedrich VIII. (*1843, †1912): Durchsetzung des Frauenstimmrechtes bei Kommunalwahl (1908) und Folketingwahl (1913).
1912–1947 Christian X. (*1870, †1947): Neues Grundgesetz Dänemarks 1915. – (Forts. S. 1054)

Skandinavische Staaten (1914–1945)

Die skandinavischen Staaten Norwegen, Dänemark und Schweden stehen außerhalb der imperialistischen Bestrebungen der europäischen und außereuropäischen Großmächte in den Jahren vor dem Ersten Weltkrieg. Sie sind mit der Lösung eigener sozialer Probleme beschäftigt. Am Rande der Bündnissysteme stehend, führen sie eine Außenpolitik, die vorwiegend von wirtschaftlichen Interessen bestimmt ist. In Schweden entwickeln sich starke Sympathien für das wilhelminische Deutschland und umgekehrt.

deutscher Einfluss

Auch im kulturellen Bereich ist der *deutsche Einfluss* seit der Jahrhundertwende sehr ausgeprägt, während wirtschaftlich vor allem Norwegen und Dänemark auch auf Großbritannien ausgerichtet sind.
Nach Ausbruch des Ersten Weltkrieges bestätigen die Monarchen der drei nordischen Staaten im Dez. 1914 bei einem Treffen in Malmö auf Initiative König Gustavs V. Adolf von Schweden (*1858, †1950; 1907–1950), dass sie sich von den europäischen Auseinandersetzungen fernhalten wollen (*Neutralitätspolitik*).

Neutralitätspolitik

Finnland, das bis 1917 zu Russland und zuvor zu Schweden gehört, nimmt eine Sonderstellung ein und wird nicht in die Zusammenarbeit der skandinavischen Staaten einbezogen.

Schweden (1919–1945)
(Forts. v. S. 1051)

1919	Einführung des allgemeinen *Wahlrechts* für die Erste Kammer; Frauenwahlrecht für die Zweite Kammer.	*Wahlrecht*
1920	*Sozialdemokraten* werden zur stärksten Partei: Regierungen unter Hjalmar Branting (*1860, †1925) 1920–1923; 1924–1925 (seit 1936 mit kurzer Unterbrechung bis nach Ende des Zweiten Weltkriegs sozialdemokratische Regierungsverantwortung mit Per Albin Hansson; *1885, †1946).	*Sozialdemokraten*
	Fortsetzung der Friedens- und *Neutralitätspolitik* bis in den Zweiten Weltkrieg. Nach Bewältigung der Wirtschaftskrise in den dreißiger Jahren wirtschaftlicher Aufschwung Schwedens und kulturelle Annäherung an Großbritannien.	
1921 24. Juni	Die Ålandsinseln, auf die Schweden Anspruch erhebt, werden vom Völkerbund Finnland zugesprochen.	
1923–1924	Kabinett unter Führung des Konservativen Ernst Trygger (*1857, †1943).	
1926–1928	Erstes Kabinett des Freisinnigen Karl Gustav Ekman (*1872, †1945) – zum zweiten Mal in der Regierungsverantwortung 1930–1932.	
1928–1930	Konservative Regierung des Ministerpräsidenten Arvid Lindman (*1862, †1936).	
1931	Beginn der wirtschaftlichen Depression auch in Schweden. Zur *Krise* der Landwirtschaft kommt die der Industrie (Schweden gibt nach britischem Vorbild die Goldbasis für seine Währung auf).	*Krise der Wirtschaft*
1932 6. Aug.	Der Selbstmord des Finanzmannes und schwedischen „Zündholzkönigs" Ivar Kreuger führt zum Rücktritt des zweiten Kabinetts Karl Gustav Ekman (seit 1930); Unruhen und Demonstrationen fordern Unterstützung der Arbeitslosen und Schutzmaßnahmen für die Landwirtschaft.	
24. Sept.	Das neue Kabinett von *Per Albin Hansson* verkündet ein umfassendes Programm zur Bekämpfung der Krise.	*Per Albin Hansson*
1935	Schweden schließt sich den Sanktionen des Völkerbunds gegen Italien wegen des Angriffs auf Abessinien/Äthiopien an.	
1936	Das schwedische Parlament nimmt eine neue Wehrvorlage an, die eine technische Modernisierung der verschiedenen Waffengattungen vorsieht (keine Veränderung der Dienstzeit).	
1938	Nach dem deutschen Einmarsch in Österreich (März 1938) erklärt sich Ministerpräsident Hansson für eine weitere Verstärkung der Landesverteidigung.	
	Außenminister Richard Sandler (*1884, †1964) erklärt, dass Schweden eine rein neutrale Politik betreiben wolle. Plan zur schwedisch-finnischen Zusammenarbeit für die Verteidigung der Neutralität der Ålandsinseln.	
1939 9. Mai	Treffen der drei nordischen Außenminister (ohne Finnland) in Stockholm: Gegen das Votum Dänemarks lehnen Schweden und Norwegen (später auch Finnland) anschließend das deutsche Angebot zum Abschluss von Nichtangriffspakten mit dem Deutschen Reich ab.	
1939–1945	*Schweden bleibt* während des Zweiten Weltkriegs *neutral*. – (Forts. S. 1487)	*Schweden bleibt neutral*

Norwegen (1914–1945)
(Forts. v. S. 1052)

Norwegen entwickelt in den ersten Jahrzehnten seit der Entstehung der Selbstständigkeit im Jahre 1905 ein *starkes Eigengefühl*, ohne doch den Zusammenhang mit den skandinavischen Nachbarstaaten zu verlieren (dynastische Verbindung mit Dänemark). Das Hauptinteresse liegt in der Fortentwicklung einer tragfähigen norwegischen Wirtschaft und Industrie.

starkes Eigengefühl

1914–1918	Die Fortsetzung der Neutralitätspolitik während des Ersten Weltkrieges ist beeinträchtigt durch die starke wirtschaftliche *Abhängigkeit von Großbritannien* und dem Wunsch, durch Einsatz der Handelsflotte im Krieg wirtschaftliche Vorteile zu sichern.	*Abhängigkeit von Großbritannien*
1919	Festlegung des Verhältniswahlrechts zum Storting (Volksvertretung).	
1920	Norwegische Souveränität über *Spitzbergen* international anerkannt.	*Spitzbergen*
1921	Trennung der Kommunisten von den Sozialdemokraten.	
1921–1935	Wiederholte Regierungen der bürgerlichen Linken (Venstre): ihr politischer Führer Johann Ludwig Mowinckel (*1870, †1943) wiederholt Regierungschef: 1924–1926; 1928–1931; 1933–1935.	
1922	Norwegens Arbeiterpartei verlässt die Internationale; nach dem Zusammenschluss mit den Sozialdemokraten wird sie seit 1927 die stärkste Partei im Storting.	
1935–1945	Regierungsverantwortung der Arbeiterpartei (wie schon 1928).	

1935 Kabinettsbildung unter Führung von Johann Ludwig Nygårdsvold (*1879, †1952), seit
19. März   7. Juni 1940 als Exilregierung in London.

Innen- und Außenpolitik bis zur deutschen Besetzung

Hauptprobleme der Innenpolitik sind die Überwindung der Wirtschaftskrise der zwanziger und beginnenden dreißiger Jahre, Förderung des Landbaus und Verbesserung der Sozialversicherung. Auseinandersetzung mit der konservativen Bauernpartei und vereinzelten rechtsnationalen, antikommunistischen und antidemokratischen Gruppierungen (Nationale Sammlungspartei unter Vidkun Quisling). Norwegen hält trotz andersgerichteter Strömungen an der *Neutralitätspolitik* fest und versagt sich auch aktiver Mitwirkung an Völkerbunds-Aktivitäten. Es ist für eine kriegerische Auseinandersetzung wenig gerüstet.

Neutralitätspolitik

1939 Norwegen lehnt den Abschluss eines Nichtangriffspakts mit Deutschland ab (Mai).
2. Sept. Deutschland sichert die Wahrung der norwegischen Integrität zu, sofern diese nicht durch eine dritte Macht verletzt wird.

Landung deutscher Truppen

1940 Nach der *Landung deutscher Truppen* an verschiedenen Stellen Norwegens Besetzung des
9. April Landes trotz teilweise hartnäckigen Widerstands. Flucht von König Haakon VII. und der Regierung nach London.

Vidkun Quisling

15. April Bildung eines Verwaltungsrats unter *Vidkun Quisling* (*1887, †1945), der vorübergehend eine nationale norwegische Regierung zu bilden versucht.
1940–1945 Unter der Kontrolle des Reichskommissars Josef Terboven kommt es zu harten Maßnahmen gegen die wirkungsvoll agierende Widerstandsbewegung.
1942 Vidkun Quisling bildet ein „nationales Ministerium", das eng mit der deutschen Besatzungsmacht zusammenarbeitet.
1. Febr.
1944 Räumung Norwegens durch die deutschen Truppen.

Rückkehr der Exilregierung

1945 Nach der deutschen Kapitulation *Rückkehr der Exilregierung* und des Königs aus London.
– (Forts. S. 1489)

Dänemark mit Island und Grönland (1915–1945)
(Forts. v. S. 1052)

1915 Verfassungsänderung: Mitglieder beider Kammern des Parlaments werden nach allgemei-
5. Juni nem Wahlrecht (Frauen- und Verhältniswahlrecht) gewählt.
1917 Verkauf nach vorangegangener Volksabstimmung der dänisch-westindischen Besitzungen (Virgin Islands; deutsch: Jungferninseln) mit dem Flottenhafen St. Thomas an die USA.

Island selbstständig Südschleswig-Frage

1918 *Island* wird durch „Unionsakte" als *selbstständiger Staat* in Personalunion mit Dänemark
30. Nov. anerkannt. Es bestehen weiterhin enge wirtschaftliche Bindungen.
1920 *Südschleswig-Frage:* Dänemark wünscht den Anschluss von ganz Schleswig, akzeptiert
Febr./ aber eine Volksabstimmung in Übereinstimmung mit der Völkerbundssatzung. Die Grenz-
März ziehung erfolgt längs der so genannten Clausenlinie südlich Tonderns und nördlich von Flensburg.
1924 Thorvald Stauning (*1873, †1942), seit 1910 Parteiführer der Sozialdemokraten, bildet ein
23. April Kabinett.
1926 Bildung einer Venstre-Regierung (bürgerliche Linke) unter Thomas Madsen-Mygdal
14. Dez. (*1876, †1943) mit liberaler Zielsetzung und steuerpolitischen Zugeständnissen („Anpassungs-Periode").
1929 Beim Versuch, Rüstungsausgaben einzuschränken, stürzt die Regierung (25. April).
30. April Nachfolger (bis 1940) wird erneut Thorvald Stauning im Bündnis der Sozialdemokraten mit der Radikalen Venstre unter Außenminister Peter R. Munch (*1870, †1948).

Streit um Grönland

1931 Durch *Besetzung der ostgrönländischen Küste* treibt Norwegen den langjährigen Konflikt
10. Juli mit Dänemark wegen der Rechte auf diesen Teil Grönlands auf die Spitze. Der Haager Gerichtshof entscheidet (April 1933) gegen Norwegen.
1933 Der „Kanslergade-Vergleich" versucht durch Verhinderung von Arbeitskämpfen der Wirt-
Jan. schaftskrise entgegenzusteuern (Anstieg der Arbeitslosenquote bis 1933 auf 40%).
April Handelsvertrag mit Großbritannien zur Sanierung der landwirtschaftlichen Exporte.
1939 Dänemark schließt unter starkem Druck einen vom nationalsozialistischen
31. Mai Deutschland vorgeschlagenen Nichtangriffspakt mit der deutschen Regierung ab.

deutsche Besetzung Dänemarks

1940 Nach der *kampflosen Besetzung Dänemarks* durch deutsche Truppen (gleichzeitig mit Nor-
9. April wegen) bleibt die dänische Regierung unter Thorvald Stauning (bis 1942) unter Protesten im Amt. König Christian X. verlässt das Land nicht. Der deutsche Gesandte wird „Reichsbevollmächtigter", mit dem die dänische Regierung zusammenarbeiten muss.

● PLOETZ

12. April	Britische Truppen besetzen die dänischen Färöer-Inseln, lassen jedoch die eigene Verwaltung bestehen und erweitern deren Kompetenz, was die Selbstständigkeit (Forderung nach Unabhängigkeit – selfstyre) der Inselgruppe nach 1945 gegenüber Dänemark festigt.	
Mai	*Island* wird durch britische Truppen besetzt, anschließend (seit Juli 1941) von den USA zum Stützpunkt ausgebaut.	*Island*
1941	*Grönland* ist von Dänemark abgeschnitten: Der dänische Gesandte in Washington schließt eigenmächtig einen Vertrag mit den USA, der diesen die Errichtung von Marine- und Luftbasen auf Grönland zugesteht (Kauffmann-Traktat).	*Grönland*
Febr.	In London entsteht der „Dänische Rat" als eine Art Exilregierung.	
Nov.	Die Regierung Stauning tritt dem Antikominternpakt bei.	
1942 3. Mai	Nach dem Tod Staunings bildet Vilhelm Buhl (* 1881, † 1954) eine neue Regierung (bis 10. Nov.); danach Regierung Scavenius.	
1943 29. Aug.	Nach Sabotageakten der *Gruppe „Freies Dänemark"* und Streiks kommt es zu einer Wende der deutschen Besatzungspolitik: *Verhängung des Ausnahmezustands,* daraufhin Rücktritt der Regierung unter Erik Scanvenius (* 1877, † 1962), die nicht mehr zur Zusammenarbeit bereit ist. Die Regierungsgewalt übernimmt de facto der deutsche Reichsbevollmächtigte. Das dänische Heer wird aufgelöst; die Flotte versenkt sich selbst.	*„Freies Dänemark" Ausnahmezustand*
1944 4. Jan.	Einen Höhepunkt des deutschen Besatzungsterrors stellt die Erschießung des Pfarrers und Dichters Kaj Munk (* 1898, † 1944) dar. Empörung darüber in weiten Teilen des Landes.	
17. Juni	*Island* erklärt sich zur *Republik;* vorangegangen sind eine Volksbefragung und die Erklärung der völligen staatlichen Unabhängigkeit von Dänemark unter Auflösung der Personalunion. Erster Staatspräsident wird Sveinn Björnsson (* 1881, † 1952).	*Island Republik*
1945	In den letzten Kriegsmonaten strömen viele Flüchtlinge und Reste der deutschen Wehrmacht nach Dänemark (Jütland). Die Insel Bornholm wird vorübergehend (bis April 1946) von russischen Truppen besetzt. An der Besetzung Westdeutschlands sind auch dänische Truppen beteiligt. – (Forts. v. S. 1491, 1493)	

Finnland (1917–1945)

1917 März	Die Februarrevolution in Russland gibt Finnland die Gelegenheit, vermehrt auf die staatliche Selbstständigkeit hinzuarbeiten (Anerkennung der *Autonomie* 31. März).	*Autonomie*
Juni	Die finnische Regierung anerkennt zunächst die russische Regierung unter Kerenski; aber die zur Mehrheit im Parlament gelangten Sozialdemokraten (103 von 200 Sitzen) setzen das sog. *Gewaltengesetz* durch: Der Landtag wird danach Träger der „höchsten Gewalt" in Finnland, überlässt aber der russischen Regierung, deren Militär noch im Lande steht, Außenpolitik und Heerwesen.	*Gewaltengesetz*
	Die russische Regierung akzeptiert das ‚Gewaltengesetz' nicht, sondern setzt die Auflösung des finnischen Parlaments durch (bürgerliche Mehrheit; innere Notsituation). Zwischen den sozialistischen Roten Garden und dem bürgerlichen Schutzkorps, der Weißen Garde, kommt es zu bewaffneten Auseinandersetzungen.	
15. Nov.	Nach der bolschewistischen Revolution in Russland (7. Nov.) *Generalstreik* der finnischen Gewerkschaften. Der Landtag beschließt die ‚vorläufige' Übernahme der höchsten Gewalt ohne Einschränkungen. Es kommt zur Bildung einer rein bürgerlichen Regierung unter Per Evind von Svinhufvud (* 1861, † 1944): Sozialdemokraten sind durch die Vorgänge beim Generalstreik kompromittiert.	*Generalstreik*
6. Dez.	Nachdem eine Verfassung für ein unabhängiges Finnland im Landtag eingebracht ist (4. Dez.), folgt die formlose Erklärung der *Unabhängigkeit Finnlands* im Parlament.	*Unabhängigkeit Finnlands*
1918	Den *Befreiungskrieg* gegen die im Lande stationierten russischen Truppen (etwa 40000 Mann) führt der Generalleutnant Karl Gustav Emil *Freiherr von Mannerheim* (* 1867, † 1951) (Oberbefehlshaber seit 27. Jan. 1918).	*Befreiungskrieg Freiherr von Mannerheim*
	Aufstand in Helsinki und Bildung eines russlandfreundlichen kommunistischen „Volksrats": dagegen passiver Widerstand. Es kommt zum Bürgerkrieg und blutigen Auseinandersetzungen zwischen „Weißen" und „Roten".	
April	Deutsches Hilfskorps Mannerheim erobert Tampere (Prov. Häme), den Stützpunkt der Roten. Landung regulärer deutscher Truppen (General Rüdiger Graf von der Goltz).	
16. Mai	Siegesparade in der Hauptstadt als Besiegelung der Unabhängigkeit. Mitglieder des „Volksrats" fliehen nach Russland; etwa 70000 Mann der Roten Garde gefangengenommen.	
27. Mai	Unter der Reichsverweserschaft Svinhufvuds Bildung einer bürgerlich-monarchistischen Regierung unter Juho Kusti Paasikivi (* 1870, † 1956). Der Versuch, einen deutschen Prinzen zur Begründung einer finnischen Monarchie zu gewinnen, scheitert. Kaiser Wilhelm II.	

		(für Prinz Oskar von Hohenzollern) und Prinz Friedrich Karl von Hessen verweigern die Zustimmung. Separatistische Bewegung in Ostkarelien tritt für die Vereinigung mit Finnland ein.
	12. Dez.	Nach Abzug der Deutschen wird Mannerheim Reichsverweser (bis Juni 1919).
	1919	Parlamentswahlen im März bringen Zuwachs der Sozialdemokraten.
Verfassung	17. Juni	Die republikanische *Verfassung* wird von Reichsverweser Mannerheim unterzeichnet. Die Exekutive liegt beim Präsidenten; der Staatsrat wird von verantwortlichen Ministern gebildet.
	25. Juli	Erster finnischer Staatspräsident wird Karl Juho Ståhlberg (*1865, †1952).
Friede mit Sowjetrussland	**1920** **14. Okt.**	Unterzeichnung des *Friedensvertrags mit Sowjetrussland* in Dorpat durch eine finnische Delegation unter Ministerpräsident Paasikivi. Ostkarelien bleibt russisch unter Zusage der Autonomie; Finnland erhält mit Petsamo einen Korridor zum Eismeer.
	Dez.	Finnland tritt dem Völkerbund bei.
	1921	Aufstand in Ostkarelien bei Einführung des Sowjetsystems.
	24. Juni	Finnland behauptet die Ålandsinseln trotz dem Wunsch der Bevölkerung, sich an Schweden anzuschließen (Bestätigung durch den Völkerbund). Neutralisierung der Inseln und Befestigungsverbot.
Politik der nationalen Einheit	1921–1925	*Politik der nationalen Einheit:* Neben den Sozialdemokraten (Suomen sosiaalidemokraattinen puolue) stehen die Nationale Fortschrittspartei (Kansallinen Edistyspuolue), die rechtsgerichtete Nationale Sammlungspartei (Kansallinen Kokoomus) und die schwedische Partei (Svenska folkpartiet). Arbeiterschutzgesetzgebung; Gesetz über sechsjährige Schulpflicht (1921).
Bodenreform	1922 25. Nov. 1924	Gesetz zur *Bodenreform* (Lex Kallio): Möglichkeit zum Landerwerb für Unbegüterte richtet sich gegen Großgrundbesitz in schwedischer Hand: Die finnische kommunistische Partei (sie wurde im August 1918 in Russland begründet) wird nun durch die Regierung unter Kyösti Kallio (*1873, †1940) verboten, die kommunistischen Reichstagsmitglieder werden verhaftet.
	1925 1. März	Staatspräsident wird der Rechtsagrarier Lauri Christian Relander (*1883, †1942) (ein Mitte-Rechts-Bündnis führt zu einer rechtsgerichteten Innenpolitik).
	1926 13. Dez.	Bildung einer sozialdemokratischen Minderheitsregierung unter Väinö Tanner (*1881, †1966); sie stürzt über der Zollfrage.
Lapua-Bewegung	1930	Anwachsende Diskussion um Sondergesetze gegen kommunistische Tätigkeit. Eine antikommunistische Bauernbewegung *Lapua-Bewegung;* (schwedisch: Lappo-Bewegung) gewinnt Einfluss auf die Innenpolitik.
	4. Juli Sept.	Der frühere Reichsverweser Svinhufvud bildet ein neues Kabinett. Die Regierung Svinhufvud verabschiedet unter dem Druck der Lapua-Bewegung (Marsch der 12000 auf Helsinki) antikommunistische Notverordnungen.
	1./2. Okt.	Bei Neuwahlen Zweidrittelmehrheit für die Regierung gegen die Sozialisten.
	1931 1. März	Per Evind Svinhufvud wird Präsident der Republik; Freiherr von Mannerheim zum Vorsitzenden des Verteidigungsrats ernannt.
	1932 März	Die Lapua-Bewegung wird nach einem Putsch erstmals aufgelöst; sie besteht im Untergrund weiter als nationale Sammlungsbewegung und taucht 1933 wieder auf (Verbot 1934).
	1933	Bei Wahlen Sieg der Sozialdemokraten. Begründung der antidemokratischen, antikommunistischen „Vaterländischen Volkspartei" (Isänmaallinen Kansanliike – IKL), die nationalsozialistisch beeinflusst ist. Sie gewinnt bei den Wahlen nur wenig Boden.
	1934	Finnland nimmt erstmals an einem Ministertreffen skandinavischer Staaten teil. In der Folge (spätestens 1936) Diskussion um die Bildung eines Blocks der skandinavischen und baltischen Staaten gegen die Bedrohung durch die nationalsozialistische Politik im Sinne des Völkerbunds. Eine Einigung kommt nicht zu Stande. Aufflackern des Sprachenkampfes zwischen finnischen und schwedischen Volksgruppen. Die seit den zwanziger Jahren bestehende finnisch-nationalistische Akademische Kareliengesellschaft (Akateeminen Karjalan Seura) gewinnt Einfluss innerhalb der akademischen Jugend.
	1937	Finnisch wird durch Reichsgesetz Unterrichtssprache der Universität Helsinki; das Schwedische wird erneut zurückgedrängt, bleibt aber noch immer die Sprache der gebildeten Schicht.
	Febr.	Bei den Präsidentenwahlen wird Kyösti Kallio (Agrarier) gewählt.
	12. März	Koalitionsregierung unter Aimo Cajander (*1879, †1943) mit Fortschrittspartei, Agrariern und Sozialdemokraten.
	1938	Ein Beschaffungsprogramm für die Armee sucht Finnlands Verteidigungsbereitschaft zu stärken; es kommt für eine wirksame Kriegsvorbereitung zu spät.

Nov.	Auflösung der Nationalen Sammlungspartei.	
	Finnland versucht außenpolitisch eine *Annäherung an Großbritannien*, aber auch an Deutschland; es erklärt sich jedoch in den wesentlichen außenpolitischen Fragen mit seinen skandinavischen Nachbarn solidarisch.	*Außenpolitik*
1939 Mai	Finnland lehnt das deutsche Angebot eines Nichtangriffspaktes trotz des bestehenden freundschaftlichen Verhältnisses zu Deutschland ab.	
	Das geheime Zusatzprotokoll des *deutsch-sowjetischen Nichtangriffspakts* vom Aug. 1939 enthält folgende Abmachung: Deutschland erklärt Estland, Lettland und Finnland als außerhalb seiner Interessensphäre liegend, lässt also in diesem Bereich der sowjetischen Politik freie Hand.	*Hitler-Stalin-Pakt*
2. Juni	Eine angestrebte Befestigung der Ålandsinseln gegen das Völkerbundsverbot (Gesetz nach Einigung mit Schweden) kommt wegen russischen Protestes nicht zu Stande.	
27. Nov.	Nach Ablehnung sowjetrussischer Forderungen (Überlassung von Stützpunkten) durch Finnland kündigt die UdSSR den am 21. Jan. 1922 abgeschlossenen Nichtangriffspakt mit Finnland.	
30. Nov.	Beginn des sowjetischen Angriffs auf Finnland *(Winterkrieg)*. Dänemark, Norwegen leisten v. a. humanitäre Hilfe; Schweden stellt Material und Kredite zur Verfügung, sendet Freiwilligenkorps, weigert sich aber, zusammen mit Großbritannien und Frankreich selbst ein bewaffnetes Eingreifen zu planen (Festhalten an strikter Neutralität). Finnland führt mit Energie und letztem Einsatz einen ungleichen, teilweise aber sogar erfolgreichen Kampf.	*Winterkrieg*
7. Dez.	Die UdSSR schließt einen Beistands- und Freundschaftspakt mit der am 2. Dez. begründeten finnisch-kommunistischen *Gegenregierung* unter Otto Wilhelmowitsch Kuusinen (*1881, †1964), die aber ohne Einfluss bleibt; am 1. Dez. hat Ministerpräsident Risto Ryti (*1889, †1956) eine Regierung gebildet (Außenminister Väinö Tanner), die eine Zusammenfassung der rechtsnationalen Kräfte darstellt.	*Gegenregierung*
14. Dez.	Auf Finnlands Appell an den Völkerbund hin empfiehlt dieser seinen Mitgliedern, Finnland zu unterstützen. Ausschluss der UdSSR aus dem Völkerbund.	
1939/1940	Im Finnisch-Sowjetischen Winterkrieg gelingt es nicht, die „Mannerheim-Linie" zu halten. Noch ehe britisch-französische Kräfte eingreifen können, kommt es zum Abschluss des	
1940 12. März	*Friedens von Moskau*: Finnland tritt die karelische Landenge mit Viborg (Viipuri) und Teile von Ostkarelien ab; es verpachtet für 30 Jahre die Halbinsel Hangö (Hanko) an die UdSSR (Marinestützpunkt) und räumt ihr Transitrechte im Gebiet von Petsamo (an der Barentssee) ein.	*Friede von Moskau*
18. Juni	Finnland erlässt ein Gesetz zur Umsiedlung der 160000 vor allem karelischen Flüchtlinge. Sie werden planmäßig im übrigen Finnland angesiedelt und nach dem Kriege weit gehend integriert.	
15. Okt.	In einem weiteren Vertrag mit der UdSSR verpflichtet sich Finnland, die Ålandsinseln, die seit Juni 1921 finnisch sind, aber unter Befestigungsverbot des Völkerbunds stehen und Autonomie gegenüber Finnland besitzen (schwedisches Interesse), weiterhin nicht zu befestigen.	
19. Dez.	Risto Ryti wird anstelle des erkrankten Kyösti Kallio zum Präsidenten der Republik gewählt (Wiederwahl am 15. Febr. 1943).	
1941 26. Juni	Als der deutsche Angriff gegen die UdSSR anläuft (22. Juni 1941), beteiligt sich auch Finnland unter dem Oberbefehl Marschall Mannerheims, des späteren Staatspräsidenten, am Ostfeldzug.	
29. Aug.	Einnahme des 1940 abgetretenen *Viborg* (Viipuri), Finnland achtet aber – aus politischen Gründen – die alte finnisch-sowjetische Grenze. Dagegen dringt die finnische Armee durch Ostkarelien bis zum Svir und zum Onegasee vor. Der Verkehr über den Weißmeer-Ostsee-Kanal wird unterbunden.	*Viborg*
25. Nov.	Finnland tritt dem *Antikominternpakt* bei.	*Antikominternpakt*
4. Dez.	Hangö (Hanko) wird eingenommen.	
7. Dez.	Die im Vertrag von Moskau abgetretenen und inzwischen zurückeroberten Gebiete werden in das finnische Staatsgebiet rückgegliedert.	
1943	Im Verlauf des Jahres verstärkt sich die Tendenz, aus dem Krieg auszuscheiden; durch die Anwesenheit der deutschen Truppen wird dieses Vorhaben aber erschwert.	
1944	Die finnische Front auf der karelischen Landenge droht, infolge einer sowjetischen Offensive im Juni zusammenzubrechen.	
22.–27. Juni	Staatspräsident Ryti verpflichtet sich gegen ein Hilfsversprechen von Reichsaußenminister Ribbentrop, keinen Separatfrieden abzuschließen.	
1. Aug.	Ryti muss deswegen abdanken.	

Waffen- stillstand von Moskau	Aug./Sept. An seiner Stelle erreicht Marschall Mannerheim den Rückzug der deutschen Truppen sowie einen Waffenstillstand mit der UdSSR: **19. Sept.** *Waffenstillstand von Moskau*, der später im Friedensvertrag von Paris (12. Febr. 1947) bestätigt wird: Hauptbedingungen sind Abtretung derselben Territorien wie schon 1940 (Westkarelien mit Viborg, Halbinsel Hangö), außerdem des Gebiets von Petsamo; Zugeständnis eines russischen Stützpunktes in Porkkala; Reparationslieferungen im Wert von 300 Mio. Dollar im Verlauf von sechs Jahren. 17. Nov. Juho Kusti Paasikivi bildet zum zweiten Mal (erstes Mal im Mai 1918) eine Regierung. 1945 Nunmehr erfolgt die Kriegserklärung an das Deutsche Reich (3. März) mit Rückwirkung vom 19. Sept. 1944. – (Forts. S. 1494)

Baltische Staaten (1917/18–1944)

Die drei baltischen Nationalstaaten – Litauen, Lettland, Estland – verdanken ihre Existenz den Bestimmungen des Friedens von Brest-Litowsk vom März 1918 zwischen dem Deutschen Reich und Sowjetrussland sowie dem deutsch-sowjetischen Ergänzungsvertrag vom Aug. 1918. Die deutsche Politik verfolgt den Plan einer Zusammenfassung der drei Gebiete Estland, Livland, Kurland und bildet Anfang Nov. 1918 einen Regentschaftsrat aus den Landesräten mit deutsch-baltischen, lettischen und estnischen Vertretern.

Estland (1918–1944)

Unabhängigkeit *Konstantin Päts* *Bolschewisten* *zurückgeschlagen* *Vertrag von* *Dorpat* *Staatsstreich* *Anschluss* *an die* *UdSSR*	**1918** Proklamation der *Unabhängigkeit* Estlands nach der Besetzung durch deutsche Truppen. **24. Febr.** Provisorische Regierung unter *Konstantin Päts* (*1874, †1943?). 1919 Nach deutschem Abzug Kämpfe mit bolschewistischen Truppen (Dez. 1918/Jan. 1919). Mit britischer und finnischer Hilfe werden die *Bolschewisten zurückgeschlagen*. 10. Okt. Bodenreformgesetz enteignet die deutsch-baltischen Gutsherren. 1920 Im *Vertrag von Dorpat* wird Estland von Sowjetrussland anerkannt. Die Voraussetzungen 2. Febr. und Entwicklungstendenzen zwischen den Kriegen sind denjenigen in Lettland ähnlich. 15. Juni Verfassung Estlands als demokratische Republik. 1924 Bolschewistischer Putsch in Reval niedergeschlagen (1. Dez.). Die Abwehr gegen den Bolschewismus bleibt innenpolitisch bestimmend. In den folgenden Jahren Ausbreitung des estnischen Freiheitskämpferbundes, der auf Verfassungsreform im faschistischen Sinne drängt. **1933** Volksentscheid bringt Verfassungsänderung mit starker Stellung des Präsidenten (Okt.). **1934** Konstantin Päts (Landwirtepartei) kommt den „Freiheitskämpfern" zuvor: *Staatsstreich* mit **12. März** Hilfe von General Laidoner. 1934/1935 Rücksichtslose Ausschaltung der „Freiheitskämpferbewegung" durch Verbot und Verhaftungen. Päts, gestützt auf die estnische Bauernschaft, kehrt zur „gelenkten Demokratie" zurück, ohne seine Herrschaft zu gefährden. 1936 Durch einen Volksentscheid lässt sich Päts seinen Kurs bestätigen (Febr.). 1937 Neue Verfassung: Demokratie mit zwei Kammern; der Präsident ist mit starker Vollmacht 3. Sept. ausgestattet. 1938 Konstantin Päts wird zum Staatspräsidenten gewählt (bis Juli 1940 im Amt). 1939 Nichtangriffspakt mit Deutschland (analog Lettland). **1940** Johannes Jakowlewitsch Vares (†1946) wird nach sowjetischer Besetzung als Ministerpräsi- **21. Juni** dent eingesetzt; unter seiner Regierung wird Estland zur Sozialistischen Sowjetrepublik erklärt. 1941–1944 *Estland unter deutscher Besatzung:* Hjalmar Mäe als Erster Landesdirektor eingesetzt. 1944 Estland wird wieder dem sowjetischen Staatsverband eingegliedert (3. Okt.). – (Forts. S. 1496)

Lettland (1918–1944)

1918 11. Nov.	Proklamation einer unabhängigen *Republik* Lettland: In Lettland ist die politische Entwicklung glücklicher als in Litauen, da ernste Konflikte um Grenzfragen fehlen und die Emanzipation des Bürgertums schon weiter gediehen ist.	*Republik*
1919	Einfall bolschewistischer Truppen (Jan.), die Riga nehmen und das Land besetzen.	
April	Beginn der Kämpfe zwischen deutschen, baltendeutschen und lettischen Truppen gegen die bolschewistischen Kräfte.	
22. Mai	Riga von deutschen und verbündeten Truppen *zurückerobert*.	*Riga erobert*
30. Juni	Vorläufige Verfassung für die Republik Lettland.	
1920 11. Aug.	Im *Friedensvertrag von Riga* Anerkennung des unabhängigen Staates Lettland durch Sowjetrussland.	*Friedensvertrag von Riga*
24. Sept.	Bodenreformgesetz ähnlich dem in Estland.	
1922	Annahme der endgültigen Verfassung.	
15. Febr. 9. Okt.	Sozialdemokratischer Wahlsieg. Entsprechende Regierung. Die deutschbaltische Führungsschicht des Landes, geschwächt durch Bodenreform und Emigration, bleibt politisch ausgeschaltet.	
1928 9. April	Regierungsbildung durch konservative Kräfte (Bauernbund): Ministerpräsident wird Peter Juraševski (*1872, †1945); Albert Kviesis (*1881, †1944), Führer des Bauernbundes, wird	
1930	zum Staatspräsidenten gewählt.	
1931 Sept.	Enteignung des deutschen Doms in Riga. Verschärfung des gespannten Verhältnisses zur deutschen Minderheit.	
1932	Abschluss eines Nichtangriffspakts mit der Sowjetunion.	
1934 16. Mai	*Staatsstreich* des Ministerpräsidenten Karl Ulmanis (*1877, †1942?), des Führers des Bauernbundes. Aufhebung der Verfassung. Ende der parlamentarisch-demokratischen Regierungsform und Errichtung einer auf Bauernbund und Militär gestützten autoritär-nationalistischen Diktatur unter Berücksichtigung faschistischer Elemente.	*Staatsstreich*
12. Sept.	Die enge Zusammenarbeit mit Estland (Bündnis vom 1. Nov. 1923) und Litauen wird als „*Baltische Entente*" ausgebaut.	*Baltische Entente*
1936 9. April	Ulmanis zum Staatspräsidenten ernannt, zugleich – der diktatorischen Verfassung entsprechend – Ministerpräsident (bis 20. Juli 1940).	
1939 7. Juni	Nichtangriffspakt mit dem Deutschen Reich. Die lettische Außenpolitik in den Jahren vor Kriegsausbruch versucht, durch gute Beziehungen nach allen Richtungen Neutralität und Unabhängigkeit zu wahren.	
5. Okt.	Abschluss eines *Beistandspaktes mit der Sowjetunion:* Einräumung von Stützpunkten.	*Beistandspakt mit der UdSSR*
30. Okt.	Abschluss eines deutsch-lettischen Vertrages, der die Umsiedlung von Baltendeutschen in das Reichsgebiet vorsieht.	
1940 22. Juni	Nach Annahme sowjetischen Ultimatums Errichtung einer neuen Regierung unter August Martynowitsch Kirchenstein (*1872, †1963) unter sowjetischer Besatzung.	
Juli/Aug.	*Anschluss* der drei baltischen Staaten – Estland, Lettland, Litauen – als Sozialistische Sowjetrepubliken an die UdSSR.	*Anschluss an die UdSSR*
1941–1944	Lettland unter deutscher Besatzung.	
1944 13. Okt.	Nach Abzug deutscher Truppen aus Riga: Wiederherstellung des 1940 geschaffenen Zustands einer Sozialistischen Sowjetrepublik. – (Forts. S. 1498)	

Litauen (1917–1944)

(Forts. v. S. 619)

1917 11. Dez.	Der litauische Landesrat in Wilna proklamiert einen unabhängigen litauischen Staat unter dem Schutz des Deutschen Reichs.	
1918 23. März	Nach Unabhängigkeitserklärung (16. Febr.) erfolgt Anerkennung durch das Deutsche Reich.	
Juni	*Herzog Wilhelm von Urach* (*1864, †1928 – Seitenlinie des württembergischen Königshauses) wird zum *König* von Litauen gewählt.	*Herzog Wilhelm von Urach König*
2. Nov.	Litauen erklärt sich zum *Freistaat* mit provisorischer demokratischer Verfassung.	*Freistaat*
5./11. Nov.	Augustin Voldemaras (*1883, †1944) bildet die erste litauische republikanische Regierung. Nach Abzug der Deutschen Einrücken der Bolschewiken, die am 5. Jan. 1919 Wilna nehmen (im April von den Polen erobert).	

Curzon-Linie	8. Dez.	Grenzziehung durch die Alliierten nach der *Curzon-Linie* (Vorschlag des britischen Außenministers George Curzon). Wilna kommt zu Litauen.
Friedensvertrag von Moskau	1920 12. Juli	*Friedensvertrag von Moskau* zwischen Litauen und Sowjetrussland: Litauens Selbstständigkeit einschließlich der Stadt Wilna wird anerkannt.
	7. Okt.	Vertrag von Suwalki: Polen und Litauen erkennen die Grenze vom 8. Dez. 1919 an. Polnische Besetzung Wilnas.
Bodenreform	1922	Eine *Bodenreform* (29. März) schaltet die alte polnische Herrenschicht aus.
	1. Aug.	Annahme der Verfassung (demokratische Republik).
	1923	Besetzung des Memelgebiets – Ostpreußen nördlich der Memel (17. Mai).
	1924	Memelstatut: die vier Hauptmächte der Alliierten (USA, Großbritannien, Frankreich, Italien) übertragen ihre Rechte aus dem Versailler Friedensvertrag an Litauen; das Memelgebiet erhält Autonomiestatus unter litauischer Oberhoheit.
Militärputsch	Dez. 1926	*Militärputsch:* Anton Smetona (*1874, †1944) wird Staatspräsident, Voldemaras Ministerpräsident. Aufhebung der Verfassung. Einparteiherrschaft der Tautininkai (Nationalisten) unter der Militärdiktatur Smetona-Voldemaras.
	1929	Ministerpräsident Voldemaras gestürzt (19. Sept.).
	23. Sept.	Bildung eines Kabinetts unter Josef Tubelis (*1882, †1939).
	1935 26. März	Kriegsgericht in Kaunas fällt vier Todesurteile gegen deutsche Memelländer: deutsch-litauische Spannung wegen des Memelgebiets auf dem Höhepunkt.
	1936–1938	Politische Entwicklung im faschistischen Sinn (gelenkte Einparteiwahlen).
	1938 März	Polnisch-litauischer Konflikt: polnisches Ultimatum, Beziehungen zu Polen aufzunehmen und die Wilna-Grenze anzuerkennen; Litauen akzeptiert.
	1939 23. März	Rückgabe des Memellandes an das Deutsche Reich: Einmarsch deutscher Truppen in das Gebiet nach deutsch-litauischem Abkommen.
	28. Sept.	Im Ergänzungsvertrag zum deutsch-sowjetischen Beistandspakt vom 23. Aug. 1939 wird
Beistandspakt mit der UdSSR	10. Okt.	Litauen der UdSSR als Interessengebiet zugesprochen. Abschluss eines *Beistandspakts* zwischen Litauen und der *UdSSR,* der Stützpunkte eingeräumt werden. Die Sowjetunion tritt das nach der Aufteilung Polens ihr zugefallene Wilna-Gebiet an Litauen ab.
	1940 4.–17. Juni	Annahme des sowjetischen Ultimatums: Einräumung weiterer Stützpunkte sowie Umbildung der Regierung: neuer Ministerpräsident wird der Kommunist Justus Ignowitsch Paleckis (*1889).
Anschluss an die UdSSR	Juli/Aug.	*Anschluss* der drei baltischen Staaten als Sozialistische Sowjetrepubliken an die UdSSR.
	1941	Besetzung der baltischen Sowjetrepubliken durch die deutsche Wehrmacht (Juni/Juli).
	1941–1944	Landeseigene Verwaltung (Generalrat) unter deutschem Reichskommissariat: Führung hat Peter Kubiliunas (*1894, 1945 verschollen) inne.
Sozialistische Sowjetrepublik	1944 Juli	Durch den Vormarsch der Roten Armee wird Litauen wieder *Sozialistische Sowjetrepublik.* – (Forts. S. 1499)

Polen (1505–1945)

(Forts. v. S. 618)

Polen bis zur Dritten Teilung (1505–1795)

Polen-Litauen (seit 1386 in Personalunion) steht als führende Macht Ostmitteleuropas in Gegensatz zum Moskauer Reich, zu Schweden und zum Osmanischen Reich. Bei den nicht leibeigenen, aber an die Scholle gebundenen Bauern gibt es Läuflinge zu den ukrainischen Kosaken (Sicherung gegen osmanische Angriffe), aber keine Aufstände wie in Mittel- und Westeuropa oder Russland. Die Entwicklung der Städte, der Verwaltung und des Heerwesens liegt im europäischen Vergleich zurück. Innerhalb des zahlreichen Adels (Szlachta) gibt es zwar gewaltige Unterschiede an ökonomischer und politischer Macht, jedoch stellt er im Rahmen des relativ modernen polnischen „Parlamentarismus" die eigentlichen, freien und gleichen „Staatsbürger". Er tritt in regionalen Landtagen und im Reichstag (Sejm: Adel in der Landbotenstube; Magnaten und hoher Klerus im Senat) zusammen.

Konstitution	1505	Seit der *Konstitution* „Nihil novi" von Radom (südlich von Warschau) übernimmt der Reichstag, vor allem die Landbotenstube, formell, in der Praxis erst allmählich, allein die Legislative und wird damit zur neuen Zentrale des politischen Lebens. Dem König bleiben u. a. Exekutive und Heerführung. Von dieser Umwandlung des Königreiches Polen in die
Adelsrepublik		„Rzeczpospolita Polska" (*Adelsrepublik* mit gewähltem und gekröntem Oberhaupt) an rechnet man die Neuzeit Polens.

1506–1548	*Sigismund I., der Alte* (*1467, †1548).	*Sigismund I., der Alte*
1515	Sigismund und sein Bruder König Vladislav II. von Böhmen (1471–1516) und Ungarn (1490–1516, als Ladislaus; *1456, †1516) verzichten zugunsten der Habsburger auf Erbansprüche in Ungarn und Böhmen. Kaiser Maximilian gibt die Unterstützung Moskaus und des Deutschen Ordens gegen Litauen auf und erkennt den Zweiten Thorner Frieden von 1466 an. Damit sind die Interessensphären zwischen Polen und dem Kaiser abgegrenzt.	
1525	Albrecht von Brandenburg (*1490, †1568), letzter Hochmeister des Deutschen Ordens (1510/1511–1525), verwandelt den Ordensstaat in ein erbliches *weltliches* (evangelisches) *Herrschaftsgebiet*, das er als Herzog in Preußen vom polnischen König zu Lehen nimmt. Ein Jahr später kommt Masowien (Warschau) an Polen. Fortsetzung der Kriege mit Moskau. Dank des starken Einflusses der Königin Bona (Sforza) wirkt die italienische Renaissance prägend auf Kultur und Wirtschaft in Polen ein. Sigismund bemüht sich um die Stabilisierung der königlichen Macht mit Steuerplänen, die scheitern, und der vom Adel widerstrebend akzeptierten Wahl und Krönung seines einzigen Sohnes zu seinen eigenen Lebzeiten.	*weltliches Herrschaftsgebiet*
1548–1572	*Sigismund II. August* (gekrönt 1529/30, *1520, †1572).	*Sigismund II. August*
1561	Da sich die livländische Konföderation unter dem russischen Angriff auflöst (1558), nimmt Gotthard Kettler (*1517, †1587), der letzte livländische Landmeister des Deutschen Ordens (1559–1561), das Herzogtum Kurland vom polnischen König zu Lehen. Dieser garantiert innere Autonomie, evangelische Konfession und deutschen Charakter. Livland nördlich der Düna wird polnische Provinz (1562), Estland unterstellt sich Schweden.	
1569	*Union von Lublin* (Ostpolen). Litauen tritt die Wojwodschaften Wolhynien, Podlachien und Kiew an Polen ab, mit dem es staatsrechtlich vereinigt wird. Selbständig behält es Verwaltung, Finanzen, Heer und Recht. Das Königliche Preußen (Westpreußen) verliert alle Sonderrechte. Der größte, römisch-katholische Teil des Adels verschmilzt rechtlich und kulturell zur polnischen „Adelsnation", die auf die Wahrung ihrer „Goldenen Freiheit" bedacht ist.	*Union von Lublin*

Grundelemente der polnischen Reformation und Gegenreformation

Die polnische Reformationsbewegung, zu der sich vor allem das deutsche Bürgertum, die Universität Königsberg und der Adel bekennen, gliedert sich zu ihrer Blütezeit (nach 1548) mit den Böhmischen Brüdern, Lutheranern und Calvinisten in drei etwa gleich starke Richtungen. Dagegen führt Stanislaus Hosius (1551 Bischof von Ermland, 1561 Kardinal; *1504, †1579) mit den Jesuiten die Gegenreformation an, die sich dank der Hilfe der Könige und der begrenzten Einigungsfähigkeit der reformatorischen Bekenntnisse durchsetzt. Dennoch entsteht in der zweiten Hälfte des 16. Jh.s in Polen ein geistiges Klima, das als „Zeitalter der Toleranz" innerhalb Europas nur in Siebenbürgen Ebenbürtiges findet.

Zeitalter der Toleranz

1573	Heinrich von Valois (*1551, †1589) wird zum König gewählt (als er 1574 nach dem Tode seines Bruders als Heinrich III. [1574–1589] den französischen Thron ohne Abdankung in Polen besteigt, gilt der polnische Thron nach einer gewissen Karenzzeit als vakant). Seine Wahlkapitulation in Polen, die sog. „Articuli Henriciani", bestätigen dem Adel freie Königswahl, Religionsfreiheit und Widerstandsrecht. Dadurch wird die Staatsmacht Polens im Gegensatz zu den Nachbarstaaten wesentlich geschwächt, zumal der Adel sich in wachsendem Maße zu Konföderationen zusammenschließt, um seine Ziele außerhalb des Reichstages, auch mit Gewalt, durchzusetzen.	
1575–1586	Stephan IV. Báthory (*1533, †1586), Fürst von Siebenbürgen (seit 1571), setzt sich nach einer Doppelwahl gegen den Gegenkandidaten Kaiser Maximilian rasch durch.	
1582	Friede von Jam Zapolski (südlich Pskow).	
1587–1668	Die katholische Linie des *Hauses Wasa* stellt die Könige Polens.	*Haus Wasa*
1587–1632	*Sigismund III.* (*1566, †1632). Er kann seine schwedische Krone (1592–1599) nicht gegen den späteren König Karl IX. behaupten.	*Sigismund III.*
1596	*Union von Brest* (am Bug). Sigismund und sein Kanzler Jan Zamoyski (*1542, †1605; seit 1581 Krongroßkanzler) nutzen den Schwung der Gegenreformation und nationale Gegensätze innerhalb der orthodoxen Kirche aus, um deren polnisch-litauischen Zweig zum größten Teil unter Beibehaltung von Ritus und Recht unter die Oberhoheit des Papstes zu bringen. Wegen seiner damaligen Schwäche kann Moskau die Union nicht verhindern. Da aber die weiterbestehende orthodoxe Restkirche sich stärker an Moskau anlehnt, gewinnt diese langfristig um so stärkeren Einfluss in Polen-Litauen.	*Union von Brest*

Polen erzielt mit seinem Eingreifen in die russischen Wirren eine zeitweilige Kandidatur für den Zarenthron und die Rückgewinnung großer Gebiete im Osten. Im Kampf um die Ostseeküste räumt Schweden im Waffenstillstand von Stuhmsdorf (südlich von Marienburg; 1635) Preußen und behält den größten Teil Livlands.

Die Häuser Jagiełło und Wasa in Polen

Jagiełło und Wasa
Władysław II.

```
              Władysław II. Jagiełło  ∞  Hedwig
              *um 1351 † 1434            *1373 † 1399
              Kg. 1386                   „Kg." 1384
              (Lit. Gfst. 1377–1392)
      ┌──────────────────┬──────────────────────────┐
Władysław III. Warneńczyk    Kasimir IV. Jagiellończyk  ∞  Elisabeth
*1424 † 1444                 *1427 † 1492                 T. v.
Kg. 1434                     Kg. 1447                     Ks. Albrecht II.
(Ung. Kg. 1440)              (Lit. Gfst. 1440)            *1436/37 † 1505
    ┌──────────────┬──────────────────────┬──────────────────┐
Johann Albrecht   Alexander Jagiellończyk  ∞  Helena T. v.    Sigismund I. (d. Alte) ∞ Bona T. d.
*1495 † 1501      *1461 † 1506                Iwan III.        *1467 † 1548              Giov. Gal. Sforza
Kg. 1492          Kg. 1501                    v. Moskau        Kg. (Lit. Gfst.)          Hz. v. Mailand
                  (Lit. Gfst.1492)             *1476 † 1513    1506                      *1494 † 1557
            ┌────────────────────┬────────────────────┐
    Sigismund II. August      Anna         ∞  Stephan IV. Báthory
    *1520 † 1572              *1523 † 1596     *1532 † 1586
    Kg. 1529 (reg. ab 1548)   Kgn. 1575        Kg. 1575
    (Lit. Gfst. 1522)                          (Ft. v. Siebenbürgen 1571)

              Katharina    ∞  Johann III. Wasa
              *1526 † 1583    *1537 † 1592
                              (Schwed. Kg. 1568)

              Sigismund III. Wasa  ∞  1. Anna
              *1566 † 1632             *1573 † 1598
              Kg. 1587                 T. v. Ehz. Karl
              (Schwed. Kg 1592–99)     v. Österreich
                                    ∞  2. Konstanze
                                       *1588 † 1631
                                       Schw. v. 1.
              ┌─────────────────────────┐
          1. Ehe                      2. Ehe
      Władysław IV. Sigismund       Johann II. Kasimir
      *1595 † 1648                  *1609 † 1672
      Kg. 1632                      Kg. 1648–1668
```

1632–1648   Władysław IV. Sigismund (*1595, †1648). In seiner Regierungszeit wird das vergleichsweise friedliche und tolerante Polen zum Zufluchtsort schlesischer und böhmischer Protestanten.

1648–1668   Johann II. Kasimir (*1609, †1672; dankt nach dem vergeblichen Versuch innerer Reformen und dem Tod seiner Gemahlin ab).

Liberum veto

1652   *Liberum veto* (lateinisch = das freie „ich verbiete"). Erstmals wird ein Reichstag durch fehlende Einstimmigkeit „zerrissen". Diese fortan häufiger geübte Praxis verhindert, zusammen mit den Konföderationen, innere Reformen.

In der ersten Hälfte des 17. Jh.s beunruhigen die ungebundenen „Zaporoger" Kosaken (südlich der Dnjepr-Stromschnellen) den ukrainischen Raum zwischen Polen, Osmanischem und Moskauer Reich. In den großen, politisch und sozial motivierten Aufständen unter Hetman Bogdan Chmelnizki (*um 1595, †1657) gehen sie gegen den polnischen Adel, den katholischen Klerus und gegen die Juden vor.

1654   Chmelnizki, der auf eine freie Ukraine hinwirkt, unterstellt sich dem Zaren im Vertrag von Perejaslaw (bei Kiew).

Erster Nordischer Krieg

1655–1660   Daraus entsteht der *Erste Nordische Krieg* zwischen Polen, Schweden und Moskau unter Beteiligung Österreichs, der niederländischen Generalstaaten und Dänemarks. Polen wird zeitweise fast ganz von fremden Truppen erobert („Sintflut").

1657   Verträge von Wehlau (am Pregel) und Bromberg: Polen erkennt die Souveränität des Kurfürsten von Brandenburg im Herzogtum Preußen (Ostpreußen) an und gewinnt ihn wieder zum Verbündeten.

Friede von Oliva

1660   *Friede von Oliva:* Mit seinem endgültigen Verzicht auf Estland und Livland (an Schweden)
3. Mai   und auf das Herzogtum Preußen (Bestätigung von Wehlau) sowie der Aufgabe aller Ansprüche der polnischen Wasa auf die schwedische Krone endet Polens Streben nach einer Rolle als Ostseemacht.

Waffenstillstand von Andrusowo

1667   *Waffenstillstand von Andrusowo* (im Gebiet um Smolensk): Smolensk, Sewerien, Tschernigow (nordöstlich von Kiew) und die Ukraine östlich des Dnjepr (mit Kiew) kommen an Russland, die Zaporoger Kosaken unter russisch-polnische Oberhoheit. Damit hört auch Polens Überlegenheit als Großmacht gegenüber Russland für immer auf.

1669–1673   Der „Piast" Michael Korybut Wiśniowiecki (*1640, †1673), ein litauischer Magnat, wird König.

1672	Polen verliert Podolien und Teile der Ukraine an das Osmanische Reich.	
1674–1696	*Johann III. Sobieski* (*1629, †1696). Nach Erfolgen gegen die Osmanen neuer König, befehligt die Befreiung Wiens von den Türken und gründet mit dem Kaiser, dem Papst und Venedig die Heilige Liga. Wegen des Widerstandes im Reichstag gelingt ihm weder die Rückeroberung der an die Osmanen verlorenen Gebiete noch eine Festigung der Königsmacht.	*Johann III. Sobieski*
1697–1733	*August II. der Starke*, König von Polen (als Friedrich August I. seit 1694 Kurfürst von Sachsen; *1670, †1733). Der sächsische Kurfürst kann sich als kaiserlicher Kandidat mit russischer Hilfe gegen den französischen Kandidaten durchsetzen. Er tritt zum Katholizismus über.	*August II. der Starke*
1699	Friede von Karlowitz (nordwestlich von Belgrad): Polen bekommt Podolien von den Türken zurück.	
1700–1721	*(Zweiter oder Großer) Nordischer Krieg.* – In seiner Auseinandersetzung mit dem Adel um seine für Polen und für den Adel ungünstige Politik ruft August II. den Zaren als bewaffneten Schiedsrichter an.	*Großer Nordischer Krieg*
1716 1717	Der Warschauer Pazifikationstraktat, der mit den alten Zuständen die Schwäche der Republik sicherstellt, wird auf dem Reichstag zu Grodno in „stummer" Sitzung angenommen. Die seither ständig auf polnischem Gebiet befindlichen russischen Truppen garantieren das faktische Protektorat Russlands über Polen.	
1724	*Thorner Blutgericht:* Auseinandersetzungen zwischen Jesuitenschülern und evangelischen Bürgern führen zu scharfen Maßnahmen gegen die Evangelischen, darunter auch zu einigen Todesurteilen. Eine internationale Protestwelle lässt Polen nun als Hochburg der religiösen Intoleranz erscheinen, obwohl diese tatsächlich nicht das Ausmaß wie im sonstigen Europa erreicht.	*Thorner Blutgericht*
1733	Stanislaus I. Leszczyński (*1677, †1766), Schwiegervater Ludwigs XV. von Frankreich (*1710, †1774), von 1704–1709 schon einmal König von Polen, aber von August II. verdrängt, wird erneut (einstimmig) zum König gewählt. Der gegen ihn kandidierende sächsische Kurfürst Friedrich August II. gesteht Österreich die Anerkennung der Pragmatischen Sanktion und Russland die Verfügung über Kurland zu. Daraufhin erzwingen russische Truppen seine Wahl als August III. (1733/1735–1763; *1696, †1763), die im Polnischen *Thronfolgekrieg* (1733–1735) von Russland, Österreich und Schweden gegen Frankreich durchgesetzt wird. Stanislaus erhält Lothringen. Unter dem nur repräsentierenden August III. herrschen die großen Magnatenfamilien, von denen die Czartoryski („Die Familie") die Anlehnung an Russland vertreten, während die Potocki („Patrioten") sich nach Frankreich orientieren.	*Thronfolgekrieg*
1764–1795	*Stanislaus II. August* (*1732, †1798) wird (letzter) König von Polen. Im Einvernehmen mit Preußen setzt Katharina II. die Wahl ihres früheren Favoriten Poniatowski durch. Den maßgebenden Einfluss hat Russland, das im Eintreten für die „Dissidenten" (Nichtkatholiken) und die Adelsfreiheit willkommene Vorwände für sein machtpolitisches Eingreifen besitzt. Gegen die Reformpläne von Stanislaus II. (Einschränkung des Liberum veto) stellt sich zur Wahrung der Verfassung die Konföderation von Radom (1767). Der von dem russischen Gesandten Repnin beherrschte Reichstag 1767/1768 stimmt einem „Ewigen Vertrag" mit Russland zu (5. März 1768), der u. a. die territoriale Integrität beider Länder, die Rechte der Dissidenten in Polen und die polnische Verfassung garantiert. Die Gegen-Konföderation von Bar (Podolien, am Rów; 1768), zu deren Gunsten das Osmanische Reich Krieg mit Russland beginnt, wird mit dessen Hilfe bis 1772 zerschlagen.	*Stanislaus II. August*
1772	*Erste Teilung Polens.* In Russland sind schon vor Jahren als Alternative zur bevorzugten Politik der mittelbaren Beherrschung ganz Polens Pläne zu einer Verschiebung der russischen Grenzen auf Kosten Polens erwogen worden. Im Sommer 1770 dehnt Österreich die Besetzung ehemals an Polen verpfändeter Städte in der Zips auf benachbarte polnische Gebiete aus. Die russischen Erfolge im Türkenkrieg veranlassen Österreich, mit der Pforte 1771 ein Bündnis zu schließen, das Russland an der Gewinnung von Moldau und Walachei hindern soll. Daraufhin verständigt sich Russland im Januar 1772 mit Preußen über eine teilweise Annexion Polens. Österreich tritt dem Abkommen auf Drängen Josephs II. gegen den Widerstand Maria Theresias im August bei. Russland erhält die Gebiete bis zur Düna und zum Dnjepr, fast 110000 qkm; Preußen – Westpreußen ohne Danzig und Thorn, das Bistum Ermland und den Netzedistrikt, rund 35000 qkm; Österreich – Ostgalizien und Lodomerien (Rotrussland), rund 70000 qkm. Polen verliert ein Drittel seines Gebiets und etwa die Hälfte seiner Bevölkerung.	*Erste Teilung Polens*

Aus den vom König geförderten Reformplänen, in denen sich Ideen der Aufklärung mit patriotischem Widerstand gegen die Teilungsmächte verbinden, entsteht nach dem Reichstag von 1773 die Edukationskommission, „das erste Unterrichtsministerium Europas" (Verwendung der Güter des aufgehobenen Jesuitenordens für Zwecke der Volksbildung,

Mai-Konstitution	**1791** **3. Mai**	1773–1791), nach dem „Vierjährigen Reichstag" (1788–1791) die *Mai-Konstitution:* Der Thron wird im kursächsischen Haus erblich; das Liberum veto und das Konföderationsrecht werden abgeschafft; der Bürgerstand erhält Reichstagsvertretung und Zugang zu den Staatsämtern (die Leibeigenschaft wird beibehalten). Unter russischer Einwirkung bildet sich gegen die Konstitution die Konföderation von Targowica (südöstlich Schitomir). Einmarsch russischer Truppen. Der König muss der Konföderation beitreten und die von ihm beschworene Verfassung fallen lassen. Während Österreich und Preußen in den ersten Koalitionskrieg gegen das revolutionäre Frankreich eintreten, schicken sich russische Truppen an, Polen zu besetzen, woraufhin auch preußische Truppen einrücken.
Zweite Teilung Polens	**1793**	Verständigung über die *Zweite Teilung Polens:* Russland und Preußen zwingen Polen zur Abtretung weiterer Gebiete: der Rest von Litauen, die Hälfte von Wolhynien, Podolien u. a., rund 236000 qkm, an Russland; Danzig, Thorn, Gnesen, Posen, Kalisz ([Kalisch] an der Prosna) u. a., rund 55000 qkm, an Preußen.
Tadeusz Kościuszko	**1794**	Nationale Erhebung der Polen unter *Tadeusz Kościuszko* (*1746, †1817; er kehrt nach Teilnahme am Amerikanischen Unabhängigkeitskrieg 1783 nach Polen zurück); sie wird von Russen und Preußen niedergeschlagen.
Dritte Teilung Polens	**1795**	*Dritte Teilung Polens.* Russland und Österreich schließen den Teilungsvertrag, dem Preußen beitritt. Russland erhält die übrigen ostpolnischen Gebiete und Kurland, 465000 qkm; Österreich – Westgalizien mit Krakau sowie Sandomierz (südöstlich von Radom), Lublin, Radom u. a., 115000 qkm; Preußen – Warschau, das Gebiet zwischen Weichsel, Bug und Njemen („Neuostpreußen"), einen Teil des Gebietes von Krakau, 145000 qkm. Stanislaus II. August dankt ab. Ende der alten polnischen „Rzeczpospolita".

Polen (1916–1945)

Der Ausbruch des Krieges zwischen Russland und den Mittelmächten eröffnet der staatslosen polnischen Nation die Aussicht auf Unabhängigkeit. Josef Piłsudski (*1867, †1935) verfolgt dieses Ziel durch Einsatz polnischer Legionäre auf österreichisch-ungarischer Seite gegen Russland, Roman Dmowski (*1864, †1939) dagegen durch Anlehnung an Russland und die Westmächte. Die drei Krieg führenden Teilungsmächte spielen die *polnische Frage* jeweils gegeneinander aus. Doch sind Deutsche und Russen dabei politisch gehemmt. Die habsburgische Politik strebt dagegen die Angliederung Polens an ihren Vielvölkerstaat an („austropolnische Lösung").

polnische Frage		
	1916 **5. Nov.**	Proklamation eines polnischen Staats durch die Mittelmächte Deutschland und Österreich-Ungarn. Bildung eines polnischen Staatsrats in Warschau.
	1917 **2. Juli**	Josef Piłsudski, Organisator und Führer der polnischen Legionen, tritt aus dem Staatsrat aus, da die weitergehenden polnischen Forderungen nach mehr Unabhängigkeit gegenüber den deutschen und österreichisch-ungarischen Exekutivorganen (Generalgouverneure) nicht erfüllt werden. Er wird von den Deutschen gefangen gesetzt und bleibt bis Anfang Nov. 1918 in Magdeburg in Haft.
	15. Aug.	In Lausanne wird das „Polnische Nationalkomitee" mit Sitz in Paris unter Leitung Roman Dmowskis gegründet.
	12. Sept.	Durch kaiserliches „Patent betreffend die Staatsgewalt im Königreich Polen" wird ein Regentschaftsrat als polnische Regierung unter deutscher Kontrolle geschaffen.
Josef Piłsudski	**1918** **14. Nov.**	Der Regentschaftsrat tritt zurück und überträgt *Piłsudski* die Staatsgewalt. Piłsudski, in diktatorischer Stellung, bildet eine provisorische Regierung unter Ministerpräsident Andreas Moraczewski (*1870, †1944).
	23. Nov.	Polen erobert Lemberg im Kampf gegen die Ukrainer.
	Dez.	Einnahme der Stadt Posen (27.–28.).
	1919	Bildung der Koalitionsregierung (Jan.) unter Ignaz Johann Paderewski (*1860, †1941).
Curzon-Linie	**8. Dez.**	Festlegung der *Curzon-Linie* (polnische Ostgrenze, die der britische Außenminister George Curzon für die Beilegung des sowjetisch-polnischen Konflikts vorschlägt: Sie verläuft von der Bahnlinie Dünaburg – Wilna – Grodno nach Brest, von dort längs des Bug bis über Krylów, quer durch Galizien über Rawa Ruska nach Przemyśl und weiter nach Süden) durch die Alliierten.
russisch-polnischer Krieg	**1920** **März–Okt.**	*Russisch-polnischer Krieg* endet, nach großer Gefahr, für die Polen unter Piłsudski erfolgreich: Vorstoß der Polen bis Kiew. Der Gegenvorstoß der Roten Armee kann mit Hilfe des französischen Generals Maxime Weygand (*1867, †1965) vor Warschau aufgehalten werden („Wunder an der Weichsel").

9. Okt.	*Besetzung des Wilnagebiets* durch polnische Truppen.	*Besetzung des Wilnagebiets*
1921	Annahme einer Verfassung nach französischem Vorbild (17. März).	
18. März	Der *Friedensvertrag von Riga* setzt die polnische Ostgrenze fest, die über die Curzon-Linie hinausgeht, aber nicht die Grenze von 1772 erreicht.	*Friede von Riga*

Die polnische Politik zwischen den Weltkriegen ist bestimmt durch die Notwendigkeit der Sicherung gegen das Deutsche Reich und gegen die Sowjetunion, durch den Minderheitenkampf, vor allem gegen Deutsche und Ukrainer, schließlich durch die bis 1939 ungelöst gebliebene Verfassungsfrage. Durch die Grenzziehung im Osten werden dem polnischen Staat rund 6 Mio. Ukrainer und rund 2 Mio. Weißruthenen unterworfen. Die Sicherung des Staates erfolgt durch die Bündnisse mit Frankreich und Rumänien.

1922 17. März	Polnische Freundschaftsverträge mit Lettland, Estland, Finnland zum Schutz gegen Sowjetrussland.	
5. Nov.	Sejmwahlen (Wahlen zur Volksvertretung – Parlament) mit Erfolg der Nationaldemokraten.	
9. Dez.	Piłsudski tritt zurück.	
16. Dez.	Gabriel Narutowicz (*1865), sein Nachfolger als Präsident, wird ermordet.	
20. Dez.	Stanisław Wojciechowski (*1869, †1953) Staatspräsident. Belagerungszustand. Ein ukrainischer Aufstand in Ostgalizien wird unterdrückt.	
1923	Wirtschafts- und Finanzkrise. Es fehlt eine staatliche Integration gegenüber den auseinanderstrebenden politischen und sozialen Gruppen.	
20. Dez.	Bildung eines Ministeriums von Fachleuten durch Władysław Grabski (*1874, †1938). Stabilisierung der Währung und der politischen Führung.	
1925 13. Nov.	Rücktritt Grabskis – Nachfolger ist Alexander Graf Skrzyński (*1882, †1932): aufs Neue Schwäche der Regierungsgewalt.	
28. Dez.	Gesetz zur Bodenreform, das besonders gegen den deutschen Großgrundbesitz angewandt wird. Insgesamt bleibt die Lösung der Agrarfrage in Polen schwierig (Übervölkerung des Dorfes durch die realteilenden Kleinbauern).	
1926 Mai	*Militärputsch Piłsudskis* (12.–14.). Die Regierung von Vinzenz Witos (*1874, †1945) – seit 10. Mai im Amt – wird zum Rücktritt gezwungen.	*Militärputsch Piłsudskis*
15. Mai	Staatspräsident Stanisław Wojciechowski legt sein Amt nieder. Piłsudski lehnt die Wahl zum Präsidenten ab.	
1. Juni	Ignaz Mościcki (*1867, †1946) wird Staatspräsident.	
2. Aug.	*Verfassungsrevision* im autoritären Sinne.	*Verfassungsrevision*
2. Okt.	Piłsudski Ministerpräsident (bis Juni 1928). Piłsudski regiert diktatorisch, auch nach seinem Rücktritt als Ministerpräsident.	
1927 28. Nov.	Auflösung des Sejms und Verhaftung zahlreicher Abgeordneter der Opposition. Die Wahlen sind für die Opposition jedoch erfolgreich.	
1929	Verschärfung des Gegensatzes zwischen dem Sejm und Piłsudski.	
1930	Die Führer der Opposition gefangen gesetzt. Harte „Pazifikationen" gegen Ukrainer in Ostgalizien.	
25. Aug.	Piłsudski wieder Ministerpräsident.	
17. Nov.	Sejmwahlen unter Terror bringen Sieg des Regierungsblocks Piłsudskis.	
28. Nov.	Piłsudski tritt aus Gesundheitsrücksichten zurück. Nachfolger als Ministerpräsident Oberst Walery Sławek (*1879, †1939).	
1931	Im Laufe des Jahres steigende Wirtschaftskrise. Sparmaßnahmen, Zollerhöhungen und Einfuhrverbote.	
1932	Ermächtigungsgesetz auf drei Jahre (9. März).	
25. Juli	Nichtangriffspakt mit Russland.	
2. Nov.	Oberst *Josef Beck* (*1894, †1944) wird *Außenminister*.	*Josef Beck Außenminister*
1933	Eröffnung der Kohlenbahn von Ostoberschlesien nach dem neuen Hafen Gdingen (März).	
8. Mai	Ignaz Mościcki als Staatspräsident wiedergewählt.	
1934 26. Jan.	*Pakt mit dem Deutschen Reich*. Anschließend wirtschaftliche Abkommen zwischen Polen und Deutschland.	*Pakt mit dem Deutschen Reich*
	Der Ausgleich mit Deutschland erweitert die Möglichkeiten der polnischen Außenpolitik.	
1935 23. April	Annahme einer neuen Verfassung. Aufhebung des parlamentarisch-demokratischen Systems nun auch de jure. Machterhöhung des Präsidenten. Schlagwort der „gelenkten Demokratie". Faktisch ist Polen weder eine Demokratie noch ein totalitärer Staat nach faschistischem oder nationalsozialistischem Vorbild. Zu beidem fehlt die Integration. *„Autoritäre" Regierung* ohne wirkliche Autorität. Die Masse der Bauern und Arbeiter steht abseits, das nationaldemokratische Bürgertum in innerer Opposition. Die Herrschaft Piłsudskis ist auf die Macht der Armee gegründet.	*autoritäre Regierung*

Eduard Rydz-Śmigły	12. Mai	Tod Piłsudskis. Nachfolger in der Führung der Armee und damit faktisch des Staates wird General (später Marschall) *Eduard Rydz-Śmigły* (*1886, †1941).
	8. Sept.	Sejmwahlen mit geringer Wahlbeteiligung ergeben Mehrheit des Regierungsblocks.
	1936 15. Juli	General Rydz-Śmigły wird vom Staatspräsidenten zur leitenden Persönlichkeit des ganzen Staates (Generalstabschef und „Staatsführer") erklärt.
	1937 2. März	Gründung eines „Lagers der nationalen Einigung": erfolgloser Versuch, die Regierung durch eine breite Organisation im Volk zu stützen.
	1938 17. März	Polnisches Ultimatum an Litauen, Beziehungen zu Polen aufzunehmen und die Wilna-Grenze anzuerkennen; Litauen akzeptiert.
	2. Okt.	Polnische Truppen besetzen das Olsagebiet (Teschen – polnisch Cieszyn).
	1939 25. Aug.	Unterzeichnung eines britisch-polnischen Beistandspakts, was Hitler dazu veranlasst, seinen für den 26. Aug. erteilten Angriffsbefehl zurückzuziehen.
	30. Aug.	Nach gescheiterten Verhandlungen in Berlin erfolgt die Mobilmachung der Armee.
deutscher Angriff	1. Sept.	Beginn des *deutschen Angriffs auf Polen*.
	17. Sept.	Einmarsch sowjetischer Truppen in Ostpolen entsprechend den deutsch-sowjetischen Vereinbarungen des Beistandspaktes vom 25. Aug.
Warschau kapituliert	27. Sept.	*Warschau kapituliert*.
Exilregierung	30. Sept.	Präsident Mościcki tritt zugunsten von Ladislaus Raczkiewicz (1885, †1947), der sich bereits im Exil befindet, zurück. Władysław *Sikorski* (*1881, †1943) *bildet* eine *Exilregierung* mit Sitz in Paris, dann in London.
	Sept./Okt.	Dem deutschen Staatsgebiet werden die Gebiete Danzig-Westpreußen, Warthegau und die Regierungsbezirke Zichenau und Kattowitz eingegliedert.
Generalgouvernement	26. Okt.	Aus dem in deutscher Hand befindlichen Restpolen wird ein *Generalgouvernement* unter Hans Frank (*1900, †1946) mit Sitz in Krakau gebildet. Durchführung umfangreicher Terrormaßnahmen besonders gegen die polnische Intelligenz und die katholische Geistlichkeit: physische Ausrottung der Führungsschicht.
Besetzung Ostpolens	1941 22. Juni	Der deutsche Angriff auf die Sowjetunion führt zur *Besetzung Ostpolens* (1939 von der Sowjetunion besetzt). Mit Beginn des „Ostfeldzuges" wird durch Einsatzgruppen des deutschen SD und von SS-Kommandos die „Endlösung" der sog. Judenfrage eingeleitet (Befehl vom 31. Juli 1941): Errichtung der *Vernichtungslager* Auschwitz, Majdanek, Treblinka, Sobibor u.a., wo mit Hilfe von Gaskammern Mio. Juden ermordet werden.
Vernichtungslager		
	4. Dez.	Ministerpräsident Sikorski, Chef der Exilregierung, schließt in Moskau einen Freundschafts- und Beistandspakt.
Heimatarmee	1942 3. Febr.	Die Exilregierung ernennt einen Nationalrat und einen Sejm; polnische Untergrundstreitkräfte zur *„Heimatarmee"* zusammengefasst.
	1943 13. April	Entdeckung von Massengräbern von Tausenden von den Sowjets erschossenen polnischen Militärs bei Katyn (westlich von Smolensk), was die polnische Exilregierung veranlasst, eine Untersuchung durch das Rote Kreuz zu fordern.
Warschauer Ghetto	19. April– 16. Mai	Kampf um das *Warschauer Ghetto:* Die verbliebenen 60000 jüdischen Bewohner (nachdem über 300000 in das Vernichtungslager abtransportiert worden sind) widersetzen sich dem Räumungsbefehl, worauf die Räumung in erbitterten Kämpfen erzwungen wird.
	26. April	Die Sowjetunion bricht die Beziehungen zur Exilregierung ab.
	Mai	Bildung der „Union polnischer Patrioten in der Sowjetunion".
	13. Juli	Nachdem Ministerpräsident Sikorski bei einem Flugzeugabsturz ums Leben gekommen ist, bildet Stanislaus Mikołajczyk (*1901, †1966) eine neue Exilregierung.
	Nov./Dez.	Auf der Konferenz in Teheran gestehen die Westmächte Polen eine Grenze zur Sowjetunion zu, die der sog. Curzon-Linie entsprechen soll. (Polen soll dafür mit deutschen Gebietsteilen bis zur Oder-Neiße-Linie entschädigt werden.)
	1944	Gründung des kommunistischen Landesnationalrats in Warschau (1. Jan.).
Lubliner Komitee	Juli	Ankündigung der Sowjetunion, das vom Landesnationalrat eingesetzte „Polnische Komitee für die Nationale Befreiung" (sog. *Lubliner Komitee*) unter Eduard Osóbka-Morawski (*1909) anzuerkennen.
	3.–10. Aug.	Auf Stalins Aufforderung verhandelt Ministerpräsident Mikołajczyk mit dem Komitee in Moskau.
	24. Nov.	Mikołajczyk tritt zurück, Nachfolger: Thomas Arciszewski (*1877, †1955).
	1945 1. Jan.	Lubliner Komitee erklärt sich zur „Provisorischen Regierung"; Exilregierung protestiert vergeblich. – (Forts. S. 1500)

Tschechoslowakei (1918–1939/45)
(Forts. v. S. 910)

Der neue Staat umfasst 46% Tschechen, 13% Slowaken, 28% Deutsche, 8% Magyaren, 3% Ukrainer, ferner Polen und Juden.
Die Tschechoslowakei wird von den alliierten Mächten einzeln anerkannt.

1918 30. Mai	*Vertrag von Pittsburgh* zwischen Thomas G. Masaryk (*1850, †1937) und den Vertretern der Slowaken in den USA sichert den Slowaken Autonomie innerhalb des tschechoslowakischen Staates zu.
14. Okt.	Der Tschechoslowakische Nationalrat in Paris bildet eine Regierung mit Thomas G. Masaryk als Präsidenten und Edvard Beneš (*1884, †1948) als Außenminister, der eine ententefreundliche Linie vertritt.
28. Okt.	In Prag wird die *Tschechoslowakische Republik* ausgerufen. Die Regierung Masaryk–Beneš wird anerkannt. In den folgenden Tagen schließt sich der Slowakische Nationalrat an. Die Karpathen-Ukrainer (bisher ungarisches Staatsgebiet) erklären gegen das Versprechen der Autonomie, das ihnen ebenso wenig wie den Slowaken erfüllt wird, ihren Anschluss an die Tschechoslowakei. Die Deutschen Nordböhmens, Nordmährens und Österreich-Schlesiens erklären sich als „Provinzen" des „Staates Deutsch-Österreich". Doch werden ihre Gebiete nach militärischer Besetzung rasch unter tschechische Verwaltung genommen.
14. Nov.	Die Nationalversammlung in Prag bestätigt die Republik und die Präsidentschaft Masaryks. Vorläufige Verfassung.
1919 4. März	Generalstreik und Massendemonstrationen in Deutsch-Böhmen und Deutsch-Mähren gegen das Verbot der Teilnahme an den Wahlen zur Nationalversammlung Deutsch-Österreichs. Das Eingreifen tschechischen Militärs führt zu zahlreichen Todesopfern, besonders in Eger (Cheb, Westböhmen), Kaaden (Kadaň, Nordböhmen) und Sternberg (Šternberk, Nordmähren).
16. April	Das Gesetz zur Bodenreform begründet die Enteignung des Großgrundbesitzes für bäuerliche Siedlung.
10. Sept.	Der *Minderheitenschutzvertrag* zwischen der Tschechoslowakei und den alliierten und assoziierten Hauptmächten bietet die Rechtsgrundlage für die nationalen Minderheiten.
1920/1921	Sicherung des Staates durch ein umfangreiches *Bündnissystem* (Frankreich, Polen; Kleine Entente mit Jugoslawien und Rumänien).
1920 10. Jan.	Die Gründung der romfreien, reformistisch-katholischen tschechoslowakischen Kirche (800000 Mitglieder) schwächt den Katholizismus.
29. Febr.	Die vorläufige Verfassung wird durch die endgültige Verfassung nach französischem Vorbild ersetzt.
18. April	Parlamentswahlen (*Vielparteiensystem:* Die stärkste Partei sind bis 1925 die Sozialdemokraten, dann die Agrarier. Die Regierungen sind Koalitionsregierungen bürgerlich-demokratischer Art, meist unter Einschluss der Sozialisten).
1924	Neuer Freundschafts- und Bündnisvertrag mit Frankreich (25. Jan.).
1925 6. Juli	Hus-Gedenkfeier in Prag. Der Hus-Tag wird zum Staatsfeiertag erhoben. Abbruch der diplomatischen Beziehungen zum Vatikan infolge der romfeindlichen neuhussitischen Bewegung und der Differenzen in der Frage des Verhältnisses von Staat und Kirche. (Die Frage im Dezember 1927 durch Kompromiss gelöst.)
1927	Masaryk wieder zum Staatspräsidenten gewählt (27. Mai).
1929 Mai	Der Slowakenführer Adalbert Tuka (*1880, †1946) wegen „militärischen Verrats und Vorbereitung eines Komplotts gegen die Republik" in Preßburg zu 15 Jahren Zuchthaus verurteilt. *Erbitterung in der Slowakei.*
1931 März	Entschiedene Stellung der Tschechoslowakei gegen den reichsdeutsch-österreichischen Zollunionsplan.
Sommer	Die Wirtschafts- und Finanzkrise ergreift auch die Tschechoslowakei. Pläne zu regionalen Zusammenschlüssen im Donauraum bleiben ohne Ergebnis (so die Anregung eines Zollbundes mit Österreich und Jugoslawien).
1932	Französische Anleihe von 600 Millionen Francs zugesichert.
März	Beneš betont, dass sein Land den französischen Donauplan von Ministerpräsident Tardieu billige. Die Mitarbeit aber hänge von der Beteiligung Deutschlands und Italiens ab. Der Tardieuplan scheitert damit.
1933	Erneuerung der Kleinen Entente (16. Febr.). Starkes Herüberwirken der nationalsozialistischen Bewegung in die von der Wirtschaftskrise hart getroffenen sudetendeutschen Gebiete.

Marginalia: Vertrag von Pittsburgh · Tschechoslowakische Republik · Minderheitenschutzvertrag · Bündnissystem · Vielparteiensystem · Slowakei

Sudeten-deutsche Heimatfront	1. Okt.	**Bildung der Sudetendeutschen Heimatfront**, die die Sammlung aller Sudetendeutschen anstrebt, unter Führung von Konrad Henlein (*1898, †1945).
	4. Okt.	Selbstauflösung der sudetendeutschen Nationalsozialistischen Partei kurz vor ihrem drohenden Verbot.
	1934 26. April	Der französische Außenminister Barthou (*1862, †1934) in Prag, um die französisch-tschechischen Beziehungen gegenüber dem faschistischen Ausgreifen in den Donauraum zu intensivieren (Römische Protokolle).
	24. Mai	Wiederwahl Masaryks zum Staatspräsidenten.
	Nov.	Studentenunruhen in Prag, als der Rektor der deutschen Prager Universität die Universitätsinsignien an die tschechische Prager Universität ausliefern muss.
	1935 30. April	Änderung des Namens der Sudetendeutschen Heimatfront in Sudetendeutsche Partei (nach Verbot des Namens am 29. April).
Militärbündnis mit der UdSSR	16. Mai	*Militärbündnis* der ČSR mit der *Sowjetunion*.
	19. Mai	Bei den Wahlen Erfolg der Sudetendeutschen Partei (zwei Drittel aller deutschen Stimmen). Keine Rückwirkung auf die Bildung der Regierungskoalition.
	1935	Neue Regierung Milan Hodža (*1878, †1944; Agrarier; Slowake).
	9. Nov.	Rücktritt des fünfundachtzigjährigen Präsidenten Masaryk.
	18. Dez.	Edvard Beneš zum Staatspräsidenten gewählt.
	1936 29. Febr.	Der Historiker Kamill Krofta (*1876, †1945) wird Nachfolger von Beneš als Außenminister. Damit ist Beneš' Linie der Unnachgiebigkeit gegenüber den sudetendeutschen Forderungen endgültig festgelegt.
	1937	Verschärfung des innenpolitischen Kampfes mit der Sudetendeutschen Partei.
	25. Febr.	Auf der Tagung der Partei in Aussig (Ústí nad Labem, an der Elbe) fordert Henlein die Sicherstellung der Rechte der Deutschen.
	16. Okt.	Zusammenstöße in Teplitz (Teplice, Nordwestböhmen).
Henlein fordert Autonomie		Konrad *Henlein* protestiert gegen die Verbotspolitik und *fordert volle Autonomie* für die 3,5 Mio. Deutschen.
	1938	Henlein verstärkt seine Propaganda. Die übrigen deutschen Parteien außer den Sozialdemokraten schließen sich der Sudetendeutschen Partei an. Ministerpräsident Hodža kündigt die Ausarbeitung eines Minderheitenstatuts an.
	24. April	Karlsbader Programm (Karlsbad, tschechisch Karlovy Vary; in Westböhmen, an der Eger) Henleins in acht Punkten: Gleichberechtigung, Autonomie, Wiedergutmachung, freies Bekenntnis zum deutschen Volkstum und zur „deutschen Weltanschauung". (Dies soll Hitlers Forderung entsprechen: „Von den Tschechen immer soviel fordern, dass wir nicht zufrieden gestellt werden können.")
		In diesen Tagen erste außenpolitische Krise. Mobilisierung in der Tschechoslowakei.
	Mai	Bei den Gemeindewahlen erhält die Sudetendeutsche Partei ca. 92% aller deutschen Stimmen.
	Sommer	Trotz vielfacher Verhandlungen verschärft sich die Spannung, die Henlein bewusst steigert mit dem Ziel des Anschlusses an das Deutsche Reich. Tschechische Zugeständnisse genügen nicht mehr.
Sudetenkrise	3. Aug.	Der britische Vermittler Walter Runciman (*1870, †1949) trifft in Prag ein. Seine Vermittlungsaktion zieht sich lange hin und ist erfolglos. Es kommt zur *Sudetenkrise*.
	12. Sept.	Rücktritt der Regierung Hodža.
		Neue Regierung durch General Johann Syrový (*1888, †1971). Rücktritt Kroftas als Außenminister. Sein Nachfolger, František Chvalkovský (*1875, †vor 1945), schaltet die Außenpolitik in engem Anschluss an das Deutsche Reich um.
Münchner Abkommen	29. Sept.	*Münchner Abkommen* der vier Großmächte (Deutsches Reich, Italien, Frankreich, Großbritannien): Abtretung der deutschbesiedelten Randgebiete.
	1. Okt.	Beginn des deutschen Truppeneinmarschs in die sudetendeutschen Gebiete.
	5. Okt.	Rücktritt von Präsident Beneš, der nach den USA emigriert.
Autonomie für die Slowakei Karpathen-Ukraine autonom	6. Okt.	*Autonomie für die Slowakei*. Ministerpräsident Jozef Tiso (*1887, †1947).
	8. Okt.	*Autonomie für die Karpathen-Ukraine*.
	30. Nov.	Emil Hácha (*1872, †1945), Präsident des Oberverwaltungsgerichts der Tschechoslowakischen Republik, wird zum Staatspräsidenten gewählt.
		Rudolf Beran (*1887, †1954; Agrarier), Gegner von Beneš, wird Ministerpräsident.
Protektorat Böhmen und Mähren	**1939 März**	Ende der ersten Tschechoslowakischen Republik durch Angliederung der Tschechei an das Deutsche Reich als *Protektorat Böhmen und Mähren*.
		Das Protektorat ist dem Reichsprotektor Konstantin Freiherr von Neurath unterstellt. Staatspräsident Emil Hácha führt als Vorsitzender eines Ausschusses von 50 nationalen Treuhändern ein politisches Schattendasein. Antideutsche Kundgebungen bieten den Anlass zur Schließung der Universitäten und zur Verhaftung von Professoren und vielen Studenten.

5. Sept.	Die verselbstständigte Slowakei beteiligt sich am Krieg gegen Polen (als Gegenleistung erhält sie die 1920 und 1938 an Polen abgetretenen Grenzgebiete).	
18. Sept.	Die UdSSR erkennt die Slowakei als selbstständigen Staat an.	
26. Okt.	Prälat *Jozef Tiso* wird zum slowakischen Staatspräsidenten gewählt.	*Jozef Tiso*
29. Okt.	Ministerpräsident der slowakischen Regierung wird Vojtěch Tuka (*1880, †1946), Außen- und Innenminister (bis 29. Juli 1940) Ferdinand Durčanský (*1906, †1974).	
1940 24. Nov.	Die Slowakei tritt dem Dreimächtepakt bei und beteiligt sich (seit 24. Juni 1941) auf deutscher Seite am Krieg gegen die Sowjetunion.	
1941 27. Sept.	Freiherr von Neurath „geht in Urlaub"; die Führung seiner Geschäfte übernimmt als stellvertretender Reichsprotektor Reinhard Heydrich, der die in der Arbeiterschaft entstandene Unruhe bricht.	
1942 19. Jan.	Die tschechische Regierung wird durch Aufnahme von Parteigängern Deutschlands umgebildet.	
26. Mai	*Attentat gegen Heydrich*, an dessen Folgen dieser stirbt. In einem Teil Böhmens wird das Kriegsrecht erklärt, der Premierminister Alois Eliáš (*1890, †1942) verhaftet (19. Juni in Berlin zum Tode verurteilt, begnadigt, in ein Sanatorium eingeliefert, 1942 erschossen).	*Attentat gegen Heydrich*
10. Juni	*Lidice* (östlich von Kladno in Mittelböhmen), wird dem Erdboden gleichgemacht (alle männlichen Einwohner getötet), weil einer der Attentäter sich dort vorübergehend verborgen hat. An Heydrichs Stelle tritt der General der Polizei Kurt Daluege (*1897, †1946), an die Neuraths im August 1943 der bisherige Reichsinnenminister Wilhelm Frick.	*Lidice*
1943	Karl Hermann Frank (*1898, †1946) wird zum Staatsminister in Böhmen und Mähren ernannt. Er leitet eine Politik der Gleichschaltung ein, die die Erbitterung unter den Tschechen steigert.	

Die Exilregierung

Die von dem am 5. Okt. 1938 zurückgetretenen Staatspräsidenten *Edvard Beneš* in London eingerichtete Exilregierung wird am 23. Juli 1940 vorläufig, am 18. Juli 1941 endgültig von Großbritannien als Provisorische Regierung anerkannt. Ihr werden am 23. Juli 1940 von Großbritannien diplomatische Rechte zugesprochen. Sie schließt nach Eröffnung des deutschen Angriffs auf die Sowjetunion am 18. Juli 1941 mit der UdSSR ein Hilfsabkommen gegen Deutschland. Am 31. Juli wird sie auch von den USA anerkannt. Im Juni 1942 besucht Beneš die Regierung der UdSSR, die die abgeänderten Grenzen von 1938 und 1939 als für sie nicht rechtskräftig bezeichnet. Die USA und (ab 1942) Großbritannien teilen diesen Standpunkt. Die von Beneš 1941/1942 verfolgten Pläne einer Konföderation mit Polen gibt er nach der Kriegswende im Osten zugunsten einer engen *Anlehnung an die UdSSR* auf und schließt in Moskau am 12. Dez. 1943 mit der UdSSR (anknüpfend an den am 16. Mai 1935 abgeschlossenen Hilfeleistungsvertrag) einen Freundschafts- und Beistandspakt, der die Zusammenarbeit nach dem Kriege regelt und am 8. Mai 1944 durch ein Abkommen über die Besetzung der Tschechoslowakei durch die Rote Armee ergänzt wird. Im Sept. 1944 meldet der Außenminister der Exilregierung, Hubert Ripka (*1895, †1958), bei der britischen Regierung die Forderung auf die Westgrenze vor dem Münchener Abkommen von 1938 und die Austreibung der Sudetendeutschen bis auf einen Rest von 800000 an. US-Präsident Roosevelt hat Beneš dazu bereits am 12. Mai 1943 seine Zustimmung erteilt; die sowjetische Zustimmung erfolgt am 6. Juni 1943.

Edvard Beneš

Anlehnung an die UdSSR

1944 18. Aug.	Die Rote Armee überschreitet in der Nähe des Dukla-Passes (Waldkarpaten) die tschechoslowakische Grenze.	
29. Aug.	In Erwartung des deutschen Rückzugs flackert im Industriegebiet von Neusohl (slowakisch: Banská Bystrica) ein *Aufstand* auf, den ein slowakischer Nationalrat leitet und der von sowjetischen Fallschirmspringern unterstützt wird. Zu ihm entsendet die Exilregierung im Flugzeug eine Delegation. Doch wird dieser Aufstand von deutschen Truppen bis Anfang Okt. 1944 niedergeworfen.	*Aufstand*
1945 30. Jan.	Die tschechoslowakische Exilregierung bricht die Beziehungen zur polnischen ab, erkennt als erster Staat nach der UdSSR die Provisorische Polnische Regierung in Lublin an und schwenkt damit in das von der Sowjetunion geführte Lager ein.	
März	Die verschiedenen *Exilgruppierungen* einigen sich in Moskau auf ein gemeinsames Programm.	*Exilgruppierungen*
4./5. April	Das Programm der Exilgruppierungen wird in Kaschau (slowakisch: Košice), in der bereits sowjetisch besetzten Ostslowakei, von der dorthin gereisten Politikergruppe mit Präsident Beneš als „Kaschauer Programm" verkündet.	
5. April	Die erste *Nachkriegsregierung* der ČSR in Kaschau unter Zdeněk *Fierlinger* (*1891, †1976) eingesetzt. Die wieder errichtete Tschechoslowakei wird als Staat der gleichberech-	*Nachkriegsregierung Fierlinger*

tigten Völker Tschechen und Slowaken verstanden; Staatsgrenzen von 1937 mit Ausnahme der im Juni 1945 an die UdSSR abgetretenen Karpathen-Ukraine (Gebiet südlich der Karpathen bis zur heutigen ukrainischen Grenze); Beschränkung des Parteienspektrums auf die Linke und Teile der Mitte: Die Nationale Front besteht aus Kommunisten, Sozialdemokraten, nationalen Sozialisten, Volkspartei und slowakischer Demokratischer Partei. Nicht mehr zugelassen: Agrarpartei, Nationaldemokraten, Slowakische Volkspartei u. a.

5.–9. Mai Während die US-Armee in Westböhmen stehen bleibt, rückt die Sowjetarmee auf Prag vor. Dort bricht in ihrer Erwartung ein Aufstand aus, den SS-Einheiten und Truppen unter dem ehemaligen sowjetischen General Wlassow (Verbände aus sowjetischen Kriegsgefangenen und Überläufern, aufgestellt zur Beseitigung der Stalinherrschaft) zunächst niederschlagen, bis sowjetische Panzer Prag erreichen.

Bestrafung von Kollaboranten Vertreibung

10. Mai Die Regierung Fierlinger beginnt ihre Arbeit in Prag. In der Folgezeit werden die Beschlüsse des Kaschauer Programms verwirklicht: *Bestrafung von etwa 20000 „Kollaboranten"* (Angehörige und Sympathisanten von Protektoratsregierung und Regierung des Slowakischen Staats) durch Volksgerichte, Enteignung und *Vertreibung* von 2,9 Mio. Deutschen und Ungarn.

25. Mai Rückkehr von Beneš. Die Slowakei, die seit Anfang April 1945 von der Roten Armee eingenommen ist, wird der Prager Regierung unterstellt.

Hinrichtung Tisos

Der slowakische Staatspräsident *Tiso*, von den Amerikanern gefangen genommen, wird im Oktober mit drei Ministern an die Prager Behörden ausgeliefert und (18. April 1947) *gehängt*.

29. Juni Durch einen in Moskau von Ministerpräsident Zdeněk Fierlinger unterzeichneten Vertrag wird, aufgrund eines Angebots von Beneš, die Karpathen-Ukraine an die Sowjetunion abgetreten.

30. Juli Jan Masaryk kehrt aus dem Exil in Großbritannien zurück und übernimmt das Außenministerium. – (Forts. S. 1506)

Balkanstaaten (1789/1804–1945)

Rumänien (1812–1945)

(Forts. v. S. 633)

Die gegenüber der Türkei tributpflichtigen Wahlfürsten (Gospodare) der Moldau und der Walachei sind auf Druck der Pforte in Konstantinopel seit dem 18. Jh. keine einheimischen Fürsten mehr, sondern griechischer Herkunft. Daneben fordert Russland ein Einfluss- und Interventionsrecht in den Donaufürstentümern.

1812 Im Frieden von Bukarest, der den russisch-türkischen Krieg beendet, wird Bessarabien von der Moldau abgetrennt und kommt zu Russland.

russische Verwaltung

1828–1834 *Russische Verwaltung* der Fürstentümer.

1829 Der Frieden von Adrianopel garantiert die Autonomie und überlässt den Bischöfen und dem Bojarenadel die Wahl der Gospodare. Unter russischer Aufsicht wird das Organische Reglement ausgearbeitet: Modernisierung der Verwaltung, bojarische Allgemeine Versammlung.

1848 Eine Revolution mit liberalen Zielen in der Walachei wird durch russische Truppen niedergeworfen.

1856 Infolge des Krimkriegs tritt Russland die Donaumündungen und Südbessarabien an die Moldau ab.

Pariser Konvention

1858 Die *Pariser Konvention* der Mächte beschließt die administrative Vereinigung der Fürstentümer (zwei Gospodare, Parlamente und Verwaltungen mit gemeinsamer Zentralkommission).

1859 Der moldauische Bojare Alexander Cuza (* 1820, † 1873) wird zum gemeinsamen Fürsten gewählt. Die autokephale rumänische Kirche wird proklamiert.

1862 Nach Anerkennung der Personalunion durch die Mächte Proklamation des einheitlichen Staates Rumänien. Verstaatlichung der umfangreichen Klostergüter.

1864 Alexander Cuza beseitigt Fronen und Abgaben der Bauern und überlässt ihnen einen Teil des Herrenlandes. Grundlegende Gesetzeskodifikationen.

Carol (Karl) I.

1866 Ein Militärputsch zwingt Cuza zur Abdankung. Durch Volksabstimmung wird auf Empfehlung Napoleons III. Karl von Hohenzollern-Sigmaringen als *Carol (Karl) I.* (* 1839, † 1914) zum Fürsten gewählt. Die Verfassung sieht zwei Kammern und ein Vetorecht des Fürsten vor. Die konservative Regierung stützt sich gegen die innere Opposition auf Österreich-Ungarn und verzichtet dafür auf Unterstützung der rumänischen Nationalbewegung in Siebenbürgen.

1878 22. Mai	Die Nationalversammlung erklärt die *Unabhängigkeit* vom Osmanischen Reich, die vom Berliner Kongress anerkannt wird. Carol I. wird 1881 zum König ausgerufen.	*Unabhängigkeit*
1883	Verteidigungsbündnis zwischen Rumänien, Österreich-Ungarn und dem Deutschen Reich. Seit dem Verlust Bessarabiens an Russland 1878 folgt die rumänische Außenpolitik einem antirussischen Kurs.	
1914	Rumänien erklärt seine Neutralität (4. Aug.).	
10. Okt.	Tod König Carols I. Nachfolger Ferdinand I. (* 1865, † 1927).	
1916 Sept.	Sein Minister Ionel Brătianu (* 1864, † 1927) bestimmt ihn zum *Anschluss an die Entente*. Nach rumänischen Niederlagen bei Kronstadt (Brașov, 7.–9.) und Hermannstadt (Sibiu, 26.–29.):	*Anschluss an die Entente*
Nov.	*Eroberung der Walachei* durch die Mittelmächte.	*Eroberung der Walachei*
6. Dez.	Einzug der Sieger in der Hauptstadt Bukarest. Der größte Teil Rumäniens bleibt bis zum Ende des Ersten Weltkrieges in der Hand der Mittelmächte.	
1918	*Friede von Bukarest* zwischen den Mittelmächten und Rumänien (7. Mai). Anschluss Bessarabiens.	*Friede von Bukarest*
1919	Einverleibung Siebenbürgens.	
1919/1920	*Vergrößerung Rumäniens* durch die Friedensschlüsse (Pariser Vorortverträge) von Saint-Germain-en-Laye, Trianon und Neuilly. Das auf das Doppelte vergrößerte Rumänien steht nach 1919 vor schwierigen Aufgaben: Die Angleichung zwischen dem Altreich sowie dem kulturell und sozial mitteleuropäisch strukturierten Siebenbürgen, die Agrarfrage, die vielfachen Minderheitenprobleme, die außenpolitisch belastenden *Grenzfragen* (Siebenbürgen, Bessarabien, Bukowina, Dobrudscha). Außenpolitisch Sicherung durch Kleine Entente und Bündnis mit Polen. Innenpolitisch bis etwa 1927 Oligarchie der liberalen Führer, einer dünnen Oberschicht von Beamten und Kapitalisten, Professoren und Generälen, die die Innenpolitik in Gegensatz zur Siebenbürgischen Nationalpartei und zur Nationalen Bauernpartei (Nationalzaranisten unter Führung des Siebenbürger Rumänen Iuliu Maniu [* 1873, † 1951]) vorwiegend bestimmt.	*Vergrößerung Rumäniens* *Grenzfragen*
1920 28. Okt.	Großbritannien, Frankreich, Italien und Japan erkennen den Besitz Bessarabiens für Rumänien an (von Russland nicht anerkannt).	
1921	*Kleine Entente* mit der ČSR (April) und Jugoslawien (Juni); Bündnis mit Polen (3. März).	*Kleine Entente*
1923 März	Neue Verfassung verabschiedet. Einführung des gleichen Wahlrechts (vorher Dreiklassenwahlrecht).	
1924	Balkanbund mit Jugoslawien, Griechenland, Bulgarien.	
April	Die Konferenz mit Russland wegen der Bessarabienfrage bleibt ohne Ergebnis, da Rumänien eine Volksabstimmung verweigert.	
1926	Bündnis- und Freundschaftsverträge mit Polen, Frankreich, Italien.	
1927 20. Juli	Tod König Ferdinands I. Da Prinz Carol (* 1893, † 1953) auf die Thronfolge verzichtet hat (Eheskandal mit Mme. Lupescu), folgt Michael I. (bis 1930 und 1940–1947; * 1921; unter Vormundschaft).	
24. Nov.	Tod Ionel Brătianus, des Führers der Liberalen und Gründers von Groß-Rumänien.	
1928 6. Mai	Parteitag der Nationalzaranisten, 200000 Bauern marschieren auf. Sie fordern Demokratisierung der Verfassung und Berücksichtigung der bäuerlichen Interessen.	
9. Nov.	Maniu wird Ministerpräsident.	
Dez.	Bei den Wahlen große Mehrheit der Bauernpartei Manius, da zum ersten Mal unbeeinflusste, freie Wahlen. Die neue Regierung vermag in der sich verschärfenden Agrarkrise die Bauern nicht zu befriedigen. Das Ziel der „Bauerndemokratie" misslingt.	
1930 6. Juni	Der frühere Kronprinz Carol wird von der Nationalversammlung als *Carol (Karl) II.* zum König von Rumänien ausgerufen. Carol beginnt alsbald mit einem persönlichen Regiment. Maniu wird ausgeschaltet.	*Carol (Karl) II.*
6. Okt.	Maniu tritt zurück.	
1931	Regierung Nikolae Iorga (* 1871, † 1940) ab 18. April.	
1. Juni	In den wie früher gelenkten Wahlen Niederlage der Nationalzaranisten. Die Wiederkehr der alten Oligarchie scheint gesichert.	
1932	Doch am 31. Mai erfolgt der Rücktritt Iorgas.	
6. Juni	Neues Kabinett unter dem siebenbürgischen Bauernführer (1926–1933 Vorsitzender der Nationalen Bauernpartei) Alexandru Vaida-Voivod (* 1872, † 1950).	
19. Okt.	Er wird abgelöst durch Maniu nach Wahlen, die der Bauernpartei wieder den Sieg gebracht haben.	

	1933 Jan.	Die rumänische Finanzkrise und Auslandsverschuldung führen zur Finanzkontrolle des Völkerbunds auf vier Jahre.
innenpolitische Hochspannung	Febr.	Während des ganzen Jahres, in dem sich mehrere Regierungen gegenseitig ablösen, herrscht eine *innenpolitische Hochspannung*. Verhängung des Belagerungszustandes. Die (als „Legion Erzengel Michael" 1927 gegründete) Eiserne Garde (so seit 1930 der Name dieser christlich-mystischen, nationalistischen, antisemitischen Bewegung) unter Corneliu Zelea Codreanu (*1899, †1938) wird (9. Dez.) aufgelöst. Der innenpolitischen Entscheidung des Königs gegen den Faschismus entsprechen die Abwendung von Italien und die Hinwendung zu Frankreich.
	16. Febr.	Erneuerung der Kleinen Entente. Nichtangriffspakt mit der Sowjetunion; damit ist de facto die bessarabische Frage zurückgestellt. Diese Linie der Außenpolitik, die bis 1939 einheitlich verläuft, ist das Werk Nicolae Titulescus (*1883, †1941), der seit 1932 Außenminister ist.
	1934	3. Jan.: Regierung des Liberalen Gheorghe Tătărescu (bis 1937; *1886, †1957).
Balkanpakt	9. Febr.	*Balkanpakt* zwischen der Türkei, Griechenland, Rumänien und Jugoslawien. Gegenseitige
	9. Juni	Garantie der Grenzen durch Rumänien, Polen und die Sowjetunion. Verzicht der Sowjetunion auf Bessarabien. Innenpolitisch setzt sich der König mit den Liberalen (Tătărescu) durch.
	1936	Auf Druck der Opposition wird Titulescu als Außenminister entlassen (29. Aug.).
	1937 Dez.	Nach Wahlen mit überraschender Niederlage für die Regierung wird Octavian Goga (*1880, †1938; Nationalchristliche Partei, antisemitisch) Ministerpräsident.
	1938	Kabinett der „Konzentration" ab 11. Febr. unter dem Patriarchen Myron Cristea (*1868, †1939). Die *Verfassung wird aufgehoben*. Verbot aller Parteien.
Verfassung wird aufgehoben Staatsstreich des Königs	24. Febr.	Der *Staatsstreich des Königs* wird durch ein manipuliertes Plebiszit gutgeheißen. „Autoritäre" Regierung ohne Autorität, Unterdrückung der (seit 1935 unter geändertem Namen auftretenden, früheren) Eisernen Garde.
	30. Nov.	Ihr Führer Codreanu wird ermordet.
	1939	Der deutsche Einfluss wächst.
	23. März	Abschluss eines Abkommens mit dem Deutschen Reich über Erweiterung des deutsch-rumänischen Warenaustausches. Rumänien schließt sich wirtschaftlich eng an Deutschland an.
	24. Aug.	In der Krise um Polen erklärt Rumänien seine Neutralität.
	26. Aug.	Ein der ungarischen Regierung vorgeschlagener Nichtangriffspakt wird von dieser abgelehnt.
	21. Sept.	Ermordung des Ministerpräsidenten (seit 6. März) Armand Călinescu (*1893, †1939) durch Angehörige der „Eisernen Garde".
	24. Nov.	Kabinett unter Gheorghe Tătărescu weiter mit Grigore Gafencu (*1892, †1957) als Außenminister.
Anschluss an die Achsenmächte	1940 29. Mai	Angesichts des deutschen Sieges im Westen sucht König Carol *Anschluss an die Achsenmächte* (Gafencu ersetzt durch Ion Gigurtu [*1886]). Gegen deutsche Waffen liefert Rumänien Öl.
	26. Juni	Die UdSSR verlangt in einem Ultimatum die Abtretung der Nordbukowina sowie Bessarabiens (die seit 1918 rumänisch sind). Die rumänische Regierung nimmt dieses auf deutschen Rat an. Durch die Annexion Bessarabiens und der Nordbukowina rückt die Sowjetunion nahe an das rumänische Erdölgebiet heran, das für die deutsche Kriegswirtschaft von entscheidender Bedeutung ist. Nun erhebt auch Ungarn Ansprüche auf die 1920 im Vertrag von Trianon abgetretenen Gebiete. Da ein Krieg droht, mischen sich Deutschland und Italien ein.
	2. Juli	Bitte König Carols um eine Garantie der Grenzen Rumäniens durch Deutschland und Entsendung einer deutschen Heeresmission (1. Juli Kündigung der britisch-französischen Garantie vom 13. April 1939).
	4. Juli	Neues Kabinett unter Ion Gigurtu, das (11. Juli) den Austritt Rumäniens aus dem Völkerbund verkündet.
Zweiter Wiener Schiedsspruch Ion Antonescu	30. Aug.	Der *Zweite Wiener Schiedsspruch* nimmt Rumänien den nördlichen Teil Siebenbürgens, garantiert aber die nunmehrigen Staatsgrenzen. Ausbruch einer Staatskrise.
	4. Sept.	König Carol gibt dem ehemaligen Generalstabschef *Ion Antonescu* (*1882, †1946) – in der Folge (Aug. 1941) Marschall – Vollmacht und ernennt ihn zum Staatsführer.
Abdankung Carols II.	6. Sept.	Antonescu zwingt den *König* zur *Abdankung* zugunsten seines Sohnes Michael (*1921). Carol begibt sich ins Ausland.

7. Sept.	Rumänien muss aufgrund von Verhandlungen an Bulgarien die Süddobrudscha abtreten (die vor 1913 und 1916 bis 1920 Bulgarien gehört hat).	
22. Nov.	Deutsch-rumänischer Umsiedlungsvertrag für Südbukowina und Norddobrudscha.	
23. Nov.	Beitritt Rumäniens zum Dreimächtepakt gleichzeitig mit Ungarn und der Slowakei.	
27. Nov.	Gewaltaktion der „Eisernen Garde", der 64 Gegner, darunter der ehemalige Ministerpräsident Nikolae Iorga, zum Opfer fallen.	
1941 21.–23. Jan.	Ein Putsch der „Eisernen Garde" wird von Antonescu niedergeschlagen. Sie wird daraufhin aus dem politischen Leben ausgeschaltet, ihr nach Deutschland entkommener Führer Horia Sima zum Tode verurteilt.	
15. Febr.	Der (am 14. Sept. eingerichtete) Legionärstaat wird durch Dekret beseitigt.	
22. Juni	Rumänien beteiligt sich am deutschen *Ostfeldzug*. Antonescu übernimmt den Oberbefehl über die rumänisch-deutsche Armeegruppe, die Bessarabien zurückerobert und (am 16. Okt.) Odessa einnimmt. Teile der Südukraine werden rumänisches Verwaltungsgebiet. Das Gebiet zwischen Dnjestr und südlichem Bug wird als Transnistrien Rumänien angegliedert.	*Ostfeldzug*
25. Nov.	Beitritt Rumäniens zum Antikominternpakt.	
6. Dez.	Großbritannien erklärt Rumänien, Rumänien den USA den Krieg (12. Dez.).	
1944 20. Aug.	Sowjettruppen dringen durch die Moldau in südwestlicher Richtung in das Kerngebiet Rumäniens ein.	
23. Aug.	König Michael beruft *Marschall Antonescu* zu sich, überrascht ihn durch seine Entlassung, lässt ihn gefangen nehmen (als „Kriegsverbrecher" erschossen 1. Juni 1946) und befiehlt Einstellung des Kampfes. Constantin Sănatescu (*1884, †1947) bildet ein neues Kabinett, das aufgrund seit März eingeleiteter Verhandlungen in Kairo auf einen Sonderwaffenstillstand dringt.	*Gefangennahme Antonescus*
25. Aug.	Ein deutscher Luftangriff auf Bukarest führt zur *Kriegserklärung an Deutschland*. Die durch den Umschwung überraschten deutschen Dienststellen in Bukarest geraten in Gefangenschaft; der deutsche Gesandte begeht Selbstmord.	*Kriegserklärung an Deutschland*
Ende Aug.	Sowjetische Truppen haben die Hauptstadt und das Erdölgebiet von Ploieşti besetzt und dringen in die breit aufgerissene Frontlücke vor.	
2. Sept.	Die 1938 suspendierte Verfassung von 1923 wird wieder in Kraft gesetzt.	
12. Sept.	Unterzeichnung eines Waffenstillstandsvertrags in Moskau. – (Forts. S. 1542)	

Bulgarien (1870–1945)
(Forts. v. S. 629)

1870	Der Kampf für die Unabhängigkeit von der griechisch-orthodoxen Kirche führt zu einem vom Sultan dekretierten Bulgarischen Exarchat.	
1871	Zur Straffung der gegen die türkische Herrschaft gerichteten Nationalbewegung wird ein „Provisorisches Revolutionskomitee" gegründet, das eine demokratische Republik anstrebt.	
1875 1876	Eine von den Aufständischen einberufene *Nationalversammlung* beschließt eine liberale Verfassung. Aufstände im ganzen Land werden niedergeworfen. Die „Türkengräuel" erregen die europäische Öffentlichkeit.	*Nationalversammlung*
1877	Beginn der bis 1879 dauernden russischen Besetzung.	
1877/1878	Russisch-Türkischer Krieg, Friede von San Stefano.	
1878	Nach dem Beschluss des Berliner Kongresses wird Bulgarien autonomes, dem Sultan tributpflichtiges *Fürstentum*.	*Fürstentum*
1879	Die in Berlin vorgesehene Notabelnversammlung entscheidet sich gegen russische Wünsche für eine liberale Verfassung. Es gibt eine konservative und eine liberale Partei. Die Sobrane (Nationalversammlung) wählt Alexander von Battenberg (*1857, †1893; Haus Hessen-Darmstadt) zum Fürsten, der das wirtschaftlich unentwickelte Land mit russischen Beratern regiert.	
1885	*Fürst Alexander I.* vereinigt gegen russischen Willen Ostrumelien mit Bulgarien.	*Fürst Alexander I.*
1886	Sturz des Fürsten durch eine russlandfreundliche Militärrevolte.	
1887	Ferdinand von Sachsen-Coburg-Gotha-Koháry (*1861, †1948) wird als Ferdinand II. zum Nachfolger gewählt. Bei wachsender Auslandsverschuldung und häufigen Regierungskrisen erfolgen Ausbau des Landes (Verwaltung, Bildung, Eisenbahn, Industrieförderung) und Modernisierung des Heeres.	
1908	*Ferdinand I.* erklärt sich zum Zaren des unabhängigen Königreichs Bulgarien.	*Ferdinand I.*
1912–1913	Balkankriege.	

	1915 14. Okt.	Eintritt in den Ersten Weltkrieg an der Seite der Mittelmächte durch Kriegserklärung an Serbien.
	Okt.–Dez.	Teilnahme an der Eroberung Serbiens.
	1916	Teilnahme an der Eroberung Rumäniens.
	1918	Nach alliierter Offensive (Sept.) Waffenstillstand (30. Sept.). Die Lage Bulgariens seit 1919 ist bestimmt durch die Einbußen infolge des (am 27. Nov. 1919 mit den Alliierten abgeschlossenen) Friedens von Neuilly (Neuilly-sur-Seine am Nordwestrand von Paris), durch eine teils offene, teils latente Bauernrevolution der aus älterer, gebundener Agrarverfassung (Zadruga) entlassenen und mobilisierten Bauern sowie durch die bulgarischen Ansprüche auf das bulgarisch-serbische Mischgebiet Mazedoniens, das jedoch zu Jugoslawien gehört.
Boris III.	1918	Nach der Thronentsagung Ferdinands I. (3. Okt.) Zar (1918–1943) *Boris III.* (*1894, †1943).
	1919	Nach dem Wahlsieg der Bauernpartei (17. Aug.) wird deren Führer Alexandar Stambulijski (*1878, †1923) Ministerpräsident. Als Gegner des Kriegseintritts ist er im Ersten Weltkrieg verhaftet gewesen. Agrarrevolutionäre Tendenzen mit Neigung zum Kommunismus.
Balkanbund	1923	*Balkanbund* mit Jugoslawien, Rumänien, Griechenland in Lausanne (am Genfer See).
	9. Juni	Offiziersputsch gegen Stambulijski.
	10. Juni	Bildung der Regierung Alexandar Zankow (*1879, †1959).
	15. Juni	Stambulijski wird erschossen.
Staatssicherheitsgesetz	1924	*Staatssicherheitsgesetz.* Auflösung der Kommunistischen Partei und der Bauernpartei. Belagerungszustand.
	1925 16. April	Bombenanschlag auf die in der Sophienkathedrale versammelten Minister, Abgeordneten, Offiziere. Über 200 Tote.
	1926	4. Jan.: Regierung Andreas Ljapčev (*1866, †1933; Mazedonier). Weiterhin Ausschaltung der Bauernpartei.
	1927	Wahlsieg der Regierungspartei (29. Mai). Der zunehmende Bandenkrieg, der von Bulgarien nach Mazedonien hinübergetragen wird, kann von der Regierung nicht wirksam verhindert werden.
	1931	Der trotz der Wahlbeeinflussung überraschend hohe Wahlsieg der Bauernpartei im Juni veranlasst den Zaren zum innenpolitischen Frontwechsel. Regierung Alexandar Malinow (*1867, †1938) mit Unterstützung der Bauernpartei.
	1932	Ende der Reparationszahlungen.
Offiziersputsch	1934	*Offiziersputsch* (19. Mai) führt zur diktatorischen Regierung Kimon Georgiew (*1882, †1969) für ein Jahr. Unterdrückung der Mazedonischen Organisation, die der Freundschaft mit Jugoslawien im Wege steht.
Wechsel der Regierungen	1935	*Scheitern der Offiziersregierung.* Wechsel von Regierungen; Intrigen, Putschversuche.
	1937	Freundschaftsvertrag mit Jugoslawien.
	1937–1939	Zar Boris III. hält bei mehrfachem Regierungswechsel seine innenpolitische Linie durch, die einen Mittelweg zwischen Demokratie und uneingeschränkter Diktatur darstellt, lässt sogar freie Wahlen und Parlamentszusammentritt zu (1938). Am autoritären Regiment wird dadurch nichts geändert.
	1940 15. Febr.	Rücktritt des Kabinetts Georgi Kjoseiwanow (*1884, †1960), das sich um gute Beziehungen zu Deutschland, Jugoslawien und zur Türkei bemüht hat; Bogdan Filow (*1883, †1945) bildet ein neues Kabinett.
Süddobrudscha	7. Sept.	Rumänien tritt an Bulgarien die *Süddobrudscha* ab.
	1941 1. März	Bulgarien tritt dem Dreimächtepakt bei: Mit Einwilligung der Regierung marschieren deutsche Truppen in Bulgarien gegen Griechenland auf (ab 2. März).
Mazedonien	6. April	Beginn des deutschen Balkanfeldzugs. Bulgarien rückt nach Abschluss des Kampfes in *Mazedonien* ein und erhält es (18. Mai) zur Besetzung zugewiesen. Außerdem besetzt es Nordostgriechenland und erhält auch noch Griechisch-Thrazien bis kurz vor Saloniki zugeteilt. Jedoch lehnt es Bulgarien ab, der Sowjetunion den Krieg zu erklären, und bleibt trotz allem Drängen deutscherseits bei diesem Entschluss, tritt allerdings am 25. Nov. dem Antikominternpakt bei.
	13. Dez.	Kriegserklärung an Großbritannien und die USA.
Simeon II.	1943 28. Aug.	König Boris III. stirbt. Für seinen noch minderjährigen Sohn, König *Simeon II.* (*1937) übernimmt ein Regentschaftsrat, zusammengesetzt aus dem Bruder von König Boris III. Prinz Kyrill (*1895, †1945), Bogdan Filow und General Nikolaus Michow (*1891), die Regierung.

1944	Nach dem Ausscheiden Rumäniens aus der Front gegen die Sowjetunion (23. Aug. 1944)	
1. Sept.	erreicht die Rote Armee die Donau bei Giurgiu.	
2. Sept.	Ein neues Kabinett unter Konstantin Murawjew (*1893) mit demokratisch-westlicher Einstellung wird gebildet, das den Antikominternpakt kündigt (4. Sept.).	
5. Sept.	Sowjetunion erklärt Bulgarien den Krieg.	
8. Sept.	Die Regierung versucht den Übergang auf die Gegenseite durch eine Kriegserklärung an Deutschland zu bewerkstelligen, wird jedoch bereits am folgenden Tag durch eine *prosowjetisch orientierte Regierung* unter Kimon Georgiew verdrängt. Sowjetische Truppen besetzen das Land. Nur ein Teil der in Bulgarien stehenden deutschen Truppen und Dienststellen kann sich nach Serbien durchschlagen.	*prosowjetische Regierung*
11. Okt.	Bulgarien verzichtet auf seine Erwerbungen in Griechenland und Mazedonien.	
28. Okt.	Unterzeichnung eines *Waffenstillstands* in Moskau mit der Sowjetunion, Großbritannien und den USA. – (Forts. S. 1545)	*Waffenstillstand*

Serbien (1804–1914)
(Forts. v. S. 628)

1804	Aufstand gegen das Osmanische Reich. Die *serbische Unabhängigkeitsbewegung* im Paschalik Belgrad entwickelt sich unmittelbar aus den dörflichen Autonomien und städtischen Zünften. Sie wird geführt von Knezen (Dorfschulzen), Händlern und Priestern und entspringt aus der vom Sultan gebilligten Unterstützung des Paschas gegen die rebellierenden Janitscharen von Belgrad, als die siegreichen Serben sich weigern, die Waffen niederzulegen. Sie stehen unter der Führung von Kara Georg Petrović genannt Karadjordje („Schwarzer Georg"; *1768, †1817).	*serbische Unabhängigkeitsbewegung*
1805	Neben der beherrschenden Stellung Karadjordjes gibt es eine Verfassung mit Senat und Skupština (jährlicher Landtag mit Geistlichen, Kaufleuten und Bauern).	
1812	Nach Anerkennung der serbischen Autonomie besetzt die Türkei das Land abermals.	
1815–1817	Aufstand unter Knez Miloš Obrenović (*1780, †1860).	
1816	Vertrag mit der Pforte in Konstantinopel sieht selbstständige Steuereintreibung und türkisch-serbische *Doppelverwaltung* vor.	*Doppelverwaltung*
1817	Miloš Obrenović lässt Karadjordje ermorden, wird zum erblichen Oberknez gewählt und von der Pforte anerkannt. Durch Loyalität gegenüber der Pforte und Anlehnung an Russland baut er seine Stellung zu faktisch unbegrenzter Herrschaft aus.	
1830	Im Gefolge des Friedens von Adrianopel garantiert die Pforte die serbische Autonomie und erkennt die Erblichkeit der Obrenović an.	
1832	Das Konkordat mit dem griechischen Patriarchen verdrängt die Griechen aus der serbischen Hierarchie.	
1843	Michael III. Obrenović (*1823, †1863), der nach der Abdankung von Miloš und der kurzen Regierung Milans III. (*1819, †1839) seit 1839 regiert, wird von der Skupština abgesetzt, die Alexander Karadjordjević (*1806, †1885), den Sohn Karadjordjes, wählt.	
1858	Nach rapidem *Bevölkerungsanstieg* tritt eine Verarmung der Bauern ein. Ihre materielle Unzufriedenheit trifft mit liberalen Ideen zusammen. Alexander Karadjordjević wird abgesetzt.	*Bevölkerungsanstieg*
1860	Neuerliche, autoritär geführte Regierung des 1843 verdrängten Michael III. Obrenović, der eine Außenpolitik im Sinn der demokratisch-jugoslawischen Bewegung mit dem Ziel des staatlichen Zusammenschlusses aller Serben und Kroaten verfolgt.	
1867	Die Türken räumen die letzten Festungen.	
1869	Einführung einer liberalen *Verfassung*. Die Parteien (Konservative, Liberale, seit 1881 auch die bäuerlich-demokratische Radikale Partei) können sich aber gegen den Fürsten Milan IV.	*Verfassung*
1868–1889	Obrenović (*1854, †1901) nicht durchsetzen, der mit Hilfe von Polizeimaßnahmen und willkürlichen Ministerwechseln regiert und sich gegen die innere Opposition auf Österreich stützt, von dem Serbien wirtschaftlich abhängig ist.	
1878	Die im Vertrag von San Stefano zugesicherte *Unabhängigkeit* wird vom Berliner Kongress bestätigt.	*Unabhängigkeit*
1882	Milan IV. proklamiert als Milan I. das serbische Königtum.	
1903	Eine Offiziersverschwörung beseitigt den seit 1889 regierenden Alexander I., den Sohn Milans IV. Die Skupština wählt *Peter I. Karadjordjević* (*1844, †1921), den Sohn Alexander Karadjordjevićs, zum König. Er regiert als Erster nach parlamentarischen Mehrheiten („radikale" Kabinette unter Leitung von Nikola Pašić – *1846, †1926), gewinnt die Handlungs-	*Peter I. Karadjordjević*

freiheit gegenüber Österreich zurück und begünstigt die wachsende südslawische Bewegung (Jugoslawismus).

1906 Österreich-Ungarn eröffnet mit einer Importsperre den Handelskrieg gegen Serbien, das aber seine lebenswichtigen Viehexporte (83% der Ausfuhr) über Saloniki umleiten und mit französischer Hilfe eine eigene Industrie zur Verwertung landwirtschaftlicher Produkte aufbauen kann.

1908 Verschlechterung der Beziehungen zu Österreich-Ungarn, das Bosnien und die Herzegowina annektiert.

1912–1913 Balkankriege.

Attentat in Sarajewo

1914 28. Juni *Ermordung des österreichischen Thronfolgerpaars in Sarajewo* durch den serbischen Nationalisten Gavrilo Princip im Auftrag des Geheimbunds der „Schwarzen Hand", einer Vereinigung großserbisch-südslawischer Nationalisten.

Montenegro (1782–1913/14)

Einigung der Bergstämme

1782–1830 Petar I. Petrović, Njegoš (*1747, †1830), der Heilige, versucht in dem nur unter formeller Hoheit der Türkei stehenden Land eine *Einigung der Bergstämme* durch Einführung eines Gesetzbuchs und Militärrechts sowie durch Kompetenzerweiterung des obersten Gerichts zu erreichen.

1860–1918 Nikolaus I. (Nikola; *1841, †1921) verbessert die Staatsverwaltung und führt eine gegen die Türkei gerichtete Außenpolitik.

Unabhängigkeit Königstitel

1878 Anerkennung der *Unabhängigkeit* des Landes durch den Berliner Kongress.

1910 Nikola nimmt den *Königstitel* an.

1912–1913 Balkankriege.

Jugoslawien (1917–1941/44)

Die Politik zur Vorbereitung des jugoslawischen Staates ist während des Ersten Weltkriegs belastet vom Gegensatz zwischen der großserbischen Richtung (Nikola Pašić; *1846, †1926) und dem kroatischen Jugoslawismus in Paris (Ante Trumbić, *1864, †1938).

Erklärung von Korfu

1917 20. Juli Einigung beider Richtungen in der *Erklärung von Korfu* auf das Ziel eines südslawischen Nationalstaates unter der serbischen Dynastie. Doch ist damit der Gegensatz nicht beseitigt.

Königreich politische Schwierigkeiten

1918 1. Dez. Nachdem die Vereinigung der Slowenen, Kroaten und Serben der österreichisch-ungarischen Monarchie mit den Serben im Königreich Serbien und in Montenegro beendet ist, wird das *Königreich der Serben, Kroaten und Slowenen* proklamiert.

Der neue Staat hat mit großen innen- und außenpolitischen *Schwierigkeiten* zu kämpfen: Die kroatische Selbstständigkeitsbewegung unter Führung der Kroatischen Bauernpartei der Brüder Radić (Stjepan Radić; *1871, †1928), die Konflikte mit Italien wegen Fiumes (Rijeka; die vorher ungarische Hafenstadt an der Küste Dalmatiens, seit 1920 Freistaat, kommt 1924 an Italien) und Dalmatiens, mit Rumänien wegen des Banats.

Kleine Entente

1920/1921 *Kleine Entente* mit der Tschechoslowakei (14. Aug. 1920) und Rumänien (Juni 1921).

1921 28. Juni Die neue Verfassung wird in Abwesenheit der Kroatischen Bauernpartei angenommen. Sie schafft einen zentralistischen Einheitsstaat, während die Kroaten unter Führung von Stjepan Radić eine föderalistische Lösung fordern. Serbische Regierung Nikola Pašić (1921–1924 und 1924–1926). Die Kroaten in Opposition. Verbot der Kommunistischen Partei nach Bombenattentaten.

16. Aug. Tod König Peters I. (*1844).

Alexander I.

Nachfolger *Alexander I.* (*1888, †1934).

1923 Balkanbund mit Rumänien, Griechenland, Bulgarien, abgeschlossen in Lausanne (am Genfer See).

Beginn parlamentarischer Mitarbeit der bisher abwesenden Kroatischen Bauernpartei.

Dez. Verhaftung von Stjepan Radić.

1925 Radić erkennt die Verfassung an und wird aus der Haft entlassen.

Nov. Er tritt als Erziehungsminister ins Kabinett ein (Juli).

Regierungskrisen

Wiederholte *Regierungskrisen*.

1926 Radić scheidet endgültig aus dem Kabinett aus (1. April).

1927 Bündnis mit Frankreich (11. Nov.).

1928 20. Juni	*Radić* wird in der Skupština (Parlament) in Belgrad von einem serbischen (montenegrinischen) Abgeordneten tödlich verwundet. Die Kroaten verlassen das Parlament. Verschärfung des Gegensatzes zu Italien. Kriegsstimmung.	*Radić ermordet*
1. Aug.	Die Kroaten eröffnen einen separatistischen Landtag in Agram. Die Einheit des Königreichs ist gefährdet.	
1929 5. Jan. Juni	*Staatsstreich König Alexanders*, um die Staatseinheit zu retten. Aufhebung der Skupština, der Pressefreiheit, des Versammlungsrechts. Seitdem serbische Militärdiktatur. Beginn des jahrelangen Bandengrenzkrieges in Mazedonien. Dadurch Verschärfung der jugoslawisch-bulgarischen Spannung.	*Staatsstreich König Alexanders*
3. Okt.	Neueinteilung des Staates in neun Banate mit Verwischung historischer Grenzen. Der Name des Königreichs hinfort *Jugoslawien*.	*Jugoslawien*
1931	Der König erklärt die Diktatur für aufgehoben.	
3. Sept.	Neue zentralistische Verfassung mit Zweikammersystem und Wahlrecht mit offener Stimmabgabe, das der stärksten Partei Zweidrittelmehrheit gibt.	
9. Nov.	Demgemäß Wahlsieg der Regierung mit Einheitsliste.	
1932/1933	Unruhen der kroatischen Bauern (Ustaši). Rücksichtslose Unterdrückung, Morde, Verhaftungen, Verbannung der Führer.	
1934	Balkanpakt mit der Türkei, Griechenland und Rumänien (9. Febr.).	
9. Okt.	*Ermordung König Alexanders* (mit dem französischen Außenminister Barthou) in Marseille. Anschließend drohender Konflikt mit Ungarn. Nachfolger Alexanders ist sein minderjähriger Sohn *Peter II.* (*1923, †1970).	*Ermordung König Alexanders Peter II.*
1935	In den Wahlen vom 5. Mai Sieg der Regierung. Wieder Parlamentsboykott durch die Kroaten. Wandel der Außenpolitik. *Annäherung an Deutschland*, das der beste Kunde und Lieferant wird. Dadurch Verbesserung der infolge der Weltwirtschaftskrise noch immer angespannten Wirtschaftslage.	*Annäherung an Deutschland*
1937 24. Jan.	Der Freundschaftsvertrag mit Bulgarien hebt die langjährige Spannung zwischen den beiden Staaten auf.	
25. März	Nichtangriffspakt mit Italien.	
1937/1938	Neues Erstarken der kroatischen Opposition, die bei den Wahlen im Nov. 1938 in Kroatien große Erfolge hat, während insgesamt die Regierung siegt.	
1939	Umbildung der Regierung unter Zuziehung von fünf kroatischen Ministern (26. Aug.). Föderalistische Reform und kroatische Autonomie werden zugesagt. So steht nach 20-jährigem Kampf die kroatische Frage vor einer aussichtsreichen Lösung. Die Ausführung wird mit Rücksicht auf den Kriegsausbruch vertagt.	
1940	Letzte Tagung der Balkanentente in Belgrad (2.–4. Febr.).	
12. Dez.	Unterzeichnung eines Freundschaftsvertrags mit Ungarn.	
1941	Beitritt zum Dreimächtepakt (25. März).	
27. März	*Militärputsch:* König Peter II. (*1923), für volljährig erklärt, übernimmt die Regierung und bildet ein Kabinett unter General Dušan Simović (*1882, †1962). Die bisherigen Minister werden verhaftet; Prinzregent Paul (*1893, †1976) begibt sich nach Griechenland; in Belgrad wird gegen die Achsenmächte demonstriert.	*Militärputsch*
3. April	Der deutsche Gesandte verlässt Belgrad.	
5. April	Unterzeichnung eines Freundschafts- und Nichtangriffpaktes zwischen Jugoslawien und der UdSSR.	
6. April	Beginn des deutschen Balkanfeldzugs mit einem *Luftangriff auf Belgrad*.	*Luftangriff auf Belgrad*
17. April	*Kapitulation* des jugoslawischen Oberkommandos. König Peter und die Regierung werden mit britischen Flugzeugen nach Athen gebracht und bilden in London eine Exilregierung (von Aug. 1943 bis 19. März 1944 in Kairo).	*Kapitulation*
8. Juli	Deutschland und Italien proklamieren das Ende des jugoslawischen Staates.	
5. Aug.	Die UdSSR, die (9. Mai) die Beziehungen zur jugoslawischen Regierung abgebrochen hat, erkennt nach Beginn des deutschen Angriffs den am 5. April abgeschlossenen Pakt erneut an.	

Unter deutscher und italienischer Besatzung

An die Spitze von Kroatien, das sich am 10. April 1941 zum unabhängigen Staat erklärt, tritt der an der Ermordung von König Alexander beteiligte, in Italien lebende *Ante Pavelić* (*1889, †1959) als „Poglavnik" („neben dem König"), der sich auf die nationalistische Bewegung „Ustaši" *(Ustascha)* stützt und sich aus ihr eine Spezialtruppe bildet, mit der er autoritär regiert und den Nationalitätenkampf aufnimmt. Gräueltaten gegen die auf kroatischem Boden lebenden orthodoxen Serben, die Pravoslawen, verschlechtern das Verhältnis zum östlichen Nachbarn.

Kroatien Ustascha

An Deutschland werden die Untersteiermark und Teile von Krain angegliedert, an Ungarn der Winkel zwischen Drau und Mur und die 1918 an Jugoslawien abgetretenen Teile der Baranya und der Batschka, an Italien das Gebiet von Laibach (Ljubljana) und der größte Teil von Dalmatien, die Adria-Inseln bis auf vier, die Bucht von Cattaro (Boka Kotorska; Golf von Kotor); große Teile Bosniens werden italienische Besatzungszone, Montenegro wird italienisches Protektorat, sodass der neue Staat fast ganz von der Adria abgedrängt wird. Zum kroatischen König wird, als Tomislav II., in Rom am 18. Mai der Herzog Aimone von Spoleto (*1900, †1948), ein Vetter des Königs von Italien, proklamiert; doch betritt er angesichts der sich wegen dieser Abtretungen gegen Italien richtenden Stimmung das Land nicht. In Cetinje (Montenegro) beschließt eine konstituierende Nationalversammlung am 12. Juli 1941 die Wiederherstellung Montenegros als selbstständige Monarchie (nicht verwirklicht).

Kroatien tritt am 15. Juni 1941 dem Dreimächtepakt, am 25. Nov. 1941 dem Antikominternpakt bei. Pavelić bildet am 11. Okt. 1941 die Regierung um und macht am 27. Okt. 1941 den Staatsrat unmittelbar von sich abhängig.

deutsche Militärverwaltung — Nach der Kapitulation Italiens (8. Sept. 1943) schließt sich Kroatien die 1941 an Italien abgetretenen Gebiete wieder an. In Serbien (ohne das Bulgarien überlassene Mazedonien) wird eine *deutsche Militärverwaltung* eingerichtet. Eine unter ihr am 30. Aug. 1941 gebildete, von dem früheren Kriegsminister General Milan Nedić (*1882, †1946) geleitete serbische Regierung erlangt nur geringe Autorität, da ihr unzureichende Kompetenzen eingeräumt werden und ihr zwei unter sich verfeindete Partisanenbewegungen das Wasser abgraben.

Tschetniks — Nach Einnahme des Balkans organisiert in Westserbien der General Draža Mihajlović (*1893, †1946) nach dem Muster früherer serbischer Bandenkämpfer die „Četnici" *(Tschetniks)* mit monarchisch-zentralistischer, daher gegen die kroatische Selbstständigkeit eingestellter Gesinnung. Er verabredet im Herbst 1941 gemeinsames Handeln mit dem aus Kroatien stammenden Generalsekretär der kommunistischen Partei, *Josip Broz „Tito"* (*1892, †1980), der jedoch eigene Ziele verfolgt, Rückhalt an der UdSSR hat und daher zum Feind der Četnici wird. Durch Ernennung von Mihajlović zum Kriegsminister versucht die Exilregierung, Einfluss auf diese Entwicklung zu gewinnen, kommt dadurch aber in einen sich schnell verschärfenden Gegensatz zu Tito.

Partisanenkampf — Die deutsche Wehrmacht muss zur *Bekämpfung dieser Widerstandsbewegungen* eine steigende Anzahl von Verbänden einsetzen und versucht, ihrer durch Einkesselungen Herr zu werden (Winter 1942 drei große Unternehmungen, Mai 1943 eine vierte gegen den montenegrinisch-bosnischen Grenzraum, im Okt./Dez. eine fünfte gegen das Papuk-Gebirge in Slawonien). Die Kapitulation Italiens führt zu einer Verschärfung des Kampfes, da die Deutschen jetzt Jugoslawien und Griechenland faktisch allein besetzen müssen, Teile der Italiener zu den Partisanen übergehen und diese ihre Ausrüstung durch italienische sowie alliierte Lieferungen verbessern. Die vorübergehend von den Partisanen besetzten Inseln können alle bis auf Vis (Lissa) zurückgewonnen werden, aber die Versorgung von außen lässt sich nicht unterbinden. Der am 18. Sept. 1943 von Hitler empfangene General Nedić ist zu weiterer Zusammenarbeit bereit, doch gibt ihm Hitler aus Argwohn weiter keinen Spielraum.

Der von den Aufständischen erbarmungslos geführte Kampf wird seitens der Besatzungsmacht mit einer Verschärfung der Repressalien beantwortet. Nach der Konferenz in Teheran (Nov. 1943) lässt Großbritannien Mihajlović, der der Inaktivität und des Zusammenarbeitens mit den Deutschen beschuldigt wird, fallen und unterstützt Tito, dem weiter von der UdSSR geholfen wird. Dieser beruft im November einen „Antifaschistischen Rat für die nationale Befreiung" ein, bildet ein regierungsähnliches „Volksbefreiungskomitee", macht sich zu dessen Vorsitzenden sowie zum Marschall der „Nationalen Befreiungsarmee" und verbietet dem König und der Exilregierung die Rückkehr, bevor das Volk über seine Zukunft entschieden habe. König Peter, der am 19. März 1944 Prinzessin Alexandra von Griechenland heiratet, verzichtet unter Druck Großbritanniens auf die Rückkehr und entsendet den Ministerpräsidenten Ivan Šubašić (*1892, †1955) zu Verhandlungen nach Vis (16. Juni), die zu einem Abkommen über die Zusammenarbeit führen.

Überfall auf das Hauptquartier Titos
1944
25. Mai — Ein *Überfall auf das Hauptquartier Titos* (Unternehmen „Rösselsprung") durch deutsche Luftlandetruppen führt fast zu seiner Gefangennahme und behindert für längere Zeit die Aktionsfähigkeit seiner Bewegung.

12. Sept. König Peter überträgt offiziell Tito die Führung des Widerstandes.

Besetzung von Belgrad
20. Okt. Nach der *Besetzung von Belgrad* durch die Rote Armee richtet Tito, der sich inzwischen in Moskau mit der Sowjetunion über die gemeinsamen Operationen verständigt hat, die neue Regierung ein.

1. Nov. Ein Abkommen zwischen Tito und dem Ministerpräsidenten der Exilregierung Šubašić, der anschließend in Moskau die Zustimmung der UdSSR einholt (daraufhin am 1. Dez. unterzeichnet), regelt die weitere Zusammenarbeit bis zur Abhaltung von Wahlen. Danach werden in Serbien, Kroatien, Mazedonien und Montenegro „Volksregierungen" gebildet. – (Forts. S. 1547)

Albanien (1912–1939/44)

1912	Proklamation der *Unabhängigkeit* Albaniens am 28. Nov.	*Unabhängigkeit*
1914 März	Der neu gewählte Fürst („Mbret"), Wilhelm Prinz zu Wied (*1876, †1945), wird in Durazzo (Durrës) mit Jubel empfangen, muss jedoch Albanien infolge eines Aufstandes (Sept.) verlassen.	
	Bald darauf besetzen die Italiener Valona (Vlora/Vlorë) und die den Hafen beherrschende Insel Saseno (Sazan; 1918–1945 in italienischem Besitz).	
1914–1918	Im Ersten Weltkrieg kämpfen die albanischen Stämme teils gegen Serbien und die Entente, teils, wie Es ad Pascha (*1863, †1920; 1914 Innen- und Kriegsminister, anschließend bis 1916 Staatspräsident), für diese. Italien, Montenegro, Serbien, Griechenland besetzen Teile des Fürstentums; Besitzergreifung durch die Italiener.	
seit 1919	Die Grenzen und der Bestand Albaniens sind stets gefährdet durch die *Ansprüche und Übergriffe* Italiens, Jugoslawiens und Griechenlands.	*Ansprüche und Übergriffe*
1919	Albanien wird (2. Aug.) als selbstständiger Staat anerkannt (Vertrag von Tirana [Tiranë]).	
1920	Albanien gewinnt nach Vertreibung der Italiener seine Unabhängigkeit auch faktisch zurück.	
1921 9. Nov.	Die Botschafterkonferenz setzt für Albanien die Grenzen von 1913 mit geringen Änderungen fest.	
	Innere Kämpfe, bei denen sich schließlich Achmed Zogu (*1895, †1961) mit Unterstützung Jugoslawiens durchsetzt.	
1925	Albanien *Republik*. Präsident Achmed Zogu. Errichtung eines autoritär-nationalistischen Regimes ohne faschistische Ideologie und ohne Staatspartei.	*Republik*
1926	Vertrag von Tirana (27. Nov.) mit Italien.	
1927	Zweiter (albanisch-italienischer) Vertrag von Tirana mit Defensivbündnis vom 22. Nov. Seitdem wird Albanien faktisch ein *italienisches Protektorat*.	*italienisches Protektorat*
1928	Achmed Zogu nimmt den Königstitel an (1. Sept.).	
1932–1934	Versuche, sich von der italienischen Vorherrschaft unabhängig zu machen, werden durch eine italienische Flottendemonstration vor Durazzo beendet.	
1939	Italienische Truppen besetzen Albanien (7. April). König Zogu flieht ins Ausland.	
12. April	Die Nationalversammlung beschließt die *Personalunion mit Italien*.	*Personalunion mit Italien*
1940 28. Okt.	Von Albanien aus greift Italien Griechenland an, wird aber im Verlauf der Kämpfe (bis April 1941) auf albanisches Gebiet zurückgedrängt (Nov. 1940).	
1941 April–Mai	Nach Abschluss des Balkanfeldzugs wird Albanien in die deutsch-italienische Verteidigung eingegliedert und um Teile der Vardar- und Zeta-Banschaft Jugoslawiens (am Fluss Vardar und in der Zeta-Ebene) vergrößert.	
1943 16.–25. Okt.	Nach der Kapitulation Italiens (8. Sept. 1943) und dem Einmarsch deutscher Truppen tagt in Tirana eine Nationalversammlung, die dem Haus Savoyen die Krone abspricht und einen Regentschaftsrat einsetzt.	
1944 13. Juli	Deutschland nimmt diplomatische Beziehungen zu der neuen Regierung auf, der jedoch innere Festigkeit und Rückhalt im Lande abgehen.	
10. Nov.	Die nach dem Abzug der deutschen Truppen in Tirana gebildete kommunistische Regierung des Partisanen-Obersten *Enver Hoxha* (Hodscha, *1908, †1985) wird von der UdSSR, Großbritannien und den USA als Regierung Albaniens anerkannt. – (Forts. S. 1558)	*Enver Hodscha*

Griechenland (1800–1945)

(Forts. v. S. 633)

1800	Gründung der Republik der Sieben vereinigten Inseln, des ersten unabhängigen griechischen Staats der Neuzeit, der die bis 1797 zu Venedig gehörenden Ionischen Inseln umfasst und der 1815 unter britischen Schutz kommt.	
1814	Mit dem Ziel, die Herrschaft der Türken zu beseitigen, bilden sich *Geheimbünde*, die von griechischen Kaufleuten getragen und von der griechisch-orthodoxen Kirche unterstützt werden.	*Geheimbünde*
1821–1829	*Unabhängigkeitskrieg:* Infolge der führenden Stellung der Griechen auf der ganzen Balkanhalbinsel bedeutet die griechische Erhebung mehr als einen Befreiungsversuch Griechenlands. Sie rührt an die Grundlagen des Osmanischen Reiches, weil sie das innere Gefüge des Vielvölkerreichs und zugleich seine Stellung im Mittelmeerraum in Frage stellt. In ganz	*Unabhängigkeitskrieg*

Europa wird die Unabhängigkeitsbewegung unterstützt (glühender Verfechter: Lord George G. N. Byron – *1788, †1824). Zahlreiche Freiwillige gehen nach Griechenland. In der philhellenischen Bewegung bildet sich ein mächtiger Faktor der europäischen öffentlichen Meinung. Am Interessengegensatz zwischen Österreich und Rußland in der griechischen Frage zerbricht die Heilige Allianz. Die britische Neutralitätspolitik bringt den Aufständischen Vorteile, verhindert aber vorerst zusammen mit Österreich ein russisches Eingreifen zugunsten der Griechen.

1821 Eine griechische Erhebung unter Fürst Alexandros Ypsilanti (*1792, †1828) wird niedergeworfen.

Verkündung der Unabhängigkeit

1822 1. Jan. *Verkündung der Unabhängigkeit* des hellenischen Volkes und eines Verfassungsgesetzes (Volkssouveränität) auf dem Nationalkongreß von Epidauros. Türkischerseits setzen Repressionen ein.

1827 In der Seeschlacht bei Navarino (griechisch: Pylos, Hafenstadt in Messenien) unterliegt die türkisch-ägyptische Flotte einer britisch-französisch-russischen. Großbritannien, Frankreich und Rußland erklären sich zugunsten der griechischen Autonomie.

Johann Anton Graf Kapodistrias

Johann Anton Graf Kapodistrias (*1776, †1831) wird zum griechischen Regenten gewählt und beginnt mit dem Aufbau einer Verwaltung.

1830 3. Febr. Nachdem in dem den Russisch-Türkischen Krieg beendenden Frieden von Adrianopel von 1829 die Türkei bereits die griechische Unabhängigkeit anerkannt hat, tun dies im Londoner Protokoll auch Großbritannien, Frankreich und Rußland. Weiterhin unter türkischer Herrschaft bleiben Epeiros, Thessalien, Samos, Chios und Kreta.

1831 Kapodistrias wird wegen Verletzung der Verfassung und wegen autoritärer Regierung im Bürgerkrieg ermordet.

König Otto I.

1832 Die Nationalversammlung wählt den Wittelsbacher Otto (*1815, †1867), den Sohn Ludwigs I. von Bayern, zum König der Hellenen. *Otto I.* regiert ohne Parlament.

1844 Einführung einer parlamentarischen Verfassung, nachdem im Vorjahr eine Militärrevolte die Einberufung einer Nationalversammlung erzwungen hat.

1862 Okt. Angesichts innerer Schwierigkeiten (Opposition gegen das persönliche Regiment des Königs, schlechte wirtschaftliche Lage, Nachfolgeprobleme durch Kinderlosigkeit des Königspaares) zwingt eine Militärrevolte Otto I. zur *Abdankung.*

König Georg I.

1863 Georg I. (dänischer Prinz Wilhelm aus dem Haus Glücksburg; *1845, †1913) wird zum König gewählt. Großbritannien übergibt die Ionischen Inseln an Griechenland.

demokratische Verfassung

28. Nov. Neue *demokratische Verfassung.*

1866 Aufstand gegen türkische Herrschaft in Kreta mißlingt.

Thessalien

1881 Griechenland erhält von der Türkei gemäß der Beschlüsse des Berliner Kongresses *Thessalien* und einen Teil von Epeiros.

1896–1897 Erhebung in Kreta und Krieg mit der Türkei. Trotz der griechischen Niederlage erhält Kreta auf Druck der europäischen Großmächte eine selbstständige Verwaltung unter türkischer Oberhoheit.

Kreta

1908 *Kreta* wird mit Griechenland vereinigt.

König Konstantin I.

1913 Nach der Ermordung König Georgs folgt sein Sohn Konstantin I. (*1868, †1923).

Balkankriege

1912–1913 *Balkankriege:* Griechenland erhält endgültig Kreta, fast ganz Epeiros, einen Teil Mazedoniens mit Saloniki und Kavala, Insel Thasos und die Inseln vor der kleinasiatischen Küste.

Eleutherios Venizelos

1915 Febr. Der Ministerpräsident (1910–1915, 1917–1920, 1924, 1928–1932 und 1933) *Eleutherios Venizelos* (*1864, †1936) tritt aufgrund des Bündnisvertrags von 1913 vor dem Zweiten Balkankrieg für Serbien ein und veranlasst gegen den Willen des Königs und der Mehrheit des griechischen Volkes die Briten und Franzosen zur Landung und Festsetzung in Saloniki. Venizelos wird daraufhin vom König entlassen.

Der König will die Neutralität seines Landes aufrechterhalten, obwohl ihm die Entente, nach dem Eintritt Bulgariens in den Krieg gegen Serbien (Oktober 1915), bulgarische und türkische Gebiete samt der Insel Zypern anbietet.

1916 Die Franzosen bemächtigen sich im Jan. der Insel Korfu.

März Ein Erlaß König Konstantins erklärt Nordepirus (Südalbanien) für endgültig mit Griechenland vereinigt.

Druck der Entente

Zunehmender *Druck der Entente* auf Griechenland.

Aufstand

Aug.–Sept. *Aufstand* in Saloniki. Revolution auf Kreta und Korfu. Venizelos tritt an die Spitze der Insel Kreta, dann auch an die der „vorläufigen Regierung" in Saloniki, die Bulgarien und dessen Verbündeten den Krieg erklärt.

13. Sept. Der größere Teil des in Thessalien stehenden 4. griechischen Armeekorps (etwa 6000 Mann) geht, um dem König die Treue zu halten, zu den Deutschen über und wird nach Görlitz (in der Oberlausitz) gebracht.

Balkanstaaten Griechenland *1081*

1. Dez.	Französische Truppen besetzen Piräus (Hafen Athens). Kämpfe zwischen Franzosen und Griechen in Athen.	
1917 12. Juni	Célestin Charles Jonnart (*1857, †1927), der Oberkommissar der „Schutzmächte" Griechenlands, erzwingt die *Abdankung König Konstantins* und den Thronverzicht des Kronprinzen Georg (*1890, †1947). Alexander (*1893, †1920), Konstantins zweiter Sohn, wird König von Griechenland (1917–1920). Venizelos bildet ein neues Ministerium.	*Abdankung König Konstantins I.*
Ende Juni	Die griechische Regierung bricht ihre diplomatischen Beziehungen zu den Mittelmächten ab.	
1919 1920 10. Aug.	Auf der Friedenskonferenz zu Paris erhält Griechenland Südalbanien und Epirus, ebenso das bis dahin bulgarische Südthrazien, im (zwischen der Türkei und den Alliierten abgeschlossenen) *Frieden von Sèvres* (im südwestlichen Vorortbereich von Paris) die europäische Türkei bis zur Catalcalinie (etwa 40 km vor Istanbul; Edirne [Adrianopel] zu Griechenland) und in Kleinasien das schon 1919 besetzte Smyrna (İzmir; jedoch nur mit kleinem Hinterland, der Hafen ist internationalisiert). Dazu kommen im selben Jahr infolge eines Vertrags mit Italien alle ägäischen Inseln außer Rhodos. – Die türkische Regierung in Ankara besteht jedoch auf Rückgabe Smyrnas.	*Frieden von Sèvres*
1920	Tod König Alexanders (25. Okt.). Niederlage der Regierung Venizelos in den Wahlen, Wiedereinsetzung König Konstantins nach Volksabstimmung.	
1920–1922 1922	Der *griechisch-türkische Krieg* führt zur Niederlage der Griechen. Die Türken erobern durch ihre Gegenoffensive Smyrna (Sept.). Bedrängnis der Griechen, da die türkischen Kemalisten von Frankreich gestützt werden und in Griechenland revolutionäre Unruhen ausbrechen. Die Venizelisten gewinnen die Oberhand.	*griechisch-türkischer Krieg*
28. Sept.	Abdankung König Konstantins.	
1922–1923	König Georg II. (*1890, †1947; Konstantins erster Sohn).	*König Georg II.*
1923 24. Juli	*Friedensvertrag von Lausanne* (am Genfer See; griechischer Verzicht auf das türkische Festland). Balkanbund mit Jugoslawien, Bulgarien, Rumänien. In den folgenden Jahren Bevölkerungsaustausch zwischen Griechenland und der Türkei. Massenumsiedlung von über eineinhalb Mio. Griechen auf griechisches Staatsgebiet.	*Friedensvertrag von Lausanne*
Dez.	Abdankung König Georgs II.	
1924	Venizelos wird am 11. Jan. erneut Premierminister. Er setzt sich vergeblich für den König ein und verlässt im Febr. Griechenland.	
25. März	Die *Republik* wird proklamiert und am 13. April durch Plebiszit bestätigt.	*Republik*
1928	Mai: Rückkehr von Venizelos, der Ministerpräsident wird. Seitdem eine gewisse innen- und außenpolitische Stabilisierung.	
1930 30. Okt.	Der Vertrag von Ankara mit der Türkei beinhaltet die Beendigung aller griechisch-türkischen Differenzen.	
1932	Bei den Wahlen vom 25. Sept. Niederlage der Venizelisten. Die Royalisten gewinnen zunehmend Einfluss.	
31. Okt.	Rücktritt von Venizelos. In der Folgezeit Konflikte zwischen Venizelisten und Royalisten mit häufigem Regierungswechsel.	
1935	Nach einer gescheiterten Revolution flieht Venizelos ins Ausland.	
März	Starke Bewegung für die Monarchie.	
12. Okt.	Sturz der Regierung. Die *Monarchie* ausgerufen.	*Monarchie*
Nov.	Gelenkte Volksabstimmung für die Monarchie. Rückkehr König Georgs II.	
1936 4. Aug.	General *Ioannis Metaxas* (*1871, †1941), seit April Ministerpräsident, führt durch Staatsstreich die *Diktatur* ein. Stabilisierung, Arbeitsbeschaffung und Aufrüstung. Außenpolitisch Betonung der Neutralität.	*Ioannis Metaxas Diktatur*
1939 13. April	Nach der Besetzung Albaniens durch Italien garantieren Großbritannien und Frankreich die griechische Unabhängigkeit.	
1940	Beginn des *Angriffs Italiens* auf Griechenland (28. Okt.), der sich zuungunsten Italiens entwickelt.	*Angriff Italiens*
1941 29. Jan.	Tod des Ministerpräsidenten General Ioannis Metaxas. Das neue Kabinett bildet Alexander Korisis (*1885, †1941).	
6. April	Beginn des Balkanfeldzugs, der (21. April) zur *Kapitulation* des griechischen Heeres und zur Vertreibung der Briten vom Festland sowie aus Kreta führt. König Georg II. und seine Regierung begeben sich erst nach Kreta, dann nach Alexandria, schließlich nach London.	*Kapitulation* *Georg II. im Exil*

PLOETZ ●

	1. Mai	General Georgios Tsolakoglu (*1887, †1948) bildet in Athen eine neue Regierung unter deutscher Besatzung.
	Juli	Nach Abzug der für den Ostfeldzug benötigten deutschen Verbände wird Griechenland italienischer Militärverwaltung unterstellt (deutsche Reservatbereiche um Athen und Saloniki).
	18. Aug.	Aufhebung des Kriegszustandes. Die neue Regierung wird wiederholt umgebildet. Da die Seeverbindung unterbrochen ist und so die Einfuhr von Lebensmitteln ausfällt, entsteht eine Hungersnot, die durch Sendungen des Roten Kreuzes nur zum Teil behoben werden kann. Eine Inflation verschlimmert die Lage.
Widerstands-gruppen	1942/1943	Geführt und versorgt durch die britische (ab 1944 alliierte) Militärkommission, bekämpfen die (anfangs getarnte) kommunistische „Griechische Befreiungsfront" (EAM) mit den Kampfverbänden der „Griechischen Volksbefreiungsarmee" (ELAS) sowie die antikommunistisch eingestellte „Griechisch-Demokratische Nationalarmee" (EDES) die Besatzungstruppen. Die antikommunistischen *Widerstandsgruppen* bleiben jedoch schwach und werden von ELAS vernichtet. Nur die in Epirus (Epeiros) stehende Gruppe von General Zervas (EDES) hält sich; sie nimmt mit den deutschen Truppen Verbindung auf. Die (ab Sept. 1943) allein in Griechenland befindlichen deutschen Besatzungsstreitkräfte beschränken sich auf die Verteidigung der Städte und Verbindungslinien, deren Unterbrechung sie durch Vergeltungsmaßnahmen gegenüber der Zivilbevölkerung zu verhindern suchen.
	1944	Griechische Verbände, die die Alliierten in Ägypten aufstellen, meutern (April).
Andreas Papandreou	17. Mai	Griechische Parteiführer treffen sich im Libanon (Beirut) und verkünden eine Nationalcharta, um die Gegensätze zu überbrücken. Es kommt nur eine Koalitionsregierung unter *Georgios (Andreas) Papandreou* (*1888, †1968) ohne EAM zu Stande. König Georg erklärt sich bereit, sich einem Plebiszit zu unterwerfen.
	18. Aug.	EAM und die Kommunistische Partei erklären ihre Zustimmung zur Regierungsbeteiligung.
	24. Sept.	Durch das Abkommen von Caserta (nördlich von Neapel) unterstellen sich alle Guerillaverbände der Regierung, die den Befehl dem Oberbefehlshaber der britischen Streitkräfte in Griechenland überträgt.
Räumung Griechenlands	2. Nov.	Abschluss der *Räumung Griechenlands;* Landungen der Briten (ab 15. Okt.) gemäß dem Abkommen der drei alliierten Großmächte über die Operationen im Südosten (Mai/Juni 1944). Die Exilregierung übernimmt die Geschäfte; doch zerbricht die Einigkeit der Parteien: EAM tritt aus der Regierung aus (1. Dez.). Da das Land beherrschenden ELAS-Verbände auch Athen zu besetzen drohen, kommt es zum Kampf mit den britischen Truppen.
	31. Dez.	Der noch in London gebliebene König Georg überträgt die Regentschaft dem Erzbischof Damaskinos (*1891, †1949) von Athen.
	1945 12. Febr.	Die Kämpfe zwischen Briten und Kommunisten werden durch einen Waffenstillstand (11. Jan.) und durch ein Abkommen zwischen Regierung und EAM beendet. Jedoch herrscht die Regierung mit britischer Hilfe nur in den Städten. – (Forts. S. 1560)

Schweiz (1523–1945)

(Forts. v. S. 502)

Die Eidgenossenschaft (16.–18. Jh.)

Ulrich Zwingli	1523 Jan./Okt.	Kirchliche Erneuerungsansätze und humanistische Tendenzen bereiten die Kirchenreformation vor, die mit *Huldrych (Ulrich) Zwingli* (*1484, †1531) in Zürich zu einem ersten Durchbruch gelangt (Zürcher Disputationen). Theologisch und politisch ist Zwingli konsequenter als Luther. Die meisten Stadtkantone folgen dem Zürcher Beispiel (Berner Disputation 1528) und bilden das „Christliche Burgrecht". Die fünf Orte der Innerschweiz (Luzern, Uri, Schwyz, Unterwalden und Zug) schließen mit Österreich die „Christliche Vereinigung".
Schlacht bei Kappel	1531 11. Okt.	Die *Schlacht bei Kappel* (Tod Zwinglis) führt zum konfessionellen Landfrieden: Sie überlässt die Glaubensentscheidung jedem Kanton, sichert aber eine katholische Hegemonie (wichtige Positionen in den Gemeinen Herrschaften).
Johannes Calvin	**1541–1564**	Unter bernischem Schutz kann *Johannes Calvin* (*1509, †1564) in Genf seine Kirche aufbauen.

1566 Zwinglianer und Calvinisten schließen sich in der „Confessio Helvetica posterior" zu einer theologisch-kirchlichen Einheit zusammen. Die reformierte Schweiz bildet fortan einen Rückhalt für den Weltcalvinismus.

Die katholische Reform, getragen u.a. von dem Mailänder Erzbischof Carlo Borromeo (*1538, †1584), gipfelt äußerlich im konfessionellen Bündnis der katholischen Orte, dem „Goldenen Bund" (später auch „Borromäischer Bund" genannt).

Die konfessionelle Grenzziehung sollte bis ins 19. Jh. Bestand haben (katholische Schweiz: 2/5 der Gesamtbevölkerung, ländlich-alpines Gebiet; protestantische Schweiz: reichere landwirtschaftliche Gegend, Großzahl der Städte).

Trotz der konfessionellen Blockbildung ist der Wille zu gemeinsamer eidgenössischer Zusammenarbeit stärker; man verhält sich in den konfessionell-politischen Konflikten Europas neutral, was sich im „Defensionale" (einheitliche Heeresordnung) manifestiert.

1648 Im Westfälischen Frieden erreicht der schweizerische Staatsmann Johann Rudolf Wettstein
24. Okt. (*1594, †1666) die völkerrechtliche Verankerung der faktisch längst erlangten *Souveränität* der Eidgenossenschaft. — *Souveränität*

Innenpolitisch kommt es noch zwei Mal zu kriegerischen Auseinandersetzungen wegen konfessioneller Fragen:

1656 Der Sieg der Katholiken im Ersten Villmerger Krieg (im heutigen Kanton Aargau) bestätigt
1712 ihre Stellung; der protestantische Sieg im Zweiten Villmerger Krieg bringt im Vierten Landfrieden eine gleichmäßigere konfessionelle Ordnung *(Parität)* in den umstrittenen gemeinsamen Untertanengebieten. — *Parität*

Gesellschaft und Kultur im 18. Jh.

Wirtschaftliche und soziale Aspekte: Die sozialen Auseinandersetzungen zwischen Regierenden und Untertanen dauern an: 1653 der Schweizerische Bauernkrieg, im 18. Jh. verschiedene Unruhen in einzelnen Kantonen. Meist führen sie zu einer Stärkung der Obrigkeit.

Vermehrte Industrialisierung setzt ein, Entwicklung der Textilindustrie in den alten Zentren St. Gallen, Zürich und Basel; Neuenburg und Genf verlegen sich zudem auf Bijouterie- und Uhrenfabrikation. Sie führt zu einer Verschiebung im Sozialgefüge. Neben der führenden Unternehmerschicht entsteht der Heimarbeiterstand, der sich meist aus unterster ländlicher Stufe herausbildet. Die alten erstarrenden Gruppen des Patriziats und des Zunftgewerbes stoßen mit der neuen Schicht zusammen. In den Städten kommt es zu Spannungen, die sich durch das ganze 18. Jh. ziehen und vor allem in Genf scharfe Formen annehmen.

Aufklärung: Verhältnismäßig spät erfolgt die aufklärerische Neuausrichtung. Während die Strömung im reformierten Raum schon zu Beginn des 18. Jh.s beherrschend wird, erfasst sie das katholische Gebiet erst in der zweiten Hälfte des Jh.s. Eine Neuorientierung in der Theologie erfolgt durch Jean-Frédéric Ostervald (*1663, †1747) und Samuel Werenfels (*1657, †1740), mit Moralphilosophie und Pädagogik befassen sich die Juristen Jean-Jacques Burlamaqui (*1694, †1748) und Emer de Vattel (*1714, †1767), der Literaturkritiker und Schriftsteller Johann Jakob Bodmer (*1698, †1783), der Philanthrop und Publizist Isaak Iselin (*1728, †1782), Jean-Jacques Rousseau (*1712, †1778) und der Pädagoge Johann Heinrich Pestalozzi (*1746, †1827). Der Aufbruch der mathematischen und naturwissenschaftlichen Forschung erfolgt mit der Gelehrtenfamilie Bernoulli (darunter Christoph Bernoulli, *1782, †1863; Daniel Bernoulli, *1700, †1782; Johann Bernoulli, *1667, †1748 und Nikolaus Bernoulli, *1687, †1759), Leonhard Euler (*1707, †1783), dem Naturforscher Johann Jakob Scheuchzer (*1672, †1733), dem Hochgebirgsforscher Horace Bénédict de Saussure (*1740, †1799) und dem Arzt, Naturforscher und Dichter Albrecht von Haller (*1708, †1777). — *Aufklärung*

Mit der Gründung der *„Helvetischen Gesellschaft"* (1761) geht die Bewegung der Aufklärung in die Praxis über, Gedanken der Toleranz und der Gemeinnützigkeit zeigen erste konkrete Auswirkungen. Eine Erneuerung des schweizerischen Nationalbewusstseins setzt sich durch. — *Helvetische Gesellschaft*

Schweiz (1798–1914)

Staatskrise (1798–1848)

Die Französische Revolution bleibt nicht ohne Auswirkungen auf das eng mit Frankreich verbundene Land. Seit 1792 hält man eine strikte *Neutralitätspolitik* ein und kann sie bis 1798 durchführen. In diesem Jahr wird die Schweiz besetzt – eine innere Revolution der Patrioten wird durch eine äußere Hilfsaktion unterstützt. — *Neutralitätspolitik*

Helvetische Republik Zentralisation	1798 5. März	Mit dem Einmarsch der Franzosen in Bern bricht der kurze Widerstand einzelner Kantone zusammen. Als *Helvetische Republik* gliedert der französische General Napoléon Bonaparte (ab 1799 Erster Konsul Frankreichs) die Schweiz in sein System ein.
	12. April	Die von Peter Ochs (*1752, †1821) entworfene Verfassung bringt eine völlige *Zentralisation*: Die Kantone (territoriale Veränderungen) sind reine Verwaltungsbezirke, unterteilt in Distrikte, diese in Gemeinden. Strenge Gewaltenteilung (zweikammrige Legislative: Großer Rat, Senat; Exekutive: fünf Direktoren; Judikative: Oberster Gerichtshof) und repräsentative Demokratie kennzeichnen das System. Persönlichkeitsrechte sind gewährleistet. Die helvetische Regierung versucht Neuerungen durchzuführen, scheitert aber (2. Koalitionskrieg, wachsende Opposition).
Mediationsverfassung	1803 19. Febr.	Mit dem Jahr 1800 beginnt die Reihe von Staatsstreichen (Unitarier gegen Foederalisten), die Napoleon durch die *Mediationsverfassung* beendet.
Schweizerische Eidgenossenschaft	1803–1813	Die alte Schweiz wird zum großen Teil restauriert: Die alten 13 Kantone und Graubünden werden zu Konzessionen an ehemalige Untertanengebiete verpflichtet; es entstehen die neuen Kantone St. Gallen, Aargau, Thurgau, Tessin und Waadt, die sich moderne Verfassungen geben. Die *Schweizerische Eidgenossenschaft*, die nach wie vor stark an Frankreich gebunden ist (Soldtruppen), wird föderalistisch organisiert und durch die Tagsatzung geleitet. Innenpolitisch ist die Epoche ruhig, trotz der wachsenden Wirtschaftskrise, die durch die Kriegswirtschaft Frankreichs hervorgerufen ist.
	1813 Nov.	Nach dem Rückzug der Franzosen erklärt die Tagsatzung die bewaffnete Neutralität, die sie 1815 gegen die Alliierten nicht durchsetzen kann.
immer währende Neutralität	1815	Die *immer währende Neutralität* der Schweiz und die Unverletzlichkeit des Gebietes garantieren die Mächte im Wiener Kongreß. Genf, Wallis und Neuenburg kehren nach ihrer Zugehörigkeit zu Frankreich in den Bund zurück, der größte Teil des Bistums Basel wird Bern als Entschädigung für den Verlust der Waadt und des Aargaus eingegliedert (Juraproblem). Das Veltlin (1512–1797 bei Graubünden) und Mülhausen (1466–1798 schweizerisch) bleiben abgetrennt.
Bundesvertrag	1815 7. Aug.	Die neue Verfassung, der *Bundesvertrag*, betont vermehrt die kantonale Eigenständigkeit und Restauration. Außenpolitisch steht die Schweiz im System Metternichs (1817 Beitritt zur Heiligen Allianz) und wird zu einer repressiven Flüchtlingspolitik gezwungen.
	1830/1831	In der Mehrheit der Kantone kommt die liberale Bewegung an die Macht („Regeneration" 1830–1848), die Freiheit in Verfassung und Wirtschaft postuliert. Dazu tritt die Forderung nach Überwindung des Föderalismus, der die Schweiz wirtschaftlich konkurrenzunfähig macht. Stärkere Industrialisierung (neu Maschinenindustrie) und veränderte Landwirtschaft (Ablösung der Feudallasten) führen zu sozialem Umbruch (Pauperismus) und zur Radikalisierung der politischen Gegensätze. Zum wirtschaftlich-politischen tritt der konfessionelle Konflikt (Jesuitenfrage).
	1845 11. Dez.	Sieben katholisch-konservative Kantone schließen eine Schutzvereinigung („Sonderbund") zur Wahrung ihrer Souveränitäts- und Religionsrechte.
Sonderbundskrieg	1847 Mai 4.–29. Nov.	*Sonderbundskrieg:* Die Mehrheit der Kantone (liberal-antiklerikal, industriell) beschließt die Auflösung des Sonderbundes, die schließlich nur militärisch erfolgen kann (General Guillaume-Henri Dufour; *1787, †1875).
	1848 12. Sept.	Der Sieg dieser Mehrheit ermöglicht die Ausarbeitung einer neuen Bundesverfassung, die in ihren Grundzügen noch heute Gültigkeit hat.

Bundesstaat (seit 1848)

Verfassung

Das wichtigste Element der neuen *Verfassung* ist die Gewichtsverlegung der Entscheidungsgewalt auf den Bund. Die Kantone sind wohl noch souverän, doch nur im Rahmen der übergeordneten Bundeskompetenzen. (Außenpolitik, Post- und Telegrafenwesen, Maße und Gewichte, Möglichkeit allgemeiner Gesetzgebung.) Als Exekutive steht eine Kollegialbehörde von sieben Mitgliedern, der *Bundesrat*. Die Legislative ist ein zweikammriges Parlament, die *Bundesversammlung* (Nationalrat als prozentuale Vertretung der Bevölkerung, Ständerat als Zweierdelegation der Kantone). Das *Bundesgericht* (nicht ständig) als oberste richterliche Instanz wird wie der Bundesrat von der Legislative gewählt. Bestimmte Grundrechte werden verpflichtend. Das demokratische Element liegt in der Möglichkeit der Bürger, den Nationalrat zu wählen, und in der Initiative (mindestens 50000 Bürger können eine Änderung der Verfassung verlangen) sowie im obligatorischen Referendum (jede einzelne Verfassungsänderung unterliegt der Volksabstimmung).

Bundesrat Bundesversammlung Bundesgericht

1856/1857	Die Sonderbundskantone fügen sich mit Mühe in den Bund ein. Eine nationale Begeisterung im ganzen Land lässt der *Neuenburgerhandel* aufkommen (Konflikt um alte preußische Herrschaftsrechte in Neuenburg).	*Neuenburgerhandel*
1860	Der Erfolg kann im Savoyerhandel nicht wiederholt werden (Versuch, Nordsavoyen für Schweiz zu gewinnen).	
1864 Aug.	Die Neutralitätspolitik wird weiter eingehalten und führt zu einer humanitären Außenpolitik (*Gründung des Roten Kreuzes* in Genf, internationale Organisationen nehmen Sitz in der Schweiz).	*Gründung des Roten Kreuzes*
	Da in verschiedenen Kantonen die Volksrechte größer sind als auf Bundesebene, kommt es in den sechziger Jahren zu einer demokratischen Bewegung, die von der repräsentativen zur direkten Demokratie überzugehen verlangt.	
1874 19. April	Die *revidierte Bundesverfassung* wird nach einem gescheiterten Anlauf angenommen (neu: Ausdehnung der Bundeskompetenzen, ständiges Bundesgericht, fakultatives Referendum; 1891 Partialinitiative). Die Divergenzen zwischen Zentralisten und Föderalisten bleiben bestehen.	*revidierte Bundesverfassung*
1882	Politisch dominiert seit 1848 die freisinnige (liberal-demokratische) Partei, die Konservativen finden sich in ihrer Oppositionsrolle nur mühsam zurecht (v.a. ehemalige Sonderbundskantone). Erst zur Zeit des Kulturkampfes treten sie stärker hervor (katholische Presse), und es gelingt ihnen, allzu weit gehende Vereinheitlichungen mit Hilfe sprachlicher Minoritäten zu verhindern (z.B. im Erziehungswesen).	
1888 Okt.	Mit der fortschreitenden Industrialisierung (neu Chemie und Nahrungsmittel) in größeren Teilen des Mittellandes steigt die soziale Problematik. Die erste Arbeiterbewegung, der „Grütliverein" (seit 1838), wird durch die internationaler ausgerichtete Sozialdemokratie, die sich schließlich als Partei formieren kann, überholt. Immer mehr wirtschaftliche Gruppierungen schließen sich (ab 1870) in Verbänden zusammen und gewinnen größeren politischen Einfluss.	
1891 Dez.	Der Freisinn öffnet sich unter diesen Bedingungen. Einerseits kommt ein fortschrittliches eidgenössisches Fabrikgesetz zu Stande (1877), andererseits überlässt er den Katholisch-Konservativen einen Bundesratssitz (*freiwilliger Proporz*).	*freiwilliger Proporz*
ab 1898	Zentralisation und Vereinheitlichung werden in limitiertem Rahmen vorangetrieben: Schaffung eines eidgenössischen Zivil- und Strafrechts (Einführung erst 1907 bzw.1938/42).	
1901	Gesetz über den Rückkauf der großen Privatbahnen und Gründung der staatlichen Schweizerischen Bundesbahnen.	
1907	Gesetz über die Militärorganisation.	

Schweiz (1914–1940/45)

1914 Aug.	Mobilisierung der Armee. Verteidigungsbereitschaft zur Wahrung der *Neutralität*. Diese wird im Ersten Weltkrieg 1914–1918 durchgehalten. Doch tritt am Anfang eine Spannung zwischen deutscher und romanischer Schweiz hervor („Graben").	*Neutralität*
1918	Gegen Ende des Krieges überwiegen soziale Spannungen (Teuerung, Einfluss der Konferenzen von Zimmerwald im Kanton Bern, 5.–8. Sept. 1915, und Kiental im Kanton Bern, 24.–30. April [Treffen europäischer Linkssozialisten]).	
11.–14. Nov.	Den von der Sozialdemokratie geführten Landesstreik beantwortet der Bundesrat mit einem Truppenaufgebot (Angst vor sozialistischer Revolution). Einzelne soziale Forderungen des „Oltener Komitees" (Olten im Kanton Solothurn), der Streikleitung, können in den folgenden Jahren verwirklicht werden.	
1919 Okt.	*Genf* wird im April zum *Sitz des Völkerbundes* bestimmt. Obwohl in den Nationalratswahlen nach der Einführung des Proporzes der Freisinn die Mehrheit verliert, verstärkt sich die bürgerliche Position durch die Zusammenarbeit der Freisinnigen mit den Katholisch-Konservativen (zwei Bundesräte) in ihrer Frontstellung gegen die Sozialisten. Diese Haltung dauert bis Mitte der dreißiger Jahre an.	*Genf Völkerbundssitz*
	Außenpolitisch ist die Zwischenkriegszeit geprägt durch Bundesrat *Giuseppe Motta* (*1871, †1940; 1920–1940 Leiter des politischen Departements).	*Giuseppe Motta*
1920 13. Febr.	In der Londoner Erklärung bekräftigt der Völkerbundsrat die Neutralität der Schweiz als Vorbedingung für ihren Beitritt zum Völkerbund. Damit wird die Beteiligung der Schweiz	

		an militärischen, nicht jedoch wirtschaftlichen Sanktionen des Völkerbundes ausgeschlossen: sog. *differenzielle Neutralität*.
differenzielle Neutralität		
Mitglied des Völkerbundes	16. Mai	Nach Annahme durch den Nationalrat und Ständerat sowie durch ein Referendum (nach einem emotional geführten Abstimmungskampf) wird die Schweiz *Mitglied des Völkerbundes*.
Wirtschaftskrise	1932–1933	Infolge der *Wirtschaftskrise* Einschränkungen der Arbeitszeit und Kürzung der Gehälter. Gelegentliche Unruhen. Bankenzusammenbrüche.
		Die „nationale Erneuerungsbewegung", die „Persönlichkeit" und „Autorität" ins Zentrum rückt, gewinnt an Boden.
	1936 4. Febr.	Ermordung des Leiters der Reichsdeutschen Wilhelm Gustloff durch den Juden David Frankfurter.
		Darauf Verstärkung der ohnehin erheblichen Spannung zwischen der Schweiz und dem Deutschen Reich in Diplomatie und Öffentlichkeit.
	Sept.	Die Abwertung des Franken um 30% im Anschluss an die französischen Währungsmaßnahmen wirkt sich wirtschaftlich günstig aus.
Frontistenbewegung „geistige Landesverteidigung"		Unter dem Eindruck der faschistischen Bedrohung (*Frontistenbewegung* in der Schweiz) schließen sich die meisten Gruppierungen in der *„geistigen Landesverteidigung"* zusammen; die Frontstellung zwischen Bürgerblock und Sozialdemokratie, die während der Wirtschaftskrise in einem Fall blutige Ausmaße angenommen hat (Genf 1932), baut sich ab:
	1937 19. Juli	Arbeitgeber und Arbeitnehmer der Metallindustrie schließen ein Abkommen, das soziale Konflikte Schiedsgerichten unterwirft. Andere Wirtschaftszweige folgen.
	1938 20. Febr.	Eine Volksabstimmung entscheidet mit großer Mehrheit für das Rätoromanische als vierte Nationalsprache.
	29. April	Bundespräsident Motta übersendet dem Völkerbundsekretariat eine Denkschrift, in der aufgrund der veränderten Lage in Europa erklärt wird, dass die Schweiz von der „differenziellen" zur „integralen" Neutralität zurückkehren müsse.
		Vorher hat Motta dieses Zieles wegen bereits bei einzelnen Mächten, besonders Frankreich und Großbritannien, sondiert.
	14. Mai	Der Völkerbundsrat stimmt dem Ansinnen der Schweiz zu.
		Diese ist damit von allen Sanktionsverpflichtungen entbunden, bleibt aber Mitglied des Völkerbundes.
bewaffnete Neutralität	1939	Mit der allgemeinen Mobilmachung wird der Zustand der *bewaffneten Neutralität* im Zweiten Weltkrieg 1939–1945 erreicht.
	1940 bis 1945	Die Armee wird nach dem Fall Frankreichs ins Alpenréduit konzentriert (General Henri Guisan, *1874, †1960) Die wirtschaftlich prekäre Lage versucht man mit Mehranbau zu meistern, mehrere Wirtschaftsabkommen sichern die nötigen Zufuhren. Der politische und wirtschaftliche Druck auf die ganz umschlossene Schweiz führt zu Restriktionen des Asylrechts und der Pressearbeit. – (Forts. S. 1440)

DIE AUSSEREUROPÄISCHE WELT VON IHREN ANFÄNGEN BIS ZUM ENDE DES ZWEITEN WELTKRIEGES

In den drei großen Kontinenten jenseits der Grenzen Europas bilden sich früh eigene Kulturen heraus, welche zu Grundlagen eigenständiger historischer Entwicklungen werden. Diese geschichtlichen Großräume kennen *spezifische Epochengrenzen*, die sich als praktikabel erwiesen haben. Allerdings gehören Nordafrika sowie der Vordere Orient mit dem historisch entwickelten Europa im Altertum zusammen, werden zunächst im entsprechenden Teil dieses Buches abgehandelt und erscheinen daher im Folgenden erst mit der Entstehung des Islam, also mit der Herausbildung der islamisch-arabischen Welt. Das übrige Afrika und Asien (unterteilt in Süd-, Zentral-, Ost- sowie Südostasien), gefolgt von Australien, Ozeanien und Amerika werden jeweils von der Vorgeschichte bis zum zeitgeschichtlichen Epochenjahr 1945 in geschlossener Darstellung dokumentiert. Erst das 20. Jh. mit seinem Übergang zur Globalgeschichte lässt – durch Zusammenfassung und Aufteilung traditioneller Zusammenhänge – neue Ordnungen in weltweitem Maßstab entstehen. Daher findet sich die Fortsetzung der Ereignisse und Entwicklungen seit 1945 im Kapitel „Neueste Zeit", welches nach Kontinenten und modernen Staaten gegliedert ist.

spezifische Epochengrenzen

Islamisch-arabische Welt bis 1945
(Forts. v. S. 342, 353)

Die Entstehung des Islam (um 570–661)

Arabische Halbinsel

Die *Arabische Halbinsel*, Ausgangspunkt verschiedener Vorstöße semitischer Völker nach Norden und Westen und in ihren Randgebieten dauernd kulturellen Einflüssen aus überseeischen Nachbarstaaten offen, wird im 7. Jh. kurzfristig einer der Mittelpunkte des Weltgeschehens und gleichzeitig Ursprungsland der zahlenstärksten und folgenreichsten, aber auch letzten semitischen Auswanderungswelle. Von einer

neue Religion

neuen Religion und damit einer neuen Weltsicht ausgehend, gelingt es den Arabern, ihr Volkstum über bisher ungeahnte Weiten auszubreiten, ohne dadurch ihre Identität zu verlieren. Ihr Vorstoß spaltet die bisher durch die Trennung in östliches und westliches Christentum gliederten Anrainer des Mittelmeers zusätzlich. Dem christlichen Norden und Westen tritt ein islamischer Süden und Osten gegenüber,

islamischer Vorstoß

wobei allerdings Spanien jahrhundertelang weithin der islamischen Oberhoheit untersteht. Der *islamische Vorstoß* bewirkt zwar eine weit gehende Abwanderung der griechisch und lateinisch sprechenden Bevölkerung aus seinem Herrschaftsbereich, belässt aber im Übrigen der semitischen, koptischen, berberischen, persischen Bevölkerung ihren Lebensraum, weithin auch ihre religiöse Überzeugung und ihre kulturelle Überlieferung. Das neue Reich vereinigt auch manche bisher (etwa zwischen dem Oströmischen und dem Sasanidisch-Persischen Reich) getrennte Gebiete. Dadurch wachsen Kulturströme viel leichter als bisher zusammen, befruchten den regen arabischen Geist und werden zur Grundlage einer un-

Kulturblüte

gewöhnlichen *Kulturblüte*.

Mohammed

um 570   *Mohammed* (Mohámmed = der Gepriesene), Sohn des Abd Allah, in Mekka aus einem verarmten Zweig der Familie der Koraisch geboren und früh verwaist, wächst bei einem Oheim in bescheidenen Verhältnissen auf und wird Kaufmann.

595   Durch die Heirat mit einer reichen Witwe, Chadidscha (*um 555, †um 619), kommt er in behagliche Verhältnisse, lernt auf Reisen Teile Arabiens und wohl auch Syriens kennen und kann vermutlich auch lesen und (etwas) schreiben.

seit 610   Mit zunehmendem Alter mehr und mehr von religiösen Skrupeln ergriffen und in wachsender Angst vor dem Weltende und Gottesgericht, glaubt er durch Vermittlung des Erzengels

Offenbarungen

Gabriel unmittelbare *Offenbarungen* Gottes zu erhalten, die ihn zum Propheten seiner Nation und zum Verkünder einer neuen Religion berufen. Doch findet er lange Zeit nur wenige, meist sozial niedrig stehende Anhänger, darunter freilich Chadidscha und sein Vetter Ali, erst später einige Einflussreiche, darunter die drei ersten Kalifen.

622 Ende Sept.

Hedschra

Nach schweren Auseinandersetzungen muss er seine Heimatstadt verlassen und nach Medina übersiedeln. Die *Hedschra* bedeutet die Entstehung des islamischen Staates in einer Stadt, deren arabische Bewohner ihn als Schlichter innerer Streitigkeiten berufen haben.

Staatsmann

Hier wird Mohammed mehr und mehr zum *Staatsmann* mit einem großen Harem, in diesem seine spätere Lieblingsfrau Aischa. In seine Offenbarungen mischen sich nun Weisungen für sein politisches Verhalten, ja sogar zur Beilegung von Auseinandersetzungen im Harem; er geht daran, seine Heimatstadt einzukreisen.

624   Dabei erleidet er nach dem Sieg bei Badr die Niederlage am Berg Ohod (625).

627   Er kann aber eine Belagerung Medinas durch die Mekkaner überstehen, die dortigen jüdischen Stämme vertreiben oder ausrotten, mehrere Beduinenstämme als Bundesgenossen gegen Mekka gewinnen.

630   Mohammed besetzt seine Heimatstadt Mekka fast ohne Gewalt und reinigt die Kaaba (Ka'ba) von „heidnischen" Zutaten: die irdische Krönung seines Lebenswerkes.

632
8. Juni

Der Prophet Mohammed stirbt in Medina, wo er auch begraben liegt; er hinterlässt keinen Sohn.

Die Lehre Mohammeds

religiöser Führer

Mohammed, zuletzt gleichermaßen *religiöser und politischer Führer*, hat, nach Schilderungen der Endzeit und des Gerichts in glühenden Farben, in seine Offenbarungen mehr und mehr auch Verordnungen über das religiöse Leben, Prophetengeschichten als mahnende Beispiele und allerlei andere Erzählungen eingeflochten. Die zeitlich letzten Offenbarungen betreffen weithin staatspolitische und sozialethische Fragen in oft langatmiger Diktion. Sie werden – vielleicht nicht ganz lückenlos – von seinem Sekretär aufgezeichnet, aber erst etwa 650 in 114 „Suren" fallender Länge mit insgesamt 6236 Versen (ajat; eigentlich „Wunderbeweise") gesammelt (die Zählung und damit die Gesamtzahl der Verse schwankt etwas). Die Sammlung bildet seither als *„Koran"* (Koran = Rezitationsstück) das ewige, unveränderliche Wort Gottes an das „Siegel der Propheten" und durch ihn an die gesamte Menschheit. Der Koran, im mekkanischen Dialekt des Arabischen – Mohammeds Muttersprache – unter Anklängen an die ältere „Dichtersprache" niedergelegt, darf zu kultischen Zwecken nicht übersetzt werden und hat bis heute eine ungemein nachhaltige Wirkung auf die Muslime (Moslems) ausgeübt. Er lehrt einen *absoluten Monotheismus* mit Verwerfung der Dreifaltigkeit, Vergeltung der Taten des Menschen im Jüngsten Gericht, neigt der Vorherbestimmung des menschlichen Schicksals zu, regelt viele Gebiete des Lebens (kultische Fragen, Ehe-, Erbrecht, wirtschaftliche Fragen), legt die *religiösen Pflichten* fest (Glaube an Gott und Mohammed als – rein menschlichen – Propheten; Fasten untertags im Monat Ramadan; Almosen; mehrmaliges tägliches Gebet; Wallfahrt nach Mekka, wenn gesundheitlich und finanziell möglich) und gilt auch stilistisch als unübertrefflich. Der Koran wird vom Bericht (Hadith) über das normative Reden und Handeln des Propheten Mohammed *(Sunna)* ergänzt. Dieser Hadith wird während der ersten drei Jahrhunderte des Islam in umfangreichen Sammlungen kodifiziert (der „Korrekte" von al-Buchari [*810, †870] und fünf Werke ähnlich großer Bedeutung) und seither ebenso wie der Koran häufig kommentiert und später durch Analogieschluss (Kijas) und Übereinstimmung der Gemeinde (in Wirklichkeit: der Gelehrten; Idschma) ergänzt.

Der Heilige Krieg *(Dschihad)* zur Ausbreitung des islamischen Staatsgebietes (nicht zur gewaltsamen Durchsetzung des Islam bei „Ungläubigen"!) kann hingegen von einem Teil der waffenfähigen Männer stellvertretend für die Gesamtgemeinde durchgeführt werden.

Koran

absoluter Monotheismus

religiöse Pflichten

Sunna

Dschihad

632–634 Nach Mohammeds unerwartet frühem Tod in Medina wird Aischas Vater, der überlegene und besonnene Abu Bekr (*um 573), zum ersten Stellvertreter (= Chalifa; danach *Kalif*) des Propheten bestimmt. Ihm gelingt es, die Gemeinde gegenüber einer um sich greifenden Abfallbewegung zusammenzuhalten und prophetische Nebenbuhler zu überwinden.

634–644 So hat Omar I. in zielbewussten, weit ausgreifenden Feldzügen das Gebiet der islamischen Herrschaft (das Kalifat) auf die gesamte Arabische Halbinsel, Palästina (638 Jerusalem) und Syrien, das Zweistromland, große Teile Persiens sowie auf Ägypten ausgedehnt. Überall werden die Militärkommandanten gleichzeitig Statthalter. Omar I. wird zum eigentlichen Schöpfer des *islamischen Weltreichs*. Als Erster trägt er auch den Titel Herrscher der Gläubigen (Amir al-Muminin). (Forts. v. S. 339)

644–656 Nachdem er von einem christlichen Perser aus Privatrache ermordet worden ist, zeigen sich unter Othman, einem Schwiegersohn Mohammeds, ausgedehnte Zerfallserscheinungen. Die Statthalter der neuen Provinzen handeln weithin selbstständig, im Innern mischt sich der Hader einzelner Gruppen mit der beginnenden Herausbildung der islamischen *Konfessionen*. Der fromme Kalif, dem man die Redaktion des Korans (um 653) verdankt, wird von aufständischen Landsleuten in Medina ermordet.

656–661 Ali (*um 602), Vetter und (durch Fatima, *607, †632) Schwiegersohn Mohammeds, kann sich nicht allgemein durchsetzen. Syrien, unter dem Statthalter Moawija, einem Verwandten Othmans, tritt für Blutrache an dessen Mördern ein.

656 Dez. Alis Truppen bleiben in der Kamelschlacht (der Aischa [†678] von einem Kamel aus zusieht) siegreich.

657 Juli Bei Siffin am mittleren Euphrat (südöstlich von Edessa) kann Ali der syrischen Truppen Moawijas nicht Herr werden. Seine Anhänger spalten sich: Der Partei Alis (Schiat 'Ali, kurz Schia genannt) stehen die Sezessionisten (Charidschiten) gegenüber, die Ali sein Nachgeben bei Siffin vorhalten und blutig niedergeworfen werden müssen. Inzwischen setzt ein Schiedsgericht Ali (und nominell auch Moawija) ab. Ali wird auf das südliche Zweistromland beschränkt.

661 Ermordung Alis durch einen Charidschiten.

Kalif

islamisches Weltreich

Konfessionen

Die Konfessionen des Islam

Mit dem Tod Alis ist der Islam – 29 Jahre nach dem Tod seines Gründers – in drei Konfessionen gespalten, die sich bis zum heutigen Tag erhalten haben. Die *Charidschiten*, fanatische Gegner aller übrigen Gruppen und Träger der Überzeugung, dass jeder Kalif werden könne, wenn er nur der Frömmste sei (aber gerade über diese Frage in zahlreiche Untergruppen zerspalten), bilden als beduinisch-arabisches Element etwa 200 Jahre lang im Osten des Kalifats und bei den Berbern eine sehr ernste Gefahr, verschwinden aber dann durch Niederlagen und inneren Zerfall fast völlig; heute befinden sich Reste in Oman, auf einigen Inseln und Oasen des Maghreb.

Ihnen stehen in schroffem Gegensatz die *Schiiten* gegenüber, Vertreter der Überzeugung, dass die Leitung der Gemeinde durch „Imame" Ali und seinen Nachfahren aus der Ehe mit Fatima, den Sajjids und

Charidschiten

Schiiten

Scherifen, gebühre. Bei dieser Gemeinschaft machen sich in späteren Jahrhunderten manche nichtarabische, vor allem persische religiöse Auffassungen geltend, besonders die Lehre von einem unverlierbaren göttlichen Charisma. Da Alis Nachfahren sehr zahlreich sind, kommt es auch hier zu vielerlei Spaltungen, die die Kraft der Schiiten wesentlich schwächen, bis zum heutigen Tag andauern und den Einfluss der Schiiten lange Zeit hindurch verhältnismäßig einschränken.

Sunniten

In der Mitte steht die große Masse der Leute der prophetischen „Überlieferung (= Sunna) und der Gemeinschaft", die *Sunniten*, die das Kalifat zwar den nächsten Verwandten des Propheten in männlicher Linie vorbehalten möchten, aber innerhalb dieses Kreises wenigstens theoretisch auf freier Wahl bestehen und auch die Verwandtschaft mit dem Propheten nicht als unabdingbar ansehen. Doch stammt die zweite Kalifendynastie der Abbasiden von einem Oheim des Propheten ab. Die Sunniten haben stets die überwiegende Mehrzahl der Muslime dargestellt; heute mindestens 92%. In ihrem Rahmen beginnt

Theologie

schon früh eine lebhafte *theologische Auseinandersetzung*, die um die Frage des freien Willens oder der Vorherbestimmung, das Verhältnis des ewigen Gottes zu seinen Attributen, insbesondere zum Koran, um eine menschenähnliche oder rein geistige Auffassung von Gottes Wesen kreist und sich zum Teil in sehr subtile Spekulationen verliert.

erste Expansionsphase

um 651 Die *erste* islamische *Ausbreitungswelle* verläuft sich, nachdem sie bis in die Cyrenaica, an die ostiranischen Gebirge und an den Oxus vorgedrungen ist. Kleinasien bleibt in byzantinischer Hand.

Das Kalifenreich (661–1258)

Die Zeit der Omajjaden (661–750)
(Forts. v. S. 352)

Omajjaden

Die Omajjaden

Moawija I.

661–680	Moawija I.
680–683	Jasid I.
683–684?	Moawija II.
684–685	Merwan I.
685–705	Abdalmalik ibn Merwan
705–715	Walid I.
715–717	Suleiman ibn Abdalmalik
717–720	Omar II. ibn Abdal Asis
720–724	Jasid II.
724–743	Hischam ibn Abdalmalik
743–744	Walid II.
744	Jasid III.
744–745	Ibrahim ibn al-Walid ibn Abdalmalik
745–750	Marwan ibn Mohammed ibn Marwan

Walid I.

Moawija I.

661–680 Der erste Kalif aus der neuen Dynastie der Omajjaden, *Moawija I.*, mit der Residenz in Damaskus, versteht es, das Reich mit straffer Hand, aber doch im Rahmen der altererbten Oligarchie der Stammesältesten (Scheiche) und angesehener Persönlichkeiten zu regieren. Unter ihm herrscht eine kurze Periode der inneren Ruhe und damit der Stabilisierung, die freilich unter seinen Nachfolgern rasch zu Ende geht.

674/678 Nach Kleinasien hinein unternehmen die Moslems fast jährlich Vorstöße. Von Kyzikos aus wird *Konstantinopel* belagert.

Belagerung Konstantinopels

679 Byzanz entschließt sich in einem Friedensschluss (erneuert 697) zur Tributzahlung.

Tod Husains bei Kerbela

680 Den Schiiten gibt der *Schlachtentod* des Prophetenenkels *Husain,* der die Leitung der Ge-
10. Okt. meinde beansprucht, *bei Kerbela* im Kampf gegen omajjadische Truppen ihr Passionsmotiv, das diese Konfession seither zusätzlich von der Sunna abhebt. Dieses Ereignis wühlt weite Kreise – die freilich Husain in entscheidender Stunde meist im Stich gelassen haben – tief auf und untergräbt im Lauf der nächsten Jahrzehnte das Ansehen der Omajjaden im-

Bürgerkriege

bis 692 mer mehr. Die Herrschaft der Omajjaden wird durch *Bürgerkriege* erschüttert. Darauf folgt eine neue Periode innerer Ruhe, in der die wichtige Provinz Irak mit dem davon administrativ abhängigen Persien durch den Statthalter al-Haddschadsch ibn Jusuf († 714) verwaltet wird. Die Militärkolonien in Kufa und Basra bilden sich bald auch zu kulturellen Mittelpunkten heraus (zwischen beiden liegt Wasit = „Die Mittlere").

seit 696	Es erfolgt die allmähliche Einführung der *arabischen Verwaltungs- und Kanzleisprache* und ihre Verwendung in Urkunden und auf Münzen. Das Griechische im Westen und das Persische im Osten verschwinden binnen einer Generation aus der *Verwaltung*. Doch stehen sich (Gold-)Dinar im Westen, im ehemals byzantinischen Währungsgebiet, und (Silber-)Dirhem (von Drachme) im ehemals sasanidischen Osten noch Jh.e hindurch gegenüber. Das Wertverhältnis der beiden Metalle pendelt jahrhundertelang etwa um 12:1.	*Sprache*
seit 693	Armenien (bis 885) untersteht unmittelbar der islamischen Oberherrschaft.	
705–715	Unter Walid I. kann die *zweite große Ausdehnungswelle* des Islam organisiert werden, die über Nordafrika hinweg – wo Karthago (697) aus byzantinischer in arabische Hand übergeht – nach *Spanien* vorstößt (Vernichtung des Westgotenreichs) und im gleichen Jahr vom Südosten Irans aus das Industal um Multan erreicht.	*zweite Expansionsphase Spanien*
711		
	In Syrien festigt sich die Stellung der Omajjaden, in deren Kanzlei häufig Christen arbeiten (so als junger Mann der spätere Kirchenvater Johannes Damascenus). Ein äußeres Zeichen der *Konsolidierung* ist die Umwandlung der Johanneskirche in Damaskus in eine Moschee. Von Kutaiba ibn Muslim werden auch Transoxanien mit Buchara und Samarkand sowie Choresmien (südlich des Aralsees) unterworfen.	*Konsolidierung*
717/718	Eine *Belagerung Konstantinopels* scheitert trotz der Stärke der seit Jahrzehnten ausgebauten arabischen Flotte, die die Ägäis weithin beherrscht und Zypern, bald auch Kreta bedroht.	*Belagerung Konstantinopels*
726/740	Kleinasien wird durch jährliche Einfälle heimgesucht.	
732	Die Eroberung des Frankenreichs misslingt (Niederlage bei *Tours und Poitiers* gegen Karl Martell), doch bleiben Teile der Provence sowie einzelne Festungen für Jahrzehnte in arabischer Hand.	*Tours und Poitiers*
	Die auf dem Vorrang des Arabertums beruhende Herrschaft der Omajjaden, vielen Gläubigen zu weltlich eingestellt, stößt in frommen Zirkeln auf wachsenden Widerstand, besonders in Mekka und Medina, auch bei Schiiten und Anhängern der Auffassung, dass die Herrschaft den Verwandten des Propheten gebühre. Unter diesem Schlagwort arbeiten jahrzehntelang zwei Strömungen zusammen, denen es unter Abu Muslim gelingt, das Kalifat der *Omajjaden zu stürzen*.	
seit 744		*Sturz der Omajjaden*

Die Zeit der Abbasiden (750–1258)

Reichsgeschichte bis zum 11. Jh.

749/750	Die Dynastie der Abbasiden kommt zur Herrschaft, von Abbas, einem Oheim des Propheten, abstammend. Den Schiiten ist damit endgültig der Weg zur Macht versperrt.	
756	Die Omajjaden werden blutig verfolgt, doch gelingt es dem Prinzen Abd ar-Rahman I., dem „Falken der Koraisch", in *Córdoba* (Spanien) ein eigenes „*Emirat*" zu gründen: der erste vom Kalifat unabhängige islamische Staat, der sich alsbald blühend entwickelt und Spanien weithin mit arabischem und islamischem Wesen durchdringt.	*Emirat von Córdoba*
762	Die Abbasiden erheben unter al-Mansur (754–775) das Dörfchen Bagdad (persisch „Gottesgabe") zu ihrer Residenz und damit das Zweistromland zum Mittelpunkt des Kalifenreiches. Hier entsteht nun, vom nahen Persien nachhaltig beeinflusst und auch von vielen hierher gekommenen Persern getragen, die *islamische Kultur* mit ihren bedeutsamen Leistungen in Philologie, Literatur, Geschichtsschreibung, Erdkunde, Naturwissenschaften, Medizin und Technik: In ihrer Prägung nicht mehr rein arabisch, aber doch noch lange von der arabischen Sprache getragen, die sich gegenüber älteren semitischen Idiomen und gegenüber dem Koptischen mehr und mehr als Umgangssprache durchsetzt, aber das im Gebirgsland besser geschützte Persische bestehen lässt.	*islamische Kultur*
775–785	Unter al-Mahdi wird das abbasidische Kalifat als Despotie fest etabliert und kann gegenüber allen religiösen Sonderbestrebungen behauptet werden.	
786–809	Unter der iranischen Wesirsdynastie der Barmakiden (bis 803) erreicht das Kalifat unter *Harun ar-Raschid*, dessen Weisheit und Glanz in Tausendundeiner Nacht widergespiegelt werden, seinen politisch und kulturell höchsten Rang, den sein Sohn al-Mamun noch bewahren kann.	*Harun ar-Raschid*
813–833		

Die Abbasiden

Abbasiden

749– 754	Abul Abbas as-Saffah
754– 775	al-Mansur ibn Mohammed
775– 785	al-Mahdi ibn al-Mansur
785– 786	al-Hadi ibn al-Mahdi
786– 809	Harun ar-Raschid ibn al-Mahdi
809– 813	al-Amin ibn Harun ar-Raschid
813– 833	al-Mamun ibn Harun ar-Raschid
833– 842	al-Mutasim ibn Harun ar-Raschid
842– 847	al-Wathik ibn al-Mutasim
847– 861	al-Mutawakkil ibn al-Mutasim
861– 862	al-Mustansir ibn al-Mutawakkil
862– 866	al-Mustain ibn Mohammed ibn al-Mutasim
866– 869	al-Mutass ibn al-Mutawakkil
869– 870	al-Muhtadi ibn al-Wathik
870– 892	al-Mutamid ibn al-Mutawakkil
892– 902	al-Mutadid ibn al-Muwaffak
902– 908	al-Muktafi ibn al-Mutadid
908– 932	al-Muktadir ibn al-Mutadid
932– 934	al-Kahir ibn al-Mutadid
934– 940	ar-Radi ibn al-Muktadir
940– 944	al-Muttaki ibn al-Muktadir
944– 946	al-Mustakfi ibn al-Muktafi
946– 974	al-Muti ibn al-Muktadir
974– 991	at-Tai ibn al-Muti
991–1031	al-Kadir ibn Ishak ibn al-Muktadir
1031–1075	al-Kaim ibn al-Kadir
1075–1094	al-Muktadi ibn Mohammed ibn al-Kaim
1094–1118	al-Mustashir ibn al-Muktadi
1118–1135	al-Mustarschid ibn al-Mustashir
1135–1136	ar-Raschid ibn al-Mustarschid
1136–1160	al-Muktafi ibn al-Mustashir
1160–1170	al-Mustandschid ibn al-Muktafi
1170–1180	al-Mustadi ibn al-Mustandschid
1180–1225	an-Nasir ibn al-Mustadi
1225–1226	as-Sahir ibn an-Nasir
1226–1242	al-Mustansir ibn as-Sahir
1242–1258	al-Mustasim ibn as-Sahir

al-Mansur

Harun ar-Raschid

Islamische Kunst und Kultur zur Kalifenzeit

Wissenschaft Die spätantik-hellenistische *Wissenschaft*, durch meist christliche (oft nestorianische) Syrer aus dem Griechischen oder Syrischen ins Arabische übertragen, befruchtet den islamischen Geist in der fühlbarsten Weise. Überdies strömen in *Bagdad* alle Reichtümer Asiens zusammen: Neben den einheimischen Erzeugnissen vermittelt der *Handel* die Produkte Indiens und selbst Chinas (Porzellan, Seide). Von Nordpersien aus beherrschen die Araber weithin den Handel zu den Normannen in Russland und Schweden sowie den Slawen Osteuropas. Ostislamische Silbermünzen gelangen in unübersehbarer Menge bis nach Schweden, Dänemark, Norddeutschland und in einzelnen Stücken bis nach England und Island (oft nach dem Gewicht bewertet: „Hacksilber").

Bagdad
Handel

Durch al-Kindi († nach 870), ar-Razi († 923 oder 932), al-Farabi († 950), Avicenna (* 980, † 1037) und viele andere (der Abstammung nach oft Perser) entsteht eine *islamische Philosophie*, die sich in mannigfacher Weise mit der Theologie auseinander setzt, für die Fragen der Offenbarung, der Ewigkeit des Korans sowie das Problem des freien Willens im Gegensatz zwischen Mutasiliten und Orthodoxen zu langen und heftigen Erörterungen führen. Daneben entwickelt sich im Zweistromland und in Persien eine immer stärker anschwellende mystische Bewegung, der *Sufismus*, die zur Verinnerlichung des bisher stark gesetzlichen Islam, zur Pflege des individuellen Gebetslebens, zur Hochachtung der Askese, auch zur Mission des Islam unter Andersgläubigen wesentlich beiträgt und ihm ungezählte Scharen bisheriger Christen, Manichäer, Zoroastrier – weniger Juden – zuführt. – Die Kunst, durch das sakrale Bilderverbot eingeschränkt, entwickelt eine großartige Bautätigkeit und eine reiche Ornamentik (Arabesken) sowie eine bewundernswerte Schriftkunst.

islamische Philosophie

Sufismus

9./10. Jh. Neben der Ausgliederung Spaniens (756) erfolgt die *Loslösung weiterer Gebiete* von der Zentralgewalt: im Westen die Aghlabiden (800–909) in Tunesien und Tripolitanien, später im Niltal die Tuluniden (868–906) und Ichschididen (935–969). Im Osten beherrschen die Tahiriden (821–873) und die Samaniden (873–999) Nordostpersien und Transoxanien (mit den Residenzen Nischapur und Samarkand). Sie bilden unabhängige Staaten, die aber die Oberhoheit des Kalifen formell anerkennen.

Loslösung mehrerer Gebiete

Regionale Entwicklungen bis zum 11. Jh.

Durch die allgemeine Anerkennung der Kalifenoberhoheit wird die *islamische Oikumene* (al-Mamlaka al-islāmija) nicht gesprengt. Die Freizügigkeit für Kaufleute, Gelehrte und andere bleibt gewahrt und trägt nachhaltig zur Herausbildung des islamischen Gemeinschaftsgefühls bei, das seitdem zum Kern des islamischen Selbstgefühls wird. Erst 847 erweist sich die sunnitische Orthodoxie als siegreich im Kampf der Lehrmeinungen und wird von den Kalifen offiziell vertreten.

islamische Oikumene

Außenpolitisch ändert sich die Lage wenig. Die Grenze gegen Byzanz und Kaukasien, in Innerasien gegen die Türken, in Nubien, weiter in Nordafrika gegen die Berberstämme der Sahara bleibt trotz vieler einzelner Vorstöße fast völlig stabil. Freilich kommt es (besonders von Kreta aus) verschiedentlich zu Seegefechten mit Byzanz:

910/932 910 um Zypern; 911 Sieg bei Samos; 932 Niederlage bei Lemnos.

Die religionspolitischen Auseinandersetzungen, fast ausschließlich auf das Zweistromland und Iran beschränkt, während die Bewohner anderer Gebiete sich damals theologisch kaum hervortun, synkretistische Sekten (Papak 817–837), *soziale Unruhen*, die im langwierigen Aufstand der Sandsch (Negersklaven im Sumpfgebiet des südlichen Zweistromlandes, Ende des 9. Jahrhunderts) ihren Höhepunkt erreichen, und der Verfall der arabischen Militärorganisation zwingen die Kalifen seit der Mitte des 9. Jh.s, in immer stärkerem Maße *türkische Sklaven als Soldaten* einzustellen, die sich rasch zu einer Prätorianergarde zusammenschließen. Die Türken nehmen die sunnitische Form des Islam an, bereiten aber den Kalifen, die 838–883 in Samarra (120 km nördlich von Bagdad) residieren, als Prätorianer mannigfache Schwierigkeiten.

soziale Unruhen

türkische Sklaven als Soldaten

Das eröffnet neuen *Lokaldynastien* (den Saffariden in Fars und Nachbargebieten, 867–901, ferner vielen kleinen Dynastien im nördlichen Iran, in Aserbaidschan und sonst) die Möglichkeit, sich durchzusetzen. Sie reiben sich freilich oft in gegenseitigen Kämpfen auf.

Lokaldynastien

Gleichzeitig verstärkt sich die extrem-schiitische Richtung der Ismailiten, von der ein Zweig, die Karmaten, seit etwa 890 den südlichen Irak sehr nachhaltig in Unruhe versetzt, während eine andere, auch dogmatisch verschiedene Spielart, die *Fatimiden* (nach Mohammeds Tochter Fatima genannt), sich 909 im heutigen Algerien und Tunesien gegen die Aghlabiden durchsetzt. Sie schaltet hier die charidschitische Richtung aus, bedrängt die Sunniten schwer und erobert 969 nach wiederholten Anläufen Ägypten, wo bereits 973 Kairo (die Stadt des Planeten „Mars") als neue Landeshauptstadt entsteht. Die hier gegründete Ashar-Hochschule ist ein Mittelpunkt ismailitischer Propaganda.

Fatimiden

Die neue Dynastie (969–1171), deren Oberhaupt sich – nach dem Vorbild der Kalifen von Córdoba (seit 929) – ebenfalls Kalif nennt, ist vom Niltal aus eine schwere Bedrohung des abbasidischen Kalifats, das unter der ebenfalls schiitischen, aber anderskonfessionellen (saiditischen) Hausmeierdynastie der Bujiden (945–1055) steht (Amir al-umara = oberster Emir). Die Bujiden besetzen weite Teile Persiens; ihr kraftvollster Repräsentant ist Adud ad-Daula († 983). Unter ihm breitet sich die ismailitische Propaganda vor allem im persischen Raum immer stärker aus und unterhöhlt die Grundlagen des Kalifats. Anfang des 11. Jh.s scheint diese Konfession Aussicht zu haben, sich wenigstens im Osten des Islam durchzusetzen. Die Kalifen, von den Bujiden in engen Schranken gehalten, sind nicht in der Lage einzugreifen; die Samaniden sind ebenfalls in inneren Streitigkeiten zerfallen. Der Grenzkampf gegen Byzanz wird vor allem von Lokaldynastien im Norden getragen, unter denen die Hamdaniden hervorragen.

Die Fatimiden (909/969–1171)

909 Als Verfechter der extrem-*schiitischen Geheimlehre* setzen sich die Fatimiden gegen die
969 Aghlabiden in Nordafrika durch. Nach mehreren Anläufen können sie Ägypten erobern.

schiitische Geheimlehre

953–996 Ihre ersten Herrscher (al-Muiss, 953–975, und sein Sohn al-Asis, 975–996) sind kraftvolle Persönlichkeiten, denen freilich die Bekehrung der sunnitischen Ägypter zu ihrem ismailitischen Glauben auch nicht gelingt. Sie müssen deshalb die Minderheiten (Kopten, Armenier, Juden) als deren Gegengewicht rücksichtsvoll behandeln.

Das Land steigt zu wirtschaftlicher Blüte auf, findet aber nicht den Anschluss an die Entwicklung der islamischen Wissenschaften wegen der Sonderkonfession seiner Herrscher.

996–1021 Unter dem zum Schluss wahnsinnigen Kalifen al-Hakim brechen innere Unruhen aus; mehrfach wird versucht, die Kopten gewaltsam zum Islam zu bekehren (später Rückkehr auf Wunsch erlaubt). Doch eben dieser Kalif findet in ismailitischen Kreisen Syriens glühende Verehrer, die in ihm eine Inkarnation Gottes sehen und ihn zum Mittelpunkt ihrer Religion machen: die Drusen (so nach ihrem Stifter ad-Darasi [† 1019] genannt), die sich im Libanongebirge – während des europäischen Mittelalters weithin unbeachtet – als besondere Gemeinden erhalten und im 19./20. Jahrhundert verschiedentlich blutig in die Geschichte dieses Raumes eingreifen.

Kreuzfahrer	1036–1094	Das fatimidische Reich sinkt unter der langen Regierung des al-Mustansir noch mehr herab; Syrien und Palästina gehen an die Seldschuken verloren (Anlass zu den Kreuzzügen). Die kulturelle Entwicklung (prächtige Moscheebauten, umfangreiche Bibliotheken) reißt ab; die Wirtschaft verfällt unter den Eingriffen des Staates; der Kampf gegen die *Kreuzfahrer* wird von anderen Kräften, nämlich den Seldschuken, geführt.
	um 1100	Ein Streit um die Erbberechtigung zweier Prinzen spaltet die Ismailiten (seit etwa 1100 bis auf den heutigen Tag); die daraus hervorgegangenen Assassinen sind mit den Fatimiden verfeindet.
Saladin	1171	Schließlich beseitigt der wohl aus kurdischer Familie stammende *Saladin* die bedeutungslos gewordene Dynastie, stellt das sunnitische Bekenntnis als Staatsreligion wieder her und begründet die Dynastie der Aijubiden.
Aijubiden	1172–1187	Siegeszug der *Aijubiden*, nachdem das sunnitische Bekenntnis als Staatsreligion wiederhergestellt ist, in Syrien: Tripolis (1172), Damaskus (1174), Aleppo (1183), Mosul (1185/1186) und Jerusalem (1185) werden erobert.
Mamluken		Die letzten Herrscher der Aijubiden müssen bereits Sklaven aus dem Schwarzmeergebiet als Söldner einsetzen: die *Mamluken*.

Die Ghasnaviden (999–1040)

Ende des Samanidenreiches	999	Das *samanidische Staatswesen* wird zwischen einem Türkvolk, den Karluken, unter der Dynastie der Ilig-Chane (auch Karachaniden) nördlich des Oxus (heute: Amu-Darja-Fluss an der Nordgrenze Afghanistans) und der ebenfalls türkischen Dynastie der Ghasnaviden südlich dieses Stromes aufgeteilt.
Mahmud von Ghasna Pandschab	998–1030	*Mahmud von Ghasna* (südwestlich von Kabul; *970), einer der eindrucksvollsten Herrscher des Islam, unterwirft im Kampf mit den Bujiden das östliche und mittlere Persien und außerdem in 17 Feldzügen den *Pandschab* (Industal mit Nebenflüssen), der seitdem fest dem islamischen Machtbereich eingegliedert ist und wo sich der sunnitische Islam gegen die Karmaten in Multan und gegen andere siegreich durchsetzt.
persische Dichtkunst		Mahmud beweist Anteilnahme an der Entwicklung der *persischen Dichtkunst*. Er belohnt den Nationaldichter der Perser, Firdausi (*um 934, †1020), spärlich für sein „Königsbuch" (Schahnamâ). Daneben steht der Mathematiker, Naturforscher, Chronologe und Ethnograf al-Biruni (*973, †1048/1050), wohl der umfassendste Gelehrte des islamischen Mittelalters, der als erster Muslim eine brauchbare Landeskunde Indiens schreibt, für deren Abfassung er eigens Sanskrit lernt.
	1040	Mahmuds Sohn Masud I. (1030–1041) scheint schon die Bujiden ganz auszuschalten, als er bei Dandanakan (südlich des Flusses Amu-Darja; in der Nähe von Merw) die Entscheidungsschlacht gegen die Seldschuken verliert, deren Streitmacht nun der Weg auf die iranische Hochfläche offen steht. Damit dringen erstmals Türken in das Zentrum des Kalifenreiches vor.

Das Karlukenreich (999–Mitte des 11. Jh.s)

	999	Nach dem Untergang der Samaniden dehnt sich das Karlukenreich bis an den Oxus aus und behält diese Linie im Wesentlichen bis ins 13. Jh. bei. Hier setzt sich nun eine sunnitisch-islamische Kultur durch, in der neben dem Persischen mehr und mehr das Türkische gesprochen wird.
Turkestan		Dadurch wird das Land zu (West-)*Turkestan* (Land der Türken). In Buchara und Samarkand hält sich bei den Kaufleuten, die vielfach Nachfahren des alten iranischen Volkes der Sogdier sind (in dieser Sprache heißen sie „Sarten"), das Iranische noch auf Jh.e hinaus. In der Theologie spielt das Arabische weiterhin die führende Rolle. Turkestan wird eines der Zentren islamischer Geisteskultur und Lebensauffassung. Ihre Denkmäler haben sich zum Teil bis in die Gegenwart erhalten.
	1047	Der Karlukenstaat spaltet sich in eine westliche und eine (weniger fassbare) östliche Hälfte, deren Mittelpunkt das Tarimbecken ist; dessen bisher indogermanisch sprechende Bevölke-

rung wird nun sprachlich türkisiert. Deshalb heißt das Land seither auch (Ost-)Turkestan. Hier tritt *Türkisch* (nach Orchon-Inschriften) im Fürstenspiegel Kutadghu Bilig (Glückbringendes Wissen) – 1069/1070 in Kaschgar verfasst – erstmals *literarisch* auf. *türkische Literatur*

1073 In Bagdad erscheint von einem Prinzen der Karachaniden-Dynastie, Mahmud al-Kaschgari, ein türkisches Wörterbuch mit sachlichen Erläuterungen in arabischer Sprache: beide sind noch heute die wichtigsten Hilfsmittel für unsere Kenntnis des frühen Türkischen.

Die Seldschuken (10. Jh.–Ende 11. Jh.)

seit 960 Für das Bestehen des Kalifenreiches erweist es sich als Glück, dass gerade der sunnitische Islam unter den Türken jenseits der transoxanischen Grenze Raum gewonnen und hat sich in friedlicher Form rasch unter ihnen ausgebreitet hat. Er bildet die Grundlage des *Stammesverbands der Seldschuken*, die sich hier zusammenschließen. *Stammesverband der Seldschuken*

etwa 1025 Die Seldschuken stoßen – schon als Muslime – über den Oxus ins Kalifenreich vor (bis 1030).

1039–1092 Die Sultane Togrylbeg (1039–1063), sein Neffe Alp Arslan (1063–1072) und dessen Sohn Melikschah (1072–1092) etablieren unter Leitung des Ministers Nisam al-Mulk († 1092) das *Großseldschukische Reich*. *Großseldschukisches Reich*

1040 Die Seldschuken besiegen bei Dandanakan den Ghasnavidenherrscher Masud I. (Mas'ud); dadurch steht ihnen der Weg in das Zentrum des Kalifenreiches offen.

1041–1186 Unter einem Nebenzweig herrschen die Seldschuken in Kirman.

1055/1076 Den Seldschuken fällt Bagdad in die Hand (1055), Jerusalem wird erobert (1071). Nach der

1071 *Schlacht bei Malazgirt* (Mantzikert – nördlich des Vansees) bricht die byzantinische Verteidigung in Kleinasien zusammen; Damaskus wird eingenommen (1076). *Schlacht bei Malazgirt*

1097/1098 In Kleinasien entsteht der bald kulturell bedeutende Staat der *Rum-Seldschuken*, dem anfänglich fast ganz Kleinasien zufällt (Residenz Nikaia–Isnik), der aber dann durch die Kreuzfahrer auf das Innere Kleinasiens zurückgedrängt wird (Residenzen Kaiseraia – Kayseri und Ikonion – Konya). *Rum-Seldschuken*

Das Großseldschukische Reich unterdrückt die ismailitische Unterwühlung mit eiserner Hand. Auch andere schiitische Richtungen treten nun ganz zurück. Die Seldschuken schränken den fatimidischen Einfluss ein, weisen Lokaldynastien in Syrien und Mosul (wie die Hamdaniden [890–1030], die Förderer des letzten klassisch-arabischen Dichters al-Mutanabbi [*915, †965] sowie die Herrscher im nördlichen Irak, wie die Okailiden in Mosul [991–1096] und die Artukiden [1085–1409]), in ihre Schranken.

1099–1291 Durch die einschneidenden seldschukischen Maßnahmen gegenüber christlichen Jerusalempilgern werden letztlich die *Kreuzzüge* ausgelöst, die zur Inbesitznahme einzelner Küstenstützpunkte (ferner Jerusalems bis 1187 und 1229–1244) führen, aber nur für die nächsten Nachbarn bedrohlich werden. Das Kalifat selbst und die östlichen Provinzen, ebenso Ägypten und Maghreb werden durch die Kreuzfahrerstaaten nicht erschüttert. *Kreuzzüge*

Die Seldschuken erweisen sich sehr rasch als gelehrige Schüler der Perser. Sie übernehmen deren Kultur, weithin auch deren Sprache, und verschaffen der *persischen Kultur* eine weite Geltung über den nationalen Bereich hinaus. Die Perser erlangen seitdem innerhalb des Islam eine den Arabern ebenbürtige Bedeutung; auch die türkische und die indisch-islamische Kultur werden bis in die jüngste Vergangenheit hinein aufs nachhaltigste von den Persern beeinflusst. Doch setzt sich in Kleinasien gegenüber dem Griechischen das Türkische als Umgangssprache durch. Es wird aber erst seit dem 14. Jh. zur Schriftsprache, während in Innerasien schon im 11. Jh. bedeutende türkische Literaturdenkmäler bestehen. *persische Kultur*

nach 1092 Die Seldschuken bekriegen sich untereinander im Westen: im Zweistromland und in Syrien, in Kriegen einzelner Prinzen. Zum *Verfall ihrer Macht* tragen auch die ismailitischen Assassinen bei, deren Oberhaupt sich am Ausgang des 11. Jh.s im Bergland von Alamut (nordwestlich Teherans) festsetzt und durch Sendlinge, denen im Hanf-(Haschisch-)Rausch das Paradies vorgegaukelt wird, zahlreiche Mordtaten unter anderskonfessionellen Moslems, aber auch Kreuzfahrern, ausführen lässt. Dadurch werden hier wie dort viele führende Persönlichkeiten (z. B. Nisam al-Mulk 1092) ausgeschaltet. Der „Alte vom Berge" wirkt in Syrien im gleichen Sinn. *Machtverfall bei Seldschuken*

1098–1157 Hingegen gelingt es dem Seldschuken Sandschar, im Nordosten Persiens *(Chorasan)* einen kraftvollen Staat zusammenzuhalten. Die in Transoxanien zurückgebliebenen Türkstämme werden (bis 1153) an weiteren Einfällen in Iran gehindert; dem sunnitischen Bekenntnis wird maßgebende Geltung und der iranischen Kultur und Dichtung Lebensraum verschafft (Omar-i Chajjam, † 1131). *Chorasan*

AUSSEREUROPÄISCHE WELT BIS 1945 Islamisch-arabische Welt

al-Ghassali 1067 Im Zweistromland wird als Gegengewicht gegen die damals ismailitische Ashar in Kairo die Nisamija eröffnet, an der *al-Ghassali* (*um 1058, †1111) lehrt, ein gebürtiger Perser, der größte sunnitische Theologe, der das Anliegen der gemäßigten Mystik (des Sufismus) in den orthodoxen Islam eingliedert und diesem damit sein noch längeren Kämpfen durchgesetztes, bis heute gültiges Gepräge verleiht. Seither erstarrt die islamisch-sunnitische Theologie zusehends im Traditionalismus (Taklid). Unter dem Eindruck der antiwestlichen Stimmung der Kreuzfahrerzeit verkümmert das spätantike Erbe in Philosophie und Naturwissenschaften; der Hochflug des islamischen Geisteslebens ist damit abgebrochen.

1194 Die seldschukische Dynastie in Iran wird ausgeschaltet.

Ereignisse und Entwicklungen bis zum Ende des Kalifenreiches (11. Jh.–1258)

Nordafrika Anfang 11. Jh. In *Nordafrika* lösen sich die Siriden von den Fatimiden und kehren zum sunnitischen Islam zurück.

um 1051 Die von den Fatimiden gegen sie gesandten arabischen Beduinenstämme der Hilal und Sulaim richten eine grauenhafte Verwüstung im Maghreb an und zerstören die Grundlagen der Macht dortiger Lokaldynastien, die sich freilich in Resten (bis 1152/1156) halten.

Almoraviden seit ca. 1060 Die *Almoraviden*, eine puristisch-orthodoxe Richtung des Islam, werden die treibende Kraft in Nordafrika.

1086 Sie greifen nach Spanien über, wo sie die islamischen Staaten nach dem Fall Toledos (1085) vor der Ausschaltung durch die Kastilier schützen.

Almohaden seit 1146/1147 Die Almoraviden, bald zur Bedeutungslosigkeit herabgesunken, werden von den religiös noch rigoroseren *Almohaden* abgelöst, die sich in Spanien (bis 1225) und im Maghreb (bis 1269) halten können, aber auf der Iberischen Halbinsel von den Christen (im 13. Jh.) weit zurückgedrängt werden. Seitdem besteht dort nur das *Königreich Granada* (bis 1492).

Königreich Granada

Chwarism-schahs 1194 Über die zerfallende seldschukische Macht hinweg erlangen die Herrscher von Choresmien (*Chwarismschahs*) zusehends Bedeutung.

Neben den Ghasnaviden, die (bis 1187) das heutige Afghanistan und den Pandschab beherrschen, bemächtigen sie sich der Kerngebiete Irans, aus denen sie auch die (im mittleren Afghanistan beheimatete) kurzlebige Dynastie der Ghoriden (1150–1206), trotz ihrer Schreckensherrschaft und einiger militärischer Niederlagen, nicht vertreiben kann. Auch sie sind Sunniten. Daher auf dem Kalifat nicht so starker Druck, insbesondere nachdem Sengiden in Syrien (1127–1174) und Fatimiden in Ägypten (1171) durch sunnitische Aijubiden verdrängt wurden, die hier wie dort das Erbe der früheren Dynastie antreten.

Saladin 1169–1193 Die Kreuzfahrer werden von dieser breiten Basis aus durch den Aijubidenherrscher *Saladin* mehr und mehr ausgeschaltet. Aber auch die Aijubiden zersplittern sich nach dessen Tod, ohne freilich sofort jegliche Bedeutung zu verlieren.

Kaiser Friedrich II. 1218–1238 Während der Regierung von Al-Malik al-Kamil wird in einem Vertrag Jerusalem an *Kaiser Friedrich II.* abgetreten (1229). Al-Kamils Nachkommen bleiben noch (bis 1250) im Besitz des Niltals. Andere Zweiglinien halten sich zum Teil noch länger in Syrien.

Mohammed II. 1217/1218 Der Herrscher von Choresmien, *Mohammed II.*, steht im Begriff, gegen den tatkräftigen Kalifen an-Nasir (1180–1225) von Persien aus auf Bagdad zu marschieren. Dieser Kalif hat sich unter Führung des bedeutenden Theologen Umar as-Suhrawardi (†1234) zu einem Ausgleich zwischen Sunna und Schiia bereit gefunden und in der *Futuwwa* einen Orden

Futuwwa von Anhängern geschaffen. Mohammed II. sieht sich jedoch genötigt, gegen die Mongolen zu ziehen, die seine Nordostgrenze überrennen und über den Jaxartes vordringen. Undiplomatisches Verhalten, fehlendes Selbstvertrauen und die Neigung seiner türkischen Söldner, zu den Mongolen überzulaufen, lassen seine Macht rasch zusammenbrechen. Transoxanien

Dschingis-Chan fällt den *Scharen Dschingis-Chans* in die Hände und wird verwüstet.

1220 Mohammed II. stirbt auf der Flucht. Damit wird die iranische Hochfläche – anders als zur Zeit der Seldschuken – von einem nichtislamischen innerasiatischen Volk überschwemmt.

Mongolisches Reich bis 1223 Die nördlichen Gebiete Irans werden dem *Mongolischem Reich* einverleibt, während der Süden vorläufig frei und auch das Kalifat noch verschont bleiben.

Mohammeds II. Sohn Dschelal ad-Din Mängübirdi scheitert mit seinem Bestrebungen, die Mongolen zu verdrängen; er wird (1231) von einem Straßenräuber ermordet.

1255–1258	Dschingis-Chans Enkel Hülägü überrennt das gesamte iranische Hochland, wo freilich weiterhin suzeräne Lokaldynastien erhalten bleiben, und rottet die Assassinen aus.	
1258 10. Febr.	Die Mongolen bringen das *abbasidische Kalifat* zum Erlöschen. Es fällt seither als äußeres Symbol der Einheit des gesamten Islam weg, da ein abbasidisches Ersatzkalifat in Ägypten (1261–1517) außer in Nordindien kaum anderswo Anerkennung findet.	*Ende des Abbasidenkalifats*
seit 1260	Den Mongolen treten in den Mamluken Ägyptens ebenbürtige Kräfte entgegen, die durch ihren *Sieg bei Ain Dschalut* (Goliathsquell, nördlich von Jerusalem) ihre Selbstständigkeit behaupten können.	*Sieg bei Ain Dschalut*

Die türkischen Reiche

Die türkischen Reiche Vorderasiens bis zum 15./16. Jh.

Die Mamluken (1250–1534)

	Die Mamluken, meist *Sklaven* türkischer und kaukasischer Herkunft, die am Nil als *Soldaten* Verwendung finden, lösen die Herrschaft der Aijubiden in Ägypten ab. Syrien gehört (seit dem 13. Jh.) zum mamlukischen Staat. Das Mamlukenreich mit dem Mittelpunkt Kairo erweist sich als kräftiger Hort des sunnitischen Islam und spielt vor dem Aufkommen der Osmanen in Politik und Kultur die führende Rolle im Vorderen Orient. Die ägyptische Dynastie der Mamluken unterteilt sich in die nach ihren Garnisonen benannten Bahriten und Burdschiten.	*Militärsklaven*
1250–1382	Die *bahritischen Mamluken* bilden eine über mehrere Generationen hinaus erbliche Dynastie mit weiten Handelsbeziehungen im Mittelmeer, im Sudan und über den Indischen Ozean hinweg. Die Abendländer, besonders die italienischen Republiken, wissen sich in vielerlei Verhandlungen meist gut mit den Mamluken zu stellen.	*bahritische Mamluken*
1260–1277	Einige von ihnen, so *Baibars I.*, erweisen sich als äußerst kraftvolle Herrscher, die, an die Reitertechnik der Mongolen gewöhnt, diesen gegenüber Syrien dauernd behaupten und dadurch den arabischen Islam in Afrika vor einer Unterjochung durch die ungläubigen Mongolen bewahren.	*Baibars I.*
1289/1291	Die letzten Kreuzfahrerburgen in Tripoli und Akkon erliegen den Mamluken.	

Zentren arabisch-islamischer Kultur

Das Zentrum der arabisch-islamischen Kultur verlagert sich seither nach Ägypten und in den Maghreb. Die Ashar in Kairo gewinnt als sunnitische theologische Hochschule (seit 1250) weites Ansehen; in diesen Ländern blühen nun neben der Theologie auch Geschichtsschreibung, Geografie, Rechtsprechung und Medizin. Auch *Nordafrika und Spanien* wachsen an geistiger Bedeutung. Im Maghreb finden aus Spanien vertriebene Muslime Unterkunft. Der Weltreisende Ibn Battuta aus Tanger (*1304, †1369) kommt bis an die Wolga, nach Indien, Indonesien, China und in die Stadt Timbuktu am Niger. Der Geschichtsdenker *Ibn Haldun* aus Tunis (*1332, †1406) lehrt den Einfluss sozialer Faktoren auf die Entwicklung der Menschheit (und wird damit, seit 1858 von Europa wieder entdeckt, zu einem Begründer der Soziologie).

Nordafrika und Spanien

Ibn Haldun

1382–1517	Die *burdschitischen Mamluken* (nach ihrer Kaserne beim „Turm" – burdsch), eine Reihenfolge energischer Generäle – meist nicht miteinander verwandt –, setzen sich nach dem Tod ihres jeweiligen Vorgängers rasch gegen die schwächeren Erben durch. Unter diesen oft gewalttätigen Sultanen ragen Barkuk („Aprikose" 1382–1399), Bars Bei (1422–1438) und Kait Bei (1468–1496) heraus. Ihre Bestätigung durch die von ihnen geduldeten abbasidischen (Schein-)Kalifen ist eine reine Formsache. Viele *Baudenkmäler* (Moscheen, Grabmäler, Festungsanlagen) sind in ihrem einprägsamen Stil bis zum heutigen Tag erhalten. Die Versuche der Herrscher, den Handel in ihren Händen zu monopolisieren und die Italiener möglichst auszuschließen, dann auch der Angriff der Portugiesen vom Rücken her (nach der Umsegelung des Kaps der Guten Hoffnung 1497) erschüttern die Stellung der Mamluken mehr und mehr.	*burdschitische Mamluken* *Baudenkmäler*
1516/1517	Der *osmanische Sultan Selim I.* (1512–1520) unterwirft in einem raschen Siegeszug Syrien, Palästina und das Niltal.	*osmanische Eroberung*

1534 Sein Nachfolger Süleiman II. (1520–1566) erobert auch Bagdad und verleibt die arabischen Gebiete dem osmanischen Staat für Jahrhunderte ein, ohne dass sich an der beherrschenden Stellung der Mamluken als Kaste in Ägypten während dieser Zeit bis um 1800 allzu viel ändert.

Die Mongolenherrschaft (1256–1525/26)

Ilchane 1256–1353 Die mongolischen *Ilchane* beherrschen Persien und das Zweistromland. Sie sind anfänglich Buddhisten, werden dann aber (seit 1295) zu Muslimen und rücken damit in den Rang einer nationalen Dynastie Irans. Als Feinde der Muslime (besonders der Sunniten), als deren Führungsmacht ihnen die Mamluken wiederholt entgegentreten, knüpfen sie lebhafte *Beziehungen zu abendländischen Mächten*, den Päpsten sowie den Königen von Frankreich und England, an; Beziehungen, die den Christen zur Unterstützung der letzten Kreuzfahrerburgen an der syrischen Küste wichtig sind und ihnen gleichzeitig durch die Berichte von Mönchen wie Giovanni da Piano del Carpine (*um 1200, †1252?) und Wilhelm von Rubruk (Ruysbroeck, *um 1210, †um 1270) nachhaltige Kenntnis von Wesen und Auffassungen der Mongolen verschaffen.

Beziehungen zu Europa

1295–1304 Der Reformer Ghasan (Ilchan) lebt zu kurz, um die Beruhigung des Landes zu neuer Machtposition ausbauen zu können. Kämpfe mit mongolischen Paralleldynastien in Innerasien und im Wolgabecken stören ebenso wie innere Unruhen die Stabilität des Landes.

seit 1335 Einleitung einer Reihe von Bürgerkriegen in Iran und im Zweistromland, in denen das Land schließlich in einzelne Provinzen mit besonderen Dynastien zerfällt: die Ilkaniden oder Dschelairiden (1336–1410) im Zweistromland, weiter die schiitischen Sarbadare („Galgenvögel") in Chorasan (bis 1387) sowie die Musaffariden (1318–1393) in Jasd und Fars sowie in angrenzenden Gebieten. Unter ihnen lebt Hafis (eigentlich: Schems ed-Din Mohammed; *um 1326, †um 1390) in der Rosenstadt Schiras, der bedeutendste lyrische Dichter der Perser. Im heutigen Afghanistan (Mittelpunkt Herat) behaupten sich die Kartiden den Mongolen gegenüber von Anfang an fast unabhängig; sie können sich (bis 1393) halten.

Timur Leng 1360–1405 Während *Timur Leng* in Kleinasien (Angora/Ankara 1402), in der Goldenen Horde (1391/1395) und in Indien (Wegnahme Delhis 1398) nur in kurzen, aber blutigen Vorstößen eingreift, kann er sich Transoxanien, Iran und das Zweistromland länger unterstellen: Schädelpyramiden, verbrannte Städte, insbesondere auch zerstörte Kirchen zeichnen seinen Weg. Nur in seiner *Hauptstadt Samarkand* schafft er unter Heranziehung von weither deportierter Handwerker und Künstler wissenschaftliche Einrichtungen sowie Bauwerke von bleibendem Wert. Die Anarchie in Persien, der er durch seine Kriegszüge ein Ende bereitet, bricht nach seinem Tod in gemilderter Form wieder aus, indem sich Söhne und Enkel um die Nachfolge streiten, die sich aber verhältnismäßig rasch sein Erbe unter sich teilen. Von seinen unmittelbaren Erben erlangen Schah Roch (1407–1447) und später Husain Baikara (1469–1506) vor allem kulturelle Bedeutung.

Hauptstadt Samarkand

Timuriden 1405–1507 Die *Timuriden*, eine im Gegensatz zu ihrem Ahnherrn wenig kriegerische Dynastie, lassen sich die Pflege der persischen Dichtung (Dschami, *1414, †1492), die Geschichtsschreibung, die Astronomie und andere *Wissenschaften* nachhaltig angelegen sein; so wird ihr Andenken bis heute in der Bevölkerung bewahrt. Doch stellt sich ihrer Anhänglichkeit zum sunnitischen Bekenntnis die starke Agitation einer nun erst zu wirklicher Bedeutung gelangenden schiitischen Gruppe, der so genannten *Zwölfer-Schiiten*, entgegen, für die ihr zwölfter Imam (873) in Samarra in die Verborgenheit eingegangen ist, von wo er am Ende der Zeiten wiederkehren und alle Menschen zur Schia bekehren wird. Von Ardabil aus betreiben sie eine nachhaltige Werbung, während die Timuriden gleichzeitig von jenseits des Oxus durch vorrückende Özbeken unter der Dynastie der Schaibaniden bedroht werden. Angesichts dieser Sachlage kann sich der junge Leiter der zwölfer-schiitischen Gemeinschaft von Ardabil, der so genannten „Roten Mützen" (türkisch Kysylbasch), Ismail I., ohne allzu große Schwierigkeiten durchsetzen.

Wissenschaften

Zwölfer-Schiiten

Safawiden 1502–1524 Er schaltet nach dem Zusammenbruch der Timuriden von Herat (1507) auch die dort eingebrochenen Schaibaniden aus: Iran ist unter der Dynastie der *Safawiden* geeint, die sich alsbald die gewaltsame Durchsetzung der Zwölfer-Schia als Staatsreligion angelegen sein lassen, während Iran bisher ein zu etwa zwei Drittel sunnitisches Land ist. Durch diese Hinwendung zur schiitischen Konfession bekommt das Persertum eine besondere Note, die es von seinen Nachbarn abhebt und es zu einer festgefügten Nation zusammenwachsen lässt, deren kultureller Einfluss auf die weiterhin sunnitischen Nachbarn freilich abnimmt. Inzwischen setzt sich der letzte Spross der Timuriden, Babur, von Kabul aus in Nordindien

Reich der Großmogul **1525/1526** durch und begründet das *Reich der Großmoguln* („Großen Mongolen"), einen vom sunnitischen Islam und von persischer Kultur geprägten Staat. – (Forts. S. 1123, 1183)

● PLOETZ

Die Türkmenen (1410–1515)

1410 Im Zweistromland setzt sich nach dem Zusammenbruch der Dynastie der Ilkaniden eine türkische Dynastie durch, die schiitischen *„Schwarzen Hammel"* (Kara Kojunlu) unter Kara Jusuf (seit 1390 um Mosul). — *„Schwarze Hammel"*
1412 Dieser Dynastie fallen auch die Artukiden zum Opfer.
1420 Nach Kara Jusufs Tod können sich die „Schwarzen Hammel", unter seinen beiden Söhnen in vielerlei Kämpfe verwickelt, im Zweistromland und im westlichen und südlichen Iran noch eine Generation behaupten.
1466 Dieses Gebiet fällt Usun Hasan (dem langen Hasen), dem Führer einer anderen, sunnitischen, türkmenischen Horde, der *„Weißen Hammel"*, zu. Er setzt sich gegen die Timuriden und die türkischen Fürsten in Anatolien sowie gegen die Mamluken in Syrien rasch durch, beherrscht neben dem Zweistromland weite Teile Irans und knüpft Beziehungen bis nach Venedig an, das damals mit den Osmanen in Krieg liegt. — *„Weiße Hammel"*
1478 Usun Hasan, durch Niederlagen seitens der Osmanen geschwächt, stirbt vor einer erneuten Festigung seiner Macht. Seitdem politisch ohne überörtliche Bedeutung, erliegt der Staat
1509–1515 der Türkmenen den in das Zweistromland vorrückenden osmanischen Türken.

Die Rum-Seldschuken (1098–um 1307)

seit 1098 In Anatolien erleiden die Rum-Seldschuken unter der Einwirkung der durchmarschierenden Kreuzfahrer bedeutende Gebietsverluste, sodass fast alle Randgebiete Kleinasiens wieder den Byzantinern gehören.
1156–1236 Im Landesinnern jedoch entwickelt sich um ihre *Residenz Konya* ihr Staat unter einer Reihe ausgezeichneter Herrscher (Kylydsch Arslan, 1156–1192; Kai Kawus I., 1210–1219; Kaikobad I., 1219–1236) zu hoher Blüte. Mehr und mehr nehmen auch die bisher gräzisierten Alt-Einwohner des Landes den *Islam* und das Türkische als ihre Umgangssprache an, auch wenn das Persische als Kultursprache weiterhin bedeutsam bleibt. Der mystische Epiker Dschelal ed-Din Rumi (*1207, †1273; aus Balch in Chorasan) bedient sich ihrer für seine noch heute hochgeschätzten Werke. — *Residenz Konya* / *Islamisierung Kleinasiens*
1243 Der rum-seldschukische Staat reibt sich schließlich in vielen Erbschaftsstreitigkeiten und Bürgerkriegen auf und gerät unter die Oberherrschaft der mongolischen Ilchane, die zu dieser Zeit noch Buddhisten sind.
1276/1277 Aus der Mongolenherrschaft kann ihn auch das Eingreifen des Mamlukenherrschers Baibars I. nicht lösen.
um 1307 Das Verlöschen der Rum-Seldschuken lässt eine Reihe kleiner türkischer Dynastien entstehen, mit begrenzter Macht, zum Teil auch seetüchtig, vor allem aber als Zentren der Kultur von Bedeutung.

Die Osmanen (1299–1448/53)

Gegen die Rum-Seldschuken setzt sich ganz allmählich das Haus der Osmanen durch, das – ursprünglich im nordwestlichen Kleinasien mit der Residenz Brussa (Bursa) ansässig – sein Augenmerk vor allem auf die Grenzkämpfe mit den Byzantinern richtet und deshalb lange von der Ideologie dieser *Grenzkämpfer* (Ghasis – Kämpfer im Heiligen Krieg) mit ihren zum Teil schiitischen Neigungen geprägt wird. Damals entstehen auch viele *Derwischorden*: Mewlewis, Nakschbendis, Kubrawis und andere, die das Bild des türkischen Staates auf Jh.e hinaus mitprägen. — *Grenzkämpfer* / *Derwischorden*
1299 Osman († 1326) macht sich zum Sultan mit der *Residenz Brussa*. — *Residenz Brussa*
1354 Die türkischen Truppen überschreiten die Meerengen, unterstützt von Kriegern, die in zunehmendem Maß durch die Knabenlese (Dewschirme) aus griechischen und später auch slawischen Kindern gewonnen werden und als *Janitscharen* jahrhundertelang die Kerntruppen des Reichs (vor allem Infanterie) bilden. — *Janitscharen*
um 1370 Murad I. (1359–1389) schlägt seine Residenz in *Adrianopel* (Edirne) auf und erweitert seine Macht auf dem Balkan. — *Residenz Adrianopel*
1379 Byzanz wird osmanischer Vasall.
1389 Er wird nach siegreicher *Schlacht auf dem Amselfeld* (Kosovo polje – Becken der Sitnica im Dinarischen Gebirge/Serbien) von einem Serben ermordet. — *Schlacht auf dem Amselfeld*
1393 Sein Sohn Bajezid I. (1389–1402) kann Bulgarien unterwerfen.
1402 Als er im Begriff steht, Griechenland zu besetzen, wird er bei Angora (*Ankara*) von den Mongolen unter Timur Leng *geschlagen* und als Gefangener abgeführt († 1403). — *Schlacht von Ankara*

Dynastie der Osmanen I

Osmanen

Osman I.

```
Osman I.
Sultan † 1326
    │
    Orhan
    Sultan † 1360
    │
```

Murad I.

```
Murad I.
Sultan † 1389
    │
Bajezid I.
Sultan † 1403
    │
┌───────────────┬──────────────┐
Mehmed I.      Musa          Süleiman I.
Sultan † 1421  Emir † 1413   Emir † 1411
    │
Murad II.
Sultan † 1451
    │
```

Mehmed II.

```
Mehmed II.
Sultan † 1481
    │
┌─────────────┬─────────────┐
Dschem        Bajezid II.
Prätendent    Sultan † 1512
† 1495            │
```

Selim I.

```
Selim I.
Sultan † 1520
    │
```

Süleiman II.

```
Süleiman II.
Sultan † 1566
```

1413–1421 Das Osmanische Reich scheint in Kämpfen von Prätendenten völlig zu zerbrechen, als es Mehmed I. gelingt, sich in Kleinasien und Teilen der Balkanhalbinsel wieder durchzusetzen.

1416 Ein Kampf mit Venedig mit der Niederlage in der Seeschlacht bei Gallipoli lässt ihm aber nicht die Möglichkeit, sich gegen Byzanz zu wenden.

1421–1451 Auch sein Sohn Murad II. verschafft sich zuerst zunehmende Freiheit im Rücken in Anatolien, wo ihm eine Reihe kleiner Fürstentümer zufallen.

1444 Die Osmanen schlagen bei Warna am Schwarzen Meer ein polnisches Heer.

1448 In einer zweiten Schlacht auf dem Amselfeld wird Serbien endgültig unterworfen, dann Griechenland besetzt.
Nur Albanien leistet unter Gjergj K. Skanderbeg (*um 1405, †1468) Widerstand, von Venedig (1463–1479) gegen den Sultan unterstützt.

Eroberung von Byzanz

1453 29. Mai Erst Mehmed II. (1451–1481) kann das jahrhundertealte Ziel muslimischer Wünsche, *Byzanz*, nach sorgfältigen Vorbereitungen und einer sechswöchigen Belagerung *erobern*. Das alte Byzanz (Konstantinopel, Stambul, Istanbul) wird alsbald zur das Land weithin beherrschenden natürlichen Hauptstadt der Türkei und zum Mittelpunkt des nunmehr mächtigsten islamischen Reiches, damit auch zu einem Zentrum geistigen Lebens bis in die Gegenwart hinein. Freilich dauert es noch Jahrzehnte (bis 1502), bis die alten *Emirate Anatoliens* unter osmanischer Herrschaft vereint sind. Gleichzeitig kommt es auf dem *Balkan* zu bedeutsamen Fortschritten.

Emirate Anatoliens Balkan

drei Großreiche

Zu Beginn der europäischen Neuzeit treten also nach der Festigung osmanischer Macht an die Stelle der vielen rasch wechselnden islamischen Staaten *drei Großreiche* unter dem Sultan der Türkei, dem Sophi (Safawidenschah) Persiens und dem Großmogul Indiens. Sie verleihen auf Jh.e hinaus dem Islam neue Macht und sind die Gegenspieler, zum Teil auch die Verbündeten der Europäer bis ins 18. Jh. hinein.

Das Osmanische Reich in der Neuzeit

Die Großmacht vom 15.–18. Jh.

Die drei Großreiche, die seit dem Beginn der Neuzeit das islamische Gebiet – mit Ausnahme einiger Randlandschaften wie Mittelasien und Indonesien – unter sich aufteilen, festigen sich zuerst im Westen, später auch im Osten: die *Türkei* schon im 15. Jh., Iran zu Beginn des 16. Jh.s, das *Reich der Großmoguln* seit 1525. Gewiss sind diese Staaten auch weiterhin noch durch vielerlei freundliche oder feindliche Beziehungen miteinander verzahnt, sie sind aber doch gegeneinander trotz mancher Grenzkämpfe (z. B. in Aserbeidschan, im südöstlichen Afghanistan) fest abgegrenzt, dass sie auch als Einheiten in sich betrachtet werden können, ja müssen. Alle drei Staaten erleben während dieser Jh.e eine Periode hoher geistiger und materieller Kultur, deren Erzeugnisse trotz mancherlei durch den Gegensatz zwischen Sunniten und Schiiten bedingter Schwierigkeiten einander beeinflussen. All diese Staaten treten ins Blickfeld Europas, das eben damals über das Mittelmeer, vor allem aber um Afrika herum in den Indischen Ozean, nach Hinterindien und Ostasien ausgreift. Sie werden damit in immer stärkerem Ausmaß zu Partnern der europäischen Großmächte und unterliegen in vielerlei Hinsicht, vor allem in der Technik (auch der militärischen), einem steigenden *Einfluss Europas*. Dieser Einfluss berührt freilich das Denken dieser Völker vorläufig allenfalls in Äußerlichkeiten. Der Islam erweist sich dabei als einzige große Religion dem Christentum gegenüber als absolut immun und bleibt damit die Ausgangsbasis der Eigenständigkeit dieser Völker, die sich später neu bewähren wird. Bestehende christliche Gemeinschaften (vor allem im Osmanischen Reich), daneben auch Juden, hier wie in Persien, werden dem Staat aufgrund des *„Millet-Systems"* als selbstständige Gemeinschaften mit innerer Autonomie auch in bürgerlichen Rechtssachen eingegliedert und können dabei ihrerseits ihre religiöse und nationale Substanz – bei manchen Verlusten durch Übertritte – wahren. So leben die christlichen Völker der Türkei in diesen Jahrhunderten praktisch nur in ihren Kirchen weiter, während sie im übrigen weithin geschichtslos sind. Daneben dürfen auch die *Einflüsse*, die – wie im Mittelalter – aus dem *Osten* nach *Europa* kommen, nicht übersehen werden. Sie betreffen nunmehr vor allem die Literatur, die schönen Künste und die Musik („türkische Musik"). Dabei sind die Länder, die keine unmittelbaren Nachbarn der Europäer sind und daher mit ihnen nicht in kriegerischer Auseinandersetzung stehen, wie die Perser und Inder, aber auch die Ostasiaten (Chinoiserie in der Kunst des 18. Jahrhunderts; China als Idealstaat der „Vernunft"), wesentlich stärker beteiligt als die Türkei und die dieser unterstehenden arabischen Gebiete, da man über dem Waffenlärm des Tages nicht zu einer ruhigen Betrachtung seines Gegenübers kommt: wenn auch das Interesse an ihm, etwa in sprachlicher und historischer Hinsicht, schon im 17. Jh. lebhaft einsetzt und damit einer wissenschaftlichen Orientkunde den Weg ebnet.

1430/1462   Die Türkei oder (amtlich:) das Osmanische Reich ist schon lange weit nach *Südosteuropa* hinein vorgestoßen, bevor das letzte muslimische „Maurische Reich" in Spanien (1492) fällt. Schon lange vor der Eroberung Konstantinopels (Byzanz) (1453) (erste Verwendung von Kanonen durch die Türken) stoßen die osmanischen Truppen nach Thessalonike (heute: Saloniki) (1430), an die ungarische Grenze (1438), ans Schwarze Meer (Schlacht bei Warna 1444) und nach Serbien (1448) vor. Dem Fall der Stadt am Bosporus folgt derjenige der letzten christlichen Gebiete auf den Peloponnes (um 1460) und um Trapezunt 1461 (am SO-Ufer des Schwarzen Meeres; heute Trabzon). Gar manche griechische Familie wächst nun in das Türkentum hinein, erhält zum Teil ausgedehnte Lehen in Rumelien und kommt zu einer führenden Rolle im Staat, eine Entwicklung, die vielen *byzantinischen Staatstraditionen* den Weg ins türkische Volk ebnet. Vor allem in Kleinasien rundet sich der Osmanische Staat damals ab.

1468   Mit Karaman fällt der bedeutendste türkische Kleinstaat *Anatoliens* in die Hand der Osmanen. Nach der Abwehr von Angriffen Usun Hasans dringt osmanischer Einfluss bis an die Grenze des oberen Zweistromlandes vor.

1475   Der Chan der Krim, Mengli Girai I. (1466–1515), unterstellt sich freiwillig dem Sultan. Seine berittenen und daher sehr beweglichen Truppen bilden seitdem einen wichtigen Bestandteil des osmanischen Heeres und machen der sesshaften Bauernbevölkerung, vor allem Podoliens, Wolhyniens, Siebenbürgens und Ungarns, in den nächsten Jahrhunderten immer wieder sehr zu schaffen. Lediglich Skanderbeg in Albanien leistet, von Venedig unterstützt, bis zu seinem Tod (1468) erfolgreichen Widerstand.

1481–1512   Bajezid II. (Bajasid), Sohn Mehmeds II., gönnt dem Reich eine Ruhepause und geht militärisch fast ausnahmslos nur dann vor, wenn er angegriffen wird. Das mag zum Teil eine Folge der Flucht seines Bruders Dschem zu den Abendländern sein, die ihn als Prätendenten ausspielen.

1495 Dschem wird im Auftrag des Sultans in Neapel vergiftet. (Seitdem ist bis zum Ausgang des 16. Jh.s der Prinzenmord nach dem Antritt eines neuen Sultans üblich.) Der aufrichtig fromme Herrscher Bajezid II. steht den Gedankengängen der Derwischorden (besonders der Chalvetijje) sowie den unterschiedlichen religiösen Strömungen in seinem Reich duldsam gegenüber und bringt damit seinen Staat in Gefahr, sich anlässlich der Gründung des schiitischen Staates der Safawiden (seit 1502) aufzulösen.

sunnitische Staatsreligion

1512–1520 Selim I., Javus (der Grausame), Sohn Bajezids, tritt hingegen den vielerlei schiitischen Neigungen, die sich in Kleinasien zeigen, mit brutaler Energie entgegen, unterdrückt Revolten und veranlasst viele den Schiiten zuneigende Untertanen zum Abzug nach Iran. Im Zusammenhang damit kommt es zu beträchtlichen Bevölkerungsumschichtungen, die die Türkisierung und Islamisierung des Landes wesentlich fördern. Durch die Festlegung der *sunnitischen* Form des Islam als der *Staatsreligion* des Türkischen Reichs wird auch die Ideologie der Grenzkämpfer (Ghasis), vieler *Derwischorden* und der Zünfte beschränkt und weithin unterdrückt, da bei ihnen allen eine starke Neigung zu Ali, dem Heros der Schiiten, festzustellen ist. Der Bektaschi-Orden wahrt durch seine geistige Verbindung mit den Janitscharen seine führende Stellung. Die übrigen Orden haben seitdem vor allem theologische und karitative Aufgaben. Doch machen gelegentliche Aufstände der Theologiestudenten (Softas) dem Staat zu schaffen.

Grundstrukturen der osmanischen Gesellschaft im 16./17. Jh.

zentralistischer Staat
Heer
„Knabenlese"

Im 16. Jh. wird die Türkei ein religiös einheitlich sunnitischer, vom Scheich ül-Islam überwachter und vom Großwesir sowie den neben ihm stehenden Ministern (= Wesire) rational verwalteter, *zentralistischer Staat*. In ihm spielt neben den Beamten das *Heer* eine führende Rolle. Das reguläre *Heer* (die Spahis/Sipahis) beruht auf dem Lehnssystem (Timar); daneben große Latifundien (Siamet). Ferner bilden im 16. und 17. Jh. die Janitscharen, aus der *Knabenlese* (Dewschirme) hervorgegangen und also ohne Verwandte unter der türkischen Bevölkerung, die Infanterie. Sie werden aber im 17. Jh. zu Prätorianern. Gar mancher Angehörige der unterworfenen Völker ist auf diesem Wege in die höchsten Staatsstellungen eingerückt und hat dem Osmanischen Reich wesentliche Dienste geleistet. Einige bisher führende Familien griechischen Ursprungs treten nun rasch in den Hintergrund.

Finanzwesen
Gesetzeswerk

In der ersten Hälfte des 16. Jh.s verdankt die Türkei Sultan Süleiman II. die Regelung des *Finanzwesens*, das auf den Steuern, den Kopfgeldern der Nichtmuslime, Tributen und Beute beruht, weiter den Aufbau der inneren Organisation, ein umfassendes *Gesetzeswerk* (deshalb bei den Türken Kanuni, „Gesetzgeber", genannt), eine straffe Organisation des Heeres, aber auch eine Weiterführung der großartigen Bautätigkeit, die schon seine Vorväter auszeichnet (Baumeister Sinan; *1489, †1578). Der Handel liegt im Innern weit gehend in Händen von Griechen und Armeniern, nach außen wird er von Italienern aus den Handelsrepubliken am Mittelmeer getragen.

Zu Beginn des 17. Jh.s verfällt das innere Gefüge des Staates. Die Janitscharen rekrutieren sich seit dieser Zeit in zunehmendem Maße aus der einheimischen Bevölkerung und werden mehr und mehr zu Herren über das Sultanat, dessen Inhaber sie verschiedentlich gewaltsam beseitigen. Neben den Sultanen selbst spielt deren jeweilige Mutter auch politisch eine bedeutsame Rolle. Die einzelnen Landschaften Anatoliens beginnen sich unter „Talfürsten" (Dere Beis) bzw. unter ihren Großlehnsträgern zu verselbstständigen.

Wert des Silbergelds

Der *Wert des Silbergelds* fällt, als sich die Masseneinfuhr aus Amerika seit etwa 1560 auch bei den Türken geltend macht, und vermindert dadurch den Reichtum aus der Zeit Süleimans II. (Einfuhr von Tabak und Kaffee, die immer beliebter werden). Erst unter Murad IV. im zweiten Jahrhundertviertel ist eine deutliche Konsolidierung der inneren Verhältnisse zu verzeichnen.

Osmanisches Großreich

1514 Selim I. wird der eigentliche Begründer des *Osmanischen Großreichs*, indem er allen safawidischen und schiitischen Einmischungsversuchen durch seinen Sieg bei Tschaldyrán ein Ende setzt, dadurch Täbris und weite Teile Aserbaidschans gewinnt (die mit einigen Unterbrechungen bis 1603 in türkischer Hand bleiben).

Syrien und Ägypten
Mekka und Medina
Maghreb
Bagdad

1516/1517 Einnahme von *Syrien und Ägypten*. Die Mamluken, die noch keine Artillerie besitzen, erweisen sich ihm gegenüber als hoffnungslos unterlegen.

In den nun folgenden Jahrzehnten werden auch die beiden heiligen Städte *Mekka und Medina*, der Jemen und weiter die Staaten Nordafrikas (= *Maghreb*) bis nach Marokko hin, das sich (1580) dem Sultan formell unterstellt, dem Türkischen Reich in lockerer Form angegliedert. Indem (1534) auch *Bagdad* in seinen Besitz gelangt, sind fast alle arabisch sprechenden Gebiete in seiner Hand. Die *arabischen Länder* spielen seither bis ins 20. Jahrhundert keine selbstständige politische Rolle mehr und leben praktisch ebenso geschichtslos dahin wie die Balkanvölker.

1517   Der Anspruch der Sultane auf den Titel Kalif (Chalif; arab.: chalifa/Nachfolger), den sie (seit 1460) in steigendem Maß führen, wird ihnen nach der Gefangennahme des letzten abbasidischen Scheinkalifen in Kairo praktisch kaum streitig gemacht. Erst 1924 schafft die türkische Republik das *Kalifat* ab.

Kalifat

Dynastie der Osmanen II

Osmanen

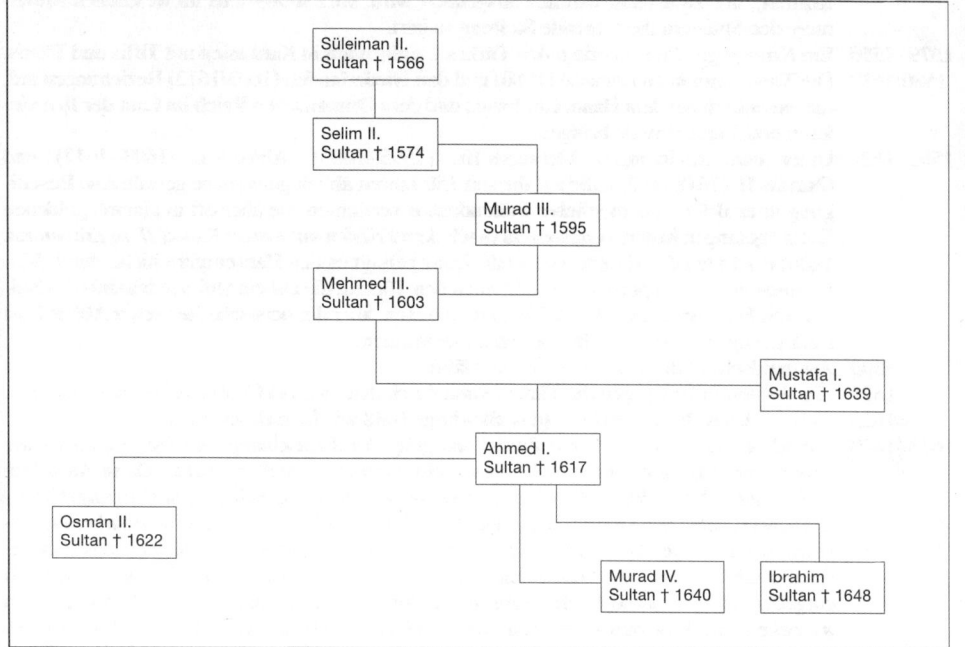

Süleiman II.

Murad IV.

1520–1566   *Süleiman II.*, Selims Sohn, bei den Europäern „*der Prächtige*" genannt, ist durch die Eroberungen nach Osten und Süden hin gut abgeschirmt und kann sein Augenmerk einmal der inneren Festigung des Staates, dann einem weiteren Vorstoß nach Mitteleuropa widmen.

Süleiman der Prächtige

1521/1526   Türkische Heere rücken auf dem Balkan vor (1521). Sie nehmen Belgrad, entreißen den Johannitern Rhodos (1522/23) und vernichten das Ungarische Reich bei Mohács an der Donau (1526).

1529   Zum ersten Mal *Belagerung von Wien*, dessen Bewahrung vor den Türken den Lauf der seitherigen Geschichte bestimmt. Die *türkische Flotte*, vom griechischen Renegaten Cheir üd-Din Barbarossa und seinem Helfer Torgut (Dragut) organisiert und auf die materiellen und technischen Hilfsmittel Nordafrikas gestützt, besitzt die Herrschaft über das Mittelmeer.

Belagerung von Wien türkische Flotte

1535   Franz I. von Frankreich entschließt sich, von habsburgischen Ländern umklammert, zu einem militärischen Zusammengehen mit dem Sultan, das auf Jahrhunderte hinaus das politische Bild Europas bestimmen wird.

1541   Ein Gegenschlag Kaiser Karls V. nach Algier scheitert. Mit Ausnahme seines West- und Nordsaumes gehört *Ungarn* (seit 1541) unmittelbar zum Osmanischen Reich. An der Grenze zum habsburgischen Besitz kommt es immer wieder zu Scharmützeln. Die Grenzbevölkerung in der Krain, der Steiermark und Mähren hat unter gelegentlichen Vorstößen der Türken zu leiden (Anlass zur allmählichen Organisation der „österreichischen Militärgrenze").

Ungarn

1566   Sultan Süleiman II. stirbt auf einem Feldzug in Ungarn während der Belagerung der Festung Szigeth (Verteidiger Graf Nikolaus Zrinyi; Drama von Theodor Körner). Damit überschreitet die *osmanische Macht ihren Höhepunkt*, auch wenn sie sich noch 150 Jahre lang auf imponierender Höhe hält.

Höhepunkt der Macht

1566–1595   Selim II., Sohn Süleimans (1566–1574), und ebenso dessen Sohn Murad III. (1576–1595) sind wenig bedeutende Persönlichkeiten, dem Wein ergeben und vielfach in Haremsintrigen verstrickt. Da sie aber das Staatsruder dem Großwesir Mehmed Sokolly Pascha (einem geborenen Kroaten) überlassen (1579 ermordet), bleibt die Kampfkraft des Staates weiterhin erhalten.

1570/1571 Es gelingt sogar die Wegnahme Zyperns, der letzten Bastion des Westens vor der anatolischen und syrischen Küste, wo während der nächsten 50 Jahre zahlreiche türkische Siedler angesetzt werden (die Vorfahren der heutigen türkischen Bewohner).

Schlacht von Lepanto

1571 7. Okt. Freilich erfolgt schon wenige Monate später der *Seesieg* einer abendländischen Flotte unter Leitung von Don Juan d'Austria bei *Lepanto* (gr.: Naupaktos – am Eingang des Golfs von Korinth), der zwar nicht wirklich ausgenützt wird, aber wenigstens im westlichen Mittelmeer den Spaniern die führende Stellung sichert.

Krieg gegen Persien

1579–1590 Ein *Krieg gegen Persien* bringt den Türken Landgewinn in Kaukasien mit Tiflis und Täbris.

1580/1612 Die Türkei nimmt zu England (1580) und den Niederlanden (1603/1612) Beziehungen auf, die wesentlich auf dem Handel aufbauen und dem Osmanischen Reich im Lauf der Jh.e vielerlei politische Vorteile bringen.

Friede von Zsitvatorok

1595–1622 Unter den Regierungen Mehmeds III. (1595–1603), Ahmeds I. (1603–1617) und Osmans II. (1618–1622), die auf die seit 150 Jahren üblich gewordene gewaltsame Beseitigung ihrer Brüder als möglicher Prätendenten verzichten, sie aber oft in einem „goldenen Käfig" gefangen halten, beansprucht (nach dem *Frieden mit Kaiser Rudolf II. in Zsitvatorok* 1606) der Osten das Hauptaugenmerk. Zwar gelingt es den Habsburgern nicht, durch Verhandlungen mit den persischen Safawiden den Türken, die auf ein Offensivbündnis des Sultans mit Frankreich abzielen, Widerpart zu bieten, aber der persische Herrscher Abbas I. ist stark genug, auch so den Türken gegenüberzutreten.

1603 Aserbaidschan fällt den Persern in die Hände.

1621 Ein Vorstoß Polens gegen die Türken kann durch den Sieg bei Chotin aufgefangen werden.

1623 Abbas I. kann Bagdad erobern (das allerdings 1638 wieder türkisch wird).

neue Truppenteile

1623–1640 Murad IV. versucht, durch die Zurückdrängung der Janitscharen und die *Organisierung neuer Truppenteile* das innere Gleichgewicht wiederherzustellen. Aufstände in Anatolien und Syrien (1599, 1603, 1623–1628) sowie bei den Kurden, endlich Selbstständigkeitsbestrebungen unter den Drusen in Syrien, deren Fürst mit Toscana zusammenzuarbeiten versucht, werden unterdrückt. Doch kann der *Einfluss der „Lateiner"* angesichts des Freundschaftsverhältnisses mit Frankreich, das hier als Schutzmacht auftritt, nicht wirklich eingedämmt werden und wächst während der folgenden Jahrhunderte stetig. Erhebungen in Rumelien und Bulgarien (1595 und 1688) bleiben erfolglos. Das mag zur *Verbreitung des sunnitischen Islam* unter den Balkanvölkern beigetragen haben. Die Mehrheit der Albaner sowie der Bosnier, beachtliche Teile der Bulgaren (die Pomaken), aber kaum Rumänen, Serben und Griechen, schließen sich unter der türkischen Herrschaft dem Islam an.

Einfluss der Lateiner

Verbreitung des Islam

1640–1648 Ibrahim, ein Bruder Murads IV., ist ein unglaublicher Verschwender.

Wesirsfamilie der Köprülü

1648–1687 Sein Sohn Mehmed IV., minderjährig auf den Thron gekommen, wäre kaum in der Lage, das Steuer herumzureißen, wenn nicht die (albanische) *Wesirsfamilie der Köprülü* (1656–1661 Mehmed, dann bis 1676 Ahmed) das Reich einer neuen Periode innerer Stabilität und äußerer Macht entgegenführte.

1656 Bedeutender Seesieg der Venezianer bei den Dardanellen.

1664 Kaiserlichen Truppen, denen diesmal der französische König Ludwig XIV. beisteht, gelingt bei St. Gotthard an der Raab ein wichtiger Erfolg, der für das Osmanische Reich jedoch nicht bedrohlich wird (Friede von Eisenburg). Im Gegenteil, das Türkische Reich kann in dieser Zeit seine größte Ausdehnung überhaupt erringen. (Sie spiegelt sich im *Reisebuch Ewlija Tschelebis* wider. Daneben künden Geschichtsschreiber wie Sad ed Din, Petschewi, Naima, Raschid und viele andere von den Taten ihrer Landsleute.)

Reisebuch Ewlija Tschelebis

1669 Nach zwanzigjährigem Ringen gelingt es den Türken, Kreta zu erobern.

1672 Polen muss nach einem türkischen Sieg bei Kamieniec Podolski im Frieden von Buczacz Podolien und die Oberherrschaft über die Ukraine an die Sultane abtreten.

großer Koalitionskrieg

1682–1699 Der *große Koalitionskrieg* des Kaisers Leopold I. und vieler deutscher Reichsfürsten, der Polen unter Johann III. Sobieski und (seit 1696) auch der Russen unter Zar Peter d. Gr. bringt die entscheidende Wende.

zweite Belagerung Wiens

1683 Die *zweite Belagerung Wiens* endet mit einem türkischen Misserfolg (Sieg am Kahlenberg). In raschem Nachstoß dringen kaiserliche Heere unter Kurfürst Max Emanuel von Bayern, Herzog Karl V. von Lothringen, dem Markgrafen Ludwig Wilhelm von Baden-Baden (dem „Türkenlouis"), später unter dem Prinzen Eugen von Savoyen, der zur Verkörperung des Sieges über den Halbmond werden sollte, in Ungarn vor.

1686 Ofen (Buda, heute Stadtteil von Budapest) wird genommen.

1687 Die Venezianer besetzen Teile der Peloponnes, wobei der Parthenon in Athen – damals Pulvermagazin – schwer beschädigt wird. Mehmed IV. wird daraufhin abgesetzt († 1692).

Dynastie der Osmanen III

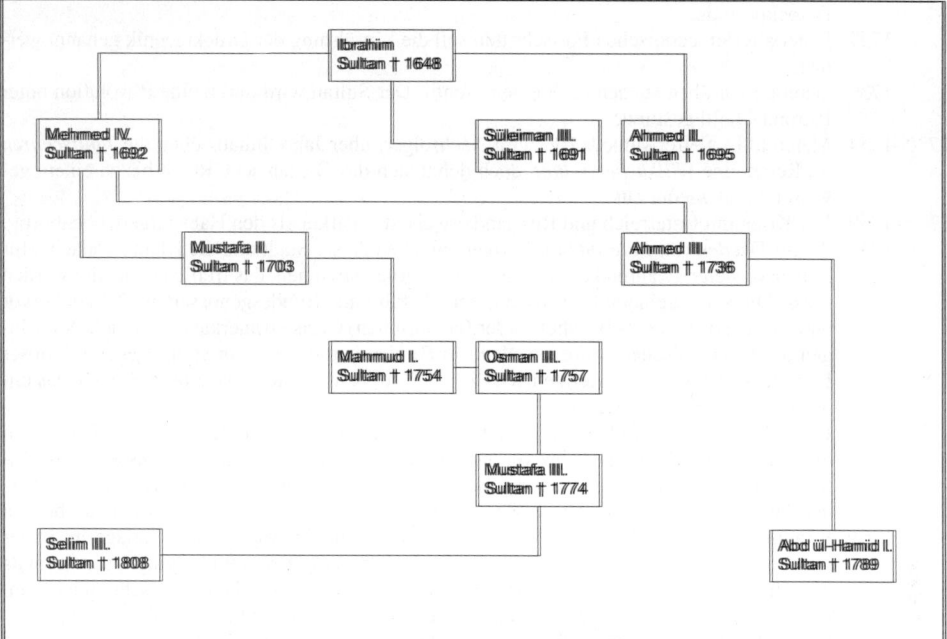

Osmanen

Mahmud I.

Abd ül-Hamid I.

1687–1691	Auch unter seinem Bruder Süleiman III. geht der abendländische Siegeszug vorerst weiter.
1689	Die kaiserlichen Heere erringen tief in Serbien, bei Nisch, einen großen Erfolg.
1690	Sie verlieren aber Belgrad wieder, als *Mustafa Köprülü Großwesir* wird (1689–1691).
1691–1703	Unter Ahmed II. (1691–1695) und dessen Neffen Mustafa II. (1695–1703), der vom letzten Wesir aus der Familie Köprülü (Husein, 1697–1702) beraten wird, wendet sich das Blatt erneut zuungunsten der Türken.
1691	Die Schlacht bei Salankamen gebietet dem türkischen Gegenstoß Einhalt.
1697	Die Niederlage bei Senta (Zenta, Stadt an der Theiß) zwingt dem Sultan Friedensverhandlungen auf.
1699	Im *Frieden von Karlowitz* (in Serbien) verliert er Ungarn (außer Temeswar im heutigen rumänischen Banat), Siebenbürgen, Slawonien und Kroatien an Österreich, Podolien an Polen, einen Großteil der Peloponnes und Teile Dalmatiens an Venedig.
1700	Im Frieden von Konstantinopel muss er Asow (im Mündungsdelta des Don) Russland überlassen und diesem damit ein erster Stützpunkt am Schwarzem Meer gewährt werden.
1703–1730	Ahmed III. wird vielfach in die Streitigkeiten der Großmächte verstrickt, nachdem er (1709–1714) dem schwedischen König Karl XII. Asyl in seinem Reich (in Demotika) gewährt hatt.
	Durch eine Zusicherung des Hospodars der Moldau (seit dem 14. Jh. Titel der Fürsten der
1711	Moldau und der Walachei), Demetrios Kantemir, verlockt, fällt Peter d. Gr. in die Türkei ein, muss am Prutt kapitulieren, kommt jedoch (Bestechung eines Wesirs?) wieder frei. Seitdem nehmen an der Hohen Pforte die griechischen *Phanarioten* (Fanarioten; nach Fanar, Stadtteil Konstantinopels) (bis 1821) – als verlässlicher denn die Hospodare der Donaufürstentümer – eine führende Stellung, besonders die vom „Pfortendolmetscher", ein.
1716	Bei Peterwardein (Stadtteil von Neusatz) erleiden die Türken durch die Österreicher und Venezianer eine schwere Niederlage; sie verlieren Belgrad.
1718	Der *Friede von Passarowitz* (Požarevac/Serbien) lässt zum letzten Mal den Kaiser als Vormacht im Kampf wider den Halbmond erscheinen. Der Friede bringt ihm neben dem Banat von Temeswar auch die Kleine Walachei und den Nordsaum Serbiens ein und bezeichnet damit den weitesten Vorstoß der Habsburger Monarchie gegenüber der Türkei. Die Peloponnes freilich geht dem Venezianern verloren.
	Auch von den Wirren, die den *Untergang der Safawiden* in Persien begleiten und die Peter d.Gr. eine Ausweitung seines Reiches bis Gilan (am SW-Rand des Kaspischen Meeres) bringen, werden die Türken beunruhigt. Doch bleiben letztlich Teile Kaukasiens und Westirans zeitweilig ihnen überlassen.

Mustafa Köprülü Großwesir

Friede von Karlowitz

Phanarioten

Friede von Passarowitz

Untergang der Safawiden

„Tulpenzeit"		Die vielfältigen Niederlagen und die davon ausgehende moralische Schwächung wenden das Interesse der Türken von der Politik weit ab. Das Land erlebt in der *„Tulpenzeit"* seine Barockperiode.
	1727	Unter allerlei technischen Fortschritten soll die Einführung der Drucktechnik genannt werden.
	1730	Gärende Unruhen suchen nach einem Ventil: Der Sultan wird durch eine Revolution unter Patrona Chalil gestürzt.
Willkür der Janitscharen	1730–1754	Mahmud I., Neffe Ahmeds III., wird Nachfolger; über Jahre hinaus üben die *Janitscharen* im Reich eine *Willkürherrschaft,* doch dehnt sich das Osmanische Reich bis zu einem gewissen Grad wieder aus.
	1736–1739	Der Krieg mit Österreich und Russland erweist die Türkei als den Habsburgern ebenbürtig,
Friede von Belgrad	1739	die im *Frieden von Belgrad* Nordserbien mit eben dieser Stadt und die Kleine Walachei für immer verlieren, während die Russen Asow zurückgewinnen, das freilich entfestigt werden muss. Die vermittelnden Franzosen treten als führende Bundesgenossen der Türkei hervor und werden offiziell als Beschützer der (lateinischen) Christen anerkannt. Mit dem Vordrin-
Persien		gen des türkmenischen Eroberers Nadir in *Persien* kommt es – vor allem wegen religiöser Dispute – zu einem langwierigen, letztlich aber für beide Seiten erfolglosen Ringen, das mit Nadirs Ermordung abbricht.
	1754–1773	Unter Osman III. (1754–1757), Bruder Mahmuds, und Mustafa III. (1757–1773), einem Sohn Ahmeds III., folgenschwerer politischer Machtumschwung, der anstelle des Rö-
russische Bedrohung		misch-deutschen Kaisers den *russischen Zaren* zum Vorkämpfer gegen die Osmanen werden lässt. Seitdem ist die Türkei (bis ins 20. Jh.) vor allem von Norden her bedroht. Ein
	1761	Bündnis mit Friedrich II. von Preußen, das unter dem Eindruck seiner Notlage im Lager von Bunzelwitz zu Stande kommt, besitzt politisch wenig Bedeutung, bringt aber erstmals Beziehungen zu der neu aufstrebenden Macht in Norddeutschland, die schließlich zum Bündnis im Ersten Weltkrieg und damit zu einer Verbundenheit beider Völker führen.
	1768–1774	Russische Heere dringen in die Moldau und in Transkaukasien ein.
	1770	Sie vernichten die türkische Flotte in der Bucht von Tscheschme (gegenüber von Chios) mit einer von der Ostsee herbeieilenden Flotte. Trotz einiger türkischer Erfolge (1773) lässt der Frieden von Kütschük Kainardscha den Nordrand des Schwarzen Meeres und die Schirm-
Krim	1774	herrschaft über die *Krim* in russische Hände übergehen, die schon 1783 dem Russischen Reich einverleibt wird.
Sultan Schirmherr der Muslime		Damals gelingt es den Türken erstmals, ihren *Sultan* den Europäern als Kalifen und damit als *Schirmherrn aller Muslime* vorzustellen: eine dem Islam nicht gemäße Idee, die aber während des 19. Jh.s eine wesentliche Rolle spielt und das Band zwischen den moslemischen Gläubigen in abgetrennten Landstrichen und in der Hauptstadt Konstantinopel deutlich festigt.
Russen orthodoxe Schutzmacht		Damit ist unter Abd ül-Hamid I. (1773–1789) Russland zur Vormacht am Schwarzen Meer geworden; die Ausschaltung Polens durch die drei Teilungen und die Besiedlung der Ukraine unter dem zaristischen Staatsmann Grigori A. Potemkin (Patjomkin) macht die Stellung des Zaren im Norden unangreifbar. Die *Russen* erscheinen den *orthodoxen* Balkanslawen mehr und mehr als die künftigen Befreier von der türkischen Oberherrschaft; in der Moldau und in der Walachei, bald auch im Heiligen Land, gelten sie deshalb als die *offizielle Schutzmacht* ihrer Glaubensbrüder.
	1775/1784	Einige Grenzgebiete müssen ohne Kampf den Nachbarn überlassen werden, so (1775) das Buchenland (Bukowina) an Habsburg, (1783/1784) die Krim, (1784) das Schutzrecht über Georgien an die Zaren, die nun auch von Kaukasien her eine Bedrohung bilden.
	1787–1792	Österreicher und Russen kämpfen zum letzten Mal gemeinsam gegen die Türken (Russlands zweiter Türkenkrieg).
	1791	Für die Österreicher bedeutet der Krieg trotz der zeitweiligen Besetzung Belgrads unter Ernst Gideon Freiherr von Laudon (1789) im Frieden von Swischtow den Verlust von Moldau und Walachei ohne Orschowa an die Türken.
	1792	Hingegen wird im Frieden von Jassy (heute Rumänien) der Dnjestr zur Grenze zwischen dem Zaren und Sultan Selim III. (1789–1807) bestimmt. Die Krim wird endgültig aufgegeben; die wichtige Festung Otschakow bleibt seither in russischer Hand.
Ägypten	1798–1800	Das französische Vorgehen in *Ägypten* führt zum Bruch zwischen beiden bisher traditionell befreundeten Mächten, lässt England auch politisch ins Blickfeld der Türken treten und bringt damit eine weit gehende Umkehrung der bisherigen politischen Gruppierung mit sich, die für das 19. Jh. kennzeichnend wird.

Niedergang und Reformen im 19. und 20. Jh.

Wie für den Nahen Osten überhaupt, so bedeutet die *napoleonische Expedition* nach Ägypten auch für das Türkentum den Beginn einer neuen Epoche, obwohl hier europäische Anschauungen und technische Einflüsse – anders als bei den Arabern und Persern – auch in den vorausgehenden Jahrhunderten schon bedeutsam sind. Den militärischen *Reformen* zu Beginn des Jh.s folgen weitere auf zivilem Gebiet nur unter dem Druck der Großmächte, von denen die Türken mehr und mehr abhängig werden, während Westeuropa dem Sultan Russland gegenüber in steigendem Maß Schutz bietet. Die Durchführung dieser Änderungen wird durch das wachsende *Nationalgefühl* der Araber und der Balkanvölker erschwert, da die Türken fühlen, dass sie mit den ihnen auferlegten Reformen auch einem Zerfall ihres Staates Vorschub leisten. Um dem zu wehren, verschreibt sich der Sultan im ausgehenden 19. und beginnenden 20. Jh. einer reaktionären Politik, die in der Tat auf Jahrzehnte hinaus den Besitzstand wahrt, aber in der jungtürkischen Revolution zusammenbricht: mit der Folge alsbaldiger neuer Gebietsverluste und tiefer innerer Erschütterungen, die bis über den Ersten Weltkrieg hinaus andauern. – Die Berührung mit europäischen Mächten verschafft auch deren Kultur einen *wachsenden Einfluss*. Während des 19. Jh.s erweist sich dabei vor allem Frankreich als Vorbild der Türken, besonders auf literarischem und pädagogischem Gebiet. Nur militärisch und wirtschaftlich setzt sich um die Jahrhundertwende der deutsche Einfluss stärker durch.

napoleonische Expedition

Reformen

Nationalgefühl

Einfluss Europas

1798–1801 *Napoleons Vorstoß nach Ägypten* treibt Sultan Selim III. (1789–1807) zeitweilig auf Englands Seite; doch erlangt Frankreich rasch wieder seinen traditionellen diplomatischen Einfluss an der Pforte, sodass die Türkei während der napoleonischen Feldzüge nicht in die Kämpfe eingreift.

Napoleons Vorstoß nach Ägypten

1806–1812 Doch verliert der Sultan nach einem schleppend durchgeführten Krieg mit Russland im Frieden von Bukarest (28. Mai 1812) Bessarabien, erreicht aber die Räumung der besetzten Donaufürstentümer.

1807 April Nach der Ermordung Selims III. durch die Janitscharen und einer misslungenen Revolution unter dem Großwesir Mustafa Bairaktar („Fahnenträger") versteht es Sultan Mahmud II., Sohn Abd ül-Hamids I. (1808–1839), seine Autorität im Innern behutsam zu festigen. Aussöhnung mit England.

1809 In Anatolien wird die Herrschaft fast unabhängiger Lokalfürsten, der „Dere Beis" („Talfürsten"), in Thessalien das Regiment Ali Paschas von Jánnina gebrochen.

1821–1829 Im Zusammenhang mit dem *Griechischen Befreiungskrieg* erfolgt eine Reform des Heeres.
1826 16. Juni Die Janitscharen werden ausgeschaltet und die Dienstpflicht der Spahis (Sipāhīs) aufgehoben.

Griechischer Befreiungskrieg

Trotz dieser *Reformen* und trotz des Eingreifens ägyptischer Truppen erhält angesichts des Kriegseintritts der Westmächte und Russlands das südliche Griechenland im *Frieden von*

1829 14. Sept. *Adrianopel* (Edirne) seine Unabhängigkeit. Russland gewinnt das Donaudelta und Armenien, doch können noch weiter gehende Ansprüche mit Hilfe der britischen Diplomatie zurückgewiesen werden.

Reformen
Friede von Adrianopel

Ägyptens Statthalter *Mohammed Ali* glaubt sich angesichts seiner Verdienste während des griechischen Freiheitskrieges zu einer Entlohnung durch Syrien berechtigt. Doch wird ihm dieses Gebiet zusammen mit der Verwaltung Kilikiens (neben Kreta) erst nach einem Feldzug (1831/32) im Frieden von Kütahya überlassen.

Mohammed Ali

1833 Um Hilfe gegen Mohammed Ali zu gewinnen, entschließt sich der Sultan zum Schutzvertrag von Hunkâr Iskelesi mit dem Zaren. Die Dardanellen werden zugunsten Russlands für fremde Kriegsschiffe gesperrt.

1835 Eine englische Aktenveröffentlichung beweist daraufhin die Absichten des Zaren auf den Besitz Konstantinopels.

1839–1861 Sultan *Abd ül-Medschid I.*, ein Sohn Mahmuds II., weiß sich mit tüchtigen Ministern zu umgeben, unter denen Mustafa Mehmed Reschid Pascha (1846–1858 Großwesir mit fünfmaliger Unterbrechung) hervorragt.

Abd ül-Medschid I.

Die Reformpolitik unter Abd ül-Medschid I.

Im Hatt-i Scherif („erhabenen Schreiben") von Gülhane („Rosenhaus"; einem Palast in Konstantinopel) vom 3. November 1839 verspricht der Sultan Abschaffung der Steuerpacht, Steuerreformen sowie allgemeine Rechtssicherheit und leitet damit die Zeitspanne der „Reformen" (*Tansimat*) ein. Recht, Verwaltung und Bildung sollen nach europäischem Muster ausgebaut werden. In der Tat erfährt besonders das Schulwesen in den folgenden Jahrzehnten wesentliche Verbesserungen, auch mit ausländischer Hilfe: Neben Militär-, Medizin- und Verwaltungsschulen gewinnen das „Galata-Sarai" (seit 1869; mit französischer Unterrichtssprache) und das „Robert-College" (seit 1863; mit englischer Unterrichtssprache) nach-

Tansimat

Schulwesen

haltige Bedeutung. Aus deren Zöglingen bildet sich der Kern einer türkischen Mittelschicht mit betont nationaler und islamischer Grundhaltung heraus, die einen Nationalstaat europäischen Musters erstrebt. – Daneben können die nationalen und religiösen Minderheiten ein fast unabhängiges Erziehungswesen in ihren jeweiligen Nationalsprachen entwickeln.

Gleichstellung der Minderheiten

Das Hatt-i Humajun (Kaiserliche Schreiben) vom 18. Februar 1856 verspricht weitere Reformen, darunter die *Gleichstellung aller Nationalitäten* und Religionen auch im Staatsdienst. Religionsfreiheit und Verbesserungen im Steuer- und Gerichtswesen sowie Abschaffung der Folter. Freilich widerspricht ein Teil dieser Reformpläne, besonders die Gleichstellung der Religionen, der islamischen Staatsauffassung und stößt deshalb bei den Türken auf Widerstand: Sie fühlen einen Zusammenbruch des Osmanischen Reiches voraus, wenn sie hier nachgeben. Damit hängen 1860 die Gräueltaten der Drusen im Libanon zusammen, die gegen die Maroniten und andere Christen verübt und nur mühsam unterdrückt werden. Aber auch die Christen und Juden legen keinen Wert darauf, in der osmanischen Armee zu dienen, und zahlen dafür lieber den Ablösungsbetrag.

	1839 24. Juni	Kurz nach der Machtübernahme muss sich Sultan Abd ül-Medschid eines neuen Verstoßes des ägyptischen Statthalters Mohammed Ali erwehren: Nach Alis Sieg bei Nisib geht die türkische Flotte zu ihm über.
Ägypten	1840 15. Juli	Während *Ägypten unter Mohammed Ali* bei Frankreich Unterstützung findet, stärkt eine Quadrupelallianz von England, Russland, Österreich und Preußen dem Sultan den Rücken, sodass er durch einen Vertrag die 1833 verlorenen Gebiete zurückgewinnt.
Dardanellenvertrag	1841	Im *Dardanellenvertrag* wird nichttürkischen Schiffen die Durchfahrt durch die Meerengen verboten.
Krimkrieg	1853–1856	Das Drängen Russlands auf den Besitz der Dardanellen, gepaart mit dem Wunsch, den Balkanvölkern bei ihrem Streben nach Loslösung von der Hohen Pforte zu helfen und überhaupt die Orthodoxen in der Türkei zu vertreten, führt zum *Krimkrieg*, in dem die Türkei mit Unterstützung Großbritanniens, Frankreichs und Sardiniens siegreich bleibt.
Pariser Friede	1856 30. März	Im *Pariser Frieden* erhält die Türkei ihre Unabhängigkeit verbürgt. Das Schwarze Meer wird für neutral erklärt und den Anrainern (also auch Russland) das Halten einer Kriegsflotte dort untersagt (1871 durch den Londoner Vertrag aufgehoben); die Dardanellen werden für russische Kriegsschiffe gesperrt.
	1861–1876 1876–1909	Die nationalen und religiösen Spannungen im Innern und die Schwierigkeiten nach außen (vor allem mit Russland) halten unter Abd ül-Asis, einem Bruder Abd ül-Medschids I., an. Nach seiner Ermordung und einer kurzen Zwischenregierung Sultan Murads V. (30. Mai–31. Aug. 1876), eines Sohnes Abd ül-Medschids I., muss dessen Bruder, Sultan Abd ül-Hamid II., während eines Aufstandes in Bosnien und der Herzegowina die Regierung übernehmen.
Einführung einer Verfassung	1876 23. Dez.	Die (seit etwa 1865 bestehenden) „Jungtürken" erzwingen nach Studentenkundgebungen und aufgrund einer allgemeinen Unzufriedenheit die *Einführung einer Verfassung*, als deren geistiger Vater der Großwesir (19. Dez. 1876–5. Febr. 1877) Midhat Pascha gelten darf. Der Islam wird als Staatsreligion anerkannt, die anderen Religionen werden geduldet, die Verwaltung dezentralisiert; Einführung eines Zweikammersystems. Gleichzeitig entwickelt sich die türkische Presse immer mehr.
Krieg mit Russland	1877–1878	Die Unruhen auf der Balkanhalbinsel weiten sich zu einem *Krieg mit Russland* aus, an dem sich verschiedene Balkanvölker beteiligen.
Berliner Vertrag	1878 13. Juli	Der Frieden von San Stefano (jetzt Yesilköy) (3. März 1878) wird durch den *Berliner Vertrag* revidiert. Die Staaten Serbien, Montenegro, Rumänien werden endgültig unabhängig; Bulgarien wird ein abhängiges Fürstentum, dem sich (1885) Ostrumelien anschließt. Teile Thessaliens kommen (1881) an Griechenland. Österreich-Ungarn übernimmt die Verwaltung Bosniens und der Herzegowina sowie des Sandschaks (Bezeichnung für einzelne Verwaltungsprovinzen) Novipazar. Im Kaukasus gehen Batum, Kars und Ardahan an Russland verloren. England besetzt Zypern unter formeller Anerkennung der türkischen Oberhoheit (1914 annektiert). – Die allgemeine Ermüdung nach dem verlorenen Krieg ermöglicht dem
Aufhebung der Verfassung		Sultan die *Aufhebung der Verfassung* und die Auflösung des Parlaments; Midhat Pascha wird nach Arabien verbannt (dort 1884 gestorben).
	1881	Im Gefolge eines Staatsbankrotts (1875/76) muss die Türkei in eine internationale Steuerverwaltung („Dette publique") einwilligen, durch die europäische Wirtschaftsverbände wesentliche Vorteile erlangen. Die Staatsschuld wächst.
	1881	Tunesien geht an Frankreich verloren.
	1882	Ägypten (als Protektorat) wird an Großbritannien abgetreten.
Autokratie des Sultans		Im Übrigen wird während der *autokratischen Herrschaft* des Sultans der Bestand des Reiches gewahrt. Die Unterdrückung liberaler Tendenzen im Zeichen erst des „Panislamis-

mus"', dann des „Osmanismus" schaltet gleichzeitig nationales Denken und damit einen Ansatzpunkt für eine weitere Aufsplitterung der Türkei auf Jahrzehnte hin aus. Verschiedene christliche Unruhen bei den Armeniern (1894–1896) und in Syrien werden – z. T. sehr blutig – niedergeschlagen.

1897   Ein *Krieg gegen Griechenland* geht siegreich aus, bringt aber für die seit langem unruhige Insel Kreta innere Selbstverwaltung (1898–1906 Prinz Georg von Griechenland als Oberkommissar) unter türkischer Oberhoheit.   *Krieg gegen Griechenland*

Eine Aufteilung der Türkei wird – vor allem durch deutsche Einsprache – verhindert. Das gibt dem Deutschen Reich die Möglichkeit, sich wirtschaftlich und militärisch mehr und mehr für die Türkei zu interessieren; Kaiser Wilhelm II. besucht das Land (1889 und 1898). Ein Handelsvertrag wird abgeschlossen (1890). Der Bau der Anatolischen und der Bagdadbahn macht aber vor allem Großbritannien argwöhnisch und wird eine der Hauptursachen für den Ersten Weltkrieg. Freilich versteht es Deutschland, die Sympathien der Türken für sich zu gewinnen. Der gemeinsame, vielfach siegreiche Kampf während des Ersten Weltkriegs gibt den Türken das Gefühl völliger Gleichberechtigung mit dem Westen und fördert ihre nationale Orientierung nachhaltig.

1902/1903   Ein Aufstand in Mazedonien führt zur „Punktation von Mürzsteg" (in der Steiermark) zwischen Österreich-Ungarn und Russland; die versprochenen Verwaltungsreformen in Mazedonien kommen aber nicht wirklich zu Stande.

1908   Die *jungtürkische Revolution* unter Leitung des „Ausschusses für Einheit und Fortschritt" (1891 in Genf gegründet; türkisches Zentrum in Saloniki) erzwingt die *Wiederinkraftsetzung* der *Verfassung* von 1876 und das Zusammentreten des Parlaments. Doch gehen gleichzeitig Bosnien und die Herzegowina an Österreich-Ungarn verloren; Bulgarien wird unabhängiges Königreich.   *jungtürkische Revolution Verfassung wieder in Kraft*

1909   Unter dem Eindruck dieser Ereignisse ersetzen die Jungtürken, deren führende Politiker Enver Pascha und Tal'at Pascha sind, Sultan Abd ül-Hamid II. († 1918) durch dessen Bruder Mehmed V. Reschad (1909–1918), der gegenüber den Jungtürken kaum selbstständigem Einfluss besitzt. Die innere Schwäche der Türkei benützen einige Nachbarstaaten zur Wegnahme weiterer Gebietsteile.

1911/1912   Die *Italiener erobern Tripolis* und die Cyrenaïca (sie kommen freilich vorläufig über die Küste nicht hinaus) und besetzen (einstweilen als „Pfand") den Dodekanes (der 1947 an Griechenland übergeht).   *Italiener erobern Tripolis*

Arabische Gebiete des Osmanischen Reiches

arabische Gebiete

Syrien Palästina Jordanien	Irak	Arabische Halbinsel, Jemen	Ägypten	Cyrenaica und Tripolitanien	Tunesien	Algerien
1516: osmanisch 1918/1921: französisch-britisches Mandat	1539–1623: 1639–1917/1918: osmanisch 1920: britisches Mandat, 1930: selbstständig	seit 1517 nominell osmanisch, Oberherrschaft wechselnd, nach 1917/1918: unabhängig: Kuwait, Golf-Emirate, Oman, Aden mit Hadramaut (Südjemen), Jemen (Nordjemen unter einem Imam), Saudi-Arabien seit 1932	1517: osmanisch 1806: suzerän 1882: britisch besetzt 1914: von der Türkei gelöst 1922: Königreich	1557: osmanisch 1714: selbstständig 1911/1912: italienisch 1951: volle Unabhängigkeit	1574: unter osmanischer Oberherrschaft 1705: beschränkt selbstständig 1881: von Frankreich besetzt, Protektorat	1574: unter osmanischer Oberherrschaft 1710: beschränkt selbstständig nach 1830: von Frankreich besetzt/annektiert

1912   Albanien löst sich von der Türkei.

1912/1913   Die Balkanstaaten gewinnen im *Ersten Balkankrieg* alles bisher türkische Gebiet in Europa bis zur Linie Enos-Midia. Doch werden die Bulgaren im *Zweiten Balkankrieg* hinter die Maritza zurückgedrängt, sodass Adrianopel (Edirne) in türkischer Hand bleibt. Um der Ge-   *Balkankriege* fahr einer völligen Auflösung zu begegnen, bemüht sich die Türkei unter deutscher Leitung (General Otto Liman von Sanders Pascha) erfolgreich um eine Heeresreform. Die Flotte wird unter dem englischen Admiral Limpas erneuert.

Erster Weltkrieg

1914 Enver Pascha wird Kriegsminister.

1914–1918 Er ist der leitende Staatsmann während des *Ersten Weltkriegs*, in dem die Türkei als Bundesgenosse Deutschlands, Österreich-Ungarns und Bulgariens der Entente schwere Niederlagen (Dardanellen; Kut el-Amara) beibringt.

Erst das letzte Kriegsjahr lässt die türkischen und deutschen Truppen zurückweichen.

1918
16. Sept. Doch kann im Zusammenhang mit der russischen Revolution Aserbaidschan mit Baku besetzt werden.

"Turanismus" Der Krieg bringt eine Hochflut des Nationalgefühls in der Prägung des *"Turanismus"*, der alle Turkvölker, z. T. einschließlich der Ungarn, umfasst und noch lange nachwirkt.

Ende des Osmanischen Reiches

1918
30. Okt. Sultan Mehmed VI. Wahid ed-Din, seines Bruders Mehmed V. Nachfolger, muss in den Waffenstillstand von Mudros einwilligen, der praktisch das *Ende des Osmanischen Reiches* bedeutet.

Die Türkei in der Ära Atatürk (1919/23–1938/45)

1919 Die alliierte Kontrolle über Istanbul, die geplante Aufteilung weiterer Teile Anatoliens unter den Alliierten und die Demobilisierung der osmanischen Armee wecken in den nicht besetzten Gebieten Anatoliens nationalen Widerstand der Türken.

Griechen landen in Izmir Kemal Atatürk

15. Mai Dieser verstärkt sich, als *griechische Truppen* mit der *Landung* in *Izmir* (ehemals Smyrna) eine Invasion in Westanatolien beginnen.

Es gelingt Mustafa Kemal Pascha (genannt *Kemal Atatürk*, *1881, †1938) aufgrund seines Prestiges als erfolgreichster General des letzten Krieges, den nationalen Widerstand auf zwei Nationalkongressen in Erzurum (23. Juli–7. August) und Sivas (4.–11. September) zu organisieren.

Nationalpakt 11. Sept. Im *Nationalpakt*, der Grundsatzerklärung der nationalen Bewegung, wird die Unabhängigkeit aller türkischen Gebiete Anatoliens und Thrakiens als Grundbedingung einer Friedensregelung formuliert. Das Selbstbestimmungsrecht wird für alle Völker des Osmanischen Reiches gefordert, auf eine Herrschaft über die nicht türkischen Provinzen des Reiches dabei ausdrücklich verzichtet. Obwohl der „Schutz des Sultanats und des Kalifats" ein Hauptziel der Bewegung bleibt, bildet Mustafa Kemal mit einem gewählten „Repräsentativkomitee" de facto eine Gegenregierung. Als vordringlichste Aufgabe organisiert er zunächst den *Unabhängigkeitskrieg* gegen die Griechen im Westen, gegen Armenien, das Teile Ostanatoliens annektiert hat, und gegen die französische Besetzung Kilikiens.

Unabhängigkeitskrieg

1920
28. Jan. Der Sultan lenkt gegenüber der Nationalbewegung ein und lässt ein neues Parlament wählen, das den Nationalpakt verabschiedet. Als darauf Istanbul unter britische Militärverwaltung gestellt wird (16. März) und das Parlament sich vertagt, ruft Mustafa Kemal zur Wahl einer neuen, mit besonderen Vollmachten ausgestatteten Versammlung auf.

Große Nationalversammlung

23. April Die *Große Nationalversammlung* tritt in Ankara zusammen, erklärt sich wenig später zum Träger aller Souveränität, bis der Sultan aus den Händen der Alliierten befreit sein wird, und setzt eine neue Regierung unter Mustafa Kemal ein. Diese erhält ihre erste völkerrechtliche Anerkennung, als Frankreich sich in einem Waffenstillstandsabkommen (30. Mai) zur Räumung Kilikiens bereit erklärt.

Friedensvertrag von Sèvres

18. Juli Mit einem Eid auf den Nationalpakt lehnt die Große Nationalversammlung die Bedingungen ab, die die Alliierten dem Osmanischen Reich im *Friedensvertrag von Sèvres* (10. Juni) zu diktieren versuchen.

10. Aug. Die Delegierten des Sultans unterzeichnen dennoch den Vertrag, der in seinen auf die Türkei bezogenen Teilen jedoch nicht wirksam werden kann, sodass England und Frankreich schon bald in Revisionsverhandlungen mit Delegationen des Sultans wie der Regierung in Ankara eintreten.

Griechisch-Türkischer Krieg

1920–1922 Fast kampflos haben griechische Truppen (im Sommer 1920) große Teile Westanatoliens und Thrakiens besetzt. Die Schlacht am Sakarya-Fluss (24. Aug.-16. Sept. 1921) bringt dann die Wende im *Griechisch-Türkischen Krieg*. Vor den türkischen Truppen ziehen sich die Griechen schließlich in ungeregelter Flucht zurück. Mit der Eroberung und Evakuierung von Izmir (9.–11. Sept. 1922) gehen 3000 Jahre griechischer Siedlung im westlichen Kleinasien zu Ende.

1922 1. Nov.	Als die Alliierten zur Friedenskonferenz neben der Regierung in Ankara auch die Regierung des Sultans einladen wollen, erklärt die Große Nationalversammlung die *Institution des Sultanats für erloschen*. Anstelle des aus Istanbul geflohenen Mehmed VI. wählt sie kurz darauf den Thronfolger Abd ül-Medschid II. zum Kalifen – einem aller Herrschaftsfunktionen beraubten Oberhaupt der Muslime.	*Abschaffung des Sultanats*
1923 24. Juli	Im *Friedensvertrag von Lausanne* erkennen die Alliierten die Unabhängigkeit und Souveränität der neuen Türkei an. Die fremden Truppen werden auch aus Istanbul zurückgezogen; die Kapitulationen, die ausländischen Mächten weit gehende Vorrechte eingeräumt haben, werden aufgehoben. Nur in der Frage der Souveränität über die Meerengen kann sich die Türkei nicht voll durchsetzen. Die Türkei verzichtet auf die nichttürkischen Teile des ehemaligen Osmanischen Reiches.	*Friedensvertrag von Lausanne*
29. Okt.	Mit der *Ausrufung der Republik* und der Wahl Mustafa Kemals zum Staatspräsidenten (ab 1934 mit dem Beinamen Atatürk, „Vater der Türken") wird der endgültige Bruch mit der Tradition des Osmanischen Reiches vollzogen.	*Ausrufung der Republik*

Die kemalistischen Reformen

Als unangefochtener Führer der Türkischen Republik kann Kemal Atatürk in den folgenden Jahren tiefgreifende Reformen durchführen, mit denen er die Türkei in einen modernen Nationalstaat nach westlichem Muster umwandeln will. Die Reformen folgen den sechs *Prinzipien des Kemalismus*, die in der Verfassung der Türkei vom 20. April 1924 niedergelegt werden und bis in die Gegenwart den Bezugsrahmen der türkischen Politik bilden: Nationalismus, Säkularismus (bzw. Laizismus) und Modernismus als Prinzipien des Handelns sowie Republikanismus, Populismus und Etatismus als Prinzipien der Organisation. Am deutlichsten wird der Bruch mit der Vergangenheit bei dem Versuch, die Einheit von religiöser und politischer Ordnung aufzulösen und schrittweise einen *laizistischen Staat* aufzubauen. Der islamischen Geistlichkeit werden die Grundlagen ihrer gesellschaftlichen Macht entzogen: Auf die Abschaffung des Kalifats (3. März 1924) folgen die Schließung der Koranschulen (Medressen), die Abschaffung der für Familien- und Erbrecht zuständigen Scheriatsgerichtshöfe und die Auflösung der religiösen Orden und Klöster. Der Besitz religiöser Stiftungen wird staatlicher Kontrolle unterstellt. Die islamische Kleiderordnung wird aufgehoben, das Tragen des Fez verboten und der Schleier verpönt. Eine neue Gesetzgebung löst das islamische Recht ab und übernimmt weit gehend Vorschriften aus dem Schweizer Zivil-, italienischen Straf- und deutschen Handelsrecht. Schließlich wird der Passus, der den Islam zur Staatsreligion erklärt, aus der Verfassung gestrichen (10. April 1928).

Prinzipien des Kemalismus

laizistischer Staat

Nationalistische Sprach- und Geschichtstheorien sollen Stolz auf die türkische Nation und Geschichte wecken. Neben einem säkularen Erziehungswesen werden Volksbildungsinstitutionen geschaffen. Ein Jahr nach der Einführung der lateinischen Schrift (1. November 1928) werden Arabisch und Persisch aus den Lehrplänen der Schulen gestrichen. Die Türkei soll sich ganz am Leitbild des *Modernismus* orientieren, der durch revolutionäre Aktion zu verwirklichen sei. Auf die soziale Befreiung der Frau legt Atatürk besonderen Nachdruck: Die Berufswelt wird ihr geöffnet, sie erhält Wahlrecht.

nationale Ideologie

Modernismus

Populismus als Ausdruck der vom Volk ausgeübten Souveränität und *Republikanismus* als Regierungsform sind die politischen Prinzipien der neuen Türkei. Atatürk behält allerdings die Fäden der Politik in seiner Hand und duldet nur vorübergehend andere politische Organisationen neben seiner Republikanischen Volkspartei.

Republikanismus

Der „Wirtschaftspakt" (4. März 1923) bildet den Ausgangspunkt einer Industrialisierungspolitik, die den großen Vorsprung Europas möglichst rasch aufholen soll. Das Prinzip des Etatismus steht für die staatliche Lenkung der Wirtschaft. In bewusster Abschottung gegen direkte Einflüsse des Westens entsteht ein *Staatskapitalismus*. Die Türkei unter Kemal Atatürk erhält eine moderne Arbeits- und Sozialgesetzgebung.

Staatskapitalismus

1925	Eine Revolte der Kurden in Südost-Anatolien wird niedergeschlagen, die Integration der Kurden in die Türkei durch Umsiedlungen nach Westen (1927) forciert.	
1930 30. Okt.	Der *Ausgleich mit Griechenland* wird mit einem Freundschaftsvertrag besiegelt, dem später ein Vertrag über politische Zusammenarbeit (14. September 1933, erweitert 27. April 1938) folgt.	*Ausgleich mit Griechenland*
1936 20. Juli	Auf der Konferenz von Montreux gelingt es der Türkei, die volle Souveränität über die Meerengen wiederzugewinnen.	
1938 10. Nov.	Nach dem *Tod Atatürks* wird der nach ihm bekannteste General des Unabhängigkeitskrieges und langjährige Ministerpräsident Ismet Inönü Staatspräsident.	*Tod Atatürks*
1939–1945	Im Zweiten Weltkrieg bleibt die Türkei neutral, nähert sich aber aufgrund langer freundschaftlicher Beziehungen zur Sowjetunion und zu Großbritannien zunehmend den Alliierten. – (Forts. S. 1564)	

Die arabische Region, Persien und Afghanistan im 19./20. Jh. bis 1945

In den arabischen Provinzen der Türkei beginnt sich im ausgehenden 19. Jh. ein Nationalismus der Araber zu regen. Ihre Hoffnung auf einen unabhängigen arabischen Staat scheitert zwar nach dem Ersten Weltkrieg an den Großmachtinteressen Frankreichs und Großbritanniens. Aus den nationalistischen Anfängen geht jedoch eine auf Überwindung der Zersplitterung in Einzelstaaten gerichtete *panarabische Bewegung* hervor, die trotz der Vielfalt ihrer Ausprägungen um die Mitte des 20. Jh.s zu einer beherrschenden politischen Kraft in der arabischen Welt wird. Gleichzeitig entsteht um die Jahrhundertwende der politische Zionismus, eine *jüdische Nationalbewegung*, die ihr Ziel, in Palästina einen jüdischen Staat aufzubauen, gegen alle Widerstände verwirklichen kann. Aus dem Gegensatz der beiden Nationalismen entwickelt sich der Palästina-Konflikt, der sich mit der Gründung des Staates Israel zum arabisch-israelischen Konflikt ausweitet.

panarabische Bewegung

jüdische Nationalbewegung

Die arabischen Provinzen der Türkei bis zum Frieden von Lausanne (1923)

Arabischer Nationalismus und politischer Zionismus

Reformen, die dem Zerfall des Osmanischen Reiches durch Angleichung an das politisch, militärisch und wirtschaftlich überlegene Europa begegnen sollen, wandeln das Reich im 19. Jh. in einem *säkularen Territorialstaat*. Mit Maßnahmen wie der rechtlichen Gleichstellung nichtmuslimischer Gemeinschaften gibt das Reich seinem Zweck auf, durch die Anwendung des islamischen Rechts die Gemeinschaft der Muslime zu repräsentieren. Da die politische Ordnung nicht mehr aus dem Islam begründet wird, kann der Herrschaftsanspruch über Völker, die sich als Nationen zu verstehen beginnen, auch gegenüber Muslimen nicht mehr überzeugend vertreten werden. Die Vorstellung von einer sich selbst bestimmenden Nation kann auf die muslimischen Teile des Reiches übergreifen.

säkularer Territorialstaat

Die Berührung mit dem *politischen Ideen Europas* führt im späten 19. Jh. unter gebildeten Arabern, besonders libanesischen Christen, zu einer romantischen Rückbesinnung auf die arabische Geschichte und Kultur. Das geistige *„Erwachen der Araber"* verbindet sich im Syrien mit Bemühungen um eine Wiederbelebung des Islam, der ohne die arabische Sprache des Korans nicht denkbar ist und eine Sonderstellung der Araber rechtfertigt. Wurde zunächst nach einem Gegengewicht gegen den Despotismus des osmanischen Sultans gesucht (Forderung al-Kawakibis nach einem arabischen Kalifat), beginnen sich die Bestrebungen um eine arabische Wiedergeburt gegen das Reich zu richten, als die Jungtürken die Auflösungsprozesse im Reich durch Zentralisierung und Türkifizierung aufzuhalten versuchen. Es bilden sich *Geheimgesellschaften*, die die Autonomie Syriens – gemeint ist das geografische Syrien einschließlich des Libanon und Palästinas – anstreben. Die meisten halten weiter an der Einheit des Reiches fest (Dezentralisierungspartei im Exil; 1913 Arabischer Kongress in Paris); doch wächst die Zahl derjenigen, die die Selbstverwirklichung der arabischen Nation in einem unabhängigen arabischen Staat erträumen. Bei Ausbruch des Ersten Weltkrieges ist die Zahl der arabischen Nationalisten noch begrenzt, das Misstrauen zwischen Arabern und Jungtürken jedoch kaum noch überbrückbar.

politische Ideen Europas

„Erwachen der Araber"

Geheimgesellschaften

Im *Palästina* bahnt sich um die Jahrhundertwende ein Konflikt des arabischen Nationalismus mit einer anderen Nationalbewegung, dem *politischen Zionismus*, an:

Palästina politischer Zionismus

Aus der Erfahrung, dass Assimilation die „Judenfrage" in Europa nicht hat lösen können, entsteht im späten 19. Jh. der Zionismus als eine politische Bewegung von Juden, die durch die Gründung eines jüdischen Staates das Problem des neuen Antisemitismus überwinden wollen, den romantischer Nationalismus und beginnender Rassismus ausgelöst haben. Obwohl der politische Zionismus ein Nationalismus ist wie die, die ihn hervorgerufen haben, hat er einmaligen Charakter, weil er die in der Welt verstreuten Juden als Volk im säkularen Sinn versteht, das am Ort zukünftiger nationaler Existenz zusammenzuführen ist. Außerdem schafft die besondere Rolle der Gemeinschaft in der rabbinischen Tradition und die vor allem in Osteuropa lebendig gebliebene messianische Erwartung einer Rückkehr in das Land der Väter eine so innige Verbindung des Nationalismus mit der Religion, dass Palästina als *„historische Heimat"* bald als einzig möglicher Ort für den zu schaffenden Staat erscheint.

historische Heimat

Pogrome im Russland seit 1881 lösen eine Auswanderungsbewegung nach Palästina aus, wo erste *jüdische landwirtschaftliche Siedlungen* entstehen. Verschiedene zionistische Strömungen kommen auf dem 1897 von Theodor Herzl einberufenen ersten Zionistenkongress in Basel zusammen. Im *Baseler Programm* beschließen sie das Ziel des Zionismus, für das jüdische Volk „eine öffentlich-rechtlich gesicherte

jüdische Siedlungen

Baseler Programm

Heimstätte in Palästina" zu schaffen. Versuche, vom osmanischen Sultan die Genehmigung für die Kolonisierung Palästinas zu bekommen, scheitern. Alternative Kolonisationsgebiete (Sinai, Uganda) werden auf späteren Zionistenkongressen abgelehnt. Trotz großer Schwierigkeiten mit der türkischen Verwaltung verstärkt sich die *Einwanderung von Juden* in Palästina. 1909 wird Tel Aviv als erste jüdische Stadt gegründet; 1911 entstehen die ersten Kollektivsiedlungen (Kibbuzim); 1914 leben in 59 landwirtschaftlichen Kolonien 12000 Juden.

Obwohl der Anteil der Juden an der Bevölkerung von etwa einer halben Million um die Jahrhundertwende weniger als 10% beträgt und bis zum Ersten Weltkrieg kaum darüber ansteigt, löst die Einwanderung bereits Unruhe unter den Arabern aus. Vereinzelt wird ein langfristiger Konflikt zwischen Arabern und Juden vorausgesehen; auch wird bereits die Forderung laut, die Araber sollten sich dem Zionismus mit Gewalt entgegenstellen. Noch bevor arabische Nationalisten und politische Zionisten eine Chance zur Verwirklichung ihrer Ziele haben, wird der *Konflikt zweier Nationalismen* sichtbar, die sich gegenseitig ausschließen, weil sie ihre Erfüllung auf demselben Territorium suchen.

Chronologische Übersicht

1916	Aufstand der Araber Hussein König der arabischen Länder
1917	Balfour-Deklaration
1920	Faisal König von Syrien
	Konferenz von San Remo beschließt Mandate:
	Frankreich erhält Syrien, Großbritannien Mesopotamien und Palästina
	Frankreich vertreibt Faisal Groß-Libanon von Syrien abgetrennt
1921	Transjordanien von Palästina abgetrennt Faisal I., König des Irak
1922	Völkerbund beschließt Palästina-Mandat
1923	Transjordanien selbstständiges Emirat
1924	ibn-Saud vertreibt König Hussein
1925	Mosulgebiet kommt zum Irak
1930	Irak unabhängig
1932	Königreich Saudi-Arabien
1936	Arabischer Aufstand in Palästina
1937	Peel-Kommission empfiehlt Teilung Palästinas
1939	England beschränkt jüdische Einwanderung
1941	Syrien und Libanon unabhängig
1945	Gründung der Arabischen Liga

1914 Nach dem *Kriegseintritt der Türkei* werden scharfe Maßnahmen gegen arabische Nationalisten ergriffen; arabische Truppeneinheiten werden in andere Teile des Reiches verlegt. Zahlreiche Juden, insbesondere Zionisten, werden ausgewiesen oder interniert. Dennoch ergibt sich für beide Nationalbewegungen im Lauf des Krieges eine günstige neue Situation, weil Großbritannien sich jedmöglicher Unterstützung zu versichern sucht.

1915–1916 In der *Hussein-MacMahon-Korrespondenz* verspricht die britische Regierung dem Scherifen Hussein von Mekka für eine Kriegsbeteiligung der Araber auf der Seite der Entente die Anerkennung eines unabhängigen arabischen Staates, der auch das geografische Syrien und Mesopotamien umfassen soll. Nur hinsichtlich Südmesopotamiens und der syrischen Küstenregion macht England Vorbehalte.

1916
16. Mai In einer geheimen Übereinkunft *(Sykes-Picot-Abkommen)* grenzen Großbritannien und Frankreich ihre Interessensphären im Gebiet des zukünftigen arabischen Staates ab und legen damit den Grund für die spätere Aufteilung der Region. Britische Interessen in Südmesopotamien und französische Ansprüche auf Syrien werden berücksichtigt; das von Frankreich beanspruchte Palästina soll jedoch internationaler Verwaltung unterstellt werden.

5. Juni Husseins Sohn Faisal erklärt die Unabhängigkeit der Araber: Der „*Aufstand in der Wüste*" beginnt. Nach ersten militärischen Erfolgen gegen die Türken nimmt Hussein den Titel „König der arabischen Länder" an (2. Nov.).

1917 Im Bemühen um die Unterstützung der Zionisten und insbesondere der amerikanischen Juden für die Sache der Alliierten gibt die britische Regierung eine Sympathieerklärung ab, die von Außenminister Arthur J. Balfour dem Zionistenführer Lord Rothschild übermittelt
2. Nov. wird *(Balfour-Deklaration)*: Die britische Regierung unterstützt „die Schaffung einer nationalen Heimstätte in Palästina für das jüdische Volk", wobei allerdings die Rechte bestehender nichtjüdischer Gemeinschaften nicht beeinträchtigt werden sollen.

	1918 Jan.–Juni	Die Araber erfahren in den nächsten Wochen fast gleichzeitig von der Balfour-Deklaration und dem Sykes-Picot-Abkommen, das die Bolschewiken mit anderen zaristischen Geheimdokumenten veröffentlichen. Zweifel der Araber werden durch mehrere Erklärungen zerstreut, in denen die britische Regierung sich erneut zur „vollständigen und souveränen Unabhängigkeit der Araber" und zu einer Nachkriegsregelung nach dem Prinzip der Zustimmung der Regierten bekennt.
britisch-arabische Offensive	1. Okt.	Bei der *britisch-arabischen Offensive* in Syrien erobern arabische Truppen Damaskus und andere Städte. Faisal errichtet ein provisorisches Regime im arabisch besetzten Syrien, während Frankreich mit britischer Zustimmung den Libanon besetzt und damit die syrischen Nationalisten hinter Faisal eint.
	30. Okt.	Nach dem Waffenstillstand von Mudros verbreiten Frankreich und Großbritannien in Syrien und Mesopotamien eine gemeinsame Erklärung, in der sie die Errichtung frei gewählter nationaler Regierungen als ihr Ziel bezeichnen.
Faisal-Weizmann-Übereinkunft	1919 3. Jan.	In Paris unterzeichnen Faisal und Chaim Weizmann, der Führer der zionistischen Delegation zur Friedenskonferenz, eine Übereinkunft, die die engstmögliche Zusammenarbeit bei der Entwicklung des Arabischen Staates und Palästinas zum Ziel hat; die Gültigkeit der *Faisal-Weizmann-Übereinkunft* wird allerdings von der Bedingung abhängig gemacht, dass die Araber ihre Unabhängigkeit erlangen.
	20. März	Als Frankreich bei der Friedenskonferenz ganz Syrien beansprucht, schlägt der amerikanische Präsident die Entsendung einer inter-alliierten Kommission vor, die die Wünsche der Bevölkerung erkunden soll. Frankreich und daraufhin Großbritannien und Italien boykottieren die Kommission.
	2. Juli	Nur die amerikanischen Mitglieder besuchen Syrien, wo nach Teilwahlen der Allgemeine Syrische Kongress zusammentritt und die sofortige Unabhängigkeit Syriens (einschließlich des Libanons und Palästinas) fordert.
King-Crane-Kommission	28. Aug.	Im Bericht der *King-Crane-Kommission* wird der Friedenskonferenz empfohlen, die Einheit Syriens unter Einschluss Palästinas zu wahren, das „extreme zionistische Programm einer unbeschränkten Einwanderung von Juden nach Palästina ernsthaft zu modifizieren" und das Mandat für Syrien keinesfalls Frankreich zu übertragen. Der Bericht wird nicht zur Kenntnis genommen, da England Frankreich nachgeben will. Faisal kann in London und Paris die arabischen Wünsche nicht durchsetzen.
	Dez.	Vertreter der Zionistischen Organisation haben mit der britischen Delegation zur Friedenskonferenz einen Mandatsentwurf für Palästina ausgehandelt, der zionistischen Vorstellungen weit gehend entgegenkommt.
Vereinigtes Königreich Syrien	1920 7. März	Gerüchte über die Friedenspläne der Alliierten lösen Unruhen in Syrien aus. Der Allgemeine Syrische Kongress erklärt die Unabhängigkeit Syriens (einschließlich des Libanons und Palästinas) und wählt Faisal zum König des *Vereinigten Königreiches von Syrien*. Sein Vater Hussein bleibt König des Hedschas.
Konferenz von San Remo	19.–26. April	Auf der *Konferenz von San Remo* einigen sich die Alliierten über die Aufteilung der arabischen Provinzen der Türkei: Frankreich soll ein Mandat für Syrien (einschließlich Libanon) und Großbritannien für Mesopotamien (Irak) erhalten. Palästina wird Mandat des Völkerbundes, der es Großbritannien übertragen soll.
Frankreich vertreibt Faisal	Juli	*Frankreich vertreibt Faisal* mit Waffengewalt aus Syrien. Über Palästina geht Faisal ins Exil (1921 setzen die Engländer ihn im Irak als König ein). – Das Ende des Traums von einem unabhängigen arabischen Reich nimmt die arabischen Nationalisten auch gegen Großbritannien ein, weil es Frankreich nachgegeben hat. In Mesopotamien ziehen sich schwere antibritische Unruhen bis ins nächste Jahr hin. In Palästina beginnen sich die Araber gegen die Durchführung des zionistischen Programms zu organisieren.
Konferenz von Kairo *Emirat Transjordanien* *Palästina-Mandat*	1921 März	Ihren Forderungen kommt die britische Regierung auf der *Konferenz von Kairo* mit dem Beschluss entgegen, den Geltungsbereich der Balfour-Deklaration auf Palästina westlich des Jordans einzuschränken. Das abgetrennte Gebiet wird Faisals jüngerem Bruder Emir Abdallah zur Verwaltung übergeben und später zum selbstständigen *Emirat Transjordanien* unter britischer Mandatsverwaltung erklärt (25. März 1923).
	1922 24. Juli	Der Völkerbund billigt die Mandate. Das *Palästina-Mandat* macht dem Mandatar zur Auflage, die Balfour-Deklaration zu erfüllen.
	1923 24. Juli	Im Friedensvertrag von Lausanne gibt die Türkei alle Ansprüche auf die arabischen Provinzen des ehemaligen Osmanischen Reiches auf. Damit werden die Regelungen von San Remo rechtsgültig. Das Palästina-Mandat tritt mit der Übernahme durch Großbritannien in Kraft (29. Sept.).– (Forts. S. 1598)

Palästina (1918–1942/45)

1918
18. Dez. Obwohl die Juden bei Kriegsende nur noch 8% der Bevölkerung ausmachen und über nur 2% des Bodens verfügen, stellen die Zionisten Palästinas, ermutigt durch die Balfour-Deklaration, weit gehende Forderungen („*Erez Israel*" als Landesbezeichnung, jüdische Flagge, Hebräisch als Amtssprache), die von der Zionistischen Organisation nicht übernommen werden, aber die Araber beunruhigen. Diese vertrauen zunächst den britischen Versprechungen, deren Umfang den Zionisten unbekannt ist. Unvereinbare Erwartungen belasten Verständigungsversuche.

Erez Israel

1920
24. April Trotz erster *Gewaltakte seitens der Araber* (Oster-Unruhen) glaubt die britische Regierung an die Durchführbarkeit der Balfour-Deklaration und lässt sich in San Remo das Mandat für Palästina erteilen.

Gewaltakte der Araber

1. Juli Die britische Militärverwaltung wird in eine Zivilverwaltung unter einem britischen Hochkommissar umgewandelt.

Die Bestimmungen des Palästina-Mandats; jüdische Einwanderung

Das Palästina-Mandat (vom Völkerbund verabschiedet am 24. Juli 1922; in Kraft am 29. September 1923) verpflichtet Großbritannien als Mandatar, die Errichtung der nationalen Heimstätte für das jüdische Volk zu fördern, zugleich aber dafür zu sorgen, „dass nichts getan werden soll, was die bürgerlichen und religiösen Rechte bestehender nichtjüdischer Gemeinschaften in Palästina beeinträchtigen könnte" (Präambel; Art. 2 und 6). An dieser *doppelten Verpflichtung* muss Großbritannien scheitern: Die Araber lehnen das Mandat als rechtlich nichtige Machenschaft der Großmächte ab, die ihr Selbstbestimmungsrecht verletzt. Sie fürchten, die Zionisten wollten einen jüdischen Staat errichten, und werten bald jede Veränderung des Status quo zugunsten der Juden als Beeinträchtigung ihrer Rechte. Den Juden erscheinen dagegen viele Regelungen, die arabische Interessen berücksichtigen, als Maßnahmen einer proarabischen Mandatsverwaltung, die sich ihrer Verpflichtung entzieht, die nationale Heimstätte aufzubauen. Die Juden leben überwiegend getrennt von den Arabern in landwirtschaftlichen Siedlungen und eigenen Stadtvierteln. Sie bauen eine parallele Wirtschafts- und später auch Verwaltungsstruktur auf. Die 1922 gegründete *Jewish Agency for Palestine* vertritt die jüdischen Interessen gegenüber dem Mandatar und steuert die Einwanderung, die aber enttäuschend niedrig bleibt: Nur 80000 Juden wandern bis 1929 ein; der Bevölkerungsanteil der Juden steigt auf 15%. Auch der *Landkauf* bringt bis 1930 weniger als 5% des Bodens in jüdischen Besitz (darunter aber 14% des überhaupt kultivierbaren Bodens). Dennoch gibt es immer wieder gewaltsame Reaktionen der arabischen Bevölkerung, besonders heftig in den Jahren 1921 und 1929.

Verpflichtung Großbritanniens

Jewish Agency for Palestine Landkauf

1932–1933 Als unmittelbare Konsequenz der nationalsozialistischen Machtergreifung in Deutschland steigen die Einwanderungszahlen sprunghaft von knapp 4000 (1931) auf über 60000 (1935) an, was erhebliche *Unruhe unter den Arabern* auslöst.

Unruhe unter den Arabern

1936 Die Araber versuchen mit einem Generalstreik einen totalen Einwanderungsstopp, ein Verbot des Landverkaufs an Juden und die Wahl einer palästinensischen Volksvertretung durchzusetzen. Der Streik geht nach einigen Monaten in einen bewaffneten *arabischen Aufstand* über, der bis 1939 immer wieder aufflammt.

arabischer Aufstand

1937
7. Juli Eine britische Untersuchungskommission empfiehlt die Teilung Palästinas (Bericht der Peel-Kommission), was von Arabern und Juden abgelehnt wird.

1939
17. Mai Das britische Weißbuch über Palästina begrenzt die Einwanderung auf 75000 Juden in den nächsten fünf Jahren, macht sie danach von der Zustimmung der Araber abhängig; Landkauf wird erschwert. Zionisten lehnen Weißbuch als mit dem Mandat unvereinbar ab.

1942
11. Mai Angesichts der Judenverfolgungen des „Dritten Reichs" drängen die Zionistenführer auf Öffnung Palästinas für unbeschränkte Einwanderung und fordern im *Biltmore-Programm*, dass Palästina zu einem jüdischen Staat (Jewish Commonwealth) gemacht wird. Da die britische Verwaltung die Politik des Weißbuches vertritt, beginnt noch während des Krieges die illegale Einwanderung von Juden, die der Verfolgung entkommen sind. Als der alliierte Sieg sicher ist, setzen *Terroraktionen jüdischer Untergrundorganisationen* ein. – (Forts. S. 1577, 1601)

Biltmore-Programm

jüdische Terroraktionen

Syrien und Libanon (1920–1944/45)

Politik der Teilung Groß-Libanon

1920 Sept. Frankreich versucht die Widerstände in seinem Mandatsgebiet mit einer *Politik der Teilung* zu überwinden. Kurz nach der militärischen Besetzung Syriens wird der Libanon erweitert und als eigenständiger Staat *Groß-Libanon* ausgegliedert. Im Libanon stützt sich Frankreich auf die christlichen Maroniten, zu denen seit dem 19. Jh. enge politische und kulturelle Verbindungen bestehen. Während sich der Libanon die nächsten Jahre friedlich entwickelt, hat Frankreich im übrigen Syrien Schwierigkeiten mit den Nationalisten, die einen unabhängigen Staat unter Einschluss der abgetrennten Alawiten- und Drusendistrikte sowie der dem Libanon zugeschlagenen Gebiete fordern.

Drusenaufstand

1925–1926 Ein *Drusenaufstand* weitet sich in einen allgemeinen syrischen Aufstand aus und greift auf den Südlibanon über. Frankreich schlägt den Aufstand brutal nieder, ist danach jedoch bereit, mehr Selbstverwaltung zuzugestehen. Eine libanesische Verfassung (1926) erweist sich als nicht praktikabel und wird 1932 aufgehoben. Die Verfassunggebende Versammlung in Syrien löst Frankreich auf und oktroyiert eine Verfassung (1930). Frankreich löst dann das gemäß dieser Verfassung (1932) gewählte Parlament nach dem Scheitern von Verhandlungen über einen französisch-syrischen Vertrag auf (1934).

Verträge der Mandatsmacht

1936 9. Sept. Nach jahrelangen Verhandlungen wird im *Französisch-Syrischen und Französisch-Libanesischen Vertrag* beiden Ländern die Unabhängigkeit nach drei Jahren zugesagt; Frankreichs militärische Präsenz soll reduziert werden. Unruhen in Syrien wegen türkischer Ansprüche auf den Sandschak von Alexandrette verzögern die Ratifizierung der Verträge, die schließlich von der französischen Nationalversammlung abgelehnt wird (1938).

1939 23. Juni Gegen syrische Proteste tritt Frankreich den Sandschak von Alexandrette (Iskenderun) an die Türkei ab.

1941 8. Juni Am Tag des Einmarsches britischer und freifranzösischer Truppen im Vichy-treuen Syrien verspricht de Gaulles Beauftragter, General Georges Catroux, Syrien und Libanon Unabhängigkeit.

Unabhängigkeit Syriens

27. Sept. Catroux proklamiert in Damaskus die *Unabhängigkeit der Republik Syrien*. Auch die Republik Libanon wird als unabhängiger und souveräner Staat proklamiert (November). Beide bleiben de facto französisch, was zu heftigen Auseinandersetzungen führt.

1943 Nach Parlamentswahlen in Syrien (August) und im Libanon (September) werden nationale Regierungen gebildet, die auf Herstellung der vollen Souveränität drängen.

1944 Erst auf Druck Großbritanniens und der USA unterstellen die Franzosen schrittweise die Verwaltung syrischer und libanesischer Kontrolle. – (Forts. S. 1591, 1595)

Irak (1920–1941/45)

1920–1921 Die Enttäuschung darüber, dass der gesamtarabische Staat nicht verwirklicht wird, löst
1921 schwere Unruhen aus. London will darum dem Irak Eigenständigkeit zugestehen und setzt

Faisal als König

23. Aug. *Faisal als König* (1921–1933) ein.

Mandatsverhältnis

10. Okt. 1922 Gegen nationalistische Opposition wird im Anglo-Irakischen Vertrag das *Mandatsverhältnis* bestätigt.

1924 Eine Verfassunggebende Versammlung erarbeitet ein Grundgesetz, das den Irak zur konstitutionellen Monarchie macht.

Mosulvertrag

1926 5. Juni Auf Empfehlung des Völkerbundes erhält der Irak im *Mosulvertrag* das ölreiche Kurdengebiet um Mosul, das zur britischen Interessensphäre gehörte (Sykes-Picot-Abkommen) und dessen Zukunft auch im Friedensvertrag mit der Türkei offen gelassen worden ist. Die Iraq Petroleum Co. (mit je Viertelbeteiligung zweier britischer, einer amerikanischen und einer französischen Gesellschaft) erwirbt die Konzessionen für die Ölsuche.

Irak unabhängig

1930 30. Juni Durch das Anglo-Irakische Abkommen wird der *Irak unabhängig*, bleibt jedoch außenpolitisch und militärisch an Großbritannien gebunden, das zwei Luftwaffenstützpunkte erhält.

1932 Mit dem Beitritt zum Völkerbund erlischt das Mandat (3. Okt.).

Entwicklung des Iraks

Entwicklung des Iraks

Die *Entwicklung des Iraks* wird von Spannungen zwischen sunnitischen und schiitischen Muslimen, Autonomieforderungen der Kurden und anderen Minoritätenproblemen (1933 Assyrer-Massaker) belastet.

Das politische Leben dominieren Faktionen und Cliquen. Die landwirtschaftliche Entwicklung und der Aufbau einer Infrastruktur und von öffentlichen Diensten gestalten sich schwierig. Große Ölfelder werden entdeckt (Kirkuk 1929), doch der Ölexport erreicht erst nach dem Zweiten Weltkrieg wirtschaftlich lohnenden Umfang. Mit der Notwendigkeit von Reformen begründet die *Armee* einen Staatsstreich (1936) und danach immer neue Interventionen in die Politik.

Armee

1941 1. April	Ein militärischer Staatsstreich bringt eine achsenfreundliche Regierung unter Raschid Ali al-Gailani an die Macht.
30./31. Mai	Britische Truppen vertreiben Gailani und setzen den Regenten wieder ein, der für den minderjährigen König Faisal II. (1939–1958) die Regierung führt. – (Forts. S. 1606)

Die Arabische Halbinsel (19. Jh.–1940/45)

Die türkische Herrschaft ist im 19. Jh. in weiten Teilen der Arabischen Halbinsel nur nominell. So kann *Großbritannien* zur Sicherung des Seeweges nach Indien Aden erwerben (1839; ab 1935 Kronkolonie) und mit den Emiraten am Persischen Golf (1853: „Vertragsküste"), den Sultanaten im Hinterland von Aden und in Hadramaut (1882–1914) und mit dem Emir von Kuwait (1899) Protektoratsverträge sowie mit dem Sultan von Maskat einen Freundschaftsvertrag (1891; erneuert 1939 und 1951) abschließen. Der Vertragsküste und Kuwait gewährt Großbritannien 1892 bzw. 1909 innere Autonomie, vertritt sie aber außenpolitisch.

Großbritannien

Im Inneren der Arabischen Halbinsel haben sich verschiedene lokale Herrscherdynastien behaupten können. Der Familie von Abdallah ibn-Saud, der 1814–1818 den Wahhabitenaufstand führt, gelingt der Wiederaufstieg, als *Abdal Asis ibn-Saud* nach 1902 den Nedschd und das übrige Zentralarabien (bis 1921) erobert und mit der Ansiedlung von Beduinen-Bruderschaften (Ichwan) die Tradition der puritanischen Reformbewegung des *Wahhabismus* wieder belebt.

Abdal Asis ibn-Saud Wahhabismus

1914–1945	Mit dem Zusammenbruch des Osmanischen Reiches im Ersten Weltkrieg werden auch die letzten von den Türken direkt beherrschten Gebiete Hedschas (1916 Hussein „König der arabischen Länder"), Asir und *Jemen unabhängig*.– (Forts. S. 1619)
1918	
1924 5. März	König Hussein, dessen Familie der Haschimiden mit dem Propheten verwandt ist und seit dem 11. Jh. das Scherifenamt von Mekka bekleidet, verliert mit seinen Nachkriegsforderungen die Sympathien Großbritanniens. Durch die Friedensregelung nur noch König des Hedschas, nimmt Hussein den vakant gewordenen Kalifentitel an. Da niemand ihn anerkennt, erklärt ibn-Saud ihn zum Verräter.
1926 8. Jan.	In wenigen Monaten erobert ibn-Saud den Hedschas, vertreibt Hussein und proklamiert sich selbst zum König des Hedschas.
Okt.	Nach Auseinandersetzungen mit dem Jemen wird der Scheich von Asir dem König ibn-Saud unterstellt.
1927	Im Vertrag von Dschidda erkennt ibn-Saud die Söhne seines Rivalen Hussein als König des Irak und Emir von Transjordanien an und legt die Nordgrenzen seines Reiches fest, das den
1932	Namen *Königreich Saudi-Arabien* erhält.
1934	Nach einem kurzen Krieg mit dem Jemen wird die gemeinsame Grenze in zweiseitigen Verhandlungen festgelegt.

Jemen unabhängig

Königreich Saudi-Arabien

Ibn-Saud setzt die Ansiedlung der Beduinen fort und unterdrückt deren traditionelle Unbotmäßigkeit. Das Land wird westlicher Technik geöffnet, bleibt aber eine *islamisch-konservative*, von der Familienoligarchie der Sauds beherrschte Monarchie („Wir wollen Europas Gaben, nicht seinen Geist"). Als *Hüter der Heiligen Stätten* genießt ibn-Saud hohes Ansehen in der islamischen Welt. Der Rückgang der Pilgereinnahmen in den dreißiger Jahren und besonders im Zweiten Weltkrieg stürzt das Land in eine Wirtschaftskrise, die erst allmählich überwunden wird, als die 1933 begonnene Ölsuche zur Entdeckung reicher *Vorkommen* führt (1940 Abkaik-Feld). – (Forts. S. 1611, 1614, 1615, 1617, 1618).

konservative Monarchie Hüter der Heiligen Stätten Erdölvorkommen

Ägypten (1517–1942/45)

Die Bemühungen der europäischen Mächte, vor allem Frankreichs und Russlands, um das Protektorat über die Christen und den Einfluss an den heiligen Stätten bringen den Arabern, die seit Beginn des 16. Jh.s der türkischen Herrschaft unterstehen, mancherlei Verbindungen mit dem Abendland und fördern damit ihre geistige Distanz zu den Türken. So kann sich hier unter *westlichem Einfluss* das anfäng-

westlicher Einfluss

lich schwache und durch den mit den Türken gemeinsamen sunnitischen Islam überdeckte Nationalgefühl entwickeln. Die Araber beginnen den Abstand von den Türken immer deutlicher zu fühlen, ohne freilich politisch in der Lage zu sein, sich zu neuer Selbstständigkeit zu erheben. So muss die Hilfe dazu von außen kommen: zuerst in Ägypten, später dann auch in den übrigen Teilen der arabischen Welt, wobei sich freilich weithin zuerst ein *Kolonial- und Protektoratsverhältnis*, nicht etwa der unmittelbare Übergang in die Unabhängigkeit ergibt. Diese Entwicklung hat später das Verhältnis zu den früheren „Schutzmächten" mehr oder minder nachhaltig getrübt.

Kolonialisierung

1517–1798 In Ägypten dauert die unmittelbare *türkische Herrschaft* über das Niltal an, die, zusammen mit der Verlegung der Handelswege um das Kap der Guten Hoffnung und nach Amerika, das Niltal zu einer fast geschichtslosen Epoche verurteilt. Neben den türkischen Gouverneuren setzt sich die Aristokratie der im Land bleibenden *Mamluken* immer mehr durch. Die Vertreter des Sultans sind am Schluss nur noch Schattenfiguren.

türkische Herrschaft

Mamluken

1768–1773 Ein Aufstand unter Führung Ali Beis während des russisch-türkischen Krieges löst Unruhen aus.

1786 Der Sultan begegnet den Aufständen erstmals seit der Eroberung mit der Entsendung einer Armee, ohne die Rädelsführer fassen zu können.

1798 Der *Einfall Napoleons* bereitet der nur noch unwillig ertragenen türkischen Oberherrschaft praktisch, wenn auch nicht theoretisch, ein Ende.

Napoleon

1798–1801 Der Ausgangspunkt für die Verselbstständigung der arabischen Welt wird Napoleons ägyptische Expedition, auch wenn sie politisch ein Fehlschlag ist. Doch kann sich nun die Oligarchie der Mamluken oder Beis (wie man sie damals nennt) nicht mehr durchsetzen.

1806 Der albanische Offizier *Mohammed Ali* (türkische Namensform: Mehmed Ali) wird türkischerseits zum Pascha von Ägypten ernannt.

Mohammed Ali

1811 Nach der *Ausschaltung der Mamluken* durch Mord festigt er seine politische Macht, bringt weite Ländereien durch Beschlagnahme an den Staat zurück und eignet sich viele davon persönlich an. Er schafft eine geordnete Verwaltung, baut Landstraßen, errichtet ein eigenes Heer und eine Flotte, reformiert das Gesundheitswesen, behindert aber die Entwicklung des Landes durch Einführung eines Handelsmonopols und hohe Ausfuhrzölle.

Ausschaltung der Mamluken

1811–1833 Durch die Unterdrückung der Wahhabiten (islamische Gemeinschaft, die Rückorientierung an Koran und Sunna anstrebt) in Arabien (1811–1813) und durch die Hilfe bei der Unterwerfung Griechenlands (seit 1825) – jeweils durch seinen Stiefsohn Ibrahim – um die Pforte verdient sowie durch die Gewinnung der Landschaften Nubien, Sennar und Kordofan am oberen Nil (1820–1822) gestärkt, strebt Mohammed Ali nach Unabhängigkeit von der Türkei.

1833 Nach einem kriegerischen Vorstoß in Syrien erhält er im Vertrag von Kütahya (Phrygien) die Verwaltung dieses Raumes.

1839/1840 Trotz seines Sieges (1839) bei Nisib (Wilajet Aleppo) gegen die Osmanen muss der Pascha unter dem Druck einer Quadrupelallianz von Großbritannien, Russland, Preußen und Österreich diese wieder aufgeben und sich mit *Erblichkeit seiner Statthalterwürde* begnügen, da ihn Frankreich im Stich lässt.

Erbstatthalterschaft

1848–1854 Sein Enkel Abbas I. sucht sich der Mitarbeit von Europäern im Lande zu entledigen, kann sich aber einer vollen Unterstellung unter die Pforte – auch durch Entsendung von 15000 Mann in den Krimkrieg – entziehen.

1854–1863 Said Pascha, Sohn Mohammed Alis, schafft die Sklaverei (wenigstens theoretisch) vollständig ab, befreit die Fellachen von staatlichen Auflagen, ordnet das Finanzwesen und baut die erste Eisenbahn.

1863–1879 Ismail, sein Neffe, (seit 1867) mit dem Titel *Khedive* (Chedive – arabisch-persisch: Herrchen), gerät durch den *Bau des Sueskanals* (Leitung Ferdinand de Lesseps) in große finanzielle Schwierigkeiten.

Khedive
Bau des Sueskanals

1869 Die Eröffnungsfeierlichkeiten erhöhen sein Ansehen, doch kommt es zu allerlei Auseinandersetzungen mit der Pforte.

1873 Erst nach einem Wechsel des Großwesirs unter Vermittlung Großbritanniens und Frankreichs können die Differenzen durch einen Ferman (Verwaltungserlass) des Sultans behoben werden, der direkte Erbfolge für Ismails Kinder, innere Selbstständigkeit bei Anerkennung der türkischen staatlichen und militärischen Oberhoheit vorsieht, aber zur Zahlung von umgerechnet jährlich drei Mio. Mark Tribut an die Pforte verpflichtet.

Die ruinöse Steuer- und Finanzwirtschaft des Khediven, die hohen Ausgaben für einen unglücklichen Krieg gegen Äthiopien sowie der Verkauf seines Anteils an den Sueskanalaktien an Großbritannien (für 4 Mio. £) führen zur Einrichtung einer von Ausländern geschaffenen *Staatsschuldenverwaltung*. Infolge verschiedener Konflikte mit der Pforte wird Ismail schließlich vom Sultan abgesetzt († 1895 in Konstantinopel).

1875–1877

Staatsschuldenverwaltung

1879–1892	Taufik, sein Sohn, unternimmt den Versuch, die Finanzen endgültig zu regulieren.	
1881/1882	Er wird aber durch eine Militärrevolte zur Berufung eines nationalistischen Ministeriums unter Orabi Pascha als Kriegsminister genötigt.	
1882 11./12. Juli	Eine *englische Flotte* bombardiert Alexandria und besetzt das Land (Niederlage der Ägypter bei et-Tell el-Kebir); Frankreichs Einfluss wird ausgeschaltet.	*britische Besetzung*
1885 26. Jan.	Während Ägypten rasch besetzt wird, erhebt sich im Sudan der *Aufstand des Mahdi* (arabisch: der von Gott Geleitete). Ihm werden das von General Charles George Gordon verteidigte Chartum (Khartum – heute Hauptstadt des Sudan), später auch andere Teile des Landes untertan.	*Aufstand des Mahdi*
1892–1914	Abbas II. Hilmi, Taufiks Sohn, versucht den Briten gegenüber eine selbstständige Politik, kann sich aber gegen den britischen Generalkonsul Evelyn Baring, *Earl Cromer* (1883–1907), als den wahren Herrscher Ägyptens nicht durchsetzen. Dieser tut viel für die innere Konsolidierung des Landes, die Förderung der Landwirtschaft, den Schutz der Kleinbauern, die Durchsetzung des Baumwollanbaus und für den Bau des Staudamms von Assuan (Baubeginn 1899, vollendet 1902).	*Earl Cromer*
1898	Der Sudan wird von Feldmarschall Horatio Herbert Kitchener durch den *Sieg bei Omdurman* (am Nil gegenüber von Khartum) wieder unterworfen und (nominell) als britisch-ägyptisches Kondominium eingerichtet.	*Sieg bei Omdurman*
1904	Nach dem Zusammenstoß in Faschoda (seit 1905 Kodok – am Weißen Nil) (1898) überlässt Frankreich Ägypten und den Sudan dem britischen Einfluss.	

Die geistige Situation zu Beginn des 20. Jh.s

Während dieser Periode wächst das ägyptische und islamische Selbstbewusstsein durch eine Neubesinnung der islamischen Theologen, unter denen Dschamal ad-Din al-Afghani (*1839, †1897) und Mohammed Abduh (*1849, †1905) weit über Ägypten hinaus Bedeutung gewinnen. Ihr Aufruf zu einer Neubesinnung der Muslime, einer Angleichung des Glaubensgutes an moderne Ideen (daher „Modernisten" genannt) und eine Aktivierung des religiösen Lebens einschließlich des Erziehungswesens wirkt in gewandelter Form bis heute nach. Das Verhältnis der Reformer zur Türkei als dem damals politisch führenden islamischen Staat ist unterschiedlich. *Europäische Ideen* wie Liberalismus und Nationalismus, auch Freigeisterei, finden in den zum Teil entwurzelten, zahlenmäßig freilich geringen oberen und mittleren Schichten bedeutsamen Widerhall.

Modernisten

europäische Ideen

1913	Einsetzung eines gesetzgebenden Rates, der in Steuerfragen zeitweilig wirkliche Entscheidungsgewalt besitzt.	
1914 19. Dez.	Ägypten wird *britisches Protektorat*, nachdem die Türkei an Deutschlands Seite in den Krieg eingetreten ist.	*britisches Protektorat*
1914–1917	An die Stelle des türkenfreundlichen Khediven Abbas II. tritt Hussein Kamil, sein Oheim, als „Sultan von Ägypten", der aber angesichts der Lage zu einer rein passiven Rolle verurteilt ist.	
1915/1916	Der Vorstoß der Türken und Deutschen an den Sueskanal wird von den Briten aufgefangen.	
1917–1922	Fuad I., Hussein Kamils Bruder, kann sich bei seinen Bestrebungen nach äußerer Unabhängigkeit auf die mächtige Wafd-Partei stützen, die entsteht, als Großbritannien die Entsendung einer ägyptischen Abordnung (Wafd) zur Friedenskonferenz von Versailles ablehnt.	
1919	Unruhen in ganz Ägypten („Revolution von 1919"). Der Führer der Wafd Saad Saghlul (*1860, †1927) wird zur beherrschenden politischen Figur.	
1922 28. Febr.	Dem nationalistischen Druck nachgebend, erklärt Großbritannien einseitig die *Unabhängigkeit Ägyptens*, behält sich jedoch die Sicherung des Sueskanals, die Landesverteidigung und den Schutz der ausländischen Interessen vor. Der Sultan akzeptiert die formale Unabhängigkeit und nimmt den Titel König Fuad I. (1922–1936; *1868, †1936) an.	*Unabhängigkeit Ägyptens*
1923 19. April	Mit einer neuen Verfassung wird Ägypten *konstitutionelle Monarchie*. Bei den Parlamentswahlen im gleichen Jahr gewinnt die nationalistische Wafd-Partei, die beherrschende Partei der nächsten 30 Jahre. Mit der Einführung des Parlamentarismus beginnen Parteienauseinandersetzungen: Zwar wollen alle Parteien die volle Souveränität Ägyptens erkämpfen, da sie innenpolitisch aber gegensätzliche Gruppeninteressen vertreten und es immer wieder zu Machtrivalitäten zwischen Wafd und König kommt, führen Gespräche mit der britischen Regierung lange zu keinem Ergebnis.	*konstitutionelle Monarchie*
1924 19. Sept.	Als der englische Generalgouverneur des Sudan und Sirdar der ägyptischen Armee Sir Lee Stack ermordet wird, schließt Großbritannien Ägypten von der Verwaltung des Kondominiums im Sudan aus.	

		Nationalistische Unruhen und die Bildung einer nationalen Koalitionsregierung bewegen
Anglo-Ägyptischer Vertrag	1936 26. Aug.	Großbritannien zum Einlenken: Im *Anglo-Ägyptischen Vertrag* erklärt es die militärische Besetzung Ägyptens für beendet, erhält aber das Recht, für 20 Jahre Truppen in der Sueskanalzone zu stationieren. Im Kriegsfall ist Großbritannien zur Hilfe verpflichtet; Ägypten muss sein ganzes Gebiet einschließlich aller militärischen Einrichtungen zur Verfügung stellen. Das Kondominium im Sudan wird wiederhergestellt.
	1937	Ägypten tritt dem Völkerbund bei (8. März). Im Abkommen von Montreux (8. Mai) werden die Kapitulationen aufgehoben, die Ausländern Exterritorialität und andere Vorrechte in Ägypten eingeräumt hatten.
Zweiter Weltkrieg	1939	Mit Beginn des *Zweiten Weltkrieges* wird Ägypten aufgrund seiner Bündnisverpflichtungen de facto wieder britisches Protektorat, obwohl es den Achsenmächten nicht den Krieg erklärt. Die Grenzen ägyptischer Souveränität zeigen sich, als der britische Botschafter den
König Faruk	1942 4. Febr.	Palast von Panzern umstellen lässt und *König Faruk* (1936–1952, †1965) zwingt, eine probritische Regierung einzusetzen. Ägypten wird Schauplatz von Kriegshandlungen (deutscher Vorstoß bis el-Alamein); die ägyptische Armee wird jedoch nur zu Hilfsleistungen (unter anderem Küstenschutz) eingesetzt. Die Mehrheit der ägyptischen Offiziere ist seit dem 4. Februar 1942 antibritisch. – (Forts. S. 1624)

Der Maghreb (1517–1945)

Im Anschluss an die Eroberung Ägyptens durch die Türken 1517 dehnt sich deren – vielfach freilich nur nominelle und mittelbare – Macht rasch westwärts aus; doch bleiben überall örtliche Fürsten und Scheichs maßgebend. Die Cyrenaika als nominelles Zubehör des Niltals gehört den Türken seit 1521; Tripolitanien, wo die Hafsiden (13. Jh. bis 1510) von den Spaniern, 1530 von den Johannitern abgelöst werden, erkennt 1551 die *Oberhoheit des Sultans* an, ebenso Tunesien 1574, während Algerien schon seit 1556 durch die türkischen Korsaren dem Sultan unterstellt wird. Selbst Marokko nimmt Beziehungen zu ihnen auf, wenn sich hier auch die (vom Propheten Mohammed abstammende) Dynastie der Scherifen 1554 hält: zuerst die Linie Saad bis 1658; dann seit 1664 die Linie Filal. Dabei bleibt eine Reihe von Küstenplätzen (z. T. bis heute) in spanischer und portugiesischer Hand. Seit dem Ende des 17. Jh.s beginnen französische und spanische Angriffe auf eine Reihe von Küstenplätzen, während die Raubschiffe der „Barbaresken" 1667 sogar bis Island vorstoßen.

Oberhoheit des Sultans

Im 18. Jh. hört die osmanische Oberherrschaft praktisch auf: Tunesien ist seit 1705, Algerien seit 1710 und Tripolitanien seit 1714 unter einheimischen Fürsten so gut wie selbstständig. Die Küste um Oran ist längere Zeit, zuletzt 1732–1791, in spanischen Händen.

Eine entscheidende Wende bringt erst das Eingreifen der nördlichen Anrainer des Mittelmeers im 19. Jh., eingeleitet durch Frankreichs Vorstoß in Algerien seit 1830.

Verfall staatlicher Autorität Barbaresken

Der weit gehende *Verfall staatlicher Autorität* in ausgedehnten Teilen dieses Raumes hat eine starke Entwicklung des Piratentums zur Folge. Die Flottillen der *„Barbaresken"* bilden im 17. und 18. Jh. eine Bedrohung der europäischen Mittelmeerschifffahrt und eine Belästigung von dessen Anrainern, umso mehr, als Gefangene immer wieder als Sklaven verkauft werden. Das erstarkte Europa ist nicht mehr gewillt, diesem Treiben untätig zuzusehen. Doch bedeutet das Ausgreifen vom nördlichen auf das südliche Ufer des Mittelmeers nicht nur eine *koloniale Ausdehnung*, sondern auch eine nicht unbedeutende Siedlungsbewegung von Romanen in den Maghreb. Die Siedler (colons) erschließen das Land vor allem landwirtschaftlich und verkehrstechnisch. Die einheimischen Araber und Berber verdanken ihrem technischen Können sehr viel. Die gehobenen Schichten, daneben die Juden, gleichen sich Frankreich sprachlich und im Lebensstil (nicht in der Religion) stark an und können französische Bürger werden, wenn sie auf ihr einheimisches islamisches Recht verzichten. Davon machen vor allem die Juden geschlossen Gebrauch.

koloniale Ausdehnung Siedlungsbewegung

Algerien (1830–1943/45)

französische Eroberung	1830–1847	Die *Eroberung* Algeriens durch *Frankreich* im Kampf gegen Abd al-Kader treibt einen Keil in die einheitliche islamische Länderkette und wird für Nordafrika praktisch zum Beginn der Neuzeit. Das Land wird von Franzosen, auch Italienern und Spaniern, erschlossen und zu einem bedeutenden Lieferanten von Getreide und Wein. Die Eingeborenen fügen sich der französischen Herrschaft nur widerwillig.
Fremdenlegionäre	1870/1871	Während des Deutsch-Französischen Krieges gerät fast das ganze Land (außer einigen Großstädten) in die Hand von Rebellen. Der Ausbau der großen Verkehrsverbindungen, schließlich auch quer durch die Sahara, zusammen mit starken Garnisonen, auch für *Frem-*

denlegionäre, bringt das Land zur Ruhe, das sich auch während des Ersten Weltkriegs nicht gegen Frankreich erhebt.

Nach dem Ersten Weltkrieg entstehen *Nationalbewegungen* verschiedener Richtungen, die zunächst die Verwirklichung der vollen Bürgerrechte für die Muslime anstreben. Die von Ferhat Abbas geführte Föderation der französisch gebildeten Muslime (Fédération des Elus Musulmans, gegründet 1930) fordert die Integration mit Frankreich auf der Basis völliger Gleichberechtigung.

Nationalbewegungen

1938 Als der Plan der Volksfrontregierung Léon Blums, etwa 30000 Algeriern die Bürgerrechte zu gewähren, im französischen Parlament scheitert, beginnen die Nationalisten vom Konzept der Assimilation abzurücken und Autonomie anzustreben.

1943 Nach der Besetzung Algeriens durch die Alliierten fordern 55 Nationalisten im *Manifest des algerischen Volkes* eine autonome Republik Algerien im Verbund mit Frankreich. Zwar wird Ferhat Abbas unter Hausarrest gestellt, doch gewährt de Gaulle 50000 Muslimen bürgerliche Rechte, was von Abbas' Partei der „Freunde des Manifests und der Freiheit" als unzureichend abgelehnt wird. – (Forts. S. 1634)

Manifest des algerischen Volkes

Marokko (vom 19. Jh. bis 1945/46)

Unter der *scherifischen Dynastie* (Zweig Filal) wahrt das Land seine Unabhängigkeit; mit Spanien führt es (1859/1860) einen Krieg. Erst zu Beginn des 20. Jh.s gerät es in den Interessenkonflikt zwischen Frankreich und Deutschland.

scherifische Dynastie

1906 Die *Erste Marokkokonferenz* in Algeciras schließt deutsche Ansprüche praktisch aus und erlaubt Frankreich die Besetzung von Teilen des Landes (1907 wird somit Casablanca okkupiert).

Erste Marokkokonferenz

1909 Krieg der Spanier gegen die Rif-Kabylen.

1911
4. Nov. Durch ein *deutsch-französisches Abkommen* wird der Konflikt zwischen beiden Ländern beigelegt.

deutsch-französisches Abkommen

1912
30. März
27. Nov. Durch den *Protektoratsvertrag von Fes* verliert Marokko seine Souveränität an Frankreich und durch ein französisch-spanisches Abkommen, das Französisch-Marokko vom spanischen „Marruecos Español" abgrenzt, an Spanien. Formal unterstehen beide Zonen wie auch die Hafenstadt Tanger, die 1923 internationalen Status erhält, der Souveränität des Sultans, der in der französischem Zone residiert und in die spanische einen Vertreter (Chalifa) entsendet. In Marschall Louis Hubert Lyautey erhält Marokko einen tatkräftigen Generalresidenten (1912–1925), der das Land mit fester Hand durch den Ersten Weltkrieg führt und dem das Land wesentlich die wirtschaftliche Erschließung verdankt.

Protektoratsvertrag von Fes

1921–1926 Ein *Aufstand der Rif-Kabylen* unter Abd el-Krim in der spanischen Zone kann erst, als er auf die französische Zone übergreift, von Spanien und Frankreich gemeinsam niedergeschlagen werden. Unabhängigkeitskämpfe anderer Stämme im Süden des Mittleren Atlas dauern bis 1934 an.

Aufstand der Rif-Kabylen

Frankreich versucht, den traditionellen Gegensatz zwischen der Zentralregierung (Scherifisches Reich) und den nur durch Feudalbeziehungen vom Sultan abhängigem Berberstämmen mit ihrer alten Sozialstruktur zu nutzen, um die Berber aus ihrer Verbundenheit mit der arabischen Welt zu lösen.

1927–1961 *Sultan Mohammed V.* ben Jusuf (1956 König) muss sich der französischen Berberpolitik beugen.

Sultan Mohammed V.

1930 Mohammed V. erlässt das Berber-Dekret, das – in Widerspruch zum islamischen Recht – die Zuständigkeit der örtlichen Berbergerichte, die nach Gewohnheitsrecht urteilen, anerkennt.

1934 Nationalistische Strömungen beginnen sich bemerkbar zu machen. Ein „Marokkanisches Aktionskomitee" fordert in einem Reformplan Begrenzungen des Protektoratsverhältnisses, bessere Erziehungs- und Berufschancen und die Einführung repräsentativer Institutionen.

1937
Okt. Die Forderungen werden von den Franzosen ignoriert und das Komitee aufgelöst. Trotz französischer Repression verstärken sich die Kundgebungen des marokkanischen Nationalismus: Der „Nationale Pakt" von Rabat wird gewaltsam unterdrückt.

1939–1945 Im Zweiten Weltkrieg stellt sich der Sultan auf die Seite Frankreichs und später der Freien Franzosen. Er hofft, nach dem Krieg die Unabhängigkeit zu erlangen, und findet dabei die Unterstützung der *„Partei der Unabhängigkeit"* (Istiklal), zu der sich verschiedene Nationalbewegungen vereinigen (1943/1944).

Partei der Unabhängigkeit

1944–1946 Wegen angeblicher Kollaboration mit Deutschland werden die meisten Istiklal-Führer von Frankreich interniert. – (Forts. S. 1639)

Tunesien (nach 1847–1943/45)

	nach 1847	Engere Anlehnung an Frankreich.
Verfassung	**1861**	Das Land erhält eine *Verfassung*.
	1871	Die Hohe Pforte erkennt die Autonomie an. Dadurch werden in Italien Hoffnungen auf ein Protektorat geweckt, das sich auf die vielen dort ansässigen Italiener stützen soll.
Besetzung durch Frankreich	**1881**	Die *Besetzung des Landes durch Frankreich*, die da und dort mit militärischen Mitteln durchgesetzt werden muss, führt zu einer tiefgreifenden Verstimmung in Italien, das daraufhin mit Deutschland und Österreich den Dreibund schließt. Die einheimische Dynastie bleibt erhalten, sodass die Franzosen einen legalen Partner für Verhandlungen mit den Einheimischen haben.
Protektorat	12. Mai	Im Vertrag von Bardo akzeptiert Tunesien, dessen Bei (Führer des einheimischen Herrschergeschlechts) die nominelle Herrschaft behält, das französische *Protektorat*.
	1883 8. Juni	Der Bei muss sich im Vertrag von al-Marsa verpflichten, alle von Frankreich vorgeschlagenen Reformen durchzuführen. Ein Dekret unterwirft schließlich alle Verfügungen des Beis der Zustimmung des französischen Generalresidenten (1884).
	1907	Aus der muslimisch-theologischen Erneuerungsbewegung gehen die ersten nationalistischen Gruppierungen Nordafrikas hervor: Beeinflusst von der Jungtürkischen Bewegung bildet sich die *Jungtunesische Partei*.
Jungtunesische Partei	1920 1923	Die nach dem Ersten Weltkrieg gegründete Verfassungs-Partei (Destour) fordert erstmals Autonomie und eine Verfassung. Frankreich geht auf die Forderungen nicht ein, sondern bietet lediglich die Einbürgerung einer begrenzten Zahl von Tunesiern an.
Habib Bourguiba Néo-Destour	1934 2. März	Im Verlauf der Debatte um die beste Taktik gegen Frankreichs Naturalisierungsdekret spaltet sich von der Destour eine Gruppe um den Juristen *Habib Bourguiba* ab und gründet die *Néo-Destour*, die die volle Unabhängigkeit Tunesiens fordert. Der Néo-Destour gelingt es bald, eine Massenbasis zu finden. Auf die repressiven Maßnahmen des französischen Generalresidenten reagiert Bourguiba mit einer flexiblen Politik.
	1936	Sein Versuch, der Volksfrontregierung Léon Blums Konzessionen abzuringen, scheitert.
	1937 1938	Als Frankreich die Partei verbietet, organisiert sie Protestdemonstrationen und im folgenden Jahr einen Generalstreik. Die Führungsgruppe der Néo-Destour wird verhaftet; Bourguiba kehrt erst 1943 aus der Haft in Frankreich nach Tunis zurück.
	1942–1943	Im Zweiten Weltkrieg wird Tunesien vorübergehend von den Achsenmächten besetzt. Der neue Bei Mohammed VII. el-Moncef vertritt den Standpunkt der Nationalisten.
	1943 14. Mai	Er wird deswegen nach dem Einmarsch der Alliierten unter der Beschuldigung der Kollaboration mit den Deutschen abgesetzt. Durch diese Verletzung des Protektoratsvertrages macht Frankreich Moncef Bei zum Märtyrer und verstärkt die Agitation der Nationalisten. – (Forts. S. 1631)

Tripolitanien/Libyen (1912–1943/45)

		Tripolitanien gehört weiterhin nominell zum Osmanischen Reich, ist aber staatlich nur wenig organisiert.
italienische Besetzung	1912	Nur der damals neu gegründete Orden der Senussi vermag den *Italienern* wesentlich Widerstand zu leisten, als diese das Land während der Balkankriege besetzen. – Im Ersten Weltkrieg unterstützen die Türkei und Deutschland die Senussi und andere Gruppen mit Waffen. Aktionen gegen Italiener und Briten lassen Italien nur im Besitz der Küstenplätze. Nach dem Krieg bemühen sich Vertreter Tripolitaniens, eine unabhängige Republik zu gründen, zumindest verwaltungsmäßige Unabhängigkeit von Rom zu erlangen.
Mohammed Idris el-Senussi	1921	In Sirte kommen die Führer Tripolitaniens mit *Mohammed Idris el-Senussi* überein, Libyens Rechte zu erkämpfen, und wählen ihn zum Emir von ganz Libyen.
	1922–1925	Die Verhandlungen in Rom scheitern jedoch, und nach der Machtübernahme der Faschisten wird Tripolitanien unterworfen.
Omar el-Muchtar	1925–1931	In der Cyrenaica dagegen organisiert *Omar el-Muchtar* für Emir Mohammed Idris den Widerstand, den die Italiener erst endgültig brechen können, nachdem sie die Oasen im Süden besetzt und Omar Muchtar von allem Nachschub abgeschnitten haben. Die besetzten Gebiete werden seit Anfang der zwanziger Jahre von den Italienern mit dem Ziel *kolonisiert*, Siedlungsraum für Italiens wachsende Landbevölkerung zu schaffen.
Kolonisierung	1942/1943	Nach der Kapitulation der Truppen der Achsenmächte werden in der Cyrenaica und Tripolitanien eine britische und in Fessan eine französische Militärverwaltung errichtet. – (Forts. S. 1629)

Persien (Iran) in der Neuzeit bis 1945

(Forts. v. S. 1098)

1502–1736 Die *Dynastie der Safawiden*, aus dem zwölfer-schiitischen Geschlecht von Ordensoberen in Ardabil hervorgegangen, das seinen Ursprung später auf den Propheten Mohammed zurückführt, einigt das Siedlungsgebiet der Iraner, dazu das türkische Aserbaidschan und zeitweise selbst den Irak, im Zeichen dieser Konfession und schmilzt damit die durch lange Bürgerkriege und Fremdherrschaften innerlich zerrissene persische Nation zu einer Einheit zusammen, die sich seitdem wirklich als eigenständiges Volk fühlt. Indem die Dynastie das persische Hochland und einige Randgebiete für Jahrhunderte staatlich zusammengefasst und sich in Sprache und Nationalgefühl mehr und mehr iranisiert, wird dieses ursprünglich türkische Herrscherhaus zum Begründer des modernen *persischen Nationalstaates*, der sich gegen alle Bedrohungen aus Westen, Nordosten, teilweise auch Südosten bis zum heutigen Tag behauptet hat. — *Dynastie der Safawiden* — *persischer Nationalstaat*

1502–1524 *Schah Ismail I.*, mit 17 Jahren Gründer der Dynastie, gewinnt in mehreren Feldzügen an der Spitze seiner durch eine zwölfzipflige (als Symbol der zwölf Imame gemeint) rote Mütze (danach *Kysylbasch* = roter Kopf genannt) gekennzeichneten Anhänger, vielfach aus Anatolien und Syrien zugewanderte Türken, Persien mit Chorasan (Khorasan, iranische Provinz im Nordosten). — *Schah Ismail I.* — *Kysylbasch*

1510 Dort wird der Özbekenherrscher Mohammed als Erbe der Timuriden ausgeschaltet.

1514 Im Westen setzt ihm die Schlacht bei Tschaldyrán den Osmanen gegenüber Schranken.
Ordnung der *Staatsverwaltung* unter einem Wakil (= Reichsverweser), der später den Titel Wesir erhält. Die Geistlichkeit wird unter Leitung eines Sadr (= Vorsteher, eigentlich „Brust") zusammengefasst und die *Zwölfer-Schia* mit Gewalt durchgesetzt; viele Sunniten fliehen nach Innerasien, in die Türkei oder zu den Großmogul. Doch bleibt der Osten des Reichs (das heutige Afghanistan), Transoxanien und das Volk der Kurden fast geschlossen sunnitisch. — *Staatsverwaltung* — *Zwölfer-Schia*

1524–1576 Tachmasp I., Ismails Sohn, verlegt die Hauptstadt (um 1529) nach Kaswin. Er fördert die Verbindungen zum Reich der Habsburger als dem westlichen Widerpart der Osmanen.

1534 Er verliert Bagdad (an die Osmanen), mit denen es (1555) nach langwierigen Kämpfen zum Frieden von Amasia kommt.
Da sein Vater den Timuriden Babur unterstützt hat, ist das Verhältnis zu den Großmogul im Südosten trotz konfessioneller Verschiedenheit meist freundlich.

1541–1555 Der dortige Herrscher Humajun findet Zuflucht am persischen Hof.

1588–1629 Nach einer Zeit der Wirren und der Kämpfe mit den Özbeken erreicht die Dynastie unter *Abbas I. d. Gr.*, Enkel von Tachmasp, den Gipfelpunkt ihrer Macht. Energisch und zielbewusst, aber auch grausam, gilt dieser Schah seinen Landsleuten bis ins 20. Jh. als Herrscherideal. Er bricht die Macht der vielfach türkischen Stammesverbände, auf die sich seine Ahnen gestützt haben, organisiert in der Gemeinschaft der „Schah-seven" (türkisch: „den Schah Liebende") eine (nach dem Vorbild der Janitscharen) neuartige Truppe, in der auch das iranische Element stärker zur Geltung kommt. — *Abbas I. der Große*

1598 Im Kampf mit den Özbeken wird die nordöstliche Provinz Chorasan endgültig für Iran gesichert.

1603 Nach wechselvollem Kampf wird eine günstige, Aserbaidschan einschließende Grenzregelung mit den Osmanen erreicht: auf einer Linie, die bis heute fast unverändert gilt.

1622 Abbas kann Kandahar nehmen.

1623 Dagegen erweist sich die Eroberung Bagdads als nur vorübergehend (bis 1638).
Die Zerstörung der portugiesischen Kolonie (seit 1515) Ormuz (Hormus) im Persischen Golf und deren Ersatz durch den Festlandshafen Bändär Abbas eröffnet dem persischen Handel im Indischen Ozean außerordentliche Möglichkeiten. Mit Europa und den Großmoguln werden viele Botschafter ausgetauscht, doch kommt ein militärisches Zusammengehen nicht zu Stande; die neue Residenz (seit 1598) *Isfahan* wird glänzend ausgebaut und ist noch heute Persiens Kunstmetropole. Das Militär wird, kurzfristig auch mit Hilfe eines englischen Offiziers, neu organisiert und die Artillerie verstärkt, doch gilt die Vorliebe der Perser auch später noch der Kavallerie.
Da Abbas die meisten seiner Söhne als mögliche Nebenbuhler umgebracht hat, folgt ihm — *Isfahan*

1629–1642 sein Enkel Safi I.

1642–1666 Der rasche Verfall des Staates wird unter ihm und seinem Sohn Abbas II. noch einmal aufgehalten. Das Reich iranisiert sich zusehends und erlebt eine Periode des *kulturellen Auf-* — *kultureller Aufschwung*

Gesandtschafts- *verkehr*		*schwungs*, von dem viele Bauten zeugen. Damals findet auch ein lebhafter *Gesandtschafts-verkehr* statt; zahlreiche wissenschaftlich bedeutsame Reisebeschreibungen von Europäern aus dieser Zeit sind noch vorhanden.
	1666–1722	Unter Safi II. (1666–1694), der sich später Soleiman nennt, und unter dessen Sohn Hosain (1694–1722) verfällt der Staat rasch. Der Sunna feindliche Maßnahmen reizen die Osmanen und lösen im überwiegend sunnitischen Osten bei den afghanischen Stämmen Widerstand aus.
Zusammen- *bruch des* *Staats*	1722	*Zusammenbruch des Safawidenstaats*, der in einzelne Gaue zu zerfallen droht.
	1723–1733	Die Osmanen nützen die Lage zu militärischen Unternehmungen aus.
	1724	Den Russen wird der Weg nach Gilan geöffnet (1726 wieder geräumt).
Nadir Schah	1736–1747	Aus diesen Wirren erhebt sich *Nadir* (aus Chorasan), der das Staatsgebiet gegen die Osmanen und Transoxanien verteidigt, (1738) nach Indien vorstößt, sich aber durch den Versuch, die Sunna im Land einzuführen, viele Schwierigkeiten bereitet, ohne doch die Osmanen zufrieden stellen zu können. Schließlich wird er ermordet. Während der nun folgenden Zeit neuer Wirren setzen sich in den einzelnen Gauen verschiedene Herrscher durch:
	1750–1779	Karim Chan Sänd (mit der Hauptstadt Schiras) ist der weitaus bedeutendste von ihnen, ein Förderer von Kunst und Wissenschaft, dessen Andenken im Volk noch heute gesegnet ist.
Afghanistan *selbstständig*	um 1750– 1773	Folgenschwer wird die Durchsetzung Ahmed Schah Durranis in Kandahar: *Afghanistan* löst sich aus dem Verband des Iranischen Reichs und wird ein selbstständiger Staat, dem bis Ende des 18. Jahrhunderts auch Chorasan eingegliedert ist.
Dynastie der *Kadscharen*	1794–1797	Mit der erneuten Einigung Persiens unter Agha Mohammed Schah beginnt die *Dynastie der Kadscharen*.

Religiöse Krise

religiöse Krise		Persien erlebt im 19. Jahrhundert eine bedeutsame *religiöse Krise* und gerät mehr und mehr in den Bannkreis europäischer geistiger Strömungen und technischer Errungenschaften, die die führende Schicht allmählich aus den überkommenen Denkformen lösen. Weniger unmittelbar von außenpolitischen Krisen betroffen als die Türkei, gelangt das Land unter der neuen Dynastie der Kadscharen noch zu keiner wirklichen Blüte.
	1794–1797	Agha Mohammed Schah, aus dem türkischen Stamm der Kadscharen, einer bewährten Stütze der Safawiden, kann das Iranische Reich durch eine Reihe von Feldzügen ungefähr im Umfang der Safawidenzeit wieder einigen. Nur Afghanistan im Osten bleibt selbstständig und kann sich auch (außer 1837–1863) im Besitz Herats sowie (bis 1853/1862) Sistans behaupten.
	1797–1834	Sein Neffe und Nachfolger Fath Ali versucht, das persische Aufsichtsrecht über Georgien zu wahren.
	1813	Er gerät dabei zweimal in Krieg mit Russland. Im Frieden von Golistan (in der Provinz Schirwan) verliert der Schah Därbänd, Baku und Schirwan.
Friede von *Turkmantschaj*	**1828**	Im *Frieden von Turkmantschaj* (in Aserbaidschan) verliert er alle Gebiete bis an den Aras sowie den Raum um Lenkoran, sodass hier die heute noch gültige Grenze errichtet wird. Gegenüber dem französischen Einfluss während der Zeit Napoleons hat sich inzwischen England als beherrschende Macht durchgesetzt.
Behaismus	1834–1848	Mohammed, ein Enkel Fath Alis, hat sich vor allem mit dem Stifter einer der aus der „Schia" hervorgegangenen neuen religiösen Lehre auseinander zu setzen, Mirsa Ali, der sich als „Bab" (= „Eingangspforte zum Paradies") bezeichnet und schließlich 1850 erschossen wird. Die neue Religion, der Babismus, zerfällt seitdem in zwei Richtungen, von der der allgemein menschlich und humanitär ausgerichtete *Behaismus* recht weite Verbreitung erlangt: Sitz des Oberhauptes seit 1868 in Akkon, später Haifa in Palästina. Aber auch in Persien selbst dauert trotz vieler und oft blutiger Verfolgungsmaßnahmen des Staates der Behaismus bis zum heutigen Tage fort (Schätzungen seiner Anhängerzahl schwanken außerordentlich).
Nasir *od-Din Schah*	1848–1896	*Nasir od-Din Schah*, Sohn Mohammeds, ist zwar emsig um sein Land bemüht und gibt sich aufgeklärt, doch eröffnet sich europäischer Aktivität, trotz dreimaliger Reisen des Herrschers nach Europa, kein wirkliches Feld in Iran.
	1863	Im Zug eines kriegerischen Vorstoßes aus Afghanistan geht Herat verloren. Die Grenze im Osten wird erst zu Beginn des 20. Jahrhunderts abschließend geregelt.
Herandrängen *der Russen*		Das *Herandrängen der Russen* vom Norden kann durch Verträge und Überlassung einer Reihe von Grenzgebieten im südlichen Vorfeld des Oxus aufgehalten werden.

Die *Wirtschaftskraft* des Landes wird durch die Vergabe zahlreicher Monopole und Schürfrechte an Ausländer, besonders Engländer und Russen, sehr geschwächt und in Unordnung gebracht. Das Volk beginnt um 1890, sich dagegen aufzulehnen; Raucherstreik zur Abwendung des Tabakmonopols. Gleichzeitig dringen englische liberale Ideen immer mehr in das Land ein. Ihnen stehen die auf eine Selbstbestimmung der Muslime gerichteten Ideen des bedeutenden Reformators Dschamal od-Din al-Afghani gegenüber, der zeitweilig in Persien lebt.

wirtschaftliche Probleme

1896–1909 Mosaffar od-Din (1896–1907), Sohn des ermordeten Nasir od-Din Schah, und Mohammed Ali (1907–1909; † 1925) sind zu schwach, um den raschen Verfall des Landes in politischer, militärischer, wirtschaftlicher und moralischer Hinsicht aufzuhalten.

1900–1903 Der *Einfluss Russlands* beginnt den englischen – besonders durch die Gewährung mehrerer großer Anleihen und die Stellung einer Kosakenbrigade – zurückzudrängen, als die Niederlage gegen Japan (1905) den Zaren veranlasst, nach einem Ausgleich mit England zu suchen.

Einfluss Russlands

1906
30. Dez. Inzwischen unterzeichnet der Schah, von seinem über Persiens passive Rolle unmutigen Volk gedrängt, die von einem gewählten Parlament entworfene *Verfassung*. Sie gilt – theoretisch ununterbrochen – bis zum Ende der Monarchie und stärkte das Selbstbewusstsein des Volkes.

Verfassung

1907
31. Aug. Trotzdem kann der *russisch-englische Teilungsvertrag* nicht verhindert werden, der den Russen ein Einflussgebiet im Norden, den Briten im Südosten zuweist, aber doch wenigstens die Russen vom Persischen Golf und der indischen Grenze fernhält.

russisch-englische Teilung

1909–1925 Ahmed Schah († 1930 in Paris).

Die allgemeine Empörung der Iraner über diesen Teilungsvertrag vermag nicht über ihre faktische Ohnmacht hinwegzutäuschen. Der Einsatz des amerikanischen Finanzberaters Morgan Shuster zeigt auch den wirtschaftlichen Zusammenbruch des Staates an; freilich muss dieser Berater unter Russlands Druck bald weichen.

Die (seit 1901) begonnene Verteilung von Ölkonzessionen auf iranischem Gebiet hat bis dahin noch keine Förderung in einem Ausmaß zur Folge, das den Staatshaushalt entlasten würde.

Während des *Ersten Weltkriegs* ist das wehrlose Land dem Einmarsch russischer, türkischer und englischer Truppen ausgesetzt; auch deutsche Kommandos suchen eigene Interessen zu wahren.

Erster Weltkrieg

Bei Kriegsende verschärft eine Hungersnot die chaotische innere Situation. Unruhen und Aufstände, meist mit separatistischen Zielen, ziehen sich bis Mitte der zwanziger Jahre hin.

1919
9. Aug. Großbritannien versucht, die militärische Kontrolle über weite Teile des Landes auf den politischen Bereich auszudehnen, und erreicht die Unterzeichnung eines *Protektoratsvertrages*, in dem Persien britische Militär-, Verwaltungs- und Finanzhilfe akzeptiert. Das persische Parlament verweigert die Ratifizierung; die USA und Frankreich üben Druck auf Großbritannien aus, das seine Truppen schließlich abzieht.

Protektoratsvertrag

1920
Juni
1920–1921 Truppen der Bolschewiken verfolgen weißrussische Truppen bis Gilan. Die separatistischen Bewegungen in Gilan und Aserbeidschan rufen die Persische Sozialistische Sowjet-Republik aus. Die von den Bolschewiken zerschlagene, von den Briten aber wieder aufgebaute Kosakenbrigade schlägt die Unabhängigkeitsbewegung nieder.

1921
21. Febr.
26. Febr. Resa Chan, vom einfachen Soldaten zum höchsten persischen Offizier der Kosakenbrigade aufgestiegen, wird nach einem *Staatsstreich* Kriegsminister und Oberbefehlshaber der Armee. Er erklärt den Anglo-Persischen Vertrag für nichtig und schließt mit der Russischen Sowjetrepublik (RSFSR) einen Vertrag, in dem die Bolschewiken die russisch-persische Grenze von 1881 anerkennen und auf alle Rechte aus den ungleichen Verträgen verzichten.

Staatsstreich

1923 Resa Chan zieht allmählich alle Macht an sich. Als Ministerpräsident (28. Okt.) baut er eine starke Zentralregierung und eine schlagkräftige Armee auf, die mehrere Aufstände unterdrückt (1921 Chorasan, 1924 Bachtiaren und Luren).

1925
31. Okt. Ein Dynastiewechsel bestätigt die wahren Machtverhältnisse: Das Parlament setzt den seit 1923 außer Landes weilenden Ahmed Schah ab und beendet die Herrschaft der Kadscharen. Resa wird als Resa Schah (1925–1941; † 1944) Begründer der neuen *Dynastie Pahlevi* (12. Dez. 1925–1. April 1979).

Dynastie Pahlevi

Die Regierung des Resa Schah

Resa Schah herrscht als aufgeklärter Despot, der jede Opposition brutal unterdrückt. Der Aufbau einer starken, zentral geführten Armee, ab 1926 mit allgemeiner Wehrpflicht, lässt eine privilegierte Offiziersschicht entstehen. *Reformen* im Agrarsektor begünstigen den Großgrundbesitz. Resa Schah wird durch die Konfiskation der Besitztümer seiner Gegner zum größten Grundbesitzer Persiens. Zugleich ist Resa

Reformen

Schah aber der Erneuerer seines Landes: Eine funktionsfähige Verwaltung wird aufgebaut, das Finanzwesen mit britischer Hilfe nach 1922 reformiert. Staatliche Monopole, vor allem das Zucker- und Teemonopol (1925) und das Außenhandelsmonopol (1931), stellen Mittel für den Ausbau der Infrastruktur (1927–1938 Bau der Transiranischen Eisenbahn) und einer staatlich gelenkten verarbeitenden Industrie bereit. Die *Ölproduktion* gewinnt mit der Entdeckung reicher Felder (1928 Gach Saran, 1938 Agha Jari) wachsende Bedeutung. Wirtschafts-, Straf- und Zivilrecht werden nach europäischen Vorbildern unter Wahrung islamischer Elemente umgestaltet (1925–1928), ein Sozialrecht aufgebaut (ab 1936). Persien erhält ein *säkulares Bildungswesen*; 1935 wird die Universität Teheran eröffnet. Mit dem Eintritt ins Berufsleben beginnt die *Emanzipation der Frauen*; 1936 wird ihnen der Schleier (Schador) gesetzlich verboten und, wie schon seit 1929 den Männern, westliche Kleidung vorgeschrieben. Ein *iranischer Nationalismus* betont die präislamische Vergangenheit. Wachsender Einfluss von Deutschen veranlasst den Schah, Persien 1934 offiziell in Iran umzubenennen, um den arischen Ursprung zu betonen.

1928	Die Abschaffung der Kapitulationen beendet die rechtliche Sonderstellung der Ausländer.
1932 26. Nov.	Der Iran widerruft die 1901 an W. K. d'Arcy erteilte und 1909 von der Anglo-Persian Oil Co. (ab 1935: Anglo-Iranian Oil Co.) übernommene Ölkonzession.
1933 29. Mai	Nach Vermittlung des Völkerbundes wird ein neues Abkommen getroffen, das das Konzessionsgebiet verkleinert und Irans Ertragsanteile erhöht.
1941 16. Sept.	Im *Zweiten Weltkrieg* bleibt Iran neutral. Nach dem deutschen Überfall auf die Sowjetunion besetzen jedoch britische und russische Truppen das Land (August). Resa Schah muss zugunsten seines Sohnes Mohammed Resa Schah (1941–1979) abdanken und wird deportiert.
1942 Jan.	Im Bündnisvertrag mit Großbritannien und der Sowjetunion wird die *Souveränität Irans* anerkannt. Dennoch bleiben die nördlichen Landesteile unter sowjetischer Kontrolle, während im übrigen Land amerikanische Berater vor allem in Armee und Polizei wachsenden Einfluss nehmen. – (Forts. S. 1646)

Afghanistan von der Unabhängigkeit bis 1945

1747–1773	Afghanistan, schon während des europäischen Mittelalters häufig unter Lokaldynastien fast unabhängig vom übrigen Iran, im 16.–18. Jh. zwischen dem Staat der Safawiden und dem der Großmoguln aufgeteilt, gewinnt im Anschluss an Nadir Schahs Herrschaft unter Ahmed Schah Durrani (* um 1724, † 1773 aus dem bis dahin meist Abdalī genannten Stamm) mit der Hauptstadt Kandahar endgültig *staatliche Selbstständigkeit*.
1773–1793	Sein Sohn Timur verlegt den Regierungssitz nach Kabul. Nach seinem Tod geht die Oberherrschaft über Chorasan an die persischen Kadscharen verloren. In einer Periode der staatlichen Aufsplitterung und des Machtverfalls beginnt die britische Einflussnahme auf das Land, mit dem 1809 von Indien aus eine Art Schutzvertrag zu Stande kommt.
1838–1842	Im *Ersten Afghanisch-Britischen Krieg* scheitert unter schweren beiderseitigen Verlusten der britische Versuch, das Land an Britisch-Indien anzugliedern.
1839–1863	Vielmehr führen die Kämpfe zur staatlichen Einigung unter Dost Mohammed, der das Gebiet durch Balch, die Landschaft Badachschan (beides 1855) und Herat (1863) abrundet.
1863/1878	Unter Scher Ali gerät Afghanistan mehr und mehr in das russisch-britische Spannungsfeld.
1876	Belutschistan fällt unter britische Oberhoheit.
1878–1881 1880–1901	Durch den *Zweiten Afghanisch-Britischen Krieg* kommt Abd ar-Rachman als Emir von Kabul zur Macht, der geschickt zwischen den beiden herandrängenden Großmächten zu lavieren versteht.
1895	Die Grenze gegen Russland am Oxus und im Pamir wird endgültig festgelegt.
1901–1919	Unter der Regierung seines Sohnes Habibullah wird Afghanistan von Russland als außerhalb seines Interessenbereichs liegend anerkannt; es kann während des Ersten Weltkriegs neutral bleiben. Deutsche Versuche, das Land für die Mittelmächte zu gewinnen, scheitern. Amanullah (1919–1929), seinem ermordeten Vater folgend, kann durch den *Dritten Afghanisch-Britischen Krieg* die volle Unabhängigkeit des Landes durchsetzen.
1919	
1921	Durch einen Vertrag mit der Sowjetunion erlangt Afghanistan gleich lautende Bürgschaften.
1925	*Amanullah König* geworden, ist der erste Herrscher, der nach dem Ersten Weltkrieg (1928) Deutschland einen offiziellen Staatsbesuch abstattet. Im gleichen Jahr wird die iranische Paschtu-Sprache neben dem Persischen Staatssprache, doch bleibt diese die herrschende Kultursprache.

1929	Ein Aufstand von religiösen Führern und von Stammesfürsten zwingt König Amanullah zur Abdankung und bringt in Kabul einen Banditen an die Macht. Dessen Terrorherrschaft beenden vier Brüder aus einem Seitenzweig der Familie Amanullahs.
1929–1933	Einer der vier wird zum König bestimmt: Nadir Schah beginnt, das Land zu befrieden, wird jedoch schon bald ermordet.
1933–1973	Seine drei Brüder bestimmen seinen Sohn Mohammed Sahir Schah zum Nachfolger, mit dem sie die nächsten 20 Jahre die Regierung gemeinsam führen. Obwohl im Grunde progressiv eingestellt, kommen sie mit ihren Entwicklungsbemühungen gegen den *Widerstand der Stämme* nur langsam voran. – (Forts. S. 1651)

Widerstand der Stämme

Afrika südlich der Sahara bis 1945

Die Geschichte Afrikas südlich der Sahara entfaltet bis ins 19. Jh. hinein eine im Wesentlichen eigenständige Dynamik, die zwar immer wieder auch von außen her Impulse empfängt, aber eben doch weitgehend auf eigenen Traditionen aufbaut. Gliedert man die afrikanischen Kulturen unter dem ethnologischen Gesichtspunkt der Wirtschaftstypen in Wildbeuter der Steppe und des Waldes, Hirtennomaden, Savannenbauern und Waldlandbauern, so zeigt sich nur ganz unzureichend die tatsächlich bis in die jüngste Zeit hinein vorhandene kulturelle Vielfalt. Die mehr als tausend Sprachen gehören mehreren selbstständigen *Sprachfamilien* an; soziale Strukturen, religiöse Gedankensysteme und künstlerische Äußerungen weisen eine starke Variationsbreite von Formen auf.

Sprachfamilien

Die historischen Vorgänge, die zu dieser Vielfalt geführt haben, sind in steigendem Maße Gegenstand der Forschung der letzten Jahrzehnte. Da schriftliche Quellen für ältere Zeiten und für viele Gebiete bis in die jüngste Zeit hinein fehlen oder nur sporadisch vorliegen, muss die Forschung auf andere Quellen zurückgreifen. Prähistorische Forschung, historische Geografie, historische Haustier- und Nutzpflanzenforschung, vergleichende Sprachforschung, ethnologische Studien zur Verbreitung von Kulturelementen und nicht zuletzt die Auswertung mündlich überlieferter Traditionen eröffnen weite Untersuchungsfelder, ergänzen einander und haben bereits eine Fülle von Resultaten erbracht, die deutliche, übergreifende Konturen erkennen lassen. Freilich bedingt die Situation der überwiegenden *Schriftlosigkeit der Quellen*, dass bestimmte Aspekte der Geschichte, insbesondere die reine Ereignisgeschichte, bzw. das Wirken einzelner Personen oft nicht oder nur in wenigen Äußerungen erfasst werden können. Für die Chronologie ergibt sich aus dieser Forschungslage, dass zumeist nur ungefähre Daten geliefert werden können.

Schriftlosigkeit der Quellen

Es sind neun historische Bewegungen, die zusammengenommen die heutige Situation der Menschen Afrikas und ihrer Kulturen entscheidend, d. h. langfristig und weiträumig, geprägt haben. Diese Komponenten historischer Entwicklung haben ihren Ursprung teilweise im Afrika südlich der Sahara selbst, teilweise handelt es sich um formende Kräfte, die Afrika von außen beeinflussen.

Gesamtafrikanische Entwicklung bis Ende 19. Jh.

Frühe biologisch-genetische und kulturelle Differenzierungen

regionale Rasseformen

In den Jahrtausenden des Jungpaläolithikums und des Mesolithikums haben sich südlich der Sahara *regionalspezifische Rasseformen* der Gattung Homo sapiens sapiens herausgebildet, die das äußere Erscheinungsbild der Afrikaner bis heute kennzeichnen: in den Savannenländern des Sudan die Negriden, in den Savannen- und Grasländern Ost- und Südafrikas die Khoisaniden und im zentralen Regenwaldgebiet die Bambutiden; in der Sahara und besonders im Nordosten (Ostsudan, Osthorn) befinden sich alte Kontaktzonen zu den Europiden in Gestalt der Äthiopiden.

Sprachfamilien

Obwohl es in der Wirtschaftsform keine gravierenden Unterschiede gibt, da alle Afrikaner seinerzeit Wildbeuter sind, kommt es doch zu grundlegenden Differenzierungen. Abgesehen von der Herausbildung lokaler (Stein-)Gerätekulturen, wird die Herausbildung von *Sprachfamilien* deutlich. Im nördlichen Savannengürtel liegen die Ursprungszentren selbstständiger Sprachfamilien, und zwar der Niger-Kongo-Sprachfamilie, der nilo-saharischen Familie und vielleicht noch weiterer, zu denen bisher nicht klassifizierte Sprachen gehören könnten; auf Kontakte mit dem Norden weist das gegenwärtige Vorhandensein der tschadischen (Nordnigeria) und kuschitischen Sprachen (Osthorn) hin, die zusammen mit dem Altägyptischen den berberischen und semitischen Sprachen die afro-asiatische Sprachfamilie bilden. In den östlichen und südlichen Savannen- und Grasländern Afrikas liegt das Entstehungsgebiet der Klick-Sprachfamilie. Über frühe sprachliche Verhältnisse im zentralen Regenwald sind keine Aussagen möglich, da die heutigen Nachkommen prähistorischer Bevölkerungen – die wildbeuterischen Pygmäen – jeweils Sprachen von Feldbauernnachbarn verwenden und nur durch gewisse durchgehende Besonderheiten der Aussprache erkennen lassen, dass ehemals eine eigene Sprache grundsätzlich vorhanden gewesen ist.

Das Aufkommen von Ackerbau und Viehhaltung

hirtennomadische Kulturen

Ackerbau und Viehhaltung finden durch Kontakte mit Ägypten (ab 4500 v. Chr.) Eingang in Nubien. In günstigen Gebieten der Sahara entwickeln sich *hirtennomadische Kulturen* (ab 2500) mit vorwiegender Rinderhaltung. Nach und nach setzt sich in einem breiten Streifen quer durch den Sudan bis zum Osthorn der Feldbau durch. Angebaut werden vorwiegend in diesem Gebiet selbst gezüchtete Pflanzen: Perl-Hirse, Getreidearten (Sorghum, Eleusine, Tef, Ensete), Yamsarten, Bambara-Erdnuss, mehrere Hülsenfrüchte, Ölpalme, afrikanischer Reis. Damit sind die Grundlagen für die späteren afrikanischen Feldbauern- und Hirtenkulturen geschaffen, und es ist anzunehmen, dass gleichzeitig auch Vorformen weit verbreiteter sozialer Institutionen, Sitten und Glaubensvorstellungen aufgekommen sind.

Hochkultureinfluss von Ägypten und Südarabien

Schon in prähistorischen Zeiten bestehen sporadische Beziehungen zwischen Ägypten und Nubien, während der langen Geschichte der ägyptischen Hochkultur (ab 2600 v. Chr.) lassen sich solche permanent nachweisen. Da Nubien nach Süden zu niemals isoliert ist, sind damit auch Wege der hochkulturellen Beeinflussung ins Innere Afrikas eröffnet. Im 1. Jt. v. Chr. erfolgt dann eine Verbreiterung der Einflussbasis besonders durch die *Einwanderung südarabischer Gruppen* ins äthiopische Hochland; gleichzeitig muss auch mit Beziehungen zwischen dem Mittelmeerraum und dem Sudan über die Sahara gerechnet werden. Auf diesem Wege ist wahrscheinlich die Kenntnis der Eisengewinnung nach Süden gelangt.

südarabische Einwanderung

Die Ausbreitung der Bantu

Aus der Niger-Kongo-Sprachfamilie differenziert sich (ab 1000 v. Chr.) das Proto-Bantu heraus (nächste verwandte Sprachen finden sich heute in Nigeria und Kamerun, die wahrscheinlich dem Entstehungszentrum nahe liegen); seine Träger breiten sich nördlich der Regenwaldzone aus. Es handelt sich um eine *Savannenbauernkultur*, in der neben dem Feldbau auch Kleinviehhaltung und Fischerei von Bedeutung sind.
Die Bantu sprechenden Savannenbauern, die in der Folgezeit auch Eisengewinnung und -verarbeitung kennen, dringen (ab 500 v. Chr.) über das Zwischenseen-Gebiet nach Ost-, Zentral- und Südafrika zunächst in die Savannen-, dann in die Waldgebiete ein; die nördliche Waldregion wird z. T. unmittelbar vom Norden her besetzt. Damit ist die Grundlage für die bis heute die südliche Hälfte Afrikas dominierenden Kulturen von Bantu-Feldbauern gelegt.

Savannen- bauernkultur

Die Ankunft von Indonesiern und die Verbreitung südasiatischer Kulturpflanzen

Indonesische Seefahrer gelangen (1. Jh. n. Chr.) an die Küste Ostafrikas und besiedeln Madagaskar und die Inselgruppe der Comoren. Wahrscheinlich durch sie (oder über Handelsverbindungen nach Indien) gelangen südostasiatische Anbaupflanzen (Bananen und Taro, die essbaren Knollen der Kolokasie) auf das afrikanische Festland, finden dort eine weite Verbreitung und erleichtern die Besiedelung der Regenwaldzone, wo noch heute einige Gebiete überwiegend derartige Pflanzen als Nahrungsgrundlage aufweisen.

Die Entstehung afrikanischer Staaten

Während die frühen Feldbauernkulturen und Hirtenkulturen von unzentralisierten oder schwach zentralisierten Gesellschaften getragen werden, bilden sich zu unterschiedlichen Zeitpunkten (im 1. Jt. n. Chr. oder noch später) auf dieser Grundlage in verschiedenen Regionen des Kontinents Staaten heraus. Es lassen sich bestimmte Staatengruppen unterscheiden, in denen nach einer ersten Staatsgründung im Sinne einer Kettenreaktion weitere ähnliche Gebilde entstehen (Nubien, Äthiopien, Nigeria-Guinea, Oberniger-Gebiet, Zwischenseen-Gebiet, Luba-Lunda-Region, Rhodesien, Südafrika). Auch die einzelnen Staatengruppen sind – Ähnlichkeiten in der Ämterstruktur und in der Staatssymbolik zeigen dies – nicht immer völlig ohne Beeinflussung von Nachbarregionen entstanden. Hervorzuheben ist jedoch, dass die *Prozesse der Staatsbildung* nicht alle Regionen erfassen; in vielen Gebieten behaupten sich Ethnien mit unzentralisierter Gesellschaftsstruktur.

Prozesse der Staatsbildung

Islamische Kultureinflüsse

Die Beziehungen, die zwischen Ägypten, der Mittelmeerwelt sowie dem Vorderen Orient und Afrika südlich der Sahara im Altertum angeknüpft werden, brechen nie mehr ab. Entsprechend dem Wandel in jenen Regionen ändert sich jedoch der Charakter der *Kultureinflüsse*: Antike und frühchristlich-byzantinische Impulse erreichen Nubien und Äthiopien, vor allem aber gewinnt der Islam für weite Teile Afrikas Bedeutung.
Mit der Eroberung ganz Nordafrikas durch die Araber (ab 8. Jh.) erreichen islamische Kultureinflüsse den Sudan. Die Übernahme des Islam durch Herrscher sudanesischer Staaten sowie die Einwanderung arabischer Beduinengruppen haben zur Folge, dass weite Gebiete des Sudan auf Dauer stark isla-

Kultureinflüsse

misch-arabisch geprägt werden. Ebenso bewirkt die Übernahme des Handels im Roten Meer und auf dem Indischen Ozean durch moslemische Südaraber vom Persischen Golf, dass auch die sich bildenden *Stadtstaaten* an der Ostküste bis hinab nach Mozambik (Moçambique) eine islamische Kultur erhalten. Das Hinterland wird davon allerdings – mit Ausnahme von Hirtenethnien des Osthorns (Somali, Galla, Afar) – nicht mehr unmittelbar erfasst.

Stadtstaaten

Interne Wanderungen im 2. Jt. n. Chr.

Wenn auch die *langsame Besiedlung* der südlichen Hälfte Afrikas durch Bantu sprechende Feldbauern die ausgedehnteste und folgenreichste Wanderung in Afrika ist, so gibt es doch auch weiterhin zahlreiche Bevölkerungsbewegungen in allen Teilen Afrikas, die für historische Entwicklungen von Bedeutung sind.

Sie reichen von Prozessen friedlicher Durchdringung durch kleinere Gruppen bis zu kriegerischen Landnahmen. Besonders *Hirtenethnien* bilden solche mobilen Elemente. Feststellbar sind z. B. Wanderungen nilotischer Luo vom Bahr-el-Ghasal bis nach Westkenya, Wanderungen der Südniloten (z. B. Maasai) aus dem Sudan bis nach Tanzania (Tansania), Wanderungen der Ngoni von Südafrika bis Tanzania, Wanderungen der Ful (Fulbe) von Senegal bis Kamerun. In einigen Fällen erringen Hirten, die in bestehende Staaten eingewandert sind, die politische Führung oder generell einen gehobenen sozialen Status in einer differenzierten Gesellschaft (z. B. die Hima und Tutsi in einigen Staaten des Zwischenseen-Gebietes, die Ful in weiten Teilen des Sudan). Aber auch *Landnahmen* in bisher wenig besiedelten Gebieten (z. B. Waldländer) durch Feldbauern sowie Verdrängungen und Überlagerungen in alten Feldbaugebieten lassen sich in allen Teilen Afrikas – in staatlich organisierten wie unzentralisierten Gesellschaften – feststellen.

langsame Besiedlung

Hirtenethnien

Landnahmen

Europäische Einflüsse und Kolonisation (15.–19. Jh.)

Im Gefolge der portugiesischen Entdeckungsreisen des 15. Jh.s werden von den seefahrenden europäischen Mächten (neben Portugal treten im 17. Jh. besonders die Niederlande, Großbritannien und Frankreich) Stützpunkte als Zwischenstationen auf dem Wege nach Süd- und Ostasien und als Handelsposten für Beziehungen mit dem Landesinneren angelegt. Flächenmäßig ausgedehnte Kolonien werden allerdings nur ausnahmsweise gegründet (Angola, Kapland). Da der Handel im Wesentlichen auf die Ausfuhr von Sklaven angelegt ist, orientieren sich die einheimischen politischen Kräfte im weiteren Umkreis der Küste daran. Kriege werden daher oft mit dem Ziel des Gewinns von Sklaven geführt, ein Teil der Bevölkerung der Unterlegenen wird entführt, und diejenigen Mächte, die den *Sklavenhandel* unter Kontrolle bringen können, erstarken (Asante, Dahomey, Benin). Europäische Handelsprodukte, wie Metalle, Feuerwaffen, Stoffe u. a. Gebrauchsartikel, werden gängige Bestandteile der küstennahen Kulturen, und aus Amerika eingeführte Kulturpflanzen, wie Kassava, Süßkartoffeln, Mais und Tabak, finden infolge der vielfältigen interethnischen Kontakte bis weit ins Innere Afrikas Eingang in den Feldbau. Versuche der *Missionierung* und damit zusammenhängender, weiter reichender kultureller Beeinflussungen von portugiesischer Seite scheitern nach Anfangserfolgen überall (Kongo, Benin, Mutapa, Äthiopien).

Sklavenhandel

Missionierung

Europäische Kolonisation. Während schon in der ersten Hälfte des 19. Jh.s einige Gebiete ihre Unabhängigkeit (Ostsudan unter ägyptischer Herrschaft, Ausweitung weißer Herrschaft in Südafrika durch die Gründung von Burenstaaten nach dem Großen Treck und britische Annexionen, Erweiterung des französischen Territoriums in Senegal) verlieren, bleiben noch weite Gebiete zunächst autonom. Die Handelsnetze erfahren eine gewisse Umstrukturierung: Während in arabisch beeinflussten Gebieten (Ostafrika, Ostsudan) der Sklavenhandel stark zunimmt, wird er außerhalb davon nach und nach zurückgedrängt, bis um 1860 auch der letzte heimliche Menschenhandel unterbunden ist. Stattdessen nimmt der Handel mit Naturprodukten zu. Viele Regionen im Inneren machen erstmalig Bekanntschaft mit Europäern durch Forschungsreisende; vielerorts dringen Missionare über die Grenzen der europäischen Niederlassungen hinaus vor, können erste Erfolge erzielen und z. T. auch politischen Einfluss erlangen. Erst die Aktivitäten König Leopolds II. von Belgien (ab 1883) am Kongo und deutsche Besitzergreifungen 1884–1885 lösen jene Kettenreaktion aus, die nach der *Kongo-Konferenz* (15. Nov. 1884–26. Febr. 1885) zur restlosen Aufteilung in Interessensphären, zu nachfolgenden Besetzungen und kleineren Grenzkorrekturen durch die europäischen Kolonialmächte führt. Widerstände von nicht zu Protektoratsverträgen bereiten einheimischen Staaten oder von nicht bzw. wenig zentralisierten Ethnien werden gebrochen, ebenso werden spätere Aufstände, die es in fast allen Kolonien gibt, gewaltsam niedergeschlagen.

Kongo-Konferenz

Die kolonialen Grenzziehungen ignorieren weit gehend bis dahin bestehende politische und kulturelle Einheiten und begründen stattdessen neue Einheiten, die ihren Zusammenhalt jeweils aus dem einheitlichen Verwaltungssystem und der *Machtstruktur der Kolonialnation* beziehen. Die vorgefundenen einheimisch-politischen Institutionen werden entweder völlig durch neu geschaffene der Kolonialverwaltung ersetzt oder aber, stark umgeformt, zu deren Organen gemacht. Europäischen Siedlern und Unterneh-

Machtstruktur der Kolonialnation

mern werden mehr oder weniger große Privilegien zur Ausnutzung der natürlichen Reichtümer und zur Anwerbung Einheimischer als Arbeitskräfte eingeräumt; Missionsgesellschaften aller christlichen Religionsgemeinschaften dürfen ihre Glaubenslehren verkünden bzw. Schulen und Krankenhäuser errichten; koloniale Hilfsgruppen, wie die Inder in Ostafrika, gewinnen – bis zum Kleinhandel – Einfluss im Wirtschaftsleben. Die einheimischen Bevölkerungen sind damit politisch unfrei, rechtlich unterprivilegiert und von den Aktivitäten der verschiedenen kolonialen Instanzen abhängig. Durch diese Situation werden die *einheimischen Kulturen* mehr oder weniger stark *umgeformt*. Während in den Bereichen des Sprachlichen, der Denkgewohnheiten, der Verwandtschaftsinstitutionen und der täglichen sozialen Bräuche weiterhin stark an die eigenen Traditionen angeknüpft wird, erfahren einheimische Religion, Kunst und politische Kultur einen Niedergang. Insgesamt erhält alles Einheimische den Charakter einer Unterschichtskultur. Da eine Mitwirkung an den kolonialen Institutionen nur durch Anpassung und Aneignung von Sprache und Kenntnissen der Kolonialherren möglich ist, finden die christlichen Kirchen in vielen Gegenden großen Anklang. Häufige Annahme des Christentums und die Akzeptierung der Schulbildung für die Kinder sind die Folge. Dadurch entsteht – je nach der Politik der verschiedenen Kolonialmächte – eine neue einheimische Elite, die auf unterer und mittlerer Ebene in die Kolonialinstitutionen hineinwächst und in vielen Aspekten europäische Werte und Kenntnisse internalisiert. Aus ihr rekrutiert sich später die politische Führungsschicht der unabhängigen Staaten. Gelegentlich haben innerhalb einzelner Kolonien bestimmte Ethnien ein Übergewicht bei der Entstehung dieser Bildungselite (Ibo in Nigeria, Ganda in Uganda) und werden damit gegenüber anderen Gruppen zu einer kolonialen Hilfsmacht.

Umformung der Kulturen

Im Bereich der *Religion* macht sich zuerst wieder eine gewisse Eigendynamik der afrikanischen Gesellschaft bemerkbar; schon bald nach dem Zweiten Weltkrieg entstehen in Südafrika und Westafrika unabhängige, einheimische Kirchen mit z.T. synkretistischem Gedankengut, amerikanische Sekten mit Tendenzen zu regionaler Autonomie finden Anklang, und die großen Missionen gehen zu einer Afrikanisierung ihres Personals und zur Begründung einheimischer Kirchentraditionen über.

Religion

Die Afrikaner werden mehr oder weniger in das internationale *Wirtschaftssystem* einbezogen, da durch den Zwang zur Steuerzahlung und den entstehenden Bedarf an Industrieprodukten jeder zum Geldverdienst in gewissem Maße genötigt ist: Als Wanderarbeiter verdingen sich viele in den neu entstehenden Industriezentren (Urbanisierung) oder auf Plantagen, andere bauen landwirtschaftliche Exportgüter auf eigenem Boden (Kaffee, Baumwolle, Kakao) an. Selbstversorgung und Geldwirtschaft, Leben am Heimatort und an fernen (oft jenseits der kolonialen Grenzen gelegenen) Arbeitsplätzen bestimmen in unterschiedlichem Maß das Leben des Einzelnen.

Wirtschaftssystem

Die Kolonialzeit bewirkt also insgesamt zahlreiche radikale Brüche mit der Vergangenheit und baut *soziale Spannungsfelder* auf; dennoch bleiben auch die früheren Komponenten historischer Gestaltung während der Kolonialzeit wirksam und bilden damit zusammen mit dem kolonialen Erbe die Grundlage für eine historische Kontinuität bis in die Epoche der selbstständigen Staaten hinein.

soziale Spannungsfelder

Regionale Entwicklungen und Ereignisse in Afrika südlich der Sahara bis zum Beginn der Kolonialzeit

Der östliche Sudan

Der östliche Sudan ist landschaftlich vielgestaltig. Er umfasst Wüstenregionen der Sahara im Norden ebenso wie Trockensavannen und Feuchtsavannen; der Nil mit seinen Zuflüssen sorgt für Gebiete mit alljährlichen großflächigen Überschwemmungen und damit u.a. für die Fruchtbarkeit des Tals unmittelbar am Fluss in Nubien. Während Nubien seit alters Städte und staatliche Institutionen kennt und stets enge Kontakte zu Ägypten und weiterhin zur Mittelmeerwelt und zum Orient gehabt hat, beherbergen die übrigen Gebiete bis in die neueste Zeit hinein größtenteils *unzentralisierte Ethnien* von Feldbauern und Hirten (je nach den Vorzügen der landschaftlichen Gegebenheiten). Für die Gruppen östlich des Nils wird man auch für frühere Zeiten eher eine Zuordnung zur kuschitischen Sprachgruppe, für diejenigen westlich des Nils und im Süden zur nilo-saharischen Sprachfamilie annehmen müssen. Einerseits bilden diese Ethnien immer wieder einen Störfaktor in der Geschichte des Niltals durch räuberische Einfälle oder friedliche Einwanderungen, andererseits geraten sie gelegentlich in politische Abhängigkeit von einer Staatsgewalt oder sind Ziel von Sklavenexpeditionen.

unzentralisierte Ethnien

Nubien und das östliche Trockengebiet (ca. 2600 v. Chr.–1936 n. Chr.)

Tributärgebiete	ab 2600 v. Chr.	Teile Nubiens unterliegen Raubzügen der Ägypter (zur Gewinnung von Sklaven, Rindern, Ziegen und Schafen) oder sind in Zeiten eines erstarkten ägyptischen Königtums Ägypten als *Tributärgebiete* angegliedert: Die Ägypter beuten Goldbergwerke aus, beziehen Naturprodukte, haben einen Teil des Weges zum Roten Meer unter Kontrolle und verfügen über ein Reservoir an nubischen Söldnern für ihre Armee. In den ägyptisch beherrschten Gebieten werden festungsartige Städte errichtet, von denen aus das Land verwaltet wird; die lokalen politischen Institutionen werden nach Art einer *„indirect rule"* (indirekten Herrschaft) in die Verwaltung einbezogen. Es gibt häufig Aufstände, und in Zeiten innerer Wirren in Ägypten gewinnt Nubien die politische Unabhängigkeit.
indirect rule		
	9. Jh.	Herausbildung eines einheitlichen Staates Kusch in Nubien mit der Hauptstadt Napata, dessen Herrscher zeitweilig (712–664) als äthiopische Dynastie auch Ägypten beherrschen. Religion (Amun-Kult), Schrift, Architektur, Verwaltungsstruktur sind ägyptisch geprägt.
	um 600 v. Chr.	Nach Niederlagen gegen die Perser wird die Hauptstadt nach Meroë verlegt. In den folgenden Jh.n bildet sich die meroitische Kultur heraus. Neue architektonische Formen werden entwickelt, in der Religion treten einheimische Götter in den Vordergrund, die (bisher unklassifizierte) meroitische Sprache wird zur Schriftsprache erhoben, eine eigene Alphabetschrift wird eingeführt. Der Handelsverkehr zwischen der Mittelmeerwelt und dem Roten Meer sowie nach Aksum (Axum) in Äthiopien führt durch Kusch und bestimmt die kulturellen Kontakte nach auswärts. *Kriegerische Auseinandersetzungen* mit Ptolemaiern, Römern und Nomadengruppen stören zeitweilig den Handel. Unter den Nomadenstämmen sind besonders die Blemmyer hervorzuheben, die zwischen Nil und Rotem Meer leben und die durch die Übernahme des Kamels (wahrscheinlich kurz nach der Zeitenwende) auch militärisch besonders beweglich geworden sind. Im 3. Jh. richten sie sowohl in Kusch wie im römischen Ägypten viel Schaden an.
Kriege		
nubische Gruppen	4. Jh. n. Chr.	Der Staat Kusch zerfällt, nachdem um 350 die Hauptstadt Meroë durch den ersten König von Aksum, Ezana, zerstört wird. *Nubische Gruppen* aus dem Westen setzen sich im Niltal fest, darunter die von den Römern als Grenzsiedler herbeigerufenen Nobatier (Nobaden). Die nubische Sprache verdrängt in der Folgezeit das Meroitische.
Christentum	6. Jh.	Von Norden nach Süden konsolidieren sich die nubischen Staaten Nobatia, Makuria und Alodia (Alwa). In diesem Raum setzt sich das monophysitische *Christentum* als Religion durch. Über die Kirche finden byzantinische Kulturelemente Eingang in Nubien: Griechisch, Koptisch und Nubisch werden als Schriftsprachen verwendet.
		Die christlichen nubischen Staaten sind einem beständigen politischen und kulturellen Druck der islamischen Welt im Norden ausgesetzt.
	641	Zum ersten Mal findet ein Angriff eines arabischen Heeres statt.
	651	Ein Vertrag zwischen dem arabischen Heerführer Amr bin al-As und Kalidura von Nubien (hervorgegangen aus Nobatia und Makuria) wird geschlossen. Damit werden die Beziehungen zwischen Ägypten und Nubien (bis etwa 1270) stabilisiert.
Einwanderung von Moslems	10. Jh.	*Einwanderung von Moslems* aus Ägypten ins nördliche Nubien und die friedliche Islamisierung von Teilen der Bevölkerung des südlichen Nubiens. Etwa gleichzeitig setzt eine Islamisierung der kuschitischen Beja (Nachkommen der Blemmyer) ein, deren auf dem Kamelhirtentum basierende Kultur mit matrilinearer Sozialstruktur sonst wenig verändert wird.
ägyptische Eingriffe	seit 13. Jh.	Dauernde *ägyptische Eingriffe* schwächen die christlichen Staaten; die Einwanderung arabischer Hirtennomaden (Duheyna u.a.) in den Sudan lässt islamische Kräfte auch an der westlichen Grenze entstehen.
	14. Jh.	Der nubische Staat zerfällt. Im Zusammenhang mit der Einwanderung arabischer Stämme und ihrer Vermischung mit den Einheimischen wird Nubien weit gehend islamisiert.
	um 1500	Der islamische Staat der Funj mit der Hauptstadt Sennar entsteht. Das bis dahin noch christliche Alodia wird von Sennar aus erobert und ebenfalls islamisiert. Das islamisierte Nubien ist, politisch gesehen, ein Zankapfel zwischen dem zeitweilig seine Macht bis Dar Fur und zum Roten Meer ausweitenden Königreich der Funj und Ägypten.
	1504	
	1699	Sennar hat etwa 100000 Einwohner; es kontrolliert die Handelswege zum Roten Meer (Suakin) und hat damit Anschluss an den Überseehandel nach Indien (Export von Goldstaub, Tabak, Zibet, Elfenbein, Sklaven, Pferden, Kamelen, Tamarindenfrüchten).
kleine Herrschaften	18. Jh.	Die Macht von Sennar zerfällt, in Nubien entstehen *zahlreiche kleine Herrschaften*.
	1820–1822	Das Niltal und Sennar werden von Ägypten aus unterworfen. Nubien mit Khartum als Zentrum wird das Kerngebiet islamischer Kultur im ägyptischen Sudan.
Mahdisten	**1881–1898**	Im Sudan bildet sich der unabhängige Staat der *Mahdisten*.

1881	Muhammad Ahmad bin Abdallah, ein Derwisch aus Dongola, ruft als Nachfolger des Propheten Mohammed (Mahdi) im Namen des wahren Glaubens zum *Aufstand gegen die ägyptische Herrschaft* auf. Die Erhebung ist zugleich als nationale Bewegung der Nubier zu verstehen. Der Mahdi gewinnt schnell Anhänger in Nubien und kann die ägyptischen Streitkräfte zurückdrängen.	*Aufstand gegen Ägypten*
1885 26. Jan.	Nach einer Belagerung erobert er Khartum; der Verteidiger Gordon Pascha fällt. Khartum wird zerstört, Omdurman wird die Hauptstadt des Mahdi-Staates.	
	Nach dem Tode des Mahdi (1885) übernimmt Abdallahi bin Muhammed als Khalifa (Kalif) die Führung und kann zunächst die Ägypter aus dem gesamten Sudan verdrängen und seine Macht festigen.	
1898	Besiegung der mahdistischen Truppen durch die anglo-ägyptische Armee.	
1899	Dadurch und durch den Tod des Khalifa wird die gesamte Region in den anglo-ägyptischen Sudan eingegliedert und damit praktisch britische Kolonie. Das Niltal-Gebiet mit der Hauptstadt Khartum wird wiederum politisches und kulturelles Zentrum des östlichen Sudan.	
1904	Infolge der *Faschoda-Krise* von 1898 (erzwungener Rückzug der Franzosen durch die Briten nach der französischen Besetzung von Faschoda am oberen Nil) muss Frankreich die britische Oberhoheit über Ägypten und Sudan anerkennen.	*Faschoda-Krise*
1922	Großbritannien behält auch nach der Unabhängigkeit Ägyptens ein Mitspracherecht für die innere Entwicklung im Sudan.	
1936	Sudan als anglo-ägyptisches Kondominium bestätigt.	
	Die politisch wirksamen Kräfte im Sudan drängen teils auf Anschluss an Ägypten, teils streben sie einen souveränen sudanesischen Staat an. – (Forts. S. 1621)	

Die Westregionen des östlichen Sudans (Dar Fur, Wadai, Kordofan) (ca. 500–1899)

	Die Länder westlich des nubischen Nils bilden ein altes Zentrum von Gruppen mit nilo-saharischen Sprachen, die seit Jt.n dort als Feldbauern (in den Bergländern) oder Hirtennomaden (in der Ebene) leben.	
500– 1200 n. Chr.	Entlang der West-Ost-Handelsroute zwischen dem Tchadsee (Tschadsee) und Nubien entstehen politische Zentren, deren Herrscher von den sonst weit gehend autonomen Feldbauern und Hirten in näherem oder weiterem Umkreis Tribute erheben. Solche Staaten sind Dar Fur und Wadai. Das staatstragende Volk ist jeweils eine der einheimischen Ethnien, materielle Grundlage ist die Kontrolle des Handels. Die Form der staatlichen Institutionen lehnt sich wahrscheinlich an Vorbilder im Niltal an. Die Erbfolge in den Herrscherhäusern ist matrilinear.	
14. Jh.	*Arabische Nomaden* (Duheyna u. a.) dringen von Nordafrika aus in den Sudan ein, besetzen insbesondere die Steppen- und Savannengebiete der Ebenen und assimilieren die Vorbevölkerung. Während sie im Norden weit gehend Kamelnomaden bleiben, gehen sie weiter südlich zu Rinderzucht und Ackerbau über.	*arabische Nomaden*
15. Jh.	Die Tundjer, eine arabische Gruppe, gewinnen unter Abd-el-Kerim Tundjer die Macht in Dar Fur, das nun ein islamischer Staat wird. Auch in Wadai können die Tundjer die Herrschaft an sich bringen.	
16. Jh.	Erst unter dem Abbasidenabkömmling Abd-el-Kerim, der die Macht in Wadai an sich reißt, setzt dort die *Islamisierung* ein. Weiter westlich entsteht ein Staat unter der Führung einer Bulala genannten ethnischen Einheit, in Bagirmi tritt ein Mann namens Birmi-Besse als Staatsgründer auf, der bei der Thronbesteigung den Islam annimmt. Der Islam und arabische Kulturelemente sind durch die Verbreitung der arabischen Nomaden und die Islamisierung der Staatszentren in der betrachteten Region weithin dominierend, daneben aber können sich zahlreiche, bis vor kurzem nicht zentralisierte Ethnien in den Bergländern von Kordofan, Dar Fur, Wadai und Bagirmi halten, die überwiegend Feldbauern sind; sie bewahren nicht nur ihre nilo-saharischen Sprachen, sondern auch sonst viele nicht islamische kulturelle Eigenheiten. Die Bergländer sind Rückzugsgebiete für die immer wieder in den Ebenen angegriffenen alten Landbewohner.	*Islamisierung*
1873–1883	Dar Fur wird (1873) von ägyptischen Truppen angegriffen; König Grahim fällt 1874, das gesamte Land und die Hauptstadt El Fasher werden besetzt. Dar Fur wird damit ägyptische Provinz; allerdings kann der ägyptischen Macht nur teilweise Geltung verschafft werden.	
1881–1898	Der Mahdi aus dem Sudan setzt sich (1881–1883) in Kordofan fest und benutzt das Gebiet als militärisches Aufmarschgebiet gegen Khartum.	
1883	Der Mahdi erobert auch Dar Fur.	

Besiegung der Mahdisten	1898–1899	Mit der *Besiegung der mahdistischen Truppen* werden Dar Fur und Kordofan der anglo-ägyptischen, Wadai und Bagirmi gleichzeitig der französischen Kolonialherrschaft unterworfen. Der überwiegend islamische Charakter der Region bleibt erhalten. Während der Saharahandel eher abnimmt, hat die Region nach wie vor Bedeutung als Durchgangsgebiet für die Mekka-Pilger aus Westafrika. – (Forts. S. 1621)

Das Obernil-Gebiet (ca. 1200–1899)

Das Obernil-Gebiet ist ein Gebiet von Grasländern und Feuchtsavannen, das von vielen Flüssen durchzogen wird und das während der Regenzeit weithin überschwemmt wird. Hier liegt ein altes Zentrum von Gruppen mit nilo-saharischen Sprachen, und zwar speziell der nilotischen und diesen nahe stehenden Sprachen. Auch hier ist schon früh vorwiegend mit Feldbau in den feuchteren und mit Hirtentum in den trockeneren Gegenden zu rechnen.

	ab 1200 n. Chr.	Die Ausbreitung der nilotischen Luo von einem Kerngebiet nahe dem heutigen Atwot-Gebiet beginnt. Während sich Teile der Luo ins Bahr-el-Ghasal-Gebiet und andere nach Uganda und Kenya wenden, setzen sich einige Gruppen im Bereich des Sobat-Flusses (Anuak) und am benachbarten Nilufer fest (Schilluk).
Königtum der Schilluk	ab 1500	Letztere begründen dann das sakrale *Königtum der Schilluk* mit dem Hauptort Faschoda (Fashoda). Die Ausbreitung der stark auf die Rinderhaltung konzentrierten westnilotischen Dinka und Nuer aus einer Kernregion am Westufer des Nils über weite Teile des Bahr-el-Ghasal- und Obernil-Gebietes setzt ein.
	19. Jh.	Die Schilluk und die vielen schwach oder nicht zentralisierten Ethnien dieser Region müssen sich der seit der Machtergreifung Ägyptens im nördlichen Sudan zunehmenden Angriffen nubischer Sklavenhändler erwehren. In der zweiten Hälfte des Jh.s werden überall in diesem Gebiet Stützpunkte der ägyptischen Verwaltung errichtet.
	1871	Errichtung der ägyptischen Äquatorialprovinz.
anglo-ägyptische Verwaltung	1885–1898	Nachdem die Mahdisten Teile des Obernil-Gebietes erobert haben und (1890) die Äquatorialprovinz von Emin Pascha aufgegeben wird, werden alle Gebiete nach und nach (z. T. erst im 20. Jh.) von der *anglo-ägyptischen Verwaltung* unterworfen. Während sich die Verwaltung im Wesentlichen darauf beschränkt, die Gebiete der Region zu befrieden, geht der hauptsächliche Anstoß zum Kulturwandel im Verlauf des 20. Jh.s von Missionaren aus; die christlich-europäischen Neuerungen stehen im Gegensatz zur islamischen Kultur des Nordsudan bzw. verstärken die schon vorher bestehenden großen kulturellen Unterschiede. – (Forts. S. 1621)

Das zentralafrikanische Feuchtsavannengebiet (16. Jh.–1898)

Diese westlich an das Obernil-Gebiet anschließende Region weist ebenfalls noch einige Ethnien mit nilo-saharischen Sprachen auf, darunter die weit im Westen am Ufer des Chari wohnenden Sara-Gruppen, die also wahrscheinlich zu einem bisher nicht feststellbaren Zeitpunkt aus dem Obernil-Gebiet zugewandert sind. Weiterhin aber findet sich dort ein breiter, sich vom Tchadsee bis fast zum Nil erstreckender Streifen von Ethnien mit *Sprachen der Kongo-Niger-Familie*, genauer der Ost-Adamawa-Unterfamilie (die Banda, Gbaya, Azande u. a.), deren Vorfahren in der Frühzeit aus Zentralkamerun abgewandert sein müssen. Bis in die neueste Zeit hinein handelt es sich bei den meisten Bewohnern der zentralafrikanischen Feuchtsavanne um unzentralisierte Gesellschaften.

Kongo-Niger-Sprachen	16. Jh.	Am oberen Ubangi begründen die nilo-saharischen Mangbetu einen Staat.
	ab 17. Jh.	Die Azande begründen ein System miteinander verbündeter, kleiner Häuptlingstümer, das sich im Verlauf der folgenden Jh.e ständig in südlicher und östlicher Richtung ausbreitet.
Azande und Mangbetu		Die militärisch überlegenen Azande unterwerfen fremde Ethnien, setzen jeweils einen Prinzen ihres Herkunftsgebietes als Häuptling ein und bilden selbst eine privilegierte Aristokratenschicht. Die Unterworfenen werden kulturell assimiliert. Die *Azande und Mangbetu* zeichnen sich durch künstlerisch besonders formvollendete materielle Gebrauchsgegenstände aus.
	19. Jh.	Die Bewohner der Region sind den Raubzügen nubischer Sklavenhändler ausgesetzt, bis die ägyptische Verwaltung auf die Stützpunkte der Sklavenhändler ausgedehnt wird.
	1886–1898	Teile der Region geraten in den Einflussbereich des Mahdisten-Staates und unterliegen erneut den nun von dort ausgehenden Sklavenzügen.
Sudanvertrag		Ende des Jh.s teilen die anglo-ägyptische, die französische und die kongostaatliche Kolonialmacht die gesamte Region unter sich auf (Faschoda-Krise 1898, *Sudanvertrag* 1899), so-

dass die einzelnen Gebiete den jeweiligen spezifischen Akkulturationseinflüssen unterworfen sind. Die einheimischen politischen Institutionen werden überall weit gehend abgeschafft, und Missionare erhalten Wirkungsmöglichkeiten. Unter wirtschaftlichen Gesichtspunkten ist die Region wegen der Verkehrslage für die Kolonialmächte eher von marginaler Bedeutung; daher werden die einheimischen dörflichen Sozialstrukturen relativ wenig beeinflusst. – (Forts. S. 1161, 1162, 1621)

Das Osthorn

Das Osthorn Afrikas hat durch seine Küsten eine strategisch günstige Position für die *Kontrolle der Handelsstraßen* zwischen der Mittelmeerwelt und Indien, zwischen Afrika und Südarabien; tatsächlich haben die Küstengebiete deswegen wohl schon seit frühen Zeiten Bedeutung. Die Hochländer hingegen bieten wegen ihrer Unzugänglichkeit eher Möglichkeiten zu kulturellen Eigenentwicklungen, wie die Bewahrung der christlich geprägten äthiopischen Kultur eindrucksvoll bis in die Gegenwart hinein beweist.

Kontrolle der Handelsstraßen

Die Küstenländer und östlichen Hochebenen (ca. 2400 v. Chr.–Ende 19. Jh. n. Chr.)

ab 2400 v. Chr.	Die Ägypter beziehen aus einem Land namens Punt Weihrauch und Myrrhen; die wahrscheinlichste Lokalisierung dieses mit Ägypten in Handelsverbindung stehenden Landes ist die heutige *Somali-Küste*.
1495 v. Chr.	Von einer Handelsexpedition, die von der Königin Hatschepsut ausgerüstet wird, existieren einige Angaben über das Land und seine Bewohner. Danach gibt es dort eine hellhäutige Führungsschicht (Südaraber?) mit einem Häuptling und eine dunkelfarbige, äthiopide Bevölkerung. Die Leute sind sesshaft, wie bei einem Handelsstützpunkt zu erwarten, verfügen über Pfahlbauten und halten Rinder, Esel und Hunde als Haustiere. Die Ägypter beziehen von dort vor allem Gold und Felle.
1.–6. Jh. n. Chr.	An der Somali-Küste befinden sich kleine Marktorte, deren äußerster *Opone* (Ras Hafun) südlich von Kap Guardafui ist; die Orte sind *keiner Zentralmacht unterworfen*, sondern haben jeweils ihre eigenen Häuptlinge. Als Landesprodukte (z. T. aus dem Landesinneren stammend) werden Weihrauch, Zimt, Schildpatt, Heilmittel und auch Sklaven ins Mittelmeergebiet und nach Indien verschickt, während Nahrungsmittel und Stoffe eingeführt werden.
8. Jh. n. Chr.	In einer chinesischen Quelle (Autor Tuan-ch'eng-shih) wird ein Land Po-pa-li beschrieben, das wahrscheinlich die östliche Somali-Küste ist; die Bewohner werden mit den typischen Merkmalen ostafrikanischer Hirtennomaden dargestellt. Grundsätzlich siedeln zu dieser Zeit im größten Teil der östlichen Hochebenen nomadische Galla, während die kulturell ähnlichen *Somali* nur in der Spitze des Horns wohnen. In der Folgezeit wird die Kultur, speziell der Somali, durch die Verschmelzung mit Arabern und eine damit zusammenhängende Islamisierung sowie durch den Übergang zum Kamelhirtentum umgeformt.
ab 9. Jh.	Küstenorte werden islamisch.
seit 12. Jh.	Die Somali, deren politische Führung auf Clanälteste verteilt ist, erweitern ihr Territorium immer weiter nach Westen und Süden (bis ins 19. Jh.), wobei sie insbesondere Galla-Gruppen verdrängen oder assimilieren.
13. Jh.	Das *Sultanat Ifat* entsteht, das andere islamische Herrschaften beseitigt.
1320–1422	Zahlreiche Kämpfe finden zwischen Ifat und Äthiopien statt, in denen zumeist Ifat unterliegt.
1415	Sultan Saad-al-Din II. fällt bei der Eroberung von Zeila durch die Äthiopier.
1416	Begründung eines neuen islamischen Staates, des *Sultanates Adal* mit der Hauptstadt Dakar. Es übernimmt die Führungsrolle im Kampf der Moslems gegen Äthiopien.
1520	Die Hauptstadt wird nach Harar ins Landesinnere verlegt.
1525–1543	Unter dem Heerführer Ahmed ibn Ibrahim el Ghasi, genannt Gran, gewinnt Adal die Kontrolle über fast ganz Äthiopien, wird aber nach dessen Tod (1543) auf sein ursprüngliches Territorium zurückgeworfen.
16./17. Jh.	*Galla-Hirtenkrieger*, die von den Somali von Osten her aus ihren Wohnsitzen verdrängt werden, dringen in das Hochland von Äthiopien ein und im Süden bis zum Tana-Fluss (Kenya) vor; sie bekämpfen zeitweilig das Sultanat Harar (Nachfolger von Adal). Die islamischen Gebiete zerfallen in eine Anzahl unabhängiger Herrschaften.

Somali-Küste

Opone nicht unterworfen

Somali

Sultanat Ifat

Sultanat Adal

Galla-Hirtenkrieger

Kolonial- herrschaft	Ende 19. Jh.	Die islamischen Kleinstaaten und nicht zentralisierten Ethnien (Somali, Afar u. a.) fallen unter italienische, britische und französische *Kolonialherrschaft* oder werden von Äthiopien unterworfen. Die überlieferte Sozialstruktur der Hirtennomaden, die orientalische Prägung der städtischen Kultur und die Dominanz des Islam bleiben weit gehend erhalten, da die Region für die Kolonialmächte überwiegend von strategischer, kaum aber von wirtschaftlicher Bedeutung ist. – (Forts. S. 1174)

Äthiopien (ca. 1. Hälfte 1. Jt. v. Chr.–1896)

Als Bewohner der nördlichen und zentralen Hochländer, die später den Kern Äthiopiens bilden, müssen für das frühe Altertum Feldbauern mit kuschitischen Sprachen, wie sie noch heute durch die Agau im zentralen Hochland repräsentiert sind, angenommen werden.

	1. Hälfte 1. Jt. v. Chr.	Südarabische Gruppen dringen (wahrscheinlich über die Straße von Bab-el-Mandeb) ins Osthorn ein und setzen sich im nördlichen Hochland fest. Sie bringen Elemente der südarabischen Hochkultur mit.
Aksum	1. Jh. v. Chr.	Begründung des Staates von *Aksum* (Axum) mit dem Zentrum im heutigen Tigre.
	1. Jh. n. Chr.	Aksum kontrolliert bereits den Hafen Adulis am Roten Meer und greift in das politische Geschehen in Südarabien ein.
Kontrolle aller Handelswege	3. Jh.	Kriegerische Auseinandersetzungen mit dem meroitischen Staat. Dies zeigt, dass der Staat von Aksum eine weiträumige *Kontrolle aller Handelswege* zwischen Ägypten und dem Golf von Aden anstrebt und darauf seine Macht aufbaut; sein Hafen Adulis ist auch der Ausfuhrhafen für Elfenbein aus dem Sudan.
Christentum	330–360	Aksum erreicht unter König Ezana einen Höhepunkt seiner Macht. Ezana zerstört Meroë, die Hauptstadt von Kusch. Unter seiner Herrschaft missioniert Frumentios in Aksum; auch Ezana selbst tritt zum *Christentum* über und erhebt es zur Staatsreligion. Frumentios wird vom Patriarchen von Alexandria zum ersten Abuna (Vorsteher) der äthiopischen Kirche geweiht. Damit ist die entscheidende, spezifisch monophysitisch-koptische Prägung des äthiopischen Christentums vollzogen. Kirchensprache wird das Geez, die seinerzeit herrschende Staatssprache; die Literatur wird in der äthiopischen Schrift, die von einer südarabischen Schrift abgeleitet ist, verfasst. Die kirchliche Kunst knüpft an spätantike Traditionen an.
Kulturaustausch	525–572	Aksum beherrscht auch Teile Südarabiens, das es dann an die Perser verliert. Es besteht ein starker *Kulturaustausch* zwischen Aksum und Südarabien. In Südarabien wird das Christentum gestärkt; in Aksum finden wahrscheinlich zu dieser Zeit Vertreter des in Südarabien stark verbreiteten Judentums Eingang; bis heute bekennen sich in Äthiopien die Kayla bzw. Falascha zum Judentum.
	ab 7. Jh.	Da die Verkehrswege am Roten Meer islamischen Mächten zufallen, wird Aksum vom Handel am Roten Meer verdrängt, und die unmittelbare Verbindung zu christlichen Ländern am Mittelmeer (Byzanz) wird unterbunden. Damit ist Aksum wesentlich auf die Entwicklung der eigenen Traditionen angewiesen. Außenpolitisch richten sich die Kräfte mehr auf die Eroberung weiterer Gebiete im zentralen Hochland (Amhara, Godjam, Schoa).
	10. Jh.	Der Staat von Aksum zerfällt, und die Hauptstadt wird von Bergstämmen unter einer Königin Judith zerstört.
Dynastie der Zagwe	11. Jh. 1190–1225	Die *Dynastie der Zagwe* gelangt zur Macht. Unter König Lalibela aus dieser Dynastie setzt eine Stärkung der Zentralgewalt ein. Er verlegt die Hauptstadt nach Lasta (heute: Lalibela), das er großzügig ausbauen und mit bedeutenden Kirchenbauten schmücken lässt.
salomonische Dynastie	1270–1285	Jekuno Amlak aus Schoa begründet die sog. *salomonische Dynastie*. Es wird eine Staatsideologie geschaffen, welche den Herrschaftsanspruch mit der Abkunft von einem Sohn Salomos und der Königin von Saba begründet und eine Identifizierung des Äthiopiens der Antike (das in Wirklichkeit den Staat Kusch im heutigen Nubien bezeichnet) mit der eigenen
Äthiopien		Geschichtslegende vornimmt. Von nun an kann man vom Staat *Äthiopien* im Hochland von Habesch sprechen.
Amda Sion	1312–1342	*Amda Sion* festigt die innere Geschlossenheit des äthiopischen Staates und kämpft erfolgreich gegen die Moslems. In der Folgezeit, in der Äthiopien seine staatliche Integrität und sein Territorium im Allgemeinen bewahren und sich gegen die Moslems, insbesondere das Sultanat Adal am Golf von Aden, behaupten kann, setzt eine Blüte kirchlicher Kunst, Architektur und Literatur ein. Der Staat setzt sich aus halbautonomen Ländern zusammen, die verwaltungsmäßig noch weiter untergliedert sind. Ein System von Abgaben und Dienstleistungen, besonders in Kriegszeiten, ermöglicht das Funktionieren der Hierarchie. Es hängt von jeweiligen spezifischen Konstellationen ab, ob die politische Macht mehr bei dem Kaiser oder mehr bei den Königen der Länder liegt.

15. Jh.	Versuche nehmen zu, Kontakt zum christlichen Abendland aufzunehmen (Gesandtschaften 1402 nach Venedig, 1424 nach Aragón, 1441 zum Papst, seinerzeit Eugen IV.).
1434–1468	*Zara Jakob* bemüht sich um eine Reform der äthiopischen Kirche, besonders aber um die Herstellung der kirchlichen Einheit durch die Auflösung zahlreicher Sekten. Er stimmt dem Plan einer kirchlichen Union mit der römischen Kirche zu und trifft mit Papst Nikolaus V. entsprechende Vereinbarungen; es handelt sich dabei um eine lose Assoziierung, da die koptische Kirche Äthiopiens auf institutioneller und dogmatischer Eigenständigkeit besteht. Verbindungen zu Europa werden in der Folgezeit über Portugiesen angeknüpft.
1493–1520	Pedro de Covilhão (*um 1450, †um 1527) hält sich als portugiesischer Gesandter in Äthiopien auf.
1488–1559	Unter den Herrschern Lebna Dengel (1488–1540) und Claudius (1540–1559) flammen die *Kämpfe mit den Moslems* von Adal wieder auf; aufseiten von Adal kämpfen Türken, aufseiten Äthiopiens (ab 1541) Portugiesen als schlagkräftige, mit Feuerwaffen ausgerüstete Hilfstruppen.
1516	Zunächst wird Adal besiegt.
1527–1543	Der Feldherr Ahmed ibn Ibrahim el Ghasi, genannt Gran, kann sodann mit Hilfe schlagkräftiger Truppen, die aus Afar- und Somali-Hirtenkriegern bestehen, in zahlreichen Feldzügen fast ganz Äthiopien erobern. Das Land wird verwüstet, und insbesondere Zeugnisse des Christentums (Kirchenbauten, Literatur) werden vernichtet.
1543	In der *Schlacht am Tana-See* können die äthiopischen Truppen unter maßgeblicher Beteiligung von Portugiesen die Moslems besiegen; Ahmed Gran fällt. Damit kann sich Äthiopien erneut als christlicher Staat konstituieren, nachdem vorher seine Bevölkerung z. T. zwangsislamisiert worden ist.
16./17. Jh.	Äthiopien führt immer wieder Abwehrkämpfe gegen die aus dem Südosten ins Hochland eindringenden Galla-Hirtenkrieger. Äthiopien muss den Galla große Teile des zentralen Hochlandes überlassen. Die Galla können allerdings zum überwiegenden Teil politisch und oft auch kulturell integriert werden.
	Die *Kontaktaufnahmen mit Portugal* beinhalten auch kirchliche Integrationsversuche von katholisch-portugiesischer Seite. Der äthiopische Kaiser Claudius weist in einer Streitschrift, dem „Bekenntnis des Claudius", die Ansprüche Roms zurück. Die Jesuitenmission (lange Zeit unter der geschickten Leitung von Pedro Paez) ist 1557–1632 im Lande tätig, und es gelingt ihr, die Kaiser Dengel (1603–1607) und Susenyos (1607–1632) zum Katholizismus zu bekehren. In Bürgerkriegen erheben sich die Anhänger der koptischen Kirche, Kaiser Fasilidas (1632–1667) vertreibt die Jesuiten und kehrt zur koptischen Tradition zurück.
1682–1706	Kaiser Jasus (der Große) organisiert die staatliche Verwaltung neu und kann damit nach den Bürgerkriegen und Kriegen der vorangehenden Zeit Äthiopiens Macht festigen.
18./19. Jh.	Die äthiopische Zentralgewalt hat lange Zeit nur geringe Bedeutung; Angehörige verschiedener Linien der salomonischen Dynastie, die in den Provinzen ihre lokale Hausmacht haben, und andere Führer lösen sich als Kaiser ab; die tatsächliche politische Macht aber liegt bei den Fürsten der weit gehend autonomen Provinzen.
	Die *erneute Einigung des Landes* erfolgt unter einem Emporkömmling. Einem Mann namens Kasa, Sohn eines Dorfhäuptlings, gelingt der Aufstieg vom Bandenführer über das Provinzfürstenamt von Godjam und Begemdir zum Kaiser: Theodor II. (*um 1820).
1855–1868	Theodor II. unterwirft große Teile Äthiopiens, kämpft gegen die Moslems und bemüht sich um kirchliche Reformen. Willkürakte gegen die Untertanen rufen häufig Aufstände hervor. Die Gefangennahme britischer Diplomaten führt dazu, dass Großbritannien ein Expeditionskorps nach Äthiopien entsendet.
1868	Äthiopien wird von den Briten bei *Magdala* besiegt, Theodor II. fällt (14. April).
1872–1889	Unter dem folgenden Kaiser Johannes IV. (*um 1832, †1889) spielen wesentlich Auseinandersetzungen mit den Nachbarn, den Galla, Ägypten und den Mahdisten, eine Rolle.
1889–1909	Unter *Menelik II.* (*1844, †1913) finden die entscheidenden Auseinandersetzungen mit den imperialistischen Mächten statt.
1896 1. März	Menelik besiegt die italienischen Truppen bei *Adua* und wehrt damit die Unterwerfung unter fremde Kolonialherrschaft ab. Gleichzeitig errichtet Menelik durch weit reichende *Eroberungen von Nachbarländern* (Kaffa, Harar u. a.) selbst ein Imperium. Damit ist für Jahrzehnte festgelegt, dass die einheimische, stark hierarchisch gegliederte Sozialstruktur mit einer amharischen, privilegierten Elite von Kriegern und Beamten und großem Einfluss der koptischen Kirche weit gehend bestehen bleibt und auf die eroberten Territorien ausgedehnt wird; westliche Einflüsse gewinnen nur begrenzte Bedeutung. – (Forts. S. 1175)

Marginalia: *Zara Jakob*; *Kämpfe mit den Moslems*; *Schlacht am Tana-See*; *Kontaktaufnahmen mit Portugal*; *Einigung des Landes · Theodor II.*; *Schlacht bei Magdala*; *Menelik II.*; *Schlacht bei Adua*

Die südlichen Bergländer des Osthorns (ca. 1000–19. Jh.)

Feldbauern — Die südlichen Bergländer sind seit alters Siedlungsgebiet von *Feldbauern* mit kuschitischen Sprachen. Dort hat sich eine Form sehr intensiven Feldbaues mit Verwendung von Anbauterrassen herausgebildet. Ein Teil der Bewohner hat bis in die Gegenwart unzentralisierte politisch-soziale Organisationsformen bewahrt (Ethnien, die zu der Gimirra-Gruppe, der Burji-Sidamo-Gruppe oder der Konso-Gruppe gehören); das Vorhandensein von Altersklassenordnungen weist auf zeitweilig engere Kontakte mit den südlich benachbarten Hirtenkulturen hin.

nach 1000 n. Chr.	Wohl unter äthiopischem Einfluss entwickeln sich im südlichen Hochland zahlreiche kleinere Staaten, unter denen Kaffa, Janjero und Wollamo die bekanntesten sind. Es sind Staaten mit einem sakralen Herrschertum und einer komplexen territorialen Gliederung.
um 1350	Aus Gebieten am oberen Blauen Nil wandern Gruppen ein, die den Staat Kaffa begründen.
16. Jh.	Janjero ist der führende Staat eines *Bündnissystems*. Zeitweilig gewinnt in einigen Staaten die koptische Kirche Einfluss.
19. Jh.	Die westlichen Staaten werden aufgrund von Missionstätigkeit aus dem Sudan islamisch. Kaffa ist jetzt die Führungsmacht unter den östlichen Staaten der Region. Ende des Jh.s werden Kaffa und alle anderen Staaten von Äthiopien unterworfen. Abgesehen von der Beseitigung der einheimischen politischen Instanzen, werden die einheimischen Kulturen unter äthiopischer Herrschaft nur geringfügigem Wandel unterworfen. – (Forts. S. 1175)

Staatenbündnis (Marginalie zu 16. Jh.)

Westlicher und zentraler Sudan

großräumige kulturelle Einheit — Die Länder der westafrikanischen Feuchtsavannen und der Sahelzone bilden seit vorgeschichtlichen Zeiten, als die Bewohner zum Feldbau übergehen, eine *großräumige kulturelle Einheit*. Im 1. Jt. n. Chr. entstehen nach und nach überall Staaten mit einander ähnlichen Institutionen eines sakralen Königtums; um die erste Jahrtausendwende gewinnt der Islam zunächst in den wichtigsten Zentren, später im gesamten Raum eine prägende Funktion. Die Kontakte durch die Ost-West-Handelsstraßen einerseits und die gemeinsame geografische Lage sowohl nach Norden zu den Hochkulturen der Mittelmeerwelt wie nach Süden zu den rohstoffreichen Guinea-Ländern andererseits sind Ursachen für diese Gemeinsamkeit.

Die Tchadsee-Region (Kanem, Borno u.a.) (ca. 800–1900)

Knotenpunkt der Handelswege — Die Gebiete um den Tchadsee bilden verkehrsmäßig seit alters einen *Knotenpunkt der Handelswege* in Ost-West- und Nord-Süd-Richtung. An dieser Stelle bildet sich früh ein Staat, dessen staatstragende Bevölkerung die nilo-saharische Sprachen sprechenden Kanembu und Kanuri sind.

Staat Kanem — 800 n. Chr.	Dugu, ein Zuwanderer aus dem Osten (Nil-Gebiet), begründet den *Staat Kanem*; seine Nachkommen beherrschen als Saifi-Dynastie für etwa 1000 Jahre Kanem bzw. Borno.
1085–1097	Übertritt des Königs Umme Jilmi zum Islam. Kanem erhält kulturelle Anregungen aus vielen Richtungen; seine städtische Kultur wird aber grundsätzlich eines der Zentren des Islam im Sudan. Die politische Macht des Königs von Kanem erstreckt sich – abgesehen von der Bevölkerung unmittelbar am Tchadsee – wesentlich auf die Kontrolle der Karawanenstraßen; zahlreiche nicht islamische, unzentralisierte Ethnien in der weiteren Umgebung sind autonom, aber in Zeiten der Stärke Kanems Ziel von Sklavenjagden oder zahlen Tribut.
1210–1224	Unter Dunama Dibbalemi erreicht Kanem einen Höhepunkt seiner Machtentfaltung; die Karawanenwege bis zum Nil im Osten, zum Niger im Westen und bis Murzuk im Fessan (Zentralsahara) werden kontrolliert. Danach schwächen innere Wirren den Staat.
1394–1398	Unter Mai Omar wird das Zentrum des Staates wegen der Angriffe der Bulala und Araber im Osten auf die Südseite des Tchadsees verlegt; fortan heißt der Staat nach dieser Landschaft *Staat Borno*. Im 15. und 16. Jh. gelingt es, die ehemalige Machtstellung wiederzugewinnen.
1580–1617	Unter Idris Alooma sind nicht nur die Karawanenwege unter Kontrolle, sondern es werden auch Gebiete der Hausa (Kano) und Nordkamerun erobert. In der Folge wird die Autorität der Herrscher geschwächt; *innere Wirren*, das Herrschaftsgebiet verkleinert sich.
1876–1898	Rabih, ein arabischer Sklavenhändler, begründet einen Staat rund um den Tchadsee, dem er auch Borno einverleibt.
1900 22. April	Nach der Besiegung Rabihs bei *Kousseri* durch französische Truppen wird das Tchadseebecken unter Frankreich (Kanem), Großbritannien (Borno) und Deutschland (Adamawa) aufgeteilt.

Staat Borno / *innere Wirren* / *Schlacht bei Kousseri* (Marginalien)

Als verkehrsmäßig entlegene Gebiete sind die Tchadsee-Länder unter der Kolonialherrschaft relativ geringfügigen Akkulturationsprozessen unterworfen. – (Forts. S. 1160, 1161)

Nordnigeria (Hausa u.a.) (ca. 500 v. Chr. bis nach 1900)

500 v. Chr.–300 n. Chr.	Am Benue-Fluss blüht die *Nok-Kultur,* eine Feldbauernkultur, welche die Eisenproduktion kennt und Kunstwerke aus Ton hervorbringt. Diese Plastiken lassen z. T. die Deutung einer höfischen Lebensweise zu, was auf die frühe Existenz von Staaten hinweisen würde. Diese wären somit Vorläufer der Hausa-Staaten im Norden, der Yoruba-(Joruba-)Staaten im Süden und derjenigen unmittelbar im Benue-Gebiet selbst (Nupe, Djukun).	*Nok-Kultur*
10. Jh.	Begründung einer Reihe von *Staaten der Hausa* (Kano, Zaria, Katsina, Gobir u.a.). Es sind kleinere, aber sehr langlebige, wohl organisierte Gebilde mit städtischen Zentren. Auch weiter im Süden am Benue entstehen Staaten, unter denen Nupe und Djukun die bedeutendsten sind. Diese können sich sowohl gegenüber den Hausa-Staaten wie gegenüber den Yoruba und anderen Mächten, mit denen es im Laufe der Jh.e zu Auseinandersetzungen kommt, erfolgreich behaupten. Der Islam kann hier bis ins 19. Jh. hinein nicht Fuß fassen, sodass die Traditionen des sudanischen sakralen Herrschertums in ihrer ursprünglichen Form erhalten bleiben.	*Staaten der Hausa*
1350–1500	Die Hausa-Herrscher und die führenden städtischen Schichten nehmen den Islam an.	
16./19. Jh.	Die Hausa gewinnen als Fernhändler Bedeutung in ganz Westafrika; ihre Sprache wird weithin Verkehrssprache. Politischer Einfluss ist damit nicht verbunden. Die Hausa-Staaten werden vielmehr immer wieder Opfer der Angriffe benachbarter Großstaaten, denen sie als Tributärgebiete zeitweilig angeschlossen werden (im 16. Jh. an das im Westen erstarkte Kebbi oder im Osten an Borno).	
1804–1807	Alle Hausa-Staaten werden von den Ful unter Usuman dan Fodio unterworfen.	
1817	Bei der Reichsteilung nach seinem Tod werden die Hausa-Staaten überwiegend dem *Sultanat Sokoto* zugeschlagen.	*Sultanat Sokoto*
nach 1900	Ganz Nordnigeria wird britisch; das Sultanat Sokoto und die zugeordneten Hausa-Staaten bleiben unter Modifikation ihrer Struktur im Rahmen Nigerias erhalten. Unter diesem Regime der indirekten Herrschaft entwickelt sich die Sozialstruktur des 20. Jh.s weit gehend im Rahmen der islamisch-sudanischen Traditionen. – (Forts. S. 1160)	

Das Obervolta-Gebiet (Mossi u.a.) (um 1000–1896)

um 1000 n. Chr.	Herausbildung einer Zentralgewalt in *Mamprusi* (im heutigen Nordghana). Durch Prinzen der Dynastie von Mamprusi werden in der Nachbarschaft weitere Staaten und Häuptlingstümer begründet; Mossi-Yatenga und Mossi-Wagadugu, im Nigerbogen gelegen, sind in der Folgezeit die bedeutendsten Staaten der Region. Sie behaupten sich erfolgreich gegen die Großstaaten am Niger, welche die stärkste Bedrohung darstellen; dies gelingt ihnen u.a. durch die Übernahme der auch sonst im Sudan sich verbreitenden Panzerreiterei (wohl im 12. oder 13. Jh.). In den südlichen Randgebieten der Region gewinnen die Abkömmlinge der Dynastie von Mamprusi nur begrenzte Machtpositionen bzw. versehen überwiegend rituelle Funktionen, wie z. B. bei den Tallensi. Viele Ethnien, besonders in den Bergländern von Nordtogo, bleiben bis in die neuere Zeit unzentralisierte Gesellschaften.	*Mamprusi*
18. Jh.	In den *Mossi-Staaten* findet der Islam Eingang, ohne jedoch die religiös-politische Leitfunktion zu gewinnen, die er in den meisten übrigen sudanischen Staaten seit langem hat.	*Mossi-Staaten*
1891–1896	Die Mossi-Staaten werden französisch, die übrigen Gebiete der Region britische oder deutsche Kolonialgebiete. Die einheimischen politischen Institutionen werden meist nach Prinzipien der indirekten Herrschaft (wie von den Franzosen ausnahmsweise auch die Mossi-Staaten) in die Kolonialverwaltung integriert. Die sozio-ökonomischen Strukturen verändern sich wenig; Geld wird in der Kolonialzeit wesentlich durch saisonale Wanderarbeit an der Guinea-Küste verdient; Obervolta und Nordghana bilden das größte Reservoir für Wanderarbeit in Westafrika. – (Forts. S. 1156)	

Die Senegal-Niger-Region (Ghana-Mali-Segu, Songrai-Timbuktu u.a.) (um 300–1898)

Die Region ist ein altes Siedlungsgebiet von Feldbauern. Zwei Zentren staatlicher Macht, die miteinander immer wieder um die Vorherrschaft im westlichen Sudan konkurrieren, bilden sich heraus: das Gebiet der *Mandingo-Ethnien* zwischen Niger und Senegal und das Niger-Knie im Bereich der *Songrai.* Nur im Westen, nördlich des Senegal, bildet sich die Hirtenkultur der Ful heraus. Diese Entwicklung ist insofern von großer Bedeutung, als die *Ful* nach 1000 n. Chr. weite Teile des Sudan bis Bagirmi als Rinderhirten durch- *Songrai* *Mandingo* *Ful* ziehen, sich neben den einheimischen Feldbauern ansiedeln und mit diesen in Austauschbeziehungen treten. Ful werden auch in den Städten ansässig, sind oft im Dienste von Fürsten Krieger und treten zum Islam über; aus dem Kreise dieser städtischen Ful gehen seit dem 15. Jh. in vielen Regionen des Sudan politische Führer hervor, die die Macht in bestehenden Staaten an sich reißen, neue Staaten gründen und ihre Territorien unter dem Vorwand eines heiligen Krieges auszudehnen suchen (Fuuta Tooro in Senegal, Fuuta Jaalo in Guinea, Maasina am oberen Niger, Sokoto und Ilorin in Nigeria, Adamawa in Kamerun).

Staat Ghana

um 300 n. Chr. Dort, wo sich die Handelsstraßen von Nordafrika zur Guinea-Küste und vom Atlantik zum Tchadsee und Nil kreuzen, wird – angeblich durch fremde Einwanderer mit König Kavamanga (Kayamaga) – unter den Mandingo-Ethnien der *Staat Ghana* begründet.

7. Jh. Einwanderer aus Nordafrika setzen sich unter den Songrai am oberen Niger fest und begründen eine Herrschaft in Kukia. Damit tritt neben Ghana ein weiteres Machtzentrum.

Dynastie der Cisse Tunkaya

um 790 Kaya Maghan Cisse aus der einheimischen Ethnie der Soninke begründet in Ghana die *Dynastie der Cisse Tunkaya* (Cisse Tunkara). Unter dieser Dynastie werden in der Folgezeit der Handel mit Gold von der Guinea-Küste und der Handel mit Salz aus der Sahara fest kontrolliert, und – ähnlich wie in Kanem am Tchadsee – werden die Handelsstraßen möglichst weit unter Kontrolle des Staates gebracht; hier bis zum Senegal, am Niger bis in die Nähe des späteren Timbuktu und bis in die Sahara hinein. Das Einflussgebiet erstreckt sich also von der Hauptstadt Kumbi Saleh mehrere hundert Kilometer weit in alle Richtungen.

1010–1011 Dia Kossoi von Songrai verlegt die Hauptstadt von Kukia nach Gao und tritt zum Islam über. Damit ist ein erster Ausstrahlungspunkt des Islam im westlichen Sudan entstanden.

Almoraviden

1050–1100 Angelockt vom Reichtum Ghanas, beginnen die *Almoraviden*, eine islamische Berbergruppe aus Mauretanien, einen Heiligen Krieg gegen Ghana.

1054 Sie dringen von Norden bis zum Senegal vor und erobern die Stadt Audaghost (Aodaghast).

1076 Abu Bakr erobert auch die Hauptstadt Kumbi Saleh.

Ghana wird als Tributärstaat der Almoraviden zwangsweise islamisiert. Zwar ziehen sich die Almoraviden, die Marokko zu ihrem Zentrum gemacht haben, um 1100 wieder zurück, aber als Folge entsteht für lange Zeit ein weiteres islamisches Ausstrahlungsgebiet. Durch die Kämpfe mit den Almoraviden ist die Zentralmacht von Ghana so geschwächt, dass zunächst die Provinzen abfallen und dann die politische Führung auf andere Mandingo-Ethnien übergeht.

Tuareg

um 1100 Der Sahara-Handel gerät in die Hand der *Tuareg-Nomaden*, die als Stützpunkt am Niger Timbuktu begründen. Timbuktu ist fortan eine der bedeutendsten Städte des Sudan.

Soso

1200–1235 Die *Soso* (Sosso) unter Sumanguru errichten einen neuen Staat; das auch territorial geschrumpfte Ghana wird besiegt und damit Tributärstaat der Soso.

1235–1255 Sunjaata Keita ist zweiter Herrscher der Malinke. Er besiegt (1235) die Soso, erobert (1240) Kumbi Saleh und unterwirft weitere Gebiete im Westen. Damit ist der *Großstaat Mali* als eigentlicher Nachfolger von Ghana geschaffen. Wiederum wird der Handel großräumig kontrolliert und führt zu großem Reichtum. Da die Herrscher von Mali Moslems sind, werden die Verbreitung des Islam im Lande und die Pflege islamischer Gelehrsamkeit, besonders in den Städten Timbuktu und Jenné am Niger, gefördert. Das Staatsterritorium wird bis zum Atlantik und zum mittleren Niger durch Eroberungen ausgeweitet.

Großstaat Mali

1307–1332 Unter Kankan Mansa Musa erreicht Mali den Höhepunkt seiner Machtentfaltung.

1324 Der König demonstriert selbst durch eine Pilgerfahrt nach Mekka die enge Zugehörigkeit zur islamischen Welt und streicht gleichzeitig durch die mitgeführten Reichtümer die Bedeutung seines Landes heraus.

territoriale Ausdehnung

1325 Mit der Eroberung von Gao wird auch der Songrai-Staat unterworfen; Mali erreicht damit seine größte *territoriale Ausdehnung*.

Abstieg Malis

14./16. Jh. Nach dem Tode Kankan Mansa Musas verliert Mali bereits einige Territorien. Während andere Staaten erstarken, *verliert Mali* (um 1500) *seinen Großmachtstatus* und kann sich nur noch als unbedeutender Bestandteil des politischen Gefüges im westlichen Sudan einige Zeit behaupten. Neue politische Kräfte sind die (um 1400) begründeten *Ful-Staaten* Fuuta Jaalo (Senegal) und Maasina (nordwestlich des Niger). Am Niger kann sich Songrai befreien und die Vorherrschaft gegenüber Mali gewinnen. Ali Kilen, der Begründer der Sonni-Dynastie, befreit (1335) die Stadt Gao. Sonni Ali (1464–1492) erobert Timbuktu und Jenné, der Usurpator Askia Muhammad (1493–1529) noch weitere Gebiete. Der letztgenannte Herrscher festigt den *Songrai-Staat* durch die Schaffung einer neuen Verwaltungsstruktur und eines stehenden Heeres.

Ful-Staaten

Songrai-Staat

1585–1612 Sultan Mulai Ahmed al-Mansur von Marokko führt einen Eroberungskrieg gegen Songrai.

1591 Er lässt die Salzlager von Taghaza (Terhazza) in der Sahara besetzen.

1599 Die marokkanischen Truppen unter dem Spanier Judar Pascha erobern Timbuktu und Gao.

1612 Die marokkanischen Truppen ziehen sich zurück.

● PLOETZ

17./19. Jh.	Im westlichen Sudan bestehen folgende *größere Staaten*: die Ful-Staaten Fuuta Tooro (Senegal) und Fuuta Jaalo (Guinea), im Mandingo-Gebiet die von den Bambara begründeten Staaten Kaarta und Segu als Nachfolger von Mali, am Niger der Ful-Staat Maasina und der Staat des nominell von Marokko abhängigen Paschas von Timbuktu.	*größere Staaten*
	Wichtigste *Handelszentren am Niger* bleiben die Städte Jenné, Timbuktu und Gao; ihre Bedeutung als Zentren islamischer Gelehrsamkeit geht jedoch stark zurück, weil die staatliche Förderung ausbleibt – weder der Pascha von Timbuktu noch Segu, das Timbuktu erobert (1670), verfügen über ausreichende Mittel. Die Tuareg, Nomaden der Sahara, können immer wieder ins Niger-Gebiet einbrechen und zeitweilig Städte erobern. Grundsätzlich gibt es, zumeist in unzugänglichen Berggebieten, auch unzentralisierte Ethnien in der Region, die niemals feste Bestandteile von Staaten sind; eine solche Ethnie sind z. B. die Dogon im Nigerbogen. In der 2. Hälfte des 19. Jh.s kommt es noch einmal zu großräumigen Reichsbildungen, die jedoch nur ephemere Gebilde sind.	*Handelszentren am Niger*
1848–1884	Von Fuuta Jaalo (Futa Djalon) aus errichtet *Umar Taal* (El Hadsch Omar *1797; †1861) ein Reich, das von Senegal bis Timbuktu reicht. Nach seiner Ermordung bricht das Reich wieder zusammen.	*Umar Taal*
1870–1897	Weiter südlich zwischen oberem Senegal und dem Volta-Fluss errichtet Samori Ture (Samory Tomé) ein Reich von ähnlicher Größe wie dasjenige von Umar Taal.	
	Nachdem die Franzosen schon (ab 1830) weite Gebiete am Senegal zur Kolonie gemacht haben, unterwerfen sie bis Ende des Jh.s alle Gebiete der Region. Sie stoßen dabei auch mit Umar Taal und Samori zusammen.	
	Nachdem Umar Taal als Gegner ausgeschaltet ist und die Länder seines Reiches (Segu, Timbuktu usw.) eine leichte Beute der Franzosen werden, konzentrieren sich die französischen Angriffe auf Samori.	
1891	*Samori Ture* muss einen „Freundschafts- und Grenzberichtigungsvertrag" abschließen.	*Samori Ture*
1898 29. Sept.	Er wird gefangen genommen, sein Reich wird französisches Kolonialgebiet. Gleichzeitig dehnen auch Portugiesen (Port.-Guinea) und Briten (Gambia) ihre Gebiete über ihre alten Stützpunkte an der Westküste hinaus ins Hinterland aus.	
	Die weit gehend *islamische Prägung der Region* bleibt auch während der französischen Kolonialzeit erhalten. Da die frühere Rolle als Handelszentrum zwischen den Guinea-Ländern und Nordafrika fast völlig entfällt und es an kolonialen Exportprodukten mangelt, wird die Region wirtschaftlich bedeutungslos. Die Küste mit ihren Häfen (Dakar, Bathurst, Bissau) und Erdnussanbaugebieten, die stärksten europäischen Kultureinflüssen unterliegt, gewinnt dagegen an Bedeutung. – (Forts. S. 1156)	*islamische Prägung der Region*

Die Guinea-Länder

Bei den Guinea-Ländern handelt es sich um *Gebiete der Regenwaldzone* und um Übergangsgebiete zur Feuchtsavanne. Feldbau, der in älteren Zeiten, in einigen Gebieten bis zur Gegenwart, besonders auf Yams ausgerichtet ist, bildet die wirtschaftliche Grundlage. Impulse durch Einwanderungen, kulturelle Kontakte und Handelsbeziehungen sind immer wieder von Gebieten im Sudan ausgegangen, wobei die Mandingo-Länder im Westen und Nigeria im Osten die Zentren sind. Seit der Ankunft der Portugiesen im 15. Jh. ist eine wirtschaftliche und kulturelle Umorientierung auf die Küste hin zu beobachten.

Gebiete der Regenwaldzone

Ostnigeria (Ibo, Efik u.a.) (um 1000 v. Chr.–1933)

	Ostnigeria und die angrenzenden Gebiete von Kamerun bilden ein Übergangsgebiet zur Kongowald-Region; dies zeigt sich schon darin, dass hier *Bantu-Ethnien* und ihnen sprachlich nahe stehende Gruppen in größerer Zahl siedeln. Überhaupt muss angenommen werden, dass hier oder etwas nördlicher um etwa 1000 v. Chr. die Wanderbewegungen der Bantu-Sprechenden, durch die in der Folgezeit die südliche Hälfte Afrikas besiedelt wird, ihren Ausgang genommen haben. Bis in neuere Zeit siedeln in der Region größtenteils Ethnien mit unzentralisierter Organisation; oft sind Dorfgemeinschaften, die von einem Rat regiert werden, autonome politische Einheiten.	*Bantu-Ethnien*
16. Jh.	Der einsetzende portugiesische *Sklavenhandel* gibt in Teilen der Region den Anstoß zu Veränderungen im politischen und wirtschaftlichen Gefüge. Einige ehemalige Fischerdörfer am Nigerdelta entwickeln sich zu Städten, die Zentren kleiner Staaten bilden (Alt-Calabar, Neu-Calabar, Bonny). Die politische Führung liegt bei einer Oligarchie von Großhändlern,	*Sklavenhandel*

deren Oberhaupt gelegentlich eine monarchische Stellung erreicht (Bonny); diese Großhändler haben den Sklavenhandel zwischen dem Inneren des Landes und der Küste in der Hand. Im Landesinneren bei den Aro-Ibo kontrolliert eine religiöse Institution, das Orakel von Aro Chukvu, in weiten Gebieten die Sklavenjagdexpeditionen und den Handel.

18. Jh. Im Grasland von Kamerun errichten Einwanderer eine Anzahl von Staaten nach dem Vorbild der Institutionen von Westnigeria (Bali, Tikar, Bamum).

Unterbindung des Sklavenhandels
19. Jh. Nach der *Unterbindung des Sklavenhandels* durch die Briten stellt sich das Exportgeschäft auf den Handel mit Palmöl um. Die Briten versuchen, durch indirekten Einfluss (gemischte Gerichtshöfe) oder direkte Intervention (Absetzung des Königs von Bonny 1854) die Kontrolle über diesen Handel zu gewinnen.

1872–1887 König Jaja von Opobo versucht nach anfänglicher Kooperation, dem britischen Einfluss Widerstand zu leisten; er wird von den Briten abgesetzt und deportiert.

Kolonialherrschaft
1884–1893 Nach der deutschen Besitzergreifung von Duala (1884) wird die gesamte Region der britischen oder deutschen *Kolonialherrschaft* unterworfen. Die Staaten des Graslandes von Kamerun können unter Regelungen der indirekten Herrschaft von Deutschen und Franzosen noch einige Zeit einheimische Traditionen weiter entwickeln.

1888–1933 Insbesondere Njoya von Bamum, Erfinder einer eigenen Schrift, fördert einheimische Traditionen an seinem Hof in Fumban. Ostnigeria, besonders das Ibo-Gebiet, wird in der Kolonialzeit in besonderem Maße westlich akkulturiert. Ibo werden als Verwaltungsbeamte in anderen Teilen des Landes zu einer kolonialen Hilfsgruppe. – (Forts. S. 1160, 1161)

Westnigeria (ab 6. Jh.)

sudanische Staatskultur
6. Jh. n. Chr. Im Gebiet von Ife Gründung einer Siedlung, die zum *Zentrum sudanischer Staatskultur* wird. Es muss angenommen werden, dass sich dieser Prozess im engen Kontakt zu den Staatsbildungen im nördlichen Nigeria vollzieht.

Yoruba-Staaten
11. Jh. *Ife* ist das Zentrum eines Yoruba-Staates. Dort wird eine höfische Kunst entwickelt, deren Werke sich durch realistische Menschendarstellungen auszeichnen. Ife ist der Ausgangspunkt für die Gründung einer Reihe von Yoruba-Staaten sowie für Staaten der Edo (Benin) und Igala (Idah). Die staatliche Macht beruht überall auf einem komplexen Apparat von Hof- und Verwaltungsämtern, die zumeist erblich sind und an deren Spitze der König als sakraler Herrscher steht. Das Zentrum eines jeden Staates bildet eine Stadt, in der ein erheblicher Teil der Bevölkerung wohnt. Als politische Machtzentren bilden sich *Bündnisse* der Yoruba-Staaten und Benins heraus, denen später Dahomey zur Seite tritt.

Bündnisse

Yoruba-Staaten (bis 1865)

Oyo
13./16. Jh. Ife verliert nach und nach seine Vormachtstellung unter den Yoruba-Staaten an *Oyo*, bleibt aber kulturelles Zentrum. Der Herrscher wird formal als Oberhaupt aller Yoruba anerkannt.

17./18. Jh. Die Yoruba-Staaten, allen voran Oyo, beteiligen sich maßgeblich am europäischen Sklavenhandel an der Küste. Häufig Kriege mit dem Konkurrenten Dahomey.

1811 Nach internen Auseinandersetzungen zwischen den Yoruba-Staaten reißen die Ful die Macht an sich und zerstören Oyo. Der Islam gewinnt Anhänger auch unter den Yoruba.

In der Folgezeit verlagert sich das Schwergewicht der Yoruba von der Savanne in die Waldregion, wo die Städte Ibadan und Abeokuta (begründet 1830) in den Vordergrund treten.

Handel
Der *Handel* mit Palmöl und Baumwolle löst den Sklavenhandel ab. Britische Konsuln in Lagos (ab 1852) beeinflussen das Geschehen im südlichen Yoruba-Gebiet maßgeblich.

Ijebu-Krieg
1860–1865 Im *Ijebu-Krieg* um die Beherrschung der Handelsstraßen bekämpfen sich u. a. Abeokuta und Ibadan, während die Briten (1861) den König von Lagos absetzen und sein Land zur britischen Kolonie erklären.

Benin (bis 19. Jh.)

um 900 Der Staat Benin wird begründet.

Oranmiyan
1176 *Oranmiyan* ist der Begründer einer neuen Dynastie. Unter ihr entwickelt sich die charakteristische Hofkunst von Benin (Bronze- und Elfenbeinarbeiten).

König Ewuare
um 1430–1460 *König Ewuare* (Eware), der durch Reisen in anderen Ländern Westafrikas viele Erfahrungen sammelt, festigt den Staat durch eine Verwaltungsorganisation, durch Straßen- und Befestigungsbauten nach innen und vergrößert ihn durch Eroberungen nach außen.

1486 João Alfonso d'Aveiro besucht Benin und leitet Kontakte mit Portugal ein. Missionare können für einige Jahrzehnte ihre Tätigkeit in Benin unter König Esigie (1504–1550) entfalten;

	König Orhogbua (1450–1478) wird Christ. Unter seinen Nachfolgern kann sich jedoch das Christentum nicht halten.	
16./18. Jh.	Benin wird ein *Zentrum des Sklavenfanges und -handels;* es kontrolliert den Handelsweg nach Lagos.	*Zentrum des Sklavenhandels*
	Benin ist ein Zentrum afrikanischer Hofkunst. Die Bronzegusskunst, für die das Rohmaterial überwiegend aus Europa importiert wird, wird besonders gepflegt.	
19. Jh.	Mit dem Rückgang des Sklavenhandels erlebt Benin einen wirtschaftlichen und politischen Niedergang.	

Dahomey (Dahome) (bis 1897)

16. Jh.	Westlich des Yoruba-Gebietes entstehen, wahrscheinlich durch den Einfluss von dort, kleinere Staaten.	
1625	König *Takudunu* erobert die Stadt Abomey und begründet den *Staat Dahomey*.	*Takudunu*
1708–1728	Der Herrscher Agaja unterwirft kleinere Staaten, darunter den wichtigen Hafen Whydah.	
1728–1747	Dahomey wird ständig von den Yoruba bekriegt und kann sich nur mit Mühe behaupten.	
18. Jh. 2. Hälfte	Dahomey gewinnt die militärische Übermacht im Kampf mit seinen Nachbarn und wird damit zu einem Zentrum des Sklavenfangs und -handels.	
19. Jh.	Auch als die Briten den Sklavenhandel zu unterbinden trachten, bleibt Dahomey noch längere Zeit aktiv; sonst tritt auch hier der Handel mit Palmöl in den Vordergrund.	
1893/1897	Alle Gebiete der Region werden der britischen oder französischen *Kolonialherrschaft* unterworfen: Die Briten annektieren (1893) die Yoruba-Staaten und erobern (1897) Benin, die Franzosen unterwerfen nach langen Kämpfen (1894) Dahomey. Einheimische politische Institutionen werden z. T. in das Kolonialsystem einbezogen; eigenständige Traditionen werden trotz starker Verwestlichung in einigen Aspekten (Schulbildung) in diesen alten städtischen Kulturen in hohem Maße fortgeführt. – (Forts. S. 1156, 1160)	*Kolonialherrschaft*

Die Goldküste (1. Jt.–1896)

1. Jt. n. Chr.	An der Goldküste siedeln aus östlichen Gebieten (südliches Nigeria) stammende unzentralisierte Feldbauerngruppen mit Kwa-Sprachen als Vorfahren der späteren Akan-Ethnien. Es entstehen Handelsverbindungen zum Sudan (Reich Ghana), wo das Gold des Südens begehrt ist.	
13. Jh.	*Einwanderer* aus dem Mandingo-Gebiet treffen an der Goldküste ein und begründen im Akan-Gebiet nach und nach eine große Zahl von Staaten, unter denen in den folgenden Jh.n *Bono Mansu* als der Bedeutendste gilt.	*Einwanderer* *Bono Mansu*
1482	Begründung einer portugiesischen Festung in Elmina. Damit beginnt sich der Handel – bald steht der Handel mit Sklaven im Vordergrund – auf europäische Stationen zu konzentrieren.	
16. Jh.	Abermals treffen Einwanderer aus Nordwesten ein; sie begründen den Staat Gonja in Nordghana. Außerdem finden sich Angehörige der Ga und Ewe, aus Westnigeria kommend, an der Küste ein. Sie übernehmen weit gehend die Institutionen der Akan-Nachbarn und begründen ebenfalls kleine Staaten.	
um 1600	Denkyera wird der führende Staat der Akan (bis 1699).	
1697–1730	Osei Tutu, König von *Asante,* einem kleinen Akan-Staat, gelingt es, Denkyera zu besiegen (1699). Das nunmehr erstarkte Asante (Ashanti) mit der neu gegründeten Hauptstadt Kumasi wird das Haupt eines *Staatenbundes*, dessen einigendes Symbol der „Goldene Schemel" ist. Die Staaten des Bundes sind ebenso wie andere Akan-Staaten als Hierarchie erblicher Ämter mit dem König an der Spitze aufgebaut; in eroberten Territorien werden jedoch Verwaltungsbeamte des Königs von Asante eingesetzt. Der Bund kontrolliert den Sklavenhandel im Binnenland. Im Zusammenhang mit den Kriegen um den Aufbau der Hegemonie von Asante wandern viele Akan nach Westen aus; sie errichten unter den Agni eine Reihe von Staaten, unter denen der von der Königin Aura Poku begründete *Staat der Baule* (Elfenbeinküste) der Bedeutendste ist.	*Asante* *Staatenbund* *Staat der Baule*
18. Jh.	Während Asante seine Macht im Landesinneren voll entfalten kann, wahren die Küstenstaaten (Accra, Akwapim, Fante) ihre Selbstständigkeit und ihren Profitanteil am Sklavenhandel durch Bündnisse mit den hierher ausgreifenden, gegeneinander konkurrierenden europäischen Mächten.	
1816	Nachdem Asante Fante unterworfen hat, sieht sich Ersteres direkt mit den Briten konfrontiert.	
1824	Als Verhandlungen über friedliche Beziehungen scheitern, bricht der erste Krieg mit Asante aus; in der Folgezeit kommt es immer wieder zu Streitigkeiten mit wechselndem Ausgang zwischen den Briten und Asante.	

Auflösung des Staatenbundes	1896	Asante wird von den Briten unterworfen, der Asantehene (König) abgesetzt und der *Staatenbund aufgelöst*.
		Nach der Abschaffung des Sklavenhandels an der Goldküste wird der Handel mit den europäischen Stützpunkten auf Naturprodukte, wie Palmöl und Baumwolle, umgestellt. Mehrere Missionsgesellschaften christlicher Kirchen errichten Missionen in den selbstständigen Staaten.
Kolonialherrschaft		Alle Gebiete der Region werden, zumeist durch aufgezwungene Protektoratsverträge mit den einheimischen Fürsten, manchmal durch Unterwerfung wie im Fall Asante, unter britische, deutsche oder französische *Kolonialherrschaft* gezwungen (1884–1897). Die einheimischen politischen Institutionen bleiben im Rahmen einer „indirekten Herrschaft", also in ihren Funktionen stark modifiziert, zumeist bestehen, und selbst der Asante-(Ashanti-)Staat wird 1926 nach Wiedereinsetzung des Asantehene neu begründet. Durch die Einführung des Kakaoanbaues gewinnen die Bauern eine günstige Einkommensgrundlage. Bei großer Verbreitung europäischer Schulbildung bleiben einheimische Kultureinflüsse in hohem Maße erhalten. Wanderarbeiter aus nördlichen Gebieten bilden eine Arbeiterschicht in den Städten. – (Forts. S. 1156)

Westguinea-Länder (15./16. Jh.–1897)

Von Gambia bis zur Elfenbeinküste erstreckt sich (einschließlich der Bissagos-Inseln) bis tief ins Hinterland ein großes Regenwaldgebiet. Dieses ist seit alters der Siedlungsraum vieler Feldbauernethnien mit einem politischen System, in dem der Häuptling die Macht mit den Bünden (Männerbund Poro, Frauenbund Bundu) teilt. Die Verteilung von Sprachgruppen und die historischen Überlieferungen zeigen, dass immer wieder Gruppen aus östlicher und nördlicher Richtung in die Region eingewandert sind; die einheimischen Traditionen bleiben aber kulturprägend. Mit den Bünden hängt eine großartige Entwicklung der Holzplastik, besonders der Masken, zusammen.

	15./16. Jh.	Die Portugiesen begründen Stationen an der Küste und schließen damit besonders die nordwestlichen Gebiete der Region, wo Flüsse das Innere zugänglich machen, an das Sklavenhandelsnetz an.
	18. Jh.	Auch nachdem Briten und Franzosen den Portugiesen zur Seite getreten sind, bleibt aber der europäische Einfluss und die Bedeutung des Sklavenhandels wesentlich begrenzter als weiter östlich. Die dezentralisierten politischen Systeme der Einheimischen und die schwierigen Umweltverhältnisse (fehlende Häfen) stehen dem Aufbau eines Handels- und Verkehrsnetzes entgegen.
Kru-Tradition	1793	Zum ersten Mal verdingen sich Kru von der Pfefferküste (später Liberia) in Sierra Leone als Arbeitskräfte; sie begründen damit die *Kru-Tradition*, in den Häfen Westafrikas die Hafenarbeiter zu stellen.
befreite Sklaven	um 1808	*Befreite Sklaven* erhalten eigene Siedlungen im Küstengebiet (bis 1840).
	1808	Von den Briten werden die bei der Kontrolle von Sklavenschiffen befreiten Sklaven bei Freetown in Sierra Leone angesiedelt; bei ihnen werden Missionare tätig, sodass frühzeitig eine Akkulturation stattfindet.
American Colonization Society	1822	Die Ansiedlung befreiter Sklaven aus den USA durch die *„American Colonization Society"* an der Pfefferküste beginnt. Wie hier unter amerikanischer Oberhoheit entsteht auch unter den Briten in Sierra Leone an der Küste eine Kreolen-Bevölkerung, die sich durch ihre christlich-europäisch orientierte Kultur scharf von der in der Nähe ansässigen, einheimischen Bevölkerung abhebt.
Liberia unabhängig	**1847** **26. Juli** 1847–1897	Nachdem die amerikanischen Kolonien zu dem *unabhängigen Staat Liberia* zusammengeschlossen worden sind, finden schwere Auseinandersetzungen mit benachbarten einheimischen Ethnien statt, die unterworfen und nach Kolonialprinzipien in den Staat einbezogen werden. Es bildet sich, ebenso wie in Sierra Leone, eine soziale Schichtung bei den das politische und wirtschaftliche Leben des Staates beherrschenden *Kreolen*, den Nachkommen der Einwanderer, und den Angehörigen der einheimischen Ethnien heraus, die auch im 20. Jh. bestehen bleibt.
Kreolen		
Kolonialherrschaft	1884–1897	Alle noch unabhängigen Ethnien der Region werden der britischen (Sierra Leone), französischen (Guinea, Elfenbeinküste), portugiesischen (Portugiesisch-Guinea) *Kolonialherrschaft* oder Liberia unterworfen. Die einheimischen politischen Institutionen werden weitgehend in die jeweilige Verwaltung integriert; auch die Geheimgesellschaften behalten eine gewisse Bedeutung. Während von Norden her der Islam an Boden gewinnt, kommen die Ethnien an der Küste unter den starken Einfluss von christlichen Missionen. Die bestehende einheimische Subsistenzwirtschaft wird nur geringfügig modifiziert. – (Forts. S. 1156, 1159)

Innerostafrika

Innerostafrika ist der landschaftlich vielgestaltigste Teil Afrikas; er umfasst sowohl trockene Hochflächen wie Feuchtsavannen und Berggebiete. Auch die kulturelle Vielfalt ist besonders groß. Um 1000 v. Chr. dringen wahrscheinlich kuschitische Hirten (archäologisch greifbar als „stone-bowl-culture" in Kenya) in das bis dahin von Wildbeutern bewohnte Ostafrika vor. Um 500 v. Chr. beginnt die Einwanderung von feldbautreibenden *Bantu-Gruppen* über das Zwischenseen-Gebiet in die übrigen Teile Ostafrikas und darüber hinaus weitere Regionen der südlichen Hälfte Afrikas.

Bantu-Gruppen

Zwischenseen-Gebiet (ab 1. Jt.)

1. Jt. n. Chr. Neben die feldbautreibenden *Bantu* treten zu einem bisher nicht genau feststellbaren Zeitpunkt Rinderhirten unbekannter Herkunft als Bewohner speziell der Grasländer (Westuganda, Nordtanzania). Sie nehmen die Bantu-Sprachen an, bilden aber weiterhin eine besondere soziale Kategorie (Hima, Tutsi). — *Bantu*

um 1000 Herausbildung des Staates *Kitara* im westlichen Uganda unter Herrschern der Dynastie der Batembuzi. — *Kitara*

um 1300 Machtergreifung der Bachwezi, einer Hirtengruppe, in Kitara. Das politische Zentrum liegt bei Biggo in Westuganda, wo sich große Wallanlagen eines Palastbezirks und eines riesigen Viehkrals erhalten haben. Weite Teile Ugandas befinden sich in einem losen Abhängigkeitsverhältnis zu Kitara.

1400–1600 Einwanderung von Luo-Gruppen (Lwoo) aus dem Südsudan ins nördliche Uganda, wo sie weite Gebiete besetzen (später sind die Ethnien der Acholi, Lango, Alur) und bis nach Ostuganda und Kenya (die Jopadhola und Jaluo) vordringen.

um 1450 In Kitara wird die Dynastie der Bachwezi durch die Dynastie der Babito, die Luo-Zuwanderer sind, abgelöst. In der Folgezeit zerfällt der lose Verband des Kitara-Reiches; Provinzen und Tributärgebiete, in denen sich schon früher einheimische Machtzentren herausgebildet haben, verselbstständigen sich; als Kernland verbleibt der Babito-Dynastie lediglich Bunyoro.

Selbstständige Staaten aus dem früheren Kitara-Verband sind nun: Buganda, Nkore und viele kleinere Staaten im Westen wie im Südosten Ugandas. Außerhalb des Kitara-Gebietes bilden sich zahlreiche Staaten weiter südlich in den Bergländern (Mpororo, Rwanda, Bugesera, Burundi u.a.) sowie in den Grasländern des nördlichen Tanzania (Buha, Karagwe, Kyamtwara u.a.). — *selbstständige Staaten*

Mit Ausnahme von Bunyoro, Buganda und den Staaten von Busoga bilden die Hirten (Hima, Tutsi) eine *privilegierte Schicht* mit feudalistischen Rechten gegenüber der Masse der Feldbauern und stellen auch zumeist die Herrscherdynastie. Neben diesen Staaten behaupten sich bantusprachige und nilotische, nicht oder wenig zentralisierte Ethnien (Bakiga und Baamba in Westuganda sowie Bagishu in Ostuganda, Baluyia in Westkenya als Bantusprecher; die nilotischen Luo-Gruppen in Norduganda und Westkenya). — *Hirtenschicht*

um 1700 Die zentralnilotischen Iteso wandern aus nördlichen Steppengebieten bis zum Kyoga-See und zum Mount Elgon und setzen sich dort fest; diese Bewegung bringt die letzte größere Verschiebung im ethnischen Gefüge der Region.

Unter den zahlreichen Staaten des Zwischenseen-Gebietes zeigen besonders Buganda und Rwanda Tendenzen zu immer größerer *Stärkung der Macht des Herrschers* (Kabaka in Buganda und Mwami in Rwanda) und zu territorialer Ausweitung auf Kosten der Nachbarländer. — *Stärkung herrscherlicher Macht*

Buganda (bis 1890)

um 1580 Nach ersten Eroberungsversuchen von Randterritorien von Bunyoro wird Kabaka (König) Nakibinge von den Banyoro vernichtend geschlagen; er fällt in der Entscheidungsschlacht. Damit ist Buganda zunächst auf ein kleines Gebiet am Victoriasee reduziert. In der Folgezeit gelingt es den Herrschern, immer mehr Tributärstaaten Bunyoros zu annektieren. Gleichzeitig wird eine komplizierte Hierarchie nichterblicher Ämter zur territorialen Verwaltung Bugandas und zur Versehung von Hofdiensten aufgebaut, die vom Herrscher abhängig ist.

um 1700 Die erste große *territoriale Ausdehnung* findet unter Mawanda statt. Unter Junju (Ende 18. Jh.) wird Bunyoro zur Abtretung des reichen Gebietes Buddu gezwungen, und kleinere Staaten im Westen bzw. im nördlichen Tanzania werden Tributärstaaten Bugandas. — *territoriale Ausdehnung*

Mutesa I.	1857–1884	Unter *Mutesa I.* hat Buganda einen Höhepunkt seiner Macht erreicht. Mutesa I. empfängt europäische Reisende (John Hanning Speke 1862, Sir Henry Morton Stanley 1875); er zieht arabische Kaufleute und europäische Missionare (1877 die anglikanische Church Missionary Society, 1879 die katholischen Weißen Väter) an seinen Hof.
	1884–1898	Unter König Mwanga II. gewinnen die von den drei Missionsgruppen (die arabischen Händler wirken für den Islam) bekehrten jüngeren Amtsträger immer mehr Einfluss.
Protektorats-vertrag	1890	Die entstehenden Wirren erleichtern es Lugard, einen *Protektoratsvertrag* zugunsten der Imperial British East Africa Company mit dem König abzuschließen. – (Forts. S. 1174)

Rwanda (Ruanda) (bis 1905)

Häuptlings-tümer	14. Jh.	Im westlichen Hochland des Zwischenseen-Gebietes bestehen einige *Häuptlingstümer*, z. T. aus dem Kreise der Feldbauern (Hutu), z. T. aus der Gruppe der Hirten (Tutsi). Einige entwickeln in der Folgezeit komplexe staatliche Institutionen. Ndahiro Ruyange begründet Buganza, aus dem sich der Staat Rwanda entwickelt.
neue Militär-organisation	16. Jh.	In Abwehrkämpfen gegen die Armee von Bunyoro bauen die Hochlandstaaten eine *neue Militärorganisation* auf und stärken ihre Zentralgewalt, welche die Form eines sakralen Königtums annimmt. Wichtige Staaten in diesem Gebiet sind: Buganza (Rwanda), Nduga, Bugesera, Gisaka, Mubari, Ndorwa, Burundi.
	18. Jh.	König Rujugira von Rwanda begründet (um 1750) die Institution eines Militärbefehlshabers an den Grenzen und richtet ständige Krieger-Garnisonen ein. Rwanda erringt damit die militärische Überlegenheit über die Nachbarstaaten; schon Rujugira erobert einige Nachbargebiete; von seinen Nachfolgern werden dann die meisten Nachbarstaaten (Bugesera, Mubari) und Hutu-Häuptlingstümer nahe dem Kivu-See annektiert; nur Burundi, das eine ähnliche Entwicklung aufweist, kann sich im Süden behaupten.
komplexe Territorial-verwaltung	19. Jh.	Zu Beginn des Jh.s unter Gahangiro wird eine *komplexe Territorialverwaltung* errichtet; konkurrierende Hierarchien der Häuptlinge des Bodens und des Viehs, neben denen noch die Militärbefehlshaber stehen, ermöglichen dem König die Ausübung einer fast unbeschränkten Herrschaft; die erblichen Räte (Abiiru) haben überwiegend rituelle Funktionen. Amtsträger werden überwiegend aus der Gruppe der Tutsi genommen; die Tutsi bilden eine Schicht von Kriegern und Amtsträgern, denen die Masse der Hutu-Bauern aufgrund von Klientel-Vereinbarungen (ubuhake) unterworfen ist. In den Randprovinzen sind Klientelverhältnisse und Verwaltungshierarchien weniger ausgeprägt als im zentralen Rwanda. Rwanda betreibt gegenüber fremden Einflüssen eine Politik der Isolation; arabische Händler und europäische Reisende erhalten keinen Zutritt zum Land.
indirektes Herrschafts-prinzip	1890–1905	Nach und nach werden alle Gebiete der Region der britischen, deutschen oder kongostaatlichen Kolonialherrschaft unterworfen, zumeist durch Vertragsabschluss mit den staatlichen Machthabern (1890, 1894 und 1900 mit Buganda, 1899 mit Rwanda und Burundi) oder durch militärische Unterwerfung (1892–1899 Bunyoro). Die Staaten bleiben allgemein nach *Prinzipien der „indirekten Herrschaft"* bestehen, wobei die Strukturen in Uganda zumeist stark in Richtung eines modernen Beamtenstaat umgeformt werden, in Rwanda und Burundi hingegen in die innere Verwaltung weniger eingegriffen wird; die unzentralisierten Ethnien erhalten im britischen Machtbereich eine Struktur, die den Königreichen angeglichen wird und in ihren oberen Amtsrängen zunächst mit Baganda besetzt wird. Während das südliche Uganda stärksten Akkulturationseinflüssen unterworfen ist (dort breiten sich Christentum und Schulbildung bereits in den neunziger Jahren rasch aus; der Anbau von Baumwolle und Kaffee seit der Jahrhundertwende ermöglicht den Bauern Geldeinkommen), ist der Wandel in Rwanda und Burundi unter der die überlieferte Sozialordnung bewahrenden Machtstruktur gering. Allerdings führt das große *Bevölkerungswachstum* in Verbindung mit Landmangel ab 1925 in den Hochlandstaaten dazu, dass ein erheblicher Teil der Bevölkerung als Wanderarbeiter bei den Bauern des südlichen Uganda Gelderwerb suchen muss. – (Forts. S. 1173)
Bevölkerungs-wachstum		

Die Länder am ostafrikanischen Grabenbruch (vor 1000–Ende 19. Jh.)

Vom südöstlichen Sudan erstreckt sich – überwiegend im Bereich des ostafrikanischen Grabenbruchs – ein Streifen trockener Grasländer bis ins zentrale Tanzania hinein. Dieses ist seit Jt.n ein Land überwiegenden Rinderhirtentums, wenn sich auch bis heute die Hadza (Tindiga) als Nachfahren noch älterer Wildbeutergruppen am Eyasi-See in Zentraltanzania als Wildbeuter gehalten haben. Es lässt sich eine generelle Wanderungsrichtung aufeinander folgender *Einwanderungswellen* von Hirten aus Richtung

Einwande-rungswellen

Südsudan feststellen. Die älteren Verbreitungen und Wanderungen lassen sich bisher überwiegend durch linguistische Untersuchungen rekonstruieren.

bis 1000 n. Chr. Im nördlichen Kenya um den Turkana-(Rudolph-)See finden sich zentralnilotische Gruppen (Vorfahren der Turkana und Maasai), im westlichen Hochland von Kenya Gruppen mit südnilotischen Kalenjin-Sprachen. Hier bildet sich die für ostafrikanische Hirten bis in die neueste Zeit hinein typische *Altersklassenorganisation* heraus, wodurch eine politische Koordination größerer Teile dieser sonst unzentralisierten Ethnien erreicht und eine gegenüber anderen überlegene militärische Schlagkraft ermöglicht wird. Zur selben Zeit haben die südnilotischen Tatoga bereits Gebiete im nördlichen Tanzania erreicht, während der größere Teil des Grabenbruchs in Kenya und Tanzania noch von südkuschitisch sprechenden Gruppen (den Vorfahren der heutigen Iraku, Mbulu usw.) eingenommen wird. In Zentraltanzania führt der Kontakt dieser Leute mit bantusprachigen Feldbauern zur Herausbildung von *Feldbauernkulturen* mit starker Hirtenkomponente (Vorfahren der Nyaturu, Gogo, Hehe); die Bantusprache setzt sich dort durch.

Altersklassenorganisation

Feldbauernkulturen

300–1600 Bei Engaruka im nördlichen Tanzania befindet sich eine Enklave von Feldbauern, die ihre Felder z. T. künstlich bewässern. Die einzigen Feldbauern, die in der Nähe – und zwar auch in der Trockenzone – bis heute Bewässerungsfeldbau betreiben, sind die Bantu sprechenden Sonjo; es ist daher zu vermuten, dass Engaruka eine verwandte Bevölkerung gehabt hat.

um 1700 Die *Südwanderung der Maasai* im ostafrikanischen Graben bis in das zentrale Tanzania beginnt; sie assimilieren fast alle der ihnen kulturell ähnlichen Vorbewohner oder vertreiben sie; nur in Nordtanzania halten sich kleine Gruppen wie die Hadza und Sandawe (klick-sprachig), die Iraku und Verwandte (südkuschitisch-sprachig) und die Tatoga (südnilotisch-sprachig). Mit benachbarten Bantu-Ethnien betreiben die Maasai gelegentlich Handel, oft aber machen sie diese zum Ziel kriegerischer Aktionen zum Zwecke des Viehraubes.

Südwanderung der Maasai

Ende 19. Jh. Alle Ethnien dieser Region werden nach und nach, oft nach schweren Kämpfen, der deutschen oder britischen *Kolonialherrschaft* unterworfen. Die meisten von ihnen behaupten trotz Eingrenzungen ihrer Wanderareale und weiterer, von der Verwaltung auferlegter Restriktionen grundsätzlich bis in die Gegenwart die hirtennomadische Lebensweise und andere kulturelle Traditionen. – (Forts. S. 1173, 1174)

Kolonialherrschaft

Die westlichen Hochebenen von Tanzania und ihre Randgebiete (ca. 1400–nach 1889)

Zwischen dem ostafrikanischen und dem zentralafrikanischen Grabenbruch finden sich weite Trockenwaldregionen; nur in Randgebieten, wie im Bergland am Nyasa-See, findet sich eine dichtere Vegetation. Die Region ist frühes Siedlungsgebiet von *Bantu-Feldbauern,* über deren Geschichte im 1. Jt. n. Chr. indessen keine Einzelheiten bekannt sind.

Bantu-Feldbauern

1400–1700 Für alle Teile der Region (Usukuma, Unyamwezi, Ukimbu, Gebiet der heutigen Nyakyusa u. a.) lässt sich spätestens für diese Zeit die Herausbildung von Häuptlingsschaften aufweisen, die jeweils Gruppen mit Häuptlingslinien aus derselben Dynastie bilden. Die Erbfolge für das Häuptlingsamt, mit dem neben politischen auch rituelle und wirtschaftliche Funktionen verbunden sind, ist in den meisten Gebieten matrilinear, bei den Nyakyusa patrilinear.

um 1600 In Zusammenhang mit der Kontrolle einer Handelsstraße, auf der Elfenbein aus dem Inneren Afrikas an die Ostküste gelangt, bildet sich unter den Nyakyusa am Nyasa-See ein Staat mit Elementen eines *sakralen Königtums* heraus.
Von Unyamwezi aus wird der Handel mit der Küste aufgenommen; er wird zunächst von Einheimischen betrieben.

sakrales Königtum

seit ca. 1840 Der Handel wird immer mehr von *Arabern* übernommen, deren Hauptanliegen der *Sklavenhandel* ist.

arabischer Sklavenhandel

um 1844 um 1850 Arabische Kaufleute gründen (um 1844) eine Station in Tabora, (um 1850) in Ujiji am Tanganyika-See.

1871–1884 In Reaktion auf die Aktivitäten der Araber kommt es zu Koalitionen von Häuptlingstümern unter Mirambo in Teilen von Unyamwezi und unter Nyungu ya Mawe in Ukimbu.

ab 1889 Alle Gebiete der Region werden der *deutschen Kolonialherrschaft* unterworfen. Unter deutscher und britischer Kolonialherrschaft werden die meisten Gebiete nach Prinzipien der indirekten Herrschaft verwaltet und den Missionen zugänglich gemacht. Der Anbau von Exportgütern wird speziell in Usukuma (Baumwolle) und Bunyakyusa (Kaffee) begünstigt; die anderen Gebiete bieten wegen des trockenen Klimas und ungeeigneten Bodens dazu geringe Möglichkeiten. – (Forts. S. 1173)

deutsche Kolonialherrschaft

Die östlichen Hochländer von Innerostafrika (ca. 9. Jh.–20. Jh.)

Bantu-Feldbauern Zwischen dem schmalen Küstensaum und dem ostafrikanischen Grabenbruch erstrecken sich bewaldete Bergländer und mit Trockenwald bestandene Hochflächen. Es handelt sich um alte Siedlungsgebiete von *Bantu-Feldbauern*, über deren Geschichte im 1. Jt. n. Chr. bisher jedoch keine Einzelheiten bekannt sind.

Zanj seit 9. Jh. Die arabischen Quellen weisen auf die Bantu, die sie *Zanj* nennen, im Norden bis in das Hinterland von Mogadischu. Es muss jedoch damit gerechnet werden, dass die einfacher zu bearbeitenden offenen Gebiete eher (also damals bereits) als die fruchtbareren, aber dicht bewaldeten Bergländer besiedelt worden sind. Die langsame Nord-Süd-Bewegung der *Kikuyu* in Kenya ist ein solcher Fall des Eindringens in Waldländer.

Kikuyu ab 1450 Zusammen mit anderen Gruppen verlassen ihre Vorfahren Gebiete am oberen Tana-Fluss; um 1600 befinden sie sich in der Gegend des heutigen Muranga, um 1800 auch in der Nähe des heutigen Nairobi.

Galla-Hirten 16. Jh. *Galla-Hirten* (die Borana) wandern aus dem äthiopischen Hochland – gedrängt von nachfolgenden Somali – ins östliche Kenya; sie geraten in der Folgezeit häufig in kriegerische Verwicklungen mit den umwohnenden Bantu-Ethnien. Bantu-Gruppen im Hinterland von Mogadischu werden von Somali assimiliert, die jedoch dort ihrerseits die sesshafte Lebensweise der Vorbewohner annehmen.

18. Jh. Während der größere Teil der Bantu-Ethnien dieser Region in Kenya (Kikuyu, Kamba) und Tanzania (Chagga, Luguru) mit Altenräten und Häuptlingstümern eine nicht oder wenig zentralisierte Organisationsform bis in neuere Zeit bewahrt, entstehen bei den Sambaa und Pare kleine Staaten.

lokale Machthaber 19. Jh. Im östlichen Tanzania treten *lokale Machthaber* auf, die ihren Einfluss durch den Kontakt mit durchziehenden arabischen Karawanen (Erhebung von Zöllen) aufbauen und festigen können.

Ngoni 1835–1881 Die *Ngoni*, eine aus Südafrika stammende Gruppe der Zulu, verheeren weite Gebiete Ostafrikas und siedeln sich endlich nach einer Niederlage gegen die Hehe östlich des Nyasa-Sees an; dort bilden sie zwei Staaten nach dem Zulu-Modell. Einen großen Teil der Bevölkerung stellen assimilierte Angehörige einheimischer Ethnien.

Kolonialherrschaft 1884–1890 Alle Gebiete dieser Region werden der deutschen oder britischen *Kolonialherrschaft* unterworfen. In der Folgezeit sind die Bewohner intensivem Kulturkontakt ausgesetzt und werden zu einem großen Teil christlich. Einige Ethnien dieser Region können im 20. Jh. aufgrund der eher und weiter verbreiteten Schulbildung in besonderem Maße Zugang zur Verwaltung gewinnen (Kikuyu in Kenya, Chagga in gewissem Ausmaß in Tanzania). – (Forts. S. 1173, 1174)

Die Küstenregion Ostafrikas

Die Küstenregion Ostafrikas und die vorgelagerten Inseln sind bereits seit Jt.n eine Kontaktzone zwischen Einheimischen und Fremden, bzw. Madagaskar und andere entferntere Inseln sind zunächst unbewohnt und später nur marginal mit dem Geschehen auf dem Festland verbunden.

Die Küstenregion im engeren Sinne (ca. 1. Jh.–1587)

Wildbeutergruppen In vorchristlicher Zeit sind *Wildbeutergruppen* bis an die Küste Ostafrikas anzutreffen, die Handelspartner von Kaufleuten aus Südarabien waren. Entsprechend der angenommenen Chronologie von Nachbarregionen für die Einwanderung von Bantu-Feldbauern ist damit zu rechnen, dass erste Bantu-Gruppen schon in den letzten Jh.n v. Chr. auch die Küste erreichen.

Handelsstützpunkte 1. Jh. n. Chr. Nach dem „Periplus Erithraei", einem griechischen Segelhandbuch über den Verkehr im Indischen Ozean, gibt es an der Ostküste, die Azania heißt, *Handelsstützpunkte* südarabischer Kaufleute, deren südlichster, Rhapta, im Bereich einer Flussmündung (Rufiji?) liegt. Man erwirbt hier Elfenbein, Rhinozeroshorn, Schildpatt und Kokosnussöl, während den Einheimischen (die nicht näher beschrieben werden) besonders Eisengeräte und Glaswaren verkauft werden. Ostafrika ist also grundsätzlich an das Handelsnetz rund um den Indischen Ozean angeschlossen. Es werden auch Piraten erwähnt, die an der Küste Häuptlingsschaften errichtet haben – dies ist möglicherweise ein Hinweis auf indonesische Seefahrer.

5. Jh.	Rhapta hat sich zu einer Stadt entwickelt. Für die folgenden Jh.e fehlen definitive Nachrichten über Ostafrika, was im Wesentlichen heißt, dass die Beziehungen zur Mittelmeerwelt unterbrochen sind.	
8./10. Jh.	Die gesamte Ostküste von Mogadischu bis Sofala wird nunmehr von Negriden bewohnt, wobei es sich offensichtlich um *Bantu sprechende Feldbauern* handelt; sie werden zusammenfassend als Zanj bezeichnet. In einer nicht näher bezeichneten Region gibt es auch einen Herrscher der Zanj. Während sonst die Zanj als nicht islamisch beschrieben werden, gibt es in einem Ort Kanbalu (auf Zanzibar oder Pemba) einen Moslemfürsten und eine Moslembevölkerung. Der Überseehandel liegt jetzt in der Hand von Kaufleuten vom Persischen Golf (Oman, Persien).	*Bantu-Feldbauern*
10./11. Jh.	Zwischen Mogadischu und Sofala entsteht eine *Kette von Städten* (wobei einige wahrscheinlich schon eher begründet werden), die moslemische Fürsten und eine islamische Kultur haben. Die Bewohner sind Südaraber und Swahili. Elfenbein, Gold (aus Rhodesien) und Sklaven sind Ausfuhrgüter nach Vorderasien, Indien und China. Der arabische Reisende Ibn Battuta gelangt 1331 u. a. auch nach Kilwa; er hält diesen Ort für eine der schönsten und bestangelegten Städte der damaligen Welt.	*Kette von Städten*
16. Jh.	Die gesamte Küste gerät nach und nach unter *portugiesische Herrschaft* (Sofala 1505, Zanzibar 1503, Mombasa 1505) und ist damit bis auf weiteres in die Kolonialwelt einbezogen, in die im 17. Jh. noch einmal die Araber von Oman und im 19. Jh. Großbritannien und Deutschland eintreten.	*portugiesische Herrschaft*
1570–1587	Die *Zimba*, eine kriegerische Gruppe aus dem südlichen Afrika, ziehen an der Küste entlang, verwüsten weite Gebiete des Hinterlandes und greifen auch Städte an.	*Zimba*
1587	Sie zerstören Kilwa; im selben Jahr werden sie von den Segeju bei Malindi geschlagen. Die islamische Prägung der Kultur der Swahili, der einheimischen Bevölkerung, bleibt jedoch während der langfristigen Dominanz auswärtiger Mächte weit gehend erhalten. Der enge Kontakt mit Ethnien aus dem Hinterland, von wo die Küstengebiete immer wieder Zuzug erhalten (z. T. als Sklaven, z. T. als Zugewanderte), führt im Allgemeinen zur Assimilation der Fremden, nicht hingegen zu grundlegenden Veränderungen des Charakters der Swahili-Kultur. – (Forts. S. 1173, 1174)	

Madagaskar und seine Nachbarinseln (1. Jt.–1897)

1. Jt. n. Chr.	Falls die im „Periplus Erithraei" erwähnten Piraten an der Ostküste Afrikas Indonesier sind, wird man die *Besiedelung* Madagaskars und der Comoren durch indonesische Seefahrer schon für diese Zeit annehmen können. Es kann nicht sehr viel später gewesen sein, weil die in Frage kommende Herkunftsregion Indonesiens vom 2.–5. Jh. erheblich hinduisiert wird (Java, Sumatra, Borneo), aber bei den Madegassen keinerlei Traditionen festgestellt werden können, die als hinduistisch gelten. Jedenfalls bilden *indonesische Traditionen* die Grundlage von Sprache und sonstiger Kultur in Madagaskar. In den feuchteren zentralen und nördlichen Gebieten entwickeln sich Feldbauernkulturen, die besonders auf dem Anbau von Reis basieren, in den trockeneren südlichen und westlichen Gebieten dominiert das Rinderhirtentum. In einigen Gebieten entwickelt sich eine soziale Schichtung in Aristokraten und Gemeine; fast überall bilden sich Häuptlingstümer.	*Besiedelung* *indonesische Traditionen*
ab 815	Erste nachweisbare *Einwanderung von Arabern* nach Madagaskar. Auch weiterhin gelangen Araber nach Madagaskar (z. B. im 12. Jh.), die zur Islamisierung einiger madegassischer Ethnien im Norden und Osten, aber auch zur Anlage arabisch beherrschter Handelszentren an den Küsten führen. Auch auf den Comoren setzen sich Araber zu einem nicht präzise feststellbaren Zeitpunkt fest und regen dort die Entstehung islamischer Herrschaften an. Madagaskar und die Comoren sind dadurch an das Afrika, Vorder-, Süd- und Ostasien verknüpfende Handelsnetz des Indischen Ozeans angeschlossen.	*Einwanderung von Arabern*
11./18. Jh.	Durch den Kauf von Sklaven, aber auch durch Raubzüge an den Küsten des Festlandes gelangen insbesondere *Negride* (ursprünglich bantusprachige) nach Madagaskar und auf die Comoren; sie werden dort in die Bevölkerung integriert, sodass sich diese dem äußeren Erscheinungsbild nach erheblich der Festlandsbevölkerung angleicht; nur die aristokratischen Gruppen bewahren den indonesischen Typus. Dies ändert aber nichts daran, dass die kulturelle Gestaltung überwiegend an die indonesische Grundkultur anknüpft. Ende des 18. Jh.s sind es besonders die Betsimisamaraka an der Ostküste Madagaskars, die mit Kriegszügen zu den Comoren (Komoren) und zum afrikanischen Festland Sklavenjagden durchführen.	*Negride*
16./19. Jh.	Die innere Entwicklung Madagaskars weist als Neuerung die Konstituierung starker Zentralgewalten, also von erblichen Königen an der Spitze staatlicher Institutionen, in verschiedenen Landesteilen auf, z. B. bei den Betsimisamaraka im Osten, bei den Mahafaly und	

		Antandroy im Süden, den Sakalava im Westen und den Merina im zentralen Hochland. Unter diesen Staaten erweist sich derjenige der Merina als der mächtigste.
Staat Merina	um 1550	König Rolambo, Herrscher eines Hova-Staates, begründet nach der Eroberung anderer Hova-Staaten und weiterer Nachbargebiete den *Staat Merina*.
	1787–1810	Unter König Andrianampoimerina wird Merina durch den Aufbau eines schlagkräftigen Heeres, mit dessen Hilfe Eroberungen durchgeführt werden und allgemein die Vorherrschaft auf der Insel errungen wird, und nach innen wird Merina durch neue staatliche Institutionen gestärkt.
		Die von Portugiesen, später von Holländern, Briten und Franzosen versuchte Begründung von Handelsstützpunkten ist allgemein wenig folgenreich, da diese meist nach kurzer Zeit wieder aufgegeben werden. Die Politik der Merina-Herrscher wechselt zwischen der Aufnahme europäischer Berater und Missionare einerseits und ihrer Ablehnung und Vertreibung andererseits.
Comoren	1834–1897	Nachdem die *Comoren* (1834 bzw. 1841) von Franzosen okkupiert worden sind, werden in einem Krieg (1894–1896) der Merina-Staat, der durch innere Wirren geschwächt ist, und die übrigen Gebiete Madagaskars von den Franzosen unterworfen; mit der Absetzung der Merina-Königin Ranavalona III. (1897) ist die Annexion abgeschlossen. Die Ablösung der einheimischen politischen Institutionen durch die französische Verwaltung und eine starke *Christianisierung* sind die wesentlichen Ergebnisse der *Kolonialherrschaft*, während sonst in der Sozialstruktur und innerhalb der Kultur der indonesische Charakter gewahrt bleibt. – (Forts. S. 1172)
Christianisierung Kolonialherrschaft		

Die zentralafrikanischen Waldländer (ca. 2200 v. Chr.–1900)

Die Regenwaldzone erstreckt sich in einem breiten Streifen vom Atlantischen Ozean bis an den zentralafrikanischen Graben. Hier hat sich in Anpassung an die natürliche Umwelt die pygmoide Rasse herausgebildet.

Pygmäen	2200 v. Chr.	In Ägypten kennt man *Pygmäen*, die als „Gottestänzer" auf Handelswegen aus ihrer Heimat nach Ägypten gebracht werden.
Bantu-Feldbauern	1. Jt. n. Chr.	*Bantusprachige Feldbauern* dringen, vorwiegend aus nördlichen Richtungen kommend, von den Rändern her in die Regenwaldzone ein; die Verwendung asiatischer Kulturpflanzen (Banane, Taro) erleichtert die Umstellung der ehemaligen Savannenbauern auf die Waldumgebung. Es bildet sich eine relativ einheitliche Kultur der Feldbauern in der Waldzone heraus. Politisch bleiben sie bis in die Gegenwart zumeist in winzige Einheiten patrilinearer (im Südwesten matrilinearer) Abstammungsgruppen oder *kleine Häuptlingstümer* aufgespalten.
kleine Häuptlingstümer		
	16. Jh.	Nur bei den Bolya am Stanley-Pool entsteht ein Staat mit einem König an der Spitze; dessen Macht wird allerdings dadurch eingeschränkt, dass alle lokalen Ämter ebenfalls erblich sind.
Pangwe	18. Jh.	Die *Pangwe* aus Nordkamerun beginnen, in den Regenwald von Kamerun einzudringen, und besetzen nach und nach weite Gebiete im Westen. Dies ist nur ein Fall unter vielen, nämlich dass Gruppen aus der Savanne in den Wald eindringen (so z. B. im Norden auch viele Gruppen mit ostsudanischen und nilo-saharischen Sprachen) und Vorbewohner politisch assimilieren, sich ihnen aber kulturell angleichen. Die Pygmäen gehen lose Assoziationen mit Feldbauerngruppen ein und modifizieren ihre Wildbeuterkultur; sie übernehmen die Sprache ihrer Feldbauernnachbarn.
	19. Jh.	Unter den Fischern am mittleren Kongo bauen die Bangala ein Handelsnetz mit Beziehungen zum Tio-Königreich auf; Lingala entwickelt sich zur Verkehrssprache. In der Mitte des Jh.s dringen *arabische Sklavenjäger* aus Ostafrika in die Waldregion ein und richten mit Hilfe einheimischer Truppen, den Manjema, in zahlreichen Sklavenkriegen große Verheerungen an. Nyangwe und Kasongo am oberen Kongo (am Waldrand) sind die Zentren des arabischen Sklavenhandels.
arabische Sklavenjäger		
Tippu Tip	1874–1891	Der *Sklavenhändler Tippu Tip* beherrscht die östlichen Waldländer, und zwar 1890–1891 als Gouverneur des Kongo-Staates.
Kongo-Staat	bis 1900	Die zentralen und östlichen Gebiete werden vom *Kongo-Staat* des belgischen Königs, Leopolds II., die westlichen von Franzosen, Deutschen und Spaniern okkupiert. Besonders die Ethnien im Bereich des Kongo-Staates sind um die Jahrhundertwende *Zwangsmaßnahmen* privater und staatlicher Unternehmungen zur Ausbeutung der natürlichen Reichtümer
Zwangsmaßnahmen		

des Waldes (Kautschuk) unterworfen. Während Christianisierungsbestrebungen hier in der Folgezeit z. T. sehr aktiv sind (militantes Vorgehen gegen einheimische Glaubensformen), wird durch administrative Maßnahmen die Schulbildung auf elementare Kenntnisse beschränkt; noch mehr als in den meisten anderen Regionen Afrikas wird die Bevölkerung in die Rolle eines Arbeitskräftereservoirs gedrängt. – (Forts. S. 1162, 1162)

Das Mittelbantu-Gebiet

Quer durch Mittelafrika erstreckt sich von Moçambique (Mozambik) bis Angola ein breiter Streifen von Hochebenen, die zumeist Trockenwald oder Trockensavannen, in Richtung auf die Regenwaldzone Feuchtsavannen tragen.
Das gesamte Gebiet wird von *Bantu*-Feldbauern besiedelt (1.–9. Jh. n. Chr.), wenn auch bis heute in vielen Gegenden pygmoide Wildbeutergruppen oder Jägerkasten als Nachkommen der Vorbewohner erhalten bleiben. Der Anbau ist fast überall ein extensiver Brandrodungsfeldbau. Während zahlreiche Ethnien in den trockeneren Gebieten bis in neuere Zeiten nicht oder schwach zentralisiert bleiben, entstehen insbesondere im Bereich der Feuchtsavannen zahlreiche Staaten. Fast überall bildet sich eine matrilineare Abstammungs- und Erbregelung heraus.

Bantu

Die Angola-Zambezi-Region (17. Jh.–1900)

In den Trockensavannen des zentralen Angola bis zur Küste von Moçambique und dem südlichen Tanzania erstreckt sich ein Gebiet mit kulturell relativ ähnlichen Ethnien, die politisch in winzige autonome matrilineare Deszendenzgruppen oder kleine Häuptlingstümer (z.B. bei den Ambwela und Luchazi in Angola, den Tonga und Cewa in Zambia, den Yao und Makua in Moçambique [Mozambik]) zerfallen, und zwar bis in die Kolonialzeit hinein.

17. Jh. An zwei Stellen bilden sich in dieser Region dennoch Staaten heraus. In dem fruchtbaren oberen Zambezi-Tal entsteht der *Staat der Lozi* (Rotse, Luyi), dem viele Ethnien angeschlossen sind. Die staatstragende Ethnie, die Lozi, die eine Aristokratie bilden und die Herrscherdynastie stellen, ist wahrscheinlich aus dem Lunda-Gebiet eingewandert. Weiterhin gründen Einwanderer unbekannter östlicher Herkunft am Westufer des Nyasa-Sees ein *Herrschaftsgebiet Malawi*, das seine Macht auf die Kontrolle einer Handelsstraße zur Ostküste stützt. Die politischen Entwicklungen um die Zulu in Südafrika haben auch ihre Auswirkungen auf die Angola-Zambezi-Region, und zwar in besonderem Maße auf die erwähnten Staaten.

Staat der Lozi

Herrschaftsgebiet Malawi

1835–1846 Die Ngoni, eine abgespaltene Zulu-Gruppe, dringen über den Zambezi und verheeren weite Strecken Zentralafrikas. Der *Malawi-Staat wird zerstört*; in der Nähe des Nyasa-Sees siedelt sich ein Teil der Ngoni ständig an.

Malawi-Staat wird zerstört

1836–1864 Die Kololo, eine vor den Zulu und anderen Nachbarn geflohene Sotho-Gruppe, erobern unter Sebetwane den Lozi-Staat, wo sie sich als eine Aristokratie etablieren und selbst den Herrscher stellen. Als sie in einem Aufstand der Einheimischen vernichtet werden (1864), bleiben wesentliche Aspekte ihrer Kultur, so die Sotho-Sprache, bewahrt.

1885–1917 Die alte Lozi-Dynastie kann sich erneut etablieren. Nach heftigen Thronwirren gewinnt König Lewanika die Herrschaft und kann dem Staat eine stabile Struktur verleihen; er fördert die Tätigkeit von Missionaren.

1891 Lewanika schließt einen *Protektoratsvertrag* mit der „British South Africa Company" ab, durch welchen der Lozi-Staat viele Autonomierechte unter der britischen Herrschaft bewahren kann.

Protektoratsvertrag

bis 1900 Alle Gebiete der Region werden der portugiesischen oder britischen Kolonialherrschaft unterworfen. Die Bewohner dieser Region sind in ihren Heimatgebieten relativ geringen Akkulturationseinflüssen ausgesetzt; am ehesten noch sind *Missionsaktivitäten* wirksam, wie z. B. in Nyasaland (Malawi). Sie bilden jedoch ein Reservoir von Wanderarbeitern, die im Kupfergürtel und in Südafrika Bekanntschaft mit städtischer und industrieller Kultur machen. – (Forts. S. 1165, 1166, 1167)

Missionsaktivitäten

Die Luba- und Lunda-Staaten in Zentralafrika (um 1500–1869)

um 1500 Nkongolo begründet am oberen Kongo einen *Staat der Luba*, der ebenso wie drei etwa gleichzeitig entstandene benachbarte kleinere Staaten jahrhundertelang bestehen bleibt. Al-

Staat der Luba

Lunda-Staat	um 1600	le Ämter im Staat werden vom König besetzt, und zwar nur mit Angehörigen aus der königlichen Familie. Cibinda-Ilunga, ein Angehöriger der Luba-Dynastie, begründet den zentralen *Lunda-Staat* und nimmt den Titel Mwaant Yaav (d.h. König) an. Durch Eroberung werden vom Lunda-Staat des Mwaant Yaav zahlreiche Nachbargebiete inkorporiert; die entfernteren Gebiete hingegen verbleiben unter ihren bisherigen Häuptlingen als Tributärgebiete weit gehend autonom.
	17. Jh.	Abwandernde Lunda-Gruppen errichten nach dem Vorbild des Staates des Mwaant Yaav in weitem Umkreis weitere Staaten, deren Bevölkerung lundaisiert wird: Kasanje in Westangola, mehrere Staaten am Kwango-Fluss, der Bemba-Staat in Nordzambia.
	um 1700	Nganda Bolonda wird Gouverneur der östlichen Lunda-Gebiete am Luapula mit dem Titel Mwata Kazembe (d.h. Statthalter). Nachdem sein Sohn Kaniembo vom Mwaant Yaav als selbstständiger Herrscher anerkannt ist, entwickelt sich hier in der Folgezeit der mächtigste der Lunda-Staaten.
starke territoriale Einbußen	etwa 1850–1900	Die Luba- und Lunda-Staaten werden auf allen Seiten von Eindringlingen, die aufgrund ihrer Ausrüstung mit Feuerwaffen militärisch überlegen sind, bedrängt und müssen *starke territoriale Einbußen* hinnehmen. Im Westen dringen viele kleine Gruppen mit Feuerwaffen ausgerüsteter Chokwe, eine Jäger- und Händlergruppe, in Lunda-Gebiete ein, reißen in einzelnen Lokalgruppen die Macht an sich und missachten den Machtanspruch des jeweiligen Lunda-Herrschers; d.h., weite Gebiete werden politisch in kleine Chokwe-Häuptlingstümer aufgelöst.
Kolonialzeit	ab 1869	Im Osten errichtet Msiri, ein Mann aus Unyamwezi (Tanzania), mit Hilfe von Landsleuten eine eigene Herrschaft und kann weite Gebiete von Lunda-Kazembe an sich reißen. Im Nordosten der Luba-Staaten verbreiten arabische Sklavenhändler aus Zanzibar Unruhe. Ende des Jh.s werden die meisten Gebiete vom Kongo-Staat, andere von Portugal und Großbritannien annektiert. In der *Kolonialzeit* werden die einheimischen politischen Strukturen fast völlig beseitigt, und die Akkulturation ist besonders intensiv, weil hier die Industrien des Kupfergürtels von Katanga und Nordrhodesien (Zambia) entstehen. – (Forts. S. 1162)

Oberes Kassai-Gebiet (um 1600–Ende 19. Jh.)

Kuba und Lele	um 1600	In diesem Grenzgebiet zum Regenwald finden Einwanderungen aus Nordwesten statt. Die Neuankömmlinge begründen Herrschaften, die dann die politischen Systeme der *Kuba* (Bushong) *und Lele* entstehen lassen.
	um 1700	Bei den Kuba ergreift Shangobolongongo, ein Usurpator, die Macht, baut die staatlichen Institutionen aus und führt viele Neuerungen ein. Der Kuba-Staat, in dem die Macht des Herrschers mit derjenigen lokaler Würdenträger geteilt wird, erhält damit für Jh.e seine wesentliche Gestaltung. Bei den Lele hingegen hat das Herrscheramt rein rituelle Funktionen; die Macht liegt dort bei den Altenräten der Lokalgruppen. In diesem Gebiet – besonders bei den Kuba – liegt ein Zentrum afrikanischer Plastik und Holzschnitzkunst.
kulturelle Verarmung	Ende 19. Jh.	Beide Ethnien werden in den Kongo-Staat integriert. Wenn auch die sozialen Strukturen in vielen Aspekten vorkoloniale Verhältnisse fortsetzen, bewirkt die Beseitigung der früheren politischen Institutionen eine *kulturelle Verarmung,* ähnlich wie in den Luba- und Lunda-Ländern, da die gesamte Hofkunst und das Zeremonialwesen verschwinden. – (Forts. S. 1162)

Die westlichen Staaten Mittelafrikas (Anfang 2. Jt.–1900)

	Anf. 2. Jt. n. Chr.	In der Gegend von Stanley-Pool bilden sich solche staatliche Institutionen heraus, die in der Folge in einer Reihe von Staaten der westlichen Hochländer zur Geltung kommen.
Staat Kongo	14. Jh.	Wene begründet den *Staat Kongo,* in dem zahlreiche Häuptlingstümer und die bereits existierenden Staaten Mpangu und Mbata aufgehen. Gleichzeitig existieren die Staaten Loango und Tio, weitere werden in der Folgezeit in Nachbargebieten begründet. In Kongo wie in seinen Nachbarstaaten wird das Land mit Hilfe einer *Hierarchie* vom König eingesetzter territorialer Würdenträger regiert; nur auf Dorfebene gibt es die Ältesten der matrilinearen Abstammungsgruppen als Dorfhäuptlinge.
Hierarchie	ab ca. 1480	Nzinga Nkuwu ist König in Kongo (bis 1508).
	1482	Diogo Cão erreicht Kongo und leitet diplomatische Beziehungen zwischen Portugal und Kongo ein. – Katholische Missionare werden ins Land gebracht.
	1491	Der König lässt sich taufen und nimmt den Namen João I. an.

1508–1545	Unter Affonso I. sind die Beziehungen zu Portugal besonders eng. Portugiesische Missionare und Handwerker kommen nach Kongo; während ihre Aktivitäten vom König gewünscht und gefördert werden – eine Christianisierung findet in erheblichem Maße statt –, entstehen *Spannungen* infolge von Willkürhandlungen portugiesischer Sklavenhändler, deren Interessen immer mehr auch bei den portugiesischen Diplomaten durchschlagen. Die Beziehungen zwischen dem christlichen Kongo und Portugal sind daher auch in der Folgezeit eher gespannt, z. T. kommt es zu kriegerischen Auseinandersetzungen.	*Sklavenhändler*
um 1560–1620	Die Jaga, eine aus Zentralafrika eindringende Kriegerschar, die sich durch Assimilation Unterworfener rasch vergrößert, verwüsten weite Gebiete (1568 Zerstörung von San Salvador, Hauptstadt des Kongo), bis sie in Teilen der Region ansässig werden.	
16./17. Jh.	Das Königreich Ndongo südlich von Kongo liegt fast ständig im *Krieg mit den Portugiesen*, die vom Hafen Luanda aus operieren.	*Krieg mit den Portugiesen*
1653	Der größte Teil des Reiches muss an die Portugiesen abgetreten werden, die die *Kolonie Angola*, deren Organisation weit gehend der des Königreiches entspricht, errichten.	*Kolonie Angola*
1685–1710	In Kongo gibt es permanent heftige Thronwirren. Die Folge davon ist, dass am Ende der König nur noch dem Anspruch nach Herrscher über ein größeres Gebiet ist, während de facto das Königreich in *zahlreiche autonome Häuptlingstümer* zerfällt. Das Christentum verschwindet völlig; von der kulturellen Beeinflussung durch Portugal bleibt kaum etwas.	*autonome Häuptlingstümer*
19. Jh.	Am gesamten unteren Kongo-Fluss entwickelt sich ein stammesübergreifendes Handelssystem, das vom Königreich Tio nur teilweise kontrolliert wird und durch welches Landesprodukte aus dem Inneren gegen europäische Güter ausgetauscht werden.	
bis 1900	Die gesamte Region wird vom 1885 begründeten *Kongo-Staat* Leopolds II. von Belgien, von Portugal oder Frankreich unterworfen. In Fortsetzung von Tendenzen des 19. Jh.s verlagert sich das politische und wirtschaftliche Schwergewicht der Region von den Hochebenen ganz an den Unterlauf des Kongo (Boma, Léopoldville, Brazzaville) und an die Küste (Luanda, Cabinda). – (Forts. S. 1162, 1165)	*Kongo-Staat*

Die südwestlichen Hochländer Mittelafrikas (Anfang 16. Jh.–Anfang 20. Jh.)

	In den südwestlichen Hochländern bildet sich eine Bantu-Kultur heraus, in der neben dem Feldbau auch die Rinderhaltung wirtschaftlich von Bedeutung ist.	
Anfang 16. Jh.	Die *Jaga*, die in vorangehenden Jahrzehnten als Krieger die Staaten im Norden verheert haben, begründen in dieser Region eine Reihe von Staaten, unter denen Bihé der bekannteste ist. Teile der Bevölkerung von Bihé wollen sich der Herrschaft nicht unterstellen und wandern in die trockenen Küstenregionen ab. Dort werden sie zu reinen Hirtennomaden (die Kuvale, Himba, Chimba); ein Teil wandert weiter nach Süden und setzt sich dort als Herero fest.	*Jaga*
19. Jh.	Die *Ovimbundu* reißen den Zwischenhandel mit Sklaven vom Inneren zu den portugiesischen Siedlungen an der Küste an sich (erst um 1850 wird dieser Handel eingestellt). Ende des Jh.s wird fast die gesamte Region der portugiesischen, der äußerste Süden (Ovambo, Herero) der deutschen Kolonialherrschaft unterworfen. Nachdem die *Kolonialherrschaft* hier z. T. mit brutalen Gewaltmaßnahmen durchgesetzt wird (militärische Unterjochung der Ovimbundu-Staaten 1890–1902 durch Portugal, *Vernichtungskrieg* der Deutschen gegen die aufständischen *Herero* 1904–1905), ergeben sich hier besonders schwerwiegende Verfallserscheinungen der sozialen Institutionen, da die Reduzierung der einheimischen politischen Strukturen mit wirtschaftlichem Niedergang verbunden ist (Verlust der Rolle als Händler bei den Ovimbundu, Verlust der Rinderherden bei den Herero, Verlust der Rechte an großen Landgebieten, die europäischen Siedlern zugeteilt werden). – (Forts. S. 1165, 1167)	*Ovimbundu* *Kolonialherrschaft* *Herero-Krieg*

Südafrika

Die Länder südlich der Flüsse Zambezi, Cubango und Cunene sind überwiegend Trockengebiete, also Trockensavannen und Dornbuschsavannen. Nur die östlichen Gebirgsgebiete und Küstenregionen sind z. T. besser beregnet und haben im Kapland z. T. eine mediterrane Flora hervorgebracht. Entsprechend der geografischen Lage und natürlichen Ausstattung haben sich hier am längsten altafrikanische Wildbeutergruppen halten können; eine Besiedlung durch Feldbauern erfolgt relativ spät und nur in Teilräumen.

Rhodesien (Zimbabwe) (ab 1. Jh.–1893)

Bantu-Feldbauern	ab 1. Jh. n. Chr.	**Bantu-Feldbauern** dringen in Gebiete zwischen Zambezi und Limpopo ein. Die Region bildet nunmehr den Ausgangspunkt für Wanderungen der Südostbantu weiter nach Südafrika hinein.
Zimbabwe	um 1100	Der Bau von Steinmauern in *Zimbabwe* beginnt.
Handelsverbindungen	um 1350–1450	Zimbabwe genießt seine erste Blütezeit als Hauptstadt eines Staates unter der Torwa-Dynastie. Es bestehen *Handelsverbindungen* zwischen dem rhodesischen Hochland und arabischen Küstensiedlungen (Sofala). Aus Rhodesien kommt Gold, die Araber liefern Handwerksprodukte. Allgemein findet eine gewisse kulturelle Beeinflussung von arabischer Seite bis in das Hochland statt.
Mwene-Mutapa-Staat	15./18. Jh.	Im zentralen Rhodesien ist der *Mwene-Mutapa-Staat* neben das weiterhin bestehende Torwa als bedeutender Staat getreten. Der Staat des Mwene Mutapa erringt zeitweilig die Vormachtstellung. Steinbauten nach dem Vorbild von Zimbabwe werden auch in diesem Staat (in kleinerem Ausmaß) errichtet. Bei Inyanga werden ausgedehnte Terrassen- und Bewässerungsanlagen eingerichtet. Mit der Eroberung Sofalas durch die Portugiesen (1505) bricht der direkte Handel mit den Arabern ab; Handelsverbindungen zu diesen werden in der Folge über Malawi am Nyasa-See angeknüpft. Grundsätzlich aber treten an die Stelle der Araber die *Portugiesen*
Portugiesen als Handelspartner		*als Handelspartner*, die auch beständig um feste diplomatische Beziehungen bemüht sind.
	17. Jh.	Den Portugiesen gelingt es zeitweilig, auf die Thronbesetzung Einfluss zu gewinnen und getaufte Katholiken ins Amt des Mwene Mutapa zu bringen.
	17./19. Jh.	Die Changamire, die bereits seit dem 15. Jh. im Nordwesten einem kleinen Staat vorstehen, erobern (Ende des 17. Jh.s) große Teile des Mwene-Mutapa-Staates sowie den Torwa-Staat (Zimbabwe). Es entsteht damit ein *Staat der sog. Rozwi*, unter dem Zimbabwe eine zweite Blütezeit erreicht.
Staat der so genannten Rozwi	18. Jh.	Ein zweiter Rozwi-Staat entsteht unter Cihunduro im Westen; die Hauptstadt ist Kami, wo große Bauten errichtet werden.
	ab 1823	Von Süden her dringen zulu-sprachige Gruppen als Folge der Shaka-Kriege ein. Die Rozwi-Staaten werden von ihnen zerschlagen. Es gibt fortan in dem ehemaligen Staatsterritorium nur noch eine Vielzahl von Häuptlingstümern.
	1835	Die meisten der Eindringlinge ziehen als Ngoni weiter nach Ostafrika.
Ndebele	1838–1870	Weitere siedeln sich unter Mzilikazi bei Bulawayo an und assimilieren als *Ndebele* (Matabele) die einheimische Bevölkerung.
	1870–1893	Unter Lobengula erfolgt die Auseinandersetzung der Ndebele mit den wirtschaftlichen und politischen Interessen des britischen Südafrika.
britisches Protektorat	1888	Lobengula akzeptiert *das britische Protektorat* und tritt die Bergbaurechte (Gold) an Sir Cecil Rhodes ab.
	1893	Er versucht einen Aufstand, der scheitert.
europäische Bergbauindustrie		Ende des Jh.s werden auch alle anderen Gebiete der Region entweder der britischen oder (das Tiefland im Osten) der portugiesischen Kolonialmacht unterworfen. Im britischen Gebiet (Südrhodesien) entwickelt sich rasch eine *europäische Bergbauindustrie*, und später finden sich Siedler ein, sodass hier für die Einheimischen die Probleme einer durch die privilegierte europäische Siedlerminderheit dominierten Gesellschaft in den Vordergrund treten. – (Forts. S. 1166)

Das Südostbantu-Gebiet (10. Jh.–Ende 19. Jh.)

	10. Jh. n. Chr.	Nach al-Masudi leben südlich von Sofala deutlich von den Zanj (= Bantu) unterschiedene Gruppen, die Waq-Waq, womit am ehesten klick-sprachige Khoi (Hottentotten) gemeint sind. Vielleicht sind aber zu dieser Zeit auch schon vereinzelte Bantu-Feldbauern anwesend, da es bis in neuere Zeit hinein bantusprachige Restgruppen gibt, die vor den heute ansässigen Ethnien bereits anwesend gewesen sein sollen (Alt-Sotho, Kgalagadi u. a.).
Sprachen	1100–1300	Gruppen mit Tswana-Sotho-*Sprachen* dringen im Landesinneren bis zum Vaal-Fluss, Gruppen mit Nguni-Sprachen an der Küste bis über den Kei-Fluss, Gruppen mit Tsonga-Sprachen in die Küstenebene von Südmoçambique vor.
	um 1650	Die östlichen Bergländer werden von Sotho-Gruppen besiedelt. Damit sind weit gehend alle Gebiete von Bantusprachigen besiedelt, die auch noch um 1800 ihre Territorien bilden. Die Südostbantu sind Feldbauern mit ausgeprägter Rinderhaltung. Politisch zerfallen sie in zahlreiche kleine Häuptlingstümer.
Kleinstaaten	um 1730	Die Venda dringen über den Limpopo und bringen damit die rhodesische Königskultur ins nördliche Transvaal; sie zerfallen in eine Reihe von *Kleinstaaten*.

um 1800	In den Küstenregionen gibt es Tendenzen zu größerer politischer Zentralisierung, so bei den Swazi und in Natal, wo Dingiswayo von den Mthethwa mehrere Gruppen beherrscht.	
1818	Nach dessen Tod reißt Shaka, der Häuptling der Ifenilenja, die Führung an sich.	
1820–1828	Shaka reorganisiert die politische Organisation in seinem Machtgebiet, dessen Bewohner von nun an unter dem Namen *Zulu* bekannt sind. Die Bevölkerung wird in Altersklassen gegliedert; das Rückgrat der Macht bildet die Kriegerklasse. Die Krieger sind straff geführten Regimentern zugeordnet; sie dürfen erst nach dem Austritt aus der Kriegerklasse heiraten. Diese jungen Männer bilden ein dauernd einsatzbereites stehendes Heer, das Shaka nach einer neuen Kampftechnik (Verwendung des Stoßspeers) drillt. Dermaßen gerüstet, gelingt es Shaka, die militärische Übermacht über alle Nachbarn zu erringen; sie werden entweder vernichtet oder unterworfen und dann assimiliert.	Zulu
Mitte 19. Jh.	Diese Entwicklungen führen nicht nur dazu, dass nach seinem Tode (1828 von seinen Brüdern ermordet) der straff geführte Zulu-Staat weiter besteht, sondern dass Teilgruppen, die sich wegen interner Differenzen abspalten, in verschiedensten Ländern *ähnliche Staaten* begründen (Ndebele in Rhodesien/Zimbabwe, Kololo in Zambia, Ngoni in Ostafrika). Weiterhin entstehen ähnliche Staaten in der Abwehr der Zulu, so der Sotho-Staat unter Moshweshwe (1820–1870). Die vielen Kriege führen aber auch zur Entvölkerung weiter Landstriche, insbesondere in Natal und auf der Hochebene zwischen Oranje- und Vaal-Fluss; damit ist eine wesentliche Voraussetzung für die dortige Festsetzung der aus dem Kapland nach Norden treckenden Buren geschaffen.	ähnliche Staaten
1838–1856	Zahlreiche Ethnien in Natal und auf der zentralen Hochebene (Veld) werden, oft nach heftigen Kämpfen, von den *Buren* unterworfen.	Buren
1840–1895	Einige Ethnien können, z. T. mit diplomatischer Unterstützung von Missionaren, unter geschickter politischer Führung die Gegensätze von Briten und Buren ausnutzen, um ihre Unabhängigkeit zumindest zeitweilig noch zu wahren und dann durch den Abschluss von Protektoratsverträgen gewisse Autonomierechte zu behalten (die südlichen Sotho unter Moshweshwe 1870 und die Ngwato unter Khama 1870 mit Großbritannien, die Swazi unter Mbandzeni 1884–1885 mit Transvaal).	
Ende 19. Jh.	Weitere Territorien westlich und östlich der *Burenstaaten* werden, z. T. erst nach starkem Widerstand (so z. B. die Zulu und Xhosa), von den Briten unterworfen. Damit wird die Grundlage dafür gelegt, dass das Gros der Südostbantu in den Staatsverband der (1910 begründeten) Südafrikanischen Union und in den besonders verankerten extremen mindernen Rechtsstatus der schwarzen Bevölkerung gerät. In Reservaten lässt man, ähnlich wie in den britischen Protektoraten, einheimische Autoritäten als Bestandteile der Verwaltungsstruktur in begrenztem Maße bestehen. *Akkulturationsvorgänge* sind bei den Südostbantu besonders tiefgreifend, da ein großer Teil durch Wanderarbeit oder feste Ansiedlung auf Farmen und in Städten in sehr engen Kontakt zu Europäern und europäisch geprägten Institutionen kommt. – (Forts. S. 1168)	Burenstaaten Akkulturationsvorgänge

Das Kapland, die zentralen und westlichen Gebiete Südafrikas (1. Jt.–1885)

	Die Trockengebiete Südafrikas sind das Refugium der klick-sprachigen Khoisaniden. Bis in neueste Zeit haben sich Teilgruppen unter ihnen als Wildbeuter, die San *(„Buschmänner")*, halten können.	„Buschmänner"
1. Jt. n. Chr.	Erste vordringende negride Bantu werden kulturell und sprachlich assimiliert; die Bergdama, eine Wildbeuter- und Kleinviehhirtengruppe in den Bergen Namibias (Südwestafrikas), gehen wahrscheinlich auf solche Einwanderungen zurück. Ein Teil der Klick-sprachigen, die später als Khoi bzw. Nama *(„Hottentotten")* bezeichnet werden, geht (Kontakte zu nördlicheren Gebieten) zur Rinderhaltung mit typischer Hirtennomadenkultur über.	„Hottentotten"
17. Jh.	Die Khoi bzw. Nama bewohnen das Kapland und Teile des südwestlichen Afrika (Namibia); sie haben erste Kontakte mit den *holländischen Siedlern* um Kapstadt (6. April 1652 erste Ansiedlung begründet).	holländische Siedler
18./19. Jh.	Die holländischen Siedler okkupieren nach und nach die Gebiete der Khoi im Kapland; sie werden entweder in dienender Position in die Siedlergesellschaft integriert und gehen unter Verlust ihrer eigenen Kultur in der Schicht der „Farbigen" („Coloured") auf oder sie ziehen – schon eine *Mischbevölkerung* bildend – als Griqua nach Norden und bilden (1803 und 1813) jenseits des Oranje-Flusses autonome Einheiten.	Mischbevölkerung
1871–1885	Alle Trockengebiete mit Khoi- bzw. Nama- und San-Bevölkerung werden entweder der britischen oder deutschen *Kolonialverwaltung* unterworfen (1871–74 wird Griqualand, 1884–85 Bechuanaland und die Walfischbucht von den Briten, 1884 Südwestafrika von Deutschland okkupiert). Während die Khoi bzw. Nama, die schon früher stark burisch be-	Kolonialverwaltung

Die europäische Kolonialzeit Afrikas südlich der Sahara bis 1945

Senegal (1864–1935/45)
(Forts. v. S. 1139, 1141, 1143, 1144)

Schlacht von Pathebadiane

1864 Proklamation der französischen Kolonie Senegal.
1865 Eroberung von Saalum und Jollof durch den Marabut Ma Ba von Baddibu aus, der die Franzosen in der *Schlacht von Pathebadiane* (Nov. 1865) schlägt, beim Angriff auf das Si-in-Reich jedoch fällt (1867).
1866–1875 Franzosen versuchen Gambia von Großbritannien zu erhalten, das den Zugang zur Casamance (Südteil Senegals) blockiert.
1871–1887 St. Louis (1871), Gorée (1872), Rufisque (1880) und Dakar (1887) erhalten volles französisches Kommunalrecht.
1882 Abtrennung des Guinea-Gebietes (Rivières du Sud), bis 1891 noch Senegal unterstellt.

Guerilla-Kampf

1883–1887 Nach seiner Vertreibung (16. Jan. 1883) geht der aufständische Kajor-Herrscher Lat Joor (Dior) zum *Guerilla-Kampf* über und wird von den Franzosen geschlagen (1886), die mit der Niederlage des Sarakole-Marabut Mamadu Lamin (8. Dez. 1887) Zugang zum oberen Gambia-Fluss und zur Casamance erhalten.

Widerstand gebrochen

1890 Mit der Unterwerfung des Volkes der Buurba-Jollof unter Alburi Njai (Ali Bouri) wird der bewaffnete *Widerstand* im Senegal weit gehend *gebrochen*.
1895 Senegal wird Verwaltungssitz des Generalgouvernements für Französisch-Westafrika, zu
15. Juni dem auch Soudan (Französisch-Sudan, Territorium seit 1892, heute Mali), Dahomey (französische Kolonie seit 1892, heute Benin) und die Elfenbeinküste (französische Kolonie seit 1893) gehören, und nach Abtrennung des Mauretanien-Gebietes (1903) Teil der Föderation Französisch-Westafrika (18. Okt. 1904; Sitz: Dakar), zu der als eigenständige Kolonien auch 1922 Niger und 1936 Französisch-Togo (Togoland bzw. Togo 1884/1885–1914/1919 deutsches Protektorat) kommen.
1914 Blaise Diagne (*1872, †1934) wird erster Schwarzafrikaner im französischen Parlament (Abgeordneter bis 1934) und erreicht die Bestätigung des französischen Bürgerrechts für die vier „alten Gemeinden" (1915/1916).

Kolonialrat

1920 Im neu errichteten *Kolonialrat* wird die führende Stellung der Franzosen bzw. Kreolen aus
4. Dez. St. Louis endgültig beseitigt; französische Staatsbürger Senegals (ca. 90% sind Afrikaner) erhalten die eine Hälfte, Vertreter der Chefferie (eingesetzte „traditionelle" Herrscher) die andere Hälfte (ab 1925: 40%) der wählbaren Sitze; sämtliche parlamentarischen Gremien Senegals werden seitdem von Afrikanern beherrscht.
1935 Amadou Lamine-Guèye (*1891, †1968) gründet die Parti Socialiste Sénégalais (PSS), die mit der neu gegründeten senegalesischen Sektion der französischen SFIO (Section Française de l'Internationale Ouvrière) zusammengeht (1938), zunächst jedoch den Charakter einer lockeren Vereinigung behält. – (Forts. S. 1644, 1657, 1661, 1665, 1669, 1671, 1677, 1678, 1680).

Sierra Leone (1787–1943/45)
(Forts. v. S. 1144)

Abolitionisten

1787 Auf Betreiben der *britischen Antisklavereibewegung (Abolitionisten)* siedeln sich 430 ehe-
9. Mai malige Sklaven und 60 mittellose Engländerinnen in der „Freiheits-Provinz" an der Küste Sierra Leones an (22. Aug. 1788); die vom Abolitionisten Granville Sharp geprägte Siedlung hält sich nur mühsam, die Kontrolle wird per Charta an die Sierra Leone Company übertragen (1791).

1792 Febr./März	1190 *befreite Sklaven* aus Nova Scotia/Kanada (dort angesiedelte britische Verbündete im Amerikanischen Unabhängigkeitskrieg) und 119 Engländer kommen ins Land; Freetown wird gegründet, 64 der noch verbliebenen ersten Siedler werden hierher umgesiedelt.	*befreite Sklaven*
1799	*Aufstand* der Nova-Scotia-Zuwanderer wegen Beschneidung der Mitbestimmungsrechte.	*Aufstand*
1800 30. Sept.	Die Ankunft von 550 „Maroons" (entlaufene Ashanti-Sklaven, die sich in den Bergen Jamaikas ergeben mussten und nach Nova Scotia umgesiedelt wurden) und einer Abteilung des britischen Royal African Corps ist ausschlaggebend für die *Niederwerfung des Aufstandes*.	
1808 1. Jan.	Nachdem der Krieg gegen die Völker der Temne und Bullom (1801–1807) die Sierra Leone Company ruiniert hat, wird *Sierra Leone* zur *britischen Kolonie* erklärt.	*Sierra Leone wird britisch*
1808–1849	Das Sklavenhandelsverbot wird durch Einsatz eines in Freetown stationierten britischen Marinegeschwaders vor der westafrikanischen Küste durchzusetzen versucht. Bis 1863 werden etwa 50000 befreite Sklaven in Dörfern in der Nähe von Freetown angesiedelt, betreut von der Church Missionary Society (seit 1806 im Land: Beginn der britischen *Missionstätigkeit* in Westafrika) und den Methodisten (seit 1811).	*Missionstätigkeit*
1814	Gründung der Christlichen Institution (ab 1827: Fourah Bay College) zur Ausbildung von afrikanischen Lehrern und Missionaren (auch für Nigeria und Goldküste).	
1821 3. Juli	Gambia (bis 1843) und die Goldküste (bis 1850) kommen unter die Administration Sierra Leones, die zur Sicherung der Handelsinteressen ihren Einfluss auf das Hinterland ausdehnt; die Temne geraten zunehmend in Abhängigkeit von der Kolonie.	
1853	Die allmähliche Formierung der heterogenen Einwandererschaft zu einer Gesellschaft (*„Kreolen"*) mit engerem Zusammenhalt wird durch die rechtliche Gleichstellung der befreiten Sklaven mit den frühen Einwanderern anerkannt; die Kreolen („Sierra Leonians") verteilen sich (seit 1839) über die westafrikanische Küste, als Missionare, Lehrer, Handwerker und Händler beeinflussen sie das Geschehen in den jeweiligen Gebieten stark.	*Kreolen*
seit 1861	Die Expansion der Kreolen-Bevölkerung ins Hinterland der Sierra-Leone-Kolonie wird mit der Annexion einiger größerer Gebiete intensiviert; zahlreiche Erhebungen der betroffenen Bevölkerung in der Folge.	
1863	Errichtung (21. Juli) eines Exekutiv- und eines Legislativrates (Freetown: 2 Mitgl.).	
1866 19. Febr.	Die Goldküste und Lagos (bis 1874) sowie Gambia (bis 1888) werden Sierra Leone unterstellt (später selbstständige Kolonien Goldküste, Nigeria, Gambia).	
1882–1883	Vertrag mit den Mende (1879) und Annexion der Küstengebiete der Gallina und Krim.	
1893 23. Dez.	Bei Expeditionen gegen Samori Ture Zusammenstoß britischer und französischer Truppen bei Waiima.	
1895	Baubeginn der ersten Eisenbahnlinie Westafrikas (Freetown–Songo, Eröffnung 1. Mai 1899) und Gründung der ersten Gewerkschaft in Sierra Leone.	
1896	*Proklamation eines Protektorates* über das Hinterland der Sierra-Leone-Kolonie erfolgt (31. Aug.).	*Protektoratsproklamation*
1898	Nach Übergriffen bei der Eintreibung einer neu eingeführten Hüttensteuer (nur für das Protektorat) *Aufstand* im größten Teil des Protektorats, besonders unter den Mende und im Norden unter dem Loko-Herrscher Bai Bureh; blutige Niederschlagung, Hinrichtung von 96 „Rebellen".	*Aufstand*
1906	Trotz Gründung der Bo-Regierungsschule für Söhne von Chiefs des Protektorats (Politik des Ausgleichs) wird kein wirkliches Gegengewicht gegen den Führungsanspruch der Kreolen geschaffen; zunehmende *Polarisierung* zwischen Kolonie und Protektorat.	*Polarisierung*
1919	Ausschreitungen gegen syrische Händler und Eisenbahnarbeiterstreiks (erneut 1926).	
1920 20. März	Gründung der Sierra-Leone-Sektion des National Congress of British West Africa als erster politischer Organisation, zu der die Young People's Progressive Union hinzukommt (1929).	
1924 16. Jan.	*Neue Verfassung*: Wahl von drei Mitgliedern (Oberschicht Freetown) des Legislativrates, drei Sitze für traditionelle Herrscher aus dem Protektorat.	*neue Verfassung*
1930–1933	Unruhen im Protektorat, Rebellion in Kambia („Haidara-Krieg" 1931).	
1938	Gründung der Sierra Leone Youth League als ein Zweigverband der West African Youth League (2. Mai).	
1939–1942	Bei Arbeiterstreiks verbündet sich die Kreolen-Elite mit der Kolonialregierung.	
1943	Nominierung von zwei Afrikanern zum Exekutivrat. – (Forts. S. 1658, 1662, 1667)	

Die europäischen Kolonialreiche in Afrika südlich der Sahara

Kolonialreiche

	Land	Protektorat	Kolonie-Status	Treuhandgebiet	heutiger Staat (unabhängig seit:)
Britische Kolonien					
Britisch-Westafrika	Gambia	1816	1843/1888		Gambia (1965)
	Sierra Leone	1788	1808		Sierra Leone (1961)
	Goldküste	1821/1843	1874/1901		Ghana (1957)
	West-Togo			1919/22	Ghana (1957)
	Nigeria	1861/1885	1886/1900		Nigeria (1960)
	Brit.-Kamerun			1919/22	Kamerun bzw. Nigeria (1960)
Britisch-Zentralafrika	Nordrhodesien	1891			Zambia (1964)
	Nyasaland	1889/1891			Malawi (1965)
	Südrhodesien	1891	1923		Zimbabwe* (1980)
Britisch-Südafrika	Bechuanaland	1885	1895**		Botswana (1966)
	Basutoland	1868	1884		Lesotho (1966)
	Swaziland	1890/1903			Swaziland (1968)
	Kapkolonie	1806/1814	1853/1872		Südafrikanische Rep. (1910)
	Natal	1843	1856		Südafrikanische Rep. (1910)
	Oranje-Freistaat	1848–1852	1900/1907		Südafrikanische Rep. (1910)
	Transvaal	1877–1881	1900/1906		Südafrikanische Rep. (1910)
Britisch-Ostafrika	Uganda	1894			Uganda (1962)
	Kenya	1895	1920		Kenya (1963)
	Tanganyika			1919/20	Tanzania*** (1961)
	Zanzibar/Pemba	1890			Tanzania*** (1963 als Zanzibar)
	Mauritius				Mauritius (1968)
	Seychellen	1814	1903		Seychellen (1976)
	Brit. Somaliland	1884/1887			Somalia (1960)
	Sudan⁺	1899/1936			Sudan (1956)
Französische Kolonien					
Französisch-Westafrika	Mauretanien	1903	1920		Mauretanien (1960)
	Senegal	1783/1817	1864		Senegal (1960)
	Franz.-Guinea	1881/1888	1893		Guinea (1958)
	Elfenbeinküste	1845/1889	1893		Côte d'Ivoire (1960)
	Ost-Togo			1919/22	Togo (1960)
	Dahomey	1863/1882	1892		Benin (1960)
	Franz.-Sudan	1883/1892	1920		Mali (1960)
	Obervolta	1897	1919		Burkina Faso (1960)
	Niger	1900	1922		Niger (1960)
Französisch-Äquatorialafrika	Tchad	1900	1920		Tchad (1960)
	Ubangi-Chari	1894	1911/1920		Zentralafrik. Rep. (1960)
	Franz.-Kamerun			1919/22	Kamerun (1960)
	Gabon	1839	1854		Gabon (1960)
	Franz.-Kongo	1882	1910		Kongo [-Brazzaville] (1960)
Französisch-Ostafrika–Besitzungen	Madagaskar	1885/1895	1896		Madagaskar (1960)
	Comoren	1843/1886	1912		Comoren (1975)
	Réunion	1767	1793		
	Franz.-Somaliland	1862/1888	1896		Dschibuti (1977)
Belgische Kolonien					
	Belgisch-Kongo	1881/1885	1908		DR Kongo (1960)
	Ruanda-Urundi			1919/22	Rwanda (1962)
				1919/22	Burundi (1962)
Deutsche Kolonien					
	Togo	1884	1905		Togo (1960), Ghana (1957)
	Kamerun	1884			Kamerun, Nigeria (1960)
	Dt.-Südwestafrika	1884	1893		Namibia (1990)
	Dt.-Ostafrika	1885	1891		Tanzania*** (1961)
Portugiesische Kolonien	Port.-Guinea	1466	1879		Guinea-Bissau (1974)
	Kapverden	1495	1822		Kapverden (1975)
	São Tomé/Príncipe	1522/1753	1835		São Tomé/Príncipe (1975)
	Angola	1570/1571	1885		Angola (1975)
	Moçambique	1507/1558	1752/1891		Mozambik (1975)
Spanische Kolonien	Rio Muni	1877/1885			Äquatorial-Guinea (1968)
	Fernando Póo	1778/1885			Äquatorial-Guinea (1968)
	Annobón	1778/1885			Äquatorial-Guinea (1968)
Italienische Kolonien	Eritrea	1885⁺⁺	1890		Eritrea (1993) +++
	Abessinien	1935–1942	1936		Äthiopien (1942)
	Ital.-Somaliland	1889	1905	1949	Somalia (1960)

* einseitige Unabhängigkeitserklärung 1965;   ** südlicher Teil, kommt zur Kapkolonie;   *** Tanzania 1964 als Vereinigte Republik von Tanganyika und Zanzibar;   ⁺ anglo-ägyptisches Kondominium;   ⁺⁺ italienische Landung in Massaua;   +++ 1942–1993 zu Äthiopien.

Liberia (1818–1944/45)
(Forts. v. S. 1144)

1818 12. März	Die *American Colonization Society (ACS)* beginnt mit Unterstützung der US-Regierung mit Landkäufen an der westafrikanischen Küste, um dort Afroamerikaner anzusiedeln.	*American Colonization Society*
1820	Ankunft der ersten Siedler auf den Schiffen „Elizabeth" und „Nautilus" (1821).	
1822 1. Dez.	*Erste Kolonisten* aus Freetown/Sierra Leone landen am Kap Mesurado (7. Jan.). Schlacht um Fort Hill: Die Existenz der Kolonie wird mit der Abwehr von Angriffen der ansässigen Afrikaner gerettet.	*erste Kolonisten*
1824 20. Febr.	Die Kolonie wird Liberia, die Hauptstadt Monrovia genannt; regiert wird sie von einem von der USA-Regierung ernannten, durch die ACS vorgeschlagenen Gouverneur.	
1839 5. Jan.	Die ACS akzeptiert eine Verfassung, die den Zusammenschluss von sieben Siedlungsgebieten zum „Commonwealth of Liberia" ermöglicht, dem sich die Siedlung der Mississippi-Gesellschaft in Sinoe anschließt (1841).	
1847 26. Juli	*Unabhängigkeitserklärung* der Republik Liberia; nach Vorbild der Vereinigten Staaten von Amerika ausgerichtete Verfassung.	*Unabhängigkeitserklärung*
1. Sept.	Die Verfassung wird in einem Referendum (308 Wahlberechtigte) angenommen.	
1848 3. Jan.	J. J. Roberts (seit 1841 erster farbiger Gouverneur) wird erster Präsident; Liberia wird von den meisten europäischen Staaten anerkannt (USA erst 1862). Die Führungspositionen nimmt eine Oberschicht von in den USA frei geborenen Afroamerikanern und Mulatten (*„Americo-Liberianer"*, 1847 ca. 6000, 1861 ca. 19000) ein, die ein starkes Status- und Suprematiedenken gegenüber der bäuerlichen Siedlerbevölkerung und vor allem gegenüber den einheimischen Afrikanern entwickelt und das 1822 begonnene Kolonialsystem fortsetzt (Einsetzung traditioneller Herrscher der ansässigen afrikanischen Bevölkerung und Politik der „indirekten Herrschaft").	*Americo-Liberianer*
1857 3. März	Die vom Volk der Grebo bedrängte unabhängige Kolonie Maryland (Gründung 1834, Unabhängigkeit 30. Jan. 1853) wird Liberia angegliedert.	
1869	Spaltung der bisher regierenden True Liberian Party (Republikanische Partei) vor dem Hintergrund eines latenten sozial-„rassischen" Konfliktes der hellhäutigen Oberschicht mit den von ihnen diskriminierten dunkelhäutigen Americo-Liberianern und den in die Siedlergesellschaft stärker integrierten Congo (von Sklavenschiffen befreite Afrikaner aus Kongo, Dahomey und Nigeria).	
Mai	Die neu gegründete *True Whig Party (TWP)* stellt mit E. J. Roye den ersten Präsidenten, der nicht Mischling ist, er wird jedoch im Zusammenhang mit Verhandlungen über eine britische Anleihe des Amtes enthoben (26. Okt. 1871) und kurz darauf ermordet.	*True Whig Party (TWP)*
1872	Eine aus Republikanern gebildete Junta ernennt zwar Vizepräsident Smith (TWP) zum Präsidenten, sichert sich jedoch zunächst die eigentliche Herrschaft über das Land (bis 1883).	
1884 Jan.	Der von beiden Parteien nominierte H. R. W. Johnson wird der erste in Liberia geborene Präsident; er bekennt sich nach der Wahl zur TWP, die sich damit endgültig die Suprematie im politischen System sichert und seitdem in allen Wahlen sämtliche Sitze gewinnt.	
1904	Die ursprünglich ansässigen Afrikaner erhalten das Bürgerrecht, und auch das Wahlrecht (1907), falls sie Hüttensteuer bezahlen.	
1915–1919 1926 2. Okt.	*Aufstände* der Kru und Gola gegen die Americo-Liberianer; letzter Kru-Aufstand 1932. Die Vergabe einer Konzession (4000 km^2) für den Anbau von Kautschuk an die Firestone Company macht Liberia ökonomisch von den USA abhängig; eine US-Anleihe ruiniert die Finanzen Liberias (Einstellung der Zinszahlungen 1932, Regelung in einem Finanzabkommen 1935).	*Aufstände*
1930 3. Dez.	Die Aufdeckung der *„Sklavenaffäre"* (Verschickung von Liberianern als Zwangsarbeiter nach der spanischen Kolonie Fernando Póo) führt zu einer tiefgreifenden politischen Krise und zum Rücktritt des Präsidenten King und des Vizepräsidenten; die Internationalisierung des Skandals (Anklage vor dem Völkerbund, der eine Untersuchungskommission einsetzt) führt zu erheblichem außenpolitischem Prestigeverlust und einer beträchtlichen Schwächung der TWP (massive Anschuldigungen durch die Opposition), die die Wahlen (1931) nur knapp gewinnt.	*„Sklavenaffäre"*
1935	*Verfassungsänderung*: Amtsperiode des Präsidenten auf acht Jahre verlängert (Mai).	*Verfassungsänderung*
1944 27. Jan.	Kriegseintritt aufseiten der USA, mit denen ein Stützpunktabkommen besteht (seit 31. März 1942); der Hafen Free Port wird ausgebaut, der Flughafen Robertsfield angelegt. – (Forts. S. 1664)	

Nigeria (1844–1939/45)
(Forts. v. S. 1139, 1139, 1142, 1143)

Missionierung

1844 Nachdem sich mehrere hundert Yoruba-Rückwanderer („befreite Afrikaner") in Abeokuta im Egba-Reich angesiedelt haben (1839–1842, insbesondere aus Sierra Leone, Brasilien und Kuba), beginnt von dort die *Missionierung* durch die Church Missionary Society unter Samuel Crowther (1864: erster afrikanischer Bischof der Niger-Territorien); Herausbildung einer neuen Führungsschicht an der Küste infolge der Zusammenarbeit mit den Europäern.

1849 Ernennung eines britischen Konsuls für die Biafra-Bucht (östlicher Teil der Küste); Versuch zur Unterbindung des Sklavenhandels (Verdrängung der Portugiesen) im Oil-Rivers-Gebiet und in Lagos, das die Briten (1851) besetzen (Einsetzung eines Konsuls 1852).

britische Kronkolonie

1861 6. Aug. Annexion von Lagos als *britische Kronkolonie*; während die restliche Benin-Bucht dem Konsul für die Biafra-Bucht unterstellt wird (1867), kommt die Kronkolonie Lagos unter die Verwaltung Sierra Leones (1866–1874) und schließlich der Goldküstenkolonie (1874–1886).

Handelsgesellschaften

1879 George Goldie vereinigt die britischen *Handelsgesellschaften* am Niger (vor allem Palmölhandel) zur United Africa Co. (seit 1885: Royal Niger Co.), die Verträge mit dem Emir von Gwandu und dem Sultan von Sokoto abschließt (1885).

Oil-Rivers-Protektorat

1885 5. Juni Biafra- und Benin-Bucht werden zum britischen *Oil-Rivers-Protektorat* zusammengefasst (nach Ausdehnung ins Hinterland 1893 in Nigerküsten-Protektorat umbenannt).

1886 13. Jan. Lagos wird wieder eigenständige Kronkolonie, die umliegenden Gebiete werden zum Lagos-Protektorat (1893).

12. Juli Königliche Charta für die Royal Niger Co. für den unteren Niger und Benuë (Vorposten in Lokoja, Hauptsitz in Asaba); mit Errichtung einer Verwaltung dehnt sie ihre Jurisdiktion nach Norden aus.

1887 Erklärung eines Protektorats über die Territorien, mit denen die Royal Niger Co. Verträge abgeschlossen hat.

1888 Im Vertrag mit dem Oyo-Reich kommen die Yoruba unter britisches Protektorat.

1894 Nach dem „Wettlauf um Nikki" Vertrag mit Frankreich über das Borgu-Reich (10. Nov.).

1897 Niederschlagung eines Aufstandes im Ful-Emirat Ilorin durch die Royal Niger Co. (16. Febr.).

Benin-Reich erobert

18. Febr. Nach der Ermordung des Generalkonsuls (4. Jan. 1897) erobern die Briten gegen heftigen Widerstand das *Benin-Reich* und zerstören Benin.

Die Royal Niger Co. unterwirft das Ful-Emirat Nupe und lässt dessen südlichen Teil indirekt verwalten (Vorform der späteren indirekten Herrschaft).

1899 9. Aug. Angesichts der von ihr heraufbeschworenen Gefahr eines Konflikts mit Frankreich wird der Royal Niger Co. die Charta gegen Entschädigung entzogen und ihr südlich von Idah liegendes Gebiet dem britischen Nigerküsten-Protektorat einverleibt, das in *Südnigeria-Protektorat* umbenannt wird (1. Jan. 1900). Die nördlichen Gebiete der Royal Niger Co. werden zum *Nordnigeria-Protektorat* erklärt.

Südnigeria-Protektorat Nordnigeria-Protektorat

1901 Unterwerfung des Kontagora-Emirats; Einnahme der Hauptstadt des Adamawa-Reiches.

1903 Die Briten beenden die Unterwerfung Nordnigerias mit der Einnahme von Kano (Febr.) und durch den Sieg (April) bei Burmi über den Sultan von Sokoto, der getötet wird.

1906 1. Mai Mit der Eingliederung von Lagos (Kolonie und Protektorat) entsteht das Gebiet „Kolonie und Protektorat von Südnigeria" (mit Benin).

Nigeria

1914 Süd- und Nordnigeria zu *Nigeria* (Kolonie und Protektorat) zusammengeschlossen (1. Jan.).

1914–1919 Die systematische Praktizierung der „indirekten Herrschaft" wird begonnen und damit die unterschiedliche Entwicklung des Nord- und Südteils angelegt; im Norden werden die Moslem-Emirate (Hausa/Ful, Kanuri) weit gehend im Status quo belassen, doch sind die Emire direkt von den Briten abhängig; christliche Missionstätigkeit wird nicht erlaubt (bis auf den „Middle Belt", den südlichen Rand des Nordens).

1922 Das britische Mandatsgebiet (seit 1916/1919 britische, nordwestliche Gebietsteile des bisherigen deutschen Schutzgebiets) Kamerun wird als Teil Nigerias verwaltet (20. Juli).

neue Verfassung

21. Nov. *Neue Verfassung*: Der Gouverneur behält die direkte Legislativgewalt für Nordnigeria, der Südnigeria-Legislativrat erhält vier wählbare afrikanische Mitglieder; die Nigerian National Democratic Party (NNDP, auf Lagos beschränkt) unter Herbert Macauly hält bis 1933 die drei Sitze für Lagos; sie widmet sich vornehmlich lokalen Themen.

1925 Gründung der West African Students Union in London.

1934 Gründung des Lagos Youth Movement (ab 1936: Nigerian Youth Movement, NYM; Rekrutierung aus Yoruba- und Ibo-Arbeitern in Lagos), das die erste nationale Partei Nigerias wird; mit Nnamdi Azikiwe und seinem Ibo-Anhang gewinnt die NYM die Lagos-Sitze gegen die NNDP.

1939 Teilung Südnigerias in Ost- und Westregion; die wesentlich nach ethnischen Gesichtspunkten vorgenommene *Dreigliederung Nigerias* bleibt bis 1963 bestehen; dominierende Gruppen: Ibo (Ost-), Yoruba (West-) und Hausa (Nordregion). – (Forts. S. 1673, 1686)

Dreigliederung Nigerias

Kamerun (1884–1940/45)
(Forts. v. S. 1135, 1139, 1142)

1884 Juli Duala-Herrscher (Bell, Akwa) schließen nach Vorarbeiten Hamburger Firmen einen Vertrag mit dem deutschen Generalkonsul Nachtigal: Kamerun *deutsches Protektorat*.

deutsches Protektorat

1885 Das Gebiet um den Kamerun-Berg und Victoria wird von den Briten abgetreten (29. Apr.).

1887 Ein deutsches Expeditionskorps erreicht Jaunde (Yaoundé), das ab 1894 zum Ausgangspunkt für die Unterwerfung des Nordens und Ostens wird.

1892/1893 Durch Unterwerfung der Bakoko und Mabea wird der Weg ins Hinterland frei, durch Unterwerfung der Bulu, Jaunde, Bane etc. (1894–1898) wird die Verbindung Kribi-Jaunde hergestellt und das Zwischenhandelsmonopol der Duala gebrochen.

1894 Dez. Nach einer Strafexpedition gegen die Bakweri wird Buea am Kamerun-Berg angelegt (1901–1909 Hauptstadt, sonst: Duala) und mit der Plantagenwirtschaft begonnen.

ab 1898 *Pflanzungsgesellschaften* erhalten riesige Landkonzessionen (z. B. Südkamerun Gesellschaft 81 000 km^2, Nordwest-Kamerun Gesellschaft 80 000 km^2), Versuche zur Besetzung dieser Ländereien stoßen auf heftigen Widerstand zahlreicher Völker (bis 1910).

Pflanzungsgesellschaften

1901 *Blutiger Kriegszug* gegen das durch Grenzabkommen mit Frankreich und Großbritannien (1893/1894) auf die Gebiete von drei Kolonialmächten aufgeteilte Adamawa-Reich: Nach Niederwerfung der Teilreiche Tibati (1899–1901) sowie Ngaundere wird der Emir von Yola bei Garua besiegt (19. Nov.). Der Norden wird unter weit gehender Beibehaltung der traditionellen Strukturen der Ful-Reiche indirekt verwaltet, Missionsstationen und Schulen werden nicht eingerichtet, eine kolonialwirtschaftliche Entwicklung wird kaum eingeleitet; in der Folge Entstehung eines wirtschaftlichen und bildungsmäßigen Nord-Süd-Gefälles.

blutiger Kriegszug

1907–1914 Eindämmung des Einflusses der Konzessionsgesellschaften, Aufschwung des Plantagensystems (u.a. Kautschuk, Kakao, Tabak), Zwangsrekrutierung von Plantagenarbeitern; um sich Trägerdiensten zu entziehen, wandern etwa 10 000 Njems in französisches Gebiet ab.

1911 4. Nov. Deutsch-Französischer *Marokko-Vertrag*: Erweiterung des Gebietes um mehr als die Hälfte durch Abtretung großer Teile der französischen Kolonien im Osten und Süden („Neukamerun", ca. 283 000 km^2), deren effektive Besetzung durch die Deutschen bis 1914 nicht abgeschlossen ist; zugleich kommt der 1894 Kamerun zugesprochene „Entenschnabel" (ca. 12 000 km^2) im Nordosten an den französischen Tchad.

Marokko-Vertrag

1914 5. Aug. Erklärung des Kriegszustandes in Kamerun; französische Truppen aus Ubangi-Chari (7. Aug.) und britische aus Nigeria (25. Aug.) dringen mit Unterstützung der Duala ins Land ein; Duala fällt (27. Sept.).

1916 20. Febr. Nach dem Rückzug der deutschen Truppen ins spanische Gebiet nach Rio Muni (14. Febr.) enden die Kämpfe (Fall von Mora).

4. März Französisch-Britischer *Aufteilungsvertrag*: Neukamerun kommt wieder an Frankreich, dem auch ca. 80 % des restlichen Gebiets zugestanden werden, während Großbritannien zwei nicht zusammenhängende Gebietsteile im Nordwesten erhält.

Aufteilungsvertrag

1919 17. Mai Für diese Gebiete werden Großbritannien und Frankreich als jeweilige Mandatsmächte von den Alliierten Siegermächten eingesetzt und übernehmen sie dann als B-Mandate des Völkerbundes (20. Juli 1922).

1933 Die erste wesentliche soziale und kulturelle *Vereinigung von Afrikanern* wird mit der Jeunesse Camerounaise gegründet. Sie nimmt mit französischer Förderung (Sympathiewerbung angesichts deutscher Propaganda für eine Rückgabe der Kolonien) an Bedeutung zu, als sie sich in Jeunesse Camerounaise Française (Jeucafra) umbenennt (1938) und für eine enge Verbindung mit Frankreich eintritt.

Vereinigung von Afrikanern

1940 27. Aug. Landung französischer Truppen in Duala; Kamerun wird dem Freien Frankreich General de Gaulles angeschlossen und dem Generalgouvernement von Französisch-Äquatorialafrika unterstellt. – (Forts. S. 1673, 1686)

Mittelkongo (Französisch-Kongo, heute: Republik Kongo) (1880–1944/45)
(Forts. v. S. 1135, 1151)

Pierre de Brazza	1880 10. Sept.	Der Franzose *Pierre de Brazza* (*1852, †1905) stößt auf seiner zweiten Expedition von Gabon aus über den Lefini zum Kongo (Zaïre) vor und schließt in Stanley Pool einen Protektoratsvertrag mit dem Herrscher (Makoko) des Tio (Teke)-Reiches, das den Zwischenhandel am Zaïre vom Teke-Plateau aus kontrolliert.
Brazzaville		Auf einem kurz darauf abgetretenen Landstück entsteht das spätere *Brazzaville*.
	1882 21. Nov.	Der Vertrag wird vom französischen Parlament ratifiziert und bildet die Grundlage für die französische Expansion ins Hinterland Äquatorialafrikas durch den Zugriff auf den schiffbaren Teil des mittleren Kongo.
	1883	Serie von Vertragsabschlüssen an der Loango-Küste durch de Brazza und Errichtung zahlreicher Posten, u. a. in Pointe-Noire (März-Juni).
Berliner Kongo-Konferenz	1884–1885	Auf der *Berliner Kongo-Konferenz* verliert Frankreich den Zugang zur Kongo-Mündung, die Südgrenze (Cabinda) wird mit Portugal ausgehandelt (17. Mai 1885), zugleich setzt mit der Errichtung des ersten Postens am Ubangi-Fluss (Nkoundjia) die Nord-Expansion ein.
	1887	Ubangi und Kongo werden als Grenze zum belgischen Einflussgebiet festgelegt (27. April).
	1899	Konzessionsgesellschaften (für Kautschuk- und Elfenbeinerwerb) erhalten riesige Ländereien (insgesamt etwa 95 % des Landes) für 30 Jahre; ihre Zwangsmaßnahmen und Übergriffe führen zur Aussendung einer Untersuchungskommission (1905) und zur Reduzierung der Landkonzessionen auf etwa 1 % des Landes (1910/1911).
Französisch-Äquatorialafrika	1910 15. Jan.	Die bis zur Abtrennung der neu eroberten nördlichen Gebiete (1894, Oberbangui bzw. Ubangi-Chari, zeitweilig mit Tchad [1900 französisches Militärterritorium, 1920 eigenständige Kolonie als Teil von Französisch-Äquatorialafrika] zusammen verwaltet; heute Zentralafrikanische Republik) vom Generalkommissar von Französisch-Kongo (Äquatorialafrika) mitverwaltete, dann aber – außer 1903–1906 – einem Untergouverneur unterstellte und seit 1903 Mittelkongo genannte Kolonie wird Teil der *Föderation Französisch-Äquatorialafrika* (Sitz: Brazzaville), zu der außer den drei genannten auch Gabon (Gabun; französische Kolonie seit 1854) gehört.
	1911 4. Nov.	Marokko-Vertrag: Der Nordteil Mittelkongos wird an Kamerun abgetreten, die direkte Verbindung zu Ubangi-Chari unterbrochen; die Gebiete kommen im Ersten Weltkrieg wieder zurück.
Eisenbahn	1922–1934	*Bau der Eisenbahn* Pointe-Noire/Brazzaville (einzige Bahn in Französisch-Äquatorialafrika); etwa 18000 Afrikaner kommen dabei um.
	1925–1941	Unterstellung Mittelkongos unter Generalgouverneur Französisch-Äquatorialafrikas.
Protestbewegungen	1926	Seit Anfang der zwanziger Jahre von Belgisch-Kongo her übergreifende sozio-religiöse *Protestbewegungen* gegen fremde Herrschaft und Religion („Kimbanguismus", Rückkehr zu afrikanischen Ursprüngen) erhalten in Mittelkongo vor allem durch die Gründung der Amicale des originaires de l'AEF (Französisch-Äquatorialafrika) unter A. Matswa, in der Vertreter der traditionellen und der westlich gebildeten Führungsschicht zusammenarbeiten, eine nationalistische Ausprägung.
	1930	Nach seinem Aufruf zur Beseitigung der Unterprivilegierung (1928) wird Matswa verhaftet; er wird vor allem unter den Lari-Kongo zum Symbol des Protestes gegen die Kolonialmacht; Streiks und Widerstandsaktionen in der Folge.
	1940 Aug.	Mittelkongo schließt sich Tchad in der Unterstützung des Freien Frankreichs (General de Gaulle) an und wird zu einer wichtigen Basis im Krieg.
Brazzaville-Konferenz	1944	*Brazzaville-Konferenz* (30. Jan.–8. Febr.) mit General de Gaulle und den Administratoren der französischen Afrika-Gebiete; größere afrikanische Beteiligung bei eigenen Angelegenheiten anvisiert. – (Forts. S. 1682, 1684, 1689, 1691)

Belgisch-Kongo (heute: Demokratische Republik Kongo) (1876–1944/45)
(Forts. v. S. 1151, 1152, 1152, 1153)

Leopold II. von Belgien	1876 Sept.	Auf der Internationalen Geografischen Konferenz in Brüssel wird die vom *belgischen König Leopold II.* (1865–1909) dominierte Internationale Afrika-Association gegründet.
Henry Morton Stanley	1876/1877	*Henry Morton Stanley* (*1841, †1904) durchquert von Zanzibar aus (Abreise 17. Nov. 1874) Afrika von Osten nach Westen, vom Nyangwe am Kongo (heute Demokratische Re-

Kolonialzeit Belgisch-Kongo 1163

publik Kongo) entlang, dessen genauen Verlauf er als erster Europäer feststellt; über das spätere Stanley Falls und Stanley Pool kommt Stanley nach 999 Tagen bei Boma zur Kongo-Mündung (9. Aug. 1877).

1878
25. Nov. Nachdem Stanley seine „Entdeckungen" Leopold II. angeboten hat, gründet dieser das sog. Comité d'Etudes du Haut-Congo (1882 umbenannt in Association Internationale du Congo, AIC).

1879 Einer von Leopold II. ausgesandten Expedition schließt sich der in seine Dienste getretene Stanley an.

1880–1884 Im Verlaufe der Erforschung des Kongo-Flusses schließt Stanley etwa 400 Verträge ab und errichtet 40 Posten, vor allem am unteren Kongo um Léopoldville (1881), aber auch am Fluss entlang bis Stanley Falls (1883).

1884 Die Flagge des Kongo-Freistaates wird von den USA (April) und dem Deutschen Reich (Nov.) anerkannt.

1884/1885 Nachdem französisches Vordringen die portugiesische Annexion von Cabinda und der umliegenden Gebiete nördlich des Kongo (1883–1885) veranlasst hat, wird auf der *Berliner Kongo-Konferenz* (15. Nov. 1884–26. Febr. 1885) allen Nationen freier Zugang und „Nichtdiskriminierung" im Handel für das Gebiet des „Kongobeckens" zugesichert (breiter Streifen von der West- bis zur Ostküste Afrikas, mit dem heutigen Staatsgebiet der Demokratischen Republik Kongo als Kernstück), die freie Schifffahrt auf Kongo und Niger festgelegt und die bisherigen Besitzungen an der afrikanischen Küste festgesetzt und abgegrenzt werden (weitere Gebietsansprüche werden mit dem Nachweis tatsächlicher Okkupation gekoppelt); außerdem werden die Ansprüche der AIC über das Gebiet (in groben Zügen) der heutigen Demokratischen Republik Kongo als *Kongo-Freistaat* anerkannt.

Berliner Kongo-Konferenz

1885
1. Juli Nach offizieller belgischer Autorisierung (23. April) zur Souveränitätsausübung über dieses Gebiet erklärt Leopold II. sich zum Eigentümer; er erlässt eine *Verfassung* für den Kongo-Freistaat (30. Okt.) und richtet dafür ein eigenes Kabinett sowie eine Streitmacht („Force publique" 1888) ein; die Hauptstadt wird von Vivi nach Boma verlegt (1886).

Kongo-Freistaat Verfassung

1887
Febr. Der aus Zanzibar stammende Elfenbein- und Sklavenhändler Tippu Tip, der in Allianz mit dem Songye-Volk und den Swahili-Händlern („Araber") aus Nyangwe (größter *Sklavenmarkt* des zentralen Afrika) einen riesigen Herrschaftsbereich kontrolliert (Kernstück zwischen den Flüssen Lomani und Lualaba; Sitz in Kasongo), wird vom Kongo-Freistaat als Gouverneur des Ostteils eingesetzt (er zieht sich 1892 nach Zanzibar zurück).

Sklavenmarkt

1887 In Musumba schließt eine portugiesische Expedition mit dem Lunda-Herrscher Mutianvua einen Vertrag, durch den der Kasai-Fluss später zur Grenze mit Angola wird.

1889 Der Kongo-Freistaat erklärt alles unbesetzte Land zum Kronland, das zusammen mit Hoheitsfunktionen an private Konzessionsgesellschaften vergeben wird (Katanga 1891; Anversoise und A.B.I.R. im Nordwesten 1892; Kwango und Kasai im Südwesten sowie Grands-Lacs im Nordosten 1897), an denen Leopold II. z. T. mit 50% beteiligt ist.

1891
21. Sept. Elfenbein und Kautschuk werden Staatsmonopol, für die Bevölkerung wird *Zwangsarbeit* verordnet (6. Okt.), weit gehende Zerstörung der Handels- und Sozialstrukturen durch hemmungslos vorangetriebene Raubwirtschaft, blutige *Terrormaßnahmen der Belgier*.

Zwangsarbeit

Terrormaßnahmen der Belgier

20. Dez. Ermordung des Yeke-Herrschers Msiri durch einen Angestellten des Kongo-Freistaates; in der Folge zerfällt sein Garaganza-Reich (Katanga; Hauptstadt Bunkeya).

1892–1894 *Zusammenbruch der Allianz* zwischen Belgiern und „Arabern"; die Belgier werden von einer Armee (ca. 10000 Mann) unter Sefu geschlagen, doch kann die Force Publique dann Nyangwe und Stanley Falls besetzen; Verwüstung weiter Landstriche während dieser Kämpfe.

Zusammenbruch der Allianz

1896 Etwa 10% des Bodens in der Mitte des Kongo-Freistaates werden zur Krondomäne erklärt (seit 1901: Fondation de la Couronne); Finanzierung öffentlicher Arbeiten in Belgien aus ihren Überschüssen.

1898 Fertigstellung der ersten Eisenbahn von Matadi nach Léopoldville; während des Baus (seit 1890) sind etwa 50000 Träger zwangsrekrutiert worden.

1900
19. Juni Der Südteil des Kongo-Freistaates wird der privaten Gesellschaft Comité Special du Katanga unterstellt, die ausschließliche politische und administrative Vollmachten erhält und eigenes Militär unterhält; der Kontakt zur Hauptstadt Boma ist minimal.

1904 *Kampagnen gegen die „Kongo-Gräuel"*, vor allem in Großbritannien (Congo Reform Association) und den USA, erhalten durch einen Bericht des britischen Konsuls in Boma (R. Casement) Auftrieb.

„Kongo-Gräuel"

1906/1908 Der Bericht einer internationalen Untersuchungskommission (1905) hat Einfluss auf die belgische Öffentlichkeit, sodass Leopold II. angesichts einer Krise der Kautschukpreise den *Kongo-Freistaat an Belgien* abtritt (vom Parlament bestätigt: 18. Okt. 1908; endgültige An-

Kongo-Freistaat an Belgien

nexion: 15. Nov. 1908). Die Finanzen werden von denen Belgiens getrennt, das den Besitz der Fondation de la Couronne an Gebäuden und Land in Belgien übernimmt (ca. 60 Mio. Francs; belgische Kredite und Gehaltszahlungen für den Kongo-Freistaat bis dahin ca. 40 Mio. Francs). Zugleich verfügt die neue Verfassung (Charte coloniale) ein Verbot politischer Betätigung in Belgisch-Kongo, Mitglieder des Rates der Regierung in Léopoldville werden bis 1957 ernannt, nicht gewählt.

europäische Dominanz

wirtschaftliche Entwicklung

1910–1912 Versuche, die schlimmsten Auswüchse des bisherigen Systems abzuschwächen, sind wenig erfolgreich: Trotz Verbots der Zwangsarbeit (2. Mai 1910) wird diese durch hohe, nur in Geld abzuleistende Steuerzahlungen praktisch beibehalten; die Auflösung der von Leopold II. vergebenen Landkonzessionen (22. März 1912) ändert wenig an der *Dominanz europäischer Unternehmen* mit umfangreichen Bodenkonzessionen und monopolistischen Rechten. Die bisher durch Raubwirtschaft und Dezimierung der Bevölkerung behinderte *wirtschaftliche Entwicklung* wird forciert, vor allem durch die von der belgischen Société Générale (50% Staatsanteil, enge Verflechtung wirtschaftlicher und politischer Ziele) kontrollierte Union Minière du Haut-Katanga, die mit dem Abbau der riesigen Kupfererzlager in Katanga beginnt (1906/1909).

1910 Die Eisenbahn von Südafrika/Rhodesien erreicht Katanga, das vom Kongo übernommen wird, aber einen Sonderstatus unter einem Vize-Generalgouverneur erhält.

Ruanda-Urundi

1916 Die Force Publique unterstützt die britische Offensive in Deutsch-Ostafrika und besetzt *Ruanda-Urundi* (Juni 1916), das Belgien in einer Übereinkunft mit Großbritannien zur Verwaltung übertragen erhält (30. Mai 1919); das Mandatsgebiet wird (21. Aug. 1925) Belgisch-Kongo administrativ angegliedert (heute Rwanda und Burundi).

1920 Sprunghafter Anstieg der Zahl der afrikanischen Lohnarbeiter von 47000 (1917) auf 125000 (1939: 530000) durch eine günstige wirtschaftliche Entwicklung; Kupfer (1923: drittgrößtes Abbaugebiet der Welt), Kohle, Zinn sowie später Kobalt, Wolfram, Uran und Diamanten (in Kasai) machen den Kongo zu einem der begehrtesten Rohstofflieferanten: In Katanga entsteht unter Führung der Union Minière eines der größten *Industriegebiete* Afrikas.

Industriegebiete

1925 Beginn der später auch von anderen Unternehmen eingeführten „stabilisierten Arbeitskräftepolitik" durch die Union Minière: Abkehr vom Prinzip der Wanderarbeit, Ansiedlung der Arbeiter mit ihren Familien am Arbeitsplatz und Bereitstellung gewisser sozialer Dienstleistungen; in der Folge entstehen *Bevölkerungsballungsgebiete* (bis 1945: etwa 15% der Bevölkerung) mit starker Überfremdung in den nicht weißen Stadtgebieten und den industriellen Zentren (Arbeiterlager).

Bevölkerungs-ballungsgebiete

1926 Das Aufkommen prophetischer Bewegungen (u.a. „Kimbanguismus" um 1921 und „Kit-
11. Febr. wala-Kult" um 1925) mit Lehren, die das Aufstandsrecht der Unterdrückten aus der Bibel ableiten, führen zum obrigkeitlichen Verbot aller afrikanischen – auch religiösen – Organisationen.

1926 Léopoldville (später Kinshasa) wird Hauptstadt statt Boma.

1926/1933 Die 1910 begonnenen, dann (1918–1924) vorangetriebenen Reformen im Bereich lokaler Administration führen durch Reduzierung der Zahl der „Chefferien" (1917: 6095; 1935: 2496; 1958: 343) zur administrativen Straffung, zugleich auch zur Machtanhäufung der von der Kolonialverwaltung häufig willkürlich eingesetzten „traditionellen" lokalen Herrscher (eingeschränkte Funktionen im Bereich lokaler Selbstverwaltung). Diese „indirekte Herrschaft" scheitert an der belgischen *Paternalismus-Politik*, die den Afrikanern einen tatsächlichen Zugang zu administrativen und politischen Funktionen fast unmöglich macht; gestützt wird die Paternalismuspolitik durch eine sehr enge Kooperation und Verflechtung zwischen Kolonialverwaltung, privaten Wirtschaftsunternehmen (z. B. Union Minière, Forminière etc.) und den seit dem Konkordat mit dem Vatikan (1906; Vorzugsstellung belgischer Missionen, dafür 200 ha Land pro Missionsstation) außergewöhnlich privilegierten *Kirchen,* die ihr Erziehungswesen auf die Ausbildung von Hilfskräften für untergeordnete Produktions- und Dienstleistungsaufgaben beschränken.

Paternalismus-Politik

Kirchen

1928 Die Société Générale absorbiert die Banque d'Outre-Mer und kontrolliert damit 70% des im Kongo investierten Kapitals.

1931 Die Eisenbahn von Benguela/Angola bis Katanga wird eröffnet.

zentrale Administration

1933 Im Zuge einer *Zentralisierung der Administration* Einrichtung von sechs statt vier Provinzen; auch Katanga wird Provinz, allerdings gegen den Widerstand der dort ansässigen Europäer (langjährige Forderungen nach direkter Unterstellung unter die belgische Regierung, 1931 Sezessionspläne), die eine Einbuße ihrer Vorherrschaft befürchten.

seit 1933 Durch die zwangsweisen Afrikanersiedlungen („paysonnats indigènes", Kontrolle des Wanderfeldbaus" mit Residenzpflicht der Bewohner (bis 1958 ca. 200000) schafft sich die

Kolonialmacht ein weiteres Überwachungsinstrument; der Druck auf die Landbevölkerung führt zu vermehrter Abwanderung in die Städte.

1941–1944 *Aufstände*, Streiks und Meuterei der Force Publique während des Krieges; in der Folge Versuche der Kolonialverwaltung, die Opposition durch Gewährung kleinerer Privilegien zu beschwichtigen. – (Forts. S. 1692, 1699, 1701)

Aufstände

Angola (1836–1930/45)
(Forts. v. S. 1151, 1153, 1153)

1836 Die Abschaffung des *Sklavenhandels* wird in Angola ignoriert und erst durch Aktionen Großbritanniens (ab 1845) allmählich durchgesetzt.

Sklavenhandel

1836–1861 Phase der *portugiesischen Expansion*: neue Presídios in Duque de Bragança (1838), Moçâmedes (1840) und auf dem Huila-Plateau, zugleich Errichtung von Kaffee- und Zuckerplantagen und Öffnung der Angola-Häfen für Händler anderer Nationen (1844). Die Expansion löst Zusammenstöße mit den Dembos (1842–1844) und dem Kasanje-Reich (1848–1852) aus: Nach zwei Jahrhunderten wird das Zwischenhändlermonopol des Cassange-Marktes durchbrochen.

portugiesische Expansion

1849/1850 Beginn der *Besiedlung des Südens* mit 300 portugiesischen Siedlern aus Brasilien.

Besiedlung des Südens

1855/1856 Portugiesische Besetzung von Ambriz und Bembe; die durch die Expansion ausgelösten Rebellionen verstärken sich durch die Anweisung der Portugiesen, dass Abgaben der Afrikaner nicht mehr in Sklaven, sondern in Geld und Handelsgütern bezahlt werden müssen.

1858 Die Sklaverei wird abgeschafft, jedoch eine Übergangsregelung für 20 Jahre gewährt.

1860 Nach der Ermordung eines von den Portugiesen nicht berücksichtigten Kongo-Thronprätendenten stößt eine portugiesische Expedition auf starken Widerstand im Kongo-Reich; die portugiesische Kontrolle nördlich und östlich von Ambriz geht verloren, das Kasanje-Reich löst sich wieder von der portugiesischen Oberherrschaft (1863).

1883–1885 Französisches Vordringen veranlasst die portugiesische *Annexion von Cabinda* und den umliegenden Gebieten nördlich des Kongo-Flusses.

Annexion von Cabinda

1884 Ein portugiesisch-britischer Vertrag bestätigt die Annexion und räumt den Briten Sonder-
26. Febr. rechte für den Kongo ein. Er stößt auf Protest von Händlern, Missionaren sowie einigen europäischen Regierungen und wird Anlass für die Abhaltung der *Berliner Kongo-Konferenz* (1884–1885), auf der die portugiesische Herrschaft lediglich über Angola und die Cabinda-Enklave anerkannt wird.

Berliner Kongo-Konferenz

1890–1903 Mit der portugiesischen Unterwerfung der Ovimbundu-Reiche Beginn der militärischen Eroberung des Inlandes.

1891 Versuche, eine territoriale Verbindung zwischen Angola und Moçambique) herzustellen,
Juni werden nach einem britischen Ultimatum in einem britisch-portugiesischen Vertrag endgültig blockiert.

1898 Ein Geheimvertrag Großbritanniens mit dem Deutschen Reich sieht die Aufteilung Angolas
30. Aug. im Falle portugiesischen Unvermögens zur Rückzahlung eines deutschen Kredits vor, doch sichert sich Großbritannien zu Beginn des Burenkrieges in Südafrika die portugiesische Unterstützung durch ein Schutzangebot im sog. Windsor-Geheimvertrag (15. Okt. 1899).

1899 Verstärkung der Zwangsarbeit (seit 1878) für Afrikaner; alles *Land wird Staatsbesitz*, außer
9. Nov. wenn es Privatbesitz ist (1901; Ausschluss von Afrikanern wegen ihres kollektiven Landrechts).

Land wird Staatsbesitz

1915 Eine portugiesische Streitmacht unterwirft die Kwanhama-Ambo, von denen viele mit ihrem Herrscher Mandume nach Südwestafrika fliehen; damit ist auch der südliche Teil des Huila-Plateaus unter portugiesischer Kontrolle.

1917 Nach *Unruhen* (Amboim- und Seles-Region) und einem Protestmarsch demobilisierter afrikanischer Soldaten Verhaftung zahlreicher „Assimilados" (portugiesisch gebildete Afrikaner, oft Mulatten).

Unruhen

1922 Verbot der 1912/1913 aus Sozialklubs der Mulatten hervorgegangenen Liga Angolana (erste *Partei für afrikanische Interessenvertretung*) sowie der Parallelorganisation Gremio Africano.

Parteien

1929 Gründung der Nachfolgeorganisation Liga Nacional Africana; eine Welle von Deportationen (1928–1930) führt zu einem *Exodus von Assimilados*.

Exodus von Assimilados

1926–1930 Unter der Regierung Salazar in Portugal wird die seit 1914 schrittweise begonnene Delegierung von Zuständigkeiten an lokale Gremien der Kolonien rückgängig gemacht. – (Forts. S. 1704)

Südrhodesien (heute: Zimbabwe) (um 1839–1936/45)
(Forts. v. S. 1151, 1154)

	um 1839	Die während der Mfecane-Kriege aus dem südlichen Afrika abgewanderten Ndebele unter Mzilikazi besetzen das Rozvi-Reich und siedeln im Gebiet von Bulawayo.
	1887	Mzilikazis Nachfolger Lobengula schließt einen Vertrag mit dem vom Transvaal ausgesandten P. Grobler; dieses Ausgreifen der *Transvaal-Buren* nach Norden veranlasst die Briten zum Eingreifen im Gebiet nördlich des Limpopo.
Transvaal-Buren	30. Juli	
BSACo.	1888 30. Okt.	Lobengula gewährt eine Schürfrechte-Konzession an C. Rudd, auf deren Grundlage Cecil Rhodes' *British South Africa Company (BSACo.)* eine Charta der britischen Krone erhält (29. Okt. 1889).
	1890 10. Sept.	180 Siedler-Pioniere und 500 BSACo.-Polizisten kommen aus der Kapkolonie ins Gebiet der Shona („Mashonaland") und errichten Fort Salisbury. BSACo.-Truppen besetzen Manicaland (6. Nov.; Verteibung der Portugiesen), Umtali wird Sitz der BSACo.
britisches Einflussgebiet	1891 April	Das Gebiet nördlich Transvaals wird zum *britischen Einflussgebiet* erklärt, das der BSACo. zugestandene Territorium unter britischen Schutz gestellt.
	1893 Nov.	Nach einem von BSACo.-Truppen provozierten Zusammenstoß (Juli) Krieg der Ndebele gegen die BSACo., deren Truppen Bulawayo besetzen und zum Verwaltungssitz des besetzten „Matabeleland" machen; Lobengula flieht und stirbt.
Rhodesien	1895 2. Mai	Nach Einrichtung erster Ndebele-Reservate (1894) werden Mashonaland und Matabeleland als *Rhodesien* einem gemeinsamen Administrator mit Sitz in Salisbury unterstellt.
	29. Dez.	Nach dem missglückten Einfall des Rhodesien-Administrators mit 500 BSACo.-Polizisten in Transvaal („Jameson Raid") wird dem neuen BSACo.-Administrator ein britischer Residierender Kommissar mit Kontrolle über die BSACo.-Polizei beigegeben.
Chimurenga-Befreiungskrieg	1896–1897	Aufstand der Ndebele (März-Okt. 1896) und eines großen Teils der Shona (Juni 1896–Nov. 1897) im *Chimurenga-Befreiungskrieg*.
	1898	Um den Einfluss der BSACo. einzudämmen, wird den ca. 13 000 Europäern Rhodesiens ein starkes Mitspracherecht im neu errichteten Legislativrat gewährt; die Polizeitruppen werden einem britischen Generalkommandanten unterstellt; die lokale Verwaltung wird eingesetzten „traditionellen" Herrschern („Chiefs") überantwortet.
Diskriminierung	1898–1911	Einführung von die Afrikaner *diskriminierenden Gesetzen:* Einschränkung der Bewegungsfreiheit, Regulierung der Beschäftigung ungelernter Arbeiter, des Aufenthalts von Afrikanern in den Städten sowie der Rekrutierung von afrikanischen Arbeitskräften.
	1907	Wegen ihrer wachsenden Bedeutung erhalten die gewählten Europäer die Mehrheit im Legislativrat.
Kronbesitz	1918	Entscheidung des Londoner Privy Council: Das Land in Rhodesien wird zum *Kronbesitz* erklärt; bis dahin sind die Afrikaner auf 22% des Landes zurückgedrängt und ca. 64% in Reservate abgedrängt worden, weitere 20% sind Pächter auf europäischem Land.
	1923 1. Sept.	Nachdem in einem Referendum 59% der Europäer für Selbstregierung, 41% für die Union mit Südafrika gestimmt haben (27. Okt. 1922), wird Rhodesien formell als britische Kronkolonie annektiert; die BSACo. wird entschädigt, behält aber bis 1933 die Rechte an den Bodenschätzen.
Kolonie	1. Okt.	Mit In-Kraft-Treten der neuen *Verfassung* wird Rhodesien selbstregierende *Kolonie* unter einem Premier und mit einem Gouverneur als Repräsentant der britischen Krone; die ihr vorbehaltenen direkten Interventionsrechte für alle die Afrikaner betreffenden Angelegenheiten werden nie angewendet.
Landverteilungsgesetz	1930/1931	Das *Landverteilungsgesetz* verfügt die Aufteilung des Landes in ein europäisches Gebiet (52% des Bodens sowie alle städtischen Gebiete inklusive der afrikanischen „town-ships" und aller Bodenschätze für etwa 52 000 Weiße) und ein afrikanisches Gebiet (48% des Bodens für etwa 1,2 Mio. Afrikaner, davon 8% zum Landkauf durch Afrikaner) sowie die „Rassen"trennung in allen sozialen und kulturellen Bereichen (u.a. Schulen und Kirchen); außerdem werden Maßnahmen eingeführt, die jegliche afrikanische Konkurrenz in landwirtschaftlichen Produkten ausschalten.
	1936	Umfassendes Passgesetzsystem für Afrikaner nach südafrikanischem Muster. – (Forts. S. 1710)

Moçambique (heute: Mozambik) (1752–1942/45)
(Forts. v. S. 1151)

1752	Portugiesisch-Ostafrika wird von Goa abgetrennt und eigenständige Kolonie. Abkommen mit den Oman-Arabern: Kap Delgado wird Grenze des jeweiligen Einflussbereiches.	
1781	Die Delagoa-Bucht wird Österreich abgenommen und entwickelt sich zum wichtigsten portugiesischen *Sklavenhandelszentrum* bis zum Eindringen der Ngoni unter Zwangendaba (1821/1823).	*Sklavenhandel*
1831–1834	Ngoni unter Soshangane zerstören das Fort in der Delagoa-Bucht und errichten – als Gaza bekannt – ihre Herrschaft im Gebiet von Portugiesisch-Ostafrika bis zum Zambezi (Tributzahlungen von den portugiesischen Ansiedlungen).	
1869	Nachdem Gazaland von Mzila nominell den Portugiesen unterstellt worden ist (1862), schließt Portugal einen Vertrag mit Transvaal (Grenzfestlegung).	
1875	Portugiesische und britische Ansprüche auf die Delagoa-Bucht im *„MacMahon Award"* zugunsten Portugals entschieden, das das Gebiet südlich von Lourenço Marques erhält.	*MacMahon Award*
1885–1886	Portugiesisches Ausgreifen von Zumbo aus im Gebiet des heutigen Zambia.	
1890 20. Aug.	Nach einem britischen Ultimatum (Jan.) werden die portugiesischen Expeditionen aus dem von Großbritannien beanspruchten Gebiet des heutigen Malawi zurückgezogen.	
1891 11. Juni	*Britisch-portugiesisches Abkommen*: Regelung der Grenzen (Gazaland kommt zu Portugiesisch-Ostafrika), die portugiesischen Pläne für eine Verbindung mit Angola müssen aufgegeben werden.	*Grenzabkommen*
	Monopol über Handel und Bergbau für drei große Konzessionsgesellschaften, die das Inland kolonialwirtschaftlich zu erschließen beginnen und Bedingungen zur Besiedlung durch Europäer schaffen; das Prazo-System kommt zum Erliegen.	*Monopole*
1895–1896	Unterwerfung der Gaza-Ngoni unter Gungunhane und Niederschlagung eines Aufstandes der Makua.	
1897–1898	Lourenço Marques wird Hauptstadt anstelle von Moçambique.	
1898 30. Aug.	Britisch-deutscher Geheimvertrag *(Angola-Vertrag)*; Aufteilung Moçambiques im Falle portugiesischen Unvermögens zur Rückzahlung eines deutschen Kredits.	*Angola-Vertrag*
1899 15. Okt.	Großbritannien sichert sich zu Beginn des Burenkrieges in Südafrika die portugiesische Unterstützung durch ein Schutzangebot im sog. Windsor-Geheimvertrag.	
9. Nov.	Verstärkung der Zwangsarbeit (seit 1878) für Afrikaner, alles Land wird Staatsbesitz‚außer wenn es Privatbesitz ist (Ausschluss von Afrikanern wegen kollektiven Landnutzungsrechts).	
1919	Nach Ende des Ersten Weltkrieges kommt das Kionga-Dreieck (Deutsch-Ostafrika) an Moçambique.	
1926–1930	Unter der Regierung Salazar in Portugal wird die seit 1914 begonnene Delegierung von Zuständigkeiten an lokale Gremien der Kolonien rückgängig gemacht und die Zwangsarbeit legalisiert.	
1929	Gründung des *Gremio Africano* in Moçambique, aus dem sich die *Associão Africana* (Ziel: Unabhängigkeit) entwickelt: Ein radikalerer Flügel spaltet sich als Instituto Negrófilo ab (später in Centro Associativo dos Negros de Moçambique – CANM – umbenannt).	*Gremio Africano Associão Africana*
1942	Manica-Sofala-Provinz der Kolonialverwaltung unterstellt (bisher Moçambique-Gesellschaft). – (Forts. S. 1714)	

Deutsch-Südwestafrika (heute: Namibia) (1878–1925/45)
(Forts. v. S. 1153, 1156)

1878 12. März	*Walfisch-Bucht* und ein Gebiet von 24 km im Umkreis werden von Großbritannien annektiert und der Kapkolonie administrativ unterstellt (1884).	*Walfisch-Bucht*
1880	Der Oranje-Fluss wird von Großbritannien als Nordwestgrenze der Kapkolonie bekräftigt.	
1884 24. April	Der vom Bremer Kaufmann Adolf Lüderitz (*1834, †1886) erbetene (1882) deutsche Schutz für seine in Angra Pequena geplante Niederlassung (Landerwerb Mai/Okt. 1883) wird für das Gebiet vom Oranje bis zum 26. Breitengrad gewährt.	
7. Aug.	*Protektoratserklärung* über Angra Pequena (Lüderitzbucht), schließlich auch über den Rest der Küste bis Kap Frio (außer Walfisch-Bucht) und über das Nama-Land.	*Protektoratserklärung*

	28. Okt.	Erstes rechtskräftiges „Schutzabkommen" zwischen Deutschem Reich und Bethanie-Nama.
	1885	Berseba-Nama unter deutschem Protektorat (28. Juli); Verträge mit Nama, Rehobothern, Herero (Sept./Okt.).
	1886	Übertragung der Gebiete an die Deutsche Kolonialgesellschaft für Deutsch-Südwestafrika.
„Caprivi-Zipfel"	1890	Helgoland-Zanzibar-Vertrag (Juli): Südwestafrika erhält den *„Caprivi-Zipfel"*.
deutscher Angriff	1893 12. April	Angesichts einer drohenden Herero-Nama-Allianz überfallartiger *Vernichtungsangriff* deutscher Truppen gegen die als Hauptgegner angenommenen Nama unter Hendrik Witbooi, die sich ergeben und sich mit einem neuen Vertrag einverstanden erklären müssen (9. Sept. 1894).

„Caprivi-Zipfel" deutscher Angriff

28. Okt. Erstes rechtskräftiges „Schutzabkommen" zwischen Deutschem Reich und Bethanie-Nama.
1885 Berseba-Nama unter deutschem Protektorat (28. Juli); Verträge mit Nama, Rehobothern, Herero (Sept./Okt.).
1886 Übertragung der Gebiete an die Deutsche Kolonialgesellschaft für Deutsch-Südwestafrika.
1890 Helgoland-Zanzibar-Vertrag (Juli): Südwestafrika erhält den *„Caprivi-Zipfel"*.
1893 Angesichts einer drohenden Herero-Nama-Allianz überfallartiger *Vernichtungsangriff*
12. April deutscher Truppen gegen die als Hauptgegner angenommenen Nama unter Hendrik Witbooi, die sich ergeben und sich mit einem neuen Vertrag einverstanden erklären müssen (9. Sept. 1894).
1897 Eine Rinderpest vernichtet mindestens 60% des Viehbestandes der Afrikaner und entzieht vor allem den Herero (ca. 95% Verluste) die wirtschaftliche Basis.
1904 Beginn (12. Jan.) des Herero-Kriegs: Etwa 100 Deutsche werden überraschend getötet.
19. Mai Nach Erklärung des Kriegszustands Militärherrschaft unter General Lothar von Trotha.

Vernichtungs-
strategie

1. Aug. Die Herero werden in der Waterbergschlacht geschlagen und in die fast wasserlose Omaheke-Wüste abgedrängt, wo die meisten umkommen *(deutsche Vernichtungsstrategie)*.
3. Okt. Um der drohenden Unterwerfung und Auflösung zu entgehen, treten die Nama in den Krieg ein.

Nama-
Guerillakampf

1905 Trotz der nach Trothas Abberufung erklärten Waffenruhe Weiterführung des *Nama-Guerillakampfes*. Bis zur Aufhebung des Kriegszustands (31. März 1907) sind mindestens 75000 Herero und Nama umgekommen (75–80% der Herero und 35–50% der Nama).

Dominanz der
weißen Siedler

1905–1907 Das Land samt Vieh der Herero und Nama wird enteignet, durch ein System gesetzlicher Maßnahmen (Mischehenverbot, Verbot von Landerwerb und Viehhaltung durch Afrikaner, Einführung von Kontraktarbeit und Passpflicht) wird die *Dominanz der weißen Siedler* gesichert und der Zusammenhalt der einheimischen Völker zerstört.

Neuwahlen des
Reichstags

1906 Der deutsche Reichstag lehnt die Verlängerung der Lüderitzbucht-Bahn und die Kostenbe-
13. Dez. willigung für die Schutztruppe ab: sog. „Hottentotten" (alter Name für die Nama) – *Neuwahlen des Reichstags* in der Folge.
1914–1915 Während des Ersten Weltkriegs wird Deutsch-Südwestafrika durch Südafrika besetzt.
1919 Nach Annahme des Mandatssystems (30. Jan.) werden die Mandatarstaaten durch die Siegermächte benannt, die Regierungsgewalt über Südwestafrika (SWA) geht an den Generalgouverneur der Südafrikanischen Union über; ehemalige deutsche Beamte und Soldaten werden ausgewiesen, die meisten anderen Deutschen (ca. 57% der Weißen) bleiben.

Völkerbunds-
Mandat

1920 Offizielle Übertragung des *Völkerbunds-Mandats* an Südafrika (im britischen Auftrag); der
17. Dez. Mandatsvertrag (C-Mandat) ermöglicht eine Behandlung von SWA als integraler Bestandteil Südafrikas.

Niederwerfung
von Aufständen

1922/1924 *Niederwerfung von Aufständen* der Bondelzwarts-Nama und der Rehobother.
1925 SWA wird getrennt von Südafrika verwaltet; die neu gebildete Legislativversammlung (Siedler-Selbstverwaltung) erhält keine Befugnisse über die afrikanische Bevölkerung, die vom Generalgouverneur Südafrikas direkt an den SWA-Administrator übertragen werden (1928). – (Forts. S. 1716)

Südafrikanische Union (Kapkolonie, Natal, Oranje-Freistaat, Transvaal; heute: Republik Südafrika)

(Forts. v. S. 1155, 1156)

Kapkolonie (1652–1899)

Kapstadt

1652 Im Auftrag der Holländisch Ostindischen Kompagnie landet J. van Riebeeck in der Tafelbucht und gründet *Kapstadt* als Proviantstation für die Indien-Schifffahrt.
1658–1678 Die Siedler sind zunächst auf die Bevölkerung der Khoikhoi („Hottentotten") und San („Buschmänner") angewiesen, mit denen es jedoch bald zu kriegerischen Auseinandersetzungen kommt.

Buren

1680–1707 *Einwanderung* niederländischer, deutscher und französischer *Siedler*, die zu *„Buren"* (niederländisch: boeren – freie Bürger) werden; die San und Khoikhoi werden vertrieben, vernichtet oder als Arbeitskräfte zwangsintegriert; Herausbildung einer sklavenhaltenden Farmer- und Händlergesellschaft.
Mit der Kompagnie-Herrschaft unzufriedene Buren ziehen als halbnomadische Viehzüchter ins Landesinnere und nehmen das wertvollere Land in Besitz; sie stoßen dabei über den

1760	Oranje-Fluss vor und treffen im Nordosten auf das Xhosa-Volk (von den Buren „Kaffern" genannt), das fast ein Jahrhundert lang in neun größeren, für beide Seiten verlustreichen Kriegen *(„Kaffern-Kriege")* Widerstand gegen burische Landnahme leistet.	*„Kaffern-Kriege"*
1795	Burische Rebellion gegen die Kompagnie und Proklamation freier Buren-Republiken (Swellendam, Graaff-Reinet), die sich den Niederlanden unterstellen.	
1795–1802	Die britische Besetzung des Kaps (erster Versuch 1781–1784 durch französische Truppen verhindert) zwingt die „Batavischen Republiken" der Buren zur Kapitulation.	
1806	Zweite britische Besetzung der Kapkolonie (formelle Abtretung 13. Aug. 1814).	
1807–1834	Die *britische Kolonialverwaltung* leitet rechtliche und politische Reformen ein: Einführung eines Passsystems für die Khoikhoi (1809), zugleich Aufhebung der Zwangsarbeit; staatliche Förderung der Einwanderung von etwa 5000 Briten.	*britische Kolonialverwaltung*
1825–1828	Einführung des britischen Währungs-, Verwaltungs- und Gerichtssystems sowie der Amtssprache Englisch und rechtliche Gleichstellung freier Nichtweißer mit Weißen.	
1833/1834	Die Abschaffung der Sklaverei entzieht großen Teilen der burischen Bevölkerung die Lebensgrundlage.	
1835–1841	Etwa 6000 Buren („Voortrekker") verlassen im *Großen Treck* die Kapkolonie in Richtung Norden. Teilung des Haupttrecks nach Überquerung des Oranje-Flusses: Einige Züge führen weiter nördlich, andere östlich nach Natal: Nach dem Scheitern ihres dortigen Siedlungsversuches (Widerstand der Zulu; britische Besetzung der Küste) zieht ein großer Teil von ihnen weiter ins Gebiet zwischen Oranje und Vaal (Oranje-Freistaat) und schließlich zwischen Vaal und Limpopo *(Transvaal-Republiken)*. Sie können sich in den neuen Gebieten ausbreiten, da die dort ansässige afrikanische Bevölkerung z. T. in der Folge der Expansions- und Unterwerfungskriege („Mfecane") des Zulu-Militärreiches unter Shaka geschwächt worden ist; die durch den Mfecane (1822–1828) hervorgerufenen Abwanderungen aus dem Zulu-Gebiet lösen in einer Art Kettenreaktion Wanderungsbewegungen im ganzen südöstlichen Afrika aus.	*Großer Treck* *Transvaal-Republiken*
1853	Repräsantive Selbstregierung für die Kapkolonie (1. Juli).	
1857	Die Xhosa werden durch freiwillige Vieh-Massenschlachtungen im Zusammenhang mit Widerstandsaufrufen von Propheten endgültig geschwächt, „Kaffraria" wird als erstes größeres afrikanisches Siedlungsgebiet der Kapkolonie angegliedert (1865).	
1872	Verantwortliche Selbstregierung für die Kapkolonie unter einem Premier (Okt.).	
1879–1886	Nach *Niederschlagung des letzten Aufstandes* der Xhosa (9. „Kaffernkrieg" 1877–1878) annektiert die Kapkolonie die meisten der zwischen Kaffraria und Natal liegenden Gebiete.	*Niederschlagung der Xhosa*
1894/1895	Mit der Annexion des Mpondo-Gebietes (Pondoland) wird die Landverbindung zwischen Kapkolonie und Natal hergestellt; die Angliederung der 1885 annektierten britischen Kronkolonie Bechuanaland beschließt die territoriale Expansion der Kapkolonie.	

Natal (1853–1899)

1837/1838	Natal, wo bereits einige Briten an der Küste siedeln (seit 1824), wird von Voortrekkern unter P. Retief erreicht, der mit 70 Gefolgsleuten von den Zulu ermordet wird; ihr Vergeltungsfeldzug unter A. Pretorius führt zur Niederlage der Zulu am Blutfluss.	
1843	Die meisten Buren ziehen nach Westen weiter, als *die Briten Natal annektieren* und Rassengleichheit proklamieren (im Widerspruch dazu Errichtung von Reservaten für die Zulu ab 1846: Grundstein für eine „Rassen"trennungspolitik).	*britische Annexion*
1856 12. Juli	Natal wird Kronkolonie mit repräsentativer Selbstregierung und von der Kapkolonie abgetrennt (Provinz seit 1845); wegen des Zahlenverhältnisses zwischen weißer und nichtweißer Bevölkerung (ca. 1 : 19) werden Afrikaner praktisch vom Wahlrecht ausgeschlossen.	
1879 21. Jan.	Der Forderung nach Auflösung seines Heeres widersetzt sich der Zulu-Herrscher Cetshwayo mit einem *Massaker an britischen Truppen* (1600 Tote) bei Isandhlawana (28. Aug.); nach seiner Gefangennahme wird sein Land einem britischen Residenten unterstellt.	*Massaker an britischen Truppen*
1886/1887	Zululand wird annektiert und der Verwaltung Natals unterstellt (Teil des Versuches, den Burenrepubliken den Weg zur Küste abzuschneiden).	
1893	Natal erhält verantwortliche Selbstregierung; Nichtweiße werden fast völlig vom Wahlrecht ausgeschlossen; dieses trifft vor allem Inder, deren Einwanderung unterbunden wird.	
1897	Tongaland (1895 annektiert) wird Zululand, dieses Natal angeschlossen (1. Dez.).	

Oranje-Freistaat (1837–1899)

Voortrekker-Zusammenschluss

1837 Lockerer *Zusammenschluss der Voortrekker* in einer gemeinsamen Regierung in Winburg (mit einem Bürgerrat, der 1840–1842 der Republik Natalia unterstellt ist).

1848 3. Febr. Erklärung der britischen „Oranjefluss-Souveränität" (Gebiet zwischen Oranje und Vaal) gegen den Willen der Buren, die jedoch nach zwei britischen Niederlagen (1851/1852) gegen Sotho-Truppen unter Moshweshwe (heutiges Lesotho) aufgegeben wird.

1854 23. Febr. Stattdessen wird von den ca. 15 000 Buren der Oranje-Freistaat gegründet, alle nichtweißen Einwohner werden vom Bürgerrecht ausgeschlossen; 3000 Griqua unter Adam Kok wandern mit britischer Unterstützung nach Osten (1861–1863, Ost-Griqualand).

1866 3. April Nach dem Senekal- und dem Seqiti-Krieg (1858 bzw. 1865) zwischen Buren und Moshweshwe Abtretung großer Teile des Sotho-Landes an die Buren, die sich jedoch nach der britischen Annexion Basutolands (12. März 1868) auf das Gebiet westlich des Caledon zurückziehen müssen.

Entdeckung von Diamanten

1869 Die *Entdeckung von Diamanten* (1868) in Kimberley führt zum Konflikt mit der britischen Kolonialregierung in der Kapkolonie, die das umstrittene Gebiet als West-Griqualand annektiert (1871) und nach Zahlung einer Kompensation an den Oranje-Freistaat schließlich der Kapkolonie angliedert (1880).

Transvaal/Südafrikanische Republik (1835–1899)

1835–1837 Voortrekker-Gruppen stoßen über den Vaal vor, schlagen die Ndebele unter ihrem Herrscher Mzilikazi (1837) und drängen sie nach Nordwesten ab.

Burenrepubliken

1838–1844 Zwischen Vaal und Limpopo („Transvaal") bilden sich *Burenrepubliken* (Potchefstrom, Zoutpansberg, Utrecht, Lydenburg).

1852 Britische Anerkennung der Unabhängigkeit dieser Gebiete (Sandfluss-Konvention).

Südafrikanische Republik Verfassung

1858–1860 Annäherung der Burenrepubliken, die sich zur *Südafrikanischen Republik* (im Folgenden Transvaal genannt) unter Präsident Marthinus Pretorius (*1818, †1901) mit der Hauptstadt Pretoria zusammenschließen. Die *Verfassung* (3. Apr. 1860) bestimmt, dass es weder im Staat noch in der Kirche Gleichheit zwischen Weißen und Nichtweißen geben darf.

1877 Transvaal wird ohne Gegenwehr von Großbritannien annektiert (12. April).

1880 13. Okt. Nach gemeinsamem Sieg der Briten und Buren über die Pedi-Sotho (Nov. 1879) führt die Unzufriedenheit über die britische Herrschaft zur Ausrufung einer unabhängigen Transvaal-Republik und zum Krieg gegen die Briten, die bei Majuba Hill (27. Febr. 1881) geschlagen werden.

Konvention von Pretoria

1881 3. Aug. *Konvention von Pretoria*: Unter Beibehaltung der „Suzeränität" erkennen die Briten die Selbstregierung Transvaals an (Präsident 1883–1900: Paulus Krüger [*1825, †1904]) und verzichten in der Konvention von London (27. Febr. 1884) auf jede Einmischung in die Politik Transvaals.

Beginn des Goldbergbaus Aufschwung

1886 *Beginn des Goldbergbaus* am Witwatersrand (Johannesburg), der sich zum größten Goldbergbaugebiet der Welt entwickelt; Zuzug von Tausenden, Entstehung des größten industriellen Ballungsgebietes Afrikas. Da angesichts des *enormen wirtschaftlichen Aufschwungs* die britischen Kolonien (Kapkolonie, Natal) vom Reichtum und Verkehrsaufkommen Transvaals abhängig zu werden beginnen, unterstützt Großbritannien die wirtschaftliche und territoriale Expansion der Kapkolonie und versucht, Transvaal in eine Föderation sowie eine Zoll- und Eisenbahnunion zu zwingen und zugleich durch Gebietsannexionen an der Ostküste vom Zugang zum Meer abzuhalten.

1889 29. Okt. Der British South Africa Co. (BSACo.) von Cecil Rhodes (1890–1896 Premier der Kapkolonie) wird durch Gewährung einer königlichen Charta die Sicherung des Gebietes nördlich Transvaals (Entstehung der Kolonien Süd- und Nordrhodesien) und westlich davon (Verpflichtung zum Bau der Eisenbahn Kimberley-Bulawayo, 1894–1897) übertragen.

Jameson Raid

1895 29. Dez. Auf Drängen von Cecil Rhodes und mit Billigung des britischen Kolonialministers kommt es zur *Jameson Raid*: 500 BSACo.-Polizisten fallen von Bechuanaland im Transvaal ein, müssen sich jedoch wegen Ausbleibens der erwarteten Unterstützung durch die „Uitlander" (nichtburische weiße Einwanderer) ergeben (2. Jan. 1896).

Krüger-Depesche

1896 3. Jan. Ein Gratulationstelegramm des Deutschen Kaisers an den Transvaal-Präsidenten (*„Krüger-Depesche"*) sorgt für erhebliche Verstimmung in Großbritannien.

6. Jan. Rhodes tritt von seinem Posten als Premier der Kapkolonie zurück. In der Folge weitere Polarisierung innerhalb der weißen Gesellschaft in Südafrika und Zusammenrücken der Burenrepubliken durch den Abschluss eines Offensiv- und Defensivpaktes.

Südafrika (1899–1945)

1899
März–Juni Fehlschlag von Einigungsversuchen zwischen Paulus Krüger (Transvaal-Präsident) und dem britischen Hochkommissar, Sir Alfred Milner (*1854, †1925). Großbritannien besteht auf vollem Stimmrecht für britische Einwanderer, was vermutlich die Annexion Transvaals durch Mehrheitsentscheidung der Uitlander ermöglicht hätte. Unter Fehleinschätzung des Widerstandswillens der Transvaal-Buren sowie des tatsächlichen Ausmaßes der angenommenen Bedrohung der britischen Suprematie im südlichen Afrika treibt vor allem Milner den Konflikt auf die Spitze.

11. Okt. Nach einem Ultimatum Krügers (9. Okt.), dem sich der (1837/1854 von Buren gegründete) Oranje-Freistaat anschließt, beginnt der *Burenkrieg* („Zweiter Freiheitskrieg"), etwa 88 000 Buren stehen 450 000 Mann britischer Truppen gegenüber. *Burenkrieg*

1900
24. Mai Nach der britischen Annexion des Oranje-Freistaates und Transvaals (25. Okt. 1899) gehen die Buren zum *Guerillakampf* über, die Briten reagieren mit der Taktik der verbrannten Erde und Einrichtung von *Internierungslagern* für Frauen und Kinder; von etwa 200 000 Inhaftierten sterben etwa 25 000; außerdem fallen fast 6000 burische und 22 000 britische Soldaten. *Guerillakampf Internierungslager*

1902
31. Mai Frieden von Vereeniging: Die Burenrepubliken werden britische Kronkolonien; Zusage baldiger innerer Autonomie und Nichteinmischung in die Frage des Afrikaner-Wahlrechts.

1906, 1907 Selbstregierung für Transvaal (6. Dez. 1906) und Oranje-Freistaat (5. Juni 1907).

1910
31. Mai *Gründung der Südafrikanischen Union* (Kapkolonie, Natal, Oranje-Freistaat, Transvaal) mit Regierungssitz in Pretoria, Parlament in Kapstadt und Oberstem Gerichtshof in Bloemfontein; sie untersteht einem britischen Generalgouverneur, der als „Hochkommissar in und für Südafrika" (Personalunion bis 1931) zugleich für die „Hochkommissariatsgebiete" Basutoland (1868 als britisches Protektorat aus dem Gebiet der Sotho gebildet; heute Lesotho), Swaziland (seit 1903 unter britischer Administration) und Bechuanaland (Betschuanaland, seit 1885 britisches Protektorat; heute Botswana) zuständig ist. Die Einigung von Buren und Briten wird auf Kosten der Nichtweißen erzielt: Das in den vier Teilstaaten bisher jeweils geltende Wahlrecht wird beibehalten, das liberalere Wahlrecht der Kapkolonie wird dabei ausdrücklich abgesichert. *Südafrikanische Union*

15. Sept. Bei den ersten Wahlen setzt sich die South African Party gegen die Unionist Party durch, Louis Botha (*1862, †1919) wird Premier (bis 1919). *Louis Botha*

Der Gegensatz zwischen Botha (Versöhnungskonzeption: Verschmelzung der englischsprachigen und burischen Bevölkerung) und *James Barry Munnick Hertzog* (*1866, †1942) („Zwei-Strom-These": parallele Entwicklung der beiden Bevölkerungsgruppen bis zur Gleichberechtigung der Buren) führt jedoch zu Hertzogs Austritt aus der Regierung (1912) und seiner Gründung der Nasionale Party (1914). *James Barry Munnick Hertzog*

1911–1914 Erste Welle *rassendiskriminierender Gesetze*: Das „Mines and Works"-Gesetz (1911) beschränkt Nichtweiße auf ungelernte Arbeit (1926 durch das „Colour Bar"-Gesetz ergänzt); das „Native Labour Regulation"-Gesetz regelt den Zufluss von Wanderarbeitern für Bergwerke und macht Kontraktbruch (Streik) zum kriminellen Vergehen; das „Natives Land"-Gesetz stellt mit dem Verbot des Bodenerwerbs durch Afrikaner außerhalb der Reservate (7,5% des Landes) die erste Maßnahme einer territorialen Rassentrennung dar (gilt zunächst nicht für die Kapprovinz); das „Riotous Assemblies"-Gesetz (1914) ermöglicht die gewaltsame Verhinderung von politischen Versammlungen und Streiks. *rassendiskriminierende Gesetze*

1912 Gründung des *African National Congress (ANC)*, der bis zum Ende der fünfziger Jahre zur wichtigsten Stütze des afrikanischen Nationalismus wird. *African National Congress*

1913–1914 Nachdem Mahatma Gandhi den passiven Widerstand unter den Transvaal-Indern organisiert hat (1907–1908), führt er den Marsch der Inder von Natal zum Transvaal an und erreicht in der Smuts-Gandhi-Übereinkunft einige Konzessionen, die die Inderfrage in Südafrika zunächst entschärfen.

1920
10. März Wahlen: Nasionale Party stärkste Partei; *Jan Christiaan Smuts* ([*1870, †1950] Premier seit Bothas Tod am 3. Sept. 1919) regiert weiter mit einer Koalition. Seine Unionisten schließen sich der South African Party an, die die nächste Wahl gewinnt (Febr. 1921). *Jan Christiaan Smuts*

1922 „Rand-Revolte": Weiße Arbeiter versuchen, eine Ausweitung der Beschäftigung Nichtweißer zu verhindern; die Streiks werden durch Militär (u.a. Bombardierung durch Flugzeuge) unterdrückt (Jan.–März).

1923 Einführung von nach Rassen getrennten Wohngebieten und Unterbindung des Zuzugs von Afrikanern in städtische Gebiete durch das „Urban Areas"-Gesetz; zur Kontrolle der eingeschränkten Bewegungsfreiheit werden die Afrikaner außerhalb des Kaplandes einem einheitlichen Passwesen unterstellt (Verschärfung 1930).

Selbstständigkeit Südafrikas	1924	Wahlsieg der Nasionale Party, J. B. M. Hertzog wird Premier (30. Juni).
	1924–1933	In Koalition mit der (weißen) Labour Party unter F. Creswell gelingt es Premier Hertzog, die *Selbstständigkeit Südafrikas* innerhalb des British Commonwealth auszuweiten (1931: souveränes Königreich mit vollem Legislativrecht, Abtrennung des Hochkommissarspostens von dem des Generalgouverneurs); er setzt die Gleichberechtigung von Englisch und Afrikaans (zweite Amtssprache 1925) sowie einen wirtschaftlichen Nationalismus gegen integratorische Tendenzen im Commonwealth durch und forciert die Herausbildung der „civilized labour policy" (Sicherung der Arbeitsplätze für Weiße, Integration des weißen Landproletariats in die modernen Wirtschaftssektoren) auf Kosten der nichtweißen Arbeitskräfte mit der Einführung des *Prinzips der ökonomischen Rassenschranke*.
ökonomische Rassenschranke	1927	Unmoral-Gesetz: Geschlechtsverkehr zwischen Weißen und Afrikanern unter Strafe.
	1931	Gewährung des allgemeinen, gleichen und direkten Wahlrechts für die weiße Bevölkerung: Die weiße Wählerschaft wird mehr als verdoppelt und damit das Wahlrecht für Farbige (d. h. „Mischlinge") im Kapland zur Bedeutungslosigkeit reduziert.
	1933 30. März	Vor dem Hintergrund der weltweiten Wirtschaftskrise kommt es zur Großen Koalition zwischen Hertzog und Smuts, deren Parteien sich zur United Party zusammenschließen, während sich die extremen Nationalisten unter Daniel François Malan (*1874, †1959) als „Gesäuberte Nationale Partei" neu formieren (5. Juni 1934).
Rassentrennungspolitik	1936	Hertzogs *Rassentrennungspolitik* verhilft der „nördlichen" (burischen) Tradition durch Verabschiedung einiger die Rechte Nichtweißer einschränkender Gesetze zum entscheidenden Sieg über die „südliche" (Kap-liberale) Tradition: Das „Representation of Natives"-Gesetz entzieht rund 11 000 Afrikanern das direkte Wahlrecht im Kapland (sie können nur noch drei weiße Abgeordnete, die restlichen Afrikaner in der Union vier weiße Senatoren entsenden); die Erweiterung des „Native Service Contract"-Gesetzes von 1932 auf die ganze Union erlaubt weißen Farmern, afrikanische Pächter in Tagelohn zu nehmen oder in Reservate abzuschieben; Afrikaner im Kapland verlieren im „Natives Trust and Land"-Gesetz die Möglichkeit zum Landkauf in „weißen" Gebieten; zugleich werden Gelder für die Ausweitung der viel zu kleinen Reservate (etwa 13 % des Landes) bereitgestellt.
Zweiter Weltkrieg	1939 4.–5. Sept.	Hertzogs Versuch, die Union im *Zweiten Weltkrieg* für neutral zu erklären, wird von Kabinett und Parlament abgelehnt; Jan Christiaan Smuts bildet eine Koalitionsregierung, die dem Deutschen Reich den Krieg erklärt (rund 345 000 südafrikanische Freiwillige nehmen an den Kämpfen auf vielen Kriegsschauplätzen teil). – (Forts. S. 1719, 1724, 1725, 1726).

Madagaskar (1885–1914/45)
(Forts. v. S. 1150)

„Phantom-Protektorat"	1885 17. Dez.	Nach anhaltenden Auseinandersetzungen mit dem Merina-Reich interveniert Frankreich militärisch (1883) und errichtet ein sog. *Phantom-Protektorat* im Vertrag mit dem Merina-Reich; im Norden wird die Kolonie Diego Suarez als Brückenkopf für künftige französische Interessen errichtet (1886).
Eroberung	1895 1. Okt.	Frankreich beginnt mit der *militärischen Eroberung* der Insel (Nov. 1894), die nach Einnahme von Tamatave (Dez. 1894) und Tananarive (30. Sept. 1895) zum Protektorat erklärt wird.
Kolonie	1896 6. Aug.	Madagaskar wird zur *französischen Kolonie* erklärt; Sainte-Marie, Nosy Bé und Diego Suarez werden ihr angegliedert, die Inseln im Mozambik-Kanal (Tromelin, Les Glorieuses, Juan de Nova, Europa und Bassa da India) werden ihr verwaltungsmäßig unterstellt.
	1897 28. Febr.	Wegen ihres anhaltenden Widerstands wird die Merina-Herrscherin Ranavalona III. (1883–1897) abgesetzt und das Merina-Reich mitsamt seiner Verwaltungsstruktur gewaltsam aufgelöst.
	1904	Mit der Unterwerfung der Völker im Süden und Südosten wird die Eroberung Madagaskars abgeschlossen.
Comoren	**1914** 23. Febr.	Die 1912 mit Mayotte (1843 französisch) zur Kolonie zusammengeschlossenen *Comoren* (seit 1886/1887 französisches Protektorat) werden Madagaskar verwaltungsmäßig unterstellt. – (Forts. S. 1739, 1741).

Deutsch-Ostafrika – Tanganyika (heute: Tanzania) (1884–1929/45)
(Forts. v. S. 1146, 1147, 1147, 1148, 1149)

1884 Nov./Dez.	Vertragsabschlüsse durch Carl Peters (*1856, †1918) auf dem Festland gegenüber Zanzibar, für die er einen Schutzbrief des Deutschen Reiches erhält (27. Febr. 1885).
1886 1. Nov.	Großbritannien und das Deutsche Reich einigen sich auf die Abgrenzung ihrer jeweiligen *Einflussbereiche* auf dem Festland, wobei der Einflussbereich des Sultans von Zanzibar von ihnen willkürlich auf einen 16 km breiten Küstenstreifen beschränkt wird.
1887 29. März	Die von Carl Peters gegründete *Deutsch-Ostafrikanische Gesellschaft* (DOAG) erhält einen Schutzbrief des Deutschen Reiches und bekommt vom Sultan von Zanzibar die Küste vom Umba- bis zum Rovuma-Fluss zur Verwaltung übertragen (30. Juli).
1888 17. Aug.	Die Durchsetzung des damit gewährten Rechts auf Zollerhebung führt zum *Widerstand* der ansässigen Bevölkerung unter Abushiri und Bwana Heri. Der Aufstand breitet sich an der gesamten Küste aus und greift auch ins Landesinnere über.
1890 14. Juni	Nach massiven militärischen Operationen wird der Aufstand niedergeschlagen (Mai). Vertrag zwischen Großbritannien und dem Deutschen Reich: endgültige Aufteilung der bisher vom Sultan von Zanzibar beanspruchten Gebiete.
1. Juli	Im *Helgoland-Zanzibar-Vertrag* sichert Großbritannien als künftige Protektoratsmacht (ab 4. Nov.) über Zanzibar Unterstützung für die Aufgabe der Zanzibar-Souveränitätsrechte über den Küstenstreifen im deutschen Gebiet (gegen Entschädigung) zu.
1891 1. Jan.	Das Deutsche Reich schließt einen Vertrag (20. Nov. 1891) mit der gescheiterten DOAG und übernimmt selbst die Verwaltung Deutsch-Ostafrikas; die Hauptstadt wird von Bagamoyo nach Dar es Salaam verlegt.
1891–1898	*Militärische Eroberung* des Landesinnern gegen erbitterten Widerstand der Hehe (1891–1898), der Nyamwezi (1892/1893), der Chagga und zahlreicher anderer Völker.
1905 Juli	Zwangsanbau von Baumwolle löst nördlich von Kilwa den *Maji-Maji-Aufstand* aus, der innerhalb kürzester Zeit außer den Hehe alle Völker des südlichen Teils Deutsch-Ostafrikas einbeziehen und erst nach Einsatz massivster militärischer Mittel und der Taktik der verbrannten Erde unterdrückt werden kann (1907); Widerstand der Ngoni noch bis 1908. Schätzung der Todesopfer (einschließlich der Folgewirkungen) schwankt zwischen 75000 und 250000.
1906–1912	„Reformpolitik": Afrikanern wird mehr Spielraum zum Anbau von Exportverkaufsfrüchten zugestanden und damit der Grundstein für eine kolonialwirtschaftliche Entwicklung von den Gebieten im Norden (Kilimanjaro, Victoriasee) gelegt.
1914	Erklärung des Kriegszustandes (5. Aug.).
1916 15. März	Beginn einer britischen Offensive unter dem südafrikanischen General Smuts mit Unterstützung indischer, rhodesischer und belgischer Truppen; die deutschen Truppen unter General v. Lettow-Vorbeck ziehen durch den Südteil des Landes nach Moçambique (Mozambik) und ergeben sich schließlich in Nordrhodesien (25. Nov. 1918). Der Krieg fordert auf afrikanischer Seite zwischen 100000 und 750000 Tote (einschließlich der Opfer der durch die Verwüstung des Landes ausbrechenden *Hungersnöte* und einer großen Grippe-Epidemie).
1919 7. Mai	Deutsch-Ostafrika wird von den alliierten Siegermächten *Großbritannien als B-Mandat* übertragen, Ruanda-Urundi (heute Rwanda und Burundi) an Belgien abgetreten (30. Mai), das Kionga-Dreieck an Portugiesisch-Ostafrika (Moçambique). Mit der Bestätigung durch den Völkerbund tritt das Mandat über das „Tanganyika Territorium" endgültig in Kraft (Juli 1922).
1923–1926	Großbritannien versucht mit einer *Politik der „indirekten Herrschaft"* die traditionellen Autoritäten – deren ursprüngliche Funktionen in der Regel längst untergraben worden sind – wieder zu stärken. Die Bevorzugung europäischer Siedler wird eingeschränkt, die Landzuteilung an Europäer und Inder, die nicht mit den Interessen der Afrikaner kollidieren soll, jedoch fortgesetzt.
1929	Gründung der African Association, die sich zum Vorläufer der Nationalbewegung entwickelt, der sich sehr unterschiedliche Organisationen als Zweigstellen anschließen. – (Forts. S. 1727, 1729)

Marginalia:
Einflussbereiche
Deutsch-Ostafrikanische Gesellschaft
Widerstand
Helgoland-Zanzibar-Vertrag
Eroberung
Maji-Maji-Aufstand
Erster Weltkrieg
Hungersnöte
Völkerbundsmandat
„indirekte Herrschaft"

Kenya (Kenia) (1885–1940/45)

(Forts. v. S. 1147, 1148, 1149)

1885 April	Vertragsabschlüsse der deutschen Brüder Denhardt (Clemens [*1852, †1929] und Gustav [*1856, †1917]) im Witu-Gebiet, für das vom Deutschen Reich eine Art Protektoratsstatus zugebilligt wird.
1886 1. Nov.	Das Gebiet südlich davon bis zum Umba-Fluss wird britisches Einflussgebiet (Vertrag mit dem Deutschen Reich, für das die Imperial British East Africa Co. (IBEACo.) eine Charta der britischen Krone erhält (3. Sept. 1888); das darin eingeschlossene Uganda-Gebiet ist der eigentliche Anziehungspunkt.(Forts. v. S. 1146)
1890 1. Juli	Durch deutsches Expansionsstreben (Benadir-Protektorat nördlich von Witu: Okt. 1889) verursachte Konflikte werden im Helgoland-Zanzibar-Vertrag beigelegt; Aufgabe deutscher Ansprüche auf Witu und Benadir.

Ostafrika-Protektorat

1895 1. Juli — Das Gebiet der finanziell ruinierten IBEACo. wird von Großbritannien als *Ostafrika-Protektorat* übernommen, der Küstenstreifen bleibt unter Oberherrschaft des Sultans von Zanzibar (bis 1963 jährliche Pacht), wird jedoch als Bestandteil des Protektorats mitverwaltet.

1895–1899 Erhebungen der Luo und Luyia, lang anhaltender Widerstand der Nandi (1895–1906).

1902 1. April — Die Ostprovinz Ugandas wird dem Ostafrika-Protektorat angegliedert, das damit das gesamte äußerst fruchtbare Hochland erhält, womit der Grundstock zur Entwicklung einer *Siedlerkolonie* gelegt wird.

Siedlerkolonie

1903–1908 Den verstärkt ins „weiße Hochland" kommenden europäischen Siedlern (starkes südafrikanisches Element) werden beträchtliche Zugeständnisse gemacht; das Land eines großen Teils der Afrikaner wird enteignet (Landgesetz 1902, Abdrängung in Reservate). In der Folge Zwangsumsiedlungen der Maasai (1904, 1911) sowie Erhebungen der Kikuyu und Embu (1904–1907) und Gusii (1907, 1914).

1904 Juni — Nach der Verlegung des Verwaltungssitzes von Zanzibar nach Mombasa (Nov. 1902) Beendigung der Personalunion zwischen Zanzibar-Generalkonsul und Kommissar des Ostafrika-Protektorats und Verlegung der Hauptstadt nach Nairobi (1907).

1915 — Die Landrechte der Weißen werden von 99 auf 999 Jahre verlängert und die ihnen zahlenmäßig weit überlegenen Inder vom Zugang zum Hochland ausgeschlossen.

Kronkolonie Kenya

1920 9. Aug. — Umwandlung in die *Kronkolonie Kenya*, der Küstenstreifen bleibt Protektorat (23. Juli). Die Gewährung des Wahlrechts auch für indische Repräsentanten im Legislativrat löst eine schwere Krise aus (Frage getrennter oder gemeinsamer Wählerlisten), in deren Verlauf die auf „Rassen"trennung beharrenden Europäer Putsch- und Sezessionspläne vorbereiten (1921/1922).

1922 16. März — Aufgrund verstärkten Drucks (u.a. Passsystem nach südafrikanischem Vorbild) auf die Afrikaner zunehmende politische Mobilisierung (seit 1919) vor allem unter den besonders betroffenen Kikuyu; nach Verhaftung eines ihrer Anführer (Harry Thuku) werden zwischen 27 und 150 Afrikaner von Polizei und Siedlern erschossen.

Hochlande für die Europäer

1923 25. Juli — Endgültige Festlegung von getrennten Wählerlisten und der *Reservierung der Hochlande für Europäer*, zugleich Zurückweisung der Selbstregierungsabsichten der Kenya-Siedler.

1925 — Das östlich des Juba-Flusses gelegene Gebiet kommt an Italienisch-Somaliland.

1925 — Gründung der Kikuyu Central Association (KCA); sie wird zum wichtigsten politischen Instrument der Afrikaner in der Zwischenkriegszeit (u.a. Bildung unabhängiger Kikuyu-Schulen und -Kirchen) und entsendet Jomo Kenyatta (*1897?, †1978) als Repräsentanten nach London (1929/1930–1946).

1940 28. Mai — Nach Organisierung eines Streiks in Mombasa (Juli 1939) werden die KCA und mit ihr kooperierende Organisationen der Kamba und Taita wegen angeblicher Subversion verboten. – (Forts. S. 1729, 1731).

Somaliland (heute: Somalia und Dschibuti) (1827–1925/45)

(Forts. v. S. 1136)

Herrschafts-rechte

1827 — Die britische East India Company schließt mit Somali-Häuptlingen zur Sicherung des Seewegs nach Indien Verträge über Hafenrechte an der Somali-Küste (Golf von Aden).

1862 — Frankreich erwirbt vom Volk der Danakil das Gebiet von Obock (nordöstlich von Dschibuti) samt Hinterland im Nordosten der Afar- und Issar-Küste.

1884–1887	Von Aden aus besetzen die Briten Zeila (Hafen am Golf von Aden) und Berbera. Großbritannien übernimmt mit Ausnahme des Osthorns das gesamte Küstengebiet und sichert sich durch Schutzverträge mit den Somali-Stämmen den Einfluss über das Hinterland.	
1888	Frankreich und Großbritannien legen die Grenze ihrer Besitzungen in Somaliland fest.	
1889	Italien errichtet an der Benadir-Küste (Gebiet um Mogadischu und Merca) sowie in der Migiurtinia (Osthorn) ein Protektorat; die italienischen Besitzungen werden von Großbritannien anerkannt (24. März 1891).	*Grenzverträge*
1894	In einem britisch-italienischen Vertrag werden die Grenzen zwischen Britisch-Somaliland und Italienisch-Somaliland festgelegt (5. Mai).	
1896	Frankreich schließt die erworbenen *Gebiete an der Afar- und Issar-Küste* (heute: Dschibuti) zur Kolonie Französisch-Somaliland (Côte Française des Somalis) mit dem Verwaltungssitz Dschibuti zusammen.	*Kolonien*
1897	Frankreich sichert Äthiopien vertraglich zu, Dschibuti als äthiopischen Ausfuhrhafen benutzen zu können (Eisenbahnbau von Addis Abeba nach Dschibuti 1917 fertig gestellt).	
1899–1920	*„Heiliger Krieg"* des Emirs Muhammad Abdallah bin Hassan gegen die Briten im Hinterland des Protektorats; nach schweren Kämpfen gelingt den Briten die Ausschaltung des Emirs und damit die endgültige Sicherung ihrer Herrschaft.	*„Heiliger Krieg"*
1905	Italien übernimmt nach Abschluss eines Vertrages mit dem Sultan von Zanzibar die direkten Rechte über sein Protektoratsgebiet und erhebt dieses zur Kolonie (19. März).	
1908 16. Mai	Äthiopien und Italien regeln die Grenzfragen in der gemeinsamen Interessensphäre, wobei das fast ausschließlich von Somalis bewohnte Ogaden-Gebiet, das 1897 von Großbritannien abgetreten worden ist, als äthiopische Provinz anerkannt wird.	
1925	Mit der Abtretung des Juba-Landes (bis dahin zum Protektorat Kenya gehörig) durch Großbritannien kommen die italienischen Erwerbungen in Somaliland zum Abschluss. – (Forts. S. 1733, 1735)	

Äthiopien (1890–1942/45)
(Forts. v. S. 1137, 1138)

1890	Die italienische Besitzung *Eritrea* wird Kolonie.	*Eritrea*
1896 1. März	Im Frieden von Addis Abeba wird der italienisch-äthiopische Krieg offiziell beendet; Italien muss damit vorerst auf sein Ziel verzichten, durch die Einbeziehung Äthiopiens seine afrikanischen Territorien (Eritrea und Italienisch-Somaliland) zu einem geschlossenen ostafrikanischen Kolonialreich auszubauen.	
1897	Großbritannien sichert Äthiopien das *Ogaden-Gebiet* mit Ausnahme einiger Reserved Areas, durch die die Transitwege nach Britisch-Somaliland kontrolliert werden, vertraglich zu (Italien bestätigt den Gebietserwerb im Grenzabkommen von 1908).	*Ogaden*
1899	Im *Vertrag von Ucciali* (2. Mai) legen Äthiopien und Italien die wechselseitige Grenze im Gebiet von Tigre und Eritrea fest.	*Vertrag von Ucciali*
1906 4. Juli	*Garantieerklärung* für die *Unabhängigkeit* Äthiopiens durch Großbritannien, Frankreich und Italien, durch welche die drei europäischen Mächte jedoch gleichzeitig ihre *Einflusssphäre* festlegen.	*Garantieerklärung*
1916	Nach Meneliks II. Tod (1913), in einer Zeit heftiger Unruhen, wird dessen Tochter Zauditu zur Kaiserin gekrönt.	
1930 2. April	Nachfolger der verstorbenen Kaiserin ist der Neffe Meneliks und eigentliche bisherige Regent, Ras Tafari Makonnen (*1892, †1975), der als Haile Selassie I. zum Negus Negesti (König der Könige) gekrönt wird.	
1935 3. Okt.	Ohne vorherige Kriegserklärung *marschieren italienische Truppen in Äthiopien ein* und können trotz heftiger Gegenwehr das gesamte Land besetzen.	*italienischer Einmarsch*
1936	Nach der offiziellen Annexion wird Äthiopien gemeinsam mit Eritrea und Italienisch-Somaliland zur Großkolonie Italienisch-Ostafrika vereinigt.	
1941	Im 2. Weltkrieg wird die italienische Afrikakolonie von britischen Truppen besetzt: Kapitulation der italienischen Hauptkräfte in Äthiopien bei Amba Alagi (18. Mai).	
1942 31. Jan.	Der aus seinem Londoner Exil zurückgekehrte Kaiser Haile Selassie unterzeichnet mit Großbritannien einen Vertrag, der seinem Land die *Unabhängigkeit* und britischen Beistand zusichert (Benutzungsrechte der Eisenbahn Addis Abeba – Dschibuti für Großbritannien). – (Forts. S. 1735, 1738)	*Unabhängigkeit*

Asien bis 1945

Gemeinsamkeiten mit Europa

Der größte, reich gegliederte Kontinent bildet keine geschichtliche Einheit. Vielmehr verbinden ihn viele historische *Gemeinsamkeiten mit Europa*, die es erforderlich machen, sowohl den Alten Orient als auch Vorderasien zur Zeit des Hellenismus und des Römerreichs gemeinsam mit Europa und Nordafrika im Rahmen des Altertums zu behandeln. In der Epoche des europäischen Mittelalters schafft der Islam nach seiner raschen Ausbreitung über Vorderasien und Nordafrika sowie Teile Europas und Zentralasiens die weiträumige, im Kern noch heute bestehende Einheit der arabisch-islamischen Welt, die gleichfalls nicht unter der Überschrift „Asien" dargestellt werden kann. Dieses lässt sich im Übrigen in die *Großräume* Südasien, Zentralasien, Ostasien und Südostasien aufteilen.

Großräume

Südasien bis 1945

indische Kultur

Südasien wird vom Arabischen Meer, dem Golf von Bengalen und dem Gebirgsmassiv des Himalaya eingegrenzt; der Großraum umfasst die Gebiete der heutigen Staaten Indien, Pakistan, Bangla Desch und Sri Lanka (Ceylon). Die *indische Kultur* hat aber weit über diese Grenzen hinaus, vor allem durch den sich ausbreitenden Buddhismus, nach Südost- und Ostasien sowie im Nordwesten bis in das Gebiet der Sowjetunion ausgestrahlt.

Das Klima wird vom Monsun (Juni bis September) geprägt, wobei starke Gegensätze zu verzeichnen sind: Entweder bedrohen zu starke Regenfälle, die zu verheerenden Überschwemmungen führen, oder aber zu geringe Niederschläge die ernährungswirtschaftliche Grundlage großer Landstriche.

In den nach allen Richtungen abgeschirmten Raum des Subkontinents bewegen sich immer wieder Ströme von Einwanderern aus dem Nordwesten, vor allem über den Khaiber-Pass, und geben dem Verlauf der indischen Geschichte neue Wendungen.

keine vorislamische Geschichtsschreibung

Da sich im südasiatischen Kulturraum mit Ausnahme Ceylons in vorislamischer Zeit *keine Geschichtsschreibung* entwickelt, was vermutlich in der bewegten politischen Geschichte, die für die Herausbildung eines Geschichtsbewusstseins wenig förderlich ist, begründet liegt, muss die historische Darstellung für weite Zeiträume fast ausschließlich auf Erkenntnisse der Archäologie, Epigrafik und Numismatik zurückgreifen. Gelegentliche und beiläufige Erwähnungen historischer Persönlichkeiten oder Ereignisse in religiösen Texten oder in der erzählenden Literatur und die Berichte von griechischen Gesandten (Megasthenes im späten 4. Jh. v. Chr.) oder von buddhistischen Pilgern aus China (Fa-hsien im 4. Jh. n. Chr. oder Hsüan-tsang im 7. Jh. n. Chr.) helfen das fragmentarische Bild zu vervollständigen. *Die chronologische Zuordnung*, vor allem in Südindien, bleibt aber dennoch bis etwa um 1000 n. Chr. *unsicher*. Erst die islamische Geschichtsschreibung schafft die Voraussetzungen für eine gesicherte Chronologie.

unsichere zeitliche Zuordnung

Indien von den Anfängen bis zum Beginn der europäischen Vorherrschaft

Indien von den Anfängen bis zur Zeitenwende (um 2500–um 100 v. Chr.)

Indus- oder Harappa-Kultur

2500–1500 v. Chr. Mit der Ausgrabung der beiden Großstädte Harappa (1921) und Mohendscho-Daro (1922) und ihrer Erforschung durch J. Marshall, E. J. H. Mackay und M. Wheeler wurde eine Hochkultur im Nordwesten Indiens entdeckt, deren Blüte zwischen der Mitte des dritten und zweiten Jt.s v. Chr. liegt. Da sich die Fundstätten zunächst auf das Indus-Gebiet beschränkten, spricht man meist von der *Indus-Kultur*. Heute beginnt sich dagegen der Name *Harappa-Kultur* durchzusetzen, da inzwischen über 70 Fundorte auf einem Gebiet, das sich im Osten von Cambay (Lothal) und im Westen bis an den Oxus (heute: Amu-Darja – Fluss an der Nordgrenze Afghanistans) erstreckt, bekannt sind.

Da die vor allem auf den etwa 1200 in Speckstein geschnittenen Siegeln mit einer Fläche von 2 × 3 cm bezeugte Indusschrift noch nicht entziffert werden konnte, fehlen jegliche schriftliche Zeugnisse zur Deutung der Harappa-Kultur. Über den inneren Aufbau des Staates ist nichts bekannt. Auffällig ist das Fehlen von Palastanlagen in den sorgfältig geplanten Großstädten Harappa und Mohendscho-Daro. Auf einem Hügel über der Stadt liegt eine Zitadelle, in deren Schutz vor äußeren Feinden wie vor der eigenen Stadtbevölkerung vielleicht ein Priesterkollegium die Geschicke des Reiches lenkt. Umfangreiche Getreidespeicher und eine vorzügliche Kanalisation deuten auf eine straff geführte Verwaltung. Ob Harappa und Mohendscho-Daro Hauptstädte zweier Reiche oder vielmehr eines Staates sind, bleibt unsicher.

Funde von Siegeln und anderen Gegenständen aus der Harappa-Kultur im alten Vorderen Orient deuten auf weit verzweigte *Handelsbeziehungen*. *Handelsbeziehungen*

um 1400 Die Entstehung wie das Ende der Harappa-Kultur liegen im Dunkel. Aus dem Grundriss der Städte in der Spätzeit lässt sich ein allmählicher, über Jh.e andauernder Verfall ablesen. Es bleibt daher sehr unsicher, wie weit die über die Pässe des Nordwestens nach Indien einwandernden Arier noch Reste der Harappa-Kultur vorfinden. Eine vielfach angenommene, gewaltsame Zerstörung der Stadt Mohendscho-Daro durch *arische Einwanderer* ist höchst unwahrscheinlich, da zwischen dem Auftreten der den Ariern zuzuschreibenden grauen Tonware („painted grey ware") und der roten der Harappa-Kultur („painted red ware") eine Lücke besteht. *arische Einwanderer*

Die Arier bringen die *indogermanischen Sprachen* nach Indien. Bei ihrem Eindringen in das Land von Nordwesten her sind sie in ständige Kämpfe mit der dunkelhäutigen Urbevölkerung verwickelt, die sie zurückdrängen und mit der sie sich auch im Laufe der Zeit vermischen. Ob diese Urbevölkerung Träger drawidischer Sprachen und Kultur sind, lässt sich nicht nachweisen. Die Geschichte der archäologisch nur schwer fassbaren Arier lässt sich aus ihren religiösen Schriften nur in Umrissen wiedergewinnen. *indogermanische Sprachen*

1400–1000 Die arischen Inder können zunächst das Gebiet des *Pandschab* erobern. Hier entsteht die *älteste Literatur in Sanskrit*, die Weden (Sanskrit: veda – „Wissen"). Der älteste Weda, der Rig-Weda – „das in Versen bestehende Wissen" –, zeigt uns eine lebensfrohe, dem diesseitigen Leben zugewandte Gesellschaft, die nach dem Tode auf Vereinigung mit ihren Vorfahren hofft. Der Reichtum der in kleinen Gruppen ohne größere, feste Siedlungen unter der Führung eines gewählten Radscha – „König" – durchs Land nach Osten ziehenden Arier besteht im Besitz von Rindern, die sie durch Raub gewinnen. Dabei unterstützt sie der gewaltige Kriegsgott Indra, an den zahlreiche Lieder des Rig-Weda, die bei der Bewirtung der Götter zum Opfermahl vorgetragen werden, gerichtet sind. Daneben stehen als Beschützer ethischer Werte Waruna, der Gott der Wahrheit, und Mitra, der Gott des Vertrages. In den späten Teilen des Rig-Weda werden bereits neben denen des Pandschab die Flüsse Jamuna und Ganges erwähnt. *Pandschab älteste Literatur in Sanskrit*

1000–600 Die Arier dringen über das Zweistromland („Doab") von Ganges und Jamuna hinaus nach Osten vor. In dieser Zeit *entstehen die* jüngeren *wedischen Texte*, die sich, wie Brahmanas und Upanischaden, mit der Deutung des Opferwesens und philosophischen Betrachtungen über die Einheit von Individualseele und Allseele (Sanskrit: Atman/Brahman) befassen oder Hilfswissenschaften zur Wedaerklärung, wie Grammatik, Fonetik, Metrik, Mathematik usw., enthalten. In diesem Zeitraum vollzieht sich ein nicht mehr in jeder einzelnen Entwicklungsstufe greifbarer Wandel in Religion und sozialer Struktur. Eine tief pessimistische Lebensauffassung greift um sich, die die Seele in einen endlosen, leidvollen Kreislauf von Wiedergeburten (Samsara) verstrickt sieht, der sie durch menschliche wie tierische Existenzen führt. Diesen Kreislauf zu beenden bleibt von nun an Erlösungsziel aller indischen Hochreligionen. *wedische Texte*

Die *Gesellschaft* beginnt allmählich in vier Klassen (Sanskrit: Warna) zu zerfallen, an deren Spitze die Priester (Brahmanen) stehen; dann folgen die Krieger (Kschatrija), die Bauern und Handwerker (Waischja) und schließlich die Knechte (Schudra). Dieses System bildet den theoretischen Hintergrund des tatsächlichen Systems der *Kasten* (Sanskrit: dschati, d.h. einer im Allgemeinen durch bestimmte Heiratsordnungen, Speisevorschriften und mitunter auch durch den gemeinsamen Beruf zusammengehaltenen Gruppe). Durch die Entstehung immer neuer Untergruppierungen existieren heute etwa 3000 Kasten. *Gesellschaft* *Kasten*

Aus dieser Zeit sind kaum mehr als die Namen einzelner Könige, die ihre Herrschaft nun auf ihre Söhne vererben, und die sich im Verlauf der spätwedischen Zeit herausbildenden *16 Königreiche in Nordindien* bekannt. Auch die im Epos Mahabharata geschilderten Kämpfe zwischen zwei verwandten, jedoch verfeindeten Geschlechtern fallen in diese Zeit. Obwohl sich die im Mahabharata erwähnten Städte archäologisch nachweisen lassen, bleibt das historische Geschehen unsicher. *nordindische Königreiche*

Aus dem Dekhan und aus Südindien gibt es außer den nicht immer klar deutbaren archäologischen Funden keine historischen Nachrichten.

6. Jh. Die wedische Periode endet mit dem Auftreten des *Buddha*, der ersten historischen Persönlichkeit, die wir aus Indien kennen. Im Osten Indiens entstehen in einer Zeit des geistigen *Buddha*

Buddhismus und Dschinismus

Umbruchs eine Reihe von religiösen Reformbewegungen, von denen sich nur *Buddhismus und Dschinismus* zu weit verbreiteten Religionen entwickeln. Die zahlreichen anderen Richtungen, wie etwa die Adschiwikas, deren Gründer Maskarin Goschala ein streng deterministisches System lehrt, sind nur aus der Polemik ihrer Gegner bekannt.

Die Lehren des Buddhismus und Dschinismus

vier Wahrheiten vom Leiden

Der Buddha, dessen weltlicher Name Siddhartha Gautama Schakja lautet, verlässt den Palast seines Vaters in Kapilawastu und gelangt nach Jahren des Suchens und der Askese in Bodh Gaya unter dem Feigenbaum zur Erleuchtung, die aus dem Kreislauf der Wiedergeburt herausführt. Im Gazellenhain bei Benares, im heutigen Sarnath, verkündet der Buddha die „*vier edlen Wahrheiten*" vom Leiden, von der Entstehung des Leidens, von der Aufhebung des Leidens und vom Weg der zur Aufhebung des Leidens führt. Zur Erreichung dieses Heilsziels lehnt er strenge Askese ebenso wie luxuriöses Leben ab und empfiehlt einen „mittleren Weg". Im älteren Buddhismus des „kleinen Fahrzeugs" (Hinajana, heute meist Therawada, „Lehre der Älteren", genannt) gelangt der einzelne durch asketische Lebensweise zur erlösenden, zum Nirwana führenden Erkenntnis. Etwa im 1. Jh. n. Chr. beginnt die Entwicklung einer neuen Richtung, des „großen Fahrzeugs" (Mahajana), in der Heilsziel zunächst der Bodhisattwa, das Wesen auf dem Weg zur Erlösung, ist, der durch sein religiöses Verdienst andere ebenfalls zur Erlösung führt, bevor er auch für sich das Nirwana anstrebt. Der Mahajana-Buddhismus breitet sich nach Zentral- und Ostasien aus, während der Hinajana-Buddhismus noch heute in Ceylon und Südostasien lebendig ist. Im Gegensatz zum Buddhismus hat der etwa gleichzeitig entstandene, von *Wardhamana Mahawira* († um 470), der auch den Titel Dschina, „Sieger", führt, verkündete Dschinismus niemals über die Grenzen Indiens hinaus gewirkt. Er lehrt eine strenge Askese zur Überwindung der Wiedergeburten.

Wardhamana Mahawira

Buddhismus und Dschinismus stützen sich auf einen Orden von Mönchen und Nonnen. In der Organisation des buddhistischen Ordens kann man vermutlich ein Spiegelbild der Verfassung einiger kleinerer Adelsrepubliken im Osten Indiens erkennen. Buddha selbst stammt aus einer solchen Republik; diese Regierungsform geht jedoch bereits zur Zeit des Buddha unter.

Todesjahr des Buddha

um 480 Mit dem *Todesjahr des Buddha* gewinnen wir das erste Datum in der indischen Geschichte. Aus buddhistischen und dschinistischen religiösen Schriften kennen wir die Namen von Königen wie Bimbisara (um 540–490) und seines Sohnes Adschataschatru (um 490–460), die unter den zahlreichen Kleinstaaten von Radschagriha (heute: Rajgir) und später von Pataliputra (heute: Patna) aus die Macht von Magadha (heute: Bihar) begründen. Weitere Machtzentren entstehen in Kosambi und Udschain.

460–360 Wenig bekannt ist über die Vorläufer der Maurja-Dynastie, die Schischunaga-Könige und
360–322 die neun Nanda-Könige, die über ein Reich unbekannter Größe von Magadha aus herrschen.

Alexander der Große

327–325 Im Zuge seiner Eroberung des persischen Großreiches, das die indischen Provinzen Gandhara und Sind vermutlich bereits unter Kyros (558–530) erworben hat, dringt *Alexander der Große* nach Indien ein.

326 Während Alexander Taxila durch Verhandlungen mit den einheimischen Fürsten gewinnen kann, muss er den erbitterten Widerstand des indischen Königs Poros in einer Schlacht am Hydaspes (heute: Jhelum) überwinden, bevor ihn seine Truppen am Hyphasis (heute: Beas) zur Umkehr zwingen.

Tschandragupta Maurja erstes indisches Großreich

um 322– Der Usurpator *Tschandragupta Maurja* entreißt dem letzten Nanda-König in Magadha die
300 Macht und legt damit die Grundlage für das *erste Großreich auf indischem Boden*, das von Pataliputra (heute: Patna) aus verwaltet wird. Dass bei dem Aufbau des Reiches das persische Reich als Vorbild dient, bleibt eine ansprechende Vermutung.

305 Tschandragupta, der sich gegen Ende seines Lebens als frommer Dschaina-Mönch aus der Welt zurückgezogen haben soll, gelingt es, einen Angriff des syrischen Diadochen Seleukos I. Nikator, der Alexanders Idee von der Eroberung Indiens zu verwirklichen sucht, zurückzuschlagen.

Aschoka

300–235 Sein Nachfolger Bindusara (um 300–270) erweitert das Reich, das unter *Aschoka* (um 270–235), nach der Eroberung von Kalinga (heute: Orissa), ganz Indien bis auf den äußersten Süden umfasst und dadurch seinen Höhepunkt erreicht. Die Verwaltung des weitläufigen Herrschaftsgebietes erfolgt durch Vizekönige von vier Provinzhauptstädten aus, was bereits den Zerfall der Reichseinheit in sich birgt.

Über Aschokas Wirken berichten die ältesten indischen Inschriften, die, in Säulen und Felsen eingemeißelt, weit über das Reichsgebiet verstreut sind. Aus ihnen erfahren wir über Aschokas Bemühen um einen politischen Ausgleich durch Toleranz gegenüber den verschiedenen religiösen Strömungen wie Dschainas und Adschiwikas, während er zugleich

	den *Buddhismus durch eine Mission außerhalb Indiens fördert* und so den Weg für seine Entwicklung zur Weltreligion bereitet.	*Förderung des Buddhismus*
um 184	Die Maurja-Dynastie endet nach einer Periode des Zerfalls des Reiches mit der Ermordung Brihadrathas durch Puschjamitra Schunga.	
um 184–72	Mit dem Ende der Maurja-Dynastie zerfällt Indien in eine *größere Zahl kleinerer Einzelstaaten*. Über die Schungas, die von Widischa (heute: Bhilsa) aus über Teile Nordindiens herrschen, sind kaum mehr als Listen von Königen bekannt.	*Zerfall in Einzelstaaten*
2./1. Jh.	Nach dem Ausweis von Münzfunden gibt es eine Reihe lokaler Dynastien, unter denen die *Mitra-Könige* von Mathura und von anderen nordindischen Städten herausragen. Ihre politische Beziehung zu den Schungas bleibt undeutlich.	*Mitra-Könige*
	Aus der Maurja- und Schunga-Zeit haben sich die ältesten Steinplastiken und Bauwerke (buddhistische Stupas in Bharhut und Santschi) erhalten.	
um 100	In Südindien entsteht das Reich der Andhra- oder Schatawahana-Dynastie.	

Die griechischen Reiche (um 250–1. Jh. v. Chr.)

um 250–130	Als Folge des Alexanderzuges entstehen im indoiranischen Grenzgebiet eine Reihe von griechischen Reichen. Etwa im heutigen Afghanistan bildet sich, getragen von den Statthaltern der Seleukiden, in den östlichen Provinzen das *hellenistische Griechisch-Baktrische Reich*. Nach der Schwächung des Seleukiden-Reiches durch den Frieden von Apameia gewinnen die griechischen Herrscher politische Bewegungsfreiheit, um ihre Macht nach Indien hinein auszudehnen. Als bedeutendste Herrscher dürfen Demetrios II. und Menander (beide 2. Jh. v. Chr.) gelten. Im einzelnen bleibt vieles in der Abfolge der Herrscher, deren Namen oft nur von Münzen bekannt sind, und in ihrer geografischen Zuordnung unsicher.	*Griechisch-Baktrisches Reich*
nach 188		
1. Jh. v. Chr.	Im Verlauf des Jh.s bricht die griechische Herrschaft im Nordwesten Indiens endgültig unter dem Druck der *Skythen*, die die Inder Schaka nennen, zusammen.	*Skythen*

Indien von der Zeitenwende bis zum Vordringen des Islam (25–1027)

25–45 n. Chr.	Die aus Zentralasien stammenden, von den Parthern aus Ost-Iran verdrängten Schakas (Skythen) gründen für kurze Zeit ein Reich im Nordwesten, das unter Gondaphernes seinen Höhepunkt erreicht, bevor es durch die Kuschanas zerstört wird. Als Statthalter (Kschatrapas) der Kuschanas können sich die Schakas als Kleinkönige (bis 2. Jh. n. Chr.) eine gewisse Selbstständigkeit bewahren.	
2. Hälfte 1. Jh.	In den letzten beiden Jh.n v. Chr. dringen aus Zentralasien die Yüe-tschi nach Baktrien und erobern, vom Anführer der Kuschanas, Kudschula Kadphises, geeint, das indoskythische Reich der Schakas. Das von den *Kuschanas beherrschte Gebiet* umfasst neben Teilen Irans, Afghanistans und Chinesisch-Turkestans auch den Nordwesten Indiens und die nordindische Ebene bis hin zum Ganges. Unter Kanischka erreichen die Kuschanas den Gipfel ihrer Macht.	*Kuschana-Reich*
	Unter den Kuschana-Herrschern beginnt in Indien das *Zeitalter der klassischen Kultur*. Bedeutende Kunstschulen entstehen in Mathura und in Gandhara. In der gräkobuddhistischen Kunst Gandharas verschmelzen indische mit hellenistischen und iranischen Elementen. Sie vermittelt westliche Kunsttradition weit gehend im Gefolge des Buddhismus nach Chinesisch-Turkestan (reiche Funde aus der 2. Hälfte des 1. Jt.s n. Chr. in Turfan und Kutscha) und nach Ostasien. In Indien selbst setzt mit dem Schaffen des buddhistischen Dichters Aschwaghoscha (1. Jh. n. Chr.) die klassische Sanskritliteratur ein.	*Zeitalter der klassischen Kultur*
	Obwohl Kanischka als ein bedeutender Förderer des Buddhismus gilt, stehen die Kuschana-Herrscher vor allem nach Ausweis ihrer Münzsymbolik auch anderen Religionen, wie Hinduismus, der Lehre des Zarathustra und der hellenistischen Religion, tolerant gegenüber.	
3. Jh.	Welche Ursachen zum *Untergang des Kuschana-Reiches* führen, ist nicht gesichert. Ihre Macht beginnt (Anfang 3. Jh.) unter dem Druck der in Iran erstarkenden Sasaniden zu schwinden.	*Untergang des Kuschana-Reiches*
4. Jh.	Mit Beginn des neuen Jh.s kommt es in Nordindien erneut zur Bildung eines Großreiches von Pataliputra (heute: Patna) aus.	
um 320–330	Tschandragupta begründet durch geschickte Heiratspolitik die *Gupta-Dynastie* (um 320–500).	*Gupta-Dynastie*

	um 320–375	Die machtpolitische Grundlage der Dynastie beruht auf den Eroberungen Samudraguptas. Seine in Nordindien erfolgreiche Militärpolitik scheitert im Süden nach einer Niederlage im Kampf mit dem Pallawa-Herrscher Wischnugopa von Kantschi. Südgrenze des Gupta-Reiches bleibt etwa der Fluss Narmada.
Zugang zum Westhandel	um 380–415	Unter Samudragupta II. gelingt der Vorstoß zu den Häfen am Arabischen Meer, der den *Zugang zum Westhandel* für das Reich eröffnet. Aus dem Bericht des (399–414) in Indien weilenden buddhistischen Pilgers Fa-hsien lernen wir diese Zeit als die friedlichste unter den Guptas kennen.
Ansturm der Hunnen	415–470	Kumaragupta (415–455) und Skandagupta (455–470) geraten in wachsende Bedrängnis durch die *Hunnen,* unter deren Ansturm das Reich zerbricht.
	480–500	Der letzte bedeutende Gupta-Herrscher, Budhagupta, gebietet nur noch über ein von Kämpfen zerrissenes Reich. Danach herrschen einzelne Zweige der Gupta-Familie (bis in das 7. Jh.) über kleinere Gebiete in verschiedenen Teilen Nordindiens.
Sanskritdichter Kalidasa		Unter den Guptas erreichen bildende Kunst, Wissenschaft und Sanskritliteratur ihren klassischen Höhepunkt. Am Hofe Tschandraguptas II. oder Skandaguptas hat vermutlich der *größte Sanskritdichter, Kalidasa,* gewirkt. Zugleich beginnt der Hinduismus den Buddhismus allmählich zu verdrängen, bis er um 1200 in Indien erlischt.
	um 528	Den Hunnen gelingt eine kurzlebige Reichsgründung in Nordindien unter ihren Führern Toramana und Mihirakula, bevor sie, wohl durch Jaschodharman, endgültig zurückgedrängt werden. Durch die Hunnen wird ein bedeutender Teil der Gandhara-Kunst zerstört.
Harschawardhana Schiladitja	606–647	In der Folge des Hunnensturmes kommt es vor der Islamisierung zu keiner dauerhaften, ganz Nordindien fest vereinigenden Großreichbildung mehr. Für kurze Zeit gelingt es *Harschawardhana Schiladitja* aus Sthanischwara (heute: Thaneswar) ein Reich etwa in den Grenzen des von den Guptas beherrschten Gebietes zu erobern, das jedoch nach seinem Tode schnell zerfällt. Hauptstadt und in den folgenden Jh.n umkämpftes Zentrum der Macht wird Kanjakubdscha (heute: Kanaudsch). Harschas Versuch, nach Südindien vorzudringen, scheitert an dem Widerstand des Tschalukja-Königs Pulakeschin II. (609–642). Der buddhistische Pilger Hsüan-tsang aus China, der (629–645) Indien bereist, schildert Harscha als letzten großen Förderer des Buddhismus.
Araber	712	Die *Araber* gewinnen die Provinzen Sind und Multan.
	um 730	Etwa 100 Jahre nach Harscha einigt Jaschowarman von Kanaudsch aus große Teile Indiens. Danach wird das Geschehen der nordindischen Politik durch die im Westen Indiens, im heutigen Radschasthan beheimateten Radschputen-Familien bestimmt. Unter ihnen üben
Gurdschara-Pratihara-Dynastie *Bengalen*	8.–10. Jh.	die *Gurdschara-Pratiharas* von Kanaudsch die Macht aus. Ihnen gelingt es, die Araber aus Indien abzudrängen. Auf die Gurdschara-Pratiharas folgen zahlreiche Lokalfürsten, unter ihnen die Tschahamanas (auch: Tschauhans) im Gebiet des heutigen Delhi. Im Osten Indiens, in *Bengalen,* herrschen die buddhistischen Dynastien der Palas (8.–12. Jh.) und der Senas (12.–13. Jh.); im Westen, in Gudscharat, entsteht unter den Maitrakas von Walabhi (5.–8. Jh.) und unter den Solankis (Tschaulukjas) (10.–12. Jh.) ein dschinistisch ausgerichteter Staat.
Mahmud von Ghasna	1001/1027	Nachdem das Vordringen des Islam über die gewonnenen Provinzen Sind und Multan hinaus am Widerstand des Gurdschara-Pratihara-Reiches scheitert, kommt es zu zahlreichen Raubzügen des türkischen Herrschers aus der Dynastie der Ghasnawiden *Mahmud von Ghasna* (998–1030), die ihn bis tief nach Indien hineinführen. Obwohl sich noch kein islamisches Reich bildet, bereiten die Einfälle Mahmuds die Herrschaft des Islam vor. Durch die Plünderungen der Schatzkammern von Tempeln und Palästen gehen gewaltige Reichtümer in Indien verloren und schwächen die Finanzkraft der nordindischen Fürsten entscheidend. Durch den Niedergang der Macht Ghasnas bedingt, verzögert sich die Einrichtung einer dauerhaften islamischen Herrschaft in Indien.

Die islamische Vorherrschaft bis zur Gründung des Mogul-Reiches (1191/92–1526)

Schlachten bei Taraori	1191	Einer Konföderation von nordindischen Königen unter der Führung von Prithwi Radsch Tschahamana (Tschauhan) gelingt es, ein islamisches Heer unter dem Afghanen Mohammed von Ghor bei *Taraori* (Tarain) zurückzuschlagen.
	1192	Dem erneuten Ansturm der Moslems unter Mohammed von Ghor unterliegen die Hindus in der Zweiten Schlacht bei Taraori. Mohammed setzt Kutb-ud-Din Aibak als Statthalter in Delhi ein; die Periode islamischer Vorherrschaft im Norden Indiens beginnt.

Die kulturellen und religiösen Einflüsse des Islam

Mit dem Eindringen des Islam wird die indische *Kultur* um ein neues Element bereichert, obwohl sich, anders als in den übrigen vom Islam eroberten Ländern, die islamische Religion in Indien nicht durchsetzen kann. Der Islam, dem die sozialen Schranken des Kastensystems der Hindus fremd sind, gewinnt Neubekehrte vor allem aus den unteren Kasten.

In der Kunst entstehen auf indischem Boden neue Formen durch eine Vermischung islamischer und hinduistischer Elemente, was sich zunächst besonders an der Baukunst ablesen lässt. In der Literatur beginnen die neuindischen Sprachen das Sanskrit als Literatursprache zurückzudrängen, während Persisch Amtssprache des Sultanats wird. Mit dem Einbruch des Islam *beginnt* in Indien die *Geschichtsschreibung*, die den Verlauf der Ereignisse jedoch einseitig aus moslemischer Sicht darstellt.

Kultur

Beginn der Geschichtsschreibung

Während Kutb-ud-Din Aibak die islamische Herrschaft im Gebiet von Delhi zu sichern sucht, stößt sein General Mohammed Ibn Bachtijar nach Bihar und Bengalen vor, versetzt durch die *Zerstörung von Klöstern* dem Buddhismus den Todesstoß und stürzt den letzten Sena-König in den ersten Jahren des 13. Jh.s, bevor er bei einer erfolglosen Expedition gegen Nepal mit seinem Heer untergeht.

Zerstörung von Klöstern

1206 Mit dem Tode Mohammeds von Ghor erklärt sich Kutb-ud-Din Aibak († 1211) unabhängig
1206–1290 und begründet so die erste Dynastie im *Sultanat von Delhi*, die Sklaven-Dynastie, deren Name besagt, dass stets ein Sklave des jeweils vorangegangenen Herrschers auf den Thron gelangt.

Sultanat von Delhi

Die ersten Sultane sind bemüht, den immer wieder aufflammenden Widerstand der Hindus zu brechen. Von einzelnen Festungen aus beherrschen sie das Land, wobei sich ihre Verwaltung vielfach auf das Eintreiben möglichst hoher Steuern beschränkt. Dabei wird der Beamtenapparat der hinduistischen Herrscher zunächst übernommen.

1211–1240 Aibaks Nachfolger Iletmisch (auch: Iltutmisch) (1211–1236) baut das Reich weiter aus, seine Tochter Rassija (1236–1240), die einzige Frau auf dem Thron von Delhi, wird von dem Generalskollegium der „Vierzig" abgesetzt.

1266–1287 Gegen deren Macht kann sich erst Balban durchsetzen und den Herrschaftsanspruch des Sultans wiederherstellen.

1290 Die Sklaven-Dynastie, der es bis dahin gelingt, sich mit einer zahlenmäßig den Hindus weit unterlegenen Militärmacht durch taktische Überlegenheit und straffe Führung in Indien zu behaupten, endet.

1290–1318 Unter der *Childschi-Dynastie* festigt sich die islamische Herrschaft in Nordindien, zugleich beginnen Militärexpeditionen der Moslems nach Südindien, die (1310) den General von Ala-ud-Din Childschi (1296–1316), Malik Kafur, bis in das Gebiet um die Stadt Madurai führen.

Childschi-Dynastie

1320–1398 Unter der *Tughluk-Dynastie* beginnt der Zerfall des Sultanats durch verfehlte innenpolitische Maßnahmen des zweiten Herrschers, Mohammed Bin Tughluk (1325–1351). Eine fehlgeschlagene Steuerreform, der Versuch, durch ein kontrolliertes Preissystem die Gesetze des Marktes außer Kraft zu setzen, und Währungsmanipulationen führen zu einer Zerrüttung der Reichsfinanzen. Ausbrechende Unruhen und Aufstände werden blutig niedergehalten.

Tughluk-Dynastie

1351–1388 Unter Firos Schah Tughluk kommt es noch einmal zu einer gewissen Erholung des Sultanats, das jedoch mit dem Verlust Bengalens und des Dekhans erhebliche Gebietseinbußen hinnehmen muss.

Auf Firos Schah Tughluk folgt eine Reihe unbedeutender Herrscher, sodass das Sultanat
1398 keine Kraft mehr findet, den *Mongolen* unter Timur Leng ernsthaften Widerstand entgegenzusetzen, die Delhi einnehmen und verwüsten.

Mongolenangriff

1451–1526 Nach einer Periode der Anarchie gelingt es den *Lodi-Herrschern* noch einmal, die Macht des Sultanats in bescheidenem Umfang wiederherzustellen und gegen die Scharki-Sultane von Dschaunpur (1394–1479) und das Reich von Malwa (1401–1531) erfolgreich vorzugehen.

Lodi-Herrscher

Als unter Ibrahim Lodi (1517–1526) innere Streitigkeiten aufbrechen, suchen seine Feinde Hilfe bei dem Timuriden Babur (1483–1530) in Kabul.

1526 Babur schlägt Ibrahim Lodi in der Ersten *Schlacht bei Panipat* und ebnet so den Weg für die Gründung des Mogul-Reiches.

Schlacht bei Panipat

Damit findet die erste Phase der islamischen Beherrschung Indiens ihr Ende. Sie ist durch blutige Gegensätze zwischen Hindus und Moslems gekennzeichnet. Zerstörung von Tempeln der Hindus, auf deren Trümmer die ersten Moscheen entstehen, und Zwangsbekehrungen zum Islam verhindern zunächst eine Durchdringung beider Kulturen und Religionen, um deren Versöhnung sich Reformer wie der Weber Kabir (1440–1518) oder der Gründer der Sikh-Religion, Guru Nanak (1469–1538), zu bemühen beginnen. Erst unter den Mogul-Kaisern wird die religiöse Toleranz zu einem wichtigen Instrument der Innenpolitik.

Südindien von den Anfängen bis zur islamischen Eroberung (Vorzeit bis 1565)

Drawiden
Die Herkunft der drawidisch sprechenden Bevölkerung Südindiens liegt im Dunkel. Ob drawidische Sprachinseln in Nordindien darauf hinweisen, dass die arischen Einwanderer die *Drawiden* in den Süden abgedrängt haben, bleibt unklar. Heute wird das drawidische Sprachgebiet durch die Südgrenze der Bundesstaaten Maharashtra und Orissa gebildet. Auf den Aschoka-Inschriften (3. Jh. v. Chr.) begegnen zum ersten Mal die Namen von drei bedeutenden südindischen Herrscherhäusern: Tschola, Tschera und Pandja. Genauere Nachrichten über den Süden setzen erst mit der Zeitwende ein.

Herrschaft der Andhras
seit ca. 100 v. Chr. Nach dem Zerfall des Maurja-Reiches beginnt sich von Pratischthana (heute: Paithan) aus die *Herrschaft der Andhras* (auch: Schatawahanas) zu festigen. Sie setzen sich gegen die Kschatrapas im Westen Indiens durch und gründen ihre wirtschaftliche Stärke nach dem Gewinn von Häfen am Arabischen Meer auf den Handel mit dem Mittelmeerraum. Unter den Schatawahanas blüht die mittelindische (Prakrit-)Literatur; in Amarawati entstehen bedeutende buddhistische Bauwerke.

um 220 n. Chr. Das Reich der Schatawahanas löst sich in eine Reihe kleinerer Fürstentümer auf, von denen die Ikschwakus (3. Jh.) durch die buddhistischen Baudenkmäler von Nagardschunakonda besonders gut bekannt sind.

Wakataka-Dynastie
um 250– um 500 Nachfolger der Schatawahanas werden die *Wakatakas*, die den gesamten Dekhan beherrschen und das Vordringen der Guptas, denen sie durch Heirat verbunden sind, in den Süden verhindern. Etwa zur gleichen Zeit erlischt sowohl die Macht der Guptas als auch die der Wakatakas, ohne dass Gründe erkennbar sind.

6. Jh. Im Westen des Dekhans und an der Südostküste entstehen die beiden in ständige Fehden miteinander verwickelten Dynastien der Tschalukjas und Pallawas.

566–597 Pulakeschin I. verlässt die alte Tschalukja-Hauptstadt Aihole und macht Watapi (heute: Badami) zu seinem Regierungssitz.

Tschalukja-Dynastie
608–642 Den Höhepunkt ihrer Macht erreichen die *Tschalukjas* unter Pulakeschin II. der einen Angriff Harschawardhanas von Kanaudsch zurückschlagen kann. Wenig erfolgreich ist er bei dem Versuch, die Pallawas niederzuringen.

642 Narasimhawarman I. Mahamalla Pallawa erobert Badami.

um 750– 975 Für ein Jh. erholen sich die Tschalukjas von diesem Rückschlag, bis sie die Macht im Dekhan an die Raschtrakutas abgeben müssen, die von Manjakheta (heute: Malked) aus regieren. Danach herrschen nochmals zwei Zweige der Tschalukja-Familien im Dekhan: die westlichen Tschalukjas von Kaljani (10.–12. Jh.) und die östlichen Tschalukjas von Wengi (10./11. Jh.) aus.

freistehende Tempelbauten
Zur Zeit der ersten Tschalukja-Dynastie entstehen die ersten *freistehenden Tempelbauten* in Südindien in Aihole, Badami und Pattadakal. In Adschanta und Ellora werden buddhistische, dschinistische und hinduistische Bauwerke geschaffen.

Pallawa-Dynastie
Ende 6. Jh. Die *Pallawas*, deren Geschichte sich bis in das 3. Jh. n. Chr. zurückverfolgen lässt, beginnen von Kantschi aus den Süden Indiens zu erobern und zeitweise auch gegenüber den Tschalukjas eine Vormachtstellung einzunehmen. Bis in die Mitte des 8. Jh.s können sie ihre Macht behaupten. Unter den Pallawas greift die indische Kultur nach Ceylon, Südostasien und Indonesien aus. Wichtigster Handelshafen ist Kadal Mallai (Mamallapuram), in dem sich zugleich bedeutende Bauten als Zeugen der Pallawa-Kunst erhalten haben.

Tschola-Dynastie
985–1012 Der Fall der Pallawas ist mit dem Aufstieg der *Tscholas* von Uraiyur aus verbunden. Unter Radscharadscha I. besiegen die Tscholas die Pandjas von Madurai und die Tscheras in Kerala, stoßen bis nach Orissa vor und gewinnen den Norden Ceylons.

1012–1042 Sein Nachfolger Radschendra I. gewinnt Bengalen, dringt nach Burma und Sumatra vor.

12. Jh. Die Macht der Tscholas erreicht ihren Zenit, zerfällt jedoch rasch unter weniger fähigen Herrschern. Zugleich werden die Pandjas allmählich zur führenden Macht des äußersten Südens, während im Nordabschnitt des westlichen Dekhans von Deogir (Daulatabad) aus die Jadawa-Dynastie (1191–1318) und im Südabschnitt die Hoysalas (1173–1327) von Dorasamudra (heute: Halebid) aus herrschen.

Malik Kafur
1310 Die Militärexpedition *Malik Kafurs* zerstört die Reiche der Jadawas, Hoysalas und Pandjas. Seit der Pallawa-Dynastie und vor allem unter den Tscholas wird in Südindien der Schiwaismus die vorherrschende Religion. Der Buddhismus geht unter, und der Dschinismus wird

	zurückgedrängt. Da der äußerste Süden nie von der islamischen Herrschaft durchdrungen wird, erhält sich hier die hinduistische Kultur frei von fremden Einflüssen.	
um 1350–1565	Auf den Trümmern der vernichteten hinduistischen Reiche im Dekhan und im Süden erbauen dann die Brüder Bukka und Harihara das letzte hinduistische *Großreich* in Indien, das nach seiner Hauptstadt *Widschajanagara* (heute: Hampi) benannt ist. Schon bald gerät es in kriegerische Verwicklungen mit dem islamischen Reich der Bahmanis von Gulbarga (1347–1527), die schließlich zur Auflösung der Macht der Bahmanis führen.	*Widschajanagara-Reich*
seit 1490	An seiner Stelle beginnen sich die fünf *Dekhan-Sultanate* von Ahmednagar, Berar, Bidar, Bidschapur und Golconda herauszubilden.	*Dekhan-Sultanate*
1552–1565 1565	Als sich der letzte König von Widschajanagara, Sadaschiwaraja ungeschickt in die inneren Streitigkeiten der Dekhan-Sultanate einmischt, bilden diese eine Konföderation gegen die Hindus von Widschajanagara, besiegen Sadaschiwaraja in der Schlacht bei Talikota vernichtend und zerstören seine Hauptstadt. Mit dem *Untergang von Widschajanagara* spielen hinduistische Herrscher in Indien für zwei Jh.e keine entscheidende Rolle mehr.	*Untergang von Widschajanagara*

Die europäischen Handelskompanien in Indien

Seit der Entdeckung des Seeweges nach Indien um das „Kap der Guten Hoffnung" und nach der *Landung Vasco da Gamas* (20. Mai 1498) in Calicut (Kalikat; Kozhikode) entstehen an den Küsten Indiens europäische Handelsniederlassungen. Zunächst beeinflussen jedoch die Europäer das Geschehen in Indien kaum. Erst der Zerfall der Staatsmacht in Indien im 18. Jh. ermöglicht ein nachhaltiges Eingreifen in die inneren Angelegenheiten, bis schließlich die britische Kolonialherrschaft das gesamte Land unterwirft. Im Gegensatz zu allen früheren Eroberern setzen sich die Europäer vom Meer her im Land fest; sie sind die Ersten, die sich mit der einheimischen Bevölkerung nicht vermischen.

Landung Vasco da Gamas

Als erste europäische Handelsmacht bauen die Portugiesen ihre Handelsbeziehungen zu südindischen Häfen aus. Der erste portugiesische Vizekönig Francisco de Almeida (1505–1509) zerschlägt 1509 die vereinigten Flotten von Ägypten und Gudscharat vor Diu und begründet so die *portugiesische Seemacht* im Indischen Ozean. Sein Nachfolger Afonso d'Albuquerque (1509–1515) erobert 1510 Goa, das zusammen mit Diu (erobert 1509) und Daman (portugiesisch: Damão – erobert 1559) Hauptstützpunkt wird. Territoriale Gewinne streben die allein am Handel und an der Bekehrung der islamischen Bevölkerung zum Christentum interessierten Portugiesen nicht an.

portugiesische Seemacht

Trotz ihrer geringen Zahl und trotz ihrer vergleichsweise schmalen Basis in Europa, können die Portugiesen durch ihre überlegene Technik in Schiffsbau und Seefahrt zunächst ihre Vormachtstellung gegenüber anderen europäischen Nationen im 16. Jh. in dem bis nach China und Japan sich erstreckenden Handelsreich behaupten. Seit Ende des 16. Jh.s führen jedoch Krisen des portugiesischen Staates, der Untergang des Reiches von Widschajanagara und das Erstarken der Seemächte England und Niederlande zu einem unaufhaltsamen Niedergang des portugiesischen Kolonialbesitzes. Die Nachfolge treten verschiedene ostindische *Handelsgesellschaften* an.

1602 wird die Vereinigte Ostindien-Kompanie der Niederlande mit ihrem Hauptsitz in Batavia gegründet. Stützpunkte entstehen in Surat und Masulipatam.

Handelsgesellschaften

Die 1616 gegründete dänische Ostindien-Kompanie errichtet Niederlassungen in Tranquebar (1620) und Serampore (1755), die beide 1845 in britischen Besitz übergehen.

1664 wird die französische Ostindien-Kompanie ins Leben gerufen, die von Pondicherry (1674) und Chandernagore (1688) aus Handel treibt.

Die englische Königin Elisabeth I. verleiht am 31. Dezember 1600 der Ostindien-Kompanie die Gründungsurkunde. 1613 wird Surat der Hauptstützpunkt der Briten in Indien. Durch das Wirken des Diplomaten Sir Thomas Roe am Hofe des Mogulkaisers (1615–1618) können die Engländer wichtige Privilegien erringen. *Erste englische Stadtgründung* ist 1639 Fort St. George, das spätere Madras; 1661 gewinnt die englische Krone Bombay als Mitgift Katharinas von Braganza, der Gemahlin Karls II. von England, das ab 1688 an die Ostindien-Kompanie verpachtet wird; Kalkutta wird 1690 gegründet.

erste englische Stadtgründung

Aus den teilweise erbitterten Auseinandersetzungen zwischen Portugiesen, Briten und Niederländern um die Vorherrschaft in Indien gehen die Briten als Sieger hervor: Sie gewinnen im Laufe des 18. Jh.s deutlich die Oberhand.

Das Reich der Großmoguln (1526–1857)
(Forts. v. S. 1098)

1526–1530	In den vier Jahren nach der Ersten Schlacht bei Panipat (zwischen Ibrahim Lodi und dem Mongolen Babur) gelingt es dem Timuriden Babur († 1530) nicht, seine Herrschaft über Nordindien zu festigen.

	1530–1556	Sein Sohn Humajun wird trotz militärischer Erfolge nach Persien abgedrängt (1544).
	1555	Erst mit persischer Hilfe kann er aus dem Exil zurückkehren und Delhi wiedergewinnen.
Scher Schah Sur		Mächtigster Widersacher Humajuns ist *Scher Schah Sur*, der (seit 1530) im Osten Indiens seine Macht zu festigen beginnt.
	1540–1545	Von Bengalen aus gewinnt und beherrscht Scher Schah Zentral- und Nordwestindien. Durch innere Reformen baut er einen zentral geführten, straff verwalteten Staat auf und bereitet damit der unter Akbar entstehenden *Mogul-Verwaltung* den Weg.
Mogul-Verwaltung	1556–1605	Akbar muss sich zunächst gegen verschiedene Thronprätendenten durchsetzen.
	1556	In der Zweiten Schlacht bei Panipat besiegt Akbars Heer den Usurpator und Hindu Hemu.
Vormacht in Nordindien		Er gewinnt so die *Vormacht in Nordindien*, das im Verlauf der nächsten zwanzig Jahre unterworfen wird (1567–1576 Radschputana, 1572/1573 Gudscharat, 1574–1576 Bengalen).
	1586/1595	Akbar gewinnt (1586) Kaschmir, (1590) Sind, (1592) Orissa, (1594) Belutschistan und (1595) Kandahar. Von besonderer Bedeutung ist der Besitz von Gudscharat, der dem Mogul-Reich den Zugang zu den Handelshäfen am Arabischen Meer sichert. Von 1590 an versucht Akbar, den Süden zu gewinnen.

Die Herrschaft Akbars

Religionspolitik — Unter Akbar, der im Innern die von Scher Schah Sur begonnenen Reformen, vor allem des Beamtenapparates, fortsetzt, beginnt eine *Religionspolitik*, die durch Toleranz einen Ausgleich zwischen Moslems und Hindus zu erreichen sucht. 1579 wird die Kopfsteuer (dschisja) für Hindus abgeschafft. Durch die Heirat von Radschputen-Prinzessinnen bindet Akbar die kriegerischen Hindus in Radschasthan an den Thron. Der Versuch, eine Hindus und Moslems versöhnende, von Akbar begründete Religion, den Din-Ilahi, einzuführen, scheitert jedoch (1582). Akbar, der selbst weder lesen noch schreiben kann, fördert Kunst und Wissenschaft.

	1605	Nach Akbars Tod führt sein Sohn Dschahangir (1605–1627) die begonnene Politik fort.
Schahdschahan	1628–1658	Unter *Schahdschahan* gelangt das Mogul-Reich zu seiner höchsten Blüte. Obwohl Kandahar (in einer Hochebene des südlichen Afghanistan) verloren geht, dehnt sich das Reich nach Süden aus: Ahmednagar fällt (1637).
Tadsch Mahal	1632–1653	Die Förderung der Kunst am Mogul-Hof erreicht besonders in der Miniaturmalerei einen Höhepunkt. Das *Tadsch Mahal,* als Grab für Schahdschahans Frau Mumtas Mahal († 1631), entsteht. Zugleich beginnt aber die Entfaltung glänzender Hofhaltung die Finanzkraft des Reichs zu schwächen.
Aurangseb	1656	Während einer Erkrankung Schahdschahans bricht der Erbfolgekrieg der Moguln aus, in dem sich *Aurangseb* gegen seine Brüder durchsetzen kann.
	1659–1707	Seine Regierungszeit ist vor allem in der zweiten Hälfte durch einen verzweifelten Kampf um die Erhaltung des Reiches gekennzeichnet. Im Innern brechen die Gegensätze zwischen Hindus und Moslems, gefördert durch eine rigoros proislamische Religionspolitik Aurangsebs, erneut auf. Zahlreiche, nur mit Mühe unterdrückte *Rebellionen* zeigen die innere Schwäche des Staates.
Rebellionen		
	1686/1687	Im Dekhan kann Aurangseb die Annexion der Sultanate von Bidschapur (1686) und Golconda (1687) durchsetzen.
	1691	Das Mogul-Reich erlangt durch den Gewinn von Tandschore (Thandschavur, am Hauptarm des Kaweri-Deltas) seine größte Ausdehnung nach Süden. Zugleich erwächst ihm jedoch in den *Marathen* ein gefährlicher und mächtiger Feind, den Aurangseb zunächst unterschätzt. Sie zwingen ihn, seine Hauptstadt Agra zu verlassen und von Aurangabad aus die Regierungsgeschäfte zu führen.
Marathen		
	1707–1748	Unter Aurangsebs Nachfolgern Bahadur Schah (1707–1712), Farruchsijar (1713–1719) und Mohammed Schah (1719–1748) zerfällt das Mogul-Reich.
	1708	Teile Radschputanas gehen verloren.
	1724	Asaf Dschah zieht sich von seinem Amt als Wesir Mohammed Schahs zurück und gründet die Nizami-Dynastie in Haiderabad im Dekhan (1724–1948).
persische Invasion	1739	Die innere Schwäche des Reiches führt zu der *Invasion von Nadir Schah aus Persien*, der Delhi plündert und den in der Mogul-Zeit erworbenen Wohlstand der Stadt vernichtet.
	1757	Eine zweite Plünderung Delhis durch den Perser Ahmed Schah Durrani findet statt. Damit ist die Kraft des Mogul-Reiches endgültig gebrochen.
	1857	Der letzte Herrscher Bahadur Schah († 1862) wird von den Briten abgesetzt.

Die Marathen (1627–1761)

Seit der Mitte des 17. Jh.s beginnt der *Aufstieg der Marathen*, der letzten indischen Großmacht vor der Periode der britischen Herrschaft. Ihren Aufstieg begründet der Bandenführer Schiwadschi. *Aufstieg der Marathen*

1627–1680 Schiwadschi kann sich (1646) in einem Fort bei Puna festsetzen. Nach der Einnahme weiterer Festungen mit Hilfe einer disziplinierten, beweglichen Armee kann er seinen Einfluss in Maharaschtra ausdehnen. *Schiwadschi*

1659 Er kann durch Verrat ein gegen ihn entsandtes Heer des Moguls Aurangseb vernichten. Alle weiteren Versuche, seine Macht zu brechen, schlagen fehl. Schiwadschi, der sich als Hindu von den religiösen Reformern Ramdas (1608–1681) und Tukaram (1608–1649) beraten lässt, gilt den Hindus als Vorkämpfer gegen den Islam.

nach 1680 Innere Streitigkeiten nach Schiwadschis Tode verhelfen dem Mogul-Reich zu vorübergehenden Erfolgen gegen seinen Sohn Sambhadschi († 1689). Obwohl sein Enkel Schahu († 1749) sich auf dem Thron hält, muss er die Macht an seinen ersten Minister, den Peschwa, abtreten.

1726–1740 Der zweite Peschwa Badschi Rao führt eine *Heeres- und Verwaltungsreform* durch und gewinnt die Kontrolle über Malwa, Gudscharat und Zentralindien. *Heeres- und Verwaltungsreform*

1740–1761 Sein Nachfolger *Baladschi Badschi Rao* macht sich nach dem Tode Schahus zum Herrscher in Puna. Unter Baladschi erreicht die Macht der Marathen, die der Mogul-Kaiser um militärische Hilfe in schwierigen Situationen bitten muss, ihren Höhepunkt. *Baladschi Badschi Rao*

1761 Der Plan, ein Marathen-Reich anstelle des Mogul-Reiches zu errichten, scheitert jedoch in der *Dritten Schlacht bei Panipat* (in Harijana), die unter großen Verlusten gegen den Perser Ahmed Schah Durrani verloren geht. *Dritte Schlacht bei Panipat*

Zugleich ist die Vormacht des Peschwa unter den Marathen erschüttert. Neben dem Peschwa in Puna treten die Familien der Holkar von Indore, der Bhonsle von Nagpur, der Gaikwar von Baroda und der Sindhia von Gwalior. Gegen Ende des Jh.s werden die Marathen in Kriege untereinander und gegen die Engländer verwickelt. Keiner der indischen Kleinstaaten findet die Kraft, eine überregionale Macht zu entfalten.

Die europäische Herrschaft in Indien

Der Aufstieg der europäischen Mächte (1746–1763)

Rechtsgrundlage der europäischen Handelsniederlassungen in Indien sind die von den Mogul-Kaisern verliehenen Privilegien. Mit dem Niedergang der Macht in Delhi sehen sich Briten und Franzosen immer häufiger vor die Notwendigkeit gestellt, ihre Rechtsansprüche aus eigener Kraft gegenüber lokalen Machthabern durchzusetzen. Zugleich werden die im 18. Jh. in Europa zwischen Großbritannien und Frankreich aufbrechenden Gegensätze auch nach Indien übertragen.

Erster Krieg in der Karnatik (1746–1748): *Erster Karnatik-Krieg*

1746 In der Folge des Österreichischen Erbfolgekrieges (1740–1748) erscheint eine französische Flotte vor Madras und nimmt die Stadt ein. Der Versuch eines indischen Herrschers, des Nawab von Arcot (Nawab: Statthalter des Mogul-Herrschers, die im 18. Jh. nur noch nominell die Oberhoheit Delhis anerkennen), Madras für sich zu gewinnen, scheitert an dem französischen Sieg in der Schlacht bei Adyar. Dieses Treffen zeigt zum ersten Mal die Überlegenheit kleiner, aber disziplinierter europäischer Verbände über indische Heerhaufen.

1748 Mit dem Frieden von Aachen wird Madras an die Engländer zurückgegeben und der Status quo ante wiederhergestellt, sodass dieser erste Krieg in der Karnatik (in den heutigen Bundesstaaten Karnataka und Tamilnad, Südindien) keine Entscheidung herbeiführt. Zum ersten Mal greifen jedoch während dieses Krieges die europäischen Mächte in die indische Politik ein.

Zweiter Krieg in der Karnatik (1751–1754): *Zweiter Karnatik-Krieg*

Verwicklungen bei Thronfolgestreitigkeiten nach dem Tode des Nisam von Haiderabad († 1748) und des Nawab von Arcot († 1749) führen zum zweiten Krieg zwischen Engländern und Franzosen in der Karnatik. Durch militärische Erfolge *Robert Clives* (*1725; *Robert Clive*

† 1774) gelangt Arcot unter britischen Einfluss, während die Franzosen in Haiderabad ihre Stellung behaupten können.

Dritter Krieg in der Karnatik (1756–1763):

Dritter Karnatik-Krieg

1756 Als Folge des Siebenjährigen Krieges bricht der dritte Krieg aus, der auch auf Bengalen übergreift. In der Schlacht bei Wandiwash erringen die Briten den entscheidenden Sieg.
1760
1761 Großbritannien nimmt Pondicherry ein.

Friede von Paris

1763 Im *Frieden von Paris* erhalten die Franzosen zwar ihre indischen Besitzungen zurück (Chandernagore, Karikal, Mahé, Pondicherry), jedoch mit der Auflage, sie als unbefestigte Handelsstützpunkte zu verwalten. Damit sind die Franzosen aus der indischen Politik ausgeschaltet.

Bengalen (1756–1784)

Mitte des 18. Jh.s entzünden sich in Bengalen Gegensätze zwischen dem Nawab und der englischen Kompanie.

1756 Kalkutta wird von indischen Truppen besetzt, jedoch von Clive zurückerobert.

Scharmützel bei Plassey

1757 Mehr durch List und Bestechung als auf dem Schlachtfeld gewinnt Clive das *Scharmützel*
23. Juni *bei Plassey* (nördl. von Kalkutta), das die Briten zu Herren von Bengalen macht.
1764 Streitigkeiten mit dem nur noch nominell regierenden Nawab von Bengalen enden in der
23. Okt. Schlacht von Buxar, in deren Folge der Britischen Ostindien-Kompanie vom Mogul-Kaiser die „Diwani", d.h. die Finanzhoheit, in Bihar, Bengalen und Orissa verliehen wird, während die Rechtshoheit bei dem nun jedoch ganz von den Briten abhängigen Nawab verbleibt.

System der Doppelherrschaft

In diesem *System der Doppelherrschaft* (Dual Government) wird Robert Clive erster Gouverneur in Bengalen (1765–1767).

1772–1785 Mit dem Auftrag, die Missstände in der Ostindien-Kompanie, die vor allem auf dem privaten Handel ihrer schlecht bezahlten Angestellten beruhen, abzustellen, wird Warren Hastings (*1732, †1818) sein Nachfolger als Gouverneur. In seine Amtszeit fallen wichtige innere Reformen der Ostindien-Kompanie. Die „Doppelregierung" wird beseitigt, und die Kompanie wird formell „Nawab" von Bengalen.

Regulating Act

1773 Durch den vom britischen Parlament verabschiedeten *Regulating Act* wird das Amt eines General-Gouverneurs in Kalkutta geschaffen, der an der Spitze der drei Präsidentenschaften Bombay, Madras und Bengalen steht; außerdem wird eine Kontrolle der Kompanie durch das Parlament in London eingeleitet.

1784 Die Kontrollbefugnis wird im India Act (des britischen Premierministers William Pitt, des Jüngeren), der vor allem einen weiteren Gebietserwerb in Indien durch die Kompanie zu verhindern sucht, erweitert.

Nord- und Südindien (1775–1819)

Ostindien-Kompanie

In der 2. Hälfte des 18. Jh.s sieht sich die *Ostindien-Kompanie* gezwungen, ihren Besitz-
1775–1782 stand in Nordindien gegen die Marathen zu verteidigen, als durch Eingreifen der Briten in innere Auseinandersetzungen der Marathen der Erste Marathen-Krieg entbrennt, in dem die Briten zunächst hart bedrängt werden, dann aber durch die geschickte Diplomatie von War-

Friede von Salbai

ren Hastings im *Frieden von Salbai* (1782) ihren territorialen Besitz wahren und erweitern können.

Der Friede ermöglicht eine Konzentration der britischen Kräfte auf Maisur (heute: Karnataka in Südindien), wo (1761) der islamische Usurpator Haidar Ali (*1722, †1782) die hinduistische Dynastie gestürzt und die Macht an sich gerissen hat. Im Ersten Maisur-Krieg (1767–1769) rückt er bis nach Madras vor und zwingt den Engländern ein Militärhilfeabkommen gegen die Marathen auf.

1780–1784 Als die Engländer diesen Vertrag nicht einhalten, kommt es zum Zweiten Maisur-Krieg,

Friede von Mangalore

den Haidar Alis Sohn Tipu Sultan im *Frieden von Mangalore* (an der Malabarküste) unentschieden beendet.

1786–1793 Unter Warren Hastings Nachfolger, dem Marquess Charles Cornwallis (*1738, †1805),
1790–1792 wird Tipu im Dritten Maisur-Krieg geschlagen.
1799 Der kurze vierte Krieg endet mit Tipus Tod und der Restitution der Hindu-Dynastie von Maisur.

Charles Cornwallis Reformen

Unter *Charles Cornwallis* als General-Gouverneur wird eine *Justizreform* und durch die „dauernde Grundsteuerveranlagung" (Permanent Settlement) von 1793, in der die Steuerpächter (Samindar) zu Grundeigentümern gemacht werden, eine *Reform des Grundbesitzes* durchgeführt.

1793–1798   Die Amtszeit des Nachfolgers von Cornwallis, Sir John Shore, ist durch eine ängstliche Neutralität gegenüber den indischen Fürsten im Sinne von Pitts India Act (von 1784) gekennzeichnet.
1798–1805   General-Gouverneur Richard Colley Wellesley (Earl of Mornington; *1760, †1842) wird in die letzte große Auseinandersetzung mit den Marathen verwickelt. Mit dem Tod von Nana Fadnawis (†1800), dem letzten bedeutenden Staatsmann der Marathen und ersten Minister des Peschwa in Puna (südöstlich von Bombay), zerbricht die innere Einheit endgültig.
1802   Als der Sindhia von Gwalior und der Holkar von Indore bei Puna den Peschwa besiegen, begibt sich dieser in den Schutz der Briten und schließt den *Vertrag von Bassein*, der zur Stationierung britischer Truppen in seinem Gebiet führt.   *Vertrag von Bassein*
1803–1805   Diese Entwicklung löst den Zweiten Marathen-Krieg aus, in dessen Verlauf die Engländer (1803) Delhi einnehmen und die in sich uneinigen Marathen-Herrscher einzeln schlagen können.
1805   Unbedeutende Rückschläge gegen Ende des Krieges führen zur Abberufung von Wellesley und zum Friedensschluss, ohne dass die Marathen-Frage (im Sinne Großbritanniens) gelöst ist.
1817–1819   Erst in einem dritten Marathen-Krieg werden die Marathen jedoch endgültig besiegt und nunmehr durch Verträge an die britische Krone gebunden (Einziehung großer Teile ihrer Territorien).

Die Zeit der britischen Vorherrschaft (1813–1945)

1813–1823   Unter dem General-Gouverneur Francis Rawdon, Marquess of Hastings (*1754, †1826)
1816   wird nach Abschluss des *Gurkha-Krieges* (1814–1816) im Vertrag von Sagauli das Verhältnis zu Nepal geregelt: Das Land tritt im Osten Sikkim und zwei Provinzen im Westen ab, behält aber sonst seine Unabhängigkeit. Damit ist Großbritannien die Vormacht in Indien.   *Gurkha-Krieg*
1842   Sir Charles Napier annektiert das Land Sind (Sindh; Provinz im südöstlichen Westpakistan).
1849   Nach zwei Kriegen (1845/1846 und 1848/1849) und nach dem Tode des großen Sikh-Herrschers Randschit Singh (1799–1839) wird der *Pandschab annektiert*.   *Annexion des Pandschab*

Die „Pax Britannica"

Mit dem Beginn der Friedensperiode zu Beginn des 19. Jh.s wenden sich die Briten *inneren Reformen* zu. In der Amtszeit (1828–1835) des General-Gouverneurs Lord William Cavendish-Bentinck (*1774, †1839) wird 1829 die Sitte der Witwenverbrennung (Sati) verboten und die Thags, die Reisende überfallen, um ihrer Göttin Kali blutige Menschenopfer zu bringen, werden unterdrückt.   *innere Reformen*

Während die Ostindien-Kompanie bis ins ausgehende 18. Jh. das traditionelle indische Erziehungssystem nicht antastet und gegen christliche Mission ein bis 1813 bestehendes Verbot erlässt, kommt es zu Beginn des 19. Jh.s zu einem langen Streit zwischen den Befürwortern einer Beibehaltung dieser Politik, den „Orientalisten", und den „Anglisten", die unter der Wortführung des Historikers Thomas Babington Macaulay ein westliches Erziehungssystem für Indien fordern. Letztere setzen sich 1835 mit der Einführung des Englischen anstelle des Persischen als Verwaltungssprache durch.

Der zunehmende *Einfluss westlicher Kultur* und Technik durch die Einführung des Telegrafen (1854) und der Eisenbahn (1853) in der Amtszeit (1848–1856) des General-Gouverneurs James Andrew Broun-Ramsay, Earl of Dalhousie (*1812, †1860), seine Einmischung in die inneren Angelegenheiten und schließlich die Annexion indischer Fürstenstaaten führen zu einer wachsenden Unruhe im Lande, die sich nach einer als ungerecht empfundenen Landreform im 1856 Britisch-Indien angegliederten Oudh entlädt. Die Zentren des indischen Aufstandes *(Indian Mutiny)* von 1857/1858 sind Meerut, Delhi, Lucknow und Kanpur, während der Süden und der Nordwesten ruhig bleiben. Da der Aufstand einer allgemeinen Unzufriedenheit entspringt und seine Ziele verschwommen bleiben, gelingt es den Briten mit Hilfe der loyalen Sikhs aus dem Pandschab und der nepalesischen Gurkha-Truppen, die nicht unter einheitlichem Befehl stehenden Inder in blutigen Kämpfen zu schlagen.   *Einfluss westlicher Kultur*

Indian Mutiny

Unmittelbare Folge des Aufstandes ist ein neues Indiengesetz *(India Act of 1858)* zur Reorganisation der Verwaltung. Die Britische Ostindien-Kompanie, die bereits 1833 ihre Handelsprivilegien aufgeben muss und nur noch unter parlamentarischer Kontrolle Indien verwaltet, wird aufgelöst. In London wird ein Indienministerium eingerichtet. Ein meist Vizekönig genannter General-Gouverneur, dem 1861 ein Gesetzgebender Rat (Legislative Council) zur Seite gestellt wird, vertritt die britische Krone. Damit endet 1858 auch formal das nur noch dem Namen nach bestehende Mogul-Reich. Königin Viktoria nimmt 1876 den Titel „Kaiser von Indien" (Kaisar-i-Hind) an.   *India Act*

Verwaltungs-kolonie — Mit der endgültigen Festigung der britischen Herrschaft über Indien ist neben der Siedlungs- oder Ausbeutungs- der neue Typ einer *Verwaltungskolonie* entstanden, in der die entscheidende Position in der Beamtenschaft, des Indian Civil Service, Briten vorbehalten bleibt, die sich seit 1855 in einer schwierigen Prüfung qualifizieren müssen. Der mit der „Pax Britannica" einsetzende Reformeifer der Briten kommt mit dem Aufstand von 1857 zum Erliegen. Misstrauen auf beiden Seiten führt zu einer Beschränkung auf eine reine Verwaltung des Landes, wobei Eingriffe in die indische Innenpolitik vermieden werden. Zugleich beginnt jedoch unter dem Einfluss des britischen Liberalismus Anfang des 19. Jh.s eine von westlich gebildeten Indern getragene Bewegung mit dem Ziel einer politischen Erneuerung. Diese vor allem von Bengalen

Indian National Congress — ausgehenden Bestrebungen gipfeln in der Gründung des *Indian National Congress* am 28. Dez. 1885 in Puna. Von dem pensionierten Beamten des Indian Civil Service, Allan Octavian Hume (*1829, †1912), mit Billigung des von 1884–1888 amtierenden Vizekönigs Frederick Temple, Lord Dufferin (*1826, †1902) einberufen, wendet sich der Kongress zunächst nur gegen Formen „unbritischer Herrschaft" in Indien. Mit streng konstitutionellen Mitteln strebt er die Beseitigung von Missständen an, so die Diskriminierung der

Ilbert-Gesetz — Inder vor den Gerichten durch das *Ilbert-Gesetz* von 1883 oder die Sitte der Kinderheirat. Die beiden bedeutenden Führer des Indischen National-Kongresses sind der gemäßigt auftretende Gopal Krischna Gokale (*1866, †1915) und der extrem orientierte Bal Gangadhar Tilak (*1857, †1920).

Selbst-bewusstsein der Inder — Die indische Innenpolitik des ausgehenden 19. Jh.s ist gekennzeichnet durch ein *wachsendes Selbstbewusstsein der Inder* und eine Rückbesinnung auf die eigene Kultur, gefördert durch die Gründung der Theosophischen Gesellschaft (1875) und des Arjasamadsch sowie durch das Auftreten Vivekanandas (*1863, †1902), eines Schülers des bengalischen Dorfheiligen Ramakrischna (*1836, †1886), im „Par-

Textil- und Schwerindustrie — lament der Religionen" 1893 in Chicago. Zugleich kommt es zur Gründung einer indischen *Textil- und Schwerindustrie* durch Jamshedij Tata (*1839, †1904), welche die Briten jedoch zur Freihaltung des indischen Marktes für britische Waren nicht fördern.

Die Außenpolitik wird von der wachsenden Furcht eines russischen Vorstoßes nach Indien geleitet. Als Abwehrmaßnahmen dienen diplomatische Vorstöße in Zentralasien und die Ausdehnung des britischen Einflusses auf Afghanistan in drei Kriegen (1838–1842, 1878–1880, 1919). Ebenfalls nach drei Kriegen

Annexion Burmas — (1824–1826, 1852, 1885/1886) wird *Burma annektiert* und bleibt bis zum Jahr 1937 ein Teil von Britisch-Indien.

Teilung Bengalens — Die im Zuge der Reformpolitik des Vizekönigs George Lord Curzon (*1859, †1925; Amtszeit 1898–1905) durchgeführte, verwaltungstechnisch vernünftige *Teilung Bengalens* (1905) führt zu beträchtlicher Unruhe. Im Kampf gegen die „Zerreißung der bengalischen Nation" bildet sich die Swadeschi-Bewegung, die durch die Aufforderung zum Tragen einheimischer und zum Verbrennen importierter Textilien auf die schwierige Lage der indischen Textilindustrie hinweist und so zugleich ein augenfälliges Symbol für die vom radi-

Swaradsch — kalen Flügel des Kongresses geforderte Unabhängigkeit, *Swaradsch*, d.h. die „Selbstregierung" durch die Inder, findet.

Befürwortet wird die Teilung Bengalens vonseiten der Moslems, die so eine Provinz mit

Moslem-Liga — 1906 überwiegend islamischer Bevölkerung gewinnen. Sie fühlen sich von dem durch Hindus geleiteten Kongress nicht vertreten und gründen daher die *Moslem-Liga* (All India Muslim League), die vor allem auf eine getrennte Repräsentation der Moslems durch garantierte Sitze in gewählten Körperschaften drängt.

Morley-Minto-Reform — 1909 Dieses Ziel erreicht die Moslem-Liga in einer Verfassungsreform: Durch die *Morley-Minto-Reform* (benannt nach dem Staatssekretär John Lord Morley und dem Vizekönig Gilbert John Elliot Lord Minto) versucht die britische Regierung, den Gemäßigten im Kongress entgegenzukommen, indem der (seit 1892) gewählte Teil der Mitglieder in den Gesetzgebenden Räten erheblich vermehrt wird.

1911 Bei der Krönung König Georgs V. in Delhi zum Kaiser von Indien wird die Teilung Bengalens zur Enttäuschung der Moslem-Liga, die auch nicht durch die Verlegung der Hauptstadt aus Kalkutta in die alte moslemische Hauptstadt Delhi aufgefangen wird, rückgängig gemacht.

Lucknow Pakt — 1916 Diese Entfremdung zwischen der Moslem-Liga und den Briten führt zu einer Annäherung an den Kongress, mit dem sich die Liga vorübergehend im *Lucknow Pakt* zu einer Interessengemeinschaft zusammenschließt.

Indien im Ersten Weltkrieg

Unabhängig-keits-bestrebungen — Während des Ersten Weltkrieges kämpfen indische Truppen loyal auf der Seite der Briten. Zugleich gehen jedoch in Indien die *Bestrebungen auf eine Unabhängigkeit* hin weiter, etwa durch die Gründung der kurzlebigen Home Rule League 1916 durch B. G. Tilak und A. Besant (*1847, †1933). Zudem erhofft man sich in Indien als Ausgleich für die gewaltigen Kriegslasten mit dem Friedensschluss die Gewährung eines größeren politischen Freiraums.

Von 1918 bis zur Unabhängigkeit 1947 wird daher die Innenpolitik von Britisch-Indien durch das *Ringen um Verfassungsreformen* bestimmt. Außenpolitische Probleme treten bis zum Beginn des Zweiten Weltkrieges in den Hintergrund.
Als eine der bedeutendsten Persönlichkeiten der indischen Geschichte überhaupt darf *Mohandas Karamchand Gandhi* (* 1869, † 1948) gelten, dessen Wirken das indische Streben nach politischer Unabhängigkeit seit dem Ersten Weltkrieg maßgeblich beeinflusst. Gandhi, dem 1915 der Beiname Mahatma, „große Seele", verliehen wird, beginnt seine *gewaltlosen Kampfmethoden* des „bürgerlichen Ungehorsams" (Civil Disobedience) durch bewusstes Übertreten von Gesetzen sowie der Nicht-Zusammenarbeit (Non-Cooperation) bei der Verteidigung und Ausweitung von Rechten für Inder in Südafrika zu entwickeln. Seine theoretische Grundlage ist dabei das „Festhalten an der Wahrheit" (Satjagraha), das unbeirrbare Eintreten für das als wahr Erkannte, wodurch Gandhi seine Gegner zur Einsicht zwingen will. Gandhi kehrt im Januar 1915 nach Indien zurück und setzt sich zunächst energisch für die Unterstützung Großbritanniens durch Indien im Ersten Weltkrieg ein.

Ringen um Verfassungsreformen

Gandhi

Gewaltlosigkeit

1917 20. Aug.	Der Indienminister Edward Montagu (1917–1922) kündigt eine neue, die Morley-Minto-Reformen von 1909 fortführende Verfassung für Indien vor dem Unterhaus in London an.	
1918 8. Juli	Zusammen mit dem Vizekönig (1916–1921) Frederick John Napier, Lord Chelmsford (* 1868, † 1933) legt er einen Bericht vor.	
23. Dez.	Dieser Bericht dient als Grundlage für den *Government of India Act*; die neue Verfassung trennt die Verantwortlichkeiten der Zentralregierung, die weiterhin keiner demokratischen Kontrolle unterliegt und vor allem für Außenpolitik, Verteidigung und Strafrecht zuständig ist, von denen der Provinzregierungen. Hier wird die „Doppelherrschaft" (Diarchie) eingeführt: Die „vorbehaltlosen Ressorts" (reserved subjects), wie Polizei und Finanzen, werden vom Gouverneur und seinem Exekutivrat aus zwei Indern und zwei Briten verwaltet, während die „übertragenen Ressorts" (transferred subjects), wie das Erziehungswesen, indischen Ministern anvertraut werden, die den nach einem komplizierten Schlüssel gewählten Gesetzgebenden Räten der Provinzen verantwortlich sind.	*Government of India Act*
1919 6. Febr.	Das Gesetzeswerk tritt zunächst nicht in Kraft, da die Regierung aus Furcht vor subversiven Tätigkeiten durch die *Rowlatt-Gesetze* (Pressezensur, Präventivhaft und Schnellgerichte gegen politische Täter) eine Fortsetzung des Kriegsrechtes durchsetzt.	*Rowlatt-Gesetze*
6.–18. April	Gegen die Rowlatt-Gesetze unternimmt Mahatma Gandhi einen „*Satjagraha-Feldzug*", den er abbricht, als es zu Gewalttätigkeiten kommt.	*Satjagraha-Feldzug*
13. April	Am folgenschwersten sind die Ereignisse im Pandschab, als auf eine verbotene Versammlung im Jallianwala-Park in Amritsar ohne Warnung das Feuer eröffnet wird (etwa 400 Menschen getötet und über 1000 verletzt: *Blutbad von Amritsar*).	„*Blutbad von Amritsar*"
1920 28. Mai	Der Bericht der Hunter-Kommission wird veröffentlicht, der nicht in der von Indien gewünschten Eindeutigkeit die Ereignisse von Amritsar verurteilt. Der Indische National-Kongress beschließt daraufhin, die am 1. Januar 1921 in Kraft getretene Verfassung von 1919 zu boykottieren.	
1922 5. Febr.	Unter der Führung Gandhis beginnt der National-Kongress einen Feldzug der Nichtzusammenarbeit und des bürgerlichen Ungehorsams (Civil Disobedience), der jedoch nach der Ermordung von 22 Polizisten in dem Dorfe Chauri Chaura (Uttarpradesh) abgebrochen wird. Damit endet diese Bewegung, ohne dass das von Gandhi angestrebte Ziel des „Swaradsch" (Selbstherrschaft) innerhalb eines Jahres erreicht wird.	
1922–1924	Mahatma Gandhi ist in Haft. Innerhalb des Kongresses kommt es zu einer Spaltung. Unter der Führung der Liberalen Chitta Ranjan Das (* 1870, † 1925) und Motilal Nehru (* 1861, † 1931) wird innerhalb des Kongresses die *Swaradsch-Partei* gegründet, die gegenüber den „*Non-Changers*", die an der Politik Gandhis festhalten, als „*Changer*" (Veränderer) eine Mitarbeit innerhalb der Verfassung von 1919 fordern, um sie von innen zu behindern. Bei den Wahlen von 1923 erringt die Swaradsch-Partei einen großen Erfolg. Sie kann jedoch auf die Dauer ihre Ziele nicht erreichen, da sie von der Obstruktion zwangsläufig zur Mitarbeit an der Regierung geführt wird. Sie verfällt langsam nach dem Tode von C. R. Das.	*Swaradsch-Partei*
1924 Dez.	Eine Kommission zur Überprüfung der Verfassung von *1919* legt einen geteilten Bericht vor. Die indische Minderheit spricht sich geschlossen gegen das Prinzip der Diarchie aus.	
1928	Eine zweite, von John Simon geleitete Kommission bereist Indien zur Ausarbeitung von Vorschlägen, um die Verfassung von 1919 weiterzuführen (veröffentlicht am 7. Juni 1930). Da sie nur aus Briten besteht, stößt sie auf scharfe Ablehnung des National-Kongresses, der eine Gegenkommission unter *Motilal Nehru* einsetzt. Sie beschließt ein Ultimatum an die britische Regierung mit der Aufforderung, den Dominion-Status in Jahresfrist zu gewähren, was sich die Jahresversammlung des National-Kongresses in Kalkutta zu Eigen macht.	*Motilal Nehru*

22. Dez.	Die Annahme eines gleichzeitig vorgelegten Verfassungsentwurfs durch eine Konferenz aller Parteien in Kalkutta scheitert am Einspruch der Moslem-Liga.
1929 31. Okt.	Einlenkende Erklärung des Vizekönigs (1926–1931) Lord Irwin, die den Dominion-Status in Aussicht stellt und eine Round-Table-Konferenz aller Beteiligten über Probleme der künftigen Verfassung vorschlägt.
29. Dez.	Da die Regierung in London die Erklärung von Lord Irwin weit gehend zurücknimmt, fordert der National-Kongress in Lahore die volle Unabhängigkeit (Purnaswaradsch). Als diese Forderungen nicht erfüllt werden, überträgt der National-Kongress Mahatma Gandhi die Organisation einer *Kampagne des zivilen Ungehorsams*. Gandhi wählt die Salzgesetzgebung von 1836, die durch hohe Besteuerung die Salzgewinnung in Indien zum Erliegen gebracht hat, als Ziel der Bewegung.

Kampagne des zivilen Ungehorsams Salzmarsch Ghandis

1930 12. März– 16. April	Im *Salzmarsch* geht *Gandhi* von Aschram bei Ahmedabad/Gudscharat mit ausgewählten Gefährten ans Meer nach Dandi, bricht durch Auflesen einiger Salzkristalle das Salzmonopol und wird verhaftet. Die Bewegung breitet sich über Indien aus und führt auch mitunter zu terroristischen Aktivitäten. Der Vizekönig Lord Irwin hält durch exekutive Maßnahmen, vor allem aber durch Verhandlungen mit Gandhi, die Situation unter Kontrolle.

Gandhi-Irwin-Pakt

1931 5. März	Im *Gandhi-Irwin-Pakt* wird vereinbart, die Bewegung zu unterbrechen; als Gegenleistung werden alle politischen Gefangenen auf freien Fuß gesetzt.

Round-Table-Konferenz

7. Sept.– 1. Dez.	Gandhi reist nach England, um als einziger Vertreter des National-Kongresses an der Zweiten *Round-Table-Konferenz* teilzunehmen, nachdem die Erste (12. November bis 19. Januar 1931) ohne Beteiligung des National-Kongresses getagt hat. Die Konferenz scheitert an der Unlösbarkeit der Probleme bei der Ausarbeitung eines Wahlverfahrens für die Parlamente. Es wird kein Weg gefunden, den Minderheiten, wie Moslems oder kastenlosen Hindus, durch garantierte Sitze ausreichenden Schutz gegen eine Majorisierung durch die erdrückende Hindu-Mehrheit zu sichern. Gandhi kehrt mit leeren Händen zurück.
1932 16. Aug.	Daher fällt der britische Premierminister Ramsey MacDonald einseitig einen Schiedsspruch über den Schutz religiöser Minderheiten (Communal Award), der auch die Hindus bei Wahlen in Kastenhindus und Kastenlose spaltet.
24. Sept.	Diese Regelung wird nach der Androhung Gandhis, bis zum Tode zu fasten, im Puna-Pakt zurückgenommen, während die getrennten Wahllisten für Moslems bleiben. Nach Erreichen dieses Zieles zieht sich Gandhi aus der Politik zurück und wendet sich sozialen Fragen zu.
17. Nov.– 24. Dez.	Nach einer Dritten Round-Table-Konferenz, die nur über Berichte der von der Zweiten Konferenz eingesetzten Kommission berät, veröffentlicht die britische Regierung ein Weißbuch (März 1933), in dem die Grundlage für die Verfassung von 1935 gelegt wird.

neue Verfassung

1935 4. Aug.	Eine *neue Verfassung* wird erlassen. Sie sieht eine Föderation zwischen den Provinzen von Britisch-Indien und den durch Einzelverträge der britischen Krone verbundenen Fürstenstaaten vor. Der föderative Teil tritt jedoch nicht in Kraft, da die indischen Fürsten den Zutritt zur Föderation verweigern. In den Provinzen wird die Diarchie abgeschafft; sie werden von indischen Ministern regiert, die einem gewählten Parlament verantwortlich sind.
1937 1. Jan.	Dieser Teil der Verfassung tritt in Kraft. Zugleich scheidet Burma aus dem Verband von Britisch-Indien aus und wird eine eigene Kronkolonie.

Wahlen

Bei den ersten *Wahlen* nach der neuen Verfassung gewinnt der National-Kongress in sechs Provinzen eine deutliche Mehrheit, während die Moslem-Liga auch in den vorwiegend islamischen Provinzen in der Minderheit bleibt. Indische Minister sammeln bis zum Ausbruch des Zweiten Weltkrieges in den Provinzkabinetten wichtige Regierungserfahrungen.

Zweiter Weltkrieg

1939 27. Okt.– 17. Nov.	Als beim Ausbruch des *Weltkrieges* der Vizekönig Lord Linlithgow (1936–1943) ohne vorherige Konsultation von National-Kongress und Moslem-Liga Indien zum Krieg führenden Land erklärt, treten die dem National-Kongress angehörenden Minister zurück.
1940 März	Da die Moslem-Liga auch weiterhin mit den Briten zusammenarbeitet, vertieft sich der Spalt zwischen ihr und dem National-Kongress, vor allem nachdem die Moslem-Liga die Forderung nach einem eigenen islamischen Staat Pakistan zu ihrem offiziellen Programm erhebt.
8. Aug.	Nach Verhandlungen mit dem National-Kongress und der Moslem-Liga zur Entspannung der innenpolitischen Lage verspricht der Vizekönig Lord Linlithgow im „August-Angebot" den Dominion-Status für Indien.
17. Okt.	Der Kongress lehnt das Angebot ab, da es keinen Zeitplan enthält, und beantwortet es mit einem Feldzug des „bürgerlichen Ungehorsams", der durch Massenverhaftungen unterdrückt wird.
17. Dez.	Der National-Kongress bricht den Feldzug ab.

1941 23. Dez.	Auf der *Konferenz von Bardoli* trifft der National-Kongress unter dem Eindruck der rasch in Südostasien vorrückenden japanischen Truppen Vorbereitungen für den Fall einer japanischen Invasion in Indien.		*Konferenz von Bardoli*
1942 23. März– 12. April	Das britische Kabinett entsendet vor allem unter dem Druck der Alliierten eine Gesandtschaft unter Sir Stafford Cripps („Cripps Mission"), die, ohne ein befriedigendes Angebot zu unterbreiten, mit allen politischen Führern Indiens Gespräche führt.		
8. Aug.	Das Scheitern der „Cripps Mission" beantwortet der National-Kongress mit der *Quit India*-(„Verlasst Indien"-)*Bewegung*, die die sofortige Unabhängigkeit fordert, damit Indien aus eigener Kraft seine von den aus Burma hereindrängenden Japanern bedrohten Grenzen verteidigen könne.		*Quit India-Bewegung*
9. Aug.	Die darauf vorbereitete Regierung von Britisch-Indien verhaftet in schnellem Zugriff die führenden Persönlichkeiten des National-Kongresses. Dadurch bricht die Bewegung sofort zusammen. Weil der National-Kongress bis zum Kriegsende an der indischen Innenpolitik nicht mehr mitwirkt, werden die Moslem-Liga und andere kleinere, oft religiös bestimmte Gruppierungen gestärkt. – (Forts. S. 1747)		

Zentralasien bis 1945

Der Waldgürtel der Taiga im Norden, die auf annähernd 6500 km fast ununterbrochenen Gebirgsketten von Elburs, Köpet Dagh, Hindukusch, Karakorum, Kunlun und Nanschan im Süden umschließen zwischen dem Kaspischen Meer und den Wäldern der Mandschurei sowie der Großen Chinesischen Mauer weite Räume, denen jeder Abfluss zum Meer hin fehlt. Mit diesem zentralasiatischen Großraum in engem Zusammenhang stehen die Hochländer von Tibet (das, als im weiteren Sinne historisch zu Zentralasien gehörig, hier mit behandelt wird) und Iran. Das *westliche Zentralasien* – Westturkestan (Russisch-Turkestan), das nördliche Afghanistan und das nördliche Randgebiet von Iran – gliedert sich in die historischen Landschaften Chorasan (zwischen dem Hochland von Iran und dem Amu-Darja [antik: Oxus]), Choresmien (am Amu-Darja-Unterlauf südlich des Aralsees), Transoxanien (zwischen den Mittelläufen von Amu-Darja und Syr-Darja [antik: Jaxartes]), Baktrien (am Oberlauf des Amu-Darja), Sogdiane (zwischen den Oberläufen von Amu-Darja und Syr-Darja) sowie Ferghana (etwa am Syr-Darja-Oberlauf) und unterliegt seit dem (europäischen) Mittelalter dem Einfluss des Islam. Das hiervon durch die Gebirgszüge des Pamir und des westlichen Tienschan geschiedene *östliche Zentralasien* umfasst v. a. die Mongolei (heute Innere Mongolei und Mongolische Volksrepublik) und Ostturkestan (Chinesisch-Turkestan, heute Sinkiang), dem Tibet eng benachbart ist, und wird von der chinesischen, später der tibetisch-buddhistischen Kultur beeinflusst.

westliches Zentralasien

östliches Zentralasien

In dem durch weite Steppen-, Wüsten- und Gebirgsräume sowie Binnenseen charakterisierten, niederschlagsarmen, dünn besiedelten Land entwickeln sich die gegensätzlichen *Lebensformen* des Ackerbauern (an Flüssen und in Oasen) und des Hirtennomaden, der, beweglich und autark, aber vom Wohlergehen seiner Viehherden abhängig, kriegerische Gewohnheiten entfaltet, sich die Güter der sesshaften Völker und der benachbarten Kulturländer teils gewaltsam, in der Regel aber durch Handel aneignet; bei diesem geht es um nomadische Eigenerzeugnisse und um Zwischenhandel, doch ist von besonderer Bedeutung der von Nomadenfürsten gegen Bezahlung ausgeübte Handelsschutz; er kommt dem Fernhandel zugute, durch den Zentralasien als Vermittler zwischen Nord-, Ost-, Süd- und Vorderasien/Europa wirkt: Auf den *Seidenstraßen* werden Seide und Geld nach Westen, Glas, Silber, Luxuswaren nach Osten gebracht, buddhistische, jüdische und islamische Einflüsse erreichen China auf diesem Wege (die Langsamkeit der Transportmittel – u.a. Kamele, die sich beladen etwa mit Fußgängergeschwindigkeit vorwärts bewegen – führt freilich zu enormer Reisedauer). Wichtigste Partner der Nomaden sind Chinesen und Iranier, vom 18./19. Jh. ab die Russen.

Lebensformen

Seidenstraßen

Die *Gesellschaftsordnung* der zentralasiatischen Hirtennomaden ist trotz häufigem Wandel stets stark differenziert mit Herausbildung von Führerschaft auf allen Ebenen (ständige Notwendigkeit der Gefahrenabwehr!), aber aristokratischen Institutionen bis hin zur Ausprägung einer Art „Steppenfeudalismus" (David Bivar, Zentralasien, 1966). Da die Nomaden bestenfalls bruchstückhafte eigene Überlieferung hinterlassen haben, ist die Geschichtsschreibung meist auf die Berichte aus den benachbarten Hochkulturen (u. a. China, Indien, Iran) angewiesen, die von den Kriegszügen betroffen sind bzw. Handelskontakte aufrechterhalten. Dies, die wechselnden Aufenthaltsorte der Nomaden und ihre leichte Angleichung an benachbarte Kulturen bzw. Stämme erschwert die Identifikation von Namen mit bestimmten Nomadengruppen. Aufgrund ihrer Lebens- und Kampfweise sowie ihrer Bewaffnung (Bogen und lange [Haken-]Lanze) den sesshaften Kriegern überlegen, können die Nomaden immer wieder in weit ausgreifenden

Gesellschaftsordnung

Feldzügen ihre Nachbarn überrennen und großräumige, kaum aber langlebige Reiche gründen (Hunnen, Dschingis-Chan, Goldene Horde, Mongolendynastie in China, Timur). Die Einführung der Artillerie, die in Zentralasien seit dem 16. Jh. verwendet wird, durch China und Russland setzt der militärischen *Überlegenheit der Nomadenvölker* dann aber rasch ein Ende – und damit auch der dynamischen Rolle dieses Raumes in der Geschichte Eurasiens. Etwa gleichzeitig verliert Zentralasien mit der Öffnung des Seewegs Europa–Indien–Ostasien auch seine Bedeutung für den Fernhandel.

Überlegenheit der Nomadenvölker beendet

West-Zentralasien bis zum Aufstieg der Türken (ca. 1000 v.–560 n. Chr.)

	seit ca. 1000 v. Chr.	Nomadisierende iranische Völker sind archäologisch nachweisbar. Ihre Identifikation mit den in antiken, u.a. griechischen („Historien" des Geschichtsschreibers Herodot; *nach 490, †nach 430) Schriftquellen genannten Völkern ist schwierig und z. T. strittig.
Perserreich	6. Jh.	Unter Kyros II. (559–529) kommen Baktrien und Sogdiane sowie der Großteil von Choresmien und Transoxanien an das *Perserreich*.
	529	Kyros fällt im Kampf gegen die (jenseits des Jaxartes anzunehmenden) Massageten, doch die persische Herrschaft bleibt nicht nur erhalten, sondern wird von Kambyses II. (529–522) bis weit über den Jaxartes hinaus ausgedehnt.
Alexander der Große	329–327	*Alexander der Große* erobert Baktrien, Sogdiane und Teile von Ferghana; in fruchtbaren Tälern der beiden letztgenannten Landschaften gibt es zu dieser Zeit hoch entwickelte Kulturen mit Gartenbau.
		Baktrien wird hellenisiert und gewinnt in den Diadochenkämpfen nach Alexanders Tod (323) an Selbstständigkeit.
Parthien	um 239	In das nach den iranischen Parthern benannte *Parthien* südöstlich des Kaspischen Meeres dringen die gleichfalls iranischen Parner von Nordosten her unter Arsakes I. ein (Begründer des Großreichs der Arsakiden, das sich bis zum Ende des 2. Jh.s nach Westen bis zum Euphrat, nach Osten bis zum heutigen Indien und China ausdehnt und erst 224 n. Chr. den Sasaniden erliegt).
Griechisch-Baktrisches Reich	um 250–130	*Griechisch-Baktrisches Reich* (Kern Baktrien), das später als Gräko-indisches Reich bis zum Indus bzw. zum Golf von Oman reicht und zeitweilig den Pandschab mit einbezieht.
	um 130	Teile des iranischen Nomadenvolks der Saken (von den Griechen als Skythen bezeichnet) und mit ihnen die ebenfalls indogermanischen Tocharer (in chinesischen Quellen: Yüe-tschi; von den Hsiung-nu nach Westen gedrängt), überrennen, aus Turan (Tiefland von Turan zwischen Syr-Darja und Hochland von Iran) kommend, Baktrien und lassen sich teilweise dort, teilweise im östlichen Hochland von Iran nieder.
Indo-skythische Reiche		Andere Teile der Saken (Skythen) fallen von Nordwesten nach Indien (Pandschab) ein und gründen dort *die sog. Indo-skythischen Reiche*.
	1. Jh. n. Chr.	Eroberung der Indo-skythischen Reiche durch die Kuschanas, die über die Tocharer herrschen und ein ausgedehntes Reich bis nach Nordindien hinein (Gangesebene) errichten.
	1. Jh. n. Chr.	Die iranischen, nomadischen Alanen aus Ostasien haben das Tiefland von Turan weitgehend inne.
Blüte des Kuschana-Reiches	1./2. Jh.	Kulturelle *Blüte des Kuschana-Reiches*, das mit der römischen Welt, China und Indien Handel treibt und Kontakte zwischen diesen Kulturkreisen vermittelt.
	um 227	Ardaschir, Gründer der (persischen) Sasaniden-Dynastie, erobert die Kernländer des Kuschana-Reichs (Baktrien, Kabul-Tal).
Hunnen	ab 350	Aus dem Tiefland von Turan, wo sie sich gegen die Alanen durchsetzen, fallen die *Hunnen* über die östlichen Gebiete des Sasaniden-Reichs her und erobern Baktrien (ihre Westwanderung trifft nach 370 in Südrussland auf die Ostgoten).
Hephthaliten	um 400	Die *Hephthaliten* (sog. Weiße Hunnen, [möglicherweise europide] Nomaden) dringen in Sogdiane und Baktrien ein.
	nach 470	Die Hunnen dehnen nach dem Ende des von ihnen zerstörten Gupta-Reichs zeitweilig ihre Herrschaft weit über Indien aus.
	um 560	Ein Bündnis der Sasaniden mit den neu im westlichen Zentralasien auftretenden Türken schlägt die Hephthaliten entscheidend, ihr Reich wird entlang dem Oxus unter die Sieger aufgeteilt.

Die Hsiung-nu und die Hunnen (3. Jh. v.–5. Jh. n. Chr.)

3. Jh. v. Chr.	Die vielleicht aus der Mandschurei stammenden, mongoliden *Hsiung-nu* nomadisieren in der Mongolei als Reiter- und Viehzüchternomaden.	*Hsiung-nu*
209–174	Reichsbildung der Hsiung-nu unter Mao Tun.	
2./1. Jh.	Häufige Kämpfe gegen die Chinesen, die schließlich die Oberhand gewinnen und die stark geschwächten Hsiung-nu nach Norden abdrängen.	
101	China greift vorübergehend bis zum Tarimbecken aus.	
um 72/71	Zerfall der Hsiung-nu-Macht.	
48 n. Chr.	Die südliche Restgruppe der Hsiung-nu kommt unter *chinesische Oberherrschaft*.	*chinesische Oberherrschaft*
nach 153	Neue Reichsbildung dieser Gruppe im eroberten Nordchina (Reste der Hsiung-nu bis zum 7. Jh.).	
	Andere Teile der Hsiung-nu, die sich zeitweise, zusammen mit den später in Sogdiane und Baktrien eingedrungenen Hephthaliten, nach Westen zurückziehen, sollen nach älterer, heute z. T. bestrittener Auffassung identisch sein mit den Jh.e später an den Grenzen der Alten Welt auftretenden Hunnen. Die von einem *Doppelkönigtum* regierten Hunnen gliedern sich in relativ kleine, autonome Wander- und Wirtschaftsgruppen; dadurch und durch die Herausbildung eines starken persönlichen Herrschertums können sie leicht andere Gruppen – mehr oder minder vorübergehend – an sich binden (z. B. Hephthaliten, Alanen, germanische Stämme bzw. Stammesteile). Der zusammengesetzte Reflexbogen als neuartige, wirksame Fernwaffe festigt die militärische Überlegenheit über die in Europa anzutreffenden Gegner.	*Doppelkönigtum*
ab 350	Angriffe der Hunnen aus dem Tiefland von Turan gegen das Sasanidenreich (Baktrien).	
375	Ein mit den iranischen Alanen verbündeter Teil der Hunnen schlägt die Ostgoten (Selbstmord König Ermanarichs) in Südrussland.	
	Das weit über Ost- und Mitteleuropa ausgreifende *Hunnenreich* mit dem Zentrum an der mittleren Donau erliegt schließlich dem vereinigten Widerstand von Germanenstämmen und Weströmischem Reich:	*Hunnenreich*
451	Hunnische Niederlage unter König Attila (434–453) auf den Katalaunischen Feldern.	
453	*Tod Attilas*.	*Tod Attilas*
um 455	Zerfall der hunnischen Macht.	

Zentralasien vom Ende des Hunnenreichs bis zum Aufstieg der Mongolen (6.–13. Jh.)

3.–1. Jh. v. Chr.	Ausdehnung der Hsiung-nu vom östl. Zentralasien aus. Der Zusammenhang der Hsiung-nu mit den Hunnen ist erwägenswert (aber kaum direkt nachweisbar), obwohl diese auf ihrer langen Wanderung auch andere Volksbestandteile in sich aufnehmen.	
	Nach ihnen spielen im östlichen Zentralasien die Schuan-schuan eine Rolle, die ein ausgedehntes nomadisches Reich gründen, in dem chinesische Kultureinflüsse bedeutsam sind.	
552	Ihr Reich erliegt den *Türken*, deren Name (wohl eigentlich Dynastiename; „Kraft") nun erstmals in der Geschichte auftritt.	*Türken*
	Nach dem frühen Tod des Reichsgründers Bumyn Kaghan tritt, alter Steppenüberlieferung gemäß, eine Zweiteilung des Reichs ein, dessen Gesamtausdehnung sich etwa von Transoxanien bis zur Wüste Gobi erstreckt.	
um 560	Die Türken verbünden sich mit den Sasaniden in Persien und vernichten gemeinsam mit ihnen den Staat der Hephthaliten oder Weißen Hunnen (Name und Nationalität sind noch nicht wirklich geklärt), die Persien eineinhalb Jahrhunderte lang vom Osten gefährlich bedrohen. (Reste der Hephthaliten halten sich bis ins 9./10. Jh. und gehen dann im ostiranischen Volkstum auf.)	
552– 630/657	Das *Kök-Türkische Reich* beherrscht Zentralasien, in sich zwiegespalten und durch Bürgerkriege erschüttert. Ansätze zu einer Zusammenarbeit mit Byzanz (568) weichen bald kriegerischen Auseinandersetzungen. Die Byzantiner umgehen die durch den türkischen Vorstoß unterbrochenen Handelswege durch Zentralasien (Seidenstraßen) mittels verstärkten Handelsverkehrs über Arabien und Indien.	*Kök-Türkisches Reich*

	630/657	Die Osthälfte des Türkischen Reichs erliegt dem Vordringen der unter der Dynastie T'ang (seit 618) neu erstarkten Chinesen. Weite Kreise der Türken lehnen aber die städtisch verfeinerte Kultur der Chinesen ab.
	680	Ein erheblicher Teil des Volkes zieht sich aus den chinesischen Randgebieten nach Norden in den Raum des heutigen Changaigebirges (damals Ötükän – „Mütterchengebirge"; im Innern der heutigen Mongolischen Volksrepublik) zurück und bildet unter dem „Weisen" Tonjukuk als leitendem Minister das bewusst nomadisch geprägte *Zweite Kök-Türkische Reich*, in dem freilich die Chinesen, u. a. durch Ehen chinesischer Prinzessinnen mit einigen Chanen, kulturell und auch politisch Einfluss behalten.

Zweites Kök-Türkisches Reich

Dieses Reich dehnt seine Macht zeitweise bis an den Oxus (Amu-Darja) hin aus; doch erweisen sich einige seiner Gliedstämme immer wieder als unbotmäßig.

um 700 Durch eine Reihe von Felsinschriften in der Nähe des Flusses Orchon (Mongolei) in der „türkischen Runenschrift", die dem türkischen Lautbestand besser angepasst ist als alle seither für das Türkische verwendeten Alphabete einschließlich des Lateinischen, besitzen wir eingehende Kenntnis vom Leben dieses Reiches in seiner eigenen Sicht. *Religiös* glauben die Türken damals an einen obersten Himmelsgott, dem andere überirdische Wesen zugeordnet sind, darunter eine Gottheit für kleine Kinder, sowie an die Existenz einer Seele. Das nach dem Feudalsystem gegliederte Volk, das dem Herrscher absolute Treue schuldet, darf dafür auch mit dessen Fürsorge für hoch und niedrig rechnen. Der patriarchalisch geordnete Haushalt kann durch Einheirat und die „Adoption" von Waisen, wohl auch Gefangene, erweitert werden. Chinesischer Kultureinfluss ist weniger erkennbar; der Buddhismus spielt keine Rolle.

Religion

705–715 Von Westen her erobern die moslemischen Araber Transoxanien und Choresmien.
745 Durch ein Zusammenwirken zwischen Chinesen, den damals an der Selenga wohnenden Uiguren und unbotmäßigen Stämmen kommt das Zweite Kök-Türkische Reich zu Fall.
745–840 An seine Stelle tritt im Osten das *Großreich der Uiguren*.

Großreich der Uiguren

Nach dem Fall des Zweiten Kök-Türkischen Reichs stoßen chinesische Truppen auch nach dem westlichen Zentralasien bis in den Raum von Samarkand vor und dringen damit in den arabisch-islamischen Machtbereich ein.

751 Es kommt im Gebiet des Flusses Talas (entspringt im Tienschan) zu der entscheidenden Schlacht: Islamische Truppen besiegen die chinesischen Streitkräfte und entscheiden damit die künftige Zugehörigkeit *West-Zentralasiens* zum *islamischen*, nicht zum chinesisch-buddhistischen Kulturkreis. Die Chinesen (T'ang Dynastie) müssen sich aus Zentralasien zurückziehen.

West-Zentralasien islamisch

762 Die führende Schicht des Uigurenreichs lässt sich für den Manichäismus gewinnen.
781 Auch die Errichtung einer nestorianischen Metropolitie wird erlaubt.

Daneben besitzt der Buddhismus steigenden Einfluss, da die Uiguren stets in enger Verbindung mit China stehen, wo sie wegen innerer Wirren zeitweise auch politischen Einfluss besitzen und ihre Produkte, auch Pferde, unter Zwangskurs gegen Seide und andere chinesische Waren eintauschen.

Der Kalif Harun ar-Raschid arbeitet zeitweilig mit den Tibetern gegen die Chinesen zu-
798 sammen, geht aber schließlich auf die Seite Chinas über.
822 Zwischen China und Tibet kommt ein Erschöpfungsfriede zu Stande, der das Tarimbecken einstweilen bei Tibet belässt.

Das Uigurenreich zerbricht allmählich an inneren Intrigen, wohl auch religiösen Spannungen, doch halten sich zwei uigurische Reststaaten: einer um das Turfanbecken zwischen dem Hoch-Altai und dem Tienschan mit sehr verfeinerter städtischer Kultur und dem *Nebeneinander mehrerer Religionen*, unter denen der Buddhismus laufend an Gewicht gewinnt. Der andere Reststaat – die „Gelben Uiguren" – besteht in der chinesischen Provinz Kansu (wo er freilich 1036 den Tanguten erliegt, denen die Uiguren allerdings ihren Buddhismus vererben).

mehrere Religionen

840 An die Stelle des Uigurenreichs tritt im Osten Zentralasiens das *Reich der Kirgisen*, deren Zentrum im Norden (zwischen dem Changaigebirge und dem Hoch-Altai bzw. im Tienschan) von chinesischer Kultur nicht erreicht wird und auch militärisch keiner Bedrohung von Süden her ausgesetzt ist.

Reich der Kirgisen

Die Kirgisen können sich bis zur Mongolenzeit (13. Jh.) halten. Die unter den Uiguren reiche kulturelle Entwicklung des östlichen Zentralasiens mit ihrem chinesischen Einfluss geht rasch zurück. Die Kirgisen hinterlassen keine schriftlichen Denkmäler; sie sind weitgehend Nomaden. Der Manichäismus verliert seinen Halt an der bisherigen Dynastie und geht in den nächsten Jh.n unter.

seit 916	Südlich der Kirgisen setzen sich im Osten Zentralasiens die *Chitai* durch, die nach dem Untergang der Dynastie T'ang wesentliche Teile Nordchinas besetzen und dort die Dynastie Liao begründen. (Nach ihnen wird China im Mittelalter in Europa „Cathay" genannt; im Russischen hat sich der Name Kitai bis heute erhalten.)	*Chitai*
seit 969/1016	Durch die Machtstellung der *Seldschuken* im islamischen Bereich nach Süden hin abgeschirmt, können sich türkische Stämme nördlich des Aralsees und südlich des Ural-Gebirges nach Osteuropa hin vorschieben und dort, nach dem Zusammenbruch des Chasarenreichs, nomadisch bestimmte Staatswesen begründen: 969 die Petschenegen, 1054 die Oghusen (die Torki der Russen), 1067 die Kumanen (= Kyptschak). Sie machen dem russischen Staat Jh.e hindurch schwer zu schaffen und bereiten dadurch den mongolischen Vorstoß des 13. Jh.s vor.	*Seldschuken*
1125	Das Reich der Chitai (Dynastie Liao) erliegt den von Norden nachdrängenden *Dschürtschen*, die ihre Erben in Nordchina werden (Dynastie der Altan-Chane, chinesisch Kin; beides „Gold"; danach unsere Bezeichnung „China").	*Dschürtschen*
1133–1211	Ein Teil der Chitai wandert daraufhin nach Zentralasien ab und gründet das *Reich der Kara-Chitai*, das sich unter Führung Je-lü Ta-schis († 1143) über die beiden karachanidischen Teilreiche ausbreitet und den Raum südlich des Balchaschsees (das Siebenstromland) sowie das Tschu-Tal für sich beansprucht (viele Bodenfunde).	*Reich der Kara-Chitai*
1141	Der Seldschukensultan Sandschar erleidet nördlich Samarkands eine entscheidende Niederlage durch die Kara-Chitai.	
	Dieser Sieg eines nichtmoslemischen (im Wesentlichen buddhistischen) Volkes im Nordosten des islamischen Siedlungsgebietes, also „im Rücken des Islam", lässt bei den Abendländern anscheinend die *Sage vom „Priester Johannes"* entstehen, dessen Name offenbar eine Entstellung von Je-lü Ta-schis Titel Gür-Chan (= oberster Chan) ist. Der Priester Johannes soll, so hofft man, im Zusammenhang mit den Kreuzfahrern den Islam endlich vernichten und dem christlichen Glauben zum Sieg verhelfen (später überträgt sich die Legende zeitweilig auf den äthiopischen Herrscher). Der Staat der Kara-Chitai bleibt dauernd dem Buddhismus verhaftet und lässt (anders als der Islam) wiederholt auch Frauen als Herrscherinnen zu. Er wird wenig in kriegerische Verwicklungen hineingezogen (schwach organisiertes Heer) und gewährt weithin Religionsfreiheit.	*Sage vom „Priester Johannes"*
1212	Als der den Kara-Chitai unterstellte Herrscher der westlichen Karachaniden den Mord an chwarismischen Moslems in Samarkand organisiert, wird dadurch dem Chwarismschah Mohammed II. das Zeichen zum Eingreifen gegeben. Gleichzeitig gelingt es einem ursprünglich wohl nestorianischen, dann buddhistischen Prinzen aus dem mongolischen Stamme Naiman („Acht", gemeint ist „Acht Clans"), Kütschlüg, den letzten Kara-Chitai-Herrscher zu entthronen und mit der Hand von dessen Tochter die Macht zu übernehmen.	

Die Mongolen (1206–1940/45)

bis 1205	*Temudschin* (*1155 oder 1167; †1227), Spross einer wenig bedeutsamen mongolischen Kleinfürstenfamilie, setzt sich durch vielerlei Bündnisse und mancherlei Kämpfe als oberster Herr der mongolischen Stämme an Onon und Kerulen (im Nordosten der heutigen Mongolei) durch und wird unter dem Titel *Dschingis-Chan* (= Ozeangleicher Chan?) auf einer	*Temudschin*
1206	Volksversammlung (Kuriltai) zum obersten Herrscher der Mongolen ausgerufen. Er schafft ein schlagkräftiges Heer, fasst bisheriges und eigengeprägtes sowie entlehntes Recht im *Gesetzbuch der Jasa* zusammen und unternimmt persönlich oder durch seine vier Söhne bzw. durch Unterfeldherren weite, *planvolle Eroberungszüge* in die Nachbarländer.	*Dschingis-Chan*
seit 1205		*Gesetzbuch der Jasa*
1211–1216	Zunächst gelingt die Beseitigung des Staates der Dschürtschen in Nordchina, das Dschingis-Chan selbst übernimmt.	*planvolle Eroberungszüge*
1209	Freiwillige Unterwerfung der Uiguren um Turfan.	
	Andere Völkerschaften folgen Dschingis-Chans Heeren, kommen an die Grenze des Machtbereichs des im östlichen Iran und in Choresmien (im islamisch gewordenen westlichen Zentralasien) herrschenden Chwarismschah. Der Versuch einer Abgrenzung der gegenseitigen Interessen misslingt.	
1219/1220 1220/1221	Dschingis-Chan dringt in das islamische Siedlungsgebiet ein, erobert Transoxanien erstaunlich schnell, wo in äußerst blutigen Kämpfen weite Teile der Bevölkerung und viele Denkmäler der islamischen Kultur zugrunde gehen.	

Karakorum	1220	Gründung der mongolischen Hauptstadt *Karakorum* am oberen Orchon (im Norden der heutigen Mongolei). Anschließend werden die Täler des Hindukusch und Nordiran besetzt.
	1223	Die Russen erleiden mit ihren kumanischen Verbündeten eine entscheidende Niederlage an der Kalka (nördlich des heutigen Schdanow [am Asowschen Meer]).
	1227	Dschingis-Chan, der inzwischen nach Osten zurückgekehrt ist, stirbt bei der Belagerung der tangutischen Hauptstadt. Der Staat der Tanguten (etwa im Süden der heutigen Mongolei) nimmt nach über zweihundertjährigem Bestehen ein Ende.
Großchan Ögädäi	1229–1241	*Ögädäi* (Ogotai; †1241), ein Sohn Dschingis-Chans, beherrscht von Karakorum aus als *Großchan* das Mongolische Reich. Aufbau einer Regierungs-Zentralstelle und eines Postrelaissystems. Neben Ögädäi waltet sein Bruder Tschagatai (†1241) als Wahrer der mongolischen Tradition (Jasa).
Eroberung Russlands	1236–1242	Die *Mongolen erobern* zur Zeit Ögädäis den größten Teil *Russlands*.
	1240–1502	Das Reich der Goldenen Horde beherrscht weite Teile des osteuropäischen Raumes. Die russische Macht wird dadurch an einer Einmischung in Mitteleuropa und im Vorderen Orient gehindert und auf sich selbst beschränkt. So erscheint die Goldene Horde dem Islam und auch dem Papsttum teilweise als Partner möglicher Bündnisverhandlungen (vgl. die Kontakte zwischen den in Persien und Mesopotamien herrschenden Ilchanen und den Päpsten sowie den Königen von England und Frankreich).
Schlacht bei Liegnitz	1241	Die Mongolen stoßen nach Schlesien (*Schlacht bei Liegnitz* [Wahlstatt]) und Ungarn vor, ziehen sich aber nach dem Tod des Großchans Ögädäi wieder nach Osten zurück.
Großchan Möngkä	1251–1259	*Großchan Möngkä* (Mangu; *1209, †1259), Enkel Dschingis-Chans. Er sammelt die Kräfte des Reichs nach einem zehnjährigen Interregnum, empfängt mehrere Gesandtschaften aus dem Abendland von den Päpsten und König Ludwig IX. von Frankreich (1253/1254 Franziskaner Wilhelm von Rubruk; *um 1210, †um 1270) und wahrt religiöse Toleranz. Möngkä beauftragt seinen Bruder Hülägü (*um 1217, †1265) mit der Eroberung Persiens und Vorderasiens:
	1258	Vernichtung des Abbasidenkalifats.
Kublai Chan	**1259–1294**	Der Großchan Kubilai (*Kublai Chan*; *1215, †1294), ein Bruder Möngkäs, setzt sich als Kaiser Nordchinas (Residenz das heutige Peking) und Vertreter eines an städtischer Kultur ausgerichteten Mongolentums gegenüber einem weiteren Bruder und Nebenbuhler, Aryk Bögä (†1266), als nomadisch orientiertem Gegenchan, durch. Die Mongolen greifen nach Korea, Hinterindien und Indonesien aus.
	1274/1281	Vergebliche Angriffsversuche auf Japan. Kubilai erobert auch Südchina, wo die Dynastie Sung beseitigt wird.
	1280–1294	Kaiser von (ganz) China (Shih Tsu).
China	1280–1368	Mongolen-(Yüan-)Dynastie in ganz *China*. In Zentralasien geraten die Nachfahren Ögädäis und Tschagatais wiederholt in kriegerische Verwicklungen miteinander, in die auch die Großchane (= chinesische Kaiser), die Ilchane Persiens und die Chane der Goldenen Horde eingreifen. Dabei spielt der Gegensatz zwischen bäuerlich-städtischer und nomadischer Kultur sowie zwischen heidnischer und islamischer Weltanschauung eine Rolle.
	1309	Die Nachfahren Ögädäis werden endgültig ausgeschaltet. Nur die Linie Tschagatais behauptet sich.
Trennung	14. Jh.	Es tritt eine *Trennung* zwischen dem (seit 1347) von Adelsfamilien beherrschten westlichen Zentralasien und den von Chanen zentralistisch gelenkten Ostgebieten (Mogholistan genannt; Hauptstadt Almalyk am Ili [Zufluss des Balchaschsees]) ein. Der sunnitische *Islam* gewinnt zusehends an Bedeutung und wirkt im Sinne einer städtisch-agrarischen Wirtschaftsform.
Islam		
Timur Leng	**1360–1405**	*Timur Leng* (Timur der Lahme, bei den Europäern Tamerlan; *1336, †1405) setzt sich gegenüber den Nachfahren Tschagatais durch, die nominell im Amt belassen werden. Er wählt Samarkand in Transoxanien zur Hauptstadt, schmückt es vielfach unter Einsatz hierhin deportierter Handwerker und Künstler mit prächtigen Bauten aus und macht die Stadt überdies zu einem Mittelpunkt islamischer Geisteskultur.
	seit 1379	Von Samarkand aus greift Timur – anscheinend ohne konkrete machtpolitische Zielsetzung – in gräuelvollen Zerstörungskriegen weit in den islamischen Raum hinein aus: Timur gelingt es nicht, sich Mogholistan untertan zu machen.
Eroberung Irans	1383–1387	*Eroberung Irans*.
	1389	Vorstöße nach Ostturkestan, in das Gebiet der Goldenen Horde (1391/1395),
	1393	nach Indien bis Delhi (1395/1398), Vorderasien: Einnahme von Bagdad. (Irak, Syrien, Kleinasien):

1402	Sieg über die Osmanen bei Angora (Ankara).	
1405–1507	Nach Timurs Tod bleibt seinen Nachfahren, den *Timuriden*, im Wesentlichen Persien und Transoxanien. Einer ihrer Wesire, Ali Schir Nawai (1441–1502), erweist sich bei allem Interesse an der persischen Kultur als Förderer der innerasiatisch-türkischen Schriftsprache, des so genannten Tschagataischen, das er in seinen Werken verwendet und das durch ihn und Baburs (Gründer der Großmogul-Dynastie in Indien; *1483, †1530) Denkwürdigkeiten auf Jahrhunderte hinaus Geltung als Schriftsprache Innerasiens erhält.	*Timuriden*
	Um das westliche Mittelasien streiten sich während dieser Zeit die Tschargataiden Mogholistans mit dem neu formierten Stammesverband der Özbeken, der sich unter der Leitung der Dynastie der Schaibaniden an das nördliche Ufer des Jaxartes (Syr-Darja) vorschiebt und von dorther auch auf die Timuriden Druck ausübt.	
1507	Die Timuriden fallen endgültig dem vereinten Druck der Schaibaniden und der persischen *Safawiden*(-Dynastie) zum Opfer.	*Safawiden*
1510	Schaibaniden werden durch den siegreichen Vorstoß der Safawiden aus Nordostpersien verdrängt und auf Transoxanien beschränkt, wo sie noch ein Jh. lang Bedeutung haben.	
1512	Der letzte Timuridensproß Babur wird nach Kabul abgedrängt.	
1525/1526	Er gründet von dort aus das *Reich der Großmogul* in Nordindien.	*Reich der Großmoguln*
1578	Der tibetische Dalai Lama Bsod-nams-rgya-mtsho bekehrt den Mongolenfürsten Altan Chan zum Lamaismus.	
1586	Gründung des ersten Klosters in der Mongolei.	
	Einflussreiche Übersetzung des buddhistischen Kanons aus dem Tibetischen ins Mongolische (Kandschur). Die mongolische Form des Buddhismus beeinflusst nun Gesellschaft und Selbstverständnis der einstigen Welteroberer.	
1690–1696	Dazu hemmt die Ausbreitung der Macht der *Mandschu* (1644–1911 chinesische Kaiserdynastie) die politische Aktivität der Mongolen.	*Mandschu*
1696	Die Mongolei wird ein Bestandteil des Chinesischen Reiches.	
1912	Mit der Ausrufung der Chinesischen Republik Abfall der Mongolei von China und starke Anlehnung an Russland.	
1913	Russland erkennt zwar förmlich die Oberhoheit Chinas über die Mongolei an, praktisch wird aber der russische Einfluss größer als der chinesische.	
1918/1919	Während des Ersten Weltkriegs nützt China die Schwäche Russlands aus und besetzt die Äußere Mongolei.	
	Unabhängigkeitsbewegung unter Suhe Bator (*1893, †1923).	
Anfang 1921	Die Äußere Mongolei wird von der „Weißen" Armee besetzt, die den verbündeten Mongolen und Sowjets unterliegt. Die Innere Mongolei bleibt unter chinesischer Herrschaft.	
10. Juli	Die Äußere Mongolei erklärt ihre *Unabhängigkeit* und schließt im Nov. einen Freundschaftsvertrag mit der RSFSR.	*Unabhängigkeit*
1924	Proklamation der Mongolischen *Volksrepublik* (26. Nov.). Starke, politische, wirtschaftliche und kulturelle Bindungen an die UdSSR; Verstaatlichungspolitik.	*Volksrepublik*
1924–1952	Ministerpräsident (bis 1930 auch Staatsoberhaupt) ist Marschall Chorlogjin Choybalsan (*1895, †1952).	
1937–1939	Politische „Säuberungs"-Maßnahmen; Entmachtung der lamaistischen Kirche.	
1937–1945	Teile der Inneren Mongolei sind unter japanischem Einfluss als Innermongolische Föderation autonom.	
1940	*Yumjaagiyn Tsedenbal* (Zedenbal; *1916, †1991) wird Generalsekretär (bis 1954; seit 1958 Erster Sekretär des ZK) der kommunistischen Mongolischen Revolutionären Volkspartei. – (Forts. S. 1770)	*Yumjaagiyn Tsedenbal*

West- und Ostturkestan (15.–20. Jh.)

Durch die Bildung des Safawidischen Reichs in Iran und des Staats der Großmogul in Indien zu Beginn des 16. Jh.s werden den z. T. nomadischen Kräften jenseits des Oxus (Amu-Darja) in den folgenden Jahren Vorstöße nach Süden und ein Übergreifen auf das Hochland von Iran verwehrt. Auch der sich herausbildende religiöse Gegensatz zwischen dem nunmehr geschlossenen schiitischen Iran und dem weiterhin sunnitischen Transoxanien lässt alte kulturelle und geistige Verbindungen abreißen. Gleichzeitig veröden durch die nun voll entwickelte Überseeschifffahrt die alten Seidenstraßen quer durch Zentralasien; dessen wirtschaftliche Bedeutung wird immer geringer, seine Verbindungen nach Osten und Westen reißen weithin ab. Zentralasien wird zum *Randgebiet der Weltgeschichte,* dessen Schicksal nur noch lokale Be-   *Randgebiete*

AUSSEREUROPÄISCHE WELT BIS 1945   Asien

deutung besitzt. Durch die südliche und südöstliche Ausdehnung bedeutender türkischer Volksstämme wird das Land weithin neuen Herren untertan, die dort bis zum heutigen Tag wohnen. Das Persische weicht, außer bei den Tadschiken, überall dem Türkischen.

Özbeken

15. Jh. Der türkische Neustamm der *Özbeken* (bei den Russen Usbeken genannt) schiebt sich etwa vom Südrand des Ural zum Nordufer des Jaxartes (Syr-Darja) vor.

1507 1510 Im Ausgreifen nach Süden zerstört Chan Mohammad Schaibani den letzten bedeutenden Staat der Timuriden in Herat (Nordwest-Afghanistan). Er wird aber durch die aufkommende Macht der *Safawiden* (Dynastie in Persien) zurückgedrängt und fällt in der Schlacht bei Merw (beim heutigen Mary in Turkmenistan).

Safawiden

1512 Der Timuride Babur wird aus Samarkand nach Kabul vertrieben.

Chanat Chiwa

seit 1512 Das *Chanat Chiwa* südlich des Aralsees widersteht den Özbeken und wird ebenso wie Buchara zum Hort eines konservativ-sunnitischen Islam mit einem feudalistisch gegliederten Herrschaftssystem.

1561–1598 Der özbekische Chan Abd Allah gewinnt (anfänglich als Regent für seinen Vater) noch einmal bedeutende Macht und bedroht Persien von Norden her, bis Schah Abbas den Feinden entschlossen entgegentritt.

Nach Abd Allahs Tod zerfällt das Özbekische Reich. Aus den Trümmern bilden sich mehrere Chanate und Emirate, z. T. auch unabhängige Städte, mit rasch wechselnden Grenzen

Chanat Buchara

seit 1710 und häufig miteinander verfeindet. Bedeutung besitzen im westlichen Turkestan nur das *Chanat Buchara*; kulturell und wirtschaftlich sinkt das frühere özbekische Gebiet rasch ab. Bedeutung gewinnt der Handel mit Sklaven, die häufig geraubte Perser sind.

Kasachen, Kirgisen, Kalmücken

Kasachen

16./17. Jh. Von den Özbeken, die sich hier dem Islam und der persischen Kultur erschließen, spalten sich nach Norden hin die *Kasachen* („Flüchtlinge") ab (mit den slawischen Kosaken nicht zu verwechseln). Sie gewinnen allmählich den weiten Raum südöstlich des Ural.

Kirgisen

Die „echten" *Kirgisen* besetzen von Nordosten her das Siebenstromland südlich des Balchaschsees bis hin zum Issyk Köl.

Kalmücken

Von Osten dringen verschiedentlich die mongolischen buddhistischen *Kalmücken* nach Westturkestan vor und vermehren die Unruhe und Unsicherheit dieses Gebiets.

Russen in Zentralasien

Sibirien

seit 1582 Eindringen der Russen in *Sibirien*.

Ende 17. Jh. Die Russen knüpfen die ersten Verbindungen (Handel) zu den Turkvölkern Mittelasiens an.

1717/1734 Die Russen erreichen die freiwillige Unterordnung mehrerer Kasachen-Horden.

Angriff auf Mittelasien

19. Jh. Die Zaren setzen zum unmittelbaren *Angriff auf Mittelasien* an. Sie erobern weite Gebiete:

1868 Samarkand, 1876 Chokand und das Ferghanatal, 1884 Merw (Mary/Turkmenistan).

Das Zarenreich legt gegenüber Persien und Afghanistan sowie im Pamirgebiet die Staatsgrenze fest, die zwischen den Russen in Zentralasien und den UdSSR-Nachfolgern bis zum heutigen Tag gilt.

suzeräne Staaten

1924 Die Chanate Buchara (seit 1868) und Chiwa (seit 1873), als *suzeräne Staaten* der Zaren ohne wirkliche Handlungsfreiheit geduldet, werden nach Vertreibung ihrer Herrscher (1920) der Usbekischen Sozialistischen Sowjetrepublik (in der UdSSR) einverleibt. – Im selben Jahr Aufteilung der Turkestanischen Sozialistischen Sowjetrepublik in die Turkmenische und die spätere Tadschikische Sozialistische Sowjetrepublik.

1925/1936 Gründung der Kasachischen Sozialistischen Sowjetrepublik.

1926/1936 Gründung der Kirgisischen Sozialistischen Sowjetrepublik.

1979 Russischer Einmarsch in Afghanistan (ab 27. Dez.). – (Forts. S. 1767, 1767, 1768, 1769, 1769)

Tibet von der ersten Reichsbildung bis zum Ende der Unabhängigkeit (um 600–1945/50)

erster König

um 600 n. Chr. Der *erste König* Gnam-ri slon-btsan, in Sui-Quellen „Herr der 100000 Krieger" genannt, eint mehrere Ch'iang-Stämme an der chinesischen Grenze.

Einführung des Buddhismus

632–650 Sein Sohn Slon-brtsan-sgam-po dehnt das Reich nach Nepal und Westtibet aus. Vorstöße nach Nordindien (*Einführung des Buddhismus* und Schaffung einer Schrift nach indischem

	Vorbild) und China (Kaiser T'ai-tsung gewährt ihm eine chinesische Prinzessin als Frau). Er ist der erste „religiöse König". Ständige Bedrohung der chinesischen Grenze und Versuche, die Fernhandelsstraßen Innerasiens zu kontrollieren.	
710	Erneute Heiratsallianz mit China.	
755–797	Unter dem zweiten „religiösen König" Khri-slon-lde-brtsan *militärischer Höhepunkt*.	*militärischer Höhepunkt*
763	Plünderung der chinesischen Hauptstadt Ch'ang-an und Tribute von China. Förderung des Buddhismus, der an politischem Einfluss gewinnt.	
um 840	Verfall des Königtums.	
889	Generäle setzen sich als regionale Machthaber ein. Vorübergehend Rückgang des Buddhismus, der auf den Adel beschränkt bleibt, doch unter dem Einfluss missionierender Mönche aus Indien erneut aufblüht. Rege Gelehrsamkeit: Übersetzungen durch Rin-chen bzang-po († 1055), religiöse Erneuerung durch den Einsiedler Mi-la ras-pa († 1123).	
1073	Gründung des Klosters von Sa-skya. *Entstehung des Lamaismus* als Verbindung des Buddhismus mit bodenständigen Formen der Bon-Religion. Die Tanguten gründen im Ordos-Bogen das sehr stark tibetisch beeinflusste Hsi-hsia-Reich (990–1227) und beherrschen den innerasiatischen Handel.	*Entstehung des Lamaismus*
1227	Dschingis-Chan vernichtet die Hsi-hsia.	
1280–1367	Unter der Herrschaft der mongolischen *Yüan-Dynastie* werden die zahlreichen Kleinstaaten Tibets in 13 Verwaltungseinheiten reorganisiert. Der Kaiser setzt die Äbte des Sa-skya-Klosters als Vizekönige ein; zwischen ihnen besteht eine persönliche Patron-Priester-Beziehung (yon-mchod).	*Yüan-Dynastie*
um 1350–1642	Mit dem Zusammenbruch der Yüan beendet Byang-chub rgyal-mtshan die Sa-skya-Vorherrschaft und restauriert eine *von China unabhängige Monarchie*.	*unabhängige Monarchie*
1400–1600	Ausbildung und Aufblühen der reich geschmückten tibetischen *Klosterkultur* unter befruchtenden indischen, nepalesischen, chinesischen und mongolischen Einflüssen.	*Klosterkultur*
1409	Tsong-kha-pa († 1419) gründet ein Kloster in Dga'-ldan mit strenger Mönchsdisziplin. Von seinen Schülern wird die Lehre als Dge-lugs-pa-(„Gelbmützen"-)Orden rasch verbreitet (Prinzip der Reinkarnationsnachfolge). In den Unruhen um die weltliche oder geistliche Vorherrschaft werden die Gelbmützen zum wichtigsten politischen Faktor.	
1578	Ihr dritter Führer Bsod-nams-rgya-mtsho erhält von seinem Patron Altan, Chan der mongolischen Tumet, den Titel *Dalai* („Meeresweiter") *Lama*, der seinen beiden Vorgängern nachträglich verliehen wird. Die Mongolen nehmen die Gelbmützenlehre an. Mit Hilfe Gushi Chans von den mongolischen Khoschot wird unter dem fünften Dalai Lama († 1682) ganz Tibet von den Gelbmützen missioniert.	*Dalai Lama*
1642	Die religiöse und politische Macht wird in der Hand des Dalai Lama vereint. *Lhasa* wird Hauptstadt.	*Lhasa*
1653	Der Dalai Lama besucht als unabhängiger Herrscher den Ch'ing-Hof.	
1707	Beginn der Kapuzinermission in Lhasa (1707–1745). Eingreifen der Dsungaren in Nachfolgestreitigkeiten; sie werden von den Mandschuren aus Tibet vertrieben. Formale chinesische Repräsentation in Lhasa mit voller innerer Autonomie Tibets.	
1717–1720		
seit 1727	Die Chinesen bauen den in der religiösen Hierarchie an zweiter Stelle stehenden *Pantschen Lama* als politisches Gegengewicht zum Dalai Lama auf.	*Pantschen Lama*
1774	Versuch der Briten, Tibet von Indien aus wirtschaftlich zu öffnen.	
1792	Aus Nepal einfallende Gurkhas werden von den Chinesen vertrieben.	
seit 1792	Tibet ist für Ausländer gänzlich geschlossen.	
1890/1893	Nach zwei vergeblichen Versuchen *Großbritanniens,* Tibet botmäßig zu machen, *mar*schiert Oberst Younghusband in Tibet ein (1903).	*britischer Einmarsch*
1904	Im Vertrag von Lhasa, der durch ein Zusatzabkommen (1907) auch für China verbindlich wird, legt Großbritannien die tibetische Grenze fest und beansprucht Handelsprivilegien.	
1912–1950	Mit der Ausrufung der Chinesischen Republik im Februar 1912 wird zwar Tibet zur Provinz erklärt, doch bleibt das Land de facto unabhängig.	
1914 **3. Juli**	Britisch-Tibetisch-Chinesisches *Abkommen von Simla* (das von China nicht ratifiziert wird): Tibet bleibt bei weit gehender Autonomie unter chinesischer Oberhoheit, Peking hat das Recht, einen hohen Würdenträger mit 300 Mann Eskorte nach Lhasa zu entsenden. Großbritannien verzichtet auf alle Gebietsansprüche.	*Abkommen von Simla*
	Die *Eigenständigkeit Tibets endet* mit der Eroberung des Landes durch kommunistisch-chinesische Truppen (1950/1951). – (Forts. S. 1773)	*Ende der Eigenständigkeit*

Ostasien bis 1945

China (Anfänge bis 1945)

Geschichtsraum — Der chinesische *Geschichtsraum* ist durch relative Abgeschlossenheit nach außen sowie landschaftliche Vielgestaltigkeit und klimatologische Unterschiede im Inneren gekennzeichnet. Im Südwesten bedeckt tropische und subtropische Vegetation unwegsame Mittelgebirgszüge mit tief eingeschnittenen Tälern, nach Westen erheben sich extrem hohe Gebirgsketten (Himalaya, Kunlun, Tienshan, Altai), die von Hochplateaus (Tibet) und Wüstenbecken (Gobi) durchbrochen werden und in die Steppen- und Waldgebiete des Nordens und Nordostens übergehen. Mit Ausnahme der gebirgigen Halbinseln Liaotung und Shantung besteht die flache Küste nördlich der Yangtsemündung aus Schwemmland, dagegen ist der südliche Küstenabschnitt steil, tief ins Land eingeschnitten und von zahlreichen vorgelagerten Inseln geprägt. Diese natürlichen Grenzen umschließen das eigentliche historische Siedlungsgebiet der Chinesen,

Inneres China — das „*Innere China*" oder die „Achtzehn Provinzen" der späteren Kaiserzeit. Es hat vornehmlich Mittelgebirgscharakter (nur etwa 10% des gesamten Territoriums liegen unter 500 m) und gliedert sich durch die West-Ost-Linie Chinlinggebirge, Huaifluss und Huaimündung in zwei Produktionslandschaften. Im subtropischen Süden (Yangtsetal und südchinesisches Bergland) mit seinen Roterde- und Rotsandsteinböden überwiegt Nassfeldbau (Reis). Der gemäßigte Norden (Huanghoebene und das von ihm entwässerte Bergland) ist der ursprüngliche Lebensraum der frühgeschichtlichen Chinesen; seine fruchtbaren Lößböden erlauben den Trockenfeldbau von Hirse, Gerste und Weizen.

Peking-Mensch Yang-shao- und Lung-shan-Kultur — In diesem Raum leben bereits vor 500000 Jahren Menschen (Fundstätte Chou-k'ou-tien bei Peking, der „*Peking-Mensch*"), und aus späterer Zeit (etwa 25000 bis 20000 v. Chr.) sind paläolithische Siedlungsschichten im Ordos-Bogen nachweisbar. Doch erst mit Beginn des 3. Jt.s treten Gruppen auf *(Yang-shao- und Lung-shan-Kultur)*, die in wesentlichen ethnischen und kulturellen Merkmalen als unmittelbare Vorläufer der historischen Chinesen gelten.

Unter der Shang- und Chou-Dynastie dehnt sich der Siedlungsbereich der Ackerbau treibenden Chinesen von der mittleren Huanghoebene nach allen Richtungen aus, bis er um Christi Geburt das „Innere China" (mit Ausnahme einiger Gebiete im Süden) umfasst. Diese kolonisatorische Durchdringung ist geprägt von der Auseinandersetzung mit „barbarischen" Stämmen – also Stämmen von anderer Lebensweise –, die integriert oder in langwierigen Kämpfen in die für Ackerbau ungeeigneten Steppen- und Berggebiete abgedrängt werden.

klassische Blüte — Die Mitte des 1. Jt.s v. Chr. ist die *klassische Blüte* der chinesischen geistigen Kultur: Die damals formulierten Werte und gesellschaftlichen Normen bleiben in großen Teilen bis zum Ende der Kaiserzeit gültig.

historisierende Mythen Kulturheroen — Die *historisierenden Mythen*, die vom Ende der Chou-Zeit überliefert sind, lassen die chinesische Geschichte mit einer Reihe legendärer *Kulturheroen* (um 2500 v. Chr. traditionell) beginnen, auf die Erfindungen wesentlicher Kulturgüter und Gesellschaftsinstitutionen zurückgehen: Fu Hsi (Jagd, Schrift), Shen Nung (Ackerbau, Pflug, Märkte), Huang-ti (Boote, Feuerbohrer), der „Flüssebändiger" Yü ist der Begründer der ersten, legendären Hsia-Dynastie (2205–1766 traditionell).

Ausgrabungen lassen zwei unterschiedliche spätneolithische Bauernkulturen erkennen, die nach ihren Hauptfundorten benannt sind: die *Yang-shao-Kultur* (Honan, Shansi, Shensi,

Yang-shao-Kultur — um 2500–2000 — Kansu), mit größeren Dörfern, Jäger, Viehzüchter und Bauern, daneben geübte Zimmerer und Weber, hoch entwickelte, bunt bemalte Keramik mit großer Variationsbreite.

Lung-shan-Kultur — Ende 3. Jt. — Die *Lung-shan-Kultur* (Honan, Shantung, Kiangsu, Anhui) mit schwarzer, einfarbiger Keramik, für deren Spätzeit auch Schaf- und Rinderzucht belegt sind.

Beginn 2. Jt. — In ihrem Überlagerungsbereich (Nordost-Honan) bildet sich eine Übergangskultur (Hsiao-t'un) mit vorherrschend grauer Keramik, die unmittelbar in die Hochkultur der

Shang-Dynastie — ca. 1700 bis 1025 — *Shang-Dynastie* überleitet. Kennzeichnend: eine Stadtkultur mit wechselnden Hauptstädten, relativ kleiner Herrschaftsbereich mit starker Ausstrahlung (bis in das Yangtsetal, die Küste, Hopei und Shensi). Klassengesellschaft mit feudalistischen Zügen: Brudererbfolge der Könige, bedeutender Kriegsadel (ausgeprägte Kultur von Bronzewaffen und -rüstungen), spezialisiertes Handwerkertum (glasierte, weiße Keramik, hoch entwickelte Steinschnitzereien in Jade, Marmor und Bein, Palastanlagen aus Holz, Bronzeindustrie).

Yin-Dynastie — In der zweiten Hälfte der Dynastie (traditionell 1401–1122) – nach der Hauptstadt auch *Yin-Dynastie* genannt – erlebt diese Kultur ihre Blütezeit. Mittels Hackbau und mit primitiven Pflügen wird Hirse (weniger Weizen und Reis) angebaut, an Haustieren kommen Ziegen und Geflügel hinzu.

Chronologische Übersicht

Dynastien und Republiken

ca. 2000–1500 v. Chr.	Hsia-Dynastie (legendär)
ca. 1700–1025	Shang (Yin)-Dynastie
ca. 1025–256	Chou-Dynastie
	Westliche Chou (ca. 1025–771)
	Östliche Chou (771–256)
221–207	Ch'in-Dynastie (1. Reichseinigung)
202 v. Chr.–220 n. Chr.	Han-Dynastie
	Westliche Han (202 v. Chr.–9 n. Chr.)
	Hsin-Dynastie (9–23)
	Östliche Han (25–220)
220–280	Drei Reiche (1. Reichsteilung)
	Wei (220–264)
	Shu-Han (221–263)
	Wu (222–280)
265–420	Chin-Dynastie (2. Reichseinigung)
	Westliche Chin (265–316)
	Östliche Chin (317–420)
420–589	Südliche und Nördliche Dynastien (2. Reichsteilung)
581/9–618	Sui-Dynastie (3. Reichseinigung)
618–906	T'ang-Dynastie
907–960	Fünf Dynastien (3. Reichsteilung)
960–1279	Sung-Dynastie (4. Reichseinigung)
	Nördliche Sung (960–1126)
	Hsi-hsia (Tanguten, Tibeter, 990–1227)
	Liao-Dynastie (Kitan, 907/1066–1125)
	Chin-Dynastie (Dschürtschen, 1115–1234)
	Südliche Sung (1127–1279)
1280–1368	Yüan-Dynastie (Mongolen)
1368–1644	Ming-Dynastie
1644–1912	Ch'ing-Dynastie (Mandschu)
1912–1927	Republik China (Peking)
1927–1949	Republik China (Nanking)
seit 1949	Volksrepublik China/Republik China (Taiwan)

Verehrung der „obersten Gottheit" Shang-ti und von Naturgottheiten, reiche Grabkultur mit Menschen und Tieren als Begleitopfer, auf Orakelknochen erscheint die ausgebildete chinesische *Zeichenschrift*, Mondkalender. In der Kunst vornehmlich Jagd- und Tiermotive.

Zeichenschrift

um 1025   Die Shang werden von den *Chou* gestürzt, einem Vasallenstamm, der im Shensibecken siedelt und deutliche Einflüsse der umliegenden Hirtenstämme zeigt. König Wen, der „Markgraf des Westens", erobert den Großteil des Shang-Territoriums, sein Sohn König Wu schlägt den letzten Shang-Herrscher in der Ebene von Mu. Er legitimiert seinen Treubruch mit der Verworfenheit der Shang, deren „himmlischer Auftrag" deshalb den Chou übertragen wird. (Diese Begründung gilt paradigmatisch für alle Dynastiewechsel der Folgezeit.)

Chou-Dynastie

um 1025–771   Die ersten Jahrhunderte der Westlichen Chou-Zeit sind stabil: starke Hausmacht durch Familienbelehnungen, vor allem im Süden werden neue Gebiete durch die Expansion chinesischer Bauern erschlossen. Ständige Barbareneinfälle im Norden reiben die Chou-Macht auf.

771   Nach der Brandschatzung der Hauptstadt muss diese nach Osten verlegt werden.

771–256   Östliche Chou-Zeit. Nur mehr nominelle Herrschaft der Chou, die sich auf die königliche Domäne im Umkreis von Loyang beschränkt und deren Überleben dem prekären Gleichgewicht der erstarkten ehemaligen Lehnsstaaten geschuldet ist, die sich gegenseitig neutralisieren.

722–481   „*Frühling- und Herbst-Periode*" (Ch'un-ch'iu). Unter dem Druck des Südstaates Ch'u, der sich seit dem 8. Jh. den Titel „König" (wang) anmaßt, und durch Barbareneinfälle im Norden schließen die „Mittelstaaten" eine Allianz mit dem Herrscher des mächtigen Oststaates Ch'i, Herzog Huan, der Hegemon (pa) wird. Erstarken der Randstaaten, die nach außen expandieren können und traditionelle feudalistische Strukturen zugunsten effizienter Verwaltungsorganisation aufgeben.

Frühling- und Herbst-Periode

681

Periode der Streitenden Reiche	453–221	Die ursprünglich über 1000 Kleinstaaten und Lehen werden von den großen Nachbarn annektiert, bis nur mehr sieben Großstaaten übrig bleiben. Deren heftige Kämpfe und Allianzsysteme bestimmen die *„Periode der Streitenden Reiche"* (Chan-kuo). Allmählicher Übergang von Bronze- zu Eisengeräten und vom Brandrodungsbau zur intensiven Bodennutzung durch Mehrfachfelderwirtschaft, Entwicklung anpassungsfähiger Getreidesorten (Reis, Weizen), Entwässerungs- und Bewässerungstechnik, Aufschwung des Transport- und Handelswesens zur Versorgung der Städte.

Die geistige Blüte der Chou-Zeit

In den politischen Wirren seit dem 7. Jh. bildet sich eine neue intellektuelle Elite heraus, die sich aus den gebildeten, jedoch verarmten Söhnen des Adels und der Großwürdenträger rekrutiert. Diese Wanderphilosophen der „Hundert Schulen" wetteifern darin, den Herrschern gesellschaftliche, wirtschaftliche und militärische Reformmodelle anzubieten, die die Machtstellung ihres Staates gegenüber anderen stärken soll.

Konfuzius

Konfuzius (chin.: K'ung-fu-tse: †479) will die in Verfall geratene Ethik des Feudaladels nach dem Idealbild der Vergangenheit wiederherstellen: Traditionelle Riten und verbindliche sittliche Normen sollen die Beziehungen zwischen Herrscher und Untertan und in der Familie regeln. Während der Chou-Zeit bleiben die Lehren des Konfuzius und seines bekanntesten Nachfolgers Menzius („Der Mensch ist von Natur aus gut") politisch wirkungslos.

taoistische Schule

Die *taoistische Schule* sucht die Harmonie mit der Natur durch das Tao (der „Weg"). Chuang-tzu (etwa 4. Jh.) und Lao-tzu (Lao-tse: etwa 3. Jh.) verkünden die Abwendung von der Zivilisation und ihrer Künstlichkeit und fordern die Rückkehr zur ursprünglichen Natürlichkeit durch das „Nicht-Eingreifen" (wu wei).

Mohisten

Die *Mohisten*, nach Mo Ti († 381), predigen die allumfassende Liebe unter den Menschen, die sie durch militärische Aufrüstung zu erreichen suchen, da sich dann kein Staat mehr Vorteile aus einem Angriff auf andere erhoffen kann. Die Erfolge der Mohisten sind ebenso kurzfristig wie die anderer Schulen (Strategen, Logiker, Rhetoriker, Agronomisten, Hedonisten).

Legalisten

Den größten Einfluss während der Periode der Streitenden Reiche gewinnt die Schule der *Legalisten* (fa-chia, „Rechtsschule"). Ihre Hauptvertreter Shang Yang (4. Jh. v. Chr.) sowie Han Fei-tzu († 233 v. Chr.) sind erfolgreiche Minister im Staat Ch'in, der als Sieger aus dieser Zeit hervorgeht. Die Legalisten fordern die absolute Machtstellung des Herrschers, unterwerfen das gesamte Volk festgelegten und kodifizierten Rechtsnormen („Lohn und Strafe"), zerschlagen die alten Familienstrukturen, um die Bevölkerung mobiler zu machen, führen neue, organisatorische Verwaltungseinheiten ein, die direkt der Zentrale unterstehen. Um den Staat autark zu machen, propagieren sie die Landwirtschaft und beseitigen unproduktive Gewerbe.

	246–210	König Cheng von Ch'in erobert die sechs rivalisierenden Staaten und vereint zum ersten Mal alles, was „unter dem Himmel" ist:
1. Reichseinigung Ch'in-Dynastie	**221**	**1. Reichseinigung.**
	221–207	Er gründet die *Ch'in-Dynastie* und nennt sich Ch'in Shih Huang-ti, der „Erste Erhabene und Göttliche von Ch'in". Reformen unter Mithilfe seines Ministers Li Ssu, einem Schüler Han Fei-tzus: Das Reich wird in 36 Distrikte mit militärischer und ziviler Führung geteilt. Auflösung der Feudalorganisation, Vereinheitlichung der Gesetze, Schrift, Gewichte, Maße und Spurbreiten der Wagen, dichtes Straßen- und Kanalnetz, bestehende Mauerabschnitte
Bau der Großen Mauer		werden zur *„Großen Mauer"* zusammengefasst, um die Nordgrenze zu sichern. Unter Ch'in Shih Huang-tis Sohn Erh-shih Huang-ti († 207) kommt es zu regionalen Aufständen der alten Feudalherren.
Han-Dynastie	206–202	In den Kämpfen ist der von Bauern abstammende Liu Pang (kanonisiert als Kao-tsu, 202–195) siegreich, der die *Han-Dynastie* (202 v. Chr.–220 n. Chr.) gründet. Abschaffung der verhassten Ch'in-Gesetze, Belehnung von Familienangehörigen und treuen Gefolgsleuten. Die Refeudalisierung schwächt jedoch die zentrale Machtstellung der Nachfolger Kaiser Kao-tsus. Erst durch die Entmachtung der „Sieben Königreiche" wird diese endgültig gebannt.
	154	
Kaiser Wu	141–87	Beginn der energischen Regierung von *Kaiser Wu*: institutionelle und organisatorische Neuordnung des Reiches, Ansätze eines staatlich gelenkten Berufsbeamtentums. Die ressortmäßig gegliederte Zentralverwaltung bestellt und kontrolliert die lokalen Behörden. Das Land ist in Kommandaturen und Präfekturen aufgeteilt. Gründung der staatlichen Akademie (124).
Konfuzianismus Staatsideologie		Der *Konfuzianismus wird Staatsideologie*: Tung Chung-shu († 105) formt die Lehre des Konfuzius in ein kosmologisches System mit starken prognostischen und spekulativen Zügen um, das die Beziehung zwischen Herrscher und Natur regelt („Staatskult").

Dynastienfolge in China

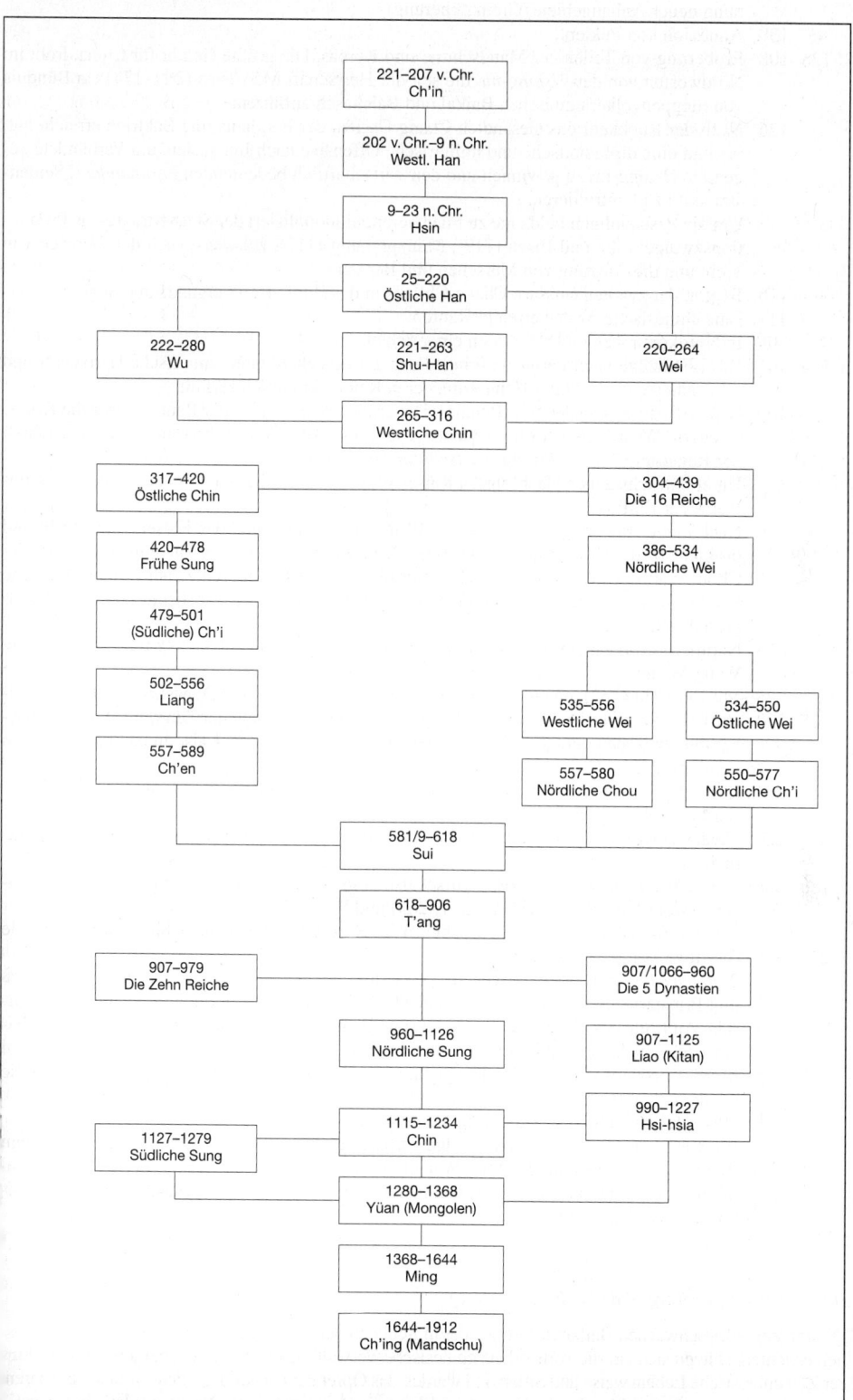

		Kraftvolle militärische Expansion aus wirtschaftlichen und politischen Gründen (Gewinnung neuer Anbaugebiete, Grenzsicherung).
	138	Annexion von Fukien.
Hsiung-nu	128–108	Eroberung von Teilen der Mandschurei und Koreas. Die größte Gefahr für China droht im Nordwesten von den *Hsiung-nu,* die seit der Herrschaft Mao Tuns (209–174) ein Bündnis von Steppenvölkern zwischen Baikal und Balchasch anführen.
Fernhandel	126	Nach der Rückkehr des Gesandten Chang Ch'ien, der Ferghana und Baktrien erreicht hat, beginnt eine diplomatische und militärische Offensive nach Innerasien, um Verbündete gegen die Hsiung-nu zu gewinnen und den wirtschaftlich bedeutenden *Fernhandel* („Seidenstraßen") zu kontrollieren.
		Um die kostspieligen Feldzüge zu finanzieren, monopolisiert der Staat ertragreiche Produktionszweige: Salz und Eisen (119), Münzprägung (112), zeitweise auch den Vertrieb von Wein und die Nutzung von Marschen und Bergen.
	115	Beginn der zweiten Mission Chang Ch'iens in das Ilital, nach Ferghana und Sogdien.
	111	Eine chinesische Armee erreicht Kanton.
	108	In Nordkorea werden Präfekturen eingerichtet.
	104–101	Zwei Feldzüge nach Ferghana bringen das Tarimbecken unter chinesische Herrschaft und schwächen die Macht der Hsiung-nu, deren Reich allmählich zerfällt.
größte Ausdehnung wirtschaftliche Krise	um 100 v. Chr.	*Größte Ausdehnung* des Han-Reiches. Die großen Belastungen der Bauern durch die Kriege (Steuern, Wehrdienst) sowie Geldentwertung und Ämterkauf führen in den letzten Jahren der Regierung Kaiser Wus zur *wirtschaftlichen Krise.*
		Unter den schwachen Nachfolgern Kaiser Wus gewinnen die Familien der Kaiserinnen immer mehr Einfluss.
Hsin-Dynastie	9 n. Chr. 9–23	Nach kurzer Regentschaft übernimmt Wang Mang, der Onkel des Kaisers, die Macht und proklamiert die *Hsin-Dynastie.* Wirtschaftliche Reformen nach dem imaginären Muster der Chou: Währungsreform, Ausgleichsämter für Zeiten guter und schlechter Ernten, staatliche Kreditinstitute. Durch Landbegrenzungsgesetze zieht er sich die Feindschaft der Großgrundbesitzer zu.
	23	Naturkatastrophen und Bauernaufstände (die „Roten Augenbrauen") führen zum Sturz Wang Mangs.
Han-Dynastie	25 25–220	Mit Liu Hsiu († 57), einem Nachkommen der Han, wird die alte Dynastie restauriert: Östliche (oder Spätere) *Han-Dynastie.* Nach kurzer Konsolidierung der Zentralmacht Fraktionskämpfe zwischen den „Großen Familien" (Großgrundbesitzer, Kaiserinnenklane) und den Hofeunuchen.
	184	Extrem hohe Abgaben an die Grundherrn lösen Bauernaufstände aus (die taoistisch inspirierten „Gelben Turbane").
	220	Niederschlagung der Unruhen durch Militärführer, welche die politische Macht übernehmen.
1. Reichsteilung	220–280	*1. Reichsteilung*: Zerfall in drei wirtschaftlich geschlossene Regionalblöcke, die Drei Reiche – Wei (220–264), Shu-Han (221–263) und Wu (222–280).
	264	Der Ssu-ma-Klan usurpiert die Macht in Wei. Er ruft die (Westliche) Chin-Dynastie aus, die
2. Reichseinigung	265–316	für kurze Zeit das Reich eint: *2. Reichseinigung.* Doch die Macht der Aristokratenfamilien mit ihren riesigen Ländereien und Privatarmeen ist auch durch Steuerreformen nicht einzudämmen und lähmt die politische Autorität des Kaisers. Zusätzlich schwächen Naturkatastrophen und Aufstände messianistischer Sekten die militärische Abwehrkraft.
2. Reichsteilung	311/316 317–589	Mit der Eroberung der beiden Hauptstädte des Nordens Loyang und Ch'ang-an durch die wieder erstarkten Hsiung-nu beginnt die *2. Reichsteilung:* „Periode der Südlichen und Nördlichen Dynastien".
	386–550	Im Norden lösen sich in rascher Folge barbarische Dynastien ab (304–439: die „Sechzehn Reiche"), von denen nur die Toba-Wei, ein Hsien-pi-Stamm, einen ausgedehnten und stabilen Staat errichten können. Im Süden behaupten sich die „Sechs Dynastien" unter chinesischen Herrscherfamilien.

Die Gesellschaft während der 2. Reichsteilung

Die zahlenmäßig schwachen Barbarenstämme, die in Schüben den Norden erobern und kurzlebige Dynastien errichten, stützen sich auf die vorhandene chinesische Verwaltungsstruktur. Sie übernehmen nach kurzer Zeit chinesische Lebensweise und Sitten und werden das Opfer der nachdrängenden, „reinen" Barbaren.

Verwaltung Durch die *Kontinuität der chinesischen Verwaltung* bleibt die Bevölkerung des Nordens relativ homogen.

Der seit dem 2. Jh. aus Indien eindringende *Mahayana-Buddhismus* etabliert sich zeitweise als staatlich geförderte, vorherrschende Religion: Höhepunkt unter Kaiser Wu der Liang (502–549). In der Emigration des Südens herrscht ein äußerst fruchtbares intellektuelles Klima: Philosophische Schulen der Chou-Zeit leben wieder auf, vor allem der individualistische Neo-Taoismus, reiche Übersetzertätigkeit unter Einfluss des Buddhismus. Die wirtschaftliche und geistige Macht der Klöster (als Großgrundbesitzer und kulturelle Zentren) sowie ihr religiöses Privileg (Steuerfreiheit) führen zu Spannungen zwischen „Kirche" und Staat und mehrfach zu Buddhistenverfolgungen.

Buddhismus

Der von Chinesen und Barbaren abstammende Militärführer Yang Chien (*541, †604) eint den gesamten Norden und sichert durch politische Intrigen und den Ausbau der Großen Mauer die Grenze gegen die T'u-ch'üeh (Turk-Völker).

581–618 Er gründet die *Sui-Dynastie*.

589 Nach der raschen Eroberung des Südens *3. Reichseinigung*. Institutionelle Reformen (Gesetzeskodex, staatliche Beamtenprüfungen, Zensorat), sparsame Regierung und Errichtung von Militärkolonien an den Grenzen konsolidieren die Zentralmacht.

605/610 Unter seinem Sohn Kaiser Yang Vollendung des Kaiserkanals, der Hangchou mit Peking verbindet. Militärische Offensiven gegen Korea und die Türken. Belastungen durch Kriege

618 und Zwangsarbeiten schüren Unruhen.

618–906 Nach der Ermordung des Kaisers ruft Li Yüan (posthum Kaiser Kao-tsu) die *T'ang-Dynastie* aus.

626–649 Unter seinem Sohn T'ai-tsung Fortsetzung der Expansion nach Innerasien, die die sozialen Spannungen im Innern neutralisieren hilft. Ausbau han-zeitlicher Verwaltungsformen, die die Macht des Kaisers stärken sollen: Aufsplitterung der Kompetenzen, Kontrolle der Behörden durch unabhängiges Zensorat. Ideologisch zuverlässige und homogene Beamtenschaft, die sich aus den konfuzianischen Staatsprüfungen rekrutiert (Übergang von der aristokratischen zur bürokratischen Elite, die alle Gebildeten erfasst). Dichtes Netz von Verkehrswegen (Straßen, Kanäle, Poststationen) im ganzen Reich.

690 Kaiserin Wu (*625 †705) setzt ihre schwächlichen Söhne ab und proklamiert die einzige

690–705 *Frauendynastie* der chinesischen Geschichte, die Chou.

712–756 Unter Kaiser Hsüan-tsung zivilisatorischer Höhepunkt der T'ang: über den Fernhandel fruchtbare Kontakte mit fremdländischen Einflüssen (Indien, Persien, Arabien), religiöse Toleranz (Buddhismus, Islam, Nestorianismus), Blüte der Dichtkunst (Li Po, Tu Fu), Schauspielschulen, Gelehrtenakademien.

755–757 Eine Revolte des türkischen Militärführers An Lu-shan erschüttert die Macht des Kaisers, die nur mit fremden Hilfstruppen wiederhergestellt werden kann: Überlagerung der zivilen durch militärische Verwaltung. Versuche gleichmäßiger Landverteilung enden in Korruption und führen zur Entstehung privilegierter Latifundien.

758/793 Wiedereinführung der Staatsmonopole auf Salz (758), Alkohol (782) und Tee (793). Grundbesteuerung und Säkularisierung der reichen buddhistischen Klöster treffen zwar den Adel und die „Kirche" empfindlich, doch sind die erblich gewordenen Militärbefehlshaber und nicht die schwache Zentralregierung Nutznießer der Entwicklung.

875–884 In den Wirren um den Volksaufstand unter Huang Ch'ao bleibt General Chu Wen (†912)
907–960 siegreich. Dessen Spätere Liang-Dynastie leitet die Reihe der „Fünf Dynastien" im Norden
902–979 ein. Im Süden wechseln in rascher Folge unbedeutende Kleinstaaten (die „Zehn Reiche")
902–979 einander ab: *3. Reichsteilung*.
960–1279 Die *Sung-Dynastie*.

Auf einem Feldzug gegen die mongolischen Kitan in der Südmandschurei proklamiert der General Chao K'uang-yin (Kaiser T'ai-tsu 960–976) die (Nördliche) Sung-Dynastie:

960–1126 *4. Reichseinigung*. T'ai-tsu beschneidet sofort die Macht der regionalen Militärmachthaber und unterstellt das Heer der Zivilverwaltung, er konzentriert die Zentralverwaltung, mehrere Kanzler fungieren als Berater.

990–1227 Andauernde militärische Konflikte mit den tibetischen Stämmen im Nordwesten
907–1125 (Hsi-hsia-Dynastie) und den Kitan (seit 1066 Liao-Dynastie genannt) im Nordosten.
1068–1076 Reformen durch Wang An-shih zur Wiederherstellung der Steuer- und Arbeitsgerechtigkeit: Kontrolle des Handels und der Landbesitzfluktuation, Funktionalisierung der Beamtenausbildung auf die Praxis. Rücknahme der Reformen durch konservative Konfuzianer (Ssu-ma Kuang).

seit 1076 Regelmäßige Beamtenprüfungen alle drei Jahre in drei Stufen (Provinz, Hauptstadt, Palast). Fraktionierung der Beamten („Parteien").

Sui-Dynastie
3. Reichseinigung

T'ang-Dynastie

Frauendynastie

3. Reichsteilung
Sung-Dynastie

4. Reichseinigung

Die Sung-Zeit

wirtschaftliche Entwicklung technische Neuerungen

Die *wirtschaftliche Entwicklung* der Sung-Zeit ist dem damaligen europäischen Stand überlegen. Vom 8. bis zum 12. Jh. steigt die Bevölkerungszahl auf weit über 50 Mio. Neue Reissorten mit zwei Ernten im Jahr setzen sich durch, Aufschwung in der Eisen- und Kupferverhüttung, *technische Neuerungen* in Navigation (Kompass) und Schiffsbau, Ausbau des Kanalnetzes zwischen Huangho und Yangtse. Finanzkräftige Kaufleute sorgen für den regen Fernhandel von Luxusgütern (über Innerasien und die südchinesischen Häfen), die von einem schnell wachsenden Stadtbürgertum und den reichen Landbesitzern konsumiert werden. Die Handelsabgaben bringen dem Staat mehr Einnahmen als die Bodensteuer. Durchsetzung des Papiergeldes und Ausbildung des Bank- und Kreditwesens. Eine weitere Durchsetzung frühindustrieller Ansätze wird jedoch durch die finanzielle Belastung der Mongolenkriege (Steuerflucht der Großgrundbesitzer, Geldentwertung) und die Ausbeutung Chinas unter den Yüan (Mongolen) verhindert.

Stabilisierung der Finanzen unter Chia Ssu-tao (*1213, †1275) durch Enteignung der Großgrundbesitzer (gegen Steuergutscheine, Beamtenpatente und Geld) verschärft die Spannungen und schwächt die Zentralmacht.

Bevölkerung

Bevölkerungsentwicklung Chinas (nach jeweiligem offiziellen Zensus)

Jahr	Zahl der Haushalte	Kopfzahl
2	12 233 062	59 594 978
140	9 698 630	49 150 220
742/755	8 958 334	51 035 543
1292	11 633 281	53 654 337
1393	10 652 789	60 545 812
1662	19 137 652	–
1711	24 621 324	–
1741	–	143 411 599
1775	–	264 561 355
1850	–	ca. 430 000 000

Dschingis-Chan

Temudschin (*1155 oder 1167, †1227), seit 1206 *Dschingis-Chan*, der die Mongolen in einer Stammeskonföderation eint, beseitigt die Herrschaft der Dschürtschen in Nordchina (1211–1216) und erobert Peking (1215).

1227/1234 Vernichtung der Hsi-hsia und der Chin.

Yüan-Dynastie

1271/1280 Kublai Chan (1259–1294) proklamiert die *Yüan-Dynastie* („Uranfang", der erste Dynastie-
1280–1368 name in China, der nicht auf einer geografischen Bezeichnung oder einem Sippennamen beruht).

1274/1281 Zwei Invasionen Japans schlagen fehl.

Das Weltreich ermöglicht rege Kommunikation mit dem Ausland (Marco Polo *1254, †1324; – in Kublais Diensten), große religiöse und ethnische Toleranz, in China entsteht Literatur in Volkssprache, Industrialisierung des Handwerks, Porzellanmanufakturen, die für den Export arbeiten.

mongolisches Weltreich

1276–1279 Eroberung des Reststaates der Südlichen Sung: Ganz China ist *Teil des mongolischen Weltreichs*. Die zahlenmäßig sehr schwachen Mongolen errichten eine Militärdiktatur über China. Aufteilung des Volkes in vier Gruppen: Mongolen, Fremde, die in mongolischen Diensten stehen, Nordchinesen und an unterster Stelle die Südchinesen (als Nachfolger der Sung). Die Spitzen der übernommenen chinesischen Verwaltung werden von Mongolen und Nichtchinesen besetzt (Spannungen mit den chinesischen Beamten).

ca. 1350 Die durchgängige Einführung von ungedecktem Papiergeld lässt den Handel zusammenbrechen, innere Zwiste der mongolischen Klane und Aufstände der unterdrückten Chinesen führen zum Erfolg des ehemaligen buddhistischen Novizen Chu Yüan-chang (*1328, †1398), der mit Unterstützung der Bauern und der traditionellen Bildungselite die Mongolen von Süden her vertreibt und die Ming (die „Helle") als *letzte nationale Dynastie* Chinas gründet.

letzte nationale Dynastie absoluter Herrscher

1368–1644

1368–1398 Chu Yüan-chang zieht als Kaiser T'ai-tsu alle Regierungsgeschäfte an sich, *absoluter Herrscher* mit „despotischen" Zügen (totale protokollarische Unterordnung der Beamten). Das „Innere Kabinett", Militär und Zensorat haben nur beratende Funktion. Die dreifach geteilte Provinzverwaltung (eigentliche Verwaltung, Militär und Rechtsbehörde) ist unmittelbar dem Pendant im Zentrum verbunden. Beamte dürfen nicht in der Heimatprovinz Posten bekleiden. Landverteilungen und Maßnahmen zur Steuergerechtigkeit für die Bauern; Neubesiedlungsprojekte und Arbeitskolonien für die Besitzlosen.

1403–1424 Unter Ch'eng-tsu weitere Stärkung der Zentralmacht; stellt Eunuchen für bestimmte politische Aufgaben ein. Ausbau der Flotte und des Überseehandels.

1405–1433 Unter dem Eunuchen Cheng Ho See-Expedition nach Afrika. Reiche Importe („Tribute") an Kupfer, Elfenbein und Nutzhölzern. Konfuzianische Opposition und eine Reihe schwacher Herrscher lassen Seehandel und Flotte verfallen.

um 1550 Ansteigen japanischer Piraterie an der Südküste, Cliquenwirtschaft unter den Beamten, Bürokratisierung und Günstlingswesen der Eunuchen am Hof.
Verfestigung der konfuzianischen Orthodoxie (Akademien), dagegen „intuitionistische" Philosophie Wang Yang-mings (*1472, †1528).

1557 Portugiesen in Macao.

1593–1598 Ein aufwändiger Kriegszug nach Korea, Palastintrigen und die extreme Verschwendungssucht am Hof lähmen die Zentralmacht.

Ende 16. Jh. *Wirtschaftliche Prosperität* des Ming-Reiches: Entstehen eines städtischen Proletariats und Kleinbürgertums, Kapitalakkumulation bei Banken und Großhändlern, Seiden- und Baumwollspinnereien, Großproduktion von Keramik, landwirtschaftlichen Maschinen, Bodenverbesserung, Bewässerung, neue Nutzpflanzen (Süßkartoffel, Erdnüsse, Tabak, Mais). *wirtschaftliche Prosperität*

nach 1600 Mit den europäischen Seefahrern beginnt die christliche China-Mission.

1601–1610 Der Jesuit Matteo Ricci (*1552, †1610) lebt in Peking.

um 1630 Hungersnöte führen zu Volksaufständen im Norden.
In der *Mandschurei* eint Nurhaci (*1559, †1626) mehrere tungusische Stämme (Nachfahren der Dschürtschen) und etabliert mit Hilfe chinesischer Berater einen starken Staat, der in Militäreinheiten („Banner") organisiert ist. 1616 Ausrufung zum Chan, Allianz mit den Mongolen und Expansionspolitik gegen China, die unter seinem Sohn Abahai (1626–1643) erfolgreich fortgesetzt wird. *Mandschurei*

Chronologische Übersicht: Ch'ing (Mandschu)-Kaiser

Ch'ing-Kaiser

1644–1661	Shun-chih	1821–1850	Tao-kuang
1662–1722	K'ang-hsi	1851–1861	Hsien-feng
1723–1735	Yung-cheng	1862–1874	T'ung-chih
1736–1795	Ch'ien-lung	1875–1908	Kuang-hsü
1796–1820	Chia-ch'ing	1909–1911	Hsüan-t'ung

1635 Einführung der Selbstbezeichnung *Mandschu*. *Mandschu*

1636/1644 Proklamation der *Ta-Ch'ing-Dynastie* – die „Große Klare" – (bis 1912). *Ta-Ch'ing-Dynastie*

1644 Nach dem Selbstmord des letzten Ming-Herrschers etablieren die um die Nachfolge rivalisierenden Bandenführer Li Tzu-ch'eng (†1645) und Chang Hsien-chung (†1647) Teilstaaten von kurzer Dauer. Die Mandschuren profitieren von den Volksaufständen und spielen deren Führer geschickt gegeneinander aus.

1644–1661 Unter der Regentschaft seines Onkels Dorgon (†1650) wird Fu-lin unter der Regierungsdevise Shun-chih Kaiser. Die von den Ming enttäuschte Oberschicht Nordchinas fügt sich rasch der Macht der Mandschuren, die ihre Privilegien sichern, und lässt die Führer der Volksaufstände fallen. Ming-Loyalisten ziehen sich in den Süden zurück, wo sie regional noch längere Zeit Widerstand leisten.

1645 *Mandschurische Kleidung* und Haartracht (Zopf) wird allen Chinesen vorgeschrieben, Verbot der Zwischenheirat. *mandschurische Kleidung*

1662 Die Mandschuren beherrschen das Festland. Der Emporkömmling Koxinga (†1662) vertreibt die Holländer aus Taiwan und knüpft mit den Engländern Handelsbeziehungen.

1683 *Taiwan* wird dem Reich einverleibt. Der Süden bleibt während der gesamten Ch'ing-Herrschaft ein potenzieller Unruheherd, Ausgangspunkt nationalistischer Geheimgesellschaften. Reaktion des Hofes ist die gezielte Benachteiligung des Südens (geringe Beamtenquoten, Vernachlässigung der Flotte). Drei lange regierende Kaiser, die nach ihren Regierungsdevisen K'ang-hsi (1662–1722), Yung-cheng (1723–1735) und Ch'ien-lung (1736–1795) genannt werden, konsolidieren die mandschurische Herrschaft und führen das Ch'ing-Reich zu seiner politischen und wirtschaftlichen Blüte. *Taiwan*

1689 Im Russisch-Chinesischen *Vertrag von Nertschinsk* – dem ersten zwischen China und einer *Vertrag von*
7. Sept. europäischen Macht – wird der vorläufige Grenzverlauf geregelt, nachdem die Ostexpansion der Russen auf chinesischen Widerstand im Amurgebiet gestoßen ist. *Nertschinsk*

Im ergänzenden Abkommen von Kiachta (21. Oktober 1727) wird die Grenze längs Amur und Argun (etwa der heutigen entsprechend) festgelegt. Russland darf in Peking eine Faktorei und eine Kirche unterhalten.

Der westmongolische Stamm der Dsungaren versucht ein lamaistisches Großreich zu errichten: Unter dem ehemaligen Lama Galdan († 1697) erobern sie Ostturkestan (1678/79) und fallen in die Äußere Mongolei ein (1686).

Tibet

1696 Überlegener Sieg chinesisch-mandschurischer Truppen über die Dsungaren.
1720 Vertreibung der Dsungaren aus Tibet, die nach Thronwirren Lhasa und andere wichtige Orte erobert haben (1717/1718). *Tibet* wird chinesisches Protektorat (1751).
1751
1756/57 Endgültige Niederwerfung der Dsungaren und Massakrierung ihres Adels. Im Tarimbecken, den „Neuen Grenzgebieten" (Sinkiang), chinesischer Militärgouverneur eingesetzt.
1790 Sieg über die in Tibet eingefallenen nepalesischen Gurkhas, Südhänge des Himalaya werden tributpflichtig. Größte Ausdehnung des chinesischen Vielvölkerstaates.

„Aufgeklärter Absolutismus" und Höhepunkt der Ch'ing-Macht (17./18. Jh.)

Trennung beider Völker

Wie alle Fremddynastien stehen die Mandschuren vor der doppelten Aufgabe, mit einem zahlenmäßig kleinen Volk die etablierte Verwaltung eines Riesenreiches zu übernehmen, ohne ihre ethnische Identität und privilegierte Stellung aufzugeben. Trotz der strikten sozialen und ethnischen *Trennung beider Völker* unterwirft sich die mandschurische Oberschicht vollkommen dem chinesisch-konfuzianischen Bildungsideal, das sie in seiner konservativen Form hochhält. Für die chinesische Grundbesitzer- und Beamtenklasse („Gentry") werden die Eroberer zu den wahren Sachwaltern der *konfuzianischen Tradition*.

konfuzianische Tradition

Die Verwaltung ist nach dem Muster der Ming organisiert, jedoch sind alle höheren Ämter mit Chinesen und Nichtchinesen (Mandschuren, Mongolen) doppelt besetzt. Provinzen sind Gouverneuren, mehrere Provinzen einem Generalgouverneur, „Vizekönig", unterstellt.

absolute Macht des Kaisers

Der K'ang-hsi-Herrscher stärkt die Zentralmacht durch die gnadenlose Unterdrückung der rebellierenden Ming-Loyalisten, sein Sohn (Yung-cheng) institutionalisiert die *absolute Macht des Kaisers*: 1729 ersetzt er das schwerfällige „Innere Kabinett" durch den Staatsrat als informelles Beratungsorgan. Er unterbindet den Einfluss kaiserlicher Verwandter und schließt Eunuchen von höheren Ämtern aus. Scharfe Kontrolle der Beamten und ein ausgeklügelter Informationsdienst in der Bevölkerung (paochia): Polizeistaat. Reorganisation der Gesetzgebung, Vereinfachung des Finanzwesens durch eine effiziente Einheitssteuer (wahlweise Geld oder Naturalien). Beamtengehälter werden erhöht, um willkürliche Zusatzforderungen zu verhindern.

Allgemeiner wirtschaftlicher Wohlstand. Überseehandel bleibt auf Kanton beschränkt (Co-hong, „offizielle Gilde" von neun chinesischen Kaufleuten). Er macht nur ein Sechstel des stark angewachsenen Binnenhandels aus (Reis, Obst, Tabak, Indigofera, Salz).

Staatsprüfungen

In den *Staatsprüfungen* wird ein wirklichkeitsfremdes, neokonfuzianisches Wissen abverlangt. Unter kaiserlicher Ägide Edition von bibliografischen und enzyklopädischen Sammelwerken. Dagegen treiben antitraditionalistische, unabhängige Gelehrte historische Studien, die das konfuzianische Weltbild zu erschüttern beginnen. Meisterwerke der offiziell ignorierten umgangssprachlichen *Romanliteratur*.

Romanliteratur katholische Missionare

Anfangs stehen die *katholischen Missionare* wegen ihrer wissenschaftlichen Kenntnisse in kaiserlicher Gunst: Adam Schall aus Köln († 1666) ist Leiter des Astronomischen Büros in Peking. Eifersüchteleien der Orden und Missgunst der Konfuzianer führen aber zum Niedergang der Mission, der durch den Ritenstreit 1705 besiegelt wird: Der Papst untersagt den Jesuiten die pragmatische Duldung konfuzianischer Bräuche.

Unruhen im Inneren Engländer

Mit dem Ende des Jh.s ist der Zenit der Ch'ing-Dynastie überschritten: Der mandschurische Banneroffizier Ho-shen († 1799) erringt die Gunst des alternden Ch'ien-lung-Kaisers (um 1780) und bereichert sich in astronomischen Ausmaßen. Symptom des wirtschaftlichen und militärischen Verfalls. Rücknahme der Steuergesetze unter dem Druck der Gentry. Korruption, Willkür und die Unfähigkeit der Beamten, die enorm anwachsende Bevölkerung zu versorgen, führen zu *Unruhen im Inneren*: Feldzug gegen die Geheimsekte „Weißer Lotus".

1795–1803

1793/1816 Von außen drängen die *Engländer* immer stärker auf den chinesischen Markt und vermehren die Unzufriedenheit der Bevölkerung. Zwei diplomatische Missionen Lord Macartneys (1793) und Lord Amhersts (1816) um Erleichterung des Handels bleiben ergebnislos. Dank der großen Tee-Exporte ist die chinesische Handelsbilanz zunächst aktiv.

seit 1816 Mit der massiven Ausweitung des Opiumexports nach China durch die Ostindische-Kompanie Abfließen des Silbergeldes. Opiumsucht im Volk und Korruption der Beamten.

1839 Der kaiserliche Kommissar Lin Tse-hsü erzwingt die Vernichtung der englischen Opiumvorräte in Kanton und den Abzug der Engländer.

Die Ch'ing-Verwaltung

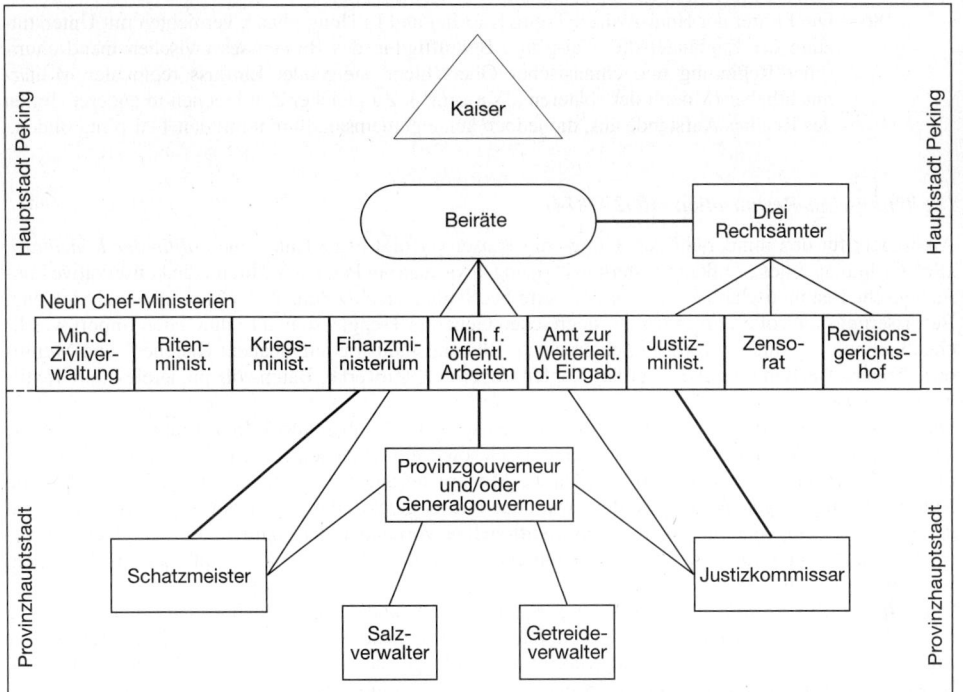

1840–1842	*Opiumkrieg*: Eine kleine englische Flotte erobert Küstenstützpunkte bis Shanghai.
1842 29. Aug.	Kapitulationsbereitschaft einflussreicher Hofkreise ermöglicht den Vertrag von Nanking: Kriegsentschädigung, Öffnung von fünf Vertragshäfen, Abschaffung des Handelsmonopols der chinesischen Kaufleute (Co-hong) und *Abtretung von Hongkong*.
1843	Im Zusatzvertrag von Hu-men erzwingen die Briten die Meistbegünstigungsklausel, Beginn der ‚ungleichen' Verträge.
1844	Durch weitere Abkommen mit den USA und Frankreich verliert China seine Zollautonomie und muss extraterritoriale Zugeständnisse machen. China wird von ausländischen Waren überschwemmt, wachsende Fremdenfeindlichkeit und Verweigerung der Zusammenarbeit. Zunehmende Aktivität von Geheimgesellschaften in Südchina, die im erfolglosen Examenskandidaten Hung Hsiu-ch'üan (*1813, †1864) einen charismatischen Führer finden. Seine Lehre aus antimandschurischen, religiösen (besonders christlichen) und sozialrevolutionären Elementen zieht Randgruppen und unterdrückte Minderheiten an.
1851	Ein Jahr nach Ausbruch des von Hung geführten *T'ai-p'ing*-Aufstandes (1850–1864) gründet er selbst das „Himmlische Reich des allgemeinen Friedens", in dem Privateigentum abgeschafft, Land nur zur Nutzung vergeben wird und Frauen mit Männern gleichberechtigt sind.
1853–1856	Die T'ai-p'ing kontrollieren den Großteil Süd- und Südostchinas. Der Hof in Peking ist machtlos, doch bauen chinesische Großgrundbesitzer Milizen auf, die die zerstrittenen Aufständischen in die Defensive drängen.
1853–1868	*Rebellion* des Nien-Bundes (Honan, Anhui).
1854–1872	*Aufstand* der Miao-Minderheit in Kueichou. Heftige Mohammedanerkriege in Yünnan (1855–1873), Shensi und Kansu (1862–1878) und in Turkestan (1866–1877) unter dem Uigurenführer Yakub Beg, die von Tso Tsung-t'ang niedergeschlagen werden.
1858 Juni	Frankreich und Großbritannien nutzen die Schwäche der Zentralregierung und erzwingen den *Vertrag von Tientsin*: Akkreditierung von Gesandten in Peking, Öffnung von weiteren Häfen, Freizügigkeit für westliche Kaufleute und Missionare.
1860	Ratifizierung des Vertrages nach militärischer Strafexpedition und Zerstörung des Sommerpalastes in Peking: Tientsin wird Freihafen, Kowloon an England abgetreten, Opiumhandel legalisiert, Zollerleichterungen, Öffnung chinesischer Binnengewässer für fremde Schiffe.

Russland erhält durch die Verträge von Aigun (1858) und Peking (1860) das Gebiet zwischen Ussuri und Pazifik. Gründung von *Wladiwostok*.

1864 Die Führer der Huai-Armee, Tseng Kuo-fan und Li Hung-chang, vernichten mit Unterstützung der Engländer die T'ai-p'ing. Bekräftigung des Bündnisses zwischen mandschurischer Regierung und chinesischer Oberschicht, steigender Einfluss regionaler Militärmachthaber (Modell der späteren „Warlords"). Zu gleicher Zeit brechen in anderen Teilen des Reiches Aufstände aus, die jedoch keine gemeinsame Front mit den T'ai-p'ing bilden.

Die T'ung-chih-Restauration (1862–1874)

Als Regent für den minderjährigen T'ung-chih-Kaiser verfolgt Prinz Kung eine *Politik der Konzilianz*. 1861 Gründung eines „Außenministeriums" (tsung-li ya-men) in Peking. Während die konservative konfuzianische Beamtenschaft Agrarreformen betreibt (Neulanderschließung in der Mongolei und Sinkiang, Bewässerungskontrolle), beginnen die siegreichen Generäle Tseng, Tso und Li durch den Import westlicher Technologie eine für vordringlich erachtete Rüstungsindustrie aufzubauen: Kanonen- und Munitionsfabriken, Werften. Daneben werden Kohlengruben, Hüttenwerke, Baumwollspinnereien und Textilwerke errichtet.

Die *Versuche der „Selbststärkung"* bleiben jedoch stecken: Die überstürzte Industrialisierung scheitert an mangelnden Arbeitskräften und Fachkenntnissen sowie am fehlenden chinesischen Kapital (Übernahme der Werke durch westliche Firmen). Da die Modernisierungsbestrebungen der T'ung-chih-Ära von Konservativen getragen werden, werden zwar neue Fächer gelehrt, das Prüfungswesen reorganisiert und die Korruption eingedämmt, doch an den traditionellen Vorrechten der konfuzianisch gebildeten, technisch inkompetenten (und wissenschaftsfeindlichen) Beamtenschaft, die das Haupthindernis darstellen, wird nicht gerüttelt.

China wird zu einem *halbkolonialen Staat*, der von der Küste und den Grenzen her sowie längs der Flüsse in westliche Einflusssphären aufgeteilt wird. Die totale Kolonisierung wird durch die Konkurrenz dieser Mächte untereinander verhindert und erübrigt sich, solange die chinesische Regierung als willfährige Marionette die fremden Interessen durchsetzt. Es ist China unmöglich, dem aufgezwungenen ökonomischen Druck zu entgehen, da es fast die Hälfte seiner Staatseinnahmen Importen verdankt. Bis 1893 wird hauptsächlich Opium eingeführt, danach Baumwollstoffe. Durch ausländische Konkurrenz große Exporteinbußen: Seide aus Japan; Indien und Japan brechen das Teemonopol. Rasche Geldentwertung.

Chinesische Exporte im Zeitalter des Imperialismus

Jahr	Gesamtwert in Hongkong-Tael*	Gesamtwert in %	Tee %	Seide %	Ölsaat %	Bohnen %	Felle/Leder %	Baumwolle %	Wolle %	Kohle %	andere Artikel %
1868	6 182 000	100	53,8	39,7	–	1,0	–	0,9	–	–	4,6
1880	7 788 400	100	45,9	38,0	0,1	0,2	0,5	0,2	0,4	–	14,7
1890	8 714 400	100	30,6	33,9	0,6	0,4	1,4	3,4	1,6	–	18,1
1900	15 899 700	100	16,0	30,4	2,5	1,9	4,3	6,2	1,9	–	36,8
1905	22 788 800	100	11,2	30,1	3,4	3,0	6,6	5,3	3,7	–	36,7
1913	40 330 600	100	8,4	25,3	7,8	5,8	6,0	4,1	2,4	1,6	38,6

* zu 0,75 Hongkong-Dollar (um 1880–1913)

1874/1879 Übergreifen imperialistischer Mächte auf Staaten, die von China als tributpflichtig betrachtet werden. Annam wird französisches Protektorat (1883), Japan „öffnet" Korea (1876) und annektiert die Ryukyu-Inseln (Okinawa, 1879).

1882 Im Frieden von St. Petersburg Rückgabe des Ili-Gebietes an China.

1884 Franzosen zerstören die chinesische Flotte und die mit ihrer Hilfe erbauten Werften von Fuchou; Burma wird britisches Protektorat (1886), Macao wird portugiesisch (1887).

1894/95 Trotz Militärreformen (Akademie von Tientsin und [seit 1888] Aufbau der Pei-yang-Flotte durch Li Hung-chang nach westlichem Vorbild) vernichtende und demütigende Niederlage im Chinesisch-Japanischen Krieg.

1895 *Friede von Shimonoseki:* Taiwan, die Inselgruppe der Peskadoren in der Formosastraße und Liaotung (das später an Russland verpachtet wird) an Japan abgetreten, Korea unabhängig.

1897 Öffnung weiterer Häfen.
Deutsche Truppen besetzen Tsingtau (Dez.).

Chinesische Importe im Zeitalter des Imperialismus

Jahr	Gesamt-wert in Hongkong-Tael*	Gesamt-wert in %	Opium %	Baum-woll-waren %	Baum-woll-garn %	Ge-treide %	Zucker %	Tabak %	Kohle %	Petro-leum %	Erze, Me-talle %	Ma-schinen Fahrz. %	andere Artikel %
1868	6 328 200	100	33,1	29,0	2,5	0,8	0,8	–	2,1	–	4,8	–	26,9
1880	7 929 300	100	39,3	24,9	4,6	0,1	0,4	–	1,2	–	5,5	–	24,0
1890	12 709 300	100	19,5	20,2	15,3	9,6	0,9	–	1,6	3,2	5,7	0,3	23,7
1900	21 107 000	100	14,8	21,5	14,3	7,0	3,0	0,5	3,1	6,6	4,7	0,7	23,8
1905	44 710 100	100	7,7	25,6	15,0	2,9	5,1	1,4	1,6	4,5	10,4	3,0	22,8
1913	57 016 300	100	7,4	19,3	12,7	5,2	6,4	2,9	1,7	4,5	5,3	2,2	32,4

* zu 0,75 Hongkong-Dollar (um 1880–1913)

1898 6. März — Kiautschou (Kiaochow, Provinz Shantung) muss an das Deutsche Reich verpachtet werden. Im gleichen Jahr erhält Russland Port Arthur (Lü-shun) und Taljen (Dairen) sowie Bahnbaurechte in der Mandschurei. Wai-hai-wei (Shantung) wird britisch, Kuang-chou-wan (Kuangtung) französisch. *Abtretung Kiautschous*

K'ang Yu-wei (*1858, †1927), Liang Ch'i-ch'ao (*1873, †1929) und T'an Ssu-t'ung (*1865, †1898) propagieren Reformen nach japanischem Vorbild. K'angs Neuinterpretation des Konfuzianismus integriert geistige Strömungen des Ostens und Westens (Darwinismus) zu einer weltumspannenden Utopie, die nationale und soziale Schranken überwinden soll.

1898 11. Juni–21. Sept. — Nach bescheidenen Reformansätzen durch den aufgeschlossenen Kuang-hsü-Herrscher (1875–1908) endet die „Reform der 100 Tage" im *Staatsstreich* der Kaiserinwitwe Tz'u-hsi (*1835, †1908) und des starken Mannes Yüan Shih-k'ai (*1859, †1916). K'ang und Liang fliehen, T'an wird hingerichtet, Kaiser Kuang-hsü bis zu seinem Tode gefangen gehalten. In Nordchina bilden sich Banden von Bauern, die durch Industrialisierung und Naturkatastrophen verarmten, Mitgliedern des abgesunkenen Mittelstandes und entlassenen Soldaten, die in den sozial privilegierten Fremden und ihren technischen Errungenschaften die unmittelbare Ursache ihres Elends erkennen. *Staatsstreich*

1899 Sept./Nov. — Die USA erklären einseitig die *„Politik der Offenen Tür"*, die allen Staaten die gleichen Handelschancen in China garantiert. *Politik der Offenen Tür*

1900 — I-ho-ch'üan-Aufstand („Faustkämpfer für Recht und Einigkeit", vom Westen als „Boxer" ironisiert), der sich mit Duldung der Hofclique um Tz'u-hsi rasch ausbreitet. *I-ho-ch'üan-Aufstand*

19. Juni — Ermordung des deutschen Gesandten von Ketteler und Belagerung des Gesandtschaftsviertels von Peking.

21. Juni — Offizielle Kriegserklärung Chinas an die Westmächte. *Gemeinsames Expeditionskorps* von England, Frankreich, Russland, den USA, Italien. *Expeditionskorps*

16. Aug. — Deutschland und Japan erobern Peking.

1901 7. Sept. — *Boxerprotokoll*: Hohe Kriegsentschädigung, Sühnegesandtschaften, Verbot der Waffeneinfuhr und fremdenfeindlicher Aktionen. *Boxerprotokoll*

1904/1905 — *Russisch-Japanischer Krieg*, der weit gehend auf chinesischem Boden ausgetragen wird. Mandschurei in russische und japanische Zone geteilt. *Russisch-Japanischer Krieg*

1905 — Abschaffung des alten Prüfungssystems vom 7. Jh. und Aufhebung des Heiratsverbots zwischen Mandschuren und Chinesen.

1908 Nov. / 1909 — Nach dem Tod von Kuang-hsü (wahrscheinlich von Tz'u-hsi ermordet, die einen Tag später stirbt) wird der dreijährige P'u-i mit der Regierungsdevise Hsüan-t'ung (1909–1911) der *letzte Kaiser von China*. Um wenigstens die Loyalität des Heeres zu sichern, entlässt sein für ihn regierender Vater, Prinz Ch'un, sofort den Oberbefehlshaber Yüan Shih-k'ai. *letzter Kaiser*

Seit der Jahrhundertwende studieren immer mehr Chinesen im Ausland (vor allem Japan) und agitieren gegen die Ch'ing-Herrschaft. Der aus einer kantonesischen Bauernfamilie stammende *Sun Yat-sen* (*1866, †1925) wird 1879–1883 auf Hawaii anglikanisch erzogen, studiert (bis 1892) Medizin in Hongkong und organisiert (seit 1895) in Südchina mit Unterstützung der Auslandschinesen Aufstände der Geheimgesellschaften gegen die Mandschuren. Zusammenfassung mehrerer politischer Gruppen zum „Einheitsbund" (T'ung-meng-hui) in Tokio (20. August 1905). Sun ist der unbestrittene Führer. Sein politisches Ziel ist es, nach der Revolution in einem Drei-Stufen-Programm (drei Jahre Militärregierung, sechs Jahre provisorische Verfassung) die parlamentarische Demokratie einzurichten. Gleichheitsideal, das den bestehenden Besitz erhält, jedoch dem Staat den künftigen Wertzuwachs zuteilt. *Sun Yat-sen*

Drei Volks-prinzipien		Lehre von den *Drei Volksprinzipien* (Nationalismus, republikanische Verfassung und Sozialismus in Gestalt einer Agrarreform). Anhänger Suns organisieren mehrere örtlich begrenzte Revolten in allen Teilen des Reiches.
Revolution	**1911** **10. Okt.**	Nach einem Garnisonsputsch in Wu-ch'ang am Yangtse kommt es zur *Revolution* gegen die kaiserliche Regierung.
Yüan Shih-k'ai	29. Dez.	Nachdem der wieder berufene *Yüan Shih-k'ai* zwischen der Regierung und den Aufständischen vermittelt hat, wird Sun Yat-sen zum provisorischen Präsidenten proklamiert. *Gründung der Republik China*.
Republik China	1912 12. Febr.	Nach der Abdankung des Kaisers tritt Sun freiwillig zurück, um einen Bürgerkrieg abzuwenden.
	10. März	Dadurch ist der Weg für die Präsidentschaft Yüans frei.
Kuomintang	12. Aug.	Sun gründet die *Kuomintang* (KMT: „Nationalchinesische Volkspartei").
	1913 Jan.	Aus den ersten Wahlen geht die KMT als Siegerin hervor und widersetzt sich den Alleinherrschaftsansprüchen Yüans.
	April	Ein Fünf-Mächte-Konsortium (England, Frankreich, Deutschland, Russland, Japan) gewährt Yüan unter Umgehung des Parlaments eine stattliche „Reorganisationsanleihe", die dieser zur Stärkung seiner innenpolitischen Macht (Finanzierung des Militärs) verwendet. Gleichzeitig entledigt er sich führender Reformpolitiker: Ermordung Sung Chiao-jens am 23. März 1913 und Flucht Suns nach Japan.
	Juli	Mit der Absetzung der KMT-Provinzgouverneure löst Yüan die „Zweite Revolution" aus: Mehrere Provinzen, die sich unabhängig erklären, werden binnen zwei Monaten von Yüans
	4. Nov.	Armee geschlagen. Illegalisierung der KMT.
Yüan als Militärdiktator	1914 10. Jan.	Nach der Auflösung des Parlaments per Dekret regiert *Yüan als Militärdiktator* und strebt die Wiedererrichtung der Monarchie an.
	23. Aug.	Japan erklärt dem Deutschen Reich den Krieg und besetzt die deutschen Pachtgebiete auf Shantung (Tsingtau fällt am 7. November 1914).
	1915 18. Jan.	Die „21 Forderungen" Japans, die auf die Übernahme aller deutschen Rechte und Investitionen hinauslaufen, werden im Wesentlichen von Yüan angenommen und führen zu anti-japanischen Protestaktionen.
politische Desintegration	1916 6. Juni	Nach dem Tod Yüan Shih-k'ais *politische Desintegration*: Regionale Militärcliquen herrschen mit ihren Privatarmeen.
	1917 14. Aug.	Kriegserklärung Chinas an die Mittelmächte. Suns Versuch, von Kanton aus eine Regierung aufzubauen, scheitert. Die 1915 von Ch'en T'u-hsiu (*1879, †1942) gegründete Zeitschrift Hsin ch'ing nien („Neue Jugend") wird zum Forum der jungen Intellektuellen, welche die Übernahme westlicher Zivilisation und Technologie fordern. Das schnell wachsende Industrieproletariat (zwischen 1915 und 1922 Verdoppelung auf zwei Mio.; 200000 Chinesen arbeiten während des Weltkrieges in Europa) ist zur Hälfte in Unternehmen beschäftigt, die in ausländischer Hand sind: Arbeitskämpfe werden zu „nationalen" Auseinandersetzungen.
Vierte-Mai-Bewegung	1919 4. Mai	Blutige Studentendemonstration in Peking: Als im geheimen Einverständnis zwischen den Großmächten die ehemaligen deutschen Rechte in China auf Japan übergehen sollen, bricht ein nationaler Entrüstungssturm los, der im ganzen Land in Streiks und Boykotts japanischer Waren kulminiert. Die „*Vierte-Mai-Bewegung*" ist die erste Nationalbewegung Chinas. Als kulturelle Erneuerung bekämpft sie die konfuzianische Tradition (Einführung der Umgangssprache als Schriftsprache) und fördert durch das gestärkte Nationalbewusstsein die Aufnahme neuer Ideen (Dewey, Tagore und Bertrand Russell werden begeistert empfangen). Viele Intellektuelle wenden sich dem Marxismus zu; enttäuscht von Verrat Japans und der Westmächte sehen sie im Weg der Sowjetunion, die 1918/1919 von sich aus auf alle Vorrechte aus den „ungleichen Verträgen" verzichtet, die einzige Möglichkeit, China von imperialistischer Abhängigkeit zu befreien.
Kommunistische Partei Chinas	1921 Juli	In Shanghai wird die *Kommunistische Partei Chinas* (KPCh) in Anwesenheit von 13 Delegierten sowie des Komintern-Beauftragten G. Maring (Henricus Sneevliet) gegründet. Die Mitglieder der Partei rekrutieren sich weit gehend aus marxistischen Studienzirkeln, die nach der Bewegung vom 4. Mai in vielen Städten entstanden sind. Zu den geistigen Führern der Partei zählen die Professoren Li Ta-chao und Ch'en Tu-hsiu (erster Generalsekretär der Partei).
Bündnis mit der KMT	1922 Aug.	Die KPCh erklärt sich unter Druck der Komintern nach einer anfänglich radikal-revolutionären Phase zu einem *Bündnis mit der KMT* Sun Yat-sens bereit. Die Kommunistische Partei bleibt zwar bestehen, doch treten ihre Mitglieder einzeln der KMT bei und bilden in ihr einen „inneren Block". Diese Allianz gehen die Kommunisten in der Hoffnung ein, die guten Kontakte der KMT zur Arbeiterschaft nutzen und die Partei Suns im Laufe der Zeit unterwandern zu können. Dagegen ist der von den Westmächten und seinen bisherigen Ver-

bündeten enttäuschte Sun Yat-sen vor allem an materieller Unterstützung durch die Sowjetunion interessiert.

1923 26. Jan. In einem Gemeinsamen Manifest vereinbaren Sun Yat-sen und der sowjetische Gesandte Adolf A. Joffe die Zusammenarbeit von KMT und Sowjetunion beim Aufbau einer schlagkräftigen Armee sowie einer straff organisierten Partei in China. Durch geschickte Mobilisierung der chinesischen Bevölkerung gegen die imperialistischen Mächte wächst die Mitgliederzahl der KPCh rasch an und damit auch der Einfluss der Kommunisten in der KMT. Die kommunistische Massenbasis bildet vornehmlich die städtische Arbeiterschaft, aber auch der Einfluss auf die Bauernbewegungen kann erweitert werden, deren Bedeutung vor allem einer der Gründer der KPCh hervorhebt: *Mao Tse-tung* (*1893, †1976). Die kommunistische Bewegung gefährdet somit nicht nur die Interessen des Großbürgertums, auf dessen Unterstützung die KMT sich angewiesen glaubt, sondern rüttelt auch an der Vormachtstellung der ländlichen Gentry, die einen beträchtlichen Teil des Offizierskorps der KMT-Armeen stellt. Die Widersprüche sind unlösbar; dennoch bleiben die Kommunisten unter dem Druck Stalins und der Komintern im Bündnis.

Mao Tse-tung

1925 12. März *Sun Yat-sen stirbt.* Im Verlauf der nun ausbrechenden Nachfolgekämpfe spaltet sich die KMT in einen rechten und linken Flügel.

20. März *Chiang Kai-shek* (*1887, †1975) steigt nach einem Militärputsch zu einem der wichtigsten Führer in der KMT auf.

1. Juli In Kanton wird von der KMT die „*Nationalregierung der Republik China*" errichtet.

Sun Yat-sen stirbt
Chiang Kai-shek
Nationalregierung

1926 Juli Beginn des beinahe zwei Jahre dauernden Nordfeldzugs gegen die Militär-Machthaber. Obwohl die Kommunisten der KMT wichtige Hilfe leisten, verschärft Chiang Kai-shek seine antikommunistischen Aktionen.

1927 März Auch zwischen dem linken Flügel der KMT, der in Wuhan/Hupei eine Regierung bildet, und den Kommunisten wachsen die Spannungen. Den Höhepunkt der *Kommunistenverfolgung* bildet ein blutiges Massaker, das Chiang Kai-shek in Shanghai und Nanking unter ihnen und in den von ihnen kontrollierten Arbeiterorganisationen anrichtet.

12. April

Kommunistenverfolgung

15. Juli Der linke Flügel der KMT bricht mit den Kommunisten, schließt sie aus der Regierung aus und verfügt ihre Bekämpfung, nachdem Stalin zur Aufstellung eigener kommunistischer, 26. Juli bewaffneter Verbände sowie zur kommunistischen Machtübernahme aufgefordert hat. Nach erfolglosen militärischen Aufständen sammeln Chu Teh und Mao Tse-tung die Reste der kommunistischen Verbände zunächst in Chingkanshan (Provinz Hunan), schließlich errichten sie im Grenzgebiet von West-Kiangsi und West-Fukien ein „*Sowjetgebiet*"; weitere Gründungen kommunistischer Stützpunktgebiete folgen.

„*Sowjetgebiet*"

1928 Febr. Die verschiedenen Flügel der KMT einigen sich wieder und wählen in Nanking eine neue Nationalregierung. Chiang Kai-shek wird Vorsitzender des Zentralen Exekutivkomitees und Oberbefehlshaber der Armee.

8. Juni Erfolgreicher *Abschluss des Nordfeldzuges* bald nach dem Einmarsch von Chiangs Truppen in Peking.

Abschluss des Nordfeldzuges

1931 18. Sept. Japanische Truppen fallen in die Mandschurei ein. Dadurch sowie durch Flügelkämpfe innerhalb der KMT und Aktionen der de facto selbstständig gebliebenen Militärmachthaber wird der wirtschaftliche Aufbau behindert.

7. Nov. Der erste Nationale Sowjetkongress ruft in Juichin (Provinz Kiangsi) die *Chinesische Sowjetrepublik* aus; in dieser Zeit haben die Kommunisten schon die ersten Angriffe der KMT erfolgreich abgeschlagen.

Chinesische Sowjetrepublik

1932 18. Febr. Unter japanischer Aufsicht erhält die Mandschurei unter dem Namen *Mandschukuo* die Unabhängigkeit.

Mandschukuo

1934 Nachdem es Chiang Kai-shek gelungen ist, die Autorität der von ihm geführten Regierung gegen die oppositionellen Militärmachthaber zu stärken, kann er in dem groß angelegten 5. Vernichtungsfeldzug mit seinen Truppen die Kiangsi-Sowjets zerschlagen. Nur mit Mühe gelingt den Kommunisten die Flucht.

27. Okt. *Beginn des Langen Marsches* der Roten Armee in den Nordwesten Chinas, der im Herbst des darauf folgenden Jahres erreicht wird.

Beginn des Langen Marsches

1935 Auf der Tsunyi-Konferenz setzt sich Mao Tse-tung in der KPCh durch (6.–8. Jan.).

1936 12.–15. Dez. Chiang Kai-shek wird in Sian (Provinz Shensi) durch eigene Truppen, die für eine Intensivierung des Widerstandes gegen Japan eintreten, inhaftiert, was die mögliche Vernichtung der Kommunisten verhindert.

1937 7. Juli Feuergefecht zwischen chinesischen und japanischen Einheiten (Zwischenfall an der Marco-Polo-Brücke) löst eine umfassende japanische Offensive und damit den Krieg aus. *Besetzung weiter Teile Chinas,* daher erneut Zweckbündnis zwischen Chiang Kai-shek und den Kommunisten.

japanische Besetzung weiter Teile Chinas

13. Dez. Nach der Einnahme ihrer Hauptstadt Nanking durch die Japaner weicht die chinesische Regierung zunächst nach Hankow und im darauf folgenden Sommer nach Chungking aus. Damit kontrolliert sie nur noch den Westen und Südwesten Chinas. Die Kommunisten dagegen mobilisieren in den von Japan besetzten Gebieten den Widerstand der Bevölkerung.

Die innere Lage Chinas am Ende des Zweiten Weltkrieges

In der KPCh hat sich seit Beginn des Langen Marsches (Tsunyi-Konferenz vom Januar 1935) Mao Tse-tung durchgesetzt. Eine kompromisslose Haltung gegenüber Japan und eine ebenso pragmatische wie effektive Politik in den von ihnen beherrschten oder kontrollierten Gebieten verschafft den Kommunisten die Sympathie breiter Bevölkerungsteile und ihren Armeen großen Zulauf.

Entgegen dieser Entwicklung findet die wirtschaftliche Konsolidierungspolitik der KMT mit dem Ausbruch des Krieges gegen Japan und dem Verlust großer Teile Chinas ein jähes Ende. Trotz beträchtlicher Erfolge auf Einzelgebieten (Erziehung, Verkehrswesen, Finanzpolitik) gelingt kein wirklicher entwicklungspolitischer Durchbruch. Während das Ausbleiben einer durchgreifenden Landreform die Hoffnungen zerstört, die die Bauern in die KMT gesetzt haben, treiben politische Repression und die Rückkehr zu einer am Konfuzianismus orientierten Gesellschaftsauffassung die städtische Intelligenz in die *Entfremdung von der Regierung*. Weiteres Vertrauen kosten die zögernde Politik gegenüber Japan, innerparteiliche Fraktionskämpfe, administrative Inkompetenz und eine seit Anfang der vierziger Jahre zunehmende Korruption.

Entfremdung von der Regierung

Konsolidierung der Kommunisten

Obwohl Chiang Kai-shek die drohende Gefahr erkennt, die sich aus der *Konsolidierung der Kommunisten* für die Zeit nach dem Krieg gegen Japan ergibt, kann er trotz militärischer Gegenmaßnahmen und einer Blockade der von ihnen besetzten Gebiete nicht verhindern, dass sich ihre Position ständig verbessert. Im Frühjahr 1945 verfügt die KPCh über 1,2 Mio. Mitglieder und kontrolliert eine Bevölkerung von fast hundert Mio. Zudem kann sie mit einer Armee von über einer Mio. Soldaten und über zwei Mio. dörflicher Milizen mit Gelassenheit das Ende des Krieges abwarten. – (Forts. S. 1771, 1788)

Korea (Anfänge bis 1945)

Landbrücke

Durch ihre geografische Lage ist die Halbinsel Korea seit vorgeschichtlicher Zeit (Besiedlung Japans) *Landbrücke* zwischen dem Festland und den japanischen Inseln. Korea fungiert als Vermittler von verschiedenen Kultureinflüssen, ist aber auch ständig Schauplatz kriegerischer Auseinandersetzungen zwischen kontinentalen und maritimen Mächten. In diesem Spannungsfeld entwickelt das Land seine eigenständige Kultur, die auf die benachbarten Reiche ausstrahlt. Die natürliche Kargheit der größtenteils gebirgigen Halbinsel erlaubt nur in den Flussbeckenlandschaften Ackerbaumöglichkeiten (Reis, Hirse, Weizen) und an den Küsten Fischfang.

Gesicherte paläolithische Fundstätten sind aus Kulp'o-ri (Provinz Hamgyong) und Ch'ung-ch'ong (Provinz Sokch'ang-ni) bekannt.

um 3000 v. Chr. An den Küsten und längs der Flüsse können neolithische Schichten mit charakteristischer Kammstrichkeramik nachgewiesen werden. Funde aus dem Spätneolithikum belegen Dorfsiedlungen (strohgedeckte Erdhöhlen mit zentraler Feuerstelle) und Ackerbau (Steinsicheln).

8. Jh. Mit dem Aufkommen von Bronze (landwirtschaftliche Geräte und Waffen) werden Siedlungen, deren Häuser sich leicht über das Bodenniveau erheben, an Berghängen angelegt; Reisanbau und Errichtung von Dolmengrabstätten für die Vornehmen. Es bilden sich mehrere kleine Stammesstaaten heraus.

Mythen

Stammeskonföderation

4. Jh. In den *Mythen* wird vom Himmelssohn Hwanung berichtet, der auf die Erde herabsteigt und ein Mädchen, das in einen Bären verwandelt wird, heiratet. Ihr Sohn, der Himmelsenkel Tangun, gründet Choson, das sich zu einer *Stammeskonföderation* am Taedong- und Liaofluss (im Nordwesten Koreas) entwickelt. Die Träger dieser Kultur kennen Eisen, Pferde und Kriegswagen, ihre Holzhäuser sind mit einem Bodenheizungssystem (ondol) ausgestattet.

um 194 Wiman, möglicherweise ein abtrünniger Chinese (Wei Man), wird König von Choson.

chinesische Eroberung

108 v. Chr. Unter seinem Enkel Uko *erobert der chinesische Kaiser Wu das Reich* (Chao-sien, chinesisch das „Land der Morgenfrische") und errichtet vier (seit 82 v. Chr. zwei) Präfekturen mit Lo-lang als kulturellem Zentrum (nahe P'yongyang).

Drei Reiche

1.–3. Jh. n. Chr. Auf der Halbinsel selbst bilden sich in langwierigen Stammeskämpfen drei starke, unabhängige Staaten, die *Drei Reiche*: Koguryo (seit 37 v. Chr. traditionell) im nördlichen Teil

313–668	(zwischen Yalu- und Hanfluss), Silla (seit 57 v. Chr. traditionell) im Südosten am Naktongfluss und Paechke (seit 18 v. Chr. traditionell) im Südwesten am Kum- und Somilinfluss. In allen drei Staaten herrschen gefestigte *Monarchien* (in Silla Wahlkönigtum) mit straffer militärischer Organisation und gestaffelter Aristokratie, die sich aus Nachfahren der früheren Stammeshäuptlinge zusammensetzt. Solche Männer von „wahrem Gebein" (chin'gol) stellen in Silla die Mitglieder des mächtigen Staatsrates Hwabaek. Die Staaten sind in Verwaltungseinheiten aufgeteilt, die von Burgen aus regiert werden. Gesandte aus den Hauptstädten treiben die Steuern ein und kontrollieren die Frondienste.	*Monarchien*
	Unter dem Einfluss Chinas *kulturelle Blüte*: Übernahme der chinesischen Schrift und des Konfuzianismus, Gründung von Akademien, Abfassung von Reichsgeschichten; der Buddhismus wird in Koguryo (372), Paechke (384) und Silla (524) offiziell eingeführt.	*kulturelle Blüte*
	Während Koguryo mit China und Silla mit Japan immer wieder militärische Konflikte austragen, betreibt Paechke vor allem Handel, schickt koreanische Handwerker nach Japan und vermittelt auf diesem Weg die chinesische Schrift und den Buddhismus.	
612–614 621	Nach drei erfolglosen Feldzügen des Kaisers Yang der Sui-Dynastie erkennen die Drei Reiche unter der folgenden T'ang-Dynastie die *chinesische Oberhoheit* an.	*chinesische Oberhoheit*
660	Mit Unterstützung Chinas unterwirft *Silla* zunächst Paechke.	*Reich Silla*
668	Es unterwirft auch Koguryo und herrscht für mehr als zwei Jahrhunderten allein über Korea.	
668–935	Obgleich in enger kultureller Verbindung mit China, bleibt Silla de facto unabhängig und kann seinen Machtbereich bis zum Taetong- und Yalufluss ausdehnen. Die Sillakönige herrschen absolut, die Befugnisse des Hwabaek sind gering. Der Buddhismus ist die allgemein vorherrschende Religion (753 Erbauung der Höhlentempel von Sokkuram).	
692	Durch Vereinfachung chinesischer Zeichen wird die erste eigenständige koreanische Schrift „idu" geschaffen.	
8. Jh.	Nachfolgestreitigkeiten am Hof und häufige Überfälle von japanischen und chinesischen Piraten schwächen die Zentralmacht und lassen regionale Magnaten an Einfluss gewinnen.	
892/901	Silla zerfällt in die *Späteren Drei Reiche*: das Spätere Paechke (seit 892), das Spätere Koguryo (seit 901), die beide von Provinzherren errichtet werden, und Silla.	*Spätere Drei Reiche*
	Im Kampf mit diesen kurzlebigen Nachfolgedynastien siegt Wang Kon, Begründer des *Königreichs Koryo* (daher die Bezeichnung Korea), der die Halbinsel wieder eint.	*Königreich Koryo*
918 935–1392	Er proklamiert die *Wang-Dynastie*.	*Wang-Dynastie*
	Die herrschende Klasse Koryos besteht aus den ehemaligen Sillaaristokraten und den Provinzführern, aus deren Reihen die Mitglieder der administrativen Versammlung (Samsong) und des königlichen Sekretariats (Chungchuwon) gewählt werden, die gemeinsam den Obersten Staatsrat bilden. *Buddhismus* bleibt die offiziell geförderte Religion, während der Konfuzianismus zur politisch-ethischen Weltanschauung der Aristokraten wird.	*Buddhismus*
1100–1400	*Blüte* der buddhistisch geprägten Architektur und Skulptur, technische Vollendung in der Keramik, die den Chinesen als unvergleichlich erscheint. Entwicklung des Buchdrucks mit beweglichen Lettern (1234).	*Kulturblüte*
1170	Die diskriminierende Unterordnung der militärischen unter die zivile Verwaltung führt zum Staatsstreich des Generals Ch'oe Ch'ung-hon, der ein 60 Jahre dauerndes Militärregime seiner Familie begründet. Einschränkung der Königsmacht und Unterdrückung des Buddhismus, der sich in abgelegenen Gegenden in Form der Choge-jung-Lehre erneuert, die zur Hauptströmung des koreanischen Buddhismus wird.	
	Während der Herrschaft der Wang-Könige kommt es an der mandschurischen Grenze immer wieder zu Kämpfen mit Steppenvölkern, vornehmlich den Kitan (Liao-Dynastie) und den Dschurdschen (Chin-Dynastie).	
seit 1231	Gegen die Einfälle der übermächtigen *Mongolen* führen die Militärdiktatoren der Ch'oe-Familie einen langen Abwehrkampf, bis sie von einer Zivilregierung entmachtet werden.	*Mongolen*
1259	Friedenspakt mit den Mongolen. Auch unter ihrer Herrschaft bleibt die relative Unabhängigkeit Koreas erhalten.	
1274/1281	Zwei Versuche Kublai Chans scheitern, Japan mit einer von Koreanern erbauten Flotte zu erobern.	
1369	Koryo unterwirft sich der neuen chinesischen *Dynastie der Ming*.	*Ming-Dynastie*
14. Jh.	Gegen Ende des Koryo-Reiches entsteht eine neue intellektuelle Elite von neokonfuzianisch beeinflussten Gelehrtenbeamten, deren Ansprüche auf Grundbesitz von den Aristokraten abgewiesen werden, die von den Einkünften ihrer Latifundien in der Hauptstadt leben. Mit Unterstützung des Generals Yi Sung-gye setzen diese Gelehrten eine Landreform durch, wonach der Boden gemäß dem Beamtenrang zugeteilt wird.	

Yi-Dynastie	**1392–1910**	Yi zwingt den schwachen letzten Koryo-König zur Abdankung und begründet die *Yi-Dynastie* mit der Hauptstadt Hanyang (nahe Seoul). Der korrupt gewordene Buddhismus wird zurückgedrängt, und in Anlehnung an China wird der Konfuzianismus stark gefördert.
	1434	Die ersten Yi-Könige erweitern ihren Machtbereich bis zum Yalufluss und führen die koreanische Kultur zu außerordentlicher Blüte.
	1443	Aufschwung der Literatur unter dem Einfluss der eigenständigen koreanischen Buchstabenschrift Han'gul, die unter König Sejong dem Großen (1419–1450) geschaffen wird.
	1456–1468	König Sejo stärkt und zentralisiert die Zivilverwaltung, die von der Hauptstadt aus die Beamten der acht Verwaltungseinheiten des Reiches bestellt und kontrolliert.
japanische Invasionsversuche	1592 1597/1598	Zwei erfolglose *japanische Invasionsversuche* unter Hideyoshi Toyotomi. Zunächst vernichtet Yi Su-shin die japanische Flotte. Eine spätere Besetzung des südlichen Koreas wird mit dem Tod Hideyoshis abgebrochen und lässt das Land total verwüstet zurück.
	1609	Friedensvertrag mit Japan und Öffnung des Hafens Pusan.
Mandschuren	seit ca. 1591	Nach mehreren Einfällen der *Mandschuren* wird Korea zur bedingungslosen Unterwerfung gezwungen.
Vasallenstatus gegenüber China	1637	Anerkennung des *Vasallenstatus gegenüber China*.
	1640–1880	Abschließung des Landes nach außen.
	17. Jh.	Aufschwung der Landwirtschaft (Nassreisbau, Bewässerung) und des Handels (Anbau von Ginseng und Tabak). Die konfuzianischen Gelehrten wenden sich von der traditionellen, theoretischen Philosophie ab und beschäftigen sich mit aktuellen, gesellschaftlichen Problemen: Silhak, „Schule der praktischen Wissenschaft".
	1660–1880	Die Gelehrten spalten sich in vier Parteien, die in teilweise blutigen Kämpfen (Höhepunkt 1694–1722) die Zivilverwaltung bis zum Ende des 19. Jh.s lähmen. Einige Gelehrte bekehren sich zum *Katholizismus* (Sohak, „Westliche Lehre"), der sich trotz Verfolgungen (1801, 1839, 1866) langsam ausbreitet.
Katholizismus	1801/1866	
		Die unfähige und korrupte Regierung ruft innere Unruhe hervor, es entstehen Sekten, die bodenständige, religiöse Wurzeln mit sozialrevolutionären Zielen verbinden (Tonghak, „Östliche Lehre").
	1876	Japan erzwingt militärisch die „Öffnung" von drei koreanischen Häfen.
Handelsverträge	1882–1884	Unter dem Druck der Ch'ing-Regierung weitere *Handelsverträge* mit anderen westlichen Mächten. Die Einführung westlicher Waren und Technologien belastet vornehmlich die Bauern, die immer stärker der Tonghak-Bewegung zuströmen.
	1894	Ein Aufstand dieser Bewegung schließlich bedroht die Regierung. Die zu Hilfe gerufenen chinesischen Truppen stoßen auf die japanische Interventionsarmee.
	1894/1895	Chinesisch-Japanischer Krieg um den Besitz Koreas endet mit vernichtender Niederlage Chinas.
japanische Hegemonie	**1895**	Im Frieden von Shimonoseki muss China die „Unabhängigkeit" Koreas anerkennen. Unter *japanischer Hegemonie* werden Reformen nach westlichem Muster durchgeführt (Ernennung eines Kabinetts, Abschaffung der Staatsprüfungen). Steigende Spannungen zwischen Japan und Russland, die ihre Einflusssphären in Korea und der Mandschurei ausweiten.
	1896	Nach der Ermordung der antijapanisch eingestellten Königin Min fliehen König und Kronprinz für ein Jahr in die russische Gesandtschaft.
Kaiserreich Tae Han	**1897**	Mit Unterstützung einer Volksbewegung zur Wiederherstellung der koreanischen Souveränität kehrt der König in den Palast zurück und proklamiert Korea zum *Kaiserreich Tae Han*.
	1904/1905	Im Russisch-Japanischen Krieg besetzt Japan Seoul und erzwingt die Annullierung der den Russen gewährten Konzessionen. Der Besitz Koreas ermöglicht Japan die Offensive in der Mandschurei und die Flottenoperationen gegen die russischen Seestreitkräfte.
	1905 Sept.	Im Frieden von Portsmouth erkennt Russland Korea als japanisches Interessengebiet an. Korea wird japanisches Protektorat.
japanisches Generalgouvernement	**1910** 22. Aug.	Nach der erzwungenen Abdankung des Kaisers wird Korea unter der Bezeichnung Chosen *japanisches Generalgouvernement*. Die kolonisatorische Unterdrückung der koreanischen Kultur und die wirtschaftliche Ausbeutung führen zur Auswanderung vieler Koreaner in die Mandschurei, nach China, Hawaii, aber auch (als billige Arbeitskräfte) nach Japan. Konzentrierung der agrarischen Entwicklung im Süden und des industriellen Aufbaus im Norden.
	1919 Jan.	Nach dem Tod des vorletzten Kaisers kommt es im ganzen Land zu antijapanischen Protesten.

1. März Erklärung der Unabhängigkeit („*Bewegung des 1. März*"). Nach der blutigen Niederschlagung der Demonstrationen wird an den Schulen zum Teil wieder die koreanische Sprache erlaubt, und es dürfen sich Koreaner an der Regierung beteiligen. *Bewegung des 1. März*
April Eine Exilregierung unter Mitwirkung Syngman Rhees (*1875, †1965) wird in Shanghai gegründet.
1920–1930 Japan bestimmt Korea zum Reisanbaugebiet, um die durch die einseitige Industrialisierung gefährdete Versorgung mit Reis zu sichern.
seit 1930 Korea dient als Aufmarschgebiet für die japanischen Eroberungen auf dem Festland.
1939 Mit der Einverleibung Koreas als Provinz wird die bisherige Japanisierungspolitik verstärkt fortgesetzt.
1943/1945 In den Konferenzen von Kairo und Potsdam garantieren die Alliierten die Unabhängigkeit Koreas. – (Forts. S. 1790, 1792)

Japan (Anfänge bis 1945)

Durch tektonische Erschütterungen hervorgerufen, bilden die *japanischen Inseln* einen Gebirgsbogen, dessen Gipfel aus dem Meer hervorragen. Bei der Halbinsel Korea und bei der Insel Sachalin ist er dem asiatischen Festland nahe, an seinen äußeren Enden mit zwei Inselketten, den Kurilen und den Ryukyu-Inseln, mit diesem verbunden. Weite Landstriche liegen innerhalb tektonischer Bruchzonen, sodass auch heute noch starker Vulkanismus zu verzeichnen ist, der darauf hindeutet, dass die Gebirgsbildung noch nicht beendet ist. Folge davon sind eine Reihe tätiger Vulkane, zum Teil erhebliche Erdbeben auch submariner Art, die hohe Flutwellen hervorrufen, schließlich das Vorhandensein von mehr als 10000 heißen Quellen. Seinen geologischen Grundbedingungen entsprechend besteht die japanische Landschaft zum überwiegenden Teil aus Gebirgen und Hügelländern, sodass nicht einmal ein Fünftel der Gesamtfläche landwirtschaftlich genutzt werden kann. In der Hauptsache werden Reis, Tee und Obst angebaut. Die in frühgeschichtlicher Zeit von den Chinesen übernommene Seidenraupenzucht hat durch die Synthetikfaser an Bedeutung verloren. Hauptnahrungsmittel ist der Fisch. Japan ist hinter Peru die zweitgrößte Fischfangnation der Welt. Eine beträchtliche Rolle spielt die Perlenfischerei bzw. mehr und mehr die Züchtung von Austernperlen. *japanische Inseln*

Die Japaner sind ein *Mischvolk*, dessen protojapanische, kontinentale und maritime Elemente schon lange zu einer ethnischen Einheit verschmolzen sind. *Mischvolk*

Aus der vorgeschichtlichen Epoche stammen neolithische Bodenfunde (Schmuckgegenstände, Stein-, Muschel- und Knochenwerkzeuge), die man nach den ebenfalls gefundenen Keramikformen in eine ältere Phase, die Jomon-Kultur (Schnurabdruck), und in eine jüngere, die Yayoi-Kultur, einteilt.

Die japanischen *Mythen* stellen die Entstehung der japanischen Inseln als aus dem Meer geboren und mit der Waffe geschaffen dar. Als Schöpfer Japans gelten die Gottheiten der altjapanischen Naturreligion (Schintoismus). Ahnin des Kaiserhauses ist die Sonnengöttin Amaterasu. *Mythen*

1. Jh. v. Chr. Die älteste Geschichte beginnt mit der Gründung des in seinen Anfängen stark sagenhaften *Yamato-Reichs* (nach der mythologischen Darstellung im Jahr 660 v. Chr.). *Yamato-Reich*
seit 1. Jh. n. Chr. Expansion nach Korea mit der Folge, dass sich einige kleinere Staaten im Südwesten der Halbinsel den Japanern unterwerfen oder mit ihnen verbündet sind. Hauptgegner der Japaner ist das koreanische Reich Silla (japanisch: Schiragi). Der koreanische Staat Paechke entsendet nach Japan Handwerker. Wichtigste Folge dieser Beziehungen ist, dass über die Landbrücke die festländische chinesische Kultur nach Yamato vermittelt wird.
3. Jh. Die staatliche Einheit Japans beginnt mit der allmählichen Ausbreitung des Yamato-Reichs. Die Sozialordnung der Frühzeit beruht auf den losen Geschlechterverbänden der uji, deren Sippenhäupter als Nachkommen der Schinto-Gottheiten gelten und priesterliche wie weltliche Herrschaftsfunktionen ausüben. Neben den Geschlechterverbänden stehen die aus Halbfreien bestehenden Bauern- und Handwerkerverbände der be, die der Gewalt der einzelnen Sippen unterstellt sind. Die Zahl der Hausklaven (yatsuko) dürfte 5% der Bevölkerung nicht überstiegen haben. Den Sippenhäuptern des Yamato-Clans gelingt es durch eine geschickte Eroberungs- und Bündnispolitik allmählich, eine hegemoniale Vormachtstellung vor den anderen Geschlechterverbänden zu erringen. Als angebliche Nachkommen der Sonnengöttin Amaterasu, der höchsten Schinto-Gottheit, beanspruchen sie die *Kaiserwürde*. *Kaiserwürde*
5. Jh. Die angestrebte Zentralisierung der Verwaltung wird durch das Einströmen chinesischer Kultur und Schrift über die koreanische Halbinsel gefördert. Als wichtigste Vermittler treten buddhistische Missionare auf.

Buddhismus	538	Der König des koreanischen Staates Kudara schickt dem japanischen Kaiserhof eine Buddha-Statue und buddhistische Schriften. Ein Teil des Hochadels tritt zum Buddhismus über.
	594	Kronprinz Schotoku (*574, †622) erhebt den *Buddhismus* zur Staatsreligion. Der Kronprinz, der (593–622) die Regentschaft für seine Tante, Kaiserin Suiko, ausübt, setzt sich energisch für die Übernahme der Festlandskultur, die Errichtung eines zentralistischen Beamtenstaats nach chinesischem Muster ein und fördert die buddhistische Mission.
Kaisertitel Tenno	604	Die Proklamation der so genannten 17-Artikel-Verfassung zielt auf die Umwandlung der altjapanischen Sippengesellschaft in einen monarchischen Vasallenstaat unter Führung der Herrscher von Yamato, die den *Kaisertitel Tenno* annehmen. Durch die Einführung vom Kaiser verliehener Beamtenränge und die Schaffung eines vom Kaiserhaus abhängigen Hofadels soll die erbliche Macht der Sippenoberhäupter gebrochen werden.
	607	Kronprinz Schotoku gründet den buddhistischen Horyuji bei Nara, den ältesten erhaltenen Tempel Japans.
Soga-Sippe	622	Nach dem Tode des Kronprinzen Schotoku kommt der Prozess der Umwandlung der Stammesgesellschaft in einen monarchisch-absoluten Zentralstaat zunächst zum Stillstand. Insbesondere die nach dem Kaiserhaus mächtigste Sippe, die *Soga*, die ihre Machtstellung bedroht sehen, leisten heftigen Widerstand gegen jede Verwaltungsreform.
	645 12. Juni	Durch den erzwungenen Thronverzicht der Kaiserin Kogyoku und durch eine Verschwörung der anderen Sippenoberhäupter gegen die Soga kommt deren Bruder, Kaiser Kotoku, auf den Thron.
Taika-Reform	646 22. Jan.	Kaiser Kotoku leitet durch die *Taika-Reform* einen weiteren Schritt der Modernisierung ein. Der Privatbesitz an Land und Hörigen wird aufgehoben und zugunsten des Kaisers eingezogen, der ihn als Lehen vergibt. An die Stelle der erblichen Posten der Geschlechteroberhäupter treten Beamtenstellen, die vom Kaiser besetzt und deren Inhaber durch Lehen besoldet werden. Zur Vorbereitung einer Neuordnung des Steuerwesens werden Register für regelmäßige Volkszählungen angelegt.
Taiho-Kodex	701	Mit dem *Taiho-Kodex* erhält Japan die erste kodifizierte Sammlung der Strafgesetze und des Verwaltungsrechts. Die Reformpläne werden allerdings in der Praxis nur unvollkommen durchgeführt. Da die höheren Beamtenposten mit Angehörigen der alten Oberschicht der uji-Verfassung besetzt werden und da ein großer Teil der Beamtenlehen und einige Beamtenposten schnell erblich werden, ist der Keim zu einer späteren feudalistischen Entwicklung gelegt.
	708	Erste japanische Münzprägung unter Kaiserin Gemmei.

Nara-Zeit (710–784)

Hauptstadt in Heijo	710	Mit der Gründung der ersten festen *Hauptstadt in Heijo*, dem heutigen Nara, beginnt eine Blütezeit der Literatur, Baukunst, Skulptur und Malerei, die Nara-Zeit. Das älteste japanische Geschichtswerk Kojiki versucht, durch eine Systematisierung der alten Stammesmythen und Göttergenealogien den Suprematsanspruch des Kaiserhauses zu legitimieren. Dabei wird das Datum der Reichsgründung unter dem sagenhaften Urahnen des Kaiserhauses Jimmu auf das Jahr 660 v. Chr. zurückverlegt.
Nihongi	720	Das *Nihongi*, die erste der offiziellen „Reichsgeschichten", folgt dem Vorbild chinesischer Kaiserannalen.
	760	Das Manyoshu, die erste Anthologie japanischer Dichtung, enthält über 4000 Gedichte. Die Bautätigkeit in der Hauptstadt wird durch großzügige Stiftungen an buddhistische Klöster gefördert, die so zu beachtlichem Wohlstand und politischer Macht gelangen. Die größeren Klöster unterhalten eigene stehende Heere und geraten in Rivalität mit dem Kaiserhof.
	781–806	In der Regierungszeit des Kaisers Kammu (*737, †806) werden Schulen für den Hofadel gegründet, es werden Ansätze zu einer Reform der Landwirtschaft gemacht, die Kolonisierung Nordjapans hält an. Zugleich steigt die Verschuldung der Bauern an Lokalaristokratie und buddhistische Klöster, deren Macht ständig zunimmt.
Hauptstadt Heian	784 27. Dez.	Kaiser Kammu beginnt mit dem Bau der neuen *Hauptstadt Heian* in der Nähe des Dorfes Uda, des heutigen Kyoto, nachdem er die Hauptstadt zunächst nach Nagaoka verlegt hat, um dem allzu starken Einfluss der großen Klöster in Nara zu entgehen.

Heian-Zeit (794–1185)

	794	Heian wird kaiserlicher Regierungssitz (18. Nov.).
Fujiwara		Die nach der neuen Hauptstadt benannte Heian-Zeit, die die Blüteperiode der aristokratischen Kultur Japans darstellt, ist gekennzeichnet durch den Aufstieg der Familie *Fujiwara*

	zur Macht. Grundlage der Fujiwara-Verwaltung ist der erbliche Anspruch des Sippenoberhaupts auf den Titel eines kaiserlichen Regenten sowie das ausschließliche Recht der Sippe, Gemahlinnen für das Kaiserhaus stellen zu dürfen.
858 15. Dez.	Als nach dem Tode des Kaisers Montoku diesem sein neunjähriger Sohn Seiwa auf den Thron folgt, wird der Großvater des jungen Kaisers, Yoshifusa Fujiwara, mit der Regentschaft betraut. Damit geht die Regentschaft für einen Kaiser das erste Mal an einen Adligen, der nicht selbst Angehöriger des Kaiserhauses ist.
864	Trotz der eingetretenen Großjährigkeit des Kaisers behält Yoshifusa das Regentenamt bei.
872 7. Okt.	Nach Yoshifusas Tod wird Mototsune Fujiwara Sippenoberhaupt, der die Regentschaft für Kaiser Yozei übernimmt.
880	Mototsune legt sich den Titel eines Regenten auf Lebenszeit (kampaku) zu (13. Dez.).
884 5. März	Aus eigener Machtvollkommenheit setzt Mototsune den Kaiser ab, um dessen Großonkel Koko zum Kaiser zu machen, für den er weiterhin die Regentschaft führt.
995–1027	Den Gipfel ihrer Macht erreichen die Fujiwara mit *Michinaga Fujiwara* (*966, †1028), der nach über dreißigjähriger politischer Tätigkeit vier Kaiser unter seine Schwiegersöhne und drei Kaiser unter seine Enkel zählen kann. Eine Maßnahme gegen die Regentschaft der Fujiwara und des Hofadels findet das Kaiserhaus in der *Institution der Ex-Kaiser*, die nach Abdankung eine von der Person des Kaisers gelöste Machtbasis aufbauen können.
1087 3. Jan.	Shirakawa dankt als erster Kaiser zugunsten seines Sohnes Horikawa ab, um unabhängig vom Hofadel Familien- und Verwaltungsangelegenheiten des Kaiserhauses regeln zu können. In der späten Heian-Zeit können sich die Ex-Kaiser mit dem emporstrebenden Kriegeradel der Provinzen gegen den Hofadel der Hauptstadt verbünden.

Marginalia: *Michinaga Fujiwara* / *Institution der Ex-Kaiser*

Kultur und Gesellschaft der Heian-Zeit

Infolge des seit der Mitte des neunten Jahrhunderts unterbrochenen Verkehrs mit China beginnt eine eigenständige Weiterentwicklung der japanischen Kultur, die sich besonders in der Architektur, dem so genannten *Yamato-Stil* der Malerei und der Literatur ausdrückt. Durch die Verwendung einer in Japan entwickelten Silbenschrift anstelle der umständlichen chinesischen Schriftzeichen gewinnt die japanische Literatur an Breitenwirkung. Zu den wichtigsten Literaturwerken der Heian-Zeit gehören die im kaiserlichen Auftrag kompilierte Gedichtsammlung Kokinshu, das Reisetagebuch aus Tosa des Ki no Tsurayuki, der Roman vom Prinzen Genji der Murasaki Shikibu und das Kopfkissenbuch der Sei Shonagon. Durch die Konzentration von steuerfreiem Landbesitz in den frisch gerodeten Gebieten sowie die Stärkung des Militärs in den Grenzmarken bildet sich neben dem Hof- und Beamtenadel (kuge) ein eigener militärischer *Provinzadel* (buke). Die beiden mächtigsten Familien sind die Taira und die Minamoto, beide von Nebenlinien des Kaiserhauses abstammend.

1156	Als im *Hogen-Aufstand* der Konflikt zwischen dem regierenden Kaiser Go-Shirakawa und dem Ex-Kaiser Sutoku mit Waffengewalt ausgetragen wird, erringt Kiyomori Taira (*1118, †1181) im Auftrag von Go-Shirakawa den Sieg über die mit Sutoku verbündeten Minamoto.
1160	Eine Verschwörung der verbliebenen Kräfte der Minamoto scheitert, und Kiyomori Taira beginnt die Vormachtstellung seiner Sippe durch die Ansammlung von Lehen, die Übernahme hoher Regierungsämter und Einheirat in die kaiserliche Familie auszubauen. Damit wird er zum ersten Vertreter des Militäradels der Provinzen, der die bis dahin dem Hofadel vorbehaltenen Positionen in der Zentralregierung übernehmen kann.
1180 19. Mai	Als Kiyomori seinen zweijährigen Enkel Antoku zum Kaiser krönen lässt, führt ein erneuter Aufstand unter Führung eines kaiserlichen Prinzen und des Yoritomo Minamoto (*1147, †1199) zu einer Empörungsbewegung des Provinzadels, die in den fünfjährigen *Gempei-Krieg* (1180–1185) zwischen den Sippen Minamoto und Taira einmündet. Yoritomos Vetter Yoshinaka vertreibt nach anfänglichen Misserfolgen die Taira aus Kyoto.
1185 25. April	In der Seeschlacht von Dannoura (nahe Shimonoseki) schlägt Yoshinakos Bruder Yoshitsune das Heer der Taira vernichtend. Der Kaiser ertrinkt während der Schlacht, die Anführer der Taira-Sippe werden von den siegreichen Minamoto hingerichtet. *Yoritomo Minamoto* durchbricht das Muster, nach dem die jeweils siegreichen Sippenoberhäupter bisher die Legitimation ihres Sieges durch die Übernahme hoher Hofämter angestrebt haben. Stattdessen errichtet er außerhalb der Hauptstadt in Kamakura die so genannte Zeltlagerregierung (Bakufu), ein vom Verwaltungsapparat des Hofes getrenntes militärisches Hauptquartier, von dem aus er die tatsächliche Regierung über Japan ausübt, während der kaiserlichen Adelsverwaltung in der Hauptstadt alle bisherigen Titel, aber keinerlei echte Macht verbleiben. Mit dem Übergang der politischen Macht vom Hofadel zum Schwertadel beginnt die *Feudalzeit Japans*.

Marginalia: *Hogen-Aufstand* / *Gempei-Krieg* / *Yoritomo Minamoto* / *Feudalzeit Japans*

Kamakura-Zeit (1185–1338)

Samurai
Im Laufe der Bürgerkriege des elften Jh.s haben sich die als Verwalter für den Hofadel auf dessen Provinzgütern tätigen Krieger (*Samurai*) weit gehend selbstständige Rechte angemaßt. Mit dem Machtzuwachs der Familie Minamoto nach ihrem Sieg über die Taira stellen sich zahlreiche Mitglieder dieser neuen Kriegerschicht unter den Schutz der Sieger. Dadurch entsteht ein kompliziertes System von Lehen und Afterlehen, dessen innerer Aufbau zugleich durch die weit gehende Unabhängigkeit des Kriegeradels in den Nord- und Ostmarken von der Zentralregierung in den Kernprovinzen gekennzeichnet ist.

Schogun
1192 21. Aug. Yoritomo lässt sich vom Kaiser den – in der Familie Minamoto erblichen – Titel eines Kronfeldherren (*Schogun*) verleihen.

1198 In einer Reihe von Feldzügen im Norden Japans gelingt es Yoritomo, die Macht der Familie Fujiwara zu brechen.

1199 9. Febr. Nach dem Tode des Yoritomo geht das Amt des Schogun an seinen ältesten Sohn Yoriie über. Dessen Mutter ernennt einen Staatsrat, an dessen Spitze ihr Vater Tokimasa Hojo steht und der die Regentschaft ausübt.

1203 13. Okt. Tokimasa verbannt Yoriie, lässt dessen jüngeren Bruder Sanetomo zum Schogun ernennen und nimmt selbst den Titel eines Regenten (shikken) an.

1219 13. Febr. Mit der Ermordung Sanetomos stirbt die Familie Minamoto in der Hauptlinie aus. Das Amt des Regenten für den Schogun wird in der Familie Hojo erblich.

Stellvertreter des Kaisers
Es entsteht eine Regierung nach dem Prinzip der dreifachen Stellvertretung: Ein Regent aus dem Hause Hojo übt die Macht für einen Schatten-Schogun aus der Familie Fujiwara oder dem Kaiserhaus aus, der selbst als *Stellvertreter des Kaisers* gilt. Der Kaiser als Nachkomme der obersten Schinto-Gottheit ist über die Ausübung weltlicher Macht erhaben und greift nicht in die Staatsgeschäfte ein.

Joei-Kodex
1232 Das Feudalrecht des Ritterstandes wird im *Joei-Kodex* schriftlich fixiert.

1268–1284 Unter der Regentschaft des Tokimune Hojo kommt es zu Auseinandersetzungen mit dem mongolischen Weltreich. Provoziert durch die Tätigkeit japanischer Seeräuber vor der koreanischen Küste, verlangt *Kublai Chan* die Unterwerfung Japans, die jedoch verweigert wird.

Kublai Chan Invasionsversuch der Mongolen
1274 Erster *Invasionsversuch mongolisch-chinesischer Flotten*.

1281 Auch der zweite Landungsversuch scheitert am Widerstand des japanischen Ritterheeres. In beiden Fällen kommt den Verteidigern ein plötzlich einsetzender Sturm, der „Götterwind" (kamikaze), zu Hilfe, der der Invasionsflotte schwere Schäden zufügt. Die Schogunatsregierung kommt jedoch in Schwierigkeiten, da es nach dem Verteidigungskrieg keine Beute gibt, aus der das Heer entlohnt werden kann.

1318–1339 Die Spannungen verschärfen sich mit dem Restaurationsversuch des Kaisers Go-Daigo, der die Vorherrschaft der Schogunatsregierung nicht anerkennen will.

1333 Ein ehemaliger Lehnsmann der Familie Hojo, Takauji Ashikaga (*1305, †1358), der auf die kaiserliche Seite übergelaufen ist, besetzt die Hauptstadt und zwingt den letzten Hojo-Regenten, Takatoki Hojo, zum Selbstmord.

Kemmu-Restauration
1334–1336 In der *Kemmu-Restauration* versucht Go-Daigo das Prinzip der unmittelbaren Herrschaft des Kaisers wieder einzuführen.

1338 7. Sept. Daraufhin lehnt sich jedoch Takauji Ashikaga gegen ihn auf, setzt den Kaiser ab und lässt sich von dem neu eingesetzten Kaiser Komyo selbst zum Schogun ernennen. Da aber Go-Daigo die Absetzung nicht anerkennt und unter Mitnahme der Kroninsignien nach Yoshino (Provinz Yamato) flieht, kommt es zur Spaltung zwischen der Nord- und der Süd-Dynastie, die erst nach über sechzig Jahren durch eine Kompromissformel aufgehoben werden kann.

Muromachi-Zeit (1338–1573)

Familie Ashikaga
In der nach dem Stammsitz der *Familie Ashikaga* in Kyoto benannten Muromachi-Zeit sind Kaiserhof und Regierungssitz des Schogunats in einer Stadt vereint.

1369–1395 Unter der energischen Herrschaft des dritten Schoguns Yoshimitsu Ashikaga wird (1392) eine Kompromissformel für den Erbfolgestreit im Kaiserhaus ausgearbeitet.

1449–1474 Unter ihm und unter dem achten Schogun Yoshimasa Ashikaga erlebt die Hauptstadt zunächst eine kulturelle Blüte. Auch die Handels- und Kulturbeziehungen zu China werden intensiviert. Jedoch erstreckt sich die Macht der Ashikaga-Schogune nur noch über die Zentralprovinzen.

Bürgerkriegszeit
1467–1477 In den Onin-Kämpfen greifen die Streitigkeiten unter den Lehnsherren der Außenprovinzen auf die Hauptstadt über, die nahezu vollständig zerstört wird. Es beginnt eine nahezu hundertjährige *Bürgerkriegszeit*, in der größere Machtkonzentration nur noch bei einzelnen Adelshäusern der äußeren Provinzen und den großen Klöstern vorhanden ist.

1543	Die Landung portugiesischer Kaufleute im Süden des Landes führt zur Einführung europäischer Feuerwaffen.
1560	Diese werden erstmals in der Schlacht von Okehazama eingesetzt (12. Juni).
1549 15. Aug.	Mit der Landung des Jesuitenmissionars Francisco de Xavier (*1506, †1552) beginnt die *Christianisierung Japans*, die besonders bei den Feudalherren der Südprovinzen beachtliche Erfolge aufweisen kann.
1568	Zu den Förderern des Christentums, dessen Anhänger gegen die mächtigen buddhistischen Sekten ausgespielt werden sollen, gehört auch Nobunaga Oda (*1534, †1582), Lehnsherr von Owari, der die Hauptstadt erobert.
1571	Dieser setzt Yoshiaki Ashikaga als letzten seines Geschlechts zum Schogun ein. Er lässt die Klöster auf dem Hiei-Berg verbrennen und vernichtet die Mönchsarmeen.
1573 17. Aug.	Mit der Abdankung des letzten Schoguns aus dem Hause Ashikaga geht die Muromachi-Zeit zu Ende.

Randglossen: *Christianisierung Japans*

Zwischenperiode der Reichseinigung (1573–1603)

	In der Zwischenperiode der Reichseinigung steht das *Amt des Schoguns vakant*.
1576–1579	Nobunaga Oda erbaut die Burg von Azuchi am Biwa-See, die erste japanische Burg, die gegen Feuerwaffen befestigt ist.
1582	Nach dem Tode des Nobunaga tritt sein Feldherr *Hideyoshi Toyotomi* (*1536, †1598) seine Nachfolge an, der sich vom Kaiserhaus die Titel eines Regenten und Großkanzlers verleihen lässt.
1585–1589	Seine Landvermessung und Bodenreform bringt eine landwirtschaftliche Ertragssteigerung und erhöht das Steueraufkommen. Zugleich wird die *Ständeordnung* durch strenge Scheidung zwischen waffenfähigen Samurai und den nicht waffenfähigen Schichten der Bauern, Handwerker und Kaufleute neu kodifiziert.
1592/1593	Einem von Hideyoshi geplanten Feldzug gegen China widersetzt sich Korea, das den japanischen Truppen den Durchmarsch verweigert.
1593	Eine japanische Armee von 200000 Mann Stärke besetzt Korea, wird aber von den Chinesen zum Rückzug an die Südküste gezwungen. Mit der Ankunft spanischer Franziskanermissionare, die bald in Streit mit den portugiesischen Jesuiten geraten, verschlechtert sich die Lage der einheimischen Christen.
1596	Als der Kapitän eines gestrandeten spanischen Schiffes versucht, die japanischen Behörden mit dem Hinweis auf die Macht des Königs von Spanien einzuschüchtern, und die Missionare als dessen Vortruppen bezeichnet, kommt es zu *ersten Christenverfolgungen*.
1598	Zweiter Koreafeldzug wird beim Tode Hideyoshis ergebnislos abgebrochen (18. Sept.).
1600 21. Okt.	Als Nachfolger des Hideyoshi Toyotomi vollendet dessen mächtigster Vasall *Ieyasu Tokugawa* (*1542, †1616), der seine letzten Rivalen in der Schlacht von Sekigahara am Biwa-See besiegt, das Werk der Einigung Japans.

Randglossen: *Amt des Schoguns vakant*, *Hideyoshi Toyotomi*, *Ständeordnung*, *erste Christenverfolgungen*, *Ieyasu Tokugawa*

Tokugawa-Zeit (1603–1867)

1603 24. März	Mit der Verleihung der erblichen Würde eines Kronfeldherrn (Schogun) an Ieyasu Tokugawa und der Verlegung des Regierungssitzes nach Edo, dem heutigen Tokio, beginnt die Tokugawa-Zeit. Sie ist gekennzeichnet durch die *Herausbildung eines Verwaltungs- und Polizeistaats*, strenge Abschließung der Stände gegeneinander und strikte Trennung zwischen Militär (buke) und Hofadel (kuge).
1605 2. Juni	Obwohl Ieyasu zugunsten seines Sohnes Hidetada (*1579, †1632) abdankt, übt er bis zu seinem Tode die Regierungsgewalt weiter aus.
1605	Ieyasu lädt auf Anraten seines als Schiffbrüchiger nach Japan gelangten englischen Beraters Will Adams die Niederländer zur Aufnahme von Handelsbeziehungen ein.
1609	Die Holländisch-Ostindische Kompanie eröffnet eine Faktorei in Hirado in Westjapan.
1613	Die Britische Ostindien-Kompanie folgt diesem Beispiel.
1615	Nach der Erstürmung der Burg von Osaka ist die Alleinherrschaft der Familie *Tokugawa* unbestritten. Das Herrschaftssystem wird unter dem dritten Schogun, Iemitsu Tokugawa (*1604; 1623–1651), ausgebildet: Einteilung der Adelsgeschlechter in Familien, die mit den Tokugawa verwandt sind, „erbliche Vasallen", die ihnen schon vor der Schlacht von Sekigahara Gefolgschaft geleistet haben, und die „äußeren Lehnsherren". Lehen in den strategisch wichtigen Gebieten des Reichszentrums bleiben den Familienangehörigen und erblichen Vasallen vorbehalten. Die äußeren Lehnsherren erhalten Besitzungen in den westlichen und östlichen Provinzen, müssen aber jedes zweite Jahr in Edo verbringen und Gei-

Randglossen: *Verwaltungs- und Polizeistaat*, *Tokugawa*

seln in der Hauptstadt lassen, wenn sie sich auf ihren Besitztümern aufhalten. Die Befugnisse des Kaisers bleiben auf kultische und zeremonielle Aufgaben beschränkt.

1623 Die Engländer schließen ihre Faktorei in Hirado wegen mangelnder Rentabilität.

1624 Die Regierung verweigert den Spaniern die Erlaubnis zum Handel mit Japan.

1636 Verbot von Auslandsreisen japanischer Staatsbürger.

Verbot des Christentums 1637/1638 Nach der Niederwerfung eines Aufstands der Christen von Kyushu in Shimabara (östlich von Nagasaki) *wird das Christentum verboten.*

Landes-absperrung 1639 Verschärfung der Gesetze zur *Landesabsperrung*: Japaner dürfen weder ihre Heimat verlassen noch aus dem Ausland dorthin zurückkehren; der Bau hochseetüchtiger Schiffe wird unterbunden; lediglich chinesische und holländische Schiffe dürfen Japan anlaufen.

1641 Den Niederländern wird die künstliche Insel Deshima im Hafen von Nagasaki als Sitz zugewiesen.

1720 Das Verbot der Einfuhr ausländischer Bücher wird dahingehend gemildert, dass nur Bücher christlichen Inhalts als verboten gelten. – In der Folgezeit verstärkt sich das Drängen der Europäer und Amerikaner auf Wiederöffnung des Landes. Insbesondere geht es um die Errichtung von Kohle- und Rettungsstationen für Schiffbrüchige.

1804 Ein russischer Unterhändler wird abgewiesen;

1837 ein amerikanisches Schiff wird von den japanischen Küstenbatterien beschossen;

1844 ein Schreiben des Königs der Niederlande an den Schogun bleibt unbeantwortet.

Perry-Mission **1853 8. Juni** *Kommodore* Matthew Calbraith Perry (*1794, †1858) landet mit vier amerikanischen Kanonenbooten in der Bucht von Edo, um ein Schreiben des Präsidenten der USA zu übergeben, in dem die gastliche Aufnahme Schiffbrüchiger, die Bereitstellung von Proviant, Wasser und Kohle für fremde Schiffe und die Öffnung eines japanischen Hafens für den Handel mit Amerika verlangt werden.

22. Aug. Eine russische Kriegsflotte mit gleichartigen Forderungen im Hafen von Nagasaki.

1854 13. Febr. Kommodore Perry kommt mit zehn Schiffen zurück, um sich eine Antwort der Regierung zu holen.

Vertrag von Kanagawa **31. März** Im *Vertrag von Kanagawa* gelingt es ihm, die geforderten Konzessionen der Schogunats-Regierung zu erreichen.

1854/1861 Es folgen Verträge mit Großbritannien (1854), Russland (1855), den Niederlanden (1856), Frankreich und Preußen (1861).

1856 Als erster diplomatischer Vertreter der USA nimmt Townsend Harris seinen Amtssitz in Shimoda, den er bereits im kommenden Jahr in die Hauptstadt verlegen darf.

1859 In Edo etablieren sich auch eine britische und eine französische Vertretung.

1863/1865 Nach fremdenfeindlichen Zwischenfällen in den Häfen kommt es zur Beschießung von Kagoshima (1863) durch ein britisches Geschwader, zur Beschießung des Forts von Shimonoseki (1864) durch eine britisch-niederländisch-französisch-amerikanische Flotte und schließlich zu einer gemeinsamen Flottendemonstration der Westmächte in der Bucht von Edo (1865). Daraufhin werden die vom Schogunat mit den ausländischen Mächten geschlossenen Verträge vom Kaiserhof ratifiziert.

1867 9. Nov. Der 15. Schogun Yoshinobu Tokugawa (*1837, †1913) bietet dem Kaiser seinen Rücktritt an.

Meiji Tenno **1868 3. Jan.** Der junge Kaiser Mutsuhito (*1852, †1912) übernimmt unter dem Regierungsnamen *Meiji Tenno* selbst die Herrschaft. Damit ist das Schogunatssystem nach 700 Jahren abgeschafft, und die Modernisierung des Landes beginnt.

Meiji-Zeit (1868–1912)

Reform- u. Modernisierungsprozess Die Meiji-Zeit steht im Zeichen eines *Reform- und Modernisierungsprozesses*, zu dem die Abschaffung des Feudalsystems, die Rücknahme der Lehen, die Zentralisierung der Verwaltung durch Errichtung eines Präfekturalsystems und der allmähliche Übergang zum konstitutionellen Regierungssystem gehören.

Tokio 1869 Der Kaiser verlegt den Hof von Kyoto nach Edo, das den neuen Namen *Tokio* (östliche Hauptstadt) erhält. Zu den einzelnen Reformen gehören die Revision der Rechtskodizes, eine Währungsreform, die Modernisierung des Militärs unter französischer und preußischer Unterstützung, die Übernahme des westlichen Kalenders, die Einführung der allgemeinen Schulpflicht, die Errichtung eines modernen Post- und Kommunikationssystems und die Gründung von Eisenbahnlinien.

Nach dem Rückfall der Lehen an den Kaiser werden die Lehnsherren als kaiserliche Beamte mit der Verwaltung der neu geschaffenen Präfekturen und Distrikte beauftragt.

1872	Die *erste Eisenbahnlinie* wird mit Hilfe britischer Ingenieure von Tokio nach Yokohama verlegt. Mit der Gründung der – im nächsten Jahr aufgelösten – Patriotischen Partei erhält Japan die erste politische Partei.	*erste Eisenbahnlinie*
1875	In einem Abkommen mit Russland erkennt Japan die russischen Rechte auf Sachalin und Russland den japanischen Besitzanspruch auf den Kurilen an.	
1876	Ein auf die Abschaffung des Samuraistandes und die Aufhebung der Samuraipensionen folgender Aufstand in Satsuma wird von der reorganisierten kaiserlichen Armee niedergeschlagen.	
1877/1879	Japan besetzt die Bonin- und Ryukyu-Inseln.	
1881	Als politische Parteien bilden sich die Liberale Partei (Jiyuto) und die Konstitutionelle Fortschrittspartei (Rikken Kaishinto), die sich jedoch noch vor Einberufung des ersten Parlaments selbst auflösen.	
1885 22. Dez.	Das erste moderne Kabinett unter dem Vorsitz von Fürst Hirobumi Ito (*1841, †1909) als Premierminister wird gebildet.	
1889 11. Febr.	Nach längeren Debatten tritt die *Reichsverfassung* in Kraft: Japan wird zur erblichen Monarchie, der Kaiser als „heiliges und unverletzliches" Staatsoberhaupt ist Oberkommandierender des Heeres und der Flotte, übt mit Zustimmung des Reichstags die gesetzgebende und mit der Zustimmung seiner Minister die exekutive Gewalt aus. Das aus Herrenhaus und gewähltem Unterhaus bestehende Parlament kann keine effektive Kontrolle über die Regierung ausüben, da die Minister nur dem Kaiser verantwortlich sind.	*Reichsverfassung*
1890 1. Juli	Bei den ersten *Parlamentswahlen* erringen die Liberale Partei (Jiyuto) mit 130 und die Reformpartei (Kaishinto) mit 41 von 300 Sitzen die absolute Mehrheit. Die Regierung des Generals Aritomo Yamagata (*1838, †1922) kann sich nur auf die 79 Abgeordneten der Gesellschaft für Große Errungenschaften (Taiseikai), die fünf Sitze der Nationalliberalen Partei (Kokumin jiyuto) sowie einige der 45 unabhängigen Abgeordneten stützen.	*Parlamentswahlen*
1894 1. Aug.	Streit mit China um die Oberhoheit auf der koreanischen Halbinsel führt zum *Chinesisch-Japanischen Krieg*. Die japanische Armee ist außerordentlich erfolgreich und kann Seoul und Pyöngyang besetzen. Nach der Landung der japanischen Flotte auf der Schantung-Halbinsel muss die chinesische Flotte kapitulieren.	*Chinesisch-Japanischer Krieg*
1895 17. April	Im *Frieden von Shimonoseki* tritt China Formosa (Taiwan) und die Inselgruppe der Pescadoren ab, zahlt eine Kriegsentschädigung und erkennt die Unabhängigkeit Koreas an.	*Friede von Shimonoseki*
1898 21. Juni	Die Liberale Partei und die Reformpartei schließen sich zur Verfassungspartei (Kenseito) zusammen.	
30. Juni	Nach dem Rücktritt des Dritten Kabinetts Ito bildet die Verfassungspartei die erste Parteienregierung.	
1899	Japan erreicht die Revision der Verträge mit den Westmächten und die Aufhebung der Exterritorialitätsrechte.	
1900 Sept.	Die Verfassungspartei reorganisiert sich unter dem Vorsitz Fürst Itos als Konstitutionelle Partei (Seiyukai); in dieser Form bleibt sie bis 1940 bestehen.	
1900–1901	Bei der Niederwerfung des Boxeraufstands in China nimmt Japan auf der Seite der Großmächte teil.	
1902 30. Jan.	Ein *Bündnisvertrag mit Großbritannien* richtet sich gegen russische Bestrebungen im ostasiatischen Raum und verpflichtet zur Aufrechterhaltung des Status quo in China und Korea. Eine Einigung mit Russland über die Abgrenzung jeweiliger Einflusssphären in Korea und der Mandschurei kommt nicht zu Stande.	*Bündnis mit Großbritannien*
1904 9. Febr.	Japan bricht die Verhandlungen mit Russland ab (5. Febr.). Zwei Tage vor der offiziellen Kriegserklärung beginnt Japan mit einem Überraschungsangriff auf die russische Flotte in Port Arthur den *Russisch-Japanischen Krieg*. Japanische Truppen blockieren Port Arthur, besetzen ganz Korea und marschieren in der Mandschurei gegen die russischen Stellungen vor.	*Russisch-Japanischer Krieg*
26. Aug.–3. Sept.	Die russische Feldarmee wird in der Schlacht bei Liao-yang gegen Mukden zurückgetrieben. Erstürmung von Port Arthur (2. Jan.).	
1905 27. Febr.–7. März	Die frei gewordene japanische Armee rückt von Port Arthur ab und nimmt an der Entscheidungsschlacht von Mukden teil.	
27./28. Mai	Mit der Vernichtung der aus Europa herbeigeholten Baltischen Flotte Russlands in der Seeschlacht von Tsushima ist der japanische Sieg gesichert.	
5. Sept.	Im *Frieden von Portsmouth* verpflichtet sich Russland zur Räumung der Mandschurei, tritt Südsachalin an Japan ab, überträgt die Pachtverträge für die Liao-tung-Halbinsel mit Dairen und Port Arthur an Japan und erkennt die japanische Hegemonie in Korea an.	*Friede von Portsmouth*
1906	Fürst Hirobumi Ito wird japanischer Generalresident des Protektorats Korea (1. Febr.).	
1909	Ermordung des Fürsten auf einer Reise in der Mandschurei (26. Okt.).	

Annexion Koreas	**1910** 22. Aug.	Hirobumi Itos Ermordung dient als Vorwand für die *Annexion Koreas* durch das japanische Kaiserreich.

Taisho-Zeit (1912–1926)

	1912 30. Juli	Nach dem Tode des Meiji Tenno besteigt sein Sohn Yoshihito (*1879, †1926) unter dem Titel Taisho Tenno den Thron, übt jedoch keine Amtsgeschäfte aus.
	1913	Durch die Reorganisation der ehemaligen Fortschrittspartei als Gesellschaft der Gleichgesinnten (Doshikai), später Demokratische Partei (Minseito), wird das Zweiparteiensystem der Vorkriegszeit vollendet.
Erster Weltkrieg	**1914** 14. Aug.	Am *Ersten Weltkrieg* nimmt Japan gemäß den Bestimmungen des Bündnisvertrages auf der Seite Großbritanniens teil. Zu Beginn des Krieges fordert Japan in einem Ultimatum gemäß den Bestimmungen des Bündnisvertrages mit Großbritannien die Zurückziehung aller deutschen Flottenverbände aus chinesischen Gewässern und die Rückgabe des deutschen Schutzgebiets Kiautschou (Provinz Shantung) an China.
japanische Kriegserklärung	23. Aug. 7. Nov.	Als das Ultimatum unbeantwortet bleibt, *erklärt Japan dem Deutschen Reich den Krieg*. Japan erobert den deutschen Stützpunkt Tsing-tao (Tsingtau) in Shantung. Außerdem besetzt Japan die deutschen Südseekolonien auf den Marianen, den Karolinen, den Salomonen und den Marshallinseln, entsendet aber keine Truppen nach Europa.
	1915 5. Mai	Japan richtet an das neutrale China seine „Einundzwanzig Forderungen" (18. Jan.). Die praktisch auf ein Protektorat Japans über China hinauslaufenden Forderungen werden von der chinesischen Regierung weit gehend akzeptiert.
	1917	Chinas Hoffnung, durch den Kriegseintritt gegen Deutschland seine Rechte in Shantung wiederzuerhalten, erfüllt sich nicht, da Japan durch Geheimverträge mit Russland und Großbritannien abgesichert ist.
Mehrheitspartei	**1918** 29. Sept.	Nach dem Rücktritt des Premierministers Seiki Terauchi (*1849, †1919) bildet der Parteivorsitzende der Konstitutionellen Partei Takashi Hara (*1865, †1921) das erste Einparteienkabinett. Von da an ist der Anspruch des Führers der *Mehrheitspartei im Reichstag* auf Regierungsbildung anerkannt.
	1919	In der ersten Wahlrechtsreform erhalten alle männlichen Steuerzahler über 25 Jahren das Wahlrecht zum Unterhaus.
Mandatarmacht	**28. Juni**	Im Friedensvertrag von Versailles wird Japan zur *Mandatarmacht* der ehemals deutschen Pazifikinseln nördlich des Äquators bestimmt und übernimmt die ehemals deutschen Rechte in China mit der Auflage der späteren Rückgabe von Kiautschou an China.
	1921 12. Nov.– 1922	Auf der Washingtoner Konferenz verzichtet Japan auf einen Teil seiner „Einundzwanzig Forderungen" von 1915, gibt Kiautschou an China zurück, behält aber seine Rechte auf der Kwantunghalbinsel und in der östlichen Mongolei, insbesondere die Eisenbahnrechte.
Viermächteabkommen Neunmächteabkommen	6. Febr.	Das Britisch-Japanische Bündnis wird durch ein *Viermächteabkommen* zwischen Japan, den USA, Großbritannien und Frankreich ersetzt. Im Flottenabkommen verpflichtet sich Japan zu Rüstungsbeschränkungen. Durch das *Neunmächteabkommen* verpflichtet es sich zur Anerkennung der Unabhängigkeit Chinas und einer „Politik der offenen Tür".
	1921	Kronprinz Hirohito wird zum Regenten ernannt, als der schwer erkrankte Kaiser die Regierungsgeschäfte nicht mehr ausüben kann. Die innenpolitische Szene ist von den Auseinandersetzungen um die Entwicklung des parlamentarischen Systems und Wahlrechtsreformen bestimmt. Die Regierung, die unter dem Einfluss von Militärkreisen steht, hat das politische Übergewicht über das Parlament. Zwischen den beiden großen bürgerlichen Parteien zeichnet sich ein Machtgleichgewicht ab.
	1925 5. Mai	Die Kommunistische Partei wird in der Illegalität gegründet. Im neuen Wahlgesetz wird die Steuerqualifikation aufgehoben und damit das allgemeine gleiche Wahlrecht für Männer über 25 Jahre eingeführt.

Showa-Zeit (1926–1945/89)

Hirohito	**1926** 25. Dez.	Mit dem Tode des Kaisers Taisho übernimmt Prinzregent *Hirohito* (*1901, †1989) unter dem Titel Showa-Tenno den Kaiserthron.
	1930 22. April	Die Unterzeichnung des Londoner Flottenabkommens durch die gemäßigte Regierung Hamaguchi führt zu einer Welle nationalistischer Proteste.
	1931	Ermordung (25. Aug.) von Premier Osachi Hamaguchi (*1870, †1931).
Mukden	**18. Sept.**	Radikalistische Militärkreise inszenieren den Mandschurischen Zwischenfall, der Japan den Vorwand zur Besetzung von *Mukden* und der gesamten Mandschurei sowie wenig später der Loslösung der Mandschurei von China gibt.

1932 18. Febr.	Proklamation des unabhängigen Staates *Mandschukuo*, der jedoch faktisch japanisches Protektorat ist. Damit beginnt eine Periode der japanischen Expansion auf dem chinesischen Festland.	*Mandschukuo*
	Innenpolitisch führt die instabile Lage zu einer *nationalistischen Radikalisierung,* die sich in einer Häufung politischer Attentate äußert.	*Nationalismus*
15. Mai	Mit der Ermordung des Ministerpräsidenten Tsuyoshi Inukai (*1855, †1932) im Gefolge eines Militärputsches geht die Ära der Parteiregierungen zu Ende.	
1933 Febr.	In China gehen die Feindseligkeiten nach dem *Angriff auf Shanghai* in die Besetzung der Provinz Jehol über.	*Angriff auf Shanghai*
16. Febr.	Missbilligende Erklärung des Völkerbundes.	
27. März	Austritt Japans aus dem Völkerbund.	
31. Mai	Auch nach einem Waffenstillstand mit China versucht Japan seinen Einfluss auf dem Festland zu vergrößern.	
1934 1. März	Mit der Proklamation des letzten chinesischen Kaisers zum Kaiser von Mandschukuo gerät dieser Staat, der zunächst nur von Japan und El Salvador, später auch von den Achsenmächten anerkannt wird, in vollständige Abhängigkeit von Japan.	
1936 26. Febr.	Ein von jüngeren Offizierskreisen getragener *Militärputsch in Tokio* kann zwar niedergeschlagen und 17 führende Offiziere zum Selbstmord verurteilt werden, aber die Armee wird gleichzeitig zur einzigen politischen Ordnungsmacht im Lande.	*Militärputsch in Tokio*
25. Nov.	Bei der Unterzeichnung des Antikominternpakts mit Deutschland findet außenpolitisch die Annäherung an die Achsenmächte ihren demonstrativen Ausdruck.	
1937 7. Juli	Ein Feuerwechsel zwischen japanischen und chinesischen Truppen an der Marco-Polo-Brücke leitet den *Japanisch-Chinesischen Krieg* (bis 9. Sept. 1945) ein.	*Japanisch-Chinesischer Krieg*
5. Okt.	Proteste des Völkerbundes gegen das japanische Vorgehen bleiben unbeachtet.	
1938 5. Mai	Ministerpräsident Fürst Fumimaro Konoye (*1891, †1945) erlässt das Gesetz über die Generalmobilmachung, in dem neben Rohstoffkontingentierung und staatlicher Arbeitsmarktkontrolle auch die Pressefreiheit aufgehoben wird.	
22. Dez.	Proklamation der „Neuen Ordnung Ostasiens", in der die japanische Vorherrschaft gesichert werden soll. Infolge der Übergriffe japanischer Truppen in China verschlechtern sich die Beziehungen zu den Vereinigten Staaten.	
1939 26. Juli	Mit der Kündigung des Amerikanisch-Japanischen Handelsvertrags wird Japan von der Einfuhr kriegswichtiger Rohstoffe abgeschnitten.	
1940 30. März	Die Einsetzung einer japanfreundlichen Gegenregierung in Nanking unter Führung von Wang Ching-wei beantworten die USA durch verstärkte Hilfeleistungen an die Regierung Chiang Kai-shek.	
	Mit dem *Ausbruch des Zweiten Weltkriegs* in Europa und der Niederlage Frankreichs und der Niederlande werden die französischen und niederländischen Besitzungen im pazifischen Raum zu Hauptzielen der japanischen Expansionsbestrebungen.	*Ausbruch des Zweiten Weltkriegs*
Juli	In einer Regierungserklärung spricht Ministerpräsident Konoye von einer „göttlichen Mission" Japans, die *„Neue Ordnung Ostasiens"* auch auf Indochina und die Südsee auszudehnen.	*„Neue Ordnung Ostasiens"*
12. Juni 22. Sept.	Japan schließt einen Bündnisvertrag mit Thailand und beginnt mit Zustimmung der französischen Regierung des Marschalls Pétain mit der Besetzung strategisch wichtiger Punkte in Indochina.	
	Innenpolitisch geht dem außenpolitischen Expansionismus eine Wiederbelebung der Idee des Gottkaisertums und eine *Abwertung der parlamentarischen Demokratie* parallel.	*Abwertung der Demokratie*
27. Sept.	Die politischen Parteien werden zur Selbstauflösung gezwungen und durch die einheitliche Massenorganisation der „Vereinigung zur Förderung der Tenno-Herrschaft" (Taisei yokusankai) ersetzt.	
27. Sept.	Der *Dreimächtepakt* zwischen Japan, Deutschland und Italien verpflichtet die vertragschließenden Staaten auf die Dauer von zehn Jahren zur gegenseitigen Hilfeleistung im Falle des Kriegseintritts einer neuen Großmacht, lässt jedoch das Verhältnis zur Sowjetunion unberührt. Als Ziel des Pakts gilt die Herstellung einer „neuen Ordnung" in Asien und Europa.	*Dreimächtepakt*
1941 13. April	Außenminister Yosuke Matsuoka (*1880, †1946) schließt einen vierjährigen Nichtangriffspakt mit der Sowjetunion, als Japan von den deutschen Plänen gegen die Sowjetunion erfährt. Allerdings wird von sowjetischer Seite 1945 dieser Pakt gekündigt. Die Bemühungen Matsuokas um Verbesserung der Beziehungen zu den USA bleiben dagegen erfolglos. Die USA verlangen den Verzicht Japans auf seine Eroberungen auf dem Festland. Verhängung eines Ölembargos durch die USA.	
28. Aug.	Ein letzter Versuch Konoyes, durch eine Einladung an Präsident Franklin D. Roosevelt zu einer Besprechung auf hoher See die Ausweitung des Krieges zu vermeiden, scheitert.	

AUSSEREUROPÄISCHE WELT BIS 1945   Asien

General Hideki Tojo	16. Okt.	Als Konoye daraufhin vom Amt des Ministerpräsidenten zurücktritt, gelangt mit seinem Nachfolger General Hideki *Tojo* (*1884, †1948) die ultranationalistische Militärfraktion an die Macht.
Pearl Harbor	7. Dez.	Mit dem japanischen Überraschungsangriff auf den amerikanischen Flottenstützpunkt *Pearl Harbor*, bei dem die USA fünf Schlachtschiffe, 120 Flugzeuge und 2400 Mann verlieren, beginnt der Pazifische Krieg.
	Dez.	Japanische Truppen überrennen die Philippinen und besetzen Hongkong (27. Dez.) und Singapur (15. Febr. 1942).
	1942 16. Jan.	Japan marschiert mit thailändischer Unterstützung in Burma ein. Um die Jahresmitte 1942 beherrscht Japan im pazifischen und asiatischen Raum ein Herrschaftsgebiet mit mehr als 450 Mio. Einwohnern.
		Japanische Truppen stehen auf Neuguinea für den Angriff auf Australien bereit.
		Mit dem Frühjahr 1942 beginnen die amerikanischen Gegenangriffe.
Seeschlacht von Midway	5. Juni	In der *Seeschlacht von Midway* verliert die japanische Marine vier ihrer besten Flugzeugträger.
	7. Aug.	Die 1. amerikanische Marinedivision landet mit Amphibienfahrzeugen auf Guadalcanar, der größten Insel der Salomonen.
	1943 8. Febr.	Nach monatelangen Kämpfen zwingen die US-Truppen die Japaner zur Räumung der Insel Guadalcanar.
Konferenz von Tokio	1.–3. Nov.	Auf der *Konferenz von Tokio* wird unter der Teilnahme von Delegierten aus Mandschukuo, Thailand, Burma, den Philippinen, Indien und China (Nanking) der Plan einer „Großostasiatischen Wohlstandssphäre" ausgearbeitet. Die Hegemonialmacht tritt hier als Vorkämpfer der südostasiatischen Länder gegen den europäischen Kolonialismus auf. Insgesamt geht die japanische Politik in den besetzten Gebieten auf eine Förderung der einheimischen Unabhängigkeitsbestrebungen gegen die europäischen Kolonialherren aus. Da sich die japanische Besatzung aber durch unpopuläre Verwaltungsmaßnahmen verhasst macht, richten sich die nationalen Befreiungsbewegungen zugleich gegen die japanische Vorherrschaft.
	Dez.	Mit dem Einmarsch britischer Truppen in Burma wendet sich die Kriegslage endgültig zu ungunsten Japans, das nunmehr einen Verteidigungskrieg führen muss.
Schlacht bei Saipan *Rücktritt Tojos*	1944 15. Juni	Nach der amerikanischen Landung auf den Marianen und dem Zusammenbruch des japanischen Gegenstoßes in der *Flugzeugträgerschlacht bei Saipan* ist das Kriegskabinett Tojo zum Rücktritt gezwungen.
	22. Juli	Nachfolger General Tojos als Ministerpräsident wird General a. D. Kuniaka Koiso (*1879, †1950).
	1945 19. Febr. 1. April	Mit der amerikanischen Landung auf Iwojima nach über fünfzigtägiger Bombardierung und der Eroberung von Okinawa beginnt der Angriff der Alliierten auf das japanische Mutterland. Die Einnahme der beiden Inseln kostet über 60000 Tote.
Kamikaze-Taktik	7. April	Beginn der Todesfahrt des japanischen Superschlachtschiffs „Yamato", die nichts mehr an der Lage zu ändern vermag. Die nach dem „Götterwind" der Mongolenkriege benannte *Kamikaze-Taktik* der Selbstmordflüge japanischer Piloten auf alliierte Kriegsschiffe fordert über 2000 Opfer.
		Bei Luftangriffen amerikanischer Bomber auf japanische Großstädte werden Nagaoka, Kobe, Osaka und Tokio in Brand geworfen.
	26. Juli	Japan lehnt die in der Potsdamer Deklaration geforderte bedingungslose Kapitulation trotz der hoffnungslosen Lage ab, da unter anderem auch die Abdankung des Tenno gefordert wird.
Atombombe auf Hiroshima	6. Aug.	Daraufhin erfolgt durch die USA der Abwurf einer *Atombombe auf Hiroshima*, der über 90000 Tote fordert.
Kriegserklärung der Sowjetunion	8. Aug.	*Kriegserklärung der Sowjetunion* an Japan (schon 1943 von Stalin und Roosevelt in Teheran verabredet), der der Einmarsch sowjetischer Truppen in die Mandschurei folgt.
Atombombe auf Nagasaki	9. Aug.	Zweiter *Atombombenabwurf auf Nagasaki*, der den japanischen Widerstandswillen bricht.
	15. Aug.	Kaiser Hirohito verkündet, nachdem man sich über die Beibehaltung des Kaisertums geeinigt hat, die Kapitulationsbereitschaft Japans. Etwa 200000 Japaner, unter ihnen Fürst Konoye, begehen Selbstmord.
Kapitulationsurkunde	2. Sept.	Mit der Unterzeichnung der *Kapitulationsurkunde* an Bord des amerikanischen Schlachtschiffs „Missouri" geht die Regierungsgewalt in Japan praktisch auf den alliierten Oberkommandierenden General Douglas MacArthur über.
	9. Sept.	Im Waffenstillstand von Nanking kapitulieren auch die japanischen Chinaarmeen. – (Forts. S. 1794)

Südostasien bis 1945

Hinterindien und der Malaiische Archipel, also heute die Staaten Burma, Thailand, Laos, Vietnam, Kambodscha, Singapur und Malaysia sowie Indonesien, die Philippinen und das Sultanat (Protektorat) Brunei, bilden einen ethnisch und kulturell, historisch und politisch vielgestaltigen Raum. Menschliche Überreste sind seit dem Mittelpleistozän fassbar: Das Altpaläolithikum ist durch den *Homo erectus* (Java) bzw. durch Steinwerkzeuge (sog. Chopping-tools und Faustkeile der Acheuléen-Art) vertreten. Im Jungpaläothikum wird von Neuguinea aus (Landbrücke durch Absinken des Meeresspiegels) Australien besiedelt. Schon in die Übergangszeit zum Neolithikum gehören menschliche Skelettreste (Wadjak, Mitteljava) und Kulturerzeugnisse aus Java sowie die hinterindische Hoa-binh-Kultur (Abschlagbeile; Namen gebender Fundort westlich von Hanoi). Wohl erst im 3. Jt. wird zunächst Hinterindien von der Neolithisierung (Ausbreitung von Landwirtschaft und voller Sesshaftigkeit) erfasst: Frühneolithische Bacson-Kultur, gefolgt von der Dong-khoi-Kultur (beide Nordvietnam); neolithische Kulturen mit reich ausgebildeter Töpferei auf der Halbinsel Malakka. Hinterindische Kulturerscheinungen sind auch im Neolithikum Indonesiens festzustellen, das in dieser Zeit von den weddiden und paläomongoliden Homo sapiens-Gruppen besiedelt wird, auf welche die heutige Bevölkerung Indonesiens in ihrer überwiegenden Mehrzahl zurückgeht. Erst um 500 v. Chr. wird das Neolithikum in Hinterindien von der Bronzezeit abgelöst (Fundplätze Samrongsen in Kambodscha, Sa-huynh [Urnengräber mit Körperbestattung] und Oc-eo in Südvietnam). Übergang von der Bronze- zur Eisenzeit erfasst die *Dongson-Kultur* (2. Hälfte 1. Jt. v. Chr. bis 1. Jh. n.Chr.; Namen gebender Fundort in Nordvietnam; Bronzewaffen und Bronzetrommeln), die südchinesische und sogar europäische Einflüsse verarbeitet, weite Teile des östlichen Hinterindiens und strahlt bis nach Indonesien aus, das aber bald unter wachsende kulturelle Einwirkungen aus Indien gerät.

In den ersten Jh.n nach der Zeitenwende verbreiten indische Händler, Mönche und Priester ihre heimatliche Kultur über weite Gebiete Südostasiens. Das *Königreich Funan* im Mekong-Delta, dessen Macht bis an die Straße von Malakka reicht und das etwa von 200 bis 550 n. Chr. rege wirtschaftliche und politische Beziehungen mit Indien und China unterhält, entwickelt sich zum südostasiatischen Zentrum des Hinduismus und Buddhismus. Die Geschichte des Reichs von Funan endet in der zweiten Hälfte des 6. Jh.s mit der Rebellion des Vasallen Bhavavarman von Chen-la, der das *Khmer-Königtum* begründet; das Herrscherhaus von Funan existiert wahrscheinlich in der javanischen Sailendra-Dynastie weiter.

Der Untergang Funans begünstigt den Aufstieg des Reiches *Sri Vijaya* auf Sumatra, das nun die Kontrolle über den meistbefahrenen Seeweg der Region, die Malakkastraße, übernehmen kann. Zwischen Java, Sumatra, Chen-la und Champa (Königreich an der Küste nördlich des Mekong-Deltas) bestehen enge Verbindungen, die durch ein mit zahlreichen indischen Lehnwörtern durchsetztes Malaiisch als lingua franca gefördert werden. Die Herrscher konkurrieren im Bau von Tempelanlagen und Palästen nach indischen Vorbildern; Architektur und Bildhauerei überwinden dabei sehr bald das Stadium der bloßen Nachahmung und entfalten eine Fülle lokaler Stilarten. Während im Reich der Sailendra und in Sri Vijaya der *Buddhismus* dominiert, steht in Chen-la und Champa der *Siva-Kult* im Mittelpunkt des religiösen Lebens, überall aber vermischen sich die beiden Glaubensbekenntnisse und integrieren magische und animistische Vorstellungen ihres Einflussgebiets. Die Herrscher beschäftigen aus Indien eingewanderte Brahmanen als Ratgeber in Fragen der Staatsorganisation und des Zeremoniells. Der König wird als Inkarnation einer Gottheit oder als künftiger Buddha beschrieben, sein Reich als Mittelpunkt der Welt dargestellt. Zur Verherrlichung des Gottkönigtums entstehen gewaltige Bauwerke: sakrale Monumente wie der Borobudur und Städte wie Angkor. Der *Borobudur,* ein terrassenförmig angelegter Stupa (Reliquienhügel) von beispiellosen Ausmaßen, entsteht um 750 im Auftrag der Sailendra in Zentraljava. Die Khmer-Könige, beginnend mit Jayavarman II. (802–849), schaffen mit ihrer Hauptstadt *Angkor* ein Kunstwerk, dessen Vollendung mehr als dreihundert Jahre in Anspruch nimmt.

Eine Ausnahmestellung unter den südostasiatischen Staaten kommt *Vietnam* zu, das sich zwar auch zum Buddhismus bekennt, über Jh.e aber als chinesisches Protektorat (111 v. Chr.–939 n. Chr.) konfuzianischen und taoistischen Einflüssen ausgesetzt ist. Nach einer Zeit der Anarchie, die durch die Schwäche Chinas und die Fehden vietnamesischer Grundherren bestimmt ist, einigt 968 Dinh-Bo-Linh das Land unter seiner Herrschaft.

Die Ly-Dynastie (1009–1225) zentralisiert das Staatswesen nach chinesischem Muster und beginnt unter Ly-Thanh-Tong (1054–1072), der sich Kaiser von Dai-Viet nennt, mit der schrittweisen Annexion des Nachbarstaates Champa.

Im 9. und 10. Jh. wandern die Burmesen aus den nordöstlichen Randgebieten von Tibet und die Thai aus Yünnan in ihre heutigen Siedlungsgebiete ein. Sie treffen hier auf das Volk der Mon, das sie im Laufe der Zeit weit gehend assimilieren. Das Vorbild der hochentwickelten, indisierten Mon-Gesellschaft prägt die Kultur der Burmesen und Thai dauerhaft.

erstes burmesisches Reich	1044–1077	König Anawrahta gründet das *erste burmesische Reich*. Er unterwirft den Mon-König von Thaton (1057) und erobert das Irawaddi-Delta. Aus den besiegten Gebieten holt er sich die Baumeister und Handwerker für die Errichtung seiner Hauptstadt Pagan.
	1273	Die Könige von Pagan behaupten eine machtvolle Stellung, bis Narathihapate (1254–1286) sich weigert, an das von Mongolen beherrschte China Tribut zu entrichten, und eine Gesandtschaft Kublai Chans hinrichten lässt.
	1277–1287	Vier chinesische Strafexpeditionen verwüsten das Reich und führen zum Fall von Pagan. Die Thais errichten (seit 1253) eine Reihe von Kleinstaaten in Nord- und Mittelsiam.
Sukhothai-Reich	1292	Bedeutung erlangt das von einem früheren Vasallen der Khmer oberhalb der Menam-Flussgabelung begründete *Sukhothai*, das erstmals auf einer Inschrift aus der Zeit des Königs Ramkhamhaeng erwähnt wird. Die Thai entwickeln die von den Mon und Khmer gelernten Fertigkeiten weiter. Die in Bronze gegossenen Buddhastatuen im Sukhothai-Stil gehören zu den vollkommensten Erzeugnissen der südostasiatischen Kunst.
Königreich Ayuthya	1350	Ramthibodi I. (1350–1369) vereinigt die Gebiete von Lavo und U Thong am Unterlauf des Menam zum *Königreich Ayuthya* und bringt Sukhothai in seine Abhängigkeit.
	1351	Ramthibodi I. dringt nach Kambodscha vor und plündert Angkor, das durch die exzessive Bautätigkeit seiner Könige wirtschaftlich ruiniert ist und seine politische und kulturelle Vormachtstellung an Ayuthya abgeben muss.
Malakka	1414	Arabische, persische und indische Händler bekehren die Malaien zum Islam. Auf der Malaiischen Halbinsel nimmt der Herrscher von *Malakka* (Malaiische Halbinsel) unter dem Namen Megat Iskandar Shah den Islam an. Malakka entwickelt sich zur ersten islamischen Großmacht des Malaiischen Archipels. Es tritt an die Stelle des Hindu-Königreichs Majapahit auf Java, das im Laufe des 15. Jh.s zerfällt. Der *Islam* verbreitet sich in dieser Zeit
Islam		über die ganze Inselwelt bis zu den Philippinen; der Buddhismus wird völlig aus diesem Raum verdrängt, der Hinduismus kann sich nur noch auf den benachbarten Sundainseln Bali und Lombok halten.
europäischer Kolonialismus	1511	Mit der Eroberung von Malakka durch die Portugiesen beginnt der *europäische Kolonialismus*, in Südostasien Geltung zu erlangen. Der Besitz von Malakka sichert den Portugiesen die Kontrolle über die Hauptroute nach China und den Gewürzhandel mit den Molukken. Auch die Spanier suchen nun einen Teil des Südostasienhandels unter ihren Einfluss zu
	1521 16. März	kommen: Während seiner Weltumsegelung landet Fernhão de Magalhães auf der Insel Cebu und begründet die 378 Jahre dauernde spanische Herrschaft über die Philippinen.
niederländische Niederlassungen	nach 1595	Die portugiesische Dominanz im Malaiischen Archipel ist dagegen nur kurzfristig: Die *Niederländer* nämlich errichten nach einer ersten Erkundungsfahrt durch die Inselwelt eine Reihe von *Niederlassungen*. Dass die Portugiesen durch ihren religiösen Fanatismus bei den islamischen Malaien verhasst sind, erleichtert den Niederländern ihre Expansion.
	1641	Im Bündnis mit dem Sultan von Johore können die Niederländer die portugiesische Konkurrenz aus Malakka vertreiben.
		In dieser Zeit versuchen die Europäer auch in Indochina Fuß zu fassen; sie haben es hier aber mit wachsamen Regierungen zu tun, die den westlichen Einfluss in Schranken halten.
Dai-Viet	1662	In *Dai-Viet*, das (seit 1620) zwischen den Fürstenhäusern der Nguyen im Süden und der Trinh im Norden geteilt ist, während den Kaisern der Le-Dynastie nur formale Rechte verbleiben, erlassen die Trinh ein Edikt gegen die französische Missionstätigkeit.
		In Kambodscha können sich eine Zeit lang spanische Abenteurer festsetzen, die den Khmer-Königen zu einem Bündnis mit Spanien verhelfen sollen; diese Allianz kommt jedoch nicht zu Stande.
Streitobjekt Kambodscha	1690	*Kambodscha* wird von den Nguyen besetzt und bleibt bis zur Errichtung des französischen Protektorats (1863) ein *Streitobjekt zwischen den Vietnamesen und den Thais*.
		Während die Thais über Kambodscha die Oberherrschaft anstreben, haben sie selbst Mühe, ihre Souveränität gegen die Burmesen zu verteidigen, die (seit 1549) immer wieder in Siam
	1767	einfallen und schließlich die Hauptstadt Ayuthya zerstören.
Briten in Malaya	1786	Mit der Erwerbung der an der Straße von Malakka gelegenen Insel Penang beginnen sich die *Briten in Malaya* dauerhaft festzusetzen.
	1795	Die politischen Umwälzungen in Europa (Gründung der Batavischen Republik) geben den Briten Gelegenheit, die Niederländer aus Malakka zu vertreiben und (1811–1815) auch vorübergehend Java zu okkupieren.
Singapur	1819	Nach der Rückgabe Javas an die Niederländer gründen die Briten den Freihafen *Singapur*, der sich dank seiner strategisch günstigen Lage zu einem Knotenpunkt des britischen Weltreichs entwickelt. Von Indien aus gelingt es den Briten, weiter nach Südostasien vorzudringen.

1824–1826	Aus einem Streit über die territorialen Ansprüche auf Assam entsteht der *Erste Britisch-Burmesische Krieg*, in dem Großbritannien im Bündnis mit Siam den Sieg davonträgt. Burma muss Assam, Manipur, Arakan und Tenasserim an die Briten abtreten.	*Britisch-Burmesischer Krieg*
	Der Versuch der Niederlande, aus ihren unrentabel gewordenen indonesischen Besitzungen wieder hohe Profite zu erwirtschaften, führt zu einer wachsenden Verarmung der Bevölke-	
1825–1830	rung: Die *Javaner* erheben sich unter Führung des Fürsten Dipo Negoro gegen die Kolonialherren; 200 000 Javaner und 8000 Europäer fallen den Kämpfen zum Opfer.	*Java: Aufstand und*
	Die Niederländer führen das *„Cultuurstelsel" (Kultursystem)* ein: Jedes Dorf muss ein Fünftel seines Bodens mit für den Export geeigneten Früchten (Indigo, Zucker, Pfeffer, Kaffee, Tee, Tabak) bebauen. Der Ernteertrag wird mit der Grundsteuer verrechnet. Innerhalb von einer Dekade steigen dadurch die jährlichen Exporterlöse aus dem Archipel von 12,8 auf 74 Mio. Gulden.	*„Kultursystem"*
	Die vietnamesische Regierung wehrt sich erbittert gegen europäische Forderungen nach Sonderrechten in ihrem Hoheitsgebiet. Sie erkennt in der steigenden Zahl der christlichen Proselyten, die unter dem Einfluss französischer Missionare stehen, eine Gefahr für ihre Souveränität.	
1833	Mit Unterstützung von christlichen Gruppen zetteln unzufriedene Offiziere in den *südlichen Provinzen einen Aufstand* gegen die Zentralgewalt an. Dazu rufen sie die Thais zu Hilfe, die Vietnam die Vorherrschaft in Kambodscha streitig machen. Die Truppen des Kaisers Minh-Mang (1820–1841) können die Rebellen und ihre siamesischen Verbündeten vernichtend schlagen.	*Aufstand in Vietnam*
1834	Kambodscha wird als Provinz Tran-tay-thanh dem vietnamesischen Staatsgebiet angegliedert. Die christliche Mission muss ihre Aktivitäten vorübergehend ganz einstellen.	
1834–1841	Die Khmer empören sich gegen die vietnamesischen Eroberer und verwickeln sie in einen siebenjährigen Dschungelkrieg, der schließlich mit dem Rückzug der Besatzer und der *Wiedererrichtung des Königreichs Kambodscha* endet.	*Wiedererrichtung Kambodschas*
1845	Nun versuchen die Thais sich Kambodscha zu unterwerfen: Sie stoßen bis Phnom Penh vor, werden dann aber zurückgedrängt. Schließlich erklärt sich der Khmer-König zum Vasallen der Herrscher von Siam und Vietnam. Siam erhält die kambodschanischen Territorien Battambang und Siem Reap vertraglich zugesprochen.	
1851	Mit dem Regierungsantritt des Königs Mongkut (Rama IV.; *1804; 1851–1868) *öffnet sich Siam dem Westen.* Der König propagiert eine Reform der Verwaltung und des Militärwesens nach europäischem Muster.	*Öffnung Siams*
1852	Burma muss, den Briten ohnmächtig ausgeliefert, sein noch verbliebenes Küstengebiet abtreten.	
1855 18. April	Siam schließt ein Handelsabkommen mit Großbritannien ab; Verträge mit den USA, Frankreich, den Niederlanden, Preußen und anderen Staaten folgen. Die Ausweitung des Handels zieht Hunderttausende von chinesischen Einwanderern an, die sich vor allem in Bangkok niederlassen.	
1858 1. Sept.	Mit der Erklärung, die christliche Mission zu schützen, *durchbricht Frankreich die Isolation Vietnams*. Ein französisches Geschwader erobert den Hafen von Tourane (Da-nang), ohne jedoch sein Ziel, die flussaufwärts gelegene Kaiserstadt Hue, zu erreichen. In einer besser vorbereiteten Aktion gelingt es den Franzosen, sich festzusetzen: Während in Tonking einer ihrer Agenten mit Unterstützung der christlichen Gemeinde einen Aufstand entfesselt, greift ihre Marine das Mekong-Delta an.	*Frankreich greift Vietnam an*
1862 5. Juni	Vietnam wird zum Abschluss des Vertrags von Saigon gezwungen, in dem es Frankreich das östliche Cochinchina überlässt und sich zur Zahlung von vier Mio. Francs verpflichtet.	
1863 11. Aug.	Frankreich diktiert dem Khmer-König Norodom I. (1859–1904) ein *Protektoratsabkommen. Siam*, das Norodom als seinen Vasallen betrachtet, protestiert mit britischer Unterstützung gegen dieses Abkommen.	*Siam französisches Protektorat*
1867 15. Juli	Siam willigt schließlich ein, das Vasallenverhältnis aufzukündigen, als die Franzosen siamesische Ansprüche auf Battambang und Siem Reap anerkennen.	
1882 25. April	Frankreich, das mit Großbritannien um den Zugang zur chinesischen Provinz Yünnan konkurriert, fällt in Tongking ein, um sich diesen verschaffen und darüber hinaus den Rohstoffreichtum Nordvietnams ausbeuten zu können.	
1883 Aug.	Frankreich zwingt den Kaiser in Hue das französische Protektorat über Annam anzunehmen.	
1885	Unter Berufung auf das Protektorat erhebt Frankreich in Bangkok Einspruch gegen die Annexion der laotischen Königreiche Luang Prabang, Vientiane und Champassak. Siam soll diese Territorien an Vietnam abtreten.	

Großbritannien erobert Burma	1885/1886	*Großbritannien erobert*, ebenfalls mit dem Blick auf Yünnan, ganz *Burma* und gliedert es als Provinz in sein indisches Imperium ein (1. Jan. 1886). Den burmesischen Widerstand gegen die Okkupanten erstickt die Kolonialmacht durch Vernichtungsfeldzüge, die von Massenexekutionen und der Ausrottung ganzer Dörfer begleitet sind. Weil ihre Haupteinnahmequelle der Reisexport ist, fördert die Kolonialverwaltung einseitig den Reisanbau; eine inflationäre Preisentwicklung und die zunehmende Verschuldung der Bauern bei indischen Geldverleihern und chinesischen Händlern ist die Folge.
	1888	Sultanat Brunei auf Borneo wird britisches Protektorat.
	1893 13. Juli– 5. Aug.	Um den Ansprüchen auf Laos Nachdruck zu verleihen, blockieren französische Kanonenboote den Hafen von Bangkok; die Thais, die vergeblich auf eine britische Intervention zu ihren Gunsten hoffen, müssen nachgeben.
Vertrag von Hongkong	3. Okt.	Im *Vertrag von Hongkong* verzichten die Thais auf alle Gebiete am linken Mekong-Ufer.
	1896	Auf den Philippinen schließt sich eine Gruppe um den Schriftsteller José Protasio Rizal (*1861, †1896) zur Liga Filipina zusammen und fordert von der spanischen Kolonialregierung soziale Reformen.
	1896 30. Dez.	Die Verhaftung und Hinrichtung Rizals provoziert eine nationalistische Protestbewegung, die in einen Befreiungskrieg mündet.
	1898 12. Juni	Mit Hilfe der USA, die sich im Krieg gegen Spanien befinden, können die Nationalisten die Besatzungstruppen besiegen.
Philippinen		Die *Philippinen* erklären sich nun für unabhängig.
	13. Dez.	Entgegen ihren ursprünglichen Versprechungen erkennen die USA die Unabhängigkeitserklärung nicht an, sondern lassen sich im Friedensvertrag mit Spanien ihre kolonialen Ansprüche auf das Archipel bestätigen.
Indonesien	1908	Von Java aus gelingt es den Niederländern, ihre Macht nach und nach über ganz *Indonesien* auszudehnen: Mit der nach einem über dreißigjährigen Krieg abgeschlossenen Unterwerfung von Atjeh sind sie Herren über die gesamte Insulinde.
	1909	Die Briten arrondieren ihr Kolonialgebiet auf der Malaiischen Halbinsel, indem sie Siam nötigen, ihnen die Herrschaft über die Sultanate Kedah, Perlis, Kelantan und Trengganu zu überlassen. *Malaya* ist vor allem wegen seiner Zinnvorkommen von wirtschaftlicher Bedeutung. Da die einheimische Bevölkerung es ablehnt, in den Minen zu arbeiten, begünstigt die Kolonialverwaltung die Einwanderung von Chinesen. Inder werden besonders für die Arbeit auf den Gummiplantagen rekrutiert.
Malaya		
Entstehung eines Bürgertums Nationalismus		Als Ergebnis der durch die Kolonialmacht vorangetriebenen wirtschaftlichen Umwälzungen entsteht in Indonesien wie auch in den anderen Staaten Südostasiens eine *einheimische bürgerliche, nationalistisch gesinnte Gesellschaftsschicht*.
	1912	Mit der Gründung der Sarekat Islam (Islamische Vereinigung) wird der *Nationalismus* in Indonesien zu einer Massenbewegung.
	1914	Unter dem Einfluss niederländischer Sozialisten konstituiert sich in Indonesien eine sozialdemokratische Partei.
	1920 23. Mai	Die sozialdemokratische Partei schließt sich nach dem Ersten Weltkrieg unter dem Namen Perserikatan Kommunist di India (PKI) der Komintern an.
	1926 12. Nov.	In falscher Einschätzung des Kräfteverhältnisses ruft die PKI zum revolutionären Befreiungskrieg auf; die Erhebung scheitert nach wenigen Wochen an der Überlegenheit der Kolonialarmee.
Achmed Sukarno	1927 4. Juni	Nach der Zerschlagung der PKI übernimmt die von *Achmed Sukarno* (*1901, †1970) gegründete Partai Nasional Indonesia im Kampf gegen die Niederländer die Führung.
Ho-Chi-Minh	1929	In Annam, Cochinchina und Tongking konstituieren sich kommunistische Parteien. *Ho-Chi-Minh* (eigentlich: Nguyen-Ai-Quoc; *1894, †1969) erreicht den Zusammenschluss der drei Organisationen in der Kommunistischen Partei Indochinas. Im selben Jahr entstehen auch in Malaya und auf den Philippinen kommunistische Parteien.
	1932 24. Juni	Versorgungsschwierigkeiten im Gefolge der Weltwirtschaftskrise und eine allgemeine Unzufriedenheit der siamesischen Mittelschicht über ihre geringen Aufstiegschancen und die Bevorzugung von Adligen und ausländischen Beratern in Verwaltung und Militär kulminieren in einem Offiziersputsch.
Siam erhält eine Verfassung	10. Dez.	*Siam erhält eine Verfassung*; die Rechte des Königs werden eingeschränkt. Die Masse der Bevölkerung bleibt jedoch von den Veränderungen unberührt.
	1935 15. Nov.	Die Philippinen erhalten von den USA die Teilautonomie; Außenpolitik und Verteidigung verbleiben unter Kontrolle eines US-Hochkommissars.
Aung San in Burma	1937 1. April	Einen ersten Erfolg im Kampf gegen die Kolonialmacht kann in *Burma* die nationalistische Studentenbewegung der Thakin unter Führung von *Aung San* (*1916, †1947) verzeichnen, als die Briten Burma aus ihrem indischen Imperium herauslösen und dem Land die Teil-

1938	In Siam übernimmt eine *Militärjunta* unter Luang Pibul Songgram (*1897, †1964) die Regierung (26. Dez.).	*Militärjunta*
1939 23. Juni	Phibun führt den Namen *Thailand* ein, um den Herrschaftsanspruch seines Regimes über alle Thai-Völker der indochinesischen Halbinsel zu manifestieren.	*Thailand*
1941 9. Mai	Mit japanischer Unterstützung erreicht Phibun im Vertrag von Tokio die Rückgabe der 1893 an Frankreich verlorenen Gebiete. Japan nutzt die Schwäche des besiegten Frankreich, um sich in Vietnam festzusetzen.	
Mai	Mit dem Ziel, den japanischen Imperialismus und den französischen Kolonialismus zu zerschlagen, schließen sich Kommunisten und bürgerliche Nationalisten zur Liga für die Unabhängigkeit Vietnams (*Viet-minh*) zusammen.	*Viet-minh*
8. Dez.	Die *japanische Offensive* bringt, beginnend mit dem Angriff auf die Philippinen, in wenigen Monaten das koloniale System in ganz Südostasien zum Einsturz. Einige nationale Befreiungsbewegungen begrüßen zunächst die Ankunft der Japaner, so die burmesischen Thakin unter Aung San, die mit einem Freiwilligenheer die japanische Kriegsführung unterstützen.	*japanische Offensive*

Beginn der Tabelle:

autonomie gewähren; einem burmesischen Ministerpräsidenten steht ein britischer Gouverneur zur Seite.

1943	Mit japanischer Billigung erklären die Thakin die Unabhängigkeit Burmas (1. Aug.).	
Sept.	Auf den Philippinen kollaborieren rechtsgerichtete Nationalisten mit Japan und rufen unter dessen Schutz eine unabhängige Republik aus, während die Antijapanische Volksarmee (Huk) im *Widerstand gegen die Besatzungsmacht* kommunistische Basisgebiete errichtet.	*Widerstandsbewegungen*
Okt.	In Indonesien rekrutieren die Anhänger Sukarnos einheimische Militäreinheiten, die von Japanern ausgebildet werden. Auf der Malaiischen Halbinsel ist die anti-kolonialistische Bewegung in der autochthonen Bevölkerung erst schwach entwickelt. Die Malaiische anti-japanische Volksarmee, die von ihren Dschungelstützpunkten aus einen Partisanenkrieg führt, setzt sich hauptsächlich aus Chinesen zusammen. Ihr Ziel ist die Vertreibung der Japaner und Briten und die Schaffung einer Republik, in der alle Rassen gleichberechtigt leben.– (Forts. S. 1803, 1804, 1807, 1810, 1812, 1814, 1818, 1821, 1823, 1823, 1827)	

Australien und Ozeanien mit Neuseeland bis 1945

Endogene Kulturen

Australien

Der fünfte Erdteil ist – abgesehen von einigen schmalen, regenreichen und tropisch-fruchtbaren Küstenregionen – weit gehend bedeckt von Buschland, Trockensavannen und Wüsten mit einer eigenen, zum Teil recht urtümlichen Pflanzen- und Tierwelt. Bis zur Entdeckung und Besiedlung durch die Europäer liegt Australien weitab von jedem weltgeschichtlich bedeutsamen Geschehen. Seine isolierte Lage, die verhältnismäßig ungünstigen Lebensbedingungen sowie die ausgeprägte Traditionsverbundenheit seiner Urbewohner, der so genannten Uraustralier (heute auch „Aborigines"), wirken bis zur Landnahme der Europäer hemmend auf bestimmte zivilisatorische Weiterentwicklungen und begünstigen die Erhaltung sehr altertümlicher Kulturen, die – trotz mannigfacher lokaler Sonderformen – insgesamt erstaunlich homogen sind.

erste Besiedlung Australiens
Wie neuere Radio-Karbon-Datierungen zeigen, erfolgt die *erste Besiedlung Australiens* bereits im späten Pleistozän (ca. 35000–30000 v. Chr.), zu einer Zeit, da der Kontinent noch durch eine mehr oder minder geschlossene Landbrücke (Philippinen, Indonesien, Neuguinea) mit Asien verbunden ist. Erste Siedler sind die Tasmaniden, rundköpfige, dunkelhäutige und kraushaarige Menschen, die von Südost-Asien über das südliche Neuguinea nach Australien gelangen. Wenig später werden sie von neuen Einwanderern, den Australiden, die in mehreren Schüben auf der gleichen Migrationsroute nach Australien kommen, absorbiert bzw. auf die Südost-Australien vorgelagerte Insel Tasmanien abgedrängt.

Australide
Anthropologisch gelten die *Australiden* als eigene Rasse, die durch einen hohen, schlanken Körperbau, längliche Schädelformen, vorspringende Kiefer, schlichtes oder welliges Haar von dunkler Farbe und eine hell- bis dunkelbraune Hautpigmentierung charakterisiert wird. Die Nachfahren der frühen Einwanderer, hervorgegangen aus der Vermischung von Tasmaniden und Australiden, siedeln zur Entdeckungszeit weit verstreut über den ganzen Kontinent. Die damals wahrscheinlich nicht mehr als 300000 Menschen zählenden Uraustralier gliedern sich in rund 500 Stämme oder Ethnien mit beinahe ebenso vielen eigenen Sprachen.

australische Sprachgruppen
Linguistisch unterscheidet man zwei große *australische Sprachgruppen*. Die Sprachen der südaustralischen Gruppe besitzen einige morphologische, lexikalische und grammatikalische Gemeinsamkeiten, die den Sprachen der nordaustralischen Gruppe weit gehend fehlen. Allen australischen Sprachen ist jedoch ein großer Formenreichtum des Verbums und eine nur sehr geringe Ausbildung des Zählsystems eigen. Der Verständigung über die Stammesgrenzen hinaus dient vielerorts eine hoch entwickelte Gestensprache.

Wirtschaft
Die *Wirtschaft* basiert ausschließlich auf der extensiven Nutzung der natürlich vorkommenden Nahrungsressourcen. Die Uraustralier beharren auf dieser „aneignenden" Wirtschaftsweise des Wildbeutertums, nirgendwo und zu keiner Zeit gelangen sie zu produktiven Methoden der Nahrungsbeschaffung. Sie leben als Jäger und Sammler, die bei ihrer Nahrungsfürsorge lediglich eine geschlechtsspezifische Arbeitsteilung kennen. So jagen die Männer mit Ausdauer und großem Geschick das Großwild (z. B. Känguruh, Wallaby, Dingo, Emu). In den Küstenregionen gehört auch der mit viel Einfallsreichtum betriebene Fischfang zu ihren Aufgaben. Die Frauen sammeln dagegen essbare Wurzeln, Blätter, Früchte, Grassamen, Honig, Larven, Eier und allerlei Kleintiere. Die wildbeuterische Lebensweise erlaubt den Uraustraliern nicht, in größeren Sozialverbänden zusammenzuleben, sondern zwingt sie, in kleinen, höchstens 20

Horden
bis 200 Menschen umfassenden *Horden* ein angestammtes, genau abgegrenztes und insbesondere in den ariden Zonen recht ausgedehntes Territorium zu durchstreifen, in ständiger Suche nach der täglichen Nahrung. Hierbei bestimmen der Wildwechsel und die Reifezeiten der wild wachsenden Nahrungspflanzen die Wanderungen der Horden innerhalb ihres Jagdgebietes, das sie immer gegen fremde Eindringlinge zu schützen suchen.

Ihre mobile Lebensweise hindert die Uraustralier daran, dauerhafte Siedlungen anzulegen. Der günstigste Ort für die augenblickliche Nahrungsbeschaffung und die in ariden Zonen seltenen Wasserstellen sind ausschlaggebend für die Wahl des Lagerplatzes, wo zum vorübergehenden Schutz gegen Regen und Wind ein aus Zweigen und Gräsern gefertigter „Windschirm" oder, bei längerem Aufenthalt, aus dem gleichen Material einfache Hütten errichtet werden. Diese temporären Lager sind Schlafstätte und Aufbewahrungsort für die wenigen Habseligkeiten, wie Waffen, Schmuck, Hausrat.

Die *unproduktive Wirtschaftsform* der Uraustralier verlangt von ihnen eine bestmögliche Anpassung an die natürlichen Gegebenheiten ihres Lebensraumes und erfordert zudem eine ständige Mobilität. Damit entfallen der Anreiz und die Notwendigkeit, kompliziertere Techniken für die planvolle und gestaltende Naturbeherrschung zu entwickeln, zum anderen ist, schon wegen des Fehlens von Lasttieren oder anderen Mitteln für Großtransporte, die bewegliche Habe auf das Notwendigste zu beschränken. Dementsprechend einfach sind die Technik und der materielle Kulturbesitz der Uraustralier.

unproduktive Wirtschaftsform

Ihre *Technik*, in der sich alt- und jungsteinzeitliche Fertigkeiten nebeneinander finden, kennt als Produktionsmittel nur die menschliche Muskelkraft, Feuer, Wasser und sehr primitive, aber zweckmäßige Werkzeuge, wie Steinbeile, Stein- und Muschelschaber, Knochenpfrieme und -nadeln, Stichel aus Tierzähnen. Die wichtigsten Fertigungstechniken sind die Steinbearbeitung (Behauen und Retuschieren, aber auch Schleifen und Polieren), die Holzbearbeitung (Schnitzen, Glätten, Härten) sowie verschiedene textile Verfahren (Drillen, Zwirnen, Netzen, Knüpfen, Flechten). An Rohstoffen werden neben Stein und Holz vor allem Fasern, Rinde, Bast, Samenkapseln, Knochen, Zähne, Felle, Federn, Conchyliengehäuse usw., jedoch keinerlei Metalle verarbeitet.

Technik

Der materielle Kulturbesitz ist, wenn auch mit lokalen Unterschieden, insgesamt außerordentlich typenarm und schlicht, dabei aber stets sinnreich und oft auch mit ästhetischem Bemühen gestaltet. Kleidung fehlt, abgesehen von den aus Menschenhaar gefertigten Wulstgürteln und den sehr seltenen, aus Opossum- oder Känguruhfellen bestehenden Wetter-Umhängen. Reichhaltiger ist dagegen der Schmuck. Dazu gehören neben der Körperbemalung und den Schmucknarben (Skarifikation) Ketten aus Conchyliengehäusen, rot gefärbte, mit Tierzähnen besetzte Zierschnüre, Kopfschmuck aus Federn oder Känguruh-Haaren, genetzte Stirn- und Armbänder sowie Gehänge aus Haliotis- oder Perlmutt-Schalen, die mit geometrischen Ritzmustern verziert sind und primär eine zeremonielle Funktion haben, im interethnischen Handel zudem auch als Geldersatz dienen. Das schlichte Wirtschaftsgerät und der karge Hausrat bestehen aus Grabstöcken mit feuergehärteter Spitze, Reibsteinen zum Zerkleinern von Samen und Wurzeln, „Feuersäge" oder „Feuerquirl" sowie Holzmulden, Rindenbehältnissen und Netztaschen für den Transport. Die zur Jagd, im Kampf und bei gewissen Kulthandlungen verwendeten Waffen sind vor allem aus Eukalyptus- oder Akazienholz geschnitzte Speere, mit feuergehärteter, zuweilen mit Widerhaken versehener Spitze. Einzelne Stämme haben auch mit Steinspitzen armierte Speere. Um die Hebelkraft des Wurfarmes zu verstärken, schleudert man diese Fernwaffen mit Hilfe eines so genannten „Speerwerfers", ein brett- oder stabförmiges Holzstück, das einen Zapfen als Widerlager für das Schaftende des Speeres besitzt. Hinzu kommen zahlreiche Typen von Schlag- und Wurfkeulen sowie flache, kniefömig gekrümmte Wurfhölzer (Bumerang), die *Jagd- und Kampfwaffen* sind oder, wenn sie als „Wiederkehr"-Wurfholz konstruiert sind, bei Spielen und Wettkämpfen gebraucht werden. Gegen die Speere und Wurfhölzer schützt man sich mit schmalen Parier- oder „Stock"-Schilden, andernorts auch mit großen, ovalen, reich ornamentierten Holzschilden. Herstellung, Besitz und Gebrauch des Zeremonialgerätes ist ausschließlich den initiierten Männern vorbehalten. „Botenstäbe" mit eingeritzten Zeichen laden zum zeremoniellen Tausch und zu Kultfesten. Schwirrhölzer und Holztrompeten lassen im Kult die Stimmen der Ahnengeister erklingen. Heiligster Besitz sind die aus Schiefer oder Holz gefertigten, mit sakralen Symbolen bedeckten „Tjurunga", in denen bestimmte Ahnengeister wohnen und die alles bewirkende Schöpfungskraft der mythischen Urzeit gegenwärtig ist.

materieller Kulturbesitz

Jagd- und Kampfwaffen

Im Gegensatz zu der Schlichtheit des materiellen Kulturbesitzes ist die *Sozialordnung der Uraustralier*, die in einem tiefgründigen religiösen Weltbild verankert ist, von hoher Komplexität. Sie leben in losen Stammesverbänden, denen jedoch kaum eine politische Bedeutung zukommt. Wichtigste politische Einheit ist vielmehr die wirtschaftlich autarke Lokalgruppe („Horde"), die sich aus mehreren Großfamilien zusammensetzt. Die Macht liegt in Händen von Familien- und Gruppenältesten, deren Autorität in ihrer Weisheit und Lebenserfahrung gründet. Sie entscheiden in weltlichen und kultischen Angelegenheiten und genießen kraft ihres Ansehens zahlreiche Privilegien. Die oberste politische Instanz ist der aus den Ältesten gebildete Stammesrat, der unbeschränkt über Krieg und Frieden, Tod und Leben gebietet, die Anordnungen der Gruppenchefs kontrolliert und die Interessen der Gemeinschaft gegen die Willkür des einzelnen schützt. Neben den Lokalgruppen bestehen überregionale Sozialverbände auf „totemistischer" Grundlage. Bestimmte Gruppen von Individuen fühlen sich in einer engen mystischen Beziehung mit gewissen Tier- oder Pflanzengattungen, den so genannten Totem, verbunden. Diese Beziehung, die sich einerseits als verwandtschaftliche, andererseits als schicksalsmäßige Bindung darstellt, fußt auf dem Glauben, jene Gruppen und ihre Totem hätten einen gemeinsamen, mythischen Ahnen. Sie regelt zugleich das Verhalten der Gruppe gegenüber dem Totem (rituelle Meidungsvorschriften usw.). Die wichtigste Auswirkung dieser Vorstellungen ist im sozialen Bereich der Zusammenschluss von Angehörigen gleicher Totem zu *Klanen* von überregionaler Bedeutung, die eine gemeinsame mythische und kultische Tradition besitzen. Die *totemistischen Klane* sind exogam, sexuelle Verbindungen zwischen Angehörigen desselben Totem werden als Inzest mit dem Tode bestraft. Daneben gilt die „Lokalexogamie", die Angehörigen derselben „Horde" die Heirat verbietet. Zusätzliche Ehehindernisse folgen vielerorts aus der Gliederung des Stammes in exogame Hälften, die ihrerseits in zwei oder vier Sektionen unterteilt sein können. Die

Sozialordnung der Uraustralier

totemistische Klane

totemistische Ordnung und das klassifikatorische Verwandtschaftssystem (Klassifizierung aller Individuen nach Verwandtschaftsgraden unabhängig von dem biologischen Verwandtschaftsverhältnis) bestimmen das gesamte soziale Verhalten, die Wahl des Ehepartners ebenso wie den zeremoniellen Geschenkeaustausch oder die Sitzordnung bei den Kultfeiern.

mythische Traditionen — Der Komplexität der Sozialordnung entspricht ein großer Reichtum an *mythischen Traditionen*, in deren Mittelpunkt die in der Urzeit auf der Erde lebenden „Großen Traumwesen" stehen. Sie erfüllten die Welt mit schöpferischer Lebenskraft, die seitdem an besonders heiligen Orten wirksam bleibt. Diese sind die Kultstätten, an denen man in festlicher Vergegenwärtigung des Urzeitgeschehens für das Fortwirken jener allbewegenden Lebenskraft sorgt. Die mythischen Ahnen, die einst als Kulturbringer gewirkt haben und auf die daher die Sozialordnung zurückgeführt wird, manifestieren sich auch in besonderen Kultobjekten, wie den Tjurunga und Schwirrhölzern. Kultgemeinschaft ist ausschließlich die Gruppe der initiierten Männer. Die heranwachsenden Jungen werden im Verlauf langer Übergangsriten (Initiation), bei denen sie Härteproben (u. a. Beschneidung, Verstümmelung) ausgesetzt sind und das geheime religiöse Wissen erwerben, in die Kultgemeinschaft aufgenommen. In dieser Gemeinschaft begehen die Männer die großen Kultfeste, bei denen sie mit ihrem kultischen Tun (Tänze, Berühren sakraler Objekte usw.) für das Fortwirken der urzeitlichen Lebenskraft sorgen und die von den „Großen Traumwesen" einst gesetzte Weltordnung als verbindlich anerkennen.

Kunst — Die Gestaltungen der bildenden *Kunst* sind bei den Uraustraliern nicht Ausdrucksmittel der eigenen, individuellen Persönlichkeit, sondern die anschauliche Ausdeutung ihres religiösen Weltbildes. Dies gilt

Fels- und Rindenmalereien — insbesondere für ihre bemerkenswertesten Kunstschöpfungen, die polychromen (älteren) *Fels-* und (rezenteren) *Rindenmalereien*. Diese zeigen im so genannten „Röntgenstil" (der auch nicht sichtbare Dinge abbildet, wie z. B. die Knochen oder inneren Organe), teils naturalistisch, teils geometrisch abstrahierend zahlreiche mythische Motive: Urwesen, Höhlen- und Buschgeister, Regenbogen-Schlangen, Kängurus und andere Tiere, aber auch urzeitliche Ereignisse und Traumerlebnisse. Hier fallen zum Teil künstlerisches und kultisches Tun zusammen, wenn beispielsweise durch jährliches rituelles „Berühren" der Wondjina-Abbildungen (sie stellen mundlose Urzeitgestalten, Personifizierungen des fruchtbaren Regens dar), das heißt durch Auffrischen der roten, weißen und schwarzen Farben dieser Felsbilder, für die Erneuerung der Natur und damit für den Fortbestand der Seinsordnung gesorgt werden soll. – (Forts. S. 1240)

Ozeanien mit Neuseeland

Die mehr als zehntausend Inseln und Eilande Ozeaniens finden sich weit verstreut im Pazifischen Ozean, innerhalb eines gewaltigen, 180 Mio. qkm umfassenden Gebietes, das von Neuguinea im Westen bis zur Oster-Insel im Osten, vom Hawaii-Archipel im Norden bis nach Neuseeland im Süden reicht. Die gesamte ozeanische Inselwelt liegt, mit Ausnahme des gemäßigten Neuseeland, in tropischen und subtropischen Klimazonen und bietet ihren Bewohnern, den Südsee-Insulanern, außerordentlich unterschiedliche Lebensräume, von großen, mit üppiger Vegetation bedeckten Inseln wie Neuguinea bis hin zu süßwasserlosen, kargen Korallenatollen. Zur Zeit der europäischen Entdeckung und Kolonisierung sind in Ozeanien zahlreiche Ethnien mit einer erstaunlichen Vielfalt an Sprachen und Kulturen beheimatet. Sie siedeln

kulturgeografische Großräume — in drei *kulturgeografischen Großräumen*, in Melanesien (Neuguinea, Bismarck-Archipel, Santa Cruz-Inseln, Salomonen, Neue Hebriden, Neukaledonien), Mikronesien (Marianen, Karolinen, Marshall- und Gilbert-Inseln) und Polynesien (Viti, Ellice-Inseln, Tokelau, Samoa, Tonga, Cook-Inseln, Gesellschafts-Inseln, Austral-Inseln, Tuamotu, Hawaii-Inseln, Marquesas-Inseln, Oster-Insel und Neuseeland) Eine Periodisierung der schriftlosen ozeanischen Kulturen ist nur in groben Zügen möglich, da sie sich – abgesehen von den relativ zuverlässigen genealogischen Überlieferungen der Polynesier – allein auf die vorerst noch unzureichenden Ergebnisse der archäologischen, linguistischen und ethnohistorischen Forschung stützen kann.

Besiedlung Papua — Die erste dauerhafte *Besiedlung Ozeaniens* (ca. 10000–8000 v. Chr.) erfolgt von Südostasien her durch die *Papua*, die vor zehn- bis zwölftausend Jahren nach Neuguinea gelangten und sich dort in den Küstenniederungen festsetzen. Es handelt sich um kleinwüchsige bis pygmäoide Menschen mit dunkelbrauner Hautfarbe, krausem Haar und „semitischer" Nasenbildung, eine Rasse, die auch erst aus der Vermischung von Tasmaniden und Australiden in Neuguinea selbst entstanden sein könnte. Wie diese besitzen

Jagd und Sammelwirtschaft — die *Papua* zunächst altsteinzeitliche Technik und leben als umherschweifende Wildbeuter von *Jagd und Sammelwirtschaft*. Die ihnen nachfolgenden, gleichfalls aus Südostasien kommenden *Voraustronesier*

Voraustronesier — sind bereits Träger einer jungsteinzeitlichen Kultur (ca. 3000 v. Chr.), die durch das so genannte „Walzenbeil" (geschliffene Steinbeilklinge mit rundem oder ovalem Querschnitt), eine produktive Wirtschaftsform (Anbau, Haustierhaltung) sowie die Kenntnis des Bootsbaus und der Töpferei charakterisiert wird. Die Voraustronesier drängen die Papua teils in das Innere Neuguineas ab (dort übernehmen diese von ihnen die produktive Wirtschaft), teils vermischen sie sich mit den Papua in den Küstenregionen der Insel. Bei weiteren Wanderungszügen erreichen die Voraustronesier schließlich den äußersten Süden des melanesischen Inselgebietes.

Etwa 1000 v. Chr. kommen neue Einwanderer, die *Austronesier*, nach Ozeanien, dessen Inseln sie in den folgenden Jahrtausenden in immer neuen Wanderbewegungen besiedeln. Die Austronesier, hellhäutige, straffhaarige Menschen mit mongoliden und europiden Zügen, stammen aus dem Norden, aus Ost- oder Nordost-Asien. Sie erreichen zuerst Mikronesien und das melanesische Inselgebiet, wo sie sich mit der hier ansässigen Bevölkerung zu den Austromelaniden vermischen, die zur Zeit der europäischen Entdeckung Melanesien, bis auf das Innere von Neuguinea, weit gehend beherrschen. Die Austronesier bringen neben ihrer jungsteinzeitlichen Technik (mit dem so genannten „Vierkantbeil") eine altpflanzerische Wirtschaftsweise, Haustiere und die Hochseefahrt nach Ozeanien. *Austronesier*

Als weitere austronesische Wanderungsgruppen auf ihren hochseetüchtigen Auslegerbooten über den Ostrand Melanesiens nach Polynesien vorstoßen (ca. 750–500 v. Chr.), entwickelt sich im Raum von Samoa und Tonga die *polynesische Urkultur* die sich dann immer weiter nach Osten ausbreitet. Auf planvoll organisierten, kühnen Fernfahrten entdecken die Polynesier etwa im 3. vorchristlichen Jh. die Marquesas-Inseln und besiedeln von hier aus in der Folgezeit den Hawaii-Archipel, die Gesellschafts-Inseln und die Oster-Insel. *polynesische Urkultur*

Um 500 v. Chr. erreichen neue austronesische Einwanderer, die von Westen kommen, die zentralpolynesischen Inseln und unterwerfen die hier angetroffene polynesische Urbevölkerung. Damit verbindet sich ein tiefgreifender Kulturwandel, denn mit der Einführung einer geschichteten Gesellschaftsform und der Entwicklung *megalithischer Architektur und Bildkunst* schaffen die Neuankömmlinge wesentliche Grundlagen der archaischen Hochkulturen Polynesiens. *megalithische Architektur*

In kultureller Hinsicht unterscheiden sich Melanesien, Mikronesien und Polynesien ganz erheblich voneinander, wenn auch gewisse grundsätzliche Gemeinsamkeiten bestehen, wie die überall in Ozeanien verbreitete jungsteinzeitliche Technik oder die altpflanzerischen Wirtschaftsformen, die stets eine mehr oder minder stark ausgeprägte wildbeuterische Komponente haben. Aber auch innerhalb der genannten Großräume sind die kulturellen Verhältnisse keineswegs homogen, vielmehr haben sich mit den wechselnden Umweltbedingungen, der teilweisen Isolation vieler Ethnien und nicht zuletzt infolge einer bewegten Siedlungsgeschichte vielfältige regionale und lokale Sonderformen entwickelt.

Die *Sprachen Ozeaniens* sind außergewöhnlich zahlreich, namentlich in Melanesien, wo rund ein Viertel der noch lebenden Sprachen beheimatet ist. Die Mehrzahl bilden die vielen, oft nur von sehr kleinen Menschengruppen gesprochenen Papua-Idiome, die im Inneren von Neuguinea und in einigen Gebieten des Bismarck-Archipels und der Salomonen angesiedelt sind. Hinzu kommen in Melanesien die zur großen malaio-polynesischen oder austronesischen Familie zählenden Sprachen der austromelaniden Bevölkerungsgruppen. Weit einheitlicher ist dagegen das linguistische Bild in Mikronesien, dessen Sprachen – bis auf die dem Indonesischen nahe stehenden Idiome von Palau und den Marianen – zur austromelanesischen Sprachgruppe des malaio-polynesischen Phylum gehören. Aus dieser Sprachfamilie leiten sich auch die sehr eng miteinander verwandten polynesischen Sprachen her. *Sprachen*

Bis zur Zeit der europäischen Kolonisierung der pazifischen Inselwelt bleiben die ozeanischen Kulturen, denen durchweg die Kenntnis der Metallverarbeitung oder des Funktionsprinzips des Rades fehlt, beschränkt auf die zivilisatorischen Möglichkeiten ihrer jungsteinzeitlichen *Technik*, die vor rund fünftausend Jahren erstmals durch voraustronesische Einwanderer nach Melanesien gebracht wird. Ihre Produktionsmittel sind neben der menschlichen Muskelkraft lediglich das Feuer, das Wasser und schlichte, wenn auch sinnreiche Werkzeuge aus Stein, Holz, Knochen, Zähnen und Conchyliengehäusen. An Fertigungstechniken sind teils allgemein, teils unterschiedlich verbreitet die Steinbearbeitung (Behauen, Retuschieren, Schleifen, Polieren, Durchbohren), die Holzbearbeitung (Schnitzen, Glätten, Härten), die Töpferei, die Verarbeitung von Knochen, Zähnen und Conchyliengehäusen sowie einige textile Verfahren (Drillen, Zwirnen, Netzen, Knüpfen, Weben, Flechten, Rindenbaststoffherstellung). An Rohstoffen verwertet man, je nach Vorkommen und Kenntnissen, hauptsächlich Stein, Ton, Conchyliengehäuse (Schalen von Weichtieren), Knochen, Tierzähne, Häute, Felle, Federn, Schildpatt, Holz und vielerlei andere pflanzliche Materialien. *Technik*

Die *Wirtschaft der Ozeanier* zeigt eine nur wenig entwickelte Spezialisierung, die vor allem geschlechtsorientiert ist. Trotz dieser stets beobachteten geschlechtsspezifischen Arbeitsteilung, bei der den Männern in der Regel die schwereren und gefährlicheren Aufgaben zufallen, kann im Allgemeinen jedermann für seinen Lebensunterhalt selbst sorgen. Dieser Umstand verleiht bereits der Kleinfamilie, zumindest aber der Lokalgruppe den Charakter einer weit gehend autarken Wirtschaftseinheit, die von der Nahrungsfürsorge bis zum Obdach und der Herstellung des alltäglichen Gebrauchsgutes alle lebensnotwendigen wirtschaftlichen Bedürfnisse befriedigen kann. Die wirtschaftliche Unabhängigkeit kleiner und kleinster Gruppen, die höchstens auf den gelegentlichen Import von Rohstoffen oder, seltener noch, von Halbfertig- und Fertigwaren angewiesen sind, verhindert in vielen Gebieten Ozeaniens die Entstehung *Wirtschaft* und Konzentrierung größerer ökonomischer Potenziale und wirkt – ausgenommen einige polynesische und mikronesische Archipele – damit einer überregional bedeutsamen Machtentfaltung entgegen. In Polynesien findet sich allerdings ansatzweise eine *berufliche Spezialisierung* in der Institution der hoch geachteten Hausbau- und Bootsbaumeister oder der professionellen Priesterschaft, doch führt diese Entwicklung auch hier zu keiner grundsätzlichen Veränderung der dezentralistischen Wirtschaftsstruktur. Abgesehen von der überwiegend wildbeuterischen Nahrungsfürsorge einiger kleiner Gruppen in den Regenwäldern von Neuguinea, beruht die Wirtschaft der Ozeanier in erster Linie auf dem mehr oder weniger intensiv betriebenen altpflanzerischen Anbau der erst vom Menschen eingeführten Nahrungspflanzen. Denn als einzige wildwachsende Nahrungspflanze von nennenswerter Bedeutung ist nur die Sagopalme in Ozeanien endemisch, die jedoch allein in den großen Flussniederungen von Neuguinea und auf einigen Nachbarinseln gedeiht. Hier nutzt man das stärkehaltige Mark dieser Palmenart, deren Bestände teilweise auch planvoll vermehrt werden. Zu den wichtigsten der Ernährung dienenden Kulturpflanzen gehören in weiten Teilen Ozeaniens Yams, Taro und die erst spät von den Polynesiern aus Südamerika übernommene Süßkartoffel, sodann Bananen, der Brotfruchtbaum, verschiedene Pandanusarten und, auf kleineren Eilanden und in den Küstenregionen der größeren Inseln, die Kokospalme. *Den ozeanischen Feldbau* charakterisieren Brandrodung, Bodenbearbeitung mit dem Grabstock oder, seltener, mit der Hacke, Anlage von Terrassen, Hochbeeten und Entwässerungsgräben, Mischbepflanzung mit verschiedenen Anbaufrüchten und Wiederbewirtschaftung alter Anbauflächen nach Brachezeiten.

Auf den kargen Korallenatollen, wo kultivierbares Erdreich knapp ist, legt man kunstvolle Pflanzungsgruben an, in denen mühevoll grobe Nass-Tarovarietäten gezogen werden. Die *Haustierhaltung*, die sich auf Schweine, Hunde und Hühner beschränkt, besitzt für die tägliche Ernährung keinerlei Bedeutung. Schweine werden nur zu besonderen, meist zeremoniellen Anlässen geschlachtet und verspeist. Hunde hält man in Melanesien für die Jagd, in Polynesien werden sie gelegentlich auch gemästet und verzehrt. Hühner dienen ausschließlich als Lieferanten begehrter Schmuckfedern. Die lebensnotwendigen Eiweißstoffe erbringt somit nicht die Haustierhaltung, sondern die wildbeuterische Nutzung der Tierwelt, die überall die pflanzerische Nahrungsfürsorge wesentlich ergänzt, insbesondere dort, wo die Bodenverhältnisse den Anbau einschränken. Dabei spielt die Jagd mit Pfeil und Bogen, Speeren und Fallen lediglich in jenen Gebieten Melanesiens eine gewisse Rolle, in denen verwilderte Schweine, Beutel- und Nagetiere sowie große Laufvögel vorkommen. In den übrigen Teilen Ozeaniens fehlt jagdbares Wild, abgesehen von der vielerlei Vögeln, denen man jedoch nur wegen ihrer Federn nachzustellen pflegt. Dagegen ist die Fischerei auf See, an den Küsten und in den Flüssen der großen Inseln von höchster Bedeutung. Die Ozeanier entwickeln eine Vielzahl sehr sinnreicher Methoden für den *Fischfang*, den sie mit Fischwehren, Rahmen- und Wurfnetzen, Käschern, Reusen, Fischdrachen, Leinen, Angeln, Fischspeeren und -pfeilen sowie einigen Pflanzengiften betreiben. Wichtig für die Versorgung mit eiweißhaltiger Nahrung ist schließlich auch die *Sammelwirtschaft*, die vor allem den Frauen und Kindern obliegt. Diese beschaffen nicht allein wildwachsende Nahrungspflanzen und Früchte, sondern auch Eier, Larven und essbares Niedergetier. An Genussmitteln kennt man im östlichen Ozeanien, namentlich in Polynesien, den hoch geschätzten Kawa-Trank, der aus den Wurzeln des Pfefferstrauches Piper methysticum bereitet wird, im westlichen Ozeanien dagegen die zusammen mit Kalk gekauten Betelnüsse der Areca-Palme. Der heute weit verbreitete Tabak gelangt übrigens erst zur Zeit der europäischen Entdeckung in die Südsee (die Europäer ihrerseits lernten ihn im indianischen Amerika kennen).

Die hauptsächlich auf dem Anbau beruhende Wirtschaftsform der Ozeanier gestattet eine *sesshafte Siedlungsweise*, bei der Haufendörfer und Streusiedlungen die Regel bilden. Im Bergland von Neuguinea bevorzugt man Weiler oder Einzelgehöfte, in den tiefer gelegenen Regenwäldern kommen als große, auf Bäumen oder hohen Pfählen errichtete „Hordenhäuser" vor, die der gesamten Lokalgruppe als Wohnstätte dienen. Durch Palisaden befestigte Dörfer kennen nur die kriegerischen Maori auf Neuseeland. Ein Übergang von der dörflichen zur urbanen Siedlungsweise ist ansatzweise auf einigen mikronesischen Inseln (Kusae, Ponape, Marianen) erkennbar, er fehlt dagegen in Polynesien, ungeachtet der hochkulturellen Entwicklung, völlig. Kult- und Tanzplätze sowie *Versammlungshäuser* bilden den gesellschaftlichen Mittelpunkt der Siedlungen. Der Hausbau ist in Ozeanien, was die Funktion und mehr noch was die Konstruktion der Gebäude anlangt, recht typenreich. Neben den meist schlichten Wohnbauten der Familien besitzen die Siedlungen oft sehr aufwändig und mit hoher Kunstfertigkeit gebaute Versammlungshäuser, die in Melanesien und in Teilen Mikronesiens den Charakter von *Männerhäusern* haben. In diesen Häusern, zu denen Frauen zumeist keinen Zutritt haben, leben die Junggesellen und die verheirateten Männer in klubartig organisierten Gemeinschaften. Die zugleich kultische Funktion solcher Versammlungshäuser übernehmen in Polynesien regelrechte *Tempelbauten*. Weitere Gebäude dienen in Mikronesien und Polynesien der Aufbewahrung von Vorräten, der Speisenzubereitung und der Unterbringung von Booten. In Melanesien gibt es andere Spezialbauten, wie Absonderungshütten für Menstruierende und Wöchnerinnen, Grab-, Toten- und Geisterhütten. Im Allgemeinen handelt es sich bei den Bauten um einfache Konstruktionen, deren Einzelteile durch Rotan- oder Schnurbindungen zusammengehalten werden. Oft sind die Häuser nicht ebenerdig angelegt, sondern ruhen auf Steinfundamenten oder Stützpfosten. Der wichtigste Teil der ozeanischen Häuser, das Dach, wird mit pflanzlichen Materialien, wie Palmblättern, gedeckt und ist ziemlich wetterfest. Die Wandungen, sofern vorhanden, bestehen aus Holzplanken, Rinde oder jalousieartigen, geflochtenen Matten.

Der materielle Kulturbesitz erscheint in Polynesien nicht sonderlich reichhaltig, zeugt aber durchweg von hoher handwerklicher Meisterschaft. In Mikronesien und Melanesien – hier ausgenommen das Bergland von Neuguinea – ist die bewegliche Habe von größter Vielfalt. Die Kleidung der Ozeanier ist naturgemäß, bis auf Neuseeland, überall recht spärlich. Kinder gehen bis zu einem gewissen Alter völlig nackt, in einigen Gebieten auch die Männer. Sonst besteht die *Kleidung* der Männer meist in einer Schambinde, die in Polynesien aus Rindenbaststoff (Tapa), in Teilen Mikronesiens aus einer gewebten Matte angefertigt wird. In Neuguinea sind auch Penisbedeckungen aus Kalebassen- oder Fruchtschalen und Conchyliengehäusen verbreitet. Frauen und Mädchen tragen Gras- oder Mattenschurze, in Neuguinea auch Rindenbaströcke oder Schnurschurze. Die Bekleidung des Oberkörpers ist bei beiden Geschlechtern unüblich, doch kennt man in Mikronesien und Polynesien gelegentlich ponchoartige Umhänge. In Neuseeland dagegen, mit seinem kühleren Klima, sind wärmende Mäntel, die aus Flachs oder Hundefellen und Vogelfedern hergestellt werden, gebräuchlich. Rein zeremonielle Bedeutung haben die prächtigen, in bunter Federmosaikarbeit angefertigten Königsmäntel auf Hawaii. Die kaum überschaubare Fülle an *Schmuck*, den jede Kultur in Ozeanien in besonderen, charakteristischen Formen und Ausführungen kennt, zeugt von einem entwickelten Schmuckbedürfnis, das bei Männern im Allgemeinen noch ausgeprägter als bei Frauen ist. Schmuckstücke, mit großem Geschick und ästhetischem Empfinden gearbeitet aus den unterschiedlichsten Materialien (wie Stein, Holz, Knochen, Zähnen, Schildpatt, Horn, Federn, Conchyliengehäusen, Blüten, Blättern, Fruchtkapseln usw.), werden an allen erdenklichen Körperstellen angebracht, um ihre Träger zu zieren, zuweilen auch, um sie durch die magischen Kräfte dieser Objekte vor Unheil zu schützen. Dem Schmuckbedürfnis, dem magischen Schutz oder einer Rangkennzeichnung dienen die in ganz Ozeanien, vor allem in Polynesien, verbreitete *Tatauierung* (verballhornt „Tätowierung") sowie die in Teilen Melanesiens übliche Anbringung von Schmucknarben oder die künstliche Schädeldeformation. Die Ausrüstung mit *Hausrat* ist gemeinhin schlicht, insgesamt aber sehr formenreich. Zu den weithin gebräuchlichen Sitz- und Schlafmatten treten die (besonders in Melanesien kunstvoll beschnitzten) Nackenstützen und Aufhängehaken; sodann vielerlei Vorratskörbe, Netze, Wasserbehälter, Schüsseln, Schalen, Stampfer, Schaber, Besen, Feuerfächer und -zangen und Geräte zur Feuererzeugung, wie „Feuerbohrer" und „-sägen" (in Melanesien und Mikronesien) oder „Feuerpflüge" (in Polynesien). Die bereits von den Voraustronesiern und später von den Austronesiern erneut in Ozeanien eingeführte Töpferei wird in Polynesien früh wieder aufgegeben und findet sich dann nur noch in einigen Gebieten Mikronesiens und Melanesiens, wo sie namentlich am Sepik in Neuguinea eine hohe Blüte erreicht. Die ohne Töpferscheibe in Treib-, Spiralwulst- oder Stückchentechnik aufgebauten und im offenen Feuer gebrannten Tongefäße erübrigen sich vielerorts, weil man in weiten Teilen Ozeaniens bei der *Speisenbereitung* die gefäßlose Dünstung im „Erdofen" dem Kochen vorzieht, das verschiedentlich aber auch in Holz- oder Kokosnussschalen-Gefäßen geschieht. Zum *Werkzeug* und Gerät der Ozeanier gehören Stein- oder Muschelbeile (meist quer geschäftet), Steinmesser und -schaber, Nadeln, Ahlen und Pfrieme aus Holz oder Knochen, Schnitzwerkzeug aus Tierzähnen, Glätter aus Rochenhaut und Korallen, Bohrer mit Stein-, Zahn- oder Korallenspitzen. Hinzu kommen Grabstöcke, Hacken und vielfältiges Fischfanggerät. Die im Kampf und bei der Jagd verwendeten *Waffen* beschränken sich auf wenige Grundtypen, die allerdings in einer großen Fülle unterschiedlichster Formen abgewandelt werden: die überall verbreiteten Keulen, Lanzen und Speere (in Neuguinea teilweise zusammen mit einem die Hebelwirkung des Armes verstärkenden „Speerwerfer", in Melanesien dazu Pfeil und Bogen sowie Dolche aus Knochen oder Obsidian, in Mikronesien und Polynesien Steinschleudern. Als Defensivwaffen benutzt man in Neuguinea und im nordwestlichen Melanesien hölzerne Schilde, gleichfalls in Neuguinea und auf den Gilbert-Inseln auch aus Rotan oder Schnur angefertigte Brustpanzer. Die weit gehend *autarke Wirtschaftsweise* der Ozeanier, bei der nur sporadisch ein Bedarf an Rohstoff- oder Fertigwaren-Importen entsteht, stimuliert kaum ein kommerzielles Interesse. So fehlt denn auch der Handel in Mikronesien größtenteils, in Polynesien sogar völlig. Nur auf den großen melanesischen Inseln bestehen lebhafte inner- und zwischeninsuläre Tauschhandelsbeziehungen, die freilich vielfach eher einen zeremoniellen als einen kommerziellen Charakter tragen. Im Handel spielen außer den getauschten Gebrauchsgütern vielerorts auch *Geldsurrogate* eine erhebliche Rolle, wie Muschel-, Schnecken-, Perlmutt-, Zahn-, Feder- oder Mattengeld. In der materiellen Kultur Ozeaniens kommt naturgemäß den Booten, die für den Fischfang und den Verkehr unentbehrlich sind, eine ganz besondere Bedeutung zu. Deshalb regt gerade der *Bootsbau* die Ozeanier allenthalben zu erstaunlichen technischen und handwerklichen Leistungen an, die in der alten Geschichte der Menschheit unübertroffen sind. So finden sich neben den für Schwertransporte und den Nahverkehr benutzten Flößen (auf denen die ersten Siedler nach Ozeanien gelangt sein dürften) in den einzelnen Kulturregionen zahlreiche zweckmäßig und oft auch formschön konstruierte Boote der unterschiedlichsten Typen: von den schweren Einbäumen auf den Strömen Neuguineas bis zu den hochseetüchtigen, aus Planken gebauten Ruderbooten der Salomonen, von den schnellen Auslegerbooten mit „ozeanischem" Segel der Mikronesier bis zu den gewaltigen, dem Fernverkehr dienenden Doppelrumpf-Segelbooten der Polynesier.

differenzierte Sozialordnungen

Im Laufe der bewegten Siedlungsgeschichte Ozeaniens entstehen in den einzelnen Kulturregionen bemerkenswert *differenzierte Sozialordnungen*. Dabei ergeben sich grundsätzliche Unterschiede zwischen den ungeschichteten, segmentären Gesellschaften Melanesiens einerseits und den geschichteten, feudal strukturierten Gesellschaften Polynesiens andererseits, während die Sozialorganisationen in Mikronesien im Westen melanesischen, im Osten dagegen polynesischen Einfluss erkennen lassen. Die Bevölkerung Melanesiens (ca. 1 500 000) ist aufgesplittert in kleine und kleinste Ethnien, die jeweils eine gemeinsame Sprache und Kultur, nicht aber eine zentrale Sozialorganisation besitzen. Die *autarke Dorfgemeinschaft*

autarke Dorfgemeinschaft

ist hier vielmehr die größte wirtschaftliche, politische, kultische und damit zugleich die wichtigste soziale Einheit, die auf alle Lebensbereiche einwirkt. Eine kaum minder bedeutsame soziale Orientierung ergibt sich aus der Klassifizierung der Angehörigen einer Ethnie in Abstammungsgruppen („klassifikatorische Verwandtschaftssysteme"), die bei den voraustronesischen Bevölkerungsgruppen meist vaterrechtlich, bei den Austromelanesiern oft mutterrechtlich ausgerichtet sind. Solche Abstammungsgruppen (duale Sippenverbände, Sippen, Untersippen) führen die Herkunft ihrer Angehörigen, ungeachtet der biologischen Verwandtschaftsverhältnisse, auf einen gemeinsamen mythischen („totemistischen") Ahnen zurück, besitzen entsprechende, als Sippengeheimnis gehütete mythische Überlieferungen, kultische Traditionen und gruppenverbindliche Meidungsvorschriften. Die Auffassung, der Sexualverkehr zwischen Angehörigen derselben Abstammungsgruppe sei Inzest, begründet das *Exogamie-Gebot* in der oft

Exogamie-Gebot

sehr komplizierten Heiratsordnung, das die Partnerwahl in einer fremden Gruppe vorschreibt. Der hieraus folgende (auch überlokale) Frauentausch zwischen den einzelnen Gruppen sowie ein regelmäßiger zeremonieller Güteraustausch schaffen vielfältige Beziehungen und Verpflichtungen innerhalb der Gesamtgesellschaft und tragen damit in hohem Maße zur sozialen Integration ihrer Einzelglieder bei. Eine vertikale Gliederung der Gesellschaft ergibt sich lediglich aus der Einteilung der Dorfgemeinschaft in Altersklassen. Da ein erbliches oder sonst institutionalisiertes Häuptlingstum in Melanesien fast überall

Rat der erwachsenen Männer

fehlt, wird die politische Macht weithin vom *Rat der erwachsenen Männer* ausgeübt. Unter diesen können bestimmte Persönlichkeiten („big men") aufgrund ihres hohen Prestiges eine führende Rolle übernehmen. In einigen Gebieten Melanesiens bestimmen geheime Männerbünde weit gehend die Politik der Dorfgemeinschaften. Die Mitgliedschaft in solchen zumeist hierarchisch gegliederten Geheimbünden erwirbt man durch Erbrecht oder materielle Zuwendungen. Anders als in Melanesien lebt die Bevölkerung

Stämme

Polynesiens (ca. 400 000) in umfassenderen Sozialverbänden. Es sind dies *Stämme* mit einer zentralen Organisationsform, deren Territorien sich über Inselabschnitte, ganze Inseln oder einen Archipel erstrecken können. Die stets vorhandene soziale Schichtung ist unterschiedlich entwickelt. So gibt es geringfügig gegliederte Gesellschaften mit einer halbdemokratischen Verfassung, wie auf den Ellice-Inseln,

Feudalstaaten

oder ausgesprochen ständisch organisierte, theokratisch regierte *Feudalstaaten* mit einem sakralen Königtum, hohem und niederem Adel, Priesterschaft, Kriegerstand, Gemeinfreien und Hörigen. Auch in Polynesien kommt den Abstammungsgruppen eine erhebliche Bedeutung für das gesellschaftliche Zusammenleben zu. Sie bestimmen u. a. die hier gleichfalls exogame Heiratsordnung, die für Herrschergeschlechter allerdings durch ein gegenteiliges Endogamie-Gebot (Heirat innerhalb der Abstammungsgruppe) abgewandelt sein kann.

Religion

Die Sozialordnungen der ozeanischen Gesellschaften beziehen ihre Legitimation aus der jeweiligen *Religion*, sodass sich in diesem Bereich ebenfalls grundsätzliche Unterschiede zwischen Melanesien und Polynesien feststellen lassen, während Mikronesien wieder eine Zwischenstellung einnimmt. In Melanesien ist das religiöse Interesse hauptsächlich auf das in Mythen überlieferte Schöpfungsgeschehen gerichtet, in dem urzeitliche Gottheiten durch ihre Taten die Welt verändern und die gegenwärtig gültige Seinsordnung begründen. Damit werden alle wichtigen kulturellen Einrichtungen, das Kultwesen, die Sozialordnung und die altpflanzerische Wirtschaftsform aus dem mythischen Urzeitgeschehen hergeleitet. Die Verbindlichkeit der einst gesetzten Seinsordnung wird im Kult immer wieder anerkannt. Mit

Maskentänze

Maskentänzen und vielerlei Riten vergegenwärtigt sich die Kultgemeinschaft die mythischen Urzeitereignisse und sorgt dadurch für das Fortwirken all der schöpferischen Kräfte, die zeugend und Fruchtbarkeit spendend das irdische Dasein ermöglichen. Gewisse Erscheinungen, wie die verbreitete zeremonielle Kopfjagd oder der *kultische Kannibalismus*, erklären sich als eine Wiederholung der im Mythos

kultischer Kannibalismus

vorgegebenen Tötung, Zerstückelung und Verspeisung bestimmter Urzeit-Gottheiten, mit der die Kultgemeinschaft jene Schöpfungskräfte zu reaktivieren sucht. In ähnlicher Weise schafft auch der in Melanesien geläufige Ahnen- und Schädelkult eine lebendige und fruchtbare Verbindung zu den mythischen Ahnherren, auf die man alle Kulturgüter zurückführt. Da die Frauen überall als kultunfähig gelten, obliegt der Kult weithin der Gemeinschaft der initiierten Männer oder dort, wo geheime Männerbünde bestehen, diesen Geheimgesellschaften. Bei der Initiation in die Kultgemeinschaft wird vielerorts der Novize symbolisch „getötet" und dann „wieder geboren", um anschließend in die einzelnen Glaubenswahrheiten und in die Kulte eingeweiht zu werden. Der Bewahrung der als heilig und unverletzlich geltenden Seinsordnung dient nicht allein der Kult, sondern stets auch ein (oft kompliziertes) *Tabu-System*,

Tabu-System

das mehr oder minder stark alle Lebensbereiche beeinflusst: Allgemein verbindliche, aber auch geschlechtsspezifische, nur für bestimmte Sippen geltende oder an besondere Orte, Gegenstände, Speisen, Namen, Handlungen gebundene Tabus und andere Verbote mehr regeln auf vielfältige Weise das Verhalten innerhalb der Gemeinschaft, die jede Übertretung solcher Vorschriften unerbittlich bestraft, sofern man nicht an die selbsttätige übernatürliche Sanktion glaubt. Auch in Polynesien deuten gewisse altpflanzerische Erscheinungen, wie der Schädelkult (Marquesas-Inseln, Oster-Insel, Neuseeland) oder (vereinzelt) der kultische Kannibalismus, auf eine ursprünglich der melanesischen ähnliche Religionsform hin, die sich jedoch im Zuge der hochkulturellen Entwicklung Polynesiens schon frühzeitig zu einem *polytheistischen Religionssystem* mit theologisch-spekulativen Überlieferungen wandelt. Dieser Wandel ist gekennzeichnet durch die Entstehung eines Pantheon mit einer unüberschaubaren Anzahl „hoher" und „niederer" Gottheiten und vergöttlichter Ahnen sowie entsprechender Kulte, bei denen eine professionelle Priesterschaft durch Gebete und Opfer auf die auch in der Gegenwart noch tätigen übernatürlichen Mächte einzuwirken sucht. Mit dieser Entwicklung ist freilich verbunden eine allmähliche Säkularisierung vieler Lebensbereiche, in denen die religiösen zunehmend durch die rationalen Motivationen ersetzt werden. So findet beispielsweise die polynesische Ethik ihre Begründung nicht mehr in einem religiösen Weltbild, sondern in der philosophischen Erkenntnis, dass sittliches Handeln eine auf sozialer Einsicht beruhende, Vernunft gebotene Notwendigkeit sei. *[polytheistisches Religionssystem]*

In einigen Teilen Ozeaniens, wie in Mikronesien oder in West-Polynesien, sind Gestaltungen der bildenden *Kunst* sehr selten, oder sie fehlen völlig. In Melanesien dagegen (mit Ausnahme des Berglandes von Neuguinea) und auf etlichen polynesischen Inselgruppen (namentlich auf Hawaii, den Marquesas-Inseln, der Oster-Insel und auf Neuseeland) sind sie in desto größerer Vielfalt vertreten. Solche Bildwerke sind in Motiv und Form stets inspiriert von der jeweiligen religiösen Vorstellungswelt und haben immer eine, über das rein künstlerische Werk hinausgehende, kultische Zweckbestimmung. Damit wird vielfach das künstlerische Schaffen zugleich auch zu einer Kulthandlung. In Melanesien sind es besonders befähigte Männer aus der Kultgemeinschaft, die – zuweilen im Kollektiv – anlässlich bestimmter Feierlichkeiten die benötigten Bildwerke herstellen. In Polynesien gibt es indessen bereits berufsmäßige Spezialisten, die als Holzschnitzer, Steinbildhauer oder Steinschneider künstlerisch tätig sind. Als Mittel des bildnerischen Ausdrucks ist in Ozeanien die *Plastik* vorherrschend, gestaltet als Frei- oder Halbplastik, als Hoch-, Flach- oder Tiefrelief, während die Malerei kaum je selbstständig in Erscheinung tritt, sondern zumeist der ergänzenden polychromen Ausgestaltung von Plastiken dient. Die religiöse Gebundenheit der Bildkunst führt in Polynesien zu einer weit gehenden Festlegung auf wenige konventionelle Motive und Formen, die für die einzelnen Kulturen jeweils charakteristisch sind. Trotz der hieraus folgenden thematischen und formalen Begrenzung liefern die polynesischen Bildwerke, bei denen der Verzicht bzw. die Zurückhaltung in der Verwendung von Farben auffällt, außerordentlich eindrucksvolle Beispiele künstlerischen Gestaltungsvermögens. Hierher gehören vor allem die bizarren Göttersymbole – Holzskulpturen oder *Federmosaikarbeiten* – von den Hawaii-Inseln, sodann die vom Motiv eines stilisierten Ahnenschädels beherrschte Holz-, Stein- und Knochenplastik der Marquesas-Inseln, auch die monumentalen steinernen Ahnenbüsten, die Tiefreliefs und die geschnitzten Holzfiguren von der Oster-Insel und schließlich die sehr ornamental ausgelegten Schnitzwerke der Maori auf Neuseeland. In Melanesien erscheint der bildnerische Formenreichtum in den jeweils typischen Ausprägungen der einzelnen Inselkulturen von einer Fülle, die kaum überschaubar ist. Hier bedient sich das bildnerische Schaffen vielerlei Materialien, wie Fasern, Rinde, Bast, Blätter, Samenkapseln, Conchyliengehäuse, Federn, Knochen, Wachs, Ton, Farben usw., um daraus meist farbenfrohe Bildwerke anzufertigen oder Holzschnitzereien durch Applikationen in phantasievoller Weise weiter auszugestalten. So entstehen Frei- und Halbplastiken, Figurenfriese, Bildsäulen, Tanzmasken, Schädelmasken, übermodellierte Schädel und figürlich verzierte Architektur- und Bootsteile, Schilde, Musikinstrumente und vieles mehr. Entsprechend der religiösen Begründung dieser Kunst zeigen die Bildwerke Ahnen, Geister, Dämonen oder „totemistische" Tier- und Pflanzendarstellungen. Zur höchsten Blüte gelangt die *melanesische Bildkunst* in einigen Tieflandgebieten von Neuguinea (Sepik- und Asmat-Gebiet) und im Nordteil von Neuirland einschließlich der Tabar-Inseln. *[Kunst]* *[Plastik]* *[Federmosaikarbeiten]* *[melanesische Bildkunst]*

Das geistige Kulturgut der Ozeanier wird in Form von Mythen, Märchen, Dichtungen, Gesängen, historisch-genealogischen Überlieferungen usw. im Allgemeinen *mündlich tradiert*. Nur auf der Oster-Insel entwickeln Priester eine Ideogramme und Rebusschreibungen benutzende *Partialschrift,* die ihnen bei der Rezitation religiöser Texte als Gedächtnisstütze dient. *[Überlieferung]*

ca. 600–700 n. Chr. Das „heilige" Raiatea der Gesellschafts-Inseln wird zum politischen und religiösen Zentrum der polynesischen Inselwelt. Hier lokalisieren die Polynesier ihr zweites Hawaiki, ihre eigentliche Heimat (ihr erstes Hawaiki, ihr Ursprungsland, ist weitab im Westen zu suchen). Um diese Zeit beginnt die glanzvolle Epoche der großen polynesischen Entdeckungs- und *Wanderungsfahrten,* über die in zahlreichen, mündlich tradierten genealogischen Überlieferungen berichtet wird. Auf geräumigen, manchmal bis zu hundert Menschen fassenden Doppelrumpf-Segelbooten brechen kühne Seeleute, die weder über nautische Instrumente *[Wanderungsfahrten]* noch über Seekarten verfügen, auf der Suche nach neuem Land zu Fernfahrten auf, die sie über Tausende von Meilen durch den Pazifik führen. Den Anstoß zu solchen überseeischen Unternehmungen geben Abenteuerlust oder kriegerische Wirren und der zunehmende Bevölkerungsdruck auf den Heimat-Inseln.

um 650 — Häuptling Rata gelangt von den Gesellschafts-Inseln aus nach dem Tuamotu-Archipel und nimmt dessen Inseln in Besitz. Etwa zur gleichen Zeit dringt der Rarotonga-Häuptling Uite-Rangiora auf seinem Boot Te-Ivi-o-Atea bis zur *Antarktis* vor und bringt in seine Heimat erstmals Kunde von Eisbergen und Polarnacht.

um 950 — Die tahitianischen Adeligen Kupe und Ngahue entdecken die weit im Südwesten gelegene Doppelinsel Neuseeland, die in der Folgezeit dann von Zentral-Polynesien aus besiedelt wird. In dieser Frühzeit der neuseeländischen *Siedlungsgeschichte* entfaltet sich eine Kultur, die hauptsächlich durch die Jagd auf den – jetzt ausgestorbenen – großen Laufvogel Moa charakterisiert wird. Etwa gleichzeitig wird der *Hawaii-Archipel* von den Gesellschafts-Inseln aus kolonisiert.

um 1150 — Häuptling Toi und seine Gefolgsleute gelangen von Zentral-Polynesien nach Neuseeland, lassen sich hier nieder und vermischen sich mit der bereits ansässigen Bevölkerung der Doppelinsel.

Gemäß der Überlieferung landet der König Hotu-Matua im 12. Jh. auf der *Oster-Insel* und nimmt sie für sich und sein Gefolge in Besitz. Neuere archäologische Befunde ergeben jedoch, dass die Erstbesiedlung der Oster-Insel bereits im 4. Jh. erfolgt sein muss, vermutlich von Mangareva und den Marquesas-Inseln aus.

um 1200 — Unter der Herrschaft von Momo, des zehnten Königs von Tonga, beginnt die Invasion der Samoa-Inseln durch starke tonganische Streitkräfte und damit ein hundertjähriger Krieg zwischen beiden Reichen.

um 1250 — Auf Raiatea entsteht der machtvolle religiöse *Bund der Arioi*, die den neuen Kriegsgott Oro in den Mittelpunkt des Kultes rücken und dadurch eine revolutionäre geistig-religiöse Umwälzung einleiten, der die Traditionalisten erbitterten bewaffneten Widerstand entgegensetzen, später aber nachgeben müssen.

um 1300 — Die samoanischen Häuptlinge Tuna und Fata besiegen die tonganischen Invasionstruppen und vertreiben die Tonganer endgültig aus Samoa.

um 1350 — Die gewaltsamen Auseinandersetzungen auf den Gesellschafts-Inseln führen zu der letzten bedeutenden polynesischen Wanderung. Die den Arioi unterlegenen Traditionalisten emigrieren auf zahlreichen Booten nach Neuseeland, unterwerfen hier die bereits zuvor ansässige polynesische Bevölkerung und begründen die Kultur der *Maori*. – (Forts. S. 1245, 1246)

Australien, Neuseeland und Ozeanien von der europäischen Entdeckung bis 1945

Australien von der europäischen Entdeckung bis 1945
(Forts. v. S. 1234)

Der für den Verlauf der australischen Geschichte bis in die jüngste Zeit bestimmende Faktor ist die *geografische Isolation*. Australien ist im Westen vom Indischen Ozean, im Osten vom Pazifik umgeben. Der zweitnächste Kontinent, die Antarktis, ist 5000 km entfernt. Allein Südostasien liegt in erreichbarer Nähe. Australien ist von seiner kulturellen Orientierung her bis 1945 auf Europa bzw. Großbritannien ausgerichtet, erst danach ist eine politisch-wirtschaftliche Umorientierung in Richtung auf Südostasien zu verzeichnen.

Die Erschließung durch Großbritannien hat eine homogene Bevölkerungszusammensetzung zur Folge. Ungefähr 80% der Bevölkerung sind britischer Abstammung; dieser Prozentsatz ist jedoch wegen des Zustroms von Immigranten aus anderen europäischen Ländern leicht rückläufig. Nur ein Prozent der australischen Bevölkerung ist nicht europäischer Abstammung. Die Zahl der australischen Ureinwohner *(Aborigines)*, die zur Zeit der Entdeckung Australiens durch die Europäer ungefähr 300000 beträgt, beläuft sich Anfang der siebziger Jahre dieses Jahrhunderts auf ungefähr 150000, von denen nur 46000 keine Mischlinge sind. Die Mehrzahl der Eingeborenen ist wirtschaftlich von der weißaustralischen Gesellschaft abhängig (z. B. als Viehtreiber und ungelernte Arbeitskräfte); ein sozialer Aufstieg in der weißaustralischen Gesellschaft bleibt die Ausnahme. Das Übergewicht der Weißen ist durch eine Politik des „Weißen Australien" gesichert, durch die es Nichtweißen versagt ist, sich in Australien auf Dauer niederzulassen. Eine Lockerung dieser Politik ist jedoch in neuester Zeit festzustellen. Australien, der größte Wollproduzent der Welt und einer der größten Lieferanten von Getreide und anderen landwirtschaftlichen Produkten, besitzt zudem sämtliche wichtigen *Bodenschätze*, vor allem Kohle, Öl, Erdgas, Eisenerz, Blei, Zink, Kupfer, Bauxit, Zinn, Gold, Silber und Nickel sowie nicht zuletzt reichhaltige Uranvorkommen. *Bodenschätze*

16. Jh. Portugiesische, spanische und später auch niederländische Seefahrer segeln auf ihren Fahrten zu den „Gewürzinseln" Indonesiens an den australischen Küsten vorbei, ohne zu ahnen, dass sie sich in unmittelbarer Nähe des von Kosmografen und Geografen seit langem vermuteten Südkontinents befinden.

1606 Der niederländische Kapitän Willem Jansz († um 1638) landet an der nordaustralischen Küste.

ab 1611 Schiffe der Niederländisch-Ostindischen Kompanie laufen die Westküste Australiens in unregelmäßigen Abständen an.

1642/1643 Der Gouverneur von Niederländisch-Indien, Anthony van Diemen (*1593, †1645), beauftragt *Abel Tasman* (*1603, †1659) mit einer *Entdeckungsreise*, die diesen zu dem heutigen Tasmanien und nach Neuseeland führt. *Entdeckungsreisen Abel Tasmans*

1644 Abel Tasman unternimmt eine zweite Entdeckungsreise entlang der Nordküste. Das australische Festland bekommt die Bezeichnung „Neuholland"; erst seit Beginn des 19. Jh.s heißt es „Australien". Die Niederländer betreiben die Erforschung Australiens jedoch nicht weiter und machen auch von den wirtschaftlichen Möglichkeiten ihrer Entdeckungen keinen Gebrauch.

1688 Gegen Ende des 17. Jh.s führen die Engländer die Erforschung Australiens weiter. William Dampier (*1652, †1715) erreicht die nordwestaustralische Küste.

1699–1700 Aufgrund seiner *Reiseberichte* erhält er auch die Möglichkeit, die Westküste zu erforschen. Seine ausführlichen, jedoch sehr kritischen Veröffentlichungen sind kein Ansporn für weitere Erkundungen. Für nahezu 100 Jahre gerät Australien in Vergessenheit. Der im Auftrag der britischen Admiralität die Südsee bereisende Kapitän *James Cook* (*1728, †1779) erreicht erstmals die Südostküste. *Reiseberichte William Dampiers James Cook*

1770 Kapitän Cook nimmt das Land, das er „Neusüdwales" nennt, für die britische Krone in Besitz.
23. Aug.

1786 Die britische Regierung beschließt die Errichtung einer Strafkolonie in Neusüdwales. Australien soll in dieser Hinsicht ein Ersatz für die verloren gegangenen amerikanischen Kolonien sein. Es wird jedoch vermutet, dass die Entstehung eines Handelsstützpunktes im Südpazifik zwecks Sicherung der Holzlieferungen für den Schiffbau der Hauptgrund für die Niederlassung ist.

1788 Die erste Flotte mit 778 Sträflingen unter Kapitän Arthur Philipp landet in einer Bucht
26. Jan. nördlich von Botany Bay. Hier sind die *Anfänge der Stadt Sydney* sowie der Kolonie Neusüdwales zu suchen. 1853 enden die Sträflingsdeportationen. 1872 wird Port Arthur auf Tasmanien, die letzte Strafkolonie, aufgelöst. Zu Beginn des 19. Jh.s wird die Erforschung Australiens weiter fortgesetzt. *Anfänge der Stadt Sydney*

1803 Matthew Flinders (*1774, †1814) bestätigt den bis dahin unbekannten Inselcharakter Tasmaniens.

1813 Gregory Blaxland, William Charles Wentworth und William Lawson überqueren die Blauen Berge (Blue Mountains).

Schon im ersten Drittel des 19. Jh.s setzt eine Entwicklung ein, die dazu führt, dass europäische Niederlassungen längs der australischen Küstenlinien zu Zentren eigener und *selbstverwalteter Kolonien* oder Provinzen werden, die sich unabhängig von der Stammkolonie Neusüdwales konstituieren. *selbstverwaltete Kolonien*

1825–1859 Fünf der sechs australischen Staaten entstehen.

1825 Tasmanien erhält den Status einer eigenen Kolonie.

1829 Westaustralien wird Kolonie.

1829/30 Charles Sturt untersucht die Flusssysteme des Darling, Murrumbridge, Lachlan und Murray.

1834 Südaustralien wird zur „Provinz" deklariert.

1836 Thomas Mitchell (*1792, †1855) erforscht die südlichen Bereiche des heutigen Staates Victoria.

1838/1841 Edward John Eyre (*1815, †1901) dringt in westlicher Richtung über die Stadt Adelaide hinaus und erreicht Albany in Westaustralien. Die Erforschung des Nordens und des Nordostens des Kontinents schließt sich an.

1851 Der „Port Philip District" mit dem Hauptort Melbourne löst sich von Neusüdwales und erhält die Bezeichnung „Victoria".

„Goldrausch"	1851	Goldvorkommen werden im Bathurst District in Neusüdwales entdeckt; im gleichen Jahr werden weitere Goldvorkommen in Victoria gefunden. Dieser erste *Goldrausch* hat zur Folge, dass die Bevölkerung innerhalb eines Jahrzehnts von 405 000 auf 1 146 000 steigt. Auch in Tasmanien, Queensland und Nordwestaustralien wird Gold gefunden. Hinzu kommen Kupferfunde in Südaustralien (1842 und 1845).
	1859	Queensland folgt dem Beispiel von „Victoria". Damit sind, zumindest politisch und administrativ, die Grundlagen für den späteren Australischen Bund geschaffen.
wirtschaftlicher Aufschwung	1860/1890	Die Entdeckung von Goldvorkommen (ab 1851) bereitet den Weg für eine *Periode des wirtschaftlichen Aufschwungs*.
	1860	John McDonall Stuart erreicht die Mitte des Kontinents (April).
	1861/1862	Die Süd-Nord-Durchquerung Australiens von Adelaide nach Chambers Bay bei Darwin gelingt ebenfalls McDonall Stuart. Spätere Expeditionen füllen die Lücken in den bereits gewonnenen Forschungsergebnissen. Den Forschern folgen Siedler, die als Landwirte und Viehzüchter den Kontinent erschließen. Die Erforschung Australiens kann jedoch auch heute noch nicht als abgeschlossen betrachtet werden.
	ab 1871	Zinnfunde im Grenzland zwischen Queensland und Neusüdwales.
	1871–1882	Australien ist der größte Zinnproduzent der Welt.
reiche Silbervorkommen	1883	Entdeckung von *reichen Silbervorkommen* am Broken Hill im westlichen Teil von Neusüdwales. Gleichzeitig expandieren Landwirtschaft (Weizen, Wolle) und Industrie (vor allem Textil- und Maschinenbauindustrie: 1891 sind 17% aller Erwerbstätigen im industriellen Sektor beschäftigt).
	1885	Errichtung eines Bundesrates (Federal Council) als ständiges Organ (keine Exekutivgewalt). Neusüdwales ist nicht Mitglied. Die Bestrebungen, die auf eine Konföderation zielen, verstärken sich jedoch.
Wirtschaftskrise	ab 1890	Anzeichen für eine *Wirtschaftskrise* mehren sich (starkes Absinken der Woll-, Weizen- und Silberpreise auf dem Weltmarkt von 1891 bis 1894; das Ausbleiben von Kapitalzufluss aus dem Ausland führt zum Konkurs zahlreicher Unternehmen, vor allem Bausparkassen und Hypothekengesellschaften).
	1893	Schwerste Finanzkrise der australischen Geschichte. Von den 22 bestehenden Banken melden (bis Mitte Mai) 13 den Konkurs an. Die Arbeitslosenquote liegt schätzungsweise bei 25 bis 30% der Erwerbstätigen mit qualifizierter Berufsausbildung. Die Krise führt zur teilweisen Auflösung der Gewerkschaften, da die arbeitslosen Mitglieder ihre Beiträge nicht mehr zahlen können. Eine Anzahl Streiks, von denen der Streik der Beschäftigten der Schifffahrtsindustrie und der Wollscherer der Bedeutsamste ist, enden mit der Niederlage der Gewerkschaften.
Goldvorkommen Kupfervorkommen	Aug.	Eine wirtschaftliche Erholung kann vor allem durch die staatliche Konsolidierung der Banken und die Entdeckung von neuen *Goldvorkommen* in Südwestaustralien (Coolgardie, Kalgoorlie 1892/93) eingeleitet werden.
	1896	Die in Tasmanien entdeckten *Kupfervorkommen* tragen ebenfalls zur Behebung der Krise bei. Um ähnliche Depressionen zu vermeiden, bemüht man sich um die Diversifizierung der Landwirtschaft (Milchwirtschaft, Fleischwirtschaft). In dieser Zeit liegen die Anfänge einer Sozialgesetzgebung. An den wirtschaftlichen und politischen Entwicklungsprozessen hat die farbige Urbevölkerung keinen aktiven Anteil. Die Tendenz geht dahin, sie in Reservaten unterzubringen. Die sechs sich selbst verwaltenden Kolonien sind bis 1900 vorwiegend auf ihre eigenen Entwicklungsprobleme bedacht. Es werden Versuche unternommen, eine gemeinsame Verfassung auszuarbeiten (1891/1897; 1898).
	1900	Neusüdwales und Victoria führen die gesetzliche Altersversorgung ein.
Commonwealth of Australia	**1901** **1. Jan.**	Der *Commonwealth of Australia* konstituiert sich als Mitglied des britischen Commonwealth. Für das neue Staatswesen muss wegen der Rivalitäten zwischen Melbourne und Sydney (größte Städte Australiens) eine neue, neutrale Hauptstadt gefunden werden: Canberra (ab 12. März 1913).

Die Verfassung Australiens

Commonwealth of Australia Act

Die Verfassung Australiens ist im *Commonwealth of Australia Act* vom 9. Juli 1900 festgelegt. Mit Ausnahme der nach amerikanischem Vorbild gestalteten bundesstaatlichen Elemente folgt die Verfassung dem britischem Vorbild. Staatsoberhaupt ist die britische Krone; auf Bundesebene wird sie durch einen Generalgouverneur repräsentiert. Die gesetzgebende Gewalt liegt auf Bundesebene beim Parlament, das aus Abgeordnetenhaus (House of Representatives) und Senat (States' House) besteht, die beide in allgemeiner und direkter Wahl gewählt werden. Die (seit 1954) 124 Abgeordneten werden auf drei Jahre gewählt, bei den Senatoren werden alle drei Jahre die Hälfte der auf einen Staat entfallenden gewählt. Die Exekutive liegt in den Händen des Generalgouverneurs und des Kabinetts *(Federal Executive Council)*. Die Kabinettsmitglieder sind dem Abgeordnetenhaus unmittelbar verantwortlich. Als Minister werden sie auf Bundesebene vom Generalgouverneur, auf Vorschlag des Premierministers, ernannt. Mit Ausnahme des Northern Territory und des Australian Capital Territory (des erweiterten Stadtbezirks von Canberra), die unter unmittelbarer Verwaltung der Bundesregierung stehen, haben die Staaten Tasmanien, Victoria, Neusüdwales, Queensland, Südaustralien und Westaustralien nach Bundesmodell ihre eigenen Regierungen, Parlamente und gleichfalls von der Krone bestätigten Gouverneure. (Eine Ausnahme bildet Queensland mit einer einheitlichen Volksvertretung, der Assembly.) Die in der Verfassung festgelegten Zuständigkeiten des Bundes sind teils ausschließliche (z. B. Außenbeziehungen, Verteidigung, Zölle, Einwanderung), teils konkurrierende (z. B. Steuern, Wirtschaft, Sozialfürsorge), wobei Bundesgesetze den Vorrang vor Gesetzen der Einzelstaaten haben. Über Verfassungsstreitigkeiten entscheidet der Verfassungsgerichtshof *(High Court of Australia)*.

Federal Executive Council

High Court of Australia

1901 29./30. März	Erste Wahl zum Bundesparlament. Organisierte Parteien bestehen nicht (mit der Ausnahme der kurz nach der Wahl konstituierten australischen Labor Party); die Abgeordneten teilen sich in Fraktionen nach ihrer Einstellung zur Frage der Erhebung eines Schutzzolles.
1901–1904	Für die ersten Bundesregierungen unter Edmund Barton (1901 bis 1903; *1849, †1920) und Alfred Deakin (1903 bis 1904; *1856, †1919) stehen finanzpolitische Themen im Vordergrund. Ein Schutzzoll gegenüber dem Ausland ersetzt die inneraustralischen Zölle. Gleichzeitig wird die „White Australia"-Politik auf Bundesebene aufgenommen und weitergeführt.
1904	Erstes Kabinett der Labor Party (John Christian Watson; *1867, †1941).
1905–1908	Alfred Deakin ist mit der Unterstützung der Labor Party wieder Premierminister. Die Einrichtung eines Gerichtshofs zur gesetzlich vorgeschriebenen Schlichtung von Tarifkonflikten (Arbitration Court) fördert, da vor dem Gerichtshof nur Repräsentanten von organisierten Gruppen zugelassen sind, das Anwachsen der Gewerkschaften.
1906	Übernahme der britischen Kolonie Südneuguinea.
1907	Einführung der „New Protection"-Politik, nach der Arbeitgeber, die keine angemessenen Löhne zahlen, der Bundesregierung eine Abgabe entrichten müssen, die genauso hoch ist wie der Schutzzoll. Der Verfassungsgerichtshof erklärt diese Politik jedoch für verfassungswidrig, da der Bund laut Verfassung keine Kompetenzen auf dem Gebiet der Arbeitsgesetzgebung habe.
1907	Australien erhält den *Dominionstatus* (26. Sept.).
1908	Einführung der gesetzlichen Altersversorgung.
1908–1909	Andrew Fisher (*1862, †1928) führt die zweite Laborregierung.
1909–1910	Er muss zurücktreten, als sich Liberale und Konservative gegen Labor zusammenschließen und die Regierung stellen (Alfred Deakin).
1910 April	Die Labor Party gewinnt mit großer Mehrheit die Wahlen zum Bundesparlament (Andrew Fisher). Die Regierung führt die unter Deakin begonnene Sozialpolitik weiter (1912 Einführung eines Mutterschaftsgeldes) und *fördert* ebenfalls die *Einwanderung*. Die große Zahl der Einwanderer (von 1906 bis 1914: 393048) fördert die inflationäre Entwicklung und übt Druck auf die Löhne aus. Industrielle Unruhen sind die Folge (Streiks der Bergarbeiter 1907 und 1909/10; fünfwöchiger Generalstreik in Brisbane 1912). Die Gewerkschaften können ihre Forderungen jedoch nicht durchsetzen. Von entscheidender Bedeutung für das Werden eines australischen Nationalgedankens erweist sich die Anmeldung eigener kolonialer Ansprüche.
1914	Übernahme der Norfolkinsel. Die Verflechtung Australiens mit der Weltwirtschaft vor dem Ersten Weltkrieg erschöpft sich im Wesentlichen in seiner Produktion von Rohstoffen. Die Entwicklung einer eigenen, auf dem Weltmarkt konkurrenzfähigen Industrie steckt trotz großer Fortschritte noch in den Anfängen. Handelspartner sind in erster Linie Großbritannien, USA, Japan und bis 1914 auch das deutsche Kaiserreich.
1914–1918	Im *Ersten Weltkrieg* steht Australien aufseiten Großbritanniens. Seine Truppen besetzen teils die deutschen Kolonialbesitzungen im Pazifik (Neuguinea, Bismarckarchipel und Samoa), teils werden sie an die vorderasiatischen und europäischen Kriegsschauplätze verschifft (Dardanellen, Palästina, Frankreich). Insgesamt nehmen 330000 Australier (sämtlich Freiwillige) am Krieg teil; 60000 fallen, 165000 werden verwundet. *Kriegsfinanzierung:* durch Kriegsanleihen, Steuern und verstärkte Notenemission, die durch ein Verbot der Goldausfuhr ermöglicht wird.

„White Australia"-Politik

Dominionstatus

Förderung der Einwanderung

Erster Weltkrieg

Kriegsfinanzierung

	1915 Okt.	W. M. Hughes (*1864, †1952) ersetzt Andrew Fisher als Premierminister einer Laborregierung. Als sich die anfängliche Kriegsbegeisterung legt und die Zahl der Freiwilligen zurückgeht, befürwortet er die Einführung der allgemeinen Wehrpflicht.
	1916 Okt.	Die Einführung der allgemeinen Wehrpflicht wird per Referendum abgelehnt. Darauf spaltet sich die Labor Party. Hughes gründet die National Labor Party.
Nationalist Party	1917 Mai	Vereinigung der National Labor Party mit den Liberalen zur *Nationalist Party* (Jan.). Hughes wird durch Parlamentswahlen im Amt bestätigt.
		Die durch den Krieg bedingte inflationäre Entwicklung führt zu Unruhen unter der Arbeiterschaft, die zahlreiche Verbesserungen (44-Stunden-Woche, Lohnerhöhungen) durchsetzen kann. Der Generalstreik der Arbeiter von Neusüdwales, der sich gegen eine Verschlechterung der Arbeitsbedingungen richtet, scheitert allerdings aufgrund des energischen Eingreifens der Bundesregierung und der Regierung von Neusüdwales.
	Aug.–Okt.	
	Dez.	In einem zweiten Referendum wird die Einführung der allgemeinen Wehrpflicht wiederum abgelehnt.
	1919 7. Mai	Auf der Friedenskonferenz in Versailles fordert Australien die Annexion der ehemaligen deutschen Kolonialgebiete im Pazifik, muss sich aber mit einem Völkerbundsmandat über diese Gebiete begnügen.
		Die wichtigste innenpolitische Folge des Ersten Weltkrieges ist die Verschärfung von Gegensätzen innerhalb der australischen Gesellschaft.
Aufstieg der Country Party		Die zentrale innenpolitische Entwicklung in den zwanziger Jahren dieses Jh.s ist der *Aufstieg der Country Party*, die es versteht, sich als Vertreter aller ländlichen Interessen zu präsentieren.
	1923 Febr.	Premierminister Hughes wird durch S. M. Bruce (*1883, †1967) abgelöst, der mit der Country Party unter deren Führer E. C. G. Page (*1880, †1961) eine Koalition eingeht.
		Charakteristisch für die Wirtschaftspolitik der zwanziger Jahre ist die Finanzierung großer öffentlicher Aufträge (vor allem Bewässerungsprojekte) durch die Einzelstaaten, was zu einer erheblichen Vermehrung der Staatsverschuldung führt. Erhöhte Zuschüsse der Bundesregierung können das Problem nicht endgültig lösen.
Weltwirtschaftskrise	1929–1932	Da außer der Wollerzeugung fast sämtliche Wirtschaftszweige subventioniert werden, trifft die *Weltwirtschaftskrise* Australien besonders hart: Es kann seine Zahlungsbilanzdefizite auf dem Londoner Kapitalmarkt nicht mehr finanzieren. Die Arbeitslosenquote steigt auf über 25% (nur Queensland besitzt seit 1923 eine Arbeitslosenversicherung); die Zahl der Auswanderer ist erstmals höher als die der Einwanderer.
	1929 Okt.	Zu Beginn der Weltwirtschaftskrise übernimmt wieder die Labor Party unter James Henry Scullin (*1876, †1953) die Regierung. Innerhalb der Partei führt die Frage, auf welche Weise die Krise bewältigt werden solle, zu zahlreichen Zerwürfnissen. Der radikale Flügel bevorzugt eine Politik des „deficit spending" während der konservative Flügel auf deflationistische Maßnahmen drängt.
Erhöhung der Schutzzölle	Nov.–Dez.	Die ersten Maßnahmen Scullins: starke *Erhöhung der Schutzzölle* und Lösung der australischen Währung vom Goldstandard.
	1930	Ein teilweises Importverbot bringt nicht den gewünschten Erfolg (April).
	1931 Juni	Einigung zwischen Bundesregierung und Regierungen der Einzelstaaten auf den Premiers' Plan, der eine Kürzung von 20% aller Staatsausgaben (auch der Löhne und Renten) vorsieht. Einige Angehörige des konservativen Flügels der Labor Party unter Führung von Joseph Alois Lyons (*1874, †1939) gehen daraufhin zur Opposition über.
	Dez.	Ein Misstrauensvotum des radikalen Flügels führt zu Neuwahlen, aus denen J. A. Lyons als Sieger hervorgeht.
		Er führt eine Koalition aus Country Party und aus der aus Nationalist Party und Angehörigen des konservativen Flügels der Labor Party neugebildeten United Australia Party. Lyons führt den Premiers' Plan weiter.
	1933	Wirtschaftliche Erholung, gekennzeichnet durch den steigenden Anteil des Industriesektors am Sozialprodukt. Australiens Exporte bestehen jedoch immer noch zu 95% aus Rohstofflieferungen.
Status von Westminster	1937/1938	Außenpolitisch bleibt Australien trotz des *Status von Westminster* (1931; aber erst 1942 ratifiziert), das die vollständige Souveränität der Commonwealthmitglieder festlegt, weiterhin von Großbritannien abhängig, es bemüht sich jedoch um eine eigene diplomatische Vertretung bei ausländischen Mächten.
Zweiter Weltkrieg	1939	Nach dem Tod von Lyons wird Robert Menzies (*1894, †1978) Premierminister (April).
	1939–1941	Australische Streitkräfte beteiligen sich an den Kämpfen im Mittelmeer und in Nordafrika.
	1941	Die Regierung wird von John Curtin (Labor; *1885, †1945) geführt (Okt.).

Dez.	Die militärischen Anstrengungen Australiens werden verstärkt, da eine japanische Invasion befürchtet wird. Australien lehnt sich stärker an die USA an. Die *totale Mobilisierung* des ganzen Landes greift stark in das öffentliche und private Leben der Australier ein.
ab 1942	Die gesamte Einkommensteuer untersteht der Verfügungsgewalt der Bundesregierung; die Bundesstaaten werden ab jetzt direkt von der Bundesregierung finanziert. Aus kriegsnotwendigen Gründen übernimmt die Bundesregierung Aufgaben für die Organisation der Wirtschaft, der Industrie, der Forschung und des Bildungswesens.
1945	– Australien ist es gelungen, aus dem Zweiten Weltkrieg unbeschadet hervorzugehen. Die Industrialisierung ist durch den Krieg weiter gefördert worden; die Rohstofflage ist äußerst günstig (Überschuss an Lebensmitteln, Wolle, Kohle und anderen Bodenschätzen). – (Forts. S. 1830)

Randnotizen: totale Mobilisierung

Neuseeland von der europäischen Entdeckung bis 1945
(Forts. v. S. 1240)

In ethnischer und sprachlicher Hinsicht gehört die Doppelinsel Neuseeland zum Kreis der polynesischen Inselkulturen. Auf der Nordinsel ragen in der Umgebung des Taupo-Sees zahlreiche, teilweise noch tätige Vulkane empor. Nach Nordwesten ragt die Auckland-Halbinsel, nach Südosten die Wellington-Halbinsel. Die Südinsel wird von den Neuseeländischen Alpen geprägt (Mount Cook 3763 m), die im Westen steil abfallen und sich im Osten von den höchsten Gipfeln allmählich abdachen.
Neuseeland zeichnet sich durch seine guten Ackerauböden aus und ist von einem gemäßigt-milden Klima begünstigt; nur der Norden der Nordinsel gehört zur subtropischen Zone.

1642	Neuseeland ist eine Entdeckung des holländischen Kapitäns Abel Tasman. An der Westküste der Südinsel findet auch die erste Begegnung zwischen den Europäern und den polynesischen Bewohnern dieses Landes, den Maori, statt. Die Entdeckung gerät jedoch in Vergessenheit.
1769 7. Okt.	Der Engländer *James Cook* erreicht die Küsten. Er erkennt später den *Doppelinselcharakter* Neuseelands. Die günstigen Berichte, die Cook und seine wissenschaftlichen Mitarbeiter über die klimatischen Bedingungen auf den wieder entdeckten Inseln geben, haben zunächst zur Folge, dass sie bis zum ausgehenden 18. Jh. wiederholt von anderen Forschern und Seefahrern besucht werden.
1800–1840	Die *Kolonisierung* durch die Europäer macht, bedingt durch die Haltung der Maori-Stämme, nur zögernd Fortschritte. Die weitere Erschließung der Doppelinsel betreiben Handels- und Walfangexpeditionen, die ihren Ausgang meist von Sydney nehmen. Somit hat Neuseeland zu Beginn seiner neueren Geschichte den mehr oder weniger inoffiziellen Status einer Kolonie der britischen Strafkolonie Neusüdwales. Händler und Missionare begründen die ersten festen Siedlungen.
1840 6. Febr.	Neuseeland wird *britische Kronkolonie* (Vertrag von Waitangi). Wohl intensivieren sich im Laufe der Zeit die Kontakte zwischen den Weißen und den Maori, aber die von Anfang an bestehenden wechselseitigen Spannungen wachsen.
1845	Es kommt zu kriegerischen Auseinandersetzungen.
1852	Dem Drängen der Siedler nach demokratischer Regierung wird mit dem *Constitution Act* nachgegeben.
1853 17. Jan.	Die erste konstitutionelle Verfassung Neuseelands hält sich, ähnlich der australischen, an die britische Tradition. Ein Generalgouverneur als Repräsentant der Krone steht an der Spitze des Staatswesens. Neben der Zentralregierung bestehen sechs Provinzialregierungen (Auckland, New Plymouth, Wellington, Nelson, Canterbury und Otago).
1856	Großbritannien gewährt Neuseeland die verantwortliche Selbstverwaltung, d.h. der Generalgouverneur kann, was die Innenpolitik anbetrifft, nur im Auftrag der dem Parlament verantwortlichen Minister handeln. Angelegenheiten, die die Maori-Stämme betreffen, bleiben jedoch dem Generalgouverneur vorbehalten.
ab 1870	Ein Prozess der inneren Konsolidierung der Kolonie vollzieht sich in politischer und ökonomischer Hinsicht. Die Zentralregierung übernimmt dabei die Initiative. Neuseeland entwickelt sich zu einem *Agrarexportland* ersten Ranges.
1870–1880	Die Zahl der Bevölkerung steigt aufgrund der forcierten Einwanderung von 250000 auf 300000. Die Einwanderer sind in der Mehrzahl britischer Herkunft und bestimmen weit gehend den bis heute vorherrschenden Lebens- und Kulturstil.
1876	Die Provinzialregierungen werden aufgelöst, da die Zentralregierung in steigendem Maße deren Aufgaben übernommen hat.

Randnotizen: James Cook, Doppelinselcharakter, Kolonisierung, britische Kronkolonie, Constitution Act, Agrarexportland

	1880–1895	Fallende Preise für Agrarprodukte auf dem Weltmarkt stürzen Neuseeland in eine Wirtschaftskrise.
	1891	Die Liberale Partei beginnt mit der Sozialgesetzgebung (1898 Einführung der gesetzlichen Altersversorgung) und verfolgt eine gewerkschaftsfreundliche Politik. Sie unterstützt den Ausbau der Landwirtschaft (Fleischwirtschaft, Milchwirtschaft, Wolle). Steigende Weltmarktpreise für diese Produkte haben einen erneuten wirtschaftlichen Aufschwung zur Folge.
Dominion of New Zealand	1907 26. Sept.	Neuseeland wird britisches Dominion *(Dominion of New Zealand)* und gewinnt damit praktisch seine staatliche Unabhängigkeit.
	1914–1918	Im Ersten Weltkrieg besetzt Neuseeland das deutsche Schutzgebiet Samoa.
	1919	Neuseeland erhält für Samoa ein Völkerbundsmandat (7. Mai). Die Teilnahme am Weltkrieg trägt dazu bei, ein neuseeländisches Nationalbewusstsein auszuprägen, doch löst sich Neuseeland weit weniger als Australien von der britischen Kulturtradition. Erst in den dreißiger Jahren beginnt eine Wende zur politischen und kulturellen Eigenständigkeit.
Weltwirtschaftskrise	1929–1932	Als Rohstofflieferant wird Neuseeland von der *Weltwirtschaftskrise* schwer in Mitleidenschaft gezogen (Preissturz der Exportartikel, Arbeitslosigkeit), was drastische Gegenmaßnahmen der Regierung auslöst (Einfuhrbeschränkung, Kürzung der Gehälter). Die neuseeländische Labour Party steht in Opposition zu diesen Maßnahmen.
	1935 Nov.	Die Labour Party gewinnt die Parlamentswahlen. Sie ergreift Maßnahmen, um den Lebensstandard der zahlenmäßig anwachsenden Maori dem der Angloneuseeländer anzugleichen (Integrationspolitik).
Electoral Amendment Act	1937	Der *Electoral Amendment Act* gewährt den Maori die gleichen Rechte bei der Abgabe ihrer Stimmen wie den europäischen Wählern. Die Labour Party setzt auch ein Programm der Nationalisierung und der Sozialreformen durch.
	ab 1938 1. April	Aufgrund des Social Security Act werden aus einem allgemeinen Fonds Sozialleistungen (Alters-, Invaliden-, Witwen-, Waisen-, Kriegsbeschädigten- und Kriegshinterbliebenenrenten, Arbeitslosen- und Kindergeld) bestritten.
	1939–1945	Neuseeland beteiligt sich auf britischer Seite am Zweiten Weltkrieg. – (Forts. S. 1834)

Ozeanien von der Zeit der europäischen Entdeckungen bis 1945
(Forts. v. S. 1240)

Inselwelt der Südsee		Die *„Inselwelt der Südsee"* wird im Westen durch die Nordwestspitze Neuguineas, im Osten durch die Osterinsel, im Norden durch die Hawaii-Gruppe und im Süden durch die Doppelinsel Neuseeland begrenzt. Geografisch wird dieser weit ausgedehnte Raum in *Melanesien, Mikronesien* und *Polynesien* gegliedert. Bis zum Beginn der europäischen Kolonisation leben hier ausschließlich die Völker der Papua, Melanesier (dunkelhäutig), Mikronesier und Polynesier (hellhäutige Mischrassen). Danach unterscheidet man die melanesischen, polynesischen und mikronesischen Inselkulturen.
	1513	Vasco Núñez de Balboa (*1475, †1517) entdeckt den Pazifischen Ozean und nimmt ihn im Namen der spanischen Krone offiziell in Besitz.
Ferdinand Magellan	1519–1522	*Ferdinand Magellan* (portugiesisch: Fernão de Magalhães; *1480, †1521) durchquert bei seiner Erdumsegelung den Pazifischen Ozean, entdeckt aber nur eine der Tuamotuinseln und Guam (Marianen).
	1524–1564	Spanische Seefahrer entdecken weitere Teile Mikronesiens: Inseln des Marshallarchipels und die Karolinen.
	1568	Álvaro de Mendaña de Neira (*1541, †1595) findet in Melanesien eine Inselgruppe, die er
Insel des Salomo		*Insel des Salomo* (Salomonen?) nennt.
	1605–1606	Pedro Fernández de Quirós (*1565, †1615) entdeckt einige Inseln der Tuamotu- und der Tokelaugruppe in Zentralpolynesien und erreicht auch die Hauptinsel der Neuen Hebriden in Ostmelanesien. Die Nachfolger der iberischen Völker in der Erforschung der Südsee sind die Niederländer.
Jacques Le Maire	1615–1616	Der niederländische Seefahrer *Jacques Le Maire* (*1585; †1616) entdeckt Tonga, den Bismarckarchipel, Neuirland und Neuhannover.
	1642/1643	Abel Tasman besucht nach der Entdeckung Neuseelands (1642) die westpolynesischen Tongainseln, Teile der Fidschigruppe in der melanesisch-polynesischen Randzone, die melanesische Insel Neuirland und die Nordküste Neuguineas.

1722 Ostern	Jacob *Roggeveen* (*1659, †1729) entdeckt die Osterinsel, den östlichsten Ausläufer der polynesischen Inselwelt. Er stößt auf einige Inseln des Tuamotu-Archipels und erreicht die Samoainseln in Westpolynesien.	*Roggeveen*
1764–1780	Systematisch und gezielt durchforscht *James Cook* auf drei Reisen, von Gelehrten begleitet, die Südsee: Entdeckung der Insel *Neukaledonien* sowie eingehendere Erforschungen bereits bekannter Inseln und Archipele.	*James Cook* *Neukaledonien*
1828	Niederländische Ansprüche auf Westneuguinea eröffnen das *koloniale Zeitalter* in der Südsee.	*koloniales Zeitalter*
1842	Die zentralpolynesischen Archipele (Tahiti, die Gesellschaftsinseln, die Marquesasinseln, die Paumotugruppe und die Australinseln) werden französisches Protektorat.	
1874	Großbritannien übernimmt die Fidschiinseln.	
1883/1884	Teilung des östlichen Neuguinea zwischen dem Deutschen Reich und Großbritannien.	
1884/1885	Das Deutsche Reich übernimmt den Bismarckarchipel und kauft von Spanien 1899 die Marianen, die Marshallinseln, die Karolinen und die Palauinseln.	
1892	Die Gilbertinseln werden britisches Protektorat.	
1895/1899	Teilung der Salomonen zwischen Großbritannien und Deutschem Reich.	
1898	Die USA annektieren Hawaii.	
ab 1900	Tonga wird unabhängiges Königreich unter britischem Schutz.	
1906	Abschluss der Kolonisierung durch Errichtung eines englisch-französischen Kondominiums über die Neuen Hebriden.	
1914/1918	Nach dem Ersten Weltkrieg dringt Japan in den pazifischen Raum vor.	
1921 **23. Dez.**	Auf der Konferenz von Washington einigen sich USA, Japan, Frankreich und Großbritannien über die Besitzverhältnisse im Stillen Ozean *(Pazifikabkommen)*.	*Pazifikabkommen*
1922 6. Febr.	Flottenvertrag zwischen den vier Mächten mit dem Ziel von Rüstungsbeschränkungen. Da er nach seinem Ablauf nicht erneuert wird, beginnt ein Flottenwettrüsten im Pazifik.	
1939–1945	Im Zweiten Weltkrieg ist Ozeanien Kriegsschauplatz. – (Forts. S. 1836)	

Amerika bis 1945

Vorgeschichte und Indianerkulturen in Amerika

Einwanderung aus Nordostasien — Innerhalb der Wisconsin-Eiszeit, die mit der europäischen Würm-Eiszeit zeitgleich ist, findet in der letzten Kaltphase (zwischen 25000 und 8000 v. Chr.) mit sehr hoher Wahrscheinlichkeit die *Haupteinwanderung* von Menschen mongolider Rasse *aus Nordostasien* über eine damals bestehende Landbrücke nach Nordamerika statt. Zwischen einem großen östlichen und einem kleineren westlichen Gletschergebiet können die Einwanderer bis ca. 18000 v. Chr. nach Süden ziehen und sich ungehindert bis nach Südamerika ausbreiten. Dann schließt sich hinter ihnen die kanadische Eisbarriere, erst ab 8000 v. Chr. tauen die Gletscher ab und geben den Weg nach Süden wieder frei. Aus der Zeit der Nordsperre stammen die ersten relativ gut datierten Funde von Artefakten. Es sind grob gearbeitete Faustkeile, Schaber und Bohrer (nach Art der Moustérien-Technik im Mittelpaläolithikum), die gewisse Übereinstimmungen mit den Grobschaberindustrien Ost- und Südostasiens zeigen. Die ältesten *Funde* Amerikas – Friesenhahn Cave und Lewisville (Texas); Santa Rosa Island (Kalifornien); Old Crow (Yukon Territory); Tlapacoya und Hueyatlaco (Mexiko); Ayacucho (Peru) – gehören typologisch zu diesem amerikanischen Grobschaber- oder Vorgeschossspitzen-Komplex (auf 20000 bis 25000 Jahre geschätzt, noch höhere Angaben sind umstritten).

Geschossspitzen — Wesentlich jünger sind viele Tausende von großen, meist grob zugehauenen *Geschossspitzen*, die gelegentlich mit tierischen Skelettresten der eiszeitlichen Megafauna vergesellschaftet angetroffen wurden. Die meisten stammen aus einer Zeit ab 10000 v. Chr. Sie sind Zeugnisse einer endpleistozänen Großwildjagdkultur. Die ältesten steinernen Geschossspitzentypen sind die Sandia- und Clovis-Spitzen. Man hat Clovis-Spitzen zusammen mit Mammutresten gefunden und z. B. die Funde von Lehner (Arizona) und Dent (Colorado) zwischen 10000 und 9200 datieren können. Die Clovis-Spitzen unterscheiden sich von altweltlichen paläolithischen Spitzen vor allem durch eine mehr oder weniger stark ausgeprägte beidseitige Mittelkehlung oder Kannelierung. Ab 9000 werden die Clovis-Spitzen von kleineren und feiner gearbeiteten Projektilen abgelöst, den Folsom-Spitzen; man hat diese mit Resten des pleistozänen Bisons angetroffen. Aus dieser Zeit stammt auch ein menschliches Skelett („Midland Man") aus Scharbauer (Texas). Menschliche Skelettreste aus Kalifornien („Los Angeles Man" u. a.) sind vermutlich noch älter. Die steinernen Geschossspitzen der jüngsten paläo-indianischen Periode (ca. 8000 bis 5000) unterscheiden sich von den Folsom-Spitzen erheblich: Die Auskehlung kommt nicht mehr vor; sie sind oft sehr sorgfältig und immer mit Druckretusche gearbeitet, gelegentlich auch gestielt.

Ende der Eiszeit — Das *Ende der Eiszeit* bringt außer einem erheblichen Klimawandel auch bedeutende Vegetationsveränderungen. Es wird wärmer und trockener, die eiszeitliche Tierwelt stirbt aus. Der Mensch muss sich den neuen Verhältnissen anpassen. Die großen Geschossspitzen werden von kleineren Projektilen ersetzt, Mörser und Reibsteine geben Hinweise auf die zunehmende Bedeutung der pflanzlichen Nahrung. Man nennt diese Epoche in Nordamerika das *„Archaikum"*. In den ariden Gebieten des Westens bildet sich die „Desert Culture" als die charakteristische archaische Steppensammlerkultur heraus. Im großen östlichen Waldland entstehen spezialisierte Lokalkulturen von Muschelsammlern (an der südlichen atlantischen Küste und den Flussläufen des Südostens), Jägern und Fischern (an den Großen Seen und an der nördlichen atlantischen Küste) und Wildpflanzensammlern (im Mittelwesten).

letzte größere Einwanderung — Eine *letzte größere Einwanderung* findet um 6000 v. Chr. statt. Die neuen Einwanderer sind Mongolide, unterscheiden sich also rassisch von den proto-mongoliden Indianiden. Das Artefaktmaterial dieser maritimen Jäger von Seesäugetieren (Robben, Walen) wird von einer Mikroklingenindustrie (ähnlich der jungpaläolithischen Gravettien-Art in Europa) charakterisiert. Aus diesen Epi-Gravettien-Kulturen entsteht Jt.e später unter neolithischen Kultureinflüssen aus Sibirien die Proto-Eskimo-Kultur.

Nordamerika

Kulturräume — Nordamerika lässt sich in mehrere *Kulturräume* gliedern, denen der ethnografische Zustand aus der Zeit der Entdeckung zugrunde liegt und die auch die Verhältnisse in der archäologisch erschlossenen Zeit ab etwa dem letzten Jt. v. Chr. widerspiegeln: Osten, Plains- und Präriegebiet, Südwesten, Großes Becken und Kalifornien, Nordwestküste, Subarktis, Arktis.

Während sich in Mesoamerika und in Peru bereits im 4. Jt. v. Chr. die ersten Vorformen der späteren Hochkulturen zu entwickeln beginnen (Pflanzendomestikation, feste Siedlungen, Töpferei), verharrt Nordamerika zunächst noch im Stadium der frühen nachpleistozänen Jäger- und Sammlerkultur. Erst ab etwa 1000 beginnen sich im östlichen Waldland – und ab ca. 300 auch im Südwesten – Entwicklungen abzuzeichnen, die – auf teilweise mesoamerikanische Kultureinflüsse zurückgehend – auch die nordamerikanischen Indianerkulturen bis an die Schwelle zur Hochkultur führen.

Der Osten

Im östlichen Waldland, in den Tälern des Mississippi und seiner wichtigsten Nebenflüsse, entstehen aus einem spezialisierten Sammlertum mit halb-domestizierten einheimischen Pflanzen (Sonnenblume, Gänsefuß, Iva-Arten) die ersten früh-formativen Kulturen der so genannten Waldland-Periode. Die archäologisch bekannteste Kultur ist die *Adena-Kultur* des Ohio-Tales; eine andere, weniger gut erforschte ist die Tchefuncte-Kultur im Mississippi-Delta. Die Letztgenannte scheint auf den Poverty Point-Komplex mit seinen großen Erdpyramiden im nördlichen Louisiana zurückzugehen, die um 1200 datiert werden. Wesentliche Merkmale der Kulturen der frühen Waldlandzeit sind der Grabhügelbau, der Anbau von Pflanzen, feste Siedlungen, entwickelte Töpferei, Steinschliff und andere Techniken. Zu den häufigsten Grabbeigaben der Adena-Kultur zählen polierte Steinobjekte (gorgets), die als Hals- oder Brustschmuck getragen werden. Schon etwas früher (ab 2500) tritt an der südatlantischen Küste von Georgia und Florida die älteste Keramik Nordamerikas auf, eine mit Pflanzenfasern gemagerte Töpferei.
Die Adena-Kultur scheint jedoch völlig unabhängig von dieser südöstlichen Entwicklung entstanden zu sein, denn es lassen sich der Totenkult, die Verwendung von Kupfer, der Anbau von halbdomestizierten Pflanzen u. a. m. aus lokalen spätarchaischen Komplexen ableiten.
Der Adena-Kultur folgt in der Mittelwaldland-Periode (ab 200) die *Hopewell-Kultur*, die wohl besser als Kultkomplex bezeichnet werden sollte. Die Mounds (Erdhügel) mit Bestattungen nehmen immer größere Ausmaße an; häufig treten große, geometrisch oder theriomorph gestaltete Erdwallanlagen hinzu, die den sakralen Bezirk umschließen. Charakteristische Formen des Hopewell-Kultes (reiche Grabbeigaben aus weither eingehandelten Materialien) finden sich von den Großen Seen bis zum Tennessee River und von den Prärien bis zur mittelatlantischen Küste.
Auf die Hopewell-Kultur, die um 400 n. Chr. abbricht, setzt im mittleren und unteren Mississippi-Tal, mit nur geringer Expansionswirkung nach Norden, die Spät-Waldland-Periode ein, die von der Mittel-Mississippi-Kultur charakterisiert wird. Zahlreiche Kulturelemente deuten auf mesoamerikanische Einflüsse, die jedoch keine bestimmte Kultur in Mexiko erkennen lässt. In der Keramik, in dem Bau von Erdpyramiden (auf denen Tempel stehen) und im religiös-kultischen Bereich zeigen sich die mesoamerikanischen Kulturelemente besonders deutlich. Die Cahokia-Mound-Gruppe bei St. Louis hat mit dem Monks Mound von 330 × 240 m Grundfläche und einer angenommenen Höhe von 33 m die größte Pyramide Nordamerikas. Der südliche Totenkult (südöstlicher Zeremonialkomplex), der ab 1100 n. Chr. die Mississippi-Kultur bestimmt, äußert sich vor allem in der Ikonografie bei Muschelgravierungen, bemalter und skulptierter Keramik, getriebenen Kupferplatten und bemalten Textilien. Zentren dieses Kultes sind die Zeremonialstätten von Etowah (Georgia), Moundville (Nord-Alabama), Kolomoki (Südwest-Georgia) und Spiro (Oklahoma). In der Spät-Waldland-Periode bildet dann der Anbau von domestizierten tropischen Pflanzen, vor allem Mais und Kürbis, später auch Bohnenarten, die Grundlage für eine stark zunehmende und expandierende Bevölkerung.
Im östlichen Waldland leben an der atlantischen Küste sowie im Mittelwesten Algonkin-Stämme, an den östlichen Großen Seen siedeln Irokesen. Fünf, später sechs, irokesische Stämme schließen sich zu der *Irokesen-Liga* zusammen: Mohawk, Onondaga, Oneida, Cayuga, Seneca, Tuscarora. Alle Indianer des östlichen Waldlandes sind intensive Bodenbauer. Sie leben in festen Dörfern mit Großhäusern, die in Klane und Stämme organisiert sind. Die irokesische Liga wird von Sachems geleitet, die von bestimmten matrilinearen Klanen der Stämme gewählt werden. Geheimbünde sind vor allem für Krankenheilungen zuständig. Die meisten *Algonkin-Stämme* der Küste (Delawaren, Mohikaner, Wappinger, Powhatan u. a.) werden von den weißen Siedlern verdrängt oder ausgerottet.
Im südöstlichen *Waldland*, südlich des Tennessee River, leben die volkreichen *Stämme* der Cherokee, Creek, Choctaw, Chickasaw, in Florida der aus Creek und entflohenen Sklaven afrikanischer Herkunft entstandene Stamm der Seminolen. Alle Stämme sind intensive Bodenbauer, die in großen Dörfern leben. Es gibt Kriegs- und Friedenshäuptlinge. Bei den Natchez und Chitimacha im unteren Mississippi-Tal gibt es sakrale Häuptlinge, die einer obersten Adelsschicht angehören. Alle Stämme werden, bis auf wenige Reste, um 1832 aus ihrer Heimat vertrieben und im heutigen Oklahoma angesiedelt.
In den *Prärien* leben zahlreiche Sioux- und Caddo-sprechende *Stämme* (Santee-Dakota, Omaha, Osage, Iowa [Sioux] und Arikara, Pawnee [Caddo]). Sie leben als Bodenbauer in den Flusstälern; auf der offenen Prärie jagen sie Bisons. Nach der Übernahme von Pferden durch die Weißen im 17. Jh. schließen sie sich zu größeren Jagdeinheiten zusammen, die im Sommer gemeinsam den Bisonherden nachziehen. Die

Dörfer bestehen aus festen Erdhäusern. Es gibt ein erbliches Häuptlingtum und zahlreiche Männer- und Geheimbünde (Krankenheilungsbünde).

Plains

Reiterkultur

Auf den *Plains*, wo in voreuropäischer Zeit ein Bodenbau nicht möglich ist, leben einst nur wenige Indianergruppen. Erst nach der Übernahme des Pferdes wandern zahlreiche Stämme aus den Prärien und den Waldländern des Mittelwestens auf die Plains hinauf. Sie stellen ihr Leben völlig um und werden nomadische Bisonjäger. Sie leben in Lederzelten (Tipis) und entwickeln eine *kriegerische Reiterkultur*, die mit der Ausrottung des Bisons durch die nach Westen vordringenden weißen Siedler (um 1880) zusammenbricht. Alle Prärie- und Plains-Stämme werden nach letzten verzweifelten Kämpfen in Reservate eingewiesen. Die heutigen Überlebenden fristen hier ein armseliges Dasein, weil die Lebensbedingungen sehr schlecht sind. Militante indianische Tätigkeiten gehen vor allem von diesen Indianern aus.

Der Südwesten

Hohokam-Tradition

Im Südwesten Nordamerikas, mit dem Zentrum in den heutigen Staaten Arizona und New Mexico, beginnt die formative Entwicklung um 300 v. Chr. mit der *Hohokam-Tradition*. Sie tritt in Zentral-Arizona voll ausgebildet auf, sodass die (umstrittene) These vertreten wird, die früheste Periode der Hohokam-Tradition leite sich direkt aus Mesoamerika her; wahrscheinlicher ist wohl eine Stimulus-Diffusion. Die Hohokam-Tradition basiert auf einem intensiven Bodenbau (Mais, Bohnen, Kürbis), hochwertiger Keramik, Zeremonialarchitektur (kleine Erdpyramiden, kultische Ballspielplätze), Steinschlifftechnik usw. Sie beeinflusst die Anasazi-Tradition des südlichen Colorado-Plateaus, die sich durch ihre charakteristische Wohnwabenarchitektur, einer anderen Keramik, anderen Bestattungssitten usw. allerdings deutlich von der Hohokam-Tradition abhebt. Die ältere Periode der Anasazi-Tradition bezeichnet man als Basketmaker-Kultur. Andere Lokalkulturen entstehen unter dem Einfluss dieser beiden bedeutenden Traditionen: Mogollon im östlichen Zentral-Arizona, Patayan im unteren Colorado-Tal.

Die Hohokam-Tradition entwickelt sich weiter. Im Fundort Snaketown (bei Phoenix, Arizona) lassen sich mehrere Phasen erkennen. Die Klassische Phase (1100–1400) wird von einer Überlagerung durch die nach Süden expandierende Anasazi-Tradition geprägt (Fundort: Casa Grande). Die historischen Pima und Papago Zentral-Arizonas sind die Nachkommen der Hohokam.

Pueblo-III-Periode Großsiedlungen

Die Anasazi-Tradition erreicht im Nordosten Arizonas (zwischen 1100 und 1300) in der *Pueblo-III-Periode* ihren Höhepunkt. Überall entstehen die *Großsiedlungen*, die heute noch als Ruinen zu sehen sind: im Mesa-Verde-Gebiet von Südwest-Colorado die Cliffdwellings, im Chaco Canyon die riesigen terrassenförmig zurückgesetzten vierstöckigen Wohnkomplexe, unter denen Pueblo Bonito mit mehr als 1200 Räumen der größte ist. Nach einer anhaltenden Dürre (1276–1299, durch Baumringe datiert) und mit den ersten Einfällen von athapaskischen Jägern und Sammlern aus dem Plainsgebiet werden die meisten Großsiedlungen aufgegeben. Die Anasazi-Tradition lebt noch in der heutigen Kultur der Pueblo Indianer fort.

Athapasken

Navajo

Im Südwesten lebt auch noch im 20. Jh. die Mehrzahl der Indianer Nordamerikas. Neben sesshaften Bodenbauern (Pueblo-Indianer [Hopi, Zuni, Tano, Keres], Pima, Papago, Yuma) gibt es darunter Jäger und Sammler, darunter die ab 1300 hier eingewanderten *Athapasken* (Navajo, Apache). Sie werden erst gegen Ende des 19. Jh.s unterjocht und in Reservate eingewiesen. Die Pueblo-Indianer leben heute noch in ihren alten Siedlungen und haben ihre traditionelle Kultur weit gehend bewahrt: Erbliches Häuptlingtum, Klanwesen, Regenmagie, Geheimbünde. Die *Navajo* haben die Schaf- und Pferdezucht übernommen und leben bis zur großen Viehreduktion in den dreißiger Jahren des 20. Jh.s überwiegend als Viehzüchter. Heute gibt es über 100000 Navajo, die zum größten Teil in der großen Navajo-Reservation von Nordost-Arizona leben.

Nordmexiko

Casas Grandes

Die ausgedehnte Siedlung von *Casas Grandes* im nördlichen Chihuahua ist seit dem 10. Jh. n. Chr. ein bedeutender Handelsknotenpunkt zwischen Südwesten und dem zentralmexikanischen Hochland. Nach der Eroberung Tulas, der toltekischen Hauptstadt, wird Casas Grandes verlassen.

Der Westen

Sammler

kalifornische Indianer

Im Großen Becken, zwischen Sierra Madre und Rocky Mountains sowie in Kalifornien haben sich die spät-archaischen *Sammlerkulturen* (an der südkalifornischen Küste entsteht ab 2000 v. Chr. eine Küstenfischer-Kultur, die in der Canaliño-Kultur [ab Zeitenwende] ihren Höhepunkt erfährt) bis zur Ankunft der Europäer im Wesentlichen erhalten. So zeigt das Fundinventar der Danger Cave (wie auch anderer Höhlen) am Großen Salzsee über fast 10000 Jahre hinweg nahezu unveränderte Formen und Techniken. Die *kalifornischen Indianer,* die zahlreichen verschiedenen Sprachfamilien angehören, sind intensive Sammler (Eicheln) sowie Fischer und Jäger. An der südkalifornischen Küste hat sich eine Küstenfischerkultur entwickelt (Chumash). Die meisten Kalifornier leben in großen Dörfern und sind in Stämme organisiert. Nach dem Goldrausch von 1848 werden viele Indianer getötet und aus ihrer Heimat vertrieben.

Der Nordwesten

An der Nordwestküste, zwischen Südalaska und der Mündung des Columbia River, entsteht aus einer Molluskensammlerkultur bereits um 7000 v. Chr. eine sich immer stärker spezialisierende Küstenfischer-Kultur, aus der die historische *Nordwestküstenkultur* hervorgeht.
Die Küstenfischer gehören verschiedenen Sprachfamilien an. Von Nord nach Süd sind die wichtigsten: Tlingit, Haida, Tsimshian, Kwakiutl, Nootka, Küsten-Salish (mit zahlreichen Stämmen). Der große Fischreichtum der Küstengewässer bietet ein Leben im Überfluss. Der Holzreichtum (Zedern) ermöglicht eine reiche materielle Kulturausstattung: große Plankenhäuser, Einbäume mit aufgesetzten Planken, Wappenpfähle mit Darstellung von Ahnentieren („Totempfähle"), Zederbastdecken usw. Ein eigener Kunststil entsteht.

Nordwest-küstenkultur

Die *Gesellschaft* ist hierarchisch gegliedert. Jeder einzelne hat eine feste Position im Gefüge des Dorfes. Bei der Übernahme von Ämtern und gesellschaftlichen Positionen sowie bei anderen Anlässen werden Verdienstfeste (Potlatche) gefeiert. Dabei werden viele, zu diesem Zweck akkumulierte Güter vernichtet (Fischöl, Zederbastdecken, Kupferplatten, Sklaven), um soziales Prestige zu gewinnen. Im Winter spielen die Geheimbünde anstelle der Klane und Moieties eine erhebliche Rolle. Schamanistische Praktiken sind weit verbreitet.

Gesellschaft

Die Subarktis

Die *kanadische Taiga* wird im Westen von athapaskischen (Kutchin, Chipewyan usw.), im Osten von Algonkin-Gruppen (Cree, Naskapi) bewohnt, die vor allem Jäger und Fischer sind. Die Ojibwa (= Chippewa) an den westlichen Großen Seen leben dagegen überwiegend vom Wildreis, der in seichten Ufergewässern und kleinen Seen in großen Mengen wächst.

kanadische Taiga

Die Arktis

In Westalaska entwickelt sich aus der arktischen Kleingerät-Tradition des amerikanischen Epi-Gravettien die *Proto-Eskimo-Kultur* ab 1000 v. Chr. mit mehreren Varianten, die sich zeitlich und z. T. auch räumlich überlappen: die Choris-Norton-Ipiutak-Tradition, die durch die große Siedlung Ipiutak (1. Hälfte des 1. Jts n. Chr.) zu zahlreichen Walrosselfenbeinschnitzereien im skythisch-sibirischen Tierstil von Bedeutung ist, die nördlich-maritime Tradition des Beringmeergebietes und außerdem die Dorset-Tradition der Zentral- und Ost-Arktis. Ab 1100 n. Chr. verbreitet sich die Thule-Kultur fast über die gesamte arktische Küste; sie trägt zur großen Homogenität der historischen Eskimo-Kultur bei.

Proto-Eskimo-Kultur

In ihrer traditionellen Kultur sind die *Eskimo* (Eigenname: Inuit) Robbenjäger, Walfänger und Küstenfischer; im Binnenland, vor allem an der westlichen Hudsonbai, leben sie von der Karibujagd. Sie bewohnen kleine Siedlungen, es gibt keine Stammesorganisation. Die Eskimo haben eine dem besonderen arktischen Milieu hervorragend angepaßte materielle Kultur entwickelt: Tranlampe, Kajak, Iglu, Anorak, Kufenschlitten usw. Ihre Glaubensvorstellungen sind von schamanistischen Praktiken weit gehend bestimmt. In Südalaska sind starke Einflüsse der indianischen Nordwestküstenkultur zu finden: Maskenwesen, Häuptlingtum, hierarchische Gesellschaftsordnung.

Eskimo

Mesoamerika

Unter *Mesoamerika* versteht man einen durch gemeinsame Geschichte und Kultur verbundenen Raum, der Zentral- und Süd-Mexiko, Guatemala, Belize und die westlichen Teile von Honduras und El Salvador umfasst. Die Nordgrenze bildet die Linie Rio Panuco – Rio Lerma – Rio Sinaloa, die Südgrenze die Flüsse Rio Jiboa und Rio Uloa. Südlich und östlich schließt sich bis zur Meseta Central von Costa Rica der Kulturraum Zentralamerika an, der weniger einheitlich im kulturellen Sinne ist. In ihm lassen sich zunehmend Einflüsse aus Mesoamerika feststellen.

Mesoamerika

Die *mittelamerikanische Landbrücke* muss als Leitlinie für die indianische Besiedlung Amerikas angesehen werden. Durch die starken vulkanischen Aktivitäten in diesem Raum sind frühe Funde selten. Ersten Nachweis für eine menschliche Anwesenheit (um 22000 v. Chr.) geben die Funde von Tlapacoya (Hochtal von Mexiko) und Hueyatlaco (Puebla, Zentralmexiko). Für die nächsten 12000 Jahre sind die Bewohner Meso- und Zentralamerikas nomadische Jäger und Sammler, die gelegentlich auch eiszeitliches

mittel-amerikanische Landbrücke

materielle Ausstattung	Großwild (u. a. Elefantenarten) jagen. Ihre *materielle Ausstattung* ist einfach. Vor allem fehlen noch Projektilspitzen aus Stein. Ob und wann sich regionale Differenzierungen herausbilden ist ebenso wenig geklärt wie die Frage räumlich beschränkter Schweifgebiete und das Eintreffen neuer Einwanderungswellen aus dem Norden bzw. ihr Abwandern nach dem Süden.
Projektilspitzen	Eine bedeutende technologische Neuerung erfolgt gegen Ende der Eiszeit (um 10000), als steinerne *Projektilspitzen* unter den Geräten auftauchen. Ihre typische Kannelierung deutet auf eine Herkunft aus Nordamerika hin. Möglicherweise spiegeln sie eine neue Wanderbewegung wider, deren Ausläufer sich nach Süden bis Panama verfolgen lassen.
	Weiter verbreitet sind lorbeerblattförmige Projektilspitzen, die nur kurze Zeit später in Erscheinung treten (um 9500) und eine weite Verbreitung, bis nach Südamerika, erfahren. Man bringt die kannelierten Spitzen oft mit Großwildjägern in Zusammenhang, die Lorbeerblattspitzen dagegen mit Kleinwildjagd und intensivem Sammeln. In dieser sehr groben Zweiteilung deutet sich wahrscheinlich die allmähliche Erwärmung und das teilweise durch den Menschen verursachte Aussterben der eiszeitlichen Tierarten an.
Tehuacan	Von überragender Bedeutung für die frühe Geschichte Mesoamerikas ist die im *Tehuacan-Tal (Puebla)* ausgegrabene Abfolge, die von ca. 10000 v. Chr. bis zur Eroberung durch die Spanier 1521 reicht. Da sie teilweise aus trockenen Höhlen stammt, haben sich in ihr auch Gegenstände aus sonst vergänglichem Material und vor allem Pflanzenreste erhalten. Sicherlich ist die Abfolge nur ein Ausschnitt der mesoamerikanischen Geschichte, die sich in anderen Gegenden unterschiedlich entwickelt haben kann, u. a. auch durch zeitliche Verzögerungen. Trotzdem kann sie in Ermangelung anderer gesicherter Abfolgen als Modell für die frühe Zeit in Zentral-Mexiko, wenn nicht gar für ganz Mesoamerika gelten.
Ajuereado-Zeit	Während der *Ajuereado-Zeit* (um 10000) spielt im Tehuacan-Tal die Jagd auf Kleinwild augenscheinlich eine überragende Rolle. Alt-Pferde und eiszeitliche Antilopenarten dienen nur zu Beginn dieser Periode als Nahrung. Die Bedeutung pflanzlicher Sammelprodukte ist unklar. Man lebt in Kleinfamilien, die sehr mobil sind und von Lager zu Lager ziehen, wobei Höhlen als Wohnplätze bevorzugt werden. Ihre materielle Kultur ist, soweit bekannt, noch sehr einfach.
El-Riego-Zeit	Die Pflanzennahrung dürfte in der *El-Riego-Zeit* (um 7200) ein Übergewicht gewonnen haben. Darauf deuten Mörser, Stößel und Reibplatten hin, die nun erstmalig in Erscheinung treten. Die Flechttechnik für Körbe, Decken und Netze ist bereits gut ausgebildet. Wahrscheinlich zur Ausnutzung bestimmter Nahrungsquellen schließen sich die Kleinfamilien jahreszeitlich zu größeren Verbänden (Großfamilien?) zusammen. Man lebt nicht mehr ausschließlich in Höhlen, sondern benutzt nun auch Lagerstätten in offenem Gelände. Andeutungen eines rituellen Kannibalismus und sorgfältige Bestattung der Toten zusammen mit Geräten und Nahrungsmitteln geben Hinweise auf religiöse Vorstellungen.
	Gegen Ende der El-Riego-Zeit (um 6000) beginnt ein bedeutender Umschwung: Pflanzen werden nicht mehr ausschließlich gesammelt, sondern auch angebaut. Erste Kulturpflanzen sind hier Avocados, Chilipfeffer und Kürbisse.
Coxcatlan-Zeit	Diese Tendenz setzt sich in der *Coxcatlan-Zeit* (um 5200) fort, in der Bohnen, Flaschenkürbisse, weitere Kürbisse, Amaranth, Zapotes und endlich, gegen Ende der Phase (um 3500) der für die amerikanische Entwicklung so wichtige Mais hinzutreten. Ob sie alle im Tehuacan-Tal oder seiner näheren Umgebung domestiziert werden oder aber aus größeren Entfernungen eingeführt, ist noch nicht geklärt. Durch die Anlage von Feldern und Gärten muss sich zwangsläufig auch die Siedlungsform ändern. Die meist in offenem Gelände liegenden größeren Siedlungen werden immer länger benutzt. Die jahreszeitliche Auflösung wird allerdings noch nicht ganz abgebaut.
Abejas-Zeit	Bestehen die Lager bisher augenscheinlich nur aus Buschhütten, so lassen sich mit Beginn der *Abejas-Zeit* (um 3400) echte Dörfer mit Grubenhäusern nachweisen, die nun dauernd bewohnt werden. Eine weitere Neuerung sind Gefäße und Schüsseln aus Stein, die zum Kochen der Nahrung dienen. Diese wird nun bereits zu 30% im Pflanzenbau gewonnen.
Purron-Zeit	Wichtigste Neuerung während der *Purron-Zeit* (um 2300) im Tehuacan-Tal sind rohe Tongefäße, die in ihrer Form die Steingefäße der vorhergehenden Phase nachahmen. Sie sind allerdings nicht die ältesten bisher bekannten Tongefäße Mesoamerikas. Diese stammen vielmehr aus Puerto Marquez (Guerrero) an der pazifischen Küste Mexikos (um 2400). Ob die Idee der Keramikherstellung in Mesoamerika selbständig entstanden ist oder auf Einflüsse aus Südamerika zurückgeht, die möglicherweise auf dem Seewege nach hier gelangten, ist heute ein umstrittenes Problem der amerikanischen Archäologie.
Basiskultur	Aus den skizzierten Anfängen im Tehuacan-Tal und sicherlich auch an anderen Orten hat sich um 1500 v. Chr. eine *Basiskultur* entwickelt, die weit gehend die Grundlage für alle späteren Kulturen bildet. Dorfähnliche Dauersiedlungen, Pflanzenbau, Keramik, Kult einer Muttergöttin, die sich in weiblichen Tonfiguren manifestiert und die Benutzung des glasartigen Obsidian zu Instrumenten und Werkzeugen sind ebenso Kennzeichen der Kulturen dieser Zeit wie das Fehlen jeglicher staatlicher Organisation, wenigstens einer, die über die Dorfgemeinschaft hinausgreift. Diese Kultur, sofern man sie als eine Einheit betrachten will, lässt sich heute in Zentral- und Süd-Mexiko ebenso nachweisen wie in den Tiefländern der karibischen und pazifischen Küste. Im späteren Mayagebiet treten ihre ersten Anzeichen um 2000 v. Chr. im nördlichen Belize auf (Swasey-Phase). Sie sind mit bisher undatierten Funden im nördlichen

Yucatan verwandt, das damit ebenfalls diese Basiskultur besessen haben muss. Dagegen ist ihre Anwesenheit im guatemaltekischen Hochland und in Zentralamerika im Augenblick noch umstritten. Hier wie in vielen anderen Räumen sind noch Gruppen vorhanden, die jetzt und für geraume Zeit in der Zukunft ihren Lebensunterhalt durch Jagen und Sammeln erwerben. Wichtig ist auch, dass sich bei den sesshaften Kulturen bereits starke Unterschiede zeigen, meist auf ökologischen Gegebenheiten basierend. Während im Landesinneren, besonders im Hochlande, der Mais-Bohnen-Kürbis-Komplex die Basis der Wirtschaft bildet, sind die Siedlungen der Küstenzonen weit gehend vom Fischen und dem Sammeln von Mollusken abhängig. Mais scheint kaum eine Rolle zu spielen, dafür aber Maniok, eine Knollenpflanze, die möglicherweise zuerst in Südamerika domestiziert wird. Typisch für diese Kulturen, für die die Ocos-Phase der pazifischen Küste Guatemalas charakteristisch ist, ist auch die starke mechanische Verzierung der Keramik, vielleicht wieder ein südamerikanischer Einfluss.

Yucatan

Einen ersten Höhepunkt der Entwicklung in Mesoamerika stellt die *„Olmekische Kultur"* in Süd-Veracruz und Nord-Tabasco an der karibischen Küste Mexikos dar. Das Datum ihrer Entstehung wird verschieden angegeben, je nachdem ob man unkorrigierte Radiocarbon-Daten (RT) verwendet oder jene, die aufgrund der erkannten Schwankungen des natürlichen C 14-Gehaltes der Luft (Suess-Effekt) korrigiert werden (ST = sideric time). In diesem Falle beträgt der Unterschied rd. 300 Jahre (RT = 1095 v. Chr., ST = 1400 v. Chr.). Da einerseits für die frühen Kulturen RT-Zeiten benutzt werden, andererseits viele Daten nicht auf ST umgerechnet sind, werden im Folgenden weiter RT-Daten benutzt werden. Man muss dabei im Auge behalten, dass die wahrscheinlich richtigeren ST-Daten früher liegen und erst ab etwa 100 n. Chr. mit den RT-Daten übereinstimmen.

Olmekische Kultur

Die *Vorläufer der Olmekischen Kultur* sind, wie die Keramik ausweist, eng mit Ocos und ähnlichen Kulturen der südlichen pazifischen Küste verwandt, möglicherweise von dort eingewandert oder beeinflusst. Wie aus diesen einfachen Pflanzerkulturen sich ein organisiertes Gemeinwesen, das man bereits als Staat bezeichnen kann, entwickelt, ist noch ungeklärt. Auf jeden Fall entsteht um 1100 v. Chr. in San Lorenzo eine Siedlung, die den Rahmen eines Dorfes sprengt. Das liegt weniger an der Größe (man schätzt eine Dauerbevölkerung von etwa 1000 Menschen) als vielmehr an dem Vorhandensein eines religiös-zeremoniellen Kernes. Er besteht aus einem von Menschen veränderten Hügel, auf dessen Oberfläche u. a. kleine Pyramiden errichtet sind. Sie sind um Plätze geordnet, das erste bekannte Auftreten einer „plaza", eines Zeremonialplatzes, der typisch für alle späteren Städte Mesoamerikas werden soll. Auch steinerne Großskulpturen erscheinen hier zum ersten Male.

Vorläufer der Olmeken

Um 900 v. Chr. wird San Lorenzo verlassen, verschiebt sich das *Zentrum der Olmeken* auf eine Insel im Sumpfgelände des Tonala-Flusses von Tabasco.

Olmeken

Das hier entstehende Zentrum mit einer an Aschenvulkane erinnernden, kannelierten Pyramide, zahlreichen anderen Zeremonialbauten um rechteckige Plätze gelagert sowie viele Großskulpturen besteht bis 400 v. Chr. Da die Anlagen weit gehend die vorhandene Landfläche ausnutzten, ist La Venta voraussichtlich weniger eine echte Siedlung als vielmehr ein Pilgerzentrum, zu dem Menschen aus weiten Teilen Meso- und Zentralamerikas kommen. Durch die charakteristischen Kleinskulpturen aus Stein, besonders Jade, und Ton lassen sich die Beziehungen der Olmeken zu anderen Gegenden und Völkern gut verfolgen. Allerdings gehen die Meinungen über die Natur dieser Beziehungen stark auseinander. Sie reichen von der Errichtung eines weit gespannten Reiches über Missionierung zu einer neuen Religion, in der ein mit Jaguarzügen ausgestatteter Regengott die Hauptrolle spielt, bis zu einfachen Handelsverbindungen und Handelsniederlassungen in fremden Gebieten. Die wahrscheinlichste Erklärung ist, dass nur das eigentliche Kerngebiet an der Golfküste Mexikos ein Staat mit einer voraussichtlich priesterlichen Elitegruppe ist. In allen anderen Gegenden, die von Nord-Costa-Rica bis in das Hochtal von Mexiko reichen, wobei Schwerpunkte im letztgenannten Raum (Tlatilco, Tlapacoya), dem Morelos-Becken (Las Bocas, Chalcatzingo), dem Tal von Oaxaca, der pazifischen Küste im Grenzgebiet von Guatemala und Mexiko und im Chalchuapa-Tal von El Salvador vorhanden sind, dürfte eine Mischung von Handel und Missionierung eine Rolle spielen. Dabei könnte der *Handel*, durch den man Rohstoffe gegen Fertigprodukte eintauscht, der Wegbereiter für die Ausbreitung der Religion sein, d. h., man errichtet zunächst Handelsstationen und missioniert erst, nachdem sie voll funktionsfähig sind. Die Missionierung ebenso wie mögliche Pilgerfahrten nach La Venta regen das Bedürfnis nach religiösen Paraphernalien wie Götterfiguren usw. an, stärkt also den Handel und den Einfluss der olmekischen Elite. Diese bringt augenscheinlich nicht nur in der Kunst bedeutende Leistungen hervor, sondern auch in der Wissenschaft. Der bis zur Eroberung gültige 260-tägige *Ritualkalender* dürfte auf sie ebenso zurückgehen wie die Anfänge einer Schrift.

Handel

Ritualkalender

Wodurch dieses weit gespannte Handelsimperium schließlich gegen 400 v. Chr. zerbricht, lässt sich nicht übersehen. Vielleicht strömen neue Gruppen in die Gebiete ein, gibt es Völkerverschiebungen, die die alten Handelswege unterbrechen und das mittlerweile ganz auf Rohstoffzufuhr eingestellte Kernland verkümmern lassen. Nachfahren der Olmekischen Kultur lassen sich an der Golfküste bis in die ersten nachchristlichen Jh.e nachweisen. Sie zeigen damit, dass der Untergang sich langsam und nicht gewalttätig vollzieht. Einzelne Elemente der Olmekischen Kultur haben sich jedoch weit verbreitet und beeinflussen oft maßgeblich die weiteren Entwicklungen. Ob man allerdings von einer „Mutterkultur" reden kann, aus der alles Spätere abzuleiten ist, muss bezweifelt werden.

„olmekisches Erbe"
Die 600 Jahre, die auf das Ende der olmekischen Blütezeit folgen, sind durch zahlreiche regionale Entwicklungen gekennzeichnet. Ihnen fehlt, sieht man von einem gemeinsamen *„olmekischen Erbe"*, das auch nicht überall vorhanden ist, ab, die Einheitlichkeit bzw. der Zusammenhang der vorhergehenden Epoche. Während sich einerseits bei vielen Einheiten große technologische und soziale Fortschritte feststellen lassen, verharren andere auf einem Niveau, das weit zurückbleibt. Das trifft vor allem für West-Mexiko zu, in das kaum olmekische Einflüsse gelangt sind. Die zahllosen Kulturen, in die sich sicher dieser Raum aufsplittert, bleiben auf dem Stand einfacher Dorfgemeinschaften, ohne größere Zusammenschlüsse. Die schon ab 1300 v. Chr. erkennbare Sitte, Tote in Schachtgräbern zusammen mit großen Grabfiguren aus Ton beizusetzen, bleibt z. B. bis etwa 250 n. Chr., dem Beginn der nächsten Epoche, bestehen.

Zweiteilung
Ab 400 v. Chr. lässt sich auch in Mesoamerika eine beginnende *Zweiteilung* zwischen Nord und Süd feststellen, die bis in die Conquista-Zeit erhalten bleiben soll. Allerdings gibt es, wie auch in späteren Zeiten, fließende Übergänge. Kernpunkte der beiden Regionen, in die sich Mesoamerika spaltet, ohne allerdings eine verbindende Klammer zu verlieren, sind das Hochtal von Mexiko und der Maya-Raum, dessen Schwerpunkt zunächst die pazifische Küste und das Hochland von Guatemala, später die Tiefländer des Petén und Yucatan sind.

Isthmus von Tehuantepec
Bereits in der Blütezeit der olmekischen Kultur muss der *Isthmus von Tehuantepec* eine wichtige Handelsstraße sein. An ihrem einen Ende, am Golf von Mexiko, liegt das olmekische Kernland, in dem nun, nach der Aufgabe La Ventas, zwei andere Orte, Cerro de las Mesas und Tres Zapotes am Fuße der Tuxtla-Berge, die Führungsrolle übernehmen, ohne jedoch an Größe und Bedeutung ihre Vorgänger zu erreichen. Sie sind nur noch Hauptorte einer regionalen Kultur, die allmählich immer schwächer wird und schließlich ganz verschwindet: Dass die alten Verbindungen nie ganz abreißen, besonders in dem als *„Trans-Isthmischer Block"* bezeichneten Gebiet, zeigen Übereinstimmungen in Keramik und Steinskulptur, wobei Letztere sich deutlich von den olmekischen Vorläufern ableiten lassen.

Trans-Isthmischer Block

Izapa-Stil
Noch deutlicher ist dieses bei dem am anderen Ende des Blockes in der reichen Kakaozone der pazifischen Küstenebene gelegenen Izapa (an der mexikanisch-guatemaltekischen Grenze). Seine Anfänge reichen bis 1500 v. Chr. zurück, aber erst nach 400 v. Chr. erreicht Izapa seine bedeutende Größe, ausgedrückt in zahllosen Pyramiden und Zeremonialplätzen und nicht weniger als 244 steinernen Monumenten, oft mit Reliefskulpturen versehen. Der hier vorherrschende olmekoide Stil wird heute *Izapa-Stil* genannt. Er lässt sich im ganzen Transisthmischen Block nachweisen. Wie weit man in ihm einen Vorläufer des späteren Maya-Stiles erkennen kann, ist noch umstritten. Das ist bei dem etwas südlicher gelegenen Abaj Takalik, das erst in den letzten Jahren intensiv untersucht wurde, weniger der Fall. Seine Skulpturen, besonders an den Stelen, die wie in Izapa und später bei den Maya oft zusammen mit Altären auftreten, zeigen deutliche Übereinstimmungen mit der späteren Mayaskulptur der Tiefländer. Andere wichtige Orte des Blockes jener Zeit sind Chiapa de Corzo im Grijalva-Tal (Chiapas) und Kaminaljuyu am Rande der Stadt Guatemala. Wie die vorher genannten Zentren müssen sie Mittelpunkte kleinerer Herrschaftsbereiche gewesen sein, gekennzeichnet durch Pyramiden und reiche Steinskulpturen. Letztere fehlen in der Chalchuapa-Zone des westlichen El Salvador, das aber sonst an die olmekoide Kultur des Blockes angeschlossen werden kann.

Maya-Dialekte
Es wird teilweise angenommen, dass im ganzen Transisthmischen Block *Maya-Dialekte* gesprochen wurden und dass auch die Olmeken dieser Sprachgruppe zuzuordnen sind. Das lässt sich natürlich kaum nachweisen, aber neben der regionalen Verteilung spricht ein weiterer Umstand dafür: Die ältesten bisher bekannten Daten des sog. „Long Count", des späteren Maya-Kalender, finden sich gerade hier: die Tuxtla-Statuette: 98 v. Chr., Chiapa de Corzo Stela 2: 36 v. Chr., Tres Zapotes Stela C: 32 v. Chr., Abaj Takalik Stela 5: 126 n. Chr., Stela 2: 1. Jh. v. Chr. Gerade Stela 5 von Abaj Takalik zeigt nicht nur ein Datum, sondern weist auch in Aufbau und Ausgestaltung alle Elemente auf, die später für den Maya-Stil charakteristisch sind. Da zudem im Transisthmischen Block immer wieder Monumente mit Glyphen auftauchen, die Vorläufer der Maya-Schrift sein können, scheint hier die Wiege dieses Aspektes der Maya-Kultur zu liegen.

In gewisser Weise gehört auch das Maya-Gebiet im Petén und Yucatan in diesen Block, allerdings nur peripher. Beginnend mit der schon erwähnten Swasey-Phase im nördlichen Belize um 2000 v. Chr. tauchen vor allem entlang der Flüsse während der folgenden Jh.e kleine Siedlungen auf, deren Bewohner augenscheinlich Brandrodungsbau betreiben. Diese zunächst sehr langsame Entwicklung wandelt sich aus bisher ungeklärten Gründen um 550 v. Chr. in eine rapide Expansion, wobei zu bemerken ist, dass zumindest in der materiellen Kultur, soweit sie erfassbar ist, eine weit gehende Einheitlichkeit besteht (Mamom Ceramic Sphere). In dieser Zeit werden auch, vor allem im nördlichen Belize, die ersten Pyramiden errichtet.

Chicanel-Zeit
Der nächste Einschnitt erfolgt während der (generalisierten) *Chicanel-Zeit* zwischen 300 v. Chr. und 150 n. Chr. Die anfänglich nur unbedeutenden Pyramiden werden größer, bilden Gruppen um Plätze, und auf

ihnen werden Tempel aus Stein errichtet, die mit Stuck verkleidet und teilweise mit Bemalung versehen sind. Der Malereistil erinnert bereits an spätere Maya-Malereien. Daneben treten nun Bauten, die sicherlich keine Tempel sind, sondern als Behausungen einer Elitegruppe dienen, die auch unter den Bestattungen deutlich in Erscheinung tritt. Ihre Toten zeichnen sich nicht nur durch Körpergröße und Hinweise auf eine bessere Ernährung aus, sondern auch durch reiche Beigaben, oft aus exotischem, d.h. importiertem Material. Sie werden in Grabkammern unter Pyramiden oder Plattformen beigesetzt, ein erster Hinweis auf dynastische Verehrung verstorbener Herrscher. Das für die Maya typische „falsche Gewölbe" lässt sich um die Zeitwende zuerst an diesen Grabgewölben nachweisen. Der Stufe der Maya-Kultur, die um 150 n. Chr. existierte, fehlen, soweit man es erkennen kann, nur noch drei Komplexe ihrer „klassischen" Ausprägung: Schrift und Kalender sowie die Steinmonumente.

Die Entwicklung im *Hochtal von Mexiko* und den anschließenden Gebieten verläuft ähnlich wie im Maya-Raum, wenn auch die Basis eine andere ist. *Hochtal von Mexiko*

Die starken olmekischen Einflüsse, die sich u.a. in Tlatilco und Tlapacoya manifestieren, haben bereits zu einer frühen Zeit zur Herausbildung einer Elite und zu größeren Zusammenschlüssen geführt. Daneben mögen auch ökologische Gegebenheiten eine Rolle gespielt haben, die besonders im südlichen Teil des Hochtales mit seiner sehr großen Bevölkerungsdichte Bewässerungsanlagen erforderlich machen. Hier entsteht um 400 v. Chr. eine *Stadt, Cuicuilco,* von ca. 20 ha Grundfläche, mit einer großen, von Steinen ummantelten Rundpyramide im Mittelpunkt und ausgedehnten Bewässerungsanlagen. Sie beherrscht wahrscheinlich das südliche Hochtal. Der Nordteil dagegen beherbergt eine größere Anzahl kleinerer Herrschaften. *Stadt Cuicuilco*

Die kontinuierliche Entwicklung im südlichen Hochtal von Mexiko wird jäh durch eine Naturkatastrophe unterbrochen, die das bisherige Gewicht in Zentral-Mexiko verändert: Um 150 v. Chr. bricht der *Xitli-Vulkan* am Rande des Hochbeckens aus und überflutet weite Teile mit einer dichten Lavadecke, die auch das aufstrebende Cuicuilco unter sich begräbt. Sicherlich ist es keine Katastrophe wie im römischen Pompeji: Den Bewohnern bleibt genügend Zeit zu fliehen. Die ihrem Lebensunterhalt dienenden Ländereien sind jedoch vernichtet und für lange Zeit nicht mehr brauchbar. Sie müssen also auswandern. Die Masse scheint sich in das nördliche Hochtal und dort vor allem in ein bisher nur wenig besiedeltes Seitental zu begeben. Der kleine Ort, den sie vorfinden, *Teotihuacan,* unterscheidet sich in nichts von anderen Siedlungen. Seine Einwohnerzahl wird für diese Zeit auf 2000 Personen geschätzt. Warum die Menschen gerade hierher flüchten, ist unbekannt. Vielleicht werden sie von dem nahe gelegenen Obsidian-Vorkommen angezogen, jenes vulkanischen Glases, das damals und bis zur Conquista für Instrumente vielfach die Rolle des Metalls innehat. Es hat augenscheinlich einen großen Handelswert: Obsidian aus Teotihuacan findet sich bis in das Mayagebiet verbreitet. Daraus ergibt sich, dass die Beherrschung des Vorkommens auch für die spätere Rolle Teotihuacans von Bedeutung sein dürfte. *Ausbruch des Xitli-Vulkans* *Teotihuacan*

Gleich aus welchen Gründen viele Flüchtlinge nach Teotihuacan ziehen, die Folge ist auf jeden Fall ein rapides Anwachsen der Bevölkerung, die man um 100 n. Chr. bereits auf 60000 Menschen schätzt. Um diese Zeit werden auch die beiden großen *Pyramiden* (Sonnenpyramide, Mondpyramide) errichtet, wobei die Sonnenpyramide ein gewaltiger Bau mit einem Rauminhalt von 1,1 Mio. Kubikmetern ist. Etwa 100 Mio. Arbeitsstunden müssen zu ihrer Errichtung mindestens veranschlagt werden. *Pyramiden*

Um 200 n. Chr. scheint man einen *Bebauungsplan* für die Stadt zu erstellen, bei dem sich die Straßen rechtwinklig kreuzen. Mittelpunkt der nun etwa zwanzig Quadratkilometer bedeckenden Stadt ist die Kreuzung der beiden Nord-Süd und Ost-West ausgerichteten Hauptachsen. Hier liegt sowohl das Verwaltungszentrum (Ciudadela) mit einem wichtigen Tempel des Hauptgottes Tlaloc als auch der Hauptmarkt. Der nördliche Arm des Zentralkreuzes scheint die wichtigsten Bauten zu verbinden. An ihm liegen die beiden großen Pyramiden, Tempel und Paläste. Die übrigen Gevierte werden durch weitere Paläste oder durch Mehrfamilienhäuser ausgefüllt. Dabei ist die Entscheidung, ob es sich um Paläste oder Tempel handelt, noch umstritten und richtet sich oft nach der Interpretation der Gesellschaftsordnung. *Bebauungsplan*

Kernteil der *Paläste* ist ein Innenhof, an drei Seiten von Gebäuden auf niedrigen Terrassen umschlossen. Die einräumigen Gebäude besitzen gegen den Innenhof zu eine von Pfeilern getragene Vorhalle. Diese sind ebenso wie die Innenräume oft mit Wandgemälden verziert, für die Teotihuacan bekannt ist. Sie stellen meist mythologische und religiöse Themen dar. Weiter zum Palast gehören zahlreiche Nebengebäude, teilweise wieder um kleine Höfe herum angelegt. Alle haben die für Teotihuacan typischen Flachdächer, von denen das anfallende Regenwasser mit Hilfe von Wasserspeiern und Abflussrohren in ein Kanalisationssystem geleitet wird. *Paläste*

Eine Entwicklung besonderer Art sind die einstöckigen *Mehrfamilienhäuser*, von denen jedes, wie auch die Paläste, ein Straßengeviert einnimmt. Sie bestehen aus zahlreichen Räumen (die Zahl schwankt zwischen 50 und 200, mit 100 als Schnitt), Vorhöfen und Gängen. Jede Familie scheint eine abgeschlossene Wohnung aus mehreren Räumen zu besitzen, die sich um die Innenhöfe gruppieren. Interessant ist, dass die Bewohner, deren Durchschnittszahl man auf 100 schätzt, augenscheinlich innerhalb eines solchen Komplexes alle der gleichen Tätigkeit nachgehen. Damit entsprechen diese Mehrfamilienhäuser den mittelalterlichen Handwerksgassen Europas. Ob darüber hinaus verwandtschaftliche Beziehungen unter den *Mehrfamilienhäuser*

Bewohnern bestehen oder ob es zunftartige Zusammenschlüsse gibt, lässt sich bisher noch nicht feststellen.

Slumprobleme Wie alle Großstädte besitzt auch Teotihuacan, zumindest in seiner Spätzeit, *Slumprobleme*. Ausgrabungen in den Randbezirken zeigen, dass dort die Mehrfamilienhäuser kleinere Räume haben und aus schlechterem Material erbaut sind als im Stadtkern. Noch weiter am Rande gibt es eine Zone, deren Bewohner nicht in festen Bauten, sondern in Hütten mit Flechtwänden, die mit Lehm beworfen sind, hausen, Hütten, die damals wie heute der armen Landbevölkerung als Unterkunft dienen. Man kann annehmen, dass die hier Lebenden Menschen sind, die von der Großstadt angelockt ihre Dörfer verlassen haben, um in Teotihuacan ihr Glück zu versuchen, so wie es auch heute noch in Lateinamerika geschieht. Endlich muss noch erwähnt werden, dass es auch ein Viertel gibt, in dem Gesandtschaften und/oder fremde Kaufleute wohnen.

Es unterstreicht die Bedeutung, die Teotihuacan damals, zwischen 300 und 650 n. Chr. besitzt, als seine Einwohnerzahl etwa 150000 Menschen zählt. Wie bei den Olmeken ist der Charakter des Einflussbereiches von Teotihuacan sehr umstritten. Während die einen nur ein Handelsimperium annehmen, sind andere Forscher der Meinung, dass es sich um einen echten Staat handelt. Sicher ist, dass das Hochtal von Mexiko ganz unter Teotihuacan-Herrschaft steht. Keine Stadt von Bedeutung ist damals in diesem Gebiet vorhanden; selbst die Einwohnerzahl der Dörfer scheint abzunehmen: Der Magnet Teotihuacan zieht sie an. Auch die weitere Umgebung, die heutigen Staaten Puebla und Morelos dürften Teotihuacan weit gehend botmäßig sein. So scheint z. B. die nächste Stadt, Cholula (Puebla), als Verwaltungszentrum von Teotihuacanos gegründet zu sein. Das Valle de Toluca (Mexiko) und die Umgebung von Tula (Hidalgo) könnten ebenfalls zum direkten Herrschaftsbereich von Teotihuacan gehören. Fraglicher ist es mit den in dieser Zeit blühenden Siedlungen im Norden, in Zacatecas und Durango (Chalchihuites-Kultur). Zwei-

Einflüsse Teotihuacans fellos sind starke *Teotihuacan-Einflüsse* vorhanden, ob es aber zu einer politischen Integration kommt, ob es Satellitenstaaten sind oder ob es sich nur um starke kulturelle Einflüsse verbunden mit handelspolitischer Ausnutzung wichtiger Rohstoffe handelt, ist ungeklärt. Dass die Bindung stark ist, zeigt die Tatsache, dass mit dem Ende von Teotihuacan auch hier ein Rückschlag einsetzt und die weit vorgeschobene Nordgrenze mesoamerikanischer Kultur wieder zurückgenommen werden muss. Die Einflüsse, die von Teotihuacan auf Westmexiko ausgehen, sind relativ gering. Wie bereits in der vorhergehenden Zeit gehen die dortigen Kulturen ihre eigenen Wege und nehmen nur marginal an der allgemeinen mesoamerikanischen Entwicklung teil.

Verworren ist die Lage im Süden und Osten des Kerngebietes. Einerseits lassen sich starke Einflüsse aus Zentral-Mexiko nachweisen, andererseits werden sie so weit umgewandelt, dass man geneigt ist, eine weit gehende politische Selbstständigkeit anzunehmen. Ein Beispiel dafür ist das Hochtal von Oaxaca

Monte Alban und sein Zentrum *Monte Alban*. Dieser Ort hat sich seit etwa 400 v. Chr. auf einem terrassierten Höhenrücken in strategisch beherrschender Lage entwickelt. Zunächst nur einer von mehreren Kleinstaaten im Tal von Oaxaca wächst es ab etwa 200 v. Chr. zum alles beherrschenden Zentrum dieser geografischen Einheit und gleichzeitig zu einer bedeutenden Stadt, deren Tempel und Paläste auf dem künstlich abgeflachten Höhenkamm liegen. Wie in Teotihuacan sind rebusartige Zeichen als „Schrift", Zahlen und die 260- bzw. 365-tägigen Kalender vorhanden, in einer speziellen, von Zentralmexiko verschiedenen Aus-

Zapoteken prägung. Träger des Staates sind die *Zapoteken*, die auch heute noch in diesem Raume leben.

Zwischen 200 und 500 n. Chr. (Monte Alban IIIa) lässt sich ein starker Teotihuacan-Einfluss in Keramik und Architektur nachweisen. Man gestaltet jedoch den Stil nach eigenem Geschmack um und ahmt ihn nicht nach, wie in anderen Gegenden. Daraus und aus der Tatsache, dass es in der Stadt Teotihuacan augenscheinlich eine Gesandtschaft aus Oaxaca gibt, die u. a. ihre Toten im einheimischen Stil in Grabgewölben bestattet, glaubt man schließen zu können, dass das zapotekische Reich unabhängig bleibt, jedoch mit Teotihuacan verbündet ist. Ob ihm dabei die Rolle eines modernen Satellitenstaates zukommt oder eigene Politik betreiben werden kann, ist eine noch offene Frage. Gewiss ist die Sicherung der Verbindungen zu den südlichen Kolonien mit Durchzugsrecht für Handelskarawanen und Militäreinheiten damals wie auch in aztekischer Zeit von großer Bedeutung. Aus dem gleichen Grunde ist auch eine Teilbeherrschung des Tieflandes am Golf von Mexiko notwendig. Hier gibt es Anzeichen für teotihuacanische Gründungen in Tajin (Veracruz) und Matacapan (Tabasco).

Kaminaljuyu Der Weg nach Süden ist für Teotihuacan so wichtig, weil augenscheinlich in *Kaminaljuyu* am Rande der heutigen Stadt Guatemala eine Kolonie existiert, die politisch ein Teil des Teotihuacan-Reiches ist. Im Gegensatz zu Monte Alban wird hier der Stil der Hauptstadt oft genau kopiert, gibt es nicht nur eine aus Teotihuacan stammende Oberschicht, sondern auch Handwerker, die entweder von dort kommen oder dort gelernt haben. Kaminaljuyu ist zwischen 300 und 500 n. Chr. eine bedeutende Stadt mit etwa 15000 Einwohnern und einem Zentrum, dessen Architektur völlig zentralmexikanisch ist.

Es erhebt sich die Frage, warum die Teotihuacanos Kaminaljuyu erobern oder besetzen, denn das direkt beherrschte Gebiet scheint nicht groß zu sein: Es dürfte kaum über das Tal von Guatemala hinausreichen.

strategische Lage Die Lösung der Frage liegt in der *strategischen Lage des Ortes*, vor allem bezüglich des Handels. Von hier aus gibt es Verbindungen zu den Tiefländern am Pazifischen Ozean und der atlantischen Seite mit ihren reichen und begehrten Rohstoffquellen. Daneben können Obsidianvorkommen im Hochland von Guatemala eine Rolle spielen. Hauptreichtum der pazifischen Küstenzone ist der Kakao. Das führt schon in olmekischer Zeit zu Handelsniederlassungen. Jetzt liegt es an Teotihuacan, diese begehrte Zone auszubeuten. Dass es hier großen Einfluss ausübt, geht aus den aufgefundenen Hinterlassenschaften hervor. Sie legen z. B. in Bilbao eine Siedlung an, die von Teotihuacan und dem von ihm beherrschten Tajin (Veracruz) gegründet wird. Zwischen Kaminaljuyu und der Küste werden zur Sicherung des Handelsweges Siedlungen gegründet, z. B. am Lago de Amatitlan.

Komplizierter sind die Beziehungen nach dem eigentlichen *Maya-Gebiet* des *Petén*. Hier konsolidiert sich seit etwa 250 n. Chr. die Kultur in ihrer späteren Ausprägung: Schrift und Kalender lassen sich nun ebenso wie Stelen aus Stein nachweisen. Das älteste bisher bekannte Steinmonument, die Stela 29 von Tikal, datiert 292 n. Chr. Politisch scheint es eine Reihe von Stadtstaaten zu geben, jeder unter einer eigenen Dynastie, bei der (meist) der Sohn auf den Vater folgt, wie die historischen Texte auf den zu ihren Ehren errichteten Monumenten ausweisen. Gewisse größere Zentren wie Palenque oder Tikal können eine gewisse Vormachtstellung halten und kleinere Zentren beherrschen, ohne dass jedoch eine Großmacht nach zentralmexikanischem Muster entsteht. Es scheint Bündnisse zu geben, die oft auf dynastischen Verbindungen beruhen. *Maya-Gebiet des Petén*

Hier tritt also den Teotihuacanos eine Gruppe von Staaten gegenüber, deren Kultur der ihrigen mindestens gleichwertig ist. Die eventuell vorhandene militärische Überlegenheit, die Teotihuacan besitzt, ist sicherlich durch die langen Verbindungswege ausgeglichen, trotz der Kolonie in Kaminaljuyu. Trotzdem ist ein Teotihuacan-Einfluss auch im Petén spürbar, vor allem unter der Elite. Gerade die Genealogien auf den Monumenten machen dies deutlich. So scheint in dem bedeutenden Ort Tikal um 380 n. Chr. ein Fremder in die herrschende Dynastie einzuheiraten (nachdem er die Herrschaft erobert hat?), der aus Kaminaljuyu stammt. Sein Grab enthält neben geopferten Sklaven zahlreiche Beigaben zentralmexikanischer Herkunft. Diese Verbindung geht auch unter seinem Sohn und Nachfolger nicht verloren, auf dessen Stele z. B. als Nebenfiguren Menschen in typischer Teotihuacan-Rüstung (Gesandte? Krieger einer Leibwache?) erscheinen. In dem am Rio Bec (Campeche) gelegenen kleinen Ort *Becan* wurden um 400 n. Chr. große Verteidigungsanlagen errichtet, die ihn zu einer uneinnehmbaren Festung machen. Funde aus der gleichen Zeit lassen auf die Anwesenheit von Teotihuacanos schließen, die hier einen Stützpunkt zu besitzen scheinen. Andere Orte dagegen, vor allem im heutigen Belize, scheinen ohne Teotihuacan-Einflüsse zu bleiben, möglicherweise eine Folge des Bevölkerungszuwachses, der hier um 100 n. Chr. einsetzt. Es sind Flüchtlinge aus Chalchuapa (El Salvador), die durch große Vulkanausbrüche von dort vertrieben werden. *Becan*

Der Einfluss Teotihuacans im Mayagebiet dauert keine hundert Jahre. Danach kommt es zu einer Rückbesinnung auf die alten Werte, möglicherweise verbunden mit politischen Unruhen, denn gerade für das 6. Jh. fließen die historischen Quellen nur spärlich. Danach (7. Jh.) setzt ein erneutes *Aufblühen der Städte* ein: Immer mehr Städte werden gegründet, immer mehr Monumente für die Dynastien errichtet. Das Gebiet weitet sich aus, neue Machtzentren wie Copan (Honduras) oder Yaxchilan am Usumacinta entstehen. Kunst, Kultur und Wissenschaft blühen und prägen das Bild, das man heute von der Maya-Kultur besitzt. *Aufblühen der Städte*

Maya-Kalender und -Schrift

Zu den größten intellektuellen Leistungen im voreuropäischen Amerika gehören der von den Maya benutzte Kalender, die damit zusammenhängende Mathematik und Astronomie sowie die von den Maya benutzte Schrift.

Der Kalender besteht aus mehreren Systemen, die parallel zueinander benutzt werden und zusammen eine außergewöhnliche Präzision ermöglichen. Der älteste und einfachste Teil ist ein 260-tägiger *Ritualkalender*. In ihm laufen eine Serie von 13 Zahlen und 20 Zeichen nebeneinander. Da 13 und 20 keinen gemeinsamen Nenner haben, treffen die gleiche Zahl und das gleiche Zeichen erst nach 260 Tagen wieder zusammen. Dieser Kalender dient vor allem augurischen Zwecken. *Ritualkalender*

Ein zweiter Kalender beruht auf einem „vagen" *Sonnenjahr* von 365 Tagen. Er ist in 18 Monate zu 20 Tagen sowie einen Monat von fünf Tagen eingeteilt. Beide Kalender laufen parallel zueinander. Da der kleinste gemeinsame Nenner 18980 ist, treffen der gleiche Tag des Ritualjahres und des Sonnenjahres erst nach 52 Sonnenjahren wieder zusammen. Diese Einheit wird eine „*Kalenderrunde*" genannt. Beide Einheiten sind weit in Mesoamerika verbreitet und scheinen in der olmekischen oder frühen post-olmekischen Zeit entstanden zu sein. *Sonnenjahr*

Kalenderrunde

Ein solcher Kalender bedeutet jedoch, dass die gleichen Daten alle 52 Jahre wieder auftauchen. Für die astronomisch und historisch interessierten Maya ist dies völlig unbefriedigend. Dadurch, dass sie oder ihre Vorgänger spätestens im 2. Jh. v. Chr. die Stellung der Zahl und die Null erfinden – lange bevor dieses System in der Alten Welt bekannt ist –, ist es ihnen möglich, von einem (sicherlich fiktiven) *Fixpunkt* aus zu rechnen. Dieser Punkt liegt, nach unserem Kalender, im Jahre 3113 v. Chr. Für die Maya heißt *Fixpunkt* dieses Datum, in moderner Umschrift 13.0.0.0.0. 4Ahau 8Cumhu. Der nächste Tag ist (1).0.0.0.0.1 5Imix 9Cumhu. Um die Fixierung eines Tages im Maya-Kalender, den sog. „Long Count", zu erklären, muss ein Beispiel für seine Berechnung gegeben werden. Bei dem Maya-Datum 9.12.10.5.12. 4Eb 10Yax (= 30. Aug. 682 n. Chr.) würden sich die Einheiten, im Maya-Stil von oben nach unten geschrieben, wie folgt ergeben:

```
 9  (baktun)  =   9 x 400 x 360  =  1296000  (Tage)
12  (katun)   =  12 x  20 x 360  =    86400  (Tage)
10  (tun)     =  10 x   1 x 360  =     3600  (Tage)
 5  (uinal)   =          5 x 20  =      100  (Tage)
12  (kin)     =          12 x 1  =       12  (Tage)
                        zusammen    1386112  Tage
```

Dieser Tag fällt im Ritualkalender auf einen Tag 5Eb, im Sonnenkalender auf den elften Tag des Monates Yax. Man kann mit dieser Methode genau wie bei unserem Kalender ein Datum unverwechselbar festlegen.

Vigesimalsystem

Wie aus der obigen Tabelle zu ersehen ist, rechnen die Maya in einem *Vigesimalsystem*, das bei der Datenberechnung an der dritten Stelle (tun) durchbrochen wird, um eine Annäherung an das Sonnenjahr zu gewinnen. Bei den rein mathematischen Rechnungen dagegen lautet diese Einheit 400, die nächste 8000 usw. Die höchste bisher bekannte Einheit der Maya ist 25600000000!

Sonnenjahr

Es ist den Maya wohl bewusst, dass ihr Jahr mit 365 Tagen zu kurz ist. Daher werden auch andere Himmelskörper wie Mond und Venus beobachtet und die Berechnungen in die Daten eingefügt bzw. an sie angehängt (Secondary Series). Durch Korrekturen des *Sonnenjahres* erreichen sie Abweichungen, die oft geringfügiger als diejenigen des Gregorianischen Kalenders sind. Bei dem Venuskalender entsteht im Laufe von 481 Jahren gegenüber dem wahren „Venus-Umlauf" eine Differenz von dem Bruchteil (0,08) eines Tages. Sie sind außerdem noch in der Lage, Sonnenfinsternisse für lange Zeiträume vorauszuberechnen.

Glyphen

Die Maya sind auch die einzigen Bewohner der Neuen Welt, die eine echte Schrift, wenn auch nicht ganz in unserem Sinne, besitzen. Die *„Glyphen"* genannten Zeichen sind oft aus mehreren Teilen zusammengesetzt, wobei ein oder zwei Elemente größer als die anderen sind (Hauptzeichen). Geschrieben wird von oben nach unten und von links nach rechts, wobei zunächst die ersten beiden senkrechten Spalten abwechselnd von oben nach unten gelesen werden, dann die nächsten beiden usw. Die Schrift wird in Reliefform oder eingeritzt auf Steinmonumenten, Fassaden, Schmuckstücken, Knochen, Holz und anderen Materialien verwendet, gemalt auf Wänden, Tongefäßen und Büchern (Codices), von denen sich leider nur drei sehr späte erhalten haben. Abweichungen in den Glyphenformen sind sowohl nach der Art der Schreibung als auch in zeitlicher Hinsicht vorhanden. Die meisten der heute bekannten rund 900 Glyphen sind bisher noch nicht entziffert. Bekannte Glyphen beziehen sich auf Zahlen, kalendarische und astronomische Einheiten, Namen von Göttern, Städten und Herrschern sowie auf Geburt, Inthronisation, Tod u. ä. Ereignisse. Lesen, d. h. sie wörtlich in die ursprüngliche Sprache übersetzen, kann man sie nicht.

Diadochenstaaten

Im Hochland vollziehen sich um 650 große Veränderungen. Das Teotihuacan-Reich hat sich aufgelöst. Die Gründe dafür sind nicht klar. Zwar gibt es in der Stadt um diese Zeit eine Brandschicht, ob diese aber auf Eroberung hindeutet und ob diese Eroberung auf das Eindringen der Otomí aus dem Norden zurückzuführen ist, bleibt umstritten. Auf jeden Fall kommt das ganze politische Gefüge in Bewegung, nicht nur in Zentral-Mexiko, sondern auch in weit entfernten Bereichen, so im Hochland von Guatemala, sowie in Nicaragua und Costa Rica, wo um 900 mexikanische Gruppen, die Chorotega, auftauchen, letzte Ausläufer der in Zentral-Mexiko ausgelösten Veränderungen. Auf den Trümmern des Teotihuacan-Reiches entstehen *Diadochenstaaten* kleineren Umfanges, gegründet augenscheinlich von sehr heterogenen Gruppen. Wie sie sich genau zusammensetzen und wie sie entstehen, ist wiederum ungeklärt. Möglicherweise sind es „arbeitslose Soldaten" und ihr Anhang, die ähnlich den „Freien Kompanien" des europäischen 14. Jh.s im Lande herumziehen und entweder bereits bestehende Orte erobern oder neue Siedlungen gründen. Cholula z. B. wird von einer Gruppe eingenommen, die man „Olmeca" nennt, aus der Mixteca Baja in Oaxaca stammt und mixtekische, Nahua- und Chocho-Popoloca-Teile vereinigt. Sie machen den wichtigen Handelsknotenpunkt zwischen Hochtal und Golfküste zu einem bedeutenden Machtzentrum. Ein anderer wichtiger Teilstaat hat seinen Kern in Xochicalco (Morelos). Auf einem Hügel gelegen, ist es von Wehranlagen umgeben, die auf Konfliktsituationen hindeuten. Neben Elementen aus Teotihuacan und dem Tal von Oaxaca lassen sich hier auch Einflüsse aus dem Mayagebiet nachweisen. Diese sind in dem neu entdeckten Cacaxtla (Tlaxcala) noch deutlicher, vor allem in den großartigen Wandgemälden, die äußerst blutige Kämpfe zwischen Gruppen zeigen, deren Embleme Adler und Jaguar sind. Das Hochtal wird nun wieder stärker besiedelt. In Azcapotzalco entsteht ein Zentrum, das wenigstens andeutungsweise das Teotihuacan-Erbe weiterführt.

In weiter entfernten Gebieten des ehemaligen Reiches setzen sich meist einheimische Kulturen durch. An der mittleren Golfküste übernimmt nun Tajin (Veracruz) eine führende Rolle und wird das Zentrum eines eigenen Staates. Weiter südlich dagegen scheint es an der Küste keine größeren politischen Einheiten in dieser spät-klassischen Zeit zu geben.

Auch im Valle de Oaxaca kommt es um 700 zu Veränderungen, die jedoch nicht so einschneidend sind wie in anderen Gebieten. Monte Alban wird zu jenem Zeitpunkt aufgegeben, wahrscheinlich als Folge von Einbrüchen der *Mixteken* in das Tal von Oaxaca und der exponierten Lage der Stadt, deren Wasserversorgung sehr prekär ist. Die Mixteken gründen bereits in der vorhergehenden Zeit nördlich des Valle de Oaxaca Kleinstaaten. Von hier aus dringen sie immer wieder in das Tal von Oaxaca ein, dessen nördliche Hälfte sie allmählich beherrschen. Hauptorte der *Zapoteken* liegen nun im südlichen Teil des Tales: Lambityeco, wahrscheinlich zunächst Nachfolger von Monte Alban, das nur noch als Grabstätte der Elite dient, später das befestigte und besser zu verteidigende Yagul sowie Mitla. *Mixteken*

Zapoteken

Länger als alle anderen Gruppen bleiben die *Mayastaaten* von den Unruhen verschont. Gerade zwischen 600 und 800 erreichen viele Städte ihren Höhepunkt an Größe und Pracht, werden riesige Pyramiden und zahlreiche Stelen zu Ehren der Herrscher errichtet. *Tikal*, einer der bedeutendsten Orte und wahrscheinlich Hauptstadt eines größeren Herrschaftsbereiches, scheint um 800 mehr als 10000 Einwohner zu haben, die sich auf eine Fläche von 16 Quadratkilometer verteilen. Die Hausgruppen sind unregelmäßig über das gebrochene Gelände verstreut, eine enge Besiedlung wie in Teotihuacan fehlt und ist aus topografischen Gründen auch nicht möglich. In der Mitte des Ortes liegen die Tempel und Paläste, akropolisartig als Verwaltungszentrum zusammengefasst. Umgeben ist Tikal von einer Mauer, Hinweis auf die kriegerischen Auseinandersetzungen der damaligen Zeit. *Mayastaaten*

Tikal

Dieser blühende Ort liegt um 850 verlassen da. Wie konnte es dazu kommen? Augenscheinlich handelt es sich nicht um einen einzelnen Faktor, sondern um das Zusammenklingen mehrerer. Überbevölkerung und Auslaugen des intensiv bebauten, an sich nicht sehr fruchtbaren Bodens scheinen Hauptursachen zu sein. Darauf deutet auch das Verlassen gerade der ältesten Siedlungen zu Beginn des *Niederganges* hin. Epidemien und chronische Unterernährung, verstärkt vielleicht durch jahrelange Missernten, sind weitere Faktoren, ferner das Unvermögen der Elite, Abhilfe zu schaffen. Gerade diese Gruppe scheint als erste die Orte zu verlassen, ob freiwillig oder gezwungen, bleibt dahingestellt. Endlich kommt noch Druck von außen, Folge der Wirren in Zentral-Mexiko, hinzu. Kurz nach 800 treten in Yucatan Gruppen unter Führung der *Itza-Familie* auf, wahrscheinlich Maya-sprechende Chontal aus Tabasco, die jedoch stark mexikanisiert sind. Sie lassen sich in Chichen Itza nieder und beginnen, auch andere Orte niederzuwerfen. Ihre Feldzüge führten sie bis Seibal im Petén, das ab 830 von einem Fürsten nördlicher Abkunft beherrscht wird. Das benachbarte Altar de Sacrificios fällt um 910 in die Hände einer anderen Chontal-Gruppe. Es ist bezeichnend, dass diese beiden Orte zu den letzten großen Petén-Siedlungen zählen und erst gegen 950 verlassen werden, später als fast alle anderen Orte. *Niedergang*

Itza-Familie

Tolteken, Chichimeken, Tepaneken

um 830 n. Chr. Wie im Maya-Gebiet setzen im 9. Jh. auch in anderen Gegenden allmählich historische Nachrichten ein, oft noch in mythologischem Gewand. Das trifft auch für die Tolteken zu, die aus dem Norden in das Hochtal gelangen und zunächst in Ixtapalapa siedeln. Bald schon kommen sie in Konflikt mit dem mächtigen Cholula.

um 960 Die *Tolteken* verlegen unter dem legendären Quetzalcoatl Topiltzin ihre Hauptstadt nach Tula (Hidalgo), nördlich des Hochtales. Während die größten Teile des Valle de Mexico ebenso wie Puebla unter der Herrschaft Cholulas bleiben, bauen die Tolteken ihr Reich an den nördlichen Randzonen auf. Das mittlere Veracruz scheint ebenfalls in ihren Herrschaftsbereich zu fallen. Darauf deuten befestigte Orte wie Tuzapan und Teayo hin, die deutlich zentralmexikanisch ausgerichtet sind. *Tolteken*

987 Dynastische Auseinandersetzungen in der Hauptstadt mit ethnischen und religiösen Hintergründen haben den Auszug Quetzalcoatls und seiner Anhänger zur Folge. Sie erreichen über die Golfküstenländer die Küste von *Yucatan*, zusammen mit einer neuen Welle von Chontal-Maya aus Tabasco. Unter Führung der Itza-Dynastie werden die noch blühenden Städte in Yucatan bald unterworfen, ihr als Puuc bezeichneter Maya-Stil verschwindet. Dafür dominiert nun Chichen Itza, dessen Bauten jenen in Tula sehr ähnlich sind. In der gleichzeitigen Skulptur dagegen lassen sich viele Hinweise auf die alte Maya-Tradition finden, wenn auch die Themen weit gehend toltekisch sind. Der Kult der Federschlange, des Symbols Quetzalcoatls, der hier Kukulkan heißt, spielt eine Rolle, ebenso des Regengottes Tlaloc, dem ein natürlicher Brunnen (Cenote) geweiht ist. Durch ihn wird Chichen Itza für viele Jh.e zu der bedeutendsten Pilgerstätte Yucatans. *Yucatan*

1187 Zweihundert Jahre besteht das Reich von Chichen Itza, bis es dem Druck der umwohnenden Maya erliegt. Die Itza und ein Teil ihrer Gefolgsleute wandern nach Süden aus und gründen am See von Petén Itza ein neues Reich, das als Letztes (erst 1697) von den Spaniern erobert wird. Die neue Herrschaft in Yucatan geht von Mayapan aus. Eine gewisse Rückbesinnung auf die alten Werte findet statt, ohne dass die frühere Größe, sowohl politisch als auch in Kunst und Wissenschaft, erreicht wird.

Zentral-Mexiko 1156 In *Zentral-Mexiko* findet das Toltekische Reich ebenfalls ein Ende. Tula wird verlassen, wahrscheinlich unter dem Ansturm „barbarischer" Gruppen, die durch längere Dürreperioden aus den marginalen Siedlungsgebieten des ariden Nord-Mexiko vertrieben werden. Damit endete eine Epoche relativer Ruhe, die für die späteren aztekischen Geschichtsschreiber als „Goldenes Zeitalter" gilt. Viele Erfindungen werden den Tolteken zugeschrieben, die zwar in dieser Zeit entstehen, jedoch nicht von ihnen stammen.

Ein Beispiel ist die Metallverarbeitung, die sich zuerst (um 900) bei den Tarasken in Jalisco (Zentralmexico) nachweisen lässt. Die Kenntnisse gelangten aller Wahrscheinlichkeit nach auf dem Seewege aus dem heutigen Ecuador und Panama an die Westküste Mexikos.

Mixteken Auf welchem Wege die *Mixteken* in Oaxaca um 1000 diese Kenntnisse erhalten, ist unklar. Sie werden die berühmtesten Goldschmiede des alten Mexiko, wie sie überhaupt die hervorragenden Kunsthandwerker jener Zeit sind, deren polychrome Keramik von keiner anderen übertroffen wird und die die Kunst der Bilderschriftbücher auf einen ungeahnten Höhepunkt bringen.

Wanderbewegungen Wie der Zusammenbruch Teotihuacans löst auch das Ende des Toltekenreiches große *Wanderbewegungen* in Mesoamerika aus. Gruppen aus dem Hochland strömen u. a. in die Golfküstentiefländer und verändern zusammen mit den bereits vorhandenen toltekischen Einflüssen das Bild der dortigen Kulturen, die nun ein stark zentralmexikanisches Gepräge bekommen. Andere Gruppen dringen in das guatemaltekische Hochland vor, unterwerfen die einheimischen Mayagruppen oder heiraten in deren Elite ein und formen Staaten zentralmexikanischen Musters, die bis in die Conquista-Zeit bestehen. Andere Wanderbewegungen bringen Nahuasprecher nach El Salvador (Pipil) und Nicaragua (Nicarao) und führen zu einer Mexikanisierung der dortigen Bevölkerung.

1156 Die Tolteken ziehen sich unter ihrem Herrscher Huemac zunächst nach Chapultepec im Hochtal von Mexiko zurück.

1162 Mit dem Tod von Huemac geht auch dieser toltekische Staat unter.

Im Hochtal beginnt ein erbitterter Kampf um die Hegemonie. Colhuacan, dessen Dynastie augenscheinlich toltekisch ist, erlangt zunächst eine Führungsrolle, doch die immer neuen Nahua-Gruppen, die aus dem Norden in das Hochtal einsickern und die man zusammenfassend als *Chichimeken* bezeichnet, lassen die Staaten nicht zur Ruhe kommen.

Chichimeken
Tepaneken 1230 Die zu den Chichimeken gehörenden *Tepaneken* erobern die Teotihuacan-Nachfolgestadt Azcapotzalco.

1240 Andere Chichimeken erobern Tenayuca.

1260 Die Acolhua gründen Coatlinchan und Tezcoco.

1350 Den Acolhua gelingt es, für kurze Zeit Colhuacan in der Vorherrschaft abzulösen.

Tezozomoc Die neu aufstrebende Macht im Hochtal sind aber die Tepaneken, vor allem nachdem *Tezozomoc* den Thron bestiegen hat.

1343

1418 Durch geschickte Bündnispolitik, aber auch durch militärische Stärke gewinnt er immer mehr Macht hinzu und kann schließlich auch Tezcoco erobern.

1423 Als Tezozomoc stirbt, sind die Tepaneken auf dem besten Wege, das ganze Hochtal zu unterwerfen und damit die Schlüsselposition für eine zentralmexikanische Reichsgründung in die Hand zu bekommen. Sein Nachfolger Maxtla verspielt diese Chance, indem er die bisher verbündeten Azteken zu seinen Gegnern macht.

Das Reich der Azteken

1193 Die Azteken kommen in das Hochland. Ihre Heimat scheint das nordwestliche Mexiko zu sein.

1256 Die Azteken siedeln als Untertanen Colhuacans am Chapultepec.

Zunächst als Hilfstruppen mit diesem Staat verbunden, kommt es zu Zerwürfnissen, die die

Tenochtitlan 1325 Gründung *Tenochtitlans* (an der Stelle des heutigen Mexico City) auf Inseln im See von Texcoco zur Folge haben.

1376 Obwohl die Herrscherfamilie, die mit Acamapichtli beginnt, aus Colhuacan stammt, tragen die Azteken als Hilfstruppen der Tepaneken nicht unerheblich zu deren Aufstieg und dem Niedergang Colhuacans bei.

1427 Die Ermordung des vierten Herrschers, Chimalpopoca, durch Maxtla macht dieser Beziehung ein Ende.

1427–1440	Sein Nachfolger *Itzcoatl* verbündet sich mit dem Texcoco-Herrscher Netzahualcoyotl (1418–1472).	*Itzcoatl*
1430	Zusammen erobern sie Azcapotzalco und machen die Vorherrschaft der Tepaneken zunichte, schließen aber mit der neuen Tepaneken-Hauptstadt Tlacolula ein Bündnis *(Dreibund)*, durch das die Eroberung des Hochtales nahezu vollendet wird. Daneben werden Teile von Puebla und Guerrero unterworfen.	*Dreibund*
1440–1469	Unter *Moctezuma I. Ilhuicamina* († 1469) wächst das nominal dem Dreibund gehörige Reich ständig. Die letzten Bastionen im Hochtal, vor allem Chalco werden besiegt, weitere Teile von Guerrero erobert. Wichtiger ist die Neutralisierung Cholulas durch ein Zwangsbündnis und die Unterwerfung der Totonaken an der mittleren Golfküste. Dagegen misslingt es, auch die Tlaxcalteken, die eine wichtige Position auf dem Wege zur Küste einnehmen, zu besiegen. Sie bleiben immer frei und tragen nicht unerheblich zum Untergang des aztekischen Reiches bei.	*Moctezuma I.*
1469–1483	Axayacatl, Enkel des vorhergehenden Herrschers, konsolidiert die Eroberungen und gewinnt neue Gebiete im Westen hinzu, scheitert aber bei dem Versuch, die Tarasken in Michoacan zu unterwerfen. Wichtig ist die Eingliederung der ebenfalls von Azteken bewohnten Nachbarstadt Tlatelolco in die Hauptstadt.	
1483–1486	Sein Bruder Tizoc († 1486) hat mit vielen Rebellionen zu kämpfen, die nur mit Mühe unterdrückt werden.	
1481–1502	Erst unter dem dritten Bruder Ahuitzotl († 1502) dehnt sich das Reich erneut aus. Am Pazifik werden weite Teile von Guerrero und Oaxaca, Tehuantepec und die Kakaoprovinz Soconusco an der guatemaltekischen Grenze besetzt, am Golf weite Gebiete im südlichen Veracruz. Im Inneren kommt man dagegen nur langsam voran, da der Widerstand der Mixteken und des wieder erstarkten Zapoteken-Reiches bedeutend ist.	
1502–1520	Oft sind es nur einzelne kleine Gebiete oder Stützpunkte, die *Moctezuma II. Xocoyotzin* (*1467, †1520) in Oaxaca hinzufügen kann. Wie alle seine Vorgänger regiert er absolut von der Hauptstadt Tenochtitlan aus, die damals etwa 250000 Einwohner hat.	*Moctezuma II.*
1520 29. Juni	Moctezuma wird entweder durch die eigenen Leute getötet oder von den Spaniern ermordet. Sein Nachfolger Cuitlahuac regiert nur wenige Monate, ehe er an Pocken, die durch die Spanier eingeschleppt werden, stirbt.	
1520–1521 1521 13. Aug.	Ihm folgt als letzter aztekischer Herrscher sein Vetter *Cuauhtemoc*, der nach erbitterter Verteidigung mit den Resten seiner Macht, ausgehungert und ohne Trinkwasser, in Tenochtitlan kapitulieren muss.	*Cuauhtemoc*
1525 28. Febr.	Cuauhtemoc wird auf Geheiß von Hernán Cortés in den Urwäldern des Petén wegen angeblicher Verschwörung aufgehängt.	

Südamerika

Gebiet des heutigen Kolumbien

Bis jetzt sind die Küsten des Karibischen Meeres und des Pazifik am besten erforscht, in den Anden nur begrenzte Gebiete. Das Tiefland im Osten ist noch unbekannt. Vorläufig ist mit Hilfe von C 14-Daten und aus dem Vergleich mit den Kulturen Venezuelas, Panamas und Ecuadors eine Gliederung der Zeit bis ca. 400 n. Chr. in drei große Abschnitte möglich, von denen *Periode I* (bis 3000 v. Chr.), *Periode II* (3000–1000 v. Chr.) und *Periode III* (1000 v. Chr.–500 n. Chr.) zeitlich ungefähr dem Altertum Europas und Vorderasiens entsprechen. Im Unterschied zu Periode I haben Periode II und III regionalen Charakter, lassen eine fortlaufende kulturelle Entwicklung erkennen, haben aber ihren Schwerpunkt im Norden. Der erste Zeitabschnitt ist nur in Oberflächenfunden von Steinwerkzeugen belegt, die nicht absolut datiert werden können. Die Träger dieser Kultur sind umherziehende Jäger.

drei Perioden

Bisher liegen nur Funde aus dem Norden, dem Gebiet zwischen Rio Sinú und Rio Magdalena vor. Der älteste Fundplatz ist *Puerto Hormiga*, der mit seiner C 14-Datierung auf ca. 2900 v. Chr. den ältesten Keramikkomplex Südamerikas bildet. Ihre höchste Entwicklung findet die Keramik in Malambo (ca. 1200 v. Chr.), wo Ähnlichkeiten mit der Keramik Venezuelas die ersten Kontakte zwischen den beiden Kulturgruppen vermuten lassen. Die Bevölkerung beginnt in Dörfern sesshaft zu werden und lebt sowohl vom Bodenbau (Maniok) als auch von Jagd und Fischfang.

Puerto Hormiga

Momil	Die wichtigste Kulturphase der Periode III im Norden repräsentiert *Momil*, dessen Wirtschafts- und Sozialformen denen von Malambo noch weit gehend entsprechen. Zahlreiche anthropomorphe Statuetten lassen auf religiöse Vorstellungen schließen. Charakteristika der Momilphase breiten sich nach Osten aus und werden zur Grundlage des so genannten First Painted Horizon (Loma und Horno). Erster indirekter Nachweis von Maisanbau.
Kultur von San Agustín	In den Anden sind für die Zeit zwischen Periode I und der *Kultur von San Agustín* (am Oberlauf des Rio Magdalena) keine Funde nachweisbar. Die früheste C 14-Datierung für San Agustín ist ca. 600 v. Chr., es endet um 500 n. Chr. Die Kultur ist in Südkolumbien (Cauca und Huila) verbreitet. Ihre Träger, die Arbeitsteilung in Berufen und eine soziale Schichtung kennen, sammeln sich um religiöse Zentren, deren größtes San Agustín ist. Nahrungsgrundlage ist der Bodenbau. Der religiöse Kult wird in einem differenzierten Zeremoniell ausgeübt. Typisch sind Monumentalbauten aus Stein (Tempel, Gräber, unterirdische Galerien, skulptierte Grabplatten und Sarkophage im Megalithstil, aber keine Wohnbauten); bis zu 4 m hohe Steinstatuen stellen wohl Götter, Dämonen und Heroen dar; an Quellen und Bächen finden sich Menschengesichter und Wassertiere aus dem Felsen gehauen.
	Während zu den anderen gleichzeitigen Kulturen Kolumbiens keine Verbindung hergestellt werden kann, spiegeln sich deutlich peruanische (Chavín und Recuay) und mesoamerikanische (Chorotega und Maya) Einflüsse.
	Wohl gleichzeitig mit dem letzten Abschnitt der San-Agustín-Kultur (ca. 400 n. Chr.) sind die Funde des Tierradentro-Komplexes (Cauca) zu setzen, und zwar aufgrund der großen Ähnlichkeit von Keramik und Steinbildhauerei.
	Die Zeit vom 6. Jh. bis zur Ankunft der Spanier kann in zwei Abschnitte geteilt werden: Periode IV (500–1000) und Periode V (1000–1500). Charakteristisch ist in Nordkolumbien die Entwicklung zu kultureller Gleichartigkeit, verbunden mit größerer Bevölkerungsdichte. Neu sind runde Hausfundamente aus Stein und Gebäude auf Erhöhungen; Terrassen für den Feldbau.
	Einige Gebiete bleiben auf ihrer früheren Entwicklungsstufe stehen, so um Cienaga Grande de Santa Marta, wo sich die indianische Bevölkerung noch bei Ankunft der Spanier von Fischen und Schalentieren ernährt.
	Um 1000 wird der Second Painted Horizon angesetzt: Coco und Portacelli in Nordostkolumbien. Portacelli hat Verwandtschaft mit Coclé und Chiriquí (Panama), ebenso mit Tierra de los Indios (Westvenezuela).
	Im Unterschied zur vorangegangenen Zeit entwickeln sich zwischen 1000 und 1500 landschaftlich differenzierte Kulturen: an den Abhängen der Sierra Nevada de Santa Marta die Tairona-Kultur, an den Unterläufen von Sinú und San Jorge River der Betancí-Viloria-Komplex. Beide können zeitlich nicht fixiert werden.
Tairona	*Tairona*, dessen Einfluss ein großes Gebiet erfasst, beeindruckt in den städtischen Zentren durch seine Architektur- und Ingenieurleistungen: Terrassen für Hausbau und Feldbau, Steinfußböden, Treppenaufgänge zu den Terrassen und Hauseingängen, mit Steinplatten belegte Straßen, steinerne Brücken, Bewässerungskanäle, Säulenhallen, Stelen, Gräber, die mit großen Platten bedeckt sind. Die Metallverarbeitung ist gut entwickelt, typisch ist schwarze, unbemalte Keramik. – Arbeitsteilung, soziale Schichtung, theokratische Regierung und Handel sind weitere Merkmale der in dieser Zeit erreichten Kulturhöhe.
Betancí-Viloria-Komplex	Der *Betancí-Viloria-Komplex* hat als besonderes Kennzeichen eine hoch entwickelte Gold- und Tumbaga-Verarbeitung. Die typische Siedlungsform sind ausgedehnte Dörfer am Rand von Flüssen und Lagunen.
	Zahlreiche Informationen können spanischen Chroniken entnommen werden. Nach ihren Angaben sind zu Anfang des 16. Jh.s in ganz Nordkolumbien vergiftete Pfeile, Trophäenköpfe, Sklavenjagd, Kriegstänze, Kannibalismus verbreitet. Sie erwähnen, ebenfalls für das gesamte Gebiet, Gegenstände aus Gold, Kupfer und Muscheln sowie Einfriedungen zum Schutz der Häuser.
Chibcha	Im Andengebiet scheint die Heimat der in zahlreiche Sprachfamilien zerfallenden *Chibcha* gelegen zu haben, deren Stämme während der Klassischen und Nachklassischen Periode in zahlreichen Wanderzügen Teile des Nordens Südamerikas und Teile Mittelamerikas besiedeln. Ihre Zivilisation gehört deshalb sehr unterschiedlichen Stufen an, von einfachen Formen bis zur Hochkultur.
Hochkultur	Den *Übergang zur Hochkultur* vollziehen zwischen 1100 und 1500 die auf der Hochebene von Bogotá lebenden Chibcha, die sich selbst Muisca nennen (deshalb die oft verwendete Bezeichnung Muisca-Kultur). Sie besitzen größere Städte und wohl geordnete Gemeinwesen. Ihrer Mythenwelt entstammt die Legende vom Fürsten von Guatavita, der, mit Goldstaub bepudert, ein rituelles Bad im See nimmt und
el Dorado	deshalb *el Dorado* genannt wird.
	Politisch zerfallen die Muisca in mehrere Kleinstaaten, die bei Ankunft der Spanier untereinander um die Hegemonie kämpfen.

● PLOETZ

Gebiet des heutigen Venezuela

Im großen Zügen entsprechen die Kulturgebiete der geografischen Gliederung des Landes: Flusssystem des Orinoco, Anden, Gebiet um den Valencia-See.
Die präkeramischen Funde (El Jobo, Staat Falcón; vor 5000 v. Chr.) entsprechen nordamerikanischen (Lerma) und südamerikanischen (Ayampitín, Intihuasi).
Zweite *präkeramische Epoche* (ca. 5000–1000): Nach den Jägern erscheinen im Osten und Westen der karibischen Küste Schalentiersammler (C 14-Datierungen zwischen 2200 und 1100 v. Chr.), die zusätzlich vom Fischfang, dem Sammeln von Wildfrüchten und der Jagd leben. Die Artefakte sind aus Knochen und Stein, später aus Muscheln.   *präkeramische Epoche*
Ohne Übergang wird das Präkeramikum um 1000 v. Chr. bis 350 n. Chr. von Kulturen mit gut gearbeiteter Keramik abgelöst. Die ältesten Fundstellen liegen am Unterlauf des Orinoco (Saladero). Anbau von Maniok, Beginn sozialer Schichtung und von Arbeitsteilung. Etwas später um 900 bildet sich am Mittel- und Unterlauf die nach dem Fundplatz *Barrancas* benannte *Kultur* aus, die, wahrscheinlich von Neueinwanderern getragen, sehr geschlossen ist und starken Einfluss auch auf die letzte Phase von Saladero ausübt.   *Barrancas-Kultur*
Um Christi Geburt breitet sich die *Saladero-Kultur* an die Ostküste von Venezuela aus (El Mayal), deren Nahrungsgrundlage Fischfang und Bodenbau bilden, eine Wirtschaftsform, die bis zur Conquista beibehalten wird. Selbst auf den Antillen lässt sich, anhand der Keramikfunde, noch der Einfluss von Saladero und Barrancas feststellen.   *Saladero-Kultur*
Im Andengebiet, im Tal von Quibor, ist die *Tocuyano-Phase* (um 200 v. Chr.) die erste Kultur mit Keramik und Feldbau (Kartoffeln?). Ihre Formen sind über ganz Westvenezuela einschließlich der Küste verbreitet, wo auch Einflüsse des so genannten First Painted Horizon zu erkennen sind. Die geringe Zahl der Funde macht genauere Aussagen über eine zeitliche Abfolge unmöglich.   *Tocuyano-Phase*
In den Llanos von Apure und Guarico am mittleren Orinoco erscheint um 400 n. Chr. die *Arauquín-Kultur*. Ihre Keramik ist plastisch verziert. Erdhügel aus dem Gebiet von Apure lassen auf eine soziale Ordnung, wie sie die Voraussetzung für Gemeinschaftsleistungen ist, schließen. – Zur Zeit der spanischen Eroberung bauen die Bewohner dieser Gegend laut Angabe spanischer Chroniken Mais an, bewohnen große Gemeinschaftshäuser, stellen Schmelztiegel für das Gießen von Gold her, das für den Handel mit anderen Stämmen benützt wird, halten aber keinen Nahrungsvorrat.   *Arauquín-Kultur*
Die Barrancas-Kultur um 600 an der Mündung des Orinoco geht über in die Los-Barrancos-Kultur, die einige Wesenszüge von Arauquín übernimmt. Kurz vor der spanischen Eroberung nimmt dieses Gebiet zahlreiche Einflüsse von außen auf, erlebt jedoch keinen kulturellen Höhepunkt.
Für Westvenezuela ist bemalte Keramik weiterhin charakteristisch. Die Betijoque-Phase (350–1150) hat Weiß-auf-Rot-Malerei; bemalte Statuetten mit flachen Köpfen und Kaffeebohnenaugen.
Gleichzeitig verläuft an der Nordwestküste des Maracaibo-Sees die La-Pitia-Phase mit bemalter Keramik. Verschiedene Begräbnissitten lassen auf religiöse Vorstellungen schließen. Auffallend sind Ähnlichkeiten mit Nordwestkolumbien.
Der Halbinsel La Cabrera entlang und am Ufer des Valencia-Sees entsteht aus Einflüssen von Barrancas und Westvenezuela die La-Cabrera-Phase. Die aufgrund häufiger Fundplätze sicher zahlreiche Bevölkerung lebt von Bodenbau, Jagd und Fischfang.
Das Gebiet um den Valencia-See, das schon immer zahlreiche Einflüsse aufnahm, zeigt zu Beginn dieser Periode (1150–1500) in der Keramik eine enge Verwandtschaft mit der Arauquín-Kultur, die damit vielleicht den Anstoß gibt für die *Valencia-Phase*, eine der vielseitigsten Kulturen von Venezuela. Die Keramik hat ausschließlich plastisches Dekor: Vögel, Frösche, Säugetiere; typisch sind u.a. weibliche Statuetten mit rechteckigen Köpfen. Bemerkenswert sind große Wohnhügel, die sich über ein weites Gebiet am Valencia-See erstrecken; es ist jedoch nicht sicher, ob sie alle gleichzeitig bewohnt sind. Trotz offensichtlicher Bevölkerungszunahme und einer gewissen Organisation, wie sie Gemeinschaftsarbeit voraussetzt, scheint ein Überfluss an Wildfrüchten und Wildtieren größere Fortschritte in der Bodenkultivierung zu verhindern.   *Valencia-Phase*
Kurz vor Beginn der historischen Zeit erscheinen in Westvenezuela Kulturen mit Keramik, die mit geometrischen Mustern bemalt ist. *Wohnhügel*, wie sie schon früher am Valencia-See zu finden sind, kommen jetzt auch hier vor. Der Bodenbau wird intensiviert (Terrassenbau, Bewässerung). Zahlreiche Höhlen in den Bergen werden wohl für kultische Zwecke benutzt (zeremonielle Keramik, sitzende oder stehende Tonstatuetten). Allgemein hat die Keramik dieser Phase in Westvenezuela stilistische Verwandtschaft mit Coclé in Panama und besonders mit dem Second Painted Horizon in Kolumbien.   *Wohnhügel*

Gebiet des heutigen Ecuador

Es lassen sich vier Perioden unterscheiden: Präkeramikum bis um 2800 v. Chr.; Formative Zeit ca. 2800–500 v. Chr.; Zeit der Regionalkulturen 500 v. Chr.–500 n. Chr.; Integration 500–1500.

Die günstigen klimatischen Bedingungen Ecuadors werden früh von Jägern, Fischern und Sammlern genutzt, von denen jedoch nur noch wenige Relikte vorhanden sind, da die Fundplätze an der Küste stark ausgewaschen sind.

Valdivia-Kultur Um 3000 v. Chr. wird die Kunst der Töpferei nach Ecuador gebracht, nicht im Land selbst erfunden, da sie in der *Valdivia-Kultur* bereits sehr gut entwickelt ist. Die Träger der Kultur sind relativ sesshaft, leben vom Sammeln wilder Pflanzen und Muscheln. Kennzeichnend sind kleine Steinstatuetten, denen z. T. stilisierte Gesichtszüge, Arme und Beine eingraviert sind, später weibliche Tonstatuetten.

Zwischen 2000 und 1500 wandern an derselben Stelle primitive Sammler zu (Machalilla-Kultur; mit einer sehr dünnwandigen Keramik).

Einwanderungsgruppen Die dritte *Einwanderungsgruppe* (1500 v. Chr.?) kommt aus dem Süden Mesoamerikas. Während die Valdivia-Kultur erlischt, bleiben Einzelzüge von Machalilla in der Chorrera-Kultur (am Rio Guayas) erhalten, die sich im Guayasbecken, nach Norden bis in die heutige Provinz Manabí und ins südliche Hochland (Einfluss auf den Chavín-Horizont?) ausbreitet. Vermutlich Übernahme des Maisanbaus.

regionale Differenzierung Um 500 setzt die *regionale Differenzierung* ein, die sich jedoch nur in Bahía zu einer Hochkultur entwickelt. Die Wohnsiedlungen, gekennzeichnet durch Erdhügel mit Staubecken für Frischwasser, sind größer. Davon getrennt sind religiöse Zentren, wie die Insel La Plata, auf der Tausende von Statuetten gefunden wurden. Die große Ähnlichkeit der Keramik mit den Erzeugnissen der Südküste Perus und Mesoamerikas lässt direkten Kontakt auf dem Seeweg vermuten. Einzelne Charakteristika der Chorrera-Kultur bleiben erkennbar. Erste Verwendung von Metall (Gold, Kupfer); Handel, Schifffahrt.

Bahía Um 200 v. Chr. übernimmt *Bahía* (von Asien?) einen neuen Komplex ritueller Geräte (Hausmodelle, naturalistische sitzende Statuetten).

Milagro-Kultur An der Küste wird archäologisch für die Zeit der so genannten Integration (ca. 500–1500 n. Chr.) ein Kulturkomplex besonders gut fassbar: die *Milagro-Kultur*, die von der Grenze mit Peru bis in die Gegend von Quevedo verbreitet ist. Die Gebäude ihrer großen städtischen Zentren sind auf künstlichen Hügeln errichtet. Sehr unterschiedliche Grabbeigaben (neben Keramik am häufigsten Kupferschmuck, in Form von Ketten, Glocken, Ohrringen, Nasenringen, und Kupferwerkzeuge, wie Pinzetten, Beile, Nadeln, Messer; seltener sind Silber und Gold) lassen auf soziale Schichtung schließen. Von Gegenständen aus leicht verderblichem Material, Textilien und Holz, sind nur ganz geringe Reste erhalten.

Manteña-Kultur Die *Manteña-Kultur*, an der Küste von Bahía de Caraquéz bis zur Insel Puná, hat große Städte, Terrassen für den Bodenbau. Statuetten kommen noch vor, obwohl sie weniger zahlreich werden.

Chibchastamm Der *Chibchastamm* kommt ca. 700–800 der Cara seiner Überlieferung zufolge auf dem Seeweg mit Flößen von Mittelamerika in die Bucht von Guayaquil.

Um 1000 gründet dieser Stamm unter der Schyri-Dynastie einen allmählich den größten Teil des Hochlandes umfassenden Staat. Der Inka Huayna Capac (1493–1527) unterwirft ihn und heiratet die Schyri-Prinzessin Paccha. Atahualpa, der letzte Inka, ist ihr Sohn.

Vor der ecuadorianischen Küste aus, wo sich keine archäologischen Beweise für eine Herrschaft der Inka entdecken lassen, findet während der Nachklassischen Periode auf dem Seeweg Handelsverkehr mit Mittelamerika (wahrscheinlich sogar bis zur Westküste Mexikos) statt.

Zentralandine Kulturen im heutigen Peru und Bolivien

An der Küste Perus beginnt um 4000 v. Chr. der Anbau von Bohnen, Kürbis, Baumwolle.

Huaca-Prieta-Kultur Die *Huaca-Prieta-Kultur* (ca. 2500; Hauptfundort im Chicama-Tal an der Nordküste Perus) hat in den ältesten Schichten der Wohnhügel noch keine Keramik. Ihre Träger, die von Feldbau, Jagd und Fischfang leben, errichten halb unterirdische Wohnbauten, die kleine zur Küste und zu Lagunen orientierte Siedlungen bilden. Das Steingerät ist sehr primitiv, dagegen sind kunstvolle Produkte aus organischem Material erhalten (Baumwollgewebe, Körbe, Netze). Schon hier beginnt der typisch peruanische Kunststil (Vögel, Schlangen). Um 1400 beginnt der Maisanbau.

Chavín-Kultur An der Nordküste Perus entwickelt sich um 1200 die erste Hochkultur Südamerikas. Sie wird nach dem gut erforschten religiösen Mittelpunkt Chavín de Huántar im Tal des Mozna (Nebenfluss des Marañon) als *Chavín-Kultur* bezeichnet oder richtiger als Chavín-Horizont, da das einigende Band der gemeinsame Kult zu sein scheint, während kulturelle Einzelzüge stark differenziert sind. Ein politischer Zusammenschluss lässt sich nicht nachweisen. Im Mittelpunkt des Kultes steht der Jaguar mit Schlangen als Attributen.

Die Siedlungen werden zum Teil von der Küste weg weiter ins Landesinnere verlegt. Angebaut werden Mais, Maniok, Kürbis und Baumwolle, Haustiere sind Hund und Lama (?). Es wurden Tempelpyramiden und große Bewässerungsanlagen freigelegt, die auf eine zahlreiche Bevölkerung schließen lassen. Beginn der Metallverarbeitung (Gold-Kupfer-Legierung – Tumbaga).

Die größte Ausdehnung umfasst etwa das heutige Peru. Das Ende kündigt sich an, indem regionale Züge stärker hervortreten, auch dem Kult die Einheitlichkeit verloren geht, bis er erlischt (um 400 v. Chr.). Im Virútal (Nordküste Perus) entsteht um 1100 die Guañape-Kultur mit Lehmbauten und einer einfachen roten und schwarzen Keramik.

Eine regional nachweisbare Hochkultur, die sich um 700 dem Einfluss des Chavín-Horizontes entzieht, ist im Süden die *Paracas-Kultur* (um 1100–200 nach der Halbinsel Paracas bei der Stadt Pisco). In der Nekropole von Paracas wurden zahlreiche altperuanische Textilien gefunden (Totentücher mit den Mumien). Auf ihnen aufgemalt oder eingestickt sind mythische anthropomorphe und theriomorphe Wesen. Etwa gleichzeitig blühen weiter nördlich die Salinar- und die Gallinazo-Kultur, etwas später entsteht im Hochtal des Santa die Recuay-Kultur.

Paracas-Kultur

In Nordperu entsteht um 200 v. Chr. die *Hochkultur der Moche* als Nachfolgerin der Salinar-Kultur mit Einflüssen von Gallinazo. Von den Tälern der Flüsse Moche, Virú und Chicama werden große Teile des Küstengebietes mit Hilfe sorgfältig angelegter Bewässerungssysteme fruchtbar gemacht. Dem Zusammenwachsen des Kulturlandes entspricht politisch die Errichtung einer Oberherrschaft über die einzelnen dicht besiedelten Taloasen. Es werden Tempelpyramiden in Lehmziegelbauweise errichtet, wie in Moche Huaca del Sol und Huaca de la Luna.

Hochkultur der Moche

Der gut entwickelte Bodenbau kennt bereits alle für die indianischen Hochkulturen typischen Nutzpflanzen. Verarbeitung von Gold, Silber und Kupfer, auch als Legierung (die Gold-Kupfer-Legierung Tumbaga ist in den indianischen Kulturen sehr verbreitet). Hoch entwickelte Keramik, deren Bilder über Leben und Glauben der ethnisch nicht einheitlichen Träger der Moche-Kultur Auskunft geben, ebenso die Porträtköpfe der Töpferkunst, realistische Darstellung von Szenen aus dem Alltagsleben, Jagd, Krieg und Mythologie. Hierarchisch gegliederte Gesellschaft mit Priestern, Kriegern, Bauern, Fischern und Sklaven (Kriegsgefangene). In der religiösen Welt stehen Vorstellungen von einem Mondgott und Dämonen im Vordergrund. Die Moche-Kultur wird um 600 n. Chr. von den Trägern der Huari-Kultur, der peruanischen Variante der Tiahuanaco-Kultur, aus dem Hochland erobert.

Aus der Paracas-Kultur der Südküste Perus entsteht die *Nazca-Kultur* mit ihrer großartigen polychromen Keramik. Auf ihr werden in einer frühen Phase (100 v. Chr.–300 n. Chr.) stilisierte Tiere und Pflanzen dargestellt, hauptsächlich jedoch katzenartige Gottheiten und Dämonen. Die sorgfältigen Begräbnissitten deuten vielleicht auf einen Ahnenkult. Eine große Rolle im religiösen Kult spielen Trophäenköpfe. Im ersten Drittel des ersten Jt.s werden die so genannten „Scharrbilder" angelegt, mehrere hundert Meter lange Linien, die im Umriss geometrische oder figürliche Formen bilden und wohl astronomischen (d.h. religiösen) Zwecken gedient haben.

Nazca-Kultur

Eine letzte Phase der Nazca-Kultur (300–600) zeigt offenbar eine beginnende Erschöpfung ihrer Lebenskraft im Verblassen der Farben und in der Auflösung der Zeichnung auf der bemalten Keramik.

Um 600 tritt die Tiahuanaco-Kultur an die Stelle der Nazca-Kultur, die in einem friedlichen, längere Zeit dauernden Prozess überlagert wird.

Auf den Zusammenbruch der Huari-Kultur folgt um 1000 ein neues Aufblühen der *Küstenkulturen*. Die Bevölkerungszahl nimmt stark zu, und echte Städte werden gegründet. Die Gesellschaftsordnung ist streng hierarchisch. Die Zunahme der Bevölkerung führt zu einer erheblichen Ausweitung von Produktion und Handel. Neben hochwertigen Arbeiten für den Adel steht eine für Gemeinfreie und Hörige bestimmte Massenerzeugung von minderer Qualität. In der Religion herrscht der Glaube an einen Schöpfergott vor.

Küstenkulturen

Politisch zerfällt die Küstenregion in mehrere Staaten. Im Norden entsteht das *Reich der Chimú*. Vom früheren Kerngebiet der Moche ausgehend, werden die Grenzen des Staates nach Norden (Piura) und Süden (Supe) ausgedehnt. Hauptstadt ist Chanchán, eine andere bedeutende Stadt ist Pacatnamú. Lebhafte Handelstätigkeit, auch auf dem Seeweg, nach Mittelamerika. Das Chimú-Reich wird von den Inka unter Tupac Yupanqui erobert.

Reich der Chimú

Im Süden grenzt das Chimú-Reich an den Staat Cuismancu. Er beherrscht die Täler der Flüsse Rimac, Ancón und Chancay. Zu ihm gehören die Großstadt Cajamarquilla und der berühmteste Wallfahrtsort der Küste, die nach dem dort verehrten Gott benannte Tempelstadt Pachacamac.

Die Staaten der südlichen Küste besitzen keine so großen Städte und hohen Bevölkerungszahlen wie die nördlicher gelegenen. Das Reich der Chincha hat seine Schwerpunkte in den Tälern von Chincha, Ica und Nazca und erstreckt seine Macht zeitweise über einen Teil des benachbarten Hochlandes.

Tiahuanaco-Kultur im Andenhochland (200 v. Chr.–1000 n. Chr.): Berühmteste Fundstätte ist Tiahuanaco (21 km südlich des Titicacasees), Wallfahrtszentrum und Stadt mit 5000–20000 Einwohnern. Als Träger dieser Kultur werden die Aymara angesehen.

Tiahuanaco-Kultur

Aus der Früh-Tiahuanaco- oder Qeya-Phase (bis 500 n. Chr.) stammen die beiden bedeutendsten Bauwerke, die Kalasasaya, ein Terrassengeviert mit Innenhof, und die Akapana, eine Kultpyramide; große, genau zugehauene Blöcke, mit zahlreichen, noch roh gefertigten Skulpturen. Die Freiplastik ist naturalistisch im Gegensatz zu dem feierlichen, hierarchischen Stil der klassischen Tiahuanaco-Phase (500–700), die die Kunst völlig in den Dienst der Religion stellt. Bekanntes Beispiel ist das Sonnentor mit seinem Fries.

Neben Tiahuanaco ist die Stadt Huari bei Ayacucho ein zweites Zentrum dieser zunächst auf das südliche Hochland beschränkten Kultur, jedoch mit abgewandeltem Kunststil. Beide „Kulturen" haben ihre Wurzeln in der Kultur von Pucara und beeinflussen sich in der Folgezeit gegenseitig.

In der Spätphase (700–1000) wird die Tiahuanaco-Kultur expansiv und erstreckt sich einerseits über Süd- und Südost-Bolivien bis nach Nordwest-Argentinien, andererseits über Süd-Peru (Nazca-Kultur) bis nach Nord-Chile. Die Schwesterkultur von Huari dagegen überlagert die übrigen peruanischen Hochlands- und Küstenkulturen bis in die Gegend von Cajamarca. Zum ersten Mal seit Chavín erfasst ein einziger Kulturstil sowohl Hochland wie Küsten. Wie die überall vorkommende gleiche Ikonografie auf Gewebe und Vasenmalerei zeigt, muss mit einem gemeinsamen religiösen Hintergrund gerechnet werden. Die Vermutung, dass mit der Huari-Expansion auch die Errichtung eines Einheitsreiches verbunden war, verstärkt sich immer mehr. Die Stärke des Tiahuanaco- bzw. Huari-Einflusses ist verschieden, man kann deshalb nicht von einer festen Stileinheit sprechen, sondern vom Vorhandensein mehrerer, einander ähnlicher Stile, jedoch verbunden durch die gleiche Religion.

Huari-Kultur Die Vorherrschaft der *Huari-Kultur* scheint nicht immer ein Fortschritt gewesen zu sein. An der Küste verfallen in dieser Zeit in manchen Gebieten die Bewässerungsanlagen, es werden keine großen Gebäude errichtet. Auch fehlen hier die großen Steinskulpturen des Hochlandes. Einen materiellen Fortschritt brachten die Kulturen von Tiahuanaco und Huari durch die Verbreitung der Kenntnis und Bearbeitung der Bronze. Gleichzeitig mit der Expansion werden Anzeichen sinkender Schöpfungskraft der Tiahuanaco-Kultur des bolivianischen Hochlandes sichtbar. Die Vorherrschaft der Religion von Huari und das sehr wahrscheinlich damit verbundene Einheitsreich brechen um 1000 aus bisher unbekannten Gründen zusammen. Neue Lokalstile kommen auf, oder ältere erneuern sich (Chimú-Kultur). Für die künftige Entwicklung hat jedoch Huari entscheidende Impulse gegeben. So gelten Staatsform und Straßenbau als vorbildlich für das spätere Inkareich.

Kleinstaaten Politisch zerfällt das Andenhochland seit dem Ende der Klassischen Epoche um 1000 in zahlreiche *Kleinstaaten*, die wirtschaftlich alle auf der gleichen Basis einer intensiven Landwirtschaft und Viehzucht stehen. Größere Städte entstehen erst allmählich und nicht in so großer Zahl wie an der Küste. Kulturell zeigt das südliche Andenhochland einen einheitlichen Stil (nicht gleichbedeutend mit politischer Einheit!), der nach den turmartigen Grabbauten Chullpa-Kultur genannt wird.

Die Inka

Unter den Kleinstaaten gewinnen die im Tal von Cuzco sitzenden Inka allmählich eine Vormachtstellung. Ihrer Überlieferung nach sind sie unter Manco Capac vom Titicacasee her eingewandert und haben Cuzco gegründet (Ende des 12. oder Anfang des 13. Jh.s). Nach archäologischem Befund haben die Inka wahrscheinlich eine Aymara-Bevölkerung im Raum von Cuzco angetroffen. Die ersten Herrscher und ihre Expansionspolitik sind sagenhaft (Mangel an schriftlichen Quellen).

Pachacutec Yupanqui	1438–1471	Erst mit *Pachacutec Yupanqui*, dem neunten Inka, setzt eine gesicherte Überlieferung ein. Pachacutec beginnt mit planmäßiger Expansion und schafft die Grundlagen der Verwaltung des Inkareichs. Er unterwirft das Gebiet von Ecuador bis zum Titicacasee.
Tupac Yupanqui	1471–1493	Sein Sohn *Tupac Yupanqui* erobert das bolivianische Hochland, stößt bis nach Nordwestargentinien vor, unterwirft das Küstengebiet, so auch das Chimú-Reich, und schiebt die Reichsgrenze bis nach Mittelchile vor. Auf Flößen unternimmt Tupac Yupanqui sogar eine Eroberungsfahrt in den Stillen Ozean; wahrscheinlich erreichen seine Truppen die Galapagosinseln. Wenig Erfolg haben nur Versuche, in das Waldgebiet östlich der Anden vorzudringen.
Huayna Capac	1493–1527	*Huayna Capac* (*um 1480, †1527) schiebt die Reichsgrenze im Norden weiter bis an die Grenzen des heutigen Kolumbien vor.
	1527	Huayna Capac stirbt, ohne seinen Nachfolger bestimmt zu haben. Huascar (†1533), der älteste Sohn, lässt sich in der Hauptstadt Cuzco krönen; sein Bruder Atahualpa (†1533) fühlt sich bei der Teilung des Erbes übergangen und revoltiert. Es kommt zu einem erbitterten Streit um den Thron, der das Land in einen *Bruderkrieg* verwickelt.
Bruderkrieg und Ende des Reichs	1532	Huascar wird von den Kriegern Atahualpas gefangen genommen und ermordet (1533). Kurz danach wird auch Atahualpa von den Spaniern unter Francisco Pizarro hingerichtet. Gelähmt durch den so plötzlichen Tod des Gottkönigs, *unterwirft sich das Inkareich* den Spaniern fast widerstandslos.

Grundstrukturen des Inka-Staates

Gesellschafts- Der Staat der Inka ist straff zentralisiert und übersichtlich organisiert. An seiner Spitze steht der als Sohn
ordnung der Sonne göttlich verehrte Herrscher, Sapay Inka (= Oberster Inka). In der streng hierarchischen *Gesellschaftsordnung* bilden die Inka die privilegierte Herrenkaste. Für niedere Verwaltungsfunktionen wird auch der Adel unterworfener Völker herangezogen. Genaue Vorschriften regeln das Leben der Adligen, Gemeinfreien, Hörigen und Sklaven.

Die Inka streben eine politische und kulturelle Verschmelzung der verschiedenen Stämme und Kulturen an. Sie siedeln ganze Stämme um und oktroyieren ihnen die Inkasprache (das Quetschua) und den Inka-Sonnenkult. Daneben dürfen sie ihre eigenen Sprachen und Götter vorläufig behalten, doch sollen diese allmählich verschwinden.

Grund und Boden sind *Gemeindeeigentum*. Ein Teil der Ernte wird gesammelt und bei Missernten an Notleidende verteilt. Die Dorfgemeinschaft muss für Kranke und Alte sorgen. Bergwerke und Cocaplantagen sind *Staatseigentum;* dies geschieht nicht aufgrund sozialistischer Anschauungen, sondern weil die Inka damit die wertvollsten Erzeugnisse ihres Landes, Gold, Silber, Kupfer und das begehrteste Genussmittel, unter ihre Kontrolle bringen wollen.

Gemeindeeigentum Staatseigentum

Die Einführung besonderer Werkstätten, in denen ausgesuchte Personen unter strenger Aufsicht für den Inka arbeiten, darf wohl als Vorform einer Produktionsgenossenschaft bezeichnet werden, doch überwiegen das private *Handwerk* und der von Privatleuten betriebene *Handel* bei weitem. Der Arbeitseinsatz für gemeinnützige Aufgaben erfolgt planmäßig. Oft wird Handwerkern die Lieferung bestimmter Erzeugnisse vorgeschrieben.

Handwerk Handel

Subandine Kulturen in den Gebieten des heutigen Südbolivien, Nordchile, Nordwestargentinien

Die beste Kenntnis besitzen wir von der Ayampitín-Kultur (um 6000 v. Chr.) und von den Funden aus der Höhle von Intihuasi, denen jedoch möglicherweise andere Kulturen vorangehen (Viscachani, Bolivien). Diese Funde sind überlagert von einer neuen Geschossspitzenform (um 4000–3000), einem asymmetrischen Dreieck, die in Bolivien, Peru, Chile, Argentinien und bis nach Patagonien verbreitet ist.

Taltalkultur (um 3000) in Chile ohne Keramik (Muschelangel, Knochen- und Steingeräte, Schmuck). Die Taltalkultur wird um 1000 im Norden von der Quianikultur abgelöst (in Quiani bei Arica und in Pisagua festgestellt), die neu die Dornangel und die Bogenwaffe benutzt.

Taltalkultur

Den wesentlichen kulturellen Einschnitt bezeichnet die Einführung der Keramik, in Nordwestargentinien um 500 v. Chr., in Chile zum Teil etwas früher. Die wichtigsten Fundplätze sind in Chile Pichalo und El Molle. Die Pichalo-Kultur kennt Bodenbau (Mais, Baumwolle, Flaschenkürbis) und als Haustier das Lama. Große Bedeutung haben die Kulturen um den *Titicacasee* als Vorläufer der Hochkultur von Tiahuanaco. Die Qaluyu-Kultur im Nordteil des Titicaca-Beckens reicht bis ca. 900 v. Chr. zurück. Die ihr in diesem Gebiet folgende Kultur von Pucara (ab ca. 200 v. Chr.) und die Kultur von Chiripa (ab ca. 900 v. Chr.) im Südteil des Titicaca-Beckens sind als die eigentlichen Vorläufer der Tiahuanaco-Kultur anzusehen. Um 600 n. Chr. verdrängt der Einfluss von Tiahuanaco in Nordchile die eigenständige Pichalo-Kultur. Dasselbe gilt für *Puna El Molle* (bis um 600), weiter nach Süden gelegen, entwickelt in der Keramik eigentümliche Züge (negative Malerei, vielfarbige Keramik), mit nicht ganz geklärten Zusammenhängen mit dem Andengebiet und Nordwestargentinien (Condorhuasi). Metallverarbeitung. El Molle wird von der Diaguita-Kultur (600–1450) abgelöst, die in ihrer nachklassischen Phase ab 1450 unter Inkaeinfluss gerät.

Titicacasee

Puna El Molle

Für *Nordwestargentinien* sind für die Zeit bis 800 als Siedlungsmuster kleine Häuser um einen Innenhof kennzeichnend. Man findet Begräbnisse unter dem Boden im Haus oder im Patio; Steinwände, künstliche Hügel, Steinskulpturen. Die Kenntnis der Metallverarbeitung kam sicher von den Anden.

Nordwestargentinien

Auch im Valliserrano wirkt sich der Einfluss von Tiahuanaco aus und lässt um 600 die Kultur von Aguada, eine der wichtigsten von Nordwestargentinien, zur Blüte gelangen. Bestimmendes stilistisches Element ist das Katzenmotiv, das auf der Mehrzahl aller Gegenstände, ob aus Ton, Metall oder Holz, abgebildet ist. Auch häufige Abbildungen von Kriegern oder Einzelpersonen mit prächtigem Kopfputz. Die typische Waffe ist der Atlatl. Neu erscheint Bronze, Steinmosaik auf Holz oder Stein.

Um 800 verschwinden alle für Aguada typischen Keramikformen, ebenso der Katzenkult. Neu ist das Gemeinschafts-Wohngrubenhaus. Die Bronzeverarbeitung wird umfangreicher. Es lassen sich zahlreiche Einzelkulturen erkennen, wie Santa Maria und Belén mit mehreren Phasen, die ab 1450 unter Inkaeinfluss geraten. Allgemein werden jetzt Pfeil und Bogen verwendet. Zahlreiche Trophäenköpfe lassen auf Kriege im Zusammenhang mit dem Trophäenkopfkult, einem Fruchtbarkeitskult, schließen. Befestigungsanlagen mit Ausnahme von Chile (in den Valles Transversales).

Die Eroberung durch die Inka ab 1490 lässt sich archäologisch gut belegen. Die monumentale Anlage *Pucará de Andalgalá* (Valliserrano) ist von mehreren Mauern umgeben, umfasst große Gebäude, hat also wohl auch große Bedeutung.

Pucará de Andalgalá

Gebiet des heutigen Brasilien

Eine Art kulturelle Wasserscheide trennt das Amazonasbecken und den Osten und Süden, von Piauí bis Rio Grande do Sul, deutlich voneinander; gemeinsam ist ihnen jedoch, dass sie stets kulturelles Randgebiet bleiben.

Ausgrabungen auf der Insel Marajó im *Amazonasdelta* und um Santarém förderten Kulturen zutage, deren Keramik die Herkunft von Westen (Peru, Ecuador) erkennen lässt. Mit ihr verbunden ist eine Wirt-

Amazonasdelta

schaftsform, die Bodenbau auf Brandrodung und das Sammeln von Wildfrüchten betreibt. Der Beginn der ältesten Formen, die nach ihren Fundplätzen auf der Insel Marajó, Ananatuba, Mangueiras und Formiga, benannt sind, wird um 500 v. Chr. vermutet, ihre Dauer mit ca. 1000 Jahren angesetzt. Im Gegensatz zum Amazonasbecken ist im Osten und Süden des Landes die Besiedlung in vorkeramischer Zeit, vor allem in *Minas Gerais* (Lagoa Santa), mit zahlreichen Artefakten belegt. Während Funde im Innern zeitlich noch nicht sicher eingeordnet werden können, ergeben Radiokarbondatierungen von Fundplätzen am südlichen Teil der Küste ein Alter zwischen 7500 und 1500 Jahren (ca. 5500 v. Chr.–500 n. Chr.).

Minas Gerais

Im Amazonasgebiet bedeutet um 500 n. Chr. das Auftreten kunstvoll gearbeiteter Keramik den nächsten archäologisch fassbaren Einschnitt in der kulturellen Entwicklung. Sie kommt vom Nordwesten des Kontinents und nimmt ihren Weg durch das Amazonasbecken (Coarí, Guarita). Am besten bekannt ist die *Marajoara-Phase* auf der Insel Marajó, deren Beginn mit etwa 1000 angesetzt wird. Sie erreicht eine höhere Kulturstufe mit sozialer Schichtung, Arbeitsteilung in Berufen, besondere Kultkeramik. Große Erdhügel dienen als Unterbau für Gebäude und als Friedhöfe.

Marajoara-Phase

Wenige Jh.e vor dem Erscheinen der Europäer macht sich am Mittel- und am Unterlauf des Amazonas eine neue Form der Keramik geltend, die aus der Gegend von Santarém am besten bekannt ist und Ähnlichkeit mit Arauquín hat. Sie ist mit keiner höheren sozialen Ordnung verbunden.

Ins 14./15. Jh. wird die *Aruã-Phase* auf den Inseln Marajó, Mexiana und Caviana angesetzt, die als einzige Kultur zahlreiche Übereinstimmungen mit den Antillen aufweist. Die Aruã bewohnen Dörfer am Ufer kleiner Flüsse, vom Meeresufer abgewandt. Historische Berichte betonen ihr feindseliges Verhalten.

Aruã-Phase

Im Süden Brasiliens, wo die Keramikherstellung (seit ca. 700) keine Änderung der bisherigen Lebensweise bedeutet, ist nur der so genannte Tupí-Guaraní-Komplex von Paraná Santa Catarina und Rio Grande do Sul intensiver erforscht, dessen Alter auf rund 1000 Jahre geschätzt wird. Die von den ersten Europäern genannten großen Gemeinwesen konnten archäologisch noch nicht nachgewiesen werden.

Kolonien und selbstständige Staaten Nordamerikas bis 1945

Die durch die neuzeitlichen Entdeckungen in den Erfahrungshorizont und Aktionsradius der Europäer gerückte westliche Hemisphäre bleibt für drei Jahrhunderte kolonialer Erweiterungs- und Ausbeutungsraum der Alten Welt. Erst mit der *Emanzipation* der dreizehn britischen *Kolonien* in Nordamerika gegen Ende des 18. Jh.s und der spanischen und portugiesischen Kolonien in Lateinamerika zu Beginn des 19. Jh.s gewinnt sie weltwirtschaftlich und weltpolitisch Eigengewicht. Im 19. Jh. wird Nordamerika zum gesellschaftspolitischen Orientierungszentrum liberaler Bewegungen. Im 20. Jh. übernehmen die Vereinigten Staaten, inzwischen zur Weltmacht aufgestiegen, eine Führungsrolle in der Auseinandersetzung globaler Blocksysteme. Lateinamerika, in viele Staaten zersplittert und ohne vergleichbare industrielle Kapazitäten, bleibt wirtschaftlich hinter der Entwicklung Nordamerikas zurück, sucht aber seinen Eigenweg gegenüber dem mächtigen nordamerikanischen Nachbarn zu behaupten.

Emanzipation der Kolonien

Die *Entwicklungen* der beiden Teilkontinente, des überwiegend angelsächsisch geprägten Nordamerika und des durch jahrhundertelange spanisch-portugiesische Herrschaft geprägten Lateinamerika, unterscheiden sich in charakteristischen Zügen: Englisch wird zur führenden Sprache in Kanada und den Vereinigten Staaten, Spanisch bzw. Portugiesisch im iberischen Amerika. Früh geübte religiöse Toleranz führt zu konfessioneller Vielfalt mit *protestantischem Übergewicht im Norden*. Die beherrschende Macht der *katholischen Kirche* führt zu weit gehender konfessioneller Uniformität im spanisch-portugiesischen *Mittel- und Südamerika*. Die Geschichte Nordamerikas ist durch unentwegte gesellschaftliche Mobilität und expansive Dynamik bestimmt, während Lateinamerika über längere Phasen seiner Geschichte in gesellschaftlicher Statik verharrt und erst im 20. Jh. soziale Revolutionen und Reformen größeren Ausmaßes erlebt. Während die *weiße Einwanderer- und Pioniergesellschaft* im Norden unter Verdrängung und Dezimierung der Indianer und langer Niederhaltung des schwarzen Bevölkerungselements das Leben maßgeblich bestimmt, ist für *Lateinamerika* trotz anfänglicher heftiger Auseinandersetzung zwischen weißen Eroberern und indianischer Bevölkerung und einer bis heute scharf ausgeprägten sozialen Schichtung in Arme und Reiche das *Zusammenleben ethnisch verschiedener Bevölkerungsteile* kennzeichnend. Vielfache Bemühungen zur Herstellung einer panamerikanischen Solidarität bleiben angesichts der genannten großen Unterschiede der Teilkontinente von begrenzter Wirkung.

Entwicklung

Protestantismus Katholizismus

weiße Gesellschaft

Zusammenleben der Bevölkerungsteile

Kolonialgeschichte Nordamerikas bis 1763

Während die Entdeckungen der Spanier im späten 15. Jh. zur Eroberung Mittel- und Südamerikas und zur Errichtung des spanischen und portugiesischen Kolonialreichs führen, wird der nordamerikanische Teilkontinent – ohne Hochkulturen und Indianerreiche, von denen sich Eroberer angelockt fühlen könnten – erst nach einer längeren *Übergangsphase* der Erkundung und Durchdringung zum Ziel europäischer Siedlungsunternehmungen und Koloniegründungen. Um die Erforschung und Kolonisation bemühen sich Spanier, Portugiesen, Franzosen und Engländer, im 17. Jh. auch Niederländer und Schweden. Der Besitzanspruch der iberischen Staaten (Vertrag von Tordesillas 1494) lässt sich nicht aufrechterhalten. Die Seemächte rivalisieren miteinander und kämpfen um Vorrechte und Einflüsse („no peace beyond the line", nämlich westlich der Azoren).

Übergangsphase

Europäer in Nordamerika im 15./16. Jahrhundert

Frühe englische Erkundungsreisen

1497–1498   *John Cabot* (eigentlich Giovanni Caboto, *ca. 1450, †ca. 1499), wahrscheinlich aus Genua stammend, unternimmt mit königlichem Patent zwei Reisen nach dem Westen, erkundet die Küste Neufundlands (und des Festlands?) und begründet den englischen Anspruch auf Nordamerika (von der zweiten Reise kehrt er nicht zurück).

John Cabot

Portugiesische Entdeckungsreisen

1500–1503   Gaspar und Miguel Corte Real fahren mit königlichem Patent nach *Neufundland*, das vermeintlich (gemäß dem Vertrag von Tordesillas 1494) zur portugiesischen Welthälfte gehört. Reiche Kabeljaubestände locken Fischer aus Portugal und anderen westeuropäischen Ländern nach den Neufundlandbänken.

Neufundland

Französische Entdeckungsreisen

1524–1528   Der italienische Seemann *Giovanni da Verrazano* sucht im Auftrag von König Franz I. eine Durchfahrt nach Indien und erkundet die Ostküste Nordamerikas vom heutigen South Carolina über die Bucht von New York bis nach Neuschottland.

Giovanni da Verrazano

1534–1543   *Jacques Cartier* (*1491, †1557) erforscht auf drei Reisen den St. Lorenz-Golf und den St. Lorenz-Strom bis in die Gegend von Quebec und Montreal. Er begründet den französischen Besitzanspruch auf diese Region. Zwischen Franzosen und Indianern entwickelt sich der Pelzhandel.

Jacques Cartier

Spanisches Vordringen im Süden

1513   Von Puerto Rico aus erkundet Juan Ponce de Léon (*1460, †1521) die Ost- und Westküste *Floridas*. Weitere Unternehmungen folgen: u.a. Francisco de Gordillo nach South Carolina (1521), Estévan Gómez von Neuschottland entlang der Ostküste nach Süden (1524).

Florida

1539–1543   Eine Expeditionstruppe unter Hernando de Soto (*um 1500, †1542), Gouverneur von Kuba, erkundet von Florida aus das Land nördlich des Golfs von Mexiko. Zur gleichen Zeit finden Expeditionen nach Neu-Mexiko statt, u.a. unter Francisco Vázquez de Coronado (*um 1500, †1554) 1540–1542. Indianersiedlungen werden erobert, der Grand Canyon wird entdeckt, die Suche nach Gold bleibt ergebnislos.

1542–1543   Juan Rodriguez Cabrillo und Bartolomé Ferrelo segeln an der Küste *Kaliforniens* entlang und nehmen das Land für Spanien in Besitz.

Kalifornien

Die Suche nach der Nordwestpassage

1576–1578   Martin Frobisher (*1535, †1594) sucht auf drei Reisen den nördlichen Seeweg um Amerika nach Asien und gelangt nach der Baffin-Insel (Frobisher Bay) und in die Hudson-Straße.

1577–1580   *Francis Drake* (*1540, †1596) segelt durch die Magellan-Straße in den Pazifik, überfällt spanische Schiffe und Hafenplätze, erkundet Kalifornien (Bucht von San Francisco), sucht aber vergeblich den Westausgang der Passage.

Francis Drake

PLOETZ ●

Europäer und Indianer

Das *Verhältnis der Europäer zu den Indianern* Nordamerikas ist durch Kooperation und friedlichen Warentausch, durch Missionierungsversuche, oft aber auch durch erbitterte Konflikte und Verfolgungen (gelegentlich Versklavung) gekennzeichnet. Europäische Siedlungsversuche schlagen zunächst fehl (harte Lebensbedingungen, Krankheiten, Auseinandersetzungen mit Indianern, Rivalitäten mit Europäern anderer Nationalität). Spanier scheitern z. B. unter Ponce de Léon in Florida (1521), Lucas Vázquez de Ayllón an der Küste der Carolinas (1526) und Tristán de Luna an der Golfküste (1559), Franzosen unter Jacques Cartier am St. Lorenz-Strom (1541/1542) und Jean Ribaut an der Küste des späteren South Carolina (1562–1564), Engländer unter Sir Humphrey Gilbert (*um 1539, †1583) auf Neufundland (1583) und Sir Walter Raleigh (*1552, †1618) auf der Insel Roanoke, nördlich von Kap Hatteras, später zu North Carolina gehörend (1584–1586/1587). Raleighs „verlorene Kolonie" hatte nach der unverheirateten englischen Königin Elisabeth I. den Namen „Virginia" erhalten.

Koloniegründungen im 17./18. Jh.

Das Ende der Hugenottenkriege in Frankreich (1598), der Friedensschluss zwischen England und Spanien (1604), die Entfaltung des überseeischen Handels, merkantilistisches Wirtschaftsdenken, soziale Nöte der ländlichen und städtischen Bevölkerung und religiöses Dissidententum bilden den Hintergrund für die Errichtung zahlreicher europäischer Kolonien im ersten Drittel des 17. Jh.s. Engländer und Franzosen, zeitweilig auch Niederländer und Schweden setzen sich an der amerikanischen Ostküste nördlich des spanischen Kolonialreiches fest. *Träger der Kolonien* sind mit Freibriefen (Charters) ausgestattete Handelsgesellschaften und individuelle Eigentümer, auch religiöse Gruppen. Infolge wachsender administrativer Schwierigkeiten werden die meisten Kolonien später unter die direkte Kontrolle des Mutterlandes gestellt (royal colonies). Statt anfangs vorherrschender Handelsinteressen prägen *Auswanderung und Siedlung* zunehmend den englischen Kolonisationsprozess. Neben Angehörigen der genannten Nationen beteiligen sich viele andere Europäer, besonders Schotten-Iren und Deutsche, an der Besiedlung.

Träger der Kolonien

Auswanderung und Siedlung

Frühe englische Koloniegründungen

London Company

1606 König Jakob I. stellt englischen Kaufleuten einen Freibrief für Koloniegründungen in „Virginia" aus. Der *London Company* steht ein Küstenstreifen zwischen dem 34. und 41., der Plymouth Company ein Küstenstreifen zwischen dem 38. und 45. Breitengrad zur Verfügung.

Nur die London Company ist erfolgreich:

1607 13. Mai Am James River wird Jamestown gegründet, die Keimzelle der Kolonie Virginia. Nach anfänglichen Schwierigkeiten verhilft der Tabakanbau der Kolonie zum wirtschaftlichen Erfolg.

1619 Das erste Kolonialparlament tritt zusammen.
Hauptstädte: Jamestown, 1699 Williamsburg, 1779 Richmond.
Ein niederländisches Schiff bringt die ersten 19 Sklaven afrikanischer Herkunft nach Nordamerika.

„Pilgerväter"

1620 25. Dez. Die *„Pilgerväter"* (Puritaner, die zunächst von England nach Holland ausgewandert waren) landen in der Nähe vom Cape Cod und gründen Plymouth Plantation. Auf ihrem Schiff, der „Mayflower", haben sie eine Vereinbarung (Compact) unterzeichnet, derzufolge Regierung und Gesetze aus gemeinsamen Beschlüssen hervorgehen sollen, ohne dass damit die Loyalität zur Krone aufgegeben werden soll. Weitere *Koloniegründungen* in Neuengland, vor allem durch Puritaner, folgen:

Koloniegründungen

1630 Für die Massachusetts Bay Company (Freibrief 1629) errichtet Gouverneur John Winthrop (*1588, †1649) Puritanersiedlungen (u.a. Boston), die in der Folgezeit großen Zulauf von Auswanderern erhalten. Eine theokratische Staatsordnung entsteht *(Holy Commonwealth)*. Dissidenten werden verbannt oder ziehen freiwillig fort. Roger Williams (*1603, †1683) und Anne Hutchinson (*1591, †1643) errichten die Kolonie Rhode Island (1636/1638; Trennung von Staat und Kirche), andere Puritaner gründen Connecticut (1636; Thomas Hooker; *1586, †1647).

Holy Commonwealth

Landvergabe und Siedlungen nördlich von Massachusetts (seit 1622) führen zur Entstehung der Kolonie New Hampshire (1679 königliche Provinz).

1632 George Calvert, Lord Baltimore (*um 1580, †1632), erhält von König Karl I. einen Freibrief für das Gebiet nördlich des Potomac (an der Chesapeake Bay). Sein Sohn gründet die Kolonie Maryland, die vor allem Katholiken offen steht.

Französische Koloniegründungen

1604 Der Hugenotte Pierre de Monts gründet Port Royal (heute Annapolis, Neuschottland), die erste französische Niederlassung in Nordamerika (Akadien).

1608 Samuel de Champlain (*um 1570, †1635) gründet *Quebec* am St.-Lorenz-Strom (Neu-Frankreich). — *Quebec*

1627 Der leitende französische Minister, Kardinal Richelieu, gründet zur Erschließung der französischen Gebiete die Compagnie de la France-Nouvelle; 1633 gibt die Gesellschaft ihre Rechte an die Krone zurück.
Pelzhandel und Indianermission führen die Franzosen ins Hinterland, zu den Großen Seen, ins Mississippi-Becken und den Mississippi hinunter bis zur Mündung (René Robert de la Salle, 1682). Handelsposten und Missionsstationen werden errichtet, der französische Besitzanspruch wird weit ausgedehnt (Louisiana), 1718 New Orleans gegründet. Die Einwanderung französischer Siedler nach Nordamerika bleibt jedoch zahlenmäßig weit hinter der Einwanderung in die englischen Kolonien zurück. Die Feudalordnung des Mutterlandes wird auf die französischen Kolonien übertragen. — *Pelzhandel*

Neu-Niederlande und Neu-Schweden

1624 Nach einer Erkundungsreise (1609) Henry Hudsons (*um 1550, †1611) und der Gründung der Holländisch-Westindischen Gesellschaft (1621) setzen sich die Niederländer am Hudson River, zwischen Virginia und Neuengland, fest. Sie errichten die Kolonie *Neu-Niederlande* mit dem Fort Oranje, heute Albany, (1624) und Neu-Amsterdam (1625) unter Peter Minuit (niederländisch: Minnewit) (1626–1631; *1580, †1638). — *Neu-Niederlande*

1638 Eine Expedition der Neuschwedischen Handelsgesellschaft errichtet am Delaware Fort Christina, heute Wilmington, und gründet die Kolonie *Neu-Schweden*. — *Neu-Schweden*

1655 Peter Stuyvesant (*1592, †1672), Gouverneur von Neu-Amsterdam, erobert Fort Christina und beendet das schwedische Kolonialexperiment in Nordamerika.

1664 Vor Beginn des 2. Englisch-Niederländischen Seekrieges (1665–1667) bemächtigen sich die Engländer der Neu-Niederlande (Besitzübertragung im Frieden von Breda 1667 bestätigt). Die niederländische Kolonialzeit in Nordamerika ist zu Ende. Aus Neu-Amsterdam wird *New York*. Entlang der Ostküste Nordamerikas entsteht zwischen Neu-Frankreich im Norden und Neu-Spanien im Süden eine geschlossene Kette englischer Kolonien. — *New York*

Spätere englische Koloniegründungen

1663 Nachdem frühere Patente nicht zur Besiedlung führten, gibt König Karl II. das Gebiet der *Carolinas* an acht hohe englische Adlige (unter ihnen der spätere Earl of Shaftesbury). 1709 wird South Carolina, 1729 North Carolina, königliche Kolonie. Tabak und Mais im Norden, Reis und Indigo im Süden werden zu wichtigen Exportgütern. — *Carolina*

1664 Die Neu-Niederlande sind von Karl II. bereits vor der Eroberung seinem Bruder, dem Herzog von York (später Jakob I.), zugesprochen worden. Dieser übernimmt das Gebiet von *New York* als Eigentümerkolonie. 1689 kommt es wieder unter die Kontrolle der Krone. Das Repräsentativsystem wird eingeführt. Das Gebiet zwischen Hudson und Delaware, vom Herzog von York in andere Hände weitergegeben, wird 1702 zur Kronkolonie *New Jersey*. — *New York* / *New Jersey*

1681 Karl II. bewilligt dem Quäker William Penn (*1644, †1718) einen Freibrief für das Gebiet westlich des Delaware und nennt die neue Eigentümerkolonie zu Ehren von Penns Vater, dem er 16000 Pfund geschuldet hat, *Pennsylvania*. Die Kolonie (Penns „Holy Experiment") wird Zufluchtsstätte für verfolgte Quäker und andere Dissidenten. Sie soll auch gute Beziehungen zu den Indianern unterhalten. — *Pennsylvania*

1682 Philadelphia, die „Stadt der Bruderliebe", wird gegründet. Neben Iren-Schotten wandern viele Deutsche nach Pennsylvania ein. Ein Gebiet westlich der Delaware Bay, (1682) vom Herzog von York auf Penn übertragen, erhält als Kolonie *Delaware* eine getrennte Verwaltung. — *Delaware*

1732 Südlich der Carolinas gründet James E. Oglethorpe (*1696, †1785) die Eigentümerkolonie *Georgia* als Pufferzone gegen Neu-Spanien sowie als Siedlungsgebiet für britische Schuldhäftlinge und verfolgte Protestanten. 1752 übernimmt der englische König die Kontrolle. — *Georgia*

Politische Verhältnisse in den englischen Kolonien

Assemblies

Während die Inhaber der Freibriefe bzw. die Krone selbst Gouverneure für die Kolonien einsetzen, denen Beratungsgremien (Councils) zur Seite stehen, erhalten die freien Siedler, soweit sie Vermögen und gewisse Qualifikationen besitzen, aktives und passives Wahlrecht zur Bildung von Selbstverwaltungskörperschaften *(Assemblies)*. Die Kompetenzen der Assemblies umfassen u. a. Gesetzgebung, Steuerermächtigung und Haushaltskontrolle. Im stetigen Ringen mit den Gouverneuren versuchen die Assemblies, die Rechte der Siedler zu erweitern. Die Councils entwickeln sich zu einer Art von oberen Kammern der Legislative. Grundrechte werden in den Freibriefen garantiert. Die Kontrolle des Mutterlandes über die Kolonien liegt zunächst beim Geheimen Staatsrat (Privy Council), ab 1696 beim neu errichteten Board of Trade als oberster Kolonialbehörde.

Gesellschaft und Wirtschaft in den englischen Kolonien

Bevölkerung

Die *Bevölkerungszahl* der englischen Kolonien erreicht durch Vermehrung und neue Einwanderung 1620 etwa 2000, 1650 etwa 52000, 1700 etwa 275000, 1750 etwa 1,2 Mio. und 1776 etwa 2,5 Mio. Einwohner. Führend im politischen Leben sind die freien Landbesitzer (Freemen). Viele Einwanderer sind zunächst nicht frei, sondern haben sich zu mehrjährigen Diensten verpflichtet, um ihre Überfahrtskosten abzuarbeiten (Redemptioner; Indentured Servants). Sie decken den starken Bedarf an Arbeitskräften in der *Pioniergesellschaft*. Nur diese Existenzweise ermöglicht vielen armen Europäern die Einwanderung. Nach drei oder fünf Jahren erhalten sie etwas Land als Eigentum und sind frei. Sklaven afrikanischer Herkunft gibt es in allen Kolonien, vor allem in den südlichen, wo der Arbeitskräftebedarf auf den Plantagen zunehmend, im 18. Jh. überwiegend durch Sklavenimporte gedeckt wird (1776 beläuft sich deren Anteil an der Gesamtbevölkerung auf etwa 500000, d. h. 20%). Die einheimischen Indianer, die das Prinzip des Eigentums an Boden nicht kennen, werden von den landhungrigen weißen Siedlern verdrängt bzw. getötet oder unterworfen.

Pioniergesellschaft

Besiedlung

Die *Besiedlung* des Landesinneren macht schnelle Fortschritte. Ausgehend von den Niederlassungen an der Ostküste, schiebt sich die Siedlungsgrenze (Frontier) nach Westen vor. In Neuengland stoßen Kolonisten in das Tal des Connecticut, nach Vermont, New Hampshire und Maine vor. In New York siedeln u. a. Deutsche am Hudson und Mohawk River. In Pennsylvania sind bis 1750 die Appalachen erreicht, in Virginia wird zwischen 1730 und 1750 bereits das Shenandoah-Tal besiedelt. Die Gebietsansprüche der Kolonien reichen im Westen bis an den Mississippi, jedoch befindet sich das Land westlich der Appalachen in Händen von Indianern und Franzosen. Die Erschließung des Waldlandes geht etappenweise vor sich: 1. Jäger und Pelzhändler, 2. Farmer, 3. Handwerker und Kaufleute (Stadtbewohner). So beginnt in der Kolonialzeit der Prozeß der Westwanderung, der im 19. Jh. zur Besiedlung ganz Nordamerikas bis zum Pazifik führt *(„wandernde Grenze")*.

wandernde Grenze

Wirtschaftsformen

Die *Wirtschaftsformen* in den Kolonien sind durch Unterschiede des Bodens und des Klimas bedingt. Neben europäischen Getreidearten (Weizen, Roggen, Gerste, Hafer) wird vor allem einheimischer Mais und aus Madagaskar importierter Reis (South Carolina) angebaut. Im hügeligen Neuengland und in den mittleren Kolonien dominiert die Farmwirtschaft, in den südlichen Kolonien bildet sich eine ertragreiche Plantagenwirtschaft heraus, die zunehmend mit Sklaven afrikanischer Herkunft betrieben wird. Tabak, dessen Anbau von Indianern übernommen wird, ist das Hauptexportgut der Kolonialzeit.

Handel und Gewerbe

Handel und Gewerbe, Schiffahrt und Schiffbau entfalten sich vornehmlich in Neuengland und in den mittleren Kolonien, wo günstige Küstenverhältnisse die Entstehung großer Häfen fördern, vor allem Boston, New York, Philadelphia, Baltimore (Maryland). Entsprechend dem System des Merkantilismus kommt den Kolonien die Rolle des Rohstofflieferanten und des Abnehmers von Manufakturwaren zu. Die englischen Navigationsgesetze (1651–1696) schließen ausländische Schiffe vom Handel zwischen den Kolonien und dem Mutterland aus. Ausländische Schiffe dürfen auch aus anderen Ländern die Kolonien nicht anlaufen. Wichtige Produkte der Kolonien dürfen nur nach englischen Häfen ausgeführt werden (u. a. Tabak, Zucker, Indigo, später auch Reis, Melasse, Biberfelle), europäische Manufakturwaren dürfen nur von englischen Häfen eingeführt werden.

Da der amerikanische Bedarf an Manufakturwaren, besonders an Textilien und Werkzeugen, den englischen Bedarf an Produkten aus den Kolonien übersteigt, entwickelt sich in mannigfacher Weise das System des Dreieckshandels.

religiöses Leben

Das religiöse Leben entfaltet sich in den englischen Kolonien infolge des großen Dissidentenanteils an der Einwanderung vielfältig und wandlungsreich. Während die anglikanische Kirche in Virginia gesetzlich begründet wird, formiert sich in Neuengland das „Holy Commonwealth" der Puritaner (Calvinisten). Die holländisch-reformierte Kirche wird in den Neu-Niederlanden (New York) eingeführt; die katholische Kirche – im französischen und spanischen Kolonialreich fest etabliert – findet Eingang in Maryland. In Rhode Island gründet Roger Williams die erste Baptistengemeinde. Lutherische Gemeinden existieren in Neu-Schweden, die lutherische Kirche Amerikas organisiert Heinrich Mühlenberg 1748 in Philadelphia. Quäker siedeln vor allem in Pennsylvania. Deutsche Mennoniten unter Daniel Pastorius gründen 1683 Germantown (erster öffentlicher Protest gegen die Sklaverei 1688). Schotten-Iren und Puritaner errichten 1718 die erste presbyterianische Synode in Philadelphia. Begünstigt durch religiöse Toleranz, folgen zahlreiche weitere Kirchengründungen in allen Kolonien.

Erwerbsfleiß, strenge Moral, tiefe Frömmigkeit und Intoleranz in Glaubensfragen kennzeichnen den *Puritanismus* in Neuengland, der auf der Vorstellung eines Bundes zwischen Gott und dem auserwählten Volk (Covenant) beruht. Max Weber hat in seiner Schrift „Die protestantische Ethik und der Geist des Kapitalismus" (1920) die umstrittene These von einer Verbindung zwischen calvinistischem Erwählungsglauben und wirtschaftlichem Unternehmungsgeist aufgestellt. Unter den geistlichen Führern der „Mather-Dynasty" (1635–1728): Richard Mather (*1596, †1669); Increase Mather (*1639, †1723); Cotton Mather (*1663, †1728) erlebt das „Holy Commonwealth" seine schärfste theokratische Ausprägung, aber auch seine Wendung zu weltlicheren Ordnungsformen. Abscheu über die Hexenprozesse in Salem (1692/1693) trägt zur Lockerung des orthodoxen Systems bei.

Puritanismus

Im 17. Jh. entsteht auch ein differenziertes *Schulwesen*. In Massachusetts werden Städte mit mindestens 50 Familien zur Einführung eines Lese- und Schreibunterrichts und Städte mit 100 Familien zur Errichtung von Lateinschulen verpflichtet. In den mittleren Kolonien entstehen kirchliche Schulen, in den südlichen überwiegt neben Privatunterricht das Armenschulwesen. Hochschulen und Universitäten werden gegründet: Harvard College (Massachusetts) 1636, William and Mary College (Virginia) 1693, Yale College (Connecticut) 1701, Princeton (New Jersey) 1746, Franklin's Academy (University of Pennsylvania) 1751, King's College (Columbia College) 1754 u.a. Auch öffentliche Bibliotheken werden bereits im 17. Jh. errichtet (Boston 1653). Der Buchdruck wird eingeführt, Zeitschriften und Zeitungen erscheinen. Besonders in Neuengland, aber auch sonst in den größeren Städten der Ostküste entfaltet sich schnell ein reges geistiges Leben.

Schulwesen

Konflikte zwischen den Kolonien

Kollidierende Gebietsansprüche und die mangelhafte Abgrenzung der Besitzverhältnisse führen oft zu bewaffneten Auseinandersetzungen zwischen den Kolonien. Akadien (Neuschottland und umliegende Küstengebiete), zunächst in französischer Hand, wechselt mehrmals den Besitzer. Auch um die Handelsposten an der Hudson Bay streiten sich Engländer und Franzosen (1670 Gründung der Hudson's Bay Company).

Im Ringen um Handelsvorteile und Gebietsansprüche werden Indianerstämme unter Ausnutzung ihrer eigenen Kontroversen für Bündnisse gewonnen.

Kriege zwischen England, Frankreich und Spanien haben in Amerika ihre Parallelen. Europäische Friedensschlüsse umfassen auch Neuregelungen für den überseeischen Besitz.

1642–1653	Der von den Niederländern mit Waffen ausgestattet *Irokesenbund* (Bund der fünf „zivilisierten Nationen": Mohawk, Oneida, Onondaga, Cayuga, Seneca) greift die mit den Franzosen Handel treibenden Huronen an und treibt sie nach Westen. Auch französische Siedlungen werden überfallen (Irokesenkrieg).
1689–1697	Im *King William's War* (Krieg der Augsburger Liga gegen Frankreich unter Ludwig XIV.) überfallen Franzosen im Bündnis mit Indianerstämmen die englischen Kolonien im Norden von Neuengland und New York und bekämpfen die mit diesen verbündeten Irokesen. Der Friede von Rijswijk (1697) stellt für kurze Zeit den Status quo wieder her.
1702–1713	Im *Queen Anne's War* (Spanischer Erbfolgekrieg) finden die Kämpfe ihre Fortsetzung. Franzosen bemächtigen sich Neufundlands, verlieren aber im Frieden von Utrecht (1713) Neuschottland, Neufundland und die französischen Posten an der Hudson Bay.
1739–1742	Streitigkeiten zwischen britischen Schmugglern, die das spanische Handelsmonopol in Mittelamerika durchbrechen (Robert Jenkins verliert dabei ein Ohr), führen zum Krieg Englands gegen Spanien, dem sog. Jenkins' Ear War, in dem zur See, in Florida und Georgia gekämpft wird.
1740–1748	Im *King George's War* (Österreichischer Erbfolgekrieg) kämpfen Engländer und Franzosen, verbündet mit Indianern, im Norden Neuenglands und New Yorks. Fort Louisbourg auf Cape Breton Island wird von Engländern erobert, im Frieden von Aachen aber gegen Madras (Ostindien) zurückgetauscht.
1754–1763	Der *French and Indian War* (der dem Siebenjährigen Krieg parallel läuft, aber früher beginnt) beendet die englisch-französische Rivalität in Nordamerika. Nach anfänglichen Kämpfen um die Kontrolle im Ohio-Gebiet marschieren Engländer nach Norden und erzwingen die Übergabe Quebecs und Montreals (1759/1760). Fort Louisbourg wird abermals erobert. Im Frieden von Paris (1763) verliert Frankreich alle seine Besitzungen in Nordamerika an England bzw. an Spanien (Louisiana westlich des Mississippi). Nur New Orleans bleibt in französischer Hand. Der englische Sieg bedeutet: Großbritannien wird

Marginalia: *Irokesenbund*, *King William's War*, *Queen Anne's War*, *King George's War*, *French and Indian War*

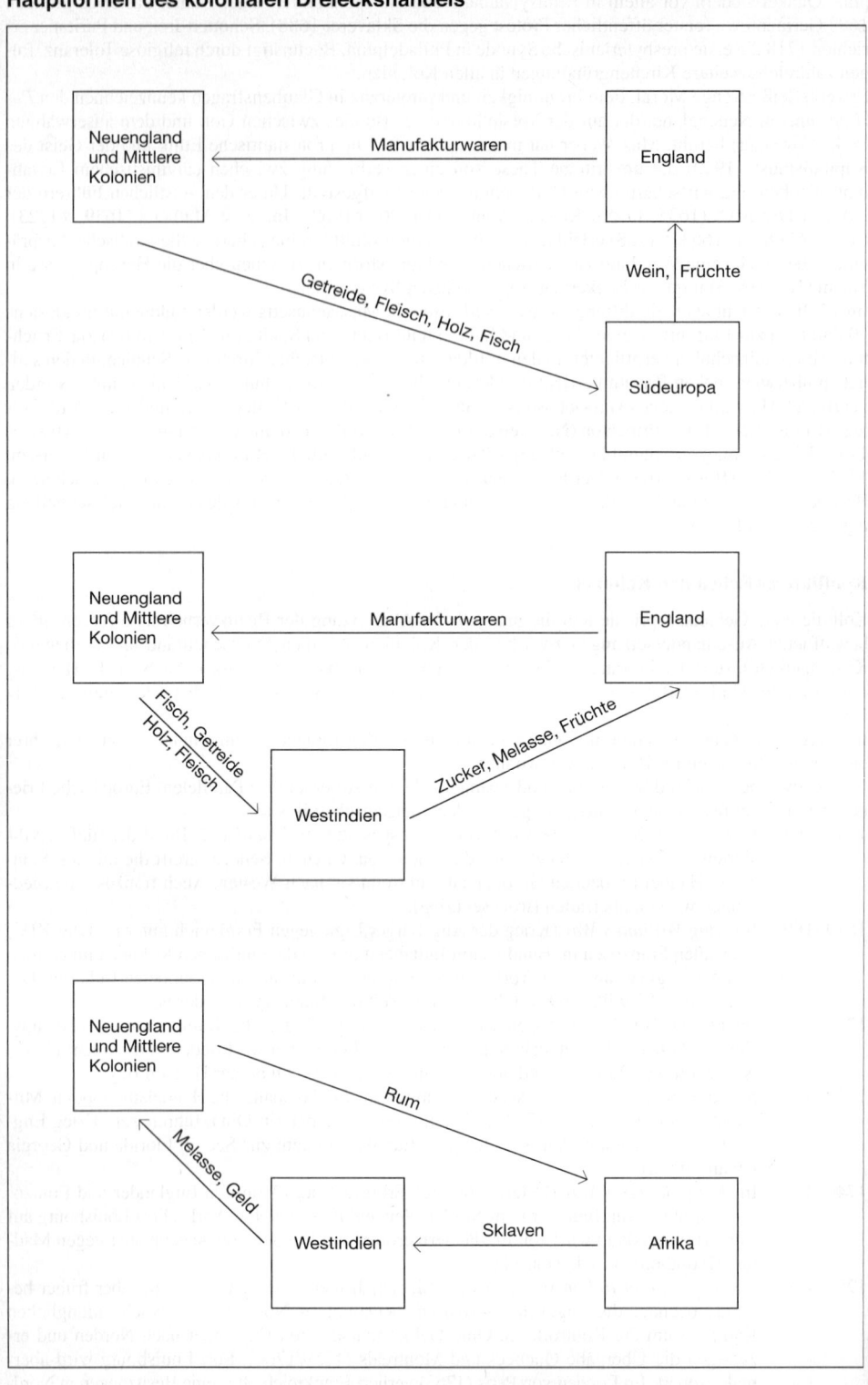

führende Kolonialmacht in Nordamerika. Die Blockade des Hinterlandes der englischen Kolonien (westlich der Alleghanies) fällt fort (Siedlungsabsichten der Kolonisten). Der Sieg stärkt sowohl die britische Empirekonzeption als auch das Selbstbewusstsein der englischen Kolonisten in Nordamerika.

Kanada (1763–1945)

Britisch-Nordamerika (1763–1867)

Mit der Übernahme Neu-Frankreichs durch Großbritannien beginnt eine – keineswegs immer ungetrübte – Symbiose französischer und britischer Bevölkerungselemente, Kulturen und Institutionen. Angelsächsisches Recht, Selbstverwaltungsprinzipien und Protestantismus finden Eingang in einem Land mit etwa 65 000 französisch sprechenden, meist katholischen Einwohnern, die gemäß den Verhältnissen in Frankreich in einer halbfeudalen Wirtschafts- und Sozialordnung und unter einem absolutistischen Regierungssystem gelebt haben. Britische Kaufleute übernehmen die Kontrolle des Handels. Eine anfangs beabsichtigte *Anglisierungspolitik* für Kanada muss jedoch bald Kompromissen weichen.

Anglisierungspolitik

1763 Eine Proklamation König Georg III. regelt die Verwaltung der ehemaligen französischen Gebiete in Nordamerika. Am St. Lorenz-Strom entsteht die *Provinz Quebec* unter einem britischen Gouverneur, während das Hinterland und die Gebiete um die Großen Seen ebenso wie das Gebiet zwischen den Appalachen und dem Mississippi den Indianern vorbehalten bleiben soll. Die Provinzen am Atlantik, Neufundland und Neuschottland (einschließlich der späteren Provinzen Prince Edward Island und Neubraunschweig), werden getrennt verwaltet.

Provinz Quebec

1774 Die Provinz Quebec wird durch Einverleibung Labradors und des nördlichen Indianergebietes bis zum Mississippi und Ohio erweitert. Die Bewohner erhalten größere Freiheiten (Katholiken können staatliche Ämter übernehmen; neben britischem Strafrecht wird französisches Zivilrecht zugelassen).

1775–1783 Während der *Amerikanischen Revolution* widersteht Kanada der Forderung der aufständischen Kolonien, sich ihnen anzuschließen. Amerikanische Truppen können vorübergehend Montreal besetzen, scheitern aber beim Versuch, die Stadt Quebec zu erobern, und müssen sich (1776) zurückziehen. Im Frieden von Paris (1783) verliert Kanada das Gebiet südlich der Großen Seen zwischen Ohio und Mississippi. Im Laufe der Amerikanischen Revolution und bei deren erfolgreichem Ende flüchten über 40 000 Loyalisten aus den Vereinigten Staaten nach Kanada, die meisten nach Neuschottland, viele nach Westen ins Gebiet nördlich der Großen Seen, wo ein neues britisches Siedlungsgebiet entsteht.

Amerikanische Revolution

1783 Französische und britische Pelzhändler schließen sich in der *Northwest Company* zusammen und weiten ihr Tätigkeitsfeld in Rivalität zur Hudson's Bay Company und zum Haus Astor weit nach Westen aus. Sir Alexander Mackenzie (*1755, †1820) erforscht den Weg zum Pazifik. 1821 Vereinigung der Northwest Company mit der Hudson's Bay Company.

Northwest Company

1791
10. Juni Im *Canada Act* wird die Provinz Quebec in das überwiegend britische Oberkanada (Ontario) und das überwiegend französische Niederkanada (Quebec) geteilt. Beide Teile erhalten neben einem von der britischen Krone ernannten Gesetzgebenden Rat eine von den Bürgern gewählte Gesetzgebende Versammlung mit Steuerbewilligungsrecht. Die Krone behält sich ein zweijähriges Einspruchsrecht vor. Siedler aus den Vereinigten Staaten wandern in großer Zahl nach Oberkanada ein.

Canada Act

1812–1814 Der *Krieg zwischen Großbritannien und den Vereinigten Staaten* stärkt den Zusammenhalt der verschiedenen Teile Kanadas. Anfangs verbündet mit den Nordwestindianern unter dem Häuptling der Shawnee, Tecumseh (*um 1768, 1813 gefallen), verteidigt sich Kanada erfolgreich gegen alle Angriffe aus den Vereinigten Staaten. Der Friede von Gent (1814) stellt den Status quo wieder her.

Britisch-Amerikanischer Krieg

Nach dem Kriege setzt eine Einwanderungsbewegung aus Europa, vor allem aus Großbritannien, ein, die das englische Bevölkerungselement erheblich stärkt. Insgesamt kommen bis 1850 über 500 000 Europäer ins Land. Die Bevölkerungszahl wächst von etwa 500 000 im Jahre 1815 auf zwei Millionen 1850. Die Siedlungsgrenze wird wie in den Vereinigten Staaten nach Westen vorgeschoben.

Einwanderung

1818 Die *Konvention von 1818* mit den Vereinigten Staaten verlängert die politische Grenze zwischen beiden Staaten entlang dem 49. Breitengrad nach Westen bis zu den Rocky Mountains (Oregongebiet Großbritannien und den USA gemeinsam unterstellt).

Konvention von 1818

1825 Mit Russland kommt eine Vereinbarung über die Grenze zwischen Kanada und Alaska entlang dem 141. Längengrad zu Stande.

	1837	Spannungen zwischen der britischen Verwaltung und liberalen Reformern sowie zwischen der Schicht der Kaufleute und Beamten einerseits und ländlichen Siedlern und Pionierfarmern andererseits – verstärkt durch eine Benachteiligung der Frankokanadier im Handel und durch kirchliche Streitigkeiten – führen zur *Rebellion von 1837*. Die Erhebungen in Niederkanada unter Louis-Joseph Papineau und in Oberkanada unter William Lyon Mackenzie werden rasch unterdrückt, leiten aber wichtige politische Veränderungen ein.

Rebellion

1839 John George Lambton, Lord Durham (*1792, †1840), der (1838) zur Untersuchung der Rebellion nach Kanada entsandt wird, schlägt in seinem Bericht an das Kolonialamt (Durham-Report) Verfassungsänderungen vor.

Act of Union

1840 Im *Act of Union* werden Ober- und Niederkanada zur Provinz Kanada vereinigt (Hauptstadt seit 1857: Ottawa).

1846 Der nördliche Teil des gemeinsam von Großbritannien und den Vereinigten Staaten besetzten Oregongebietes wird britisch (verwaltet von der Hudson's Bay Company). Damit verlängert sich die britisch-amerikanische Grenze entlang der 49. Breitengrad westlich bis zur Insel Vancouver am Pazifik. Nach Entdeckung von Gold am Fraser River und entsprechender Einwanderung wird am Pazifik die Kolonie British Columbia ausgerufen (1858).

1848 Auf Durhams Rat wird in Kanada unter Generalgouverneur (1846–1854) James Bruce, Lord Elgin (*1811, †1863) das Prinzip der Regierungsverantwortlichkeit gegenüber dem Parlament eingeführt. Damit beginnt eine neue Phase britischer Empirepolitik, die den weiß besiedelten Kolonien schrittweise die *Selbstregierung* gewährt.

Selbstregierung

Auch in Neuschottland (1848), auf Prince Edward Island (1851), in Neubraunschweig (1854) und auf Neufundland (1855) wird die Regierungsverantwortlichkeit eingeführt. Auf Prince Edward Island gibt es seit 1862 einen gewählten Gesetzgebenden Rat.

1858 Kanada erhält ein eigenes (dezimales) Münzsystem.

1859 Kanada erhält das Recht, eigene Zölle festzusetzen.

Dominion of Canada (1867–1945)

Der Gedanke, die britischen Kolonien in einer Konföderation zusammenzuschließen (dominion from sea to sea), findet Nahrung in der Furcht vor einer politischen und wirtschaftlichen Dominanz der Vereinigten Staaten nach dem Sieg des Nordens im Bürgerkrieg. Auch wirtschaftliche Erwägungen, der Plan einer Eisenbahn zum Pazifik, der Wunsch nach einer Kontrolle des Gebietes der Hudson's Bay Company sowie die Absicht, eine stärkere Position im britischen Empire zu erlangen, spielen eine Rolle. Auf den Konferenzen von Charlottetown und Quebec (1864) beraten Delegierte Kanadas und der atlantischen Kolonien den Zusammenschluss.

1867
1. Juli Nach der Annahme des British North America Act durch das britische Parlament wird das Dominion of Canada proklamiert, ein Bundesstaat, der aus den Provinzen Quebec und Ontario (dem ehemaligen Kanada, jetzt wieder geteilt) sowie Neubraunschweig und Neuschottland besteht. Dem Bund treten später weitere Provinzen bei: Manitoba 1870, British Columbia 1871, Prince Edward Island 1873, Alberta und Saskatchewan 1905, Neufundland 1949. Zu den Bundeskompetenzen gehören u. a. die innere Ordnung, Handel und Schifffahrt, Finanzen, Post, Militärwesen, Indianerreservate. Die Provinzen sind u. a. für Eigentumsfragen, Bürgerrechte und für das Schulwesen zuständig. Kanada ist eine *parlamentarische Monarchie* (das Prinzip der Regierungsverantworlichkeit wird übernommen). Das Parlament besteht aus zwei Kammern: Senat (vom Generalgouverneur ernannt) und Unterhaus (vom Volke gewählt). Die Provinzen haben ihre eigenen Ministerien und Parlamente. Erster Premierminister Kanadas (1867–1873) wird Sir John Alexander Macdonald (*1815, †1891), der Führer der Konservativen (erneute Amtszeit 1878–1891).

parlamentarische Monarchie

Hauptaufgaben des Bundes sind der Bau einer transkontinentalen Eisenbahn von Montreal nach Vancouver (fertig gestellt 1890) und die Besiedlung des Westens mit dem Ziel einer festeren Verklammerung von Ost und West in einer Nation sowie die Förderung der heimischen Industrie (hohe Schutzzölle 1889).

1869 Die Hudson's Bay Company verkauft die North West Territories an Kanada für 300000 Pfund Sterling.

1869–1870 Red River Rebellion, in der die Métis (französisch-indianische Mischlinge) gegen die kanadische Herrschaft protestieren.

1885 Der Aufstand wird ebenso niedergeworfen wie die spätere North West Rebellion, die aus Unzufriedenheit über Ansiedlungsschwierigkeiten und ein Desinteresse der Bundesregierung an diesen Fragen ausbricht. Der Anführer beider Erhebungen, Louis Riel (*1844, †1885), wird hingerichtet.

1896–1911	Während der Amtszeit des liberalen Premierministers Sir Wilfrid Laurier (*1841, †1919) nimmt die kanadische *Wirtschaft* einen großen Aufschwung. Bodenschätze und Wasserkraft werden stärker genutzt. Ausländisches Kapital kommt vor allem aus Großbritannien und den Vereinigten Staaten. Die Holz- und Papierindustrie sowie die Landwirtschaft liefern die Hauptausfuhrgüter (Vervierfachung der Weizenproduktion von 1901–1910). Montreal und Toronto sind die Wirtschaftsmetropolen des Landes. Die Einwandererzahlen steigen an (400000 im Jahre 1913). Die *Bevölkerung* wächst von fünf Millionen 1901 auf sieben Millionen 1910. Der Trades and Labour Congress of Canada, gegründet 1886, umfasst 1902 über eintausend örtliche Gewerkschaften. Frankokanadische Gewerkschaften gründen 1902 die Canadian und Catholic Confederation of Labour.	*Wirtschaft* *Bevölkerung*
1914–1918	Als britisches Dominion beteiligt sich Kanada auf alliierter Seite am Ersten Weltkrieg. Vier Divisionen kämpfen 1916 in Frankreich. Kanada stellt insgesamt über 500000 Soldaten (60000 fallen). Das Wehrpflichtgesetz von 1917 trifft auf Widerstand bei den Frankokanadiern und führt zur Spaltung der Liberalen Partei. Ethnische Gegensätze verschärfen sich (Unruhen in Quebec City im Frühjahr 1918). Die kriegsbedingte Wirtschaftsexpansion führt zum Ausbau der Montanindustrie und der Landwirtschaft. Der Wert der Ausfuhr steigt von 355 Mio. Dollar 1913 auf 1216 Mio. Dollar 1919. Durch seinen Beitrag zum Krieg ist Kanadas Bedeutung in der internationalen Politik gewachsen. Mit anderen Dominions ist Kanada im britischen Kriegskabinett von 1917 vertreten. Es hat den Frieden von Versailles als eigenständige Macht unterzeichnet und ist Mitgliedstaat des Völkerbundes.	*Erster Weltkrieg*
1919	Die *Nachkriegsdepression* findet ihren schärfsten Ausdruck im Winnipeg-Generalstreik, der von Polizei und Militär gebrochen wird. Kanadische Farmer organisieren sich gegen die östlichen Metropolen in der National Progressive Party (1920).	*Nachkriegsdepression*
1921	William Lyon Mackenzie King (*1874, †1950), der Führer der wieder erstarkten Liberalen Partei wird Premierminister (bis 1930; erneute Amtszeit 1935–1948). Innenpolitisch bemüht er sich um die Einheit der Nation („the great unifier in Canada"). Er leitet Maßnahmen zur Beseitigung der Arbeitslosigkeit ein.	
1926	Kanadas Streben nach Selbstständigkeit findet Anerkennung in der Balfour-Definition, die Kanada Unabhängigkeit und Gleichberechtigung im Rahmen des „British Commonwealth of Nations" verspricht.	
1929–1939	Die Folgen der *Weltwirtschaftskrise* treffen Kanada mit seiner starken Exportwirtschaft erheblich. Der konservative Premierminister (1930–1935) Richard Bedford Bennett (*1870, †1947) bekämpft die Krise zu spät mit Maßnahmen, ähnlich dem New Deal in den USA, vernachlässigt die Interessen der westlichen Farmer und verliert auch wegen seines autoritären Regierungsstils an Popularität. Industriegewerkschaften organisieren sich, werden aus dem Trades and Labour Congress of Canada ausgestoßen und bilden 1940 den Canadian Congress of Labour. 1936 gewinnt die frankokanadische Partei L'Union Nationale unter Führung von Maurice Duplessis (*1890, †1959) 41 von 90 Parlamentssitzen und damit die Regierungskontrolle in der Provinz Ouebec.	*Weltwirtschaftskrise*
1931	*Statut von Westminster:* Kanada wird Dominion im Rahmen des British Commonwealth of Nations.	*Statut von Westminster*
1939–1945	Trotz isolationistischer Tendenzen in der Öffentlichkeit wird die Beteiligung Kanadas am *Zweiten Weltkrieg* fast einhellig vom Parlament beschlossen (Kriegserklärung gegen Deutschland am 10. Sept. 1939; nach Pearl Harbor Kriegserklärung auch an Japan). 730000 Soldaten dienen in der Armee. Kanadische Einheiten kämpfen auf dem asiatischen und europäischen Kriegsschauplatz. In Kanada werden Flugzeugbesatzungen für das Commonwealth ausgebildet, Luftstreitkräfte beteiligen sich am Krieg in Europa, Marinestreitkräfte leisten Geleitschutz für den Nachschubverkehr auf dem Atlantik. Eine anfängliche Zusage Premierminister Kings, rekrutierte Soldaten nicht gegen ihren Willen in Übersee einzusetzen, wird 1942 durch ein Plebiszit aufgehoben. Der Widerstand der Provinz Quebec gegen die Entsendung von Wehrpflichtigen nach Europa (1944) führt zu Unruhen in Montreal. Die Wirtschaft expandiert u.a. im Flugzeug- und Schiffbau sowie in der Stahl- und Aluminiumproduktion. Während des Zweiten Weltkrieges ergibt sich eine enge *Interessengemeinschaft* mit den Vereinigten Staaten (Bildung eines Gemeinsamen Verteidigungsrates, Bau des Alaska Highways, Errichtung amerikanischer Flugstützpunkte auf kanadischem Boden u.a.). Am Ende des Krieges ist Kanadas Position in der Welt wiederum gestärkt. Als Industrie- und Militärmacht nimmt es unter den Siegermächten den vierten Platz ein. – (Forts. S. 1841)	*Zweiter Weltkrieg* *Interessengemeinschaft*

PLOETZ ●

Die Vereinigten Staaten von Amerika (1763/1776–1945)

Amerikanische Revolution und Staatsgründung (1763–1789)

Dem Sieg über Frankreich folgt rasch die Entfremdung zwischen den Kolonien und dem Mutterland. Die britische Empire-Konzeption kollidiert mit westlichen Siedlungsabsichten der Amerikaner. Britische Finanzzölle rufen die Opposition der auf ihren freien Status bedachten Kolonisten wach: Steuerforderungen des britischen Parlaments erscheinen unbillig, da Amerikaner in ihm nicht vertreten sind („no taxation without representation"). Der Konflikt führt zur bewaffneten Auseinandersetzung. Die Kolonien erklären ihre Unabhängigkeit, bilden eine Konföderation und verteidigen ihre Freiheit. Schließlich wird eine Verfassung ausgearbeitet und ein Bundesstaat errichtet. Der Ausdruck *Amerikanische Revolution* hat sich für diese Entwicklung trotz mancher Einwände durchgesetzt.

Amerikanische Revolution

1763 Gegen die Übernahme französischer Gebiete durch die Briten und das Vordringen von Siedlern westlich der Appalachen erheben sich die Indianer unter Pontiac, werden aber 1764 besiegt. Eine Proklamation König Georgs III. verbietet den Landerwerb im Westen und stellt das Gebiet zwischen Appalachen und Mississippi als Indianerreservat unter militärische Kontrolle (Wirksamkeit begrenzt).

1764 Das britische Parlament beschließt im sog. Zuckergesetz die Erhebung von Einfuhrzöllen auf Zucker, Textilien, Kaffee, Wein u. a. und ruft damit Proteste besonders in Neuengland hervor.

1765 Ein Stempelsteuergesetz setzt Gebühren für die Ausstellung von Urkunden fest sowie Abgaben auf Zeitungen und Druckschriften, Spielkarten und Würfel. Auf einem New Yorker Stempelsteuer-Kongress erklären Vertreter von neun Kolonien das britische Parlament als unzuständig für diese Maßnahmen. Radikale Demagogen wie Samuel Adams (*1722, †1803) verfassen Protestschriften. Britische Importe werden boykottiert.

Stempelsteuergesetz

1766 Das *Stempelsteuergesetz* wird wieder aufgehoben.

1768 Die Townshend-Gesetze legen Einfuhrzölle auf Glas, Blei, Farbe, Papier und Tee.

Boston-Massaker

1770 Bei Zusammenstößen zwischen Bürgern und britischen Truppen kommt es zum so genannten *Boston-Massaker* (fünf Tote). Importboykotte führen zur Aufhebung der Zölle mit Ausnahme des Teezolls.

Boston Tea Party

1773 Auf Anstiften von Samuel Adams werfen als Indianer verkleidete Bostoner die Teeladung eines Schiffes ins Wasser *(Boston Tea Party)*.

1774 Das britische Parlament beschließt Strafmaßnahmen: Schließung des Bostoner Hafens bis zur Bezahlung des Schadens, Suspendierung des Freibriefes für Massachusetts (Ernennung des Councils durch den König), Möglichkeit zur Aburteilung politischer Aufrührer in Großbritannien, Ausdehnung der Provinz Quebec bis an den Ohio, Möglichkeit zur Einquartierung britischer Soldaten in Privathäusern.

Gegen die Zwangsgesetze organisiert sich geschlossener Widerstand. Schon seit 1772/1773 existieren in den Kolonien zahlreiche „Korrespondenzausschüsse" zur Verbreitung von Nachrichten und zur Koordinierung von Protesten und Einfuhrboykotten. Jetzt werden überall gemeinsame Beratungen über Gegenmaßnahmen gefordert.

Erster Kontinentalkongress

5. Sept.– 26. Okt. In Philadelphia treten 56 Delegierte aus allen Kolonien außer Georgia zum *Ersten Kontinentalkongress* zusammen. Sie erklären die Zwangsgesetze für ungerecht und verfassungswidrig, verurteilen die britischen Steuergesetze seit 1763 und die Unterhaltung einer britischen Armee in den Kolonien zu Friedenszeiten und beschließen die Unterbindung des Handels mit dem Mutterland. Obwohl die britischen Staatsmänner William Pitt d. Ä. und Edmund Burke zur Nachgiebigkeit raten, verfolgen König Georg III. und das Parlament einen harten Kurs.

Unabhängigkeitskrieg

1775–1783 Im *Amerikanischen Unabhängigkeitskrieg* lösen sich die Kolonien vom Mutterland. Schlecht ausgerüstete amerikanische Truppen kämpfen gegen gut gedrillte britische Regimenter (und von deutschen Landesfürsten gemietete Soldaten), die jedoch den Nachteil der langen Verbindungswege haben.

1775 19. April Beim Versuch britischer Truppen, ein Waffenlager der Miliz von Massachusetts auszuheben, kommt es in Lexington und Concord zu schweren Zusammenstößen. Amerikaner belagern Boston.

Zweiter Kontinentalkongress

10. Mai In Philadelphia tritt der *Zweite Kontinentalkongress* zusammen. Er erklärt für die Kolonien den Verteidigungszustand, überträgt George Washington (*1732, †1799) den Oberbefehl über die amerikanischen Streitkräfte (15. Juni) und übernimmt Regierungsfunktionen. Eine Friedenspetition an den englischen König wird von diesem mit der Proklamation der offenen Rebellion beantwortet (25. Aug.).

● PLOETZ

1776 4. Juli	Nachdem die Loslösung vom Mutterland öffentlich immer lauter gefordert wird (Thomas Payne [Paine]; *1737, †1809: „*Common Sense*", 9. Jan. 1776), billigt der Kongress (bei Enthaltung New Yorks) die im Wesentlichen von Thomas Jefferson (*1743, †1826) vorbereitete Unabhängigkeitserklärung. Sie besteht aus der Präambel mit naturrechtlicher Argumentation (Freiheit und Gleichheit der Menschen, Einsetzung der Regierung durch die Regierten, Recht zum Widerruf) und einem Sündenkatalog, der Georg III. des Missbrauchs seiner Herrschaft bezichtigt.	*Paynes Common Sense*
1777 17. Okt.	Nach anfänglichen Rückschlägen der amerikanischen Truppen (Bunker Hill, nördlich von Boston 1775; fehlgeschlagene Expedition gegen Quebec 1775, Einnahme New Yorks 1776 und Philadelphias 1777 durch britische Truppen) leitet der *Sieg von Saratoga* (New York) die Wendung des Krieges ein.	*Sieg von Saratoga*
15. Nov.	Der Kongress verabschiedet die *Artikel der Konföderation* („ewige Union"), in denen die dreizehn ehemaligen Kolonien dem Kongress die Kompetenz für äußere Angelegenheiten, zwischenstaatliche Probleme, Verteidigung, Münz- und Postwesen und indianische Angelegenheiten geben (ratifiziert 1781).	*Artikel der Konföderation*
1778 6. Febr.	Frankreich schließt mit den amerikanischen Freistaaten einen *Freundschafts- und Handelsvertrag* und einen *Allianzvertrag* ab. Am 7. Juni beginnt der Krieg Frankreichs gegen England, dem sich Spanien 1779 anschließt.	*Verträge mit Frankreich*
1781 19. Okt.	Nach britischen Erfolgen in den Südstaaten (1778–1780) muss die Armee des Generals Charles Marquis von Cornwallis (*1738, †1805) gegenüber amerikanischen und französischen Streitkräften in Yorktown (in Virginia, am York River südöstlich von Williamsburg) kapitulieren. Damit ist der Krieg zugunsten der Amerikaner entschieden. Georg III. erkennt nach einem Präliminarfriedensvertrag (1782) die Unabhängigkeit der ehemaligen Kolonien an.	
1783 3. Sept.	Im *Frieden von Paris* (Versailles), ausgehandelt von Benjamin Franklin (*1706, †1790), John Adams (*1735, †1826) und John Jay (*1745, †1829), wird die Souveränität der Vereinigten Staaten anerkannt. Kanada bleibt britisch, die Grenze der Vereinigten Staaten wird nach Norden bis zu den Großen Seen vorverlegt. Der Westen bis zum Mississippi ist für Siedlungen frei.	*Friede von Paris*
	Bei Kriegsende verlassen neben den britischen Truppen auch etwa 100000 britische Loyalisten die Vereinigten Staaten. Ihr Land wird enteignet (später werden Entschädigungen geleistet). Aus den britischen Kolonien sind 13 Einzelstaaten mit republikanischen Verfassungen hervorgegangen, in einer *lockeren Konföderation* vereint. Mit der Unabhängigkeit fallen die seit den Navigation Acts bestehenden Außenhandelsbeschränkungen fort. Allerdings werden nun die Häfen Britisch-Westindiens für amerikanische Schiffe geschlossen.	*lockere Konföderation*
1785	Mit Preußen wird ein Freundschafts- und Handelsvertrag abgeschlossen.	
1786	Die Schwächen der Konföderation, die besonders bei Handelsproblemen zwischen den Einzelstaaten deutlich werden, erfordern eine Revision der Artikel (Annapolis Convention).	
1787 Mai–Sept.	In Philadelphia tritt ein Verfassungskonvent zusammen. Unter den 55 Delegierten aus allen Staaten („Founding Fathers") befinden sich Benjamin Franklin, Alexander Hamilton (*1757, †1804), James Madison (*1751, †1836) und George Washington, letzterer als Präsident des Konvents. Die anstehenden Verfassungsprobleme werden u.a. in 77 Essays von Hamilton, Madison und Jay diskutiert („The Federalist").	

Grundzüge der Verfassung der Vereinigten Staaten

Die erste von einer Versammlung ausgearbeitete moderne Verfassung beruht auf den Prinzipien der *Gewaltenteilung* und der *Volkssouveränität* (mit Repräsentationssystem) sowie auf dem *Bundesstaatsprinzip*. Zwischen der Zentralgewalt und den Gliedstaaten werden die Zuständigkeiten sorgfältig verteilt. Der Kongress als Legislative besteht aus Repräsentantenhaus (Volksvertretung) und Senat (Staatenvertretung). Er beschließt über Krieg und Frieden, Heer und Flotte, Verträge mit fremden Staaten, Münzen, *Verfassungsprinzipien*

Maße und Gewichte, Zölle und Steuern. Der Präsident als Exekutive wird vom Volk durch Wahlmänner für jeweils vier Jahre gewählt. Er ernennt die Beamten und sorgt für die Ausführung der Kongressbeschlüsse. Er hat ein aufschiebendes Vetorecht, gegen das sich der Kongress mit Zweidrittelmehrheit durchsetzen kann, und ist Oberbefehlshaber der Armee. Er kann durch das *Verfahren des Impeachment* seines Amtes enthoben werden. Das Oberste Gericht (Judikative) wacht über Verfassung und Rechtsprechung. Gegenüber einer rein ideellen Deutung der Verfassungskonstruktion betonte der Historiker Charles Beard die persönlich-wirtschaftlichen Motive vieler Delegierter („An Economic Interpretation of the American Constitution", 1913). *Impeachment-Verfahren*

Expansionsform	1787	Die vom Kongress verabschiedete Northwest Ordinance regelt die *Expansionsform* des Staatsgebiets. Statt einer Gebietserweiterung der Gründerstaaten nach Westen sollen dort neue Staaten gebildet und gleichberechtigt in die Union aufgenommen werden.
	1788	Nachdem die meisten Einzelstaaten die Verfassung ratifiziert haben, erklärt der Kongress, dass das neue Regierungssystem am 4. März 1789 in Funktion tritt.
Bill of Rights	**1789**	Die ersten zehn Ergänzungsartikel zur Verfassung, die sog. *Bill of Rights*, garantieren Grundrechte, u. a. Glaubens-, Presse- und Versammlungsfreiheit, Unverletzlichkeit der Person, der Wohnung und des Eigentums (in Kraft 1791).

Nationale Entfaltung und Expansion (1789–1848)

Mit der Staatsgründung ist das Revolutionszeitalter beendet. Es stellen sich aber neue schwierige Aufgaben: Der Prozess der politischen Willensbildung muss sich im *ersten modernen Verfassungsstaat der Welt* bewähren. Innen- und Außenpolitik sind zu formulieren. Die Bevölkerung der an Zahl wachsenden Einzelstaaten ist aufgefordert, nationale Fragen gemeinsam zu lösen. Starkes Bevölkerungswachstum, wirtschaftlicher Ausbau, die Erschließung des weiten Landes und die Westexpansion bieten der amerikanischen *Pioniergesellschaft* große Entfaltungsmöglichkeiten. Parteiengegensätze, drohende Verwicklungen in europäische Auseinandersetzungen, wirtschaftliche Konjunkturfragen, Wachstums- und Expansionsprobleme, die umstrittene Institution der Sklaverei und das Verhältnis der weißen Siedler zu den Indianern stellen sie aber auch auf harte Belastungsproben.

erster Verfassungsstaat

Pioniergesellschaft

George Washington	1789	*George Washington* wird von den Wahlmännern zum ersten Präsidenten, John Adams zum Vizepräsidenten der Vereinigten Staaten gewählt. Bei der Regierungsbildung erhält Thomas Jefferson das Außenministerium und Alexander Hamilton das Schatzamt. Der Kongress tritt zusammen. Das Oberste Bundesgericht nimmt seine Arbeit auf (Oberster Richter: John Jay).
	1789–1793	Während der ersten Amtsperiode George Washingtons kommt es in der Frage der Wirtschafts- und Finanzpolitik zu Parteienbildungen. Die Föderalisten – vornehmlich im Norden, unter Führung Alexander Hamiltons – wünschen eine starke Zentralgewalt, wirtschaftliche Lenkungsmaßnahmen des Bundes, eine elitäre Regierungspraxis und eine probritische Außenpolitik. Die Republikaner (auch Demokratische Republikaner genannt) – vornehmlich im Süden, Sprecher: Thomas Jefferson – bevorzugen eine Stärkung der einzelstaatlichen Gewalt, eine agrarisch-demokratische Gesellschaftsordnung und eine profranzösische Außenpolitik.
	1790	Regierungssitz wird nach New York zunächst Philadelphia (erst 1800 wird die neu errichtete Bundeshauptstadt Washington am Potomac – District of Columbia – Regierungssitz).
drei Siedlungswellen	1791–1803	Die Besiedlung der Gebiete jenseits der Appalachen schreitet schnell voran. Als neue Staaten werden nach Vermont (1791) auch Kentucky (1792), Tennessee (1796) und Ohio (1803) in die Union aufgenommen. Beim Fortschreiten der „wandernden Grenze" lassen sich *drei Wellen* unterscheiden: Jäger und Squatter (Erstsiedler), sesshafte Farmer, Kaufleute und Handwerker.
	1793	George Washington, für weitere vier Jahre zum Präsidenten gewählt, erklärt im britisch-französischen Konflikt (1. Koalitionskrieg) die Neutralität der Vereinigten Staaten. Versuche des französischen Gesandten Genêt, von Amerika aus gegen Großbritannien Krieg zu führen, werden zurückgewiesen. Jefferson tritt als Außenminister zurück. Die Erfindung der Baumwollentkörnungsmaschine durch Eli Whitney (*1765, †1825) führt zur Ausweitung der Baumwollproduktion und zur verstärkten Sklavennachfrage.
	1794	Im westlichen Pennsylvania erheben sich Farmer gegen die Besteuerung der Whiskyerzeugung. Milizen werfen die Whisky-Rebellion nieder. Im umstrittenen Jay-Vertrag regeln die Vereinigten Staaten und Großbritannien jahrealte Streitigkeiten: Britische Militärposten (und Pelzhandelsstationen) im Nordwesten werden geräumt; Amerika erkennt britische Schuldforderungen aus der Revolutionszeit an.
	1795	Im Pinckney-Vertrag werden Grenzfragen mit Spanien geregelt. Die Amerikaner sichern sich die freie Schifffahrt auf dem Mississippi.
	1797–1801	Nachdem Washington eine erneute Wiederwahl abgelehnt hat (Abschiedsbotschaft vom 17. Sept. 1796), wird John Adams (Föderalist) zweiter Präsident der Vereinigten Staaten. Wegen der Spannungen mit Frankreich, das Maßnahmen gegen die probritische Außenpolitik der amerikanischen Regierung ergreift, verschärfen sich die inneren Parteiengegensätze.
	1798	In den Fremden- und Aufruhrgesetzen wird die Veröffentlichung regierungskritischer Ansichten mit Geld- und Gefängnisstrafen bedroht. Die Parlamente von Kentucky und Virginia erklären dies für verfassungswidrig, mehr noch: Einzelstaaten hätten ein Recht zur Nichtbeachtung solcher Gesetze (Nullifikation).

1801–1809	Thomas Jefferson wird nach einem Wahlsieg der Demokratischen Republikaner dritter Präsident der Union („*Jeffersonian Democracy*": strikte Beachtung individueller Freiheitsrechte, sparsame Verwendung öffentlicher Mittel, Begrenzung der Regierungsgewalt). Alexander Hamilton findet 1804 im Duell mit Aaron Burr den Tod.	*Jeffersonian Democracy*
1801–1805	Im Krieg gegen Tripolis bekämpfen die Vereinigten Staaten das Piratentum im Mittelmeer.	
1803	Das *Louisiana-Territorium* zwischen Mississippi und Rocky Mountains (1763 von Frankreich an Spanien abgetreten, 1802 von Napoleon I. zurückerworben) wird für 15 Mio. Dollar gekauft (Verdopplung des Gebietes der Vereinigten Staaten).	*Louisiana-Territorium*
1803–1806	Die mit Bundesmitteln unternommene Lewis-and-Clark-Expedition (geführt von den Hauptleuten M. Lewis [*1774, †1809] und W. Clark [*1770, †1838]) über die Rocky Mountains, den Columbia River abwärts bis zum Pazifik begründet Rechtsansprüche auf das Oregon-Gebiet und bahnt neue Wege für die Westexpansion.	
1807–1809	Um Großbritannien und Frankreich, die sich im Wirtschaftskrieg bekämpfen (Kontinentalsperre und englische Gegenblockade), zur Respektierung neutraler Schifffahrtsrechte zu zwingen, beschließt der Kongress auf Jeffersons Vorschlag das Embargo-Gesetz. Die Unterbindung jeglichen Außenhandels schadet aber der eigenen Schifffahrt und Exportwirtschaft und wird 1809 durch ein spezielles Handelsverbot gegenüber Großbritannien und Frankreich ersetzt.	
1808	Der Kongress beschließt in Übereinstimmung mit Art. 1, Abschn. 9, der amerikanischen Verfassung ein *Sklaveneinfuhrverbot*.	*Sklaveneinfuhrverbot*
1809–1817	James Madison (*1751, †1836, Republikaner) folgt Jefferson im Präsidentenamt. Britische Rückendeckung für Indianer, die unter Führung des Shawnee-Häuptlings Tecumseh dem Vordringen der weißen Siedler im Westen entgegentreten wollen (1811), schürt die antibritische Stimmung. Dies und die fortgesetzte Missachtung amerikanischer Neutralitätsrechte im britisch-französischen Konflikt führen zur Kriegserklärung an Großbritannien (mit den Stimmen des Südens und Westens gegen die der Neuenglandstaaten, New Yorks, New Jerseys und Delawares).	
1812–1814	Im *Krieg gegen Großbritannien* versuchen die Amerikaner vergeblich, nach Kanada vorzudringen. England errichtet entlang der amerikanischen Küste eine Seeblockade.	*Krieg gegen Großbritannien*
1814	Britische Truppen besetzen für zwei Tage die Hauptstadt Washington und brennen das Kapitol, das Weiße Haus und andere Gebäude nieder. Die Neuenglandstaaten verlangen eine stärkere Berücksichtigung regionaler Interessen gegen die Bundesautorität und wünschen Verfassungsänderungen (*Hartford Convention* 1814–1815).	*Hartford Convention*
1815 8. Jan.	Im Süden besiegen amerikanische Truppen unter General Andrew Jackson (*1767, †1845) die Briten in der Schlacht bei New Orleans. Zuvor (24. Dez. 1814) ist in Gent jedoch bereits Frieden geschlossen worden. Der Status quo wird wiederhergestellt.	
1815	Algier und andere Berberstaaten werden durch amerikanische Kriegsschiffe zur Aufgabe von Piraterie und Tributforderungen gezwungen.	
1817–1825	James Monroe (*1758, †1831, Republikaner) wird Präsident der Vereinigten Staaten (dritter in der sog. Virginia-Dynastie). Die Partei der Föderalisten zerfällt. *Nationales Einheitsdenken* herrscht vor (Era of Good Feelings). Der Ausbau von Wasserwegen und Überlandstraßen fördert die Besiedlung des Westens (1817 Beginn des Dampfschiffsverkehrs auf dem Mississippi, 1817–1825 Bau des Erie-Kanals zwischen Albany und Buffalo). Die *erste große Einwanderungswelle* des 19. Jh.s, 1816–1818 (etwa 60000 Iren und Deutsche), veranlasst gesetzliche Bestimmungen über die Passagebedingungen und über statistische Erhebungen auf Bundesebene.	nationales Einheitsdenken erste große Einwanderungswelle
1819	Nach langen Auseinandersetzungen um Besitzansprüche (u. a. Seminolen-Krieg 1818) *verkauft Spanien Florida* für fünf Mio. Dollar an die Vereinigten Staaten.	*Kauf Floridas*
1820	Nach Aufnahme weiterer Einzelstaaten in die Union (Louisiana 1812, Indiana 1816, Mississippi 1817, Illinois 1818, Alabama 1819) regelt der *Missouri-Kompromiss* die Sklaverei in neuen Staaten: Maine wird als sklavenfreier, Missouri als sklavenhaltender Staat zugelassen (Gesamtverhältnis: zwölf Nord-, zwölf Südstaaten). Im übrigen Louisiana-Territorium (nördlich der Breite 36° 30') wird die Sklaverei verboten.	*Missouri-Kompromiss*
1823 2. Dez.	Gegen weit gehende russische Besitzansprüche an der nordamerikanischen Pazifikküste (Oregongebiet) und vermeintliche Rekolonisationsabsichten der Heiligen Allianz in Lateinamerika erklärt Präsident Monroe in einer Jahresbotschaft an den Kongress, 1. dass der amerikanische Doppelkontinent nicht mehr Ziel europäischer Kolonialexpansion sein dürfe, 2. dass das politische System der Alten Welt von dem Amerikas wesensverschieden sei, 3. dass bestehender Kolonialbesitz in Amerika nicht angetastet würde und 4. dass sich die USA nicht in europäische Kriege einmischen würden (sog. *Monroe-Doktrin*).	*Monroe-Doktrin*

Nord-Süd-Gegensatz

1825–1829 John Quincy Adams (*1767, †1848), Sohn von John Adams, wird Präsident. Der Ausbau des inneren Verkehrs- und Handelssystems wird zügig fortgesetzt. Der zunehmende *Gegensatz zwischen Nord* (Einsetzen der Industrialisierung) *und Süd* (Agrarwirtschaft) manifestiert sich im Kampf um die Schutzzollgesetzgebung. Der hohe Tarif von 1828 (Tariff of Abominations) wird von South Carolina und anderen Südstaaten für verfassungswidrig erklärt. Neue parteipolitische Spannungen treten auf zwischen den Nationalen Republikanern, die die Zentralgewalt stärken wollen (J.Q. Adams), und den Demokratischen Republikanern, die den nationalen Dirigismus ablehnen und für die Rechte des Volkes eintreten (Andrew Jackson).

frühes Zweiparteiensystem

Das amerikanische Zweiparteiensystem bis zum Bürgerkrieg (vereinfachtes Schema)

Tories und Patrioten

Föderalisten und Republikaner

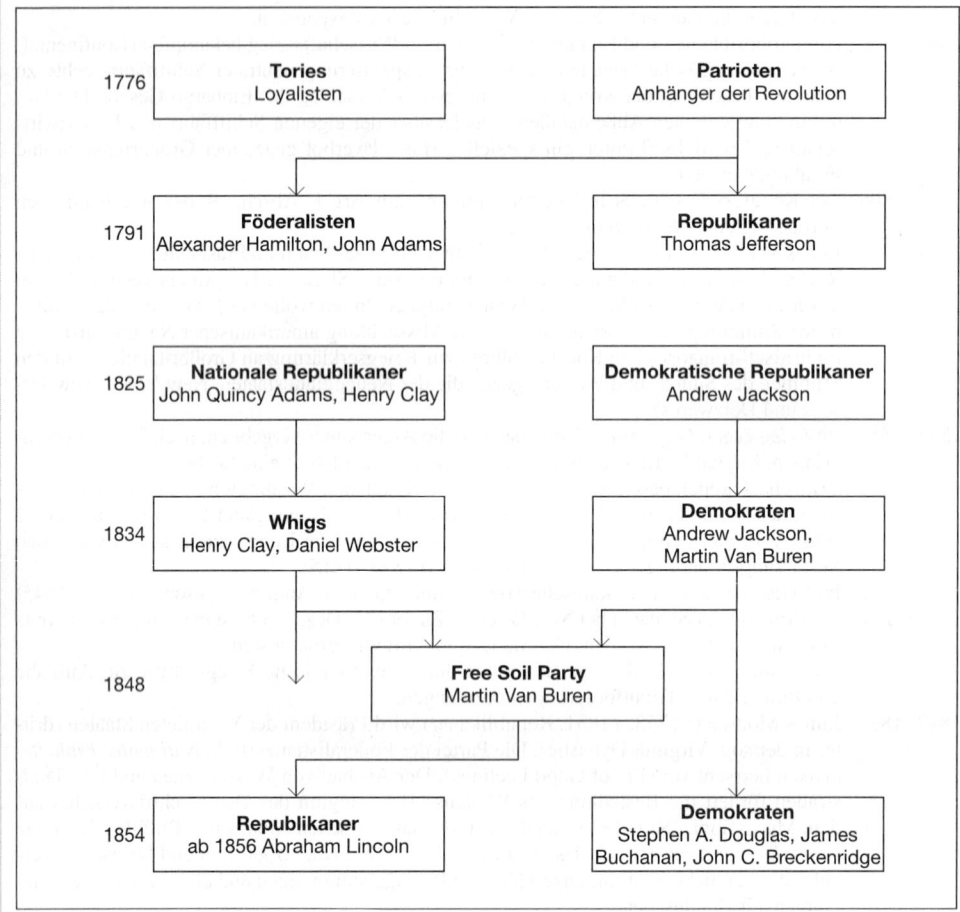

Republikaner und Demokraten

allgemeines Männerwahlrecht Jacksonian Democracy

1829–1837 Mit Andrew Jackson (Demokrat; *1767, †1845) aus Tennessee wird erstmals ein Vertreter des Westens Präsident. In fast allen Staaten ist das Zensuswahlrecht durch ein *allgemeines Wahlrecht für Männer* ersetzt. Eine langfristige Demokratisierungswelle verändert die politisch-soziale Ordnung *("Jacksonian Democracy")*. Reformbewegungen finden starke Resonanz: Abolitionisten bekämpfen die Sklaverei, frühe Arbeiterparteien (Philadelphia 1828) und Gewerkschaften (National Trade Unions 1834) fordern Verbesserungen im Arbeitsrecht, Sozialreformer gründen kooperative Gemeinschaften (u.a. Brook Farm, Mass., 1841–1846), Temperenzgesellschaften bekämpfen den Alkoholismus (1851 gibt es in dreizehn Staaten Prohibitionsgesetze), *Frauen* erlangen das Recht der öffentlichen Rede und *fordern das Wahlrecht* (Konvent von Seneca Falls, New York, 1848). Breite Bevölkerungsschichten werden in den Prozess politischer Willensbildung einbezogen, Vorrechte einer elitären Oberschicht dagegen eingeschränkt. Die konservative Opposition formiert sich überwiegend in der Whig Party.

Frauenwahlrecht gefordert

Einwanderung in die Vereinigten Staaten (1820–1918)

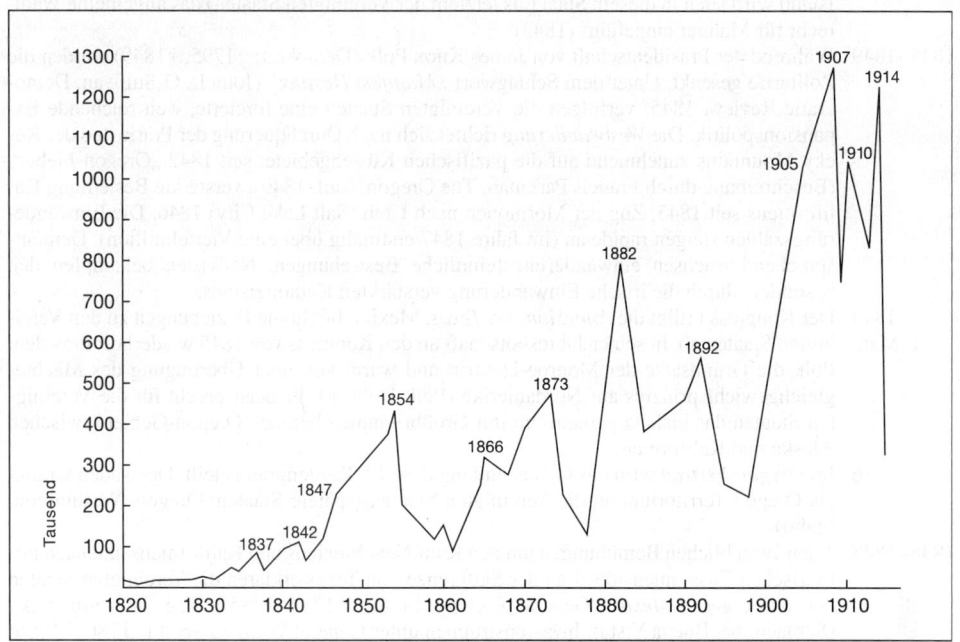

Einwanderungszahlen

1832 Jackson verhindert durch sein Veto das Weiterbestehen der Nationalbank. Er vertritt die Auffassung, dass diese eine Monopolstellung besäße und verfassungswidrig sei.

1832–1833 Ein neuer Schutzzolltarif, nur wenig niedriger als der von 1828, wird in South Carolina für verfassungswidrig und nichtig erklärt (John C. Calhouns Nullifikationstheorie). Ein Staatskonvent droht mit Sezession. Jacksons Entschlossenheit, die Einheit des Bundesstaates zu erhalten, und ein Kompromisszolltarif beenden die Krise.

1833 William Lloyd Garrison u. a. gründen in Philadelphia die radikale *Antislavery Society*. Aus einem gemäßigten Flügel entsteht 1840 die American and Foreign Antislavery Society.

1836 Nach erfolgreichem Aufstand der amerikanischen Siedler gegen Mexiko erkennen die Vereinigten Staaten die *Unabhängigkeit von Texas* an.

1837–1841 Präsident Martin Van Buren (Demokrat, *1782, †1862) setzt die Politik Jacksons fort.

1837 Rücksichtslose Landspekulation und Kreditgewährung führen zur Wirtschaftskrise.

1841 William Henry Harrison (*1773, †1841) wird erster Whig-Präsident (Einführung des Parteienkonvents für Kandidatenwahl und Programmformulierung). Nach seinem frühen Tod übernimmt Vizepräsident John Tyler (*1790, †1862; 1841–1845) die Nachfolge.

Antislavery Society

Unabhängigkeit von Texas

Einwanderung in die USA nach Herkunftsländern (1851–1910)

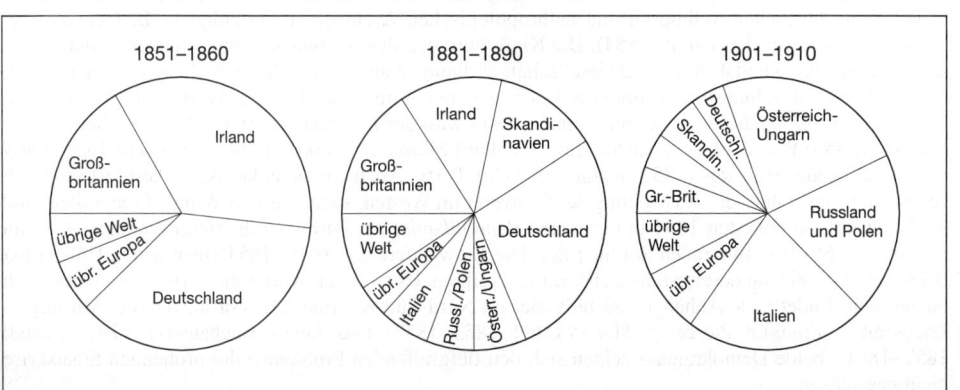

Herkunft der Einwanderer

	1842	Nach der zunächst erfolglosen Dorr-Rebellion gegen Wahlrechtsbeschränkungen in Rhode Island wird auch in diesem Staat (als letztem der Vereinigten Staaten) das allgemeine Wahlrecht für Männer eingeführt (1843).
Manifest Destiny Westwanderung	1845–1849	Während der Präsidentschaft von James Knox Polk (Demokrat; *1795, †1849) werden die Zolltarife gesenkt. Unter dem Schlagwort *„Manifest Destiny"* (John L. O'Sullivan, Democratic Review, 1845) verfolgen die Vereinigten Staaten eine forcierte, weit reichende Expansionspolitik. Die *Westwanderung* richtet sich nach Durchquerung der Prärie und der Rocky Mountains zunehmend auf die pazifischen Küstengebiete: seit 1842 „Oregon-Fieber" (Beschreibung durch Francis Parkman, The Oregon Trail, 1849), verstärkte Besiedlung Kaliforniens seit 1843, Zug der Mormonen nach Utah (Salt Lake City) 1846. Die Einwanderungszahlen steigen rapide an (im Jahre 1847 erstmalig über eine Viertelmillion). Dementsprechend wachsen einwanderungsfeindliche Bestrebungen. Nativisten bekämpfen den besonders durch die irische Einwanderung verstärkten Katholizismus.
Annexion von Texas	1845 1. März	Der Kongress billigt die *Annexion von Texas*. Mexiko bricht die Beziehungen zu den Vereinigten Staaten ab. In seiner Jahresbotschaft an den Kongress von 1845 wiederholt Präsident Polk die Grundsätze der Monroe-Doktrin und warnt vor einer Übertragung des Mächtegleichgewichtsprinzips auf Nordamerika (Polk-Doktrin). Er beansprucht für die Vereinigten Staaten das bislang gemeinsam mit Großbritannien besetzte Oregon-Gebiet (zwischen Alaska und Kalifornien).
Oregon-Vertrag	1846	Im *Oregon-Vertrag* wird das Gebiet entlang dem 49. Breitengrad geteilt. Der Süden kommt als Oregon-Territorium an die Vereinigten Staaten (spätere Staaten: Oregon, Washington, Idaho).
Krieg gegen Mexiko	**1846–1848**	Nach vergeblichen Bemühungen um den Kauf New Mexicos und Kaliforniens und nach militärischen Zusammenstößen an der Südgrenze von Texas erklären die Vereinigten Staaten den *Krieg gegen Mexiko*. General Zachary Taylor (*1784, †1850) siegt in Nordmexiko (Schlacht bei Buena Vista). Invasionstruppen unter General Winfield Scott (*1786, †1866) nehmen Mexico City ein (1847). New Mexico und Kalifornien werden erobert. Im Frieden von Guadalupe Hidalgo (2. Febr. 1848) tritt Mexiko Kalifornien und New Mexico ab (spätere Staaten: Arizona, Nevada, Kalifornien, Utah und Teile New Mexicos, Colorados und Wyomings). Von 1845 bis 1848 ist der Flächenbesitz der Vereinigten Staaten von 4,63 auf 7,75 Mio. Quadratkilometer gewachsen.
Wilmot Proviso	1848	Nach vergeblichen Versuchen im Kongress, die neu erworbenen Gebiete sklavenfrei zu halten (*„Wilmot Proviso"* 1846 – benannt nach dem Demokraten David Wilmot [*1814, †1868]), bilden oppositionelle Whigs und Demokraten die Free Soil Party, die die Zulassung neuer Sklaverei-Staaten unterbinden und Heimstätten für eigenständige Siedler schaffen will.
Gold Rush	1848 24. Febr.	Das Bekanntwerden von Goldfunden im Tal des Sacramento lockt Abenteurer aus der ganzen Welt nach Kalifornien (*„Gold Rush"* der sog. „Forty-niners"). Bevölkerung Kaliforniens 1846: 10000, 1852: 250000.

Nord-Süd-Gegensatz, Bürgerkrieg und „Rekonstruktion" des Südens (1849–1881)

Konflikt um die Sklaverei

Nach Abschluss der territorialen Expansionsphase tritt der *Konflikt um die Sklaverei* in den Vordergrund. Im Norden wird die gesellschaftspolitische und moralische Kritik an diesem System (1851/1852 erscheint Harriet E. Beecher Stowes erfolgreicher Tendenzroman „Uncle Tom's Cabin"). Im Süden wird die Sklaverei mit Berufung auf die Verfassung (Eigentumsrecht, Staatenrecht) sowie mit umstrittenen sozialen, wirtschaftlichen, religiösen und anthropologischen Argumenten verteidigt (z. B. George Fitzhugh, „Sociology of the South", 1854). Die Kluft zwischen den Sektionen prägt sich auch in den unterschiedlichen Wirtschaftsformen und Gesellschaftsordnungen aus: im Norden bäuerliche Farmwirtschaft, Handel, Schifffahrt, Industrie, demokratisches Yankeetum – im Süden Plantagenwirtschaft, Monokultur, aristokratisch-patriarchalische Führungsschicht. 1849 wird der Kandidat der Whig Party, Zachary Taylor (*1784, †1850) Präsident; sein Nachfolger ist Millard Fillmore (*1800, †1874). Nach dem Tode Henry Clays und Daniel Websters (1852) zerfällt die Whig Party. Auch die Demokratische Partei ist innerlich zerrissen. Empört über die Ausweitung der Sklaverei im Westen, sammeln sich Whigs, Free Soilers und Antisklaverei-Demokraten 1854 in der *neuen Republikanischen Partei*. In ihr steigt Abraham Lincoln (*1809, †1865) zum führenden Politiker auf. Die Einwanderung erreicht 1854 einen neuen Höhepunkt (428000). Die einwanderungsfeindliche Know-Nothing Party (oder American Party) organisiert sich bundesweit, findet viele Anhänger, zerfällt aber im Nord-Süd-Konflikt. Die Präsidenten der Vorbürgerkriegszeit – Franklin Pierce (*1804, †1869; 1853–1857) und James Buchanan (*1791, †1868; 1857–1861), beide Demokraten – zeigen sich den tiefgreifenden Problemen der drohenden Staatskrise nicht gewachsen.

Republikanische Partei

1850	Aufgrund eines Antrages Kaliforniens auf Zulassung als sklavenfreier Staat und der wachsenden Spannungen *in der Sklavenfrage* beschließt der Kongress auf Vorschlag Henry Clays (*1777, †1852) den *Kompromiss* von 1850: Kalifornien sklavenfrei; New Mexico und Utah ohne Beschränkung der Sklaverei (Staatenverfassungen sollen später entscheiden); Rückführung geflohener Sklaven unter Bundesjurisdiktion; Verbot des Sklavenhandels im District of Columbia.	*Kompromiss in der Sklavenfrage*
1850	Im Clayton-Bulwer-Vertrag (geschlossen von Außenminister John M. Clayton [*1796, †1856]) verabreden Großbritannien und die Vereinigten Staaten, einen zukünftigen mittelamerikanischen Kanal nicht einseitig zu kontrollieren. Sie wollen ihn neutralisieren. Im Zusammenhang mit Projekten für den Eisenbahnbau zum Pazifik kaufen die Vereinigten Staaten von Mexiko im *Gadsden Purchase* einen Landstreifen südlich des Gila River (Arizona, New Mexico). Commodore Matthew Calbraith Perry (*1794, †1858) erreicht durch eine Marineexpedition die Öffnung Japans für den amerikanischen Handel. Pläne zum Erwerb Kubas (Stärkung des Südens) werden nicht verwirklicht.	
1853		*Gadsden Purchase*
1854		
	Das *Kansas-Nebraska-Gesetz* stellt den Bewohnern beider Territorien die Entscheidung über die Sklaverei frei (Prinzip der „popular sovereignty", Hauptbefürworter Stephen A. Douglas [*1813, †1861]). Dies impliziert die Aufhebung des Missouri-Kompromisses von 1820. Prosklaverei- und Antisklaverei-Siedler wandern nach Kansas ein. Zwei gegensätzliche Verfassungen werden formuliert, zwei rivalisierende Regierungen gebildet. Unterstützt von Parteigängern des Nordens und Südens, bekämpfen sich die streitenden Parteien im Bürgerkrieg *(„Bleeding Kansas")*. Der Versuch, eine Kompromissverfassung einzuführen, scheitert. Nach Verlängerung des Territorialstatus wird Kansas 1861 als sklavenfreier Staat in die Union aufgenommen.	*Kansas-Nebraska-Gesetz*
1856		*„Bleeding Kansas"*
1857–1858	Überhitzte Eisenbahn- und Bodenspekulation führt zu einer tiefgreifenden Wirtschaftskrise (Panik von 1857).	
1857	Das Oberste Bundesgericht entscheidet im Fall Dred Scott, dass Sklaven afrikanischer Herkunft und ihre Nachkommen keine Bürgerrechte besitzen. Der Missouri-Kompromiss von 1820 verletze das Recht auf Eigentum und sei deshalb verfassungswidrig. Der Abolitionist John Brown (*1800, †1859) überfällt mit einem Trupp von Gleichgesinnten das Waffendepot Harper's Ferry (Virginia). Er will mit befreiten Sklaven einen unabhängigen Staat in den Appalachen errichten, erhält jedoch keinen Zulauf, wird von Militär überwältigt, zum Tode verurteilt und mit sechs Anhängern hingerichtet.	
1859		
1860 20. Dez.	*Abraham Lincoln*, Republikaner, wird zum Präsidenten gewählt (9. Nov.). South Carolina erklärt wegen der sklavereifeindlichen Haltung des Nordens die *Sezession* (Anspruch auf „state sovereignty"). Sechs Südstaaten schließen sich an: Mississippi, Florida, Alabama, Georgia, Louisiana, Texas.	*Abraham Lincoln Erklärung der Sezession*
1861 8. Febr.	Sie bilden die *Konföderierten Staaten von Amerika* mit einer eigenen Verfassung; Präsident wird Jefferson Davis (*1808, †1889). Virginia, Arkansas, Tennessee und North Carolina verstärken die Konföderation (Hauptstadt Richmond); die Grenzstaaten West Virginia, Delaware, Maryland, Kentucky und Missouri bleiben der Union treu.	*Konföderierte Staaten*
1861–1865	Im *Bürgerkrieg* wehrt sich der Süden lange Zeit erfolgreich gegen den an Menschenreserven und Rüstungspotenzial stärkeren Norden. Die Union kämpft vor allem für die Erhaltung der staatlichen Einheit, die Konföderation für die Anerkennung ihrer Unabhängigkeit und das Weiterbestehen der Sklaverei. Die wirtschaftlich-sozialen Gegensätze stehen im Hintergrund des Konfliktes und verschärfen ihn. Der verlustreiche Krieg wird mit wachsender Erbitterung geführt.	*Bürgerkrieg*
12. April	Mit der Beschießung des Bundesforts Sumter bei Charleston durch die Konföderierten beginnen die Kampfhandlungen.	
15. April	Lincoln proklamiert den *Zustand der „Insurrektion"* und verhängt eine Blockade südstaatlicher Häfen. Großbritannien erklärt seine Neutralität und erkennt damit die Konföderation als Krieg führende Partei an.	*Zustand der Insurrektion*
21. Juli	Der erste Vorstoß der Unionstruppen in Virginia wird in der Schlacht am Bull Run (Nebenfluss des Potomac, südwestlich von Washington) gestoppt.	
1862 26. April	Während New Orleans von Marineeinheiten besetzt wird, stoßen Unionstruppen unter General Ulysses S. Grant den Mississippi entlang nach Süden vor. Mit der Einnahme von Vicksburg am linken Ufer des Mississippi (1863) ist das Gebiet der Konföderation zweigeteilt.	
	Mit dem *Homestead Act* wird Siedlern die Möglichkeit zum kostenlosen Landerwerb im Westen gegeben. Aufgrund des Morrill Act können Einzelstaaten Ländereien zur Errichtung landwirtschaftlicher und technischer Hochschulen erhalten (69 staatliche „landgrant colleges" entstehen in der Folgezeit).	*Homestead Act*

Emanzipations-erklärung	1863 1. Jan.	Lincolns *Emanzipationserklärung* spricht alle Sklaven im Gebiet der Konföderation (nicht in den loyalen Grenzstaaten) frei. Der Norden führt von nun an einen Sklavenbefreiungskrieg und gewinnt Sympathien in Europa (besonders in Großbritannien).
	1.–3. Juli	Der Vormarsch konföderierter Truppen unter General Robert Edward Lee (*1807, †1870) wird in Gettysburg (Pennsylvania) zurückgeschlagen (Lincolns 13-Zeilen-Ansprache zur Einweihung des Soldatenfriedhofs): Damit ist die entscheidende Wendung des Krieges zugunsten der Union eingetreten.
	1864	Unionstruppen unter General William T. Sherman (*1820, †1891) unternehmen einen Zerstörungsfeldzug durch Georgia, erreichen die Atlantikküste bei Savannah und dringen von dort aus nach South Carolina vor (Zerstörung der Stadt Columbus 1865).
Kapitulation des Südens	1865 9. April	Bei Appomattox Courthouse (Virginia) *kapitulieren die Truppen Lees*. In den darauf folgenden Wochen ergeben sich die Konföderierten auch auf den anderen Kriegsschauplätzen. Der Bürgerkrieg endet mit dem Sieg der Union. Die Einheit der Vereinigten Staaten ist wiederhergestellt. Der Krieg hat den Norden 360000, den Süden 275000 Tote gekostet.
Ermordung Lincolns	14. April	Lincoln, 1864 erneut zum Präsidenten gewählt, wird von John Wilkes Booth (*1838, †1865), einem fanatischen Südstaatenanhänger, *ermordet*. Vizepräsident Andrew Johnson (*1808, †1875) nimmt den Präsidentenposten ein.

Die „Rekonstruktion" des Südens

Verfassungs-zusätze	Der *13. Verfassungszusatz (1865)* beseitigt die Sklaverei in den Vereinigten Staaten, der *14. Verfassungszusatz (1866)* sichert den ehemaligen Sklaven die Bürgerrechte zu und schließt führende Vertreter der Konföderation von Staatsämtern aus, der *15. Verfassungszusatz (1869)* verbietet Wahlrechtsbeschränkungen aufgrund von Rasse, Hautfarbe oder früheren Abhängigkeitsverhältnissen. Über den Wiederaufbau des Südens gibt es bei den Siegern unterschiedliche Vorstellungen. Während Präsident Johnson für eine nachsichtige Besiegtenbehandlung eintritt, sehen radikale Republikaner tiefgreifende Veränderungen vor. Zum Schutz der Schwarzen gegen ihre ehemaligen Herren wird das Freedmen's Bureau errichtet. 1867 wird der Süden militärisch besetzt. Die von radikalen Nordstaatlern (carpetbaggers) bestimmte Aufbaupolitik ist durch soziale Fortschritte, aber auch durch Korruption gekennzeichnet.

	1866	Das transatlantische Kabel ermöglicht eine schnelle Nachrichtenverbindung zwischen Europa und Amerika.
Kauf Alaskas	1867	*Alaska* wird für 7,2 Mio. Dollar von Russland *gekauft*.
	1868	Präsident Andrew Johnson entgeht in einem Impeachment-Verfahren nur knapp der Amtsenthebung, die die radikalen Republikaner wegen seiner Rekonstruktionspolitik gegenüber dem Süden anstreben.
	1869	Nach Ablauf seiner Amtszeit wird Ulysses S. Grant (*1822, †1885) Präsident (Wiederwahl 1873).
Eisenbahn		Die erste Eisenbahnverbindung zum Pazifik (Zentralroute Chicago–San Francisco) wird fertig gestellt.
Ku Klux Klan	1870/1871	Der Kongress verabschiedet Gesetze gegen den *Ku Klux Klan*, einen Geheimbund zur Terrorisierung der schwarzen Bevölkerung im Süden. Bis 1871 sind alle Südstaaten wieder im Kongress vertreten.
	1872	Eine Amnestie gibt ehemaligen Mitkämpfern der Konföderation die politischen Rechte zurück (ausgenommen führenden Persönlichkeiten).
	1873	Eisenbahnspekulation sowie industrielle und landwirtschaftliche Überproduktion verursachen die Panik von 1873 (Beginn der langen Abschwungphase von 1873 bis 1896).
Ende der Black Reconstruction	1877–1881	Rutherford Birchard Hayes (*1822, †1893; Republikaner) wird Präsident. Mit dem Rückzug der letzten Truppen aus dem Süden ist die Phase der sog. *„Black Reconstruction"* zu Ende. Die Weißen haben überall die Oberhand zurückerlangt.

Wirtschaftsrevolution, Reformzeit und Weltpolitik (1881–1918)

	Nach der Beendigung des Konflikts zwischen Norden und Süden macht die Besiedlung des ganzen Landes rasche Fortschritte. Die großen Ebenen des Mittelwestens werden für die Farmwirtschaft erschlossen. Das Ergebnis der Volkszählung von 1890 führt zu der Feststellung, dass eine „wandernde Grenze" nicht
Widerstand der Indianer	mehr existiert. Der *letzte Widerstand der Indianer* wird militärisch *gebrochen* (u.a. Cheyenne-Arapaho-Krieg 1861–1864, Sioux-Kriege 1862–1876, Apachen-Krieg 1871–1886, Massaker von Wounded Knee 1890). Die Überlebenden müssen in oft unfruchtbare Reservate ziehen.
	Der Ausbau des Verkehrssystems (Eisenbahn: Pullman-Schlafwagen 1864, Kühlwagen 1875; elektrische Straßenbahn 1874; Auto vom Fließband: Ford, 1909; kommerzielle Flugzeugproduktion: Gebr. Wright,

1909), Verbesserungen im Kommunikationswesen (z.B. Schreibmaschine 1867, Telefon 1876), technische Neuerungen im Bereich der Industrie (z.B. Nähmaschine 1846-1854, Celluloidproduktion 1872, Glühlampe 1879, elektrische Geräte, Übernahme und Weiterentwicklung europäischer Fabrikationsprozesse) und der Landwirtschaft (z.B. Hartpflug 1868, Fadenbinder 1873, Stacheldraht 1874, Mähdrescher 1881) sowie die verstärkte Nutzung der Bodenschätze (erste Ölbohrung in Pennsylvania 1859, erste Pipeline 1866, Verstärkung des Eisenerz- und Kohleabbaus, der Stahlindustrie u.a.) sind Voraussetzungen für Wirtschaftsrevolution und *Hochindustrialisierung*, die sich besonders im Nordosten vollziehen („Industriegürtel"). *Hochindustrialisierung*

Ausweitung der Binnenmärkte, steigende Produktionsraten, wachsende Kapitalinvestitionen und Zunahme der Arbeitskräfte sind gefolgt von extremen Konzentrationserscheinungen in der Wirtschaft: Kartelle, Trusts und Holdinggesellschaften beherrschen bisweilen ganze Industriezweige (z. B. Rockefellers Standard Oil Company, Carnegie Steel Company, ab 1901 U. S. Steel Corporation, das Bankhaus J. P. Morgan & Co.). Die USA rücken in den *Kreis der führenden Industriestaaten* der Welt auf. *führender Industriestaat*

Gesetze zur Sicherung des freien Wettbewerbs können die wirtschaftliche Konzentration nur begrenzt eindämmen. Gegen soziale Missstände und Korruptionserscheinungen (besonders in den Großstädten) wächst auf vielen Ebenen die Kritik. Arbeiter organisieren sich gegen heftige Widerstände der Unternehmer in Gewerkschaften (u.a. Knights of Labor 1878–1893, American Federation of Labor 1886, Industrial Workers of the World 1905–1925) und Arbeiterparteien (Socialist Labor Party 1874, Social Democratic Party 1897). *Arbeitskonflikte* entladen sich in großen Streiks (u.a. Homestead, Pa., 1892; Pullman Strike 1894; Anthrazitkohlen-Streik 1902). Gegen die Vormachtstellung von Industrie und Finanzwelt opponiert auch die verschuldete Landwirtschaft (Granger-Bewegung seit 1867, Farmers' Alliances 1874/1880, Populist Party 1892). Drittparteien können sich jedoch auf nationaler Ebene nicht durchsetzen. *Soziale Reformpolitik* beginnt in den Einzelstaaten (führend Wisconsin unter Gouverneur Robert M. La Follette seit 1901). In der „Progressiven Bewegung" (1901–1917) werden soziale und politische Reformen gefördert und zum Teil durchgesetzt (z. B. bessere Arbeitsbedingungen, Verbraucherschutz, direkte Demokratie). Schriftsteller üben scharfe Kritik an Korruptionserscheinungen in Wirtschaft und Verwaltung (sog. „Muckrakers", u.a. Lincoln Steffens, „The Shame of the Cities", 1904). In den Präsidentschaftswahlen spielen „progressive" Programme eine wachsende Rolle (1912 Progressive Party). *Arbeitskonflikte*

soziale Reformpolitik

Die *Einwanderung nimmt stark zu* und führt der amerikanischen Wirtschaft billige Arbeitskräfte zu (1861–1870: 2,3 Mio.; 1881–1890: 5,2 Mio.; 1901–1910: 8,8 Mio.). Von den 1890er-Jahren an kommen Auswanderer vor allem aus Ost- und Südeuropa („New Immigration"). Nach dem Bürgerkrieg setzt eine planmäßige Einwanderungswerbung ein, bald aber formieren sich Gegenkräfte, die Beschränkungen für bestimmte Einwanderungsgruppen fordern (Ausschließung von Chinesen 1882, Verbot der Einwanderung von Kontraktarbeitern 1885, Beschränkungen für Japaner ab 1906, Lesetests ab 1917). *verstärkte Einwanderung*

Die Außenpolitik der Vereinigten Staaten ist seit dem späten 19. Jahrhundert durch *überseeische Expansion* gekennzeichnet (1897 erscheint Alfred T. Mahans „The Interest of America in Sea Power"). Wirtschaftliche Interessen, nationalistische Machtpolitik und zivilisatorisches Sendungsbewusstsein („Manifest Destiny") fördern eine Interventionspolitik in Richtung Pazifik und Karibische See („Big Stick"-Politik und „Dollardiplomatie"). Dabei kommt es zu Konflikten mit europäischen Mächten. Die Vereinigten Staaten bemühen sich um schiedsgerichtliche Regelungen. *überseeische Expansion*

1881 Präsident James A. Garfield (*1831, †1881; Republikaner) stirbt ein halbes Jahr nach seiner Amtsübernahme an den Folgen des Attentates eines enttäuschten Postenjägers. Vizepräsident Chester A. Arthur (*1830, †1886) wird Präsident (1881–1885).

1883 Ein Gesetz zur Reform des öffentlichen Dienstes (Pendleton Act) schränkt parteipolitische Ämterpatronage („spoils system") ein.

1885–1889 Mit Grover Cleveland (*1837, †1908) wird erstmals seit dem Jahr 1861 ein Kandidat der Demokratischen Partei Präsident (Nachfolger ist der Republikaner Benjamin Harrison [*1833, †1901] 1889–1893; dann folgt Clevelands zweite Amtsperiode 1893–1897).

1886 Arbeiterunruhen zur Durchsetzung des Achtstundentages in Chicago finden ihren Höhepunkt im *Haymarket-Aufruhr*. Sieben Polizisten und vier Arbeiter werden durch eine Bombe getötet, vier Anarchisten nach einem umstrittenen Gerichtsverfahren hingerichtet. *Haymarket-Aufruhr*

1887 Der Dawes Severalty Act sieht die Auflösung der Indianerstämme als rechtlicher Körperschaften und die Aufteilung von Stammesland in indianisches Privateigentum vor.

1889 Die Samoa-Inseln, auf denen 1878 eine amerikanische Marinestation errichtet worden ist, kommen unter ein Dreimächte-Protektorat (Vereinigte Staaten, Großbritannien, Deutschland); 1889 werden sie aufgeteilt.

Auf einer Konferenz in Washington wird die *Panamerikanische Union* als Büro zum Austauschen von Informationen gegründet. Die beabsichtigte Zollunion wird nicht erreicht. *Panamerikanische Union*

1890 Das *Sherman-Antitrust-Gesetz* verbietet erstmalig Kontrakte, Trusts oder Absprachen zur Einschränkung des zwischenstaatlichen Handels und des Außenhandels, ist aber wegen seiner vagen Formulierungen nur begrenzt anwendbar. Die Zahl der Trusts wächst weiter. Die- *Sherman-Antitrust-Gesetz* se kontrollieren 1904 zwei Fünftel des Industriekapitals in den Vereinigten Staaten. Spätere Gesetze (Elkins Act 1903, Federal Trade Commission Act 1904, Clayton Act 1914) führen den Kampf gegen Preisdiskriminierungen, wirtschaftliche Monopolbildungen und unfaire Wettbewerbsmethoden fort, werden aber oft großzügig gehandhabt.

1890 Der McKinley-Tarif erhöht die Einfuhrzölle auf durchschnittlich 49,5 Prozent und der Dingley-Tarif 1897 auf 57 Prozent (Hochphase des Schutzzolls bis 1909).

1895 Im Konflikt um die Grenze zwischen Venezuela und Britisch-Guayana setzen die Vereinigten Staaten (Hinweis auf Monroe-Doktrin) eine schiedsgerichtliche Regelung durch.

1896 William McKinley (*1843, †1901; Republikaner) siegt in der Präsidentschaftswahl über den Reformpolitiker William Jennings Bryan (*1860, †1925), Kandidat der Demokraten und Populisten. Während seiner Amtszeit (1897–1901) erwerben die Vereinigten Staaten auswärtige Besitzungen. Nach seiner Wiederwahl (1901) wird er von einem Anarchisten ermordet.

kubanischer Aufstand Spanisch-Amerikanischer Krieg

1898 21. April– 10. Dez. Sympathien für *aufständische Kubaner*, die seit 1895 gegen die spanische Kolonialherrschaft kämpfen, die Veröffentlichung des De-Lôme-Briefes (spanische Kritik an McKinley) und die ungeklärte Zerstörung des Linienschiffs „Maine" im Hafen von Havanna führen zur Kriegserklärung der Vereinigten Staaten an Spanien. Im *Spanisch-Amerikanischen Krieg* wird die spanische Flotte in der Bucht von Manila und vor Santiago de Cuba vernichtet. Manila wird mit Hilfe der Filipinos eingenommen, Santiago de Cuba kapituliert, amerikanische Truppen besetzen Puerto Rico.
Im Frieden von Paris wird Kuba Republik. Die Vereinigten Staaten sichern sich durch das Platt Amendment von 1901 Protektoratsrechte und Marinebasen. Spanien tritt Puerto Rico, die Pazifikinsel Guam und die Philippinen (diese für 20 Mio. Dollar Entschädigung) an die Vereinigten Staaten ab. Die Inbesitznahme der *Philippinen* wird von vielen Demokraten und Populisten kritisiert (*Anti-Imperialist League* 1899). Eine antiamerikanische Erhebung auf den Philippinen unter Emilio Aguinaldo wird unterdrückt (Guerillakrieg bis 1902).

Philippinen Anti-Imperialist League Annexion von Hawaii

Während des Krieges werden die *Hawaii-Inseln (Sandwich-Inseln) annektiert*, auf denen 1893 die Monarchie (Königin Liliuokalani) durch eine von amerikanischen Zuckerpflanzern geführte Revolte beseitigt worden ist. Gegen drohende Diskriminierungen im *Chinahandel* fordern die Vereinigten Staaten von Großbritannien, Deutschland, Russland, Frankreich, Italien und Spanien eine „Politik der Offenen Tür". Nach der Strafexpedition gegen die Boxer (1900), an der die USA beteiligt sind, setzt sich Außenminister John Hay (*1838, †1905) für die Integrität Chinas und für gleichberechtigten Handel mit allen Teilen des Landes ein.

Chinahandel

1899/1900

amerikanische Weltpolitik

1901–1909 Unter Präsident Theodore Roosevelt (*1858, †1919; Republikaner) findet die *amerikanische Weltpolitik* ihre Fortsetzung in Schiedsgerichtsbarkeit und Interventionen.

1901 Das Hay-Pauncefote-Abkommen mit Großbritannien sichert den Vereinigten Staaten die Kontrolle über einen mittelamerikanischen Kanal (Widerruf des Clayton-Bulwer-Vertrages von 1850). Als Kolumbien die Verpachtung der benötigten Kanalzone verweigert, proklamiert die Provinz Panama mit schweigender Billigung Roosevelts ihre Unabhängigkeit und willigt in den Kanalbau ein. Unter ungünstigen Arbeitsbedingungen und nicht geringen Konstruktionsschwierigkeiten wird der *Panamakanal* (ab 1904) gebaut und (1914) für die Schifffahrt eröffnet (Gesamtkosten über 365 Mio. Dollar).

Panamakanal

Angesichts europäischer Zwangsmaßnahmen gegen Venezuela (1902) und Interventionsdrohungen gegen die Dominikanische Republik (1903) – beide Staaten sind ihren Schuldenverpflichtungen nicht nachgekommen – nimmt Roosevelt für die *Vereinigten Staaten* das Recht in Anspruch, sich *als Polizeimacht* in lateinamerikanischen Staaten einzumischen und europäische Interventionen zu verhindern (Roosevelt Corollary zur Monroe-Doktrin, widerrufen 1928).

USA als Polizeimacht 1904

1905–1916 Interventionen erfolgen in der Dominikanischen Republik (1905, 1916), Kuba (1906, 1912), Nicaragua (1909, 1912), Mexiko (1914), Haiti (1915).

1905 Roosevelt vermittelt im Russisch-Japanischen Krieg (Friede von Portsmouth) und erhält 1906 dafür den Friedensnobelpreis.

1906 1907 Mit seiner Hilfe kommt die Konferenz von Algeciras (Hafenstadt der südspanischen Provinz Cádiz) zu Stande. Vergeblich bemüht er sich um die Errichtung eines internationalen Gerichtshofes auf der *2. Haager Friedenskonferenz*.

2. Haager Friedenskonferenz

1909–1913 Der von Roosevelt empfohlene republikanische Kandidat William H. Taft (*1857, †1930) wird Präsident, verfolgt aber nicht die von ihm erwartete Reformpolitik im Innern. Es kommt zur Spaltung der Republikanischen Partei bei der Wahl von 1912.

1913–1921 Roosevelt kandidiert gegen Taft. Der Demokrat Woodrow Wilson (*1856, †1924) gewinnt die Wahl und wird Präsident (*Programm „New Freedom"*). William Jennings Bryan wird Secretary of State (1913–1915).

Programm „New Freedom"

1908–1909 Die Vereinigten Staaten schließen Verträge mit 25 Ländern: Streitigkeiten sollen dem *Haager Schiedsgericht* vorgelegt werden (mit Einschränkungen, falls Interessen, Ehre und Unabhängigkeit einer Nation berührt sind).

1913 Bryans „Cooling Off"-Verträge mit 30 Staaten sehen vor, internationale Streitigkeiten einer ständigen Untersuchungskommission vorzulegen und bis zu deren Bericht innerhalb eines Jahres nicht zu den Waffen zu greifen.

1913 Der *16. Verfassungszusatz* erlaubt erstmalig die Erhebung einer Einkommensteuer durch den Bund. Das Federal Reserve Act ermöglicht die Errichtung eines Systems von zwölf durch die Regierung kontrollierten Banken zur Regelung des Währungs- und Kreditwesens (diesbezügliche Schwächen waren in der Panik von 1907 zutage getreten).

Haager Schiedsgericht

16. Verfassungszusatz

Der Erste Weltkrieg: Neutralität und Kriegseintritt

Nach Ausbruch des Ersten Weltkrieges proklamiert Präsident Wilson *Amerikas Neutralität* (4. Aug. 1914) und appelliert an die Nation, „unparteisch sowohl in Gedanken als auch in Taten" zu sein (19. Aug. 1914). In der Folgezeit gelten jedoch die Sympathien der USA stärker Großbritannien und Frankreich, wofür neben engeren kulturellen und wirtschaftlichen Beziehungen sowie einer geschickten britischen Propaganda Anstoß erregende Schritte der deutschen Kriegsführung maßgebend sind: Bruch der belgischen Neutralität (3. Aug. 1914), Versenkung der „Lusitania" mit mindestens 120 Amerikanern an Bord (7. Mai 1915), deutsche Sabotageakte in Amerika (1915/1916), Torpedierung der „Sussex" (24. März 1916), Wiederaufnahme des unbeschränkten U-Boot-Krieges (1. Febr. 1917), Zimmermann-Depesche (veröffentlicht 1. März 1917). Bis April 1917 wachsen die amerikanischen Anleihen an die Alliierten auf 2,3 Mrd. Dollar, diejenigen an die Mittelmächte nur auf 20 Mio. Dollar. Amerikanische Friedenssondierungen und Vermittlungsversuche (u. a. Reisen von Wilsons Vertrautem, Colonel Edward M. House, und Wilsons Friedensnote vom 18. Dez. 1916) bleiben ohne Erfolg. Nachdem der Wahlkampf von 1916 unter der Parole „He kept us out of war" geführt wurde, erfolgt am 3. Febr. 1917 der Abbruch der diplomatischen Beziehungen und am 6. April 1917 die *Kriegserklärung an Deutschland*.

Neutralität Amerikas

Kriegserklärung an Deutschland

1916 Ein Entwicklungsgesetz für die Philippinen (Jones Act) sieht die Unabhängigkeit des Landes für den Zeitpunkt vor, zu dem eine „stabile Regierung" errichtet werden kann. Die Vereinigten Staaten kaufen die Virgin Islands (Jungferninseln, Inselgruppe der Kleinen Antillen) von Dänemark für 25 Mio. Dollar.

1917

18. Mai Ein selektives Wehrpflichtgesetz ermöglicht die Registrierung und Einberufung von Männern im Alter von 21 bis 30 Jahren.

1918 *Wilson* formuliert in *„Vierzehn Punkten"* das amerikanische Friedensprogramm (8. Jan.).

6. Juni Erstmalig beteiligen sich US-Truppen an den Kämpfen auf dem europäischen Festland. Insgesamt werden rund zwei Mio. US-Soldaten nach Frankreich geschickt. General John J. Pershing (*1860, †1948) befehligt die US-Expeditionsstreitmacht. 29 Infanteriedivisionen greifen in die Kämpfe ein. Die Verluste der USA belaufen sich bis Kriegsende auf 112432 Tote und 230074 Verwundete.

6. Okt. Das deutsche Ersuchen um Waffenstillstand auf der Grundlage der Vierzehn Punkte Wilsons führt nach Verhandlungen mit den Alliierten und Regierungsveränderungen in Deutschland am 11. Nov. zum *Waffenstillstand*.

1919
18. Nov. Der in *Versailles* ausgehandelte *Friedensvertrag* trifft in den Vereinigten Staaten vor allem wegen der Sanktionsbestimmungen in der Völkerbundsatzung auf Kritik und wird im Senat mit 53 gegen 38 Stimmen abgelehnt. Während eines öffentlichen Werbefeldzuges für die Ratifizierung des Vertrages ist der körperlich geschwächte Wilson am 25. Sept. 1919 in Puebla, Colorado, zusammengebrochen (†1924).

Wilsons Vierzehn Punkte

Waffenstillstand Versailler Friedensvertrag

Zwischenkriegszeit und Zweiter Weltkrieg (1919–1945)

Die Vereinigten Staaten bleiben dem Völkerbund fern, sind aber durch wirtschaftliche und finanzielle Verflechtungen international gebunden und nehmen aktiv an weltpolitischen Vorgängen teil. Die „Große Depression" beendet 1929 eine Phase relativer Prosperität. Die schwere wirtschaftliche und soziale Krise führt zu einem parteipolitischen Führungswechsel und zu einer neuen Reformära (New Deal), in der die Not langsam behoben werden kann. Zur Zeit der Krisenbewältigungsmaßnahmen im Innern versucht der Kongress durch eine *„isolationistische" Außenpolitik*, Amerika aus Verwicklungen in internationale Konflikte herauszuhalten (Neutralitätsgesetze). Mit wachsenden Gefahren für den Frieden in Europa und im Fernen Osten nehmen die Vereinigten Staaten zunächst zögernd, dann entschlossen Partei gegen die ordnungsstörenden Mächte. Im Zweiten Weltkrieg stellen sie ihr großes wirtschaftliches und militärisches Potenzial für die Bekämpfung der Achsenmächte zur Verfügung und werden zur Führungsmacht der Alliierten im Westen.

isolationistische Außenpolitik

Verhaftungen	1919/1920	Aus Furcht vor kommunistischen Umtrieben veranlasst Justizminister A. Mitchell Palmer (*1872, †1936) umfangreiche *Verhaftungsaktionen* (Palmer Raids). Ausländische Agitatoren werden deportiert. Der Ku Klux Klan, 1915 neu gegründet, findet als fremdenfeindliche und antimodernistische Organisation zahlreiche Anhänger.
Prohibition	1920	Der 18. Verfassungszusatz, der die Herstellung, den Verkauf sowie die Beförderung und Einfuhr alkoholischer Getränke verbietet, tritt in Kraft. Die *Prohibition* ist jedoch nicht voll durchzusetzen und wird 1933 wieder aufgehoben (21. Verfassungszusatz). Der 19. Verfassungszusatz führt das *Frauenstimmrecht* ein (einzelne Staaten waren dem seit 1890 vorausgegangen, das Territorium Wyoming bereits 1869).
Frauenstimmrecht		
	1920/1921	Eine Nachkriegsdepression mit Lohneinbrüchen, Arbeitslosigkeit und Firmenkonkursen wird schnell überwunden. Die Krise der Landwirtschaft hält jedoch an.
	1920–1923	Aus der Präsidentschaftswahl geht der Republikaner Warren G. Harding (*1865, †1923) als Sieger hervor (Wahlparole: „Back to normalcy"). Seine Administration ist durch Korruptionsaffären belastet, in die Kabinettsmitglieder und Behörden verwickelt sind (u.a. geheime Verpachtung staatlicher Ölreserven bei Teapot Dome, Wyoming).
Friedensverträge	1921	Mit Österreich (24. Aug.), dem Deutschen Reich (25. Aug.) und Ungarn (29. Aug.) werden *Friedensverträge* abgeschlossen.
	1922 6. Febr.	Die auf Initiative der Vereinigten Staaten zusammengetretene Washingtoner Konferenz zur Marineabrüstung schließt u.a. mit einer Vereinbarung über das Verhältnis der Kriegsflotten im Pazifik, mit territorialen Besitzstandsgarantien und einem erneuten Bekenntnis zum Prinzip der „Offenen Tür".
	1923–1929	Nach dem Tode Hardings übernimmt Calvin Coolidge (*1872, †1933) das Präsidentenamt. Er siegt auch im Wahlkampf 1925.
Indianer	1924	Alle *Indianer,* die noch keine Bürgerrechte besitzen, werden durch ein Gesetz zu US-Bürgern erklärt (im 19. Jh. war die Zuerkennung der Bürgerrechte an Indianer von individuellem Landbesitz und der Herauslösung aus dem Stammesverband abhängig).
Einwanderung		Ein neues *Einwanderungsgesetz* verschärft die bereits 1921 vorgenommene nationale Quotenregelung: Einwandererhöchstzahlen werden auf der Basis des Zensus von 1890 festgesetzt (zwei Prozent der im jeweiligen Quotenland geborenen US-Amerikaner), d.h. Nord- und Westeuropäer gegenüber Ost- und Südeuropäern bevorzugt (Gesamtgrenze: 164000 jährlich).
Gläubigerstaat	1924/1929	Die USA sind aus dem Krieg als *Gläubigerstaat* hervorgegangen. Sie erwarten Schuldenrückzahlungen von den Alliierten und investieren erneut in Europa. Angesichts der engen außenwirtschaftlichen Beziehungen beteiligen sich die Vereinigten Staaten an den Reparationsregelungen für die Besiegten des Ersten Weltkrieges. Der Dawesplan (Charles Gates Dawes [*1865, †1951] Vizepräsident 1925–1929) sieht jährliche Reparationszahlungen auf der Grundlage der deutschen Leistungsfähigkeit vor, der *Youngplan* (Owen D. Young [*1874, †1962]) setzt die Zahlungsverpflichtungen herab und veknüpft sie mit der alliierten Schuldenrückzahlung. Bis 1931 hat das Deutsche Reich etwa 2,5 Mrd. Dollar Anleihen aus Amerika erhalten (dazu aus anderen Ländern 3,8 Mrd.) und 4,5 Mrd. Dollar an Reparationen bezahlt, während die Alliierten 2,6 Mrd. Dollar Schuldenrückzahlungen an die Vereinigten Staaten geleistet haben.
Youngplan		
	1925	Nicht nur an wirtschaftlicher, sondern auch an außenpolitischer Stabilität in Europa interessiert, üben US-Diplomaten Druck auf europäische Regierungen beim Zustandekommen des Locarno-Vertrages aus.
Kellogg-Briand-Pakt	1926 1928 27. Aug.	Eine Beteiligung am Haager Gerichtshof scheitert an Vorbehalten des Senats, jedoch werden wiederholt amerikanische Richter gewählt. Auf Initiative der USA wird der *Kellogg-Briand-Pakt* (benannt nach dem Außenminister Frank Billings Kellogg und dem französischen Außenminister Aristide Briand) zur Ächtung des Krieges als Instrument der Politik geschlossen (zunächst 15, später 62 Unterzeichnerstaaten).
	1929	Die Präsidentschaft des Republikaners Herbert Hoover (*1874, †1964; 1929–1933), eines Befürworters des „Rugged Individualism" (robuster Individualismus), beginnt in einer Zeit großer Prosperität und wirtschaftspolitischer Selbstsicherheit, mündet jedoch mit dem Zusammenbruch des Aktienmarktes an der New Yorker Börse in die Phase der *Großen Depression* (Einleitung der Weltwirtschaftskrise). Nach überhitzter Wertpapierspekulation fallen die Kurse innerhalb Monatsfrist um 40 Prozent. Es folgen als Kettenreaktion: Vermögens- und Ersparnisverluste, Absatzschwierigkeiten in der Wirtschaft, Verfall der Preise, Konkurse, Arbeitsentlassungen, Rückgang des Volkseinkommens, Rückgang des Steueraufkommens, Sinken des Lebensstandards, Demoralisierung der Bevölkerung. Bis zum Frühjahr 1933 ist die Arbeitslosenziffer auf fast 15 Mio. gewachsen (etwa ein Drittel der zuvor Beschäftigten). Krisenbekämpfungsmaßnahmen der Regierung Hoover (z.B. ei-
Große Depression	25. Okt.	

ne Finanzierungsgesellschaft für den Wiederaufbau und Bankkredite für verschuldete Hausbesitzer) haben keinen durchschlagenden Erfolg.

1931
6. Juli — Das *Hoover-Moratorium* unterbricht internationale Zahlungsverpflichtungen (Reparationen, Schuldentilgungen) für ein Jahr. Danach werden die Zahlungen nicht wieder aufgenommen. — *Hoover-Moratorium*

1932
7. Jan. — Auf die japanische Invasion in der Mandschurei antwortet die amerikanische Regierung mit der sog. Stimson-Doktrin (Henry Lewis Stimson [*1867, †1950] Außenminister): Nichtanerkennen von Verletzungen der Souveränität und Integrität Chinas (vom Völkerbund übernommen).

1933–1945 — Franklin Delano Roosevelt (*1882, †1945; Demokrat, Gouverneur von New York, entfernter Verwandter Theodore Roosevelts) wird nach dem Wahlsieg der Demokraten Präsident (Wiederwahlen 1936, 1940, 1944; einziger amerikanischer Präsident mit mehr als zwei Amtsperioden). Gemäß seinem Wahlversprechen – „a new deal for the American people" – setzt er ein intensives wirtschaftlich-soziales Reformprogramm ins Werk, das das Land aus der Krise herausbringen soll.

Der New Deal

Während der ersten „Hundert Tage" des New Deal verabschiedet der Kongress ein umfassendes *Gesetzgebungswerk* zur Behebung der Not und zum Wiederaufbau (u.a. Gründung des Civilian Conservation Corps, Agricultural Adjustment Art, Errichtung der Tennessee Valley Authority zur Regulierung des Tennessee und seiner Nebenflüsse, National Industrial Recovery Act und Gründung der Public Works Administration). Wichtige Gesetze der Folgezeit sind: Errichtung der Civil Works Administration (1933), Civil Works Emergency Relief Act (1934), Security Exchange Act (1934), National Housing Act (1934). Im sog. Zweiten New Deal (ab 1935) werden vor allem sozialreformerische Maßnahmen beschlossen: National Youth Administration (Teilzeitarbeitsplätze für Studenten), Social Security Act (Arbeitslosen- und Altersversicherung, Versehrtenfürsorge), Wagner Act (Koalitionsrecht für Arbeitnehmer). Um verfassungsrechtliche Einwände gegen New-Deal-Gesetze zu verhindern, versucht Roosevelt 1937, den Supreme Court durch Erweiterung des Richtergremiums gefügig zu machen. Der heftig umstrittene Plan scheitert schließlich am Kongress. Die Auswirkungen der New-Deal-Maßnahmen sind uneinheitlich. Erstmals werden umfassende *sozialstaatliche Reformen* in Amerika durchgesetzt. Die Zahl der Arbeitslosen nimmt ab, schnellt aber 1938 noch einmal auf 9,5 Mio. hinauf. Letzte Auswirkungen der Großen Depression werden von der Kriegswirtschaft aufgefangen.

Gesetzgebungswerk

sozialstaatliche Reformen

1933
19. April
3. Juli — USA geben den Goldstandard auf und distanzieren sich von den Bemühungen der Londoner Wirtschaftskonferenz um internationale Währungsstabilität *(Roosevelts „bombshell message")*. — *Roosevelts „bombshell message"*

4. März — Roosevelt kündigt gegenüber Lateinamerika eine Politik der guten Nachbarschaft an. Dementsprechend werden auf den Konferenzen von Montevideo (1933), Buenos Aires (1936) und Lima (1938) Einmischungen in die inneren Angelegenheiten anderer Staaten abgelehnt und gemeinsame Schritte für den Fall einer Aggression von außen vorgesehen.

16. Nov. — Sechzehn Jahre nach der Oktoberrevolution in Russland *erkennen die Vereinigten Staaten die Sowjetunion offiziell* an. Zwischen Washington und Moskau werden diplomatische Beziehungen aufgenommen. — *Anerkennung der Sowjetunion*

24. März — Der Tydings-McDuffie Act gewährt den Philippinen begrenzte Autonomie und sieht die Unabhängigkeit des Landes für 1946 vor.

1934
13. April — Der Johnson Debt Default Act verbietet Anleihen an Staaten, die ihre Schulden an die Vereinigten Staaten nicht bezahlt haben.

12. Juni — Nach dreizehn Jahren Schutzzollpolitik ermächtigt der Kongress den Präsidenten, eine Senkung von Zöllen durch bilaterale Handelsabkommen auf Meistbegünstigungsbasis zu vereinbaren.

1935
31. Aug. — Während sich ein Senatsausschuss (Nye Committee) mit der Frage befasst, ob der Kriegseintritt der Vereinigten Staaten 1917 auf Einflüsse der Rüstungsindustrie zurückzuführen ist (der Nachweis dafür ist nicht zu erbringen), führen Bemühungen isolationistischer Kreise, Kriegsverwicklungen der Vereinigten Staaten in Zukunft unmöglich zu machen, zur *Neutralitätsgesetzgebung*: Waffenembargo gegenüber Kriegführenden und Reiseverbot für Amerikaner auf Schiffen der Kriegführenden.

Neutralitätsgesetzgebung

1936/1937 — Ein zweites Gesetz (1936) verbietet Anleihen und Kredite an Kriegführende, ein drittes Gesetz (1937) dehnt die Gesetzgebung auf Bürgerkriege aus. Die Maßnahmen finden Anwendung im Äthiopienkrieg und im Spanischen Bürgerkrieg, nicht im Krieg Japans gegen China. Eine 1937 beschlossene „Cash and Carry"-Klausel erlaubt die Abholung von Waren (außer Munition) durch Kriegführende bei Barzahlung, sie entfällt jedoch am 1. Mai 1939.

Quarantäne-Rede 1937 5. Okt. Mit der *Quarantäne-Rede* in Chicago (Angreiferstaaten müßten unter internationale Quarantäne gestellt werden), wendet sich Roosevelt erstmals nachdrücklich gegen Vorstellungen der Isolationisten von einer weltpolitischen Abstinenz Amerikas.

Aufrüstung 1938 Ein *Marineaufrüstungsgesetz* ermöglicht den Aufbau einer „Zwei-Ozean-Flotte"(17. Mai).

15. Nov. Dem Judenpogrom in Deutschland folgt die Rückrufung des amerikanischen Botschafters aus Berlin.

1939 Der Kongress bewilligt 525 Mio. Dollar für Verteidigungszwecke (12. Jan.).

14. April Roosevelt appelliert vergeblich an Hitler und Mussolini, den Frieden in Europa durch Nichtangriffsversprechen zu garantieren.

Kriegsausbruch in Europa 5. Sept. Nach dem *Ausbruch des europäischen Krieges* proklamieren die Vereinigten Staaten die Neutralität (Roosevelt: „...but I cannot ask that every American remain neutral in thought as well"). Gemäß einer Deklaration von Panama vom 3. Okt. sollen in einer 300–1000 Meilen breiten Sicherheitszone um den amerikanischen Kontinent (südl. Kanada) keine Seekriegshandlungen stattfinden. Am 4. Nov. werden die rigorosen Neutralitätsbestimmungen durch die Wiedereinführung der „Cash and Carry"-Klausel (jetzt auch für Waffen und Munition) gemildert. Die folgenden zwei Jahre, in denen Deutschland, Italien und Japan ihre Herrschaftsbereiche in Europa bzw. Ostasien ausdehnen, sind durch eine wachsende Parteinahme Amerikas für die Gegner der Achsenmächte und durch den *Abbau seiner Neutralität*

Abbau der Neutralität der USA gekennzeichnet. 1940 werden die Rüstungsprogramme erheblich verstärkt und überschüssige Kriegsgüter an Großbritannien abgegeben. Am 3. Sept. überlassen die Vereinigten Staaten Großbritannien 50 ältere Zerstörer gegen die Verpachtung von Militärbasen auf Neufundland, den Bermudas, den Bahamas und in Britisch-Guayana. Am 16. Sept. verabschiedet der Kongress die erste Wehrpflichtvorlage Amerikas im Friedenszustand.

Pacht- und Leihgesetz 1941 11. März Das *Pacht- und Leihgesetz* ermächtigt den Präsidenten, Länder, deren Verteidigung für die amerikanische Sicherheit wichtig ist, mit Kriegsmaterial und Versorgungsgütern zu unterstützen. Nach Beginn des Russlandkrieges erhält auch die Sowjetunion Pacht- und Leihhilfe. Bis zum Kriegsende werden für Programme dieser Art über 50 Mrd. Dollar ausgegeben.

9. April/ 7. Juli Die Vereinigten Staaten besetzen Grönland und Island, um eventuellen deutschen Landungen vorzubeugen.

26. Juli Nach der japanischen Besetzung Französisch-Indochinas werden alle japanischen Guthaben in den Vereinigten Staaten eingefroren. Dies bedeutet praktisch ein *Handelsembargo gegen Japan*.

Handelsembargo gegen Japan Atlantik-Charta 14. Aug. Präsident Roosevelt und der britische Premier Winston Churchill verkünden mit der *Atlantik-Charta* gemeinsame Friedensziele: Selbstbestimmungsrecht der Völker, freier Welthandel (unter Berücksichtigung bestehender Verpflichtungen), wirtschaftliche Zusammenarbeit, Errichtung eines allgemeinen Sicherheitssystems, Gewaltverzicht, Entwaffnung der Angreiferstaaten u. a.

11. Sept. Nach Zwischenfällen auf See (amerikanische Patrouillenschiffe warnen britische Schiffe vor deutschen U-Booten, deutscher Torpedoangriff auf den Zerstörer „Greer") gibt Roosevelt der Flotte Schießbefehl gegen in Sicht kommende U-Boote der Achsenmächte in zur Verteidigung wichtigen Seegebieten.

Überfall auf Pearl Harbor Kriegserklärungen an die USA 7. Dez. Beim japanischen *Überfall auf Pearl Harbor* (Hawaii-Inseln) wird die amerikanische Pazifikflotte größtenteils zerstört.

8. Dez. Der Kongress erklärt *Japan* den Krieg.

11. Dez. Deutschland und Italien erklären den *Vereinigten Staaten* den Krieg.

Die USA im Zweiten Weltkrieg

Am 1. Jan. 1942 schließen sich die Vereinigten Staaten, Großbritannien, die Sowjetunion, China und 22

Alliierte Koalition Wendepunkte des Krieges weitere Staaten zur *Alliierten Koalition* zusammen (United Nations Declaration). Während der folgenden dreieinhalb Jahre des Zweiten Weltkrieges übernehmen die USA die Führungsrolle auf dem pazifisch-ostasiatischen und dem atlantisch-westeuropäischen Kriegsschauplatz. *Wendepunkte* und entscheidende Schritte *der westlichen Kriegführung* sind u. a. die Schlacht bei den Midway-Inseln gegen Japan (3.–6. Juni 1942), Landung britischer und US-Truppen in Nordafrika (8. Nov. 1942), Landung auf Sizilien (10. Juli 1943) und Vormarsch in Italien, Invasion in der Normandie (6. Juni 1944), deutsche Kapitulation (8. Mai 1945), Atombombenabwürfe auf Hiroshima und Nagasaki (6./9. Aug. 1945), japanische Kapitulation (14. Aug. 1945). Im Jan. 1944 übernimmt General Dwight D. Eisenhower (*1890, †1969) den Oberbefehl über die alliierten Streitkräfte in Westeuropa. Militärische Fragen und Friedensabsichten

interalliierte Konferenzen werden auf *interalliierten Konferenzen* erörtert (u. a. Teheran, 28. Nov.–1. Dez. 1943; Jalta, 4.–11. Febr.

1945; Potsdam 17. Juli–2. Aug. 1945). Die Verluste der USA belaufen sich insgesamt auf 407000 Tote und 671000 Verwundete. Am 12. April 1945 stirbt Präsident Roosevelt. Vizepräsident Harry S. Truman (*1884, †1972; Demokrat) tritt an seine Stelle.

Die innenpolitische Szene wird durch die *Auswirkungen des Krieges* und durch Maßnahmen zur Mobilisierung der militärischen und wirtschaftlichen Kräfte des Landes bestimmt. Durch den Krieg in Europa steigt die industrielle Produktion bereits 1939 um 20%. Zugleich sinkt die Arbeitslosigkeit um 10%. Infolge der amerikanischen Kriegsbeteiligung expandiert die Wirtschaft rapide. 1944 erreicht die Industrieproduktion 235% des Vorkriegsstandes. Verbrauchsgüter und Lebensmittel werden zunehmend rationiert. Die Preise steigen bis 1945 um 31%. Zahlreiche Behörden werden errichtet, um die liberale Wirtschaftsordnung durch Kontrollen und staatliche Interventionen auf Kriegsbedürfnisse abzustimmen. Arbeitskonflikte werden durch staatliche Schlichtung, durch ein kriegsbedingtes Antistreikgesetz, unter Umständen auch durch Eingreifen des Militärs beendet. Aus Kalifornien, Oregon, Washington und Arizona werden 110000 Amerikaner japanischer Herkunft nach Lagern im Inneren des Landes verbracht. Männer im Alter von 18–38 Jahren unterliegen der Wehrpflicht. – (Forts. S. 1845)

Auswirkungen

Kolonialgeschichte Lateinamerikas

Das spanische Kolonialreich (bis 1806/07)

1492
17. April Unterzeichnung der *Capitulaciones von Santa Fe* durch König Ferdinand von Aragón und Königin Isabella von Kastilien. Darin wird Christoph Kolumbus beauftragt, auf dem westlichen Seeweg Ostasien zu suchen, alle zu entdeckenden Inseln und Festländer des Ozeanischen Meeres (Islas y tierras firmes del mar océano – offizieller Name des späteren Kolonialreichs, auch als Las Indias geläufig) für beide Herrscher in Besitz zu nehmen und Handelsbeziehungen anzuknüpfen. Dafür erhält der Genuese die Finanzierung der Expedition, Gewinnanteile aus dem Handel und die Ernennung zum Admiral, Gouverneur und Vizekönig der zu entdeckenden Gebiete für sich und seine Erben. Die Rechtsform der Capitulación wird zur Rechtsgrundlage späterer Entdeckungs- und Eroberungsunternehmungen, die aber überwiegend privat finanziert werden.

Capitulaciones von Santa Fe

12. Okt. Kolumbus landet auf der von ihm *San Salvador* benannten Insel Guanahani (Bahamainsel) und entdeckt auf der Weiterfahrt Haiti (von den Spaniern La Española genannt), den späteren Ausgangspunkt der spanischen Besiedlung Amerikas.

San Salvador

1493 Zur Unterstützung ihrer Ansprüche auf die entdeckten Gebiete gegenüber Portugal, das diese unter Berufung auf den Vertrag von Alcáçovas von 1479 für sich reklamiert, erwirken die Spanier fünf päpstliche Bullen, die ihnen alle im westlichen Ozean zu entdeckenden Gebiete übertragen. Mit der Bestimmung, dass nach dem Tod der Könige jene Gebiete veräußerlicher Bestandteil der Krone von Kastilien werden, wird die Grundlage für die Rechtsordnung des Kolonialreiches gelegt.

1494
7. Juni Im *Vertrag von Tordesillas* grenzen Portugal und Kastilien ihre Interessensgebiete im Atlantik neu ab. Die Zone jenseits einer 370 Seemeilen westlich der Kapverden von Pol zu Pol angenommenen Linie fällt an Kastilien, das diesseits gelegene Gebiet mit Ausnahme der Kanarischen Inseln an Portugal.

Vertrag von Tordesillas

1495 Die Krone von Kastilien gestattet ihren Untertanen die Ausreise nach Übersee. Damit beginnt die Abkehr vom Konzept der Gründung staatlicher Handelskolonien und der Übergang zur Politik der *Siedlungskolonisation*, der die weitere Landnahme bestimmt.

Siedlungskolonisation

1498 Dritte Reise von Kolumbus: Entdeckung der Orinokomündung und des südamerikanischen Festlandes.

1499/1500 Alonso de Ojeda (*1466/70, †1515) und Amerigo Vespucci (*1454, †1512) erkunden die Nordküste Südamerikas von Guayana bis Venezuela. – Der 1508 von dem deutschen Kartografen Martin Waldseemüller (*1470, †1528?) gemachte Vorschlag zur Benennung des neuen Kontinents „America" nach dem Vornamen Vespuccis wird von späteren Kartografen aufgegriffen. Im Verlauf des 16. Jh.s setzt sich die Bezeichnung zunächst für Südamerika, später allgemein durch.

1502/1503 Auf seiner letzten Reise erkundet Kolumbus die zentralamerikanische Küste.

1503 Gründung der Casa de la Contratación in *Sevilla*. Die Aufgaben dieser Zentralbehörde bestehen in der Organisation und Kontrolle des Schiffs-, Waren- und Personenverkehrs mit

Sevilla

Amerika, der Steuereinziehung und der Auswertung der geografischen Erkenntnisse der Entdeckungsfahrten. Als Ausgangs- und Zielhafen der Überseeschifffahrt erlangt Sevilla eine Monopolstellung im Handel und Verkehr mit Amerika.

1508 Der Papst überträgt der spanischen Krone die Patronatsrechte über die überseeische Kirche.

1509 Vicente Yañez de Pinzón erkundet die südamerikanische Ostküste bis zum Rio de la Plata.

Audiencia von Santo Domingo

1511 *Gründung der Audiencia von Santo Domingo* (Haiti). Diese kollegial organisierte Appellations- und Justizverwaltungsinstanz erlangt in der Kolonialverwaltung große politische Bedeutung, da sie die gesamte Verwaltungsorganisation berät und kontrolliert, Recht setzt und bei Vakanz selbst die Regierungsgeschäfte leitet.

Weitere Audiencia-Gründungen: México (1527), Panamá (1538), Guatemala (1543), Lima (1543), Bogotá (1548), Guadalajara (1548), La Plata de los Charcas (heute Sucre, 1559), Quito (1563), Santiago/Chile (1563, definitiv 1606), Buenos Aires (1661, definitiv 1776), Caracas (1786), Cuzco (1787).

Indianerproblematik

repartimiento

Gesetze von Burgos

1511–1513 Der Dominikaner Montesinos predigt gegen die Behandlung der Indianer durch die Kolonisten und löst damit die Auseinandersetzungen um die *Indianerproblematik* und die Rechtfertigung der Landnahme aus, in deren Verlauf der Dominikanerorden, besonders Bartolomé de Las Casas (*1474, †1566), zum Vorkämpfer des Indianerschutzgedankens wird. Versklavung kriegsgefangener Indianer und Zwangsarbeit durch Zuweisung von Indianerkontingenten an einzelne Siedler *(repartimiento)* gelten den Kolonisten als legitime und wirtschaftlich notwendige Mittel zur Rekrutierung von Arbeitskräften, haben aber Misshandlung und Ausbeutung zur Folge, die in Verbindung mit Epidemien zu einem katastrophalen Bevölkerungsrückgang in ganz Amerika führen. 1512 erfolgt mit den *Gesetzen von Burgos* eine erste Gesamtreglementierung des Zusammenlebens von Indianern und Spaniern. 1513 fixiert das Requerimiento, ein den Indianern vor der Eröffnung von Feindseligkeiten zu verlesender Text, der die Prinzipien des christlichen Glaubens erklärt, den päpstlichen Missionsauftrag an die Könige erwähnt und zur Bekehrung und Unterwerfung auffordert, die Bedingungen des „gerechten Krieges". Die Heidenmission wird nun zum Hauptrechtfertigungsargument für die Landnahme.

1513 Vasco Núñez de Balboa (*1475, †1519) entdeckt den Pazifik.

1515 Juan Díaz de Solís (†1516) erkundet das Rio de la Plata-Gebiet.

1519–1522 Erste Erdumseglung durch den Portugiesen Fernão de Magalhães (span. Magellanes; *wohl um 1480, †1521) und Juan Sebastián Elcano in spanischem Auftrag.

Eroberung Mexikos

1519–1522 Hernán Cortés (*1485, †1547) erobert Mexiko (Neu-Spanien).

1521 13. Aug. Nach der Landung bei Veracruz zieht Cortés ins mexikanische Hochland, gewinnt indianische Verbündete und erobert nach wechselvollen Kämpfen die Hauptstadt des Aztekenreiches Tenochtitlán, die nach einer blutigen Belagerung kapituliert. In der Folge unterwerfen Unterführer von Cortés das Gebiet der Zapoteken und Mixteken im Südwesten und das Taraskenreich im Westen des heutigen Mexiko.

Indienrat

1524 Einrichtung des *Indienrates* (Consejo Real y Supremo de las Indias) als oberste, direkt der Krone unterstellte Verwaltungsbehörde und Rechtsprechungsinstanz für die überseeischen Gebiete. Die überwiegend aus Juristen gebildete Kollegialbehörde bestimmt bis ins 18. Jh. entscheidend die Kolonialpolitik. Mit dem Aufkommen der Staatssekretariate (den Vorläufern der modernen Ministerien, seit 1714) verliert der Indienrat seine politische Bedeutung und entwickelt sich zu einem Beratungs- und Rechtsprechungsorgan zurück, bevor er 1812 aufgelöst wird.

Indianermission

1524 Ankunft der ersten Franziskaner in Neu-Spanien und Beginn der planmäßigen Mission der Eingeborenen des südamerikanischen Festlandes. Neben den Franziskanern erlangen Dominikaner und Jesuiten eine bedeutende Stellung in der *Indianermission*. Neben der Glaubensverbreitung bemühen sich die Orden um die Unterweisung der Indianer in europäischen handwerklichen und landwirtschaftlichen Fertigkeiten und um die Sammlung der geschichtlichen Überlieferung der Eingeborenen.

Welser Venezuela

1527–1545 Das Augsburger Handelshaus der *Welser* erlangt das Privileg zur Kolonisation Venezuelas. Obwohl mehrere von ihnen entsandte Gouverneure, wie Ambrosius Alfinger (†1533), Ambrosius Ehinger (†1537?), Nikolaus Federmann (*1505, †1542?), Georg Hohermuth (†1540) und Philipp von Hutten (*1511, †1546), durch Städtegründungen und die Erkundung Westvenezuelas sowie Ostkolumbiens Nachruhm erwerben, scheitert das Unternehmen. 1545 endet die Präsenz der Welser in Venezuela, die noch bis 1557 mit der Krone um ihre Rechte streiten.

Eroberung Perus

1532 Francisco Pizarro (*1476, †1541) beginnt nach langen Vorbereitungen einen *Zug ins peruanische Hochland* und nimmt den Inkaherrscher Atahualpa (16. Nov.) in Cajamarca gefangen.

1533 Die Inkahauptstadt Cuzco wird besetzt (1534).

1534/1535 Quito und Cuzco (1534), Lima und Guayaquil (1535) werden als spanische Städte gegründet.
1535 Errichtung des *Vizekönigreichs Neu-Spanien* und Beginn des systematischen Ausbaus der überseeischen Territorialverwaltung.
1535–1537 Diego de Almagro (*1478, †1538), Pizarros Partner in dem Eroberungsunternehmen, durchzieht die Hochländer von Bolivien und Nordwestargentinien und gelangt ins nördliche Chile. Zwischenzeitlich schlägt Pizarro die letzte große Indianererhebung in Peru nieder.

Vizekönigreich Neu-Spanien

Die überseeische Territorialverwaltung

Die bis zum Beginn des 17. Jh.s voll entwickelte *Verwaltungsorganisation* gliedert sich in vier voneinander unabhängige Sachgebiete, die Zivil-, Militär-, Justiz- und Finanzverwaltung, an deren Spitze auf Provinzebene nach o. a. Reihenfolge Gouverneure, Generalkapitäne, Präsidenten einer Audiencia und Verwalter königlicher Finanzkassen (Cajas Reales) stehen. Die Vizekönige sind als Stellvertreter des Königs die obersten politischen Autoritäten in ausgedehnten Gebieten, erhalten aber durch Ernennung zum Gouverneur, Generalkapitän und Präsidenten der Audiencia ihres Amtssitzes auch konkrete Verwaltungsbefugnisse im Bereich ihrer Hauptstadtprovinz. Durch unterschiedliche Form der Ämterakkumulation werden die Fachgebiete zumindest teilweise miteinander verknüpft und eine *Hierarchisierung* (in aufsteigender Folge: Gouverneur, Gouverneur und Generalkapitän, Gouverneur, Generalkapitän und Präsident einer Audiencia, Gouverneur, Generalkapitän, Präsident und Vizekönig) der Behördenorganisation erzielt. Die Finanzverwaltung untersteht direkt dem Indienrat und einer lockeren Oberaufsicht der kolonialen Zivilverwaltung. Die Lokalverwaltung liegt in den Händen der Stadträte (Cabildos) der spanischen oder indianischen Munizipien, die der Aufsicht königlicher Beamter (Corregidores, in Mexiko auch Alcaldes Mayores) unterstehen. Höhere Beamte werden meist vom König für befristete, Mitglieder von Kollegialbehörden auf unbefristete Zeit ernannt. Ausführliche Dienstanweisungen reglementierten die Arbeitsweise der stark zentralisierten Kolonialverwaltung.

Verwaltungsorganisation

Hierarchisierung

1535–1537 Erster Versuch zur Kolonisation des Rio de la Plata-Gebietes durch Pedro de Mendoza (*1499, †1537).
1536 Einführung der klassischen Form der *Encomienda*, derzufolge begünstigte Kolonisten von den ihnen zugeteilten Indianern nur noch die der Krone zustehenden Tribute in Geld- oder Naturalienform, aber keine Arbeitsleistungen mehr verlangen dürfen und dafür militärische Präsenzpflicht und für die Bekehrung der Indianer zu sorgen haben. Die ältere Form des Repartimiento wird abgeschafft, hält sich aber in den Randgebieten Hispanoamerikas bis ins 17. Jh. Durch staatliche Reglementierung entwickelt sich die Encomienda zu einem bloßen Renteneinkommen und wird im 18. Jh. schließlich beseitigt.
1538 Nach Rückkehr Diego de Almagros kommt es zum Krieg mit Pizarro, in dessen Verlauf Almagro besiegt und hingerichtet wird.
1542 Erlass der *Neuen Gesetze (Leyes Nuevas),* die neben neuen Dienstvorschriften für den Indienrat und der Einrichtung des *Vizekönigreichs Peru* eine drastische Einschränkung der Verfügungsgewalt der Kolonisten über die Indianer beinhalten. Neben einem generellen *Verbot der Indianersklaverei* wird die Encomienda praktisch abgeschafft. Zudem erfolgt eine genauere Fixierung des Rechtsstatus der Indianer, die als grundsätzlich freie und gleichberechtigte Untertanen der Krone, aber infolge ihres Heidentums und mangelnder Anpassung an europäische Lebensweisen als minderjährig und beschränkt rechtsfähig eingestuft werden.
1543 Beginn des Konvoysystems im Verkehr zwischen Amerika und Spanien. Zum Schutz vor Piraten- und Freibeuterüberfällen müssen Handelsschiffe sich zwei jährlich unter Geleitschutz auslaufenden Flotten anschließen, die Kuba ansteuern, sich dort teilen und Cartagena de Indias (Kolumbien), Porto Belo (Überlandtransport der Waren nach Panamá und weiter per Schiff nach El Callao/Lima) und Veracruz (Mexiko) anlaufen. La Habana ist Sammelpunkt für die gemeinsame Rückfahrt.
1545–1546 Entdeckung der *Silbervorkommen* von Potosí (Bolivien) und Zacatecas (Mexiko), die zusammen mit dem später entdeckten Guanajuato (Mexiko) langfristig die höchsten Erträge bringen. Nachdem bislang das Gold in der Edelmetallgewinnung überwiegt, gewinnt nun die Silberproduktion Übergewicht. Insgesamt stellen die Edelmetalle das bei weitem wichtigste Produkt dar, das Spanien aus seinen Kolonien bezieht.
1544–1548 Rebellion des Gonzalo Pizarro (*1511 oder 1513, †1548) in Peru gegen die Krone. Die Entmachtung der Konquistadoren durch den Ausbau der Territorialverwaltung und besonders die Indianerschutzbestimmungen der Neuen Gesetze rufen allgemein Unruhe unter den Kolonisten hervor und lösen die Erhebung Pizarros aus, die erst nach Rücknahme wesentli-

Encomienda

Leyes Nuevas Vizekönigreich Peru Verbot der Indianersklaverei

Silbervorkommen

cher, die Encomienda betreffender Teile der Leyes Nuevas durch die Krone von Pedro de la Gasca niedergeschlagen werden kann. Aus diesem Spannungsverhältnis zwischen Krone und Eroberern entwickelt sich langsam der Gegensatz zwischen Kreolen und Mutterland, der für die Unabhängigkeitsbewegung im 19. Jh. bedeutsam wird.

1547 Durch Gründung der Erzbistümer Lima und México entstehen eigene Kirchenprovinzen in Hispanoamerika.

indianische Zwangsarbeit ca. 1550–1590 Schrittweise Einführung eines staatlich kontrollierten Systems *indianischer Zwangsarbeit*, das auch Nichtencomenderos den Zugang zur indianischen Arbeitskraft eröffnet. Bezeichnung und Modalitäten des Systems sind regional verschieden (repartimiento, mita, concertaje, cuatequitl etc.). Parallel dazu verfolgt die Krone eine Politik der Rassensegregation, um die Indianer vor Übergriffen der Spanier, Mischlinge und Afro-Amerikaner zu schützen. Seit dem 17. Jh. beginnt sich in einigen Regionen freie Lohnarbeit durchzusetzen, die aber oft in verschiedene Formen der Schuldknechtschaft mündet (peonaje etc.).

Hacienda ca. 1550–1630 Ausbildung der *Hacienda,* des aus staatlichen Landschenkungen, Zukauf und Usurpation entstehenden typisch lateinamerikanischen Agrarbetriebs, der sich durch ausgedehnten Landbesitz, extensive Bewirtschaftung, geringe Produktivität, abhängige Arbeitskraft und Binnenmarktorientierung auszeichnet. Parallel dazu entwickelt sich in geeigneten Regionen die exportorientierte und kapitalintensive Plantagenwirtschaft (Zucker, Kakao etc.).

ca. 1580–1600 Beginn des Festungsbaus in den wichtigsten hispanoamerikanischen Seehäfen zur Abwehr der Piraten- und Freibeuterangriffe. Die Verteidigung des Kolonialreichs obliegt vorwiegend Militztruppen.

Jesuitenmissionen 1610 Gründung der ersten *Jesuitenmissionen in Paraguay*. Schon früher haben Dominikaner (Las Casas) und Franziskaner die an zeitgenössische Utopien anknüpfende Idee, die Indianer durch strenge Isolation von den spanischen Siedlern zu bekehren, zu realisieren gesucht, sind aber meist gescheitert. Die als Jesuitenstaat bezeichneten Missionen von Paraguay werden zum bedeutendsten Versuch dieser Art.

1680 Veröffentlichung der Recopilación de las Leyes de Indias, der Sammlung der spanischen Kolonialgesetzgebung.

ca. 1680–1808 Nachdem sich der Rückgang der Indianerbevölkerung bis zur Mitte des 17. Jh.s fortgesetzt hat, setzt in der zweiten Jahrhunderthälfte ein stetiges Bevölkerungswachstum ein, an dem besonders Indianer und Mischlinge Anteil haben. Von ca. 10 Mio. 1650 wächst die Bevölkerungszahl bis zum Beginn der Unabhängigkeitsbewegung auf nahezu 20 Mio.

Spanischer Erbfolgekrieg 1701–1808 Seit dem Ausbruch des *Spanischen Erbfolgekrieges* (1701–1713/14) wird das koloniale Hispanoamerika mit in die Auseinandersetzungen der europäischen Mächte einbezogen. Spaniens Hauptgegner England versucht mehrfach, sich Teile Hispanoamerikas anzueignen und sich in den spanischen Kolonialhandel einzuschalten. Brennpunkte der Auseinandersetzungen sind die Karibik und später auch das Rio de la Plata-Gebiet. Die Rivalität mit England und der Wunsch, die Überseegebiete verstärkt dem Mutterland nutzbar zu machen, veranlassen Spanien zu einer merkantilistisch beeinflussten Reorientierung seiner Kolonialpolitik. Unter Karl III. (1759–1788) erreicht diese *Reformpolitik* ihren Höhepunkt.

Reformpolitik

1714 Gründung der Compañía de Honduras, der ersten Handelskompanie Spaniens, der ein bestimmtes Gebiet in Übersee zur wirtschaftlichen Nutzung überlassen wird. Weitere Kompaniegründungen folgen. Bedeutsam werden besonders die Compañía Guipuzcoana de Caracas (1728), die mit Venezuela handelt, und die Compañía de la Habana (1740), die das Monopol für den Handel mit kubanischem Tabak erhält. Parallel dazu erfolgt eine Lockerung des Flottensystems durch häufige Erteilung von Verkehrslizenzen an Einzelschiffe im Amerikahandel.

1717 Verlegung der Casa de la Contratación nach Cádiz.

Vizekönigreich Nueva Granada 1717/1739 Das *Vizekönigreich Nueva Granada* (Kolumbien, Ecuador und Panamá) wird zuerst provisorisch (1717), dann (1739) definitiv eingerichtet.

Abschaffung der Encomienda 1718–1721 *Abschaffung der Encomienda* im größten Teil Hispanoamerikas.

Comuneros ca. 1721–1808 Beginnend mit der *Bewegung der Comuneros* von Paraguay, erlebt Hispanoamerika im 18. Jh. eine Reihe von zumeist lokal oder regional eng begrenzten Unruhen und Rebellionen, die von unterschiedlichen sozialen und politischen Kräften getragen werden: in Venezuela (1749–1752), Quito (1765; 1780–1782), als bedeutendste Rebellion der *Tupac-Amarú-Aufstand* (der Anführer des Aufstandes José Gabriel Condorcanqui [*1743, †1781], nach dem Inka-Herrscher Tupac Amarú benannt) in Peru, (1781) die Comunero-Bewegung von Neu-Granada, ferner eine Vielzahl lokaler Indianerrebellionen. Obwohl keine dieser Bewegungen die spanische Herrschaft ernsthaft in Frage stellt, verdeutlichen sie doch eine wachsende Unzufriedenheit mit dem Kolonialregime, die durch die Reformpolitik der Krone genährt wird.

Tupac-Amarú-Aufstand

1747/1751 Die Vizekönige werden zu Superintendentes de Real Hacienda ernannt, wodurch ihnen die Finanzverwaltung unmittelbar unterstellt wird. Etwa gleichzeitig setzen Bemühungen zur Reform der Fiskalverwaltung ein (Übernahme verpachteter Steuern in staatliche Verwaltung), die zu einer Vermehrung des Beamtenapparats und einem Anstieg des Steueraufkommens führen.

1762 Im Siebenjährigen Krieg wird Kuba mit dem strategisch wichtigen Hafen La Habana von Großbritannien erobert.

1763 Zwar erhält Spanien im Frieden von Paris Kuba zurück, doch hat der Fall der Insel die Verwundbarkeit des spanischen Imperiums erwiesen. Spanien forciert daher nunmehr seine *koloniale Reformpolitik*.

koloniale Reformpolitik

1763/1764 Reorganisation von Heer und Verwaltung auf Kuba: Stationierung regulärer Truppen, Aufbau organisierter Milizverbände, Straffung der Heeres- und Finanzverwaltung durch Einführung von Intendanten.

1764/1765 Beginn der Generalvisitation des Vizekönigreiches Neu-Spanien durch José de Gálvez, die von Reformen in der Finanzverwaltung, der Stationierung regulärer Truppen und dem Aufbau eines disziplinierten Milizheeres begleitet wird.

1765 Liberalisierung des Handels- und Schiffsverkehrs zwischen den Antillen und Spanien.

1767/1768 *Vertreibung der Jesuiten* aus dem spanischen Kolonialreich. Die Maßnahme führt zu lokalen Unruhen besonders unter der Indianerbevölkerung.

Vertreibung der Jesuiten

1776–1787 Amtszeit des Indienministers José de Gálvez, auf dessen Betreiben eine tief greifende Veränderung der kolonialen Ordnung erfolgt. Während seiner Amtszeit erreicht die Reformpolitik Spaniens in Übersee ihren Höhepunkt.

1776 Errichtung des *Vizekönigreiches Rio de la Plata*, das auch das Gebiet der Audiencia Charcas umfasst und bis zum Pazifik reicht. Die Maßnahme dient der Abwehr des portugiesischen Vordringens zum Rio de la Plata und ermöglicht den raschen Aufstieg des bis dahin isolierten Buenos Aires. Gleichzeitig erfolgt die Errichtung der Comandancia General de Provincias Internas im nördlichen Mexiko zur Konsolidierung der Nordgrenze des spanischen Kolonialreichs und die Einführung des Intendantensystems in Venezuela.

Vizekönigreich Rio de la Plata

1778 Liberalisierung des Handels- und Schiffsverkehrs zwischen Spanien und Hispanoamerika (in Neu-Spanien erst 1787).

1782–1786 Vermittels zweier umfangreicher Dienstanweisungen wird in ganz Hispanoamerika das *Intendantensystem* eingeführt, das eine Neuordnung der gesamten Verwaltungsorganisation zur Folge hat. Auf der Grundlage der demografischen und wirtschaftlichen Entwicklung wird eine unterschiedliche Zahl von Distrikten (Verwaltungsbezirken von Corregidores oder Alcaldes Mayores) zu einer Intendencia zusammengefasst, an deren Spitze ein alle Verwaltungsbereiche leitender Provinzintendant steht, der dem Vizekönig und einem diesem beigeordneten weit gehend selbstständigen Superintendanten für die Finanz- und Heeresverwaltung unterstellt ist. Die Vizekönige verlieren so einen Großteil ihrer Kompetenzen.

Intendantensystem

1787/1788 Abberufung der Superintendanten und Übertragung des Amtes an die Vizekönige, um innerhalb der Bürokratie aufgetretene Spannungen abzubauen.

1806/1807 Zweimaliger britischer Angriff auf Buenos Aires, der nach Anfangserfolgen von der Bevölkerung zurückgeschlagen wird. – (Forts. S. 1301, 1303, 1310, 1312, 1314, 1317, 1313, 1313, 1314, 1309)

Das portugiesische Kolonialreich (Brasilien) (bis 1815)

1500 22. April Pedro Alvares de Cabral landet nahe des späteren Porto Seguro an Brasiliens Küste. Er nimmt das Land gemäß dem Vertrag von Tordesillas mit Kastilien (1494) für die Krone Portugals in Besitz. Die Erstentdeckung ist umstritten. Sicher ist, dass schon 1500 auch französische Seefahrer nach Brasilien gelangten und später ebenso wie die Portugiesen Stützpunkte (Brasilholzgewinnung) gründen.

1516–1536 Um durch Mobilisierung privater Initiative die *kolonisatorische Erschließung* zu fördern, entwickelt die portugiesische Krone ein System von Landschenkungen (donatárias), das (1532) von König Johann III. allgemein eingeführt wird. Danach wird Brasilien in 50 Meilen breite Küstenstreifen eingeteilt, von deren Endpunkten aus parallele Linien ins Landesinnere als Begrenzung angenommen werden. So entstehen 15 Capitanias-Donatárias, die (bis 1536) an zwölf Empfänger als erbliche Lehen ausgegeben werden. Das System ist ein Fehlschlag.

Förderung der Kolonisation

erste Sklaven aus Afrika	1538	Ankunft der *ersten Sklaven* afrikanischer Herkunft. Die Rekrutierung von Arbeitskraft erfolgt zunächst durch Versklavung der Eingeborenen und später zunehmend durch Sklavenimporte zur Versorgung der (seit 1570) aufblühenden Plantagenwirtschaft (Zuckerrohr).
	1549/1565	Gründung der Städte Bahia (1549), São Paulo (1554) und Rio de Janeiro (1565).
koloniale Zentralregierung	1548/1549	Begründung einer *kolonialen Zentralregierung* mit Sitz in Bahia. Dem Gouverneur (seit 1577 Generalgouverneur genannt) werden alle Kapitanien unterstellt. Zugleich treffen die ersten Jesuiten ein und beginnen die Missionierung der Indianer.
	1551	Errichtung des ersten Bistums in Bahia.
	1555	Villegaignon gründet eine Hugenottenkolonie, die (1567) den Portugiesen weichen muss.
	1570	Mit einem Gesetz über die Freiheit der Eingeborenen versucht die portugiesische Krone die Indianersklaverei einzudämmen. Die Jesuiten treten als Verfechter des Indianerschutzgedankens hervor.
Bandeiras	ca. 1590	Beginn der privatwirtschaftlich und paramilitärisch organisierten *Bandeiras*, der Vorstöße (Entradas) ins Landesinnere, die dem Handel, der Suche nach Edelmetallen und dem Sklavenfang dienen. Berüchtigt wurden vor allem die Paulistaner Bandeirantes, die sich, ähnlich den frankokanadischen Voyageurs, große Verdienste um die Erschließung des Innern erwerben, aber durch Brutalität gegenüber den Eingeborenen hervortreten.
Indienrat *Kolonialverwaltung*	1604	Nach spanischem Vorbild entsteht in Lissabon der kollegial organisierte *Indienrat* (Conselho da India, 1642 umbenannt in Conselho Ultramarino), dem die Verwaltung des gesamten portugiesischen Kolonialreichs obliegt. Die Kolonialverwaltung hat nunmehr folgende Form: Die Zivil-, Militär-, Finanz-, Justiz- und Kirchenverwaltung untersteht dem Indienrat. In Brasilien regiert in Bahia mit ähnlichen Zuständigkeiten der Generalgouverneur, dem ein kollegiales Appellationsgericht (Relação, seit 1588) und für die Fiskalverwaltung ein Provedor Mor zur Seite stehen. In den Kapitanien liegt die Regierungsbefugnis bei Capitãos Mors (Generalkapitänen), während die Lokalverwaltung überwiegend Aufgabe des Stadtregiments ist.
Teilung Brasiliens	1621	*Teilung Brasiliens* in zwei Generalgouvernements, Brasilien und Maranhão (Nordosten/Amazonas). Beide Gebiete erhalten die Bezeichnung Estado und werden damit teilautonome Gebiete der Krone, in denen neben dem portugiesischen ein eigenes Kolonialrecht gilt.
Niederlande	1624–1654	Nach Raubzügen holländischer Seefahrer entlang der brasilianischen Küste intervenieren (seit 1624) die *Niederlande* auf Betreiben der West-Indischen Compagnie mit dem Ziel, Brasilien als Kolonie zu erwerben. Unter Johann Moritz von Nassau (*1604, †1679) erreichen die Niederländer den Höhepunkt ihrer Macht (1637–1644) und kontrollieren den gesamten Nordosten mit der Stadt Recife als Zentrum. Danach gerät die Kolonie gegenüber den Portugiesen in die Defensive und muss (1654) geräumt werden.
Vizekönig	1640/1720	Seit 1640 vereinzelt und endgültig seit 1720 tragen die Generalgouverneure Brasiliens den Titel *Vizekönig*.
	1676	Erhebung des Bistums Bahia zum Erzbistum und Gründung der Suffraganbistümer Recife und Rio.
Colônia do Sacramento	1680	Gründung der *Colônia do Sacramento* (heute Uruguay), wodurch Portugal Zugang zum Rio de la Plata erlangt. Nachdem schon zuvor Überfälle der Bandeirantes auf spanische Missionen zu Konflikten zwischen Portugal und Spanien geführt haben, stoßen beide Mächte nun auch am Rio de la Plata aufeinander. Im 18. Jh. kommt es mehrfach zu militärischen Auseinandersetzungen, die zunächst 1750 im Vertrag von Madrid (13. Jan.) beigelegt werden. Das Abkommen von El Pardo (12. Febr. 1761) bringt die Rückkehr zum Status quo ante, bevor schließlich im Vertrag von San Ildefonso (1. Okt. 1777) eine endgültige territoriale Abgrenzung erfolgt. Danach verzichtet Portugal auf den Zugang zum Rio de la Plata und erhält dafür das heutige Rio Grande do Sul.
Goldfunde	1698/1699	Erste bedeutende *Goldfunde* in Minas Gerais, denen bald weitere Funde in Matto Grosso und Goias folgen. Die Ausbeutung der Vorkommen führt zur Erschließung des Küstenhinterlandes im südwestlichen Brasilien. Einwanderung und Sklavenimporte aus Afrika steigen rasch an. Neue Städte werden gegründet. Das wirtschaftliche, politische und demografische Schwergewicht der Kolonie verlagert sich nach Süden. Deutlich wird dies in der Verlegung der Hauptstadt nach Rio de Janeiro (1763). Die auf Zuckergewinnung spezialisierte Plantagenwirtschaft des Nordostens verliert an Bedeutung.
Reformpolitik	1750–1777	*Reformpolitik* des aufgeklärten Absolutismus unter König Joseph I. Emanuel (*1714, †1777) und seinem Minister Marquis von Pombal (Sebastião José de Carvalho e Melo, *1699, †1782). Durch die Zentralisierung der Verwaltung (u.a. Rückgliederung der letzten Donatárias), den Ausbau des Militärwesens und die Gründung von Handelskompanien versucht Pombal die staatliche Kontrolle über die Kolonie zu verstärken. Ein königliches De-

kret, welches die Freiheit und rechtliche Gleichstellung der Eingeborenen verkündet, soll die Integration der Indianer fördern (1758). Im Zuge dieser Politik erfolgt (1759) die Vertreibung der Jesuiten. Gleichzeitig lassen sich im kulturellen Bereich die ersten Zeugnisse eines brasilianischen Nationalgedankens finden.

1789 In den Bergbaudistrikten von Minas kommt es zu einer erfolglosen Erhebung gegen die portugiesische Herrschaft.

1808 Auf der Flucht vor den Truppen Kaiser Napoleons landet die portugiesische Königsfamilie in Brasilien.

1815 *Brasilien* erlangt den Status eines *Königreichs* und damit die rechtliche Gleichstellung mit dem Mutterland. – (Forts. S. 1301, 1315) — *Königreich Brasilien*

Die übrigen Kolonien Mittel- und Südamerikas vor 1945

Britisch-Westindien

Jamaika

1494 5. Mai Die wichtigste westindische Besitzung Großbritanniens ist die von Christoph Kolumbus auf seiner zweiten Reise entdeckte Insel Jamaika, die er Santiago nennt.

1655 *Jamaika* wird von den Engländern *erobert*. — *Eroberung Jamaikas*

1670 Förmliche Abtretung an die englische Krone; die etwa 3000 Spanier werden vertrieben; Jamaika wird Stützpunkt englischer Piraten sowie Umschlagplatz für die wirtschaftlich wichtigen Sklaven afrikanischer Herkunft.

18. Jh. Entwicklung der *Plantagenwirtschaft* (Zuckerrohr, Kakao, Kaffee), die nach Aufhebung der Sklaverei (1838) schwere Rückschläge erleidet. — *Plantagenwirtschaft*

1866 Jamaika wird Kronkolonie.

1944 Erste jamaikanische Verfassung. Der Verwaltung von Jamaika unterstehen die Cayman- sowie die Turks- und Caicos-Inseln.– (Forts. S. 1885)

Übrige Inseln

1802 27. März Zu Britisch-Westindien gehören ferner das von den Briten (1797) eroberte Trinidad, das endgültig von Spanien im Frieden von Amiens abgetreten wird, und Tobago (seit 1814).

1888 *Vereinigung* der beiden Inseln in einer *Kronkolonie*. — *Vereinigung zur Kronkolonie*
Weitere britische Besitzungen sind die Bahamainseln (seit dem 17. Jh.), die Leeward-Inseln (Inseln vor dem Winde) von den Jungferninseln (Virgin Islands) bis Montserrat und die Windward-Inseln von Dominica bis Grenada (seit dem 17. bzw. 18. Jh.) sowie Barbados (seit dem 17. Jh.). – (Forts. S. 1880, 1881, 1891, 1892, 1893)

Britisch-Honduras

17. Jh. Die Engländer lassen sich an der Küste (Golf von Honduras) nieder, um die reichen Holzbestände des Landes wirtschaftlich auszubeuten. Spanische Versuche, dies zu vereiteln, schlagen fehl.

1763 10. Febr. Im Frieden von Paris (Beendigung des French and Indian War Großbritanniens gegen Frankreich und Spanien) erkennt Spanien den britischen Besitzstand an.

1859 30. April Guatemala bestätigt den britischen Besitzstand, als Gegenleistung wird der Bau von Verkehrsverbindungen zwischen Guatemala und Britisch-Honduras vereinbart. Als dies von den Briten nicht durchgeführt wird, leitet Guatemala das Recht zur Annullierung des Vertrages ab und stellt Besitzansprüche auf Britisch-Honduras.

1862 Die britische Besitzung erhält den *Status einer Kolonie*. — *Status einer Kolonie*

1870 Umwandlung zur Kronkolonie, die allerdings nach wie vor von Jamaika verwaltet wird.

1884 Britisch-Honduras erhält einen eigenen Gouverneur. – (Forts. S. 1870)

Französisch-Westindien

Die Inseln Guadeloupe und Martinique, die im 17. und 18. Jh. von Franzosen und Briten umkämpft werden, gehören seit 1816 endgültig zu Frankreich. 1848 wird die *Sklaverei aufgehoben*. Zu Französisch-Westindien zählen ferner die Antilleninseln La Désirade, La Petite-Terre, Les Saintes, Marie-Galante und das nördliche Saint-Martin. – (Forts. S. 1880) — *Aufhebung der Sklaverei*

Niederländisch-Westindien

Von den Inseln unter dem Winde kommen Curaçao (1634), Aruba (1636) und Bonaire (1642) in den Besitz der Holländisch-Westindischen Kompanie, von den Inseln über dem Winde Sint Maarten (1631), Sint Eustatius und Saba (1636). Bis zum Beginn des 19. Jh.s werden die Inseln von Niederländern, Franzosen und Briten umkämpft und wechseln häufig den Besitzer oder werden geteilt, wie Sint Maarten, dessen nördlicher Teil (Saint-Martin) seit 1648 zu Frankreich gehört. 1791 werden Curaçao, Aruba und Bonaire direkter Regierungskontrolle unterstellt. – (Forts. S. 1880)

Dänisch- und Schwedisch-Westindien

Im 17. Jh. sind die Jungferninseln Schlupfwinkel der Seeräuber, und ihr Besitz ist zwischen den europäischen Seemächten umstritten. 1671 besetzt Dänemark St. Thomas und 1683 St. John. 1733 verkauft Frankreich der Dänisch-Westindischen Kompanie St. Croix. Die Inseln, auf denen vor allem Zuckerrohr angebaut wird, werden 1755 dänische Kolonien. Ende des 17. Jh.s erwirbt Kurbrandenburg Faktoreirechte auf St. Thomas, zieht sich aber am Anfang des 18. Jh.s wieder zurück. 1917 wird *Dänisch-Westindien* für 100 Mio. Kronen an die USA *verkauft*.

Verkauf Dänisch-Westindiens

1784 erwirbt Schweden von Frankreich die Insel St. Barthélemy, wo der Freihafen Gustavia ein wichtiger Handelsplatz wird. 1847 wird die Sklaverei aufgehoben. Im August 1877 kauft Frankreich die Insel von Schweden wieder zurück. – (Forts. S. 1880)

Guayana

1499 entdeckt Alonso de Hojeda (Ojeda; *1466?, †1515) die Küste von Guayana. In dem von Spaniern und Portugiesen vernachlässigten Gebiet siedeln seit Ende des 16. Jh.s Niederländer, Anfang des 17. Jh.s ergreifen die Franzosen Besitz von der Insel Cayenne (endgültig 1653), und Mitte des 17. Jh.s setzen sich die Briten am unteren Suriname fest. Im Frieden von Breda (31. Juli 1667) tauscht Großbritannien Surinam für das niederländische Neu-Amsterdam (New York) ein (bestätigt im Frieden von Westminster, 19. Febr. 1674). Nach den Napoleonischen Kriegen wird der Kolonialbesitz Frankreichs, Großbritanniens und der Niederlande endgültig festgelegt. Die Grenzen zwischen Venezuela und Britisch-Guayana bestimmt 1899 ein französischer Schiedsspruch, die zu Brasilien ein italienischer und die zwischen Französisch-Guayana und Brasilien ein schweizerischer Schiedsspruch. In *Britisch-Guayana* wird 1834 die Sklaverei aufgehoben. Seit der Verfassung von 1892 entwickelt sich das Land zu einer Kolonie mit beschränkter Selbstverwaltung im Rahmen des British Commonwealth.

Britisch-Guayana

Niederländisch-Guayana
Französisch-Guayana

In *Niederländisch-Guayana* wird 1863 die Sklaverei abgeschafft. 1866 erhält das Land eine begrenzte Selbstverwaltung.

In *Französisch-Guayana* wird die Sklaverei 1848 beendet. Seit 1852 ist das Land Sträflingskolonie (u. a. Île du Diable = Teufelsinsel). 1938 werden die Deportationen eingestellt und 1945 die Sträflinge in das Mutterland zurückgebracht. – (Forts. S. 1880, 1899, 1900)

Falklandinseln

Die unbesiedelten Inseln werden mehrfach, zuerst 1592 von John Davis (*um 1550, †1605), entdeckt und wieder vergessen. Französische Seefahrer aus St. Malo geben ihnen den Namen Îles Malouines (spanisch: *Islas Malvinas*). 1690 werden sie nach dem damaligen Schatzmeister der britischen Marine, Lucius Carey Lord Falkland, benannt. 1764 lassen sich Franzosen auf Ost-Falkland und 1765 Briten auf West-Falkland nieder; sie müssen die Inseln (Ost-Falkland 1767 und West-Falkland 1770) auf spanischen Druck räumen, was fast zum Krieg zwischen Spanien und Großbritannien führt. Durch die Londoner Vereinbarung (22. Jan. 1771) fallen die Inseln 1774 endgültig wieder an Spanien. Seit 1811 beansprucht Argentinien die Falklandinseln, die 1833 erneut von Großbritannien besetzt und 1843 zur *Kronkolonie* erklärt werden. – (Forts. S. 1880)

Islas Malvinas

Kronkolonie

Die selbstständigen Staaten Lateinamerikas vor 1945
(Forts. v. S. 1297, 1299)

Am Anfang des 19. Jh.s erkämpft sich Lateinamerika seine *politische Unabhängigkeit*, doch ist damit keine sozioökonomische Revolution verbunden. Zusammen mit der weiterhin dominierenden spanisch-portugiesischen Kultur und Zivilisation bleiben auch die bisherigen Grundlagen von Herrschaft und Gesellschaft – Zentralismus, Hierarchie und autoritäres Regime – erhalten, deren Repräsentanten nach der Vertreibung der Spanier nun vor allem die Kreolen (Bezeichnung für alle in Amerika Geborenen mit europäischen Eltern) sind, welche sich als eigentliche Träger der Unabhängigkeitsbewegung betrachten und die gesamte politische und wirtschaftliche Macht für sich beanspruchen. Für den größten Teil der Bewohner Lateinamerikas, der überwiegend aus Indianern, Afro-Amerikanern und Mischlingen (Mestizen, Mulatten, Zambos) besteht, bedeutet die Unabhängigkeit keine Emanzipation. Sie stehen dem politischen Leben gleichgültig bis abweisend gegenüber bzw. sind z. T. von ihm ausgeschlossen. Im allgemeinen gelingt es nicht, soziale Unterschiede und rassistische Vorurteile zu überwinden, sodass sich in den meisten lateinamerikanischen Staaten *keine staatstragende Bevölkerung* entwickelt. Vielfach leben Indianer während des 19. Jh.s (Mexiko, Mittelamerika, Andenstaaten, Chaco und Patagonien) und im 20. Jh. (besonders Brasilien) weiter in Stammesgemeinschaften mit ihren z. T. präkolumbischen Kulturen. Die Negersklaverei wird in Hispanoamerika nach der Unabhängigkeit (meist schrittweise) zwar aufgehoben, besteht in Brasilien aber noch bis 1888. Von den Mischlingen gelingt es vereinzelt Mestizen (vor allem in Mittelamerika und einigen Andenstaaten), über das Heer, das sich als einzige Institution weit gehend der Kontrolle der kreolischen Oligarchie entzieht und zunehmend zur „school of presidents" wird, zu politischem Einfluss und höchsten Staatsämtern zu gelangen.

Wo stabile Zentralregierungen fehlen, beherrschen im 19. Jh. häufig Provinzcaudillos – meist Großgrundbesitzer mit autoritärer Gewalt – mit dem *System der hacienda* das öffentliche Leben. Die hacienda, ein autarker Verband auf lokaler Ebene, bildet um die Familie des Besitzers (hacendado) eine fest gefügte Gemeinschaft; der hacendado übt durch seine engsten Mitarbeiter praktisch Regierungsbefugnisse aus (Rechtsprechung, Verwaltung, Abgaben, Monopolisierung des Handels u. a.). Die oft miteinander verwandten hacendados kontrollieren weite Landstriche und die in ihren Gebieten liegenden Städte (einschließlich deren Behörden). Das Prinzip der Selbstverteidigung, entstanden in den Zeiten der Indianerkriege und Unabhängigkeitskämpfe, wenden die hacendados zur Durchsetzung eigener Interessen oft politisch und militärisch gegen die Zentralregierung an. In zahlreichen lateinamerikanischen Staaten (Mexiko, Zentralamerika, Kolumbien, Argentinien, Brasilien) wird die innere Entwicklung im 19. Jh. durch Konflikte zwischen der Zentralregierung und partikularistischen Lokalgewalten entscheidend gehemmt. Die zentralen Regierungen, deren Mitglieder oft einflussreichen Oligarchien entstammen, haben den regionalen Gewalten Rechnung zu tragen, es sei denn, sie wählen, wie so häufig, die Diktatur.

Die wesentliche Grundlage der lateinamerikanischen *Diktatur* ist die jeweilige nationale Armee, die, als Institution weniger dem Partikularismus verhaftet, dann die staatliche Macht ergreift, wenn die Staatsregierung nicht allgemein als solche anerkannt wird. Politik und Parteien sind nicht an theoretische oder ideologische Programme, sondern zuerst an die Person, den Caudillo, gebunden. Begriffe wie Liberalismus, Konservativismus, Demokratie, Konstitutionalismus, Sozialismus und auch Kommunismus haben nur dann Durchschlagskraft, wenn hinter ihnen die Macht und das Charisma eines *Caudillo* stehen. Der Präsident (d.h. Caudillo) beherrscht daher Legislative, Exekutive und Judikative; er steht nicht unter der Verfassung, sondern regiert in ihrem Namen. Das Aufkommen *politischer Parteien* im 19. Jh., von denen die Liberalen aus den Freimaurerlogen entstehen und die Konservativen sich an die katholische Kirche anlehnen, sowie die vielen Verfassungen sind daher kein Gradmesser für die politische Reife der lateinamerikanischen Nationen; Wahlen dienen in der Regel nur dazu, die Herrschaft eines Präsidenten zu legitimieren. An dieser Handhabung der Macht hat sich bis zur Gegenwart – von Ausnahmen und Modifikationen abgesehen – nichts geändert, und das politische Leben ist auch im 20. Jh. gekennzeichnet von der Auseinandersetzung zwischen dem parlamentarisch-demokratischen System und den autoritären Regierungsformen. Die klassischen Gruppierungen von Liberalen und Konservativen verlieren vielfach ihre ursprüngliche Bedeutung, und es bilden sich neue Parteien um einzelne politische Persönlichkeiten, die zusammen mit Gewerkschaften und regionalen Interessenverbänden wechselnde Bündnisse eingehen, um meist kurzfristige und eng begrenzte Forderungen durchzusetzen, wobei sie sich häufig wieder der autoritären Regierungsform bedienen, da man von ihr eine innenpolitische Festigung erhofft.

Das *Militär* bildet dabei nach wie vor die stärkste innere Macht, von deren Entscheidung für oder gegen eine Regierung oder ein politisches Programm deren Fortbestand und Erfolg abhängen, und oft übernimmt eine Militärjunta selbst die Regierungsgewalt, um innere Auseinandersetzungen wenigstens vorübergehend zu beenden.

Kirche — Die *Kirche*, während der Kolonialzeit von zentraler Bedeutung, büßt ihren überragenden Einfluss im staatlichen Leben während des 19. Jh.s vielfach ein. Der hohe Klerus steht der Unabhängigkeitsbewegung meist ablehnend gegenüber, während die niedere Geistlichkeit sich ihr sehr oft anschließt. Die spanische Krone als Schützerin des Glaubens hat die Privilegien der Kirche garantiert, was zur Konfrontation mit den neuen Regierungen führt, als diese für sich die bisher von der Kirche wahrgenommenen Rechte beanspruchen. Die Kirche verliert in den meisten Staaten Grund und Boden, die Kontrolle über das Erziehungswesen, über Literatur und Presse, über Eheschließung (Zivilehe gesetzlich) und über die öffentliche Wohlfahrt. Jedoch ist der „Antiklerikalismus" nicht identisch mit Glaubens- oder Religionsfeindlichkeit; als religiöse Institution bleibt die katholische Kirche – wenn auch vielfach an den Rand des staatlichen und politischen Lebens gedrängt – von der Bevölkerung anerkannt.

Wirtschaft — *Wirtschaftlich* setzt um die Mitte des 19. Jh.s infolge der industriellen Expansion in Europa und der steigenden Nachfrage nach Rohstoffen eine tief greifende Wandlung ein: Die Bedeutung der hacienda als autarker Wirtschaftsform tritt zurück. Die lateinamerikanischen Länder fördern die Anbaukulturen, die den größten Absatz versprechen, sehr oft zum Nachteil für die wirtschaftliche Struktur (Monokulturen, Rückgang anderer Wirtschaftszweige, vor allem des Gewerbes) und für das soziale Gefüge (relativ hohe Löhne in Gebieten, deren Anbauprodukte exportbegünstigt sind, Abwanderung von Arbeitskräften, Verelendung der in den nicht gefragten Wirtschaftsbereichen Beschäftigten). Der technische Fortschritt Lateinamerikas (Bau von Eisenbahnen und Häfen, Schifffahrt, Mechanisierung einzelner Wirtschaftssektoren) wird ebenfalls von den Gesetzen des Außenhandels bestimmt und berücksichtigt weniger die planmäßige Erschließung der abgelegenen oder wirtschaftlich wenig begünstigten Gebiete. So entsteht im 20. Jh. die für Lateinamerika charakteristische ungleichmäßige Verbindung der regionalen Wirtschaftsbereiche innerhalb der einzelnen Länder wie der Staaten untereinander. Die leistungsstarken Produktionsstätten und die hochentwickelten Wirtschaftsbereiche hängen meist von ausländischem Kapital ab oder sind Eigentum europäischer bzw. nordamerikanischer Firmen.

Landwirtschaft — Die *Landwirtschaft* hält mit der modernen Wirtschaftsentwicklung nicht Schritt, da die auf die Kolonialzeit zurückgehende Agrarstruktur vorherrscht: Nach Betriebszahl überwiegt der Kleinbesitz, nach Betriebsfläche die Latifundien, von denen meist die exportorientierten Agrarprodukte stammen.

Bereits im 19. Jh. zeigen sich die einheimischen Arbeitskräfte den neuen Wirtschaftsanforderungen nicht gewachsen.

europäische Einwanderer — Die Regierungen bemühen sich daher um *Einwanderer aus Europa*, dessen Menschenüberschuss in Amerika neue Existenzmöglichkeiten sucht (Beginn der Masseneinwanderung ab 1870). Man erhofft das Sesshaftwerden der Einwanderer in der Landwirtschaft; doch da in der Regel Großgrundbesitz vorherrscht, ziehen die Neuankömmlinge in die Städte, wo sie bessere Chancen für sich erwarten und durch ihre Arbeit in Gewerbe und Industrie zur Entstehung einer Mittelklasse beitragen, die in der ersten Hälfte des 20. Jh.s an politischem Einfluss gewinnt und sich zunehmend dem Lebensstil der Oberschicht anzugleichen vermag. In den wirtschaftlich begünstigten Regionen und industriellen Kernräumen bildet sich nach und nach ein gehobener Arbeiterstand heraus, der relativ gut entlohnt wird und durch Sozialgesetzgebung geschützt ist. Der Großteil der ländlichen Bevölkerung (Landarbeiter, Kleinbauern u.a.) lebt ausgeschlossen vom marktwirtschaftlichen Geschehen und hat kaum Anteil an sozialer und politischer Gleichberechtigung. Aus den vernachlässigten Gebieten wandern jährlich über eine Mio. Menschen in die Städte ab (Landflucht, Verstädterung), die oft überdimensional anwachsen (1938 leben in Buenos Aires und Rosario ein Viertel der Bewohner Argentiniens, und ein Drittel der uruguayischen Bevölkerung konzentriert sich in Montevideo). Nur ein geringer Prozentsatz der städtischen Zuwanderer findet angemessene Erwerbsmöglichkeiten. Die meisten vergrößern lediglich das Heer der Arbeitslosen und unterbeschäftigten Arbeitskräfte.

Verproletarisierung — Verschärft wird das Problem der *Verproletarisierung* breiter Massen in Lateinamerika durch den niedrigen Bildungsstand (1938 noch über 50% Analphabeten), unzureichende berufliche Ausbildung, Abwanderung qualifizierter Fachkräfte in besser zahlende Staaten (vor allem USA), hohes Bevölkerungswachstum (2–3% jährlich) sowie schließlich durch die ethnische Heterogenität, wobei ethnische und soziale Diskriminierung sich oft gegenseitig bedingen.

Um 1825 beträgt die Gesamtbevölkerung Lateinamerikas etwa 23 Millionen Menschen. Davon entfallen auf Mexiko, Mittelamerika und Westindien elf Millionen: 18% Weiße, 41% Indianer, 17% Schwarze und 24% Mischlinge (in Mexiko und Mittelamerika überwiegend Mestizen, in Westindien hauptsächlich Mulatten). Auf Südamerika entfallen zwölf Millionen: 20% Weiße, 31% Indianer, 18% Schwarze und 31% Mischlinge (in Brasilien vor allem Mulatten).

Um 1940 beträgt die Gesamtbevölkerung Lateinamerikas etwa 130 Millionen Menschen. Davon entfallen auf Mexiko, Mittelamerika und Westindien 41 Millionen: 25% Weiße, 15% Indianer, 12% Schwarze und 48% Mischlinge. Auf Südamerika entfallen 89 Millionen: 50% Weiße, 8% Indianer, 7% Schwarze und 35% Mischlinge.

Außenhandel — Der *Aufschwung des Außenhandels* der lateinamerikanischen Staaten ist ohne den wachsenden Zustrom europäischen und (besonders seit Ende des 19. Jh.s) nordamerikanischen Kapitals nicht denkbar, welches durch seine Investitionen große Bereiche des Wirtschaftslebens und der öffentlichen Dienstleistungen kontrolliert. Zu der Abhängigkeit von Monopolen tritt die sog. „dependencia" (Abhängigkeit) vom internationalen Kapital hinzu, wobei sich die Weltwirtschaftskrisen der Jahre 1857, 1890 und 1929 auf Lateinamerika besonders nachteilig auswirken. Mit dem wirtschaftlichen Einfluss des Auslands ist die *politische Bevormundung* verbunden. Investitionen und Anleihen werden gewährt, um die Staatsgewalt zu konsolidieren, die den ausländischen Interessen den nötigen Schutz garantiert. Je nach Bedarf setzen die europäischen Großmächte und die USA Handel, Diplomatie und Politik – bis zu militärischer Intervention – zur Sicherung ihrer Positionen ein. Dominierend sind im 19. Jh. Großbritannien und Frankreich, denen am Ende des Jh.s in den USA eine ernste Konkurrenz erwächst. Von ihren eigenwilligen Interpretationen der Monroe-Doktrin (nach dem US-Präsidenten James Monroe benannte Doktrin von 1823) über die gewaltsame Erweiterung ihres Staatsgebiets und die „big-stick-policy" Theodore Roosevelts (1904: Erweiterung der Monroe-Doktrin durch einen Zusatz, wonach sich die USA als „internationale Polizeimacht" jederzeit in die inneren Angelegenheiten der lateinamerikanischen Staaten einmischen dürfen, wenn „eine fremde Aggression zum Schaden der gesamten amerikanischen Nationen" dazu Anlass gibt) bis zur Dollardiplomatie im Rahmen der panamerikanischen Zusammenarbeit bauen die USA, gestützt auf ihre wirtschaftliche und militärische Macht, ihre beherrschende Stellung auf dem amerikanischen Kontinent immer weiter aus.

politische Bevormundung

Die panamerikanische Bewegung

Bereits Simón Bolívar vertritt den panamerikanischen Gedanken, als er nach der Unabhängigkeit auch den Zusammenschluss der amerikanischen Staaten einleiten will. Mit dem von ihm 1826 in Panamá einberufenen ersten amerikanischen Kongress beginnt die erste oder *hispanoamerikanische Phase* (1826–1889) der panamerikanischen Bewegung. Ende des 19. Jh.s wird die panamerikanische Idee neu belebt. Die Initiative geht nun von den USA als amerikanischer Hegemonialmacht aus, die 1889 die erste panamerikanische Konferenz nach Washington einberufen und damit die zweite oder *gesamtamerikanische Phase* (1889–1948) der panamerikanischen Bewegung eröffnen.

hispanoamerikanische Phase gesamtamerikanische Phase

Mit dem „Wirtschaftsbüro der Amerikanischen Republiken" (Commercial Bureau of the American Republics), das am 14. April 1890 (seit 1930 „Pan American Day") als ständiges Sekretariat errichtet wird, ist die „Union der Amerikanischen Republiken" (bis 1910 „Internationale Union der Amerikanischen Republiken") ständig in Washington vertreten. 1902 wird das Sekretariat in „Internationales Bureau der Amerikanischen Republiken" und 1910 in „Panamerikanische Union" umbenannt. 1902 wird ein Exekutivrat (Governing Board) geschaffen, dem alle in Washington akkreditierten Vertreter der lateinamerikanischen Staaten angehören und dessen Vorsitzender der jeweilige Außenminister der USA ist. Die Zusammenarbeit der amerikanischen Staaten beschränkt sich zunächst auf Handels-, Verkehrs- und Rechtsfragen, bei denen die Beilegung und Schlichtung interamerikanischer Streitigkeiten eine erhebliche Rolle spielen. Seit 1936 tritt die politische Zusammenarbeit immer stärker in den Vordergrund, die ihren Höhepunkt 1948 mit der *Gründung der OAS* (Organization of American States) erreicht, mit welcher die dritte oder *militärpolitische Phase* der panamerikanischen Bewegung einsetzt.

Gründung der OAS militärpolitische Phase

Mitglieder der „Union der Amerikanischen Republiken" sind (außer Kanada) alle selbstständigen Staaten der westlichen Hemisphäre, d.h. die USA und die 20 lateinamerikanischen Republiken. Kuba und Panamá, die erst am Anfang des 20. Jh.s ihre Unabhängigkeit erlangen, nehmen zum ersten Mal 1906 an der 3. Internationalen Konferenz teil. Seit 1889 sind die USA in der panamerikanischen Bewegung dominierend, woran auch gelegentliche, mehr symbolische Modifikationen (so steht der jeweilige US-Außenminister bis 1923 de jure und ex officio dem Exekutivrat vor, seitdem nur de facto) nichts ändern.

Mexiko (1810–1945/46)

(Forts. v. S. 1297)

1810 16. Sept.	Unter der Führung des Priesters Miguel Hidalgo y Costilla (*1753, †1811) beginnt in Zentralmexiko ein *Indianeraufstand* gegen die spanische Herrschaft, der im folgenden Jahr gemeinsam von Spaniern und Kreolen niedergeschlagen wird (Hidalgo hingerichtet).
1815	Hinrichtung des Priesters José María Morelos y Pavón (*1765, †1815), Führer weiterer Rebellionen, die aber nur Teilerfolge bringen.
1816	Das Land ist weit gehend wieder befriedet.
1820	Durch einen Aufstand in Spanien wird König Ferdinand VII. gezwungen, die liberale spanische Verfassung von 1812 wieder einzuführen, was die Kreolen befürchten lässt, sie könnten ihre Privilegien verlieren.
1821 24. Febr.	General Agustín de Iturbide (*1783, †1824), der sich mit den letzten verborgenen Untergrundkämpfern (guerrilleros) unter Vicente Guerrero vereinigt, verkündet den *Plan von*

Indianeraufstand

Plan von Iguala

AUSSEREUROPÄISCHE WELT BIS 1945 Amerika

Iguala, dessen „drei Garantien" Mexiko für unabhängig, die katholische Konfession zur Staatsreligion und die Gleichheit aller Einwohner Mexikos vor dem Gesetz erklären. Mexiko soll unter König Ferdinand VII. oder einem anderen Mitglied eines europäischen Herrscherhauses selbstständiges Kaiserreich werden. Einstweilen übernimmt eine Junta die Regierung und beruft einen verfassunggebenden Kongress ein.

Kaiserproklamation — 1822, 18. Mai: General Iturbide wird als Agustín I. vom Heer zum *Kaiser von Mexiko proklamiert*, nachdem die spanischen Cortes (Ständevertretung) den Plan von Iguala nicht gebilligt haben.

Trennung Guatemalas — 1823: Sturz Iturbides; danach trennen sich (bis auf Chiapas) 17 der 18 Provinzen *Guatemalas* von Mexiko und proklamieren die Republik der Vereinigten Provinzen Zentralamerikas.

1824: Der von Republikanern gefangen genommene Iturbide wird erschossen (19. Juli).

Verkündung der Republik — 4. Okt.: Der mexikanische *Kongress verkündet die Republik* und verabschiedet nach nordamerikanischem Vorbild eine bundesstaatliche Verfassung.

1825 Nov.: Die Eroberung des spanischen Forts San Juan de Ulúa vor Veracruz (Golf von Mexiko) dient der Absicherung der Unabhängigkeit. Indianerkämpfe im Norden sowie die ständigen bürgerkriegsähnlichen Unruhen, bei denen sich die Konservativen und Liberalen mit den untereinander rivalisierenden Generälen jeweils verbünden, lassen jedoch keine geordnete Entwicklung im Innern zu.

1829: Abwehr einer spanischen Invasion bei Tampico.

1833–1835: Vorübergehende Beruhigung der innenpolitischen Lage während der ersten Präsidentschaft des Generals Antonio López de Santa Anna (*1794?, †1876).

Loslösung von Texas — 1836, 2. März: *Loslösung* des von nordamerikanischen Siedlern kolonisierten *Texas* (führend ist Sam Houston) von Mexiko. Daraufhin kriegerische Verwicklungen mit nordamerikanischen Milizverbänden, die sich zur Bedrohung Mexikos ausweiten.

21. April: Schlacht am Río San Jacinto.

1845: Texas wird als 28. Staat in die USA (29. Dez.) aufgenommen.

Krieg mit den USA — 1846 April: Ausbruch des *Krieges mit den USA* als Folge der Annexion von Texas sowie von zahlreichen Grenzkonflikten.

1847: US-Truppen unter General W. Scott nehmen Mexikos Hauptstadt ein (14. Sept.).

Friede von Guadalupe Hidalgo — 1848, 2. Febr.: Im *Frieden von Guadalupe Hidalgo* (Nordostrand von Mexico City) verliert Mexiko Texas endgültig und darüber hinaus mit Oberkalifornien, New Mexico, Arizona, Nevada, Utah sowie Teilen von Kansas, Colorado und Wyoming etwa die Hälfte seines bisherigen Staatsgebiets.

1853, 30. Dez.: Unter der siebten Präsidentschaft von General Santa Anna wird auch der Südteil von Arizona an die USA verkauft (Gadsden-Vertrag).

1855: Das Entgegenkommen von Santa Anna gegenüber den USA führt seinen Sturz herbei.

neue Verfassung — 1857, 5. Febr.: Unter dem Einfluss des Justizministers Benito Juárez (*1806, †1872) setzt eine liberal-föderalistische Bewegung eine *neue Verfassung* durch, welche zusammen mit den „Reformgesetzen" die Trennung von Staat und Kirche einleitet.

1858, 19. Jan.: Mit dem Beginn der Präsidentschaft von Benito Juárez (1858–1872) wird eine liberale Ära eingeleitet, deren wichtigste Merkmale die Gewährung von Religionsfreiheit und die Einziehung des Kirchenvermögens zugunsten des Staates sind. Die Folge ist ein dreijähriger *Bürgerkrieg* (guerra de la reforma).

Bürgerkrieg

1861: Wegen des Bürgerkriegs kann Juárez erst jetzt seinen provisorischen Regierungssitz in Veracruz verlassen und in die Hauptstadt einziehen. Klerikale und Zentralisten suchen Hilfe im Ausland. Als Juárez wegen der durch den Bürgerkrieg völlig zerrütteten Finanzen – nach Übertragung diktatorischer Vollmachten durch den Kongress – die Rückzahlung der Auslandsschulden auf zwei Jahre aussetzt, entsenden Spanien, Großbritannien und Frankreich ein Expeditionskorps nach Mexiko, um die Erfüllung der Verpflichtungen zu erzwingen. Kaiser Napoleon III. hofft dabei, ein mit Frankreich politisch und wirtschaftlich eng verbundenes Reich in Amerika errichten zu können.

1862: Nach dem Abzug der Spanier und Briten dringen französische Streitkräfte in das mexikanische Hochland vor, werden aber bei Puebla (im Südosten des mexikanischen Hochlandes) geschlagen.

1863: Begünstigt durch die Tatsache, dass die USA wegen des Sezessionskrieges nicht eingreifen, können die Franzosen die Intervention fortführen. Beim zweiten Mal gelingt die Einnahme von Puebla, was den Einzug in die Hauptstadt México ermöglicht. Die Franzosen rufen eine Notabelnversammlung ein, die das *mexikanische Kaiserreich proklamiert* und den österreichischen Erzherzog Maximilian (*1832; †1867), Bruder des Kaisers von Österreich Franz Joseph I., zum Kaiser von Mexiko ernennt.

mexikanisches Kaiserreich

1864, 16. Juni: Maximilian trifft in der Hauptstadt México ein, sieht sich jedoch vom ersten Tag an mit einem Bürgerkrieg gegen die Republikaner konfrontiert.

● PLOETZ

1866	Wegen der massiven nordamerikanischen Proteste und wegen der angespannten außenpolitischen Lage in Europa sieht sich Napoleon III. zum Rückzug seiner Truppen gezwungen. Maximilian entschließt sich, im Land zu bleiben.	
1867 19. Juni	Den republikanischen Truppen gelingt es, das kaiserliche Heer in Querétaro einzuschließen, wo es kapituliert und *Maximilian* gefangen genommen, verurteilt und *erschossen* wird.	*Erschießung Maximilians*
Dez.	Benito Juárez wird zum Präsidenten wiedergewählt.	
1877 5. Mai	General Porfirio Díaz (*1830, †1915) wird zum ersten Mal Präsident (1877–1880); er regiert diktatorisch.	
1884	Beginn der zweiten Amtszeit von Díaz (1884–1911): Während seiner Regierung kommt das Land erstmalig innenpolitisch zur Ruhe und zu einer kontinuierlichen wirtschaftlichen Entwicklung, die jedoch mit einer Unterdrückung weiter Bevölkerungskreise, vor allem der Arbeiter auf dem Lande, wo die Latifundienbesitzer wie früher herrschen, einhergeht.	

Die wirtschaftliche Entwicklung in der Ära Díaz

Mit Unterstützung der sog. „científicos", vor allem des Finanzministers José Yves Limantour, betreibt Díaz die *Modernisierung Mexikos* (Ausbau des Eisenbahnnetzes von 666 km [1877] auf 24 717 km [1911], Förderung der Industrie, des Bergbaus und ausländischer Kapitalinvestitionen). Mit den ersten erfolgreichen Erdölbohrungen und der schnell steigenden Produktion gewinnen seit Beginn des 20. Jh.s die nordamerikanischen Erdölinteressen wachsenden Einfluss auf die mexikanische Politik. Zwischen 1900 und 1910 gestalten sich die wirtschaftlichen Beziehungen zwischen Mexiko und den USA so eng, dass 56% der mexikanischen Importe aus den USA stammen und 80% der Exporte dorthin gehen. Der *Erdölboom* lässt die mexikanischen Produktionsziffern rasch steigen: 1913 steht das Land an dritter und 1938 – trotz der nun stärker gewordenen Konkurrenz – noch an siebter Stelle der Erdölproduzenten.

Modernisierung Mexikos

Erdölboom

Vom raschen wirtschaftlichen Aufschwung profitieren neben zahlreichen ausländischen Firmen nur wenige Großgrundbesitzer und Industrielle. Die aus Indianern und Mestizen bestehende Landbevölkerung verelendet immer mehr, besonders als sie die größten Teile ihres Gemeindeeigentums (ejidos) verliert (Lerdo-Gesetz von 1856 über brachliegendes Land). 1910 verfügt 1% der Gesamtbevölkerung über 96% des Grund und Bodens, fast 97% der Landbevölkerung haben keinen Grundbesitz. Diese wirtschaftlich-soziale Lage, welche die Spannungen in der Bevölkerung ungeheuer verstärkt, ist direkte Ursache für den Ausbruch der *Mexikanischen Revolution*.

Mexikanische Revolution

1910 Juli	Anlässlich der Wiederwahl von Díaz fordert der gemäßigte Politiker Francisco Ignacio Madero „echte Wahlen, keine Wiederwahl" und ruft zur Revolution auf, der sich verschiedene politische und militärische Gruppen anschließen, wie der Bauernführer Emiliano Zapata (*1883, †1919) und der Bandenchef Francisco (Pancho) Villa (*1877, †1923).	
Nov.	Aufstand in Puebla und Chihuahua.	
1911	Díaz tritt zurück (25. Mai). Madero übernimmt die Regierung.	
1912 März	Die von Pascual Orozco geführte Widerstandsgruppe löst gegen die Regierung eine Rebellion in Chihuahua aus.	
Juli	General Victoriano Huerta (*1854, †1916) schlägt mit Regierungstruppen und mit Unterstützung von Pancho Villas Leuten den Aufstand nieder.	
1913 22. Febr.	Durch eine Konterrevolution der Militärs wird Präsident Madero gestürzt und dabei ermordet, die Regierungsgeschäfte übernimmt General Huerta.	
März	Rebellion gegen Huerta: Gouverneur Venustiano Carranza und Alvaro Obregón mit dem „Verfassungstreuen Heer" wenden sich gegen Huerta, Zapata und Villa schließen sich an.	
1914 Juli	Nach dem Sturz von Präsident Huerta Ausbruch von Machtkämpfen der miteinader rivalisierenden Revolutionsführer, die Mexiko ins Chaos stürzen.	
1915	Tolerierung der von Carranza geführten Regierung durch die USA (Okt.).	
1916 März	Pancho Villa greift mit seinen Einheiten die Stadt Columbus in New Mexico, USA, an, was die Regierung in Washington zu einer Strafexpedition auf mexikanisches Gebiet veranlasst.	
1917 5. Febr.	Die von Präsident Carranza (*1859, †1920; 1915–1920) verkündete *Verfassung* (von den Anhängern Zapatas und Villas abgelehnt) leitet das *Ende der Revolution* ein: Sie macht die Enteignung des bäuerlichen Gemeindebesitzes (ejidos) rückgängig und erklärt ihn fortan für unveräußerlich. Ferner verbietet sie die Wiederwahl eines Präsidenten, nationalisiert die Bodenschätze, beschneidet die kulturelle Vorherrschaft der katholischen Kirche und garantiert weit gehend soziale Rechte.	*Verfassung Ende der Revolution*
1918	Die Forderung nach Nationalisierung der Erdölfelder durch die Regierung Carranza stößt auf heftige Reaktionen der USA. Die schrittweise Verwirklichung der neuen Verfassungsprinzipien ruft den *Widerstand der Kirche* hervor. Der noch immer unruhigen Bauern wird Carranza Herr, indem er die Arbeiter gegen sie mobilisiert.	*Widerstand der Kirche*

	1919	Ermordung Zapatas durch Regierungstruppen (10. April).
	1920 März	Mit Hilfe des mexikanischen Arbeiterbundes C.R.O.M. (Confederación Regional Obrera Mexicana) wird Carranza gestürzt.
	21. Mai	Carranza wird auf Befehl seines Nachfolgers Alvaro Obregón (*1880, †1928; 1920–1924) erschossen.
	1920–1928	Unter Obregón und unter seinem Nachfolger Plutarco Elías Calles (*1877, †1945; 1924–1928) erreicht die Arbeiterschaft weitere soziale Verbesserungen, doch führt die antikirchliche Politik zum Aufstand der „Cristeros".
PRI *Bodenreform*	1934	Amtsantritt von Präsident General Lázaro Cárdenas (*1895, †1970; 1934–1940), der die Ideen der Mexikanischen Revolution neu zu beleben versucht: Er reorganisiert die von Elías Calles gegründete Nationalrevolutionäre Partei (seit 1946: Partido Revolucionario Institucional, *PRI*) und begünstigt den erst nach seinem Regierungsantritt gegründeten, links orientierten Gewerkschaftsverband C. T. M. (Confederación de Trabajadores de México). Mit diesem Rückhalt beginnt Cárdenas die immer wieder verzögerte *Bodenreform*, eine intensive Förderung der Industrialisierung und eine umfassende Sozialgesetzgebung für die Arbeiter.
	1938	Verstaatlichung der ausländischen Erdölgesellschaften.
	1941	Cárdenas' Nachfolger im Präsidentenamt, General Manuel Ávila Camacho (*1897, †1955; 1940–1946), erreicht durch entsprechenden finanziellen Ausgleich, dass die USA und Großbritannien die Verstaatlichung anerkennen. – (Forts. S. 1866)

Zentralamerikanische Konföderation (1821–1841)

General- kapitanat Guatemala	1821	Das *Generalkapitanat Guatemala* schließt sich an das neue Kaiserreich Mexiko an.
	1823	Nach dem Sturz Agustín de Iturbides trennen sich (bis auf Chiapas) 17 der 18 Provinzen
	1. Juli	Guatemalas wieder von Mexiko und proklamieren die Republik der Vereinigten Provinzen Zentralamerikas (Provincias Unidas del Centro de América). Gegen die liberal-antiklerikale Politik des diktatorisch regierenden honduranischen Generals Francisco Morazán erhebt sich die konservative Opposition unter der Führung des guatemaltekischen Generals Rafael Carrera (*1814, †1865).
Auflösung der Konföderation	1838–1841	Nach einem mehrjährigen Bürgerkrieg *bricht die Konföderation auseinander* und löst sich in die fünf selbstständigen Staaten Guatemala, El Salvador, Honduras, Nicaragua und Costa Rica auf. Zahlreiche Versuche, die Konföderation wiederherzustellen, sind gescheitert.

Guatemala (1839–1945)

	1839	Guatemala wird unabhängiger Staat.
konservativ- klerikale Diktatur	1840–1848 1851–1865	Die guatemaltekische Politik beherrscht General Rafael Carrera, der eine *konservativ-klerikale Diktatur* errichtet.
	1873–1885	Unter der Präsidentschaft von Justafo Rufino Barrios (*1835, †1885) beginnt eine kirchenfeindliche Politik, doch leitet er den wirtschaftlichen Aufschwung Guatemalas ein (Straßenbau, erste Eisenbahn, Kapitalinvestitionen, Kaffeepflanzungen und intensiver Export), der aber, wie schon unter Carrera, durch Bürgerkriege und Konflikte mit den Nachbarstaaten gehemmt wird. Wie auch in den anderen mittelamerikanischen Staaten bleiben die Indianer weit gehend vom modernen Wirtschaftsleben ausgeschlossen und werden kulturell, politisch und sozial in die Isolation gedrängt.
	seit 1899	Die Geschicke des Landes werden durch zwei ebenfalls diktatorisch regierende Präsidenten bestimmt: durch die Generäle Manuel Estrada Cabrera (*1857, †1924; 1899–1920) und Jorge Ubico Castañeda (*1878, †1946; 1931–1944). Während ihrer Regierungen gerät das
Einfluss der United Fruit Co.		Land immer stärker unter den *Einfluss der nordamerikanischen United Fruit Co.* und in die Abhängigkeit der USA sowie einiger Latifundienbesitzer. Dagegen richtet sich die von breiten Kreisen der Bevölkerung unterstützte Erhebung von Militärs, Arbeitern und Studenten.
	1944 1. Juli	Gegen das politische Terrorsystem von Präsident Casteñeda kommt es zu einem Massenstreik und einer Studentenrevolte, die zum Sturz des Diktators führen.
	20. Okt.	Sein Nachfolger, der General Federico Ponce Vaidez, kann sich freilich nur einige Monate an der Macht halten: Er wird von einer Gruppe junger Offiziere („Sozialrevolutionäre Aktion") gestürzt, die zum ersten Mal in der Geschichte des Landes relativ freie Wahlen durchführen lässt.

1945 Nach einer kurzen Übergangszeit unter der Revolutionsjunta wird Juán José Arévalo (*1904) zum Präsidenten gewählt. – (Forts. S. 1868)

El Salvador (1841–1944/45)

1841 El Salvador tritt als letzter Staat aus der Zentralamerikanischen Konföderation aus.
1853 Nach verschiedenen fehlgeschlagenen Unionsversuchen mit Guatemala, Nicaragua und Honduras konstituiert es sich als *selbstständiger Staat*. Ständige Auseinandersetzungen zwischen „Konservativen" und „Liberalen" sowie Konflikte mit den Nachbarstaaten gestalten die Entwicklung äußerst unruhig. — *selbstständiger Staat*
1932 Unter dem Einfluss der Mexikanischen Revolutionsideen kommt es als Folge der Weltwirtschaftskrise zu kommunistisch gesteuerten Unruhen, die jedoch niedergeschlagen werden.
1931–1944 Präsident General Maximiliano Hernández Martínez (*1882, †1966) schenkt den sozialen Problemen mehr Aufmerksamkeit und setzt verschiedene Reformen durch.
1944 Der Präsident wird durch einen *Militärputsch* gestürzt. – (Forts. S. 1871) — *Militärputsch*

Honduras (1839–1945/48)

seit 1839 Die innenpolitische Situation des Landes ist seit seiner Unabhängigkeit durch *zahllose Staatsstreiche* und Unruhen gekennzeichnet (bis 1945 über 100 Regierungen), welche eine stetige Entwicklung der agrarisch geprägten Gesellschaft (zwei Drittel Analphabeten) erschweren. — *zahllose Staatsstreiche*
1911/1913 *Interventionen der USA* lassen Honduras in politische und wirtschaftliche Abhängigkeit geraten: Die Bananenpflanzungen, welche die wichtigste Exportgrundlage sind, befinden sich zu 95% im Besitz der nordamerikanischen Firmen United Fruit Co. und Standard Fruit and Steamship Co., die auch 90% des Eisenbahnnetzes und den größten Teil der Hafenanlagen beherrschen. — *Interventionen der USA*
1924/1925
1933–1948 Die Militärdiktatur des Generals Tiburcio Carías Andino (*1876, †1969) bringt eine *Epoche innenpolitischer Konsolidierungen*, in der die Staatsschuld erheblich vermindert und der Außenhandel sowie Siedlungsunternehmen in Honduras gefördert werden. – (Forts. S. 1873) — *innenpolitische Konsolidierung*

Nicaragua (1838–1945/47)

1838 Nachdem Nicaragua aus der Zentralamerikanischen Konföderation ausgeschieden ist, errichtet *Großbritannien,* das wegen des geplanten Nicaragua-Kanals an dem Land interessiert ist, im Ostteil (Mosquitoküste) ein *Protektorat*. Die USA fassen ebenfalls ein Kanalprojekt ins Auge, daraufhin kommt es zu politischen und wirtschaftlichen Interventionen. — *britisches Protektorat*
1856/1857 Der nordamerikanische Abenteurer William Walker (*1824, †1860) wird Staatspräsident; die nordamerikanische Reederei Vanderbilt kontrolliert die Verkehrsverbindungen zwischen den Ozeanen über die Landbrücke von Nicaragua.
1860 Der unter britischem Protektorat stehende Teil des Landes wird bedingt (1905 endgültig) wieder der Souveränität Nicaraguas unterstellt.
1909 Zum ersten Mal greifen nordamerikanische Streitkräfte in die innenpolitischen Auseinandersetzungen zwischen Konservativen und Liberalen ein.
1912–1925 Das Land steht unter *Finanz- und Militärkontrolle* der Vereinigten Staaten von Amerika. — *Kontrolle durch USA*
1916 Durch den Bryan-Chamorro-Vertrag sichern sich die USA gegen eine Zahlung von drei
18. Febr. Mio. Dollar das alleinige Recht auf einen Kanalbau und zur Anlage von Marinestützpunkten.
1927–1932 Gegen die erneute Besetzung durch US-Truppen führt Augusto César Sandino (ermordet 1934) einen erbitterten Kleinkrieg.
1937 Als der bisherige Kriegsminister General Anastasio Somoza García Präsident wird (*1896, †1956; 1937–1947) gerät Nicaragua unter die *Diktatur der Familie Somoza*, die das Land bis 1979 beherrscht. – (Forts. S. 1875) — *Diktatur der Familie Somoza*

Costa Rica (1870–1945)

Im Gegensatz zu den hauptsächlich von Mestizen bewohnten Republiken Mittelamerikas hat Costa Rica als einziges Land eine überwiegend *weiße Bevölkerung*. Da hier auch nicht das Latifundienwesen vorherrscht, sondern bäuerliche Familienbetriebe, entwickelt sich bereits im 19. Jh. eine bodenständige Mittelklasse. — *weiße Bevölkerung*

AUSSEREUROPÄISCHE WELT BIS 1945 Amerika

ruhige politische Entwicklung

seit 1870 Unter der liberalen Präsidentschaft von Tomás Guardia (* 1832, † 1882; mit geringen Unterbrechungen bis 1882 im Amt) wird die Macht der bisher tonangebenden, altkonservativen Familien zurückgedrängt.
Trotz gelegentlicher Staatsstreiche hat Costa Rica von allen mittelamerikanischen Staaten die *ruhigste politische Entwicklung*, was sich sowohl auf kulturellem Gebiet (eine der niedrigsten Analphabetenquoten in Lateinamerika) als auch im Hinblick auf ein geordnetes Finanzwesen, ein kontinuierliches Wirtschaftswachstum (vor allem Kaffee- und Zuckerexport sowie Bananenplantagen der United Fruit Co.), ein modernes Arbeits- und Sozialrecht und eine zeitgemäße Infrastruktur auswirkt. – (Forts. S. 1877)

Kuba (1895–1944/45)

Kampf um die Unabhängigkeit

Kubanische Emigranten wie der Dichter José Martí (* 1853, † 1895) und der Lehrer und spätere Staatspräsident Tomás Estrada Palma (* 1836, † 1908) führen den *Kampf um die Unabhängigkeit* von den USA aus.

1895 Zugeständnisse Spaniens nach einem Aufstand bleiben ebenso erfolglos wie die harten Gegenmaßnahmen der Militärs.

1898 Die (nie geklärte) Explosion des nordamerikanischen Linienschiffes „Maine" im Hafen von
15. Febr. La Habana (Havanna) gibt den USA den Vorwand für ihre Kriegserklärung an Spanien.
10. Dez. Nach kurzem Kampf wird Spanien besiegt, das im Frieden von Paris u. a. auf Kuba verzichtet. Kuba wird zunächst einer nordamerikanischen Militärverwaltung unterstellt.

erste Verfassung

1901 Verabschiedung der *ersten Verfassung* (21. Febr.).
2. März Die kubanische Souveränität wird jedoch durch das Platt Amendment (Verfassungszusatz) eingeschränkt, das das Interventionsrecht der USA festlegt.
1902 Nach dem Abzug der US-Truppen übernimmt Tomás Estrada Palma (* 1936, † 1908) als
20. Mai erster kubanischer Präsident sein Amt.
1903 Die USA sichern sich vertraglich die Militärstützpunkte Bahia Honda (1912 zurückgegeben) und Guantánamo zu.

Interventionen der USA

1906/1919 Innere Unruhen führen zu militärischen *Interventionen der USA* (1906–1909; 1912; 1917–1919).
1933 Schwelende soziale Spannungen erreichen durch die Auswirkungen der Weltwirtschaftskrise ihren Höhepunkt mit dem Sturz des liberalen Präsidenten General Gerardo Machado y Morales (* 1871, † 1939; seit 1925 im Amt). Der neue „starke Mann" wird der ehemalige Sergeant Fulgencio Batista y Zaldívar (* 1901, † 1973), der als Führer der Revolution Oberbefehlshaber der Armee (1933–1939) wird.
1940–1944 Präsidentschaft Batista y Zaldívars (erneut 1952–1959).
Gestützt auf die von ihm organisierte Armee und Partei, regiert er nach In-Kraft-Treten der neuen Verfassung von 1940 diktatorisch. – (Forts. S. 1881)

Haiti (1789–1945/47)

nach 1789 Die Französische Revolution gibt den unmittelbaren Anlass zum Aufstand der Bevölkerung (Afro-Amerikaner und Mulatten), die gegen englischen und spanischen Widerstand auch im Ostteil der Insel kämpfen.
1795 Im Frieden von Basel (22. Juli) fällt der Ostteil ebenfalls an Frankreich.
1797 Nachdem der französische Konvent die Freiheit der Sklaven dekretiert (4. Februar 1794), ernennt das Direktorium der Französischen Republik den Führer der Afro-Amerikaner François Dominique Toussaint (genannt: Toussaint l'Ouverture [* 1743, † 1803]) zum Gouverneur und militärischen Oberbefehlshaber.
1800 Toussaint besetzt den Ostteil Haitis.

Verfassung

1801 Die gesamte Insel erhält eine *Verfassung*, die Frankreich nur noch eine nominelle Suzeräni-
8. Juli tät belässt.
1802 Toussaint wird von einem französischen Expeditionskorps besiegt und als Gefangener nach Frankreich gebracht, doch werden die Franzosen durch eine Erhebung der Afro-Amerikaner und Mulatten, die sich gegen die (1802 von Napoleon) wieder eingeführte Sklaverei wenden, vertrieben.

Unabhängigkeit Zerfall Haitis

1804 Jean Jacques Dessalines (* 1760, † 1806), der sich selbst zum Kaiser ernennt (Jakob I.), pro-
1. Jan. klamiert die *Unabhängigkeit*.
1806 Nach Dessalines' Ermordung *zerfällt Haiti* in eine südliche Republik (Mulatten) und einen nördlichen, von verschiedenen „Kaisern" regierten, Staat (Afro-Amerikaner).
1820 Nord- und Südhaiti werden wieder vereint.

● PLOETZ

1822	Der neuen Republik schließt sich auch der inzwischen wieder spanisch gewordene Ostteil der Insel an.	
1844 (16. Jan.).	Der Ostteil der Insel erklärt sich als *Dominikanische Republik* (auf Dauer) für unabhängig	*Dominikanische Republik*
	In der Folgezeit wird Haiti von verschiedenen Präsidenten oder „Kaisern" meist diktatorisch beherrscht.	
1915	Bürgerkriege und eine fast permanente Anarchie führen zu einer *Intervention der USA*, die das Land (bis 1934) besetzt halten und wie ein Protektorat verwalten.	*Intervention der USA*
1934	Nach dem Abzug der US-Truppen bleibt die nordamerikanische Finanzkontrolle (bis 1947) bestehen.	
	Häufige Militärrevolten, Aufstände und Diktaturen. – (Forts. S. 1886)	

Dominikanische Republik (1844–1945)

1844	Die Dominikanische Republik erklärt ihre *Unabhängigkeit* von Haiti (16. Jan.).	*Unabhängigkeit*
6. Nov.	General Pedro Santana (*1801, †1863) wird der erste Präsident.	
	Er und sein Nachfolger wehren in erbitterten Kriegen alle Rückeroberungsversuche Haitis ab, können aber der inneren Unruhen nicht Herr werden.	
1861–1865	Santana unterstellt das Land nochmals der spanischen Herrschaft.	
1907 8. Febr.	Nach seiner erneuten Trennung von Spanien setzen sich die Machtkämpfe ehrgeiziger Politiker und Militärs fort, was zum Eingreifen der USA führt, die das Land unter Finanzkontrolle stellen (1940 aufgehoben).	
1916–1924	*Besetzung* der Republik durch die USA.	*Besetzung durch die USA*
1930	Der Chef der Armee, General Rafael Leónidas Trujillo y Molina (*1891, †1961), übernimmt durch einen Staatsstreich die Macht und errichtet ein *despotisches Regime* (1930–1938; 1942–1952), durch welches das Land wie eine Privatdomäne der Familie Trujillo beherrscht wird. – (Forts. S. 1888)	*despotisches Regime*

Kolumbien (1810–1945/46)
(Forts. v. S. 1297)

1810	Beginn der Unabhängigkeitskämpfe gegen Spanien in Neugranada.	
1816–1819	Nach kurzer Wiederherstellung der spanischen Herrschaft durch General Pablo Morillo (*1778, †1837) befreit Simón Bolívar (*1783, †1830) durch seinen Sieg bei Boyacá (7. Aug. 1819) das Land endgültig.	
1819 17. Dez.	Auf dem Kongress von Angostura (Ciudad Bolívar) wird Simón Bolívar zum Präsidenten gewählt, der Neugranada (Kolumbien) und Venezuela zur *Republik Großkolumbien* vereinigt.	*Republik Großkolumbien*
1821	Beitritt Panamas (28. Nov.).	
1822 24. Mai	Durch den Sieg des Generals Antonio José de Sucre y de Alcalá (*1795, †1830) am Pichincha schließt sich auch Ecuador (früher Audiencia de Quito) der Republik an.	
1830	Großkolumbien löst sich auf in die drei Staaten Neugranada, Venezuela und Ecuador.	
17. Dez.	Bolívar stirbt.	
1832	Mit der Annahme einer neuen Verfassung konstituiert sich Neugranada als selbstständige Republik. Die Auseinandersetzungen um eine zentralistische oder eine föderalistische Staatsform sowie separatistische Tendenzen (Antioquía und Panama) behindern die Entwicklung und stürzen das Land in Bürgerkriege und Anarchie.	
1858	Die Liberalen setzen ihre föderalistischen Prinzipien mit der *Granadinischen Konföderation* (Confederación Granadina) durch, welche (1861) in Vereinigte Staaten von Kolumbien umbenannt wird.	*Granadinische Konföderation*
1863 8. Mai	Nach einer neuen Verfassung sind die Vereinigten Staaten von Kolumbien nur noch ein loser Staatenbund.	
1886 4. Aug.	Erst unter dem konservativen Präsidenten Rafael Núñez (*1825, †1894; 1880–1882, 1884–1886, 1887 und 1888) wird das Land durch Verfassungsänderung wieder zu einem Einheitsstaat mit dem ursprünglichen Namen *Republik Kolumbien*. Die bisherigen Gliedstaaten werden Provinzen, die Trennung von Staat und Kirche wird beibehalten, die Religionsfreiheit bleibt garantiert.	*Republik Kolumbien*
nach 1888	Unter Núñez' Nachfolgern leben die Unruhen wieder auf, und ein mehrjähriger *Bürgerkrieg* um die Jahrhundertwende zwischen „Konservativen" und „Liberalen" fordert nicht nur schwere Opfer an Menschen, sondern erschöpft zugleich die Finanzen und lähmt die Tätig-	*Bürgerkrieg*

		keit von Regierung und Parlament, was sich besonders im Hinblick auf die Verhandlungen über den Panamakanal mit den USA ungünstig auswirkt.
	1892/1893	Nach dem Zusammenbruch des französischen Kanalprojekts (bereits 1876 hat Kolumbien französischen Interessenten die Konzessionen zum Bau eines Kanals verkauft, dessen Errichtung Vicomte Ferdinand de Lesseps [* 1805, † 1894] leiten sollte) übernehmen die USA die Konzessionen.
Hay-Herrán-Vertrag	1903 22. Jan.	Im *Hay-Herrán-Vertrag* tritt Kolumbien der nordamerikanischen Kanalbaugesellschaft Land zum Bau ab, über das die USA Kontrollrechte erhalten; der Kanal und seine Zugänge sollen dauernd neutralisiert sein.
Abfall Panamas	4. Nov.	Da der kolumbianische Kongress die Ratifikation verweigert (Einmischung der USA in innere Verhältnisse), betreiben die USA den *Abfall der Provinz Panama* von Kolumbien.
	1921 bis 1930	Die USA entschädigen Kolumbien für den Verlust von Panama mit 25 Mio. US-Dollar. Kolumbien erkennt Panama an.
		Unter konservativen Regierungen stabilisiert sich die innenpolitische und wirtschaftliche Lage. Mit nordamerikanischem Kapital werden neue Gebiete für den Kaffeeanbau erschlossen, doch führt die Abhängigkeit von der Monokultur während der Weltwirtschaftskrise (1929) zu einem empfindlichen Rückschlag.
	1930–1946	Den Regierungen der liberalen Ära gelingt es, die Krise zu meistern, eine Landreform und soziale Maßnahmen einzuleiten sowie das Bildungswesen zu verbessern. – (Forts. S. 1894, 1311)

Panama (1903–1945)

Unabhängigkeit	1903 3. Nov.	Nordamerikanische Kriegsschiffe decken die separatistische Bewegung in Panama, das sich am 4. Nov. als *unabhängig von Kolumbien* erklärt.
Kanalzone an USA	18. Nov.	Im Hay-Bunau-Varilla-Vertrag tritt Panama den für den Bau des Kanals gewünschten Gebietsstreifen gegen eine einmalige Entschädigung von zehn Mio. US-Dollar und eine Jahrespacht von 250000 US-Dollar an die USA ab. Die *Kanalzone* ist *Hoheitsgebiet der USA*.
	1904	Die Verfassung Panamas sieht ein Interventionsrecht der USA vor, das diese (1908; 1912; 1918) auch anwenden.
	1914 15. Aug.	Der Panamakanal (Baubeginn 1906) wird eröffnet.
Konflikte mit USA		Da das Wirtschaftsleben Panamas überwiegend von der Kanalfrage bestimmt wird (die für die Kanalzone geleisteten Dienste stellen ca. ein Drittel des Bruttosozialprodukts), bilden neben dem Souveränitätsproblem auch die Lohn- und Anstellungspolitik der US-Kanalbehörde, die panamaische Steuerfreiheit u. ä. *Konfliktstoffe mit den USA*.
Bananenexport	1936 2. März	Nach mehrfachen vergeblichen Versuchen, den Hay-Bunau-Varilla-Vertrag zu ändern, gelingt Panama eine Revision, in der es eine Erhöhung der Pachtsumme durchsetzt und die USA zum Verzicht auf weitere Interventionen in panamaische Angelegenheiten bewegt. Die sozialen Gegensätze zwischen Stadt und Land in Panama werden durch das wirtschaftliche Übergewicht der in der US-Kanalzone liegenden Städte noch verstärkt. Nur 15% des panamaischen Staatsgebiets sind kultiviert, zwei Fünftel noch unerschlossen. Das wichtigste *Ausfuhrprodukt sind Bananen*; sie stammen zu 90% von Plantagen der United Fruit Co. – (Forts. S. 1878)

Venezuela (1811–1945)
(Forts. v. S. 1297)

	1811	Mit der Unabhängigkeitserklärung trennt sich Venezuela von Spanien (5. Juli);
	1815–1820	nach wechselvollen, erbitterten Kämpfen gerät es wieder unter spanische Herrschaft.
	1821	Erst der Sieg von Carabobo bringt die endgültige Freiheit (24. Juni).
	1830	Nach seiner vorübergehenden Vereinigung mit Kolumbien (1819) macht sich Venezuela wieder unabhängig.
selbstständige Republik Bürgerkriege	1831 24. März	Unter seinem ersten Präsidenten, dem General José Antonio Páez (*1790, †1873; 1831–1835, 1839–1843, 1846–1849 und 1861–1863), konstituiert sich Venezuela als *selbstständige Republik*.
	1835–1864	Auf Páez' erste Präsidentschaftsperiode folgen *Bürgerkriege* zwischen „Liberalen" und „Konservativen"; Militärdiktaturen wechseln mit zivilen Regierungen und werden von zahlreichen Verfassungsänderungen begleitet (bis 1945: 22 Verfassungen).
Bundesstaat	1864 22. April	Mit dem Sieg der Föderalisten wird der Einheitsstaat durch Verfassungserklärung in einen *Bundesstaat* umgewandelt (Estados Unidos de Venezuela).
	1870–1888	Die Diktatur des Generals Antonio Guzmán Blanco (*1829, †1899) bringt eine innenpolitische Beruhigung und erste wirtschaftliche Fortschritte.

1902/1903	Eingriffe in die Wirtschaftsinteressen fremder Staaten und ausländischer Bürger unter dem Präsidenten General Cipriano Castro (*1858, †1924; 1899–1908) führen zur Blockade venezolanischer Häfen durch deutsche, britische und italienische Kriegsschiffe.
1904	Durch Vermittlung der USA wird der Konflikt beigelegt, und die Ansprüche der Interventionsmächte werden durch das Haager Schiedsgericht anerkannt.
1908–1935	Der Durchbruch zu einer der *führenden Wirtschaftsmächte* Lateinamerikas erfolgt während der Präsidentschaft des Generals Juan Vicente Gómez (*1857, †1935), der diktatorisch regiert. In seiner Amtszeit trägt er die hohen Staatsschulden ab und stabilisiert die Währung.

führende Wirtschaftsmacht

Entwicklung Venezuelas zum Erdölproduzenten

Nach der Aufhebung der Sklaverei (1854) kommt es zu einem starken Rückgang der landwirtschaftlichen Produktion. Mit der Entdeckung der *Erdölvorkommen* am Ende des 19. Jh.s beginnen die ausländischen Kapitalinvestitionen und die Umwandlung des bisherigen Agrarstaates zum Exporteur von Rohstoffen. Der Aufbau der venezolanischen Erdölproduktion im Maracaibo-Becken und in den Ostregionen geht zwar langsam, aber nach modernsten Methoden voran. 1913 ist die Produktion nur unbedeutend, 1938 steht Venezuela an dritter Stelle (nach den USA und der UdSSR) der erdölproduzierenden Länder. Während des Zweiten Weltkrieges beträgt der Anteil der Erdölwirtschaft am Gesamtexport durchschnittlich über 90% und deckt zwei Drittel aller Staatseinnahmen sowie ca. 90% der Deviseneingänge. Doch beschäftigt die Mineralölindustrie nur knapp 2% der arbeitsfähigen Bevölkerung, während auf die Landwirtschaft, den rückständigsten Wirtschaftssektor, bis 1945 über die Hälfte der Arbeitskräfte entfallen, die, im Vergleich zu den gut bezahlten Arbeitern der Erdölindustrie, am Rande des Existenzminimums leben. – (Forts. S. 1897)

Erdölvorkommen

Ecuador (1830–1945)
(Forts. v. S. 1310)

1830 13. Mai	Der Kongress von Riobamba erklärt den Austritt Ecuadors aus dem Staatsverband Großkolumbiens und proklamiert die *unabhängige Republik*.
1830–1835	Erster Präsident wird General Juan José Flores (*1800, †1864; nochmals 1839–1845).
1845	Nach dem Sturz von General Flores kommt es zu Bürgerkriegen und Konflikten mit Peru und Kolumbien wegen *ungeklärter Grenzfragen*.
1861–1865 1869–1875	Die konservativ-klerikale Diktatur des Präsidenten Gabriel García Moreno (*1821, †1875) bringt nur eine vorübergehende Beruhigung.
1875 6. Aug.	Nach seiner Ermordung leben die Parteikämpfe zwischen Konservativen und Liberalen wieder auf, die zu anarchischen Zuständen führen und jede Entwicklung hemmen.
1895–1901	Erst mit der zweimaligen autokratischen Regierungszeit des liberalen Präsidenten General Eloy Alfaro (*1842, †1912) beginnen die *verkehrstechnische Erschließung* des Landes (Bau der Eisenbahn Guayaquil–Quito) und ein bescheidener wirtschaftlicher Aufstieg. Alfaro setzt die Trennung von Staat und Kirche durch (Einführung der Zivilehe und Religionsfreiheit) und hebt zahlreiche Vorrechte des Klerus auf.
1912–1931	Periode verhältnismäßiger Stabilität unter den Präsidenten Leónidas Plaza Gutiérrez (*1866, †1932; 1912–1916) und Isidro Ayora (*1879, †1978; 1926–1931).
1931	Nach dem Sturz Ayoras kommt es zu Unruhen, zu denen noch Grenzstreitigkeiten mit Peru hinzutreten, die sich (1941) im Gebiet des oberen Amazonas zum bewaffneten Konflikt ausweiten.
1942 29. Jan.	Der 120-jährige Streit wird schließlich zuungunsten Ecuadors entschieden, das im Protokoll von Rio de Janeiro die Souveränität Perus über das Gebiet zwischen Amazonas und östlichem Andenvorland anerkennen muss. Mit dem „Oriente" verliert Ecuador annähernd zwei Fünftel seines Staatsgebiets.

unabhängige Republik

ungeklärte Grenzfragen

Erschließung

Innere Entwicklung Ecuadors

Das Bildungswesen in Ecuador zeigt zahlreiche Mängel (ca. 50% Analphabeten), um deren Beseitigung sich vor allem Präsident Leónidas Plaza Gutiérrez bemüht. Die Gegensätze zwischen Liberalen (im Küstengebiet) und Konservativen (im Hochland) werden nicht überwunden und bestimmen die innenpolitischen Konflikte, die durch wirtschaftliche Schwierigkeiten (90% der Ausfuhr sind Bananen, Kaffee und Kakao, entsprechend groß ist die Abhängigkeit von den Weltmarktpreisen) und soziale Gegensätze (1938 besteht ca. ein Drittel der Bevölkerung aus Indianern, die nicht in das Staatsleben integriert sind) noch verschärft werden. – (Forts. S. 1901)

Peru (1821–1945)
(Forts. v. S. 1297)

Unabhängigkeit

1821
28. Juli
Während der Unabhängigkeitskriege bleibt Peru das Zentrum der spanischen Herrschaft in Südamerika. Nach dem Einmarsch des argentinischen Generals José de San Martín (* 1778, † 1850) wird in Lima die *Unabhängigkeit* proklamiert, die erst mit dem Sieg des Generals Antonio José de Sucre bei Ayacucho (9. Dez. 1824) gesichert ist.

1823
13. Sept.
Als sich San Martín als Protektor Perus (1821/1822) zurückzieht, ernennt der Kongress Simón Bolívar zum Diktator, der Peru mit Großkolumbien zu vereinen sucht.

Peruanische Revolution

1827
26. Jan.
Durch die *Peruanische Revolution* wird die kolumbianische Vorherrschaft beendet. Es folgen Parteikämpfe, Bürgerkriege und ein militärischer Konflikt mit Kolumbien um den Besitz der Hafenstadt Guayaquil sowie eine Intervention in Bolivien, die beide unglücklich für Peru verlaufen.

Confederación Perú-Boliviana

1836
Begünstigt durch die inneren und äußeren Kämpfe, kann der bolivianische Diktator Marschall Andrés Santa Cruz (* 1792, † 1865) in Lima einmarschieren, wo er die *Confederación Perú-Boliviana* (15. Aug.) proklamiert, die beide Länder unter seiner Herrschaft vereinigt, aber von den Nachbarstaaten nicht anerkannt wird.

1839
20. Jan.
In der Schlacht von Yungay wird Santa Cruz von den Chilenen geschlagen und gestürzt, worauf sich die peruanisch-bolivianische Konföderation wieder auflöst.

1845–1851
1855–1862
Erneut ausbrechende Unruhen werden während der Präsidentschaft des Generals Ramón Castilla (* 1797, † 1867) beendet.

25. Nov.
Neue Verfassung. Unter der Castilla-Regierung nimmt Peru, vor allem mit Hilfe englischen Kapitals, einen beachtlichen wirtschaftlichen Aufschwung durch den Export des auf den Peru vorgelagerten Inseln befindlichen Guanos sowie des Salpeters der Südprovinzen, mit deren Einkünften der Bau von Eisenbahnen und die Dampfschifffahrt finanziert werden.

1864
Als Spanien die guanoreichen Chinchainseln besetzt, kommt es zu Feindseligkeiten, bei denen Chile, Bolivien und Ecuador Peru unterstützen.

1866
Erfolglose Beschießung Callaos und Valparaisos durch die Spanier.

1871/1879
Durch Vermittlung der USA wird (1871) der Waffenstillstand und (1879) der Friede geschlossen.

Salpeterkrieg

1879–1883
Grenzstreitigkeiten zwischen Chile und Bolivien in der Atacamawüste verwickeln das mit Bolivien verbündete Peru in den *Salpeterkrieg*.

1881
Die siegreichen Chilenen besetzen Lima (17. Jan.).

1883
20. Okt.
Im Frieden von Ancón muss Peru seine Salpeterprovinzen Tarapacá, Arica und Tacna auf zehn Jahre an Chile abtreten; danach soll eine Volksabstimmung in diesen Gebieten über die staatliche Zugehörigkeit entscheiden. Eine Folge der Niederlage Perus ist der dominierende Einfluss britischer und nordamerikanischer Finanzkreise; ausländische Gläubiger übernehmen gegen Überlassung der peruanischen Eisenbahnen die Tilgung der Staatsschuld.

1895–1930
Unter Präsident Nicolás Piérola (* 1839, † 1913; 1895–1899) und seinen Nachfolgern José Pardo y Barreda (* 1864, † 1942; 1904–1908 und 1915–1919) und Augusto Bernardino Leguía (* 1864, † 1932; 1908–1912 und 1918–1930) konsolidieren sich die inneren Verhältnisse wieder.

1922–1934
Der Konflikt um Leticia mit Kolumbien, das diesen Zugang zum Amazonas (1922) von Peru erhalten hat (von peruanischen Freischärlern 1932 okkupiert), wird durch Vermittlung des Völkerbundes zugunsten Kolumbiens beigelegt (1934).

Vertrag von Lima

1929
3. Juni
Durch den auf Vermittlung der USA zu Stande gekommenen *Vertrag von Lima* wird Tacna von Chile an Peru zurückgegeben, und Peru werden Freihafenrechte in Arica sowie eine Entschädigung von sechs Mio. US-Dollar gewährt.

1930
Als Präsident Leguía gestürzt wird und die Weltwirtschaftskrise für Peru erhebliche Rückschläge bringt, beginnt eine neue Periode innerer Unruhen. Seit dem Ersten Weltkrieg sind Bestrebungen im Gange, eine Landreform durchzusetzen und die Indianer, die (1938) etwa 50% der Bevölkerung ausmachen, sozial und politisch zu integrieren. Diese Ziele macht Victor Raúl Haya de la Torre (* 1895, † 1979) zum Programm der politischen Bewegung

APRA

APRA (Alianza Popular Revolucionaria Americana, gegründet 1924), der die herrschende Oligarchie ebenso feindlich gegenübersteht wie dem Kommunisten.

1931/1936
Nach zwei fehlgeschlagenen Präsidentschaftskandidaturen geht Haya de la Torre in den Untergrund, doch bleibt seine Idee lebendig und beeinflusst weiterhin die Innenpolitik.

1939–1945
Während des Zweiten Weltkrieges wird die mehrfach verbotene APRA wieder als Partei zugelassen. – (Forts. S. 1903)

Bolivien (1825–1945)
(Forts. v. S. 1297)

1825 6. Aug.	Als *Simón Bolívar* die spanische Herrschaft in Peru beseitigt, wird auch Alto Perú frei und erklärt seine *Unabhängigkeit* unter dem Namen Bolivien (República de Bolivia; zu Ehren des Befreiers). Erster Staatschef wird Bolívars begabtester Feldherr, der aus Venezuela stammende General Antonio José de Sucre (*1795, †1830), Vizepräsident 1826–1828 (nominell ist Bolívar selbst Staatspräsident).	*Simón Bolívar* *Unabhängigkeit*
1829–1839	Sein Rivale und Nachfolger Andrés Santa Cruz (*1792, †1865) hebt die von Bolívar geschaffene Verfassung wieder auf.	
1836–1839	Vereinigung mit Peru.	
1839	Nach Santa Cruz' Sturz wird das Land zum Spielball militärischer Despoten (caudillos bárbaros) und verfällt der *Anarchie*.	*Anarchie*
1879	Ein Grenzkonflikt mit Chile führt zum *Salpeterkrieg* (1. März).	*Salpeterkrieg*
1880	Nach der Niederlage bei Tacna zieht sich Bolivien aus dem Krieg zurück.	
1884 4. April	Im Abkommen von Valparaiso muss Bolivien seine Küstenprovinz Antofagasta an Chile abtreten (endgültig vertraglich festgelegt am 20. Okt. 1904), wodurch Bolivien Binnenstaat wird. Chile verpflichtet sich zum Bau der Eisenbahn Arica–La Paz, um dem bolivianischen Handel den Zugang zum Pazifik zu erleichtern.	
1903 18. Nov.	Eine weitere territoriale Einbuße bringt der Grenzstreit mit Brasilien um das reiche Kautschuk-Gebiet von Acre, das Bolivien im Vertrag von Petropolis gegen eine Entschädigung von zwei Mio. Pfund Sterling an Brasilien abtritt, das sich seinerseits zum Bau einer Eisenbahn zwischen den Flüssen Madeira und Mamoré verpflichtet.	
1938 21. Juli	Als Folge des *Chacokrieges* mit Paraguay (1932–1935) verliert Bolivien im Frieden von Buenos Aires auch noch den größten Teil des von ihm beanspruchten Chaco boreal, womit sich das bolivianische Staatsgebiet in 120 Jahren um etwa ein Drittel des ursprünglichen vermindert hat.	*Chacokrieg*

Wirtschaftliche Entwicklung

Boliviens wirtschaftliche Entwicklung beruht vor allem auf dem meist in ausländischen Händen befindlichen *Bergbau* (Zinn, Blei, Zink, Antimon u.a.), in dem etwa 3% der Bevölkerung über 80% der Staatseinnahmen erarbeiten. Über zwei Drittel der meist aus Indianern (1938 ca. 60%) bestehenden Bevölkerung sind in der wegen ihrer primitiven Methoden wenig ertragreichen Landwirtschaft beschäftigt. 1940 beträgt die Quote der Analphabeten über 70%. Bis zum Zweiten Weltkrieg sind alle Versuche sozialer Reformen gescheitert. – (Forts. S. 1906)

Bergbau

Paraguay (1811–1945)
(Forts. v. S. 1297)

1811 15. Mai	Als eine revolutionäre Junta in Buenos Aires versucht, Paraguay unter ihre Botmäßigkeit zu zwingen, trennt sich die Provinz vom Vizekönigreich Río de la Plata.	
1813	Erklärung der Unabhängigkeit und Konstituierung als *selbstständige Republik* (12. Okt.).	*selbstständige Republik*
1814–1840	Paraguay gelingt es, unter der Diktatur von José Gaspar Rodríguez de Francia (*1766, †1840) seine Unabhängigkeit zu festigen.	
1844–1862	Während der Regierung des Präsidenten Carlos Antonio López (*1790, †1862) setzt die kulturelle und wirtschaftliche Entwicklung des Landes ein, die es zu einem der fortgeschrittensten Staaten Lateinamerikas macht.	
1864/1865	Während der Präsidentschaft von Francisco Solano López (*1827, †1870; 1862–1870) wird Paraguay (1864) mit Brasilien und (1865) auch mit Argentinien und Uruguay in den sog. *Krieg der Tripelallianz* verwickelt, der auf allen Seiten ungeheure Opfer fordert (Paraguay verliert etwa 80% seiner männlichen Bevölkerung).	*Krieg der Tripelallianz*
1870	Erst mit dem Tode des Marschalls F. S. López wird der Krieg beendet (1. März).	
bis 1876	Das Land bleibt unter *alliierter Besatzung*. Die wirtschaftliche Erholung wird durch Unruhen und Staatsstreiche erschwert.	*alliierte Besatzung*
1912–1928	Unter den Präsidenten Eduardo Schaerer (*1873, †1912; 1912–1916) und Eligio Ayala (*1888, †1930; 1924–1928) beginnen sich die innenpolitischen Verhältnisse allmählich zu stabilisieren.	

Chacokrieg	1932–1935	Im *Chacokrieg* gegen Bolivien erleidet Paraguay neue Verluste, und die menschen- und rohstoffarmen Territorien, die Paraguay von Bolivien gewinnt, können die hohen finanziellen Ausgaben des Krieges nicht ausgleichen. Erst nach dem Zweiten Weltkrieg überschreitet die Bevölkerungszahl Paraguays wieder eine Mio. und erreicht damit den Stand vor dem Tripelallianzkrieg. Bemerkenswert ist der hohe Bevölkerungsanteil der Mestizen (1938 ca. 95%); die Zahl der europäischen Einwanderer und der Zustrom ausländischen Kapitals sind gering. Als Binnenstaat, reines Agrarland und ohne erwähnenswerte Bodenschätze gehört Paraguay zu den wirtschaftlich ärmsten Ländern Südamerikas. – (Forts. S. 1909)

Uruguay (1811–1945)
(Forts. v. S. 1297)

Banda Oriental	1811	Der Kampf gegen die spanische Herrschaft beginnt, der gleichzeitig zu einem Konflikt zwischen Argentinien und Brasilien um die *„Banda Oriental"* (d.h. „Ostseite" des Río Uruguay; alter Name für Uruguay) wird.
	1816	Führer der Unabhängigkeitsbewegung ist der Milizoffizier José Gervasio Artigas (*1764, †1850), der von brasilianischen Truppen vertrieben wird.
	1821	Das Land wird als Cisplatinische Provinz Brasilien angeschlossen.
	1825	Aufstände gegen Brasilien, die von Buenos Aires unterstützt werden, was (1826–1828) zum Krieg zwischen Argentinien und Brasilien führt.
Unabhängigkeit	**1828** 27. Aug.	Durch britische Vermittlung wird im Vertrag von Rio de Janeiro von Argentinien und Brasilien die *Unabhängigkeit* Uruguays anerkannt.
	1830	Verabschiedung einer Verfassung (18. Juli). Als Pufferstaat ist Uruguay im 19. Jh. aber immer noch Interventionen beider Nachbarmächte ausgesetzt. Innenpolitisch leidet das Land unter den Kämpfen zwischen den liberalen Colorados („Roten") und den konservativen Blancos („Weißen"), deren Bürgerkriege Uruguay in eine permanente Anarchie stürzen. Erst am Ende des 19. Jh.s beginnt eine ruhigere politische Periode, die schließlich zur Konsolidierung unter Präsident José Batlle y Or-
Batllismo	1903–1907 1911–1915	dóñez (*1856, †1929) führt. Der *„Batllismo"* fördert Wirtschafts- und Sozialreformen, führt die Trennung von Staat und Kirche durch, ohne deshalb kirchenfeindlich zu sein, und leitet einen gemäßigten Staatssozialismus ein.
	1919	Eine neue Verfassung (1. März) legt die gemeinsame Regierung von Präsident und Staatsrat fest.
	1931–1938	Eine Wirtschaftsdepression führt zur Diktatur von Gabriel Terra (*1873, †1942), der den Staatsrat zugunsten eines autoritären Regierungssystems auflöst (Verfassung von 1934). Da Uruguay erst Ende des 17. Jh.s besiedelt wird und die Wirtschaft vorwiegend auf Viehzucht beruht, gibt es kein Sklavenproblem. Die Indianer sind Anfang des 19. Jh.s ausgerottet. Die europäische Einwanderungswelle ab 1870 trägt zur Ausbildung eines breiten Mittelstandes bei. – (Forts. S. 1910)

Argentinien (1810–1945/46)
(Forts. v. S. 1297)

	1810 25. Mai	Eine aus Kreolen bestehende Junta setzt den spanischen Vizekönig von Rio de la Plata ab und bildet in Buenos Aires eine autonome Regierung.
	1810/1811	Die Versuche scheitern, Alto Perú (Bolivien) und Paraguay zum Anschluss an Buenos Aires zu bewegen.
Unabhängigkeit von Spanien	**1816** 9. Juli	Die Vereinigten Provinzen des Río de la Plata erklären in Tucumán ihre *Unabhängigkeit von Spanien*. Bürgerkriege zwischen Unitariern (vor allem Kaufleute der Provinz Buenos Aires) und Föderalisten (besonders Handwerker und Viehzüchter des Binnenlandes) erschweren eine Konsolidierung des Staates.
	1825/1826	Nachdem unter dem unitarischen Präsidenten Bernardino Rivadavia eine Beruhigung eintritt, flammen die Unruhen wieder auf.
	1829–1852	Der föderalistische Präsident (1829–1832) und spätere Diktator (1835–1852) Juan Manuel de Rosas (*1793, †1877) unterdrückt jede Opposition. Seine autoritäre Regierungsform bildet die Grundlage für den späteren argentinischen Einheitsstaat.
	1833	Briten annektieren die Falklandinseln. Als Präsident Rosas aktiv in die uruguayischen Bürgerkriege eingreift, erzwingt eine britisch-französische Intervention den Rückzug der argentinischen Truppen (1845).

1838–1840	Konflikte mit den im Land lebenden Franzosen führen zur Blockade des Hafens von Buenos Aires durch französische Kriegsschiffe.	
1852 3. Febr.	Gegen Rosas verbündet sich der Gouverneur von Entre Ríos, Justo José de Urquiza (*1800, †1870), mit Corrientes, Paraguay, Uruguay und Brasilien und besiegt Rosas entscheidend bei Caseros.	
1853 25. Mai	Buenos Aires trennt sich von den übrigen Provinzen, welche nun die *Argentinische Konföderation* bilden, die eine neue Verfassung annimmt (mit geringen Änderungen bis 1949 in Kraft). Bundeshauptstadt der Konföderation wird Paraná.	*Argentinische Konföderation*
1854–1860	Alle Versuche des Präsidenten Urquiza, die Wiedervereinigung mit Buenos Aires zu erreichen, schlagen fehl.	
1862	Diese gelingt erst General Bartolomé Mitre (*1821, †1906), der als Gouverneur von Buenos Aires das Heer der Konföderation besiegt (1861) und zum ersten verfassungsmäßigen Präsidenten des *wieder vereinigten Argentinien* gewählt wird (1862–1868).	*Argentinien wieder vereinigt*
1865	Argentinien wird in den Krieg gegen Paraguay verwickelt.	
1868–1874	Präsident Domingo Faustino Sarmiento (*1811, †1888) erzielt erhebliche Erfolge in der *Schul- und Bildungspolitik* (1870: über 80% Analphabeten, 1940: 10%).	*Schul- und Bildungspolitik*
1874–1880	Während der Präsidentschaft von Nicolás Avellaneda (*1836, †1888) beginnt die europäische *Masseneinwanderung* nach Argentinien, das 1869 1,8 Mio., 1880 2,5 Mio. und 1895 über vier Mio. Einwohner zählt.	*Masseneinwanderung*
1880	Buenos Aires, das von der gleichnamigen Provinz getrennt und endgültig Bundeshauptstadt wird, wächst von 180000 Einwohnern (1869) auf über eine Mio. (1905).	
1877–1883	Dem Kriegsminister und späteren Präsidenten, General Julio Argentino Roca (*1843, †1914; 1880–1886 und 1898–1904), überträgt Präsident Avellaneda die Unterwerfung des noch von Indianern besiedelten Patagonien, das in den argentinischen Staatsverband eingegliedert wird. Mit der Erschließung der Pampa vergrößert sich auch das Eisenbahnnetz rapide (1880: 2516 km, 1890: über 9000 km, 1914: 33500 km).	
1902	Außenpolitische Spannungen wegen Grenzstreitigkeiten mit Chile werden durch einen britischen Schiedsspruch beigelegt. Einwanderern und Neusiedlern stellt der Staat Subventionen und Parzellen für den Anbau von Agrarprodukten zur Verfügung. Die Grundbesitzer-Aristokratie gewinnt in Patagonien riesige neue Territorien hinzu, die vor allem für Getreideanbau und Viehzucht genutzt werden und hohe Erträge bringen. Ende des 19. Jh.s zählt Argentinien zu einer der größten Kornkammern der Welt und zu den *führenden Fleischlieferanten* auf dem Weltmarkt. Die nicht verwurzelten Pächter und Lohnarbeiter wandern in die Städte ab, wo sie, als (nach 1880) die landwirtschaftliche Massenproduktion und der Aufbau der Nahrungsmittelindustrie beginnen, in neue Berufszweige eingegliedert werden.	*führender Fleischlieferant*
1912 Febr.	Der sich rasch entwickelnde Mittelstand und die Industriearbeiterschaft melden gegen die herrschende Oligarchie ihre sozialen Forderungen an und entwickeln sich allmählich zu einer bedeutenden politischen Kraft, die durch die *Wahlrechtsreform* des Präsidenten Roque Sáenz Peña (*1851, †1914; 1910–1914), der allgemeine, obligatorische und geheime Wahlen durchsetzt, gefördert wird.	*Wahlrechtsreform*
1916	Zum ersten Mal finden in der argentinischen Geschichte wirklich freie Präsidentschaftswahlen statt, aus denen Hipólito Irigoyen (*1850, †1933; 1916–1922 und 1928–1930) als Sieger hervorgeht, mit dessen Radikaler Partei der Mittelstand zu politischem Einfluss gelangt.	
1930	Als Irigoyen die Auswirkungen der Weltwirtschaftskrise nicht auffangen kann, wird er von der Oligarchie im Bündnis mit den Militärs gestürzt, womit die *Herrschaft der Generäle* beginnt, die schließlich in den Peronismus mündet. – (Forts. S. 1912)	*Herrschaft der Generäle*

Brasilien (1808–1944/45)
(Forts. v. S. 1299)

1808	Die Übersiedlung des portugiesischen Hofes nach Brasilien bereitet faktisch die Trennung des Landes von Portugal vor: Die Reformen und die Politik König Johanns VI. (*1769, †1826) stärken die eigenstaatlichen Tendenzen.
1815	Nach Napoleons I. Sturz verwahrt sich Portugal dagegen, von einem in Übersee residierenden Herrscher regiert zu werden; andererseits nehmen die brasilianischen Abgeordneten die Einberufung der Cortes (Ständeversammlung) nach Lissabon unwillig auf.
1821 April	Johann VI. kehrt nach Portugal zurück und überlässt seinem Sohn, Dom Pedro (*1798, †1834), die Regierung in Brasilien.

AUSSEREUROPÄISCHE WELT BIS 1945 Amerika

Unabhängigkeit	1822 1. Aug.	Als die Cortes Brasilien jedoch wieder als Kolonie ansehen und politisch wie wirtschaftlich erneut von Portugal abhängig machen sowie Pedro zur Rückkehr nach Lissabon zwingen wollen, lässt dieser eine weit gehende Autonomie verkünden.
	7. Sept.	Dom Pedro erklärt in Übereinstimmung mit seinem Staatsrat auf dem Hügel von Ipiranga bei São Paulo die *Unabhängigkeit* (gorito do Ipiranga).
	12. Okt.	Proklamierung zum Kaiser Pedro I. (Peter) und Krönung in Rio de Janeiro (1. Dez.).
konstitutionelle Monarchie	1824 25. März	Nach der von Pedro I. inspirierten liberalen Verfassung wird Brasilien *konstitutionelle Monarchie*. Separatistische Aufstände in den Nordostprovinzen, der fehlgeschlagene Versuch, Uruguay zu annektieren, die Opposition der Bevölkerung gegen sein oft verfassungswidriges und auch privat kritikbedürftiges Verhalten sowie vor allem sein größeres Interesse an der portugiesischen als an der brasilianischen Politik bestimmen Pedro I. schließlich, nach dem Tod Johanns VI. in Portugal die Regierung zu übernehmen und in Brasilien zugunsten seines Sohnes abzudanken.
	1831 7. April	
	1840 23. Juli	Nach seiner Volljährigkeitserklärung übernimmt Pedro (Peter) II. (*1825, †1891) die Staatsgeschäfte.
Farrapen-Revolution	1865–1870	Die *Farrapen-Revolution* (farrapos = Lumpen) in Rio Grande do Sul wird nach zehnjähriger Dauer niedergeworfen und (1849) auch die letzte Erhebung des Nordostens in Pernambuco beendet. Außenpolitisch wird das traditionell gespannte Verhältnis zu Argentinien verbessert, mit dessen Unterstützung Brasilien Paraguay besiegt.

Das Sklavenproblem

Das Hauptproblem der Regierungszeit Pedros II. bildet die Sklaverei. Bereits 1826 fordert Großbritannien binnen fünf Jahren die *Abschaffung des Sklavenhandels,* der von der brasilianischen Regierung auch am 7. Nov. 1831 verboten wird. Jedoch hält sich niemand daran, weil zur Ausweitung der Kaffee-, Zucker- und Tabakpflanzungen immer neue schwarze Arbeitskräfte gefordert werden. Erst durch das Gesetz vom 4. Sept. 1850 gelingt es, den Sklavenhandel zu unterbinden; doch sind 1831–1850 noch fast eine halbe Mio. Sklaven nach Brasilien importiert worden. Durch den nun einsetzenden Mangel an schwarzen Arbeitskräften verlagert sich das Schwergewicht des Kaffeeanbaus von den tropischen Nordostprovinzen auf die Hochfläche von São Paulo. Da auch der Widerstand gegen die Sklaverei zunimmt, erklärt das Gesetz vom 28. Sept. 1871 die Kinder von Sklaven für frei, womit die Sklaverei allmählich abgeschafft werden soll, da die Krone aus wirtschaftlichen Gründen keine radikale Lösung will, auf die die republikanischen Kreise drängen.

Abschaffung des Sklavenhandels

	1888 13. Mai	Während eines Aufenthalts Pedros II. in Europa lässt sich die Regentin, Kronprinzessin Isabel, zur entschädigungslosen Aufhebung der Sklaverei (Lei Aurea) bestimmen. Die Großgrundbesitzer und Pflanzer, bisher Stütze der Monarchie, schließen sich den Republikanern an, die auch die Armee für sich gewinnen.
Ausrufung der Republik	1889 15. Nov.	Sturz der Monarchie und *Ausrufung der Republik*. Pedro II. und seine Familie gehen ins Exil.
Föderativrepublik	1891 24. Febr.	Bildung einer provisorischen Regierung und Verabschiedung der neuen Verfassung, die Brasilien als eine *Föderativrepublik* von 20 Bundesstaaten definiert, die über weit gehende Selbstständigkeit verfügen.
	1891–1894	Mit dem Marschall Floriano Peixoto (*1841, †1895) wird der erste verfassungsmäßige Präsident gewählt. Seine und die folgenden Regierungen haben gegen verschiedene lokale Erhebungen zu kämpfen.

Wirtschaftliche Entwicklung

1890 beginnt die Zucker- und 1896 die erste Kaffeekrise auf dem Weltmarkt, die Brasilien nur mit Hilfe britischen Kapitals überbrücken kann. 1913 geht der seit 50 Jahren anhaltende Kautschukboom zu Ende. Durch moderne Anbau- und Verarbeitungsmethoden Beginn der Industrialisierung, Ausbau des Verkehrsnetzes (1873: 1203 km Eisenbahn, 1907: 18000 km, 1931: 35646 km) sowie verstärkte Bemühungen um die schon seit der Unabhängigkeit geförderte Einwanderung (1884–1893: 880000 Einwanderer, 1894–1903: 860000, 1904–1913: über eine Mio.) gelingt es, die Schwierigkeiten zu überwinden.

tenentismo	1922	Mit dem „*tenentismo*" (= Leutnantsbewegung) beginnt der Reformversuch junger Offiziere, die sich für mehr soziale Gerechtigkeit und die Zurückdrängung des Einflusses der Oligarchie einsetzen.
	1930 24. Okt.	Im Zusammenhang mit den Folgen der Weltwirtschaftskrise, die die brasilianische Wirtschaft an den Rand des Ruins bringen, und der Aufdeckung von Wahlmanipulationen bei

	den Präsidentschaftswahlen von 1930 unterstützen die „tenentes" die *Revolution*, in der sich Getúlio Dornellas Vargas (*1883, †1954) durchsetzt und die Macht übernimmt.	*Revolution*
1932/1938	Vargas regiert autoritär und erweitert die Präsidialvollmachten, während er die Autonomie der Bundesstaaten einschränkt; er unterdrückt einen Aufstand São Paulos (1932), schlägt eine kommunistische Revolte nieder (1935) und vereitelt einen Staatsstreich der den italienischen Faschisten nahe stehenden Integralisten (1938).	
1937 10. Nov.	Mit seinem eigenen Staatsstreich (Auflösung des Kongresses, Streikverbot) proklamiert Vargas den „Neuen Staat" *(Estado Novo)*, den er diktatorisch regiert. Er verbietet alle politischen Parteien und strebt durch eine radikale Nationalisierungspolitik die völlige Assimilierung aller nichtportugiesischen Einwanderergruppen und ihrer Nachkommen an.	*Estado Novo*

Die Grundprinzipien des „Neuen Staates"

Zu den wichtigsten Prinzipien des Estado Novo gehört ein *Wirtschaftsnationalismus*, dessen Kern und Ziel die Beschleunigung der Industrialisierung ist, die auf der Grundlage der bereits vorhandenen Industriebetriebe vorangetrieben wird. Voraussetzung sind die reichen Bodenschätze (Eisen-, Mangan- und Zinnerze, Erdöl, Kohle, Bauxit, Uran u. a.). Mit Hilfe der USA erfolgt der Aufbau der ersten brasilianischen Schwerindustrie (Volta Redonda) während des Zweiten Weltkrieges, an dem sich Brasilien als Verbündeter der Alliierten beteiligt. Die alte Agrarexportwirtschaft und die auf ihr beruhende soziale Gliederung (Großgrundbesitzer, Kleingrundbesitzer, Pächter, Lohnarbeiter) bleibt trotz der Industrialisierung erhalten. Es gelingt ihnen nicht, die Spannung zwischen den steigenden Konsumerwartungen, dem Bevölkerungswachstum und dem tatsächlichen Angebot zu überwinden (zu geringe Entlohnung und zu wenig neue Arbeitsplätze).

Wirtschaftsnationalismus Bodenschätze

1944/1945	Das brasilianische Expeditionskorps (Força Expedicionâria Brasileira) wird in Stärke von über 25000 Mann auf alliierter Seite in Italien eingesetzt. – (Forts. S. 1917)	

Chile (1810–1945/46)
(Forts. v. S. 1297)

1810	Die ersten Rebellionen gegen die spanische Herrschaft werden niedergeworfen.	
1817 Febr.	Erst der Feldzug des Argentiniers José de San Martín (*1778, †1850), der zusammen mit den chilenischen Hilfstruppen von Bernardo O'Higgins (*1776, †1842) die Anden überquert, kann die Spanier vertreiben.	
1818 12. Febr.	Chile proklamiert *Unabhängigkeit*, die durch Sieg bei Maipú (5. April 1818) gesichert wird. – O'Higgins, zum „Obersten Direktor" gewählt, kann sich nicht durchsetzen.	*Unabhängigkeit*
1830–1841	Es folgen Unruhen und Parteikämpfe, die unter Präsident General Joaquin Prieto (*1786, †1854) durch seinen Universalminister Diego Portales (*1793, †1837) beendet werden.	
1833 25. Mai	Portales' Einfluss ist die Verfassung (bis 1925 in Kraft) zu verdanken, die eine starke Exekutive vorsieht. Während des halben Jahrhunderts seiner konservativen Ära kann sich Chile innenpolitisch konsolidieren und außenpolitische Erfolge erzielen.	
1839	Durch die Zerschlagung der peruanisch-bolivianischen Föderation wird die Bildung eines mächtigen Gegners im Norden verhindert.	
seit 1840	Die planmäßige Erschließung des noch von freien Araukanern bewohnten Südens, in den deutsche Siedler einwandern, beginnt.	
1865/1866	Ein spanischer Angriff wird zurückgewiesen.	
1879–1883	Im *Salpeterkrieg* gegen Peru und Bolivien gewinnt Chile das Weltmonopol für Salpeter, dessen Ausfuhrzölle eine wichtige Einnahmequelle des Staates sind, sowie reiche Kupfervorkommen. – Die Liberalen übernehmen die Regierung, deren Reformen zu Konflikten mit der katholischen Kirche führen.	*Salpeterkrieg*
1881		
1891 19. Sept.	Präsident José Manuel Balmaceda (*1838, †1891; 1886–1891) gelangt zwar zu einem Kompromiss mit der Kirche, doch wird er in einem Streit mit dem Kongress um die Macht im Staat von den Revolutionären besiegt und begeht Selbstmord. Der Sieg der Kongresspartei führt zu einer schwachen Exekutive; wechselnde Ministerien.	
1902	Grenzstreitigkeiten mit Argentinien führen fast zum Krieg, werden aber durch den britischen Schiedsspruch beigelegt. Im Gegensatz zu anderen lateinamerikanischen Ländern erreicht Chile im 19. Jh. eine solide *politische Festigung* und infolge der reichen Bodenschätze auch eine auf Handel und Bergbau beruhende günstige wirtschaftliche Entwicklung. Die reichen Vorkommen erregen das Interesse ausländischer Kapitalgeber; am Sturz Balmacedas, der die Salpetervorkom-	*politische Festigung*

men verstaatlichen wollte, wirken englische Finanzkreise mit. Durch die Industrialisierung bildet sich eine Geldaristokratie der Unternehmer heraus, der sich die traditionelle Oberschicht der Grundbesitzer anschließt. Die neuen wirtschaftlichen Zentren werden zu immer stärkeren Brennpunkten sozialer Spannungen.

1920/1938 Um einen sozialen Ausgleich bemüht sich Präsident Arturo Alessandri y Palma (*1868, †1950; 1920–1924, 1925–1926 und 1932–1938), der sich auf die Partei des Mittelstandes, „Partido Radical", stützen kann.

1929/1932 Die Weltwirtschaftskrise führt zu schweren und anhaltenden *sozialen Unruhen,* deren Höhepunkt ein kommunistischer Aufstand ist und in der Ausrufung einer „sozialistischen Republik" gipfelt, die von Alessandri aber beseitigt wird.

1938 Kommunisten, Sozialisten und der linke Flügel des Partido Radical verbinden sich zur *Volksfront* und erzwingen die Präsidentschaft ihres Kandidaten Pedro Aguirre Cerda (*1879, †1941; 1938–1941), der sich um einen weiteren Ausbau des Sozialstaats bemüht.

1942–1946 Unter dem Nachfolger Juan Antonio Ríos Morales (*1888, †1946) festigt sich die Volksfront zunächst. – (Forts. S. 1920)

NEUESTE ZEIT SEIT 1945

Viel intensiver als der Erste Weltkrieg oder andere weltweite Geschehnisse hat der Zweite Weltkrieg den ganzen Erdball erfasst. Er hat auch in den Staaten, die in die militärischen Ereignisse wenig oder nicht einbezogen wurden, teils direkt, teils indirekt, teils kurz-, teils mittelfristig tief greifende Veränderungen zur Folge. Die globale Wirkung von Ereignissen und Entwicklungen, die wechselseitigen Beziehungen und Abhängigkeiten treten nun immer deutlicher hervor und greifen stärker als jemals in die nationalgeschichtlichen Abläufe ein. Weltgeschichte wird zur *Globalgeschichte*.

*Global-
geschichte*

Daher steht am Anfang der „Überregionalen und globalen Ereignisse und Entwicklungen seit 1945" das Kapitel über Weltorganisationen und Weltwirtschaft, das bis zur Gegenwart fortgeführt wird. Die darauf folgende Darstellung der Ost-West-Beziehungen schließt dagegen mit dem Ende des Ost-West-Konflikts 1991 ab, entsprechend auch die Kapitel über die internationalen Beziehungen innerhalb der westlichen Welt beziehungsweise innerhalb der kommunistischen Welt; die Bewegung der bündnisfreien Staaten endet bereits 1989. Die Handlungsstränge dieser vier Kapitel werden integriert 1992 aufgenommen durch die Darstellung der internationalen Beziehungen seit 1992, die bis zur Gegenwart reicht und den Abschnitt der überregionalen und globalen Ereignisse und Entwicklungen seit 1945 beschließt.

Überregionale und globale Ereignisse und Entwicklungen seit 1945

Weltorganisationen und Weltwirtschaft

Kennzeichnend für die internationale Entwicklung seit 1945 sind der Ost-West-Konflikt (bis um 1989) bzw. seit etwa 1960 der Nord-Süd-Konflikt sowie die durchgängigen Bemühungen der supranationalen Organisationen im Weltmaßstab, vor allem der Vereinten Nationen (UNO – United Nations Organization), den Frieden global zu sichern und akute Wirtschaftskrisen zu verhindern, zumindest aber die schlimmsten sozialen Folgen der großen Konfliktlagen zu mildern.

Ost-West-Konflikt Der *Ost-West-Konflikt* ist ein spezifisches Problem der beiden Supermächte USA und UdSSR sowie ihrer jeweiligen Verbündeten samt ihrer regionalen, supranationalen Organisationen.

Nord-Süd-Konflikt Der *Nord-Süd-Konflikt* resultiert aus dem Nebeneinander von Staaten mit absoluter Massenarmut (Dritte Welt) und Staaten mit relativem Massenreichtum, wobei beide Staatengruppen in engen Beziehungen miteinander stehen, ja aufeinander angewiesen sind. Das Nebeneinander wird indes zunehmend nicht nur als soziales und wirtschaftliches Problem empfunden, sondern auch als anhaltender Konflikt, bei dem die Interessen der einen Seite nur gegen Interessen der anderen durchgesetzt werden können. Es bestehen verschiedene, vorwiegend politisch bedingte Auffassungen zum Problem des Nord-Süd-Konflikts:

1) Die Entwicklungsländer vertreten die Ansicht, dass das 1945 aufgebaute, kapitalistisch geprägte Freihandelssystem den Aufstieg der westlichen Industrienationen, damit aber zugleich die Unterentwicklung der Dritten Welt bewirkt habe.

2) Die UdSSR sieht den Konflikt zwischen „Imperialismus" und „Antiimperialismus", wobei sie sich selbst als Faktor des „Antiimperialismus" versteht.

3) Die Volksrepublik China apostrophiert den Kampf der „Dörfer" (Asien, Afrika und Lateinamerika) gegen die „Städte". Der Hauptwiderspruch bestehe in der Ausbeutungspolitik der beiden Supermächte und ihrer jeweiligen Verbündeten als sog. „Zweiter Welt" gegenüber der „Dritten Welt".

Industrienationen 4) In den westlichen *Industrienationen* wird der Konflikt mit der historisch bedingten Unausgewogenheit des technischen und kulturellen Standards in den verschiedenen Regionen der Erde erklärt, wobei die Besonderheiten jeder Region betont werden.

Der Nord-Süd-Konflikt ist ein primär wirtschaftliches Problem mit politischen Konsequenzen, der Ost-West-Konflikt hingegen stellt in erster Linie eine machtpolitisch-ideologische Auseinandersetzung mit wirtschaftlichen Konsequenzen dar, wobei sich allerdings beide Konfliktarten 1960 in zunehmendem Maße miteinander verzahnen. Die Ursache dafür liegt einmal im Machtzuwachs der UdSSR, die sich durch militärische Aufrüstung in die Lage versetzt hat, überall in der Welt ihrem Interesse entsprechend intervenieren zu können, zum anderen in dem Bemühen der USA, sich des Wohlverhaltens der rohstoffreichen und strategisch günstig gelegenen Entwicklungsstaaten zu versichern und schließlich in der Neigung zahlreicher Staaten der *Dritten Welt*, „blockfrei" zu bleiben, sich dabei aber doch durch eine Pendelpolitik im Rahmen des Ost-West-Konflikts Vorteile zu verschaffen.

Dritte Welt

supranationale Organisationen Die *supranationalen Organisationen* im Weltmaßstab vermögen beide Konflikttypen nicht aufzuheben, bestenfalls die Beilegung jeweiliger gewaltsamer regionaler Auseinandersetzungen zu beschleunigen oder ihren Verlauf unter Kontrolle zu halten. Sie tragen aber dazu bei, strukturelle Wirtschaftskrisen zu mildern, die Interessen der Entwicklungsstaaten wirksam zu vertreten und den kleinen Staaten einen organisatorischen Aktionsrahmen gegenüber den Großmächten und Industriestaaten zur Verfügung zu stellen. Andererseits sind sie nicht in der Lage, das Nationalstaatsprinzip zu überwinden. Dazu sind die regionalen supranationalen Organisationen eher im Stande, indem sie Teile nationaler Souveränität übernehmen, wenngleich auch hier endgültige historische Entscheidungen noch nicht gefallen sind. Generell nimmt die Bedeutung supranationaler Organisationen vor allem nach dem Ende des Ost-West-Konflikts zu, ihre Aktivitäten weiten sich speziell in der Wirtschaftspolitik, bei der Bewältigung sozialer Probleme und schließlich auch im Umweltschutz aus.

	1945 4.–11. Febr.	Die drei Großmächte USA, UdSSR und Großbritannien einigen sich in Jalta, als Gründungsmitglieder der künftigen Weltorganisation die bis zum 8. Febr. 1945 den Vereinten Nationen beigetretenen Länder zur ersten Sitzung der Generalversammlung nach London einzuladen.
Internationaler Gerichtshof	26. Juni	Statut des *Internationalen Gerichtshofes* verabschiedet.
Vereinte Nationen	24. Okt.	Die einstimmig beschlossene (26. Juni) Charta der *Vereinten Nationen* tritt in Kraft, nachdem die fünf Großmächte (China, Frankreich, Großbritannien, UdSSR und USA) sowie die

	Mehrheit der übrigen Unterzeichnerstaaten die Ratifikationsurkunden bei der US-Regierung hinterlegt haben.	
15. Nov.	USA, Großbritannien und Kanada verkünden die *Atom-Charta,* durch welche die Kontrolle über sämtliche Kernenergieprojekte durch die UNO gewährleistet werden soll.	Atom-Charta
27. Dez.	Abkommen über Errichtung der Internationalen Bank für Wiederaufbau und Entwicklung (IBRD), kurz *Weltbank* genannt. Ihre Hauptaufgabe ist die durch staatliche Garantien abgesicherten Finanzierungen von Entwicklungsprojekten.	Weltbank
	Gründung eines internationalen Finanzierungsfonds – IMF (International Monetary Fund).	
1946 10. Jan.	Erste Sitzung der Generalversammlung der Vereinten Nationen in London; einige Tage später treten der Sicherheitsrat sowie der Wirtschafts- und Sozialrat zu ihren konstituierenden Sitzungen zusammen.	
24. Jan.	UN-Generalversammlung beschließt die Bildung einer Atomenergiekommission, welche Vorschläge für die Beseitigung atomarer Waffen ausarbeiten soll. Wegen der Kontrollprobleme kann aber über die Vorschläge keine Einigung erzielt werden, da die UdSSR Eingriffe in innere Angelegenheiten verweigert.	
18. Febr.	Der Ausschuss für die Internationale Handelsorganisation (International Trade Association) wird gegründet.	
9. April	Geschäftsordnung des Sicherheitsrates festgelegt.	

Der Organisationsaufbau der Vereinten Nationen

Im Organisationssystem der Vereinten Nationen ist zwischen Hauptorganen, Spezialorganen, Ausschüssen und Sonderorganisationen zu unterscheiden.

Hauptorgane sind die Generalversammlung (General Assembly), der Sicherheitsrat (Security Council), der Wirtschafts- und Sozialrat (Economic and Social Council – ECOSOC), der Treuhandschaftsrat (Trusteeship Council), der Internationale Gerichtshof (International Court of Justice) und das Sekretariat.

Die *Generalversammlung* (Vollversammlung) ist das Hauptorgan, dem sämtliche Mitgliedstaaten mit Sitz und Stimme angehören. Sie entscheidet über die Zusammensetzung der anderen Hauptorgane, übt die Kontrolle über den Haushalt und die Verwaltung aus, erörtert die Angelegenheiten, die im Rahmen der Charta liegen oder die Funktionen jedes anderen Organs betreffen, schließlich gibt sie Empfehlungen an die Mitgliedstaaten und den Sicherheitsrat.

Der *Sicherheitsrat,* für die Friedenssicherung zuständig, ist ein Organ mit begrenzter Mitgliederzahl. Er umfasst fünf ständige Mitglieder (China – zunächst Nationalregierung bzw. Taiwan, seit 1971 Volksrepublik – Frankreich, Großbritannien, UdSSR und USA) sowie zehn nichtständige Mitglieder, die für zwei Jahre aus dem Kreis der Mitgliedstaaten der UN gewählt werden. Für Beschlüsse sind zehn Stimmen erforderlich, bei anderen als Verfahrensfragen sind aber die Stimmen der fünf ständigen Mitglieder nötig (Vetorecht). Durch ihre ständige Mitgliedschaft im Sicherheitsrat kommt den fünf Mächten ein besonderes Gewicht zu, da sie in der Lage sind, darüber zu entscheiden, ob Abrüstungs- bzw. Rüstungskontrollfragen den UNO-Gremien vorgelegt, oder ob diese bilateral behandelt werden sollen.

Der Wirtschafts- und Sozialrat besteht aus 54 Mitgliedern, von denen 18 für die Dauer von drei Jahren gewählt werden. Er ist das wirtschaftspolitische Hauptorgan der Vereinten Nationen, das unter Aufsicht der Generalversammlung steht. Die ihm zugeordneten Sonderorganisationen erstatten ihm Bericht.

Der Treuhandschaftsrat ist das Organ für den Fragenkomplex der Dekolonisierung und der Verwaltung der Treuhandgebiete. Er untersteht ebenfalls der Kontrolle der Generalversammlung. Im Treuhandschaftsrat sowie im Wirtschafts- und Sozialrat lassen sich die Interessen der Staaten der Dritten Welt nachhaltiger als etwa im Sicherheitsrat vertreten.

Der *Internationale Gerichtshof* ist ein richterliches Organ, das weniger stark in die Organisation der Vereinten Nationen integriert ist; seine Rechtsprechung vollzieht sich im unabhängigen Rahmen.

Das Sekretariat ist das zentrale Verwaltungsorgan mit einem Generalsekretär an der Spitze. Neben Verwaltungsaufgaben erfüllt der Generalsekretär auch politische Funktionen, so kann er etwa den Sicherheitsrat auf sämtliche Angelegenheiten aufmerksam machen, die nach seiner Meinung den Weltfrieden bedrohen.

Nebenorgane sind Ausschüsse, die Sicherheitsrat und Generalversammlung je nach Bedarf einrichten, sowie Kommissionen, die der Wirtschafts- und Sozialrat bilden kann. Von Bedeutung sind vor allem die Abrüstungsausschüsse: Atomenergiekommission, Kommission für konventionelle Abrüstung, Zwölfmächte-Ausschuss, UN-Abrüstungskommission, Achtzehnmächte-Ausschuss.

Von den Nebenorganen zu unterscheiden sind die Spezialorgane und Sonderorganisationen, die aufgrund zwischenstaatlicher Übereinkünfte auf den Gebieten der Wirtschaft, des Sozialwesens, der Kultur, der Erziehung und Gesundheit entstehen und durch besondere Abkommen mit den Vereinten Nationen verbunden sind.

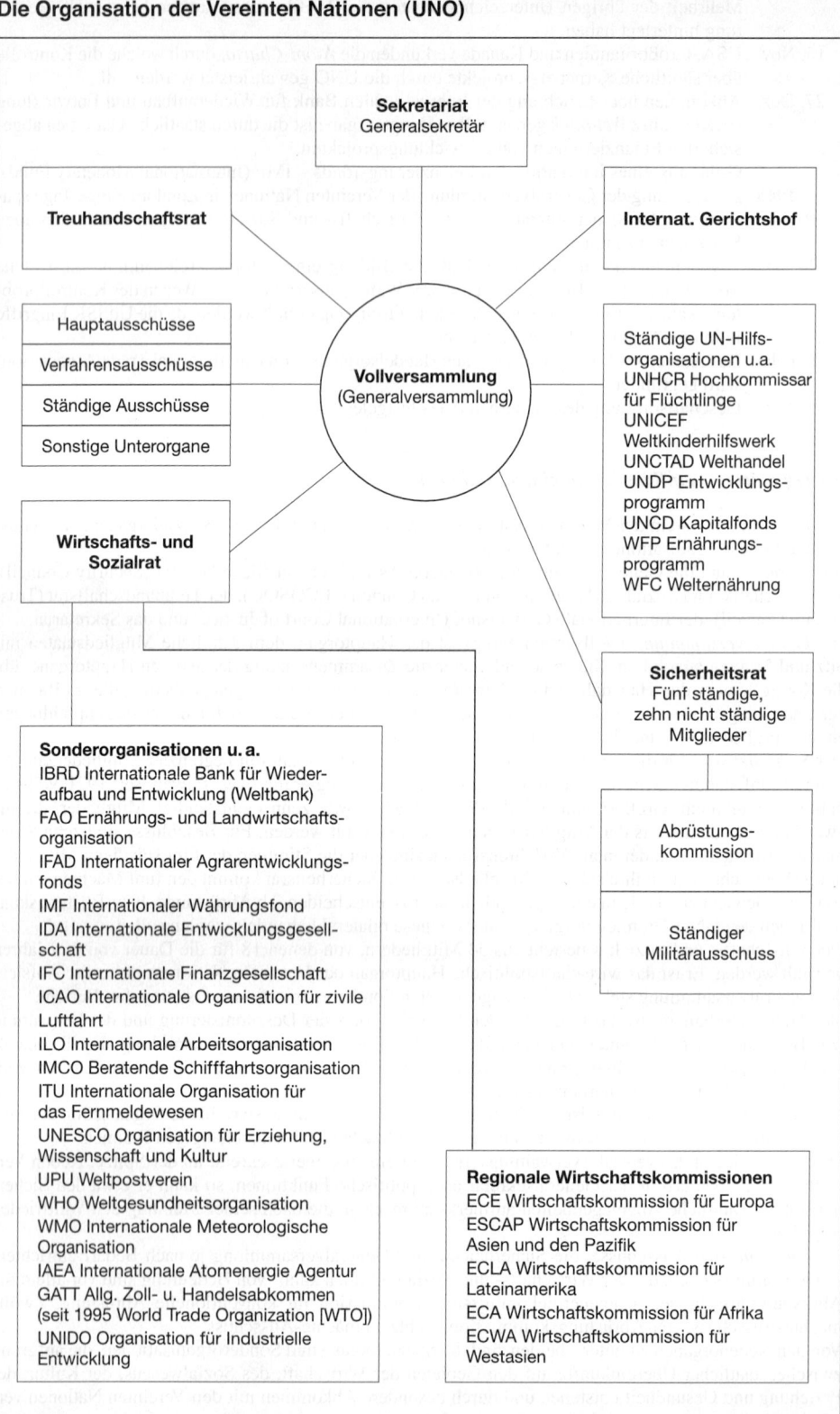

Das Organisationsschema der Vereinten Nationen ist nicht starr; es entwickelt sich seit 1945 ständig weiter, wobei Kompetenzverschiebungen zwischen Hauptorganen, Ausschüssen, Spezialorganen und Sonderorganisationen die Regel bilden. Diese resultieren in erster Linie aus der starken Position der fünf ständigen Mitglieder des Sicherheitsrates. In den fünfziger Jahren dominieren die USA mit ihren Verbündeten, die in der Generalversammlung über solide Mehrheiten verfügen. Seit Anfang der 1960er-Jahre verschieben sich jedoch die Mehrheitsverhältnisse zu Gunsten der Entwicklungsstaaten, was die UdSSR häufig für ihre Interessen auszunutzen versteht. Die USA messen seitdem der UNO nicht mehr das gleiche Gewicht bei wie zuvor und gehen häufig dazu über, das Instrument des *Vetorechts* anzuwenden, ein Mittel, zu dem auch die Sowjetunion immer mehr greift, was schließlich die Effektivität der UN-Maßnahmen bis um 1989 stark beeinträchtigt.

Vetorecht

1947
13. Febr. Der UN-Sicherheitsrat bildet eine Kommission für *konventionelle Abrüstung*, deren Arbeit jedoch durch den Ausbruch des kalten Krieges behindert wird.

konventionelle Abrüstung

26. März Gründung des UN-Treuhandschaftsrates.

10. April Beginn der Genfer Konferenz über einen nationalen Zollabbau und über die Beseitigung von Handelshemmnissen.

26. Mai Die Vereinten Nationen schalten sich in den Palästina-Konflikt ein.

2. Sept. Die UNO vermittelt im Konflikt zwischen den Niederlanden und der nationalen Befreiungsbewegung in Indonesien.

31. Okt. In Genf unterzeichnen 23 Staaten das *GATT-Abkommen* (General Agreement on Tariffs and Trade) zur Herabsetzung der Zolltarife und Handelsschranken. Die UdSSR und die mit ihr verbündeten Staaten (ausgenommen ČSR) schließen sich nicht an (sie bilden den Rubelblock).

GATT-Abkommen

21. Nov. Beginn der Konferenz der Vereinten Nationen für Handel und Beschäftigung in Havanna (Kuba), an der 63 Nationen teilnehmen.

1948
24. März 54 Staaten nehmen auf der Konferenz in Havanna die sog. Havanna-Charta an: Grundsätze für den internationalen Handelsverkehr, Senkung der Zölle, allgemeine Meistbegünstigung und Abbau der Handelsschranken sowie für eine internationale Handelsorganisation. Die Charta wird jedoch nicht in Kraft gesetzt, weil vor allem der Kongress der USA (auf Veranlassung der Industrielobby) eine Ratifizierung verweigert. Kapitel IV (Handelspolitik) der Chartabestimmungen beeinflusst aber direkt das GATT-Abkommen.

Aufbau und Ziele von GATT im Welthandelssystem

Das GATT-Abkommen ist ein *multilateraler Handelsvertrag*, der auf der Vorstellung beruht, dass die Erhöhung des Lebensstandards, Vollbeschäftigung, die wirksame Nachfrage und Erschließung der Rohstoffe nur durch einen möglichst unbehinderten Wettbewerb auf dem Weltmarkt zu verwirklichen sind. Ursprünglich ist GATT lediglich als ein Provisorium für eine Übergangszeit bis zum In-Kraft-Treten der Havanna-Charta gedacht. Nachdem diese nicht ratifiziert wird, entsteht die Notwendigkeit, GATT allmählich mit eigenen Organen auszugestalten. Im Rahmen von GATT verschwinden die westlichen Währungsblöcke (Dollar, Pfund Sterling, Franc) fast gänzlich.

multilateraler Handelsvertrag

Oberstes Organ ist die *GATT-Versammlung*, in welcher die Vertreter der Vertragsstaaten in regelmäßigen Abständen zusammenkommen. Die Zuständigkeit der GATT-Versammlung ist umfassend: Sie erstreckt sich, neben der Erörterung aktueller handelspolitischer Fragen, von der Förderung des Abbaus von Zolltarifen über die Schlichtung bei Streitfällen bis zur Erteilung von Ausnahmegenehmigungen im Handelsverkehr. Beschlüsse werden mit einfacher bzw. mit Zweidrittel-Mehrheit gefasst (jedes Mitglied hat nur eine Stimme).

GATT-Versammlung

Seit 1960 besteht ein *GATT-Rat*. Er trägt dem Wunsch der größeren Handelsnationen nach einer Plattform für häufigere Zusammenkünfte zwischen den Sitzungsperioden der GATT-Versammlung Rechnung. Der Rat tritt etwa neunmal im Jahr zusammen und behandelt dann die anstehenden Probleme. Der Geschäftsführung untersteht ein Sekretariat, das 1968 gemeinsam mit der 1964 ins Leben gerufenen Konferenz der Vereinten Nationen für Handel und Entwicklung *(UNCTAD* – United Nations Conference on Trade and Development) das Internationale Handelszentrum verwaltet. GATT verfügt über Ausschüsse für den Handel mit Agrar- und Industrieprodukten, für Zahlungsbilanzprobleme sowie für Handel und Entwicklung allgemein.

GATT-Rat

UNCTAD

Die GATT-Konzeption erfährt in den 1950er-Jahren durch die Gründung der Europäischen Wirtschaftsgemeinschaft (EWG) und den Übergang zu supranationalen Zöllen und Handelskonditionen Änderungen. Einen Teil ihrer Aufgaben übernimmt in den 1960er-Jahren die Weltwirtschaftskonferenz UNCTAD. 1996 wird GATT durch die Welthandelsorganisation WTO (World Trade Organisation) abgelöst, die in Anpassung an die globalen Trends Strukturen und Ziele weit gehend beibehält.

Weltmarkt

Das Bemühen der USA und der westlichen Industriestaaten, im Rahmen des GATT einen *Weltmarkt* aufzubauen, gelingt insofern, als im Zeitraum 1945–1971 der Welthandel stetig und rasch wächst (Wert der Exporte steigt weltweit von 57,5 Mrd. US-Dollar im Jahr 1948 auf 704,3 Mrd. US-Dollar 1972); andererseits ist festzuhalten, dass ein die gesamte Erde umfassender Welthandel zunächst nicht entstanden ist, weil zwei unterschiedlich strukturierte Wirtschaftsblöcke, nämlich der westliche und der östliche, sich im gleichen Zeitraum ohne herausragende Quoten im Handel untereinander gegenüberstehen, was nicht zuletzt seine Ursache im Fehlen von Marktverhältnissen innerhalb des staatsmonopolistischen Wirtschaftssystems im Osten hat.

Der von den westlichen Industriestaaten geprägte Weltmarkt weist seinerseits drei Hauptmerkmale auf:
1. Die Industriestaaten besitzen die Neigung, vorwiegend miteinander Handel zu treiben. Ihr Handel macht den weitaus größten Anteil an der Gesamtmenge der umgeschlagenen Waren aus, während der Handel mit den Ostblockstaaten dagegen nur einen Bruchteil beträgt.
2. Es ist eine starke Tendenz zur *internationalen Spezialisierung* im Produktionsbereich zu verzeichnen, welche die einzelnen nationalen Volkswirtschaften aneinander bindet und vom Außenhandel abhängig macht. Die Einfuhren wachsen dabei in einem schnelleren Rhythmus als das nationale Sozialprodukt. Demgegenüber entwickelt sich der Anteil der Entwicklungsländer am Welthandel relativ rückläufig.
3. Die einzelnen Staaten sind ungleich am Welthandel beteiligt. Eine Minderheit hoch entwickelter Industrienationen (USA, Bundesrepublik Deutschland, Japan, Frankreich, Großbritannien) sichert sich gegenüber der überwältigenden Mehrheit den Hauptanteil am Weltmarkt.

Nach 1948 orientieren sich die großen Handelsmächte zunächst an ihren traditionellen Handelsräumen: Die USA stehen hauptsächlich mit Lateinamerika und Kanada in Beziehung; Großbritannien mit den Staaten des ehemaligen Sterling-Blocks (u. a. Indien, Australien, Neuseeland) und Frankreich mit den Staaten der früheren Franc-Zone (afrikanische Staaten). Diese Orientierungen sind in den fünfziger und sechziger Jahren rückläufig; vor allem Frankreich, aber auch Großbritannien richten ihren Handel zunehmend stärker auf die Europäische Gemeinschaft.

multinationale Konzerne

Das Welthandelssystem und die Spezialisierung im Produktionssektor begünstigt den Aufstieg *multinationaler Konzerne*. Diese sind privatwirtschaftliche Unternehmen, die einen grenzüberschreitenden Verkehr von Waren, Kapital und Arbeit vornehmen. Ihre Produktion ist auf mehrere Staaten ausgedehnt, wird aber von einer einzigen Zentrale (in der Regel befindet sich der Sitz im Stammland) gesteuert. Die wirtschaftlichen Aktivitäten multinationaler Unternehmen können sowohl im jeweiligen Stammland als auch in den Gastländern Abhängigkeiten schaffen, so etwa wenn der in Gang gesetzte Kapitalabfluss die Zahlungsbilanz des Stammlandes verschlechtert oder wenn politische, ökonomische und kulturelle Verhältnisse des Stammlandes auf die Gastländer übertragen werden.

Entwicklungsländer

Insbesondere *Entwicklungsländer* und kleinere Staaten, deren Organisationsrahmen und Budgetumfang häufig geringer sind als die eines einzigen multinationalen Konzerns, richten ihre Kritik auf einseitig vom Konzerninteresse bestimmte Produktionsziele sowie auf die Einfuhr kapitalintensiver Produktionsmethoden, mit denen nicht in ausreichendem Maße Arbeitsplätze geschaffen werden. Ferner wird beklagt, dass die internationalen Konzerne bei ihren Investitionen wegen fehlender Infrastruktur die ärmsten Regionen der Erde vernachlässigen und durch ihre politisch-wirtschaftliche Potenz die Terms of Trade für Rohstoffe zu ihren Gunsten beeinflussen.

Ausfuhr der Entwicklungsländer

Umfang und regionale Gliederung der Ausfuhr der Entwicklungsländer

Jahr	Welt insgesamt Mrd. US-$	%	Westliche Industrieländer Mrd. US-$	%	EG Mrd. US-$	%	Entwicklungsländer Mrd. US-$	%	Osteuropäische Staaten Mrd. US-$	%
1965	38,5	20,7	26,7	69,2	9,1	23,5	8,5	22,1	2,5	6,4
1970	57,3	18,3	40,5	70,7	19,0	33,1	12,6	22,0	3,3	5,8
1975	218,1	25,0	151,0	69,2	62,9	28,8	53,2	24,4	10,3	4,7
1980	586,9	29,3	401,3	68,4	172,6	29,4	155,5	26,5	23,0	3,9
1985	490,6	25,4	299,2	61,0	94,7	19,3	160,2	32,7	26,2	5,3
1990	774,6	22,8	469,5	60,6	171,5	22,1	255,3	33,0	28,1	3,6
1995	836,8	21,5	501,5	64,4	195,0	24,1	271,4	31,3	27,5	3,2

1948
9. Dez. Entschließung der UN-Generalversammlung gegen Gruppen- und Massenmord als Verbrechen im Sinne des Völkerrechts.

10. Dez.	Die Generalversammlung der Vereinten Nationen nimmt die „Deklaration der Menschenrechte" an, die davon ausgeht, dass alle Menschen frei und gleich an Würde und Rechten geboren sind.	*Deklaration der Menschenrechte*
1949 12. Aug.	Genfer Abkommen über Hilfeleistungen des Internationalen Roten Kreuzes bei Konfliktfällen (Behandlung von Verwundeten, Kranken im Feld und zur See, Kriegsgefangenen, Schutz von Zivilpersonen).	
12. Sept.	USA, Großbritannien und Kanada vereinbaren auf der Finanzkonferenz in Washington, die Dollarerlöse des Sterling-Blocks zu vermehren und die Investitionen von US-Kapital im Ausland zu steigern.	
1950 25. Juni	Der UN-Sicherheitsrat verurteilt den Vorstoß nordkoreanischer Truppen über die Demarkationslinie (38. Breitengrad) nach Süden und beschließt eine Kollektivintervention.	
7. Juli	Resolution des UN-Sicherheitsrates über die Bildung einer UN-Truppe unter einem Kommando der USA für den Einsatz in Korea. Die Resolution kommt zu Stande, weil die UdSSR den Sicherheitsrat boykottiert (Anlass ist die Übernahme des Vorsitzes durch den Vertreter Taiwans) und daher kein Veto einlegen kann.	
30. Nov.	Die Resolution 377 (V) „Uniting for Peace" der Generalversammlung bedeutet die Wende vom in der Charta der UN niedergelegten System der kollektiven Sicherheit zu einem System der kooperativen Friedenswahrung. Die UdSSR verhält sich zunächst ablehnend. Die Resolution ermächtigt die Generalversammlung der Vereinten Nationen zu Empfehlungen von Kollektivmaßnahmen der Vereinten Nationen, wenn der Sicherheitsrat (aufgrund des Vetorechts der fünf ständigen Mitgliedsstaaten) selbst nicht in der Lage ist, eine Entscheidung zu treffen. Um dies zu ermöglichen, sollen „Sondersitzungen" einberufen werden können. Das System, das auf Ausmanövrierung der UdSSR angelegt ist, setzt sich jedoch nicht gänzlich durch.	*Uniting for Peace*
1951 26. Dez.	Die USA veröffentlichen im Rahmen der MSA *(Mutual Security Agency)* eine Liste von 313 Waren und Rohstoffen, die nicht an Ostblockstaaten geliefert werden dürfen: 1. Waffen, 2. Produkte zur Erzeugung von Atomenergie, 3. Maschinen und 4. Rohstoffe.	
1952 11. Jan.	Auflösung der Atomkommission, da die UdSSR in ihr nicht mitarbeitet. Auf Beschluss der Generalversammlung Bildung einer neuen Abrüstungskommission, die den Auftrag erhält, koordinierte Pläne für die Regelung, Begrenzung und ausgewogene Reduzierung aller Streitkräfte auszuarbeiten und Vorschläge für das Verbot von Massenvernichtungswaffen vorzulegen.	
12. Dez.	Zwölf Staaten Asiens und Afrikas bekunden auf einer Konferenz in Kairo ihren Willen zur Neutralität im Ost-West-Konflikt. An diesem Tag beginnt die Bewegung der „blockfreien Staaten".	*blockfreie Staaten*
1954	Errichtung eines Ausschusses der Vereinten Nationen zur Ausarbeitung umfassender Abrüstungspläne (April).	
26. April	Beginn der Genfer Konferenz über Korea und Indochina (Teilnehmer: USA, UdSSR, Großbritannien, VR China, Frankreich sowie 15 UN-Staaten, die Truppen nach Korea entsandt haben). Keine Einigung über die Koreafrage.	
21. Juli	Schlusserklärung der Genfer Konferenz über den Indochinakonflikt: Ende der Kampfhandlungen in Kambodscha, Laos und Vietnam (Demarkationslinie verläuft am 17. Breitengrad). Abzug französischer Truppen; die drei Indochinastaaten erhalten Unabhängigkeit; allgemeine Wahlen für Juli 1956 vorgesehen.	
1955 18.–24. April	Konferenz in Bandung: Die teilnehmenden 23 asiatischen und sechs afrikanischen Staaten erzielen Einigung über eine neutrale Haltung im Ost-West-Konflikt, beschließen die Unterstützung von Unabhängigkeitsbewegungen, verurteilen jegliche Rassendiskriminierung, stimmen für den Kampf um Menschenrechte und Selbstbestimmung sowie für eine allgemeine Abrüstung und das Verbot der Herstellung, Erprobung und Anwendung nuklearer und thermonuklearer Waffen.	
25. Mai	Gründung der International Finance Corporation *(IFC)* zur Förderung privater Interessen in Entwicklungsländern.	
1956 26. Okt.	Gründung der Internationalen Atomenergie-Organisation (International Atomic Energy Agency – IAEA) mit Sitz in Wien.	
31. Okt.	Die UdSSR stimmt im *Sueskonflikt* der Einberufung des Sicherheitsrates aufgrund Resolution 377 (V) „Uniting for Peace" zu und erkennt sie damit im Nachhinein indirekt an.	*Sueskonflikt*
2. Nov.	Die UN-Generalversammlung stimmt dem Antrag der USA zu, die Kämpfe in Ägypten (britisch-französisch-israelischer Angriff auf Ägypten) sofort zu beenden.	
4./5. Nov.	Die UN-Generalversammlung beschließt die Aufstellung einer *Friedenstruppe für Nahost* (UNEF). Sie beruft, da der Sicherheitsrat durch das Veto der militärisch in Ägypten operierenden Mitgliedsstaaten, Frankreich und Großbritannien, blockiert ist, ein Oberkommando	*Friedenstruppe für Nahost*

Ungarnkonflikt	9. Nov.	für eine Internationale Streitmacht ein, dessen Oberbefehlshaber dem Generalsekretär untersteht. Die UN-Streitmacht setzt sich aus Truppen von Staaten zusammen, die nicht ständige Mitglieder des Sicherheitsrates sind. Sämtliche am Konflikt beteiligte Staaten erklären sich mit dem Verfahren der Einrichtung einer Sicherheitstruppe einverstanden. (Herausbildung der Regeln für alle zukünftigen Einsätze von UN-Friedensstreitkräften.) Die UN-Generalversammlung fordert in einer Entschließung den sofortigen Abzug sowjetischer Truppen aus *Ungarn* und empfiehlt die Abhaltung freier Wahlen. Die UdSSR lehnt beides ab.
	1957 2. März	Der Streit im Nahostkonflikt um den Golf von Akaba und den Gasa-Streifen zwischen Israel einerseits und Jordanien bzw. Ägypten andererseits wird durch UN-Vermittlung beigelegt, der Gasa-Streifen UN-Kontrolle unterstellt.
	15. Sept.	Die UN-Generalversammlung verurteilt das Eingreifen der UdSSR in Ungarn sowie die Missachtung der UN-Beschlüsse vom 9. Nov. 1956.
	1960 14. Sept.	UN-Sicherheitsrat beschließt auf Ersuchen der kongolesischen Regierung die Entsendung einer UN-Streitmacht (14. Juli).
OPEC	14. Sept.	Erdöl exportierende Länder (Iran, Irak, Kuwait, Saudi-Arabien und Venezuela) schließen sich in Bagdad zur Organisation Erdöl exportierender Länder (*OPEC* – Organization of Petroleum Exporting Countries) zusammen.
	14. Dez.	Erklärung der Vereinten Nationen über die Gewährung der Unabhängigkeit kolonialer Länder und Völker. Die UNO fordert die Beendigung des Kolonialismus in jeglicher Form.
	1961 21. Febr.	Der UN-Sicherheitsrat ermächtigt UNO-Generalsekretär Dag Hammarskjöld (*1905, †1961) zu Maßnahmen, die abtrünnige Provinz Katanga, notfalls mit Waffengewalt, dem kongolesischen Gesamtstaat (heute: Demokratische Republik Kongo) wieder einzugliedern.
	1.–6. Sept.	Die Konferenz der blockfreien Staaten in Belgrad fordert für den Kongo und für Kuba das Selbstbestimmungsrecht und schlägt die Lösung der Berlin- und Deutschlandfrage ohne Gewalt vor.
	18. Sept.	Generalsekretär Dag Hammarskjöld kommt bei seinem Versuch, durch persönliches Eingreifen den Kongo-Konflikt zu beenden, durch einen Flugzeugunfall ums Leben.
	20. Dez.	Die UN-Generalversammlung billigt die Gründung eines Achtzehn-Mächte-Ausschusses für Abrüstung, den die Genfer Außenministerkonferenz 1959 ins Leben gerufen hat.
Wirtschaftskonferenz in Kairo	**1962** 9.–18. Juli	*Wirtschaftskonferenz* von blockfreien Staaten und Entwicklungsländern *in Kairo*, auf der die Interessen gegenüber den Industriestaaten zum ersten Mal programmatisch vorgetragen werden (insbesondere Forderung nach einer Erhöhung und Stabilität der Rohstoffpreise). Die Entwicklungsländer, die einen deutlichen wirtschaftlichen und sozialen Rückstand gegenüber den westlichen und östlichen Industriestaaten aufweisen (gemeinsame Merkmale des Entwicklungsrückstands sind u. a. das Ungleichgewicht der Produktionsfaktoren, die geringe Zahl von Fachkräften und die Einseitigkeit der Produktionsstrukturen), geben ihrer Überzeugung deutlich Ausdruck, dass sie nur als gemeinsam handelnde Gruppe ihre eigenen Interessen gegenüber den wohlhabenden Nationen durchsetzen können.
	3. Aug.	Beschluss des UN-Wirtschafts- und Sozialrates, eine Konferenz für Handel und Entwicklung einzuberufen.
Weltwährungsprobleme	**1963** 2. Okt.	Der Zehnerclub (Zusammenschluss von zehn führenden westlichen Industriestaaten zum Ausgleich von Zahlungsbilanzdefiziten) des Internationalen Währungsfonds (IMF) tritt zur Untersuchung von *Weltwährungsproblemen* zusammen.
	20. Nov.	Entschließung der Vereinten Nationen über die Beseitigung aller Formen von Rassendiskriminierung.
UNCTAD	**1964** 23. März– 16. Juni	UNCTAD I: Konferenz der Vereinten Nationen für Handel und Entwicklung (*UNCTAD* – United Nations Conference on Trade and Development*)* in Genf unter Teilnahme von 120 Staaten sowie zum ersten Mal auch von Vertretern der EWG, EFTA und des Rates für Gegenseitige Wirtschaftshilfe (COMECON). Ziel ist eine Verbesserung der Position von Rohstoffe liefernden Entwicklungsstaaten gegenüber den Rohstoffe verarbeitenden Industriestaaten. In der Schlussakte wird die Notwendigkeit von internationaler Arbeitsteilung hervorgehoben und der Abschluss internationaler Rohstoffabkommen empfohlen.
	4. Mai	Beginn der sog. Kennedy-Runde im Rahmen von GATT mit dem Ziel, einen ganze Gütergruppen umfassenden Zollabbau anzustreben. Gegenstand sind alle Kategorien industrieller und nichtindustrieller Erzeugnisse einschl. der Agrarprodukte und Rohstoffe.
	30. Dez.	UNCTAD konstituiert sich als ständiges Organ der UN-Generalversammlung.

Ziele und Auswirkungen von UNCTAD

Seit 1945 sichern im Rahmen eines Freihandelssystems die Großmachtstellung der USA, der Einfluss des US-Dollars als Leitwährung auf dem Weltmarkt und die andauernden kolonialen Abhängigkeiten asiatischer und afrikanischer Völker einen verhältnismäßig leichten und billigen Zugriff der westlichen Industriestaaten auf die wichtigsten Rohstoffbasen. Der rapid wachsende *Anstieg des Rohstoffverbrauchs* einerseits und die Entkolonialisierung sowie die Entstehung neuer Staaten andererseits, Staaten, die ihre errungene Unabhängigkeit dazu benutzen, den Einfluss der Industriestaaten auf die Ausbeutung der Rohstoffvorräte zurückzudrängen, vor allem die Preisgestaltung selbst in die Hand zu nehmen oder ihr Rohstoffmonopol unter bestimmten Umständen als politische Waffe einzusetzen, lassen in den sechziger Jahren die *Verteilung der Rohstoffe* zu einem ernsthaften Problem für die Industriestaaten werden.
UNCTAD macht sich die rohstoffpolitischen Forderungen der nichtindustrialisierten Staaten zu eigen. Seitdem stellt die Diskussion um die internationale Rohstoffpolitik den Kern der Auseinandersetzungen um eine neue Ordnung der Wirtschaftsbeziehungen zwischen den entwickelten Staaten und den Staaten der Dritten Welt dar. UNCTAD markiert zudem ein Abgehen vom bestehenden Freihandelssystem und eine Hinwendung zu einer mehr dirigistischen Konzeption. Sie strebt internationale Rohstoffabkommen nicht mehr als Ausnahme, sondern als den notwendigen Regelfall und die Dynamisierung der Erlöse, gekoppelt an die Preise der Industriestaaten, an. Anlässlich von UNCTAD schließen sich 77 Entwicklungsländer aus Asien, Afrika und Lateinamerika zur sog. *„Gruppe der 77"* zusammen, der in der Folge weitere Staaten beitreten. Die „Gruppe der 77" versteht sich als ein Sprachrohr der Dritten Welt in wirtschaftlichen und entwicklungspolitischen Fragen.
Seit UNCTAD I verpflichten sich die Industriestaaten in wachsendem Maße, den Entwicklungsstaaten Kapital, technisches Wissen, Zuschüsse und Handelsvergünstigungen zur Verfügung zu stellen. So schließt etwa die EG 1975 in Lomé (Togo) mit 46 der sog. AKP-Staaten (Afrika, Karibik, Pazifik) ein Abkommen, welches u. a. das Volumen des *Europäischen Entwicklungsfonds* verdreifacht und Ausgleichszahlungen bei schwankenden Weltmarktpreisen vorsieht. Die Entwicklungspolitik zielt aber nicht nur auf eine Verbesserung der Lebensbedingungen in den ärmeren Ländern, sondern auch auf den Abbau von Spannungen im Nord-Süd-Konflikt, auf die Sicherung der Rohstoffzufuhr für Industriestaaten und auf politisches Wohlverhalten gegenüber dem eigenen wirtschaftlichen und politischen System in der Auseinandersetzung zwischen Ost und West.

Anstieg des Rohstoffverbrauchs

Verteilung der Rohstoffe

Gruppe der 77

Europäischer Entwicklungsfonds

1965
8. Febr. Die GATT-Vertragspartner beschließen als Zusatzabkommen zum GATT-Statut eine schnelle Erhöhung der Exporterlöse und eine Verbesserung der Terms of Trade für die Entwicklungsstaaten anzustreben mit der Absicht, GATT für Staaten der Dritten Welt attraktiver zu machen.

11. Nov. UN-Resolution, Rhodesien (heute: Zimbabwe) nach der einseitigen Unabhängigkeitserklärung nicht anzuerkennen und dem afrikanischen Land keine Unterstützung zu gewähren.

20. Nov. Die Vereinten Nationen vereinbaren ein Erdölembargo gegen Rhodesien, das jedoch nicht wirksam eingehalten wird.

3. Dez. UN-Resolution über Afrika als kernwaffenfreie Zone.

1966
Jan. 1. Solidaritätskonferenz (3.–15. Jan.) von Delegierten *nationaler Befreiungsbewegungen* und Regierungen aus 82 Ländern Asiens, Afrikas und Lateinamerikas.

27. Okt. UN-Generalversammlung erklärt das Mandat Südafrikas über Südwestafrika (heute: Namibia) wegen grober Verletzung des Mandatvertrages für beendet. Die Generalversammlung bildet einen Rat für Südafrika.

22. Nov. *Gründung der UNIDO* (United Nations Industrial Development Organization): 25 Entwicklungsstaaten und 15 westliche sowie fünf östliche Industriestaaten bilden de facto eine UN-Sonderorganisation zur Koordinierung technischer Hilfe für die Dritte Welt.

16. Dez. UN-Sicherheitsrat beschließt wirtschaftliche Zwangsmaßnahmen gegen Rhodesien.

19. Dez. Internationaler Pakt über wirtschaftliche, soziale und kulturelle Rechte. In ihm wird erneut das Recht der Völker auf Selbstbestimmung konstatiert, jedoch auch die Eigenverfügung über die Reichtümer eines Landes unterstrichen. Ebenso beschließt die UN-Generalversammlung einen internationalen Pakt über bürgerliche und politische Rechte.

1967
30. Juni Schlussakte der sog. *Kennedy-Runde* (seit 4. Mai 1964): Zollkonzessionen im Rahmen eines Gesamthandelsumsatzes von 40 Mrd. US-Dollar richten sich hauptsächlich auf Industrieprodukte. Die Unterzeichner verpflichten sich, im Zeitraum von fünf Jahren die Zölle stufenweise um durchschnittlich 35% zu senken.

10.–24. Okt. Auf der Konferenz der „Gruppe der 77" in Algier kritisiert Algerien die friedliche Koexistenzpolitik der UdSSR und der USA als ein Täuschungsmanöver, durch das die wirtschaftliche Hegemonie der beiden Staaten verfestigt werden soll.
Die *Charta von Algier* wendet sich gegen die Ergebnisse der Kennedy-Runde und die Entwicklungspolitik des Ostblocks und fordert allgemeine Zollpräferenzen für Importe von

nationale Befreiungsbewegungen

Gründung der UNIDO

Kennedy-Runde

Charta von Algier

		Rohstoffen, Halbfertig- und Fertigprodukten aus Entwicklungsländern, Entwicklungshilfe von 1% des Bruttosozialprodukts der Industriestaaten und eine stärkere Berücksichtigung der Finanzierungshilfen für die Entwicklungsländer durch IMF und IDA (International Development Association).
UN-Nahostresolution 242	22. Nov.	*UN-Nahostresolution 242* fordert die sofortige Beendigung des Kriegszustandes (aus dem Juni-Krieg) und den Rückzug Israels aus den besetzten arabischen Gebieten.
	1968 1. Febr.– 29. März	UNCTAD II in Neu-Delhi legt einen Zeitplan für den Abschluss von 19 Rohstoffabkommen fest. Die Industriestaaten erklären sich bereit, jährlich eine Entwicklungshilfe von zumindest 1% ihres Bruttosozialprodukts zu leisten. Die osteuropäischen Staaten sollen die Handelsbeziehungen zu den Staaten der Dritten Welt verbessern.
	17. März	Gold-Krise: Die USA heben die 25-prozentige Golddeckungspflicht ihrer Währung auf (um den Dollar als Leitwährung zu stützen, haben die USA seit 1950 ihre nationalen Goldreserven in solchem Maße einsetzen müssen, dass sich ihre Reserven bis 1968 auf 12 Mrd. US-Dollar verringern), was die Schließung des Londoner Goldmarkts (15.–29. März) nach sich zieht. Die Goldkrise ist direkter Ausdruck der Dollarschwäche.

Die Rolle des US-Dollars im internationalen Währungssystem

Weltwährungskonferenz
Das von den USA auf der *Weltwährungskonferenz* von Bretton Woods (1944) initiierte Währungssystem beruht auf dem US-Dollar als Leitwährung, dessen Wert an einen bestimmten Goldpreis (35 US-Dollar je Unze Feingold) gebunden ist, auf festen Wechselkursen und freier Konvertibilität der Währungen. Die USA verpflichten sich, jederzeit Dollars gegen Gold einzukaufen. Zur Sicherung des internationalen Finanzierungssystems wird ein internationaler Fond (IMF – International Monetary Fund) gegründet, an dem sich die Unterzeichnerstaaten des Abkommens von Bretton Woods mit unterschiedlichen Quoten beteiligen. Diese Staaten haben das Recht, bei Zahlungsbilanzschwierigkeiten auf den IMF zurückzugreifen (Ziehungsrecht).

Das Währungssystem funktioniert in den fünfziger Jahren befriedigend, es stellt eine wesentliche Voraussetzung für den Aufschwung der industriellen Produktion in der Welt dar. Innerhalb weniger Jahre nimmt jedoch das Zahlungsbilanzdefizit der USA und damit die Dollarguthaben der Gläubigerstaaten zu, sodass sich die Goldreserven der Vereinigten Staaten rapide verringern. 1960 steigt der Goldpreis von 35 auf 40 US-Dollar je Unze. Daraufhin wird 1961 unter Beteiligung der USA, der Bundesrepublik Deutschland, Frankreichs (1967 ausgeschieden), Italiens, der Niederlande, Großbritanniens und der Schweiz ein *Gold-Pool* gebildet, um den offiziellen Goldpreis (35 US-Dollar je Feinunze) auf dem Londoner Goldmarkt zu stützen. 1962 erweist es sich als notwendig, dass die wichtigsten westlichen Handelsnationen (sog. Zehnerclub) in einem allgemeinen Kreditabkommen (gegenseitige Verpflichtung zur Krediteinräumung bis zu 6 Mrd. US-Dollar) Vereinbarungen treffen, die sicherstellen, dass das *internationale Währungssystem* intakt bleibt, falls der IMF Zahlungsbilanzdefizite nicht aus eigenen Mitteln ausgleichen kann.

Gold-Pool

internationales Währungssystem

Als 1967 das Pfund Sterling um 14,3% abgewertet wird, wendet sich die weltweite Währungsspekulation gegen den US-Dollar. Nachdem der Gold-Pool die massive Nachfrage nicht mehr befriedigen kann, wird er im März 1968 aufgelöst. Da das Gold als Quelle für die internationale Liquidität ausfällt, müssen als Reservefundament Sonderziehungsrechte (IMF-Abkommen) eingeführt werden.

Ende der sechziger Jahre setzt sich der drastische Verfall des Dollar-Wertes fort und kann auch in den siebziger Jahren nicht aufgefangen werden. Der Dollar-Verfall resultiert aus der Überspannung der militärischen US-Ausgaben während des Vietnam-Krieges, dem Anstieg der Erdölpreise, der Finanzpolitik Frankreichs (Forderung nach einer Beendigung des Golddevisenstandards und nach einer Rückkehr zum reinen Goldstandard) und nicht zuletzt aus den Finanzmanipulationen multinationaler Konzerne. Der Dollarverfall verunsichert die internationalen Handelsbeziehungen und mindert die Erlöse der erdölexportierenden Staaten. Insgesamt schwächt er bis in die achtziger Jahre die politische Position der USA in der Welt.

	1968	Die UN-Generalversammlung benennt Südwestafrika in Namibia um (12. Juni).
	23. Aug.	Die UdSSR blockiert mit ihrem Veto eine Resolution des UN-Sicherheitsrates, mit der der Einmarsch der Warschauer-Pakt-Staaten in die Tschechoslowakei verurteilt werden soll.
	17. Dez.	„Entschließung 2411" der Vereinten Nationen über ein internationales Vorgehen bezüglich der Entwicklungshilfe.
	1970	Der UN-Sicherheitsrat bestätigt die Beendigung des Mandats der Republik Südafrika über Namibia (30. Jan.).
Gipfel blockfreier Staaten	8.–10. Sept.	*Gipfelkonferenz der blockfreien Staaten* in Lusaka (Zambia). Die Entschließungen fordern den Kampf gegen Nationalismus und Rassismus sowie gegen neokoloniale Ausbeutung.

24. Okt. UN-Deklaration über die Grundsätze des Völkerrechts für freundschaftliche Beziehungen und Zusammenarbeit zwischen den Staaten gemäß der Charta der Vereinten Nationen; in ihr wird gefordert, sich jeder Anwendung und Androhung von Gewalt zu enthalten.

1971 Auf den Konferenzen der OPEC in Teheran und Tripolis (Febr./April) werden die Erdölpreise stufenweise angehoben und damit auf die Verbraucherländer abgewälzt.

25. Okt. Die VR China wird Mitglied der Vereinten Nationen bei gleichzeitigem Ausschluss der Republik China (Taiwan). Die Aufnahme der VR China in die UNO wird möglich, seitdem die USA ihre Außenpolitik neu orientieren und damit ihr taktisches Vorgehen innerhalb der UNO revidieren (1961 wird die Frage einer Aufnahme der VR China gemäß Art. 18 der UN-Charta als „wichtige Frage" eingestuft, über die nur mit Zweidrittel-Mehrheit der Stimmen entschieden werden muss).

1972 Die Verhandlungen im Genfer Abrüstungsausschuss führen zu einem unterzeichneten Ver-
10. April trag über das *Verbot* der Entwicklung, Herstellung und Lagerung *biologischer* und toxikologischer *Waffen*. *Verbot biologischer Waffen*

13. April–21. Mai UNCTAD III in Santiago de Chile: Reform des internationalen Währungssystems mit erweiterter Mitsprache der Entwicklungsstaaten, jedoch keine endgültige Regelung über die internationalen Rohstoffprobleme. Die Entwicklungsstaaten sind vor allem vom Dollarverfall betroffen (4 Mrd. US-Dollar Verluste) und benötigen daher höhere Erlöse aus den Rohstofflieferungen an die Industriestaaten.

5.–16. Juni *Umweltkonferenz* der Vereinten Nationen in Stockholm: Verabschiedung eines Aktionsplans zur internationalen Zusammenarbeit gegen Umweltverschmutzung und Umweltschäden, Errichtung eines Umweltrates als UN-Organ. *UNO-Umweltkonferenz*

1973 Abwertung des Dollars um 10%. Der Dollar verliert als Weltleitwährung an Ansehen (12. Febr.).

12. März Freigabe des Dollarkurses, was faktisch das Ende des Weltwährungssystems von Bretton Woods (seit 1944) bedeutet.

22. Juni Der Internationale Gerichtshof untersagt Frankreich auf Antrag Australiens, Atomversuche durchzuführen, die zur Ablagerung von radioaktiven Stoffen auf dem Gebiet Australiens führen könnten.

5.–9. Sept. 4. Gipfelkonferenz der bündnisfreien Staaten in Algier: Verabschiedung eines Aktionsprogramms für wirtschaftliche Zusammenarbeit.

18. Sept. Aufnahme der Bundesrepublik Deutschland und der DDR in die UNO.

24. Sept. In Nairobi (Kenya) Beginn einer Konferenz zur Vorbereitung für die Reform des Weltwährungssystems.

Okt. Die Gruppe der arabischen Staaten (OAPEC) in der OPEC beschließt ein *Ölembargo* gegen die USA, die Niederlande und Südafrika mit dem Ziel einer Änderung der Politik jener Länder gegenüber Israel. *Ölembargo*

22. Okt. Der Sicherheitsrat fordert Israel und die arabischen Staaten auf, das Feuer einzustellen (Oktober-Krieg) und Verhandlungen zur Schaffung eines Friedens im Nahen Osten aufzunehmen.

24.–26. Okt. Beginn der Nixon-Runde im Rahmen von GATT, die eine Liberalisierung des Handels mit Agrarprodukten und eine Senkung der Zolltarife anstrebt.

1974 *Washingtoner Energiekonferenz* (11.–13. Febr.) angesichts des seit Mitte der sechziger Jahre stark angestiegenen Bedarfs an Energie einerseits und der Tendenz der erdölproduzierenden Staaten andererseits, die Rohölförderung zu reduzieren. *Washingtoner Energiekonferenz*

9. April–2. Mai 6. UN-Sondertagung in New York über Rohstoff- und Entwicklungsprobleme, auf der eine Spaltung der Dritten Welt, hervorgerufen durch die Erdölkrise, verhindert werden soll (die Entwicklungsstaaten sind von den Erdölpreiserhöhungen besonders stark betroffen: 13 Mrd. US-Dollar Einbuße).

20. Juni–29. Aug. Auf der Internationalen Seerechtskonferenz in Caracas (Venezuela) wird neben der Ausdehnung der Hoheitsgewässer, der Fischereischutzzonen und der Meerengen über eine 200-Meilen-Wirtschaftszone verhandelt, innerhalb deren der jeweilige Küstenstaat das Recht erhalten soll, die dort vorhandenen natürlichen Schätze auszubeuten.

1. Nov. UN-Generalversammlung fordert die am Zypernkrieg beteiligten Parteien auf, die Souveränität und territoriale Integrität der Insel zu wahren, und fordert den Abzug aller ausländischen Truppen sowie Verhandlungen zwischen der türkischen und griechischen Bevölkerungsgruppe.

5.–16. Nov. *Welternährungskonferenz* der UN-Sonderorganisation FAO (Food and Agriculture Organization) in Rom. Sie fordert den Vorrang für eine Verbesserung der landwirtschaftlichen Entwicklung, die Errichtung eines Weltgetreidefonds für Katastrophenfälle, ein internationales Nahrungsmittelsicherheitssystem und einen Fonds für die Förderung der Landwirtschaften. *Welternährungskonferenz*

FAO	– Die Entwicklungsstaaten erzielen zwar seit Beginn der sechziger Jahre ein reales Wachstum ihrer Nahrungsmittelproduktion, das etwa dem Weltdurchschnitt entspricht, dennoch bewirkt die rasche Bevölkerungszunahme in diesen Ländern, dass die Pro-Kopf-Versorgung stagniert oder sich sogar gebietsweise verschlechtert. Die Erwartung für eine weltweite Problemlösung ist wenig hoffnungsvoll, da immer deutlicher wird, dass die Verknappung der wichtigsten landwirtschaftlichen Produktionsfaktoren – Land, Wasser, Energie und Düngemittel – anhalten wird. Die *FAO* kritisiert vor allem, dass die Preispolitik in vielen Entwicklungsländern darauf abziele, billige Nahrungsmittel für die Verbraucher in den städtischen Ballungszentren ohne Rücksicht auf die Kostenlage der landwirtschaftlichen Produzenten herzustellen, sodass sich diese häufig auf die Deckung ihres Eigenbedarfs beschränken würden. Die Welternährungskonferenz fordert einerseits die Errichtung eines Internationalen Agrarentwicklungsfonds zur besseren Finanzierung von Agrarprojekten in der Dritten Welt und andererseits Eindämmungsmaßnahmen des Überfluss-Konsums in den Industriegesellschaften.
Palästina-Debatte	13. Nov. Jasir Arafat, der Führer der Palästinensischen Befreiungsbewegung (PLO), nimmt an der *Palästina-Debatte* der UN-Generalversammlung in New York teil. 15. Nov. Gründung einer Internationalen Energie-Agentur im Rahmen der OECD (Organization for Economic Cooperation and Development). 21. Nov. Die Palästinensische Befreiungsbewegung PLO erhält bei den Vereinten Nationen Beobachterstatus. 13. Dez. Konferenz der OPEC-Staaten in Wien erklärt ihre Bereitschaft, mit den Industriestaaten über das Erdölproblem zu verhandeln, möchte jedoch die gesamte Rohstoff-Frage und die Probleme des Weltwährungssystems mit einbeziehen.
Aggressions-definition	14. Dez. Entschließung der Vereinten Nationen, den *Begriff „Aggression"* zu definieren. Aggression bedeutet demnach die Anwendung von Waffengewalt durch einen Staat gegen die Souveränität, die territonale Unversehrtheit oder politische Unabhängigkeit eines anderen Staates.
	1975 4.–8. Febr. Rohstoffkonferenz der Dritten Welt in Dakar (Senegal) fordert Sonderfonds zur Finanzierung von Reserven an Roh- und Grundstoffen in Entwicklungsländern. 28. Febr. 46 Staaten aus Afrika, der Karibik und dem Pazifik (AKP-Staaten) sowie Staaten der EG beschließen das Abkommen von Lomé (Togo), in dem sich die EG verpflichtet, das Volumen des Europäischen Entwicklungsfonds zu verdreifachen und bei schwankenden Weltmarktpreisen Ausgleichszahlungen zu leisten. 17. März Beginn der 2. Seerechtskonferenz in Genf, auf der die Ausdehnung der staatlichen Hoheitsgewässer von drei auf zwölf Seemeilen beschlossen wird.
1. Weltwirt-schaftsgipfel	15.–17. Nov. In Schloss Rambouillet bei Paris *1. Wirtschaftsgipfelkonferenz* (Frankreich, BR Deutschland, Italien, Großbritannien, USA, Japan) zur Abstimmung der Wirtschafts- und Finanzpolitik der wichtigsten westlichen Industriestaaten.
	1976 12.–26. März Auf der UNIDO-Konferenz in Lima (Peru) fordern die Entwicklungsländer eine Stabilisierung der Rohstoffpreise; Anteil der Entwicklungsländer an der Weltindustrieproduktion soll 25% betragen. 5.–31. Mai Beginn der UNCTAD IV in Nairobi (Kenya): Die Entwicklungsländer fordern von den Industriestaaten das gleichzeitige Aushandeln von internationalen Abkommen für 18 Rohstoffe in einem Paket, den Ausbau gemeinsam finanzierter Warenausgleichslager, multilaterale Liefer- und Abnahmeverpflichtungen sowie Ausgleichszahlungen bei einem Rückgang der Exporterlöse von Rohstoffen. 27./28. Juni 2. Wirtschaftsgipfelkonferenz in Puerto Rico, jetzt sieben westliche Industriestaaten (einschließlich Kanada; spätere Bezeichnung: G-7).
BRD im UN-Sicherheitsrat	**1977** 1. Jan. Die *Bundesrepublik Deutschland* wird für die Dauer von zwei Jahren nichtständiges Mitglied *im UN-Sicherheitsrat.* 8. Mai 3. Wirtschaftsgipfelkonferenz von sieben Industriestaaten in London.
Waffenembargo gegen Südafrika	4. Nov. Der UN-Sicherheitsrat verhängt ein *Waffenembargo gegen* die Republik *Südafrika.*
	1978 7. April–5. Mai Tagung des UN-Wirtschafts- und Sozialrats in New York: u. a. werden die Beendigung der Zusammenarbeit multinationaler Konzerne mit rassistischen Minderheitsregierungen im südlichen Afrika, Sonderhilfen für afrikanische Länder und Maßnahmen für eine Steigerung der Weltnahrungsmittelproduktion und -reserven behandelt. 23. Mai UNO-Generalsekretär Kurt Waldheim fordert bei der Eröffnung der Abrüstungs-Sonderkonferenz 1 Mio. für Friedensförderung pro 1 Mrd. Dollar für Rüstungsmaßnahmen. Juli 4. Wirtschaftsgipfelkonferenz von sieben Staaten in Bonn (16./17.).
Ölpreis-Anstieg	17. Dez. In Abu Dhabi am Persischen Golf beschließen die Erdölminister der OPEC eine stufenweise *Anhebung des Rohölpreises* (bezogen auf den Jahresdurchschnitt zehnprozentige Erhöhung).

1979 28. März	Vorzeitige Erhöhung des Erdölpreises durch die OPEC-Staaten. Schon zu Beginn des zweiten Quartals erreicht der Erdölpreis die Höhe, die gemäß der OPEC-Beschlüsse von Abu Dhabi erst vom 1. Okt. an vorgesehen gewesen sind.	
17. April	Die OPEC schließt Ägypten von der Mitgliedschaft aus und verhängt ein uneingeschränktes Erdölembargo gegen dieses Land. Diese Ausschlussmaßnahme wird ergriffen, um Ägypten wegen der Unterzeichnung des *Friedensvertrages* mit Israel politisch und wirtschaftlich zu isolieren.	*Vertrag Ägypten – Israel*
7. Mai– 3. Juni	5. UNCTAD-Konferenz in Manila: Sofortprogramm zu Gunsten der 31 ärmsten Entwicklungsländer für die nächsten drei Jahre. Die geforderte „neue Weltwirtschaftsordnung" wird nicht erreicht.	
Juni	5. Wirtschaftsgipfelkonferenz von sieben Staaten in Tokyo (28.–29.).	
29. Juni	Nach längeren Verhandlungen beschließt die OPEC eine Erhöhung des Grundpreises für Rohöl um rund 24 %, worauf die einzelnen Ölländer noch Aufschläge erheben können.	
31. Okt.	2. Lomé-Abkommen der EG mit (jetzt) 57 AKP-Staaten.	
1980 5. Febr.	Auf der 3. Konferenz der UNIDO (UN Industrial Development Organization) in Neu-Delhi fordert die „Gruppe der 77" dreimal so viel Hilfe wie bisher zur Überwindung der Probleme bei der Industrialisierung.	
22.–23. Juni	6. Wirtschaftsgipfelkonferenz in Venedig.	
27. Juni	In Genf paraphieren die Vertreter von 101 Staaten den Vertrag über die Schaffung eines internationalen Rohstofffonds.	
28. Sept.	Der UN-Sicherheitsrat fordert in der Resolution 479 vergeblich Irak und Iran zur Einstellung der am 22. Sept. ausgebrochenen Kampfhandlungen auf.	
1981 1. Juli	Der US-Bankier Alden W. Clausen (*1923) wird neuer Weltbankpräsident.	
20.–21. Juli	7. Wirtschaftsgipfelkonferenz in Ottawa.	
22.–23. Okt.	Die 10. *Nord-Süd-Gipfelkonferenz* in Cancun (Mexiko) einigt sich auf Globalverhandlungen im Rahmen der UNO.	*Nord-Süd-Gipfel*
1982	UNO-Generalsekretär *Javier Pérez de Cuéllar* (*1920) tritt sein Amt an (1. Jan.).	*Javier Pérez de Cuéllar*
5. Febr.	Die UN-Generalversammlung verurteilt Israels Annexion der Golan-Höhen.	
4.–6. Juni	8. Wirtschaftsgipfelkonferenz in Versailles.	
11. Okt.– 30. Nov.	Die UN-Generalversammlung verurteilt im Rahmen einer Generaldebatte den israelischen Angriff auf einen Kernreaktor im Irak. Resolution gegen Militarisierung des Weltraums. Verbot der Lagerung und Herstellung von chemischen Waffen.	
1983	9. Wirtschaftsgipfelkonferenz in Williamsburg/USA (28.–30. Mai).	
6. Juni– 3. Juli	Die 6. UNCTAD-Konferenz in Manila erzielt keine konkreten Resultate zur Verbesserung der Lage der Entwicklungsländer in der kritischen Weltwirtschaftssituation (u. a. Erhöhung der Rohölpreise, Schuldenprobleme).	
20. Juni	Gemäß dem 4. *Weltwirtschaftsbericht des IMF* gefährden die hohen Defizite im US-Haushalt nachhaltige Besserungen des internationalen Wirtschaftsklimas.	*Weltwirtschaftsbericht des IMF*
25. Aug.	Das zwischen 17 Mittelmeer-Anrainerstaaten geschlossene Umweltschutzabkommen für das Mittelmeer tritt in Kraft.	
25.–30. Okt.	Sondersitzung des UN-Sicherheitsrates wegen der *US-Intervention auf Grenada*. Eine Resolution zur Verurteilung der Invasion scheitert am Veto der USA.	*US-Intervention auf Grenada*
29. Dez.	Die USA geben ihren Austritt aus der UNESCO zum Ende des Jahres 1984 bekannt.	
1984	Die von der UN-Umweltschutzbehörde einberufene Konferenz von 15 Mittelmeer-Anrainerstaaten beschließt Maßnahmen zum Umweltschutz (9.–13. April).	
7.–9. Juni	Die *Verschuldung der Dritten Welt* ist ein Hauptthema für die 10. Wirtschaftsgipfelkonferenz in London.	*Verschuldung der Dritten Welt*
ab 18. Sept.	Die 39. UN-Generalversammlung behandelt vorrangig politische und wirtschaftliche Probleme Afrikas.	
1985	73. Ministerkonferenz der OPEC in Genf: Preisreduktion für Rohöl (28.–30. Jan.).	
5. Febr.	20 Nationen unterzeichnen die UN-Konvention gegen Folter.	
2.–4. Mai	11. Wirtschaftsgipfelkonferenz in Bonn.	
15.–26. Juli	Zum Abschluss des „Jahrzehnts der Frau" tagt in Nairobi die Weltfrauenkonferenz.	
8.–11. Okt.	Die 40. Jahrestagung von IMF und Weltbank in Seoul (Südkorea) befasst sich mit der Schuldenlast der Dritten Welt.	
1986 Jan./März	OPEC: *Preissturz bei Rohöl* wegen Überproduktion; Konferenzen und Irritationen in allen erdölproduzierenden Ländern.	*Preissturz bei Rohöl*
21. April	Resolution des UN-Sicherheitsrates zum US-Luftangriff auf Libyen scheitert am Veto der USA, Großbritanniens und Frankreichs.	
4.–6. Mai	12. Wirtschaftsgipfelkonferenz in Tokyo.	

Dollarverfall	20.–21. Sept.	Treffen der EG-Finanzminister und Notenbankchefs im schottischen Gleaneaggles: Vereinbarung, den *Dollarverfall* zu stoppen.
	30. Sept.–3. Okt.	Die 41. Jahrestagung von IMF und Weltbank in Washington fordert mehr inflationsfreies Wirtschaftswachstum, um die wirtschaftlichen Ungleichgewichte auszugleichen.
	1987 27. April	Kursverfall des US-Dollars an *internationalen* Börsen (15.–22. Jan.). Schulden-Konferenz der Entwicklungsländer in Caracas (Auslandsverschuldung ca. 1034 Mrd. US-Dollar).
	8.–10. Juni	13. Wirtschaftsgipfelkonferenz in Venedig.
	20. Juli	Der UN-Sicherheitsrat verabschiedet die Resolution 598 zur Beendigung des Ersten Golfkrieges (Iran – Irak).
Kurssturz an den Börsen	19. Okt.	*Kurssturz an den Börsen* der führenden Industrienationen, u.a. bedingt durch das Defizit im US-Außenhandel.
	1.–3. Dez.	Die 43. Jahrestagung des GATT in Genf befasst sich mit der schlechten Beitragszahlungsmoral der Mitglieder und zunehmenden Beschwerden über Verletzungen der GATT-Regeln.
	1988 19.–21. Juni	Die 14. Wirtschaftsgipfelkonferenz in Toronto unterstreicht die gewachsene Bedeutung der Europäischen Gemeinschaft und Kanadas.
	13. Sept.	Die USA begleichen ihren Beitragsrückstand bei den Vereinten Nationen in Höhe von 522 Mio. US-Dollar.
	27.–29. Sept.	In Berlin findet die 43. Jahrestagung von IMF und Weltbank statt. Die Weltbank will durch vermehrte Kredite das Wirtschaftswachstum in der Dritten Welt anregen und so die Armut lindern. Gleichzeitig tagt ein Gegenkongress der Kritiker, der einen Schuldenerlass für die Dritte Welt sowie ökologische Kriterien für die Vergabe von Weltbankgeldern fordert.

Industrieunternehmen

Die größten Industrieunternehmen der Welt 1986 und 1995

1986	Unternehmen	Umsatz 1986 in Mrd. DM	1995	Unternehmen	Umsatz 1995 in Mrd. DM
1	General Motors/USA (Kfz)	223,2	1	General Motors/USA (Kfz)	242,0
2	Exxon/USA (Mineralöl)	151,7	2	Ford/USA (Kfz)	196,6
3	Royal Dutch/Shell GB/Niederl. (Mineralöl)	140,8	3	Toyota/Japan (Kfz)	159,3
4	Ford/USA (Kfz)	136,1	4	Exxon/USA (Mineralöl)	157,5
5	IBM/USA (Elektronik)	111,3	5	Royal Dutch/Shell GB/Niederl. (Mineralöl)	157,4
6	Mobil/USA (Mineralöl)	97,4	6	Hitachi/Japan (Elektronik)	120,7
7	BP /Großbritannien (Mineralöl)	86,5	7	Daimler-Benz/Deutschland (Kfz)	103,5
8	Toyota/Japan (Kfz)	85,8	8	IBM/USA (Elektronik)	103,1
9	General Electric/USA (Elektronik)	76,4	9	Matsushita/Japan (Elektronik)	100,9
10	AT&T/USA (Elektronik und Telekommunikation)	74,0	10	General Electric/USA (Elektronik)	100,4
11	Texaco/USA (Mineralöl)	68,6	11	Mobil Oil/USA (Mineralöl)	95,6
12	Daimler-Benz/Deutschland (Kfz)	65,5	12	Nissan Motor/Japan (Kfz)	89,8
13	Hitachi/Japan (Elektronik)	62,6	13	Siemens/Deutschland (Elektronik)	88,8
14	Matsushita/Japan (Elektronik)	59,1	14	VW/Deutschland (Kfz)	88,1
15	DuPont/USA (Chemie)	58,9	15	BP/Großbritannien (Mineralöl)	81,7
16	Nissan/Japan (Kfz)	55,2	16	Chrysler/USA (Kfz)	76,3
17	Chevron/USA (Mineralöl)	52,9	17	Philip Morris/USA (Nahrungsmittel)	76,1
18	VW/Deutschland (Kfz)	52,8	18	Toshiba/Japan (Elektronik)	76,0
19	Unilever/GB/Niederl. (Nahrungsmittel)	49,2	19	Unilever/GB/Niederl. (Nahrungsmittel)	71,7
20	Chrysler/USA (Kfz)	48,9	20	Nestlé/Schweiz (Nahrungsmittel)	68,5

Pariser Weltwirtschaftsgipfel	**1989** 14.–16. Juli	Die 15. *Wirtschaftsgipfelkonferenz in Paris* beschließt die Unterstützung der Reformbewegungen in Ungarn und Polen.
	17. Sept.	Weltenergiekonferenz in Montreal (bis 22. Sept.).

		Schuldenkrise der Dritten Welt
26.–28. Sept.	Die 44. Jahrestagung von IMF und Weltbank in Washington zeigt, dass die bisherigen Konzepte gegen die *Schuldenkrise der Dritten Welt* versagt haben. Abhilfe soll u.a. ein Teilschuldenerlass nach dem vom US-amerikanischen Finanzminister Nicolas Brady (*1930) im März 1989 vorgelegten Brady-Plan bringen.	
13.–16. Okt.	Kurseinbruch an der New Yorker Börse sowie an den Börsen Asiens und Europas.	
4.–7. Nov.	Die Außen- und Handelsminister von zwölf Staaten im pazifischen Raum (Australien, Brunei, Indonesien, Japan, Kanada, Malaysia, Neuseeland, Philippinen, Singapur, Südkorea, Thailand und USA) gründen während einer Konferenz in Canberra (Australien) die APEC (Asia-Pacific Economic Cooperation) mit dem Ziel, den Handel dieser Region zu liberalisieren.	
1990	Die UN-Generalversammlung erklärt die neunziger Jahre zum „Jahrzehnt des Krieges gegen das Rauschgift" (20.–23. Febr.).	
9.–11. Juli	Die 16. Wirtschaftsgipfelkonferenz in Houston/Texas befasst sich u.a. mit Art und Umfang von Hilfe für die UdSSR.	
2. Aug.	Nach der Besetzung Kuwaits durch den Irak fordert der UN-Sicherheitsrat mit der Resolution 660 den sofortigen und bedingungslosen Rückzug aus Kuwait.	
8. Aug.	US-amerikanische Soldaten bilden den Kern der multinationalen *Streitmacht*, die sich am Golf *gegen den Irak* formiert. Am 10. August stimmt auch die Arabische Liga mit knapper Mehrheit für eine Beteiligung am Aufmarsch.	*Streitmacht gegen den Irak*
29. Sept.	Am Sitz der UNO in New York tagt der „Weltkindergipfel"; Teilnehmer sind 71 Staats- und Regierungschefs.	
29. Nov.	Der UN-Sicherheitsrat verabschiedet auf Antrag der USA eine Resolution, die dem Irak bis 15. Jan. 1991 Zeit zum Verlassen Kuwaits gibt.	
3.–7. Dez.	Die *Uruguay-Runde des GATT* (von den GATT-Vertragspartnern in Punta del Este/Uruguay am 15. Sept. 1986 vereinbart) wird wegen unüberbrückbarer Meinungsverschiedenheiten zwischen den USA und der EG über Agrarsubventionen abgebrochen.	*Uruguay-Runde des GATT*
1991 15. Jan.	Ablauf des UN-Ultimatums zum Rückzug des Irak aus Kuwait. Beginn der Luftoffensive der multinationalen Streitkräfte (17. Jan.).	
28. Febr.	Waffenstillstand im Zweiten Golfkrieg, nachdem der Irak zur Anerkennung aller Resolutionen des UN-Sicherheitsrates bereit ist (27. Febr.).	
15. April	Die Mitgliedsstaaten der EG, 27 europäische und außereuropäische Staaten, die Europäische Investitionsbank und die Europäische Kommission gründen die Europäische Bank für Wiederaufbau und Entwicklung in London, die u.a. die Aufgabe hat, die osteuropäischen Reformstaaten auf ihrem Weg zur Marktwirtschaft mit Krediten zu unterstützen.	

Weltexport 1995 (nach Ländergruppen)

Weltexport

Kreis: Jeweiliger Ländergruppenanteil am Weltexport
Säulen: Anteiliger Handel der Ländergruppen untereinander

Osteuropäische Staaten
31,5 %
23,9 %
43,4 %
2,3 %
5,0 %
2,8 %
21,0 %
37,1 %
65,6 %
Entwicklungsländer 23,2 %
60,7 %
Westliche Industrieländer 71,8 %

Osteuropa

Entwicklungsländer

westliche Industrieländer

15.–17. Juli	17. *Wirtschaftsgipfelkonferenz* in London: Der UdSSR wird zur Unterstützung des dortigen Reformkurses u.a. ein assoziierter Status bei IMF und Weltbank angeboten.	*Wirtschaftsgipfel*

UN-Waffen-embargo	25. Sept.	Der UN-Sicherheitsrat verhängt ein *Waffenembargo* gegen Jugoslawien.
	1992	Der Ägypter Boutros Boutros-Gali (*1922) tritt das Amt des UNO-Generalsekretärs an (1. Jan.).
	2. März	Die UNO nimmt acht Staaten der ehemaligen Sowjetunion auf; ihre Mitgliederzahl erhöht sich auf 175.
UN-Umweltkonferenz	3.–14. Juni	In Rio de Janeiro findet die *UN-Konferenz über Umwelt und Entwicklung* statt. Verabschiedet werden die „Erklärung von Rio" und die „Agenda 21": Die Industriestaaten erkennen ihre besondere Verantwortung für eine umweltverträgliche globale Entwicklung an und bekunden ihre Absicht, eine Vielzahl von Umweltschutzmaßnahmen durchzuführen; keine bindenden Verpflichtungen.
	6.–8. Juli	18. Wirtschaftsgipfelkonferenz in München.
	1993	Die Außen- und Finanzminister der sieben führenden Industriestaaten (G-7) beschließen
Russland	14.–15. April	auf einer Konferenz in Tokyo, die Reformpolitik in *Russland* mit umfangreicher Finanzhilfe zu unterstützen.
	14.–25. Juni	Weltkonferenz für Menschenrechte in Wien. Die Schaffung eines internationalen Gerichtshofes zur Ahndung von Menschenrechtsverletzungen wird durch chinesisches Veto verhindert.
	7.–9. Juli	19. Wirtschaftsgipfelkonferenz in Tokyo.
	17. Nov.	Konstituierung des Internationalen Kriegsverbrechertribunals in Den Haag zur Verfolgung von Kriegsverbrechern aus dem ehemaligen Jugoslawien.
Uruguay-Runde	15. Dez.	Die *Uruguay-Runde* des GATT endet mit einem Abkommen zur weiteren Liberalisierung des Welthandels.

Welthandelsländer

Die wichtigsten Welthandelsländer 1999

Land	Ausfuhr in Mrd. US-$	Einfuhr in Mrd. US-$
Vereinigte Staaten	702,098	1059,430
BR Deutschland	541,090	472,171
Japan	417,623	310,012
Frankreich	300,161	289,952
Großbritannien	268,254	387,958
Kanada	238,422	214,791
Italien	230,198	213,908
Niederlande	200,290	187,529
VR China	195,150	165,788
Belgien/Luxemburg	176,140	160,770
Hongkong	173,885	179,520
Südkorea	144,745	119,750
Mexiko	136,703	142,064
Taiwan	119,034	105,500
Singapur	114,691	111,062

	1994 1. Jan.	Der zwischen den USA, Mexiko und Kanada geschlossene Vertrag über die Gründung der Nordamerikanischen Freihandelszone (NAFTA) tritt in Kraft.
	8.–10. Juli	20. Wirtschaftsgipfelkonferenz in Neapel: Russland wird erstmals in die politischen Beratungen der G-7 mit einbezogen.
Weltbevölkerungskonferenz	5.–13. Sept.	An der 3. *Weltbevölkerungskonferenz* in Kairo nehmen 182 Staaten teil. Kontroverse zwischen dem Vatikan und Teilen der islamischen Welt um die Stellung der Frau, Geburtenkontrolle und Schwangerschaftsabbruch.
	1. Okt.	Der UN-Treuhandschaftsrat wird aufgelöst, da alle von ihm betreuten Mandatsgebiete (frühere Kolonialgebiete) in die Unabhängigkeit entlassen sind.
	15. Nov.	Die Mitgliedsstaaten der APEC einigen sich in Bogor (Indonesien) auf die Schaffung einer Freihandelszone in der pazifischen Region bis zum Jahre 2020.
	1995 1. Jan.	Die Welthandelsorganisation WTO (World Trade Organization), Nachfolgeorganisation des GATT, nimmt ihre Arbeit auf. Ihr Ziel ist die Liberalisierung der Handelsmärkte.
	15.–17. Juni	21. Wirtschaftsgipfelkonferenz in Halifax (Kanada). Erneut beteiligt Russland sich an den politischen Beratungen.
Weltfrauenkonferenz	4.–15. Sept.	In Peking nehmen rund 30000 Delegierte an der 4. UN-*Weltfrauenkonferenz* teil.
	1996	22. Wirtschaftsgipfelkonferenz in Lyon (27.–29. Juni).

**Länder mit den meisten an die WHO gemeldeten AIDS-Erkrankungen
(Anzahl der gemeldeten Personen insgesamt)**

AIDS

Land	1985	1990	1993	1996
Vereinigte Staaten	20 872	154 791	339 250	565 097
Brasilien	587	12 405	43 455	82 852
Uganda	*	17 422	34 611	48 312
Malawi	72	7 160	29 194	46 022
Simbabwe	*	5 249	25 332	57 518
Frankreich	839	9 718	26 970	43 451
Kenya	10	9 139	38 220	69 005
Spanien	218	7 047	21 205	41 798
Zaire	*	11 732	21 008	29 434
Italien	221	7 576	18 832	35 949
zum Vergleich:				
BR Deutschland	522	5 500	10 447	15 303

* keine Angaben

24. Sept.	Während der 51. UN-Generalversammlung wird der Vertrag über ein Atomtestverbot (CTBT/Comprehensive Test Ban Treaty) unterzeichnet.
9.–13. Dez.	In Singapur findet die 1. Ministerkonferenz der WTO statt; sie untersucht, ob die im GATT-Abkommen vereinbarten Forderungen zum Abbau der Zölle erfüllt worden sind, und vereinbart eine Öffnung der Märkte für Computer- und Telekommunikation.
1997 2. Jan.	Der neue UNO-Generalsekretär Kofi Annan (ghanaischer Diplomat; *1938) nimmt seine Tätigkeit auf.
27. Jan.	Der IMF nimmt in Washington das „Neue Kreditabkommen" an; damit verdoppeln sich die Mittel des IMF zur Stabilisierung des Internationalen Währungssystems.
5. März	In Tokyo gründen Australien, die VR China, Hongkong, Japan, Singapur und die USA die „Asien-G-6"-Beratungsgruppe nach dem Vorbild der G-7. Geplant sind regelmäßige Konferenzen über Wirtschafts- und Finanzfragen dieser Region.
ab Mai/Juni	Thailand, Malaysia und Indonesien werden aufgrund mangelnder Liquidität von einer *Wirtschafts- und Finanzkrise* erschüttert, die das Eingreifen des IMF erfordert. Südkorea und Japan werden im Okt./Nov. von der Krise erfasst.
20.–21. Juni	23. Wirtschaftsgipfelkonferenz in Denver, an der Russland erstmals als gleichberechtigter Partner teilnimmt.
Okt./Nov.	Konflikt zwischen UNO und Irak um Ausweisung US-amerikanischer Waffeninspektoren der UNO aus Irak.
4. Dez.	Das zweitgrößte Kreditinstitut der Welt, die United Bank of Switzerland (UBS, Bilanzsummen 1996 addiert 593,2 Mrd. US-Dollar), nach der fusionierten Bank of Tokyo Mitsubishi (696,5 Mrd. US-Dollar) und vor der Deutschen Bank (570 Mrd. US-Dollar), soll bis Mai 1998 aus dem angekündigten Zusammenschluss zweier Schweizer *Großbanken* entstehen: vorläufiger Höhepunkt einer Fusionswelle von Finanzdienstleistungs-Unternehmen.
1.–11. Dez.	Auf der Weltklimakonferenz im japanischen Kyoto vereinbaren die Industrieländer eine Verringerung ihres Ausstoßes an Treibhausgasen.
1998 23. Febr.	Nach Unterzeichnung eines Abkommens mit UNO-Generalsekretär Kofi Annan lässt der Irak Waffeninspektionen vorerst wieder zu.
17. Mai	Beim ersten G-8-Gipfel in Birmingham (Treffen der sieben führenden Industrienationen mit Russland) wird die Schaffung von Arbeitsplätzen und der Kampf gegen das Verbrechen als vorrangig bezeichnet.
28. Juni	Auf der 12. Welt-Aids-Konferenz in Genf kritisieren Wissenschaftler die zunehmende Sorglosigkeit gegenüber der tödlichen Immunschwächekrankheit. Weltweit sind fast 31 Mio. mit dem HIV-Virus infiziert.
6. Juli	Vor dem *UN-Kriegsverbrechertribunal für das ehemalige Jugoslawien* in Den Haag beginnt der erste Prozess wegen Völkermordes.
11. Aug.	Die Ölkonzerne British Petroleum und Amoco geben ihre Vereinigung bekannt. Die Fusion (1 000 000 Mitarbeiter, Börsenwert fast 200 Mrd. DM) ist die größte in der bisherigen Industriegeschichte.
1999 5. April	Libyen liefert der UNO die beiden Tatverdächtigen für den Anschlag auf ein US-Verkehrsflugzeug über dem schottischen Lockerbie (1988) aus.

Asien-G-6

Wirtschafts- und Finanzkrise

Großbanken

UN-Kriegsverbrechertribunal für das ehemalige Jugoslawien

„Bananen-streit" zwischen der EU und den USA	7. April	Im *„Bananenstreit" zwischen der EU und den USA* entscheidet die Welthandelsorganisation WTO zugunsten der Amerikaner: Bananen aus Lateinamerika dürfen unbeschränkt nach Europa exportiert werden.
	10. Juni	Der UN-Sicherheitsrat billigt den Friedensplan für den Kosovo.
	18. Juni	Auf ihrem Weltwirtschaftsgipfel in Köln (bis 20. Juni) beschließen die G-7-Staaten einen Teilschuldenerlass für die 41 ärmsten Länder der Welt.
	12. Okt.	UNO-Generalsekretär Kofi Annan erklärt in Sarajewo einen neu geborenen Jungen symbolisch zum sechsmilliardsten Erdenbürger. Die fünfte Milliarde war 1987 erreicht worden.
	30. Nov.– 3. Dez.	Die Welthandelskonferenz von Seattle scheitert an Konflikten zwischen den USA und der EU sowie am Gegensatz zwischen Industrie- und Entwicklungsländern. Am Rande der Konferenz formiert sich erstmals ein breites Bündnis von Globalisierungsgegnern.
	2000	
	10. Jan.	In der bislang teuersten Übernahme der Industriegeschichte fusionieren der Internet-Anbieter AOL (Marktwert 163 Mrd. US-Dollar) und der Medienkonzern Time Warner (83 Mrd. US-Dollar).
	17. Jan.	Durch Fusion von Glaxo Wellcome und Smith Kline Beecham entsteht der größte Pharmakonzern der Welt (Börsenwert 370 Mrd. DM).
	1. Juni	Eröffnung der Weltausstellung Expo 2000 in Hannover.
	6. Sept.	Der pazifische Inselstaat Tuvalu wird Mitglied Nr. 189 der Vereinten Nationen.
Klimagipfel von Den Haag	13.–24. Nov.	Beim *Klimagipfel von Den Haag*, der konkrete Vorgaben aus dem Kyoto-Protokoll (1997) entwickeln sollte, werden alle wichtigen Entscheidungen vertagt.
	2001	
	22. Jan.	Nach einer UNO-Studie verläuft die Erderwärmung rascher als bisher angenommen. Wissenschaftler rechnen mit einem Anstieg um 1,4 bis 5,6 °C in diesem Jahrhundert.
Maul- und Klauenseuche	21. Febr.	In Großbritannien bricht die *Maul- und Klauenseuche* aus. In den folgenden Monaten greift die Seuche auch auf Tierbestände in den Niederlanden, Frankreich und Irland über.
	13. März	Die US-Regierung steigt aus dem Kyoto-Protokoll aus. Als Begründung verweist sie auf die nationale Energiekrise.
	21. Juni	Beim ersten Weltkongress gegen die Todesstrafe in Straßburg appellieren die Teilnehmer an die USA, die Todesstrafe abzuschaffen.
Treffen der G 8 in Genua	20.–22. Juli	Das *Treffen der G 8 in Genua* ist überschattet von schweren Zusammenstößen zwischen Polizei und militanten Globalisierungsgegnern. Ein Demonstrant wird von Sicherheitskräften erschossen.
	11. Sept.	Die Terroranschläge islamistischer Extremisten in New York und Washington haben bedeutsame Auswirkungen auf die Wirtschaft. Weltweit werden Kursstürze und Konjunktureinbrüche registriert.
Konferenz auf dem Petersberg	27. Nov.– 5. Dez.	Auf einer von den Vereinten Nationen ausgerichteten *Konferenz auf dem Petersberg* bei Bonn einigen sich Vertreter der wichtigsten Stämme Afghanistans über die Neuordnung des Landes nach dem Ende der Taliban-Herrschaft.
	2002	
	5. Febr.	Abschluss des Weltsozialforums von Porto Alegre (Brasilien), einem Treffen der Globalisierungsgegner.
	14. März	Berufungsurteil im Lockerbie-Prozess; der angeklagte libysche Geheimdienstler wird für schuldig befunden, die Explosion auf der US-Verkehrsmaschine im Jahr 1988 verursacht zu haben.
Konferenz zur Finanzierung von Entwicklung	22. März	Die *Konferenz zur Finanzierung von Entwicklung* in Monterrey (Mexiko) endet mit einem Appell an die Industrienationen; diese werden aufgefordert, ernsthafte Schritte zu unternehmen, das seit langem festgelegte Ziel zu erreichen, 0,7 % ihres Bruttoinlandsproduktes für Entwicklungshilfe auszugeben (bisheriger Stand in der EU 0,33 %, in Deutschland sogar nur 0,27 %).
	11. April	Das auf einer Staatenkonferenz in Rom 1998 beschlossene Statut des Internationalen Strafgerichtshofes kann in Kraft gesetzt werden, nachdem mit der Ratifizierung durch Kambodscha, Irland, Jordanien und Rumänien die erforderliche Gesamtzahl von 60 Unterzeichnerstaaten erreicht ist. Der IStGH soll seinen Sitz in Den Haag haben und seine Arbeit spätestens im Jan. 2003 aufnehmen.
	5. Juni	Das US-Flüchtlingskomitee weist darauf hin, dass viele Länder nach dem 11. September 2001 die Aufnahme von Flüchtlingen eingestellt haben; daraus ergäbe sich eine bedrohliche Lage für Zehntausende. Insgesamt sind 37,5 Mio. Menschen weltweit auf der Flucht, davon 22,5 im eigenen Land.
	26. Aug.– 4. Sept.	In Johannesburg (Südafrika) findet der Weltgipfel zur nachhaltigen Entwicklung statt. Delegierte aus über 180 Staaten ziehen eine Bilanz des globalen Umweltschutzes und der Anstrengungen zu einer besseren Entwicklung der armen Länder. Die Versammlung bestätigt die zehn Jahre zuvor in Rio formulierten Ziele, verzichtet jedoch in vielen Bereichen auf die vor allem von Nichtregierungsorganisationen geforderten Zeitpläne zu einer präzisen Umsetzung.

30. Aug. Nach dem Urteil eines WTO-Schiedsgerichtes darf die EU Strafen in Höhe von 4 Mrd. US-Dollar gegen die USA verhängen, da diese US-Firmen erlauben, ihre Exporte über Tochterunternehmen in Steuerparadiesen abzuwickeln.
16. Sept. Iraks Staatschef Saddam Hussein teilt der UN mit, dass wieder Waffeninspektoren ohne Vorbedingungen einreisen dürfen.
1. Okt. USA fordern schärfere UN-Resolutionen gegen den Irak und eigene Waffeninspektoren neben den UN-Experten.

Die Ost-West-Beziehungen (1945–1991)

Der Begriff „Ost-West-Beziehungen", neutraler als *„Ost-West-Konflikt"*, stellt in erster Linie ein verwickeltes Geflecht von Auseinandersetzungen zwischen den atomaren Großmächten, USA und UdSSR, und in zweiter Linie zwischen den Verbündeten beider Großmächte dar, ein Geflecht, das bei zeitlich und räumlich sich ständig verändernden Schwerpunkten sowohl kooperative als auch koexistenzielle und konfrontative Elemente enthält.

Ost-West-Konflikt

Die Inhalte der Auseinandersetzung liegen in unterschiedlichen Bereichen:
1. Gesamtkomplex der Entwicklung und damit der gegenseitigen Bedrohung durch atomare Waffen samt ihrer Trägersysteme (hinzu kommen biologische und chemische Waffen);
2. Bereich der *ideologischen Gegensätze* und antagonistischen Wertorientierungen;
3. Ringen um regionale Einflusszonen in der Welt, nach 1945 zunächst in Europa, nach 1960 dann schwerpunktmäßig in Afrika, Asien und Lateinamerika;
4. Bemühung, den jeweiligen Kontrahenten in seinem wirtschaftlichen Handlungsspielraum einzuengen.

ideologischer Gegensatz

Die Ost-West-Beziehungen sind geografisch nicht eingrenzbar. Kennzeichnend ist die *globale Dimension*; selbst lokale Konflikte, in die beide Großmächte verwickelt sind, müssen unter diesem Aspekt gesehen werden: Deutschland 1947/1948, ČSR 1947/1948, Berlin 1948/1949, Griechenland 1946–1949, Iran 1945/1946, Korea 1950–1956, Österreich 1946 und 1955/1956, Sues 1956, Berlin 1958–1971, Kongo 1960, Kuba 1962/1963, Laos-Vietnam-Kambodscha 1964–1975, Vorderer Orient 1973, Angola-Mozambik-Äthiopien 1975–1978, Afghanistan 1979–1989. Die Ost-West-Beziehungen haben Auswirkungen auf die *Innenpolitik der Nationalstaaten*, am stärksten auf die Verbündeten beider Großmächte sowie auf die „blockfreien" Staaten, nämlich dann, wenn sie in einen akuten Konflikt hineingezogen werden, aber auch auf die Organisationen im Weltmaßstab. Die Handlungsspielräume der Nationalstaaten und der UNO hängen also von der Entwicklung der Beziehungen zwischen den Großmächten ab. Das prägende Hauptmerkmal der Ost-West-Beziehungen ist der Umstand, dass ein Abgleiten der Politik in einen mit allen militärischen Mitteln (Atomwaffen) der Großmächte geführten Krieg das „Ende der Geschichte der Menschheit" (General Dwight D. Eisenhower) bedeuten würde. Die Möglichkeit der *Selbstvernichtung der Menschheit* ist damit auch das universalgeschichtliche Neue der Zeit nach 1945.

globale Dimension

Innenpolitik der Nationalstaaten

Menschheitsvernichtung

Die Ost-West-Beziehungen entwickeln sich in gleitenden Übergängen aus der so genannten „Anti-Hitler-Koalition", die im Zweiten Weltkrieg zur Niederlage des Deutschen Reiches führte. Die Fortdauer der Koalition nach 1945 ist zunächst die Hauptprämisse für die Ausgestaltung der „kollektiven Friedenssicherung" im Rahmen der UNO, wobei allerdings schon 1946 offenbar wird, dass der Wille der Großmächte zur Zusammenarbeit schwindet und allmählich in ein Verhältnis der Rivalität übergeht.

Die Periode des *kalten Krieges*, in der eindeutig die Konfrontation vorherrscht, kann mit dem Ende des Jahres 1947 angesetzt werden. Die Ursachen für die Entstehung des kalten Krieges sind umstritten: zum einen wird die Ansicht vertreten, er sei Ausdruck der US-Politik eines „containment" (Eindämmung) und der sich daraus ergebenden, „notwendigen" sowjetischen Reaktion, wobei die Politik der USA aus der Absicht resultiere, den Weltmarkt unter Einbeziehung Europas wieder aufzubauen und die eigenen Kriegsgewinne zu stabilisieren. Zum anderen wird die These vorgetragen, der kalte Krieg sei die Folge der sowjetischen Aggression in Mittelosteuropa und des daraus hervorgehenden Interesses der USA, die sowjetische Expansion wenigstens in Westeuropa einzudämmen. Eine vermittelnde Meinung macht beide *Großmächte* für den Ausbruch der Konfrontation *verantwortlich*: beide Gesellschaftssysteme würden sich gegenseitig ausschließen, die aus der historischen Situation entstehenden Interessen seien unvereinbar. Da die im Zweiten Weltkrieg zerstörte UdSSR wirtschaftlich den USA weit unterlegen gewesen sei und sie zunächst auch keine Atombombe besessen habe, habe sie vordringlich den raschen Wiederaufbau, auch auf Kosten einer Ausbeutung der von ihr besetzten Länder, und die militärische Sicherung ihres Territoriums betrieben. Die USA dagegen seien bestrebt gewesen, möglichst bald die Weltwirtschaft wie-

kalter Krieg

Verantwortung der Großmächte

der in Gang zu setzen, um Weltwirtschaftskrisen zu verhüten und um ihre eigene Kriegs- auf Friedensproduktion umstellen zu können.

Der kalte Krieg veranlasst die USA, seit 1948/1949 ein kompliziertes Bündnissystem zur Einkreisung der UdSSR zu errichten, was im weiteren Verlauf zu einer „Versteinerung" der Einflusszonen beider Großmächte führt, die bestrebt sind, politische Veränderungen im jeweils eigenen Interessenbereich nicht zuzulassen.

Angesichts des Mitte der fünfziger Jahre ausgeprägten Status quo und des wachsenden Gefühls der gegenseitigen atomaren Bedrohung beginnen aber die Großmächte in begrenzten Teilbereichen ihrer Beziehungen, die Konfrontation zu mildern. Der Beginn der Détente kann mit den Jahren 1961/1962 angesetzt werden: nach dem Bau der Berliner Mauer (1961) und der Kuba-Krise (1962). Beide Ereignisse machen aller Welt deutlich, dass jede Veränderung des Status quo von der dadurch statusbenachteiligten Großmacht nicht hingenommen werden würde. Die Détente spielt sich vor allem im Rahmen von *Rüstungskontrollverhandlungen* zwischen den Großmächten und auf UNO-Ebene ab. Sie leitet seit 1968/1969 zu einer Periode der „friedlichen Koexistenz" (östlicher Begriff) bzw. der „Entspannung" (westlicher Begriff) über, in der auch kooperative Elemente innerhalb der Ost-West-Beziehungen zu erkennen sind.

Rüstungskontrollverhandlungen

„friedliche Koexistenz"

Andererseits ist festzuhalten, dass die *„friedliche Koexistenz"* dreifach begrenzt ist:
1. sie gilt nur so lange, bis der „Sozialismus im Weltmaßstab" gesiegt hat;
2. sie gilt nur im Rahmen der Beziehungen zwischen „kapitalistischen" und „sozialistischen" Staaten, d.h. Entwicklungsländer sind nicht eingeschlossen;
3. sie bezieht sich lediglich auf die staatliche Ebene, nicht auf die gesellschaftliche, auf welcher der ideologische Kampf weitergeht.

Die „Entspannung" kann ebenfalls nicht als das Ende aller Konflikte angesehen werden, sondern nur als eine Konzeption zur Verhinderung gewaltsamer Auseinandersetzungen und zur begrenzten wirtschaftlichen Zusammenarbeit.

Die Erklärungen für den Wechsel vom kalten Krieg zur Entspannung sind uneinheitlich. Der Osten interpretiert ihn offiziell als Anpassungsvorgang „kapitalistischer" Staaten an das von den sozialistischen Staaten geprägte internationale Kräfteverhältnis, das sich zugunsten des Sozialismus verschiebe. Der Westen betrachtet ihn als Folge des *atomaren Patts* und des Wunsches der UdSSR, am intensiven wirtschaftlichen Wachstum und technologischen Fortschritt des Westens teilzuhaben.

atomares Patt

Diese Entwicklung kulminiert nach dem Führungswechsel in der UdSSR (1985) und geht nach 1991 mit deren Auseinanderfallen und dem *Ende des kalten Krieges* in ein multipolares System über, in welchem die USA als einzige Supermacht agieren.

Ende des kalten Krieges

Begrenzte und prekäre Kooperation zwischen den Westmächten und der Sowjetunion (1945–1947)

Konferenz in Jalta

1945
5.–11. Febr. *Konferenz* der „Großen Drei" – USA, UdSSR, Großbritannien – *in Jalta* (Krim). Behandlung der deutschen Frage unter drei Aspekten:
1. Deutsche Reparationen,
2. Beteiligung Frankreichs an der Besetzung des deutschen Staatsgebiets,
3. Kontrolle über Deutschland, wobei das Problem der deutschen Ostgebiete im Rahmen der Polen-Frage erörtert wird.

5. Juni Die vier Siegermächte (einschließlich Frankreich) verkünden in Berlin drei Deklarationen:
1. die Feststellung des Kontrollverfahrens in Deutschland aufgrund des Abkommens vom 14. Nov. 1944,
2. die Feststellung über die Besatzungszonen in Deutschland aufgrund der Abkommen vom 12. Sept. 1944 und 14. Nov. 1944 und
3. die Feststellung über Beratung mit den Regierungen anderer Staaten der Vereinten Nationen.

Sommer Aufstand der von der UdSSR beeinflussten Tudeh-Partei in Aserbaidschan sowie in Nordkurdistan (Iran); Teilung Koreas am 38. Breitengrad.

Potsdamer Konferenz

17. Juli– 2. Aug. Die Staats- bzw. Regierungschefs der UdSSR, der USA und Großbritanniens beschließen auf der *Konferenz in Potsdam* die Entnazifizierung, Entmilitarisierung und Demokratisierung Deutschlands, jedoch nicht die Teilung des Deutschen Reiches. Die drei Mächte vereinbaren ferner die Bildung eines Rates der Außenminister, dem auch Frankreich angehören soll.

Atombomben auf Japan

6./9. Aug. Abwurf von *Atombomben auf Hiroshima und Nagasaki* durch die USA.

30. Aug. Übernahme der Verwaltung des Saargebietes durch eine französische Kommission.

Sept. Britische und US-Streitkräfte räumen Iran.
10. Sept.– Erste Sitzung des Rates der Außenminister in London: Die französische Regierung fordert
2. Okt. die Abtrennung des Rhein-Ruhr-Gebietes sowie des Saarlandes und legt ein Veto gegen die Errichtung deutscher Zentralverwaltungen ein.
Dez. Außerordentliche Außenministerkonferenz (ohne China und Frankreich), auf der erste Kompromisse bezüglich der Friedensverträge mit den ehemaligen Feindstaaten ausgearbeitet werden.
1946 Die iranische Regierung legt Beschwerde beim UN-Sicherheitsrat mit der Begründung ein,
17. Jan. die UdSSR würde sich in die inneren Angelegenheiten des Iran einmischen, was eine harte Auseinandersetzung zwischen den Vertretern der USA und der UdSSR nach sich zieht.
25. April– *Pariser Außenministerkonferenz* (Erste Sitzungsperiode): Die UdSSR fordert Sicherstel- *Pariser*
16. Mai lung der Reparationslieferungen aus Deutschland in die Sowjetunion sowie eine Vier-Mäch- *Außenminister-*
te-Kontrolle über das Ruhrgebiet. *konferenz*
4. Mai Der US-Militärgouverneur in Deutschland, General Lucius D. Clay (*1897, †1978), ordnet die Einstellung von Reparationslieferungen aus der US-Zone in die Sowjetunion an.
16. Juni– Zweite Sitzungsperiode der Pariser Außenministerkonferenz: Die USA lehnen entgegen
12. Juli den sowjetischen Forderungen Reparationen aus den Westzonen mit dem Hinweis auf die schwierige Wirtschaftslage in Deutschland ab und sind bestrebt, die Wirtschaftseinheit mit der britischen Zone herzustellen, scheitern jedoch am Widerstand der UdSSR.
Die Konferenz wird ohne Vorbereitungen für einen Friedensvertrag mit Deutschland und Österreich vertagt.
26. Sept. US-Außenminister James Francis Byrnes (*1879, †1972) erklärt, es gebe fortan keinen amerikanischen Isolationismus.
Nov. Iranische Truppen besetzen mit britisch-amerikanischer Hilfe die autonomen, von Moskau beeinflussten Gebiete Aserbaidschan und Kurdistan; Ausschaltung der linksorientierten politischen Bewegungen.
2. Dez. Großbritannien und die USA ergreifen nach dem Scheitern der Pariser Außenministerkonferenz in der Deutschlandfrage die Initiative und vereinbaren den Zusammenschluss ihrer beiden Zonen *(Bizone)*. *Bizone*
4. Nov.– Dritte Tagung des Rates der Außenminister in New York: Einigung über die Friedensverträ-
11. Dez. ge mit den ehemaligen Verbündeten Deutschlands.
1947 Rücktritt des US-Außenministers J. F. Byrnes. Sein Nachfolger George Catlett Marshall
Jan. (*1880, †1959) signalisiert den Übergang von einer „Politik der Geduld" gegenüber der *Politik der*
UdSSR zu einer *„Politik der Eindämmung". Eindämmung*
6. Jan. US-Präsident Harry S. Truman fordert vor dem US-Kongress eine erneute militärische Aufrüstung, nachdem die USA große Teile ihrer Streitkräfte demobilisiert haben.
10. März– *Außenministertagung in Moskau*: Die vier Mächte erzielen keine Einigung über die einzel- *Außenminister-*
24. April nen Phasen einer Wiedererrichtung deutscher Zentralbehörden und einer deutschen Regie- *tagung*
rung sowie über die Einheit des deutschen Wirtschaftsraumes; die Frage der Reparationen *in Moskau*
bleibt ungelöst.
12. März Präsident Truman verlangt die Bereitstellung finanzieller Mittel für Griechenland (Bürgerkrieg mit den Kommunisten) in Höhe von 250 Mio. und für die Türkei in Höhe von 150 Mio. Dollar sowie die Entsendung von militärischem Fachpersonal. Er erklärt die Unverletzlichkeit der Staaten im Mittleren Osten für unabdingbar und sagt Hilfe der USA „für die in ihrer Freiheit bedrohten freien Völker" zu *(Truman-Doktrin). Truman-Doktrin*
2. Juli Die Sowjetunion und später auf ihren Druck hin auch die Staaten ihres Hegemonialbereichs lehnen die Annahme der Marshallplan-Hilfe ab.
30. Aug. 19 amerikanische Staaten unterzeichnen in Rio de Janeiro den *Interamerikanischen Bei- Inter-*
standspakt zum Schutz der kollektiven Sicherheit auf dem amerikanischen Gesamtkonti- *amerikanischer*
nent: automatische Beistandspflicht im Fall von Angriffen gegen das Vertragsgebiet. *Beistandspakt*
Sept. „Verfassungskrise" in der Stadtverwaltung von Groß-Berlin durch die Weigerung der sowjetischen Militärverwaltung, E. Reuter als gewählten Oberbürgermeister anzuerkennen.
22. Sept. *Gründung der Kominform* („Informationsbüro der kommunistischen und Arbeiter-Partei- *Gründung der*
en") mit Sitz zunächst in Belgrad, seit 1948 in Bukarest; sie soll dem Erfahrungsaustausch *Kominform*
der Parteien (kommunistische Parteien der Sowjetunion, Jugoslawiens, Polens, Bulgariens, Rumäniens, Ungarns, Italiens, Frankreichs und der Tschechoslowakei) dienen und einer freiwilligen Gleichschaltung ihrer Aktionen behilflich sein.
25. Nov. Außenministerkonferenz in London.
15. Dez. Nachdem diese ohne konkrete Ergebnisse in der Deutschlandfrage vertagt werden muss, gehen die drei Westmächte dazu über, ihre Besatzungszonen ohne Berücksichtigung der sowjetischen Zone wieder aufzubauen.

Kalter Krieg (1948–1956)

Beistandspakte der UdSSR	**1948** 4. Febr.	UdSSR und Rumänien schließen einen Freundschafts- und *Beistandspakt* für 20 Jahre. Weitere ähnliche Verträge folgen zwischen der UdSSR und Ungarn (18. Febr.), Bulgarien (18. März), sowie Finnland (6. April); zwischen Polen und Bulgarien (29. Mai), Ungarn (18. Juli); Tschechoslowakei und Ungarn (16. April 1949).
	22. Febr.	Die Kommunistische Partei übernimmt in der Tschechoslowakei die Regierung.
	2. März	Der sowjetische Stadtkommandant in Berlin bezweifelt, dass die Viermächteverwaltung für Gesamt-Berlin aufrechterhalten werden kann, da die Westmächte in ihren Sektoren die „demokratischen Organisationen", SED und FDGB, unterdrücken würden.
UdSSR-Auszug aus Kontrollrat	20. März	Marschall Wassili Danilowitsch *Sokolowski* (*1897, †1968) *verlässt* den Alliierten *Kontrollrat* für Deutschland, der damit faktisch seine Tätigkeit einstellt.
	Mai	Wegen des Widerstands der UdSSR werden die für ganz Korea vorgesehenen Wahlen nur in Südkorea unter Aufsicht der UNO abgehalten.
	19. Juni	Die Sowjetunion beschuldigt die Westmächte, durch die Währungsreform in ihren Zonen die Spaltung Deutschlands herbeizuführen. Versuch, durch Verbot der Westwährung in Gesamt-Berlin die Stadt in den Wirtschaftsraum der Sowjetzone einzubeziehen. Der Kampf um die Verdrängung der Westmächte aus Berlin erreicht einen Höhepunkt.
	23. Juni	Die sowjetische Militärverwaltung gibt den Westmächten die Einführung einer Währungsreform für Groß-Berlin bekannt, was die Westmächte mit Hinweis auf den Viermächtestatus der Stadt für „null und nichtig" erklären.
Berlin-Blockade	**26. Juni**	Berlin-Blockade. Luftbrücke der Westmächte – zur Versorgung der Stadt mit lebenswichtigen Gütern – zwischen den Westzonen und West-Berlin.
	28. Juni	Jugoslawien wird aus dem Kominform ausgeschlossen.
	13. Aug.	Die UdSSR verbreitet die Behauptung, die Westmächte hätten das Recht auf Besetzung und Verwaltung von Berlin verloren.
	25. Sept.	Die Sowjets versuchen, den Luftverkehr zwischen Berlin und den Westzonen zum Erliegen zu bringen.
	30. Nov.	Unter SED-Leitung Versammlung in der Berliner Staatsoper, die den Berliner Magistrat für abgesetzt erklärt und Friedrich Ebert (SED; *1894, †1979) zum Oberbürgermeister sowie einen neuen „provisorischen demokratischen Magistrat" wählt. Die Westmächte protestieren gegen die Errichtung des *„Ostsektoren-Magistrates"*; die sowjetische Militäradministration erkennt ihn an; Beginn der Spaltung Berlins.
Berliner Magistrat		
	5. Dez.	Wahlen in Berlin, die allerdings nur in den Westsektoren stattfinden können, da die sowjetische Besatzungsmacht sie für den Ostsektor untersagt hat.
	1949 Jan.	Die UdSSR zieht ihre Streitkräfte in Korea hinter den 38. Breitengrad zurück, worauf die USA ihre Truppen bis zu dieser Demarkationslinie rücken lässt.
	7. Jan.	US-Außenminister Marshall tritt zurück.
	31. März	Die UdSSR bezeichnet den am 18. März veröffentlichten Nordatlantik-Vertrag als nicht vereinbar mit der Charta der Vereinten Nationen.
Nordatlantikpakt	**4. April**	Abschluss des *Nordatlantikpakts* (North Atlantic Treaty Organization – NATO) in Washington.
	4. Mai	Unterzeichnung des Jessup-Malik-Abkommens (benannt nach dem amerikanischen Völkerrechtler und damaligen US-Vertreter bei der UNO Philip Caryl Jessup [*1897, †1986] und dem sowjetischen Chefdelegierten bei der UNO Jakow Alexandrowitsch Malik [*1906, †1980]) über die Beendigung der *Berlin-Blockade*.
Berlin-Blockade aufgehoben	12. Mai	Aufhebung der Berliner Blockade.
	23. Mai– 20. Juni	Konferenz des Rats der Außenminister in Paris: keine Einigung über Deutschland; jedoch Erklärung, die Bemühungen zur Einigung Deutschlands fortzusetzen.
Atomwaffenversuch der UdSSR	23. Sept.	Der erste *Atomwaffenversuch der UdSSR* (im Aug.) wird bekannt gegeben.
	29. Sept.	Die UdSSR kündigt ihren Freundschafts- und Beistandspakt mit Jugoslawien, das damit aus dem sowjetischen Hegemonie-Bereich ausscheidet und von nun an auch Unterstützung von den USA empfängt. Dem Beispiel der UdSSR folgen Ungarn, Bulgarien, Rumänien und die Tschechoslowakei.
	1. Okt.	Die UdSSR protestiert gegen die Errichtung der Bundesrepublik Deutschland.
	8. Okt.	Erste innerdeutsche Vereinbarung seit dem Ende der Berlin-Blockade; Grundlage des Interzonenhandels für die kommenden Jahre (Frankfurter Abkommen).
	1950 27. Jan.	US-Präsident Truman billigt den „Generalverteidigungsplan" für den nordatlantischen Raum.

25. März	Der UdSSR gelingt es auf der gemeinsam mit den Westmächten abgehaltenen Berliner Konferenz nicht, ihr politisches Ziel eines neutralen Gesamt-Deutschland durchzusetzen, daraufhin verleiht sie der DDR die Souveränität.
25. Juni	Truppen der Volksrepublik Korea (Nordkorea) dringen in Südkorea ein *(Korea-Krieg)*.
7. Juli	Die USA berufen den Sicherheitsrat der Vereinten Nationen ein, der die Bildung eines UN-Kommandos unter Führung der USA einpfiehlt, das die militärischen Maßnahmen in Korea leiten soll.
11. Juli	Das US-Repräsentantenhaus fordert den Abschluss eines Verteidigungspaktes für den Pazifik nach dem Muster des Nordatlantikvertrages. Beginnende *Einkreisung der Sowjetunion* durch ein weltweites Bündnissystem.
Ende Juli	Die UN-Truppen unter US-General Douglas MacArthur beenden in Südkorea den Aufbau einer Verteidigungslinie.

Korea-Krieg

Einkreisung der UdSSR

Zum Deutschlandproblem und den Ost-West-Beziehungen bis zum Beginn der sechziger Jahre

Das System, das sich im Westen 1948/1949 herausbildet, umfasst folgende Elemente: eine großzügig gehandhabte *Hegemonie der USA*, die Stabilisierung der liberal-parlamentarischen Demokratien in Westeuropa, die Vorherrschaft des Freihandels in Westeuropa, die Annäherung der europäischen Staaten und die Eingliederung der Bundesrepublik in den Westen. Oppositionelle Gruppen im Westen (USA: George Kennan, in der Bundesrepublik SPD und z.T. FDP) sprechen sich wiederholt gegen das System aus und schlagen vor, ein wiedervereinigtes Deutschland unter Einbeziehung einer breiten Zone in Mitteleuropa dem Einflussbereich der USA und UdSSR durch Neutralisierung zu entziehen. Auch die UdSSR bietet dazu 1952/1953 entsprechende Verhandlungen an. Sämtliche Bemühungen, das System von 1948 zu überwinden, scheitern jedoch zunächst am Widerstand der USA und schließlich auch an dem der UdSSR, die spätestens seit Mitte 1955 die *Teilung Deutschlands* als Grundlage für eine tragfähige Friedensordnung betrachtet. Sie fordert den Westen, der auf den Außenminister- und Staatschef-Konferenzen wiederholt Pläne zur Wiedervereinigung auf der Grundlage von freien Wahlen vorlegt, auf, davon abzulassen. Schließlich setzt die Regierung von US-Präsident John F. Kennedy das Deutschlandproblem von der Tagesordnung der Ost-West-Beziehungen endgültig ab. Es kann von nun an nur noch darauf ankommen, Arrangements bei Hinnahme des Status quo zu treffen.

Hegemonie der USA

Teilung Deutschlands

Chronologische Übersicht zum Berlin-Problem

Berlin-Problem

1945–1948	Berlin unter Viermächteverwaltung.
1948–1949	Erste Berlin-Krise; Berliner Blockade.
1949–1958	Viermächtestatus ohne Viermächteverwaltung und Einbeziehung Berlins in die Wirtschaft der Bundesrepublik.
1958–1961	Zweite Berlin-Krise.
1961	Bau der Mauer zwischen dem Ostsektor und den Westsektoren der Stadt.
1962	Ende der zweiten Berlin-Krise.
1963–1970	Phase des politisch prekären Status.
1971	Viermächteabkommen über Berlin.
1989	Öffnung der Berliner Mauer.
1990	Wiedervereinigung.

Berliner Blockade

Bau der Mauer

Viermächte-abkommen

1950 1. Sept.	*Verfassung des Landes Berlin* (West-Berlin): Berlin ist ein deutsches Land (Stadtstaat mit Senat). Die Zugehörigkeit zur Bundesrepublik Deutschland als Bundesland ist, solange die Anwendung des Grundgesetzes für die Bundesrepublik Deutschland Beschränkungen unterliegt, durch die Alliierten suspendiert. Beschränkungen bestehen aufgrund des Londoner Abkommens vom 14. Nov. 1944 in der Fassung vom 1. Mai 1945 und des Genehmigungsschreibens der Militärgouverneure zum Grundgesetz vom 12. Mai 1949.
12.–14. Sept.	New Yorker Außenministerkonferenz der drei Westmächte; die Bundesregierung wird als einzig vertretungsberechtigt, für das deutsche Volk zu sprechen, erklärt.
15. Sept.	Korea: Großoffensive der UN-Truppen, nordkoreanische Streitkräfte zurückgedrängt.
18. Sept.	Offensive der Viet-minh in Indochina.
26. Nov.	Chinesische Offensive gegen die UN-Truppen in Nordkorea, die den Rückzug antreten. Bundeskanzler Adenauer erklärt, angesichts der Gefahr eines sowjetischen Angriffs in Europa sei ein deutscher Verteidigungsbeitrag auf der Basis der Gleichberechtigung notwendig.

Verfassung des Landes Berlin

Sicherheitspakt ANZUS	**1951** 12. Juli	In Washington paraphieren Vertreter Australiens, Neuseelands und der USA einen kollektiven *Sicherheitspakt (ANZUS*: Australia, New Zealand, United States); am 1. Sept. abgeschlossen.
	8. Sept.	Die Alliierten des Zweiten Weltkriegs (mit Ausnahme der Sowjetunion) unterzeichnen in San Francisco einen Friedensvertrag mit Japan; die USA und Japan schließen ein Sicherheitsabkommen.
	2. Nov.	Der Präsident der DDR, Wilhelm Pieck, übermittelt Bundespräsident Theodor Heuss die Einladung zu einem Treffen (dieses wird abgelehnt).
	20. Dez.	Die UNO-Vollversammlung beschließt gegen die Stimmen der Ostblock-Vertreter die Errichtung einer internationalen Kommission zur Untersuchung der Voraussetzung für gesamtdeutsche Wahlen in beiden Teilen Deutschlands.
Stellung des Landes Berlin	**1952** 4. Jan.	Gesetz über die *Stellung des Landes Berlin* (West-Berlin) im Finanzsystem des Bundes, durch das die Westsektoren der Stadt in das Finanz- und Wirtschaftssystem der Bundesrepublik einbezogen werden.
	10. Febr.	Die UdSSR bringt den Gedanken eines europäischen Sicherheitssystems ins Spiel.
	10. März	Die sowjetische Regierung schlägt den Westmächten die Aufnahme von Friedensverhandlungen über Deutschland vor; in der Antwort fordern die Westmächte freie Wahlen als Voraussetzung.
	6. Juni	Karl Georg Pfleiderer (FDP; *1899,†1957) schlägt die Errichtung eines besatzungsfreien deutschen Gebiets zwischen Rhein und Oder, die Aufstellung einer nationalen deutschen Armee und die Beschränkung der alliierten Besatzung auf Brückenköpfe vor.
	21. Sept.	Ernst Lemmer (CDU; *1898, †1970) wendet sich gegen die von Bundeskanzler Adenauer vertretene „Politik der Stärke" und fordert Verhandlungen mit der UdSSR über Deutschland.
Wasserstoffbombe der USA	1. Nov.	Die *USA* zünden die erste *Wasserstoffbombe*.
	24. Dez.	Der sowjetische Partei- und Regierungschef Josef Stalin erklärt, ein Krieg zwischen den USA und der UdSSR sei unvermeidlich.
	1953	Dwight D. Eisenhower tritt sein Amt als Präsident der USA an (20. Jan.).
	2. Febr.	Der neue US-Außenminister (1953–1959) John Foster Dulles gibt die Beendigung der Isolierung Nationalchinas (Taiwans) durch die USA bekannt.
	5. März	Tod Josef Stalins, das Amt des Ministerpräsidenten und (bis 13. Sept.) auch das des Parteichefs übernimmt Georgi M. Malenkow.
Ende des Korea-Krieges	**27. Juli**	*Ende des Korea-Krieges:* Waffenstillstand in P'anmunjom (38. Breitengrad) zwischen Nordkorea und Vereinten Nationen.
	8. Aug.	Die UdSSR gibt den Besitz der Wasserstoffbombe bekannt.
	2. Sept.	Die Westmächte laden die UdSSR zu einer Viererkonferenz über Deutschland ein, zu der sich der designierte Parteichef Nikita Chruschtschow bereit erklärt.
	1954 11. Jan.	In Washington beginnen Vorgespräche zwischen den USA und der UdSSR über die Kontrolle der Atomenergie; es setzen bilaterale Gespräche über Abrüstung, Rüstungskontrolle und Beschränkung auf nuklearer Ebene ein.
	26. April	Beginn der Genfer Konferenz zwischen Frankreich, Großbritannien, der UdSSR, den USA, der VR China und den beiden koreanischen Staaten über die Korea-Frage und die Beendigung des Krieges in Indochina.
	15. Juni	Die Westmächte brechen die Verhandlungen über Korea in Genf ab.
	21. Juli	Die Konferenz endet mit einem Waffenstillstandsabkommen für Kambodscha, Laos und Vietnam. Abzug der französischen Truppen. Als Demarkationslinie wird der 17. Breitengrad vereinbart.
Gründung der SEATO	8. Sept.	Achtmächtepakt in Manila zur Schaffung einer *Südostasien-Verteidigungsorganisation* (South East Asia Treaty Organization–SEATO; dem Bündnissystem gehören an: ANZUS-Paktmitglieder Australien, Neuseeland, USA sowie Philippinen, Thailand, Großbritannien, Frankreich, Pakistan). Teil der von Dulles verstärkt betriebenen Politik des „Containment".
	10. Sept.	Die Westmächte lehnen eine von der UdSSR vorgeschlagene Konferenz über europäische Sicherheit ab.
Triest-Konflikt	5. Okt.	Abkommen über die Beilegung des *Triest-Konflikts* zwischen Italien und Jugoslawien (das Gebiet um Triest zwischen Italien und Jugoslawien geteilt).
	19.–23. Okt.	Pariser Konferenz: Die Bundesrepublik Deutschland tritt der WEU bei (Pariser Verträge); Westintegration der Bundesrepublik vollzogen; neue Phase des Deutschlandproblems.
	1955	Die UdSSR beendet den Kriegszustand mit Deutschland (29. Jan.).
	3./9. Febr.	Rücktritt von UdSSR-Ministerpräsident Georgi M. Malenkow, sein Nachfolger wird Nikolai A. Bulganin.

24. Febr.	Gründung des *Bagdad-Pakts* durch den Irak und die Türkei mit dem Ziel politischer und militärischer Zusammenarbeit. Großbritannien tritt am 30. März bei; Pakistan und Iran schließen sich an.	*Bagdad-Pakt*
5. Mai	Erklärung der Alliierten Kommandantur, wonach West-Berlin unter einigen Vorbehalten seine in der Verfassung von 1950 niedergelegten Rechte selbstständig ausüben kann.	
7. Mai	Die UdSSR kündigt ihre Beistands- und Bündnisverträge mit Großbritannien (vom 26. Mai 1942) und Frankreich (vom 2. Mai 1935).	*Warschauer Pakt*
14. Mai	Die UdSSR errichtet mit den „Volksdemokratien" ihres Machtbereichs den *Warschauer Pakt* („Vertrag über Freundschaft, Zusammenarbeit und gegenseitigen Beistand") als Militärbündnis.	
15. Mai	Lösung des Österreich-Problems: Unterzeichnung des *österreichischen Staatsvertrags* durch die vier alliierten Mächte und Österreich; die UdSSR deutet mit der Ratifizierung einen gewissen Entspannungswillen in Europa an.	*österreichischer Staatsvertrag*
7. Juni	Die Regierungen Frankreichs, Großbritanniens und der USA laden die UdSSR ein, mit ihnen in Genf zu einer Viermächtekonferenz zusammenzukommen.	
18. Juli	Die Genfer Gipfelkonferenz (Frankreich, USA, UdSSR, Großbritannien) erzielt hinsichtlich des Deutschlandproblems keine Einigung. Sir Anthony Eden, der britische Außenminister, schlägt einen Sicherheitspakt mit Rüstungsbeschränkungen vor; neuer Vorstoß, die Rüstungsprobleme zu regeln, nachdem die Bemühungen auf UNO-Ebene zunächst gescheitert sind. US-Präsident Eisenhower legt einen Abrüstungsplan vor, bei dem die Probleme eines möglichen Überraschungsangriffs im Vordergrund stehen. Der sowjetische Ministerpräsident Bulganin unterbreitet einen Plan für eine nukleare Abrüstung, die mit einer Verringerung der konventionellen Heere verknüpft sein soll. Die Regierungschefs können sich jedoch über die Abrüstung nicht einigen und empfehlen, die Gespräche wieder in die UN-Abrüstungskommission zu verlagern.	

Chronologische Übersicht
Abrüstungsprobleme nach dem Zweiten Weltkrieg

Abrüstungsprobleme

1945 6./9. Aug.	Detonation von *Atombomben* über Hiroshima und Nagasaki: Beginn des Atomwaffenzeitalters.	*Atombomben*
1945–1954	Abrüstungsbemühungen im Rahmen der UNO.	
1955–1957	Abrüstungsverhandlungen auf der Ebene der Regierungschefs und Außenminister: Fixierung der Angebote nach Entwicklung der Wasserstoffbombe.	
1957	Einzelverhandlungen im Unterausschuss der UN-Abrüstungskommission bei Wiederaufnahme der Atomwaffen- und Raketenversuche in der UdSSR.	
1957 2. Okt.	Rapacki-Plan (Vorschlag einer kernwaffenfreien Zone in Mitteleuropa).	
1957–1958	Abrüstungsinitiativen der UdSSR. West-östliche Expertengespräche in Genf.	
1959–1961	Verhandlungen über Versuchsstopp, Nicht-Weiterverbreitung und Freihaltung der Antarktis von Kernwaffen.	
1962–1965	Allgemeine atomare Abrüstungsverhandlungen im Rahmen des 1959/61 gegründeten Achtzehn-Mächte-Ausschusses der UNO, die in Auseinandersetzungen über die Verbreitung von Nuklearwaffen übergehen.	
1963	Das Problem der Verhinderung eines Krieges durch Zufall wird zum Verhandlungsthema.	
1963 5. Aug.	Vertrag über das Verbot von Kernwaffenversuchen in der Atmosphäre, im Weltraum und unter Wasser.	
1965/1966	Tagung der großen Abrüstungskommission der UNO (21. April 1965 bis 16. Juni 1966).	
1965–1968	Fortsetzung der Achtzehn-Mächte-Verhandlungen in Genf über Verbreitung und Begrenzung von Nuklear-Waffen, das Verbot von Atomversuchen und Verminderung der Militärausgaben sowie gleichzeitig bilaterale Verhandlungen zwischen der UdSSR, Großbritannien und den USA bis zur Unterzeichnung des Atomwaffensperrvertrages (1. Juli 1968).	
1970 5. März	Der *Atomwaffensperrvertrag* (Vertrag über die Nicht-Weiterverbreitung von Kernwaffen) tritt in Kraft.	*Atomwaffensperrvertrag*
1972 26. Mai	Unterzeichnung des *SALT-I*-Vertrages (Strategic Arms Limitation Talks).	*SALT I*
1973 3. Juli	Beginn der ersten Phase der *KSZE* (Konferenz über Sicherheit und Zusammenarbeit in Europa).	*KSZE*
1973 18. Sept.	Beginn der zweiten Phase der KSZE.	
1974 27. Juni– 3. Juli	Vertrag zwischen USA und UdSSR zur Begrenzung unterirdischer Kernexplosionen unterzeichnet.	
1974 23./24. Nov.	Einigung über die Begrenzung von strategischen offensiven Kernwaffen.	
1975 30. Juli– 1. Aug.	Unterzeichnung der Schlussakte der KSZE in Helsinki.	

NATO-Doppel-beschluss	1977 22./23. Sept.	Verlängerung des SALT-I-Vertrages, weitere Verhandlungen über SALT II.
	1979 15.–18. Juni	In Wien Unterzeichnung des SALT-II-Abkommens zwischen der UdSSR und den USA.
	1979 12. Dez.	NATO-Doppelbeschluss: Nachrüstung mit neuen Mittelstreckenraketen in Westeuropa bei gleichzeitig erklärter Bereitschaft zu neuen Verhandlungen über Rüstungsbegrenzung.
	1981 10. April	35 Nationen unterzeichnen in New York den Vertrag zum Verbot grausamer Waffen.
START	1982 21. Juni	In Genf beginnen Gespräche zur Eindämmung der strategischen Rüstung: START (Strategic Arms Reduction Talks) als Nachfolger von SALT.
MFBR	1984 7./28. Febr.	Auf der Genfer Abrüstungskonferenz verhandeln 44 Teilnehmerstaaten vor allem über ein Verbot chemischer Waffen. Bei MFBR-Verhandlungen (Mutual and Balanced Forces Reduction) verzichtet der Westen auf die genaue Zählung der im Ostblock stationierten Bodentruppen, sofern die UdSSR eine Überwachung des Abkommens vor Ort ermöglicht.
	1985 6.Aug.	KPdSU-Generalsekretär Gorbatschow verkündet befristetes einseitiges Atomtestmoratorium.
	1986 10. April	Nach fortgesetzten US-Atomversuchen kündigt die UdSSR das Moratorium.
	1986 22. Sept.	Schlussdokument der KVAE (Konferenz über vertrauens- und sicherheitsbildende Maßnahmen in Europa) verabschiedet.
	1986 27. Nov.– 4. Dez.	Die USA überschreiten SALT II (Einsatz von 131-B-52 Bombern mit Cruise Missiles).
	1987 7.–10. Dez.	Unterzeichnung des INF-Abkommens (Intermediate-range Nuclear Forces) über die globale Null-Lösung für Mittelstreckenraketen in Washington durch US-Präsident Reagan und KPdSU-Generalsekretär Gorbatschow.
	1990	Beschluss der NATO, ihre Kernwaffen und konventionellen Verbände zu reduzieren.
VKSE	6. Juli	Die Mitglieder von NATO und Warschauer Pakt unterzeichnen das VKSE-Abkommen (über konventionelle Streitkräfte) zur Institutionalisierung des KSZE-Prozesses; der kalte Krieg gilt damit als notariell beendet.
	19. Nov.	
	1992 24. März	Unterzeichnung eines „Vertrages über den offenen Himmel" durch die Außenminister der NATO-Staaten und der ehemaligen Warschauer-Pakt-Staaten, der eine verstärkte Transparenz militärischer Aktivitäten bewirken soll.
	1993 3. Jan.	US-Präsident Bush und der russische Staatspräsident Jelzin unterzeichnen in Moskau den START-II-Vertrag zur Reduzierung des strategischen Atomwaffenpotenzials.
	1994 14. Jan.	Die Präsidenten der USA, Russlands und der Ukraine, Clinton, Jelzin und Krawtschuk, schließen das „Moskauer Abkommen", einen trilateralen Abrüstungsvertrag.
	1995 17. April– 12. Mai	Verlängerung des Atomwaffensperrvertrages von 1968.
NATO-Russland-Rat	1997 27. Mai	Schaffung eines Ständigen Gemeinsamen NATO-Russland-Rates.
	1999 13. Okt.	Der US-Senat lehnt die Ratifizierung des Atomteststoppvertrages ab. Dagegen wird dieser von der russischen Staatsduma am 21. April 2000 ratifiziert.
	2001 4. Febr.	Die US-Regierung erklärt, am Projekt eines Nationalen Raketenabwehrsystems (NMD) festzuhalten.
	13. Dez.	Die USA steigen aus dem ABM-Vertrag aus.
	2002 13. Mai	Die USA und Russland vereinbaren, die Zahl ihrer Raketensprengköpfe um zwei Drittel zu verringern.
	28. Mai	Abschluss eines Kooperationsabkommens zwischen der NATO und Russland.

	22. Juli	Der französische Ministerpräsident Edgar Faure (*1908, †1988) unterbreitet den Plan zur Offenlegung der Rüstungsausgaben und zur Bildung eines Fonds aus den Ersparnissen der Abrüstung, mit dem unterentwickelte Gebiete gefördert werden sollen.
	Aug.	Die USA dringen auf Inspektionen zur Kontrolle der Nuklearwaffen auf den Territorien der USA und der UdSSR. Die UdSSR lehnt dies als Spionagevorhaben ab.
	11. Okt.	Iran tritt dem Bagdad-Pakt bei.
Wiederver-einigungsplan	27. Okt.– 15. Nov.	Konferenz der Außenminister der vier Großmächte in Genf. Westmächte schlagen *Wiedervereinigungsplan* für Deutschland, dagegen die UdSSR die Errichtung eines gesamtdeutschen Rates vor, dem die Westmächte mit dem Vorschlag der Bildung einer Viermächtekommission zwecks Vorbereitung freier Wahlen in ganz Deutschland begegnen.
	10. Dez.	Bundesaußenminister Heinrich von Brentano weist auf die Folgen hin, die eine Aufnahme diplomatischer Beziehungen zur DDR durch dritte Staaten für deren Verhältnis zur Bundesrepublik Deutschland auslösen würde (Hallstein-Doktrin); die Gegenmaßnahmen der Bundesrepublik können bis zum Abbruch der diplomatischen Beziehungen reichen.
DDR im Warschauer Pakt	1956	Die *DDR tritt dem Warschauer Pakt bei* (27. Jan.).
	1. März	Von verantwortlicher sowjetischer Seite wird festgestellt, dass direkte Verhandlungen zwischen den beiden deutschen Staaten der einzige Weg zur Wiedervereinigung seien.
Auflösung des Kominform	18. April	Das sowjetische Regierungsorgan „Prawda" gibt die *Auflösung des Kominform* bekannt.
	14. Mai	Die UdSSR erklärt, sie werde ihre Streitkräfte um 1,2 Mio. Mann verringern und erwarte ähnliche Maßnahmen vom Westen.

19. Juli	Die USA ziehen ihre Finanzierungsversprechen für den Bau des Assuan-Staudamms in
26. Juli	Ägypten zurück, worauf der ägyptische Präsident Gamal Abdel Nasser den Suezkanal verstaatlicht. Verstärkter militärischer und wirtschaftlicher Einfluss der Sowjetunion in Ägypten, wodurch der Ost-West-Konflikt auf den Nahen Osten ausgedehnt wird.
23. Okt.	Beginn von revolutionären Unruhen in Ungarn (4./11. Nov. von Sowjettruppen niedergeschlagen).
29. Okt.	*Sueskrieg:* Beginn des mit Großbritannien und Frankreich verabredeten israelischen Angriffs gegen Ägypten.
31. Okt.	Anglo-französische Luftoffensive gegen Ägypten.
5. Nov.	Der sowjetische Ministerpräsident Bulganin gibt mit dem Hinweis auf sowjetische Fernlenkwaffen dem Westen zu verstehen, dass die UdSSR entschlossen sei, die französisch-britisch-israelischen Angriffe gegen Ägypten mit Gewalt zurückzuschlagen.
6. Nov.	Feuereinstellung auf dem ägyptischen Kriegsschauplatz.

Marginalie: Sueskrieg

Versuche der Neuorientierung (1957–1960)

Seit Mitte der fünfziger Jahre treten die Gefahren eines offenen Krieges zwischen den Supermächten USA und UdSSR in den Hintergrund, weil angesichts der Gefahr eines Nuklearkrieges jegliche direkte Konfrontation vermieden wird. Vor diesem Hintergrund verbessern sich auch ein wenig die sowjetisch-amerikanischen Beziehungen in Europa. Die UdSSR geht dabei zur wirtschaftlichen Expansion im internationalen Maßstab über, um den hier bestehenden Vorsprung der USA aufzuholen, während die USA ihre technologisch-militärischen Programme beschleunigen, um gegenüber der sowjetischen Aufrüstung mit Fernraketen nicht ins Hintertreffen zu geraten *(Sputnik-Effekt)*.

Das Verhältnis zwischen den Blöcken verbessert sich leicht, so bei der Frage der Abrüstung, zumal die UdSSR zu Zugeständnissen bereit ist; Versuche mit Atomwaffen werden vorübergehend sogar eingestellt. Die sowjetische Regierung signalisiert den westlichen Regierungschefs, dass sie eine Expansionspolitik der VR China nicht mehr unterstützen würde. Andererseits beginnt ein Raketenwettlauf zwischen den USA und der UdSSR mit der massiven Installierung von Fernlenkraketen-Basen. Während der Westen die Bundesrepublik Deutschland aufrüstet, festigt die Sowjetunion auch militärisch die Position der DDR und übt anhaltend *Druck auf Berlin* aus.

Marginalie: Sputnik-Effekt

Marginalie: Druck auf Berlin

Kriegsgefahr und Ansätze zur Rüstungsbegrenzung

Mitte der fünfziger Jahre sind die Großmächte über verschiedene *Möglichkeiten* des Ausbruchs *eines atomar geführten Krieges* besorgt, nämlich die Möglichkeit:
1. des unbeabsichtigten Krieges, der aufgrund technischen Versagens z. B. der Radarkontrollen oder der Interkontinental-Raketen oder aufgrund menschlichen Versagens eines Befehlshabers gleichsam aus Versehen entstehen kann,
2. des Krieges durch Fehlkalkulation, die dann auftritt, wenn eine Großmacht die Risiken der Maßnahmen gegenüber der anderen falsch einschätzt, so wenn sie sich darauf versteift, in einer Krise hart zu bleiben, im Glauben, dass die andere Seite keinen Krieg will. Wenn indes die andere Seite überraschend doch nicht nachgibt, dann kann der Krieg folgen.
3. des kalkulierten Krieges, die dann real werden kann, wenn eine Großmacht der Überzeugung ist, dass der Eintritt in einen Krieg die am wenigsten unakzeptable ihrer Wahlmöglichkeiten ist, wozu auch ein aufgrund waffentechnischen Rückstandes notwendig erscheinender Präventivkrieg, selbst ein begrenzter, zu rechnen ist, und
4. dass ein dritter Staat mit kleinem atomaren Potenzial die Großmächte in einen Krieg hineinzieht.

Die in der zweiten Hälfte der fünfziger Jahre einsetzenden Verhandlungen zwischen den Großmächten haben, so gesehen, weniger das Ziel abzurüsten, als durch bilaterale und multilaterale Verhandlungen die Risiken eines Kriegsausbruches zwischen ihnen unter Kontrolle zu bringen, die Weiterverbreitung von atomaren Waffen zu blockieren und die ökologischen und finanziellen Folgen des Wettrüstens zu mindern.

Marginalie: Möglichkeit eines Atomkriegs

	1957	
1. März	Die UdSSR erklärt, nur direkte Verhandlungen zwischen beiden deutschen Staaten führten zur Wiedervereinigung.	
9. März	US-Präsident Eisenhower verkündet eine Schutzgarantie der USA für alle Staaten des Mittleren Ostens, die sich vom Kommunismus bedroht fühlen *(Eisenhower-Doktrin)*.	
30. April	Der US-Flugzeugträger „Forrestal" kreuzt vor der Küste des Libanon, da blutige Unruhen wegen des prowestlichen Kurses der Regierung in Beirut ausgebrochen sind.	
15. Mai	Wasserstoffbombenversuch Großbritanniens.	

Marginalie: Eisenhower-Doktrin

	26. Mai	Die UdSSR gibt den Flug einer Interkontinental-Rakete bekannt.
	Juni	Beitritt der USA zum Militärausschuss des Bagdad-Pakts, um das westliche Bündnissystem im Mittleren Osten zu ergänzen.
	29. Juli	In ihrer Berliner Erklärung betonen die drei Westmächte die Verantwortung der Siegermächte des Zweiten Weltkriegs für Gesamtdeutschland; Fortschritte in der Entspannung zwischen Ost und West sollen von Fortschritten in der Deutschlandfrage abhängen.
	Aug.	Die UdSSR erprobt Interkontinental-Raketen mit nuklearen Sprengköpfen.
Rapacki-Plan	2. Okt.	Der polnische Außenminister Rapacki unterbreitet der UN-Vollversammlung den Vorschlag einer kernwaffenfreien Zone in Deutschland und Polen *(Rapacki-Plan)*.
Sputnik	4. Okt.	Die UdSSR startet den ersten künstlichen Erdsatelliten *(Sputnik)*.
Hallstein-Doktrin	19. Okt.	Die Bundesrepublik Deutschland bricht die diplomatischen Beziehungen zu Jugoslawien wegen dessen Aufnahme von diplomatischen Beziehungen zur DDR ab. (Erstmalige Anwendung der *Hallstein-Doktrin*).
	17. Dez.	Die USA erproben erfolgreich eine Interkontinental-Rakete.
	19. Dez.	Der Nordatlantikrat stellt dem NATO-Oberbefehlshaber Mittelstreckenraketen mit Atomsprengköpfen zur Verfügung, die in Europa gelagert werden.
	1958 6. Jan.	Die UdSSR protestiert beim UN-Generalsekretär gegen die Einbeziehung West-Berlins in die internationalen Verträge der Bundesrepublik.
	8. Jan.	Ministerpräsident Bulganin bringt erneut den Gedanken eines Generalfriedensplans ins Spiel, den der Westen als zu allgemein ablehnt.
	20. Jan.	Die Bundesregierung lehnt den sowjetischen Plan einer Konföderation beider deutscher Staaten ab.
atomwaffen-freie Zonen	14. Febr.	Vorlage des Rapacki-Plans für *atomwaffenfreie Zonen* in Mitteleuropa.
	27. März	Nikita S. Chruschtschow folgt Bulganin als Vorsitzender des Ministerrats der UdSSR.
	31. März	Die Sowjetunion stellt vorläufig ihre Kernwaffenversuche ein und fordert die USA auf, entsprechend zu handeln. Die USA setzen ihre Nuklearversuche jedoch fort.
	25. April	Unterzeichnung eines deutsch-sowjetischen Handels- und Konsular-Abkommens.
	Juni	US-Truppen landen im Libanon, um für die prowestliche Regierung zu intervenieren (Abzug 15. Okt.).
	15. Juli	Die UdSSR schlägt einen Vertrag über Freundschaft und Zusammenarbeit der europäischen Staaten vor. Sie wünscht vor allem den Abzug der ausländischen Truppen und die Einrichtung einer kernwaffenfreien Zone.
	7. Aug.	Das atomgetriebene Unterseeboot der US-Marine, „Nautilus", unterquert zum ersten Mal die Eisschicht der Arktis und stellt so eine strategisch wichtige Verbindung zwischen dem Atlantik und dem Pazifik her.
	21. Aug.	Auf einer Konferenz westlicher und östlicher Experten in Genf wird über die Kontrollmethoden bei Kernwaffenzündungen Einigung erzielt.
	31. Okt.	Die USA und Großbritannien setzen ihre Kernwaffenversuche für ein Jahr aus, während Frankreich mit seinem Kernwaffenprogramm fortfährt.
Berlin-Krise	10. Nov.	Partei- und Regierungschef Chruschtschow gibt bekannt, dass die Sowjetunion das Viermächteabkommen über den Status von Berlin zu beenden wünscht. Erneuter Ausbruch der *Berlin-Krise*.
	27. Nov.	Die UdSSR fordert ultimativ den Abzug der Westmächte aus Berlin binnen sechs Monaten.
	16.–19. Dez.	Der Ministerrat des Nordatlantikrats unterstreicht das Recht der USA, Großbritanniens und Frankreichs, in Berlin zu verbleiben.
	1959 10. Jan.	Ein sowjetischer Friedensvertragsentwurf sieht eine Neutralisierung Deutschlands vor: Wiedervereinigung auf dem Weg der Konföderation beider deutscher Staaten.
Fidel Castro	16. Febr.	Die Westmächte treten dem Versuch der UdSSR entgegen, unter Druck die Viermächteverantwortung für Deutschland zu beseitigen. – *Fidel Castro* wird Ministerpräsident Kubas. (Er orientiert sich nach und nach an der UdSSR.)
	21. Febr.–3. März	Der britische Premierminister Harold Macmillan versucht bei einem Aufenthalt in der Sowjetunion zwischen Ost und West zu vermitteln.
	24. April	Die UdSSR warnt die Bundesrepublik Deutschland vor einer Ausrüstung der Bundeswehr mit Atomwaffen. Das Klima bei den Abrüstungsverhandlungen verschlechtert sich.
Deutschland-frage	11. Mai	Beginn der Viermächte-Außenministerkonferenz (Frankreich, Großbritannien, UdSSR, USA) über die *Deutschlandfrage* in Genf. DDR und Bundesrepublik schicken Beobachter. US-Außenminister (1959–1961) Christian A. Herter (*1895, †1966) legt einen Friedensplan vor, der eine stufenweise Wiedervereinigung Deutschlands und eine gegenseitige Begrenzung der Streitkräfte vorsieht.
	19. Juni	Vertagung der Genfer Konferenz (Wiederbeginn am 13. Juli).

5. Aug.	Erneute Vertagung der Genfer Konferenz. Die Außenminister veröffentlichen eine Erklärung über die Abrüstung und bilden einen Zehn-Mächte-Abrüstungsausschuss.
20. Aug.	Nach Rückzug des Irak aus dem Bagdad-Pakt wird dieser in Central Treaty Organization (CENTO) umbenannt.
15.–27. Sept.	Der sowjetische Partei- und Regierungschef Chruschtschow besucht die USA und führt Gespräche mit US-Präsident Eisenhower auf dessen Landsitz Camp David: Im „Geist von Camp David" zeichnet sich eine leichte Entspannung ab.
1. Dez.	Unterzeichnung des „Antarktis-Abkommens" (gültig 30 Jahre) durch zwölf Staaten (darunter die vier Atom-Mächte) in Washington für ausschließlich friedliche Nutzung des Gebiets.
15.–22. Dez.	Der Nordatlantikrat berät Vorbereitungen von Ost-West-Verhandlungen im Rahmen einer neuen Gipfelkonferenz.
1960	Atomwaffen-Versuch Frankreichs in der Sahara (13. Febr.).
15. März	Beginn der Zehn-Mächte-Konferenz (USA, Großbritannien, Frankreich, UdSSR und Verbündete) über Abrüstung in Genf (bis 27./28. Juni).
25. März	Nikita Chruschtschow fordert einen Friedensvertrag mit Deutschland.
1. Mai	Ein amerikanisches U-2-Aufklärungs-Flugzeug wird über der UdSSR abgeschossen.
7. Mai	Die UdSSR gibt nach dem U-2-Zwischenfall die Errichtung eines Raketenkommandos bekannt.
16.–17. Mai	Die *Pariser Gipfelkonferenz,* die über Entspannungsfragen beraten soll, wird durch die sowjetische Delegation unter Leitung Chruschtschows mit dem Hinweis auf die U-2-Flüge abgebrochen.
23. Juni	Auf einer Konferenz in Bukarest treten zwischen der VR China und der UdSSR schwerwiegende ideologische Meinungsverschiedenheiten offen auf.
30. Juni	Die belgische Kolonie Kongo (1971 in Zaïre umbenannt) wird unabhängig und erhält die volle Souveränität. Staatspräsident wird Joseph Kasavubu, Premierminister Patrice Lumumba.
Juli	Im *Kongo,* der ein wichtiger Kupferproduzent ist, brechen blutige Unruhen aus, in die neben den Vereinten Nationen die UdSSR und die USA eingreifen.
11. Juli	Die Kupferprovinz Katanga erklärt ihre Unabhängigkeit vom Kongo, worauf die Vereinten Nationen Truppen entsenden.
20. Juli	Eine Interkontinental-Rakete wird von einem getauchten U-Boot der US-Marine abgeschossen. Die USA verfügen damit über ein schwer angreifbares System für Trägerwaffen.
14. Sept.	Die UdSSR kritisiert die angeblich prowestliche Politik der UNO und blockiert durch ihr Vetorecht den UN-Sicherheitsrat in der Kongofrage.
10. Nov.	Ein Moskauer Gipfeltreffen kommunistischer Parteiführer aus 81 Ländern billigt die von sowjetischer Seite vorgelegte Konzeption der „Politik einer *friedlichen Koexistenz".*

Margin notes: *Pariser Gipfelkonferenz*; *Kongo*; „friedliche Koexistenz"

Von der Konfrontation zu kooperativen Verhandlungen (1961–1968)

1961 17. Jan.	Ermordung des kongolesischen Premierministers Lumumba, der in seiner Politik von der UdSSR unterstützt wird.
20. Jan.	John F. Kennedy wird Präsident der USA.
17. Febr.	Die sowjetische Regierung greift erneut in einer amtlichen Note an die deutsche Bundesregierung die Berlin-Frage auf.
14.–20. April	Der von den USA unterstützte Versuch einer *Invasion* von Exilkubanern *auf Kuba* schlägt fehl (Fiasko in der Schweinebucht). Kuba sucht noch engere Beziehungen zur Sowjetunion.
12. Mai	Unterbrechung der Verhandlungen über ein Kulturabkommen zwischen der Bundesrepublik Deutschland und der Sowjetunion wegen der von Bonn geforderten Einbeziehung West-Berlins.
3.–4. Juni	US-Präsident Kennedy und der sowjetische Partei- und Regierungschef Chruschtschow treffen in Wien zu einem allgemeinen Meinungsaustausch zusammen.
13. Aug.	Die DDR riegelt durch technische Sperrmaßnahmen (Bau der *Berliner Mauer)* den Ostsektor von den Westsektoren Berlins ab.
23. Aug.	Als Reaktion auf das Vorgehen der DDR-Behörden gehen amerikanische Panzer in Berlin an der Sektorengrenze in Stellung, sowjetische Panzereinheiten werden auf der anderen Seite in Position gebracht.
31. Aug.	Die UdSSR nimmt ihre Kernwaffenversuche wieder auf.
3. Sept.	US-Präsident Kennedy und der britische Premier Macmillan fordern die UdSSR auf, die oberirdischen Kernwaffenversuche einzustellen.

Margin notes: *Invasion auf Kuba*; *Berliner Mauer*

	17. Okt.	Die Sowjetunion erklärt, sie bestehe nicht mehr auf der Einhaltung einer bis Jahresende angesetzten Frist für die Lösung der Berlin-Frage.
	30. Okt.	Die UdSSR bringt eine Wasserstoffbombe mit einer Sprengleistung von mehr als 50 Megatonnen TNT zur Detonation.
	20. Dez.	Die Generalversammlung der UN bestätigt die von den USA und der UdSSR beschlossene Erweiterung des Zehn-Mächte-Abrüstungsausschusses zu einem Achtzehn-Mächte-Abrüstungsausschuss.
Abrüstungsverhandlungen	1962 14. März	Beginn der Achtzehn-Mächte-Konferenz in Genf (Wiederaufnahme der *Abrüstungsverhandlungen*).
	26. März	Im Rahmen der Genfer Abrüstungskonferenz kommen die USA und die UdSSR überein, ihre Gespräche in der Deutschlandfrage fortzusetzen.
kernwaffenfreie Zone	28. März	Der polnische Außenminister Rapacki schlägt erneut in Genf die Schaffung einer *kernwaffenfreien Zone* in Europa vor.

Abrüstungsprobleme

Rüstungskontrollverhandlungen

Anfang der sechziger Jahre sind in den *Rüstungs-, Abrüstungs- und Waffenkontrollverhandlungen*, die auf der Ebene der UNO, der Regierungschefs und Experten geführt werden, zwischen den Großmächten folgende Probleme umstritten:
– die Verminderung der konventionellen Streitkräfte,
– die Beseitigung der Kernwaffenträger und die Methoden ihrer Überwachung,
– die regionale Überwachung verbleibender Streitkräfte sowie die Festlegung der Maximalzahlen,
– die Produktion spaltbaren Materials und dessen Transfer zu friedlichen Zwecken,
– die Stützpunkte der Großmächte im Ausland,
– die Rüstung im Weltraum,
– die Kontrolle erlaubter Waffenproduktion.

Allerdings sind die USA und die UdSSR bereit, weiter miteinander zu verhandeln. Vor allem nähern sich ihre Standpunkte an bei der Frage der Nachrichtenverbindungen sowie bei der Einstellung der Kernwaffentests.

	1962 10. April	Gemeinsamer Appell von US-Präsident Kennedy und dem britischen Premier MacMillan an die sowjetische Führung, sich mit einem Abkommen über die Einstellung der Atombombenversuche einverstanden zu erklären.
	18. April	Die USA legen einen Abrüstungsvertragsentwurf vor, der von der Sowjetunion verworfen wird.
Weltraumforschung	8. Juni	USA und UdSSR vereinbaren gemeinsame friedliche *Erforschung des Weltraums* auf dem Gebiet der Meteorologie.
	23. Juli	Erklärung über die Neutralität von Laos mit dem Ziel einer Beendigung des Bürgerkrieges.
	5. Aug.	Die UdSSR beginnt mit einer nuklearen Versuchsserie in der Atmosphäre.
	17. Sept.	Die UdSSR erklärt einseitig den Viermächtestatus von Berlin für beendet.
	28. Sept.	US-Verteidigungsminister McNamara erklärt, der Zugang zu Berlin werde mit allen Mitteln gesichert.
Kuba-Krise	22. Okt.	US-Präsident Kennedy gibt in einer öffentlichen Erklärung bekannt, dass auf Kuba sowjetische Raketenstellungen im Bau seien; er fordert den Abbau der Abschussrampen und den Rücktransport der Raketen (Beginn der *Kuba-Krise*).
	24. Okt.	Die USA errichten um Kuba eine Blockade.
	28. Okt.	Die sowjetische Führung erklärt sich bereit, die Raketenstellungen auf Kuba zu räumen.
	20. Nov.	Die US-Blockade Kubas wird aufgehoben.
	13.–15. Dez.	US-Verteidigungsminister McNamara fordert die Stärkung der konventionellen Rüstung der NATO, um flexibler auf östliche Aktionen reagieren zu können.
	1963 Jan.	Die Kuba-Krise wird durch ein gemeinsames Schreiben von Präsident Kennedy und Partei- und Regierungschef Chruschtchow an den Generalsekretär der Vereinten Nationen beendet.
Kongo-Konflikt	21. Jan.	Durch den Einsatz von UN-Truppen gelingt es, den *Kongo-Konflikt* beizulegen. Die UdSSR weigert sich, ihren Beitrag zu den Kosten der UN-Aktion zu zahlen.
	20. Febr.	Die UdSSR legt den Entwurf eines Nichtangriffspakts zwischen den Staaten des Warschauer Paktes und der NATO vor.
„Rotes Telefon"	5. April	Die UdSSR stimmt der Errichtung einer ständigen Fernsprechleitung *(„Rotes Telefon")* zwischen dem Moskauer Kreml und dem Weißen Haus in Washington zu (am 20. Juni 1963 fertig gestellt).

10. Juni	Präsident Kennedy kündigt ein Treffen von Vertretern der USA, der UdSSR und Großbritanniens an, um über ein nukleares Teststopp-Abkommen zu verhandeln.	
5. Aug.	Unterzeichnung des Moskauer Vertrags über die teilweise Einstellung der Kernwaffenversuche in der Atmosphäre, im Weltraum und unter Wasser. Das Problem der Kontrolle bleibt ungeklärt.	
1964 12.–13. Juni	Die UdSSR und die DDR schließen einen Freundschafts- und Beistandspakt: Die Westmächte reagieren mit einer Erklärung, in der erneut ihre Verantwortung für Berlin und das Selbstbestimmungsrecht des deutschen Volkes bekräftigt wird.	
7. Aug.	Eine Resolution des US-Kongresses schafft die Voraussetzung für ein umfangreiches militärisches Eingreifen der USA in den *Vietnamkrieg*. Vietnam wird von nun an zum Hauptproblem der amerikanischen Politik, während die Deutschlandfrage in den Hintergrund tritt.	*Vietnamkrieg*
Aug.	Im Kongo brechen erneut Unruhen aus, die General Joseph Désiré Mobutu mit westlicher Unterstützung niederschlägt.	
14. Okt.	Nikita Chruschtschow legt seine Partei- und Staatsämter nieder. Sowjetischer Regierungschef wird Alexej N. Kossygin, Generalsekretär der KPdSU Leonid I. Breschnew.	
16. Okt.	Die VR *China* zündet ihre erste *Atombombe*.	*chinesische Atombombe*
1965 19. Jan.	Die Warschauer-Pakt-Staaten kündigen Gegenmaßnahmen gegen die (seit 1960) geplante, integrierte Atomstreitmacht (MLF) der NATO, vor allem wegen der beabsichtigten Beteiligung der Bundesrepublik Deutschland an.	
7. April	Sowjetische und DDR-Behörden blockieren zeitweilig die Zugänge zu Wasser und zu Lande nach West-Berlin mit der Begründung, der deutsche Bundestag halte rechtswidrig – weil West-Berlin nicht zur Bundesrepublik gehöre – in der Berliner Kongresshalle eine Plenarsitzung ab.	
30. April	Der sowjetische Außenminister Andrej Gromyko erklärt aus Anlass eines Besuchs in Paris, Frankreich und die UdSSR seien sich einig, die Nachkriegsgrenzen Deutschlands dürften nicht mehr angetastet werden.	
11.–12. Mai	Der Nordatlantikrat erklärt, die Situation in Europa sei so lange als ungelöst zu betrachten, wie es nicht zu einer Lösung der *Deutschlandfrage* auf der Grundlage des Rechts der Selbstbestimmung in beiden Teilen Deutschlands komme.	*Deutschlandfrage*
9. Juli	Bundesaußenminister Gerhard Schröder erläutert die Bedeutung einer aktiven Ostpolitik der Bundesrepublik im Hinblick auf eine Wiedervereinigung Deutschlands.	
1966 7. Febr.– 18. März	Offener Briefwechsel zwischen der SED und der SPD über einen geplanten Meinungsaustausch (Austausch von Rednern), der aber dann auf Veranlassung der östlichen Seite nicht stattfinden kann.	
7. März	Frankreich tritt aus der militärischen NATO-Integration aus *(NATO-Krise)*.	*NATO-Krise*
9. Mai	Erster Wasserstoffbombenversuch in der VR China.	
4.–6. Juli	Die Warschauer-Pakt-Staaten schlagen in Bukarest die Einberufung einer europäischen Sicherheitskonferenz vor.	
27. Okt.	Die VR China gibt ihre ersten Nuklearwaffenversuche mit einer ferngelenkten Rakete bekannt.	
14.–16. Dez.	Der Nordatlantikrat betont die Bereitschaft der NATO, Wege zur Entwicklung der Zusammenarbeit mit der UdSSR und den Staaten Osteuropas zu prüfen.	
1967 27. Jan.	USA, UdSSR und Großbritannien unterzeichnen in Washington einen Vertrag über die friedliche Erforschung und Nutzung des Weltraumes.	
21. Febr.	In Genf tritt die Achtzehn-Mächte-Abrüstungskonferenz wieder zusammen.	
9. März	Bundesaußenminister Willy Brandt erklärt, bei dem Alleinvertretungsrecht der Bundesrepublik Deutschland handle es sich nur um die politisch-moralische Pflicht der Bundesregierung, sich um die deutsche Frage zu kümmern.	
12. April	Bundeskanzler Kurt Georg Kiesinger bietet der DDR ein geregeltes Nebeneinander an und schlägt Kontakte auf den Gebieten Wirtschaft, Verkehr und Technik vor.	
10. Mai	Mit einem Schreiben des Ministerpräsidenten der DDR, Willi Stoph, an Bundeskanzler Kiesinger beginnt ein direkter *Meinungsaustausch* zwischen den beiden Regierungen im geteilten Deutschland.	*Meinungsaustausch BRD – DDR*
9. Aug.	Der Staatsratsvorsitzende der DDR, Walter Ulbricht, schlägt deutsch-deutsche Verhandlungen auf Regierungsebene vor.	
16. Aug.	Die Bundesregierung verfügt die Aufhebung der (im Frühjahr 1962 eingeführten) Widerrufsklausel im Interzonenhandel.	
24. Aug.	Die USA und die UdSSR legen gleich lautende Entwürfe eines Vertrags über die Nichtverbreitung von Nuklearwaffen vor, die von der Bundesrepublik Deutschland und von Frankreich verworfen werden.	

flexible Abschreckung	Dez.	Die NATO geht offiziell zur *Strategie der flexiblen Abschreckung* über (13./14.).
	1968	
	6. Jan.	Der polnische Außenminister Rapacki fordert ein gesamtdeutsches Abkommen über den Gewaltverzicht, das den Rahmen für ein schrittweise aufzubauendes europäisches Sicherheitssystem bilden könnte.
	8. März	Die deutsche Bundesregierung erhebt Einwände gegen den amerikanisch-sowjetischen Atomsperrvertragsentwurf.
Vietnamkrieg	10. Mai	Beginn der Gespräche zwischen den USA und Nordvietnam über die Beendigung des *Vietnamkriegs*.
	1. Juli	Die USA, Großbritannien und die UdSSR unterzeichnen den Vertrag über die Nichtweiterverbreitung von Atomwaffen (non-proliferation). Die Kernwaffenstaaten verpflichten sich, Atomwaffen weder mittel- noch unmittelbar weiterzugeben. Frankreich und die VR China treten dem Abkommen nicht bei.
	25. Juli	Der Nordatlantikrat greift auf seiner Tagung zum ersten Mal den Gedanken einer europäischen Sicherheitskonferenz auf, den die Warschauer-Pakt-Staaten auf Tagungen in Bukarest und Karlsbad (1967) vorgelegt haben.
	6. Aug.	Großbritannien schlägt das Verbot jeglicher mikrobiologischen Kriegsführung vor (die Sowjetunion reagiert am 19. Sept. 1969 mit dem Entwurf einer Konvention zum Verbot von biologischen und toxischen Waffen).
Einmarsch in die ČSSR	21. Aug.	Der Nordatlantikrat berät die durch den *Einmarsch* von Warschauer-Pakt-Streitkräften *in die Tschechoslowakei* (20./21. Aug.) entstandene Krisensituation.
	29. Aug.–28. Sept.	Konferenz von 92 Nichtkernwaffenstaaten in Genf, auf der Sicherheitszusagen der Kernwaffenstaaten als ungenügend bezeichnet werden.
	28. Okt.	Bundesaußenminister Brandt erneuert ein Verhandlungsangebot an die DDR und erklärt offiziell die Bereitschaft, von der Existenz der DDR als eines zweiten Staates in Deutschland auszugehen und der Regierung der DDR auf der Basis der Gleichberechtigung zu begegnen.
	30./31. Okt.	Die Warschauer-Pakt-Staaten entwickeln in Prag vorbereitende Pläne für eine europäische Sicherheitskonferenz.

Antagonistische Kooperation (1969–1979)

	1969	Beginn der sowjetisch-amerikanischen Vorgespräche über eine Begrenzung strategischer
SALT	17. Nov.	Rüstung (*SALT*; Strategic Arms Limitation Talks) in Helsinki.
	16. Dez.	Die drei Westmächte schlagen der UdSSR Gespräche über eine Verbesserung der Lage in Berlin vor. Zuvor beginnen in Moskau deutsch-sowjetische Gespräche über Gewaltverzicht.
	1970	Vertrag über die Nichtweiterverbreitung von Kernwaffen tritt in Kraft (5. März).
Brandt und Stoph in Erfurt	19. März	Bundeskanzler Willy *Brandt und* der Vorsitzende des Ministerrates der DDR, Willi *Stoph*, treffen *in Erfurt* zum ersten Mal zusammen. Beginn innerdeutscher Verhandlungen auf Regierungsebene.
	26. März	Beginn von Viermächte-Verhandlungen über Berlin im Gebäude des ehemaligen Alliierten Kontrollrats in Berlin.
	16. April	Aufnahme von Verhandlungen zwischen den USA und der UdSSR in Wien über die Begrenzung der strategischen Rüstung (SALT).
	21. Mai	Zweite Gesprächsrunde Brandt – Stoph in Kassel: Die Bundesregierung unterbreitet Vorschläge zum Gewaltverzicht, Respektierung der Unabhängigkeit beider deutscher Staaten, Regelung von gegenseitigem Reiseverkehr und Mitgliedschaft in internationalen Organisationen.
	26./27. Mai	Der Ministerrat des Nordatlantikpakts legt in Rom folgende Verhandlungsgrundlage für Abrüstungsgespräche fest: 1. Truppenreduzierungen müssen mit den Sicherheitsinteressen der NATO vereinbar sein. 2. Unterschiede in der geografischen Lage zwischen USA und UdSSR sind zu berücksichtigen. 3. Eine beiderseitige ausgewogene Truppenreduzierung (MBFR – Mutual Balanced Forces Reduction) muss die Einbeziehung von jeweils einheimischen und von Stationierungstruppen berücksichtigen.
deutsch-sowjetischer Vertrag	**12. Aug.**	*Vertrag* zwischen der *Bundesrepublik Deutschland* und der *UdSSR* über Gewaltverzicht und Normalisierung der Beziehungen. Anerkennung der Unverletzlichkeit der europäischen Grenzen.
	2. Nov.	Zweite Sitzungsperiode der amerikanisch-sowjetischen SALT-Verhandlungen in Helsinki.
	27. Nov.	Gespräche zwischen der Bundesrepublik und der DDR über Transitabkommen, Verkehrsvertrag und Grundlagenvertrag (Verhandlungen zwischen den Staatssekretären Egon Bahr und Michael Kohl).

7. Dez.	Vertrag zwischen der *Bundesrepublik Deutschland* und der *Volksrepublik Polen* über die Grundlagen der Normalisierung ihrer gegenseitigen Beziehungen: Anerkennung der Oder-Neiße-Grenze als westliche polnische Staatsgrenze, Bekräftigung der Unverletzlichkeit bestehender Grenzen, Verzicht auf gegenseitige Gebietsansprüche sowie auf Gewaltanwendung.	*deutschpolnischer Vertrag*
1971 11. Febr.	In Moskau, Washington und London Unterzeichnung des Vertrages über das Verbot der Anbringung von Kernwaffen und anderen Massenvernichtungsmitteln auf dem Meeresboden.	
9.–11. Juli	Geheimverhandlungen zwischen dem Sicherheitsberater des amerikanischen Präsidenten, Henry Kissinger, und dem Ministerpräsidenten der VR China, Chou En-lai.	
9. Aug.	Die Sowjetunion und Indien schließen einen Freundschaftsvertrag.	
3. Sept.	Unterzeichnung des *Viermächteabkommens* über Berlin. Die Sowjetunion gewährleistet den ungehinderten zivilen Verkehr von Personen und Gütern zwischen den Westsektoren Berlins und der Bundesrepublik Deutschland. Die deutschen Behörden werden beauftragt, gemeinsame Regelungen für den Reise- und Besuchsverkehr zwischen West- und Ost-Berlin, zwischen West-Berlin und der DDR sowie über den Transitverkehr zwischen der Bundesrepublik und West-Berlin auszuarbeiten.	*Viermächteabkommen*
30. Sept.	Abkommen zwischen USA und UdSSR zur Verringerung der Gefahr eines Kernwaffenkrieges.	
17. Dez.	*Transitabkommen* zwischen der Bundesrepublik Deutschland und der DDR.	*innerdeutsches Transitabkommen*
20. Dez.	Vereinbarungen des Senats von Berlin (West) und der Regierung der DDR über Reise- und Besucherverkehr sowie über Gebietsaustausch. Demnach können erstmals seit 1961 Bewohner von West-Berlin den Ostteil der Stadt und die DDR besuchen.	
1972 9. April	Konvention über das Verbot der Entwicklung, Produktion und Lagerung biologischer und toxischer Waffen und deren Vernichtung.	
Mai	NATO und Warschauer Pakt entschließen sich, in Verhandlungen zur Vorbereitung der Konferenz über Sicherheit und Zusammenarbeit in Europa *(KSZE)* und einer beiderseitigen ausgewogenen Truppenreduzierung *(MBFR)* einzutreten.	
26. Mai	Unterzeichnung eines vorläufigen Abkommens über die Begrenzung der strategischen Rüstung in Moskau *(SALT I)*: Einschränkung des Baus antiballistischer defensiver Geschoss-systeme, Beschränkung der Zahl der Interkontinental-Raketen auf fünf Jahre (USA 1054, UdSSR 1618), Festlegung der Zahl der Raketen-U-Boote und ihrer Bestückung. – Vertrag zwischen der Bundesrepublik und der DDR über Fragen des Verkehrs (innerdeutscher Verkehrsvertrag).	*SALT I*
30./31. Mai	Die Minister der NATO-Staaten begrüßen auf ihrer Tagung in Bonn die günstige Entwicklung des Ost-West-Verhältnisses und vereinbaren die Aufnahme multilateraler Vorbereitungsgespräche für eine Konferenz über Sicherheit und Zusammenarbeit in Europa (KSZE). Sie schlagen auch multilaterale Sondierungen über beiderseitige und ausgewogene Truppenreduzierungen (Mutual and Balanced Forces Reduction – MBFR) vor.	
3. Juni	*Viermächte-Schlussprotokoll*: Das Viermächteabkommen, das Transitabkommen und die Vereinbarungen zwischen dem Senat von Berlin und der Regierung der DDR treten in Kraft.	*Viermächte-Protokoll*
22. Nov.	Beginn der Vorbereitungsgespräche in Helsinki über KSZE.	
21. Dez.	Unterzeichnung des *Grundlagenvertrags* zwischen der *Bundesrepublik Deutschland* und der *DDR*: Anerkennung der Viermächteverantwortung, Unverletzlichkeit der Grenzen, Beschränkung der Hoheitsgewalt auf das jeweilige Staatsgebiet, Austausch „Ständiger Vertreter", Beibehaltung des innerdeutschen Handels, Antrag beider Staaten auf UNO-Mitgliedschaft, Zusatzprotokolle gehen auf Einzelfragen ein.	*Grundlagenvertrag BRD – DDR*
1973 27. Jan.	Waffenstillstandsabkommen zwischen USA, Nord- und Südvietnam und Nationaler Befreiungsfront in Paris unterzeichnet. Grundlage ist das Genfer Abkommen von 1954.	
31. Jan.	Beginn der multilateralen Sondierungsgespräche über MBFR in Wien.	
26. Febr.– 2. März	Pariser *Vietnam-Konferenz* zwischen Unterzeichnern der Waffenstillstandsabkommen, der VR China, UdSSR, Frankreich und Großbritannien: Billigung des Vietnam-Abkommens.	*Vietnam-Konferenz*
21. Juni	Grundlagenvertrag zwischen der DDR und der Bundesrepublik tritt in Kraft.	
22. Juni	Anlässlich des Besuchs von KPdSU-Generalsekretär Breschnew in den USA Unterzeichnung des Amerikanisch-Sowjetischen *Abkommens zur Verhinderung eines Atomkrieges*, das beide Staaten bei Gefahr eines Krieges zu gegenseitigen Konsultationen verpflichtet.	*Abkommen gegen Atomkrieg*
3. Juli	Eröffnung der ersten KSZE-Phase in Helsinki.	
18. Sept.	Beginn der zweiten KSZE-Phase in Genf. – Auf der 28. UNO-Vollversammlung werden die DDR und die Bundesrepublik Deutschland *in die Organisation der Vereinten Nationen aufgenommen*.	*DDR und BR Deutschland in der UNO*
30. Okt.	Die Konferenz über die beiderseitige und ausgewogene Verminderung von Truppen und Rüstungen (MBFR) wird in Wien eröffnet.	

Vertrag BR Deutschland – ČSSR	15. Nov.	Erhöhung des Zwangsumtauschbetrages für Reisende aus dem Westen in die DDR. Die DDR unternimmt Maßnahmen, um sich deutlich von der Bundesrepublik abzugrenzen.
	11. Dez.	*Vertrag* über die gegenseitigen Beziehungen zwischen der *Bundesrepublik Deutschland* und der *ČSSR*.
	1974 17. Mai	Der deutsche Bundeskanzler Helmut Schmidt bezeichnet den „Guillaume"-Spionagefall als ernste Belastung des Verhältnisses zwischen der Bundesrepublik und der DDR.
	27. Juni– 3. Juli	Besuch von US-Präsident Richard Nixon in Moskau, Vertrag zwischen USA und UdSSR der unterirdische Waffenexplosionen mit einer Stärke von mehr als 150 Megatonnen TNT verbietet.
	23./24. Nov.	US-Präsident Gerald Ford und der KPdSU-Generalsekretär Leonid Breschnew erzielen in Wladiwostok Einigung über die Begrenzung strategischer offensiver Kernwaffen der USA und der UdSSR.
	12. Dez.	Vereinbarung über die Fortführung der Swing-Regelung im innerdeutschen Handel vom 6. Dez. 1968 für den Zeitraum 1976–1981 zwischen DDR und Bundesrepublik Deutschland. Einführung einer Höchstgrenze für den Swing von 850 Mio. Verrechnungseinheiten.
	1975 30. Juni	Treffen zwischen Bundeskanzler Schmidt und SED-Chef Erich Honecker am Rande der KSZE-Schlusskonferenz in Helsinki.
Schlussakte der KSZE	30. Juli/ 1. Aug.	Unterzeichnung der *Schlussakte der KSZE* in Helsinki.
	9.–10. Dez.	Die Verteidigungsminister der NATO-Staaten stellen eine anhaltende Verstärkung der Schlagkraft der Warschauer-Pakt-Staaten fest.
	31. Dez.	Die Gesamtzahl der Reisen aus der Bundesrepublik und West-Berlin in die DDR und nach Ost-Berlin beträgt 1975: 7,7 Mio. (1971: 2,7 Mio.).
SALT-Verhandlungen	**1976** Jan.	US-Außenminister Kissinger führt Gespräche über Fortschritte bei weiteren *SALT-Verhandlungen* (SALT II) mit Breschnew und Gromyko in Moskau (20./23.).
	19. Mai	In der neunten Runde der MBFR-Konferenz in Wien legt der Warschauer Pakt Zahlen über Mannschaftsstärken seiner militärischen Verbände vor.
	1977 15. Juni– 5. Aug.	In Belgrad findet ein Vorbereitungstreffen zur geplanten KSZE-Folgekonferenz statt; da sie zugleich Auswertungskonferenz ist, hat sie festzustellen, wie sich die Schlussakte der KSZE von Helsinki in der Praxis bewährt hat.
	30. Juli	Die UdSSR warnt vor negativen Folgen einer Neutronenwaffen-Rüstung der USA bei Verhandlungen über ein SALT-II-Abkommen.
Verlängerung des SALT-Vertrags	22./23. Sept.	Fünf Jahre nach seiner Geltung vereinbaren die UdSSR und die USA eine *Verlängerung des SALT-I-Vertrages* und weitere Verhandlungen über SALT II. In wesentlichen Punkten kann keine Einigung erzielt werden: Der sowjetischen Forderung nach Begrenzung des amerikanischen Cruise Missile, eines strategischen Marschflugkörpers, der als Träger nuklearer Sprengköpfe geeignet ist, steht die amerikanische Forderung nach Begrenzung der sowjetischen Rakete SS-18 und des Fernbombers mit der NATO-Bezeichnung „Backfire" gegenüber. Ebenso ist das Verfahren strittig, mit dem die Einhaltung des neuen Abkommens überwacht werden soll.
	4. Okt.	Beginn des ersten Folgetreffens zur KSZE in Belgrad, an dem 33 europäische Staaten sowie die USA und Kanada teilnehmen. Es sollen zusätzliche Maßnahmen zur Sicherheit und Zusammenarbeit in Europa getroffen werden. Hauptthemen: Abrüstung und Menschenrechte.
	1. Nov.	Die Fortsetzung des Folgetreffens zur KSZE wird fraglich, als die UdSSR auf dem Höhepunkt einer heftigen Debatte über Menschenrechtsverletzungen mit einem Abbruch des Treffens droht.
Eingreifen Kubas in Afrika	**1978** 23. Jan.	Militärisches *Eingreifen Kubas in Afrika*: Nach Angaben des US-State Departments befindet sich etwa ein Viertel der 100000 Mann zählenden kubanischen Streitkräfte in Afrika; in Angola 19000 (zusätzlich 4000 zivile Berater), in Äthiopien mindestens 2000, in Mozambik 600 und u.a. in der Volksrepublik Congo (Brazzaville) 300.
	9. März	Beendigung des ersten Folgetreffens zur KSZE in Belgrad. Der Stand der Gespräche ist kontrovers. Es wird ein zweites Treffen beschlossen (vom 11. Nov. 1980 an in Madrid).
Verbot von Neutronenbomben	9./11. März	Die UdSSR legt mit anderen kommunistisch regierten Staaten dem Genfer Abrüstungsausschuss den Entwurf einer „Konvention über das *Verbot von Neutronenbomben*" vor. Die USA lehnen die Vorlage „aufgrund von Einseitigkeit" ab.
	5. April	Der britische Außenminister David Anthony Owen kritisiert die sowjetisch-kubanische Intervention in Afrika.
	31. Okt.	KSZE-Expertentreffen in Montreux (am Genfer See), das sich die Schaffung eines gesamteuropäischen Verfahrens für die Schlichtung im Konfliktfalle zur Aufgabe macht.
Gipfeltreffen von Guadeloupe	**1979** 5./6. Jan.	Auf dem *Gipfeltreffen von Guadeloupe* (Kleine Antillen), an dem die Präsidenten der Vereinigten Staaten und Frankreichs sowie die Regierungschefs Großbritanniens und der Bun-

desrepublik Deutschland teilnehmen, werden neben Fragen der Iran- und China-Politik spezielle Themen der angestrebten SALT-II-Verhandlungen vorbereitend erörtert.
13. Febr. 200 Delegierte der Teilnehmerstaaten der KSZE in Helsinki eröffnen auf Malta ein Expertentreffen der Mittelmeerländer.
10. Mai Die Sowjetunion unterbreitet den Vereinigten Staaten neue Vorschläge, um die festgefahrenen Truppenreduzierungsverhandlungen (MBFR) in Wien wieder in Gang zu bringen.
16. Mai Die VR China bringt detaillierte Abrüstungsvorschläge bei der UNO ein.
15.–18. Juni Auf einem Gipfeltreffen in Wien unterzeichnen KPdSU-Generalsekretär Leonid Breschnew und US-Präsident James Earl Carter das *SALT-II-Abkommen*. Die Vereinbarungen bestehen aus einem auf acht Jahre befristeten Vertrag und aus einem Zusatzprotokoll mit dreijähriger Laufzeit. Die getroffenen Vereinbarungen verringern gegenüber SALT I die Höchstzahl der verschiedenen Fernwaffen und begrenzen die Menge der Raketenwaffen mit Mehrfach-Sprengköpfen. — *SALT-II-Abkommen*

Abkühlung des Klimas zwischen Ost und West (1979–1985)

1979 ab Aug. Die Stationierung sowjetischer Truppen auf Kuba und die Beeinträchtigung des Rüstungsgleichgewichts in Europa durch sowjetische Mittelstreckenraketen (SS 20) verursachen eine *Krise zwischen USA und UdSSR*. — *Krise zwischen USA und UdSSR*
12. Dez. Weil der Warschauer Pakt die Westeuropa bedrohenden nuklearen Waffensysteme stets vermehrt und die UdSSR immer mehr SS 20-Raketen stationiert, beschließt die NATO in Brüssel die Wiederherstellung des regionalen Gleichgewichts durch Aufstellung von 572 nuklearen US-Gefechtsköpfen in Westeuropa. Zugleich wird die Bereitschaft zur Begrenzung des Raketenpotenzials im Rahmen von neuen Verhandlungen betont (so genannter *„Doppelbeschluss"*). — *NATO-Doppelbeschluss*
1980 4. Jan. US-Präsident Carter unterbricht die Ratifizierung des SALT-II-Vertrages wegen des *sowjetischen Einmarsches in Afghanistan* und verhängt ein Getreideembargo gegen die Sowjetunion (10. Jan.). — *UdSSR-Einmarsch in Afghanistan*
20. Febr. Präsident Carter erklärt den Boykott der Olympischen Sommerspiele in Moskau.
1981 10. April 35 Nationen unterzeichnen den Vertrag zum Verbot besonders grausamer konventioneller Waffen (u. a. Brand- und Splitterwaffen).
8. Aug. US-Präsident Ronald Reagan entscheidet sich für die Produktion von Neutronenwaffen.
30. Nov. USA und UdSSR beginnen in Genf Abrüstungsverhandlungen über Mittelstreckenraketen.
1982 30. Juli US-Sanktionen gegen das *Erdgasgeschäft* Westeuropas *mit der UdSSR* (21. Juni). (und 20. Aug.) USA und Sowjetunion schließen Abkommen über Getreidelieferungen. — *Erdgasgeschäft mit der UdSSR*
1983 4. Mai Das US-Repräsentantenhaus fordert gegenseitig überprüfbares Einfrieren („freeze") aller Nuklearbestände in den USA und in der Sowjetunion.
21. Juli Das US-Repräsentantenhaus bewilligt 2,5 Mrd. US-$ zum Bau der ersten 27 von 100 geplanten MX-Interkontinental-Raketen.
22. Nov. Der deutsche Bundestag beschließt die Stationierung neuer *US-Mittelstreckenraketen in der Bundesrepublik*. — *US-Raketen in Deutschland*
1984 7. Febr. Beginn der Genfer Abrüstungskonferenz mit 44 Teilnehmer-Ländern (Themenschwerpunkt: Verbot chemischer Waffen).

Die Überwindung des Gegensatzes (1985–1991)

1985 6. Aug. KPdSU-Generalsekretär Michail S. Gorbatschow verkündet ein zunächst bis 1. Jan. 1986 befristetes einseitiges Moratorium für Atomtests.
19.–21. Nov. Mit der Genfer Gipfelkonferenz Reagan – Gorbatschow beginnt ein intensiver *Dialog der Weltmächte*. — *Dialog der Weltmächte*
1986 10. April Nach fortgesetzten US-Atomwaffentests kündigt die UdSSR das einseitige *Atomtest-Moratorium*. — *Atomtest-Moratorium*
18. April Gorbatschow schlägt eine umfassende Reduktion der konventionellen Streitkräfte vom Atlantik bis zum Ural vor.
22. Sept. Schlussdokument der KVAE (Konferenz über vertrauens- und sicherheitsbildende Maßnahmen in Europa) in Stockholm verabschiedet: Es enthält u. a. Regelungen zur Ankündigung militärischer Aktivitäten und zu Einladungen von Manöverbeobachtern der Gegenseite. Die Bestimmungen treten am 1. Jan. 1987 in Kraft.

Die Streitkräfte der NATO und des Warschauer Paktes 1983/1984 (in Tausend Soldaten)

Streitkräfte in Ost und West

	Heer	Marine	Luftwaffe	Sonstige	Zusammen	% der Gesamt-Bev.
Belgien	62,5	4,7	20,0	15,7	102,9	1,0
BR Deutschland	335,5	38,5	105,9	15,1	495,0	1,0
Dänemark	21,0	8,5	9,8	–	39,3	0,8
Frankreich	311,2	68,0	100,4	12,7	492,3	0,9
Griechenland	142,0	19,5	24,5	–	186,0	1,9
Großbritannien	159,3	72,0	89,9	–	321,2	0,6
Italien	258,0	42,0	70,6	–	370,6	0,7
Kanada	31,5	14,0	36,5	–	82,0	0,3
Luxemburg	0,5	–	–	–	0,5	0,2
Niederlande	72,0	16,8	17,5	–	106,3	0,7
Norwegen	24,2	9,0	10,0	–	43,2	1,0
Portugal	41,0	14,0	9,5	29,9	94,4	0,9
Spanien	260,0	63,2	33,0	–	356,2	0,9
Türkei	470,0	45,0	53,0	–	568,0	1,2
USA	780,8	572,0	591,1	192,5	2136,4	0,9
NATO insgesamt	2969,5	987,2	1171,7	265,9	5394,3	0,9
Bulgarien	120,0	10,0	34,0	–	164,0	1,8
DDR	116,0	16,0	37,0	71,5	240,5	1,4
Polen	230,0	22,5	88,0	85,0	425,5	1,2
Rumänien	150,0	10,5	32,0	–	192,5	0,8
Tschechoslowakei	148,0	–	56,0	–	204,0	1,3
Sowjetunion	1825,0	500,0	443,0	500,0	3268,0	1,2
Ungarn	84,0	–	21,0	–	105,0	1,0
Warschauer Pakt insgesamt	2673,0	559,0	711,0	656,5	4599,5	1,2

Gipfel USA – UdSSR

11.–12. Okt. Der *amerikanisch-sowjetische Gipfel* in Reykjavik (Island) endet wegen Präsident Reagans Weigerung, auf die Entwicklung strategischer Verteidigungssysteme (SDI/Strategic Defense Initiative) zu verzichten, ohne Einigung.

27. Nov.– 4. Dez. Die USA überschreiten die im SALT-II-Abkommen festgelegte Höchstzahl der Fernwaffen. Internationaler Protest und Kritik am US-Vorgehen.

1987

1.–25. Jan. Amerikanisch-sowjetische Kontroverse um die Interpretation des ABM (Anti Ballistic Missiles)-Vertrages.

16. Jan. Die USA heben das Embargo auf den Export von Erdöl- und Erdgastechnologie in die UdSSR auf.

globale Null-Lösung

21. Juli Gorbatschows Vorschlag einer *globalen Null-Lösung* für atomare Mittelstreckenraketen (INF – Intermediate-range Nuclear Forces) erhält im Westen ein positives Echo.

26. Aug. Bundeskanzler Helmut Kohl gibt den Verzicht der Bundesrepublik auf die Pershing-1A-Mittelstreckenrakete unter der Voraussetzung bekannt, dass die UdSSR ihre nuklearen Kurzstreckenraketen aus der DDR und der ČSSR abzieht.

7.–10. Dez. Beim Gipfeltreffen Reagan – Gorbatschow wird in Washington das INF-Abkommen (Intermediate-range Nuclear Forces) unterzeichnet.

1988 Die UdSSR beginnt mit dem Abzug der Mittelstreckenraketen aus der DDR (25. Febr.).

25. Juni EG und RGW beschließen die Aufnahme offizieller Beziehungen.

16. Sept. Abrüstungsinitiative Gorbatschows für den asiatischen Raum.

19. Sept. Der Koordinierungsausschuss für strategische Ausfuhrkontrollen (COCOM – Coordinating Commitee for Multilateral Strategic Export Controls), eine 1949 auf Initiative der USA gegründete Prüfungsinstanz (Mitglieder NATO-Staaten sowie Japan und Australien) zur Koordination und Kontrolle militärisch relevanter Hochtechnologieexporte aus dem Westen an die UdSSR, RGW-Staaten und VR China, reduziert seine Liste strategisch wichtiger Güter, deren Ausfuhr bewilligt werden muss.

Wiener KSZE-Folgetreffen

1989 15. Jan. Das *Wiener KSZE-Folgetreffen* endet mit der Unterzeichnung eines Dokumentes über Menschenrechte und Abrüstung.

14. Febr.	Der sowjetische Truppenabzug aus Afghanistan wird abgeschlossen.	
6.–8. März	In Wien wird mit neuen Verhandlungen über die konventionellen Streitkräfte in Europa (VKSE) im Rahmen der KSZE begonnen.	
1990 12.–14. Febr.	Die „Open-Skies"-Konferenz der Außen- und Verteidigungsminister von NATO und Warschauer Pakt in Ottawa befasst sich mit der Begrenzung der Truppenstärken in Europa und der Abrüstungskontrolle. Am Rande werden die *„2+4-Verhandlungen"* über Deutschland vereinbart, an denen vom 5. Mai bis 12. Sept. 1990 die Bundesrepublik Deutschland und die DDR sowie die vier alliierten Siegermächte (zeitweise auch Polen) teilnehmen.	*2+4-Verhandlungen*
29./30. Mai	Der Gipfel zwischen US-Präsident George Bush und KPdSU-Generalsekretär Gorbatschow in den USA befasst sich mit der Abrüstung chemischer Waffen und strategischer Atomwaffen sowie einem Handelsvertrag.	
6.–7. Juni	*COCOM-Sitzung in Paris* vereinbart weit gehende Liberalisierung der COCOM-Liste.	*COCOM-Sitzung in Paris*
6. Juli	Die NATO beschließt aufgrund der Veränderungen in Osteuropa die Reduzierung ihrer aktiven konventionellen Verbände sowie der vorhandenen Kernwaffen.	
18. Juli	Die UdSSR und Ungarn nehmen diplomatische Beziehungen zur NATO auf.	
19. Nov.	Vor dem Pariser KSZE-Gipfel unterzeichnen die Mitgliedsstaaten von NATO und Warschauer Pakt das VKSE-Abkommen über konventionelle Abrüstung in Europa. Dieses Treffen gilt als die notarielle *Beendigung des kalten Krieges.* Der KSZE-Prozess soll institutionalisiert und auf diese Weise eine neue Friedensordnung in Europa geschaffen werden. Ungelöst bleibt das Nationalitätenproblem in Osteuropa.	*Beendigung des kalten Krieges*
1991 21. Dez.	Gründung der Gemeinschaft Unabhängiger Staaten (GUS) im Vertrag von Alma-Ata durch elf der bisherigen Teilrepubliken der UdSSR; die Vertragspartner verkünden das Ende der UdSSR.	

Nach der Beendigung des Ost-West-Konfliktes treten zunächst vor allem die *Krisen und Konflikte* in der islamisch-arabischen Region sowie die ethnischen und politischen Konflikte in Afrika als Herausforderungen für die internationalen Beziehungen in den Vordergrund. – (Forts. S. 1391)

Krisen und Konflikte

Internationale Beziehungen innerhalb der westlichen Welt (1945–1991)

Die Geschichte der westlichen Staatenwelt ist bestimmt durch das Beziehungsgefüge der USA zu den europäischen Staaten und der europäischen Staaten untereinander, ein Beziehungsgefüge, bei dem der Ost-West-Konflikt von Anfang an bis 1989/91 sowie seit Ende der sechziger Jahre der Nord-Süd-Konflikt zwischen den Industrienationen und der Dritten Welt die Funktion einer Rahmenbedingung einnehmen. Das Hauptmerkmal jenes Beziehungsgefüges bildet die fortschreitende Verlagerung der Aktivitäten von der bilateralen, nationalen Ebene hin zur multilateralen, supranationalen Ebene, ohne dass allerdings die Nationalstaaten als Handlungseinheiten verschwinden.

Der Ausgang des Zweiten Weltkriegs verändert die politischen Strukturen in Europa:
1. Das Deutsche Reich im Zentrum Europas wird faktisch geteilt; es fällt als politische Entscheidungsinstanz aus;
2. die Volkswirtschaften der europäischen Staaten sind zusammengebrochen; die Währungsblöcke, der „Franc-" und „Sterling-Block" aus der Zeit vor 1939, funktionieren kaum noch;
3. US-amerikanische und sowjetische Truppen stehen in Mitteleuropa, wogegen die europäischen Armeen sich in Auflösung befinden oder in hohem Maße geschwächt sind.

Europa besitzt also keine Machtzentren mehr, die ein Gegengewicht gegen die USA oder UdSSR bilden können.

So werden für die weitere Entwicklung sowohl die Interessen beider Großmächte unmittelbar an Europa als auch beider Beziehungen zueinander von entscheidender Bedeutung.

Der 1947 ausbrechende Konflikt zwischen diesen zweien bewirkt eine *Teilung Europas,* die im Westen einen Block mit eigenen politischen Strukturen entstehen lässt, der (aus damaliger Sicht) entsprechend drei verschiedenen Konzeptionen ausgestaltet werden kann:

Teilung Europas

1. die betonte Fortsetzung herkömmlicher, *nationalstaatlicher Politik*, vor allem in Frankreich und Großbritannien, unter dem Schutz der USA,
2. die Bildung eines föderativen europäischen Staatenbundes oder Bundesstaates unter Einbeziehung der Staaten Mittelosteuropas, und
3. die *Einigung der westeuropäischen Staaten.*

nationalstaatliche Politik

westeuropäische Einigung

Die herkömmlichen nationalen Konzeptionen sind angesichts der materiellen Schwächen der europäischen Staaten und der Anwesenheit der Großmächte nur noch in Ansätzen zu realisieren, wobei die Einigungspolitik aus der Einsicht resultiert, dass die europäischen Nationalstaaten einzeln nicht in der Lage sind, die Probleme zu bewältigen. Die Errichtung eines großeuropäischen Staatenbundes scheitert allerdings an der Teilung Europas.

Es besteht also nur die Möglichkeit einer westeuropäischen Einigung im Rahmen amerikanischer Hegemonie, wobei sich zwei Perspektiven ergeben:

zum einen die zunehmende Verschmelzung Westeuropas mit den USA zur „Atlantischen Gemeinschaft", wie sie sich auf dem Gebiet der militärischen Sicherheit seit 1949 abzeichnet, und zum anderen die Distanzierung der geeinten westeuropäischen Staaten von den USA, wie sie ab 1960 im Bereich der Wirtschaft ansatzweise in der *Europäischen Gemeinschaft* aufkommt.

Europäische Gemeinschaft

Eine westeuropäische Einigung selbst steht vor folgenden Problemen: Großbritannien und Frankreich versuchen zunächst auf der Grundlage der verbliebenen Macht ihrer Kolonialreiche eine Sonderrolle zu spielen; die neutralen Staaten Europas sind bestrebt, sich aus den Einflusssphären der Großmächte herauszuhalten, ohne auf die wirtschaftlichen Vorteile eines europäischen Zusammenschlusses verzichten zu können. Die Einbeziehung der Westzonen Deutschlands ist ohne eine deutsch-französische Verständigung, insbesondere ohne die Lösung der Saarfrage und des Ruhrproblems, nicht möglich.

amerikanische Wirtschaftshilfe

Die *USA* betreiben seit 1946 forciert die Einigung Westeuropas und versuchen, die Binnenprobleme des Raumes durch großzügige *Wirtschaftshilfen* und diplomatischen Druck zu vermindern. Ihnen geht es dabei um die Errichtung einer florierenden Weltwirtschaft und um die Eindämmung der Sowjetmacht. Sie können dabei auf die in Europa herrschende skeptische Stimmung gegenüber der Nationalstaatlichkeit und auf die Furcht der UdSSR gegenüber zählen und so die Beziehungen des Raumes multilateral entwickeln.

1946
15. Juni Der belgische Politiker und Wirtschaftswissenschaftler Paul van Zeeland gründet die Europäische Liga für wirtschaftliche Zusammenarbeit.

6. Sept. US-Außenminister James Francis Byrnes erklärt in Stuttgart, ohne Deutschland sei eine Gesundung Europas nicht möglich. Die US-Regierung deutet damit die Einbeziehung Deutschlands in den *europäischen Wiederaufbau* an.

Wiederaufbau Europas

19. Sept. Winston Churchill betont in Zürich, erste Bedingung für die von ihm vorgeschlagenen Vereinigten Staaten von Europa sei ein inniges Verhältnis zwischen Deutschland und Frankreich.

17. Dez. Gründung der „Union Europäischer Föderalisten" in Paris.

1947
17. Jan. Gründung des „Vereinten Europäischen Komitees", später in „United Europe Movement" umbenannt, in London; Anregung geht auf Winston Churchill zurück.

10. Febr. USA und Kanada schließen ein Abkommen zur gemeinsamen militärischen Verteidigung ihrer Staatsgebiete.

27. Febr.– 2. März Erstes Treffen führender Vertreter christlich-demokratischer Parteien aus Frankreich, Italien, Belgien, den Niederlanden, Österreich, der Schweiz und Luxemburg in Luzern. Sie beschließen eine aktive Zusammenarbeit beim Aufbau Europas.

4. März Großbritannien und Frankreich schließen in Dünkirchen einen fünfzigjährigen Beistandspakt.

Truman-Doktrin

12. März *Truman-Doktrin*:
US-Präsident Harry S. Truman fordert den amerikanischen Kongress auf, die „freien Völker" zu unterstützen, die sich „dem Versuch der Unterwerfung durch bewaffnete Minderheiten oder durch Druck von außen widersetzen".
Er beantragt unmittelbare finanzielle Unterstützung für Griechenland und die Türkei, um die bestehende Ordnung im Mittelmeer aufrechtzuerhalten.

28. März Gründung einer Wirtschaftskommission für Europa durch die Vereinten Nationen.

3. Juni Vertreter sozialistischer Parteien gründen in Montrouge die Sozialistische Bewegung für die Vereinigten Staaten von Europa.

5. Juni Der amerikanische Außenminister George C. Marshall kündigt während einer Rede in der Harvard-Universität einen Plan für die wirtschaftliche Erneuerung Europas an: „European Recovery Program" – ERP *(Marshallplan)*.

Marshallplan

12. Juli Beginn einer Konferenz von 16 Nationen in Paris zur Erörterung des Marshallplanes. Sie beschließt, ein „Committee of European Economic Co-operation" (CEEC) zu errichten – Vorläufer der „Organization of European Economic Co-operation".

8. Sept. Richard Nikolaus Graf Coudenhove-Kalergi (*1894, †1972) eröffnet in Gstaad den ersten Kongress der „Europäischen Parlamentarier-Union".

29. Okt. Belgien, die Niederlande und Luxemburg bilden für Waren mit Ursprung aus ihren Gebieten eine Zollunion (Benelux), die am 1. Jan. 1948 in Kraft tritt.

GATT-Abkommen

30. Okt. Unterzeichnung des *GATT-Abkommens* (General Agreement on Tariffs and Trade), das durch den Abbau von Handelsbeschränkungen die Maßnahmen der OEEC vorbereitet.

1948
21. Jan. Großbritannien und Frankreich schlagen den Benelux-Ländern vor, als Grundlage für eine europäische Staatengemeinschaft dem britisch-französischen Dünkirchen-Vertrag ähnliche Abkommen abzuschließen.

23. Febr.– 2. Juni	Londoner Sechsmächtekonferenz (USA, Großbritannien, Frankreich und Benelux) über Deutschland: Einigung über eine Teillösung der Deutschlandfrage ohne die UdSSR.
17. März	Die Außenminister Belgiens, Frankreichs, Großbritanniens, Luxemburgs und der Niederlande unterzeichnen den Fünfmächtevertrag über die Zusammenarbeit in wirtschaftlichen, sozialen und kulturellen Angelegenheiten und für die kollektive Selbstverteidigung; Erweiterung zur Westunion (Brüsseler Vertrag).
3. April	US-Präsident Truman unterzeichnet das ERP-Programm (European Recovery Program) (Economic Co-operative Act of 1948).
11. April	Beginn der Gespräche über die Sicherheitsprobleme des nordatlantischen Gebiets zwischen Außenminister George C. Marshall, Staatssekretär Lovett und den Senatoren Vandenberg und Connally.
16. April	Errichtung der „Organization for European Economic Cooperation" *(OEEC)* mit Sitz in Paris. Das Abkommen über die europäische Zusammenarbeit wird von 16 europäischen Staaten sowie den Befehlshabern der drei westlichen Besatzungszonen Deutschlands unterzeichnet. Die USA schließen mit jedem Mitgliedsstaat ein eigenes Abkommen und gründen die „Economic Co-operation Administration" (ECA), später „Mutual Security Agency" (MSA) genannt, zur Abwicklung der Hilfsmaßnahmen.
4. Mai	Der britische Außenminister Ernest Bevin (*1881, †1951) fordert die Erweiterung der Westunion zu einer atlantischen Gemeinschaft.
8.–10. Mai	Erster Haager Kongress für die europäische Einheit.
6. Juni	Staatssekretär Lovett (USA) und die Botschafter der Brüsseler Paktmächte sowie Kanadas beginnen mit Erörterungen über die Verteidigung des atlantischen Raumes.
11. Juni	Der US-Senat nimmt mit 64:4 Stimmen die Vandenberg-Entschließung an: Sie ermöglicht den USA verfassungsrechtlich, einem atlantischen Bund beizutreten.
27.–28. Sept.	Die Verteidigungsminister der Brüsseler Paktmächte beschließen unter dem Vorsitz von Winston Churchill (Großbritannien), Léon Blum (Frankreich), Alcide de Gasperi (Italien) und Paul-Henri Spaak (Belgien) die Errichtung einer Verteidigungsorganisation für sämtliche europäischen Truppenverbände.
25./26. Okt.	Die Länder des Brüsseler Vertrages beraten in Paris über ein militärisches Bündnis der westeuropäischen Staaten mit den USA und Kanada und einigen sich über die Errichtung einer *nordatlantischen Verteidigungsunion*.
10. Dez.	In Washington beginnen Verhandlungen über die Formulierung des Nordatlantikvertrages zwischen Vertretern der Brüsseler Paktmächte, Kanadas und der USA.
28. Dez.	Londoner Sechsmächteabkommen über die Errichtung einer *internationalen Ruhrbehörde*; Westdeutschland ist zunächst durch die drei Militärgouverneure vertreten.
1949 24. Jan.	Eine Konferenz in Kopenhagen zwischen Dänemark, Norwegen und Schweden über eine skandinavische Verteidigungsunion endet ergebnislos.
28. Jan.	Die Westunionstaaten beschließen die Bildung des *Europarates* (Ziel ist die Zusammenarbeit der Mitgliedsstaaten zur Förderung des wirtschaftlichen und sozialen Fortschritts in Europa) unter Teilnahme Italiens.
15. März	Die in Washington über den Abschluss eines Nordatlantikvertrages verhandelnden Mächte laden Island, Dänemark, Italien, Norwegen und Portugal ein, dem künftigen Nordatlantikvertrag beizutreten.
18. März	Der Wortlaut des Nordatlantikvertrages wird in den Hauptstädten der Unterzeichnerstaaten veröffentlicht.
4. April	Unterzeichnung des Nordatlantikvertrages in Washington, der am 24. Aug. 1949 in Kraft tritt, und *Gründung der NATO (*North Atlantic Treaty Organization). Der NATO-Vertrag sieht vor, dass die Verbündeten im Falle eines bewaffneten Angriffs gegen einen oder mehrere von ihnen sich gegenseitig Hilfe leisten. Darüber hinaus streben die Mitgliedsstaaten an, die Gegensätze in der Wirtschaftspolitik zu beseitigen und ihre kulturelle Zusammenarbeit zu fördern. Sie verpflichten sich zu gegenseitigen Konsultationen. Mit Abschluss des NATO-Vertrages sind jedoch noch keine gemeinsamen Spitzenorganisationen vorhanden; diese entwickeln sich erst allmählich. Der NATO-Vertrag prägt die Politik der Mitgliedsstaaten; vor allem schafft er Rahmenbedingungen für eine forcierte Sicherheitspolitik.
22. April	Das Ruhrstatut tritt in Kraft.
3. Mai	Gründung des Deutschen Rates der Europäischen Bewegung.
5. Mai	Schaffung des Europarates durch das Londoner Sechsmächteabkommen.

Marginalia: *OEEC*; *nordatlantische Verteidigungsunion*; *internationale Ruhrbehörde*; *Europarat*; *Gründung der NATO*

Europarat

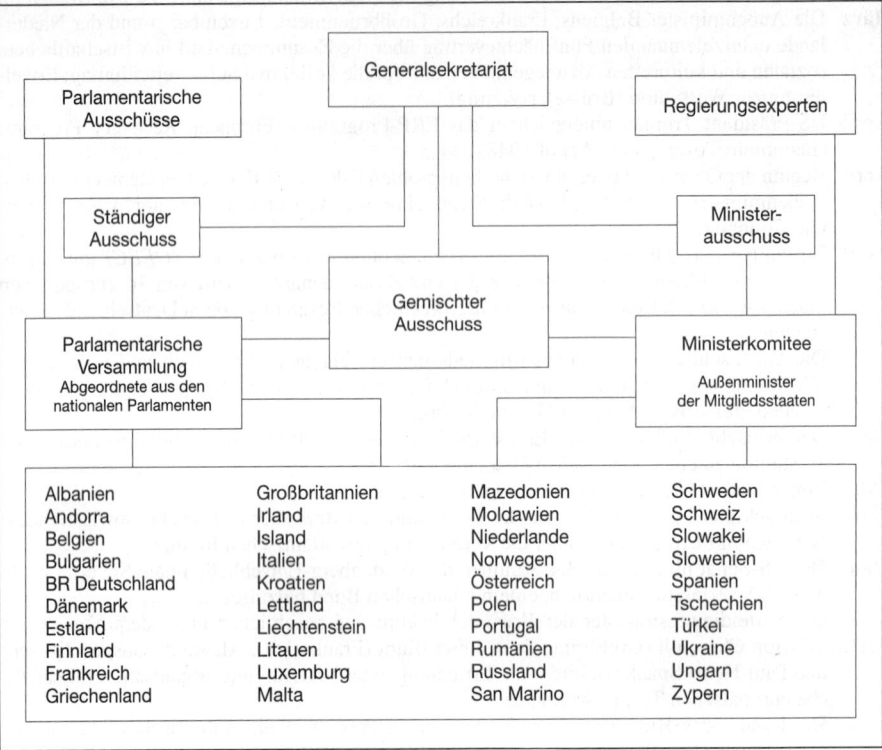

26. Juli	US-Senatoren fordern die Errichtung einer atlantischen Föderation, der außer den USA Belgien, Frankreich, Großbritannien, Kanada, Luxemburg und die Niederlande angehören sollen. Hier taucht die *Spannung* zwischen einem primär atlantischen und einem europäischen Konzept des Westblocks auf, die vor allem in den sechziger Jahren eine wesentliche Rolle *im Bündnissystem* spielt.
8. Aug.	Offizielle Gründung des Europarates in Straßburg.
17.–19. Sept.	Erste Sitzung des Nordatlantikrates in Washington. Errichtung ständiger militärischer Instanzen: ein Militärausschuss aus den Stabschefs der Mitgliedstaaten, eine ständige Gruppe als Exekutivgremium des Militärausschusses sowie fünf regionale Planungsgruppen.
20. Sept.	Gründung des *Europa-Kollegs* in Brügge.
31. Okt.	Die Bundesrepublik Deutschland wird in die OEEC aufgenommen.
7. Nov.	Die Westunion beschließt, den Brüsseler Vertrag neben dem Nordatlantikvertrag weiterbestehen zu lassen.
11. Nov.	Die Westmächte besprechen die Aufnahme der Bundesrepublik Deutschland in das westliche Bündnissystem.
22. Nov.	*Petersberger Abkommen* (bei Bonn) zwischen der Bundesrepublik Deutschland und den drei Westmächten; einer der ersten Schritte zur Integration der Bundesrepublik in das entstehende westliche Bündnissystem.
15. Dez.	Der US-Hohe Kommissar und Bundeskanzler Konrad Adenauer unterzeichnen das Abkommen über wirtschaftliche Zusammenarbeit (Marshallplan).
1950 1. Jan.	Gilbert Grandval (*1904, †1981), 1945 Gouverneur, seit 1948 Hoher Kommissar Frankreichs in Deutschland, wird Botschafter im Saargebiet bei der Regierung Johannes Hoffmann.
27. Jan.	US-Präsident Truman stimmt dem Plan einer integrierten Verteidigung des nordatlantischen Gebiets zu und gibt die militärischen *Hilfsgelder für die europäischen Staaten* frei.
3. März	In Paris werden zwölf Wirtschaftskonventionen zwischen Frankreich und dem Saargebiet unterzeichnet.
7. März	Bundeskanzler Adenauer schlägt eine politische Union zwischen Deutschland und Frankreich vor.
10. März	Adenauer protestiert bei der französischen Regierung gegen die französisch-saarländischen Konventionen.

9. Mai	Die französische Regierung (Außenminister Robert Schuman 1948–1953; *1886, †1963) schlägt die Schaffung einer einheitlichen Behörde zur Kontrolle der Erzeugung von Kohle und Stahl in der Bundesrepublik und Frankreich vor *(Schumanplan)*.	*Schumanplan*
26. Juni	Beginn der Sechsmächtekonferenz über den Schumanplan.	
9. Juli	Der Ministerrat der OEEC berät den Stikker-Plan (Dirk Uldo Stikker, *1897, †1979; niederländischer liberaler Politiker) für die Reorganisation der europäischen Industrie, den Pella-Plan (Giuseppe Pella [*1902, †1981], italienischer christdemokratischer Politiker) für ein europäisches Zollsystem und den Petsche-Plan für die Errichtung einer europäischen Investitionsbank.	
1. Aug.	Die Türkei gibt ihren Beschluss bekannt, dem Nordatlantikpakt beizutreten.	
7. Aug.	Die Bundesrepublik Deutschland wird assoziiertes Mitglied des Europarates (seit 5. Mai 1951 vollwertiges Mitglied).	
29. Aug.	Bundeskanzler Adenauer übermittelt den Hohen Kommissaren die grundsätzliche Bereitschaft der Bundesrepublik zu einem eigenen Verteidigungsbeitrag im Rahmen der westlichen Verteidigung.	
15.–18. Sept.	Der Nordatlantikrat beschließt, bei einem Angriff auf Westeuropa eine Vorwärtsstrategie (Verteidigung möglichst weit im Osten) anzuwenden und erörtert die *Wiederbewaffnung Deutschlands*.	*Wiederbewaffnung*
19. Sept.	Die 17 Mitgliedsstaaten der OEEC unterzeichnen das Abkommen über die *Europäische Zahlungsunion* (EZU); darunter ist auch die Bundesrepublik Deutschland.	*Europäische Zahlungsunion*
1. Okt.	Gründung des Rates der Europäischen Gemeinden.	
5. Okt.	Griechenland beteiligt sich an der Verteidigungsplanung für das Mittelmeer.	
17. Okt.	Die USA gewähren Frankreich eine Rüstungshilfe von über 2,4 Mrd. Dollar.	
24. Okt.	Der französische Ministerpräsident René Pleven (*1901, †1993) trägt der Nationalversammlung in Paris den Plan zur Schaffung einer im Rahmen der NATO aufzubauenden einheitlichen Streitmacht in Europa unter Einschluss deutscher Kontingente vor (Plevenplan).	
4. Nov.	In Straßburg Unterzeichnung der Europäischen Konvention der Menschenrechte und Grundfreiheiten.	
19. Dez.	Der NATO-Rat ernennt US-General Dwight D. Eisenhower zum Obersten Alliierten Befehlshaber in Europa. Die Außenminister Frankreichs, Großbritanniens und der Vereinigten Staaten ermächtigen auf Einladung des Nordatlantikrates die Alliierten Hohen Kommissare in der Bundesrepublik sowie die Bundesregierung, über einen möglichen deutschen Verteidigungsvertrag zu verhandeln.	
20. Dez.	Vereinigung der militärischen Organisationen der Westeuropäischen Union und der NATO.	
1951 9. Jan.	Beginn von Besprechungen zwischen der Bundesregierung und den Alliierten Hohen Kommissaren über einen *deutschen Verteidigungsbeitrag* (Plevenplan).	*deutscher Verteidigungsbeitrag*
2. April	General Dwight D. Eisenhower erlässt den Befehl Nr. 1 über die Indienststellung des Alliierten Befehlsbereichs Europa und Obersten Hauptquartiers der Alliierten Mächte in Europa (SHAPE).	
18. April	In Paris Unterzeichnung des Vertrages über die Errichtung der Europäischen Gemeinschaft für Kohle und Stahl (*EGKS*-Montanunion) mit Sitz der Hohen Behörde in Luxemburg. Die Montanunion (Mitgliedsstaaten: Frankreich, Bundesrepublik Deutschland, Italien, Benelux-Staaten) beseitigt schrittweise die Zölle, die mengenmäßigen Beschränkungen, das Doppelpreissystem, das bei Einfuhren andere Preise vorsieht als für den Inlandsverkauf, die Währungsbeschränkungen und Frachtdiskriminierung auf dem Gebiet der Kohle, des Stahls, des Eisenerzes und des Schrotts. Die *Montanunion* kann somit die seit dem 19. Jh. in Europa herrschenden Verzerrungen des Wettbewerbs im Bereich der Schwerindustrie einebnen. Sie trägt damit zum Verschwinden der Rivalität zwischen Frankreich und Deutschland bei. Ferner stellt sie eine Instanz dar, von der Initialzündungen zum weiteren Aufbau Europas ausgehen. Als die Kohlenproduktion durch den Einbruch des billigeren Erdöls in eine Krisensituation gerät, entwirft die Montanunion die erste gemeinsame Energieplanung in Europa und regt so auch die Gründung einer *Europäischen Atomgemeinschaft* (Euratom) an.	*EGKS* *Montanunion* *Europäische Atomgemeinschaft*
21. April	Die Bundesrepublik Deutschland, die Republik Korea (Süd-Korea), Peru, die Philippinen, Österreich, die Türkei und Uruguay treten dem GATT bei.	
3. Mai	Die NATO reorganisiert ihre Spitzengremien: Sie vereinigt den Verteidigungsausschuss, den Finanz- und Wirtschaftsausschuss mit dem Nordatlantikrat, der damit zum einzigen Ministergremium des Bündnisses wird.	
3. Juli	Die Sozialistische Internationale fordert auf einer Tagung die Einheit Europas.	

Verteidigungspakt ANZUS	**1. Sept.**	Australien, Neuseeland und die Vereinigten Staaten schließen den Pazifischen *Verteidigungspakt (ANZUS)*.
	14. Sept.	Eine Konferenz der Außenminister Großbritanniens, Frankreichs und der USA beschließt, die Bundesrepublik Deutschland in eine europäische Gemeinschaft einzugliedern, die mit den USA zu einer atlantischen Gemeinschaft zu verschmelzen ist.
	22. Nov.	Auf einer Konferenz der Außenminister der USA, Frankreichs und Großbritanniens mit Bundeskanzler Adenauer wird der Entwurf eines Generalvertrages über die Beziehung der Bundesrepublik Deutschland mit den Westmächten gebilligt.
	26. Nov.	General Dwight D. Eisenhower fordert vor dem Nordatlantikrat eine Verteidigungslinie soweit als möglich östlich des Rheins unter deutscher Zuhilfenahme.
	18. Dez.	Winston Churchill und Anthony Eden erklären in Paris, eine Übertragung von Souveränitätsrechten Großbritanniens auf europäische Behörden komme nicht in Frage, lediglich eine Zusammenarbeit mit der Montan- und der Verteidigungsgemeinschaft.
ECA	30. Dez.	Die US-Organisation für den europäischen Wiederaufbau *(ECA)* beendet ihre Arbeit. An ihre Stelle tritt die „Mutual Security Agency" (MSA), die die militärischen und wirtschaftlichen Hilfsprogramme für Europa und Südostasien koordiniert.
	1952 26./27. Jan.	Auf einer Außenministerkonferenz der Bundesrepublik Deutschland, Belgiens, Frankreichs, Italiens, Luxemburgs und der Niederlande fordert der Staatssekretär im Auswärtigen Amt, Walter Hallstein, die Aufnahme der Bundesrepublik in die NATO.
	30. Jan.	Vizeadmiral Lynde D. McCormick (USA) wird Befehlshaber des Befehlsbereichs Atlantik (SACLANT).
Politische Gemeinschaft	10. Febr.	Außenministerkonferenz der sechs Mitglieder beauftragt die Versammlung der Montanunion, einen Vertrag über die Gründung einer *Europäischen Politischen Gemeinschaft* auszuarbeiten.
	18. Febr.	Beitritt Griechenlands und der Türkei zur NATO.
	20.–25. Febr.	Tagung des Nordatlantikrates in Lissabon. Der Rat beschließt die Aufstellung von 50 Divisionen in Europa und einigt sich auf Paris als Sitz der NATO.
	12. März	Ernennung von Hastings Lionel Ismay, dem britischen Commonwealth-Minister, zum stellvertretenden Vorsitzenden des Nordatlantik-Rates und Generalsekretär der NATO.

NATO (Organisation, Stand 1986)

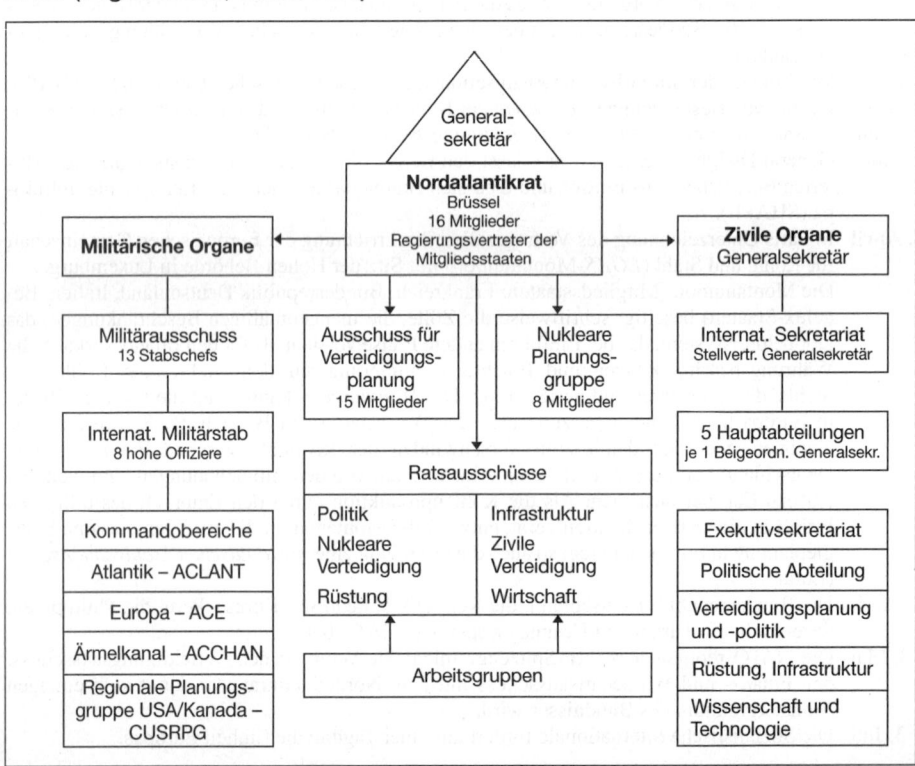

Generalsekretär

Nordatlantikrat

Nukleare Planungsgruppe

20. März	Beginn der deutsch-französischen Besprechungen über die *Saarfrage*, die zunächst am 23. April 1952 scheitern.	*Saarfrage*
28. April	US-General Matthew B. Ridgway wird Oberster Alliierter Befehlshaber als Nachfolger General Eisenhowers, der für die US-Präsidentschaft kandidiert.	
6. Mai	Der Nordatlantik-Rat billigt ein Zusatzprotokoll, das die automatische Beistandsverpflichtung zwischen der NATO und der Europäischen Verteidigungsgemeinschaft regelt: Ein Angriff gegen einen Mitgliedsstaat der neuen Organisation wird als Angriff auf alle Mitglieder der Organisation angesehen.	
7. Mai	Der Europäische Rat für Kernforschung nimmt in Paris seine Tätigkeit auf.	
26. Mai	In Bonn wird der Vertrag über die Beziehungen zwischen der Bundesrepublik Deutschland und den drei Westmächten (einschließlich Truppenvertrag, Finanzabkommen) unterzeichnet.	
27. Mai	Unterzeichnung des Vertrages über die Europäische Verteidigungsgemeinschaft *(EVG)* durch die Außenminister Belgiens, der Bundesrepublik Deutschland, Frankreichs, Italiens, Luxemburgs und der Niederlande in Paris.	*EVG*
15. Juni	Bilaterale Beratungen auf Regierungsebene über die Errichtung einer Europäischen Politischen Gemeinschaft.	
24./25. Juli	Der Vertrag über die Gründung der Europäischen Gemeinschaft für Kohle und Stahl tritt in Kraft.	
10. Aug.	Die Hohe Behörde der Montanunion konstituiert sich unter dem Vorsitz von Jean Monnet (*1888, †1979).	
25. Sept.	Bildung des ständigen Ausschusses der NATO.	
1. Nov.	Die *USA* bringen auf dem Eniwetok-Atoll im Pazifischen Ozean die erste *Wasserstoffbombe* zur Detonation.	*amerikanische Wasserstoffbombe*
15.–20. Dez.	Der Verfassungsausschuss der Ad-hoc-Versammlung der Montanunion unter seinem Präsidenten Heinrich von Brentano (*1904, †1964; 1955–1961 Außenminister der Bundesrepublik Deutschland) schlägt ein Zweikammersystem für die Europäische Politische Gemeinschaft vor.	
1953	Eine Konferenz der Verkehrsminister von acht europäischen Staaten berät die Gründung einer europäischen Verkehrsunion (29.–30. Jan).	
28. Febr.	Unterzeichnung eines „Vertrages über Freundschaft und Zusammenarbeit" zwischen Griechenland, der Türkei und Jugoslawien in Ankara.	
9./10. März	Die Außenministerkonferenz der Montanunion nimmt den Verfassungsentwurf für eine Europäische Politische Gemeinschaft entgegen und leitet sie den Mitgliedsstaaten zu. Der Gedanke einer europäischen politischen Gemeinschaft ist so alt wie der der Wirtschaftsgemeinschaft. So beschließt der Unionsrat der EGKS (1952), die gemeinsame Versammlung der Montanunion zu ersuchen, unter Vorwegnahme der EVG ein politisches Statut auszuarbeiten. Die Versammlung bildet daraufhin einen Verfassungsausschuss, der einen Vertragsentwurf vorlegt. Dieser Entwurf sieht die Gründung einer supranationalen politischen Autorität vor, mit dem Ziel, die Volkswirtschaften auszuweiten, die Sicherheit zu garantieren und die Menschenrechte zu wahren. Mit dem Scheitern der Europäischen Verteidigungsgemeinschaft scheitert 1954 auch die Verwirklichung des Vertragsentwurfs. Von nun an setzen die Befürworter der *europäischen Einigung* auf die Fusion der nationalen Märkte der gewerblichen Wirtschaft und der Landwirtschaft sowie auf die gemeinsame Entwicklung der Kernenergie. Sie hoffen, dass die wirtschaftliche Einigung künftig die politische und militärische Einheit automatisch nach sich ziehen werde.	*europäische Einigung*
16.–20. März	Konferenz der Landwirtschaftsminister der OEEC-Staaten prüft eine Vereinheitlichung der Agrarmärkte.	
1. Mai	Der gemeinsame Markt für Stahl in der Montangemeinschaft wird eröffnet.	
10. Juli	General Alfred M. Gruenther (USA; *1899, †1983) wird Nachfolger General Ridgways im Amt des Obersten Alliierten Befehlshabers in Europa.	
8.–10. Okt.	Zweiter Haager Kongress der Europäischen Bewegung.	
17. Okt.	Die europäischen Verkehrsminister rufen eine ständige Verkehrsministerkonferenz ins Leben.	
1954 12. Jan.	US-Außenminister John Foster Dulles stellt in der Öffentlichkeit die neue, auf dem Einsatz von Atomwaffen beruhende Strategie der „massiven Vergeltung" vor. Voller Einsatz der amerikanischen Atomwaffen bei einem Angriff aus dem Osten geplant.	
29. Jan.	Der britische Außenminister Anthony Eden legt einen *Plan zur Wiedervereinigung Deutschlands* vor. Großbritannien versucht, eine Vermittlerrolle zwischen Ost und West zu spielen, stößt aber mit seiner Politik in der zweiten Hälfte der fünfziger Jahre auf Skepsis bei der deutschen Bundesregierung.	*Wiedervereinigungsplan*

	2. April	Die Türkei und Pakistan unterzeichnen ein Abkommen der freundschaftlichen Zusammenarbeit mit Schwerpunkt im militärischen Bereich.
EUROVISION	6. Juni–4. Juli	Erste gesamteuropäische Fernsehübertragung *(EUROVISION)*.
	18. Juni	Der Verteidigungsausschuss der französischen Nationalversammlung lehnt trotz harten Drucks vonseiten der USA den EVG-Vertrag ab.
	6.–11. Juli	Bildung eines ständigen Ausschusses der Landwirtschaftsminister im Rahmen der OEEC.
	14. Aug.	Der französische Ministerpräsident Pierre Mendès-France versucht, eine Änderung des EVG-Vertrages zu erreichen.
EVG scheitert	28.–30. Aug.	Die französische Nationalversammlung *lehnt* mit 319:264 Stimmen die Ratifizierung der *EVG-Verträge ab:* schwerer Rückschlag für die europäische Einigung. Die Ablehnung der EVG durch Frankreich fördert eine besonders enge Annäherung zwischen Washington und Bonn; Ära der „Dulles-Adenauer-Freundschaft".
	6. Sept.	Beginn der Manilakonferenz, die zur Unterzeichnung der Verträge über die Südostasiatische Vertragsorganisation „South East Asia Treaty Organization" *(SEATO)* führt.
SEATO	8. Sept.	
	28. Sept.	Beginn der Londoner Neunmächtekonferenz (Belgien, Bundesrepublik Deutschland, Frankreich, Großbritannien, Kanada, Italien, Luxemburg, Niederlande und USA), auf der über eine Alternative für die gescheiterte EVG verhandelt wird. Sie beschließt, die Bundesrepublik Deutschland und Italien einzuladen, dem Brüsseler Vertrag (Okt. 1948) beizutreten.
Westeuropäische Union	11. Okt.	Die Westunion erhält den Namen *Westeuropäische Union* (WEU).
	19.–23. Okt.	Die Pariser Viermächtekonferenz – Frankreich, Großbritannien, USA, Bundesrepublik (Pariser Verträge) – bestätigt die Beschlüsse der Neuner-Konferenz vom Sept. in London und verabschiedet ein Protokoll über die Beendigung des Besatzungsregimes in der Bundesrepublik Deutschland sowie ein deutsch-französisches Abkommen über die Saar.
	21.–23. Okt.	Der Nordatlantik-Rat lädt die Bundesrepublik Deutschland ein, der NATO beizutreten. Italien und die Bundesrepublik treten der WEU bei.
Saarabkommen	23. Okt.	Konrad Adenauer und Pierre Mendès-France unterzeichnen ein deutsch-französisches *Abkommen über das Saargebiet*, das einen provisorischen, europäischen Status im Rahmen der WEU erhalten soll. Damit wird die seit 1952 schwelende Krise zwischen der Bundesrepublik Deutschland und Frankreich beigelegt.
	29. Okt.	Unterzeichnung des deutsch-amerikanischen Freundschafts-, Handels- und Schifffahrtsvertrages durch Bundeskanzler Adenauer und US-Außenminister Dulles.
	15. Nov.	Im Bereich der Länder des Europarates wird die Visumfreiheit praktiziert.
	21. Dez.	Assoziierung Großbritanniens mit der Montanunion.
	1955 3. Jan.	Die französische Regierung schlägt der WEU gemeinsame Rüstungsproduktion und den Aufbau einer europäischen Behörde für Waffenproduktion vor.
Bagdadpakt	**24. Febr.**	Unterzeichnung des *Bagdadpaktes*, dem der Irak, die Türkei, der Iran und Großbritannien (30. März) beitreten.
	24. März	Christliche Eisen- und Stahlarbeiter gründen in Luxemburg die erste Gewerkschaft der Montanunion.
	28.–30. März	Deutsch-dänisches Abkommen über die Rechte der dänischen und deutschen Minderheiten in beiden Ländern anlässlich des Besuches des dänischen Ministerpräsidenten Hans Christian Hansen in der Bundesrepublik.
	5. Mai	Die Pariser Verträge vom Okt. 1954 treten in Kraft. Die Bundesrepublik Deutschland, Frankreich und Großbritannien hinterlegen in Brüssel die Ratifizierungsurkunden zum Vertrag über die Gründung der Westeuropäischen Union.
BR Deutschland NATO-Mitglied	9. Mai	Die *Bundesrepublik Deutschland tritt* dem *Nordatlantik-Pakt* (NATO) *bei*.
	20. Mai	Die Regierungen der Benelux-Länder legen den übrigen Regierungen der Montanunion ein Memorandum über die Fortsetzung des europäischen Einigungswerkes auf den Gebieten des Verkehrs, der Energiewirtschaft, eines gemeinsamen Marktes und der Harmonisierung der Sozialpolitik vor.
	1.–3. Juni	Auf der Konferenz der Außenminister der Montangemeinschaft in Messina wird auf der Grundlage des Benelux-Staaten-Memorandums ein Sechspunkteprogramm für die weitere Verschmelzung der sechs Volkswirtschaften angenommen, ein Komitee unter dem Belgier Paul-Henri Spaak eingesetzt, das Vorschläge für die Integrierung entwerfen soll. Zum Nachfolger von Jean Monnet wählt die Konferenz René Mayer (beide Frankreich).
	9. Juli	Das auf der Messina-Konferenz eingesetzte Sachverständigenkomitee unter Paul-Henri Spaak nimmt in Brüssel seine Tätigkeit auf.
Europäisches Währungsabkommen	**5. Aug.**	Unterzeichnung des *Europäischen Währungsabkommens* (EWA).
	13. Okt.	Jean Monnet gründet das Aktionskomitee für die Vereinigten Staaten von Europa (er wird 1956 dessen Vorsitzender).

23. Okt.	67,7% der wahlberechtigten Saarbevölkerung lehnen einen europäischen Status des Saargebietes ab, was zunächst juristisch die Fortdauer des Status quo bedeutet.	
16. Dez.	Die Minister des Nordatlantikrates beschließen, die NATO-Streitkräfte mit Atomwaffen auszurüsten.	
28. Dez.	Die OEEC veröffentlicht den „Plan für die europäische Zusammenarbeit bei der friedlichen Verwendung der Atomenergie".	
1956 21. Jan.	Die Postminister der Montanunion-Staaten verhandeln in Paris über die Vereinheitlichung des *Post- und Fernmeldewesens*.	*Post- und Fernmeldewesen*
27. April	Das Brüsseler Komitee unter Paul-Henri Spaak schließt seine Beratungen ab und legt den Regierungen seine Vorschläge vor.	
4.–5. Mai	Der Nordatlantikrat beauftragt Gaetano Martino (Italien), Halvard Lange (Norwegen) und Lester B. Pearson (Kanada), Vorschläge über eine erweiterte Zusammenarbeit zwischen den NATO-Staaten auf nichtmilitärischem Gebiet auszuarbeiten.	
29./30. Mai	Konferenz der Außenminister der Montangemeinschaft in Venedig. Der Rechenschaftsbericht des Sachverständigenkomitees von Brüssel wird geprüft und ein Komitee von Regierungsvertretern mit dem Auftrag gebildet, auf der Basis der Vorschläge Verträge für einen Gemeinsamen Markt und eine Atomgemeinschaft zu entwerfen.	
4./5. Juni	Guy Mollet und Konrad Adenauer einigen sich auf die *Eingliederung des Saargebietes* in die Bundesrepublik Deutschland ab 1. Jan. 1957, ein entscheidender Schritt in der deutsch-französischen Versöhnung.	*Eingliederung des Saargebietes*
26. Juni	Das von den Außenministern einberufene Komitee beginnt in Schloss Val Duchesse unter Paul-Henri Spaaks Leitung die Arbeit an den Verträgen für einen Gemeinsamen Markt.	
24. Sept.	Deutsch-Belgisches Grenzabkommen über die Rückgabe der von Belgien besetzten Gebiete an die Bundesrepublik Deutschland.	
3. Okt.	Der britische Schatzkanzler Harold Macmillan gibt neue Pläne für die Schaffung einer *Freihandelszone* bekannt, der neben westeuropäischen Staaten auch Mitglieder des Commonwealth angehören sollen.	*Freihandelszone*
27. Okt.	Unterzeichnung des deutsch-französischen Vertrages über die Regelung der Saarfrage, die Schiffbarmachung der Mosel und die Kanalisierung des Oberrheins.	
20. Nov.	General Lauris Norstad (USA; *1907, †1988) als Nachfolger von General Gruenther zum Obersten Alliierten Befehlshaber in Europa ernannt.	
14. Dez.	Belgiens Außenminister Paul-Henri Spaak zum Generalsekretär der NATO ernannt (Amtsantritt 16. Mai 1957).	
1957 26./28. Jan.	Die Außenminister der sechs Schumanplan-Länder beraten in Brüssel die Vertragstexte, umstritten sind vor allem die Einbeziehung der französischen Überseegebiete und das Problem des deutschen Interzonen-Handels.	
6. Febr.	Der Bundeswehrgeneral Hans Speidel (*1897, †1984) wird Befehlshaber der Alliierten Landstreitkräfte in Europa-Mitte.	
19./20. Febr.	Die Außenminister der „Sechs" beraten in Paris abschließend die Vertragstexte für einen Gemeinsamen Markt und für Euratom. Die bislang offenen Fragen werden dabei noch geklärt.	
23. März	Die USA treten dem Bagdad-Pakt bei, nachdem sie zuvor Hilfsleistungen für den Nahen Osten beschlossen haben.	
25. März	Feierliche Unterzeichnung der Verträge über die Gründung der Europäischen Wirtschaftsgemeinschaft *(EWG)* und der Europäischen Atomgemeinschaft *(Euratom*; EAG) – Römische Verträge – auf dem Kapitol in Rom.	*EWG und Euratom*
25. März	Die britische Regierung lehnt es ab, sich an Arbeiten zur Errichtung von EWG und Euratom zu beteiligen. Sie fühlt sich noch stark an den Commonwealth gebunden. Nachdem die EWG realisiert ist, schlägt sie vor, die EWG als Ganzes in eine Freihandelszone einzufügen, der die europäischen Mitglieder der OEEC angehören. Der Plan scheitert am Einspruch der französischen Regierung.	
5. Juni	Die Handels- und Wirtschaftsminister Großbritanniens und der skandinavischen Staaten beraten in London die Errichtung einer *europäischen Freihandelszone*.	*europäische Freihandelszone*
16./17. Okt.	Der Ministerrat der OEEC hält eine Freihandelszone für notwendig, der alle Mitglieder OEEC angehören und die mit der EWG assoziiert werden soll. Die Verhandlungen führen jedoch aufgrund des französischen Widerstands zu keinem Ergebnis.	
21. Nov.	Deutsch-Italienischer Freundschaftsvertrag.	
13. Dez.	Letzte Ratifikationsurkunden zu den Römischen Verträgen in Rom niedergelegt.	
1958	Die *Römischen Verträge* treten in Kraft (1. Jan.).	*Römische Verträge*
6./7. Jan.	Die Konferenz der Außenminister der Europäischen Gemeinschaften wählt die Präsidenten der Organe: Walter Hallstein (Bundesrepublik) für die Kommission der EWG; Louis Armand (Frankreich) für Euratom; Paul Finet (Belgien) für EGKS.	

BENELUX-Wirtschaftsunion	3. Febr.	Umwandlung der *BENELUX*-Zollunion in eine *Wirtschaftsunion*.
	22. Febr.	Amerikanisch-Britisches Abkommen über die Lieferung von Mittelstreckenraketen an Großbritannien.
Europäisches Parlament	19.–21. März	Konstituierende Sitzung des *Europäischen Parlaments* in Straßburg: Präsident Robert Schuman.
	3.–11. Juli	Landwirtschaftskonferenz der EWG-Staaten in Stresa. Sie formuliert ein erstes Programm für die Neuordnung der Landwirtschaftspolitik, die Annäherung der Preise und die Bereitstellung von Kapazitäten zur Rationalisierung der Betriebe.
	18. Aug.	Nach dem Ausscheiden des Irak aus dem Bagdadpakt wird das Bündnis in CENTO („Central Treaty Organization") umbenannt.
	14. Sept.	Treffen Bundeskanzler Konrad Adenauers und des französischen Ministerpräsidenten Charles de Gaulle (später Staatspräsident) in Colombey-les-Deux-Églises, bei dem nach ursprünglichem Misstrauen aufseiten Adenauers ein freundschaftliches Verhältnis zwischen beiden hergestellt wird.
	18.–20. Sept.	Der Ministerrat der EWG vertritt auf seiner Tagung in Venedig die Meinung, eine europäische Freihandelszone müsse sich an die EWG anschließen.
Europäischer Gerichtshof	7. Okt.	In Brüssel konstituiert sich der *Gerichtshof der drei europäischen Gemeinschaften*.
	14. Nov.	Scheitern des Planes einer europäischen Freihandelszone im Rahmen der OEEC. Das zwischenstaatliche Komitee unter Vorsitz des britischen Ministers Reginald Maudling (*1917, †1979) bricht die Verhandlungen ab.
	1959 19. Febr.	Auf einer britisch-griechisch-türkischen Konferenz wird die Unabhängigkeit Zyperns ab 19. Nov. 1960 beschlossen.
	15. April	US-Außenminister John Foster Dulles tritt zurück, sein Nachfolger wird Christian Herter.
Kohlenkrise	14. Mai	Der Ministerrat der EGKS lehnt den Plan der Hohen Behörde zur Behebung der in Europa schwelenden *Kohlenkrise* ab und gewährt Hilfsmaßnahmen an den belgischen Bergbau.
	20. Juli	Spanien wird Mitglied der OEEC.
kleine Freihandelszone (EFTA)	20./21. Juli	Auf einer Ministerkonferenz der „Sieben" in Stockholm wird die Bildung einer *kleinen Freihandelszone (EFTA)*, bestehend aus Großbritannien, Dänemark, Norwegen, Schweden, Österreich, Schweiz und Portugal, beschlossen. Sie soll im Rahmen der OEEC geführte Verhandlungen mit der EWG erleichtern.
	30. Aug.	Die Bundesregierung empfiehlt eine Assoziation von EWG und EFTA.
	8. Sept.	In Stockholm beginnen die Verhandlungen über die EFTA; Abkommen am 20. Nov. 1959 paraphiert.
	19. Dez.	Dreimächtevertrag über die Insel Zypern (Großbritannien, Griechenland, Türkei), die mehrheitlich griechisch besiedelt ist und bis 1878 (1914) zum Osmanischen Reich (türkische Minderheit) gehörte.
	1960	Unterzeichnung des Abkommens über die EFTA (4. Jan.).
Entwicklungshilfe	12./13. Jan.	Die Atlantische Wirtschaftskonferenz beschließt die Reorganisation der OEEC; die USA und Kanada sollen Vollmitglieder werden. Hauptaufgabe der Organisation: *Entwicklungshilfe*.
	2. März	Die EWG-Kommission unterbreitet dem Ministerrat Vorschläge für eine Beschleunigung der Integration.
	8. April	Abkommen zwischen der Bundesrepublik und den Niederlanden über die Rückgabe der von den Niederlanden besetzten Gebiete der Bundesrepublik.
	3. Mai	Der Vertrag über die EFTA tritt in Kraft.
	7. Juli	EWG-Vizepräsident Sicco L. Mansholt (*1908, †1995) gibt neue Vorschläge der EWG-Kommission für eine gemeinsame Agrarpolitik bekannt.
Zypern unabhängige Republik	16. Aug.	*Zypern* wird *unabhängige Republik*: Spannungen zwischen Türkei und Griechenland wegen der Insel.
	5. Sept.	Präsident Charles de Gaulle erläutert öffentlich seine Vorstellungen über die europäische Zusammenarbeit: Die bestehenden Institutionen besitzen zu wenig Autorität, stattdessen sollen die Regierungen zu häufigen Konsultationen zusammenkommen.
	13./14. Dez.	Die OEEC-Staaten, die USA und Kanada unterzeichnen das OECD-Abkommen – „Organization for Economic Co-operation and Development".
Atomstreitmacht der NATO	16. Dez.	US-Außenminister Christian Herter schlägt die Bildung einer multilateral finanzierten und kontrollierten *Atomstreitmacht* im Rahmen *der NATO* vor (fünf Atom-U-Boote bestückt mit Polaris-Raketen).
	1961 10./11. Febr.	Gipfeltreffen der Staatschefs der sechs EWG-Staaten in Paris, auf dem eine engere politische Zusammenarbeit vereinbart wird. (Einsetzung der Fouchet-Kommission, benannt nach dem französischen Diplomaten und Politiker Christian Fouchet; *1911, †1974.) Die Niederländer befürchten eine französisch-deutsche Hegemonie und fordern die Aufnahme Großbritanniens in die EWG.

22./23. Febr.	Bundeskanzler Adenauer verhandelt in London über die europäische Zusammenarbeit: Die WEU soll als Bindeglied zwischen EFTA und EWG ausgebaut werden. Die niederländische Regierung bezeichnet die Pläne Präsident de Gaulles als politischen Rückschritt für die Europäischen Gemeinschaften.	
19.–21. März	Die USA fordern von der Bundesrepublik Deutschland eine Beteiligung an der Entwicklungshilfe.	
21. April	Dirk U. Stikker wird Nachfolger von Paul-Henri Spaak als NATO-Generalsekretär.	
16. Mai	Bundesaußenminister Heinrich von Brentano erklärt, ein Brückenschlag zwischen EWG und EFTA sei überholt, der Einzelbeitritt von EFTA-Mitgliedern zur EWG möglich.	
9. Juli	Unterzeichnung des Assoziierungsvertrages zwischen Griechenland und der EWG.	
18. Juli	Die Staats- und Regierungschefs der EWG-Staaten bilden eine Studienkommission zur Ausarbeitung eines *Europäischen Politischen Statuts*; Prüfung der Fouchet-Vorschläge.	*Europäisches Politisches Statut*
3. Aug.	Die irische Regierung stellt den Antrag zur Aufnahme in die EWG.	
10. Aug.	Die britische Regierung richtet an den Ministerrat der EWG den offiziellen Antrag zur Aufnahme Großbritanniens; ebenso die dänische für Dänemark.	
Aug.	Tief greifende Meinungsverschiedenheiten treten zwischen der Bundesrepublik (Bundeskanzler Adenauer) und den USA (US-Präsident Kennedy) wegen unterschiedlicher Auffassungen bezüglich der Reaktionen auf den Bau der *Berliner Mauer* auf.	*Berliner Mauer*
19. Okt.	Die neutralen Staaten Österreich, Schweden und die Schweiz einigen sich, Anträge auf Assoziierung bei der EWG zu stellen.	
30./31. Okt.	Der Entwurf für ein europäisches Statut, unter Leitung des französischen Botschafters Christian Fouchet ausgearbeitet, ist fertig gestellt (*Fouchet-Plan II*).	*Fouchet-Plan II*
8. Nov.	Eröffnung der Verhandlungen über den Beitritt Großbritanniens zur EWG in Paris. Die britische Regierung will sämtliche Verpflichtungen des EWG-Vertrages übernehmen.	
16. Nov.	Bundeskanzler Adenauer bezeichnet es als seine dringende Aufgabe, mit US-Präsident Kennedy eine einheitliche Auffassung in der *Berlin-Frage* herzustellen (20./21. Nov. Besuch Adenauers in den USA).	*Berlin-Frage*
15./16. Dez.	Die EWG-Außenminister erzielen keine Einigung über den Fouchet-Plan.	
1962	Der EWG-Ministerrat beschließt den Übergang zur Integration in der Landwirtschaft (2. Stufe des Gemeinsamen Marktes: 1962–1965).	
14. Jan.		
18. Jan.	Die französische Regierung leitet über die Fouchet-Kommission ihre neuen Pläne über eine politische Union den Regierungen der EWG-Staaten zu (Fouchet-Plan III). Die wirtschaftliche Verschmelzung vollzieht sich nach In-Kraft-Treten der Römischen Verträge rasch, aber der erhoffte Automatismus zur politischen Integration hin folgt nicht. So beschließen die Regierungschefs der EWG-Staaten, 1961 einen Ausschuss zu errichten, der konkrete Vorschläge für eine politische Union ausarbeiten soll. Nach erheblichen Schwierigkeiten legt der Vorsitzende des Ausschusses, Christian Fouchet, einen ersten Plan vor, der jedoch geändert werden muss. Während der weiteren Beratungen unterbreitet der französische Vertreter völlig unerwartet einen zweiten Entwurf, den die Vertreter der fünf anderen Länder ablehnen. Es zeichnen sich zwei Alternativen ab: die Konzeption der weiteren Integration durch Stärkung der supranationalen Institutionen oder die eines „*Europas der Vaterländer*" des französischen Staatspräsidenten de Gaulle.	„*Europa der Vaterländer*"
28. Febr.	Norwegen kündigt seine Absicht an, der EWG beizutreten.	
7. März	Im Rahmen des GATT wird ein Zollsenkungsvertrag zwischen EWG und den USA abgeschlossen.	
20. März	Die Außenminister der EWG-Staaten einigen sich in Brüssel nicht über den Aufbau einer politischen Union.	
29. März	Unterzeichnung des Vertrages zur Errichtung einer europäischen Organisation für die Entwicklung und den Bau von Raumfahrtträgern *(ELDO)*.	*ELDO*
April	Die Regierung der USA weist ein Ersuchen Frankreichs um den Kauf von atomarem Material zurück.	
17. April	Die Verhandlungen der Außenminister über ein Europäisches Politisches Statut der EWG-Staaten werden abgebrochen; Scheitern des Plans Fouchet/Cattani.	
14. Juni	Unterzeichnung des Vertrages zur Errichtung einer europäischen Organisation für die Erforschung des Weltraums *(ESRO)*.	*ESRO*
25. Juli	General Lyman L. Lemnitzer (USA; *1899, †1988) wird Nachfolger General Norstads (Kommando-Übergabe 2. Jan. 1963) im Amt des Obersten Alliierten Befehlshabers in Europa.	
5. Aug.	Die Verhandlungen über den Beitritt Großbritanniens zur EWG werden u.a. wegen britisch-französischer Interessengegensätze vertagt. Die Bundesregierung hält den Beitritt jedoch für ein vordringliches Problem: *Krise in der EWG*.	*Krise der EWG*

Konzept der flexiblen Reaktion	13.–15. Dez.	US-Verteidigungsminister Robert S. McNamara fordert vor dem Nordatlantikrat den Ausbau der konventionellen Streitkräfte, damit bei örtlich begrenzten Konflikten in Europa nicht sogleich Kernwaffen eingesetzt werden müssen: *Konzept der „flexiblen Reaktion"*.
	18.–20. Dez.	US-Präsident Kennedy und der britische Premierminister Macmillan konferieren in Nassau auf den Bahamas und beschließen, einen Teil der strategischen nuklearen Streitkräfte beider Länder in die NATO-Streitmacht einzubringen und eine multilaterale, nukleare NATO-Streitmacht (MLF) zu bilden, der Unterseeboote bestückt mit Polaris-Raketen unterstellt werden sollen. Sie bieten Frankreich die Mitgliedschaft in der Streitmacht an.
	1963	Abbruch der Beitrittsverhandlungen zwischen Großbritannien und der EWG (9. Jan).
	14. Jan.	Der französische Präsident General de Gaulle spricht sich gegen die Aufnahme Großbritanniens in die EWG aus und lehnt eine multilaterale Atomstreitmacht ab.
	17. Jan.	Die französische Delegation fordert eine unbefristete Vertagung der Beitrittsverhandlungen mit Großbritannien.
Deutsch-Französischer Vertrag	22. Jan.	Unterzeichnung des *Deutsch-Französischen Freundschaftsvertrages* in Paris.
	6. Febr.	Die Bundesrepublik fordert ein Mitspracherecht der nichtatomaren Mächte an der Planung und am Einsatz von Atomwaffen in der NATO.
	16. Mai	Der deutsche Bundestag fügt dem Deutsch-Französischen Vertrag eine Präambel bei, in der die augenblickliche europäisch-amerikanische Partnerschaft, die Verteidigung im Rahmen der NATO und die Einbeziehung Großbritanniens betont wird. Die Präambel stößt auf die Ablehnung Präsident de Gaulles und ist ein Zeichen für das Auftreten von Spannungen zwischen der Bundesrepublik und Frankreich in den kommenden vier Jahren.
	Mai	Großbritannien und die USA unterstellen der NATO Nuklearwaffen (22.–24.).
AASM-Staaten	20. Juli	Unterzeichnung des Assoziierungsabkommens zwischen der EWG und 18 afrikanischen Staaten (einschließlich Madagaskar), den *AASM-Staaten* (assoziierte afrikanische Staaten und Madagaskar), in Jaunde (Yaoundé, Kamerun).
	12. Sept.	Assoziierung der Türkei mit der EWG.
		Die USA schlagen offiziell den Aufbau einer multilateralen nuklearen Streitmacht (MLF) vor, an der sich die Bundesrepublik Deutschland beteiligen wird.
	1964	Eröffnung der Kennedy-Runde in Genf über Zolltarife im GATT-Rahmen (4. Mai).
Zypernproblem	12.–14. Mai	Der Nordatlantikrat sagt der UNO seine Unterstützung bei ihren Maßnahmen zur Wiederherstellung von Ruhe und Ordnung in Zypern zu. Das *Zypernproblem* hat zu Spannungen zwischen der Türkei, Griechenland und Großbritannien geführt.
	4. Juni	Reorganisation des Nato-Planungsstabes der ständigen Gruppe, die durch eine erweiterte Beteiligung von Offizieren aus nicht der ständigen Gruppe angehörenden Ländern, vor allem in Nuklearplanungen, ermöglicht wird.
	1. Aug.	Manlio Brosio (*1897, †1980) wird NATO-Generalsekretär.
	9. Sept.	Der Spaak-Plan versucht, die Gespräche über die politische Union Europas wieder in Gang zu bringen.
force de frappe	2. Dez.	Der französische Premierminister Georges Pompidou betont die Notwendigkeit eines eigenen französischen Abschreckungspotentials, der sog. *„force de frappe"*.
	15. Dez.	Die EWG beschließt nach schwierigen Verhandlungen einen Gemeinsamen Markt für Getreide.
Europäische Sozialcharta	**1965**	Die *Europäische Sozialcharta* tritt in Kraft (26. Febr.).
	2. März	Der Ministerrat der EWG einigt sich auf die Fusion der Kommissionen von EWG, EAG und der Hohen Behörde der EGKS.
	31. März	Die Kommission der EWG schlägt vor, den Agrarmarkt aus Kommissionsmitteln und nicht durch die Einzelstaaten zu finanzieren und die Budget-Kontrollrechte der Europa-Parlamente zu erweitern.
	8. April	In Brüssel wird der Vertrag über die Fusion der Behörden der drei Gemeinschaften unterzeichnet.
türkisch-griechische Spannungen	31. Mai– 1. Juni	Die Verteidigungsminister der NATO-Staaten versuchen die *Spannungen* zwischen der *Türkei* und *Griechenland* beizulegen.
	30. Juni	Die französische Regierung lehnt die Vorschläge der Kommission über die EWG-Agrarmarktfinanzierung ab (Politik des „leeren Stuhles").
Politik de Gaulles		Die nationalistisch geprägte *Politik* des französischen Präsidenten *de Gaulle* widerspricht jeder Übertragung von nationalen Hoheitsrechten auf supranationale Institutionen. So löst Frankreich durch den Rückzug seiner Truppen aus der NATO auch eine Krise des Bündnisses aus und provoziert scharfe Spannungen mit den USA; Präsident de Gaulle fordert für Europa zudem eine Politik, beruhend auf dem einstimmigen Willen der Staaten, ein „Europa der Vaterländer", und weist damit die Vorstellungen der übrigen Vertragspartner von einer föderativen Organisation mit gesetzgebender Beteiligung des Europäischen Parlaments und mit Mehrheitsentscheidungen zurück.

	Er lehnt daher auch den Vorschlag Walter Hallsteins (Präsident der EWG-Kommission) ab, den EWG-Haushalt aus den Stufenzöllen der Gemeinschaft zu finanzieren. Darüber hinaus stellt sich de Gaulle konsequent gegen den Beitritt Großbritanniens zur EWG. Die Bundesrepublik Deutschland versucht angesichts dieser Lage eine Vermittlerrolle einzunehmen.	
1. Juli	Frankreich bricht die Brüsseler Verhandlungen über den EWG-Agrarfonds ab und boykottiert sechs Monate lang die Europäischen Gemeinschaften.	
6. Juli	Der französische Botschafter bei den Europäischen Gemeinschaften wird abberufen, worauf der Ministerrat der EWG ohne Frankreich tagt; Höhepunkt der EWG-Krise.	
1966 28./29. Jan.	*Kompromiss von Luxemburg*: Frankreich nimmt seinen Platz in den Institutionen der Gemeinschaften wieder ein. Das Prinzip der Einstimmigkeit der Beschlüsse wird auf Druck Frankreichs eingeführt.	*Kompromiss von Luxemburg*
Febr.	In Washington konstituiert sich eine Gruppe für *nukleare Planung der NATO* (17./18.).	*nukleare NATO-Planung*
7. März	Präsident de Gaulle teilt dem US-Präsidenten Lyndon B. Johnson seine Absicht mit, sich aus den integrierten militärischen Kommandobehörden zurückzuziehen, und fordert den Abzug der Hauptquartiere SHAPE und AFCENT aus Frankreich.	
21. April	Großbritannien bekundet erneut sein Interesse, der EWG beizutreten.	
9.–11. Mai	Der Ministerrat beschließt, den vollen, freien Warenverkehr für Agrar- und Industrieprodukte bis 1. Juli 1968 herzustellen. Die EWG ist ökonomisch gefestigt.	
1. Juli	Die Unterstellung französischer Streitkräfte unter NATO-Befehl wird aufgehoben.	
14. Nov.	Der britische Premierminister gibt die Entschlossenheit seiner Regierung bekannt, Großbritannien in die EWG zu führen.	
21. Dez.	Die Bundesrepublik und Frankreich einigen sich auf die Regelung des Weiteren Verbleibs französischer Truppen auf deutschem Gebiet.	
31. Dez.	Präsident de Gaulle lehnt die amerikanische Vietnam-Politik ab.	
1967 6. Mai	Walter Hallstein verzichtet angesichts des Konflikts mit de Gaulle auf eine Kandidatur als Präsident der drei vereinigten Gemeinschaften.	
10. Mai	Großbritannien, Irland, Dänemark (11. Mai) beantragen erneut die Aufnahme in die Europäischen Gemeinschaften. Frankreich ablehnend; *Krise der Gemeinschaft*.	*Krise der EWG*
15. Mai	Erfolgreicher Abschluss der „Kennedy-Runde".	
30. Juni	Die im Rahmen der „Kennedy-Runde" geführten Zollverhandlungen des GATT führen nach vierjähriger Dauer zu Zollsenkungen, die über einen Zeitraum von fünf Jahren 35 % ausmachen sollen.	
1. Juli	Vereinigung der drei *europäischen Gemeinschaften* (EG). Der Belgier Jean Rey (*1902, †1983) wird Präsident der neuen Kommission.	*Europäische Gemeinschaft*
26. Sept.	Deutsch-britisch-französische Vereinbarungen über das europäische *Airbus-Projekt* (Bau eines europäischen Großraumflugzeugs).	*Airbus*
13. Dez.	Die Minister der NATO-Staaten billigen offiziell die neu ausgearbeitete strategische Konzeption *(Harmel-Bericht)* der „flexible response", auf die sie sich schon am 9. Mai geeinigt haben. Sie sieht eine elastische und ausgewogene konventionelle und nukleare Reaktion auf allen Ebenen bei Angriffsdrohung und bei Angriff vor.	*Harmel-Bericht*
19. Dez.	Uneinigkeit im Ministerrat der EG über das britische Beitrittsgesuch. Die britischen Bemühungen sind erneut gescheitert.	
1968 Jan.	Verbesserung des französisch-amerikanischen Verhältnisses, nicht zuletzt weil Frankreich über die wachsende Stärke der Bundesrepublik besorgt ist.	
25. Jan.	Veröffentlichung des Werner-Plans über die *Europäische Währungsunion* (Luxemburgs Ministerpräsident Christian Pierre Werner). Mit Anzeichen der Dollarkrise verstärken die EG-Mitglieder ihre Bemühungen um eine Währungsunion: Ihre Politik ist jedoch trotz der sich verschärfenden Spannungen mit den USA relativ ergebnislos.	*Europäische Währungsunion*
1. Juli	Die *Zollunion der EG* tritt früher als vorgesehen in Kraft: Binnenzölle für gewerbliche und industrielle Güter werden aufgehoben.	*Zollunion der EG*

Die Auswirkungen der EG-Zollunion

Mit der Zollunion sind jedoch noch nicht die Grenzkontrollen beseitigt. Der Grund dafür ist das Fehlen einer Harmonisierung der Steuern im Rahmen der EG. Es herrschen also keine Zoll-, sondern *Steuergrenzen*. Die schrittweise Verwirklichung der Zollunion hat die Produktion, den Handel innerhalb der Gemeinschaft und auch den Handel mit Drittländern gefördert, der sich zwischen 1958 und 1971 verdreifacht. Im Jahre 1958 umfassen die Importe der EWG aus Drittländern Waren im Wert von 16 156 Mio. Dollar; 1971 49 130 Mio. Dollar.

Steuergrenzen

Wirtschaftswachstum		Im gleichen Zeitraum steigen auch die EG-Ausfuhren von 15911 Mio. Dollar auf 50644 Mio. Dollar. Die industrielle Produktion nimmt ebenfalls rasch zu und überrundet zeitweise die der USA. Das *wirtschaftliche Wachstum* steigert die Anziehung der EG auf außereuropäische Staaten, was zu zahlreichen Assoziierungsabkommen führt.
Aufgaben der EG-Staaten		Allerdings zeigt die Entwicklung auch, dass die im Vertrag niedergelegten Bestimmungen nicht ausreichend sind. Die Konjunktur-, Steuer-, Währungs- und Strukturpolitik sind nicht genügend berücksichtigt und stellen schwierige *Aufgaben* für die Politik *der EG-Staaten* in den siebziger Jahren dar. Anfang der siebziger Jahre vertieft die EG ihre Beziehungen zur Dritten Welt: Sie intensiviert ihre Entwicklungshilfe und räumt armen Entwicklungsländern Handelspräferenzen ein. Diese Politik kann einmal durch die wachsende politische Bedeutung dieser Länder und die Einsicht in die Entwicklungsproblematik, zum anderen durch die EG-Aufnahme Großbritanniens, das noch gute Beziehungen zu den Commonwealth-Staaten unterhält, erklärt werden.
Euro-Gruppe der NATO	13. Nov.	Bildung der *Euro-Gruppe der NATO* auf Initiative Großbritanniens in Brüssel.
	18. Dez.	Die Kommission der EG nimmt den Mansholt-Plan über Reformen in der Landwirtschaft an. Um die Zuschüsse für die europäische Agrarpolitik nicht ins Uferlose wachsen zu lassen, um nichts zu produzieren, was nicht verkauft werden kann und um die Einkommen in der Landwirtschaft zu verbessern, sieht der Plan eine grundlegende Reform der europäischen Agrarpolitik vor: 1. Verbesserung der Produktion durch größere Betriebseinheiten; 2. Verbesserung der Märkte durch Aufbau von Erzeugergemeinschaften; 3. Minderung der landwirtschaftlichen Nutzfläche; und 4. die Schaffung attraktiver Arbeitsplätze außerhalb des Agrarbereichs.
Krise der WEU	**1969** 14. Febr.	*Krise der WEU*: Vertreter der WEU-Staaten treffen in London zu einer Konsultation über die Lage im Nahen Osten zusammen. Frankreich bleibt der Sitzung fern und kündigt den Boykott der WEU an.
	1. Juli	US-General Andrew J. Goodpaster wird Nachfolger von General Lemnitzer als Oberster Alliierter Befehlshaber in Europa.
	27. Juli	Erneuerung des Abkommens von Jaunde (Yaoundé) vom 20. Juli 1963.
	8./9. Sept.	Bundeskanzler Kurt Georg Kiesinger und der französische Staatspräsident Georges Pompidou einigen sich auf die Abhaltung einer europäischen Gipfelkonferenz in Den Haag, um die Differenzen in der EG beizulegen.
Arusha-Abkommen	24. Sept.	Unterzeichnung des *Arusha-Abkommens* zwischen der EG und Kenya, Uganda sowie Tanzania.
Gemeinsamer Markt	1./2. Dez.	Die Gipfelkonferenz der „Sechs" in Den Haag erzielt Einigkeit über die Grundlagen einer weiteren Existenz des *Gemeinsamen Marktes*: Frankreich stimmt einer Erweiterung der EG zu.
	1970 2.–7. Febr.	Die sechs EG-Staaten einigen sich, dem Europäischen Parlament bestimmte Budgetrechte zu gewähren und den Gemeinsamen Markt aus supranationalen Mitteln zu finanzieren.
	22. April	Der EG-Haushalt bekommt eigene Einnahmen.
	5.–6. Juni	Frankreich nimmt seit Februar 1969 zum ersten Mal wieder an einer WEU-Ministerratstagung teil.
	30. Juni	In Luxemburg beginnen die Betrittsverhandlungen zwischen der EG, Großbritannien, Irland, Dänemark und Norwegen.
	1. Juli	Nachfolger des Belgiers Jean Rey (als Präsident der Kommission der EG) wird der Italiener Franco Malfatti (*1927, †1991).
	1. Okt.	Versuche der USA, eine Umverteilung der Lasten im Bündnis zu erreichen, um dadurch den Verbleib der amerikanischen Streitkräfte in Europa zu sichern. Die aus dem Vietnam-Krieg resultierenden Überbelastungen sollen gemildert werden.
Wirtschafts- und Währungsunion	8. Okt.	Die Kommission der EG veröffentlicht den „Werner-Plan" über den stufenweisen Aufbau der *Wirtschafts- und Währungsunion* (Luxemburgs Ministerpräsident Werner).
	27. Okt.	Die Außenminister der EG beschließen in Luxemburg die Form der künftigen politischen Zusammenarbeit *(Davignon-Bericht)*.
	2.–4. Dez.	Zehn europäische Staaten einigen sich auf ein besonderes Programm zur Verstärkung der Verteidigung Europas.
	1971	Das Assoziierungsabkommen von Arusha vom 24. Sept. 1969 tritt in Kraft (1. Jan.).
	23. Juni	In den Luxemburger Verhandlungen zwischen der EG und Großbritannien wird eine Einigung erzielt, die den Weg in die EG eröffnet. Die US-Regierung hebt die Gold-Konvertibilität des Dollars auf.
	27. Juli	Die EG-Kommission schlägt eine gemeinsame Politik ihrer Mitgliedsstaaten gegenüber den Entwicklungsstaaten vor.
EG-Erweiterung	**1972** 22. Jan.	Großbritannien, Irland und Dänemark unterzeichnen in Brüssel die *Beitrittsurkunden zur EG*; Vereinbarungen von Regelungen für Übergangszeiten.

			Freihandels-zone EG – EFTA
24. April	Festlegung von Bandbreiten, innerhalb deren die Kurse der Gemeinschaftswährungen untereinander bzw. gegenüber dem Dollar schwanken dürfen: 2,25% bzw. 4,5% Spielraum. Interventionskäufe der Notenbanken auf den Devisenmärkten, wenn sich die Valuta eines EG-Partners um mehr als 2,25% vom Kurs der stärksten Währung entfernt (Währungsverbund „europäische Währungsschlange").		
22. Juli	Abkommen zwischen der EG und den EFTA-Staaten Finnland, Island, Österreich, Portugal, Schweden und Schweiz (in Kraft am 1. Jan. 1973); bis Juli 1977 schrittweise Realisierung einer *Freihandelszone* von 16 europäischen Staaten; Einführung der Zollfreiheit mit der erweiterten EG bzw. EGKS.		
Sept.	Eine norwegische Volksabstimmung entscheidet gegen den EG-Beitritt.		
19./20. Okt.	Auf der Pariser Gipfelkonferenz der neun EG-Staaten werden Maßnahmen zur Festigung der Wirtschafts- und Währungsunion beschlossen: Koordinierung der Regional- und Sozialpolitik, Umweltschutz, Energiepolitik (Aktionsprogramme bis Juli 1973).		

1973

11./12. März	Die Finanzminister der Bundesrepublik Deutschland, Frankreichs, der Benelux-Staaten und Dänemarks einigen sich auf ein gemeinsames „Floaten" gegenüber dem Dollar; untereinander werden feste *Wechselkurse* beibehalten (Aufwertung der DM um 3%).	*europäische Wechselkurse*
3. April	Errichtung eines Europäischen Fonds für währungspolitische Zusammenarbeit (u. a. Interventionen in Gemeinschaftswährungen auf den Devisenmärkten; Multilateralisierung des innergemeinschaftlichen Saldenausgleichs).	
23. April	US-Außenminister Henry Kissinger schlägt eine neue Atlantische Charta vor: Vertiefung der Beziehungen zu den europäischen Verbündeten der USA unter Einbeziehung Kanadas und Japans; Sicherung der wirtschaftlichen Prosperität Westeuropas ohne Nachteile für die USA; Zugeständnis einer gewissen Unabhängigkeit der regionalen Interessen Europas von den globalen Interessen der USA.	
14./15. Dez.	Abfassung des Dokuments über europäische Identität und Prinzipienerklärung für den transatlantischen *Dialog zwischen* der *EG und* den *USA* (sog. Kissinger-Initiative vom 23. April) auf der EG-Gipfelkonferenz in Kopenhagen.	*Dialog EG – USA*

Bruttoinlandsprodukt und Verteidigungsausgaben der NATO-Länder

BIP und Verteidigungsausgaben

(in US-$ pro Kopf zu Preisen von 1980)

Land	Bruttoinlandsprodukt pro Kopf			Verteidigungsausgaben pro Kopf		
	1970	1980	1988	1970	1980	1988
Belgien	8886	11986	13269	260	402	409
Dänemark	10784	12941	15015	303	316	333
Frankreich	9457	12335	13793	389	490	524
Deutschland	10276	13216	15224	343	434	445
Griechenland	2882	4164	4509	137	236	290
Italien	6244	8081	9365	141	170	207
Luxemburg	10230	12454	15635	80	144	211
Niederlande	9751	11970	12821	364	372	417
Norwegen	9364	14121	17587	373	408	503
Portugal	1861	2555	2885	117	88	93
Spanien	4455	5674	6662	—*	131	140
Türkei	984	1272	1643	27	60	62
Großbritannien	7935	9521	11654	486	476	479
NATO Europa	7112	8864	10030	—*	310	323
Kanada	7897	10934	12986	214	206	270
Vereinigte Staaten	10006	11804	13921	853	607	798
Nordamerika	9808	11721	13832	793	568	748
NATO total	8191	10033	11619	—*	416	500

* keine Angaben

1974

19. Jan.	Frankreich scheidet aus dem europäischen Währungsverbund aus und lässt den Franc gegenüber dem Dollar floaten mit dem Ziel einer Steigerung des eigenen Exports.	
7. Mai	Italien beschließt, zunächst für sechs Monate, den größten Teil der Importe mit einer fünfzigprozentigen Depotstellung zu belasten; davon sind sowohl Länder innerhalb wie außerhalb der EG betroffen. Die Grundlagen der *Zollunion* werden dadurch erschüttert.	*Zollunion*
15. Mai	Dänemark erhöht die Verbrauchs- und Luxussteuern, um die Importe zu drosseln.	

NATO-Bündnisverpflichtungen	18./19. Juni	Ausarbeitung einer Erklärung über die Atlantischen Beziehungen auf der *NATO*-Konferenz in Ottawa (Kanada); gegenseitige *Bündnisverpflichtungen* zur Erhaltung des Friedens, Vereinbarungen zu regelmäßigen Konsultationen. Die Präsenz der US-Streitkräfte in Europa bleibt auch in Zukunft voll erhalten, die Verbündeten verpflichten sich zur Übernahme angemessener Verteidigungslasten.
	26. Juni	Die Regierungschefs der NATO-Staaten unterzeichnen in Brüssel die Erklärung über die Atlantischen Beziehungen.
	Sept.	US-General Alexander M. Haig (*1924) wird Nachfolger von General Goodpaster als Oberster Alliierter Befehlshaber in Europa.
Krise in der EG	25. Sept.	*Krise in der EG:* Die Bundesrepublik weigert sich, die Hauptlast für die Finanzierung des Regionalfonds zu tragen, da sie wirksame Stabilitätsmaßnahmen der Partner vermisst.
	9./10. Dez.	Die EG-Staats- und Regierungschefs einigen sich über eine gemeinsame Bekämpfung von Rezession und Inflation; institutionelle Festigung der EG-Gemeinschaft.
Lomé-Abkommen Europäischer Entwicklungsfonds	**1975** 28. Febr.	In *Lomé* (Togo) wird das *Abkommen* zwischen *46 AKP-Ländern* (Afrika, Karibik, Pazifik) und der EG unterzeichnet (es löst die Verträge von Jaunde [20. Juli 1963] und Arusha [24. Sept. 1969] ab). Das Volumen des *Europäischen Entwicklungsfonds* (EEF) wird verdreifacht; Sicherung der Exporterlöse (Ausgleichszahlungen bei schwankenden Weltmarktpreisen); die Regelung der Wirtschaftsbeziehungen mit den AKP-Ländern bezweckt eine Erleichterung der Importe aus diesen Ländern. Europa nimmt 54% der AKP-Exporte ab und liefert 44% ihrer Einfuhren.
	10.–11. März	Erste Tagung des „Europäischen Rates". In Dublin erfolgt die Einführung eines Korrekturmechanismus zum Ausgleich der Finanzbelastung von Mitgliedsstaaten, die sich in einer „unannehmbaren" Situation befinden. Unmittelbar wird diese Maßnahme im Hinblick auf die Situation Großbritanniens getroffen.
Arbeitsgruppe EG – ASEAN	12./13. April	Auf einem Treffen in Dublin beschließen die Länder der EG, auch mit den arabischen Staaten in einen Dialog einzutreten (Ziel: Globalabkommen mit den Mittelmeerländern). Konstitution einer *Arbeitsgruppe EG – ASEAN* (Association of South-East Asian Nations), die eine institutionelle Kooperation herbeiführen soll.
	5. Juni	Nach dem 1972 erfolgten Beitritt Großbritanniens zur EG entscheidet eine britische Volksabstimmung für ein Verbleiben in der Europäischen Gemeinschaft.
	17. Juni	Die Türkei, über welche die USA (am 5. Febr.) nach der türkischen Invasion auf Zypern ein Waffenembargo verhängt haben, gibt bekannt, dass die Verträge über die militärische Zusammenarbeit mit den USA, in denen auch die Regelungen für die Verteidigungsbasen festgelegt sind, durch das Embargo verletzt und damit als „nicht mehr bestehend" anzusehen seien; Krise innerhalb der NATO.
	20. Aug.	Die USA verstärken ihre NATO-Truppen in der Bundesrepublik und gliedern sie um.
	1976 26. März	Unterzeichnung eines neuen Verteidigungsabkommens zwischen den USA und der Türkei, das die zweiseitigen Militärvereinbarungen von 1956 und 1969 ersetzt. Die USA verpflichten sich für die vierjährige Dauer des Abkommens, der Türkei freie Militärhilfe, Darlehen und Kreditgarantien im Gesamtwert von 1 Mrd. US-Dollar zu gewähren.
	1. April	Die *Abkommen von Lomé* (vom 28. Febr. 1975) mit den AKP-Staaten treten in Kraft.
	19. April	Verteidigungsabkommen zwischen Griechenland und den USA; während der vierjährigen Dauer des neuen Vertrags gewähren die USA dem NATO-Staat militärische Hilfe in Höhe von 700 Mio. US-Dollar.
	12./13. Juni	Vertreter von 20 christdemokratischen und konservativen Parteien aus 13 europäischen Ländern beschließen in Kopenhagen die Gründung der Europäischen Demokratischen Union (EDU); erster Präsident wird der belgische Christdemokrat Léo Tindemans.
Direktwahl zum Europaparlament	12. Juli	Der „Europäische Rat" der Staats- und Regierungschefs einigt sich in Brüssel auf die ersten *Direktwahlen zum Europäischen Parlament* (vorgesehen für 7.–10. Juni 1979) und auf die Sitzverteilung: Frankreich, Großbritannien, Italien und Bundesrepublik Deutschland je 81, Niederlande 25, Belgien 24, Dänemark 16, Irland 15 und Luxemburg sechs Mandate.
	27. Juli	Aufnahme von Beitrittsverhandlungen zwischen der EG und Griechenland.
	1977 9. Febr.	Die Bundesrepublik unterzeichnet mit der NATO ein Abkommen zur Zuständigkeit zwischen nationalen und alliierten Befehlshabern auf dem Gebiet der Bundesrepublik.
	1978 1. Jan.	Für Dänemark, Irland und Großbritannien beginnt die EG-Vollmitgliedschaft.
Europäisches Währungssystem	**1979** 13. März	Ablösung der „Währungsschlange" von 1972 durch In-Kraft-Treten des *Europäischen Währungssystems* (EWS), das mit Hilfe der Europäischen Währungseinheit (ECU) die Wechselkurse in der EG (noch ohne Großbritannien) harmonisieren soll.
	28. Mai	In Athen werden die Dokumente über den EG-Beitritt Griechenlands unterzeichnet. Mit Wirkung vom 1. Jan. 1981 wird Griechenland zehntes Vollmitglied der Europäischen Gemeinschaft, der sich auch Spanien und Portugal anschließen wollen.

	Juni	US-General Bernard W. Rogers (*1921) wird Nachfolger von General Haig als Oberster Alliierter Befehlshaber in Europa.	
7./10. Juni	Erste Direktwahl zum Europäischen Parlament mit ca. 61 % Wahlbeteiligung.	
7.–20. Juli	Im Europaparlament konstituieren sich die Fraktionen: Sozialisten 112 Abgeordnete; Christdemokraten (Europäische Volkspartei, EVP) 108; Konservative (Europäische Demokraten) 63; Kommunisten und nahe Stehende 44; Liberale und Demokraten 40; EDF (Europäische Demokraten für den Fortschritt) 22; Sonstige drei; Fraktionslose 21.	
1980 7. Febr.	Frankreich und die Bundesrepublik Deutschland beschließen den gemeinsamen Bau eines neuen Kampfpanzers für die neunziger Jahre.	
30. Mai	Die EG-Außenminister einigen sich auf die Reduzierung des *britischen EG-Beitrags*.	*britischer EG-Beitrag*
31. Juli	Die Bundesrepublik gewährt der Türkei 600 Mio. DM Militärhilfe.	
26. Aug.	In der EG gibt es 6,6 Mio. Arbeitslose.	
24. Okt.	Griechenland, das 1974 wegen der Zypern-Krise aus der Militärorganisation der NATO ausgetreten war, tritt wieder bei.	
1981	Griechenland wird am 1. Januar das 10. Mitglied der Europäischen Gemeinschaft.	
29. Aug.	Der französische Wirtschaftsminister Jacques Delors (*1925) regt Maßnahmen gegen die Hochzinspolitik der USA an.	
3. Okt.	Die Außenminister Hans-Dietrich Genscher (Bundesrepublik Deutschland) und Emilio Colombo (Italien) entwerfen einen *Plan für eine Europäische Union*.	*Plan für eine Europäische Union*
1982	Erstes Treffen westlicher Handelsminister in Florida; Diskussion über den Welthandel und über den Abbau japanischer Handelshemmnisse (15.–16. Jan.).	
6. April	Im *Konflikt um die* von Argentinien am 14. März besetzten *Falkland-Inseln* erklärt die EG ihre Solidarität mit Großbritannien.	*Falkland-Konflikt*
30. Mai	Spanien wird das 16. NATO-Mitglied.	
1983 21. Jan.	Der Fischereikonflikt zwischen Dänemark und Großbritannien wird durch Vereinbarung von Gesamtfangquoten beigelegt.	
30. Sept.	Beginn der Stationierung von nuklearen US-Mittelstreckenraketen in NATO-Ländern.	
1. Nov.	Die VR China gibt die Aufnahme von Beziehungen zur Europäischen Gemeinschaft für Kohle und Stahl (Montanunion) sowie zu EURATOM bekannt.	
1984	Zwischen EG und EFTA entfallen ab 1. Jan. die Einfuhrzölle.	
13. März	Grönland beschließt seinen Austritt aus der EG zum 1. Jan. 1985.	
19.–20. März	Die EG-Gipfelkonferenz in Brüssel scheitert am Widerstand Großbritanniens gegen die Höhe des britischen Beitrags zum EG-Haushalt.	
14./17. Juni	Bei den zweiten *Direktwahlen zum Europäischen Parlament* beträgt die Wahlbeteiligung rund 60 %.	*Direktwahl zum Europaparlament*
24. Juli	Im Europaparlament konstituieren sich die Fraktionen: Sozialisten 130 Abgeordnete, Christdemokraten (Europäische Volkspartei, EVP) 110; Konservative (Europäische Demokraten) 50; Kommunisten und nahe Stehende 41; Liberale 31; Vereinigung der Europäischen Demokraten 29; Regenbogenfraktion (darunter Grüne) 20; Europäische Rechte 16; Fraktionslose sieben.	
1985	Die *Ministertagung der WEU* in Bonn bezeichnet die atomare Abschreckung als unverzichtbar (22.–23. April).	*Ministertagung der WEU*
28.–29. Juni	Auf dem EG-Gipfel in Mailand erklären die Mitglieder ihre Absicht zum institutionellen und politischen Ausbau der EG.	
4.–5. Nov.	Auf der Herbsttagung der EFTA in Genf wird Finnland Vollmitglied; Portugal scheidet wegen seines bevorstehenden EG-Beitritts aus.	
2.–3. Dez.	Der EG-Gipfel in Luxemburg bleibt hinter den durch den Mailänder Gipfel geweckten Erwartungen zurück. Themen: Binnenmarkt ab 1993, EG-Zuständigkeit für Währungsfragen, Umwelt und Technologie, Stärkung der Rechte des Europäischen Parlamentes und intensivere außenpolitische Zusammenarbeit.	
1986	Zum 1. Jan. treten Portugal und Spanien der EG bei.	
12. März	Spanien beschließt in einem Referendum den *Verbleib in der NATO*.	*Verbleib Spaniens in der NATO*
3.–5. Mai	Frühjahrstagung des Ministerrates der EFTA in Reykjavik, die EFTA wünscht eine konsequente Liberalisierung des Welthandels gegen alle protektionistischen Maßnahmen.	
19. Aug.	Die *EG* und die *USA* schließen ein Abkommen zur Schlichtung des „*Spaghetti-Krieges*" (gegenseitige Vorwürfe des Protektionismus bei Stahlprodukten und Teigwaren).	„*Spaghetti-Krieg*" *EG – USA*
16. Sept.	Die EG verhängt erste Sanktionen gegen Südafrika.	
5.–6. Dez.	Der EG-Gipfel in London vereinbart Maßnahmen zur Unterstützung des Wirtschaftswachstums.	
1987 14. Mai	Auf der 41. Tagung der Nuklearen Planungsgruppe (NPG) der NATO in Stavanger (Norwegen) spricht sich die Mehrheit für eine weltweite Null-Lösung für atomare Mittelstreckenraketen (INF – Intermediate-range Nuclear Forces) aus.	

	Juni	US-General John R. Galvin (*1921) wird Nachfolger von General Rogers als Oberster Alliierter Befehlshaber in Europa.
	29.–30. Juni	Aufgrund von Vorbehalten der britischen Premierministerin Margaret Thatcher gegen eine Finanzreform der EG (u. a. neue Bemessung der Beiträge der Mitgliedsstaaten an die EG) endet der Brüsseler EG-Gipfel ohne gemeinsames Communiqué.
	4.–5. Dez.	Der EG-Gipfel in Kopenhagen scheitert daran, dass keine gemeinsamen Konzepte für die Finanz-, Agrar- und Strukturpolitik gefunden werden.
Wörner NATO-Generalsekretär	11. Dez.	Der NATO-Ministerrat wählt auf seiner Herbsttagung den früheren Bundesverteidigungsminister Manfred *Wörner* (*1934, †1994) zum neuen *NATO-Generalsekretär*. Wörner löst am 1. Juli 1988 den Briten Peter Alexander Lord Carrington (NATO-Generalsekretär seit 25. Juni 1984) ab.
	14.–15. Dez.	Die zweite ordentliche Ministertagung der EFTA berät über die Verbesserung der internen Beziehungen und beschließt eine enge Zusammenarbeit mit der EG.
	1988	Ein EG-Sondergipfel in Brüssel räumt Streitfragen aus, indem Großbritannien eine Reduzierung des Beitrags gewährt wird (11.–12. Febr.).
	2.–3. März	Auf einer Tagung der Staats- und Regierungschefs der NATO ist die Frage der Modernisierung der atomaren Kurzstreckenraketen umstritten. Die Strategie der „flexible response" wird bekräftigt.
Jäger 90	16. Mai	Die Bundesrepublik Deutschland, Großbritannien und Italien unterzeichnen ein Abkommen, das die gemeinsame Entwicklung eines Jagdflugzeuges *(„Jäger 90")* vorsieht.
	25. Juni	Die EG vereinbart, offizielle Beziehungen zum RGW aufzunehmen.
	27.–28. Juni	Der EG-Gipfel in Hannover befasst sich mit einer gemeinsamen Währungspolitik und sozialen Aspekten des Binnenmarktes.
	20. Sept.	Die britische Premierministerin Thatcher spricht sich in Brügge gegen eine weiterreichende Europäische Union aus.
	2. Dez.	Auf Rhodos berät der EG-Gipfel über die internationale Rolle der Gemeinschaft (Beziehungen zum RGW, Binnenmarkt mit GATT-Prinzipien).
	1989 1.–18. Jan.	Spannungen zwischen der BR Deutschland und den USA wegen der libyschen Chemieanlage von Rabta, die unter Beteiligung von Firmen aus der Bundesrepublik errichtet wurde; nach US-Angaben werden dort chemische Waffen produziert.
Rüstungskontrolle	29.–30. Mai	Die NATO-Staaten suchen auf einer Gipfelkonferenz einen Kompromiss in der Frage der atomaren Kurzstreckenraketen; Verabschiedung eines Gesamtkonzepts für *Rüstungskontrolle* und Abrüstung.
Wahlen zum Europaparlament	15.–18. Juni	Die *Wahlen zum Europäischen Parlament* sind stark von den jeweiligen nationalen Gegebenheiten bestimmt. Die Fraktion der Sozialisten und Sozialdemokraten wird gestärkt. Die Fraktionen konstituieren sich: Sozialisten: 180 Abgeordnete; Christdemokraten (Europäische Volkspartei, EVP): 121; Konservative (Europäische Demokraten): 34; Kommunisten und nahe Stehende: 42; Liberale: 49; Vereinigung der Europäischen Demokraten: 22; Regenbogenfraktion: 14; Grüne: 29; Europäische Rechte: 17; Fraktionslose: zehn.
	8.–9. Dez.	Den EG-Gipfel in Straßburg bestimmen vor allem die Deutschlandfrage und die Absicht, eine Europäische Bank für den Wiederaufbau in Osteuropa zu schaffen.
	1990 28. April	Die EG-Mitglieder sagen auf einem Sondergipfel in Dublin ihre Unterstützung für den deutschen Einigungsprozess zu; Großbritannien steht einer Initiative für eine schnelle politische Union Europas reserviert gegenüber.
Schengener Abkommen	19. Juni	Im *Schengener Abkommen* vereinbaren die Bundesrepublik Deutschland, Frankreich und die Benelux-Länder den Wegfall von Personenkontrollen und die Einschränkung von Warenkontrollen an ihren Binnengrenzen ab 1. Jan. 1992.
	5.–6. Juli	NATO-Gipfel in London: In der „Londoner Erklärung" bekundet die NATO ihre Kooperationsbereitschaft mit den Staaten Mittel- und Osteuropas.
	21. Aug.	Die Außen- und Verteidigungsminister der WEU beschließen ein gemeinsames Vorgehen in der Golfregion.
KSZE-Gipfelkonferenz in Paris	19.–21. Nov.	*KSZE-Gipfelkonferenz in Paris*. In ihrer Abschlusserklärung machen die Teilnehmer deutlich, dass die die Nachkriegszeit prägende Bipolarität als Ordnungs- und Sicherheitsprinzip in Europa überwunden ist.
	12. Dez.	Das schwedische Parlament ermächtigt seine Regierung, die Aufnahme in die EG zu beantragen.
	13.–16. Dez.	Der EG-Gipfel in Rom eröffnet Verhandlungen über die Schaffung einer europäischen Wirtschafts- und Währungsunion sowie der politischen Union.
	17. Dez.	Die Konferenz der NATO-Außenminister in Brüssel berät über strategische Konsequenzen aus den Veränderungen in Mittel- und Osteuropa und äußert Sorge über die Instabilität in Osteuropa.

1991 6. Jan.	Auf Wunsch der Türkei entsendet die NATO Einheiten der Mobilen Einsatzreserve in die Südosttürkei (irakische Grenze), um den Irak von einem Angriff auf NATO-Territorium abzuschrecken *(Zweiter Golfkrieg).*	*Zweiter Golfkrieg*
25.–26. April	NATO-Generalsekretär Wörner äußert in Prag den Wunsch, die Sowjetunion in ein europäisches Sicherheitssystem zu integrieren.	
22.–24. Mai	Die Regierungschefs der EFTA-Staaten beraten in Wien über einen Europäischen Wirtschaftsraum. Liechtenstein wird siebtes EFTA-Mitglied.	
28.–29. Mai	Die Verteidigungsminister der NATO einigen sich auf eine neue dreigliedrige *Streitkräftestruktur* (mit Hauptverteidigungs-, Eingreif- und Verstärkungskräften) in Europa, die dem Wegfall der innerdeutschen Grenze Rechnung trägt.	*Streitkräftestruktur*
22.–24. Juli	*Ministerkonferenz der ASEAN- und der EG-Staaten* unter Beteiligung der USA, Japans, Kanadas und Südkoreas in Kuala Lumpur (Malaysia). Beraten werden ein von den USA vorgeschlagenes gemeinsames Sicherheitskonzept und die von der EG eingeforderte Einhaltung der Menschenrechte im pazifischen Raum.	*Konferenz ASEAN – EG*
20. Aug.	Die EG-Außenminister verurteilen den Staatsstreich in der Sowjetunion und suspendieren deren wirtschaftliche Unterstützung. Diese wird nach dem Scheitern des Putsches wieder aufgenommen (22. Aug.).	
22. Okt.	Die zwölf EG-Staaten und die sieben EFTA-Länder einigen sich in Luxemburg auf einen gemeinsamen *Europäischen Wirtschaftsraum* (EWR).	*Europäischer Wirtschaftsraum*
9.–10. Dez.	Die Tagung des Europäischen Rates in Maastricht bildet den Abschluss der Regierungskonferenzen zur politischen Union und zur Wirtschafts- und Währungsunion.	

Die *Beendigung des Ost-West-Konfliktes*, die Wiedervereinigung Deutschlands sowie die Auflösung der UdSSR, des RGW und des Warschauer Paktes bilden die Voraussetzungen für die Neugestaltung der internationalen Beziehungen vor allem in Europa und damit für die Überwindung der ideologisch-machtpolitischen Spaltung dieses Kontinents. Auch durch die langsam in Gang kommende Erweiterung von NATO und EU wird die Entwicklung dieser beiden Staatengemeinschaften stärker zum Gegenstand der internationalen Beziehungen. – (Forts. S. 1391)

Ende des Ost-West-Konfliktes

Internationale Beziehungen innerhalb der kommunistischen Welt (1945–1991)

Nach der deutschen Kapitulation 1945 steht die *Rote Armee* als „Befreierin" in Polen, der Tschechoslowakei, Ungarn, Rumänien und Bulgarien, dazu in Jugoslawien, außerdem als Sieger in Mittel- und Ostdeutschland sowie in Österreich (im Burgenland, in Niederösterreich und in einem Teil Oberösterreichs). Die vor Kriegsende geschlossenen Beistandsabkommen mit der tschechischen (1943) und der polnischen Exilregierung sowie mit Jugoslawien (1945) werden nach Abschluss der Pariser Friedensverträge 1947/1948 durch entsprechende bilaterale Verträge mit und zwischen den ehemaligen Feindstaaten Rumänien, Ungarn und Bulgarien erweitert, zu denen sich bald nach ihrer Gründung (1949) die DDR gesellt. In den Volksfrontregierungen setzen sich nach Ausschaltung der bürgerlichen und der Bildung sozialistischer Einheitsparteien die Kommunisten durch und errichten 1947–1949 bei gleichzeitiger Abgrenzung vom (seit 1948) „revisionistischen" Jugoslawien *Volksdemokratien*, die die 1944–1947 vollzogene Einbeziehung Ostmittel- und Südosteuropas (ohne Griechenland und die europäische Türkei) in die sowjetische Hegemonialsphäre absichern. Nach der Teilung Koreas (1948) und Vietnams (1954; 1945 bereits Demokratische Republik Vietnam unter Ho-Chi-Minh) sowie der Gründung der Volksrepublik (VR) China (1949) übernehmen auch diese Staaten das sowjetische Modell und erkennen die politische und ideologische *Führungsrolle der Sowjetunion* bzw. der KPdSU im „sozialistischen Lager" an. Neben Gebietsabtretungen, Demontagen und der Übergabe deutschen und italienischen Besitzes (z.T. in der Form „gemischtwirtschaftlicher Gesellschaften") an die UdSSR müssen die ehemaligen Feindstaaten Reparationen und Stationierungskosten zahlen. Die sowjetische Politik löst die ost- und ostmitteleuropäischen Staaten aus ihren politischen und wirtschaftlichen Beziehungen mit dem Westen und zieht ihre Rohstoff- und Arbeitskräftereserven für den Wiederaufbau der sowjetischen Volkswirtschaft heran. Ein Netz bilateraler Verträge vor allem über Wirtschafts- und Militärhilfe sowie die Durchsetzung von aus Moskauer Sicht „zuverlässigen" Führungskadern bildet die Grundlage der *„Sowjetisierung"* Ostmittel-, Ost- und Südosteuropas, des planmäßigen politischen und gesellschaftlichen Umbaus nach dem Vorbild der Sowjetunion.

Rote Armee

Volksdemokratien

Führungsrolle der UdSSR

Sowjetisierung

Die kommunistische Welt im Zeichen des Stalinismus (1945–1953)

	1945 14. Aug.	Freundschaftsvertrag der UdSSR mit der chinesischen Nationalregierung der Kuomintang sichert Unabhängigkeit der Mongolischen Volksrepublik, die einen Beistandspakt mit der UdSSR abschließt (27. Febr. 1946).
China	**1947**	Gegen den Willen des sowjetischen Partei- und Staatschefs Josef Stalin beginnen die Kommunisten unter Führung Mao Tse-tungs in *China* den Bürgerkrieg gegen die Kuomintang (1947–1949).
	31. Jan.	Jugoslawien nimmt Verfassung als Volksrepublik an (Albanien folgt am 7. März).
Balkan-Föderation	Juli/Aug.	Der jugoslawische Staatschef, Marschall Tito, und der bulgarische Ministerpräsident Georgi Dimitrow steuern eine *Balkan-Föderation* sämtlicher Volksdemokratien an. Noch vor Unterzeichnung der entsprechenden sowjetischen Verträge schließt Jugoslawien Freundschaftsabkommen mit Bulgarien (27. Nov.), Ungarn (8. Dez.) und Rumänien (19. Dez.).
	7./9. Juli	Unter sowjetischem Druck verzichten Polen und die ČSR auf Hilfe aus dem Marshallplan. Die mit sowjetischer Hilfe aufgestellten „Wiederaufbaupläne" streben wie in der Sowjetunion die Beseitigung der Kriegsschäden und das Erreichen der Vorkriegsproduktion bei Bevorzugung der Schwerindustrie an.
Kominform	17.–22. Sept.	Gründungskonferenz des Kommunistischen Informationsbüros *(Kominform)* in Szklarska Poreba (Riesengebirge, Polen) durch die osteuropäischen sowie die italienische und die französische Kommunistische Partei (KP). Das Grundsatzreferat des Parteitheoretikers und Mitglieds des ZK der KPdSU Andrej Alexandrowitsch Schdanow (*1896, †1948) über die *Teilung der Welt* in ein imperialistisches und ein sozialistisches Lager leitet die bis Ende 1949 dauernde erste militante Phase der sowjetischen Außenpolitik (kalter Krieg) ein.
Teilung der Welt		
	1948 17. Jan.	Bei der Unterzeichnung des rumänisch-bulgarischen Freundschaftsabkommens kündigt Ministerpräsident Dimitrow eine Zollunion als Vorstufe einer Balkanföderation an.
	21. Jan.	Zusammen mit Tito wird Dimitrow von Stalin zum Rapport nach Moskau beordert, wo die Kremlführung mit Sanktionen gegen Jugoslawien und Bulgarien droht.
Staatsstreich in der ČSR	25. Febr.	„Legaler *Staatsstreich" in der ČSR* durch die Kommunistische Partei.
Kollektivierung	Juni	Der dritte Kominformkongress beschließt nach Abschluss sowjetischer Beistandspakte mit Rumänien (4. Febr.), Ungarn (18. Febr.) und Bulgarien (18. März) die *Kollektivierung* des landwirtschaftlich genutzten Bodens bei weiter forcierter Industrialisierung entsprechend dem sowjetischen Vorbild.
Aufbau des Sozialismus		Die Freundschafts- und Beistandspakte dienen den formellen Bindungen zwischen den Volksdemokratien und der Sowjetunion, die – zunächst die DDR ausgenommen – de jure von einer Gleichberechtigung ausgehen, de facto aber eine Unterordnung unter die politische und ideologische Führungsrolle von UdSSR und KPdSU bedeuten. Seit 1948 beschränkt Stalin mehr und mehr die Kontakte der Volksdemokratien untereinander, da er hofft, durch die Isolierung der einzelnen Parteien deren Abhängigkeit von Moskau verstärken und so den *„Aufbau des Sozialismus"* nach sowjetischem Muster sowie den Zusammenschluss beschleunigen zu können. Die Unterordnung unter die Interessen der UdSSR und die Anweisungen Stalins sollen zu einem gleichförmigen politischen System aller Volksdemokratien führen. Die weit verbreitete Unzufriedenheit durch die Kollektivierung der Landwirtschaft 1950–1953 und die nach Ausbruch des Koreakrieges empfundene Bedrohung stärken den Willen zur Einigkeit des „sozialistischen Lagers".
Bukarester Erklärung	27. Juni	Die *Bukarester Erklärung* wirft der jugoslawischen KP ideologisches Fehlverhalten vor und schließt sie aus der Kominform aus. Tito bittet Stalin vergebens um Rücknahme der „ungerechtfertigten Angriffe". Nach dem Ausschluss Jugoslawiens legt die Kominform vor allem gemeinsame Aktionsprogramme und allgemeine Grundsätze für den Aufbau des Sozialismus fest.
	4. Aug.	Die mit Beginn der Berliner Blockade ergriffenen westlichen Wirtschaftssanktionen belasten die in Umstrukturierung befindlichen Volkswirtschaften der osteuropäischen Staaten empfindlich.
	18. Aug.	Jugoslawien unterstützt auf der Donaukonferenz die die sowjetische Vormachtstellung festigende Donaukonvention und führt bis 1950 die militant antiwestliche Politik fort.
	31. Aug.	Nach dem Tod Schdanows übernimmt Michail Andrejewitsch Suslow (*1902, †1982) die Sektion für Verbindung zu den Arbeiterparteien im ZK der KPdSU.
		Auf die in der zweiten Hälfte 1948 vollzogene zwangsweise Vereinigung der Sozialdemokratischen mit den Arbeiter- bzw. Kommunistischen Parteien der Volksdemokratien folgen in der KPdSU und den anderen Kommunistischen Parteien „Säuberungen" gegen den „linken Flügel", die Schdanow-Anhänger, und „Rechts- und nationale Abweichler". Die spektakulären „Säuberungen", durch die auch Fraktionskämpfe innerhalb der einzelnen Parteien

ausgetragen werden, enden erst 1953 mit Stalins Tod. Der Verschärfung der internationalen Spannungen folgt eine verstärkte *Aufrüstung*: 1949–1955 wird die Mannschaftsstärke der Armeen verdoppelt.   *Aufrüstung*

3. Sept. Durch ein Handelsabkommen signalisiert die UdSSR der VR Albanien die Bereitschaft, anstelle Jugoslawiens die Schutzherrschaft zu übernehmen.

1949
25. Jan. Gründung des Rates für gegenseitige Wirtschaftshilfe (*RGW*; auch: *COMECON* – Council for Mutual Economic Assistance) durch die UdSSR, Polen, die ČSR, Ungarn, Bulgarien und Rumänien (Beitritt Albaniens am 22. Febr. und der DDR am 29. Sept. 1950) mit dem Ziel, dass die Mitgliedsstaaten ihre Wirtschaftspläne koordinieren sowie gemeinsame Investitions- und Produktionsprogramme in Angriff nehmen. Der RGW beschränkt sich unter der Federführung Stalins im Wesentlichen auf den bilateralen Außenhandel mit der UdSSR und auf Erfahrungsaustausch; die nach sowjetischem Vorbild angestrebte wirtschaftliche Autarkie der Einzelstaaten wird nicht beeinflusst.   *RGW/ COMECON*

Herbst Abbruch der diplomatischen Beziehungen zu Jugoslawien durch die UdSSR und die Volksdemokratien.

1. Okt. Proklamation der VR China.

7. Okt. Gründung der Deutschen Demokratischen Republik.

Nov. Der sowjetische *Marschall* Konstantin *Rokossowski* (*1896, †1968) wird (bis Okt. 1956) polnischer Verteidigungsminister und Oberbefehlshaber der polnischen Armee.
Rokossowskis zusätzliche Aufnahme in das Zentralkomitee der polnischen KP verstärkt Stalins massive Einflussnahme (11. Mai 1950).   *Marschall Rokossowski*

1950
14. Febr. Freundschafts-, Bündnis- und Beistandspakt zwischen der UdSSR und der VR China erkennt die Unabhängigkeit der Mongolischen VR an und sichert wirtschaftliche Unterstützung sowie den Abzug der sowjetischen Truppen aus Port Arthur (chinesisch Lüshun) bis 1955 zu.

27. Juni Nach Ausbruch des Koreakriegs erklärt die UdSSR Nichteinmischung und umgeht durch Abwesenheit im Weltsicherheitsrat der UNO eine direkte Unterstützung Chinas.

6. Juli Im *Görlitzer Vertrag* mit Polen erkennt die DDR die Oder-Neiße-Linie als „Friedensgrenze" an.   *Görlitzer Vertrag*

Aug./Dez. Westliche Pläne zur Einbeziehung der Bundesrepublik Deutschland in eine Europäische Verteidigungsgemeinschaft aktivieren die besonders in Polen und der ČSR lebendige *Deutschenfurcht* und fördern Absichten, zusätzliche politische und militärische institutionelle Bindungen zu schaffen; die nach dem Tode Stalins eingeleitete Politik einer Détente gegenüber dem Westen verlangsamt jedoch diese Planungen.   *Deutschenfurcht*

Entstalinisierung und Krise im Blocksystem (1953–1964)

Stalins Tod (5. März 1953) beeinflusst die Zielsetzungen der sowjetischen Politik gegenüber den osteuropäischen Staaten zunächst nicht. Der Neue Kurs der kollektiven Führung wird zwar in den Volksdemokratien allgemein akzeptiert, zumal die eingespielten Macht- und Kontrollinstrumente weiterbestehen, die Moskauer Führungsautorität wird aber nicht mehr kritiklos anerkannt. Der Abschluss des Waffenstillstandsvertrags in Korea (27. Juli 1953) zeigt den Willen der sowjetischen Führung zur Entschärfung des kalten Krieges. Die sowjetische Dominanz in Osteuropa soll nicht weiter durch militärische Gewalt und wirtschaftliche Ausbeutung aufrechterhalten werden (Abbau der „gemischtwirtschaftlichen Gesellschaften"), zumal ein steigendes Prestige der nationalen Parteien und ein verbesserter Lebensstandard stabilisierend wirken können. Die *Neuorientierung* in der Übergangsphase 1953–1955 bleibt nicht ohne Auswirkungen auf die innere Entwicklung der Volksdemokratien, in denen die UdSSR trotz der schwierigen Wirtschaftslage bis Mitte 1954 ihre Position festigen kann.   *Tod Stalins*

Neuorientierung

1953 Marschall Tito bietet der neuen Führung der UdSSR Wiederannäherung an; im Sommer

21. Mai Wiederaufnahme der diplomatischen Beziehungen mit Jugoslawien.

17. Juni *Volksaufstand in der DDR* wird durch sowjetische Truppen niedergeschlagen.   *Volksaufstand in der DDR*

1954
25. März Erklärung der sowjetischen Regierung über die Beziehungen zur DDR als einem vollwertigen Staat.

20.–27. April Auf der Tagung des Obersten Sowjets tritt Ministerpräsident Georgi M. Malenkow für eine Intensivierung des Warenaustauschs mit dem sozialistischen Lager ein, zu diesem Zweck wird die Tätigkeit des RGW aktiviert.

26. April– 21. Juli Die UdSSR und die VR China nehmen an der Genfer Indochinakonferenz teil. Die Demokratische Republik Vietnam unter Ho-Chi-Minh schließt Hilfsabkommen mit der VR China und der UdSSR.

	26. Juli	Der sowjetische Vorschlag einer gesamteuropäischen Sicherheitskonferenz, unterstützt von Polen und der ČSR, findet im Westen keine Resonanz.
Einheit des Ostblocks	29. Sept.–12. Okt.	Reise des sowjetischen Parteichefs Nikita S. Chruschtschow nach Polen, der ČSR und China betont ideologische und politische *Einheit des sozialistischen Lagers*. Die sowjetische Delegation lehnt die Forderung Chinas nach Rückgabe der Mongolischen Volksrepublik (Äußere Mongolei) ab.
	29. Nov.–2. Dez.	Auf der Ersten Konferenz europäischer Staaten zur Gewährleistung des Friedens und der Sicherheit in Europa empfehlen die UdSSR, Polen, ČSR, DDR, Ungarn, Rumänien, Bulgarien und Albanien die Schaffung eines kollektiven Sicherheitssystems in Europa.
Warschauer Pakt	1955 11.–14. Mai	Auf der Zweiten Konferenz unterzeichnen die osteuropäischen Staaten den Vertrag über Freundschaft, Zusammenarbeit und gegenseitigen Beistand *(Warschauer Pakt)*. Die Unterzeichnerstaaten bilden ein gemeinsames Oberkommando ihrer Streitkräfte. Der Warschauer Vertrag, der auf die Hegemoniestellung der Sowjetunion zugeschnitten ist, wird durch Truppenstationierungsverträge mit Polen (1956), der DDR (1957), Rumänien (1957), Ungarn (1957) und der ČSR (1968) ergänzt.
Jugoslawien	26. Mai–2. Juni	Parteichef Chruschtschow und Ministerpräsident Nikolai Bulganin besuchen Belgrad: Das Belgrader Kommunikee klammert zwar die Beziehungen zwischen der KPdSU und dem Bund der Kommunisten Jugoslawiens (BKJ) aus, kommt aber *Jugoslawien* wirtschaftlich entgegen, dessen Konzeption einer blockfreien Politik Tito auf seiner Asienreise (Dez. 1954–Febr. 1955) vertreten hat.
Entstalinisierungswelle	5. Juni	Auf der Bukarester Tagung der Parteichefs der Staaten der Warschauer-Pakt-Organisation (WPO) greift der sowjetische Parteichef Chruschtschow massiv die Grundlagen der stalinistischen Außenpolitik an, findet aber nur ein reserviertes Echo. Der Zerfall des Stalinismus trifft die meisten osteuropäischen Staaten in einer prekären Phase: Nach den schwierigsten Etappen von Industrialisierung und Kollektivierung haben die neuen gesellschaftlichen Institutionen noch keine ausreichende Basis gefunden. Die ideologische, aber auch die persönliche Unsicherheit leitender Funktionäre in der ersten *Entstalinisierungswelle* rufen häufig eine (oft auf Chruschtschow fixierte) Abwehrreaktion hervor. Das Fehlen eindeutiger Anweisungen und der Abbau des Mythos ideologischer Unfehlbarkeit fördern die Entwicklung von Nationalismen.
	7.–11. Dez.	Die Budapester RGW-Ratstagung versucht, die Einzelpläne mit dem sechsten sowjetischen Fünfjahrplan zu koordinieren. Chruschtschow fordert Spezialisierung und Kooperation.
20. Parteitag der KPdSU	1956 14.–25. Febr.	*20. Parteitag der KPdSU*: Wesentliche Passagen von Chruschtschows Geheimrede über die Verbrechen der Stalinzeit werden zuerst in Jugoslawien veröffentlicht. Die Thesen eines möglichen friedlichen Übergangs zum Sozialismus weist die KP Chinas als „Revisionismus" zurück.
	26. März	Die RGW-Staaten beschließen die Schaffung eines gemeinsamen Instituts für Kernforschung in Dubna bei Moskau.
	17. April	Auf ausdrücklichen Wunsch des jugoslawischen Staatschefs Tito stellt das Kominform seine Arbeit ein.
	18.–25. Mai	Auf der Berliner RGW-Tagung vertritt Parteichef Chruschtschow die Politik, durch wirtschaftliche Integration innerhalb des Ostblocks den Abbau der ideologischen und politischen Loyalität zu verhindern.
Ablösung Molotows	1.–26. Juni	Nach der *Ablösung* Wjatscheslaw M. *Molotows* als sowjetischem Außenminister wird Tito während seiner Rundreise durch die UdSSR gefeiert.
	19.–27. Sept.	Parteichef Chruschtschow sichert sich während eines „Erholungsurlaubs" in Jugoslawien die Unterstützung Marschall Titos für eine Neuordnung der Beziehungen zwischen der UdSSR und den Volksdemokratien.
Polen und Ungarn „friedliche Koexistenz"	Okt./Nov.	Der *polnische „Frühling im Oktober"* und der *Aufstand in Ungarn* nötigen Chruschtschow, seine Formel von der *„friedlichen Koexistenz"* zu modifizieren: Während sie für Staaten mit unterschiedlichen Gesellschaftssystemen weiterhin gilt, muss die ihr innewohnende Dynamik im sozialistischen Lager – und sei es gewaltsam – unterbunden werden, wenn nationalistische Strömungen neutralistische oder gar antisozialistische Kräfte begünstigen. Der jugoslawische Staats- und Parteichef Tito und der polnische Parteichef Władysław Gomułka protestieren entschieden gegen das Eingreifen der Roten Armee in Ungarn.
	30. Okt.	Die „Deklaration der Regierung der UdSSR über die Grundsätze der Entwicklung und weiteren Festigung der Freundschaft und der Zusammenarbeit zwischen der Sowjetunion und anderen sozialistischen Staaten" betont die Gleichheit und die „enge brüderliche Zusammenarbeit" sämtlicher Volksdemokratien, deutet aber zugleich den Führungsanspruch der KPdSU bei der Aufrechterhaltung der „Herrschaft des Proletariats" an.

11. Nov.	Tito lehnt den unter Imre Nagy eingeschlagenen Weg Ungarns zum Nationalkommunismus als verfrüht und reaktionär ab, trotzdem verstärkt sich das Misstrauen Moskaus gegen die jugoslawische Führung.	
15. Nov.	Der chinesische Staats- und Parteichef *Mao Tse-tung* setzt sich auf dem zweiten Plenum des VIII. ZK der KPCh kritisch mit Chruschtschows Entspannungspolitik auseinander.	*Mao Tse-tung*
20.–25. Dez.	Auf dem Plenum des ZK der KPdSU kritisiert die „orthodoxe" Gruppe um den ehemaligen Außenminister Molotow den Abbau der direkten Einflussnahme auf die Volksdemokratien, wogegen sich Chruschtschows Linie einer verstärkten Abhängigkeit durch ökonomische Einflussnahme durchsetzt.	
Ende Dez.	Tito und Gomułka bekräftigen ihre Auffassung von der Unzulässigkeit der Einmischung der UdSSR in die inneren Angelegenheiten eines sozialistischen Landes.	
1957 1.–4. Jan.	Konferenz der osteuropäischen *Parteiführungen* in Budapest (Tito und Gomułka verweigern die Teilnahme), auf der Parteichef Chruschtschow und der nunmehrige stellvertretende sowjetische Ministerpräsident Malenkow als Sprecher der rivalisierenden Flügel ihre außenpolitischen Konzeptionen vertreten. Bis dahin haben nur die KPČ, die SED und die KP Rumäniens die „antistalinistische Herausforderung" verurteilt und in bilateralen Treffen in Moskau die Führungsrolle der KPdSU und die Grundsätze des „Proletarischen Internationalismus" bestätigt.	*Parteiführungen*
28. März	Ein neuer sowjetisch-ungarischer Vertrag stärkt die Position des neuen Partei- und Regierungschefs János Kádár.	
27. Mai	In einem Militärvertrag wird der Roten Armee ein Stationierungsrecht in Ungarn für die Dauer der Existenz der NATO zugesichert.	
Juni	Organisation für die Zusammenarbeit der osteuropäischen Eisenbahnen mit Sitz in Warschau beschlossen.	
1./2. Aug.	Einvernehmen der UdSSR mit Jugoslawien, das die DDR diplomatisch anerkennt und die Unterstützung der sowjetischen Nahostpolitik zusagt.	
2. Okt.	Der Plan einer atomwaffenfreien Zone in Mitteleuropa des polnischen Außenministers Adam Rapacki *(Rapacki-Plan)* stößt auf sowjetisches Misstrauen.	*Rapacki-Plan*
15. Okt.	Im Vertrag über neue Techniken für die nationale Verteidigung sichert die UdSSR der VR China die Hilfe beim Bau von Atomwaffen zu.	
14.–16. Nov.	Auf der Moskauer Konferenz der kommunistischen Parteien tritt die KP Chinas für die Führungsrolle der KPdSU ein, während u. a. die KP Polens, Ungarns und Italiens für Gleichberechtigung und Nichteinmischung als Grundlage der *Parteibeziehungen* eintreten. Insbesondere die neostalinistischen Parteiführungen Albaniens, Bulgariens und der ČSR verurteilen die auf der Konferenz anwesenden jugoslawischen Kommunisten als „revisionistisch".	*Parteibeziehungen*
	Albanien verfolgt das Ziel der politischen und wirtschaftlichen Isolierung Jugoslawiens und hat deshalb Vorbehalte gegen Chruschtschows Außenpolitik, die jedoch durch erneut aufbrechende Konflikte mit Belgrad kaum beeinflusst wird. Gravierender ist die *Auseinandersetzung mit China*, deren machtpolitischen Gehalt anfangs ideologische Streitfragen wie die Vermeidbarkeit von Kriegen verdecken. Chruschtschows Reisediplomatie trägt zu einer entschiedenen Personalisierung der sowjetischen Außenpolitik bei, die aber zugleich die persönlichen Kontakte mit und unter den osteuropäischen Parteiführern verstärkt und sie stärker in den informellen Entscheidungsprozess einschaltet. Die flexiblere Politik, die es zudem mit im Vergleich zu den ersten Nachkriegsjahren gefestigten „Bruderparteien" zu tun hat, trägt zu einer Konsolidierung bei. Die sowjetische Führung erkennt ein gewisses Maß an institutioneller Vielfalt unter dem Vorbehalt der Wahrung der Hierarchie des „sozialistischen Lagers" an.	*Auseinandersetzung mit China*
1958 20.–23. Mai	Auf der RGW-Konferenz in Moskau setzt Chruschtschow die Intensivierung der Verhandlungen über die Arbeitsteilung und die Schaffung eines „Vereinigten Marktes" durch. Die Diskussion führt zu *Meinungsverschiedenheiten* zwischen den industrialisierten Ländern (DDR, ČSR) und den industriell weniger entwickelten, die sich in den Status von Agrar- und Rohstofflieferanten zurückversetzt sehen. Chruschtschow bemüht sich gleichzeitig um die Regulierung und Intensivierung der multilateralen Kontakte (u. a. Standardisierung innerhalb der Organisation des Warschauer Pakts).	*Meinungsverschiedenheiten im RGW*
3. Juni	In der (auch aus Rücksicht auf die KPCh) fortgesetzten ideologischen *Kampagne gegen Jugoslawien* rechnet Chruschtschow auf dem Parteitag der bulgarischen KP schonungslos mit „diesem trojanischen Pferd des Imperialismus" ab, verweigert aber im Konflikt der VR China mit Nationalchina – Taiwan (Beschießung der nationalchinesischen Inseln Quemoy und Matsu von Aug. bis Okt.) die uneingeschränkte Unterstützung.	*Kampagne gegen Jugoslawien*
1959 7. Febr.	Eine Fünf-Mrd.-Rubel-Wirtschaftshilfe der UdSSR hindert die chinesische Führung nicht, weiterhin ihre Vorbehalte gegen die sowjetische Politik vorzutragen.	

	20. Juni	Die Sowjetunion kündigt den chinesisch-sowjetischen Atomwaffenhilfsvertrag.
	Juli	Im chinesisch-indischen Grenzkonflikt verfolgt die UdSSR eine Neutralitätspolitik, zu der die herzlich gehaltenen Grußbotschaften der DDR, der ČSR und Albaniens anlässlich des zehnten Gründungstages der VR China (1. Okt.) in einem offensichtlichen Gegensatz stehen.
	Nov.	Albanische Erklärungen lassen bald eine Unterstützung des chinesischen Standpunkts erkennen.
RGW-Statut	14. Dez.	Die zwölfte Ratstagung des RGW verabschiedet in Sofia ein die Rechtsgrundlage und die Arbeitsweise des *RGW* regelndes *Statut*, das am 13. April 1960 in Kraft tritt und im Juni 1962 teilweise revidiert wird. Danach umfassen die Kompetenzen des Rates Beschlüsse in organisatorischen und verfahrensrechtlichen Angelegenheiten und Empfehlungen für die wirtschaftliche und wissenschaftlich-technische Zusammenarbeit.
	1960 Febr.	Eine Agrarkonferenz beschließt die Ausweitung der Arbeitsteilung auf die Agrarproduktion.
	Mai	Die UdSSR zieht ihre Experten aus China ab und stellt die Wirtschaftshilfe ein.
	Juni	Die Führung der KPCh versucht, die Tagung des Weltgewerkschaftsbundes als Anklageforum gegen die UdSSR zu nutzen, woraufhin die sowjetische Parteizeitung „Prawda" vom 12. Juni heftige Angriffe gegen den „linken Radikalismus" vorträgt und Chruschtschow eine systematische Kritik der chinesischen Position verbreitet.
Verfassungs- änderung in ČSR	11. Juli	Die *ČSR* wird nach einer *Verfassungsänderung* als zweiter Staat nach der UdSSR zur Sozialistischen Republik (künftig: ČSSR) erklärt.
	Sept.	Während der UN-Vollversammlung räumen Chruschtschow und Tito die schwerwiegendsten Meinungsverschiedenheiten aus und leiten eine Wiederannäherung ein.
	10. Nov.– 1. Dez.	Auf der Weltkonferenz der Kommunistischen Arbeiterparteien einigen sich die 81 vertretenen Parteien auf die „Moskauer Erklärung", nach der alle marxistisch-leninistischen Parteien „unabhängig und gleichberechtigt" sind. Die KPdSU ist nur noch „Vorhut", die UdSSR „das mächtigste Land im sozialistischen Weltsystem". Die Konferenz vertieft den *Bruch zwischen der KPdSU und der KPCh*, deren Kritik sich die albanische KP (16. Nov.) anschließt.
Bruch zwischen KPdSU und KPCh Weltanschauung		Der chinesisch-sowjetische Streit erschüttert die Vorstellung, der Marxismus böte eine monolithische *Weltanschauung* an, zugleich gefährdet er den sowjetischen Anspruch auf Führung in der revolutionären Bewegung. Die Spaltung der meisten kommunistischen Parteien in prochinesische und prosowjetische Flügel und der steigende chinesische Einfluss in Asien mindern die Macht der UdSSR. Zugleich ermöglicht der Streit auch den kommunistischen Parteien, die formell der Moskauer Linie folgen, wie im Falle Rumäniens und Kubas trotz wirtschaftlicher Abhängigkeit eine vergleichsweise eigenständige Politik. Unter Berufung auf die Moskauer Erklärung setzt eine ideologische Differenzierung ein.
Albanien	1961 26. April	Nach Bekanntwerden der albanisch-chinesischen Wirtschaftsvereinbarungen widerrufen die UdSSR, ČSSR und DDR ihre Kreditzusagen an *Albanien*.
	6. Juli	Freundschaftsvertrag UdSSR – VR Korea.
Verurteilung Stalins	13.–31. Okt.	Der offenen *Verurteilung Stalins* auf dem 22. Parteitag der KPdSU folgt eine zweite Entstalinisierungswelle in Osteuropa. Die albanische KP entsendet keine Delegation zu diesem Parteitag, die Delegation der KPCh reist vorzeitig ab.
	3. Dez.	Abbruch der diplomatischen Beziehungen zwischen Albanien und der UdSSR.
	1962	Der Eskalation der Spannungen mit Albanien steht die Normalisierung der sowjetisch-jugoslawischen Beziehungen gegenüber.
	6.–7. Juni	Konferenz der RGW-Spitzenfunktionäre beschließt „Exekutivkomitee" als wichtigstes Vollzugsorgan ein und verabschiedet „Grundprinzipien der internationalen sozialistischen Arbeitsteilung".
	9.–14. Juli	Auf der 16. RGW-Tagung in Warschau verweigern die rumänischen Vertreter die Zustimmung zu einer supranationalen Wirtschaftsintegration unter Aufgabe der Einstimmigkeit bei der Beschlussfassung.
Kuba-Krise	Sept./Okt.	Die *Kuba-Krise* verstärkt die Anstrengungen der sowjetischen Führung, die Truppen der Warschauer-Pakt-Staaten enger mit der Roten Armee zusammenzufassen und ihre Kampfkraft durch eine Modernisierung der Waffensysteme zu erhöhen.
	Dez.	Austritt Albaniens aus dem RGW, nachdem es bereits im Juni trotz Protests de facto aus dem Warschauer Pakt ausgeschlossen worden ist. Nach dem sowjetischen Nachgeben in der Kuba-Krise und der proindischen Stellungnahme im indisch-chinesischen Grenzkonflikt brechen um die Jahreswende 1962/1963 die sowjetisch-chinesischen und in deren Gefolge
Spannungen UdSSR – Albanien	1963 15.–21. Febr.	die *sowjetisch-albanischen Spannungen* offen aus. Während der vierten Tagung des Exekutivkomitees des RGW bleibt Rumänien bei seiner Haltung. Der rumänische Staats- und Parteichef Nicolae Ceaușescu bezeichnet den Ausbau

	der Schwer- und Maschinenindustrie als Aufgabe eines jeden sozialistischen Staates und lehnt damit eine „Arbeitsteilung" zwischen den Staaten ab.	
8. März	VR China verlangt die Rückgabe der 1858/1860 an das zaristische Russland abgetretenen Gebiete zwischen Ussuri und Pazifik.	*VR China*
14. Juni	Die KPCh spricht der UdSSR die Führung der sozialistischen Staaten ab.	
24.–26. Juli	Auf der *Tagung* der Partei- und Regierungschefs *der RGW-Staaten* in Moskau müssen die Probleme der wirtschaftlichen Integration trotz des Drängens der industriell fortgeschrittenen Vertragspartner zurückgestellt werden. Die sowjetische Führung sieht sich gezwungen, der rumänischen KP einen „nationalen Weg" zum Sozialismus zuzubilligen.	*Tagung der RGW-Staaten*
22. Okt.	Die RGW-Staaten schließen Vertrag über mehrseitige Verrechnung in transferablen Rubeln und die Gründung der Internationalen Bank für wirtschaftliche Zusammenarbeit.	
31. Dez.	Der chinesische Ministerpräsident Chou En-lai trifft zu einem Besuch in Albanien ein: Er bekräftigt die politischen Verbindungen beider Länder.	
1964 April	Die sowjetische Parteiführung bemüht sich um eine Weltkonferenz zum Ausschluss der KPCh aus dem sozialistischen Lager, stößt aber u. a. bei der polnischen Parteiführung auf Bedenken, die eine Erweiterung der sowjetischen Hegemonie befürchtet.	
26. April	Das ZK der KP Rumäniens fordert uneingeschränkte nationale Souveränität und volle Gleichberechtigung.	
12. Juni	*Freundschafts- und Beistandsabkommen UdSSR – DDR*: Garantieerklärung der Unantastbarkeit der Grenzen der DDR.	*Abkommen UdSSR – DDR*
17. Sept.	Assoziationsvertrag Jugoslawiens mit dem RGW.	
14. Okt.	Die Absetzung des sowjetischen Partei- und Regierungschefs Chruschtschow verstimmt wegen Nichtkonsultation die kommunistischen Parteien des Ostblocks.	
16. Okt.	Zündung der ersten *chinesischen Atombombe*.	*chinesische Atombombe*
7.–13. Dez.	Am achten Kongress des Bundes der Kommunisten Jugoslawiens nehmen zum ersten Mal seit 1948 offizielle Delegationen der RGW-Staaten teil.	

Spaltungstendenzen im Blocksystem, Breschnew-Doktrin, sowjetisch-chinesischer Konflikt (1965–1985)

Die Politik Chruschtschows ist gekennzeichnet durch den Kampf gegen die Auflösung des unter Stalin noch monolithisch scheinenden sozialistischen Lagers, wobei seine Regierung versucht, den massiven militärischen und politischen Druck der Sowjetmacht durch wirtschaftliche Integration der einzelnen Volksdemokratien in den sowjetischen Hegemonialbereich zu ersetzen. Die dabei zugestandenen Konzessionen nationaler Eigenentwicklungen haben die Position der einzelnen kommunistischen Parteien in den von ihnen beherrschten Staaten gestärkt, gleichzeitig aber auch zu neuen Konflikten geführt, sodass die *neue Kremlführung* unter Parteichef Leonid I. Breschnew und Regierungschef Alexej N. Kossygin zunächst um Konsolidierung ihrer Macht innerhalb des Ostblocks bemüht ist. Auf dem 23. Parteitag der KPdSU (21. März–8. April 1966) nennt Breschnew daher als Hauptfeinde nach dem Dogmatismus (VR China) und dem Nationalismus (Rumänien) den Revisionismus (Jugoslawien).

neue Kremlführung

1966 7. Mai	Bestärkt von Paris und Peking *fordert* die rumänische Führung unter *Ceaușescu* die Auflösung sämtlicher Militärblöcke.	*Forderung Ceaușescus*
8. Juni	Die Einführung eines konvertierbaren Rubels im RGW soll den Westhandel erleichtern.	
4.–6. Juli	Auf der achten Tagung des Politischen Beratenden Ausschusses der Warschauer-Pakt-Organisation können die Mitglieder keine Einigung über die sowjetische Forderung intensivierter militärischer Zusammenarbeit und das rumänische Verlangen nach Abbau der sowjetischen Überrepräsentanz in den Kommandostellen erlangen. Übereinstimmung nur über Hilfsmaßnahmen für Vietnam und die „Deklaration über die Gewährleistung des Friedens und der Sicherheit in Europa".	
1967 31. Jan.	Trotz sowjetischen Drucks gibt Rumänien als erster RGW-Staat nach der UdSSR die Aufnahme diplomatischer *Beziehungen mit der Bundesrepublik Deutschland* bekannt. Ungarn, Bulgarien und die ČSSR zeigen ebenfalls Interesse.	*Beziehungen zur BR Deutschland*
23. April	Vertrag über militärische und wirtschaftliche Hilfe der UdSSR für Nordvietnam.	
24.–26. April	Die DDR ergreift die Initiative für die Konferenz der kommunistischen Parteien Europas in Karlsbad. Statt der von Walter Ulbricht (Erster Sekretär des ZK der SED) geforderten Verurteilung der Bundesrepublik Deutschland legen 24 von 31 eingeladenen Parteiführern ihre Vorstellungen „Über den Frieden und die Sicherheit in Europa" nieder, ohne allerdings die bestehenden Meinungsverschiedenheiten zu überbrücken.	

	Nov.	Feiern des 50. Jahrestags der Oktoberrevolution ohne Vertreter Chinas und Albaniens.
Antrittsbesuch Dubčeks	**1968** 29./30. Jan.	Der neue Erste Sekretär der KPČ, Alexander *Dubček*, wird bei seinem *Antrittsbesuch* in Moskau freundlich empfangen, zumal er die Notwendigkeit innerer Reformen betont, aber keine Änderung des außenpolitischen Kurses andeutet.
	4. Febr.	Der 20. Jahrestag des rumänisch-sowjetischen Freundschaftsvertrages verstreicht ohne Vertragsverlängerung, da Ceaușescu die Ausarbeitung neuer Vertragsbedingungen verlangt.
	23. März	Konsultativtreffen der Parteichefs der europäischen Mitglieder des Warschauer Pakts erzwingt von der neuen tschechoslowakischen Führung die Zusicherung, „in der nächsten Zeit konkrete Maßnahmen zur Stärkung des Warschauer Vertrags und seiner Streitkräfte" zu treffen.
	Mai/Juni	Manöver der Warschauer-Pakt-Truppen in der ČSSR.
„Prager Frühling"	1. Juni	Ceaușescu und Tito betrachten die Entwicklung des sog. *„Prager Frühlings"* in der ČSSR mit offener Sympathie.
	29. Juli– 1. Aug.	Nach Zuspitzung des Konflikts mit den fünf „harten" Warschauer-Pakt-Staaten (UdSSR, Polen, DDR, Ungarn und Bulgarien) scheinen das Gipfeltreffen in Čierna nad Tisou (Ostslowakei) und der Kompromiss der Parteienkonferenz von Bratislava (3. Aug.), die die Verteidigung der sozialistischen Errungenschaften als gemeinsame Pflicht erklärt, eine Beruhigung herbeizuführen.
Einmarsch in die ČSSR	20./21. Aug.	*Einmarsch* der Truppen der fünf „harten" Warschauer-Pakt-Staaten *in die ČSSR*. Tito und Ceaușescu, die ihrerseits eine Teilmobilmachung anordnen, verurteilen die militärische Intervention.
	13. Sept.	Zum Zeichen des Protests erklärt Albanien offiziell seinen Austritt aus dem Pakt.
	16. Okt.	Vertrag über die Stationierung sowjetischer Truppen in der ČSSR.
Breschnew-Doktrin	**12. Nov.**	Parteichef Breschnew rechtfertigt den Einmarsch in die ČSSR durch die sog. *Breschnew-Doktrin*, die die beschränkte Souveränität der sozialistischen Staaten im Falle einer Bedrohung für das sozialistische Weltsystem behauptet.
Auseinandersetzungen am Ussuri	**1969**	Sowjetisch-chinesische militärische *Auseinandersetzungen am Ussuri* und an anderen Abschnitten der chinesisch-sowjetischen Grenze (2.–15. März).
	11. März	Die kommunistischen Parteien der Staaten des Warschauer Pakts boykottieren den Parteitag des Bundes der Kommunisten Jugoslawiens.
	17. März	Tagung des Politischen Beratenden Ausschusses des Warschauer Pakts in Budapest beschließt Bildung eines Komitees der Verteidigungsminister, neue Grundsätze über die vereinten Streitkräfte und das Vereinte Oberkommando sowie einen Appell zu einer gesamteuropäischen Sicherheitskonferenz.
	5.–17. Juni	Dritte Weltkonferenz der kommunistischen Parteien in Moskau. Unter den 75 Delegationen fehlen Jugoslawien, Albanien und viele der afrikanischen und asiatischen Parteien. Die friedliche Koexistenz wird als Grundlage der Außenpolitik gefordert, die Breschnew-Doktrin jedoch nicht grundsätzlich bestätigt, sondern erklärt, dass es kein „leitendes Zentrum" im Weltkommunismus gebe.

Die Auswirkungen der militärischen Intervention in der ČSSR von 1968

Der Einmarsch der Warschauer-Pakt-Truppen bedeutet einen Schock für die meisten kommunistischen Parteien, die folgende „Normalisierung" in der ČSSR bedeutet außenpolitisch die Unterordnung unter die sowjetische Politik, innenpolitisch die rigorose *Unterdrückung der Reformer*. Während in der Folge Bulgarien, Ungarn und Polen bei außenpolitischer Konformität innenpolitisch einen gewissen Pluralismus zulassen, verfolgt das außenpolitisch nicht konforme Rumänien innenpolitisch einen sehr harten Kurs. Die Distanzierung von Jugoslawien führt zu dessen Annäherung an Albanien. Die *Westpolitik der UdSSR* zielt auf Entspannung und die Bewahrung des Status quo, ist aber ohne die gleichzeitige militärische Präsenz innerhalb des Warschauer Pakts nicht denkbar. Zwar bestreitet Moskau die Existenz einer Theorie der beschränkten Souveränität der sozialistischen Länder, doch zielt ihre Politik im Sinne der Breschnew-Doktrin darauf, ihre Vorherrschaft in den Staaten des Warschauer Pakts stärker zur Geltung zu bringen. Der Beruhigung an den Westgrenzen korrespondiert zeitlich eine Verschärfung des sowjetisch-chinesischen Konflikts.

Unterdrückung der Reformer

Westpolitik der UdSSR

RGW-Investitionsbank	**1970** Mai	Die 24. *RGW*-Tagung beschließt Gründung der Internationalen *Investitionsbank* anstelle der Bank für wirtschaftliche Zusammenarbeit.
	Juni	Rumänische Delegationen in Peking.
	8.–15. Juni	Nach einem Besuch des jugoslawischen Außenministers in Peking Aufnahme der diplomatischen Beziehungen.

21./22. Juni	Die Budapester Außenministerkonferenz reagiert positiv auf NATO-Vorschläge über Verhandlungen zur ausgewogenen Truppenreduzierung.	
7. Juli	Freundschaftsvertrag Rumäniens und der UdSSR auf 20 Jahre abgeschlossen.	
12. Aug./ 7. Dez.	Vertrag zwischen der *Bundesrepublik Deutschland* und der UdSSR über Gewaltverzicht und Normalisierung der Beziehungen (12. Aug.) sowie Vertrag zwischen der Bundesrepublik und Polen (7. Dez.) über die Grundlagen der Normalisierung von Beziehungen: Der Abschluss der *„Ostverträge"* macht das ideologische Prinzip des „Zusammenhalts durch Feindschaft" innerhalb des Ostblocks gegenstandslos. Mit der Entspannung und der „friedlichen Koexistenz" wird die *ideologische Abgrenzung* gegenüber dem Westen verschärft, zugleich die wirtschaftliche Kooperation der RGW-Staaten durch die „sozialistische Integration" intensiviert. Gleichzeitig erhoffen sich die RGW-Staaten einschließlich der UdSSR durch die *Entspannung* bessere wirtschaftliche Kontakte mit den westlichen Industrienationen, um mehr Investitionsgüter zur Modernisierung ihrer eigenen Industrien erwerben zu können.	*BR Deutschland* *Ostverträge* *ideologische Abgrenzung* *Entspannung*
1971 Febr.	Auf der Bukarester Außenministerkonferenz können die unterschiedlichen Auffassungen über den Führungsanspruch der UdSSR nicht beigelegt werden.	
Juni	Nicolae Ceauşescu reist nach China, um für einen langfristigen zinslosen Kredit zu danken. Moskau erinnert daraufhin an die im rumänisch-sowjetischen Vertrag vom 7. Juli 1970 festgelegte Konsultationspflicht.	
2. Aug.	Nach Treffen kommunistischer Parteiführer auf der Krim militärische *Einschüchterungskampagne* gegen Rumänien und Jugoslawien.	*Einschüchterungskampagne*
22.–25. Sept.	Jugoslawienreise Breschnews, der erklärt, die „Belgrader Deklaration" von 1955 besitze volle Gültigkeit. Tito sagt die Sicherung der „Diktatur des Proletariats mit allen Mitteln" zu.	
Herbst	Entkrampfung des sowjetisch-rumänischen Verhältnisses.	
Nov.	Der Sechste Parteitag der KP Albaniens beschließt Annäherung an Jugoslawien, Rumänien und Griechenland.	
1972 25./26. Jan.	*Prager Konsultativtreffen* der Warschauer-Pakt-Staaten verabschiedet „Deklaration über Frieden, Sicherheit und Zusammenarbeit in Europa": Unverletzbarkeit der Grenzen, Gewaltverzicht, Rüstungsbegrenzung, Nichteinmischung und friedliche Koexistenz.	*Prager Konsultativtreffen*
20. März	Parteichef Breschnew erkennt die Realität der EG an und wünscht gleichberechtigte Wirtschaftsbeziehungen zum RGW, der 1973 den Wunsch nach Kontaktaufnahme äußert.	
1973 Juli	Krimkonferenz der Parteichefs der Warschauer-Pakt-Staaten beschließt Koordinierung der ideologischen Arbeit und eine Verstärkung der Parteikontrollen sowie bilaterale Abkommen zwischen den kommunistischen Parteien.	
Aug.	Der Zehnte *Parteitag der KPCh* verurteilt scharf den innen- und außenpolitischen Kurs der KPdSU, die wiederum China mehr und mehr als Feind der kommunistischen Weltbewegung angreift.	*Parteitag der KPCh*
1974 18.–21. Juni	Die 28. RGW-Ratstagung in Sofia ändert das *Statut* und die Konvention über Rechtsfähigkeit, Privilegien und Immunität *des RGW* und ermöglicht so die Vertragsfähigkeit mit anderen Staaten und internationalen Organisationen. Die Entwicklung des „Komplexprogramms" und der „sozialistischen ökonomischen Integration" wird legalisiert, der Änderung des regionalen Charakters durch die Aufnahme der Mongolischen VR (1962) und Kubas (1972) Rechnung getragen.	*RGW-Statut*
8. Nov.	VR China erklärt Bereitschaft, unter bestimmten Voraussetzungen mit der UdSSR über einen Nichtangriffspakt zu verhandeln. Die UdSSR lehnt die Bedingungen (u.a. Truppenrückzug aus umstrittenen Grenzgebieten) ab.	
1975 17. April	Nach der Eroberung der kambodschanischen Hauptstadt Phnom Penh durch die Roten Khmer Proklamation der Volksrepublik *Kambodscha*. Nach Anlehnung an Nordvietnam Mitte 1975 militärische Auseinandersetzungen um Inseln im Golf von Siam.	*Kambodscha*
30. April	Kapitulation Südvietnams: *Machtvakuum in Südostasien*. Wegen der prosowjetischen Stellungnahme Hanois und Grenzkonflikten chinesisch-vietnamesische Verstimmung, dagegen Verbesserung des chinesischen Verhältnisses zur VR Korea.	*Machtvakuum in Südostasien*
21. Juni	Die UdSSR warnt die VR China vor Einmischung in sowjetisch-japanische Beziehungen wegen der Bemühungen, in japanisch-chinesischem Normalisierungsvertrag „Hegemonieklausel" durchzusetzen.	
26.–29. Juni	29. Ratstagung des RGW in Budapest befasst sich vor allem mit der Koordinierung der nationalen *Volkswirtschaftspläne* 1976–1980 und mit der Energieversorgung. Anfang 1975 sind die bislang für eine Planperiode festgeschriebenen Energie- und Rohstoffpreise korrigiert worden. In Zukunft werden sie jährlich entsprechend der Entwicklung auf den westlichen Märkten berichtigt. Während in der Planperiode 1971–1975 die Preise am Weltmarktniveau der Jahre 1965–1969 orientiert waren und dadurch die RGW-Staaten von der	*Volkswirtschaftspläne*

Energiepreise		inflationären Preisentwicklung wenig berührt wurden, werden sie jetzt vor allem durch die steigenden *Energiepreise* voll von der Entwicklung betroffen, zumal die UdSSR, die 90% des Ölbedarfs der RGW-Staaten deckt, ihre Preise dem Niveau der OPEC angleicht und die Preise für Exportgüter in die UdSSR nicht entsprechend angehoben werden können.
KSZE-schlussakte	1. Aug.	Unterzeichnung der *Schlussakte* der „Konferenz über Sicherheit und Zusammenarbeit in Europa" *(KSZE)* in Helsinki. Die UdSSR und die Volksdemokratien streben damit an, ihren Besitzstand glaubwürdiger legitimieren zu können, und hoffen auf einen Ausbau der ökonomischen und technologischen Zusammenarbeit mit dem Westen. Die UdSSR betont, dass auf der KSZE die sozialistischen Länder Verpflichtung zum Schutz des sozialen Status quo übernommen, aber keine Einmischung in die inneren Angelegenheiten zugestanden haben.
Vietnam	22. Sept.–18. Nov.	Partei- und Regierungsdelegation *Vietnams* in VR China, Ungarn, Bulgarien, der DDR, ČSSR, UdSSR, Polen und Rumänien. Abschluss von Hilfs- und Wirtschaftsabkommen.
Konferenz der Kultusminister	23.–25. Sept.	*Konferenz der Kultusminister* der sozialistischen Staaten in Bukarest zur Intensivierung der Zusammenarbeit auf dem Gebiet von Ideologie und Erziehung.
	7. Okt.	Freundschaftsvertrag UdSSR – DDR (Ratifikation am 4. Dez.).
Wirtschafts-schwierigkeiten	13.–15. Okt.	Sitzung des RGW-Exekutivkomitees in Moskau berät wachsende *wirtschaftliche Schwierigkeiten*: Zahlungsdefizit im Westhandel, verlangsamtes Wirtschaftswachstum, steigende Ölpreise.
	1976 Jan.	Albanien proklamiert völlige Autarkie und Kampf gegen die Breschnew-Doktrin.
	26. Jan.	Tagung der für ideologische Fragen zuständigen ZK-Sekretäre über intensivierte Zusammenarbeit.
	5./6. Febr.	Die rumänische Parteiführung, die KPCh und andere bekräftigen die Bedeutung der Diktatur des Proletariats (gegen die seit 1973/76 „eurokommunistischen" Parteien Italiens, Frankreichs, aber auch Japans, die sich von dieser Doktrin abwenden).
	13. Febr.	In Angola siegt die von kubanischen Truppen unterstützte Befreiungsbewegung MPLA (Unterstützung durch UdSSR).
	24. Febr.–5. März	Auf dem 25. Parteitag der KPdSU verurteilt Parteichef Breschnew die Politik Chinas als „unverhüllt gegen die Mehrheit der sozialistischen Staaten gerichtet".
	29. April	Bombenanschlag eines „Konterrevolutionärs" (KPCh) auf die sowjetische Botschaft in Peking.
kommunistische Parteien	29./30. Juni	Gipfelkonferenz der *kommunistischen Parteien* Europas in Ost-Berlin in Abwesenheit der KP Islands und Albaniens. Das unverbindliche, weil auf Wunsch der Eurokommunisten nicht unterzeichnete Schlussdokument gesteht jeder KP die Unabhängigkeit zu und vermeidet die von der KPdSU gewünschte Formel des „proletarischen Internationalismus".
	5. Juli	Verurteilung des „Kominformisten" Vlado Dapčević in Jugoslawien.
RGW-Ratstagung	4.–6. Juli	30. *RGW-Ratstagung* in Ost-Berlin berät Programm zur Energie- und Rohstoffversorgung sowie Sondermaßnahmen zur Unterstützung der Mongolischen VR und Kubas. Nach Auslaufen der ersten Vertragsserie werden ergänzende Handels- und bilaterale Kooperationsabkommen abgeschlossen, so der DDR mit den RGW-Ländern und der VR Vietnam, sowie ein neues Komplexprogramm verabschiedet. Angola, Nordkorea, Laos und Vietnam nehmen als Beobachter teil.
	13. Juli	Die RGW-Staaten unterzeichnen in Moskau Abkommen über die Zusammenarbeit bei der Erforschung und Nutzung des kosmischen Raums zu friedlichen Zwecken. Wiederannäherung Rumäniens.
Tod Mao Tse-tungs	1. Okt.	Nach dem *Tod Mao Tse-tungs* proklamiert die KPCh die Fortsetzung ihrer gegen die Sowjetunion gerichteten Politik. Die UdSSR bietet der VR China die Normalisierung der Beziehungen an.
	15. Nov.	Abkommen zwischen der ČSSR und der UdSSR zur friedlichen Nutzung der Atomenergie.
	15.–17. Nov.	Bei seinem Besuch in Jugoslawien bekräftigt der sowjetische Parteichef Breschnew das Recht auf den eigenen Weg zum Sozialismus.
	22.–24. Nov.	Beim Besuch Breschnews in Rumänien bleiben trotz Freundschaftsbekundungen die unterschiedlichen Positionen offensichtlich.
Ausbau des Warschauer Pakts	25./26. Nov.	Der Politische Beratende Ausschuss des Warschauer Pakts beschließt in Bukarest den institutionellen *Ausbau* der politischen Organe *des Warschauer Pakts*. Vorschlag eines Vertrages über den Verzicht auf Ersteinsatz von Atomwaffen.
	1977	Machtwechsel in der VR Äthiopien (3. Febr.), Wendung zu Kuba und der UdSSR.
	23. Juni	Entschiedene Distanzierung der KPdSU vom Eurokommunismus.
Albanien – VR China	7. Juli	*Albanien* eröffnet ideologische Kampagne *gegen VR China* wegen deren Annäherung an die USA und ihre Verbündeten.
	25. Juli	Verzicht auf chinesische Wirtschaftshilfe.
	Aug.	Antisowjetische Kritik beim Besuch des jugoslawischen Staats- und Parteichefs Josip Tito in Peking.

Sept.	Der chinesische stellvertretende Ministerpräsident Teng Hsiao-p'ing erklärt den formal bis 1980 laufenden Sowjetisch-Chinesischen Beistandsvertrag für hinfällig.	
27. Sept.	Formelle Bekanntgabe der Existenz einer Kambodschanischen KP.	
Sept.–Okt.	Partei- und Regierungsdelegation Kambodschas besucht China und Korea.	
Dez.	Offene militärische Auseinandersetzungen zwischen *Kambodscha* und *Vietnam*. Kambodscha wird von der VR China, Vietnam von der UdSSR unterstützt.	*Kambodscha – Vietnam*
1978 13. Jan.	Jugoslawien verurteilt militärische Interventionen im Namen so genannter höherer Interessen des Sozialismus.	
1. Febr.	*Kuba* zieht 5000 Reservisten ein, um weitere 5000 Mann nach Äthiopien entsenden zu können (13. Nov. 1977 Kündigung der diplomatischen Beziehungen Somalias mit Kuba und der UdSSR; bereits im Jan. bezifferte das US-Außenministerium die in Äthiopien eingesetzten kubanischen Truppen auf mindestens 2000 Soldaten, dazu weitere in Angola, Mozambik und Congo [Brazzaville]).	*Kuba*
2. März	KP Kubas und MPLA (Movimento Popular de Libertação de Angola) Angolas vereinbaren ideologische Zusammenarbeit.	
25. März	Der chinesische Staats- und Parteichef Hua Kuo-feng fordert den Abzug der sowjetischen Truppen von der gemeinsamen Grenze und aus der Mongolischen VR; Vorwurf der Expansionspolitik.	
9. Mai	Nach Aufnahme von Grenzverhandlungen neue Grenzzwischenfälle am sowjetisch-chinesischen Grenzfluss Ussuri.	
3. Juli	Die chinesische Regierung gibt die Einstellung aller Hilfen an Vietnam bekannt.	
7. Juli	Rückberufung der chinesischen Experten aus Albanien, das Vietnam unterstützt und den chinesischen „Imperialismus" verurteilt.	
21. Juli	VR Korea und Kambodscha vereinbaren Intensivierung der Beziehungen.	
25.–28. Juli	Erste Verhandlungsrunde zwischen Experten von *EG* und *RGW*.	*EG – RGW*
27. Sept.– 1. Okt.	Tagung des RGW-Exekutivkomitees in Ulan Bator: Förderung der Wirtschaft der Mongolischen VR, Einbeziehung Vietnams in die Arbeit des RGW, Hilfe für Äthiopien.	
1.–9. Nov.	Vietnamesische Delegation unterzeichnet in der UdSSR Vertrag über Freundschaft und Zusammenarbeit.	
22.–24. Nov.	Politischer Beratender Ausschuss des Warschauer Pakts berät über supranationale Kommandostruktur. Rumänien lehnt Erhöhung der Militärausgaben ab.	
1979 Jan.	*Sturz der Regierung Pol Pot in Kambodscha* durch die kambodschanische Einheitsfront KUFNS mit massiver vietnamesischer Truppenunterstützung.	*Pol Pot gestürzt in Kambodscha*
17. Febr.	Nach dem *chinesischen Truppeneinmarsch in Vietnam* verurteilt eine vietnamesisch-kambodschanische Erklärung Chinas Unterstützung des Pol-Pot-Regimes sowie den Angriff auf Vietnam.	*Invasion Chinas in Vietnam*
19. Febr.	Vietnamesisch-Kambodschanischer Freundschaftsvertrag.	
2. März	Die Kremlführung verurteilt den chinesischen „Überfall" auf Vietnam und rechtfertigt Vietnams Aktion in Kambodscha.	
Juli	Verurteilung der VR China durch die ZK-Sekretäre für ideologische Fragen (außer Rumänien). Unterstützung Vietnams und des neuen Kambodscha-Regimes.	
24. Juli	Handelsabkommen Rumäniens und Albaniens. Im Sommer Verschärfung der Energieschwierigkeiten.	
6. Okt.	Das sowjetische Staatsoberhaupt Leonid I. Breschnew kündigt einseitige Truppenreduzierung der UdSSR an und fordert den Westen dazu auf, keine Raketenwaffen in Europa zu stationieren.	
1980	Chinesisch-sowjetische Spannungen im Zuge der *Afghanistan-Krise* (Jan.).	*Afghanistan-Krise*
1981 2.–4. Juli	Die 35. Tagung des RGW behandelt die wirtschaftliche Zusammenarbeit in den achtziger Jahren, vor allem die Koordinierung der bereits begonnenen Fünfjahrpläne 1981–1985. Schwierigkeiten resultieren vor allem aus den Lieferausfällen Polens, da diese Wirtschaftsgüter anderenorts großenteils gegen Devisen beschafft werden müssen; im Gegenzug Drosselung des Warenverkehrs mit Polen.	
1982	Die Krise der Weltwirtschaft (u.a. Schuldenprobleme) trifft in verstärktem Maße die RGW-Staaten mit hoher Verschuldung im westlichen Ausland. Die allgemeine Verschlechterung der Ost-West-Beziehungen und die *Wirtschaftssanktionen* der NATO-Länder gegen die Ostblockstaaten nach der Verhängung des Kriegsrechts in Polen sind ebenso wie der Kapital- und Ressourcenabzug zur Stützung der polnischen Volkswirtschaft spürbar.	*Wirtschaftssanktionen*
Jan.	Die RGW-Länder würdigen die „Stärkung der sozialistischen Ordnung" in Polen.	
März	Die VR China reagiert vorsichtig positiv auf sowjetische Vorschläge, die Beziehungen zu normalisieren.	

Außenhandel Osteuropas

Entwicklung des Außenhandels ausgewählter osteuropäischer Staaten (in Mrd. DM) in jeweiligen Preisen

Land	Einfuhr			Ausfuhr		
	1980	1985	1990*	1980	1985	1990*
Bulgarien	17,56	36,28	23,62	18,88	36,62	24,45
DDR	29,44	60,99	–	25,93	66,65	–
Polen	34,74	31,70	19,91	30,93	33,61	26,24
Rumänien	24,03	25,51	16,70	21,94	33,06	10,75
Sowjetunion	124,71	242,83	**	139,14	256,37	**
Tschechoslowakei	27,57	51,59	24,01	27,10	51,37	21,77
Ungarn	16,81	24,19	16,06	15,79	25,12	17,78

* umgerechnet nach mittlerem Jahreswechselkurs aus US-$ (1,832) ** keine Angaben

1983
4.–6. Jan. Die Staaten des Warschauer Paktes schlagen auf ihrer Prager Gipfelkonferenz den NATO-Ländern einen Nichtangriffspakt vor.

Raketen-stationierung
24. Nov. Der sowjetische Staats- und Parteichef Jurij Andropow kündigt als Gegenmaßnahme auf die Stationierung amerikanischer Mittelstreckenraketen in Westeuropa *Waffenstationierung* „entsprechender Art" u. a. im europäischen Teil der UdSSR, in der ČSSR und der DDR an.

1984
10. Jan. Die Staaten des Warschauer Paktes schlagen den NATO-Ländern ein Abkommen für ein Europa ohne chemische Waffen vor.

Olympia-Boykott
8. Mai Der *„Nichtteilnahme"* der sowjetischen Sportler *an den Olympischen Spielen* in Los Angeles schließen sich die übrigen RGW-Länder (Ausnahme Rumänien) an.

Von Gorbatschow bis zur Auflösung des Ostblocks (1985–1991)

Den Staaten des „realen Sozialismus" in Europa gelingt es nicht, die sich seit den siebziger Jahren verstärkende Wirtschaftskrise zu überwinden. Die Verschärfung der Konfrontation mit dem Westen Mitte der achtziger Jahre führt zunächst zu einem engeren wirtschaftlichen und politischen Zusammenschluss *Machtfaktor* zugunsten des *Machtfaktors Sowjetunion*. Die noch stalinistisch geprägten Mechanismen des „demokra-*Sowjetunion* tischen Zentralismus" mit ihrer bürokratischen, überzentralisierten Kommandowirtschaft sowie deren Verflechtung mit der Parteiherrschaft behindern alle Versuche, den Produktivitäts- und Technologierückstand zu den entwickelten Industriestaaten aufzuholen und den raschen Verfall des Lebensstandards auf-*Gorbatschows* zuhalten. Mit der Durchsetzung von Michail *Gorbatschows Reformpolitik* versagen die alten Repres-*Reformpolitik* sionsinstrumente. Die neue Führung der Sowjetunion verzichtet (anders als 1953, 1956 und 1968 sowie im Gegensatz zur Volksrepublik China 1989) auf den gewaltsamen Einsatz der Roten Armee in den Ostblockstaaten. Auf der Grundlage der oppositionellen Demokratiebewegungen wird im Aug. 1989 in Polen eine nichtkommunistische Regierung gebildet. Die kommunistischen Parteien des sich auflösenden Ostblocks spalten sich oder zerfallen wie in Ungarn im Herbst 1989. Mit dem Abbau der Konfrontation wird die militärische Blockbildung politisch überholt. Die Öffnung der Volkswirtschaften für Marktmechanismen, das Ende der DDR und die Schwäche der sowjetischen Wirtschaft entziehen den arbeitsteilig angelegten langfristigen Planungskonzepten des RGW die ökonomischen Grundlagen, nachdem die politischen durch die Entmachtung der kommunistischen Parteien entfallen sind.

Gipfelkonferenz des RGW
1984 **12.–14. Juni** Die erste *Gipfelkonferenz des RGW* in Moskau seit 1969 will den Binnenhandel zulasten des Ost-West-Handels forcieren.

1985
26. April Die Staats- und Parteichefs der sieben Mitgliedstaaten des Warschauer Paktes verlängern die Gültigkeitsdauer des Bündnisses in Warschau um 20 Jahre; die Gipfelkonferenz des Warschauer Paktes in Sofia schlägt ein Verbot von Weltraumwaffen, die Halbierung der strategischen Kernwaffen und eine kernwaffenfreie Zone in Europa vor.

1987
30. Mai Die Warschauer-Pakt-Staaten betonen in Ost-Berlin den Defensivcharakter des Bündnisses. Unter der Führung des sowjetischen Parteichefs Michail Gorbatschow entwickelt sich das durch bilaterale Verträge zwischen den Mitgliedern ergänzte Bündnis auch als politisches Konsultativorgan.

Gorbatschow in Peking
1989 **15.–18. Mai** Der *Staatsbesuch Gorbatschows in Peking* (erstmals seit 30 Jahren) soll die Wende zur Entspannungs- und Koexistenzpolitik der beiden Staaten besiegeln. Die VR China distanziert sich jedoch von der sowjetischen Reformpolitik.

7.–8. Juli Bei einer Konferenz des Warschauer Paktes in Bukarest tritt Gorbatschow für einen gesamteuropäischen Reformprozess ein.

4. Dez.	Die Staats- und Regierungschefs der Warschauer-Pakt-Staaten verurteilen nachträglich den Einmarsch in die ČSSR vom Aug. 1968.
1990 7. Juni	Tagung des Politischen Beratenden Ausschusses des Warschauer Paktes in Moskau: Gorbatschow fordert radikalen Wandel und *Annäherung an die NATO*. Das militärische Bündnis solle nach dem Abbau der Konfrontation in Europa eine politische Allianz werden. Der ungarische Ministerpräsident Jozsef Antall spricht sich für die unverzügliche Auflösung der militärischen Organisation aus.	*Annäherung an die NATO*
Ende Dez.	*RGW* und Warschauer Pakt sind praktisch *aufgelöst*. Die Mitgliedstaaten erklären oder planen den Austritt. Der Rückzug der sowjetischen Truppen in die UdSSR ist begonnen oder vereinbart.	*Auflösung des RGW*
1991	Unterzeichnung des Auflösungsprotokolls des RGW (28. Juni).	
1. Juli	*Auflösung des Warschauer Paktes.*	*Auflösung des Warschauer Paktes*
8. Dez.	Russland, die Ukraine und Weißrussland schließen in Minsk einen Vertrag über die Bildung der Gemeinschaft Unabhängiger Staaten (GUS).	
21. Dez.	Acht weitere bisherige Teilrepubliken der UdSSR treten dem Minsker Abkommen bei, *gründen* im Vertrag von Alma-Ata formell *die GUS* und verkünden das Ende der UdSSR.	*GUS-Gründung*

Nach der Auflösung der UdSSR, des RGW und des Warschauer Paktes müssen die Staaten des ehemaligen Ostblocks ihre Rolle im Rahmen der internationalen Beziehungen finden. – (Forts. S. 1391)

Die Bewegung der bündnisfreien Staaten (1945–1989)

Als *Länder der Dritten Welt* gelten bis 1989 alle Staaten Lateinamerikas, Afrikas (mit Ausnahme der Südafrikanischen Republik), alle Länder Asiens (ausgenommen Israel, Japan, Südkorea und Taiwan) sowie alle Gebiete Ozeaniens ohne Australien und Neuseeland. Der Begriff Dritte Welt, im Zeitalter des Konflikts zwischen „Westen" („Erste Welt") und Ostblock („Zweite Welt") geprägt, dehnte sich auf die Gesamtheit der Entwicklungsländer aus und wird auch nach 1989 benutzt. Der Begriff „bündnisfreie Staaten" beschränkt sich hingegen auf den Ost-West-Konflikt und umfasst nicht nur Entwicklungsländer, sondern z.B. Jugoslawien. *Länder der Dritten Welt*

Seit ihrer Entdeckung oder spätestens seit dem Zeitalter des Imperialismus gehörten die meisten Gebiete der späteren Dritten Welt zu den europäischen Kolonialreichen oder standen zeitweilig unter der Vorherrschaft der USA. Sie errangen ihre Unabhängigkeit unter ganz verschiedenen Bedingungen und Voraussetzungen: Auf dem *lateinamerikanischen Subkontinent* wird die Mehrzahl der Länder im 19. Jh. nach erfolgreichen Befreiungskriegen selbstständig; zwar endet die spanische und portugiesische Kolonialherrschaft, de facto bleibt jedoch die wirtschaftliche und politische Abhängigkeit von den europäischen Mächten bzw. geht auf die Vereinigten Staaten von Amerika über, sodass etwa Mexiko seine Unabhängigkeit erst durch die Revolution faktisch sichern kann. In der Karibik bauen Großbritannien, Frankreich und die Niederlande erst nach dem Zweiten Weltkrieg ihre koloniale Vorherrschaft allmählich ab, während Spanien schon Ende des 19. Jh.s seine letzten Besitzungen in diesem Raum verloren hat. *Lateinamerika*

In *Afrika* erringt etwa seit 1960 der größte Teil der schwarzafrikanischen Länder die Selbstständigkeit von Frankreich, Großbritannien und Belgien, ohne dass – von Ausnahmen wie dem Kongo (Zaïre; heute Demokratische Republik Kongo) abgesehen – die wirtschaftliche Abhängigkeit vom jeweiligen „Mutterland" abgebaut werden kann. Seit 1974 – unmittelbar nach der Veränderung der innenpolitischen Verhältnisse in Portugal, jedoch bereits nach längeren blutigen Befreiungskämpfen – endet auch für die portugiesischen Afrikabesitzungen der Kolonialstatus. Im arabisch-islamischen Nordafrika erfolgen die Loslösungen von den europäischen Mächten teils durch die Ereignisse während des Zweiten Weltkriegs (Niederlage der italienischen Kolonialmacht in Libyen), teils durch vertragliche Vereinbarungen (Ägypten, Sudan, Marokko, Tunesien, Mauretanien) oder aber nach einem erfolgreich geführten Befreiungskrieg (Algerien). *Afrika*

Der Zerfall der Kolonialreiche in *Asien* ist eine unmittelbare Auswirkung des Zweiten Weltkriegs. Die geschwächten europäischen Mächte Frankreich, Großbritannien, die Niederlande und Portugal müssen ebenso wie das unterlegene Japan fast ihre gesamten kolonialen Besitzungen aufgeben. Dadurch wird der Weg für eine eigenständige staatliche Entwicklung für den Großteil der asiatischen Völker frei. Bemühungen um politische Zusammenschlüsse entstehen allenthalben im asiatischen Raum bereits nach der Niederlage Russlands im Russisch-Japanischen Krieg von 1905, als der Mythos von der Unbesiegbarkeit der Europäer zerstört wird. Die Anstrengungen verstärken sich nach der russischen Oktoberrevolution von 1917, als die Sowjetmacht bestrebt ist, die Kolonialvölker für die kommunistische Weltrevolution zu gewinnen, wodurch sich diesen erstmals Perspektiven für einen aussichtsreichen Kampf gegen die *europäische Vorherrschaft* eröffnen. *Asien*

europäische Vorherrschaft

Unabhängig-keitserklärungen

Unabhängigkeitserklärungen seit 1945. Chronologische Übersicht

Jahr	Datum	Land	Oberhoheit
1945	10. Aug.	Korea	Japan
	17. Aug.	Indonesien	Niederlande
1946	14. April	Syrien	Frankreich
	22. Mai	Jordanien	Großbritannien
	4. Juli	Philippinen	USA
1947	15. Aug.	Indien	Großbritannien
	15. Aug.	Pakistan	Großbritannien
1948	4. Jan.	Burma	Großbritannien
	4. Febr.	Ceylon (Sri Lanka)	Großbritannien
	14. Mai	Israel	Großbritannien
1951	24. Dez.	Libyen	Italien
1954	20. Juli	Kambodscha	Frankreich
	21. Juli	Laos	Frankreich
	21. Juli	Vietnam	Frankreich
1956	1. Jan.	Sudan	Großbritannien/Ägypten
	2. März	Marokko	Frankreich/Spanien
	20. März	Tunesien	Frankreich
1957	6. März	Ghana (Goldküste)	Großbritannien
	31. Aug.	Malaya (Malaysia)	Großbritannien
1958	2. Okt.	Guinea	Frankreich
1960	1. Jan.	Kamerun	Frankreich
	27. April	Togo	Frankreich/Großbritannien
	26. Juni	Madagaskar	Frankreich
	30. Juni	DR Kongo (Zaïre, Belg.-Kongo)	Belgien
	1. Juli	Somalia	Großbritannien/Italien
	1. Aug.	Benin (Dahomey)	Frankreich
	3. Aug.	Niger	Frankreich
	5. Aug.	Obervolta (Burkina Faso)	Frankreich
	7. Aug.	Elfenbeinküste	Frankreich
	11. Aug.	Tchad	Frankreich
	13. Aug.	Zentralafrikanische Republik	Frankreich
	15. Aug.	Republik Kongo	Frankreich
	17. Aug.	Gabon	Frankreich
	20. Aug.	Senegal	Frankreich
	22. Sept.	Mali (Soudan)	Frankreich
	1. Okt.	Nigeria	Großbritannien
	19. Okt.	Mauretanien	Frankreich
1961	27. April	Sierra Leone	Großbritannien
	19. Juli	Kuwait	Großbritannien
	9. Dez.	Tanganyika (Tanzania)	Großbritannien
1962	1. Jan.	Westsamoa	Neuseeland
	1. Juli	Burundi	Belgien
	1. Juli	Rwanda	Belgien
	3. Juli	Algerien	Frankreich
	6. Aug.	Jamaika	Großbritannien
	9. Okt.	Uganda	Großbritannien
1963	1. Sept.	Singapur	Großbritannien
	10. Dez.	Zanzibar (Tanzania)	Großbritannien
	12. Dez.	Kenya	Großbritannien
1964	6. Juli	Malawi (Nyasaland)	Großbritannien
	24. Okt.	Zambia (Nordrhodesien)	Großbritannien
1965	18. Febr.	Gambia	Großbritannien
	26. Juli	Malediven	Großbritannien
1966	26. Mai	Guyana	Großbritannien
	30. Sept.	Botswana	Großbritannien
	4. Okt.	Lesotho	Großbritannien
	30. Nov.	Barbados	Großbritannien
1967	27. Nov.	Südjemen (Aden)	Großbritannien

● PLOETZ

Die Bewegung der bündnisfreien Staaten (1945–1989)

Unabhängigkeitserklärungen

Jahr	Datum	Land	Oberhoheit
1968	31. Jan.	Nauru	Großbritannien
	12. März	Mauritius	Großbritannien
	6. Sept.	Swaziland	Großbritannien
	12. Okt.	Äquatorial-Guinea	Spanien
1970	4. Juni	Tonga	Großbritannien
	10. Okt.	Fidschi-Inseln	Großbritannien
1971	4. Aug.	Bahrain	Großbritannien
	1. Sept.	Katar	Großbritannien
	2. Dez.	Vereinigte Arabische Emirate	Großbritannien
	9. Dez.	Bhutan	Indien
1973	10. Juli	Bahamas	Großbritannien
1974	7. Febr.	Grenada	Großbritannien
	10. Sept.	Guinea-Bissau	Portugal
1975	5. Juli	Kapverden	Portugal
	6. Juli	Comoren	Frankreich
	12. Juli	São Tomé/Príncipe	Portugal
	25. Juli	Mozambik	Portugal
	11. Nov.	Angola	Portugal
	25. Nov.	Surinam	Niederlande
1976	29. Juni	Seychellen	Großbritannien
1977	27. Juni	Dschibuti	Frankreich
1978	7. Juli	Salomonen	Großbritannien
	1. Okt.	Tuvalu (Ellice-Inseln)	Großbritannien
	3. Nov.	Dominica (Westindien)	Großbritannien
1979	22. Febr.	St. Lucia (Westindien)	Großbritannien
	12. Juli	Kiribati (Gilbert-Inseln)	Großbritannien
	27. Okt.	St. Vincent/Grenadines	Großbritannien
1980	18. April	Zimbabwe (Rhodesien)	Großbritannien
	30. Juli	Vanuatu (Neue Hebriden)	Großbritannien/Frankreich
1981	21. Sept.	Belize	Großbritannien
	1. Nov.	Antigua-Barbuda	Großbritannien
1983	19. Sept.	St. Kitts-Nevis	Großbritannien
1984	1. Jan.	Brunei	Großbritannien
1990	21. März	Namibia	Südafrika
	22. Dez.	Marschallinseln	USA (Treuhänder)
		Mikronesien	USA (Treuhänder)
		Nördliche Marianeninseln	USA (Treuhänder)
1991	9. April	Georgien	Sowjetunion
	24. Juni	Slowenien	Jugoslawien
	24. Juni	Kroatien	Jugoslawien
	24. Aug.	Ukraine	Sowjetunion
	25. Aug.	Weissrußland	Sowjetunion
	27. Aug.	Moldawien	Sowjetunion
	30. Aug.	Aserbaidschan	Sowjetunion
	30. Aug.	Kasachstan	Sowjetunion
	31. Aug.	Usbekistan	Sowjetunion
	31. Aug.	Kirgisistan	Sowjetunion
	6. Sept.	Estland	Sowjetunion
	6. Sept.	Lettland	Sowjetunion
	6. Sept.	Litauen	Sowjetunion
	9. Sept.	Tadschikistan	Sowjetunion
	23. Sept.	Armenien	Sowjetunion
	15. Okt.	Bosnien-Herzegowina	Jugoslawien
	27. Okt.	Turkmenistan	Sowjetunion
	19. Nov.	Mazedonien	Jugoslawien
1993	1. Jan.	Slowakei	Tschechoslowakei
	24. Mai	Eritrea	Äthiopien
1994	1. Okt.	Belau	USA (Treuhänder)
2002	19. Mai	Osttimor	Indonesien

Vor diesem Hintergrund entsteht die „Front der unterdrückten Völker Asiens" (Kongresse von Berlin 1926 und Brüssel 1927), in der bereits viele der späteren revolutionären Führer Chinas und Indochinas eine wichtige Rolle spielen.

Während des Zweiten Weltkriegs bemühen sich vor allem die Niederlande und Frankreich, aber auch Großbritannien und die USA, die Kolonialvölker Asiens und Afrikas zur Teilnahme am Kampf gegen Japan und Deutschland dadurch zu bewegen, dass sie ihnen die Gewährung der Unabhängigkeit nach Kriegsende in Aussicht stellen. Als die europäischen Mächte – nachdem Japan 1945 bei seinem Rückzug den Völkern seiner ehemaligen Besitzungen seinerseits die Unabhängigkeit gewährt hat – weder die neu entstandene Lage in Asien akzeptieren wollen noch sich überall an die eigenen Zusagen halten, kommt es hauptsächlich in den niederländischen Besitzungen in Asien sowie in den französischen Kolonialgebieten Asiens und Afrikas zu blutigen *Aufständen und Befreiungskriegen*, deren Auswirkungen zum Teil bis heute andauern.

Aufstände und Befreiungskriege

Aber auch dort, wo friedliche Lösungen für eine Entkolonialisierung gefunden werden, entstehen bald neue Spannungen, weil einerseits die ehemaligen Kolonialmächte versuchen, die weiterhin bestehende wirtschaftliche Abhängigkeit der früheren Kolonialbesitzungen aufrechtzuerhalten, und weil andererseits im Rahmen des kalten Krieges zwischen Ost und West die beiden führenden Mächte bestrebt sind, die jungen Staaten Afrikas und Asiens für das eigene Lager zu gewinnen, ohne denen jedoch den Platz für eine echte Partnerschaft einzuräumen, was schließlich den Gedanken einer Schicksalsgemeinschaft der Entkolonialisierten reifen lässt. So wird auf der Basis der *Bündnis- und Blockfreiheit* versucht, einen institutionellen Rahmen für eine internationale Vereinigung zu schaffen. Zunächst nehmen im Lager der Blockfreien Ägypten, Jugoslawien und Indien (zur Zeit der Bandung-Konferenz auch die VR China) eine führende Position ein, in den sechziger Jahren kommen Staaten wie Algerien und Kuba hinzu. Seit Beendigung der Kulturrevolution beansprucht die Volksrepublik China mehrfach die Rolle eines Fürsprechers der Dritten Welt. Diese verstärkt ihrerseits den Einfluss in der UNO und ihren Sonderorganisationen. Außerdem entstehen auch regionale Gruppierungen, die nach dem Ende des Ost-West-Konflikts im Rahmen der internationalen Beziehungen eine wachsende Rolle spielen und im betreffenden Kapitel dargestellt werden.

Afrika
Bündnis- und Blockfreiheit

Asien

Asian Relations Conference

1947
23. März Der organisatorische Weg für eine Zusammenarbeit in der Dritten Welt beginnt mit der *Asian Relations Conference* in Neu-Delhi (Teilnahme der Arabischen Liga), auf der die Idee einer Schicksalsgemeinschaft in politische Aktion umzusetzen versucht wird. Erste

1949
10. Jan. afro-asiatische Regierungskonferenz tritt in Neu-Delhi zusammen (Teilnehmer sind auch Ägypten und Äthiopien).

1951
6. Nov. In einer Rede des sowjetischen Geheimdienstchefs Berija über die Möglichkeiten der „friedlichen Koexistenz" (von Lenin entwickelte Grundsätze, auf der Konferenz von Genua 1922 erstmals vorgetragen, von der UdSSR seit 1951 als Grundsatz in der Außenpolitik hervorgehoben) wird der Gedanke eines politischen Zusammenschlusses der Dritten Welt gegenüber der Vormacht der Industriestaaten befürwortet.

Nasser

1952
23. Juli Mit der erfolgreichen Revolution in Ägypten wird der Gedanke eines Bündnissystems der Blockfreien auch für Afrika bedeutsam, weil sich ihr politischer Führer, Gamal Abdel *Nasser*, bestrebt zeigt, sein Land zum Bindeglied zwischen der islamisch-arabischen und der schwarzafrikanischen Welt werden zu lassen.

12. Dez. Die Konferenz von zwölf afro-asiatischen Staaten in Kairo legt den seither einzigen verbindlichen Grundsatz für alle Mitglieder der entstehenden Bewegung der Blockfreien fest: neutrale *Haltung im Ost-West-Konflikt* bzw. Disengagement im Hegemonialstreit der beiden Supermächte samt ihren Verbündeten.

Haltung im Ost-West-Konflikt

1954
26. April– 21. Juli Die Bewegung der Blockfreien erhält ihren entscheidenden Anstoß, als die Großmächte auf der Ostasienkonferenz in Genf lediglich die unmittelbar beteiligten Staaten, nicht aber die Vertreter der betroffenen Regionen zu Wort kommen lassen.

29. April Im Chinesisch-Indischen Abkommen über Tibet werden „Fünf Prinzipien" der Außenpolitik beider Länder vertraglich verankert: 1. Gegenseitige Achtung territorialer Integrität, 2. Nichteinmischung in innere Angelegenheiten, 3. Gleichberechtigung, 4. „friedliche Koexistenz", 5. Verzicht auf militärische Aggression.

April/Dez. Als Reaktion auf die Vorgänge der Ostasienkonferenz in Genf beschließen die Regierungschefs von Burma, Ceylon, Indien, Indonesien und Pakistan auf den Konferenzen von Kandy (Ceylon) und Bogor (Indonesien) die Einberufung einer afro-asiatischen Konferenz nach Bandung (Indonesien).

Konferenz in Bandung
„friedliche Koexistenz"

1955
18.–24. April An der *Konferenz in Bandung* nehmen Delegationen aus 23 asiatischen und sechs afrikanischen Staaten teil. Auf ihr werden *Grundsätze der* freundschaftlichen Zusammenarbeit im Sinne *der „friedlichen Koexistenz"* verabschiedet: Achtung der in der UN-Charta niedergelegten Menschenrechte und Ziele, Wahrung der Souveränität und territorialen Integrität aller Nationen, Anerkennung der Gleichheit aller Rassen und Nationen unabhängig von ihrer

Größe, Verzicht auf Intervention bzw. Einmischung in die inneren Angelegenheiten anderer Staaten, Achtung vor dem Recht jeder Nation, sich allein oder kollektiv in Übereinstimmung mit der UN-Charta zu verteidigen, Verzicht auf Verteidigungsvereinbarungen, die den besonderen Interessen einer Großmacht dienen können, Verzicht auf Aggressionsakte oder -drohungen gegen die territoriale Integrität oder politische Unabhängigkeit eines Landes, Regelung aller internationalen Streitfragen mit friedlichen Mitteln, Förderung des gegenseitigen Interesses und der Zusammenarbeit, Achtung der internationalen Rechte und Verpflichtungen. Ferner fordert die Konferenz eine allgemeine Abrüstung und das totale Verbot jeglicher nuklearer und thermonuklearer Waffen.

1956
18.–19. Juli Auf der Halbinsel Brioni (Istrien/Kroatien) verabschieden Jawaharlal Nehru (Indien), Gamal Abdel Nasser (Ägypten) und Josip Tito (Jugoslawien) eine gemeinsame Erklärung über Prinzipien und Ziele der *Nichtpaktgebundenheit*. *Nichtpaktgebundenheit*

1961
1.–6. Sept. 1. Konferenz der Blockfreien in Belgrad: In der Schlusserklärung fordern die beteiligten 25 Staaten für den Kongo (Zaïre) und für Kuba das Recht, ihr politisches und soziales System selbst zu bestimmen, verlangen eine allgemeine Abrüstung, den Stopp von Atomwaffenversuchen sowie eine Lösung der Deutschland- und Berlinfrage ohne Gewalt.

1962
9.–18. Juli Auf der in Kairo tagenden *Wirtschaftskonferenz* der Entwicklungsländer richten die Blockfreien Forderungen unterentwickelter Staaten an die Adresse der Industrienationen, ohne dass allerdings über Einzelheiten Konsens erzielt werden kann. *Wirtschaftskonferenz*

1964
5.–10. Okt. An der 2. Gipfelkonferenz der Blockfreien in Kairo nehmen bereits 46 Staaten teil. Ihr Verlauf macht deutlich, dass die ideologische Auseinandersetzung zwischen Moskau und Peking die Konsolidierung einer gemeinsamen Basis erheblich erschwert *(„Zone der Labilität")* und dass die neutrale Bündnishaltung nicht mehr ausreichend ist: Neben die Bekämpfung wirtschaftlicher Abhängigkeiten – so lautet die Forderung – müsse daher die Bekämpfung der aus der „kooperativen Bipolarität der beiden Supermächte" entstandenen Hegemonialpolitik treten. *Zone der Labilität*

1965
25. Okt. Die vorgesehene zweite afro-asiatische Gipfelkonferenz in der Fortsetzung der Konferenz von Bandung (1955) scheitert und wird auf unbestimmte Zeit vertagt, weil sich die Spannungen des chinesisch-sowjetischen Konflikts auf die an der Vorbereitung beteiligten Staaten sprengend ausgewirkt haben.

1966
3.–15. Jan. Erste *Solidaritätskonferenz* der Völker Asiens, Afrikas und Lateinamerikas in Havanna (Kuba) unter Teilnahme von Vertretern aus 82 Staaten sowie von Beobachtern aus sieben Ostblockstaaten und von 14 internationalen linksgerichteten Organisationen. In der verabschiedeten Generaldeklaration heißt es, dass der Kampf auf Leben und Tod gegen das System der imperialistischen, kolonialistischen und neokolonialistischen Unterdrückung und Ausbeutung begonnen habe. Dieses Minimalprogramm der „Entrechteten der Erde" dient seither als Leitlinie bei Verhandlungen der Dritten Welt mit den Industrienationen. *Solidaritätskonferenz*

1967
10.–24. Okt. An der *Konferenz von Algier* nehmen 77 (seither *„Gruppe der 77"*), meist blockfreie Staaten teil: Der bereits in Kairo 1962 deutlich gewordene wirtschaftspolitische Ansatz wird zum Hauptthema. Algeriens Präsident Houari Boumedienne prangert das von den Großmächten propagierte Wohlverhalten im Sinne einer „friedlichen Koexistenz" als Täuschungsmanöver an, das lediglich die Vorherrschaft der Industrienationen festschreiben solle. Entsprechend verurteilt die *„Charta von Algier"* sowohl die Ergebnisse der Kennedy-Runde (GATT) als auch die Entwicklungspolitik des Ostblocks und fordert allgemeine Zollpräferenzen für Importe von Rohstoffen, Halbfertig- und Fertigprodukten aus Entwicklungsländern, *Entwicklungshilfe* von 1 % des Bruttosozialprodukts der Industriestaaten und eine stärkere Berücksichtigung der Finanzierungshilfen für die Entwicklungsländer durch IMF und IDA (International Development Association). *Konferenz von Algier Gruppe der 77* *Charta von Algier Entwicklungshilfe*

1970
8.–10. Sept. Auf Anregung des jugoslawischen Staats- und Parteichefs Tito findet in Lusaka (Zambia) die 3. Gipfelkonferenz der Blockfreien statt. Zentralthemen der von den 54 Teilnehmerstaaten verabschiedeten Resolutionen sind der Kampf gegen Kolonialismus und Rassismus, die Beseitigung von politischer Bevormundung und neokolonialistischer Ausbeutung. Die politischen Grundsätze formuliert die „Deklaration über Frieden, Unabhängigkeit, Entwicklung, Zusammenarbeit und Demokratisierung der internationalen Beziehungen", die wirtschaftlichen sind in der „Erklärung über Blockfreiheit und wirtschaftlichen Fortschritt" niedergelegt, die insbesondere veränderte Beziehungen zwischen *Geber- und Empfängerländern* empfiehlt und eine verstärkte Kooperation auf allen wirtschaftlichen Sektoren – also eine neue Weltwirtschaftsordnung – vorschlägt. *Geber- und Empfängerländer*

Okt. Die „Gruppe der 77" legt, den Ergebnissen von Lusaka folgend, das Dokument „Internationale Strategie für die Zweite Entwicklungsdekade der Vereinten Nationen" vor.

wirtschaftliche Bedürfnisse	**1972** 8.–12. Aug.	Die Bündnisfreien fordern auf ihrer Außenministerkonferenz in Georgetown, dass die Entspannung sich nicht nur auf die entwickelten Gebiete der Erde beschränken dürfe, sondern vor allem die *wirtschaftlichen Bedürfnisse* der Entwicklungsländer berücksichtigen müsse, weil durch den weltwirtschaftlich bedingten Rückgang der Entwicklungshilfeleistungen unzumutbare Belastungen für die Länder der Dritten Welt entstanden seien.
interne Gegensätze	**1973** 5.–9. Sept.	Der Forderung der Außenministerkonferenz von Georgetown soll besonders die 4. Gipfelkonferenz der Blockfreien in Algier Nachdruck verleihen, doch erschweren *interne Gegensätze* eine gemeinsame Willensbildung (u.a. protestiert Kuba gegen Libyens Erklärung, die UdSSR sei eine imperialistische Macht; Staaten der „ersten Stunde", wie Indien und Jugoslawien, wehren sich gegen Versuche einer Institutionalisierung nichtpaktgebundener Zusammenarbeit). Die teilnehmenden 75 Staaten verabschieden eine „Politische Deklaration", die sich u.a. mit dem israelisch-arabischen Konflikt, mit dem Vietnamproblem sowie mit der Hegemonialpolitik der Supermächte befasst, eine „Wirtschaftliche Deklaration", die vor allem die nationale Souveränität über die Bodenschätze fordert, ein „Aktionsprogramm über wirtschaftliche Zusammenarbeit", das die Einrichtung eines Entwicklungs- und Solidaritätsfonds fordert, und schließlich neben weiteren 13 Einzelresolutionen eine „Deklaration über den Kampf um nationale Befreiung".
Rohstoffkonferenz	**1975** 4.–8. Febr.	Eine erneute Behandlung erfährt der Themenkreis Weltwirtschaftsordnung auf der *Rohstoffkonferenz* in Dakar (Senegal), auf der 68 Länder der Dritten Welt (darunter 57 Blockfreie) die Kontrolle über die natürlichen Reichtümer als Schlüssel ihrer wirtschaftlichen Freiheit bezeichnen und u.a. einen Sonderfonds zur Finanzierung von Reserven der Entwicklungsländer an Roh- und Grundstoffen fordern.
Gipfelkonferenz in Colombo	**1976** 16.–18. Aug.	Die 5. *Gipfelkonferenz* der Blockfreien *in Colombo* (Sri Lanka – Ceylon) beschließt insbesondere, den Koordinierungsausschuss von 17 auf 25 Mitglieder zu erweitern: Afrika zwölf Sitze (Algerien, Angola, Botswana, Guinea, Liberia, Niger, Nigeria, Sudan, Tanzania, Tchad, Zaïre, Zambia), Asien acht Sitze (Bangla Desch, Indien, Indonesien, Irak, PLO – Palästinensische Befreiungsfront, Sri Lanka, Syrien, Vietnam), Lateinamerika vier Sitze (Kuba, Guyana, Jamaika, Peru), Europa einen Sitz (Jugoslawien).
Politik Kubas	**1979** 3.–7. Sept.	Die 6. Gipfelkonferenz der Blockfreien in Havanna (Kuba) steht unter dem Vorzeichen einer grundsätzlichen politischen Auseinandersetzung. *Kuba* bemüht sich vergeblich, eine Mehrheit der Blockfreien für die Formel, „die sozialistischen Staaten seien der natürliche Verbündete der Nichtpaktgebundenen", zu gewinnen. Das Hauptinteresse der Mehrzahl der Blockfreien liegt bei jenen wirtschaftspolitischen Problemen, die vor allem die „Gruppe der 77" (inzwischen 115 Mitglieder) und in ihr die Sondergruppe der OPEC-Länder vertritt.
Gipfelkonferenz in Neu-Delhi	**1983** 7.–12. März	Die 7. *Gipfelkonferenz* der Blockfreien *in Neu-Delhi* (Indien) fordert in der „Botschaft aus Delhi" die Großmächte auf, das Wettrüsten einzustellen und die so frei werdenden Finanzmittel zur Entwicklung der Dritten Welt zu verwenden; die weltweite Wirtschaftskrise verlange nach einer weltweiten Wirtschaftsneuordnung durch Verhandlungen. Die Abschlussdeklaration erklärt angesichts der Gefahr eines Nuklearkrieges Abrüstung zur Frage des Überlebens der Menschheit. Die Sicherheit aller Staaten dürfe nicht von den Interessen der wenigen Länder abhängig sein, die Nuklearwaffen besitzen.
Namibia-Konferenz	**1985** 19. April	Die *Namibia-Konferenz* der Blockfreien in Delhi (bis 21. April) beschließt ein 17 Punkte umfassendes Aktionsprogramm zur Unabhängigkeit Namibias.
	1986 1. Sept.	Auf der 8. Gipfelkonferenz der Blockfreien in Harare (Zimbabwe) (bis 6. Sept.) wird Robert Mugabe, Präsident von Zimbabwe, neuer Vorsitzender.
	1989 4.–8. Sept.	Die 9. Gipfelkonferenz in Belgrad verabschiedet eine Deklaration über die Bereitschaft der bündnisfreien Staaten zur Zusammenarbeit mit dem Westen. Sie erklärt, dass nach der Entspannung zwischen Ost und West nun das Gefälle zwischen den armen und reichen Ländern der Welt in den Vordergrund der politischen Aufmerksamkeit treten müsse.
	1989/1991	Nach dem Ende des Ost-West-Konflikts geht die Geschichte der Bündnisfreien-Bewegung in den Ost-West-Beziehungen auf.

Internationale Beziehungen seit 1992
(Forts. v. S. 1355, 1373, 1385)

Nach dem Auseinanderfallen des Sowjetblocks tritt die multipolare Gliederung der Weltpolitik stärker hervor, die bisher vom Ost-West-Konflikt überlagert wurde. Regionale Gruppierungen und Zusammenschlüsse wie NATO, EG/EU, KSZE/OSZE, ASEAN und andere, aber auch Regionen übergreifende Organisationen (UNO und Sonder- bzw. Hilfsorganisationen) gewinnen als Strukturelemente der internationalen Beziehungen an Bedeutung, ohne die Nationalstaaten als Akteure der Außenpolitik abzulösen. Die USA als einzige verbliebene Supermacht bringen ihren Einfluss als Mitglied zahlreicher supranationaler Organisationen wie auch auf staatlicher Ebene zur Geltung. Unter den wenigen Großmächten mit eigenem Gewicht tritt vor allem China hervor. Bemühungen um Kontrolle und Abbau von Rüstung und um internationale Sicherheit werden fortgesetzt. Besondere Kennzeichen dieser Epoche sind die seit 1992 weiter zunehmende Vernetzung und Globalisierung der internationalen Beziehungen, die deshalb in diesem Kapitel integriert dargestellt werden. Dagegen ist der Entwicklung der Weltorganisationen und der Weltwirtschaft ein eigenes durchgehendes Kapitel gewidmet, weil bei diesem Themenbereich die Kontinuität seit 1945 den zeitgeschichtlichen Einschnitt 1989/91 überwiegt.

1992
14. Febr. Auf der 3. *Gipfelkonferenz der Gemeinschaft Unabhängiger Staaten* (GUS; gegründet von elf ehemaligen Sowjetrepubliken im Vertrag von Alma-Ata am 21. Dez. 1991) scheitert eine Einigung über ein gemeinsames militärisches Oberkommando aller GUS-Staaten. — *GUS-Gipfel*

8. März In den USA wird ein Strategiepapier veröffentlicht, das aus Sicht der US-Regierung die weltweite Präsenz amerikanischer Streitkräfte nach dem Ende der „kommunistischen Herausforderung" neu legitimiert.

24. März– 10. Juli Ein Folgetreffen der KSZE in Helsinki verabschiedet ein neues Regelwerk zur Konfliktbewältigung. Am Rande der Eröffnung unterzeichnen die Außenminister der NATO-Staaten sowie der Staaten des ehemaligen Warschauer Paktes einen „Vertrag über den offenen Himmel", der militärische Aktivitäten transparenter machen soll.

2. Mai Unterzeichnung des Abkommens zur Bildung eines Europäischen Wirtschaftsraumes (EWR) durch 19 Staaten (EG und EFTA) in Porto (Portugal).

22. Mai Frankreich und die Bundesrepublik Deutschland beschließen die Aufstellung eines *Euro-Korps* integrierter Streitkräfte unter gemeinsamem Oberbefehl. — *Euro-Korps*

19. Juni Die Außen- und Verteidigungsminister der WEU-Staaten beschließen in Bonn (Petersberger-Erklärung), dass Truppen der WEU-Staaten künftig für UN-Einsätze zur Verfügung stehen.

14.–15. Dez. Die 3. Außenministerkonferenz der KSZE-Staaten beschäftigt sich mit der Stärkung der operativen Fähigkeiten der KSZE durch strukturelle Reformen. Die KSZE erhält einen Generalsekretär.

17. Dez. Der Nordatlantikrat der NATO erklärt seine Bereitschaft, friedenserhaltende Operationen unter der Autorität der UNO zu unterstützen.

21. Dez. Nach der gemeinsamen Erklärung vom 15. Febr. 1991 in Visegrád (Ungarn), *Gründung der CEFTA* (Central European Free Trade Association) in Krakau durch Polen, Ungarn und die ČSFR (seit der Auflösung der ČSFR am 1. Jan. 1993 sind die Slowakei und die Tschechische Republik Mitglieder). — *Gründung der CEFTA*

1993 In-Kraft-Treten des *EG-Binnenmarktes* (1. Jan.). — *EG-Binnenmarkt*

3. Jan. USA und Russland unterzeichnen in Moskau den START-II-Vertrag (Strategic Arms Reduction Talks), der bis zum Jahre 2003 eine Reduzierung des strategischen Atomwaffenpotenzials der beiden Staaten um 60% vorsieht.

2. Aug. Das EWS gibt die enge Kursanbindung frei und setzt neue Bandbreiten zur Harmonisierung der Wechselkurse der Mitgliedsstaaten fest.

29. Okt. EG-Sondergipfel in Brüssel: Die Staats- und Regierungschefs der EG-Staaten legen die Standorte verschiedener Organe der Europäischen Union fest, u. a. Frankfurt/Main als Sitz des Europäischen Währungsinstituts (EWI) und Den Haag als Sitz der europäischen Polizeibehörde Europol.

1. Nov. Der *Vertrag von Maastricht* (Europäische Union), unterzeichnet von den EG-Außen- und Finanzministern am 7. Febr. 1992, tritt in Kraft. — *Vertrag von Maastricht*

1994
10.–11. Jan. Während der NATO-Gipfelkonferenz in Brüssel wird das Programm „*Partnerschaft für den Frieden*" verabschiedet: Ziel ist u. a. die Vorbereitung der osteuropäischen Staaten auf eine mögliche NATO-Mitgliedschaft. — *Partnerschaft für den Frieden*

14. Jan. Die Präsidenten der USA und Russlands, Bill (William Jefferson) Clinton und Boris N. Jelzin unterzeichnen die „Moskauer Erklärung", in der sie sich verpflichten, keine Atomwaffen mehr auf den jeweils anderen Staat zu richten.

29. Sept. Manfred Wörner, NATO-Generalsekretär seit 1987, stirbt.

	27.–28. Nov.	Norwegen lehnt per Referendum den Beitritt zur Europäischen Union ab.
OSZE	5.–6. Dez.	KSZE-Gipfeltreffen in Budapest: Die KSZE wird in *OSZE* (Organisation für Sicherheit und Zusammenarbeit in Europa) umbenannt.
	9.–10. Dez.	Auf der Tagung des Europäischen Rates in Essen beschließen die Staats- und Regierungschefs eine Strategie zur Erweiterung der EU um die mittel- und osteuropäischen Staaten.
	1995	Österreich, Finnland und Schweden werden Mitgliedsstaaten der EU (1. Jan.).
Zweites Schengener Abkommen	26. März	Das *Zweite Schengener Abkommen* über den Wegfall von Personenkontrollen an den EU-Binnengrenzen (zwischen den Benelux-Staaten, der Bundesrepublik Deutschland, Frankreich, Portugal und Spanien) sowie deren Verlegung an die Außengrenzen tritt in Kraft.
Atomwaffensperrvertrag	17. April–12. Mai	Konferenz zur Überprüfung des 1968 unterzeichneten *Atomwaffensperrvertrages* in Genf. Nach langen Kontroversen über die so genannten atomaren Schwellenländer wie Indien, Israel und Pakistan wird der Vertrag verlängert.
	31. Mai	Der russische Außenminister Kosyrew nimmt formell das NATO-Programm „Partnerschaft für den Frieden" an, lehnt jedoch weiterhin eine Osterweiterung der NATO ab. Russland erhält innerhalb dieser Partnerschaft einen Sonderstatus.
Generalversammlung der OAS	5.–7. Juni	Auf der 25. *Generalversammlung der Organisation Amerikanischer Staaten* (OAS) wird der Boykott der USA gegen Kuba verurteilt.
	26. Juli	In Brüssel unterzeichnen die Botschafter der EU-Staaten die Konvention über die Errichtung der europäischen Polizeibehörde Europol.
	27.–28. Nov.	Euro-Mittelmeer-Konferenz in Barcelona: Teilnehmer sind die Außenminister der EU sowie der zwölf südlichen und östlichen Anrainerstaaten des Mittelmeeres. Geplant wird eine Freihandelszone bis zum Jahre 2010.
NATO – UNO	15. Dez.	Die *NATO* wird vom *UN*-Sicherheitsrat ermächtigt, mit dem Einsatz der unter NATO-Kommando stehenden internationalen Friedenstruppe IFOR (Implementation Force) in Bosnien das Friedensabkommen von Dayton durchzusetzen.
europäische Währung	15.–16. Dez.	Treffen des Europäischen Rates in Madrid. Die Staats- und Regierungschefs einigen sich auf den EURO als gemeinsame *europäische Währung*. Sie soll zum 1. Jan. 1999 eingeführt werden.
	1996	Russland wird 39. Mitglied des Europarates (28. Febr.).
	1./2. März	1. ASEM-Gipfel (Asia-Europe Meeting) in Bangkok (Thailand). 25 Staats- und Regierungschefs der ASEAN- und der EU-Staaten sowie der VR China, Japans und Südkoreas beraten über mögliche Formen der Kooperation.
Rinderseuche BSE	25. März	Um die weitere Ausbreitung der *Rinderseuche BSE* zu verhindern, verhängt der ständige Veterinärausschuss der EU gegen Großbritannien ein Ausfuhrverbot für Rindfleisch und lebende Rinder in die Staaten der Europäischen Union und Drittstaaten.
	12.–13. April	EU-Konferenz in Brüssel zum Wiederaufbau Bosnien-Herzegowinas: Die Teilnehmer einigen sich auf 1,23 Mrd. US-Dollar Finanzhilfe an Bosnien-Herzegowina für das Jahr 1996.
	3. Juni	Auf Beschluss der Außenminister der NATO tritt das Konzept der „Combined Joint Task Forces" (CJTF; Entwicklung „trennbarer, jedoch nicht getrennter" NATO-Kapazitäten) in Kraft, welches den europäischen Ländern einen militärischen Einsatz ohne die USA ermöglicht.
	1997 29. April	Das „Übereinkommen über das Verbot der Entwicklung, Herstellung und Lagerung und des Einsatzes chemischer Waffen", das 165 Mitgliedsstaaten der UNO unterzeichnet haben, tritt in Kraft.
	27. Mai	Die Staats- und Regierungschefs der NATO-Staaten, der russische Präsident Jelzin und NATO-Generalsekretär Javier Solana (*1942) unterzeichnen in Paris einen Sicherheitsvertrag, wonach sich die NATO und Russland nicht länger als Gegner betrachten. Ein „Ständiger Gemeinsamer NATO-Russland-Rat" wird geschaffen.
EAPC-Gründung	30. Mai	Auf der Ministertagung des Nordatlantikrats in Sintra (Portugal) verständigen sich die Mitgliedsstaaten der NATO und 27 weitere europäische Länder auf die *Gründung des Euro-Atlantischen Partnerschaftsrats* (EAPC) mit den NATO-Staaten, den Ländern des ehemaligen Warschauer Paktes sowie bündnisfreien Staaten wie Finnland, Österreich, Schweden und der Schweiz als Mitgliedern.
UN-Konflikt mit Irak	29. Okt.–20. Nov.	Im *Konflikt* um die Ausweisung US-amerikanischer Waffeninspektoren der *UNO* aus *Irak* (29. Okt) isolieren sich die USA in der ehemaligen Golfkriegsallianz mit der Forderung nach militärischen Sanktionen; Schlüsselrolle Russlands bei diplomatischen Bemühungen.
	Dez.	Wie Ende 1996 sind in Europa rd. 18 Mio. Menschen ohne Arbeit.
	3.–4. Dez.	125 Staaten (außer den USA, der VR China und Russland) unterzeichnen in Ottawa ein Abkommen über das Verbot von Antipersonen-Minen.

Die Organe der EU

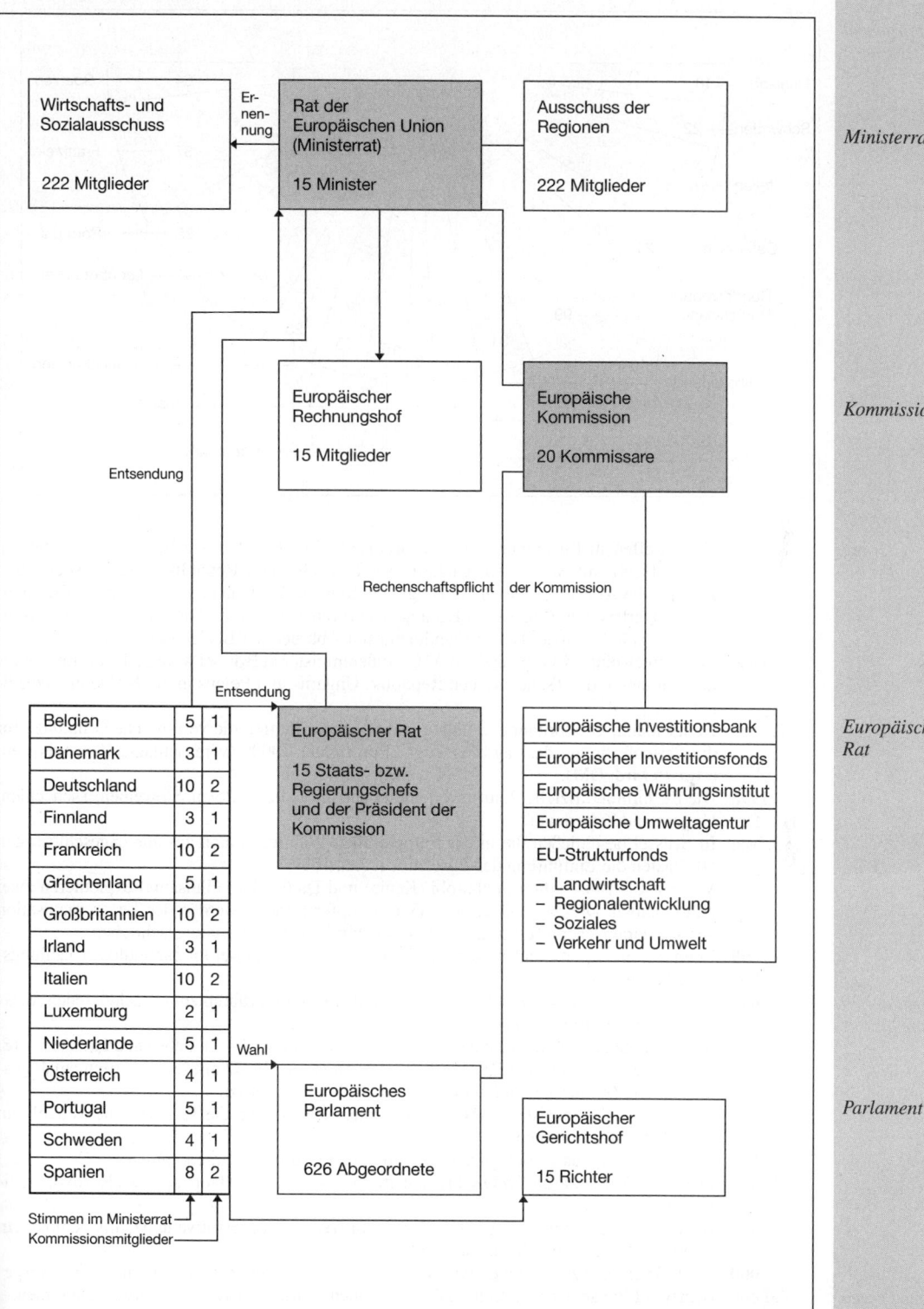

Ländersitze im Europaparlament

Sitzverteilung nach Ländern im Europäischen Parlament

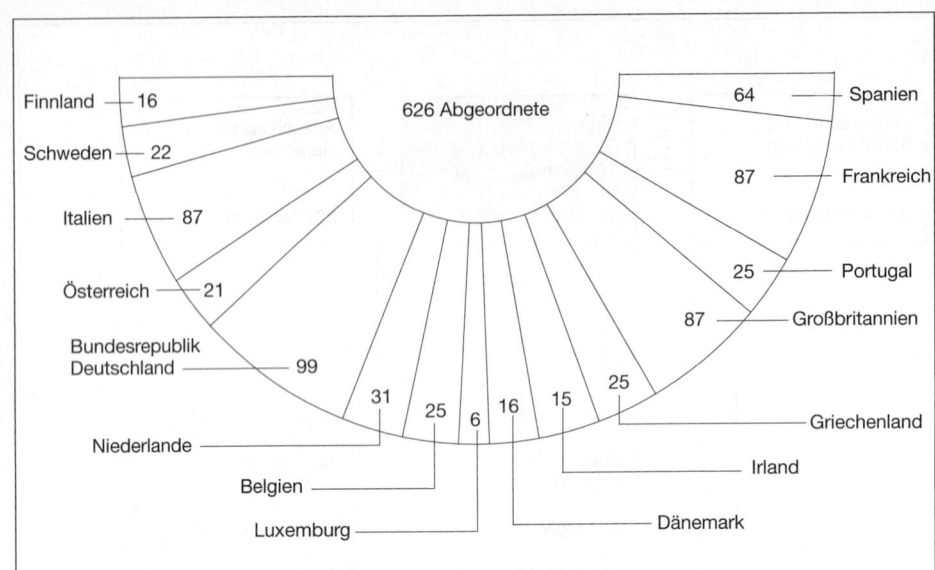

Osterweiterung der EU

12.–13. Dez. Gipfeltreffen in Luxemburg zur *Osterweiterung der EU:* Direkte Beitrittsverhandlungen (April 1998) mit Slowenien, Ungarn, der Tschechischen Republik, Polen, Estland und Zypern; die Anwärter Rumänien, Bulgarien, Slowakei, Litauen und Lettland werden in einem längerfristigen Prozess der EU angenähert (ab März 1998). Die Türkei reagiert auf ihren Ausschluss von der Beitrittskandidatur mit Abbruch der Beziehungen zur EU.

16. Dez. Im Rahmen einer Konferenz der NATO-Außenminister in Brüssel werden die Protokolle für die Aufnahme der Tschechischen Republik, Ungarns und Polens in die NATO unterzeichnet.

22. Dez. Deutschland, Großbritannien, Italien und Spanien schaffen die vertragliche Grundlage für die Serienfertigung des Jagdflugzeugs „Eurofighter 2000" (veranschlagte Gesamtkosten: etwa 75 Mrd. DM).

1998
31. März Die EU nimmt offizielle Beitrittsverhandlungen mit Estland, Polen, Slowenien, Tschechien, Ungarn und Zypern auf.

Euro

3. Mai In Brüssel beschließen die in der Europäischen Währungsunion zusammengeschlossenen elf Staaten die Einführung des *Euro* zum 1. Jan. 1999.

7. Aug. Vor den US-Botschaften in Nairobi (Kenia) und Daressalam (Tansania) explodieren zwei Autobomben. Die Anschläge, die 263 Todesopfer fordern, werden der Terrororganisation des saudiarabischen Multimillionärs Osama bin Laden (* 1956) zugeschrieben.

1999
1. Jan. In elf europäischen Ländern wird der Euro als Zahlungsmittel im bargeldlosen Zahlungsverkehr eingeführt.

Rücktritt der 20 EU-Kommissare

16. März Schwere Vorwürfe wegen Misswirtschaft und Korruption führen zum geschlossenen *Rücktritt der 20 EU-Kommissare.*

Kosovo

24. März Nach dem Scheitern der Verhandlungen von Rambouillet (7.–23. Febr.) und Paris (15.–18. März) über den Status der Provinz *Kosovo* beginnt die NATO mit Luftangriffen auf Jugoslawien. Die Militäroperation wird bis zum 20. Juni fortgesetzt.

23. April Auf der 50-Jahr-Feier der NATO werden Polen, Ungarn und die Tschechische Republik in die NATO aufgenommen.

27. April Als erste Kaukasus-Nation wird Georgien in den Europarat aufgenommen.

12. Juni Die ersten Verbände der KFOR-Friedenstruppe rücken in die Hauptstadt des Kosovo, Priština, ein.

13. Juni Bei den Wahlen zum Europäischen Parlament werden Konservative und Christdemokraten führende Kraft vor den Sozialisten.

Boykottmaßnahmen gegen Österreich

2000
4. Febr. Die EU verhängt *Boykottmaßnahmen gegen Österreich* wegen der Beteiligung der rechtsgerichteten FPÖ an der Regierung. Die Sanktionen werden am 12. Sept. zurückgenommen.

21. April Die russische Staatsduma ratifiziert den internationalen Atomteststoppvertrag. Der US-Senat hat dagegen im Okt. 1999 eine Ratifizierung abgelehnt.

28.–31. Okt.	Die 31. Gipfelkonferenz des Pazifik-Insel-Forums, dem 16 Staaten und Territorien im Pazifik angehören, billigt die sog. Biketawa-Erklärung, wonach es erlaubt sein soll, Mitgliedsländer zu kritisieren, die vom Weg der Demokratie abkommen.
11. Dez.	Bei der Tagung des Europäischen Rates in Nizza werden Beschlüsse über die für eine Erweiterung der EU notwendigen institutionellen Reformen beschlossen. Der Vertrag von Nizza wird am 26. Febr. 2001 unterzeichnet.
2001 3. Febr.	Auf der internationalen Konferenz für Sicherheitspolitik in München bekräftigen die USA ihre Pläne zum *Aufbau einer nationalen Raketenabwehr*.
31. Mai	Das Europäische Parlament verlangt, die Abstimmung über den Vertrag von Nizza so lange auszusetzen, bis ein Konvent aus Vertretern des EP, der nationalen Parlamente, der Mitgliedstaaten und der Kommission darüber befunden hat.
9.–11. Juli	Auf der 37. und letzten Gipfelkonferenz der Organisation der Afrikanischen Einheit (OAU) in Lusaka (Sambia) beschließen deren Mitglieder eine Auflösung der Organisation zugunsten einer Afrikanischen Union (AU), die nach dem Vorbild der Europäischen Union strukturiert sein soll; u. a. sind ein panafrikanisches Parlament, eine Exekutivkommission, eine Zentralbank und ein gemeinsamer Gerichtshof vorgesehen.
22. Aug.	Die NATO beginnt in Mazedonien mit der *Entwaffnung der Rebellenarmee UCK* (Operation „Essential Harvest").
20. Sept.	US-Präsident George W. Bush gibt das Programm einer weltweiten Terrorbekämpfung bekannt. Unter anderem wird das Taliban-Regime in Afghanistan aufgefordert, die mutmaßlichen Drahtzieher der Anschläge vom 11. Sept. in New York und Washington (Angriffe auf das World Trade Center und das Pentagon) auszuliefern.
2. Okt.	Als Reaktion auf die Anschläge vom 11. Sept. ruft die NATO erstmals in ihrer Geschichte den Verteidigungsfall aus.
7. Okt.	Beginn der US-Angriffe auf Afghanistan.
13. Dez.	Die USA steigen aus dem 1972 mit der damaligen UdSSR geschlossenen ABM (Anti Ballistic Missile) -Vertrag aus.
2002 1. Jan.	In der durch den Beitritt Griechenlands auf 12 Staaten angewachsenen Europäischen Währungsunion kommt das *Euro-Bargeld in Umlauf*.
29. Jan.	US-Präsident Bush spricht in einer Rede zur Lage der Nation von einer „Achse des Bösen", die den Weltfrieden durch das Horten von Massenvernichtungswaffen bedrohe, und nennt in diesem Zusammenhang die Staaten Irak, Iran und Nordkorea.
13. Mai	Die USA und Russland kommen überein, die Zahl ihrer nuklearen Sprengköpfe um zwei Drittel zu reduzieren. Die Waffen sollen allerdings nicht alle zerstört, sondern zum Teil nur außer Dienst gestellt werden.
28. Mai	Auf dem Luftwaffenstützpunkt Pratica di Mare bei Rom wird ein *Kooperationsabkommen zwischen Russland und der NATO* unterzeichnet.
27. Jun.	Die in Kanada tagende Runde der G-8 nimmt Russland als vollwertiges Mitglied auf.
13. Juli	Der UN-Sicherheitsrat bestätigt die *Immunität von US-Soldaten* bei UN-Missionen. Damit ist ein wochenlanges Tauziehen beendet, das zuletzt die UN-Mission in Bosnien zu gefährden drohte. Hintergrund ist die Weigerung der USA, das Statut des Internationalen Strafgerichtshofes anzuerkennen.
15. Juli	Die neue Währung Euro erreicht erstmals Parität mit dem Dollar.

Marginalia: *Aufbau einer nationalen Raketenabwehr*; *Entwaffnung der Rebellenarmee UCK*; *Euro-Bargeld im Umlauf*; *Kooperationsabkommen Russland – NATO*; *Immunität von US-Soldaten*

Die Regionen und die Einzelstaaten seit 1945

Europa seit 1945

Mitteleuropa seit 1945

Deutschland seit 1945
(Forts. v. S. 902)

Besatzungszeit (1945–1949)

Besetzung und Aufteilung
Die 1945 vollzogene *Besetzung und Aufteilung* deutschen Territoriums in vier Besatzungszonen durch die vier alliierten Siegermächte sowie die Abtrennung deutscher Gebiete östlich der Oder-Neiße-Linie, die unter polnische und sowjetische Verwaltung gestellt werden, bedeuten zwar im völkerrechtlichen Sinn noch keine Zergliederung des Deutschen Reiches, sie zerschlagen jedoch de facto die historisch gewachsenen Raumordnungen mit ihren Wechselbeziehungen.

Die polykratische Staatslenkung im Dritten Reich hatte schon vor Kriegsende die Verwaltung des Reiches, der Länder und Gemeinden stark fragmentarisiert, die Zuständigkeiten zahlreicher Verwaltungszweige ausgehöhlt und durch Kompetenzverlagerungen, Personalunionen und organisatorische Überschneidungen ein wirres Netz von politischen und administrativen Verflechtungen zwischen dem Staat einerseits und den nationalsozialistischen Institutionen andererseits geschaffen, ein Netz, das nur durch die Zentralgewalt des „Führers und Reichskanzlers", der hohen Parteiführer und der Reichsministerien zusammengehalten wurde. Die Beseitigung der obersten Reichsbehörden, die Auflösung der Parteiorganisationen und die Teilung Deutschlands, die ja nicht nur das Reichsgebiet mit seinen Verwaltungsgliederungen, sondern auch die ehemaligen Länder, vor allem Preußen, betraf, lässt auf allen Ebenen eine *Verwaltungsbehörden* Anzahl unzusammenhängender und untereinander isolierter, kaum handlungsfähiger *Behörden* entstehen, die sich zunächst nur notdürftig selbst reorganisieren und ab Herbst 1945 von den jeweiligen Besatzungsmächten provisorisch geordnet werden. Die Geschichte der Bundesrepublik Deutschland ist daher *Wiederaufbau* zum Teil die Geschichte des *Wiederaufbaus* des Staatswesens.

Die Niederlage und Teilung Deutschlands lösen gewaltige Wanderbewegungen der deutschen Bevölkerung von Ost nach West aus (Ergänzung des Flüchtlingsstroms aus den ehemaligen deutschen Ostgebie-
Flüchtlinge ten nach 1945 durch Flüchtende aus der SBZ/DDR). Da die *Flüchtlinge* und Vertriebenen durchweg mittellos sind, entstehen erhebliche Versorgungs- und Unterbringungsprobleme, was auf lange Sicht eine Neuordnung der gesellschaftlichen Verhältnisse erfordert.

Die Teilung des Deutschen Reiches zerschneidet außerdem aufeinander eingespielte Wirtschaftsräume. So haben vor Kriegsende die deutschen Ostgebiete Grundnahrungsmittel in großen Mengen in die Städte des Westens geliefert. Die Industrien in Mitteldeutschland, Berlin und Sachsen haben Halbfertigfabrikate und feinmechanische Produkte für die Schwerindustrie im Ruhrgebiet hergestellt, die ihrerseits Kohle und Stahl im Osten absetzte. Eine der Hauptwirtschaftsadern (entlang Reichsstraße 1 von Aachen nach *Abkapselungspolitik* Königsberg) wird unterbrochen und durch *Abkapselungspolitik* zerstört.

Dieser Tatbestand führt kurzfristig zu erheblichen Schwierigkeiten bei der Wirtschaftsplanung und langfristig zu weit reichenden Umorientierungen der Wirtschaftsräume Westdeutschlands. Dabei behalten die westlichen Besatzungsmächte nach 1945 das im Krieg errichtete Planungssystem mit seinen Steuerungsmechanismen weit gehend bei; es funktioniert jedoch mehr schlecht als recht, da jede einzelne Militär*alliierte Wirtschaftspolitik* regierung eine eigene *Wirtschaftspolitik* betreibt: Die Briten neigen zur Zentralisierung auf Zonenebene mit Hilfe von Restelementen der ehemaligen Reichsverwaltung, die USA bevorzugen einen föderativen Aufbau im Rahmen der Länder ihrer Zone, die Franzosen schließlich tendieren zu einer vollständigen Regionalisierung. Erst der Entschluss der US-Regierung, Europa wieder aufzubauen und zumindest Westdeutschland mit einzubeziehen, führt 1946 in Absprache mit Großbritannien zum Zusammenschluss der Wirtschaftsräume beider Zonen (Bizone) und damit zu einer weiträumigen Planung und Verwaltung So wird schon im Herbst 1947, also noch vor der Währungsreform von 1948, die Stagnation im Bereich der Industriegüterproduktion endgültig überwunden. Unter anderem auf dieser Leistung basiert der wirtschaftliche Aufschwung der späteren Bundesrepublik.

● PLOETZ

Die Landwirtschaft ist 1945 nicht in der Lage, die Versorgung der Bevölkerung sicherzustellen. Eine entscheidende Steigerung der Erträge gelingt bis zur Gründung der Bundesrepublik nicht, eine der Ursachen für das *soziale Elend* in der Besatzungszeit.

soziales Elend

Im politischen Raum hinterlässt das Dritte Reich ein Vakuum, das die Besatzungsmächte zu füllen suchen. Die Demokratisierungsvorstellungen der Militärregierungen sind jedoch von den unterschiedlichen heimischen Vorbildern und Verhaltensmustern geprägt, weswegen die Verhältnisse in den einzelnen Zonen bald auseinander streben. So neigen die USA und Großbritannien dazu, ein Zwei-Parteien-System sowie Industriegewerkschaften zu errichten; die Franzosen zeigen kein Interesse an einer raschen Entfaltung des politischen Lebens, wogegen die Sowjets schon im Sommer 1945 die Bildung von mehreren Parteien und einer Einheitsgewerkschaft zulassen. Die politischen Kräfte in Deutschland ihrerseits sind bestrebt, an den demokratischen Traditionen der Weimarer Republik anzuknüpfen, andererseits aber auch deren Verfassungsschwächen zu vermeiden. Allein die Kommunisten weisen das Vorbild Weimars ab und lehnen sich an das sowjetische Vorbild für eine künftige Politik in Deutschland an. Aus diesen Ansätzen heraus treten alsbald Tendenzen zu einer *inneren Spaltung Deutschlands* auf, die dann im kalten Krieg zwischen den Westmächten und der Sowjetunion zur Realität wird.

innere Spaltung Deutschlands

1945
7./9. Mai *Kapitulation* der deutschen Wehrmacht: Im Auftrag von Großadmiral Karl Dönitz, Nachfolger Hitlers, unterzeichnen General Alfred Jodl im US-Hauptquartier in Reims (7. Mai) und Generalfeldmarschall Wilhelm Keitel im sowjetischen Hauptquartier in Berlin-Karlshorst (9. Mai) die Urkunden.

Kapitulation

5. Juni Aufteilung des Deutschen Reiches in vier Besatzungszonen: eine sowjetische, französische, britische und amerikanische.
Die vier Militärgouverneure Dwight D. Eisenhower (USA), Georgij Konstantinowitsch Schukow (UdSSR), Bernard Law Montgomery (Großbritannien) und Jean de Lattre de Tassigny (Frankreich) übernehmen die oberste Gewalt in Deutschland und in den jeweiligen vier Zonen: Viermächteerklärung von Berlin.

Anfang Juli Die Streitkräfte der alliierten Siegermächte rücken in die zuvor vereinbarten Besatzungszonen ein.

17. Juli– Auf der *Potsdamer Konferenz* einigen sich die Siegermächte hinsichtlich der Behandlung
2. Aug. des Deutschen Reiches:
1. Sie bekunden ihre Absicht, das deutsche Volk nicht zu vernichten oder zu versklaven, sondern ihm zu helfen, das politische Leben wieder auf demokratischer Grundlage herzustellen.
2. Die vier Oberbefehlshaber sollen gemeinsam die oberste Gewalt ausüben.
3. Deutsche „zentrale Verwaltungsabteilungen" sollen unter Leitung eines zu bildenden *Alliierten Kontrollrates* (Errichtung am 30. Aug.), der sich aus den Oberbefehlshabern der vier Siegermächte zusammensetzt, staatliche Aufgaben (Finanzen, Transport, Verkehr, Industrie, Außenhandel) übernehmen.
4. Die *deutsche Wirtschaft* ist zu dezentralisieren und unter alliierte Kontrolle zu stellen (Deutschland soll aber als wirtschaftliche Einheit behandelt werden); das Hauptgewicht soll auf dem Ausbau der Landwirtschaft liegen.
5. Die Gebiete des Deutschen Reiches östlich der Oder und der Görlitzer-Neiße werden aus der Zuständigkeit des Kontrollrates herausgenommen und sowjetischer bzw. polnischer Verwaltung unterstellt.
6. Deutschland ist zu entmilitarisieren und zu entnazifizieren; die Führer des Dritten Reiches sollen vor einem *Internationalen Militärtribunal* (Nürnberger Prozesse) zur Verantwortung gezogen werden.
Die USA schlagen vor, die UdSSR solle ihre Reparationswünsche gegenüber Deutschland durch Entnahmen aus der eigenen Besatzungszone befriedigen und den Anspruch auf die Hälfte der auf der Konferenz in Jalta (4.–11. Febr. 1945) vereinbarten Reparationen in Höhe von 20 Mrd. US-Dollar aufgeben. Die UdSSR lehnt ab und stellt auch später immer wieder diese Forderung. Erste Anzeichen eines Konflikts der beiden Großmächte.

Potsdamer Konferenz

Alliierter Kontrollrat

deutsche Wirtschaft

Internationales Militärtribunal

8. Aug. Schaffung des Internationalen Militärtribunals in *Nürnberg*. Die *Prozesse* beginnen im November 1945 gegen 22 Hauptkriegsverbrecher, denen u.a. Bruch von Verträgen, Verbrechen gegen die Kriegsführung und Massentötungen vorgeworfen werden.

Nürnberger Prozesse

30. Aug. Errichtung des Alliierten Kontrollrates in Berlin. Er besteht aus den vier Oberbefehlshabern, einem Koordinationsausschuss und Vertretern der Oberbefehlshaber. – Das Saargebiet wird durch eine französische Kommission verwaltet und in der Folge Frankreich v.a. wirtschaftlich angegliedert unter Wahrung einer gewissen Autonomie.

20. Sept. Der Alliierte Kontrollrat hebt 25 grundlegende nationalsozialistische Gesetze auf.

20. Dez. Der Alliierte Kontrollrat veröffentlicht „Gesetz Nr. 10" über die Bestrafung von Personen, die sich durch Kriegsverbrechen, Verbrechen gegen Frieden oder Menschlichkeit schuldig gemacht haben.

Direktive Nr. 24	**1946** 12. Jan.	Mit der *„Direktive Nr. 24"* leitet der Alliierte Kontrollrat die systematische Entfernung von „Nationalsozialisten" und Personen, die den alliierten Bestrebungen feindlich gegenüberstehen, aus öffentlichen Ämtern und Führungspositionen in der Industrie ein.
	28. März	Der Alliierte Kontrollrat veröffentlicht einen Plan über die deutsche Nachkriegswirtschaft, der eine Übersicht über zugelassene Rohstoffe und Fertigungsindustrien gibt. Die Produktionshöhe soll 50 bis 55% des Maximums von 1938 betragen. Eine Reihe von Industriezweigen, u.a. die Herstellung von synthetischen Treibstoffen, Kugel- und Rollagern sowie Funksenderausrüstungen, soll verboten, die der Chemie, des Maschinenbaus, der Elektro- und Optikindustrie soll drastisch eingeschränkt bleiben. (April: Beginn der Demontagen).
	20. Juli	Der amerikanische Gouverneur stellt im Kontrollrat den Antrag, in den vier Zonen fünf zentrale Wirtschaftsverwaltungen zu errichten. Frankreich und die UdSSR lehnen ab.
Nürnberger Prozesse: Urteile	30. Sept.– 1. Okt.	Verkündung des Urteils in den *„Nürnberger Prozessen"*. Von den sog. Hauptkriegsverbrechern werden zwölf mit dem Tode bestraft, sieben werden zu erheblichen Freiheitsstrafen verurteilt, in drei Fällen wird Freispruch zuerkannt. Die Korps der politischen Leiter von SS, SD und Gestapo werden für verbrecherische Organisationen erklärt. An die Nürnberger Prozesse schließen sich zwölf, aufgrund der Ermächtigung des Kontrollrates vom 20. Dez. 1945 in der Zuständigkeit der US-Administration durchgeführte, so genannte „Nachfolgeprozesse" u.a. gegen Diplomaten, Militärs, Wirtschaftsführer und Juristen an.
	12. Okt.	Die „Kontrollratsdirektive Nr. 38" regelt die Verhaftung und Bestrafung von „Kriegsverbrechern, Nationalsozialisten und Militaristen". Sie teilt die Betroffenen in fünf Kategorien ein: I. Hauptschuldige, II. Belastete, III. Minderbelastete, IV. Mitläufer, V. Entlastete.
Auflösung Preußens	**1947** 25. Febr.	„Der Staat *Preußen*, seine Zentralregierung und alle nachgeordneten Behörden" werden durch das alliierte Kontrollratsgesetz Nr. 46 *aufgelöst*.
Ministerpräsidenten-Konferenz	6.–8. Juni	Treffen aller deutschen *Ministerpräsidenten* in München: Beratungsthemen sind die wirtschaftliche Einheit und die politische Zusammenfassung. Nachdem die westdeutschen Vertreter lediglich die Befugnis haben, über Wirtschaftsfragen zu verhandeln und daher die Forderung abgelehnt wird, Fragen einer deutschen Zentralregierung zu erörtern, reisen die sowjetzonalen Vertreter vorzeitig ab.
	1948 20. März	Aus Protest gegen die Beschlüsse der Londoner Konferenz (6. März) verlässt der sowjetische Vertreter den Alliierten Kontrollrat, der dadurch de facto seine Tätigkeit einstellt.
OEEC	16. April	Einbeziehung der britisch-amerikanischen und der französischen Zone in die *Organisation für wirtschaftliche Zusammenarbeit in Europa* (OEEC).
Berlin-Blockade	24. Juni	Die UdSSR ordnet als Antwort auf die Währungsreform der Westzonen eine vollständige *Blockade der Westsektoren Berlins* an, die den Interzonenverkehr zu Wasser und zu Lande unterbindet. Im Gegenzug organisieren die Westmächte über einen Zeitraum von 11 Monaten hinweg eine Luftbrücke nach West-Berlin.

Die Westzonen (1945–1949)

Errichtung der Länder	**1945** 28. Mai	Die US-Militärregierung ernennt den letzten Vorsitzenden der Bayerischen Volkspartei Fritz Schäffer (*1888, †1967) zum bayerischen Ministerpräsidenten.
	4.–7. Aug.	Die US-Militärregierung beschließt, Nord-Württemberg und Nord-Baden zum Land Württemberg-Baden mit Stuttgart als Regierungssitz zusammenzufassen.
	Sept.	Die US-Militärregierung beschließt die Errichtung des Landes Hessen (15./16.).
	19. Sept.	Die US-Militärregierung überträgt eine Reihe von Kompetenzen des Reiches auf die Länder ihrer Zone zur treuhänderischen Verwaltung. Sie leitet den Prozess der Föderalisierung ihrer Zone ein.
	24. Sept.	Der frühere Reichstagsabgeordnete und Vorsitzende der Deutschen Demokratischen Partei in Württemberg Reinhold Maier (*1889, †1971) wird erster Ministerpräsident von Württemberg-Baden.
	30. Sept.	Die US-Militärregierung entlässt den bayerischen Ministerpräsidenten Fritz Schäffer.
SPD	5.–7. Okt.	Auf Einladung Kurt Schumachers (*1895, †1952) findet in Hannover eine Konferenz sozialdemokratischer Politiker statt; Schumacher wird zum Beauftragten der Sozialdemokraten (*SPD*) für die Westzonen gewählt.
CSU	10. Okt.	Gründung der Christlich-Sozialen Union (*CSU*) durch Adam Stegerwald (*1874, †1945) in Würzburg.
Länderrat	17. Okt.	Die US-Militärregierung bildet zur Koordination ehemaliger Reichsaufgaben in ihrer Zone einen *Länderrat*, bestehend aus den Ministerpräsidenten der Länder Hessen, Bayern und Württemberg-Baden.
	16. Nov.	Beschlagnahme des Vermögens der Firma Krupp.

Wirtschaftliche Integration der Bizone

Bizonen-Verwaltung

1. Stand September 1946 bis Juni 1947

Zweizonen-Verwaltungsräte — Zweizonen-Verwaltungsämter
- für Wirtschaft
- für Ernährung und Landwirtschaft
- für Finanzen
- für Post- und Fernmeldewesen
- für Verkehr

2. Stand nach dem 9. August 1947

Wirtschaftsrat — Exekutivrat — Die Direktoren der (neu zu gründenden) Verwaltungen

3. Stand seit Februar 1948

Wirtschaftsrat — Länderrat — Verwaltung

Verwaltungen für
- Wirtschaft
- Ernährung, Landwirtschaft und Forsten
- Finanzen
- Post- und Fernmeldewesen
- Verkehr
- Arbeit

23. Nov.	Beschlagnahme der I. G. Farbenindustrie AG durch die Besatzungsmächte (in der britischen Zone schon eine Woche zuvor).
14.–16. Dez.	Reichstreffen der verschiedenen Gründer der Christlich-Demokratischen Union Deutschlands *(CDU)* in Bad Godesberg.
22. Dez.	Die britische Militärregierung beschlagnahmt die größten *Kohlenbergwerksbetriebe* in ihrer Zone und unterstellt sie der Verwaltung des „North German Coal Control Board". Die Verwaltung übernimmt die Deutsche Kohlebergbauleitung.
1946	Gründung der Freien Demokratischen Partei (FDP) der britischen Zone in Opladen (6./7. Jan.).
21./22. Jan.	Erste Tagung des Zonenausschusses der CDU der britischen Zone in Herford. Der ehemalige Kölner Oberbürgermeister Konrad Adenauer (* 1876, † 1967) wird zunächst zum vorläufigen Vorsitzenden der CDU (britische Zone) gewählt (am 1. März 1946 endgültig).
22. Febr.	Die britische Militärregierung ordnet die Errichtung eines *Zonenbeirates* in Hamburg an, der die Britische Kontrollkommission beraten, der aber keine ausführenden Befugnisse besitzen soll (1. Sitzung: 6. März).
9. Mai	Beginn des ersten SPD-Parteitags nach dem Krieg in Hannover.
15. Mai	Die Bürgerschaft der Freien und Hansestadt Hamburg gibt sich eine vorläufige Verfassung, mit der sie sich als Land konstituiert.
Aug.	Die Delegierten der *Gewerkschafts-Konferenz* in Bielefeld beschließen auf der Grundlage der „Industrial Relations Directive Nr. 16" (12. April) den Aufbau von autonomen Industrieverbänden, unterteilt in Berufsgruppen und Sparten, und entscheiden sich damit gegen gewerkschaftliche Berufsverbände. Dagegen bilden die Gewerkschaft „Erziehung und Wissenschaft" und „Kunst" Berufsverbände.

CDU
Kohlenbergwerke

Zonenbeirat

Gewerkschafts-Konferenz

	20. Aug.	Die britische Militärregierung beschlagnahmt die Eisen- und Stahlindustrie ihrer Zone und unterstellt sie der Leitung der „North German Iron and Steel Control Boards". Der Stahltreuhänder übernimmt später die Verwaltung.
	22.–27. Aug.	Nach gescheiterten Revisionsverhandlungen über den Industrieplan vom März 1946 im Alliierten Kontrollrat und anschließenden Besprechungen der Westmächte in London veröffentlichen die angelsächsischen Besatzungsmächte einen Industrieplan für ihre Zonen mit dem Zweck, auf neuer Grundlage das deutsche Wirtschaftspotenzial für den Wiederaufbau Europas besser als bisher einsetzen zu können.
Länderbildung	23. Aug.	*Errichtung der Länder* Schleswig-Holstein, Hannover und Nordrhein-Westfalen innerhalb der britischen Zone.
	30. Aug.	Die französische Besatzungsmacht verfügt die Bildung des Landes Rheinland-Pfalz.
	5. Sept.	Die britische und US-amerikanische Militärregierung vereinbaren, ihre beiden Zonen wirtschaftlich zu vereinen. (Ein förmliches Abkommen folgt am 2. Dez.).
	1. Nov.	Das Land Hannover wird unter Einbeziehung der ehemaligen Länder Braunschweig, Oldenburg und Schaumburg-Lippe zum Land Niedersachsen umgewandelt.
Vereinigtes Wirtschaftsgebiet	**1947** 1. Jan.	Vereinigung der britischen und amerikanischen Zone (Bizone) in Kraft; dieses *Vereinigte Wirtschaftsgebiet* soll die Zusammenfassung der wirtschaftlichen Hilfsquellen beider Zonen fördern und den Außenhandel neu ordnen.
	21./22. Jan.	Bildung des Landes Bremen aus dem Land- und Stadtgebiet Bremen sowie dem Stadtkreis Wesermünde (rückwirkend auf 1. Jan. 1947).
	3. Febr.	Ahlener Programm: Die CDU der britischen Zone spricht sich für die Sozialisierung von Betrieben mit Monopolstellung sowie für die Vergesellschaftung der Bergwerke aus.
Deutscher Gewerkschaftsbund	22.–25. April	Gründung des *Deutschen Gewerkschaftsbundes* (DGB) in der britischen Besatzungszone (Vorsitzender Hans Böckler; * 1875, † 1951).
	27. April/ 2. Mai	Gründung des Bayerischen Gewerkschaftsbundes (27. April) sowie des Allgemeinen Gewerkschaftsbundes in Rheinland-Pfalz (2. Mai).
Verwaltungsorgane der Bizone	29. Mai	Abkommen der USA und Großbritanniens über die Neugestaltung der bizonalen Wirtschaftsverwaltung. Das Abkommen hat den Zweck, als Übergangslösung deutsche *Verwaltungsorgane der Bizone* zu schaffen, damit bis zur Errichtung einer gesamtdeutschen Regierung die wirtschaftlichen Probleme bewältigt werden können. Ein aus Mitgliedern der Länderparlamente zusammengesetzter Wirtschaftsrat, ein aus Vertretern der Länder gebildeter Exekutivrat und ein Direktorium werden eingesetzt.
	22.–24. Juli	Der Wirtschaftsrat beschließt durch Gesetz den Aufbau der Wirtschaftsverwaltung des Vereinigten Wirtschaftsgebietes. So entstehen unter Leitung von Direktoren Verwaltungen für Wirtschaft, Ernährung, Landwirtschaft und Forsten, Finanzen, Verkehr sowie Post- und Fernmeldewesen.

Die Wirtschaftslage in der Besatzungszeit

Nach der Kapitulation des Deutschen Reiches am 7./9. Mai 1945 dauert die Phase der wirtschaftlichen Stagnation nicht lange an. In der US-amerikanischen und britischen Zone erfolgt trotz vieler Schwierigkeiten ein rascher Anstieg der industriellen Produktion, der bis in den Herbst 1946 hinein anhält. Der Aufschwung bricht im Winter 1946/1947 ab, da das Transportsystem zur Anlieferung von Rohstoffen und zur Verteilung der hergestellten Güter nicht ausreicht.

Ein zweiter, anhaltender Aufschwung setzt jedoch schon im Herbst 1947 ein, der nun auch im Winter 1947/1948 anhält; lediglich die französische Zone kann nicht in gleichem Maße nachziehen.

Kurz vor der Währungsreform tritt im Mai 1948 eine kurze Stagnation ein, die auf die Warenspekulation am Vorabend der Währungsreform zurückzuführen ist und die die Zwischenproduktionsversorgung der Industrie unterdrückt. Die Währungsreform setzt den Rückstau der Warenhortung frei. Die beiden kräftigen *Aufschwungsphasen in den Westzonen* während der Besatzungszeit gelingen ohne wesentliche Hilfe von außen; diese wird im Gegenteil durch den von den Militärregierungen gebremsten und zum Teil fehlgelenkten Export deutscher Waren behindert.

Aufschwung in den Westzonen

Die Bedeutung der Währungsreform und die Gewährung von Gewerbefreiheit dürfen daher nicht überschätzt werden, wenngleich diesen eine den Aufschwung beschleunigende Wirkung nicht abgesprochen werden kann.

	1948 2. Febr.	Nach dem Scheitern der Londoner Außenministerkonferenz im Dezember 1947 entschließen sich die USA und Großbritannien, den Wirtschaftsrat erneut zu reorganisieren und ihn mit größeren Befugnissen auszustatten. Die Gouverneure der amerikanischen und britischen Zone bilden den *Bizonen-Wirtschaftsraum*. Sie erhöhen die Zahl der Mitglieder und erweitern seine Zuständigkeiten. Er darf nunmehr selbständig Gesetze auf zahlreichen
Bizonen-Wirtschaftsraum	9. Febr.	

	Gebieten des öffentlichen Lebens erlassen. Zugleich schaffen sie einen Länderrat. In den Grundzügen ist damit der innere Aufbau der Bundesrepublik vorgezeichnet.	
23. Febr.	Die USA und Großbritannien berufen unter Hinzuziehung Frankreichs sowie der Benelux-Staaten, aber unter Ausschaltung der UdSSR, eine Konferenz nach London ein, auf der das Deutschland-Problem trotz heftiger Meinungsverschiedenheiten über die künftigen Formen der politischen Organisation Westdeutschlands im Licht des Ost-West-Konfliktes behandelt werden soll. Frankreich lehnt zunächst das föderative Konzept der USA ab.	
6. März	Die Londoner *Sechsmächtekonferenz* einigt sich auf die föderative Regierungsform eines westdeutschen Staates, ferner auf die Einbeziehung Westdeutschlands in das europäische Wiederaufbauprogramm und auf eine internationale Kontrolle des Ruhrgebietes. Schließlich wird die sofortige Freizügigkeit von Gütern und Personen in den drei Westzonen vereinbart.	*Sechsmächte-konferenz*
2. Juni	Die Londoner Sechsmächtekonferenz beschließt, den Deutschen der drei Westzonen im Kontrollrahmen der drei Westmächte „regierungsartige Verantwortung" zu gewähren, die diesen die Übernahme der „vollen Verantwortung" ermöglicht, und erteilt den Auftrag, eine Verfassung auf föderativer Grundlage auszuarbeiten.	
	Aufgrund des Gesetzes zur Neuordnung des Geldwesens in den Westzonen (18. Juni) schaffen die Militärregierungen die Reichsmark ab und führen die Deutsche Mark (DM) ein.	
21. Juni	Durch diese *Währungsreform* wird der aus der nationalsozialistischen Wirtschaftspolitik und der Kriegsfinanzierung resultierende Geldüberhang beseitigt und die Grundlage für die Gesundung des Wirtschaftslebens geschaffen.	*Währungs-reform*
24. Juni	Der Wirtschaftsrat errichtet mit dem „Gesetz über Leitsätze für die Bewirtschaftung und Preispolitik nach der Geldreform" den rechtlichen Rahmen für die *soziale Marktwirtschaft* und die Gewerbefreiheit. Damit wird die Durchsetzung des wirtschaftspolitischen Kurses von Ludwig Erhard (*1897, †1977) und Alfred Müller-Armack (*1901, †1978) gegen den Widerstand von SPD, Gewerkschaften und linkem CDU-Flügel eingeleitet.	*soziale Marktwirtschaft*
1. Juli	Die Vereinbarungen der sechs Mächte in London bilden die Grundlage für die drei „*Frankfurter Dokumente*", die die westlichen Militärgouverneure den versammelten Ministerpräsidenten der Länder in den Westzonen vorlegen. Das erste Dokument ermächtigt die Ministerpräsidenten, eine Verfassunggebende Nationalversammlung einzuberufen, das zweite ersucht sie, die Grenzen der Länder zu überprüfen sowie Änderungen vorzuschlagen, und das dritte kündigt ein Besatzungsstatut an.	*Frankfurter Dokumente*
8.–10. Juli	Die Ministerpräsidenten beraten in Koblenz (Rittersturz) über die drei „Frankfurter Dokumente". Sie befürchten, ein Eingehen auf die Vorschläge der Westmächte könne die Teilung Deutschlands zur Folge haben. Zwar begrüßen sie die Zusammenfassung der drei Zonen, lehnen jedoch jede Maßnahme ab, durch die dem „zu schaffenden Gebilde" die Merkmale eines Staates verliehen würden. Sie empfehlen, keine Verfassunggebende Nationalversammlung, sondern lediglich einen *Parlamentarischen Rat*, gebildet aus Abgeordneten der Landtage, einzuberufen.	*Parlamen-tarischer Rat*
14. Juli	Die Antwort der Ministerpräsidenten stößt auf die Kritik des US-Militärgouverneurs, General Lucius Dubignon Clay (*1897, †1978).	
15.–16. Juli	Die Ministerpräsidenten kommen daraufhin zu einer zweiten Beratung über die „*Frankfurter Dokumente*" im Schloss Niederwald bei Rüdesheim zusammen und bekräftigen ihre in Koblenz gefassten Beschlüsse.	
20. Juli	Die drei Militärgouverneure drängen auf einer Konferenz in Frankfurt die Ministerpräsidenten, den Inhalt der „Frankfurter Dokumente" uneingeschränkt anzunehmen.	
21.–22. Juli	Der Druck der *Militärgouverneure* bringt die Ministerpräsidenten vor ihrem dritten, erneut auf Schloss Niederwald anberaumten Treffen in ein Dilemma: Eine Ablehnung aller Forderungen der Westmächte bedeute einerseits die Fortsetzung des herrschenden Elends und der politischen Unselbstständigkeit der Deutschen, ein Eingehen aber könne andererseits die Spaltung Deutschlands auf lange Sicht zur Folge haben. Erst das Argument des Berliner Konferenzteilnehmers Ernst Reuter (*1889, †1953), die Teilung des Reiches sei in der Tat schon längst vollzogen, bewegt die Ministerpräsidenten, mit einigen Abstrichen den Forderungen der Besatzungsmächte zuzustimmen.	*Militär-gouverneure*
26. Juli	Einigung zwischen den Ministerpräsidenten und den drei Militärgouverneuren in Frankfurt a.M. Die Länderchefs beschließen, zur Ausarbeitung eines Grundgesetzes einen Parlamentarischen Rat einzuberufen.	
10.–23. Aug.	In Herrenchiemsee tagt ein *Verfassungskonvent*, der Vorentwürfe eines Grundgesetzes ausarbeitet, welche dem Parlamentarischen Rat als Beratungsgrundlage dienen sollen.	*Verfassungs-konvent und Parlamen-tarischer Rat*
1. Sept.	Der *Parlamentarische Rat* tritt in Bonn zusammen. Er setzt sich aus Mitgliedern der Landtage zusammen, die den CDU-Vorsitzenden in der britischen Zone, Konrad Adenauer, zum	

Präsidenten und den SPD-Politiker und Präsidenten des Staatssekretariats von Württemberg-Hohenzollern, Carlo Schmid (*1896, †1979), zum Vorsitzenden des Hauptausschusses wählen.
Der in den Fachausschüssen entworfene „Rohbau" des Grundgesetzes wird in erster Lesung beraten (am 20. Dezember zweite sowie am 8. und 10. Februar 1949 dritte Lesung).

FDP   12. Sept.   Gründung der *FDP* in Heppenheim – (Forts. S. 1404).

Die Sowjetische Besatzungszone (1945–1949)

Besatzungs-
gewalt

Die *Besatzungsgewalt* in der SBZ übt die Sowjetische Militäradministration Deutschlands (SMAD) aus. Sie verfolgt ein doppeltes Ziel: vorgeblich nur die auf der Potsdamer Konferenz (17. Juli–2. August 1945) mit den Westmächten vereinbarte Entnazifizierung und Entmilitarisierung, in Wahrheit jedoch vor allem die schrittweise Umwandlung der Gesellschaft und des Staates nach dem Leitbild der UdSSR (Ausschaltung der „Klassenfeinde").

deutsche
Kommunisten

1945 bestehen zwei politische Voraussetzungen: zum einen die in den dreißiger Jahren herangebildeten Verwaltungs- und Herrschaftsmethoden des Stalinismus, der dazu neigt, seine Ziele auch mit Gewalt durchzusetzen, und zum anderen die traumatischen Erfahrungen der *deutschen Kommunisten*, die 1933 ohne nennenswerten Widerstand vor dem Nationalsozialismus kapitulierten und dann rigoros verfolgt und dezimiert wurden. Gleichzeitig war die KPD in den Sog der stalinistischen „Säuberungen" geraten. Die deutschen Kommunisten sind 1945 zu schwach, um die Macht allein zu übernehmen. Die UdSSR muss überdies in der ersten Nachkriegsphase noch Rücksicht auf die drei Westmächte, mit denen sie den Alliierten Kontrollrat bildet, nehmen. SMAD und KPD sind daher bestrebt, ein Bündnis mit den sog. antifaschistischen Kräften, den bürgerlichen Parteien und der Sozialdemokratie einzugehen.

Vereinigung
KPD – SPD

Das Bündnis scheitert jedoch, als SMAD und KPD im Sommer 1945 eine Bodenreform einleiten. So ist die *KPD* gezwungen, möglichst rasch eine *Vereinigung mit der SPD*, der stärksten Partei in der sowjetischen Zone, durchzusetzen. Sie kann dabei auf die Zustimmung zahlreicher Sozialdemokraten zählen, die eine einheitliche politische Organisation der Arbeiterbewegung wünschen. Andererseits wächst im Winter 1945/1946 der Widerstand innerhalb der SPD gegen die Fusionsabsichten, zumal der Führer der Sozialdemokratie im Westen, Kurt Schumacher, sich dagegen ausspricht.

Die 1946 errichtete Sozialistische Einheitspartei Deutschlands (SED) ist zunächst noch keine Kaderpartei sowjetischen Typs, sondern eine Massenpartei, deren Vorstände paritätisch mit ehemaligen SPD- und KPD-Funktionären besetzt sind: eine Gruppierung mit unterschiedlichen ideologischen Strömungen; während sich einige eng an das Vorbild UdSSR anlehnen, betonen andere den eigenen nationalen Weg zum Sozialismus.

Kaderpartei
SED

Allmählich setzt sich der moskautreue Flügel der SED mit Hilfe der SMAD durch. Dessen Position stabilisiert sich weiter, als die Sowjetunion im Verlaufe des kalten Krieges dazu übergeht, das kontrollierte Gebiet nach eigenem politischen Muster umzuorganisieren. 1948 werden die paritätisch besetzten SED-Vorstände abgeschafft, nicht linientreue Mitglieder aus der Partei entfernt. Die *SED* wird in eine *Kaderpartei* neuen Typs umgewandelt. Entsprechend der ideologischen „Generallinie" wird die Vergesellschaftung der Produktionsmittel eingeleitet.

„Gruppe
Ulbricht"

1945
30. April   Die *„Gruppe Ulbricht"* (benannt nach dem späteren Staats- und Parteichef der DDR, Walter Ulbricht; *1893, †1973) trifft aus der Sowjetunion in Deutschland ein.

9.–10. Mai   Errichtung eines vorläufigen zentralen Ausschusses der „Vereinigung der gegenseitigen Bauernhilfe" (VdgB).

SMAD

9. Juni   Errichtung der *Sowjetischen Militäradministration Deutschlands* (SMAD).

10. Juni   Die SMAD genehmigt die Bildung „antifaschistischer" Parteien. Sie gewährt das Recht auf Vereinigung in freien Gewerkschaften sowie auf Abschluss von Kollektivverträgen zwischen Arbeitgebern und Arbeitnehmern.

11. Juni   Erster Aufruf der Kommunistischen Partei Deutschlands (KPD), in dem betont wird, dass der Weg, Deutschland das Sowjetsystem aufzuzwingen, falsch sei, da ein solcher nicht den Entwicklungsbedingungen des Landes entspräche.

Gründung des
FDGB

15. Juni   *Gründung des Freien Deutschen Gewerkschaftsbundes* (FDGB) sowie der Sozialdemokratischen Partei Deutschlands (SPD) mit sowjetischer Genehmigung in Berlin.

26. Juni   Die Besatzungsmacht lässt die Christlich Demokratische Union (CDU) als Partei zu.

Juli   Die Länder Brandenburg, Mecklenburg, Sachsen, Sachsen-Anhalt und Thüringen werden gebildet.

1.–3. Juli   Die US-amerikanischen und britischen Truppen ziehen sich entsprechend den Vereinbarungen von Jalta aus Sachsen, Thüringen und Mecklenburg zurück und rücken in die Westsektoren Berlins ein.

5. Juli   Die sowjetische Militärverwaltung lässt die Gründung der Liberal-Demokratischen Partei Deutschlands (LDPD) in Berlin zu.

14. Juli	Vertreter der *Parteien* in der Sowjetischen Besatzungszone – SBZ (KPD, SPD, CDU, LDPD) beschließen die Errichtung einer *Einheitsfront* („Antifaschistischer Block").	*Einheitsfront der Parteien*
27. Juli	Die SMAD errichtet durch „Befehl Nr. 17" elf Deutsche Zentralverwaltungen, die als Hilfsorgane der SMAD arbeiten und die Keimzelle für eine deutsche Zentralregierung sein sollen.	
3.–11. Sept.	Die Länder- und Provinzialverwaltungen verordnen die *Bodenreform* in der SBZ.	*Bodenreform*
	Die durch SMAD und KPD betriebene Bodenreform stößt auf den Widerstand der CDU und LDPD, die sich aus der Einheitsfront zurückziehen. Die relativ schwache KPD ist daraufhin gezwungen, den Zusammenschluss mit der SPD zu beschleunigen.	
22. Okt.	Die SMAD erteilt den Ländern und Provinzen die Vollmacht, Gesetze und Verordnungen zu erlassen.	
1946	Gründung (7. März) der Freien Deutschen Jugend (FDJ).	
21./22. April	*Vereinigungsparteitag* der KPD (507 Delegierte) und SPD (548 Delegierte) im Berliner Admiralpalast. Der Parteitag, an dem auch 230 Delegierte aus den Westzonen teilnehmen, nimmt einstimmig die „Grundsätze und Ziele der SED" an und billigt das erste Parteistatut. Alle Leitungsfunktionen der SED werden paritätisch mit ehemaligen SPD- und KPD-Mitgliedern besetzt. Wilhelm Pieck (*1876, †1960; KPD) und Otto Grotewohl (*1894, †1964; SPD) werden zu Vorsitzenden, Max Fechner (SPD) und Walter Ulbricht (KPD) werden zu stellvertretenden Vorsitzenden gewählt.	*Vereinigungsparteitag*
	In der Partei existieren Kräfte, welche die Doktrin eines eigenen deutschen Wegs zum Sozialismus propagieren: Wortführer Anton Ackermann (eigentlich Eugen Hanisch; *1905, †1973).	
23. April	Die erste Nummer der Tageszeitung „Neues Deutschland" als Organ des Zentralkomitees der SED erscheint.	
5. Juni	Eröffnung der Parteihochschule „Karl Marx" zur zentralen Schulung der Parteikader.	
30. Juni	Volksentscheid im Land Sachsen über die *Enteignung* der Großbetriebe von „Kriegsverbrechern und Nationalsozialisten" (77,6% für Enteignungen).	*Enteignung*
24. Juli–16. Aug.	Verordnungen der Länder- und Provinzialverwaltungen von Thüringen, Sachsen-Anhalt, Mark Brandenburg und Mecklenburg über die Enteignung von „Kriegsverbrechern und Nationalsozialisten".	
1. Sept.	*Gemeindewahlen* in Sachsen.	*Gemeindewahlen*
8. Sept.	Gemeindewahlen in Thüringen und Sachsen-Anhalt.	
11. Sept.	Gemeindewahlen in Brandenburg und Mecklenburg.	
	Die SED siegt vorwiegend in kleinen Gemeinden, nicht jedoch in den Großstädten.	
18./19. Sept.	Der Parteivorstand der SED fordert angesichts der Ergebnisse der Gemeindewahlen die LDPD und CDU auf, sich von „reaktionären" und „faschistischen" Elementen zu trennen. Wachsender politischer *Druck der SED* auf die anderen Parteien der SBZ.	*Druck der SED*
20. Okt.	Wahlen zu den fünf Landtagen sowie zu den Kreistagen in der SBZ, bei denen die SED nur 47,5%, in Groß-Berlin sogar nur 19,8% der Stimmen erhält.	
24. Nov.	Veröffentlichung der Richtlinien für den Aufbau von Maschinen-Ausleih-Stationen (MAS) in der Landwirtschaft.	
1947 28. Jan.	Kulturkonferenz der SED, auf der der „christliche Sozialismus" (Parteiprogrammatik der CDU) als „Betäubungsmittel" abgelehnt wird.	
14. Febr.	Der Parteivorstand der SED schlägt einen Volksentscheid zur Bildung eines demokratischen Einheitsstaates und die Schaffung einer Zentralverwaltung vor.	
14. Juni	Die SMAD genehmigt durch „Befehl Nr. 138" die Errichtung von Deutschen Wirtschaftskommissionen (DWK), die die Zusammenarbeit zwischen den Zentralverwaltungen für Industrie, Handel sowie Brennstoff und Energie mit den Regierungen der Provinzen und Ländern regeln sollen. Sie stellen die erste zentrale *Zonenverwaltung* dar.	*Zonenverwaltung*

Die wirtschaftliche Lage in der SBZ

Die wirtschaftliche Ausgangssituation, vor allem der Industrie, ist ungünstig, zumal Schwerindustrie kaum vorhanden ist. Die umfassenden Reparations-*Demontagen* durch die UdSSR (bis 1946 werden rund 1000 Betriebe abgebaut, weitere 200 sind als „Sowjetische Aktiengesellschaften" – SAG – Eigentum der UdSSR) verhindern ein den Westzonen vergleichbares wirtschaftliches Wachstum. — *Demontagen*

Die SMAD lässt frühzeitig erkennen, dass sie den Wiederaufbau der SBZ nach ihrem eigenen Sozial- und Wirtschaftssystem gestalten will: Das Schwergewicht der sowjetischen Deutschlandpolitik liegt auf einer grundlegenden Umgestaltung der vorhandenen Wirtschaftsstrukturen. Entsprechend dem sozialistischen Kollektivierungs-Programm betreibt die SED die Durchsetzung einer zentralen *Planwirtschaft* und den Ausbau von „volkseigenen", d.h. staatlichen Betrieben. Nach häufigen Kompetenzproblemen zwischen — *Planwirtschaft*

Ländern und Provinzen einerseits sowie den Zentralverwaltungen andererseits sollen die Deutschen Wirtschaftskommissionen (DWK) die Kompetenzen der Zentralverwaltungen koordinieren und die gesamtstaatliche Wirtschaftsplanung ausbauen.
Die Reorganisation durch die DWK ist bis zum Febr./März 1948 durchgeführt, sodass danach allen Organen der SBZ nunmehr verbindliche, zentral gesteuerte Anweisungen erteilt werden können. Mit diesem Schritt ist eine Vorstufe für eine spätere Zentralregierung erreicht.

	1947	
	13. Sept.	Auf einer Tagung mit Dozenten der Berliner Hochschulen fordert die SED den Einbau des wissenschaftlichen Marxismus in Lehre und Forschung.
	20.–24. Sept.	2. Parteitag der SED in Berlin. Ulbricht fordert die Einführung der Planwirtschaft in der SBZ ab 1948 und die Umwandlung der SED in eine „Partei neuen Typs" (KPdSU-Vorbild).
Wahlen	20. Okt.	*Wahlen* in den Ländern und Provinzen der SBZ.
	22./23. Nov.	Erster Deutscher Bauerntag in Berlin: Errichtung des Hauptverbandes der Vereinigung der gegenseitigen Bauernhilfe (VdgB).
	6./7. Dez.	In Berlin tritt der 1. Deutsche Volkskongress zusammen, der auf Anregung der SED einberufen wird.
	1948	
	12. Febr.	Die SMAD erweitert die Vollmachten der DWK, deren Führungspositionen mit SED-Funktionären besetzt sind.
	9. März	Die DWK übernimmt die zentrale Lenkung der Wirtschaft in der SBZ.
	18. März	Der Deutsche Volkskongress beschließt die Bildung eines 1. „Deutschen Volksrates", der den „Kampf für die Einheit Deutschlands" führen soll.
	23. April	Gründung der „Vereinigung Volkseigener Betriebe" (VVB) als mittlere Lenkungsorgane der Wirtschaft.
	29. April	Gründung der „Demokratischen Bauernpartei Deutschlands" (DBD).
	25. Mai	Gründung der „National-Demokratischen Partei Deutschlands" – NDPD (bürgerlich). Diese Parteien sollen das „Bündnis" von Bauern und Bürgerlichen mit der SED sichern.
Währungs-reform	**23. Juni**	Die SMAD führt auf dem Gebiet der SBZ eine *Währungsreform* durch.
	29./30. Juni	Auf einer Parteivorstandstagung lehnt die SED jede Brückenfunktion Gesamtdeutschlands zwischen Ost und West ab, proklamiert die vorbehaltlose Ausrichtung von Partei und Staat nach Osten und beschließt die Entwicklung der SBZ zur Volksdemokratie und die Umwandlung der SED nach dem *Vorbild der KPdSU*.
Vorbildfunktion der KPdSU		
	3. Juli	Aufbau der Kasernierten Volkspolizei (VPO).
	23./24. Juli	Walter Ulbricht erklärt auf einer „staatspolitischen Konferenz" in Werder (bei Potsdam) die Planwirtschaft zum Gesetz, fordert die Sicherstellung der absoluten Führungsrolle der SED im Staatsapparat und die Reinigung des Staates von SPD-Mitgliedern, die Schumacher-Anhänger seien. Damit beginnen *„Säuberungen"* von Alt-Kommunisten und Sozialdemokraten innerhalb der SED.
„Säuberungen"		
	24. Sept.	Anton Ackermann widerruft im „Neuen Deutschland" seine Thesen vom „besonderen deutschen Weg zum Sozialismus". Die SED erteilt dem „Titoismus" als möglichem Weg zum Sozialismus eine Absage.
	15. Nov.	Eröffnung der ersten Verkaufsstelle der Staatlichen Handelsorganisation (HO); Zurückdrängung des Privathandels. – (Forts. S. 1416)

Bundesrepublik Deutschland (1949–1989)
(Forts. v. S. 1402)

Wiederaufbau und Westintegration – Gründung der Bundesrepublik Deutschland (1949–1955)

	1949	
Alliierte Hohe Kommission	6.–8. April	Die Außenminister der drei Westmächte einigen sich in Washington über den endgültigen Inhalt des Besatzungsstatuts und beschließen die Errichtung einer *Alliierten Hohen Kommission* als höchste Kontrollbehörde in der künftigen Bundesrepublik sowie die Bildung der Trizone durch Erweiterung der Bizone um das französische Besatzungsgebiet.
	4. Mai	Jessup-Malik-Abkommen (Westmächte/UdSSR) zur Beendigung der Berliner Blockade.
	8. Mai	Das Plenum des Parlamentarischen Rates nimmt den revidierten Grundgesetzentwurf mit 53 gegen 12 Stimmen an.
Bundeshaupt-stadt Bonn	10. Mai	Der Parlamentarische Rat bestimmt *Bonn* zur *provisorischen Bundeshauptstadt*.
	12. Mai	Die Militärgouverneure genehmigen das Grundgesetz.
	16.–20. Mai	Die Landtage der Länder geben mit Ausnahme des bayrischen ihre Zustimmung zum Grundgesetz.

23. Mai	Das *Grundgesetz* für die Bundesrepublik Deutschland wird offiziell *verkündet*.	*Verkündung des Grundgesetzes*
15. Juni	Verabschiedung des Wahlgesetzes für den ersten Bundestag.	
15. Juli	Verabschiedung der „Düsseldorfer Leitsätze" der CDU, in denen die Partei die gemeinwirtschaftliche Konzeption des Ahlener Programms vom Februar 1947 aufgibt und sich der Theorie der sozialen Marktwirtschaft (Wirtschaftsprozess beruht auf Privatinitiative von Produzenten und Konsumenten; Hauptziel der staatlichen Wirtschaftspolitik ist wirtschaftliches Wachstum) zuwendet.	
14. Aug.	*Wahl zum ersten Bundestag*: CDU/CSU 31%; SPD 29,2%; FDP 11,9%, KPD 5,7%; Bayernpartei (BP) 4,2%; Deutsche Partei (DP) 4,0%; Zentrum 3,1%; andere 10,9%.	*erste Bundestagswahl*
7. Sept.	Konstituierung des deutschen Bundestages und des Bundesrates: Der CDU-Politiker und Präsident des Wirtschaftsrates, Erich Köhler (*1892, †1959), wird Bundestagspräsident.	
12. Sept.	Der FDP-Vorsitzende Theodor Heuss (*1884, †1963) wird zum ersten Bundespräsidenten gewählt; Gegenkandidat Kurt Schumacher (SPD).	
15. Sept.	Der Bundestag wählt Konrad *Adenauer* mit 202 gegen 142 Stimmen bei 44 Enthaltungen und einer ungültigen Stimme zum ersten *Bundeskanzler*.	*Adenauer Bundeskanzler*
20. Sept.	CDU/CSU, FDP und DP bilden die Regierungskoalition.	
	Der Bundeskanzler betont in seiner *Regierungserklärung* als Ziel seiner Regierung die Beibehaltung der sozialen Marktwirtschaft und hebt folgende Aufgaben hervor: Förderung der Kapitalbildung, Regelung eines Lastenausgleichs für Vertriebene, Förderung des Wohnungsbaus, Pflege des Außenhandels, Unterstützung des Mittelstandes und der Bauern. Als Maxime seiner Außenpolitik unterstreicht er die Zugehörigkeit zur westlichen Welt sowie die Überwindung der Teilung Deutschlands durch die „Politik der Stärke".	*Regierungserklärung*
21. Sept.	Durch das In-Kraft-Treten des Besatzungsstatuts werden die Militärregierungen aufgelöst.	
13. Okt.	Zusammenschluss von 16 Gewerkschaftsbünden der amerikanischen, britischen und französischen Zone zum *Deutschen Gewerkschaftsbund* (Vorsitz Hans Böckler). Hauptziel der Politik des DGB ist die Durchsetzung der paritätischen Mitbestimmung in den Betrieben.	*Deutscher Gewerkschaftsbund*
31. Okt.	Die Bundesrepublik wird Mitglied der Organisation für europäische wirtschaftliche Zusammenarbeit – Durchführungsorganisation für den Marshallplan (OEEC).	
22. Nov.	Im „*Petersberger Abkommen*" einigen sich die Alliierte Hohe Kommission und die Bundesrepublik in folgenden Punkten: Die Bundesrepublik tritt der Internationalen Ruhrbehörde bei, nimmt Konsular- und Handelsbeziehungen mit anderen Staaten auf, die Hohe Kommission sichert im Gegenzug die Einstellung der Demontagen zu.	*Petersberger Abkommen*
15. Dez.	Der US-Hohe Kommissar und der Bundeskanzler unterzeichnen ein Abkommen über wirtschaftliche Zusammenarbeit *(Marshallplan)*.	*Marshallplan*
1950	Adenauer spricht sich gegen eine Abtrennung des Saargebiets aus (16. Jan.).	
3. März	Der Bundestag ändert das Einkommenssteuer- und das Körperschaftssteuergesetz: Er begünstigt damit nicht entnommene Gewinne aus Betrieben und fördert so die Investitionsbereitschaft durch Eigenfinanzierung, eine der Grundlagen des wirtschaftlichen Wiederaufbaus der Bundesrepublik Deutschland.	
1. Mai	Der Wegfall der letzten Lebensmittelrationierung versinnbildlicht den raschen *Wirtschaftsaufschwung*, der allerdings durch den Ausbruch des Koreakrieges noch im zweiten Halbjahr gebremst wird, weil dieser Rohstoffverknappungen und Preissteigerungen verursacht, was zu einer allgemeinen sozialen Beunruhigung führt.	*Wirtschaftsaufschwung*
18. Aug.	Die Bundesregierung äußert den Wunsch nach Verteidigungstruppen der Bundesrepublik als Gegengewicht zur Kasernierten Volkspolizei der DDR.	
1. Okt.	Der Bund übernimmt die Kriegsopferversorgung.	
9. Okt.	*Rücktritt* von Bundesinnenminister Gustav *Heinemann* (*1899, †1976; CDU, seit 1957 SPD), der eine Aufrüstung der Bundesrepublik ablehnt.	*Rücktritt Heinemanns*

Der Wirtschaftsaufschwung

Vom Marshallplan, einem von den USA entwickelten Programm zur Unterstützung und Koordinierung der Wirtschaft in europäischen Ländern, geht eine psychologisch starke Signalwirkung aus. Die Ankündigung von Rohstofflieferungen aus dem Europäischen Wiederaufbauprogramm (*European Recovery Program – ERP*) und die Hoffnung auf eine allgemeine Wiederaufnahme des für die Bundesrepublik unabdingbaren Außenhandels führen zur Einbeziehung von gehorteten Rohstoffen und Materialien in den Produktionsprozess. So erhöht sich auch deutlich das Konsumangebot, das seinerseits die Produktion anreizt. Der Marshallplan trifft auf eine schon im zweiten Jahr befindliche Aufschwungphase der Konjunktur in Westdeutschland. Er beschleunigt sie, bildet aber keine Initialzündung.

European Recovery Program – ERP

Der 1950 weiter zunehmende, rasche Aufschwung, von der Londoner Tageszeitung Times als „deutsches Wirtschaftswunder" bezeichnet, ist zunächst ein auf der Behebung von Schäden aus der Weltwirtschafts-

„*Wirtschaftswunder*"

Die Staatsorgane der Bundesrepublik Deutschland

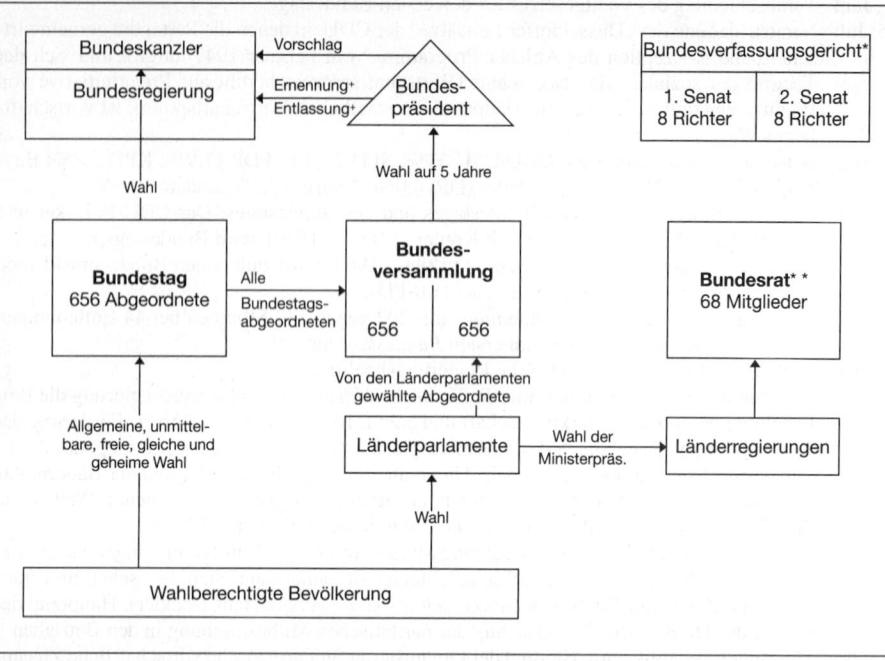

* Hüter des Grundgesetzes   ** Mitwirkung bei der Bundesgesetzgebung   + Auf Vorschlag des Bundeskanzlers

Die Bundesregierungen

Zeitraum	Kabinett
1949–1953	Kabinett Adenauer (vom 20. September 1949) CDU/CSU-FDP-DP-Koalition
1953–1957	Kabinett Adenauer (vom 20. Oktober 1953) CDU/CSU-DP-Koalition
1957–1961	Kabinett Adenauer (vom 29. Oktober 1957) CDU/CSU-Alleinregierung
1961–1963	Kabinett Adenauer (vom 14. November 1961) CDU/CSU-FDP-Koalition
1963–1965	Kabinett Erhard (vom 16. Oktober 1963) CDU/CSU-FDP-Koalition
1965–1966	Kabinett Erhard (vom 26. Oktober 1965) CDU/CSU-FDP-Koalition
1966–1969	Kabinett Kiesinger (vom 1. Dezember 1966) CDU/CSU-SPD-Koalition
1969–1972	Kabinett Brandt (vom 22. Oktober 1969) SPD-FDP-Koalition
1972–1974	Kabinett Brandt (vom 15. Dezember 1972) SPD-FDP-Koalition
1974–1976	Kabinett Schmidt (vom 16. Mai 1974) SPD-FDP-Koalition
1976–1980	Kabinett Schmidt (vom 16. Dezember 1976) SPD-FDP-Koalition
1980–1982	Kabinett Schmidt (vom 5. November 1980) SPD-FDP-Koalition
1982–1983	Kabinett Kohl (vom 4. Oktober 1982) CDU/CSU-FDP-Koalition
1983–1987	Kabinett Kohl (vom 30. März 1983) CDU/CSU-FDP-Koalition
1987–1990	Kabinett Kohl (vom 12. März 1987) CDU/CSU-FDP-Koalition
1990–1994	Kabinett Kohl (vom 30. März 1990) CDU/CSU-FDP-Koalition
1994–1998	Kabinett Kohl (vom 30. März 1994) CDU/CSU-FDP-Koalition
1998–2002	Kabinett Schröder (vom 27. Oktober 1998) SPD-Bündnis-90/Grüne-Koalition
seit 2002	Kabinett Schröder SPD-Bündnis-90/Grüne-Koalition

Die Bundespräsidenten

1949–1959	Theodor Heuss (DVP/FDP ; * 1884, † 1963)
1959–1969	Heinrich Lübke (CDU ; * 1894, † 1972)
1969–1974	Gustav Heinemann (SPD ; * 1899, † 1976)
1974–1979	Walter Scheel (FDP ; * 1919)
1979–1984	Karl Carstens (CDU ; * 1914, † 1992)
1984–1994	Richard von Weizsäcker (CDU ; * 1920)
1994–1999	Roman Herzog (CDU ; * 1934)
seit 1999	Johannes Rau (SPD; * 1931)

krise und vor allem des Krieges beruhendes wirtschaftliches Wachstum. Später kommen weitere Antriebsfaktoren hinzu: die Eingliederung in den Welthandel, der ebenfalls zunimmt, und ab 1958 die Integration der westeuropäischen Märkte.

Der Aufschwung ist allerdings stets differenziert zu sehen. Zwar steigt der Gesamtindex an, aber einzelne Wirtschaftszweige, wie der Bergbau, gehen zurück und lösen zeitweise (1958–1964) einzelne soziale Krisen aus.

Die Mandatsverteilung im Bundestag 1949–1998

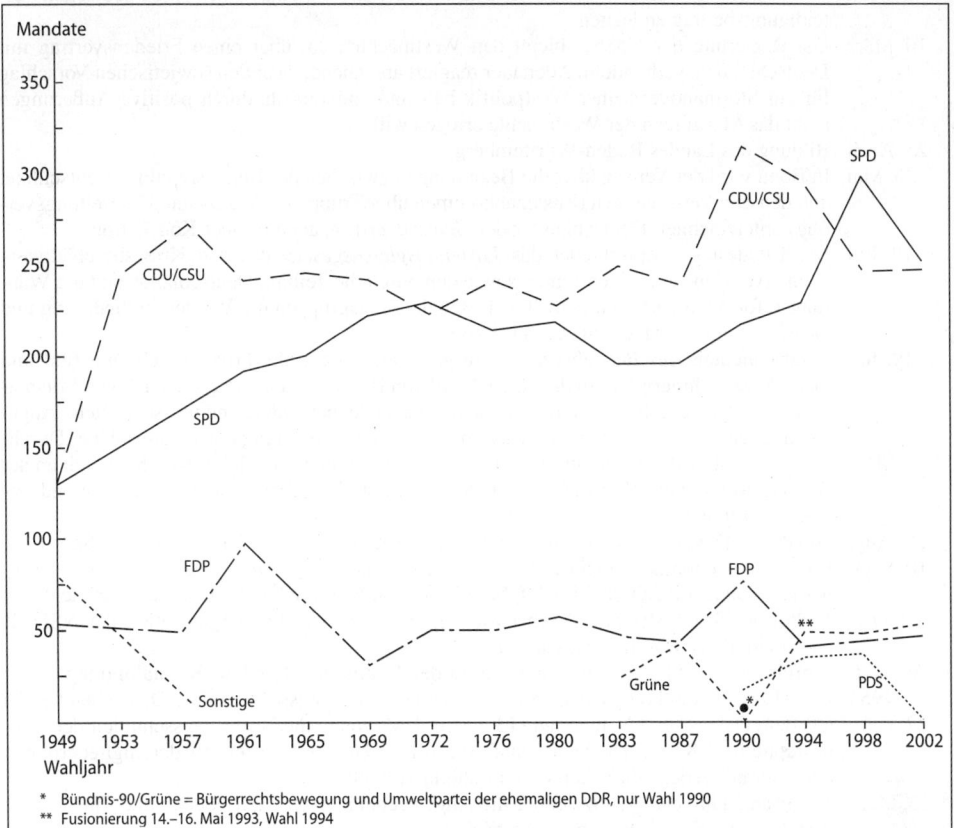

* Bündnis-90/Grüne = Bürgerrechtsbewegung und Umweltpartei der ehemaligen DDR, nur Wahl 1990
** Fusionierung 14.–16. Mai 1993, Wahl 1994

Mandate im Bundestag

CDU/CSU

SPD

FDP

Bündnis 90/ Die Grünen**

1951 5. Jan.	Beginn der *Neuordnung der Agrarmärkte* mit der Verabschiedung des Indexgesetzes; ihm folgen das Getreide- (24. November 1951), das Milch-, Milcherzeugnisse- und Fette- (10. Dezember 1952) und das Vieh-Fleischgesetz (25. April 1951). Der Bundesrepublik kommt es darauf an, durch eine vorsichtige Steuerung und Subventionierung der Agrarmärkte die Preise für Lebensmittel niedrig zu halten, um nicht durch steigende Verbraucherpreise den Wunsch nach Lohnerhöhungen anzureizen und um vor allem die Exportindustrie von einem starken Kostendruck freizuhalten. Die damit entstehende Agrar-Marktordnung gilt bis zum Eintritt der Bundesrepublik in die EWG.
26. Jan.	Der Bundestag stimmt der Ratifizierung des Marshallplan-Abkommens mit den USA zu.
15. Febr.	Schaffung des Bundesgrenzschutzes.
6. März	Revision des Besatzungsstatuts: erweiterte deutsche Vollmachten in der Außenpolitik.
10. April	Verabschiedung des „Gesetzes über die *Mitbestimmung der Arbeitnehmer* in den Aufsichtsräten und Vorständen der Unternehmen des Bergbaues und der Eisen und Stahl erzeugenden Industrie": Es löst entsprechende Vorschriften der britischen Besatzungsmacht ab und schreibt eine paritätische Besetzung der Aufsichtsräte in den Kapitalgesellschaften der Montanindustrie vor. Von in der Regel elf Aufsichtsratsmitgliedern sind fünf Arbeitnehmervertreter, fünf Vertreter der Arbeitgeber, und ein elftes Mitglied ist neutral. In den Vorstand wird ein Arbeitsdirektor entsandt, der nicht gegen die Arbeitnehmervertreter im Aufsichtsrat bestellt werden darf.

Neuordnung der Agrarmärkte

Mitbestimmung der Arbeitnehmer

	26. April	Durch bundesgesetzliche Bestimmungen werden Exportgeschäfte begünstigt.
	21. Juni	Der Bundestag vereinfacht das Einkommensteuer- und Körperschaftssteuergesetz.
	9./13. Juli	Die westlichen Besatzungsmächte Großbritannien und Frankreich beenden den Kriegszustand mit Deutschland (die USA folgen am 19. Okt.).
Interzonenhandel	20. Sept.	Der *„Interzonenhandel"* mit der DDR wird in einem Abkommen geregelt; er überschreitet 1955 erstmals die Grenze von einer Milliarde DM.
	1952	
Montanunion	11. Jan.	Der Bundestag ratifiziert den Vertrag über die Gründung der Europäischen Gemeinschaft für Kohle und Stahl *(Montanunion)*.
	8. Febr.	Der Bundestag beschließt gegen die Stimmen der SPD, grundsätzlich einen deutschen Verteidigungsbeitrag zu leisten.
	10. März	Die Regierung der UdSSR bietet den Westmächten an, über einen Friedensvertrag mit Deutschland zu verhandeln. Adenauer reagiert ablehnend, da er den sowjetischen Vorschlag für ein Störmanöver seiner Westpolitik hält und andererseits durch positive Äußerungen nicht das Misstrauen der Westmächte erregen will.
	25. April	Bildung des Landes Baden-Württemberg.
Generalvertrag	26. Mai	In Bonn wird der Vertrag über die Beziehungen zwischen der Bundesrepublik Deutschland und den drei Westmächten (Zusatzabkommen über Truppen-, Finanz- und Überleitungsvertrag) unterzeichnet: Deutschland- oder *Generalvertrag*, auch Bonner Konvention.
Lastenausgleichsgesetz	10. Juli	Der Bundestag verabschiedet das *Lastenausgleichsgesetz*, das den Kriegsbeschädigten, Heimatvertriebenen, Flüchtlingen sowie den durch die Teilung Deutschlands und die Währungsreform am härtesten betroffenen Bevölkerungsgruppen die Wiedereingliederung und die Sicherung ihrer Existenz gewährleistet.
Betriebsverfassungsgesetz	19. Juli	Verabschiedung des *Betriebsverfassungsgesetzes*, das für alle Privatbetriebe mit fünf und mehr Arbeitnehmern gilt, in denen die Wahl von Betriebsräten vorgesehen ist. Die Mitspracherechte der Betriebsräte erstrecken sich auf soziale, personelle und wirtschaftliche Angelegenheiten, u.a. die Festlegung der Arbeitszeit, die Aufstellung der Urlaubspläne, Durchführung der Berufsausbildung, Regelung der Akkord- und Stücklohnsätze, Mitarbeit an der Betriebsordnung und die Angelegenheiten der Einstellung, Versetzung, Entlassung und Gehaltsumgruppierung.
	20. Aug.	Tod des SPD-Vorsitzenden Kurt Schumacher; Nachfolger Erich Ollenhauer (27. Sept.).
Wiedergutmachungsvertrag	10. Sept.	Die Bundesrepublik schließt mit Israel einen *Wiedergutmachungsvertrag*, wonach sie innerhalb von zwölf Jahren 3 Mrd. DM in Form von Warenlieferungen an Israel entrichtet.
	23. Okt.	Verbot der Sozialistischen Reichspartei (SRP), einer Nachfolgeorganisation der NSDAP, durch Urteil des Bundesverfassungsgerichts.
	30. Okt.	Einführung von Steuerbegünstigungen für den Kapitalmarkt und die Kapitalbildung.
	1953	
	27. Febr.	Das „Londoner Schulden-Abkommen" regelt die Vorkriegsschulden des Deutschen Reichs aus dem Dawes- und Youngplan (13,3 Mrd. DM) sowie die Nachkriegsschulden der Bundesrepublik (6,8 Mrd. DM) und schafft die Voraussetzung für deren Wiedereingliederung in den internationalen Wirtschafts- und Zahlungsverkehr.
	25. März	Verabschiedung des Gesetzes über die Angelegenheiten der Vertriebenen und Flüchtlinge: Regelung der Eingliederung der Vertriebenen.
Tarifvertragswesen	23. April	Mit dem neugefassten Tarifvertragsgesetz, basierend auf dem Tarifvertrag-Gesetz vom 9. April 1949 und vom 11. Januar 1952, schafft der Gesetzgeber eine feste Ordnung im *Tarifvertragswesen*, die im Dritten Reich beseitigt worden ist. Gewerkschaften und Arbeitgeberverbände werden als die für die Regelung der Arbeitsbedingungen maßgeblichen Institutionen anerkannt. – Das Tarifvertragswesen vermag die Lohngefälle in der Industrie nicht zu nivellieren, kann allerdings aufgrund der gemäßigten Politik der Gewerkschaften und Arbeitgeber schwere soziale Konflikte vermeiden.
	6. Sept.	Bundestagswahl: CDU/CSU 45,2%; SPD 28,8%; FDP 9,5%; Gesamtdeutscher Block/Bund der Heimatvertriebenen und Entrechteten (GB/BHE) 5,9%; DP 3,3%.
	20. Okt.	Konrad Adenauer bildet sein zweites Kabinett.
	1954	
	26. Febr.	Der Bundestag billigt das Gesetz zur Ergänzung des Grundgesetzes, das die Wehrhoheit der Bundesrepublik begründet.
Nato-Beitritt	28. Sept.–3. Okt.	Die Londoner Neunmächtekonferenz beschließt die Souveränität der Bundesrepublik, ihren *Beitritt zur Nato* und zum Brüsseler Pakt.
Pariser Verträge	19.–23. Okt.	In den vier Pariser Konferenzen (Drei Mächte – Bundesrepublik; Neun Mächte; Konferenz der 14 Nato-Mitglieder und Bundesrepublik – Frankreich) werden die in der Londoner Akte festgelegten Beschlüsse sowie das deutsch-französische Abkommen über das europäische Statut der Saar endgültig vertraglich geregelt *(Pariser Verträge)*.
	23. Okt.	Neue Fassung des Generalvertrags vom 26. Mai 1952: Die Bundesrepublik und die drei Westmächte beschließen die Beendigung des Besatzungsregimes, die Aufhebung des Be-

satzungsstatuts und die Auflösung der Alliierten Hohen Kommission. Die Bundesrepublik erklärt ihre Absicht, sich in internationalen Organisationen mit der Gemeinschaft der freien Nationen zu verbinden; zugleich erhalten Bund und Länder die Befugnis, die von den Besatzungsmächten erlassenen Gesetze zu ändern oder aufzuheben.

1955 5. Mai	Proklamation der vollen *Souveränität* der Bundesrepublik Deutschland sowie endgültige Auflösung der Alliierten Hohen Kommission, nachdem die Pariser Verträge durch Ratifizierung von Bundestag und Bundesrat in Kraft gesetzt worden sind.
6. Juni	Die „Dienststelle Blank" (benannt nach dem Sicherheitsbeauftragten der Bundesregierung Theodor Blank – *1905, †1972) wird zum Bundesministerium der Verteidigung.
5. Sept.	Das vom Bundestag verabschiedete Landwirtschaftsgesetz bildet die Basis der „Grünen Pläne", die die Agrarstruktur (Flurbereinigung, Bau von Wirtschaftswegen, Aussiedlung von Höfen) und die Einkommenslage der Landbevölkerung verbessern sollen.
9.–13. Sept.	Bundeskanzler Adenauer reist zu einem Staatsbesuch nach Moskau: Aufnahme diplomatischer Beziehungen beschlossen; Freilassung deutscher *Kriegsgefangener*.
23. Okt.	67,7% der stimmberechtigten Wähler des Saargebietes lehnen das Saarstatut ab.
23. Dez.	Das Finanzverfassungsgesetz stabilisiert den seit 1949 zwischen Bund und Ländern strittigen Finanzausgleich: Kernstück ist die Aufteilung des Ertrags aus der Einkommens- und Körperschaftssteuer zwischen Bund und Ländern. Auf dieser Grundlage erhält der Bund ab 1958 35%, die Länder 65%; 1966 wird der Bundesanteil auf 37% erhöht.

Marginalia: *Souveränität*; *Kriegsgefangene*

Innere Konsolidierung (1956–1963)

1956	Verbot der Kommunistischen Partei Deutschlands am 17. Aug. durch das Bundesverfassungsgericht.
27. Okt.	Frankreich und die Bundesrepublik regeln die *Saarfrage*. Demnach wird der Anwendungsbereich des Grundgesetzes vorbehaltlich einer dreijährigen Übergangszeit in wirtschaftlichen Angelegenheiten ab 1. Januar 1957 auf das Saarland ausgedehnt. Schiffbarmachung der Mosel beschlossen.
1957 23. Febr.	Die Gesetze zur Neuregelung des Rechts der *Rentenversicherung* der Arbeiter und der Angestellten, abgerundet durch das Knappschaftsversicherungsneuregelungsgesetz vom 21. Mai 1957, verfolgen drei Ziele: 1. die Anpassung der Renten an die Entwicklung des Lohn- und Preisniveaus, 2. der Wert der Beiträge wird an das Lohnniveau im Zeitpunkt der Rentenfortsetzung angepasst und 3. Altrenten werden an die Entwicklung des Preis-Lohn-Niveaus angeglichen. Die Altershilfe der Landwirte wird erst 1965 geregelt.
9./10. Mai	Der Bundestag diskutiert die atomare Bewaffnung der Bundeswehr.
20. Mai	Die Bundesregierung lehnt den Plan der sowjetischen Regierung ab, die deutsche Einheit durch Verhandlungen mit der DDR und durch Bildung einer Konföderation herzustellen.
26. Juli	Das „Gesetz über die Deutsche Bundesbank" regelt den Aufbau der *Deutschen Bundesbank* als Nachfolgeinstitut der Bank Deutscher Länder, die noch die Besatzungsmächte errichtet haben. Es stellt zudem der Bundesbank geldpolitische Instrumentarien zur Verfügung, durch die die Geldpolitik reguliert werden kann.
27. Juli	Das Gesetz gegen Wettbewerbsbeschränkungen, von den Anhängern der sozialen Marktwirtschaft als „Grundgesetz" der Marktwirtschaft bezeichnet, verbietet marktbeherrschende Unternehmen und Kartellabsprachen, lässt jedoch zahlreiche Ausnahmen zu, die die Wirkung des Gesetzes aushöhlen; daher die verschärfte Fassung vom 3. Jan. 1966.
15. Sept.	*Bundestagswahl*: CDU/CSU 50,2%; SPD 31,8%; FDP 7,7%; GB/BHE 4,6%; DP 3,4%. Die CDU befindet sich auf dem Höhepunkt ihres Einflusses. Konrad Adenauer bildet erneut die Regierung (29. Okt., nur CDU/CSU), aber schon im darauf folgenden Jahr beginnen die Auseinandersetzungen um seine Nachfolge.
19. Okt.	Die Bundesrepublik bricht die diplomatischen Beziehungen zu Jugoslawien wegen dessen Aufnahme diplomatischer Beziehungen zur DDR ab. Die Bundesregierung wendet die sog. Hallstein-Doktrin an (benannt nach Staatssekretär Walter Hallstein [*1901, †1982]: außenpolitischer Grundsatz, wonach die Bundesrepublik wegen ihres demokratisch legitimierten *Alleinvertretungsanspruchs* für das gesamte deutsche Volk mit keinem Staat (Ausnahme nur UdSSR) diplomatische Beziehungen unterhält, der seinerseits die DDR völkerrechtlich anerkannt hat.
1958 März	Bundesverteidigungsminister Franz Josef Strauß (CSU; *1915, †1988) fordert (in der Bundestagsdebatte vom 20.–25.) eine atomare Bewaffnung der Bundeswehr.
23. März	Die SPD gründet, vom DGB unterstützt, den Aktionsausschuss „Kampf dem Atomtod" in Frankfurt.
25. April	Unterzeichnung eines deutsch-sowjetischen Handelsabkommens.

Marginalia: *Saarfrage*; *Rentenversicherung*; *Deutsche Bundesbank*; *Bundestagswahl*; *Alleinvertretungsanspruch*

Berlin-Krise	10. Nov.	Ausbruch der *Berlin-Krise*: Die UdSSR fordert eine „Freie Stadt West-Berlin".
	1959 1. Juli	Heinrich Lübke (*1894, †1972; seit 1953 Bundeslandwirtschaftsminister) wird zum Bundespräsidenten gewählt.
Godesberger Programm	13.–15. Nov.	Ein außerordentlicher Parteitag der *SPD* in Bad Godesberg verabschiedet ein neues Grundsatzprogramm, das die Aktionsprogramme von 1952 und 1954 ablöst *(Godesberger Programm).* Die SPD stellt sich als „entideologisierte Volkspartei" dar, deren Ziel die Verwirklichung der Grundwerte eines demokratischen Sozialismus (Freiheit, Gerechtigkeit, Solidarität) sind.
	1960 29. Aug.	Die DDR erlässt Beschränkungen im Reiseverkehr zwischen West- und Ost-Berlin, woraufhin die Bundesrepublik das Interzonenabkommen kündigt.
	1961 30. Juni	Verabschiedung des Bundessozialhilfegesetzes (BSHG), das den Empfängern von Renten ein Leben ermöglichen soll, das der Würde des Menschen entspricht.
	10. Juli	Das Gesetz über das Kreditwesen stellt eine Rahmenordnung her, vor allem beschränkt es im Interesse der Einleger, der Kreditversorgung der Wirtschaft und der Unterstützung der Wirtschaftspolitik der Bundesregierung die Freiheit der Kreditinstitute.
Mauerbau	13. Aug.	Beginn des *„Mauerbaus"* an der Demarkationslinie zwischen Ost- und West-Berlin sowie Sperrung der Zugangswege nach West-Berlin durch die DDR.

Flüchtlinge und Übersiedler

Flüchtlinge und Übersiedler aus der DDR und Berlin-Ost

Zeitraum	Anzahl	Zeitraum	Anzahl
1953	331 390	1961	207 026
1954	184 198	(inkl. 14.8. bis	
1955	252 870	31.12.1961)	(51 624)
1956	279 189	1962	21 356
1957	261 621	1963	42 632
1958	204 092	1964	41 876
1959	143 917	1965	29 552
1960	199 188		

	17. Sept.	Bundestagswahl: Die Union verliert die absolute Mehrheit: CDU/CSU 45,4; SPD 36,2; FDP 12,8 %.
	7. Nov.	Konrad Adenauer wird zum vierten Mal zum Bundeskanzler gewählt. (CDU/CSU-FDP-Koalition am 14. Nov.).
	20./21. Nov.	Staatsbesuch Adenauers in den USA. Besprechungen mit Präsident Kennedy wegen der Berlin-Frage und der Deutschlandpolitik. Wachsende Differenzen zwischen der deutschen und der US-Regierung.
Konjunktur	1962 21. März	Überhitzungserscheinungen der *Konjunktur.* Wirtschaftsminister Ludwig Erhard fordert Gewerkschaften, Verbraucher und Arbeitnehmer zum Maßhalten auf. Die Bundesrepublik wächst in eine Situation der Überbeschäftigung hinein, die zur wachsenden Beschäftigung ausländischer Arbeitskräfte (bis 1964 rund eine Million) führt.
	6. Juni	Adenauer bietet dem Ministerpräsidenten der UdSSR, Nikita S. Chruschtschow, einen „Burgfrieden" an, um Fortschritte in der deutschen Frage einzuleiten.
„Spiegelaffäre"	26./27. Okt.	Polizeiaktion gegen ein Hamburger Nachrichtenmagazin: Beginn der *„Spiegelaffäre",* in deren Verlauf zunächst die FDP-Minister ihren Rücktritt erklären.
	19. Nov.	Verteidigungsminister Franz Josef Strauß (CSU-Vorsitzender), persönlich belastet, demissioniert.
	30. Nov. 14. Dez.	Die CDU führt erstmals mit der SPD Koalitionsverhandlungen; als diese scheitern, bildet die CDU/CSU mit der FDP eine Regierung, allerdings unter dem Vorbehalt, dass Adenauer vorzeitig zurücktritt.
deutsch-französischer Vertrag	1963 22. Jan.	Unterzeichnung des *Vertrags* über die *deutsch-französische Zusammenarbeit.* Frankreich und die Bundesrepublik vereinbaren eine besonders enge Zusammenarbeit sowie turnusmäßige Konsultationen auf Ministerebene.
	15. Juli	In seiner Tutzinger Rede vor der Evangelischen Akademie entwickelt der Berliner Senatsdirektor Egon Bahr (*1922) die Politik des „Wandels durch die Annäherung" an den Osten.
Ostpolitik		Diese Gedanken sollen bestimmend für die zukünftige deutsche *Ostpolitik* werden.
Rücktritt Adenauers	11. Okt.	*Adenauer* gibt seinen *Rücktritt* als Bundeskanzler mit Wirkung vom 15. Okt. bekannt.
	16. Okt.	Ludwig Erhard (CDU) wird sein Nachfolger.

Innenpolitische Krisen (1964–1968)

Die Zuwachsraten des *Bruttosozialprodukts* sind während der fünfziger Jahre nicht konstant. Sie erleben Auf- und Abschwünge, die in der Regel auf Veränderungen bei Nachfrage und Preisgefüge beruhen. 1965 setzt ein drastischer Abschwung der Zuwachsrate an, die 1966/1967 kurzfristig unter das Nullwachstum absinkt.

Dieses ungewohnte Ereignis löst Irritationen in der Bevölkerung und bei der Regierung aus, die den Abschwung mit den üblichen Instrumenten zur Steuerung der Konjunktur nicht zu bremsen vermag. Es erheben sich Zweifel, ob das System der liberalen Marktwirtschaft allein in der Lage ist, die wirtschaftlichen Probleme zu bewältigen.

Die Schwierigkeiten in der Wirtschaft verbunden mit der Regierungskrise und den Führungskämpfen innerhalb der CDU lassen Kritik am gesamten Verfassungssystem der Bundesrepublik aufkommen. Insbesondere die Kritik von Intellektuellen wirft dem Bundestag vor, er sei nicht im Stande, die Exekutive und die Volkswirtschaft wirksam zu kontrollieren. Umrisse einer linksorientierten *Außerparlamentarischen Opposition* (APO) zeichnen sich ab.

Bruttosozialprodukt

APO

Entstehung des Sozialprodukts in jeweiligen Preisen

Sozialprodukt

in Mrd. DM (1960–1993 altes Bundesgebiet)

	1960	1970	1980	1985	1993	1993 Neue Länder und Berlin-Ost
Land- und Forstwirtschaft, Fischerei	17,66	21,78	30,52	32,24	29,29	6,64
Produzierendes Gewerbe	160,80	333,72	624,78	745,52	981,13	105,12
Handel und Verkehr	55,96	103,47	218,68	275,08	405,60	38,79
Dienstleistungen	41,13	114,39	338,25	484,96	964,76	84,18
Staat, private Haushalte	26,65	72,55	203,70	243,87	374,58	68,27
Bruttowertschöpfung	302,20	645,91	1415,93	1781,67	2755,36	303,00
zuzüglich Korrekturposten	+0,51	+29,39	+56,11	+48,82	+98,34	+2,4
Bruttoinlandsprodukt	302,71	675,30	1472,04	1830,49	2853,70	305,4
Saldo	+0,20	+0,40	+5,36	+4,01	-10,90	+9,4
Bruttosozialprodukt	302,91	675,70	1477,40	1834,50	2842,90	314,80

Bruttowertschöpfung

Bruttoinlandsprodukt

Bruttosozialprodukt

1964
16. Febr. Der Regierende Bürgermeister von Berlin, Willy *Brandt* (*1913, †1992), wird als Nachfolger Erich Ollenhauers (*1901, †1963) zum *Vorsitzenden der SPD* gewählt.

1965
13. Mai Aufnahme diplomatischer *Beziehungen zu Israel*; daraufhin brechen die arabischen Staaten (mit Ausnahme von Libyen, Marokko und Tunesien) ihre Beziehungen ab.

12. Juni Gesetz über die Vermögensbildung *(„624 DM-Gesetz")*, das die Vermögensbildung vor allem der Arbeiter verbessern soll.

19. Sept. Bundestagswahl: CDU/CSU 47,6%; SPD 39,3%; FDP 9,5%. Bundeskanzler Ludwig Erhard bildet eine Koalitionsregierung von CDU/CSU und FDP; Erich Mende (FDP, *1916, †1998) bleibt Vizekanzler (seit 1963).
26. Okt. Die Koalition ist durch außenpolitische Differenzen belastet: Bundesaußenminister Gerhard Schröder (*1910, †1989) fordert eine starke Anlehnung an die USA, Erich Mende eine flexible Ostpolitik und Franz Josef Strauß eine Annäherung an Frankreich.

21. Dez. Konrad Adenauer erklärt seinen Verzicht auf erneute Kandidatur als CDU-Vorsitzender.

1966
März Ludwig Erhard kann sich gegen Rainer Barzel (*1924) bei der Wahl um den Parteivorsitz der CDU durchsetzen.

5. Sept. Ludger Westrick (*1894, †1990), Vertrauter Erhards, tritt als Kanzleramtsminister zurück.

Brandt SPD-Vorsitzender
Beziehungen zu Israel
624 DM-Gesetz

| | 27. Okt. | Die FDP kündigt wegen Streitigkeiten um den Bundeshaushalt die Koalition. |
Rücktritt Erhards | 30. Nov. | *Rücktritt* Ludwig *Erhards* als Bundeskanzler. Nutznießer der Krise ist zunächst die rechtsradikale Nationaldemokratische Partei Deutschlands (NPD), die bei Landtagswahlen Mandate gewinnt.
Große Koalition | 1. Dez. | Der Bundestag wählt den CDU-Politiker und baden-württembergischen Ministerpräsidenten Kurt Georg Kiesinger (*1904, †1988) zum Bundeskanzler. Bildung einer *„Großen Koalition"* von CDU/CSU und SPD. Vizekanzler und Außenminister wird Willy Brandt (SPD).
| **1967** 27. Mai– 4. Juni | Während eines Staatsbesuches des persischen Schahs Resa Pahlevi brechen in zahlreichen Städten Unruhen aus. Der demonstrierende Student Benno Ohnesorg wird in Berlin bei einem Polizeieinsatz erschossen (2. Juni).
| 14. Juni | Die Bundesregierung versucht, mit Hilfe des Gesetzes zur Förderung von Stabilität und Wachstum den Konjunkturabschwung zu bremsen, die Preise zu stabilisieren, die Zahlungsbilanz auszugleichen und ein angemessenes Wachstum zu erreichen.
Konzertierte Aktion | | Die marktwirtschaftliche Ordnung wird mit Elementen der Rahmenplanung umgeben. Errichtung der *„Konzertierten Aktion"* auf Initiative von Bundeswirtschaftsminister Karl Schiller (SPD; *1911, †1994): Verhandlungsforum von Arbeitgeberverbänden und Gewerkschaften, moderiert durch die Bundesregierung.
| 24. Juli | Das Parteiengesetz erklärt die Parteien zu notwendigen Bestandteilen der freiheitlich demokratischen Grundordnung.
Notstandsverfassung | **1968** 29. Mai | Der Bundestag billigt nach heftigen Protesten in der Öffentlichkeit die *Notstandsverfassung*, die zeitweise bestimmte Artikel des Grundgesetzes außer Kraft setzen kann.

Die sozial-liberale Koalition (1969–1982)

| | **1969** 5. März | Gustav Heinemann (SPD) wird mit den Stimmen von SPD und FDP zum Bundespräsidenten gewählt.
| 12.–13. April | Gründung der Deutschen Kommunistischen Partei (DKP) als Nachfolgepartei der verbotenen KPD; die Wiederzulassung einer kommunistischen Partei in der Bundesrepublik soll die sich anbahnenden Verhandlungen mit dem Osten erleichtern.
Finanzreformgesetz | 12. Mai | Das *Finanzreformgesetz* ordnet die Zusammenarbeit zwischen Bund und Ländern auf dem Gebiet des Hochschulneubaus, der Bildungsplanung, der Verbesserung regionaler Wirtschaftsstrukturen sowie der Gemeinwirtschaftsaufgaben. Es regelt außerdem die Verteilung der Finanzlasten zwischen Bund, Ländern und Gemeinden.
| 29. Sept. | Bundestagswahl: CDU/CSU 46,1 %; SPD 42,7 %; FDP 5,8 %.
SPD-FDP-Koalition | **22. Okt.** | *Koalition von SPD und FDP*: Bildung einer sozial-liberalen Regierung unter Bundeskanzler Willy Brandt (SPD) und Vizekanzler und Außenminister Walter Scheel (*1919) (FDP). Intensivierung der Ostpolitik, aber auch der Integrationspolitik Europas.
Aufwertung der D-Mark | 24. Okt. | Die Bundesregierung beschließt (nach langen Auseinandersetzungen in der Großen Koalition) die *Aufwertung der D-Mark* um 8,5 %.
| 28. Okt. | Bundeskanzler Brandt erklärt die Bereitschaft der Bundesregierung, die Existenz der DDR als zweiten Staat in Deutschland anzuerkennen.
| 28. Nov. | Die Bundesrepublik tritt dem von den USA und der UdSSR zuvor ratifizierten Atomwaffensperrvertrag bei.
| **1970** Frühjahr | Einsetzen des Konjunkturaufschwunges und gleichzeitig der Diskussion über die Erweiterung der Mitbestimmungsregelungen und die Verbesserung der Vermögenspolitik.
Treffen Brandt – Stoph | 19. März | Erstes *Treffen* von Bundeskanzler *Brandt* mit dem Vorsitzenden des Ministerrates der DDR, Willi *Stoph*, in Erfurt.
| 26. März | Beginn der Viermächte-Verhandlungen über Berlin im Gebäude des ehemaligen Alliierten Kontrollrates.
| 21. Mai | Erneute Begegnung zwischen Brandt und Stoph in Kassel.
Moskauer Vertrag | **12. Aug.** | Vertrag zwischen der Bundesrepublik und der UdSSR über Gewaltverzicht und Normalisierung der Beziehungen *(Moskauer Vertrag)*.
Warschauer Vertrag | 7. Dez. | Vertrag zwischen der Bundesrepublik und der Volksrepublik Polen über die Grundlagen der Normalisierung der Beziehungen *(Warschauer Vertrag)*.
West-Berlin | **1971** 3. Sept. | Unterzeichnung des Viermächteabkommens über Berlin. Auf der Grundlage des Viermächte-Statuts werden die Bindungen zwischen *West-Berlin* und der Bundesrepublik bestätigt. Die UdSSR gewährleistet den freien Zugang nach West-Berlin.
| 10. Nov. | Verabschiedung des Betriebsverfassungsgesetzes: Dem einzelnen Arbeitnehmer wird erstmals das Recht auf Unterrichtung, Anhörung und Erörterung von betrieblichen Angelegenheiten eingeräumt, die ihn selbst betreffen. Der Betriebsrat erhält mehr Mitbestimmungsrechte, so in der Personalplanung und Berufsausbildung.

1972 27. April	Das *konstruktive Misstrauensvotum* der CDU/CSU-Opposition gegen Bundeskanzler Willy Brandt, mit dem Ziel, den CDU-Vorsitzenden Rainer Barzel zum Bundeskanzler zu wählen, scheitert.		*konstruktives Misstrauensvotum*
17. Mai	Ratifizierung der sog. „Ost-Verträge" mit der UdSSR und der VR Polen im Bundestag.		
3. Juni	In-Kraft-Treten der „Ost-Verträge"; mit dem Viermächte-Schlussprotokoll über das Berlinabkommen treten das Viermächteabkommen, das Transitabkommen und die Vereinbarungen zwischen dem Senat von Berlin und der Regierung der DDR in Kraft.		
16. Aug.	Beginn der Verhandlungen zum *Grundlagenvertrag* zwischen der DDR und der Bundesrepublik Deutschland.		*Grundlagenvertrag*
5. Sept.	Während der XX. *Olympischen Sommerspiele* in München dringen acht arabische Terroristen, die sich als Mitglieder der Organisation „Schwarzer September" bezeichnen, in die Unterkunft der israelischen Olympiamannschaft ein; dabei werden zwei Israelis getötet. Neun weitere Sportler und Funktionäre werden als Geiseln festgehalten. Nach längeren Verhandlungen, die Bundesinnenminister Hans-Dietrich Genscher leitet, wird Abzug gewährt. Auf dem Militärflugplatz Fürstenfeldbruck kommen alle israelischen Geiseln, fünf Terroristen und ein Polizeibeamter während eines Feuergefechts zwischen einer Sondereinheit der Polizei und den Terroristen ums Leben; drei arabische Terroristen werden verhaftet.		*Olympiade*
20. Sept.	Bundeskanzler Brandt stellt wegen der Ostpolitik im Bundestag die Vertrauensfrage (233 Ja- und 248 Neinstimmen), worauf Bundespräsident Heinemann den Bundestag auflöst.		
21. Sept.	*Reform der gesetzlichen Rentenversicherung*: Die Versicherten können ab dem 63. Lebensjahr und nach 35 Versicherungsjahren selbst bestimmen, wann sie in den Ruhestand treten. Selbstständige und Hausfrauen können freiwillig der gesetzlichen Rentenversicherung beitreten.		*Reform der Rentenversicherung*
19. Nov. 15. Dez.	*Bundestagswahlen*: SPD 45,8%; CDU/CSU 44,9%; FDP 8,4%. Willy Brandt bildet erneut mit der FDP die Bundesregierung.		*Bundestagswahl*
21. Dez.	Unterzeichnung des Grundlagenvertrags mit der DDR. Auf der Basis des Grundlagenvertrags wird 1973 und 1974 eine Reihe weiterer Verträge geschlossen oder werden Verhandlungen in Angriff genommen.		
1973 17. Febr.	1. *Stabilitätsprogramm* der Bundesregierung zur Steuerung der überhitzten Wirtschaftskonjunktur.		*Stabilitätsprogramme*
9. Mai	2. *Stabilitätsprogramm*: Steuersenkungen und Kürzungen von Investitionen.		

Außenhandel der Bundesrepublik Deutschland

Außenhandel

in jeweiligen Preisen

Jahr	Einfuhr in Mrd. DM	Ausfuhr in Mrd. DM	Ausfuhrüberschuss in Mrd. DM
1960	42,7	47,9	+ 5,2
1965	70,4	71,7	+ 1,2
1970	109,6	125,3	+ 15,7
1975	184,3	221,6	+ 37,3
1980	341,4	350,3	+ 8,9
1985	463,8	537,2	+ 73,4
1990	550,6	642,8	+ 92,2
1995	634,3	727,7	+ 93,4
2000	1064,4	1167,3	+ 102,9

21. Juni	Der Grundlagenvertrag mit der DDR tritt nach heftigen Auseinandersetzungen im Bundestag (11. Mai: Verabschiedung) in Kraft.		
31. Juli	Das Bundesverfassungsgericht bestätigt in einem Urteilsspruch über den Grundlagenvertrag, dass die Bundesregierung verfassungskonform gehandelt und die Wiedervereinigung Deutschlands rechtlich offen gelassen hat.		
18. Sept.	Aufnahme der Bundesrepublik (gleichzeitig mit der DDR) in die *Vereinten Nationen*.		*UNO-Beitritt*
26. Sept.	Verabschiedung des Energieprogramms der Bundesregierung mit dem Ziel, die Abhängigkeit der Bundesrepublik vom Erdöl zu mindern.		
19. Dez.	Lockerung des Stabilitätsprogramms, da sich die Konjunktur abschwächt. Die Zahl der Arbeitslosen übersteigt die Millionengrenze.		
1974 6. Mai	Bundeskanzler *Brandt tritt* nach Bekanntwerden der Spionagetätigkeit seines Referenten Günter Guillaume (*1927, †1995) *zurück*.		*Rücktritt Brandts*

Schmidt Bundeskanzler

15. Mai — Walter Scheel (FDP) wird zum Bundespräsidenten gewählt.
16. Mai — Helmut *Schmidt* (SPD), im letzten Kabinett Brandt Bundesfinanz- und Wirtschaftsminister (*1918), wird zum *Bundeskanzler* gewählt und bildet zusammen mit dem FDP-Politiker, Außenminister und Vizekanzler Hans-Dietrich Genscher (*1927) eine erneute sozial-liberale Regierung.
Verlagerung der Schwerpunkte auf die Wirtschafts- und Finanzpolitik.
12. Dez. — Bereitstellung von Mitteln zur Belebung der Konjunktur: Investitionszulagen für Unternehmen, insbesondere für kleine und mittlere Betriebe, sowie Stabilitätszulagen für Arbeitslose.
1975
1. Jan. — Reform der Einkommen- und Lohnsteuer mit dem Ziel, die Empfänger kleiner Einkommen zu entlasten, in Kraft.
Das Gesetz über die Volljährigkeit ab dem 18. Lebensjahr tritt in Kraft.
25. Febr. — Das Bundesverfassungsgericht erklärt mit fünf gegen drei Stimmen die völlige Freigabe des Schwangerschaftsabbruches in den ersten zwölf Wochen nach dem am 18. Jan. 1974 vom Bundestag verabschiedeten Gesetz (sog. „Fristenmodell") als verfassungswidrig.

Eheschließungen und -scheidungen

Eheschließungen und Ehescheidungen im alten Bundesgebiet und der DDR

je 1000 Einwohner

Jahr	Eheschließungen altes Bundesgebiet	DDR	Ehescheidungen altes Bundesgebiet	DDR
1950	10,7	11,7	1,7	2,7
1960	9,4	9,7	0,9	1,4
1970	7,3	7,7	1,3	1,6
1980	5,9	8,0	1,6	2,7
1985	6,0	7,9	2,1	3,1
1990	6,5	6,3	1,9	*

* keine Angaben

27. Febr. — Peter Lorenz (*1922, †1987), Berliner Landesvorsitzender der CDU, wird von Mitgliedern der terroristischen „Bewegung 2. Juni" entführt. Die zuständigen Stellen von Bund und Ländern erfüllen die Forderungen der Entführer; daraufhin erfolgt seine Freilassung.

Terroristen

24. April — Besetzung der Botschaft der Bundesrepublik in Stockholm durch sechs deutsche *Terroristen*, die zwei Geiseln erschießen und die Botschaft sprengen. Sie werden überwältigt und in die Bundesrepublik abgeschoben.
21. Mai — Beginn des Prozesses gegen Mitglieder der Terroristengruppe um Andreas Baader (*1944, †1977) und Ulrike Meinhof in Stuttgart-Stammheim (Selbstmord Meinhofs [*1934] 9. Mai 1976).
Juli — Zusammenkunft zwischen dem polnischen KP-Chef Edward Gierek und Bundeskanzler Helmut Schmidt in Helsinki. Es wird vereinbart, Polen einen Finanzkredit von 1 Mrd. DM für 25 Jahre und 1,3 Mrd. DM für Rentenausgleichszahlungen zu gewähren. Die polnische Regierung erklärt, dass sie innerhalb von vier Jahren 125 000 Deutschen die Ausreise aus Polen gestatten wird.

Abkommen mit Polen

9. Okt. — Das *Abkommen* der Bundesrepublik *mit Polen* wird unterzeichnet.
18. Dez. — Austausch Ständiger Vertreter zwischen der Bundesrepublik und der DDR.
31. Dez. — Die Zahl der Reisen aus der Bundesrepublik und West-Berlin in die DDR und nach Ost-Berlin erhöht sich aufgrund der Vertragspolitik von 2,7 Mio. 1971 auf 7,7 Mio. 1975.

Arbeitslosigkeit

1976 Jan. — Die Bundesanstalt für Arbeitsvermittlung registriert 1,351 Mio. (darunter 149 000 Ausländer) *Arbeitslose* (Quote 5,9%). Es handelt sich um die höchste Zahl seit 1959. – Beginn eines leichten Bevölkerungsrückgangs (1976 auf 61,5 Mio.; 1975: 61,8).
1. Juli — Mitbestimmungsgesetz in Kraft.
3. Okt. — Bundestagswahl: SPD 42,6%; CDU/CSU (Kanzlerkandidat der CDU-Vorsitzende Helmut Kohl, *1930) 48,6%; FDP 7,9%. Helmut Schmidt bildet erneut mit der FDP eine Koalitionsregierung (16. Dez.).
10. Nov. — Zur Wiederbeschäftigung von längerfristig Arbeitslosen beschließt die Bundesregierung ein Sonderprogramm in Höhe von 430 Mio. DM.
13. Nov. — Schwere Zusammenstöße zwischen Demonstranten und Polizei am Bauplatz des geplanten Kernkraftwerkes bei Brokdorf.

Dez.	Die Bundesrepublik Deutschland wird für die Zeit vom 1. Jan. 1977–31. Dez. 1978 in den Weltsicherheitsrat der Vereinten Nationen gewählt.	
1977 7. April	Generalbundesanwalt Siegfried Buback (*1920, †1977) wird von Terroristen der sog. „Rote-Armee-Fraktion" (RAF) auf offener Straße ermordet.	*Rote-Armee-Fraktion*
28. April	Im so genannten „Stammheimer *Terroristenprozess*" werden die Angeklagten Andreas Baader, Jan-Carl Raspe und Gudrun Ensslin zu lebenslangen Freiheitsstrafen verurteilt.	*Terroristenprozess*
30. Juli	Der Bankier Jürgen Ponto (*1923, †1977) wird von Anarchisten durch Schüsse tödlich verletzt.	
5. Sept.	*Entführung von* Hanns-Martin *Schleyer* (*1915, †1977), Präsident der Bundesvereinigung der Deutschen Arbeitgeberverbände, durch die RAF.	*Entführung von Schleyer*
13. Okt. 18. Okt.	Eine Lufthansamaschine wird von Palästinensern, die die Freilassung von RAF-Mitgliedern verlangen, gekapert. Auf dem Flugplatz von Mogadischu (Somalia) gelingt der dorthin entsandten *Grenzschutzgruppe 9* die Befreiung der Geiseln. Schleyer wird von seinen Entführern ermordet. Baader, Raspe, Ensslin verüben Selbstmord.	*GSG 9*
1978	Annahme des Anti-Terrorismusgesetzes durch den Bundestag (17. Febr.).	
März/April	Warnstreiks, Schwerpunktstreiks und Aussperrungen mit über 200000 Streikenden und Ausgesperrten in der Metallindustrie von Nordwürttemberg-Nordbaden.	
8. Juni	Der Bundestag beschließt die Abkehr vom Prinzip der bruttolohnbezogenen Rentenanpassung.	
Juli	In Bonn 4. *Wirtschaftsgipfelkonferenz* von sieben westlichen Industriestaaten.	*Wirtschaftsgipfel*
29. Nov.	Neues Verkehrsabkommen mit der DDR ergänzt bisherige Vereinbarungen.	
1979 23. Mai	Wahl von Bundestagspräsident (seit 1976) Karl Carstens (CDU; *1914, †1992) zum Bundespräsidenten.	
2. Juli	CDU/CSU-Bundestagsfraktion nominiert Franz Josef Strauß zum Kanzlerkandidaten.	
1980	Drei *Abkommen mit der DDR* über Verkehrsverbesserungen unterzeichnet (30. April).	*Abkommen mit der DDR*
5. Okt.	Die Bundestagswahlen (CDU/CSU 44,5%; SPD 42,9%; FDP 10,6%) führen zur Fortsetzung der Koalitionsregierung Schmidt/Genscher (SPD-FDP, ab 5. Nov.).	
1981	In Ost-Berlin finden innerdeutsche Gespräche zur Rüstungskontrolle statt (3. Juli).	
10. Okt.	*Friedensdemonstration* in Bonn mit rund 250000 Teilnehmern.	*Friedensdemonstration*
11.–13. Dez.	Bundeskanzler Schmidt und der DDR-Staatsratsvorsitzende Erich Honecker treffen in der DDR zu dreitägigen innerdeutschen Gesprächen zusammen.	
1982	Der Bundestag spricht Bundeskanzler Schmidt das Vertrauen aus (5. Febr.).	
13. Sept.	Verschärfung der *Koalitionskrise* zwischen SPD und FDP (veröffentlichtes Wirtschaftskonzept von Wirtschaftsminister Otto Graf Lambsdorff [FDP, *1926] – Lambsdorff-Papier).	*Koalitionskrise*
17. Sept.	Ende der sozial-liberalen Koalition. Die Ämter der vier zurückgetretenen FDP-Minister übernehmen SPD-Minister. Koalitionsgespräche der CDU/CSU mit der FDP.	

Die christlich-liberale Koalition seit 1982

1. Okt.	Der CDU-Vorsitzende Helmut *Kohl* wird mit den Stimmen der CDU/CSU und der FDP zum *Bundeskanzler* gewählt.	*Kohl Bundeskanzler*
17. Dez.	Abstimmung des Bundestages über die von Helmut Kohl gestellte Vertrauensfrage: Der Antrag des Bundeskanzlers erhält – wie geplant – keine Mehrheit. Somit ist der Weg zur Auflösung des Parlaments und Ausschreibung von Neuwahlen frei.	
1983	Am 7. Jan. löst Bundespräsident Carstens den Bundestag auf.	
6. März	Die Bundestagswahlen stärken CDU/CSU und *Grüne*; Letztere erhalten erstmals Bundestagsmandate (CDU/CSU 48,8%; SPD 38,2%; FDP 7%; Grüne 5,6%). CDU/CSU und FDP bilden die neue Koalition.	*Grüne Partei*
13. März	Das Bundesverfassungsgericht setzt die für April vorgesehene Volkszählung aus.	
29. März	Helmut Kohl wird erneut zum Bundeskanzler gewählt.	
1. Juli	*Milliardenkredit* westdeutscher Banken *an die DDR*. Im Gegenzug Zugeständnisse der DDR bei Mindestumtausch und Ausreise; Abbau von Selbstschussanlagen an der Grenze.	*Milliardenkredit an die DDR*
18./22. Nov.	Der Bundestag stimmt für die Stationierung neuer US-Mittelstreckenraketen in der Bundesrepublik.	
1984 4. Jan.	*Affäre* um die vorzeitige Entlassung des stellvertretenden NATO-Oberbefehlshabers Günther *Kießling* (*1925) durch Verteidigungsminister Manfred Wörner (CDU) (bis 1. Febr.).	*Kießling-Affäre*
24. Febr.	Steigende Zahl von Ausreisegenehmigungen für Deutsche aus der DDR.	
26. Juni	Infolge Anklage wegen Bestechlichkeit tritt Wirtschaftsminister Otto Graf Lambsdorff zurück. Nachfolger wird Martin Bangemann (FDP, *1934).	
1. Juli	In Nachfolge von Karl Carstens wird Richard von Weizsäcker (CDU, *1920) als sechster deutscher Bundespräsident vereidigt (Wahl am 23. Mai).	

	1985 16. Juli	Im Alter von 67 Jahren stirbt der Schriftsteller Heinrich Böll (*1917, Literaturnobelpreis 1972).
	16. Sept.	Der Ministerpräsident von Nordrhein-Westfalen, Johannes Rau (SPD, *1931), wird Kanzlerkandidat für den Bundestagswahlkampf 1987.
SDI-Abkommen	1986 27. März	*SDI* (Strategic Defense Initiative)-*Abkommen* zur Entwicklung strategischer Verteidigungssysteme von Bundeswirtschaftsminister Martin Bangemann und dem US-amerikanischen Verteidigungsminister Caspar W. Weinberger in den USA unterzeichnet.
	6. Juni	Die Bundesregierung richtet ein Ministerium für Umwelt- und Reaktorsicherheit ein.
	1.–21. Nov.	Nach einem Großbrand im Basler Chemieunternehmen Sandoz wird der Rhein durch hoch giftige Stoffe verseucht.
Bundestagswahlen	1987 25. Jan.	Bei den *Bundestagswahlen* wird die bisherige CDU/CSU-FDP-Koalition bestätigt. Das Ergebnis lautet: SPD 37,0%, CDU/CSU 44,3%, FDP 9,1% und Grüne 8,3%. Wahl Helmut Kohls zum Bundeskanzler am 11. März.
	16. Febr.	Eberhard von Brauchitsch (*1926), ehemaliger Manager im Flick-Konzern, und die früheren Wirtschaftsminister Otto Graf Lambsdorff und Hans Friderichs (*1931) (beide FDP) werden wegen Steuerhinterziehung im Zusammenhang mit Parteispenden verurteilt.
Vogel SPD-Vorsitzender	23. März	Rücktritt Willy Brandts als *SPD-Vorsitzender,* ausgelöst durch die im SPD-Vorstand umstrittene Nominierung einer neuen Pressesprecherin. Nachfolger wird Hans-Jochen *Vogel* (*1926).
	25. März	Erstmals nehmen Offiziere der Bundeswehr an Manövern der Warschauer Vertragsorganisation (WVO) in der DDR teil.
	7.–11. Sept.	Der DDR-Staatsratsvorsitzende Honecker besucht die Bundesrepublik; mehrere deutsch-deutsche Abkommen werden unterzeichnet (u.a. über Strahlenschutz, Umweltschutz und Zusammenarbeit in Wissenschaft und Technik).
Barschel/ Engholm	2. Okt.	Wegen unlauterer Praktiken im Wahlkampf muss der schleswig-holsteinische Ministerpräsident Uwe *Barschel* (CDU, *1944) zurücktreten. Er wird kurz darauf in einem Genfer Hotel tot aufgefunden.
	12. Dez.	Atommüll-Skandal bei Transnuklear, einem Tochterunternehmen der Brennelementefirma Nukem in Hanau (bis 14. Jan. 1988).
	1988 8. Mai	Die SPD gewinnt bei vorgezogenen Landtagswahlen in Schleswig-Holstein die absolute Mehrheit. Ministerpräsident wird Björn *Engholm* (*1939).
Flugzeugunglück in Ramstein	28. Aug.	Bei einer Flugschau in *Ramstein* fordert der Zusammenstoß dreier Düsenjets 70 Tote.
	3. Okt.	Franz Josef Strauß stirbt. Seine Nachfolger werden Max Streibl (*1932) als Ministerpräsident und Theodor Waigel (*1939) als CSU-Vorsitzender.
Jenninger	11. Nov.	Zum 50. Jahrestag der „Reichskristallnacht" hält Bundestagspräsident Philipp *Jenninger* (CDU, *1932) eine heftig kritisierte *Rede,* die zu seinem Rücktritt führt.
	8. Dez.	Der Absturz eines US-amerikanischen Militärflugzeugs über der Innenstadt von Remscheid fordert sechs Menschenleben und führt zu einer intensiven Debatte über ein Tiefflugverbot.
	1989 6. Juni	Bundesregierung und bayerische Staatsregierung beschließen, den Bau der umstrittenen atomaren Wiederaufarbeitungsanlage in Wackersdorf endgültig einzustellen.
Gorbatschow-Besuch	12.–15. Juni	Der sowjetische Staats- und Parteichef Michail S. *Gorbatschow* wird bei seinem *Besuch* in der Bundesrepublik von der Bevölkerung gefeiert.
	8. Sept.	Zusammenschluss der Daimler-Benz AG mit dem Luft- und Raumfahrtkonzern Messerschmitt-Bölkow-Blohm (MBB). – (Forts. S. 1429)

Deutsche Demokratische Republik (1949–1989)

(Forts. v. S. 1404)

Anpassung an das sowjetische Modell – Gründung der DDR (1949–1955)

Herrschaftsausübung der SED	Die Jahre ab 1949 sind gekennzeichnet durch eine diktatorisch-bürokratische *Herrschaftsausübung der SED,* durch welche die noch formal liberal-demokratische Verfassung von 1949 ausgehöhlt wird; ferner das rasche Anwachsen des staatlichen und genossenschaftlichen Eigentums, die Errichtung einer zentral geleiteten Planwirtschaft, die Konzentration der gesamten politischen Macht bei der SED und schließlich die Durchdringung des Geisteslebens mit den Normen und Vorstellungen des Marxismus-Leninismus
Stalinismus	*stalinistischer Ausprägung.* Das Hauptproblem der SED-Führer besteht darin, jeder Wendung der UdSSR auf internationaler Bühne folgen und zugleich den Bedürfnissen der eigenen Bevölkerung gerecht werden zu müssen.

1949		
24. Jan.	Das Prinzip der paritätischen Besetzung zwischen ehemaligen KPD- und SPD-Mitgliedern in der SED wird aufgehoben.	
28. Jan.	Die 1. Parteikonferenz der *SED* beschließt endgültig die Umwandlung in eine „Partei neuen Typs" nach dem Vorbild der KPdSU. Damit werden die am 21./22. April 1946 auf dem Einigungsparteitag von SPD und KPD verabschiedeten Prinzipien des Parteiaufbaues aufgegeben, die Prinzipien des „demokratischen Zentralismus" systematisch durchgesetzt sowie der Klassenkampf verschärft.	*SED Partei neuen Typs*
19./20. Febr.	Eine *Bauernkonferenz* der SED beschließt den Ausbau der „Volkseigenen Güter" (VEG) zu Mustergütern und den vorrangigen Aufbau von Maschinenausleih-Stationen (MAS) vor der Lieferung von Geräten an private Bauern.	*Bauernkonferenz*
19. März	Der 1. Deutsche Volksrat billigt die *Verfassung* für eine „deutsche demokratische Republik".	*Verfassung*
15./16. Mai	Wahlen zum 3. Volkskongress auf Einheitslisten; Wahlbeteiligung 95,2%, davon 66,1% für die Kandidaten.	
29. Mai– 3. Juni	Der Deutsche Volkskongress in der Sowjetzone nimmt die Verfassung für eine „deutsche demokratische Republik" an.	
4. Okt.	Der Parteivorstand der SED proklamiert die „Nationale Front des demokratischen Deutschlands" und den Zusammenschluss der Parteien der SBZ; Beschlussfassung zur Bildung einer provisorischen Regierung für eine „deutsche demokratische Republik".	
7. Okt.	*Gründung der Deutschen Demokratischen Republik* (DDR). Der 2. Deutsche Volksrat (gewählt vom 3. Volkskongress am 30. Mai 1949) konstituiert sich als provisorische Volkskammer, in der die SED die stärkste Fraktion bildet. Die Länder sind durch eine Länderkammer vertreten. Die Wahlen zur Volkskammer sollen nach Einheitslisten der „Nationalen Front" stattfinden.	*Gründung der DDR*
10. Okt.	Die SMAD überträgt die Verwaltungsfunktionen an die provisorische Regierung der DDR; danach Umwandlung der SMAD in die „Sowjetische Kontrollkommission" (SKK).	
11. Okt.	Die provisorische Volkskammer und die provisorische Länderkammer wählen Wilhelm Pieck zum Präsidenten der Republik.	
12. Okt.	Die Volkskammer bestätigt die provisorische Regierung der DDR mit Vertretern der SED, der LDPD, der CDU, der NDPD, der DBD und eines Parteilosen. Otto Grotewohl wird Ministerpräsident.	
1950 20.–24. Juli	Der 3. Parteitag der SED in Ost-Berlin beschließt die Grundsätze für den Fünfjahrplan für 1951–1955 sowie die Neufassung des Parteistatuts; der Parteivorstand (PV) wird in ein Zentralkomitee (ZK) umgewandelt. Vorsitzende der Partei: Wilhelm Pieck und Otto Grotewohl.	
25. Juli	Konstituierung des ersten ZK: *Walter Ulbricht* wird Generalsekretär der SED.	*Walter Ulbricht*
29. Sept.	Die DDR tritt dem Rat für gegenseitige Wirtschaftshilfe (RGW bzw. COMECON) bei.	
15. Okt.	*Volkskammerwahlen*: Beteiligung 98,44%, davon 99,3% Jastimmen. (Hervortreten des Akklamationscharakters der „Wahlen" in der DDR.)	*Volkskammerwahlen*
20. Nov.	Zusammenschluss der VdgB mit dem Verband landwirtschaftlicher Genossenschaften Deutschlands zur Vereinigung der gegenseitigen Bauernhilfe (Bäuerliche Handelsgenossenschaft).	
1951 März	Das ZK verwirft jede abstrakte und unpolitische *Kunst* als „formalistisch" und verlangt die Orientierung an dem in der Sowjetunion entwickelten sozialistischen Realismus.	*Kunst*
8. Okt.	Aufhebung der Rationierung aller Lebensmittel bis auf Fleisch, Fett und Zucker.	
21. Dez.	Institut für Gesellschaftswissenschaften beim ZK der SED eröffnet.	
1952	Die SED gibt bekannt, dass 150696 Mitglieder ausscheiden müssen (21./25. April).	
29. April	Die Sowjetunion gibt 66 Sowjetische Aktiengesellschaften an die DDR zurück, die diese in Volkseigene Betriebe (VEB) umwandelt.	
27. Mai	Einrichtung einer besonderen Ordnung an der *Demarkationslinie* zur Bundesrepublik Deutschland: Einrichtung von Sperrzonen, Aufhebung des kleinen Grenzverkehrs und Installierung von Schutzstreifen.	*Demarkationslinie*
9.–12. Juli	Ulbricht propagiert auf der 3. Parteikonferenz der SED den „planmäßigen Aufbau des Sozialismus sowie die Notwendigkeit einer Verschärfung des Klassenkampfes". Es beginnen der Ausbau der Landwirtschaftlichen Produktionsgenossenschaften (LPG), der 1960 abgeschlossen ist, sowie die Kollektivierung des mittelständischen Bereiches.	

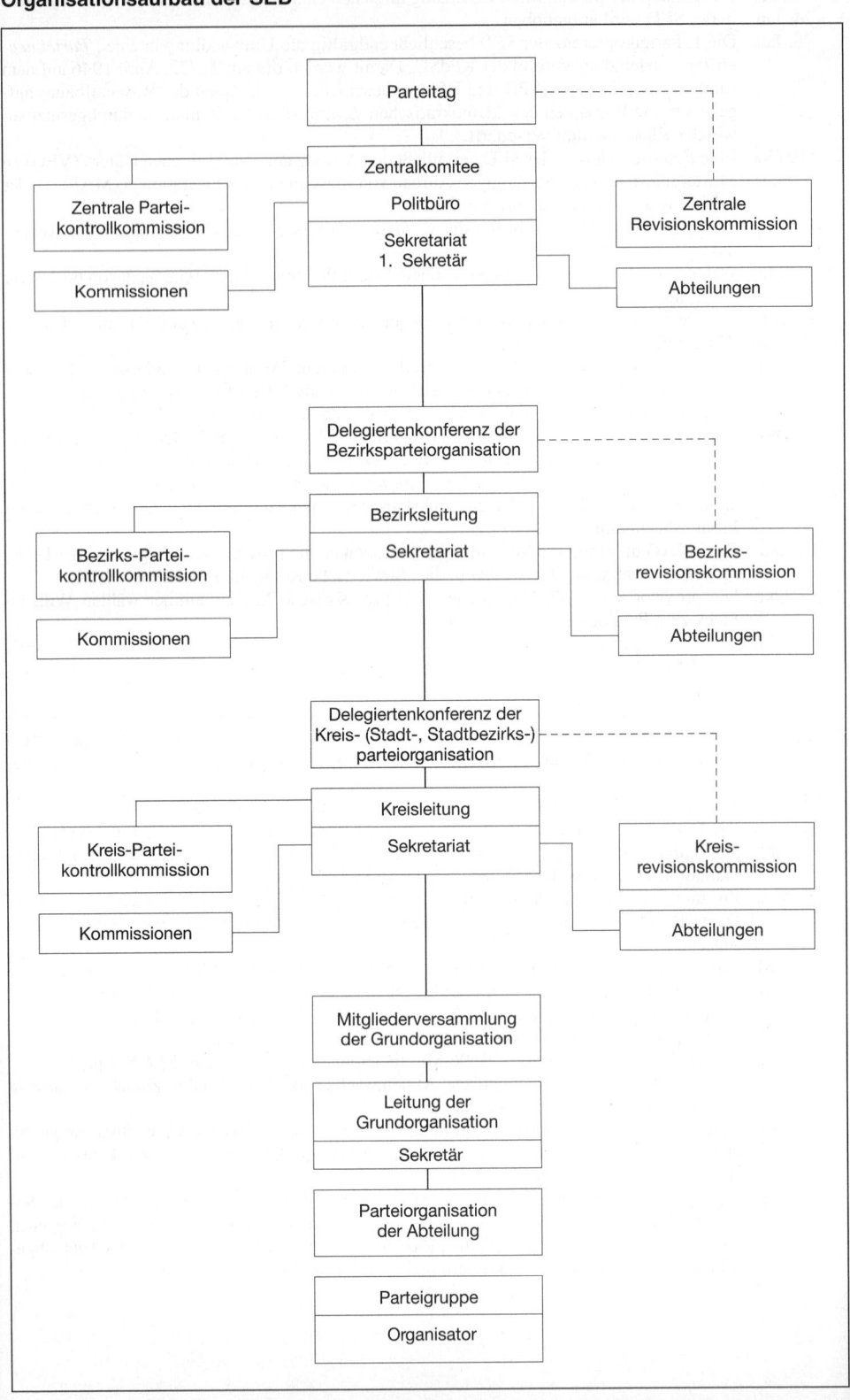

Die Kollektivierung der Landwirtschaft

Die *Landwirtschaftspolitik* der DDR vollzieht sich in zwei Phasen: 1945-1950 Durchführung einer Bodenreform, in der vorwiegend der Großgrundbesitz enteignet und 30% (3,3 Mio. ha) der Wirtschaftsfläche umverteilt werden; 1952-1960 Kollektivierung der Landwirtschaft.
Innerhalb beider Phasen entstehen unterschiedliche *Betriebsformen*: die Volkseigenen Güter (VEG) und die Landwirtschaftlichen Produktionsgenossenschaften (LPG). Die VEG sind Eigentum des Staates. Sie bilden sich nach sowjetischem Vorbild (Sowchos) in der Bodenreformphase (Bewirtschaftung von 7% der landwirtschaftlichen Nutzfläche der DDR). Die VEG werden zentral oder vom Bezirk geleitet; die Beschäftigten sind Arbeiter und Angestellte. Spezialisierung auf Viehzucht und Erzeugung von Saatgut. Die LPG sind Betriebe mit (theoretisch) gemischt genossenschaftlich-privatem Eigentum, da der eingebrachte Boden Privateigentum bleibt. Die Bildung der LPG beginnt im Wesentlichen 1952 und ist 1960 abgeschlossen. Ende 1955 sind 20% der landwirtschaftlichen Nutzfläche in der Hand von LPG, Ende 1959 45% und Mitte 1960 85%. Hauptsächlich in den sechziger Jahren setzen Partei und Staat die restlichen Privatbauern unter Druck und erzwingen den Eintritt in die LPG.
Nach 1960 verfolgt die Landwirtschaftspolitik der DDR das Ziel, die Betriebsgrößen der LPG zu erhöhen. Sie steigen durchschnittlich von 280 ha auf 820 ha an, was einen Rückgang von 19000 LPG auf rd. 6600 bedeutet.
Man muss drei Typen von LPG unterscheiden. Bei LPG, Typ I, unterliegt nur das Ackerland gemeinsamer Nutzung. Die LPG, Typ II, betreiben die genossenschaftliche Produktion schon in stärkerem Umfang, die Mitglieder beziehen aber immer noch individuelle Einkommen. Bei LPG, Typ III, sind die Mitglieder überdies verpflichtet, bei Eintritt in die Genossenschaft einen Inventarbeitrag zu leisten.
Die Kollektivierung der Landwirtschaft löst Ende der fünfziger Jahre eine große *Fluchtwelle* in die Bundesrepublik aus, die der DDR-Wirtschaft großen Schaden zufügt und das Regime destabilisiert. Der Bau der „Mauer" 1961 in Berlin ist eine unmittelbare Folge dieser Vorgänge.

1952
23. Juli — Die DDR teilt ihre fünf Länder in 14 Bezirke und 217 Kreise auf und führt den „*demokratischen Zentralismus*" in der Staatsverwaltung ein.
20. Nov. — Die SED betont ausdrücklich den Vorrang der Schwerindustrie vor anderen Industriezweigen und folgt damit dem sowjetischen Wirtschaftsmodell.

1953
21. April — Die Bischöfe der *evangelischen Kirche* wenden sich gegen die kirchenfeindliche Politik der SED. Das Innenministerium bezeichnet die „Junge Gemeinde" der evangelischen Kirche als illegal.
17. Mai — Das ZK der SED beschließt eine Erhöhung der Arbeitsnormen um durchschnittlich 10%, ein Beschluss, der *in der Bevölkerung Unruhe* hervorruft.
28. Mai — Die UdSSR löst die Sowjetische Kontrollkommission auf und ernennt Wladimir Semjonowitsch Semjonow (*1911, †1992) zum Hohen Kommissar der Sowjetunion in Deutschland.
6./7. Juni — In einer Konferenz der SED und der DDR-Regierung mit Vertretern der Landwirtschaft sichert die Staatsführung zu, dass wegen Ablieferungsrückständen keine weiteren Enteignungen, Verhaftungen und gerichtliche Verurteilungen von Bauern vorgenommen werden.
9. Juni — Das Politbüro der SED beschließt Maßnahmen zur Verbesserung der Versorgung der Bevölkerung und eine Stärkung der allgemeinen Rechtssicherheit. Damit soll einer um sich greifenden Missstimmung begegnet werden.

Durchschnittliche monatliche Bruttoeinkommen in der DDR (in Mark der DDR)

Wirtschaftsbereich	1970	1975	1980	1985	1989
Land- und Forstwirtschaft, Fischerei	710	886	1000	1076	1242
Industrie	770	895	1039	1147	1324
Bauindustrie	833	949	1041	1158	1310
Handel	668	798	905	1021	1168
Verkehr	806	990	1127	1241	1436
Post- und Fernmeldewesen	653	818	928	1075	1206

16. Juni — Bauarbeiter aus der Stalinallee in Ost-Berlin treten aus Protest gegen die Erhöhung der Arbeitsnormen in Streik. Walter Ulbricht schlägt eine Milderung des bisherigen Kurses vor.
17. Juni — Die *Streiks* in Berlin weiten sich zu Massenstreiks in Halle, Erfurt und Magdeburg aus, in Berlin finden Demonstrationen statt. Der sowjetische Militärbefehlshaber übernimmt die Regierungsgewalt und setzt sowjetische Truppen ein; *Niederschlagung des Aufstandes*.
21. Juni — Die SED schraubt die Normenerhöhungen auf den Stand vor dem 1. April 1953 zurück.

	29. Juni	DDR-Justizminister Max Fechner (*1892, †1973) spricht sich für das Streikrecht aus.
	15. Juli	Fechner wird entlassen und verhaftet; Nachfolgerin wird Hilde Benjamin (*1902, †1989).
	24.–26. Juli	15. ZK-Tagung: Ulbricht zum Ersten Sekretär des ZK gewählt. Das ZK beschließt eine Steigerung der Nahrungs- und Genussmittelerzeugung sowie der Leichtindustrieproduktion auf Kosten der Schwerindustrie. Wilhelm Zaisser (*1893, †1958) und Rudolf Herrnstadt (*1903, †1966) sowie der abgesetzte Justizminister Fechner werden als „Fraktionsmacher" aus dem ZK ausgeschlossen.
	16. Aug.	Anton Ackermann, bislang einer der ideologisch maßgeblichen Funktionäre der Partei, verliert seinen Posten als Direktor des „Marx-Engels-Lenin-Stalin-Instituts".
	1954	Die UdSSR gibt die letzten 33 SAG-Betriebe zurück (1. Jan.).
Ausschluss von Funktionären	23. Jan.	Die ehemals führenden *Funktionäre* Rudolf Herrnstadt und Wilhelm Zaisser werden aus der SED, Anton Ackermann, Hans Jendretzky (*1897, †1992) und Elli Schmidt (*1908, †1980) aus dem ZK *ausgeschlossen*.
	25. März	Souveränitätserklärung der DDR durch die UdSSR, der eine entsprechende Verlautbarung der DDR-Regierung folgt.
	30. März– 6. April	4. Parteitag der SED: Die Partei ändert ihr „Statut"; sie äußert den Wunsch, den innerdeutschen Handel auszubauen. Den ehemaligen Funktionären Zaisser und Herrnstadt wird vorgeworfen, sie seien mit dem ehemaligen sowjetischen Geheimdienstchef, dem inzwischen den Machtkämpfen nach Stalins Tod zum Opfer gefallenen Berija, in Verbindung gestanden und hätten die Herrschaft über Partei und Staat angestrebt.
	9. Juni	Der ehemalige Außenminister Georg Dertinger (*1902, †1968) wird zu einer hohen Zuchthausstrafe verurteilt.
Volkskammerwahlen	17. Okt.	*Volkskammerwahlen*: 99,46% der Stimmen für die Einheitslisten.
	1955	Erste Jugendweihe in Ost-Berlin. Die Jugendweihe soll Konfirmation und Kommunion der Kirchen ablösen.
	27. März	
Souveränität der DDR	20. Sept.	Bestätigung der vollen *Souveränität der DDR*; das Amt des sowjetischen Hochkommissars wird aufgehoben und ein Beistandspakt abgeschlossen.
	24. Nov.	Ulbricht wird Erster Stellvertreter des Vorsitzenden des Ministerrats.

Politische und wirtschaftliche Krisen (1956–1961)

	1956	Die Volkskammer beschließt die Schaffung der „Nationalen Volksarmee" (18. Jan.).
Studentenunruhen	24. Okt.	An der Berliner Humboldt-Universität brechen während des Ungarn-Aufstandes *Studentenunruhen* aus, die sich gegen den stalinistischen Kurs Ulbrichts wenden. Sie werden von der Polizei unterdrückt.
	29. Nov.	Verhaftung der Parteifunktionäre Wolfgang Harich (*1921, †1995), Chefredakteur der „Deutschen Zeitschrift für Philosophie", Bernhard Steinberger und Manfred Hertwig: Harich wird am 9. März 1957 wegen Bildung einer staatsfeindlichen Gruppe zu zehn Jahren Zuchthaus verurteilt. Seit dem 20. Parteitag der KPdSU (Febr. 1956), auf dem der Stalinismus in Frage gestellt wird, besteht *ideologische Unsicherheit* in der SED. Es geht Ulbricht deswegen darum, bei Abbau des Personenkults das bestehende Herrschaftssystem zu erhalten, vor allem keine Opposition zu dulden, solange die DDR als Staat sich noch nicht konsolidiert hat.
ideologische Unsicherheit		
	1957 30. Jan.– 1. Febr.	Der ZK-Sekretär der SED Walter Ulbricht legt die neue Deutschland-Konzeption der SED dar: Die SED will eine Konföderation beider deutscher Staaten (Bundesrepublik Deutschland und DDR) mit paritätisch besetztem Rat bilden.
	1958 3.–6. Febr.	Das ZK der SED beschließt die Maßregelung der Mitglieder des Politbüros Karl Schirdewan (*1907, †1998), Ernst Wollweber (*1898, †1967) und Fred Oelßner (*1903, †1977). Erich Honecker (*1912, †1994), Paul Verner (*1911, †1986), Paul Fröhlich (*1913, †1970) und Gerhard Grüneberg (*1921, †1981) werden zu Mitgliedern des ZK-Sekretariats gewählt.
Plankommission	13. Febr.	Die DDR richtet als zentrales Organ des Ministerrates der DDR eine staatliche *Plankommission* zur Planung und Leitung der Volkswirtschaft sowie zur Kontrolle der Durchführung der Pläne ein und regelt die Befugnisse der „Vereinigungen Volkseigener Betriebe" (VVB) als leitende Wirtschaftsorgane für die ihnen unterstellten Betriebe.
	5.–6. Mai	ZK-Sekretär Kurt Hager (*1912, †1998) erklärt, die Wiedervereinigung Deutschlands könne nur das Ergebnis einer Volksbewegung gegen die Nato-Politik der herrschenden Kreise Westdeutschlands sein. Er deutet damit an, für die SED sei die Voraussetzung für eine Wiedervereinigung die Veränderung der derzeitigen Gesellschaftsordnung in der Bundesrepublik.

Chronologische Übersicht – Verfassungsentwicklung in der DDR

14. Nov. 1946	Beschluss des Parteivorstandes der SED über Verfassungsentwurf	*Verfassungsentwicklung*
1947/48	Beratungen im Deutschen Volksrat über eine Verfassung für Gesamtdeutschland auf der Grundlage des SED-Entwurfs	
19. März 1949	Verabschiedung des endgültigen Entwurfs durch den Deutschen Volksrat	
30. Mai 1949	Verfassungsentwurf durch Deutschen Volksrat bestätigt	
7. Okt. 1949	Der Deutsche Volksrat setzt die Verfassung für das Gebiet der SBZ in Kraft und erklärt sich zur Provisorischen Volkskammer der DDR	*Verfassung von 1949*
23. Juli 1952	Auflösung aller Organe der fünf Länder der DDR und Bildung von 14 Bezirken aufgrund des sog. Demokratisierungsgesetzes	
6. Okt. 1955	Durch Ergänzung des Artikels 5 der Verfassung wird eine allgemeine Verteidigungspflicht proklamiert	
16. Juli 1958	Ulbricht erklärt auf dem V. Parteitag der SED, die Grundrechte der Verfassung hätten sich zu sozialistischen Persönlichkeitsrechten entwickelt	
8. Dez. 1958	Auflösung der Länderkammer	
27. Febr. 1960	Bildung des Nationalen Verteidigungsrates	
12. Sept. 1960	Bildung des Staatsrates und Wahl Ulbrichts zu dessen Vorsitzenden	
17. April 1963	Der Ministerrat wird in erster Linie Wirtschaftskabinett unter dem Staatsrat. Dieser erhält zusätzliche Aufgaben im Bereich der Rechtspflege	
17. April 1967	Ulbricht spricht auf dem VII. Parteitag der SED erstmals öffentlich von der Notwendigkeit einer neuen Verfassung	
1. Dez. 1967	Einsetzung einer Kommission der Volkskammer zur Ausarbeitung der sozialistischen Verfassung	
31. Jan. 1968	Die Verfassungskommission legt der Volkskammer einen fertigen Entwurf vor, den die Volkskammer zur Kenntnis nimmt und der Bevölkerung zur Aussprache unterbreitet	
Febr./März 1968	„Volksaussprache" mit einer Vielzahl von Veranstaltungen	
26. März 1968	Die Volkskammer erklärt die „Volksaussprache" für abgeschlossen, bestätigt die von der Kommission überarbeitete Fassung des Entwurfs und beschließt, darüber einen Volksentscheid abzuhalten	
6. April 1968	Volksentscheid über die neue Verfassung	
8. April 1968	Verkündigung der Verfassung durch den Vorsitzenden des Staatsrates	*Verfassung von 1968*
9. April 1968	Inkrafttreten der sozialistischen Verfassung	
3. Mai 1971	Ablösung Ulbrichts als SED-Parteichef durch Honecker	
3. Sept. 1971	Unterzeichnung des Viermächteabkommens über Berlin	
16. Okt. 1972	Der Ministerrat wird wieder zur Regierung der DDR; die Befugnisse des Staatsrates werden in der Staatspraxis eingeschränkt	
27. Sept. 1974	Gesetz zur Änderung und Ergänzung der DDR-Verfassung durch die Volkskammer verabschiedet und durch den Vorsitzenden des Staatsrates verkündet	
7. Okt. 1974	Inkrafttreten der revidierten Verfassung	*revidierte Verfassung*

	29. Mai	Abschaffung der Lebensmittelkarten.
	Juli	Der 5. Parteitag der SED erklärt die DDR zum rechtmäßig souveränen deutschen Staat. Er fordert die Beendigung der „Frontstadtpolitik" West-Berlins und beschließt die Beseitigung der Abhängigkeit der DDR von der westdeutschen Industrie.
	1. Sept.	In den Oberschulen wird ein politischer Unterrichtstag eingeführt.
	27. Okt.	Ulbricht erklärt ganz Berlin zum Hoheitsbereich der DDR gehörig.
	8. Dez.	Auflösung der Länderkammer der DDR. Die Volkskammer wählt Otto Grotewohl erneut zum Ministerpräsidenten der DDR.
	1959	ZK-Sekretär Kurt Hager legt die neuen Thesen der SED zur weiteren Entwicklung des
Schulwesen	15.–17. Jan.	*Schulwesens* vor: Schaffung einer zehnklassigen polytechnischen Oberschule für alle Schüler sowie einer erweiterten allgemeinbildenden polytechnischen Oberschule.
Kulturkonferenz	24. April	1. Bitterfelder *Kulturkonferenz*: Die SED versucht unter dem Motto: „Greif zur Feder Kumpel! Die sozialistische Nationalkultur braucht Dich!" die Arbeiter zu bewegen, literarisch tätig zu sein.
LPG-Gesetz	3. Juni	Die Volkskammer beschließt das „*Gesetz über landwirtschaftliche Produktions-Genossenschaften*" (LPG). Die seit einigen Jahren laufende Kampagne unter den Bauern für einen Beitritt zu den LPG erreicht einen Höhepunkt. Damit wird die endgültige Vergesellschaftung der landwirtschaftlichen Produktionsmittel in Angriff genommen.
	1960 10. Febr.	Die Volkskammer beschließt das Gesetz über die Bildung des Nationalen Verteidigungsrates. Vorsitzender: Walter Ulbricht.
Staatsrat	**12. Sept.**	Das Amt des Präsidenten wird abgeschafft und ein *Staatsrat* (24 Mitglieder) gebildet: Vorsitzender: Walter Ulbricht.
	15. Nov.	Das Parteiorgan „Neues Deutschland" veröffentlicht den Entwurf des neuen Arbeitsgesetzbuches, an dem seit dem 5. Parteitag 1958 gearbeitet wird.
	30. Nov.	Die UdSSR sichert der DDR höhere Waren- und Rohstofflieferungen zu.
	15.–17. Dez.	Die DDR muss den Volkswirtschaftsplan für 1961 ändern und die Aufgaben des laufenden Siebenjahresplanes revidieren, weil die Ende der fünfziger Jahre hoch gesteckten wirtschaftlichen Ziele sich nicht realisieren lassen.
	1961	Das ZK sucht auf seiner 12. Tagung (16.–19.) nach Auswegen aus den inzwischen offen zu
Wirtschafts- probleme	März	Tage getretenen *wirtschaftlichen Problemen* der DDR.
	12. April	Die Volkskammer nimmt das „Gesetzbuch der Arbeit" an, das noch im selben Jahr in Kraft tritt. Es regelt die Position des FDGB im Rahmen der DDR-Planwirtschaft und die Position der Arbeiter in den Betrieben.
	3.–4. Juli	Das ZK der SED empfiehlt dem Ministerrat, einen Volkswirtschaftsrat zu errichten. Erich
Berliner Mauer	**13. Aug.**	Apel wird zum Sekretär des ZK gewählt. Er erklärt die wirtschaftlichen Schwierigkeiten der DDR mit Störaktionen aus dem Westen. Abriegelung Ost-Berlins von West-Berlin durch technische Sperrmaßnahmen („Mauerbau"; die *Berliner Mauer* und die Anlagen an der Interzonengrenze zur Bundesrepublik werden in den folgenden Jahren mit großem Aufwand zu einer hermetisch schließenden Absperrung ausgebaut.
	20. Sept.	Die Volkskammer nimmt das Gesetz zur Verteidigung der DDR an.

Wirtschaftliche Reformen und innere Festigung (1962–1969)

	1962	Die DDR führt die allgemeine Wehrpflicht ein (24. Jan.).
Volkswirt- schaftsrat	24. Mai	Errichtung eines *Volkswirtschaftsrates* als zentrales Organ des Ministerrates zur Leitung der sekundären und tertiären Wirtschaftszweige Industrie, Handwerk und Dienstleistungsgewerbe sowie für die Zuweisung der volkswirtschaftlichen Perspektiv- und Jahresplanung an die Staatliche Plankommission.
Programm und Statut der SED	**1963** 15.–21. Jan.	Der 6. Parteitag der SED beschließt ein neues *Programm und Statut der SED*. Er legt die Aufgaben der Staatlichen Plankommission und des Volkswirtschaftsrates endgültig fest. Walter Ulbricht bleibt (bis 1971) Erster Sekretär des ZK.
	26. Febr.	Das Politbüro beschließt, zur Führung der Parteiarbeit in der Industrie ein Büro unter Leitung des ZK-Sekretärs Günter Mittag (*1921, †1994) und eines in der Landwirtschaft unter Leitung des ZK-Sekretärs Gerhard Grüneberg zu bilden. Ferner wird eine Kommission für Agitation unter Albert Norden (*1904, †1982) und zur Arbeitsleitung auf ideologischem Gebiet eine weitere unter Kurt Hager gebildet. Die Errichtung von Arbeiter- und Bauerninspektionen wird beschlossen.
	15. Juli	Der Staatsrat bestätigt die Richtlinien für die Einführung des „Neuen ökonomischen Systems der Planung und Leitung" (NÖSPL).

Das neue ökonomische System

Die DDR-Führung weist dem „Neuen ökonomischen System der Planung und Leitung" (NÖSPL) eine zentrale Stellung als Maßstab für die Beurteilung der Leistungen in den volkseigenen und anderen Betrieben zu. Sie ordnet die Preise neu und trägt dem „persönlichen materiellen Interesse" der Arbeitnehmer Rechnung. Sie versucht so, ein System von materiellen Anreizen zu schaffen, um die *Produktivität* zu erhöhen.
Die DDR passt sich mit diesem System innerhalb ihrer Führungs- und Verwaltungsmethoden den Anforderungen moderner Industriegesellschaften an und entwickelt auch flexiblere Leistungsnormen in den Betrieben. Es gelingt ihr so, das Regime zu festigen und in den Augen der Bevölkerung erträglicher zu machen. So entsteht eine Leistungs- und Konsumgesellschaft, die alsbald die meisten anderen sozialistischen Länder überflügelt. Die DDR wird *zweitstärkste Industriemacht* im Rahmen der Organisation des Rates für gegenseitige Wirtschaftshilfe (COMECON/RGW).

Produktivität

zweitstärkste Industriemacht

Erwerbstätige nach Wirtschaftsbereichen in der DDR

in Mio.

Wirtschaftsbereich	1970	1975	1980	1985	1989
insgesamt	8,22	8,40	8,72	8,94	8,89
Land- und Forstwirtschaft	1,02	0,92	0,91	0,96	0,96
Produzierendes Gewerbe	4,29	4,40	4,57	4,59	4,48
darunter:					
Handwerk	0,43	0,28	0,28	0,28	0,28
Baugewerbe	0,62	0,63	0,65	0,62	0,60
Handel	0,90	0,89	0,90	0,91	0,91
Verkehr- und Nachrichtenwesen	0,61	0,64	0,66	0,67	0,67
sonstige Bereiche	1,40	1,55	1,68	1,82	1,86

Erwerbstätige

Gewerbe

Handel

1963
14. Nov. Die Volkskammer wählt *Walter Ulbricht* erneut zum Staatsratsvorsitzenden und Otto Grotewohl zum Vorsitzenden des Ministerrates. Ulbricht betont stärker eine gewisse Eigenständigkeit der DDR gegenüber der UdSSR und versucht, im Westen die diplomatische Anerkennung der DDR durchzusetzen.

1964
12.–13. März *Robert Havemann* (*1910, †1982) wird von seinen Verpflichtungen im Hochschulbereich wegen kritischer Äußerungen in seinen philosophischen Vorlesungen entbunden und zwei Jahre später aus der Akademie der Wissenschaften ausgeschlossen.

24. April Beginn der 2. Bitterfelder Konferenz für Kultur und Politik.

12. Juni Die Sowjetunion garantiert in einem Freundschafts- und Beistandsabkommen ausdrücklich die Unantastbarkeit der Staatsgrenzen der DDR.

21. Sept. Tod Otto Grotewohls.

24. Sept. Willi Stoph (*1914, †1999) wird Vorsitzender des Ministerrates und stellvertretender Vorsitzender des Staatsrates.

1965
25. Febr. Das Gesetz über das „einheitliche sozialistische *Bildungssystem*" regelt die Organisation der Vorschulerziehung, der zehnklassigen polytechnischen Oberschule, der Berufsschulen, Universitäten und Hochschulen.

3. Dez. Selbstmord des Vorsitzenden der staatlichen Plankommission Erich Apel (*1917, †1965).

22. Dez. Auflösung des Volkswirtschaftsrates; Errichtung neun neuer Industrie-Ministerien.

31. Dez. Ulbricht unterbreitet in einem Siebenpunkteplan zur Verständigung der beiden deutschen Staaten u. a. einen Rüstungsstopp, den Verzicht auf Atomrüstung und die Herstellung normaler Beziehungen.

1966
11. Febr. Das ZK der SED veröffentlicht einen Brief an die Delegierten des SPD-Parteitages in Dortmund, durch den ein *Redneraustausch* eingeleitet werden soll. Der Austausch kommt jedoch auf Absage der SED nicht zu Stande.

9. Mai Die DDR nimmt ihr erstes Atomkraftwerk in Betrieb.

1967
20. Febr. Die Volkskammer verabschiedet das Gesetz über die *„Staatsbürgerschaft der DDR"*, mit dem sie eine DDR-eigene Staatsbürgerschaft einführt.

12. April Kontaktknüpfung der Bundesregierung (Bundeskanzler Kurt Georg Kiesinger) zur DDR-Führung: Vorschlag für ein geregeltes Nebeneinander, engere Verbindungen in Wirtschaft, Technik und Verkehr vorgeschlagen.

17.–22. April 7. Parteitag der SED:

Walter Ulbricht

Robert Havemann

Bildungssystem

Redneraustausch

Staatsbürgerschaft der DDR

Leitungsaufbau der Industrie

Ministerrat

VVB

VEB

Leitungsaufbau der Industrie in der DDR

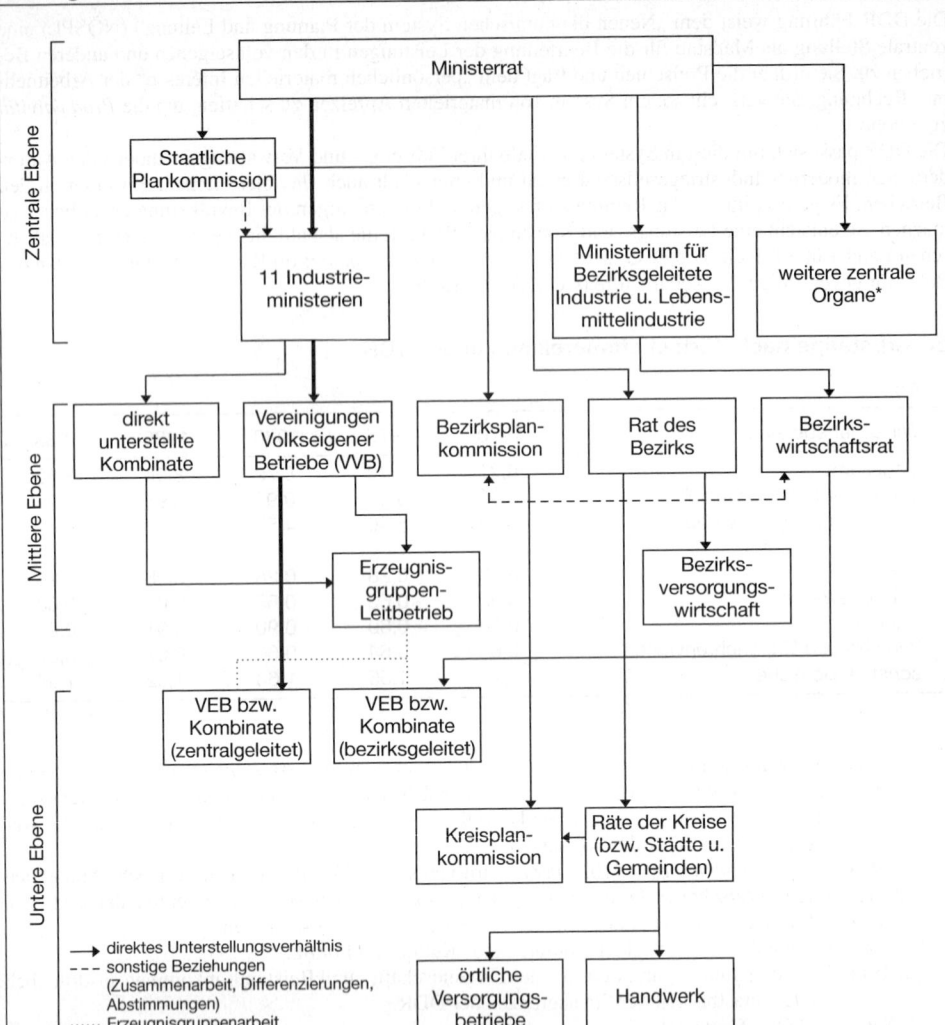

* die Ministerien für Außenhandel, für Handel und Versorgung, für Finanzen, für Wissenschaft und Technik, für Materialwirtschaft; die Staatssekretariate für Arbeit und Löhne, für Berufsbildung; die Ämter für Preise, für Standardisierung, Messwesen und Warenprüfung, für Erfindungs- und Patentwesen, für industrielle Formgestaltung.

Ulbricht bezeichnet den Parteitag als Beginn einer neuen Periode, die bis zur Vollendung des Sozialismus reiche. Er schlägt im Interesse der Werktätigen die Einführung der Fünftagewoche, die Anhebung der Mindestlöhne auf 300,– Mark und einen Mindesturlaub von 15 Tagen vor.

13. Juli Die am 2. Juli neugewählte Volkskammer bestätigt Walter Ulbricht erneut als Vorsitzenden des Staatsrates, einen Tag später Willi Stoph als Vorsitzenden des Ministerrates.

1968

12. Jan. Die Volkskammer verabschiedet ein neues Strafgesetzbuch, das Strafverschärfungen für politische Delikte enthält.

neue Verfassung

6. April Die *neue Verfassung* der DDR wird durch Volksentscheid angenommen (In-Kraft-Treten 8. April): Sie bestimmt die DDR als „sozialistischen Staat deutscher Nation" und als „politische Organisation der Werktätigen in Stadt und Land".

Staatsaufbau der DDR

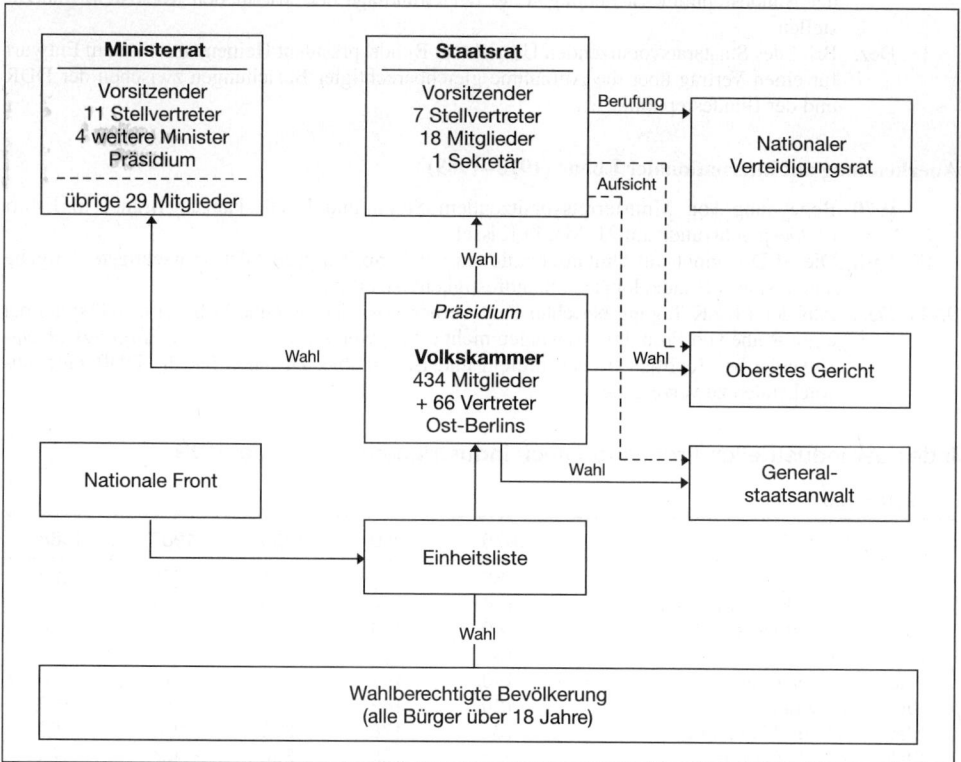

Die obersten Staatsorgane der DDR seit 1968

Die Verfassung der DDR ist nicht nach den Grundsätzen der Gewaltenteilung angelegt, sondern nach denen der Gewaltenvereinigung. Sie schafft sich die dafür notwendigen Organe.
Wichtigstes Organ ist der *Staatsrat*, der zwischen den Tagungen der Volkskammer alle grundsätzlichen Aufgaben erfüllt, die sich aus den Gesetzen und Beschlüssen der Volkskammer ergeben. Der Staatsrat verkörpert das Verfassungsprinzip der Gewalteneinheit. Seine wichtigsten Kompetenzen sind:
1. Die Vertretung des Staates nach außen,
2. die Behandlung aller Vorlagen, die an die Volkskammer gehen,
3. die Festsetzung der Wahlen,
4. grundsätzliche Beschlüsse in Fragen der Verteidigung und Sicherheit,
5. die verbindliche Auslegung von Verfassung und Gesetzen,
6. das Vorschlagsrecht der Kandidaten für den Vorsitz des Ministerrates und den Nationalen Verteidigungsrat sowie
7. die Festlegung der Tagesordnung der Volkskammer.

Der Ministerrat ist nicht ausdrückliches Organ der Volkskammer; er organisiert in deren Auftrag die Erfüllung der Aufgaben des Staates. Er ist dem Staatsrat untergeordnet. So steht auch der Staatsratsvorsitzende formal über dem Vorsitzenden des Ministerrats. In der Regel ist das Amt des Staatsratsvorsitzenden mit dem des Ersten Sekretärs des SED-ZK verbunden.

1968 Juni	Die Volkskammer führt im Reise- und Transitverkehr der Bundesrepublik und West-Berlins mit der DDR den *Pass- und Visazwang* ein (10./11.).
Aug.	NVA-Einheiten beteiligen sich am Einmarsch in die ČSSR (20./21. Aug.).
1969 10.–14. Sept.	*1. Synodaltagung* des neugegründeten Bundes der Evangelischen Kirchen in der DDR, die sich von der Evangelischen Kirche in Deutschland (EKD) losgelöst hat, die somit faktisch auf die Bundesrepublik Deutschland beschränkt bleibt.
2./13. Dez.	Ulbricht fordert die Normalisierung der *Beziehungen zwischen den beiden deutschen Staaten*, d.h. die Anerkennung der DDR als gleichberechtigter Staat und der DDR-West-Grenze.

17. Dez. Die Volkskammer beantragt bei Staatsrat und Ministerrat, Maßnahmen zu ergreifen, um mit der Bundesrepublik Beziehungen auf der Grundlage der „friedlichen Koexistenz" herzustellen.
18. Dez. Brief des Staatsratsvorsitzenden Ulbricht an Bundespräsident Heinemann mit dem Entwurf für einen Vertrag über die Aufnahme gleichberechtigter Beziehungen zwischen der DDR und der Bundesrepublik.

Anerkennung auf internationaler Ebene (1970–1989)

1970 19. März Begegnung von Ministerratsvorsitzendem Stoph und Bundeskanzler Brandt in Erfurt (2. Gesprächsrunde am 21. Mai in Kassel).
17. April Die SED beginnt mit Umtauschaktionen der Partei-Mitgliedsbücher; wichtigste Aufgabe dabei ist es, die „ideologische Standfestigkeit" zu erhöhen.

Versorgungs-schwierigkeiten

9.–11. Dez. Auf der 14. ZK-Tagung berichtet Paul Verner, dass der laufende Volkswirtschaftsplan bei einer Reihe von Produktionszweigen nicht erfüllt worden sei. Es gebe *Versorgungsschwierigkeiten* bei Textilien, Lebensmitteln und Braunkohle. Dennoch hat die DDR gute Zuwachsraten zu verzeichnen.

industrielle Produktion

Index der industriellen Produktion nach Industriebereichen in der DDR

1970 = 100

Industriebereich	1975	1980	1985	1987	1988
insgesamt	136	173	211	226	233
Energie- und Brennstoffindustrie	114	144	173	181	183
Chemische Industrie	149	188	227	238	246
Metallurgie	139	169	203	217	216
Baumaterialienindustrie	140	157	162	170	176
Wasserwirtschaft	120	142	153	157	159
Maschinen- und Fahrzeugbau	132	178	222	240	250
Elektrotechnik, Gerätebau	155	235	366	434	473
Leichtindustrie	133	163	190	203	213
Textilindustrie	129	155	175	186	191
Lebensmittelindustrie	131	150	167	172	173

Amtsantritt Honeckers

1971 3. Mai Auf der 16. Tagung des ZK der SED bittet Walter Ulbricht, ihn aus Altersgründen von der Funktion des Ersten Sekretärs des ZK zu entbinden. Zum Nachfolger wird Erich *Honecker* gewählt. Ulbricht wird Inhaber des neu geschaffenen Amtes eines Vorsitzenden der SED.
12. Mai Der Ministerrat bestätigt die Ernennung von Horst Sindermann (*1915, †1990) zum 1. Stellvertreter des Vorsitzenden des Ministerrates.
15.–19. Juni 8. Parteitag der SED in Anwesenheit des Generalsekretärs der KPdSU, Leonid Breschnew; Ulbricht nimmt aus Krankheitsgründen zum ersten Mal nicht teil.
24. Juni Die Volkskammer wählt Erich Honecker an Ulbrichts Stelle zum Vorsitzenden des Nationalen Verteidigungsrates.
14. Nov. Wahlen zur Volkskammer, 99,85% für die Einheitsliste.
26. Nov. Auf ihrer konstituierenden Sitzung wählt die neue Volkskammer Walter Ulbricht zum Staatsratsvorsitzenden, Willi Stoph zum Ministerratsvorsitzenden und Erich Honecker zum Vorsitzenden des Nationalen Verteidigungsrates.

Transitverkehr

11. Dez. Das Abkommen über den *Transitverkehr* zwischen der Bundesrepublik und der DDR sowie die Vereinbarung über Besucherverkehr und Gebietsaustausch zwischen der DDR und dem West-Berliner Senat werden paraphiert.
17. Dez. Michael Kohl (*1929, †1982) für die DDR und Egon Bahr für die Bundesrepublik Deutschland unterzeichnen das Transitabkommen (tritt am 3. Juni 1972 in Kraft).
20. Dez. Abkommen zwischen DDR und West-Berliner Senat ergänzt die Reise- und Besuchsverkehrsregelungen.

1972 6. Jan. SED-ZK-Sekretär Erich Honecker nennt die Bundesrepublik Deutschland zum ersten Mal „Ausland".
15. Juni Beginn der Verhandlungen über den Grundlagenvertrag.
16. Okt. Bürger der DDR, die vor dem 1. Januar 1972 die DDR verlassen haben, verlieren die Staatsbürgerschaft der DDR.

7.–28. Dez.	Die DDR nimmt zu 20 neutralen und westlich orientierten Staaten (u. a. Iran, Schweiz, Schweden, Belgien) *diplomatische Beziehungen* auf. Zur selben Zeit wird sie Mitglied der UN-Wirtschaftskommission für Europa.	*diplomatische Beziehungen*
21. Dez.	Die beiden Unterhändler Bahr und Kohl unterzeichnen den *Grundlagenvertrag* in Ost-Berlin, der am 21. Juni 1973 in Kraft tritt.	*Grundlagenvertrag*
1973 9. Febr.	Die NATO-Staaten Großbritannien und Frankreich nehmen zur DDR diplomatische Beziehungen auf.	
7. März	Die DDR akkreditiert Korrespondenten der beiden Fernsehanstalten in der Bundesrepublik, ARD und ZDF, sowie von Presseorganen der Bundesrepublik.	
1. Aug.	Tod Walter Ulbrichts.	
18. Sept.	DDR wird Mitglied der UNO.	
3. Okt.	Volkskammer wählt Willi Stoph zum Staatsratsvorsitzenden und Horst Sindermann zum Vorsitzenden des Ministerrates.	
1974 4. Sept.	Die westliche Führungsmacht USA nimmt diplomatische Beziehungen zur DDR auf, deren allgemeine *internationale Anerkennung* damit erreicht ist.	*internationale Anerkennung*
27. Sept.	Die Volkskammer beschließt das „Gesetz zur Ergänzung und Änderung der Verfassung der DDR" vom 7. Okt. 1974, durch das der Begriff „deutsche Nation" beseitigt wird.	
1976 1. Jan.	Das neue Zivilgesetzbuch (ZGB), welches das Bürgerliche Gesetzbuch von 1896 ersetzt, tritt in Kraft.	
18.–22. Mai	Der 9. Parteitag der SED beschließt ein neues Programm und Statut für die Partei. Erich Honecker wird Generalsekretär der SED.	
29. Juli	Der Ministerrat beschließt die Erhöhung des monatlichen *Mindestbruttolohnes* von 350 auf 400 Mark sowie eine „differenzierte" Erhöhung bis zu 500 Mark.	*Mindestlohn*
29. Okt.	Die Volkskammer wählt Willi Stoph zum neuen Vorsitzenden des Ministerrats, Erich Honecker zum Vorsitzenden des „Nationalen Verteidigungsrates". Anstelle von Stoph wird Erich Honecker Vorsitzender des Staatsrates.	
16. Nov.	*Ausbürgerung* des Liedermachers Wolf *Biermann* (*1936), der zu dieser Zeit in der Bundesrepublik auftritt. Der Wissenschaftler und Regimekritiker Robert Havemann erhält Hausarrest.	*Ausbürgerung Biermanns*
1977 Aug.	SED-Funktionär Rudolf Bahro (*1935, †1997) veröffentlicht in der Bundesrepublik eine umfassende Grundsatzkritik an der ökonomisch-sozialen Praxis regierender kommunistischer Parteien („Die Alternative"). Bald darauf erfolgt seine Verhaftung.	
1978 10. Jan.	Als Reaktion auf die Veröffentlichung eines von einer Oppositionsgruppe verfassten „Manifests" wird das Büro der Zeitschrift „Der Spiegel" in Ost-Berlin geschlossen.	
30. Juni	Der Systemkritiker Rudolf Bahro wird zu acht Jahren Freiheitsentzug verurteilt.	
Juli	Ewald Moldt, einer der stellvertretenden Außenminister, wird zum Nachfolger des Ständigen Vertreters der DDR in Bonn, Michael Kohl, ernannt.	
29. Nov.	*Verkehrsabkommen* mit der Bundesrepublik Deutschland: Autobahnbau und Verbesserung der Wasserwege nach West-Berlin.	*Verkehrsabkommen*
1979	Die Volkskammer beschließt, dass ihre Berliner Abgeordneten in Zukunft direkt gewählt werden (28. Juni). Protest von Westmächten und Bundesregierung.	
1980 9. Okt.	Die DDR erhöht den Mindestumtauschsatz für Besucher aus nichtsozialistischen Staaten auf 25 DM je Tag.	
13. Okt.	In einer Grundsatzrede in Gera fordert Honecker von der Bundesrepublik die Anerkennung der Existenz zweier souveräner, voneinander unabhängiger deutscher Staaten.	
1981 2. Febr.	Staatssekretär Klaus Bölling (*1928) löst Günter Gaus (*1929) als Ständigen Vertreter der Bundesrepublik in der DDR ab.	
11. April	Auf dem 10. Parteitag der SED wird die ökonomische Strategie für die achtziger Jahre erörtert (bis 16. April).	
14. Juni	Die erstmalige *Direktwahl der Ost-Berliner Abgeordneten* zur Volkskammer führt zum Protest der Westalliierten wegen Verstoß gegen Berlins Viermächte-Status.	*Wahl Ost-Berliner Abgeordneter*
1. Okt.	Die Freilassung des DDR-Spions Günter Guillaume ist Teil einer *Agenten-Austauschaktion* zwischen der Bundesrepublik Deutschland und der DDR.	*Agentenaustausch*
11. Dez.	Bundeskanzler Helmut Schmidt besucht den Staatsratsvorsitzenden Honecker am Werbellinsee zu einem Arbeitsgespräch (bis 13. Dez.).	
1982 13. Febr.	In Dresden fordern Jugendliche beim ersten „Friedensforum" in der DDR die Einführung eines zivilen Ersatzdienstes.	
25. März	Die Volkskammer beschließt ein neues Wehrdienst- und ein neues Grenzgesetz.	
18. Mai	Nach Klaus Bölling wird Hans Otto Bräutigam (*1931) Ständiger Vertreter der Bundesrepublik in der DDR.	

	15. Juli	Die sowjetische Armee beginnt mit der Stationierung von mobilen SS-21-Kurzstreckenraketen in der DDR.
	1983 3. Jan.	Ein Hirtenbrief der katholischen Bischöfe beklagt zunehmende Militarisierung (3. Jan.).
	14. Febr.	In Dresden demonstrieren etwa 100000 Menschen für den Frieden.
	9. Juni	DDR und UdSSR unterzeichnen neue Abkommen zur wirtschaftlichen und wissenschaftlich-technischen Zusammenarbeit.
Milliardenkredit	1. Juli	In München wird ein von der Bundesregierung verbürgter *Kreditvertrag über 1 Mrd. DM* für die DDR unterzeichnet.
	28. Sept.	An der Grenze DDR/Bundesrepublik Deutschland beginnt der Abbau von Selbstschussanlagen.
Olympia-Boykott	**1984** 11. Mai	Die DDR beteiligt sich am *Boykott der Olympischen Spiele* in Los Angeles (11. Mai).
	17. Mai	Veröffentlichung eines Maßnahmebündels zur Verbesserung der Lebens- und Arbeitsbedingungen für Familien mit mehr als drei Kindern.
Ausreisewillige	27. Juni	Der wachsende Zustrom von *Ausreisewilligen* veranlasst die vorübergehende Schließung der Ständigen Vertretung der Bundesrepublik in der DDR in Ost-Berlin (bis 31. Juli).
	25. Juli	Die Bundesregierung billigt einen neuen Kredit westdeutscher Banken an die DDR in Höhe von 950 Mio. DM.
	1985 15. Jan.	Nach der Zusage, straffrei Ausreiseanträge stellen zu können, kehren die DDR-Bürger, die sich seit Oktober 1984 in der Prager Botschaft der Bundesrepublik Deutschland aufgehalten haben, in die DDR zurück.
	1986 17. April	Auf dem 11. Parteitag der SED hebt Honecker die seiner Ansicht nach im Vergleich zur Bundesrepublik glänzende Entwicklung der DDR hervor.
Volkskammerwahlen	8. Juni	Die Einheitsliste der Nationalen Front erreicht bei *Volkskammerwahlen* 99,94%; Wahlbeteiligung 99,74%.
	1987 8. Juni	In Ost-Berlin kommt es zu schweren Zusammenstößen zwischen Volkspolizei und Jugendlichen, die einem Rockkonzert in West-Berlin zuhören wollen.
	7.–11. Sept.	Honecker besucht die Bundesrepublik.
	1988 17. Jan.	Am Rande der offiziellen Kundgebung zum 69. Todestag von Rosa Luxemburg und Karl Liebknecht werden ca. 120 demonstrierende Angehörige von Friedens-, Umwelt- und Menschenrechtsgruppen verhaftet und ausgewiesen.
	1.–2. Dez.	Auf der 7. Tagung des ZK der SED spricht Honecker von der grundlegenden Übereinstimmung mit der KPdSU über Ziele und Aufgaben, reklamiert für die DDR aber einen eigenen Weg zum Sozialismus ohne Reformen.
neue Reiseverordnung	14. Dez.	Eine *neue Reiseverordnung* (ab 1. Jan. 1989) weitet die Liste der Reiseanlässe und der Verwandten, die besucht werden dürfen, aus, enthält aber nur Kann-Bestimmungen.
	1989 2. Mai	Ungarn öffnet an der Grenze zu Österreich den Eisernen Vorhang. Ca. 150 DDR-Bürger reisen im Sommer täglich nach Ungarn, Hunderte flüchten in die Botschaften der Bundesrepublik in Prag, Warschau und Budapest, um in den Westen auszureisen.
	7. Mai	Bei den Kommunalwahlen in der DDR fälscht die SED-Führung die Resultate zugunsten der Kandidaten der Nationalen Front; Protest in der Bevölkerung.
	6. Juli	In einer Ansprache vor dem Europarat in Straßburg lehnt Michail S. Gorbatschow (jetzt Staatspräsident der Sowjetunion) es ab, sowjetische Soldaten zur inneren Repression u. a. in der DDR einzusetzen. Das SED-Regime verliert seine Existenzgarantie.
Massenflucht	31. Juli	Durch die Besetzung von diplomatischen Vertretungen der Bundesrepublik in Ost-Berlin, Prag, Warschau und Budapest versuchen Tausende von DDR-Bürgern, die Ausreise zu erzwingen. Fast gleichzeitig beginnt eine *Massenflucht* über die ungarisch-österreichische Grenze.
	13. Aug.	Anlässlich des 28. Jahrestages des Mauerbaues betont die SED, dass die DDR nicht reformbedürftig sei.
	4. Sept.	Montagsdemonstration: Nach einem Friedensgebet in der Leipziger Nicolai-Kirche fordern rund 1000 Demonstranten Reise-, Presse- und Versammlungsfreiheit. In der Folgezeit finden regelmäßige Montagsdemonstrationen in Leipzig statt, an denen sich bis zum Okt. 1989 mehrere 10000 gegen die SED-Führung protestierende Bürger beteiligen. Einige fordern auf Transparenten die Wiedervereinigung Deutschlands.
Bürgerbewegungen	11. Sept.	Als erste von mehreren *Bürgerbewegungen* gründet sich das „Neue Forum"; es folgen: „Demokratie jetzt" (12. Sept.), die „Sozialdemokratische Partei in der DDR" (SDP) (7. Okt.) und der „Demokratische Aufbruch" (DA) (29. Okt.). – Ungarn gestattet den DDR-Flüchtlingen die Ausreise über Österreich.
	5.–7. Okt.	Anlässlich der Feierlichkeiten zum 40. Jahrestag der Gründung der DDR empfiehlt Präsident Gorbatschow in Ost-Berlin der SED-Führung politische Reformen.

7. Okt.	Mit einer Vielzahl von Demonstrationen erlebt die DDR die größte Protestaktion seit dem Volksaufstand am 17. Juni 1953.
9. Okt.	Auf einer Demonstration in Leipzig fordern SED-Bezirkssekretäre, Pfarrer und Kurt Masur (*1927), der Leiter des Gewandhausorchesters, die Regierung vor ca. 70000 Teilnehmern zu einem offenen Dialog auf.
18. Okt.	*Rücktritt Erich Honeckers* zusammen mit Günter Mittag (im Politbüro für Wirtschaftsfragen zuständig) und Joachim Herrmann (*1928; im Politbüro für Agitation und Propaganda verantwortlich). Egon Krenz (*1937) wird vom SED-Zentralkomitee zum SED-Generalsekretär gewählt.
4. Nov.	Rund eine Million Menschen demonstrieren auf dem Berliner Alexanderplatz gegen das SED-Regime.
7./8. Nov.	Die Regierung Stoph und das Politbüro der SED treten zurück.
Jan.–Nov.	Ausreise und Flucht von insgesamt ca. 225000 DDR-Bürgern in die Bundesrepublik.

Randnotizen: *Rücktritt Erich Honeckers*

Die Vereinigung Deutschlands (1989/90)
(Forts. v. S. 1416)

1989	Die *Mauer in Berlin* und die Grenze der DDR zur Bundesrepublik werden am 9. Nov. geöffnet.
13. Nov.	Hans Modrow (*1928), Chef des SED-Parteibezirks Dresden, wird von der Volkskammer zum Ministerpräsidenten der DDR gewählt.
15. Nov.	KPdSU-Generalsekretär Michail S. Gorbatschow nennt die „Wiedervereinigung Deutschlands eine interne Angelegenheit der Deutschen".
28. Nov.	Bundeskanzler Helmut Kohl bietet in seinem „Zehn-Punkte-Plan zur Überwindung der Teilung Deutschlands und Europas" der DDR-Regierung wirtschaftliche Hilfe unter der Bedingung freier Wahlen sowie der Einführung eines rechtsstaatlichen Systems an und schlägt als Nahziel „konföderative Strukturen zwischen beiden Staaten in Deutschland" vor.
6. Dez.	Der Honecker-Nachfolger Egon Krenz tritt als Vorsitzender des Staatsrates und des Nationalen Verteidigungsrates zurück; Nachfolger wird Manfred Gerlach (*1928; LDPD).
7. Dez.	Erstes Zusammentreffen des *„Runden Tisches"* in Ost-Berlin als Institution der öffentlichen Kontrolle, bestehend aus Vertretern der Parteien und Bürgerbewegungen der DDR.
9. Dez.	Gregor Gysi (*1948) wird Vorsitzender der SED, die sich den Namenszusatz *PDS* (Partei des Demokratischen Sozialismus) gibt (17. Dez.).
1990 5. Febr.	SED-PDS gibt Namensbestandteil SED auf (4. Febr.). Politiker der bisherigen Opposition („Runder Tisch") treten in die Regierung Modrow ein.
12. März	An der letzten Leipziger Montagsdemonstration nehmen nur noch ca. 40000 Menschen teil. Die Forderung nach Einheit ist zum Thema geworden. Der „Runde Tisch" verabschiedet auf seiner letzten Sitzung einen Verfassungsentwurf für die DDR.
18. März	Die *Wahlen zur DDR-Volkskammer* gewinnt die Allianz für Deutschland (Drei-Parteien-Bündnis aus CDU, die mit 40,8% stärkste Partei wird, Demokratischem Aufbruch [DA] und Deutscher Sozialer Union [DSU]) mit 48,1%. Die SPD erreicht 21,9%, die PDS 16,3%, die Allianz Freier Demokraten (Liberale) 5,3% und das Bündnis 90 (Neues Forum, Demokratie Jetzt, Initiative für Frieden und Menschenrechte) 2,9%. Sabine Bergmann-Pohl (CDU; *1946) wird Volkskammerpräsidentin und damit Staatsoberhaupt.
12. April	Lothar de Maizière (CDU; *1940) wird von der Volkskammer zum Ministerpräsidenten gewählt und bildet eine große Koalition aus CDU, SPD, Liberalen sowie Deutscher Sozialer Union (DSU) und DA.
25. April	Der saarländische Ministerpräsident und Kanzlerkandidat Oskar Lafontaine (SPD; *1943) wird bei einem Attentat schwer verletzt.
5. Mai	In Bonn tagt die 2+4-Konferenz der Außenminister der vier Siegermächte des Zweiten Weltkrieges und der beiden deutschen Staaten zu den außenpolitischen Aspekten der deutschen Einheit.
16. Mai	Die Bundesländer und die Bundesregierung beschließen, einen „Fonds Deutsche Einheit" einzurichten, aus dem die Aufbauhilfe für das Gebiet der DDR finanziert werden soll.
18. Mai	In Bonn unterzeichnen die Finanzminister Theodor Waigel und Walter Romberg (SPD; *1928) einen *Staatsvertrag* zur Währungs-, Wirtschafts- und Sozialunion der Bundesrepublik und der DDR. Danach werden in der DDR zum 1. Juli die Deutsche Mark (DM) und die

Randnotizen: *Öffnung der Berliner Mauer*; *„Runder Tisch"*; *PDS*; *Wahlen zur DDR-Volkskammer*; *Staatsvertrag BRD – DDR* soziale Marktwirtschaft eingeführt. Löhne, Gehälter, Renten und Pensionen werden zum Umtauschkurs 1:1 umgestellt.

21. Juni Billigung des Staatsvertrages durch Bundestag und Volkskammer.
1. Juli Die Währungsunion wird vollzogen; Wegfall der Personenkontrollen an der innerdeutschen Grenze.
14.–16. Juli Bundeskanzler Kohl erhält bei seinem Besuch in der UdSSR die Zusage der vollen Souveränität Deutschlands nach der Vereinigung.
19. Aug. Nach Streit um den Termin der Vereinigung verlässt die SPD die DDR-Koalitionsregierung.
23. Aug. Die Volkskammer votiert für den Beitritt der DDR zur Bundesrepublik.
31. Aug. Unterzeichnung des „Vertrags zwischen der Bundesrepublik Deutschland und der Deutschen Demokratischen Republik über die Herstellung der staatlichen Einheit Deutschlands" (Einigungsvertrag) in Ost-Berlin.

2+4-Verhandlungen

12. Sept. Zum Abschluss der „*2+4-Verhandlungen*" wird in Moskau der „Vertrag über die abschließende Regelung in Bezug auf Deutschland" unterzeichnet, der u. a. die Westbindung eines vereinigten Deutschlands, seine Grenzen sowie seinen Verzicht auf atomare, biologische und chemische Waffen regelt.
13. Sept. Die Bundesrepublik und die UdSSR schließen einen Zusammenarbeits- und Nichtangriffsvertrag. Deutschland zahlt für den Abzug der Roten Armee bis 1994 13 Mrd. DM.
25. Sept. Die Mitgliedschaft der DDR im Warschauer Pakt ist beendet.
29. Sept. Das Bundesverfassungsgericht erklärt wesentliche Teile des am 3. Aug. unterzeichneten deutsch-deutschen Wahlvertrages für ungültig, weil die kleinen Parteien durch die bundesweite Fünfprozenthürde benachteiligt werden; neues Wahlgesetz mit einer Fünfprozentklausel für Ost- und für Westdeutschland am 5. Okt. vom Bundestag verabschiedet.
2. Okt. In West-Berlin endet mit der Verabschiedung der westalliierten Stadtkommandanten der Besatzungsstatus.

Beitritt zur Bundesrepublik

3. Okt. Die *Deutsche Demokratische Republik tritt* der *Bundesrepublik Deutschland* nach Artikel 23 des Grundgesetzes *bei*.

Bundesrepublik Deutschland seit 1990

1990
12. Okt. Bundesinnenminister Wolfgang Schäuble (CDU; *1942) wird bei einem Attentat schwer verletzt.
14. Okt. Auf dem Gebiet der ehemaligen DDR finden erstmals freie Landtagswahlen in den neuen Bundesländern Brandenburg, Mecklenburg-Vorpommern, Sachsen, Sachsen-Anhalt und Thüringen statt.

Oder-Neiße-Linie anerkannt

14. Nov. Deutschland und Polen schreiben die *Oder-Neiße-Linie* in einem Vertrag als völkerrechtlich verbindliche Grenze zwischen beiden Staaten fest.
30. Nov. Das Amtsgericht Berlin-Tiergarten erlässt Haftbefehl gegen den früheren DDR-Staats- und Parteichef Erich Honecker wegen „dringenden Tatverdachts des gemeinschaftlich begangenen Totschlags in mehreren Fällen".

Bundestagswahlen

2. Dez. Erste gesamtdeutsche *Bundestagswahlen*: CDU/CSU erreicht 43,8%, SPD 33,5%, FDP 11,0%, Bündnis 90/Grüne (Bürgerrechtsbewegung und Umweltpartei der ehemaligen DDR) 1,2% und die PDS (ehemalige SED) 2,4%.

1991
6. Jan. Im Rahmen der Alliierten Mobilen Einsatztruppe der NATO werden deutsche Jagdbomber an die Grenze der Türkei zum Irak verlegt; Diskussion über die Rolle der Bundeswehr, Friedensdemonstrationen.
13. Jan. Baden-Württembergs Ministerpräsident Lothar Späth (CDU; *1937) tritt nach dem Vorwurf, zu enge Beziehungen zur Wirtschaft unterhalten zu haben, zurück.
17. Jan. Helmut Kohl wird erneut zum Bundeskanzler einer CDU/CSU-FDP-Koalition gewählt.
1. April RAF-Terroristen ermorden den Präsidenten der Treuhandanstalt, Detlev (Karsten) Rohwedder (*1932). Birgit Breuel (*1937) tritt an die Spitze der Treuhandanstalt.
29. Mai Björn Engholm wird auf dem Bremer Bundesparteitag der SPD zum neuen SPD-Vorsitzenden und Nachfolger Hans-Jochen Vogels gewählt.
20. Juni Der Bundestag beschließt, den Sitz der Bundesregierung und des Bundestages von Bonn nach Berlin zu verlegen. – Das Verbleiben aller Bundesministerien mit Zweit- bzw. Erstsitz sichert ca. zwei Drittel der bestehenden Arbeitsplätze für Bonn, das außerdem Sitz weiterer Behörden des Bundes und der UNO wird (Berlin-Bonn-Gesetz vom 26. April 1994).

Bevölkerung nach Bundesländern

in Mio.

Bundesland	1961	1970	1980	1990	2000
Baden-Württemberg	7,76	8,90	9,23	9,73	10,49
Bayern	9,52	10,48	10,90	11,34	12,18
Berlin	3,26	3,21	3,05	3,42	3,38
Brandenburg	2,64	2,65	2,66	2,59	2,60
Bremen	0,71	0,72	0,70	0,68	0,66
Hamburg	1,83	1,79	1,66	1,64	1,70
Hessen	4,81	5,38	5,59	5,72	6,05
Mecklenburg-Vorpommern	1,93	1,93	1,94	1,93	1,78
Niedersachsen	6,64	7,08	7,25	7,34	7,91
Nordrhein-Westfalen	15,90	16,91	17,04	17,24	17,99
Rheinland-Pfalz	3,42	3,65	3,64	3,73	4,02
Saarland	1,07	1,12	1,07	1,07	1,06
Sachsen	5,49	5,42	5,18	4,80	4,44
Sachsen-Anhalt	3,31	3,22	3,08	2,89	2,63
Schleswig-Holstein	2,32	2,49	2,61	2,61	2,78
Thüringen	2,73	2,76	2,73	2,63	2,44

Länderbevölkerung

1992	Eine zeitweilige Zunahme rechtsextrem motivierter Gewalttaten (von Jan. bis Nov. 17 Tote und 452 Verletzte) findet ihre Höhepunkte in den ausländerfeindlichen Ausschreitungen von Rostock (22. Juli–25. Aug.) und den Brandanschlägen von Mölln (23. Nov.) und Solingen (29. Mai 1993).
7. April–7. Mai	Der erste flächendeckende Streik im öffentlichen Dienst seit 1974 endet mit einem neuen Tarifabschluss.
17. Mai	Bundesaußenminister Genscher legt sein Amt nach achtzehnjähriger Amtszeit nieder.
21./22. Mai	Bundeskanzler Kohl und Frankreichs Staatspräsident François Mitterrand beschließen die *Aufstellung eines Euro-Korps* zur Verstärkung des „europäischen Pfeilers der NATO".
2. Dez.	Der Bundestag stimmt dem Maastricht-Vertrag über den Ausbau der Europäischen Gemeinschaft (EG) zur Europäischen Union (EU) sowie mehreren begleitenden Grundgesetzänderungen zu.
1993 2. April	Die Bundesregierung beschließt die Teilnahme von Bundeswehreinheiten an Aufklärungsflügen der NATO über Bosnien.
3. Mai	Björn Engholm legt wegen einer Falschaussage vor einem Landtagsausschuss den SPD-Vorsitz nieder und tritt als Ministerpräsident von Schleswig-Holstein zurück.
4. Mai	Die fünf führenden Wirtschaftsinstitute bezeichnen den Konjunkturabschwung in Deutschland als „tiefe Rezession": Das Bruttoinlandsprodukt schrumpft im ersten Quartal um 3,2%.
14.–16. Mai	Die Grünen (als Partei 1980 in der Bundesrepublik gebildet) und Bündnis 90 (ehemalige DDR-Bürgerrechtsbewegung) vereinigen sich auf einem Fusionsparteitag in Leipzig zur neuen Partei „Bündnis 90/Die Grünen".
26. Mai	Der Bundestag stimmt mit großer Mehrheit einer Einschränkung des Asylrechts zu.
25. Juni	Ein SPD-Parteitag wählt den Ministerpräsidenten von Rheinland-Pfalz, Rudolf Scharping (*1947), zum SPD-Vorsitzenden.
1994 23. Mai	Die Bundesversammlung wählt den Präsidenten des Bundesverfassungsgerichts Roman Herzog (CDU; *1934) zum *Bundespräsidenten*.
14. Juni	In Bonn eröffnet Bundeskanzler Kohl das *Haus der Geschichte* der Bundesrepublik Deutschland; der Europarat zeichnet das Museum für Zeitgeschichte 1995 mit seinem Museumspreis aus.
12. Juli	Das Bundesverfassungsgericht erklärt die Beteiligung deutscher Soldaten an UN-Kampfeinsätzen für verfassungsgemäß.
31. Aug.	Bundespräsident Herzog, Bundeskanzler Kohl und der russische Präsident Boris N. Jelzin verabschieden in Berlin die letzten der ehemals sowjetischen Soldaten und Zivilisten aus Deutschland.
16. Okt.	Bei den Bundestagswahlen wird die CDU/CSU-FDP-Koalition knapp bestätigt (CDU/CSU 41,5%, SPD 36,4%, Bündnis 90/Die Grünen 7,3%, FDP 6,9%, PDS 4,4%). Helmut Kohl bildet erneut eine CDU/CSU-FDP-Koalition.
20. Okt.	Die UN-Generalversammlung wählt die Bundesrepublik Deutschland für zwei Jahre zu einem der fünf nichtständigen Mitglieder des UN-Sicherheitsrats.

Aufstellung eines Euro-Korps

Roman Herzog Bundespräsident

Haus der Geschichte

	18. Nov.	Jutta Limbach (SPD; *1934) wird als erste Frau Präsidentin des Bundesverfassungsgerichts.
Treuhandanstalt	31. Dez.	Die *Treuhandanstalt*, die das verstaatlichte Industrievermögen der DDR privatisieren und sanieren sollte, beendet nach viereinhalb Jahren ihre Tätigkeit. Sie hinterlässt 275 Mrd. DM Schulden, die nicht durch Privatisierungserlöse ausgeglichen werden können.
	1995	Oskar Lafontaine wird vom Bundesparteitag zum SPD-Vorsitzenden gewählt (16. Nov.).
	6. Dez.	Der Bundestag stimmt der Stationierung von 4000 deutschen Soldaten in Kroatien zu.
Bündnis für Arbeit	**1996** 23. Jan.	Bundesregierung, Arbeitgeber und Gewerkschaften schließen ein *„Bündnis für Arbeit* und zur Standortsicherung". Proklamiertes Ziel ist u.a., die Zahl der Arbeitslosen (im Febr. knapp 4,3 Mio.) bis zum Jahr 2000 um die Hälfte zu reduzieren. Das Projekt scheitert an tief greifenden Meinungsverschiedenheiten (April).
	18. April	Der Zentralbankrat der Bundesbank beschließt eine Leitzinssenkung. Diskont- und Lombardsatz werden auf 2,5 bzw. 4,5% zurückgenommen: niedrigstes Zinsniveau der deutschen Nachkriegsgeschichte.
		Das Bundesverfassungsgericht entscheidet, dass die in der Sowjetischen Besatzungszone 1945–1949 vorgenommenen Enteignungen von Großgrundbesitz nicht rückgängig zu machen sind. Damit wird eine Regelung des Einigungsvertrages von 1990 bestätigt.
	5. Mai	Die Vereinigung der Bundesländer Berlin und Brandenburg scheitert in einer Volksabstimmung an der brandenburgischen Bevölkerung.
	9. Mai	Der Bundestag billigt den Bau der Magnetschwebebahn Transrapid zwischen Berlin und Hamburg.
	20. Juni	UNO-Generalsekretär Boutros Boutros-Ghali eröffnet in Bonn den ersten Amtssitz von UN-Organisationen in Deutschland: UN-Freiwilligenorganisation UNV und Sekretariat der Klimarahmenkonvention UNFCCC.
Spargesetze	28. Juni	Der Bundestag beschließt die *„Spargesetze"* mit Reduzierungen im Gesundheitswesen, bei der Arbeitslosenversicherung sowie bei der Lohnfortzahlung im Krankheitsfall. Das Sparprogramm stößt vor allem bei Opposition und Gewerkschaften auf Ablehnung. Im Vorfeld kommt es zu Massendemonstrationen gegen Einschnitte ins Sozialsystem (u.a. am 15. Juni in Bonn).
	13. Dez.	Der Bundestag billigt den auf 18 Monate befristeten Einsatz von 3000 deutschen Soldaten in Bosnien im Rahmen der SFOR (Stabilization Force)-Mission der UNO.
deutsch-tschechische Erklärung	**1997** 21. Jan.	Bundeskanzler Kohl und der tschechische Ministerpräsident Václav Klaus unterzeichnen eine gemeinsame *Deklaration zur deutsch-tschechischen Aussöhnung*, die der Bundestag annimmt (30. Jan.).
Arbeitslosigkeit	Febr.	Die seit 1991 (Jahresdurchschnitt 2,6 Mio.) gestiegene *Arbeitslosigkeit* erreicht mit ca. 4 674 700 Erwerbslosen einen neuen Monats-Höchststand.
	26. März	Die Unternehmen Thyssen und Krupp-Hoesch unterzeichnen eine Grundsatzvereinbarung zur Bildung einer gemeinsamen Gesellschaft im Stahlbereich.
	10. April	Nach der Urteilsverkündung im „Mykonos-Prozess", derzufolge der Iran einen Völkerrechtsverstoß durch staatlich gesteuerten Terrorismus in Deutschland begangen hat, ruft die Bundesregierung den deutschen Botschafter aus Teheran zurück. Krise in den Beziehungen auch der anderen EU-Staaten mit dem Iran (bis Nov. 1997).
Hochwasser der Oder	Juli–Aug.	Größtes *Hochwasser der Oder* in der neueren Geschichte Brandenburgs.
	22. Dez.	Deutschland, Großbritannien, Italien und Spanien schaffen die vertragliche Grundlage für die Serienfertigung des Jagdflugzeugs „Eurofighter 2000". Die deutsche Luftwaffe erhält 180 Maschinen für rund 23 Mrd. DM. Der Bundestag stimmte am 26. Nov. zu.
	1998 Jan.	Die Arbeitslosigkeit erreicht mit 4,823 Mio. ihren höchsten Stand in der Geschichte der Bundesrepublik.
	15. Jan.	Der Bundestag beschließt eine Grundgesetzänderung, die zur Verhinderung schwerer Verbrechen, insbesondere der organisierten Kriminalität, den sog. Großen Lauschangriff ermöglicht.
RAF wird aufgelöst	20. April	Die *RAF* erklärt sich in einer Mitteilung an die Nachrichtenagentur Reuters für *aufgelöst*.
	6. Mai	Nach dem vom Innenministerium vorgelegten Verfassungsschutzbericht ist die Zahl rechtsextremer Straftaten erstmals seit 5 Jahren wieder angestiegen (insges. 790 Straftaten im Jahr 1997).
	25. Mai	Die Castor-Transporte mit radioaktivem Müll werden wegen undichter Behälter vorerst eingestellt.
	3. Juni	ICE-Katastrophe von Eschede bei Hannover fordert 101 Todesopfer.
Rechtschreibreform	14. Juli	Das Bundesverfassungsgericht erklärt die umstrittene *Rechtschreibreform* für zulässig.
	27. Sept.	Aus der Bundestagswahl geht die SPD als stärkste Partei (40,9%) hervor. Die CDU/CSU erzielt mit 35,2% ihr schlechtestes Ergebnis seit 1953. Bündnis 90/Die Grünen erhalten

	6,7%, FDP 6,2% und PDS 5,1% der abgegebenen Stimmen. Erstmals in der Geschichte der Bundesrepublik ist damit eine amtierende Regierung abgewählt; nach 16 Jahren Kanzlerschaft muss Helmut Kohl das Amt an den Herausforderer *Gerhard Schröder* (* 1944) von der SPD abgeben, der gemeinsam mit den Bündnisgrünen eine neue Regierung bildet (Amtsantritt 27. Okt.).	*Gerhard Schröder*
16. Okt.	Der Bundestag stimmt mit großer Mehrheit für eine deutsche Beteiligung an einem möglichen NATO-Militäreinsatz gegen Jugoslawien.	
18. Dez.	Der Bundesrat billigt den *Einstieg in die Steuerreform* und die vom Bundestag beschlossenen Reformgesetze im Bereich der Renten-, Arbeitsmarkt- und Gesundheitspolitik.	*Einstieg in die Steuerreform*
1999 26. Jan.	Bei den sog. Konsensgesprächen mit der Bundesregierung setzt sich die Stromindustrie durch: Der für den 1. Jan. 2000 geplante Stopp der Wiederaufarbeitung von Atombrennelementen wird ausgesetzt.	
11. März	Oskar Lafontaine tritt als Finanzminister und Parteivorsitzender der SPD zurück. Hintergrund ist ein Streit mit Kanzler Schröder um den wirtschaftsunfreundlichen Kurs Lafontaines. Schröder übernimmt am 12. April den Parteivorsitz.	
24. März	An den NATO-Angriffen auf Jugoslawien sind auch Einheiten der Bundeswehr beteiligt.	
April	Die erste Stufe der *Ökosteuer* tritt in Kraft.	*Ökosteuer*
14. April	Erste Parlamentssitzung im umgebauten Reichstag in Berlin. Bis zu den Sommerferien verlagert sich die gesamte Regierungstätigkeit nach Berlin.	
25. Mai	Im zweiten Wahlgang wird Johannes Rau (* 1931, SPD) zum Bundespräsidenten gewählt. Er tritt sein Amt am 1. Juli an.	
25. Juni	Der Bundestag billigt den Entwurf für das Holocaust-Mahnmal von Peter Eisenman.	
4. Nov.	Mit einem Haftbefehl gegen den früheren Schatzmeister der CDU, Walter Leisler Kiep, durch die Augsburger Staatsanwaltschaft wegen des Verdachts der Steuerhinterziehung beginnt die *Affäre um schwarze Konten der CDU*, in der u.a. auch Verfehlungen des Parteivorsitzenden Manfred Schäuble und des früheren Bundeskanzlers Kohl aufgedeckt werden. Am 2. Dez. wird ein Parteispenden-Untersuchungsausschuss eingesetzt. Ermittlungsverfahren laufen wegen möglicher Unregelmäßigkeiten bei der Lieferung von Panzern an Saudi-Arabien und beim Verkauf der Leuna an die französische Firma Elf Aquitaine. Die CDU gerät in die schwerste Krise ihrer Geschichte; für Monate ist ihre politische Handlungsfähigkeit gelähmt.	*Affäre um schwarze Konten der CDU*
17. Dez.	Vertreter Deutschlands, der USA sowie aller Opfergruppen billigen eine Übereinkunft, nach der ehemalige *NS-Zwangsarbeiter* insges. 10 Mrd. DM Entschädigung erhalten sollen, die je zur Hälfte vom Bund und von der deutschen Industrie getragen werden. Die US-Seite sichert Rechtssicherheit zu. Sammelklagen in den USA gegen deutsche Firmen laufen seit 1998; die Bundesregierung hat sich im Febr. 1999 mit 12 Unternehmen auf die Gründung eines Stiftungsfonds verständigt.	*NS-Zwangsarbeiter*
2000 1. Jan.	Nach Beschlüssen des Bundestages (7. Mai 1999) und des Bundesrates (21. Mai 1999) tritt die Reform des Staatsbürgerschaftsrechtes in Kraft. Sie betrifft etwa die Hälfte der in Deutschland lebenden rd. 7,4 Mio. Ausländer.	
5. Febr.	Das Transrapid-Projekt Hamburg–Berlin wird wegen zu hoher Kosten aufgegeben.	
8. Febr.	Ausweitung der CDU-Schwarzgeldaffäre. Der hessische Ministerpräsident Roland Koch gibt zu, dass die Partei 20,8 Mio. DM in die Schweiz geschafft hat, wo sie als jüdische Vermächtnisse getarnt wurden.	
10. April	Als erste Frau übernimmt die aus Ostdeutschland stammende Angela Merkel den Bundesvorsitz der CDU.	
14. Juni	Das Bundeskabinett beschließt eine *Verringerung der Bundeswehr* von derzeit 330 000 auf 277 000 Mann (zum Vergleich: auf dem Höhepunkt des Ost-West-Gegensatzes betrug die Truppenstärke 495 000 Mann).	*Verringerung der Bundeswehr*
15. Juni	Regierung und Energieversorger einigen sich über einen *Ausstieg aus der Atomenergie*. Ohne Angabe von Abschaltterminen wird eine Restenergiemenge von 2623 Mrd. Kilowattstunden festgelegt, die noch erzeugt werden darf.	*Ausstieg aus der Atomenergie*
14. Juli	Die Steuerreform der rot-grünen Regierung wird vom Bundesrat gebilligt. Sie bringt bereits im Jahr 2001 über 44 Mrd. DM Entlastungen für die Steuerzahler.	
17. Aug.	Die Versteigerung der sechs UMTS-Mobilfunklizenzen ergibt einen Erlös von 98,8 Mrd. DM.	
10. Nov.	Der Bundestag billigt die Vorlage zur „Eingetragenen Lebenspartnerschaft" für schwule und lesbische Paare. Die Teile der Reform, für eine Zustimmung des Bundesrates erforderlich ist (u.a. die Gleichstellung im Steuerrecht), treten jedoch nicht in Kraft, da der Bundesrat am 1. Dez. seine Zustimmung verweigert.	

Erster Fall von BSE	24. Nov.	*Erster Fall von BSE* in Deutschland. Wegen unzulänglichem Krisenmanagement müssen Landwirtschaftsminister Karl-Heinz Funke (SPD) und Gesundheitsministerin Andrea Fischer (Bündnis 90/Die Grünen) am 9. Jan. 2001 ihre Posten räumen. Bildung eines Ministeriums für Verbraucherschutz, Ernährung und Landwirtschaft unter Renate Künast (Bündnis 90/Die Grünen), das die Agrarwende in Angriff nehmen soll.
	2001 2. Jan.	Die ersten Frauen treten zum Dienst an der Waffe in der Bundeswehr an. Den Weg dazu hat ein Urteil des Europäischen Gerichtshofes vom 11. Jan. 2000 freigemacht.
	31. Jan.	CDU-Parteispendenaffäre: Nach einem Urteil des Verwaltungsgerichts Berlin braucht die CDU die von Bundestagspräsident Wolfgang Thierse geforderten 41,347 Mio. DM wegen des ungültigen Rechenschaftsberichtes von 1998 nicht zurückzuzahlen. Einen günstigen Gerichtsentscheid erhält auch Alt-Bundeskanzler Kohl: Das gegen ihn eingeleitete Verfahren wegen Untreue zum Nachteil der CDU wird am 2. März gegen Zahlung von 300 000 DM eingestellt.
Vereinte Dienstleistungsgewerkschaft ver.di	19. März	Nach dreijährigen Verhandlungen konstituiert sich in Berlin die *Vereinte Dienstleistungsgewerkschaft ver.di*, zu der sich ÖTV, DAG, HBV, IG Medien und die Postgewerkschaft zusammengeschlossen haben. Die mit rd. 3 Mio. Mitgliedern weltweit größte Einzelgewerkschaft betreut ca. 1000 Berufe im Dienstleistungssektor.
	29. März	Die nach dem vorläufigen Stopp von 1998 wiederaufgenommenen Castor-Transporte werden auf dem Weg nach Gorleben im Wendland von heftigen Protesten der Atomkraftgegner begleitet.
	11. Mai	Die Rentenreform, in deren Mittelpunkt die staatliche Förderung der privaten Altersvorsorge steht, wird vom Bundesrat gebilligt.
	30. Mai	Der Bundestag gibt grünes Licht für die Auszahlung von Entschädigungsgeldern an ehemalige NS-Zwangsarbeiter. Im Juni erfolgen die ersten Auszahlungen in den USA, in Polen und Tschechien.
	12. Sept.	Nach den Anschlägen vom 11. Sept. auf das World Trade Center in New York und das Pentagon in Washington sichert Bundeskanzler Schröder den USA uneingeschränkte Solidarität beim Kampf gegen den internationalen Terrorismus zu.
Antiterrorpaket	19. Sept.	Das Bundeskabinett beschließt das sog. erste *Antiterrorpaket* (u.a. Rasterfahndung nach ausländischen Terroristen); am 9. Nov. wird es vom Bundestag gebilligt.
	1. Nov.	Die Ermittlungsverfahren in der CDU-Parteispendenaffäre gegen den ehemaligen CDU-Vorsitzenden Schäuble und die Schatzmeisterin Brigitte Baumeister werden eingestellt.
	16. Nov.	Bundeskanzler Schröder verknüpft die Abstimmung über den Antiterroreinsatz der Bundeswehr mit der Vertrauensfrage. Das Parlament spricht ihm mit 336 von 662 Stimmen das Vertrauen aus. Auf ihrem Parteitag in Rostock am 24. Nov. stimmen die Bündnisgrünen der Entscheidung zu.
	14. Dez.	Das zweite Antiterrorpaket, mit dem u.a. die Kompetenzen der Geheimdienste erweitert und ausländerrechtliche Bestimmungen verschärft werden, passiert den Bundestag.
	22. Dez.	Der Bundestag billigt den Einsatz der Bundeswehr im Rahmen der Internationalen Sicherheits-Unterstützungsgruppe für Afghanistan (ISAF).
	2002 1. Febr.	Der Bundesrat besiegelt den Atomausstieg. Das letzte von 19 Atomkraftwerken soll 2021 vom Netz gehen.
Schmiergeldskandal der SPD	März	In Köln wird ein *Schmiergeldskandal der SPD* in Zusammenhang mit dem Bau einer Müllverbrennungsanlage aufgedeckt.
	10. April	Beim deutsch-russischen Gipfel in Weimar wird der Streit um die Transfer-Rubel-Schulden aus DDR-Zeiten beigelegt.
	26. April	In Erfurt erschießt ein vom Gymnasium verwiesener Abiturient 14 Lehrer und zwei Mitschüler und tötet sich selbst. Der Staat reagiert mit Verschärfung des Waffenrechts und mehr Sicherheitskontrollen an Schulen.
	20. Juni	Bundespräsident Johannes Rau unterzeichnet das umstrittene Zuwanderungsgesetz.
	7. Juli	Das Bundesverfassungsgericht weist die Klage der Unionsparteien gegen das Gesetz zur Eingetragenen Lebenspartnerschaft („Homoehe") ab.
	18. Juli	Verteidigungsminister Rudolf Scharping wird wegen finanzieller Verbindungen zu einem PR-Berater entlassen. Nachfolger wird der bisherige SPD-Fraktionsvorsitzende Peter Struck.
	Juli	Die Zahl der Arbeitslosen ist auf über 4 Mio. gestiegen. Die Arbeitslosenquote beträgt insgesamt 9,7%; im Westen liegt sie bei 7,8%, im Osten bei 18%.
	Aug.	Nach starken Regenfällen werden weite Teile Deutschlands von Hochwasser heimgesucht. Die Pegelstände auf Donau und Elbe erreichen Rekordmarken. Vor allem im Raum Dresden kommt es zu einer verheerenden Flutkatastrophe, die schwere Schäden an der Infrastruktur

	anrichtet. Zehntausende müssen evakuiert werden. Die Bundesregierung beschließt ein Soforthilfeprogramm von 100 Mio. Euro. Zur Finanzierung des Wiederaufbaus soll die geplante Steuerreform um ein Jahr verschoben werden.
1. Sept.	Beginn eines viertägigen Staatsbesuchs von Bundespräsident Rau in Russland; Hauptgesprächsthemen mit Russlands Staatschef Putin sind die Wirtschaftsbeziehungen und die Lage der Exklave Kaliningrad (Königsberg) nach der Ost-Erweiterung der EU.
10. Sept.	Der NPD-Funktionär und ehemalige Terroristen-Anwalt Horst-Mahler wird wegen Billigung der Anschläge von New York und Washington am 11.09.2001 zu einer hohen Geldstrafe verurteilt.
22. Sept.	Bei den Bundestagswahlen kommt es zum erwarteten Kopf-an-Kopf-Rennen zwischen den Großen Parteien, die beide 38,5 Prozent der Stimmen erreichen. Die Grünen legen 1,9 Prozent auf 8,6 Prozent zu, die FDP gewinnt 1,2 Prozent und erhält 7,4 Prozent, die PDS rutscht auf 4,0 Prozent ab und zieht nur mit zwei Direktmandaten ins Parlament ein. Die Grundlage für eine Fortsetzung der Koalition aus SPD und Grünen unter Bundeskanzler Schröder ist gesichert.
22. Sept.	Die SPD geht aus den Landtagswahlen in Mecklenburg-Vorpommern als klarer Sieger hervor; sie steigert ihren Stimmenanteil um 6,3 auf 40,6 Prozent. Die PDS, ihr Koalitionspartner, verliert dramatisch 8 Prozent der Stimmen und erreicht nur noch 16,4 Prozent. Die CDU gewinnt leicht und erhält 31,3 Prozent, während die FDP mit 4,7 Prozent den Einzug ins Landesparlament knapp verfehlt.
23. Sept.	Der stellvertretende Bundesvorsitzende der FDP Jürgen Möllemann zieht sich aus der Parteiführung zurück. Er gibt damit dem Druck maßgeblicher Parteiführer nach, die ihn wegen seiner Attacken auf Israels Premierminister Sharon und den stellvertretenden Vorsitzenden des Zentralrats der Juden in Deutschland, Michel Friedman, scharf kritisiert haben.
1. Okt.	Bundeskanzler Schröder beendet die wegen der schwierigen Lage der öffentlichen Kassen nach der Wahl aufgekommene Diskussion um Steuererhöhungen und setzt ganz auf Sparkurs.
1. Okt.	Kulturstaatsminister Nida-Rümelin gibt seinen Rückzug aus der Politik bekannt und kehrt auf seinen Philosophie-Lehrstuhl an der Universität Göttingen zurück.
3. Okt.	Nach zweijähriger Verhüllung wegen Renovierungsarbeiten wird das Brandenburger Tor in Berlin anlässlich des 12. Jahrestags der Wiedervereinigung Deutschlands neu eröffnet. An den Feierlichkeiten nimmt auch der ehemalige US-Präsident Clinton teil.

Österreich seit 1943/45
(Forts. v. S. 912)

Nachdem in der Moskauer Deklaration der Vier Nationen (USA, Großbritannien, UdSSR und China) vom 1. Nov. 1943 die Wiedererrichtung einer selbstständigen Republik Österreich festgelegt worden ist, proklamiert am 27. April 1945 die Provisorische Regierung die Wiederinkraftsetzung der Verfassung von 1920 und damit einen unabhängigen Staat Österreich.
Im Ersten Kontrollabkommen vom 4. Juli 1945 zwischen den USA, der UdSSR, Großbritannien und Frankreich werden ein gemeinsamer Kontrollrat als Verwaltungsorgan und die Errichtung von *vier Besatzungszonen* beschlossen (Sowjetische Besatzungszone: Niederösterreich, Burgenland, Wiener Randgemeinden, Oberösterreich nördlich der Donau; Amerikanische Besatzungszone: Oberösterreich südlich der Donau, Salzburg; Britische Zone: Steiermark, Kärnten, Osttirol; Französische Zone: Nordtirol, Vorarlberg; Wien wird mit Ausnahme der Innenstadt in vier Sektoren geteilt). Als die Regierung Renner im Oktober 1945 von den Westalliierten anerkannt wird, ist die Gesamtstaatlichkeit Österreichs über die Zonengrenzen hinweg zunächst gesichert.

vier Besatzungszonen

1945 27. April		Ohne Zustimmung der Westmächte, jedoch mit Duldung der sowjetischen Besatzungsmacht wird in Wien eine Provisorische Regierung gebildet, an der neben der Sozialistischen Partei Österreichs (SPÖ), die mit Karl Renner (*1870, †1950) den Bundeskanzler stellt, und der christlich orientierten Österreichischen Volkspartei (ÖVP) auch die Kommunistische Partei Österreichs (KPÖ) beteiligt ist.
1. Mai		Die Verfassung von 1920 (in der Fassung von 1929) tritt wieder in Kraft.

Bildung von Landesregierungen	7.–12. Mai	*Bildung von Landesregierungen* (heutige Bundesländer: Wien, Niederösterreich, Oberösterreich, Salzburg, Tirol, Vorarlberg, Kärnten, Steiermark, Burgenland); damit verfügt das Land sowohl über zentrale als auch föderative staatliche Vertretungen.
	20. Okt.	Anerkennung der Provisorischen Regierung durch die Westmächte.
Nationalratswahlen	25. Okt.	Erste *Nationalratswahlen* in ganz Österreich: Die ÖVP erhält 85 Mandate (absolute Mehrheit), die SPÖ 76 und die KPÖ vier Mandate; auch aus den gleichzeitig stattfindenden Landtagswahlen geht die ÖVP deutlich als Sieger hervor. Sie stellt mit Ausnahme von Wien und Kärnten in allen anderen Bundesländern den Landeshauptmann (Vorsitzender der Landesregierung).
	20. Dez.	Der Nationalrat wählt Karl Renner zum Bundespräsidenten und Leopold Figl (*1902, †1965; ÖVP) zum Bundeskanzler. Der neue Bundeskanzler bildet aus allen drei im Nationalrat vertretenen Parteien eine „Konzentrationsregierung".
Verstaatlichungsgesetz	1946 26. Juli	Der Nationalrat beschließt das Erste *Verstaatlichungsgesetz*. Verstaatlicht werden die Eisen- und Stahlindustrie und die drei Großbanken (die Betriebe der Energieversorgung folgen im Mai 1947).
	1947	Auf der Konferenz der stellvertretenden Außenminister der alliierten Staaten in London beginnen die Verhandlungen über einen österreichischen Staatsvertrag.
	13. Juni	Die Annahme des Marshallplans führt zu von der KPÖ organisierten Tumulten und Demonstrationen (in der Folge verlässt die KPÖ die Regierungskoalition; die letzten kommunistischen Versuche, die innenpolitische Entwicklung Österreichs in Richtung einer Volksdemokratie zu lenken, scheitern endgültig 1950).
	Nov.	Durchführung einer Währungsreform auf der Grundlage des Schilling-Gesetzes vom 30. Nov. 1945.
Marshallplan-Abkommen	1948 2. Juli	Mit der Unterzeichnung des *Marshallplan-Abkommens* zwischen den Vereinigten Staaten von Amerika und Österreich wird eine Wirtschaftshilfe in Höhe von 1,6 Mrd. US-Dollar zugesichert.
	1949	Verabschiedung eines politischen Programms des neugegründeten Verbands der Unabhängigen (VdU), eines Sammelbeckens von ehemaligen Nationalsozialisten und „Großdeutschen".
	9. Okt.	Bei Nationalratswahlen erhält die ÖVP 77, die SPÖ 67, der VdU 16 und die KPÖ sieben Mandate.
Große Koalition	9. Nov.	Mit der Bildung einer neuen Koalitionsregierung aus ÖVP und SPÖ unter Bundeskanzler Figl wird das Regierungsbündnis der *Großen Koalition* bestätigt, das bis 1966 jeweils erneuert und dessen Funktionsfähigkeit durch Parteienabsprache *(*ÖVP-SPÖ-Proporzsystem*)* geregelt wird. Aufgrund des Mandatsvorsprungs stellt die ÖVP den jeweiligen Bundeskanzler und die SPÖ den Vizekanzler.
	1951 27. Mai	Zum ersten Mal wird der neue Bundespräsident direkt vom Volk gewählt: Die Wahl gewinnt der Kandidat der SPÖ, Theodor Körner (*1873, †1957).
	1952	Bildung des dritten Kabinetts Figl (ÖVP-SPÖ-Koalition) am 28. Okt.
	1953	Nationalratswahlen: ÖVP 74, SPÖ 73, VdU 14, KPÖ vier Mandate (22. Febr.).
	2. April	Bildung einer ÖVP-SPÖ-Koalitionsregierung unter Bundeskanzler Julius Raab (*1891, †1964).
		Leopold Figl wird neuer Außenminister; auf seine Vorschläge hin werden den alliierten Mächten Verhandlungen über den Status einer immer währenden Neutralität Österreichs unterbreitet.
	1955 12.–15. April	Beim Besuch einer Delegation unter Bundeskanzler Raab in Moskau Einigung über die Bedingungen der sowjetischen Siegermacht für einen Staatsvertrag (Moskauer Memorandum).
Österreichischer Staatsvertrag	15. Mai	Nach Abschluss entsprechender Vereinbarungen mit den westlichen Alliierten (Wiener Memorandum) wird in Wien der *Österreichische Staatsvertrag* unterzeichnet: Aufhebung des Besatzungsstatuts, Österreich als Zweite Republik wird unabhängiger Staat in den Grenzen vom 1. Jan. 1938. Gegen Freigabe des beschlagnahmten Grundbesitzes, der Vermögenswerte und Industrieanlagen verpflichtet sich Österreich, mit Deutschland keine politische oder wirtschaftliche Vereinigung einzugehen und Rüstungsbeschränkungen auf sich zu nehmen.
	27. Juli	Mit In-Kraft-Treten des Staatsvertrages beginnt der Abzug der Besatzungstruppen.
immer währende Neutralität	26. Okt.	Der Nationalrat beschließt die *immer währende Neutralität* Österreichs; dadurch wird die Zugehörigkeit zu internationalen (nichtmilitärischen) Organisationen nicht ausgeschlossen.
	6. Dez.	Die vier Großmächte anerkennen das Bundesverfassungsgesetz über die Neutralität, das von österreichischer Seite ausdrücklich nicht als Garantieverpflichtung bezeichnet wird.
UNO-Mitglied	14. Dez.	Österreich wird als Vollmitglied *in die Vereinten Nationen aufgenommen*.

● PLOETZ

1956 Österreich tritt dem Europarat bei (1. März).
7. April Gründung der Freiheitlichen Partei Österreichs (FPÖ), die aus dem VdU hervorgeht.
13. Mai Nationalratswahlen; ÖVP 86, SPÖ 74, FPÖ sechs und KPÖ drei Mandate.
23. Juni Bildung einer neuen ÖVP-SPÖ-Koalitionsregierung unter Bundeskanzler Raab.
2. Aug. Gründung der Österreichischen Industrie- und Bergbauverwaltungsgesellschaft, der die Leitung der verstaatlichten Betriebe übertragen wird.
26. Okt. Die Generalkonferenz der Internationalen Atom-Energie-Kommission (IAEA) bestimmt Wien zu ihrem ständigen Sitz. Österreich erfährt dadurch in seinem Bemühen, eine Vermittlerrolle zwischen Ost und West im Rahmen der internationalen Beziehungen zu spielen, eine Anerkennung; in der Folge bemühen sich alle Bundesregierungen, Wien zum Sitz von internationalen Behörden zu machen.
Okt./Nov. Während des ungarischen Aufstandes fliehen Tausende von Ungarn nach Österreich, denen die österreichischen Behörden Asyl gewähren.
1957 In der neu gegründeten Paritätischen Kommission für Lohn- und Preisfragen (Ausdruck des Parteienproporzes) bestimmen der Österreichische Gewerkschaftsbund, die Arbeiter-, Handels- und Landwirtschaftskammern gemeinsam mit der Bundesregierung die Richtlinien für die Wirtschafts- und Sozialpolitik.
Wahl von Adolf Schärf (*1890, †1965; SPÖ) zum Bundespräsidenten (5. Mai).
1959 Nach Nationalratswahlen (ÖVP 79, SPÖ 78, FPÖ acht Mandate; Kommunisten zum ersten
16. Juli Mal nicht im Nationalrat vertreten) bildet Bundeskanzler Raab erneut eine ÖVP-SPÖ-Koalitionsregierung (Vizekanzler ist der Vorsitzende der SPÖ, Bruno Pittermann [*1905, †1983]; die SPÖ stellt mit Bruno Kreisky [*1911, †1990] auch den Außenminister).
26. Nov. Der Nationalrat stimmt dem *Beitritt* Österreichs *zur Europäischen Freihandelszone* (EFTA) zu. — *EFTA-Beitritt*
1961 11. April: ÖVP-SPÖ-Koalition unter Bundeskanzler Alfons Gorbach (*1898, †1972; ÖVP).
1962 Im Raab-Olah-Abkommen (benannt nach Julius Raab und dem Vorsitzenden des Gewerk-
19. Jan. schaftsbundes Franz Olah [*1910]) wird die Funktionserweiterung der *Paritätischen Kommission* beschlossen. — *Paritätische Kommission*
1963 Nach Nationalratswahlen vom 18. Nov. (ÖVP 81, SPÖ 76, FPÖ acht Mandate) erneute
3. April ÖVP-SPÖ-Koalitionsregierung unter Bundeskanzler Gorbach.
5. Juni Ausbruch einer schweren Koalitionskrise wegen des Rechtsstreites im Fall des ältesten Sohnes des letzten Kaisers von Österreich, Otto von Habsburg (*1912), dessen Rückkehr nach Österreich (aufgrund des Habsburgergesetzes von 1919 [im Staatsvertrag von 1955 ausdrücklich bestätigt] nach der Verzichtserklärung auf alle Thronansprüche) rechtlich möglich ist, die aber die SPÖ verhindern will.
4. Juli Der Nationalrat nimmt gegen drei Stimmen der ÖVP eine Entschließung über die Unerwünschtheit einer Rückkehr von Otto von Habsburg an.
20. Sept. Mit dem Klagenfurter Manifest spricht sich die ÖVP gegen die Fortführung einer Koalition mit der SPÖ aus.
1964 Rücktritt der Regierung Gorbach nach Auseinandersetzungen in der ÖVP, insbesondere
24. Febr. über die Koalitions- und Finanzpolitik.
2. April Neue ÖVP-SPÖ-Koalitionsregierung unter Bundeskanzler Josef Klaus (*1910; †2001 ÖVP).
3. Nov. Sturz des Innenministers Franz Olah und Ausschluss aus der SPÖ nach harten innerparteilichen Auseinandersetzungen.
1965 Wahl des Wiener Bürgermeisters und SPÖ-Kandidaten Franz Jonas (*1899, †1974) zum
23. Mai Bundespräsidenten.
1966 Nach Erringung der absoluten Mehrheit (ÖVP 85, SPÖ 74, FPÖ sechs Mandate) bildet
19. April Klaus eine *ÖVP-Alleinregierung*. — *ÖVP-Alleinregierung*
1967 20. März: Durch ihr Veto verhindert die UdSSR ein Assoziierungsabkommen mit der EG.
13. April Die Organisation der Vereinten Nationen für industrielle Entwicklung (UNIDO) errichtet ihren ständigen Sitz in Wien.
1969 Italien und Österreich erzielen eine Einigung in der *Südtirolfrage*: Paraphierung des Vertra- — *Südtirolfrage*
2. Dez. ges zur friedlichen Beilegung von Streitigkeiten.
16. Dez. Mit 83 gegen 79 Stimmen entscheidet sich der Nationalrat zur Annahme des Südtirol-Pakets (Erweiterung der Autonomie für Südtirol).
1970 Nachdem bei Nationalratswahlen (1. März) die SPÖ erstmals stärkste Partei wird (SPÖ 81,
1. März ÖVP 79, FPÖ fünf Mandate), bildet Bruno *Kreisky* eine SPÖ-Minderheitsregierung. — *Kreisky Bundeskanzler*
1971 Franz Jonas wird wieder zum Bundespräsidenten gewählt (25. April).

	10. Okt.	Vorgezogene Wahlen, absolute SPÖ-Mehrheit (SPÖ 93, ÖVP 80, FPÖ zehn Mandate).
	5. Nov.	Bundeskanzler Kreisky bildet eine SPÖ-Alleinregierung.
	1972 22. Juli	Unterzeichnung eines Freihandelsvertrags mit der EG, der einen Zollabbau für Industrieerzeugnisse vorsieht.
	21. Dez.	Aufnahme diplomatischer Beziehungen mit der DDR.
	1973 15. Febr.	Der Nationalrat beschließt die Fusionierung der staatlichen Eisen- und Stahlwerke zu einem Großkonzern, der mit über 7000 Beschäftigten zu einem der größten Betriebe dieser Art in der westlichen Welt wird.
	1974 23. Juni	Zum Nachfolger des verstorbenen Bundespräsidenten Jonas (24. April) wird der bisherige Außenminister Rudolf Kirchschläger (*1915) gewählt.
	1975 5. Okt.	Nationalratswahlen: erneut absolute SPÖ-Mehrheit, 28. Okt.: zum dritten Mal SPÖ-Alleinregierung Kreisky.
erste Volks-abstimmung	**1978** 5. Nov.	In der *ersten Volksabstimmung* seit Bestehen der Zweiten Republik spricht sich die Mehrheit gegen die Inbetriebnahme des Kernkraftwerks in Zwentendorf und gegen die Ausführung von Bauplänen anderer derartiger Anlagen aus.
	1979 5. Juni	Nationalratswahlen am 6. Mai, SPÖ 95 Mandate, ÖVP 77, FPÖ elf. Viertes Kabinett Kreisky in unveränderter Zusammensetzung.
	1980	Bundespräsident Kirchschläger wird für eine zweite Amtszeit wiedergewählt (18. Mai).
	1981 20. Jan.	Der Rücktritt von Vizekanzler und Finanzminister Hannes Androsch (SPÖ; *1938) führt zur Regierungsumbildung.
	1982	Österreich unterzeichnet ein Kulturabkommen mit der UdSSR (11. Febr.).
	4. Okt.	Das Burgenland erhält eine neue Verfassung.
Rücktritt Kreiskys	**1983** 24. April	Bei den Nationalratswahlen verliert die SPÖ die absolute Mehrheit der Sitze; die ÖVP erzielt leichte Gewinne (SPÖ nunmehr 90 Mandate, ÖVP 81, FPÖ zwölf); Bundeskanzler *Kreisky tritt zurück.*
	24. Mai	Vereidigung des SPÖ/FPÖ-Kabinetts unter Bundeskanzler Fred Sinowatz (SPÖ, *1929).
	16. Sept.	Die Regierung beschließt Maßnahmen zur Gesundung der Wirtschaft: Einsparungen, Steuer- und Beitragserhöhungen, Förderung von Wohnungsbau und Fremdenverkehr.
	22. Okt.	Mehr als 100000 Menschen demonstrieren in Wien für den Frieden.

Wirtschaft **Allgemeine Wirtschaftsdaten Österreichs**

Jahr	Bevölkerung in Mio.	Bruttoinlandsprodukt in Mrd. Schilling	Erwerbstätige in Mio.	Arbeitslose in 1000*
1960	7,048	163,3	3,622	87,2
1970	7,467	372,2	3,051	45,0
1980	7,549	995,9	3,070	58,0
1990	7,705	1801,3	3,412	114,0
2000	8,092	2833,9	3,506	194,3

* nach jeweiliger nationaler Berechnungsgrundlage

	29. Okt.	Die SPÖ wählt Sinowatz als Nachfolger Kreiskys zum Parteivorsitzenden.
	1984	Vereidigung des neuen Kabinetts Sinowatz nach Umbesetzungen (10. Sept.).
	1985	Amtliche Warnung vor Weinfälschungen mit Diäthylenglykol (9. Juli).
	1986 8. Juni	In einer Stichwahl wird der für die ÖVP kandidierende ehemalige UNO-Generalsekretär Kurt Waldheim (*1918) *zum Bundespräsidenten gewählt.* Das Ausland reagiert mit Kritik und Empörung und erhebt schwere Beschuldigungen hinsichtlich Waldheims Rolle im Zweiten Weltkrieg.
Vranitzky Bundeskanzler	9. Juni	Bundeskanzler Sinowatz tritt wegen der Niederlage des SPÖ-Präsidentschaftskandidaten Kurt Steyrer (*1920) zurück. Sein Nachfolger wird der bisherige Finanzminister Franz *Vranitzky* (SPÖ; *1937); Vereidigung der neuen Regierung am 16. Juni.
	1987 14. Jan.	Nach den Wahlen zum Nationalrat (23. Nov. 1986) Koalition aus SPÖ (43,13%) und ÖVP (41,29%). Die FPÖ erhält 9,73%. Vranitzky bleibt Bundeskanzler.
	1989 19./24. Jan.	Innenminister Karl Blecha (SPÖ; *1933) und Parlamentspräsident Leopold Gratz (SPÖ; *1929) treten wegen des größten Justizskandals (Affäre Proksch/Lucona) seit 1945 zurück.
	1. Juni	Bekanntgabe eines Nachtfahrverbotes in Österreich für LKW über 7,5 t ab 1. Dez. 1989.
	17. Juli	Außenminister Alois Mock (ÖVP; *1934) stellt in Brüssel den am 26. Juni vom Nationalrat verabschiedeten Antrag auf Beitritt zur Europäischen Gemeinschaft (EG).

1990 25. Aug.	Die in Bagdad erreichte Ausreise von im Irak festgehaltenen österreichischen Geiseln bringt Bundespräsident Waldheim internationale Anerkennung für den humanitären Erfolg, aber auch Kritik, da er die internationale Isolierung des Irak nicht einhielt.	
17. Sept.	Gegen den ehemaligen Bundeskanzler Sinowatz und zwei ehemalige Minister wird wegen illegaler Waffengeschäfte des Staatsunternehmens Noricum Anklage erhoben.	
7. Okt.	Die SPÖ kann bei den *Nationalratswahlen* ihren Stimmenanteil halten (43,0%), die ÖVP muss starke Verluste hinnehmen (32,1%, -9,2%). Die FPÖ (16,6%) gewinnt 6,9% hinzu.	*Nationalratswahlen*
17. Dez.	Die neue Koalitionsregierung aus SPÖ und ÖVP unter Vranitzky wird vereidigt.	
1991 30. Sept.	Der sowjetische Präsident Michail S. Gorbatschow sichert Bundeskanzler Vranitzky bei dessen Besuch in Moskau zu, dass die UdSSR keinen Einspruch gegen einen Beitritt Österreichs zur EG (Europäische Gemeinschaft) erheben wird.	
1992 24. Mai	Der Diplomat *Thomas Klestil* (ÖVP; *1932) siegt beim zweiten Wahlgang der Präsidentschaftswahlen.	*Thomas Klestil Bundespräsident*
1994 12. Juni	66,6% der Abstimmenden votieren bei einer Volksabstimmung für den *Beitritt zur Europäischen Union* (EU).	*Beitritt zur Europäischen Union*
7. Okt.	Nationalratswahlen: Die beiden Regierungsparteien, SPÖ und ÖVP, erleiden Verluste (SPÖ 34,9%, -8,1%; ÖVP 27,7%, -4,4%) und verlieren ihre parlamentarische Zweidrittelmehrheit. Die FPÖ erzielt Gewinne (22,5%, +5,9%). Vranitzky wird erneut Bundeskanzler.	
1995	Österreich tritt der Europäischen Union als Vollmitglied bei (1. Jan.).	
28. April	Österreich tritt dem Schengener Abkommen bei, das die Grenzkontrollen zwischen mehreren Mitgliedsstaaten der EU abschafft.	
1997 28. Jan.	Bundeskanzler *Vranitzky tritt* nach zehneinhalb Jahren Regierungszeit *zurück* (18. Jan.). Als Nachfolger wird der bisherige Finanzminister Victor Klima (SPÖ; *1947) vereidigt.	*Rücktritt Vranitzkys*
18. Juli	Österreich, Deutschland und Italien kommen überein, die Grenzkontrollen zwischen den drei Staaten zum 1. April 1998 abzuschaffen.	
1998 19. April	Bundespräsident Klestil wird für eine zweite Amtszeit wiedergewählt und am 8. Juli vereidigt.	
1999 7. März	Bei der Landtagswahl in Kärnten wird die FPÖ unter dem Rechtspopulisten Jörg Haider stärkste Kraft (42,1%). Bei Stimmenthaltung der ÖVP-Abgeordneten wird Haider zum Landeshauptmann gewählt; er hatte dieses Amt bereits 1989–1991 inne.	
10. März	Das Grazer Landgericht verurteilt Franz Fuchs wegen Mordes und versuchten Mordes zu lebenslanger Haft. Das Gericht hält es für erwiesen, dass Fuchs im Febr. 1995 im Burgenland vier Roma mit einer Sprengfalle getötet hat. Außerdem wird ihm die ausländerfeindlich motivierte Täterschaft an einer Serie von Briefbombenattentaten in den Jahren 1992–1997 zur Last gelegt. Fuchs begeht am 26. Febr. 2000 in der Haft Selbstmord.	
2. Okt.	Bei den Nationalratswahlen erzielt die SPÖ mit 33,2% (65 Sitze) ihr schlechtestes Ergebnis der Nachkriegszeit, bleibt aber stärkste Partei. Hinter ihr liegen gleichauf die FPÖ und die ÖVP mit je 52 Sitzen. Die Grüne Alternative erhält 14 Mandate. Da sich die ÖVP vor der Wahl darauf festgelegt hat, die bisherige Große Koalition mit der SPÖ nur dann fortzusetzen, wenn sie zweitstärkste politische Kraft wird, ergibt sich für die Regierungsbildung zunächst ein Patt, das die ÖVP schließlich auflöst, indem sie im Jan. 2000 Verhandlungen mit der FPÖ aufnimmt.	
2000 4. Febr.	Bundespräsident Klestil vereidigt die von Bundeskanzler Wolfgang Schüssel (*1945, ÖVP) geführte *ÖVP/FPÖ-Regierung*. Zuvor setzt er den Austausch von zwei durch ausländerfeindliche Äußerungen belasteten FPÖ-Ministern durch und lässt die Regierungsmitglieder eine Präambel mit einem Bekenntnis zu Europa und zur Achtung demokratischer Grundwerte unterzeichnen.	*ÖVP/FPÖ-Regierung*
19. Febr.	Auf der größten Demonstration der Nachkriegsgeschichte Österreichs protestieren in Wien rd. 250 000 Menschen gegen die neue Regierung. Die EU setzt ihre am 31. Jan. für den Fall einer Regierungsbeteiligung der rechtsgerichteten FPÖ beschlossenen diplomatischen *Sanktionen gegen Österreich* in Kraft. Sie erweisen sich als wenig wirkungsvoll und werden am 12. Sept. aufgehoben.	*Sanktionen gegen Österreich*
9. Okt.	Durch die Aufnahme des Probebetriebs im tschechischen Kernkraftwerk Temelín werden die Beziehungen zur Tschechischen Republik belastet. Österreichische Kernkraftgegner blockieren für mehrere Wochen die Grenzübergänge zum Nachbarland.	
2001 17. Jan.	Der österreichische Staat stellt einen Fonds mit 2,2 Mrd. Schilling zur Entschädigung von jüdischen Opfern, deren Güter in der Zeit des Nationalsozialismus geraubt („arisiert") wurden, zur Verfügung. Von der Wirtschaft und anderen Gebern wird eine Beteiligung in Höhe von 3 Mrd. Schilling erwartet.	
2002 Aug.	Vor allem in den Bundesländern Nieder- und Oberösterreich richtet das „Jahrhunderthochwasser" schwere Schäden an.	

8. Sept. Nach einem Streit innerhalb der FPÖ um die geplante Steuerreform tritt die Parteichefin und Vizekanzlerin Susanne Riess-Passer von allen Regierungs- und Parteiämtern zurück. Bundeskanzler Schüssel sieht keine Basis mehr für konstruktive Regierungsarbeit und kündigt Neuwahlen an.

Schweiz seit 1945/49
(Forts. v. S. 1086)

internationale Organisationen

Nach dem Zweiten Weltkrieg findet die Schweiz nur mühsam aus ihrer Isolation heraus. Sie tritt aus Neutralitätsgründen den Vereinten Nationen nicht bei, beteiligt sich jedoch an anderen *internationalen Organisationen* (u. a. FAO, Internationaler Gerichtshof, OECD, UNESCO). Innenpolitisch ist in der unmittelbaren Nachkriegszeit, die eine unerwartet starke Konjunkturentwicklung aufweist, ein verstärktes Engagement im sozialen Bereich zu verzeichnen: Die (1931) abgelehnte AHV (Alters- und Hinterlassenenversicherung) wird durch Volksabstimmung am 6./7. Juli 1947 angenommen; ebenso finden die Wirtschaftsartikel, die beim Grundsatz der Handels- und Gewerbefreiheit den Staatsinterventionismus ermöglichen, Zustimmung.

1949
11. Sept. Die Initiative „Rückkehr zur direkten Demokratie" fördert zwar eine starke Abstimmungsintensität, andererseits ist jedoch eine anhaltend sinkende Stimmbeteiligung zu verzeichnen.

1951
März Die Aufnahme diplomatischer Beziehungen mit der Bundesrepublik Deutschland bringt die Normalisierung des Verhältnisses beider Staaten zueinander (Aug. 1952: Durch Ablösung des Washingtoner Abkommens von 1946 wird das beschlagnahmte deutsche Vermögen in der Schweiz wieder freigegeben).

Neutralität und Solidarität

1950 Die Devise des Bundesrats Max Edouard Petitpierre (*1899, †1994) *"Neutralität und Solidarität"* bewährt sich in den nachfolgenden Jahren: Das Schweizer Mandat in der Waffenstillstandskommission in Korea (1953), die Genfer Konferenz über Korea und Indochina (26. April–12. Juli 1954) und die für die Träger des Aufstandes von 1956 in Ungarn offen bezeugte Sympathie (Protestkundgebungen, Aufnahme von etwa 10000 Ungarn-Flüchtlingen) sind Ausdruck dieser politischen Haltung.

Konkordanzprinzip

1959
17. Dez. Die großen Parteien sind in der Regierung proportional zum Wähleranteil vertreten *(Konkordanz)*: Der Sozialdemokratischen Partei werden zwei Bundesratssitze eingeräumt (1943–1953 ein Sitz), daneben zwei Sitze für die Freisinnige-Demokratische Partei, zwei für die Christlich-Demokraten und ein Sitz für die Schweizerische Volkspartei. Trotz heftiger Abstimmungskämpfe erweist sich somit das politische System als stabil.

EFTA-Mitglied

1960 Die Schweiz wird (4. Jan.) *Gründungsmitglied der Europäischen Freihandelszone* (EFTA).
1963 Beitritt zum Europarat.
1964
Juni–Okt. Die Ausrüstung der Schweizer Luftwaffe mit Kampfflugzeugen des französischen Typs „Mirage" sowie eine starke Kreditüberschreitung der öffentlichen Hand führen in der Bevölkerung zu einer Vertrauenskrise gegenüber der Bundesverwaltung (Reorganisation im Militärdepartement in der Folge).

1968/1969 Fortsetzung humanitärer Maßnahmen in der Außenpolitik: Ungefähr 12000 Tschechoslowaken, die ihr Land verlassen haben, erhalten in der Schweiz politisches Asyl.

1970
7. Juni Die hauptsächlich gegen ausländische Arbeitskräfte in der Schweiz gerichtete Initiative der konservativen und nationalistischen Bewegungen „Republikaner" und „Nationale Aktion gegen Überfremdung von Volk und Heimat" kann in einer Volksabstimmung mit knapper Mehrheit abgewiesen werden (Entschärfung des Überfremdungsproblems seit 1974).

Frauenwahlrecht

1971
7. Febr. Die Schweizer Bürger nehmen, abgesehen von einigen Ausnahmen auf kantonaler Ebene, in einer Abstimmung die Einführung des Stimm- und *Wahlrechts für Frauen* auf eidgenössischer Ebene an.

1972 Abschluss eines Freihandelsabkommens mit der EG (22. Juli).
10. Aug. Vereinbarung mit der DDR, Handelsmissionen mit konsularischen Befugnissen zu errichten (tritt am 20. Dez. in Kraft).
27.–29. Sept. Der offizielle Staatsbesuch des Bundespräsidenten der Bundesrepublik Deutschland, Gustav Heinemann, dient der Vertiefung der beiderseitigen freundschaftlichen Beziehungen.

außenpolitische Öffnung

1973
3. Juli Die Teilnahme der Schweiz an der KSZE-Konferenz in Helsinki zeigt ebenso wie die 1972 getroffene Freihandelsvereinbarung mit der EG eine stärkere *Öffnung der* eidgenössischen *Außenpolitik*. Damit im Zusammenhang steht auch die Diskussion über einen möglichen Beitritt der Schweiz zur UNO (nach geltendem Recht müsste darüber eine Volksabstim-

	mung entscheiden): Devise „Neutralität und Solidarität" wird durch die Formel „Disponibilität und Universalität" erweitert.
1974 21. März	Der Nationalrat lehnt (vorbehaltlich einer Volksabstimmung) eine gewerkschaftliche Volksinitiative für die Einführung einer paritätischen „Mitbestimmung für Arbeitnehmer und ihrer Organisationen in Betrieb, Unternehmen und Verwaltung" ab.
20. Okt.	In einer Volksabstimmung über die Überfremdungsinitiative der „Nationalen Aktion" sprechen sich rund zwei Drittel der Stimmberechtigten gegen eine Reduzierung der *ausländischen Arbeitnehmer* auf die Hälfte und gegen eine Verminderung der Anzahl von Saisonarbeitern und Grenzgängern aus.
1975 April	Um der seit Herbst 1974 anhaltenden Rezession wirksam begegnen zu können, leitet der Nationalrat eine Reihe von Maßnahmen zur Arbeitsplatzbeschaffung in der vor allem vom Umsatzrückgang betroffenen Uhren-, Textil- und Bekleidungsindustrie ein.

ausländische Arbeitnehmer

Allgemeine Wirtschaftsdaten der Schweiz

Wirtschaftsdaten

Jahr	Bevölkerung in Mio.	Bruttoinlandsprodukt in Mrd. Franken	Erwerbspersonen in Mio.	Arbeitslose in 1000
1960	5,36	37,1	3,326	1,2
1970	6,19	87,5	3,142	–
1980	6,32	170,0	3,172	6,0
1990	6,83	314,0	3,581	18,0
2000	7,13	346,6	3,908	71,9

Die wirtschaftliche Entwicklung in und nach der Rezession 1974/75

Der im Herbst 1974 erfolgte Rezessionseinbruch setzt sich 1975 in einem solchen Maß verstärkt fort, dass die Schweizer Wirtschaft ihren schwersten Rückschlag seit Beendigung des Zweiten Weltkriegs zu verzeichnen hat. Vor allem die *Uhrenindustrie* (durch die revolutionären technischen Neuerungen – Quarzuhren – Einbruch der ausländischen Konkurrenz auf dem Weltmarkt), aber auch die Textil-, Bekleidungs-, Schuh- und Papierindustrie ist von einer nachhaltigen Dämpfung der Auslandsnachfrage mit der Folge eines empfindlichen Rückgangs des Arbeitsplatzangebots betroffen: 1975 werden 26 000 Arbeitslose und 135 000 Kurzarbeiter gezählt. Die Wettbewerbssituation verschärft sich durch den kräftigen *Kursanstieg des Franken* (1 US-Dollar = 4,31 Franken [1970]; 2,62 Franken [1974]; 2,38 Franken Ende 1975) und lässt das reale Bruttosozialprodukt 1975 gegenüber dem Vorjahr um 7% sinken. Die verschlechterte Konjunkturlage, die sich vor allem auf den Bausektor negativ auswirkt, zwingt den Staat zu Gegenmaßnahmen: Das Programm vom Juni 1975 sieht *Investitionen des Bundes* in Höhe von 200 Mio. Franken und vom Bund mitfinanzierte Projekte mit einem Gesamtvolumen von 600 Mio. Franken vor. Zusammen mit dem Haushalt von 1976, mit einem eingerechneten Defizit von 600 Mio. Franken, wird im Herbst 1975 ein weiterer, die Konjunktur steigernder Maßnahmenkatalog von nochmals 600 Mio. Franken gebilligt. Daraufhin bildet sich unerwartet rasch der inflatorische Preisauftrieb zurück: Die Erhöhung des Preisindex, 1974 im Verhältnis zum Vorjahresstand noch 11%, verringert sich bis Ende 1976 bis auf ein Prozent. Die Rezession kommt zum Stillstand, der konjunkturelle Aufschwung von 1977 schwächt sich allerdings 1978 und 1979 wieder ab: Wachstumsrate des realen Bruttosozialprodukts geht von 2,7% (1977) über 1,2% (1978) bis auf 0,7% (1979) zurück.

Uhrenindustrie

Kursanstieg des Franken

Investitionen des Bundes

1976 21. März	In einer Volksabstimmung wird eine Mitbestimmungsinitiative der Schweizer Gewerkschaften abgelehnt.
2. Mai	Mit Elisabeth Blunschy (*1922) wird erstmals eine Frau zur Präsidentin des Nationalrats gewählt.
1977 4. Dez.	Durch Volksabstimmung wird ein Verfassungszusatz über die Einführung eines zivilen Ersatzdienstes für Militärdienstverweigerer abgelehnt.
1978 12. Jan.	Die Schweizer Eidgenossenschaft schließt mit der Sowjetunion ein Zehn-Jahres-Wirtschaftsabkommen ab.
April	Vorlage eines Entwurfs für eine neue Schweizer Bundesverfassung durch eine Expertenkommission.
24. Sept.	Bei einer Stimmbeteiligung von 41,5% der Stimmberechtigten wird mit 82,3% Ja-Stimmen per Volksabstimmung ein neuer *Kanton Jura* (allerdings nur Nord-Jura) gebildet.
1979	Die Vereinbarungen über die Unabhängigkeit des Kantons Jura treten in Kraft (1. Jan.). Die Beteiligung an Parlamentswahlen liegt erstmals seit 1914 unter 50% (19./20. Okt.).

Kanton Jura

	1980 2. März	In einer Volksabstimmung wird die vollständige Trennung von Staat und Kirche abgelehnt (2. März).
Gotthard-Straßentunnel	5. Sept.	Zwischen Göschenen und Airolo wird der *Gotthard-Straßentunnel* (16,3 km) eröffnet.
	1981 5. April	Die „Mitenand-Initiative" für eine neue Ausländerpolitik (Verbesserung der Rechtsstellung der in der Schweiz arbeitenden Ausländer) wird verworfen.
	1982 25. Juni	Eröffnung des Furka-Basistunnels (15,4 km) als wintersichere Verbindung zwischen Wallis und Graubünden.
	1983 18. Jan.	Auf ihrer Konferenz in Paris erweitern die Finanzminister der wichtigsten westlichen Handelsnationen ihren „Zehnerclub" durch Aufnahme der Schweiz zum „Elferclub".
	1984 20. Mai	Beschluss zur Einführung von Autobahngebühren und Schwerverkehrsabgaben (26. Febr.). Initiativen gegen Missbrauch des Bankgeheimnisses und „Ausverkauf der Heimat" (Grundstücksverkauf an Ausländer) werden in einer Volksabstimmung mit 73% abgelehnt.
Elisabeth Kopp	2. Okt.	Mit *Elisabeth Kopp* (Freisinnige; *1936) wird erstmals eine Frau in den Schweizer Bundesrat gewählt.
Verseuchung des Rheins	1986 1. Nov.	Ein Großbrand im Basler Chemiekonzern Sandoz führt zur *Verseuchung des Rheins* durch große Mengen hoch giftiger Substanzen.
	1987 18. Okt.	Bei Parlamentswahlen erleiden die Sozialdemokraten große Verluste, während die bürgerlichen Parteien ihre Anteile behaupten.
Beitritt zur EG abgelehnt	1988 13. Sept.	Der Bundesrat *lehnt* den *Beitritt* der Schweiz *zur Europäischen Gemeinschaft* (EG) *ab*, weil die Nachteile (z. B. für die Landwirtschaft) überwiegen.
	1989 12. Jan.	Die Bundesrätin Kopp muss wegen der Verwicklung ihres Ehemannes in einen Finanzskandal zurücktreten.
	26. Nov.	In einer Volksabstimmung wird der Antrag, die Schweizer Armee abzuschaffen, abgelehnt.
	1990 29. April	Im Halbkanton Appenzell-Innerrhoden lehnt die Landsgemeinde das Frauenwahlrecht auf Kantonsebene ab. Das Verfassungsgericht revidiert diese Entscheidung (27. Nov.).
	30. Mai	Nachdem der Chef der Bundespolizei beurlaubt wurde (14. Febr.), muss der Chef des militärischen Geheimdienstes aufgrund der Tatsache zurücktreten, dass über angeblich staatsgefährdende Tätigkeiten von etwa 150000 Schweizer Bürgern Geheimakten geführt wurden.
	23. Sept.	Die Mehrheit (54,6%) spricht sich bei einer Volksabstimmung für ein zehnjähriges Moratorium beim Ausbau der Kernenergie aus.
700. Jahrestag der Gründung	1991	Internationaler Festakt in Bern zum *700. Jahrestag der Gründung* der Schweiz (14. Juni).
	1992 17. Mai	Bei einer Volksabstimmung spricht sich die Mehrheit der Bevölkerung für eine Mitgliedschaft im IMF (International Monetary Fund) und in der Weltbank aus.
	6. Dez.	Ein Beitritt der Schweiz zum EWR (Europäischer Wirtschaftsraum) wird in einer Volksabstimmung abgelehnt.
	1994	Die Bürger votieren am 12. Juni gegen die Beteiligung an UN-Missionen.
Firmenzusammenschluss	1996 7. März	Die Chemie- und Pharmakonzerne Ciba-Geigy und Sandoz fusionieren. Aus dem größten *Firmenzusammenschluss* in der Geschichte der Schweiz geht die Novartis AG hervor.
Strukturwandel der Wirtschaft	15. Dez.	Aus den vom Bundesamt für Statistik veröffentlichten Wirtschaftsdaten geht ein *Strukturwandel der Wirtschaft* in den letzten zehn Jahren hervor. Entstanden ist ein neues Branchengefüge. Während die Zahl der Beschäftigten in der Industrie stark gesunken ist (insbesondere im Maschinenbau), hat der Dienstleistungssektor einen starken Beschäftigungszuwachs erfahren (vor allem das Gesundheits- und Sozialwesen – nunmehr größter Wirtschaftszweig).
Banken	1997 23. Jan.	Nach weltweiten Beschwerden gegen die Praxis von Schweizer *Banken*, die Freigabe von Geldern, welche während der nationalsozialistischen Judenverfolgung auf Nummernkonten eingezahlt wurden, an Erben der Verfolgten restriktiv zu handhaben, einigen sich Bundesrat, Nationalbank und Vertreter der Wirtschaft, einen Fonds „in der humanitären Tradition der Schweiz" einzurichten.
	4. Dez.	Die Bankgesellschaft in Zürich und der Bankverein in Basel, zwei der drei größten Schweizer *Kreditinstitute*, kündigen für spätestens Mai 1998 ihren Zusammenschluss zur United Bank of Switzerland (UBS) an, der zweitgrößten Bank der Welt, die dann mit 1600 Mrd. DM Einlagen gleichzeitig der weltweit größte Vermögensverwalter sein soll.
	1998 7. Juni	Das bereits 1993 eingereichte Volksbegehren zur Einschränkung der Gentechnik wird bei einer Volksabstimmung mit 60,6% abgelehnt.
	13. Aug.	Die Großbanken Credit Suisse, Bankverein und UBS erkären sich bereit, 1,25 Mrd. US-Dollar an überlebende Opfer der Judenverfolgung und deren Erben zu zahlen, soweit sie Konten in der Schweiz hatten.
Ruth Dreifuss	9. Dez.	Mit *Ruth Dreifuss* (* 1940, Sozialdemokratische Partei) wird erstmals in der Geschichte der modernen Schweiz eine Frau als Bundespräsidentin gewählt.

1999	In einem Referendum wird die Revision der Verfassung mit 59% Ja-Stimmen gebilligt (18. April).	
24. Okt.	Bei der Nationalratswahl kommt es zu einem Rechtsruck: Die nationalkonservative Schweizer Volkspartei (SVP) wird stärkste Partei (22,6%) vor den Sozialdemokraten (SP) mit 22,5% der Stimmen. Der *Erfolg der SVP* wird ihrem Zürcher Vorsitzenden Christoph Blocher zugeschrieben, der einen Wahlkampf mit rechtspopulistischen Themen geführt hat (gegen den Beitritt zu NATO, EU und UNO, gegen liberalisierte Drogenpolitik, für eine Verschärfung des Ausländerrechts). Es bleibt aber dabei, dass die SVP nur einen Bundesrat stellt, SP, Freisinnige und Christdemokraten dagegen je zwei.	*Erfolg der SVP*
2000 21. Mai	Bei einer Volksabstimmung billigen die Schweizer mit 67,2% sieben *bilaterale Abkommen mit der EU*, durch die Schweizer Bürger und Unternehmen Zugang zum europäischen Markt erhalten.	*bilaterale Abkommen mit der EU*
2001 4. März	Die Initiative „Ja zu Europa" wird in einer Volksabstimmung überraschend klar mit einer Mehrheit von 76,7% zurückgewiesen.	
28. Sept.	Der Amoklauf eines als Polizist verkleideten Psychopathen im Parlament des Kantons Zug fordert 14 Todesopfer. Der Attentäter erschießt sich anschließend.	
2. Okt.	Die Swissair muss wegen Liquiditätsknappheit den Flugverkehr vorläufig einstellen. Durch Zukauf unrentabler Fluglinien hat das Unternehmen eine Schuldenlast von 15 Mrd. Franken angehäuft.	
24. Okt.	Bei einer *Brandkatastrophe im Gotthardtunnel*, dem schwersten Tunnelunfall in der Geschichte der Schweiz, kommen 11 Menschen ums Leben. Der Tunnel wird nach fast zwei Monaten Sperrung am 21. Dez. wieder für den Verkehr freigegeben.	*Brandkatastrophe im Gotthardtunnel*
2. Dez.	Die Schweizer entscheiden sich in einer Volksabstimmung für die Beibehaltung der Armee sowie gegen die Einführung eines zivilen Friedensdienstes.	
2002 3. März	Bei einer Volksabstimmung wird mit 54,6% der abgegebenen Stimmen ein *Beitritt der Schweiz zu den Vereinten Nationen* befürwortet.	*Beitritt der Schweiz zu den Vereinten Nationen*

Liechtenstein seit 1919/78

Das seit dem Zusammenbruch der Habsburgermonarchie (1919) eng an die Schweiz angelehnte Fürstentum (1921 Abschluss eines Post-, 1923 Abschluss eines Zollvertrags) ist eine konstitutionelle *Erbmonarchie*. Ein aus 15 Mitgliedern bestehender Landtag wird auf vier Jahre gewählt. 1973 erfolgt die Einführung eines neuen Wahlsystems mit Kandidatenproporz. Am 1. Juli 1984 erhalten die Frauen Stimm- und Wahlrecht auf Landesebene. Am 26. Aug. 1984 wird Erbprinz Johann Adam (*1945) Stellvertreter von Fürst Franz Josef II. (*1906, †1989; Regent seit 1938).

Erbmonarchie

1978	Liechtenstein wird Mitglied des Europarates (23. Nov.).	
1989	Fürst Franz Josef II. stirbt; Nachfolger wird sein Sohn Johann Adam II. (13. Nov.).	
1990	Aufnahme Liechtensteins als 161. Mitglied in die UNO (18. Sept.).	
1991	*Aufnahme in die EFTA* (22. Mai).	*Aufnahme in die EFTA*
1995 9. April	Die Bürger sprechen sich für den Beitritt des Fürstentums zum EWR (Europäischer Wirtschaftsraum) aus.	
2000 März	Nach Vorwürfen aus der europäischen Öffentlichkeit wegen *Geldwäsche* und Verstrickung von Banken, Justizbehörden und Politikern in illegale Aktivitäten auf dem Finanzsektor verabschiedet die Regierung ein Maßnahmenpaket zur Verschärfung der Bestimmungen gegen Geldwäsche.	*Geldwäsche*
2001 4. Juni	Der Geldwäsche-Ausschuss der OECD streicht das Land von der 2000 erstmals aufgestellten „schwarzen Liste".	

Westeuropa seit 1945

Frankreich seit 1944
(Forts. v. S. 957)

Ursprünge, Entwicklung, Krise der IV. Republik

Nach der Befreiung von Paris am 25. Aug. 1944 durch alliierte und französische Truppen zerfällt das politische Leben in zwei unterschiedliche Pole: zum einen die im Juni 1944 in Algier gegründete Provisorische *Regierung* der Französischen Republik unter General Charles *de Gaulle* (*1890, †1970), die eher konservativ ist, und zum anderen die verschiedenen Résistance-Gruppen, in denen die Kommunisten eine starke Position einnehmen. Es brechen bürgerkriegsähnliche Konflikte und Kämpfe aus, und erst nach längeren Auseinandersetzungen gelingt es de Gaulle, die Mitarbeit führender Résistance-Mitglieder in der Regierung zu erreichen. Innenpolitisches Hauptziel ist die Ankurbelung der Wirtschaft, die durch die Kämpfe und durch die langjährige Ausbeutung vonseiten des Deutschen Reiches erheblichen Schaden genommen hatte. Daneben geht es noch um die *Reorganisation des* französischen *Staates* und Staatsgebietes (während des Kriegs in ein deutsches Besatzungsgebiet und das Territorium der Vichy-Regierung aufgeteilt). Zudem geht die neue Regierung dazu über, eine Prozesswelle gegen führende Köpfe der Vichy-Regierung einzuleiten. Marschall Pétain (*1856, †1951) und Pierre Laval (*1883, †1945) werden zum Tod verurteilt, Pétain später begnadigt. Damit verbunden ist eine tief greifende Verfolgung vermeintlicher und tatsächlicher Kollaborateure, die zu langfristigen Störungen im politischen Klima Frankreichs führt. Außenpolitisch ist die neue Regierung bemüht, sich unter den Großmächten zu behaupten. Sie versucht eine gleichberechtigte Teilnahme an den alliierten Entscheidungen über Deutschland durchzusetzen sowie die Herrschaft über die Kolonien wiederherzustellen. Daraus resultiert jedoch eine Überbeanspruchung der personellen, finanziellen und wirtschaftlichen Kräfte des Landes, die – nach anfänglichem Wirtschaftsaufschwung – in den fünfziger Jahren zu langen innenpolitischen Krisen führt.

Regierung unter de Gaulle

Reorganisation des Staates

Befreiung von Paris
1944 *Befreiung von Paris.* Bürgerkriegsähnliche Zustände im Lande.
25. Aug. Die Provisorische Regierung nimmt ihre Tätigkeit auf.
28. Okt. Auflösung der Partisanenverbände und patriotischen Milizen gegen deren Widerstand.
1945 Mai: Unruhen in Algerien und britisch-französische Konflikte in Syrien.

Wiedereroberung Indochinas
Okt. Beginn der *Wiedereroberung Indochinas.*
21. Okt. Wahlen zur Nationalversammlung: Kommunisten (PC) 26,2 %, Sozialisten (SFIO) 23,8 %, christlich-demokratische Volksrepublikaner (MRP) 24,9 %, „Radikale" (liberal) 11,1 %, Gemäßigte (konservativ) 13,2 %. Ablehnung der Verfassung der III. Republik.
13. Nov. Die Verfassunggebende Nationalversammlung wählt de Gaulle zum Regierungschef. Koalition der drei stärksten Parteien.
Anschließend brechen Konflikte zwischen ihm und der Nationalversammlung um die Ausarbeitung einer neuen Verfassung aus. De Gaulle fordert eine starke Exekutive in Händen eines Präsidenten, was das Parlament ablehnt (Grund für de Gaulles späteren Rücktritt).

Verstaatlichung von Banken
2. Dez. *Verstaatlichung* der Banque de France und weiterer vier *Großbanken.*
1946 Gründung des Generalplanungskommissariats: Versuch einer gesamtwirtschaftlichen Planung vonseiten des Staats auf der Grundlage der Zusammenarbeit zwischen Staat, Gewerkschaften und Unternehmern in der Economie Concertée.
3. Jan.

Rücktritt de Gaulles
20. Jan. *Rücktritt de Gaulles.*
Fortsetzung der Dreiparteien-Koalition.
28. März Verstaatlichung der Gas- und Elektrizitätswerke.
25. April Verstaatlichung der wichtigsten Versicherungsgesellschaften.
26. April Verstaatlichung der Brennstoffirmen.
5. Mai Ablehnung eines ersten Verfassungsentwurfs, der eine sehr starke Position des Parlaments vorsieht, durch Volksabstimmung.

neue Verfassung
13. Okt. Die *neue Verfassung* wird in einer Volksabstimmung mit 36,1 % Ja, 31,2 % Nein und 31,4 % Enthaltungen knapp angenommen. (Die Verfassung tritt am 27. Okt. in Kraft.)

Wichtige Staatsorgane der IV. Republik

Staatsorgane sind die parlamentarischen Kammern: Nationalversammlung (allgemeine, direkte Wahl nach Mehrheitswahlrecht in Wahlkreisen) und Rat der Republik (Vertretung der Départements) mit Gesetzesinitiative. Der (vom ganzen Parlament gewählte) Staatspräsident ist ohne großen Einfluss. Der Ministerpräsident (Regierungschef) bedarf bei der Ernennung der Minister und zusätzlich bei Verabschiedung des Regierungsprogramms der Zustimmung der *Nationalversammlung*, bei der auch sonst der Schwerpunkt der parlamentarischen Befugnisse liegt. – Gleichzeitig Errichtung der Union Française, die das Mutterland, die überseeischen Gebiete und Départements sowie die assoziierten Staaten umfasst. — *Nationalversammlung*

10. Nov. Erste Wahlen der IV. Republik: leichte Gewinne der Kommunisten, Verluste der Volksrepublikaner (28. Jan. 1947 Kabinett Paul Ramadier [*1888, †1961]).

1947 Der Sozialist Vincent Auriol (*1884, †1966) wird für sieben Jahre zum Staatspräsidenten
16. Jan. gewählt.

5. Mai Ausscheiden der Kommunisten aus der Regierung Ramadier.
Bildung der Regierung der „dritten Kraft" aus Sozialisten, Volksrepublikanern und Radikalen gegen die Opposition der Kommunisten und der Gaullisten des (am 7. April von de Gaulle gegründeten) Rassemblement du Peuple Français (RPF). In der Folge wechselnde Kabinette innerhalb einer beständigen Regierungsmehrheit. Beginn der außenpolitischen *Anlehnung an die USA*. — *Anlehnung an die USA*

12. Mai Die Verhandlungen Frankreichs mit den Viet-minh-Guerillas Ho Chi Minhs scheitern.

27. Aug. Frankreich beginnt in Indochina Bao Dai, früheren Kaiser von Annam, zu unterstützen; Politik der nominellen Unabhängigkeit Vietnams im Rahmen eines Frankreich assoziierten Staats.

Dez. Streiks und soziale Unruhen in Frankreich wegen Teuerungen und Rationierungen.

1948 Verträge von Along: Vietnam wird assoziierter Staat; im Norden des Landes Kämpfe mit
5. Juni den Vietminh.

1951 Wahlen zur Nationalversammlung: gaullistischer Sieg (RPF mit 22% stärkste Partei) und
17. Juni starke Verluste der Volksrepublikaner (MRP).
Die Regierung der „dritten Kraft" zerbricht. Damit offenbart sich zum ersten Mal die *Strukturkrise der Republik*, in der 1947–1958 insgesamt 25 Kabinette sich ablösen, die alle die Probleme der Entkolonialisierung und die wirtschaftlichen Schwierigkeiten nicht meistern können. — *Strukturkrise der Republik*

15. Dez. Die Regierung unterdrückt in Tunesien ausbrechende Unruhen und lehnt die Unabhängigkeit des Landes ab.

1952 Ausbruch von Unruhen in Marokko.

1953 Zerbrechen der gaullistischen Sammlungsbewegung (RPF).

1954 René Coty (*1882, †1962) wird Staatspräsident (16. Jan.).

17. Juni Pierre *Mendès-France* (*1907, †1982) bildet eine von den Gaullisten mitgetragene *Krisenregierung*. — *Krisenregierung Mendès-France*

20./21. Juli *Indochina-Krieg* durch die Genfer Verträge *beendet*. — *Ende des Indochina-Kriegs*
Von der Notwendigkeit eines Kurswechsels auch in der Nordafrika-Politik überzeugt, sagt Mendès-France im selben Monat Tunesien die Autonomie zu.
Der Versuch von Mendès-France, mittels Sondervollmachten die anhaltende Inflation und die damit verbundene Wirtschaftskrise zu bewältigen, gelingt jedoch nicht. Lediglich die staatlich garantierten Mindestlöhne (SMIG) werden an die Geldentwertung angepasst.

1955 Die Nationalversammlung eröffnet eine Debatte über die Nordafrika-Politik, die zum Sturz
3. Febr. von Mendès-France führt (5. Febr.). Damit scheitert dessen Programm der inneren Reformen.

1956 Aufkommen der rechtsradikalen Poujade-Bewegung (Protestbewegung des wirtschaftlich
2. Jan. bedrohten, selbstständigen Kleinbürgertums), die bei den Wahlen zur (vorzeitig aufgelösten) Nationalversammlung auf Anhieb 11,6% (52 Sitze) gewinnt. Trotzdem Erfolg der Linken, besonders der Radikalen.
Damit wird eine angestrebte Regierungsbildung des Mitte-Rechts-Lagers verhindert.

31. Jan./ Staatspräsident Coty beauftragt den Sozialisten Guy Mollet (*1905, †1975; 1946–1969
2. Febr. SFIO-Generalsekretär) mit der Regierungsbildung.
Mollet versucht, zu einer realistischeren Behandlung des *Nordafrika-Problems* zu kommen. Er spricht erstmals von einer algerischen Eigenständigkeit, was jedoch zu harten Reaktionen vonseiten der Algerienfranzosen führt. Die französische Armee beginnt mit einer Verstärkung ihrer militärischen Aktionen in Algerien. — *Nordafrika-Problem*

März Tunesien und Marokko werden in die Unabhängigkeit entlassen.

31. Okt.– Zusammen mit Großbritannien Teilnahme an der (gescheiterten) Luftoffensive gegen
6. Nov. Ägypten im *Sueskrieg*. — *Sueskrieg*

1957 Der Plan eines neuen Reformstatuts für Algerien (vorgelegt durch Algerienminister Robert
21. Aug. Lacoste; *1898, †1989) scheitert am Widerstand der Nationalversammlung, worauf die Re-

	30. Sept.	gierung des Radikalen Maurice Bourgès-Maunoury (*1914, †1993; seit Juni Nachfolger Mollets) demissioniert.
		Ständige Zuspitzung der politischen und wirtschaftlichen Krise.
	1. Okt.	Finanzminister Félix Gaillard (*1919, †1970) ordnet Lohn- und Preisstopp an, der von Handel, Industrie und Landwirtschaft abgelehnt wird.
	1958	Krise in der französischen Armee wegen der Algerienpolitik.
	15. April	Die seit 6. Nov. amtierende Regierung des Radikalen Gaillard wird von der Nationalversammlung wegen der Algerienprobleme gestürzt.
Armeeputsch	13. Mai	*Armeeputsch* in Algier und Übergreifen der Unruhen auf das Mutterland.
	17. Mai	Ausrufung des Notstandes.
	29. Mai	De Gaulle wird von Staatspräsident Coty zum Ministerpräsidenten berufen.
	1. Juni	Die Nationalversammlung wählt mit 329 gegen 224 Stimmen der Linken de Gaulle zum Ministerpräsidenten.
Regierungssondervollmachten	2. Juni	*Sondervollmachten für die Regierung* auf sechs Monate.
	3. Juni	Nationalversammlung und Rat der Republik lösen sich auf.
		Die Regierung erhält den Auftrag, die Verfassung zu revidieren. Ein technisches Komitee (Mollet, Pierre Pflimlin [*1907, †2000; als Ministerpräsident 1958 Vorgänger de Gaulles], Félix Houphouët-Boigny [*1905, †1993; seit 1960 Präsident der Republik Elfenbeinküste]) und ein ministerielles Komitee (Michel Debré) erarbeiten einen Verfassungsentwurf.
		Die Währungsreserven Frankreichs sind auf 900 Mio. Dollar gesunken (Bundesrepublik Deutschland 4 Mrd.) – das Haushaltsdefizit beträgt 600 Mrd. Francs als Folge der Kriegslasten.
	3. Sept.	Annahme des Verfassungsentwurfs durch die Regierung.
Beginn der V. Republik	**28. Sept.**	Die Verfassung wird mit 79,2% durch Referendum angenommen (15% Enthaltungen; In-Kraft-Treten 4. Okt.). *Beginn der V. Republik* und der Communauté Française.

Die V. Republik: Präsidentschaft de Gaulle (1958–1969)

	Die politische Entwicklung Frankreichs wird von nun an wesentlich durch die Persönlichkeit des Staatspräsidenten de Gaulle bestimmt, der über wirksame Rechte verfügt: Er kann das Parlament auflösen, einen Volksentscheid herbeiführen, und er besitzt durch Artikel 16 der *Verfassung* das Recht auf diktatoriale Vollmachten in Ausnahmesituationen. Das Parlament ist in seinen Befugnissen eingeschränkt, die Regierung wird zunehmend vom Präsidenten abhängig, der dem Ministerrat vorsitzt und den Premierminister ernennt. Unter de Gaulle selbst hat das politische System einen sowohl autoritären als auch plebiszitären Einschlag. Entscheidend für die V. Republik bleibt zunächst das Problem der *Entkolonialisierung*. Die Kolonien stimmen am 28. Sept. für ein Verbleiben im Verband mit Frankreich im Rahmen der Communauté Française bei innerer Autonomie, lediglich Guinea votiert dagegen. Hauptproblem ist Algerien, das weiter als Teil Frankreichs (drei Départements) gilt. Die Politik de Gaulles geht ab 1959 grundsätzlich von der Anerkennung des Selbstbestimmungsrechts Algeriens aus, wenn auch zunächst noch mit dem Ziel einer Assoziierung. Trotz großer Widerstände der Algerienfranzosen gelingt der Rückzug aus Nordafrika. Anschließend versucht de Gaulle, eine *Führungsrolle in Westeuropa* zu erreichen und eine Zwischenstellung zwischen den Fronten der USA und UdSSR zu erlangen. Daher wendet er sich gegen die NATO und nähert sich dem Ostblock. Ein weiteres Problem bilden die Wirtschaft, deren Lage sich jedoch nach Beendigung der Kolonialkriege bessert, und die ungelösten sozialen Spannungen.

	1958	Bildung der Union pour la Nouvelle République (UNR) durch de Gaulle als Staatspartei (1. Okt.).
	23. Nov.	Erster Wahlgang zur Nationalversammlung: Kommunisten (PC) 14,3%, Sozialisten (SFIO) 11,7%, Volksrepublikaner (MRP) 8,4%, Radikale (liberal) 5,5%, Gaullisten (UNR) 14,7%, gemäßigte Rechte 17%.
	30. Nov.	Zweiter Wahlgang: eindeutiger Sieger UNR (206 Sitze bei 17,6%), die von dem neuen Mehrheitswahlrecht profitiert (z.B.: PC 18,8% Stimmen, aber nur 2% Sitze).
de Gaulle Staatspräsident Haushaltssanierung	21. Dez.	Wahl *de Gaulles* zum *Staatspräsidenten* mit 77,5% der Wahlmänner.
	27. Dez.	Der Ministerrat nimmt den so genannten „Rueff-Plan" an, der eine *Haushaltssanierung* durch Steuererhöhungen und Einsparungen, eine Abwertung des Franc und handelspolitische Maßnahmen zur Dämpfung der Preise vorsieht.
	1959	Daraufhin demissioniert Mollet als Minister (6. Jan.).
	8. Jan.	Michel Debré (Gaullist; *1912, †1996) wird Premierminister.
	16. Sept.	De Gaulle erkennt öffentlich das Selbstbestimmungsrecht der Algerier an und schlägt der algerischen Unabhängigkeitsbewegung FLN drei Lösungsmöglichkeiten vor: Trennung von Frankreich, Integration oder Assoziierung.

1960	Rückberufung des Präfekten von Algier, General Jacques Massu (*1908; führend beim Putsch vom 13. Mai 1958) aus Algerien.	
24. Jan.	Aufstand der französischen Siedler in Algier, gegen den die Armee nichts unternimmt.	
13. Febr.	Erster *Atomwaffenversuch* in der Sahara.	*Atomwaffenversuch*
April	Bauerndemonstrationen im Mutterland, deren Forderungen die Regierung nachgibt.	
9.–13. Dez.	Reise de Gaulles nach Algerien: Demonstration der Algerienfranzosen, die Gegenkundgebungen der Moslems hervorrufen.	
19. Dez.	Die Nationalversammlung erkennt das Selbstbestimmungsrecht der Algerier an.	
1961 22. April	(Gescheiterter) *Putsch der Generale* Maurice Challe (*1905, †1979; 1958 Oberkommandierender in Algerien), Edmond Jouhaud (*1905, †1995) und Raoul Salan (*1899, †1984; 1956–1958 Oberkommandierender in Algerien).	*Putsch der Generale*
1962 18. März	Der Vertrag von Évian (Évian-les-Bains am Genfer See) beendigt den Algerienkrieg. Etwa eine Million erwerbsfähiger Franzosen wandern aus Nordafrika ins Mutterland bis Ende 1962 ab.	
8. April	Billigung der Algerienpolitik durch ein Referendum.	
14. April	Premierminister Debré tritt zurück.	
15. April	Nachfolger Georges Pompidou (Gaullist; *1911, †1974).	
28. Okt./	*Referendum* über Verfassungsänderung angenommen mit 12,8 gegen 7,9 Mio. Stimmen:	*Referendum*
6. Nov.	Der Staatspräsident wird unmittelbar vom Volk gewählt.	
25. Nov.	Nach den Parlamentswahlen stützt sich Pompidou auf eine Mehrheit von Gaullisten (21%) und Unabhängigen. UNR und linksgaullistische UDT schließen sich zusammen (Dez.).	
1963 12. Sept.	Plan des Wirtschafts- und Finanzministers (1962–1966, 1969–1974) Valéry Giscard d'Estaing (*1926) zur Stabilisierung der Währung, der eine Kontrolle des Kreditwesens und der Preise vorsieht.	
1964 3. Dez.	Die Nationalversammlung räumt der *nuklearen Rüstung* Vorrang vor der konventionellen ein.	*nukleare Rüstung*
1965 5./19. Dez.	De Gaulle erhält im 1. Wahlgang 44,64%, wird aber im 2. Wahlgang mit 55,19% erneut zum Staatspräsidenten gewählt gegen den Kandidaten der Linken, François Mitterrand (*1916, †1996; von 1965 bis 1968 Vorsitzender der Vereinigten demokratisch-sozialistischen Linken).	
1966	Wirtschaftliche Rezession und wachsende Arbeitslosigkeit zu Jahresbeginn.	
10. Juni	Die kommunistische Gewerkschaft CGT und die sozialistische (früher christliche) Gewerkschaft CFDT vereinbaren ein gemeinsames Aktionsprogramm.	
1967 12. März	Die Gaullisten (UNR-UDT) müssen in Parlamentswahlen Verluste hinnehmen; dennoch stärkste Fraktion, knappe Mehrheit mit den Unabhängigen Republikanern (FNRI, Parteigründung 1966) von Giscard d'Estaing. Anwachsen der Stimmen der Linken, wobei der Prozess der Einigung zwischen Kommunisten und Sozialisten in Gang kommt; sie wenden sich gegen das System des „plebiszitären Bonapartismus".	
Nov.	Gaullistische UNR-UDT in UDR umbenannt.	
1968 13. Mai	*Mai-Unruhen*: Ausbruch als Studentendemonstrationen, zunächst in Nanterre; Übergreifen auf Paris; wirtschaftlicher, sozialer, politischer Protest in der Arbeiterschaft. CGT, CFDT und andere große Gewerkschaften rufen zum Generalstreik auf. Wilde Streiks und Fabrikbesetzungen (z.T. revolutionäre Ziele) führen zum Zusammenbruch des öffentlichen Lebens.	*Mai-Unruhen*
25. Mai	Gewerkschaften, Kommunisten und Sozialisten grenzen sich von den Linksextremen ab und sind bereit, mit Pompidou zu verhandeln, der die Verbände und *Gewerkschaften* einlädt.	*Gewerkschaften*
27. Mai	Das „protocole d'accord" zwischen der Regierung und den Sozialpartnern, das drastische Verbesserungen der sozialen Verhältnisse zusichert, trägt zur Beruhigung bei. Ausbruch von Streitigkeiten zwischen CGT und CFDT.	
23./30. Juni	Die Parlamentswahlen stellen ein Votum gegen das Chaos der Maitage dar. Die Gaullisten (UDR) gehen als Sieger hervor. Pompidou erneut Premierminister (bis 10. Juli); seine *„neue Politik"* zielt auf eine Universitätsreform, eine Dezentralisierung (Gebietskörperschaften: 21 Regionen und Korsika) und auf Mitbestimmung der Arbeiterschaft ab.	*neue Politik*
13. Juli	Neuer Premierminister Maurice Couve de Murville (bis 20. Juni 1969; *1907; Gaullist).	

Die V. Republik im Übergang (1969–1981)

	1969 11. April	De Gaulle verknüpft den Gesetzentwurf über die Regionalisierung Frankreichs (Dezentralisierung), den er der Bevölkerung vorlegt, mit der Vertrauensfrage.
	27. April	Als der Volksentscheid negativ (53,1% Nein) ausfällt, tritt de Gaulle zurück.
Pompidou Staatspräsident	1./15. Juni	*Pompidou wird zum Staatspräsidenten gewählt.*
	24. Juni	Premierminister Jacques Chaban-Delmas (*1915, †2000; Gaullist). Die Regierungsmehrheit wird um Zentrumsdemokraten (CD; ehem. Volksrepublikaner u.Ä.; Jacques Duhamel [*1924]) erweitert. Anschließend Ausbruch von Flügelkämpfen in der UDR zwischen liberalen und „orthodoxen" Gaullisten.
	1971 Nov.	Die (liberalen) Radikalen (u.a. Jean-Jacques Servan-Schreiber; *1924; Parteipräsident 1971–1975 und 1977–1979) und das Demokratische Zentrum (CD-Mehrheit unter dem Parteivorsitzenden [seit 1966] Jean Lecanuet [*1920, †1993]) schließen sich zur Reformbewegung (Réformateurs) zusammen. – Danach spaltet sich der linke Flügel der Radikalsozialisten ab und stößt später (1972) zur Linksunion.
	1972 27. Juni	Abkommen über ein Wahlbündnis zwischen Sozialisten (Mitterrand), Kommunisten und Links-Radikalen.
Messmer Premierminister	6. Juli	Pierre *Messmer* (*1916; 1972–1976 UDR-Vorsitzender) vom „orthodoxen" Flügel der Gaullisten ersetzt den liberalen Chaban-Delmas im Amt des *Premierministers*.
	7. Dez.	Maßnahmen zur Senkung der Inflationsrate, die fast 15% erreicht: Senkung der Mehrwertsteuer und Restriktionen im Kreditwesen.
	1973 4./11. März	Der Regierungsblock kann trotz Verlusten der Gaullisten bei den Wahlen die Mehrheit (276 Mandate von 490) behaupten. Die Regierung Messmer konzentriert ihre Politik auf die Beschränkung des Energieverbrauchs, da durch die Schwäche des Franc die Ölimporte sich verteuern.
	1974	Tod Pompidous (2. April). Die Linksunion stellt François Mitterrand als Kandidaten auf; die Mitte einigt sich auf den Unabhängigen Republikaner Valéry Giscard d'Estaing, die Gaullisten auf Jacques Chaban-Delmas, dem jedoch der rechte UDR-Flügel um Jacques Chirac die Unterstützung versagt. Erster Wahlgang: Mitterrand 43,2%; Giscard 32,6%; Chaban 15,1%.
Giscard d'Estaing Staatspräsident	5. Mai 19. Mai	*Giscard d'Estaing* wird zum *Staatspräsidenten* mit 50,8% der Stimmen (gegen 49,2 für Mitterand) gewählt. Jacques Chirac (*1932) wird Premierminister (Koalitionskabinett bis hin zu den Réformateurs); er versucht, die Inflationsrate herabzudrücken.
	1975	Die Zahl der Arbeitslosen in Frankreich beträgt 750000 (Mai).
	1976 Febr.	Die Kommunistische Partei (Generalsekretär seit 1972 Georges Marchais [*1920, †1997]) lässt die Formel „Diktatur des Proletariats" fallen, sie besteht auf einem eigenen Weg zum Sozialismus und nähert sich in dieser Hinsicht den Kommunisten Italiens bei Beibehaltung einer autoritären Binnenstruktur.
Linksunion	21. Mai	Die Führer der *Linksunion* Marchais, Mitterrand und Robert Fabre (Vorsitzender der 1973 gebildeten Bewegung der Links-Radikalen; *1915) können sich auf eine Aktualisierung des 1972 verabschiedeten Aktionsprogrammes nicht einigen.
	25. Aug.	Rücktritt des Premierministers Chirac (ein Höhepunkt in dessen Konflikt mit Giscard d'Estaing). Nachfolger Raymond Barre (parteilos; *1924).
Generalstreik	Sept.	Barre legt einen Wirtschaftsplan vor, der einschneidende Sparmaßnahmen vorsieht; die Gewerkschaften reagieren mit einem *Generalstreik*.
	Dez.	Chirac bildet als faktischer Führer (1974/1975 Vorsitzender) der UDR diese zum RPR (Rassemblement pour la République) um.
	1977 20. März	Die Kommunalwahlen enden mit einem Sieg der Linksunion, wobei sich ein Stimmenzuwachs für die Sozialisten abzeichnet, nicht für die Kommunisten.
	Mai	Eine Kommission der Linksunion gerät über der Frage der Verstaatlichung der Schlüsselindustrien erneut in heftige Meinungsverschiedenheiten, die mit dem praktischen Bruch des Bündnisses der linken Parteien enden.
	Sept.	
	1978 1. Febr.	Errichtung der Union pour la Democratie Française (UDF): Zusammenschluss der Republikaner (PR; bis 1977: Unabhängige Republikaner), der Radikalen (Servan-Schreiber) des Demokratischen und Sozialen Zentrums (bis 1976 Zentrumsdemokraten, Jacques Duhamel und Jean Lecanuet) zur Unterstützung des Staatspräsidenten.
	19. März	Bei den Wahlen zur Nationalversammlung scheitert die Linksunion; Raymond Barre wird erneut Premierminister.

1979	Während die Regierung an ihrer Wirtschaftspolitik festhält, steigt die *Inflation* auf über 10% und die Arbeitslosenzahl im Zuge von Rationalisierungen und Produktivitätssteigerungen auf 1,4 Mio.	*Inflation*
18. Sept.	Angesichts der harten Sparmaßnahmen der Regierung Barre vereinbaren die beiden großen Gewerkschaften CGT und CFDT eine enge Zusammenarbeit.	
1980	Bei Teilerneuerungswahlen zum Senat erzielen Sozialisten und Gaullisten Gewinne (28. Sept.–2. Okt.).	
1981	Rücktritt der Regierung unter Premierminister Barre (13. Mai).	

Die Premierminister Frankreichs seit 1959

Premierminister Frankreichs

Jahr	Premierminister	Jahr	Premierminister
1959–1962	Debré	1986–1988	Chirac
1962–1968	Pompidou	1988–1991	Rocard
1968–1969	Couve de Murville	1991–1992	Cresson
1969–1972	Chaban-Delmas	1992–1993	Bérégovoy
1972–1974	Messmer	1993–1995	Balladur
1974–1976	Chirac	1995–1997	Juppé
1976–1981	Barre	1997–2002	Jospin
1981–1984	Mauroy	seit 2002	Raffarin
1984–1986	Fabius		

Pompidou

Chirac Barre

Die V. Republik: Präsidentschaft Mitterrand (1981–1995)

21. Mai	François *Mitterrand* löst nach seinem Sieg bei den Präsidentschaftswahlen (26. April/10. Mai) Valéry Giscard d'Estaing als *Staatspräsident* ab.	*Mitterrand Staatspräsident*
22. Mai	Neuer Premierminister wird der Sozialist Pierre Mauroy (* 1928).	
30. Juni	Nach Parlamentswahlen bildet Premierminister Mauroy sein Kabinett unter Aufnahme von vier *kommunistischen Ministern* um.	*kommunistische Minister*
1982	Der Konzern Thomson-Brandt kauft das deutsche Unternehmen Grundig (19. Nov.).	
1983 25. März	Staatspräsident Mitterrand stellt ein *Sparprogramm* zur Wiederherstellung des außenwirtschaftlichen Gleichgewichts vor: Unterstützung von Kleinunternehmern, Sanierung der Rentenversicherung, Kampf gegen Arbeitslosigkeit.	*Sparprogramm*
26. Juni	Der Pariser Handelsgerichtshof stellt die Zahlungsunfähigkeit des größten französischen Anlagenbauers Creusot-Loire fest.	
1984 17. Juli	Nach dem Rücktritt Mauroys (16. Juli) bildet der neue sozialistische Premierminister Laurent Fabius (* 1946) ein Kabinett ohne Beteiligung von kommunistischen Ministern.	
1985 20. Sept.	Frankreich übernimmt die Verantwortung für den Anschlag seines Geheimdienstes auf ein Schiff der Umweltorganisation *Greenpeace*. Der sozialistische Verteidigungsminister Charles Hernu (* 1923, † 1990) tritt zurück, der Chef des Geheimdienstes wird entlassen.	*Greenpeace-Schiff*
1986 20. März	Nach dem Sieg des bürgerlichen Parteienbündnisses bei den Wahlen zur Nationalversammlung (16. März) wird Jacques *Chirac* (RPR – Rassemblement pour la République) *Premierminister*. Somit kommt es zu einer Zusammenarbeit zwischen bürgerlicher Regierung und sozialistischem Staatspräsidenten („Cohabitation").	*Chirac Premierminister*
14. April	Die „Cohabitation" erlebt durch die Weigerung Mitterrands, das Privatisierungsgesetz der Regierung zu unterzeichnen, ihre erste Krise.	
1987 11. Mai	In Lyon beginnt der Prozess gegen den ehemaligen SS-Führer und Gestapo-Chef der Stadt Klaus Barbie (* 1913, † 1991). Der Angeklagte wird wegen Verbrechen gegen die Menschlichkeit zu lebenslänglicher Haft verurteilt (5. Juli).	
1988 8. Mai	Im zweiten Wahlgang der Präsidentschaftswahlen setzt sich *Mitterrand* (54,02%) gegen Chirac (45,97%) durch. Mitterrand setzt eine neue Regierung unter dem Sozialisten Michel Rocard (* 1930) ein (12. Mai).	*Wahlsieg Mitterrands*
5./12. Juni	Bei den Parlamentswahlen erreichen die Sozialisten keine absolute Mehrheit; Rocard muss sich auf eine relative parlamentarische Mehrheit stützen.	
1989	200. Jahrestag der Revolution (14. Juli).	
1990 17. Sept.	Auf dem deutsch-französischen Gipfel in München kündigt Mitterrand an, dass die französischen Truppen in Deutschland auf die Hälfte reduziert werden.	
1991 Jan.–Febr.	Französische Truppen beteiligen sich am Einsatz der multinationalen Allianz im Zweiten Golfkrieg.	

Rücktritt Rocards	15. Mai	Premierminister *Rocard tritt zurück*. Mit der Sozialistin Edith Cresson (*1934) gelangt erstmals eine Frau an die Spitze der französischen Regierung.
	1992	Bei den Regional- und Kantonalwahlen erzielen die Sozialisten das schlechteste Ergebnis seit 1971 (22./29. März).
Bérégovoy Premierminister	2. April	Premierministerin Cresson tritt zurück. Mitterrand ernennt den Sozialisten Pierre *Bérégovoy* (*1925, †1993) zum neuen *Premierminister*.
	19. Juni	Der Beitritt Frankreichs zum Atomwaffensperrvertrag wird in der Nationalversammlung ratifiziert.
	20. Sept.	Bei einem Referendum sprechen sich 51,05% für die Europäische Union (Maastricht-Vertrag) aus.
Parlamentswahlen	**1993**	Sieg der bürgerlichen Parteien RPR und UDF bei den *Parlamentswahlen* (21./28. März).
	29. März	Premierminister Bérégovoy tritt zurück und verübt am 1. Mai Selbstmord.
	2. April	Edouard Balladur (RPR; *1929) bildet die neue Regierung.
Eurotunnel	**1994** 6. Mai	Staatspräsident Mitterrand eröffnet zusammen mit der britischen Königin Elisabeth II. bei Calais den *Eurotunnel* unter dem Ärmelkanal.

Frankreich seit 1995

	1995 7. Mai	Im ersten Durchgang der Präsidentschaftswahlen (23. April) gewinnt der Sozialist Lionel Jospin (*1937) eine höhere Stimmenzahl als der Gaullist Jacques Chirac. Chirac geht jedoch aus der Stichwahl als Sieger (52,64%) hervor.
Chirac Staatspräsident	17. Mai	*Chirac* übernimmt das Amt des *Staatspräsidenten*; Alain Juppé (RPR; *1945) wird zum neuen Premierminister ernannt.
	11./18. Juni	Nach Kommunalwahlen stellt die rechtsextreme Nationale Front (FN) erstmals in einer Großstadt (Toulon) den Bürgermeister.
Kernwaffentest im Südpazifik	5. Sept.	Frankreich unternimmt einen *Kernwaffentest im Südpazifik*. Bis Anfang 1996 folgen weitere.
	1996	Tod Mitterrands (8. Jan.).
Armeereform	22. Febr.	Staatspräsident Chirac kündigt eine *Armeereform* an: Abschaffung der allgemeinen Wehrpflicht, Bildung einer Berufsarmee von 352000 Mann (einschließlich Gendarmerie) statt vorher 500000 Soldaten.
Neuwahlen	**1997** 21. April	Staatspräsident Chirac verfügt die Auflösung der französischen Nationalversammlung sowie *Neuwahlen*.
Jospin Premierminister	25. Mai/ 1. Juni	Verlierer der Parlamentswahlen sind die bürgerlichen Parteien, stärkste Kraft die Sozialisten. *Neuer Premierminister* wird am 3. Juni Lionel Jospin, dessen Koalitionsregierung auch drei Kommunisten angehören (Regierungsbildung am 4. Juni); neue „Cohabitation", diesmal zwischen einem bürgerlichen Staatspräsidenten und einem sozialistischen Regierungschef.
	1998 15. März	Bei den Regionalwahlen wird das Linksbündnis Jospins stärkste Kraft (36,6%), Gewinne gibt es auch für die Nationale Front (15,3% in einigen Regionen bis 29%). Konservative Politiker planen eine Zusammenarbeit mit der Nationalen Front.
	2. April	Der Nazikollaborateur Maurice Papon (in der Nachkriegszeit u.a. Haushaltsminister) wird vom Schwurgericht Bordeaux wegen Beteiligung an Judendeportationen zu 10 Jahren Haft verurteilt.
Brandkatastrophe im Montblanc-Tunnel	**1999** 24. März	*Brandkatastrophe im Montblanc-Tunnel*: 39 Tote. An der Anlage werden bedeutende Sicherheitsmängel festgestellt.
	21. Okt.	Maurice Papon, der versucht hat, sich der Haft durch Flucht in die Schweiz zu entziehen, wird nach Frankreich ausgeliefert.
	23. Dez.	Zum ersten Mal seit 1981 kündigt die korsische Separatistenorganisation FLNC-Canal historique einen bedingungslosen und unbefristeten Waffenstillstand an.
	2000 17. April	Eine Expertenkommission unter Leitung des früheren Arbeitsministers Jean Mattéoli legt einen Untersuchungsbericht über Entrechtung und Enteignung der Juden in Frankreich 1940–1944 vor. Noch vom Staat verwaltete herrenlose Vermögen sowie von den Banken gehaltene nachrichtenlose Vermögenswerte sollen in einen „Fonds der Erinnerung" eingebracht werden.
	24. Sept.	In einem Referendum billigen 73% eine Verfassungsänderung, wonach Präsidentschaften künftig genauso lange dauern sollen wie Legislaturperioden, um zu vermeiden, dass Staatspräsident und Premierminister verschiedenen politischen Lagern angehören.
35-Stunden-Woche	**2002** 1. Jan.	Die von der Regierung Jospin bereits 1997 angekündigte *35-Stunden-Woche* wird für fast alle Beschäftigten verbindlich.
	9. März	Wiedereröffnung des Montblanc-Tunnels trotz heftiger Proteste der Anlieger.

5. Mai	Bei den Präsidentenwahlen siegt der Amtsinhaber Chirac in der Stichwahl mit 82,2% über den Rechtsextremisten Jean-Marie Le Pen. Nach dem Rücktritt des Kabinetts Jospin beruft Chirac am 6. Mai den Rechtsliberalen *Jean-Pierre Raffarin* zum Ministerpräsidenten.
16. Juni	In der zweiten und entscheidenden Runde der Parlamentswahl erreicht die von Präsident Chirac neu gegründete Union für die Mehrheit des Präsidenten (UMP) die absolute Mehrheit. Ministerpräsident Jean-Pierre Raffarin (* 1948) wird erneut mit der Regierungsbildung beauftragt.
27. Sept.	Wegen der Weigerung von France-Télécom, sich an der Sanierung der Firma Mobilcom zu beteiligen, an der sie Anteile hält, kommt es zu Verstimmungen zwischen Paris und Berlin.

Jean-Pierre Raffarin

Monaco seit 1454/1949

Das seit 1454 von der *Dynastie Grimaldi* regierte, mit Unterbrechungen seit 1641 unter französischer Schutzherrschaft befindliche Fürstentum besitzt seit 1911 eine Verfassung und wird von Frankreich außenpolitisch vertreten, mit dem seit 1865 Zollunion besteht.

Dynastie Grimaldi

1949 9. Mai	Auf Fürst Ludwig II. (1922–1949; Sohn Alberts I. [1899–1922]) folgt sein Enkel Rainer (Rainier) III. (*1923).
1962	Neue Verfassung stärkt die Rechte des Nationalrates (Parlament).
1963	Vertrag mit Frankreich beschränkt bisherige französische Steuervorteile (Febr.).
1980	Durch ein Gesetz wird die Ausrufung und Durchführung von Streiks wesentlich erschwert (Juli).
1993	Monaco wird als 182. Mitgliedsstaat in die Vereinten Nationen aufgenommen (28. Mai).
1997	Beginn der *Siebenhundertjahrfeiern* des Hauses Grimaldi (8. Jan.).
2000 22. Juni	Der Rechtsausschuss der französischen Nationalversammlung bezeichnet das Fürstentum als „Offshore-Zentrum", das Geldwäsche begünstigt. In Monaco residieren ca. 6000 Briefkastenfirmen.

Siebenhundertjahrfeiern

Benelux-Staaten (1945–1970)

Belgien, Niederlande, Luxemburg haben 1945 ähnliche, aus der deutschen Besatzungszeit und dem Krieg resultierende wirtschaftliche Nachfolge- und *Aufbauprobleme*. Traditionelle Handelsverbindungen zu Deutschland sind zunächst abgerissen. Da auch die künftige politische Lage in Frankreich nicht abzusehen ist, erhalten Integrationsbestrebungen starke Unterstützung.

Aufbauprobleme

1944 5. Nov.	Die Exilregierungen von Belgien, den Niederlanden und Luxemburg schließen ein Abkommen über eine künftige Zoll- und *Wirtschaftsunion* (BENELUX).
1945 19. März	Belgien, Niederlande, Luxemburg und Frankreich unterzeichnen einen Wirtschaftsvertrag zur gegenseitigen Hilfe und gründen einen Conseil de Coopération économique mutuelle.
1946 20. April	Niederlande, Belgien und Luxemburg beschließen, den im Abkommen von 1944 vorgesehenen gemeinsamen Zolltarif bis Ende 1946 wirksam werden zu lassen und 1947 gemeinsame Zollgrenzen zu schaffen.
10. Okt.	Das belgische Außenministerium erklärt, der Zollverwaltungsrat der BENELUX-Staaten sowie der Rat für Handelsabkommen habe sich über den gemeinsamen Zolltarif (ab 1. Jan. 1947) geeinigt.
1948 1. Jan.	Einführung einer Zollkonvention (BENELUX). Die BENELUX-Staaten schließen einen *Militärvertrag* (10. Mai).
1949 1. Okt.	Die Vorunion der BENELUX-Staaten tritt in Kraft; der Plan einer Vollunion, zur Vereinheitlichung der Rechts- und Sozialpolitik, wird wiederholt aufgeschoben.
1958 3. Febr.	Staatsvertrag über die zunächst auf 50 Jahre befristete „Wirtschaftsunion BENELUX". Durch dieses Abkommen, das am 1. Jan. 1960 in Kraft tritt, wird ein gemeinsamer *Wirtschaftsraum* mit 22 Mio. Einwohnern geschaffen.
1970	Aufhebung der Binnengrenzen zwischen den drei Ländern. Das Vertragswerk ist ausdrücklich den Bestimmungen der EWG angeglichen. Im Gegenzug sichert Artikel 233 des EWG-Vertrages den BENELUX-Ländern zu, dass ihr Recht auf weiterführende Integration ihrer Staaten unangetastet bleibt. Allerdings führt die Ausweitung der EWG zu einem allmählichen Bedeutungsverlust der Wirtschaftsunion in den siebziger Jahren.

Wirtschaftsunion

Militärvertrag

Wirtschaftsraum

Niederlande seit 1945
(Forts. v. S. 1040)

Ähnlich wie in Belgien finden auch in den Niederlanden nach Kriegsende „Säuberungen" statt, d.h. strafrechtliche Verfolgung von Niederländern (200000 Internierte), die der Zusammenarbeit mit den deutschen Besatzung verdächtig sind. Dank der günstigen Lage in Europa und der Hilfe des Marshallplans (1947) und durch geschickte Anpassung an die Veränderungen auf den Weltmärkten, vermögen sich die Niederlande relativ rasch über die Folgen der Besatzungszeit und den *Verlust ihres Kolonialreiches* hinwegzusetzen. Auch regionale Strukturprobleme, wie die Anfang der sechziger Jahre auftretende Kohlenkrise, in deren Verlauf mehrere große Staatsminen ihren Betrieb einstellen, können die konjunkturelle Aufwärtsentwicklung und die Maßnahmen zur Verbesserung der Infrastruktur des Landes kaum beeinflussen, z.B. den Ausbau des Rotterdamer Hafens (Europort).

Verlust der Kolonien

1945
24. Juni Die Londoner Exilregierung unter Pieter Sjoerd Gerbrandy (*1885, †1961) wird nach ihrer Rückkehr in die Niederlande von einer Interimsregierung unter Ministerpräsident Willem Schermerhorn (*1894, †1977) abgelöst.

erste Nachkriegswahlen

1946
12. Mai *Erste Nachkriegswahlen* zur Zweiten Kammer: Katholische Volkspartei (KVP) 32, Partei der Arbeit (sozialdemokratisch; PdA) 29, calvinistische Antirevolutionäre Partei (ARP) 13, ebenfalls calvinistische Christlich-Historische Union (CHU) acht, Freisinnige, später: Volkspartei für Freiheit und Demokratie (VVD) sechs, Kommunistische Partei (CVP) zehn, Reformierte Partei (SGP) zwei Sitze.

3. Juli Koalitionsregierung (KVP – PdA) unter Ministerpräsident Louis Joseph Maria Beel (*1885, †1961) gebildet.

1948
7. Aug. Koalitionsregierung (KVP – PdA, Liberale, CHU) des sozialdemokratischen Ministerpräsidenten Willem Drees (*1886, †1988).

Königin Juliana

2. Sept. Königin Wilhelmina dankt zugunsten ihrer Tochter *Juliana* (*1909) ab.

31. Dez. Die niederländische Armee hat Gesamtjava besetzt, um niederländisches Eigentum zu schützen, nachdem Verhandlungen mit Indonesien gescheitert sind.

Union mit Indonesien

1949
28. April Die Zweite Kammer billigt die Verfassungsänderung über die Bildung einer *Union* aus den Niederlanden und *Indonesien*. Der Union obliegt die Leitung der Außenpolitik, der Verteidigung und der Wirtschaftsangelegenheiten.

1951
14. März Zweite Koalitionsregierung (KVP, PdA, Liberale, CHU) unter sozialdemokratischer Ministerpräsidentschaft von Willem Drees.

1956 Indonesien kündigt die Union mit den Niederlanden (15. Febr.).

1958
12. Dez. Die (vierte) Regierung (seit 13. Okt. 1956) unter Führung von Willem Drees (PdA) scheitert an einer geplanten Steuererhöhung, weil der sozialdemokratische Finanzminister Jan Hofstra (*1904) und die anderen PdA-Minister zurücktreten: *Bruch der KVP-PdA-Koalition*.

Bruch der Regierungskoalition

1962
15. Aug. Unterzeichnung eines Niederländisch-Indonesischen Abkommens über die Beilegung des West-Neuguinea-Konflikts (Irian Barat).

1966
14. Nov. Sturz der von Katholischer Volkspartei und Sozialdemokraten getragenen Koalitionsregierung (seit 27. April 1965) unter Ministerpräsident Joseph Maria Laurens Theo Cals (*1914, †1972).

Veränderung der Parteienstruktur

Die für die niederländische Gesellschaft bislang so charakteristische Trennung und Zersplitterung in konfessionelle, weltanschauliche und so genannte neutrale Gruppierungen und Bereiche („Versäulung") beginnt sich, zunehmend seit der Mitte der sechziger Jahre, aufzulösen. Augenfälliges Zeichen hierfür ist das Entstehen neuer *Parteien* und Bewegungen, die ihre Anhängerschaft nun auch aus den traditionell verhafteten „Säulen" rekrutieren. Zugleich setzt damit in den etablierten Parteien ein Auflösungsprozess ein. Die christlichen Parteien sind gezwungen, sich einander anzunähern; ein Vorgang, der einen vorläufigen Höhepunkt 1976 mit dem Wahl- und Aktionsbündnis der drei christlich-konservativen Parteien (ARP, CHU, KVP) erreicht.

Parteien

1967
5. April Bildung der Koalitionsregierung Piet de Jong (*1915) nach langen Verhandlungen, da ARP und CHU sich nicht einigen können; KVP, CHU, VVD, ARP.

1968 Abspaltung der Progressiven Radikalen (PPR) von der KVP.

1970 Abspaltung der Demokratischen Sozialisten (DS 70) von der PdA.

Wahlen

1971
28. April *Wahlen* zur Zweiten Kammer: KVP 35, ARP 13, CHU zehn, VVD 16, PdA 39, ‚Demokraten 66' elf, ‚DS 70' acht, CPN sechs Sitze.

1. Juli	Koalitionsregierung Barend Willem Bisheuvel (*1920) aus ARP, KVP, VVD, CHU, ‚DS 70'. Die fünf Parteien einigen sich auf Ausgabensenkung und Inflationseindämmung.	
17. Juli	Die ‚DS 70' tritt aus der Regierung Bisheuvel wegen Streits um das Haushaltsdefizit aus.	
20. Juli	Rücktritt der Regierung Bisheuvel.	
29. Nov.	Wahlen, bei denen christliche Parteien Mandate verlieren.	
1973	Die Regierungskrise (seit 1970) kann erst durch die Bildung einer *großen Koalition* unter Joop den Uyl (*1919, †1987) beendet werden.	*große Koalition*
21. Dez.	Wirtschaftliches Ermächtigungsgesetz. Die Regierung darf Mieten, Preise, Löhne und Dividenden unter Kontrolle nehmen. Die Rezession der Weltwirtschaft, die Verknappung der Energie, vor allem der Ölboykott der arabischen Staaten gegen die Niederlande führen zu einem Rückgang der Investitionen, steigender Arbeitslosigkeit (1977 5,5%) und einer hohen Teuerungsrate (1976 8,9%).	
1975 2.–14. Dez.	Molukker kapern auf offener Strecke einen Zug und nehmen im indonesischen Konsulat in Amsterdam Geiseln (4. Dez.). Die Existenz der etwa 30000 Personen umfassenden Gemeinschaft in den Niederlanden führt in den siebziger Jahren zu schweren innenpolitischen Auseinandersetzungen. Die Molukker, zumeist Angehörige der ehemaligen kolonialen Streitmacht der Niederlande (KNIL), nach der Unabhängigkeit Indonesiens nach Europa verbracht oder geflohen, verlangen von der Regierung den Uyl eine Unterstützung ihrer Forderung nach einem selbstständigen Staat Süd-Molukken.	
1976 Aug.	Der Gemahl von Königin Juliana, *Prinz Bernhard* (*1911), der im Verdacht steht, vom amerikanischen Lockheed-Konzern Bestechungsgelder angenommen zu haben, *tritt* – mit Ausnahme der Mitgliedschaft im „Staatsrat" – von allen öffentlichen Ämtern *zurück*.	*Rücktritt von Prinz Bernhard*
15. Dez.	Eine Gesetzesvorlage über die Legalisierung von Schwangerschaftsunterbrechungen wird vom Oberhaus abgelehnt.	
1977 22. März	Ministerpräsident Joop den Uyl erklärt den Rücktritt seines Kabinetts infolge des Auseinanderbrechens der Koalition von Sozialdemokraten und Christlichen Demokraten.	
23. Mai	*Südmolukkische Terroristen* halten in einer Grundschule und in einem gekaperten Zug Geiseln in ihrer Gewalt.	*südmolukkische Terroristen*
25. Mai	Bei Neuwahlen gewinnt die Arbeiterpartei, PdA, eine relative Mehrheit der Sitze; den Uyl wird von Königin Juliana erneut mit der Regierungsbildung beauftragt.	
10. Juni	Nach vergeblichen Verhandlungen mit den südmolukkischen Terroristen fordert die gewaltsame Befreiung der letzten Geiseln durch Sicherheitskräfte acht Menschenleben. Das Verhältnis zwischen den farbigen Minderheiten und den Holländern verschlechtert sich.	
16. Dez.	Nach einer neunmonatigen *Regierungskrise* bildet der bisherige christdemokratische Justizminister Andries van Agt (*1931) in Ablösung des Kabinetts den Uyl aus CDA („Christen Demokratisch Appèl", Zusammenschluss von ARP, CHU, KVP) und der rechtsliberalen VVD eine Koalitionsregierung.	*Regierungskrise*
1978 März	Erneute südmolukkische Geiselnahme; die Befreiung durch Streitkräfte fordert zwei Todesopfer. Einberufung eines molukkischen Rates durch das Parlament (31. Aug.).	
1980 30. April	Nach Abdankung von Königin Juliana folgt ihre älteste Tochter *Beatrix* (*1938) auf dem Thron.	*Königin Beatrix*
1982 4. Nov.	Nach Parlamentswahlen (8. Sept.) bildet Ruud Lubbers (CDA; *1939) eine Koalition aus Christdemokraten (CDA) und Rechtsliberalen (VVD).	
1983 17. Febr.	Die *neue Verfassung* tritt in Kraft: besserer Schutz der Privatsphäre; Grundrecht auf Arbeit, Sozialhilfe, Umweltschutz.	*neue Verfassung*
1985 1. Nov.	Gegen Proteste aus der Bevölkerung wird die Stationierung von US-Marschflugkörpern beschlossen.	
1986 21. Mai	Ministerpräsident Lubbers gewinnt die Parlamentswahlen. Seine Koalition aus Christdemokraten (CDA, 34,6%) und Liberalen (VVD, 17,4%) kann trotz VVD-Verlusten mit absoluter Mehrheit weiterregieren.	
1989 2. Mai	Die Regierung Lubbers tritt nach dem Scheitern eines nationalen Umweltprogramms zurück. Nach Parlamentswahlen am 6. Sept. kann Lubbers erneut eine Regierung (Koalition von Christ- und Sozialdemokraten) stellen (7. Nov.).	
1992	Eine allgemeine *Krankenversicherungspflicht* tritt in Kraft (1. Jan.).	*Krankenversicherungspflicht*
1994 22. Aug.	Wim (Willem) *Kok* (*1938) wird als neuer *Ministerpräsident* vereidigt, nachdem die Sozialdemokraten aus Parlamentswahlen (3. Mai) als Sieger hervorgegangen sind. An der von PdA, VVD und ‚D 66' gebildeten Regierung ist die CDA und damit erstmals seit 1917 die politische Vertretung des Katholizismus nicht mehr beteiligt.	*Kok Ministerpräsident*
1995 Ende Jan.	Etwa 250000 Menschen werden wegen einer Überschwemmungskatastrophe in der Region Limburg evakuiert.	*deutsch-niederländisches Korps*
30. Aug.	Ein *deutsch-niederländisches Korps* wird in Münster in Dienst gestellt.	

	1997	Königin Beatrix setzt am 11. Mai ein bewegliches Sturmflutwehr in der Rheinmündung in Betrieb.
	1998	Bei der Parlamentswahl behauptet sich das Bündnis unter Wim Kok (6. Mai).
	1999 21. Dez.	Wegen unzureichender Beweislage bzw. Verjährung werden Militärgerichtsverfahren gegen sieben ehemalige niederländische UN-Blauhelm-Soldaten eingestellt; u. a. war diesen vorgeworfen worden, während ihres Einsatzes in Bosnien-Herzegowina den Massakern von Srebrenica im Juli 1995 untätig zugesehen zu haben.
Explosion in Enschede	2000 13. Mai	Die *Explosion* in einer Feuerwerksfabrik legt ein Wohnviertel in *Enschede* nahe der deutschen Grenze in Schutt und Asche, 21 Personen kommen ums Leben, etwa 600 werden verletzt.
Legalisierung der aktiven Sterbehilfe	2001 10. April	Der Senat stimmt einem Gesetz über die *Legalisierung der aktiven Sterbehilfe* zu. Die Annahme des weltweit einzigartigen Gesetzes ruft innerhalb und außerhalb der Niederlande teilweise heftige Kritik hervor.
	2002 2. Febr.	Kronprinz Willem-Alexander heiratet die bürgerliche Argentinierin Máxima Zorreguieta. Da der Vater der Braut in der Zeit der argentinischen Militärdiktatur hohe Regierungsämter bekleidete, hat es zuvor eine längere politische Kontroverse gegeben.
	16. April	Die Regierung Kok tritt zurück, nachdem ein Untersuchungsbericht ihr die Verantwortung für das Versagen niederländischer Blauhelme beim Massaker von Srebrenica 1995 gegeben hat.
Pim Fortuyn	6. Mai	Der Rechtspopulist *Pim Fortuyn* wird von einem Umweltaktivisten in Hilversum erschossen – erster politischer Mord in den Niederlanden seit 400 Jahren.
	15. Mai	Bei den Parlamentswahlen erringt der Christdemokratische Appell (CDA) 43 von 150 Sitzen. Zweitstärkste Partei wird die Liste des neun Tage zuvor einem Attentat zum Opfer gefallenen Pim Fortuyn.
	22. Juli	Jan Peter Balkenende (* 1956; CDA) wird von Königin Beatrix als Regierungschef vereidigt. Seinem Mitte-Rechts-Kabinett gehören außer Christdemokraten auch Liberale und Mitglieder der Liste Pim Fortuyn an.

Belgien seit 1945

(Forts. v. S. 1043)

Das politische Geschehen nach Kriegsende ist geprägt von den Folgeproblemen aus der deutschen Besatzungszeit (Gerichtsverfahren gegen Hunderttausende belgischer Staatsbürger, zumeist flämischer Herkunft, die der Kollaboration mit den Deutschen während der Kriegsjahre angeklagt sind) und den Auseinandersetzungen um die Verfassung: Einmal geht es um die *Königsfrage* (das Verhalten von König Leopold III. vor und nach der Kapitulation ist umstritten; hauptsächlich wird ihm vorgeworfen, 1940 das Land nicht verlassen und sich 1941 mit Liliane Baels verheiratet zu haben, deren Familie zu den Kollaborateuren gerechnet wird, sowie vor 1940 gegenüber Regierung und Parlament autoritär aufgetreten zu sein) und zum anderen um den *Sprachenstreit* zwischen holländisch sprechenden Flamen und französisch sprechenden Wallonen, der das Land spaltet.

	1945 11. Febr.	Bildung der Regierung unter dem sozialistischen Ministerpräsidenten Achille van Acker (*1898, †1975), Koalitionskabinett aus Sozialisten, Christlich-Sozialen, Liberalen, Kommunisten und Parteilosen.
	28. Juli	Die Regierung beharrt auf der Befolgung des Parlamentsbeschlusses vom 20. Sept. 1944, der König solle abdanken, und erhält dabei die Unterstützung der Deputiertenkammer (Parlament).
	1946 17. Febr.	Bei Parlamentswahlen erhalten die Christlich-Soziale Partei 92 (bisher 73), die Sozialisten 68 (64), die Liberalen 18 (33), die Kommunisten 23 (9) Mandate.
wechselnde Koalitionen	11. März	Bildung eines sozialistischen Kabinetts unter Paul-Henri Spaak (*1899, †1972). Da die Regierung im Parlament keine Unterstützung findet, wird sie bereits nach wenigen Tagen (31. März) abgelöst. Die Folgezeit zeichnet sich durch ihre instabile innenpolitische Lage aus: Bis 1950 werden fünf Regierungen (darunter zweimal Paul-Henri Spaak) mit *wechselnden Koalitionen* (Sozialisten, Christlich-Soziale, Liberale), von 1950 bis 1954 drei christlich-soziale Alleinregierungen gebildet.
	1947 2. Nov.	Ein von wallonischer Seite eingebrachter Vorschlag einer Verfassungsrevision mit dem Ziel der Aufteilung Belgiens in drei Bundesstaaten (Flandern, Wallonien, Brüssel) wird vom Parlament zurückgewiesen.
	1949 26. Juni	Bei Parlamentswahlen erringen die Christlich-Soziale Partei 105 (bisher 92), die Sozialisten 66 (68), die Liberalen 29 (18) und die Kommunisten zwölf (23) Sitze.

1950 12. März	Volksabstimmung über die Rückkehr König Leopolds III. (*1901, †1983) erbringt eine Mehrheit zu seinen Gunsten von 57,6%.	
22. April	Leopold III. kehrt aus dem Exil zurück, erklärt jedoch aufgrund schwerer Unruhen seinen Rücktritt.	
1. Aug.	Der König überträgt seine Vollmachten an seinen Sohn *Baudouin I.* (*1930; Thronbesteigung am 17. Juli 1951; †1993).	König Baudouin I.

Strukturprobleme Belgiens

Die Politik Belgiens zielt seit 1948 auf eine *Integration in das westliche Wirtschafts- und Verteidigungssystem* ab. Aus den Mitteln des Marshallplans erhält das Land 113 Mio. Dollar, die neben den Erträgen aus dem afrikanischen Kolonialbesitz (Belgisch-Kongo) und dank der einigermaßen unversehrt gebliebenen Industrie eine rasche Überwindung der Kriegsfolgen ermöglichen. Trotz zeitweiser struktureller Arbeitslosigkeit Mitte der fünfziger Jahre nimmt die *Wirtschaft* parallel zur internationalen Konjunkturentwicklung einen *Aufschwung*. Gleichwohl bleibt die Wachstumsrate im Vergleich mit anderen europäischen Staaten zurück (Zunahme des realen Bruttosozialprodukts jährlich etwa 3%), da die Regierungen bis Ende der fünfziger Jahre vor allem unrentable Wirtschaftszweige wie den Kohlenbergbau stützen. Ein mit Hilfe der Montanunion seit Sommer 1959 eingeleitetes Sanierungsprogramm in den Wachstumsindustrien Chemie und Metallverarbeitung verbessert die Lage. Dabei nimmt die Industrialisierung des flandrischen Raumes zu, während der Anteil Walloniens zurückgeht. Anfang der sechziger Jahre kommt es in Wallonien zu heftigen Streiks, als mit dem Einheitsgesetz ein Abbau von Sozialleistungen droht. Die mit Beginn der siebziger Jahre einsetzende wirtschaftliche *Rezession* beginnt sich trotz verstärkter Stabilitätsbemühungen gegen Ende des Jahrzehnts nur sehr langsam abzuschwächen (stagnierende Bruttoinvestitionen). Während die Wachstumsrate des Bruttosozialprodukts 1970 noch 6,5% beträgt, sinkt sie 1976 auf fast 3%. Gegen den anhaltenden Widerstand der Gewerkschaften gelingt es der Regierung nicht (1976), die bisherige Koppelung der Löhne und Gehälter an den Preisindex aufzuheben.

Innenpolitisch sind die ersten Nachkriegsjahre neben der Königsfrage von der *Vergangenheitsbewältigung* gekennzeichnet: In zahlreichen Prozessen gegen Kollaborateure werden 2900 Todesurteile gefällt, 242 davon vollstreckt. Insgesamt werden etwa eine halbe Million Fälle untersucht. Da es vor allem um Flamen katholischer Herkunft geht, setzt sich die Christlich-Soziale Partei bald für eine weit gehende Amnestie ein, was gegen den wallonischen Flügel der Partei nur schwer durchzusetzen ist.

Neben Fragen staatlicher Unterstützung konfessioneller Schulen (im Schulpakt von 1935 gelöst) beherrscht die *flämische Frage* die Innenpolitik. Die Gegensätze zeigen sich schon 1950 bei der Volksabstimmung über die Königsfrage, als 72% der stimmberechtigten Flamen, aber nur 42% der Wallonen für eine Rückkehr Leopolds III. nach Belgien stimmen. Die 1954 gegründete flämische „Volksunie" setzt sich für eine gesetzliche Flamisierung des Wirtschaftslebens und des Schulwesens in Flandern, für Kulturautonomie, für Festlegung der Sprachgrenze sowie für eine forcierte Industrialisierung Flanderns ein. Die „Volksunie" erhält großen Zulauf und kann ihren Stimmenanteil bis 1974 auf 10,2% erhöhen. Unterstützt wird die Partei von der Flämischen Volksbewegung (1956 gegründet), die außerparlamentarisch tätig ist und als Initiator einer Reihe von Beratungs- und Aktionsausschüssen zur Förderung der flämischen Belange auftritt.

In der *wallonischen Bewegung* finden die Flamen ihr auf Föderalisierung drängendes Pendant. André Renard gründet die „Mouvement Populair Wallon", die für Reform der sozio-ökonomischen Struktur und für wallonische Selbstständigkeit in einem föderalisierten Belgien eintritt. Die verschiedenen wallonischen Gruppierungen sind in dem „Rassemblement Wallon" zusammengefasst, die mit der „Front Démocratique des Bruxellois Francophones" zusammenarbeitet. Die Regionalisierung findet 1970 konkreten Ausdruck in der Bildung regionaler Wirtschaftsräte und Entwicklungsgesellschaften. Auf wallonische Initiative geht es zurück, dass Gesetzesentwürfe aufgeschoben werden können, wenn 75% der Abgeordneten einer Sprachgruppe in den Gesetzesvorlagen eine Störung der Beziehungen zwischen beiden Gruppen sehen.

Das Problem der *Kongo-Frage* überschattet die Außenpolitik in den fünfziger und sechziger Jahren, gerade weil Belgien durch seine Beteiligungen an Privatfirmen (Union Minière) in der reichen Bergbauprovinz Katanga (heute: Shaba) sich starken wirtschaftlichen Einfluss erhalten will. Auch nach der Unabhängigkeit des Kongo (1960; heute: Demokratische Republik Kongo [Zaïre]) kommt es wiederholt zu umstrittenen Interventionen („Polizeiaktionen") belgischer Soldaten. In den siebziger Jahren konzentriert sich die Außenpolitik der Brüsseler Regierungen auf die Ausgestaltung der BENELUX-Vereinbarungen sowie auf die EG- und NATO-Politik.

Seitenleiste: Westintegration · Wirtschaftsaufschwung · Rezession · Vergangenheitsbewältigung · flämische Frage · wallonische Bewegung · Kongo-Frage

1954 22. April	Koalitionsregierung von Sozialisten und Liberalen unter Achille van Acker. Die neue Regierung kündigt die stufenweise Gewährung der Autonomie für Belgisch-Kongo an, will aber politische und wirtschaftliche Rechte Belgiens in der afrikanischen Kolonie wahren.	

	1955 26. Juli	Ausbruch des Streites um die staatliche Finanzierung der katholischen Schulen zwischen der sozial-liberalen Regierungskoalition und der Christlich-Sozialen Partei. Das zwischen allen Parteien ausgehandelte Schulabkommen bringt einen weiteren Ausbau des staatlichen Schulsystems bei Berücksichtigung des elterlichen Wahlrechts.
	1958 25. Juni	Nachdem der Schulstreit zur Wahlniederlage der Regierungskoalition geführt hat, bildet Gaston Eyskens (*1905, †1987) eine christlich-soziale Alleinregierung, die nach wenigen Monaten (6. Nov.) unter Hereinnahme liberaler Minister erweitert wird (bis 27. März 1961 im Amt).
	1961 25. April	Regierungskoalition zwischen Christlich-Sozialen und Sozialisten: Ministerpräsident Théo Lefèvre (*1914, †1973), Stellvertretender Ministerpräsident und Außenminister Paul-Henri Spaak. Das Regierungsbündnis wird (27. Juli 1965) unter Pierre Harmel (*1911) fortgeführt (bis 11. Febr. 1966).
Sprachgebiete	1963 2. Aug.	Gesetz über die Neueinteilung der *Sprachgebiete*: Errichtung einer flämischen, einer französischen und einer deutschen Sprachregion sowie Gewährung eines Sonderstatus für die Hauptstadt Brüssel.
	1966 19. März	Koalition zwischen Christlich-Sozialen und der Partei für Freiheit und Fortschritt (liberal): Ministerpräsident Paul Vanden Boeynants (*1919; bis 7. Febr. 1968 im Amt).
	1968 17. Juni	Wechsel der Koalition: Christlich-Soziale und Sozialisten bilden unter Gaston Eyskens eine neue Regierung.
	1969	Gesetz über die Regionalisierung der Wirtschaftsverwaltung (Juni).
Errichtung von Kulturräten	1970 19. Dez.	Parlament und Senat billigen Verfassungsreform: Die Regierung muss fortan paritätisch besetzt werden; Flandern, Wallonien und Brüssel erhalten kulturelle und wirtschaftliche Eigenkompetenzen. Durchführungsgesetze regeln die *Errichtung von „Kulturräten"* und den Schutz der jeweiligen Minderheit.
	1972 21. Jan.	Gaston Eyskens als Ministerpräsident einer Koalitionsregierung zwischen Christlich-Sozialen (nunmehr: CVP – Christelijke Volks-Partij in Flandern; PSC – Parti Social Chrétien in Wallonien) und Sozialisten (nunmehr: BSP – Belgische Socialistische Partij in Flandern; PSB – Parti Socialiste Belge in Wallonien) bestätigt (Fortführung der Koalition am 26. Jan. 1973 unter Edmond Leburton [*1915] bis 19. Jan. 1974).
	1974 21. Juli	Gesetz über die provisorische Regionalisierung des Landes (u. a. durch die Errichtung von Regionalparlamenten).
Wirtschaftsstruktur	10. Okt.	Entsprechend dem Gesetz vom Juni 1969 werden regionale Wirtschaftsräte und -gesellschaften gebildet und die bis 1971 paritätisch angewiesenen Regionalkredite neu festgesetzt. Damit wird auch der veränderten *Wirtschaftsstruktur* Belgiens Rechnung getragen. Während Wallonien, früher Zentrum des Bergbaus und der Stahlindustrie, relativ weniger Zuwendungen erhält (38%), schneidet Flandern mit seinen modernen Verarbeitungsindustrien erheblich besser ab (52%); die Hauptstadt Brüssel erhält rund 10% der gesamten Mittel.
	1975 25. April	Leo Tindemans (*1922; CVP) bildet ein Minderheitskabinett aus Christlich-Sozialen (CVP–PSC), Liberalen und dem frankophonen Rassemblement Wallon (RW).
Gewerkschaftsproteste	1977 25. Febr.	Ein Generalstreik der belgischen Eisenbahner bildet den Beginn einer *Protestwelle der Gewerkschaften* gegen das Regierungsprogramm zur Stabilisierung der Wirtschaft und der Staatsfinanzen.
	9. März	Unterschiedliche Auffassungen in der Haushaltspolitik und in Fragen der Regionalisierung führen zur Auflösung des Parlaments und zur Ausschreibung von Neuwahlen.
	17. April	Die Parlamentswahlen ergeben eine Mehrheit für die Christlich-Sozialen (CVP–PSC) und die Sozialisten (BSP, PSB), die sich auf einen Gemeinschaftspakt über Regionalisierung und Staatsreform einigen. Der bisherige Regierungschef Leo Tindemans bildet eine neue Koalitionsregierung.
	1978 22. Febr.	Vorlage des Entwurfs einer Verfassungsreform für das regionalisierte Belgien („Stuyvenberg-Abkommen"). Danach werden unter einer paritätisch aus Flamen und Wallonen zusammengesetzten Regierung drei Regionen Flandern, Wallonien und Brüssel gebildet, die jeweils von einer regionalen Regierung geleitet werden; Letztere besitzt in vielen Bereichen von der Zentralregierung unabhängige Entscheidungsbefugnis.
Shaba (Katanga)	19./20. Mai	Nachdem am 12. Mai zum zweiten Mal Rebellen unter der Führung der Nationalen Befreiungsfront (FLNC) von Angola aus in die zaïrische Provinz *Shaba* (ehemals Katanga) eingedrungen sind und es zu Massakern an der weißen Bevölkerung gekommen ist, landen belgische Fallschirmjäger mit logistischer Unterstützung durch die USA zum Schutz der Weißen in Shaba. Frankreich unternimmt eine davon unabhängige militärische Evakuierungsaktion.
	11. Okt.	Ministerpräsident Tindemans erklärt seinen Rücktritt, da sich die Parteien über die Durchführung der im Gesetzentwurf vorliegenden Staatsreform nicht einigen können.

20. Okt.	Paul Vanden Boeynants übernimmt die bisherige Regierung in voller Zusammensetzung als Übergangskabinett bis zu Neuwahlen.	
1979 3. April	Mit dem Amtsantritt des neuen Ministerpräsidenten Wilfried Martens (*1937; CVP) wird die Regierungskrise überwunden (Neuwahlen vom 17. Dez. 1978). Die neue Koalitionsregierung wird getragen von Christlich-Sozialen, den Sozialisten und der Demokratischen Front der Frankophonen.	
1980	Abgeordnetenkammer und Senat billigen das *Regionalisierungsgesetz* (5.–7. Aug.).	*Regionalisierungsgesetz*
1981 6. April	Nach dem Rücktritt von Wilfried Martens (31. März) scheitert auch das Kabinett von Mark Eyskens (CVP; *1933) an der Wirtschaftskrise (21. Sept.). Martens wird erneut Regierungschef (17. Dez.).	
1984 23. März	In Eupen konstituiert sich der Rat der *Deutschsprachigen Gemeinschaft*. (RDG, 30. Jan.) Durch Annahme des Immigrantengesetzes erschwert das Parlament die Einreise von Arbeitnehmern aus Nicht-EG-Ländern.	*Deutschsprachige Gemeinschaft*
1985	Nach vorgezogenen Neuwahlen bildet Wilfried Martens die neue Regierung (28. Nov.).	
1986	Die Regierung versucht, mit einem drastischen *Sparprogramm* den Haushalt zu sanieren (23. Mai).	*Sparprogramm*
1987 21. Okt. 13. Dez.	Regierungskrise durch Voer-Frage (*Sprachenstreit* zwischen flämisch und französisch Sprechenden) wird durch die Vereidigung der siebten Regierung Martens beendet. Nach vorgezogenen Parlamentswahlen sind die Sozialisten zum ersten Mal seit 1936 wieder stärkste politische Kraft.	*Sprachenstreit*
1988 9. Mai 5. Aug.	Amtsantritt einer aus fünf christlich-sozialen und sozialistischen Parteien bestehenden Koalitionsregierung unter Wilfried Martens. Eine von der Abgeordnetenkammer verabschiedete Verfassungsänderung sieht größere Autonomie für Flandern und Wallonien ab 1989 vor.	
1989 Jan.	Mit der Abtretung von Teilen der staatlichen Einkünfte an die Regionen und der Bildung der Region Brüssel ist Belgien der *Umwandlung in* einen *Bundesstaat* näher gekommen.	*Umwandlung in Bundesstaat*
1991 25. Nov.	Nach vorgezogenen Parlamentswahlen am 24. Nov., die zu einer Parteienzersplitterung führen, tritt Ministerpräsident Martens zurück, bleibt aber zunächst geschäftsführend im Amt.	
1992 28. Sept.	Die neue Koalitionsregierung aus Christdemokraten und Sozialisten unter Jean-Luc Dehaene (*1940; Ministerpräsident seit 7. März) beschließt eine *Staatsreform*: Belgien wird in einen Bundesstaat der drei regionalen Gemeinschaften der Flamen, Wallonen und der Deutschsprachigen umgewandelt. Für die Hauptstadt Brüssel ist ein Sonderstatus vorgesehen.	*Staatsreform*
1993 23. April 8. Mai 31. Juli 9. Aug.	Das Parlament stimmt den letzten zwei von insgesamt 34 Verfassungsänderungen über die Umwandlung Belgiens in einen Bundesstaat zu. Die Staatsreform wird rechtskräftig. Tod König Baudouins. – *Albert II.* (*1934), der Bruder des Verstorbenen, legt als neuer König den Amtseid ab.	*König Albert II.*
1994 21. Jan.	Aufgrund von Korruptionsvorwürfen müssen etliche hochrangige Politiker der Sozialistischen Partei von ihren Regierungsämtern zurücktreten.	
1995	In Parlamentswahlen wird die Regierung Dehaene bestätigt (21. Mai).	
1996 8. Sept.	Der frühere Minister Alain van der Biest wird wegen des Verdachts verhaftet, den Auftrag zur Ermordung des wallonischen Regionalpolitikers André Cools (*1927, †1991) erteilt zu haben.	
20. Okt.	Ca. 200000 Belgier gedenken mit einem Schweigemarsch in Brüssel der Opfer einer *Serie von Mädchenmorden*. Ausgelöst durch die Abberufung eines Untersuchungsrichters, richtet sich der Protest gegen mutmaßliche Verbindungen zwischen Verbrecherkreisen sowie Polizei- und Justizapparat.	*Serie von Mädchenmorden*
1997	Weitere Spitzenpolitiker werden unter dem Verdacht der Bestechlichkeit verhaftet (22./23. Jan.), nachdem bereits im vorhergehenden Jahr ein ehemaliger Minister in diesem Zusammenhang verurteilt worden ist (5. April 1996).	
1998 24. April 23. Dez.	Wegen des für einige Stunden währenden Ausbruchs des mutmaßlichen Kindermörders Dutroux aus der Untersuchungshaft treten die Minister für Inneres und Justiz zurück. Das Brüsseler Kassationsgericht verurteilt zwölf ranghohe Politiker und Industriemanager wegen Bestechlichkeit im Zusammenhang mit Rüstungsgeschäften zu Haftstrafen.	
1999 27. Mai 13. Juni	Aufdeckung eines Dioxin-Skandals; umfassende Verkaufsverbote für Geflügel, Eier, Milchprodukte, Rind- und Schweinefleisch. Bei der Parlamentswahl erleidet die durch zahlreiche Skandale erschütterte Koalitionsregierung unter Dehaene eine Schlappe. Liberale, Sozialisten und Grüne bilden ein neues Kabinett unter dem Liberalen *Guy Verhofstadt* (*1953), der am 12. Juli als Ministerpräsident vereidigt wird.	*Guy Verhofstadt Ministerpräsident*

Gewinne des rechtsradikalen Vlaamse Block	**2000** Mai — Im Zuge der Aufarbeitung der belgischen Kolonialgeschichte im Kongo beginnt eine parlamentarische Untersuchungskommission mit der Erforschung der Umstände, die 1961 zur Ermordung Patrice Lumumbas, des ersten Ministerpräsidenten des Kongo, führten.
	8. Okt. Bei den Gemeinde- und Regionalwahlen kommt es durch *Gewinne des rechtsradikalen Vlaamse Block* v.a. im flämischen Landesteil zu einer politischen Kräfteverschiebung nach rechts.
	2001 8. Juni Ein Brüsseler Schwurgericht verurteilt mehrere am Völkermord in Ruanda 1994 Beteiligte zu hohen Haftstrafen. Grundlage für das Verfahren ist ein Gesetz von 1993, das es belgischen Gerichten ermöglicht, Verstöße gegen die Genfer Konvention von 1949 strafrechtlich zu verfolgen, auch wenn sie außerhalb der Landesgrenzen und von Ausländern verübt wurden.
	2002 31. Aug. Ministerpräsident Verhofstadt gewinnt eine Vertrauensabstimmung im Parlament. Vorausgegangen ist eine Regierungskrise wegen Waffenlieferungen an Nepal, in deren Verlauf die Grüne Ministerin für Umwelt und Gesundheit, Magda Alvoet, zurücktrat.

Luxemburg seit 1945
(Forts. v. S. 1043)

Die enge Zusammenarbeit mit den Nachbarländern Belgien (Währungsassoziation) und Niederlande sowie die Mitgliedschaft in der Europäischen Gemeinschaft sichern die wirtschaftliche und politische Existenz des Kleinstaates. Die Europäische Investitionsbank und das Sekretariat des Europaparlaments haben ihren Sitz in der Hauptstadt Luxemburg. Aufgrund der lothringischen Erzvorkommen kann die Wirtschaft des Landes auf einer international bedeutenden *Eisen- und Stahlindustrie* aufbauen (ARBED-Konzern). Die Industrie wie auch die sich vorwiegend auf Viehwirtschaft und Weinanbau umstellende Landwirtschaft sind stark von ausländischen Arbeitskräften abhängig.

Das Großherzogtum ist eine *konstitutionelle Erbmonarchie*. Gesetzgebendes Organ ist die Abgeordnetenkammer, das Staatsoberhaupt hat jedoch umfassende Rechte. So kann es seine Zustimmung zu Gesetzen verweigern und selbst gesetzesausführende Verordnungen erlassen.

	1945 20. Nov. Der Vertreter der Christlich-Sozialen Partei, Pierre Dupong (*1885, †1953), der die Exilregierung geleitet hat (seit 6. Nov. 1937 im Amt), bildet ein neues Kabinett (nach zwei weiteren Regierungsbildungen bis Dez. 1953 Regierungschef; danach bis März 1958 Regierung unter Joseph Bech [*1887, †1975]).
NATO-Beitritt	**1948 15. April** Luxemburg gibt die „immer währende Neutralität" auf und tritt 1949 der *NATO* bei. Die allgemeine Wehrpflicht wird 1967 abgeschafft; ein Berufsheer (560 Mann) nimmt die Verteidigungsaufgaben im Rahmen der NATO wahr.
	1959 26. Febr. Nach der kurzen Regierung (11. April–10. Dez. 1958) des Ministerpräsidenten Pierre Frieden (*1892, †1959) bildet der Christlich-Soziale Christian Pierre Werner (*1913) sein erstes Kabinett (vier weitere Regierungen bis 1974).
	1964 Nov.: Großherzogin Charlotte (*1896, †1985) dankt zugunsten ihres Sohnes Jean (*1921) ab.
	1974 15. Aug. Luxemburg wird von einer Koalition aus Sozialisten (SP) und Liberalen (DP) regiert: Regierungschef und Außenminister ist der Liberale Gaston Thorn (*1928).
	1979 10. Juni Aus den Wahlen zur Abgeordnetenkammer (gekoppelt mit den ersten Direktwahlen für das Europäische Parlament) gehen die Christlichen Demokraten unter Christian Pierre Werner als Sieger hervor. Werner wird Ministerpräsident (16. Juli 1979 bis 18. Juni 1984).
Wirtschaftsunion mit Belgien	**1981** Die *Wirtschaftsunion mit Belgien* wird um zehn Jahre verlängert (9. März).
	1984 20. Juni Jacques Santer (Christlich-Soziale Volkspartei, CSV; *1937) bildet die neue Regierungskoalition (CSV-LSAP = Luxemburgische Sozialistische Arbeiterpartei).
Regierung Santer	**1989 14. Juli** Trotz Verlusten bei Parlamentswahlen (18. Juni) bleibt die CSV stärkste Partei; neue *Regierung* aus CSV und LSAP *unter Santer*.
	1992 Die Abgeordnetenkammer ratifiziert am 2. Juli das Vertragswerk von Maastricht.
	1994 15. Juli Santer wird von den Staats- und Regierungschefs der Europäischen Union als neuer EU-Kommissionspräsident und Nachfolger Jacques Delors' nominiert.
Juncker Ministerpräsident	**1995** Finanzminister Jean-Claude *Juncker* (*1954) wird *Ministerpräsident* (20. Jan.).
	1997 Durch die politische und wirtschaftliche Stabilität kann Luxemburg seine Position als führender internationaler Bankenplatz und Medienstandort weiter ausbauen.
	1999 14. Juni Nach Verlusten bei der Parlaments- und bei der Europawahl (13. Juni) erklärt Ministerpräsident Juncker seinen Rücktritt. Erneut mit der Regierungsbildung beauftragt, stellt er am 7. Aug. ein neues Kabinett aus CSV und Demokratischer Partei vor.
	2000 Großherzog Jean dankt zugunsten seines ältesten Sohnes Henri II. (*1955) ab (7. Okt.).

Großbritannien und Nordirland seit 1945
(Forts. v. S. 978)

Großbritannien muss nach dem Zweiten Weltkrieg seine hegemoniale Stellung innerhalb des Commonwealth Schritt für Schritt aufgeben. Es rückt als Großmacht ins zweite Glied. Allerdings versucht es, in den fünfziger Jahren eine Vermittlerrolle zwischen Ost und West zu spielen, ohne die Pflege seiner seit dem Krieg bestehenden engen *Bindungen an die USA* zu vernachlässigen. In den sechziger Jahren wendet es seine Aufmerksamkeit vorwiegend aus wirtschaftlichen Gründen stärker Kontinentaleuropa zu. Großbritannien benötigt annähernd fünf Jahre, um die Folgen des Zweiten Weltkriegs mit amerikanischer Hilfe wirtschaftlich zu überwinden und wieder den Leistungsstandard der Vorkriegszeit zu erreichen. Das wiedergewonnene *Wirtschaftspotenzial* kann sich unter den Bedingungen eines zunehmend härteren internationalen Wettbewerbs auf den Weltmärkten nur mit Mühe behaupten. Überholte Produktionsmethoden, strukturelle Anpassungsschwierigkeiten sowie Mangel an Investitionsneigung lassen die britische Industrieproduktion langsamer als die anderer westlicher Industriestaaten steigen. Zudem mindern hohe Löhne und Soziallasten sowie eine hohe Streikrate (v.a. in den sechziger und insbesondere siebziger Jahren) die Konkurrenzfähigkeit der britischen Wirtschaft. Der britische Anteil an den Weltmarktexporten nimmt ab.

Großbritannien strebt unter den Labourregierungen nach 1945 den Weg zum *Sozialstaat* an. Die zahlreichen Streiks und eine kaum nennenswerte Einkommens-Umverteilung zugunsten der Arbeiterschaft signalisieren, dass dieses Ziel unter den gegebenen politisch-gesellschaftlichen Rahmenbedingungen nur partiell zu erreichen ist. Die Ursachen dafür sind u. a. in der Verfestigung der Sozialstruktur und, damit einhergehend, der bestehenden Interessengegensätze zu suchen.

Die Regierung Attlee (1945–1951)

1945
5. Juli Die Parlamentswahlen fallen gegen die Konservativen (213 Sitze) unter Premierminister Winston Churchill (*1874, †1965) aus. Der *Sieg der Labour-Party* kommt einem Erdrutsch gleich (393 Sitze).

27. Juli Premierminister wird Clement R. Attlee (*1883, †1967).

6. Dez. Für Großbritannien wird in den USA eine „line of credit" vereinbart, die zum 1. Juli 1946 in Kraft tritt. Das Land erhält 3750 Mio. Dollar Kredit, zuzüglich 650 Mio. Dollar ausstehender Lend-Lease-Schulden.

20. Dez. Vergesellschaftung der Ziviluftfahrt-Gesellschaft.

Die Regierung leitet nach und nach die *Verstaatlichung* wichtiger Wirtschaftszweige ein, ohne jedoch im Endeffekt die wirtschaftliche Struktur Großbritanniens revolutionär zu verändern.

1946
6. März Verstaatlichung der Bank von England. Kanada gewährt einen Kredit von 1250 Mio. Dollar.

21. März Entwurf für einen staatlichen Gesundheitsdienst dem Parlament unterbreitet.

5. Juli Verstaatlichung des Kohlebergbaues.

10. Juli Pflichtversicherungssystem tritt in Kraft.

19. Dez. Verstaatlichung des Transportgewerbes.

1947
15. Juli Großbritannien akzeptiert auf Drängen der USA das *GATT-Abkommen*. Dadurch wird das System der Vorzugszölle und des ungehinderten Warenaustausches durchlöchert, durch das die Commonwealth-Staaten wirtschaftlich miteinander verbunden sind. – Gleichfalls auf eine Forderung der USA hin verfügt die britische Regierung die freie Konvertibilität der eigenen Währung, muss diesen Schritt aber vier Wochen später rückgängig machen, um eine Inflation der Währungsreserven zu verhindern.

30. Juli Verstaatlichung der Elektrizitätswerke.

15. Aug. Das unabhängige Indien wird Mitglied des Commonwealth of Nations. Von nun an schreitet die *Auflösung des* British *Empire* unaufhaltsam voran.

1948
20. Febr. *Volksvertretungsgesetz*: Es soll den Grundsatz „eine Stimme für jedermann" (one man, one vote) verwirklichen und schafft das Doppelwahlrecht für Eigentümer und Inhaber akademischer Grade sowie das Recht der Stadt London, zwei Vertreter ins Unterhaus zu entsenden, ab. England zählt nun 511, Schottland 71, Wales 36, Nordirland zwölf Wahlkreise; Gesamtzahl 630.

16. April Großbritannien tritt als Gründungsmitglied der Organization for European Economic Cooperation (OEEC) bei und erhält weitere Kredite zum inneren Aufbau.

28. April Unter der Leitung Attlees wird eine Deklaration verfasst, die vorsieht, in Zukunft auch selbstständig gewordenen Republiken die Vollmitgliedschaft im Commonwealth zu gestatten. Das *Commonwealth* entwickelt sich vom nach Nationen gegliederten britischen Staatenreich zum internationalen Staatenverbund.

	9. Mai	Verstaatlichung der Eisen- und Stahlindustrie. Gegen dieses Vorhaben erhebt sich großer Widerstand, im Oberhaus findet es keine Mehrheit. (Das Gesetz wird 1951 von den Konservativen wieder aufgehoben, am 3. Nov. 1967 von der Labour-Regierung aber erneut in Kraft gesetzt.)
	5. Juli	Errichtung des staatlichen Gesundheitsdienstes.
	18. Sept.	Abwertung des Pfund Sterling um 30,5%, obwohl sich die Zahlungsbilanz der britischen Wirtschaft 1948 besserte. (Kursverschlechterung von 1:4,03 auf 1:2,80 Dollar.) Die Abwertung führt zu einer Zunahme der Gold- und Dollarreserven und einer weiter verbesserten Zahlungsbilanz.
	14. Nov.	Parlamentsgesetz. Das Oberhaus kann durch sein Veto nurmehr einen Aufschub von höchstens einem Jahr erwirken.
	1950 6. Jan.	Großbritannien nimmt als erster Staat des Westens offizielle Beziehungen zur Volksrepublik China auf.
	14. Jan.	Die Außenminister des Commonwealth einigen sich auf den Colomboplan zur wirtschaftlichen Unterstützung süd- und südostasiatischer Staaten. (Am 28. Nov. offiziell verabschiedet.)
	23. Febr.	Neuwahlen bringen für die Labour-Party deutliche Verluste, aber immer noch eine relative Mehrheit der Parlamentssitze (315 gegen 298 Konservative). Attlee weiter Premierminister.
	1951 15. März	Die von der iranischen Nationalversammlung beschlossene Nationalisierung der Anglo-Iranian Oil Company führt zu einem jahrelangen Streit zwischen beiden Staaten.
	19. Sept.	Neufestsetzung von Wahlen. Sie zeigt die politische Schwäche der Labour-Regierung, aus der mehrere wichtige Minister durch Tod oder Rücktritt ausgeschieden sind.

Konservative Mehrheiten (1951–1964)

Sieg der Konservativen	25. Okt.	Die *Konservativen* erringen die *Mehrheit* an Sitzen (321 gegen 295 Labour) im Unterhaus, obgleich die Labour-Party (48,8 gegen 48,0%) mehr Stimmen erhält.
	27. Okt.	Konservatives Kabinett Winston Churchill.
Tod Georgs VI.	**1952**	*Tod* König *Georgs VI.* (6. Febr.). Es folgt seine Tochter Elisabeth II. (*1926).
	3. Okt.	Erster britischer Atombombenversuch.
	1953 11. Mai	Churchill fordert eine europäische Sicherheitskonferenz unter Beteiligung der USA und skizziert ein europäisches Sicherheitssystem nach dem Muster des Locarno-Vertrags von 1925.
Krönung Elisabeths II.	2. Juni	*Elisabeth II. gekrönt.*
	1954 27. Juli 28. Okt.	Sues-Abkommen mit Ägypten löst Vertrag vom 26. Aug. 1936 ab (am 19. Okt. noch erweitert). – Ausgleich zwischen Großbritannien und Iran über die Festlegung von Entschädigungsleistungen für die verstaatlichte Anglo-Iranian Oil Company.
	1955 6./7. April	Churchill tritt aus gesundheitlichen Gründen zurück (5. April). Nachfolger wird der bisherige Außenminister (1940–1945 und 1951–1955) Anthony Eden (*1897, †1977).
	26. Mai	Unterhauswahlen bringen den Konservativen nach Stimmen und Sitzen die Mehrheit (345 gegen 277 Labour).
	1956 19. Juli	Großbritannien zieht seine 1955 erteilte Finanzzusage an Ägypten für den Bau des Assuan-Staudamms (ebenso wie die USA) zurück.
Konflikt mit Ägypten		Der dadurch entfachte *Konflikt* zwischen Großbritannien und *Ägypten* berührt die britischen Wirtschaftsinteressen. Großbritannien fürchtet um seine Ölversorgung, entschließt sich (gemeinsam mit Frankreich und Israel) zu massiver militärischer Intervention.
Sueskrieg	Okt.	*Sueskrieg*: Einsatz von Truppen am Sueskanal (die auf Drängen von USA und UdSSR im Dez. abgezogen werden). Großbritanniens Eingreifen in Ägypten führt zu einem krisenartigen Abfließen der britischen Gold- und Dollarreserven, die um 84 Mio. Dollar, im Nov. erneut um 277 Mio. Dollar fallen.
		Nach dem Misserfolg am Sues versucht Großbritannien, seine eigenständige politische Rolle nun in enger Anlehnung an die USA zu spielen. Im Ost-West-Gegensatz verfolgt es eine an der Normalisierung der Beziehungen ausgerichtete Entspannungspolitik auf der Grundlage des Status quo. Diese Politik wird der wirtschaftlichen Lage am ehesten gerecht.
	1957 9. Jan.	Die politischen Verwicklungen Großbritanniens in den Nahost-Konflikt zwingen Eden zum Rücktritt.
	10. Jan.	Nachfolger Harold MacMillan (*1894, †1986).
	28. März	Um die Unabhängigkeit Zyperns politisch vorzubereiten, entlässt MacMillan den zyprischen Erzbischof Makarios III. aus der Haft.
	18. April	Das Unterhaus beschließt, Langstreckenbomber und Fernraketen als Atomwaffenträger zu bauen. Dieses kostspielige Projekt überfordert jedoch den Verteidigungshaushalt des Landes.

15. Mai	Beginn einer Serie von *Wasserstoffbombentests*, die bis zum Herbst durchgeführt werden.	*Wasserstoff-*
1958	Die USA sagen vertraglich die Lieferung von Mittelstreckenraketen zu, über deren Einsatz	*bombe*
22. Febr.	gemeinsam beschlossen werden soll. Zugehörige Sprengköpfe verbleiben im Besitz der USA.	
1959	Dreimächtevertrag Großbritanniens, Griechenlands und der Türkei zur Regelung der *Zypern-*	*Zypernfrage*
19. Febr.	*frage*.	
9. Okt.	MacMillan erzielt für die Konservativen überraschend einen hohen Wahlsieg (365 Sitze gegen 258 Labour).	
1960	Unterzeichnung der *EFTA-Verträge* (4. Jan.).	*EFTA-Verträge*
Jan.	Beginn einer zweiten Entkolonialisierungsphase.	
26. April	Die britische Regierung verzichtet aus finanziellen Gründen auf den Bau von Fernraketen und Langstreckenbombern.	
17. Nov.	Die Regierung gibt bekannt, dass in der Woche vom 13.–19. Nov. die letzte Aushebung von Rekruten zum pflichtgemäßen Wehrdienst erfolgt. Von da an gibt es entsprechend einem Beschluss der Regierung vom 6. April 1957 keine Wehrpflicht mehr.	
1961	Südafrika wird wegen seiner Apartheid-Politik aus dem Commonwealth ausgeschlossen.	
3. Aug.	Die Absicht der Regierung MacMillan, Verhandlungen über einen Beitritt Großbritanniens zur Europäischen Wirtschaftsgemeinschaft (EWG) aufzunehmen (am 31. Juli 1961 verlautbart), wird vom Unterhaus gebilligt; 313 Jastimmen, fünf Neinstimmen, Stimmenthaltung der Labour-Party. – Großbritannien nimmt beim Internationalen Währungsfonds eine Anleihe von 535 Mio. Pfund auf.	
10. Aug.	Offizieller *Beitrittsantrag zur EWG* in Brüssel überreicht.	*Beitrittsantrag*
1962	Das Unterhaus verabschiedet ein Gesetz zur Drosselung der Einwanderung aus Common-	*zur EWG*
27. Febr.	wealth-Ländern (seit 1. Juli in Kraft), das sich primär gegen Farbige richtet.	
2. März	Aufnahme in EGKS und EURATOM beantragt.	
7. März	Konstituierung des *Nationalen Rats für Wirtschaftliche Entwicklung* (NEDC), einer Art Wirtschaftsrat, an dem Regierung und Sozialpartner beteiligt sind. (Die Sozialpartner heißen den Plan zwar gut, doch arbeitet das Gremium wegen starker Differenzen uneffektiv.)	*NEDC*
26. Juli	Die seit Anfang der sechziger Jahre ständig sich wiederholenden Versuche der britischen Regierung, durch Lohnpausen oder -beschränkungen die Wirtschaft des Landes zu sanieren, münden in den Vorschlag, eine Nationale Einkommenskommission zu installieren, die Lohnleitlinien erarbeiten soll. (Diese wird von den Gewerkschaften abgelehnt.)	
10.–19. Sept.	Die Premierminister der Commonwealth-Länder erörtern die vielfältigen Probleme, die ein britischer EWG-Beitrag mit sich bringen würde. Diesem steht man aus handelspolitischem Interesse ganz überwiegend reserviert gegenüber.	
18.–21. Dez.	Treffen MacMillans und US-Präsident John F. Kennedys auf den Bahamas. Großbritannien gibt das erst 1960 begonnene „Skybolt"-Projekt auf. Die Skybolt-Rakete soll durch die amerikanische Polaris-Rakete ersetzt werden. Die dazu notwendigen Unterseeboote will Großbritannien bauen: Abhängigkeit der im Aufbau befindlichen britischen *Atomstreitmacht* von der amerikanischen.	*Atomstreitmacht*
1963 14. Jan.	Frankreichs Staatspräsident de Gaulle lehnt eine britische EWG-Vollmitgliedschaft endgültig ab.	
	Ansteigen der Arbeitslosenzahl auf 875000 im Winter 1962/1963.	
18. Okt.	Die *Callgirl-Affäre* des Ministers John *Profumo* (*1915) gibt den Anstoß zum Rücktritt der Regierung MacMillan, dessen Ursachen wirtschafts-, rüstungs-, finanz- und europapolitische Fehlschläge sind.	*Profumo-Affäre*
19. Okt.	Nachfolger wird Sir Alec Douglas-Home (1951–1963, seit 1974 Lord Home; *1903, †1995).	
1963/1964	Die Regierung verbessert die schulische Erziehung und Bildung. Sie plant den Ausbau der Fortbildungs- und Studienmöglichkeiten. Die Wirtschaftsstruktur der seit 1962 stark krisenanfälligen Industriegebiete Schottlands, Nordenglands, Südwales' und Nordirlands soll durch Neuansiedlung mittelständischer Betriebe verbessert werden.	

Von Wilson bis Callaghan (1964–1979)

1964 15. Okt.	Unterhauswahlen: Die *Labour-Party erzielt* einen knappen *Wahlsieg* (317 Sitze gegen 304 Konservative).	*Labour-Sieg*
	Neuer Premierminister ist Harold Wilson (*1916, †1995).	
16./17. Okt.	(Zeitweilige) Importabgabe und Diskontsatzerhöhung: restriktiver Kurs soll Währung und Wirtschaft sanieren; es folgt aber eine Schwäche des Pfund Sterling; internationale Stützungsaktion (v.a. europäischer) Zentralbanken (sog. Zehnergruppe).	

	1965	Nationalrat für Preise und Einkommen (NPIC) gebildet zur Überprüfung der Entwicklung auf diesen Gebieten.
	11. Febr.	
	2. Aug.	Die Regierung verordnet eine drastische Senkung der Zahl jährlicher Arbeitsbewilligungen für (farbige) Einwanderer aus Commonwealth-Staaten.
Sterling-Krise		Eine erneute *Sterling-Krise* erfordert eine weitere internationale Stützungsaktion.
	26. Okt.	Die Todesstrafe wird zunächst für fünf Jahre, dann vorzeitig endgültig abgeschafft.
Unabhängigkeit Südrhodesiens	11. Nov.	Die von dem weißen Premierminister Ian Smith geführte Regierung *Südrhodesiens* erklärt einseitig die *Unabhängigkeit* des Landes, um ihre Apartheid-Politik nicht zu gefährden. Der britische Premierminister nennt daraufhin Smith einen „Rebellen wider die Krone" und verhängt unter Verzicht auf Gewaltanwendung faktisch kaum wirksame Wirtschaftssanktionen.
	1966	Abbau der Verpflichtungen „östlich von Sues" angekündigt (22. Febr.).
	31. März	Durch Neuwahlen kann Wilson die parlamentarische Basis seiner Regierung verbreitern (363 Unterhaussitze gegen 253 Konservative).
	Juli	Das Pfund Sterling bleibt in der Krise. Wilson legt ein Stabilisierungsprogramm vor, durch das auch Lohn- und Preiserhöhungen bekämpft werden sollen.
	1967	Das Unterhaus beschließt die (erneute) Verstaatlichung der Stahlindustrie (26. Jan.).
	1. April	Der Ombudsman nimmt seine Tätigkeit (Untersuchung von Beschwerden über Maßnahmen zentraler Regierungsstellen) auf.
	ab 10. Mai	Erneuter formeller Beitrittsantrag zu den drei europäischen Gemeinschaften (wird drei Jahre aufschiebend behandelt).
Abwertung des Pfundes	18. Nov.	Das *Pfund* wird um 14,3% *abgewertet*. Kurs 1 Pfund: 2,40 Dollar.
	1968	Gesetz zur weiteren Begrenzung von Einwanderungen (Farbiger) (28. Febr.).
	20. Juni	Reform des Oberhauses: Abschaffung der Erblichkeit als Grundlage der Mitgliedschaft; die jeweilige Regierungpartei erhält die relative Mehrheit der 230 Sitze; Gesetzesentwürfe können vom Oberhaus allenfalls für sechs Monate aufgeschoben werden.
	10. Juli	Verschärfte Gesetzgebung gegen Rassendiskriminierung.
Konflikt in Nordirland	5. Okt.	In *Nordirland* beginnt mit blutigen Zusammenstößen in der Stadt Armagh (südwestlich Belfast) ein bürgerkriegsähnlicher *Konflikt* (u. a. Straßenterror) zwischen einer sozial und politisch benachteiligten katholischen Minderheit sowie einer bevorzugten protestantischen Mehrheit.
Nonproliferationsvertrag	27. Nov.	Großbritannien ratifiziert den Nichtweiterverbreitungsvertrag von Kernwaffen *(Nonproliferationsvertrag)* vom 1. Juli.
	1969 18. Juli	Der (im Sommer 1968 bis zu einem konkreten Plan vorangetriebene) Versuch der Regierung, Arbeiterstreiks mit legislativen Mitteln zu drosseln, wird unter Druck der Gewerkschaften aufgegeben. Die Regierung proklamiert nunmehr gemeinsame Willenserklärungen von Regierung und Gewerkschaften.
	19. Aug.	Nach schweren Unruhen mit Toten in Nordirlands Hauptstadt Belfast und Londonderry (im nordwestlichen Nordirland) schickt Premier Wilson Truppen und beansprucht für die Regierung in London die letzte Verantwortung in Nordirland.
		Das Land wird auch in den folgenden Jahren ständig von Bürgerkrieg mit Unruhen und Mord heimgesucht. Britische Truppen werden in wechselnder Stärke stationiert.
Erdöl-Vorkommen	1970	Vor der Ostküste Schottlands werden große *Erdöl-Vorkommen* entdeckt (Forty Fields).
	18. Juni	Unerwartet gewinnen die Konservativen unter Edward Heath (*1916), der (20. Juni) Premierminister wird, die Unterhauswahlen mit 331 Sitzen gegen 287 Labour-Mandate.
	30. Juni	Vorantreiben der Beitrittsverhandlungen mit der Europäischen Gemeinschaft (EG).
	1971 3. Aug.	Wirtschaftliche und soziale Konflikte in Großbritannien führen zur Ausrufung des Notstands (am 11. März 1974 beendet).
	5. Aug.	Die konservative Regierung bringt den Industrial Relations Act zur Verabschiedung. Das Gesetz zur Gewerkschaftsreform knüpft an die (Juni 1969) gescheiterten Vorhaben der Labour-Regierung an, geht aber noch über diese hinaus. – Die Gewerkschaften lehnen ab.
Beitritt zur EG	1972	Abkommen über den *Beitritt zur EG* unterzeichnet (22. Jan.).
	23./30. März	Die Regierung in London übernimmt die direkte Regierungsgewalt über Nordirland, setzt den nordirischen Ministerpräsidenten (seit 1971) Brian Faulkner (*1921, †1977) ab und löst das Parlament in Belfast auf.
		Über 1000 Tote, die Spaltung der protestantischen Unionist Party und die Kapitulation Faulkners, der sich mit seiner Ausgleichspolitik nicht durchsetzen kann, signalisieren Härte und Auswegslosigkeit der nordirischen Auseinandersetzung.
	23. Juni	Die britische Regierung beschließt, das Pfund Sterling gegen die anderen Währungen frei „floaten" zu lassen. Dies führt innerhalb eines Jahres zu einer Abwertung des Pfundes von 20 Prozent.

1973 1. Jan.	Großbritannien ist Mitglied der EG. Seine Handelspräferenzen mit den Commonwealth-Ländern gelten bis 31. Dez. 1975 weiter und müssen dann im EG-Rahmen neu geregelt werden.	
8. März	*Volksabstimmung in Nordirland* mit Mehrheit für Verbleib bei Großbritannien.	*Volksabstimmung in Nordirland*
Nov.	Brian Faulkner wird als Exekutiv-Präsident Nordirlands eingesetzt. Diese zur Beschwichtigung gedachte Aktion scheitert bald.	
1974 7. Jan.	Infolge des israelisch-arabischen Jom-Kippur-Kriegs erweist sich die Energieversorgung als so unzureichend, dass sich die Regierung gezwungen sieht, zeitweilig die Drei-Tage-Woche zu verkünden. (Energiebeschränkungen können erst am 24. März wieder aufgehoben werden.)	
Febr.	Einen Konflikt mit den Bergarbeitern, deren Führung kräftige Lohnerhöhungen durch einen Streik durchsetzen will, nimmt die Regierung Edward Heath zum Anlass, das Unterhaus aufzulösen.	
28. Febr.	Aus den Wahlen (Konservative 296, Labour 301 Sitze) geht keine Partei mit einer absoluten Mehrheit hervor.	
4. März	Harold Wilson (Labour-Party) bildet ein Minderheitskabinett.	
10. Okt.	Die angesichts einer schlechten wirtschaftlichen und sozialen Lage ausgerufenen Neuwahlen bringen der *Labour-Party* eine knappe absolute *Mehrheit* (319 Mandate gegen 276 Konservative), die durch Zwistigkeiten innerhalb der Partei gefährdet wird. Wilson bleibt Premierminister.	*Labour-Mehrheit*
21. Nov.	Der irische Terror greift auf England über.	
29. Nov.	Das Parlament verbietet die *Irisch-Republikanische Armee* (IRA) für England, Wales und Schottland.	*Irisch-Republikanische Armee*
1974/1975	Angesichts von Inflationsraten von mehr als 20% und Lohnsteigerungen von bis zu 32,5% beschließt die Regierung drastische Steuererhöhungen.	
1975 5. Juni	Die umstrittene Frage eines EG-Beitritts, der vor allem von großen Teilen der Labour-Party und der Gewerkschaften nicht gewünscht wird, wird durch ein Referendum zugunsten eines Beitritts entschieden (67,2% Ja, 32,8% Nein; Beteiligung 63,4%).	
Juli/Aug.	Wilson verkündet Anti-Inflationsmaßnahmen (Lohnerhöhungen nur bis zu 10%, Preiskontrollen, Begrenzungen von Dividendenerhöhungen).	
Sept./Okt.	Sie werden in der Labour-Party und bei den Gewerkschaften nur mit Mühe mehrheitlich gutgeheißen.	
Okt.	Beginn der *Erdölförderung* vor der Ostküste Schottlands.	*Erdölförderung*
1976	Nach Scheitern einer Verfassungskonferenz für Nordirland (4. März) übernimmt London die direkte Verwaltung unbefristet.	
16. März	Wilson tritt angesichts der Konflikte in seiner Partei als Premierminister und Parteichef resigniert zurück.	
5. April	Nachfolger wird James Callaghan (*1912).	
6./7. April	Die durch Todesfälle, Austritte und verlorene Nachwahlen zusammengeschmolzene Unterhausmehrheit geht Labour verloren (nur noch 314 von 630 Sitzen).	
9. April	Das Unterhaus entscheidet sich dank den Stimmen der Konservativen für ein Verbleiben Großbritanniens in der EWG.	
2. Juni	Das Pfund sinkt auf 1,714 Dollar (4,471 DM).	
28. Juni	Die Regierung schließt auf drei Jahre einen *Sozialpakt* mit den Gewerkschaften, in dem programmatische Prioritäten für die wirtschaftliche und soziale Entwicklung gesetzt werden (Einfuhrbegrenzung, Vermögenssteuer, Preis- und Lohnbeschränkung).	*Sozialpakt*
9. Dez.	Mit 1316000 erreicht die Arbeitslosenzahl den höchsten Dezemberstand seit 1939.	
1977 Jan.	Durch internationale Stützungsmaßnahmen (z.B. Internationaler Währungsfonds, acht Zentralbanken der westlichen Welt) werden Großbritannien Kredite in einer Gesamthöhe von annähernd 8 Mrd. Dollar eingeräumt. (Sie zeigen gegen Ende des Jahres einen deutlichen Erfolg.)	
23. März	Das Kooperationsabkommen mit den Liberalen verschafft der Labour-Regierung wieder eine (unsichere) Unterhausmehrheit.	
7. Juli	Direktwahl zum Europäischen Parlament vom Unterhaus gebilligt.	
27. Juli	Regierung und Gewerkschaften legen revidierten Sozialkontrakt vor, der wieder auf drei Jahre ausgelegt ist. Er gestattet freie Lohnverhandlungen und setzt neue wirtschaftsprogrammatische Akzente.	
Okt.	Die Währungsreserven Großbritanniens steigen auf einen Höchststand von 20,21 Mrd. Dollar.	
14.–16. Nov.	Das Unterhaus beschließt begrenzte *Selbstverwaltung* für Schottland und Wales. Eigene schottische bzw. walisische Abgeordnetenversammlung.	*Selbstverwaltung*

	1978 Jan./Febr.	Innenpolitische Kontroverse um die Einwanderung farbiger britischer Staatsangehöriger (1973–1977 wanderten insgesamt 179 800 Personen ein).
	25. Mai	Liberale kündigen „Pakt" mit Labour.
	1979 28. März	Nach dem Scheitern der Autonomiepolitik durch Plebiszite in Schottland und Wales spricht das Unterhaus der Regierung Callaghan sein Misstrauen aus.

Die Ära Thatcher (1979–1990)

Wahlsieg der Konservativen
Thatcher Premierministerin
IRA-Terror

	3. Mai	Unterhauswahl, absolute *Mehrheit der Konservativen* (339 Mandate, 43,9 % der Stimmen);
	4./5. Mai	Labour: 268/36,9 %. – Margaret *Thatcher* (*1925) wird erster weiblicher *Premier* in der Geschichte Großbritanniens.
	27. Aug.	Dem *IRA-Terror* fällt u. a. Louis Lord Mountbatten (*1900, †1979) zum Opfer.
	1980	Die Zahl der Arbeitslosen erreicht mit über 1,5 Mio. den höchsten Stand seit Kriegsende.
	April	Die Neuorientierung der Wirtschaftspolitik unter Thatcher, die u. a. durch Zinserhöhungen, Abbau von Sozialleistungen, Privatisierung von Staatsunternehmen und Unternehmensentlastungen durch Steuerreformen gekennzeichnet ist, räumt der Inflationsbekämpfung den Vorrang vor einer Vollbeschäftigung ein.
	1981 26. März	Vier ehemalige Labour-Minister gründen die Sozialdemokratische Partei Großbritanniens (SDP = Social Democratic Party).
	April/Aug.	Straßenschlachten zwischen farbigen, arbeitslosen Jugendlichen und rechtsextremistischen Gruppen („Skinheads") in London und zahlreichen anderen Städten.

Falkland-Krieg

	1982	Argentiniens Besetzung der *Falklandinseln* (14. März/1. April) führt zum bewaffneten *Konflikt*.
	5. April	Nach dem Rücktritt Peter Alexander Lord Carringtons (*1919) wird Francis Pym (*1922) Außenminister.
	ab 1. Mai	Britische Luft- und Seestreitkräfte erobern die Falklandinseln zurück (bis 15. Juni).
	Aug.	3,29 Mio. (13,8 %) der Erwerbsfähigen sind in Großbritannien arbeitslos.
	1983 9. Juni	Aus Parlamentswahlen gehen die Konservativen unter Premierministerin Thatcher als Sieger hervor (397 Mandate, 43,5 % der Stimmen); Verluste bei Labour (nunmehr 209 Mandate, 28,3 %). Das *Zwei-Parteien-System* bleibt im Unterhaus trotz fast gleicher Stimmenzahl für Labour und die Sozialliberale Allianz (Liberale und SDP), die aufgrund des Mehrheitswahlrechts nur wenige Mandate bekommt (23 Mandate, 26 % der Stimmen), erhalten.

Zwei-Parteien-System

Bergarbeiterstreik
Hongkong

	1984	Ausbruch eines langen *Bergarbeiterstreiks* (ab 12. März); massive Polizeieinsätze bei Ausschreitungen.
	26. Sept.	Großbritannien und die VR China paraphieren ein Abkommen, wonach *Hongkong* ab 1. Juli 1997 im Status einer Sonderregion wieder China untersteht.

Premierminister

Die Premierminister Großbritanniens seit 1945

Jahr	Premierminister	Jahr	Premierminister
1945–1951	Attlee (Labour)	1970–1974	Heath (Conservative)
1951–1955	Churchill (Conservative)	1974–1976	Wilson (Labour)
1955–1957	Eden (Conservative)	1976–1979	Callaghan (Labour)
1957–1963	MacMillan (Conservative)	1979–1990	Thatcher (Conservative)
1963–1964	Home (Conservative)	1990–1997	Major (Conservative)
1964–1970	Wilson (Labour)	seit 1997	Blair (Labour)

Attlee
Churchill

MacMillan
Thatcher

Wilson

	1985 3. März	Die Bergbau-Gewerkschaft NUM (National Union of Mineworkers) gibt ihren seit einem Jahr dauernden Streik auf.
	2. Mai	Wahlen in 47 Grafschaften stärken Liberale und Sozialdemokraten; schwere Verluste für Konservative und Labour.

Nordirland-Abkommen

	15. Nov.	*Nordirland-Abkommen* unterzeichnet. Es gewährt der Republik Irland Mitspracherecht in Angelegenheiten, die Nordirland betreffen. In den folgenden Wochen starke Protestkundgebungen der protestantischen Bevölkerungsmehrheit in Nordirland.
	1986 Dez.	Im Rahmen der Privatisierungspolitik Verkauf des staatlichen Energieunternehmens British Gas für etwa 15 Mrd. DM.

1987 11. Juni	Bei den *Wahlen zum Unterhaus* setzen sich die Konservativen mit 375 von 650 Sitzen (42,3% der Stimmen) klar durch. Labour: 229 Sitze (30,8%); Liberale: 17 Sitze (12,8%); SDP: fünf Sitze (9,8%).	*Unterhaus- wahlen*
1988 3. März	Vereinigung der Mehrheit der SDP und der Liberalen Partei zur SLDP (Soziale und Liberale Demokraten).	
1989 5.–6. April	Erster Staatsbesuch eines sowjetischen Staats- und Parteichefs seit 1956. Im Mittelpunkt der Gespräche von Michail Gorbatschow und Premierministerin Thatcher stehen die Ost-West-Beziehungen und die Rüstungskontrolle.	
11. April	Eine Sozialreform mit massiven Einsparungen zulasten der Leistungsempfänger tritt in Kraft.	

Von Major zu Blair seit 1990

1990 1. April 22. Nov.	Das In-Kraft-Treten der neuen *Kommunalsteuer* (Poll Tax) zieht schwere Unruhen nach sich. Nach mehreren Kabinettsumbildungen und vehementer, auch innerparteilicher Kritik an ihrer Innen-, Wirtschafts- und Europapolitik *Rücktritt* Margaret *Thatchers*. Die Regierung übernimmt der bisherige Schatzkanzler im Kabinett Thatcher John Major (*1943) am 28. Nov.	*Kommunal- steuer Rücktritt Thatchers*
1991 17. Jan.	Britische Truppen beteiligen sich am Einsatz der multinationalen Allianz im Zweiten Golfkrieg.	
1992 9. April	*Sieg der Konservativen* (336 Mandate [41,9% der Stimmen] gegenüber 271 Mandaten der Labour-Party [34,4%]) bei den Unterhauswahlen.	*Wahlsieg der Konservativen*
10. April	Ein IRA-Anschlag in der Londoner City fordert drei Tote und 91 Verletzte.	
1993 20. Mai	Das Unterhaus ratifiziert den Vertrag von Maastricht über den Ausbau der Europäischen Gemeinschaft (EG) zur Europäischen Union (EU).	
15. Dez.	Premierminister Major und der irische Ministerpräsident Albert Reynolds unterzeichnen in London eine gemeinsame *Deklaration über Nordirland*, die Friedensgespräche für Nordirland einleiten soll.	*Deklaration über Nordirland*
1994 6. Mai	Elisabeth II. und der französische Präsident François Mitterrand eröffnen gemeinsam den *Eurotunnel* unter dem Ärmelkanal.	*Eurotunnel*
31. Aug.	Die IRA erklärt die bedingungslose unbefristete Einstellung aller Gewalttaten. Darauf verkünden die militanten Protestantenorganisationen in Nordirland ebenfalls einen Gewaltverzicht (13. Okt.).	
1995 27. Febr.	Die älteste britische Privatbank Baring Brothers & Co. Ltd. erleidet in Folge von Fehlspekulationen hohe finanzielle Verluste und stellt ihren Geschäftsbetrieb ein.	
20. Juni	Der britisch-niederländische Ölkonzern Shell verzichtet nach internationalen Protesten darauf, die Ölplattform „Brent Spar" im Atlantik zu versenken.	
1996 9. Febr.	Mit einem Bombenattentat beginnt die *IRA* eine *Anschlagserie* in London und erklärt den seit dem 1. Sept. 1994 andauernden Waffenstillstand für beendet.	*Anschlagserie der IRA*
1997 1. Mai	Bei den Unterhauswahlen siegt die oppositionelle Labour-Party und erreicht die absolute Mehrheit der Parlamentssitze (419 Mandate; 43,4% der Stimmen). Tony (Anthony) *Blair* (*1953; seit 1994 Parteichef der Labour-Party) wird *neuer Premierminister* (2. Mai). Die Konservativen müssen starke Verluste hinnehmen (nunmehr nur noch 165 Mandate; 30,7% der Stimmen). Die SLDP erhält 46 Mandate (16,7% der Stimmen).	*Blair Premierminister*
1. Juli	Die bisherige britische Kronkolonie Hongkong geht in die Souveränität der VR China über.	
20. Juli	Die IRA verkündet eine Waffenruhe für Nordirland.	
11./18. Sept.	Schotten und Waliser entscheiden sich in Volksabstimmungen für die Konstituierung eigener *Landesparlamente*. Hintergrund der Kampagne ist das Wahlversprechen der Labour-Party, die Verfassung Großbritanniens zu modernisieren.	*Landes- parlamente*
27. Dez.	Mit der Ermordung eines protestantischen Extremisten beginnt eine Attentatsserie in Nordirland, die den neu belebten Friedensprozess (Empfang des Sinn-Fein-Führers Gerry Adams [*1948] durch Premierminister Blair in seinem Amtssitz Downing Street 10 am 11. Dez.) bedroht.	
1998 10. April	Nach 21 Monaten Verhandlungen unter Leitung des US-Senators George Mitchell schließen die am nordirischen Friedensprozess beteiligten Parteien das *Karfreitagsabkommen*. Es sieht für Nordirland eine Halb-Autonomie, den Verbleib bei Großbritannien und eine Machtteilung im künftigen nordirischen Parlament zwischen Protestanten und Katholiken vor. Der Konflikt in Nordirland hat in 30 Jahren 3600 Menschen das Leben gekostet.	*Karfreitags- abkommen*
22. Mai	Bei der Volksabstimmung entscheiden sich in der Provinz Ulster 71%, in Irland 94,4% für das Karfreitagsabkommen.	

David Trimble Erster Minister	25. Juni	Wahl zur nordirischen Versammlung. *David Trimble* (* 1944) von der Ulster Unionist Party wird *Erster Minister*.
	16. Okt.	Der chilenische Ex-Diktator Augusto Pinochet wird während eines Aufenthaltes in London festgenommen. Um seine Auslieferung nach Spanien entwickelt sich ein juristisches Tauziehen, das am 8. Okt. 1999 mit der Zustimmung eines Londoner Gerichtes zur Auslieferung endet; Pinochet soll aber nur für Verbrechen belangt werden dürfen, die er nach 1988 begangen hat (in diesem Jahr trat Großbritannien der UN-Folter-Konvention bei). Wegen schlechten Gesundheitszustandes wird Pinochet jedoch am 2. März 2000 die Rückkehr nach Chile gestattet.
	10. Dez.	Die Protagonisten des nordirischen Friedensprozesses, der Katholik John Hume und der Protestant David Trimble, erhalten den Friedensnobelpreis.
	1999 6. Mai	In Schottland und Wales finden erstmals Regionalwahlen statt. Sieger ist die Labour Party, die Nationalisten stellen jeweils die zweitstärkste Kraft.
	26. Okt.	Im britischen Oberhaus dürfen nur noch 92 Erbadlige sitzen, die übrigen 541 werden auf Lebenszeit ernannt.
	2. Dez.	Nordirland erhält die 1972 entzogene Autonomie zurück. Irland verzichtet auf Ulster. Eine gemischt-konfessionelle Regierung unter David Trimble nimmt die Arbeit auf.
	2000 4. Mai	Der aus der Labour Party ausgeschlossene Linke Ken Livingstone wird erster direkt gewählter Bürgermeister von London.
Maul- und Klauenseuche	**2001** 21. Febr.	Ausbruch der *Maul- und Klauenseuche*. Bis Mai werden präventiv rd. 3,1 Mio. Tiere, davon 2,5 Mio. Schafe, getötet.
	7. Juni	Die Unterhauswahlen werden zum Erfolg für Labour (413 von 659 Sitzen). Die Liberalen erhalten 52 Sitze, so viel wie seit 1929 nicht mehr. Die Konservativen, durch antieuropäischen Wahlkampf in die Isolation geraten, kommen über 166 Mandate nicht hinaus, als Konsequenz erklärt Parteichef Hague seinen Rücktritt.
	7. Juli	In der nordenglischen Industriestadt Bradford entladen sich die Spannungen zwischen asiatisch-stämmigen und einheimischen Jugendlichen in blutigen Krawallen.
	23. Okt.	Die IRA beginnt mit der Vernichtung ihrer Waffen.
	2002	Feiern in London zum Goldenen Thronjubiläum von Königin Elisabeth II (1.–4. Juni).
	16. Juli	Die IRA bittet in einer Erklärung zum 30. Jahrestag des „Bloody Friday" (21. Juli 1972), an dem neun Menschen von Bomben getötet wurden, um Verzeihung für das Leid, das sie Zivilisten angetan hat.

Irland seit 1945
(Forts. v. S. 978)

konfessionelle Gegensätze	Die politischen Beziehungen zwischen Irland und Großbritannien sind auch nach 1945 noch durch die *konfessionellen Gegensätze* und die Erinnerung an frühere Konflikte geprägt. Die Republik verzichtet darüber hinaus nicht auf eine Eingliederung Nordirlands, aber ihr Anspruch verliert allmählich seine politische Brisanz. Lediglich Extremistengruppen sind bestrebt, den irischen Forderungen auch durch Terror Nachdruck zu verleihen. Sie erhalten jedoch von der irischen Regierung keine Unterstützung mehr, seit Ende der sechziger Jahre werden sie von ihr bekämpft. Für die irische Innenpolitik charakteristisch ist der Gegensatz zwischen den beiden großen Parteien Fianna Fáil („Schicksalskämpfer"; nationalistisch-konservativ) und Fine Gael („Stamm der Gälen"; gemäßigt), die sich in der Führung ablösen. – Die
Wirtschaftslage	*wirtschaftliche Lage* ist durchweg schwierig, die agrarische Monostruktur nicht zukunftsträchtig. Die Handelsbilanz bleibt defizitär, die Zahlungsbilanz zeigt zwischen 1952 und 1976 nur dreimal positive Werte, und die Arbeitslosenrate sinkt nicht unter 6%. Die Wirtschaft hängt in vielem von Großbritannien ab, und Versuche, im Rahmen der EWG die Industrialisierung voranzutreiben, führen zu keiner entscheidenden Verbesserung.

	1945	Das Fianna Fáil-Mitglied Sean O'Kelly (* 1882, †1966) wird Präsident Irlands (bis 1959).
Regierung unter De Valéra	25. Juni	Die Fianna Fáil unter Führung von Eamon *De Valéra* (* 1882, †1975) *regiert* weiterhin (bis 1948, 1951–1954 und 1957–1959).
	1948 18. Febr.	Regierungsbildung durch eine Koalition der bisherigen Oppositionsparteien; Ministerpräsident John A. Costello (* 1891, †1976; Fine Gael; bis 1951 und 1954–1957).
	16. April	Irland tritt der Organisation für europäische wirtschaftliche Zusammenarbeit (OEEC) als Gründungsmitglied bei (die 1961 durch die OECD ersetzt wird).
unabhängige Republik	**1949** 18. April	(Ostermontag) Jahrestag des Osteraufstands von 1916: Der Austritt Irlands aus dem Commonwealth wird rechtskräftig, Irland wird *unabhängige Republik*.

3. Mai Großbritannien akzeptiert den irischen Austritt mit der Verabschiedung der Ireland-Bill: Bestandsgarantie für Nordirland. Irland gilt weiterhin nicht als Ausland. Britische (und neuseeländische) Bürger gelten umgekehrt für Irland nicht als Ausländer.

1952 Aufhebung der letzten Lebensmittelrationierungen (20. Mai). Preise für Lebensmittel steigen nun rasch.

1955 Aug. Die schon seit 1858 existierende *Irisch-Republikanische Armee* (IRA) wird erstmals *militant*, um die Republik Irland und Nordirland zu vereinen. *IRA wird militant*

15. Dez. Irland wird UNO-Mitglied.

1957 8. Juli Die Regierung beginnt, gegen die Aktivitäten der IRA auf dem Boden der Republik Irland einzuschreiten.

15. Sept. Irland tritt der Weltbank und dem Weltwährungsfonds (Internationaler Währungsfonds/IMF) bei.
In diesem Rahmen versucht die Republik eine verstärkte Förderung der Ansiedlung ausländischer Industriefirmen zur Verbesserung der Industriestruktur und des Exports zu erreichen.

1959 De Valéra wird zum Staatspräsidenten gewählt (18. Juni, Amtszeit ab 25. Juni, bis 1973).

23. Mai Nachfolger als Ministerpräsident wird Seán Lemass (Fianna Fáil, bis l966; *1899, †1971).

1961 Irland beantragt den Beitritt zur EWG (1. Aug.).

1962 20. April 29 gefangene IRA-Angehörige werden aus der Haft entlassen, nachdem sich die IRA zur Einstellung terroristischer Tätigkeiten bereit fand.
Irland beantragt Beitritt in die EGKS und EURATOM (21. Jan.).

1963 1965 14. Jan. Die Ministerpräsidenten der Republik Irland und des zu Großbritannien gehörenden Nordirland treffen erstmals seit der Teilung der Insel (1921/22) zusammen. Damit erkennt die Regierung Irlands formell die nordirische Regierung an. Im Vordergrund stehen Wirtschaftsgespräche.

14. Sept. Irland erweitert seine Fischereigrenze von drei auf zwölf Meilen (gültig ab 1. Okt.).

15. Dez. Ohne dass das irische Teilungsproblem geregelt ist, wird ein Abkommen über eine irisch-britische *Freihandelszone* unterzeichnet (stufenweiser Abbau von Zollschranken; impliziert keinen Beitritt Irlands zur EFTA). *Freihandelszone*

1966 10. Nov. John („Jack") Lynch (*1917) als neuer Ministerpräsident der Fianna-Fáil-Regierung im Amt (bis 1973 und 1977–79).

1967 Irland beantragt erneut den Beitritt zur EWG, EGKS und EURATOM (12. Mai).

1968 Irland wird Mitglied des Allgemeinen Zoll- und Handelsabkommens (GATT) (11. Sept.).

ab 1968 Durch ihr radikal-terroristisches Auftreten verliert die IRA in der Republik Irland zunehmend an Einfluss.

1972 Die Regierung unterzeichnet das Abkommen für den *Beitritt* Irlands *zur EG* (22. Jan.). *EG-Beitritt*

10. Mai EG-Beitritt mit großer Mehrheit durch Referendum gebilligt.

2. Dez. Gesetz zur wirkungsvollen Bekämpfung der IRA.

8. Dez. Die Bevölkerung stimmt dafür, die verfassungsmäßige Sonderstellung der katholischen *Kirche* abzuschaffen. Dadurch soll den Protestanten Nordirlands eine Wiedervereinigung erleichtert werden. *Kirche*

1973 14. März Liam Cosgrave (*1920) bildet eine Regierung aus Mitgliedern seiner Fine Gael und der Labour Party (bis 1977).

30. Mai Erskine Childers (*1905, †1974; Fianna Fáil) wird zum (ersten protestantischen) Staatspräsidenten Irlands gewählt (bis 1974).

1974 29. Nov. Zum Nachfolger des verstorbenen Staatspräsidenten Childers wird Cearbhall O'Dalaigh (*1911) gewählt (Amtsantritt 19. Dez.; bis 1976).

1976 Irland erhält von der EG einen 300 Mio.-Dollar-Kredit (16. Febr.).
Das Parlament verabschiedet ein Gesetz, das auch die Verurteilung von Terroristen ermöglicht, die außerhalb der irischen Republik (gemeint v.a. Nordirland) Anschläge verüben.

10. Sept. Das Parlament stimmt zur verstärkten Bekämpfung des *Terrorismus* dem Gesetz über die Ausrufung des nationalen Notstandes zu. *Terrorismus*

15. Sept. Darüber hinaus verschärft es die Strafen für Terroraktionen.

22. Okt. Staatspräsident O'Dalaigh tritt zurück.

9. Nov. Nachfolger wird (John) Patrick Hillery (*1923).

1977 2. Dez. Irland und Großbritannien unterzeichnen ein gegen die Interessen anderer EG-Staaten gerichtetes Abkommen zum gemeinsamen Schutz ihrer beidseitigen Fischereigewerbe.

1979 Nach Rücktritt von Premierminister Lynch (5. Dez.) wird Charles James Haughey (*1925) neuer Chef der Fianna-Fáil-Regierung.

1981 30. Juni Nachdem die Parlamentswahlen (11. Juni) keine klaren Mehrheiten erbracht haben, wählt das irische Parlament den bisherigen Oppositionsführer Garret FitzGerald (Fine Gael;

		*1926) zum Ministerpräsidenten. FitzGerald führt eine Minderheitsregierung aus Fine Gael und Labour Party.
	1983	Verbot der Irish National Liberation Army (INLA) in Irland.
Nordirland-Abkommen	1985 15. Nov.	Das *Nordirland-Abkommen* mit Großbritannien schafft eine gemeinsame Regierungskommission mit ständigem Sekretariat in Belfast.
	1987 17. Febr.	Nach Bruch der Regierungskoalition von Fine Gael und Labour Party Unterhauswahlen; Ministerpräsident wird Haughey.
	1990 7. Nov.	Die Präsidentschaftswahlen enden mit einem Sieg der parteilosen Rechtsprofessorin Mary Robinson (*1944), die für die Labour Party kandidiert.
	1992 11. Febr.	Nach Kritik innerhalb der Fianna-Fáil tritt Haughey zurück. Das Parlament wählt Albert Reynolds (*1932) zum neuen Ministerpräsidenten.
	18. Juni	Bei einer Volksabstimmung votieren 68,7% der Iren für das Vertragswerk von Maastricht.
	1993 12. Jan.	Mit der Labour Party bildet Reynolds nach Parlamentswahlen (25. Nov. 1992) eine neue Koalitionsregierung.
Deklaration über Nordirland	15. Dez.	Reynolds und der britische Premierminister Major unterzeichnen in London eine gemeinsame *Deklaration über Nordirland*.
	1994 15. Dez.	Nach dem Rücktritt Reynolds bildet der bisherige Oppositionsführer und Vorsitzender der Fine Gael, John Bruton (*1947), zusammen mit der Labour Party eine neue Regierung.
	1995 22. Febr.	Irland und Großbritannien schließen ein Nordirlandabkommen, nach welchem dem Willen der dortigen Bevölkerung für zukünftige Regelungen Rechnung getragen werden soll.
	1997 27. Febr.	Das gesetzliche Ehescheidungsverbot wird offiziell aufgehoben, nachdem bereits 1995 in einem Referendum eine knappe Mehrheit der Iren (50,2%) die Einführung der zivilrechtlichen Ehescheidung befürwortet hatte.
	26. Juni	Nach Parlamentswahlen wird Bertie (Bartholomew) Ahern (*1951; Fianna Fáil) neuer Premierminister eines Minderheitskabinetts.
	30. Okt.	Bei vorgezogenen Präsidentschaftswahlen setzt sich unter vier Kandidatinnen und einem Kandidaten die konservative Nordirin Mary McAleese (*1951) durch.
	1998 12. Dez.	Labour Party (LP) und Democratic Left (DL) schließen sich zusammen. Die neue Linkspartei übernimmt den Namen LP, sie verfügt im Repräsentantenhaus über 21 Mandate.
Beitritt zur Partnerschaft für den Frieden	1999 10. Nov.	Das Parlament billigt den *Beitritt* Irlands *zur Partnerschaft für den Frieden* (PfF) mit der NATO.
	2. Dez.	Im Zuge des nordirischen Friedensprozesses wird der Anspruch Irlands auf den Nordteil der Insel aus der Verfassung von 1937 gestrichen.
	2000 März	Die irische Dachgewerkschaft ICTU schließt einen Sozialpakt mit dem Arbeitgeberverband und der Regierung.
	2001 12. Febr.	Als erster Mitgliedsstaat erhält Irland von den EU-Finanzministern eine formelle Rüge wegen einer Inflationsrate von 5,5% im Jahr 2000.
	7. Juni	In einem Referendum lehnen die Iren mit 54% den Vertrag von Nizza zur EU-Erweiterung ab.
	2002 17. Mai	Bei den Parmentswahlen wird Fianna Fáil stärkste Partei. Gewinne auch für Grüne und Sinn Féin, Verluste dagegen für die oppositionelle Fine Gael.

Südeuropa seit 1945

Italien seit 1945
(Forts. v. S. 1022)

Italien steht bei Kriegsende 1945 nicht nur vor der Aufgabe der Behebung der Kriegszerstörungen und der Überwindung der wirtschaftlichen Kriegsfolgen, sondern zugleich auch vor der Notwendigkeit einer grundlegenden *politischen Neuordnung*. Der Faschismus ist durch seine Kriegspolitik diskreditiert und im Ablauf der Kriegsereignisse politisch entmachtet, andererseits gestatten die nach zwanzigjähriger faschistischer Diktatur eingetretenen oder anstehenden gesellschaftlichen Wandlungen und die kriegsbedingt verstärkten wirtschaftlichen Schwierigkeiten (*Nord-Süd-Gefälle*; Energie- und Rohstoffmangel) kein problemloses Wiederanknüpfen an die vorfaschistische Zeit.

Unter Führung von Kommunisten und Sozialisten dringt die Arbeiterschaft auf politischen und wirtschaftlichen Einfluss und auf schnelle und dauerhafte Besserung der Lebensverhältnisse, nicht nur im vorwiegend industrialisierten Norden, sondern auch im agrarischen Süden. Träger der Neuordnung sind zunächst die in dem CLN (Comitato di Liberazione Nazionale – Komitee der nationalen Befreiung) zusammengefassten Widerstandsbewegungen, in denen kommunistische und sozialistische Gruppen überwiegen, denen aber auch linksliberale und katholische Kräfte, Teile der Arbeiterschaft und des Bürgertums angehören. Das Bündnis gerät jedoch nach Kriegsende in wachsende innere Spannungen, zumal alte Führungsschichten wichtige Schlüsselpositionen in Staat und Gesellschaft behaupten. Der Einfluss der kommunistischen und sozialistischen Parteien wird zurückgedrängt, und die in der Widerstandsbewegung einflussreiche linksbürgerliche Aktionspartei löst sich auf. Die *Democrazia Cristiana* (DC) gewinnt 1945 als Nachfolgerin des Partito Popolare aus der Zeit vor dem Faschismus und in engster Verbindung mit der katholischen Kirche zunehmend an Bedeutung und wird zum Sammelbecken der Konservativen.

Das Ende der Monarchie

1945
3. Juni Vertreter der sechs *antifaschistischen Parteien* (Christliche Demokraten, Kommunisten, Sozialdemokraten, Liberale, Mitglieder der linksliberalen Aktionspartei und der Arbeiterdemokraten) kommen überein, die Provinz- und Gemeindekomitees der CLN als beratende Körperschaften der Präfekten einzusetzen.

8. Juni Ministerpräsident Ivanoe Bonomi (*1873, †1951; seit 12. Dez. 1944 zum dritten Mal Regierungschef) erklärt seinen Rücktritt. In den folgenden Verhandlungen zwischen den sechs Parteien lehnen die Kommunisten und Sozialisten den Christdemokraten Alcide de Gasperi (*1881, †1954) als Ministerpräsidenten ab, die Christdemokraten ihrerseits den Sozialisten Pietro Nenni (*1891, †1980): Polarisierungstendenzen innerhalb des antifaschistischen Blocks.

Die USA und Großbritannien verständigen sich mit Jugoslawien über eine vorübergehende Militärverwaltung der italienischen *Provinz Venezia Giulia* einschließlich Triests unter einem alliierten Befehlshaber.

19. Juni Die sechs antifaschistischen Parteien einigen sich auf Feruccio Parri (*1890, †1981; Aktionspartei, später Republikanische Partei) als Ministerpräsidenten: Koalitionsregierung (21. Juni), die nach dem Austritt der Liberalen auseinanderbricht (26. Nov.).

10. Dez. Alcide *de Gasperi* anstelle Parris bildet ein Koalitionskabinett, das wiederum von den sechs antifaschistischen Parteien getragen wird (de Gasperi leitet bis Juli 1953 hintereinander neun *Koalitionsregierungen*).

14. Dez. Ministerpräsident de Gasperi erklärt, dass am 31. Dez. die unter alliierter Kontrolle stehende Verwaltung der norditalienischen Provinzen, ausgenommen Venezia Giulia und Udine, der italienischen Regierung unterstellt werde.

1946 Gemeinderatswahlen (10. März–7. April), bei denen die Christdemokraten und der Block der Linksparteien die Mehrheit behalten. Kommunisten und Liberale sind abgeschlagen.

2. Juni Die *Volksabstimmung* über die zukünftige Staatsform ergibt folgende Resultate: für die Republik 12,7 Mio., für die Monarchie 10,7 Mio. Stimmen. Die *Wahlen zur konstituierenden Versammlung* erbringen folgende Mandatsverteilung: Christliche Demokraten 207, Sozialisten 115, Kommunisten 104, Demokratisch-Nationale Union 41, Uomo Qualunque (Liberale) 30, Republikanische Partei 23, Freiheitsblock 16, Aktionspartei sieben, Sizilianische Unabhängigkeitspartei vier Sitze.

Mit Beginn der Ausarbeitung der Verfassung und der Vorbereitung der Parteien auf Wahlen zerbricht das Nachkriegsbündnis der politischen Kräfte. Eine Polarisierung zwischen konservativ und sozialistisch kristallisiert sich heraus, zugleich findet eine Umgruppierung im Parteiensystem statt. Die parteipolitischen Kämpfe nehmen an Schärfe zu.

Die Nachkriegszeit (1946–1961)

Proklamation der Republik
18. Juni *Proklamation der Republik* Italien.
26. Juni Die Konstituante wählt den Liberalen Enrico de Nicola (*1877, †1959) zum vorläufigen Staatspräsidenten.
1947 7./9. Jan. Der rechte Flügel der Sozialistischen Partei unter Giuseppe Saragat (*1898, †1988) tritt aus der Partei aus und bildet die Italienische Sozialistische Partei (Italia Socialista). Die verbliebene Mehrheitsgruppe unter Pietro Nenni tritt für Zusammenarbeit mit den Kommunisten ein; ferner bildet sich eine revolutionäre „sozialistische Initiative".

Friedensvertrag
10. Febr. Pariser *Friedensvertrag*: Italien muss den Dodekanes (Inselgruppe im Ägäischen Meer [„zwölf Inseln"] vor der Küste Kleinasiens) an Griechenland, Istrien an Jugoslawien abtreten, Triest wird Freistaat. Südtirol und den Gebieten an der französischen Grenze wird Provinzautonomie zugesprochen; Italien muss auf alle Kolonien verzichten.
4. April Die dritte Regierung de Gasperi (seit 3. Febr. 1947) legt ein Programm zur Bekämpfung der Inflation durch Sanierung des Staatshaushaltes, Einschränkung des Konsumverbrauchs und Beseitigung der Rohstoffknappheit vor.
31. Mai De Gasperi bildet ein viertes Kabinett, ausschließlich aus Christdemokraten und Unabhängigen bestehend. Damit sind die Kommunisten zunächst von der Regierung ausgeschlossen.
24. Sept. In der Konstituante stellen die Linksparteien Misstrauensanträge gegen die Regierung und fordern die Bildung einer Koalition von Christdemokraten und der Linken.
21. Okt. Die Aktionspartei löst sich selbst auf. Den Mitgliedern wird empfohlen, sich den Linkssozialisten Nennis anzuschließen.

neue Verfassung
22. Dez. Die Konstituante nimmt mit 453 gegen 62 Stimmen die neue Verfassung an, die am 1. Jan. 1948 in Kraft tritt. Die *neue Verfassung* enthält eine endgültige Entscheidung für die Republik und gegen die Monarchie. Das Parlament besteht aus einer Abgeordnetenkammer, die direkt gewählt wird, und aus dem Senat der Republik, von dessen 343 Senatoren 106 „von Rechts wegen" Mitglieder sind und die anderen gewählt werden. Die Verfassung regelt ferner das Verhältnis von italienischem Staat und Vatikan entsprechend den Lateranverträgen von 1929: Beide sind auf ihrem Gebiet souverän.
28. Dez. Kommunisten und Linkssozialisten unter Nenni bilden eine Demokratische Volksfront.

Parlamentswahlen
1948 18./19. April *Parlamentswahlen*: Christliche Demokraten 304, Demokratische Volksfront 182, Sozialistische Einheitspartei 33, Nationaler Block 19, Monarchistische Partei 14, Republikanische Partei neun, Soziale Bewegung sechs, Südtiroler Volkspartei drei Sitze (Bauernpartei einen Sitz).
11. Mai Luigi Einaudi (*1874, †1961; Liberaler) zum Staatspräsidenten gewählt.
23. Mai Die neue Regierung von Alcide de Gasperi verfolgt in Zusammenarbeit mit Liberalen, Sozialdemokraten und Republikanern eine Innenpolitik der Mitte, die Eingliederung Italiens in das westliche Bündnis und wirtschaftliche Expansion.

Generalstreik
14. Juli Attentat auf den Kommunistenführer Palmiro Togliatti (*1893, †1964). KPI und die Gewerkschaft Confederazione Nazionale di Lavoro rufen den *Generalstreik* aus. In Turin nehmen Arbeiter die Leiter von 30 Unternehmen fest. Die Regierung befürchtet einen kommunistischen Umsturz.
18. Okt. Gründung des Freien Allgemeinen Gewerkschaftsbundes (LCGIL) durch Giulio Pastore (Führer der christlich-demokratischen Arbeiter).
1949 4. Jan. Die Regierung errichtet einen nationalen Wirtschafts- und Arbeitsrat, der zur Gesetzesinitiative befugt sein soll.
3. Aug. Italien wird Gründungsmitglied des Europarates.
1950 8. Febr. Die Demokratische Arbeiterföderation (FIL) vereinigt sich mit der Katholischen Freien Arbeiterföderation (LCGIL).

Gewerkschaften
30. April Die fusionierten *Gewerkschaften* vereinigen sich mit der Union autonomer italienischer Arbeiterföderationen (UFAIL) zur Confederazione Italiana dei Sindacati Lavoratori (CISL), die dem CGIL (kommunistisch) gegenübersteht.
12. Mai Der von Minister Antonio Segni (*1891, †1972) vorgelegte Gesetzentwurf zur Agrarreform sieht die Enteignung von 1,5 Mio. Hektar brachliegenden Bodens sowie dessen Aufteilung vor. Die Regierung reagiert damit auf „wilde" Landbesetzungen.

1. Okt.	Der interministerielle Ausschuss zur Durchführung des Zehnjahresprogrammes für die wirtschaftliche Erschließung Süditaliens (Cassa per il *Mezzogiorno*) nimmt seine Tätigkeit auf. Es sollen Verbesserungen in der Landwirtschaft eingeleitet und die Industrialisierung gefördert werden, um das soziale Nord-Süd-Gefälle zu mildern und einer zunehmenden Abwanderung aus dem Süden entgegenzuwirken.	*Mezzogiorno*
1951 18. April	Italien tritt der Europäischen Gemeinschaft für Kohle und Stahl (EGKS) als Gründungsmitglied bei.	
1. Mai	Vereinigung der sozialdemokratischen Saragat-Partei (PSLI) und der Romita-Partei (PSU) zum Partito Socialista Sezione Italiana del Internationale Socialista (PS–SIIS).	
1952 1./4. Febr.	Das italienische Parlament billigt ein Gesetz zur Bekämpfung der neofaschistischen Aktivitäten.	
1953 7./8. Juni	*Parlamentswahlen* erbringen folgendes Ergebnis: für das demokratische Zentrum (Christliche Demokraten 261, Sozialdemokraten 19, Liberale 14, Republikaner fünf und Südtiroler Volkspartei drei) 302 Sitze, für die Linksopposition (Kommunisten und Sozialisten) 218 Sitze und für die Rechtsopposition (Monarchisten und neofaschistische MSL – Movimento Sociale Italiano) 69 Sitze.	*Parlamentswahlen*
28. Juli	Sturz der gerade gebildeten (15. Juli) neunten Regierung de Gasperi durch Partner des Wahlbündnisses.	
15. Aug.	Der Christdemokrat Giuseppe Pella (*1902, †1981) wird Regierungschef. Die Christlichen Demokraten regieren von nun an bis 1962 mit wechselnder Unterstützung von rechts (Monarchisten, Liberale) und links (Sozialdemokraten und Sozialisten) mit folgenden *Ministerpräsidenten*: Giuseppe Pella (bis 6. Jan. 1954), Amintore Fanfani (*1908, †1999; 1. Mal: 18.–31. Jan. 1954; 2. Mal: 2. Juli 1958–26. Jan./5. Febr. 1959; 3. Mal: 26. Juli 1960–2. Febr. 1962), Mario Scelba (*1905, †1991; 9. Febr. 1954–22. Juni 1955), Antonio Segni (1. Mal: 6. Juli 1955–6. Mai 1957), Adone Zoli (*1887, †1960; 19. Mai 1957–19. Juni 1958), Fernando Tambroni (*1901, †1963; 25. März–19. Juli 1960).	*Ministerpräsidenten*
1954 5. Okt.	De-Facto-Abkommen zwischen Italien, Jugoslawien, Großbritannien und den USA über die Regelung des *Triest-Problems*: Beendigung der britischen und der US-Militärregierung in den Zonen A und B: Triest wird Freihafen.	*Triest-Problem*
1955	Das *Südtirol-Problem* spitzt sich mit der wiedererrungenen Souveränität der Republik Österreich zu (Aug.).	*Südtirol-Problem*
11. Mai	Neuer Staatspräsident wird der christlich-demokratische Politiker Giovanni Gronchi (*1887, †1978).	
1956 27./28. Mai	Bei den Provinzialrats- und Regionalwahlen gewinnt das Zentrum (vor allem DC, Sozialdemokraten, Liberale) 53,4%, die Linke (Kommunisten, Linkssozialisten) 34,1% und die Rechte (Monarchisten, Neofaschisten) 11,2% der Stimmen.	
10. Juni	Die Verwaltung der autonomen Regierung *Siziliens* verkündet einen Fünfjahrplan zur *Industrialisierung* der Insel unabhängig vom Programm der Cassa per il Mezzogiorno. Der Plan sieht Kredite in der Höhe von 370 Mrd. Lire vor.	*Industrialisierung Siziliens*
1957 6. Mai	Die Koalitionsregierung unter Antonio Segni (Christliche Demokraten) tritt zurück, da die Sozialdemokraten unter Saragat aus ihr mit der Begründung ausscheiden, es fehle ihr an Reformwillen. Die Regierung hat zuvor die Unterstützung der Republikaner im Parlament verloren; *innenpolitische Krise*.	*innenpolitische Krise*

Wirtschaftliche Entwicklung der Nachkriegsphase

Die *Wirtschaft* nimmt in den fünfziger Jahren einen Aufschwung, der in den Jahren 1959–1962 in Zuwachsraten des Bruttosozialproduktes von 6,37%, 5,82%, 6,81% und 6,07% zum Ausdruck kommt und der das Pro-Kopf-Einkommen 1952–1962 um 47% ansteigen lässt. Dabei sind Landwirtschaft (ca. 3%) und Industrie (ca. 9%) ungleich beteiligt, sodass die regionalen und sektoralen Ungleichgewichtigkeiten sich trotz Zehn-Jahres-Programm verstärken. Der Anteil der Industrie am Nationaleinkommen steigt 1952–1962 von 27% auf 44%, ihr Anteil an der Zahl der Beschäftigten von 29,6% auf 38,6%, während die entsprechenden Anteile der Landwirtschaft auf 16% bzw. auf 27% (von 38,6%) fallen. Impulse bekommt das Wirtschaftswachstum einmal von außen: amerikanische Wirtschaftshilfe, Beteiligung am europäischen Markt, Wechselkursgefälle zum Dollar-Raum, günstige weltwirtschaftliche Konjunktur, zum anderen durch die innere Entwicklung: Innovation des industriellen Produktionsapparates, Erleichterung der Energieversorgung, stärkere Aktivierung des Südens für den inneren Markt (Cassa per il Mezzogiorno) und ein niedriges Lohnniveau. Hauptvoraussetzung des Aufschwunges ist jedoch das Vorhandensein eines Reservoirs an verfügbaren *Arbeitskräften* (Arbeitslose, freiwerdende landwirtschaftliche Arbeitskräfte). Andererseits wächst das Bewusstsein der sozialen Ungleichheit, und die durch sektorale und re-

Wanderungszentren		gionale Unterschiede der Wirtschaft bedingte starke Binnenwanderung führt zu einschneidenden Schwierigkeiten in der Ansiedlung und sozialen Integration in den *Wanderungszentren* Turin, Mailand und Rom.
Wahlen	**1958** 25./26. Mai	Die *Wahlen* zur Abgeordnetenkammer und zum Senat bringen leichte Gewinne für die Christlichen Demokraten (273 Sitze), die Kommunisten (140), PSI (84) und die Liberalen (16). Die Neofaschisten erleiden Verluste.
	2. Juli	Amintore Fanfani bildet eine Regierung des so genannten „linken Zentrums" aus Christlichen Demokraten und Sozialdemokraten.
	1959 23.–28. Okt.	Parteikongress der Christlichen Demokraten: Streit zwischen Fanfani, der eine Öffnung nach links anstrebt, und Aldo Moro (*1916, †1978), der eine Anlehnung an die Rechte wünscht.
„Öffnung nach links"	**1960** März–Juli	Ein gegen den linken Flügel der DC unternommener Versuch, eine Regierung mit parlamentarischer Unterstützung der Neofaschisten zu bilden, scheitert am Widerstand der Linksparteien. In der darauf folgenden Krise unterbreitet Fanfani ein Programm der „*Öffnung nach links*" (Apertura a sinistra): Verstaatlichung der Elektrizitätswerke, Besteuerung von Spekulationsgewinnen, Erhöhung der Arbeiterrenten.
	26. Juli	Fanfani bildet eine Regierung aus DC, Sozialdemokraten und Republikanern, kann jedoch eine Unterstützung der Nenni-Sozialisten nicht erreichen.
	1961 14. Aug.	Die italienische Regierung errichtet eine Südtirol-Kommission, um den dort wachsenden Unruhen zu begegnen.

Die Öffnung nach links (1962–1980)

	1962 21. Febr.	Fanfani bildet eine „Mitte-Links-Koalition", diesmal mit parlamentarischer Unterstützung der Nenni-Sozialisten. Dieses Regierungsbündnis wirkt sich in der Folge prägend auf die weitere politische Entwicklung Italiens aus.
	11. Mai	Antonio Segni (DC) zum Staatspräsidenten gewählt.
Wahlen	**1963** 28.–29. April	Bei *Parlamentswahlen* erzielen Kommunisten und Liberale Gewinne, die Parteien der „Apertura a sinistra" gehen geschwächt daraus hervor, sodass sich Fanfani zum Rücktritt gezwungen sieht (16. Mai); der Christdemokrat Giovanni Leone (*1908) bildet ein Übergangskabinett (21. Juni–5. Nov.).
	25. Sept.	Der Ministerrat beschließt ein Sechs-Punkte-Programm zur Inflationsbekämpfung.
Regierung Aldo Moro	5. Dez.	Nach langwierigen Verhandlungen bildet *Aldo Moro* eine Mitte-Links-*Koalitionsregierung* (Centro-Sinistra) mit DC, Sozialdemokraten, Republikanern und unter Einschluss der Nenni-Sozialisten (Stellvertretender Ministerpräsident Pietro Nenni, Außenminister Giuseppe Saragat). Dieses Regierungsbündnis erweist sich für italienische Verhältnisse als erstaunlich stabil (Moro bleibt bis 5. Juni 1968 nach zwei weiteren Kabinettsbildungen als Ministerpräsident im Amt).
„Testament" Togliattis	**1964** 21. Aug.	Tod des Generalsekretärs der KPI, Palmiro Togliatti, dessen (am 4. Sept. 1964) veröffentlichtes „*Testament*" scharfe Kritik an der sowjetischen Parteiführung übt.
	28. Dez.	Nachfolger Segnis im Amt des Staatspräsidenten wird Giuseppe Saragat.
	1965 17. April	Die Abgeordnetenkammer billigt ein Gesetz zur Bekämpfung der Arbeitslosigkeit und der Rezession.
	1966 31. Juli	Nenni-Sozialisten und die Saragat-Sozialdemokraten verkünden die Vereinigung ihrer Parteien zur PSU.
Wahlen	**1968** 19. Mai	Bei den *Parlamentswahlen* erzielen Kommunisten und DC Gewinne, PSU und Rechtsparteien haben Verluste zu verzeichnen.
	13. Dez.	Nach dem DC-Übergangskabinett unter Giovanni Leone (25. Juni–19. Nov. 1968) bildet Mariano Rumor (*1915, †1990) eine Regierung des Centro-Sinistra.
	1969 12. April	Rücktritt des Erziehungsministers Fiorentino Sullo (*1921) aufgrund von Studentenunruhen und wegen umkämpfter Universitätsreform.
	5. Juli	Rücktritt der Mitte-Links-Regierung wegen Spaltung der PSU, die sich in Teilen den Kommunisten annähern will.
	9. Aug.	Rumor bildet eine christlich-demokratische Minderheitsregierung (bis 7. Febr. 1970).
Massenstreiks	Herbst	Die sozialen Konflikte brechen offen aus: *Massenstreiks*.
	28. März **1970**	Bildung des dritten Kabinetts Rumor unter Beteiligung der Sozialdemokraten und Sozialisten: Regierung des Centro-Sinistra; (am 7. Aug. 1970) unter dem Christdemokraten Emilio Colombo (*1920) fortgeführt.
Dezentralisierung	15. Mai	Einteilung des Staatsgebiets in 14 Regionen mit parlamentarisch kontrollierten Regierungen; *Dezentralisierung* Italiens per Regionalgesetz.

1. Dez.	Die Abgeordnetenkammer billigt Ehescheidungsrecht (18. Dez. 1978 in Kraft); deswegen heftige Auseinandersetzungen mit dem Vatikan.
7./8. Dez.	Putschversuch unter Führung von Valerio Principe Borghese, Führer der neofaschistischen Fronte Nazionale.
1971 Juli	Die Regierung Colombo bemüht sich, die Konjunktur zu beleben, da die industrielle Erzeugung um 3% zurückgeht und durch andauernde Arbeitsniederlegungen Millionen von Arbeitsstunden verloren gehen.
27. Dez.	Giovanni Leone (DC) neuer Staatspräsident.
1972 18. Febr.	Erneuerung des Centro-Sinistra-Regierungsbündnisses durch Bildung einer neuen Regierung unter Giulio Andreotti (*1919; bis 12. Juni 1973), danach wieder Mariano Rumor (viertes und fünftes Kabinett) Ministerpräsident.
März	Die KPI wählt Enrico Berlinguer (*1922, †1984) zum neuen Parteisekretär (bislang nach dem Tod Togliattis: Luigi Longo, *1900, †1980), der eine Beteiligung seiner Partei an der Regierung anstrebt.
7. Mai	*Parlamentswahlen*: Gewinne für KPI und PSI, leichte Verluste der DC.
25. Juli	Die drei großen Gewerkschaften schließen sich zu einem Dachverband zusammen.
1973 9. Okt.	KP-Führer Berlinguer schlägt die „Erneuerung des historischen Kompromisses" (compromesso storico) vor, wie er in der Zeit des Widerstandes zwischen allen antifaschistischen Parteien bestanden hat, also die Einbeziehung der KPI in die Regierungsverantwortung. Orientierung der KPI zum *„Eurokommunismus"*.
1974 18. März	Die Zentralbank gibt bekannt, dass das Handelsbilanzdefizit 3267 Mrd. Lire beträgt; rapider Schwund der Währungsreserven; die Inflationsrate beträgt 19,3%.
12./13. Mai	Bei einer Volksabstimmung sprechen sich 59,1% der Stimmberechtigten gegen die Aufhebung der zivilen Ehescheidung aus.
Juni/Juli	Schwere innen- und wirtschaftspolitische *Krise*, die dem politischen Radikalismus von rechts und links Vorschub leistet. Die Regierung versucht durch drastische Gegenmaßnahmen der Lage Herr zu werden.
23. Nov.	Nach Rücktritt der fünften Regierung Rumor bildet Moro sein viertes Kabinett: 37. Nachkriegsregierung (Koalition zwischen Christdemokraten und Republikanern).
1975 Jan.	Wegen staatsfeindlicher Tätigkeiten laufen gegen mehr als 500 Personen gerichtliche Untersuchungen; 400 sind verdächtig wegen rechtsextremer Aktivitäten, darunter ehemalige hohe Offiziere, rd. 100 wegen Mitgliedschaft in den linksextremen *Roten Brigaden*.
Okt.	Ausgleich hinsichtlich von Gebiets- und Minderheitsproblemen im Raum von Triest mit Jugoslawien; die Vereinbarungen werden durch Kooperationsabkommen unterbaut.
1976 1. Mai/ 29. Juli	Staatspräsident Leone löst das Parlament auf. – Nach *Neuwahlen*, die keine eindeutige Mehrheit bringen, bildet Andreotti eine DC-Minderheitsregierung (39. Nachkriegsregierung).
10. Juli	Ein schweres *Giftgasunglück in Seveso* bei Mailand macht Evakuierungsmaßnahmen erforderlich; bei der Bevölkerung treten gesundheitliche Schäden auf.
14. Okt.	Aldo Moro wird zum Präsidenten der Democrazia Cristiana gewählt.
21. Dez.	Durch Parlamentsbeschluss wird die nach dem Krieg zwischen Italien und Jugoslawien gezogene Grenze im Raum von Triest anerkannt.
1977 Jan.	Verabschiedung des Gesetzentwurfes über Straffreiheit für Abtreibung in den ersten drei Monaten der Schwangerschaft.
1978 16. Jan.	Rücktritt der Regierung Andreotti. In der folgenden Regierung (ebenfalls unter Andreotti) erreicht die Kommunistische Partei zwar nicht ihr Ziel eines Eintritts in die Regierung, dennoch erhält sie, erstmals seit 31 Jahren, unmittelbaren Einfluss auf die Regierung.
16. März	*Aldo Moro* wird von Angehörigen der Roten Brigaden *entführt*.
21. März	Beschluss von Notstandsmaßnahmen zur Bekämpfung des Terrors.
9. Mai	Nachdem alle Maßnahmen zur Rettung des Lebens von Aldo Moro gescheitert sind, wird die Leiche des ermordeten Politikers in der Via Caetani in Rom aufgefunden.
16. Juni	Staatspräsident Leone, dem vorgeworfen wird, vom amerikanischen Rüstungs- und Flugzeugkonzern Lockheed Bestechungsgelder entgegengenommen zu haben, erklärt ein halbes Jahr vor Ablauf seiner Amtszeit seinen Rücktritt.
8. Juli	Der Sozialist Sandro Pertini (*1896, †1990) wird mit großer Mehrheit zum siebten Staatspräsidenten gewählt.
1979 31. Jan.	Da sich nach der Aufkündigung des Regierungsbündnisses durch die Kommunisten die christlich-demokratische Minderheitsregierung als nicht mehr handlungsfähig erweist, erklärt der christlich-demokratische Ministerpräsident Andreotti seinen Rücktritt.
3. Febr.	Andreotti wird von Präsident Pertini mit der Weiterführung der Amtsgeschäfte betraut.

Marginalien: *Wahlen* · *Eurokommunismus* · *innere Krise* · *Rote Brigaden* · *Wahlen* · *Giftgasunglück in Seveso* · *Entführung Aldo Moros*

Wahlen	3. Juni	*Parlamentswahlen*: Auf die DC fallen im Abgeordnetenhaus 262, auf die Kommunisten 201 und die Sozialisten 62 Sitze. Die Mehrheitsverhältnisse erweisen sich für eine Regierungsbildung als problematisch.
	5. Aug.	Francesco Cossiga (*1928; DC) stellt nach langer Regierungskrise seine Koalitionsregierung von Christdemokraten, Sozialdemokraten und Liberalen vor.
	1980 19. Okt.	Wegen der Ablehnung seines Wirtschaftsprogramms tritt Cossiga zurück (27. Sept.). Die neue Regierung unter Arnaldo Forlani (DC; *1925) beschließt ein Sparprogramm (31. Okt.).

Italien unter wechselnder Führung (1981–1989)

P2-Skandal	**1981** 26. Mai	Der „*P2*"-*Skandal* wegen Mitgliedschaft führender Politiker in der Geheimloge „Propaganda Zwei" führt zu Forlanis Rücktritt.
	28. Juni	Giovanni Spadolini (PRI [Partito Republicano Italiano]; *1925, †1994; Ministerpräsident bis 11. Nov. 1982) bildet das erste nicht von der DC geführte Kabinett.
Banco Ambrosiano	**1982** ab Juni	Der Zusammenbruch der größten italienischen Privatbank, *Banco Ambrosiano*, belastet auch die Vatikanbank.
	1983 4. Aug.	Nach Amintore Fanfanis fünftem Kabinett (1. Dez. 1982–29. April 1983) wird Bettino Craxi (*1934, †2000) Italiens erster sozialistischer Ministerpräsident.
	16. Sept.	Das Parlament beschließt die Stationierung von 112 Marschflugkörpern auf Sizilien.
neues Konkordat	**1984** 19. Febr.	Italien und der Vatikan unterzeichnen ein *neues Konkordat*: Der Katholizismus ist nicht mehr Staatsreligion.
	11. Juni	Nach dem Tod von Enrico Berlinguer wird Alessandro Natta (*1918, †2001) am 26. Juni zum Generalsekretär der KPI gewählt.
	1985 3. Juli	Der mit großer Mehrheit aus allen Lagern gewählte Christdemokrat Cossiga wird als neuer Staatspräsident vereidigt.
	Okt.	Die Entführung des italienischen Kreuzfahrtschiffes Achille Lauro durch palästinensische Terroristen löst eine innenpolitische Krise und Spannungen mit den USA aus.
Massenprozess gegen Mafia	**1986** 1. Aug.	Eröffnung eines *Massenprozesses gegen Mitglieder der Mafia* in Palermo (10. Febr.). Regierungsneubildung unter Craxi.
Wahlen	**1987**	Rücktritt der Regierung Craxi (9. April), neue Regierung unter Fanfani (18. April). Nach Misstrauensvotum vorgezogene *Parlamentswahlen* (DC 34,3%, KPI 26,6%, PSI 14,3% der Stimmen) (14.–15. Juni). Neue Regierung (Koalition aus fünf Parteien der linken und rechten Mitte) unter Giovanni Goria (DC; *1943, †1994) (29. Juli).
	1988 13. April	Nach Rücktritt der Regierung (11. März) neue Regierungskoalition unter Ciriaco de Mita (DC; *1928) aus fünf Parteien der linken und rechten Mitte. Billigung von Autonomiebestimmungen für Südtirol durch das Parlament (28. April). Rücktritt von KPI-Generalsekretär Natta (13. Juni), Nachfolger wird Achille Occhetto (*1936) (21. Juni).
Regierung Andreotti	**1989** 19. Mai	Beim Parteitag der DC löst de Mita Generalsekretär Forlani ab. Rücktritt de Mitas als Ministerpräsident, *Regierungsneubildung* unter Giulio Andreotti (DC) (23. Juli).

Italien im Wandel seit 1990

Richtungswechsel der KPI	**1990** 22. Febr.	Der Parteitag der *KPI* befürwortet einen *Richtungswechsel* der Partei zur Sozialdemokratie; Umbenennung der KPI in Partito democratico della Sinistra/PDS (3. Febr. 1991).
	1991 17. Jan.	Italienische Armee-Einheiten unterstützen die multinationale Koalition im Golfkrieg gegen den Irak zur Befreiung Kuwaits von der irakischen Besetzung (bis 28. Febr.).
Massenflucht von Albanern	20. Febr.– 8. März	*Massenflucht von* ca. 20000 *Albanern* nach Italien (Landung in Brindisi und Otranto). Die meisten Flüchtlinge werden bis zum 18. Aug. nach Albanien zurückgebracht.
	1992 25. April	Staatspräsident Cossiga gibt als Ausdruck seiner Unzufriedenheit mit der innenpolitischen Entwicklung die vorzeitige Beendigung seiner Amtszeit bekannt.
Scalfaro Staatspräsident	25. Mai	Zum neuen *Staatsoberhaupt* wird der Christdemokrat Oscar Luigi *Scalfaro* (*1918) gewählt.
	6./16. Sept.	Mit der Verhaftung mehrerer Anführer der Mafia verbucht die Regierung unter Giuliano Amato (PSI, Ministerpräsident seit 18. Juni 1992; *1938) einen Erfolg im Kampf gegen das organisierte Verbrechen, nachdem die Vollmachten der Polizei durch ein neues Anti-Mafia-Gesetz (4. Aug.) erweitert worden sind.
	1993	Ministerpräsident Amato tritt zurück (22. April). Sein Nachfolger wird der parteilose Carlo Azeglio Ciampi (*1920).
	13. Mai	Der Senat hebt die Immunität des ehemaligen christdemokratischen Ministerpräsidenten Andreotti wegen des Verdachts auf Verbindungen zur Mafia auf (Beginn des Prozesses am 26. Sept. 1995).

Krise und Wandel des politischen Systems (1991–1997)

Anfang der neunziger Jahre nimmt die Glaubwürdigkeit der etablierten politischen Parteien rapide ab. Ursachen sind neben wirtschaftlichen Schwierigkeiten (hohe Staatsverschuldung, Nord-Süd-Gefälle) vor allem die zunehmenden Aktivitäten der organisierten Kriminalität sowie die Verstrickung vieler Politiker in *Korruptionsaffären* (1991 über 700 Morde und mehr als 800 Entführungen, 1992 Ermordung des angesehenen Richters Giovanni Falcone [*1939]). Die Justiz, die u. a. 1993 den Chef der sizilianischen Cosa Nostra, Salvatore Riina, verhaften kann, löst mit der *Aktion „Mani pulite"* – saubere Hände (Febr. 1992) eine Kettenreaktion aus: Schmiergeldaffären, Erpressungen sowie generell Mafiaverflechtungen in Politik und Wirtschaft treten nach und nach zu Tage. Vor allem Christdemokraten und Sozialisten sind betroffen: im Winter 1993/94 Ermittlungsverfahren gegen 250 Parlamentarier.

1990 beginnt mit dem Wandel der Kommunistischen Partei der Umbruch im italienischen Parteiensystem (im Febr. 1991 Umbenennung in Partito democratico della Sinistra [PDS] – Demokratische Partei der Linken; die orthodox-kommunistische Fraktion der ehemaligen KPI gründet die Partei der kommunistischen Wiedergründung – PRC [Partito della Rifondazione Comunista]). Die Parteien der linken und rechten Mitte (Christdemokraten, Sozialisten, Liberale, Sozialdemokraten, Republikaner), die jahrzehntelang in wechselnden Konstellationen die Regierung gestellt haben, verlieren eine Herrschaftslegitimation in Gestalt der Eindämmung der in Dauerposition stehenden Kommunisten. Die Democrazia Cristiana löst sich 1994 mit den Gründungen der Italienischen Volkspartei (PPI) und des Christlich-Demokratischen Zentrums (CCD) auf.

Mit den Parlamentswahlen 1992 beginnt der *Aufstieg der Lega Nord* (Zusammenschluss von sechs norditalienischen Autonomiebewegungen unter Führung der 1982 gegründeten Lega Lombarda), die u. a. mit Parolen gegen den römischen Zentralstaat viertstärkste Partei wird. Die Wahlen im März 1994 und April 1996 verändern die politische Landschaft weiter.

1994
27./28. März — Das mehrheitlich rechtsgerichtete Wahlbündnis aus Lega Nord, Forza Italia und Nationaler Allianz gewinnt vorgezogene *Parlamentswahlen*. Der Medien-Großunternehmer Silvio
11. Mai — *Berlusconi* (Forza Italia; *1936) bildet eine Koalitionsregierung, in der erstmals Neofaschisten vertreten sind.
22. Dez. — Nachdem die Mailänder Staatsanwaltschaft Ermittlungen gegen Berlusconi wegen des Verdachts auf Bestechung eingeleitet hat, tritt dieser zurück. Neuer Ministerpräsident wird der parteilose Lamberto Dini (*1931).

1995
11. Juli — Gegen den früheren Regierungschef Bettino *Craxi* beantragt ein Mailänder Gericht einen *Haftbefehl* wegen illegaler Parteienfinanzierung und Korruption.

1996
21. April — Die Parlamentswahlen enden mit einem knappen Sieg des Bündnisses *„L'Ulivo"* („Der Ölbaum"), das sich aus PDS, PPI, Liste Dini und Grünen zusammensetzt. Dem Bündnis steht Romano Prodi (parteilos; *1939) vor, der am 18. Mai eine Mitte-Links-Regierung bildet, die auf die Unterstützung der PRC angewiesen ist.
24. Nov. — Die Lira kehrt in das Europäische Währungssystem (EWS) zurück.

1997
22. Jan. — Das Parlament beschließt, die Verfassung von 1947 zu reformieren. Ziel der Reform ist u. a. eine Dezentralisierung des Staates.
18. Juli — Italien, die Bundesrepublik Deutschland und Österreich beschließen, zum 1. April 1998 die Grenzkontrollen zwischen den drei Ländern abzuschaffen.
15. Sept. — Die Lega Nord proklamiert eine eigene Regierung für die acht von ihr als „Padanien" für unabhängig erklärten nord-italienischen Regionen; Parteichef Bossi rückt jedoch im März 1998 von der Idee ab, Norditalien als souveränen Staat zu etablieren.

1998
21. Okt. — Nach dem Rücktritt Romano Prodis übernimmt der Ex-Kommunist Massimo D'Alema (*1949) mit einem Mitte-Links-Kabinett die Regierung.

1999
13. Mai — der bisherige Finanzminister Carlo Azeglio Ciampi (*1920) wird zum Staatspräsidenten gewählt; er tritt am 29. Mai die Nachfolge von Oscar Luigi Scalfaro an.
23. Okt. — der frühere Regierungschef Giulio Andreotti wird von einem Gericht in Palermo vom Vorwurf der Mafia-Verstrickung freigesprochen. Bereits am 24. Sept. hat in Perugia ein ähnliches Verfahren (Andreotti wurde beschuldigt, die Ermordung eines unbequemen Journalisten veranlasst zu haben) mit einem Freispruch mangels Beweisen beendet.

2000
16. April — Nach Verlusten bei den Regionalwahlen tritt Massimo D'Alema zurück. Nachfolger wird der parteilose bisherige Finanzminister Giuliano Amato (*1938).

2001
13. Mai — Bei den Parlamentswahlen erleidet das Linksbündnis „L'Ulivo" unter dem römischen Bürgermeister Francesco Rutelli eine Niederlage. Das von Silvio Berlusconi zusammengebrachte *Mitte-Rechts-Bündnis „Casa delle libertà"* (Haus der Freiheiten) erhält in beiden Parlamentskammern eine stabile Mehrheit: im Abgeordnetenhaus 368 von 630, im Senat 177 von 325 Sitzen. Die 59. Nachkriegsregierung unter Berlusconi wird am 11. Juni vereidigt.

G8-Gipfel in Genua	20.-22. Juli	Der *G8-Gipfel in Genua* wird von schweren Krawallen überschattet.
	2002 5. Jan.	Rücktritt des Außenministers Renato Ruggiero nach einem Streit mit Berlusconi um die Europapolitik.
	23. März	Ca. zwei Mio Menschen versammeln sich in Rom, um gegen die Politik der Regierung Berlusconi, v.a. die geplante Lockerung des Kündigungsschutzes, zu demonstrieren.
	11. Juli	Das Parlament hebt das Exil für das Königshaus Savoyen auf. Mitglieder dieser Familie hatten bis 1946 die italienischen Könige gestellt.
	14. Sept.	Hunderttausende demonstrieren in Rom gegen die Mitte-Rechts-Regierung von Silvio Berlusconi; der Zorn richtet sich vor allem gegen Justizreformen, die dem Regierungschef Vorteile sichern sollen.

San Marino seit 1599/1986

Die 1599 nach der Anerkennung der Unabhängigkeit durch den Papst (1549) geschaffene Verfassung des 60,5 qkm großen Staates ist im Wesentlichen noch gültig. Das Staatsoberhaupt wird von zwei „regierenden Kapitänen" gebildet, die einander alle sechs Monate abwechseln. – Neben der Exekutive, dem Staatsrat (Congresso di Stato), existiert ein aus 60 Abgeordneten bestehendes Parlament, „Der Große und Generalrat", der für fünf Jahre in allgemeiner Wahl gewählt wird. – *Zollunion* und Freundschaftsvertrag *mit Italien.*

Zollunion mit Italien		
	1986 Juni	Sturz der Volksfrontregierung in San Marino nach Korruptionsskandal; neue Regierungskoalition aus Christdemokraten und Kommunisten.
Aufnahme in den Europarat	**1988**	*Aufnahme* San Marinos *in den Europarat* (16. Nov.).
	1992 2. März	Die UN-Generalversammlung nimmt San Marino als 175. Mitgliedsstaat in die Vereinten Nationen auf.
	1993 30. Mai	Bei Parlamentswahlen gewinnt die seit März 1992 amtierende Koalition aus Christdemokraten und Sozialisten 40 der 60 Sitze.
	1994–1997	Zur Stabilität des Landes tragen die durch den Tourismus erzielten Einnahmen bei, die über die Hälfte des Landeshaushalts betragen.
	1999 12. Sept.	In einem Referendum spricht sich die Bevölkerung gegen eine Reform des Staatsangehörigkeitsrechts aus.

Vatikan seit 1945/50

(Forts. v. S. 1022)

Die während des Zweiten Weltkriegs aufgenommene Fühlungnahme zwischen dem Heiligen Stuhl und anderen christlichen Kirchen wird nach 1945 im Rahmen der *ökumenischen Bewegung* fortgeführt. Daneben wendet sich die katholische Kirche vor allem gegen den Kommunismus (ecclesia militans). Papst Pius XII. lässt die freiwillige Zugehörigkeit eines katholischen Christen zu einer kommunistischen Partei, die Mitwirkung beim Aufbau einer kommunistischen Organisation sowie jede indirekte Unterstützung des Kommunismus mit der Exkommunikation bestrafen.

ökumenische Bewegung

Unfehlbarkeitsdogma	**1950** 1. Nov.	Pius XII. verkündet das Dogma von der leiblichen Aufnahme Mariä in den Himmel und macht damit als erster Papst seit dem Ersten Vatikanischen Konzil von der *Unfehlbarkeit* des päpstlichen Lehramtes Gebrauch.
kirchliche Reformen	**1958** 28. Okt.	Nach dem Tod von Pius XII. (9. Okt.) wird der Patriarch von Venedig, Angelo Giuseppe Kardinal Roncalli (*1881, †1963), zum Papst gewählt. Er nimmt den Namen Johannes XXIII. an. Sein Pontifikat kennzeichnet eine Ära *kirchlicher Reformen*: Reorganisation der Kirchenverwaltung, Erweiterung des Kardinalskollegiums durch die verstärkte Aufnahme nichtitalienischer und außereuropäischer Kirchenführer, Förderung der Seelsorge, Intensivierung der liturgischen Reform.

1961 15. Aug.	In der Enzyklika „Mater et Magistra" wird die katholische Soziallehre neu dargelegt und die demokratische Staatsform gewürdigt.	
25. Dez.	Formelle Einberufung des *Zweiten Vatikanischen Konzils* (bereits am 25. Jan. 1959 angekündigt). Das (am 11. Okt. 1962 beginnende) Konzil hat die Aufgabe, Vorschläge für eine Erneuerung des kirchlichen Lebens auszuarbeiten. Grundlage einer Neubesinnung ist das ökumenische Bewusstsein. Die kirchlichen Strukturen sollen an die Erfordernisse der Zeit angepasst, die getrennten christlichen Kirchen stärker zusammengeführt werden (Einrichtung eines „Sekretariats für die Einheit der Christen").	*Zweites Vatikanisches Konzil*
1963 21. Juni	Nach dem Tod von Johannes XXIII. (3. Juni) wird der Erzbischof von Mailand, Giovanni Battista Kardinal Montini (*1897, †1978), zum Papst gewählt: Paul VI. Er führt das Vatikanische Konzil (Beendigung 8. Dez. 1965) und das Reformwerk seines Vorgängers fort.	
1964–1970	Zahlreiche Auslandsreisen von Paul VI.: Pilgerfahrt in das Heilige Land (1964), Besuch des Eucharistischen Kongresses in Bombay (1964), Rede vor der UN-Generalversammlung in New York (1965), Reisen nach Fátima und Istanbul (1967), Bogotá (1968), Afrika (1969), dem Fernen Osten und Australien (1970).	
1967/1968	Von den Enzykliken Pauls VI. finden vor allem die *Sozialenzyklika* „Populorum progressio" (1967) sowie „Humanae vitae" (1968; über Fragen der Ehe und Geburtenregelung) besondere Beachtung.	*Sozialenzyklika*
1978 26. Aug.	Nach dem Tod Pauls VI. (6. Aug.) wird der Erzbischof von Venedig, Albino Kardinal Luciani (*1912, †1978), zum Papst gewählt: Johannes Paul I.	
28. Sept.	Johannes Paul I. stirbt unerwartet.	
16. Okt.	Der Erzbischof von Krakau (Kraków), Karol Kardinal Wojtyła (*1920), wird zum Papst gewählt: Johannes Paul II. Mit dem ersten Polen ist erstmals seit 1523 ein Nichtitaliener Oberhirte der katholischen Kirche.	
1979 Jan.	Der Papst reist zur dritten Generalversammlung des lateinamerikanischen Episkopats nach Mexiko.	
2.–10. Juni	Johannes Paul II. besucht auf einer als Pilgerreise bezeichneten Rundfahrt seine Heimat Polen: Stationen sind Warschau, Gnesen (Gniezno), Tschenstochau (Częstochowa) und Krakau.	
Sept.–Nov.	Besuche des Papstes in Irland, den USA und bei der UNO sowie in der Türkei.	
1981	*Papst* Johannes Paul II. wird bei einem *Attentat* am 13. Mai schwer verletzt.	*Attentat auf den Papst*
1982	Erstmals seit 1570 wieder volle diplomatische Beziehungen zu Großbritannien (16. Jan.).	
1983	Ein neuer Codex Iuris Canonici ersetzt das seit 1917 geltende Gesetzbuch (27. Nov.).	
1984 19. Febr.	Unterzeichnung eines neuen *Konkordats mit Italien* zum Ersatz der Lateranverträge von 1929: Trennung von Kirche und Staat.	*Konkordat mit Italien*
9. April	Der Kardinalstaatssekretär wird „im Namen und als Stellvertreter" des Papstes weltlicher Souverän des Vatikanstaates; wichtige Ämter werden neu besetzt.	
1985	Südamerikareise des Papstes (Jan.–Febr.); Afrikareise des Papstes (Aug.).	
1987	Das Oberhaupt der griechisch-orthodoxen Kirche, Patriarch Dimitrios I. (*1914, †1991) besucht den Vatikan.	
1988 Juni	*Kurienreform*, das Staatssekretariat wird weiter ausgebaut (28. Juni). Kardinalstaatssekretär Agostino Casaroli (*1914) besucht die Sowjetunion, Treffen mit Präsident Michail S. Gorbatschow.	*Kurienreform*
1989 1. Dez.	Aufnahme diplomatischer Beziehungen zu Polen (Juli). *Besuch von* Präsident *Gorbatschow* im Vatikan; das sowjetische Staatsoberhaupt sichert Religionsfreiheit in der UdSSR zu.	*Besuch Gorbatschows*
1990	Austausch offizieller Vertreter mit der Sowjetunion (15. März), diplomatische Beziehungen zur ČSFR (April). Papstbesuch in Mexiko (Mai). Am 1. Dez. wird Erzbischof Angelo Sodano (*1927) neuer Kardinalstaatssekretär.	
1991 1. Mai	Papst Johannes Paul II. reagiert auf den Niedergang des Kommunismus in Osteuropa mit der *neuen Sozialenzyklika* „Centesimus annus", in der er vor den Gefahren eines radikalen Kapitalismus warnt.	*neue Sozialenzyklika*
1992	Ein neuer Katechismus tritt (16. Nov.) an die Stelle des alten von 1566.	
1994 28. Juni	Der Papst ernennt den ersten Nuntius für Israel; wenige Monate zuvor hatten beide Länder einen Grundlagenvertrag über die gegenseitige diplomatische Anerkennung geschlossen (30. Dez. 1993).	
1996 23. Febr.	Eine Neuregelung für das künftige *Papstwahlverfahren* verlangt mindestens eine Zweidrittelmehrheit im Konklave; Wahlen per Akklamation sind seitdem untersagt.	*Papstwahlverfahren*
1997	Johannes Paul II. besucht erstmals den Libanon (10./11. Mai).	
1998 11. Jan.	Der Papst fordert die deutschen Bischöfe auf, die bisherige Praxis der Schwangerschaftsberatung (mit Beratungsscheinen nach §§ 218 und 219 des Strafgesetzbuches) aufzugeben.	

	1999 24. Dez.	Mit Öffnung der heiligen Pforte im Petersdom gibt Johannes Paul II. den Auftakt zum Heiligen Jahr 2000 (Zweitausendjahrfeier der Geburt Christi).
Schuld- *bekenntnis*	2000 12. März	In einem *Schuldbekenntnis* setzt sich die katholische Kirche mit ihren historischen Verfehlungen, u.a. mit gewaltsamer Intoleranz gegenüber Andersdenkenden, Religionskriegen und Kreuzzügen und dem Antisemitismus auseinander.
	20.–26. März	Auf seiner 91. Auslandsreise unternimmt Johannes Paul II. eine Pilgerfahrt durch das Heilige Land.
	3. Sept.	Johannes Paul II. spricht fünf Männer, darunter zwei seiner Vorgänger, selig: den populären Johannes XXIII. (1958–1963) sowie den umstrittenen Pius IX. (1846–1878), den Urheber des Unfehlbarkeitsdogmas.
	2001 21. Febr.	Der Papst erhebt 44 Geistliche aus 27 Ländern in den Kardinalsrang. Das Kollegium, das u.a. die Papstwahl vornimmt, vergrößert sich damit auf 185 Mitglieder.
	6. Mai	Auf seiner Syrienreise besucht Johannes Paul II. die Omaijaden-Moschee von Damaskus – der erste Papst, der ein muslimisches Gotteshaus betritt.
	2002 18. Juli	Papst Johannes Paul II., auf Besuch in seiner polnischen Heimat, hält vor zwei Mio. Menschen eine Messe in Krakau.
	31. Juli	Papst Johannes Paul II. spricht bei einem Besuch in Mexiko erstmals einen indianischen Ureinwohner, den Bauern Juan Diego, heilig.

Malta seit 1800/1964

britische *Herrschaft*		Die seit 1800 unter *britischer Herrschaft* stehende Insel wird 1813 Kronkolonie, erhält seit 1921 mit Unterbrechungen innere Selbstverwaltung (1936 wieder Kronkolonie) und 1947 innere Selbstregierung.
	1964 5. Mai	Volksabstimmung für die von Premier Borg Olivier (*1911, †1980; Nationalist Party) vorgeschlagene Verfassung: Katholische Kirche ist Staatskirche, Malta konstitutionelle Monarchie unter der britischen Krone im British Commonwealth of Nations.
Unabhängigkeit	21. Sept.	Proklamation der *Unabhängigkeit*. Großbritannien zahlt Subventionen gegen Überlassung von Stützpunkten auch für die NATO.
	1970	Assoziierungsabkommen mit der EG (5. Dez.).
	1971	Wahlsieg der Labour Party: Dom Mintoff (*1916) wird Regierungschef (14. Juni).
	1972 26. März	Neuer Truppenstationierungsvertrag mit Großbritannien sieht neben britischen auch NATO-Finanzhilfen vor sowie EG-Mittel für Industrialisierungsprojekte, wogegen Malta den Briten und der NATO weiterhin militärische Präsenz gestattet und sich verpflichtet, keinem Warschauer-Pakt-Staat militärisch nutzbare Anlagen zu überlassen.
Republik	1974	Nach Verfassungsänderung *Republik* proklamiert (13. Dez.).
	1979	In Übereinstimmung mit den Vereinbarungen von 1972 endet die militärische Präsenz Großbritanniens und der NATO am 31. März.
	1980/1983	Es folgen: Verteidigungsabkommen mit Libyen (11. März 1980); Hafenabkommen mit UdSSR (26. Jan. 1981); Neutralitätsabkommen mit Italien (11. März 1983).
	1983	Enteignung der Kirchengüter (29. Juni).
	1989	Neues Staatsoberhaupt wird Vincent Tabone (*1913) (4. April).
Beitrittsantrag *zur EG*	1990	Besuch von Papst Johannes Paul II. auf Malta (25.–27. Mai), *Beitrittsantrag zur EG* (16. Juli).
	1992 6. April	Der Assoziationsrat EG-Malta stellt auf seiner 7. Tagung in Luxemburg Fortschritte bei der Angleichung maltesischer Vorschriften an EG-Normen fest.
	1994	Karmenu (Carmelo) Mifsud-Bonnici (*1933) wird zum Staatspräsidenten gewählt (4. April).
	1996 26. Okt.	Aus den Parlamentswahlen geht die Labour Party als Sieger hervor. Neuer Regierungschef wird Alfred Sant (*1948).
	1998 5. Sept.	Bei vorgezogenen Parlamentswahlen gewinnt die oppositionelle Partit Nazzjonalista die Mehrheit. Ihr Vorsitzender Edward Fenech-Adami (*1934), 1987–1996 bereits Regierungschef des Inselstaates, übernimmt erneut das Amt des Ministerpräsidenten. Er erneuert am 14. Sept. den von der Labour-Regierung 1996 zurückgezogenen Antrag auf Aufnahme in die EU.
	1999	Einführung der Mehrwertsteuer als Vorbereitung für den EU-Beitritt (1. Jan.).

Spanien seit 1946
(Forts. v. S. 1030)

Die Diktatur Francos bis 1975

1946 8. Dez. Nach dem Zweiten Weltkrieg ist Spanien außenpolitisch isoliert; es wird nicht in die Vereinten Nationen aufgenommen: Die UN-Vollversammlung empfiehlt den Mitgliedern den Abbruch der diplomatischen Beziehungen zu Spanien. Die *internationale Isolierung* führt zu einer inneren Konsolidierung des politischen Systems. Die Blockbildung während des kalten Krieges lässt die strategische Bedeutung Spaniens wachsen. — *internationale Isolierung*

1950 4. Nov. Die Vereinten Nationen heben den Boykottbeschluss von 1946 auf (Aufnahme Spaniens in die UNO 1955).

1953 27. Aug. Spanien und der Vatikan schließen ein Konkordat, das der spanischen Regierung ein entscheidendes Mitspracherecht bei der Ernennung von Bischöfen einräumt und dafür der katholischen Kirche eine Reihe von Privilegien, u. a. auf dem Erziehungssektor, gewährt. Die Kirche wird an Ämtern des Staates beteiligt.

26. Sept. Bedingt durch die internationale Entwicklung, unterstützen die USA das Franco-Regime als Gegner des Kommunismus. Um einen günstigen Stützpunkt zur Überwachung des westlichen Mittelmeeres zu erhalten, schließen die USA mit Spanien ein Stützpunktabkommen (Dauer: zehn Jahre; Form: Pachtvertrag) sowie einen *Vertrag* über wirtschaftliche bzw. militärische Hilfe. Die Abkommen *mit den USA* verhelfen Spanien zu internationaler Anerkennung und sind Ausgangspunkt für die wirtschaftliche Gesundung des Landes. — *Vertrag mit den USA*

Entwicklung des Franco-Regimes

Das bedeutendste Grundgesetz des neuen Regimes ist das „Gesetz über die Prinzipien der *Nationalen Bewegung*", die Ley de Principios del Movimiento Nacional (17. Mai 1958). Dieses Gesetz, das die bisherige Verfassungsentwicklung zusammenfasst, ist unabänderlich; es darf keine Rechtsnorm erlassen werden oder in Kraft bleiben, die gegen die Grundsätze des Movimiento Nacional (konfessioneller Staat, monarchische Staatsform, ständestaatliche Vertretung) verstößt. Die gesamte Staatsordnung beruht auf den Prinzipien des Movimiento Nacional; dieser Begriff löst den Parteinamen „Falange" offiziell ab. — *„Nationale Bewegung"*

Nach dem Bürgerkrieg vereinigt Franco in seiner Person die Ämter des Staatsoberhauptes, des Regierungschefs, des Oberbefehlshabers der Streitkräfte und des Führers der „Nationalen Bewegung".

Eine Zäsur in der Verfassungsgeschichte stellt das *Staatsgrundgesetz*, die durch Referendum angenommene Ley orgánica del Estado (11. Jan. 1967) dar. Die wichtigste Bestimmung ist die Trennung der Ämter des Staatsoberhauptes und des Ministerpräsidenten. Das künftige Staatsoberhaupt wird nicht über die außerordentlichen Kompetenzen Francos verfügen. Der Ministerpräsident leitet die allgemeine Politik und steht dem Ministerrat vor. Die Regierung ist nicht den Cortes (Ständeversammlung), sondern dem Obersten Gerichtshof zivil- und strafrechtlich verantwortlich. Entstehung, Zusammensetzung und Funktion der Cortes werden geändert bzw. erweitert; die Kammer erhält neue Kompetenzen (Annahme von Gesetzen) übertragen. Der „Nationalrat" der Nationalen Bewegung fungiert als eine Art zweite Kammer. Der 1947 geschaffene Rat des Königreichs erhält eine neue Zusammensetzung und wird wegen weit reichender Kompetenzen zum zentralen Entscheidungsgremium im Staat (Mitbestimmung bei Berufung und Entlassung der Inhaber der sechs höchsten Staatsämter, Entscheidung über Verfassungswidrigkeit von Gesetzen, Entscheidung über Krieg und Frieden u. a.). — *Staatsgrundgesetz*

Religionsfreiheit wird garantiert. Beeinflusst von den sozialpolitischen Forderungen des Zweiten Vatikanischen Konzils, erfährt das Arbeitsrecht umfassende Veränderungen. Die Aufgabe der Streitkräfte, Hüter der verfassungsmäßigen Ordnung zu sein, wird bekräftigt.

Auf dem Sektor der *Wirtschaftspolitik* betreibt das „Nationale Industrie-Institut" zunehmend Staatsinterventionismus; diese Form der Wirtschaftslenkung ist jedoch ein Misserfolg und führt zur Zunahme sozialer Spannungen, zu hohen Inflationsraten und zu Defiziten in der Zahlungsbilanz. Eine Welle von Streiks und Demonstrationen erfasst Anfang der fünfziger Jahre das Land. Mehrfache Abwertungen der Peseta können die Inflation nicht bremsen, sodass eine Änderung der Protektions-, Subventions- und Autarkiepolitik sowie wirtschaftliche Stabilisierungsmaßnahmen erforderlich werden. Aufgrund innenpolitischer Schwierigkeiten muss sich das Regime außenwirtschaftlich öffnen; innenpolitisch zeichnen weiterhin Immobilismus und Reformunfähigkeit den *Franquismus* aus. — *Wirtschaftspolitik* / *Franquismus*

1959 21. Juli Der Stabilisierungsplan und die damit eingeleitete neue Wirtschaftspolitik sollen den Anschluss an die EWG-Länder erleichtern. In den folgenden Jahren verzeichnet Spanien nach Japan die höchste wirtschaftliche Wachstumsrate der westlichen Welt („spanisches *Wirtschaftswunder*"), kann allerdings die wirtschaftlichen Probleme (passive Handelsbilanz, — *„Wirtschaftswunder"*

Arbeitslosigkeit und Emigration, geringe Wettbewerbsfähigkeit der Industrie, Inflation, soziale Spannungen) nicht überwinden.

1962
9. Febr. Auf dem Hintergrund der wirtschaftlichen Reformbemühungen stellt Spanien den Antrag auf Assoziation an die EWG, der jedoch von den Mitgliedsländern hinhaltend behandelt wird. Erst 1970 wird der schrittweisen Beseitigung der Zollschranken zugestimmt.

Außen- und Kolonialpolitik

Außenpolitische Belastungen sind vor allem das *Gibraltarproblem* und die Beziehungen zu Marokko. Seit 1954 fordert Spanien von Großbritannien die Rückgabe Gibraltars; die Briten lehnen das spanische Ansinnen ab und verweisen auf die Volksabstimmung von 1967. 1969 verfügt Franco eine (erfolglose) Blockade gegen Gibraltar.

Besitzungen in Nordafrika
Seit Mitte der fünfziger Jahre räumt Spanien seine kolonialen *Besitzungen in Nordafrika*. 1956 erkennt es die Unabhängigkeit des früheren Protektoratsgebiets Marokko an, 1958 räumt es den Nordteil von Spanisch-Sahara, 1968 wird Spanisch-Guinea als Äquatorialguinea unabhängig; 1969 muss Ifni an Marokko abgetreten werden, 1975 übergibt Spanien überstürzt die südlichen Teile der spanischen Sahara an Marokko und Mauretanien. Die beiden nordafrikanischen Städte Ceuta und Melilla gehören noch zu Spanien (werden jedoch von Marokko beansprucht).

Mitte und Ende der sechziger Jahre intensiviert Spanien auch seine Beziehungen mit den Ostblockstaaten und formalisiert sie im politischen Bereich.

Regionalismus
1964 Innenpolitisch nehmen die Spannungen zu, der *Regionalismus* wird zu einem Hauptproblem. Die baskische Separatistenorganisation ETA (Euzkadi ta Azkatasuna: Baskenland und Freiheit) wird zusehends radikaler und verfolgt ihre Ziele mit Terroranschlägen. Die offiziellen Syndikate werden von den Arbeitern nicht als ihre Interessenvertretung angesehen, die illegalen Arbeiterkommissionen (Comisiones Obreras) gewinnen zusehends Einfluss auf die Arbeiterschaft.

1965 Die katholische Kirche erkennt Katalanisch und Baskisch als Amtssprachen der Kirche an. Die spanischen Bischöfe fordern – vor allem nach dem Zweiten Vatikanischen Konzil – soziale Gerechtigkeit.

1967 Im „Gesetz über religiöse Freiheit" wird Glaubensfreiheit anerkannt.

Kirche
1968 Die *Kirche* geht auf Distanz zum Regime und spricht sich für eine Revision des Konkordats aus. – Parallel dazu wirkt die katholische Laienbewegung „Opus Dei" mit dem Ziel der Erhaltung des bestehenden Wirtschaftssystems. Das „Opus Dei" hat elitäre gesellschaftliche Vorstellungen und besetzt allmählich die wichtigsten Einfluss- und Entscheidungszentren des Staates (seit 1968 in der Regierung).

1969 Wegen Unruhen beschließt der Ministerrat den Ausnahmezustand (24. Jan.).

1970
28. Dez. Auf internationalen Protest stoßen die Urteile des so genannten „Burgos-Prozesses" gegen 16 Mitglieder der ETA. Das innenpolitische Klima verhärtet sich.

1973
8. Juni Das Amt des Ministerpräsidenten wird mit Admiral Luis Carrero Blanco (*1903, †1973) besetzt, der bereits ein halbes Jahr später ermordet wird (20. Dez.).

1974
23. Dez. Neuer Regierungschef wird Carlos Arias Navarro (*1908, †1989), der ein Jahr später die Bildung so genannter „Assoziationen" zulässt, wenn sie den Prinzipien der Bewegung nicht widersprechen.

1975 Die ETA und der maoistische FRAP verschärfen ihre Terroraktionen.

Tod Francos
20. Nov. Der *Tod Francos* gibt den Weg frei für politische Reformen.

Die Verfassungsentwicklung nach Francos Tod

Im „Gesetz über die politische Reform", der Ley sobre la reforma política (18. Nov. 1976), bekennt sich der Staat zu den Grundsätzen der Volkssouveränität, des Rechtsstaats, der Menschenrechte und der konstitutionellen Monarchie. Die Cortes, die sich aus zwei Kammern zusammensetzen, erhalten ihre Legitimation aus allgemeiner, direkter und geheimer Wahl. Mit dem Reformgesetz knüpft das spanische Verfassungsrecht wieder an liberal-pluralistische Konzeptionen an. Es stellt zwar keinen formalen Bruch mit dem Franco-Regime dar, überwindet jedoch inhaltlich wesentliche Strukturprinzipien des franquistischen Staates. Die am 27. Dez. 1978 verkündete neue Verfassung beseitigt endgültig die Grundgesetze der Franco-Ära. Spanien wird als sozialer und demokratischer Rechtsstaat in der Staatsform einer *„parlamentarischen Monarchie"* definiert. Alle Grundrechte und Freiheiten sind garantiert, Kirche und Staat werden getrennt. Der katholischen Religion bleibt eine Sonderstellung eingeräumt. Die Staatsstruktur wird durch die Regionalautonomie tief gehend verändert.

Aufbau der Demokratie (1975–1982)

1975 22. Nov.	Zwei Tage nach Francos Tod wird *Juan Carlos I.* von Bourbon (*1938) zum König von Spanien proklamiert; in seiner Thronrede verspricht er den Spaniern ein größeres Mitspracherecht in politischen Angelegenheiten.	*König Juan Carlos I.*
5. Dez.	Arias Navarro wird – zur Enttäuschung der Reformer – erneut Ministerpräsident und leitet einen zögernden Reformkurs ein.	
1976 25. Mai	Zu den wichtigsten *politischen Reformen* gehört die Aufhebung des Verbots politischer Versammlungen und Demonstrationen.	*politische Reformen*
9. Juni	Ein weiteres Gesetz erkennt de facto die Existenz politischer Parteien an.	
1. Juli	Wegen zunehmender Kritik am schleppenden Fortgang der innenpolitischen Reformen tritt Arias Navarro zurück.	
17. Juli	Neuer Regierungschef wird Adolfo Suárez (*1932), der ein umfassendes Reformprogramm bekannt gibt (Grundsatz der Volkssouveränität, Anerkennung der Menschenrechte, Unabhängigkeit der Justiz, Bildung repräsentativer Organe, Versprechen größerer Regionalautonomie, Amnestie politischer Gefangener, Revision des Konkordats).	
18. Nov.	Durch das „Gesetz über die politische Reform" lösen sich die ständestaatlichen Cortes quasi selbst auf.	
15. Dez.	Die Volksbefragung ergibt eine überragende Zustimmung der Bevölkerung zu dem *Demokratisierungsvorhaben*; die extreme Rechte und die extreme Linke versuchen, die Reformen durch Terror zu verhindern.	*Demokratisierung*
1977 30. März	Ein neues Gewerkschaftsgesetz garantiert das Recht der freien gewerkschaftlichen Vereinigung.	
15. Juni	In den ersten freien *Parlamentswahlen* seit 1936 siegt die „Union des Demokratischen Zentrums" (UCD) von Ministerpräsident Suárez (34%); die Sozialistische Partei (PSOE) unter Felipe González (*1942) erhält 28%, die Kommunisten (PCE) unter Santiago Carrillo (*1915) erhalten 9% der Stimmen.	*Parlamentswahlen*
9. Okt.	Zur Überwindung der wirtschaftlichen Krise (Inflation, Stagnation, Arbeitslosigkeit, Handelsbilanzdefizit) sowie zur Absicherung der weiteren Demokratisierung schließt die Regierung mit den Oppositionsparteien und den Sozialpartnern den so genannten „Pakt von Moncloa".	
31. Dez.	Das Baskenland und Katalonien (27. Sept.) erhalten „vorläufige Autonomie"; andere Landesteile folgen.	
1978 31. Okt.	Während des ganzen Jahres wird der Verfassungsentwurf diskutiert, der schließlich mit 325 von 345 Stimmen im Parlament verabschiedet wird.	
6. Dez.	Die Volksabstimmung zum Verfassungsentwurf ergibt eine Zustimmung von 87,8% der Stimmen; allerdings bleiben 32,9% der Stimmberechtigten den Urnen fern.	
27. Dez.	Die neue *Verfassung* tritt in Kraft.	*Verfassung*
1979 3. Jan.	Durch vier Abkommen wird das zwischen Spanien und dem Vatikan geschlossene Konkordat von 1953 abgelöst.	
1. März	Parlamentswahlen: Sieg der UCD (167 Sitze); PSOE an zweiter Stelle (121 Sitze).	
25. Okt.	In Plebisziten werden *Autonomiestatute* für Baskenland und Katalonien angenommen.	*Autonomiestatute*
1981	Nach dem Rücktritt von Adolfo Suárez (29. Jan.) bildet Leopoldo Calvo-Sotelo (*1926) das neue Kabinett (25. Febr.).	
23. Febr.	Am verfassungstreuen Verhalten des Königs scheitert ein *Putsch der Guardia Civil*.	*Putsch der Guardia Civil*
1982	Spanien wird 16. Mitglied der NATO (30. Mai).	

Die Ära González (1982–1996)

28. Okt. 2. Dez.	Parlamentswahlen führen zur Mehrheit für die Sozialisten (46,1%); Felipe González (*1940) bildet eine *sozialistische Regierung*.	*sozialistische Regierung*
1983 23. Febr.	Lockerung des Abtreibungsverbots; Verabschiedung weiterer Autonomiestatuten; der Großkonzern Rumasa wird verstaatlicht.	
1984	Etwa 250000 Demonstranten fordern in Madrid Spaniens NATO-Austritt (3. Juni).	
1985	Öffnung der spanischen Grenze zu Gibraltar (5. Febr.).	
1986	*EG-Beitritt* Spaniens (1. Jan.) in Kraft.	*EG-Beitritt*
22. Juni	Bei *Parlamentswahlen* siegen die Sozialisten unter González mit 44%. González besucht Kuba (14. Nov.).	*Parlamentswahlen*
1987	Unruhen in der spanischen Exklave Melilla in Marokko (Jan.). Beitritt Spaniens zum Atomwaffensperrvertrag (5. Nov.).	

ETA	1988 11. Jan. 28. Sept.	Fünf von sechs der im baskischen Parlament vertretenen Parteien unterzeichnen einen Anti-Terror-Pakt. Neues Verteidigungsabkommen mit den USA, Reduzierung der US-Truppen, Verzicht auf Lagerung von Atomwaffen.
	1989	Am 9. Jan. *Waffenstillstandsangebot der ETA*, Bruch des Waffenstillstands (4. April), Ende der Gespräche. Vorgezogene Parlamentswahlen (29. Okt.), die Sozialisten bleiben mit 40% stärkste Partei. Neues Kabinett González vereidigt (7. Dez.).
	1990 28. Okt.	Belastung des Verhältnisses zu Kuba durch kubanische Botschaftsflüchtlinge (Juli). Bei Wahlen im Baskenland wird die Regierungskoalition bestätigt.
	1991 12. Jan. 25. Juni	Der stellvertretende Ministerpräsident Alfonso Guerra González erklärt seinen Rücktritt nach Korruptionsvorwürfen gegen seinen Bruder. Spanien tritt dem Schengener Abkommen bei.
Weltausstellung Expo 92	1992	Die *Weltausstellung Expo 92* wird in Sevilla eröffnet. Mit einer Gedenkfeier anlässlich des 500. Jahrestages der Entdeckung Amerikas durch Kolumbus geht die Weltausstellung am 12. Okt. zu Ende.
	28. Mai 29. Okt.	Mit einem Generalstreik protestieren die Gewerkschaften gegen die Wirtschaftspolitik der Regierung. Das Parlament billigt mit 314 gegen drei Stimmen den Maastricht-Vertrag.
Parlamentswahlen	1993 6. Juni	Vorgezogene *Parlamentswahlen* in Spanien ergeben Verlust für die PSOE. González bildet eine Minderheitsregierung (13. Juli).
	1994	Bei etlichen Anschlägen baskischer Terroristen wird u. a. auch ein General der spanischen Armee getötet (29. Juli). Führende Mitglieder der ETA können in Frankreich verhaftet werden.
	1995	Die Ermittlungen gegen die Grupos Antiterroristas de Liberación (GAL) ergeben, dass bis in höchste Regierungskreise ihre bewaffneten Aktionen gegen die ETA unterstützt und dabei auch Morde geduldet bzw. veranlasst wurden.

Ereignisse seit 1996

Regierung Aznar	1996 3. März	Der konservative Oppositionsführer José María *Aznar* Lopez (*1953) gewinnt vorgezogene Parlamentswahlen (156 von 350 Mandaten). Die Sozialisten erreichen 141 Mandate. Aznar bildet am 4. Mai eine neue *Koalitionsregierung* unter Einschluss der katalanischen Regionalpartei.
	14. Nov.	Das Parlament billigt einen Antrag auf vollständige Teilnahme Spaniens an der militärischen Integration der NATO.
Gibraltar	1997 22. Jan.	Der spanische Vorschlag einer gemeinsamen Oberhoheit über *Gibraltar* bei weit gehender innerer Autonomie wird von Großbritannien abgelehnt.
	Juli	Massendemonstrationen in zahlreichen Städten Spaniens (in Madrid über 1,5 Mio. Menschen) gegen den ETA-Terror nach der Entführung und Ermordung eines Kommunalpolitikers. Seit ihrem ersten Attentat 1968 fielen der ETA fast 800 Menschen zum Opfer.
	2. Dez.	Spanien tritt der militärischen Struktur der NATO bei.
	1998 16. Sept.	Die ETA verkündet eine unbefristete Waffenruhe. Am 3. Nov. genehmigt Ministerpräsident Aznar erstmals die Aufnahme offizieller Kontakte zum Umfeld der Separatistenorganisation. Mit 47,7 Mio Besuchern wird Spanien im Jahr 1998 erstmals nach Frankreich das weltweit beliebteste Urlaubsziel.
	25. Okt.	Bei den Wahlen zum baskischen Regionalparlament wird der regierende gemäßigt nationalistische Partido Nacional Vasco (PNV) stärkste politische Kraft.
	1999 28. Nov.	Nach Fehlschlag der Verhandlungen mit der Regierung nimmt die ETA ihre Mord- und Terroranschläge wieder auf.
	22. Dez.	Gegen die Stimmen der Regierung setzt das Parlament eine Liberalisierung des Ausländerrechtes durch.
	2000 12. März	Bei den Parlamentswahlen erhält die konservative Regierungspartei Partido Popular (PP) die absolute Mehrheit der Mandate (183 von 350). Die Wähler honorieren die Wirtschaftspolitik der Regierung Aznar, die 3,7% Wachstum erzielt und die Arbeitslosenquote von 22,7 auf 15,8% gesenkt hat.
Massendemonstration gegen den Terror der ETA	24. Sept.	*Massendemonstration* in San Sebastián *gegen den Terror der ETA* mit rd. 200 000 Teilnehmern. Ähnlich große Veranstaltungen folgen in Bilbao (21. Okt.) und Madrid (31. Okt.).
	24. Nov.	Mit einer Novellierung des Ausländergesetzes wird die im Dez. 1999 beschlossene Liberalisierung z.T. wieder aufgehoben.

2001 13. Mai	Bei vorgezogenen Neuwahlen für das baskische Regionalparlament (nötig geworden durch den Auszug der ETA-nahen Euskal Herritarok im April 2000) gelingt es den „gesamtspanischen" Parteien nicht, die Mehrheit der Nationalisten zu brechen.
2002 5. Juni	Das Parlament verabschiedet ein Parteiengesetz, das eindeutig gegen die mit der ETA sympathisierende Heri Batasuna gerichtet ist.
26. Aug.	Per Gerichtsurteil wird der Baskenpartei Batasuna jede Betätigung verboten. Ihr Vermögen ist seit dem 3. Juli beschlagnahmt.

Andorra seit 1278/1984

Im 62 qkm großen Staat teilen sich die Funktion des Staatsoberhaupts der spanische Bischof von Seo de Urgel (Ostpyrenäen) und der französische Staatspräsident. Dieser *Modus der Staatsführung* geht zurück auf ein 1278 geschlossenes Abkommen („Paréage"). – Alle zwei Jahre finden Erneuerungswahlen des auf vier Jahre gewählten Generalrats (Volksvertretung) statt. Neben ihn tritt am 18. Jan. 1982 erstmals ein von Oscar Ribas Reig (*1925) gebildetes Kabinett.   *Modus der Staatsführung*

1984	Rücktritt von Ribas Reig im April, neue Regierung in Andorra unter Josep Pintat i Solans (*1925).
1990	Ribas Reig wird erneut Regierungschef (12. Jan.).
1993 4. Mai	Nach der Unterzeichnung durch die Lehnsherren François Mitterrand und Joan Marti Alanis, den Bischof von Seo de Urgel, tritt die neue Verfassung Andorras in Kraft.
3. Juni	Andorra schließt mit Spanien und Frankreich einen Nachbarschaftsvertrag und wird formell *souverän*.
	Als 184. Mitgliedsstaat tritt Andorra den Vereinten Nationen bei (28. Juli).
12. Dez.	Bei Parlamentswahlen sind zum ersten Mal Parteien und nicht ausschließlich Einzelbewerber zugelassen. Die Wahlen enden ohne klare Mehrheitsverhältnisse; Ribas Reig wird in seinem Amt bestätigt (19. Jan. 1994).
1994	*Aufnahme in den Europarat* (10. Nov.).
1997 16. Febr.	Die von Marc Forné Molne geführte Koalitionsregierung (seit 21. Dez. 1994 im Amt) wird bei Parlamentswahlen bestätigt.
2001 4. März	Bei den Parlamentswahlen kann sich die liberalkonservative Partei des Regierungschefs Marc Forné Molne als stärkste politische Kraft behaupten. Der Partit Liberal setzt sich für eine Bewerbung Andorras um die Olympischen Winterspiele ein.

Rechts: *Souveränität*, *Aufnahme in den Europarat*

Portugal seit 1945/49

(Forts. v. S. 1033)

Nach dem Zweiten Weltkrieg behält Portugal sein autoritär-korporativistisches Regime unter António de Oliveira Salazar (*1889, †1970), das durch Einrichtung der 1958 gebildeten *Korporationen* (Selbstverwaltungsorganisationen der einzelnen Produktionszweige der Wirtschaft unter Kontrolle der Regierung) ausgebaut wird. Gegen das Salazar-Regime kommt es wiederholt zu Militärputschen (z.T. mit monarchistischem Einschlag), die unterdrückt werden können. Seit Ende der fünfziger Jahre leisten monarchistische, liberale, sozialistische und kommunistische Gruppen, seit 1965 auch liberale Katholiken (trotz Pressezensur, Verhaftungen u.a.) Widerstand.   *Korporationen*

1949 April	Trotz seines politischen Systems gehört Portugal wegen seiner strategischen Bedeutung zu den Gründungsmitgliedern des Nordatlantikpaktes.
1951 11. Juni	Durch ein Gesetz werden alle portugiesischen Kolonien formell zu *Überseeprovinzen* des Mutterlandes.
9. Aug.	Nach dem Tod von Staatspräsident Carmona (*1869, †1951) (18. Juni) wird General Francisco Higino Craveiro Lopez (*1894, †1964) sein Nachfolger.
6. Sept.	Die *USA* unterhalten aufgrund eines Abkommens (mehrfach verlängert) auf den Azoren Militärstützpunkte und unterstützen Portugal wirtschaftlich (Abkommen vom Febr. 1950).
1953 27. Juni	Die Lei orgânica do Ultramar Português bestimmt, dass die Überseeprovinzen integrierender Bestandteil des portugiesischen Staates sind. In den fünfziger Jahren bilden sich für Angola, Mozambik (Moçambique) und Guinea Befreiungsbewegungen.
1955 4. Jan.	Mit Brasilien unterhält das Land enge politische, wirtschaftliche und vor allem kulturelle Beziehungen, die durch Gründung einer „luso-brasilianischen Gemeinschaft" verstärkt werden.

Rechts: *Überseeprovinzen*, *Verhältnis zu USA*

UN-Mitglied   Dez. Nachdem die Sowjetunion ihren Widerstand aufgegeben hat, wird Portugal *UN-Mitglied*.

1958 Bei den Präsidentschaftswahlen erhält der liberale Gegenkandidat Humberto Delgado (*1906, †1965) 23,5% aller Stimmen, woraufhin Salazar die Direktwahl abschafft. (Delgado wird 1965 in Spanien ermordet.)

9. Aug. Américo (Deus Rodriguez) Tomás (*1894, †1987) neuer Staatspräsident.

Kolonialpolitik   **1960** Die UN-Vollversammlung fordert in ihrer Entkolonialisierungs-Deklaration die „rasche und bedingungslose" Gewährung der Unabhängigkeit aller *Kolonien*. Die inter-afrikanischen Organisationen verurteilen Portugals Kolonialpolitik. Demgegenüber fördert Salazar besonders in Angola seit Kriegsende die Einwanderung portugiesischer Siedler.

1961 Jan. Die Opposition lässt, um die Weltöffentlichkeit aufmerksam zu machen, das portugiesische Passagierschiff „Santa Maria" kapern.

Dez. Eine Armeerevolte, an der auch Zivilisten beteiligt sind, scheitert. In den folgenden Jahren häufen sich regierungsfeindliche Studentendemonstrationen.

18. Dez. Nach Ablehnung indischer Forderungen auf Übergabe Portugiesisch-Indiens marschieren indische Truppen in die portugiesischen Enklaven Goa, Damão und Diu ein und nehmen die Besitzungen ohne Widerstand ein. Portugal erkennt die Annexion erst 1974 an.

Als Gegenmaßnahme werden (1962) alle (rd. 12000) in Mozambik lebenden Inder ausgewiesen und ihr Eigentum beschlagnahmt.

Seit Anfang der sechziger Jahre kommt es in den afrikanischen Besitzungen immer wieder zu Aufständen, die sich zu einem Kolonialkrieg ausweiten.

1963 14. Mai Das Verhältnis zu Spanien ist gutnachbarlich und geht auf die Waffenhilfe im Spanischen Bürgerkrieg zurück. Der Freundschafts- und Nichtangriffspakt von 1939 wird auf einer Konferenz Salazars mit Staatschef Franco in Mérida (Spanien) bekräftigt.

1968 26. Sept. Für den schwer erkrankten Salazar übernimmt Marcelo Caetano (*1906, †1980) die Regierung.

Wirtschafts- *probleme* Sein Versuch, das innenpolitische Leben zu liberalisieren (u.a. durch Lockerung der Pressezensur) scheitert. Die *wirtschaftlichen Probleme* nehmen, vor allem infolge des teuren Kolonialkriegs, zu (Inflation). Portugal wendet rd. 40% seines Staatshaushalts für die Sicherung seiner afrikanischen Gebiete auf. In den mittleren Rängen der Armee bildet sich eine politisierte Oppositionsgruppe heraus, die eine rasche Beendigung des Kolonialkriegs anstrebt: der Movimento das Forças Armadas (MFA).

1973 Portugal lässt in allen seinen afrikanischen Territorien zum ersten Mal „Gesetzgebende Versammlungen" wählen, nachdem eine Verfassungsänderung diese Kolonien offiziell in „Staaten" umbenannt hat.

General *Spínola* *Militärputsch* **1974** Die Veröffentlichung des kritischen Buches „Portugal und die Zukunft" von *General* Antonio de *Spínola* (*1910, †1996) zur Kolonialpolitik stürzt das Regime Caetano in eine Krise.

25. April Der *Militärputsch* des MFA beendet die Diktatur; die Führung des Landes übernimmt eine Militärjunta unter Spínola. Das Reformprogramm umfasst u.a. eine demokratische Verfassung, freie Wahlen, Selbstbestimmung für die Kolonien, soziale und wirtschaftliche Neugestaltung Portugals.

Kolonialreich Als Folge der Beseitigung des Caetano-Regimes löst sich das portugiesische *Kolonialreich* rasch auf. Der Militärputsch hat als Ziel die Beendigung des Kolonialkriegs in Afrika. General Spínola hat in seinem Buch „Portugal und die Zukunft" die Meinung vertreten, der Krieg sei militärisch nicht mehr zu gewinnen. Die regierende Bewegung der Streitkräfte (MFA) drängt auf baldige Übergabe der Macht an einheimische Regierungen (auch ohne Volksabstimmungen).

15. Mai General Spínola wird von der Junta zum provisorischen Staatspräsidenten ernannt.

16. Mai Die erste Regierung nach dem Militärputsch bildet, unter Beteiligung verschiedener Parteien, Adelino da Palma Carlos (*1905, †1992). Die wichtigsten, inzwischen konstituierten Parteien sind die Demokratische Bewegung, die Demokratische Volkspartei, die Kommunistische Partei (Alvaro Cunhal, *1913) und die Sozialistische Partei (Mario Soares, *1924).

9. Juli Wegen wirtschaftspolitischer Differenzen zwischen den verschiedenen Kräften im Kabinett tritt Palma Carlos zurück.

Bewegung der *Streitkräfte* 17. Juli Neuer Regierungschef wird Oberst Vasco dos Santos Gonçalves (*1921). Die *Bewegung der Streitkräfte* (MFA) wird zur beherrschenden politischen Kraft. Sie schlägt einen sozialistischen Kurs ein und gerät damit in Gegensatz zu Spínola, dem es nicht gelingt, die Öffentlichkeit gegen diese Bestrebungen einzusetzen.

10. Sept. Als erstes Gebiet wird Portugiesisch-Guinea als Guinea-Bissau in die Unabhängigkeit entlassen.

30. Sept. Nach Spínolas Rücktritt wird General Francisco da Costa Gomes (*1914, †2001) Staatspräsident.

1975 25. Jan.	Der Einfluss der Kommunisten wächst; gegen den Widerstand der Sozialisten können sie ein Gesetz zur Gründung einer Einheitsgewerkschaft durchdrücken.
11. März	Die Auseinandersetzungen zwischen den politischen Gruppierungen nehmen zu; beunruhigt durch die Machtzunahme der KP, lässt sich Spínola zu einem Putschversuch anregen; dieser misslingt, Spínola flieht ins Ausland.
	Im Zuge der Durchführung des *Wirtschaftsnotplans* der Regierung werden die größeren Wirtschaftsunternehmen verstaatlicht und der Großgrundbesitz enteignet.
	Die Parteien, die sich an den Wahlen zur Verfassunggebenden Versammlung beteiligen wollen, müssen einen „Pakt über die Grundlagen der künftigen Verfassung" unterzeichnen, der der Militärbewegung, unabhängig vom Wahlergebnis, entscheidende Machtpositionen für die folgenden Jahre einräumt.
25. April	In den Wahlen zur Verfassunggebenden Versammlung siegen die Sozialisten (37,8 %), gefolgt von der Demokratischen Volkspartei (26,3 %) und den Kommunisten (12,5 %). Die Zusammensetzung der Regierung Gonçalves bleibt jedoch unverändert. Die Spannungen zwischen Sozialisten und Kommunisten nehmen zu, da letztere mit Hilfe der Regierung eine Monopolisierung der Macht anstreben.
Juni/Juli	Mozambik (25. Juni), die Kapverdischen Inseln (5. Juli), São Tomé und Príncipe (12. Juli) werden unabhängig. In Angola entbrennt ein Bürgerkrieg zwischen den Befreiungsbewegungen MPLA und FNLA/UNITA, der durch das kubanische Eingreifen zugunsten der MPLA entschieden wird (Nov.). Diese wird schließlich international anerkannt.
11./17. Juli	Mit ihrem Austritt aus der Regierung protestieren Sozialisten und Volksparteiler gegen die zunehmende Einengung des politischen Pluralismus.
5. Sept.	Der heftige Machtkampf endet mit der Absetzung von Ministerpräsident Gonçalves durch eine Offiziersversammlung; Regierungschef wird Pinheiro de Azevedo (*1917, †1983). In der neuen Regierung sind die Parteien im Verhältnis zu ihren in den Wahlen erlangten Stimmen vertreten.
20. Nov.	Eine kommunistisch gelenkte revolutionäre Soldatenbewegung führt zu einer *Rebellion* linker Truppenteile. Der Revolutionsrat enthebt den Führer der Rebellion, Otelo Saraiva de Carvalho, seines Amtes als Stadtkommandant von Lissabon. Der „gemäßigte" Oberst Ramalhâo Eanes (*1935) schlägt den Aufstand schließlich nieder. Er führt eine Neustrukturierung *der Armee* durch und schaltet sie aus der Politik aus.
1976 25. April	Aus den ersten Parlamentswahlen gehen wieder die Sozialisten (34,8 %) als Sieger hervor, gefolgt von der Demokratischen Volkspartei (24,3 %), vom Sozialdemokratischen Zentrum (15,9 %) und der Kommunistischen Partei (14,4 %). Mario Soares bildet eine Minderheitsregierung.
27. Juni	Die Präsidentschaftswahlen gewinnt Ramalhâo Eanes.
	Nach der Klärung der politischen Verhältnisse treten die *wirtschaftlichen Probleme* immer mehr in den Vordergrund; die Regierung Soares wendet Notmaßnahmen an und sucht Finanzhilfe in den USA und der EG. Über die Frage des EG-Beitritts, der Landreform und der Gewerkschaftspolitik kommt es zu Auseinandersetzungen zwischen den (sich allmählich isolierenden) Kommunisten und der Regierung.
Juli	Auf Portugiesisch-Timor bekämpfen sich konkurrierende Parteien, bis Indonesien zugunsten der anschlusswilligen Parteien eingreift und Ost-Timor annektiert.
	Macao bleibt als „Territorium" mit voller innerer Autonomie unter portugiesischer Souveränität.
22. Sept.	Portugal wird in den *Europarat* aufgenommen (1977 Antrag auf Aufnahme in die EG).
1977 8. Dez.	Als die beiden Parteien zur Rechten der Sozialisten sich weigern, im Parlament für Soares zu stimmen, gerät die Minderheitsregierung in die Krise und wird schließlich gestürzt.
1978 12. Febr.	Nach langwierigen Verhandlungen gelingt es *Soares*, eine *Koalitionsregierung* mit dem „Demokratisch-Sozialen Zentrum" (CDS) zu bilden. Bereits nach einigen Monaten treten jedoch innerhalb der Regierung erhebliche Meinungsverschiedenheiten über die Landwirtschaftspolitik auf.
27. Juli	Als die CDS-Minister das Kabinett verlassen, verfügt Präsident Eanes die Entlassung der Regierung Soares.
10. Aug.	Präsident Eanes ernennt Alfredo Nobre da Costa (*1923, †1996) zum Chef eines Fachkabinetts.
18. Nov.	Präsident Eanes setzt Carlos Alberto Mota Pinto (*1936, †1985) als Regierungschef ein.
Dez.	Bei der Abstimmung über das Regierungsprogramm enthalten sich die Sozialisten der Stimme und bewahren dadurch die Regierung vor ihrem sofortigen Sturz.
1979	Rücktritt der Regierung nach parlamentarischem Tadelsantrag (6. Juni).
19. Juli	Maria de Lurdes Pintasilgo (*1930) wird Ministerpräsidentin.

Marginalia: *Wirtschaftsnotplan*; *Rebellion in der Armee*; *Wirtschaftsprobleme*; *Aufnahme in den Europarat*; *Regierung Soares*

	2. Dez.	Parlamentswahl: Sieg der konservativen „Demokratischen Allianz".
	1980	Am 3. Jan. wird Francisco Sá Carneiro (*1934, †4. Dez. 1980) Ministerpräsident.
	1981	Francisco Pinto Balsemão (*1937) bildet am 10. Januar die neue Regierung
Verfassungs-	1982	Eine *Verfassungsreform* führt am 12. August zur Aufhebung des Revolutionsrates.
reform	1983	Nach langer Regierungskrise Parlamentswahl-Erfolg der Sozialisten (25. Mai).
	9. Juni	Soares wird Regierungschef.
	1985	Der IMF gewährt einen Kredit mit strengen Auflagen für die Wirtschaftspolitik.
	8. Aug.	Gründung der Präsident Eanes nahe stehenden Demokratischen Erneuerungspartei (PRD).
EG-Beitritt	1986	In-Kraft-Treten des *EG-Beitritts* von Portugal (1. Jan.). Wahl Soares zum Staatspräsidenten (16. Febr.).
	1987	Abkommen mit China (26. März); Übergabe Macaos an China 1999.
	3. April	Sturz der von Anibal Cavaco Silva (*1939) geführten Regierung nach Misstrauensvotum.
	19. Juli	Parlamentswahlen: Die Sozialdemokratische Partei Cavaco Silvas erhält 50,2%.
Verfassungs-	1989	*Verfassungsänderung*: Der neue Text spricht nicht mehr von einem sozialistischen Gesellschaftsmodell (21. Juni).
änderung	1991	Mario Soares wird mit deutlicher Mehrheit (70,4%) wiedergewählt (14. Jan.).
	6. Okt.	Bei Parlamentswahlen erzielen die Sozialdemokraten des Regierungschefs Cavaco Silva 50,4%.
	1992	Mit 200 gegen 21 Stimmen ratifiziert das Parlament am 10. Dez. den Maastricht-Vertrag.
	1994	Der Gouverneur der Zentralbank, Miguel Beleza, tritt wegen Differenzen mit der Regierung
	23. Juni	über die Währungspolitik zurück.
	1995	Nach einem Wahlsieg der Sozialisten (43,8%) bildet António de Oliveira Guterres (*1949)
	12. Okt.	eine Minderheitsregierung.
Sampaio	1996	Der Sozialist Jorge Branco de *Sampaio* (PS – Partido Socialista; *1939) *gewinnt* mit 53,8%
gewinnt	14. Jan.	der Stimmen die *Präsidentenwahl* gegen den früheren Ministerpräsidenten Cavaco Silva
Präsidenten-		(46,2%) und wird am 9. März als neuer Staatspräsident vereidigt.
wahl	1998	Die von der Regierung als „Jahrhundertreform" angekündigte Gebietsreform (statt der bisher 18 Distrikte nur noch acht Regionen mit Selbstverwaltungskompetenzen) wird in einer Volksabstimmung abgelehnt.
	8. Nov.	
	1999	Der von der Regierung vorgelegte Gesetzentwurf zur Einführung einer parlamentarischen
	5. März	Frauenquote (kurzfristig 25%, langfristig 33%) scheitert im Parlament.
	10. Okt.	Bei der Parlamentswahl erzielt die regierende Sozialistische Partei (PS) unter Ministerpräsident António Guterres mit 44% das beste Ergebnis ihrer Geschichte. Guterres bildet eine neue Minderheitsregierung, die am 25. Okt. vereidigt wird.
Macau	20. Dez.	Portugals letzte Kolonie *Macau* wird als Sonderverwaltungszone an die Volksrepublik China übergeben.
Abmahnung	2001	Portugal erhält eine formelle *Abmahnung der EU-Kommission*, Haushaltsdisziplin zu wahren und Sparmaßnahmen einzuleiten.
der EU-	12. März	
Kommission	17. Dez.	Nach Verlusten bei den Kommunalwahlen (16. Dez.) gibt Guterres seinen Rücktritt bekannt.
	2002	Bei den vorgezogenen Parlamentswahlen müssen die regierenden Sozialisten Verluste hinnehmen. Stärkste politische Kraft wird die Sozialdemokratische Partei (PSD) mit 40,1% der Stimmen. Ihr Spitzenkandidat José Manuel Durão Barroso bildet eine Koalitionsregierung mit der rechten Volkspartei (PP).
	17. März	

Nordeuropa seit 1945

Schweden seit 1945
(Forts. v. S. 1053)

Die *Neutralität* Schwedens wird durch die Ereignisse des Zweiten Weltkrieges, durch die territorialen Veränderungen in Skandinavien (finnische Abtretungen an die UdSSR: Westkarelien mit Viborg sowie Halbinsel Hangö) und durch den kalten Krieg auf die Probe gestellt: Schweden regt 1948 vergeblich einen skandinavischen Verteidigungspakt an. Es engagiert sich intensiv in der Organisation der Vereinten Nationen und bemüht sich um die vielfältige Förderung der internationalen Zusammenarbeit. Die schwedische Außenpolitik setzt unter Premier Olof Palme (*1927, †1986) nach 1969 mit ihrer eindeutigen Stellungnahme gegen die Haltung der USA im Vietnamkrieg und mit ihrem Eintreten für die nationalen Befreiungsbewegungen in den Ländern der Dritten Welt neue Akzente. *Neutralität*

Innenpolitisch baut die Sozialdemokratische Arbeiterpartei, die von 1932 bis 1976 in der Regierungsverantwortung steht, den *Sozialstaat* durch die Einführung weit gehender Fürsorgeleistungen für alle Bürger, bei allerdings starker Belastung im Bereich der Steuern und Abgaben, dermaßen aus, dass Schweden in den fünfziger und sechziger Jahren vielfach als ein Modell für das westliche Europa angesehen wird. *Sozialstaat*

1945 31. Juli Ministerpräsident Per Albin Hansson (*1885, †1946), seit 1932 mit einer dreimonatigen Ausnahme im Jahr 1936 im Amt, bildet sein viertes Kabinett.

1946 Durch die Verabschiedung des Volkspensionsgesetzes wird ein ausgedehntes Sozialsystem verankert, das den Arbeitnehmern den hohen Lebensstandard sichert, den sie durch den steilen Wirtschaftsaufschwung (Rüstungsindustrie) während des Zweiten Weltkriegs erreicht haben.

10. Okt. Tage *Fritiof Erlander* (*1901, †1985) wird Nachfolger des kurz zuvor gestorbenen Hansson. *Ministerpräsident Erlander*

1950 29. Okt. Nach dem Tod von König Gustav V. Adolf (*1858, †1950) folgt ihm sein Sohn *Gustav VI. Adolf* (*1882, †1973) auf dem schwedischen Thron nach. *König Gustav VI. Adolf*

1951 Nov. Schweden gründet gemeinsam mit Dänemark und Norwegen den *Nordischen Rat*, der als Organ für die Zusammenarbeit der Parlamente und Regierungen am 25. Juni 1952 in Kraft tritt (Beitritt Islands im Dez. 1952 und Finnlands im Okt. 1955). Ähnlich wie der Europarat (Schweden gehört diesem seit 1949 an) kann der Nordische Rat in Fragen der Vereinheitlichung im Rechts-, Sozial- und Wirtschaftswesen Empfehlungen an die Regierungen aussprechen. *Nordischer Rat*

1957 30. Okt. Ministerpräsident Erlander bildet eine neue sozialdemokratische Regierung (bis 9. Okt. 1969 im Amt).

1960 Mit dem In-Kraft-Treten der Konvention der Kleinen Freihandelszone – *EFTA* – wird Schweden *Mitglied* dieser Wirtschaftsvereinigung. *EFTA-Mitglied*

1968 Der schwedische Reichstag beschließt in Abänderung der Verfassung die Einführung des parlamentarischen Einkammersystems sowie eine Änderung des Wahlverfahrens: Von den 350 Abgeordneten werden 310 direkt durch Verhältniswahlrecht gewählt, die restlichen 40 Mandate werden anteilig an die Parteien vergeben, die mindestens 4% der abgegebenen Stimmen erreichen.

10. März Die USA brechen die diplomatischen Beziehungen zu Schweden wegen Meinungsverschiedenheiten über den Vietnamkrieg ab.

1969 Aufnahme diplomatischer Beziehungen zu Nordvietnam (10. Jan.).

9. Okt. Erlander tritt als Ministerpräsident und Parteivorsitzender der Sozialdemokratischen Arbeiterpartei zurück, sein *Nachfolger* in beiden Ämtern wird der bisherige Kultusminister *Olof Palme*, der als besonders reformorientiert eingestuft wird. *Ministerpräsident Palme*

1970 Die diplomatischen Beziehungen mit den USA werden wieder aufgenommen (10. Jan.).

20. Sept. Wahlen zum Reichstag nach dem neuen Modus: Die Sozialdemokraten verlieren die absolute Mehrheit, während Zentrum und Liberale Mandate hinzugewinnen und die Kommunisten die vorgesehene Vier-Prozent-Hürde überspringen können (Palme bleibt mit einem Minderheitskabinett im Amt).

1971 11. März Nach einem *Streik* öffentlicher Angestellter (Febr.), durch den Gehaltserhöhungen erzwungen werden sollen, wird die Regierung aufgrund eines Sondergesetzes ermächtigt, öffentliche Angestellte zur Arbeitsaufnahme zu zwingen. *Streik*

1972 Unterzeichnung des Freihandelsabkommens mit der EG (22. Juli).

21. Dez. Aufnahme diplomatischer Beziehungen zur DDR.

Die wirtschaftliche Entwicklung (1973–1978)

Wirtschaftsboom

Durch die Vornahme von Lohnerhöhungen bei gleichzeitiger Lohnsteuersenkung, die den Kostenanstieg auf dem Binnenmarkt dämpft, sowie durch höhere Weltmarktpreise für Eisen-, Stahl- und Holzprodukte, die bei gleichzeitiger Drosselung des Energieverbrauchs die gestiegenen Erdölausgaben kompensieren, kann Schweden zunächst (1973/74) von der Weltwirtschaftskrise nicht nur verschont bleiben, sondern erlebt sogar einen neuen *Wirtschaftsboom*.

In den folgenden Jahren zwingen eine stark ansteigende Inflationsrate und wachsende Zahlungsbilanzschwierigkeiten zur Aufgabe des bisherigen wirtschaftlichen Kurses; erst 1978 deutliche Verbesserung. Allerdings steigt die Arbeitslosenrate auf 2,5%. Hervorragend ist die Steigerung des *Waren- und Dienstleistungsexports* (1978), begründet in der verbesserten Konkurrenzfähigkeit der Industrie, ihrerseits durch mäßige Lohnkostensteigerungen und Abwertung der schwedischen Krone ermöglicht.

Export

König Karl XVI. Gustav
neue Verfassung

1973 15. Sept.: Tod von Gustav VI. Adolf, Nachfolger sein Enkel *Karl XVI. Gustav* (*1946).
16. Sept. Patt-Ausgang bei den Reichstagswahlen, Ministerpräsident Palme bildet wiederum eine Minderheitsregierung.
1975 *Neue Verfassung* in Kraft: Der Monarch ist nicht mehr Oberbefehlshaber der Streitkräfte, er
1. Jan. verliert das Recht, bei Kabinettssitzungen den Vorsitz zu führen, den Ministerpräsidenten zu ernennen (jetzt Recht des Reichstagspräsidenten) sowie Gesetze zu unterzeichnen (jetzt Vornahme durch den Ministerpräsidenten).
29. Okt. Die schwedische Entwicklungshilfe erreicht erstmals 1% des Bruttosozialprodukts.

bürgerliche Koalition

1976 Die Ergebnisse der Reichstagswahlen drücken die Unzufriedenheit der Bevölkerung mit der
19. Sept. Wirtschafts- und Sozialpolitik der Sozialdemokraten aus. Zum ersten Mal nach 44 Jahren Regierungszeit der Arbeiterpartei gelingt es einer *bürgerlichen Koalition*, nicht zuletzt wegen des positiven Echos ihrer gegen die Kernkraftwerkspolitik gerichteten Kampagne im Wahlkampf, die Regierung zu stellen: Neuer Ministerpräsident wird der Vertreter der Zentrumspartei Thorbjörn Fälldin (*1926).
1977 Schweden scheidet aus der europäischen Währungsschlange aus und wertet die schwedi-
29. Aug. sche Krone um 10% ab (bereits im April um 6% abgewertet), was ein starkes Exportwachstum der schwedischen Wirtschaft zur Folge hat.
1978 Durch Gesetz wird die Möglichkeit der weiblichen Thronfolge eingeführt (20. April).
5. Okt. Fälldin tritt wegen Auseinandersetzungen um die Kernkraftwerkspolitik zurück.
18. Okt. Neuer Ministerpräsident einer liberalen Minderheitsregierung wird Ola Ullsten (*1931).

Reichstagswahlen

1979 *Reichstagswahlen* erbringen für die bürgerliche Koalition eine knappe Mehrheit von einem
16. Sept. Mandat gegenüber Sozialdemokraten und Kommunisten. Den größten Stimmenzuwachs haben die Konservativen zu verzeichnen, die zur zweitstärksten Fraktion werden.
11. Okt. Regierungschef einer bürgerlichen Koalitionsregierung wird wiederum Fälldin.
1981 Das Oberste Gericht weist den Anspruch der Lappen auf eigenes Territorium ab (29. Jan.).

Spannungen mit der UdSSR

27. Sept. *Spannungen mit der UdSSR* wegen eines Sowjet-U-Bootes vor dem Kriegshafen Karlskrona.
1982 Nach sozialdemokratischem Sieg bei Parlamentswahlen (19. Sept.) und Fälldins Rücktritt (20. Sept.) bildet Olof Palme ein sozialdemokratisches Kabinett (8. Okt.).

Grenzfragen

1983 Schweden und Dänemark einigen sich in *Grenzfragen* (Skagerrak, Kattegat, Öresund,
29. Okt. Bornholm) vorwiegend auf das Mittellinienprinzip.

Ermordung Palmes

1986 Nach der *Ermordung von Olof Palme* (27. Febr.) wird der bisherige Vizepremier Ingvar
12. März Carlsson (*1934) Ministerpräsident.
1988 Reichstagswahlen bestätigen die Sozialdemokraten, die mit Unterstützung der Kommunis-
18. Sept. ten regieren. Verluste bei den Konservativen.
1990 Streikwelle aufgrund von Tarifkonflikten; Rücktritt der Regierung Carlsson, nachdem der
15. Febr. Reichstag einen Lohn- und Preisstopp zur Inflationsbekämpfung ablehnt.

Wiederwahl Carlssons

26. Febr. *Wiederwahl Carlssons* mit den Stimmen von Sozialdemokraten und Kommunisten.
12. Dez. Das Parlament spricht sich für einen Beitritt zur Europäischen Gemeinschaft aus.
1991 Schweden und Dänemark vereinbaren, Malmö und Kopenhagen durch eine Brücken- und Tunnelkombination für den Straßen- und Eisenbahnverkehr zu verbinden (23. März).
15. Sept. Bei den Reichstagswahlen erzielen die Sozialdemokraten ihr schlechtestes Ergebnis seit 1928. Carl Bildt (*1949), Vorsitzender der konservativen Sammlungspartei, bildet eine
3./4. Okt. neue Koalitionsregierung mit Christdemokraten, Liberalen und Zentrum.
1992 Schwedische Medien veröffentlichen Berichte über die geheime militärische Zusammenar-
Mai beit Schwedens mit der NATO seit 1949.
1994 Oppositionsführer Ingvar Carlsson siegt bei den Reichstagswahlen über den Amtsinhaber
18. Sept. Carl Bildt und wird neuer Ministerpräsident einer sozialdemokratischen Minderheitsregierung (6. Okt.).

13. Nov.	In einem Referendum votieren 52,2% der Wähler für den Beitritt zur Europäischen Union und für den Maastricht-Vertrag.	*Mitglied der Europäischen*
1995	Schweden wird *Mitglied der Europäischen Union* (1. Jan.).	*Union*
1996 21. März	Finanzminister Göran *Persson* (*1949) wird nach dem Rücktritt Carlssons (bereits 1995 angekündigt) vom Reichstag *zum neuen Ministerpräsidenten gewählt*.	*Persson Ministerpräsident*
1997	Eine Volksabstimmung entscheidet für den Ausstieg aus der Atomenergie (Febr.).	
10. Okt.	Die Regierung entscheidet sich gegen die Teilnahme an der dritten Stufe der Europäischen Wirtschafts- und Währungsunion.	
1998 20. Sept.	Bei der Reichstagswahl erzielen die regierenden Sozialdemokraten (SAP) mit 36,5% ihr schlechtestes Wahlergebnis seit 1921, können sich aber als stärkste Partei behaupten, da die Konservativen sich nicht verbessern (22,7%). Dagegen legen Linkspartei (12%) und Christdemokraten (11,8%) deutlich zu. Ministerpräsident Göran Persson bildet erneut eine SAP-Minderheitsregierung, die von der Linkspartei und der Umweltpartei unterstützt wird.	
1999 12. Okt.	Ermordung des Gewerkschafters Björn Söderberg, Höhepunkt einer Serie von rechtsradikalen Gewalttaten.	
30. Nov.	Mit der Stillegung des ersten von zwei Reaktorblöcken des Atomkraftwerks Barsebäck beginnt Schwedens *Ausstieg aus der Atomenergie*, der 2010 abgeschlossen sein soll.	*Ausstieg aus der Atomenergie*
2000 1. Jan.	Die protestantische Svenska Kyrkan, der 85% der Schweden angehören, verliert ihren Status als Staatskirche. Geistliche sind künftig keine Staatsbediensteten mehr.	
30. März	Der Reichstag billigt eine Strukturreform der Streitkräfte. Die Verteidigungsausgaben sollen gesenkt, die Truppenstärke halbiert werden.	
2001 12. Jan.	Eine schwedisch-russische Historikerkommission legt die Ergebnisse ihrer Nachforschungen zum Schicksal des schwedischen Diplomaten Raoul Wallenberg vor, der 1944 in Budapest rd. 30 000 Juden vor der Deportation bewahrte. Danach kann als wahrscheinlich gelten, dass Wallenberg 1947 vom sowjetischen Geheimdienst erschossen wurde.	
15.-17. Juni	Das *EU-Gipfeltreffen in Göteborg* wird von schweren Krawallen von Globalisierungsgegnern und EU-Kritikern begleitet.	*EU-Gipfeltreffen in Göteborg*
2002 15. Sept.	Mit einem Wahlsieg der Sozialdemokraten (144 von 349 Mandaten, 13 mehr als vorher) festigt die schwedische Minderheitsregierung unter Göran Persson ihre Stellung.	

Norwegen seit 1945

(Forts. v. S. 1054)

Die Ereignisse des Zweiten Weltkriegs, das Entstehen einer 150 km langen Grenze mit der UdSSR aufgrund finnischer Gebietsabtretungen sowie die Weigerung Schwedens, trotz des kalten Krieges seine Neutralität zu verlassen – und so eine skandinavische Verteidigungsallianz zu ermöglichen – veranlassen Norwegen, die traditionelle Neutralitäts- und Isolationspolitik aufgeben und sich 1949 der NATO anzuschließen. In der Folge wird für die Frage der Beziehungen zur UdSSR das Problem Spitzbergen immer entscheidender; diese Inselgruppe wird durch den Ausbau der Sowjetmarine zu einer strategisch und wirtschaftlich (einzige norwegische Kohlevorkommen von Bedeutung) bedeutenden Besitzung. Reiche *Erdöl- und Erdgasfunde* in der Nordsee versprechen für Norwegen zwar zunächst die Lösung drängender wirtschaftlicher und sozialer Probleme, erweisen sich aber zunehmend als Quelle neuer Probleme.

Erdöl- und Erdgasfunde

1945 9. Mai	Erste Nachkriegsregierung: Einar Gerhardsen (*1897, †1987) führt sozial- und wirtschaftspolitisch den vom schwedischen Sozialismus beeinflussten *Reformkurs* weiter (Gerhardsen leitet vier Kabinette: 1. Mal: bis Juni 1945; 2. Mal: 26. Juni 1945–13. Nov. 1951; 3. Mal: 22. Jan. 1955–23. Aug. 1963; 4. Mal: 25. Sept. 1963–Okt. 1965; zwischen Nov. 1951 und Jan. 1955 Regierung des Ministerpräsidenten Oscar Torp [*1893, †1958]).	*Reformkurs*
1949	Norwegen ist *Gründungsmitglied der NATO*.	*Gründungsmitglied der NATO*
1957 2. Sept.	Nach dem Tod von König Haakon VII. (1905-1957) besteigt sein Sohn *Olaf V.* (*1903, †1991) den Thron von Norwegen.	*König Olaf V.*
1960	Norwegen ist Gründungsmitglied der EFTA.	
1963 27. Aug.	Bildung eines bürgerlichen Minderheitskabinetts unter Ministerpräsident John Lyng ([*1905, †1978]; bis Sept. 1963 im Amt, danach wieder Regierung Gerhardsen).	
1968 Juni	Die Mehrzahl der Parlamentsabgeordneten stimmt für das Verbleiben in der NATO über das vertraglich mögliche Kündigungsjahr 1969 hinaus.	
1971 10. März	Borten muss vom Amt des Ministerpräsidenten zurücktreten (2. März). Bildung eines sozialdemokratischen Minderheitskabinetts unter Trygve Martin Bratteli (*1910, †1984).	

	1972 24./25. Sept.	Eine Volksabstimmung über einen Beitritt zur EG entscheidet mit rund 54% der abgegebenen Stimmen dagegen. In der Beitrittsdiskussion spielt u. a. die Frage, ob ein Beitritt den EG-Partnern freien Zugang zu den Fischereigewässern eröffnen würde und damit zumindest für große Teile der Bevölkerung Nordnorwegens die wirtschaftliche Basis bedroht wäre, eine Rolle.
	7. Okt.	Bratteli, dessen Regierung einen Beitritt zur EG betrieben hat, tritt zurück.
	17. Okt.	Nachfolger Brattelis wird Lars Korvald (*1916) mit einem bürgerlichen Minderheitskabinett, der umgehend bei der EG um Verhandlungen über einen Handelsvertrag nachsucht.
Freihandelsvertrag mit der EG	1973 14. Mai	Mit der EG wird ein *Freihandelsvertrag* geschlossen, der gestaffelten Abbau der Zölle für gewerbliche Erzeugnisse binnen fünf Jahren (ausgenommen „empfindliche Güter") vorsieht und der EG Zollsenkungen für Fischereiprodukte einräumt.
	Sept.	Neuwahlen zum Storting (Parlament) bringen einen knappen Sieg der Sozialdemokraten und des Linksblocks.
	15. Okt.	Bildung eines neuen Kabinetts Bratteli.
	1974 März	Bratteli räumt der UdSSR die Benutzung des Zivilflugplatzes auf Spitzbergen ein und schließt ein Schifffahrtsabkommen.
	29. Aug.	Bedeutende Erdöl- und Erdgasfunde im Nordseebett bekannt gegeben.
Industrieboom		Norwegen wird in der Folge zwar im Energiebereich autark und kann exportieren; es entstehen aber neue Probleme: Der beginnende *Industrieboom* überfordert den Arbeitskräftemarkt, bringt Abwanderung aus Nordnorwegen, durch Grundstücksspekulationen im Süden eine Inflationsanheizung und das Absterben traditioneller Wirtschaftszweige.
	26. Sept.	Die Regierung kündigt eine Fischereizone von 50 und eine Wirtschaftszone von 200 Seemeilen an.
	1976 15. Okt.	Das am 12. Januar unter Odvar Nordli (*1927) gebildete Kabinett sucht durch ein neues Fischereiabkommen sowie bei den Streitfragen Spitzbergen und Grenzziehung im Schelf ein besseres Einvernehmen mit der UdSSR.
	1977 April	Die EKOFISK-Katastrophe (Auslaufen großer Mengen von Erdöl auf einer Bohrinsel in der Nordsee) verdeutlicht bisher vernachlässigte Probleme des Erdölbooms.
Konflikt um Spitzbergen	1978 31. Aug.	Norwegen gibt die Existenz sowjetischer Radarstationen auf *Spitzbergen* und den Absturz eines sowjetischen Aufklärers auf der Insel Hopen bekannt.
	1981 4. Febr.	Trotz Protest der UdSSR werden US-Militärdepots in Norwegen vereinbart (14. Jan.). Frau Gro Harlem Brundtland (*1939) löst Nordli als Regierungschef ab. Ihr folgt nach sozialdemokratischer Wahlniederlage der Konservative Kaare Willoch (*1928).
	14. Okt. 1985	Bei Parlamentswahlen (8./9. Sept.) muss die bürgerliche Regierungskoalition Verluste hinnehmen.
	1986	Ministerpräsident Willoch tritt zurück (2. Mai); an seine Stelle tritt Brundtland, die eine sozialdemokratische Minderheitsregierung anführt (9. Mai).
	1989	Parlamentswahlen (11. Sept.). Bürgerliche Minderheits-Koalition unter Jan Syse (*1930) (16. Okt.).
	1990	Rücktritt Syses nach Konflikten in der EG-Politik (29. Okt.), erneute Regierung Brundtland (3. Nov.).
König Harald V.	1991	Olaf V. stirbt (17. Jan.). *König Harald V.* (*1937) vor dem Parlament vereidigt (21. Jan.).
	1993	Die Regierung Brundtland wird bei Parlamentswahlen bestätigt (12./13. Sept.).
	1994 27./28. Nov.	52,2% der Stimmberechtigten lehnen bei einem Referendum den geplanten Beitritt Norwegens zur Europäischen Union ab.
Jagland neuer Ministerpräsident	1996 25. Okt.	Nach dem Rücktritt Brundtlands wird *Thorbjörn Jagland* (*1950; Vorsitzender der Sozialdemokratischen Partei) *neuer Ministerpräsident*.
	1997 15. Sept.	Bei Parlamentswahlen Verluste der Linksparteien. Neuer Ministerpräsident wird Kjell Magne Bondevik (*1947; Christliche Volkspartei) (19. Okt.).
	1999	Bei den Kommunal- und Regionalwahlen erleidet die sozialdemokratische Arbeiterpartei schwere Verluste; Gewinne dagegen bei den rechten Oppositionsparteien.
	2000 9. März	Nach einer Abstimmungsniederlage tritt Ministerpräsident Kjell Magne Bondevik zurück. Der Sozialdemokrat Jens Stoltenberg (*1959) bildet eine Minderheitsregierung.
	2001 25. Aug.	Kronprinz Haakon heiratet die bürgerliche Mette-Marit Tjessen Hörby, die einen vierjährigen Sohn mit in die Ehe bringt.
Wahlschlappe der Sozialdemokraten	10. Sept.	*Wahlschlappe* der regierenden *Sozialdemokraten*. Der Christdemokrat Bondevik bildet ein Kabinett aus der konservativen Höyre-Partei, Christdemokraten und Liberalen.

Dänemark (mit Grönland und Färöer) seit 1945
(Forts. v. S. 1055)

Auf Grund der Erfahrungen im Zweiten Weltkrieg beschließt Dänemark, seine traditionelle Neutralität aufzugeben und sich zum Schutz seines Territoriums dem Bündnissystem der USA anzuschließen; 1949 wird es *NATO-Mitglied*. Im Bereich der Sozialpolitik gewinnen, auch durch das schwedische Beispiel gefördert, sozialdemokratische Vorstellungen die Vorhand, was zur Expansion des öffentlichen Dienstleistungssektors (Gesundheitswesen, soziale Sicherheit, Bildungswesen, Wohnungsbau) auf Kosten von Industrie und Landwirtschaft und zum Preis ständig wachsender Steuern führt. Wirtschaftliches Hauptziel ist die Verschränkung von Industrie- und Agrarstaat, woraus insbesondere zugunsten der Landwirtschaft der EG-Beitritt folgt.

NATO-Mitglied

1945 Bildung einer Koalitionsregierung aus Mitgliedern aller Parteien und Vertretern der Frei-
8. Nov. heitsbewegung unter Ministerpräsident Knud Kristensen (*1895, †1962).

1953 Durch Verfassungsreform werden ein parlamentarisches *Einkammersystem* errichtet, Grön-
5. Juni land zum Reichsteil erklärt und die weibliche Thronfolge eingeführt.

Einkammersystem

1955 Regierungsbildung unter dem sozialdemokratischen Ministerpräsidenten Hans Christian
1. Febr. Hansen ([*1906, †1960] zweites Kabinett Hansen am 27. Mai 1957).

29. März In der deutsch-dänischen „Grundsatzerklärung" einigen sich die Regierungen der Bundesrepublik Deutschland und Dänemarks über den Sonderstatus der beiderseitigen *Minderheiten in Schleswig* und über deren Sonderrechte.

Minderheiten in Schleswig

1960 Nach dem Tod von Ministerpräsident Hansen tritt der bisherige Finanzminister Viggo
21. Febr. Kampmann (*1910, †1976) die Nachfolge an (Regierungsbildung am 18. Nov. 1960).

1962 Regierung des sozialdemokratischen Ministerpräsidenten Jens Otto Krag (*1914, †1978);
3. Sept. nach zweimaliger Kabinettsumbildung bis zum 24. Jan. 1968 im Amt.

1968 Bürgerliche Koalitionsregierung unter Hilmar Baunsgaard (*1920, †1989) ab 1. Febr.

1971 Nach Parlamentswahlen (21. Sept.) kann Krag mit Unterstützung der Linkssozialisten ein
11. Okt. sozialdemokratisches Minderheitskabinett bilden.

1972 Die Tochter König Friedrichs IX., *Margarete II.* (*1940), folgt ihrem Vater auf den däni-
Jan. schen Thron.

Königin Margarete II.

Da in der Bevölkerung eine relativ starke Abneigung gegen den Beitritt zur Europäischen
2. Okt. Gemeinschaft besteht, veranstaltet die Regierung eine Volksabstimmung (ohne Färöer), in der bei etwa 90% Beteiligung rund 63,5% (ohne Grönland) für den Beitritt stimmen.

5. Okt. Regierung des sozialdemokratischen Ministerpräsidenten Anker Jørgensen (*1922).

1973 Ablösung in der Regierungsverantwortung durch den konservativen Ministerpräsidenten
19. Dez. Poul Hartling (*1914).

1975 Jørgensen wird zum zweiten Mal Ministerpräsident einer sozialdemokratischen Regierung (13. Febr.).

1978 Dänemark wird *Vollmitglied der EG*, was angesichts ständig zunehmender Wirtschafts-
1. Jan. schwierigkeiten neuerlich Hoffnung auf Besserung erweckt.

EG-Beitritt

29. Aug. Zur Bekämpfung der Wirtschaftskrise einigen sich Sozialdemokraten und Liberale auf eine Koalition unter Ministerpräsident Jørgensen (3. Kabinett) und verkünden ein *Wirtschaftsprogramm* zur Kostendämpfung, das schärfste Proteste der Gewerkschaften auslöst.

Wirtschaftsprogramm

1979 Nach Rücktritt der Koalitionsregierung (28. Sept.) erbringen Neuwahlen leichte Gewinne
26. Okt. der Sozialdemokraten, die eine Minderheitsregierung unter Jørgensen bilden.

1982 Nach Jørgensens Rücktritt (1. Okt.) bildet Poul Schlüter (*1929) als erster konservativer
10. Okt. Regierungschef dieses Jahrhunderts ein bürgerliches *Minderheitskabinett*.

konservatives Minderheitskabinett

1983 Das Parlament beschließt wesentliche Abweichungen vom NATO-Doppelbeschluss.

1984 Bei der Wahl zum Europäischen Parlament verdoppeln die Konservativen ihre Mandatszahl (17. Juni).

1987/1988 Parlamentswahlen (8. Sept./10. Mai): jeweils Minderheitsregierung unter Schlüter.

1989 Mit Unterstützung der bürgerlichen Parteien Verabschiedung eines Sparhaushaltes.

1990 Nach erfolglosen Haushalts- und Steuerdebatten Auflösung des Parlaments (22. Nov.) und
12. Dez. Neuwahlen; erneute *Regierung Schlüter*.

Regierung Schlüter

1991 Dänemark und Schweden beschließen den Bau einer Eisenbahn- und Straßenverbindung zwischen Kopenhagen und Malmö mittels einer Brücken- und Tunnelkombination über den Öresund (23. März).

1992 Mit der Mehrheit von 50,7% votieren die Dänen bei einer Volksabstimmung gegen den
2. Juni Maastricht-Vertrag.

1993 Schlüter tritt wegen einer Falschaussage gegenüber dem Parlament als Ministerpräsident
14. Jan. zurück.

Europäische Union	18. Mai	Bei einem zweiten Referendum sprechen sich 56,8 % der Wähler für den überarbeiteten Vertrag über die *Europäische Union* aus.
Regierung Rasmussen	1994 21./27. Sept.	Der sozialdemokratische *Ministerpräsident* Poul Nyrup *Rasmussen* (* 1943; seit 25. Jan. 1993 im Amt) bildet nach vorgezogenen Neuwahlen ein Minderheitskabinett aus Sozialdemokraten, Sozialliberalen und Zentrumsdemokraten.
	1996 20. Dez.	Die Zentrumsdemokraten verlassen nach Streitigkeiten um den Haushalt für das Jahr 1997 die Koalitionsregierung; am 30. Dez. bildet Rasmussen eine neue Minderheitsregierung.
	1997 31. Aug.	Dänemark vereinbart mit Deutschland und Polen die Bildung eines multinationalen Militärverbandes (Korps Nordost).
	1998 11. März	Bei vorgezogenen Wahlen zum Folketing werden die Sozialdemokraten mit 36,0 % stärkste politische Kraft; die Mitte-Links-Koalition unter Poul Nyrup Rasmussen setzt ihre Arbeit fort.
Generalstreik	27. April– 7. Mai	Ein *Generalstreik* legt das öffentliche Leben lahm. Den Forderungen der Gewerkschaften nach einer zusätzlichen 6. Urlaubswoche kommt die Regierung mit einem Kompromiss entgegen.
	14. Juni	Freigabe der Brücke über den Großen Belt für den Autoverkehr (Verbindung der Hauptinsel Seeland mit dem jütländischen Festland).
	2000 11. Juni	Dänisch-schwedisches Volksfest zur Einweihung der Brücke über den Öresund.
	28. Sept.	Bei einer Volksabstimmung entscheidet sich die Mehrheit (53,1 %) gegen einen Beitritt Dänemarks zur Europäischen Wirtschafts- und Währungsunion.
Rechtsruck bei der Parlamentswahl	2001 20. Nov.	*Rechtsruck bei der Parlamentswahl*: Die Liberale Partei (Venstre) wird mit 31,3 % stärkste politische Kraft. Ihr Führer Anders Fogh Rasmussen bildet mit Konservativen und der rechtspopulistischen Dänischen Volkspartei eine Koalitionsregierung.

Grönland seit 1951

	1951	Unter Vorbehalt seiner Souveränität tritt Dänemark den USA den Schutz der Insel mit dem Recht auf Stützpunkte ab.
	1953	Grönland wird durch Verfassungsreform Teil des Königreichs.
Innere Autonomie	1979 16. Febr.	Eine Volksabstimmung ergibt 70,1 % für die *Innere Autonomie* (17. Jan.), die dann vom dänischen Parlament gebilligt wird.
	1982	Etwa 52 % der Wähler stimmen für den Austritt aus der EG (23. Febr.).
EG-Austritt	1984	Ein in Brüssel unterzeichneter Vertrag (13. März) ermöglicht Grönlands *EG-Austritt* zum 1. Jan. 1985.
Zollunion mit der EG	1985	Nach dem Austritt aus der EG besteht nun eine *Zollunion*; die EG-Mitgliedsstaaten haben das Recht, in grönländischen Gewässern zu fischen, und gewähren Grönland dafür eine jährliche Finanzhilfe.
	1987 27. Mai	Die von Jonathan Motzfeldt (* 1938) geführte Koalitionsregierung wird in vorgezogenen Parlamentswahlen bestätigt.
	1991	Die Sozialdemokraten bleiben nach Parlamentswahlen stärkste Fraktion (5. März). Ihr Vorsitzender Lars Emil Johansen wird Ministerpräsident.
	1995	Johansen bildet nach Neuwahlen wieder die Regierung (4. März).
	1999 14. Febr.	Bei der Parlamentswahl muss die sozial-liberale Regierungskoalition Verluste hinnehmen. Neue Koalitionsregierung unter Jonathan Motzfeldt.

Färöer (eigentlich: FäerÖer) seit 1948

	1948 23. März	Der dänische König unterzeichnet das Gesetz über die Innere Autonomie, dem der Austritt aus dem Sterlinggebiet und der neuerliche Beitritt zum dänisch-grönländischen Währungsgebiet folgen (10. Nov.).
	1972/1975	An der Volksabstimmung Dänemarks über Beitritt zu den europäischen Gemeinschaften (1972) beteiligen die Färöer sich nicht, sondern entscheiden sich in einer eigenen Volksabstimmung (1975) für jeweils bilaterale Abkommen.
Fischereiabkommen	1977 15. März	Zwischen den Regierungen Dänemarks und der Färöer (Landsstryret) einerseits und der EG andererseits wird ein *Fischereiabkommen* auf zehn Jahre unterzeichnet.
	1994 8. Juli	Die Parlamentswahlen enden mit einer Niederlage der seit 1990 regierenden Sozialdemokraten, die hinter der liberalen Unionistischen Partei, die fortan den Ministerpräsidenten stellt, zweitstärkste Gruppierung wird.
	2001 Febr.	Die Regierung lässt auf dänischen Druck das Vorhaben fallen, eine Volksabstimmung über die Vorbereitung der nationalen Souveränität abzuhalten.

Island seit 1940/46
(Forts. v. S. 1055)

Seit der Besetzung durch britische Truppen 1940 (1941 durch US-Truppen abgelöst) dient die am 17. Juni 1944 von Dänemark unabhängig gewordene Insel bis Ende des Zweiten Weltkrieges als militärische Operationsbasis der Alliierten (US-Stützpunkte). Nach 1945 sind die USA bestrebt, Island in das westliche Bündnissystem zu integrieren: Einbeziehung in die Marshallplan-Hilfe 1948 und Beitritt zur NATO 1949.

1946 5. Okt. Ratifizierung eines Abkommens zwischen den USA und Island, das den Abzug der US-Truppen vorsieht, weiterhin aber die Benutzung des Flugplatzes Keflavík für zivile Zwecke gestattet.

1950 Ausweitung der isländischen Fischereizone auf vier Seemeilen.

1951 Unterzeichnung eines militärischen *Schutzabkommens mit den USA*: Einräumung von Stützpunkten im Rahmen der NATO und Übergabe des Flugplatzes Keflavík an die isländische Verwaltung. — *Schutzabkommen mit den USA*

1952 Zum neuen Staatspräsidenten wird Ásgeir Ásgeirsson (*1894, †1972) gewählt (29. Juni).

1958 Juni Ausbruch ernsthafter Auseinandersetzungen *(„Fischereikrieg")* mit Großbritannien nach Ausweitung der Hoheitsgewässer auf zwölf Seemeilen (1961 durch Kompromiss beigelegt).

1968 Der Historiker Kristian Eldjarn (*1916, †1982) wird neuer Staatspräsident (30. Juni).

1970 Island wird *Vollmitglied der Europäischen Freihandelszone* – EFTA (1. März). — *EFTA-Mitglied*

1971 14. Juli Nach Parlamentswahlen Bildung einer linksgerichteten Koalitionsregierung durch Ministerpräsident Ólafur Jóhannesson (*1913; Fortschrittspartei).

1972 15. Febr. Die Ausdehnung der isländischen Fischereigrenze von zwölf auf 50 Seemeilen veranlasst Großbritannien und die Bundesrepublik Deutschland, vor dem Internationalen Gerichtshof in Den Haag Klage zu erheben (Interimsurteil vom Aug. 1972 gegen das Vorgehen Islands wird im Urteil vom 25. Juli 1974 bestätigt).

1974 29. Aug. Island erkennt das Urteil des Internationalen Gerichtshofs nicht an. Koalitionsregierung (Konservative Unabhängigkeitspartei und Fortschrittspartei) unter Ministerpräsident Geir Hallgrímsson (*1925).

1975 Ausdehnung der Fischereigrenzen auf 200 Seemeilen lässt den Streit mit Großbritannien (1976 zeitweiliger Abbruch der diplomatischen Beziehungen) und der Bundesrepublik Deutschland erneut ausbrechen. Der Grund für den von Island geführten *„Kabeljaukrieg"* ist die völlige wirtschaftliche Abhängigkeit vom Fischfang (90% des Exports). Dieser Umstand ist auch die Ursache für die Ablehnung eines EG-Beitritts. — *„Kabeljaukrieg"*

1978 31. Aug. Bildung einer Linkskoalition aus Fortschrittspartei, Sozialdemokraten und Kommunisten unter Ministerpräsident Jóhannesson.

1980 29. Juni Neue Koalitionsregierung (ab 8. Febr.) unter Gunnar Thoroddsen (*1910, †1983). Als erste Frau wird Vigdís Finnbogadottir (*1930) zur Staatspräsidentin gewählt.

1983 Steingrimur Hermannsson (*1928) bildet die neue konservative Regierung (ab 26. Mai).

1986 *Sozialpakt* von Regierung, Arbeitgebern und Gewerkschaften zur Inflationsbekämpfung. — *Sozialpakt*

1987/1988 Thorsteinn Palsson (*1947) löst vorübergehend Hermannsson als Ministerpräsident ab.

1990 Einführung der Mehrwertsteuer (24,5%).

1993 Das Parlament ratifiziert den EWR-Vertrag (12. Jan.).

1995 *Aufnahme* Islands *in den* Ostsee- bzw. *Baltischen Rat* (19. Mai). — *Aufnahme in den Baltischen Rat*

1996 29. Juni Der frühere Finanzminister Ólafur Ragnar Grímsson (*1943) gewinnt mit 40,9% der Stimmen die Präsidentschaftswahl und löst damit Finnbogadottir ab, die nicht mehr kandidiert hat.

1999 8. Mai Bei der Parlamentswahl wird die seit acht Jahren regierende Mitte-Rechts-Koalition bestätigt. Erstmals zieht die neue Linksgrüne Partei mit sechs Mandaten in den Althing ein.

2000 Mai Staatspräsident Grímsson bleibt ohne Neuwahl im Amt, da der einzige Gegenkandidat nicht genügend Unterschriften für seine Kandidatur zusammenbringt.

2001 Island tritt dem Schengener Abkommen als assoziiertes Mitglied bei (25. März).

Finnland seit 1945

(Forts. v. S. 1058)

Neutralität Interessen der UdSSR

Auf Grund der machtpolitischen Verschiebungen im Ostseeraum durch die Ereignisse des Zweiten Weltkrieges bemüht sich Finnland nach 1945 um strikte *Neutralität*, achtet jedoch bei seinen außenpolitischen Beziehungen darauf, nicht gegen die *Interessen der Sowjetunion* zu handeln. Diese sog. Paasikivi-Linie (benannt nach dem Staatspräsidenten Juho Kusti Paasikivi [*1870, †1956]) der finnischen Politik, 1948 durch den auf zehn Jahre geschlossenen, bereits 1955 aber auf weitere 20 Jahre verlängerten Freundschafts- und Beistandspakt mit der Sowjetunion begründet, wird 1956–1981 durch Staatspräsident Urho Kaleva Kekkonen (*1900, †1986) weiter ausgebaut (1970 weitere Verlängerung des Freundschafts- und Beistandspaktes mit der UdSSR um weitere zehn Jahre). Dies bleibt nicht ohne Auswirkungen auf den Spielraum finnischer Innen- und Wirtschaftspolitik. Dennoch ist Finnland bemüht, seine Bindungen an den Westen zu vertiefen, was sich 1955 im Beitritt zum Nordischen Rat, 1961 im Assoziierungsabkommen mit der EFTA und im Freihandelsabkommen mit der EG von 1973 manifestiert. Erst die neue Außenpolitik der UdSSR unter Gorbatschow ermöglicht Finnlands Mitgliedschaft im Europarat (1989), und erst nach einer Einigung über einen Nachfolgevertrag für den Freundschaftsvertrag von 1948 mit der UdSSR und nach deren Auflösung wird Finnlands EU-Beitritt möglich (1994).

1945
5. Mai — Eine mit einem Lastenausgleichssystem gekoppelte Landreform ermöglicht die Wiedereingliederung der bäuerlichen Bevölkerung aus den finnischen Gebieten, die an die Sowjetunion abgetreten wurden.

Rücktritt Mannerheims

1946
4. März — *Rücktritt von* Marschall Karl Gustav Emil Freiherr von *Mannerheim* als Staatspräsident; Nachfolger wird Ministerpräsident Juho Kusti Paasikivi (in Verhandlungen mit der Sowjetunion erfahren), Nachfolger als Ministerpräsident wird Mauno Pekkala (*1890, †1952).

Grenzen zur UdSSR

1947
10. Febr. — Im Friedensvertrag von Paris werden die im Moskauer Frieden von 1940 beschlossenen *Grenzen* wiederhergestellt: Finnland überläßt der Sowjetunion das Petsamogebiet und verpachtet die Halbinsel Porkkala für einen Zeitraum von 50 Jahren; die an die UdSSR zu leistenden Reparationen in Sachwerten und Barzahlungen betragen einen Gesamtwert von 300 Mio. US-Dollar (bis 1952 bezahlt).

Vertrag mit der UdSSR

1948
6. April — *Vertrag* über Freundschaft, Zusammenarbeit und gegenseitige Hilfe *mit der UdSSR* verpflichtet Finnland, sich nicht am Interessenkonflikt der Großmächte zu beteiligen, im Fall einer gegen beide vertragführenden Staaten gerichteten Aggression militärischen Beistand zu leisten bzw. einen solchen anzunehmen und im Gefahrenfall in Konsultationen einzutreten.

29. Juli — Neuer Ministerpräsident wird der Sozialdemokrat Karl August Fagerholm (*1901, †1984).

1950
17. März — Nachfolger von Ministerpräsident Fagerholm wird Urho Kaleva Kekkonen (Bauernpartei) 1950–1953, 1954–1956).

Nordischer Rat Kekkonen Präsident

1955
28. Okt. — Finnland tritt dem gemeinsam von Schweden, Dänemark und Norwegen 1951 gegründeten *Nordischen Rat* bei.

1956
— Ministerpräsident *Kekkonen* wird zum *Staatspräsidenten* gewählt (16. Febr.).
3. März — Fagerholm zum zweiten Mal Ministerpräsident (bis Mai 1957).

EFTA- Assoziierung

1961
27. März — *Assoziierungsabkommen mit* der Europäischen Freihandelszone – *EFTA*, allerdings verpflichtet sich Finnland, der Sowjetunion dieselbe Meistbegünstigung wie den EFTA-Staaten einzuräumen.

13. April — Der Vertreter der Agrarunion, Ahti Karjalainen (*1923, †1990), bildet aus der Mitte und den Linken eine Koalitionsregierung (zweites Kabinett 17. Okt.–17. Dez. 1963; drittes Kabinett 15. Juli 1970–14. März 1971).

Reichstags- wahlen

1966
— *Reichstagswahlen* lassen die Sozialdemokraten zur stärksten Partei werden (März).
27. Mai — Zum neuen Ministerpräsidenten wird der Sozialdemokrat Rafael Paasio (*1903, †1980) gewählt; Regierung unter Einschluss der Volksdemokraten (Kommunisten).

1968 — Der Sozialdemokrat Mauno Koivisto (*1923) wird Ministerpräsident (bis 1970).

1969 — Finnland setzt sich mit Nachdruck für den sowjetischen Plan einer Konferenz für Sicherheit und Zusammenarbeit in Europa (KSZE) ein.

1970
15. Juli — Nach den Reichstagswahlen (März), die keine eindeutige parlamentarische Mehrheit bringen, bildet Ahti Karjalainen erneut eine Koalitionsregierung aus Vertretern der Mitte und der Linken.

1972 — Neuer Ministerpräsident (4. Sept.) wird der Sozialdemokrat Kalevi Sorsa (*1930).

1973
16. Mai — Finnland unterzeichnet ein Abkommen über wirtschaftliche Zusammenarbeit mit dem Rat für gegenseitige Wirtschaftshilfe (COMECON).

KSZE

3. Juli — Beginn der *Konferenz für Sicherheit und Zusammenarbeit in Europa* (KSZE) in Helsinki.
5. Okt. — Abkommen mit der EG über Freihandel mit gewerblichen Waren (1. Jan. 1974 in Kraft).

1975 30. Nov.	Nach Reichstagswahlen (Sept.) veranlasst Kekkonen die Bildung einer Volksfrontregierung unter Martti Miettunen (zweites Kabinett seit 1962).	
1977 15. Mai	Mitte-Links-Koalitionsregierung, Ministerpräsident Sorsa; unter Einschluss der Kommunisten von der überwältigenden Mehrheit im Reichstag unterstützt.	
1978 16. Febr.	Die unangefochten starke Position von Staatspräsident Kekkonen wird durch seine fünfte Wiederwahl bestätigt.	
1979 26. Mai	Nach Parlamentswahlen (März), die leichte Gewinne für die bürgerlichen Parteien bringen, wird eine Regierung aus Sozialdemokraten, Zentrum und Kommunisten unter dem sozialdemokratischen Ministerpräsidenten Mauno Koivisto gebildet.	
1981	Präsident Kekkonen tritt am 27. Okt. zurück.	
1982	*Koivisto* wird *neuer Präsident* (26. Jan.).	*Koivisto*
1983	Koivisto verlängert den Vertrag von 1948 mit der UdSSR vorzeitig um 20 Jahre (6. Juni).	*Präsident*
1984	Der XX. Parteitag der KP Finnlands (25./27. Mai) fordert eine neue Wirtschafts- und Sozialpolitik.	
1987 März	Reichstagswahlen: Koalitionsregierung unter Harri Holkeri (*1937; Nationale Sammlungspartei).	
1988	*Koivisto im Amt bestätigt* (15. Febr.).	
1989	Mitgliedschaft im Europarat (5. Mai).	
1991 26. April	Nach Reichstagswahlen wird unter Esko Aho (*1954) von der Zentrumspartei erstmals seit 25 Jahren eine Regierung ohne Beteiligung der Linksparteien gebildet.	
6. Nov.	Finnland einigt sich mit der Sowjetunion auf einen Nachfolgevertrag für den Freundschaftsvertrag von 1948.	
1994 16. Okt.	Martti Ahtisaari (*1937) wird neuer Staatspräsident (1. März). 57% der Finnen votieren für den Beitritt zur Europäischen Union.	
1995 13. April	Finnland tritt als *Vollmitglied der Europäischen Union* zum 1. Jan. bei. Der Sozialdemokrat Paavo Lipponen (*1941) bildet nach Parlamentswahlen eine neue Koalitionsregierung.	*EU-Beitritt*
1996	Der Beitritt Finnlands zum Europäischen Währungssystem (EWS) wird wirksam (14. Okt.).	
1999 21. März	Trotz Verlusten der Sozialdemokraten bei den Reichstagswahlen bleibt die Koalitionsregierung unter Lipponen im Amt.	
2000 6. Febr.	Die bisherige Außenministerin *Tarja Halonen* (*1943) gewinnt als Kandidatin der regierenden Sozialdemokraten die Stichwahl zur Präsidentschaft; damit wird erstmals eine Frau finnisches Staatsoberhaupt.	*Tarja Halonen*
1. März	In-Kraft-Treten der am 4. Juni 1999 verabschiedeten Verfassungsreform, die die Rechte des Parlaments gegenüber dem Präsidenten stärkt.	
2001 18. Mai	Finnland tritt dem Schengener Abkommen bei (25. März). Der Reichstag genehmigt grundsätzlich den Bau des weltweit ersten Endlagers für hochradioaktiven Atommüll. Finnland besitzt insges. vier Atomkraftwerke.	

Ostmitteleuropa seit 1945

Die Wiederherstellung der baltischen Staaten

Estland, Lettland und Litauen werden 1940 und (nach deutscher Besetzung während des Zweiten Weltkriegs) erneut 1944 als Sozialistische Sowjetrepubliken Bestandteile der UdSSR. Unter sowjetischer Herrschaft erleben sie eine weit gehend gemeinsame Geschichte. Dazu gehören 1948/49 Massendeportationen vornehmlich von Bauern nach der Zwangskollektivierung der Landwirtschaft und in den fünfziger Jahren die in der Sowjetunion verbreitete „Tauwetterperiode", auf die eine verstärkte Russifizierungspolitik mit forcierter russischer Einwanderung folgt.

In den achtziger Jahren treten nationale und freiheitliche Reform- und Protestbewegungen an die Öffentlichkeit. Sie verdichten sich 1989 zu einer Freiheits- und Unabhängigkeitsbewegung, die am 23. August 1989 in einer Menschenkette zwischen den drei Hauptstädten einen massenwirksamen Ausdruck findet. Bereits im Frühjahr 1990 entscheiden sich die drei Parlamente nacheinander für die staatliche Unabhängigkeit. Die Sowjetmacht reagiert auf diese Entwicklung schließlich im Januar 1991 mit Gewaltaktionen in Riga und Wilna. Die Antwort sind (Febr./März 1991) Volksabstimmungen, die sich in allen drei Staaten für die Unabhängigkeit entscheiden. Mit dem Moskauer Putsch (August 1991) orthodox-kommunistischer Kräfte wird die Entwicklung zur Unabhängigkeit faktisch unumkehrbar gemacht, die diplomatische Anerkennung seitens der EG-Staaten (27. August) und die UNO-Mitgliedschaft (17. September 1991) folgen auf dem Fuße.

Die politische Bewegung verbindet sich mit marktwirtschaftlichen Reformen auf staatlicher und internationaler Ebene: September/Oktober 1991 Baltische Investitionsbank und Resolution über ein kollektives Sicherheitssystem sowie um die Jahreswende 1991/92 Freigabe der Lebensmittelpreise als Zeichen der Abkehr von der sowjetischen Kommandowirtschaft. Der übermächtige Nachbar macht jedoch auch nach dem Abzug der ehemaligen Roten Armee (1993/94) seine Interessen im Baltikum geltend: November 1994 russischer Protest gegen die Kaliningrad-Erklärung der drei Staaten. Demgegenüber wird die Westorientierung weiterverfolgt durch Assoziierungsabkommen mit der Europäischen Union (12. Juni 1995), die sich schließlich zu Beitrittsverhandlungen mit Estland bereitfindet (Juli 1997). Die gleichfalls von den baltischen Staaten erstrebte Aufnahme in die NATO wird wegen deren Rücksichtnahme auf Russland vorerst nicht verwirklicht.

Estland seit 1944/47
(Forts. v. S. 1058)

Eroberung durch die Rote Armee Estland wird in der zweiten Jahreshälfte 1944 *von der Roten Armee erobert*. Im Jan. 1945 werden kleinere Gebiete im Nordosten und Südosten des Landes an die Russische Sozialistische Föderative Sowjetrepublik (RSFSR) abgetreten.

1947 Beginn der Kollektivierung der Landwirtschaft.
1949 März Massendeportationen von Bauern, die sich der beschleunigten Kollektivierung widersetzen.
1953 Ende des bewaffneten Widerstandes durch Untergrundorganisationen gegen die Sowjetmacht.
1954 Übergabe Ost-Narwas (Teil Ost-Estlands) an die RSFSR.
1957 In der „Tauwetterperiode" der UdSSR tritt eine leichte Erholung der Wirtschaft ein (Dezentralisationen). Es beginnt eine verstärkte russische Zuwanderung. Die Phase der Dezentralisation wird 1965 beendet.
1980 Erste Proteste gegen die Einwanderung von Russen.
1983 Arnold Rüütel (*1928) wird Präsidiumsvorsitzender des Obersten Sowjets von Estland.
1986 Bildung einer ökologischen Protestbewegung gegen den Phosphoritabbau (Okt.).
1988 April Gründung der unabhängigen Volksfrontbewegung für die Umgestaltung (Rahvarinne) mit dem Ziel nationaler Unabhängigkeit.
11. Sept. „Sängerfest" in Tallinn. Forderung nach mehr Eigenständigkeit.

Souveränitätserklärung 16. Nov. *Souveränitätserklärung* des Republiksowjets. Am 22. Nov. erklärt das Präsidium des Obersten Sowjets der UdSSR diesen Beschluss für ungültig.
1989 Estnisch wird Staatssprache (18. Jan.).

4./5. März	Bildung der prosowjetischen, von Russen getragenen „Interfront", die sich im Aug. vornehmlich gegen das neuerlassene restriktive Wahlgesetz wendet.	
23. Aug.	Menschenkette zwischen den baltischen Hauptstädten zum Gedenken an den deutsch-sowjetischen Nichtangriffspakt von 1939 (ca. 1,5 Mio. Teilnehmer).	
1990 24. Febr.	Das Republikparlament stellt die „Unrechtmäßigkeit und Ungültigkeit" der estnischen Beitrittserklärung zur UdSSR von 1940 fest.	
18. März	Die Wahlen zum Parlament gewinnen die Anhänger der vollen Unabhängigkeit. Das neue Parlament bestätigt am 29. März Rüütel als Parlamentspräsident und damit als Staatsoberhaupt.	
30. März	Das Parlament beschließt den stufenweisen Übergang zur Unabhängigkeit und die Einrichtung neuer Staatsorgane.	
8. Mai	Teile der Vorkriegsverfassung werden wieder eingesetzt und die Estnische SSR in *Republik Estland* umbenannt. Am 7. Aug. wird die bisherige Verfassung aufgehoben.	*Republik Estland*
Herbst	Aufbau estnischer Streitkräfte und einer Zollgrenze.	
1991 3. März	Bei einer Volksbefragung, die anstelle des unionsweiten Referendums für den Erhalt der UdSSR abgehalten wird, spricht sich die Bevölkerung mit über 77% der Stimmen für die Unabhängigkeit aus.	
20. Aug.	Nach dem Moskauer Putsch scheidet Estland aus der UdSSR aus. Russlands Präsident Jelzin erkennt die Unabhängigkeit am 24. Aug. an. Am 27. Aug. folgt die *Anerkennung durch die Staaten der EG*.	*Anerkennung durch EG*
6. Sept.	Anerkennung Estlands durch die Sowjetunion.	
17. Sept.	Mitglied der UNO.	
	Estland, Lettland und Litauen gründen die Baltische Investitionsbank (23./24. Sept.).	
5. Okt.	Der Baltische Rat unterzeichnet in Wilna eine Resolution, die ein kollektives Sicherheitssystem für Estland, Lettland und Litauen im Rahmen der KSZE vorsieht.	
1992 2. Jan.	Als eine Maßnahme der beabsichtigten Wirtschaftsliberalisierung werden die Preise für Lebensmittel und Konsumgüter freigegeben.	
5. Okt.	Lennart Meri (*1929) siegt bei der Wahl zum Staatspräsidenten über Rüütel.	
1993	Estland wird *Mitglied des Europarates* (14. Mai).	*Mitglied des Europarates*
21. Juni 8. Juli	Das Parlament billigt ein neues Staatsbürgerschaftsgesetz, das rund ein Drittel der Bevölkerung (vor allem Russen und Ukrainer) zu Ausländern erklärt. Auf scharfen Protest Russlands hin wird eine abgemilderte Variante verabschiedet, die eine Besserstellung der Russen in Estland vorsieht.	
1994	Annahme des NATO-Programms „Partnerschaft für den Frieden" (3. Febr.).	
26. Juli	Staatspräsident Meri und Russlands Präsident Jelzin unterzeichnen in Moskau ein Abkommen über den Abzug russischer Truppen aus Estland.	
28. Sept.	Beim *Untergang der* in estnisch-schwedischem Besitz befindlichen *Fähre „Estonia"* sterben ca. 900 Menschen.	*Untergang der Fähre „Estonia"*
11./13. Nov.	Auf die Kaliningrad-Erklärung der baltischen Staaten über eine Entmilitarisierung der Exklave (ehem. Königsberg) antwortet Russland mit scharfem Protest.	
1995	Estland unterzeichnet am 12. Juni ein *Assoziierungsabkommen mit der Europäischen Union*.	*Assoziierungsabkommen mit EU*
4. Dez.	Estland beantragt den Beitritt zur Europäischen Union.	
1996	Lennart Meri wird für weitere fünf Jahre zum Präsidenten gewählt (20. Sept.).	
12./13. Dez.	Auf dem EU-Gipfeltreffen in Luxemburg wird der Beginn direkter Beitrittsverhandlungen mit Estland für April 1998 beschlossen.	
1998 8. Dez.	Der Reichstag beschließt eine Änderung des Staatsbürgergesetzes, um die Einbürgerung zu erleichtern.	
1999 7. März	Bei den Parlamentswahlen erhält die Allianz aus Reformpartei, konservativer Vaterlandsunion und gemäßigten Sozialdemokraten die absolute Mehrheit. Der Führer der Vaterlandsunion, Mart Laar (*1960), wird am 22. März zum Ministerpräsidenten gewählt.	
Okt.	Bei den Kommunalwahlen werden auch die als staatenlos geltenden rd. 200 000 Russen zugelassen.	
2000 13. Dez.	Der Reichstag billigt ein Gesetz über die Einrichtung einer nationalen Genom-Datenbank, in der die genetischen Daten der rd. 1,4 Mio Esten gesammelt werden sollen.	
2001 21. Sept.	Nach Ablauf der zweiten Amtsperiode Lennart Meris wird Arnold Rüütel zum Staatspräsidenten gewählt.	
2002 8. Jan.	*Zerfall der Mitte-Rechts-Koalition*, Mart Laar tritt zurück. Neuer Ministerpräsident wird Siim Kallas, der eine Koalition aus liberaler Reformpartei und Zentrum führt.	*Zerfall der Mitte-Rechts-Koalition*

Lettland seit 1945
(Forts. v. S. 1059)

	1945	Abtretung des Gebietes von Pytalowo/Abrene an die Russische Sozialistische Föderative Sowjetrepublik (RSFSR) (Jan.).
	8. Mai	Kapitulation der deutschen „Kurland-Armee".
	1949	Massendeportationen überwiegend von Bauern nach Sibirien (25. März).
Entstalinisierung	1953–1959	Vorübergehende „Tauwetterperiode" in der UdSSR: *Entstalinisierung*, stärkerer Einfluss der Letten auf die Politik, kulturelles Aufblühen. Der Erste Sekretär des Zentralkomitees der KPdSU Nikita Chruschtschow beendet diese Periode, es beginnen „Säuberungen".
Russifizierungspolitik	1960	Neuer KP-Chef wird Arwid Janowitsch Pelsche (*1899, †1983). Er betreibt eine konsequente *Russifizierungspolitik* und verstärkte Industrialisierung. Die Einwanderung von Russen wird gefördert. Unter seinem Nachfolger Augusts Voss wird diese Politik seit 1966 fortgeführt; es beginnen die Jahrzehnte der Stagnation.
	1986	Der Schriftstellerkongress Lettlands beklagt die Verdrängung der lettischen Sprache sowie Geschichtsfälschungen.
	1987 14. Juni	Am Gedenktag der Massendeportationen von ca. 44000 Esten und Letten nach Sibirien (1940/41) kommt es zu einer Großdemonstration (Forderung nach Freiheit Lettlands).
	1988	Jahr der friedlichen Massendemonstrationen („singende Revolution"), die seit Mitte des Jahres von den Sicherheitskräften geduldet werden.
Unabhängigkeitsbewegung	26. Juni	Gründung der Nationalen *Unabhängigkeitsbewegung* Lettlands (LNNK).
	6. Okt.	Lettisch wird neben Russisch Amtssprache. Die Nationalsymbole der ersten Republik werden wieder legalisiert.
	9. Okt.	Gründungskongress der Lettischen Volksfront (LTF) in Riga.
	1989	Orthodox-kommunistische Unabhängigkeitsgegner verbinden sich in der Interfront (8./9. Jan.).
	Mai	Lettisch wird Staatssprache.
	23. Aug.	Zum Gedenken an den deutsch-sowjetischen Nichtangriffspakt Bildung einer Menschenkette zwischen den baltischen Hauptstädten mit ca. 1,5 Mio. Teilnehmern.
	1990	Das lettische Parlament erklärt den Beitritt zur UdSSR von 1940 für ungültig (16. Febr.).
	18. März	Bei den Parlamentswahlen siegt die Lettische Volksfront mit 131 von 201 Mandaten.
Unabhängigkeitserklärung	4. Mai	*Unabhängigkeitserklärung* durch das lettische Parlament, wobei eine Übergangsperiode vorgesehen wird. Am selben Tag wird Anatolijs Gorbunovs (*1942) zum Parlaments- und damit auch zum Staatspräsidenten gewählt.
	1991 20. Jan.	Ein Angriff von sowjetischen Sicherheitskräften auf das lettische Innenministerium in Riga scheitert.
	3. März	Volksabstimmung über die Unabhängigkeit Lettlands: 74 % Ja-Stimmen.
	21. Aug.	Nach dem Moskauer Putsch tritt Lettland aus der UdSSR aus. Die KP und später auch die Interfront werden verboten.
	27. Aug.	Die EG-Staaten erkennen die baltischen Staaten an.
	6. Sept.	Anerkennung durch die UdSSR.
UNO-Mitgliedschaft	17. Sept.	*Mitglied der UNO*.
		Estland, Lettland und Litauen gründen die Baltische Investitionsbank (23./24. Sept.).
	5. Okt.	Der Baltische Rat unterzeichnet in Wilna eine Resolution, die ein kollektives Sicherheitssystem für Estland, Lettland und Litauen im Rahmen der KSZE vorsieht.
	15. Okt.	Neuregelung des Staatsbürgerschaftsrechts in Lettland.
	10. Dez.	Vor dem Hintergrund beabsichtigter marktwirtschaftlicher Reformen erfolgt die Freigabe der Lebensmittelpreise.
erste freie Parlamentswahlen	1993 5.–6. Juni	*Erste freie Parlamentswahlen* nach 1940; der Wahlsieger, das Bündnis reformorientierter früherer Kommunisten und Exilletten („Lettischer Weg"), bildet mit dem Bauernbund eine Koalitionsregierung.
	7. Juli	Der Wirtschaftswissenschaftler und Kandidat des Bauernbundes, Guntis Ulmanis (*1939), wird neues Staatsoberhaupt (am 18. Juni 1996 für weitere drei Jahre im Amt bestätigt).
	1994	Annahme des NATO-Programms „Partnerschaft für den Frieden" (14. Febr.).
Abzug der russischen Truppen	31. Aug.	*Abzug der russischen Truppen* aus Lettland.
	11./13. Nov.	Auf die Kaliningrad-Erklärung der baltischen Staaten über eine Entmilitarisierung der Exklave (ehem. Königsberg) antwortet Russland mit scharfem Protest.
Europarat	1995	Aufnahme Lettlands in den *Europarat* (10. Febr.).
	12. Juni	Lettland unterzeichnet ein Assoziierungsabkommen mit der EU.

1997 28. Juli	Rücktritt der Regierung unter Ministerpräsident Andris Skele (*1958, Regierungschef seit 21. Dez. 1995). Präsident Ulmanis beauftragt den früheren Wirtschaftsminister Guntars Krasts mit der Regierungsbildung.
1998 3. Okt.	Bei den Parlamentswahlen wird die von Andris Skele gegründete rechtsliberale Volkspartei mit 20,9% der Stimmen stärkste politische Kraft. Die zugleich stattfindende Volksabstimmung ergibt eine Mehrheit für die vom Parlament am 22. Juni beschlossene Erleichterung der Einbürgerung der nichtlettischen Minderheit, v.a. der Russen.
26. Nov.	Neue Minderheitsregierung unter dem bisherigen Verkehrsminister Vilis Kristopans.
1999	Die parteilose *Vaira Vike-Freiberga* (*1937) wird zur Staatspräsidentin gewählt.
17. Juni	Andris Skele bildet erneut eine Mitte-Rechts-Regierung.
16. Juli 21. Okt.	Russland übergibt die Radar-Frühwarnstation in Skundra an die lettische Regierung und beendet damit seine militärische Präsenz in den baltischen Staaten.
2000 12. April	Rücktritt der Regierung Skele nach nur neun Monaten Amtszeit. Neuer Ministerpräsident wird Andris Berzins (*1951).
2001 23. Jan.	Wegen seiner Bemühungen um die Eingliederung der nicht-lettischen Bevölkerungsgruppen wird Lettland aus der Überwachung durch den Europarat entlassen.

Vaira Vike-Freiberga

Litauen seit 1944
(Forts. v. S. 1060)

1944	Litauen wird bis zum Herbst von der Roten Armee erobert.
1948	Das Memelgebiet wird der Sowjetrepublik Litauen eingegliedert (7. April).
22. Mai	Deportation von ca. 100 000 Litauern wegen deren Widerstand gegen die Zwangskollektivierung. In den folgenden Jahren halten die Deportationen an (bis 1950 insgesamt ca. 500 000 Deportierte).
1953–1959	Forcierte Industrialisierung. Die „Tauwetterperiode" (in der Sowjetunion) bringt für die litauische KP und Litauen allgemein vorübergehend begrenzte Freiräume.
1972	Demonstrationen für politische und religiöse Freiheit in Kaunas (Mai).
1974	Verstärkte *Russifizierung* und Zurückdrängung der litauischen Sprache.
1987	600. Jahrestag der Christianisierung Litauens am 28. Juni (Gedenkgottesdienst in Wilna).
1988	Der Reformer Algirdas Mykolas Brasauskas (*1932) wird KP-Chef Litauens (20. Okt.).
22./23. Okt.	Gründungskongress der *Sajudis* (litauische Volksfront-Bewegung für die Umgestaltung, Vorsitzender: Vytautas Landsbergis [*1932]).
17. Nov.	Wiedereinführung der historischen Nationalflagge.
1989	Litauisch wird Staatssprache (21. Febr.).
26. März	Bei der Wahl zum sowjetischen Volksdeputiertenkongress erringt die Sajudis 36 von 42 Sitzen. In der Folge Annäherung der KP an Positionen der Volksfront (Selbstbestimmungsrecht Litauens).
5. Juli	Regierungsbeteiligung der Sajudis.
23. Aug.	Menschenkette im Baltikum zum Gedenken an den 50. Jahrestag des deutsch-sowjetischen Nichtangriffspakts (ca. 1,5 Mio. Teilnehmer).
4. Nov.	Einführung einer litauischen Staatsbürgerschaft. Am 7. Dez. erfolgt die Streichung des Machtmonopols der KP aus der Verfassung: erstmalige Zulassung eines Mehrparteiensystems in der UdSSR. Am 19./20. Dez. trennt sich zudem die KP Litauens von der KPdSU.
1990 15. Jan.	Brasauskas wird zum Vorsitzenden des Obersten Sowjets Litauens und damit zum Staatsoberhaupt gewählt.
24. Febr.	Bei der litauischen Parlamentswahl erringen Unabhängigkeitsbefürworter drei Viertel der Mandate.
11. März	Unabhängigkeitserklärung, die vom Volksdeputiertenkongress der UdSSR als ungültig bezeichnet wird (15. März). Einsetzung einer vorläufigen Verfassung; Umbenennung des Staates in *Republik Litauen*. Parlamentspräsident wird nun Landsbergis.
18. April	Beginn der sowjetischen Wirtschaftsblockade.
29. Juni	Der Oberste Rat Litauens setzt die Unabhängigkeitserklärung für hundert Tage aus; daraufhin beendet die UdSSR die Wirtschaftsblockade.
1991 11.–13. Jan.	*Putschversuch* eines moskauorientierten „Komitees zur nationalen Errettung Litauens" mit Hilfe sowjetischer Sicherheitskräfte in Wilna: Belagerung des Parlamentsgebäudes; Stürmung des Fernseh- und Rundfunkgebäudes. 14 Menschen sterben.
9. Febr.	In einem Referendum stimmen 90% der Litauer für die Unabhängigkeit.

Russifizierung

Sajudis

Republik Litauen

Putschversuch

	22. Aug.	Nach dem Moskauer Putsch wird die KP in Litauen verboten.
	27. Aug.	Die EG-Staaten erkennen die Unabhängigkeit des Landes an.
	6. Sept.	Anerkennung der Unabhängigkeit Litauens durch die UdSSR.
UNO-Mitgliedschaft	17. Sept.	*Mitglied der UNO.*
		Estland, Lettland und Litauen gründen die Baltische Investitionsbank (23./24. Sept.).
	5. Okt.	Der Baltische Rat unterzeichnet in Wilna eine Resolution, die ein kollektives Sicherheitssystem für Estland, Lettland und Litauen im Rahmen der KSZE vorsieht.
	1992	Freigabe der Preise für Lebensmittel und Konsumgüter (8. Jan.).
Vertrag mit Polen	13. Jan.	Litauen und *Polen* unterzeichnen einen *Freundschafts- und Nachbarschaftsvertrag*, der den Schutz der polnischen Minderheit in Litauen verbessert. Polen verzichtet darin auf jegliche Gebietsansprüche gegenüber Litauen.
	15. Sept.	Der Internationale Währungsfonds (IMF) gewährt Litauen zur Unterstützung von Wirtschaftsreformen einen Kredit in Höhe von 82 Mio. US-Dollar.
	25. Okt./ 15. Nov.	Bei den ersten Parlamentswahlen nach der Unabhängigkeit wird die LDDP (Litauische Demokratische Arbeiterpartei) unter Brasauskas, dem früheren KP-Chef Litauens, stärkste Kraft.
	25. Nov.	Brasauskas wird zum Staatsoberhaupt (am 14. Dez. 1993 im Amt bestätigt) und Nachfolger von Landsbergis gewählt.
Mitglied im Europarat	**1993**	Litauen wird am 14. Mai *Mitglied im Europarat.*
	31. Aug.	Die letzten russischen Soldaten verlassen Litauen.
	1994	Beitritt zum NATO-Programm „Partnerschaft für den Frieden" (27. Jan.).
	18. Juli	Litauen unterzeichnet ein Freihandelsabkommen mit der EU (am 1. Jan. 1995 in Kraft).
	25. Okt.	Weitere Kredithilfe des IMF über 201 Mio. US-Dollar. Litauen und der IMF vereinbaren ein Wirtschaftsprogramm, das u.a. eine restriktive Fiskalpolitik vorsieht.
	11./13. Nov.	Auf die Kaliningrad-Erklärung der baltischen Staaten über eine Entmilitarisierung der Exklave (ehem. Königsberg) antwortet Russland mit scharfem Protest.
Assoziierungsabkommen mit EU	**1995**	Litauen unterzeichnet ein *Assoziierungsabkommen mit der EU* (12. Juni).
	8. Dez.	Antrag auf Beitritt zur Europäischen Union.
	1996	Litauen und Polen erkennen in einem Abkommen (5. März) die gemeinsame Grenze gegenseitig an.
Parlamentswahlen	20. Okt./ 10. Nov.	Bei *Parlamentswahlen* wird die oppositionelle rechtsnationale Vaterlandsunion unter dem früheren Parlamentspräsidenten Vytautas Landsbergis, die aus der Sajudis hervorgegangen ist, stärkste Partei. Landsbergis wird erneut zum Parlamentspräsidenten gewählt (25. Nov.).
Präsidentschaftswahlen	**1998**	Die *Präsidentschaftswahlen* (4. Jan.) gewinnt der parteilose Valdas Adamkus.
	21. Dez.	Das Parlament beschließt die Abschaffung der Todesstrafe – wichtige Voraussetzung für den geplanten Beitritt zur EU.
	1999 3. Mai	Ministerpräsident Gediminas Vagnorius (Vaterlandsunion), seit 21. April im Amt, tritt zurück. Nachfolger wird der bisherige Bürgermeister von Vilnius, Rolandas Paksas (* 1956), der am 18. Mai eine neue Mitte-Rechts-Regierung bildet.
	19. Okt.	Ratifikation des am 24. Okt. 1997 mit Russland unterzeichneten Vertrages über den Verlauf der gemeinsamen Grenze.
	Nov.	Andrius Kubilius (* 1956) löst Paksas als Ministerpräsident ab.
	2000 8. Okt.	Bei den Parlamentswahlen erleiden die Regierungsparteien eine schwere Niederlage. Stärkste politische Kraft wird die vom früheren Präsidenten Brasauskas geführte Sozialdemokratische Koalition mit 31,3% der Stimmen. Erneut bildet Rolandas Paksas eine Mitte-Rechts-Regierung, die sich jedoch nur acht Monate hält. Am 3. Juli 2001 wird Oppositionsführer Brasauskas neuer Ministerpräsident.
Aufnahme in die WTO	**2001**	*Aufnahme* Litauens *in die* Welthandelsorganisation *WTO* (als 141. Mitglied, 31. Mai).

Polen seit 1945

(Forts. v. S. 1066)

Der Wiederaufbau Polens nach dem Zweiten Weltkrieg ist angesichts der ruinösen Kriegszerstörungen und Bevölkerungsverluste sowie des fortdauernden Partisanenkrieges (Ukrainische Aufstandsarmee in Westgalizien) sehr schwierig.

Aufbau und Entwicklung der Volksrepublik (1945–1959)

1945 1. Jan.   Das im bereits sowjetisch besetzten Teil Polens eingerichtete Lubliner Komitee erklärt sich unter Protest der Londoner polnischen Exilregierung zur Provisorischen Regierung.

18. Jan.	Diese übersiedelt in die befreite, zu 70% zerstörte Hauptstadt Warschau.	
4.–11. Febr.	Auf der Konferenz von Jalta setzen der britische Premier Winston Churchill und US-Präsident Franklin D. Roosevelt eine Erweiterung der Provisorischen Regierung unter „Einschluss demokratischer Führer, die im Lande leben, und von Polen, die im Ausland leben" durch. Der sowjetische Staatschef Josef Stalin fordert eine *Westverschiebung* der polnischen Westgrenze bis zur Lausitzer Neiße.	Westverschiebung
5. Febr.	Der Vorsitzende des Landesnationalrats, der Kommunist Bolesław Bierut (*1892, †1956), proklamiert die Übernahme der Zivilverwaltung östlich der *Oder und Neiße*.	Oder und Neiße
21. April	Freundschaftspakt zwischen der Warschauer (Provisorischen) Regierung und der UdSSR auf 30 Jahre (erneuert 1965).	
28. Juni	Ein „erweitertes Kabinett der nationalen Einheit" wird gebildet, in das Mitglieder der Exilregierung aufgenommen werden. Ministerpräsident: Eduard Osóbka-Morawski (*1909), Stellvertretende Ministerpräsidenten: Stanisław Mikołajczyk (*1901, †1966) für Bauernpartei/Polnische Volkspartei und für die kommunistische Polnische Arbeiterpartei Władysław Gomułka (*1905, †1982). Anerkennung der Regierung durch die Westmächte.	
17. Juli– 2. Aug.	Auf der *Potsdamer Konferenz* wird die polnische Verwaltung der Gebiete östlich der Oder und der Görlitzer Neiße, einschließlich Stettins (polnisch: Szczecin), Danzigs (polnisch Gdańsk) und des südlichen Ostpreußens bis zu einer endgültigen Regelung durch einen Friedensvertrag mit einer deutschen Zentralregierung anerkannt. Die weitere Aussiedlung der *deutschen Bevölkerung* soll „human und geregelt" erfolgen.	Potsdamer Konferenz deutsche Bevölkerung

Die Umsiedlungen nach dem Zweiten Weltkrieg

In den Jahren nach Kriegsende wird die seit 1939 in Gang befindliche *Vertreibungs-, Umsiedlungs- und Wanderungswelle* fortgesetzt: Flucht und Ausweisung der Deutschen nach Mittel- und Westdeutschland (insgesamt etwa 6,9 Mio.), Rückkehr vertriebener und verschleppter Polen und Juden (ca. 1,5 Mio.), Wanderung auf der Suche nach Erwerb und Unterkunft sowie nach Angehörigen, Umsiedlung von Polen aus Altpolen und den von der UdSSR annektierten Gebieten („Repatrianten") in die sog. „wiedergewonnenen" Gebiete (polnisch verwaltete Gebiete des Deutschen Reiches, etwa 2,7 Mio.), Umsiedlung von Ukrainern und Weißrussen aus Polen in die UdSSR.

Flucht und Vertreibung

16. Aug.	Grenzvertrag Polen–UdSSR: Die Ost-Grenze wird im Wesentlichen auf der Curzon-Linie von 1919 festgelegt.	
1945/1946	Während die kommunistische Polnische Arbeiterpartei (PPR) Anhänger verliert, steigen die Mitgliederzahlen der von Mikołajczyk geführten Bauernpartei, der Polnischen Volkspartei (PSL). Sie tritt in Opposition zu einem Demokratischen Block aus Polnischer Arbeiterpartei und anderen *Parteien*.	Parteien
1946 6. Sept.	Bodenreformgesetz: Landbesitz über 50 ha wird enteignet und parzelliert. Die Bergwerke werden schon 1945 verstaatlicht, die Industrie 1946. Auch das Eigentum von Deutschen, ermordeten Juden sowie anderen Opfern der Diktatur fällt an den Staat.	
1947 19. Jan.	Wahl zur verfassungsgebenden Sejm (Parlament). Wahlmanipulationen, Behinderungen und *Fälschung der Wahlergebnisse* führen trotz Protestes der Westmächte zum Sieg des Demokratischen Blocks und zur Ausschaltung der Polnischen Volkspartei. Mikołajczyk emigriert (Okt. 1947). – Einführung der zentralen Planung in der Wirtschaft.	Wahlfälschung
7. Febr.	Bildung einer Regierung (bis 1952) unter Józef Cyrankiewicz (*1911, †1989).	
7. Juli	Polen verzichtet nach sowjetischer Intervention auf die US-Marshallplan-Hilfe.	
1948 3. Sept.	Im Streit zwischen „Moskauern" und „Partisanen" (Kriegsemigranten gegen ehemalige Untergrundkämpfer im Lande) siegt angesichts des Zerwürfnisses zwischen dem jugoslawischen Staatschef Tito und Stalin die *„Moskauer" Gruppe*. Władysław Gomułka wird als Generalsekretär der Polnischen Arbeiterpartei abgesetzt; Beginn einer Parteisäuberung.	Moskauer Gruppe
21. Dez.	Fusionierung der Polnischen Sozialistischen Partei mit der Polnischen Arbeiterpartei zur Polnischen Vereinigten Arbeiterpartei (PZPR); ZK-Vorsitzender wird Bierut.	
1949	In der Folgezeit Abschluss der Eingliederung Polens in den Ostblock (Beitritt zum Rat für gegenseitige Wirtschaftshilfe – COMECON).	
7. Nov.	Ernennung des Sowjetmarschalls Konstantin Rokossowski (*1896, †1968) zum polnischen Verteidigungsminister und Armee-Oberbefehlshaber.	
1950	Bildung der N*ationalen Einheitsfront*, in der zwei gleichgeschaltete Parteien (Vereinigte Bauernpartei und Demokratische Partei) der Polnischen Vereinigten Arbeiterpartei untergeordnet werden. Die spätstalinistische Parteisäuberung nimmt nicht die Härte der Schauprozesse in den anderen Ostblockstaaten an.	Nationale Einheitsfront

Görlitzer Abkommen	6. Juli	Die *DDR* erkennt die Oder-Neiße-Linie als „Friedensgrenze" zu Polen an *(Görlitzer Abkommen)*.
	1950/1951	Führende Vertreter der „Patrioten" (u. a. Gomułka) werden degradiert und inhaftiert, ebenso der Rest des bürgerlich-nationalen Flügels der Armee-Führung.
Volksdemokratie	1952 22. Juli	Eine neue Verfassung schließt die Entwicklung zur *Volksdemokratie* ab: Der Sejm (Parlament) ist höchstes Staatsorgan, er wählt den Staatsrat, das kollektive Staatsoberhaupt. Der Sozialismus ist in der Verfassung verankert.
Kirche – Staat	1953	Verschärfte Auseinandersetzung *Kirche – Staat*: Einkerkerung des Primas von Polen und Erzbischofs von Warschau, Stefan Kardinal Wyszyński (*1901, †1981). Forcierte Industrialisierung und Kollektivierung; Umstrukturierung der Wirtschaft, besonders in den Oder-Neiße-Gebieten.
	1954 Herbst	Nach dem Tode Josef Stalins († 5. März 1953) setzt die offizielle Kritik an stalinistischen Methoden in Polen, insbesondere in der Wirtschaft, ein.
	Dez.	Das Staatssicherheitsministerium wird aufgelöst.
	1955	Dezentralisierung der Wirtschaft. Beitritt Polens zum Warschauer Pakt (14. Mai).
	1956	Nach dem 20. Parteitag der KPdSU (Kritik an Stalin) stirbt der ZK-Vorsitzende Bierut.
	12. März	Sein Nachfolger Edward Ochab (*1906, †1989) lässt Abbau von Zwangsmaßnahmen zu (Amnestie für politische Häftlinge, Umbildung von Regierung und Parteispitze), kann aber die Unruhe im Land nicht beseitigen.
Generalstreik in Posen	28. Juni	Während der Internationalen Messe bricht ein *Generalstreik in Posen* (polnisch: Poznań – Hauptstadt der gleichnamigen Wojewodschaft, an der Warthe gelegen) aus; ein Demonstrationszug eskaliert zu offenem Aufruhr, der vom Militär niedergeschlagen wird. Die Regierung gibt den Forderungen der Arbeiter jedoch teilweise nach: Reformen in Partei und Staat (später milde Bestrafung der verhafteten Demonstrationsführer).
	19./21. Okt.	Gomułka, inzwischen rehabilitiert, wird wieder Generalsekretär der Polnischen Vereinigten Arbeiterpartei.
Reformen	ab 24. Okt.	Während des ungarischen Aufstandes zahlreiche *Reformen* in Polen geduldet („Frühling im Oktober"): Auflösung der meisten Kolchosen, Pressefreiheit, Zerfall kommunistischer Jugendorganisationen. Es gelingt der Gomułka-Führung, die UdSSR von der Bündnistreue Polens zu überzeugen.
	28. Okt.	Kardinal Wyszyński kehrt aus seinem Verbannungsort zurück und tritt sein Amt als Erzbischof wieder an.
	29. Okt.	Der sowjetische Marschall Rokossowski tritt als Verteidigungsminister zurück; sein Nachfolger wird Marian Spychalski (*1906, †1980).
	17. Dez.	In einem Truppenstationierungsvertrag werden die in Polen stehenden Teile der Sowjetarmee polnischem Oberbefehl unterstellt.
	1957	Der kulturelle „Frühling im Oktober" wird langsam wieder eingeschränkt (z.B. Pressefreiheit), andererseits spontane Entwicklungen (z.B. Auflösung der Kolchosen, Bildung von Arbeiterräten) bestätigt, Letztere werden jedoch (1958) wieder eingeschränkt.
Sejm-Wahlen	20. Jan.	Bei *Sejm-Wahlen* (Einheitsliste der Nationalen Front mit Auswahlmöglichkeit) erhält die Polnische Vereinigte Arbeiterpartei nur 51 % der Mandate.
Rapacki-Plan	2. Okt.	Vorschlag des Außenministers (1956–1968) Adam Rapacki (*1909, †1970), eine atomwaffenfreie Zone in Mitteleuropa einzurichten (sog. *Rapacki-Plan*).
	1959	Dritter Parteitag der Polnischen Vereinigten Arbeiterpartei: Gomułka strafft weiter den Zugriff der Partei. Versuch, den Sozialismus auf dem Lande durch Einrichtung von „Bauernzirkeln" (freiwillige Genossenschaften) einzuführen.

Die zweite Ära Gomułka (1960–1970)

In den sechziger Jahren „verkrustet" die Gomułka-Führung zusehends: Gomułka versucht, innerhalb der Partei- und Staatsführung zwischen „Moskauern" und „Partisanen" auszugleichen und durch enge Verbindung mit der UdSSR Polens staatliche Stabilität zu sichern. Die Ernennung von Mieczysław Moczar (*1913, †1986) zum Chef des Sicherheitsdienstes gibt „Partisanen" Auftrieb. Sie werfen Gomułka zu große Nachgiebigkeit gegenüber „revisionistischen" Strömungen (Reformmarxisten wie Adam Schaff [*1913] und Leszek Kolakowski [*1927]) vor, die ab 1965 unter den Intellektuellen Anhänger finden. Die *Jahrtausendfeiern* (Millennium) Polens (1960–1966) verschärfen den Konflikt zwischen Staat und Kirche erneut: Dem staatlichen Patriotismus stellt die Kirche einen betont katholischen Nationalismus entgegen.

Jahrtausendfeier

	1961 18. Mai	Bildung einer neuen Regierung erneut unter Józef Cyrankiewicz (4. Mal); stellvertretender Ministerpräsident Piotr Jaroszewicz (*1900, †1992).
	1963	Handelsvertrag mit der Bundesrepublik Deutschland.

1965 8. April	Erneuerung des sowjetisch-polnischen Freundschafts- und Beistandspakts von 1945: ausdrückliche Anerkennung der „Unantastbarkeit der Staatsgrenze" an *Oder und Neiße*.	*Oder-Neiße-Grenze*
1967 Juni	Der Sechstagekrieg zwischen Israel und den Arabern (5.–10. Juni) gibt Anlass zu einer vor allem gegen Juden gerichteten „Säuberungskampagne", hinter der Moczar steht.	
1968 8. März	Der „Prager Frühling" ruft Sympathien in Polen hervor: Auf *Studentendemonstrationen* reagiert die Gomułka-Führung nervös mit erneuter Verfolgung von „Zionisten" und „Revisionisten". Eine Entwicklung ähnlich wie in der ČSSR wird verhindert.	*Studentendemonstrationen*
20./21. Aug	Polnische Truppen beteiligen sich am Einmarsch der Warschauer-Pakt-Truppen in die ČSSR.	
1970 Aug.	Abschluss des Moskauer Vertrages zwischen UdSSR und Bundesrepublik Deutschland; angesichts der Verständigungsbereitschaft aller Bundesregierungen seit 1966 schwinden die Vorbehalte der polnischen Führung, diplomatische Beziehungen zur Bundesrepublik Deutschland aufzunehmen.	
7. Dez.	Nach Verhandlungen (seit Febr. 1970) mit der Bundesregierung unter Bundeskanzler Willy Brandt wird der *Normalisierungsvertrag mit der Bundesrepublik Deutschland* abgeschlossen: Unverletzlichkeit der bestehenden Grenzen, Gewaltverzicht. In einer „Information" wird die Bereitwilligkeit der polnischen Seite erklärt, deutschstämmige Bürger aus Polen in die Bundesrepublik ausreisen zu lassen (Beginn 1975 nach erneutem Abkommen: Ausreise von 125000 Deutschen gegen 2,3 Mrd. DM-Kredit und Rentenabkommen).	*Vertrag mit der BR Deutschland*
14. Dez.	Normen- und Preiserhöhungen lassen die jahrelange Unzufriedenheit mit der wirtschaftlichen Entwicklung in Polen in einen *Streik der Danziger Werftarbeiter* münden. Der Aufruhr greift auf Gdingen (polnisch: Gdynia), Elbing (polnisch: Elbląg), Stolp (polnisch: Słupsk) und Stettin (polnisch: Szczecin) über.	*Streik in Danzig*
20. Dez.	Blutige Zusammenstöße zwischen Arbeitern und Polizei zwingen Gomułka zum *Rücktritt*; er wird durch Edward Gierek (*1913, †2001) ersetzt, der durch sein persönliches Auftreten zunächst die Ruhe wiederherstellen kann. Trotz Einleitung korrigierender Maßnahmen setzt sich die Streikwelle 1971 noch fort. Cyrankiewicz wird Staatsratsvorsitzender, Jaroszewicz übernimmt das Amt des Ministerpräsidenten.	*Rücktritt Gomułkas*

Die Entwicklung unter Parteichef Gierek (1971–1980)

1971 6./7. Febr.	Siebentes Plenum des ZK der Polnischen Vereinigten Arbeiterpartei: Edward Gierek kritisiert scharf die bisherige Parteiführung und stellt eine konsumentenfreundliche Wirtschaftsreform in Aussicht.	
1. März	Die Preiserhöhungen vom Dez. 1970 werden zurückgenommen.	
1972 9. März	Besonders nach den Sejm-Wahlen (aber auch schon 1971), bei denen zwei Drittel der Abgeordneten ihr Mandat verlieren, kann Edward Gierek die *Partei- und Staatsspitze* stark verändern (langsame Entmachtung von Moczar, Ersetzung des Staatsratsvorsitzenden Cyrankiewicz durch Henryk Jabłoński; *1909).	*Partei- und Staatsspitze*
28. Juni	Nach der Ratifizierung des Warschauer Vertrages mit der Bundesrepublik Deutschland werden die *Bistümer* in den Oder-Neiße-Gebieten vom Vatikan umorganisiert (Bistumsgrenzen unter Berücksichtigung der nach dem Krieg vollzogenen Grenzziehung).	*Bistümer*
1973/1974	Die Verbesserung des Verhältnisses Kirche – Staat wird durch Kontakte mit dem Vatikan fortgesetzt.	
1976 10. Febr.	Eine neue Verfassung wird verabschiedet, in der die VR Polen als „sozialistischer Staat" definiert wird.	
25. Juni	*Unruhen* in Radom, Ursus und Plock, die von Arbeitern, Schülern und Hausfrauen getragen werden. Anlass sind chronische *Versorgungsschwierigkeiten* (Fleisch, Butter) und drastische Preiserhöhungen für Lebensmittel, die abermals von der Regierung zurückgenommen werden (die Wirtschaft der VR Polen, bis in die siebziger Jahre durch beachtliche industrielle Zuwachsraten gekennzeichnet, wird Mitte der siebziger Jahre durch weltweite Schwierigkeiten – Energiekrise – beeinträchtigt). Für die während der Unruhen zahlreich Verhafteten setzt sich ein „Komitee für die Verteidigung der Arbeiter" ein, das seinerseits von den Behörden verfolgt wird. Seine Nachfolgeorganisation, das „Komitee für soziale Selbstverteidigung", stellt weiterreichende Forderungen im Rahmen der Bürgerrechtsbewegung und veröffentlicht eine Dokumentation über die Zensur in Polen.	*Unruhen Versorgungsschwierigkeiten*
1978	*Karol Wojtyła* (*1920), Erzbischof von Krakau, wird als Johannes Paul II. zum *Papst* gewählt (16. Okt.).	*Karol Wojtyła Papst*
1979 2.–10. Juni	Der triumphale Besuch von Papst Johannes Paul II. in Polen demonstriert die Stärke der katholischen Kirche im Lande.	
1980	Piotr Jaroszewicz tritt zurück, Eduard Babiuch (*1927) Ministerpräsident (Febr.).	

Krise, Militärdiktatur und Revolution (1980–1990)

Streikwelle — 1980 Juli/Aug. Versorgungsschwierigkeiten lösen eine *Streikwelle* aus; überbetriebliche Streikkomitees bilden von der Regierung unabhängige Gewerkschaften.

5./6. Sept. ZK-Sekretär Edward Gierek wird durch Stanislaw Kania (*1927) abgelöst.

Gewerkschaft „Solidarität" — 24. Okt. Die von Lech Walęsa (*1943) vertretene unabhängige *Gewerkschaft „Solidarität"* wird nach einem Rechtsstreit offiziell registriert.

1981 Verteidigungsminister Wojciech Jaruzelski (*1923) wird Ministerpräsident (11. Febr.). Die Konfrontation zwischen Regierung und „Solidarität" führt zur offenen innenpolitischen Krise (Sept./Okt.).

Kriegszustand — 12. Dez. Unter Jaruzelskis Führung, der seit 18. Okt. auch der Partei vorsteht, verfügt ein „Militärrat der nationalen Errettung" den *Kriegszustand* und die Verhaftung zahlreicher „Solidarität"-Mitglieder.

1982 1. Febr. Trotz westlicher Wirtschaftssanktionen meistert die Regierung durch drastische Preiserhöhungen die Versorgungslage.

1983 Nach dem zweiten Papstbesuch (16.–23. Juni) hebt der Sejm das Kriegsrecht auf (21. Juli).

Lech Walęsa — 6. Okt. *Lech Walęsa erhält den Friedensnobelpreis.*

1984 Amnestiegesetz verabschiedet (21. Juli): Freilassung politischer Gefangener.

Ermordung Popiełuszkos — 19. Okt. Der gewerkschaftsfreundliche Priester Jerzy *Popiełuszko* (*1947) von Sicherheitsbeamten entführt und *ermordet*. An seiner Beisetzung (3. Nov.) nehmen Hunderttausende teil.

1985 6. Nov. Der Sejm wählt Jaruzelski zum Staatsoberhaupt und Zbigniew Messner (*1929) zum Ministerpräsidenten.

18. Nov. Teilamnestie für „Solidarität" (Solidarność).

1986 16. März Erhöhung der wöchentlichen Arbeitszeit von 42 auf 45 Stunden (26. Febr.), weitere Anhebung der Preise für Grundnahrungsmittel.

6. Dez. Jaruzelski beruft einen „Gesellschaftlichen Beirat" zum Dialog mit den kritischen Teilen der Gesellschaft („Solidarität" arbeitet nicht mit). Ausreisewelle.

1987 Aufhebung der letzten Sanktionen der USA.

19. Febr. Nach drastischen Preiserhöhungen ruft Walęsa zu „wahren Reformen" nach Vorbild Michail Gorbatschows auf (28. März).

Beginn wilder Streiks — 1988 *Beginn wilder Streiks* (25. April).

31. Aug. Treffen zwischen Walęsa und Innenminister Czesław Kiszczak (*1925): erster offizieller Kontakt zwischen der Regierung und der verbotenen Gewerkschaft seit 1981. Walęsa ruft zur Einstellung des Streiks auf.

18. Dez. Gründung des oppositionellen „Bürgerkomitees" unter Vorsitz Walęsas.

1989 ZK-Plenum: Programm des gewerkschaftlichen und politischen Pluralismus (Jan.).

6. Febr. Aufnahme der seit Aug. 1988 geplanten „Gespräche am runden Tisch" zwischen Regierung und Opposition (Leitung: Walęsa). Streiks. Neubildung von Parteien.

„Runder Tisch" — 5. April Der *„Runde Tisch"* vereinbart politische und wirtschaftliche Reformen; bei Parlamentswahlen Sieg des Bürgerkomitees.
4. Juni

Mazowiecki Ministerpräsident — 1. Aug. Die Freigabe der Lebensmittelpreise führt zu drastischen Preiserhöhungen, Streikwelle.

24. Aug. Tadeusz *Mazowiecki* (*1927, „Solidarität") wird erster nichtkommunistischer *Ministerpräsident*.

1990 Aufnahmeantrag in den Europarat (30. Jan.).

27. Mai Erste demokratische Kommunalwahlen gewinnt die „Solidarität". Spaltung der „Solidarität" in zwei Parteien um Walęsa und Mazowiecki.
30. Juli

polnische Westgrenze anerkannt — 14. Nov. Unterzeichnung des Grenzvertrags mit der Bundesrepublik Deutschland: endgültige *Anerkennung der polnischen Westgrenze*.

9. Dez. Im 2. Wahlgang wird Walęsa zum Staatspräsidenten gewählt.

Die Entwicklung seit 1991

1991 Neuer Regierungschef wird am 4. Januar Jan Krzysztof Bielecki (*1951).

18. Okt. Der Sejm stimmt dem Deutsch-Polnischen Nachbarschaftsvertrag sowie dem Vertrag vom 14. Nov. 1990 über die Anerkennung der Oder-Neiße-Linie als Westgrenze zu.

freie Wahlen zum Sejm — 27. Okt. Die ersten freien *Wahlen zum Sejm* seit 1928 bringen keine klare Mehrheit. Die Demokratische Union des früheren Regierungschefs Mazowiecki wird mit 62 Abgeordneten stärkste Fraktion im Parlament, das aus 460 Mitgliedern besteht.

Abzug russischer Truppen — 1992 22. Mai Polen und Russland unterzeichnen einen Freundschafts- und Nachbarschaftsvertrag, nachdem der *Abzug russischer Truppen* aus Polen ausgehandelt ist, der größtenteils bis zum 28. Okt. erfolgt.

Juli–Dez.	Zahlreiche Streiks von bis zu 300000 Arbeitern in oberschlesischen Bergwerken gefährden das Wirtschaftsprogramm der Ministerpräsidentin Hanna Suchocka (*1946, Ministerpräsidentin seit 10. Juli).	
18. Nov.	Eine neue Verfassung stärkt die Position der Regierung und beschneidet die Rechte des Präsidenten.	
1993 1. März	Das zentraleuropäische Freihandelsabkommen (CEFTA – Central European Free Trade Association) zwischen Ungarn, Polen, Tschechien und Slowenien tritt in Kraft.	
	Nach einem Linksrutsch bei Wahlen (19. Sept.) zum Sejm und zum Senat bilden die stärksten Parteien SLD (Allianz der Demokratischen Linken, Nachfolgepartei der kommunistischen Polnischen Vereinigten Arbeiterpartei) und Polnische Bauernpartei (Nachfolgeorganisation der ehemals zur Nationalen Einheitsfront gehörenden Vereinigten Bauernpartei)	
26. Okt.	eine Koalitionsregierung unter dem Ministerpräsidenten Waldemar Pawlak (*1959, Bauernpartei).	
1994 3. März	Im Rahmen des NATO-Programms „Partnerschaft für den Frieden" beginnen Frankreich, Polen und Deutschland in Paris eine trilaterale *militärpolitische Kooperation*.	*militärpolitische Kooperation*
24. Juni	Der Sejm billigt ein Wirtschaftsprogramm für die Jahre 1994–1997, das u. a. eine Fortsetzung der seit 1991 geplanten und eingeleiteten Privatisierungen sowie Senkungen der Inflationsrate und des Haushaltsdefizits vorsieht.	
19.–23. Sept.	Im Militärbezirk Krakau führen polnische, dänische und deutsche Soldaten das Manöver „Tatra 94" durch, um einen UN-Friedenseinsatz zu üben.	
12.–27. Okt.	*Regierungskrise*: Staatspräsident Lech Wałęsa, der der Regierung Pawlak Unfähigkeit vorwirft, reagiert auf den Vorwurf undemokratischen Verhaltens mit der Forderung, ein Präsidialsystem einzuführen.	*Regierungskrise*
Nov.	Die Staatsbank kündigt eine *Währungsreform* zum Jahresbeginn an, um die Inflationsrate zu senken: ein neuer Złoty = 10000 alte Złoty.	*Währungsreform*
1995 30. Juni	Verabschiedung eines Privatisierungsgesetzes zur Entstaatlichung von Großbetrieben. Die bis Ende 1994 durchgeführten *Privatisierungen* erstreckten sich hauptsächlich auf kleine Staatsbetriebe.	*Privatisierungen*
10. Okt.	Eröffnung der ersten von zehn geplanten Sonderwirtschaftszonen mit Investitionsanreizen für Unternehmen (z. B. bis zu fünfzehnjährige Unternehmenssteuerbefreiung).	
23. Dez.	Alexander *Kwaśniewski* (SdRP [Sozialdemokratie der Republik Polen], *1954) gewinnt die Präsidentschaftswahlen (5./19. Nov.) gegen Amtsinhaber Lech Wałęsa (Stichwahl: 51,7%) und wird vor dem Sejm als neuer *Staatspräsident* vereidigt.	*Kwaśniewski Staatspräsident*
1996 24. Jan.	Ministerpräsident Józef Oleksy (SdRP, *1946; Regierungschef seit 1. März 1995 als Nachfolger des durch ein Misstrauensvotum gestürzten Pawlak) tritt nach Spionagevorwürfen zurück.	
1. Febr.	Der parteilose Sejm-Vizemarschall Włodzimierz Cimoszewicz (*1950) wird von Staatspräsident Kwaśniewski mit der Regierungsbildung beauftragt und am 7. Febr. als neuer Ministerpräsident vereidigt.	
1997	Beim *Oder-Hochwasser* (Juli) sterben 56 Menschen. Materieller Schaden: ca. 5 Mrd. DM.	*Oder-Hochwasser*
21. Sept.	*Wahlen zum Sejm* gewinnt das Mitte-Rechts-Bündnis Wahlaktion Solidarität (AWS). Staatspräsident Kwaśniewski beauftragt Jerzy Buzek (*1940) mit der Regierungsbildung (17. Okt.).	*Wahlen zum Sejm*
12./13. Dez.	EU-Gipfel in Luxemburg: Direkte Beitrittsverhandlungen mit Polen ab April 1998.	
16. Dez.	Im Rahmen der NATO-Außenministerkonferenz in Brüssel wird das Protokoll zur Aufnahme Polens in die NATO unterzeichnet.	
1998 18. Dez.	Der Sejm beschließt das „Gesetz über das Institut des nationalen Gedenkens", das der Aufarbeitung der kommunistischen Vergangenheit dienen soll.	
1999 1. Jan.	Die im Sommer 1998 beschlossene politische und administrative Neuordnung Polens tritt in Kraft. Der bisherige Zentralstaat erhält eine föderative Struktur, an die Stelle der bisherigen 49 Wojwodschaften treten 16 Regierungsbezirke, die mit eigenen Parlamenten ausgestattet sind.	
12. März	Der *Beitritt* Polens *zur NATO* wird durch Hinterlegung der Ratifikationsurkunde in Independence im US-Bundesstaat Missouri offiziell vollzogen.	*Beitritt zur NATO*
2. Mai	Der Erlass eines Gesetzes zum „Schutz der Gebiete um die ehemaligen hitlerischen Konzentrationslager" beendet die Auseinandersetzungen um die Ausgestaltung der Gedenkstätte Auschwitz.	
2000 27.–28. Apri	Im Anschluss an einen deutsch-polnischen Gipfel in Gnesen unterzeichnen die Regierungschefs von Deutschland, Polen, Slowakei, Ungarn und Tschechien die *Gnesener Erklärung*, die das Bekenntnis zu Europa und eine Absage an Nationalismus, Fremdenfeindlichkeit, Rassismus und totalitäre Ideologien enthält.	*Gnesener Erklärung*

	28. Mai	Bruch der Regierungskoalition durch Austritt der liberalen Freiheitsunion. Ministerpräsident Buzek bildet am 8. Juni eine Minderheitsregierung.
	24. Sept.	„Marsch der Unzufriedenen" gegen die Sparhaushalts- und Reformpolitik der Regierung.
	8. Okt.	Bei der Präsidentenwahl setzt sich der Amtsinhaber Kwásniewski bereits im ersten Wahlgang durch.
	2001 10. Juli	Präsident Kwásniewski entschuldigt sich „im Namen des polnischen Volkes" für ein Pogrom, das 1941 von Polen an der jüdischen Bevölkerung des Ortes Jedwabne verübt wurde.
Leszek Miller	23. Sept.	Bei den Parlamentswahlen siegt die Allianz aus Demokratischem Linksbündnis (SLD) und gewerkschaftlich orientierter Union der Arbeit (UP). Ihr Führer *Leszek Miller* (* 1946) geht eine Koalition mit der europakritischen früheren Blockpartei PSL ein.
	2002 16.–19.	Papst Johannes Paul II. besucht seine polnische Heimat. Höhepunkt der Reise ist eine Messe, die er vor zwei Mio. Gläubigen in Krakau hält.

Tschechoslowakei – ČSR/ČSSR/ČSFR (1945–1993)
(Forts. v. S. 1070)

demokratische Tradition

Die Londoner tschechoslowakische Exilregierung unter Präsident Edvard Beneš (* 1884, † 1948) ist gegen Kriegsende zur Überzeugung gelangt, der Weg der Tschechoslowakischen Republik – ČSR (Československa Republika) in der Nachkriegszeit werde unter Beibehaltung ihrer *demokratisch-parlamentarischen Tradition* in einer „sozialisierenden" Richtung gehen. Diese Auffassung macht eine Annäherung an die Kommunisten leichter, deren Führer (v.a. Klement Gottwald; * 1896, † 1953) sich meist im Moskauer Exil aufhalten und der derzeitigen Volksfrontlinie verpflichtet sind. Ein Aufstand in der Slowakei im Spätsommer 1944 wird zwar von deutschen Truppen niedergeschlagen, schafft aber Institutionen (z.B. den Slowakischen Nationalrat), die in den erneuerten Staat eingebracht werden können.

Die Entwicklung zur Sozialistischen Republik (1945–1960)

Verstaatlichung	1945 Nov.	*Verstaatlichung* der Banken, Versicherungen, Bergwerke und der Großindustrie (Okt.). Sämtliche alliierte Truppen (USA, UdSSR) verlassen die Tschechoslowakei.
	1946 26. Mai	Freie Wahlen zur Verfassunggebenden Nationalversammlung. Dabei erringen die Kommunisten in den böhmischen Ländern 40%, in der Slowakei nur 30% (Demokratische Partei doppelt so stark) der Stimmen.
	19. Juni	Wiederwahl von Edvard Beneš als Staatspräsident.
	2. Juli	Beneš ernennt eine neue Regierung unter Klement Gottwald (Allparteienregierung der Nationalen Front). Gottwald bezeichnet die ČSR als „Volksdemokratie".
	1947	Die Unzufriedenheit in der Slowakei mit dem Prager Zentralismus löst erhebliche Unruhe aus.
	9. Juli	Eine Delegation der Prager Regierung wird in Moskau zur Ablehnung des bereits von ihr angenommenen Marshallplans gezwungen.
	Sept.	Verordnung einer „Millionärssteuer" auf kommunistischen Antrag.
Streit in der Regierung	1948 Febr.	Angesichts von Wahlen steigende Spannungen innerhalb der Nationalen Front. Kommunisten drängen auf schnelle Verabschiedung der Verfassung. In der *Regierung* bricht *Streit* wegen der Besetzungspraxis von Polizeioffiziersstellen durch den kommunistischen Innenminister Václav Nosek (* 1893, † 1955) aus.
	20. Febr.	Zwölf Minister „bürgerlicher" Parteien treten aus Protest zurück.
„Säuberung"	25. Febr.	Unter Einsatz von Massendemonstrationen, eines Generalstreiks und von „Aktionskomitees" der Nationalen Front gelingt es den Kommunisten, Staatspräsident Beneš nach fünftägigen Verhandlungen zur Ernennung einer neuen, fast nur noch aus Kommunisten bestehenden Regierung der „erneuerten Nationalen Front" unter Klement Gottwald zu bewegen. Damit haben die Kommunisten auf legale Weise die Staatsmacht errungen. Schon am nächsten Tag beginnt eine durchgreifende *„Säuberung"* auf allen Gebieten des öffentlichen Lebens.
Einheitsstaat	9. Mai	Die Verfassunggebende Nationalversammlung verabschiedet die „Verfassung des 9. Mai", die den Charakter der ČSR als „Volksdemokratie" festlegt. Sie ist weiterhin ein *Einheitsstaat* der Tschechen und Slowaken; die Slowakei hat zwar einige autonome Einrichtungen, die Slowaken fühlen sich aber gegenüber den Tschechen minderberechtigt.
	30. Mai	Wahlen: Auf die Einheitsliste der Nationalen Front entfallen über 85% der Stimmen.

7. Juni	Staatspräsident Beneš verweigert die Unterzeichnung der Verfassung und tritt zurück. Nachfolger: Klement Gottwald (damit Amt des Staatsoberhaupts und des Sekretärs der Kommunistischen Partei in einer Hand). In der Folgezeit *Umgestaltung der ČSR* nach sowjetischem Muster in den Bereichen Gesellschaft, Kultur und Wirtschaft (Erster Fünfjahrplan 1949–1953 mit Ausbau der Schwerindustrie, Kollektivierung und Mechanisierung der Landwirtschaft).	*Umgestaltung der ČSR*
15. Juni	Neue Regierung unter Antonín Zápotocký (*1884, †1957).	
27. Juni	Verschmelzung der Sozialdemokratischen Partei mit der Kommunistischen Partei (KPČ). Die übrigen Parteien ordnen sich den Zielen der KPČ unter.	
1949	Ein neues *Kirchengesetz* (staatliche Gehaltszahlung an kirchliche Amtsträger) löst eine Repressionswelle gegen Kirchen, insbesondere die katholische, aus.	*Kirchengesetz*
1950–1953	Spätstalinistische „Säuberungswelle" erfasst auch die Kommunistische Partei.	
1952 20.–27. Nov.	Schauprozess gegen „Trotzkisten-Titoisten und bürgerliche Nationalisten", darunter den ehemaligen Parteisekretär und stellvertretenden Regierungschef Rudolf Slánský (*1901, †1952). Mehrere Todesurteile.	
1953 14. März	*Tod von* Klement *Gottwald*. Sein Nachfolger als Parteisekretär wird Antonín Novotný (*1904, †1975), das Amt des Staatspräsidenten übernimmt Antonín Zápotocký (bis 1957).	*Tod Gottwalds*
21. März	Volksdemokratische Blockregierung unter Viliam Široký (*1902, †1971) – nach zweimaliger Regierungsumbildung bis 21. Sept. 1963 im Amt.	
1956	Die Entstalinisierungswelle nach dem 20. Parteikongress der KPdSU bleibt in der ČSR in verbalen Beteuerungen stecken, da weder die stalinistische Führungsschicht ausgewechselt wird noch die Opfer der „Säuberungen" rehabilitiert werden.	
1957 19. Nov.	Nachfolger des verstorbenen Staatspräsidenten Zápotocký wird KP-Generalsekretär Antonín Novotný.	
1960 11. Juli	*Neue Verfassung*: Proklamation der „Tschechoslowakischen Sozialistischen Republik" (Československá Socialistická Republika – ČSSR). Verankerung der führenden Rolle der KPČ. Die Zentralisierung des Staates wird auf Kosten slowakischer autonomer Institutionen verschärft.	*neue Verfassung*

Entstalinisierung, „Prager Frühling" und Einmarsch der Warschauer-Pakt-Truppen (1960–1968)

Im Zeichen einer immer stärker spürbaren Wirtschaftskrise und wachsender Unruhe unter Intellektuellen sowie in der Slowakei werden 1962/1963 erste *Zugeständnisse* der Staats- und Parteiführung spürbar: Ablösung des Ministerpräsidenten Široký, erste Rehabilitierungen. Anbahnung einer Wirtschaftsreform (Ota Šik – *1919): Unter Beibehaltung des Staatseigentums an Produktionsmitteln wird eine stärkere Verlagerung auf die Planung innerhalb der Betriebe und ein Wirksamwerden von Marktmechanismen („Ware-Geld-Beziehungen") in einer „sozialistischen Marktwirtschaft" angestrebt. – Die wachsende „Weltaufgeschlossenheit" unter den tschechoslowakischen Intellektuellen (kulturelle und wissenschaftliche Kontakte mit „dem Westen") erregt ab Mitte der sechziger Jahre das Misstrauen der Führungsgruppe Novotnýs, die diesen Tendenzen jedoch relativ viel Spielraum lässt.

Zugeständnisse der Führung

1967 Juni	Auf dem tschechoslowakischen Schriftstellerkongress werden scharfe Angriffe gegen die wirtschaftlichen, politischen und sozialen Zustände und gegen die Parteiführung laut.	
31. Okt.	Die Polizei sprengt eine Protestdemonstration von Studenten.	
8./9. Dez.	Geheimbesuch des sowjetischen Parteichefs Leonid Breschnew in Prag; dieser gibt Unterstützung Novotnýs auf.	
1968 5. Jan.	Novotný wird vom ZK der KPČ als Erster Sekretär der Partei abgelöst; Nachfolger wird der slowakische Parteisekretär Alexander Dubček (*1921, †1992). Beginn des *„Prager Frühlings"*.	*„Prager Frühling"*
März	Wachsende Intensität der öffentlichen Diskussion, steigende Informationsfreiheit.	
30. März	Wahl des Generals Ludvík Svoboda (*1895, †1979) zum neuen Staatspräsidenten.	
5. April	Das ZK-Plenum der KPČ verabschiedet ein Aktionsprogramm, das durch Demokratisierung einen „Sozialismus mit menschlichem Antlitz" ermöglichen und das Machtmonopol der KPČ beschneiden will.	
8. April	Ernennung einer neuen Regierung unter Oldřich Černík (*1921, †1994).	
24. April	In einer Regierungserklärung werden *Reformmaßnahmen* eingeleitet: Aufhebung der Zensur, Rehabilitierung von Opfern der Verfolgung, Erweiterung von Reisemöglichkeiten und Wirtschaftsreform.	*Reformmaßnahmen*
	Der sich in den Reformmonaten (März bis Juli) steigernde Druck von außen lässt die Reformen nicht ungehindert vorankommen: Mehrere Gipfelkonferenzen der Partei- und Staats-	

		spitzen von UdSSR, DDR, Polen, Bulgarien und Ungarn und Konsultationen im Rahmen des Warschauer Pakts lassen ein militärisches Eingreifen in der ČSSR befürchten.
	Mai/Juni	Stabsmanöver des Warschauer Pakts in der ČSSR.
Manifest der 2000 Worte	27. Juni	Ein *„Manifest der 2000 Worte"* wird in Prag publiziert. Darin äußern sich ein Verlangen nach konsequenten Reformen, aber auch Befürchtungen für die Zukunft.
	7. Juli	Eine neue Propagandakampagne gegen den Prager Kurs seitens der UdSSR; Warschauer Brief der fünf „harten" Warschauer-Pakt-Staaten mit der Warnung vor Konterrevolution in der ČSSR.
	29. Juli– 2. Aug.	Die dauernde Anwesenheit von Manöverabteilungen der Warschauer Pakt-Truppen im Lande und das Gipfeltreffen von Čierna (Ostslowakei) zeigen den kritischen Ernst der Lage, die sich jedoch in den ersten Augusttagen zu entspannen scheint. Demonstrative Massenunterstützung des Reformkurses.
Einmarsch in die ČSSR	20./21. Aug.	In der Nacht beginnen Truppen der UdSSR, Polens, der DDR, Ungarns und Bulgariens, das Staatsgebiet der ČSSR zu besetzen; Prag wird durch Luftlandetruppen eingenommen. Als Grund für den *Einmarsch in die ČSSR* wird ein „Hilferuf" anonymer „Persönlichkeiten der Partei und des Staates" wegen drohender Konterrevolution genannt. Die tschechoslowakische Führung ruft dazu auf, keinen Widerstand zu leisten und protestiert gegen die Verletzung der Staatssouveränität. Zusammentritt des ZK der KPČ, der Nationalversammlung und des 14. Parteitags, zu dem bereits Delegierte gewählt worden sind; er tagt unter konspirativen Bedingungen. *Passiver Widerstand* der Bevölkerung; Generalstreik; Rundfunk und Presse im Untergrund.
passiver Widerstand		
	26. Aug.	Die nach Moskau verbrachte tschechoslowakische Führung erklärt sich nach tagelangen Verhandlungen zu „Vereinbarungen" bereit: Zurücknahme der Reformen, Ungültigkeitserklärung des 14. Parteitags, Wiedereinführung der Zensur, Stationierung sowjetischer Truppen. Dagegen wird auf sowjetischer Seite der Vorwurf der „Konterrevolution" und die „Hilferuf"-These nicht weiter bestätigt.
Stationierungsvertrag	14./15. Okt.	*Stationierungsvertrag* über dauernde Anwesenheit sowjetischer Truppen.
	28. Okt.	Verfassungsreform: Die ČSSR wird föderalisiert (Gliedstaaten: Tschechische und Slowakische sozialistische Republiken: ČSR und SSR). Nationalitätengesetz.

Stagnation unter Husák (1969–1987/88)

Breschnew-Doktrin		Die Invasion der ČSSR, erste Anwendung der *„Breschnew-Doktrin"* (These von der begrenzten Souveränität der sozialistischen Staaten im Fall einer Gefahr für das sozialistische System), bricht das Reformexperiment des „Prager Frühlings" ab, dessen Realisierungsmöglichkeit unbewiesen bleibt, das aber in Osteuropa eine für die Vorherrschaft der UdSSR gefährliche Anziehungskraft entfaltet hat.
	1969 17. April	Gustáv Husák (*1913, †1991) löst Alexander Dubček in der Parteiführung ab (Dubček wird Juni 1970 aus der Partei ausgeschlossen).
Parteiausschlüsse	1970 Mai	„Parteisäuberung" auf dem Höhepunkt. Massenweise *Parteiausschlüsse*. Berufsverbote für Intellektuelle.
	6. Mai	Freundschafts- und Beistandsvertrag UdSSR – ČSSR.
	1971 25. Mai	Nachgeholter 14. Parteitag der KPČ (bis 29. Mai): Husák dankt der UdSSR für die „brüderliche Hilfe" der Invasion.
Vertrag mit der BR Deutschland	1973 11. Dez.	Nach langen Verhandlungen (Streitpunkt: Ungültigkeit des Münchener Abkommens von Anfang an) *Vertrag* über gegenseitige Beziehungen *zwischen der Bundesrepublik Deutschland und der ČSSR.*
	1974 20. Juni	In-Kraft-Treten des Vertrages zwischen der Bundesrepublik Deutschland und der ČSSR. Aufnahme diplomatischer Beziehungen.
	1975	Husák wird am 29. Mai anstelle von Ludvík Svoboda zum Staatspräsidenten gewählt.
Charta 77 *Menschenrechte*	1977 5. Jan.	Eine von 257 Bürgern unterzeichnete *„Charta 77"* fordert (unter Bezug auf die auch von der ČSSR unterzeichneten KSZE-Bestimmungen von Helsinki) Verwirklichung der verbrieften *Menschenrechte* in der ČSSR. Die Regierung setzt die Unterzeichner unter Druck.
	Juli–Dez.	In der zweiten Jahreshälfte bringen wirtschaftliche Schwierigkeiten (Preiserhöhungen für Konsumartikel, Energielücke) Husák unter den Druck eines dogmatischen Flügels in der Parteiführung. Personelle Umsetzungen stärken die Position von Gustáv Husák jedoch wieder.
	Okt.	Auf dem KSZE-Folgetreffen in Belgrad erweist sich die ČSSR-Delegation als getreueste Vertreterin der sowjetischen Standpunkte.
	1978 9. April	Staatspräsident und Parteichef Husák trifft zu einem Staatsbesuch in der Bundesrepublik Deutschland ein.

Dez. 1979	Das ZK der KPČ beschließt eine erneute „Säuberung" der Partei.	„Säuberung" der Partei
Nov. 1981	In einem Strafprozess gegen zehn Mitglieder der Bürgerrechtsbewegung „Charta 77" werden z.T. langjährige Freiheitsstrafen verhängt.	
6. April 1983	Der XVI. Parteitag der KPČ bestätigt die Politik Gustáv Husáks; er wird wieder zum Generalsekretär gewählt (bis 10. April).	Gustáv Husák
1984	Das Parlament billigt die Aufstellung neuer Kurzstreckenraketen in der ČSSR (26. Okt.).	
21. Mai	Bei seinem Jugoslawien-Besuch vereinbart Ministerpräsident Lubomir Štrougal (*1924) engere wirtschaftliche Zusammenarbeit und gemeinsames Auftreten auf Drittmärkten.	
1987	Husák tritt als Generalsekretär zurück (17. Dez.); Nachfolger wird Miloš Jakeš (*1922).	
1988 21. Aug.	Protestkundgebungen zum Jahrestag des Einmarschs von Truppen des Warschauer Paktes (1968). Neue Bürgerrechtsgruppen.	

Revolution und Ende der Tschechoslowakei (1989–1993)

Als Sprachrohr der Demokratiebewegung erzwingt das Bürgerforum durch Massendemonstrationen und Generalstreik den Verzicht der KPČ auf ihre Führungsrolle; das kommunistische System bricht im Nov. 1989 zusammen. Alexander Dubček, Symbolfigur des Prager Frühlings, wird Präsident des Bundesparlaments, Václav *Havel* (Dissident und ehemaliger Häftling) erster nichtkommunistischer *Staatspräsident* seit 1948 (Dez. 1989). Es folgen freie Wahlen, doch der Versuch, einen demokratisch-föderativen Staat zu schaffen, scheitert schon bald an der Nationalitätenfrage. Bereits im Juni 1990 entbrennt zwischen Tschechen und Slowaken ein heftiger Streit über die künftige Verfassung der ČSFR. Vor allem bei Wirtschaftsfragen treten Gegensätze auf. Im tschechischen Teil des Landes gewinnt nach Kontroversen, die zur Spaltung des Bürgerforums führen, die (vom nachmaligen Ministerpräsidenten Václav Klaus [*1941] geteilte) Ansicht die Oberhand, ohne die Last der rückständigen Slowakei könne die Wirtschaft schneller reformiert und eine baldige Mitgliedschaft in der EG erreicht werden; probates Mittel sei ein betont *marktwirtschaftlicher Kurs* mit raschen Privatisierungen. Die slowakische Seite hingegen wendet sich mehrheitlich gegen eine schnelle Liberalisierung und wünscht einen langsamen Umbau der Wirtschaft zugunsten der slowakischen Schwerindustrie. Mit der konservativ-tschechischen Demokratischen Bürgerpartei unter Václav Klaus – hervorgegangen aus dem abgespaltenen rechten Flügel des Bürgerforums – und der Bewegung für eine Demokratische Slowakei unter Vladimir Mečiar siegen 1992 *nationalorientierte Kräfte* bei den Wahlen zum Bundesparlament und den Länderparlamenten. Ein Referendum, das Tschechen und Slowaken ein Mitspracherecht über das Schicksal der ČSFR eingeräumt hätte, wird von beiden Landesregierungen abgelehnt. Mit der Souveränitätserklärung der Slowakei durch das dortige Landesparlament nimmt vielmehr die Auflösung des Bundesstaates ihren Anfang. Nach der Zustimmung des Bundesparlaments hört die ČSFR Ende des Jahres 1992 auf zu bestehen.

Havel Staatspräsident

marktwirtschaftlicher Kurs

nationalorientierte Kräfte

1989 Nov. 29. Nov. Dez.	„Bürgerforum" aus zwölf Oppositionsgruppen gegründet. Massendemonstration in Prag (19. Nov.). Rücktritt der Führung der KPČ (24. Nov.). Generalstreik. Die Bundesversammlung streicht die Führungsrolle der KPČ aus der Verfassung. Mehrheitlich nichtkommunistisches Kabinett (10. Dez.). Alexander Dubček wird Parlaments-, Václav Havel (*1936) Staatspräsident (28./29. Dez.).	
1990 20. April 8./9. Juni	Die ersten sowjetischen Truppen verlassen das Land (26. Febr.). „Tschechische und Slowakische Föderative Republik" (ČSFR) als *Staatsname*. Bei den *ersten freien Parlamentswahlen* seit 44 Jahren siegen das tschechische Bürgerforum und dessen slowakische Partnerorganisation „Öffentlichkeit gegen Gewalt" (46,6%, 87 von 150 Mandaten).	*neuer Staatsname freie Wahlen*
5. Juli	Havel als Staatspräsident bestätigt.	
1991 17. Juni	Aufnahme der ČSFR in den Europarat (21. Febr.). Im *Kremsierer Kompromiss* können sich Abgeordnete von 22 Parteien und Gruppierungen auf einen Fortbestand des Gesamtstaates einigen.	*Kremsierer Kompromiss*
20. Juni	Die letzten Sowjettruppen verlassen die ČSFR.	
7.–11. Okt.	Ein deutsch-tschechoslowakischer „Vertrag über gute Nachbarschaft und freundschaftliche Zusammenarbeit" wird in Prag paraphiert. Die Vertreibung der Sudetendeutschen gilt danach als „Gewaltakt". (Unterzeichnung am 27. Febr. 1992.)	
1992 17. Juli 23. Juli	Nach der „Unabhängigkeits- und Souveränitätserklärung der Slowakei" tritt Havel als Staatspräsident der ČSFR zurück. Die Ministerpräsidenten Václav Klaus und Vladimír Mečiar beschließen mit einem Abkommen die *Auflösung der ČSFR* zum 1. Jan. 1993 sowie die Gründung einer Zollunion und Freihandelszone. Die neue tschechische Republik verfügt über 70% der Industrieproduktion des bisherigen Gesamtstaates.	*Auflösung der ČSFR*

Tschechien/Tschechische Republik seit 1993

Landes-
währungen
1993
8. Febr.
Nach dem Beschluss der beiden Landesparlamente (2. Febr.) über die Auflösung der Währungsunion gelten die tschechische und die slowakische Krone als selbstständige *Landeswährungen*.

Václav Havel
Staatspräsident
1993
26. Jan.
109 von 200 Parlamentsabgeordneten wählen *Václav Havel* zum tschechischen *Staatspräsidenten*.

1. März Das zentraleuropäische Freihandelsabkommen zwischen Ungarn, Polen, Tschechien und Slowenien tritt in Kraft.
30. Juni Aufnahme Tschechiens in den Europarat.
26. Aug. Unterzeichnung eines tschechisch-russischen Grundlagenvertrags, der das tschechoslowakisch-sowjetische Abkommen vom 6. Mai 1970 ablöst.
4. Okt. Abschluss eines Assoziierungsabkommens zwischen Tschechien und der EG.

Privatisierung
1994
11. April
Die am 1. Okt. 1991 von der ČSFR eingeleitete *Privatisierung* staatlicher Betriebe wird fortgesetzt (bis 30. Nov.).

1995
17. Febr.
Forderungen der Sudetendeutschen nach Wiedergutmachung erlittenen Unrechts lehnt Havel ab und fordert stattdessen einen Neuanfang der deutsch-tschechischen Beziehungen.

Vertrag mit der
Slowakei
Parlaments-
wahlen
1996
23. Jan.
31. Mai/
1. Juni
Vertrag mit der Slowakei über die gemeinsame Staatsgrenze (4. Jan.).
Tschechien beantragt die EU-Mitgliedschaft.
Erste *Parlamentswahlen* nach Auflösung der ČSFR: Die konservativ-liberale Regierungskoalition aus ODS (Demokratische Bürgerpartei), KDU-CSL (Christlich-Demokratische Union) und ODA (Demokratische Bürgerallianz) verliert die absolute Mehrheit, stellt aber – geduldet von den Sozialdemokraten (ČSSD) – weiterhin die Regierung unter Ministerpräsident Klaus.

Versöhnungs-
erklärung
1997
21. Jan.
Klaus und Bundeskanzler Helmut Kohl unterzeichnen die „*Versöhnungserklärung* von Tschechen und Deutschen". Das Parlament Tschechiens stimmte der Erklärung am 14. Febr. zu.

8.–9. Juli In Madrid beschließen die NATO-Mitgliedsstaaten, mit Tschechien (außerdem mit Polen und Ungarn) Beitrittsverhandlungen aufzunehmen.

Gedenktag an
Oder-
Hochwasser
24. Juli
29. Nov.
12./13. Dez.
16. Dez.
1998
2. Jan.
Gedenktag für die 52 Opfer des *Hochwassers* im Odergebiet.
Rücktritt der Regierung Klaus wegen einer Parteispendenaffäre um die ODS.
Luxemburger EU-Gipfel: direkte Beitrittsverhandlungen mit Tschechien ab April 1998.
NATO-Ministerkonferenz: Unterzeichnung des Protokolls zur Aufnahme in die NATO.
Staatspräsident Havel ernennt eine Übergangsregierung unter dem parteilosen früheren Notenbankchef Josef Tošovský (*1950).

20. Jan. Staatspräsident Havel im Amt bestätigt.

Milos Zeman
Regierungschef
21. Juni
Bei vorgezogenen Parlamentswahlen werden die Sozialdemokraten (ČSSD) mit 32,5% der Stimmen stärkste politische Kraft. Da ihr Führer *Milos Zeman* (* 1944) keine Koalitionspartner findet, bildet er ein Minderheitskabinett und einigt sich am 9. Juli vertraglich mit der Fraktion der konservativen Demokratischen Bürgerpartei (ODS) auf eine Tolerierung.

Beitritt zur
NATO
1999
12. März
Gemeinsam mit seinen polnischen und ungarischen Amtskollegen vollzieht Außenminister Jan Kavan durch Hinterlegung der Ratifikationsurkunde in Independence im US-Bundesstaat Missouri den *Beitritt* Tschechiens *zur NATO*.

3. Dez. Unter der Parole „Wir danken, geht jetzt!" demonstrieren Zehntausende in Prag gegen die Erstarrung des politischen Lebens durch die Machtaufteilung zwischen den großen Parteien.

2000 Reform der Gebietsverwaltung: Die 14 Bezirke des Landes erhalten erweiterte Befugnisse.

Kernkraftwerk
Temelín
9. März
9. Okt.
Die Aufnahme des Probebetriebs im *Kernkraftwerk Temelín* führt zu Protesten in Deutschland und Österreich.

Fernsehkrieg
24. Dez.
Die Redakteure des tschechischen Fernsehens (čT) besetzen aus Protest gegen die überraschende Auswechslung des Führungspersonals die Sendezentrale. Der „*Fernsehkrieg*", an dem die Bevölkerung lebhaften Anteil nimmt, endet am 11. Jan. 2001 mit dem Rücktritt des am 20. Dez. 2000 installierten Intendanten Jiří Hodač.

2002
16. Juni
Bei den Parlamentswahlen wird die ČSSD stärkste Partei (30,2%), gefolgt von ODS (24,5%) und Kommunisten (18,5%).

Aug. Das „Jahrhunderthochwasser" richtet im Raum Prag schwere Schäden an.

Slowakei seit 1946

1946	Bei den Parlamentswahlen am 26. Mai siegt in der Slowakei die Demokratische Partei.	
1947	Unruhen in der Slowakei wegen des Prager Zentralismus.	
1948	Erfolgreicher kommunistischer Umsturz in der Tschechoslowakei (25. Febr.).	
1949	Beginn der Verfolgung der katholischen Kirche.	
1963	Alexander Dubček wird KP-Chef der Slowakei.	
1968	Dubček wird Erster Sekretär der KPČ (5. Jan.):	
	„Prager Frühling" und militärische Intervention (20./21. Aug.) von fünf Staaten des Warschauer Paktes. Gustáv Husák wird slowakischer KP-Chef, im April 1969 in Nachfolge Dubčeks KP-Chef der Tschechoslowakei. Jozef Lenárt (*1923) wird neuer KP-Chef der Slowakei (bis 1988).	*„Prager Frühling"*
28. Okt.	Durch eine Verfassungsreform wird die Slowakische Sozialistische Republik zum Gliedstaat der ČSSR. – Es beginnen die Jahre der so genannten Normalisierung.	
1977	Ungarn und die Tschechoslowakei schließen einen Vertrag über das projektierte Kraftwerk Gabčikovo/Nagymaros.	
1988 25. März	In Bratislava kommt es zur ersten Demonstration („Kerzendemonstration") gegen das Regime; sie wird gewaltsam aufgelöst.	
1989	Ungarn verzichtet (am 31. Okt.) auf das projektierte Kraftwerk Gabčikovo/Nagymaros.	
20. Nov.	Bildung der slowakischen Bewegung „Öffentlichkeit gegen Gewalt" (VPN). In den folgenden Monaten kommt es zu einer Reihe von *Parteigründungen*.	*Parteigründungen*
10. Dez.	Rücktritt des Slowaken Gustáv Husák als Präsident der ČSSR.	
1990	Gründung der Christlich-Demokratischen Bewegung (KDH) unter der Führung von Ján Čarnogurský (*1944) (Febr.). Kurz darauf wird die nationalistische Slowakische Nationale Partei (SNS) gegründet.	
März	Entfernung der Bezeichnung „sozialistisch" aus dem Republiksnamen.	
20. April	Der Gesamtstaat wird in Tschechische und Slowakische Föderative Republik (ČSFR) umbenannt.	
8./9. Juni	Freie *Parlamentswahlen* im Gesamtstaat und in den Teilrepubliken. In der Slowakei stellt die VPN die stärkste Gruppe.	*Parlamentswahlen*
24. Juni	Vladimír Mečiar (*1942) wird zum Regierungschef der Slowakei gewählt.	
25. Okt.	Das neue Sprachengesetz führt zu nationalistischen Demonstrationen.	
17. Dez.	Durch den Beschluss eines Rahmengesetzes, welches die Kompetenzverhältnisse zwischen der Föderation und den zwei Teilrepubliken neu gestaltet, können eine Verfassungskrise und der Zerfall der ČSFR vorerst abgewendet werden.	
1991	Ján Čarnogurský löst Mečiar am 23. April als Regierungschef ab.	
27. April	Mečiar, der zuvor die VPN verlassen hat, gründet eine neue politische Organisation, die HZDS (Bewegung für eine demokratische Slowakei).	
1992 17. Juli	Nach der „Unabhängigkeits- und Souveränitätserklärung der Slowakei" tritt Václav Havel als Staatspräsident der ČSFR zurück. Die Ministerpräsidenten Václav Klaus und Vladimír	
23. Juli	Mečiar beschließen mit einem Abkommen die *Auflösung der ČSFR* zum 1. Jan. 1993 sowie die Gründung einer Zollunion und Freihandelszone.	*Auflösung der ČSFR*
1993	Die Slowakei wird unabhängig (1. Jan.).	
8. Febr.	Der Beschluss der Landesparlamente Tschechiens und der Slowakei (2. Febr.) über die Auflösung der Währungsunion löst eine starke *Kapitalflucht* aus der wirtschaftlich schwächeren Slowakei aus.	*Kapitalflucht*
30. Juni	Aufnahme der Slowakei in den Europarat.	
1994	Vorgezogene Parlamentswahlen zum Slowakischen Nationalrat (30. Sept./1. Okt.) gewinnt die HZDS von Vladimír Mečiar, den Staatspräsident Michal Kováč (*1930, Staatsoberhaupt seit 2. März 1993) mit der Regierungsbildung beauftragt. Mečiar stellt eine *neue Koalitionsregierung* aus HZDS, ZRS (Arbeitervereinigung) und SNS vor.	*neue Koalitionsregierung*
13. Dez.		
1995	Das am 4. Okt. 1993 abgeschlossene Assoziierungsabkommen mit der EU tritt am 1. Febr. in Kraft.	
19. März	Die Slowakei und Ungarn unterzeichnen einen Grundlagenvertrag über den Schutz der nationalen Minderheiten.	
1996	*Vertrag mit der Tschechischen Republik* über die gemeinsame Staatsgrenze (4. Jan.).	*Vertrag mit der Tschechischen Republik*
22. März	Das Parlament beschließt eine neue Verwaltungsgliederung des Landes in acht Bezirke: Die ungarische Minderheit stellt nur noch in einem Bezirk die Bevölkerungsmehrheit.	
1997 23./24. Mai	Eine schlecht organisierte Volksabstimmung über den Modus der Präsidentenwahl und einen Beitritt zur NATO scheitert an der geringen Wahlbeteiligung von unter 10%. Der Regierung Mečiar wird Sabotage vorgeworfen.	

	1998 2. März	Die Amtszeit von Präsident Michal Kováć endet, ohne dass ein Nachfolger gefunden wäre. Insgesamt 10 Wahlgänge bis zum 9. Juli bleiben ohne Ergebnis. Am 14. Juli überträgt der Nationalrat die präsidialen Vollmachten auf den Nationalratspräsidenten.
	25./26. Sept	Bei den Nationalratswahlen muss die HZDS des amtierenden Ministerpräsidenten Mečiar Verluste hinnehmen, die Oppositionsparteien verfügen über eine verfassungsändernde Zweidrittelmehrheit. Unter diesen Umständen verzichtet Mečiar am 1. Okt. auf eine Regierungsbildung.
	30. Okt.	Parlamentspräsident Mikuláš Migas ernennt den Vorsitzenden der christlich-liberalen Slowakischen Demokratischen Koalition (SDK) Mikuláš Dzurinda (* 1955) zum Regierungschef.
Rudolf Schuster	**1999** 14. Jan.	Das Parlament beschließt die Direktwahl des Präsidenten, gleichzeitig werden dessen Kompetenzen beschränkt. aus der 2. Wahlrunde geht am 29. Mai *Rudolf Schuster* (* 1934), deutschstämmiger Bürgermeister von Košice (Kaschau), als Sieger hervor.
	18. Febr.	Ein Geheimbericht über kriminelle Machenschaften des Slowakischen Geheimdienstes während der Ära Mečiar gelangt an die Öffentlichkeit.
	10. Juli	Verabschiedung eines Sprachengesetzes für die ungarische Mehrheit.
	2000 5. Mai	Endgültige Einigung zwischen der Slowakei und Tschechien über die Aufteilung der Staatsgüter und den Finanzausgleich zwischen beiden Staaten aus der Zeit der Tschechoslowakei.
	11. Nov.	Ein Versuch der Oppositionspartei HZDS, die Regierung per Volksabstimmung zu stürzen, scheitert mangels Wählerbeteiligung (nur 20%).
Verwaltungs- reform	**2001** 4. Juli	Das Parlament billigt eine *Verwaltungsreform*. Es werden acht Verwaltungseinheiten geschaffen, die bisher von der Zentralregierung wahrgenommene Kompetenzen erhalten.

Ungarn seit 1944/45
(Forts. v. S. 915)

Die Besetzung Ungarns durch sowjetische Truppen, die schon seit dem Ausscheren Rumäniens aus dem Bündnis mit Deutschland (August 1944) und dem Präliminarwaffenstillstand vom 11. Okt. 1944 (geschlossen vom Regime unter Reichsverweser Miklós Horthy von Nagybánya – * 1868, † 1957) zu erwarten ist, wird nach heftigen Rückzugskämpfen der deutschen Wehrmacht im Vorfeld Wiens bis 4. April 1945 abgeschlossen. Die im Lande ergriffenen Mitglieder der Regierung unter Férenc Szálasi (* 1897, *Hinrichtungen* † 1946) werden *hingerichtet*. Seit 3. Dez. 1944 provisorische „Volksfront"-Regierung in Debrecen unter Béla von Dálnoki (* 1890, † 1948) mit starker Position der Kommunisten, die vom Präsidenten der alliierten Kontrollkommission Marschall Kliment Woroschilow (* 1881, † 1969) gestützt werden.

Entwicklung zur Volksdemokratie und Revolution (1945–1956)

Debrecener Gegenregierung	**1945** 20. Jan.	Die *Debrecener Gegenregierung* (gegen das kurzfristig [16. Okt. 1944–April 1945] herrschende Szálasi-Regime) schließt in Moskau einen Waffenstillstand, verzichtet auf alle Erwerbungen der letzten Jahre und stellt Reparationen in Aussicht.
	15. März	Radikale Bodenreform: 3,2 Mio. ha Großgrundbesitz (über 52 ha) werden beschlagnahmt und parzelliert.
	Nov.	Wahlen: Sieg der Kleinlandwirte-Partei (57 % der abgegebenen Stimmen).
	15. Nov.	Bildung einer Koalitionsregierung (Kleinlandwirte-Partei, Kommunisten, Bauernpartei, Sozialdemokraten) unter dem Vertreter der Kleinlandwirte-Partei Zoltán Tildy (* 1889, † 1961) als Ministerpräsident und dem Kommunisten Mátyás Rákosi (* 1892, † 1971) als Stellvertretendem Ministerpräsidenten (bis 1952 weitere sechs Koalitionskabinette bei immer stärker werdendem Anteil der Kommunisten).
Republik	**1946**	Ungarn, seit 1918 nur noch nominell Königreich, wird zur *Republik* erklärt (2. Febr.).
	1947 10. Febr.	Friedensvertrag in Paris: Wiederherstellung der im Friedensvertrag von Trianon (1919) vereinbarten Grenzen, Abtretung des Preßburger Brückenkopfes an die ČSR. Teilweise Aussiedlung der Ungarndeutschen; hingegen muss Ungarn etwa 300000 aus der ČSR ausgewiesene Ungarn aufnehmen.
kommunistische Partei	**1947–1948**	Die *kommunistische Partei* unter Mátyás Rákosi besetzt in zunehmendem Maße Schlüsselpositionen im Land. Verstaatlichung von Industrie, Banken und Bergwerken. Partielle Ausschaltung der Kleinlandwirte-Partei (Verhaftung von Béla Kovács – * 1908, † 1959) und (Juni 1948) Fusion der kommunistischen und der sozialdemokratischen Partei zur „Partei der ungarischen Werktätigen" (1948 gilt als das „Jahr der Wendung").

1948 18. Febr.	Freundschaftspakt mit der UdSSR verstärkt die Abhängigkeit auf wirtschaftlichem, kulturellem und militärischem Gebiet.	
1949 Febr.	Verurteilung von József Kardinal Mindszenty (*1892, †1975) zu lebenslanger Haft. Konflikt zwischen Staat und Kirche, der (August 1950) mit einem Kompromiss beigelegt wird.	
20. Aug.	Neue Verfassung: Ungarn wird *Volksrepublik*.	*Volksrepublik*
24. Sept.	Außenminister László Rajk (*1909, †1949) wird nach einem Schauprozess unter der Anklage des „Titoismus" hingerichtet.	
1952 14. Aug.	Bildung einer kommunistischen Blockregierung (nach Ausschaltung der Kleinlandwirte-Partei) unter Mátyás Rákosi.	
1953 4. Juli	*Imre Nagy* (*1896, †1958) wird Ministerpräsident einer volksdemokratischen Blockregierung. Er leitet einen „neuen Kurs" ein, der den bisherigen stalinistischen Druck etwas mildert.	*Imre Nagy*
1954	Ungarn tritt im Dez. dem Warschauer Pakt bei.	
1955 14. April	Nagy wird nach längerem Machtkampf von Parteichef Rákosi unter dem Vorwurf der „Rechtsabweichung" abgesetzt und (Nov. 1955) aus der Partei ausgeschlossen.	
18. April	Neue Regierung unter Ministerpräsident András Hegedüs (*1915).	
1956	Die wachsende *Kritik am Regime* Rákosis steigt nach dem 20. Parteitag der KPdSU im Zeichen der Entstalinisierung an. Träger der Kritik ist vor allem der Petőfi-Kreis (benannt nach dem ungarischen Nationaldichter und Revolutionär Sándor Petőfi – *1823, †1849), ein intellektueller Diskussionszirkel.	*Regimekritik*
18. Juli	Auf sowjetischen Druck hin wird Rákosi als Erster Parteisekretär abgesetzt, sein Nachfolger ist Ernő Gerő (*1898, †1980); Rákosi wird aus ZK und Politbüro ausgeschlossen. Zunehmende *Liberalisierung* in Ungarn (z. B. parlamentarische Regierungskontrolle).	*Liberalisierung*
Sept.	Amnestie für eingekerkerte katholische Priester. Gespräche zwischen Parteichef Gerő, dem jugoslawischen Staatschef Josip Broz Tito und dem sowjetischen Parteichef Nikita Chruschtschow in Jalta über sowjetische Kontrolle in Osteuropa.	
6. Okt.	Das nachträgliche Staatsbegräbnis für den 1949 hingerichteten Außenminister László Rajk und andere rehabilitierte Prozessopfer wird zu einer *Massendemonstration* gegen den Stalinismus.	*Massendemonstration*
23. Okt.	Auf eine am Vortag unter dem Eindruck der polnischen Ereignisse (Aufstand von Posen) veröffentlichte Resolution hin (freie Mehrparteienwahlen, Abzug der sowjetischen Truppen, Wirtschaftsreform, Bestrafung der Aktivisten der Stalin-Rákosi-Zeit) findet eine Studentendemonstration statt. Sie weitet sich zum *Volksaufstand* aus.	*Volksaufstand*
24. Okt.	Imre Nagy wird als Ministerpräsident eingesetzt. Die Revolution breitet sich aus, Straßenkämpfe; Übergreifen auf das Land. In den folgenden Tagen stößt das Eingreifen *sowjetischer Truppen* auf erbitterten Widerstand.	*sowjetische Truppen*
1. Nov.	Nagy verkündet Austritt aus dem Warschauer Pakt, erklärt die Neutralität Ungarns und appelliert an die Vereinten Nationen. – Die Partei der ungarischen Werktätigen ist zusammengebrochen; Bildung von Arbeiter- und Bauernräten. János Kádár (*1912, †1989), als Gegner der „moskowitischen" Richtung in der Partei um Rákosi in der Stalinzeit verfolgt und 1954 rehabilitiert, gründet die Ungarische sozialistische Arbeiterpartei (USAP). Er arbeitet zunächst mit Nagy zusammen, geht aber (seit 4. Nov.) auf die sowjetische Gegenseite über (Gründe ungeklärt).	
4.–11. Nov.	*Zusammenbruch der Revolution*. Kardinal Mindszenty findet Asyl in der US-Botschaft in Budapest (darf 1971 nach Wien reisen), Nagy und seine Mitarbeiter fliehen in die jugoslawische Botschaft (später verhaftet, Juni 1958 hingerichtet), Massenflucht aus Ungarn.	*Zusammenbruch der Revolution*
4. Nov.	János Kádár bildet eine neue Regierung, die in ihrem Programm (Jan. 1957) einen moskautreuen Kurs verkündet, aber einige liberale Errungenschaften der Aufstandszeit beizubehalten verspricht.	

Die Ära Kádár (1957–1988)

1957 27. Mai	Truppenstationierungsvertrag: Sowjetisches Militär bleibt für die Dauer der Existenz der NATO in Ungarn.	
Nov.	Auflösung der in der Aufstandszeit von 1956 gebildeten Räteorganisationen.	
1959	Erster (Siebenter) Kongress der USAP (Nov.–Dez.). Konsolidierung der Herrschaft Kádárs.	
1960	Der Kádár-Führung gelingt es, durch Anhänglichkeit an die „sozialistische Staatengemeinschaft" einen gemäßigten Kurs einzuschlagen (von Chruschtschow *„Gulaschkommunismus"* genannt).	*„Gulaschkommunismus"*

	1966 Nov.–Dez.	Für die auf dem Neunten Parteitag (Nov.–Dez. 1966) beschlossene Wirtschaftsreform werden auch parteilose Fachleute benötigt, die Kádár mit der Devise „Wer nicht gegen uns ist, ist für uns" zu gewinnen sucht.
	1967 März	Bei den Parlamentswahlen ist es vereinzelt möglich, zwischen mehreren Kandidaten der „Patriotischen Front" zu entscheiden, in der auch Nichtkommunisten Mitglieder sind.
Wirtschafts-reform	1968 1. Jan.	Beginn der *Wirtschaftsreform*: Weit Gehend selbstständige Produktionsplanung der Betriebe, materielle Anreize, Liberalisierung der Märkte und Preise, Qualitätssteigerung. Die Reform leitet vom extensiven zum intensiven Wachstum der Wirtschaft über und macht die ungarische Volkswirtschaft ab 1970 erfolgreicher und international attraktiver.
	21. Okt.	Ungarische Truppen beteiligen sich am Einmarsch in die ČSSR.
	1970 13.–28. Nov.	Auf dem Zehnten Parteitag der USAP wird ein neues Parteistatut verabschiedet, welches Abwahl von Funktionären bei „Machtmissbrauch" und „Unterdrückung der Kritik" zulässt. Der sowjetische Parteichef Leonid Breschnew erkennt Kádárs „Kurs der Mitte" an. Ankündigung einer neuen Verfassung mit Aufwertung der Funktionen des Parlaments. Ein neues Wahlgesetz erlaubt es jedem Bürger, sich um ein Parlamentsmandat zu bewerben.
	1972 Nov.–Dez.	Modifizierung der Wirtschaftsreform, die die ungarische Wirtschaft zur relativ erfolgreichsten in den staatssozialistischen Ländern gemacht hat. Einerseits sollen die Volkswirtschaftspläne im Parlament diskutiert werden, andererseits muss „Gefahren" der Marktwirtschaft begegnet werden, so z.B. dem Entstehen größerer Einkommensunterschiede, privatwirtschaftlicher Bereicherung, Überinvestitionen.
Vollmitglied des GATT	1973 Juli	Ungarn wird *Vollmitglied des GATT* (General Agreement on Tariffs and Trade – internationales, 1947 in Genf geschlossenes Abkommen zur Erleichterung des Handels auf der Basis der Meistbegünstigung).
	21. Dez.	Aufnahme diplomatischer Beziehungen zur Bundesrepublik Deutschland.
	1975 17.–22. März	Auf dem Elften Parteitag wird die Beibehaltung des bisherigen Kurses der Mitte bekräftigt. Die Stabilität der ungarischen Reform-Volkswirtschaft, die den aktuellen Bedingungen jeweils angepasst wird (weltwirtschaftlich: Energiekrise, binnenwirtschaftlich: Arbeitskräftemangel usw.), erregt aus Anlass des zehnjährigen Jubiläums der Wirtschaftsreform internationale Anerkennung (Mitte der siebziger Jahre erfolgt eine vorsichtige Einschränkung der Planungsfreiheit; 1976: Preiserhöhungen).
Stephanskrone	1978 5. Jan.	Die 1945 nach den USA entführte *Stephanskrone* (zu den Reichsinsignien der ungarischen Monarchie gehörig) wird bei einem Besuch von US-Außenminister Cyrus Vance in Budapest feierlich an Ungarn zurückgegeben.
	1980 Dez.	Der 24. Kongress des ungarischen Gewerkschaftsverbandes fordert eine Neubewertung der Rolle der Gewerkschaften, die nicht mehr nur „Transmissionsriemen der Partei" sein sollen.
Auslands-schulden	1982	Die ungünstigen weltwirtschaftlichen Bedingungen und die hohen *Auslandsschulden* im Westen führen bei Beibehaltung des auf die Stärkung des marktwirtschaftlichen Sektors orientierten Wirtschaftskurses zur Forcierung der Exporte und zur Einschränkung des vergleichsweise hohen Lebensstandards. Außenpolitisch vertritt Ungarn ohne Einschränkungen die Politik der Warschauer-Pakt-Staaten.
	1988	János Kádár tritt als Parteichef der USAP (seit 1957) zurück (21. Mai).
	3. Sept.	„Ungarisches Demokratisches Forum" (UDF) gegründet, weitere Parteigründungen folgen.

Mehrparteiensystem und Marktwirtschaft seit 1989

	1989 Jan.	Vereinigungs- und Versammlungsfreiheit (11. Jan.); Die USAP verzichtet auf die verfassungsmäßig garantierte Führungsrolle (20./21. Jan.) und gesteht das Streikrecht zu. Der Abbau der Grenzbefestigungen nach Österreich beginnt (2. Mai).
	23. März	
	16. Juni	„Tag der nationalen Versöhnung" mit den Opfern des Aufstands von 1956.
Grenzöffnung für DDR-Bürger	19. Aug.	Massenflucht von etwa 500 Bürgern der DDR nach Österreich; am 11. Sept. *Öffnung der Grenze für DDR-Bürger*.
	6.–8. Okt.	Die USAP löst sich auf; an ihrer Stelle „Ungarische Sozialistische Partei" (MSZP).
Republik Ungarn	23. Okt.	Der Landesname wird in *Republik Ungarn* geändert.
	1990 3. Aug.	Bei Parlamentswahlen siegt das konservativ-liberale UDF (25. März), Regierung unter Jozsef Antall (*1932, †1993). Das Parlament wählt Árpád Göncz (*1922) zum Präsidenten.
Europarat	Nov.	Als erstes Land des Warschauer Pakts wird Ungarn *in den Europarat aufgenommen*.
Abkommen mit Deutschland	1991 18. Dez.	In einem *Freundschaftsabkommen mit Deutschland* verpflichtet sich Ungarn, Rechte der deutschen Minderheit zu gewährleisten; Deutschland sagt seine Unterstützung für der EG-Beitritt Ungarns zu.
	1992 23. Okt.	Rechtsextremisten, u.a. Pfeilkreuzler, stören die Gedenkrede des Staatspräsidenten Göncz zum Aufstand von 1956.

1993 1. März	Das zentraleuropäische Freihandelsabkommen zwischen Ungarn, Polen, Tschechien und Slowenien tritt in Kraft.	
12. Dez.	Ministerpräsident Antall stirbt. Nachfolger wird Innenminister Péter Boross (*1928).	
1994	Das Assoziierungsabkommen zwischen Ungarn und der EU tritt am 1. Febr. in Kraft.	
1. April	Ungarn beantragt die Aufnahme in die EU, nachdem das Parlament mit großer Mehrheit am 22. März dafür gestimmt hat.	
24. Juni	Der Reformsozialist *Gyula Horn* (*1932) bildet nach seinem Sieg (8./29. Mai) bei den Parlamentswahlen eine sozialistisch-liberale Regierungskoalition aus MSZP und dem Bund Freier Demokraten (SZDSZ).	*Gyula Horn*
1995 19. März	Die Regierungschefs Gyula Horn und Vladimír Mečiar (Slowakei) unterzeichnen einen Grundlagenvertrag über *Minderheitenschutz*.	*Minderheitenschutz*
9. Mai	Gesetz zur Beschleunigung des Privatisierungsprozesses.	
1996 16. Sept.	Unterzeichnung eines Grundlagenvertrags mit Rumänien, der unter anderem die Rechte der ca. 1,7 Mio. Ungarn in Rumänien regelt.	
1997 8.–9. Juli	Auf ihrem Gipfeltreffen in Madrid beschließen die NATO-Mitgliedsstaaten, Beitrittsverhandlungen mit Ungarn (außerdem mit Polen und der Tschechischen Republik) aufzunehmen.	
12./13. Dez.	EU-Gipfel in Luxemburg: direkte Beitrittsverhandlungen mit Ungarn ab April 1998 beschlossen.	
16. Dez.	Bei der Konferenz der NATO-Außenminister in Brüssel wird das Aufnahmeprotokoll für Ungarn unterzeichnet.	
1998 24. Mai	In der zweiten Runde der Parlamentswahl kommt es zu einem *Machtwechsel*. Der rechtsliberale Bund Junger Demokraten (FIDESZ) gewinnt 148 von 386 Mandaten, die Sozialisten unter Ministerpräsident Gyula Horn haben nur noch 134 Mandate. Der FIDESZ-Vorsitzende Viktor Orbán (*1963) bildet mit der Kleinlandwirte-Partei und dem konservativen Demokratischen Forum eine Koalitionsregierung, die am 6. Juli vereidigt wird.	*Machtwechsel*
1999 25. Jan.	Vereinbarung über eine verstärkte regionale Zusammenarbeit mit Österreich und der Slowakei.	
12. März	Mit der Hinterlegung der Ratifikationsurkunde in Independence im US-Bundesstaat Missouri wird der *Beitritt* Ungarns (zugleich mit Polen und Tschechien) *zur NATO* vollzogen.	*Beitritt zur NATO*
2000 30. Jan.	Durch den Dammbruch eines Zyanid-Rückhaltebeckens im rumänischen Aurul kommt es zu einer Umweltkatastrophe entlang der Theiß.	
4. Juni	Der parteilose Juraprofessor Ferenc Mádl (*1931) wird zum Staatspräsidenten gewählt.	
2001 21. Jan.	Die Regierung Orbán wird durch Austritt von fünf Parlamentsabgeordneten aus der Kleinlandwirte-Partei (FKgP) geschwächt. Die FKgP zerfällt am 6. Mai in zwei Gruppierungen, die beide beanspruchen, die Gesamtpartei zu vertreten.	
2002 21. April	Bei den Parlamentswahlen wird die MSZP stärkste Partei. Der von ihr nominierte parteilose Péter Medgyessy (*1942) bildet ein Koalitionskabinett aus Vertretern von MSZP und SZDSZ, das am 27. Mai vereidigt wird.	

Osteuropa und Kaukasusstaaten seit 1945

Sowjetunion bis 1991
(Forts. v. S. 1006)

territoriale Gewinne

Die UdSSR, die ihren Sieg im Zweiten Weltkrieg mit erheblichen Verlusten (ca. 15–20 Millionen Toten und 25 Millionen Obdachlosen) erkauft hat, kann bedeutende *territoriale Gewinne* verzeichnen: Nordostpreußen, Ostpolen, die Karpaten-Ukraine, die Nordbukowina und Bessarabien, dazu die baltischen Staaten. Sie umfasst damit 22 Mio. qkm oder ein Sechstel des Festlands der Erde. Dazu kann sie an ihren Grenzen einen *Sicherheitsgürtel* von Staaten aufbauen, die unter politischem und militärischem Druck ihr Gesellschaftssystem unter der Herrschaft einer Kommunistischen oder Arbeiterpartei nach dem sowjetischen Vorbild neu aufbauen: Ostmittel- und Südosteuropa, Korea. Aus dem Norden des Iran zieht die UdSSR ihre Armee 1946 zurück, die Forderungen an die Türkei auf die Rückgabe von Kars und Ardahan sowie die Einräumung von Stützpunkten an den Dardanellen bleiben 1945–1947 ebenso erfolglos wie der Versuch, im griechischen Bürgerkrieg 1947/1948 der Kommunistischen Partei Griechenlands zum Sieg zu verhelfen.

Sicherheitsgürtel

Die Ära Stalin nach dem Zweiten Weltkrieg (1945–1953)

Machtstellung Stalins

Durch die Konzentration der wichtigsten Funktionen in Staat und Partei in seiner Person ist Josef *Stalin* (*1879, †1953) das *Zentrum des Machtapparates* und die einzige integrierende Kraft in Staat, Gesellschaft und Partei, die er absolut autoritär mittels seiner Privatkanzlei und der Geheimpolizei (NKWD, seit 1946 MWD) unter Lawrenti Pawlowitsch Berija (*1899, †1953) lenkt. Nach der Lockerungsphase im „Sowjetpatriotismus" der Kriegsjahre verstärkt Stalin die vor dem Krieg eingeleitete *Zentralisierung* der Machtfunktionen: Die Befugnisse des Obersten Verteidigungsrats gehen auf Politbüro und Parteisekretariat über. Die *Partei* selbst hat ihre Mitgliederzahl gegenüber dem Vorkriegsstand mit annähernd 6,9 Mio. bei einer Gesamtbevölkerung von 200 Mio. verdoppelt (dabei ca. 60% Funktionäre [Apparatschiks]), ist aber in dieser Form als Massenpartei nach der Liquidierung der Eliten in den „Säuberungen" der Vorkriegszeit zum bloßen Herrschaftsinstrument herabgesunken und kann ihre politische Funktion erst nach dem Tode Stalins 1953 wiedergewinnen. Einfache Mitglieder und hohe Funktionäre bleiben aber nicht verschont von der Atmosphäre permanenter Furcht und des Misstrauens durch Wachsamkeitskampagnen, Verhaftungen, Verurteilungen, Deportationen usw. In Straf- und Zwangsarbeitslagern befinden sich ca. 10 Mio. Menschen. Willkürliche Maßregelungen und Verunglimpfungen kennzeichnen die kulturpolitische Kampagne von Andrej Alexandrowitsch Schdanow (*1896, †1948) zur Verherrlichung Stalins im Personenkult und der Sowjetunion im „Sozialistischen Realismus" und gegen „Objektivismus", „Formalismus" und „Kosmopolitismus" („zweite Schdanowschtina"). Der *Wiederaufbau der Industrie* vollzieht sich bemerkenswert rasch: 1948 hat die Gesamtproduktion den Vorkriegsstand von 1940 (bei kleinerem Territorium) erreicht, bis 1952 wird sie verdoppelt, ohne dass allerdings der Lebensstandard verbessert wird.

Zentralisierung

Partei

Wiederaufbau der Industrie

1945	Josef Stalin wird zum Generalissimus ernannt.
29. Juni	Vertrag zwischen der UdSSR und der ČSR über die „Wiedervereinigung" der Karpathen-Ukraine mit der Ukrainischen SSR.
9. Aug.	Nach Kriegserklärung gegen Japan Teilnahme am ostasiatisch-pazifischen Krieg.
4. Sept.	Auflösung des Staatlichen Verteidigungskomitees.
1946	Stalin entwickelt *Zwei-Welten-Theorie*: Beginn aggressiverer Politik gegen das „kapitalistische Lager": 1948/1949 Berliner Blockade, 1950–1953 Koreakrieg. Kalter Krieg: Spannungen in Polen und Ungarn, in der Deutschlandfrage, Aufgabe der Kooperation mit dem Westen seit der Marshallplan-Konferenz in Paris 1947.
6. Febr.	
15. März	Umwandlung des Rates der Volkskommissare in den Ministerrat der UdSSR (entsprechend in den Unions- und Autonomen Republiken); Stalin Vorsitzender des Ministerrates und Erster Sekretär des Zentralkomitees (ZK) der KPdSU.
18. März	Vierter *Fünfjahrplan* (1946–1950). Beseitigung der Kriegsschäden, Wohnungsbau, Großprojekte: Großkraftwerke bei Kujbyschew und Stalingrad an der Wolga (eröffnet 1960), Kachowka am Dnjepr, der Turkmenische Kanal und der Leninkanal zwischen Wolga und Don (fertig 1952). Die Kollektivwirtschaften (Kolchosen) werden bei strikter Beschränkung des privaten Nutzlandes auf die vorgeschriebene Größe reorganisiert und straffer Parteiaufsicht unterstellt.

Zwei-Welten-Theorie

Fünfjahrplan

1947 10. Febr.:	Pariser Friedensverträge mit Italien, Ungarn, Rumänien, Bulgarien, Finnland.	
24. Juni	Beginn der *kulturpolitischen Kampagne* (sog. zweite Schdanowschtina): Verherrlichung der Person Stalins (Personenkult) sowie der Sowjetunion.	*kulturpolitische Kampagne*
14. Dez.	Abschaffung der Rationierung für Lebensmittel sowie Währungsreform.	
1948 31. Aug.	Nach dem Tod Andrej Schdanows folgt gnadenlose „Säuberung" im Parteiapparat. Georgi Maximilianowitsch Malenkow (*1902, †1988), Nikita Sergejewitsch Chruschtschow (*1894, †1971) und Lawrenti P. Berija gelingt die Entmachtung der Schdanow-Gruppe.	
1949 5. März	Die *Regierungsumbildung*, bei der Wjatscheslaw Michailowitsch Molotow (*1890, †1986) als Außenminister (seit 1939) von Andrej Januarjewitsch Wyschinskij (*1883, †1954) abgelöst wird, leitet keinen spektakulären Wechsel der Außenpolitik ein. In einer antijüdischen Kampagne (1948–1952) wird Molotows Frau nach Sibirien verbannt.	*Regierungsumbildung*
Aug.	Erste sowjetische Atombombenexplosion.	
1950 1. März	Einführung des Goldrubels (1 Rubel = 0,222 Gramm Feingold). Der *Rubel* ist damit nicht mehr abhängig vom *Dollar*: Grundlage für Rubelblock neben Dollar- und Sterlingblock.	*Rubel-Dollar-Verhältnis*
27. Juni	Nichteinmischung im Koreakrieg vermeidet direkte amerikanisch-sowjetische Konfrontation.	
1951	Fünfter Fünfjahrplan (1951–1955): Großbauten zur Bewässerung und Energiegewinnung.	
1952	Sowjetische Note über „Grundriss eines Friedensvertrages mit Deutschland" (10. März).	
Sept.	Stalins Schrift „Ökonomische Probleme des Sozialismus" erscheint.	

Landwirtschaft und Industrie in der Stalin-Ära

Trotz der 1946 begonnenen Reorganisation stagniert die Produktion auf dem Kolchosland, obwohl 40% aller Arbeitskräfte in der Landwirtschaft arbeiten. Die jährliche Wachstumsrate der Industrieproduktion beträgt dagegen jährlich ca. 13%. 1950 wird die Zusammenlegung von mehreren Kollektivwirtschaften zu *Groß-Kolchosen* (bis Herbst 1953 252000 Betriebe zu 94800 Großbetrieben mit durchschnittlich 1700 ha Ackerfläche) durchgeführt, die Initiative geht von Nikita S. Chruschtschow aus. Seinen weitergehenden Plan von Agrostädten muss er 1951 auf Einspruch Stalins aufgeben. Die Unausgewogenheit der Industrieproduktion durch die einseitig forcierte Schwerindustrie belastet die gesamte Wirtschaftsentwicklung. — *Groß-Kolchosen*

5.–14. Okt.	*Parteitag der KPdSU*, der erste seit 1939. Der Parteitag findet unter veränderten Bedingungen statt: Die Sowjetunion ist nicht mehr das einzige sozialistische Land, sondern das führende. Das Statut der Partei wird geändert, im Namen der Zusatz (B), d.h. „Bolschewiki", gestrichen. Politbüro und Organisationsbüro werden zum Präsidium des Zentralkomitees (ZK) zusammengefasst.	*Parteitag der KPdSU*
1953 13. Jan.	Moskauer „Ärztekomplott" aufgedeckt (soll vermutlich den Anlass zu einer neuen „Säuberungswelle" abgeben).	
5. März	*Tod* Josef *Stalins*.	*Tod Stalins*

Festigung der Sowjetmacht: die Ära Chruschtschow (1953–1964)

1953 6. März	Nach dem Tod Stalins wird die oberste Kommandogewalt in Staat und Partei von einer kollektiven Führung übernommen, die unter sich die zu Lebzeiten Stalins begonnenen *Machtkämpfe* weiter austrägt: Georgi M. Malenkow wird Vorsitzender des Ministerrates, Wjatscheslaw M. Molotow Außenminister, Lawrenti P. Berija Innenminister.	*Machtkämpfe*
14. März	Chruschtschow wird an Stelle Malenkows dem Range nach Erster Sekretär des ZK.	
26. Juni	Berija, der als Leiter der Staatspolizei für zahllose Übergriffe und drückenden Terror besonders gehasste Mitarbeiter Stalins, wird seines Amtes als Innenminister enthoben (am 9. Juli verhaftet und am 23. Dez. hingerichtet). Verfügungsgewalt und Kontrolle über den Staatssicherheitsdienst liegen seitdem nicht mehr in einer Hand.	
27. Juli	Der Waffenstillstand in Korea signalisiert die Abkehr von der grundsätzlichen Konfrontation mit dem Westen, welche die Sowjetunion außerhalb ihres Hegemoniebereichs politisch isoliert hat.	
8. Aug.	Ansprache des Ministerratsvorsitzenden Malenkow setzt Richtlinien für den *„Neuen Kurs"* (Umverteilung der volkswirtschaftlichen Prioritäten zugunsten der Konsumgüterindustrie, Förderung der Landwirtschaft zur Steigerung der Erträge, Stärkung der „sozialistischen Gesetzlichkeit"). Der Neue Kurs kommt den Forderungen der „Arbeiterintelligenz" und der bürokratisch-technischen Mittelschicht, die eine Art „Staatsbourgeoisie" bilden, entgegen.	*Neuer Kurs*

Waffenpotenzial

9. Aug. Bekanntgabe der Zündung der ersten sowjetischen Wasserstoffbombe. Die Modernisierung des sowjetischen *Waffenpotenzials* (erfolgreiche Entwicklung von Trägerwaffen, Umrüstung der Luftwaffe auf Düsenmaschinen) gibt der Kremlführung das Gefühl, anders, als dies in den ersten Nachkriegsjahren der Fall war, für militärische Eventualfälle gerüstet zu sein.

22. Aug. Die UdSSR erlässt der DDR die noch ausstehenden Reparationszahlungen. Umwandlung der diplomatischen Vertretungen in Botschaften.

Agrarproduktion

3.–7. Sept. Plenum des ZK der KPdSU beschließt Maßnahmen zur raschen Steigerung der *Agrarproduktion*: erhebliche Investitionen, Entsendung von Fachleuten aufs Land, Verminderung der persönlichen Belastung der Kolchosniki (Arbeiter einer Kolchose).

13. Sept. Wahl Nikita Chruschtschows zum Ersten Sekretär des ZK der KPdSU.

Neulandgewinnung

1954 Das ZK stimmt Chruschtschows Siedlungs- und Landbauprogramm zu: *Neulandgewinnung* Febr./März von 13 Mio. Hektar in Westsibirien, Nordkasachstan, im Wolgagebiet und im Nordkaukasus (17. Juli auf 28–30 Mio. Hektar erhöht). Errichtung riesiger Staatsgüter. Das Zentralkomitee ruft zum „Feldzug nach dem Neuland" auf. Bis 1956 werden ca. 36 Mio. Hektar Brach- und Neuland erschlossen, doch werden bald die Gefahren extensiver Landnutzung in den halbdürren Steppen sichtbar.

27. Juni Inbetriebnahme des ersten sowjetischen industriemäßigen Atomkraftwerks in Obninsk bei Moskau.

10. Nov. ZK der KPdSU beschließt Verstärkung der atheistischen Propaganda.

Schriftstellerkongress „Tauwetter-Periode"

Dez. Zweiter *Schriftstellerkongress* streicht Bestimmung im Statut des Schriftstellerverbandes, nach der die Wahrheitstreue von der „Zielsetzung einer ideologischen Umformung der Werktätigen im Geiste des Sozialismus" abhängen soll (Kritische Literatur). Die *„Tauwetter-Periode"* (nach einem 1954 erschienenen Kurzroman von Ilja Ehrenburg [*1891, †1967] benannt) bedeutet für Literatur, Kunst und Kultur die Abkehr von der strengen Reglementierung und eine gewisse Liberalisierung.

1955 Erlass des Präsidiums des Obersten Sowjet „über die Beendigung des Kriegszu Standes 25. Jan. zwischen der UdSSR und Deutschland".

8. Febr. Nikolai Alexandrowitsch Bulganin (*1895, †1975) löst Georgi M. Malenkow als Vorsitzenden des Ministerrats ab; die Übergabe des Verteidigungsministeriums an Marschall Georgi Konstantinowitsch Schukow (*1896, †1974) deutet auf einen steigenden Einfluss der Roten Armee (Erhöhung der Verteidigungsausgaben).

14. Mai Unterzeichnung des Vertrags über Freundschaft, Zusammenarbeit und gegenseitigen Beistand *(Warschauer Pakt)*.

Warschauer Pakt

15. Mai Die UdSSR lässt durch die Ratifizierung des österreichischen Staatsvertrags einen gewissen Entspannungswillen in Europa erkennen.

4.–12. Juli Auf einem Plenum des ZK der KPdSU stellt Außenminister Molotow die Zweckmäßigkeit des österreichischen Staatsvertrags und der Wiederannäherung an Jugoslawien (Mai/Juni: Belgrader Kommunikee) in Frage, Parteichef Chruschtschow setzt jedoch seine *Außenpolitik* gegen die „Anti-Partei-Opposition" durch.

Außenpolitik

Grundlinien der Politik Chruschtschows

Unter dem Einfluss Chruschtschows setzt in der zweiten Jahreshälfte 1954 die Rückkehr zu einer vorrangigen Förderung der Schwer- und Investitionsgüterindustrie ein, ohne dass allerdings der Konsumgüter- und der Landwirtschaftssektor vernachlässigt würde. Der Rat für gegenseitige Wirtschaftshilfe *(RGW-COMECON)* wird reaktiviert, um lang- und mittelfristig die nationalen Volkswirtschaftspläne zu koordinieren. Chruschtschow rügt Malenkows „Konsumismus", kann aber den Neuen Kurs nicht gänzlich zurücknehmen. Mit Unterstützung der Molotow-Fraktion, die die Beibehaltung einer der Form nach durchaus stalinistischen Innen- und Außenpolitik fordert, kann Chruschtschow im ZK eine Mehrheit gegen Malenkows auf Ausgleich in den internationalen Beziehungen tendierende Politik gewinnen und nach dessen Entlassung seine Konzeption der *„friedlichen Koexistenz"* unter der Voraussetzung militärischer Stärke durchsetzen. Bei der praktischen Anwendung dieser außenpolitischen Konzeption stößt Chruschtschow jedoch auf die Kritik der Molotow-Gruppe, der das sowjetische Entgegenkommen bei der Lösung des Österreich-Problems und die Wiederannäherung an Jugoslawien zu weit gehen. Nach dem Ausschalten der Opposition auf dem Plenum des ZK (4.–12. Juli 1955) erscheint Chruschtschow als der eigentliche Architekt der neuen sowjetischen Außenpolitik, die sich bei aller Annäherung gegen Einmischung in die inneren Angelegenheiten der Sowjetunion und der sozialistischen Länder entschieden verwehrt (TASS-Erklärung vom 14. Juni 1955 gegen Plan von US-Präsident Eisenhower, „das Problem der Länder Osteuropas" auf die Tagesordnung der Genfer Konferenz [18.–23. Juli 1955] zu setzen). Die von Andrej Schdanow formulierte Zwei-Lager-Theorie (Kominform-Gründungskonferenz 1947) wird durch die Drei-Welten-Vorstellung ergänzt.

RGW-COMECON

„friedliche Koexistenz"

Seit 1955/1956 bemüht sich die UdSSR durch Aufnahme diplomatischer Beziehungen und Entwicklungshilfe um die im Entkolonialisierungsprozess entstehende *Dritte Welt* und bemüht sich, vor allem afrikanische Staaten in ihrer Politik der Bündnisfreiheit zu bestärken. In Südostasien erklärt sie sich auf der Grundlage der „friedlichen Koexistenz" zur Garantin der Blockfreiheit und der nationalen Interessen (Besuchsreise Chruschtschows Nov./Dez. 1955). Die Mittelost-Erklärung (16. April 1955) stellt die UdSSR als Schutzmacht der Unabhängigkeit und der nationalen Interessen der Staaten des Nahen und Mittleren Ostens dar. Die Unterstützung Ägyptens in der Sues-Krise 1956 stärkt das sowjetische Ansehen in der arabischen Welt. Das „Zwischenspiel der verschiedenen Wege zum Sozialismus" und die weltweite Entspannungspolitik gefährden die Einheit des Ostblocks. Drohung einer Intervention in Polen (polnischer „Frühling im Oktober" 1956) und militärische Niederschlagung des ungarischen Aufstandes (Okt./Nov.1956) können jedoch die *hegemoniale Stellung* der Sowjetunion im eigenen Lager sicherstellen.

Dritte Welt

Hegemonie

1955
9.–13. Sept. Der deutsche Bundeskanzler Konrad *Adenauer* verhandelt *in Moskau* mit der sowjetischen Führung und erreicht die Aufnahme der diplomatischen Beziehungen, die Erweiterung des Handels und die Freilassung der letzten deutschen Kriegsgefangenen.

19. Sept. Abkommen mit Finnland über die vorzeitige Rückgabe des Flottenstützpunkts Porkkala Udd (auf der finnischen Halbinsel Porkkala, westlich von Helsinki am Finnischen Meerbusen gelegen; vollzogen am 26. Jan. 1956).

Adenauer in Moskau

1956
14.–25. Febr. 20. Parteitag der KPdSU: Gegen die Gruppe um Außenminister Molotow, den Ersten Stellvertretenden Ministerratsvorsitzenden, Lasar Moissejewitsch Kaganowitsch (*1893, †1991), den ehemaligen Ministerratsvorsitzenden Malenkow und Staatsoberhaupt Kliment Jefremowitsch Woroschilow (*1881, †1969) kann sich Parteichef Chruschtschow durchsetzen. In einer *Geheimrede* rechnet er mit den Verbrechen der *Stalin-Zeit* ab und gibt eine zeitgemäße, auf Lenin bezogene Interpretation des Marxismus-Leninismus; er fordert die Beseitigung des Personenkults und eine Stärkung der Partei.

Geheimrede über Stalin

März Ausbruch von Unruhen in Georgien, der Heimat Stalins.

6. März „Statut des landwirtschaftlichen Artels (Genossenschaft) und die weitere Entfaltung der Initiative der Kolchosbauern bei der Organisierung der Produktion und der Verwaltung der *Kolchosen*". Das Präsidium des Obersten Sowjet fasst Beschlüsse zur Hebung des Lebensstandards.

Kolchosen

26. März *Sozialgesetzgebung*: Verlängerung des Schwangerschaftsurlaubs.

17. April Auflösung des Kominform.

Sozialgesetzgebung

2. Juni Dimitri Trofimowitsch Schepilow (*1905) löst Molotow als Außenminister ab.

6. Juni Einführung der Schulgeldfreiheit für Fach- und Hochschulen.

30. Juni Beschluss des ZK der KPdSU über die Überwindung des Personenkults. Die Partei geht davon aus, dass die *Kritik am Personenkult*, selbst wenn sie zeitweilige Schwierigkeiten hervorrufen wird, vom Standpunkt der Interessen und des Endziels der Arbeiterklasse aus zweifellos ein positives Ergebnis zeitigen wird.

Kritik am Personenkult

12. Juli Auflösung der Karelo-Finnischen SSR.

14. Juli Gesetzliche Festlegung von Alters- und Invalidenrenten sowie Krankengeld verbunden mit Erhöhung der Löhne bzw. Anhebung der niedrigsten Gehaltsgruppen (8. Sept.).

6. Sept. Erlass des Präsidiums des Obersten Sowjet über die Umbenennung der Internationalen Stalinpreise in Internationale *Leninpreise* „für die Festigung des Friedens unter den Völkern".

Leninpreise

19. Okt. Abkommen über die Beendigung des Kriegszustandes mit Japan und Aufnahme diplomatischer Beziehungen (Kurilenfrage ungelöst).

5. Nov. Verurteilung der britischen und französischen Intervention in Sues.

11. Nov. Durch den Einsatz der Roten Armee bricht in *Ungarn* der *Volksaufstand* zusammen.

Aufstand in Ungarn

1957
16. Febr. Andrej A. Gromyko (*1909, †1989) löst Schepilow als Außenminister ab. Parteichef Chruschtschow verspricht neue wirtschafts-, insbesondere agrarpolitische Großprojekte.

Juni Die Reformströmungen in den Volksdemokratien und in der Sowjetunion, die Forderung nach Polyzentrismus im „sozialistischen Lager" und die offensichtliche Gefahr eines Verlusts der beherrschenden Stellung der Sowjetunion führen zu einer *Fronde* Malenkows, Molotows und Kaganowitschs, die im Präsidium des ZK eine Mehrheit *für die Absetzung Chruschtschows* findet, der seinerseits jedoch eine Plenarsondersitzung der 133 Mitglieder und 122 Kandidaten des ZK organisiert.

Fronde gegen Chruschtschow

4. Juli Der so mobilisierte Parteiapparat erklärt die drei zu „Parteifeinden" und enthebt sie ihrer Partei- und Regierungsämter. Leonid Iljitsch Breschnew (*1906, †1982), Verteidigungsminister Marschall Schukow und als Kandidat Alexej Nikolajewitsch Kossygin (*1904, †1980) rücken ins Präsidium des ZK nach. Chruschtschow kann (Dezember) das Parteisekretariat durch drei seiner Anhänger erweitern. (Die Gruppe der Gegner Chruschtschows ist

		durch wirtschaftliche Spitzenkader verstärkt gewesen, die die Wirtschaftskrise auf die Wirtschaftspolitik Chruschtschows zurückführen, der den ökonomischen Fragen jetzt verstärkte Aufmerksamkeit zuwendet.)
	20. Sept.	Der Abbruch des sechsten Fünfjahrplans (1956–1959) wird bekannt gegeben; im RGW wird die Übereinkunft erzielt, der Schwerindustrie in den neu auszurichtenden nationalen Plänen absoluten Vorrang zu geben. Dezentralisierung der Wirtschaft, Versuch, durch Intensivierung der Agrarwirtschaft erhöhte Erträge zu erreichen.
Sputnik	4. Okt.	Nach der erfolgreichen Erprobung einer Interkontinentalrakete (26. Aug.) Start des ersten künstlichen Erdsatelliten *(„Sputnik")*. Ein zweiter folgt am 3. Nov. Der technologische Erfolg steigert das Prestige der Sowjetunion und löst in den USA den „Sputnik-Schock" aus.
	5. Dez.	Stapellauf des mit Hilfe von Atomkraft angetriebenen Eisbrechers „Lenin".
	1958 25./26. Febr.	Plenum des ZK der KPdSU beschließt die Umwandlung der Maschinen-Traktoren-Stationen (MTS) in Reparatur- und Technische Stationen (RTS). Übergabe der Maschinenparks an die Kolchosen; Aufhebung der Pflichtablieferung und der Naturalentlohnung.
	27. März	Nikolaj A. Bulganin muss als Ministerratsvorsitzender zurücktreten, er wird aus dem ZK ausgestoßen und zum „Parteifeind" erklärt (Sept.). An Bulganins Stelle übernimmt Chruschtschow auch das Amt des Vorsitzenden des Ministerrats. Chruschtschow hält Partei und Staat jetzt fest in seiner Hand. Gegen seine Rivalen hat er sich mittels des Parteiapparats durchgesetzt, den er erneut zum entscheidenden Machtinstrument erhoben hat.
	Sommer	„Geschichte der KPdSU" veröffentlicht.
	27. Nov.	Erstes Berlin-Ultimatum: Abzug der Westmächte binnen sechs Monaten gefordert.
Nobelpreis für Pasternak	Dez.	Der Schriftsteller Boris *Pasternak* (*1890, †1960) nimmt den *Nobelpreis* für Literatur (für den Roman „Doktor Schiwago" erhalten) zunächst an, muss ihn aber unter politischem Druck zurückgeben.
	22.–25. Dez.	Gesetz „Über die Festigung der Verbindung der Schule mit dem Leben" leitet die Bildungsreform ein (Polytechnischer Unterricht) und verlängert die Schulpflicht von sieben auf acht Jahre.
Siebenjahrplan	**1959** Jan./Febr.	Der 21. Parteitag der KPdSU (27. Jan.–5. Febr.) ändert die „Kontrollziffern für die Entwicklung der Volkswirtschaft": *Siebenjahrplan* (1959–1965).
	6. April/ 24. Juli	Sowjetische Vorschläge für kernwaffenfreie Zonen im Pazifischen Raum, im Ostseeraum (3. Juni), im Balkan- und Adriaraum (25. Juni) sowie (24. Juli) in Afrika.
	11. Mai– 5. Aug.	Die Sowjetunion nimmt an der Außenministerkonferenz in Genf über die Deutschlandfrage teil und tritt (5. Dez.) dem Internationalen Komitee für Weltraumforschung bei (im Sept. Start des sowjetischen Mondraketen Lunik II).
USA-Besuch	15.–27. Sept.	Partei- und Regierungschef Chruschtschow besucht die *USA*: *Gespräche* mit US-Präsident Eisenhower in Camp David (Abrüstung, Deutschlandfrage, Gipfelkonferenz in Paris).
	1960 5.–7. Mai	Der Oberste Sowjet beschließt die etappenweise Abschaffung der Lohn- und Einkommensteuer und die Umstellung auf den Siebenstunden- bzw. Sechsstundentag.
Wohlfahrts- kommunismus		Das von Chruschtschow angestrebte Ziel eines *„Wohlfahrtskommunismus"* kann mit den gegebenen wirtschaftlichen Mitteln nicht erreicht werden, zumal die Landwirtschaft der neuralgische Bereich bleibt. Die Planziffern können nicht immer erfüllt werden.
	9. Mai	Leonid Breschnew löst Kliment J. Woroschilow als Vorsitzenden des Obersten Sowjets (damit nominelles Staatsoberhaupt) ab.
U2-Zwischen- fall	18. Mai	Den Abschuss eines amerikanischen Aufklärungsflugzeugs über der Sowjetunion (1. Mai: *U2-Zwischenfall*) nimmt Chruschtschow zum Anlass, die Pariser Gipfelkonferenz über Entspannungsfragen scheitern zu lassen (Nachgeben gegenüber Vorstellungen der KP Chinas, einiger osteuropäischer Parteiführungen und der Kritiker aus der eigenen Partei).
	1. Okt.	Eröffnung der Patrice-Lumumba-Universität für Völkerfreundschaft in Moskau.
	15. Nov.	Erhöhung des Goldgehalts des Rubels und Änderung des Kurswertes.
	1961	Währungsreform: 1:10-Umstellung des Rubelkurses und der Preise.
Militärdoktrin	6. Jan.	Chruschtschow stuft die seit 1958 offizielle *Militärdoktrin*, „lokale" Kriege würden unvermeidlich sich in einen Weltkrieg ausweiten, ab. Das „sozialistische Lager" werde zwar alles tun, dies zu verhindern, nationale Befreiungskriege seien jedoch unvermeidbar und würden von der UdSSR unterstützt werden.
	12. April	Erster bemannter Raumflug Juri Alexejewitsch Gagarins (*1934, †1968) mit Wostok I.
	Juni	Treffen Chruschtschows mit US-Präsident Kennedy in Wien (2./3.).
neues Partei- programm	30. Juni	*Neues* (drittes) *Parteiprogramm* ersetzt das von 1919: Vermeidbarkeit des Krieges und „friedliche Koexistenz", die UdSSR nicht mehr „Diktatur des Proletariats", sondern ein „Staat des ganzen Volkes", damit wird aber auch die KPdSU zur Interessenvertreterin nicht nur einer Klasse, des Proletariats, sondern des gesamten Volkes. Nach einem Zeitplan soll die „materiell-technische Basis des Kommunismus" 1961–1970 „aufgebaut", 1971–1980 „errichtet" werden.

5. Aug.	Das Parteistatut, das die Organisationsstruktur regelt, verwirft „ultralinke" und „ultrakonservative" Richtungen. Art. 28 hebt das Prinzip der kollektiven Führung erstmals als höchstes Prinzip der Parteileitung hervor. Alle wichtigen Entscheidungen müssen durch ein Kollegialorgan getroffen werden.	
13. Aug.	In Berlin Abriegelung des Ostsektors vom Westen („Mauerbau").	
17.–31. Okt.	Der *22. Parteitag der KPdSU* bestätigt Programm und Statut. Allerdings führen die Annäherung an die USA (nach der Berlinkrise im Aug. 1961 und schon vor der friedlichen Beilegung der Kubakrise im Okt. 1962 erkennbar: außenpolitische Konzeption der friedlichen Koexistenz), der nicht mehr zu unterdrückende Konflikt mit Peking, die z.T. überstürzte Umorganisation im Parteiapparat, wirtschaftliche Misserfolge und das Aufkommen liberalerer Kräfte in der sowjetischen Gesellschaft zu Misstrauen und Widerstand in den Führungsgremien. Zugleich ist in den mittleren Führungskadern der Widerstand von Stalinisten bemerkbar.	*22. Parteitag der KPdSU*
30. Okt.	Die Entfernung des Leichnams Stalins aus dem Lenin-Mausoleum ist das äußere Kennzeichen der zweiten Entstalinisierungswelle.	
1962	Beginn sowjetischer Störaktionen im Luftraum um Berlin (7. Febr.). Nach der Auflösung des Innenministeriums (MWD, Geheimdienst) im Jan. 1960 Gründung des Komitees für Partei- und Staatskontrolle.	
22. Okt.	Mit der Erklärung von US-Präsident Kennedy, die auf Kuba im Bau befindlichen sowjetischen Raketenstellungen müßten demontiert werden, beginnt der *Kuba-Krise*.	*Kuba-Krise*
28. Okt.	Die Sowjetunion erklärt sich zur Räumung ihrer Raketenstellungen auf Kuba bereit. Der Konflikt wird durch ein gemeinsames Schreiben von US-Präsident Kennedy und Partei- und Regierungschef Chruschtschow an den UN-Generalsekretär beigelegt (Jan. 1963).	
1962/1963	Chruschtschow leitet eine großangelegte *Verwaltungsreform* der Wirtschaft ein. Herausragendes Kennzeichen ist die organisatorische und aufgabenmäßige Zweiteilung des Parteiapparates: Im Bereich der Landwirtschaft soll die Partei nicht nur anweisen und kontrollieren, sondern sich unmittelbar und ständig an der Verwaltung beteiligen (diese Reform wird sofort nach dem Sturz Chruschtschows 1964 rückgängig gemacht). Die 1957 mit der Bildung von mehr als hundert lokalen Wirtschaftsräten einen ersten Höhepunkt erreichende Dezentralisierung der Wirtschaft erschwert die zentrale Planung und bewirkt Partikularismen, sodass (schon seit 1960) die Zentralisierung verstärkt worden ist (durch Errichtung des Obersten Volkswirtschaftsrates der UdSSR am 14. März 1963 verbessert).	*Verwaltungsreform*
1963 20. Juni	Vereinbarung über direkte Nachrichtenverbindung Washington – Moskau *(„Rotes Telefon")*.	*„Rotes Telefon"*
Juli/Aug.	Wegen schlechter Ernteerträge sieht sich die sowjetische Führung gezwungen, 12 Mio. Tonnen Getreide, hauptsächlich im westlichen Ausland, anzukaufen.	
5. Aug.	Unterzeichnung des Moskauer Vertrages über die teilweise Einstellung der Kernwaffenversuche.	
31. Dez.	Chruschtschow schlägt Abkommen über den Verzicht von Gewaltanwendung bei einer möglichen Revision der durch den Zweiten Weltkrieg entstandenen Grenzen vor.	
1964 Febr.	Plenum des ZK der KPdSU berät Maßnahmen zur Steigerung der landwirtschaftlichen Produktion.	
14. Okt.	Das Plenum des ZK der KPdSU *setzt Chruschtschow* als Ersten Sekretär *ab* und wählt Leonid Breschnew zum Nachfolger im Parteivorsitz; Alexej Kossygin übernimmt das Amt des Ersten Vorsitzenden des Ministerrates.	*Absetzung Chruschtschows*

Die Ära Breschnew (1965–1981)

Anders als Chruschtschow erscheint die neue Führungsgruppe nüchtern, eine Mannschaft von Managern und Technokraten. Ruhe und Ordnung heißt das bestimmende Prinzip ihrer *Innen- und Blockpolitik* (verstärkte innere Überwachung, 1968 Wiedererrichtung des MWD [Innenministerium – Geheimdienst] zur erhöhten Wirtschafts- und Disziplinaraufsicht, entschiedenes Vorgehen gegen „Dissidenten"). Reformanstrengungen werden vor allem zur wirtschaftlichen Effizienzsteigerung unternommen. In der Außenpolitik werden die Möglichkeiten für Kooperation und Konflikt nach dem jeweiligen Interesse kalkuliert. An die Stelle der Entstalinisierung tritt eine vorsichtigere Bewertung des Diktators. Das Prinzip der kollektiven Führung wird herausgestellt.

Innen- und Blockpolitik

1965 2. März	Unionsministerien übernehmen für zahlreiche Industriezweige die Aufgaben der Staatlichen Planungskomitees.	
24.–26. März	Plenum des ZK der KPdSU beschließt unverzügliche Maßnahmen zur Entwicklung der *Landwirtschaft*: höhere Agrarpreise, stabile Ablieferungsquoten (schlechte Ernteergebnisse verhindern aber 1965–1968 eine wesentliche Verbesserung).	*Landwirtschaft*

	24. Sept.–4. Okt.	Beschlüsse des ZK der KPdSU und des Ministerrats der UdSSR zur Verbesserung der Leitung und der Planung in der Wirtschaft: Die neue Führung versucht Reformen nach dem „Charkower System" von Jewsej Grigorjewitsch Liberman (*1897, †1983) in einzelnen Wirtschaftszweigen. Die Zentralisierung der Wirtschaftsverwaltung wird zwar beibehalten, einzelne Entscheidungen (z.B. Prämiensystem, Finanzverwaltung) aber an die jeweiligen Betriebsleitungen delegiert. Wegen Beibehaltung der Preisbindung u. a. tritt kein Erfolg ein. Das Ziel, unter Beibehaltung des Planungsprinzips eine moderne industrielle Leistungsgesellschaft zu schaffen, bleibt.
	9. Dez.	Nikolaj Wiktorowitsch Podgorny (*1903, †1983) Vorsitzender des Obersten Sowjet und damit nominelles Staatsoberhaupt.
	1966	Luna I landet am 3. Febr. als erste automatische Station weich auf dem Mond.
neues Parteistatut	29. März–8. April	23. Parteitag der KPdSU bestätigt die Autorität der neuen kollektiven Führung. Ein *neues Parteistatut* führt das Politbüro wieder ein, desgleichen das Amt des Generalsekretärs der KPdSU, welches Leonid Breschnew übernimmt. Träger der Staatsmacht sind die beiden Führungsgremien der Partei (ZK-Sekretariat und Politbüro) und das Präsidium des Ministerrats als Regierung. Die Vorherrschaft der Schwerindustrie wird bestätigt, Konsumgüterindustrie und Landwirtschaft sollen stärker berücksichtigt werden. Außenpolitisch setzt die neue Führung den Kurs Chruschtschows fort: Ausgleich mit den USA und mit ihren Verbündeten, Entspannung bei Sicherung der Hegemonialstellung als Supermacht unter Voraussetzung der militärischen Stärke, vor allem der nuklearen Ebenbürtigkeit mit den USA.
Verteidigungskonzeption		Die *Verteidigungskonzeption* geht von der Erhaltung des bestehenden militärischen Gleichgewichts mit den USA aus: Entwicklung strategischer Kampfmittel, Ausbau der mit Raketen (Atomsprengköpfe) bestückten U-Boot-Flotte.
	1967	Einführung der 5-Tage-Woche beschlossen (7. März).
	13. März	Wirtschaftliche Rechnungsführung in Sowchosen und anderen staatlichen Betrieben vom 1. Juli an beschlossen.
Sechstagekrieg	5. Juni	Die UdSSR verurteilt die „Aggression Israels" im *Sechstagekrieg* und bricht die diplomatischen Beziehungen zu Israel ab (10. Juni).
	26. Sept.	ZK-Plenum beschließt Maßnahmen zur weiteren Erhöhung des Lebensstandards.
	1968 1. Juli	Zusammen mit den USA und Großbritannien Unterzeichnung des Vertrages über die Nichtverbreitung von Atomwaffen (Nonproliferation).
Einmarsch in die ČSSR	20./21. Aug.	*Einmarsch* von Warschauer-Pakt-Staaten *in die ČSSR* beendet den „Prager Frühling". Die Auseinandersetzungen über die Invasion reichen bis in die sowjetische Führungsspitze. Die Proteste sowjetischer Intellektueller („Erstes Memorandum" des Atomphysikers Andrej Dmitrijewitsch Sacharow; *1921, †1989) leiten die Bewegung politischer „Nonkonformisten" in die „demokratische Bewegung" der „Dissidenten", d.h. „engagierter anders Denkender mit verschiedenen Auffassungen über Verschärfung der inneren Kontrollen": Das Ministerium zum Schutz der öffentlichen Ordnung erhält wieder den Namen Ministerium des Innern.

Sowjetische Außenpolitik seit 1969

Zerwürfnis mit China
Das *Zerwürfnis mit der VR China* verstärkt den Willen der sowjetischen Führung zur Annäherung an den Westen. Der Nonproliferationsvertrag für Atomwaffen von 1968 wird geschlossen, nachdem die VR China selbst über ein Kernwaffenpotenzial verfügt. Im November 1969 werden mit den USA (nach dem Ussuri-Zwischenfall) in Helsinki die SALT-I-Gespräche zur Begrenzung der strategischen Rüstung aufgenommen. Breschnews Vorschlag einer Sicherheitskonferenz für Asien, deutlich gegen China gerichtet, findet aber ebenso wie sein Plan eines kollektiven (militärischen) Sicherheitssystems keine positive Resonanz, auch nicht bei den Regierungen Nordvietnams und Nordkoreas. Der Versuch, die VR China politisch zu isolieren, führt zu einer Annäherung an Indien und Japan. Demselben Ziel dient die massive Unterstützung Vietnams nach Beendigung des Krieges: 1978 Einbeziehung in den RGW sowie Freundschafts- und Beistandspakt.

Entspannungspolitik
Nach der Bildung einer sozial-liberalen Koalitionsregierung unter Bundeskanzler Willy Brandt werden 1969 die Verhandlungen mit der Bundesrepublik Deutschland aufgenommen. Der Ausgleich mit der Bundesrepublik ist ein zentraler Punkt der sowjetischen *Entspannungspolitik*, zugleich Voraussetzung für das Berlin-Abkommen von 1971. Das ungeachtet verschiedener Kontroversen normalisierte Verhältnis zwischen der Bundesrepublik und der UdSSR ist Voraussetzung für die Konferenz über Sicherheit und Zusammenarbeit in Europa (KSZE) und für die Verhandlungen einer beiderseitigen ausgewogenen Truppenreduzierung (MBFR). Die Sowjetunion erwartet von der Öffnung nach Westen verbesserte Wirtschaftsbeziehungen: Nach den USA wird die *Bundesrepublik Deutschland* wichtigster Partner. Außerdem dem Erwerb neuer Technologien sucht die UdSSR vor allem die Unterstützung bei der Industrialisierung

Verhältnis zur BR Deutschland
Sibiriens, das über rund drei Viertel der Rohstoffe und Energiequellen der Union verfügt.

1974 nach dem Rücktritt Bundeskanzler Brandts und US-Präsident Nixons, Breschnews Gesprächspartnern der „ersten Stunde", gerät die Entspannungspolitik zwischen *Ost und West* in eine *Krise.* Die Menschenrechtspolitik der neuen Carter-Administration in den USA und die Normalisierung der Beziehungen der USA zur VR China sowie auf der anderen Seite das großangelegte Unternehmen der UdSSR, sich in Afrika (mit Unterstützung Kubas), Asien und im Vorderen Orient weite Einflussgebiete zu schaffen, lassen vorübergehend die Fortsetzung des Abrüstungs- und Entspannungsdialogs gefährdet erscheinen. Mit Abschluss der Salt-II-Gespräche durch Vertragsunterzeichnung 1979 in Wien und mit der Unterbreitung neuer sowjetischer Vorschläge, die festgefahrenen Truppenreduzierungsverhandlungen in Wien wieder in Gang zu bringen, sind trotz fortgesetzter Aufrüstungspolitik Anzeichen sowjetischer Außenpolitik erkennbar, den eingeschlagenen Weg der „friedlichen Koexistenz" auch nach der bewaffneten Intervention in Afghanistan grundsätzlich fortführen zu wollen.

neue Ost-West-Spannung

21. Sept. Die automatische Sonde V kehrt nach Flug um den Mond zur Erde zurück.
12. Nov. *Breschnew-Doktrin* als Rechtfertigung des Einmarsches in die ČSSR: Beschränkung der Souveränität der sozialistischen Staaten bei Bedrohung des sozialistischen Weltsystems.
1969 Jan. Erstmals Koppelung zweier bemannter sowjetischer Raumschiffe (Sojus IV und V) im Weltraum.
2. März *Gefechte* zwischen chinesischen und sowjetischen Grenztruppen *auf den Ussuri-Inseln* Damanskij (seit 1964 bewaffnete Zwischenfälle an Amur und Ussuri, der Grenze zwischen der UdSSR und der hochindustrialisierten chinesischen Mandschurei; entlang der Amurgrenze führt die Trasse der Transsibirischen Eisenbahn zum Hafen der sowjetischen Pazifikflotte Wladiwostok).
19. März Zurückweisung der chinesischen Gebietsforderungen (zwischen Ussuri und Pazifik) und der Forderung nach neuen Grenzverhandlungen.
1970 9. Aug. Abschluss eines Freundschaftsvertrags mit der indischen Regierung unter Indira Gandhi zeigt deutlich die Abwendung Indiens von der Blockfreiheit.
12. Aug. *Vertrag* zwischen der *Bundesrepublik Deutschland* und der UdSSR über Gewaltverzicht und Normalisierung der Beziehungen.
1971 30. März– 9. April Der 24. Parteitag der KPdSU fasst wirtschafts-, gesellschafts- und außenpolitische Pläne programmatisch zusammen.
Der *neue Fünfjahrplan* (1971–1975) soll Konsumgüterindustrie und Landwirtschaft fördern, Schwerpunkt bleibt aber die Schwer- und Investitionsgüterindustrie (kann in wichtigen Teilen nicht erfüllt werden). Innenpolitisch wird die straffere Kontrolle in allen staatlichen und gesellschaftlichen Bereichen durch die Partei sowie verstärkte ideologische Erziehungsarbeit gefordert. Der Umtausch der Parteibücher, der am 1. März 1971 begonnen wird, ermöglicht die Kontrolle des Mitgliederstandes (fast 2,6 Mio. neue Mitglieder); 347000 Mitglieder erhalten wegen Abweichung von der Parteinorm, Disziplinarverfehlungen u. a. keine neuen Mitgliedsdokumente.
1971 wird die Devise vom „sowjetischen Volk als einer neuen historischen Menschengemeinschaft" zur Generallinie erhoben.

Breschnew-Doktrin

Gefechte auf den Ussuri-Inseln

Vertrag mit der BRD

neuer Fünfjahrplan

Nationalitäten- und Dissidentenbewegung in der Sowjetunion

Die Feiern zum 50. Jahrestag der Gründung der Sowjetunion heben 1972 die „multinationale Sowjetgesellschaft" hervor. Die nichtrussischen Völker unterliegen einem allmählichen, aber systematischen *Russifizierungsprozess.* Seit Beginn der siebziger Jahre nehmen nationales Eigenbewusstsein und autonomistische Tendenzen in zahlreichen Gebieten zu. Der prozentuale Anteil der nichtrussischen Bevölkerung beträgt bei steigender Tendenz rund 50%. Gegen die Russifizierung wenden sich, z.T. auch aus religiös-nationalen Gründen, u.a. Juden (Leningrader Prozess 1970), Letten, Litauer, Ukrainer und Krimtataren. In einem Memorandum vertritt 1970 Andrej D. Sacharow gegenüber der sowjetischen Regierung einen Plan zur Demokratisierung der UdSSR. Nach 1970 setzt die Kremlführung ein ganzes Instrumentarium staatlicher Maßnahmen gegen die *Dissidenten-* und Nationalitätenbewegung ein: politische Strafprozesse, langjähriger Freiheitsentzug in Gefängnissen und Lagern (1974 ca. 10000 politische Häftlinge), Zwangseinweisungen in Nervenheilanstalten, freiwillige oder Zwangsemigration und Ausbürgerung (der bisher spektakulärste Fall ist die Ausweisung des Literaturnobelpreisträgers *Alexander Solschenizyn;* *1918).

Russifizierung

Dissidenten

Alexander Solschenizyn

1973 März Bei einem Staatsbesuch in Teheran versucht Breschnew, den Iran für ein System kollektiver Sicherheit zu gewinnen.

	26. April	Der erste sowjetische Flugzeugträger („Kiew") läuft am Schwarzen Meer vom Stapel: Die UdSSR weitet ihre militärische Präsenz auf alle Weltmeere aus und wetteifert in *maritimer Machtpolitik* mit den USA.
maritime Machtpolitik		
	Juli	Grundlagengesetz über die Volksbildung: zehnjährige Schulbildung für die gesamte Jugend, Verbesserung der Berufsbildung und der Berufsausbildung, Weiterbildung der Kader in Wirtschaft, Wissenschaft und Bildungswesen.
Asienpolitik	15. Aug.	In Alma-Ata (Kasachstan) betont Breschnew, dass zwei Drittel des Territoriums der UdSSR in *Asien* liegen, und sichert die Unterstützung der UdSSR für die nationalen Belange der Staaten Asiens zu; er stellt die Beschlüsse von Bandung (April 1955) in Zusammenhang mit der kollektiven Sicherheit Asiens. Neben der (nicht erreichten) diplomatischen Isolierung der VR China (zur gleichen Zeit Öffnung nach Westen) bemüht sich die UdSSR in Asien um die Erschließung von Rohstoffquellen und wirtschaftlich-technische Großprojekte. Die Zusammenarbeit mit Japan scheitert 1975 wegen der Kurilenfrage und wegen hoher sowjetischer Kapitalforderungen.

Außenhandel

Außenhandel der Sowjetunion nach Ländergruppen (in Mrd. DM) in jeweiligen Preisen

Ländergruppe	Ausfuhr			Einfuhr		
	1970	1980	1990*	1970	1980	1990*
insgesamt	**46,85**	**139,14**	**191,70**	**42,97**	**124,71**	**221,43**
Industrieländer	**10,18**	**51,19**	**75,68**	**11,36**	**49,41**	**91,30**
EG	3,14	30,46	52,02	4,28	20,74	55,81
übrige europäische Länder	2,72	17,54	17,32	2,30	14,54	19,37
USA und Kanada	0,27	0,51	1,86	0,90	6,52	8,60
übrige Länder	4,05	2,69	4,48	3,88	7,61	7,52
Entwicklungsländer	**9,60**	**24,75**	**22,78**	**6,44**	**19,51**	**28,91**
Afrika	2,12	**	2,70	1,96	2,89	2,66
Amerika	2,39	**	11,36	2,18	9,71	13,31
Asien	2,19	**	8,73	2,24	6,61	12,94
Staatshandelsländer	**27,07**	**63,10**	**78,82**	**25,17**	**55,79**	**92,27**

* umgerechnet nach mittlerem Jahreswechselkurs aus US-$ (1,832)
** keine Angaben

	Okt.	Der Jom-Kippur-Krieg (Israel – Ägypten) belastet die sowjetisch-amerikanischen Beziehungen: Die Ausweisung sowjetischer Berater aus Ägypten (18. Juli 1972) ist ein schwerer Rückschlag für die sowjetische *Nahostpolitik*. Im April 1972 hat jedoch die UdSSR bereits einen Freundschaftsvertrag mit dem Irak geschlossen, gefolgt vom Abkommen über wirtschaftlich-technische Zusammenarbeit mit Syrien (Juli 1972). Nach den ersten Erfolgen der US-Diplomatie 1973/1974 macht sich Moskau den gegen Israel gerichteten Standpunkt der Palästinensischen Befreiungsorganisation (PLO) zu eigen (Besuch Jasir Arafats in Moskau, 25.–30. Nov. 1974).
Nahostpolitik		
	1974 15. Okt.	Nachdem der US-Kongress die Ratifizierung des Handelsabkommens von 1972 von der Haltung der UdSSR bei der Auswanderung sowjetischer Juden abhängig macht, warnt Breschnew die USA vor einer Verknüpfung der Handelspolitik mit inneren Angelegenheiten der Sowjetunion. Nach dem Nicht-in-Kraft-Treten des Handelsabkommens mit den USA betont die Nachrichtenorganisation TASS, die Politik der UdSSR gegenüber dem Westen würde nicht geändert.
SALT-I/SALT-II	Nov.	Parteichef Breschnew und US-Präsident Gerald Ford unterzeichnen in Wladiwostok Vereinbarung, nach der bis spätestens 1977 das *SALT-I*-Abkommen durch ein bis 1985 gültiges *SALT-II*-Abkommen abgelöst werden soll.
	16. Dez.	Während der Plenartagung des ZK setzt Breschnew seine Auffassung in der Diskussion um den Vorrang der Entspannung vor der Ideologie (Ausnutzung der Krise der westlichen Welt für die revolutionäre Bewegung) durch. Als Konzession an die „Dogmatiker" wird in der Wirtschaftspolitik der Vorrang der Schwerindustrie beschlossen. Die *„sozialistische Lebensweise"* wird als integrierendes Leitbild für die Entwicklung der UdSSR propagiert. Der straffe innenpolitische Kurs der Abgrenzung nach außen wird beibehalten.
„sozialistische Lebensweise"		
	1975	Rückgang der Judenauswanderung: 1973: 35000; 3. Jan.–14. Febr. 1975: 1250.
	11. Juni	Auf einer Wahlversammlung in Moskau übt Regierungschef Kossygin Kritik am wirtschaftlichen Fehlverhalten in der UdSSR und betont, die Entspannungspolitik ermögliche vorteilhafte Wirtschaftsbeziehungen, diese aber konsolidierten die Entspannung.

1. Aug. KSZE-Schlussakte unterzeichnet: nach der Veröffentlichung Aktivierung der *Dissidentenbewegung*, die unter Berufung hierauf an Stelle programmatisch-theoretischer Äußerungen konkrete Forderungen wie nach der Entlassung politischer Häftlinge vorträgt.
29. Dez. In der Parteizeitung Prawda Rückweisung der Forderung nach Liberalisierung im Sinne des westlichen Pluralismus.
1976 25. Parteitag der KPdSU: Kritik der Politik der KPCh als „unverhüllt gegen die Mehrheit
24. Febr.– der sozialistischen Staaten" gerichtet. Diskussion der Rolle der Partei „unter den Bedingun-
3. März gen des entwickelten Sozialismus".
8. Mai Das Präsidium des Obersten Sowjet verleiht Leonid Breschnew den Rang eines Marschalls der Sowjetunion. Damit ist er ranghöchster Militär.
13. Mai Neun Dissidenten geben in Moskau Gründung einer Gruppe bekannt, die die Einhaltung der Schlussakte der KSZE in der UdSSR überwachen will. Am 15. Mai offiziell als „gesetzwidrig" verwarnt.

Dissidentenbewegung

Staatsaufbau der UdSSR

Staatsaufbau

Ministerrat

Oberster Sowjet

1977 Leonid I. *Breschnew* als Nachfolger Podgornys Vorsitzender des Präsidiums des Obersten
16. Juni Sowjet und damit *Staatsoberhaupt*.
7. Okt. Der Oberste Sowjet verabschiedet einstimmig die *neue Verfassung* der UdSSR: Rolle der Partei gestärkt („Vorhut des Volkes").
1978 Entsprechend der neuen Verfassung werden neue Verfassungen der Unionsrepubliken und
April der Autonomen SSR verabschiedet: Berücksichtigung nationaler Eigenheiten.
22. Aug. Krimtataren ersuchen ZK der KPdSU um Erlaubnis zur Rückkehr auf die Krim.
1979 Das japanische Parlament fordert die UdSSR zur Räumung der Südkurilen und zur Aufgabe
Febr. der Militärstützpunkte auf.
18. April Abkommen mit den USA über Getreideankauf.
28. April Präsident Giscard d'Estaing unterzeichnet in Moskau Abkommen über Zusammenarbeit.
15.–18. Unterzeichnung des ausgehandelten SALT-II-Abkommens auf einem Gipfeltreffen in Wien
Juni zwischen Staats- und Parteichef Breschnew und US-Präsident Carter.
ab 27. Dez. Offizieller militärischer *Einmarsch in Afghanistan*.
1980 Verbannung des Regimekritikers Andrej D. Sacharow aus Moskau (22. Jan.).

Breschnew Staatsoberhaupt neue Verfassung

Einmarsch in Afghanistan

Krise in Polen

ab Jan. Die USA und weitere westliche Staaten reagieren mit Sanktionen (u. a. Boykott der Moskauer Olympiade) auf die sowjetische Präsenz in Afghanistan.
23. Okt. Ministerpräsident Kossygin, ein Gegner der Afghanistan-Invasion, tritt aus Gesundheitsgründen zurück.
1981 Die Entwicklung in *Polen* trifft die sowjetische Führung unvorbereitet. In häufigen Kontakten mit polnischen Politikern versucht die Partei- und Staatsführung, die *Krise* zu meistern. Der XVI. Parteitag der KPdSU bleibt ohne herausragende Beschlüsse (24. Febr.–3. März).
22. Nov. Besuch Breschnews in Bonn; Unterzeichnung des Erdgas-Röhren-Abkommens (25. Nov.).

Die Sowjetunion nach Breschnew (1982–1985)

1982
24. Mai Der Rückgang des wirtschaftlichen Wachstums sowie die verbreitete Ordnungs- und Disziplinlosigkeit, dazu Versorgungsschwierigkeiten, Korruption und nationale Spannungen (Kaukasus, Baltikum), führen zu Diskussionen in der politischen Führung über Möglichkeiten, einer Krise vorzubeugen. Der sich verschlechternde Gesundheitszustand Breschnews und der daraus resultierende Immobilismus der Politik forcieren die Auseinandersetzungen um die *Nachfolgefrage* in den Führungsgremien. Nach dem Tod des für Ideologie und Außenpolitik zuständigen Sekretärs des ZK der KPdSU, Michail A. Suslow (*1902, †1982), wird der KGB-Chef Jurij Wladimirowitsch Andropow (*1914, †1984) – und nicht der offensichtlich von Breschnew favorisierte Konstantin Tschernenko (*1911, †1985) – sein Nachfolger.

Nachfolgefrage

Tod Breschnews

12. Nov. Nach dem *Tod Breschnews* († 10. Nov.) wird Andropow Generalsekretär des ZK der KPdSU. Sehr bald wird er Vorsitzender des Verteidigungsrates und Staatsoberhaupt.
1983
16. Juni Andropow beginnt eine entschiedene Antikorruptionskampagne; innenpolitisch wird sein Elan bald durch Krankheit gebremst, außenpolitisch kann er die Konfrontation mit den USA nicht abbauen, bis er nach langer Krankheit stirbt (9. Febr.). Sein Nachfolger als Generalsekretär wird Konstantin Tschernenko (am 13. April Staatsoberhaupt).
1984
13. Febr.

Gorbatschow Generalsekretär

1985
10. März Tod von Staats- und Parteichef Tschernenko; neuer *Generalsekretär* der KPdSU wird Michail Sergejewitsch *Gorbatschow* (*1931).

Gorbatschow: Reform und Krise (1985–1991)

Mit Michail S. Gorbatschow beginnt eine radikale Kehrtwendung: Die Reformüberlegungen resultieren aus dem wirtschaftlichen Niedergang; „*Glasnost*" (Öffentlichkeit) soll eine rücksichtslose Bestandsaufnahme ermöglichen, „*Perestrojka*" (Umbau) die wirtschaftliche Gesundung der Sowjetunion einleiten. Die Reformen gewinnen, beschleunigt durch die Katastrophe von Tschernobyl, Eigendynamik. Die Partei beharrt aber anders als in den übrigen osteuropäischen Ländern auf der politischen Führung. Außenpolitisch angesehen wie kein anderer sowjetischer Politiker zuvor, verliert Gorbatschow das Ansehen im Lande durch den Zusammenbruch der Grundversorgung der Bevölkerung.

Glasnost Perestrojka

1985
2. Juli Andrej A. Gromyko (*1909, †1989) wird Staatsoberhaupt, Außenminister der georgische Parteichef Eduard Ambrosewitsch Schewardnadse.
19. Nov. UdSSR und USA beschließen auf der Genfer Gipfelkonferenz die Wiederaufnahme des Dialogs.

Reaktorunglück in Tschernobyl

1986
26. April *Reaktorunglück in Tschernobyl* (Ukraine): Strahlenverseuchung in der westlichen UdSSR und in Osteuropa. Nach anfänglicher Leugnung wird der Schaden offen dargestellt (Prinzip der „Glasnost").
18. Dez. Unruhen in Alma-Ata (Kasachstan); Beginn offener Nationalitätenkonflikte.
19. Dez. Andrej D. Sacharow kehrt aus der Verbannung in Gorkij nach Moskau zurück.
25. Dez. Das Politbüro billigt die Zulassung von *sowjetisch-ausländischen Unternehmen* („joint ventures").

sowjetisch-ausländische Unternehmen

1987
10. April Gorbatschow verbindet Abrüstungsvorschläge zu den atomaren Mittelstreckenraketen und zur konventionellen Rüstung im Konzept einer „doppelten Null-Lösung"; erstmals deutet er die *Aufgabe der Breschnew-Doktrin* von 1968 über das Interventionsrecht der UdSSR im kommunistischen Machtbereich an; Legalisierung der Privatwirtschaften.

Aufgabe der Breschnew-Doktrin

Abzug aus Afghanistan

15. Mai *Abzug* der Roten Armee *aus Afghanistan* (bis 15. Febr. 1989).
1988
1. Jan. Unternehmensgesetz tritt in Kraft: volle wirtschaftliche Rechnungsführung und Eigenverantwortlichkeit der Unternehmen.
19. Jan. Einrichtung einer Arbeitsvermittlung; erste öffentliche UdSSR-Anleihe auf internationalen Kapitalmärkten.
4. Febr. Der Oberste Gerichtshof rehabilitiert Opfer der Stalin-Ära, u.a. Nicolai Bucharin und Alexej Rykow.

5. Juni Jahrtausendfeier der Christianisierung Russlands.
28. Juni– Die XIX. Parteikonferenz der KPdSU beschließt Verfassungsänderungen: Wahlen zum
1. Juli Kongress der Volksdeputierten (2250 Mitglieder) mit Oberstem Sowjet (450 Mitglieder) als ständiges Parlament im April 1989 und Lokal- und Republikwahlen (erstmals mit parteilosen Kandidaten) im Herbst 1989.
1. Okt. *Wahl Michail S. Gorbatschows zum Staatsoberhaupt.* Die Agrarproduktion bleibt weit unter den Planzielen; Inflation. — *Gorbatschow Staatsoberhaupt*
1989 Zahlreiche Sowjetrepubliken erklären ihre Selbstständigkeit und die nationalen Sprachen anstelle des Russischen zur Amtssprache.
Ende Jan. Gründung der Gesellschaft Memorial, die sich mit den Verbrechen der Stalin-Zeit befassen will.
31. März Konferenz von Vertretern der 2,2 Mio. *Sowjetdeutschen* gründet „Allunionsgesellschaft der sowjetdeutschen Wiedergeburt" und fordert Rückgabe der Wolgarepublik. — *Sowjetdeutsche*
25. Mai Kongress der Volksdeputierten bewilligt besondere Vollmachten für Gorbatschow.
Juli Streikbewegung in den Kohlerevieren.
23. Nov. Pachtgesetz ermöglicht ab 1. Jan. 1990 den *Aufbau privater Betriebe*. — *Aufbau privater Betriebe*
1990 Marxismus-Leninismus als Unterrichtsfach an den sowjetischen Schulen und Hochschulen
Jan. abgeschafft.
Massenkundgebung in Moskau gegen die Alleinherrschaft der Partei (4. Febr.).
27. Febr. Amt des Präsidenten der Sowjetunion mit weit gehenden Vollmachten vom Obersten Sowjet und vom Kongress der Volksdeputierten (am 12./13. März) beschlossen: Gorbatschow wird Präsident.
28. Febr. Gesetz über die privatwirtschaftliche Nutzung von Agrarland.
2.–13. Juli XXVIII. Parteitag der KPdSU; Gorbatschow als Generalsekretär wiedergewählt; kommu-
12. Juli nistische Parteien der Sowjetrepubliken werden als selbstständig erklärt; Boris N. Jelzin (*1931), Präsident der Russischen Sowjetrepublik, und die Delegierten der „Demokratischen Plattform" treten aus der KPdSU aus.
1. Aug. Mediengesetz: Pressefreiheit.
3. Okt. Religionsgesetz: Gewissensfreiheit.
15. Okt. *Friedensnobelpreis für Gorbatschow.* Wegen der angespannten Lage nimmt er ihn nicht persönlich entgegen. – Ökonomische Krise; Hilfsaktionen aus Westeuropa. — *Nobelpreis für Gorbatschow*
19. Okt. Oberster Sowjet stimmt Gorbatschows Programm zur Wirtschaftsreform zu, das die Stabilisierung der Sowjetökonomie herbeiführen und den *Übergang zur Marktwirtschaft* regeln soll. Die wirtschaftspolitische Verantwortung und Zuständigkeit wird auf die politischen Organe der Sowjetrepubliken übertragen. — *Übergang zur Marktwirtschaft*
23. Okt. Neun nichtkommunistische, *demokratische Parteien* schließen sich in Moskau zu einer Bewegung „Demokratisches Russland" zusammen. — *demokratische Parteien*
21. Dez. Außenminister *Schewardnadse tritt zurück*. — *Rücktritt Schewardnadses*

Das Ende der Sowjetunion

Michail S. Gorbatschow gerät mit seinem Versuch, die *Wirtschaftsordnung* von der reglementierenden Planungsbürokratie zu einer mehr Eigenverantwortung zugestehenden Form umzugestalten, bei weiterhin bestehenden Versorgungsengpässen und ökonomischen Schwierigkeiten zunehmend in das Spannungsfeld zwischen demokratischen Reformbefürwortern und orthodox-kommunistischen Kritikern der Perestrojka: So klammert die im Jan. 1991 eingeleitete Landreform die politisch umstrittene Privatisierung von Grund und Boden aus. Zwischen einzelnen Sowjetrepubliken (z.B. Armenien und Aserbaidschan) sowie innerhalb von Republiken (z.B. zwischen Georgiern und Abchasen) brechen ungelöste *Nationalitätenkonflikte* offen aus, die militärisch ausgetragen werden und welche die Zentrale in Moskau mit der Entsendung von Truppen einzudämmen versucht. Zudem erfolgt nach und nach die Souveränitätserklärung einzelner Sowjetrepubliken. Gorbatschow reagiert Ende 1990 mit einem Ausbau des Präsidialsystems: Die Volksdeputierten billigen seine gewünschten *Verfassungsänderungen* zum Umbau des Staatsapparats. Der Präsident ist nunmehr für Außenpolitik, Sicherheit, zentrale Wirtschaftslenkung der Sowjetunion sowie für die Kontrolle der 15 Sowjetrepubliken zuständig. Mit Hilfe eines Unionsvertrags will Gorbatschow den auseinander strebenden Kräften entgegenwirken und ein Auseinanderfallen der Sowjetunion verhindern. Der Oberste Sowjet stimmt im Sommer 1991 dem Vertragsentwurf zu, der den Sowjetrepubliken Verwaltungs-, Finanz- und Steuerhoheit zugesteht, der Union aber die Verantwortung für Verteidigung, Außenpolitik und Außenhandel belässt. Einen Tag vor der geplanten Vertragsunterzeichnung unternimmt eine Gruppe orthodox-kommunistischer Kräfte einen *Putschversuch* (19. Aug. 1991). Obwohl er scheitert, fällt das bundesstaatliche System der UdSSR auseinander, da die Gegensätze zwischen Zentrale und Sowjetrepubliken, die sich nunmehr alle für souverän erklärt haben, unüberbrückbar werden. Die Gründung der Gemeinschaft Unabhängiger Staaten (GUS; Dez. 1991) bedeutet das Ende der UdSSR.

Wirtschaftsordnung

Nationalitätenkonflikte

Verfassungsänderungen

Putschversuch

	1991 Jan.	Gorbatschow hebt die Gesetze der Sowjetrepubliken auf, die sich auf die sowjetische Armee beziehen (Wehrdienstverweigerung). – Präsidialdekret zur Landreform und zur Währungsreform (8. Jan.). – Neuer Außenminister wird Alexander Bessmertnych (*1933). – Sowjetische Truppen marschieren in Wilna auf (11. Jan.), Belagerung des Parlaments; später auch in Riga.
organisiertes Verbrechen	5. Febr.	Erlass zur Bekämpfung des *organisierten Verbrechens*, des Drogenhandels und der Korruption; große Abstimmungskampagne für Unions-Referendum am 17. März.
Volksabstimmungen im Baltikum	Febr./März	*Volksabstimmungen in Litauen, Lettland und Estland* ergeben eine Mehrheit für die Unabhängigkeit. Die Volksabstimmung über den Fortbestand der Sowjetunion als „erneuerte Föderation gleichberechtigter souveräner Staaten" (17. März) ergibt eine Mehrheit für den Fortbestand (sechs Republiken boykottieren).
	1. März	Neues Bezugssystem verordnet: System aus Festpreisen (Grundbedarf), staatlich kontrollierten und freien Preisen. Beginn eines lang anhaltenden Bergarbeiterstreiks, der bis Mitte März 160 der 650 Gruben erfasst.
	4. März	Der 2+4-Vertrag sowie andere deutsch-sowjetische Verträge werden im Obersten Sowjet ratifiziert.
	4. April	Jelzin erhält vom russischen Kongress der Volksdeputierten Sondervollmachten, auf dem Territorium der Russischen Föderation Entscheidungen per Dekret durchzusetzen.
Jelzin Präsident der RSFSR	12. Juni	Boris N. Jelzin wird mit 57,3% der Stimmen für fünf Jahre *zum Präsidenten der RSFSR* (erstes frei gewähltes Staatsoberhaupt Russlands) *gewählt*.
	19. Aug.	Ein selbst ernanntes „Notstandskomitee" unter der Führung von Vizepräsident Gennadij Iwanowitsch Janajew (*1937), dem Premierminister Valentin Sergejewitsch Pawlow (*1937), Verteidigungsminister Dmitrij Timofejewitsch Jasow (*1923) und Innenminister Boris Karlowitsch Pugo (*1937, †1991) angehören, verkündet den Ausnahmezustand und erklärt Gorbatschow, der sich auf der Krim aufhält, für abgesetzt. Der russische Präsident
Staatsstreich		Jelzin führt den Widerstand gegen den *Staatsstreich* an.
	21. Aug.	Da es viele Truppenteile ablehnen, gewaltsam gegen die protestierende Bevölkerung vorzugehen, bricht der Staatsstreich zusammen. Gorbatschow kehrt am 22. Aug. nach Moskau zurück.
	6. Sept.	Der Oberste Sowjet beschließt, die Unabhängigkeit Litauens, Estlands und Lettlands anzuerkennen.
Verbot der KPdSU	6. Nov.	Boris N. Jelzin *verbietet* am Vorabend des 74. Jahrestages der Oktoberrevolution *die KPdSU* und löst ihre Organisation auf.
	8. Dez.	Russland, die Ukraine und Weißrussland schließen in Minsk einen Vertrag über die Bildung der Gemeinschaft Unabhängiger Staaten (GUS).
Ende der UdSSR	21. Dez.	Acht weitere ehemalige Sowjetrepubliken treten dem Minsker Abkommen bei und gründen im Vertrag von Alma-Ata formell die GUS. Gleichzeitig verkünden sie das *Ende der UdSSR*
	25. Dez.	und entmachten damit Michail Gorbatschow, der zurücktritt.

Russland seit 1992

	1992 30. Jan./ 2. Febr.	Der russische Präsident Boris N. Jelzin erklärt während seiner Besuche in Großbritannien, den USA und Kanada die Gegnerschaft zwischen Russland und dem Westen für beendet. Zugleich bemängelt Jelzin die geringe westliche Investitionsbereitschaft für Russland.
	3. Aug.	Russland und die Ukraine vereinbaren auf ein gemeinsames Oberkommando über die Schwarzmeer-Flotte, einen der stärksten Marineverbände der ehemaligen UdSSR.
	9. Sept.	Spannungen zwischen Russland und Japan über die umstrittenen Kurilen-Inseln führen zur kurzfristigen Absage eines Japan-Besuchs durch den russischen Präsidenten.
Dokumente über Katyn	28. Okt.	Die letzten russischen Militäreinheiten räumen Polen, nachdem (13. Okt.) geheime *Dokumente über* die Ermordung polnischer Offiziere bei *Katyn* durch die sowjetische NKWD (1940) an Polen übergeben wurden.
	29. Okt.	Russland bestätigt die Existenz des geheimen Zusatzprotokolls zum deutsch-sowjetischen Nichtangriffspakt von 1939, die seitens der UdSSR stets bestritten wurde.
Tschernomyrdin Ministerpräsident	14. Dez.	Der Kongress der Volksdeputierten *wählt* Viktor Stepanowitsch *Tschernomyrdin* (*1938) *zum Ministerpräsidenten* und Nachfolger Jegor Timurowitsch Gajdars (*1956). Tschernomyrdin, der aus der Leitungsebene der ehemaligen sowjetischen Staatsbetriebe kommt, kündigt eine Verlangsamung der Wirtschaftsreformen an.

1993 3. Jan.	Der amerikanische Präsident George Bush und Präsident Jelzin unterzeichnen in Moskau den *START-II-Vertrag*, der bis zum Jahr 2003 eine Reduzierung des strategischen Atomwaffenpotentials der beiden Staaten um 60% vorsieht.	*START-II-Vertrag*
14./15. April	Die Außen- und Finanzminister der sieben führenden Industriestaaten (G-7) beschließen in Tokyo eine Finanzhilfe von 43,4 Mrd. US-Dollar für Russland.	
25. April	Bei einem Referendum entscheidet sich die Mehrheit der Abstimmenden (53%) für Jelzins verfassungs- und wirtschaftspolitischen Kurs.	
Juni	Die letzten russischen Soldaten verlassen Kuba.	
17. Juni	Russland und die Ukraine einigen sich über die Aufteilung der *Schwarzmeer-Flotte*.	*Schwarzmeer-Flotte*
9. Juli	Der Oberste Sowjet sieht Sewastopol, den Hauptstützpunkt der Schwarzmeer-Flotte, als russisches Territorium an.	
15. Aug.	Der russische Vizepräsident Alexander Wladimirowitsch Ruzkoi (*1947) fordert die Wiederherstellung der Sowjetunion, um Bürgerkriege zu vermeiden.	
3. Okt.	National-kommunistische Kräfte unternehmen unter Führung von Ruzkoi und Parlamentspräsident Ruslan Imramowitsch Chasbulatow (*1944) einen *Putschversuch* und stürmen das Parlamentsgebäude in Moskau. Jelzin verhängt den Ausnahmezustand über die Hauptstadt und lässt den Aufstand durch regierungstreue Truppen niederschlagen (4. Okt.).	*Putschversuch*
2. Nov.	Verteidigungsminister General Pawel Sergejewitsch Gratschow (*1948) stellt eine neue Militärdoktrin vor, die den Einsatz der Armee bei inneren regionalen Konflikten als Schwerpunkt des militärischen Auftrages hervorhebt und Atomwaffen als politisches Mittel der Abschreckung bezeichnet.	
12. Dez.	Die rechtsnationale Liberaldemokratische Partei (LDP) unter Wladimir Wolfowitsch Schirinowski (*1946) gewinnt bei *Parlamentswahlen* 22,8% der Stimmen. Zweitstärkste Gruppierung wird das für die Marktwirtschaft eintretende Wahlbündnis „Russlands Wahl" (15,4%). Eine absolute Mehrheit (58,4%) stimmt der neuen Verfassung, die Menschenrechte sowie ein Mehrparteiensystem garantiert und den Schutz des Privateigentums festschreibt, bei einem gleichzeitig durchgeführten Referendum zu.	*Parlamentswahlen*
1994 23. Febr.	Die neu geschaffene Duma (erste Kammer des Parlaments) beschließt mit 252 gegen 67 Stimmen eine Amnestie für die Putschisten von 1991 und 1993.	
27. März	Ca. 90% der Bewohner der Krim sprechen sich bei einem Referendum für einen unabhängigen Status der Halbinsel aus.	
27. Mai	Der Literaturnobelpreisträger Alexander Solschenizyn kehrt aus dem US-amerikanischen Exil nach Russland zurück und bezieht Position gegen Reformen nach westlichem Vorbild sowie für „traditionelle russische Werte".	
22. Juni	Russland tritt dem *NATO-Programm* „Partnerschaft für den Frieden" bei.	*NATO-Programm*
24. Juni	Auf dem EU-Gipfel in Korfu unterzeichnet Boris N. Jelzin ein Kooperationsabkommen mit der EU. Darin erklärt sich die EU zur schrittweisen Öffnung ihres Binnenmarktes für Russland bereit.	
31. Aug.	Die letzten russischen Soldaten ziehen aus Deutschland ab.	
11. Dez.	Russische Truppen besetzen *Tschetschenien* nach einer Geiselnahme russischer Soldaten durch tschetschenische Separatisten in Grosny. Bundeskanzler Helmut Kohl und der georgische Präsident Eduard A. Schewardnadse plädieren für die Erhaltung der territorialen Integrität Russlands im Interesse des europäischen Gleichgewichts (Jan. 1995).	*Tschetschenien-Konflikt*
1995 25. Jan.	Eine Million russische Soldaten, die nach ihrer Heimkehr aus deutscher Kriegsgefangenschaft im Zweiten Weltkrieg (1945) als vorgebliche Verräter oder Spione in Lagern interniert wurden, werden per Dekret rehabilitiert.	
14. März	Präsident Jelzin betont die Großmachtrolle Russlands und lehnt eine Osterweiterung der NATO ab.	
9. Juni	Der Streit zwischen Russland und der Ukraine über *Sewastopol* wird mit einem Abkommen beigelegt, in welchem der Hafen als Hauptbasis der russischen Schwarzmeer-Flotte bezeichnet wird.	*Sewastopol*
17. Dez.	Die Kommunistische Partei erreicht mit 22% der Stimmen und 157 Mandaten den ersten Platz bei den *Parlamentswahlen*. Zweitstärkste Gruppierung wird der aus der Partei „Russlands Wahl" hervorgegangene Wahlblock der rechten Mitte „Unser Haus Russland" (11%, 55 Mandate), der von der Regierung Tschernomyrdin gefördert wird, vor der LDP (9,7%, 51 Mandate).	*Parlamentswahlen*
1996 5. Jan.	Außenminister Andrej Wladimirowitsch Kosyrew (*1951) legt sein Amt nieder. Nachfolger wird am 9. Jan. Jewgenij Maximowitsch Primakow (*1929), bisher Chef des Auslandsgeheimdienstes.	

	9. Jan.	250 tschetschenische Freischärler nehmen bei einem Überfall auf die dagestanische Stadt Kisljar ca. 3000 Geiseln, die am 18. Jan. durch eine russische Militäroperation befreit werden.
Aufnahme in den Europarat	25. Jan.	Der *Europarat* stimmt für die *Aufnahme* Russlands als 39. Mitglied. Der Beitritt erfolgt am 28. Febr.
Marktwirtschaft	25. Febr.	In einer Grundsatzrede bilanziert Präsident Jelzin die wirtschaftlich-soziale Entwicklung Russlands seit 1991. Die Erfolge der Reformen bestünden u. a. in der Grundlegung der *Marktwirtschaft,* der Vielzahl von Unternehmensgründungen und der Verringerung der Inflation. Als Kritikpunkte führt er fehlende soziale und wirtschaftliche Rechte der Bürger sowie Korruption und wachsende Kriminalität an.
Offensive gegen Tschetschenen	Mitte März	Russische Truppen beginnen eine neue *Offensive gegen tschetschenische* Unabhängigkeitskämpfer, welche die Stadt Grosny besetzt halten. Jelzin erklärt bei einem Besuch in Grosny den Tschetschenienkrieg für beendet (28. Mai). In Grosny brechen jedoch erneut Kämpfe aus (6. Aug.).
Wiederwahl Jelzins	Juni/Juli	*Wiederwahl Jelzins* zum Staatspräsidenten mit 53,9 % der Stimmen (16. Juni/3. Juli).
	10. Aug.	Die Duma bestätigt Viktor S. Tschernomyrdin als Ministerpräsidenten.
	17. Okt.	Jelzin entlässt den unterlegenen Präsidentschaftskandidaten, Sicherheitsberater Alexander Iwanowitsch Lebed (*1950, †2002); dieser gründet die Russische Republikanische Volkspartei (RRVP) (27. Dez.).
	1997 7./17. März	Jelzin ernennt Anatolij Borisowitsch Tschubais (*1955) und Boris Jefimowitsch Nemzow (*1959) zu Ersten Stellvertretenden Ministerpräsidenten.
europäische Sicherheitspolitik	20.–21. März	In Helsinki beraten Präsident Jelzin und US-Präsident Bill Clinton über die *europäische Sicherheitspolitik* und die Beschränkung nuklearer Waffen.
Unionsvertrag mit Weißrussland	2. April	Jelzin und der Präsident *Weißrusslands,* Alexandr G. Lukaschenka, unterzeichnen den *Vertrag über eine Union* zwischen beiden Ländern. Diese behalten jedoch ihre staatliche Souveränität und jeweilige Verfassung bei.
	12. Mai	Der Präsident Tschetscheniens, Aslan Maschadow (*1951), und Präsident Jelzin unterzeichnen einen Friedensvertrag zur Beendigung des verlustreichen Tschetschenienkrieges. Eine abschließende Regelung über den künftigen völkerrechtlichen Status Tschetscheniens erfolgt einstweilen nicht.
	14. Mai	Die NATO und Russland verständigen sich in Moskau auf ein Sicherheitsabkommen. Damit gibt Russland den Weg für die Erweiterung der NATO nach Osten frei. Das Abkommen sieht die Einrichtung eines Ständigen Gemeinsamen Rates zwischen NATO und Russland als Konsultations- und Koordinationsorgan vor (Unterzeichnung 27. Mai).
Vertrag Russland – Ukraine	31. Mai	Jelzin und der Präsident der *Ukraine,* Leonid Kutschma, unterzeichnen in Kiew einen *Grundlagenvertrag* über Freundschaft, Zusammenarbeit und Partnerschaft. Der Vertrag bestätigt die territoriale Integrität beider Länder und damit die Zugehörigkeit der Krim und Sewastopols zur Ukraine. Berücksichtigung findet ferner der gegenseitige Schutz der russischen und ukrainischen Minderheiten.
	20.–21. Juni	Russland nimmt erstmals als Vollmitglied an der 23. Wirtschaftsgipfelkonferenz in Denver teil.
Abwärtsentwicklung der Wirtschaft	5. Dez.	Die OECD stellt ein Ende der seit sieben Jahren anhaltenden *Abwärtsentwicklung der* russischen *Wirtschaft* fest, das sich in der Stabilisierung des Bruttoinlandsprodukts und dem Rückgang der Inflationsrate zeige; die hohe Arbeitslosigkeit werde aber vorerst nicht abgebaut werden können.
	1998 23. März	Jelzin entlässt Ministerpräsident Tschernomyrdin und beauftragt den bisherigen Energieminister Sergeij Kirijenko (*1962) mit der Regierungsbildung; Kirijenko wird am 24. April von der Duma bestätigt.
	17. Juli	Die 1991 aufgefundenen sterblichen Überreste des letzten Zaren Nikolaus II. und seiner Familie werden in der Peter-und-Pauls-Festung in St. Petersburg beigesetzt.
Freigabe des Rubels	17. Aug.	Mit der *Freigabe des Rubels* und der Einstellung des Schuldendienstes erreicht die seit Herbst 1997 sich anbahnende Finanzkrise ihren Höhepunkt. Das Land ist praktisch zahlungsunfähig.
	23. Aug.	Ministerpräsident Kirijenko und sein Kabinett werden nach fünf Monaten Amtszeit entlassen.
	7. Sept.	Die Duma lehnt die von Jelzin vorgeschlagene erneute Berufung von Tschernomyrdin als Ministerpräsident ab. Auf ihren Druck hin muss Jelzin Außenminister Primakow zum Regierungschef ernennen, der am 11. Sept. von der Duma bestätigt wird.
	20. Nov.	Die Reformpolitikerin Galina Starowoitowa wird von Unbekannten in St. Petersburg ermordet.

1999 4. März	Der unter dem Verdacht der Geldwäsche und illegaler Geschäftstätigkeit stehende Exekutivsekretär der GUS, Boris Beresowskij, wird entlassen. Er weicht vorübergehend ins Ausland aus, stellt sich aber am 18. April den Behörden.	
24. März	Präsident Jelzin suspendiert die Beziehungen zur NATO wegen der Luftangriffe auf Jugoslawien.	
12. Mai	Jelzin entlässt Ministerpräsident Primakow und beruft den bisherigen Innenminister Sergeij Stepaschin (* 1952) als Regierungschef.	
15. Mai	Ein von den Kommunisten beantragtes *Amtsenthebungsverfahren gegen Jelzin* scheitert.	*Amtsenthebungsverfahren gegen Jelzin*
4. Juli	Nach Überfällen tschetschenischer Rebellen auf russische Posten in benachbarten Kaukasusrepubliken ordnet Innenminister Ruschailo Präventivschläge gegen tschetschenische Stützpunkte an. Am 5. Juli kommt es erstmals seit dem Tschetschenienkrieg zu russischen Luftangriffen auf die Rebellen.	
5. Juli	Vertreter der NATO und Russlands einigen sich über die Rolle der russischen Soldaten in der Kosovo-Friedenstruppe KFOR.	
Aug.	Der schon länger andauernde Kleinkrieg an der dagestanisch-tschetschenischen Grenze eskaliert. Nach Luft- und Artillerieangriffen vertreiben die russischen Streitkräfte die islamistischen Rebellen aus Dagestan.	
9. Aug.	Jelzin entlässt Ministerpräsident Stepaschin und ernennt den Geheimdienstchef *Wladimir Putin* (* 1952) zum Nachfolger. Der neue Ministerpräsident, fünfter innerhalb von anderthalb Jahren, wird am 16. Aug. von der Duma bestätigt.	*Wladimir Putin*
23. Sept.	Nach mehreren Bombenanschlägen (u. a. auf einen Wohnblock in Moskau am 9. Sept. mit 92 Toten), die islamistischen Kaukasiern zur Last gelegt werden, beginnen russische Truppen *eine neue Offensive gegen Tschetschenien*.	*eine neue Offensive gegen Tschetschenien*
12. Nov.	Russische Truppen erobern Gudermes, die zweitgrößte Stadt Tschetscheniens. In der Nacht zum 13. Nov. fliegt die Luftwaffe 180 Angriffe gegen Ziele in der Kaukasusrepublik. Über 200 000 Menschen fliehen nach Inguschetien.	
19. Dez.	Bei den Duma-Wahlen bleibt die Kommunistische Partei mit 24,3 % der Stimmen zwar stärkste politische Kraft, der eigentliche Gewinner aber ist die Kreml-Partei Jedinstwo (Einheit), die 23,3 % erringt.	
25. Dez.	Russische Truppen beginnen mit der *Erstürmung von Grosny*, der Hauptstadt Tschetscheniens; die Eroberung ist am 6. Jan. 2000 abgeschlossen.	*Erstürmung von Grosny*
31. Dez.	Präsident Jelzin tritt überraschend zurück. Putin, der zum Interimspräsidenten ernannt wird, sichert Jelzin Immunität vor Strafverfolgung zu (gegen Jelzin waren Korruptionsvorwürfe erhoben worden).	
2000 Febr.	In Tschetschenien verlagert sich der Kriegsschauplatz in die Bergregion.	
26. März	Bei den vorgezogenen Präsidentenwahlen wird der bisherige Interimspräsident im Amt bestätigt; die Vereidigung erfolgt am 7. Mai.	
14./19. April	Duma und Föderationsrat billigen den 1993 unterzeichneten und 1996 von den USA ratifizierten *START II-Vertrag* zur Verringerung der strategischen atomaren Gefechtsköpfe.	*START II-Vertrag*
28. April	Mit 101 Grafiken aus den früheren Beständen der Bremer Kunsthalle gelangen zum ersten Male „Beutekunst"-Gegenstände aus Russland nach Deutschland zurück.	
13. Mai	Präsident Putin verfügt die Einteilung der Russischen Föderation in sieben Verwaltungseinheiten, die weit gehend mit den Militärbezirken übereinstimmen.	
17. Mai	Die Duma bestätigt den von Putin vorgeschlagenen Michail Kasjanow (* 1957) als neuen Ministerpräsidenten.	
13. Juni	Verhaftung des Medienunternehmers Wladimir Gussinski, dem Unterschlagungen vorgeworfen werden. Das Verfahren gegen ihn wird am 26. Juli eingestellt.	
28. Juni	Die Regierung billigt ein marktwirtschaftlich orientiertes Wirtschaftsprogramm.	
12. Aug.	*Untergang des Atom-U-Boots „Kursk"* in der Barentsee, alle 118 Besatzungsmitglieder kommen ums Leben.	*Untergang des Atom-U-Boots „Kursk"*
9. Nov.	Der Sicherheitsrat beschließt eine Reduzierung der Streitkräfte um 20 %, d. h. 600 000 Personen.	
30. Dez.	Präsident Putin legt per Erlass einen neuen Text für die Nationalhymne vor.	
2001 5. Febr.	Entlassung des Energieministers Alexander Gawrin „wegen chronischer Unfähigkeit, die Probleme im Energiebereich zu lösen". Infolge des strengen Winters ist in Sibirien und im Fernen Osten gebietsweise die Energieversorgung zusammengebrochen.	
14. März	Ein von den Kommunisten gegen die Regierung Kasjanow eingebrachtes Misstrauensvotum scheitert.	
23. März	Kontrollierter Absturz der 15 Jahre alten, stark mitgenommenen *Raumstation „Mir"*, für deren Erhalt die Mittel fehlen.	*Raumstation „Mir"*

	14. April	Der halbstaatliche Energiekonzern Gasprom, Hauptaktionär im hoch verschuldeten Konzern Media Most des Unternehmers Wladimir Gussinski, übernimmt die Kontrolle im regierungskritischen Fernsehsender NTW. Das Ereignis wird als Schlag gegen die Pressefreiheit gewertet.
Menschenrechtsverletzungen	20. April	Die UN-Menschenrechtskommission verurteilt die Russische Föderation wegen fortdauernder schwerer *Menschenrechtsverletzungen* in Tschetschenien.
	6. Juni	In Abänderung des Umweltschutzgesetzes von 1991 wird die Einfuhr von Atommüll aus dem Ausland erlaubt.
	21. Okt.	Nach seiner Bergung wird das Wrack des gesunkenen Atom-U-Boots „Kursk" ins Dock von Murmansk geschleppt; die Leichen der Besatzungsmitglieder werden bald darauf bestattet.
	2002	Bei einem Besuch in Weimar verständigt sich Präsident Putin mit Bundeskanzler Schröder
Transfer-Rubel-Schuldenfrage	10. April	über die Beilegung der *Transfer-Rubel-Schuldenfrage* (Altschulden der Sowjetunion gegenüber der DDR).
	28. April	Alexander Lebed, inzwischen Gouverneur von Krasnojarsk, kommt bei einem Hubschrauberabsturz in Sibirien ums Leben.
	26. Juni	Die Duma beschließt, dass russische Bauern wieder Grund und Boden erwerben dürfen. Damit geht die 70 Jahre währende Ära der Zwangskollektivierung zu Ende.
	Aug.	Überschwemmungen nach schweren Regenfällen hinterlassen Zerstörungen vor allem an der russischen Schwarzmeerküste. Mindestens 58 Menschen kommen ums Leben.
	2. Sept.	Beginn eines viertägigen Staatsbesuchs von Bundespräsident Rau in Russland; Hauptgesprächsthemen mit Russlands Staatschef Putin sind die Wirtschaftsbeziehungen und die Lage der Exklave Kaliningrad (Königsberg) nach der Ost-Erweiterung der EU.
	3. Sept.	Russlands Regierungschef Kasjanow kündigt die Umsetzung des Klimaprotokolls von Kyoto durch sein Land an.

Weißrussland seit 1945

	1945	Nach dem Abzug der deutschen Truppen wird die Weißrussische Sozialistische Sowjetrepublik, die am 25. März 1918 bzw. am 1. Jan. 1919 gegründet und am 30. Dez. 1922 zum Staatenverband der UdSSR getreten war, wiederhergestellt. Die Grenze zu Polen wird nach Westen zur ehemaligen Curzon-Linie verschoben. 1,5 Mio. Polen werden in die ehemaligen deutschen Ostgebiete umgesiedelt.
Gründungsmitglied der UNO	26. Juni	*Gründungsmitglied der UNO*.
	1945–1970	Forcierte Industrialisierung.
Reaktorunfall in Tschernobyl	**1986**	Der *Reaktorunfall in Tschernobyl*/Ukraine (26. April) führt zur Verseuchung von ca. 20% der Fläche Weißrusslands (vor allem in der Region Gomel im Süden des Landes).
	1988	Es bildet sich eine nationale Bewegung (Volksfront) „Adradschenje" (Wiedergeburt/Erneuerung). Bei Kuropaty werden Massengräber von Opfern des sowjetischen Geheimdienstes entdeckt. Im Herbst kommt es dort zu einer Massendemonstration, die von Sicherheitskräften unterdrückt wird.
	1989	Die Republikregierung genehmigt die Errichtung einer Gedenkstätte in Kuropaty (Jan.).
	24./25. Juni	In Vilnius/Litauen (Wilna) findet der Gründungskongress der „Weißrussischen Volksfront der Erneuerung" (BNF) statt.
	1990	Weißrussland erhält – wie die baltischen Staaten – eine beschränkte wirtschafts- und finanzpolitische Autonomie (1. Jan.).
Parteigründungen	März	Beginn einer Welle von *Parteigründungen*.
	27. Juli	Souveränitätserklärung; zugleich wird die Forderung nach Entschädigung für das Reaktorunglück von Tschernobyl erhoben.
	1. Sept.	Die weißrussische Sprache wird Staatssprache.
	1991	Das unionsweite Referendum über den Erhalt der UdSSR findet die Unterstützung von 83% der Abstimmenden (17. März).
	25. Aug.	Proklamation der Unabhängigkeit.
	18. Sept.	Stanislau Stanislawowitsch Schuschkewitsch (*1934) wird zum Vorsitzenden des Obersten Sowjet gewählt.
Republik Belarus	19. Sept.	Umbenennung des Staates in *Republik Belarus*.
	31. Dez.	Anerkennung der Unabhängigkeit durch die EG-Staaten.
	1993 19. Okt.	Weißrussland und Bulgarien unterzeichnen einen Vertrag über Freundschaft und Zusammenarbeit.

1994 Jan./Febr.	Als Folge der schweren *Wirtschaftskrise* (Inflationsrate 50%) erlässt das Parlament in Minsk Maßnahmen zur Wirtschaftsreform des rohstoff- und energiearmen Landes. Sie sehen die Privatisierung von 20% der bisher überwiegend Militärgüter produzierenden Staatsbetriebe vor. Mit dem Versprechen, die Wirtschaftslage Weißrusslands durch engere Zusammenarbeit mit Russland zu verbessern, gewinnt Aleksandr Grigorjewitsch *Lukaschenka* (*1954), der Vorsitzende des Parlamentsausschusses für Korruptionsbekämpfung, die *Präsidentschaftswahlen*.	*Wirtschaftskrise*
23. Juni/ 10. Juli		*Lukaschenka Staatspräsident*
1995 21. Febr.	Einen russisch-weißrussischen *Grenz- und Freundschaftsvertrag*, der eine teilweise politische Integration sowie eine Wirtschafts- und Verteidigungsunion beider Staaten vorsieht, unterzeichnen die Präsidenten Aleksandr G. Lukaschenka und Boris N. Jelzin in Minsk.	*Vertrag mit Russland*
1996 15. Aug.– 10. Sept.	Der Versuch Lukaschenkas, Verfassungsänderungen zur Erweiterung seiner Vollmachten als Staatspräsident in einer Volksabstimmung verabschieden zu lassen, stößt auf den *Widerstand des Parlaments*.	
18. Nov.	Das Parlament leitet ein Amtsenthebungsverfahren gegen Lukaschenka ein, das bereits am 27. Nov. eingestellt wird.	
24. Nov.	Aus dem Referendum geht Lukaschenka als Sieger hervor: 70,5% befürworten seinen Verfassungsentwurf.	
1997 2. April	Die Präsidenten von Russland und Weißrussland unterzeichnen einen *Unionsvertrag*, der jedoch die Beibehaltung der jeweiligen staatlichen Souveränität vorsieht.	*Unionsvertrag*
15. Sept.	Wegen Verletzungen der Menschenrechte und der Nichteinhaltung rechtsstaatlicher Grundsätze suspendiert der Rat der EU die Ratifizierung des Kooperations- und Partnerschaftsabkommens mit Weißrussland.	
1998 Ende Febr.	Die OSZE eröffnet gegen den Widerstand von Präsident Lukaschenka eine ständige Vertretung in Minsk.	
April	Die Regierung verlangt die Räumung von 22 überwiegend westlichen Botschaften wegen angeblich notwendiger Renovierungsarbeiten. Der Streit eskaliert am 19. Juni: Die Zufahrtsstraße zum Diplomatenviertel wird gesperrt, Strom und Wasser werden abgestellt.	
22. Juni	Mehrere Botschafter, u.a. der deutsche, verlassen das Land. Die Auseinandersetzung um die Residenzen wird erst im Jan. 1999 beigelegt.	
27. Juni	Die Internationale Helsinki-Föderation kritisiert die Menschenrechtssituation in Weißrussland.	
1999 8.–16. Mai	Vergeblicher Versuch der Opposition, Präsidentenwahlen zu organisieren. Präsident Lukaschenka bezeichnet die Wahl als rechtswidrig; die zentrale Wahlkommission erklärt das Ergebnis für ungültig.	
2000 26. Jan.	In-Kraft-Treten des im Dez. 1999 von den Präsidenten Jelzin und Lukaschenka unterzeichneten russisch-weißrussischen Unionsvertrages.	
15. Okt.	Die Wahlen zum Repräsentantenhaus (566 überwiegend von Präsident Lukaschenka persönlich ernannte Kandidaten bewerben sich um 110 Direktmandate) finden ohne OSZE-Beobachter statt.	
2001 9. Sept.	Lukaschenka erklärt sich zum Sieger der *Präsidentschaftswahlen*; nach Ansicht von Beobachtern hat es sich nicht um faire Wahlen gehandelt.	*Präsidentschaftswahlen*
2002 14. Aug.	Der russische Präsident Putin legt einen Zeitplan zur Vereinigung Weißrusslands mit Russland bis 2004 vor.	

Ukraine seit 1922/45

Seit dem Staatsvertrag vom 30. Dez. 1922 gehört die Ukraine als Sozialistische Sowjetrepublik zu der UdSSR.

1945	*Gründungsmitglied der UNO* (26. Juni).	*Gründungsmitglied der UNO*
29. Juni	Sowjetisch-Tschechischer Vertrag, durch den die Karpathen-Ukraine an die UdSSR fällt und hiernach in die Ukrainische Sozialistische Republik eingegliedert wird.	
1946	Zwangszusammenschluss der katholischen und der orthodoxen Kirche (8.–10. März).	
1954	Auf Beschluss des Präsidiums des Obersten Sowjets der UdSSR wird die Halbinsel Krim der Ukraine übergeben.	
1957	Die „Ukrainische Aufstandsarmee", die im Krieg gegen die Deutschen, aber auch gegen die nachrückende Sowjetarmee gekämpft hatte, stellt ihre Aktivitäten ein.	

	1972/1973	Repressive Maßnahmen gegen Dissidenten, „Säuberungen" in der KP der Ukraine.
	1980	Bischöfe der ukrainischen katholischen Kirche protestieren gegen den Zusammenschluss von 1946. Es kommt zu Spannungen mit der orthodoxen Kirche.
Reaktorunglück von Tschernobyl	1986	*Reaktorunglück von Tschernobyl* (26. April). 12% der landwirtschaftlichen Nutzfläche der Ukraine bleiben verseucht.
	1988	Im Nov. findet ein erstes Treffen von Anhängern der „Volksbewegung der Ukraine für die Umgestaltung" (Ruch) statt.
	1989	Streiks in den Kohlerevieren von Donbass und Dnjepr (17.–19. Juli), bei denen finanzielle und politische Forderungen erhoben werden.
	8.–10. Sept.	Gründungskongress von Ruch (Forderung nach wirtschaftlicher Autonomie, Ukrainisch als Staatssprache, nationalen Symbolen, Legalisierung der unierten ukrainischen katholischen Kirche).
	29. Okt.	Ukrainisch wird Staatssprache.
	1990	Neugründung der ukrainischen autokephalen orthodoxen Kirche (Juni).
	16. Juli	Souveränitätserklärung des Parlaments, die Republikrecht über UdSSR-Recht stellt. Es kommt jedoch nicht zu einer Mehrheit für den Austritt aus der Union.
	23. Juli	Leonid Makarowitsch Krawtschuk (*1934) wird Präsidiumsvorsitzender.
Halbinsel Krim	1991	Referendum auf der *Krim* (20. Jan.). Die Mehrheit der abstimmenden Einwohner spricht sich für den Status einer autonomen Republik unter Verbleib in der Sowjetunion aus (Zustimmung durch den Obersten Sowjet der Ukraine im Febr.).
	17. März	70,2% der abstimmenden Ukrainer votieren bei einem Referendum für den Erhalt der UdSSR.
	24. Aug.	Nach dem gescheiterten Moskauer Putsch erklärt die Ukraine ihre Unabhängigkeit.
	4. Sept.	Die Autonome Republik der Krim erklärt sich „innerhalb der UdSSR" für souverän (somit nicht Teil der Ukraine).
Krawtschuk Staatspräsident Unabhängigkeit	1. Dez.	Referendum über die Unabhängigkeit (90% Zustimmung) und Präsidentschaftswahlen. Es siegt Leonid M. Krawtschuk. Beim gleichzeitig abgehaltenen Referendum auf der Krim sprechen sich 54% der Abstimmenden für die *Unabhängigkeit* aus.
Gründung der GUS	8. Dez.	Krawtschuk sowie die Präsidenten Russlands und Weißrusslands, Boris N. Jelzin und Stanislau S. Schuschkewitsch, unterzeichnen ein Abkommen über die *Gründung der Gemeinschaft Unabhängiger Staaten* (GUS).
	21. Dez.	Die Ukraine wird Mitglied der GUS.
	1992 30. Juni	Das ukrainische Parlament billigt ein Gesetz, das der Krim weit gehende wirtschaftliche und kulturelle Autonomie einräumt. Die Zuständigkeiten für Außen-, Verteidigungs- und Währungspolitik verbleiben bei der Ukraine.
	1993 12. Mai	Mit der Ratifizierung im ungarischen Parlament tritt der ukrainisch-ungarische Grenz- und Minderheitenvertrag, den das Kiewer Parlament bereits 1991 verabschiedet hat, in Kraft. Damit erhalten die Ungarn in der Karpathen-Ukraine begrenzte Autonomie.
	1994	Annahme des NATO-Programms „Partnerschaft für den Frieden" am 8. Febr.
Kutschma Staatspräsident	10. Juli	Der frühere Ministerpräsident Leonid Danilowitsch *Kutschma* (*1938) gewinnt die Stichwahl um das Amt des Staatspräsidenten.
marktwirtschaftliches Programm Drosselung der Inflation	11. Okt.	Kutschma stellt ein *marktwirtschaftliches Programm* vor, das sich an monetaristischen Vorgaben von Weltbank und Internationalem Währungsfonds (IMF) orientiert. Ziele sind: schnelle Privatisierung, Entwicklung des Unternehmertums, Finanzreform sowie Liberalisierung der Preise und des Handels. In den Folgejahren gelingt eine *Drosselung der Inflation* (von 580% [1994] über 180% [1995] auf 40% [1996]). Sozialpolitische Zielsetzungen, insbesondere die Bekämpfung der Armut eines wachsenden Bevölkerungsanteils, treten demgegenüber zurück.
	16. Nov.	Das Parlament ratifiziert den Beitritt der Ukraine zum Atomwaffensperrvertrag unter dem Vorbehalt vertraglicher Sicherheitsgarantien durch Russland, die USA und Großbritannien sowie gegen die Zusage US-amerikanischer Finanzhilfe, die am 22. November beim Besuch Kutschmas in Washington erfolgt.
	1995 17. März/ 4. April	Aufhebung der Autonomie für die Krim (Abschaffung des Präsidentenamtes, Aufhebung der Verfassung, direkte Kontrolle durch die ukrainische Regierung); teilweise Wiederherstellung der Autonomie am 22. Aug. (Recht zur Ernennung/Abberufung des Regierungschefs, allerdings in Absprache mit dem ukrainischen Präsidenten).
	1995	Aufnahme der Ukraine in den Europarat (9. Nov.).
Währungsreform	1996	*Währungsreform* (2.–16. Sept.): Der Griwna löst die Übergangswährung Karbowanez ab.
	1997 16. Mai	Kutschma und der Vizepräsident der USA, Albert Gore, unterzeichnen eine Vereinbarung, wonach alle auf ukrainischem Territorium befindlichen Atomraketen vom Typ SS-24 vernichtet werden.

28. Mai	Mehrere Abkommen mit Russland u.a. über die Aufteilung der ehemals sowjetischen *Schwarzmeer-Flotte*.	*Schwarzmeer-Flotte*
31. Mai	Der ukrainische Präsident Kutschma und der russische Präsident Jelzin unterzeichnen in Kiew einen *Grundlagenvertrag*, der die territoriale Integrität beider Länder und damit die Zugehörigkeit der Krim sowie Sewastopols zur Ukraine bestätigt. Berücksichtigung findet ferner der Schutz der jeweiligen Minderheiten.	*Flotte Vertrag Russland – Ukraine*
1998 29. März	Bei den Parlamentswahlen werden erstmals 225 der 450 Sitze über Parteien und nur noch 225 direkt vergeben. Am stärksten wird die Kommunistische Partei mit 123 Sitzen. Die dem Präsidenten Kutschma nahe stehende Demokratische Volkspartei erhält nur 28 Mandate. Die gleichzeitig stattfindenden Wahlen zum Parlament der Krim enden auch mit einem Sieg der Kommunisten, die sich für einen Anschluss an Russland einsetzen.	
2.–4. Sept	Mit Frankreich werden mehrere Abkommen, u.a. zur friedlichen Nutzung der Kernenergie, geschlossen.	
1999 12. Jan.	Die neue Verfassung der Krim tritt in Kraft. Die Halbinsel ist jetzt „Autonome Republik und integraler Bestandteil der Ukraine".	
24. März	Ratifizierung des russisch-ukrainischen Abkommen über die *Aufteilung der Schwarzmeerflotte*. Russland kann Hafeneinrichtungen auf der Krim für zunächst 20 Jahre pachten.	*Aufteilung der Schwarzmeerflotte*
14. Nov.	Präsident Kutschma wird in seinem Amt bestätigt, obwohl er im Parlament über keine Mehrheit verfügt.	
22. Dez.	Das Parlament lehnt eine Bestätigung des seit Juli 1997 amtierenden Ministerpräsidenten Walerij Pustowojtenko (* 1947) ab und wählt den von Präsident Kutschma nominierten Viktor Juschtschenko (* 1954).	
	Im Transformationsprozess weit hinter anderen ostmitteleuropäischen Staaten zurückgeblieben, ist die Ukraine praktisch zahlungsunfähig. Nach wie vor spielt sich ein Großteil der wirtschaftlichen Aktivitäten in der *Schattenwirtschaft*, teils sogar als Tauschhandel ab.	*Schattenwirtschaft*
2000 22. Febr.	Das Parlament beschließt die Abschaffung der Todesstrafe und kommt damit einer Auflage des Europarats vom Nov. 1995 nach.	
16. April	In einem Referendum sprechen sich über 80% der Teilnehmer für Verfassungsänderungen aus, die u.a. die Kompetenzen des Staatsoberhaupts gegenüber dem Parlament erweitern sollen.	
18. April	Präsident Kutschma und Russlands Präsident Putin vereinbaren eine engere Zusammenarbeit bei der Waffenproduktion.	
7. Dez.	Ende des langjährigen Streits um die Verbindlichkeiten der Ukraine aus russischen Erdgaslieferungen. Die Ukraine erhält einen Zahlungsaufschub von bis zu 11 Jahren.	
15. Dez.	Nach mehreren Abschaltungen, Reparaturen und Wiederinbetriebnahmen in den Jahren 1998/99 wird das Kernkraftwerk Tschernobyl endgültig stillgelegt.	
2001 26. Febr.	Eine bei Kiew aufgefundene Leiche wird offiziell als die des seit dem 16. Sept. 2000 verschwundenen regierungskritischen Journalisten Georgij Gongadse identifiziert. Präsident Kutschma und weitere hohe Staatsbeamte werden beschuldigt, an dem Verschwinden des Journalisten beteiligt gewesen zu sein.	
26. April	*Misstrauensantrag* im Parlament *gegen Ministerpräsident Juschtschenko*. Dieser tritt am folgenden Tag zurück. Das Parlament wählt als Nachfolger am 29. Mai den Vorsitzenden der Partei der Industriellen und Unternehmer Anatolij Kinach (* 1954).	*Misstrauensantrag gegen Ministerpräsident Juschtschenko*
26. April	Die Parlamentarische Versammlung des Europarates gewährt der Ukraine eine Frist für substanzielle Fortschritte bei der Erfüllung der mit der Aufnahme in den Europarat (1995) eingegangenen Verpflichtungen.	
2002 31. März	Bei der Parlamentswahl wird der Block „Unsere Ukraine" unter Ex-Ministerpräsident Juschtschenko mit 111 Sitzen stärkste politische Kraft, zweiter der Block „Für eine einige Ukraine" des Präsidenten Kutschma (104 Sitze). Die Kommunisten erhalten nur noch 67 Sitze.	
27. Juli	In Lviv (Lemberg) kommt es bei einer Flugschau zu einer Katastrophe, als ein Kampfjet in eine Zuschauermenge stürzt. 83 Menschen werden getötet, 116 erleiden Verletzungen.	

Moldawien seit 1924

1924 Die Sowjetunion errichtet im rumänisch-ukrainischen Grenzgebiet östlich des Dnjestr die Moldawische Autonome Sozialistische Sowjetrepublik (ASSR).

1940 Vereinigung der Moldawischen ASSR mit den von Rumänien abgetretenen Gebieten Bessarabien und Nord-Bukowina zur „Moldawischen Sozialistischen Sowjetrepublik", die 1941 von Rumänien besetzt wird.

1944 Nach der sowjetischen Rückeroberung wird erneut die „Moldawische Sozialistische Sowjetrepublik" gegründet. In den folgenden Jahren kommt es zu Massendeportationen, einer starken Russifizierung des öffentlichen Lebens und der Unterdrückung der nationalen Eigenständigkeit (Einführung der kyrillischen Schrift).

1959 Die Schriftsprache der Gagausen – eines christlich-orthodoxen Turkvolks im Süden des Landes – wird anerkannt.

Russifizierungspolitik
1986 Erste Proteste gegen die *Russifizierungspolitik*.

1988 Juni In der Republikhauptstadt Kischinjow wird ein Organisationskomitee für die „Demokratische Bewegung zur Unterstützung der Perestrojka" gebildet (Forderungen nach Einwanderungsstopp, Wiedereinführung des lateinischen Alphabets und der moldawischen Sprache als Staatssprache).

Oppositionsgruppen
1989 20. Mai Zusammenschluss verschiedener *Oppositionsgruppen*, wie der „Demokratischen Bewegung", zur „Moldawischen Volksfront" (Forderung nach Souveränität).

Juli Mircea Ion Snegur (*1940) wird zum Präsidiumsvorsitzenden des Obersten Sowjets der Republik gewählt.

31. Aug. Das neue Sprachengesetz (Moldawisch/Rumänisch wird Staatssprache, lateinische Schrift) wird im überwiegend russisch- bzw. ukrainischsprachigen Transnistrien (östlich des Dnjestr) von den örtlichen Behörden nicht umgesetzt.

Nov. Die „Moldawische Volksfront" führt nationalistische Demonstrationen an, bei denen es zu schweren Unruhen kommt.

Souveränitätserklärung
1990 *Souveränitätserklärung* (23. Juni): Sozialistische Sowjetrepublik Moldova.

19. Aug. Ausrufung der „Gagausischen Sozialistischen Sowjetrepublik". Moldawien verweigert die Anerkennung.

2. Sept. Vertreter der russischen Minderheit in Transnistrien rufen die „Sozialistische Sowjetrepublik Dnjestr" aus.

3. Sept. Snegur wird vom Parlament zum Staatspräsidenten gewählt.

Gagausen
26. Okt.–1. Nov. Auseinandersetzungen zwischen Moldawiern und *Gagausen*; am 2. Nov. mit transnistrischen Demonstranten.

1991 Moldawien boykottiert das unionsweite Referendum für den Erhalt der UdSSR (17. März). Die Minderheiten der Russen, Ukrainer und Gagausen nehmen hieran aber teil.

23. Mai Umbenennung in Republik Moldova.

27. Aug. Proklamation der Unabhängigkeit.

3. Sept. Die Dnjestr-Republik erklärt sich für unabhängig; Moldawien erkennt dies nicht an.

1. Dez. Die einseitig abgehaltenen Referenden über die Unabhängigkeit der Gagausen und der Dnjestr-Republik werden von der jeweiligen Bevölkerung angenommen.

8. Dez. Snegur wird vom Volk direkt zum Staatspräsidenten gewählt.

13. Dez. Kämpfe zwischen Russen und Moldawiern in der Dnjestr-Republik.

GUS-Mitgliedschaft
21. Dez. *Beitritt zur Gemeinschaft Unabhängiger Staaten* (GUS).

1993 Präsident Snegur scheitert im Parlament knapp mit seinem Plan, ein Referendum über die Wiedervereinigung Moldawiens mit Rumänien abzuhalten.

7./20. Jan.

Wirtschaftskrise
4. Aug. Snegur erhält vor dem Hintergrund einer schweren *Wirtschaftskrise* (Produktionsrückgang, Sinken des Nationaleinkommens, Energie- und Rohstoffmangel) zur Durchführung von Wirtschaftsreformen Sondervollmachten (u. a. bis zum 1. Juli 1994 das Recht, mit Erlassen zu regieren, die Gesetzeskraft besitzen).

5. Aug. Moldawiens Mitgliedschaft in der GUS endet vorerst, als das Parlament wegen des umstrittenen Dnjestr-Gebietes die Ratifikation der Verträge über die GUS-Gründung vom Dez. 1991 ablehnt. Endgültiger Beitritt am 8. April 1994.

Parlamentswahlen
1994 27. Febr. Die ersten freien *Parlamentswahlen* gewinnen die ehemaligen kommunistischen Parteien der Agrardemokraten (PDAM) und eines Bündnisses von Sozialisten (BPSMUE).

6. März 90% der Abstimmenden votieren bei einem Referendum für die Unabhängigkeit Moldawiens und gegen eine Vereinigung mit Rumänien.

16. März Beitritt zum NATO-Programm „Partnerschaft für den Frieden".

Dez.	Das Parlament billigt ein Autonomiestatut für die Gagausen, denen u. a. das Recht auf eine eigene Verwaltung und ein eigenes Bildungssystem sowie die Anerkennung des Gagausischen als Amtssprache zugestanden wird.	
1995	Moldawien wird am 10. Juli in den Europarat aufgenommen.	
24. Dez.	81% der Einwohner der *Dnjestr-Region* (Transnistrien) befürworten in einem Referendum die Unabhängigkeit und einen Beitritt zur GUS. Die Regierungen Moldawiens und Rumäniens lehnen die Teilung des Staates Moldawien jedoch ab.	*Dnjestr-Region*
1996 20. Mai	Der Internationale Währungsfonds (IMF) beschließt, Moldawien bei seinen eingeleiteten wirtschaftlichen Reformen und Bemühungen um Finanzstabilität erneut mit Krediten zu unterstützen (erstmals im Febr. 1993).	
1. Dez.	Bei der Stichwahl zum Präsidentenamt siegt der unabhängige, von der Linken unterstützte Parlamentspräsident Petru Lucinschi (*1940) über den bisherigen Amtsinhaber Snegur.	
1997 8. Mai	Staatspräsident Lucinschi und der Vorsitzende der „Republik Transnistrien" Igor Smirnow unterzeichnen ein Memorandum zur Lösung der *Transnistrien-Frage*.	*Transnistrien-Frage*
1998 22. März	Die Kommunistische Partei wird mit 30,0% der Stimmen stärkste politische Kraft bei den Parlamentswahlen. Präsident Lucinschi betraut erneut den bisherigen Ministerpräsidenten Ion Ciubuc (*1943) mit der Regierungsbildung; in der neuen Koalitionsregierung sind bis auf die Kommunisten alle Parteien vertreten.	
1999 1. Febr.	Ministerpräsident Ciubuc tritt zurück. Hintergrund ist die schwere *Wirtschafts- und Finanzkrise* des Landes. Ciubuc beschuldigt seine Koalitionspartner, sich den erforderlichen marktwirtschaftlichen Reformen zu verweigern.	*Wirtschafts- und Finanzkrise*
12. März	Ciubucs Stellvertreter Ion Sturza (*1961) wird zum Ministerpräsidenten gewählt.	
9. Nov.	Das Parlament spricht der Regierung Sturza das Misstrauen aus. Nachfolger als Ministerpräsident wird am 21. Dez. der parteilose Dumitru Braghis (*1957).	
2000 5. Juli	Änderung der Verfassung durch das Parlament: Der Staatspräsident hat fortan nur noch repräsentative Aufgaben.	
31. Dez.	Nachdem es dem Parlament in vier Wahlgängen nicht gelungen ist, einen Nachfolger für Präsident Lucinschi zu wählen, löst dieser das Parlament auf und setzt Neuwahlen an.	
2001 25. Febr.	Aus den vorgezogenen Parlamentswahlen gehen die Kommunisten mit der absoluten Mehrheit von 50,7% der Stimmen als Sieger hervor. Ihr Kandidat Wladimir Woronin (*1941) wird am 4. April zum Staatspräsidenten gewählt.	
19. April	Der parteilose Wasile Tarlew (*1963) wird zum Ministerpräsidenten gewählt. Die Wirtschaftskrise dauert an; 80% der Bevölkerung leben in Armut.	

Georgien seit 337/1917

Das historische Georgien wurde bereits in der Spätantike christianisiert. 337 ließ sich König Mirian von Kartli taufen; das *Christentum* wurde durch ihn zur Staatsreligion. Doch erst dem Königsgeschlecht der Bagratiden gelang im 11. Jh. die zeitweilige Einigung des Landes. Am Ende des 15. Jh.s bestanden drei *Teilkönigreiche*: Imeretien, Kachetien und Kartli. 1555 wurde Georgien unter den Osmanen und Persern aufgeteilt. 1783 vereinigte König Erekle (Herakleios) Kachetien mit Kartli. In der Folgezeit unterstellte er sich dem Schutz der Zarin Katharina der Großen von Russland.

1801 annektierte der russische Zar Paul I. einen Teil Georgiens. Das 19. Jahrhundert stand im Zeichen der *Russifizierung*. Die Eroberung des ganzen Landes durch Russland wurde erst 1878 abgeschlossen.

Christentum

Teilkönigreiche

Russifizierung

1917	Zuerst mit deutscher, dann mit britischer Hilfe wird Georgien unabhängig (22. Nov.).
1918	Demokratische Republik (unter den Menschewiki; 26. Mai).
1921	Russische Okkupation und Bildung der Georgischen Sozialistischen Sowjetrepublik (25. Febr.).
1922–1936	Teil der Transkaukasischen Föderation, danach Unionsrepublik mit Autonomiegebieten für Osseten, Abchasen und Adscharen.
1944	Deportation von 200000 Mescheten nach Mittelasien (15. Nov.).
1952	„Säuberungen" in der KP Georgiens durch Stalin.
1956	Unruhen am dritten Todestag Stalins in seiner georgischen Heimat werden von der Sowjetmacht niedergeschlagen (5. März).
1972	Eduard A. *Schewardnadse* (*1928) wird *Parteichef* der KP Georgiens. Er bekämpft die Korruption und bemüht sich um ökonomische Reformen.
1977	Swiad Gamsachurdia (*1939, †1993) leitet eine Dissidentengruppe. Er wird verhaftet und in eine psychiatrische Anstalt eingewiesen.

Schewardnadse Parteichef

	1978	Das Georgische wird nach Protesten gegen seine geplante Abschaffung als zweite Amtssprache beibehalten (April).
	Juni	Abchasier demonstrieren gegen eine „Georgisierung" ihres Landes.
	1985	Schewardnadse wird am 2. Juni UdSSR-Außenminister (bis 1990/91).
	1988	Demonstration der Opposition in Tiflis (8. Okt.). Blutige Niederschlagung von Demonstrationen durch sowjetische Sicherheitskräfte (Tote durch Giftgaseinsatz).
	25. Juni	Gründung der Georgischen Volksfront.
	15./16. Juli	In Suchumi kommt es zu Zusammenstößen zwischen Georgiern und Abchasen, die eine eigenständige Unionsrepublik fordern.
	23. Nov.	Zusammenstöße zwischen nationalistischen Georgiern und Südosseten.
Souveränitätserklärung	1990	*Souveränitätserklärung* (9. März).
	25. Aug.	Der Oberste Sowjet Abchasiens erklärt die Sezession aus Georgien.
	28. Okt./ 11. Nov.	Das Oppositionsbündnis „Runder Tisch – Freies Georgien" unter der Führung von Swiad Gamsachurdia siegt bei den Parlamentswahlen.
	11./12. Dez.	Nachdem Südossetien gleichfalls eine Souveränitätserklärung abgegeben hat, wird das autonome Gebiet vom Parlament Georgiens aufgelöst und der Ausnahmezustand über das Land verhängt. Es kommt dort zu Kämpfen.
	1991 31. März	Die Bevölkerung Georgiens spricht sich in einem Referendum mit 99% der Stimmen für die Unabhängigkeit aus (Proklamation der Unabhängikeit am 9. April).
Wahl Gamsachurdias	26. Mai	*Direktwahl Gamsachurdias* zum Präsidenten mit 86,5% der Stimmen.
	19. Aug.	Gamsachurdia setzt sich für die Moskauer orthodox-kommunistischen Putschisten ein. Daraufhin verstärkt sich die Opposition gegen ihn. Der Präsident lässt Teile der Opposition verhaften (3. Sept.).
	26./27. Sept.	Kämpfe in Tiflis. Die Präsidentengarde setzt sich gegen die oppositionelle Nationalgarde durch.
	22. Dez.	Beginn eines neuen blutigen Machtkampfs zwischen Gamsachurdia und der Opposition.
Sturz Gamsachurdias	1992	*Sturz Gamsachurdias* (6. Jan.; †1993).
	10. März	Der frühere sowjetische Außenminister Eduard A. Schewardnadse übernimmt den Vorsitz des neu gebildeten Staatsrats.
	31. Juli	Georgien wird Mitglied der UNO.
Schewardnadse Präsident	11. Okt.	In einer Direktwahl wird *Schewardnadse Präsident* mit 95,9% der Stimmen.
	1993 30. Sept.	Die militärischen Auseinandersetzungen nach der Unabhängigkeitserklärung Abchasiens enden mit einer Niederlage der Georgier. Zwischen 1992 und 1993 fordert der Konflikt rund 10 000 Tote.
	24. Okt.– 8. Nov.	Eine Revolte der Anhänger Gamsachurdias wird von Regierungstruppen mit Rückendeckung russischer Einheiten niedergeschlagen.
	1994 3. Febr.	Die Staatspräsidenten von Russland und Georgien unterzeichnen in Tiflis einen Freundschaftsvertrag.
GUS-Mitgliedschaft	1. März	Das georgische Parlament ratifiziert den Vertrag über den *Beitritt* Georgiens *zur Gemeinschaft Unabhängiger Staaten* (GUS).
Abchasien	seit 14. Mai	Eine GUS-Friedenstruppe überwacht den am 4. April geschlossenen Waffenstillstand zwischen Georgien und *Abchasien*.
	26. Nov.	Das Parlament Abchasiens verabschiedet eine Verfassung, die das Land als souveränen Rechtsstaat bezeichnet, und wählt Wladislaw Ardsinba zum Staatsoberhaupt.
	1995 24. Aug.	Verabschiedung der neuen Verfassung Georgiens, die ein Präsidialsystem mit föderativen Elementen vorsieht (seit 17. Okt. in Kraft).
	5. Nov.	Schewardnadse wird bei Präsidentschaftswahlen mit 74,3% der Stimmen im Amt bestätigt.
	1996 Okt.	Georgien gibt ca. 100000 Bücher zurück, die 1945 bis 1947 als Beutekunst in die damalige UdSSR gebracht wurden.
	1997	Abschaffung der Todesstrafe (11. Nov.).
	1998 9. Febr.	Präsident Schewardnadse entgeht in Tiflis einem Attentat; zwei Leibwächter und der Attentäter kommen ums Leben.
	23.–25. Juli	Friedensgespräche zwischen Vertretern Georgiens und Abchasiens in Genf enden ergebnislos.
Erdöl-Pipeline	1999 17. April	Einweihung einer *Erdöl-Pipeline*, die von Baku in Aserbaidschan nach Supsa in Georgien führt und die Lieferung von Öl nach Westeuropa erlaubt ohne Durchquerung von russischem Gebiet.
	27. April	Georgien wird als 41. Mitglied in den Europarat aufgenommen. Die Aufnahme ist mit zahlreichen Forderungen verbunden; u.a. muss Georgien die Rückkehr der 1944 deportierten

3. Okt.	Mescheten ermöglichen und ein Statut für die autonomen Gebiete Abchasien, Adscharien und Südossetien schaffen. In einem von Georgien nicht anerkannten Referendum entscheidet sich die Bevölkerung von Abchasien für die Unabhängigkeit.	
31. Okt.	Bei den Parlamentswahlen wird die *Bürgerunion* von Präsident Schewardnadse als stärkste politische Kraft bestätigt.	*Bürgerunion*
2000 4. Juni	Amtsinhaber Schewardnadse gewinnt erneut die Präsidentschaftswahlen (9. April). Russland beginnt mit einem Teilabzug seiner Waffensysteme aus Georgien.	
2001 Juni	In einem Rundfunkinterview erklärt Präsident Schewardnadse, dass über 55% der Wirtschaftsleistung nicht registriert werden. Der Staatshaushalt ist auch wegen der dadurch entgehenden Steuern chronisch defizitär.	
2002 24. Aug.	Georgien startet auf russischen Druck eine Militäroffensive im Pankisi-Tal, wo sich ca. 800 tschetschenische Kämpfer aufhalten sollen.	

Armenien seit 13. Jh./1915

(Forts. v. S. 404)

Die Tradition geht zurück auf das mittelalterliche, christliche Königreich Armenien, das im 13. Jahrhundert unter mongolische, später unter türkische Herrschaft kam. Im Jahre 1639 wurde Armenien zwischen dem Osmanischen Reich und Persien aufgeteilt. Den persischen Teil erhielt 1828 das zaristische Russland.
Unruhen der christlichen Bevölkerung gegen die türkische Herrschaft (1894–1896) wurden niedergeschlagen.

1915	*Massenmorde an Armeniern* in der osmanischen Türkei (geschätzte Mindestzahl ca. eine Million Tote).	*Massenmorde an Armeniern*
1918–1920	Die unabhängige Republik Armenien (am 28. Mai 1918 proklamiert) wird durch die Rote Armee besetzt. Ihr Territorium wird zwischen der Türkei und Sowjetrussland geteilt (16. März 1921).	
1922–1936	Das sowjetische Armenien ist Teil der Transkaukasischen Föderation, anschließend wird es zu einer eigenen Sowjetrepublik erhoben.	
ab 1945	In den Jahren nach Kriegsende kehren bis zu 200 000 Auslandsarmenier in den sowjetischen Teil Armeniens zurück.	
1957	Der Klostergutkomplex Etschmiadsin bei Eriwan, der 1914 vom russischen Staat beschlagnahmt wurde, wird an die armenische Kirche zurückgegeben. Sie erhält hiermit ihr *religiöses Zentrum* zurück.	*religiöses Zentrum*
1965	Zum 50. Jahrestag der Massenmorde kommt es zu Demonstrationen.	
1974	Beginn einer verstärkten Russifizierungspolitik.	
1987	Am Gedenktag der Massenmorde von 1915 kommt es zu Großkundgebungen mit der Forderung nach Unabhängigkeit.	
1988 20.–28. Febr.	In Eriwan beginnen Demonstrationen für die Vereinigung Armeniens mit Nagornyj- oder Berg-Karabach, einem autonomen Gebiet in der Aserbaidschanischen SSR. Die Demonstrationen halten das ganze Jahr über an.	
7. Dez.	Erdbeben in Armenien (schwere Zerstörungen, Tausende von Toten).	
1989	*Kämpfe um Nagornyj-Karabach*. In Aserbaidschan werden Streiks veranstaltet, die zu einer Wirtschaftsblockade gegen Armenien führen (Ende Aug.); als Folge des Embargos kommt es in Armenien zu einer lang anhaltenden, schweren Wirtschaftskrise (insbesondere Lebensmittel- und Energiemangel).	*Kämpfe um Nagornyj-Karabach*
1990 4. Aug.	Der Vorsitzende der Armenischen Pan-Nationalen Bewegung, Levon Ter-Petrosjan (*1945), wird zum Vorsitzenden des Obersten Sowjets von Armenien gewählt.	
23. Aug.	Souveränitätserklärung. Umbenennung der Sowjetrepublik in *Republik Armenien*.	*Republik Armenien*
1991 3. Sept.	Abspaltung Nagornyj-Karabachs von Aserbaidschan. Proklamation der unabhängigen Armenischen Republik Nagornyj-Karabach.	
21. Sept.	Referendum über den Austritt Armeniens aus der UdSSR (99% der Wähler stimmen dafür). Proklamation der Unabhängigkeit am 23. Sept.	
16. Okt.	Levon Ter-Petrosjan wird zum Staatspräsidenten gewählt.	
21. Dez.	*Mitglied der Gemeinschaft Unabhängiger Staaten* (GUS).	*GUS-Mitgliedschaft*
1992	Einsetzende Privatisierungen beschränken sich fast ausschließlich auf landwirtschaftliche Betriebe.	

	2. März	Aufnahme Armeniens in die UNO.
	1992–1994	Fortgang des Konflikts um Nagornyj-Karabach.
	1994 Mai	Im Streit um Nagornyj-Karabach wird ein Waffenstillstand geschlossen. Danach lassen die Kämpfe zwischen Armeniern und Aserbaidschanern nach.
	Nov.	Verabschiedung eines Wirtschaftsprogramms zur Fortsetzung der Privatisierung von Staatsbetrieben.
Parlaments-wahlen	1995 5. Juli	Die ersten freien *Parlamentswahlen* seit der Unabhängigkeit Armeniens gewinnt der Republikanische Block, ein Zusammenschluss der von Präsident Ter-Petrosjan geführten Nationalen Armenischen Front und mehrerer kleiner Parteien. In einem gleichzeitig durchgeführten Referendum nimmt eine Mehrheit die neue Verfassung Armeniens an.
	1996 22. Sept.	Bei Präsidentschaftswahlen wird Levon Ter-Petrosjan mit 51,75% der Stimmen im Amt bestätigt.
	1997	Ter-Petrosjan stimmt einem OSZE-Friedensplan für Nagornyj-Karabach unter westlichem Druck zu (Dez.), gerät aber dadurch in die innenpolitische Isolierung und tritt zurück (3. Febr.).
	1998 16. März	Bei den vorgezogenen Präsidentschaftswahlen setzt sich in der Stichwahl (30. März) der amtierende Ministerpräsident Robert Kotscharian (* 1954) durch. Er wird am 9. April als neuer Präsident vereidigt und ernennt am Tag darauf den bisherigen Wirtschafts- und Finanzminister Armen Darbinjan zum Regierungschef.
Block Einheit	1999 30. Mai	Der *Block Einheit*, ein Bündnis aus Republikanischer Partei und Volkspartei, wird bei den Parlamentswahlen stärkste politische Kraft.
Wasgen Sarkisjan	11. Juni	Der bisherige Verteidigungsminister *Wasgen Sarkisjan* (Republikan. Partei) wird zum Ministerpräsidenten ernannt.
	27. Okt.	Geiselnehmer ermorden Ministerpräsident Sarkisjan und sieben weitere Politiker im Plenarsaal des Parlaments. Die Attentäter stellen sich am Tag darauf den Behörden.
	3. Nov.	Der Bruder des ermordeten Ministerpräsidenten, der Unternehmer Aram Sarkisjan, tritt die Nachfolge als Regierungschef an.
	2001 25. Jan.	Armenien wird gemeinsam mit Aserbaidschan als Mitglied in den Europarat aufgenommen.
	30. Jan.	In Frankreich tritt ein Gesetz in Kraft, nach dem die Vertreibung und Ermordung von Hunderttausenden von Armeniern während des Ersten Weltkriegs durch die Regierung des Osmanischen Reiches als Völkermord gilt.
	2002 30. Aug.	Außenminister Vartan Oskanian bietet der Türkei die Aufnahme diplomatischer Beziehungen ohne Vorbedingungen an.

Aserbaidschan seit 7. Jh./1871

Das heutige Aserbaidschan führt seine historische Tradition auf das Mittelalter zurück. Bereits im 7. Jh. kam es zur arabischen Eroberung sowie zwischen dem 10. und 12. Jh. zur türkischen Einwanderung (7. bis 11. Jh. Islamisierung). Seit 1221 setzten sich die Mongolen fest. Nach deren Abzug strittensich die Osmanen und die Perser um Aserbaidschan. Als dritter Interessent trat 1722 mit Peter dem Großen Russland auf. 1813/28 wurde das Siedlungsgebiet der Aseri zwischen Russland und Persien geteilt.

Erdöl-gewinnung	1871	Beginn der *Erdölgewinnung* (um 1900 kommen aus Aserbaidschan 60% des weltweit geförderten Öls).
	1918	Proklamation einer Aserbaidschanischen Republik in Tiflis (27. Mai).
	1920	Bolschewistischer Aufstand; Bildung einer Sowjetrepublik (28. April).
	1922–1936	Teil der Transkaukasischen Sozialistischen Föderativen Sowjetrepublik; danach Unionsrepublik mit der Autonomen Sozialistischen Republik Nachitschewan und dem Autonomen Gebiet Nagornyj-Karabach. Die Muslime werden unterdrückt und verfolgt, ihre religiösen Einrichtungen zerstört. Der bäuerliche Widerstand gegen die Zwangskollektivierung wird gebrochen.
	1945	Kurzfristige Bildung einer „Demokratischen Republik Aserbaidschan" im iranischen Teil durch die Sowjetunion (Dez.), die sich auf Druck der Großmächte im April 1946 zurückziehen muss.
	1962/1967	Erste Petitionen von Bewohnern Nagornyj-Karabachs für eine Angliederung an Armenien.
	1969	Geidar Alijew (* 1923) wird Republikparteichef (bis 21. Okt. 1987). Unter ihm geht die Russifizierungspolitik weiter.
Nagornyj-Karabach	1988	Pogrom gegen Armenier in Sumgait (28. Febr.); daraufhin Protestaktionen in *Nagornyj-Karabach*.

1989	Bildung einer Volksfront Aserbaidschans (16. Juli). Ziel: Souveränität/Unabhängigkeit.	
Aug.	Beginn der aserbaidschanischen Wirtschaftsblockade gegen Armenien und Nagornyj-Karabach, die am 10./11. Okt. auf Moskauer Druck hin aufgehoben wird.	
23. Sept.	*Souveränitätserklärung.* Aserbaidschanisch wird Staatssprache. Ayas Mutalibow (*1938) wird Republikspräsident.	*Souveränitätserklärung*
1990	Besetzung Bakus durch sowjetische Truppen (19. Jan.).	
19. Nov.	Umbenennung des Obersten Sowjet in Oberster Majlis; der neue Staatsname lautet *Republik Aserbaidschan*.	*Republik Aserbaidschan*
1991	Der Oberste Majlis proklamiert am 30. Aug. die Unabhängigkeit Aserbaidschans.	
8. Sept.	Bei den ersten direkten Präsidentschaftswahlen wird der amtierende Präsident Mutalibow zum Staatsoberhaupt gewählt.	
27. Nov.	Aufhebung des Autonomiestatus für Nagornyj-Karabach.	
21. Dez.	*Beitritt zur Gemeinschaft Unabhängiger Staaten (GUS).*	*GUS-Mitgliedschaft*
1992–1994	Fortgang des Konflikts um Nagornyj-Karabach.	
1992	Aufnahme Aserbaidschans in die UNO (2. März).	
6. März	Präsident Mutalibow tritt unter dem Druck der Opposition zurück.	
7. Juni	Der Vorsitzende der Volksfront Aserbaidschans, Abulfas Eltschibej (*1938, †2000), gewinnt die Präsidentschaftswahlen.	
22. Dez.	Türkisch wird Amtssprache.	
1993	Machtergreifung durch Altkommunisten: Eltschibej wird abgesetzt, Geidar Alijew werden die Machtbefugnisse des Präsidenten übertragen.	
4. Juni		
3. Okt.	*Alijew* wird mit 98,8 % der Stimmen zum regulären *Staatsoberhaupt* gewählt.	*Alijew Staatsoberhaupt*
1994 Mai	Im Kampf um Nagornyj-Karabach wird ein Waffenstillstand geschlossen, woraufhin die kriegerischen Auseinandersetzungen zwischen Armeniern und Aserbaidschanern nachlassen.	
1995	Billigung der neuen Verfassung in einem Referendum (12. Nov.).	
1996 4. Juni	Die staatliche aserbaidschanische Ölgesellschaft SOCAR sowie ein Konsortium von Gesellschaften aus Frankreich, Großbritannien, Iran, Norwegen, Russland und der Türkei schließen einen Vertrag zur Ausbeutung der Erdöl- und Erdgasvorkommen im Kaspischen Meer.	
1997 1. Sept.	Bei den Präsidentschaftswahlen in Nagornyj-Karabach setzt sich Außenminister Arkadi Gukasjan durch. Aserbaidschan betrachtet die Wahl als illegal.	
12. Nov.	Inbetriebnahme einer Erdölleitung, die von Baku nach Noworossisk am Schwarzen Meer führt.	
27. Nov.	Unterzeichnung eines Freundschafts- und Zusammenarbeitsvertrags zwischen Aserbaidschan und Moldawien.	
1999 18. Nov.	Aserbaidschan, Georgien, Kasachstan und die Türkei vereinbaren den Bau einer 1730 km langen Erdöl-Pipeline von Baku zum türkischen Mittelmeerhafen Ceyhan.	
2000 22. März	Der Präsident von Nagornyj-Karabach, Arkadi Gukasjan, wird bei einem Attentat in der Hauptstadt Stepanakert schwer verletzt.	
2001 7. Jan.	Wegen massiver *Wahlfälschungen* müssen die Parlamentswahlen vom 5. Nov. 2000 teilweise wiederholt werden. Die Partei Neues Aserbaidschan (NAP) des Präsidenten Alijew erhält die absolute Mehrheit der Mandate.	*Wahlfälschungen*
10. Jan.	Russland und Aserbaidschan einigen sich über den Rechtsstatus des Kaspischen Meeres: Den Meeresboden dürfen die fünf Anrainerstaaten in den ihnen zugeteilten Sektoren ausbeuten, das Gewässer und die Oberfläche werden gemeinsam genutzt.	
25. Jan.	Aufnahme Aserbaidschans in den Europarat (gemeinsam mit Armenien).	
2. Juli	Aserbaidschan erhält einen IWF-Kredit von rund 100 Mio. US-Dollar.	
11. Aug.	In Nagornyi-Karabach wird der von Aserbaidschan nicht anerkannte Präsident Arkadi Gukasjan wiedergewählt.	

Südosteuropa und Türkei seit 1945

Rumänien seit 1945
(Forts. v. S. 1073)

Machtbereich der Sowjetarmee

Nach dem Sturz der Militärdiktatur Marschall Antonescus (*1882, †1946) im Aug. 1944 und dem Waffenstillstand mit der UdSSR am 12. Sept. 1944 gerät Rumänien als erster Staat des Balkans in den *Machtbereich der Sowjetarmee*, die das Land besetzt. Nach einer kurzfristigen Vierparteien-Regierung übernimmt die Staatsmacht eine „Nationaldemokratische Front" aus Kommunisten, Sozialdemokraten und Vereinigten Gewerkschaften, Landarbeiterfront und Union der Patrioten. Nationalliberale und Nationale Bauernpartei werden aus der Nationaldemokratischen Front ausgeschlossen; dadurch Stärkung der Kommunisten.

Aufbau der Volksdemokratie und Entstalinisierung (1945–1964)

Kommunisten

1945
6. März Einsetzung der Regierung Groza (Ministerpräsident Peter Groza – *1884, †1958) auf sowjetischen Druck. Hinter einer Mehrparteienfassade der Nationaldemokratischen Front: Machtstellung der *Kommunisten*.
9. März Rückkehr Nordsiebenbürgens an Rumänien.

Landenteignung

22. März In einer Bodenreform wird *Landbesitz* der Deutschen und „Kollaborateure" sowie Besitz über 50 ha *enteignet*.
Sommer Im Machtkampf mit König Michael (*1921) siegt die Regierung Groza. – Die Gründung von Sovroms (sowjetisch-rumänischen Gesellschaften, z.B. Sovrompetrol) bindet die rumänische Wirtschaft an die sowjetische.
1946/1947 Die außerhalb des Regierungsblocks stehenden Parteien werden ausgeschaltet.

Friedensvertrag

1947
10. Febr. *Friedensvertrag*: Mit Ausnahme Nordsiebenbürgens werden die Grenzen vom Jan. 1941 wiederhergestellt: Die Nordbukowina und Bessarabien kommen an die UdSSR, jedoch die Süddobrudscha an Bulgarien.
Nov. Fusion von kommunistischer und sozialdemokratischer Partei zur Rumänischen Arbeiterpartei (RAP).

Abdankung von König Michael

30. Dez. *König Michael dankt ab*; die Volksrepublik Rumänien wird proklamiert.
1948
13. April Verfassung der Volksrepublik: Die Große Nationalversammlung ist legislatives Organ und Träger der Souveränität. Staatspräsidium und Ministerrat sind ihr verantwortlich.

Wirtschaft

nach 1948 Das Privateigentum an Produktionsmitteln wird enteignet (bis 1950: zu 90%) und die *Wirtschaft* schwerpunktmäßig entwickelt: Schwerindustrie, Donau-Schwarzmeer-Kanal-Projekt. Kollektivierung der Landwirtschaft.
Innerhalb der RAP Konflikt zwischen der „Moskauer" Gruppe (ehemalige Emigranten, z.B. Ana Pauker, *1893, †1960) und der „rumänischen" Gruppe (im Krieg interniert) um Gheorghe Gheorghiu-Dej (*1901, †1965) und Chivu Stoica (*1908, †1975). Die „rumänische" Gruppe gewinnt die Oberhand. Nach einer Parteisäuberung in ihrem Sinne:

neue Verfassung

1952
24. Sept. *Neue Verfassung*: Diktatur des Proletariats, führende Rolle der RAP, Volkssowjets als Organe der lokalen Selbstverwaltung. De facto ist inzwischen die Parteiführung mit der Staatsführung identisch. (Relativ häufiger Wechsel der Führungspositionen, ohne an der Vorherrschaft Gheorghiu-Dejs etwas zu ändern.)

Spielraum gegenüber der UdSSR

Nach dem Tode Stalins (1953) verstärken sich die Tendenzen, Rumänien *gegenüber der UdSSR* größeren *Spielraum* zu verschaffen: Die rumänische Führung erkennt den Chruschtschow-Kurs nicht an. Auflösung der Sovroms. Vorsichtiger, konsumentenfreundlicherer „neuer Kurs" in der Wirtschaft (1953, Aufgabe des Donau-Schwarzmeer-Kanal-Projekts), der ab 1955 wieder verschärft wird. Rumänien, seit 1949 Mitglied des Rats für Gegenseitige Wirtschaftshilfe – COMECON, tritt 1955 dem Warschauer Pakt bei. Die Entstalinisierungskampagne nach dem 20. Parteitag der KPdSU (1956) zeigt in Rumänien kaum Wirkungen. 1958: Abzug der Sowjetarmee aus Rumänien.

1963
März Das Plenum des ZK der RAP beschließt, die COMECON-Linie (Arbeitsteilung unter den COMECON-Ländern unter Verzicht auf allseitigen Industrieausbau) abzulehnen.

nationale Emotionen

1964
26. April Dieser Umstand und die Ausnutzung des chinesisch-sowjetischen Konflikts ermöglicht der rumänischen Führung, gestützt auf *nationale Emotionen*, in einer Erklärung des ZK die Gleichberechtigung der Staaten und kommunistischen Parteien zu betonen und sich von der sowjetischen Bevormundung weit gehend zu lösen.

Die Diktatur Ceauşescus (1965–1989)

1965 Nach dem Tode Gheorghiu-Dejs wird Nicolae Ceauşescu (*1908, †1989) Nachfolger.
19.–24. Juli 4. Parteitag der RAP, die in „Kommunistische Partei Rumäniens" umbenannt wird. Betonung der nationalen Unabhängigkeit in Wirtschaft und militärischer Verteidigung.
Aug. Verfassungsänderung: Rumänien wird in „Sozialistische Republik Rumänien" umbenannt.
1966 Ceauşescu fordert die Auflösung aller Militärblöcke (7. Mai).

Versuch einer selbstständigen Politik unter Ceauşescu

Die rumänische *Außenpolitik* beweist mehrfach ihren Handlungsspielraum durch freundschaftliche Kontakte mit China, Jugoslawien, Albanien und westlichen Ländern (USA, Bundesrepublik Deutschland – als erster Warschauer-Pakt-Staat außerhalb der UdSSR Aufnahme diplomatischer Beziehungen 1976). Eine Welle nationaler Begeisterung wird 1976 offiziell gefördert. Sie soll Rumäniens Position gegenüber der UdSSR stärken und innerstaatliche Solidarität bestärken, lenkt aber auch den Blick auf die latenten *Nationalitätenprobleme* im Lande: ungarische Minderheit in Nordsiebenbürgen (autonomes Gebiet) und deutschsprachige „Siebenbürger Sachsen" (mit starker Auswanderungstendenz).
Im *Nahostkonflikt* (seit 1967) erweist sich Rumänien als einer der wenigen Faktoren, der mit beiden Seiten Kontakte unterhält und als *Vermittler* zwischen Israel und der PLO bzw. den arabischen Staaten in Betracht kommt (z.B. Besuch der israelischen Ministerpräsidentin Golda Meïr in Bukarest Mai 1972). In den siebziger Jahren gelangt die rumänische Wirtschaft durch ihre Beziehungen zu Ost und West zu gesteigerter Anpassungsfähigkeit und zu weniger Abhängigkeit von wirtschaftlichem Druck von außen. Die Industrialisierung ist aufgrund hoher Zuwachsraten fortgeschritten; dennoch arbeiten noch ca. 45 % der Bevölkerung in der Landwirtschaft.

Außenpolitik

Nationalitätenprobleme
Vermittler im Nahostkonflikt

1968 Aug. Rumänien verweigert die Teilnahme an der Invasion der ČSSR und verurteilt die Intervention und die Breschnew-Doktrin.
1971 6. Juli Das ZK der KPR beschließt eine Straffung der „ideologischen Erziehung" und der Kulturpolitik, die so genannte „kleine Kulturrevolution". (Im Gegensatz zur Sowjetunion und den anderen Ostblockländern hat es in Rumänien in der Kulturpolitik nach der Stalin-Ära kein „Tauwetter", keine Liberalisierung gegeben.)
15. Okt. Rumänien tritt dem GATT (General Agreement on Tariffs and Trade – internationales 1947 in Genf geschlossenes Abkommen zur Erleichterung des Handels auf der Basis der Meistbegünstigung) bei.
1974 28. März Durch *Verfassungsänderung* wird das Amt eines (Staats-) Präsidenten eingerichtet. Nicolae Ceauşescu vereinigt jetzt zahlreiche Spitzenfunktionen in seiner Hand.
1975 Im Juli Flutkatastrophe in Rumänien (wie auch schon zuvor 1970).
1977 4. März *Erdbebenkatastrophe*: zahlreiche Zerstörungen in Bukarest, viele Tote, verheerende Folgen für die rumänische Wirtschaft.
1978 Rede Ceauşescus am 28. März gegen die intellektuelle Oppositionsbewegung.
Ende Nov. Die rumänische Führung verweigert dem Warschauer Pakt eine geforderte Beteiligung an neuen Waffensystemen.
1982 Die Wirtschaftskrise zwingt zur Exportsteigerung auf Kosten der Inlandsversorgung. Verschärfung der Minderheitenpolitik
1. Nov. „Kopfgeld-Dekret": Auswanderungswillige müssen „Schulden" an den Staat in (verbotener) konvertierbarer Währung zahlen.
1984 26. Mai Die Inbetriebnahme des *Donau-Schwarzmeerkanals* (Länge 64,2 km) verkürzt den Schifffahrtsweg um 370 km und bringt höheres Frachtaufkommen.
28. Juli Rumänien nimmt als einziges RGW-Land an der Olympiade in Los Angeles teil (bis 12. Aug.).

Verfassungsänderung

Erdbebenkatastrophe

Donau Schwarzmeerkanal

Drastische Einschränkungen des privaten Energieverbrauchs und unzureichende Versorgung mit Grundnahrungsmitteln werden begleitet von verschärfter politischer Unterdrückung und *Rumänisierungspolitik*. Internationale Proteste gegen Menschenrechtsverletzungen bleiben wirkungslos. Ein „Siedlungsbereinigungsprogramm" plant bis 1990 die Einebnung von mehr als der Hälfte der Dörfer für Neubausiedlungen.

Rumänisierungspolitik

1989 Demonstrationen in Timişoara (Temesvar) weiten sich landesweit zum Volksaufstand aus (20. Dez.). *Ceauşescu* wird *gestürzt* (22. Dez.) und nach Fluchtversuch mit Ehefrau Elena (*1919) hingerichtet (25. Dez.).

Sturz Ceauşescus

Rumänien nach der Revolution von 1989

1990 Die „Front zur nationalen Rettung" (FNR) siegt bei Parlamentswahlen (20. Mai). Neuer Präsident wird Ion Iliescu (*1930).

1991 Das Parlament bezeichnet die Annexion Bessarabiens und der Nord-Bukowina aufgrund
24. Juni des geheimen Zusatzprotokolls zum deutsch-sowjetischen Nichtangriffspakt (23. Aug. 1939) durch die UdSSR im Juni 1940 als „brutalen Akt". Rumänien erkennt die neue Republik Moldawien völkerrechtlich an. Präsident Iliescu kündigt Verhandlungen mit der Ukraine (11. Dez.) über eine Korrektur der Grenzen an.

1992 Die – am 31. März von der FSN abgespaltene – Demokratische Front der Nationalen Ret-
27. Sept. tung (FDSN; links-konservative Kräfte und Altkommunisten) des amtierenden Präsidenten *Iliescu gewinnt* mit 27,7% der Stimmen die *Parlamentswahlen*. Bei der Stichwahl (11. Okt.) für das Amt des Staatspräsidenten siegt Iliescu ebenfalls.

Wahlsieg Iliescus

Aufnahme in Europarat

1993 Rumänien wird am 4. Okt. als 32. Mitglied *in den Europarat aufgenommen*.

1994 Beitritt zum NATO-Programm „Partnerschaft für den Frieden" (26. Jan.).

Generalstreik

28. Febr. *Generalstreik*: Protest gegen den fortschreitenden Kaufkraftverlust und für eine Anhebung der Löhne. Hintergrund ist u. a. ein durch Abschaffung staatlicher Preisbindungen und Einführung der Mehrwertsteuer bedingter Teuerungsschub 1993.

1995 In-Kraft-Treten eines Gesetzes zur Beschleunigung der Privatisierung, die durch die Ent-
19. Juni staatlichung von Kleinbetrieben 1991 eingeleitet wurde.

19. Sept. Gegen den Widerstand der ungarischen, slowakischen, tschechischen und deutschen Minderheiten (14. Juni, 2. Sept.) beschließt das Parlament ein Verbot, fremde Nationalhymnen zu singen und ausländische Landesflaggen zu hissen.

Constantinescu Staatspräsident

1996 Der konservative Herausforderer *Emil Constantinescu* (* 1939) gewinnt die Stichwahl und
17. Nov. wird am 17. Jan. 1997 als neuer *Staatspräsident* vereidigt.

1997 Ministerpräsident Victor Ciorbea versucht, die seit langem schwelende Regierungskrise
3. Dez. durch eine Kabinettsumbildung zu beenden.

1998 1. Jan.: Die Regierung beschließt ein Privatisierungsgesetz (Ende Jan. vom Parlament gebilligt).

30. März Nachdem die Demokratische Partei die Regierungskoalition verlassen hat, gibt Ministerpräsident Ciorbea auf. Er wird durch den Generalsekretär der Bauernpartei (PNTCD) Radu Vasile (* 1942) abgelöst.

1999 Zehntausend Kumpel aus dem Bergbaurevier Schiltal, seit Anf. Jan. im Streik gegen Ze-
18. Jan. chenschließungen, brechen zum Marsch nach Bukarest auf. Die Regierung lenkt nach blutigen Zusammenstößen ein.

Mitte Febr. Verabschiedung eines Sparhaushalts, mit dem eine Senkung der Staatsverschuldung auf 2% des Bruttoinlandsprodukts (1998 rd. 4%) erzielt werden soll.

20. Okt. Das Parlament verabschiedet ein Gesetz, das Bürgern Einsicht in sie betreffende Akten des früheren Geheimdienstes Securitate ermöglicht.

14. Dez. Staatspräsident Constantinescu setzt Ministerpräsident Vasile wegen Verschleppung von Reformen ab. Neuer Regierungschef wird der parteilose Finanzexperte Mugur Isarescu (* 1949).

Umweltkatastrophe entlang des Flusses Theiß

2000 Der Bruch eines Rückhaltebeckens der Aurul-Goldmine bei Baia Mare führt zu einer *Um-*
30. Jan. *weltkatastrophe entlang des Flusses Theiß*.

Mai/Juni Schwere Finanzkrise durch den Zusammenbruch des Nationalen Investitionsfonds und Liquiditätsschwierigkeiten der Rumänischen Volksbank.

26. Nov. Katastrophale Niederlage der bisherigen Regierungskoalition bei den Parlamentswahlen. Postkommunisten und Rechtsextreme legen deutlich zu.

10. Dez. Erneute Wahl des früheren Präsidenten Iliescu (1990–1996) zum Staatsoberhaupt.

28. Dez. Beide Häuser des Parlaments wählen den Sozialdemokraten Adrian Nastase (* 1950) zum Ministerpräsidenten, Nastase bildet ein Minderheitskabinett, das durch ein Stillhalteabkommen mit den Nationalliberalen und dem Ungarnverband abgesichert wird.

Rückgabe von Immobilienbesitz

2001 Das seit Jahren umstrittenen Gesetz über die *Rückgabe von Immobilienbesitz*, der unter der
7. Febr. kommunistischen Herrschaft enteignet worden war, tritt in Kraft.

Juli Verabschiedung einer Dringlichkeitsverordnung, nach der u. a. die Verherrlichung faschistischer Persönlichkeiten, die Gründung faschistischer, rassistischer oder fremdenfeindlicher Parteien und die Leugnung des Holocaust unter Strafe stehen.

Bulgarien seit 1945
(Forts. v. S. 1075)

Nach dem *Staatsstreich* der „Vaterländischen Front" (unter Führung der Kommunisten, ferner Sozialisten, Bauernpartei) und dem in Moskau geschlossenen Waffenstillstand besetzt die Sowjetarmee Ende 1944, unterstützt von bulgarischen Einheiten, Bulgarien. *Staatsstreich*

1945/1946 „Kriegsverbrecherprozesse" und eine Agrarreform fördern die Umstrukturierung des politischen Lebens.
1945 Erste Nachkriegswahlen am 18. Nov.: 90% Stimmen für die Vaterländische Front.
1946 Durch Volksabstimmung wird die Monarchie abgeschafft und die Volksdemokratie proklamiert.
1947 Im Friedensvertrag wird die mit Rumänien umstrittene *Süddobrudscha* bei Bulgarien belassen; Bulgarien muss Reparationen zahlen. *Süddobrudscha*
10. Febr.

Sozialistische Wirtschaftspolitik

Der erste Zweijahresplan (1947) leitet die *Planwirtschaft* in Bulgarien ein. In den Jahren 1946–1949 wird unter Georgi Dimitrow (*1882, †1949) als Ministerpräsident die bulgarische Wirtschaft nach sowjetischem Muster umgestaltet: Verstaatlichung von Grundindustrien, Banken und Bergwerken; die bis 1960 nahezu vollständig erreichte Kollektivierung der Landwirtschaft kann an genossenschaftliche Traditionen anknüpfen; die Industrie ist bis 1952 sozialisiert, Groß- und Einzelhandel bis 1959. *Planwirtschaft*

1947 Der Bauernführer Nikola Dimitrow Petkow (*1889, †1947) wird hingerichtet, in der Folge
16. Aug. Ausschaltung der oppositionellen Bauernpartei.
4. Dez. Neue („Dimitrowsche") *Verfassung* der Volksrepublik Bulgarien nach sowjetischem Muster: Die Große Nationalversammlung ist höchstes Staatsorgan, das sein Präsidium als kollektives Staatsoberhaupt mit weit gehendem Erlassrecht wählt und die Regierung beruft. Zentralismus, Trennung von Staat und Kirche, die als „traditionelle Kirche" anerkannt wird (1953 erstmalige Wahl eines Patriarchen). *neue Verfassung*
1948 Die kommunistische und die sozialistische Partei werden zur Bulgarischen Kommunistischen Arbeiterpartei zusammengeschlossen; bürgerliche Parteien werden aufgelöst. Die KP (Vorsitzender: Dimitrow) hat in der Vaterländischen Front die führende Rolle inne und ist faktischer Träger der Staatsmacht.
Dimitrows und Titos *Balkanföderationspläne* scheitern am Einspruch der UdSSR, mit der *Balkan-*
18. März Bulgarien einen Beistandspakt schließt; Bulgarien tritt dem Kominform bei. *föderations-*
1949 1. Okt. Nach dem Bruch zwischen Jugoslawien und der Sowjetunion: Kündigung des Paktes mit *pläne*
Jugoslawien.
Nach dem Tode Dimitrows (1949) wird in einer großen „Parteisäuberung" Parteisekretär
16. Dez. Traitscho Kostow hingerichtet.
1950 Wulko Tscherwenkow (*1900, †1980) wird am 1. Febr. Ministerpräsident.
Unter seiner Regierung wird durch den Beitritt Bulgariens zum Rat für gegenseitige Wirtschaftshilfe – COMECON und zum Warschauer Pakt die *Einbindung* des Landes *in den Ostblock* gefestigt; die prorussische Tradition trägt dazu bei. *Einbindung in den Ostblock*
1956 Das April-Plenum des Zentralkomitees der KPB leitet eine nur oberflächliche und zögernde
16. April Entstalinisierung ein: Tscherwenkow wird als Ministerpräsident abgelöst, Kostow posthum rehabilitiert. In der Folgezeit: rivalisierende Kräfte in der Parteiführung, die insgesamt moskautreu im Sinne der Chruschtschowschen Entstalinisierungslinie bleibt.
1959 Todor Schiwkow (*1911, †1998; seit 1954 Parteichef) versucht mit übersteigerten Planzie-
Jan. len in der bulgarischen Wirtschaft einen „großen Sprung nach vorn", scheitert aber nach längerer Krise damit.
1962 Schiwkow nach einer Säuberung der Parteispitze beim Achten Parteikongress zum Minis-
Herbst terpräsidenten gewählt.
1965 Ein für diesen Tag geplanter Militärputsch wird kurz zuvor durch Verhaftung der Beteilig-
14. April ten verhindert.
1967 Im Gefolge des *Freundschaftsvertrages mit der UdSSR* zielen mehrere Verträge (1968 bis *Vertrag mit der*
12. Aug. 1970) auf stärkere Verbindung mit der sowjetischen Wirtschaft ab, von der Bulgarien in der *UdSSR*
Rohstoffversorgung abhängt.
1971 *Neue Verfassung* der VR Bulgarien: Als kollektives Staatsoberhaupt wird ein Staatsrat ein- *neue Verfassung*
18. Mai gerichtet (Vorsitzender: Todor Schiwkow). Die führende Rolle der Partei und die Bindung an die UdSSR werden in der Verfassung verankert.
1982 Einführung des „Neuen Ökonomischen Mechanismus", der die staatliche Wirtschaftspla-
1. Jan. nung liberalisiert.

Bulgarische Außenpolitik

Enge Bindung an das staatssozialistische Lager (1977 These Todor Schiwkows: Bulgarien müsse „immer enger mit der UdSSR zusammenwachsen"). Bemühung um Spannungsausgleich auf dem Balkan, auch mit den Nato-Ländern Griechenland und Türkei (z.B. 1976 Vermittlungsversuch im türkisch-griechischen Konflikt). In der Ära der „Entspannung" Aufnahme diplomatischer Beziehungen zur Bundesrepublik Deutschland (31. Jan.1974). Die außenpolitischen Beziehungen werden bisweilen durch die *Nationalitätenfrage* beeinträchtigt: 1950 werden 250000 Türken ausgewiesen; die Mazedonienfrage trübt das Verhältnis zu Jugoslawien: Bulgarien betrachtet die Mazedonier in Bulgaren als Bulgaren und gewährt den Pirin-Mazedoniern keine Nationalitätenrechte. – Mit sowjetischer Unterstützung hat Bulgarien die *Industrialisierung* der Wirtschaft vorangetrieben, auch im agrarischen Bereich: Ende 1972 Einrichtung von Agro-industriellen Komplexen (nach dem Muster der Chruschtschowschen Agrostädte): Großbetriebe bis zu 40000 ha Land. Andererseits: seit 1971 vorsichtige Übernahme von Elementen des jugoslawischen Modells: Teilnahme der Arbeiter an der Produktionsleitung; seit 1974 teilweise Reprivatisierung kleiner Landwirtschaftsbetriebe.

Nationalitätenfrage

Industrialisierung

1984 Assimilierungskampagne gegen türkische Minderheit mit blutigen Konflikten.

3. Jan. Auf Tagungen von Zentralkomitee und Nationalversammlung werden viele Ämter in Partei und Regierung neu besetzt.

1986–1988 Reformen nach dem Vorbild der Politik des KPdSU-Generalsekretärs Michail S. Gorbatschow.

Sturz Schiwkows

1989 10. Nov. Todor *Schiwkow* wird als Parteichef *abgelöst*, die KP gibt nach Massendemonstrationen den Führungsanspruch auf.

1990 10./17. Juni Als „Bulgarische Sozialistische Partei" gewinnt sie Wahlen, verliert aber nach einer Spaltung die politische Führung. Die „Volksrepublik" wird „Republik Bulgarien" (15. Nov.).

neue Verfassung

1991 12. Juli Das Parlament beschließt eine *neue Verfassung*, die einen sozialen und demokratischen Rechtsstaat vorsieht.

1992 23. April Verabschiedung eines Gesetzes, das die Übertragung von Staatsunternehmen in Privatbesitz reguliert.

7. Mai Bulgarien wird 27. Mitglied des Europarats.

Schiwkow verurteilt

4. Sept. Der frühere Staats- und Parteichef *Schiwkow* wird als erstes Staatsoberhaupt aus dem zusammengebrochenen Ostblock wegen Amtsmissbrauchs zu einer Freiheitsstrafe *verurteilt* (Freispruch 1996).

1994 Beitritt zum NATO-Programm „Partnerschaft für den Frieden" am 14. Febr.

4. Mai Die Gewerkschaften rufen zum Generalstreik auf. Seit einem Monat Protestaktionen wegen Preissteigerungen und hoher Arbeitslosigkeit.

18. Dez. Die ehemals kommunistische Sozialistische Partei (BSP) gewinnt mit 43,5 % der Stimmen vorgezogene Parlamentswahlen.

1995 25. Jan. Ihr Spitzenkandidat Schan Widenow (* 1959) bildet als Ministerpräsident eine neue Regierung, die ihre Hauptaufgabe in einer „Politik des regulativen Marktübergangs" sieht.

1996 21. Dez. Nach Massenprotesten im Zusammenhang mit der dramatisch verschlechterten wirtschaftlichen Lage Rücktritt Widenows.

Stojanow Staatspräsident

1997 19. Jan. Der neue *Staatspräsident* Petar *Stojanow* (* 1952) tritt sein Amt an. Er ernennt den Bürgermeister von Sofia, Stefan Sofijanski (* 1951), zum Chef einer Übergangsregierung (12. Februar).

19. April Die Parlamentswahlen gewinnt die oppositionelle „Union Demokratischer Kräfte" (UDK). Ihr Vorsitzender Iwan Kostow wird neuer Ministerpräsident (21. Mai).

Ende Juli Verabschiedung eines Gesetzes, das die Veröffentlichung der Namen und Akten aller Angehörigen der Staatssicherheit regelt.

1998 Der IWF gewährt Bulgarien einen Kredit von 1,8 Mrd. US-Dollar.

Beilegung des Sprachenstreits

1999 22. Febr. Unterzeichnung eines Abkommens zur endgültigen *Beilegung des Sprachenstreits* zwischen Bulgarien und Mazedonien. Bulgarien erkennt die mazedonische Sprache und Nation an; Mazedonien verzichtet auf jegliche Einflussnahme auf die mazedonische Minderheit in Bulgarien.

2001 10. April Bulgarische Bürger erhalten von der EU das Recht, ohne Visum in den Schengener Raum einzureisen.

Simeon Sakskoburggotski

17. Juni Bei den Parlamentswahlen wird die Nationale Bewegung für Simeon II. stärkste Partei (43,05 %). Der ehemalige Monarch aus dem Haus Sachsen-Coburg-Gotha, am 4. April aus dem Exil zurückgekehrt, tritt unter dem bürgerlichen Namen *Simeon Sakskoburggotski* (* 1937) an. Er wird am 12. Juni von Präsident Stojanow mit der Regierungsbildung beauftragt.

18. Nov. Der Ex-Kommunist Georgi Parwanow wird als Nachfolger von Petar Stojanow zum neuen Staatsoberhaupt gewählt.

Jugoslawien bis 1991
(Forts. v. S. 1078)

Der entschiedene Kampf der jugoslawischen *Partisanen* gegen die Besatzungsmächte hat ihre Organisation, den Antifaschistischen Rat (AVNOJ), gegen Kriegsende zur wichtigsten Kraft im Lande gemacht. Die Kommunisten unter *Josip Tito* (*1892, †1980) spielen die führende Rolle im Antifaschistischen Rat; dieser nimmt allerdings aufgrund des Abkommens Titos vom Nov. 1944 mit dem Ministerpräsidenten der Exilregierung unter Ivan Šubašič (*1892, †1955) sowie unter Druck aller Alliierten auch Angehörige bürgerlicher Parteien und der Exilregierung in geringer Anzahl auf. Dass Jugoslawien fast ausschließlich durch die Partisanenarmee befreit wird, trägt zu seiner relativ großen *Unabhängigkeit von der* kommunistischen Führungsmacht *UdSSR* bei. Die „Kollaborateure" (u.a. Angehörige der kroatischen radikalen Unabhängigkeitsbewegung Ustaša) werden zu Kriegsende verfolgt, ebenso die Angehörigen der deutschen Minderheit.

Partisanen

Josip Tito

Unabhängigkeit von der UdSSR

Eigenständiger Weg zum Sozialismus (1945–1960)

1945
8. März — Die erste Nachkriegsregierung Jugoslawiens wird ernannt, in der 20 Mitglieder vom Antifaschistischen Rat, drei von der Exilregierung und fünf von den Parteien vorgeschlagen werden.

11. Nov. *Wahlen* (Einheitsliste der kommunistisch geführten „Volksfront") zur Verfassunggebenden Skupština (Parlament), bestehend aus einem Bundesrat und einem Nationalitätenrat.

Wahlen

29. Nov. Die Skupština proklamiert eine Föderative Volksrepublik Jugoslawien (Federativna Narodna Republika Jugoslavija – FNRJ).

1946
31. Jan. — Die Skupština nimmt die Verfassung der FNRJ an. Sie ist an die Verfassung der UdSSR von 1936 angelehnt. Die Staatseinheit wird durch eine straffe Zentralregierung gewährleistet; die Föderalisierung entschärft die *Nationalitätenfrage*: sechs Volksrepubliken als Gliedstaaten Jugoslawiens: Serbien, Kroatien, Slowenien, Bosnien und Herzegowina, Montenegro, Mazedonien. In Serbien zwei autonome Provinzen: Vojvodina und Kosovo-Metohija (Kosmet).

Nationalitätenfrage

Juli–Okt. Prozesse gegen den Widerstandskämpfer Draža Mihajlović (*1893, †1946) – Todesurteil – und Erzbischof Alojzije Stepinac (*1898, †1960) – 16 Jahre Zwangsarbeit.

18. Juli Einführung von bäuerlichen Kollektivwirtschaften.

5. Dez. Nationalisierung der privaten Wirtschaftsunternehmen.

1947
10. Febr. — *Friedensvertrag* mit Italien, Ungarn, Bulgarien: Jugoslawien erhält die bisher italienischen Teile der dalmatinischen Küste und der Inseln; die Errichtung einer freien Stadt Triest kommt nicht zu Stande: Die Teilung in Zone A (britisch und amerikanisch besetzt, später italienisch) und Zone B (jugoslawisch besetzt) bleibt vorerst bestehen.

Friedensvertrag

Titos Föderationspläne mit Albanien und Bulgarien, Streben nach eigenem Weg Jugoslawiens zum Sozialismus und Stolz auf den Erfolg der Partisanenbewegung bereiten *Spannungen mit der UdSSR* unter Stalin vor.

Spannungen mit der UdSSR

1948
27. Juni — Die im Kominform zusammengeschlossenen moskautreuen kommunistischen Parteien Osteuropas unter Führung der KPdSU schließen nach längerem Briefwechsel mit der jugoslawischen Parteiführung die KPJ aus dem Kominform aus. Folge: *Wirtschaftsblockade* Jugoslawiens durch den Ostblock.

Wirtschaftsblockade

Die jugoslawische Führung reagiert zunächst mit dem Beweis besonderer Linientreue: Fortführung der Kollektivierung der Landwirtschaft, administrativer Zentralismus. Kompensierung entgangener Wirtschaftshilfe zur Beseitigung der Kriegsschäden durch Unterstützung aus dem Westen, dem sich Jugoslawien in der Folgezeit vorsichtig wirtschaftlich annähert. (Erst ab 1950 Beginn der Suche nach dem *„eigenen Weg"*, dem „jugoslawischen Sozialismus".)

„eigener Weg"

1950 Gesetz über Beteiligung der „Arbeiterräte" an der Betriebsleitung (26. Juni).

1952
Nov. 6. Parteikongress der KPJ; Angriffe auf die UdSSR, Umbenennung der KPJ in Bund der Kommunisten Jugoslawiens (BKJ).

1953
13. Jan. — Verfassungsreform: Einführung eines „Produzentenrats" in der Skupština, die Regierung wird durch einen Bundesexekutivrat in Verbindung mit einer Bundesverwaltung ersetzt, Präsident der FNRJ ist Tito; die Gemeinden erhalten wichtige Funktion im Staat.

	23. Febr.	Die „Volksfront" wird in „Sozialistischer Bund des werktätigen Volkes Jugoslawiens" umbenannt.
Balkanpakt	28. Febr.	Abschluss eines „*Balkanpaktes*" zwischen Jugoslawien, Griechenland und der Türkei.
	1954 17. Jan.	Milovan Djilas (*1911, †1995), einer der engsten Mitarbeiter Titos, wird wegen Kritik an der Parteiführung aus dem ZK des BKJ ausgeschlossen und später mehrfach eingekerkert. Einige Monate danach wird der Tito-Biograf Dedijer ebenfalls von seinen Ämtern suspendiert.
	1955 26. Mai– 2. Juni	Der Besuch des sowjetischen Parteichefs Chruschtschow und des sowjetischen Ministerpräsidenten Bulganin in Belgrad beendet das Zerwürfnis mit der UdSSR, das seit Stalins Tod abgeflaut ist. Anerkennung des eigenen jugoslawischen Weges. In der „Belgrader Deklaration" werden die Prinzipien des „sozialistischen Internationalismus" festgelegt.
	1956	Sowjetische Intervention in Ungarn (Okt.), neue Spannungen zur UdSSR.

Politik der Blockfreiheit – Ausbau des föderativen Systems (1961–1970)

Konferenz der Blockfreien	**1961** 1.–6. Sept.	Erste *Konferenz der „Blockfreien"* (23 Staaten) in Belgrad. Jugoslawien hat dank seiner Politik zwischen den Blöcken in dieser Gruppe eine führende Stellung inne, gemeinsam mit Indien (Nehru) und Ägypten (Nasser).
neue Verfassung	**1963** 7. April	*Neue Verfassung*: Der Staat wird in „Sozialistische Föderative Republik Jugoslawien" umbenannt. Abschaffung des Produzentenrats in der Skupština, stattdessen zusätzlich zu Föderations- und Nationalitätenrat ein Vierkammersystem nach Ressortprinzip. Verankerung der führenden Rolle von BKJ und Sozialistischem Bund in der Verfassung. Ausbau der Selbstverwaltung; Ämterrotation; Einrichtung eines jugoslawischen Verfassungsgerichtshofs. Anschließend neue Verfassungen der Gliedrepubliken.
	26. Juni	Ein Erdbeben verwüstet Skopje, die Hauptstadt der mazedonischen Republik.
	1964 7.–13. Dez.	Am 8. Kongress des BKJ nehmen erstmals seit 1948 offizielle Delegationen der Staaten des Rats für gegenseitige Wirtschaftshilfe – COMECON teil, dem Jugoslawien assoziiert wird.
	1965 23. Juni	Der Literaturdozent Mihajlo Mihajlov (*1934) wird wegen eines kritischen Berichts über Moskau zu Gefängnisstrafe verurteilt.
Wirtschaftsreform	24. Juli	Maßnahmen zur *Wirtschaftsreform* werden als Gesetz dekretiert: Währungsreform ab 1966; der Grundsatz der Wirtschaftlichkeit wird in den Unternehmen eingeführt; Steuerreform; die unmittelbare Kontrolle der Arbeiterräte über Produktion, Investitionen und Löhne wird erweitert.
	1966	Jugoslawien wird als Vollmitglied in das GATT (General Agreement on Tariffs and Trade – internationales, 1947 in Genf geschlossenes Abkommen zur Erleichterung des Handels auf der Basis der Meistbegünstigung) aufgenommen.
	1.–3. Juli	Während eines ZK-Plenums des BKJ wird der Chef des Staatssicherheitsdienstes Aleksandar Ranković (*1909, †1983); Symbolfigur des „zentralistischen Bürokratismus" und „Dogmatismus") abgesetzt (später aus dem BKJ ausgeschlossen). Die „ökonomistische" Richtung gewinnt Oberhand. Von vielen wird der Sturz von Ranković auch als Zurücktreten des serbischen Einflusses verstanden.
kroatischer Nationalismus	**1967** Mitte März	Eine Gruppe kroatischer Intellektueller veröffentlicht eine „Deklaration über die Rolle der kroatischen Schriftsprache". Sie leitet einen Aufschwung des *kroatischen Nationalismus* ein (Zentrum: „Matica Hrvatska" in Zagreb). Strittig ist auch die Gewinnbeteiligung der unterschiedlich entwickelten Republiken am Sozialprodukt Jugoslawiens.
	28. März	Sechs Verfassungsamendments leiten eine sich über mehrere Jahre erstreckende Verfassungsreform ein. Die Rechte der Teilrepubliken werden erweitert.
Studentenunruhen	**1968** 2.–10. Juni	*Studentenunruhen* in Belgrad werden durch die Zusicherung weitergehender Reformen von der Parteispitze des BKJ besänftigt.
	Aug.	Tito unterstützt während eines ČSSR-Besuchs den Reformkurs der Dubček-Führung und protestiert nach dem 21. Aug. gegen die Invasion der ČSSR. Daraufhin Spannungen zwischen den Interventions-Staaten und Jugoslawien, erhöhte Verteidigungsanstrengungen.
	1969 11. Febr.	Im Gesetz über die territoriale Verteidigung wird die ganze Bevölkerung zum bewaffneten Widerstand im Angriffsfall verpflichtet.

Spannungen im Innern – Stabilität nach außen (1970–1980)

Rezession In den siebziger Jahren ist die wirtschaftliche *Rezession* auch in Jugoslawien spürbar; die Arbeitslosenzahl steigt durch Rückkehr der Gastarbeiter aus Deutschland. Außenpolitisch erreicht Tito zwar bei der Ostberliner Konferenz der KP-Führungen gewisse Zugeständnisse an den „eigenen Weg" Jugoslawiens, dennoch herrscht Unsicherheit hinsichtlich der Reaktion der UdSSR und der Nachbarstaaten für das zu erwartende Ende der Herrschaft Titos. Die von Jugoslawien weiterhin verfochtene Politik der Blockfreiheit verliert angesichts der Polarisierung in der Dritten Welt an Bedeutung.

1971 Weitere Verfassungsänderungen (Amendments), u.a. Einrichtung eines kollegialen Staats-
30. Juni oberhaupts; Stärkung der Rechte der Arbeiterselbstverwaltung.
22. Nov. Ein Studentenstreik und Unruhen in Zagreb unterstützen die Forderung nach neuem Devisenverteilungssystem zugunsten der Republik Kroatien. Auch in *Bosnien* Unruhe: Kämpfe zwischen Miliz und „Ustaša-faschistischen" Gruppen. — *Bosnien*
1.–2. Dez. Krisensitzung des Parteipräsidiums des BKJ in Karadjordjevo: Tito verurteilt kroatischen Nationalismus und „Konterrevolution".
12. Dez. Die kroatische Parteispitze und die Republik-Regierung (Savka Dabčević-Kučar, Mirko Tripalo [*1926] u.a.) treten zurück.
1972 Beginn einer *„Säuberungsaktion" in der serbischen Partei*, der Tito Bagatellisierung des — *„Parteisäuberung" in Serbien*
Sept. Kampfes gegen den „Anarcho-Liberalismus" vorwirft (d.h. liberale Tendenzen). Im weiteren Verlauf Rücktritt von Angehörigen der serbischen Parteispitze, u.a. des jugoslawischen Außenministers Tepavac und des serbischen Parteichefs Marko Nikezić (*1921, †1991).
1973 Die Spannungen Jugoslawiens mit den Invasionsmächten in der ČSSR von 1968 sind an der Oberfläche weit gehend abgebaut (im Okt. 1973 finden auch Gespräche zwischen Tito und Husák statt).
1974 Die neue Verfassung der Sozialistischen Föderativen Republik Jugoslawien fasst die — *Staatsaufbau*
21. Febr. Amendments der letzten Jahre zusammen und bringt weitere Reformen: *Staatsaufbau* im Delegationsprinzip von unten nach oben; hingegen Straffung der Staatsspitze: Das kollegiale Staatsoberhaupt besteht statt aus 22 nur noch aus acht Personen. Daneben bleibt Tito auf Lebenszeit die danach wegfallende Stellung des „Präsidenten der Republik".
27.–30. Mai 10. Parteitag des BKJ. Die neuen Parteistatuten straffen den Aufbau des BKJ. Er ist die „einzig legitime Vertretung der werktätigen Klasse". Tito wird als Parteivorsitzender auf Lebenszeit bestätigt.
1975 Abberufung von acht Dozenten (28. Jan.) der Belgrader Philosophischen Fakultät („Praxis"-Gruppe).
15. Okt. Sondersitzung des Parteipräsidiums gegen „Kominformisten" (moskautreue Opposition).
1979 Ein Erdbeben richtet an der süddalmatinischen Küste Verheerungen an (15. April).
Mai Verschiebungen in der Parteispitze signalisieren die Unsicherheit in der *Nachfolgefrage*. — *Nachfolgefrage*

Jugoslawien nach Tito (1980–1990)

1980 Staatsoberhaupt nach *Titos Tod* (4. Mai) ist das „Staatspräsidium" als kollektives Führungsorgan mit jährlich wechselndem Vorsitz. — *Tod Titos*

Mit Titos Tod 1980 wird die latente *Krise* offenbar. Maßnahmen zur Stabilisierung der Außenwirtschaftsbilanz greifen nicht. Die Inflation beschleunigt den Zusammenbruch des Binnenmarktes, den auch sich übereilende Wirtschaftsprogramme nicht aufhalten. Die Verschlechterung der Wirtschaftslage (Inflationsrate 40%) führt zu einer Senkung des Lebensstandards. Staatenbund oder Föderation heißt die Frage. — *Krise*

1981 Konflikt mit der katholischen Kirche wegen angeblicher nationalistischer Propaganda.
März/April Irredentistische Unruhen unter den Albanern des *Kosovo-Gebiets* werden gewaltsam unter- — *Kosovo-Gebiet*
drückt und führen zu Spannungen mit Albanien.
1982 Die Bundesregierung verfügt ein Paket wirtschaftlicher Notmaßnahmen. Außenpolitisch
17. Okt. und wirtschaftlich erfolgt eine Annäherung an das osteuropäische Bündnissystem.
1984 Umschuldungsabkommen mit den westlichen Gläubigerstaaten; Aufhebung der Preisbin-
24. März dung (3. Mai).
15. Mai Das neugewählte *Staatspräsidium* (neun Mitglieder) wird vereidigt. Ministerpräsidentin — *Staatspräsidium*
(seit 15. Mai 1982) Milka Planinč (*1924) wechselt neun Minister aus.
1987 Streikbewegung gegen Lohnstopp (März). Finanzskandal um das Unternehmen Agrokomerc offenbart Misswirtschaft und Korruption (Sept.); Spannungen im Kosovo (Okt.).
1988 Erfolge des populistischen serbischen Parteiführers Slobodan Milošević (*1941). Konflikte
Nov. im Kosovo.
1989 Parteigründungen in Slowenien und Kroatien; Einsatz paramilitärischer Truppen gegen
Febr. Streikbewegung im Kosovogebiet (Ausnahmezustand, Verhaftungswelle). (26. Febr.).
16. Juni Das slowenische Parlament beschließt Recht zur Abspaltung von Jugoslawien.

Währungs-reform	12. Nov. **1990** April/Mai	Milošević wird mit 86% der Stimmen als serbischer Präsident wiedergewählt. XIV. Außerordentlicher Parteitag des BKJ: nationale Spaltung offensichtlich. *Währungsreform* (20. Jan.). Bei Wahlen in Slowenien und Kroatien siegen nichtkommunistische Gruppen.

Auflösung Jugoslawiens/Balkankonflikt seit 1990/91

Nationalismus Kriegsursachen: Ende des Ost-West-Konflikts, wieder auflebender *Nationalismus*, Feindbilder aus der Endphase des Zweiten Weltkrieges, ethnische und konfessionelle Spannungen (hauptsächlich zwischen orthodoxen Serben, katholischen Kroaten und bosnischen Muslimen), heterogene wirtschaftlich-soziale Entwicklung der sechs Teilrepubliken Slowenien, Kroatien, Bosnien-Herzegowina, Serbien, Montenegro, Mazedonien sowie der zwei autonomen serbischen Provinzen Vojvodina und Kosovo, Ehrgeiz einzelner Machtpolitiker: Die Konflikte brechen nach Titos Tod, 1980, auf.

Krieg Phasen und Schauplätze des neuen *Balkankrieges*: 1) Ende Juni/Anfang Juli 1991 Krieg in Slowenien. – 2) Ende Juni 1991–Jan. 1992, Mai–Aug. 1995 Krieg in Kroatien. – 3) April 1992–Nov. 1995 Krieg in Bosnien-Herzegowina.

	1990 2. Juli	Das slowenische Parlament stellt die slowenische Verfassung über die Bundesverfassung Jugoslawiens.
	23. Dez.	88,5% der Stimmberechtigten votieren bei einer Volksabstimmung in Slowenien für die Unabhängigkeit.
	1991 Jan.–März	Mehrere Krisengipfel zwischen den Teilrepubliken: Slowenien und Kroatien streben ihre Unabhängigkeit sowie die Auflösung des Bundesstaats in einen Bund souveräner Einzelstaaten an.
	15. Mai	Serbien sowie die autonomen Provinzen Kosovo und Vojvodina lehnen die turnusgemäße Wahl des kroatischen Repräsentanten Stjepan Mesić (*1934) zum Vorsitzenden des Staatspräsidiums ab.
	19. Mai	Ein Referendum in Kroatien erbringt Entscheidung für die Unabhängigkeit.
Unabhängig-keitserklärungen	25. Juni	*Unabhängigkeitserklärungen* Sloweniens und Kroatiens. Daraufhin geht die serbisch dominierte Bundesarmee gewaltsam gegen die früheren Teilrepubliken vor. Im Verlauf des Krieges verliert Kroatien zunächst ein Drittel seines Staatsgebietes (Krajina, Ost- und Westslawonien) durch Besetzung.
	15. Okt.	Bosnien-Herzegowina erklärt seine Unabhängigkeit durch Beschluss des Parlaments in Sarajewo mit seiner Mehrheit an Muslimen und Kroaten.
	19. Nov.	Mazedonien erklärt seine Unabhängigkeit, wird aber zunächst nur von der Türkei und Bulgarien diplomatisch anerkannt, weil Griechenland bis zum April 1993 aus Sorge vor Gebietsansprüchen auf die griechische Provinz Makedonien die völkerrechtliche Anerkennung durch die EG blockiert.
Anerkennung durch Deutschland	19. Dez.	*Deutschland* erkennt Kroatien und Slowenien völkerrechtlich an. Anerkennung durch die übrigen EG-Staaten am 15. Jan. 1992.
	1992 Jan.	Da die Konfliktparteien in Kroatien den UNO-vermittelten Waffenstillstand (Vance-Owen-Friedensplan) akzeptieren, entsendet die UNO 15000 leicht bewaffnete Blauhelm-Soldaten im Rahmen der *UNPROFOR-Mission* in ihr Schutzzonen.
UNPROFOR serbische Offensive	8. April	Beginn der *Offensive der bosnischen Serben* mit Luftangriffen in Bosnien. Der serbische Präsident Slobodan Milošević liefert den Angreifern offiziell bis Herbst 1994 Nachschub.
	30. Mai	Der UN-Sicherheitsrat beschließt ein Wirtschafts- und Waffenembargo gegen die Bundesrepublik Jugoslawien (BRJ, aufgrund der Unabhängigkeit früherer Teilrepubliken nur noch bestehend aus Serbien und Montenegro), das dort eine Wirtschaftskrise hervorruft.
Bosnien Kriegs-verbrechen	9. Okt.	Die UNO verhängt ein *Flugverbot* für Militärflugzeuge *über Bosnien*-Herzegowina und erteilt einer Menschenrechtskommission den Auftrag, *Kriegsverbrechen* seit Sommer 1992 (sog. „ethnische Säuberungen") aufzuklären.
Milošević Sicherheits-zonen	20. Dez.	Präsident *Milošević* wird in Serbien *wiedergewählt*.
	1993 6. Mai	Der UN-Sicherheitsrat verabschiedet die Resolution 824 über die Einrichtung von *Sicherheitszonen* in Bosnien-Herzegowina.
	25. Mai	Die UNO-Resolution 827 beschließt die Einrichtung eines Internationalen Kriegsverbrechertribunals in Den Haag zur Ahndung der Kriegsverbrechen und „ethnischen Säuberungen" auf dem Territorium des ehemaligen Jugoslawien.
Einsatz der NATO	**1994** 28. Febr.	Erster militärischer *Einsatz der NATO* seit ihrer Gründung 1949 (Abschuss von serbischen Kampfflugzeugen in der Flugverbotszone über Bosnien-Herzegowina).

30. April	Fortgang des Bürgerkriegs in Bosnien-Herzegowina trotz Waffenstillstandsvereinbarungen (bis 19. Juli).	
4. Aug.	Nachdem die bosnischen Serben den am 5. Juli beschlossenen internationalen Friedens- und Teilungsplan für Bosnien-Herzegowina abgelehnt haben, stellt die Bundesrepublik Jugoslawien ihre Unterstützung für diese Volksgruppe offiziell ein. Daraufhin werden die UN-Sanktionen gegen die BRJ gelockert (23. Sept.).	
1995	Kroatien *erobert* die *Krajina* von Serbien *zurück*.	*Rückeroberung der Krajina*
25. Juli	Die bosnischen Serbenführer Radovan Karadžić (*1945) und Ratko Mladić (*1943) werden vor dem Kriegsverbrechertribunal der UNO in Den Haag wegen Verbrechen gegen die Menschlichkeit angeklagt.	
23. Nov.	Aussetzung aller durch die UNO verhängten Sanktionen gegen die Bundesrepublik Jugoslawien.	
14. Dez.	Unterzeichnung des in *Dayton*/Ohio ausgehandelten *Friedensabkommens* zwischen Serbien, Kroatien und Bosnien-Herzegowina, das die staatliche Einheit Bosnien-Herzegowinas als Föderation mit einem kroatisch-muslimischen und einem serbischen Teil sowie der Hauptstadt Sarajewo vorsieht (in Kraft 20. März 1996).	*Friedensabkommen von Dayton*
	Die *UN-Friedenstruppe* IFOR unter NATO-Kommando anstelle der UNPROFOR-Einheiten und unter Einschluss russischer Verbände wird in Bosnien stationiert, um die Einhaltung des Dayton-Abkommens zu kontrollieren.	*UN-Friedenstruppe*
1996 20. Dez.	Das einjährige Mandat IFOR endet. Eine verkleinerte Nachfolgetruppe, SFOR, übernimmt die Aufgabe.	
1991–1995	Insgesamt werden etwa 250000 Menschen in diesem jüngsten Balkankrieg getötet. Ca. 2,2 Millionen Flüchtlinge haben das Gebiet des früheren Jugoslawien verlassen.	

Bundesrepublik Jugoslawien (Serbien/Montenegro) seit 1992

1992 27. April	Gründung der Bundesrepublik Jugoslawien (BRJ) – bestehend aus *Serbien* (mit Kosovo und Vojvodina) *und Montenegro*.	*Serbien und Montenegro*
Mai	Der UN-Sicherheitsrat verhängt ein Wirtschafts- und Waffenembargo gegen die BRJ wegen ihres militärischen Eingreifens in Bosnien-Herzegowina.	
15. Juni	Der parteilose Schriftsteller Dobrica Cosić (*1921) wird *erster Präsident* der BRJ.	*Cosić Präsident*
20. Dez.	Bei Präsidentschaftswahlen in Serbien Wiederwahl Slobodan Miloševićs. In Montenegro wird Momir Bulatović (*1956) wiedergewählt.	
1993 31. Mai	Misstrauensvotum und Sturz von Präsident Cosić; Zoran *Lilić* wird *neues Staatsoberhaupt* (25. Juni).	*Lilić Präsident*
1994	Lockerung der UN-Sanktionen gegen die BRJ (23. Sept.).	
1995 Aug.	Nach der Rückeroberung der Krajina durch Kroatien kommen fast 150000 serbische Flüchtlinge in die BRJ.	
1.–20. Nov.	Die Mitwirkung Miloševićs am Friedensabkommen von Dayton führt zu einer begrenzten Etablierung der BRJ als international anerkannter Staat.	
23. Nov.	*Aussetzung aller* durch die UNO verhängten *Sanktionen* gegen die Bundesrepublik Jugoslawien.	*Aussetzung aller Sanktionen*
1996 17. April	Die *Bundesrepublik Deutschland erkennt* die BRJ *diplomatisch an*, nachdem diese ihrerseits Mazedonien anerkannt hat.	*Anerkennung durch BRD*
1997 15. Juli	Milošević wird als Nachfolger von Lilić zum Staatspräsidenten der BRJ gewählt und am 23. Juli vereidigt, nachdem er als serbischer Präsident zurückgetreten ist.	
21. Dez.	Bei Präsidentschaftswahlen in Serbien setzt sich der jugoslawische Außenminister Milan Milutinović (SPS) nach offiziellen Angaben mit 58,6% der Stimmen durch.	
24./25. Dez.	Friedliche Massendemonstrationen von Kosovo-Albanern gegen Benachteiligung.	
1998 Anf. März	Die serbische Polizei beginnt eine *Großoffensive* gegen die Befreiungsarmee des Kosovo (UCK); bis Juni befinden sich 50 000 Menschen auf der Flucht.	*Großoffensive*
21. März	Bei den – von Jugoslawien nicht anerkannten – Präsidenten- und Parlamentswahlen im Kosovo wird der Vorsitzende der gemäßigten Demokratischen Liga Kosovo (LDK), Ibrahim Rugova (*1944), im Amt bestätigt.	
1. April	Der UN-Sicherheitsrat verhängt wegen der Kämpfe im Kosovo ein *Waffenembargo gegen Jugoslawien*.	*Waffenembargo gegen Jugoslawien*
23. April	Ein Referendum in Jugoslawien bekräftigt die harte Haltung Belgrads in der Kosovo-Frage.	

Offensive gegen die UCK *NATO-Luftangriffe*	13. Okt. Um einen Militärschlag der NATO abzuwenden, gestattet Milošević den Einsatz von 2000 OSZE-Beobachtern im Kosovo. Im Sommer sind 250 000 Kosovaren aus ihren Dörfern geflohen.

13. Okt. Um einen Militärschlag der NATO abzuwenden, gestattet Milošević den Einsatz von 2000 OSZE-Beobachtern im Kosovo. Im Sommer sind 250 000 Kosovaren aus ihren Dörfern geflohen.

1999
18. März Das von der Balkan-Kontaktgruppe vorgelegte Friedensabkommen für den Kosovo unterzeichnet nur die albanische Seite.

20. März Die OSZE-Beobachter ziehen aus dem Kosovo ab. Die serbische Armee beginnt eine *Offensive gegen die UCK*.

24. März Beginn der *NATO-Luftangriffe* gegen Jugoslawien. Vertreibungen und Massenflucht aus dem Kosovo, fast eine Mio. Menschen sammeln sich in Lagern hauptsächlich in Albanien und Mazedonien.

7. Mai Ein NATO-Bombentreffer auf die chinesische Botschaft in Belgrad beschwört internationale Verwicklungen herauf.

9. Juni Vertreter der NATO und Jugoslawiens unterzeichnen das Abkommen über den serbischen Truppenabzug aus dem Kosovo.

10. Juni Die KFOR beginnt mit dem Einmarsch in den Kosovo. Racheakte der Kosovo-Albaner an der serbischen Minderheit, Serben fliehen oder werden vertrieben.

20. Sept. Die UCK stimmt ihrer Auflösung zu, ihre Mitglieder werden in das von der UNO kontrollierte Schutzkorps TMK aufgenommen.

2000
15. Jan. Der serbische Milizenführer Zeljko Ražnatović („Arkan") fällt einem Attentat zum Opfer. Seine Freischärler („Tiger") haben im Bosnienkrieg zahlreiche Gräueltaten verübt.

24. Sept. Die Präsidenten-, Parlaments- und Kommunalwahlen werden von zahlreichen Unregelmäßigkeiten begleitet. Während die Bundeswahlkommission eine Stichwahl zwischen Milošević (40,2 %) und seinem Herausforderer Koštunica (48,2 %) verlangt, behauptet Letzterer, mit 54,7 % bereits die absolute Mehrheit errungen zu haben. Streiks und Massendemonstrationen setzen ein. Ein Sternmarsch von einer halben Mio. Menschen auf Belgrad endet am 5. Okt. mit der Erstürmung des Parlaments. Milošević verschanzt sich in der Präsidentenvilla.

Vojislav Koštunica
7. Okt. *Vojislav Koštunica* (* 1944) wird als Staatspräsident vereidigt.

28. Okt. Erste freie Kommunalwahlen im Kosovo. Die LDK von Ibrahim Rugova gewinnt 58,1 % der Stimmen. Die serbische Minderheit boykottiert den Urnengang.

4. Nov. Ministerpräsident Zoran Žižić bildet ein Koalitionskabinett aus dem ehemaligen Oppositionsbündnis DOS und der Sozialistischen Volkspartei Montenegros (SNP).

Zoran Djindjić
23. Dez. Bei den Parlamentswahlen in Serbien setzt sich das Bündnis DOS mit 64,2 % als klarer Sieger durch. *Zoran Djindjić* (* 1952), einer der Organisatoren der politischen Wende, wird zum Ministerpräsidenten gewählt.

2001
25. Jan. Regierungsantritt des Kabinetts Djindjić in der Teilrepublik Serbien. Ziele der neuen Regierung sind u.a. die Abrechnung mit dem alten Regime und die Bekämpfung der organisierten Kriminalität.

27. April Parlamentswahlen in der Teilrepublik Montenegro: Die Koalition „Der Sieg gehört Montenegro" des amtierenden Präsidenten Milo Djukanović (* 1962) ist mit 42,1 % zwar stärkste politische Kraft, sieht sich aber der fast gleich starken Opposition „Gemeinsam für Jugoslawien" (40,7 %) gegenüber.

28. Juni Ex-Präsident Milošević wird an das UN-Kriegsverbrechertribunal in Den Haag ausgeliefert. Rücktritt des jugoslawischen Ministerpräsidenten Žižić, Bruch der Koalition von DOS und SNP.

17. Nov. Parlamentswahl im Kosovo. Stärkste Partei wird Rugovas LDK, Rugova wird zum Präsidenten gewählt.

Prozess gegen Milošević
2002 Beginn des *Prozesses gegen Milošević* in Den Haag (12. Febr.).

14. März Umwandlung der Bundesrepublik Jugoslawien in ein Staatenbündnis „Serbien und Montenegro" mit gemeinsamem Staatsoberhaupt und gemeinsamer Sicherheitspolitik, aber getrennten Wirtschaftsräumen, Zollsystemen und Währungen.

28. Juli Das jugoslawische Regierungsbündnis DOS schließt die Demokratische Partei Serbiens (DSS) wegen angeblicher Faulheit aus dem Bündnis aus und entzieht ihren Abgeordneten das Mandat. Hintergrund ist der seit längerem andauernde Machtkampf zwischen dem serbischen Premier Djindjić und dem der DSS angehörenden Präsidenten Koštunica.

30. Sept. Bei den Präsidentschaftswahlen erzielt Amtsinhaber Koštunica (30,4 %) im ersten Wahlgang einen knappen Vorsprung vor dem Djindjić-Kandidaten Miroljub Labus (29,2 %).

Bosnien-Herzegowina seit 1945

1945	Bosnien-Herzegowina wird eine von sechs Teilrepubliken der Föderativen Volksrepublik Jugoslawien.
1963	Neuer Republikname: Sozialistische Republik Bosnien und Herzegowina. Gleichrangigkeit von *Muslimen, Serben und Kroaten*.
1971	Die Muslime werden als eigenständige Nation anerkannt.
1984	Olympische Winterspiele in Sarajewo (8.–19. Febr.).
1987	Finanzskandal um das Unternehmen Agrokomerc. Verhaftung des muslimischen Generaldirektors Fikret Abdić (*1940) (8. Sept.).
1990	*Mehrparteienwahlen* (18. Nov.–9. Dez.). Wahlsieg der ethnisch-religiös zusammengesetzten Koalition aus der muslimischen „Partei der Demokratischen Aktion" (SDA) unter Alija Izetbegović (*1925), der „Serbischen Demokratischen Partei" (SDS) des Nationalisten Radovan Karadžić und der „Kroatischen Demokratischen Gemeinschaft" (HDZ).
19. Dez.	Neuer Staatsname: Republik Bosnien und Herzegowina. Izetbegović wird Vorsitzender des Staatspräsidiums.
1991	Weiterer *Zerfall Jugoslawiens*.
15. Okt.	Spaltung des Parlamentes in Bosnien-Herzegowina. Muslime und Kroaten erklären die Souveränität und Unteilbarkeit des Landes, woraufhin die serbischen Abgeordneten ein eigenes Parlament bilden.
10. Nov.	Die bosnischen Serben stimmen in einer Volksbefragung für die Abspaltung und den Anschluss an Serbien.
1992 29. Febr./ 1. März	Das *Referendum über* die *Unabhängigkeit* Bosnien-Herzegowinas, bei dem sich 99% der an der Abstimmung Teilnehmenden für die Unabhängigkeit aussprechen, wird von den bosnischen Serben unter Karadžić boykottiert.
27. März	Die bosnischen Serben verabschieden eine eigene Verfassung.
2. April	Zwischen den Volksgruppen in Bosnien-Herzegowina brechen Kämpfe aus.
7. April	Die serbische Volksgruppe proklamiert die Serbische Republik Bosnien-Herzegowina (SRBH).
22. Mai	Bosnien-Herzegowina wird in die UNO aufgenommen.
	Der Bürgerkrieg, der bis 1995 andauert, führt vor allem im Sommer 1992 auch bei Anwesenheit von UN-Friedenstruppen zu *Gräueltaten*, die hauptsächlich durch Serben als „ethnische Säuberungen" planmäßig verübt werden und in erster Linie zulasten der muslimischen Bevölkerung gehen; die Zahl der Opfer wird erst allmählich bekannt.
1995 14. Dez.	Das Bosnienabkommen von *Dayton* sieht die Aufteilung Bosnien-Herzegowinas in einen kroatisch-muslimischen (ca. 51% des Territoriums) und einen serbischen Teil (ca. 49% des Territoriums) unter nomineller Wahrung der staatlichen Einheit vor. Zur *Hauptstadt* der Föderation und Sitz des gemeinsamen Parlamentes wird *Sarajewo* bestimmt.
1996 20. März	Das Friedensabkommen tritt in Kraft. Seine Einhaltung wird von einer internationalen Friedenstruppe überwacht.
1997 3. Jan.	Das gesamtbosnische Parlament beschließt die Bildung eines Kabinetts mit dem Muslim Haris Silajdžić und dem Serben Boro Bosić als gleichberechtigte Ministerpräsidenten, die sich wöchentlich im Amt des Regierungschefs abwechseln sollen.
23.–24. Juli	In Brüssel beschließen die Vertreter von 48 Staaten und 30 internationalen Organisationen, noch 1997 1,2 Mrd. US-Dollar für Wiederaufbau und Friedenssicherung in Bosnien-Herzegowina bereitzustellen.
	Der *Wiederaufbau* kommt, in den Landesteilen unterschiedlich, nur langsam in Gang, erschwert durch politische Gegensätze sowie zahlreiche in Stadt und Land verstreute Anti-Personen-Minen.
13./14. Sept.	Bei den Kommunalwahlen bestätigt sich die Dominanz der führenden nationalistischen Parteien der Serben, Kroaten und Bosniaken in ihren jeweiligen Herrschaftsgebieten.
9./10. Dez.	Der Hohe Beauftragte für den zivilen Wiederaufbau in Bosnien, der Spanier Carlo Westendorp, wird mit erweiterten Befugnissen ausgestattet. Er macht am 17. Dez. erstmals Gebrauch davon, indem er die Ausgabe einheitlicher Pässe verfügt.
1998	Eine Geberkonferenz sagt Aufbauhilfen in Höhe von 1,1 Mrd. US-Dollar zu.
7. Mai 28. Mai	Die NATO-Außenminister verständigen sich auf die Aufstellung einer *SFOR-Polizeitruppe*, die den Schutz der Rückkehrer und die Verfolgung mutmaßlicher Kriegsverbrecher übernehmen soll.
12./13. Sept.	Bei den zweiten Parlaments- und Präsidentschaftswahlen nach dem Krieg wird das bosniakische Parteienbündnis Koalition für ein einheitliches und demokratisches Bosnien-Herze-

gowina (KCD) mit 40% der Stimmen stärkste Kraft. Bei der Wahl zum dreiköpfigen Staatspräsidium wird der Bosniake A. Izetbegović wiedergewählt, serbischer Repräsentant wird Zivko Radišić, kroatischer Ante Jelavić. H. Silajdžić bleibt als einer von beiden Ministerpräsidenten im Amt, als zweiter wird Svetoža Mihajlović gewählt.

15./16. Dez. Der Friedensimplementierungsrat in Madrid stellt „erhebliche Defizite" auf dem Weg zu „einem sich selbst tragenden Frieden" zwischen den Volksgruppen fest.

1999 Der Österreicher Wolfgang Petritsch löst Carlo Westendorp als Bosnien-Beauftragter ab (Juli).

Nov. Die NATO verringert die Truppenstärke der Stabilization Forces (SFOR) von 30 000 auf 20 000 Mann.

15. Nov. UN-Generalsekretär Kofi Annan legt einen Abschlussbericht über die Ereignisse bei der Eroberung der UN-Schutzzone Srebrenica im Juni 1995 vor. Danach verübten serbische Truppen dort ein Massaker an vermutlich 7500 Menschen, das schwerste Verbrechen in Europa seit dem Zweiten Weltkrieg.

2000 Das UN-Hochkommissariat für Flüchtlinge (UNHCR) schätzt, dass fünf Jahre nach Kriegsende erst die Hälfte der rd. 2 Mio. Bosnien-Vertriebenen in ihre Heimat zurückgekehrt ist.

30. Jan.

14. Okt. A. Izetbegović scheidet aus Altersgründen aus dem dreiköpfigen Staatspräsidium aus. Nachfolger wird Halid Genjać.

11. Nov. Bei den Parlaments- und Kantonswahlen erzielt die multiethnische Sozialdemokratische Partei (SDP) den größten Stimmenanteil.

2001 Drei bosnische Serben werden vom Internationalen Kriegsverbrechertribunal in Den Haag
22. Febr. wegen Folter und Vergewaltigung zu hohen Haftstrafen verurteilt: Erstmals ist damit die Vergewaltigung als Mittel der Kriegsführung völkerrechtlich geächtet.

7. März Der Bosnien-Beauftragte Petritsch unterbindet den Versuch, einen dritten, kroatischen Teilstaat in Bosnien-Herzegowina zu bilden. Staatspräsidiumsmitglied Ante Jelavić, der entsprechende Forderungen erhoben hatte, wird entlassen.

13. Juli Durch einen Entscheid des UN-Sicherheitsrats, der US-Soldaten Immunität bei Auslandseinsätzen zugesteht, wird die Krise um das UN-Mandat in Bosnien beendet. Die USA hatten nach In-Kraft-Treten des Statuts des Internationalen Strafgerichtshofes (1. Juli) damit gedroht, ihre Truppen abzuziehen.

Kroatien seit 1945

1945 Kroatien wird eine von sechs Teilrepubliken der Föderativen Volksrepublik Jugoslawien.

Triest-Problem 1954 Im Rahmen der Regelung des *Triest-Problems* erhält Kroatien einen kleinen Teil der jugos-
5. Okt. lawischen Zone B.

1963 Umbenennung Kroatiens in „Sozialistische Republik Kroatien".

kroatische 1967 Forderungen nach Wiederherstellung einer eigenständigen *kroatischen Sprache* (Mitte
Sprache März: Deklaration über die Rolle der kroatischen Schriftsprache) werden zurückgewiesen. Der kroatische Nationalismus nimmt einen ersten Aufschwung.

1970 Das Zentralkomitee der KP Kroatiens fordert mehr wirtschaftliche Selbstständigkeit. Be-
Jan. ginn des „Kroatischen Frühlings".

1971 Studentenunruhen in Zagreb, die mit Gewalt beendet werden. Danach ergehen „Säube-
22. Nov. rungsmaßnahmen".

Dez. Tito verurteilt die „nationalistische Abweichung" Kroatiens. Die Parteiführung wird abgesetzt (12. Dez.).

1987 Zahlreiche Arbeitsniederlegungen in Kroatien.

1988 Auf einer Tagung des ZK des Bundes der Kommunisten Jugoslawiens kommt es zu serbischen Beschuldigungen wegen einer „antiserbischen Koalition" (17./18. Okt.).

1989 Gründung der Kroatischen Demokratischen Gemeinschaft (HDZ) unter der Führung Franjo
27. Febr. Tudjmans (*1922, †1999). Weitere Parteigründungen folgen.

Mehrparteien- 1990 *Mehrparteienwahl* (22./23. April). Sieg der HDZ (absolute Mandatsmehrheit).
wahl 30. Mai Tudjman wird vom Parlament zum Vorsitzenden des Staatspräsidiums gewählt.

Aug. Umbenennung Kroatiens in „Republik Kroatien".

1991 Die serbische Bevölkerung der zu Kroatien gehörenden Krajina fordert in einem Referen-
12. Mai dum die Angliederung an Serbien.

19. Mai Referendum über die Selbstständigkeit Kroatiens. 94% der Abstimmenden sind dafür.

25. Juni	*Unabhängigkeitserklärungen* Kroatiens und Sloweniens. Die jugoslawische Bundesarmee erobert zunächst ein Drittel des kroatischen Territoriums (Krajina, Ost- und Westslawonien).	*Unabhängigkeitserklärung*
ab 22. Juli	Gefechte zwischen Serben und Kroaten in Ostkroatien; seit Ende August auch im Raum Vukovar und bei Knin.	
1992 Jan.	UN-Truppen werden in Kroatien stationiert, nachdem die dortigen Konfliktparteien den von der UNO vermittelten Waffenstillstand (Vance-Owen-Friedensplan) anerkannt haben.	
15. Jan.	Slowenien und Kroatien werden von den EG-Staaten anerkannt.	
22. Mai	Aufnahme Kroatiens in die UNO.	
1993	Kroatien beginnt Ende Jan. eine Offensive zur Rückeroberung der verloren gegangenen Gebiete (bis April).	
1995	Rückeroberung Westslawoniens durch Kroatien (28. April–2. Mai).	
4. Aug.	Sieg über die Serben in der *Krajina*.	*Krajina*
12. Nov.	Abkommen über die Rückgabe Ostslawoniens durch die Serben an Kroatien.	
1996 15. Jan.	Der UN-Sicherheitsrat beschließt die Entsendung von Soldaten und zivilen Beobachtern mit der Aufgabe, die Krajina zu entmilitarisieren und deren Übergang in kroatische Verwaltung zu begleiten.	
1997	Bei Präsidentschaftswahlen wird Amtsinhaber Tudjman im Amt bestätigt (15. Juni).	
1998 15. Jan.	Ende der UN-Mission UNTAES, die das ehemals serbisch besetzte Gebiet in Ostslawonien übergangsweise verwaltet hat.	
1999 4. Okt.	Der frühere Kommandant des KZ Jasenovać, Dinko Sakić, wird wegen Verbrechen gegen die Menschlichkeit im Zweiten Weltkrieg zu 20 Jahren Gefängnis verurteilt.	
26. Nov.	Der schwer erkrankte Präsident Tudjman wird für „vorübergehend amtsunfähig" erklärt; er stirbt am 10. Dez.	
2000 3. Jan.	Bei der Parlamentswahl kommt es zum Machtwechsel. Die bisherige konservative Regierungspartei HDZ erhält nur noch 30,5% der Stimmen. Der Ex-Kommunist Ivica Ražan (* 1944) wird neuer Ministerpräsident und bildet ein Mitte-Links-Kabinett, das am 27. Jan. vereidigt wird.	
7. Febr.	Bei den Präsidentschaftswahlen setzt sich der Reformpolitiker *Stipe Mesić* (* 1934) durch.	*Stipe Mesić*
21. März	Der mutmaßliche bosnisch-kroatische Kriegsverbrecher und Mafiaboss Mladen Naletilić wird an das Internationale Kriegsverbrechertribunal in Den Haag ausgeliefert.	
2001 14. Mai	Unterzeichnung eines Stabilisierungs- und Assoziierungsabkommens mit der EU in Brüssel.	
5. Juli	Die Regierung Ražan tritt nach einem Streit über das mit Slowenien gemeinsam betriebene Atomkraftwerk Krsko zurück. Ražan bildet ein neues Kabinett, das am 31. Juli vom Parlament bestätigt wird.	
8. Juli	Aus Protest gegen die Auslieferung von mutmaßlichen kroatischen Kriegsverbrechern an das Tribunal in Den Haag verlassen die vier Minister der Sozialliberalen Partei (HSLS) die Regierung.	
2002 1. Okt.	Staatspräsident Mesić belastet den angeklagten einstigen jugoslawischen Milosevic vor dem Kriegsverbrechertribunal in Den Haag.	

Slowenien seit 1945

1945	Slowenien wird jugoslawische Teilrepublik.	
1954	Londoner Memorandum über die *Triest-Frage* (5. Okt.). Der Freistaat wird in zwei Zonen geteilt. Zone A mit Triest selbst und nördlich angrenzendem Gebiet geht an Italien, Zone B erhält Jugoslawien. Der überwiegende, nördliche Teil dieser Zone wird Slowenien, der kleinere, südliche Teil Kroatien unterstellt.	*Triest-Frage*
1967–1972	Unter Führung von Stane Kavčič beginnt eine Liberalisierung des öffentlichen Lebens.	
1975 10. Nov.	Die Beziehungen zwischen Italien und Jugoslawien werden im *Vertrag von Osimo* unter Berücksichtigung des Minderheitenschutzes abschließend geregelt.	*Vertrag von Osimo*
1986	Milan Kučan (* 1941) wird im April neuer KP-Chef.	
1989 16. Juni	*Verfassungsänderungen* (u.a. Recht auf Sezession, Mehrparteiensystem). Sie werden endgültig am 27. Sept. gebilligt.	*Verfassungsänderungen*
7. Dez.	Bildung eines Bündnisses der Oppositionskräfte. Ab 3. Jan. 1990 heißt dieses „Vereinigte Demokratische Opposition Sloweniens" (DEMOS).	
1990 4. Febr.	Der Bund der Kommunisten Sloweniens trennt sich vom Bund der Kommunisten Jugoslawiens (BdKJ).	

Republik Slowenien	7. März	Umbenennung in *Republik Slowenien*.
	8./22. April	Mehrparteienwahlen. Die in der DEMOS zusammengeschlossenen bürgerlichen Kräfte siegen. In direkter Stichwahl wird Milan Kučan zum Staatspräsidenten gewählt.
	16. Mai	Lojze Peterle (*1948) bildet ein Kabinett aus DEMOS, den Kommunisten u. a.
	Mai–Okt.	Konflikt zwischen Slowenien und der Bundesarmee: Slowenien übernimmt selbst die Territorialverteidigung.
	2. Juli	Erklärung des slowenischen Parlaments zur Unabhängigkeit und Souveränität Sloweniens.
	23. Dez.	In einer Volksabstimmung setzen sich 88,5% für die Unabhängigkeit ein.
Unabhängigkeitserklärung	**1991**	*Unabhängigkeitserklärung* (25. Juni).
	27. Juni	Die Jugoslawische Volksarmee greift Slowenien an.
	25. Okt.	Die letzten Bundestruppen verlassen Slowenien aufgrund des Kriegsverlaufs zwischen ihnen und Kroatien.
	23. Dez.	Neue Verfassung Sloweniens: Garantie der Menschenrechte; Minderheitenschutz.
	30. Dez.	Das Parteienbündnis DEMOS löst sich auf.
	1992	Peterle wird durch ein konstruktives Misstrauensvotum des Parlaments gestürzt. Neuer Chef einer Übergangsregierung aus sechs Parteien und Unabhängigen wird Janez Drnovšek (*1950; LDS [Liberale Demokratie Sloweniens]).
	22. April	
	22. Mai	Aufnahme Sloweniens in die UNO.
	6. Dez.	Bei Parlamentswahlen wird die LDS mit 23,3% stärkste Partei; Drnovšek bildet eine Koalitionsregierung aus LDS, Christdemokraten (SKD) und Reformkommunisten (Vereinigte Liste – ZLSD).
	1995	Slowenien und die BR Jugoslawien (Serbien und Montenegro) erkennen einander völkerrechtlich an (30. Nov.).
Assoziierungsabkommen mit EU	**1996**	Unterzeichnung eines *Assoziierungsabkommens* Sloweniens *mit der EU* (10. Juni).
	10. Nov.	Die LDS wird bei Parlamentswahlen mit 27,1% erneut stärkste Partei. Drnovšek bildet diesmal eine Regierung aus LDS, Konservativer Slowenischer Volkspartei (SLS) und DESUS (Demokratische Partei der Pensionisten Sloweniens) (27. Febr. 1997).
	1997	Staatspräsident Kučan wird im ersten Wahlgang am 23. Nov. wiedergewählt.
	12./13. Dez.	Luxemburger EU-Gipfel: direkte Beitrittsverhandlungen ab April 1998.
Beitrittsverhandlungen mit der EU	**1998**	Beginn der *Beitrittsverhandlungen mit der EU* (31. März).
	2000	Ministerpräsident Drnovšek verliert eine Vertrauensabstimmung und tritt zurück (8. April). Slowenische Volkspartei (SLS) und Christdemokratische Partei (SKD) fusionieren zur Slowenischen Volkspartei (SLS + SKD).
	3. Mai	Das Parlament wählt Andrej Bajuk (*1943) zum neuen Regierungschef. Bajuk bildet ein Mitte-Rechts-Übergangskabinett, das am 7. Juni bestätigt wird.
	15. Okt.	Aus den Parlamentswahlen gehen die oppositionellen Liberaldemokraten (LDS) mit 36,2% der Stimmen als Sieger hervor. Ihr Chef Drnovšek bildet erneut eine Mitte-Links-Regierung.

Mazedonien seit 1945

	1945 30. April	Mazedonien wird erneut jugoslawisch; diesmal als eigenständige Teilrepublik der Volksrepublik. Die mazedonische Sprache wird Staatssprache (5. Mai).
	1953/1954	Die Regierung drängt zahlreiche Angehörige der albanischen Minderheit dazu, sich als Türken zu deklarieren und in die Türkei auszuwandern.
	1963	Umbenennung in Sozialistische Republik Mazedonien. Am 26. Juli wird Skopje durch ein
Erdbeben	7. Juli	*Erdbeben* vollständig zerstört.
	1968	Auseinandersetzungen zwischen Bulgarien und Jugoslawien um das bulgarische Pirin-Mazedonien. In den beiden folgenden Jahrzehnten kommt es immer wieder zum Streit über Vardar- und Pirin-Mazedonien.
	1986	Ausweitung des Konflikts auf Griechenland, das jedoch die Existenz einer mazedonischen Frage oder Minderheit bestreitet.
	1988 Aug.	Proteste von Albanern gegen die Einführung des zweisprachigen Unterrichts an albanischsprachigen Schulen in Mazedonien.
	1989/1990	Bildung neuer Parteien, wie der nationalistischen Inneren Mazedonischen Revolutionären Organisation – Demokratische Partei für die nationale mazedonische Einheit (VMRO-DPNME) und der Partei der Albaner (Partei der demokratischen Prosperität).

1990 27. Aug.	Eine Eingabe von Vertretern der *albanischen Minderheit* über die Verwendung der albanischen Sprache im Unterricht wird von der mazedonischen Regierung abgelehnt.	*albanische Minderheit*
11. Nov.– 9. Dez.	Parlaments- und Kommunalwahlen. Die VMRO-DPNME gewinnt vor den Reformkommunisten.	
1991 27. Jan.	Der Reformkommunist Kiro Gligorov (*1917) wird im zweiten Wahlgang vom Parlament zum Staatspräsidenten gewählt.	
15. April	Umbenennung in *Republik Mazedonien*.	*Republik Mazedonien*
8. Sept.	Die Bevölkerung votiert in einem Referendum mit 74,14% für die Unabhängigkeit (19. Nov. Unabhängigkeitserklärung). Albaner und Serben boykottieren das Referendum.	
18. Nov.	Verabschiedung einer neuen Verfassung.	
20. Dez.	Mazedonien stellt einen Antrag auf völkerrechtliche Anerkennung, welchen aber Griechenland innerhalb der EG bis April 1993 blockiert. Es befürchtet Gebietsansprüche Mazedoniens auf die griechische Provinz Makedonien.	
1993 8. April	*Aufnahme* Mazedoniens *in die UNO* unter dem – auch von Griechenland gebilligten – Namenszusatz „frühere jugoslawische Republik".	*Aufnahme in die UNO*
1994 18. Febr.	Durch Blockade aller Zollübergänge setzt Griechenland ein Handelsembargo gegen Mazedonien in Kraft.	
16. Okt.	Bei den ersten Präsidentschaftswahlen seit Erlangung der Unabhängigkeit wird Gligorov mit 52,4% der Stimmen als Staatsoberhaupt bestätigt.	
1995 13. Sept.	Griechenland und Mazedonien schließen unter der Schirmherrschaft der UNO ein Interimsabkommen, das die Normalisierung der beiderseitigen Beziehungen ermöglicht.	*Aufnahme in den Europarat*
9. Nov.	*Aufnahme* Mazedoniens *in den Europarat*.	
15. Nov.	Beitritt zum NATO-Programm „Partnerschaft für den Frieden".	
14. Okt.	*Griechenland* hebt die seit 20 Monaten bestehende *Handelsblockade* gegen Mazedonien auf.	*griechische Handelsblockade*
1996 8. April	Gegenseitige völkerrechtliche Anerkennung zwischen der Bundesrepublik Jugoslawien und Mazedonien.	
1998 18. Okt.	Bei den in zwei Runden sowie Nachwahlen abgehaltenen Parlamentswahlen wird die mit der liberalen Demokratischen Alternative (DA) verbündete VMRO-DPNME stärkste politische Gruppierung. Der VMRO-DPNME-Vorsitzende Ljubčo Georgievski (* 1966) wird mit der Regierungsbildung beauftragt.	
2. Dez.	Die Regierung stimmt der Stationierung einer internationalen Schutztruppe zur Sicherung der OSZE-Mission im Kosovo zu.	*Beilegung des Sprachenstreits*
1999	*Beilegung des Sprachenstreits* zwischen Mazedonien und Bulgarien.	
22. Febr. April	Die NATO stockt im Zuge der Verschärfung der Kosovo-Krise ihre Präsenz in Mazedonien auf 15 000 Soldaten auf.	
April/Mai	Nach Beginn der NATO-Luftangriffe setzt eine rapide Zunahme des Flüchtlingsstroms aus dem Kosovo ein. Mazedonien gerät dadurch an den Rand des wirtschaftlichen Zusammenbruchs; zeitweise wird die Grenze gesperrt.	
31. Okt./ 14. Nov.	Der bisherige Vize-Außenminister Boris Trajkovski (* 1956) wird zum Präsidenten gewählt.	
2001 Jan.	Kämpfer der „Nationalen Befreiungsarmee" (UCK) unternehmen Anschläge auf mazedonische Polizeiposten und besetzen ab März Dörfer in mehrheitlich von Albanern bewohnten Gebieten. Militärische Gegenmaßnahmen der Regierung führen zu einer Solidarisierung der albanischen Minderheit mit den Rebellen.	*Allparteienregierung*
13. Mai	Bildung einer *Allparteienregierung*, um die innenpolitische Krise zu lösen.	
14. Juni	Präsident Trajkovski bittet die NATO, die Entwaffnung der UCK durchzuführen.	
13. Aug.	Unterzeichnung eines Friedensabkommens, in dem die Rechte der albanischen Minderheit erweitert werden.	
22. Aug.	Beginn der NATO-Aktion zur *Entwaffnung der UCK* („Essential Harvest").	*Entwaffnung der UCK*
26. Sept.	Neues NATO-Mandat („Amber Fox") unter deutscher Führung.	
2002 15. Sept.	In Mazedonien entscheidet das Oppositionsbündnis die Parlamentswahlen für sich. Neuer Regierungschef wird der Führer der Sozialdemokratischen Union Branko Crvenkovski.	

Albanien seit 1945/46
(Forts. v. S. 1079)

Unter Führung der jugoslawischen Partisanen Titos bildet sich im Zweiten Weltkrieg in Albanien eine Widerstandsbewegung, in der wie in Jugoslawien die Kommunisten die Oberhand gewinnen und nationale Widerstandskräfte ausschalten können. Nach Abzug der deutschen Besatzung erhält das im Krieg vergrößerte und italienisch annektierte Albanien seine Vorkriegsgrenzen wieder. Im Inneren beginnt unter dem Führer der jungen Albanischen kommunistischen Partei *Enver Hoxha* (Hodscha; *1908, †1985) eine Umgestaltung in jugoslawischem Fahrwasser: Enteignung des Großgrundbesitzes und des italienischen Eigentums, Landverteilung, die bald durch Kollektivierung abgelöst wird.

Enver Hoxha

volks-demokratische Verfassung

Anlehnung an die UdSSR

atheistischer Staat

Annäherung an Jugoslawien, Rumänien und Griechenland

neue Isolierung Albaniens

neue Verfassung

Tod von Enver Hoxha

1946 11. Jan.	Die Ende 1945 mit Hilfe einer Einheitsliste der Demokratischen Front gewählte Nationalversammlung proklamiert die Albanische Volksrepublik.
7. März	*Volksdemokratische Verfassung* (erneuert am 4. Juli 1950); die aufgrund von Einheitslisten der Demokratischen Front gewählte Nationalversammlung wählt ihr Präsidium als kollektives Staatsoberhaupt. Örtliche und regionale Volksräte, aus den Volksbefreiungsausschüssen hervorgegangen. Die Demokratische Front wird von der Kommunistischen Partei dominiert, deren Generalsekretär Hoxha ist (bis 1954 auch Ministerpräsident). Er überdauert als einziger Parteiführer die zahlreichen Säuberungen der Partei, die 1948 in Albanische Arbeiterpartei umbenannt wird.
1948	Den Bruch zwischen Jugoslawien und der UdSSR benutzt Hoxha, sein Land von der engen Bindung an Jugoslawien zu lösen; fortan engere *Anlehnung an die UdSSR*. Die Investitionen der Fünfjahrpläne, die das rückständigste Land Europas zu einem Industrie- und Agrarstaat machen sollen, werden bis 1959 zu über 50% von den Ostblockstaaten finanziert. Erst Chruschtschows Aussöhnung mit Jugoslawien und die auf dem 22. Kongress der UdSSR vorgebrachte Kritik an Albaniens stalinistischem Kurs löst die prosowjetische Orientierung Hoxhas zugunsten einer prochinesischen ab.
1961	Albanien bricht die diplomatischen Beziehungen zur Sowjetunion ab. Ein Jahr später tritt Albanien aus dem Rat für gegenseitige Wirtschaftshilfe – COMECON aus. Albanien, von China wirtschaftlich-technisch unterstützt, vollführt in der Folgezeit die Wendungen des Maoismus mit.
1964 März	Die chinesische „Kulturrevolution" findet ihren Niederschlag in einer Reorganisation des albanischen Partei- und Staatsapparats.
1967	Nach Schließung aller Kirchen und Moscheen erklärt sich Albanien zum ersten *atheistischen Staat* der Welt.
1968 13. Sept.	Aus Protest gegen die Invasion der ČSSR durch Warschauer-Pakt-Truppen tritt Albanien aus dem Warschauer Pakt aus.
1971 Nov.	Der 6. Parteikongress befürwortet die inzwischen eingeleitete vorsichtige *Annäherung* Albaniens *an Jugoslawien, Rumänien und Griechenland*.
1973–1975	Albanien nimmt aus Protest gegen die Vorherrschaft der Supermächte als einziger europäischer Staat nicht an der KSZE-Konferenz in Helsinki teil.
1974	Die Annäherung Chinas an die USA ruft 1972 albanische Kritik hervor. Die Partei- und Staatsspitze wird von Anhängern der neuen außenpolitischen Linie der Regierung in Peking „gesäubert".
1974–1976	Der *neuen Isolierung Albaniens* wird durch verbesserte Wirtschaftsbeziehungen mit Nachbarländern begegnet.
1976 Dez.	Der 7. Parteikongress bestätigt die Linie Enver Hoxhas und der seit Mitte 1976 laufenden antichinesischen Kampagne.
	Neue Verfassung, in der Albanien als Staat der Diktatur des Proletariats und als erster atheistischer Staat der Welt bezeichnet wird.
1978	China stellt seine Militär- und Wirtschaftshilfe ein.
1981	Wegen der Albaner im Kosovo kommt es ab März zu Spannungen mit Jugoslawien.
17. Dez.	Ministerpräsident Mehmet Shehu (*1913, †1981) begeht angeblich Selbstmord; Hoxha nennt ihn „Agent ausländischer Spionagezentren".
1984	Griechenland warnt Albanien vor Rechtsverletzungen bei Minderheiten (21. Febr.).
1985	*Tod von* Staats- und Parteichef *Enver Hoxha*; Ramiz Alia (*1925) übernimmt die Nachfolge (14. April).
11. April	Anschluss an das europäische Eisenbahnnetz durch neue Strecke Titograd-Shkoder.
1986	Lockerung der außenpolitischen Isolation.
1987	Flucht von ca. 4800 Albanern in westliche Botschaften; Erlaubnis zur Ausreise (12. Juli); Teilprivatisierung der Landwirtschaft (7. Juli); Wiederaufnahme der Beziehungen zur Sow-

jetunion (8. Juli); Öffnung für ausländische Investoren (27.–31. Juli). Gründung der Demokratischen Partei Albaniens (12. Dez.).

1991 *Massenflucht* von ca. 20000 Albanern *nach Italien* (1.–8. März).

31. März Erste freie Parlamentswahlen, Sieg der Kommunistischen Partei.

15. April Umbenennung in Republik Albanien.

7./9. Aug. Weitere Flüchtlinge aus Albanien treffen in Italien ein. Sie werden daran gehindert, an Land zu gehen; die meisten werden bis zum 18. Aug. nach Albanien zurückgebracht.

1992 Sali Berisha (*1944), der Vorsitzende der Demokratischen Partei, wird nach dem Rücktritt

9. April Alias (3. April) vom Parlament zum neuen Staatspräsidenten gewählt.

1995 Nach der Unterzeichnung der europäischen Konvention zum Minderheitenschutz *Aufnahme*

12. Juli Albaniens *in den Europarat*.

1997 Nach dem Zusammenbruch so genannter „Sparpyramiden", in die zahlreiche Menschen in-
Febr. vestiert hatten, kommt es zu Massenprotesten und Demonstrationen gegen die Regierung. Nach anhaltenden Unruhen verhängt das Parlament den *Ausnahmezustand* (2. März).

3. März Wiederwahl Berishas.

5. März In Südalbanien brechen Kämpfe zwischen Aufständischen und Einheiten der Armee aus. Zahlreiche Albaner versuchen nach Italien zu flüchten.

9. März Präsident Berisha und die wichtigsten Oppositionsparteien beschließen nach dem Rücktritt der Regierung unter Alexander Meksi (*1939) (1. März) die Bildung einer Übergangsregierung und Neuwahlen. Am 11. März ernennt Präsident Berisha den Wirtschaftsexperten Bashkim Fino (*1963) zum Ministerpräsidenten.

13. März Die Unruhen greifen auf Tirana und Teile des Nordens über; landesweiter Zusammenbruch der öffentlichen Ordnung. Die *OSZE* beschließt den Einsatz einer internationalen *Schutztruppe* unter italienischem Oberkommando, die ab Mitte April stationiert wird (27. März).

29. Juni Bei Parlamentswahlen siegt das Mitte-Links-Bündnis unter dem Sozialisten Fatos Nano (*1952), der neuer Ministerpräsident wird (25. Juli).

24. Juli Nach dem Rücktritt Berishas (23. Juli) wird der Sozialist Rexhep Mejdani (*1944) neues Staatsoberhaupt.

12. Aug. Beginn von Polizei- und Militäraktionen, mit denen die Regierung die staatliche Autorität wiederherstellen will.

10. Sept. Ministerpräsident Nano schließt einen *Partnerschaftsvertrag mit der NATO*.

1998 Die Durchleuchtung von 326 sog. Pyramidengesellschaften durch internationale Buchprü-
Jan./März fer lässt das volle Ausmaß der unseriösen Geschäfte erkennen, die 1977 Albanien erschüttert haben.

13./14. Ex-Präsident Berisha nutzt Unruhen in der Bevölkerung und den Mord an einem Oppositi-
Sept. onspolitiker, um einen Aufstand gegen die Regierung Nano zu inszenieren. Dieser tritt am 28. Sept. zurück. Neuer Ministerpräsident wird Nanos Parteigenosse Pandeli Majko (*1967).

22. Nov. In einem Referendum wird die erste demokratische Verfassung Albaniens von 93,5% der Stimmbeteiligten gebilligt.

1999 Seit Beginn der NATO-Luftangriffe auf Jugoslawien (24. März) sind über 450 000 Men-
Ende Mai schen aus dem Kosovo nach Albanien geflohen. Sie werden in über 30 Lagern betreut. Durch das Engagement internationaler Hilfsorganisationen und durch Förderung durch die westlichen Staaten kommt es in Albanien zu einem beträchtlichen Wirtschaftswachstum.

25. Okt. Wegen Spaltungstendenzen in der Sozialistischen Partei Albaniens (PSS) tritt Ministerpräsident Majko zurück. Sein Nachfolger wird Ilir Meta (*1969).

2001 Bei den Parlamentswahlen erklärt sich die regierende PSS mit 43,5% der Stimmen als Siegerin (24. Juni/8. Juli).

2002 Nach einem Machtkampf mit seinem Parteigenossen Fatos Nano tritt Ministerpräsident
Jan. Meta zurück. Nachfolger wird der frühere Regierungschef Majko.

26. Juli Pandeli Majko tritt nach nur fünf Monaten Amtszeit zurück. Neuer Ministerpräsident wird Fatos Nano, der am 29. Juli sein 19-köpfiges Kabinett vorstellt.

Griechenland seit 1945/46
(Forts. v. S. 1082)

Nach dem Zweiten Weltkrieg verkörpern zunächst die Widerstandsbewegungen die eigentliche politische Autorität, u. a. die kommunistisch orientierte EAM (Ethnikon Apeleftherikon Metopon) und die republikanische EDES (Ellenikos Demokratikos Ethnikos Syndesmos). Da die EAM eine kommunistische Regierung mit sowjetischer Hilfe zu etablieren versucht, bricht Mitte 1946 ein *Bürgerkrieg* aus. Er endet 1949 mit der Einstellung des Kampfes durch die kommunistische Gegenregierung in Nordgriechenland. Der Schock des Bürgerkriegs und eine weit verbreitete Kommunistenfurcht setzt die 1951 von Marschall Alexander Papagos (*1883, †1955) gegründete „Hellenische Sammlungsbewegung" in die Lage, bis 1955 die jeweilige Regierung zu stellen. Nach Papagos' Tod wird die konservative „Nationale Radikale Union" von Konstantin Karamanlis (*1907, †1998) Regierungspartei bis 1963.

Größtes außenpolitisches Problem ist seit 1964 die *Zypernfrage* und damit die permanente Auseinandersetzung mit der Türkei. Da alle griechischen Regierungen seit der Erringung der Unabhängigkeit 1830 die Einbeziehung aller von Griechen bewohnten Gebiete in den griechischen Staat als ihre Hauptaufgabe betrachten, engagieren sich alle politischen Kräfte auch in der Frage der Angliederung Zyperns zugunsten der „Enosis" (Vereinigung).

In der Folge des Militärputsches von 1967 und der Errichtung eines nationalistischen, autoritären und sozialkonservativen Regimes wird Griechenland 1973 zur Republik erklärt.

	1946	Volksabstimmung, große Mehrheit für die monarchische Staatsform (1. Sept.).
	1947 12. März	US-Präsident Harry S. Truman gibt, nachdem Großbritannien seine militärische Hilfe für Griechenland eingestellt hat, die Bereitschaft der USA bekannt, Griechenland und jedem anderen Mittelmeeranrainer jede gewünschte Hilfe bei der Abwehr kommunistischer Bestrebungen zur Machtübernahme zuteil werden zu lassen *(Truman-Doktrin)*.
	1. April	Nach dem Tod König Georgs II. wird Paul I. (*1901, †1964) sein Nachfolger.
	1949	Das Zentralkomitee der Kommunistischen Partei Griechenlands beschließt angesichts der Einstellung jugoslawischer Waffenhilfe die Aufgabe des bewaffneten Kampfes (9. Okt.).
konstitutionelle Monarchie	1952	Verkündung der neuen Verfassung: Griechenland ist *konstitutionelle Monarchie*; die Legislative liegt bei König und Parlament, Exekutive bildet die parlamentarisch verantwortliche Regierung (9. Okt.).
NATO-Beitritt	18. Febr.	*Beitritt zur NATO* als Sicherung gegen die sowjetische Präsenz auf dem Balkan.
	16. Nov.	Nach Wahlsieg wird Marschall Alexander Papagos Ministerpräsident.
	1953	Stützpunktabkommen mit den USA im Rahmen der NATO (12. Okt.).
	1955	Nach dem Tod von Papagos bildet Konstantin Karamanlis eine neue Regierung (5. Okt.). Seine Bemühungen gelten v.a. der Modernisierung und Weiterentwicklung der Wirtschaft u.a. mit Mitteln aus dem Marshallplan.
EWG-Assoziierung	1961	*Assoziierungsabkommen mit der EWG* (9. Juli).
	1963 3. Nov.	Bei Parlamentswahlen erhält das linksgerichtete Vereinigte Zentrum unter Georgios Papandreou (*1888, †1968) die Mehrheit der Stimmen; er wird mit der Regierungsbildung beauftragt.
	1964 16. Febr.	Wegen der Demission der Regierung Papandreou (24. Dez. 1963) müssen vorzeitig Neuwahlen abgehalten werden, bei denen die Zentrumsunion die absolute Mehrheit erringt (Bildung eines neuen Kabinetts Papandreou).
	16. März	Nachfolger des verstorbenen Königs Paul I. wird sein Sohn Konstantin II. (*1940).
	1965 Juli	Schwere innenpolitische Krise, als König Konstantin II. der Regierung Papandreou geforderte Maßnahmen gegen eine Offiziersverschwörung verweigert. Der Verfassungskonflikt entzündet sich an der Frage über das Mitspracherecht des Königs bei der Auswahl der Minister und der Führung der Streitkräfte. Rücktritt der Regierung Papandreou.
	1965–1967	Weil Konstantin II. Neuwahlen zur Lösung der Krise verweigert (mehrere kurzlebige Regierungen), spitzt sich die innenpolitisch prekäre Situation zu.
Obristen-Putsch	1967 21. April	Nachdem sich die großen Parteien auf Neuwahlen geeinigt haben, ergreift eine Gruppe rechtsstehender *Obristen* unter Georgios Papadópoulos ([*1919, †1999] vom 13. Dez. 1967 bis 24. Aug. 1971 formell Ministerpräsident) und Stylianos Pattakos (*1912) durch einen Putsch die Macht.
	13. Dez.	Nach einem gescheiterten Gegenputsch geht Konstantin II. ins Exil.
	1968	Eine durch umstrittene Volksabstimmung angenommene Verfassung suspendiert die Grundrechte (29. Sept.).
	1969 12. Dez.	Dem Ausschluss aus dem Europarat wegen Verletzung der Menschenrechte kommt Griechenland durch Austritt zuvor.

1973	Griechenland wird zur *Republik* erklärt (1. Juni).	*Republik*
1974 24. Juli 25. Juli	Das Scheitern eines gesteuerten Putsches auf Zypern zur Erzwingung des Anschlusses führt zum Zusammenbruch des Militärregimes. Wiederberufung von Konstantin Karamanlis als Ministerpräsident, der sich um die Wiedereinführung der Grundrechte nach der Verfassung von 1952 bemüht.	
14. Aug.	Wegen der unklaren Haltung der NATO und der USA in der Zypernkrise scheidet Griechenland aus der militärischen Organisation der *NATO* aus.	
28. Nov.	Griechenland wird wieder Vollmitglied des Europarats, nachdem Parlamentswahlen eine Mehrheit für die Regierung Karamanlis erbracht haben.	
8. Dez.	Volksabstimmung über die Staatsform, 69,2% der Stimmberechtigten für die Republik.	
1975 11. Juni	Eine neue Verfassung tritt in Kraft, die insbesondere die Stellung des Präsidenten stärkt und einen umfangreichen Grundrechtskatalog garantiert.	
1976 Jan./Febr.	Mit der *Balkankonferenz* in Athen beginnt eine Phase verstärkter Bemühungen um gutnachbarliche Beziehungen aller Balkanstaaten untereinander.	*Balkankonferenz*
15. April	Abschluss eines neuen Verteidigungsabkommens mit den USA.	
1977 20. Nov.	Bei Parlamentswahlen kommt es zu Einbußen für die Regierungspartei, die aber trotz Gewinnen der Linken die absolute Mehrheit behält.	
28. Nov.	Bildung einer neuen Regierung unter Konstantin Karamanlis.	
1978	Grundsatzprogramm zur wirtschaftlichen Anpassung an die EG (18. Juni).	
21. Dez.	Grundsatzeinigung mit der EG über den Beitritt Griechenlands als Vollmitglied.	
1980 9. Mai	Das Parlament wählt Karamanlis zum Staatspräsidenten (5. Mai). Giorgios Rallis (*1918) wird Ministerpräsident. Rückkehr Griechenlands zur Militärorganisation der NATO.	
1981	Griechenlands *Vollmitgliedschaft in der EG* beginnt (1. Jan.).	*EG-Beitritt*
21. Okt.	Andreas Papandreou (*1919, †1996) bildet eine sozialistische Regierung	
1982	Ankündigung der Sozialisierung von Großbanken und Schlüsselindustrien (3. Jan.).	
1983 8. Sept.	Griechenland und die USA unterzeichnen einen Vertrag über *US-Militärhilfe* und die weitere Nutzung von US-Stützpunkten bis einschließlich 1988.	*US-Militärhilfe*
1985 29. März	Im 3. Wahlgang wird der parteilose Jurist Christos Sartsetakis (*1929) zum Staatspräsidenten gewählt.	
2. Juni	Bei vorgezogenen Neuwahlen erreicht die Panhellenische Sozialistische Bewegung (PASOK) 45,8% gegenüber 40,8% der konservativen Nea Demokratia (ND).	
3. Juni	*Papandreou* (PASOK) bildet eine provisorische *Regierung*. Endgültige Regierung am 26. Juli.	*Regierung Papandreou*
1987 27. März	Ölsuche der Türkei in der Ägäis verschärft die seit Jahren andauernden Spannungen; griechische Armee in Alarmbereitschaft.	
1988	Durch mehrere *Treffen Papandreous und Özals* (türkischer Ministerpräsident) gelingt ab Jan. eine Annäherung.	*Treffen Papandreous und Özals*
17. Dez.	Starker Ansehensverlust der Regierung wegen zahlreicher Skandale. Papandreou droht mit Rücktritt, falls sein Haushalt nicht angenommen wird.	
1989 2. Juli	Parlamentswahlen (18. Juni) ergeben keine eindeutigen Mehrheitsverhältnisse. Tzannis Tzannetakis (ND) bildet eine Übergangsregierung aus ND und „Links- und Fortschrittskoalition".	
5. Nov.	Nach erneuten Wahlen Allparteienkoalition unter Xenophon Zolotas (ND, *1904), die bereits am 12. Febr. zerbricht und durch eine Übergangsregierung aus parteipolitisch unabhängigen Persönlichkeiten ersetzt wird.	
1990 13. Febr.		
3. März 8. April 11. April	Auch im dritten Wahlgang kein klares Ergebnis der Wahl des Präsidenten durch das Parlament. Deshalb Auflösung des Parlaments (12. März) und Neuwahlen, bei denen die ND mit 46,9% 150 von 300 Sitzen erringt, PASOK erreicht 38,6% und 123 Sitze. *Regierung unter* Konstantin *Mitsotakis* (*1918).	*Regierung Mitsotakis*
4. Mai	Das Parlament wählt Konstantin Karamanlis mit 153 Stimmen zum Präsidenten.	
1991 11. Sept.	Mitsotakis und der türkische Ministerpräsident Mesut Yilmaz vereinbaren die Ausarbeitung eines bilateralen Kooperationsvertrages zur Lösung der *Zypernfrage*.	*Zypernfrage*
1992 20. Jan.	Die Regierung Mitsotakis beschließt Reformmaßnahmen zur Wirtschaftssanierung, die den Beitritt zum EWS 1993 ermöglichen sollen.	
27. Juni	Die Staats- und Regierungschefs der Europäischen Gemeinschaft entscheiden auf ihrem Gipfel in Lissabon, die unabhängig gewordene ehemalige jugoslawische Teilrepublik Mazedonien nicht anzuerkennen, weil Griechenland Gebietsansprüche auf die eigene Provinz Makedonien befürchtet und vor der Anerkennung eine Namens- und Flaggenänderung Mazedoniens fordert.	
1993 10. Okt.	Der ehemalige Ministerpräsident Papandreou gewinnt die vorgezogenen Parlamentswahlen gegen den konservativen Regierungschef Mitsotakis und bildet eine neue Regierung (12. Okt.).	

Streit mit Mazedonien	**1994** 16./17. Febr.	Wegen des *Namens- und Flaggenstreits mit Mazedonien* sperrt Griechenland trotz heftiger Kritik der USA, Russlands und der EG den Hafen von Thessaloniki und die Grenze zu Mazedonien für Warentransporte.
Spannungen mit der Türkei	10.–20. Nov.	Griechische und türkische Seemanöver in der Ägäis führen zu großen *Spannungen mit der Türkei*, welche die neue internationale Seerechtskonvention (16. Nov.), die Griechenland eine Ausdehnung seiner Hoheitsgewässer in der Ägäis von sechs auf zwölf Seemeilen gestattet, nicht unterzeichnet hat.
	1995 14. Okt.	Griechenland beendet die 20-monatige Grenzblockade zu Mazedonien, nachdem das mazedonische Parlament eine Änderung der Staatsflagge beschlossen hat.
Rücktritt Papandreous	**1996** 18. Jan.	Ministerpräsident *Papandreou tritt* am 15. Jan. krankheitshalber *zurück*. Der Sozialist Kostas (Konstantin) Simitis (*1936) (seit 30. Juni auch Vorsitzender der PASOK) wird neuer Ministerpräsident.
	22. Sept.	Die PASOK gewinnt vorgezogene Parlamentswahlen.
	1998	Die Drachme tritt dem Wechselkurs des Europäischen Währungssystems (EWS) bei (16. März).
	9. Okt.	Ministerpräsident Simitis kündigt das umfangreichste und teuerste (24 Mdr. US-Dollar in den nächsten fünf Jahren) Rüstungsprogramm in der Geschichte des Landes an.
	1999	Das Parlament ratifiziert den (EU-)Vertrag von Amsterdam (18. Febr.).
	18./19. Febr.	Wegen Verwicklung griechischer Regierungsstellen in die Bemühungen, PKK-Chef Öcalan vor dem Zugriff der Türkei zu schützen, kommt es zu einer Regierungskrise. Die Außen-, Innen- und Polizeiminister sowie der Geheimdienstchef werden entlassen.
	März/April	Große Protestdemonstrationen gegen die NATO-Luftangriffe auf Jugoslawien.
	2000 1. Jan.	Im Fährverkehr mit Italien sowie im Flugverkehr mit den anderen neun Anwenderstaaten des Schengener Abkommens entfallen die Polizeikontrollen.
Entspannung zwischen Griechenland und der Türkei	Jan./Febr.	Gegenseitige Besuche der beiden Außenminister (Georgios Papandreou 20./21. Jan. in Ankara, Ismail Cem in Athen 3./4. Febr.) – die ersten seit 38 bzw. 40 Jahren – werden als Zeichen der *Entspannung zwischen Griechenland und der Türkei* gewertet.
	8. Febr.	Kostis Stephanopoulos (*1926), Staatspräsident seit 1995, wird für eine zweite Amtszeit wiedergewählt.
	9. April	Bei der Parlamentswahl kann die regierende PASOK ihre Mehrheit knapp behaupten.
	13. April	Der oberste Gerichtshof in Athen bestätigt den Überlebenden und Angehörigen von Opfern des Kriegsverbrechens von Distomo (verübt durch die Waffen-SS im Juni 1944) den Anspruch auf Entschädigungszahlungen durch die Bundesrepublik Deutschland.
	2001	Beitritt Griechenlands zur Europäischen Wirtschafts- und Währungsunion (EWWU) (1. Jan.).
	6. März	Außenminister Papandreou gibt gegenüber der Regierung in Skopje eine Garantieerklärung für die territoriale Integrität Mazedoniens ab.
	26. April/ 17. Mai	Unter dem Druck zweier Generalstreiks lässt die Regierung ihr geplantes Sanierungskonzept für das Sozialversicherungssystem fallen.
	18. Juli	Vier mutmaßliche Mitglieder der Terrorgruppe „17. November" werden festgenommen. Der Name der Gruppe bezieht sich auf den Studentenaufstand gegen die Militärjunta am 17. Nov. 1973.

Zypern seit 1878/1958

Anschluss an Griechenland

Die Mehrheit der griechischen Zyprioten fordert unter Führung der orthodoxen Kirche seit dem 19. Jh. den *Anschluss an Griechenland* (Enosis). Die Bestrebungen richten sich zunächst gegen die osmanische und später gegen die britische Herrschaft (1878 erhält Großbritannien vom Sultan die Kontrolle über Zypern übertragen, 1914/1918 wird die Insel annektiert, die 1925 zur britischen Kronkolonie erhoben wird).

Erzbischof Makarios III.

Nach dem Zweiten Weltkrieg tritt das Oberhaupt der griechisch-orthodoxen Kirche auf Zypern, *Erzbischof Makarios III.* (*1913, †1977), an die Spitze der Enosis-Bewegung. Seit 1955 führt die griechisch-nationalistische Widerstandsorganisation EOKA (Ethniki Organosis Kiprion Agoniston) unter General Georgios Grivas (*1898, †1974) einen Guerillakampf gegen die britische Kolonialmacht bei gleichzeitigen Übergriffen auf die türkische Bevölkerung Zyperns.

1958 Beendigung des Untergrundkampfes.

1959 In London einigen sich die Regierungen Großbritanniens, Griechenlands und der Türkei sowie Vertreter der beiden zypriotischen Volksgruppen auf die Unabhängigkeit sowie auf die Stationierung griechischer und türkischer Truppenkontingente. Großbritannien behält über seine militärischen Stützpunkte die Hoheitsrechte.

1960 16. Aug.	Der zum Staatspräsidenten gewählte Erzbischof Makarios proklamiert die *Unabhängigkeit Zyperns*.	*Unabhängigkeit Zyperns*
1967	Die seit 1964 bürgerkriegsähnlichen Zustände verschärfen sich nach dem Militärputsch in Griechenland.	
1974	*Staatsstreich* der Nationalgarde (15. Juli); Makarios gelingt die Flucht.	*Staatsstreich*
20. Juli	Die Türkei landet zum Schutz der türkischen Volksgruppe mit Truppenverbänden, die den gesamten Nordosten der Insel besetzen (200000 Griechen vertrieben bzw. fliehen in den unbesetzten Teil).	
7. Dez.	Rückkehr von Erzbischof Makarios, der Funktionen des Staatspräsidenten wieder übernimmt, von der türkischen Seite aber nicht anerkannt wird.	
1975 3. Febr.	Proklamation eines eigenen türkisch-zypriotischen Bundesstaates in Nikosia durch eine mit Unterstützung der Türkei eingesetzte Gesetzgebende Versammlung. *Rauf Denktasch* (*1924), der Führer der türkischen Volksgruppe, wird zum Präsidenten ausgerufen.	*Rauf Denktasch*
1977	Tod von Staatspräsident Makarios (3. Aug.).	
1978	Sein Nachfolger Spyros Kyprianou (*1934) wird von der Türkei nur für den griechischen Teil der Insel anerkannt.	
1983	Rauf Denktasch proklamiert einseitig die „*Türkische Republik Nordzypern*" (15. Nov.).	*Türkische Republik Nordzypern*
1985 9. Juni 23. Juni	Unter einer neuen Verfassung (5. Mai) wird Rauf Denktasch zum Präsidenten Nordzyperns gewählt (70,5%); auch die anschließenden Parlamentswahlen gewinnt Denktaschs Nationale Einheitspartei (UBP) mit 36,7%.	
8. Dez.	Die Parlamentswahlen im griechischen Teil gewinnt die Demokratische Sammlung (DISY, 33,56%) vor der Demokratischen Partei (DIKO, 27,65%). Präsident Spyros Kyprianou (DIKO) hat keine Mehrheit im Parlament.	
1988 21. Febr.	In einer Stichwahl entscheidet der unabhängige, von Kommunisten und Liberalen unterstützte Wirtschaftswissenschaftler *Georgios Vassiliou* (*1931) die Präsidentschaftswahlen im griechischen Teil Zyperns für sich.	*Georgios Vassiliou*
1989 28. März	Der Dialog zwischen den Regierungen im griechischen und türkischen Teil führt auch in der zweiten Runde zu keinem Ergebnis.	
1990	Parlaments- und Präsidentschaftswahlen in Nordzypern bringen keine Veränderungen.	
4. Juli	Zypern beantragt die EG-Mitgliedschaft.	
1993 28. Febr.	*Glafkos Klerides* (DISY, *1919) wird neuer Staats- und Regierungschef im griechischen Teil Zyperns.	*Glafkos Klerides*
1994 20. Juli	Griechen und Türken begehen den 20. Jahrestag der Invasion der türkischen Streitkräfte und der Teilung Zyperns.	
1997 9.–13. Juli	Klerides und Denktasch erörtern ohne konkrete Ergebnisse ein *UN-Konzept*, das auf Zypern eine *Föderation* aus zwei unabhängigen Staaten vorsieht.	*Föderationskonzept*
12.–13. Dez.	Teilnahme am Luxemburger EU-Gipfel als direkter *Beitrittskandidat der EU*. Zypern wird aufgefordert, bei den für April 1998 geplanten Erweiterungsverhandlungen Vertreter aus Nordzypern einzubeziehen.	*EU-Beitrittskandidat*
15. Dez.	Türkische Zyprioten brechen Gespräche mit griechischen Zyprioten aus Protest über die EU-Entscheidung gegen die Türkei ab.	
1998	Klerides wird wiedergewählt (15. Febr.).	
31. März	Die EU nimmt Beitrittsverhandlungen mit Zypern auf.	
29. Dez.	Auf Druck des griechischen Ministerpräsidenten Simitis verzichtet die zyprische Regierung auf die geplante Stationierung von 15 mobilen russischen Luftabwehrraketen.	
1999	Der nordzyprische Präsident Denktasch wird für eine vierte Amtszeit wiedergewählt (15. April).	
3.–14. Dez.	Repräsentanten der auf Zypern lebenden Griechen und Türken treffen sich in New York zu mehreren indirekten „Annäherungsgesprächen", die aber ohne Ergebnis bleiben.	
2001 27. Mai	Bei den Parlamentswahlen siegt die prokommunistische Fortschrittspartei des werktätigen Volkes (AKEL) mit 34,7% der Stimmen.	
6. Juni	In Nordzypern bildet nach dem Zusammenbruch der rechtsgerichteten Regierungskoalition (25. Mai) Ministerpräsident Dervisch Eroglu eine neue Regierung.	
2002 16. Jan.	Einigung zwischen Türken und Griechen auf Zypern über einen Verhandlungsfahrplan zur *Überwindung der Teilung*.	*Überwindung der Teilung*

Türkei seit 1945/46
(Forts. v. S. 1111)

prowestlicher Kurs

Unter Staatspräsident Ismet Inönü gibt die Türkei gegen Ende des Zweiten Weltkriegs die neutrale Haltung auf, wendet sich den Alliierten zu und erklärt am 23. Febr. 1945 dem Deutschen Reich und Japan den Krieg. Damit sind die Weichen für einen *prowestlichen Kurs* gestellt (Mitglied des Europarats, Beitritt zur NATO und zum Bagdad-Pakt – CENTO), der erst nach 1974 infolge der Zypernereignisse in Frage gestellt wird, als die Beziehungen zum Bündnispartner USA und zum NATO-Staat Griechenland starken Spannungen ausgesetzt sind und als eine vorsichtige Annäherung an die UdSSR erkennbar wird.

Strukturprobleme

Gleichzeitig wird im Innern deutlich, dass der „Kemalismus" nicht imstande war, die vom Osmanischen Reich übernommenen *Strukturprobleme* zu lösen. Er ist – nicht zuletzt wegen der anhaltenden wirtschaftlichen und damit sozialen Misere – ohne Rückhalt in breiten Bevölkerungsschichten geblieben, die deshalb immer stärker zu politischen Tendenzen neigen, welche sich gegen den republikanischen und laizistischen Staat richten.

1946 Demokratische Partei unter maßgeblicher Mitwirkung von Celâl Bayar (*1883, †1986) und
24. Febr. Adnan Menderes (*1899, †1961) gegründet.

1950 Die Demokratische Partei gewinnt bei den ersten Parlamentswahlen die Mehrheit. Bayar
Mai wird zum Staatspräsidenten, Menderes zum Ministerpräsidenten gewählt.

Wirtschaftsliberalisierung

1951–1960 Während seiner Regierungszeit (fünf Kabinette) versucht Ministerpräsident Menderes entgegen dem früheren Etatismus eine *Liberalisierung* in Wirtschaft und Handel, vermag jedoch die wirtschaftlichen Grundprobleme nicht zu lösen und setzt sich daher verstärkt der Kritik der parlamentarischen Opposition aus. Als Inflation und die Verknappung lebenswichtiger Güter die innenpolitische Lage zuspitzen, kann Menderes sich nur durch Unterdrückung der Opposition an der Macht halten. Antidemokratische Maßnahmen wie die Einführung der Pressezensur fördern die Missstimmung unter der Intelligenz.

NATO-Beitritt

1952 Die Nationalversammlung billigt einstimmig den *Beitritt zur NATO* (18. Febr.).

1955 Gemeinsam mit dem Irak schließt sich die Türkei im Bagdad-Pakt zu einem Verteidigungs-
24. Febr. bündnis zusammen, dem später auch Großbritannien, Pakistan und Iran beitreten (nach dem Austritt Iraks 1959 in CENTO – Central Treaty Organization – umbenannt).

Staatsstreich der Armee

1960 Heftige Studentenunruhen als Ausdruck der Unzufriedenheit führen zu einem *Staatsstreich*
27. Mai *der Armee* unter General Cemal Gürsel (*1895, †1966), der als Vorsitzender eines Offiziersausschusses die Funktion des Staats- und Regierungschefs übernimmt (in einem gegen die gestürzten Machthaber geführten Prozess werden 1961 Menderes zum Tode und Bayar zu lebenslanger Haft verurteilt).

neue Verfassung

1961 Durch eine Volksabstimmung wird eine *neue Verfassung* angenommen, in der die Türkei als
19. Juli „nationale, demokratische, laizistische und soziale Republik" definiert wird, die Grundrechte des Einzelnen garantiert und weit gehende Reformen im Erziehungswesen sowie im Sozialbereich vorgesehen werden.

15. Okt. Wahl der Nationalversammlung ohne eindeutige Mehrheit einer der vier Parteien.

20. Nov. Der ehemalige Staatspräsident Ismet Inönü (Republikanische Volkspartei) bildet eine Koalitionsregierung.

1962–1965 Instabile, wenig wirksame Koalitionsregierungen lösen einander ab.

1963 Die Fortführung des prowestlichen Kurses in der türkischen Außenpolitik findet ihren Aus-
12. Sept. druck im Assoziierungsabkommen mit der EWG.

1965 Bei Parlamentswahlen siegt die Gerechtigkeitspartei (Nachfolgerin der Demokratischen
10. Okt. Partei) unter Süleyman Demirel (*1924), der eine neue Regierung bildet (27. Okt.). 1966–1973 ist Cevdet Sunay (*1900, †1982) Staatspräsident.

politische Radikalisierung

1965–1971 Verstärkte *Radikalisierung des politischen Lebens* durch eine zunehmende Polarisierung von der äußersten Rechten (Traditionalisten und rechtsgerichtete Vereinigungen, die für eine Rückbesinnung auf islamische Werte in der Politik eintreten) bis zur äußersten Linken
1971–1974 (revolutionäre Sozialisten und Anarchisten). Die Spaltung der Armeeführung in einen kemalistischen und einen rechtsextremen Flügel schwächt das Militär als Stabilitätsfaktor.

1971 Angesichts der anhaltend prekären innenpolitischen Situation zwingt die Armee Minister-
12. März präsident Demirel zum Rücktritt und droht mit direkter Machtübernahme, falls nicht durch ein Fachkabinett binnen Jahresfrist die politische, wirtschaftliche und soziale Ordnung wiederhergestellt sei.

Staatssicherheitsgerichte

1973 Der Senat verabschiedet eine Verfassungsänderung, durch die die Einrichtung von *Staatssi-*
15. März *cherheitsgerichten* ermöglicht wird, denen die gerichtliche Beurteilung aller Verbrechen gegen die Einheit der Nation und Republik obliegen.

6. April	Staatspräsidentenwahlen, Mehrheit für Admiral Fahri Korutürk (*1903, †1987).
Aug.	Verabschiedung einer Landreform: Begrenzung des Grundbesitzes je nach Bodenqualität bei bewässerten Flächen auf 200 ha, Entschädigung der Enteigneten nach Steuerwert, Übergabe des freien Landes an Kleinbauern und Landarbeiter bei Zahlungsverpflichtungen in 25 Jahresraten.
14. Okt.	Wahlen, relative Mehrheit der sozialdemokratischen Republikanischen Volkspartei.
1974 25. Jan.	Der Führer der Republikanischen Volkspartei, Bülent Ecevit (*1925), bildet mit der islamisch-konservativen Nationalen Heilspartei eine Regierung.
20. Juli	Da nach dem Staatsstreich auf Zypern (15. Juli) der Anschluss an Griechenland proklamiert wird und Griechenland und Großbritannien ein Eingreifen im Sinne der Zypernverträge von 1959 verweigern, lässt die Regierung Ecevit türkische *Truppen auf Zypern* landen, die die Schaffung autonomer Verwaltungsgebiete für beide Bevölkerungsgruppen unter einer unabhängigen Bundesregierung durchsetzen sollen.
18. Sept.	Ministerpräsident Ecevit sieht sich zum Rücktritt gezwungen, weil die Heilspartei die Annexion des türkisch kontrollierten Teils Zyperns fordert.
1975 5. Febr.	Wegen des Festhaltens der Interimsregierung (seit 17. Nov. 1974) unter Ministerpräsident Sadi Irmak (*1904, †1990) an der Annexionsforderung verhängen die USA ein Waffenembargo.
31. März	Kabinett der Rechtskoalition unter Ministerpräsident Demirel, dessen Regierungsprogramm die biregionale Föderation auf Zypern, Regelung der Streitigkeiten mit Athen, Festhalten an der NATO-Mitgliedschaft, Förderung der Ost-West-Entspannung auf dem Balkan, verbesserte Beziehungen zur EG und zu den arabischen Staaten sowie Ausbau der Rüstungsindustrie vorsieht.
9. Juli	Unterzeichnung eines Wirtschaftsabkommens mit der Sowjetunion (u.a. eine sowjetische Kredithilfe im Wert von 1 Mrd. US-Dollar).
26. Juli	Die wichtigsten militärischen US-Basen werden türkischem Oberbefehl unterstellt.
1976 26. März	Die *Beziehungen zu den USA* werden durch den Abschluss eines neuen Verteidigungsabkommens entspannt, die Ratifizierung wird jedoch im US-Senat blockiert.
1977 5. Juni 4. Juli 21. Juli	Bei Parlamentswahlen unter Druck von Terroristen verfehlt die Republikanische Volkspartei die Mehrheit; das von Bülent Ecevit gebildete Minderheitskabinett (21. Juni) scheitert am Vertrauensvotum; neuer Premier einer rechtsgerichteten Koalitionsregierung wird wieder Süleyman Demirel, der nach Mehrheitsverlust durch Parteiaustritte zurücktritt (31. Dez.).
1978	Der am 6. Jan. erneut berufene Ecevit erhält das Vertrauen des Parlaments (17. Jan.).
1979 30. April	Nachdem die Türkei im Zusammenhang mit der Entwicklung im Iran den *Austritt aus der CENTO* bekannt gegeben hat (15. März), folgt der Beschluss zur Auflösung des Pakts.
29. Aug.	Umschuldungsabkommen (2,2 Mrd. Dollar) mit westlichen Banken zur Bewältigung der hohen Auslandsschulden.
16. Okt.	Angesichts negativer Nach- und Zwischenwahlergebnisse tritt Ecevit zurück.
12. Nov.	Demirel bildet sein 6. Kabinett.
1980 12. Sept.	Am 29. März wird ein neues Stützpunktabkommen mit den USA unterzeichnet. Das *Militär übernimmt* unter Kenan Evren (*1918) wegen „Gefährdung der Republik infolge verräterischer ideologischer und physischer Angriffe äußerer und innerer Feinde" die *Macht*. Nach dem Militärputsch erfolgt ein rigoroses Vorgehen der Sicherheitskräfte gegen die nicht als nationale Minderheit anerkannten Kurden, denen jedes politische und kulturelle Bekenntnis zum Kurdentum untersagt ist; im Gegenzug verstärken sich in den nächsten Jahren die kurdischen Autonomiebestrebungen in den Südostprovinzen der Türkei; es kommt zum Bürgerkrieg mit der PKK (Arbeiterpartei Kurdistans).
1982 7. Nov.	Nach verschärftem innenpolitischem Druck wird durch Volksabstimmung mit 91,3 % Ja-Stimmen eine neue Verfassung zugunsten Evrens verabschiedet, der auf sieben Jahre Staatspräsident wird.
1983	Nach neuem Parteiengesetz (24. April), der Neugründung von Parteien, neuem Wahlgesetz (14. Juni) und Parlamentswahlen (6. Nov.) wird deren Sieger *Turgut Özal* (*1927, †1993), Vorsitzender der rechtsgerichteten Mutterland-Partei, nach Verlängerung des Kriegsrechts (10. Nov.) schließlich neuer *Ministerpräsident* (7. Dez.).
1984 20. März	Außer in einigen kurdischen Gebieten wird das Kriegsrecht nach und nach in den einzelnen Provinzen und in den Großstädten aufgehoben (bis 20. März 1986), kann aber durch Parlamentsbeschluss jederzeit wieder verhängt werden.
1987	*„Ägäiskrise"*: Spannungen mit Griechenland wegen Ölförderung (27. März).
14. April	Die Türkei ersucht in Brüssel offiziell um Aufnahme in die EG.

	6. Sept.	50,24 % der Bevölkerung votieren in einem Verfassungsreferendum für die Aufhebung des seit 1982 bestehenden Verbots der politischen Betätigung für Süleyman Demirel, Bülent Ecevit, Necmettin Erbakan (*1926) und Alparslan Türkesh (*1917, †1997).
	29. Nov.	Mit Hilfe einer Änderung des Wahlgesetzes erreicht Özals Mutterland-Partei (AnaP) bei den Parlamentswahlen mit nur 36,29 % der Stimmen die Mehrheit der Sitze, gefolgt von der Sozialdemokratischen Volkspartei (SHP) und der konservativen Partei des Rechten Weges (DYP; Nachfolgerin der Gerechtigkeitspartei).
	1988	Mehrere Gipfeltreffen führen zur zeitweiligen Annäherung an Griechenland (ab Jan.).
Özal Präsident	1989	*Özal* wird vom Parlament für sieben Jahre *zum Präsidenten gewählt*. Die Opposition boy-
	31. Okt.	kottiert die Wahl. Neuer Regierungschef wird der bisherige Parlamentspräsident und
	9. Nov.	Özal-Vertraute Yidirim Akbulut (*1935).

Islamischer Fundamentalismus

Islamisierung Ende der achtziger Jahre ist ein Erstarken des islamischen Fundamentalismus in der Türkei zu beobachten. Turgut Özal (1989–1993 Staatspräsident) stützt die *Islamisierung*. 1991 gelingt der islamisch-fundamentalistischen Wohlfahrtspartei (RP) unter Necmettin Erbakan mit 16,9 % der Stimmen der Einzug ins Parlament; 1992 bis 1993 steigt ihre Mitgliederzahl um 50 % auf 1,6 Mio. Es zeigt sich, dass der vom Militär gestützte Kemalismus, der eine moderne, an der westlichen Welt orientierte, laizistische Republik propagiert und sich gegen eine Einheit von religiöser und politischer Ordnung wendet, sich einer wachsenden Fundamentalopposition stellen muss. Mit der Wohlfahrtspartei wird erstmals in der Geschichte der modernen Türkei 1995 bei Parlamentswahlen eine islamistische Partei stärkste politische Kraft; Erbakan ist 1996/97 Regierungschef, muss jedoch dem Druck der Militärs weichen.

Freiheits- *beschränkungen*	1990 Mai	Die Regierung erlässt *Einschränkungen* der *Freiheitsrechte*. *Deportationen* aus den Südostprovinzen (Kurden) werden ermöglicht, Zeitungsberichte über die Region werden zensiert.
Golfkrise	1991	Generalstreik wegen der Löhne, vor allem aber wegen Özals anti-irakischer Haltung in der *Golfkrise* (3. Jan.).
	6. Jan.	Özal bittet um NATO-Einheiten zum Schutz vor einem irakischen Angriff.
	19. Jan.	US-amerikanische Flugzeuge greifen Irak im Zweiten Golfkrieg von türkischen NATO-Stützpunkten aus an.
	16. Juni	Rücktritt Akbuluts; Mesut Yilmaz (*1947) wird mit der Bildung einer Regierung betraut.
	6. Aug.	Die türkische Armee dringt rund 20 km auf nordirakisches Gebiet vor, um Stützpunkte der Kurdenorganisation PKK zu zerstören; auch in den folgenden Jahren regelmäßig militärische Übergriffe auf irakischem Boden.
Bekämpfung *der PKK*	1992 1.–20. März	Bombenangriffe der türkischen Luftwaffe auf Stellungen der PKK im türkisch-irakischen Grenzgebiet kosten mehreren hundert Kurden das Leben. Die Verwendung deutscher Waffen bei der *Bekämpfung der PKK* wird in der Türkei und der Bundesrepublik kritisiert.
	1993	Präsident *Turgut Özal stirbt* (17. April).
Çiller Minister- *präsidentin*	16. Mai 25. Juni	Ministerpräsident Süleyman Demirel (DYP) wird für eine Amtszeit von sieben Jahren zum Staatspräsidenten gewählt. Die Wirtschaftsministerin Tansu Çiller (Vorsitzende der DYP; *1946) übernimmt als erste Frau das *Ministerpräsidentenamt*.
	1995 13. Dez.	Das Europaparlament stimmt der *Zollunion der Europäischen Union* mit der Türkei zu. Die Zollunion tritt am 1. Jan. 1996 in Kraft.
	1996 7. März	Nach Parlamentswahlen (24. Dez. 1995), die keine klaren Mehrheitsverhältnisse liefern, bilden AnaP und DYP eine Regierungskoalition. Im Amt des Ministerpräsidenten sollen sich die Rivalen Yilmaz und Çiller, beginnend mit Yilmaz, abwechseln.
Wohlfahrts- *partei*	7. Juni	Nach dem Rücktritt von Ministerpräsident Yilmaz wird Erbakan, der Vorsitzende der *Wohlfahrtspartei*, von Staatspräsident Demirel mit der Regierungsbildung beauftragt. Erbakan bildet eine Koalition mit der DYP; ein Wechsel im Amt des Regierungschefs nach zwei Jahren wird verabredet, kommt aber nicht zu Stande, weil die Regierung unter Druck von außen (kemalistische Militärführung) und innen (Abbröckeln der DYP-Parlamentsfraktion) steht.
	1997 18. Juni	Rücktritt Erbakans. Yilmaz wird erneut Ministerpräsident. Die dritte Regierung Yilmaz ist ein konservativ-sozialdemokratisches Bündnis.
Inflationsrate	11. Dez.	Streik im Öffentlichen Dienst gegen die kritisierte Erhöhung der Gehälter um 30 %; die *Inflationsrate* der Türkei liegt bei 95 %.
Abbruch der *Beziehungen* *zur EU*	Dez.	Die Türkei reagiert auf die beim Luxemburger EU-Gipfeltreffen (12.–13. Dez.) eingeleitete Osterweiterung der EU, bei der sie nicht als Beitrittskandidat einbezogen wird, mit dem *Abbruch der Beziehungen* (Antrag der Türkei auf Vollmitgliedschaft seit 1987). Der Ausschluss wird als Ablehnung der türkischen Bemühungen um den Anschluss an den Westen

	gesehen. Das gespannte Verhältnis hat indessen keine Auswirkungen auf die NATO-Osterweiterung.	
1998	Verbot der islamistischen Wohlfahrtspartei durch das Verfassungsgericht (15. Jan.).	
12. Nov.	PKK-Führer Abdullah Öcalan, der über Moskau nach Rom geflohen ist, wird von der italienischen Polizei festgenommen, am 16. Dez. jedoch auf freien Fuß gesetzt. Er reist auf Umwegen nach Kenia.	
25. Nov.	*Sturz der Regierung Yilmaz* wegen Korruptionsaffären.	*Sturz der Regierung Yilmaz*
1999 11. Jan.	Der frühere Ministerpräsident Ecevit (1974 und 1978–1979) stellt ein Übergangskabinett vor.	
15. Febr.	Abdullah Öcalan wird vom türkischen Geheimdienst in Nairobi gekidnappt und in die Türkei gebracht.	
18. April	Bei den vorgezogenen Parlamentswahlen wird die demokratische Linkspartei (DSP) von Regierungschef Ecevit stärkste politische Kraft. Sie geht eine Koalition mit der rechtsextremen Partei der Nationalistischen Bewegung (MHP) und der konservativen Mutterlandspartei (ANAP) ein.	
2. Mai	Bei der konstituierenden Sitzung des neu gewählten Parlaments sorgt die Abgeordnete der islamistischen Tugendpartei (FP) Merve Kavak, für einen Eklat, indem sie mit einem Kopftuch bekleidet erscheint. Da ihr Mann US-Bürger ist, wird ihr am 13. Mai die türkische Staatsangehörigkeit aberkannt.	
31. Mai	Beginn des Prozesses gegen Abdullah Öcalan auf der Gefängnisinsel Imrali. Am 29. Juni wird Öcalan wegen „Verbrechen gegen das Land und die Souveränität des Staates" zum Tode verurteilt.	
17. Aug.	*Erdbebenkatastrophe* in Izmit im Nordwesten der Türkei: ca. 17 000 Tote, 600 000 Obdachlose.	*Erdbebenkatastrophe*
1. Sept.	Die PKK-Führung erklärt den bewaffneten Kampf offiziell für beendet.	
2000 12. Jan.	Die türkische Regierung beschließt, die Hinrichtung Öcalans aufzuschieben, da dieser den Europäischen Gerichtshof angerufen hat.	
20./21. Jan.	Ausgelöst durch eine Welle griechischer Hilfsbereitschaft für die Erdbebenopfer von Izmit kommt Bewegung in die zwischen Griechenland und der Türkei strittige Zypern-Frage: Zum ersten Mal seit 38 Jahren besucht ein griechischer Außenminister (G. Papandreou) Ankara.	
29. März/ 5. April	Ecevits Versuch, Staatspräsident Demirel durch Verfassungsänderung eine zweite Amtszeit zu verschaffen, scheitert im Parlament.	
5. Mai	Der bisherige Präsident des Verfassungsgerichts, Ahmet Necdet Sezer (* 1941), wird zum Staatspräsidenten gewählt.	
29. Mai	Ein offizieller Bericht konstatiert, dass nach wie vor *Folter* in türkischen Gefängnissen üblich ist.	*Folter*
22. Okt.	Im ganzen Land herrscht 14 Stunden lang Ausgehverbot, weil 950 000 Zähler zur 14. *Volkszählung* seit 1927 unterwegs sind.	*Volkszählung*
19. Dez.	Paramilitärische Einheiten stürmen 20 Gefängnisse, in denen sich Häftlinge seit 20. Okt. im Hungerstreik befinden. Die Gefangenen demonstrieren gegen ihre Verlegung in moderne Strafanstalten mit kleineren Zellen.	
2001 14. April	Wirtschaftsminister Kemal Dervis legt ein Sanierungsprogramm vor, mit dem Privatisierung vorangetrieben und die Liquiditätskrise im Banksektor (massive Kapitalflucht aus der Türkei) behoben werden soll.	
2002 10. April	Die PKK beschließt auf einem Parteikongress im Nordirak ihre Umwandlung in ein so genanntes Koordinationsgremium „Freiheit und Demokratie Kongress Kurdistan". Sie zieht damit nach Ansicht von Beobachtern die Konsequenz aus der Niederlage im Krieg gegen die türkische Armee.	
20. Juni	Die Türkei und Syrien schließen ein Abkommen über militärische Kooperation.	
12. Juli	Der zurückgetretene Außenminister Ismail Cem gibt die Gründung einer neuen proeuropäischen Partei bekannt.	
16. Juli	Der schwer kranke Ministerpräsident Bülent Ecevit zieht die Konsequenz aus dem Abbröckeln seiner Drei-Parteien-Koalition und stimmt Neuwahlen im November zu.	
3. Aug.	Das Parlament beschließt die Abschaffung der Todesstrafe und erfüllt damit eine zentrale Forderung der EU. Der Beschluss ist Teil eines Reformpakets, das u.a. Liberalisierungen im Presserecht, eine stärkere Kontrolle der Polizei und die Anerkennung des Kurdischen als Sprache in den Medien und Schulen vorsieht.	
10. Aug.	Wirtschaftsminister Dervis tritt zurück.	

Islamisch-arabische Region und Israel seit 1945

Grundbedingungen für Entwicklung, Probleme und weltpolitische Bedeutung der arabischen Welt nach dem Zweiten Weltkrieg

Die arabische Welt vom Atlantik bis zum Persischen Golf wird verbunden durch die arabische Hochsprache der Gebildeten, durch die islamische Religion, zu der sich etwa 90% der 230 Mio. Einwohner (1995) bekennen sowie durch gemeinsame geschichtliche Erfahrungen seit der islamischen Expansion im 7. Jh. Ausdruck der Verbundenheit ist der im 20. Jh. gewachsene *panarabische Nationalismus*, der der Einheit der Region politischen Ausdruck geben will. Trennend wirken dagegen die sehr unterschiedlichen Dialekte der Volkssprache und das Vorhandensein bedeutender religiöser und ethnischer Minoritäten (Christen, Drusen, Kurden, Berber, nichtmuslimische negroide Stämme). Die geografische Ausdehnung der Region, in der dünn besiedelte Wüsten die regenreicheren Küstengebiete und die besonders dicht bevölkerten Flussoasen trennen, hat *Subräume* wachsen lassen, die lange eigenständige Entwicklungen durchmachen: Maghreb, Niltal, „Fruchtbarer Halbmond" (Syrien-Palästina, Mesopotamien) und Arabische Halbinsel. Zudem haben sich seit dem 19. Jh. unter dem Einfluss Frankreichs, Englands und für kurze Zeit Italiens innerhalb der von den Kolonialmächten zum Teil willkürlich festgelegten heutigen Grenzen unterschiedliche wirtschaftliche und soziale Entwicklungen vollzogen, die auch nach Erlangung der Unabhängigkeit weiter wirken. Nirgends sind die Veränderungen so tief greifend wie in Palästina und in Frankreichs Siedlungskolonie Algerien, doch auch die übrigen Mandatsgebiete und Protektorate wurden wirtschaftlich und administrativ auf die europäische Macht und deren Bedürfnisse ausgerichtet und kulturell von ihr überfremdet.

In der Mehrzahl der arabischen Staaten, die nach dem Zweiten Weltkrieg unabhängig bzw. voll souverän werden, geht die Macht zunächst an eine kleine, europäisch gebildete und *an Europa orientierte Elite* über. Wegen der Vernachlässigung der arabischen Breitenerziehung durch die Kolonialmächte fehlen überall qualifizierte Fachkräfte, die die Verwaltung und Entwicklung ihrer Länder übernehmen können. Nur in Ägypten gibt es ansatzweise eine Industrialisierung, die sich an den Bedürfnissen des Landes orientiert. Als zusätzliches Entwicklungshemmnis macht sich bereits um die Jh.-Mitte in einigen Staaten (Ägypten, Algerien) das rasche Bevölkerungswachstum bemerkbar. Ungleiche Ressourcenverteilung, insbesondere die ungleiche Verteilung der Erdölreserven, verschärft die ungleichen *Entwicklungsbedingungen* innerhalb der Region.

Die strategische Bedeutung der Region für die Sicherung der Kommunikationslinien des britischen Weltreiches (See- und Landverbindungen nach Indien) nimmt nach dem Zweiten Weltkrieg rasch ab. Da in der Region jedoch über 60% (1978: 55,2 Mrd. Tonnen einschl. Iran von insges. 88,5 Mrd. Tonnen) der nachgewiesenen publizierten Erdölreserven der Welt lagern (mit steigender Tendenz: 1996 ca. 69% der Weltreserven allein in Saudi-Arabien, Irak, Iran, Kuwait und den Vereinigten Arabischen Emiraten), dehnen die USA und die Sowjetunion seit den fünfziger Jahren ihren Einfluss ständig aus, wobei sie sich intraregionale Konflikte (arabisch-israelischer Konflikt, Gegensatz zwischen „Fortschrittlichen" und Konservativen) zunutze machen. Die wachsende Abhängigkeit Westeuropas, Japans und seit etwa 1970 auch der USA vom Mittelost-Öl verstärkt trotz der Entspannung im Ost-West-Konflikt die Großmachtinteressen in der Region weiter und erhöht das *Konfliktpotential* (neue Konfliktzonen entlang der Seetransportwege: Persischer Golf, Indischer Ozean, Horn von Afrika).

Entwicklung der Bevölkerung ausgewählter Länder in der islamisch-arabischen Region
in Mio.

Land	1950	1960	1970	1980	1990	1999
Türkei	20,81	27,51	35,32	44,44	56,10	64,38
Jordanien	1,24	1,70	2,30	2,92	4,26	4,74
Israel	1,26	2,11	2,97	3,88	4,66	6,10
Saudi-Arabien	3,20	4,08	5,75	9,60	16,05	20,19
Sudan	9,19	11,17	13,86	18,68	24,59	28,99
Tunesien	3,53	4,22	5,13	6,38	8,08	9,45
Marokko	8,95	11,63	15,31	19,38	24,33	28,23
Iran	16,91	21,55	28,43	39,25	58,95	62,97
Afghanistan	8,96	10,78	13,62	16,06	15,05	25,87

Die Unabhängigkeit hebt darum die *westliche Vormachtstellung* zunächst nicht auf. Die meist konservativ-„feudalistischen" Regierungen finden sich zu Abkommen mit den Westmächten bereit, die dadurch hoffen, den Mittleren Osten zumindest indirekt kontrollieren und ihre wirtschaftlichen und militärpolitischen Interessen wahren zu können. Gegen die verschleierte Abhängigkeit vom Westen, gegen Militärbasen und ausländische Konzerne, v.a. die Ölgesellschaften, und gegen die konservativen Eliten, deren Interessen sich mit denen des Auslands verbinden, regt sich der *Widerstand* junger *Intellektueller* und Offiziere, die sich als Avantgarde der politischen und sozialen Erneuerung verstehen. Staatsstreiche des Militärs, für die die ägyptische Revolution von 1952 zum Modell wird, bringen bis 1978 in acht der 21 arabischen Staaten reformorientierte republikanische Regime an die Macht. Unmittelbar aus Unabhängigkeitskämpfen gehen radikale republikanische Regime in Algerien und dem Süd-Jemen hervor. Als Vorkämpfer gegen Imperialismus und Neo-Kolonialismus versuchen die republikanischen Regime seit Anfang der fünfziger Jahre, die politische und wirtschaftliche Abhängigkeit ihrer Länder zu reduzieren (Kündigung von Militärbasen, Nationalisierungen), die wirtschaftliche Macht der alten Eliten zu brechen (Landreformen, Verstaatlichungen) und tief greifende wirtschaftliche und soziale Reformen einzuleiten. Sie beginnen ehrgeizige Entwicklungsprojekte (Industrialisierung, Staudammbau) und setzen erstmals im arabischen Raum die Instrumente der Planung ein. Ein Schwerpunkt der Entwicklung wird der Breitenausbau des Erziehungswesens, das gleichzeitig arabisiert wird, um die geistig-kulturelle Abhängigkeit vom Westen zu überwinden. Zur Rechtfertigung ihrer Reformziele und zur Begründung einer eigenen, vom Westen und Osten unabhängigen politischen und sozio-kulturellen Identität entwickeln die Militärs teils ihre eigenen Ideologien (Nassers „Arabischer Sozialismus", Boumediennes Fortentwicklung des Algerischen Sozialismus, Gaddafis „Kulturrevolution" mit einem „Sozialismus aus dem Koran"), teils verbünden sie sich mit der Baath-(„Wiedergeburt"-)Partei, die 1943 von Michel Aflak und Salah Bitar in Syrien gegründet worden ist und die politische, wirtschaftliche und kulturelle Einheit und Erneuerung der arabischen Nation verwirklichen will. Während regional bezogene Einigungsbewegungen (Groß-Syrien, Maghreb) die Unabhängigkeitszeit nicht überdauern, erhält das *panarabische Einigungsstreben* in den republikanischen Regimen erstmals einen machtvollen Träger und wird damit in den fünfziger und sechziger Jahren zur dominierenden politischen Kraft in der Region. Die Vereinigung Ägyptens und Syriens zur Vereinigten Arabischen Republik (1958–1961) wird Ausgangspunkt zahlreicher, bis 1979 in keinem Fall dauerhaft erfolgreicher, dennoch nicht aufgegebener Versuche, durch volle Vereinigung, lockere Föderation oder Teilintegration dem Ziel der Einheit näherzukommen.

Gegen die aggressive panarabische Politik Nassers und später anderer republikanischer Regime (Irak, Libyen, Algerien, Süd-Jemen), die Befreiungsbewegungen unterstützen und Umsturzversuche in den konservativen Staaten vorbereiten helfen, formiert sich bald der *Widerstand der Konservativen* (1958 Föderation der Monarchien Irak und Jordanien; 1966 Versuch König Faisals von Saudi-Arabien, eine Islamische Allianz zusammenzubringen; verstärkte Zusammenarbeit der arabischen Golfstaaten ab den siebziger Jahren). Indem sie wesentliche entwicklungs- und gesellschaftspolitische Zielsetzungen ihrer radikalen Gegner übernehmen (Marokko, Jordanien) bzw. ihren Ölreichtum für die forcierte Entwicklung ihrer Länder einsetzen („Wohlfahrtsstaat" Kuwait, Saudi-Arabien, Emirate), gelingt es den traditionellen Monarchien, sich als politische Kraft in der arabischen Welt zu behaupten. Der Gegensatz zwischen „Fortschrittlichen" und Konservativen besteht dabei fort und hat sich seit dem Jemen-Krieg (1962–1969), in dem Ägypten und Saudi-Arabien die Bürgerkriegsparteien unterstützen, immer wieder in *militärisch ausgetragenen Konflikten* manifestiert („Befriedung" des omanischen Grenzgebiets, Konflikt zwischen König Hussein und den Palästinensern in Jordanien, Grenzkonflikte zwischen den beiden Jemen, zwischen Algerien und Marokko, Libyen und Ägypten).

Ein endgültiges Auseinanderbrechen der arabischen Welt verhindert der *Konflikt mit Israel*, der mit seinen Kriegen (1948, 1956, 1967, 1973) bzw. begrenzten militärischen Auseinandersetzungen („Abnutzungs-Krieg" 1969–1970; israelische Vergeltungsschläge vor allem gegen den Libanon seit 1972) immer wieder zum Anlass wird, die „Einheitsfront" der Araber wiederherzustellen und auch innerarabische Konflikte in diesem Zusammenhang beizulegen (1967 Beendigung der ägyptisch-saudi-arabischen Konfrontation im Jemen; Vermittlung in den Konflikten der Palästinenser mit der libanesischen Regierung 1969 und mit König Hussein 1970).

Arabische Einigungsbestrebungen und innerarabische Konflikte

1945 Ägypten, Irak, Jemen, Libanon, Saudi-Arabien, Syrien und Transjordanien gründen in Kairo
22. März die *Arabische Liga* als Organisation unabhängiger arabischer Staaten zur politischen, wirtschaftlichen und militärischen Koordinierung und zur Förderung gemeinsamer Interessen.

Struktur der Arabischen Liga

Der Liga der Arabischen Staaten mit Sitz in Kairo gehören 21 Staaten und – da Palästina nach der Liga-Charta als unabhängiger Staat gilt – die Palästinensische Befreiungsorganisation (PLO) als Vollmitglied an. Oberstes Organ ist der Liga-Rat, der mindestens zweimal jährlich zusammentritt. Beschlüsse binden diejenigen Mitglieder, die zugestimmt haben. Der Liga-Rat hat 16 Ausschüsse, von denen der Politische Ausschuss der wichtigste ist, da in ihm die umstrittenen Fragen behandelt werden und alle Mitglieder vertreten sind. Das Generalsekretariat mit gewähltem Generalsekretär führt die Beschlüsse aus. Der Vertrag über Gemeinsame Verteidigung und Wirtschaftliche Zusammenarbeit (1950) ergänzt die Liga-Charta und führt zur Bildung weiterer *Organe*: Gemeinsamer Verteidigungsrat (1950), Arabischer Wirtschaftsrat (1953) und das Vereinigte Arabische Militärkommando zur Koordinierung der Militärpolitik für die Befreiung Palästinas (1964). 1976 wird eine Arabische Friedenstruppe zur Überwachung des Waffenstillstandes im libanesischen Bürgerkrieg geschaffen. Der Liga sind 16 Nebenorganisationen angegliedert, darunter die Liga-Organisation für Erziehung, Kultur und Wissenschaft, die Arabische Postunion, das Arabische Institut für Erdölforschung.

Organe

Bagdadpakt

1955
24. Febr.
16. April

Die USA bemühen sich im Rahmen ihrer Einkreisungspolitik gegenüber der Sowjetunion, die arabischen Staaten in einen Mittelost-Militärpakt einzubeziehen, der das Zwischenglied zwischen NATO und SEATO bilden soll. Nach der Weigerung Ägyptens können sich auch andere Staaten dem amerikanischen Druck entziehen, sodass nur Irak dem *Bagdadpakt* (ab 1959 CENTO) beitritt. Der Pakt wird als Versuch verstanden, die arabischen Staaten in ihrer Souveränität einzuengen, und führt zur diplomatischen Hinwendung zur Sowjetunion, die sich mit einer Mittelost-Erklärung als Schutzmacht der nationalen Interessen und der Unabhängigkeit im Mittleren Osten anbietet. *Gamal Abdel Nasser* (* 1918, † 1970) verkündet den „positiven Neutralismus" als Prinzip der Außenpolitik und stellt sich damit an die Spitze arabischer Staaten, die eine unabhängige Stellung im Ost-West-Konflikt behaupten wollen, aber bereit sind, mit jedem zusammenzuarbeiten, der ihre nationalen Interessen respektiert.

Gamal Abdel Nasser

1956
29. Okt.–
6. Nov.

Die verfehlte US-Politik um den Assuan-Staudamm – eine Reaktion auf Nassers Neutralismus – und die Sues-Intervention bewirken, dass der westliche Vormachtanspruch im Nahen Osten erschüttert wird und der östliche Einfluss vordringen kann. Die westliche Politik übersieht, dass die Nationalisten keine Hegemonie Moskaus an Stelle der westlichen Vorherrschaft wünschen und dass die konservativ-feudalen arabischen Staaten, auf die der Westen sich politisch stützt, im Kommunismus in erster Linie eine Bedrohung der bestehenden Sozialordnung sehen.

Eisenhower-Doktrin

1957
5. Jan.

Die *Eisenhower-Doktrin*, die den Mittelost-Staaten amerikanische Wirtschafts- und Militärhilfe zum Kampf gegen kommunistische Subversion anbietet, vertieft daher die Kluft innerhalb der arabischen Welt:
Geführt von Ägypten und Syrien einerseits und Saudi-Arabien andererseits stehen sich das panarabische Lager der „Fortschrittlichen" und die westlich orientierten Konservativen schroff gegenüber.

Vereinigte Arabische Republik

1958
1. Febr.

Ägypten und Syrien vereinigen sich zur *Vereinigten Arabischen Republik* (VAR), der sich der Jemen bereits am 8. März in lockerer Föderation anschließt (Vereinigte Arabische Staaten).

Aufbau und Entwicklung der VAR

Die VAR ist ein Einheitsstaat mit Gamal Abdel Nasser als Präsidenten. Eine provisorische Verfassung (8. März 1958) gibt dem Präsidenten weit gehende Vollmachten: Er ernennt die Zentralregierung und die Exekutivräte beider Regionen und wählt die Kandidaten für die Nationalversammlung aus. *Ägyptens Nationale Union* wird als einzige politische Organisation auf die syrische Region ausgedehnt. 1960 wird eine einzige Nationalversammlung für die VAR gewählt. Für Syrien wird eine Landreform dekretiert (1958), aber nur schleppend durchgeführt; wirtschaftlich bleibt Syrien bis Anfang 1961 weit gehend unabhängig. Die dominierende Rolle von Ägyptern in der Verwaltung Syriens, zunehmende Eingriffe ins Wirtschaftsleben, vor allem die Verstaatlichungen im Juli 1961, und die Auflösung der regionalen Exekutivräte (August 1961) lösen wachsende *Widerstände in Syrien* aus. Unterstützt von betroffenen Wirtschaftskreisen, löst sich Syrien durch einen Staatsstreich des Militärs aus der VAR (28. Sept. 1961).

Ägyptens Nationale Union

Widerstände in Syrien

Arabische Föderation

1958
6. März

Die Gegengründung einer *Arabischen Föderation* der haschimitischen Monarchien Jordanien und Irak (wirksam mit Verfassung vom 13. Mai) zerfällt, als ein Staatsstreich des Militärs die Monarchie in Irak stürzt (14. Juli). Britische Fallschirmjäger stützen die jordanische Monarchie, während US-Truppen im Libanon landen, um dort den Bürgerkrieg zu beenden und einer Intervention der VAR vorzubeugen. Hoffnungen auf einen Anschluss der irakischen Republik an die VAR zerschlagen sich nach Richtungskämpfen in Irak.

1961	Nach der Sezession Syriens von der VAR (28. Sept.) kündigt die VAR (Ägypten) die Föderation mit dem Jemen (25. Dez.) und zieht sich vorübergehend aus der panarabischen Führungsrolle zurück.	
1962 10. Nov.	Als ein Staatsstreich des Militärs im Jemen (26. Sept.) zum Bürgerkrieg zwischen Royalisten und Republikanern führt, schließt die VAR einen Militärpakt mit den Republikanern und entsendet Truppen. Nasser hofft dadurch, die Front der „progressiven Staaten" stärken und der panarabischen Einigungsbewegung neue Impulse geben zu können.	
1962–1969	Saudi-Arabien unterstützt im *Jemen-Krieg* die Royalisten mit Geld und Waffen, sodass es in den nächsten Jahren zu einer indirekten Konfrontation zwischen Saudi-Arabien und der VAR kommt, die auf dem Höhepunkt des Konflikts 1964–1967 ein Expeditionskorps von 70000 Mann im Jemen unterhält.	*Jemen-Krieg*
1963 17. April	Nachdem die Baath-Partei durch Militärcoup in Irak (8. Febr.) und in Syrien (8. März) an die Macht gekommen ist, beschließen die VAR, Syrien und Irak eine Union auf föderativer Grundlage. Die Baath-Führung in Syrien wendet sich bald gegen Nasser: Ein Putschversuch von Nasseristen in Syrien (Juli) bedeutet das Ende der Unionspläne. Die Militärunion zwischen Syrien und Irak (8. Okt.) kommt ebenfalls nicht zum Tragen.	
1964 Jan./Sept.	Die Ableitung des Jordan-Wassers durch Israel bringt die arabischen Monarchen und Präsidenten zu einer *ersten und zweiten Arabischen Gipfelkonferenz* in Kairo bzw. Alexandria zusammen, auf denen sie verstärkte Zusammenarbeit beschließen. Mehrere Staaten gründen den Rat für Arabische Wirtschaftseinheit, der wiederum einen Gemeinsamen Arabischen Markt beschließt (13. Aug.).	*Arabische Gipfelkonferenzen*

Rat für Arabische Wirtschaftseinheit

Der Organisation gehören 13 arabische Staaten und die PLO an. Sie überwacht die Verwirklichung des *Gemeinsamen Arabischen Marktes*, dem Ägypten, Irak, Jordanien, Syrien und seit 1977 Libyen und der Sudan angehören. Bis 1971 werden im Handel zwischen den Mitgliedsstaaten die Zölle und Steuern schrittweise abgebaut. In der zweiten Stufe sollen volle Zollunion hergestellt und alle Handelsbeschränkungen aufgehoben werden. Politische Zerwürfnisse zwischen den Mitgliedern verzögern diesen Prozess. *Der Arabische Währungsfonds* mit Sitz in Abu Dhabi wird 1977 mit dem Ziel gegründet, den Ratsmitgliedern beim Zahlungsbilanzausgleich zu helfen und die Wechselkurse zu stabilisieren. Der Rat gründet eine Reihe multilateraler Organisationen, um die industrielle und landwirtschaftliche Entwicklung zu fördern (Gemeinsame Arabische Investititionsgesellschaften, Spezialisierte Arabische Wirtschaftsverbände).

Gemeinsamer Arabischer Markt

Arabischer Währungsfonds

1964 26. Mai	Die VAR und Irak unterzeichnen ein Abkommen über die Bildung eines Gemeinsamen Präsidentschaftsrates; Gamal Abdel Nasser und Präsident Abd as-Salim Mohammed Aref (*1921, †1966) geben später die Schaffung einer gemeinsamen politischen Führung bekannt (16. Okt.). Die Unionspläne scheitern nach einem pro-nasseristischen Putschversuch in Irak (Sept. 1965).	
3. Okt.	In Tunis gründen Algerien, Marokko, Tunesien und Libyen zur Koordinierung ihrer Wirtschaftspolitik ein *Ständiges Konsultativkomitee des Maghreb*.	*Konsultativkomitee des Maghreb*

Die Einheit des Maghreb

Der Gedanke eines maghrebinischen Zusammenschlusses verbreitet sich in den fünfziger Jahren, als Tunesien, Algerien und Marokko gegen Frankreich um die Souveränität und Unabhängigkeit kämpfen. 1948 gründet Abd el-Krim mit Vertretern der Nationalbewegungen das „*Komitee für die Befreiung des arabischen Westens*". Für eine einheitliche Politik nach der Unabhängigkeit genügt diese gemeinsame Erfahrung nicht, da Staatsformen und außenpolitische Orientierung zu unterschiedlich sind. Übereinstimmend wollen die Maghreb-Staaten die einseitigen wirtschaftlichen Bindungen an die frühere Kolonialmacht lösen, da Agrarproduktion und Abbau der Bodenschätze auf den französischen Markt ausgerichtet waren, die Volkswirtschaften also miteinander konkurrierten, müssen neue Absatzmärkte erschlossen werden. Die konkrete Zusammenarbeit beginnt bei Tourismus, Agrarerzeugnissen, Transport und Verkehr.

Befreiungskomitee

Das Ständige Konsultativkomitee des Maghreb mit Sitz in Tunis dient der Abstimmung und Zusammenarbeit vor allem in der Wirtschaftspolitik. Oberstes Organ ist die Konferenz der Wirtschaftsminister.
Das Ständige Komitee überwacht mit dem Sekretariat Kommissionen und spezialisierte Komitees für Tourismus, Transport und Verkehr, den Arbeitsmarkt usw. 1967 einigen sich die Wirtschaftsminister über einen *Gemeinsamen Nordafrikanischen Markt* (Liberalisierung des innermaghrebinischen Handels, gemeinsame Außenhandelspolitik gegenüber Drittländern). 1970 beschließen sie die Harmonisierung des

Nordafrikanischer Markt

Transportwesens, Freizügigkeit für Arbeitskräfte und eine gemeinsame Exportpolitik. Libyen scheidet auf Wunsch Kairos 1970 aus; seit 1975 ist Mauretanien Vollmitglied. Zu einer Übereinstimmung in politischen Fragen, z.B. im Nahost-Konflikt, kommen die Maghreb-Staaten nicht; sie wollen sich jedoch möglichst der amerikanisch-sowjetischen Rivalität im Mittelmeerraum entziehen. Das Zusammengehörigkeitsgefühl erleichtert den Staaten im Maghreb die Bereinigung bilateraler Streitigkeiten.

Beilegung des Jemen-Konflikts

1965
24. Aug. Nach mehreren vergeblichen Versuchen einigen sich Präsident Nasser und König Faisal von Saudi-Arabien (*1906, †1975) im Abkommen von Dschidda auf die *Beilegung des Jemen-Konflikts*. Damit ist die Voraussetzung geschaffen, dass die Dritte Arabische Gipfelkonferenz in Casablanca ein Solidaritätsabkommen schließen kann, in dem die Staaten sich zur Nichteinmischung in innere Angelegenheiten der anderen Staaten verpflichten und die Zusammenarbeit im Rahmen von Gipfelkonferenzen zur festen Einrichtung machen.
17. Sept.

„Verteidigung gegen Israel"

Mit dem Ziel einer „gemeinsamen *Verteidigung gegen Israel*" gelingt es Präsident Nasser, die arabischen Staaten unbeschadet ihrer außenpolitischen Orientierung und ihres inneren Systems zur Zusammenarbeit zu verpflichten. Damit geben jedoch weder die VAR noch andere panarabisch orientierte Staaten ihre revolutionäre Politik auf, den „nationalen Aufbruch" in den „noch nicht befreiten Bruderländern" zu unterstützen. Die Widersprüche der arabischen Politik belasten im Jemen die Verhandlungen zwischen Republikanern und Royalisten, die ergebnislos abgebrochen werden (Dez.).

Islamische Allianz

König Faisal, der zum eigentlichen Gegenspieler des sozial-revolutionären Panarabismus geworden ist, versucht nun 1966, die arabischen Monarchien und Iran zu einer *Islamischen Allianz* zusammenzubringen: Die religiöse Kraft, die der Islam für die meisten Araber immer noch – und zunehmend wieder – besitzt, soll politisches Gewicht erhalten als Grundlage der Zusammenarbeit und als religiös begründeter Widerstand gegen revolutionäre Umtriebe.

Solidaritätspolitik

1967
29. Aug.–
1. Sept. Nach der Niederlage der Araber im Juni-Krieg gegen Israel bleibt zwar der Gegensatz zwischen „fortschrittlichen" und konservativen Staaten bestehen, bestimmend wird jedoch die *Solidaritätspolitik*. Auf der Vierten Arabischen Gipfelkonferenz in Khartum sagen die ölreichen Staaten der VAR und Jordanien Ausgleichszahlungen für die Beseitigung der Kriegsfolgen zu, Nasser und Faisal einigen sich über die Beilegung des Jemen-Konflikts.
Dafür bricht ein Konflikt um die Führung des fortschrittlichen Lagers aus: Syrien und Algerien ist die Haltung der VAR im arabisch-israelischen Konflikt zu kompromissbereit; ihr setzen sie die These der Palästinenser vom „revolutionären Volkskrieg" entgegen, der auch auf Jordanien übergreifen und die Monarchie beseitigen soll. Die Rivalität drückt sich im Gegensatz unter den palästinensischen Befreiungsbewegungen aus: Der von Kairo unterstützte Führer der PLO, Ahmed Schukairi, erhält gefährliche Konkurrenz in Jasir Arafat
25. Dez. (*1929), dem Führer der von Damaskus gestützten al-Fatah. Mit ihrem neuen Programm, das die Befreiung Palästinas mit den national-revolutionären Zielen des Panarabismus verbindet, werden die radikalen Palästinenser innerhalb des Panarabismus zu einem Machtfaktor, besonders nach der *Wahl Arafats* zum Vorsitzenden des Exekutivkomitees der PLO (Juni 1968).

Wahl Arafats

Gipfelkonferenz

1969
22.–25. Sept. Faisals Islamische Allianz erweist sich nicht als tragfähiges politisches Konzept. Nach einer Brandstiftung in der Aksa-Moschee in Jerusalem, einem der größten Heiligtümer des Islam, gelingt es jedoch, eine erste *Gipfelkonferenz* islamischer Staaten in Rabat durchzuführen, durch die die Beziehungen der arabischen Staaten zur übrigen islamischen Welt intensiviert und später institutionalisiert werden.

Die Organisation der Islamischen Konferenz

Palästinenser Unterstützung

Die Organisation der Islamischen Konferenz mit ständigem Sekretariat in Dschidda, Saudi-Arabien, wird im Mai 1971 aufgrund der Beschlüsse von Rabat mit dem Ziel gegründet, die islamische Solidarität und die wirtschaftliche und kulturelle Zusammenarbeit der Mitglieder zu fördern; erklärtes Ziel ist die *Unterstützung des palästinensischen Volkes* im Kampf um Befreiung seines Landes. Der Organisation gehören 56 Staaten und die PLO an (2000). Die Mitglieder treffen sich auf jährlichen Außenministerkonferenzen und in größeren Abständen auf Gipfelkonferenzen (Zweite Gipfelkonferenz in Lahore 22.–24. Febr. 1974). Den islamischen Konferenzen gelingt es nicht, die Außenpolitik ihrer Mitglieder gegenüber Drittländern zu vereinheitlichen; selbst in der Palästina-Frage gehen die Beschlüsse nicht über die UN-Resolutionen hinaus. Breitesten Raum nehmen wirtschaftliche Fragen im Verhältnis Entwicklungsländer – Industrieländer ein. Die Islamische Konferenz errichtet eine Internationale Islamische Nachrichten-Agentur (1972), eine Islamische Entwicklungsbank (1974), eine Rundfunkorganisation (1975) und einen Islamischen Solidaritätsfonds (1977).

1969–1970	Da der von den Palästinensern propagierte säkularistische Staat, in dem Juden, Moslems und Christen friedlich zusammenleben, auch Jordanien und – in gewisser Weise – den Libanon umfassen soll, bricht hier der offene Konflikt mit den Palästinensern aus, als diese Ende der sechziger Jahre in den Flüchtlingslagern einen Staat im Staate aufzubauen beginnen. *Nasser wird zum Vermittler*, weil er weder eine Veränderung des innerarabischen Gleichgewichts zugunsten der Radikalen wünschen noch die Vernichtung der Fedaijin zulassen kann: Kairoer Abkommen zwischen der PLO und Libanon (2. Nov. 1969); Waffenstillstand Arafat – König Hussein im jordanischen Bürgerkrieg (27. Sept. 1970).	*Nasser als Vermittler*
1970 8. Nov.	Nach Nassers Tod erhält die panarabische Einigungsbewegung durch den Präsidenten Omar *Moamer al-Gaddafi* (*1942) von Libyen neue Impulse; Libyen, die VAR und der Sudan beschließen die Vereinigung auf föderativer Grundlage, der Sudan muss sich jedoch aufgrund innerer Schwierigkeiten zurückziehen. Daraufhin beschließen die Präsidenten Libyens, der VAR und Syriens in Benghasi die Föderation Arabischer Republiken, der sich der Sudan später anschließen soll.	*Moamer al-Gaddafi*
1971 17. April		
	Die Föderation Arabischer Republiken dient der gemeinsamen Verteidigung, Wirtschaftsplanung und Erziehungs- und Wissenschaftspolitik *(Deklaration von Benghasi)*. Die Verfassung der Föderation wird durch Volksabstimmungen gebilligt (Aug.–Sept. 1971) und die Föderation in Kraft gesetzt (1. Jan. 1972). Den Präsidentschaftsrat bilden die drei Präsidenten; der Vorsitz wechselt in zweijährigem Turnus. Exekutivorgan ist ein Ministerrat; die Nationalversammlung mit je 20 Abgeordneten der Mitgliedsstaaten tritt im März 1972 zusammen. Die Föderation scheitert bereits 1973 am *Gegensatz zwischen Sadat und Gaddafi*, obwohl sie de jure weiterbesteht. Die Nationalversammlung tagt noch bis 1975 (März-Sitzung 1976 vertagt). Da der Präsidentschaftsrat seit der Wahl Sadats zum Vorsitzenden (1973) nicht mehr tagt, entlassen ihn die Präsidenten Assad und Gaddafi per Dekret (5. Dez. 1977) und verlegen den Hauptsitz der Föderation von Kairo nach Tripolis, Libyen.	*Deklaration von Benghasi* *Gegensatz Sadat – Gaddafi*
1972 2. Aug.	Gaddafi ist zum Anschluss an Ägypten bereit und überredet den ägyptischen Präsidenten Anwar as-Sadat (*1918, †1981), die volle Vereinigung Ägyptens und Libyens bis 1. Okt. 1973 bekannt zu geben und ein Vereinigtes Politisches Kommando zu bilden. Der *Führungsanspruch Gaddafis*, der sich zum „Erben Nassers" ernennt, sowie die libysche „Kulturrevolution", die mit den liberaleren Auffassungen Ägyptens nicht zu vereinbaren ist, veranlassen Präsident Sadat, die Union durch Taktieren hinauszuzögern. Ein libyscher Demonstrationszug, der die Grenze zu Ägypten „zerstören" soll, wird von Ägypten aufgehalten. Als Sadat Gaddafi nicht vom bevorstehenden Angriff auf Israel unterrichtet, führt dies zum Scheitern der Union und der Föderation Arabischer Republiken. Gaddafi versucht darauf, sein Land mit Tunesien zur *Islamisch-Arabischen Republik* zu verschmelzen (12. Jan. 1974), muss sich dann aber auf die isolierte Position eines „wahren Vertreters der arabischen Revolution" im Kampf gegen den Imperialismus zurückziehen.	*Führungsanspruch Gaddafis*
1973 18. Juli		*Islamisch-Arabische Republik*

Die arabische Welt nach dem Oktober-Krieg

Die panarabische Bewegung Nasserscher Prägung erhält nach dem Scheitern Gaddafis keine wesentlichen Impulse mehr. Panarabische Politik erstreckt sich allein auf die *Allianz gegen Israel* als Fremdkörper in der arabischen Welt; bei der Verfolgung des vordringlichen Ziels, die 1967 besetzten Gebiete zurückzugewinnen, übernimmt König Faisal von Saudi-Arabien zunehmend die Führung (Öl-Embargo, Rüstungsfinanzierung für die „Konfrontationsstaaten", Vermittlung in innerarabischen Konflikten). Das „Lager der Fortschrittlichen" ist zerstritten: Der Gegensatz zwischen Ägypten und Libyen steigert sich mit zunehmender Annäherung Ägyptens an die USA und Saudi-Arabien bis zum militärischen Grenzkonflikt (Juli 1977). Auch die Rivalität zwischen den Baath-Regimen in Syrien und Irak führt fast zum bewaffneten Konflikt (Streit um Euphrat-Damm, syrische Unterstützung der aufständischen Kurden usw.). *Algerien strebt* eine neue *Führungsrolle* im Nord-Süd-Konflikt *an* (Vierte Gipfelkonferenz der Bündnisfreien in Algier 1973: Charta von Algier, rigorose Rohstoffpolitik gegenüber Industrienationen). Die Palästinenser zerfallen in der Mehrheit der Gemäßigten um Jasir Arafat und die für kompromisslose Fortführung des Kampfes eintretende „Ablehnungsfront".

Der alte Konflikt zwischen Konservativen und Radikalen schwelt im Süden der Arabischen Halbinsel weiter: seit 1972 Zusammenstöße der Demokratischen Volksrepublik Jemen mit der Arabischen Republik Jemen, Saudi-Arabien und Oman, wo sie den Guerilla-Krieg der „Volksfront für die Befreiung Omans und des Arabischen Golfs" unterstützt, die auch von Irak und Libyen Hilfe erhält.

Im *Süd-Arabien-Konflikt* drückt sich zugleich der Konflikt der Großmächte aus, der sich seit Anfang der siebziger Jahre von der Konfrontation im Mittelmeer und im arabisch-israelischen Konflikt auf neue Schauplätze im Indischen Ozean und am Horn von Afrika verlagert. Zur *Sicherung der Öllieferungen* aus dem Mittleren Osten, mit denen die westlichen Industrieländer 85 % ihres Ölbedarfs decken, rüsten die

Allianz gegen Israel

Führungsrolle Algeriens

Süd-Arabien-Konflikt Sicherung der Öllieferungen

USA neben Israel seit Anfang der sechziger Jahre Iran zur regionalen Ordnungsmacht am Persischen Golf auf. Beim Abzug Großbritanniens aus seinen letzten Stützpunkten „östlich von Sues" überwinden Iran und Saudi-Arabien ihre alte Rivalität und einigen sich (bereits Nov. 1968), zum Schutz ihrer Ölinteressen und der Seetransportwege jegliche revolutionäre Bewegung in der Golfregion zu bekämpfen. Ziel beider Staaten ist es, den Ost-West-Konflikt aus der Subregion zu halten und den direkten Einfluss der Sowjetunion wie der USA zu begrenzen. Der neue Nahost-Krieg, der Einsatz des *Erdöls als politische Waffe* und die Einkommenssteigerungen nach der Vervierfachung des Ölpreises 1973/1974 führen zu erheblichen Machtverschiebungen: Einerseits wächst die Bedeutung der Region für die USA, die seit 1970 einen wachsenden Anteil ihres Ölbedarfs im Mittleren Osten decken müssen (Jan. 1975 Äußerungen Präsident Fords und Außenminister Kissingers, die Ölressourcen der „freien Welt" gegebenenfalls mit militärischer Intervention sichern zu wollen); andererseits können Iran und Saudi-Arabien mit ihren Öl-Milliarden zu regionalen Großmächten aufrüsten, mit denen andere Staaten aus nationalstaatlichem Eigeninteresse auch über ideologische Gegensätze hinweg kooperieren: Ägypten, das bereits vor dem Oktober-Krieg den Einfluss der Sowjetunion zurückdrängt (1972 Ausweisung der sowjetischen Militärberater), nähert sich Saudi-Arabien und Iran. Die Sowjetunion intensiviert dafür ihr Engagement in Syrien und Irak und sucht einen Ausgleich für den Verlust ihrer ägyptischen Stützpunkte in Libyen, Somalia und dem Süd-Jemen, wohin umfangreiche Waffenlieferungen und Expertenhilfe gehen. Doch auch Syrien hält enge Beziehungen zu Saudi-Arabien und beginnt eine vorsichtige Annäherung an den Westen; Irak arrangiert sich in bilateralen Abkommen mit Iran (1975 *Irakisch-Iranisches Protokoll*: Abgrenzung im Schatt al-Arab, Ende der iranischen Unterstützung für die Kurden), mit Saudi-Arabien (1975 Einigung über die Nutzung der ölreichen Neutralen Zone) und mit Kuwait (Aufgabe von Gebietsforderungen gegen Verpachtung der Inseln vor dem Hafen Umm Kasr). In Oman stellt Irak die Unterstützung der Volksfront ein, deren Guerilla-Krieg mit Hilfe iranischer und zeitweilig jordanischer Truppen bis 1976 niedergeschlagen wird.

1973
6. Nov. Der Beschluss der arabischen Staaten, das Erdöl als politische Waffe einzusetzen, zeigt den westeuropäischen Industriestaaten ihre Abhängigkeit vom guten Willen der Öllieferer und stärkt innerhalb der Europäischen Gemeinschaft die Befürworter einer klareren Stellung der Gemeinschaft im arabisch-israelischen Konflikt (EG-Papier vom Mai 1971 auf Initiative Frankreichs). Eine *Nahost-Erklärung der EG-Staaten*, die dem arabischen Standpunkt weitgehend Rechnung trägt, führt zu Gesprächen zwischen der Arabischen Liga und der EG über die Zusammenarbeit. Die EG ist an langfristigen Abmachungen über wirtschaftliche, technische und kulturelle Kooperation interessiert; die Araber wollen, dass die Zusammenarbeit eine politische Grundlage in der EG-Erklärung vom November 1973 erhält, die die Forderungen der Palästinenser umfasst.

1974
31. Juli Die arabischen Staaten und die EG vereinbaren, den *Euro-Arabischen Dialog* in einem Allgemeinen Komitee auf Botschafter- bzw. Ministerebene zu institutionalisieren. Der Euro-Arabische Dialog beginnt mit Verzögerungen wegen der Frage der Vertretung der Palästinenser im Allgemeinen Komitee. Die Bildung einer gemeinsamen arabischen Delegation unter Einschluss von Palästinensern wird bei den ersten Sitzungen des Komitees (Mai 1976 in Luxemburg; Febr. 1977 in Tunis) als Lösung akzeptiert. Vorgespräche technischer Experten (1974/75) beschränken sich auf die wirtschaftliche Zusammenarbeit und deren technische Durchführung; die ersten Sitzungen des Allgemeinen Komitees daher nur auf Botschafterebene. Bei der dritten Sitzung (Okt. 1977 in Brüssel) fordern die Araber erneut eine politische Dimension des Dialogs; die Europäer kommen bedingt entgegen: Hinweis auf die EG-Erklärung vom 29. Juni 1977, die Israel auffordert, „die legitimen Rechte des palästinensischen Volkes anzuerkennen". Übereinkommen wird über die Errichtung eines *Europäisch-Arabischen Zentrums* für Wirtschaftliche Zusammenarbeit erzielt (1977), eine Reihe von landwirtschaftlichen Projekten sind um diese Zeit angelaufen oder im Stadium der Vorbereitung.

1975
April/Juni Syrien und Jordanien errichten eine gemeinsame politische und militärische Führung mit dem langfristigen Ziel der Union. Im Lauf der beiden nächsten Jahre Integration des Elektrizitätsnetzes und des Erziehungswesens, Zollunion. Den weiteren Integrationsprozess verzögern politische Differenzen nach der *Jerusalemreise* des ägyptischen Präsidenten *Sadat*.

Sept. Die mühsam aufrechterhaltene arabische Einheitsfront droht zu zerbrechen, als Syrien und die PLO Ägypten nach Abschluss des zweiten Ägyptisch-Israelischen Truppenentflechtungsabkommens (4. Sept.) Verrat an der arabischen Sache vorwerfen.

Die *Arabische Liga* muss sich immer häufiger mit innerarabischen Konflikten auseinander setzen und wird zum Forum der *Vermittlungsversuche*: Ein Vermittlungsausschuss der Liga

1976 Febr. führt einen Waffenstillstand an der algerisch-marokkanischen Grenze herbei, wo nach dem

	Abzug Spaniens aus der West-Sahara Kämpfe ausgebrochen sind (Jan.), weil Algerien dort die Unabhängigkeitsbestrebungen der Saharaouis gegen Marokko unterstützt. Die innerarabischen Gegensätze äußern sich in der Unterstützung der gegnerischen Parteien im *libanesischen Bürgerkrieg*. Die Invasion Syriens vertieft das Zerwürfnis zwischen Kairo	
Okt.	und Damaskus. Erst nach längeren Bemühungen schaffen Gipfelkonferenzen der Arabischen Liga (Teilnahme von nur 16 Mitgliedsstaaten) in Riad und Kairo die Voraussetzungen für einen Waffenstillstand, den eine arabische Friedenstruppe aus 30000 syrischen Soldaten und kleineren Kontingenten anderer Staaten sichern soll. Aussöhnung von Assad und Sadat.	*libanesischer Bürgerkrieg*
1977 5. Dez.	Sadats Jerusalemreise (19./20. Nov.) lässt den *innerarabischen Konflikt* erneut aufbrechen: Algerien, Libyen, Süd-Jemen, Syrien und die PLO bilden die „Front des Widerstandes und der Konfrontation" und beschließen, die Beziehungen zu Ägypten einzufrieren (Erklärung von Tripolis), Irak verlässt das Treffen wegen zu großer Kompromissbereitschaft der Teilnehmer. Ägypten bricht die Beziehungen zu allen beteiligten Staaten ab.	*innerarabischer Konflikt*
1978 27.–28. März	Als die Mitglieder der „Ablehnungsfront" die nächste Sitzung des Ministerrats der Arabischen Liga boykottieren, wird ein *Arabisches Solidaritätskomitee* unter Vorsitz des sudanesischen Präsidenten Dschafar Mohammed an-Numeiri eingesetzt. Es gelingt Numeiri jedoch nicht, die Gegensätze zu überbrücken: Während einige Staaten Sadats Initiative unterstützen, verhalten sich andere, geführt von Saudi-Arabien, abwartend; kein Einlenken der Ablehnungsfront. Da Numeiri die Position Sadats unterstützt, scheitert seine Initiative mit der Einigung zwischen Ägypten und Israel in Camp David (17. Sept.). Die Position der Ablehnungsfront verhärtet sich (20.–23. Sept. Treffen in Damaskus); die zerstrittenen Flügel der Baath-Partei in Syrien und Irak legen ihre Differenzen bei: enge Zusammenarbeit auf allen Gebieten mit dem Ziel einer Vereinigung beider Staaten (24.–26. Okt.).	*Arabisches Solidaritätskomitee*
2.–5. Nov.	Bei der Neunten *Arabischen Gipfelkonferenz* in Bagdad gelingt es Saudi-Arabien mit Mühe, weit reichende Boykottbeschlüsse gegen Ägypten zu verhindern; die Konferenz droht Ägypten jedoch für den Fall eines Separatfriedens wirtschaftliche und politische Konsequenzen an.	*Arabische Gipfelkonferenz*
1979 28.–31. März	Vermittlungsbemühungen der Arabischen Liga im erneuten militärischen Grenzkonflikt zwischen Jemen (Arabische Republik) und Süd-Jemen (Demokratische Volksrepublik) führen bei einer Friedenskonferenz in Kuwait zum Beschluss der beiden Präsidenten, ihre Länder umgehend zu einem Einheitsstaat zu vereinigen.	
31. März	Nach der Unterzeichnung des *Ägyptisch-Israelischen Friedensvertrages* (26. März) beschließt die Gipfelkonferenz von 18 arabischen Staaten in Bagdad den Abbruch der politischen und wirtschaftlichen Beziehungen zu Ägypten und die Verlegung der Arabischen Liga nach Tunis. Die Mitgliedschaft Ägyptens in zahlreichen anderen regionalen arabischen Organisationen (u.a. OAPEC, Arabischer Fonds für wirtschaftliche und soziale Entwicklung, Rat für Arabische Wirtschaftseinheit) wird im Lauf des April suspendiert; Ägypten von der Teilnahme an der Zehnten Islamischen Konferenz in Rabat ausgeschlossen.	*Friedensvertrag Ägypten – Israel*
1980 Jan.	Die Außenminister der Islamischen Konferenz fordern den sofortigen, bedingungslosen Abzug der Sowjets aus Afghanistan und bestätigen die Souveränität Irans.	
1981 Jan.	Auf dem dritten Gipfeltreffen der Organisation der Islamischen Konferenz wird der Heilige Krieg zur Befreiung von Jerusalem und der Wirtschaftsboykott gegen Israel ausgerufen.	
25. Mai	Bahrain, Katar, Kuwait, Oman, Saudi-Arabien und die Vereinigten Arabischen Emirate gründen den Kooperationsrat der *Arabischen Golfstaaten*. Angestrebt wird eine Wirtschaftsgemeinschaft nach dem Vorbild der EG.	*Arabische Golfstaaten*
1983 Dez.	Die Außenminister der Organisation der Islamischen Konferenz arbeiten in Dakka einen neuen Vermittlungsvorschlag im Irakisch-Iranischen Konflikt aus.	
1984 Jan.	Die anschließende Gipfelkonferenz in Casablanca beschließt gegen den Protest Libyens und Syriens, Ägypten wieder die Teilnahme an den Konferenzen zu erlauben.	
1986 Juli	Der *Ölpreisverfall* auf unter 10 US-Dollar/Barrel (Tiefpunkt seit 1974) führt zu Reduzierung der Importkapazität und Defiziten in den Staatshaushalten der Ölexportstaaten. Ursachen für den Preisverfall sind u.a. neue Ölexporteure vor außerhalb der OPEC.	*Ölpreisverfall*
1987	Der *Irakisch-Iranische Krieg* (Erster Golfkrieg, 1980–1988) wird nach militärischen Rückschlägen Iraks zum vorherrschenden Konflikt. Die meisten Golfstaaten halten Irak als Regionalmacht für das kleinere Übel im Vergleich zu Iran.	*Irakisch-Iranischer Krieg*
1989 16. Febr.	Gründung des Arabischen Kooperationsrats in Bagdad mit Irak, Ägypten, Jordanien und der Arabischen Republik Jemen als Mitglieder.	
17. Febr.	Unterzeichnung der Gründungsurkunde der *Union des arabischen Maghreb* (l'Union du Maghreb arabe) durch die Staatschefs Marokkos, Mauretaniens, Algeriens, Tunesiens und Libyens in Marrakesch. Ziel ist eine wirtschaftliche Kooperation nach EG-Vorbild.	*Union des arabischen Maghreb*

	1990 16. Juli	Irak beschuldigt Kuwait der Grenzverletzung sowie der Ausbeutung des beiderseits der Grenze gelegenen Ölfelds von Rumailla und der Überschreitung der OPEC-Förderquote. Es folgen irakische Truppenbewegungen an die kuwaitische Grenze und Vermittlungsversuche arabischer Politiker.
	1. Aug.	Im saudi-arabischen Dschidda scheitern Verhandlungen zwischen Kuwait und Irak.
Besetzung Kuwaits	2. Aug.	*Irakische Truppen besetzen Kuwait.* Emir Dschaber al-Ahmad as-Sabah flieht nach Saudi-Arabien, wo sich die kuwaitische Regierung im Exil etabliert. Der UN-Sicherheitsrat fordert einstimmig den sofortigen und bedingungslosen Rückzug aus Kuwait (Resolution 660).
	6. Aug.	Der UN-Sicherheitsrat beschließt Wirtschaftssanktionen gegen Irak (Resolution 661).
Irak annektiert Kuwait	8. Aug.	*Irak annektiert Kuwait* als 19. Provinz. US-Präsident George Bush kündigt die Entsendung von Truppen nach Saudi-Arabien an.
panarabische Truppe	10. Aug.	Die irakische Besetzung Kuwaits spaltet die arabische Welt. Auf einer Gipfelkonferenz der Arabischen Liga in Kairo beschließen zwölf von 20 anwesenden Staaten, eine *panarabische Truppe* nach Saudi-Arabien zu entsenden.
	12. Aug.	Iraks Präsident Saddam Hussein verknüpft die Kuwaitkrise mit dem Palästina-Konflikt, indem er einen Abzug aus Kuwait für den Fall in Aussicht stellt, dass Israel sich aus den besetzten Gebieten zurückzieht.
	29. Nov.	Der UN-Sicherheitsrat ermächtigt die UN-Mitgliedsstaaten „alle erforderlichen Mittel einzusetzen", um die Erfüllung der Kuwait-Resolutionen durchzusetzen, falls sich Irak nicht bis zum 15. Jan. aus dem Emirat zurückgezogen hat *(Resolution 678).*
UN-Resolution 678 Allianz gegen Irak	1991 bis Jan.	In fünf der sechs Mitgliedsstaaten des Golfkooperationsrats sowie in den Gewässern rings um die Arabische Halbinsel ist in einer *Allianz gegen die irakische Besetzung Kuwaits* Militärpersonal aus 33 Staaten (hauptsächlich USA, Großbritannien, Frankreich) stationiert, die meisten Truppen in Saudi-Arabien im Grenzgebiet mit Irak und Kuwait.
Zweiter Golfkrieg	17. Jan.	*Zweiter Golfkrieg*: Nach Ablauf des UN-Ultimatums eröffnen die USA und ihre Verbündeten den Angriff auf Irak („Operation Wüstensturm") mit massiven Luftangriffen. Beginn
	24. Febr.	der Bodenoffensive: Vorstoß nach Kuwait und in den Süden Iraks. Rückzug bzw. Kapitulation der irakischen Truppen. Einmarsch der Alliierten in Kuwait-City.
	28. Febr.	Irak akzeptiert bedingungslos alle zwölf Resolutionen des UN-Sicherheitsrats zur Golfkrise. Einstellung der Kämpfe.
	2. März	Die Resolution 686 des UN-Sicherheitsrats legt die Voraussetzungen für einen formellen Waffenstillstand mit Irak fest: Annullierung der Annexion Kuwaits durch Irak und Zustimmung zu Reparationszahlungen an Kuwait. Irak willigt ein (3. März). – „Erklärung von Damaskus": Ägypten, Syrien und die sechs Staaten des Golfkooperationsrats befürworten die Schaffung einer arabischen Friedenstruppe für die Golfregion (6. März).
Waffenstillstand	11. April	Der *Waffenstillstand* tritt formell in Kraft.
	9.–11. Dez.	Auf der Gipfelkonferenz der Islamischen Konferenz in Dakar wird Irak wegen der Besetzung Kuwaits verurteilt.
	1993	Die Comoren treten als 22. Mitglied der Arabischen Liga bei (21. Nov.).
	1994 10. Nov.	Mit einer offiziellen Erklärung Saddam Husseins erkennt Irak die Souveränität Kuwaits und die Unverletzlichkeit der Grenze zu Kuwait an.
islamische Extremisten	13.–14. Dez.	Die Islamische Konferenz kommt in Casablanca zu ihrer siebten Gipfelkonferenz zusammen, auf der eine eindeutige Unterscheidung zwischen islamischen Freiheitskämpfern (Mujahedin) und terroristischen *islamischen Extremisten* getroffen wird. Der Organisation der Islamischen Konferenz gehören mittlerweile 51 Staaten sowie die PLO an.
	1995 22. März	In Kairo treffen sich die Außenminister der Arabischen Liga zum 50. Jahrestag der Gründung der Organisation, die nunmehr 22 Mitglieder umfasst und ca. 230 Mio. Menschen repräsentiert. Es zeigt sich, dass es der Organisation bislang nicht gelungen ist, innerarabische Probleme zu lösen und zur Festigung einer „arabischen Nation" beizutragen, da der einigenden Wirkung des gemeinsamen Kampfes gegen Israel durch die Friedensverträge Ägyptens und Jordaniens mit Israel der Boden entzogen wurde.
	1996 9.–12. Dez.	Auf dem jährlichen Außenministertreffen der Islamischen Konferenz wird der frühere marokkanische Ministerpräsident Azzedine Laraki (*1931) zum neuen Generalsekretär der Organisation gewählt.
	1997 23. März	Gipfeltreffen der Islamischen Konferenz in Islamabad: Die arabischen Staaten werden aufgefordert, mit aller Anstrengung islamische Ziele zu verfolgen und insbesondere die Palästinenser zu unterstützen.
Developing 8	15. Juni	Ägypten, Bangla Desch, Indonesien, Iran, Malaysia, Nigeria, Pakistan und die Türkei gründen die Union der *„Developing 8"* (D-8) zur Intensivierung der politischen und wirtschaftlichen Zusammenarbeit.

Nov.	Die Mehrzahl der arabischen Staaten boykottiert offiziell die Mena-Wirtschaftskonferenz (Länder des Nahen Ostens und Nordafrikas) aus Protest gegen Israels Haltung im Nahost-Friedensprozess.	
9.–11. Dez.	Achtes Gipfeltreffen der Organisation der *Islamischen Konferenz in Teheran*. Die große Teilnehmerzahl signalisiert ein Ende der Isolation Irans in der islamischen Welt.	*Islamische Konferenz in Teheran*
1999 April	Parallel zu den Verhandlungen in Nairobi zur Beendigung des Bürgerkriegs im Sudan starten die Staatschefs von Ägypten und Libyen, Mubarak und Gaddafi, eine begleitende „arabische" Friedensinitiative.	
April	Die Organisation der Islamischen Konferenz beschließt, humanitäre Hilfe für die muslimischen Flüchtlinge aus dem Kosovo zu leisten.	
27.–29. Nov.	Die Teilnehmer des Gipfeltreffens des Golf-Kooperationsrates in Riad (Saudi-Arabien) einigen sich über die Schaffung einer Zollunion bis zum Jahr 2005.	
2000 12./13. Nov.	9. Gipfeltreffen der 56 Staaten der Islamischen Konferenz in Doba (Katar): Im Mittelpunkt stehen Maßnahmen gegen Israel und Hilfe für die Palästinenser. Weitere Themen sind Afghanistan, Tschetschenien, Somalia und Kosovo.	
30./31. Dez.	Beim Gipfeltreffen des Golf-Kooperationsrates in Manama (Bahrain) unterzeichnen die Teilnehmer einen *Verteidigungspakt*. Die gemeinsame Truppe, seit 1986 in Saudi-Arabien stationiert, soll von 5 000 Mann auf 22 000 Mann erhöht werden.	*Verteidigungspakt*
2001 27./28. März	In Amman (Jordanien) findet das erste ordentliche Gipfeltreffen der Arabischen Liga seit 1990 statt. Die Staats- und Regierungschefs stimmen für Solidarität mit den Palästinensern, Aussöhnung zwischen Irak und Kuwait und das Ende des Embargos gegen den Irak. Die Grenzstreitigkeiten zwischen Irak und Kuwait können jedoch nicht beigelegt werden.	
16. Mai	Neuer Generalsekretär der Arabischen Liga wird der Ägypter Amre Mohamed Mussa.	
2002 27. März	Die Arabische Liga tagt in Beirut ohne Palästinenser-Präsident Arafat, den die Israelis in seinem Hauptquartier in Ramallah festhalten.	
Juli	Im ersten „Arabischen Bericht über die menschliche Entwicklung", der im Auftrag der UN-Entwicklungsorganisation (UNDP) erstellt wurde, kommen die Autoren zu dem Ergebnis, dass die 22 Mitgliedsstaaten der Arabischen Liga Fortschritte im Gesundheitswesen gemacht hätten. Katastrophal aber sei die soziale Situation. Ein Fünftel der Einwohner habe weniger als zwei Dollar am Tag zur Verfügung, die Hälfte der Jugendlichen wolle auswandern.	

Der arabisch-israelische Konflikt

(Forts. v. S. 1115)

Der arabisch-israelische Konflikt beginnt mit der Gründung des Staates Israel als Ausweitung des Palästina-Konflikts und wurzelt wie dieser im Aufeinandertreffen zweier Nationalismen – arabischer Nationalismus und politischer Zionismus –, die sich mit unvereinbaren Ansprüchen auf das gleiche Gebiet, Palästina, beziehen. Der *„Rechtsanspruch" auf* ganz *Palästina* wird im sich entfaltenden Konflikt von beiden Seiten gegründet
1. auf den für die eigene Seite behaupteten, der anderen aber prinzipiell abgesprochenen „Volkscharakter" der Juden bzw. Palästinenser,
2. auf die Notwendigkeit einer nationalstaatlichen Existenz des jeweiligen Volkes und
3. auf das Selbstbestimmungsrecht.
Dies verstehen die Palästina-Araber (Palästinenser) als das Recht der im Lande seit Generationen Lebenden, die Zionisten dagegen als das niemals aufgegebene Recht der (von den Römern vertriebenen und im Exil auf die Rückkehr in die historische Heimat wartenden) Juden auf das ihnen nach der Bibel von Gott zugewiesene Land.

Rechtsanspruch auf Palästina

Der ursprüngliche Konflikt wird wenige Jahre nach Gründung der zionistischen Bewegung sichtbar. Die mit der „Landnahme" in Palästina beabsichtigte „Befreiung der jüdischen Arbeit" soll die Juden zu einem „Volk wie alle anderen Völker" machen. In der Durchführung vermeidet der *Zionismus* durch getrennte Ansiedlung die traditionellen Formen kolonialer Überlagerung, lässt aber als soziale Konsequenz keinen Platz für Palästina-Araber, theoretisch nicht einmal als Arbeiter. Es gelingt der politisch ausschlaggebenden Richtung des Zionismus auch später nie, für die bereits im Lande lebende nichtjüdische Bevölkerung eine sinnvolle, aktive Rolle bei der Verwirklichung der zionistischen Idee zu definieren: Die *Palästina-Araber* sind und bleiben (nur notgedrungen geduldete) Bürger zweiter Klasse im zionistischen Staat. Die Aktivität der Zionisten muss darum einen Nationalismus der nichtjüdischen Bevölkerung mit einer gegen den anderen Nationalismus gerichteten Dynamik entstehen lassen. Das Dazwischentreten der

Zionismus

Palästina-Araber

Großmächte verursacht den Konflikt nicht, sondern verschärft ihn nur (Enttäuschung der Araber durch die „Friedensregelung" nach dem Ersten Weltkrieg; Einbeziehung des arabisch-israelischen in den Ost-West-Konflikt nach dem Zweiten Weltkrieg).

Teilung Palästinas

Die Judenverfolgung des „Dritten Reiches" lässt die Einwanderung nach Palästina so anschwellen, dass die Errichtung des zionistischen Staates nach Erreichung einer Bevölkerungsmehrheit ein realistisches Ziel wird. Als das ganze Ausmaß der nationalsozialistischen Judenvernichtung bekannt wird, empfiehlt eine breite Mehrheit der Vereinten Nationen gegen den geschlossenen Widerstand der Araber die *Teilung Palästinas*. Der aus schlechtem Gewissen geborene Drang, die Juden für das an ihnen begangene Unrecht zu entschädigen, ist zu stark, mögliches Unrecht an den Palästina-Arabern in Rechnung zu stellen.

Position der Araber

Für die *Araber* ist der Teilungsbeschluss der Generalversammlung der Vereinten Nationen vom 29. Nov. 1947 nicht nur wegen seines reinen Empfehlungscharakters unverbindlich, sondern wegen zahlreicher Verstöße gegen die Völkerbundssatzung und die UN-Charta rechtswidrig und nichtig. Als völkerrechtswidrig haben sie bereits das Palästina-Mandat abgelehnt: Mandat und Teilungsplan verstoßen insbesondere gegen das Selbstbestimmungsrecht, denn selbst in dem für den jüdischen Staat vorgesehenen Teil Palästinas ist die Bevölkerungsmehrheit noch arabisch. Da die Araber nach dem Ersten Weltkrieg von den Großmächten um einen eigenen unabhängigen Staat gebracht werden und sich nach dem Zweiten einer Entscheidung der Großmächte und der von ihnen „kontrollierten" Stimmen beugen müssen, sehen sie in Israel ein „imperialistisches und neo-kolonialistisches Gebilde". Ihre spätere Feindschaft gegenüber Israel beruht nicht auf Folgen der ersten Auseinandersetzungen (Flucht bzw. Vertreibung der Palästinenser; militärische Niederlagen; Gebietsverluste; Verlust Jerusalems; *die Araber bestreiten das Existenzrecht des Staates Israel* in seiner 1948 errichteten Form. Nachdem sie die Gründung des Staates nicht verhindern können, planen sie seine Vernichtung. Auch Jahrzehnte nach der Staatsgründung stellt Israel für die Mehrheit der palästinensischen Befreiungsbewegungen eine „Aggression" gegen das palästinensische Volk dar; ihr bewaffneter Kampf zur Befreiung Palästinas „zielt auf die Eliminierung des Zionismus in Palästina" (Palästinensische Nationalcharta, Art. 15).

Existenzrecht Israels bestritten

Israel dagegen beruft sich auf sein historisches Anrecht auf Palästina (für einen überwiegenden Teil der Israeli einschließlich Judäas und Samarias, d.h. des 1967 besetzten „Westufers" des Jordan) sowie auf die Rechtsgültigkeit der Beschlüsse von Völkerbund und Vereinten Nationen. Der geschlossene Widerstand der arabischen Bevölkerungsmehrheit und der arabischen Nachbarstaaten veranlasst die Zionisten weder ihr Ziel der Staatsgründung aufzugeben noch später das zionistische Selbstverständnis des Staates zu modifizieren. Israel besteht auf Anerkennung des Existenzrechts als unabhängiger, souveräner, jüdischer Staat in gesicherten und anerkannten Grenzen. Entstanden in einer feindlichen Umwelt und weiterhin umgeben von unversöhnlichen Feinden, verhärtet sich *Israel* in seinem *Sicherheitsbedürfnis* zunehmend; die politische Führung vertraut einer Politik der Stärke und glaubt, der arabischen Herausforderung mit der Sprache der Gewalt (massive Vergeltungsschläge) begegnen zu müssen. Die Eskalation von Gewalt und Gegengewalt nimmt angesichts immenser Rüstungsanstrengungen von Krieg zu Krieg (1948, 1956, 1967, 1973) zerstörerischere Formen an; auch die „begrenzte" Gewalt von Guerilla-Anschlägen und Vergeltung eskaliert über die Jahre.

Sicherheitsbedürfnis Israels

Der Furcht Israels vor der Vernichtung steht die Furcht der Araber vor israelischem Expansionsdrang gegenüber. Von ihrem Ziel, den Staat Israel in seinen historischen Grenzen wieder aufzurichten, hat die zionistische Bewegung bis zur Staatsgründung mehrfach Abstriche machen müssen: 1920 Mandatsgebiet ohne Süd-Libanon und den Ostteil der Sinai-Halbinsel; 1921 Abtrennung Transjordaniens; 1948 Staatsgründung auf nur 56% des Mandatsgebiets. Die Araber sehen ihre Furcht, der Zionismus habe sein Ziel eines Israel „vom Euphrat bis zum Sinai" nie aufgegeben, bestätigt in der schrittweisen *Expansion* bis zur Staatsgründung (von ersten Siedlungen über die Errichtung einer „nationalen Heimstätte" bis zum Staat) und danach: 1948 Eroberung weiter Gebiete im Palästina-Krieg; 1956/1957 zögernder Abzug aus dem Sinai und Gasa; 1967 Besetzung Sinais, Rest-Palästinas und der Golan-Höhen; danach offene Annexion des arabischen Teils von Jerusalem (1967) und schleichende Annexion der besetzten Gebiete; seit 1972 Vorstöße in den Süd-Libanon und Unterstützung christlicher Milizen; 1981 Annexion der Golan-Höhen; 1982 Invasion in den Libanon und über den Rückzug (1983–1985) hinaus Errichtung einer „Sicherheitszone" in Süd-Libanon.

Expansion Israels

Vermittlungsbemühungen nach den Kriegen von 1948 und 1967 scheitern an *unvereinbaren Standpunkten*. Zwar erklärt Israel jeweils seine Bereitschaft, im Falle der Anerkennung seines Existenzrechts im Rahmen allgemeiner Verhandlungen über alles reden zu wollen, verändert aber zugleich ständig den Status quo zu seinen Gunsten. Die Araber wiederum bestehen auf Wiederherstellung des Status quo ante, zumindest aber auf israelischen Vorleistungen, da sie fürchten, durch Verhandlungen Israel anzuerkennen, ohne auch nur die in den Resolutionen der Vereinten Nationen niedergelegten – von den Arabern vielfach zunächst gar nicht akzeptierten – Regelungen als Minimalforderungen durchsetzen zu können. Nach 1967, stärker aber noch nach militärischen Erfolgen der Araber im Oktober-Krieg 1973, wächst in der arabischen Welt die Zahl derjenigen, die der Kriege müde sind bzw. den Konflikt mit militärischen Mitteln nicht für lösbar halten und die darum bereit sind, sich mit der Existenz Israels abzufinden und

unvereinbare Standpunkte

eine *Verhandlungslösung* zu suchen. Als Grundlage einer Friedensregelung akzeptieren alle Verhandlungswilligen die Sicherheitsrats-Resolution 242 vom 22. Nov. 1967, die, von der „Unzulässigkeit des Gebietserwerbs durch Gewalt" ausgehend, als Prinzipien eines gerechten und dauerhaften Friedens nennt: Rückzug israelischer Streitkräfte aus besetzten Gebieten; Beendigung des Kriegszu Standes; „Anerkennung der Souveränität, territorialen Integrität und politischen Unabhängigkeit eines jeden Staates in der Region und seines Rechtes, innerhalb gesicherter und anerkannter Grenzen frei von Drohungen und Gewaltakten in Frieden zu leben"; freie Schifffahrt durch internationale Wasserwege der Region; gerechte Lösung des Flüchtlingsproblems; Garantiemaßnahmen. Die Resolution allein reicht jedoch nicht aus, weil ihre Formulierungen den Konfliktparteien unterschiedliche Auslegungen erlauben, weil das Palästina-Problem nur als *Flüchtlingsproblem* angesprochen wird und nicht als politisches Problem (Verwirklichung des Selbstbestimmungsrechts) und weil das Jerusalem-Problem überhaupt nicht angesprochen wird. Ein Friedensprozess bahnt sich erstmals im Rahmen der 1991 eröffneten Nahost-Friedenskonferenz an: Die 1993 erfolgte gegenseitige formelle Anerkennung Israels und der PLO mündet in der Unterzeichnung des Gasa-Jericho-Abkommens über eine Teilautonomie der Palästinenser in den von Israel besetzten Gebieten.

Verhandlungslösung

Flüchtlingsproblem

1945 Mit Rücksicht auf die gespannte Lage in Palästina widersetzt sich die britische Mandatsverwaltung weiterhin einer verstärkten Einwanderung von Juden (v.a. Überlebende der nationalsozialistischen Vernichtungspolitik). Die Briten können jedoch nicht gänzlich die *illegale Einwanderung von Juden* unterbinden, deren Anteil an der Gesamtbevölkerung auf zwei Fünftel angewachsen ist (1946: 608000 Juden). Bewaffnete Zusammenstöße zwischen Juden und Arabern, besonders aber Terroranschläge jüdischer Untergrundorganisationen (Irgun Zwi Leumi unter Menachem Begin; Stern-Gruppe) gegen britische Einrichtungen, machen es Großbritannien unmöglich, die Mandatsverpflichtung zu erfüllen.

Judeneinwanderung

1947
2. April Großbritannien bringt das Palästina-Problem vor die Vereinten Nationen; eine Sonderkommission der Generalversammlung erarbeitet Lösungsvorschläge.

29. Nov. Die Generalversammlung der Vereinten Nationen empfiehlt gegen die Stimmen aller arabischen und islamischen Staaten und bei Stimmenthaltung Großbritanniens die *Teilung Palästinas* in einen arabischen und einen jüdischen Staat in Wirtschaftsunion; Jerusalem soll internationalisiert und unter UN-Treuhandverwaltung gestellt werden. – Die geordnete Durchführung des Teilungsplans verhindern noch am selben Tag ausbrechende *Kämpfe* zwischen Arabern und Juden *in Palästina*. Großbritannien verweigert der UN-Palästina-Kommission die Einreise und kündet einseitig die Rückgabe des Mandats für den 15. Mai 1948 an.

Teilung Palästinas

Kämpfe in Palästina

1948
April Die jüdischen Untergrundstreitkräfte gehen zum offenen Angriff über. Mit ausgelöst durch einen Anschlag auf das Dorf Deir Jasin, beginnt eine Massenflucht der arabischen Bevölkerung; bis Mitte Mai haben mindestens 200000 Araber ihre Heimat verlassen.

14. Mai Die letzten britischen Truppen verlassen Palästina. Am Abend proklamiert David Ben Gurion (*1886, †1973) im Namen des Jüdischen Nationalrats den unabhängigen souveränen *Staat Israel*, der unmittelbar darauf von den USA und der Sowjetunion diplomatisch anerkannt wird.

Staat Israel

15. Mai Die arabischen Staaten machen am Tag, an dem das Palästina-Mandat erlischt, ihre Ankündigung wahr, sich mit Waffengewalt der Teilung widersetzen zu wollen: *Angriff der arabischen Armeen*. Nach anfänglichen Rückschlägen kann sich die israelische Armee im Palästina-Krieg behaupten; nach einer ersten Waffenruhe gelingt es ihr in zwei weiteren Kriegsrunden sogar, erheblich über das im Teilungsplan vorgesehene Gebiet hinauszudringen: Israel gewinnt im Norden das restliche Galiläa, im Osten die Neustadt von Jerusalem mit einem verbindenden Korridor und im Süden an die Negev-Wüste grenzende Gebiete hinzu. Bemühungen der Vereinten Nationen führen erst mit der dritten Waffenruhe zum Erfolg.

15. Mai–
16. Nov.

Angriff arabischer Armeen

11. Dez. Die UN-Generalversammlung empfiehlt in ihrer – seitdem jährlich bekräftigten – *„Resolution 194"* als Grundlagen einer Konfliktlösung die Rückkehr oder Entschädigung der Flüchtlinge und die Internationalisierung Jerusalems.

UN-Resolution 194

1949
24. Febr.–
29. Juli Vermittlungsbemühungen der Vereinten Nationen führen zu den bilateralen Waffenstillstandsabkommen von Rhodos zwischen Israel und Ägypten, Libanon, Jordanien und Syrien: Der Frontverlauf wird mit geringen Korrekturen und einzelnen entmilitarisierten Gebietsstreifen als *Demarkationslinie* festgelegt; eine UN-Kommission (UNTSO) wirkt bei der Überwachung der Waffenstillstände mit. – Der Krieg bringt Israel keine Anerkennung durch die arabischen Staaten und keine international anerkannten Grenzen. An der Demarkationslinie herrscht die nächsten Jahre eine brüchige Ruhe: häufige Grenzverletzungen, v.a. durch palästinensische Flüchtlinge, und gelegentliche israelische Vergeltungsschläge.

Demarkationslinie

Das Flüchtlingsproblem

Flucht von Arabern

Schwerstwiegende Folge des Palästina-Krieges ist die *Flucht* und Vertreibung *von* etwa *einer Million Arabern*. Die zunächst in Lagern im restlichen Palästina („Westufer", Gasa-Streifen) und den angrenzenden arabischen Staaten aufgefangenen Flüchtlinge werden seit 1950 durch das Hilfswerk der Vereinten Nationen für die Palästinaflüchtlinge (UNRWA) betreut (Ernährung, Kleidung, Wohnung, ärztliche Versorgung und Ausbildung). Die Zahl der von der UNRWA erfassten Flüchtlinge beträgt 1951 rund 900 000; 1978 sind – teils als Folge des Krieges von 1967, in erster Linie aber aufgrund der natürlichen Vermehrung – 1,75 Mio. Flüchtlinge registriert, von denen 620 000 in Lagern leben und Anrecht auf volle Hilfeleistungen haben; weitere 250 000 haben nur Anrecht auf Nahrungsmittelrationen; die übrigen sind voll ins Wirtschaftsleben der arabischen Staaten integriert. Diese Integration wird durch besondere Anstrengungen der UNRWA im Erziehungsbereich erleichtert; ihr steht lange die begrenzte Aufnahmefähigkeit des arabischen Arbeitsmarktes entgegen. Hinzu kommt die fehlende Bereitschaft der arabischen Staaten, das Flüchtlingsproblem „auf ihre Kosten" zu lösen; sie sehen in den Lagern ein politisches Pfand in der Auseinandersetzung mit Israel. Die Herausbildung eines palästinensischen Identitätsgefühls seit der Mandatszeit intensiviert sich im Exil und den Lagern: Aus den Palästina-Arabern wird das *Volk der Palästinenser*. Im Jahr 1995 halten sich bereits über drei Millionen Flüchtlinge in den Lagern auf.

Volk der Palästinenser

1949 11. Mai Bei der Aufnahme in die Vereinten Nationen erkennt Israel ausdrücklich die „Resolution 194" an, leitet jedoch keine Schritte ein, das Flüchtlingsproblem zu lösen: Umfangreiche Gesetzgebung überführt Grund und Boden der Flüchtlinge in Staatsbesitz und verhindert eine Integration der Araber. Die im Palästina-Krieg eroberten Gebiete werden politisch und administrativ in das Staatsgebiet eingegliedert und von Israelis besiedelt.

Regierungssitz Jerusalem

1950 1. Jan. Israel verlegt den *Regierungssitz nach Jerusalem*, woraufhin die Arabische Liga einen Wirtschaftsboykott gegen Israel und in Israel tätige ausländische Firmen verhängt.

6. Febr. Ägypten sperrt den Sueskanal und die Meerengen von Tiran für die israelische Schiffahrt und hält die Sperrung unter Berufung auf den Kriegszustand auch aufrecht, als der Sicherheitsrat Israel das Recht auf die Kanalbenutzung zuspricht (1. Sept. 1951).

24. April Jordanien annektiert das seit 1948 besetzt gehaltene Rest-Palästina (Westufer).

Dreimächteerklärung

25. Mai Die USA, Großbritannien und Frankreich verpflichten sich in einer *Dreimächteerklärung*, das Kräftegleichgewicht aufrechtzuerhalten und den Status quo notfalls militärisch zu schützen.

1955 Mitte der fünfziger Jahre häufen sich Anschläge der Palästinenser; der israelische Überfall auf Gasa (28. Febr.) erhöht die Spannungen. Als Ägypten aufgrund eines Waffenlieferungsabkommens mit der ČSR ab Ende des Jahres modernes sowjetisches Kriegsmaterial erhält,

1956 sieht Israel das militärische Gleichgewicht bedroht und verabredet – nach der Verstaatlichung des Sueskanals durch Nasser – mit Frankreich und Großbritannien einen Angriff auf Ägypten: Israel beginnt den *Sues-Krieg* mit dem Einmarsch in Gasa und im Sinai. Ein auf 24 Stunden befristetes Ultimatum Großbritanniens und Frankreichs (30. Okt.) fordert den „Rückzug" der Krieg führenden Parteien auf Linien westlich und östlich des Kanals, die Israel noch gar nicht erreicht hat. Als Ägypten erwartungsgemäß ablehnt, beginnt mit der Bombardierung der Kanalstädte eine britisch-französische *Luftoffensive auf Ägypten*. Die USA und andere westliche Staaten verurteilen die Intervention; Waffenstillstandsaufforderungen der Vereinten Nationen führen jedoch erst nach einer sowjetischen Raketendrohung zum Erfolg. Eine Friedenstruppe der Vereinten Nationen (UNEF) soll den Truppenrückzug

Sues-Krieg

29. Okt.– 6. Nov.

Luftoffensive auf Ägypten

Dez. überwachen. Großbritannien und Frankreich ziehen, ohne ihre politischen Ziele erreicht zu haben (Internationalisierung des Kanals, Sturz Nassers), ihre Truppen bis Ende des Jahres zurück.

1957 März Israel räumt seine letzten Positionen erst, als die Stationierung der UNO-Truppen auch in Scharm el-Scheich und damit die freie Schiffahrt durch die Meerenge von Tiran sichergestellt ist.

Die Auswirkungen der Sues-Krise

Nasser als Führer der arabischen Welt

Haltung der UdSSR

Die Sues-Krise verändert die internationale Lage in der Region: Präsident Nasser gelingt es, die militärische Niederlage in einen politischen Sieg über zwei Großmächte umzumünzen und damit zum unbestrittenen *Führer der arabischen Welt* gegenüber West und Ost zu werden. Großbritannien und Frankreich verlieren mit diesem letzten „Abenteuer" im alten imperialen Stil den Rest ihrer ehemals dominierenden Stellung in der Region, während der Sowjetunion als „Schutzmacht" der jungen Nationen der diplomatische, politische und militärische Einstieg in die Region endgültig gelingt – den ihr die USA seit Beginn des „kalten Krieges" haben verwehren wollen. Die *Sowjetunion* nimmt danach eine eindeutig proarabische und antiisraelische Haltung ein und unterstützt Ägypten, Syrien und später Irak mit umfangreicher Militär- und Wirtschaftshilfe. Israel, von amerikanischer Wirtschafts- und Militärhilfe abhängig, erscheint als Instrument des Imperialismus und ist isolierter als zuvor.

1964 13.–17. Jan. 5.–11. Sept.	Als Israel beginnt, in großen Mengen *Jordan-Wasser* zur Bewässerung der Negev-Wüste abzuleiten, werten dies die in Kairo zu einer Ersten Arabischen Gipfelkonferenz zusammengekommenen arabischen Könige und Staatschefs als Akt der Aggression. Auf Initiative Nassers wird die *Palästinensische Befreiungsorganisation* (PLO) gegründet und von der Zweiten Gipfelkonferenz als offizielle Organisation der Palästinenser begrüßt. Die PLO stellt ihrerseits eine Palästinensische Befreiungsarmee (PLA) auf; neben der bereits bestehenden al-Fatah (= Invasion; gegründet 1956) bilden sich in den nächsten Jahren verschiedene Organisationen der Fedaijin (= Opferbereite), die ab 1965 von arabischen Staaten, insbesondere Jordanien und Libanon, aus Sabotageakte und Überfälle auf israelischem Gebiet unternehmen. Israel reagiert mit gelegentlichen Vergeltungsschlägen, die an Häufigkeit und Härte zunehmen (Aktion gegen das jordanische Dorf Samu, Nov. 1966).	*Jordan-Wasser* *PLO*
1967 Frühjahr	Als *Grenzzwischenfälle* an der syrisch-israelischen Demarkationslinie seit 1966 immer umfangreicher werden und auch zu Luftkämpfen führen (Abschuss von sechs syrischen MIG-Jägern über Damaskus, April), droht Israel Syrien mehrfach mit einer Invasion, falls die Guerilla-Anschläge nicht aufhören (Anfang Mai). Fehlinformationen über israelische Truppenmassierungen an der syrischen Grenze veranlassen Präsident Nasser, ägyptische	*Grenzzwischenfälle*
15. Mai	Truppen auf die Sinai-Halbinsel zu entsenden.	
18. Mai	Der Forderung der Vereinigten Arabischen Republik an UNO-Generalsekretär U Thant, die UN-Truppen aus dem Sinai abzuziehen, kommen die Vereinten Nationen nach, als Israel die Verlegung der UNEF auf die israelische Seite ablehnt (Rückzugsbefehl am 19. Mai).	
22. Mai	Am Tag nach dem Einzug ägyptischer Truppen in Scharm el-Scheich sperrt Nasser die *Meerenge von Tiran* für die israelische Schifffahrt, obwohl Israel die erneute Sperrung bereits 1957 zum Kriegsfall erklärt hat. Jordanien tritt überraschend dem Ägyptisch-Syrischen Beistandspakt vom 4. Nov. 1966 bei (30. Mai), Irak schließt sich an (4. Juni).	*Meerenge von Tiran*
5.–10. Juni	Israel entscheidet den Juni-Krieg *(Sechstagekrieg)* in den ersten Stunden mit einem Präventivschlag aus der Luft, der weit gehend die Luftwaffen Ägyptens, Jordaniens, Syriens und Iraks am Boden zerstört und die arabischen Armeen ohne Luftunterstützung lässt. Bis zum Waffenstillstand mit Jordanien und Ägypten (8. Juni) haben israelische Truppen die Altstadt von Jerusalem, West-Jordanien und die Sinai-Halbinsel bis zum Sueskanal besetzt. Waffenstillstandsappellen des Sicherheitsrats folgt Israel erst, als es mit der Erstürmung der Golan-Höhen (9./10. Juni) alle Kriegsziele erreicht hat.	*Sechstagekrieg*
	Israel glaubt mit diesem Krieg seine *Situation* dramatisch verbessert: Da alle Beteiligten den Konflikt letztlich nur mit Gewalt für lösbar hielten, hat Israel mit geringen eigenen Verlusten das arabische Militärpotential zerschlagen, noch ehe ihm dieses ernsthaft gefährlich werden kann. Die erreichten Linien sind strategisch unvergleichlich günstiger als seine verletzlichen Grenzen. Die besetzten Gebiete wiederum sind ein Faustpfand für Verhandlungen mit den Arabern über die Anerkennung des Existenzrechts und auszuhandelnde sichere Grenzen. Sollte es aber in absehbarer Zeit nicht zu einem Frieden kommen, wäre die Besetzung des restlichen Palästina nur eine späte Erfüllung des zionistischen Traums. Die Chance, eine schnelle Friedensregelung zu suchen, wird nicht genutzt. Israel betont zwar, mit dem Ziel eines dauerhaften Friedens verhandeln zu wollen, ergreift aber Maßnahmen, die Verhandlungen erschweren müssen: Der neue Flüchtlingsstrom aus den besetzten Gebieten	*Situation Israels*
28. Juni	wird von der Militärverwaltung gefördert; die faktische Annexion der arabischen *Altstadt von Jerusalem* (von der UN-Generalversammlung am 4. Juli für nichtig erklärt), die Zerstörung strategisch gelegener Dörfer und die im September beginnende Besiedlung der besetzten Gebiete (landwirtschaftliche Siedlungen im Rahmen von „Militärlagern") deuten nicht auf Rückzugsbereitschaft.	*Altstadt von Jerusalem*
29. Aug.–3. Sept.	Die Vierte Arabische Gipfelkonferenz in Khartum wertet die Niederlage als vorübergehenden „Rückschlag" und beschließt, Israel weder anzuerkennen noch direkte Verhandlungen aufzunehmen; Ägypten und Jordanien erhalten Zahlungen zur Beseitigung der Kriegsfolgen; eine Fortsetzung des militärischen Kampfes wird jedoch zurückgestellt und eine politische Lösung nicht ausgeschlossen (Protest Syriens, Algeriens und der Fedaijin).	
22. Nov.	Der Sicherheitsrat verabschiedet einstimmig eine Kompromissformel *(„Sicherheitsrats-Resolution 242")*, die später von Ägypten, Jordanien und Israel als Grundlage einer Friedensregelung akzeptiert wird.	*Sicherheitsrats-Resolution 242*
1967/1968	Der UN-Vermittler Gunnar Jarring (*1907) kann in den folgenden Monaten jedoch keinerlei Annäherung zwischen den Konfliktparteien herbeiführen *(Jarring-Mission)*. Während	*Jarring-Mission*

Israel auf direkten Verhandlungen vor jedem Rückzug besteht, sehen die Araber im Rückzug (zumindest Teilrückzug) eine Vorbedingung für Verhandlungen und Anerkennung. Zahlreiche Äußerungen israelischer Politiker deuten auf umfangreiche Gebietsforderungen; für die Araber ist nur der vollständige Abzug akzeptabel.

1968 Die Verhärtung der Positionen führt in der ersten Jahreshälfte zu zahlreichen Zwischenfällen, insbesondere entlang des Sueskanals, wo heftige Artillerieduelle zur Zerstörung der ägyptischen Raffinerien und der Kanalstädte führen; Evakuierung von mehreren hunderttausend Flüchtlingen. Besondere Bedeutung gewinnt die Guerilla-Tätigkeit der *Fedaijin*, die nach dem militärischen Versagen der arabischen Staaten nun mit ihrem „Volkskrieg" gegen Israel zugleich die politischen und sozialen Ziele des Panarabismus in den konservativen arabischen Staaten, insbesondere Jordanien, verwirklichen wollen.

Fedaijin

Die PLO und die palästinensischen Fedaijin-Organisationen bis 1976

Palästinensischer Nationalrat

Oberstes Organ der Palästinensischen Befreiungsorganisation (PLO) ist der *Palästinensische Nationalrat*, eine Art Exilparlament, dessen 292 Mitglieder einmal im Jahr zusammentreten. Politisches Gewicht erhält die PLO erst 1968, als al-Fatah, die größte der Fedaijin-Organisationen, dem Nationalrat beitritt und ihr Führer Jasir Arafat Vorsitzender des 15-köpfigen Exekutivkomitees der PLO wird. Der Nationalkongress in Kairo (1.–17. Juli 1968) verabschiedet die Palästinensische Nationalcharta: Palästina in den Grenzen des britischen Mandats ist die unteilbare Heimat der Palästinenser; bewaffneter Kampf ist der einzige Weg zur Befreiung Palästinas; nur Juden, die vor Beginn der zionistischen Invasion in Palästina lebten, gelten als Palästinenser. 1969 schließen sich alle anderen Fedaijin-Organisationen dem Nationalrat an, sie sind im 1970 geschaffenen Zentralrat der Palästinensischen Widerstandsbewegung repräsentiert, dem das Exekutivkomitee der PLO und bis zu 40 weitere, vom Nationalrat gewählte Mitglieder angehören. Das *Exekutivkomitee* führt zwischen den Sitzungen des Zentralrates die Geschäfte der PLO und leitet die permanenten Abteilungen (Militärabteilung einschließlich PLA; Politische und Internationale Beziehungen; Palästinensischer Nationalfonds usw.). Die PLO unterhält Büros in allen arabischen Staaten außer Saudi-Arabien und in zahlreichen Hauptstädten der übrigen Welt. 1974 erkennt die Arabische Gipfelkonferenz in Rabat die PLO als den einzig legitimen Repräsentanten des palästinensischen Volkes an; 1976 wird die PLO Vollmitglied der Arabischen Liga.

Exekutivkomitee

Trotz der Eingliederung der Fedaijin-Organisationen in die Palästinensische Befreiungsarmee (Oberkommandierender: Jasir Arafat) und der Schaffung eines Vereinigten Militärkommandos (1970) bleibt die Kontrolle über Guerilla-Aktionen weit gehend in den Händen der jeweiligen Fedaijin-Organisation und ihrer Führer. Mehrere von ihnen werden von arabischen Einzelstaaten unterstützt und vertreten häufig deren gesamtarabischen Interessen. Neben al-Fatah, einer breiten Koalition gemäßigter bis radikaler Palästinenser, sind die wichtigsten Organisationen: die 1967 gegründete marxistisch-leninistische *Volksfront für die Befreiung Palästinas* (PFLP; Vorsitzender: George Habasch); die 1969 von der PFLP abgespaltene Demokratische Volksfront für die Befreiung Palästinas (PDFLP; Vorsitzender: Naif Hawatmeh); die 1967 gegründete, von Syrien gestützte Saika (Vorsitzender: Suhair Muhsin, †1979). Der 1970 gebildete „Schwarze September" ist keine offizielle Fedaijin-Organisation, sondern eine Gruppe radikaler Aktivisten, die von verschiedenen Organisationen und Staaten (v. a. Libyen) unterstützt wird. Die *„Ablehnungsfront"* innerhalb der PLO bilden jene Organisationen, die jede auf Anerkennung Israels hinauslaufende Lösung ablehnen; in wechselnder Zusammensetzung boykottiert die von der PFLP geführte Ablehnungsfront ab 1974 das Exekutivkomitee und den Zentralrat, arbeitet aber weiter im Nationalrat mit.

PFLP

Ablehnungsfront

Kommandounternehmen

Anfang 1968 verstärken die Fedaijin, meist von Jordanien und Libanon aus, ihre *Kommandounternehmen* gegen Israel, das seinerseits immer härter zurückschlägt. Opfer ist meist die Zivilbevölkerung. Der Rückhalt unter den Flüchtlingen ist so stark, dass die Palästinenserorganisationen in den Lagern im Libanon und Jordanien einen Staat im Staate aufbauen können. Um die ungelöste Palästina-Frage im Bewusstsein der Weltmeinung wach zu halten, dehnen die Palästinenser ihre Guerilla-Tätigkeit und Terroranschläge auch auf nichtarabische Staaten aus (u. a. Schweiz, Griechenland, Italien; Flugzeugentführungen, Geiselnahmen; Ermordung eines Teils der israelischen Olympiamannschaft in München 1972). *Israel* reagiert mit *„Gegenterror"* (Bombardierung von Lagern und Dörfern; Sprengung von 13 Zivilflugzeugen in Beirut; Abschuss einer libyschen Verkehrsmaschine; Ermordung führender Palästinenser in Beirut und mehreren westlichen Staaten).

„Gegenterror"

Viermächtegespräche

1969 Die Jarring-Mission droht endgültig zu scheitern; die Sowjetunion, die USA, Großbritannien und Frankreich nehmen *Viermächtegespräche* über die Verwirklichung der „Sicherheitsrats-Resolution 242" auf. Ägypten und Israel zeigen eine gewisse Kompromissbereitschaft. Die Gespräche werden jedoch zugunsten bilateraler Kontakte zwischen den USA und der Sowjetunion unterbrochen, als Mitte des Jahres die Spannungen eskalieren (Fedaijin-Aktio-

	nen im Jordan-Tal; Brandstiftung in der Aksa-Moschee in Jerusalem; „Abnutzungskrieg"	
9. Dez.	entlang des Sueskanals). Vorschläge des US-Außenministers William Rogers, der einen Mittelweg zwischen den Positionen sucht (sog. *Rogers-Plan*), stoßen auf Ablehnung Israels, das sich mit geringen Korrekturen der Grenzen vor 1967 abfinden soll.	*Rogers-Plan*
1970 Jan. 19. Juni	Als Israel seine Luftangriffe tief ins ägyptische Hinterland ausdehnt, verstärkt die Sowjetunion ihr Engagement: Installation von SAM-3-Luftabwehrraketen, operative Einsätze russischer Piloten über ägyptischem Gebiet; mehr sowjetische Militärberater. Da die Großmächte eine direkte Konfrontation vermeiden wollen, erneuert Außenminister Rogers mit sowjetischer Zustimmung seinen Vorschlag: Wiederherstellung des Waffenstillstandes und Aufnahme von Verhandlungen durch Gunnar Jarring auf der Grundlage der „Sicherheitsrats-Resolution 242". Nachdem Ägypten den Rogers-Plan angenommen und Israel bedingt	
8. Aug.	zugestimmt hat, tritt eine auf 90 Tage befristete und danach mehrfach verlängerte *Waffenruhe* ein.	*Waffenruhe*
6. und 9. Sept. 16.–27. Sept.	Ein Versuch der PFLP, durch die Entführung von vier Verkehrsmaschinen nach Jordanien und Kairo die Verwirklichung des Rogers-Plans zu stören, veranlasst König Hussein, die Macht der Fedaijin-Organisationen in Jordanien endgültig zu zerschlagen: *Bürgerkrieg* („Schwarzer September").	*Bürgerkrieg*
1971 5. Febr.	Den Bemühungen Gunnar Jarrings kommt der neue ägyptische Präsident Sadat mit dem Angebot entgegen, nach einem Teilrückzug Israels auf dem Sinai den Sueskanal wieder zu eröffnen. Der Vorschlag wird nicht aufgenommen; Jarring scheitert an der kategorischen Weigerung Israels, den Rückzug auf die Linien vor 1967 zu erwägen.	
1972 25.–28. Febr.	*Israelische Invasion* in den Süd-Libanon, der nach der Zerschlagung der militärischen Präsenz der Palästinenser in Jordanien zum Hauptoperationsgebiet der Fedaijin geworden ist. In der Folgezeit häufige israelische Luftangriffe auf palästinensische Stützpunkte, wobei auch libanesische Dörfer getroffen und Zivilisten getötet werden.	*Israelische Invasion*
18. Juli	Israel versteht die politisch günstige Lage nach dem Rogers-Plan auch dann nicht für eine politische Lösung des Konflikts zu nutzen, als Ägypten die sowjetischen Militärberater ausweist und damit seine Verhandlungsbereitschaft unterstreicht.	
1973 **6.–26. Okt.**	Von Ägypten politisch vorbereitet, beginnt am jüdischen Versöhnungsfest (Jom Kippur) ein ägyptisch-syrischer Überraschungsangriff: *Oktober-Krieg* (Jom-Kippur- bzw. Ramadan-Krieg). Die ägyptischen Truppen durchbrechen die Bar-Lev-Linie (Befestigungslinie entlang des Sueskanals seit dem Sechstagekrieg) und stoßen in die Sinai-Halbinsel vor; syrischer Angriff auf die Golan-Höhen. Am 8. Okt. gehen israelische Truppen zum Gegenangriff über. Massiver Materialeinsatz (US-Luftbrücke für Israel, sowjetische Lufttransporte für Ägypten und Syrien); schwerste Verluste auf beiden Seiten. Israelische Truppen stoßen zwar ab 15. Okt. über den Sueskanal vor, können aber weder die über den Kanal vorgedrungenen Ägypter zurückdrängen noch Damaskus erreichen.	*Oktober-Krieg*
17. Okt.	Vertreter der OAPEC-Staaten beschließen in Kuwait, parallel zu den Kampfhandlungen das *Erdöl als politische Waffe* einzusetzen, um durch Lieferbeschränkungen, Produktionsstop, Embargo und Preiserhöhungen die westlichen Staaten, vor allem die USA, zu zwingen, ihre proisraelische Haltung aufzugeben (weit reichende Beschlüsse auf der OAPEC-Konferenz in Kuwait, 4./5. Nov. 1973).	*Erdöl als politische Waffe*
22. Okt.	Erst als ein militärisches Patt eingetreten scheint, schalten sich die Großmächte ein: Der Sicherheitsrat ordnet die Feuereinstellung an. Als dieser Anordnung nicht Folge geleistet wird und Israel die Stadt Sues und die ägyptische Dritte Armee einschließt, droht die Sowjetunion eine Intervention an (24. Okt.), falls die USA nicht gemeinsam mit ihr vorgehen; die USA versetzen einen Teil ihrer Streitkräfte in erhöhte Alarmbereitschaft und üben gleichzeitig Druck auf Israel aus. Erst dann tritt Waffenruhe ein. (Nacht vom 25./26. Okt.), die von einer UN-Friedenstruppe überwacht wird (UNEF II).	
11. Nov.	Die Araber erreichen ihr Hauptziel, Israel und den ölabhängigen Staaten zu zeigen, dass ihre Sicherheit nicht gewährleistet ist, solange Israel weite arabische Gebiete besetzt halten kann. Da allein die USA mit dem notwendigen Druck Israel zum Rückzug bewegen könnten, unternimmt US-Außenminister Henry Kissinger – in bedingtem Zusammenspiel mit der Sowjetunion – eine Reihe von Reisen zu den Konfliktparteien *(Kissingers „Pendeldiplomatie")*, deren erste (5.–10. Nov.) zur Konsolidierung des Waffenstillstands zwischen Ägypten und Israel führt („Sechspunkteabkommen" am „Kilometerstein 101").	*Kissingers Pendeldiplomatie*
26.–28. Nov.	Die Sechste *Arabische Gipfelkonferenz* in Algier erklärt, dass die Feuereinstellung kein Ende des Kampfes bedeutet und bekräftigt als unabdingbare Forderung den vollständigen Rückzug Israels aus den 1967 besetzten Gebieten und die Wiederherstellung der nationalen Rechte der Palästinenser; die „Ölwaffe" soll weiter eingesetzt werden.	*Arabische Gipfelkonferenz*

| | Auf einer zweiten Nahostreise (13.–20. Dez.) schafft Kissinger die Voraussetzungen für die
21./22. Dez. Eröffnung der Genfer Nahost-Friedenskonferenz unter UN-Schirmherrschaft mit den USA und der Sowjetunion als Ko-Präsidenten. Nur Ägypten, Jordanien und Israel nehmen teil, alle berufen sich auf die Resolution 242 von 1967, legen sie aber wieder unterschiedlich aus. Die Konferenz vertagt sich, um das Ergebnis der von Kissinger diplomatisch vorbereiteten Truppenentflechtung abzuwarten. (Alle späteren Bemühungen um Wiedereinberufung der Konferenz scheitern.)

Abkommen Ägypten – Israel

1974
18. Jan. *Ägypten und Israel* unterzeichnen das *Abkommen* über das Auseinanderrücken ihrer Streitkräfte (in Kraft am 24. Jan.): Israel zieht sich vom Sueskanal bis vor die Sinaipässe zurück; Gefangenenaustausch; UN-Kontingente in der Pufferzone.

Ungleich schwieriger sind entsprechende Verhandlungen mit Syrien, das die Truppenentflechtung als Bestandteil einer allgemeinen Nahostregelung betrachtet wissen will.

Abkommen Syrien – Israel

31. Mai Das *Syrisch-Israelische Entflechtungsabkommen* wird in Genf unterzeichnet: Einstellung der im März erneut ausgebrochenen Kämpfe; Gefangenenaustausch; Rückgabe der im Oktober-Krieg von Israel besetzten Gebiete sowie der Orte Kuneitra und Rafid (von Israel beim Rückzug zerstört); UN-Truppen in der Pufferzone (UNDOF).

Politische Ziele der PLO

Palästinenservertretung

Die Wiedereinberufung der Genfer Konferenz wird durch das Problem der *Vertretung der Palästinenser* erschwert. Israel betrachtet die PLO als Terrororganisation und weigert sich, mit ihr zu verhandeln. Innerhalb der PLO kommt es zu Auseinandersetzungen, als gemäßigte Kräfte bereit scheinen, einen palästinensischen Kleinstaat in den 1967 besetzten Gebieten zu akzeptieren und mit Israel Frieden zu schließen. Fedaijin-Gruppen intensivieren ihre Terroranschläge vom Süd-Libanon aus, um durch provozierte Gegenschläge den aggressiven Charakter des Zionismus zu „offenbaren". Der Palästinensische Nationalrat lehnt in Kairo bei seiner Jahrestagung (1.–9. Juni 1974) in einem *Zehnpunkteprogramm* den Kleinstaat zugunsten der Befreiung „ganz Palästinas" ab und weist die „Sicherheitsrats-Resolution 242" als Grundlage einer Friedenslösung zurück (Palästinenser nur als Flüchtlinge, nicht als Volk angesprochen). Er verlangt die Errichtung einer „nationalen Autorität" in allen zu befreienden Gebieten und lehnt den Hussein-Plan (Föderation Ost-Jordaniens mit dem Westufer zu einem Vereinigten Arabischen Königreich) ab. Trotzdem scheint bis Ende des Jahres eine Mehrheit der PLO – zum Teil unter dem Druck arabischer Regierungen – das begrenzte Ziel eines palästinensischen Staates in den besetzten Gebieten akzeptieren zu wollen. Ein Teil der Fedaijin-Organisationen lehnt weiter jede Lösung ab, die eine Anerkennung Israels impliziert und zieht sich aus Zentralrat und Exekutivkomitee der PLO zurück (Sept.): *Ablehnungsfront*.

Zehnpunkteprogramm

Ablehnungsfront der PLO

26.–29. Okt. Auf der Siebten Arabischen Gipfelkonferenz in Rabat wird der PLO als der einzigen legitimen Vertreterin des palästinensischen Volkes das Recht zugestanden, eine unabhängige nationale Autorität über alle befreiten Gebiete zu errichten. König Hussein muss auf alle Ansprüche verzichten. Die PLO erhält damit das Recht der Mitentscheidung über Krieg und Frieden im Nahen Osten.

Arafats UNO-Auftritt

13. Nov. Dies wird unterstrichen durch Jasir *Arafats Auftritt vor der UN-Generalversammlung* die später in einer Resolution das Recht des palästinensischen Volkes auf Selbstbestimmung ohne Einmischung von außen und auf nationale Unabhängigkeit und Hoheit bestätigt (22. Nov.).

1975 Nach einer vergeblichen Kissinger-Reise (9.–22. März) verlangt die Sowjetunion – durch
Frühjahr Kissingers Diplomatie weit gehend aus Lösungsversuchen im Nahen Osten ausgeschlossen – die Wiedereinberufung der Genfer Konferenz. Die Reaktionen im Nahen Osten sind überwiegend negativ, da sich an den Grundpositionen gegenüber 1973 nichts geändert hat. Als es Außenminister Kissinger bei einem erneuten Versuch (21. Aug.–2. Sept.) gelingt, die

Truppenentflechtungsabkommen

4. Sept. Standpunkte anzunähern, schließen Ägypten und Israel das zweite *Truppenentflechtungsabkommen* (unterzeichnet in Genf): Israel räumt die Pässe Gidi und Mitla sowie die Ölfelder von Abu Rhodeis; elektronische Frühwarnstationen, davon drei mit amerikanischem Zivilpersonal besetzt, sollen Überraschungsangriffe verhüten; freie Fahrt für nichtmilitärische Güter von und nach Israel durch den (am 5. Juni wieder eröffneten) Sueskanal; beide Seiten erklären ihre Absicht, den Konflikt mit friedlichen Mitteln lösen zu wollen.

Das Abkommen – ein großer Erfolg der Diplomatie Kissingers – findet nur bei Saudi-Arabien, Kuwait und dem Sudan Zustimmung, während es die Mehrheit der arabischen Staaten, besonders heftig Syrien und die PLO, als Kapitulation vor amerikanischen und israelischen Interessen wertet.

1976 26. Jan.	Syrien wird zum führenden Verfechter der palästinensischen Rechte und erzwingt – als Gegenleistung für die Verlängerung des Mandats der UN-Truppen auf den Golan-Höhen – eine *Palästina-Debatte im Sicherheitsrat* unter Teilnahme der PLO. Nur durch ihr Veto verhindern die USA eine Resolution, die das Recht der Palästinenser bekräftigt, einen eigenen Staat zu errichten.	*Palästina-Debatte der UNO*
25. März	Ein Veto der USA verhindert eine (von den übrigen 14 Mitgliedern angenommene) Resolution des Sicherheitsrats, die *Israels Siedlungspolitik* in den besetzten Gebieten scharf verurteilt (Israel hat bis 1978 über 90 Siedlungen auf dem Westufer, den Golan-Höhen, im Gasa-Streifen und auf der Sinai-Halbinsel errichtet). – Wegen der Siedlungspolitik kommt es das ganze Jahr über zu Demonstrationen und Zusammenstößen auf dem Westufer und im Gasa-Streifen. Lokalwahlen auf dem Westufer unterstreichen die Stärke des PLO-Anhangs. Zunehmende Kritik an der Unbeugsamkeit Israels auch in den USA und die wachsende Abhängigkeit der USA (die Ölimporte aus der arabischen Welt haben sich gegenüber 1973 ver-	*Israels Siedlungspolitik*
Nov.	doppelt) führen zu einer *Wandlung der US-amerikanischen Politik*. Noch ehe der neu gewählte US-Präsident James Earl Carter sein Amt angetreten hat, stimmen die USA erstmals im Sicherheitsrat und der UN-Generalversammlung gegen Israel (Missbilligung der Siedlungspolitik und der Weigerung Israels, die Flüchtlinge zurückkehren zu lassen).	*neue US-Politik*
1977 Febr.	Kaum im Amt, entsendet US-Präsident Carter Außenminister Cyrus Vance auf Nahostmission und lädt Anwar as-Sadat und den israelischen Ministerpräsidenten Yitzhak Rabin nach Washington ein *(Carter-Initiative)*. Die amerikanische Regierung unterstützt Israel in der Frage „verteidigungsfähiger Grenzen", sieht jedoch den Rückzug auf die Grenzen von vor 1967 mit nur geringen Korrekturen als notwendigen Bestandteil einer endgültigen Lösung. In diesem Zusammenhang spricht Carter von einer „Heimstätte" (homeland), die für die Palästinenser geschaffen werden sollte.	*Carter-Initiative*
20. März	Hoffnungen, dass die PLO eine flexiblere Haltung gegenüber einer Verhandlungslösung einnehmen würde, erfüllen sich nicht: Der Palästinensische Nationalrat bestätigt die Bereitschaft, einen Kleinstaat zu akzeptieren, lehnt es aber ab, die Errichtung eines „säkularen demokratischen Staates" in ganz Palästina als Ziel aufzugeben.	
17. Mai	Der *Wahlsieg des* rechten *Likud-Blocks* in Israel wird als Rückschlag für die US-Friedensinitiative gewertet. Der neue israelische Premierminister Menachem Begin (*1913, †1992) betont bei verschiedenen Gelegenheiten, unter keinen Umständen mit der PLO verhandeln oder	*Wahlsieg des Likud-Blocks*
Sept.	eine palästinensische „Heimstätte" erwägen zu wollen. Ein israelischer Kabinettsvorschlag, der der US-Regierung übermittelt wird, sieht eine Lösung unter permanenter Aufrechterhaltung der israelischen Besetzung des gesamten Westufers und des Gasa-Streifens vor.	
1. Okt.	Eine *sowjetisch-amerikanische Erklärung* ruft zu einer Nahostlösung auf, die „die legitimen Rechte der Palästinenser" sichert. In dieser Formulierung sehen die Araber ein Anzeichen, dass die USA zur lang erwarteten Konfrontation mit Israel bereit sind.	*Erklärung der UdSSR und USA*
9. Nov.	Der ägyptische Präsident Sadat erklärt, er sei der ewigen Verfahrensdebatten müde und würde selbst nach Jerusalem gehen, um einen Frieden herbeizuführen. Die Bemerkung wird von Begin unmittelbar mit einer Einladung beantwortet. (Informelle Kontakte scheinen seit Anfang des Jahres die Möglichkeit von direkten Gesprächen vorbereitet zu haben.)	
19./20. Nov.	*Sadats Reise nach Jerusalem* gipfelt in einem dramatischen Friedensappell vor der Knesset: Ägypten ist bereit, mit Israel auf der Grundlage einer gerechten und dauerhaften Gesamtlösung in Frieden zusammenzuleben. Als Grundlagen des Friedens sieht Sadat: Rückzug aus den 1967 besetzten Gebieten; palästinensischer Staat; Sicherheitsgarantien; Gewaltverzicht. – Durchweg positiven Reaktionen in der westlichen Welt steht die scharf ablehnende Haltung der überwiegenden Mehrheit der Araber gegenüber, die eine Schwächung der gemeinsamen Position und letztlich einen ägyptisch-israelischen Separatfrieden fürchten. Auch Israel scheint mit Sadats Bereitschaft zu einem begrenzten bilateralen Abkommen zu rechnen.	*Sadats Reise nach Jerusalem*
14. Dez.	Präsident Sadat strebt eine Gesamtlösung an und lädt zu einer Vorkonferenz zur Wiedereinberufung der Genfer Konferenz nach Kairo ein; nur Israel, die USA und die Vereinten Nationen nehmen teil. Die mit allen anderen Konfliktbeteiligten eingeladene PLO schlägt die Chance aus, mit Israel am Verhandlungstisch zu sitzen.	
25. Dez.	Ministerpräsident Begin bietet beim „*Gipfeltreffen*" mit Sadat in Ismailia die Räumung der Sinai-Halbinsel und begrenzte Autonomie für die Palästinenser in den besetzten Gebieten an; Israel will sich aber die Kontrolle der Sicherheit und öffentlichen Ordnung vorbehalten. Beide Seiten vereinbaren Verhandlungen.	*Gipfeltreffen*
1978 17. Jan.	Die ägyptisch-israelische *Militärkommission* tritt in Kairo zusammen (ab 11. Januar). Die Gespräche in der parallel tagenden politischen Kommission in Jerusalem bricht Ägypten nach einem Tag wegen der israelischen Weigerung ab, die Siedlungen auf Sinai aufzugeben.	*Militärkommission*

	Febr.	Israel sieht sich heftiger Kritik des amerikanischen Präsidenten und führender Kongressabgeordneter wegen seiner starren Haltung ausgesetzt, vor allem als Begin erklärt, die SR-Resolution 242 erfordere keinen Rückzug aus „Judäa und Samaria" (Westbank).
israelische Offensive	15.–20. März	Großangelegte *israelische Offensive* in den Süd-Libanon (Vergeltung für einen Anschlag auf Touristenbusse am 11. März; 36 Tote): Israel besetzt das Land bis zum Litani-Fluss; neben 200 Fedaijin 1000 libanesische Zivilisten getötet; 265 000 Flüchtlinge. – Die Unverhältnismäßigkeit der Reaktion löst auch in Israel breite Kritik aus: Bildung der *„Frieden-Jetzt"-Bewegung*.
„Frieden-Jetzt"-Bewegung	April–Juni	Israel zieht seine Truppen stufenweise aus dem Libanon zurück; eine UN-Truppe (UNIFIL) übernimmt die Kontrolle einer Pufferzone zwischen den Palästinensern und Israel; im Süd-Osten übergeben die Israeli die Kontrolle an christliche Milizen (Major Haddad), die es des längeren schon mit Waffen und direktem Eingreifen gegen die Palästinenser unterstützt.
	17. Mai	Der amerikanische Senat stimmt für die Lieferung von Kampfflugzeugen an Israel, Ägypten und Saudi-Arabien. Israel ist alarmiert, dass arabische Staaten erstmals modernstes amerikanisches Kriegsmaterial erhalten. Amerikanischer Druck ermöglicht die Wiederaufnahme der Gespräche zwischen Ägypten und Israel; die USA werden voller Partner in allen weiteren Verhandlungen: Außenministertreffen in Schloss Leeds, England (18./19. Juli). Da kein Durchbruch erzielt wird, lädt Carter Sadat und Begin nach Camp David ein, wo sich – nach mehrfach vom Scheitern bedrohten Verhandlungen – *Ägypten* und *Israel* auf zwei *Rahmenabkommen* für eine Nahost-Friedenslösung einigen (unterzeichnet in Washington am 19. September): Rahmenabkommen über einen ägyptisch-israelischen Friedensvertrag, der nach spätestens 90 Tagen unterzeichnet werden soll; Rahmenabkommen über die Prinzipien einer allgemeinen Nahostfriedensregelung: Rückzug der israelischen Armee auf Sicherheitspositionen und Beendigung der Militärverwaltung auf dem Westufer und in Gasa; palästinensische Selbstverwaltung nach Verhandlungen über die Errichtung der gewählten Selbstverwaltungsorgane; endgültige Regelung der Zukunft der Palästinenser nach einer Übergangszeit von fünf Jahren. Die Verhandlungen sollen den übrigen arabischen Konfliktstaaten zur Beteiligung offenstehen; auch Vertreter der Palästinenser in den besetzten Gebieten.
Abkommen Ägypten – Israel	6.–17. Sept.	
		Bemühungen der US-Regierung, Jordanien und Syrien zur Beteiligung an den bevorstehenden Verhandlungen zu bewegen, sind erfolglos. Palästinensische Fedaijin verstärken ihre militärischen Auseinandersetzungen – zum Teil über die Köpfe der UN-Soldaten hinweg – mit den christlichen Milizen im Süd-Libanon, um Israel zum Eingreifen zu provozieren. In den folgenden Monaten Intensivierung der Bombenanschläge in Israel; israelische Gegenschläge, meist aus der Luft, bis in den Nord-Libanon.
Friedensverhandlungen	11. Okt.	Ägyptisch-israelische *Friedensverhandlungen* beginnen in Washington; zunächst schnelle Einigung. Vor allem wegen der „Verbindung" (link) des Friedensvertrages mit dem Rahmenabkommen über die palästinensische Autonomie zögern zunehmende Schwierigkeiten den Vertragsabschluss über die 90-Tage-Frist hinaus.
	1979 7.–13. März	US-Präsident Carter fliegt nach Kairo und Jerusalem, um das endgültige Scheitern der Friedensverhandlungen zu verhindern. Wieder gelingt es ihm, Sadat und Begin zu einer Einigung „in letzter Minute" zu überreden.
Vertrag Ägypten – Israel	26. März	Sadat, Begin und Carter als Zeuge unterzeichnen in Washington den *Ägyptisch-Israelischen Friedensvertrag*: stufenweiser Rückzug Israels von der Sinai-Halbinsel bis hinter die Grenzen des Palästina-Mandats im Zeitraum von drei Jahren; truppen-verdünnte Zonen und UN-Truppen im Grenzgebiet; Aufgabe aller israelischen Siedlungen auf dem Sinai; Aufnahme voller diplomatischer Beziehungen neun Monate nach In-Kraft-Treten des Vertrages (Ratifizierungsurkunden ausgetauscht am 25. April); Aufnahme der Verhandlungen über die Verwirklichung der palästinensischen Autonomie nach zwei Monaten. Die USA sagen Ägypten und Israel umfangreiche Wirtschaftshilfe und Israel die Beteiligung an den Kosten für die Verlegung der israelischen Luftwaffenstützpunkte aus dem Sinai zu. Beide Seiten erfüllen Schritt für Schritt die Vereinbarungen; nur die Verhandlungen über die palästinensische Autonomie werden von Ägypten abgebrochen (April), weil Israels Autonomiekonzept und Siedlungspolitik jeden Fortschritt blockiert.
	1980	
	30. Juli	Israels Annexion von Jerusalem stößt international auf einhellige Ablehnung.
irakischer Atomreaktor	1981	Israels Luftwaffe zerstört einen im Bau befindlichen *irakischen Atomreaktor* (7. Juni).
	Juli	Der US-Vermittler Philip Charles Habib (*1920, †1992) handelt zwischen Israel und der PLO einen Waffenstillstand an der libanesisch-israelischen Grenze aus, den die PLO strikt einhält.

Nov.	Die Gipfelkonferenz der Arabischen Liga in Fez lehnt den Plan des saudischen Königs Fahd ab, der einen Palästinenserstaat auf der Westbank vorsieht und implizit Israel anerkannt.	
14. Dez.	Israel annektiert die *Golan-Höhen* und führt eine Zivilverwaltung in den besetzten Gebieten ein.	*Golan-Höhen*
1982 6. Juni 21. Aug.	Nach einem Anschlag auf Israels Botschafter in London beginnt die *israelische Invasion in den Libanon* mit dem Ziel, die PLO militärisch und politisch zu zerschlagen. Nach zweimonatiger Belagerung von Beirut werden die PLO-Kämpfer in andere arabische Staaten evakuiert (bis 1. Sept.).	*israelische Libanon-Invasion*
1. Sept.	Der Friedensplan von US-Präsident Ronald Reagan sieht den Rückzug Israels aus den besetzten Gebieten und palästinensische Autonomie unter jordanischer Hoheit vor.	
8. Sept.	Die Arabische Liga verabschiedet in Fez, ohne den Reagan-Plan abzulehnen, einstimmig einen Friedensplan auf der Grundlage des Fahd-Plans von 1981.	
16.–18. Sept.	Als israelische Truppen nach der Ermordung des neugewählten libanesischen Präsidenten Beschir Gemayel West-Beirut besetzen, lassen sie ein *Massaker* christlicher Milizen *in* den Palästinenserlagern *Sabra und Schatila* zu.	*Massaker in Sabra und Schatila*
1983 17. Mai	Das von den USA vermittelte Israelisch-Libanesische Abkommen über den Abzug aller fremden Truppen aus dem Libanon scheitert, weil Syrien nicht rechtzeitig einbezogen wurde.	
Nov./Dez.	Nach lang dauernder Krise in der PLO greifen Rebellen aus Arafats al-Fatah Palästinenserlager bei Tripoli an und zwingen Arafat, seine Truppen zu evakuieren.	
1984 27. März	Nach dem Abzug der US-Truppen aus Beirut arrangiert sich der libanesische Präsident Amin Gemayel mit Syrien und kündigt das Abkommen mit Israel.	
1985 Jan.–Juni	Israel zieht sich aus dem Libanon zurück, kontrolliert jedoch weiterhin eine 10 km tiefe Sicherheitszone entlang der Grenze.	
23. Febr.	Das *Abkommen von Amman* zwischen König Hussein und Arafat sieht vor, eine gemeinsame jordanisch-palästinensische Delegation für eine Friedenskonferenz unter UN-Schirmherrschaft zu bilden sowie eine Konföderation zwischen Jordanien und einem zukünftigen palästinensischen Staat anzustreben.	*Abkommen von Amman*
1. Okt.	Das PLO-Hauptquartier bei Tunis wird durch einen israelischen Luftangriff zerstört.	
1987 9. Dez.	Beginn des palästinensischen Volksaufstands *(Intifada)* in Gasa mit Massendemonstrationen, die sich zunächst auf den gesamten Gasa-Streifen und dann auf die Westbank ausbreiten. Die vom Aufstand völlig überraschten Besatzungsbehörden verlieren zeitweise die Kontrolle und reagieren mit massivem Schusswaffengebrauch.	*Intifada*
1988 Jan.	Bildung einer „Vereinigten Führung des Aufstands" aus Vertretern der wichtigsten PLO-Mitgliedsorganisationen, der KP Palästinas sowie einer islamischen Gruppe, die die Protestaktionen der Palästinenser koordiniert.	
April	Der Friedensplan von US-Außenminister George P. Shultz (*1920) sieht auf der Grundlage der UN-Sicherheitsrats-Resolutionen 242 und 338 Verhandlungen zwischen Israel und einer jordanisch-palästinensischen Delegation über eine dreijährige Interimsautonomie für die besetzten Gebiete vor.	
28. Juli	Jordaniens König Hussein löst alle rechtlichen und administrativen Verbindungen zwischen Jordanien und der Westbank (Westjordanland). Damit macht de jure kein Staat mehr Souveränitätsansprüche auf die Westbank geltend.	
12.–15. Nov.	Der Kongress des Palästinensischen Nationalrats in Algier *ruft den Staat Palästina* mit Jerusalem als Hauptstadt *aus*. Die Staatsgründungserklärung beruft sich auf die Resolution 181, mit der die UN-Generalversammlung 1947 die Teilung Palästinas in zwei Staaten empfohlen hatte. In der vom Nationalrat verabschiedeten politischen Erklärung wird mit den Sicherheitsrats-Resolutionen 242 und 338 indirekt der Staat Israel anerkannt.	*Ausrufung des Staats Palästina*
13. Dez.	Der PLO-Vorsitzende Arafat schwört allen „Formen des Terrorismus" ab und bestätigt ausdrücklich das *Existenzrecht Israels* (14. Dez.). Damit ist für die US-Regierung die Voraussetzung für offizielle Kontakte mit der PLO gegeben. Eine erste Gesprächsrunde zwischen den USA und der PLO auf Botschafterebene findet in Tunis statt (16. Dez., Suspendierung am 20. Juni 1990).	*Existenzrecht Israels*
1989 14. Mai	Ein Friedensplan der israelischen Regierung sieht Wahlen in den besetzten Gebieten unter israelischer Kontrolle und anschließend Verhandlungen mit den gewählten Vertretern der Palästinenser vor. Der Plan wird von der PLO und Teilen des Likud abgelehnt.	
10. Okt.	Der Friedensplan von US-Außenminister James A. Baker (*1930) weist Ägypten eine Vermittlerrolle zu, räumt den Israelis ein Vetorecht gegen palästinensische Vertreter ein und erlaubt den Palästinensern, alle Themen in die Verhandlungen einzubringen.	

1990

Einwanderungswelle

14. Jan. Die wachsende *Einwanderungswelle* sowjetischer Juden nach Israel führt zu Kontroversen um deren Ansiedlung in den besetzten Gebieten.

12. Aug. Nach der Besetzung Kuwaits durch Irak (2. Aug.) erhält die Intifada neuen Auftrieb, indem Iraks Präsident Saddam Hussein einen Abzug aus Kuwait von einem Rückzug Israels aus den besetzten Gebieten abhängig macht.

8. Okt. Auf dem Tempelberg in Jerusalem werden während des Laubhüttenfestes 21 Palästinenser von Sicherheitskräften erschossen.

1991

irakische Raketenangriffe

Nach Ausbruch des Zweiten Golfkrieges (17. Jan.) *irakische Raketenangriffe* auf Israel.

18. Jan.– 25. Febr. Um den Zusammenhalt der antiirakischen Koalition nicht zu gefährden, verzichtet Israel auf Gegenangriffe.

Nahost-Friedenskonferenz

30. Okt. In Madrid beginnt unter der Schirmherrschaft der USA und Russlands die internationale *Nahost-Friedenskonferenz*. In der Folgezeit finden in Washington bis 1993 Gespräche statt, vor allem bilaterale Verhandlungen zwischen Israel und der PLO sowie zwischen Israel und Jordanien, Libanon und Syrien.

1993

25.–31. Juli Bei israelischen Luftangriffen auf Stützpunkte der schiitischen Hizbollah im Süd-Libanon werden ca. 130 Libanesen getötet. Die im Febr. 1992 eskalierten Kampfhandlungen dauern bis 1996 an.

20. Aug. Israel und die PLO einigen sich nach Geheimverhandlungen unter norwegischer Vermittlung auf ein Grundlagenabkommen für die Autonomie der von Israel besetzten Gebiete Westjordanland und Gasa-Streifen.

9./10. Sept. Mit einem Notenwechsel zwischen dem PLO-Vorsitzenden Jasir Arafat und dem israelischen Ministerpräsidenten Yitzhak Rabin erkennen sich Israel und die PLO formell an.

Gasa-Jericho-Abkommen

13. Sept. Unterzeichnung des *Gasa-Jericho-Abkommens* in Washington durch den israelischen Außenminister Schimon Peres und den Leiter der internationalen Abteilung des PLO-Exekutivkomitees, Mahmud Abbas. Es sieht den schrittweisen Rückzug der israelischen Armee aus dem Gasa-Streifen und dem Westjordanland (Gebiet von Jericho) sowie die Übergabe dieser Gebiete an eine palästinensische Autonomiebehörde vor.

12. Okt. Das Gasa-Jericho-Abkommen wird vom PLO-Zentralrat in Tunis gebilligt und tritt am 13. Okt. in Kraft.

Die palästinensischen Autonomiegebiete

Teilautonomie

Das Gasa-Jericho-Abkommen bildet den Rahmen für eine palästinensische *Teilautonomie* in den von Israel besetzten Gebieten Gasa-Streifen und Westjordanland. Die Befugnisse der Palästinenser umfassen zunächst die Bereiche Kultur, Gesundheits- und Sozialwesen, direkte Steuern und Tourismus; seit Mai 1994 werden palästinensische Polizisten eingesetzt. Für die äußere Sicherheit und Außenpolitik der Autonomiegebiete sowie die Sicherheit israelischer Bürger und Siedlungen ist weiterhin Israel zuständig. Neben einer Autonomiebehörde (Autonomiekabinett; erste Sitzung 11. Mai 1996) erhalten die Autonomiegebiete nach Wahlen als politisches Organ einen *Autonomierat*, der auch für Wirtschaftsfragen zuständig ist und die israelische Zivilverwaltung ablöst. Zentrale *Probleme* der Autonomiegebiete liegen *auf wirtschaftlichem Gebiet*: ökonomisch wenig entwickelt, sind sie aufgrund ihres geringen Wirtschaftsvolumens auf längere Sicht kaum lebensfähig. Eine Einbindung in die israelische Wirtschaft oder eine jordanisch-palästinensische Lösung lehnen die Palästinenser ab. 1994 beschließt die Weltbank ein Aufbauprogramm mit einem Volumen von 1,2 Mrd. Dollar, das in einem Zeitraum von drei Jahren für Verbesserungen im Transportwesen, in der Wasserversorgung sowie in Wohnungsbau und Bildungswesen verwendet werden soll. Es *fehlen* in den Autonomiegebieten jedoch *palästinensische Experten* zur Durchführung von Entwicklungsprojekten sowie Wirtschafts- und Finanzeinrichtungen und eine effiziente Bürokratie zur Verwaltung der Wirtschaftshilfe.

Autonomierat wirtschaftliche Probleme

Experten fehlen

1994

25. Febr. Ein jüdischer Siedler erschießt in der Ibrahim-Moschee in Hebron (Westjordanland) 29 Muslime. Bei den daraufhin in den von Israel besetzten Gebieten ausbrechenden Unruhen sterben mindestens 20 weitere Menschen. Der Friedensprozess wird auch in der Folgezeit vom gewalttätigen Vorgehen israelischer Siedler in den besetzten Gebieten und von der radikalen Palästinenserorganisation Hamas bedroht.

erstes Autonomieabkommen

4. Mai Mit der Unterzeichnung des *ersten Autonomieabkommens* durch Rabin und Arafat in Kairo werden Ausführungsbestimmungen zum Gasa-Jericho-Abkommen in Kraft gesetzt. In der Folge rücken palästinensische Polizeibeamte in Gasa (12. Mai) und Jericho ein. Die israelische Armee beendet ihren Abzug aus dem Gasa-Streifen bis zum 18. Mai.

29. Aug. Rabin und Arafat unterzeichnen in Erez ein Abkommen über die palästinensische Zivilverwaltung im gesamten Westjordanland.

26. Okt.	Nachdem der formell seit 1948 zwischen *Israel und Jordanien* bestehende Kriegszustand beendet wurde (25. Juli), schließen beide Staaten einen *Friedensvertrag*. Die Grenzziehung zwischen Totem Meer und dem Golf von Akaba folgt der des britischen Mandatsgebietes von 1922; die von Israel eroberten Gebiete werden dabei nicht berücksichtigt.	*Friede Israel – Jordanien*
1. Nov.	Die „*Deklaration von Casablanca*" von Politikern und Wirtschaftsvertretern aus 59 Staaten über ein den Nahost-Friedensprozess begleitendes wirtschaftliches Hilfsprogramm enthält u. a. eine Vereinbarung über regelmäßige israelisch-arabische Wirtschaftsgipfelkonferenzen.	*Deklaration von Casablanca*
1995 7. März	Die Außenminister Ägyptens, Israels und Jordaniens sowie der palästinensische Planungsminister Nabul Shaath konferieren in Amman erstmals über eine Rückkehr der palästinensischen Flüchtlinge.	
21. Aug.	Beim zehnten Attentat seit Unterzeichnung des Gasa-Jericho-Abkommens sterben in einem Jerusalemer Bus vier Passagiere, 101 werden verletzt.	
28. Sept.	In Washington unterzeichnen Rabin und Arafat ein *zweites Autonomieabkommen* über die palästinensische Selbstverwaltung im Westjordanland. Geregelt werden der israelische Teilrückzug aus diesem Gebiet, die Stellung Hebrons, Wahlen zu einem Palästinenserrat, der beiderseitige Zugang zu den Heiligen Stätten und die Freilassung palästinensischer Gefangener.	*zweites Autonomieabkommen*
27. Dez.	Die seit 1991 unregelmäßig stattfindenden syrisch-israelischen Friedensverhandlungen werden unter Vermittlung der USA wiederaufgenommen, enden jedoch wie weitere Verhandlungsrunden (Jan.–Feb. 1996) ohne greifbare Resultate. Umstritten bleiben die von Israel besetzten Golan-Höhen und die israelische Sicherheitszone im Süd-Libanon.	
1996 20. Jan.	*Arafat siegt* mit 87,1 % der Stimmen *bei* der ersten *Wahl* zum Vorsitzenden der Autonomiebehörde in den palästinensischen Autonomiegebieten. Arafats Bewegung al-Fatah gewinnt 50 von 88 Sitzen im Autonomierat.	*Wahlsieg Arafats*
24. April	Der Palästinensische Nationalrat löscht aus seiner Charta das eingetragene Ziel, den Staat Israel zu beseitigen.	
5.–6. Mai	In Taba (Ägypten) finden erste israelisch-palästinensische Verhandlungen über den definitiven Status der von Israel besetzten Gebiete und Jerusalems statt.	
29. Aug.	Mit einem Generalstreik protestieren Palästinenser im Gasa-Streifen und im Westjordanland gegen die anhaltende *israelische Siedlungspolitik* in den besetzten Gebieten.	*israelische Siedlungspolitik*
25.–27. Sept.	Nach der Entscheidung der israelischen Regierung, einen historischen Tunnel am Tempelberg in Jerusalem zu öffnen, schwere Unruhen in Gasa und Westjordanland.	
1997 18. März	Die Verwaltung der Stadt *Hebron* geht an die Palästinenser über (17. Jan.). Baubeginn eines neuen jüdischen Stadtteils (Har Hohma) im annektierten arabischen Ost-Jerusalem. Scharfe Proteste Arafats und Verurteilung des Projekts in UNO-Resolution.	*Übergabe Hebrons*
30. Sept.	Unter US-amerikanischer Vermittlung wird die Fortsetzung des *Friedensprozesses* beschlossen. Trotz mehrerer Verhandlungsrunden (Okt.–Dez.) und zunehmendem Druck der USA bleiben Ergebnisse aus. Streitpunkt ist v. a. die vertragsgemäß bis Jan. 1998 umzusetzende zweite Phase des israelischen Teilrückzugs aus dem Westjordanland.	*Friedensprozess stagniert*
1. Okt.	Der Mitbegründer und geistliche Führer der Hamas, Scheich Ahmed Yassin, wird aus israelischer Haft entlassen.	
14. Nov.	Israel wird wegen seiner Siedlungspolitik von der UN-Vollversammlung verurteilt. Erstmals stimmen auch Deutschland und Russland der Resolution zu.	
1998 14. Jan.	Das israelische Kabinett beschließt eine Liste von „unverzichtbaren Bedingungen" für den Rückzug aus den besetzten Gebieten.	
12. März	Schwere Unruhen im Westjordanland im Anschluss an die Erschießung dreier palästinensischer Arbeiter an einer Straßensperre.	
März	Die israelische Regierung gibt Pläne für einen Rückzug aus der sog. Sicherheitszone im Südlibanon bekannt. In den 20 Jahren seit der Besetzung sind in diesem Gebiet 900 israelische Soldaten und 400 verbündete Milizionäre, über 2 000 gegnerische Kämpfer und mehr als 20 000 Zivilisten ums Leben gekommen.	
21. Juni	Der „Plan zur Stärkung des Status von Jerusalem" sieht *Eingemeindungen* im Umland der von Israel „auf ewig" beanspruchten Hauptstadt vor. Die neue Regionalplanung bezieht auch palästinensische Gebiete im Osten Jerusalems ein.	*Eingemeindungen*
7. Juli	Palästina wird als teilnehmendes Mitglied (ohne Stimmrecht) in die UN-Vollversammlung aufgenommen.	
23. Okt.	Auf dem *Nahost-Gipfel in Wye* (USA) einigen sich Netanjahu und Arafat unter Vermittlung von US-Präsident Clinton auf einen Neubeginn des Friedensprozesses und Einzelheiten des Truppenabzugs aus den besetzten Gebieten. Radikale Palästinenser kritisieren das Abkommen genauso wie radikale Siedler. Der Rückzug beginnt am 20. Nov. und wird am 2. Dez. nach neuen Gewalttaten gestoppt.	*Nahost-Gipfel in Wye*

	1. Dez.	Eine Nahost-Geberkonferenz von rund 50 Staaten und Organisationen in Washington sagt 3 Mrd. US-Dollar für den Aufbau der palästinensischen Wirtschaft und zur Sicherung des Nahost-Friedensprozesses in den nächsten fünf Jahren zu.
	14. Dez.	Die Teilnahme von US-Präsident Clinton an einer Sitzung der Palästinensischen Nationalrats wird als Bekräftigung des palästinensischen Anspruchs auf Staatlichkeit gewertet.
	1999 26. Jan.	Die Knesset nimmt ein Gesetz an, das die Bedingungen für eine Rückgabe der seit 1967 besetzten Golanhöhen und des Ostteils von Jerusalem verschärft (Rückgabe muss von der absoluten Mehrheit der Knesset gebilligt und durch ein Referendum bestätigt werden).
„Wye 2"	4. Sept.	In Scharm el-Scheich (Ägypten) einigen sich Arafat und der neue israelische Regierungschef Barak auf eine Umsetzung des Wye-Abkommens unter Ausklammerung wesentlicher Punkte (Status von Jerusalem, Rückkehr der Flüchtlinge, Räumung israelischer Siedlungen, künftiger Palästinenserstaat). Die Vereinbarung (*„Wye 2"*) wird von der Knesset am 8. Sept. gebilligt.
Räumung illegaler jüdischer Siedlungen	12. Okt.	Beginn der *Räumung illegaler jüdischer Siedlungen* im Palästinensergebiet. Da Barak jedoch am 5. Dez. den Bau von 500 neuen Wohnungen in Nablus genehmigt, brechen die Palästinenser die Verhandlungen über eine Friedensregelung ab.
	15./16. Dez. und 3.-10. Jan. **2000**	Bilaterale Friedensgespräche zwischen Israel und Syrien in Washington bleiben ohne Ergebnis.
	9. März	In Scharm el-Scheich wird ein neuer korrigierter Zeitplan für den Abzug der israelischen Truppen vereinbart.
	13. April	Die Knesset billigt den Bau von 200 weiteren Wohnungen auf dem Golan, was einen Rückschlag für den israelisch-syrischen Friedensprozess bedeutet.
Rückzug aus Südlibanon	23. Mai	Der *Rückzug* israelischer Truppen *aus* der sog. Sicherheitszone im *Südlibanon* ist abgeschlossen. Die mit Israel verbündete Südlibanesische Armee (SLA), ca. 6 500 Mann, verlässt gleichfalls das Gebiet.
Dreiergipfel in Camp David	11.-25. Juli	Arafat und Barak treffen mit US-Präsident Clinton zu einen *Dreiergipfel in Camp David* (USA) zusammen. Des Treffen endet ohne Einigung. Hauptgrund dafür ist der Streit um Jerusalem. Die Palästinenser wollen den Ostteil der Stadt zur Hauptstadt ihres Staates machen, die Israelis dagegen beanspruchen Jerusalem ungeteilt für sich und sind allenfalls bereit, es gemeinsam mit den Palästinensern zu verwalten.
2. Intifada	28. Sept.	Nach einem Besuch des nationalistischen Likud-Führers Ariel Scharon auf dem von Muslimen als Heiligtum verehrten Tempelberg in Jerusalem kommt es zu gewalttätigen Ausschreitungen, die sich auf verschiedene Städte im Westjordanland ausweiten. Der neue Palästinenseraufstand, *2. Intifada* oder nach dem Tempelberg auch al-Aksa-Intifada benannt, gewinnt eine Eigendynamik, die von Arafat nicht zu kontrollieren ist.
	12. Okt.	In Ramallah werden zwei israelische Soldaten gelyncht.
	17. Okt.	Ein erneuter Nahost-Gipfel in Scharm el-Scheich unter Vermittlung von US Präsident Clinton vermag die Gewaltspirale nicht zu unterbrechen. Anschläge und Vergeltungsaktionen werden fortgesetzt.
Kollaps des wirtschaftlichen Lebens in den palästinensischen Autonomiegebieten	Okt./Nov.	Von Israel erlassene Sanktionen führen zum *Kollaps des wirtschaftlichen Lebens in den palästinensischen Autonomiegebieten*. Innenpolitisch verschärft sich der Druck auf Arafat, der die Untergrundgruppen wie Hamas, Islamischer Dschihad, Tanzim und al-Aksa-Brigaden mehr oder weniger ungehindert agieren lässt. Verschiedene arabische Staaten frieren ihre Beziehungen zu Israel ein.
	2001 4. April	Die israelische Armee dringt erstmals auf Gebiete der Zone A vor (in der die palästinensische Autonomiebehörde vollständige Zuständigkeit besitzt).
	14. Mai	Die israelische Regierung meldet Vorbehalte gegen einen Vermittlungsplan der Mitchell-Komision an.
	1. Juni	Der blutigste Selbstmordanschlag seit Beginn der 2. Intifada in Tel Aviv fordert 20 Todesopfer. Premierminister Scharon ordnet eine vollständige Blockade der Palästinenserstädte innerhalb des Autonomiegebietes an.
	7. Juni	CIA-Direktor George Tenet legt einen Plan zur Umsetzung des Mitchell-Berichts vor. Der am 13. Juni vereinbarte Waffenstillstand hält jedoch nur zwei Wochen. Nach einem israelischen Luftanschlag am 1. Juli reißen Morde und Überfälle und militärische Vergeltungsaktionen der israelischen Armee nicht ab.
	9. Aug.	Bei einem Selbstmordanschlag des Dschihad in Jerusalem sterben 15 Menschen.
	Dez.	Arafat wird in seinem Hauptquartier in Ramallah unter Hausarrest gestellt. Zu Weihnachten wird ihm der Besuch der Geburtskirche in Bethlehem verwehrt.
	2002	Seit Beginn der 2. Intifada sind 1 200 Palästinenser und fast 400 Israelis getötet worden.
Operation „Schutzwall"	29. März	Beginn der *Operation „Schutzwall"*: Israelische Truppen dringen in acht von neun Autonomiegebieten ein, um die Infrastruktur des Terrors zu „entwurzeln". In Ramallah wird

	Arafats Hauptquartier belagert, in Bethlehem die Geburtskirche, in der sich palästinensische Kämpfer verschanzen.
3.-12. April	Besetzung und Verwüstung des Flüchtlingslagers *Dschenin*. Am 20. April verlangt der UN-Sicherheitsrat eine Untersuchung der Geschehnisse. Die von UN-Generalsekretär Kofi Annan zusammengerufene Kommission wird wegen mangelnder Kooperationsbereitschaft seitens Israels am 3. Mai aufgelöst.
2. Mai	Nach 140 Tagen wird Arafats Hausarrest in Ramallah beendet. Die in der Geburtskirche in Bethlehem Belagerten erhalten freien Abzug (10. Mai) und werden z.T. von Staaten der EU aufgenommen.
Mai	Die von der israelischen Armee in den Palästinensergebieten seit Beginn der 2. Intifada angerichteten Schäden werden von den UN auf mehr als 300 Mio. US-Dollar beziffert.
16. Juni	Israel beginnt mit dem Bau eines elektronisch gesicherten Grenzzaunes, der palästinensischen Terroristen den Übertritt auf israelisches Gebiet erschweren soll.
19. Juni	Nach zwei schweren Selbstmordanschlägen in Jerusalem mit insgesamt 23 Toten rückt die israelische Armee erneut in die palästinensischen Automiegebiete ein (Operation „Entschlossener Weg").
23. Juli	Bei einem israelischen Raketenangriff auf das Wohnhaus eines Hamas-Kommandanten werden außer diesem auch 16 Zivilisten, darunter 11 Kinder, getötet. Der Vorfall löst weltweit Empörung aus, auch in Israel erheben sich kritische Stimmen.
17. Aug.	Die irakischen Behörden melden den Tod des palästinensischen Terroristen Abu Nidal. Nach ihrer Darstellung hat dieser in Bagdad Selbstmord begangen. Abu Nidal, der sich vor 30 Jahren von PLO-Führer Arafat trennte, soll seitdem Anschläge in 20 Ländern mit mehreren hundert Toten verübt haben.
21. Sept.	Die israelische Armee beginnt mit Sprengung und Abriss von Gebäuden am Amtssitz von Palästinenserpräsident Arafat in Ramallah.

Randglosse: *Dschenin*

Einzelstaaten der islamisch-arabischen Region und Israel seit 1945

Syrien seit 1946/57

(Forts. v. S. 1116)

Mit Abzug der letzten Franzosen und der britischen Truppen wird Syrien am 14. April 1946 voll souverän. Syrien im Jahrzehnt nach der *Unabhängigkeit* ist politisch sehr instabil. Die alte städtische Oberschicht beherrscht das wirtschaftliche und politische Leben. Unzufriedenheit darüber lässt in der neuen professionellen Mittelschicht, besonders unter der Intelligenz und Armeeoffizieren, den Anhang reformerischer und radikaler Bewegungen rasch anwachsen: Die 1943 gegründete, aber erst 1955 offiziell zugelassene Arabische Sozialistische Baath-(Wiedergeburts-)Partei wird in Rivalität zur Kommunistischen Partei, die in Syrien als einzigem arabischem Land legal existiert, zur stärksten politischen Kraft. Die politischen Auseinandersetzungen und das Versagen der arabischen Armeen im Palästina-Krieg lösen 1949 und 1951 mehrere *Staatsstreiche des Militärs* aus.

Wirtschaftlich erlebt Syrien trotz politischer Instabilität eine Blüte mit durchschnittlichen realen Wachstumsraten von fast 10% (1950–1957). Der Baumwollboom während des Korea-Krieges ermöglicht Großgrundbesitzern umfangreiche Investitionen in das Bewässerungssystem und den Aufbau hochmechanisierter Großbetriebe, sodass sich die Baumwollproduktion von 1949 bis 1956 versiebenfacht. Syriens traditionelle *Industrie*, die Textilverarbeitung (Baumwolle, Damast), wächst nicht in gleichem Maße mit. Wegen der Vernachlässigung der Wirtschaftsentwicklung durch die Mandatsmacht Frankreich gibt es nur Ansätze zum Aufbau moderner Industrien: Konserven, Zement (1952 Anteil des industriellen Sektors am Bruttoinlandsprodukt: 10%).

1957	Die Baath-Partei fürchtet eine Machtübernahme der Kommunisten und drängt auf eine Union mit Ägypten.
1958–1961	Syrien vereinigt sich mit Ägypten zur *Vereinigten Arabischen Republik*; die Union zerbricht
1961	nach dreieinhalb Jahren an der hegemonialen Politik Ägyptens.
30. Sept.	Zwei Tage nach dem Staatsstreich wird die Sezession Syriens von der VAR mit der Proklamation der *Arabischen Republik Syrien* besiegelt. Wahlen zu einer Verfassungsgebenden
1963	Versammlung (1. Dez.) und die Einsetzung einer Zivilregierung bringen keine Stabilität. Ein militärischer Staatsstreich bringt die *Baath-Partei* an die Macht. Der Beschluss, mit
8. März	Ägypten und dem Irak eine neue Union zu bilden (17. April), führt zu Flügelkämpfen

Randglossen: *Unabhängigkeit*; *Staatsstreiche des Militärs*; *Industrie*; *Vereinigte Arabische Republik*; *Baath-Partei*

Richtungs-
kämpfe

("Säuberungen" in Armee und Bürokratie). Nach einem Putschversuch von Nasseristen (18. Juli) setzt sich der antiägyptische Flügel durch: General Amin Hafis (*1911) wird Vorsitzender des Nationalen Revolutionsrates. Auch danach ziehen sich *Richtungskämpfe* zwischen dem überregional panarabisch ausgerichteten gemäßigten Flügel und dem für „permanente Revolution" eintretenden radikalen Flügel (überwiegend getragen von der schiitischen Minorität der Alawiten; auch Drusen) über die nächsten Jahre hin. Das Baath-Regime forciert die Landreform und nimmt umfangreiche Verstaatlichungen vor. Ablehnung der Sozialisierungsmaßnahmen und der Führungsrolle der Alawiten in einem überwiegend sunnitisch-islamischen Land führen seit 1964 mehrfach zu Unruhen.

sozialistische Gesellschaft

1966 23. Febr. Der radikale linke Flügel der Baath übernimmt nach einem Staatsstreich die Macht; führende Mitglieder der internationalen Baath-Führung verhaftet. Die Umwandlung Syriens in eine *sozialistische Gesellschaft* wird forciert, verstärkte Zusammenarbeit mit der Sowjetunion.

Syriens Entwicklungsprobleme und die Politik der Baath-Partei

Agrarland

Zur Zeit der Machtübernahme durch die Baath-Partei (1963) ist Syrien immer noch überwiegend *Agrarland*: 63% der Bevölkerung von 4,6 Mio. Einwohnern (1960; 1977: 8,7 Mio.) leben auf dem Lande (1963: 50% der Erwerbspersonen; 30% des Bruttoinlandsprodukts aus der Landwirtschaft). Etwa 45% der Landesfläche sind landwirtschaftlich nutzbar; der Rest ist nur als Weideland nutzbare Steppe und Wüste. Die Agrarstruktur kennzeichnet das Nebeneinander von traditionellem Großgrundbesitz, hoch mechanisierten Großbetrieben und einer Vielzahl von Klein- und Kleinstbetrieben mit unwirtschaftlichen Anbaumethoden und entsprechend niedrigen Erträgen. Über 80% der Landbevölkerung besitzen Kleinbetriebe unter 10 ha oder sind bodenbesitzlos. – Die städtische *Bevölkerung* wächst schnell (1970: 43,5%; 1977 aufgrund des Bevölkerungszustroms während des libanesischen Bürgerkrieges ca. 50%) und konzentriert sich auf die großen Städte im Westen des Landes (Hauptstadt Damaskus 1977: ca. 2 Mio. Einwohner). Die Bevölkerung besteht zu 88% aus Arabern und ist überwiegend sunnitisch-islamisch (72%) mit größeren heterodox-islamischen (8% Alawiten, 2% Drusen, 1% Ismailiten) und christlichen Minoritäten. Über die Armee und die Baath-Partei steigen seit Anfang der sechziger Jahre überproportional viele *Alawiten*, Drusen und auch Ismailiten in höchste Staatsämter auf. Die professionelle Mittelschicht (Ärzte, Anwälte, Intellektuelle und Offiziere) verdrängt seit der Unabhängigkeit allmählich die traditionelle Oberschicht (Großgrundbesitzer, Fernhändler, Beamte und Offiziere der früheren osmanischen Verwaltung). Da Syrien arm an Bodenschätzen ist (erst um 1970 gewinnen Erdöl und Phosphate an Bedeutung), muss es seine *Entwicklungsprobleme* in erheblichem Maß über eine Intensivierung der Landwirtschaft und Veredelung landwirtschaftlicher Produkte (Textilien, Konserven) zu lösen versuchen.

Bevölkerungs-struktur

Alawiten

Entwicklungs-probleme

Bodenreform-gesetz

Das *Bodenreformgesetz* von 1958 wird von der Baath-Regierung mit neuen Höchstgrenzen für individuellen Bodenbesitz erheblich verschärft: Bis 1969 ist etwa ein Fünftel der landwirtschaftlich genutzten Fläche enteignet, aber nur ein Drittel davon an Kleinbauern verteilt, der Rest verpachtet. Die Zusammenfassung der Produzenten in Kollektivbetrieben und Genossenschaften geht zögernd voran, sodass noch 1975 ca. 85% des Bodens privat genutzt werden. Eine gezielte *Industrialisierung* beginnt erst nach der Gründung der VAR unter Führung des öffentlichen Sektors und im Rahmen umfassender Entwicklungspläne (Erster Fünfjahrplan 1961–1965) mit Investitionsschwerpunkten in den Bereichen Textilindustrie und importsubstituierende Konsumgüterindustrien, zu denen später Stahlindustrie, Maschinenbau und petrochemische Industrie hinzukommen. 1968 Baubeginn am Euphrat-Damm bei Tabka, der den höchsten Anteil an Investitionsmitteln (im Dritten Fünfjahrplan 24,7%) erhält und später Energie für die weitere Industrialisierung liefern und die bewässerte landwirtschaftliche Nutzfläche mehr als verdoppeln soll. Die Entwicklungsfinanzierung erfolgt in erheblichem Umfang durch ausländische technische Hilfe und Kredite, die in den sechziger Jahren fast ausschließlich aus Ostblockländern kommen, die auch wichtigste Handelspartner sind.

Industrialisie-rung

syrisch-israelische Grenze

1966–1967 Seit Jahren anhaltende Spannungen an der *syrisch-israelischen Grenze* führen mehrfach zu schweren Kämpfen. Syrien bildet palästinensische Fedajiin (Saika-Organisation) aus und wird deren wichtigste Basis für Aktionen gegen Israel (meist über Jordanien und Libanon). Die Auseinandersetzungen eskalieren bis zum Juni-Krieg 1967.

1968 Die instabile innere Situation nach der Niederlage gegen Israel und die Feindschaft zum neuen Baath-Regime im Irak veranlassen den radikalen Baath-Flügel, in die Regierung Mitglieder des gemäßigten „nationalen" Flügels aufzunehmen, dessen neuer Führer, der Alawite General Hafis al-Assad (*1928, †2000), Verteidigungsminister wird.

1970 Sept. Der radikale Baath-Flügel schickt Saika-Verbände und syrische Panzertruppen nach Jordanien, um die Palästinenser gegen König Hussein zu unterstützen. Die Sowjetunion, am Erfolg des Rogers-Plans interessiert, bewirkt jedoch den Rückzug.

13. Nov.	Den daraufhin erneut ausbrechenden Machtkampf entscheidet Assad für sich; die linke Führung wird verhaftet bzw. flieht ins Ausland.
1971 Febr.	Erstmals seit 1966 wird wieder ein Legislativgremium gebildet: Der Volksrat besteht zur Hälfte aus Baath-Mitgliedern; er nominiert Assad, der *zum Präsidenten gewählt* wird (11. März). Assad versucht, die Isolierung Syriens in der arabischen Welt zu überwinden: Annäherung an Jordanien; Abkommen mit Libyen und der VAR über eine Föderation (17. April). Strikte Kontrolle der Palästinenser. Syrien hält enge *Beziehungen zur Sowjetunion* aufrecht: Abkommen über wirtschaftliche und technische Zusammenarbeit.
1972 13. April	Die Baath-Partei schließt sich mit allen kooperationswilligen politischen Organisationen zur Nationalen Progressiven Front zusammen.
1973 30. Jan.	Der Volksrat verabschiedet eine *neue Verfassung* (angenommen durch Volksabstimmung am 12. März): Syrien ist ein „demokratisch-sozialistischer souveräner Volksstaat"; der Islam ist nicht mehr Staatsreligion, jedoch „eine grundlegende Quelle der Gesetzgebung"; der Präsident muss Moslem sein.
26. Mai	Wahlen zum neuen Volksrat: Die Nationale Progressive Front gewinnt 140 der 186 Sitze.
1973/1974	Nach dem Oktober-Krieg vertritt Syrien eine harte Linie im arabisch-israelischen Konflikt (keine Teilnahme an der Genfer Nahost-Friedenskonferenz).

Assad Präsident

Beziehungen zur Sowjetunion

neue Verfassung

Die syrisch-irakische Rivalität

Die Rivalität der Baath-Regime in Syrien und im Irak beginnt 1968, als eine radikale Baath-Gruppe im Irak an die Macht kommt, und verstärkt sich, als in Syrien mit Assad ein gemäßigter Flügel die Oberhand gewinnt. Die Beziehungen verschlechtern sich bis zu einem drohenden militärischen Konflikt, als Syrien 1974 beim Wiederaufflammen des Kurden-Krieges die Kurden unterstützt und dem Irak nach Abschluss des Irakisch-Iranischen Protokolls (1975) vorwirft, mit dem Imperialismus zusammenzuarbeiten und in Syrien einen Umsturz vorzubereiten. Ein konkreter Streitpunkt ist die Nutzung des *Euphratwassers*, da der syrische Tabka-Damm nach irakischer Auffassung die Bewässerung von Neuland im Irak gefährdet. Die Sowjetunion, die den Staudamm wie die Bewässerungsanlagen gebaut hat, ist mittelbar in den Streit hineingezogen. Auf Vermittlung Saudi-Arabiens einigen sich die Kontrahenten zwar über die Wasserverteilung (Mai 1975), die Beziehungen bleiben jedoch gespannt. Aus Protest gegen die syrische Intervention im libanesischen Bürgerkrieg stoppt der Irak den Ölfluss durch die *Ölleitung von Kirkuk* an die syrische Küste (1976); Syrien verliert dadurch umgerechnet jährlich 125 Mio. US-Dollar.

Euphratwasser

Ölleitung von Kirkuk

1976 Juni	Syrien interveniert in wachsendem Maß im *libanesischen Bürgerkrieg* und besetzt schließlich weite Teile des Landes. 30000 syrische Soldaten bleiben als Hauptkontingent der Friedenstruppe der Arabischen Liga im Libanon. Die Anerkennung der syrischen Intervention durch die Arabische Liga und in diesem Zusammenhang die – wenn auch nur vorübergehende – Aussöhnung mit Ägypten erhöhen das Prestige Assads in der arabischen Welt.
1978 Okt.	Die gemeinsame Ablehnung der ägyptisch-israelischen Abkommen von Camp David führt vorübergehend zur Beilegung des Konflikts mit dem Irak: „Charta für gemeinsame nationale Aktion". Die Bemühungen um politische und wirtschaftliche Zusammenarbeit mit dem Ziel der Vereinigung scheitern nach wenigen Monaten.
1979	Die fortdauernde Präsenz *syrischer Truppen im Libanon* beeinträchtigt die innenpolitische Stabilität Syriens: Terroranschläge, der Muslimbruderschaft zugeschrieben, setzen die Attentatsserie gegen führende Alawiten (schon seit 1977) fort.
1980	Im Irakisch-Iranischen Krieg unterstützt Syrien von Anfang an Iran.
1982	Bei einer Revolte der verbotenen radikal-islamischen Muslimbruderschaft wird die Stadt Hama von Regierungstruppen zerstört (Febr.).
Juni	Bei der israelischen Invasion in den Libanon weicht Syrien der direkten Konfrontation aus.
1983 Mai	Der Versuch der USA, den Libanon-Konflikt ohne Syrien zu lösen, scheitert. Das mit US-amerikanischer Unterstützung am 17. Mai zu Stande gekommene israelisch-libanesische Abkommen, das den Rückzug aller ausländischen Truppen aus dem Libanon fordert, lehnt Syrien ab und erklärt, ein Abzug syrischer Truppen käme erst nach dem vollständigen Rückzug Israels in Frage.
1984 11. März	Nach einem *Putschversuch* wird Assads Bruder Rifaat al-Assad zu einem der drei Vizepräsidenten ernannt.
1987	Mahmud al-Zuhbi (*1938) wird neuer Ministerpräsident; wachsende Wirtschaftsprobleme.
1988 März/April	Syrien sammelt seine Verbündeten im Libanon – prosyrische Parteien und Milizen – gegen den Oberbefehlshaber der dortigen Streitkräfte, den christlichen (maronitischen) General Michel Aoun, und erhält Unterstützung durch Saudi-Arabien (und die USA).

libanesischer Bürgerkrieg

syrische Truppen im Libanon

Putschversuch

	Nov.	Durch die Umorientierung der UdSSR entsteht für Syrien eine neue strategische Lage: Konzentration auf Verteidigung.
	1990	Durch die Füllung des Atatürk-Stausees in der Türkei erhält Syrien weniger Wasser aus dem Euphrat. Verhandlungen mit der Türkei und dem Irak über eine Neuaufteilung des Euphratwassers scheitern (14. März).
Kuwait-Krise	ab 2. Aug.	In der *Kuwait-Krise* stellt sich Syrien auf die Seite der anti-irakischen Allianz und entsendet Truppen nach Saudi-Arabien, was eine Annäherung an die USA bewirkt, Hafis al-Assad aber zunehmend unter innenpolitischen Druck bringt.
	1991 5. Febr.	Erklärung Präsident Assads, syrische Truppen würden im Zweiten Golfkrieg innerhalb der antiirakischen UNO-Koalition für die Befreiung Kuwaits kämpfen.
Vertrag Syrien – Libanon	22. Mai	Die Präsidenten Syriens und des Libanon, Assad und Elias Hrawi, unterzeichnen in Damaskus einen *syrisch-libanesischen Kooperationsvertrag*, in dem erstmals seit der Unabhängigkeit beider Staaten Syrien den Libanon formell anerkennt.
	1994	Die Wahlen zum Parlament in Damaskus gewinnt die Nationale Progressive Front des Präsidenten Assad (167 von 250 Parlamentssitzen) (24./25. Aug.).
Verhandlungen mit Israel	1995 Dez.	Den seit 1991 unregelmäßig stattfindenden *Friedensverhandlungen mit Israel* werden weitere Verhandlungsrunden angeschlossen, die ohne greifbare Ergebnisse enden (bis Febr. 1996). Streitpunkte sind vor allem die von Israel annektierten Golan-Höhen und die israelische Sicherheitszone im Südlibanon.
	1996 31. Dez.	Ein Sprengstoffanschlag militanter Islamisten auf einen Überlandbus fordert Tote und Verletzte.
	1997 18. Juli	Das US-Außenministerium erklärt seine Bereitschaft, Syrien von der Liste der Länder zu streichen, gegen die wegen Unterstützung des Terrorismus Handelsbeschränkungen erlassen wurden.
	1998 April	In der Absicht, einen Separatfrieden Israels mit dem Libanon zu verhindern, lehnt Syrien in einer gemeinsamen libanesisch-syrischen Erklärung die von Israel geforderten Sicherheitsgarantien für einen Rückzug aus der sog. Sicherheitszone im Südlibanon ab und besteht auf umfassenden Verhandlungen, v.a. über die Rückgabe der Golanhöhen.
	30. Nov.	Bei den Wahlen zur Nationalversammlung erringt die National-Progressive Front zum siebten Mal seit 1970 die Mehrheit. Das Regierungsbündnis, in dem die Baath-Partei von Präsident Hafis al-Assad dominiert, erhält 167 der 250 Sitze.
	1999 14. Jan.	Assad wird als einziger Kandidat für die Volksabstimmung über das Amt des Staatspräsidenten nominiert. Das Referendum vom 2. Febr. ergibt 99,9 % für Assad, der damit seine fünfte Amtsperiode antritt. Als designierter Nachfolger gilt sein Sohn Baschar al-Assad (* 1965).
	15./16. Dez. u. 3.–10. Jan.	Bilaterale Friedensgespräche zwischen Syrien und Israel in Washington bleiben ohne Ergebnis.
	2000 7. März	Mit einer Regierungsumbildung wird der Einfluss des Präsidentensohnes Baschar al-Assad weiter gestärkt.
Freihandelszone	28. Mai	Syrien und Jordanien richten an der gemeinsamen Grenze eine *Freihandelszone* ein.
Baschar al-Assad	10. Juni	Tod Hafis al-Assads. Nachfolger wird der bereits designierte Sohn *Baschar al-Assad* (* 1965), für den die Verfassung geändert wird (Herabsetzung des Mindestalters für Präsidentschaftskandidaten von 40 auf 34 Jahre). Baschar erhält am 11. Juni den Oberbefehl über die Streitkräfte und wird am 20. Juni Generalsekretär der Baath-Partei. Beim Referendum am 10. Juli erhält er 97,3 % der abgegebenen Stimmen.
	Aug.	Die 19 Jahre lang unterbrochene Bahnverbindung zwischen dem syrischen Aleppo und dem irakischen Mossul wird wieder eröffnet.
	29. Sept.	Eine Gruppe von 99 führenden Intellektuellen veröffentlicht einen Appell für mehr demokratische Rechte und Meinungsfreiheit.
	10. Nov.	Amnestie für ca. 600 politische Gefangene, unter ihnen 380 Mitglieder der Muslimbruderschaft.
	2001 Jan.	Suspendierung des Ausnahmezustands.
Gesetz über das Bankgeheimnis	29. März	Die Regierung erlässt ein *Gesetz über das Bankgeheimnis*, die Anpassung des Wechselkurses und die Einrichtung einer Wertpapierbörse. Unter dem neuen Präsidenten werden erstmals Zahlen veröffentlicht, die belegen, wie weit das Land sozial und ökonomisch zurückgeblieben ist. Die Arbeitslosigkeit liegt in den Städten bei 45 %, auf dem Land sogar bei 55 %. Von Regierungsgehältern leben mehr als ein Viertel aller Erwerbstätigen.

Libanon seit 1946
(Forts. v. S. 1116)

Konfessionalisierung und Proporz kennzeichnen die sozialen und politischen Grundstrukturen des Libanon, dessen Bevölkerung (1974 ca. 3,1 Mio.) nach der letzten Volkszählung von 1932 im Verhältnis sechs zu fünf aus Christen und Moslems besteht. Das bereits im Libanon-Statut von 1861 für die Zusammensetzung des Verwaltungsrates angewandte Prinzip der Repräsentation nach Religionszugehörigkeit wird für die Republik Libanon im ungeschriebenen Nationalpakt von 1943 als Prinzip eines *Religionsproporzes* in Regierung und Verwaltung mit leichtem Übergewicht der Christen verankert (1943 und 1947 entsprechende Änderungen der Verfassung von 1926): Der Präsident muss maronitischer Christ, der Ministerpräsident sunnitischer Moslem sein. Die 33 Sitze in der Abgeordnetenkammer (seit 1960: 99 Sitze) werden nach einem im Wahlgesetz festgelegten Schlüssel auf die Religionsgemeinschaften verteilt, wobei das Verhältnis sechs Christen auf fünf Moslems gewahrt bleiben muss.

Religionsproporz

Das komplizierte Wahlrecht fördert zunächst die *„Feudalisierung" der Politik*: In der Abgeordnetenkammer bilden religiöse und Stammesführer mit ihrem Anhang die mächtigsten Gruppen, oft mehrere verbunden zu „Blöcken". Die politischen Parteien mit sehr unterschiedlichen Programmen stützen sich jeweils vor allem auf eine Religionsgemeinschaft und können höchstens in den Städten zusätzlichen Anhang gewinnen. Da auch die Regierung den Proporz zu berücksichtigen hat, wird Politik zum Aushandeln von Interessen der Gemeinschaften; Prinzip ist minimale Staatsintervention, darum kleine Kabinette mit vier Ministern bis 1959, danach meist acht bis zehn Ministerien. In der Außenpolitik neigen die Christen politisch und wirtschaftlich dem Westen zu (1957 Annahme der Eisenhower-Doktrin), während die Moslems eher panarabisch orientiert sind.

Feudalisierung der Politik

Das *Wirtschaftsleben* wird von den Christen dominiert: Investitionen vor allem in den Handel, in Banken, Fremdenverkehr und andere Dienstleistungen. Schwach entwickeltes produzierendes Gewerbe (Armut an Bodenschätzen erschwert Industrialisierung); rückständige Landwirtschaft (nur 7% der Gesamtfläche mit Dauerkulturen.)

Wirtschaftsleben

1946 Volle *Souveränität* mit Abzug der letzten französischen Truppen und Behörden (31. Dez.).

Souveränität

1957 Die pro-westliche Politik der Regierung (Annahme der Eisenhower-Doktrin) führt zur Polarisierung im Wahlkampf: Die zur Vereinigten Nationalen Front zusammengeschlossene Opposition tritt für eine panarabische Orientierung und gegen die „Feudalisierung" der Innenpolitik ein. Auch nach dem Wahlsieg der Regierung (Juni) halten die Unruhen an.

1958 Mai–Juli Das Gerücht, Präs. Camille Chamoun (*1900, †1987) wolle durch Verfassungsänderung seine Wiederwahl erzwingen, löst schließlich den *Bürgerkrieg* aus. Die Kämpfe flauen erst ab, als auf Ersuchen der Regierung US-Truppen an der Küste landen (17. Juli); Vermittlung der Vereinten Nationen (Abzug der US-Truppen bis Okt.).

Bürgerkrieg

31. Juli Alle Parteien einigen sich auf den Oberkommandierenden, General *Fuad Schihab* (*1902, †1973) als neuen *Präsidenten*.

Fuad Schihab neuer Präsident

23. Sept. Schihab bekräftigt bei seinem Amtsantritt die Einheit und Neutralität des Libanon und beruft Raschid Karame (*1921, †1987), einen „Rebellenführer", zum Ministerpräsidenten.

Die Krise des libanesischen Systems

Ein wachsender Teil der *islamischen Bevölkerung* fordert einen größeren Anteil am Reichtum des Landes, mehr Investitionen im schwach entwickelten Süden, bessere Bildungschancen und den Ausbau der nur ansatzweise vorhandenen Sozialgesetzgebung. Um ihre Ziele durchsetzen zu können, fordern die Moslems einen angemesseneren Anteil an Spitzenpositionen in Regierung und Verwaltung sowie eine verbesserte Repräsentation (nach inoffiziellen Schätzungen ist der Anteil der Moslems an der Bevölkerung auf über 50% gestiegen). Die *Christen* wollen den sozio-ökonomischen und politischen Status quo erhalten und finden sich hier in Interessengleichheit mit Teilen der islamischen Oberschicht (Großgrundbesitzer). Die „Konfessionalisierung" sozialer und politischer Konflikte schafft eine immer instabilere Balance zwischen prowestlichen Christen und panarabischen Moslems. Die Stabilität wird weiter beeinträchtigt durch die Anwesenheit von 1,5 Mio. Ausländern, davon 380000 Palästinenser (275000 in Lagern). Die *Palästinenser* werden in den sechziger Jahren zunehmend in innerlibanesische Konflikte einbezogen, weil die moslemische Linke und die zu 80% islamischen Palästinenser in ihren panarabischen Zielen aneinander natürliche Bundesgenossen finden. Seit 1965 benutzen Fedajin den Libanon als Basis für Guerillaaktionen gegen Israel und provozieren damit Vergeltungsschläge, die die libanesische Bevölkerung in Mitleidenschaft ziehen. Nach dem Juni-Krieg von 1967 räumt der Libanon auf Druck der arabischen Staaten den Palästinensern eine „Zufluchtsstätte" im Grenzgebiet zu Israel ein: „Fatah-Land" (Arkub-Gebiet am Hermon-Massiv). Wachsender Einfluss der PLO erlaubt ihr, zunächst in den Lagern, schließlich offen in Teilen des Libanon einen „Staat im Staate" zu errichten. Der Libanon wird ab 1968

islamische Bevölkerung

Christen

Palästinenser

Konfrontations- staat		(besonders aber nach der Verdrängung der Fedajin aus Jordanien 1970/1971) zum „*Konfrontationsstaat*". Gegen den wachsenden Einfluss der Palästinenser richtet sich der Aufbau von christlichen Milizen, insbesondere der rechtsradikalen Falange (hauptsächlich Maroniten), die seit Anfang der siebziger Jahre zu Privatarmeen der alten „feudalistischen" Spitzenpolitiker aufgerüstet werden.
	1969 Okt.	Demonstrationen und Unruhen drohen den Libanon in einen christlichen und einen moslemischen Teil zerfallen zu lassen; nach Einbeziehung der Palästinenser bürgerkriegsähnliche Zustände; Militärverwaltung.
Status der Palästinenser	3. Nov.	Der ägyptische Präsident Nasser vermittelt das Abkommen von Kairo, das den *Status der Palästinenser* regelt: Exterritorialität der Lager, aber kein Waffentragen außerhalb der Lager; Guerillaaktionen gegen Israel, aber keine Feuereröffnung über die Grenze. Die Palästinenser halten die Abmachungen nicht ein; der Süd-Libanon bleibt israelischen Vergeltungsschlägen ausgesetzt – bis hin zu Invasionen (erstmals am 16./17. Sept. 1972 nach dem Überfall auf die israelische Olympiamannschaft in München).
Bürgerkrieg	1975 1975/1976	Heftige Kämpfe zwischen der Falange und Palästinensern in Beirut (April) weiten sich zum *Bürgerkrieg* aus. Bildung der Progressiven Front (linke Moslems, Nasseristen, radikale Palästinenser u. a.) unter Führung des Drusen Kamal Dschumblat (*1917?, †1977), der einen sozialrevolutionären Staat ohne konfessionellen Proporz anstrebt. Das heterogene christliche Lager will den Status quo. Einmischung arabischer Staaten und Israels, die die Bürgerkriegsparteien mit Waffen versorgen.
	Sept.	Ein Komitee für den Nationalen Dialog aus Führern aller politischen und konfessionellen Gruppen erreicht nur vorübergehend ein Abflauen der Kämpfe.
Intervention Syriens	1976 22. Jan.	*Syrien interveniert* seit 1975 zunehmend (zunächst mit palästinensischen Saika-Verbänden) und erreicht einen Waffenstillstand. Über politische Reformen kommt es nicht zur Einigung.
	Mai	*Krise um Staatspräsident* Sulaiman *Frandschije* (*1910, †1992), der nach der Wahl von Elias Sarkis (*1924, †1985) zum neuen Präsidenten (8. Mai) nicht zurücktritt (regulärer Amtswechsel am 23. Sept.). Daraufhin heftigste Kämpfe mit verstärkter syrischer Intervention (bis 20. Mai sind 40000 syrische Soldaten im Libanon). Syrien unterstützt zunächst die Linke und die Palästinenser.
syrische Invasion	1. Juni	Als sich der Sieg der Linken und der Palästinenser abzeichnet, beginnt die volle *syrische Invasion*, um die Waffenruhe zu erzwingen (Furcht Syriens vor einer militärischen Konfrontation mit Israel).
	Okt.	Vermittlungsversuche der Arabischen Liga führen schließlich zum Abflauen der Kämpfe; eine arabische Friedenstruppe aus 30000 syrischen Soldaten und kleinen Kontingenten anderer Staaten soll den Waffenstillstand überwachen.
Auseinander- fallen des Libanon		Über die unmittelbaren Kriegsfolgen (zwischen 30000 und 60000 Tote, annähernd 100000 Verletzte; materielle Schäden auf 4 Mrd. US-Dollar geschätzt) hinaus ist der *Libanon* mit dem Bürgerkrieg in christliche und moslemische Siedlungsgebiete mit getrennten Verwaltungen *auseinander gefallen* und als Finanz- und Handelszentrum des Mittleren Ostens lahm gelegt.
	9. Dez.	Ein „Technokraten"-Kabinett unter Selim Hoss (*1929) soll den Wiederaufbau des Landes beginnen, findet jedoch keine ausreichende politische Unterstützung.
	1977 16. März 1978	Ermordung Dschumblats; danach Rachemorde, aber keine direkten Kämpfe. Jedoch immer wieder sporadische Kämpfe in Beirut und im Süden, auch unter verfeindeten Palästinensergruppen und unter christlichen Milizen. Syrische Einheiten der arabischen Friedenstruppe zunehmend in die Kämpfe verwickelt.
israelische Invasion	15.–20. März	*Israelische Invasion* in den Süd-Libanon; beim Rückzug der israelischen Armee übernehmen UN-Truppen (UNIFIL) eine Pufferzone.
	Juni	Im unmittelbaren Grenzgebiet übergibt Israel jedoch die Autorität an die christliche Miliz des Major Saad Haddad, (*1936, †1984), die es ab Ende des Jahres aktiv militärisch in wieder aufflammenden Kämpfen mit Palästinensern unterstützt.
	Juni/Juli	Syrische Einheiten der arabischen Friedenstruppe greifen mit schweren Waffen christliche Wohnviertel in Beirut an.
Haddad- Republik	1979 18. April	Haddad proklamiert die *autonome Republik* „Freier Libanon", von der aus der ganze Libanon von ausländischer Intervention befreit werden soll.
	1980	Auch das neue Kabinett (25. Okt. 1980) unter Shafik al-Wazzan (*1925) kann den Bürgerkrieg nicht beenden; um Zahle toben mehrfach Kämpfe (1980/1981).
	1982 14. Sept.	Der nach der israelischen Invasion (ab 6. Juni) neugewählte Präsident Beschir Gemayel (*1947) fällt einem Attentat zum Opfer. Milizen des Präsidenten und des Majors Haddad richten Massaker in Palästinenserlagern an.

21. Sept.	Beschir Gemayels Bruder *Amin Gemayel* (*1942) wird *zum neuen Präsidenten gewählt*. Die Errichtung einer amerikanisch-französisch-britisch-italienischen Friedenstruppe in Beirut hat (1983) direktes westliches Eingreifen in den Bürgerkrieg zur Folge.	
1983 17. Mai Aug./Sept.	Das israelisch-libanesische Abkommen zum Abzug aller fremden Truppen aus dem Libanon wird von Syrien abgelehnt und nicht umgesetzt. Nord- und Ostlibanon werden von Syrien beherrscht; den Süden kontrolliert unter israelischer Besatzung Major Haddad. In dem von Israel geräumten Gebiet, besonders in Beirut und in den Schuf-Bergen, beginnt die *blutigste Phase des Bürgerkrieges*.	*blutigste Bürgerkriegsphase*
31. Okt.	Von Syrien vermittelt, beginnt in Genf die Versöhnungskonferenz der Konfliktparteien des Bürgerkriegs.	
1984	Die multinationale Streitmacht zieht aus Westbeirut ab (Febr./März).	
26. April	Nach mehreren Verhandlungsrunden kommt es zur Bildung einer Regierung der nationalen Einheit unter *Ministerpräsident* Raschid *Karame* (*1921, †1987), zur Kündigung des Abkommens mit Israel und zur Befriedung von Beirut.	
1985	Unter den Muslimen verschiebt sich die Macht zu Gunsten der Schiiten gegenüber den bislang auch wirtschaftlich führenden Sunniten. Der schiitischen Organisation Amal erwächst ab 1985 eine Konkurrenz durch die pro-iranische, islamisch-fundamentalistische *Hizbollah* („Partei Gottes").	*Hizbollah*
ab 19. Mai	Die von der Amal mit syrischer Unterstützung durchgeführte Blockade palästinensischer Flüchtlingslager in Westbeirut dauert mit Unterbrechungen bis 1988.	
10. Juni	Der *israelische Truppenrückzug* (Beginn 20. Jan.) wird abgeschlossen, Israel kontrolliert mit der Südlibanesischen Armee eine 10 km breite „Sicherheitszone" an der Grenze.	*israelischer Truppenrückzug*
1987	Ministerpräsident Karame wird ermordet, Nachfolger wird Selim Hoss (*1929) (1. Juni).	
1988	Die von Syrien unterstützte Amal und die Hizbollah liefern sich monatelange Kämpfe im Südlibanon und in den südlichen Vororten Beiruts.	
Sept.	Verfassungskrise infolge ungeklärter Nachfolge des Präsidenten: Gemayel ernennt eine militärische Übergangsregierung unter dem maronitischen Armeeoberbefehlshaber *General Michel Aoun* (*1935), die von der in Westbeirut residierenden Regierung Selim Hoss nicht anerkannt wird.	*General Michel Aoun*
1989	Aoun setzt sich in Ostbeirut und im angrenzenden christlichen Gebiet gegen die maronitische Miliz Forces libanaises (FL) unter Samir Geagea militärisch durch.	
14. März	Als Aoun einen „Befreiungskrieg gegen Syrien" verkündet, beginnen die seit Jahren blutigsten *Kämpfe gegen* die von Syrien unterstützten sunnitischen und drusischen *Milizen*.	*Kämpfe gegen Milizen*
22. Okt.	Im saudi-arabischen Taif verabschieden 59 libanesische Parlamentarier ein Abkommen zur *Reform des politischen Systems*: gleiche Sitzverteilung für Christen und Muslime im Parlament, Beschneidung der Befugnisse des (maronitischen) Staatspräsidenten und Stärkung des (sunnitischen) Ministerpräsidenten; Rückzug der syrischen Truppen in den Ostlibanon binnen zwei Jahren.	*Reform des politischen Systems*
5. Nov.	Wahl des maronitischen Abgeordneten René Muawad (*1925) zum 9. Präsidenten des Libanon sowie Ratifikation des Abkommens von Taif.	
22. Nov.	Präsident Muawad kommt bei einem Bombenanschlag ums Leben.	
23. Nov.	Wahl von *Elias Hrawi* (*1926) zum neuen Präsidenten.	*Elias Hrawi*
1990 Jan./Febr.	Kämpfe um die Vorherrschaft in der maronitischen Enklave zwischen den Forces libanaises und den Truppen von Aoun.	
13. Okt.	Syrische Truppen stürmen General Aouns Hauptquartier. Aoun flieht mit Hilfe der französischen Botschaft nach Frankreich.	
1991 22. Mai	Die Präsidenten Syriens und des Libanon, Hafis al-Assad und Elias Hrawi, unterzeichnen in Damaskus einen syrisch-libanesischen Kooperationsvertrag. Darin wird der Libanon erstmals seit der Unabhängigkeit beider Staaten *von Syrien* formell *anerkannt*.	*Anerkennung durch Syrien*
1992 9. März	Von libanesischer Seite wird die Zahl der Todesopfer im Bürgerkrieg (1975–1990) mit 144240 angegeben.	
13. Mai	Der sunnitische Politiker Rashid as-Solh wird von Staatspräsident Hrawi zum neuen Ministerpräsidenten ernannt, nachdem die Regierung Omar Karamé (Ministerpräsident seit 20. Dez. 1990) infolge eines Generalstreiks zurückgetreten ist.	
22. Okt.	Anstelle as-Solhs wird der Unternehmer *Rafiq al-Hariri* Ministerpräsident.	*Rafiq al-Hariri*
1993 25.–31. Juli	Israelische Luftangriffe auf Stützpunkte der Hizbollah im Südlibanon fordern insgesamt 130 Opfer.	
1995 19. Okt.	Die Amtszeit des Präsidenten Hrawi wird vom Parlament in Beirut rückwirkend von sechs auf neun Jahre verlängert.	

israelische Militäroperation	1996 11.–26. April	Eine *israelische Militäroperation* gegen Hizbollah-Stellungen im Südlibanon führt zu großen Verlusten unter der libanesischen Bevölkerung und zur Zerstörung von zahlreichen Dörfern.
	15. Sept.	Hariri siegt bei Parlamentsneuwahlen und bleibt Ministerpräsident.
	1997 Mai	In der Bekaa-Ebene, einem traditionellen Landwirtschaftsgebiet, entsteht eine Bewegung des zivilen Ungehorsams und der Steuerverweigerung, angeführt von Scheich Subhi Tufaili. Hintergrund ist die Öffnung der Märkte und das Verbot des Haschisch- und Opiumanbaus, das die Bevölkerung um ihre wichtigste Einkommensquelle bringt.
	10./11. Mai	Papst Johannes Paul II. besucht den Libanon. Von der Visite erhoffen sich die maronitischen Christen, die seit dem Ende des Bürgerkrieges ihre führende Stellung verloren haben, neue politische Akzente.
	Juli	In einem Dringlichkeitsappell macht das UN-Hilfswerk für die Palästina-Flüchtlinge (UNWRA) auf die Situation der rd. 230 000 Palästinenser aufmerksam, die in Lagern im Libanon leben.
	1998 Jan.	Die libanesische Armee geht gewaltsam gehen Scheich Subhi Tufaili und seine Anhänger vor.
	April	Nachdem Israel den Rückzug seiner Armee aus der sog. Sicherheitszone im Süden des Libanon angekündigt hat, weigert sich die libanesische Regierung, die von Israel geforderten Sicherheitsgarantien (Entwaffnung der Hizbollah-Milizen, Amnestie für die Kämpfer der proisraelischen Südlibanesischen Armee) abzugeben.
Emile Lahhud	15. Okt.	General *Emile Lahhud* (* 1936) wird zum Staatspräsidenten gewählt.
	1999 9. Dez.	In einem neuen Wahlgesetz werden die den einzelnen religiösen und ethnischen Gruppen zustehenden Mindestkontigente neu festgelegt.
	2000 Jan./Feb.	Nach Anschlägen der Hizbollah kommt es in der Sicherheitszone zu schweren Vergeltungsschlägen der israelischen Armee.
	8. März	Die israelischen Truppen beginnen mit dem Rückzug aus dem Südlibanon. Die Aktion endet am 23. Mai, ohne dass es zu Verlusten kommt. Von der mit Israel verbündeten Südlibanesischen Armee (SLA) bitten 6000 Mann in Israel um Asyl, 1000 ergeben sich den libanesischen Behörden. Da sich Israel, Syrien und Libanon zuerst nicht über einen genauen Grenzverlauf einigen können, verzögert sich das Einrücken der UN-Truppen (UNIFIZ) in die ehemalige Sicherheitszone. Erst ab dem 30. Juli beziehen diese ihre vorgesehenen Stellungen.
	9. Aug.	Der Schwede Rolf Knutsson wird zum persönlichen Beauftragten des UN-Generalsekretärs Annan für den Südlibanon ernannt.
	27. Aug./ 3. Sept.	Bei den Parlamentswahlen erleidet der seit 2. Dez. 1998 amtierende Ministerpräsident Selim al-Hoss eine schwere Niederlage. Die Mehrheit stimmt für den früheren (1992–1998) Ministerpräsidenten Rafiq al-Hariri, der am 26. Okt. sein neues Kabinett vorstellt.
	2. Nov.	Ministerpräsident Hariri kündigt Verhandlungen mit Syrien über die Beendigung der syrischen Militärpräsenz im Libanon an.
	Dez.	Präsident Lahhud protestiert gegen israelische und US-amerikanische Pläne, palästinensische Flüchtlinge im Libanon einzubürgern.
	2001 30. Jan.	Der UN-Sicherheitsrat verlängert das Mandat der UNIFIL im Südlibanon um sechs Monate.
antisyrische Kundgebungen	15. März	Die Armee geht gegen *antisyrische Kundgebungen* vor.
	14. Juni	Syrien beginnt mit der Verlegung von ca. 6000 Soldaten, die bisher in Beirut stationiert waren, hinter die syrische Grenze.
	2002 31. Juli	Das Mandat der UN-Truppen im Libanon (UNIFIL) wird vertraglich um sechs Monate verlängert.

Jordanien (Transjordanien) seit 1946

(Forts. v. S. 1114)

	1946 22. Mai	Im Vertrag von London erhält Transjordanien die Unabhängigkeit. Emir Abdallah (*1882, †1951) nimmt den Königstitel an (25. Mai); neue Verfassung.
	1948	Vertrag mit Großbritannien über die Neuregelung der Truppenstationierung stellt die volle
Souveränität	15. März	*Souveränität* her: Stützpunkte gegen Subsidienzahlungen.
	Mai–Nov.	Im Palästina-Krieg erzielt von allen arabischen Armeen allein die transjordanische Arabische Legion Erfolge. Sie bleibt nach dem Waffenstillstand im besetzten Ostpalästina.
	1. Dez.	Abdallah lässt sich in Jericho zum „König von Ganz-Palästina" ausrufen.

1950 24. April	Abdallah lässt die *Annexion Ost-Palästinas* durch Abstimmung bestätigen; der Staat heißt Haschimitisches Königreich Jordanien; aus Ost-Palästina wird „Westjordanien" (Westufer, Westbank).	*Annexion Ost-Palästinas*
1951 20. Juli	Abdallah, der eine Verständigung mit Israel sucht, wird ermordet: König Talal (*1911, †1972; 1951–1952).	
1952 8. Jan.	Neue Verfassung: konstitutionelle Monarchie mit erblicher Königswürde (8. Jan.).	
11. Aug.	Talal tritt zugunsten seines minderjährigen Sohnes zurück: *König Hussein II.* (*1935, †1999); Inthronisation am 2. Mai 1953.	*König Hussein II.*

Strukturelle Grundprobleme Jordaniens

Die gebietsmäßige Erweiterung beeinflusst die innere Entwicklung. Von den Einwohnern Jordaniens (1976: 2,8 Mio.; ohne israelisch besetztes Westufer: 2,0 Mio.; 98% Araber, 94% Moslems) stammt nur ein Drittel aus dem ostjordanischen Gebiet; ein weiteres Drittel sind die Bewohner Ostpalästinas, der Rest Palästinaflüchtlinge. Ungünstige Wirtschaftsstruktur, da das Land zu 77% aus Wüste besteht und arm an Bodenschätzen ist (v.a. Phosphat, Pottasche). Es gelingt nicht, die *Palästinaflüchtlinge* ins Staats- und Wirtschaftsleben voll einzugliedern; sie sind daher für den Panarabismus besonders empfänglich und stehen im Gegensatz zur herrschenden konservativen ostjordanischen Führungsschicht. Im politischen Leben bilden sich allmählich drei Gruppen heraus: Anhänger der Dynastie (Armee und Beduinen), Nationalisten (z.T. gegen das Königshaus) und sozialrevolutionäre Panaraber (für Anschluss an Ägypten und Syrien; meist Palästinaflüchtlinge). — *Palästinaflüchtlinge*

1956/1957	In der Zeit der Sues-Krise nationalistische Regierung; erreicht Abkommen mit Großbritannien über die Aufhebung des Militärpaktes von 1948 (13. März 1957). Druck auf Jordanien, ins proägyptische Lager überzutreten, führt zu Interventionsdrohung der USA.	
1958 14. Febr.	Die *Arabische Föderation* mit dem Irak (14. Febr.) wird nach dem Staatsstreich im Irak aufgehoben (2. Aug.).	*Arabische Föderation*
1966	Die Palästinensische Befreiungsorganisation (PLO) findet bei den Flüchtlingen von Anfang an erheblichen Anhang. Jordanien wird zum Ausgangspunkt für Guerilla-Unternehmen in Israel und ist israelischen Vergeltungsschlägen ausgesetzt. Jordanien entzieht der PLO die Unterstützung, als diese beginnt, eine Art Nebenregierung für Palästina zu errichten. Die PLO ruft zur Revolte gegen Hussein und zur Eingliederung Jordaniens ins Lager der „revolutionären Kräfte" im Kampf gegen Israel auf. Bombenanschläge in Jordanien; *Schließung des PLO-Büros*.	*Schließung des PLO-Büros*
1967 30. Mai	Als der Nahostkonflikt offensichtlich auf einen Krieg hin eskaliert, verbündet sich Hussein mit den arabischen Konfrontationsstaaten, um einen Aufstand im eigenen Land zu vermeiden.	
Juni	Im *Juni-Krieg mit Israel* verliert Jordanien das Westufer mit der Altstadt von Jerusalem; 350000 zusätzliche Flüchtlinge in Ostjordanien; schwerste Störung der Wirtschaft.	*Juni-Krieg mit Israel*
1970 16.–27. Sept.	Nach wiederholten schweren Kämpfen zwischen Armee und Palästinensern (Febr., Juni, Aug.) wird die Entführung von drei westlichen Verkehrsmaschinen nach Jordanien (6. und 9. Sept.) für Hussein zum Anlass, die militärische Macht der Palästinenser mit aller Gewalt zu brechen: erbitterter *Bürgerkrieg* („Schwarzer September"). Syrien interveniert zu Gunsten der Palästinenser; die USA lassen die Absicht erkennen, zugunsten Husseins einzugreifen. Nasser vermittelt zwischen Hussein und PLO-Chef Arafat einen Waffenstillstand (27. Sept.).	*Bürgerkrieg gegen Palästinenser*
13. Okt.	Das Abkommen zwischen Hussein und Arafat belässt den Palästinensern einen privilegierten Status.	
1971 Juli	Ein Großangriff der Armee auf die palästinensischen Stützpunkte im Norden des Landes beendet die bewaffnete Präsenz der Palästinenser in Jordanien.	
Aug./Sept.	Hussein baut seine innenpolitische Position aus: Gründung eines Stammesrates (verwaltet später die Beduinengebiete) und einer Jordanischen Nationalen Union (ab 1972: *Arabische Nationale Union*) als von ihm selbst geführte einzig zugelassene politische Organisation.	*Arabische Nationale Union*
28. Sept.	Mitglieder der palästinensischen Fedajin-Gruppe „Schwarzer September" ermorden Ministerpräsident Wasfi al-Tall (*1920/1921, †1971) in Kairo.	
1972 März	Hussein schlägt eine Föderation autonomer Regionen in Jordanien und Palästina (Westufer) mit Hussein als Staatsoberhaupt des „Vereinigten Arabischen Königreiches" vor (*Hussein-Plan*); einhellige Ablehnung durch Palästinenserorganisationen und Israel.	*Hussein-Plan*
1973 Sept./Okt.	Nach der Aussöhnung mit Ägypten und Syrien erlässt Hussein eine Amnestie für politische Häftlinge, vor allem Fedajin (18. Sept.), und entsendet Truppen an die syrische Front im Oktoberkrieg.	

Verzicht auf Westjordanien	1974 Okt./Nov.	Um die finanzielle Unterstützung durch Saudi-Arabien nicht zu verlieren und nicht in der arabischen Welt völlig isoliert zu werden, stimmt Hussein den Beschlüssen der Arabischen Gipfelkonferenz in Rabat zu (26.–29. Okt.). Hussein betrachtet *Westjordanien* als nicht mehr zu Jordanien gehörig und erklärt, an Verhandlungen über die Zukunft dieses Gebietes nicht teilnehmen zu wollen.
	1975 12. Juni	Hussein einigt sich mit dem syrischen Präsidenten Hafis al-Assad über die Bildung eines Gemeinsamen Obersten Komitees (gemeinsames Militärkommando, politische Koordination, wirtschaftliche Integration).
Nationaler Konsultativrat	1978 19. April	Hussein ernennt auf zwei Jahre 60 Mitglieder eines *Nationalen Konsultativrats*, der beschränkte legislative Funktionen wahrnehmen soll.
	1979	Die Friedensverhandlungen zwischen Ägypten und Israel führen zu einer Wiederannäherung zwischen Hussein und den Palästinensern (Arafat mehrfach in Amman).
	1983	Nach dem Verlust der PLO-Positionen im Libanon verhandelt Arafat mit Hussein über die Vertretung der Palästinenser bei möglichen Friedensverhandlungen und über eine mögliche Konföderation.
	1984	In diesem Zusammenhang beruft Hussein das 1974 aufgelöste Parlament wieder ein (9. Jan.).
Abkommen von Amman	1985 23. Febr.	*Abkommen von Amman* zwischen Hussein und Arafat sieht bei Verhandlungen zur Lösung des Palästinakonflikts gemeinsame jordanisch-palästinensische Delegation vor.
	4. April	Said Rifai (*1936) neuer Premierminister; wieder engere Beziehungen zu Syrien.
	1986 19. Febr.	König Hussein kündigt die Zusammenarbeit mit der PLO-Führung auf und versucht, wieder stärkeren Einfluss auf der Westbank zu gewinnen.
	1988 28. Juli	Hussein löst die administrativen und rechtlichen Verbindungen Jordaniens mit der Westbank. Die Regierung regelt den Status der Palästinenser in Jordanien neu.
	1989 18. April	Vom IMF (Internationaler Währungsfonds) verordnete Sparmaßnahmen lösten soziale Unruhen aus, die vom Militär blutig niedergeschlagen werden. Der König verspricht eine politische Liberalisierung und baldige Parlamentswahlen.
Parlamentswahlen	8. Nov.	Bei den *Parlamentswahlen* erhalten die islamisch-fundamentalistischen Kandidaten 31 Mandate, Konservative und Königstreue ebenfalls 31 und die Linke 18 Mandate.
	4. Dez.	Mudar Badran (*1934) bildet eine Regierung unter Einschluss aller im Parlament vertretenen Strömungen.
	1990 9. Mai	König Hussein beauftragt eine Kommission, eine Nationalcharta mit Leitlinien für die Entwicklung zum politischen Pluralismus und einen Sozialkontrakt auszuarbeiten.
	ab Aug.	Jordanien ist von der Kuwait-Krise und dem UN-Wirtschaftsembargo wegen seiner engen ökonomischen Verflechtung mit dem Irak direkt betroffen und macht eine schwere Wirtschaftskrise durch.
Neutralität im Golfkrieg	1991 18. Jan.	Dem politischen Einfluss der stark im Parlament vertretenen Muslimbrüder Rechnung tragend, erklärt König Hussein Jordanien für *neutral im Zweiten Golfkrieg* (27. Jan.). Das Parlament in Amman verabschiedet eine Resolution, in der die USA für den Kriegsausbruch in Kuwait verantwortlich gemacht werden.
	9. Juni	Verabschiedung der Nationalcharta.
	1992 Sept. 3. Dez.	Nach der Verabschiedung eines neuen Parteiengesetzes, das die Wiederzulassung der 1957 verbotenen politischen Parteien vorsieht (gültig ab 1. Sept.), bilden die Muslimbrüder mit unabhängigen Islamisten eine eigene Partei; als erste politische Partei zugelassen wird die Jordanische Nationale Allianz.
Mehrparteienwahlen	1993 8. Nov.	Gemäßigte Kräfte, die König Hussein in seinen Friedensbemühungen mit Israel unterstützen, gewinnen die ersten freien *Mehrparteienwahlen* zum Parlament seit 37 Jahren.
	1994 25. Juli	König Hussein und der israelische Ministerpräsident Yitzhak Rabin beenden den Kriegszustand zwischen ihren Staaten.
Friedensvertrag mit Israel	26. Okt.	Die Ministerpräsidenten Israels und Jordaniens, Yitzhak Rabin und Abd as-Salam al-Majali, unterzeichnen einen *israelisch-jordanischen Friedensvertrag*.
	1995 5. Jan.	Majali tritt zurück. Neuer Amtsinhaber wird Sharif Zaid ibn Shaker, früherer Generalstabschef und enger Vertrauter König Husseins.
	1996 4. Febr.	Erneuter Amtswechsel: König Hussein beruft Abd al-Karim Kabariti (seit Jan. 1995 Außenminister) zum Ministerpräsidenten.
	1997 4. Nov.	Parlamentswahlen unter Boykottaufruf islamistischer und liberaler Parteien. Wahlsieger sind der Regierung nahe stehende Kandidaten.
	1998 19. Aug.	Rücktritt des seit 19. März 1997 amtierenden Ministerpräsidenten Abdassalam al-Madschahi. Zum Nachfolger wird der bisherige Präsident des Königlichen Gerichts, Fajez Tarauna, ernannt.

1999 24. Jan.	Der krebskranke König Hussein regelt seine Nachfolge: Statt seines Bruders Hassan (seit 1965 Kronprinz) soll sein Sohn Abdullah (* 1962) den Thron erben.	
7. Febr.	Tod König Husseins. Noch am selben Tag wird Abdullah vor dem Parlament vereidigt, die offizielle Ernennung des Königs unter den Namen *Abdullah II.* erfolgt am 9. Juni.	*Abdullah II.*
4. März	Einberufung einer neuen Regierung unter Ministerpräsident Abdul Rauf al-Rawabdeh.	
30. Aug.– 22. Sept.	Verhaftungsaktionen gegen zahlreiche Führer der islamistischen Hamas. In Abkehr von der Politik seines Vaters ist König Abdullah bestrebt, den Bewegungsspielraum palästinensischer Organisationen in seinem Land zu verringern.	
5. Dez.	Sicherheitskräfte heben ein Islamistennetz aus, das offensichtlich vom saudi-arabischen Exilpolitiker Osama bin Laden finanziert worden ist.	
2000 15. Jan	Mit einer Kabinettsumbildung versucht Ministerpräsident Rawabdeh den wachsenden Widerstand gegen seine Wirtschaftspolitik zu dämpfen.	
22. Jan.	Das bestehende bilaterale Abkommen mit dem Irak wird verlängert. Es sichert Jordanien die Versorgung mit Erdöl aus dem Nachbarland.	
18. Juni	König Abdullah ernennt den Technokraten Ali Abu al-Ragheb zum neuen Regierungschef.	
18. Sept.	Wegen Beteiligung an Terroranschlägen werden sechs Islamisten (vier davon in Abwesenheit) zum Tod verurteilt.	
2001 16. April	Regierungschef Ragheb besucht als erster arabischer Politiker nach dem Wahlsieg Ariel Scharons Jerusalem, um den Boden für Friedensgespräche zu bereiten.	
12. Mai	Die Polizei löst eine illegale *anti-israelische Demonstration* der Islamisten auf.	*anti-israelische Demonstration*

Israel seit 1948

(Forts. v. S. 1115)

1948 April	Aus Vertretern des Nationalrats, der Parteien und der Exekutive der Jewish Agency konstituiert sich der Staatsrat, um parlamentarische Wahlen vorzubereiten und vorläufig die Regierungsgeschäfte wahrzunehmen.	
14. Mai	Am Abend vor dem Erlöschen des Mandats proklamiert David Ben Gurion im Namen des Nationalrats den unabhängigen *souveränen Staat Israel*, den unmittelbar darauf die USA und die Sowjetunion anerkennen.	*Souveränität Israels*
1949 4. Febr.	Nach allgemeinen Wahlen (Jan.) tritt die Knesset (Ein-Kammer-Parlament) zusammen; stärkste Partei ist die *Mapai (Arbeiterpartei) Ben Gurions,* bis 1977 die führende Partei.	*Arbeiterpartei Ben Gurions*
1950	Gesetz über die Rückkehr verabschiedet.	
1951	Das Wahlgesetz tritt in Kraft.	
1952	Gesetz über die Nationalität.	
1958	*Gesetz über die Knesset* weist dieser die oberste staatliche Autorität zu (12. Febr.).	*Gesetz über die Knesset*

Der Aufbau des Staates Israel

Die zionistische Bewegung hat mit der Staatsgründung (1948) ihr wichtigstes Ziel erreicht, obwohl das Staatsgebiet nur 56% des Mandatsgebietes umfasst, das selbst schon hinter den Erwartungen zurückblieb (Erez Israel unter Einschluss des Süd-Libanon, Transjordaniens und der östlichen Sinai-Halbinsel). Im Palästina-Krieg von 1948 gewinnt Israel erhebliche Gebiete hinzu, erlangt aber nicht die Anerkennung seiner staatlichen Existenz durch die arabischen Nachbarstaaten. Israel muss von Anfang an um seine Existenz als Staat und um den Bestand seines Staatsvolkes kämpfen. Zwar fliehen 1948 500000 Araber, und weitere 300000 verlassen im folgenden Jahr das Land; es bleibt jedoch auf israelischem Staatsgebiet eine überwiegend feindlich gesonnene *Minorität von* 133000 *Arabern.* Aus Sicherheitserwägungen stehen die arabischen Siedlungsgebiete bis Mitte der sechziger Jahre unter Militärverwaltung; nur wenige kooperationswillige Araber können am öffentlichen und politischen Leben teilnehmen (vier arabische Abgeordnete von 120 in der ersten Knesset). Ein weiteres Problem bildet die *Integration der extremen Parteien* (insbesondere der orthodox-religiösen) sowie von deren Untergrundstreitkräften (im Juni 1948 Gefahr eines Bürgerkrieges durch Einlenken Menachem Begins gebannt). Zahlreiche Parteien vertreten sehr unterschiedliche religiöse und politische Vorstellungen von Kommunisten bis Ultra-Orthodoxen. Zusammenarbeit in Blöcken; drei grundsätzliche Lager haben sich bereits vor der Staatsgründung herausgebildet und bestehen bis heute: Arbeiterlager, religiöses und liberal-bürgerliches Lager. Aufgrund der *Parteienzersplitterung* sind die Koalitionen häufig instabil, finden jedoch auch immer wieder eine breite Konsensbasis. Israel erhält keine Verfassung im üblichen Sinne: Einzelne „Grundgesetze" regeln Teilbereiche als Vorstufe einer späteren Verfassung; die wichtigsten sind das Gesetz über die Rückkehr (1950), das Wahlgesetz (1951), das Gesetz über die Nationalität (1952) und das Grundgesetz (Gesetz über die Knesset von 1958, das dieser die oberste staatliche Autorität zuweist). Ein Abkommen der Ma-

Minorität von Arabern

Integration extremer Parteien

Parteien- zersplitterung

pai und anderer zionistischer Parteien mit der religiösen Agudat Israel von 1947 gilt als ungeschriebene *religionspolitische Verfassung* (weit gehende Konzessionen im staatlichen und sozialen Leben zu Gunsten der Orthodoxie, um deren Mitarbeit zu sichern).

Einwanderungswelle Landwirtschaftspolitik

Unmittelbar nach der Staatsgründung erklärt sich Israel zum Heim aller Juden in der Welt. Die gleichzeitig einsetzende *Einwanderungswelle* verdoppelt in wenigen Jahren die jüdische Bevölkerung: 1948–1954 wandern 576000 Juden ein. Um für die Einwanderung Raum zu schaffen, erhält zuerst die Siedlungs- und *Landwirtschaftspolitik* den Vorrang. Der Staat requiriert 300000 ha arabisches Land (70% allen bis 1976 kultivierten Bodens); die im Palästina-Krieg besetzten Gebiete werden vorrangig besiedelt. Israel bemüht sich, Dörfer mit starkem innerem Zusammenhang (Siedler möglichst aus demselben Land und dem gleichen Milieu) zu errichten, die sich um Gemeinschaftszentren gruppieren (Genossenschaftsdörfer, Dörfer mit Kollektivbesitz, Kibbuzim); Wehrdörfer an den Grenzen zu den arabischen Staaten. Zur Kultivierung in der Negev-Wüste leitet Israel ab 1964 Jordanwasser ab; da deswegen im unteren Jordantal Anbauflächen vertrocknen bzw. versalzen, verschärft sich der Konflikt mit den arabischen Staaten (Erste Arabische Gipfelkonferenz 1964). Als die Landwirtschaft nur noch eine begrenzte Zahl von Arbeitskräften aufnehmen kann, beginnt der systematische Aufbau von Gewerbe und Industrie. Der wirtschaftliche und gesellschaftliche Aufbau vollzieht sich zuerst nach sozialistischen Grundsätzen (die Mapai entspricht der westlichen Sozialdemokratie). Das Programm, aus eigener Kraft eine dynamische Entwicklung durchzuführen, lässt sich – da das Land zu klein und zu arm an Rohstoffen ist – nur mit

ausländische Hilfe

umfangreicher *ausländischer Hilfe* durchführen (Spenden der Juden vor allem in den USA; 3 Mrd. DM bundesdeutsche Wiedergutmachungszahlungen 1952–1966; umfangreiche Wirtschafts- und Militärhilfe der USA). In dem Maße, in dem Israel von westlicher Auslandshilfe abhängig wird, verblassen die Grundsätze des ursprünglich sozialistischen Programms. 1959 erklärt Ben Gurion, die Regierung lehne eine kapitalistische Entwicklung Israels nicht mehr ab.

1967
2. Juni Als die Spannungen im Nahostkonflikt auf einen Krieg hin eskalieren, treten fast alle Oppositionsparteien in die Regierung ein (111 der 120 Knesset-Abgeordneten). General Mosche Dayan (*1915, †1981), der Sieger des Sinai-Feldzuges von 1956, wird Verteidigungsminister.

Sechstagekrieg **5.–10. Juni** Im *Sechstagekrieg* besetzen israelische Truppen Westjordanien (Westufer), den Gasa-Streifen, die Sinai-Halbinsel und die Golan-Höhen; 1,1 Mio. Araber geraten unter israelische Verwaltung. Israel betont nach dem Sieg, mit dem Ziel eines dauerhaften Friedens über alle strittigen Fragen verhandeln zu wollen, ergreift jedoch Maßnahmen, die von den Arabern als Ausdruck von Annexionsabsichten verstanden werden (28. Juni: „Wiedervereinigung" von Jerusalem; ab Sept. Gründung von Wehrdörfern und landwirtschaftlichen Siedlungen in den besetzten Gebieten).

Jom-Kippur-Krieg **1973 Okt.** Der Schock der arabischen Erfolge und der hohen eigenen Verluste im *Jom-Kippur-Krieg* (Oktober-Krieg) vertieft die innenpolitischen Auseinandersetzungen: schwere Vorwürfe gegen die Regierung (besonders gegen Verteidigungsminister Dayan), die militärische Sicherheit des Landes vernachlässigt zu haben.

31. Dez. Bei den Wahlen zur Knesset erzielt der oppositionelle Rechtsblock (Likud) hohe Gewinne (39 Sitze), auch wenn der Arbeiterblock (Arbeiterpartei und Mapai) stärkste Fraktion (51 Sitze) bleibt.

Die Staats- und Ministerpräsidenten Israels

Staatspräsidenten

Staatspräsidenten:
1949–1952	Chaim Weizmann (*1874, †1952)	1978–1983	Yitzhak Navon (*1921)
1952–1963	Isaak Ben Zwi (*1884, †1963)	1983–1993	Chaim Herzog (*1918, †1997)
1963–1973	Salman Schazar (*1889, †1974)	1993–2000	Ezer Weizmann (*1924)
1973–1978	Ephraim Katzir (*1916)	seit 2000	Moshe Katzav (*1945)

Ministerpräsidenten

Ministerpräsidenten:
1946–1954	David Ben Gurion (*1886, †1973)	1984–1988	Schimon Peres (*1923)
1954–1955	Mosche Scharett (*1894, †1965)	1988–1992	Yitzhak Schamir
1955–1963	David Ben Gurion	1992–1995	Yitzhak Rabin
1963–1969	Levi Eschkol (*1895, †1969)	1995–1996	Schimon Peres
1969–1974	Golda Meïr (*1898, †1978)	1996–1999	Benjamin Netanjahu (*1949)
1974–1977	Yitzhak Rabin (*1922, †1995)	1999–2001	Ehud Barak (*1942)
1977–1983	Menachem Begin (*1913, †1992)	seit 2001	Ariel Scharon (*1928)
1983–1984	Yitzhak Schamir (*1915)		

1974 10. März	Erst nach langwierigen Verhandlungen gelingt es *Golda Meïr*, eine neue *Koalitionsregierung* zu bilden.	*Regierung Golda Meïr*
11. April 3. Juni	Als eine unabhängige Untersuchungskommission die Vorwürfe gegen die Regierung weitgehend bestätigt, tritt Golda Meïr zurück. Wieder dauert es Wochen, bis *Yitzhak Rabin*, Generalstabschef im Juni-Krieg 1967, eine neue *Koalitionsregierung* aus dem von ihm geführten Block der Arbeiterparteien, den Unabhängigen Liberalen und der Bürgerrechtsbewegung bilden kann.	*Regierung Yitzhak Rabin*

Israel in der Krise

Das Ergebnis der Knesset-Wahlen und die langwierigen Koalitionsverhandlungen sind Ausdruck der politisch-*gesellschaftlichen Krise*: Vertrauensschwund gegenüber der Führung von Politikern und Generalen der „alten Garde" aus der Zeit des Unabhängigkeitskampfes (Generationskonflikt); Auseinandersetzungen für oder gegen einen Verständigungsfrieden mit den Arabern; politische und soziale Konflikte zwischen den in wichtigen Positionen unterrepräsentierten orientalischen Juden (60% der jüdischen Bevölkerung) und den politisch wie wirtschaftlich dominierenden Juden europäischer Herkunft; Auseinandersetzungen um einen laizistischen bzw. theokratisch geprägten Staat. — *gesellschaftliche Krise*

Gleichzeitig steht Israel vor seiner schwersten *Finanz- und Wirtschaftskrise*: das Defizit der Zahlungsbilanz beträgt 3,5 Mrd. US-Dollar, die Auslandsverschuldung pro Kopf 1250 US-Dollar; die Verteidigungsausgaben (Waffenkäufe, Aufbau einer Rüstungsindustrie) verschlingen rund 40% des Bruttosozialprodukts; die Devisenbestände sind minimal, die Investitionen ausländischer Juden rückläufig; die Inflationsrate erreicht 36%. — *Finanz- und Wirtschaftskrise*

Die Krise drückt sich besonders in der *Bevölkerungsentwicklung* aus: Bereits Mitte der sechziger Jahre geht die Einwanderung nach Israel deutlich zurück, steigt zwar nach dem Juni-Krieg von 1967 wieder an, um nach dem Oktober-Krieg von 1973 – trotz der einsetzenden Einwanderung aus der Sowjetunion – erneut abzufallen (1964: 55000 Einwanderer; 1967: 14000; 1972: 56000; 1977: 21000), die in den siebziger Jahren zunehmende Auswanderung (erschwerte Lebensbedingungen durch militärische Belastungen und Wirtschaftskrise) erreicht 1977 erstmals die Höhe der Einwanderung. 1978 hat Israel 3,67 Mio. Einwohner, davon 3,09 Mio. Juden; trotz Einwanderung wächst die jüdische Bevölkerung langsamer als die arabische Bevölkerung des eigentlichen Staatsgebietes (höhere Geburtenrate); zudem leben ca. 10% der Israeli permanent im Ausland. — *Bevölkerungsentwicklung*

Die innere Entwicklung vollzieht sich in einer *außenpolitischen Konstellation*, die sich zuungunsten Israels verändert hat, seit die USA mit einigem Erfolg darangehen, bei den arabischen Staaten verlorenes Terrain wiederzugewinnen. Israel befürchtet, das Opfer einer amerikanischen „Appeasement"-Politik gegenüber den Arabern zu werden; mit besonderer Besorgnis werden umfangreiche US-Waffenlieferungen an arabische Staaten vermerkt. Nicht zuletzt aus Furcht zögert Israel, den Arabern Konzessionen zu machen, und betrachtet die besetzten Gebiete als eine Art Faustpfand. Gerade wegen der Politik in den besetzten Gebieten gerät Israel jedoch immer stärker in außenpolitische *Isolierung*: Verurteilungen durch Generalversammlung und Sicherheitsrat der UNO auch mit den Stimmen westlicher Staaten, kritische EG-Resolutionen; Verschlechterung der einst guten Beziehungen zu schwarzafrikanischen Staaten (Abbruch der Beziehungen). — *außenpolitische Konstellation* / *Isolierung*

1975 11. Mai	*Assoziierungsabkommen mit der EG* (in Kraft 1. Juli): stufenweiser Zollabbau für israelische Einfuhren in den EG-Raum. Israel sieht in der Assoziierung einen Durchbruch gegen den arabischen Wirtschaftsboykott und erhofft sich – neben dem Ausgleich der Handelsbilanz – europäische Kapitalinvestitionen.	*Assoziierungsabkommen mit der EG*
1976	Spannungen wegen der Siedlungspolitik zwischen „Tauben" und „Falken" innerhalb des Kabinetts, besonders zwischen Ministerpräsident Rabin und Verteidigungsminister Schimon Peres (*1923). Als die Nationalreligiöse Partei (NRP) der Regierung die Unterstützung entzieht, tritt Rabin zurück; *Neuwahlen* ausgeschrieben (Dez.).	*Neuwahlen*
1977	Innen- und sozialpolitische Themen dominieren den Wahlkampf; große Chancen werden zunächst der neugegründeten Demokratischen Bewegung für Veränderung (DBV) eingeräumt.	
17. Mai	Die Wahlen gewinnt überraschend klar der Rechtsblock Likud (43 Sitze) vor dem Arbeiterblock (32 Sitze), der damit erstmals seit der Unabhängigkeit nicht die meisten Stimmen erhält; die DBV kommt nur auf 15 Sitze. *Machtwechsel:* Menachem Begin bildet eine Koalitionsregierung seiner Likud mit der NRP (12 Sitze); Mosche Dayan, als Kandidat des Arbeiterblocks gewählt, wird als Unabhängiger Außenminister; die beiden orthodox-religiösen Parteien (zus. 5 Sitze) unterstützen die Regierung, gehen aber nicht ins Koalitionskabinett.	*Machtwechsel*

	24. Okt.	Die DBV tritt in die Koalition ein und sichert ihr eine Mehrheit von 79 Stimmen in der Knesset (nach der Spaltung der DBV im Aug. 1978 nur noch 72).
	28. Okt.	Neue ökonomische Politik: Die Regierung hebt die Devisenkontrollen auf und gibt die Wechselkurse frei, was eine unmittelbare Abwertung der Währung um 45% zur Folge hat; hohe Inflation (1977: etwa 48,5%. 1979 um 70%). Mehrwertsteuer wird von 8 auf 12% angehoben.
Bewegung Gusch Emunim	1977/1978	Die schwierigen Friedensverhandlungen mit Ägypten fachen die innenpolitische Diskussion über die besetzten Gebiete erneut an: Die nationalradikale orthodox-religiöse *Bewegung Gusch Emunim* versucht, mit Demonstrationen und illegalen Siedlungsgründungen die Besiedlung besonders im „befreiten Judäa und Samaria" zu forcieren – obwohl sich gar nicht genügend Siedlungswillige finden (insgesamt über 90 Siedlungen in den besetzten Gebieten).
	1978 März/April	Gegen die Agitation des Gusch Emunim und die geringe Konzessionsbereitschaft der Regierung richtet sich die „Frieden-Jetzt"-Bewegung: weit gehender Verzicht auf die besetzten Gebiete als Preis für einen dauerhaften Frieden.
	28. Sept.	Bei der Abstimmung über die Abkommen von Camp David (USA) sichern nur die „Leihstimmen" der Opposition die Mehrheit (71:49 Stimmen).
Friedensvertrag mit Ägypten	1979 21. März	Die Knesset billigt mit großer Mehrheit (95:18:3 Stimmen) den *Friedensvertrag mit Ägypten* (unterzeichnet am 26. März; in Kraft 26. April); Konzessionsbereitschaft gegenüber Ägypten, aber harte Position gegenüber palästinensischer Autonomie.
Jerusalem Hauptstadt	1980	Die Knesset verabschiedet ein Grundgesetz, das *ganz Jerusalem* zur *Hauptstadt* Israels erklärt (30. Juli).
	1981	Trotz Wahlerfolgen des Arbeiterblocks gelingt Begin nach zähen Koalitionsverhandlungen die Regierungsbildung (30. Juni).
Golan-Höhen	14. Dez.	Israel annektiert die seit 1967 besetzten *Golan-Höhen*.
	1982	Gegen die Rückgabe des restlichen Sinai an Ägypten (April) richtet sich der Widerstand jüdischer Siedler.
	6. Juni	Israelische Invasion in den Süd-Libanon mit dem Ziel der Zerstörung der dortigen PLO-Basen.
	1983 8. Febr.	Nach Massakern in Palästinenserlagern im Libanon (Sept. 1982) belastet ein parlamentarischer Untersuchungsausschuss Verteidigungsminister Ariel Scharon (*1928), der am 11. Febr. zurücktritt.
	11. Okt.	Begin tritt zurück; neuer Ministerpräsident wird Yitzhak Schamir (Likud, *1915).
	1984	Bei den Knessetwahlen gewinnen der Arbeiterblock 44 und der Likud-Block 41 Mandate. (23. Juli).
Regierung unter Peres	13. Sept.	Schimon *Peres* bildet eine *Koalition* aus Arbeiter- und Likud-Block (sowie sieben kleinen Parteien), Yitzhak Schamir wird Außenminister. Es wird ein Ämtertausch zwischen Peres und Schamir für die zweite Hälfte der Amtszeit vereinbart.
Rückzug aus dem Libanon	1985	Israelischer *Truppenrückzug aus dem Libanon* (20. Jan.–10. Juni).
	1986 10. Okt.	Peres übergibt das Amt des Ministerpräsidenten an Schamir und übernimmt das Außenministerium.
Intifada	1987 9. Dez.	Nach Ausbruch der *Intifada*, des palästinensischen Aufstandes in den israelisch besetzten Gebieten, verlieren die israelischen Behörden zeitweilig die Kontrolle über Teile des besetzten Landes und bemühen sich bis 1993 vergeblich, die Unruhen niederzuschlagen. Den Aufständischen gelingt im Gegenzug eine bisher nicht dagewesene Solidarisierung innerhalb der palästinensischen Bevölkerung.
Regierung Schamir	1988 22. Dez.	Nachdem Wahlen zur Knesset keine eindeutigen Mehrheitsverhältnisse erbringen, Bildung einer großen Koalition aus Likud-Block und Arbeiterblock mit *Schamir* als *Ministerpräsidenten* (ohne Rotation).
	1990	Die verstärkte Einwanderung sowjetischer Juden stellt Staat und Gesellschaft vor große Integrations- und Finanzprobleme.
	Febr.	In der Regierungskoalition kommt es zu schweren Differenzen über geplante israelisch-palästinensische Gespräche und einen Friedensplan von US-Außenminister James A. Baker (10. Okt. 1989), dessen Berücksichtigung Peres zur Bedingung für den Fortbestand der Koalition macht.
	15. März	Nachdem ein entsprechendes Ultimatum des Arbeiterblocks nicht erfüllt wird, treten alle seine Minister zurück, und Schamir wird durch ein Misstrauensvotum gestürzt. Peres scheitert mit der Regierungsbildung (26. April).
	11. Juni	Schamir bildet eine Koalition aus rechten und religiösen Parteien. Die Regierung lehnt Verhandlungen mit der PLO ab und treibt den Siedlungsbau in den besetzten Gebieten voran.
irakische Raketenangriffe	1991	*Irakische Raketenangriffe* auf Israel im Zweiten Golfkrieg (18. Jan.–25. Febr.).

In der Folge des Golfkrieges wendet sich die Regierung Schamir einem Ausgleich mit den arabischen Nachbarn zu und akzeptiert die Beteiligung von Vertretern der PLO an der Nahost-Friedenskonferenz in Madrid.

1992 Nach dem *Sieg des Arbeiterblocks* bei Wahlen zur Knesset (23. Juni) bildet Yitzhak Rabin *Sieg des*
13. Juli eine Koalition aus Linksparteien und der religiösen Schas-Partei. Die Regierung Rabin *Arbeiterblocks* zeigt sich bei den Nahost-Verhandlungen kompromissbereit, sieht sich aber in Israel einer zunehmend feindseligeren Opposition aus Teilen der jüdischen Orthodoxie und radikaler Aktivisten der Siedlerbewegung gegenüber.

1993 Das *Gasa-Jericho-Abkommen* wird von der Knesset mit knapper Mehrheit (61 von 120 *Gasa-Jericho-*
23. Sept. Stimmen) gebilligt. *Abkommen*

1995 Ministerpräsident *Yitzhak Rabin* wird in Tel Aviv beim Verlassen einer Friedenskundge- *Rabin ermordet*
4. Nov. bung erschossen. Der Attentäter ist ein der Siedlerbewegung nahe stehender israelischer Student. Außenminister Schimon Peres übernimmt die Regierungsgeschäfte.

1996 Israels Präsident Ezer Weizman (*1924) spricht als erstes israelisches Staatsoberhaupt vor
16. Jan. dem deutschen Bundestag. Er vermerkt die „Freundschaft und Zusammenarbeit" beider Staaten in vielen Bereichen, warnt aber eindringlich vor den Gefahren des Rassismus und Neonazismus.

29. Mai *Benjamin Netanjahu* (*1949), Vorsitzender des Likud-Blocks seit März 1993, gewinnt die *Regierung* erste Direktwahl zum Ministerpräsidenten mit 50,5% der Stimmen gegen Amtsinhaber Pe- *Netanjahu* res (49,5%).

19. Juni Netanjahu bildet eine rechtskonservativ-religiöse Koalition aus fünf Parteien und kündigt an, die Umsetzung des israelisch-palästinensischen Autonomieabkommens verlangsamen zu wollen.

1997 Die Verwaltung der Stadt *Hebron* geht an die Palästinenser über (17. Jan.). *Hebron*
3. Juni Die Wahlen zum Vorsitzenden des Arbeiterblocks gewinnt Ehud Barak (*1942), ehemaliger Generalstabschef und Innenminister.

10./11. Nov. *Abschaffung der* parteiinternen *Vorwahlen* auf dem Likud-Parteitag stärkt Netanjahus *Abschaffung der* Machtposition. Dieser und weitere Vorfälle sowie die unklare politische Linie führen zu tie- *Vorwahlen* fem Vertrauensverlust in den Ministerpräsidenten und wiederholten Rücktrittsforderungen. Uneinigkeit über den Fortgang des Friedensprozesses gefährdet Regierungskoalition und verstärkt außenpolitischen Druck auf Israel.

1998 4. Jan. Rücktritt des Außenministers David Levy verschärft die Regierungskrise.
4. März Staatspräsident Weizmann kann sich bei seiner Wiederwahl in der Knesset nur knapp behaupten.

9. Dez. Der Oberste Gerichtshof weist die Knesset an, binnen eines Jahres ein Gesetz zu erlassen, das die Befreiung der Talmudstudenten vom Wehrdienst aufhebt.

21. Dez. Die Knesset lehnt die Nahostpolitik der Regierung Netanjahu ab. Ein von der Arbeitspartei eingebrachter Gesetzentwurf über vorzeitige Neuwahlen wird in erster Lesung gebilligt.

1999 Ministerpräsident Netanjahu entlässt Verteidigungsminister Yitzhak Mordechai und beruft
23. Jan. stattdessen den als Hardliner geltenden Mosche Arens.
26. Jan. Die religiösen Parteien setzen in der Knesset ein Gesetz durch, das die alleinige Autorität der orthodoxen Rabbiner in den Religionsräten bestätigt. Am 14. Febr. versammeln sich die Ultraorthodoxen zu einer *Großkundgebung gegen die säkulare Justiz* in Jerusalem. *Großkundge-*
17. Mai Bei der Direktwahl für das Amt des Ministerpräsidenten unterliegt der Amtsinhaber Netan- *bung gegen die* jahu mit 43,9% der Stimmen dem Herausforderer Ehud Barak (*1942; 56,08%). Die *säkulare Justiz* gleichzeitig abgehaltene Parlamentswahl sieht dabei die beiden großen Parteien als Verlierer: Ein Israel (Arbeitspartei und Bündnispartner) verfügt nur noch über 26 Sitze von 120, Likud über 19 Sitze. Gewinne verzeichnen die Ultraorthodoxen, ihre Schas-Partei wird mit 17 Sitzen drittstärkste Partei. Barak bildet eine 7-Parteien-Regierung, um breite Zustimmung für seine Nahost-Friedenspolitik zu haben. Sein Kabinett wird am 5. Juli vereidigt.

6. Sept. Ein Grundsatzurteil des Obersten Gerichtshofes verbietet die Anwendung von *Folter* in is- *Folter*
Sept. und raelischen Gefängnissen.
Dez. Regierungskrisen über die Bildungspolitik des Kabinetts.

2000 Gegen Präsident Weizmann wird wegen Korruption und Steuerhinterziehung ermittelt. Er
Jan. verzichtet auf einen Teil seiner Befugnisse und kündigt seinen vorzeitigen Rücktritt an.
9. Juli Nationalreligiöse, Einwandererpartei und Schas-Partei verlassen die Koalition.
16. Juli Die politische Rechte protestiert in einer Großdemonstration in Tel Aviv gegen die in Camp David laufenden Friedensverhandlungen.
31. Juli Bei der Neuwahl des Staatspräsidenten setzt sich der Likud-Politiker Mosche Katzav (*1945) gegen Friedensnobelpreisträger (1994) Schimon Peres durch.

	29. Okt.	Verhandlungen zwischen Barak und dem Likud-Führer Ariel Scharon über die Bildung einer großen Koalition scheitern.
	9. Dez.	Barak tritt zurück, womit eine Neuwahl des Parlaments verhindert wird.
	2001	Bei der letzten Direktwahl des Präsidenten erhält Barak lediglich 37,6% der Stimmen. Sieger wird *Ariel Scharon* mit 62,4%.
Ariel Scharon Regierung der „nationalen Einheit"	6. Febr. 7. März	Die von Scharon gebildete *Regierung der „nationalen Einheit"* wird von der Knesset gebilligt. Ihr gehören auch Mitglieder der Arbeitspartei an, die am sich 26. Febr. für eine Beteiligung entschieden hat. Außenminister wird Schimon Peres. Vor der Vereidigung des Kabinetts ist die 1992 eingeführte Direktwahl des Premiers abgeschafft worden.
	2002 6. Aug.	Israel und die Türkei schließen einen Vertrag über die Lieferung von 50 Mio. Kubikmeter Wasser jährlich. Der Vertrag hat eine Laufzeit von 20 Jahren.

Irak seit 1945/52

(Forts. v. S. 1117)

innere Spannungen		In den Nachkriegsjahren wachsen die *inneren Spannungen*: Ethnische (Kurdenproblem) und religiöse Gegensätze (Sunniten und Schiiten) sowie soziale Missstände (drückende Pachtverhältnisse, Landflucht, Arbeitslosigkeit) verschärfen die Auseinandersetzungen zwischen Nationalisten und der probritischen Oberschicht (Großgrundbesitzer, Beamtenaristokratie). Versuche Großbritanniens, über eine Abänderung der bestehenden Verträge den Unmut zu besänftigen und die probritischen Kräfte zu stärken, scheitern, als das Palästina-Problem antiwestliche Gefühle intensiviert. (Teilnahme irakischer Truppen am Palästina-Krieg; Ausweisung bzw. -wanderung von ca. 300000 irakischen Juden bis 1952.) Anfang der fünfziger Jahre mehrfach schwere Unruhen und Kriegsrecht (1952/1953; 1956/1957).
Ölförderung	**1952** Febr.	Nach einem neuen Vertrag mit der Iraq Petroleum Co. (IPC) erhält Irak 50% der Gewinne. Da gleichzeitig die *Ölförderung* stark steigt, verfügt Irak erstmals über größere Mittel für Entwicklungsprojekte (Flutkontrolle und Bewässerungsanlagen an Euphrat und Tigris).
Bagdadpakt	**1955** 24. Febr.	Bündnis mit der Türkei *(Bagdadpakt),* von den USA und Großbritannien als Verteidigungsabkommen im Nahen und Mittleren Osten gegen die Sowjetunion organisiert; Beitritt Pakistans und Irans. Der Beitritt Großbritanniens (30. März) und das Britisch-Irakische Sonderabkommen (4. April) beenden den Vertrag von 1930: Abzug der britischen Luftwaffenverbände binnen Jahresfrist.
	1958 14. Febr.	Die haschimitischen Monarchien Irak und Jordanien reagieren auf die Gründung der VAR mit der Bildung der Arabischen Föderation.
Staatsstreich der Armee *Machtkampf Kassem – Aref*	14. Juli	*Staatsstreich der Armee* unter Brigade-General Abdel-Karim Kassem (*1914, †1963) und Oberst Abd as-Salim Mohammed Aref (*1921, †1966); Ermordung von König Faisal II. (*1935, †1958) und Premierminister Nuri as-Said (*1888, †1958); Irak zur Republik proklamiert; Ende der Arabischen Föderation. Kurz nach dem Staatsstreich beginnt ein *Machtkampf zwischen Kassem und Aref*, der der Baath-Partei nahe steht und eine Union mit der VAR befürwortet; Aref verhaftet (Sept.) und der Verschwörung angeklagt.
	30. Sept.	Das Agrarreformgesetz beschränkt den Großgrundbesitz; ca. 40% des landwirtschaftlich genutzten Bodens sollen umverteilt werden.
	1959 24. März	Irak tritt aus dem Bagdadpakt aus. Kündigung des Sonderabkommens mit Großbritannien: Abzug des letzten britischen Luftwaffenkontingents.
Kurdenaufstand	**1961** März	Beginn des *Kurdenaufstandes* in Nordirak; Mustafa Barsani (*1904, †1979) proklamiert einen unabhängigen Kurdenstaat.

Das Kurdenproblem

nichtarabisches Bergvolk	Das *nichtarabische Bergvolk* der etwa 22 Mio. Kurden, das eine dem Persischen verwandte Sprache spricht und sunnitisch-islamisch ist, lebt zu je einem knappen Drittel in geschlossenen Siedlungsgebieten im nördlichen Irak, im nordwestlichen Iran und der Südosttürkei sowie zu kleineren Teilen in Syrien und dem Kaukasus. Den Kurden ist bei der Auflösung des Osmanischen Reiches ein eigener Staat im Friedensvertrag von Sèvres zugesagt worden. Bei der endgültigen Friedensregelung bleiben die anatolischen Teile Kurdistans jedoch bei der Türkei, während das ölreiche Kurdengebiet um Mosul 1926 Irak zugeschlagen wird. Die Kurden haben immer wieder auch mit Gewalt ihre *Autonomieforderungen* durchzusetzen versucht (Kurdenaufstand in der Türkei 1925; Revolte in Irak 1946; Autonomieforderungen in Iran 1979); abgesehen von der Gewährung eines autonomen Gebiets in der Sowjetunion (1930) und von der kurzlebigen Kurdenrepublik von Mehabad im sowjetisch besetzten Iran (1945) bleiben ihre Bemühungen jedoch erfolglos.
Autonomieforderungen	

Die Beziehungen Iraks zu den Kurden (nach irakischen Angaben ca. 15%, nach kurdischen 25% der Bevölkerung) werden durch den Ölreichtum im Kurdengebiet um Kirkuk zusätzlich belastet, da die irakischen Investitionen in den überwiegend kurdischen Distrikten in keinem Verhältnis zu den Öleinnahmen der Regierung stehen.

Nach der Revolution 1958 kehrt Mulla Mustafa Barsani, der militärische Führer der Kurdenrepublik von Mehabad, aus dem Exil in der Sowjetunion in sein Stammesgebiet in Irak zurück und gründet die Demokratische Partei Kurdistans. Als Verhandlungen mit Kassem über einen Autonomiestatus scheitern, beginnt 1961 der Aufstand, der sich zum *jahrelangen Kurdenkrieg* ausweitet. Bis Sept. 1961 kontrollieren die Kurden etwa 400 km des Berglandes entlang der iranisch-türkischen Grenze Iraks. Der Krieg zieht sich über Jahre ohne eindeutigen Erfolg für die eine oder andere Seite hin. Als die Kurden die irakischen Truppen bis auf die größeren Städte zurückgedrängt haben, erkennt die Regierung im Febr. 1964 die kurdischen Forderungen im Prinzip an; der Waffenstillstand hält jedoch nur wenige Monate. 1966 bietet die Regierung den Kurden Dezentralisierung und Kurdisch als Amtssprache in den selbstverwalteten Gebieten sowie proportionale Beteiligung in Parlament und Regierung an; 1967 sind erstmals Kurden im Kabinett vertreten. Barsani sieht seine Forderungen jedoch nicht ausreichend erfüllt; ab 1968 flammt der Krieg wieder auf.

jahrelanger Kurdenkrieg

Am 11. März 1970 wird im Abkommen mit den Kurden diesen Autonomie und Beteiligung an der Regierung zugestanden. Da das Abkommen nur teilweise und sehr zögernd erfüllt wird (die grundlegende Volkszählung wird nicht durchgeführt), drohen die Kurden ab 1972 die Wiederaufnahme der Kämpfe an. Das am Ende der Übergangszeit dekretierte *Autonomiestatut* vom 11. März 1974 lehnt ein Großteil der Kurden als unzureichend ab.

Autonomiestatut

Auch nach dem Ende des Kurdenkrieges (1975) kommt es zu Zusammenstößen zwischen Kurden und irakischen Sicherheitskräften, der Wiederaufbau in den kurdischen Gebieten und die Erfüllung des Autonomie-Dekrets schreiten jedoch voran: Exekutivrat der Kurdischen Autonomen Region; ab April 1977 Kurdisch als Amtssprache der Region.

Während des Ersten Golfkrieges und im Zusammenhang mit dem Zweiten Golfkrieg kommt es jedoch erneut zu kriegerischen Auseinandersetzungen (1988 und 1991) zwischen Kurden und dem irakischen Staat.

1961
12. Dez. Nach langen ergebnislosen Verhandlungen entzieht Irak der IPC alle ungenutzten Konzessionsgebiete (über 99% der ursprünglichen Konzession); Beginn jahrelanger Auseinandersetzungen mit der IPC.

1963
8. Febr. Ein *Militärputsch* bringt *Oberst Aref* an die Macht; General Kassem erschossen. Die Baath-Partei übernimmt die Führungsrolle, ist jedoch in einen gemäßigten proägyptischen und einen radikalen Flügel gespalten. Flügelkämpfe und Putschversuche der Radikalen (Nov. 1963) wie der proägyptischen Kräfte (Sept.1965, Juni 1966) lassen Unionsversuche (April 1963 Föderation mit Syrien und der VAR; Okt. 1963 Oberster Verteidigungsrat mit Syrien; Mai 1964 Gemeinsamer Präsidentschaftsrat mit der VAR) scheitern.

Militärputsch von Oberst Aref

1966
13. April Als Aref tödlich verunglückt, wird sein Bruder, Brigadegeneral Abd ar-Rahman Aref (*1916), sein Nachfolger.

1967 Teilnahme am Juni-Krieg gegen Israel.

1968
17. Juli Nach wachsender Unzufriedenheit mit dem schwachen Aref-Regime bringt ein *Militärputsch* General Ahmed *Hasan al-Bakr* (*1912 oder 1914, †1982) an die Macht. Verworrene innenpolitische Situation; Ende 1968 umfangreiche „Säuberungen"; der radikale Flügel der Baath-Partei setzt sich durch.

Militärputsch Hasan al-Bakrs

1971
11. März Nach dem Abkommen mit den Kurden größere innenpolitische Stabilität; der Waffenstillstand erlaubt der Regierung, mit der Umsetzung ehrgeiziger wirtschafts- und sozialpolitischer Vorstellungen zu beginnen.

Die sozialistische Entwicklungspolitik des Baath-Regimes

Das *Agrarreformgesetz* vom 21. Mai 1970 leitet eine grundlegende Veränderung der Besitz- und Produktionsverhältnisse in der Landwirtschaft ein: Etwa 27% der Landesfläche sind kultivierbar, doch nur 5,8 Mio. ha werden landwirtschaftlich genutzt; die Hälfte der genutzten Fläche liegt jährlich brach. Bis 1958 feudalistisches Agrarsystem mit niedriger Produktivität: 66% der bewirtschafteten Fläche in den Händen von etwa 6000 Großgrundbesitzern; 173000 Bauern (70% aller Betriebe) teilen sich weniger als 5% der Fläche. Da die Agrarreform von 1958 die Verbesserung der Produktionsmethoden und die Erhöhung und Diversifizierung der Produktion vernachlässigt und selbst die Umverteilung des Besitzes verschleppt wird, bleibt die Produktivität und damit das Einkommen der Landbevölkerung niedrig; starke Landflucht. Mit dem neuen Gesetz wird die Landwirtschaft ein Schwerpunktbereich der insgesamt stark angewachsenen staatlichen Investitionstätigkeit (Neulanderschließung, Entsalzung des Bodens, Diversifizierung etc.).

Agrarreformgesetz

Erdölsektor	Mit der Verstaatlichung der IPC am 1. Juni 1972 beginnt die Nationalisierung des gesamten *Erdölsektors* und seine Integration in die Volkswirtschaft. Bis 1972 Ausbeutung der Ölreserven Iraks fast ausschließlich durch die ausländische Firmengruppe der IPC und ihre Töchter Mosul Petroleum Co. und Basra Petroleum Co.; kaum Einfluss Iraks auf Produktionsmenge, Export- und Preispolitik. Da nur 5% der Fördermenge im Inland verarbeitet werden, muss Irak Ölprodukte einführen. Zwar steigen seit 1950 die Staatseinnahmen aus dem Ölsektor (1950: US-Dollar 18,8 Mio.; 1970: US-Dollar 521 Mio.) rascher als die Produktion (1950: 7 Mio. Tonnen; 1970: 78 Mio. Tonnen), die realen Austauschverhältnisse verschlechtern sich jedoch, weswegen Irak im Sept. 1960 in Bagdad mit anderen Staaten die *Organisation der Erdöl exportierenden Staaten* (OPEC) gründet. Die im Febr. 1964 gegründete Iraq National Oil Co.
OPEC	(INOC) übernimmt die 1961 der IPC entzogenen Konzessionsgebiete, ist aber auf die Kooperation mit ausländischen Gesellschaften angewiesen, die wegen der IPC-Ansprüche zögern. Im Vertrag vom 28. Febr. 1973 akzeptiert die IPC gegen eine Entschädigung von 15 Mio. Tonnen Öl die Nationalisierungen; bis Ende 1975 werden auch MPC und BPC nationalisiert. Aufbau eines nationalen Ölsektors mit Hilfe der Sowjetunion und des französischen Staatskonzerns Elf/ERAP.
Industrialisierungsstrategie	Erst Anfang der siebziger Jahre erlauben hohe Investitionsmittel den systematischen Aufbau der Industrie. Schwerpunkte der *Industrialisierungsstrategie*: Importsubstitution und Diversifizierung; Verarbeitung der Rohstoffreserven (Schwefel, Phosphat, Eisenerz, Kupfer, Zink); Baumwollverarbeitung; auch Maschinenbau (Traktoren). Ehrgeiziger Fünfjahres-Entwicklungsplan (1976–1980) mit durchschnittlichen jährlichen Investitionen von 7,3 Mrd. US-Dollar; nach Schwierigkeiten mit der Industrialisierungsstrategie Investitionsvolumen reduziert (1978/1979).

Nationaler Pakt	1971 15. Nov.	„*Nationaler Pakt*" als Grundlage einer Verfassung verkündet: volksdemokratisch-sozialistischer Einheitsstaat; Aufbau einer revolutionären Gesellschaft; Armee als Trägerin des gesamtarabischen Kampfes. Die Baath-Partei bildet mit der Kommunistischen Partei eine Nationale Front, der sich die Demokratische Partei Kurdistans anschließen soll (1973).
Vertrag mit der Sowjetunion	1972 6.–10. April	Beim Besuch des sowjetischen Ministerpräsidenten Alexej Kossygin Abschluss eines *Freundschaftsvertrages mit der Sowjetunion* (laufende Konsultationen); Eröffnung des mit sowjetischer Hilfe erschlossenen Nord-Rumeila-Ölfeldes; Sowjetunion „befreundeter" Staat: Militärhilfe, Unterstützung wirtschaftlicher Vorhaben, Ausbau des Hafens von Basra.
	1973 Okt./Nov.	Im Oktober-Krieg gegen Israel schickt Bagdad Truppenkontingente nach Syrien, zieht sie jedoch Ende Okt. ab, da es den Waffenstillstand missbilligt und die PLO-Thesen unterstützt.
Grenzziehung im Schatt al-Arab	1974	Mit dem Wiederaufflammen des Kurdenkrieges verschlechtern sich erneut die Beziehungen zu Iran (Streit um die *Grenzziehung im Schatt al-Arab*, dem Mündungsgebiet von Euphrat und Tigris, wo der von Iran 1969 gekündigte Vertrag von 1937 Irak begünstigte).
	1975 6. März	Überraschend legen Iran und Irak während der OPEC-Konferenz in Algier ihren Streit bei. Das Irakisch-Iranische Protokoll (17. März) demarkiert die Landesgrenze und legt die Seegrenze im Schatt al-Arab auf der Talweglinie fest (in Kraft 1. April). Iran sichert sich damit den Ölexport durch den Golf und stellt im Gegenzug die Unterstützung für die Kurden ein.
Ende des Kurdenkrieges	13. März	Als Iran die Grenze sperrt, nehmen die Kurden einen Waffenstillstand an; Flucht von 250000 Kurden nach Iran; *Ende des Kurdenkrieges*.
	Sept.	Irak lehnt das Zweite Truppenentflechtungsabkommen zwischen Ägypten und Israel ab und nimmt eine radikal ablehnende Haltung gegenüber allen Verhandlungsbemühungen im Nahostkonflikt ein.
	1977 5. Dez.	Irak verlässt die Konferenz der „Ablehnungsfront" in Tripolis und boykottiert spätere Sitzungen; der Versuch, eine eigene „Front der Standhaftigkeit und Befreiung" aufzubauen, scheitert.
	1978	Da Irak Somalia und die eriträischen Nationalisten gegen Äthiopien unterstützt, verschlechtern sich rapide die Beziehungen zur Sowjetunion. Bruch mit der Kommunistischen Partei Iraks nach deren Kritik an der Baath-Partei; mehrfach Hinrichtungen von Kommunisten wegen subversiver Tätigkeit.
Abkommen von Camp David	24.–26. Okt.	Nach dem *Abkommen von Camp David* führt die gemeinsame Ablehnung der ägyptischen Politik die verfeindeten Baath-Regime in Syrien und Irak zusammen: beim Besuch des syrischen Präsidenten Hafis al-Assad im Irak Unterzeichnung der „Charta für gemeinsame nationale Aktion": enge Zusammenarbeit auf allen Gebieten.
Machtübernahme Saddam Husseins	1979 16. Juli	Präsident al-Bakr tritt zu Gunsten von Ministerpräsident *Saddam Hussein* zurück. Nachdem eine Verschwörung aufgedeckt wird (28. Juli), zahlreiche Hinrichtungen. An den inneren Schwierigkeiten scheitert die geplante Vereinigung mit Syrien.
Krieg mit Iran	1980 22. Sept.	Mit der Invasion in Khuzistan beginnt Irak den *Krieg mit Iran*, den er mit alten Grenzstreitigkeiten begründet, aber wohl auch führt, um von inneren Problemen abzulenken. Umfangreiche Hilfe Saudi-Arabiens und anderer arabischer Staaten gleichen die wirtschaftlichen

Einbußen aus. Vom verlustreichen Stellungskrieg verlagern sich die Angriffe zunehmend auf Ölquellen und -tanker im Golf.

1982 Juli Saddam Hussein (*1937) wird als Präsident wiedergewählt; trotz erheblicher *Opposition im Inneren* (Kurden, Schiiten, enttäuschte Baathisten) bleibt er an der Macht.

Opposition im Inneren

1984 Waffenstillstands-Abkommen mit den Kurden (3. Jan.).

1986 Febr. Die irakische Halbinsel Fao wird von Iran erobert. Trotz mehrerer Offensiven gelingt es Iran aber nicht, nach Basra durchzubrechen.

1987 20. Juli Der UN-Sicherheitsrat verabschiedet eine *Waffenstillstandsresolution* für den Golfkrieg (Resolution 598), die den Truppenrückzug hinter die international anerkannten Grenzen sowie die Bildung einer Kommission zur Untersuchung der Kriegsschuldfrage vorsieht. Irak will die Resolution nur befolgen, wenn sie auch von Iran angenommen wird.

Waffenstillstandsresolution

1988 Zahlreiche *irakische Raketenangriffe* auf Teheran und andere iranische Städte (ab Febr.).

irakische Raketenangriffe

17. März Irakische Flugzeuge bombardieren die eigene kurdische Bevölkerung der von iranischen Truppen kontrollierten Stadt Halabja mit Giftgas (3000–5000 Tote).
Die Halbinsel Fao wird unter Einsatz von C-Waffen zurückerobert (17.–18. April).

20. Aug. Der *Waffenstillstand mit Iran* tritt in Kraft, nachdem dieser die UN-Resolution 598 akzeptiert hat.

Waffenstillstand mit Iran

ab Ende Aug. Offensive der Armee gegen die kurdische Bevölkerung, etwa 100000 Kurden fliehen in die Türkei.

1990 1. April Saddam Husseins geäußertes Vorhaben, eine „strategische Parität" mit Israel herzustellen und im Falle eines (nuklearen) Angriffs auf Irak binäre chemische Waffen gegen Israel einzusetzen, verschärft die Kontroverse mit den USA und Israel um die irakische Rüstung mit

13. April nichtkonventionellen Waffen. Hussein bietet die Einrichtung einer von Massenvernichtungswaffen freien Zone im Nahen Osten an.

2.–8. Aug. *Besetzung und Annexion Kuwaits* als 19. Provinz.

Besetzung und Annexion Kuwaits

6. Aug. Der UN-Sicherheitsrat beschließt Wirtschaftssanktionen gegen Irak, die in den folgenden Jahren aufrechterhalten werden, da Irak nicht alle gegen ihn gerichteten UN-Resolutionen vollständig erfüllt.

1991 15. Jan. 17. Jan. Zweiter Golfkrieg: Der irakische Präsident Saddam Hussein lässt das UN-Ultimatum über die Räumung Kuwaits verstreichen. Daraufhin eröffnet die *alliierte Koalition* (Ägypten, Argentinien, Australien, Bahrain, Bangladesch, ČSFR, Dänemark, Frankreich, Großbritannien, Honduras, Italien, Kanada, Marokko, Niederlande, Niger, Norwegen, Oman, Pakistan, Portugal, Saudi-Arabien, Senegal, Spanien, Sowjetunion, Syrien, USA und Vereinigte Arabische Emirate) unter Führung der USA und im UN-Auftrag die Operation „Wüstensturm" zur Befreiung Kuwaits mit massiven Bombenangriffen auf Ziele in Irak und in Kuwait. Präsident Hussein richtet einen Aufruf an alle Araber, v.a. die Palästinenser, sich am Kampf gegen den Westen zu beteiligen.

alliierte Koalition

18. Jan.– Ende Febr. Irakische *Raketenangriffe auf Israel* (Tel Aviv und Haifa); Israel verzichtet auf Vergeltung, um die alliierte Koalition nicht zu gefährden.

Raketenangriffe auf Israel

Mitte Febr. Irakische Soldaten setzen kuwaitische Ölfelder in Brand, um Kriegsschiffbewegungen im Persischen Golf zu behindern und eventuelle alliierte Landeoperationen entlang der kuwaitischen Küste zu verhindern. Die brennenden Ölquellen und der verursachte Ölteppich führen zu einer Umweltkatastrophe für die gesamte Region.

23. Febr. Nach dem Verstreichen eines weiteren UN-Ultimatums beginnt die alliierte Bodenoffensive unter Führung des US-Generals Norman Schwarzkopf (*1934).

25. Febr. Beginn des *irakischen Rückzugs aus Kuwait*; am 28. Febr. erklärt US-Präsident George Bush die Einstellung aller alliierten Kampfhandlungen am Golf. Schätzungen gehen von mindestens 85000 gefallenen und über 100000 in Kriegsgefangenschaft geratenen irakischen Soldaten aus.

Rückzug aus Kuwait

März Aufstände von Schiiten im Süden und Kurden im Norden Iraks gegen die Herrschaft Husseins werden niedergeschlagen.

6. April Annahme der UN-Resolution 687 durch Irak, welche die Anerkennung der kuwaitischen Grenze und der Souveränität Kuwaits sowie die Zerstörung irakischer Massenvernichtungswaffen, Reparationen und ein Rüstungsembargo enthält.

11. April Der *Waffenstillstand* tritt formell in Kraft.

Waffenstillstand

1992 27. Aug. Ein Flugverbot für irakische Flugzeuge wird verhängt, weil Irak die UN-Resolution 688 (zum Kurdenproblem) missachtet hat.

1993 27. Juni Zwei US-Schlachtschiffe feuern 23 *Cruise Missiles auf* die Zentrale des irakischen Geheimdienstes in *Bagdad* ab, um einen geplanten Mordanschlag auf den früheren US-Präsidenten Bush durch irakische Agenten zu vergelten.

Cruise Missiles auf Bagdad

	1995 14. Juni	Nach einem gescheiterten Putsch gegen Saddam Hussein werden 150 Angehörige des Militärs hingerichtet.
"Plebiszit"	15. Okt.	In einem überwachten *"Plebiszit"* wird der einzige zur Wahl stehende Kandidat Saddam Hussein im Präsidentenamt für weitere sieben Jahre von 99,96% "des Volkes" bestätigt.
	1996 3. Sept.	Die USA reagieren auf das Vordringen irakischer Bodentruppen im Norden des Landes mit der Ausweitung der Flugverbotszone und dem Abfeuern von 27 Marschflugkörpern. Ein zweiter amerikanischer Angriff mit 17 Marschflugkörpern aus internationalen Gewässern folgt (4. Sept.).
Ausweisung UN-Inspektoren	**1997** Okt./Nov.	*Ausweisung US-amerikanischer Waffeninspektoren der UN*, die nach dem Zweiten Golfkrieg zur Kontrolle des Abbaus der irakischen Massenvernichtungswaffen entsandt wurden. Forderungen Iraks u.a. nach Lockerung der Wirtschaftssanktionen werden trotz Versorgungsmängel der Bevölkerung nicht erfüllt. Nach offiziellem Einlenken Iraks (20. Nov.) wird der Konflikt nicht beigelegt, da sog. "sensible Anlagen", in denen weitere Waffenarsenale vermutet werden, unzugänglich bleiben.
	1998 Jan.	Erstmals seit dem iranisch-irakischen Krieg findet ein Treffen zwischen den Außenministern des Iran und Irak in Teheran statt. Vereinbart werden u.a. ein Austausch von Kriegsgefangenen.
	23. Febr.	UN-Generalsekretär Kofi Annan erzielt in Bagdad eine Einigung in der Frage der UN-Waffeninspekteure. Der Irak erklärt sich bereit, einer Sondergruppe Zugang zu den als "sensibel" eingestuften Präsidentenpalästen zu verschaffen.
	14. Juli	Unter Missachtung der UN-Sanktionen vereinbaren Syrien und der Irak die Wiedereröffnung einer Pipeline vom nordirakischen Erdölgebiet Kirkuk zum syrischen Hafen Banias.
	6. Aug.	Aus Protest gegen die seit acht Jahren andauernden Sanktionen erklärt Präsident Saddam Hussein die Zusammenarbeit mit den UN-Waffeninspekteuren für beendet.
	Okt.	US-Präsident Clinton unterzeichnet den vom US-Kongress verabschiedeten "Iraq Liberation Act", der 97 Mio. US-Dollar für die Unterstützung oppositioneller Gruppen im Irak vorsieht.
	14. Nov.	Wenige Stunden vor dem geplanten Beginn eines US-Luftangriffes lenkt der Irak ein und gestattet aufs Neue die Arbeit der Waffeninspekteure. Die USA halten ihre Militärpräsenz am Golf aufrecht.
	16.–19. Dez.	Nach einem neuen Konflikt um die Waffeninspektionen fliegen amerikanische und britische Kampfflugzeuge mehr als 600 Angriffe auf militärische und infrastrukturelle Ziele im Irak, dazu werden von US-Schiffen 415 Marschflugkörper abgefeuert. Bei der viertägigen Operation "Desert Fox" kommen nach irakischen Angaben 62 Soldaten ums Leben.
	27. Dez.	Der Irak kündigt endgültig jede Zusammenarbeit mit den Waffeninspekteuren der UN auf.
	1999 Febr.	Das UN-Welternährungsprogramm (WFP) startet ein Hilfsprogramm für etwa 200000 unterernährte Kinder im Irak.
Aufstand der schiitischen Opposition in Basra	April	Irakische Elitetruppen schlagen einen *Aufstand der schiitischen Opposition in Basra* nieder.
	17. Dez.	Nach achtmonatigen Verhandlungen billigt der UN-Sicherheitsrat die Resolution 1284, die die Einrichtung einer neuen Kommission zur Kontrolle des irakischen Rüstungsprogramms (UNMOVIC) vorsieht. Das Team, das der Schwede Hans Blix zusammenstellt, erhält jedoch vom Irak keine Einreiseerlaubnis.
	2000 14. Febr.	Der Leiter des humanitären UN-Hilfsprogramms, Hans von Sponeck, tritt aus Protest gegen die nach seiner Ansicht wirkungslosen Sanktionen von seinem Posten zurück.
	1. März	Ein Bericht des Internationalen Komitees vom Roten Kreuz stellt fest, dass das Gesundheitssystem und die öffentliche Infrastruktur im Irak in erschreckendem Maße zusammengebrochen sind.
	27. März	Bei den Parlamentswahlen werden sämtliche von der Baath-Partei aufgestellten Kandidaten gewählt.
Menschenrechtsverletzungen	18. April	Die UN-Menschenrechtskommission nimmt einen Bericht an, in dem das Regime in Bagdad systematischer, umfassender und extrem schwerer *Menschenrechtsverletzungen* beschuldigt wird.
	18. April	Der Irak bekräftigt noch einmal seine Weigerung, Inspekteure der UNMOVIC ins Land zu lassen.
Programm "Öl für Nahrungsmittel"	6. Dez.	Der UN-Sicherheitsrat verlängert das *Programm "Öl für Nahrungsmittel"* um weitere sechs Monate (am 1. Juni nochmals verlängert).
	2001 19. Jan.	Britische und US-amerikanische Luftstreitkräfte beginnen mit Patrouillenflügen und militärischen Angriffen auf irakische Abwehrstellungen in der Flugverbotszone.
	18. Mai	Beim 12. Kongress der Baath-Partei wird Saddam Hussein als Generalsekretär bestätigt.
	Nov.	Der UN-Sicherheitsrat beschließt die Verlängerung der Sanktionen gegen Irak. Die Aufhebung der Sanktionen wird für den Fall in Aussicht gestellt, dass UN-Inspekteure ungehin-

	derten Zugang zu den Anlagen zur Herstellung möglicher Massenvernichtungswaffen erhalten. Das Programm „Öl für Nahrung" wird abermals um ein halbes Jahr verlängert.
2002 29. Jan.	US-Präsident Bush nennt in seiner Rede zur Lage der Nation den Irak als Bestandteil einer „Achse des Bösen", die den Weltfrieden durch das Horten von Massenvernichtungswaffen bedrohe. In der US-Regierung werden Pläne zum Sturz von Saddam Hussein erwogen.
8. Aug.	Saddam Hussein warnt die Amerikaner vor einem Angriff auf den Irak und fordert die Aufhebung der UN-Sanktionen.
5./6. Sept.	Amerikanische und britische Kampfflugzeuge fliegen den schwersten Angriff seit vier Jahren. Ziel ist eine Luftabwehrkommandozentrale in der südirakischen Flugverbotszone.
16. Sept.	In einem Brief an UN-Generalsekretär Annan bietet der irakische Staatschef Hussein die Wiedereinreise von Waffeninspektoren ohne Vorbedingungen an; die USA sehen darin ein Täuschungsmanöver.

Saudi-Arabien seit 1953

(Forts. v. S. 1117)

Saudi-Arabien nimmt (Grenzen nicht durchgehend festgelegt) den größten Teil der arabischen Halbinsel ein. Am Ende des Zweiten Weltkrieges lebt die Bevölkerung ganz überwiegend von Subsistenzweidewirtschaft mit partieller Marktproduktion (Schlacht- und Zuchtvieh) bzw. vom Ackerbau (Oasen, Regenfeldbau im Hochland von Asir; ca. 400000 ha bzw. 0,2% der Landesfläche); noch Mitte der siebziger Jahre sind etwa 60% der Bevölkerung Nomaden bzw. Bauern, obwohl der Beitrag zum Bruttoinlandsprodukt nur noch 1,2% beträgt. Mit der Entwicklung des *Erdölsektors* entsteht ein neuer Wirtschafts- und Bevölkerungsschwerpunkt im Osten (Dammam); starke Zunahme der Städter auf etwa 40% der Bevölkerung (1975) mit wachsendem Anteil von Ausländern (über 1 Mio., v.a. Jemeniten, Ägypter, Palästinenser; westliche und japanische Experten mit kurzfristigen Arbeitsverträgen). *Erdölsektor*

Seit 1938 wird Öl in wirtschaftlichen Mengen entdeckt. Nach dem Zweiten Weltkrieg rascher Produktionsanstieg (1946: 8,2 Mio. Tonnen; 1973: 379 Mio. Tonnen; 1980: 496,4 Mio. Tonnen). 1945 Eröffnung der Raffinerie in Ras Tannura, Ölhafen; 1947–1950 Bau der Transarabischen Pipeline (TAP) zum Mittelmeer. Nach einem *Abkommen mit der Arabian American Oil Co.* (ARAMCO) im Dez. 1950 werden die Gewinne zur Hälfte geteilt; Saudi-Arabiens Öleinkünfte steigen von 10,4 Mio. US-Dollar (1946) auf 2,7 Mrd. US-Dollar im Jahr vor den Ölpreiserhöhungen (1972); in den nächsten fünf Jahren verfünfzehnfachen sich die Einnahmen auf 39 Mrd. US-Dollar (1977). 1973 beginnen Verhandlungen mit dem Ziel einer gänzlichen Übernahme der ARAMCO durch die Regierung; 1978 sind zwar erst 60% der *ARAMCO im Staatsbesitz*, die Regierung hat jedoch de facto bereits die volle Kontrolle über die Operationen der Gesellschaft übernommen. Saudi-Arabien verfügt 1978 mit mehr als 20 Mrd. Tonnen über fast ein Viertel der nachgewiesenen publizierten *Ölreserven* der Welt (1996 mit 35,7 Mrd. Tonnen sogar über 25,8%). Die vorhandenen Reserven reichen bei gleich bleibender Produktion für weitere 45 Jahre (von 1995 aus gerechnet für weitere 87,5 Jahre). Da Saudi-Arabien Ende der siebziger Jahre 30% der Produktion der OPEC-Staaten bzw. fast die Hälfte der Produktion der arabischen Staaten stellt, hat es führenden Einfluss auf die Entscheidungen von OPEC und OAPEC. *Abkommen mit der ARAMCO* *ARAMCO im Staatsbesitz* *Ölreserven*

1953 9. Nov.	König Saud (*1902, †1969), Sohn Abdal Asis ibn-Sauds (*1880, †1953), begünstigt zunächst den arabischen Nationalismus (Unterstützung Ägyptens im Sueskonflikt), sieht aber bald die Staats- und Gesellschaftsordnung vom Panarabismus bedroht und übernimmt die Führung der konservativen arabischen Staaten in der Auseinandersetzung mit den „fortschrittlichen". Saudi-Arabien wird zur *Stütze der US-Nahostpolitik*.	*Stütze der US-Nahostpolitik*
1958 24. März	Saud überträgt aus Gesundheitsgründen seinem Bruder Faisal (*1906, †1975) volle Autorität über die Außen-, Innen- und Wirtschaftspolitik, übernimmt nach Auseinandersetzungen zwar noch einmal die Regierungsgeschäfte (Dez. 1960), um sie Mitte 1963 endgültig an Faisal abzutreten.	
1964 2. Nov.	Saud muss zugunsten *König Faisals* abdanken; dessen Bruder Khalid (*1913, †1982) wird Kronprinz. Faisal wird zum eigentlichen politischen und ideologischen Gegenspieler des Panarabismus: Eingreifen im jemenitischen Bürgerkrieg zugunsten der Royalisten; Einfluss auf die Emirate am Persischen Golf ausgedehnt, um revolutionäre Bewegungen von der Ölregion fern zu halten; deswegen auch Überwindung des Interessengegensatzes zu Iran und Verständigung mit dem Schah (Nov. 1968).	*König Faisal*
1967 Juni	Entsendung eines kleinen Truppenkontingentes im Juni-Krieg gegen Israel sowie umfangreiche Finanz- und Militärhilfe an Ägypten und Jordanien.	
1973 31. Mai	Das Abkommen über die Lieferung von Phantom-Kampfflugzeugen ist Ausdruck der besonderen *Beziehungen zu den USA* (weiteres Abkommen 1974; Mai 1978: Der US-Senat	*Beziehungen zu den USA*

	stimmt der Lieferung von 60 modernsten Kampfflugzeugen vom Typ F-15 zu); die USA behalten Nutzungsrechte im von ihnen ausgebauten Luftstützpunkt Dahran.
Okt.	Um die USA von ihrer Unterstützung Israels abzubringen (Faisals proamerikanische Haltung ist stets Ziel heftiger Beschuldigungen seitens der radikalen Araber), geht von Faisal die Initiative aus, das *Erdöl als Waffe* gegen die USA und den Westen einzusetzen.

Erdöl als Waffe

Ölminister Scheich Jamani

1974 März Aus Sorge vor den weltwirtschaftlichen Konsequenzen des Embargos und der Ölpreispolitik drängt Saudi-Arabien auf Wiederaufnahme der vollen Lieferungen und verhindert in der Folgezeit überhöhte Preissteigerungen; Führungsrolle von *Ölminister Scheich* Ahmed Saki Jamani (* 1930). Saudi-Arabien erwartet als Gegenleistung westliche Unterstützung bei der Industrialisierung und Diversifizierung seiner Wirtschaft.

1975 25. März Faisal wird von einem Neffen aus persönlichen Gründen ermordet. König Khalid; politisch maßgebend ist Kronprinz Fahd (* 1920 oder 1922), ein anderer Bruder Faisals. Die Politik Faisals wird in großen Zügen fortgesetzt; Khalid ist allerdings bereit, Israels Existenzrecht anzuerkennen, falls Israel sich aus allen 1967 besetzten Gebieten (einschließlich Jerusalem) zurückzieht.

Schlüsselrolle Saudi-Arabiens

1977 Nov. Nach der Jerusalemreise des ägyptischen Präsidenten Anwar as-Sadat fällt Saudi-Arabien eine *Schlüsselrolle* in der arabischen Politik zu: Aus Sorge vor einem Linksrutsch in Ägypten wird Sadat weiter unterstützt.

1978 Führende Staatsmänner aus fast allen arabischen Staaten besuchen Saudi-Arabien zu Konsultationen mit König Khalid oder Prinz Fahd; Saudi-Arabien schwenkt allmählich auf die – mit Rücksicht auf die Religiosität der Saudis modifizierte – Linie der „Ablehnungsfront" gegen Ägypten/Israel ein.

1979 31. März Nach Unterzeichnung des Ägyptisch-Israelischen Friedensvertrages unterstützt Saudi-Arabien die Boykottmaßnahmen gegen Ägypten; die meisten gemäßigten und konservativen Staaten folgen dem saudi-arabischen Beispiel.

1980
1981 Die sowjetische Invasion in Afghanistan, die Revolution in Iran, die Besetzung der Großen Moschee in Mekka durch bewaffnete Opposition (Nov.) und ab 1980 der Irakisch-Iranische Krieg verunsichern das Regime und führen zu verstärkter Aufrüstung, einem Bündnis der Golf-Staaten und zu Vermittlungsbemühungen im arabisch-israelischen Konflikt (Aug.: Fahd-Plan).

Erdöl

ausländische Arbeitskräfte

In den achtziger Jahren gehen die Einnahmen durch *Erdöl* erheblich zurück (von 39 Mrd. US-Dollar 1977 auf 20,2 Mrd. US-Dollar 1988). Der Anteil der städtischen Bevölkerung steigt von 26% Anfang der siebziger Jahre auf 73% der Gesamtbevölkerung im Jahr 1990. Der Staat sieht sich in der Folge zunehmend mit innenpolitischen und sozialen Problemen konfrontiert. Die Wirtschaft ist nach wie vor auf *ausländische Arbeitskräfte* angewiesen. Die offizielle Politik ist jedoch bestrebt, deren Anteil an der Gesamtbevölkerung zu reduzieren (von 41,4% 1985 auf 27% im Jahr 1992 nach offiziellen Angaben; in erster Linie Inder, Ägypter, Filipinos, Pakistani und Jemeniten). In den neunziger Jahren ziehen die Erdöleinnahmen wieder an (1990: 27 Mrd. US-Dollar). Saudi-Arabien hält 1991 einen Anteil von 13% der Weltölproduktion und 35% der OPEC-Produktion. Die geschätzen Reserven von 35,7 Mrd. Tonnen reichen noch etwa 84 Jahre (Stand 1996 auf der Basis der Förderung 1995).

König Fahd

1982 Tod König Kahlids (13. Juni); Nachfolger wird *König Fahd*, Kronprinz Abdallah ibn-Abdel-Aziz.

1983 Abkommen mit Irak zum Bau einer Pipeline vom Südirak zur trans-saudi-arabischen Rohrleitung (Nov.).

Ölminister entlassen

1986 29. Okt. Vor dem Hintergrund eines Einnahmerückgangs aus dem Ölexport um 80% wird *Ölminister* Jamani *entlassen*, Nachfolger wird Planungsminister Hisham Nasir (* 1932).

1987 31. Juli 1. Aug. Zusammenstöße zwischen iranischen Pilgern und saudischen Sicherheitskräften während der jährlichen Wallfahrt in Mekka fordern über 400 Todesopfer. In Teheran wird die saudische Botschaft gestürmt.

1988 19. März Saudi-Arabien erhält atomwaffenfähige Mittelstreckenraketen von der Volksrepublik China.

3. Okt. Beitritt zum Atomwaffensperrvertrag.

1989 Beim ersten Staatsbesuch von König Fahd im Irak wird ein Nichtangriffsabkommen unterzeichnet (25.–27. März).

irakischer Überfall auf Kuwait

1990 8. Aug. Nach dem *irakischen Überfall auf Kuwait* (2. Aug.) und der Verurteilung des Angriffs durch den UN-Sicherheitsrat (6. Aug.) entsenden die USA mit saudi-arabischer Erlaubnis Truppen in das Königreich, die den Kern einer in den folgenden Monaten aufgestellten multinationalen Streitmacht gegen den Irak und zum Schutz Saudi-Arabiens bilden.

1991	Saudi-Arabien beteiligt sich im Zweiten Golfkrieg mit seinen Streitkräften an der alliierten UN-Koalition zur Befreiung Kuwaits gegen den Irak (17. Jan.–28. Febr.). Die Stationierung nicht-muslimischer Truppen und v. a. auch weiblichen Militärpersonals auf saudischem Boden löst Diskussionen aus und verstärkt die Spannungen zwischen konservativ-islamischen und modernistischen Kräften.
1992 1. März	Proklamation eines schon seit 1979 von der saudischen Regierung versprochenen „Grundgesetzes für die Herrschaftsausübung", das indessen keine faktische Demokratisierung zur Folge hat.
1993 20. Aug.	Einrichtung eines im Zuge des „Grundgesetzes" festgelegten *Konsultativrates* aus 60 Mitgliedern, die alle vier Jahre neu bestimmt werden und nicht der Königsfamilie angehören dürfen. Doch hat das neue Gremium nur beratende, keinerlei legislative Befugnisse.
1996 25. Juni	Ein Terroranschlag in der Stadt Dhahran, bei dem 19 US-Soldaten sterben, führt zu Mutmaßungen über zunehmende innenpolitische *Instabilität* in Saudi-Arabien und verstärkte Aktivitäten islamischer *Fundamentalisten*.
1997 24. Jan.	Ein Bericht von Amnesty International kritisiert die Rechtspraxis in Saudi-Arabien (willkürliche Verhaftungen, Folter, Verurteilung ohne Gerichtsverfahren).
26. Mai	Saudi-Arabien und Iran schließen ein Abkommen über politische Zusammenarbeit.
1998 April	An den heiligen Stätten in Mekka kommt es zu einer Massenpanik mit mehr als 150 Toten. Die Menschenrechtsorganisation Amnesty International fordert die UN auf, die Mauer des Schweigens, um die systematischen *Menschenrechtsverletzungen* in Saudi-Arabien zu durchbrechen.
2000 17. März	
11. April	Ein neues Investitions- und Grundeigentumsgesetz erlaubt Ausländern erstmals vollständigen Besitz und die Kontrolle von Unternehmen im Land.
4. Juni	Die Verabschiedung eines internen Reglements durch den königlichen Familienrat offenbart die Machtkämpfe zwischen Reformern und Konservativen innerhalb der Herrscherfamilie.
12. Juni	Ein *Abkommen mit dem Jemen* beendet die seit 65 Jahren andauernden Grenzstreitigkeiten.
Juli	Saudi-Arabien und Kuwait einigen sich auf die genaue Demarkation ihrer gemeinsamen Seegrenze im Golf.
Aug.	Die Regierung billigt den siebten Fünfjahresplan für die Periode 2000–2005. Anvisiert ist ein Wachstum von 3,2% und eine stärkere Rekrutierung inländischer Arbeitskräfte.
Herbst	Nach einem Bericht des International Institut for Strategic Studies (London) gab Saudi-Arabien im Jahr 1999 insges. 6,1 Mrd. US-Dollar für Kriegsgerät aus und war damit der weltweit führende Importeur von Rüstungsgütern.
26. Sep.	Amnesty International veröffentlicht einen Bericht über die Verletzung von Frauenrechten in Saudi-Arabien.
2001 26. Jan.	Die UN-Kommission zur Wahrung der Kinderrechte fordert Saudi-Arabien auf, seine Gesetzgebung in Einklang mit internationalen Standards zu bringen.
17. April	Saudi-Arabien und Iran schließen ein bilaterales Sicherheitsabkommen zur gemeinsamen Bekämpfung von grenzüberschreitender Kriminalität, Geldwäsche, Terrorismus und Drogenhandel.
5. Juni	*Ende des Staatsmonopols für fossile Energieträger*: Die Regierung schließt Verträge mit privaten Erdöl- und Gasunternehmen.
2002	Nach den Anschlägen vom 11. Sept. tritt Saudi-Arabien der von den USA geführten Antiterror-Koalition bei. Gleichzeitig allerdings werden zahlreiche persönliche und geschäftliche Verbindungen der Attentäter nach Saudi-Arabien aufgedeckt. Das Land hat zuvor auch zu den wenigen Staaten gehört, die das Taliban-Regime in Afghanistan anerkannt und gefördert haben. Dadurch und durch die Weigerung Saudi-Arabiens, an einem möglichen Krieg gegen den Irak mitzuwirken, verschlechtern sich die Beziehungen zu den USA.

Marginalien: *Konsultativrat*; *Instabilität*; *Menschenrechtsverletzungen*; *Abkommen mit dem Jemen*; *Ende des Staatsmonopols für fossile Energieträger*

Kuwait seit 1961
(Forts. v. S. 1117)

Erdölproduzent

In den Nachkriegsjahren steigt Kuwait zu einem der größten *Erdölproduzenten* der Welt auf. Kuwait ist bereits in den sechziger Jahren größter Produzent des Mittleren Ostens und größter Exporteur der Welt. Ab 1973 Produktionsrückgang zur Konservierung der Reserven, aber auch als Folge von Embargo, Preispolitik und Absatzschwierigkeiten auf 89,5 Mio. Tonnen (1977). Trotz Produktionsrückgangs verfünffachen sich die Öleinnahmen von 1972 bis 1977 auf 8,5 Mrd. US-Dollar. 1973 beginnen Übernahmeverhandlungen mit der in britischen und amerikanischen Händen befindlichen Kuwait Oil Co. (KOC): Der Staat übernimmt zunächst 60% und im März 1975 100%; im Sept. 1977 wird die Aminoil verstaatlicht und fusioniert mit der KOC (April 1978). Die seit 1975 voll staatseigene Kuwait National Oil Co. (KNOC) übernimmt die Ölverarbeitung und Vermarktung der Raffinerieprodukte. Kuwait verfügt 1996 mit 13,3 Mrd. Tonnen über mehr als 10% der nachgewiesenen, publizierten Weltölreserven; auf dem Produktionsniveau von 1995 reichen sie noch über 100 Jahre.

Aufbau eines Wohlfahrtsstaates

Verwendung des Ölreichtums (mit 16380 US-Dollar hat Kuwait 1989 das höchste Pro-Kopf-Einkommen der arabischen Länder) für den *Aufbau eines Wohlfahrtsstaates* mit vorbildlichem kostenlosen Gesundheitsdienst, Erziehungswesen und anderen Versorgungseinrichtungen. Förderung der Industrialisierung und Entwicklung der Landwirtschaft. Da die Staatseinnahmen (überwiegend aus dem Ölexport) nur begrenzt im eigenen Land angelegt werden können, investiert Kuwait die überschüssigen Ölmilliarden im Ausland: Damit will sich Kuwait Einnahmen für die Zukunft sichern; Auslandsguthaben 1989 mindestens 124 Mrd. US-Dollar. Rund 4% des Bruttoinlandsprodukts gehen über den Kuwait-Fonds für arabische Wirtschaftshilfe als *Entwicklungshilfe* an Länder der Dritten Welt.

Unabhängigkeit

1961
19. Juli Mit der Aufhebung des Protektoratsvertrages von 1899 erlangt Kuwait volle *Unabhängigkeit*; Scheich Abdallah as-Salim as-Sabah (*1899, †1965) nimmt den Titel Emir (Prinz) an; Aufnahme in Arabische Liga und Vereinte Nationen. *Irak erhebt Anspruch auf Kuwait*; auf Bitten Abdallahs schickt Großbritannien Truppen, die (im Sept.) durch eine Truppe der Arabischen Liga ersetzt werden.

Anspruch Iraks auf Kuwait

1962
11. Nov. Die von einer gewählten Versammlung ausgearbeitete Verfassung verbindet Elemente des parlamentarisch-demokratischen Regierungssystems mit Grundzügen des patriarchalischen arabischen Staates.

1965 Tod Abdallahs (24. Nov.), Nachfolger wird Emir Sabah as-Salim (*1913, †1977).

1967 Juni Kuwait unterstützt die arabische Seite im Krieg mit Israel; jährliche Zahlungen von 165 Mio. US-Dollar an Ägypten und Jordanien.

1973 Okt. Ein kuwaitisches Truppenkontingent nimmt an der Suesfront am Oktober-Krieg gegen Israel teil; finanzielle Unterstützung der anderen arabischen Konfrontationsstaaten. Kuwait beruft die OAPEC-Konferenz ein, die den *Einsatz der „Ölwaffe"* beschließt (17. Okt.).

Einsatz der „Ölwaffe"

1975 Kuwait führt die allgemeine Wehrpflicht ein; bereits seit 1973 (Auseinandersetzungen mit dem Irak) werden hohe Summen in die Rüstung investiert.

1976
29. Aug. Nach politischen Unruhen wird die Nationalversammlung für vier Jahre aufgelöst; eine Kommission soll die Verfassung überprüfen.

1977
31. Dez. Tod Sabahs; Emir wird Dschaber al-Ahmed al-Sabah (*1928), Kronprinz und Ministerpräsident wird Saad al-Abdullah al-Sabah al-Sabah (*1930).

1984
15. Aug. Kuwait vereinbart mit der UdSSR die Lieferung moderner Luftabwehrsysteme zum Schutz seiner Wasserversorgungsanlagen.

1985
20. Febr. Bei Parlamentswahlen können arabische Nationalisten ihre Mandatszahl vergrößern; die Kritik der Abgeordneten an der Regierungspolitik nimmt zu.

Attentat auf Emir Dschaber

25. Mai Ein *Attentat auf Emir Dschaber* al-Ahmed al-Sabah schlägt fehl.

1986
3. Juli Der Emir löst das Parlament auf, nachdem einigen Ministern das Misstrauen ausgesprochen wurde.

1987 Eine Serie von Sabotageakten zieht Kuwait, das für den Irak als Finanzier und Nachschubroute eine wichtige Rolle spielt, immer stärker in den Golfkrieg hinein. Im Innern tritt der Gegensatz zwischen der sunnitischen Bevölkerungsmehrheit und der 30% starken schiitischen Minderheit deutlich zutage.

1989 ab Nov. Eine Kampagne zur Wiedereinführung des Parlaments, die von ehemaligen Abgeordneten getragen wird, führt vonseiten der Regierung zu Demonstrationsverboten.

1990
10. Juni Wahlen zu einem Provisorischen Nationalrat werden von der Opposition boykottiert, da dieses Gremium weder verfassungskonform sei noch hinreichende Befugnisse besitze.

irakische Besetzung

2.–8. Aug. *Besetzung* und Annexion Kuwaits *durch den Irak*.

16. Okt. Auf einem Volkskongress im saudi-arabischen Dschidda verspricht Emir Dschaber die Einhaltung aller Verfassungsbestimmungen für die Zeit nach der Befreiung Kuwaits.

1991
17. Jan.–
28. Febr. Zweiter Golfkrieg: Der irakische Präsident Saddam Hussein lässt das UN-Ultimatum über die Räumung Kuwaits, das am 15. Jan. abläuft, verstreichen. Darauf beginnt die Operation

	"Wüstensturm" zur *Befreiung Kuwaits* von der irakischen Besetzung und zur Wiederherstellung der kuwaitischen Souveränität.	*Befreiung Kuwaits*
Mitte Febr.	Um Kriegsschiffbewegungen im Persischen Golf zu behindern und eventuelle alliierte Landeoperationen entlang der kuwaitischen Küste zu verhindern, setzen irakische Truppen kuwaitische *Ölfelder in Brand*. Dies führt zu einer Umweltkatastrophe für die gesamte Region.	*Ölfelder in Brand*
25. Febr.	Beginn des irakischen Rückzugs aus Kuwait.	
6. April	Mit der Annahme der UN-Resolution 687 durch Irak, welche die Anerkennung der kuwaitischen Grenze und der Souveränität Kuwaits enthält, tritt der *Waffenstillstand am Golf* in Kraft (11. April). Krieg und Besatzungszeit hinterlassen in Kuwait tiefe Spuren.	*Waffenstillstand am Golf*
1992 5. Okt.	Bei den ersten *Parlamentswahlen* seit 1985 erringen oppositionelle Gruppierungen (politische Parteien sind verboten) 32 von 50 Sitzen. Dennoch ernennt Emir Dschaber al-Ahmed al-Sabah den Kronprinzen Scheich Saad al-Sabah gegen den Willen der Opposition erneut zum Ministerpräsidenten (12. Okt.).	*Parlamentswahlen*
1994 24. Febr.	Die internationale Hilfsorganisation für politische Gefangene, Amnesty International, beschuldigt die kuwaitischen Sicherheitskräfte, nach der Niederlage Iraks 1991 schwere *Menschenrechtsverletzungen* an angeblichen proirakischen Kollaborateuren begangen zu haben.	*Menschenrechtsverletzungen*
1996	Bei Parlamentswahlen sind vor allem Kandidaten, die der Regierung nahe stehen, und Islamisten erfolgreich; Ministerpräsident bleibt Saad al-Abdallah (7. Okt.).	
1997 Jan.	Die Parlamentsmehrheit stimmt für die Einführung der Scharia, des islamischen Sittengesetzes, als alleiniger Grundlage der Rechtssprechung im Emirat.	
1999 5. Mai	Nach einem Misstrauensantrag der Regimegegner verfügt Emir Dschaber al-Ahmed al-Sabah die Auflösung der Nationalversammlung.	
3. Juli	Neuwahlen, die der Emir angesetzt hat, machen deutlich, dass es nicht gelungen ist, die Opposition zu schwächen. Liberale und islamistische Kandidaten steigern ihren Anteil in der Nationalversammlung.	
Aug.	Die Regierung setzt den ca. 100000 staatenlosen Einwohnern Kuwaits („Bidun" genannt) eine letzte Frist, sich bis zum Sommer 2000 registrieren zu lassen.	
30. Nov.	Das Parlament lehnt mit knapper Mehrheit die Einführung des aktiven und passiven Frauenwahlrechts ab (vom Verfassungsgericht am 4. Juli 2000 bestätigt).	
2000 9. Nov.	*Verhaftung* von drei *Aktivisten eines islamistischen Netzwerkes*, die im Verdacht stehen, Anschläge gegen US-Einrichtungen zu planen. In Kuwait befinden sich zehn Jahre nach dem Krieg gegen den Irak noch 5000 amerikanische Soldaten und 8000 Zivilisten.	*Verhaftung von Aktivisten eines islamistischen Netzwerkes*
2001 14. Feb.	Nach dem Rücktritt der Regierung (29. Jan.), weil zwei Ministern eine Befragung durch das Parlament bevorstand, bildet Ministerpräsident Saad al-Abdallah ein neues Kabinett.	

Die Emirate der „Vertragsküste" bis 1972
(Forts. v. S. 1117)

1966 22. Febr.	Die britische Regierung kündigt den Abzug ihrer Truppen „östlich von Sues" bis 1971 an. Dadurch brechen die *Interessengegensätze* von Irak, Saudi-Arabien und Iran (die schon früher in Form von Gebietsansprüchen bestanden haben) erneut auf; verschärft durch den arabischen Nationalismus (Aktionen der „Volksfront für die Befreiung Omans und des Arabischen Golfes").	*Interessengegensätze*
1968	Auf britische Initiative hin beginnen Verhandlungen über eine Föderation der „Vertragsstaaten"; Saudi-Arabien und Kuwait unterstützen aktiv diese Bemühungen.	
1971 15. Juli	Sechs Emirate schließen den *Föderationsvertrag* zur Bildung der Vereinigten Arabischen Emirate; in Kraft am 2. Dez. nach Terminierung der Protektoratsverträge durch Großbritannien, mit dem ein Freundschaftsvertrag geschlossen wird; die VAE wählen den Herrscher von Abu Dhabi zum Präsidenten und den von Dubai zum Vizepräsidenten (1976 beide wiedergewählt). – Ras al-Khaima tritt der Föderation im Febr. 1972 bei, nachdem weder Großbritannien noch ein arabischer Staat zugunsten des Emirates intervenieren, als Iran kurz vor der Konstituierung der Föderation die beiden Tumb-Inseln in der Straße von Hormus besetzt. – Außerhalb der Föderation bleiben Bahrain und Katar.	*Föderationsvertrag*
14. Aug.	Bahrain proklamiert seine *Unabhängigkeit*; Kündigung des Protektoratsvertrages und Abschluss eines Freundschaftsvertrages mit Großbritannien (im Abkommen vom 23. Dez. übernehmen die USA den britischen Flottenstützpunkt Muharrak).	*Unabhängigkeit Bahrains*
1. Sept.	Katar proklamiert seine *Unabhängigkeit*, kündigt die Verträge mit Großbritannien, schließt aber einen Freundschaftsvertrag.	*Unabhängigkeit Katars*
1972 Okt./Nov.	Neue Verträge mit den Ölgesellschaften sichern den Emiraten bis zu 51% Gewinnanteil; später beginnen Verhandlungen mit dem Ziel der 100%-Übernahme in Staatsbesitz (bis 1978 haben alle Regierungen Mehrheitsbeteiligungen von mind. 60%).	

Bahrain seit 1971

Ölproduzent

Die Inselgruppe des Emirates Bahrain gehört zu den kleinen *Ölproduzenten* des Mittleren Ostens. Eine der größten Raffinerien im Mittleren Osten; Ausbeutung der erheblichen Erdgasreserven erst in den siebziger Jahren: Fertigstellung des damals größten Gasturbinenwerks der Welt; Aluminiumschmelze (verarbeitet australisches Bauxit); Gasverflüssigungswerk.
Bahrain baut als erstes Land am Golf ein kostenloses Gesundheits- und Erziehungswesen auf. Attraktive Investitionsbedingungen für Handel und Banken.

Unabhängigkeit **1971** Die Kolonialmacht Großbritannien entlässt Bahrain am 4. Aug. in die *Unabhängigkeit*.
Verfassung **1973** Eine gewählte Verfassunggebende Versammlung erarbeitet eine *Verfassung*; die Nationalversammlung von 1973 wird nach einer Regierungskrise aufgelöst (Aug.).
1986 Eröffnung eines 25 km langen Autobahndamms, der den Inselarchipel mit dem saudi-arabischen Festland verbindet.

Hawar-Inseln April–Mai Militärische Konfrontation zwischen Bahrain und Katar: Streitobjekt sind die *Hawar-Inseln*, die seit 1930 nach einer von Katar nicht akzeptierten Entscheidung der damaligen Kolonialmacht Großbritannien zu Bahrain gehören; in den folgenden Jahren dauert der Territorialkonflikt zwischen den beiden Golf-Anrainer-Staaten, obwohl militärisch beigelegt, an.

Schiiten **1994** Ausbruch von Protesten seitens Angehöriger der *schiitischen Bevölkerungsmehrheit* (rund
Dez. 70%) gegen ihre Benachteiligung durch die von Sunniten gebildete Staatsführung unter Emir Issa ibn Salman al-Khalifa († 1999).

1999 Tod des Emirs. Sein Sohn und Nachfolger Scheich Hamad Ibn Isa steuert einen Kurs des
7. März vorsichtigen innenpolitischen Ausgleichs und der außenpolitischen Öffnung.
29. Dez. Bahrain und Katar vereinbaren die Wiederaufnahme diplomatischer Beziehungen.

2000 Einberufung einer neuen beratenden Versammlung (Shura); erstmals nehmen auch Frauen
30. Sept. teil.

Nationalcharta **2001** In einem Referendum billigt die Bevölkerung die neue *Nationalcharta*, in der eine Um-
14./15. Febr wandlung der Emirherrschaft in eine konstitutionelle Monarchie vorgesehen ist.
18. Febr. Der seit 1975 andauernde Ausnahmezustand wird aufgehoben.
16. März Ein Spruch des Internationalen Gerichtshofes (IGH) entscheidet den mehr als 60 Jahre alten Streit zwischen Bahrain und Katar: Die 1939 von der Kolonialmacht Großbritannien dem Herrscher von Bahrain zugesprochene Hawar-Inselgruppe verbleibt endgültig in dessen Besitz. Der Grenzstreit zwischen Bahrain und Saudi-Arabien wird gleichfalls beigelegt.

2002 Bei den ersten Kommunalwahlen seit 1957 sind erstmals auch Frauen mit aktivem und pas-
9. Mai sivem Wahlrecht zugelassen.

Katar seit 1977/86

Das Emirat Katar lebt fast ausschließlich von der Ölförderung (1977: 21,8 Mio. Tonnen; 1992: 20,9 Mio. Tonnen); um die Abhängigkeit des Landes vom Erdöl zu mildern, wird in den achtziger Jahren eine auf Erdgas als Energieträger gründende Produktion von Stahl, Zement und petrochemischen Produkten aufgebaut; Entwicklung einer Landwirtschaft (Gemüse, auch für Export; Früchte); Fischerei (Shrimps).

Konfrontation **1986** Zwischen Katar und *Bahrain* kommt es zu einer militärischen *Konfrontation*; wegen der
mit Bahrain April–Mai 1930 von Großbritannien festgelegte Zugehörigkeit der Hawar-Inseln zu Bahrain. Zwar wird der Konflikt militärisch beigelegt, doch dauern die Spannungen zwischen den beiden Golf-Anrainer-Staaten in den folgenden Jahren an.

1995 Entmachtung von Emir Khalifa ibn Hamad ath-Thani (*um 1930), Staatsoberhaupt und Re-
Hamad ibn 27. Juni gierungschef seit 1972, durch seinen Sohn *Hamad ibn Khalifa ath-Thani* (*um 1949), der
Khalifa am 11. Juli neuer Emir sowie Ministerpräsident sowie Verteidigungsminister wird.
ath-Thani 30. Okt. Der neue Emir ernennt per Dekret seinen Sohn Jasim ibn Hamad ath-Thani zum Thronfolger.

1996 Ein Putschversuch gegen Emir Hamad ibn Khalifa at-Thani schlägt fehl (Febr.).
1997 Die Vierte Mena-Wirtschaftskonferenz findet in der Hauptstadt von Katar, Doha, statt (16.–18. Nov.).
1999 Katar und Bahrain vereinbaren die Wiederaufnahme von diplomatischen Beziehungen (29. Dez.).
2000 Das neunte Gipfeltreffen der Organisation der Islamischen Konferenz (OIC) findet in Doha
12./13. Nov. statt.

2001 16. März	Ein Spruch des Internationalen Gerichtshofes (IGH) beendet den mehr als 60 Jahre andauernden Streit zwischen Katar und Bahrain um die *Hawar-Inselgruppe*. Diese verbleibt bei Bahrain, so wie es die britische Kolonialmacht 1939 festgelegt hat. Katar erhält dafür den Landstreifen von Zubara.	*Hawar-Inselgruppe*
21. März	Die zwischen Katar und Saudi-Arabien seit 35 Jahren umstrittenen Land- und Seegrenzen werden endgültig fixiert.	
21. Mai	19 am Putschversuch von 1996 Beteiligte werden in letzter Instanz zum Tode verurteilt.	

Vereinigte Arabische Emirate seit 1971

Die Vereinigten Arabischen Emirate (VAE) bilden eine geografische und historische Einheit; die sehr ungleich verteilten Ölreserven haben jedoch die Unterschiede erheblich verstärkt: So verfügt Abu Dhabi 1988 über 13% der Welt-Erdölreserven und fördert bereits 1977 (81,4 Mio. Tonnen; 1992 81,8 Mio. Tonnen) etwa soviel Öl wie Kuwait; die Reserven der übrigen Emirate sind weitaus geringer; Öleinkünfte der VAE insges. etwa 13,8 Mrd. US-Dollar (1992). Um die Einheit der Föderation nicht zu gefährden, finanziert Abu Dhabi etwa drei Viertel des VAE-Etats und stellt einen Großteil seiner Öleinkünfte der Föderation zur Verfügung; 1991 fördert die VAE 118 Mio. Tonnen wobei auf Abu Dhabi fast 75% entfallen. Die geschätzten Reserven der VAE von 12,7 Mrd. Tonnen reichen noch über 100 Jahre (Stand 1996 auf der Basis der Förderung 1995).

Abu Dhabi

Nach der *provisorischen Verfassung* vom Dez. 1971 ist der Oberste Rat aus den Regenten der sieben Emirate die höchste Autorität, er wählt Präsident und Vizepräsident. Beratende Versammlung (Nationaler Bundesrat) mit 40 Abgeordneten – den Mitgliedsstaaten steht es frei, ihre Abgeordneten wählen zu lassen oder zu ernennen.

provisorische Verfassung

1971	Scheich Said bin-Sultan al-Nahayan (*1918), Herrscher von Abbu Dhabi, wird erster Präsident der Föderation.	
1973 23. Dez.	Abu Dhabi löst seine separate Regierung auf, um den *Föderationsprozess* zu beschleunigen; gemeinsames Kabinett der Föderation.	*Föderationsprozess*
1975 12. Mai	Der Oberste Rat beschließt die Zusammenlegung der wichtigsten politischen Ressorts (Verteidigung, innere Sicherheit, Außen- und Erdölpolitik.	
1978/1979	Schwere innere Krise: Der Nationale Bundesrat befürwortet größere Einheit (Abschaffung der Grenzen, gemeinsames Budget, vereinigte Streitkräfte).	
1979 März	Bei der ersten Sitzung des Obersten Rates in drei Jahren droht die Föderation zu zerbrechen. Erfolgreiche Vermittlungsbemühungen arabischer Staaten, vor allem Kuwaits.	
1981 9. Nov.	Die Föderation stabilisiert sich: Der Oberste Rat bestätigt Scheich Raschid von Dubai als Premier.	
1990 7. Okt.	Nach dem Tod des Emirs von Dubai und Premiers der VAE übernimmt dessen Sohn, Kronprinz Scheich Maktum bin-Raschid al-Maktum, beide Ämter.	
1991 17. Jan.	Zweiter Golfkrieg: Die VAE beteiligen sich am alliierten Angriff gegen irakische Streitkräfte in Kuwait.	
1996 20. Mai	Verfassungsrevision; das bislang vorläufige Grundgesetz der VAE erhält endgültigen Charakter. *Abu Dhabi* wird zur offiziellen *Hauptstadt* der Föderation proklamiert.	*Abu Dhabi Hauptstadt*
1999 29. Nov.	Die Grenzstreitigkeiten mit Oman werden vorläufig beigelegt, ein Abkommen der Außenminister (27. März 2000) fixiert den Grenzverlauf.	

Oman (Maskat und Oman) seit 1954

(Forts. v. S. 1117)

1954	*Revolte des neuen Imam* (geistlicher Führer) von Oman, der ein von Maskat unabhängiges Fürstentum errichten will. Der Imam geht nach Niederschlagung der Revolte (1955) ins Exil.	*Revolte des neuen Imam*
1960 Okt.	Zehn arabische Staaten bringen die Oman-Frage vor die Generalversammlung der Vereinten Nationen; Entsendung einer Untersuchungskommission. Die Frage bleibt ein Jahrzehnt auf der Tagesordnung der Generalversammlung, verschiedene Resolutionen (u.a. gegen den britischen Einfluss) bleiben ohne Wirkung auf die Entwicklung in Oman.	
1967	Dreißig Jahre nach Erteilung der ersten Konzession beginnt in großem Umfang die *Erdölproduktion* (1967: 2,8 Mio. Tonnen; 1977: 17 Mio. Tonnen; 1995: 43 Mio. Tonnen).	*Erdölproduktion*

Sultan Kabus bin-Said	**1970** 24. Juli	Sultan Said bin-Taimur (* 1910, † 1972) wird von seinem Sohn *Kabus bin-Said* (* 1940) gestürzt; das Land erhält die Bezeichnung *Sultanat von Oman* und wird 1971 Mitglied der Vereinten Nationen. Kabus versucht, die internationale Isolierung zu überwinden; wachsende Zusammenarbeit mit allen Anrainerstaaten am Persischen Golf, ab 1975 selbst mit Irak. Kabus beginnt umfassende Reformen zum Aufbau eines modernen Erziehungs- und Gesundheitswesens.
Aufstandsbewegungen in Dofar	**1972**	Erfolglose Bemühungen, zu einer Einigung mit den *Aufstandsbewegungen in Dofar* zu kommen; zwei der Bewegungen schließen sich zur „Volksfront für die Befreiung des Oman und des Arabischen Golfes" zusammen (ab 1974: Volksfront für die Befreiung des Oman, PFLO) und erhalten zunehmend Unterstützung vom Südjemen sowie auch von Irak, der Volksrepublik China und später Libyen. Omanische Truppen (unterstützt von britischen und später jordanischen Offizieren) dringen in Dofar vor; Grenzgefechte mit Südjemen.
	1972–1975	Iran unterstützt den Sultan mit Truppen; Hilfe auch von Saudi-Arabien, den Vereinigten Arabischen Emiraten, Indien und Pakistan. Umfangreiche Investitionen zum Wiederaufbau der „befriedeten" Gebiete. Nach einer Großoffensive (Ende 1975) gilt die PFLO als besiegt.
Waffenstillstand mit Südjemen	**1976** 11. März	Auf Vermittlung Saudi-Arabiens *Waffenstillstandsabkommen mit dem Südjemen* (Demokratische Volksrepublik Jemen); Amnestie. – Rückzug der meisten iranischen Truppen bis 1977.
	1978	Guerillas der PFLO trainieren weiter im Südjemen (Ausbildung durch kubanische Militärberater angenommen) und versuchen, den Aufstand wieder anzufachen (ab Juni).
	1981	Sultan Kabus setzt einen Konsultativrat mit 45 Mitgliedern ein; 2. Amtsperiode ab 1983.
erste Universität	**1986**	Die *erste Universität* Omans wird durch Sultan Kabus eröffnet (9. Nov.).
	1987	An der Grenze zwischen Oman und der DVR Jemen kommt es zu Zwischenfällen (Okt.).
	1991 17. Jan.	Oman beteiligt sich im Zweiten Golfkrieg (bis 28. Febr.) an der von den USA angeführten Koalition gegen Irak zur Befreiung Kuwaits.
absolute Monarchie		Trotz der gegen Ende des Jahres eingesetzten beratenden Versammlung bleibt Oman eine *absolute Monarchie*.
	1996 6. Nov.	Sultan Kabus setzt die erste Verfassung des Sultanats in Kraft, in der Parteien jedoch nicht vorgesehen sind.
	1999 29. Nov.	Die Grenzstreitigkeiten mit den Vereinigten Arabischen Emiraten werden vorläufig beigelegt; ein Abkommen der Außenminister (27. März 2000) fixiert den Grenzverlauf.
	2000 14. Sept.	Zum vierten Mal wird der Konsultativrat des Landes in Wahlen neu bestellt. Lediglich ein Viertel der Bevölkerung ist wahlberechtigt, der Konsultativrat hat auch kaum effektive Kompetenzen.
	9. Nov.	Oman wird als 139. Mitglied in die Welthandelsorganisation (WTO) aufgenommen.
	2001 18. April	Die Regierung fordert alle illegalen Einwohner auf, das Land zu verlassen oder sich registrieren zu lassen. Ziel ist ein Abbau der hohen Zahl von Gastarbeitern.

Jemen seit 1948

Jemen – Arabische Republik Jemen (Nordjemen) (1948–1990)

(Forts. v. S. 1117)

	1948 17. Febr.	Bei einem Putschversuch wird der despotische Imam Jahja (* 1876, † 1948) ermordet. Unter seinen Nachfolgern vorsichtige Öffnung nach außen.
	1958 8. März	Vom lockeren Anschluss an die Vereinigte Arabische Republik (VAR) erhofft sich der Imam eine Neutralisierung der inneren Unruhe; kaum praktische Schritte bis zur Kündigung durch die VAR (Dez. 1961).
Staatsstreich	**1962** 26. Sept.	Kurz nach Regierungsantritt des neuen Imam Mohammed al-Badr (* 1927) *Staatsstreich* des Militärs unter General Abdallah as-Sallal (* 1917, † 1994). Der Imam entkommt in die Berge und gewinnt die Stämme für sich: *Bürgerkrieg* zwischen Royalisten und Republikanern.
Bürgerkrieg		
Militärpakt mit der VAR	10. Nov.	*Militärpakt mit der VAR*, die immer mehr Truppen in den Jemen entsendet und zu einem ausschlaggebenden Machtfaktor im republikanischen Teil des Jemen wird. Die VAR will die nationalrevolutionären Kräfte in der Region gegen Saudi-Arabien und Großbritannien (Aden und Südarabien) stärken. Den ägyptischen Truppen gelingt es nicht, die Royalisten zu besiegen, die von Saudi-Arabien mit Geld und Waffen versorgt werden. Instabiles republikanisches Regime; häufiger Regierungswechsel; Verfassungsexperimente.

1967 31. Aug.	Während der Gipfelkonferenz der Arabischen Liga in Khartum einigen sich der ägyptische Präsident Nasser und der saudi-arabische König Faisal endgültig über die *Beendigung des Jemen-Krieges*. Den Abzug der ägyptischen Truppen (abgeschlossen bis Jan. 1968) nutzen Republikaner, die die engen Beziehungen zur VAR ablehnen:	*Beendigung des Jemen-Krieges*
4. Nov.	Sallal wird gestürzt; Nachfolger wird Abd ar-Rahman al-Irjani (*1901). Der Bürgerkrieg geht unvermindert weiter; die Republikaner erhalten nun sowjetische Militärhilfe, die Royalisten weiter die Unterstützung durch Saudi-Arabien.	
1968 21. Mai	Als Imam al-Badr abgesetzt wird, beginnen Auseinandersetzungen im royalistischen Lager dessen Position zu schwächen: Mehrere Stämme treten zu den Republikanern über; Faisal stellt schließlich die Subsidien ein: Bis Mitte 1969 sind die meisten Führer der Royalisten im Exil.	
1970 23. Mai	Offizielle Einigung zwischen Regierung und Royalisten über die Beendigung des Bürgerkrieges.	
28. Dez.	Die neue *Verfassung* der Arabischen Republik Jemen sieht eine Ratsversammlung vor, die im Febr./März 1971 gewählt wird. Jemen bleibt instabil; häufige Regierungswechsel.	*Verfassung*
1972	Wachsende Spannungen im Grenzgebiet zum Südjemen, auf dessen Gebiet Jemen Ansprüche stellt; schwere Kämpfe (Sept.) auf Vermittlung der Arabischen Liga beigelegt.	
28. Okt.	Abkommen über den Waffenstillstand und die Vereinigung beider Jemen in Kairo unterzeichnet. Aufgrund der verworrenen innenpolitischen Situation in beiden Staaten wechseln in den folgenden Jahren Bemühungen, das Abkommen zu verwirklichen (Febr. 1977 Gemeinsamer Rat der Außen-, Wirtschafts- und Planungsminister), mit erneuten Auseinandersetzungen im Grenzgebiet ab.	
1974 13. Juni	Irjani wird durch *Militärputsch* unter Oberst Ibrahim al-Hamadi (*1943?, †1977) gestürzt; Auflösung des Parlaments und Suspendierung der Verfassung; Staatsstreich mit administrativen Missständen begründet.	*Militärputsch*
19. Juni	Übergangsverfassung: Jemen ist eine *arabisch-islamische Republik*, die Jemeniten sind Teil der „Arabischen Nation"; der militärische Kommandorat übernimmt die Funktionen der Legislative und Exekutive. Berufung einer zivilen Regierung. Jemen nähert sich Saudi-Arabien und den USA an und friert die Beziehungen zur Sowjetunion ein (Aug. 1975).	*arabisch-islamische Republik*
1978 24. Juni	Präsident Ahmad al-Ghaschmi – Nachfolger des im Okt. 1977 ermordeten Hamadi – wird ermordet; Jemen macht den Südjemen verantwortlich. An der Grenze brechen heftige Kämpfe aus; Jemen spricht von einer Invasion des Südjemens; Anzeichen deuten jedoch auf eine Stammeserhebung – angezettelt von einem ehemaligen Mitglied des Kommandorats, das nach einem Putschversuch (Mai 1978) in den Südjemen geflohen ist (möglicherweise auch für die Ermordung Ghaschmis verantwortlich).	
1979 28.–31. März	Nach Vermittlungen arabischer Staaten, besonders Kuwaits, beschließen die Präsidenten der beiden Jemen bei der Friedenskonferenz in Kuwait die Durchführung des *Vereinigungsbeschlusses*: Der nordjemenitische Präsident Ali Abdallah Saleh soll Präsident, Sana die Hauptstadt des Einheitsstaates werden. Die Vereinigungsbemühungen kommen nicht über	*Vereinigungsbeschluss*
1982	die Verabschiedung der gemeinsamen Verfassung (Jan.) hinaus.	
1988 5. Juli	Bei den ersten allgemeinen *Wahlen* für 128 Sitze im Konsultativrat, der mit begrenzten Gesetzgebungsvollmachten ausgestattet ist, erhalten die Kandidaten der vom Präsidenten geführten Sammlungsbewegung die Mehrheit. 30% der Sitze gehen an Bewerber, die der Muslimbruderschaft nahe stehen.	*Wahlen*
1990 22./23. Mai	Aufgrund des Vereinigungsvertrages vom 1. Dez. 1989 mit dem Südjemen gehen beide Staaten in der neuen Republik Jemen auf.	

Aden und die Südarabische Föderation – Demokratische Volksrepublik Jemen (Südjemen) (1959–1989)

(Forts. v. S. 1117)

1959 11. Febr.	Sechs Sultanate und Emirate schließen sich zur Südarabischen Föderation zusammen; Freundschafts- und Schutzvertrag mit Großbritannien, das finanzielle und militärische Unterstützung zusagt. Bis 1965 treten elf weitere Fürstentümer des westlichen und östlichen Protektorats und die britische Kronkolonie Aden (Jan. 1963) der Föderation bei.	
1966 Jan.	Mehrere Organisationen bilden die nationalistische Front für die Befreiung des besetzten Südjemen (FLOSY), die vom Jemen und der VAR unterstützt wird; ihr steht die radikalere *Nationale Befreiungsfront* (NLF) gegenüber.	*Nationale Befreiungsfront*
22. Febr.	Großbritannien kündigt die Unabhängigkeit Südarabiens für 1968 an, scheitert aber mit allen Versuchen, eine provisorische Verwaltung auf breiter Basis zu schaffen, da FLOSY und NLF jede Zusammenarbeit verweigern. Anhaltende Terrorkampagne.	

	1967 Aug.–Okt.	Der NLF gelingt es, in einem Fürstentum nach dem anderen die Kontrolle zu übernehmen; die Südarabische Föderation zerfällt. Die FLOSY wird nach Kämpfen mit der NLF verdrängt. Großbritannien nimmt Verhandlungen mit der NLF auf; Abzug der britischen Truppen (beendet am 29. Nov.).
Volksrepublik Südjemen	27. Nov.	Die NLF proklamiert die unabhängige *Volksrepublik Südjemen*. Kahtan asch-Schaabi (*1920, †1981) wird Präsident. Wirtschaftliche Schwierigkeiten: Infolge des britischen Abzugs verlieren 20000 Personen ihre Arbeitsplätze.
sozialistische Umgestaltung	1969 22. Juni	Mit Salim Ali Rubayi (*1934, †1978) kommt der radikale Flügel an die Macht, der die *Umgestaltung des Südjemen nach sozialistischem Modell* vorantreibt: enge Zusammenarbeit mit den sozialistischen Staaten, v.a. der Sowjetunion, der Volksrepublik China, der DDR, Nordkorea und später Kuba. Die Sowjetunion rüstet die Armee aus und erhält dafür Landerechte in Aden. Nationalisierung ausländischer Banken, Versicherungen und Firmen.
Verfassung	1970 30. Nov.	Neue *Verfassung*: Umbenennung des Landes in „Demokratische Volksrepublik Jemen" (DVRJ); Betonung des laizistischen Charakters des Staates. Bei der Verwirklichung des sozialistischen Modells wachsender Gegensatz zwischen dem prosowjetischen und dem prochinesischen Flügel der NLF; es entsteht eine Mischform: bürokratischer Zentralismus mit Schwerpunkt in Aden neben revolutionären Arbeiter-, Bauern- und Soldatenräten mit Schwerpunkt im Hadramaut. Die Gründung der Politischen Organisation Nationale Front (NFPO) aus NLF, Baathisten und Kommunisten (Juni 1975) verschiebt das Gewicht zu Gunsten des prosowjetischen Flügels unter Generalsekretär Abdul Fattah Ismail.
	1972 28. Okt.	Auf Vermittlung der Arabischen Liga schließen die beiden Jemen in Kairo einen Friedensvertrag, der die Vereinigung beider Jemen einleiten soll.
Aussöhnung mit Saudi-Arabien Waffenstillstand mit dem Oman	1976 März	*Aussöhnung mit Saudi-Arabien*, das den Krieg in Oman beenden möchte, um den iranischen Einfluss einzuschränken. Umfangreiche Wirtschaftshilfe angeboten (auch von Kuwait). Die DVRJ schließt einen *Waffenstillstand mit dem Oman* (11. März).
	1978 26. Juli 27. Dez.	Als Nordjemen für die Ermordung seines Präsidenten die DVRJ verantwortlich macht, wird Rubayi Ali abgesetzt und später hingerichtet. „Starker Mann" im Präsidentschaftsrat ist Abdul Fattah Ismail (*1939, †1986), der nach Verfassungsänderung (31. Okt.) und Neuwahlen zum Obersten Volksrat (23. Dez.) Präsident (Vorsitzender des Präsidiums des Obersten Volksrates) wird.
Friedenskonferenz in Kuwait	1979 28.–31. März	Bei der *Friedenskonferenz in Kuwait* zur Beendigung des 1978 erneut ausgebrochenen Grenzkrieges mit dem Nordjemen beschließen die Präsidenten beider Staaten, den Vereinigungsbeschluss sofort umzusetzen, kommen der Einheit jedoch nicht näher.
	1980	Der neue Präsident Ali Nasser Mohammed (*1939) sucht den Ausgleich.
Bürgerkrieg in Aden	1986 ab 13. Jan.	*Bürgerkrieg in Aden*: Ali Nasser Mohammed greift die gegnerische Fraktion in der Regierungspartei um Abdul Fattah Ismail an, wobei führende Vertreter getötet werden; das Eingreifen des Militärs fordert zahlreiche Tote. Nach zehn Tagen setzen sich die Gegner von Mohammed durch, der mit seinen Anhängern in den Nordjemen flieht.
	6. Febr.	Ali Salem al-Bayd (*1938) wird Generalsekretär der Jemenitischen Sozialistischen Partei (JSP).
	8. Febr.	Haidar al-Attas (*1939) wird vom Obersten Volksrat (Parlament) zum neuen Staatspräsidenten und Yassin Said Nooman zum Ministerpräsidenten bestimmt.
politische Reformen	1989 11. Dez.	Die JSP beschließt neben einer wirtschaftlichen Liberalisierung mit mehr Investitionen im Privatsektor auch *politische Reformen*: Bekenntnis zu Mehrparteiensystem und Meinungspluralismus in der Presse.

Republik Jemen seit 1990

vereinigter Jemen	1989 1. Dez.	Unterzeichnung des Vertrags zwischen *Nord- und Südjemen* über die Modalitäten für die *Vereinigung* beider Staaten. Proklamation der *Republik Jemen* mit der Hauptstadt Sana und Aden als Wirtschaftshauptstadt. Die parlamentarischen Gremien des Nordens und Südens wählen gemeinsam einen
	Mai	fünfköpfigen Präsidialrat. Dieser bestimmt Ali Abdallah Saleh (*1942) zum Präsidenten und Yassin Said Nooman zum Ministerpräsidenten.
	1991 15./16. Mai	Die neue Verfassung für den vereinigten Jemen wird in einer Volksabstimmung bei geringer Wahlbeteiligung mit 98% der Stimmen bestätigt.
	1993 27. April	Die Regierungsparteien siegen bei den ersten freien Parlamentswahlen in der Geschichte des Jemen. Stärkste Kraft wird der Allgemeine Volkskongress von Präsident Saleh.
	1994	„Charta der Versöhnung", um innenpolitische Probleme zu beseitigen (Jan.).

Mai–Juli	*Neuer Bürgerkrieg*: nach Konflikten im gesamtjemenitischen Parlament Abspaltung des Südjemen und Ausrufung einer neuen „Demokratischen Republik Jemen" (21. Mai). Nach gegenseitigen Luftangriffen erobern Truppen des militärisch überlegenen Nordjemen Aden (7. Juli). Saleh erklärt den Bürgerkrieg daraufhin für beendet.	*neuer Bürgerkrieg*
28. Sept.	Neue, auf der Scharia basierende Verfassung.	
2. Okt.	Das Parlament wählt Saleh erneut zum Präsidenten. Unter den 27 Ministern sind keine Vertreter des Südjemen.	
1997 15. Mai	Staatspräsident Saleh ernennt Faraj ibn Ghanim zum neuen Ministerpräsidenten (15. Mai).	
1998 17. Mai	Im Kampf gegen Korruption und Misswirtschaft gescheitert, tritt Ghanim zurück. Nachfolger wird der Generalsekretär der Partei Allgemeiner Volkskongress, Abdalkarim al-Eryani.	
Juni	Die Erhöhung der Lebensmittel- und Benzinpreise ruft gewalttätige Proteste hervor.	
Juni	Im Grenzkonflikt zwischen Jemen und Saudi-Arabien, der bis in die 1930er-Jahre zurückreicht, kommt es zu militärischer Konfrontation.	
Aug.	Um die seit Jahren stattfindenden Entführungen von Ausländern zu unterbinden, wird die *Todesstrafe für Geiselnahmen* eingeführt. Die Entführungen, sowohl einträgliches Geschäft als auch Mittel, politische Ziele zu erreichen, gehen gleichwohl weiter.	*Todesstrafe für Geiselnahmen*
28. Dez.	Erstmals greifen Sicherheitskräfte in einem Entführungsfall sofort ein. Schon am nächsten Tag wird das Versteck der Entführer gestürmt.	
1999	Bei den ersten direkten Präsidentschaftswahlen setzt sich der Amtsinhaber Saleh durch.	
23. Sept. 17. Dez.	Ein Spruch des Internationalen Gerichtshofes in Den Haag beendet die Streitigkeiten zwischen Jemen und Eritrea über die Grenzziehung im Roten Meer.	
2000 12. Juni	Die territorialen Streitfragen mit Saudi-Arabien werden durch ein Grenzabkommen beigelegt.	
12. Okt.	Bei einem *Bombenanschlag auf das US-Kriegsschiff „Cole"* im Hafen von Aden werden 17 US-Soldaten getötet. Als Drahtzieher des Attentats verdächtigen die USA den saudischen Terroristen Osama bin Laden.	*Bombenanschlag auf das US-Kriegsschiff „Cole"*
2001	Die neue Verfassung wird in einem Referendum gebilligt (20. Febr.).	
4. April	In der neuen Regierung unter Ministerpräsident Abdel Kader Bajamal ist erstmals eine Frau vertreten.	
8. Mai	Die Regierung beschließt, die rd. 1400 religiösen Privatschulen zu verstaatlichen, um den Einfluss der Islamisten einzudämmen.	

Sudan seit 1948

(Forts. v. S. 1133, 1134, 1134, 1135)

1948 15. Juli	Auf Grund einer britischen Verordnung wird im anglo-ägyptischen Kondominium Sudan gegen den Protest der ägyptischen Regierung eine Verwaltungsreform in die Wege geleitet.	
1951 27. Okt.	Die *Verfassunggebende Versammlung* wendet sich gegen die ägyptische Entscheidung, den Sudan wieder Ägypten anzugliedern.	*Verfassunggebende Versammlung*
15. Nov.	Wahlen zur Verfassunggebenden Versammlung bringen für die antiägyptisch eingestellte Unabhängigkeitsbewegung die Mehrheit.	
1952 2. April	Großbritannien unterbreitet einen Verfassungsentwurf, der eine begrenzte Selbstverwaltung für den Sudan vorsieht. Dagegen wendet sich die ägyptische Regierung, die König Faruk als den Souverän Sudans bezeichnet.	
1953 12. Febr.	Kompromissvereinbarung in Kairo unterzeichnet: Dem Sudan wird das Selbstbestimmungsrecht eingeräumt, sich für die Unabhängigkeit oder einen Anschluss an Ägypten zu entscheiden.	
29. Nov.	Die allgemeinen *Wahlen* gewinnt die für die Unabhängigkeit eintretende Nationale Unionspartei (Umma).	*Wahlen*
1954	Der Führer der siegreichen Umma-Partei, Ismail el-Azhari (*1902, †1969), bildet eine Regierung (9. Jan.).	
1956 1. Jan.	*Unabhängigkeit* des Sudan nach einer Volksabstimmung. Das Problem des neuen Staates ist der krasse *ethnische* und *religiöse Gegensatz* zwischen dem Norden und Süden des Landes (islamisch-arabischer Norden, überwiegend christianisierte negroide Stämme im Süden). Wegen der politischen Übermacht des Nordens (60% der Bevölkerung) und wegen einer Islamisierungspolitik im Süden entwickelt sich aus dem Aufstand einiger Stämme im Süden ein langjähriger *Bürgerkrieg*.	*Unabhängigkeit innerer Gegensatz* *Bürgerkrieg*
April	Beitritt des Sudan zur Arabischen Liga.	

	5. Juli	Der neue Führer der Umma-Partei, Abdullah Khalil (*1891, †1970), wird zum Ministerpräsidenten gewählt.
	1958 11. März	Bei allgemeinen Wahlen gewinnt die Umma-Partei 68 und die PDP (People's Democratic Party) 26 Parlamentssitze.
	17. Nov.	Staatsstreich der Armee, geführt von General Ibrahim Abboud (*1900, †1983), der selbst Staatschef wird (Suspendierung der Verfassung, Auflösung des Parlaments, Parteienverbot).
Verteilung des Nilwassers	**1959** 8. Nov.	Sudan und die Vereinigte Arabische Republik (Ägypten) einigen sich über das Problem der *Verteilung des Nilwassers*. Die Vereinigte Arabische Republik leistet eine Entschädigung von 43 Mio. US-Dollar für die Überflutung sudanesischen Gebiets im Zusammenhang mit dem Bau des Assuan-Staudammes.
	1964 15. Nov.	Mit der Ablösung des Militärs in der Regierungsverantwortung durch eine zivile Regierung beginnt eine Periode innenpolitischer Instabilität (wechselnde Koalitionen, Parteienzank).
Staatsstreich	**1969** 25. Mai	Erneuter *Staatsstreich* der Armee: Die Regierungsgewalt übernimmt ein Revolutionsrat unter der Führung von Oberst Dschafar Mohammed an-Numeiri (*1930), der nach außen eine Annäherung an die Sowjetunion sucht und innenpolitisch einen staatssozialistischen Kurs (Verstaatlichung ausländischer Banken und Unternehmen 1970) vertritt.
	1971 19. Juli	Putsch des prokommunistischen Flügels im Revolutionsrat gegen die nationalrevolutionären Vertreter in der Armee unter Numeiri.
	22. Juli	Mit Hilfe Libyens und Ägyptens kann sich Numeiri an der Macht halten (zahlreiche Verhaftungen von Kommunisten, Hinrichtungen, scharfe diplomatische Auseinandersetzungen mit dem Kreml).
	10. Okt.	Dschafar an-Numeiri wird zum Staatsoberhaupt gewählt.
Autonomiestatus des Südsudan	**1972** 27. Febr.	Friedensabkommen mit den südsudanesischen Aufständischen in Addis Abeba unterzeichnet: Mit Wirkung vom 4. März wird dem *Südsudan Autonomiestatus* gewährt (Vertretung im sudanesischen Parlament entsprechend dem proportionalen Anteil an der Gesamtbevölkerung, weit gehende wirtschaftliche Selbstverwaltung), eine Amnestie versprochen sowie ein Aufbauprogramm (ausländische Kredite) vereinbart.
	25. Juli	Die Wiederaufnahme der diplomatischen Beziehungen zu den USA (bereits am 13. Juni zur Bundesrepublik Deutschland) deutet auf eine außenpolitische Öffnung zum Westen, die im Zusammenhang mit dem Bestreben der sudanesischen Regierung steht, ausländische Investitionen zu erleichtern.
Islam Staatsreligion	**1973** 14. April	Neue Verfassung: Die innere Autonomie des Südsudan wird verankert, der *Islam* zur *Staatsreligion* erhoben, das Christentum als die Religion eines „großen Teils der Bevölkerung" anerkannt und die Sudanesische Sozialistische Union als Einheitspartei bezeichnet.
	22. Okt.	Der Südsudan erhält eine provisorische Regierung.
Verteidigungspakt mit Ägypten	**1976** Juli	Putschversuch niedergeschlagen; Sudan bezichtigt Libyen vor der UNO der Anstiftung und schließt *mit Ägypten* einen *Verteidigungspakt* (15. Juli).
	1977 Mai	Schließung der sowjetischen Militärmission im Sudan und Verringerung des sowjetischen Botschaftspersonals kennzeichnen die Verschlechterung in den Beziehungen zur UdSSR.
	14. Aug.	Im Rahmen einer Amnestie für politische Häftlinge werden führende Exilpolitiker begnadigt; der Führer der Nationalen Front, Saddik el-Mahdi (*1935), kehrt in den Sudan zurück und löst nach der Aussöhnung der Opposition mit Numeiri die Nationale Front auf; Teilnahme oppositioneller Kräfte im Einvernehmen mit der Sudanesischen Sozialistischen Union.
	1979 12.–21. Jan.	Die gemeinsame Sitzung der Parlamente Ägyptens und des Sudan sowie Regierungsvereinbarungen über wirtschaftliche, soziale und kulturelle Integration unterstreichen die zunehmende Zusammenarbeit zwischen beiden Staaten, die nach vorübergehender Abkühlung
Charta der Integration	**1982**	der Beziehungen in der *Charta der Integration* langfristig vereinbart wird.
	1983	Nach der Aufteilung des Südsudan in drei Provinzen (Juni) und der Einführung des islamischen Strafrechts (Sept.) droht der Bürgerkrieg wieder aufzuflammen.
Numeiris Sturz	**1985** 15. Mai	Militärputsch führt zu *Numeiris Sturz* (6. April). General Abdul Suwar al-Dahab (Swareddahab [*1934]) wird neuer Staatschef.
	29. Okt.	Ein Waffenstillstand mit der südsudanesischen SPLA (Sudan People's Liberation Army) wird vereinbart.
	1986 5. Mai	Die im Südsudan boykottierten Parlamentswahlen gewinnt die Umma-Partei.
Krieg im Südsudan		Umma-Partei und Demokratische Unionspartei (DUP) einigen sich auf eine Regierung der nationalen Einheit unter Ministerpräsident Saddik el-Mahdi. Da die Regierung die Anwendung des islamischen Rechts (Scharia) nur aussetzt und nicht aufhebt, führen Aufständische im Süden den Kampf fort. Der *Krieg im Südsudan* verhindert in der Folgezeit immer wieder internationale Hilfe für die vom Hungertod bedrohte Bevölkerung.
	1988 15. Mai	Eine lange Koalitionskrise lässt erst nach, als die Nationale Islamische Front (NIF) mit fünf Ministern an der Regierung beteiligt wird.

10. Sept.	Die Körperstrafen des *islamischen Rechts* werden gegen den Protest des Südens wiedereingeführt.	*islamisches Recht*
16. Nov.	Die DUP schließt mit der SPLA ein Abkommen über die Beendigung des Bürgerkriegs. Als dies im Parlament keine ausreichende Unterstützung findet, verlässt die DUP die Regierung (29. Dez.).	
1989 6. März	Nach einem entsprechenden Ultimatum der Armee bildet el-Mahdi eine Regierung der Nationalen Einheit ohne die NIF) mit dem Ziel, den Bürgerkrieg zu beenden.	
30. Juni	Ein *Revolutionärer Kommandorat* zur nationalen Rettung unter General Omar Hassan al-Baschir (*1944) übernimmt die Macht. Verhandlungen mit der SPLA bleiben ergebnislos; der Krieg im Süden geht weiter.	*Revolutionärer Kommandorat*
1992 1993	Offensive von Regierungstruppen gegen Rebellen im Süden; dank umfassender iranischer Waffenhilfe können große Gebiete unter Kontrolle gebracht werden.	
24. April– 16. Mai	Die ägyptisch-sudanesischen Beziehungen verschlechtern sich. Grund ist vor allem der Streit um die Region Halaib.	
16. Okt.	Der Revolutionäre Kommandorat löst sich auf, nachdem er *General Baschir* zum Staatspräsidenten berufen hat. Formales Ende der Militärherrschaft. Der Bürgerkrieg im Sudan dauert jedoch an.	*General Baschir*
1994	Baschir verfügt eine regionale Neuorganisation des Landes (14. Febr.).	
8.–23. März	Friedensgespräche in Nairobi unter Beteiligung mehrerer afrikanischer Staaten zur Erreichung eines Waffenstillstandes im Bürgerkrieg.	
13. Juli	Baschir bildet sein Kabinett um. Neuer Innenminister ist Muhammad Khair, Gegner einer Kompromisslösung mit den südsudanesischen Rebellen. Neue Kampfvorbereitungen gegen die Aufständischen werden getroffen.	
1996	Die erste Wahl (6.–17. März) zum Staatspräsidenten seit Machtübernahme der Militärregierung gewinnt Baschir mit 75,7% der Stimmen.	
1997 April	Die sudanesische Regierung und Vertreter abgespaltener Gruppen von der SPLA unterzeichnen zwei Friedensabkommen (10./21. April). Der *Bürgerkrieg dauert an*.	*Bürgerkrieg*
29. Okt.	Unter Vermittlung durch den südafrikanischen Staatspräsidenten Nelson Mandela beginnen in Nairobi offizielle Verhandlungen zur Beendigung des Bürgerkrieges. Die Parteien können jedoch keine Einigung erzielen.	
24. Nov.	Die USA verhängen eine Wirtschaftsblockade gegen das Regime in Khartum (wegen „Missachtung der Menschenrechte und Unterstützung des Terrorismus").	
1998 Juni/Juli	In den umkämpften Gebieten sterben nach Angaben des UN-Welternährungsprogramms und anderer Hilfsorganisationen täglich etwa 200 Menschen, über zwei Mio. sind vom Hungertod bedroht.	
1. Juli	In-Kraft-Treten einer neuen Verfassung, die Meinungs- und Religionsfreiheit und ein Mehrparteiensystem vorsieht.	
20. Aug.	Als Vergeltung für *Anschläge auf die US-Botschaften in Nairobi und Daressalam* (7. Aug.) bombardiert die US-Marine mit Marschflugkörpern eine Chemiefabrik in Khartum, in der eine Produktionsstätte für Giftgas vermutet wird.	*Anschläge auf die US-Botschaften in Nairobi und Daressalam*
Nov.	Gemäß der neuen Verfassung erlässt die Regierung ein Parteiengesetz, das jedoch von der Opposition abgelehnt wird.	
1999 22. Mai	Rückkehr des 1985 gestürzten Ex-Diktators Numeiri aus dem ägyptischen Exil. Numeiri bildet eine neue Partei („Allianz der arbeitenden Klassen").	
27. Mai	Erneute Friedensgespräche in Nairobi enden ohne Ergebnis. In dem seit 1983 andauernden Bürgerkrieg sind nach einer Schätzung des United States Committee for Refugees 1,9 Mio. Menschen, überwiegend Zivilisten, ums Leben gekommen.	
15. Okt.	Die Ernährungs- und Landwirtschaftsorganisation der Vereinten Nationen (FAO) gibt bekannt, dass im Sudan 2,4 Mio. Menschen von Nahrungsmittelhilfen abhängig sind.	
8. Dez.	*Abkommen mit Uganda* zur Wiederaufnahme voller diplomatischer Beziehungen.	*Abkommen mit Uganda*
12. Dez.	Baschir kommt einer drohenden Entmachtung durch das Parlament entgegen, indem er einen dreimonatigen Ausnahmezustand verhängt und das Parlament auflöst.	
2000 1. März	Ablauf eines Ultimatums, das der SPLA-Führer John Garang den im Sudan tätigen nichtstaatlichen Organisationen gestellt hat und mit dem er sie zur Zahlung von „Steuern und Abgaben" verpflichten wollte. Folge ist: Elf der 18 größten humanitären Organisationen verlassen das Land.	
April	Mit dem Export von täglich 200000 Fass Rohöl tritt der Sudan offiziell in den Kreis der Erdölexporteure ein. Die Erschließung und Förderung ist von westlichen Konsortien trotz des Bürgerkriegs intensiv vorangetrieben worden.	
26. Sept.	In Asmara (Eritrea) finden Gespräche zwischen Baschir und dem Vorsitzenden des Oppositionsbündnisses NDA (Nationale Demokratische Allianz), al-Mirghani, statt, bei denen die	

Aufnahme von Friedensverhandlungen beschlossen wird. Die Gespräche werden im Okt. in Nairobi fortgesetzt und enden ohne Ergebnis.

8. Dez. Im Gefolge von gewalttätigen Auseinandersetzungen zwischen verfeindeten islamischen Sekten erschießt ein Extremist in einer Moschee in Khartum 32 Betende.

13.–22. Dez. Bei den Präsidentschafts- und Parlamentswahlen, die von der Opposition boykottiert werden, wird Baschir als Präsident wiedergewählt, der regierende Nationale Kongress erhält 205 der 270 zu vergebenden Sitze.

2001 Baschir verlängert den Ausnahmezustand für ein weiteres Jahr (3. Jan.).

Jan. Die SPLA, durch ein Abkommen mit der UNICEF (Okt. 2000) dazu verpflichtet, alle minderjährigen Soldaten zu entlassen, übergibt der UNICEF 2500 *Kindersoldaten* im Alter zwischen acht und 15 Jahren.

Kindersoldaten

12. Juni Angesichts des Vordringens der SPLA bis in die Nähe der Erdölfelder verkündet die Regierung die Generalmobilmachung.

Friedensplan

3. Juli Ein von Ägypten und Libyen vorgelegter *Friedensplan* wird von beiden Seiten akzeptiert.

2002 Regierung und SPLA einigen sich auf einen lokal begrenzten, international überwachten

Jan. Waffenstillstand in den Nuba-Bergen im Norden. Die Kämpfe in der ölreichen Südregion gehen weiter.

20. Juli Abkommen von Machakos (Kenia): Nach einer Übergangszeit von sechs Jahren soll ein international überwachtes Referendum stattfinden, in dem der Süden über seine Selbstbestimmung entscheiden darf. Die Regierung in Khartum ist so lange verpflichtet, kein islamisches Recht im Süden einzuführen.

2. Sept. Nach Eroberung einer wichtigen Garnisonsstadt im Süden durch die SPLA zieht sich die Regierung aus den Friedensgesprächen zurück. Der seit 1983 im Sudan herrschende Bürgerkrieg hat zwei Mio. Menschen das Leben gekostet.

Ägypten – Vereinigte Arabische Republik (VAR) seit 1945/52

(Forts. v. S. 1120)

In den Nachkriegsjahren erreicht die politische, wirtschaftliche und soziale Krise Ägyptens ihren Höhepunkt. Rasches Bevölkerungswachstum seit den dreißiger Jahren hat zunehmend Landflucht ausgelöst. Die weit gehend von Ausländern kontrollierte Wirtschaft ist einseitig auf Baumwollanbau und -handel ausgerichtet; Ansätze zu einer Industrialisierung (Baumwollverarbeitung; Importsubstitution technologisch einfacher Konsumgüter) reichen nicht aus. Arbeitslosigkeit und Massenarmut führen zu sozialen Spannungen, die die extrem ungleiche Verteilung verschärft. Die parlamentarischen Parteien vertreten die Interessen der Großgrundbesitzer und der städtischen Oberschicht. Studenten, junge Intellektuelle und Offiziere sowie die zahlenmäßig kleine Arbeiterschaft sind Träger der nationalrevolutionären Bewegung. Nach der Niederlage der ägyptischen Armee im Palästina-Krieg (1948/1949) baut *Oberst Gamal Abd el Nasser* (*1918, †1970) die Geheimorganisation der „Freien Offiziere" mit dem Ziel auf, das korrupte Regime zu stürzen.

Oberst Gamal Abd el Nasser

1952 Staatsstreich der Freien Offiziere (Ägyptische Revolution). König Faruk (*1920, †1965)

23. Juli muss abdanken und geht ins Exil (26. Juli). Ein Revolutionsrat unter Vorsitz von General Mohammed Nagib (*1901, †1984) wird oberstes Legislativ- und Exekutivorgan.

Landreform

9. Sept. Mit einer *Landreform*, die Grundbesitz auf maximal 84 ha pro Eigentümer (bis 1969 reduziert auf 21 ha) beschränkt, beginnen Maßnahmen, die die wirtschaftliche und politische Macht des alten Regimes brechen.

1953 Die als Parteienersatz gegründete „Befreiungsfront" (Febr.; Vorsitzender: Nasser) soll Unterstützung für das Regime organisieren.

Republik

18. Juni Ägypten zur *Republik* proklamiert; Ministerpräsident Nagib wird auch Staatspräsident.

1954 Über der Frage einer baldigen Rückkehr zu demokratischen Verhältnissen kommt es zum Bruch mit Nagib („März-Krise"):

18. April Nasser übernimmt das Amt des Ministerpräsidenten und setzt Nagib später auch als Präsidenten ab (14. Nov.). Verhaftungen von Kommunisten und Muslimbrüdern entfernen letzte Machtkonkurrenten.

Abkommen mit Großbritannien

19. Okt. *Abkommen mit Großbritannien* beendet den Vertrag von 1936: Abzug der britischen Truppen binnen 20 Monaten.

1955 Nasser verkündet den positiven Neutralismus als Prinzip der Außenpolitik: „Nichtanleh-

Mai nung", aber Zusammenarbeit mit West und Ost.

Sept.	Waffenlieferungsabkommen mit der Tschechoslowakei.	
1956 23. Juni	Durch Plebiszit neue Verfassung angenommen, Gamal Abd el Nasser gleichzeitig mit 99,9% der Stimmen zum Präsidenten gewählt. Der Revolutionsrat löst sich auf. Die Verfassung räumt dem Präsidenten weit gehende Rechte auch im legislativen Bereich ein; einzige politische Organisation wird die Nationale Union (gegründet 1957).	
19. Juli	Wegen Nassers *Neutralitätspolitik* (Zusammenarbeit mit Jugoslawien und Indien; Anerkennung der Volksrepublik China) ziehen die USA, Großbritannien und die Weltbank ihre Finanzierungszusage für den Bau des Assuan-Staudammes zurück.	*Neutralitätspolitik*
26. Juli	Nasser reagiert mit der Verstaatlichung der Sueskanalgesellschaft.	
29. Okt.– 6. Nov.	Großbritannien sieht seine Stellung „östlich von Sues" gefährdet; Frankreich will Nasser wegen der Unterstützung der algerischen Befreiungsbewegung treffen. Gemeinsam mit Israel treten beide Mächte gegen Ägypten in den *Sues-Krieg* ein. Trotz militärischer Niederlage setzt sich Ägypten politisch durch; Räumung und Wiedereröffnung des Kanals mit Hilfe der Vereinten Nationen; freie Schifffahrt aufgrund der Konvention von Konstantinopel (1888) wird garantiert, Entschädigung der Aktionäre der Kanalgesellschaft. Für Israels Schifffahrt bleibt der Kanal geschlossen.	*Sues-Krieg*
1958 1. Febr.	Zusammenschluss Ägyptens und Syriens zur *Vereinigten Arabischen Republik* (VAR). Der Jemen schließt sich in loser Föderation an (8. März: Vereinigte Arabische Staaten).	*Vereinigte Arabische Republik*
1961 Juli	Nach Verstaatlichung der Großbanken (1960) zu Beginn des Ersten Fünfjahrplanes (1960–1965) wird der größte Teil des modernen Sektors der Wirtschaft verstaatlicht.	
	Nach der Sezession Syriens von der VAR (28. Sept.) Auflösung der Nationalen Union und der Nationalversammlung; Konzentration auf Innen- und Wirtschaftspolitik: *Arabischer Sozialismus* ergänzt das Ziel der panarabischen Einheit.	*arabischer Sozialismus*
1962 30. Juni	Der „Nationalkongress der Volkskräfte" verabschiedet die *Charta der nationalen Aktion*: „totale Revolution" mit dem Ziel einer kooperativen sozialistischen Gesellschaft, jedoch Ablehnung des Klassenkampfes, vielmehr Auflösung der Klassenunterschiede im Rahmen der nationalen Einheit; Festhalten am Privateigentum, aber Kampf gegen ausbeuterisches Kapital. Gründung der Arabischen Sozialistischen Union (ASU).	*Charta der nationalen Aktion*

Ägyptens Entwicklungsprobleme und Nassers Entwicklungspolitik

Ägyptens Grundproblem ist das extrem ungünstige Verhältnis von *Bevölkerungswachstum* und nutzbarem Boden: Weniger als 4% der Landesfläche sind bewohnbar. Die Bevölkerung verdoppelt sich in 30 Jahren bis 1978 auf 40 Mio. Einwohner. Folge der Bevölkerungsdichte ist eine starke Urbanisierung: Bis 1978 leben 45% der Bevölkerung in Städten, ein Viertel der Gesamtbevölkerung im Großraum Kairo. Landwirtschaftliche Entwicklung (Vergrößerung der Erntefläche durch ganzjährige Bewässerung; Intensivierung durch neue Produkte und Anbaumethoden, Neulandgewinnung) kann Ägyptens Wirtschaftsprobleme nicht lösen. Wachsende Abhängigkeit von Nahrungsmittelimporten. Rohstoffknappheit erschwert die Industrialisierung. 1952 große außenwirtschaftliche Abhängigkeit: Exportanteil von Baumwolle und Baumwollprodukten 87%. Wirtschaftskrise als Folge der Halbierung der Weltmarktpreise für Baumwolle nach dem Korea-Boom 1951/1952.

Bevölkerungswachstum

Kurz nach der Revolution fallen entwicklungsstrategische Entscheidungen für rasche *Industrialisierung* und Diversifizierung in Produktion und Export im Rahmen umfassender Planung und unter Führung des öffentlichen Sektors. Erster Fünfjahres-Entwicklungsplan (1960–1965) mit Schwerpunkten in Landwirtschaft (ca. 25% der Investitionsmittel), Schwerindustrie; Zwischenprodukt- und auch Kapitalgüterindustrie, Erdölexploration und -förderung, Energiewirtschaft, Transport und städtischem Wohnungsbau. Wichtigstes Großprojekt ist der zwischen 1960 und 1970 mit sowjetischer Hilfe gebaute *Assuan-Staudamm* (Bewässerungsprojekte, Neulandgewinnung, Energieerzeugung). Finanzierung der Entwicklungsprojekte durch umfangreiche westliche und östliche Wirtschaftshilfe. Die Entwicklungspolitik führt zu überdurchschnittlichen realen Wachstumsraten um 8% zwischen 1957 und 1964. Entmachtung der Großgrundbesitzer und großen Unternehmen sowie die Nationalisierung aller ausländischen Unternehmen (zwischen 1956 und 1961) begünstigen zusammen mit verteilungspolitischen Maßnahmen (Landverteilung; Sozialversicherung; Breitenausbau des Erziehungswesens) die angestrebte innengerichtete Entwicklung. Seit 1963/1964 wachsende Schwierigkeiten: Die Konzentration auf kapitalintensive, erst langfristig voll wirksame Großprojekte wie Assuan-Hochdamm und Schwerindustrie steht im Konflikt mit der – angesichts von Bodenknappheit und Bevölkerungsdruck kurzfristig notwendigen – Steigerung der Konsumgüterproduktion bzw. -importe (Nahrungsmittel) und der Schaffung von Arbeitsplätzen. Kapitalmangel, als nach den USA auch andere westliche Länder ihre Entwicklungshilfe reduzieren bzw. einstellen.

Industrialisierung

Assuan-Staudamm

Provisorische Verfassung	**1964** 25. März	Die neue *Provisorische Verfassung* verankert die Prinzipien der Nationalcharta: Die VAR ist ein „demokratischer sozialistischer Staat", der sich auf die „Allianz der Volkskräfte" gründet; der Islam ist Staatsreligion. Dominierende Stellung des Präsidenten; ASU als einzige politische Organisation; in der Volksversammlung müssen Bauern und Arbeiter die Hälfte der Abgeordneten stellen.
	9.–25. Mai	Besuch des sowjetischen Partei- und Regierungschefs Nikita S. Chruschtschow in Ägypten anlässlich der Fertigstellung der ersten Baustufe des Assuan-Damms. Verstärkte sowjetische Hilfe, als sich in der Folgezeit die Beziehungen zu den USA ständig verschlechtern.
Staatsbesuch Ulbrichts	**1965**	Geheime Waffenlieferungen der Bundesrepublik Deutschland an Israel veranlassen Nasser, Walter *Ulbricht*, den Partei- und Staatsratsvorsitzenden der DDR, auf *Staatsbesuch* einzuladen (24. Febr.–2. März): langfristige Wirtschaftsabkommen zur Durchführung des 2. Fünfjahrplanes, jedoch keine De-jure-Anerkennung der DDR.
	13. Mai	Abbruch der diplomatischen Beziehungen zur Bundesrepublik Deutschland, als diese Beziehungen zu Israel aufnimmt.
Juni-Krieg gegen Israel	**1967** 5.–8. Juni	Vernichtende Niederlage im *Juni-Krieg gegen Israel*. Nach dem Rückschlag instabile innere Situation. Nasser reagiert mit dem „Programm des 30. März" (1968): innere Reformen; Neuaufbau der ASU (Arabische Sozialistische Union) „von unten nach oben". Außenpolitische Doppelstrategie: verstärkte Rüstung gegen Israel mit sowjetischer Hilfe; gleichzeitig Kompromissbereitschaft im Nahostkonflikt und vorsichtige Wiederannäherung an den Westen.
Präsident Anwar as-Sadat	**1970** 28. Sept.	Nach dem plötzlichen Tod Nassers setzt sein Nachfolger *Anwar as-Sadat* (*1918, †1981), bis dahin Vizepräsident, diese Politik verstärkt fort.
	1971	Sowjetfreundliche Mitglieder der alten Führungsgruppe um Nasser, insbesondere Vizepräsident Ali Sabri (*1920, †1991), versuchen, Sadat eine kollektive Führung aufzuzwingen.
	15. Mai	Mit einem Coup von oben entledigt sich Sadat seiner innenpolitischen Gegner („Korrektiv-Revolution").
Vertrag mit der UdSSR	27. Mai	Trotz dieser Maßnahmen gelingt es Sadat, einen *Freundschaftsvertrag mit der Sowjetunion* abzuschließen.
	11. Sept.	Permanente Verfassung, durch Volksabstimmung gebilligt, erweitert die Grundrechte und stärkt die Unabhängigkeit der Justiz, hält aber an der sozialistischen Wirtschafts- und Gesellschaftsordnung fest und belässt die dominierende Stellung des Präsidenten. Die VAR in Arabische Republik Ägypten umbenannt.
	1972	Sadat gibt die Ausweisung der 17000 sowjetischen Militärberater bekannt (18. Juli).
Oktober-Krieg	**1973** 6.–26. Okt.	Ägypten entschließt sich zum Überraschungsangriff gegen Israel: *Oktober-Krieg*. Die militärischen Erfolge sind die Voraussetzung, dass Sadat dem Prinzip eines Verhandlungsfriedens zustimmen kann. Hinwendung zu den USA: Wiederaufnahme der diplomatischen Beziehungen (7. Nov. 1973). *Besuch US-Präsident Nixons* in Kairo (12.–14. Juni 1974): US-Wirtschaftshilfe und Förderung der friedlichen Nutzung der Atomenergie zugesagt. Die Sowjetunion weigert sich, die ägyptischen Verluste an Kriegsmaterial auszugleichen, daher bemüht sich Sadat in Großbritannien und Frankreich um neue Waffen: Vereinbarung über Lieferung französischer Mirage-Kampfflugzeuge (Jan. 1975).
Besuch US-Präsident Nixons		
	1974 8. April	Sadat legt im Oktober-Papier die wirtschafts- und innenpolitischen Prinzipien seiner „Öffnungspolitik" vor (angenommen durch Volksabstimmung am 17. Mai).

Wirtschaftliche und innenpolitische Liberalisierung unter Sadat

Beim Amtsantritt Sadats steckt Ägypten in einer wirtschaftlichen und innenpolitischen Krise: Die umfangreiche Wirtschaftshilfe der Sowjetunion reicht für die Bedürfnisse Ägyptens nicht aus, kann vor allem notwendige Importe aus westlichen Industrieländern nicht ersetzen: Auf Grund von Devisenmangel (Verpfändung des Hauptexportgutes Baumwolle an die Sowjetunion; Sueskanal seit 1967 geschlossen) liegen in importabhängigen Industriezweigen bis über 50% der Kapazitäten brach. Die mit der Verfassung von 1971 begonnene *Abkehr vom „Nasserismus"* (innenpolitische Liberalisierung: größere Meinungsfreiheit, Lockerung der Pressezensur; Belebung der Wirtschaft mit westlicher Hilfe) setzt Sadat nach dem Erfolg im Oktober-Krieg von 1973 verstärkt fort: *Liberalisierung der Wirtschaft* soll das Land westlichen Investitionen öffnen (Investitionsgesetz von 1974). Am gemischtwirtschaftlichen System mit dominierendem öffentlichem Sektor und am Prinzip umfassender Entwicklungsplanung wird festgehalten, der Privatinitiative jedoch mehr Raum gegeben. Wiederaufbau der zerstörten Städte am Sueskanal; Ausbau der Kanalzone zu einem Industrie- und Handelszentrum geplant. Ab 1974 massive arabische und westliche Kapitalhilfe.
Innenpolitische Liberalisierung: Die öffentliche Diskussion über die Nasser-Ära und die Auseinandersetzung über die gesellschaftspolitischen Alternativen führen zu wachsendem Druck auf Sadat, mehr politische Partizipation zuzulassen. Bildung von Meinungs-„Plattformen" innerhalb der ASU, erste halbwegs freie Parlamentswahlen im Herbst 1976, danach Zulassung von politischen Parteien.

Einzelstaaten   Ägypten – Vereinigte Arabische Republik (VAR) seit 1945/52

1976 15. März	Ägypten widerruft den Freundschaftsvertrag mit der Sowjetunion. Sadat wirft Moskau vor, Ägypten politisch, wirtschaftlich und militärisch unter Druck setzen zu wollen.
28. Okt./ 4. Nov.	Bei den *Wahlen zur Volksversammlung* gewinnt die Sadat unterstützende Arabisch-Sozialistische Plattform 280 der 342 Mandate. Sadat lässt die Umwandlung der ASU-Plattformen in selbstständige Parteien zu (Parteiengesetz von 1977).
1977 18./19. Jan.	Preiserhöhungen für subventionierte Güter lösen die schwersten Unruhen seit der Revolution aus. Kommunisten und radikale Moslemgruppen verantwortlich gemacht; Verhaftungs- und Prozesswelle; restriktive Gesetzgebung (Demonstrations- und Streikverbot).
19./20. Nov.	*Sadats Reise nach Jerusalem* stärkt seine innenpolitische Stellung, da die Bevölkerung mit einem Frieden die Hoffnung auf wirtschaftlichen Aufschwung und damit rasche Verbesserung ihrer Lebensumstände verbindet.
1978 21. Mai	In einer Volksabstimmung entscheiden sich 98% für Sadats *„Sechs Prinzipien"*, mit denen jedem politische und journalistische Betätigung verboten wird, der vor oder nach der Revolution das politische Leben „korrumpiert" hat oder Ideologien vertritt, die mit der Religion unvereinbar sind.
Juli–Nov.	Sadat reorganisiert die politische Struktur: Gründung einer eigenen National-Demokratischen Partei (NDP), zu der so viele Mitglieder der Regierungspartei übertreten, dass diese sich auflöst; neue Regierung. Auf Sadats Initiative Gründung einer „ehrenhaften Opposition": Sozialistische Arbeits-Partei.
1979 20. April	Sadat unterzeichnet *Friedensvertrag mit Israel* (26. März). Nach Opposition von 15 Abgeordneten gegen die Ratifizierung des Vertrages Referendum für den Vertrag: 99,9% Ja-Stimmen.
7./14. Juni	Bei den Parlamentswahlen erringt die NDP 305 Sitze; die Sozialistische Arbeits-Partei kommt auf 29, die Liberal-Sozialistische Partei auf 3 Sitze.
1981 6. Okt.	Wachsende Opposition gegen Sadat führt auch zu Auseinandersetzungen zwischen islamischen Fundamentalisten und Kopten. Nach einer Verhaftungswelle wird bei einer Militärparade *Sadat ermordet*. Ziele des neuen *Präsidenten Hosni Mubarak* (*1928) sind: Friedenspolitik gegenüber Israel, bessere Beziehungen zu den arabischen Staaten, Wirtschaftsreformen und innenpolitische Liberalisierung.
1982	Nach Israels Invasion in den Libanon wird der ägyptische Botschafter aus Tel Aviv abberufen, die diplomatischen Beziehungen bleiben jedoch bestehen.
1984 27. Mai	Bei den *Parlamentswahlen* erhält die regierende NDP 73%, der Neo-Wafd, auf dessen Liste Anhänger der Muslimbruderschaft kandidieren, 15% der Stimmen.
5. Juni	Nach dem Tod von Ministerpräsident Fuad Mohieddin (*1926) versuchen mehrere Regierungen erfolglos, die notwendigen Wirtschaftsreformen durchzuführen. Danach wird Atif Sidki (*1930) von Mubarak mit der Regierungsbildung beauftragt (11. Nov. 1986).
1986	Meuterei der Bereitschaftspolizei in Kairo, erstmals seit 1977 wird die Armee zur Niederschlagung innerer Unruhen eingesetzt (24.–25. Febr.).
1987 6. April	Bei den Parlamentswahlen erhält die NDP 347 der 448 Sitze. Stärkste Oppositionsfraktion wird ein Parteienbündnis mit Unterstützung der Muslimbruderschaft (59 Sitze), der Neo-Wafd erhält nur noch 35 Sitze.
5. Okt.	*Präsident Mubarak* wird für eine zweite Amtszeit von sechs Jahren per Plebiszit im Amt bestätigt.
1989 15. März	Nach langwierigen Verhandlungen mit Israel und dem Spruch einer internationalen Schiedskommission fällt das Gebiet von *Taba an Ägypten*.
21. Mai	Ägypten wird wieder volles Mitglied der Arabischen Liga.
Okt./Nov.	Krise um die ca. 1 Mio. ägyptischen Gastarbeiter im Irak, nachdem die irakischen Behörden die Rücküberweisungen der Gastarbeiter stark beschränken.
1990 Aug.	Ägypten stellt sich in der Golfkrise auf die Seite der Alliierten. *Schuldenerlass* vonseiten Saudi-Arabiens und anderer Ölstaaten und den USA (insgesamt 14 Mrd. US-Dollar).
29. Nov.	Nachdem das Verfassungsgericht die Parlamentswahlen von 1987 für ungültig erklärt hat, finden Neuwahlen statt, die von den meisten Oppositionsparteien boykottiert werden. Die NDP erhält eine Zweidrittelmehrheit.
1991	Ägypten beteiligt sich an der alliierten Koalition im Zweiten Golfkrieg (17. Jan.–28. Febr.) zur Befreiung Kuwaits.
3. Dez.	Die UN-Vollversammlung wählt den stellvertretenden ägyptischen Ministerpräsidenten Boutros Boutros-Gali (*1922) zum UNO-Generalsekretär.
1992 15. Juli	Vor dem Hintergrund zunehmender *islamistischer Gewaltakte* billigt das Parlament schärfere Anti-Terrorgesetze.
6. Nov.	Prediger in einer Moschee in Assiut rufen erstmals offen zum bewaffneten Kampf gegen die Regierung auf und treten für die Errichtung eines islamischen Staates ein.

	1993 24. April	Die Beziehungen zwischen Ägypten und dem Sudan verschlechtern sich. Hauptgrund ist der Streit um die Region Halaib (bis 16. Mai).
	4. Okt.	Eine Volksabstimmung bestätigt Staatspräsident Mubarak für weitere sechs Jahre im Amt (94,61% der Stimmen).
Anschlag auf Mubarak	1995 26. Juni	*Mubarak* entgeht einem *Mordanschlag* in Addis Abeba; er macht sudanesische Islamisten und die Regierung in Khartum für das Attentat verantwortlich.
	1996 4. Jan.	Nach dem Rücktritt von Atif Sidki ernennt Staatspräsident Mubarak den bisherigen Planungsminister Kamal al-Ganzouri (*1933) zum neuen Ministerpräsidenten.
	18. April	Ein Anschlag islamischer Fundamentalisten auf ein Kairoer Hotel fordert 18 Todesopfer und 13 Verletzte, darunter viele Touristen. Die Regierung reagiert mit Massenverhaftungen und Hinrichtungen.
	1997	Um einen Fortgang des Nahost-Friedensprozesses zu erwirken, führt Mubarak Gespräche mit Syrien, den USA, Deutschland und Israel.
Terrorakte	13. März	Weitere *Terrorakte* fordern 14 Opfer. In einer Stellungnahme (15. März) bestreiten Islamisten die Verantwortung für die Anschläge.
	17. Nov.	Der Anschlag auf eine Touristengruppe bei Luxor, zu dem sich die islamistische Untergrundorganisation Dschama'at al-Islamija bekennt, fordert 62 Tote (58 Touristen). Eine Stornierungswelle ausländischer Touristen folgt. Präsident Mubarak verordnet schärfere Sicherheitsmaßnahmen. Widersprüchliche Stellungnahmen der Dschama'at verweisen auf interne Uneinigkeiten.
Privatisierung	1998 8. Juni	Das Parlament beschließt die *Privatisierung* der vier Staatsbanken und der staatlichen Versicherungsunternehmen.
	Juni	Nach starkem Rückgang wegen der Anschläge von 1996/97 erreichen die Touristenzahlen wieder annähernd die früheren Höhen.
	1999 1. Febr.	Vor dem Obersten Militärgericht beginnt ein Massenprozess gegen 107 Angeklagte (davon aber nur 47 in Gewahrsam), die der Mitwirkung bei terroristischen Anschlägen beschuldigt werden. Am 18. April werden neun Angeklagte in Abwesenheit zum Tode verurteilt, weitere elf zu lebenslänglich Gefängnis.
	27. April	Als Geste der Aussöhnung werden über 1000 Mitglieder der Dschama'at al-Islamija aus dem Gefängnis entlassen. Deren Führung erklärt den Verzicht auf bewaffnete Aktionen.
	26. Mai	Per Gesetz wird die Arbeit „privater Vereinigungen und Nichtregierungsorganisationen (NGOs)" strengen staatlichen Zulassungsbestimmungen unterworfen.
	26. Sept.	Staatspräsident Mubarak wird in einem Referendum für eine vierte Amtszeit bestätigt.
	Okt.	Nachdem die Sicherheitskräfte, gestützt auf den seit 1981 geltenden Ausnahmezustand, weit gehend alle Terrorgruppen zerschlagen haben, geraten auch die gemäßigten islamischen Kräfte wie die Muslimbruderschaft unter Druck. Ihre Führung wird verhaftet und muss sich seit Dez. vor dem Kairoer Militärtribunal verantworten.
neues Scheidungsrecht	2000 26. Jan.	Das Parlament beschließt ein *neues Scheidungsrecht*, das Frauen die Auflösung der Ehe ohne Begründung erlaubt, ein Recht, das bisher nur Männer hatten.
	11. April	Um der verbreiteten Praxis des Wahlbetrugs ein Ende zu setzen, wird ein neues Wahlgesetz erlassen.
	Okt./Nov.	Bei den Parlamentswahlen, abgehalten nacheinander in den drei Landesteilen und begleitet von Repressionen gegen oppositionelle Kandidaten, Wahlmanipulationen und gewalttätigen Auseinandersetzungen (14 Todesopfer), setzt sich die regierende NDP als stärkste Kraft durch.
dominierende Stellung der NDP	2001 16. Mai–	Die Zwischenwahlen zum Oberhaus (Schura) bestätigen die *dominierende Stellung der NDP*. Die Wahlbeteiligung liegt allerdings nur bei 15%.
	12. Juni 21. Mai	Der Bürgerrechtler Saadeddin Ibrahim wird u. a. wegen Rufschädigung gegenüber Ägypten und Annahme illegaler Hilfsgelder zu sieben Jahren Gefängnis verurteilt. Menschenrechtsorganisationen kritisieren das Urteil als politisch motiviert.
	2002	Der Rückgang des Fremdenverkehrs nach den Anschlägen vom 11. Sept. trägt dem Land Verluste von ca. drei Mrd. US-Dollar ein.
	29. Juli	Der Bürgerrechtler Ibrahim wird zum zweiten Mal wegen Unterschlagung und Annahme von Geld aus dem Ausland zu sieben Jahren Haft verurteilt.

Libyen seit 1949
(Forts. v. S. 1122)

1949 11. Nov.	Die Vereinten Nationen beschließen die Wiedervereinigung und Unabhängigkeit von Cyrenaica, Tripolitanien und Fessan.	
1951 24. Dez.	Das Vereinigte Königreich Libyen wird unter Mohammed Idris as-Senussi (*1890, †1983; 1951–1969) *unabhängig*. Gemäß Verfassung vom Okt. 1951 erhebliche Autonomie der drei Provinzen (seit 1963 Einheitsstaat).	*Unabhängigkeit*
1959	Verschiedene Ölgesellschaften (Konzessionen seit 1955/1956) entdecken reiche *Erdöllager* in allen drei Landesteilen. Die Ölproduktion steigt rasch von 0,9 Mio. Tonnen (1961) auf 159,7 Mio. Tonnen (1970). Die Öleinnahmen reduzieren Libyens Abhängigkeit: Diskussionen über die Stützpunkte; Abzug der meisten britischen Truppen bis 1966.	*Erdöllager*
1967 Juni	Die Parolen des Panarabismus finden bei der jüngeren Generation günstigen Boden: nationalistische Unruhen während des Nahostkrieges, gesteigerte Missstimmung gegen Großbritannien und die USA.	
1969 1. Sept.	*Staatsstreich des Militärs*: Der „Revolutionäre Kommandorat" unter dem Stabschef der Armee Moamer al-Gaddafi (*1942) setzt den abwesenden König ab und ruft die *Libysche Arabische Republik* aus. Das neue Regime vertritt eine radikal nationalistische Politik: Abzug der letzten ausländischen Truppen bis Mitte 1970; Araber ersetzen europäische und amerikanische Experten. Arabisch einzige Verkehrssprache, selbst im Außenhandel. Enteignung und Ausweisung von 25000 Italienern und Juden; Verstaatlichung des innerlibyschen Vertriebsnetzes der Ölgesellschaften (Juli 1970). Verstärkte Rüstung: Frankreich liefert Mirage-Kampfflugzeuge, die UdSSR Panzer.	*Staatsstreich Libysche Arabische Republik*

Gaddafis Versuch einer revolutionären Außen-, Erdöl- und Entwicklungspolitik bis 1977

Gaddafi drängt immer wieder auf rasche Verwirklichung der *panarabischen Einheit*: revolutionäre Allianz mit der VAR und dem Sudan (Charta von Tripolis, 27. Dez. 1969); Föderation Arabischer Republiken mit Syrien und der VAR (17. April 1971); geplante Vereinigung mit Ägypten zum 1. Okt. 1973 (2. Aug. 1972); geplante Vereinigung mit Tunesien (12. Jan. 1974). Die Einigungsversuche scheitern am Führungsanspruch Gaddafis, der sich als Nassers Erbe versteht; zudem stößt Gaddafis revolutionärer Radikalismus mit seiner Mischung aus islamischem Fundamentalismus und sozialistischen Ideen auf Ablehnung. Libyen stellt Ägypten im Oktoberkrieg von 1973 (entgegen den Vereinbarungen mit Frankreich) Mirage-Kampfflugzeuge zur Verfügung und zahlt an die „Konfrontationsstaaten" fast 1 Mrd. US-Dollar. Da Libyen die kompromissbereite ägyptische Haltung nach dem Krieg scharf verurteilt, Einstellung der Finanzhilfe an Kairo (28. März 1974). Libyen teilt die Position der radikalen Palästinenser, die es finanziell und militärisch unterstützt; wegen der radikalen Haltung auch im Nahostkonflikt (Israel hat kein Existenzrecht und muss vernichtet werden) wachsende Isolierung in der arabischen Welt. *panarabische Einheit*

Nach dem Scheitern der panarabischen Politik sucht Gaddafi Rückhalt bei *schwarzafrikanischen Staaten* mit islamischer Bevölkerung, die er finanziell und militärisch unterstützt (Burundi, Somalia, Uganda, Madagaskar, Niger); Zahlungen an Befreiungs- und Umsturzbewegungen in der ganzen Welt (Irland, Rhodesien, Oman, Philippinen) und für subversive Aktivitäten in Ägypten und im Sudan. Im Tchad unterstützt Libyen die FROLINAT-Rebellen und besetzt 1973 die Grenzprovinz Aozou, auf die nachträglich Besitzansprüche erhoben werden (nach der Einigung im Tchad 1978/1979 Kämpfe gegen die libysche Annexionspolitik). *schwarzafrikanische Staaten*

Seit der Revolution bemüht sich die libysche Regierung um größeren Einfluss auf Produktions- und Preispolitik der Erdölgesellschaften: April 1971 höhere *Ölpreise* durchgesetzt; Dez. 1971 Verstaatlichung der Anlagen von British Petrol; seit 1972 Verhandlungen über 51% Beteiligungen an den übrigen ausländischen Gesellschaften: Diejenigen, die den libyschen Vorstellungen nicht zustimmen, werden verstaatlicht. Einige Konzerne ziehen ihr technisches Personal ab oder drosseln die Produktion. Diese Maßnahmen lassen zusammen mit der Wirkung des Ölembargos von 1973/1974 und den Ölpreiserhöhungen (über dem OPEC-Niveau) die Produktion bis 1975 auf 71,5 Mio. Tonnen sinken. Zwischen Sept. 1974 und Juni 1975 muss Libyen mehrfach den Ölpreis senken; als sich eine Einigung über die Entschädigungsforderungen der ausländischen Erdölgesellschaften abzeichnet (bis 1977 abgeschlossen), steigt die Produktion wieder auf 104 Mio. Tonnen (1977) an. Um die Reserven (1978: 3,4 Mrd. Tonnen) zu schonen, will Libyen ab 1979 nur noch so viel Öl zu Höchstpreisen abgeben, wie zur Deckung seines Finanzbedarfs nötig ist (1992 betragen die Reserven noch 3,005 Mrd. Tonnen; Produktion: 73,2 Mio. Tonnen). *Ölpreise*

Die seit der Revolution trotz Produktionsrückgangs stark gestiegenen *Öleinnahmen* (1968: 952 Mio. US-Dollar; 1977: 9,4 Mrd. US-Dollar) werden für die Förderung der Landwirtschaft (ehrgeiziges Projekt zur Nutzung unterirdischer Wasserreservoirs in den Kufra-Oasen) und den Aufbau einer *Industrie* verwandt, hohe Ausgaben für Wohnungsbau, Verkehr und Erziehung. Ungünstige regionale Verteilung der Bevölkerung (1976: 2,5 Mio. Einwohner) und Mangel an qualifizierten Arbeitskräften (hoher Anteil von *Öleinnahmen Industrie*

Ausländern, darunter über 200000 Ägypter) erschweren die Entwicklung: Libyen nimmt mehr Geld ein, als es sinnvoll ausgeben kann („unterentwickeltes Überflussland"); Überschüsse im Ausland angelegt (Auslandsguthaben 1975 auf 4 Mrd. US-Dollar geschätzt).
Weil die 1971 gegründete Arabische Sozialistische Union (ASU) nicht im Stande ist, die libysche Bevölkerung in ihrem Sinne zu mobilisieren, leitet Gaddafi am 15. April 1973 eine „Kulturrevolution" ein: Zwischen Kommunismus und westlichem Materialismus sieht er im Islam einen sozialrevolutionären dritten Weg, der alle arabischen Völker zusammenführen soll. *„Volksrevolution"*: Bildung von Volkskomitees, die bis Ende 1973 in den Betrieben und Verwaltungen teils die Leitung übernehmen oder teils (wie in den Erdölunternehmen) als eine Art Betriebsrat fungieren.

„Volksrevolution"

1974
2. April Nach schweren Meinungsverschiedenheiten im Revolutionären Kommandorat wird bekannt gegeben, dass Gaddafi seiner Amtsverpflichtungen enthoben ist; er bleibt formal Vorsitzender des Revolutionsrates und Oberbefehlshaber der Streitkräfte, er soll sich jedoch künftig ideologischen Aufgaben sowie den Massenorganisationen widmen. Die Regierungsgeschäfte führt Ministerpräsident Major Abd as-Salam Dschallud (*1944), der als pragmatischer und als sowjetfreundlicher Politiker gilt. – Gaddafi gelingt es (im Herbst 1974), die politische Autorität zurückzugewinnen.

Beziehungen zur Sowjetunion

14.–20. Mai Besuch Dschalluds in Moskau. Es entwickeln sich enge *Beziehungen zur Sowjetunion*: Bildung eines bilateralen Ausschusses auf Regierungsebene; Handelsabkommen (Lieferung von Öl gegen Waffen und Entwicklungshilfe).

1975
12.–15. Mai Gegenbesuch des sowjetischen Ministerpräsidenten Alexej Kossygin: Konsultationsvereinbarungen, Abkommen über Zusammenarbeit, Vertrag über Waffenlieferungen im Wert von 2,2 Mrd. US-Dollar. Die Sowjetunion stattet die 30000 Mann starken libyschen Streitkräfte mit einem überdimensionierten Waffenarsenal aus.

Verfassung

1977
2.–28. März Der von der ASU gebildete Allgemeine Volkskongress verabschiedet die neue *Verfassung*: Libyen umbenannt in Sozialistische Libysche Arabische Volksdschamahirija. Der Koran ist das soziale Gesetz. Unmittelbare Autorität des Volkes: Alle Macht geht an Volkskongresse, Volkskomitees, Gewerkschaften, Berufsverbände und den Allgemeinen Volkskongress über; Auflösung des Revolutionären Kommandorats; Gaddafi wird Generalsekretär des Generalsekretariats des Allgemeinen Volkskongresses; Ministerrat ersetzt durch Allgemeines Volkskomitee mit Sekretären für die verschiedenen Ressorts.

2.–5. Dez. Libyen bringt die Gegner der Friedensinitiative des ägyptischen Präsidenten Anwar as-Sadat in Tripolis zusammen und übernimmt nach langer Isolierung eine Führungsrolle in der Ablehnungsfront; verstärkte bilaterale Zusammenarbeit (u.a. Finanzierung sowjetischer Waffenlieferungen an Syrien).

1979
1. März Die Mitglieder des Generalsekretariats, darunter Gaddafi und Dschallud, treten bei einer Sondersitzung des Allgemeinen Volkskongresses zurück, um sich ganz ihren militärischen Dienstaufgaben und der Arbeit mit den Massen zu widmen; Übergang der Macht an das Volk. Wahl einer neuen kollektiven Staatsführung unter Generalsekretär Abdel Ati al-Obeidi und eines neuen Allgemeinen Volkskomitees. – Trotz seines offiziellen Rücktritts bleibt Gaddafi der eigentliche Führer von Staat und Revolution.

Politik der Einmischung

1983 Libysche Truppen halten den Norden des Tchad im neuen Bürgerkrieg weiter besetzt. Die *Politik der Einmischung*, auch im Sudan, führt zu Konfrontationen mit Frankreich und USA (Luftkämpfe vor der Küste; Verstärkung französischer Truppen im Tchad).

1984
13. Aug. Marokko und Libyen vereinbaren in Oujda die Bildung einer Föderation zur politischen und wirtschaftlichen Zusammenarbeit.

US-Wirtschaftsembargo

1986
7. Jan. Die *USA* verhängen ein *Wirtschaftsembargo*, das mit Libyens Unterstützung des internationalen Terrorismus begründet wird.

5. April Für einen Bombenanschlag in der Westberliner Diskothek „La Belle", bei dem ein US-Soldat getötet wird, machen die USA Libyen verantwortlich.

14. April Amerikanische Flugzeuge bombardieren Ziele in Tripolis und Benghasi.

Militäroffensiven im Tchad

Dez. Libysche *Militäroffensiven im Tchad* führen zu hohen eigenen Verlusten.

1988
März Eine innenpolitische Liberalisierung setzt ein: Gefängnisse werden demonstrativ zerstört und Gefangene amnestiert.

11.–12. Juni Der Allgemeine Volkskongress nimmt eine „Charta über die Gewährung von Freiheiten und Menschenrechten in Libyen" an.

Chemieanlage von Rabta

ab Okt. Kontroverse mit den USA um die von der bundesdeutschen Firma Imhausen gelieferte *Chemieanlage von Rabta*, in der nach US-Angaben C-Waffen produziert werden.

1989
23.–26. Mai Ein erstes Treffen zwischen Gaddafi und Ägyptens Präsident Hosni Mubarak führt zur Wiederaufnahme der seit 1979 unterbrochenen diplomatischen Beziehungen.

1992 31. März	Wegen des Verdachts, den internationalen Terrorismus zu unterstützen, verhängt die UNO mit der Resolution 748 ein *Luftfahrtembargo* gegen Libyen.	*Luftfahrtembargo*
1994 3. Febr.	Der Haager Internationale Gerichtshof entscheidet, dass der 114 000 km² große Aouzou-Streifen gemäß dem libysch-französischen Nachbarschaftsvertrag von 1955 zum Tchad gehört und lehnt damit den Territorialanspruch Libyens ab. Daraufhin erklärt Präsident Gaddafi den Konflikt mit dem Tchad für beendet (4. März).	
1995	Hinweise auf zunehmende Aktivitäten islamischer Fundamentalisten verdichten sich (Juli/Aug.).	
1996	Immer wieder brechen in verschiedenen Teilen des Landes oppositionelle Unruhen aus.	
5.–7. Okt.	Staatsbesuch des türkischen Ministerpräsidenten Necmettin Erbakan. Trotz Gaddafis heftiger Attacken auf die türkische Kurdenpolitik: Unterzeichnung eines Handelsabkommens.	
1998 12. Juni	Die Teilnehmer des OAU-Gipfeltreffens in Ouagadougou (Burkina Faso) rufen zur Nichtbeachtung der Sanktionen gegen Libyen auf, da sie nur die Bevölkerung träfen.	
10. Juli	Italien schließt mit Libyen einen Vertrag zur *Regelung der Spätfolgen der italienischen Kolonialherrschaft* und zur Normalisierung der Beziehungen zwischen beiden Staaten.	*Regelung der Spätfolgen der italienischen Kolonialherrschaft*
1999 5. April	Zehn Jahre nach dem Anschlag auf ein US-Verkehrsflugzeug über dem schottischen Lockerbie (Dez. 1988) erklärt sich Revolutionsführer Gaddafi bereit, die beiden libyschen mutmaßlichen Urheber auszuliefern. Die Tatverdächtigen werden am 6. April unter großen Sicherheitsvorkehrungen einem schottischen Gericht vorgeführt, das auf dem niederländischen Luftstützpunkt Camp Zeist bei Utrecht tagt. Im gleichen Zug setzt der UN-Sicherheitsrat die Sanktionen gegen Libyen (Luftverkehrsembargo und Handelsbeschränkungen) vorläufig aus. (EU folgt am 20. April) Lediglich die US-Sanktionen aus dem Iran-Libya-Sanctions Act haben weiter Bestand.	
Juni/Juli	Revolutionsführer Gaddafi bestätigt sich als Vermittler im sudanesischen Bürgerkrieg, im Kongokonflikt und in der Auseinandersetzung zwischen Eritrea und Äthiopien.	
16. Juli	Libyen zahlt 31 Mio. US-Dollar Entschädigung an die Hinterbliebenen der Opfer eines von libyschen Geheimdiensten über Nigeria zum Absturz gebrachten französischen Passagierflugzeuges.	
2. Dez.	Als erster Regierungschef der westlichen Welt nach 15 Jahren besucht Italiens Ministerpräsident Massimo D'Alema Libyen, um die italienischen Interessen im Erdöl- und Erdgassektor zu sichern.	
2000 1. März	Umfassende Reorganisation des Staatsapparates: Eine Reihe von Ministerien („Volkskomitees") wird aufgelöst; ihre Aufgaben werden von 26 Volkskongressen auf Provinzebene übernommen.	
25. März	Eine Delegation des US-Außenministeriums reist nach Tripolis, um eine Aufhebung des 1981 erlassenen Reiseverbotes für US-Bürger zu prüfen.	
Sept.	In Tripolis und Bengasi kommt es zu ausländerfeindlichen Ausschreitungen. Hintergrund ist die wachsende Arbeitslosigkeit in der libyschen Bevölkerung und die hohe Zahl von ca. 2 Mio. Gastarbeitern, zumeist aus Schwarzafrika.	
2001 31. Jan.	Das im Mai 2000 eröffnete *Lockerbie-Verfahren* endet mit Freispruch für den einen und lebenslanger Haft für den anderen libyschen Angeklagten (am 14. März 2002 vom Berufungsgericht bestätigt).	*Lockerbie-Verfahren*
21. Mai	Das so genannte Volksgericht in Tripolis verurteilt 180 der an den ausländerfeindlichen Ausschreitungen vom März Beteiligten zu Haftstrafen zwischen einem Jahr und lebenslänglich. Sieben weitere Angeklagte werden zum Tode verurteilt.	

Tunesien seit 1945

(Forts. v. S. 1122)

1945 Febr.	Frankreich gesteht den Nationalisten politische und Verwaltungsreformen zu, kann sich aber unter dem Druck der etwa 147 000 Franzosen in Tunesien nicht zu weiteren Zugeständnissen entschließen.	
1950	Der Widerstand der französischen Siedler verstärkt sich, als Frankreich bereit scheint, in Zusammenarbeit mit der Néo-Destour (Neue Verfassungs-Partei) Tunesien schrittweise in die Souveränität zu führen. Wiederholt nationalistische Unruhen.	
1953/1954	Auseinandersetzungen zwischen terroristischen Gruppen tunesischer Nationalisten und französischer Siedler führen zu bürgerkriegsähnlichen Zuständen.	
1954 31. Juli	Frankreich bietet Tunesien *innere Autonomie* an (Abkommen unterzeichnet am 2. Juni 1955): Innere Sicherheit, Verteidigung und Außenpolitik bleiben in der Hand Frankreichs. Die Autonomie ist unter den Nationalisten umstritten.	*innere Autonomie*

	1955 12. Okt.	In der Néo-Destour setzt sich die gemäßigte Richtung durch: Der radikale, für sofortige Lösung von Frankreich eintretende Flügel unter Salah Ben Youssef (*1910, †1961) wird ausgeschlossen, Habib Bourguiba (*1903, †2000) beim Parteitag als Vorsitzender bestätigt (17. Nov.). Bourguiba vertritt eine Strategie der Verhandlungen, die Frankreich enge Zusammenarbeit auch nach der Unabhängigkeit anbietet.
Unabhängigkeit	1956 20. März	Französisch-Tunesisches Protokoll: Frankreich erkennt die *Unabhängigkeit* Tunesiens an; baldiger Abzug der französischen Truppen, jedoch zunächst noch Stützpunkt in Biserta.
Wahlen	25. März	Bei den *Wahlen* zur Verfassunggebenden Versammlung gewinnt die Nationale Front (Bündnis der Néo-Destour) sämtliche Sitze.
Bourguiba Ministerpräsident	11. April	*Bourguiba zum Ministerpräsidenten gewählt.* Aufbau eines tunesischen Staats- und Verwaltungsapparates: Nur ein Drittel der französischen Beamten bleibt in tunesischen Diensten. – Die Néo-Destour wird bald von der dominierenden zur einzig zugelassenen Partei.
Republik	1957 25. Juli	Die Verfassunggebende Versammlung setzt Bei Mohammed VIII. al-Amin (seit 1943; †1962) ab, erklärt Tunesien zur *Republik* und bestimmt Bourguiba zum Präsidenten.
	1958 Febr.	Außen- und innenpolitische Schwierigkeiten: Das Verhältnis zu Frankreich – von Anfang an durch die tunesische Forderung nach Truppenabzug belastet – verschlechtert sich nach der Bombardierung von Sakiet Sidi-Joussef durch die französische Luftwaffe. Tunesien unterstützt die algerische Unabhängigkeitsbewegung; Frankreich braucht die Stützpunkte im Algerienkrieg. Tunesien will die Beziehungen abbrechen, verhandelt aber:
	17. Juni	Frankreich erklärt sich zum Truppenabzug unter Beibehaltung des Stützpunkthafens Biserta (arabisch: Bensert) bereit. – Mit Unterstützung der VAR versuchen Anhänger Ben Youssefs Bourguiba zu stürzen. Die verbesserten Beziehungen zu Frankreich ermöglichen die innenpolitische Konsolidierung: Reform der Néo-Destour und Prozesse gegen Regimegegner; Ben Youssef in Abwesenheit zum Tode verurteilt (1961 in Frankfurt ermordet). Deshalb gespannte Beziehungen zur VAR (Abbruch der Beziehungen Okt. 1958).
neue Verfassung	1959 1. Juni	Die *neue Verfassung* unterstreicht die starke Stellung des Präsidenten: Er bestimmt die Politik und beruft die nur ihm verantwortlichen Kabinettsmitglieder. Allgemeine Wahlen: Bourguiba zum Präsidenten gewählt; die Néo-Destour erringt alle 90 Sitze in der Nationalversammlung (8. Nov.).
	1961 Juli	Biserta-Krise: Bourguiba fordert ultimativ von Frankreich die Übergabe von Biserta. Der tunesische Demonstrationszug auf Biserta löst schwere Kämpfe aus (17.–22. Juli); Verhandlungen führen erst nach Ende des Algerienkrieges zum Erfolg.
Räumung Bisertas	1963	*Räumung Bisertas* abgeschlossen (Okt.).
Verstaatlichung	1964 11. Mai	Die Nationalversammlung beschließt die *Verstaatlichung* des ausländischen Grundbesitzes (betroffen sind 4700 Grundbesitzer mit zusammen etwa 700000 ha besten Bodens der insgesamt rund 4,6 Mio. ha landwirtschaftlicher Nutzfläche).
	Nov.	Entwicklung des „tunesischen Sozialismus", zu dem sich die Néo-Destour auch durch Namensänderung in Sozialistische Destour-Partei (PSD) bekennt.

Der „tunesische Weg zum Sozialismus" und Bourguibas Außenpolitik

Agrarland

Obwohl relativ reich an Bodenschätzen (Phosphat, Erdöl; daneben Eisenerz, Blei, Zink u. a.), ist Tunesien zur Zeit der Unabhängigkeit (1956) überwiegend *Agrarland*: hoch mechanisierte Großbetriebe, überwiegend in ausländischem Besitz, die hauptsächlich für den französischen Markt produzieren (v. a. Weizen, Olivenöl, Wein) neben traditionellem Sektor mit 450000 Kleinbauern.

Nach Verschlechterung der wirtschaftlichen und sozialen Verhältnisse setzt sich um 1960 der Gewerkschaftsflügel um Ahmed Ben Salah durch: Maßnahmen gegen den französischen Einfluss (Nationalisierungen); Zehnjahres-Perspektivplan 1962–1971: eigener „tunesischer Weg zum Sozialismus" mit umfassenden Strukturreformen und „autonomer Entwicklung" durch ein integriertes System von privaten, genossenschaftlichen und staatlichen Unternehmen. Kernstück ist die Agrarreform: Angleichung der Eigentumsverhältnisse, kooperative Bewirtschaftung, Erziehung zu neuem Bewusstsein.

Kooperativsystem aufgelöst

Nach Ben Salahs Sturz 1969 *Auflösung des Kooperativsystems*, Reprivatisierung der Betriebe und Investitionsanreize für in- und ausländisches Kapital (1969 Investitions-, 1972 Exportförderungsgesetz).

Im Agrarbereich nur vorübergehend Produktionssteigerungen (Rückgang des Beitrags zum Bruttoinlandsprodukt bis 1976 auf 17,4%; Anteil an den Erwerbstätigen: 35%); stark zunehmende private Investitionstätigkeit im industriellen Sektor und Dienstleistungsbereich (Tourismus). Umfangreiche staatliche Investitionen in der *Industrie* lassen die Produktion bereits 1962–1971 um 106% steigen, v. a. im extraktiven Bereich: Phosphate, Erdöl; verarbeitende Industrie (Textilien, Baumaterialien), Phosphatverarbeitung und Energieerzeugung (Anteil des industriellen Sektors am Bruttoinlandsprodukt 1956: 15,5%; 1977: 32%). Im Export verdrängen Erdöl, Phosphate und Textilien die landwirtschaftlichen Er-

Industrie

zeugnisse von der Spitze (Olivenöl); wichtige Devisenbringer sind *Tourismus* und die Überweisungen der tunesischen Gastarbeiter v.a. aus Frankreich und Libyen.
In der Außenpolitik vertritt Tunesien Bündnisfreiheit, angesichts der Abhängigkeit von westlicher Entwicklungshilfe allerdings mit deutlicher Neigung zu einem prowestlichen Kurs: zunehmende *Zusammenarbeit mit der EG* (28. März 1969 Assoziierungsabkommen). Die Beziehungen zur übrigen arabischen Welt, besonders zur VAR, schwanken wegen Bourguibas kompromissbereiter Haltung im Nahostkonflikt zwischen Spannungen und Versöhnung. Als er die Anerkennung Israels in den Grenzen des UN-Teilungsplans von 1947 vorschlägt (21. April 1965: Reduzierung des israelischen Staatsgebiets gegenüber den Waffenstillstandslinien von 1949, wofür die arabischen Staaten die Rücksiedlung der Palästinaflüchtlinge einhandeln sollen), wird er besonders von Nasser heftig kritisiert. Bourguiba boykottiert daraufhin die Arabische Gipfelkonferenz in Casablanca (er wirft Nasser vor, die Liga für seine Zwecke zu missbrauchen), entsendet aber im Juni-Krieg 1967 Truppen (die allerdings die Front nicht mehr erreichen). Nach dem Krieg ist Bourguiba für eine Beendigung des Kriegszustandes mit Israel.

Zusammenarbeit mit der EG

1971 Bourguibas schlechter Gesundheitszustand und dadurch bedingte lange Auslandsaufenthalte (allein 1970 sechs Monate) lassen die *Nachfolgefrage* und die Zukunft des Präsidialsystems zum beherrschenden innenpolitischen Thema werden: Der Reformflügel um Innenminister Mahmoud Mestiri (*1925) setzt sich beim Parteikongress der PSD mit Vorschlägen zur Verfassungsreform gegen Bourguiba durch. Bourguiba und Ministerpräsident Hedi Nouira (*1911, †1993) (seit Okt. 1970) entmachten die Reformer und festigen in den nächsten Jahren ihre Kontrolle über das politische System.

11.–15. Okt.

Nachfolgefrage

1974 Der Parteikongress (12.–15. Sept.) in Monastir wählt Bourguiba zum Parteivorsitzenden auf Lebenszeit und billigt seine politischen Vorstellungen.

17. Dez. Nach Präsidentschafts- und Parlamentswahlen (3. Nov.: Wiederwahl Bourguibas) wird die *Verfassung geändert*: Der Ministerpräsident ist designierter Nachfolger des Präsidenten; die Nationalversammlung kann einen Präsidenten auf Lebenszeit wählen.

Verfassung geändert

1975 Bourguiba wird Präsident auf Lebenszeit. Erneute Verfassungsänderungen erweitern noch einmal die Rechte des Präsidenten (Dez.). Scharfer innenpolitischer Kurs gegen Oppositionelle, v.a. Lehrer und Studenten (Hunderte von politischen Häftlingen).

19. März

1976/1977 Tunesien modernisiert und vergrößert seine Streitkräfte mit Unterstützung der USA (Waffenlieferungen) und Frankreichs (Rüstungsgüter und Ausbildungshilfe).

1977 Tunesien und Libyen wollen ihren Streit über die Abgrenzung des gemeinsamen Festlandsockels (reiche Ölreserven vermutet) dem Internationalen Gerichtshof zum Schiedsspruch vorlegen (erfolgt am 1. Dez. 1978). Damit entspannt sich das seit Jahren gestörte *Verhältnis zu Libyen* (Tunesien hat den am 12. Jan. 1974 beschlossene Union mit Libyen nach drei Tagen praktisch widerrufen): enge Zusammenarbeit beschlossen (Okt.).

10. Juni

Verhältnis zu Libyen

1978 Der Gewerkschaftsverband UGTT ruft zum *Generalstreik* auf; Demonstrationen und blutige Zusammenstöße in mehreren Städten; Ausnahmezustand (bis 25. Febr.); Prozesse gegen über 200 Gewerkschaftsführer (Juli–Okt.). Soziale Ungleichheit, wirtschaftliche Stagnation, Inflation und Massenarbeitslosigkeit, aber auch die schwache Führung ließen die organisierte Opposition stark anwachsen: soziale Sicherheit, bürgerliche Freiheitsrechte, insbesondere Pressefreiheit und Zulassung von Oppositionsparteien, gefordert; Opposition zum Teil vom Ausland aus (Ahmed Ben Salah 1973 geflohen).

26. Jan.

Generalstreik

1980 Mohammed Msali löst Nouira ab (23. April) und beginnt Liberalisierungspolitik.

1981 Das neu gewählte Exekutiv-Komitee der UGTT besteht weit gehend aus 1978 verhafteten Führern (April); eine Listenverbindung der UGTT mit der PSD gewinnt alle 136 Sitze bei Parlamentswahlen nach neuem Mehrparteiensystem mit 5%-Hürde (1. Nov.).

1982 *Freundschaftsvertrag mit Algerien* (März), durch Verteidigungsabkommen ergänzt (1983).

1984 Schwere Unruhen zwingen Bourguiba, Preiserhöhungen für Nahrungsmittel aufzuheben.

1986 Ministerpräsident Mohammed *Msali* (*1925) wird abgesetzt (8. Sept.) und nach seiner *Flucht in die Schweiz* in Abwesenheit zu einem Jahr Gefängnis verurteilt (2. Okt.).

Vertrag mit Algerien
Flucht Msalis

1987 Die vor allem im Mouvement de la Tendance Islamique (MTI) organisierten islamischen *Fundamentalisten* werden zur größten politischen Herausforderung. MTI-Führer Rachid Ghannouchi wird zu lebenslanger Zwangsarbeit verurteilt.

9. März

Fundamentalisten

7. Nov. Der 84-jährige *Bourguiba* wird für *amtsunfähig* erklärt. Ministerpräsident Zine al-Abidine Ben Ali (*1936) übernimmt die Amtsgeschäfte.

Bourguiba amtsunfähig

1988 Ghannouchi wird freigelassen, Ahmed Ben Salah kehrt aus dem Exil zurück (Mai/Juni).

7. Nov. Abschluss eines Nationalpakts mit allen politischen Gruppierungen (auch MTI) über Verhaltensregeln für politische Organisationen; Zusicherung von „Meinungspluralismus".

Präsidentschaftswahlen	1989 2. April	Ben Ali gewinnt ohne Gegenkandidat die *Präsidentschaftswahlen*. Die in Rassemblement Constitutionnel Démocratique (RCD) umbenannte frühere PSD gewinnt aufgrund des Mehrheitswahlrechts alle 141 Sitze im Parlament.
	1992 28./30. Aug.	Fast 300 Mitglieder der islamisch-fundamentalistischen Ennadha-Bewegung werden wegen Gefährdung der inneren Sicherheit und Umsturzvorbereitungen zu langjährigen Freiheitsstrafen verurteilt.
Wiederwahl Ben Alis	1994	*Wiederwahl Ben Alis* zum Präsidenten mit 99% der Stimmen (20. März).
Erklärung von Tunis	1995 21. Jan.	Die Innenminister von Spanien, Portugal, Italien, Frankreich, Algerien und Tunesien konferieren in Tunis über die potenzielle Bedrohung ihrer Staaten durch militante Muslime und verabschieden die *„Erklärung von Tunis"*, in der Terrorismus und Fanatismus verurteilt werden.
	17. Juli	Tunesien und die EU unterzeichnen ein Abkommen über umfassende Kooperation und den Abbau von Zollschranken.
	1996 23. Mai	Das Europaparlament kritisiert die innenpolitischen Verhältnisse und die Lage der Menschenrechte in Tunesien.
	1999 24. Okt.	Staatspräsident Ben Ali wird für ein drittes Mandat wiedergewählt. Bei den gleichzeitig stattfindenden Parlamentswahlen erringt die Regierungspartei RCD 148 der 182 Sitze. Die neue Regierung unter Ministerpräsident Mohamed Ghannouchi (RCD) wird am 17. Nov. vorgestellt; ihr gehören vier Frauen an.
Arabisierungskampagne	17. Dez.	Ein Dekret der Regierung beschleunigt die seit 1992 prinzipiell beschlossene *Arabisierungskampagne* in Wirtschaft und Verwaltung. Zum 11. Jan. 2000 müssen Schilder, Straßennamen und Unternehmenskürzel umbenannt werden.
	2000 3. Febr.	Wegen Erhöhung der Brotpreise kommt es zu Protesten und Demonstrationen, die in Gewalttätigkeiten eskalieren.
	April	Tunesien wird von der UN-Menschenrechtskommission in Genf wegen fehlender Meinungs- und Pressefreiheit sowie Verstößen gegen die Anti-Folter-Konvention verurteilt.
	2001 März	Intellektuelle und Oppositionspolitiker schließen sich zu einem informellen Bündnis zusammen, das eine Generalamnestie, durchgreifende politische Reformen und eine vollständige Trennung von Staat und Regierungspartei fordert.
Djerba	2002 11. April	Auf der Touristeninsel *Djerba* explodiert vor der Synagoge ein mit Flüssiggas beladener Lastwagen. 19 Menschen, davon 14 Deutsche, werden getötet. Die Behörden vermuten Terroristen als Drahtzieher.
	26. Mai	In einem umstrittenen Referendum sprechen sich 95,52% der Stimmberechtigten für ein lebenslanges Mandat von Staatspräsident Ben Ali aus.

Algerien seit 1945
(Forts. v. S. 1121)

	1945 Mai	Nationalistische Unruhen in Sétif werden von Frankreich blutig unterdrückt (15000 Tote), Ferhat Abbas (*1899, †1985) verhaftet, seine Organisation aufgelöst. Die Verfassung der IV. Republik sieht die völlige Integration Algeriens in Frankreich vor.
Algerien-Statut	1947 20. Sept.	Das *Algerien-Statut* soll allen Algeriern die französische Staatsbürgerschaft gewähren; Algerische Versammlung mit je 60 Abgeordneten der 1,5 Mio. Europäer und der 9 Mio. islamischen Algerier. Wahlmanipulationen verhindern offene Opposition gegen die französische Herrschaft und drängen die militanten Nationalisten in den Untergrund: neben der mehr konservativen „Demokratischen Union des Algerischen Manifestes" (UDMA) unter Abbas führend die radikale „Bewegung für den Triumph Demokratischer Freiheiten" (MTLD); innerhalb der MTLD Gründung einer Geheimorganisation (OS), die bereits 1949 unter Führung von Achmed Ben Bella (*1916) einen Terrorangriff auf Oran unternimmt.
	1954 März	Die Algerienfranzosen lehnen jegliche Zugeständnisse an die einheimische Bevölkerung ab. Mitglieder der OS bilden das Revolutionäre Komitee für Einheit und Aktion (CRUA) und bereiten den Aufstand vor.
Nationale Befreiungsfront	1. Nov.	Umstrukturierung der CRUA in die *Nationale Befreiungsfront* (FLN) mit der Nationalen Befreiungsarmee (ALN) als militärischem Arm.
Algerien-Krieg	1954–1962	Aufstand beginnt an verschiedenen Stellen gleichzeitig und weitet sich auf alle besiedelten Gebiete Algeriens aus: *Algerien-Krieg*. Da die ALN den besser ausgerüsteten, zahlenmäßig überlegenen regulären französischen Truppen (auf der Höhe des Krieges 500000 Mann) im offenen Kampf nicht gewachsen ist, geht sie zum Guerillakrieg über; seit 1956 zunehmend

Einsatz von Gegenterror, Folter, Internierung und Umsiedlung der Bevölkerung; Flüchtlingsstrom nach Marokko und Tunesien.

1956 Aug. Die meisten algerischen Nationalisten und religiösen Führer (ulema) haben sich der FLN angeschlossen. Der geheime erste FLN-Kongress beschließt das Programm für ein unabhängiges sozialistisches Algerien und bildet den Nationalrat der Algerischen Revolution (CRNA).

1957 Marokko und Tunesien versuchen zu vermitteln; Geheimverhandlungen mit Frankreich abgebrochen, als Ben Bella und andere FLN-Führer entführt und in Frankreich interniert werden.

1958 Die französische Nationalversammlung verabschiedet das Algerien-Statut als Kompromisslösung (4. Febr.). Die Algerienfranzosen sehen ihre bevorrechtete Stellung gefährdet und fürchten Verhandlungen mit den Aufständischen.

13. Mai Die Rebellion der Algerienfranzosen, von der Armee unterstützt *(Putsch von Algier)*, führt zum Sturz der IV. Republik in Frankreich. De Gaulle scheint von Anfang an entschlossen, die bisherige Integrationspolitik aufzugeben, verstärkt jedoch den Einsatz des Militärs in Algerien; verstärkter Terror der FLN. — *Putsch von Algier*

19. Sept. Die FLN bildet in Kairo eine Exilregierung (GPRA) unter Ferhat Abbas und unter Einschluss der in Frankreich internierten FLN-Führung.

1960 18. Jan.– 1. Febr. Als *de Gaulle* öffentlich das Recht der Algerier betont, ihre Zukunft selbst zu bestimmen (Sept. 1959), rebellieren die weißen Siedler erneut: Ohne Unterstützung durch die Armee bricht ihr „Barrikaden-Aufstand" nach wenigen Tagen zusammen. — *Politik de Gaulles*

1961 14. Jan. Trotz massiver Wahlenthaltung beim Referendum wird das Gesetz über die Einführung der Selbstbestimmung und die Einsetzung autonomer Körperschaften in Algerien verkündet. Französische Siedler und Armeeangehörige bilden die *Geheime Armeeorganisation* (OAS) mit dem Ziel, eine Verhandlungslösung und die Übergabe der Macht an die Algerier zu verhindern. — *Geheime Armeeorganisation*

April Der Generals-Putsch bricht an der Loyalität des Offizierskorps zusammen (22.–26.).

Mai Die daraufhin einsetzende Terrorkampagne der OAS in Algerien und Frankreich kann den Beginn direkter Verhandlungen zwischen der französischen Regierung und der algerischen Exilregierung in Evian (Schweiz) nicht verhindern. Die französische Regierung will zunächst nur den Waffenstillstand erreichen, die GPRA besteht auf Unabhängigkeit.

1962 18. März Frankreich und die GPRA unterzeichnen das *Abkommen von Evian*: Waffenstillstand; Errichtung eines unabhängigen algerischen Staates; Garantien für die Algerienfranzosen. Erklärung über algerisch-französische Zusammenarbeit, Frankreich behält den Flottenstützpunkt Mers el-Kebir für 15 und das Atomtestgelände in der Sahara für fünf Jahre. — *Abkommen von Evian*

Die OAS versucht mit wahllosem Terror, die Verwirklichung des Abkommens zu verhindern, löst aber nur Gegenterror der FLN und die *Massenflucht der Europäer* aus Algerien aus. – Tiefe Spaltung innerhalb der FLN-Führung und des GPRA; auch in der ALN Gegensatz zwischen den Guerilla-Führern innerhalb Algeriens und den in Tunesien und Marokko stationierten regulären Armee-Einheiten unter dem Oberkommandierenden Oberst Houari Boumedienne (*1927, †1978). — *Massenflucht der Europäer*

3. Juli Nachdem sich in der *Volksabstimmung* 91% für Unabhängigkeit in Zusammenarbeit mit Frankreich ausgesprochen haben (1. Juli), proklamiert de Gaulle die *Unabhängigkeit* Algeriens. Der „zentralistische" GPRA-Flügel versucht, die Kontrolle über FLN und ALN zu gewinnen: Boumedienne entlassen. Ben Bella und Boumedienne marschieren mit den ALN-Einheiten aus Marokko in Algerien ein (11. Juli) und errichten in Tlemcen ein Politbüro in Konkurrenz zum GPRA; heftige Kämpfe beim Marsch auf Algier (Anfang Sept.). — *Volksabstimmung Unabhängigkeit*

20. Sept. Allgemeine Wahlen zur *Verfassunggebenden Versammlung*, die Algerien zur Republik erklärt (25. Sept.) und Ben Bella zum Ministerpräsidenten wählt (26. Sept.). Ben Bella bringt alle politischen Organisationen unter strikte Kontrolle der FLN; Verbot aller konkurrierenden Parteien (Nov.). — *Verfassunggebende Versammlung*

1963 28. Aug. Die Versammlung billigt die Verfassung: Präsidialsystem; weit gehende Vollmachten für die FLN als einzig zugelassene politische Organisation.

8. Sept. Die Verfassung wird durch Volksabstimmung angenommen.

15. Sept. *Ben Bella* wird *zum Staatspräsidenten gewählt*. Ben Bella – gleichzeitig Regierungschef, Oberbefehlshaber der Streitkräfte und Generalsekretär der FLN – hat alle Macht auf sich vereint. — *Ben Bella Staatspräsident*

Algerien nach Erringung der Unabhängigkeit

Folgen des Algerienkrieges, der über eine Million Menschenleben gekostet hat, sind zerstörte wirtschaftliche und soziale Strukturen: Ein Drittel der Bevölkerung ist umgesiedelt worden; Flüchtlinge und Internierte müssen reintegriert werden; 70% der Bevölkerung sind arbeitslos.

Auswanderung von Europäern — Mit der Flucht bzw. *Auswanderung von* einer Million *Europäern* verliert das Land fast alle Unternehmer, Techniker, Facharbeiter, Verwaltungsbeamte, Ärzte und Lehrer; Fabriken und landwirtschaftliche Großbetriebe sind verlassen (40% der landwirtschaftlichen Nutzfläche und über 80% der Industrie, Banken und Versorgungsbetriebe waren in französischer Hand). Gestützt auf die FLN und den seit 1963

Wiederaufbau — FLN-kontrollierten Gewerkschaftsverband UGTA beginnt Ben Bella den *Wiederaufbau* Algeriens unter sozialistischen Vorzeichen: Im Zentrum steht die „autogestion", die Selbstverwaltung der Betriebe und des verstaatlichten Bodens, durch Arbeiterkomitees; Veteranenansiedlung auf Staatsland. Auf den Staatsfarmen (Ende 1963 ca. 2,3 Mio. ha) wird bei ausgeweiteter Beschäftigung nicht mehr produziert als unter französischer Herrschaft. Den Wiederanstieg der gewerblichen und industriellen Produktion erschwert zusätzlich die erhebliche Verkleinerung des Binnenmarktes nach der Flucht der Europäer.

Algerien kann den Wiederaufbau nur mit umfangreicher Auslandshilfe, vor allem Frankreichs, bewältigen: Neben Wirtschaftshilfe braucht Algerien technische Experten (Erschließung der reichen Bodenschätze) und Lehrer (noch 1973 sind über die Hälfte der Sekundarschul- und Hochschullehrer Ausländer). –

Verhältnis zu Frankreich — Das *Verhältnis zu Frankreich* wird immer wieder belastet durch die Politik Ben Bellas, der von Anfang an nicht gewillt ist, das Abkommen von Evian zu verwirklichen (Okt. 1963 Verstaatlichung der restlichen französischen Ländereien); da Frankreich sein Atomtestgelände und den Flottenstützpunkt nicht vorzeitig verlieren will, bleibt es kompromissbereit. Als Gegengewicht gegen die Abhängigkeit von Frankreich entwickelt Algerien enge Beziehungen zu den Ostblockstaaten (Kredite der Sowjetunion und der VR China) und zur VAR. Im Laufe der sechziger Jahre Intensivierung der Beziehungen zur Sowjetunion; umfangreiche Waffenlieferungen.

1963 Okt. Der Streit mit Marokko über die Grenzziehung in der Sahara führt zum militärischen Konflikt; trotz Vermittlung auf lange Zeit belastetes Verhältnis.

Staatsstreich Boumediennes — **1965 19. Juni** Unblutiger *Staatsstreich* des Verteidigungsministers Houari *Boumedienne*; Revolutionsrat überwiegend aus Militärs; Ben Bella unter Hausarrest (bis 1979). Boumedienne bekennt sich wie Ben Bella zu einem national verstandenen Sozialismus, jedoch Betonung der islamischen Komponente Algeriens. Ausweitung der Staatstätigkeit in der Wirtschaft; Verstaatlichung ausländischer Bergwerksgesellschaften (1966).

1967 Juni Teilnahme am Nahostkrieg mit Luftwaffeneinheiten; Abbruch der Beziehungen zu den USA, Algerien vertritt eine harte Linie im Nahostkonflikt.

innenpolitische Gegensätze — **1967/1968** *Innenpolitische Gegensätze*, auch in der Armee (Dez. 1967 bewaffneter Aufstand des Generalstabschefs niedergeschlagen): Konflikt zwischen aktiv am Algerienkrieg beteiligten Gruppen und Exilalgeriern. Boumedienne, gestützt auf Revolutionsrat und Vertraute aus der Exilzeit, setzt sich durch: Bedeutung der FLN und der Gewerkschaften zurückgedrängt; Regierung per Dekret. Reform der Verwaltungsstrukturen.

Öl- gesellschaften — **1971 4. Febr.** Nationalisierung der französischen *Ölgesellschaften* CFP und ERAP: Die staatliche algerische Gesellschaft SONATRACH (gegr. 1963) übernimmt 51% der Erdölanlagen und 100% der Ölleitungen und Erdgasproduktion. Frankreich boykottiert algerische Ölimporte und droht mit dem Abzug der Techniker und Lehrer. Nach zähen Verhandlungen akzeptieren CFP und ERAP Minderheitsbeteiligung gegen garantierte Ölmengen; Entschädigungen durch Regierungsabkommen geregelt (15. Dez.). Die „besonderen Beziehungen" zu Frankreich sind damit praktisch beendet.

Charta der Agrarrevolution — **8. Nov.** *Charta der Agrarrevolution*: Vom Eigentümer nicht genutztes Land wird verstaatlicht und landlosen Bauern im Rahmen von Genossenschaften zugeteilt; Höchstgrenze für privaten Besitz, Umverteilung; Neuordnung des Wasserrechts; Maßnahmen zur Ansiedlung der Nomaden und Umverteilung des privaten Viehbestands (Höchstgrenze).

Wirtschaft und Entwicklungspolitik bis 1977/78

Kolonialzeit — Die Wirtschaft Algeriens ist in der *Kolonialzeit* ganz auf den Handelspartner Frankreich ausgerichtet. Angesichts des Reichtums an mineralischen Rohstoffen (neben Erdöl und -gas Eisenerz, Blei, Zink, Antimon, Phosphate u.a.) rasche Entwicklung des industriellen Sektors (1960 Beitrag zum Bruttoinlandsprodukt 33%, davon produzierendes Gewerbe 10%; Landwirtschaft nur 21%); dennoch bleibt Algerien zunächst überwiegend Agrarland (67% der Beschäftigten; über 80% der Exporte, davon zwei Drittel Wein). – Nach der Phase der „autogestion" wird das Ziel einer binnengerichteten, international konkur-

Industrialisierung — renzfähigen *Industrialisierung* mit Vierjahres-Investitionsplänen angestrebt. Erster Plan 1970–1973: Ausbau der Erdölproduktion, Errichtung von Grundstoffindustrien (Chemie, Stahlerzeugung) sowie importsubstituierender Industrien (Nahrungsmittel, Textilien). In der Zweiten Planperiode 1974–1977 weitere Schwerpunkte: Konsumgüter, mechanische und elektrotechnische Industrien; Infrastruktur, Baumaterialien, Wohnungsbau. Erst im dritten Plan 1978–1981 sind umfangreichere Mittel für die Landwirtschaft vorgesehen. – Die Welle der Nationalisierungen (v. a. 1967–1970) bringt 100% des Bergbaus und den Großteil der verarbeitenden Industrie unter staatliche Kontrolle. Im *Erdölsektor* sind Auslandsinvestitionen nur noch als Minderheitsbeteiligungen bei SONATRACH möglich (Gesetz vom April 1972; größter Investor ist der US-Konzern Getty Oil bereits 1968). Die Ölförderung in großem Stil beginnt 1958 und steigt bis auf 50,8 Mio. Tonnen 1973; danach Schwankungen (1977: 53,5 Mio. Tonnen; Reserven: 904 Mio.Tonnen); gewaltige Erdgasreserven von 4000 Mrd. cbm (Produktion 1977: 10 Mrd. cbm) werden Algerien Anfang der achtziger Jahre zum größten Erdgasexporteur der Welt machen. – Die Bedeutung der *Landwirtschaft* geht stark zurück (1977 nur noch 8% Beitrag zum Bruttoinlandsprodukt und 35% der Beschäftigten). Entwicklungsfinanzierung bei weiter hohen Auslandskrediten (Auslandsschuld 1977: 8,2 Mrd. US-Dollar = 42,5% des Bruttosozialprodukts) zunehmend durch Exporteinnahmen (1976: 5,3 Mrd. US-Dollar; zu 96% Erdöl, Gas, Erdölprodukte, Erze und Stahl; trotz der engen Beziehungen zum Ostblock ist die EG mit 70% wichtigster Handelspartner); Überweisungen der Auslandsalgerier, Importbeschränkungen für Konsumgüter zugunsten hoher Investitionsgüterimporte. Mit einer Investitionsquote von 49% des Bruttoinlandsprodukts (1977) und einer Sparquote von 38% nimmt Algerien in der Welt Spitzenpositionen ein. Da die Industrialisierung nur begrenzt neue Arbeitsplätze zur Verfügung stellt (1976: 18% der Beschäftigten im industriellen Sektor bei einem Beitrag zum Bruttoinlandsprodukt von 57%), Problem großer *Arbeitslosigkeit* und Unterbeschäftigung (auf 20% der städtischen und 50% der ländlichen Bevölkerung geschätzt); 1977 Streiks und Demonstrationen gegen Arbeitslosigkeit und Inflation.

1973/1974 Die *außenpolitische Stellung* Algeriens gewinnt stark an Bedeutung. Im und nach dem Oktober-Krieg von 1973 (Teilnahme am Ölembargo) unterstützt Algerien die Forderungen der PLO, nähert sich aber auch wieder den USA (1974 Wiederaufnahme der Beziehungen nach mehreren Besuchen Außenminister Henry Kissingers). In den Nord-Süd-Beziehungen vertritt Algerien eine *rigorose Rohstoffpolitik* als Weg zu einer breiten Kapitalbildung in den Entwicklungsländern; Sprecher der Entwicklungsländer gegenüber den Industrieländern. Das Verhältnis zu Frankreich normalisiert sich wieder (Paris hat 1970/1972 die Importe auf fast ein Drittel gedrosselt und den Zustrom algerischer Gastarbeiter gebremst): Entschädigungen für enteigneten französischen Besitz; verbesserter Warenaustausch; Abstimmung in der Mittelmeerpolitik.

1975/1976 Nach vorübergehender Verbesserung der Beziehungen zu Marokko (1969 Wiedereröffnung der Grenze, 1970 und 1972 Einigung über den Grenzverlauf) Streit über die Zukunft von *Spanisch-Sahara*. Algerien wünscht einen unabhängigen, aber schwachen Staat an seiner Südwestgrenze und unterstützt darum die Befreiungsorganisation POLISARIO in ihrem Kampf gegen die marokkanischen Annexionspläne. Nach Spaniens Rückzug Kämpfe im Grenzgebiet (1976); mehrjähriger Konflikt.

1976
27. Juni Nationalcharta durch Referendum angenommen: Algerien ist ein „Staat des revolutionären Sozialismus", der den Verhältnissen in der Dritten Welt angepasst ist; der Islam ist Staatsreligion; Führungsrolle der FLN (Einparteiensystem).

19. Nov. Die Prinzipien der Nationalcharta werden in der neuen *Verfassung* verankert (angenommen durch Referendum).

10. Dez. Wahl Boumediennes zum Präsidenten.

1977 Wahl der Nationalversammlung (25. Febr.).

1978 Der Revolutionsrat übernimmt für den schwer erkrankten Boumedienne die Staatsführung.
20. Nov. Tod Boumediennes (27. Dez.).

1979
27.–31. Jan. Der vierte FLN-Kongress verabschiedet neue Statuten: umfassendere Vollmachten für das Zentralkomitee; Revolutionsrat aufgelöst; Neuwahlen von ZK und Politbüro: Generalstabschef Chadli Ben Dschedid (*1929) wird Generalsekretär und Präsidentschaftskandidat.

7. Febr. Chadli *zum Präsidenten gewählt*. Er will die Politik der Nationalcharta fortsetzen und die sozialistische Gesellschaft verwirklichen (Grundsatzerklärung am 13. März).

8. März Ministerpräsident wird Oberst Mohammed Abdel Ghani (*1927).

1980 Säuberungen im Staatsapparat und reduzierter Einfluss der FLN stärken den Präsidenten.

1982 Bei den Wahlen (5. März) gewinnen die Kandidaten der FLN 73% der Stimmen.

1983
1984 Der fünfte FLN-Kongress wählt Chadli Ben Dschedid erneut zum Generalsekretär und einzigen Kandidaten für die Präsidentschaftswahl, bei der er mit 96% der Stimmen wiedergewählt wird (12. Jan.).

1987
28. Febr. Bei Wahlen zur Nationalversammlung können nur Bewerber kandidieren, die seit drei Jahren der FLN angehören.

Beziehungen mit Marokko	15. Mai	Die diplomatischen *Beziehungen mit Marokko* werden wiederaufgenommen. Der Konflikt um die Westsahara soll durch ein Referendum über die Selbstbestimmung gelöst werden.
	1988 Nov.	Nach Unruhen kündigt Präsident Chadli Ben Dschedid Reformen an (Okt.). Das Reformprogramm wird durch ein Referendum bestätigt (3. Nov.), neue Regierung unter Ministerpräsident Kasdi Merbah (*1938, †1993) (5. Nov.).
Wiederwahl Dschedids	22. Dez.	*Wiederwahl von Chadli Ben Dschedid* zum Staatspräsidenten (einziger Kandidat).
	1989 23. Febr.	Eine neue Verfassung wird per Referendum angenommen: Sozialismus und FLN werden darin nicht mehr erwähnt, die Rolle des Militärs wird auf die äußere Verteidigung beschränkt, das Recht auf „Bildung politischer Vereinigungen" sowie individuelle und kollektive Freiheitsrechte werden verankert. Es bilden sich politische Parteien.
	9. Sept.	Ministerpräsident Mouloud Hamrouche (*1943) soll die Umsetzung des Reformprogramms beschleunigen.
Islamische Heilsfront	**1990** 12. Juni	Die *Islamische Heilsfront* (FIS) geht als eindeutige Siegerin aus den Kommunal- und Regionalwahlen hervor. Die FLN erleidet eine empfindliche Niederlage. Verschiedene neu zugelassene Parteien boykottieren die Wahlen.
Rückkehr Ben Bellas	27. Sept.	Achmed *Ben Bella kehrt aus dem Exil zurück.*
	1991 30. Jan.	Das Zentralkomitee der FLN bekundet Algeriens Solidarität mit dem irakischen Volk im Zweiten Golfkrieg. Proirakische Großdemonstration von Anhängern der FIS (31. Jan.).
	26. Dez.	Die FIS gewinnt bei den seit 1962 ersten freien Wahlen zur Nationalversammlung 188 von 231 Mandaten. Staatspräsident Chadli Ben Dschedid tritt zurück. Ministerpräsident Sid Ahmed Ghozali (*1937) annulliert im Zusammenwirken mit dem neuen Hohen Sicherheitsrat (Konsultativorgan aus Regierungsmitgliedern und Armeeführung) das Wahlergebnis und sagt den zweiten Wahlgang ab.
	1992 11. Jan.	
Boudiaf Präsident	16. Jan.	Als neuen *Präsidenten* beruft der Hohe Sicherheitsrat den im marokkanischen Exil lebenden früheren Freiheitskämpfer Mohammed *Boudiaf* (*1919, †1992).
	4. März	Verbot der FIS; ihre Anhänger gehen in den Untergrund. Auf die von ihnen verübten Anschläge antwortet die Regierung mit Massenverhaftungen und Hinrichtungen. Reaktion sind immer grausamere Massaker islamistischer Splittergruppen an der Zivilbevölkerung.
Massaker	2. Juli	Nach dem Mord an Boudiaf (29. Juni) wird der ehemalige Diplomat Ali Kafi (*1928) neuer Präsident.
Ausnahmezustand	**1993** 7. Febr.	Der Hohe Sicherheitsrat verlängert den seit dem 9. Febr. 1992 bestehenden *Ausnahmezustand* auf unbestimmte Zeit.
Staatspräsident Zéroual	**1994** 30. Jan.	Verteidigungsminister Lamine *Zéroual* (*1941) wird vom Hohen Sicherheitsrat zum neuen *Staatspräsidenten* für eine dreijährige Übergangszeit berufen und am 31. Jan. vereidigt.
	1995 13. Jan.	Algerische Oppositionsgruppen verpflichten sich bei einem Treffen in Rom zum Gewaltverzicht und fordern die Militärregierung zu Verhandlungen auf.
	16. Nov.	*Staatspräsident Zéroual* gewinnt die Präsidentschaftswahlen mit 61,01% der Stimmen und kündigt einen verstärkten Kampf gegen terroristische Gewalt an.
Verfassungsänderung	**1996** 28. Nov.	In einem Referendum stimmen die algerischen Bürger für eine *Verfassungsänderung*. Die Befugnisse des Staatspräsidenten werden bei gleichzeitiger Kürzung der Amtszeit gestärkt.
	1997 5. Juni	Parlamentswahlen, gegen die die FIS zum Boykott aufruft, werden mit einer Wahlbeteiligung von 65,49% durchgeführt. Stärkste Gruppierung wird die „Nationaldemokratische Sammlung" (RND) Zérouals vor der FLN.
	Okt.	Der RND-Sieg bei Kommunalwahlen (23. Okt.) löst umfangreiche Proteste wegen des Vorwurfs der Wahlfälschung aus und vereint erstmals Anhänger verschiedener Richtungen in einer Großdemonstration (30. Okt.).
Zahl der Opfer	18. Nov.	Die Gefangenen-Hilfsorganisation Amnesty International gibt die *Zahl der Opfer* seit Beginn der Kämpfe mit *80 000* an. Zunehmende Kritik an unklarer Haltung der Sicherheitskräfte zu den Massakern.
	1998 Juni	Nach der Ermordung des beliebten kabylischen Sängers Lounés Matoub (25. Juni) vermutlich durch Islamisten, kommt es in den von Berbern bewohnten Gebieten zu schweren Unruhen. Hintergrund der regierungsfeindlichen Demonstrationen ist das bevorstehende In-Kraft-Treten (5. Juli) eines 1996 beschlossenen Gesetzes, das Hocharabisch zur einzigen offiziellen Sprache des Landes macht, wodurch das die Berbersprache Tamazight sprechende Viertel der algerischen Bevölkerung vom Verkehr mit Behörden abgeschnitten ist.
Krise in der politisch-militärischen Führungsschicht	11. Sept.	Staatspräsident Lamine Zéroual gibt seinen vorzeitigen Rücktritt bekannt. Damit wird eine tief greifende *Krise in der politisch-militärischen Führungsschicht* Algeriens deutlich. Entscheidender Streitpunkt ist die Haltung gegenüber den islamistischen Parteien und Gruppen.
	14. Dez.	Rücktritt des Ministerpräsidenten Ahmed Ougahia.

1999 26. Jan.	Spaltung der Regierungspartei RND; der Mehrheitsflügel unterstützt den früheren Außenminister (1963–1979) *Abdul Aziz Bouteflika* (*1937), der von der FLN für die Präsidentenwahl als Kandidat aufgestellt wird.	*Abdul Aziz Bouteflika*
15. April	Nachdem einen Tag vor dem Wahltermin die sechs anderen Bewerber wegen angeblicher Wahlmanipulation zurückgezogen haben, wird Bouteflika als einziger Kandidat zum Staatspräsidenten gewählt und am 27. April vereidigt. In seiner Antrittsrede erklärt er, eine Politik der „nationalen Versöhnung" führen zu wollen.	
Juni	Die FIS und ihr bewaffneter Arm, die Islamische Armee des Heils (AIS) teilen die Einstellung aller bewaffneter Aktionen mit. Die Bewaffneten Islamischen Gruppen (GIA) jedoch rufen zur „Intensivierung des Heiligen Krieges" auf.	
16. Sept.	In einem Referendum wird Bouteflika mit 98,6 % der Stimmen in seinem Amt bestätigt.	
Dez./Jan.	Neue Anschläge und Massaker sowohl der Terrorgruppen als auch der Sicherheitskräfte.	
23. Dez.	Acht Monate nach seinem Amtsantritt präsentiert Bouteflika eine Regierung unter Ministerpräsident Ahmed Benbitour.	
2000 20. März	Das seit Juli 1999 geltende *Amnestieangebot an die islamistischen Gruppen* wird unbefristet verlängert.	*Amnestieangebot an die islamistischen Gruppen*
29. März	Die Regierung lädt vier führende Menschenrechtsorganisationen ein, sich im Land zu informieren.	
20. Aug.	Rücktritt des Ministerpräsidenten Benbitour. Nachfolger wird Ali Benflis.	
13. Nov.	Verbot der politischen Bestätigung für die gemäßigte islamistische Wafa-Partei. Mit Beginn des Ramadan (27. Nov.) kommt es zu einem Wiederaufflammen der Gewalttätigkeiten.	
2001 21. April	Nach dem Tod eines jungen Berbers brechen schwere *Unruhen in der Kabylei* aus. Massendemonstrationen auch in Algier (31. Mai und 14. Juni).	*Unruhen in der Kabylei*
16. Mai	Das Parlament billigt eine Gesetzesvorlage, nach der Verleumdungen von staatlichen Institutionen, Beamten und Würdenträgern mit hohen Strafen geahndet werden können.	
29. Aug.	Bei einem Bombenanschlag in Algier, dem ersten nach vier Jahren, werden 34 Menschen verletzt.	
2002 April	Meutereien in algerischen Gefängnissen gegen schlechte Haftbedingungen. In den überfüllten Haftanstalten sitzen ca. 38 000 Straftäter ein.	
30. Mai	Bei den von mehreren Oppositionsparteien boykottierten Parlamentswahlen sichert sich die regierende FLN die absolute Mehrheit.	

Marokko seit 1953/56

(Forts. v. S. 1121)

	Gegen die westlich orientierten Nationalisten der *Istiklal-Partei* richtet sich der Widerstand der traditionellen Stämme, die sich um den Pascha von Marrakesch Thami al-Glaoui sammeln; Frankreich sucht diesen Gegensatz für seine Zwecke zu nutzen: Als sich die Auseinandersetzungen zwischen der französischen Verwaltung und Sultan Mohammed V. (*1909, †1961) verschärfen, bedrohen Berber-Stämme die großen Städte. Mohammed V. muss ins Exil gehen (20. Aug. 1953), weigert sich jedoch abzudanken; Nachfolger wird sein Onkel Mohammed Ben Arafa (*1890, †1976), der sich der französischen Politik willfährig zeigt. Die *Absetzung des Sultans* löst eine Welle der nationalen Erhebung aus; auch die Berber wenden sich nun gegen Frankreich, das sich zu Verhandlungen bereit erklären muss. Mohammed V. kehrt am 16. Nov. 1955 als Sultan nach Marokko zurück.	*Istiklal-Partei* *Absetzung des Sultans*
1956 2. März	Französisch-Marokkanisches Abkommen hebt den Protektoratsvertrag von 1912 auf: Frankreich erkennt die *Unabhängigkeit* und Souveränität Marokkos an; Unterstützung beim Aufbau der Streitkräfte. Sultan Mohammed V. sucht die Unterstützung der Nationalisten für den Aufbau eines modernen Staatswesens: als stärkste politische Partei Istiklal-Mehrheit in der Regierung; Garantien für die im Lande bleibenden französischen Beamten.	*Unabhängigkeit*
7. April	Spanien übergibt die nördliche Zone seines Protektorats; jedoch keine Einigung über die südliche Zone (nach längeren Auseinandersetzungen im April 1958 übergeben) und über die Enklaven (Ifni kommt 1969 an Marokko; Ceuta und Melilla weiterhin spanisch).	
8.–29. Okt.	Eine internationale Konferenz spricht *Tanger* Marokko zu (die Charta vom 4. Sept. 1957 bestätigt die Privilegien Tangers als internationaler Freihafen – 1959 aufgehoben; jedoch ab 1962 wieder Freihafen).	*Tanger*
	Die Istiklal-Partei strebt ein „Groß-Marokko" unter Einschluss von Spanisch-Sahara, Mauretanien, Französisch-Sudan (Mali) und Teilen Südwestalgeriens an. Der Sultan erhebt in den folgenden Jahren immer wieder Ansprüche auf diese Gebiete, begründet mit marokka-	

König Mohammed V.	12. Nov. 1957	nischer Oberhoheit in vorkolonialer Zeit; daher gespannte Beziehungen zu Spanien und – nach deren Unabhängigkeit – zu Mauretanien und Algerien. Die Nationale Ratsversammlung (vom Monarchen ernannte Mitglieder) tritt zusammen. *Mohammed V.* nimmt den Königstitel an (18. Aug.). Die traditionelle Stärke der marokkanischen Monarchie beruht auf ihrer religiösen Funktion (der Herrscher ist zugleich religiöses Oberhaupt) und der ausgleichenden Rolle des Herrschers zwischen den verschiedenen Bevölkerungsgruppen (zwei Drittel Araber, ein Drittel Berber-Stämme). Der Versuch Mohammeds V., seine Macht auszuweiten, stößt jedoch auf den Widerstand der demokratisch gesinnten Kräfte in der Istiklal-Partei, die in einen konservativen und einen radikalen Flügel zu zerfallen beginnt.
Nationalunion	1959/1960	Die dem radikalen Flügel zuzurechnende Regierung (seit Dez. 1958) Abdallah Ibrahim (*1918) strebt die grundlegende Modernisierung Marokkos an, stößt aber auf Widerstand. Die von Mehdi Ben Barka (*1920, †1965) 1959 gegründete radikale *Nationalunion* der Volkskräfte (UNFP) ist von Anfang an Verfolgungen durch Polizei und Armee ausgesetzt, obwohl sie die Regierung unterstützt.
	1960 21. Mai	Mohammed V. übernimmt selbst die Regierung: Der Fünfjahrplan 1960–1964 wird begonnen, dann mehrfach geändert und 1962 aufgegeben.
König Hassan II.	1961 26. Febr.	Nach dem Tod Mohammeds V. wird sein Sohn *Hassan II.* (*1929, †1999) *König* und übernimmt ebenfalls das Amt des Ministerpräsidenten.
Konflikt Marokko – Algerien	1962 Juli	*Marokkanisch-algerischer Konflikt*: Marokkanische Truppen dringen nach Algeriens Unabhängigkeit ins beanspruchte Grenzgebiet ein; Marokko erhebt zudem Anspruch auf das rohstoffreiche Gebiet um Tindouf. Nach Gefechten (Okt. 1963) akzeptiert Marokko die Vermittlung von OAU-Mitgliedern: Abkommen über entmilitarisierte Zone (20. Febr. 1964). Die Beziehungen zu Algerien bleiben gespannt.
Verfassung	7. Dez.	*Verfassung* durch Referendum angenommen: konstitutionelle Monarchie mit starker Stellung des Königs.
	1963	Die autokratische und reformfeindliche Regierung Hassans II. löst wachsenden Widerstand aus: auch Istiklal auf Oppositionskurs.
Wahlen	17. Mai	Bei den *Wahlen* zum Abgeordnetenhaus gewinnt die dem König nahe stehende neue Partei (FDIC; nach deren Spaltung 1964 Volksbewegung: MP) keine klare Mehrheit (69 der 144 Sitze).
	Juli	Repressive Maßnahmen gegen Oppositionsparteien: UNFP-Führung verhaftet, viele von ihnen gefoltert und hingerichtet.
	1965 7. Juni	Als Istiklal und die UNFP Koalitionsangebote ablehnen und freie Wahlen fordern, ruft der König den Notstand aus und regiert per Dekret; „starker Mann" neben Hassan ist Innenminister Mohammed Oufkir (*1924, †1972).
	Okt.	UNFP-Führer Ben Barka verschwindet in Paris spurlos. Die französische Regierung macht Oufkir für die Ermordung Ben Barkas verantwortlich.
	1966	Frankreich bricht die diplomatischen Beziehungen zu Marokko ab (26. Jan.).
	1967	In der arabischen Politik versucht König Hassan eine vermittelnde Rolle zu spielen: Im Nahostkrieg unterstützt Marokko nur verbal die arabische Seite.
Ansprüche auf Spanisch-Sahara	1968	Marokkos *Ansprüche auf Spanisch-Sahara* belasten das Verhältnis zu Algerien und Mauretanien; Verhandlungen mit der spanischen Regierung verlaufen ergebnislos.
Grenzfragen	1969 15. Jan.	Versuch Marokkos, das Verhältnis zu seinen Nachbarstaaten zu entspannen, führt mit Algerien zum „Vertrag über Solidarität und Zusammenarbeit" (Regelung der *Grenzfragen* 1970–1972).
	3. Okt.	Nach Jahren der Instabilität erweitert Hassan wieder den Spielraum für politische Aktivität: Abhaltung von Kommunalwahlen.
	1970	Marokko will Algerien und Mauretanien für das Konzept eines Kondominiums über die Westsahara gewinnen und Mauretanien in den maghrebinischen Wirtschaftsraum einbeziehen:
	28. Mai	Abkommen mit Algerien;
	8. Juni	Freundschaftsvertrag mit Mauretanien.
Rechte der Volksvertretung	24. Juli	Trotz breiter Ablehnung (unbeirrte Opposition von Istiklal und UNFP, die eine „Nationale Front" bilden – 1972 auseinander gebrochen) wird die neue Verfassung, die die *Rechte der Volksvertretung* und des Kabinetts weiter zu Gunsten des Königs beschneidet, durch ein Referendum mit offiziell 98% der Stimmen angenommen.
	21./28. Aug.	Bei Wahlen erhalten die Oppositionsparteien nur 22 der 240 Sitze; 60 gehen an die regierende MP, 158 an überwiegend konservative, regierungsfreundliche „Unabhängige".
	14. Sept.	König Hassan und die Präsidenten von Algerien und Mauretanien, Boumedienne und Daddah, stimmen ihre Sahara-Politik aufeinander ab.

1971 10. Juli	*Putschversuch* eines Teils der Armee (vermutlich rechtsgerichtete Kräfte; Unterstützung durch Libyen).	*Putschversuch*
4. Aug.	Mittelbare Auswirkung ist die Ankündigung von wirtschaftlichen, sozialen und politischen Reformen durch Hassan.	
1972 1. März	Neue Verfassung durch Referendum gebilligt: Die Exekutive liegt bei der Regierung, die strenger als bisher vom Parlament kontrolliert wird; Direktwahl von zwei Dritteln der Abgeordneten (bisher ein Drittel) durch das Volk. Keine innenpolitische Beruhigung: Wahlen ohne Termin verschoben.	
16. Aug.	Erneut Putschversuch einer Gruppe von Luftwaffenoffizieren; Oufkir begeht Selbstmord; summarische Exekution der Beteiligten. Die Hintergründe der Attentatsversuche bleiben im Dunkeln; die politische Opposition ist nicht beteiligt. Istiklal und UNFP lehnen erneut den Eintritt ins Kabinett ab.	
1973 3. März	Hassan II. kündet in einer Thronrede den Beginn der „Marokkanisierung" an: Enteignung noch vorhandenen ausländischen Landwirtschaftsbesitzes (ca. 260000 ha französischer Grundbesitz; gewisse Entschädigung 1974 vereinbart). In einigen Zweigen der Industrie muss mindestens 50% des Kapitals in marokkanischen Händen sein; Fischereizone auf 70 Seemeilen ausgedehnt und für fremde Fangschiffe gesperrt.	*Enteignung*
Okt.	Marokko übernimmt eine aktive Rolle im Nahostkonflikt: Entsendung eines Expeditionskorps nach Syrien (Febr.) und Ägypten (Okt.); Teilnahme am *Nahostkrieg*.	*Nahostkrieg*

Wirtschaft, Entwicklung und die Politik der „Marokkanisierung" (1960–1977)

Marokko hat günstige Bodenverhältnisse und reiche Bodenschätze. Ansätze zu einer reformorientierten Entwicklungspolitik um 1960 bleiben im Ansatz stecken: Im zentralen *Agrarsektor* (Anteil der Beschäftigten 1960: 62%; 1977: 53%) kommen die Investitionen vor allem den Großgrundbesitzern zu Gute. Bis 1973 werden lediglich 90000 ha verstaatlichten Landes an Kleinbauern verteilt; wenig entwickeltes Genossenschaftswesen. Landwirtschaft und Fischerei decken 90% des Nahrungsmittelbedarfs und liefern 37% (1976) der Exportprodukte (hauptsächlich Zitrusfrüchte, Tomaten; Fisch). – Im *industriellen Sektor* einschließlich Bergbau (Beitrag zum Bruttoinlandsprodukt 1977: 31%) führt die Förderung der Privatinitiative zu überdurchschnittlichem jährlichem Wachstum (1970–1977: 7,8%). Marokko ist der Welt drittgrößter Produzent und größter *Exporteur von Phosphaten* (1976: 39% der Exporte); daneben Vorkommen an Blei, Zink, Kobalt, Mangan u.a. In der verarbeitenden Industrie dominiert Leichtindustrie, Konsumgüter (v.a. Textilien, Teppiche) machen bereits 11% der Exporte aus. Bedeutender Tourismus (Einnahmen 1977: 335 Mio. US-Dollar).

Die *neue Entwicklungsstrategie* seit 1973 (dritter Fünfjahrplan 1973–1977) zielt auf ein gemischtwirtschaftliches System: Verstaatlichung „strategischer" Wirtschaftszweige: Bodenschätze, Energie, Schwerindustrie (Eisen und Stahl), Nachrichten-, Verkehrs- und Kreditwesen, aber Förderung der Privatinitiative bei zunehmender „Marokkanisierung" in den Bereichen Landwirtschaft, Leichtindustrie, Handel und Tourismus. Entwicklungsfinanzierung über eine Politik der Auslandsverschuldung (Kreditaufnahme 1977: 1,3 Mrd. US-Dollar; Auslandsschuld insgesamt 3,5 Mrd. US-Dollar); bei einer Investitionsquote von 29% des BSP 1977 hat Marokko mit 7% eine der niedrigsten Sparquoten der Welt. Marokko ist fast völlig von Ölimporten abhängig (1976: 11% der Importe). Die wachsende Belastung des Haushalts durch erhöhte Militärausgaben (Ausgaben für Militär und innere Sicherheit 1977 auf 2,4 Mrd. US-Dollar, fast ein Viertel des Bruttosozialprodukts, geschätzt) zwingt die Regierung zur Kürzung von Subventionen für Grundnahrungsmittel (1974); Hauptproblem für die Bevölkerung sind Inflation, Arbeitslosigkeit und wachsende soziale Ungleichheit; 1978 Streiks und Demonstrationen. Da auch die Landverteilungen nach 1973 Begüterte begünstigen, ist bisheriges Ergebnis der „Marokkanisierung" der Transfer von Vermögenswerten auf Marokkaner, nicht die entwicklungspolitische Transformation der marokkanischen Gesellschaft.

Agrarsektor

industrieller Sektor

Exporteur von Phosphaten

neue Entwicklungsstrategie

1974	Hassan II. bereitet mit einer internationalen Kampagne die *Annexion von Spanisch-Sahara* vor; Kooperationsbereitschaft der Opposition: Eine Welle der nationalen Einheit lässt politische und soziale Konflikte in den Hintergrund treten.	*Annexion von Spanisch-Sahara*
1975 6.–9. Nov.	Der Schiedsspruch des Internationalen Gerichtshofes (Okt.) liefert den Vorwand für den „Grünen Marsch" von 250000 Marokkanern über die Grenze. Spanien erklärt sich im dreiseitigen Abkommen bereit, Marokko und Mauretanien die Verwaltung der Sahara zu übergeben (14. Nov.); Konflikt mit Algerien (Jan./Febr. 1976 Kämpfe im Grenzgebiet).	
1976 14. April	*Marokkanisch-Mauretanischer Vertrag* über die Aufteilung der Sahara. Marokko beginnt mit der Integration des von ihm verwalteten Territoriums in das marokkanische Staatsgebiet: Bildung von drei Provinzen.	*Vertrag Marokko – Mauretanien*

POLISARIO-Front		Gegen die Guerilla-Truppen der *POLISARIO-Front* kann sich Marokko militärisch behaupten, ohne sie dauerhaft aus dem Territorium fernhalten zu können. Militärische Unterstützung durch Frankreich (Waffenlieferungen), gespannte Beziehungen zu den USA wegen deren Weigerung, Kampfflugzeuge zu liefern. (Trotzdem Zusammenarbeit: Im April 1977 und Juni 1978 fliegen französische bzw. amerikanische Transportflugzeuge marokkanische Truppen zur Stützung des Regimes Mobutu nach Zaïre.)
Wahlen zur Abgeordneten-kammer	1977 3. Juni	Hassan nutzt die Welle der nationalen Einheit zur schrittweisen Wiederherstellung verfassungsmäßiger Zustände: nach Kommunal- und Provinzwahlen (Nov. 1976 bzw. Jan. 1977) *Wahlen zur Abgeordnetenkammer*: 141 Sitze für die königstreuen Unabhängigen, 49 Sitze für die Istiklal-Partei, 44 MP, 16 USFP (Abspaltung der UNFP), 14 andere. Regierung aus Unabhängigen, MP und erstmals wieder Istiklal.
	1978 Okt.	Gründung der „Nationalen Sammlungsbewegung der Unabhängigen" (RNI) durch Ministerpräsident Ahmed Osman (*1930).
Annexion der Westsahara	1979 14. Aug.	Marokko *annektiert* nach dem Friedensvertrag Mauretaniens mit der POLISARIO-Front auch den *Südteil der Westsahara*.
	1982 13. Nov.	Marokko gibt trotz Aufforderung der UN-Generalversammlung und der OAU (Organisation für Afrikanische Einheit) die Besetzung der Westsahara nicht auf. Erst als die OAU am Westsahara-Problem zu zerbrechen droht, zieht Marokko aus dem wirtschaftlich unwichtigen Südteil der Westsahara ab.
	1983	König Hassan erklärt vor der UN-Generalversammlung, er werde einen Volksentscheid in der Westsahara akzeptieren.
	1984	Nach Preiserhöhungen schlägt die Armee Unruhen in mehreren Orten nieder (Jan.).
Staatenunion mit Libyen	13. Aug.	Hassan II. und der libysche Präsident Omar Moamer al-Gaddafi unterzeichnen in Oujda (Marokko) den Vertrag über eine *Staatenunion zwischen Libyen und Marokko* (am 29. Aug. 1986 von Marokko aufgekündigt).
	12. Okt.	König Hassan eröffnet das neue Parlament, in dem die Mitte-Rechts-Parteien die absolute Mehrheit haben.
	12. Nov.	Marokko verlässt die OAU, weil die von der POLISARIO-Front proklamierte Demokratische Arabische Republik Sahara die ihr zuerkannten Mitgliedsrechte wahrnimmt.
Treffen Hassan II. – Ben Dschedid	1987 4. Mai	*Hassan II. trifft* den algerischen Staatspräsidenten Chadli *Ben Dschedid*, um eine Lösung des Westsahara-Konflikts zu erörtern.
	20. Juli	Marokkos Aufnahmeantrag für die Europäische Gemeinschaft wird abgelehnt.
	1990 14. Dez.	Ein Generalstreik wegen der sich verschlechternden sozialen Lage wird blutig niedergeschlagen.
	1991 28. Jan.	Generalstreik gegen den Zweiten Golfkrieg, der von den drei größten Gewerkschaften und der Regierung unterstützt wird.
Waffenstillstand	4. Sept.	König Hassan II. erklärt sein Einverständnis für den *Waffenstillstand* in der Westsahara, wo marokkanische Truppen gegen die POLISARIO-Front kämpfen.
	1992 4. Sept.	Die in einem Referendum angenommene neue Verfassung bestätigt die Machtstellung des Königs.
	1993 3. Nov.	Die Oppositionsparteien lehnen König Hassans Angebot einer Regierungsbeteiligung mit begrenzten Vollmachten ab.
Exklaven Ceuta und Melilla	1994 3. März	König Hassan fordert die Eingliederung der zu Spanien gehörenden *Exklaven Ceuta und Melilla* in das Staatsgebiet Marokkos.
	26. Aug.	Auf Gewalttaten algerischer Islamisten in Marokko reagiert König Hassan mit der Schließung der Grenze zu Algerien.
	1997 24. April	Der frühere amerikanische Außenminister James A. Baker führt mit der marokkanischen Regierung Gespräche über die Zukunft der Westsahara.
	14. Nov.	Mit den ersten Direktwahlen des Parlaments durch das Volk trägt Hassan II. Forderungen der Opposition Rechnung.
	1998 4. Febr.	Der Führer der Sozialistischen Union der Volkskräfte (USFP), Abderrahman Youssoufi, bildet ein Kabinett, dem Minister aus sieben Parteien angehören; der erste demokratische Machtwechsel seit der Unabhängigkeit Marokkos.
Mohammed VI.	1999 23. Juli	König Hassan II. stirbt in Rabat. Nachfolger wird sein Sohn Sidi Mohammed, der als *Mohammed VI.* (*1963) den Thron besteigt.
	1. Aug.	In seiner Thronrede verspricht Mohammed VI. eine Fortsetzung des von seinem Vater eingeleiteten Reformkurses. Für fast 46 000 Häftlinge wird eine Amnestie angekündigt.
	9. Nov.	Mit der Entlassung des langjährigen Innenministers Driss Basri, der seit 25 Jahren die restriktive Innenpolitik Marokkos prägte, wird ein wesentliches Hindernis der Reformpolitik beseitigt.

2000 12. März	Mehrere hunderttausend Islamisten protestieren gegen eine Gesetzesvorlage der Regierung, die die Rechte der Frauen verbessern will. Damit wird deutlich, welche Macht der Islamismus in Marokko inzwischen darstellt.
2001	Die Regierung kündigt Maßnahmen gegen den Haschischanbau an (8. März).
2002 17. Juli	Spanische Elitetruppen beenden die 6-tägige Besetzung der Felseninsel Perejil durch marokkanisches Militär. Die Insel liegt in marokkanischen Hoheitsgewässern, wird aber von Spanien beansprucht und sollte nach einem Abkommen aus dem Jahr 1960 unbewohnt bleiben. Der Konflikt setzt sich im Aug. fort: Marokko bekräftigt seine Ansprüche auf die spanischen Exklaven Ceuta und Melilla. Spanien entsendet Kriegsschiffe zu deren Schutz.

Spanisch-Sahara – Marokkanisch und mauretanisch verwaltete Sahara/Demokratische Arabische Republik Sahara seit 1958/73

Das Gebiet von Westsahara unterteilt sich in die zwei historischen Regionen Saquiet el-Hamra im Norden und Río de Oro im Süden. 1958 zur *Überseeprovinz* Spanisch-Sahara vereinigt, dienen sie Spanien lange nur als militärischer Flankenschutz für die Kanarischen Inseln. Die zu 80% nomadische Bevölkerung lebt von Viehzucht (Kamele); Ackerbau nur in Regenjahren möglich. Fischfang; einige kleine Industriebetriebe (Fischverarbeitung). Die Bedeutung von Spanisch-Sahara ändert sich schlagartig mit der Entdeckung gigantischer *Phosphatvorkommen* im Norden des Landes bei Bu Craa 1965; Abbau nach hochmodernen, kapitalintensiven Verfahren seit 1972 (nur 1000 Beschäftigte, davon 200 Saharaouis); 100 km langes Förderband zur Küste. Hinsichtlich des Phosphatexports (bereits 1974: zwei Millionen Tonnen) konkurriert Spanisch-Sahara mit Marokko auf dem Weltmarkt; Marokko hat bereits bei der Unabhängigkeit 1956 Anspruch auf die Westsahara erhoben und würde mit den Vorkommen von Bu Craa seine Phosphatreserven enorm steigern.

Überseeprovinz

Phosphatvorkommen

1973	Wachsender Druck auf Spanien durch Marokko, Mauretanien und Algerien, die seit 1970 ihre Politik in der Westsahara-Frage abstimmen. Attentate und Guerillaaktionen verschiedener Unabhängigkeitsbewegungen, von den Nachbarstaaten unterstützt; zur wichtigsten wird die von Algerien unterstützte Volksfront für die Befreiung von Saquiet el-Hamra und Río de Oro *(POLISARIO-Front).*
1975 14. Nov.	Der „Grüne Marsch" von 250000 Marokkanern über die Grenze (6.–9. Nov.) veranlasst Spanien, im dreiseitigen Abkommen mit Marokko und Mauretanien die Verwaltung der Westsahara zu übergeben. Marokkanische Truppen besetzen die Westsahara: Abzug der spanischen Truppen (abgeschlossen Jan. 1976).
3. Dez.	*Provisorischer Nationalrat* der Sahara in Algier gebildet; 67 der 104 Abgeordneten der gewählten Provinzversammlung von Spanisch-Sahara erkennen die POLISARIO-Front als gesetzgebende Instanz der Sahara an.
1976 Jan./Febr.	Militärischer Konflikt mit Marokko und Mauretanien; auch Kämpfe zwischen algerischen und marokkanischen Einheiten.
28. Febr.	Ende der spanischen Präsenz; der Provisorische Nationalrat ruft die Demokratische Arabische Republik Sahara (DARS) aus. Provisorische Verfassung (29. Febr.).
5. März	Bildung einer Regierung in Algier. Diplomatische Anerkennung durch Algerien und einige schwarzafrikanische Staaten.
14. April	Marokkanisch-Mauretanisches Abkommen über die Grenzziehung in der Westsahara (Mauretanien erhält das südliche Drittel) und über gemeinsame Ausbeutung der Bodenschätze. Marokko und Mauretanien gliedern die von ihnen verwalteten Gebiete als Provinzen in ihr Staatsgebiet ein: De-facto-*Annexion der Westsahara*.
1975/1976	Marokkanischen Truppen (auch in Mauretanien) gelingt es, die von Algerien modern ausgerüsteten Truppen der POLISARIO-Front aus der Westsahara zu verdrängen; sie können jedoch das Wüstengebiet nicht voll kontrollieren.
1978 12. Juli	Die POLISARIO-Front erklärt nach dem Staatsstreich in Mauretanien einseitig den Waffenstillstand. Trotz Wiederaufnahme der Kämpfe im Winter Geheimkontakte mit der neuen Regierung.
1979 5. Aug.	Friedensvertrag Mauretaniens mit der POLISARIO-Front: Mauretanien übergibt der Demokratischen Arabischen Republik Sahara seinen Teil der Westsahara. *Konflikt mit Marokko*, das sich weigert, seine Truppen abzuziehen, und auch den Süden der Westsahara annektiert.
1980	Der Aufnahmeantrag der DARS scheitert in der OAU (Organisation für Afrikanische Einheit) an der erforderlichen Zweidrittelmehrheit; trotzdem wächst die internationale Aner-

POLISARIO-Front

Provisorischer Nationalrat

Annexion der Westsahara

Konflikt mit Marokko

	1982	kennung der DARS, die bereits 1981 von 45 Staaten als souveräner Staat diplomatisch anerkannt ist.
Aufnahme der DARS	22. Febr.	*Aufnahme der DARS* in die OAU.
	1984	Mauretanien erkennt die DARS am 27. Febr. an.
	1987	Der marokkanische Befestigungswall (2700 km lang) zum Schutz gegen die POLISARIO-Front wird fertig gestellt (März).
Friedensplan Pérez de Cuéllars	1988 30. Aug.	Marokko und die POLISARIO-Front akzeptieren im Prinzip den *Friedensplan* des UNO-Generalsekretärs Javier *Pérez de Cuéllar* (Referendum über die Zukunft des Territoriums und somit über die Unabhängigkeit der DARS).
	1989 4.–5. Jan.	Ein erstes Treffen zwischen König Hassan und Vertretern der POLISARIO-Front) bringt keine konkreten Ergebnisse. Im Herbst brechen erneut Kämpfe aus.
	1990 5. Juni	Nach einer Reise von Pérez de Cuéllar in das Krisengebiet einigen sich Marokko und die POLISARIO-Front über den Kreis der Stimmberechtigten beim Referendum.
	5. Juli	Ein Organisationsplan der UNO und OAU für das Referendum sieht einen Waffenstillstand, Rückzug des Militärs und Überwachung der Stimmabgabe durch die UNO vor.
Waffenstillstand mit Marokko	1991 6. Sept.	Der auf Initiative der UNO vereinbarte *Waffenstillstand mit Marokko* tritt in Kraft. Das geplante Referendum verzögert sich jedoch; die UN-Bemühungen zur Lösung des Westsahara-Konflikts gehen in den folgenden Jahren weiter.
	1996	Der UN-Sicherheitsrat suspendiert die Vorbereitung des Westsahara-Referendums (29. Mai).
neues Referendum	1997 16. Sept.	POLISARIO-Front und Marokko einigen sich unter Vermittlung des UN-Beauftragten James A. Baker *erneut* auf ein *Referendum* (7. Dez. 1998) zur Beilegung des Westsahara-Konflikts.
	1998 Sept.	Die erste Phase der Registrierung für das Referendum ist abgeschlossen. Der weitere Fortgang wird jedoch durch neuen Streit über die Identifikationskriterien behindert.
	2000 Juni/Juli	UN-Generalsekretär Kofi Annan verschiebt das Referendum auf unbestimmte Zeit. Direkte Verhandlungen zwischen Vertretern der marokkanischen Regierung und der POLISARIO in London und Genf bleiben ohne Ergebnis.
	2001 29. Juni	Der UN-Sicherheitsrat billigt einen von Kofi Annan vorgelegten Plan, nach dem die Sahara in das marokkanische Staatsgebiet eingegliedert werden und eine eigene Exekutive erhalten soll. Das Referendum soll erst fünf Jahre später stattfinden. Die POLISARIO und ihre Schutzmacht Algerien weisen den Plan zurück.
	2002 31. Juli	Der UN-Sicherheitsrat verlängert das Mandat der Schutztruppe für Sahara (MINURSO) um ein halbes Jahr.

Mauretanien seit 1946

(Forts. v. S. 1156)

	1946–1956	Im Zuge der französischen Entkolonialisierungspolitik werden Mauretanier zunehmend an der Verwaltung der Kolonie beteiligt; (1946) Wahl einer Territorialversammlung; (1956) Regierungsrat als beschränkt verantwortliche Exekutive.
autonomer Staat	1958 28. Nov.	Die Islamische Republik Mauretanien wird aufgrund einer Volksabstimmung (2. Okt.) *autonomer Staat* der französischen Communauté.
Wahlen zur Nationalversammlung	1959	Verfassung: parlamentarisches System. Bei den *Wahlen zur Nationalversammlung* gewinnt die Partei der Mauretanischen Neuordnung (PRM) unter Moktar Ould Daddah (*1924) alle Sitze; Daddah Ministerpräsident.
	1960	Die schwarzafrikanische Minderheit im Süden, die die Vereinigung mit Mali wünscht, schließt sich nach dem Zerfall der Mali-Föderation (Aug. 1960) der PRM an.
Unabhängigkeit	28. Nov.	Mauretanien proklamiert seine *Unabhängigkeit*.
	1961 20. Mai	Neue Verfassung: präsidentielles Regierungssystem; der Präsident ist zugleich Regierungschef und Oberbefehlshaber der Armee; der Islam ist Staatsreligion.
	20. Aug.	Daddah zum Staatspräsidenten gewählt. Bildung der Mauretanischen Volkspartei (PPM) als Einheitspartei; Daddah Generalsekretär.
Grenzabkommen von Bamako	1963	Verständigung mit Mali: *Grenzabkommen von Bamako* (17. Febr.).
	1967	Gegen die marokkanischen Ansprüche sichert sich Daddah durch Annäherung an Algerien ab (März Staatsbesuch).
	1968	Der linke Flügel der PPM – beeinflusst von Entwicklungen in Frankreich wie vom radikalen Panarabismus – agitiert gegen den eher konservativen Daddah, insbesondere wegen der engen Bindungen an Frankreich, das eine Vormachtstellung genießt. Aufstand der einhei-

	mischen Arbeiter gegen die europäischen Führungskräfte der internationalen Minengesellschaft MIFERMA, die die reichen Eisenerzlager von Zouérate abbaut, niedergeschlagen. Die Opposition der Gewerkschaften hält an.	
1970	Das gemeinsame Interesse an Spanisch-Sahara trägt zur *Aussöhnung mit Marokko* und Sicherung der äußeren staatlichen Existenz bei (Aufnahme diplomatischer Beziehungen).	*Aussöhnung mit Marokko*
14. Sept.	In Nouadibou einigen sich Daddah, König Hassan (Marokko) und Houari Boumedienne (Algerien), ihre Bemühungen um die Entkolonialisierung von Spanisch-Sahara aufeinander abzustimmen.	
1973 15. Febr.	Um die „volle Souveränität" zu erlangen, kündigt Daddah alle mit Frankreich geschlossenen wirtschaftlichen, finanziellen und militärischen Abkommen; die *neuen Verträge mit Paris* sehen nur eine begrenzte Zusammenarbeit vor.	*neue Verträge mit Paris*
Okt.	Mauretanien unterstützt die arabische Seite im Nahostkrieg und wird Mitglied der Arabischen Liga (13. Okt.).	
1974	Die *Dürrekatastrophe* in der Sahelzone (seit 1971) trifft Mauretanien schwer, da 90% der Bevölkerung von Ackerbau und Viehzucht leben; im Norden und Südwesten sind 90%, im Südosten 40% der Viehbestände vernichtet.	*Dürrekatastrophe*
29. Nov.	Da die Abhängigkeit von den Einnahmen der MIFERMA damit noch drückender wird (etwa ein Drittel der Staatseinnahmen), wird sie von der staatlichen Gesellschaft SNIM übernommen (Entschädigung der Aktionäre und Schuldendienstzahlungen an die Weltbank); Verstaatlichung der übrigen Bergbaugesellschaften bis Febr. 1975 abgeschlossen.	
1975 Aug.	Der PPM-Kongress beschließt *Verfassungsänderungen*: Die PPM wird oberste Verfassungsinstitution, Legislative und Exekutive haben nur noch vollziehende Funktionen; PPM-Kongress wählt das Politbüro, das den Generalsekretär bestellt; Wahlen zur Nationalversammlung werden zur Bestätigung der PPM-Einheitsliste. Die von Daddah vorgelegte *Charta der PPM* definiert die mauretanische Demokratie als islamisch, nationalistisch, zentralisiert und sozialistisch; gemischtwirtschaftliches System. Als Generalsekretär und Staatspräsident hat Daddah praktisch diktatorische Vollmachten.	*Verfassungsänderungen* *Charta der PPM*
14. Nov.	Mauretanien hat sich in der Westsahara-Frage auf Marokkos Seite ziehen lassen (Geheimabkommen im Okt. 1974) und übernimmt nach dem dreiseitigen Abkommen mit Spanien zusammen mit Marokko die Verwaltung von Spanisch-Sahara.	
1976 März	Konflikt mit Algerien (Abbruch der Beziehungen) und der POLISARIO-Front, die Mauretanien bis 1974 zunächst unterstützt hat.	
14. April	Nach dem Vertrag mit Marokko über die *Aufteilung der Sahara* behandelt Mauretanien den südlichen Teil (Río de Oro) als Provinz. Trotz militärischer Hilfe durch Marokko und Frankreich und finanzieller Unterstützung durch Saudi-Arabien kann die mauretanische Armee keinen durchgreifenden Erfolg gegen die Truppen der POLISARIO-Front erzielen; Mauretanien kontrolliert schließlich nur die Städte.	*Aufteilung der Sahara*
1978 10. Juli	*Staatsstreich der Armee* stürzt Ould Daddah; das „Militärkomitee für Nationalen Wiederaufbau" unter Generalstabschef Oberstleutnant Mustafa Ould Mohammed Salek übernimmt die Regierung. Ziel ist der wirtschaftliche Wiederaufbau; Parteienpluralität angekündigt. Salek tritt für Intensivierung der Beziehungen zu Marokko ein (18. Sept. Besuch in Rabat; 13. Jan. 1979 mehrere Kooperationsabkommen unterzeichnet: u.a. Fischerei, Abbau von Bodenschätzen, gemeinsame Entwicklungsbank). Kredit von 100 Mio. US-Dollar für den Wiederaufbau von Saudi-Arabien (4. Sept.).	*Staatsstreich der Armee*
1979	Mohammed Mahmoud Ould Louly (*1943) neuer Staatschef (3. Juni).	
5. Aug.	Friedensvertrag mit der *POLISARIO-Front* in Algerien unterzeichnet: Mauretanien erkennt die Demokratische Arabische Republik Sahara an.	*POLISARIO-Front*
1980	Verteidigungsminister Mohammed Khouna Ould Haidallah (*1940) übernimmt durch einen *Staatsstreich* die Macht (Jan.), ernennt später aber eine zivile Regierung.	*Staatsstreich*
1983	Beitrittsverhandlungen zum Tunesisch-Algerischen Freundschaftsvertrag (Dez.).	
1985/1987	Serie von *Regierungsumbildungen*.	*Regierungsumbildungen*
1987 22. Okt.	Ein Putschversuch der Afrikanischen Befreiungskräfte von Mauretanien (FLAM) wird blutig niedergeschlagen.	
1989 24./25. April	Blutige Ausschreitungen gegen Mauretanier in der senegalesischen Hauptstadt Dakar und gegen Senegalesen in der mauretanischen Hauptstadt Nouakchott nach einem Grenzstreit zwischen Bauern und Viehzüchtern.	
1992 24. Jan.	Präsident *Maawiya Ould Sid' Ahmed Taya* (*1943; seit 1984 im Amt) wird mit 62,7% der Stimmen bei den Präsidentschaftswahlen wiedergewählt.	*Präsident Taya bestätigt*
1996 11./18. Okt.	Bei Parlamentswahlen gewinnt die Regierungspartei Parti Républicain Démocrate et Social (PRDS) 71 von 79 Sitzen.	
1997	Präsidentschaftswahlen bestätigen Taya mit über 90% der Stimmen (12. Dez.).	

Austritt aus der ECOWAS	1999 28. Nov. 26. Dez.	Als dritter arabischer Staat nach Ägypten (1979) und Jordanien (1994) nimmt Mauretanien volle diplomatische Beziehungen zu Israel auf. Die Regierung gibt den *Austritt* Mauretaniens *aus der* westafrikanischen Wirtschaftsgemeinschaft *ECOWAS* bekannt, da diese die Einführung einer gemeinsamen Währung beschlossen hat, was Mauretanien ablehnt.
	2000 7. April	Bei den Senatswahlen wird erstmals eine Frau gewählt (für die regierende Republikanische Sozialdemokratische Partei).
	4. Juni	Mauretanien beschuldigt die neue senegalesische Regierung, das Abkommen über die Nutzung des Senegal-Flusses zu brechen. Die mauretanische Regierung fordert alle im Senegal lebenden Landsleute auf, nach Hause zurückzukehren.
	Okt.	Nach Beginn der 2. Intifada der Palästinenser in Israel kommt es zu starken Protesten gegen die israelfreundliche Politik der Regierung.

Iran seit 1945

(Forts. v. S. 1126)

Aserbaidschan	1945 Dez.	Unter sowjetischem Schutz bildet die 1941 gegründete Tudeh-Partei (Kommunisten, aber auch liberale Intellektuelle und Nationalisten) eine autonome Regierung in *Aserbaidschan*; Iran ruft den UN-Sicherheitsrat an.
	1946 Mai	Der sowjetische Versuch, Aserbaidschan von Iran zu lösen, scheitert: Abzug der Truppen (Abzug der britischen und der US-Einheiten aus Iran bereits im März).
Anglo-Iranische Ölgesellschaft	1951 28. April	Das Abkommen mit der *Anglo-Iranischen Ölgesellschaft* (AIOC) (Juli 1949) über höhere Zahlungen an Iran findet nicht die Zustimmung der Nationalversammlung, die nach anhaltenden nationalistischen Unruhen die AIOC verstaatlicht.
	29. April	Mohammed Mossadegh (*1881?, †1967) wird, unterstützt von der Tudeh, Ministerpräsident.
	1952–1954	Konflikt mit der AIOC und der britischen Regierung, die IGH und Sicherheitsrat anrufen. Nach Abzug des technischen Personals sinkt die Ölproduktion von 34 Mio. Tonnen auf 0,5 Mio. Tonnen; dadurch verursachte schwere Wirtschaftskrise verschärft die innenpolitischen Auseinandersetzungen. Einmischung der USA.
Mossadegh von Armee gestürzt	1953 13.–22. Aug.	Ministerpräsident *Mossadegh* wird *von der Armee* (Beteiligung der CIA) *gestürzt*, nachdem sich der Schah gegen ihn gewandt hat. Die verbotene Tudeh geht in den Untergrund (1954 zweimal Umsturzpläne aufgedeckt).
	1954 28. Okt.	Die britisch-iranische Übereinkunft regelt die Entschädigung der AIOC; die Nationale Iranische Ölgesellschaft (NIOC) übernimmt einen Teil der Anlagen (Versorgung des Binnenmarktes); Konzession an ein Internationales Konsortium aus acht (später 17) Ölkonzernen: Iran erhält 50% der Gewinne.
prowestlicher Kurs des Schahs	1955 12. Okt.	Iran tritt dem Bagdadpakt bei (seit 1959: CENTO). *Prowestlicher Kurs des Schahs*, der außenpolitisch Rückhalt gegen innenpolitische Opposition sucht. Umfangreiche Wirtschafts- und Militärhilfe von den USA (bis 1960 über 800 Mio. US-Dollar). Iran nimmt als erstes Land das Punkt-Vier-Programm und später die Eisenhower-Doktrin an.
Zweiparteiensystem	1957	Nach Aufhebung des Kriegsrechts wird ein kontrolliertes *Zweiparteiensystem* eingeführt; keine echte Opposition möglich; manipulierte Wahlen (Aug. 1960; Jan. 1961 Neuwahlen).
Beistandspakt mit den USA	1959 5. März	*Beistandspakt mit den USA* (Iran bemüht sich gleichzeitig um ein entspanntes Verhältnis zur Sowjetunion).
	1961	Der Schah will die wachsende politische und soziale Unzufriedenheit durch Reformen auffangen: Aufteilung der Krongüter unter landlose Bauern verstärkt (schrittweise bereits seit 1951; abgeschlossen 1963).
	Mai	Die neue Regierung Ali Amini (*1907, †1992) beginnt Kampf gegen Korruption, Landreform, Dezentralisierung der Verwaltung; demokratisches Wahlgesetz.
„Weiße Revolution"	1963 Jan.	Referendum über das Reformprogramm (sog. *„Weiße Revolution"*): Aufteilung des Großgrundbesitzes (85% der landwirtschaftlichen Nutzfläche; 1964 enge Höchstgrenzen festgelegt); Alphabetisierung; Frauenemanzipation.
Wahlsieg der Regierungspartei	Okt.	Überwältigender *Wahlsieg der Regierungspartei* Nationale Union (Okt.); bei der Thronrede zur Parlamentseröffnung verkündet der Schah ein 20-Jahres-Programm wirtschaftlicher und sozialer Reform und politischer Entwicklung. Die Reformpolitik stößt auf breiten Widerstand der Großgrundbesitzer, Intellektuellen, Studenten, aber auch Stammesführer und der schiitischen Geistlichkeit, die die islamische Gesellschaftsordnung gefährdet sieht; der Schiitenführer Ayatollah Ruhollah al-Khomeini (*1902, †1989) wird nach Irak verbannt. Repression

durch die Geheimpolizei Savak; dennoch im nächsten Jahrzehnt (1965–1977 Ministerpräsident Amir Abbas Hoveida [*1919, †1979]) mehrfach Attentats- und Umsturzversuche.

1964 Die Konferenz der Staatschefs von Iran, Pakistan und Türkei in Istanbul verabschiedet das
20.–22. Juli Programm der Regionalen Entwicklungskooperation (RCD); über verstärkte Zusammenarbeit in allen wirtschaftlichen und sozialen Bereichen hinaus politische Bedeutung: Iran unterstützt Pakistan im Konflikt mit Indien – nicht zuletzt wegen der indisch-sowjetischen Zusammenarbeit.

Die gutnachbarlichen *Beziehungen zur Sowjetunion* (1964/1965 verschiedene technische und Handelsabkommen; sogar sowjetische Munitionslieferungen im Wert von 100 Mio. US-Dollar) sind nicht frei von Misstrauen: Der Schah fürchtet Unterstützung der revolutionären Bewegungen in den Grenzgebieten. — *Beziehungen zur Sowjetunion*

ab 1966 Nach dem angekündigten Rückzug Großbritanniens aus der Region verfolgt Iran eine *hegemoniale Politik* am Persischen Golf; Chah Bahar für drei Milliarden US-Dollar zur größten Marine- und Luftbasis am Indischen Ozean ausgebaut. Aufrüstung Irans zur größten Militärmacht der Region zunächst mit US-Krediten, später aus den Einnahmen der Erdölproduktion finanziert: immer umfangreichere Rüstungskäufe in den USA (allein 1977: 5,8 Mrd. US-Dollar); 41 000 militärische und 20 000 zivile US-Berater bis 1978 in Iran. Den drohenden Konflikt mit Saudi-Arabien vermeidet der Schah (Abkommen über die Abgrenzung des ölreichen Festlandsockels, später Ansprüche auf Bahrain fallengelassen). — *hegemoniale Politik*

1969 *Konflikt mit Irak* wegen der Grenze und Schifffahrt im Schatt al-Arab: Iran kündigt den Ver-
19. April trag von 1937, der Irak begünstigt; in den folgenden Jahren mehrfach schwere Kämpfe im Grenzgebiet. — *Konflikt mit Irak*

1971 Einigung mit Schardscha (Vereinigte Arabische Emirate) über die Teilung der Insel Abu Musa, aber militärische Besetzung der Ras el-Khaima gehörenden Tumb-Inseln: Vertreibung
30. Nov. der arabischen Bevölkerung; Errichtung von Marinestützpunkten zur Sicherung der Öltransportwege durch die Straße von Hormus. Ziel der Politik ist der *Schutz des Persischen Golfes* als „Schlagader" Irans durch Zusammenarbeit der Anrainerstaaten gegen jegliche militärische Präsenz der Großmächte wie gegen subversive und revolutionäre Kräfte im Inneren. — *Schutz des Persischen Golfes*

1972 Der Schah schließt in Moskau ein umfangreiches Abkommen über wirtschaftliche und
12. Okt. technische Zusammenarbeit (Laufzeit 15 Jahre).

1973 Abkommen mit dem internationalen Erdölkonsortium: Die NIOC übernimmt alle Anlagen
31. Juli der *Erdölwirtschaft* in Staatsbesitz; das Konsortium bildet eine „Service"-Gesellschaft, der auf 20 Jahre Öllieferungen garantiert werden. — *Erdölwirtschaft*

Wirtschaftliche und soziale Entwicklung bis zum Ende der Monarchie

Die *Verstaatlichung* der Ölindustrie und die Ölpreissteigerungen 1973/1974 verschaffen die Mittel für ein ehrgeiziges Entwicklungsprogramm, das Iran in den Kreis der Industrienationen führen soll, bevor die Ölreserven (1977: 8,5 Mrd. Tonnen) erschöpft sind: 1977 betragen die Öleinnahmen mit 23 Mrd. US-Dollar gegenüber 1967 mehr als das Dreißigfache bei kaum mehr als verdoppelter Produktion (284 Mio. Tonnen); aus dem Erdölsektor stammen 97% der Exporte und dreiviertel der Staatseinnahmen. Umfangreiche staatliche Investitionen, v.a. in Großprojekte: Aufbau von Eisen-, Stahl-, Elektro- und Maschinenbauindustrie; Zuwachsrate der Industrie im produzierenden Bereich 1970–1977 durchschnittlich 16,7% pro Jahr. Neben staatlichen hohe private Investitionen besonders durch die vom Staat entschädigten ehemaligen Großgrundbesitzer; Gewinne aus diesen Investitionen durchschnittlich 30% – die neue industrielle Schicht ist mit den ehemaligen Feudalherren identisch. Industrieller Standort ist der Westen des Landes; Gewinnbeteiligung der Arbeiter in staatlichen Unternehmen; Genossenschaften versorgen die Arbeiter mit Lebensmitteln und Gebrauchsgütern. Kapitalexport und *Investitionen im Ausland*, u.a. Bundesrepublik Deutschland (1974 Erwerb von 25% des Grundkapitals der Krupp-Hüttenwerke). – Die Entwicklung der *Landwirtschaft* (Anteil der Beschäftigten 1977: 41%) hält mit dem allgemeinen Wachstum nicht mit: Die unzulängliche Durchführung der „Weißen Revolution" (Verschleppung der Landverteilung durch passiven Widerstand der Großgrundbesitzer und Korruption der Verwaltung; Verschuldung der Bauern, unproduktive Anbaumethoden) hemmt den Zuwachs der Produktion, die erst in den siebziger Jahren (partielle Strukturverbesserungen durch Genossenschaften, Mechanisierung u.a.) 5–6% pro Jahr erreicht. — *Verstaatlichung* — *Investitionen im Ausland* — *Landwirtschaft*

Die *ungleiche Entwicklung* verzerrt die Wirtschafts- und Sozialordnung noch mehr: In den Provinzen – vor allem im Süden und Norden Irans – fehlt die notwendige Infrastruktur; dort lebt aber die Mehrheit der Bevölkerung (1977: 34,8 Mio. Einw.); hoher Anteil von Analphabeten unter der Landbevölkerung, unzureichende ärztliche Versorgung und – im Vergleich zum rechnerischen Pro-Kopf-Einkommen von 2160 US-Dollar (1977) – extrem niedrige Einkommen. Extrem ungleiche Verteilung, Massenarmut, Arbeitslosigkeit, Unterbeschäftigung (v.a. auf dem Lande) und eine – durch die importintensive Industriali- — *ungleiche Entwicklung* sierung bedingte – Inflationsrate von durchschnittlich 24,3 % zwischen 1970 und 1977 lassen trotz hohen Wachstums den Versuch des Schahs scheitern, eine „Revolution" von oben durchzuführen.

Opposition gegen den Schah	**1975** 3. März	Institutionalisierung eines Einparteiensystems: Die Iranische Nationale Erneuerungspartei (Rastakhis; Generalsekretär Hoveida) als Steuerungsinstrument für die industrielle Entwicklung (maßgebend ist die neue Schicht der Technokraten und Manager) kann die wachsende *Opposition gegen das Regime des Schahs* nicht mehr integrieren.
	1977	Die von Intellektuellen getragene Nationale Front (führend: Karim Sandschabi und Schahpur Bakhtiar) fordert das Ende der Diktatur des Schahs und die Herstellung aller bürgerlichen und politischen Freiheiten (offener Brief an den Schah im Juni). Die schiitische Geistlichkeit wendet sich zunehmend Ayatollah Khomeini (im irakischen Exil) und seiner wachsenden Anhängerschaft in Iran zu, die den Sturz des Schahs wollen.
Demonstrationen für Khomeini	**1978** Jan.–Aug.	Mit *Demonstrationen für den Ayatollah* und blutigen Unruhen in der heiligen Stadt Gom (7./8. Jan.) beginnen Demonstrationen gegen das Regime des Schahs in allen großen Städten Irans. Trauerfeiern für die Opfer (nach islamischer Sitte am 40. Todestag) werden immer wieder zum Anlass für neue blutige Unruhen.
	8. Aug.	Der Schah verspricht politische Freiheiten, freie Wahlen und Pressefreiheit. Die Antwort sind schwerste Unruhen: Banken, Kinos, Hotels und staatliche Einrichtungen verwüstet.
Kriegsrecht	13. Aug.	*Kriegsrecht* in mehreren Städten. Konzessionen an die Schiiten: Rückkehr zum islamischen Kalender; Schließung der Spielkasinos; Kampf gegen Korruption. Politische Parteien zugelassen: zehn Neugründungen in wenigen Tagen.
Generalstreik	7. Sept.	Nachdem Khomeini die Versöhnungsversuche als Heuchelei verwirft, lähmt ein *Generalstreik* das ganze Land; Kriegsrecht nach den bis dahin schwersten Zusammenstößen („Blutiger Freitag" in Teheran) auf alle Städte ausgedehnt. Die Streikwelle legt die Ölproduktion still; 1 Mio. öffentliche Bedienstete im Ausstand. Schwere Wirtschaftskrise: Haushaltsdefizit auf über 1 Mrd. US-Dollar gestiegen; Kapitalflucht (in zwei Monaten 2,4 Mrd. US-Dollar Fluchtgeld registriert). Zusätzliche Belastung durch das schwerste Erdbeben der iranischen Geschichte (16. Sept.: mindestens 25000 Tote).
Nationalbewegung	5. Nov.	Khomeini und die Nationale Front bilden in Paris die Iranisch-Islamische *Nationalbewegung*; Ziel ist die Errichtung einer „Islamischen Republik".
	6. Nov.	Einsetzung einer Militärregierung, die die Ordnung wiederherstellen, aber die Reformpolitik fortsetzen soll; Freilassung aller politischen Gefangenen bis Jahresende. – Die USA und die Sowjetunion warnen vor Einmischung in innere Angelegenheiten Irans; die USA stützen weiterhin den Schah, wollen aber nicht intervenieren.
	1979 Jan.	Schahpur Bakhtiar (*1916, †1991) ist bereit, eine neue Regierung zu bilden. Khomeini ruft zum Kampf gegen sie auf; Bakhtiar aus der Nationalen Front ausgeschlossen.
	16. Jan.	Schah Resa Pahlevi verlässt Iran.
Rückkehr Khomeinis	1. Febr.	*Rückkehr des Ayatollah Khomeini* aus dem Exil (zuletzt Paris): Er erklärt die Dynastie Pahlevi für weder religiös noch politisch legitimiert und damit für von Anfang an illegal.
	5. Febr.	Ernennung von Mehdi Basargan (*1908) zum Ministerpräsidenten der Provisorischen Regierung, die die Islamische Republik verwirklichen soll.
Bürgerkriegsgefahr	**11. Febr.**	*Bürgerkriegsgefahr*, als sich Kämpfe zwischen meuternden Luftwaffenkadetten und der Kaiserlichen Garde (seit 10. Febr.) ausweiten. Das Oberkommando erklärt die Neutralität der Armee; die Streitkräfte lösen sich auf und überlassen ihre Waffen islamischen und linken Milizen und Demonstranten. Iranische Revolution erfolgreich, Bakhtiar tritt zurück (und flieht ins Ausland); Selbstauflösung des Parlaments.

Iran nach der Revolution

Khomeini und Basargan bemühen sich um Normalisierung und wirtschaftlichen Wiederaufbau, den Finanznot, der Zusammenbruch der Infrastruktur und die Flucht von Zehntausenden ausländischer Experten erschweren; Großprojekte (darunter die im Bau befindlichen Atomkraftwerke) eingestellt; Waffenbestellungen für 8–10 Mrd. US-Dollar in den USA und 3 Mrd. US-Dollar in Europa storniert; die *Islamisierung* Ölproduktion erreicht bis Ende 1979 nicht wieder das alte Niveau: zunehmende *Islamisierung* des öffentlichen Lebens: Schleier wieder eingeführt; kein Alkohol, keine westlichen Filme; Anwendung des islamischen Strafrechts. Außenpolitisch vorsichtige Kontakte zur Sowjetunion; feindseliges Verhältnis zu den USA; Unterstützung der arabisch-islamischen Einheit, der Palästinenser (Febr. 1979 Jasir Arafat in Teheran: PLO-Vertretung errichtet) und der Befreiungsbewegungen in der Dritten Welt (Abbruch der Beziehungen zu Israel und Südafrika). – Khomeini kann nicht verhindern, dass sich verschiedene Machtzentren bilden: Neben der schwachen Regierung Basargan hat der Revolutionsrat die eigentliche Macht. Vielerorts üben revolutionäre Komitees direkt die Macht aus; ihre geheimen Revolutionsgerichte urteilen in Schnellverfahren Repräsentanten des alten Regimes – zunehmend auch Sexualstraftäter, aber auch Homosexuelle etc. – ab (bis Aug. 1979 über 500 Todesurteile unmittelbar vollstreckt). Bewaffnete moslemische und linke Milizien trotzen der Autorität von Staat und Armee. *Autonomieforderungen* der Minoritäten, insbesondere der sunnitisch-islamischen: Araber, Turkmenen und Kurden; bewaffnete Auseinandersetzungen (Aug.–Sept. 1979 Kurdenaufstand niedergeschlagen).

Autonomieforderungen

1. April Nach Volksabstimmung (99,3% Ja-Stimmen) proklamiert Ayatollah Khomeini die *Islamische Republik Iran*.

Islamische Republik Iran

3. Aug. Bei den Wahlen zur Verfassunggebenden Versammlung gewinnen überall schiitische Geistliche. Die von ihnen ausgearbeitete Verfassung (gebilligt durch Volksabstimmung am 2./3. Dez.) sichert der Geistlichkeit die entscheidende Machtposition.

4. Nov. Ein studentisches Revolutionskomitee nimmt bei der *Besetzung der Botschaft der USA* in Teheran fast 70 Geiseln und verlangt von den USA die Auslieferung des Schahs. Rücktritt Basargans, der Revolutionsrat übernimmt die Regierung (5. Nov.). Die USA weigern sich, den Schah auszuliefern (reist am 15. Dez. aus; †27. Juli 1980 in Kairo), und verstärken ihre Marineeinheiten im Indischen Ozean. UN-Sicherheitsrat und Internationaler Gerichtshof fordern vergeblich die sofortige Freilassung der Geiseln (Dez.).

Besetzung der US-Botschaft

1980 Abolhassan Bani-Sadr (*1934) wird zum Präsidenten gewählt (25. Jan.). Zuspitzung des Verhältnisses zu den USA, die mit Sanktionen und einer (gescheiterten) Militäraktion (25. April) die Geiseln zu befreien suchen. Sie werden am 20. Jan. 1981 freigelassen.

9. Mai Wahlsieg der streng religiösen Islamisch-Republikanischen Partei (IRP) bei den Parlamentswahlen. Der Revolutionsrat löst sich auf.

22. Sept. Mit der irakischen Invasion in Khuzistan beginnt der *Irakisch-Iranische Krieg*.

Irakisch-Iranischer Krieg

1981 Khomeini entlässt Präsident Bani-Sadr, der nach Paris flieht (10. Juni). Eine *Serie von Bombenanschlägen* auf Führungspersönlichkeiten erschüttern das Regime:

Serie von Bombenanschlägen

28. Juni Im Hauptquartier der IRP werden Parteiführer Ayatollah Mohammed Hussein Beheschti (*1929) und über 70 Abgeordnete getötet. Auch der neue Präsident Mohammed Ali Rajaj (*1933, †1981) und Ministerpräsident Javad Bahonar (*1933) fallen Bomben zum Opfer.

29. Aug.

2. Okt. Hojatoleslam Ali Khamenei (*1939) wird Präsident, Mir Hossein Moussavi (*1941) Ministerpräsident. Die äußere Bedrohung stabilisiert das Regime, das jede *Opposition unterdrückt*: Offensive gegen Volksmujahedin (1981/82).

Opposition unterdrückt

1982 Die iranische Armee dringt auf irakisches Gebiet vor (14. Juli), kann aber trotz weiterer Offensiven in den nächsten Jahren den Krieg nicht entscheiden.

1983 Die kommunistische Tudeh-Partei wird am 4. Mai verboten.

1984 Bei Parlamentswahlen (15. Apri/17. Mai) verliert die IRP die absolute Mehrheit; Moussavi bleibt Ministerpräsident.

1985 Ali *Khamenei* wird bei Präsidentschaftswahlen mit 85% der Stimmen *wiedergewählt* (16. Aug.).

Khamenei wiedergewählt

1987 Internationalisierung des Golfkriegs: US-Marinepräsenz im Golf zum Schutz kuwaitischer Öltanker.

20. Juli Iran hält sich nicht an die Waffenstillstands-Resolution des UN-Sicherheitsrats (Nr. 598) vom 18. Juli, da zunächst die Kriegsschuldfrage geklärt sein müsse.

1988 ab April Rückschläge in der *Endphase des Golfkriegs* führen zu Kontroversen in der Führung und offen artikulierter Opposition gegen den Krieg.

Endphase des Golfkriegs

7. April/ 13. Mai Nach der Auflösung der IRP (2. Juni 1987) stehen bei Parlamentswahlen nur einzelne Kandidaten und keine Parteien zur Wahl. Das neugewählte Parlament bestätigt am 30. Juni Moussavi im Amt.

2. Juni Khomeini ernennt Parlamentspräsident Ali Akbar Rafsandjani (*1934) zum amtierenden Oberkommandierenden über alle Militärformationen.

18. Juli Iran akzeptiert die UN-Waffenstillstands-Resolution 598 jetzt bedingungslos. Der *Waffenstillstand* ab 20. Aug. wird von 350 UN-Beobachtern überwacht, die vorgesehenen Verhandlungen zwischen den Kriegsparteien bleiben jedoch bis auf einen begrenzten Gefangenenaustausch ergebnislos.

Waffenstillstand mit Irak

25. Aug.

1989 14. Febr. 7. März Khomeini erlässt gegen den indisch-britischen Schriftsteller Salman *Rushdie* (*1947) ein religiöses Gutachten (Fatwa), das ihn wegen angeblich blasphemischer Passagen in seinem Roman „Satanische Verse" *zum Tode verurteilt*. Großbritannien bricht die diplomatischen Beziehungen zu Iran ab. Rafsandjanis Öffnungspolitik gegenüber dem Westen erleidet durch die Rushdie-Affäre einen zeitweisen Rückschlag.

Todesurteil gegen Rushdie

3. Juni *Tod von* Ayatollah *Khomeini*. Der bisherige Staatspräsident Ali Khamenei wird vom Wächterrat zum neuen religiösen Führer bestimmt (4. Juni).

Tod Khomeinis

	28. Juli	Parlamentspräsident Rafsandjani wird zum Staatspräsidenten gewählt und erhält durch eine Verfassungsänderung größere exekutive Befugnisse (Wegfall des Ministerpräsidentenamts).
	1990	Wiederaufnahme der diplomatischen Beziehungen zwischen Iran und Irak (14. Okt.).
	1992	Bei den Parlamentswahlen gewinnen die Anhänger Rafsandjanis rund 70% aller Sitze (10. April/8. Mai).
Wahlsieg Rafsandjanis soziale Unruhen	1993 11. Juni	*Rafsandjani* wird bei den Präsidentschaftswahlen mit 63,2% der Stimmen für weitere vier Jahre im Amt bestätigt und tritt am 4. August die zweite Amtszeit an.
	1995 4. April	*Soziale Unruhen:* In Islamschahr kommt es bei Zusammenstößen zwischen Demonstranten, die gegen steigende Lebenshaltungskosten und Arbeitslosigkeit protestieren, und Sicherheitskräften zu Todesopfern.
	30. April	Die USA verhängen ein vollständiges Handels- und Finanzembargo gegen Iran, dem sie Unterstützung des internationalen Terrorismus vorwerfen.
	1996	Bei Parlamentswahlen erringen die „Traditionalisten" ca. 40% der Mandate, die „Technokraten" etwa 30%; die übrigen Sitze gehen an Unabhängige (8. März/19. April).
Mykonos-Prozess	1997 10. April	Nach der Urteilsverkündung im so genannten *Mykonos-Prozess* in Berlin um die Ermordung iranischer Oppositionspolitiker, derzufolge Iran mit der Billigung bzw. Anstiftung des Attentats durch die Staatsführung einen Völkerrechtsverstoß in Deutschland begangen hat, beschließen die Mitgliedsstaaten der EU, ihre Botschafter aus Teheran zurückzurufen und den „kritischen Dialog" mit dem Iran auszusetzen.
Mohammed Khatami	23. Mai	Bei den Präsidentschaftswahlen siegt der ehemalige Kulturminister *Mohammed Khatami* (Chatami; *1943), der für eine gemäßigte Ausrichtung des islamischen Staates eintritt. Die Botschafter der EU-Mitgliedsstaaten kehren zurück (13.–21. Nov.).
Islamische Konferenz in Teheran	9.–11. Dez.	Die große Teilnehmerzahl beim Gipfeltreffen der *Islamischen Konferenz in Teheran* weist auf das Ende der Isolierung Irans (Reaktion auf iranischen „Revolutionsexport") in der islamischen Welt und die Erwartung eines neuen politischen Kurses unter Präsident Khatami hin; in seiner Eröffnungsrede erklärt er Irans Dialogbereitschaft mit dem Westen und dem „amerikanischen Volk" trotz zunehmenden Drucks des religiösen Führers Khamenei auf die neue Regierung.
	1998 23. Okt.	Bei den Wahlen zum Expertenrat, der die „Statthalterschaft der Gottesgelehrten" als Staatsdoktrin sichern soll, gelangen nur zwölf reformorientierte Geistliche in das 80-köpfige Gremium.
Serie unaufgeklärter Todesfälle	Nov./Dez.	Unter Schriftstellern und Publizisten kommt es zu einer *Serie unaufgeklärter Todesfälle.* In Oppositionskreisen wird der staatliche Sicherheitsapparat dafür haftbar gemacht.
	1999 Febr.	Trotz anders lautender Versprechen seitens des Präsidenten Khatami (vor der UN-Generalversammlung 22. Sept.1998) bezeichnet die religiöse Stiftung 15-Khordad die gegen Salman Rushdie 1989 ergangene Fatwa als unwiderruflich.
	26. Febr.	Bei den ersten Kommunalwahlen seit der islamischen Revolution (1979) erringen die Anhänger Khatamis einen deutlichen Sieg.
verschärftes Pressegesetz	7. Juli	Das Parlament verabschiedet ein *verschärftes Pressegesetz,* das es erlaubt, Journalisten für ihre Beiträge juristisch zu belangen.
	2000 20. Jan.	Der wegen sexueller Beziehungen zu einer Muslimin festgehaltene und ursprünglich zum Tod verurteilte deutsche Geschäftsmann Helmut Hofer wird auf freien Fuß gesetzt.
	Febr.	Der Iran schließt mit dem Hohen Kommissar für Flüchtlinge (UNHCR) ein Abkommen zur Repatriierung und Reintegration der afghanischen Flüchtlinge. Im Iran halten sich rd. 2 Mio. Flüchtlinge auf, davon 1,3 Mio. aus Afghanistan.
	25. April	Nach einer erneuten Verschärfung des Pressegesetzes werden zwölf liberale Zeitungen und Zeitschriften verboten.
	5. Mai	Bei den in zwei Runden (1. Runde am 18. Febr.) abgehaltenen Parlamentswahlen erringen die Reformer trotz massiver Behinderungen einen Erfolg. Im Parlament, das am 27. Mai zusammentritt, stellen sie drei Viertel der Abgeordneten.
	6. Aug.	Revolutionsführer Khamenei verhindert die vom Parlament geforderte Neufassung des Pressegesetzes.
	13. Okt.	Zum ersten Mal seit 1990 reist ein iranischer Außenminister nach Bagdad.
	23. Dez.	Vor einem Militärgericht in Teheran beginnt unter Ausschluss der Öffentlichkeit ein Verfahren gegen die Urheber der Mordserie vom Nov./Dez. 1998, der zahlreiche Intellektuelle zum Opfer fielen. Am 27. Jan. 2001 werden 15 der Angeklagten, darunter einige hohe Beamte des Geheimdienstes, verurteilt. Das Gericht spricht drei Todesurteile und fünf lebenslange Haftstrafen aus.
	2001 13. Jan.	Sieben Reformintellektuelle, die an einer Konferenz der Böll-Stiftung in Deutschland teilgenommen haben, werden zu hohen Haftstrafen verurteilt.
	23. Febr.	Die UN-Hochkommissarin für Menschenrechte, Mary Robinson, beschuldigt in Genf den Iran, anhaltend und systematisch Menschenrechte zu verletzen.

März Bei einem Staatsbesuch in Moskau verständigt sich Präsident Khatami mit der russischen Führung auf eine sicherheitspolitische Kooperation; zugleich werden Rüstungsgeschäfte in Höhe von 7 Mrd. US-Dollar beschlossen.
17. April *Kooperationsabkommen mit Saudi-Arabien*, das erste seit der Revolution von 1979.
8. Juni Der Amtsinhaber Khatami entscheidet die Präsidentenwahlen im ersten Durchgang für sich, jedoch zögert der konservative Wächterrat so lange mit seiner Bestätigung, bis das Parlament darauf verzichtet, Einsprüche gegen neue Kandidaten für den Wächterrat geltend zu machen. Die Vereidigung erfolgt dadurch erst am 8. Aug.
2002 Juni Ein bereits vom Parlament verabschiedetes Antifolter-Gesetz wird vom konservativen Wächterrat kassiert.
25. Aug. Frauen erhalten das Recht auf Ehescheidung, das bisher nur Männern zustand.

Kooperationsabkommen mit Saudi-Arabien

Afghanistan seit 1953
(Forts. v. S. 1127)

1953 Sardar Mohammed Daoud (*1909, †1978),Vetter und Schwager Sahir Schahs (*1914), rebelliert gegen den Einfluss der alternden Brüder Nadirs und wird Ministerpräsident: Beginn gezielter Entwicklungsbemühungen *(Fünfjahrpläne)* in dem von mittelalterlichen Vorstellungen geprägten und neben der Königsfamilie von regionalen Stammesfürsten beherrschten Land. Die bündnisfreie Außenpolitik sichert Aufbauhilfe aus Ost und West. Sowjetische Militärhilfe.
Daoud greift die *„Paschtunistan"-Frage* auf und fordert von Pakistan Autonomie für die Pathanen (Afghanistan erkennt die sog. Durand-Linie nicht an, durch die in der britischen Kolonialzeit die Grenze Afghanistans zum heutigen Pakistan festgelegt und das Stammesgebiet der in Afghanistan tonangebenden Pathanen geteilt wurde). Spannungen auch zum Iran (Streit um die Nutzung des Hilmendwassers); Afghanistan fühlt sich von den beiden CENTO-Staaten eingekreist.
1963 Der König erzwingt den Rücktritt Daouds; Ministerpräsident Mohammed Jusuf (*1915, †1998), erstmals kein Angehöriger des Königshauses, bemüht sich um allmähliche Demokratisierung.
1964 Die Verfassung untersagt Mitgliedern der Königsfamilie Teilnahme an der Regierung.
1965 14. Okt. Das erste *frei gewählte Parlament* wird zur Kampfarena der Stammesvertreter gegen die Reformpolitik der Regierung. Instabile innenpolitische Situation, häufiger Regierungswechsel; Afghanistan bleibt eines der rückständigsten Länder.
1973 17. Juli *Staatsstreich* in Abwesenheit König Sahir Schahs: Verfassung aufgehoben, Parlament aufgelöst und die Republik proklamiert. Mohammed Daoud Staatschef und Ministerpräsident. Umsichtige Reformen (Daoud erweist sich konservativer als in den fünfziger Jahren): Landreform; Verstaatlichung der Banken; die meisten Reformen bleiben in der Planung stecken. Unterstützung separatistischer Bewegungen in Pakistans Provinz Belutschistan; Wiederaufnahme der „Paschtunistan"-Frage. Annäherung an Iran und Irak; umfangreiche Kreditzusagen von Iran und Saudi-Arabien.
1977 24. Febr. Neue Verfassung: *Präsidialsystem* (Daoud Präsident); Einparteiensystem. Der Aufbau der National-Revolutionären Partei verzögert sich.
1978 27. April Nach der Verhaftung führender Kommunisten Staatsstreich von Einheiten der Armee; Daoud und alle anderen Angehörigen der Königsfamilie ermordet. Mohammed Taraki (*1917?, †1979) wird Vorsitzender des Revolutionsrates und Ministerpräsident der Demokratischen Republik Afghanistan. Taraki betont die Bündnisfreiheit Afghanistans, jedoch enge Zusammenarbeit mit der Sowjetunion.
5. Dez. 20-Jahres-Vertrag über Freundschaft und Zusammenarbeit mit der Sowjetunion; verschiedene Kooperationsabkommen.
1979 Der Widerstand der traditionellen Stämme gegen das antiislamische Regime verstärkt sich: Stammeserhebungen in den Bergen (die Rebellen kontrollieren zeitweilig den größten Teil des Landes); auch Armee-Einheiten revoltieren gegen das Regime.
28. April Hafisollah Amin (*1926, †1979) wird Ministerpräsident und beginnt, Taraki zu verdrängen (16. Sept. aller Ämter enthoben, kurz darauf gestorben). Amin, der als stark moskauorientiert gilt, kann auch mit Terror der Unruhen und Erhebungen nicht Herr werden.
27. Dez. *Sowjetische Invasionstruppen* stürzen Amin: Babrak Karmal (*1929, †1996) kehrt aus dem Exil in der Sowjetunion zurück und wird Vorsitzender des Revolutionsrates; Amin hingerichtet. Trotz militärischer Überlegenheit gelingt es den Sowjets nicht, gegen wachsenden Widerstand der Stämme und islamischer Gruppen ganz Afghanistan zu besetzen.

Fünfjahrpläne

Paschtunistan-Frage

frei gewähltes Parlament

Staatsstreich

Präsidialsystem

sowjetische Invasionstruppen

	1980 14. April	Die Provisorische Verfassung respektiert den Islam und die afghanische Tradition. Die Versöhnungsversuche des Regimes werden vom Widerstand jedoch abgelehnt.
Widerstandskämpfer	1981	Der Oberste Rat der afghanischen Stämme kann die Krise des Regimes nicht lösen (Juni). Sowjetische Offensiven und Gegenangriffe der *Widerstandskämpfer* schaffen die Grundsituation der nächsten Jahre, in der die Regierung die großen Städte und der Widerstand das weite Land, insbesondere die Gebirgstäler kontrolliert.
	1983	Bisher sind 20% der Bevölkerung aus Afghanistan geflohen.
	1984 24.–30. Aug.	Das unter UN-Vermittlung von Pakistan und Afghanistan in Genf geführte „3. Afghanistan-Gespräch" (besonders zum Flüchtlingsproblem) bleibt ergebnislos (1. Gespräch Juni 1982, 2. Gespräch April 1983).
	1986 4. Mai 20. Nov.	Auf sowjetischen Druck hin löst Mohammed Najibullah (*1947, †1996) Babrak Karmal als Generalsekretär der Volksdemokratischen Partei Afghanistans (VDPA) ab und übernimmt auch dessen Funktion als Präsident des Revolutionsrats (Staatsoberhaupt).
	1987 Jan.	Najibullah verkündet eine Politik der „nationalen Versöhnung" und will auf offensive Operationen für sechs Monate verzichten.
Najibullah Staatspräsident	30. Nov.	*Najibullah* wird durch eine von ihm einberufene Stammesversammlung (Loya Jirga) *zum Staatspräsidenten gewählt.*
	1988 14. April	In Genf unterzeichnen Regierungsvertreter Afghanistans, Pakistans, der UdSSR und der USA ein Abkommen über eine Konfliktlösung, das u. a. den vollständigen Rückzug der sowjetischen Truppen bis zum 15. Febr. 1989 vorsieht. Die Mujahedin und der Iran sind an den Verhandlungen nicht direkt beteiligt.
	Mai	Der parteilose Mohammed Hassan Scharq (*1925) löst Sultan Ali Kischtmand (*1936, VDPA) als Ministerpräsidenten ab.
Abzug der sowjetischen Truppen	1989 14. Febr.	Die letzten *sowjetischen Truppen verlassen Afghanistan.* Die Kämpfe zwischen dem Regime Najibullahs und den Mujahedin gehen weiter.
	23. Febr.	Die Mehrheit der Mujahedin bilden eine provisorische Regierung ohne Beteiligung der im Iran residierenden Mujahedin der afghanischen Schiiten nach einer in Pakistan abgehaltenen Konsultativversammlung. Sie nimmt den Sitz Afghanistans in der Organisation der Islamischen Konferenz ein.
	Mai	Truppen der Kabuler Regierung durchbrechen den Belagerungsring um Jalalabad.
Putschversuch	1990 6. März	In Kabul scheitert ein vom islamisch-fundamentalistischen Mujahedin-Führer Gulbuddin Hekmatyar (*1950) unterstützter *Putschversuch* von Verteidigungsminister Shanawaz Tanai gegen Najibullah. Dieser hat seine Position seit dem sowjetischen Truppenabzug durch Bündnisse mit lokalen Gruppen vorübergehend konsolidiert.
	1992 16. April 28. April	Präsident Najibullah, dessen Stellung nach Streitigkeiten innerhalb der Staatsführung geschwächt ist, wird von Putschisten der aufständischen Mujahedin aus seinem Kabuler Amtssitz vertrieben. Mit dem Amtsantritt Sibghatullah Mojaddedis (*1925) übernehmen
neuer Bürgerkrieg		die Mujahedin die Macht in Afghanistan. Gleichzeitig bricht ein *neuer Bürgerkrieg* zwischen verfeindeten Mujahedin-Gruppen aus, der in den folgenden Jahren anhält.
	1993	Hekmatyar wird am 17. Juni Ministerpräsident, ist jedoch in weiten Teilen des Landes nicht anerkannt.
	1996	Radikal-islamische Milizen (Taliban) erobern Kabul und rufen einen islamischen Staat aus.
Najibullah hingerichtet	27. Sept.	Der ehemalige Präsident *Najibullah* wird öffentlich *hingerichtet*.
	10. Okt.	Gegner der Taliban, darunter die bisherige Staatsführung, schließen sich zu einer Allianz zusammen. Ihr Einflussbereich beschränkt sich jedoch auf den Norden des Landes.
	1997	Die Allianz gegen die Taliban einigt sich am 14. Aug. auf die Bildung einer gemeinsamen Regierung.
internationale Vermittlung	seit Okt.	Mehrere Gesprächsrunden unter UN-Koordination zwischen den sechs Anrainerstaaten sowie Russland und den USA mit dem Ziel der *internationalen Vermittlung* im afghanischen Bürgerkrieg.
	1998 30. Mai	Ein schweres Erdbeben verwüstet den Norden des Landes; 5000 Menschen kommen ums Leben, 50 000 werden obdachlos.
	19. Juli	Nach Ablauf eines Ultimatums der Taliban verlassen die meisten nichtstaatlichen Hilfsorganisationen (NGOs) Afghanistan. Anfang Nov. wird acht von ihnen die Rückkehr gestattet.
	24. Aug.	Das Projekt einer Erdgasleitung von Turkmenistan über Afghanistan und Pakistan zum Indischen Ozean wird aufgrund der politischen Lage suspendiert.
Osama bin Laden	20. Aug.	Die USA beschießen vom Persischen Golf aus mit Marschflugkörpern Ausbildungslager des saudischen Exilpolitikers *Osama bin Laden*, der als Drahtzieher der Anschläge auf die US-Botschaften in Nairobi und Daressalam (7. Aug.) gilt und in Afghanistan Gastrecht genießt.

Sept.	Mit dem Fall der Provinzhauptstadt Masar-i-Scharif und weiterer Städte im Norden bricht die Allianz gegen die Taliban auseinander. Widerstand leisten nur noch Milizen unter Ahmed Massud, dem Militärführer der nach Tadschikistan ausgewichener Exilregierung unter Burhanuddin Rabbani.
1999 15. März	Die Taliban treffen in Aschgabad (Turkmenistan) eine Übereinkunft mit ihren Gegnern, die die Bildung einer Koalitionsregierung, den Aufbau eines Parlaments und eine gemeinsame Rechtsprechung vorsieht. Die Kämpfe gehen gleichwohl weiter.
15. Okt.	Der UN-Sicherheitsrat erlässt begrenzte Sanktionen, um die Auslieferung Osama bin Ladens zu erzwingen.
2000 23. Febr.	Nach einem Bericht des Drogenkontrollprogramms der UN (UNDCP) hat die Opiumproduktion in Afghanistan 75% der Weltproduktion erreicht.
29. März	Die UN-Menschenrechtskommision stellt fest, dass sich die Lage der Zivilbevölkerung stetig verschlechtert. Afghanistan unter den Taliban ist das Land mit der höchsten Analphabetenquote, der höchsten Kindersterblichkeit und der höchsten Rate an Witwen und Waisenkindern in der Welt.
Juli	Die Taliban erlassen ein *Verbot der Frauenarbeit*.
Sept.	Durch die schlimmste Dürrekatastrophe seit 1961 sind ca. 80% des afghanischen Viehbestandes vernichtet.
2001 März	Ungeachtet internationaler Proteste zerstören die Taliban die weltweit bekannten Buddha-Statuen von Bamian wegen ihres „unislamischen" Charakters.
3. Aug.	Unter der Behauptung, christliche Missionsarbeit zu betreiben, werden acht Mitglieder der Hilfsorganisation Shelter Now samt ihren afghanischen Mitarbeitern in Kabul verhaftet.
7. Okt.	Nachdem das Taliban-Regime der Aufforderung der USA nicht nachgekommen ist, Osama bin Laden auszuliefern, dessen Organisation *al-Qaida* für die Anschläge auf das World Trade Center und das Pentagon (11. Sept.) verantwortlich gemacht wird, beginnt die amerikanisch-britische Offensive „Dauerhafte Freiheit" gegen die Taliban. Bin Laden ruft über Video zum heiligen Krieg auf.
9. Nov.	Truppen der mit Amerikanern und Briten verbündeten sog. Nordallianz (Taliban-Gegner unter dem usbekischen General Dostum) erobern Masar-i-Scharif. Kabul fällt am 13. Nov.
26. Nov. 27. Nov.–	Beginn der US-Bodeneinsätze gegen Stellungen der al-Qaida in Kandahar und der Bergregion Tora Bora.
5. Dez.	Auf einer *UN-Konferenz auf dem Petersberg* bei Bonn wird eine Übergangsregierung unter dem Paschtunenführer Hamid Karsai gebildet, die am 22. Dez. die Arbeit aufnimmt.
2002	Rückkehr von Ex-König Sahir Schah nach 29 Jahren im Exil in Rom (18. April).
13. Juni	Die Große Ratsversammlung (Loja Dschirga) wählt Karsai zum Staatspräsidenten.
6. Juli	Der stellvertretende Präsident Hadschi Abdul Kadir wird in Kabul von Unbekannten erschossen.
19. Juli	Nach einem UN-Bericht ist die afghanische Regierung mit ihrem Vorhaben gescheitert, den Anbau von Schlafmohn einzudämmen. Afghanistan bleibt weltgrößter Produzent für die Herstellung von Heroin und Opium.
4. Sept.	Der in den Iran ausgewichene Warlord und frühere afghanische Premier Hekmatyar ruft zum Heiligen Krieg gegen die USA und andere ausländische Truppen auf.
6. Sept.	Die Explosion einer Autobombe auf einem Marktplatz in Kabul tötet bis zu 30 Menschen. Ein am gleichen Tag auf Präsident Karsai verübtes Attentat schlägt fehl.

Margin notes: *Verbot der Frauenarbeit*; *al-Qaida*; *UN-Konferenz auf dem Petersberg*

Afrika südlich der Sahara seit 1945

Überblick

In den fünfziger Jahren bilden sich in den meisten afrikanischen Ländern Unabhängigkeitsbewegungen. Um 1960 ist der Höhepunkt der Entkolonialisierung erreicht. Die Mehrzahl der ehemaligen englischen und französischen Kolonien sowie Belgisch-Kongo wird in den sechziger Jahren staatsrechtlich unabhängig. Die portugiesischen Kolonien erreichen diesen Status erst nach langen, blutigen Konflikten in den siebziger Jahren.

koloniale Erblasten — In Afrika wirken *koloniale Erblasten* in vielfältiger Weise nach und verhindern häufig die wirtschaftliche und politische Entwicklung.

Staaten — **Staatenübersicht: Afrika südlich der Sahara**

Westafrika	Südliches Afrika
Senegal	Angola
Gambia	Zambia
Guinea-Bissau	Malawi
Kapverden	Zimbabwe
Guinea	Mozambik
Sierra Leone	Namibia
Liberia	Republik Südafrika
Côte d'Ivoire (Elfenbeinküste)	Lesotho
Ghana	Swaziland
Togo	Botswana
Benin	
Nigeria	
Mali	
Burkina Faso (Obervolta)	
Niger	

Zentralafrika	Östliches Afrika
Tchad	Tanzania
Zentralafrikanische Republik	Uganda
Kamerun	Kenya
Äquatorial-Guinea	Somalia
São Tomé und Príncipe	Dschibuti
Gabon	Äthiopien
Republik Kongo (Kongo-Brazzaville)	Eritrea
Demokratische Republik Kongo (Zaïre)	Madagaskar
Rwanda	Comoren
Burundi	Réunion
	Mauritius
	Seychellen

Als besonders schwer wiegend erweist sich die wirtschaftliche Interessenpolitik der Kolonialmächte: zum Beispiel die einseitige Nutzung afrikanischer Gebiete als Rohstofflieferanten, die mangelhafte industrielle Entwicklung und die Beschränkung der Landwirtschaft auf bestimmte Produkte (Monokulturen). Die Folgen sind erhebliche Probleme bei der Selbstversorgung und ein extremes Entwicklungsgefälle zwischen städtischen und ländlichen Regionen.

Gruppenkonflikte — Nicht zuletzt bedingen die auf der Grundlage kolonialer Interessenpolitik ohne Rücksichtnahme auf ethnische, sprachliche und religiöse Zusammenhänge geschaffenen Staaten das Aufflammen gewalttätiger *Gruppenkonflikte*. Die Herausbildung einer afrikanischen politischen Elite nach Erlangung der Souveränität, die die kolonialen Verwaltungsstrukturen aufrechterhalten hat, bildet eine weitere Schwierigkeit der staatlichen Entwicklung.

Chronologische Übersicht: Afrika südlich der Sahara nach dem Zweiten Weltkrieg

Übersicht Apartheidpolitik

1948 **Südafrika:** Wahlsieg weißer Nationalisten (26. Mai). In der Folge wird die *Apartheidpolitik* durch eine umfassendeGesetzgebung zur politisch bestimmenden ideologischen Konstante Südafrikas ausgebaut.
1952 **Kenya:** Seit dem Sommer Aufstand des Mau-Mau-Geheimbundes und anderer Gruppen gegen die britische Kolonialverwaltung und weiße Siedler, der erst im November 1956 weit gehend niedergeschlagen wird.
1958 Der Führer des *Panafrikanismus*, der ghanaische Präsident Kwame Nkrumah, lädt Vertreter der acht unabhängigen Staaten Afrikas (Ägypten, Äthiopien, Ghana, Liberia, Libyen, Marokko, Sudan und Tunesien) zur All-African People's Conference ein (15.–22. April). Es werden weit gehende Zusammenarbeit und eine blockfreie Außenpolitik beschlossen.
1960 Die 2. All-African People's Conference (25.–31. Jan.) ruft zum afrikanischen Freiheitskampf auf und strebt die Errichtung einer koordinierenden Organisation an.
Kongo: Der schlecht vorbereitete Rückzug Belgiens aus der Kolonie Belgisch-Kongo (30. Juni) führt zum größten afrikanischen Konflikt der nächsten Jahre, der sich zu einem „Stellvertreterkrieg" für den Ost-West-Konflikt entwickelt.
1961 **Äthiopien:** Nach völkerrechtswidriger Eingliederung der Provinz Eritrea in das Kaiserreich (am 14. Nov. 1962 auch offiziell vollzogen) nimmt die eritreische Befreiungsfront ELF (Eritrean Liberation Front) einen über dreißig Jahre andauernden Sezessionskrieg gegen die äthiopische Zentralregierung auf (Sept.).
1963 30 der nunmehr 31 unabhängigen Staaten Afrikas gründen die Organisation für afrikanische Einheit OAU (Organization of African Unity) (25. Mai).
1964 Als ständiges Organ der UN-Generalversammlung wird die Welthandels- und Entwicklungskonferenz UNCTAD (UN Conference on Trade and Development) konstituiert (30. Dez.). Die Gründung ist Ausdruck der Unzufriedenheit vieler Entwicklungsländer mit den Regeln des Allgemeinen Zoll- und Handelsabkommens GATT (General Agreement on Tariffs and Trade).
1965 **Tchad:** Beginn eines vorwiegend auf ethnischen Gegensätzen beruhenden Bürgerkrieges, der in den neunziger Jahren weiter andauert.
1967 **Nigeria:** Nach der Sezession der erdölreichen Provinz *Biafra* greifen Truppen der Zentralregierung an (6. Juli). Leidtragende des knapp dreijährigen opferreichen *Krieges*, in dem Großbritannien und die UdSSR gemeinsam die Zentralregierung, Frankreich, Portugal und Spanien hingegen die Sezessionisten unterstützen, ist vor allem die Zivilbevölkerung Biafras: Im zweiten Kriegsjahr liegt die Zahl der Todesopfer bereits bei einer Million.
1971 In der **Sahelzone** mit den Ländern Äthiopien, Burkina Faso, Mali, Mauretanien, Niger, Senegal, Sudan und Tchad kommt es durch die einseitige Ausrichtung der Staaten auf den Agrarexport sowie ungünstige klimatische Umstände zu einer bis 1974 anhaltenden *Dürrekatastrophe*.
1973 Gründung (17. April) der Westafrikanischen Wirtschaftsgemeinschaft CEAO (Communauté Economique de l'Afrique de l'Ouest) durch die frankophonen Staaten der Region.
1974 **Zaïre:** Als erste schwarzafrikanische Mannschaft nimmt das Team von Zaïre an einer Fußballweltmeisterschaft teil.
1975 Im togolesischen Lomé wird ein Abkommen zur Erleichterung der Wirtschaftsbeziehungen zwischen der Europäischen Gemeinschaft und 46 AKP-Ländern (Afrika, Karibik, Pazifik) unterzeichnet (28. Febr.).
Gründung (28. Mai) der Wirtschaftsgemeinschaft Westafrikanischer Staaten ECOWAS (Economic Community of West African States) / CEDEAO (Communauté Economique des Etats de l'Afrique de l'Ouest) als Erweiterung der CEAO um überwiegend anglophone Staaten der Region; gilt heute als wichtigster Wirtschaftsverbund Afrikas. Seit Ende der achtziger Jahre interveniert die Gemeinschaft auch mit der gemeinsamen Friedenstruppe ECOMOG (Economic Community Monitoring Group) bei regionalen Konflikten (z.B. in Liberia).
1978 **Mozambik:** Beginn eines Bürgerkrieges, in dem die RENAMO (Resistência Nacional Moçambicana) durch Terrormaßnahmen das Land zu destabilisieren versucht. Der Krieg fordert bis Ende der achtziger Jahre rund 100 000 Tote; etwa 1,6 Millionen Menschen sind auf der Flucht.
1981 Gründung (22. Dez.) der Präferenzfreihandelszone der Staaten Ost- und Südafrikas PTA (Eastern and Southern African Preferential Trade Area).
1986 Als erster schwarzafrikanischer Autor erhält der Nigerianer Wole Soyinka den Literaturnobelpreis.
1988 In **Somalia** offener Ausbruch des Bürgerkrieges (25. Mai). Die staatliche Gewalt kommt zum Erliegen. Die Folge der Bandenkämpfe ist eine landesweite Hungersnot.
1990 **Südafrika:** Präsident Frederik Willem de Klerk veranlasst die *Freilassung* des seit über 27 Jahren inhaftierten ANC-Politikers Nelson *Mandela* (11. Febr.).
Der ANC erklärt den Kampf gegen die weiße Regierung für beendet. Wenige Tage später (12. Aug.) kommt es zu ersten gewalttätigen Auseinandersetzungen zwischen der Zulu-Bewegung Inkatha und dem ANC.
1992 **Somalia:** Landung von US-Soldaten in der Hauptstadt Mogadischu (9. Dez.) als Vorauskommando von rund 28 000 Soldaten, die gemäß UN-Mandat in dem Bürgerkriegsland stationiert werden sollen. Die deutsche Bundeswehr stellt ein Kontingent dieser UNO-Truppen.
1993 **Eritrea** löst sich von Äthiopien und wird eigenständiger Staat (24. Mai).
1994 **Rwanda:** Beginn eines Bürgerkrieges zwischen Tutsi und Hutu (6. April), nachdem es seit Ende der fünfziger Jahre immer wieder zu gewaltsamen Konflikten zwischen den beiden Ethnien gekommen war.
Südafrika: Nelson Mandela wird zum ersten schwarzen Präsidenten der Republik Südafrika gewählt (9. Mai).
Die OAU nimmt die Republik Südafrika als 53. Mitgliedsland auf (6. Juni).
1995 **Somalia:** Abzug der letzten UNO-Truppen.
In **Nigeria** richtet das Militärregime neun Umweltaktivisten vom Volk der Ogoni, unter ihnen den Schriftsteller Ken Saro-Wiwa, trotz weltweiter Proteste hin (10. Nov.). Erstmals wird der Blick einer breiten westlichen Öffentlichkeit auf die schweren Umweltprobleme, verursacht durch die Erdölförderung von multinationalen Konzernen in Afrika, gelenkt.
1996 Als erster Schwarzafrikaner wird der Ghanaer Kofi Annan zum UNO-Generalsekretär gewählt (13. Dez.).
1997 **Zaïre/Demokratische Republik Kongo:** Aufständische Truppen besetzen die Hauptstadt Kinshasa und zwingen Präsident Mobutu ins Exil. Zum neuen Präsidenten Zaïres, das in Demokratische Republik Kongo umbenannt wird, ernennt sich Laurent Désiré Kabila.
Der bekannte nigerianische Musiker und Regimekritiker Felá Anikulapo Kuti stirbt an den Folgen einer HIV-Infektion (2. Aug.). Jährlich sterben in Afrika südlich der Sahara ca. 300 000 Menschen an Aids. In einigen Regionen liegt die Infektionsrate bei vierzig Prozent der erwerbsfähigen Bevölkerung.
1998 **Südafrika:** Die Wahrheitskommission legt ihren Abschlussbericht vor (29. Okt.).
1999 **Nigeria** erhält die erste Zivilregierung nach 15 Jahren Militärherrschaft (30. Juni).
2000 **Zimbabwe:** So genannte Kriegsveteranen beginnen die Farmen weißer Siedler zu besetzen (Febr.): Ende des seit zwei Jahren andauernden Krieges zwischen Äthiopien und Eritrea (18. Juni).
2002 **Angola:** UNITA-Chef Jonas Savimbi wird getötet (22. Febr.). Die UNITA-Rebellen schließen einen Waffenstillstand mit der Regierung (4. April).

Panafrikanismus

Kongo-Konflikt

Biafrakrieg

Dürrekatastrophe

Freilassung Mandelas

Wirtschafts-
beziehungen

Obwohl in Afrika seit Ende der achtziger Jahre wegen des Auslaufens des Ost-West-Konfliktes keine „Stellvertreterkriege" mehr ausgetragen werden, dauern die Krisen und Kriege weiter an. Durch die Beseitigung der Apartheid in Südafrika und der damit verbundenen Aufhebung der politischen Isolation des Landes zeichnet sich im südlichen Afrika die Herausbildung einer regionalen Vormachtstellung Südafrikas im afrikanischen Krisenmanagement ab.

Seit Anfang der neunziger Jahre wird die Erleichterung der *Wirtschaftsbeziehungen* zwischen den westlichen Industrienationen und den (afrikanischen) Entwicklungsländern verstärkt vorangetrieben (Wegfall von Handelsschranken und Begünstigungen für die Entwicklungsländer).

Bevölkerungs-
entwicklung

Entwicklung der Bevölkerung ausgewählter Staaten Afrikas

in Mio.

Land	1950	1960	1970	1980	1990	1999
Senegal	2,50	3,19	4,16	5,54	7,33	9,28
Uganda	4,76	6,56	9,81	13,12	17,95	21,47
Mali	3,52	4,38	5,48	6,86	9,21	10,58
Zaïre	12,18	15,33	20,27	27,01	37,44	49,77
Angola	4,13	4,82	5,59	6,99	9,19	12,35
Südafrika	13,68	17,40	22,46	29,17	37,07	42,10
Kenya	6,27	8,33	11,50	16,63	23,61	29,41
Äthiopien	18,43	22,77	28,79	36,37	47,42	62,78
Madagaskar	4,23	5,37	6,87	9,06	12,57	15,05

Bevölkerungs-
wachstum

Jährliche Wachstumsraten der Bevölkerung ausgewählter afrikanischer Staaten

in Prozent

Land	1950–1955	1960–1965	1970–1975	1980–1985	1985–1990	1990–1995
Ägypten	2,49	2,54	1,94	2,60	2,51	2,25
Kamerun	1,63	2,12	2,62	2,87	2,94	2,80
Niger	2,30	3,86	2,75	3,42	3,19	3,43
Senegal	2,37	2,61	2,94	2,86	2,82	2,55
Somalia	2,06	2,29	2,69	3,24	1,96	1,29
Südafrika	2,37	2,66	2,71	2,52	2,32	2,27
Afrika gesamt	2,18	2,48	2,69	2,95	3,00	3,01
Welt	1,80	2,01	1,98	1,75	1,75	1,58
im Vergleich: Bundesrepublik Deutschland	0,56	0,91	0,25	-0,16	0,43	0,55

Westafrika: Küstenstaaten seit 1945

Senegal seit 1945
(Forts. v. S. 1156)

1945	Zusammenschluss der bestehenden politischen Vereinigungen zum *Comité d'Entente* (später Bloc Africain), in dem sich die Section Française de l'Internationale Ouvrière (SFIO) als treibende Kraft unter Amadou Lamine-Guèye (*1891, †1968) durchsetzt.	*Comité d'Entente*
1946 18. Okt.	Nach der Gründung des interterritorialen Rassemblement Démocratique Africain (RDA) etabliert sich die Union Démocratique Sénégalaise (UDS) als RDA-Sektion.	
1947	Spannungen innerhalb der SFIO nach Erweiterung der Wahlkörperschaft führen zur Abspaltung des Bloc Démocratique Sénégalais (BDS) unter *Léopold Senghor* (*1906).	*Léopold Senghor*
1957 31. März	*Wahlen* zum Landesparlament: Der Bloc Populaire Sénégalais (BPS; Nachfolger des BDS unter Einschluss des radikaleren UDS/RDS-Flügels) erringt 78% der Sitze.	*Wahlen*
18. Mai	Mamadou Dia (*1910) wird erster Regierungschef.	
1958	Die unterlegene Parti Sénégalais d'Action Socialiste (20% der Sitze) schließt sich dem BPS an, der sich in Union Populaire Sénégalaise (UPS) umbenennt.	
28. Sept.	Annahme französischer Verfassungsvorschläge durch ein Referendum.	
25. Nov.	Senegal wird *autonome Republik* innerhalb der Französischen Communauté.	*autonome Republik*
1959 25. März	Zusammenschluss mit Französisch-Soudan zur Mali-Föderation; die Bundesverfassung (vom 17. Jan.) sieht Dakar als Sitz der Bundesbehörden vor; Modibo Keita (*1915, †1977) (Soudan) wird Regierungschef der Föderation, Léopold Senghor Präsident der Bundesversammlung.	
1960 20. Juni	Unabhängigkeit der Mali-Föderation; die neue Verfassung behält gegen den Willen der Soudan-Führung den bundesstaatlichen Charakter.	
19. Aug.	Daraus resultierende Konflikte führen zur Absetzung Dias durch Keita und zur Erklärung des Notstandes; Verhaftung Keitas und anderer Soudan-Führer im Senegal.	
20. Aug.	Senegal erklärt das Ende der Mali-Föderation und proklamiert die *Unabhängigkeit*.	*Unabhängigkeit*
5. Sept.	Léopold *Senghor* wird *Präsident*, Mamadou Dia bleibt Premier.	*Präsident Senghor*
1962 17. Dez.	Misstrauensvotum gegen Dia wegen autoritären Regierungsstils und Beschneidung von Parlamentskompetenzen; der Konflikt wird mit Hilfe der Streitkräfte zu Gunsten Senghors entschieden (Dia verhaftet und verurteilt; Amnestie 1974).	
1963 1. Dez.	Die UPS gewinnt bei Wahlen, die nach Annahme der Präsidialverfassung (Abschaffung des Premieramtes) abgehalten werden, alle Parlamentssitze (seit 1966 einzige Partei).	
1967	Attentat auf Senghor (22. März); Festnahme zahlreicher Personen mit Beziehungen zu Dia.	
1968 Mai	Studentenrebellion gegen den dominierenden französischen Einfluss und Senghors autoritären Führungsstil; die Gewerkschaften schließen sich mit einem *Generalstreik* an, beide Gruppen werden durch hartes Vorgehen der Regierung noch mehr in Opposition getrieben.	*Generalstreik*
1970 22. Febr.	Nach einem weiteren Generalstreik (Juni 1969) wird eine „Dekonzentration" der Regierung angekündigt; das wieder eingeführte Amt des Premiers übernimmt Abdou Diouf (*1935).	
1973 Jan.–März	Ausbruch von Unruhen nach Unterdrückung des Versuchs, eine alternative Gewerkschaftsbewegung zu gründen; oppositionelle Gewerkschafter suchen engere Aktionseinheit mit Studenten und Schülern; zugleich Krise zwischen islamischen Führern und UPS.	
1976 6. April	„Kontrolliertes Dreiparteiensystem" eingeführt: Die UPS – nun Parti Socialiste du Sénégal (PS) – soll den demokratischen Sozialismus, die Parti Démocratique Sénégalais (PDS) unter Abdoulaye Wade den liberalen Demokratismus und die Parti Africain de l'Indépendance (PAI: gegründet 1957, 1960 verboten, 1976 reaktiviert) die marxistisch-leninistische Richtung vertreten.	
1978 26. Febr.	Bei Wahlen (erstmals Verhältniswahlrecht) erhalten die PS 82% und die PDS 18% der Sitze; damit ist zum ersten Mal seit 1959 eine Oppositionspartei im Parlament vertreten.	
1979	Mouvement Républicain Sénégalais (Boubacar Guéye) als 4. Partei anerkannt (7. Jan.).	
1980	Präsident *Senghor tritt* freiwillig zugunsten von Abdou Diouf *zurück* (31. Dez.). Neuer Premierminister wird Habib Thiam (*1933).	*Rücktritt Senghors*
1982	Diouf wird Präsident der neu geschaffenen Konföderation Senegambia (1. Febr.).	
1983	Diouf in Neuwahlen im Amt bestätigt (Febr.).	
1984	Bildung eines Verteidigungsrates der *Konföderation Senegambia* (Mai).	*Konföderation Senegambia*
1988 28. Febr.	Wiederwahl von Diouf bei Parlaments- und Präsidentschaftswahlen, die PS erhält 73,2%, die PDS 25,8% der Stimmen.	

	1989 22. April	Schwere Ausschreitungen gegen Mauretanier in Dakar, Massenflucht von Mauretaniern aus Senegal. Im August erklärt Diouf die Konföderation Senegambia für gescheitert.
	1991 7. April	Abdou Diouf ernennt Habib Thiam erneut zum Premierminister, der am 8. April ein Kabinett bildet, in das erstmals in der Geschichte Senegals Oppositionspolitiker aufgenommen werden.
Grenzstreit	12. Nov.	Der Internationale Gerichtshof in Den Haag entscheidet in einem Schiedsspruch den *Grenzstreit* zwischen Senegal und Guinea-Bissau an der westafrikanischen Küste für Senegal.
Abdou Diouf wiedergewählt	1993 21. Febr.	Staatspräsident *Abdou Diouf* wird bei der Präsidentschaftswahl mit 58,4 % der Stimmen *wiedergewählt*.
	1995 3. Dez.	Ein Friedensangebot der Bewegung MFDC (Mouvement des forces démocratiques de Casamance), die im Süden des Senegal seit Anfang der achtziger Jahre für die Unabhängigkeit der Region Casamance kämpft, an den Senegal hat keine Konfliktlösung zur Folge.
Menschenrechtsverletzungen	1998 16. Febr.	In einer Dokumentation berichtet Amnesty International von *Menschenrechtsverletzungen* und einem „Klima des Terrors", unter dem die Bevölkerung leide.
	24. Mai	Bei den Parlamentswahlen bleibt die regierende PS stärkste Partei.
Kämpfe in der Casamance	1999 26. Dez.	Vertreter der Regierung und der separatistischen MFDC einigen sich auf einen Waffenstillstand. Die *Kämpfe in der Casamance* gehen allerdings weiter.
	2000 3. Febr.	Ein Gericht in Dakar erhebt Anklage wegen Menschenrechtsverletzungen gegen den früheren Diktator des Tchad, Hissène Habré, der seit Dez. 1990 im Senegal lebt.
	19. März	Bei den Präsidentschaftswahlen unterliegt der Amtsinhaber Diouf seinem Herausforderer Abdoulaye Wade (* 1926, PDS). Wade wird am 1. April vereidigt und ernennt Moustapha Niasse (Allianz der Kräfte des Fortschritts/ AFP) zum Ministerpräsidenten. Dieser bildet eine Koalitionsregierung aus sieben Parteien.
	2001 Jan.	Verabschiedung einer neuen Verfassung.
	3. März	Nach der Entlassung von Niasse wird mit der bisherigen Justizministerin Mame Madior Boye (*1940) erstmals eine Frau Regierungschef im Senegal.
	20. März	Das Oberste Gericht Senegals entscheidet, dass Habré kein Prozess gemacht werden kann, da er seine Verbrechen nicht auf senegalesischem Boden begangen habe. Daraufhin fordert Präsident Wade den Ex-Diktator des Tchad auf, das Land zu verlassen.
	29. April	Bei den Wahlen zur Nationalversammlung erringt das Bündnis Sopi, zu dem auch die PDS gehört, die absolute Mehrheit.
	20. Dez.	Im Alter von 95 Jahren stirbt der langjährige Staatspräsident Leopold Sédar Senghor im normannischen Verson.
	2002 28. Sept.	Bei einem Fährunglück vor der Küste kommen über tausend Passagiere ums Leben; nur 64 können gerettet werden.

Gambia seit 1946
(Forts. v. S. 1157)

	seit 1946	Schrittweise Gewährung des Mitspracherechts im Legislativrat nur für Einwohner der „Kolonie"; Bildungs- und Entwicklungsgefälle zwischen „Kolonie" und Protektorat zementiert; Wolof und Kreolen bauen ihren sozioökonomischen Vorsprung aus.
	1954	Die traditionellen, von der Kolonialverwaltung abhängigen Führungsgruppen des britischen Protektorats sind nach der neuen Verfassung erstmals im Legislativrat vertreten (indirekt gewählte Sitze), sogar mit mehr Einfluss als die Wähler der „Kolonie" (10 % des Gesamtgebietes), deren Stadtbevölkerung sich antikolonialistisch zu mobilisieren beginnt; Berufung der drei Parteiführer in den Exekutivrat.
neue Verfassung	1960	*Neue Verfassung*: repräsentative Selbstregierung; direkte Wahl nun auch für das bisher als Domäne der traditionellen Herrscher behandelte Protektorat (zwölf Vertreter; dazu sieben aus der „Kolonie" und acht Vertreter der Protektorats-Chiefs). Die Entfaltung von Parteien aus der „Kolonie" wird im Protektorat erheblich erschwert.
	1961	Pierre N'Jie (* 1909) von der United Party (UP) wird Chefminister (22. März) trotz eines Wahlsiegs der PPP (People's Progressive Party: Partei der Bauernbevölkerung), die die nächsten Wahlen (Mai 1962) noch klarer gewinnt. Daraufhin wird Dawda Kairaba Jawara (* 1924) Regierungschef (4. Juni 1962), er bricht mit der Absetzung von 13 Chiefs (traditionelle Herrscher) weitgehend deren Einfluss.
Unabhängigkeit	1965 18. Febr.	Nach Gewährung der inneren Selbstregierung (4. Okt. 1963) erhält Gambia die *Unabhängigkeit*; Jawaras Koalitionsregierung zerbricht kurz darauf.

1966 Mai	Die PPP gewinnt bei Wahlen 75% der Sitze, leitet eine Integration von Wolof und Kreolen der „Kolonie" in die Regierung ein (diese Mittelklasse wird auch durch Konzentration entwicklungspolitischer Maßnahmen auf die Küstenregion bevorzugt).	
1970 24. April	Nach einem neuen Referendum wird Gambia *Republik*, Dawda Kairaba Jawara Präsident. Kritik an seinem autoritären Herrschaftsstil, Mandingo-Protest gegen seine Interessenverbindung mit Wolof und Kreolen (Stadt-Land-Dichotomie) und Proletarisierung von chancenlosen Schulabgängern führen zu breiter *Unzufriedenheit*.	*Republik* *Unzufriedenheit*
1975 Okt.	Bildung der National Convention Party (NCP) unter dem Ex-Vizepräsidenten Sheriff Dibba (*1937); sie erhält 23% der Stimmen bei Wahlen (5. April 1977).	
1982	Dawda Kairaba Jawara wird Vizepräsident der neuen *Konföderation Senegambia*.	*Konföderation Senegambia*
1984	Verteidigungsrat für Senegambia gebildet (Mai), Gründung einer gambischen Armee (Nov.).	
1989	Senegals Präsident Abdou Diouf erklärt Konföderation Senegambia für gescheitert (Aug.).	
1992 29. April	Der amtierende Staatspräsident Dawda Kairaba Jawara gewinnt die Präsidentschaftswahlen mit 58,4% der Stimmen.	
1994 23. Juli 26. Juli	Nach einem unblutigen *Putsch* übernimmt ein vierköpfiger „Provisorischer Regierender Rat der Patriotischen Streitkräfte" unter Leutnant Yaya Jammeh (*1966) die Macht. Jammeh ernennt sich selbst zum Staatspräsidenten und bildet eine Militärregierung.	*Putsch*
1996 26. Sept.	Nachdem Jammeh im August die Oppositionsparteien verboten hatte, siegt er bei Präsidentschaftswahlen mit 55,8% der Stimmen. Am 28. Sept. löst er den „Provisorischen Regierenden Rat der Patriotischen Streitkräfte" auf.	
1997 3. Jan.	Bei der Parlamentswahl gewinnt die Patriotische Allianz von Staatspräsident Jammeh. Sie erhält 33 von 45 Mandaten.	
2000	Bei einem *Studentenaufruhr* in der Hauptstadt *Banjul* werden zwölf Menschen von Sicherheitskräften erschossen (10./11. April).	*Studentenaufruhr Banjul*
2001 22. Juli 18. Okt.	Zum 7. Jahrestag des Putsches von 1994 verkündet Staatspräsident Jammeh die Aufhebung des Parteienverbots. Die Patriotische Allianz erhält bei den Parlamentswahlen erneut die absolute Mehrheit.	

Guinea-Bissau (Portugiesisch-Guinea) seit 1951

1951 11. Juni	Guinea-Bissau wird *portugiesische Überseeprovinz*; die Abhängigkeit von der Erdnuss-Monokultur, die fast vollständige Kontrolle der Wirtschaft durch die Companhia União Fabril und die Banco Nacional Ultramarino bleiben bestehen.	*portugiesische Überseeprovinz*
1954 20. Mai	Mit dem *„Eingeborenenstatut"* erhält eine kleine Zahl von Afrikanern unter bestimmten Bedingungen (u.a. portugiesische Sprachkenntnisse; Einkünfte; Berufsausübung; politisches Wohlverhalten) den privilegierten Status der „Assimilation".	*Eingeborenenstatut*
1956 Sept.	Gründung der Partido Africano da Independência da Guiné e Cabo Verde (PAIGC) unter Führung des von den Kapverden stammenden Amilcar Cabral (*1924, †1973).	
1959 3. Aug.	Niederschlagung eines von der PAIGC und von einer geheimen Gewerkschaftsbewegung unterstützten Hafenarbeiterstreiks (50 Tote); in der Folge Strategieänderung der PAIGC, die nun die Mobilisierung der Landbevölkerung zur Hauptaufgabe erklärt.	
1963 22. Jan.	Die *PAIGC* beginnt nach einer Welle von Verhaftungen (Erklärung des Ausnahmezustands) mit dem bewaffneten *Guerillakampf* und stellt eine reguläre Armee auf.	*Guerillakampf der PAIGC*
1964 Juli	Eröffnung einer zweiten PAIGC-Front im Norden; schwere Niederlage der Portugiesen (900 Tote) in der Schlacht um die Como-Insel, sie geraten in der Folge in die Defensive.	
1967–1969	Das zunehmende militärische *Engagement Portugals*, mit zumindest indirekter NATO-Unterstützung, sowie die verschärften Unterdrückungsmaßnahmen vermögen den effektiven und von der Landbevölkerung getragenen Guerillakampf kaum zu beeinträchtigen.	*Engagement Portugals*
1972	In elf von 15 Regionen hält die PAIGC allgemeine Wahlen für die erste Nationale Volksversammlung eines unabhängigen Guinea-Bissau ab (Aug.–Okt.).	
1973 24. Sept.	Ermordung Amilcar Cabrals (20. Jan.) durch portugiesische Agenten in Conakry. Unabhängigkeit Guinea-Bissaus von der Nationalen Volksversammlung ausgerufen; eine Verfassung wird verkündet; an der Spitze des Staatsrates (Exekutive) steht der stellvertretende Generalsekretär der PAIGC, Luis Cabral (*1931, Bruder von Amilcar Cabral).	
1974 10. Sept.	Die *Unabhängigkeit* Guinea-Bissaus wird von Portugal offiziell gewährt; Präsident wird Luis Cabral, Premier wird Francisco Macias Mendes (*1930, †1978).	*Unabhängigkeit*

	1976 Mai	Die Nationalen Volksversammlungen der Kapverden und Guinea-Bissaus wählen einen „Rat der Einheit", der mit der Ausarbeitung einer Verfassung für die Vereinigung der beiden von der PAIGC regierten Republiken beginnt (Jan. 1977).
	1978	Unfalltod von Premier Mendes (7. Juli); sein Nachfolger wird João Bernardo Vieira (*1939) (11. Okt.).
„Reisputsch" neue Verfassung	1980	Vieira stürzt Cabral im so genannten „Reisputsch" (15. Nov.).
	1984	Billigung einer *neuen Verfassung* (Febr.), Vieira wird Staatsoberhaupt (16. Mai).
	1990	Vieira spricht sich für ein Mehrparteiensystem aus (7. April).
Grenzstreit	1991 12. Nov.	Der Internationale Gerichtshof in Den Haag entscheidet in einem Schiedsspruch den *Grenzstreit* zwischen Guinea-Bissau und Senegal an der westafrikanischen Küste zugunsten Senegals.
	1994 3. Juli	In den ersten freien Wahlen seit der Unabhängigkeit des Staates gewinnt João Bernardo Vieira mit 52% der Stimmen die Stichwahl um das Amt des Staatspräsidenten (7. Aug.).
	1997	Guinea-Bissau tritt als 8. Mitglied der CFA-Franc-Zone bei (1. Jan.).
Militäraufstand gegen Vieira	1998 7. Juni	*Militäraufstand gegen Präsident Vieira.* Den Regierungstruppen gelingt es nicht, den Putsch niederzuschlagen, große Teile der Armee laufen zu den Aufständischen über. Unterstützung erhält der Präsident durch Truppen aus dem Senegal und aus Guinea.
	2. Nov.	Auf dem Gipfeltreffen der Wirtschaftsgemeinschaft Westafrikanischer Staaten (ECOWAS) wird ein Friedensplan zur Beendigung des Bürgerkrieges ausgehandelt. Zur Stationierung von ECOMOG-Truppen kommt es aber erst nach dem Waffenstillstand vom 3. Febr. 1999.
	1999 7. Mai	Die Aufständischen stürmen den Präsidentenpalast. Vieira geht nach Portugal ins Exil. Der bisherige Parlamentspräsident Malam Bacai Sanha wird zum Übergangspräsidenten ernannt.
	7. Juli	Verabschiedung einer neuen Verfassung, die den Zugang zu Staatsämtern auf Personen beschränkt, deren Eltern Staatsbürger von Guinea-Bissau sind.
	28. Nov.	Bei den Parlamentswahlen erhält die PAIGC nur noch 25 von 102 Mandaten. Sieger wird der oppositionelle Partido para a Renovação Social (PRS), dessen Führer Kumba Yala (*1953) auch die Stichwahl zum Präsidenten (16. Jan. 2000) gewinnt.
	2000 30. Nov.	Der parteilose Caetano N'Tchama wird zum Ministerpräsidenten ernannt (24. Jan.). Eine Meuterei von Teilen der Armee wird niedergeschlagen.
	2001 22. März	Staatspräsident Yala entlässt Ministerpräsident N'Tchama, dem von Seiten der regierenden PDS Unfähigkeit vorgeworfen wird, und ersetzt ihn durch den bisherigen Außenminister Faustino Imbali.

Kapverden seit 1951

portugiesische Überseeprovinz	1951 11. Juni	Die Kapverden werden *portugiesische Überseeprovinz*; die Abhängigkeit der ressourcenarmen, oft von periodisch wiederkehrenden Dürrekatastrophen/Hungersnöten (größere: 1900–1903, 1920–1922, 1940–1943, 1946–1949) heimgesuchten Inseln von der Handel und Banken kontrollierenden *portugiesischen Oligarchie* bleibt bestehen.
portugiesische Oligarchie	1954 20. Mai	Der mit dem „Eingeborenenstatut" verbundene privilegierte „Assimilierten-Status" betrifft nur wenige Afrikaner/Kreolen; viele von ihnen geben dem Befreiungskampf in Guinea-Bissau (seit 1963) unter Führung der PAIGC (Partido Africano da Independência da Guiné e Cabo Verde) starke Impulse, der jedoch nicht auf die Kapverden ausgeweitet werden kann.
innere Autonomie	1973 1. Jan.	Gewährung der *inneren Autonomie*: Die Mitglieder des mit erweiterten Kompetenzen ausgestatteten Legislativrates werden gewählt (Zensuswahlrecht).
Dekolonisations- verhandlungen	1974 Mai–Aug.	In den *Dekolonisationsverhandlungen* mit der neuen portugiesischen Regierung kann die PAIGC ihre Forderung nach Zusammenschluss mit Guinea-Bissau nicht durchsetzen.
	20. Dez.	Einsetzung einer Übergangsregierung gemäß einem Abkommen mit Portugal.
	1975 30. Juni	Wahlen zur Nationalversammlung ohne Parteienkandidatur; die Pro-PAIGC-Listen gewinnen sämtliche Mandate.
Unabhängig- keit der Republik	**5. Juli**	*Unabhängigkeit der Republik* Kapverden unter Präsident Aristides Pereira (*1923; PAIGC-Generalsekretär seit Jan. 1973), Pedro Pires (*1934) wird Premier (12. Juli).
	1976 Mai	Die Nationalen Volksversammlungen der Kapverden und Guinea-Bissaus wählen einen „Rat der Einheit", der mit der Ausarbeitung einer Verfassung für die Vereinigung der beiden von der PAIGC regierten Republiken beginnt (Jan. 1977).
	1981	Gründung der PAIC (Afrikanische Partei für die Unabhängigkeit der Kapverden) am 30. Jan.

1990	*Reformprogramm* des PAIC-Nationalrats, ein Mehrparteiensystem wird geplant.	*Reform-programm*
1991	Bei ersten freien Parlamentswahlen hoher Sieg der Opposition über die PAIC (Jan.).	
17. Febr.	Der Oppositionsführer António Mascarenhas Monteiro (*1944) gewinnt mit 72% der Stimmen die Präsidentschaftswahl gegen Amtsinhaber Aristides Pereira (26%).	
1995 17. Dez.	Die Regierungspartei Movimento para a Democracia (MPD) des Premierministers Carlos Veiga gewinnt die absolute Mehrheit bei den *Parlamentswahlen* und verfügt über 50 der 79 Sitze.	*Parlaments-wahlen*
1996	Monteiro wird bei Präsidentschaftswahlen im Amt bestätigt (18. Febr.).	
2001 14. Jan.	Bei den Wahlen zur Nationalversammlung erhält die bisher regierende MPD nur 30 von 72 Mandaten. Sieger wird die oppositionelle PACC mit 40 Mandaten. Als neuer Ministerpräsident wird am 1. Febr. José Maria Never vereidigt.	
25. Febr.	Bei den Präsidentschaftswahlen setzt sich der frühere Regierungschef Pires mit einer Mehrheit von 17 Stimmen gegen seinen Konkurrenten Veiga durch.	

Guinea seit 1947
(Forts. v. S. 1156)

1947 Mai	Aus vornehmlich ethnisch bestimmten Gruppen wird die anti-kolonialistische Parti Démocratique de Guinée (PDG) als Sektion des interterritorialen Rassemblement Démocratique Africain (RDA) unter Madeira Keita (*1917) gegründet.	
1952	Nach der Strafversetzung Keitas in den Soudan (Mali) übernimmt Ahmed Sékou Touré (*1922, †1984; seit 1948 Generalsekretär der größten Gewerkschaft) die Führung der PDG und beginnt mit einer Massenmobilisierung von Bauern, Jugend und Frauen.	
1953	Sékou Touré erreicht die Solidarisierung breitester Bevölkerungsschichten während eines 66-Tage-Streiks: Machtzuwachs für Tourés Gewerkschaft, Machtverlust der Chefferie (von der Kolonialverwaltung eingesetzte „traditionelle" Herrscher).	
1957	Wahlen zum Landesparlament: 93% der Sitze für die PDG (31. März).	
14. Mai	*Sékou Touré* wird *Regierungschef* und setzt die Abschaffung der Chefferie durch.	*Sékou Touré Regierungschef*
1958 28. Sept.	Als einzige französische Afrikakolonie lehnt Guinea den Beitritt zur Französischen Communauté in einem Referendum mit 95,2% der Stimmen auf Betreiben der von der RDA-Linie abweichenden PDG ab.	
2. Okt.	Guinea erhält die *Unabhängigkeit*, Frankreich zieht in kürzester Zeit das gesamte Inventar und Personal ab und stellt abrupt sämtliche Hilfeleistungen ein.	*Unabhängigkeit*
23. Nov.	Gründung der Union der Unabhängigen Afrikanischen Staaten mit Ghana, nach Annäherung Malis wird ein Unionsvertrag geschlossen (1. Juli 1961), Guinea und Mali lehnen sich jedoch aus wirtschaftlichen Gründen wieder stärker an die Elfenbeinküste an.	
1960 1. März	Nach *Ausscheiden aus der Franc-Zone* und Verstaatlichungsmaßnahmen kommt es mit Unterstützung von Exil-Guineern und Franzosen zum Putschversuch der Armee (April).	*Ausscheiden aus der Franc-Zone*
1961	Sékou Touré wird zum Präsidenten gewählt (15. Jan.).	
1964 8. Nov.	Mit einer drastischen Reduzierung der Zahl der Parteimitglieder, einer Intensivierung der Verflechtung von Partei und Staat, dem Ausschluss aller Kaufleute von verantwortlichen Posten sowie Überprüfungen des seit 1958 erworbenen Vermögens von Parteimitgliedern erfolgt eine deutliche Abkehr vom bisherigen Dogma des Nichtvorhandenseins von Klassengegensätzen, die Notwendigkeit eines Klassenkampfes wird nunmehr betont.	
1969 Febr.	Nach Aufdeckung eines Putschplanes (angeblich mit französischer Unterstützung) umfangreiche *„Säuberungen" in Armee und Partei*; nach einem Mordkomplott (März) gegen Touré Verurteilung von 50 Offizieren, Ex-Ministern und Staatssekretären.	*„Säuberungen" in Armee und Partei*
1970 21.–27. Nov.	Höhepunkt der „permanenten Komplotte" nach Attentatsversuchen und Verschwörungen (24. Juni 1969, 25. Sept. und 2. Okt. 1970) ist der *Invasionsversuch von portugiesischen Truppen* und Exilguineern, der zurückgeschlagen wird.	*Invasions-versuch Portugals*
1971 26. März	Abschluss eines Verteidigungspaktes mit Sierra Leone, dessen Premier während eines Staatsstreichversuchs durch Guinea-Truppen unterstützt wird.	
6. Juli	Nach Aufdeckung weiterer Attentats- und Invasionspläne Verhaftung der Stabschefs.	
1972 27. April	Nachdem durch „Säuberungen" 1970/1971 ca. zwei Drittel des Führungspersonals von Partei und Staat ausgeschaltet worden sind, bringt der *„Parteikongress der Sieger"* weitere Änderungen in Partei – und Staatsspitze; das neu geschaffene Amt des Premiers übernimmt Louis Lansana Béavogui (*1923, †1984).	*„Parteikongress der Sieger"*
1973	Ein weiterer Mordanschlag auf Touré und ein Invasionsplan werden aufgedeckt (Sept.).	

	1976 13. Mai	Niederschlagung des „Foulah-Komplotts", in das Volksmiliz-Angehörige und Ful-Führer sowie Diallo Telli (*1925, †1977; OAU-Generalsekretär 1964–1972) verwickelt sein sollen.
Volks- und Revolutionsrepublik	1978	Umbenennung in *„Volks- und Revolutionsrepublik* Guinea" auf PDG-Kongress (21. Nov.).
	1984	Nach Tourés Tod (29. März) gelingt Militärputsch. Neues Staatsoberhaupt: Oberst Lansana Conté (*1934), neuer Ministerpräsident: Diara Traoré (*1935).
	1985	Gescheiterter Putschversuch von Diara Traoré (4. Juli).
Nichtangriffspakt	1986	*Nichtangriffspakt* mit Sierra Leone und Liberia (11. Sept.).
	1990	Bei Referendum am 23. Dez. Mehrheit für Zweiparteiensystem und Zivilregierung.
	1993 19. Dez.	Staatschef General Conté gewinnt die ersten freien Präsidentschaftswahlen seit der Unabhängigkeit 1958 mit 50,9%. Die Wahl wird von blutigen Zwischenfällen in Conakry begleitet.
Parlamentswahlen	1995 11. Juni	Die von General Conté angeführte Parti de l'unité et du progrès siegt bei den ersten freien *Parlamentswahlen*. Sie verfügt über 71 Sitze gegenüber 43 Sitzen der Opposition.
	1996	Ein Putschversuch von Militäreinheiten gegen Conté scheitert (2.–3. Febr.).
	1998 14. Dez.	Bei den Präsidentschaftswahlen, die unter besonderen Sicherheitsvorkehrungen stattfinden, wird Conté im Amt bestätigt.
Ladime Sidime Ministerpräsident	1999 8. März	Der bisherige Präsident des Obersten Gerichtshofes, *Ladime Sidime*, wird zum *Ministerpräsidenten* ernannt.
	17. Sept.	Auseinandersetzungen zwischen Guinea und Liberia werden unter Vermittlung der Wirtschaftsgemeinschaft Westafrikanischer Staaten (ECOWAS) beigelegt.
	2000 Sept.	Bewaffnete Auseinandersetzungen mit guineischen und sierra-leonischen Rebellengruppen im Grenzgebiet zu Sierra Leone und Liberia führen zu einer dramatischen Situation für die dort zusammengedrängten Flüchtlingsmassen aus Sierra Leone und Liberia (insges. 320 000 Menschen). Erst Anfang Febr. 2001 gelingt es, einen Sicherheitskorridor zu schaffen, durch den der Großteil der Flüchtlinge ins Hinterland Guineas abziehen kann.
	2002	Die EU stellt Guinea Hilfen in Höhe von 21 Mio. Euro zur Verfügung (Aug.).

Sierra Leone seit 1951

(Forts. v. S. 1157)

einheitliche Regierung	1951 19. Nov.	*Einheitliche Regierung* für Kolonie und Protektorat (Beendigung der Vorrangstellung der Kreolen unter der nichteuropäischen Bevölkerung und ihrer seit 1860 gehegten Machtaspirationen); Mehrheit der nichtamtlichen Mitglieder im Legislativrat, von denen sieben in der Kolonie direkt und 14 im Protektorat indirekt gewählt werden.
	1953	Sechs nichtamtliche Legislativratsmitglieder erhalten Ministerposten, Milton Margai (*1895, †1964) führt die Regierungsgeschäfte und wird Chefminister (9. Juli 1954).
Wahlrechtserweiterung	1957 31. Jan.	*Wahlrechtserweiterung* durch Verfassungsänderung: Von 51 Parlamentsmitgliedern werden 14 (Kolonie) und 25 (Protektorat) direkt gewählt, hinzu kommen zwölf Sitze für traditionelle Herrscher aus dem Protektorat.
	19. Mai	Die antikoloniale Sierra Leone People's Party (SLPP) gewinnt die Wahlen mit neun (Kolonie-) bzw. 14 (Protektorats-)Sitzen.
	1958 14. Aug.	Nachdem der Exekutivrat vollständig in afrikanische Hände gekommen ist (innere Selbstregierung), wird Milton Margai Premier; im Kabinett nur noch afrikanische Mitglieder.
	2. Sept.	Gründung der People's National Party (PNP) unter Albert Margai (*1910, †1980) und Siaka Stevens (*1905, †1988).
	1960 April/Mai	Stevens gründet das Elections before Independence Movement (später All People's Congress APC); Albert Margais Anhänger schließen sich wieder der SLPP an.
Unabhängigkeit	1961	*Unabhängigkeit* Sierra Leones (27. April; Dominion-Status mit Generalgouverneur).
Wahlen	1962 25. Mai	Die sich auf die Süd- und Ostprovinzen und die Chiefs stützende SLPP kann in den *Wahlen* 45%, Stevens' APC – unterstützt von der Nordregion und getragen von kleinen Händlern und Farmern – 26% der Sitze erringen, Milton Margai bildet die neue Regierung.
	1964 29. April	Nach Milton Margais Tod wird sein Halbbruder, Albert Margai, vom Generalgouverneur gegen erheblichen Widerstand zum Premier ernannt; seine Politik zielt auf die Einführung der republikanischen Staatsform und eines Einparteiensystems ab.
Militärputsch	1967 17. März	Bei Wahlen verfehlt die APC die absolute Mehrheit (48,5% der Sitze, SLPP 42,4%); noch vor der Wahl der Sitze der Chiefs ernennt der Generalgouverneur Stevens zum Premier (21. März). Das *Militär* unter Oberbefehlshaber David Lansana übernimmt daraufhin am selben Tag die Macht und verhaftet den Generalgouverneur und den Premier.

23. März	Lansana wird durch einen zweiten Putsch abgesetzt, ein Nationaler Reformrat unter Oberst Ambrose Genda (*1927) setzt die Verfassung außer Kraft und löst die Parteien auf.	
27. März	Genda wird durch den aus Großbritannien zurückgekehrten Oberst Andrew Juxon-Smith (*1933; Kreole) ersetzt; die Rückkehr zur Zivilregierung wird angekündigt.	
1968 18. April	Die *Militärregierung* wird durch einen „Staatsstreich der Unteroffiziere" gestürzt, ein Rat der 14 übernimmt die Regierung unter John Bangura; Siaka Stevens am 26. wieder Premier.	*Sturz der Militär-*
1971 23. März	Scheitern eines Armeeputsches unter Oberbefehlshaber John Bangura; nach Abschluss eines Verteidigungspaktes mit Guinea (26. März) unterstützen dessen Truppen Stevens.	*regierung*
19. April	*Ausrufung der Republik,* Siaka Stevens wird Präsident, Ibrahim Koroma (*1930) Vizepräsident und Premierminister.	*Republik*
1973 11. Mai	In einer unter Bedingungen des Ausnahmezustands abgehaltenen Wahl stellt die SLPP wegen massiver Einschüchterung keine Kandidaten auf; die APC erhält 84 von 85 Sitzen (80 ohne Gegenkandidaten) und besetzt auch die zwölf Sitze der Chiefs ohne Wahl.	
1974	Der vierte Kongress der APC (29. März–2. April) nimmt ein neues Statut und ein Programm der nationalen Selbsthilfe an.	
8. Juli	Christian Kamara-Taylor (*1917) wird zum Premier ernannt.	
1977 1. Febr.	Ausnahmezustand nach Studenten-Schüler-Unruhen, dennoch Abhaltung von *Wahlen* (6. Mai), in denen die SLPP 15, die APC 62 Sitze erhält; Verschiebung der Abstimmung in acht der Opposition sicheren Wahlkreisen.	*Wahlen*
1978 15. Juni	Abschaffung des Premieramtes; Ibrahim Koroma und Christian Kamara-Taylor werden Erster bzw. Zweiter Vizepräsident; Einführung des Einparteiensystems.	
1982	Militärputsch-Versuch in Freetown scheitert (Febr.).	
1985	General Joseph Saidu Momoh (*1937) wird zum Präsidenten gewählt (1. Okt.).	
1986	Nichtangriffspakt mit Guinea und Liberia (11. Sept.).	
1987	Gescheiterter Putschversuch gegen Präsident Momoh (23. März).	
1991	Im Frühjahr Unruhen durch von Liberia einfallende Rebellentruppen, die sich zu einem Bürgerkrieg ausweiten.	
23.–30. Aug.	Bei einer Volksabstimmung votieren 60% der Bürger für die Einführung einer neuen Verfassung, die unter anderem ein Mehrparteiensystem vorsieht.	
1992 29. April 6. Mai	Präsident Momoh wird durch einen *Militärputsch* gestürzt. Die Militärregierung unter Hauptmann Valentine Strasser (*1965) suspendiert die neue Verfassung. Valentine Strasser wird als neuer Staatspräsident vereidigt. Strassers Truppen verstricken sich im weiterhin andauernden Bürgerkrieg, der die Wirtschaft brachliegen lässt sowie Flucht und Vertreibung nach sich zieht.	*Militärputsch*
1996 16. Jan.	Valentine Strasser wird in einem unblutigen Staatsstreich von Gegnern in seiner Militärführung entmachtet. Das neue Regime unter Julius Maada Bio kündigt die Rückkehr des Staates zur Demokratie an.	
15. März	Die *Präsidentschaftswahlen* gewinnt der frühere Diplomat Ahmed Tejan Kabbah (*1932); mit dessen Amtsantritt endet die vierjährige Militärherrschaft (29. März).	*Präsident-schaftswahlen*
1997 25. Mai	Durch einen Militärputsch wird die Regierung unter Ahmed Tejan Kabbah gestürzt; eine Militärjunta unter Johnny Paul Koromah übernimmt die Macht. Am 17. Juni wird Koromah als Staatspräsident vereidigt.	
27. Mai	Die von der Wirtschaftsgemeinschaft Westafrikanischer Staaten (ECOWAS) aufgestellte Friedenstruppe *ECOMOG* greift in den Konflikt ein.	*ECOMOG*
23. Okt.	In Conakry (Guinea) wird ein Abkommen unterzeichnet, das die Rückkehr Kabbahs und die Entwaffnung aller Kriegsparteien vorsieht. Die Kämpfe dauern jedoch weiter an.	
1998 13. Febr.	Die ECOMOG unter nigerianischer Führung erobert die Hauptstadt Freetown. Kabbah kehrt am 10. März zurück. Nach wie vor kontrollieren Milizen der RUF Teile des Landes und begehen willkürliche Terrorakte gegen die Bevölkerung.	
1999 Jan.	Die Rebellen dringen bis Freetown vor, werden aber zurückgeschlagen.	
7. Juli	Nach Abschluss eines Waffenstillstandes (18. Mai) unterzeichnen Regierungschef Kabbah und der Führer der RUF, Foday Sankoh, in Lomé (Togo) ein Friedensabkommen. Sankoh soll Vizepräsident werden, die RUF mehrere Minister stellen und als politische Partei anerkannt werden.	
22. Okt.	Der UN-Sicherheitsrat stimmt der Entsendung einer Friedenstruppe (UNAMSIL) zu, die den Friedensprozess überwachen soll.	
2000 Mai	Die Rebellen der RUF widersetzen sich der Entwaffnung, töten vier Mitglieder von UNAMSIL und nehmen 500 *Blauhelmsoldaten als Geiseln.*	*Blauhelmsolda-ten als Geiseln*
8. Mai	Großbritannien entsendet rd. 800 Fallschirmjäger nach Freetown.	
17. Mai	Regierungstruppen nehmen Sankoh gefangen.	
28. Mai	Freilassung der letzten festgehaltenen UN-Soldaten.	

	6. Juli	Der UN-Sicherheitsrat verhängt ein weltweites Verbot des Handels mit Diamanten aus Sierra Leone. Damit trifft er die Haupteinnahmequelle der RUF.
	11. Nov.	Regierung und RUF schließen ein neues Waffenstillstandsabkommen. Anfang Dez. beginnt die RUF mit der Entwaffnung und Demobilisierung ihrer Milizen.
	2001	Das Mandat der UNAMSIL wird um sechs Monate verlängert (28. März).
Entwaffnung der RUF-Rebellen	3. Juli	Mit der *Entwaffnung der RUF-Rebellen* im Diamantengebiet von Koindu tritt der Friedensprozess in die entscheidende Phase.
	2002 21. März	Das bereits im Aug. 2000 von den UN geplante Sondergericht wird eingerichtet. Es soll die seit 1996 in Sierra Leone begangenen Kriegsverbrechen ahnden.
	19. Mai	Bei den Präsidentschaftswahlen wird Amtsinhaber Kabbah mit 70,6 % bestätigt.

Liberia seit 1945
(Forts. v. S. 1159)

Abhängigkeit von Konzernen Handelsflotte	nach 1945	Die von Präsident William Tubman (*1895, †1971) nach dem Zweiten Weltkrieg forcierte „Politik der offenen Tür" verstärkt Liberias *Abhängigkeit von* transnationalen *Konzernen* (besonders nach Entdeckung von reichen Eisenerzvorkommen), macht das Land jedoch auch durch günstige Steuergesetze zur Nation mit der größten registrierten *Handelsflotte* der Welt; die im Lande verbleibenden Profite konzentrieren sich jedoch auf sehr wenige Familien der Americo-Liberianer.
	1951	Durch eine Verfassungsänderung wird die Beschränkung auf zweimalige Wiederwahl des Präsidenten aufgehoben und Tubman praktisch zum Präsidenten auf Lebenszeit gemacht.
	1955	Eine Neufassung des Wahlgesetzes sanktioniert das Verbot von Parteien.
	1960	Institutionalisierung der konservativen TWP (True Whig Party) zur Staatspartei.
	1961 Sept.	Trotz gesetzlichen Streikverbots Ausrufung des Generalstreiks durch die bislang von Tubmans Sohn kontrollierten Gewerkschaften; Verhaftung führender Gewerkschafter.
	1963 5. Febr.	Die Zulassung einer Opposition wird nach Aufdeckung eines Staatsstreichplans der Nationalgarde rückgängig gemacht; Repressionen gegen Regimegegner nehmen zu.
Streiks	Juli	Die zunehmende Proletarisierung der Minen- und Plantagenarbeiter führt zu *Streiks* auf den Firestoneplantagen (ca. 20000 Arbeiter).
	1966 9. Febr.	Anlässlich erneuter Streiks lässt sich Präsident Tubman Sondervollmachten zur Niederschlagung geben; ein Komplott von Armeeangehörigen wird aufgedeckt (10. Okt.).
Tod des Präsidenten Tubman	**1971** 23. Juli	*Tod von Präsident Tubman*; Nachfolger wird der (seit 1953) amtierende Vizepräsident William Tolbert (*1913, †1980), einer der reichsten Männer Liberias, der sich von Anfang an auf die wenigen einflussreichen Familien sowie auf die Kirchen stützt; in das neue Kabinett werden auch Angehörige der jungen technokratischen Elite einbezogen. Mordkomplott gegen Tolbert (Febr.), Offiziere und Kru-Prinz N. A. Browne verhaftet.
	1979 April	Unruhen in Monrovia (70 Tote), Beteiligung der 1975 in USA gegründeten Progressive Alliance of Liberia (PAL) Gabriel Matthews', Militärhilfe Guineas.
Hinrichtungen	**1980** 12. April	Nach Verbot der Progressive People's Party (März) Unteroffiziers-Putsch unter Samuel Doe (*1952, †1990) gegen das Regime der Americo-Liberianer; Ermordung Tolberts, zahlreiche *Hinrichtungen*. Neues Kabinett unter Einschluss von Matthews.
	1981	Austausch der kubanischen Militärberater gegen US-„Green Berets".
Samuel Doe Präsident	**1985**	Nach allgemeinen, umstrittenen Wahlen wird *Samuel Doe* mit 50,9 % *Präsident;* im Nov. erfolgloser Umsturzversuch gegen ihn.
	1989	Putsch der National Patriotic Front of Liberia (NFPL) von Charles Taylor (*1948) misslingt.
Bürgerkrieg	**1990**	Massaker der Armee führen zu Massenflucht nach Côte d'Ivoire und später Guinea; Ausbruch eines *Bürgerkriegs*. Abspaltung der unabhängigen NFPL unter Prince Y. Johnson. Beim Kampf gegen den NFPL-Flügel von Prince Y. Johnson wird Doe getötet (9. Sept.); der Machtkampf verfeindeter NFPL-Gruppen wird durch Waffenstillstand (30. Nov.) beendet.
	1991	Die Bürgerkriegsparteien einigen sich auf Einberufung einer Nationalkonferenz (Febr./März).
	1993 25. Juli	Amos Sawyer, der Staatspräsident an der Spitze einer Interimsregierung in Monrovia, Enoch Dogolea, der Vizepräsident der National Patriotic Front of Liberia, und Alhaji Kromah, der Führer der Rebellenbewegung ULIMO, unterzeichnen in Cotonou ein Friedensabkommen.

Dez.	Es kommt zu Kampfhandlungen zwischen der ULIMO und der neugegründeten Guerillabewegung Lofa Defence Force (LDF).	
1994	Der UN-Sicherheitsrat verlängert am 21. Okt. das Mandat der UN-Beobachter in Liberia bis Jan. 1995.	
21. Dez.	Auf Initiative des Staatspräsidenten von Ghana, Jerry J. Rawlings, schließen die Bürgerkriegsparteien ein neues Friedensabkommen, das die Waffenruhe für den 28. Dez. vorsieht. Diese wird bereits am folgenden Tag gebrochen.	
1995 1. Sept.	Ein neuer sechsköpfiger *Staatsrat unter* dem Literaturprofessor Wilton Sankawulo wird als Übergangsregierung eingesetzt. Er soll sich für die Beendigung des sechs Jahre andauernden Bürgerkriegs einsetzen, in dessen Verlauf ca. 150000 Menschen gestorben sind.	*Staatsrat*
1996 3. Sept.	Ruth Perry wird als erste Frau an der Spitze eines afrikanischen Staates neue Vorsitzende des Staatsrats, der einen Friedensplan ausarbeitet, demzufolge 1997 eine demokratisch legitimierte Regierung gewählt werden soll.	
1997	Charles Taylor gewinnt mit 75,3% der Stimmen die Präsidentschaftswahl (19. Juli).	
1999 Jan.	Nach neun Jahren verlässt die ECOMOG-Friedenstruppe der Westafrikanischen Wirtschaftsgemeinschaft (ECOWAS) das Land.	
26. Juli	Öffentliche Vernichtungsaktionen von Waffen, die den Bürgerkriegsteilnehmern abgenommen worden sind.	
11. Aug.	Rebellen aus Guinea dringen in Liberia ein. Staatschef Taylor ordnet eine Generalmobilmachung an.	
17. Sept.	Die Auseinandersetzungen zwischen Guinea und Liberia werden unter Vermittlung der ECOWAS beigelegt.	
2000 Sept.	Wiederaufflammen des Konflikts zwischen Guinea und Liberia. Die Kämpfe an der Grenze dauern bis zum Juni 2001 an.	
20. Dez.	Eine Untersuchungskommission der UN bezeichnet Staatschef Taylor als Drahtzieher des Handels mit so genannten Blutdiamanten aus Sierra Leone.	
2001 7. März	Der UN-Sicherheitsrat fordert die liberianische Regierung auf, ihre Unterstützung der RUF-Rebellen in Sierra Leone einzustellen.	
7. Mai	Die *Sanktionen des UN-Sicherheitsrates* (u.a. Importverbot für Diamanten aus Liberia) treten in Kraft.	*Sanktionen des UN-Sicherheitsrates*
2002 Febr.	Die Regierung Taylor verhängt den Ausnahmezustand wegen des Kampfes gegen die Rebellenbewegung LURD (Vereinigte Liberianer für die Wiederherstellung der Demokratie).	
Mai	Der UN-Sicherheitsrat verlängert die Sanktionen um ein Jahr. Ein Angriff der Rebellen auf Monrovia wird abgewehrt.	

Côte d'Ivoire (Elfenbeinküste) seit 1945
(Forts. v. S. 1156)

1945 Aug.	Unter Führung von Félix Houphouët-Boigny (*1905, †1993) gewinnt die Gruppierung des Bloc Africain die Wahlen zum Gemeinderat der Hauptstadt Abidjan. Es kommt daraufhin zu *Parteigründungen*, vor allem der Parti Progressiste de la Côte d'Ivoire (PPCI) und der Parti Démocratique de la Côte d'Ivoire (PDCI); Houphouët-Boigny findet starken Rückhalt in dem von ihm im Sept. 1944 mitgegründeten Syndicat Agricole Africain (Schutzorganisation afrikanischer Kaffee- und Kakaopflanzer gegen Diskriminierung durch europäische Pflanzer), dessen Ausbreitung und enge Verzahnung mit der Chefferie (eingesetzte „traditionelle" Herrscher) der PDCI eine rasche Verbreitung bis zur Dorfebene ermöglicht.	*Parteigründungen*
15. Dez.	Die PDCI gewinnt alle an Afrikaner vergebenen Mandate für die Landeslegislative.	
1946 18. Okt.	Houphouët-Boigny wird zum Führer des in Bamako (Soudan/Mali) gegründeten interterritorialen Rassemblement Démocratique Africain (RDA) gewählt, zu dessen Elfenbeinküste-Sektion sich PDCI und PPCI zusammenschließen (24. Nov.).	
1947 4. Sept.	Die mit der Aufteilung Obervoltas (1933) an die Elfenbeinküste gekommenen Gebietsteile kommen an das rekonstituierte Obervolta zurück.	
1949–1952	Machteinbuße der PDCI/RDA aufgrund heftiger Bekämpfung durch die Kolonialverwaltung wegen der Kooperation der RDA mit den französischen Kommunisten.	
1952 30. März	*Wahl zum Landesparlament:* Die PDCI/RDA gewinnt 87,5% der Sitze. Nach Lösung des Bündnisses zwischen RDA und Kommunisten (1950, auf Druck von Houphouët-Boigny) manifestiert sich die wachsende Stärke der PDCI, die zahlreiche Oppositionsgruppen integriert hat.	*Wahl zum Landesparlament*
1957	Landesparlamentswahl: Die PDCI erreicht 97% der Sitze (31. März).	

	15. Mai	Auguste Denise (*1906, †1991) wird Regierungschef statt Félix Houphouët-Boigny, der Minister im französischen Kabinett geworden ist (1. Febr. 1956); wichtige Entscheidungen der Elfenbeinküste-Regierung fallen jedoch nur nach Konsultationen mit ihm.
	1958	Nach Annahme des Referendums (28. Sept.) über die französischen Verfassungsvorschläge
autonome Republik	4. Dez.	wird die Elfenbeinküste *autonome Republik* innerhalb der Französischen Communauté.
Amtsantritt Houphouët-Boignys	**1959** 12. April	Nachdem die PDCI/RDA sämtliche Sitze im Parlament gewonnen hat (Ausschaltung der einzigen Konkurrenzpartei im Aug. 1958), wird *Houphouët-Boigny* Premier (1. Mai).
	29. Mai	Beitritt der Elfenbeinküste zum Rat der Entente (mit Obervolta, Niger, Dahomey, später Togo), die vor allem von Houphouët-Boigny als Gegengewicht gegen die Mali-Föderation (Senegal/Soudan) forciert worden ist und stark von ihm geprägt wird.
Unabhängigkeit	**1960**	*Unabhängigkeit* (7. Aug.); die neue Verfassung führt ein Präsidialsystem ein.
	7. Nov.	Ein neues Wahlgesetz bringt die faktische Etablierung des Einparteiensystems; Houphouët-Boigny übernimmt das Amt des Präsidenten (27. Nov.).
Putschversuch	**1963** Aug.	Verwicklung höchster politischer Führer (u.a. sechs Kabinettsmitglieder) in einen *Putschversuch*; über 100 Verhaftungen.
	1969	Nach Unruhen (März 1968) beginnt Houphouët-Boigny einen „Dialog" mit Vertretern verschiedener gesellschaftlicher Gruppen zur Abstellung einiger Missstände (Sept.–Dez.).
Annäherung an Senegal	**1971–1973**	Nach einem Staatsbesuch des Präsidenten von Senegal, Léopold Senghor, und einem Gegenbesuch Houphouët-Boignys im Senegal *Annäherung* der Staaten und Vereinbarung über gegenseitige militärische Zusammenarbeit.
	1974 11. Juli	Aufgreifen der südafrikanischen Initiative zum „Dialog": Staatsbesuch des Südafrikanischen Premiers (Febr. 1975) in der Folge (Delegation in Südafrika bereits 1971).
	1975 Mai	Verfassungsänderung: Bei einer Vakanz des Präsidentenamtes folgt der Präsident der Nationalversammlung nach.
	1980	Der 7. Kongress der PDCI/RDA beschließt die Schaffung eines Comité exécutif als kollektives Führungsorgan mit neun Mitgliedern (Okt.).
	1981	Der Tod von 46 Ghanaern in Abschiebehaft verursacht Spannungen mit Ghana (März).
Yamoussoukro Hauptstadt	**1983**	*Yamoussoukro* wird neue *Hauptstadt* (21. März).
	1986	Regierungsmitteilung, dass als Landesname nur Côte d'Ivoire verwendet werden soll.
	1987	Côte d'Ivoire ist nicht in der Lage, den Schuldendienst zu leisten.
	1989	Besuch des südafrikanischen Präsidenten Frederik Willem de Klerk in Yamoussoukro (1./2. Dez.).
Sanierungsprogramm	**1990** 10. Sept.	Anhaltende Wirtschaftskrise und Demonstrationen für ein Mehrparteiensystem; im März legt die Regierung ein *Sanierungsprogramm* für die Wirtschaft vor; im Mai Zulassung politischer Parteien. Weihe der zweitgrößten Kirche der Welt in Yamoussoukro durch Papst Johannes Paul II.
	28. Okt.	Bei den Präsidentschaftswahlen wird Houphouët-Boigny mit 90% der Stimmen für weitere fünf Jahre gewählt.
Dezentralisierung	**1991** 16. Jan./ 20. Febr.	Die Regierung unter Premierminister Alassane Ouattara (*1942) beschließt im Einvernehmen mit Staatspräsident Félix Houphouët-Boigny eine *Dezentralisierung* des Staates in zehn Regionen und eine Reform der Ministerien.
	1993 7. Dez.	Houphouët-Boigny stirbt. Nachfolger wird bis zum Ende der laufenden Amtsperiode (Sept. 1995) Henri Konan Bédié (*1934).
	1995 22. Okt.	Bei Präsidentschaftswahlen, die von blutigen Unruhen begleitet werden, siegt Bédié mit 95,3% der Stimmen.
	1999 24. Dez.	Der wegen Misswirtschaft diskreditierte Staatschef Bédié wird von einer Militärjunta gestürzt und flieht nach Frankreich. General Robert Guéi erklärt sich zum Vorsitzenden eines Übergangsrates.
Verfall der Kakao-Preise	**2000** 4. Jan.	Bildung einer Interimsregierung aus Oppositionspolitikern und Militärs. Die Wirtschaftslage ist durch den *Verfall der Kakao-Preise* – Elfenbeinküste produziert 43% des Weltbedarfs an Kakao – desolat. Am 5. Jan. stellt die Regierung die Schuldendienste ein.
	23./24. Juli	Zur Vorbereitung der Präsidentschaftswahlen wird eine neue Verfassung ausgearbeitet und per Referendum angenommen.
	18. Sept.	Ein Angriff von meuternden Soldaten auf die Residenz des Präsidenten wird von regierungstreuen Truppen abgewehrt. Entgegen seinen früheren Äußerungen, nur 10 Jahre lang im Amt bleiben zu wollen, bis die Ordnung im Staat wiederhergestellt sei, lässt sich General Guéi als Kandidat zur Präsidentschaftswahl aufstellen. Als das Wahlergebnis (am 22. Okt.) nicht zu Guéis Gunsten ausfällt – er erhält nur rd. 40% der Stimmen –, löst die Militärjunta die Wahlkommission auf und verhaftet ihre Mitglieder. Darauf wird Guéi am 25. Okt. von
Volksaufstand		einem *Volksaufstand* gestürzt und setzt sich nach Benin ab. Sein Herausforderer, der Sozia-

	list Laurent Gbagbo (* 1945) wird zum Sieger der Wahl erklärt und am 26. Okt. vereidigt. Er bildet ein Kabinett der nationalen Einheit.	
10. Dez.	Bei den Parlamentswahlen (mit Nachwahlen am 14. Jan. 2001) wird die Front Populaire Ivoirien (FPI) von Präsident Gbagbo stärkste politische Kraft.	
2001 8. Jan.	Ein *Putschversuch* rebellierender Soldaten wird niedergeschlagen (8. Jan.).	*Putschversuch*
16. April	Die Regierung startet eine Kampagne zur nationalen Aussöhnung.	
2002 29. Juni	Nach der Anerkennung des Expremiers Alassane Ouattara als Staatsbürger (als Voraussetzung für eine erneute Kandidatur) brechen Unruhen aus.	

Ghana (Goldküste) seit 1946
(Forts. v. S. 1157)

1946 29. März	Die Goldküste erhält als erste britische Afrikakolonie eine Mehrheit der nichtamtlichen Mitglieder (24 von 30) im Legislativrat, in dem auch die Nordterritorien und das Volk der Ashanti vertreten sind. Damit wird die Goldküste als Einheit behandelt, doch erweitert die Stärkung der traditionellen Herrscher die Kluft zur *westlich gebildeten Elite*, die ebensowenig wie die Kakaopflanzer mit der Verfassung einverstanden ist.	*westlich gebildete Elite*
1947 Aug.	Es kommt daher zur Gründung der ersten nationalistischen Partei, der United Gold Coast Convention (UGCC, Vorläufer u. a. in der 1938 gegründeten Gold Coast Youth League) unter Joseph B. Danquah (*1895, †1965); Generalsekretär wird der aus London zurückgekehrte Kwame Nkrumah (*1909, †1972).	
1949 12. Juni	Spannungen innerhalb der UGCC führen zur Abspaltung eines radikaleren Teils und Gründung der Convention People's Party (CPP) unter Nkrumah und Komla Agbeli Gbedemah (*1912).	
1951 1. Jan.	Eine *neue Verfassung* tritt in Kraft, die eine halbverantwortliche Selbstregierung vorsieht; die Mitglieder des Exekutivrates werden Ressort-Minister (acht Afrikaner von elf) und sind der erheblich erweiterten Legislative verantwortlich.	*neue Verfassung*
13. Febr.	Nach einem Wahlsieg der CPP (8. Febr.) wird Nkrumah aus dem Gefängnis entlassen und mit der Bildung der ersten autonomen Regierung beauftragt.	
1952	*Nkrumah* wird zum *Premier* ernannt (21. März).	*Nkrumah Premier*
1954	Neue Verfassung: *innere Autonomie* mit einem rein afrikanischen Kabinett (5. Mai).	*Autonomie*
15. Juni	Nach drastischer Beschneidung der Macht der traditionellen Herrscher (Nov. 1951) kommt es zur Gründung der konservativen, sich auf traditionelle Herrscher stützenden und verschleiert Separatismus propagierenden Northern People's Party (NPP, April 1954), die jedoch in den Wahlen (Mehrheitswahlrecht ohne Sitzreservierung für Chiefs) nur 14% der Sitze gegenüber 69% der CPP gewinnt.	
Sept.	Die damit als gesichert angesehene nationale Einheit wird durch die Gründung des National Liberation Movement (NLM) in Frage gestellt, der sich auf das Volk der Ashanti stützt, eine föderative Verfassung fordert und vor dem Hintergrund der Agitation gegen ein neues Kakaogesetz (niedrige Produzentenpreise) Oppositionsgruppen – auch Ashanti-CPP-Mitglieder – zu absorbieren vermag, so auch die Ghana Congress Party (gegründet 4. Mai 1952) unter Kofi Busia (*1913, †1978) und Joseph B. Danquah, die den Anti-Nkrumah-Kräften der alten UGCC entspricht.	
1956 17. Juli	Wahlen: Das NLM erhält nur zwölf der 21 Ashanti-Sitze, die NPP hält ihre 15 Sitze im Norden, die CPP gewinnt 71 der 104 Sitze.	
1957 6. März	*Unabhängigkeit* als Ghana, dem das britische Mandatsgebiet nach einer Volksabstimmung (9. Mai 1956) angefügt wird, obwohl die im Südteil lebenden Ewe (seit 1949 großenteils im Togoland Congress organisiert) dagegen stimmen, da sie für ein wiedervereinigtes Gesamt-Togo eintreten. Ghana wird in fünf Regionen aufgeteilt; Verwaltungsspitze: Chiefs (in Ashanti: der Asantehene) mit Regionalkommissaren als Regierungsvertreter.	*Unabhängigkeit*
3. Nov.	Sämtliche Oppositionsgruppen fusionieren zur United Party (UP); Parteien auf regionaler, ethnischer oder religiöser Grundlage werden verboten (Dez.). Die Opposition, der die regionalen Machtbasen entzogen sind, boykottiert daraufhin die Wahlen zu den *Regionalversammlungen* (1958). Diese werden folglich von der CPP kontrolliert und müssen einem Gesetz zustimmen, das Verfassungsänderungen mit einfacher Mehrheit im Parlament möglich macht, woraufhin die Auflösung der Regionalversammlungen sowie die Teilung der Ashanti-Region und die Kontrolle über die Justiz durchgesetzt werden. Dieser Abbau verfassungsmäßiger Kontrollen geht einher mit der Gleichschaltung der wichtigsten Massenorganisationen, die der CPP angeschlossen werden.	*Regionalversammlungen*

Republik	**1959** Mai	Mit Guinea „Union der unabhängigen afrikanischen Staaten" konstituiert, der sich auch Mali anschließt (Vertrag 1. Juli 1961); die Union bleibt jedoch weit gehend unwirksam.
	1960 1. Juli	Nach seinem Referendum über eine neue Verfassung (23. April) wird Ghana *Republik* unter Kwame Nkrumah als Präsident (mit Sondervollmachten); Aufteilung in acht Regionen.
	1962 11. Sept.	Einführung des Einparteiensystems; durch Volksabstimmung wird die CPP zur Staatspartei erklärt; Verbot des NLM; Verhaftung von 43 oppositionellen Parlamentariern.
Armeeputsch	**1966** 24. Febr.	*Armeeputsch* unter den Obersten Emmanuel Kotoka († 1967), Albert Ocran (*1929), Major Akwasi Afrifa (*1936, †1979) sowie dem Polizeichef John Harlley (*1919) während eines Chinaaufenthaltes von Nkrumah. Die Macht übernimmt der National Liberation Council (NLC) unter Vorsitz des früheren Armeechefs General Joseph A. Ankrah (*1915), der Parlament und Parteien auflöst.
	3. März	Nkrumah erhält Exil und Co-Präsidentschaft in Guinea.
	1967 17. April	In Accra wird ein Putschversuch von Fallschirmjägern niedergeschlagen, dabei kommt General Kotoka ums Leben.
	Juli	General Ankrah übernimmt den Vorsitz des neu ernannten Exekutivrates, der aus dem NLC und 14 zivilen Kommissaren mit Ministerrang gebildet wird.
	1969 2. April	Rücktritt General Ankrahs wegen einer Korruptionsaffäre, General Afrifa wird NLC-Vorsitzender.
neue Verfassung	29. Aug.	Nach Verkündung einer *neuen Verfassung* (22. Aug.) gewinnt bei Wahlen die Progress Party (PP) unter Kofi Busia 75%, die National Alliance of Liberals (NAL) unter Komba Agbeli Gbedemah nur 21% (vornehmlich im Ewegebiet) der Sitze.
	3. Sept.	Kofi Busia, seit 1966 wichtigster ziviler Berater der NLC, wird Premier; die Funktion des Staatspräsidenten wird von einer dreiköpfigen NLC-Kommission unter Afrifa ausgeübt.
	1. Okt.	Der NLC tritt seine Machtbefugnisse an die neue Zivilregierung ab; mit Edward Akufo-Addo (*1906, †1979) wird (28. Aug. 1970) von einem Wahlmännerkollegium ein ziviler Präsident gewählt.
Regierung Busia	**1970–1972**	Die *Regierung Busia*, die sich im Wesentlichen auf die westlich orientierte Bildungselite, Chiefs und Geschäftsleute stützt, bringt mit ihrer Politik die Schlüsselgruppen des Landes gegen sich auf: Spannungen mit der Bürokratie (Entlassung von 600 Beamten), die Auflösung des Gewerkschaftskongresses, die rapide Verschlechterung der Wirtschaftslage sowie Konflikte mit den Militärs führen zur Absetzung von Busia und Akufo-Addo durch einen
Militärputsch		*Militärputsch* (13. Jan. 1972); die Macht geht an den Rat der Nationalen Erneuerung unter Oberst Ignatius Acheampong (*1931, †1979) über. Ein Gegenputsch (15. Jan. 1972) misslingt.
	1972 9. Juli	Die Beisetzung des am 27. April verstorbenen Nkrumah in seinem Heimatdorf wird erlaubt, ein Wiederaufleben seiner Ideen wird in der Folge vom Regime genutzt.
Revolutionscharta	**1974**	Die „*Revolutionscharta*" wird proklamiert; sie will Unterentwicklung und Abhängigkeit durch eigene Anstrengungen („self-reliance") abbauen und eine kulturelle Mobilisierung der Bevölkerung gegen westliche Überfremdung erreichen; ein landwirtschaftliches Autarkieprogramm wird begonnen und die Kooperation mit sozialistischen Staaten wiederaufgenommen.
	1975	Oberster Militärrat als höchstes legislatives und administratives Organ eingesetzt (10. Okt.).
	1977	Neunpunkteprogramm zur Wahl eines Parlaments und einer Zivilregierung (13. Juli).
	1978 31. Jan.	Gegen die Pläne zur Bildung eines „Union Government" (Militär und Polizei zusammen mit berufsständischen Abordnungen von Zivilisten) wendet sich das neu gegründete People's Movement for Freedom and Justice unter Komla Agbeli Gbedemah und Akwasi Afrifa.
Kluft Armee – Bevölkerung	30. März	Das Referendum über „Union Government" bringt trotz Manipulationen und brutalem Eingreifen von Armee und Polizei keine eindeutige Mehrheit, vergrößert aber die *Kluft zwischen Armee und Bevölkerung*: Ca. 35 prominente Politiker, darunter Afrifa, Gbedemah und Akufo-Addo, werden verhaftet (5. April).
	1. Juli	Acheampong wird unter Androhung eines Staatsstreiches zum Rücktritt gezwungen, an seine Stelle tritt sein Stellvertreter Fred Akuffo (*1937, †1979), Stabschef der Armee.
Verfassungsgebende Versammlung	27. Nov.	Die *Verfassungsgebende Versammlung* legt ihren Verfassungsentwurf vor, politische Parteien werden wieder zugelassen.
Jerry J. Rawlings	**1979** 4. Juni	Eine Gruppe von Militärs unter Leutnant *Jerry J. Rawlings* (*1947) übernimmt die Macht; die früheren Staatschefs Acheampong sowie Afrifa und Akuffo werden hingerichtet.
	18. Juni	Bei planmäßig abgehaltenen Wahlen gewinnt die in der Nkrumah-Nachfolge stehende People's National Party (PNP) 51% der Sitze.
	9. Juli	Hilla Limann (*1934, †1998) von der PNP wird zum neuen Präsidenten gewählt.

24. Sept. 1981	Rawlings übergibt die Macht an eine Zivilregierung unter Limann. Erneuter Militärputsch durch Rawlings (31. Dez.); Bildung von lokalen „Verteidigungskomitees" und eines „Provisorischen Nationalen Verteidigungsrates".	erneuter Militärputsch
1983	Ab 18. Jan. kehren ca. 2 Mio. von Nigeria ausgewiesene Ghanaer ins Land zurück.	
1984 23. März	Wie ähnliche Versuche zuvor (1982 und 1983) scheitert wiederum ein Aufstandsversuch regierungsfeindlicher Militärs.	
1985 31. März	In Ouagadougou/Burkina Faso tagt die gemeinsame Ministerkommission Ghana – Burkina Faso, in der Maßnahmen zur Vereinigung beider Länder besprochen werden.	
Mai	Etwa 300000 illegal in Nigeria lebende Ghanaer werden nach Ghana gebracht.	
1987	Regierungsumbildung (20. April). Die *Grenze zu Togo* wird wieder *geöffnet* (23. Mai).	*Grenzöffnung zu Togo*
1989	Abschluss der Wahlen zur Distriktsversammlung (28. Febr.).	
1992 3. Nov.	Auf der Basis des neuen Mehrparteiensystems wird Staatspräsident Rawlings mit 58,3 % der Stimmen wiedergewählt. Er wird am 7. Jan. 1993 vereidigt und proklamiert dabei die IV. Republik.	
1995 6. Jan.	Staatspräsident Rawlings stellt im Parlament in Accra einen Entwicklungsplan vor, der umfassende Wirtschafts- und Sozialreformen vorsieht.	
1995/1996 1996	Durch ein Wiederaufflammen ethnischer Konflikte im Norden des Landes und soziale Proteste verschlechtert sich die innenpolitische Lage.	
7. Dez.	Jerry J. Rawlings wird bei Präsidentschaftswahlen im Amt bestätigt.	
1999 Okt.	Die nördlichen Regionen werden von einer schweren *Unwetterkatastrophe* heimgesucht, 52 Menschen kommen ums Leben, 33 000 Behausungen werden zerstört.	*Unwetterkatastrophe*
2000 7./28. Dez.	Der Vorsitzende der oppositionellen New Patriotic Party (NPP), John Kufuor (* 1938), gewinnt die Präsidentschaftswahlen. Der bisherige Amtsinhaber Rawlings hat laut Verfassung nicht mehr für eine dritte Amtsperiode kandidieren dürfen.	
2001 3. Jan.	Bei den Parlamentswahlen wird die NPP stärkste Partei. Die bisherige Regierungspartei National Democratic Congress (NDC) büßt fast ein Drittel ihrer Mandate ein.	

Togo seit 1946
(Forts. v. S. 1156)

1946	Das 1941 auf französische Veranlassung hin gegründete, von der Chefferie (eingesetzte „traditionelle" Herrscher) getragene Comité de l'Union Togolaise (CUT) schließt sich unter dem Einfluss von Ewe-Führern britischen Plänen zur Vereinigung der Ewe unter britischer Herrschaft an und bildet mit Gruppen aus Britisch-Togo die All Ewe Conference.	
9. April	Gründung der Parti Togolais du Progrès (PTP) unter dem Deutschafrikaner Nicolas Grunitzky (* 1913, † 1969) und Pedro Olympio, die sich den Vereinigungsplänen widersetzt und von der französischen Administration an Stelle der CUT unterstützt wird.	
8. Dez.	*Wahlen zum Landesparlament*: PTP unter *Sylvanus Olympio* (* 1902, † 1963; Repräsentant der United Africa Co., Schwager Grunitzkys) gewinnt alle 15 Sitze des Südens; die neun Sitze des Nordens werden von Unabhängigen gewonnen, die sich im Nov. 1950 mit französischer Unterstützung zur Union des Chefs et des Populations du Nord (UCPN) zusammenschließen und eng mit der PTP kooperieren.	*Wahlen Sylvanus Olympio*
13. Dez.	Togo wird französisch verwaltetes UNO-Treuhandschaftsgebiet.	
1951	Wahlen (30. Dez.): PTP zehn der zwölf Sitze im Süden, UCPN alle zwölf Sitze im Norden; Boykott durch die CUT.	
1955 16. April	Reformen in Togo: Ein Gouvernementsrat wird eingesetzt, fünf von seinen neun Mitgliedern mit Kontrollfunktionen für Administrationsabteilungen sind Parlamentsabgeordnete.	
12. Juni	Wahlen: je 15 Sitze PTP (Süden) bzw. UCPN (Norden), Wahlboykott der CUT.	
1956 24. Aug.	Nach dem Anschluss Britisch-Togolands (Referendum 9. Mai 1956) an die Goldküste (Ghana), der die Frage einer Ewe-Wiedervereinigung endgültig blockiert, legt Frankreich ein neues Statut für Togo vor (1. Sept.), das daraufhin *autonome Republik* innerhalb der Französischen Union unter dem Regierungschef Nicolas Grunitzky wird (16. Sept.).	*autonome Republik*
28. Okt.	Referendum: Annahme des Statuts (Alternative: Beibehaltung der UN-Treuhandschaft); CUT-Boykott wegen fehlender Überwachung durch die UNO, die das Referendum nicht anerkennt.	
1958 22. Febr.	Togo erhält volle innere Autonomie, an den von der UNO überwachten Wahlen (27. April) beteiligt sich die CUT (erstmals seit 1952) und gewinnt 63 % der Sitze.	
16. Mai	Sylvanus Olympio wird Premier mit einem von Ewe dominierten Kabinett.	

Unabhängigkeit	**1960** 27. April	Nach Annahme des Referendums (28. Sept. 1958) über die französischen Verfassungsvorschläge erhält die Republik Togo die *Unabhängigkeit*.
	1961 9. April	Durch ein Referendum wird eine Präsidialdemokratie nach französischem Vorbild eingeführt, Olympio ohne Gegenkandidat zum Präsidenten gewählt; die CUT (jetzt: Parti de l'Unité Togolaise, PUT) gewinnt mit einer Einheitsliste sämtliche Parlamentssitze; die Oppositionsparteien werden nach Aufdeckung angeblicher Komplotte verboten.
	1962 13. Jan.	Antoine Méatchi (*1925, †1984), der letzte Oppositionsführer, und Nicolas Grunitzky gehen ins Exil; zunehmende Entfremdung des Regimes von der Bevölkerung.
Putsch Interimsregierung Grunitzky	**1963** 13. Jan.	*Putsch* unter Étienne Eyadema (*1937); Sylvanus Olympio wird ermordet; der aus dem Exil zurückgekehrte *Grunitzky* bildet eine *Interimsregierung* mit Vertretern von vier Parteien (16. Jan.), die der neuen Verfassung entsprechend bei den Wahlen (5. Mai) als Einheitsliste mit jeweils Einviertelbeteiligung kandidieren; Grunitzky wird Präsident und gerät in einen Machtkampf mit Vizepräsident Méatchi (Rückhalt im Norden).
	1963–1967	Aufstandsversuche exilierter Opponenten, Forderungen der bis 1963 dominierenden Ewe-Schicht nach Bestrafung der Mörder Olympios sowie Widerstand im Kabinett.
	1967 13. Jan.	Absetzung Grunitzkys durch die Armee unter dem aus dem Norden stammenden Stabschef Oberst Eyadema, Einsetzung eines Nationalen Versöhnungskomitees unter Oberst Kléber Dadjo (*1914).
Kabinett Eyadema	15. April	Das Dadjo-Interregnum wird von *Eyadema* abgelöst, der eine eigene Verwaltung und ein vom Norden dominiertes *Kabinett* einsetzt (12. Mai) sowie alle Parteien verbietet. Eyademas Kontrolle über die Armee und Bemühungen um Einvernehmen mit den „traditionellen" Herrschern sowie Einbeziehung von Angehörigen verschiedenster Bevölkerungsgruppen in die Regierungsarbeit (Gründung [Aug. 1969] des allen Mitgliedern früherer Parteien offenstehenden Rassemblement du Peuple Togolais) stabilisieren die Lage.
	1972 9. Jan.	In einem Referendum wird Eyadema im Amt bestätigt, seitdem gibt es offiziell kein Militärregime mehr, sondern eine „nationale Verschmelzung von zivilen und militärischen Segmenten der Gesellschaft".
Einheitsgewerkschaft	4. Dez.	Da die Gewerkschaften die Integration in die Partei ablehnen, werden sie aufgelöst, eine *Einheitsgewerkschaft* wird gegründet (7. Jan. 1973).
Afrikanisierungskampagne	**1974** 4. Febr.	Der Staatsanteil an der französisch kontrollierten Compagnie Togolaise des Mines du Bénin (Phosphat) wird auf 51% erhöht.
	Sept.	Beginn einer *Afrikanisierungskampagne* (u.a. Abschaffung ausländischer Namen) nach Vorbild Zaïres, zu dem Eyadema enge politische und militärische Beziehungen unterhält.
	1977 15. Okt.	Verhaftungen zahlreicher Intellektueller nach einem fehlgeschlagenen Putschversuch führen zu Spannungen im Land.
	1979	Primat der Partei über alle Staatsorgane (Nov.), Wahl Eyademas zum Präsidenten (Dez.).
neue Verfassung	30. Dez.	Die *neue Verfassung* wird durch Referendum angenommen.
	1980	Der 13. Januar, an dem Präsident Eyadema die III. Republik proklamiert, gilt als ihr Gründungstag.
	1984 5. Juli	Bei der 100-Jahr-Feier zum Abschluss von Schutzverträgen mit dem Deutschen Reich bekräftigt Bundesratspräsident Franz Josef Strauß in Lomé die bewährte deutsch-togolesische Freundschaft.
Wiederwahl Eyademas Stauwerk am Nangbeto	**1986** 23. Sept.	Ein Putschversuch, für den die Regierung Togos Ghana und Burkina Faso verantwortlich macht, scheitert. *Wiederwahl von* Präsident *Eyadema* mit 99,8% (21. Dez.).
	1987	Togo öffnet wieder die Grenze zu Ghana (2. Febr.).
	1988	Einweihung des *Stauwerkes am Nangbeto* am Mowo-Fluss (an der Grenze zu Benin).
	1990	Tagung des Nationalrates der Einheitspartei widersetzt sich der Einführung eines Mehrparteiensystems.
	1991 26. Aug.	Unter dem Druck der Opposition wird eine Nationale Konferenz einberufen, die Joseph Kokou Koffigoh zum Ministerpräsidenten einer Übergangsregierung wählt. Eyadema gibt Machtbefugnisse ab (unter anderem Rücktritt vom Amt des Oberkommandierenden der Streitkräfte am 6. Sept.). Die neue Regierung wird vom Militär bekämpft.
	1992 9. Febr.	50000 Menschen demonstrieren in Lomé gegen den Machtanspruch des Militärs.
	27. Aug.	Staatspräsident Eyadema erhält nach einer Vereinbarung mit der Regierung Machtbefugnisse zurück.
	1993 18. Jan.	Eyadema löst die Regierung auf und bestätigt Koffigoh im Amt, der dadurch den Rückhalt in der Opposition verliert.
	25. Aug.	Staatspräsident Eyadema siegt bei den Präsidentschaftswahlen mit 96,4% der Stimmen.
Parlamentswahlen	**1994** 23. April	Nach *Parlamentswahlen* ernennt Eyadema Edem Kodjo (*1938) ohne Berücksichtigung des Wahlergebnisses zum Ministerpräsidenten. Eyademas Regierung ist durch Gewalt und Unterdrückung der Opposition gekennzeichnet.

1996 20. Aug.	Eyadema beruft Kwassi Klutse zum neuen Premierminister, nachdem der bisherige Regierungschef Edem Kodjo zurückgetreten ist.
1998 21. Juni	Eyadema, der seit 31 Jahren an der Macht ist, wird bei den Präsidentschaftswahlen wiedergewählt. Erstmals sind auch Kandidaten der Opposition angetreten. Das Wahlergebnis wird von der Opposition und von Beobachtern der EU und der OAU angezweifelt. Es kommt zu Protestkundgebungen.
1999 21. März	Die Parlamentswahlen werden wegen der *Unregelmäßigkeiten bei den Präsidentschaftswahlen* von acht Oppositionsparteien boykottiert.
30. Juli	Die Parteien einigen sich auf eine Wiederholung der Parlamentswahlen im Jahr 2000.
2000 15. März	Eine Untersuchungskommission der UN nennt unter den mindestens sieben afrikanischen Staaten, die die Sanktionen des Sicherheitsrates gegen die UNITA in Angola unterlaufen, auch Togo, namentlich seinen Präsidenten Eyadema.
11./12. Juli	In Lomé findet die 36. Gipfelkonferenz der Organisation der Afrikanischen Einheit (OAU) statt.
2001 22. Febr.	Vertreter der UN und der OAU legen einen Bericht über Menschenrechtsverletzungen nach der umstrittenen Wiederwahl von Präsident Eyadema 1998 vor, demzufolge von den Sicherheitskräften und Milizen nach Protesten gegen das Wahlergebnis hunderte von Menschen ermordet wurden.
2002 März	Der am 3. Aug. 2001 verurteilte Oppositionsführer Yawuvi Agboyibo wird aus der Haft entlassen.

Randglossen: *Unregelmäßigkeiten bei den Präsidentschaftswahlen*

Benin (Dahomey) seit 1946
(Forts. v. S. 1156)

1946	Gründung der Union Progressiste Dahoméenne (UPD) unter maßgeblichem Einfluss von Sourou Migan Apithy (*1913, †1989), die in den *Wahlen zum Landesparlament* zwei Drittel der Sitze gewinnt. Die Erweiterung des Wahlrechts stärkt den Einfluss der Chefferie (eingesetzte „traditionelle" Herrscher). Als Vertreter der von der Kolonialverwaltung geförderten, für größere Autonomie des Nordens eintretenden Groupe Ethnique du Nord Dahomey (GEND) gewinnt Hubert Maga (*1916) zunehmend an Einfluss.
1951	Apithy schert aus der UPD aus und gründet die auf Porto Novo konzentrierte Parti du Regroupement Dahoméen (PRD).
1952 20. März	Die *Nord-Süd-Polarisierung* verstärkt sich bei den Landesparlamentswahlen: Die PRD gewinnt alle Sitze des Südens (19), der GEND alle des Nordens (neun); die vier Abomey-Sitze fallen an den Bloc Populaire Africain (BPA, 1947 von der UPD abgespalten) unter Justin Ahomadegbé (*1917).
1957 31. März	Die 1955 aus BPA, einer UPD-Abspaltung (1951, unter Émile-Derlin Zinsou [*1918]) und Jugendorganisationen gegründete und eng mit Gewerkschaften kooperierende Union Démocratique Dahoméenne (UDD) unter Ahomadegbé kann in den Wahlen zum Landesparlament nur 12% (in Abomey), Hubert Magas jetzt Rassemblement Démocratique Dahoméen (RDD) genannte Partei (vorher GEND) nur 10% der Sitze gewinnen, während Sourou Apithy mit seiner PRD 58% erreicht.
März	Apithy wird erster Regierungschef mit einer PRD/RDD-Koalition.
25. Mai	Bildung des dritten Kabinetts Apithy unter Einschluss von Maga und Zinsou (März).
1958	Die RDD tritt nach einem Generalstreik aus der Regierung aus (Jan.).
28. Sept.	Nach Annahme des Referendums über die französischen Verfassungsvorschläge wird Dahomey *autonome Republik* innerhalb der Französischen Communauté (4. Dez.).
1959 2. April	Manipulationen und gegenseitiger Kandidaturverzicht von PRD (Süden) und RDD (Norden) während der Wahl führen zu bürgerkriegsähnlichen Auseinandersetzungen. Regelung der Wahl nach dem Einfliegen französischer Truppen: PRD 28, RDD 22, UDD 20 Sitze; Zementierung der im Wesentlichen den politischen Einheiten der traditionellen Reiche entsprechenden Einflusszonen: RDD/Maga im Norden, UDD/Ahomadegbé in Zentral- und Südwest-Dahomey (mit Abomey, Whydah, Cotonou) und PRD/Apithy im Süden/Südosten (mit Porto Novo).
21. Mai	*Dreiparteienkoalition* unter Premier Maga (von UDD gegenüber Apithy bevorzugt).
24. Mai	Dahomey schließt sich dem Rat der Entente an (Druck der Elfenbeinküste, die den geplanten Beitritt Dahomeys zur Maliföderation verhindert).

Randglossen: *Wahlen zum Landesparlament*; *Nord-Süd-Polarisierung*; *autonome Republik*; *Dreiparteienkoalition*

Unabhängigkeit	1960 Febr.	Nach Ausschluss Apithys (22. Sept. 1959) aus der Regierung fusionieren PRD und Föderalisten um Zinsou zur Parti Nationaliste du Dahomey (PND).
	1. Aug.	Dahomey erhält die *Unabhängigkeit*.
	13. Nov.	Nach erfolglosem Machtergreifungsversuch Ahomadegbés (Sept.) Ausscheiden der UDD aus der Regierung; PND und RDD schließen sich zur Parti Dahoméen de l'Unité (PDU) zusammen.
neue Verfassung	25. Nov.	Nach Annahme einer *neuen Verfassung* gewinnt die PDU in den Wahlen (Landeslisten mit Mehrheitswahl) alle Sitze.
	11. Dez.	Hubert Maga wird Präsident, Sourou Migan Apithy Vizepräsident.
	1961 11. April	Erklärung des Einparteiensystems; Verbot der UDD. Zunehmende Isolierung Apithys in der Partei und der im Wesentlichen aus dem Norden rekrutierten Regierung.
	1963	Rücktritt Apithys wegen Magas Anspruch auf den Posten des PDU-Generalsekretärs und eines Konflikts mit den Gewerkschaften. Nach dem Ausscheren der Porto-Novo-Sektion aus der PDU Generalstreik im Süden und Machtübernahme der Armee (28. Okt.) unter Oberst Christophe Soglo (*1909, †1983); Einsetzung einer provisorischen Regierung unter Ahomadegbé, Apithy und Maga, die (außer Maga) mit aus dem Norden stammenden Politikern die Parti Démocratique Dahoméen (PDD) gründen (Dez.).
	1964 19. Jan.	Bei den Wahlen kandidiert die PDD als einzige Partei. Apithy wird Präsident, Ahomadegbé Regierungschef.
	1965 29. Nov.	Infolge des Machtkampfes zwischen Apithy und Ahomadegbé Intervention Soglos; Einsetzung von Tahirou Congacou (Präsident der Nationalversammlung) als Übergangspräsident, der jedoch keine stabile politische Allianz zu Stande bekommt.
Militärregierung Soglo	22. Dez.	*Soglo* übernimmt die Macht und bildet eine *Militärregierung*; sein Regime verschärft Spannungen im Militär, Sparmaßnahmen führen zum Konflikt mit den Gewerkschaften.
	1967 Dez.	Nach Streiks und Demonstrationen putscht eine Gruppe jüngerer Offiziere unter Maurice Kouandété (*1939) und Mathieu Kérékou (*1933); sie setzt Soglo ab. Kouandété muss die Macht an den Stabschef Oberst Alphonse Alley (*1930) als Chef einer provisorischen Regierung abtreten, die den Übergang zur Zivilregierung vorbereiten soll.
	1968 17. Juli	Ein Verfassungsentwurf wird in einem Referendum angenommen (31. März). Émile-Derlin Zinsou wird von den Militärs zum Präsidenten bestimmt, der Machtkampf innerhalb der Armee kann durch Entmachtung von Alley und Übernahme des Stabschefpostens durch Kouandété vorübergehend entschärft werden.
	1969 10. Dez.	Nach Aufdeckung eines Komplotts von Ahomadegbé-Anhängern (18. April) sowie von drei Attentaten auf Kouandété übernimmt dieser offenbar auf Druck französischer Kreise und der Geschäftswelt von Porto Novo in einem Putsch die Macht, wird aber von seinen Offizierskollegen (Vormacht der südlichen Völker) nicht als Interimspräsident akzeptiert.
Militärdirektorat	12. Dez.	Stattdessen wird ein *Militärdirektorat* unter dem dienstältesten Oberst Paul Émile De Souza, zusammen mit Kouandété und Polizeichef Benoit Sinzogan, eingesetzt und eine neue vorläufige Verfassung angenommen.
	1970 28. März	Nach Wahlen, die jedoch für ungültig erklärt werden, einigen sich Maga, Apithy und Ahomadegbé auf einen Präsidentschaftsrat, in dem sie als Co-Präsidenten vertreten sind und sich alle zwei Jahre im Vorsitz ablösen sollen. Maga wird erster Vorsitzender (7. Mai).
	1972	Verhaftung Kouandétés sowie zahlreicher Militärs und Zivilisten nach einem Putschversuch (23. Febr.).
	7. Mai	Ahomadegbé wird turnusgemäß Vorsitzender des Präsidentschaftsrates; der rapide Verfall der Staatsmacht gibt Anlass für einen weiteren Putsch (26. Okt.) unter dem stellvertretenden Generalstabschef Mathieu Kérékou, der das Amt des Staatsoberhaupts übernimmt, alle politischen und gesellschaftlichen Organisationen auflöst und die höheren Militärs ihrer Funktionen entheht.
	1973	Ein Putschversuch unter Beteiligung von Oberst Alphonse Alley wird niedergeschlagen (28. Febr.).
Verstaatlichungen	1974 30. Nov.	Ausrufung eines „marxistisch-leninistischen" Staates; zahlreiche *Verstaatlichungen*. Der im Oktober 1973 gegründete Nationale Revolutionsrat wird dem Mathieu Kérékou direkt unterstehenden Politbüro (sieben Militärs, sechs Zivilisten) unterstellt.
	1975	Nach Putschversuch (21. Febr.) Erschießung der Junta-Schlüsselfigur Major Aikpé.
Volksrepublik Benin	30. Nov.	Dahomey wird zur *Volksrepublik Benin* erklärt; Gründung der Einheitspartei Parti de la Révolution Populaire du Bénin (PRPB; Kaderorganisation mit begrenzter Mitgliederzahl).
	1977 16. Jan.	Erfolgloser Invasionsversuch – u. a. von weißen Söldnern in Cotonou; Anschuldigungen gegen Gabon, Marokko und Frankreich; Aufstellung einer Volksmiliz in der Folge.
Wahlen	1979	Erste *Wahlen* seit 1972: 97,5% der Stimmen für die PRPB-Einheitsliste (21. Nov.).
	1982	Am 17. Febr. wird Papst Johannes Paul II. von Präsident Kérékou empfangen.

1984 18. Febr.	Durch Parlamentsbeschluss werden die Legislaturperiode des Parlaments und die Amtszeit des Präsidenten auf fünf Jahre verlängert.	
1985	Rund 100000 Bürger Benins werden aus Nigeria ausgewiesen (Mai).	
1986	Aufhebung der seit 1984 andauernden Grenzschließung zu Nigeria.	
1988	Eine geplante Verschwörung gegen die Regierung Kérékou wird aufgedeckt (März). Einweihung des *Stauwerkes am Nangbeto* am Mowo-Fluss (an der Grenze zu Togo).	*Stauwerk am Nangbeto*
1989	Bei den Parlamentswahlen im Juni wird die PRPB-Einheitsliste mit ca. 90% gewählt.	
Dez.	Abkehr Benins vom Marxismus-Leninismus als Staatsideologie.	
1990	Kérékou will demokratische Reformen durchführen (Febr.); Aufhebung der Verfassung und der nationalen Revolutionsversammlung (1. März). Einsetzung einer Zivilregierung unter Nicéphore Soglo (*1934) (12. März).	
	Am 2. Dez. *neue Verfassung* nach Referendum.	*neue Verfassung*
1991 24. März	Premierminister Soglo gewinnt die Stichwahl um das Präsidentenamt mit 67,6% gegen Amtsinhaber Mathieu Kérékou (Amtsantritt 4. April).	
	Soglo leitet marktwirtschaftliche Reformen ein. In der folgenden Zeit verlieren Zehntausende durch *Privatisierungen* ihren Arbeitsplatz.	*Privatisierungen*
1992	Im Frühjahr kommt es infolge der wirtschaftlichen Notlage zu Studentenunruhen und Streiks im öffentlichen Dienst.	
1994 März	Nach Abwertung des auch in Benin geltenden Franc C. F. A. (Communauté Financière Africaine) um 50% (Jan.) streikt der öffentliche Dienst und legt die Hauptstadt Cotonou für mehrere Tage lahm.	
1995 28. März	Bei den *Parlamentswahlen* erhält die Parti de la Renaissance du Benin (PRB) des Präsidenten Soglo 20 der 83 Mandate und ist damit stärkste Partei.	*Parlamentswahlen*
1996 18. März	Erneut wird der Staatspräsident in einer Stichwahl ermittelt: Mathieu Kérékou setzt sich gegen den Amtsinhaber Nicéphore Soglo durch.	
1998	Kérékou wird auch Regierungschef (14. Mai).	
1999	Bei den Parlamentswahlen erhält die PRB 27 von 83 Sitzen (30. März).	
2001	Mathieu Kérékou wird als Präsident wiedergewählt (22. März).	
April	Die Irrfahrt des nigerianischen Schiffes „Etireno" vor der westafrikanischen Küste erregt internationales Aufsehen. Das Schiff, das von Benin aus gestartet ist und schließlich auch dorthin zurückkehrt und in Cotonou beschlagnahmt wird, soll bis zu 250 Kindersklaven an Bord gehabt haben. Menschenrechtsorganisationen weisen darauf hin, dass der Handel mit Kinderarbeitern in Westafrika weit verbreitet ist.	

Nigeria seit 1947
(Forts. v. S. 1161, 1161)

1947 1. Jan.	*Neue Verfassung* in Kraft: Verfestigung der Dreigliederung Nigerias durch Errichtung von Regionalparlamenten; im neuen Legislativrat für ganz Nigeria gibt es zum ersten Mal eine afrikanische Mehrheit, die jedoch ernannt und nicht direkt gewählt wird.	*neue Verfassung*
1952 Jan.	Nach längeren Verhandlungen mit harten Auseinandersetzungen zwischen Norden und Osten/Westen tritt die sog. MacPherson-Verfassung in Kraft: Stärkung des zentralen Legislativrates (Repräsentantenhaus), mit 50% der Sitze für die Nordregion, um deren Sorge vor einer Dominanz des weiterentwickelten Südens abzubauen; der Exekutivrat erhält eine mehrheitliche Beteiligung von afrikanischen Ministern, die Regionen werden politische Einheiten mit legislativer und exekutiver Gewalt.	
	In den *Wahlen* zu den Regionalparlamenten, die als Wahlkollegien für die zentrale Legislative fungieren, dominiert die neu gegründete Action Group (AG) unter Obafemi Awolowo (*1900, †1987) im Westen (45 gegen 30 Sitze der NCNC) und der (1944 gegründete) NCNC (National Council of Nigeria and the Cameroons) unter Nnamdi Azikiwe (*1904, †1996) in der Ostregion (65 von 84 Sitzen); die meisten der indirekt gewählten Abgeordneten der Nordregion schließen sich dem neu gegründeten Northern People's Congress (NPC) unter Ahmadu Bello (*1909, †1966) an.	*Wahlen*
1953 März	Ein Antrag der AG auf Selbstregierung bis 1956 führt zu schweren Auseinandersetzungen mit dem Norden, der mit Sezession droht.	
1954 1. Okt.	Nigeria wird daraufhin *Bundesstaat* (Föderation) mit weit gehender Absicherung der Autonomie der Regionen (u.a. Fiskalpolitik, öffentlicher Dienst, eigene Premierminister).	*Bundesstaat*
1954	Direktwahlen zum Bundesparlament (Nordregion indirekt): NCNC kann sich in der Ost- und Westregion, der NPC in der Nordregion durchsetzen; NPC (43%) und NCNC (30%) bilden eine Koalitionsregierung.	

	1957 Mai–Juni	Die innere Selbstregierung für Ost- und Westregion wird für Aug. 1957 und für den Norden für März 1959 festgelegt, das neue Amt eines Premierministers der Föderation übernimmt Sir Abubakar Tafawa Balewa (*1912, †1966; NPC) mit einer Koalition aus NPC/NCNC (30. Aug.).
	1959 12.–13. Dez.	Erste Direktwahlen für alle Regionen zum Bundesparlament (56% der Sitze für den Norden entsprechend der Bevölkerungszahl): NPC (43%) und NCNC (28,5%) bilden wieder eine Koalitionsregierung, die AG (23%) geht in die Opposition.
Unabhängigkeit	1960	*Unabhängigkeit* unter Premier Balewa und Generalgouverneur Nnamdi Azikiwe (1. Okt.).
	1961 11. Febr.	Referendum unter UNO-Aufsicht über das britische Kamerunmandat: Der Südteil kommt zu Kamerun, der Nordteil zu Nigeria (Sardauna-Provinz von Nordnigeria).
	1962 Mai	Die im Bundesparlament in Opposition befindliche, in Nord- und Ostregion an Einfluss verlierende AG versucht ihre nationale Politik durch eine radikalere ideologische Linie attraktiver zu machen, doch spaltet sich eine Minderheitsgruppe um Samuel Akintola (*1910, †1966), Premier der Westregion, ab und bildet die United People's Party (UPP); der Gouverneur der Westregion setzt ihn ab und Dauda Adegbenro (*1909, †1975) als Premier ein, doch übernimmt die Bundesregierung – nach heftigen, u.a. von Akintola geschürten Unruhen – unter Ausrufung des *Ausnahmezustandes* die Regierung der Westregion direkt.
Ausnahmezustand	2. Nov.	Die AG-Führer (darunter Awolowo) werden wegen Hochverrats verhaftet.
	1963 1. Jan.	Akintola wird wieder als Premier einer UPP-Regierung in Koalition mit NCNC-Abgeordneten der Westregion eingesetzt, die sich zur Nigerian National Democratic Party (NNDP) zusammenschließen.
	Sept.	Die Wahlen für die neue (aus der Westregion herausgelöste) Mittelwestregion gewinnt der NCNC; Zusammenschluss NCNC/AG mit nördlichen Oppositionsgruppen zur United Progressive Grand Alliance (UPGA) sowie der NPC mit der NNDP zur Nigerian National Alliance (NNA).
Republik	1. Okt.	Nigeria wird *Republik* unter Präsident Azikiwe und Premier Balewa.
Bundeswahlen	1964 30. Dez.	Boykott der *Bundeswahlen* durch die UPGA (nur in der Ostregion vollständig befolgt), Bildung einer NPC/NNDP/NCNC-Regierung.
	1965 11. Okt.	Die Wahlen zum Westregionparlament werden von Akintolas NNDP-Regierung massiv manipuliert, sodass die UPGA unterliegt; es kommt zu schweren Unruhen, gegen die Akintola mit Terrormaßnahmen vorgeht; eine Besatzungsmacht aus Polizei und Militär wird stationiert.
Militärputsch	1966 15. Jan.	*Putsch von Armee-Einheiten* unter Major C. Nzeogwu (Ibo) angesichts einer bevorstehenden Einigung zwischen den Premiers der Nord- und Westregion (u.a. Balewa, Bello und Akintola ermordet). Da der Putsch nur im Norden gelingt, kann der Armee-Oberbefehlshaber, General Johnson Aguiyi Ironsi ([*1934, †1966] Ibo) die Macht übernehmen (16. Jan.).
	24. Mai	Auflösung der Föderation und der autonomen Regionen.
	28.–31. Mai	Unruhen im Norden fallen ca. 3000 dort ansässige Südnigerianer (vor allem Ibo) zum Opfer.
Staatsstreich	29. Juli	Teile der Armee aus der Nordregion meutern; trotz Verhandlungen kommt es zum *Staatsstreich*, dem zahlreiche Ibo-Offiziere und -Soldaten zum Opfer fallen (u.a. General Ironsi). Der ranghöchste Armeeoffizier, Oberst Yakubu Gowon (*1934, Angehöriger einer ethnischen Minderheit des „Middle Belt"), übernimmt als Kompromisskandidat des Nordens die Regierung und den Oberbefehl über die Armee.
	9. Aug.	Die Teilung der Armee und Repatriierung der Soldaten in die jeweiligen Ursprungsregionen verschärfen die Spannungen: Der Militärgouverneur der Ostregion, Oberst Odumegwa Ojukwu (*1933), verweigert die Anerkennung des neuen Oberkommandos.
Verfassungskonferenz	12. Sept.	Nach dem Beschluss zur Rückkehr zum Föderationsprinzip (31. Aug.) *Verfassungskonferenz* mit zivilen Politikern einberufen; die geplante Konföderationslösung wird von traditionellen Führern des Nordens als Bedrohung ihrer Hegemonie im Norden angesehen.
Unruhen	Sept./Okt.	*Unruhen* und offenbar geplante blutige Ausschreitungen im Norden gegen dort ansässige Ibo (etwa 10000–50000 Tote).
	1967 31. März	Die Ostregion beschließt, keine Finanzen mehr an die Bundesregierung abzuführen (Möglichkeit der Eigenfinanzierung durch Einnahmen aus der Erdölförderung).
Sezession der Ostregion	27. Mai	Als sich Ojukwu zur *Sezession der Ostregion* ermächtigen lässt, kontert die Bundesregierung mit der Erklärung des Ausnahmezustandes, volle Übernahme der Macht durch Gowon und Aufteilung des Landes in zwölf neue Bundesstaaten (Ende der föderalen Struktur).
Republik Biafra	30. Mai	Unabhängigkeitserklärung der Ostregion als *Republik Biafra* (Hauptstadt Enugu).
	12. Juni	Der Bundesexekutivrat wird höchstes Staatsorgan unter Gowon; Ojukwu wird seines Amtes enthoben.
	6. Juli	Beginn des Biafrakrieges mit dem Befehl zur Unterdrückung des „Ojukwu-Aufstandes".

20. Sept.	Besetzung von Benin und großer Teile des Mittelwestens durch Biafra-Truppen und *Ausrufung der Republik Benin*; Rückeroberung durch Bundestruppen (21. Sept.).	*Ausrufung der Republik Benin*
23. Nov.	Nach Zurückdrängung der Biafra-Truppen und Fall von Enugu (4. Okt.) fordert ein Komitee der Organisation für Afrikanische Einheit Biafra auf, die Sezession rückgängig zu machen.	
1968 25. Aug.	Beginn der nigerianischen Großoffensive; der provisorische Biafra-Regierungssitz Umuahia fällt (22. April 1969), die Waffenlieferungen westlicher Staaten sowie der Sowjetunion an Nigeria gehen weiter, Biafra antwortet mit einer großangelegten Propagandaaktion gegen Völkermord und erhält weit reichende Unterstützung karitativer Organisationen.	
1970 15. Jan.	Bedingungslose Kapitulation Biafras nach Ojukwus Flucht: Generalamnestie für alle im Bürgerkrieg Inhaftierten; der Krieg hat eine Million Tote (davon 50000 Soldaten) gefordert.	
April	Die Entdeckung neuer Erdölfelder (März 1969 in der Mittelwestregion, weitere 1973/1974) führt zur Regierungskontrolle der *Erdölproduktion*.	*Erdölproduktion*
1971 26. April	Gründung einer nationalen Erdölgesellschaft und Beitritt zur OPEC; der Ölboom überdeckt die tiefe *Strukturkrise der Wirtschaft* (Verschärfung durch den Biafrakrieg).	*Strukturkrise der Wirtschaft*
1972 April	Nigerianisierung von 22 Industrie- und Gewerbezweigen (in Kraft: 31. März 1974) und mindestens 40% Beteiligung bei weiteren 33 von bestimmten Größenordnungen an.	
1975 29. Juli	Machtübernahme durch den aus dem Norden stammenden General Murtala Muhammed (*1938, †1976); General Olusegun Obasanjo (*1937) (Angehöriger der Yoruba) wird Stabschef des Heeres (de facto: Premier); Einleitung von Maßnahmen gegen Korruption, die früheren Staatsgouverneure sowie ca. 10000 Staatsbediensteten werden entlassen.	
1. Okt.	Ankündigung der Rückkehr zur Zivilregierung in fünf Etappen bis Okt. 1979.	
1976 3. Febr.	Nach Errichtung von 19 statt zwölf Bundesstaaten Umsturzversuch unter Oberst B. S. Dimka; Ermordung des Staatschefs Muhammed (13. Febr.). General Olusegun Obasanjo wird Staatschef (14. Febr.), General Shehu Yar-Adua (*1943) Stabschef.	
7. Okt.	Veröffentlichung eines Verfassungsentwurfes: Vertretung der traditionellen Herrscher im Parlament; Wahl zu den neuen Lokalverwaltungsorganen (28. Dez.), die ihrerseits eine Konstituierende Versammlung wählen (31. Aug. 1977).	
1978	Das Verbot politischer Parteien wird aufgehoben (22. Sept.).	
1979 19. Juli	*Wahlen:* Die National Party of Nigeria (NPN) unter Shehu Shagari (*1925) gewinnt 37% der Sitze gegenüber 25% der United People's Party unter Obafemi Awolowo und 17% der Nigerian People's Party unter Nnamdi Azikiwe. Shehu Shagari wird zum Präsidenten gewählt (11. Aug.).	*Wahlen*
1. Okt.	Das Militär tritt die Macht an die Zivilregierung ab.	
1982	Papst Johannes Paul II. besucht vom 12. bis 17. Febr. mehrere Städte Nigerias.	
1983	Ausweisung von ca. 3 Mio. illegalen Einwanderern aus den Nachbarländern (Ende Jan.).	
Aug.	Wahlen: Präsident Shagari wird im Amt bestätigt. Die NPN besitzt im Senat und im Repräsentantenhaus die absolute Mehrheit.	
31. Dez.	*Militärputsch* gegen Präsident Shagari. Die Macht übernimmt ein oberster Militärrat unter Führung von General Mohammed Buhari (*1942) am 3. Jan. 1984.	*Militärputsch*
1984	Ab 25. April erfolgt ein Zwangsumtausch des Naira (Währungsreform).	
1985 27. Aug.	Mohammed Buhari wird durch Militärputsch gestürzt, neuer Staatschef wird Ibrahim Gbadamasi Babangida (*1941), neues Machtorgan: Regierender Streitkräfterat (AFRC).	
1. Okt.	Aufgrund der wirtschaftlichen Lage verhängt Babangida Notstandsmaßnahmen.	
1986 9. Jan.	Nigeria wird Mitgliedsstaat der Islamischen Konferenz; daraufhin kommt es in der folgenden Zeit mehrfach zu Unruhen in der nichtislamischen Bevölkerung.	
28. Febr.	Öffnung aller Grenzen Nigerias mit Ausnahme der Grenze zum Tchad.	
1987	Bildung von zwei neuen Bundesstaaten in Nigeria (Katsina, Akwa Ibom).	
1988	Freilassung des gestürzten Präsidenten Shagari (23. Jan.). Nach Preiserhöhungen kommt es zu Massenprotesten (13. April).	
23. April	Wahl der Abgeordneten für Verfassunggebende Versammlung, die Verfassung für eine bürgerliche Demokratie ausarbeiten soll. Annäherung zwischen Nigeria und Benin in Grenzfragen, Demarkationsabkommen.	
1989	Einführung eines *Zweiparteiensystems*; die Parteien werden vom AFRC ausgewählt.	*Zweiparteiensystem*
1990	Putschversuch einiger Offiziere scheitert (April).	
1991 27. Aug.	Um ethnischen Konflikten entgegenzutreten, werden neun weitere Bundesstaaten gegründet.	
12. Dez.	*Abuja* wird anstelle Lagos' *neue Bundeshauptstadt* Nigerias.	*Abuja neue Bundeshauptstadt*
1992 17./18. Mai	Erneut brechen Unruhen aus. Ursachen sind soziale Missstände sowie anhaltende Konflikte zwischen christlichen und moslemischen Bevölkerungsgruppen.	

	1993 12. Juni	Moshood Abiola (*1937, †1998) von der Sozialdemokratischen Partei (SDP) gewinnt die Präsidentschaftswahl. Babangida lässt die Wahl annullieren, was auf internationalen Protest stößt. Es wird eine Übergangsregierung gebildet (7. Juli). Am 26. Aug. tritt Babangida zurück und setzt Ernest Shonekan als Staatsoberhaupt ein.
Militärputsch	17. Nov.	Nach einem *Militärputsch* wird Verteidigungsminister Sani Abacha (*1943, †1998) neuer Staatspräsident und Armeechef.
Umweltvernichtung	**1995** 10. Nov.	Der Schriftsteller Ken Saro-Wiwa (*1941) und acht weitere Umweltaktivisten werden hingerichtet. Sie hatten gegen die *umweltvernichtende Ausbeutung* des Ogoni-Gebietes durch die Erdölförderung gekämpft. Die Hinrichtung hat eine internationale Isolierung des Militärregimes zur Folge.
	1996 30. Sept.	Fünf politische Parteien werden zugelassen. Ein Ende des Militärregimes zeichnet sich jedoch nicht ab. Demokratiebestrebungen der Opposition werden gewaltsam unterdrückt.
Anklage gegen prominente Dissidenten	**1997** März	*Anklage gegen* 16 *prominente Dissidenten*, unter ihnen der im Exil lebende Schriftsteller und Nobelpreisträger Wole Soyinka (*1934).
	1998 8. Juni	Tod des Präsidenten Sani Abacha. Die Militärjunta ernennt den bisherigen Stabschef Abdulsalam Abubakar zum Nachfolger. Die am 22. Aug. vereidigte neue Regierung besteht überwiegend aus Fachleuten und Diplomaten.
	Sept.	Freilassung von 20 Mitgliedern der Bewegung für das Überleben des Ogoni-Volkes (MOSOP). Die Anklage gegen Wole Soyinka und weitere 14 Regimekritiker wird fallen gelassen.
Erdölkatastrophe	18. Okt.	Bei einer *Erdölkatastrophe* kommen 700 Menschen ums Leben, als sie versuchen, Öl aufzufangen, das aus einer Pipeline strömt, und das Öl sich plötzlich entzündet. In Nigeria gibt es über 5000 km Ölleitungen, die häufig angebohrt werden, um das Öl auf dem Schwarzmarkt abzusetzen.
	1. Nov.	Die EU hebt die Sanktionen auf, die wegen der Hinrichtung von Menschenrechtsaktivisten des Ogoni-Volkes 1995 verhängt worden waren.
	1999 20. Febr.	Die Demokratische Volkspartei (PDP) des ehemaligen Militärmachthabers Olusegun Obasanjo, bereits bei den Kommunal- (5. Dez. 1998) und den Regionalwahlen (9. Jan.) erfolgreich, siegt auch bei den Parlamentwahlen. Obasanjo wird am 27. Febr. zum Präsidenten gewählt.
	29. Mai	Vereidigung Obasanjos als Präsident. Der Commonwealth hebt die 1995 verfügte Suspendierung der Mitgliedschaft Nigerias auf.
	30. Juni	Nach 15 Jahren Militärherrschaft wird erstmals eine Zivilregierung vereidigt.
	Okt.	Anschläge auf Ölförderanlagen der Shell.
	Nov.	Bei Kämpfen zwischen rivalisierenden ethnischen Gruppen im Niger-Delta kommen mindestens 80 Menschen ums Leben.
	2000 Jan.	Der nordnigerianische Bundesstaat Zamfara führt die islamische Scharia als Gesetzesgrundlage ein. Im Febr. kommt es zu gewaltsamen Auseinandersetzungen zwischen Christen und Muslimen, die sich in der Folgezeit weiter verschärfen.
	29. Febr.	Der Staatsrat, die Vertretung der Bundesstaaten, beschließt die Suspendierung der Scharia.
	4. Aug.	Freilassung von 165 Shell-Angestellten, die sich fünf Tage in der Gewalt von jugendlichen Geiselnehmern befunden haben. Der Ölkonzern muss dafür „Kompensationen" (Arbeitsplätze, Infrastrukturmaßnahmen) zusagen.
	Sept.	Die Anti-Korruptions-Organisation Transparency International stuft Nigeria als korruptestes Land der Erde ein.
	2001 30. Jan.	Präsident Obasanjo reagiert auf die zunehmende Kritik an der Wirtschafts- und Sozialpolitik der Regierung mit der Entlassung von zehn Ministern.
	März	In zwölf von 36 Bundesstaaten ist die Scharia eingeführt.
	2002 27. Jan.	Bei der Explosion eines schlecht gesicherten Munitionslagers in Lagos kommen mindestens 700 Menschen ums Leben.
Wahrheitskommission	23. Mai	Die 2000 eingerichtete *Wahrheitskommission* („Oputa Panel") legt ihren Abschlussbericht vor. Die Kommission nahm 10 000 Eingaben entgegen und befragte 2500 Personen zu den Verbrechen der Militärdiktatoren 1966–1999.
	13. Aug.	Ein Machtkampf zwischen Präsident Obasanjo und dem Parlament blockiert alle Institutionen der Zivilregierung. Die Volksvertretung fordert den Rücktritt des Präsidenten, der seinerseits eine Korruptionsuntersuchung gegen das Parlament sowie gegen Justiz, Wahlkommission und mehrere Ministerien angeordnet hat.

Westafrika: Binnenstaaten seit 1945

Mali (Soudan) seit 1946
(Forts. v. S. 1156)

1946 Mit Unterstützung der französischen Sozialisten wird die Parti Progressiste Soudanais (PSP) unter Fily-Dabo Sissoko (*1900), von Mamadou Konaté (*1897, †1956) zusammen mit Jean Silvandre (*1896, †1960) der Bloc Soudanais gegründet.

Dez. Die PSP (jetzt Sissoko und Silvandre) kann sich in den *Wahlen zur Landeslegislative* mit 93% der Sitze durchsetzen; Unterstützung erhält sie von Kolonialverwaltung und Chefferie (eingesetzte „traditionelle" Herrscher), während die Soudan-Sektion des interterritorialen Rassemblement Démocratique Africain (RDA), die Union Soudanaise (US) unter Konaté, ihre Basis unter Wanderarbeitern und einigen „Évolués" mit einem egalitären Programm (u.a. Beseitigung überkommener traditioneller Strukturen) und mit Gewerkschaftsrückhalt ausbauen kann. — *Wahlen zur Landeslegislative*

1952 Wahlen: PSP 67%, US 32%; Festigung der US-Stellung (Nachlassen der Unterdrückung).

1957 In Wahlen setzt sich die US/RDA (nach Konatés Tod [März 1956] unter Modibo Keita
31. März [*1915, †1977]) mit 81% der Sitze gegen die PSP (8,5%) durch; Jean-Marie Koné (*1913, †1988) wird erster Regierungschef (24. Mai); Keita ist Mitglied des französischen Kabinetts.

1958 Nach Annahme des Referendums (28. Sept.) über die französischen Verfassungsvorschläge
24. Nov. wird Soudan *autonome Republik* innerhalb der Französischen Communauté. — *autonome Republik*
1959 Die US gewinnt alle Parlamentssitze und wird einzige Partei (8. März).
25. März Zusammenschluss von Soudan und Senegal zur *Mali-Föderation*. — *Mali-Föderation*
15. April Modibo Keita wird Premier des Soudan sowie auch Regierungschef der Föderation, Mamadou Dia (*1910) sein Stellvertreter und Léopold Sédar Senghor (*1906) Präsident der Bundesversammlung (beide aus Senegal).

1960 Die Mali-Föderation erhält die Unabhängigkeit; die neue Verfassung behält gegen den Wil-
20. Juni len der Soudan-Führung den bundesstaatlichen Charakter, daraus resultierende Konflikte (u.a. über Senghors Kandidatur für die Mali-Präsidentschaft) führen zur Absetzung Dias durch Keita.

19. Aug. Notstandserklärung und Verhaftung Keitas und anderer Soudan-Führer im Senegal.
20. Aug. Das Parlament Senegals erklärt das Ende der Mali-Föderation.
22. Sept. Unabhängigkeit Soudans als *Republik Mali* unter Modibo Keita als Präsident. — *Republik Mali*
1961 Nach Annäherung Malis an die Ghana-Guinea-Union Vertragsabschluss zwischen den drei
1. Juli Staaten, doch lehnt sich Mali aus wirtschaftlichen Zwängen wieder stärker an die Elfenbeinküste an.

1962 Der sechste Kongress der US legt einen sozialistischen Kurs fest; Kollektivfelder und In-
12. Sept. dustrialisierung mit Hilfe von Staatsbetrieben stehen im Vordergrund.
1963 *Aussöhnung mit Senegal*; Wiederaufnahme von Eisenbahnverkehr und Hafenbenutzung. — *Aussöhnung mit Senegal*
1964 Die seit 1961 schwelende Tuaregrebellion in der nordöstlichen Gao-Region (Plan zur Errichtung eines eigenen Staates) bricht nach massivem Einsatz der Armee zusammen.
1967 Verhandlungen mit Frankreich, das die Kontrolle über die Mali-Notenbank erhält und einen
15. Febr. Kredit (eine Milliarde Franc) gewährt, Bedingungen u.a.: 50%-Abwertung und Wiedereintritt in Franc-Zone (Austritt: 1. Juli 1962) nach Übergangsperiode (1. April 1968).
22. Aug. Zur *ideologischen „Säuberung"* der Partei wird eine „Kulturrevolution" ausgerufen und damit eine mächtige frankophile Gruppe im Staats- und Parteiapparat ausgeschaltet. — *ideologische „Säuberung"*

1968 Die Nationalversammlung löst sich auf und überträgt alle Gewalt dem Präsidenten; eine
19. Jan. 28-köpfige „Delegation" übt die Gesetzgebung aus.
19. Nov. Nach Herausbildung einer „gegenrevolutionären" Koalition (jüngere Offiziere und frankophile Parteiführer um J. M. Koné) kommt es, anlässlich von Keitas Plan zur Bewaffnung der Volksmiliz (dreifache Stärke der Armee), zum Präventivschlag von Armeeoffizieren und zur Verhaftung Keitas; Bildung eines *Militärkomitees* für Nationale Befreiung unter Leutnant Moussa Traoré (*1936) und dem Leiter der Militärakademie Yoro Diakité (*1932, †1973), der die provisorische Regierung leitet, während Traoré als Staatsoberhaupt fungiert (23. Nov.). — *Militärkomitee*

| | 1969 19. Sept. | Traoré, der die „sozialistischen" Errungenschaften des Keita-Regimes übernehmen und zur Zivilregierung zurückkehren will, setzt sich gegen Diakité durch und wird Staats- und Regierungschef; der Einfluss des Militärs auf das Kabinett wird verstärkt (10. Sept. 1970). |

	1971 26. März	Umsturzversuch, Diakité (Vizepräsident des Militärkomitees) und Informationskommissar Diallo werden festgenommen und verurteilt (Tod Diakités im Gefängnis 1973).
	1972–1974	Saheldürre: Etwa 80000 Flüchtlinge werden in Lagern in der Gao-Region aufgenommen.
Rückkehr zur Zivilregierung	1974 2. Juni	Referendum über neue Verfassung: *Rückkehr zur Zivilregierung*, doch behält das Militär für eine Übergangszeit von fünf Jahren die Kontrolle.
Grenzstreitigkeiten	14. Dez.	Verschärfung der langen *Grenzstreitigkeiten* mit Obervolta (seit 1984 Burkina Faso) (wegen eines Gebiets mit Rohstoffvorkommen); trotz Einsetzung einer Grenzkommission (30. Dez.) unter Vermittlung afrikanischer Staatschefs neue Konflikte, die mit der Erklärung von Conakry (Guinea) vorerst beigelegt werden (10. Juli 1975).
	1976	Gründung (22. Sept.) der Einheitspartei Union Démocratique du Peuple Malien (UDPM).
	1979	Nach dem ersten UDPM-Kongress (27.–31. März) erfolgt die Wahl Traorés zum Präsidenten (19. Juni).
	1983	Am 10. Okt. tagt erstmals der große Koordinationsausschuss Guinea-Mali (Ziel: Wiederherstellung des alten Mali-Reiches).
Westafrikanische Währungsunion	1984	Am 17. Febr. Wiedereintritt in die *Westafrikanische Währungsunion*.
	1985 Dez.	Im Grenzgebiet Mali – Burkina Faso kommt es im umstrittenen Agacher-Streifen zu einem *Grenzkrieg*; am 29. Dez. wird ein Waffenstillstand ausgehandelt.
Grenzkrieg Mali – Burkina Faso	1986	Einigung zwischen Mali und Burkina Faso auf Rückzug (Jan.). Mamadou Dembélé wird Premierminister (6. Juni). Entscheidung des Internationalen Gerichtshofes (IGH) über den Agacher-Streifen, die von Mali und Burkina Faso akzeptiert wird.
	1988	Parlamentswahlen, die UDPM erhält 98,5%, etwa die Hälfte der Abgeordneten wechselt.
Militärrevolte	1991 26. März	Staatschef Moussa Traoré wird durch eine *Militärrevolte* gestürzt und unter Arrest gestellt. Ein Nationaler Versöhnungsrat unter dem Oberstleutnant Amadou Toumani Touré (*1948) übernimmt die Macht und setzt die Verfassung von 1974 außer Kraft.
	15. Juli	Ein Putschversuch von Anhängern Traorés scheitert.
	9. Aug.	Der Entwurf einer an demokratischen Prinzipien orientierten Verfassung wird angenommen. Im Referendum am 12. Jan. 1992 stimmen 98,4% der Wähler der Verfassung zu.
Konaré Staatspräsident	1992 26. April	Bei der Präsidentschaftswahl wird der Historiker Alpha Oumar *Konaré* (*1946) mit 69% der Stimmen zum ersten demokratisch legitimierten *Staatspräsidenten* der Republik Mali gewählt. Er beruft Younoussi Touré zum Premierminister (8. Juni).
	1993 9. April	Nach Unruhen in Bamako tritt die Regierung Touré zurück. Staatspräsident Konaré ernennt den parteilosen Verteidigungsminister Abdoulaye Sékou Sow zum neuen Premierminister (12. April).
	1994 4. Febr.	Der bisherige Außenminister Ibrahim Boubacar Keita wird nach dem Rücktritt von Sékou Sow (2. Febr.) neuer Regierungschef.
	1997	Staatspräsident Konaré wird mit 84% der Stimmen im Amt bestätigt (11. Mai).
	1998 Dez.	Nach mehreren Zusammenstößen bewaffneter Banden im Grenzgebiet zum Senegal einigen sich Mali und Senegal auf ein gemeinsames Sicherheitskonzept.
	1999 12. Jan.	Der frühere Präsident Moussa Traoré wird wegen Veruntreuung staatlicher Mittel zum Tode verurteilt. Das gleiche Urteil ergeht gegen seine Frau und seinen Schwager. Durch Gnadenakt des Präsidenten Konaré werden die Urteile am 22. Sept. in lebenslange Haft umgewandelt.
	2000 14. Febr.	Rücktritt von Ministerpräsident Keita, dem die schlechte wirtschaftliche Lage des Landes angelastet wird. Als Nachfolger wird Mande Sibibe vereidigt (22. Febr.).
	2001 1. Juli	Der ehemalige Ministerpräsident Keita gründet mit 30 Abgeordneten, die er von der regierenden Alliance pour la Démocratie au Mali (ADEMA) abgeworben hat, den Rassemblement pour le Mali (RPLM) als neue Partei.
Amadou Toumani Touré	2002	*Amadou Toumani Touré* gewinnt die Präsidentschaftswahlen (Mai).

Burkina Faso (Obervolta) seit 1945
(Forts. v. S. 1156)

| | 1945 | Gründung politischer Organisationen der Mossi (Ziel: Wiederherstellung Obervoltas), aus denen die Union Voltaique (UV) entsteht. |
| *eigenständiges Territorium* | 1947 4. Sept. | Obervolta wird wieder *eigenständiges Territorium*; die seit 1919 von der Elfenbeinküste verwalteten Kreise Bobodiulasso und Wagadugu kommen zurück. |

1948 30. März	Nachwahl zum Landesparlament: Gegen drei Sitze der Obervolta-Sektion des interterritorialen Rassemblement Démocratique Africain (RDA) gewinnt die UV 13 Sitze.	
1952 30. März	Die UV gewinnt die Wahlen zum Landesparlament mit 77,5% der Sitze, doch kommt es aufgrund von Spannungen zwischen Chefferie (eingesetzte „traditionelle" Herrscher) und Angehörigen der westlich gebildeten Elite zu Abspaltungen von der UV, so der Chefferie unter dem Moru Naba der Mossi und (1954) des Mouvement Populaire de la Révolution Africaine (MPA) unter Nazi Boni (*1912, †1969).	
1956 Sept.	Die Rest-UV unter dem Mossi Joseph Conombo (*1917) schließt sich mit der RDA-Sektion zur Parti Démocratique Unifié (PDU, Ehrenpräsident: der Moru Naba) zusammen.	
1957 31. März	In den *Wahlen zum Landesparlament* gewinnt die PDU mit teilweiser Unterstützung der Chefferie 47% der Sitze gegen das Mouvement Démocratique Voltaique (MDV, 34% der Sitze) unter Michel Dorange und Gérard K. Ouédraogo (*1925).	Wahlen zum Landesparlament
18. Mai	Der nach Obervolta zurückgekehrte Elfenbeinküste-Abgeordnete des französischen Parlaments, Ouezzin *Coulibaly* (*1909, †1958), wird *Regierungschef* einer in enger Konsultation mit Félix Houphouët-Boigny (Führer der Elfenbeinküste) aufgestellten PDU/MDV-Koalitionsregierung.	Regierungschef Coulibaly
12. Sept.	J. Conombo mit seinen Chefferie-Anhängern sowie die MDV treten aus der Regierung aus und schließen sich mit der MPA (Nazi Boni) zur Groupe de Solidarité Voltaique (GSV) zusammen; die daraus resultierende Regierungskrise wird durch Rückkehr einiger MDV-Mitglieder (u. a. M. Yaméogo) ins Regierungslager behoben (7. Dez.).	
1958	*Tod von Coulibaly*; die versuchte Machtübernahme des Moru Naba verhindern französische Truppen (7. Sept.).	Tod von Coulibaly
21. Okt.	Nach Annahme des Referendums über die neuen französischen Verfassungsvorschläge (28. Sept.) wird der Mossi Maurice Yaméogo (*1921, †1993) Regierungschef einer Koalitionsregierung aus PDU/RDA und PRA (Parti du Regroupement Africain, im März 1958 von der GSV abgespalten).	
11. Dez.	Obervolta wird *autonome Republik* innerhalb der Französischen Communauté.	autonome Republik
1959 28. Jan.	Das Parlament stimmt der Verfassung der geplanten Maliföderation (mit Senegal, Soudan, Dahomey) zu; zugleich weit reichende Machtbefugnisse für Yaméogo, der Obervoltas Beteiligung an der Maliföderation zurückzieht (Druck der Chefferie und des katholischen Klerus) und eine antiföderalistische Verfassung durchsetzt (28. Febr.).	
19. April	Bei manipulierten Wahlen gewinnt die PDU/RDA 83%, die PRA 17% der Sitze; Föderationsbefürworter und andere Opponenten gründen eine Partei unter Nazi Boni, die sofort zwangsaufgelöst wird (4. Okt.).	
1960 Juni	Nach der Verhaftung von führenden Oppositionellen und Nazi Bonis Flucht ins Exil wird die PDU/RDA als Union Démocratique Voltaique (UDV) zur Einheitspartei.	
5. Aug.	*Unabhängigkeit* Obervoltas. Yaméogo wird Präsident (8. Dez.).	Unabhängigkeit
1962 Febr.	Festsetzung der Vorherrschaft der Partei gegenüber den Staatsorganen; sie wird zunehmend Machtinstrument Yaméogos und einer kleinen Gruppe, die sich nach dem Rückzug bzw. Parteiausschluss zahlreicher Politiker stärker auf die Chefferie (vornehmlich der Mossi) stützt: Diese kann sich neue ökonomische Machtpositionen aufbauen.	
1966 3. Jan.	Während eines Generalstreiks ergreift der Armee-Stabschef Oberst Sangoulé Lamizana (*1916) die Macht, das Parlament wird durch ein Konsultativ-Komitee (zehn Militärs, 31 Zivilisten) ersetzt, ein neues Kabinett (sieben Militärs, fünf Zivilisten) eingesetzt und ein Verbot politischer Betätigung erlassen (16. Dez.).	
1968/1969	*Innenpolitische Entspannung*: Anerkennung des Mossi Moro Naba, Zulassung von Parteien.	innenpolitische Entspannung
1970 14. Juni	Neue Verfassung in einem Referendum angenommen: Mischform Militär – Zivilregierung, in einer vierjährigen *Übergangsperiode* stellen die Militärs ein Drittel der Minister und den Staatspräsidenten.	Übergangsperiode
20. Dez.	Wahlen: UDV/RDA 65%, PRA 21% der Sitze; Gérard Ouédraogo wird Premier (13. Februar 1971) einer Koalitionsregierung (acht UDV-, zwei PRA-Minister, fünf Offiziere).	
1973	Nach Streikunruhen Kraftprobe zwischen dem Premier und dem Parlamentspräsidenten Joseph Ouédraogo.	
1974 8. Febr.	Premier Ouédraogo scheitert im Parlament (30. Jan.) und wird von der UDV/RDA abgesetzt; General Lamizana übernimmt wieder die vollen Machtbefugnisse, mit der Auflösung des Parlaments ist das Experiment „Militär und Parlament" zu Ende.	
30. Mai	Abschaffung der Parteien und Bildung des Mouvement pour le Renouveau (2. Juli) als Basis für eine Einheitspartei im Zuge einer grundlegenden politischen und administrativen Reorganisation mit Aufteilung des Landes in Départements unter Militärpräfekten und (5. Juli) der Bildung eines Konsultativrates (zwölf Militärs von 65 Mitgliedern).	

Grenz-streitigkeiten mit Mali	14. Dez.	Verschärfung der lange schwelenden *Grenzstreitigkeiten mit Mali* über ein Gebiet im Norden (Mangan-, Eisen- und Titanvorkommen). Trotz Einsetzung einer Grenzkommission unter Vermittlung einiger afrikanischer Staatschefs (30. Dez.) kommt es zu neuen Konflikten, die in der Erklärung von Conakry beigelegt werden (10. Juli 1975).
	1975 Dez.	Politische Wende während eines Generalstreiks der zur wichtigsten politischen Kraft gewordenen Gewerkschaften: Einleitung von Gesprächen über die Rückkehr zur Zivilregierung, der Gewerkschaftsführer Zoumana Traoré wird Mitglied des Kabinetts (9. Febr. 1976).
	1976 Nov.	Lamizana akzeptiert den neuen Verfassungsentwurf (Rückzug des Militärs, Begrenzung auf drei Parteien).
Regierung Lamizana	1977 Jan.	*Lamizana bildet* eine *Regierung* der nationalen Einheit (vier Militärs und elf Parteienvertreter von 20 Ministern) und lässt Parteien wieder offiziell zu (1. Okt.).
	1978 30. April	Nach Annahme der Verfassung (Referendum 27. Nov. 1977) gewinnt in den Wahlen die UDV/RDA 49% der Sitze und bildet nach der Wahl Lamizanas zum Präsidenten (28. Mai) nach zwölf Jahren wieder eine Zivilregierung unter Premier Joseph Conombo (17. Juli).
	1979 5. Nov.	Zulassung von nur noch drei Parteien (28. Mai), die PRA muss sich auflösen. Bildung der Front Progressiste Voltaique (FPV) unter Joseph Ki-Zerbo und einigen UDV/RDA-Dissidenten unter Joseph Ouédraogo.
Staatsstreich	1982	Nach *Staatsstreich* durch Unteroffiziere führt Jean Baptiste Ouédraogo (*1942) mit Thomas Sankara (*1943, †1987) die Staatsgeschäfte (Nov.).
	1983 5. Aug.	Verhaftung von Premierminister Sankara (Mai). Sturz des Regimes Ouédraogo durch Fallschirmjäger; *neuer Staatspräsident* wird *Sankara*.
Landesname Burkina Faso	1984	Sankaras Dekret ändert den *Landesnamen* in *Burkina Faso* (4. Aug.).
	1985	Sankara bildet Regierung neu (31. Aug.). Im Dez. Grenzkrieg mit Mali um den umstrittenen Agacher-Streifen; am 29. Dez. wird Waffenstillstand ausgehandelt.
	1986	Mali akzeptiert die Entscheidung des Internationalen Gerichtshofs um den Agacher-Streifen.
	1987 15. Okt.	Bei einem Putsch wird Präsident Sankara gestürzt und getötet, sein Stellvertreter Blaise Compaoré (*1951) wird Staatschef; neue Regierung unter der „Volksfront".
	1989	Zwei Putschversuche gegen Compaoré am 19. Sept. und 25. Dez. scheitern.
Ausarbeitung einer Verfassung Parlaments-wahlen	1990 März	Auf dem ersten Kongress der regierenden Volksfront wird die *Ausarbeitung einer Verfassung* beschlossen, ein Demokratisierungsprozess soll eingeleitet werden.
	1991	Präsidentschaftswahl: Blaise Compaoré wird im Amt bestätigt (1. Dez.).
	1992 24. Mai	Bei den erstmals seit 1978 im Rahmen eines Mehrparteiensystems ausgetragenen *Parlamentswahlen* gewinnt die 1989 gegründete Regierungspartei „Organisation für die Volksdemokratie/Arbeiterbewegung" (ODP/MT) 78 der 107 Abgeordnetenmandate.
	16. Juni	Staatspräsident Compaoré beruft den früheren Minister Youssouf Ouédraogo zum neuen Ministerpräsidenten, der auch Oppositionsmitglieder in sein Kabinett aufnimmt.
Premierminister Ouédraogo	1996 6. Febr.	Kadré Désiré *Ouédraogo*, bislang Vizepräsident der Zentralbank der Staaten Westafrikas, wird nach dem Rücktritt von Roch Marc Christian Kaboré (Regierungschef seit 20. März 1994) neuer *Premierminister*.
	1997 11. Mai	Bei Parlamentswahlen gewinnt die Regierungspartei Congrès pour la démocratie et le progrès (CDP). Sie stellt 101 der 110 Abgeordneten.
Privatisierung		Mit der unter Mithilfe der Weltbank in Angriff genommenen *Privatisierung* von weiteren 13 Staatsbetrieben tritt die seit Ende der achtziger Jahre andauernde Liberalisierung der Wirtschaft in eine neue Phase.
	1998 15. Nov.	Blaise Compaoré wird als Staatspräsident wiedergewählt. Er gibt am 11. Jan. 1999 das Amt des Regierungschefs, das er seit 6. Juli 1997 zusätzlich innehatte, an Kadré Désiré Ouédraogo ab.
	2000	Rücktritt des Kabinetts Ouédraogo. Neuer Ministerpräsident wird Paramanga Ernest Yonli (6. Nov.).
	2001 30. März	Präsident Compaoré bringt am „Nationalen Tag des Verzeihens" sein Bedauern über die von den Staatsorganen begangenen Menschenrechtsverletzungen zum Ausdruck.

Niger seit 1946

(Forts. v. S. 1156)

1946 17. Juni	Gründung der Parti Progressiste Nigérien (PPN), die sich als Sektion des interterritorialen Rassemblement Démocratique Africain (RDA) konstituiert (Okt.); ihre Führer Hamani Diori ([*1916, †1989] Djerma), Boubou Hama ([*1906] Songrai) und Djibo Bakary (*1922) sind führende Gewerkschafter.

1952 30. Febr.	Die von der Kolonialverwaltung unterstützte Union des Nigériens Indépendants et Sympathisants (UNIS) entscheidet die *Wahlen zum Landesparlament* für sich, verliert aber nach Abspaltung der Union Progressiste Nigérienne (UPN, 1953) und des Bloc Nigérien d'Action (BNA) unter Georges Condat (*1924) an Bedeutung.	*Wahlen zum Landesparlament*
1957 31. März	*Bakary*, Führer der 1950 von der PPN abgespaltenen Sawaba, gewinnt bei Wahlen zum Landesparlament 68% der Sitze gegen 32% der PPN und wird *erster Regierungschef* (20. Mai), gestützt vornehmlich auf Hausa (ca. 50% der Bevölkerung) und sozial benachteiligte Schichten des Ostens; er plädiert für die sofortige Unabhängigkeit.	*Bakary erster Regierungschef*
1958 28. Sept.	Massive Gegenmaßnahmen der Kolonialverwaltung (u.a. Entzug eines Teils der Regierungsbefugnisse) führen im Gegensatz zu Bakarys Politik zur Annahme des Referendums über die französischen Verfassungsvorschläge (78,4% Zustimmung bei 37,4% Wahlbeteiligung).	
20. Okt.	Nach dem Fehlschlagen eines von Bakary ausgerufenen Generalstreiks (9. Okt.) Massenaustritte aus der Sawaba und Rücktritt Bakarys.	
14. Dez.	Bei Neuwahlen kann die durch ehemalige Sawaba-Mitglieder gestärkte und ihrerseits nun von Kolonialverwaltung und Chefferie unterstützte PPN (1958–1960: Union pour la Communauté Franco-Africaine) 82% der Sitze gewinnen (Sawaba 18%). Hamani Diori wird Premier, Niger *autonome Republik* innerhalb der Französischen Communauté (18. Dez.).	*autonome Republik*
1959 7. April	Beitritt zum Rat der Entente (mit Obervolta, Dahomey, Elfenbeinküste); das völlig von ausländischer Hilfe abhängige Niger lehnt sich an die Elfenbeinküste und Frankreich an.	
30. April	Gestützt auf Sondervollmachten (22. Jan. 1959) betreibt Diori die Ausschaltung der Opposition; den Abgeordneten der Sawaba wird das Mandat entzogen, diese schließlich verboten (18. Okt.), ihre Mitglieder werden verfolgt (Expremier Bakary geht 1960 ins Exil).	
1960 3. Aug.	*Unabhängigkeit* Nigers; nach Annahme einer neuen Verfassung wird Diori Präsident (9. Nov.), jedem Minister steht ein *französischer Berater* zur Seite; auch die wirtschaftliche Abhängigkeit von Frankreich bleibt groß; die Völker der Hausa, Ful, Kanuri und Tuareg bleiben von den Schlüsselpositionen ebenso wie ehemalige Sawaba-Mitglieder ausgeschlossen; die Regierung stützt sich wesentlich auf Djerma und Songrai (ca. 20% der Bevölkerung), die das Politbüro (unveränderte Zusammensetzung 1956–1974) beherrschen.	*Unabhängigkeit französische Berater*
1965 21. Okt.	*Wahlen* (Einheitsliste der PPN) bringen eine Öffnung des Parlaments für die junge Elite, doch bleibt die alte Führungsgarde (Diori, Parteipräsident Boubou Hama, Erster Vizepräsident Diamballa Maiga [*1910]) unangefochten an der Macht.	*Wahlen*
1972/1973	*Saheldürre*: Massenwanderung nach Süden, Vernichtung von 80% des Viehbestandes.	*Saheldürre*
1974 15. April	*Armeeputsch*: Ein Oberster Militärrat unter Seyni Kountché (*1931, †1987) übernimmt die Macht; das Militärregime stützt sich mangels qualifizierten Personals in der Verwaltung auf dieselben Schichten wie das alte Regime.	*Armeeputsch*
1975 2. Aug.	Verhaftung des zurückgekehrten Sawaba-Führers Bakary; der mit ihm kooperierende zweite Mann der Junta, Sani Souna Sido (†1977), wird ausgeschaltet.	
1976	Nach Einbeziehung von Zivilisten ins Kabinett (Febr.) Putschversuch von Militärs (14. März).	
1980	Haftentlassung von Expräsident Diori (15. April).	
1983 5. Nov.	Von Libyen beeinflusster Staatsstreich misslingt (5. Okt.). Hamid Algabid (*1941) wird Ministerpräsident.	
1984	Kabinettsumbildung (27. Aug.) zu besserer Bewältigung von Wirtschaftsproblemen.	
1987	Tod von Präsident Kountché (10. Nov.), Nachfolger wird Ali Saibou (*1940).	
1988	Bildung eines Gremiums, das eine Verfassung vorbereiten soll (6. Jan.).	
1989	Am 15.–18. Mai Gründungskongress der Einheitspartei Mouvement National de la Société de Développement (MNSD) in Niamey. Neue Verfassung von Volksabstimmung gebilligt (24. Sept.), Saibou wird im Amt bestätigt (10. Dez.).	
1990	*Massaker an Tuareg-Nomaden* bei „Strafexpedition" der Armee Nigers (7. Mai).	*Tuareg-Nomaden*
1992 26. Dez.	Nach der beschränkten Zulassung von Parteien (1991) stimmen 90% der Bevölkerung in einem Referendum für eine demokratische Verfassung.	
1993 27. Febr./ 27. März	Der Sozialdemokrat Mahamane Ousmane (*1950) wird zum ersten *demokratisch legitimierten Staatspräsidenten* der Republik Niger gewählt. Er ernennt Mahamadou Issoufou zum neuen Premierminister (17. April).	*Präsidentenwahl*
1995 24. April	Unterzeichnung eines *Friedensabkommens* mit den seit 1990 aufständischen Tuareg, die Autonomierechte für die Tuareg-Region im Norden des Landes fordern. Eine endgültige Konfliktlösung kann jedoch nicht erreicht werden.	
1996 27. Jan. 11. Juli	Ousmane wird durch einen *Militärputsch* unter Oberst Ibrahim Barre Maïnassara (*1949, †1999) gestürzt. Nach Präsidentschaftswahlen (7.–10. Juli) proklamiert sich Maïnassara zum Wahlsieger.	*Militärputsch*

	1997	Maïnassara ernennt Außenminister Ibrahim Assane Mayaki zum Premierminister (4. Dez.).
Maïnassara	1998
2. Jan.	Verhaftung des ehemaligen Regierungschefs Hama Amadou wegen eines angeblich geplanten Putschversuchs.
	1999
9. April	Präsident Ibrahim Barre *Maïnassara* wird von der Präsidentengarde auf dem Flugplatz der Hauptstadt Niamey erschossen. Ein „Nationaler Versöhnungsrat" aus Militärs übernimmt die Macht. Der zunächst suspendierte Ministerpräsident Mayaki wird per Dekret wieder in sein Amt eingesetzt.
	24. Nov.	Bei den Präsidentschaftswahlen setzt sich der Kandidat der früheren Einheitspartei MNSD, Mamadou Tandja (* 1938) durch. Mit seiner Vereidigung (22. Dez.) *endet* die fast vierjährige *Herrschaft der Militärs* in Niger. Der neue Präsident ernennt Hama Amadou zum Ministerpräsidenten (31. Dez.)
Ende der Militärherrschaft anhaltende Dürre	2001
Mai	Die seit Dez. 2000 *anhaltende Dürre* führt zu gravierenden Engpässen in der Nahrungsmittelversorgung.

Zentralafrika seit 1945

Tchad seit 1947
(Forts. v. S. 1162)

Wahlen zur Landeslegislative	1947
Jan.	Die *Wahlen zur Landeslegislative* gewinnt die von der Chefferie (eingesetzte „traditionelle" Herrscher) dominierte Union Démocratique Tchadienne (UDT). Die unter Jean-Pierre Toura Gaba und François Tombalbaye (*1918, †1975) (beide Vertreter der kleinen, westlich gebildeten Elite der Sara im Süden) zur Tchad-Sektion des interterritorialen Rassemblement Démocratique Africain (RDA) umorganisierte Parti Progressiste Tchadien (PPT, Gründer: G. Lisette) wird von der Kolonialverwaltung zu Gunsten der UDT bekämpft.
	1952	Die UDT gewinnt trotz Abspaltungen die Wahlen zum Landesparlament klar.
	1957
31. März	Aufgrund des verstärkten Gewichts des Südens (Wahlrechtserweiterung 1956) kann das PPT-Bündnis 72% der Sitze bei den Wahlen zum Landesparlament gewinnen (PPT allein jedoch nur 49%), Gabriel Lisette (*1919) wird erster Regierungschef (15. Mai).
autonome Republik	1958
28. Nov.	Nach einem Referendum über die französischen Verfassungsvorschläge (28. Sept.) wird Tchad *autonome Republik* innerhalb der Französischen Communauté.
	1959
27. März	Nach Zerbrechen des Regierungsbündnisses kann erst François Tombalbaye (PPT) eine stabile Regierung mit dem von vielen Moslems abgelehnten Gabriel Lisette als Stellvertreter bilden.
Unabhängigkeit	1960
11. Aug.	*Unabhängigkeit* Tchads; François Tombalbaye wird Präsident und nach Ausschaltung Lisettes (Rückkehrverbot während einer Auslandsreise) auch Parteipräsident (24. Aug.). Fortsetzung der Politik einer Zurückdrängung der Chefferie und Spaltung der islamischen Führungsschicht des Nordens und Besetzung des Staatsapparates mit PPT-Mitgliedern.
	1962
4. März	Nach Unruhen werden alle Parteien außer der PPT aufgelöst (Jan.); die PPT tritt bei Wahlen als Einheitspartei auf (endgültige Legitimierung des Einparteiensystems 4. Juni 1964); die Zustimmung des Nordens wird mit einem erheblichen Anteil der Chefferie (ca. 42%) an der Abgeordnetenzahl gesichert; Einführung eines Präsidialsystems (12. April) und Ausschaltung prominenter Politiker (u.a. Toura Gaba 1962/1963).
Unruhen	1963	Nach Verhaftung der islamischen Spitzenpolitiker blutige *Unruhen* in Fort Lamy.
	1965
23. Jan.	Die französische Militärverwaltung der BET (Borku/Ennedi/Tibesti)-Region im Norden endet; aufgrund von Übergriffen der vornehmlich aus dem südlichen Gebiet (Sara-Volk) rekrutierten Beamtenschaft bei der Steuereintreibung kommt es zu Unruhen in Bardai/Tibesti (Sept./Okt.), nach denen der geistliche Führer der Tibbu (Tubu) nach Libyen flieht (seine Söhne nehmen nach weiteren Übergriffen der Administration den bewaffneten Kampf auf); blutige Zwischenfälle auch in Magalme im Osten.
Erhebung im Norden und Osten	19. Nov.	Diese Zusammenstöße sowie die Aufdeckung eines Komplottes gegen Tombalbaye (Verhaftung von drei Ministern) sind Auftakt einer generellen *Erhebung im Norden und Osten*.
	1966
23. Juni	Zur Koordination der Erhebung schließen sich die Union Nationale Tchadienne (UNT) und die konservative, sezessionistische Front de Libération du Tchad (FLT) zur Front de Libération Nationale Tchadienne (FROLINA, nach Abspaltung der im östlichen Wadai-Gebiet aktiven FLT 1969: *FROLINAT*) zusammen und intensivieren den bewaffneten Kampf gegen die Regierung vor allem mit algerischer und libyscher Unterstützung.
FROLINAT		

1968	Die Erste Armee im Nord-Osten sowie die Zweite unter Hissène Habré (*1936) im Tibbu-Gebiet spalten sich von der FROLINAT ab. Intensivierung der bewaffneten Aktionen, weit gehender Zusammenbruch von Armee und Verwaltung im Norden und Osten.
Aug.	Einnahme des Aouzou-Militärpostens in Tibesti durch Rebellen; die Regierung holt daraufhin zusätzliche *französische Truppen* ins Land, die die Guerillas (Tibbu, Maba) zurückdrängen.
1971 Aug.	Ein Staatsstreich der FROLINAT scheitert, die Regierung bricht die Beziehungen zu Libyen (wegen angeblicher Verwicklung) ab, das daraufhin die FROLINAT auch offiziell anerkennt.
1972 Juni	Angriff von FROLINAT-Kommandos auf Fort Lamy, folgende Verhaftung von etwa 1000 Personen; wegen innenpolitischer Kritik in Frankreich Teilabzug der französischen Truppen. Daraufhin Annäherung Tchads an Libyen, das stillschweigend die Aouzou-Region (Tibesti; Vertrag von 1935) erhält (Juni 1973) und den FROLINAT-Guerillas die Unterstützung entzieht.
1973 4. Sept.	Umbenennung der PPT in Mouvement National pour la Révolution Culturelle et Sociale (27. Aug.) und Einleitung einer an Zaïre angelehnten „Kulturrevolution" (u.a. Umbenennung Fort Lamys in N'Djamena, Wiedereinführung traditioneller Initiationsriten, die zu blutigen Christenverfolgungen führen).
1974 21. April	Die Geiselnahme von Europäern durch Truppen des von der FROLINAT abgespaltenen Kommandanten Habré in Bardai erregt weltweite Aufmerksamkeit.
1975 13. April	Staatsstreich unter General Noel Odingar. Tod Tombalbayes und Freilassung von General Felix Malloum (*1932), der Chef des Obersten Militärrates wird und eine Regierung (acht Militärs, zehn Zivilisten) bildet (12. Mai).
15. Aug.	Das geistliche Oberhaupt der Tibbu kehrt aus dem Exil zurück.
27. Okt.	Wegen Verhandlungen Frankreichs mit Habré werden die französischen Truppen des Landes verwiesen (Aussöhnung 6. März 1976).
1976	Zusammenstoß von Habré-Truppen mit libyschen Truppen im *Aouzou-Gebiet*; Libyens folgende Unterstützung von Goukouni Queddeye (*1944) (Stellvertreter Habrés und Sohn des geistlichen Oberhaupts der Tibbu) führt zur Entmachtung Habrés (Okt.), der sich mit loyalen Truppen ins Fada-Gebiet zurückzieht.
1978 Febr.	Eroberung von Faya Largeau und Gefangennahme eines Drittels der Tchad-Armee durch Queddeye-Truppen (Zweite Armee), der jetzt stärksten FROLINAT-Gruppierung.
26. Aug.	*Abkommen Malloums mit Habré*, der Premier wird; der Oberste Militärrat wird aufgelöst.
1979 12. Febr.	Ausbruch schwerer *Kämpfe* in N'Djamena zwischen Malloum- und Habré-Truppen, die durch einen Waffenstillstand (19. Febr.) vorerst beendet werden.
23. März	Entsprechend dem Kano-Abkommen (16. März) Rücktritt Malloums und Habrés; nigerianische Truppen überwachen den vereinbarten, aber von Habré und Queddeye nicht völlig eingehaltenen Truppenrückzug aus N'Djamena; Malloum erhält Asyl in Nigeria (2. April).
24. April	Oberst Lul Mohammed Shawwa (*1940), Führer der Dritten FROLINAT-Armee, wird Staats- und Regierungschef; Queddeye (Innenminister) und Habré (Verteidigungsminister) gehören dem Kabinett an.
28. Aug.	Nach Abzug der Nigeria-Truppen (5. Juni) und Ausbruch heftiger Kämpfe zwischen rivalisierenden Fraktionen innerhalb der Interimsregierung (11. Juni) wird entsprechend dem Lagos-Abkommen (vierte in Nigeria stattfindende Aussöhnungskonferenz, 20.–21. Aug.) Queddeye Staatspräsident und der aus dem Süden stammende Abdelkader Kamougue (*1939) als Führer der Forces Armées Tchadiennes sein Stellvertreter.
10. Nov.	Übergangsregierung der Nationalen Einheit unter Queddeye, Kamougue (Vizepräsident), Habré (Verteidigung) und Einbeziehung von elf politischen Gruppierungen.
1980	Nach Vereinigung der Queddeye- und Abba-Truppen (März) heftige Kämpfe gegen Habré.
1981 Nov.	*Intervention von* ca. 4000 *libyschen Soldaten* im Tchad zugunsten Queddeyes (Jan.). Queddeye fordert Abzug der nun auf 10000 Mann geschätzten libyschen Truppen.
1982	Zu Jahresbeginn Einsetzung einer *OAU-Friedenstruppe* (aus Nigeria, Zaïre, Senegal).
7. Juni	Habrés Truppen erobern N'Djamena. Queddeye setzt sich nach Algerien ab.
1983	Eine Offensive von Queddeye-Truppen endet mit einem militärischen Patt. Französische und zaïrische Truppen bilden am 15. Breitengrad einen „Cordon sanitaire".
1984	Frankreich und Libyen vereinbaren Abzug ihrer Truppen (ab 25. Sept.).
1985 1. April	Erfolgloser Vermittlungsversuch von Präsident Traoré (Mali) bei Treffen Habrés mit Queddeye in Bamako. Bildung eines Obersten Revolutionsrates unter Queddeye (Aug.).
1986 14. Febr.	Gefechte um den von Libyen beanspruchten Aouzou-Streifen, Habré bittet Frankreich um militärische Hilfe. Kämpfe zwischen Regierungstruppen und Einheiten Queddeyes (März). Im Dez. libysche Offensive im Nord-Westen.

Marginalia: *französische Truppen*; *„Kulturrevolution"*; *Aouzou-Gebiet*; *Abkommen Malloum – Habré Kämpfe*; *Intervention Libyens*; *OAU-Friedenstruppe*

	1988	*Friedensangebot Libyens* an Tchad, Wiederaufnahme der diplomatischen Beziehungen.
Friedens-angebot Libyens	1989	Annahme einer neuen Verfassung (10. Dez.) und Wiederwahl Habrés.
Gipfeltreffen Habré – Gaddafi	1990 Dez.	Gefechte an sudanesischer Grenze (April). *Gipfeltreffen Habrés mit Moamer al-Gaddafi* (libyscher Staatschef), Aouzou-Konflikt wird dem Internationalen Gerichtshof übergeben (Aug.). Armeeaufstand: Einnahme der Hauptstadt N'Djamena durch Rebellen unter Idriss Déby (*1952), Flucht Habrés. Déby wird zum Staatsoberhaupt gewählt.
Übergangs-verfassung	1991 4. März	Idriss Déby wird als Staatspräsident eingesetzt. Er beruft Jean Bawoyen Alingue zum Premierminister. Eine *Übergangsverfassung* wird verabschiedet.
	1993 15. Jan.	Beginn einer Nationalen Konferenz mit Vertretern aus Regierung, Provinzparlamenten und Opposition, die eine Verfassung erarbeiten und die Demokratisierung einleiten soll.
ethnische Konflikte		*Anhaltende ethnische Konflikte,* Aufstände von verschiedenen Milizen und Rebellengruppen sowie Differenzen zwischen den Parteien behindern Befriedung und Demokratisierung des Landes.
	1994 3. Febr.	Der Internationale Gerichtshof in Den Haag spricht den von Libyen besetzten Aouzou-Streifen dem Tchad zu. Libyen zieht daraufhin seine Truppen ab.
Koibla Premierminister	1995 10. April	Djimasta *Koibla* wird nach dem Rücktritt von Kassiré Delwa Koumakoye (Regierungschef seit 6. Nov. 1993) neuer *Premierminister.*
	1996 31. März	In einem Referendum billigt die Bevölkerung mit 61,5% der Stimmen ein neues Grundgesetz. Staatspräsident Déby wird im Amt bestätigt (2. Juni/3. Juli).
	1997 5. Jan./ 23. Febr.	Bei den Parlamentswahlen erhält die Partei von Präsident Déby, der Mouvement Patriotique du Salut (MPS), 44% der Stimmen. Neuer Ministerpräsident wird Nassour Ouado (vereidigt 16. Mai).
	1997 9. März	Präsident Déby gibt erstmals zu, dass sich seine Armee im Kampf mit einer Rebellenorganisation im Norden des Landes (Bewegung für Demokratie und Gerechtigkeit/MDJT) befindet.
	Mai	Der Tchad zieht seine in die DR Kongo zur Unterstützung der Regierungsarmee entsandten Soldaten zurück.
	13. Dez.	An Stelle des zurückgetretenen Nassour Ouado wird Nagoum Jamassoum neuer Regierungschef.
Hinrichtung von 32 Militärs	2000	*Hinrichtung von 32 Militärs* wegen eines angeblichen Putschversuches (Jan.).
	2001	Wiederwahl des Präsidenten Déby (20. März).

Zentralafrikanische Republik seit 1947
(Forts. v. S. 1162)

	1947	Gegen die den Sozialisten zuneigende Amicale Oubanguienne unter Jean Pierre Songo-Mali wird vom katholischen Klerus der aus Lobaye stammende Barthélémy *Boganda* (*1910, †1959) *gefördert,* dessen Anhänger nach der Wahl zur Landeslegislative (Generalrat) die afrikanische Fraktion weit gehend bestimmen.
Aufstieg Bogandas		Boganda wird zu einer charismatischen Symbolfigur des Kampfes gegen die Unterdrückung, sein Ansehen wächst mit zunehmender Verfolgung durch die Kolonialverwaltung.
	1949	Boganda gründet das Mouvement d'Évolution Sociale de l'Afrique Noire (MESAN): breite Anhängerschaft in der Bauernbevölkerung.
	1957 31. März	Nach Bogandas Wahl zum Bürgermeister von Bangui (Nov. 1956) gewinnt die MESAN in den Wahlen zum Landesparlament sämtliche Sitze.
	14. Mai	Erster Regierungschef wird Abel Goumba (*1927), da Boganda eine Regierungsübernahme unter dem Kolonialsystem ablehnt.
	Juni	Boganda übernimmt die Präsidentschaft im Großen Rat der Föderation Französisch-Äquatorialafrika und propagiert nachhaltig die Bildung einer Föderation der Vereinigten Staaten von Lateinafrika mit der derzeitigen Föderation als Keimzelle.
Autonomie	1958 1. Dez.	Nach einem Referendum über die französischen Verfassungsvorschläge (28. Sept.) wird die Zentralafrikanische Republik (Zentralafrika für das bisherige Französisch-Äquatorialafrika) innerhalb der Französischen Communauté für *autonom* erklärt; Barthélémy Boganda wird neuer Premier.
Tod Bogandas	1959 29. März	Bei der Vorbereitung der nächsten Wahl *kommt Boganda* bei einem (bis heute ungeklärten) Flugzeugabsturz *ums Leben*; das völlig auf ihn ausgerichtete und von ihm geprägte System gerät in eine tiefe Krise.

26. April	Die MESAN gewinnt alle Parlamentssitze (Manipulation gegen Oppositionsparteien).	
30. April	Ein Neffe Bogandas, David Dacko (*1930), kann sich im Kampf um die Führung mit Hilfe zahlreicher Franzosen als neuer Premier gegen den von der MESAN unterstützten amtierenden Regierungschef Goumba durchsetzen.	
1960	Abel Goumba gründet mit einem Viertel der Abgeordneten das Mouvement d'Évolution Démocratique de l'Afrique Central (MEDAC). David Dacko lässt sich zum MESAN-Präsidenten wählen (Juli, in Abwesenheit des bisherigen Amtsinhabers).	
13. Aug.	Die Zentralafrikanische Republik erhält die *Unabhängigkeit*. Dacko übernimmt – zunächst provisorisch – die Funktion des Staatspräsidenten; Verbot der MEDAC (23. Dez.).	*Unabhängigkeit*
1962/1963	Die MESAN wird zur Einheitspartei mit obligatorischer Mitgliedschaft.	
1964 30. März	Nach offensichtlich manipulierten Wahlen (15. März) wird die MESAN zur höchsten Instanz im Staat erklärt.	
1966 1. Jan.	Der Armeechef Oberst Jean-Bedel *Bokassa* (*1921, †1996), Neffe Bogandas, übernimmt in einem *Staatsstreich* die Macht; Dacko wird unter Hausarrest gestellt.	*Staatsstreich Bokassas*
1967 Nov.	Bokassa (inzwischen auch Partei- und Gewerkschaftsführer) sichert seine Macht durch französische Truppen und Ausschaltung bzw. Ermordung zahlreicher Gegner.	
1972 März	*Bokassa* wird Präsident auf Lebenszeit. Sein *Regime* ist durch abrupte, in der Regel von der Suche nach neuen Geldquellen motivierte außenpolitische Kurswechsel, eine permanente Umbesetzung des Kabinetts und durch *grausame Exzesse* gekennzeichnet. Außerhalb der Gewerkschaften und der Armee gibt es wenig organisierte Auflehnung, da sich eine zahlenmäßig bedeutsame Elite kaum hat herausbilden können.	*grausame Exzesse*
1976 5. Sept.	Ange Patasse (*1937) wird Premier als Nachfolger von Elisabeth Domitien, der ersten Premierministerin Afrikas (2. Jan. 1975–4. April 1976).	
1977	*Krönung Bokassas zum Kaiser* des Zentralafrikanischen Kaiserreiches (4. Dez.).	*Kaiserkrönung Bokassas*
1978	Henri Maidou wird neuer Premierminister (18. Juli).	
1979 Jan.	Heftige Schüler- und Studentenunruhen werden mit Hilfe von Zaïre-Truppen niedergeschlagen; Berichte von der Ermordung zahlreicher Jugendlicher in den Gefängnissen (Bokassa wird Mitbeteiligung vorgeworfen) führen zu weltweiter Aufmerksamkeit.	
21. Sept.	Expräsident David Dacko (seit einiger Zeit enger Berater Bokassas) übernimmt mit Hilfe französischer Truppen die Macht während einer Libyenreise Bokassas, Henri Maidou wird Vizepräsident, Bernard Ayando Premierminister (24. Sept.) der Zentralafrikanischen Republik, politische Parteien werden wieder zugelassen (27. Okt.).	
1981	David Dacko gewinnt die Präsidentschaftswahlen (Ende Jan.) mit 50,2 % der abgegebenen Stimmen.	
1. Sept.	*Unblutiger Putsch* unter General André Kolingba mit Zustimmung Frankreichs. Das Kabinett ersetzt ein „Militärausschuss für Nationalen Wiederaufbau".	*Kolingbas Putsch*
1984	Kolingba verkleinert den Militärausschuss und beruft acht zivile Hochkommissare (23. Jan.).	
1986	Rückkehr und *Verhaftung Bokassas* (23. Okt.), gegen den ein Prozess beginnt, ein älteres Todesurteil wird aufgehoben. Kolingba im Amt bestätigt, neue Verfassung.	*Verhaftung Bokassas*
1987	Gründung der Einheitspartei Rassemblement Démocratique Centrafricain (RCD), Todesurteil gegen Bokassa (12. Juni). Parlamentswahlen am 31. Juli.	
1988	Das Todesurteil gegen Bokassa wird zu Zwangsarbeit umgewandelt (29. Febr.).	
1989	Wiederaufnahme der diplomatischen Beziehungen zu Israel.	
1991 4. Juli	Aufgrund von Streik- und Protestwellen und internationalem Druck (Frankreich, USA) werden Parteien zugelassen.	
1992 25. Okt.	Infolge von Unruhen werden die Präsidenten- und Parlamentswahlen in der Hauptstadt Bangui abgebrochen. Auf Wunsch von Staatspräsident Kolingba annulliert das Oberste Gericht die Wahl (29. Okt.).	
1993 1. Sept.	Kolingba verkündet eine Generalamnestie für alle straffälligen Bürger. Auch der ehemalige Machthaber Bokassa wird freigelassen.	
22. Aug./ 19. Sept.	Ange *Patasse* gewinnt die Präsidentschaftswahl gegen André Kolingba mit 52,5 % im zweiten Wahlgang.	*Patasse neuer Staatspräsident*
1996 18. April– 30. Mai	Ein Umsturzversuch von Armeeeinheiten gegen Patasse wird mit Hilfe französischer Truppen niedergeschlagen. Nach einem erneuten Aufstand von Teilen der Armee (18. Nov.–8. Dez.) wird ein Waffenstillstandsabkommen geschlossen (8. Dez.).	
1997 30. Jan.	Nach Beendigung der Armeerevolte beruft Patasse den bisherigen Außenminister Michel Gbezera-Bria zum neuen Regierungschef.	
Juni	Es kommt erneut zu Kämpfen mit rebellierenden Armeeeinheiten.	
1998 27. März	Der UN-Sicherheitsrat erteilt das Mandat für eine Friedenstruppe (MINURCA), die die Entwaffnung der Milizen überwachen und Wahlen vorbereiten soll.	

	1999 19. Sept.	Präsident Patasse wird wiedergewählt. Die Wahl wird begleitet von schweren Zusammenstößen zwischen Opposition und Regierungsanhängern.
	2000 22. Nov.	Ende des Mandates der MINURCA-Friedenstruppe (15. Febr.). Rd. 17 000 Staatsangestellte, die seit zwei Jahren kein Gehalt bekommen haben, treten in den Streik. Präsident Patasse hatte den Angestellten im Okt. 10 Mio. US-Dollar aus seiner Privatkasse versprochen, war die Auszahlung jedoch schuldig geblieben. Es kommt zu Kundgebungen und Protestmärschen.
	2001 5. Juni	Meuternde Soldaten greifen die Präsidentenresidenz an (28. Mai). UN-Generalsekretär Kofi Annan schickt den ehemaligen malischen Staatschef Amadou Toumani Touré als Vermittler in die Zentralafrikanische Republik.
	2002 26. Aug.	Der Exdiktator André Kolingba wird wegen Schürens von Revolten in Abwesenheit zum Tod verurteilt. Kolingba war am missglückten Staatsstreich vom Mai 2001 beteiligt und lebt seitdem im Exil in Uganda.

Kamerun seit 1946
(Forts. v. S. 1161, 1161)

	1946	Kamerunmandate bleiben unter UNO-Treuhandschaft bei den bisherigen Mandataren.
Gewerkschaftskräfte	**1948** 10. April	*Gewerkschaftskräfte* formieren sich unter Reuben Um Nyobé (*1913, †1958) und Ernest Ouandie (*1924, †1971) zur Union des Populations Camerounaises (UPC), die zur Kamerun-Sektion des interterritorialen Rassemblement Démocratique Africain (RDA) wird, als einzige politische Gruppierung eine wirkungsvolle Parteiorganisation aufbaut und die Wiedervereinigung Kameruns sowie baldige Unabhängigkeit fordert.
	1952	Wahlen: Die UPC wird von jeglicher parlamentarischer Vertretung ferngehalten (März).
Britisch-Kamerun	**1954**	*Britisch-Kamerun*: Der Südteil des britischen Mandatsgebietes erhält Regionalstatus (eigenes Parlament) innerhalb der Föderation Nigeria, während der Nordteil weiterhin als Teil Nord-Nigerias verwaltet wird.
	1954–1955	Französisch-Kamerun: Die UPC greift im Verbund mit Gewerkschaften zum Mittel des Streiks und fordert die Aufhebung der UNO-Treuhandschaft.
	1955 13. Juli	Nach Revolten (Mai) in Städten des Südens wird die UPC verboten und geht zum Guerillakampf über, der durch massiven Einsatz von Armee und Polizei bekämpft wird.
Wahlen zum Landesparlament	**1956** 23. Dez.	Aus den von der UPC boykottierten *Wahlen zum Landesparlament* geht die Gruppe der Abgeordneten aus dem Norden als stärkste Fraktion hervor, sie wird von Ahmadou Ahidjo (*1924, †1989) zur Union Camerounaise (UC) vereinigt; die Gruppierung der Démocrates Camerounais unter André-Marie Mbida (*1917, †1980) wird zweitgrößte Fraktion.
neues Statut für Kamerun	**1957** 16. April	Nach Billigung durch das Landesparlament wird ein *neues Statut für Kamerun* von der französischen Regierung verkündet (u. a. Recht auf Unabhängigkeit) und dementsprechend vom französischen Hochkommissar ein Premier ernannt; dieses Amt übernimmt André-Marie Mbida (15. Mai) mit einem Koalitionskabinett; die UC-Minister und Vizepremier Ahidjo treten schließlich aus der Regierung aus, ein Misstrauensantrag führt zum Rücktritt Mbidas (Exil 1960).
Premier Ahidjo	**1958** 13. Sept.	Ahmadou *Ahidjo* wird neuer *Premier* (18. Febr.). Nach der Ermordung des populären UPC-Führers R. Um Nyobé durch eine Militärpatrouille endet die Rebellion im Bassa-Gebiet; eine UPC-Gruppe kehrt zur legalen Opposition ins Parlament zurück (12. April 1959), doch intensiviert die von Guinea, Ghana und Ägypten unterstützte Exil-UPC unter Felix Moumié (*1926, †1962) den Guerillakampf vor allem im Bamileke-Gebiet, der bis 1964, teils bis 1970 anhält; Moumié wird vergiftet (1962); ca. 20000 Todesopfer 1955–1970.
innere Autonomie	30. Dez.	Nach einem Referendum über die neuen französischen Verfassungsvorschläge (28. Sept.) erhält Kamerun *innere Autonomie*.
Unabhängigkeit	**1960** 21. Febr.	Beendigung des UNO-Mandats. Kamerun wird *unabhängig* (1. Jan.). Die neue Verfassung wird in einem Referendum (60%) mit Hilfe von Manipulationen angenommen, im Süden jedoch abgelehnt. Der heftige Aufstand vor allem im Bamileke-Gebiet wird durch Einsatz französischer Truppen eingedämmt.
	5. Mai	Ahidjo wird Präsident; Ernennung von Charles Assalé (*1911) zum Premier.
	1961 Febr.	Britisch-Kamerun: In einem Referendum unter UNO-Aufsicht entscheidet sich Süd-Kamerun für einen Anschluss an das unabhängige Kamerun (70,5%), während Nord-Kamerun für einen Verbleib bei Nigeria stimmt (60%).

Okt.	Süd-Kamerun (jetzt West-Kamerun) schließt sich mit dem unabhängigen Kamerun (jetzt Ost-Kamerun) zur *Föderation Kamerun* zusammen; Präsident: Ahidjo (zugleich Präsident Ost-Kameruns), Vizepräsident: der West-Kamerun-Premier John Foncha (*1916, †1999).	*Föderation Kamerun*
1964	Weit Gehende Auflösung der Oppositionsparteien, die seit den Wahlen (26. April) nicht mehr im Bundesparlament vertreten sind (nur noch UC mit 40 und Fonchas Kamerun National Democratic Party [KNDP] mit zehn Sitzen).	
1966 1. Sept.	Fusion von UC und KNDP zur Einheitspartei Union Nationale Camérounaise, mit der Ahidjo eine Zentralisierungspolitik betreibt.	
1969	Beschneidung der bundesstaatlichen Kompetenzen zu Gunsten der Föderation.	
1970 19. Aug.	Verhaftung des letzten Präsidenten der Exil-UPC (Ernest Ouandie) und Bischofs A. Ndangmo als entscheidende Schläge gegen die noch verbleibende Opposition (UPC, Katholischer Klerus); zunehmender polizeistaatlicher Charakter des Regimes.	
1972 2. Juni	Nach Annahme einer neuen Verfassung in einem Referendum (20. Mai) wird die Föderation aufgelöst und die *Vereinigte Republik Kamerun* erklärt.	*Vereinigte Republik Kamerun*
1975 30. Juni	Nach einer Verfassungsänderung (Mai) übernimmt das neue Amt eines Premiers der Ahidjo-Vertraute Paul Biya (*1933).	
1979	Verfassungsänderung (9. Juni): Premier im Notfall Nachfolger des Präsidenten.	
1982	Präsident Ahidjo erklärt seinen Rücktritt; Nachfolger wird *Paul Biya* (6. Nov.).	*Präsident Biya*
1984	Putschversuch der Palastwache durch regierungstreue Truppen vereitelt (6. April).	
1985	Umbenennung der Einheitspartei Kameruns in Rassemblement Démocratique du Peuple Camerounais (RDPC) am 24. März.	
1986	Bei Gasausbruch im Vulkangebiet des Nyos-Sees werden über 1500 Menschen getötet.	
1988 24. April	Präsident Biya mit 98,7% für weitere fünf Jahre gewählt, bei den Parlamentswahlen werden 85% der Abgeordneten der Einheitsliste der RDPC neugewählt.	
1989	Regierungsumbildung (April), Tod des ehemaligen Präsidenten Ahidjo (30. Nov.).	
1991 25. April	Staatspräsident Biya beruft nach regierungsfeindlichen Protesten und Streikaktionen den früheren Finanzminister Sadou Hayatou in das neu geschaffene Amt des Ministerpräsidenten. Die von der Opposition nach dem Vorbild anderer afrikanischer Staaten geforderte Nationale Konferenz zur Demokratisierung des Landes wird nicht einberufen.	
1992 11. Okt.	Mit einem Ergebnis von 39,9% der Stimmen bei der ersten Wahl auf der Grundlage eines Mehrparteiensystems wird Biya erneut zum Staatspräsidenten erklärt. Proteste gegen die Wahl werden niedergeschlagen.	
1994 28. Febr.	Französische Fallschirmjäger landen in Kamerun, um der Regierung Hilfe im *Grenzstreit* um die Halbinsel Bakassi gegen Nigeria zu leisten.	*Grenzstreit*
1995	Kamerun wird als 52. Mitglied in den Commonwealth of Nations aufgenommen (1. Nov.).	
1996 19. Sept.	Musonge Mafani wird neuer Ministerpräsident. Er löst Simon Achidi Achu ab (Regierungschef seit 9. April 1992).	
1997	Bei umstrittenen Parlamentswahlen siegt die Partei des Staatspräsidenten Biya (17. Mai).	
1999	Von dem unabhängigen Institut Transparency International wird Kamerun unter 85 untersuchten Ländern als das korrupteste eingestuft.	
2000 Jan.	Eskalation des Grenzstreites mit Nigeria um die ölreiche Halbinsel Bakassi (1975 vom damaligen nigerianischen Präsidenten Gowon an Kamerun abgetreten, was die nachfolgenden Präsidenten nicht anerkannten).	
2002	Eine schwere *Flutkatastrophe* macht ca. drei Mio. Menschen obdachlos (Aug.).	*Flutkatastrophe*

Äquatorial-Guinea (Spanisch-Guinea) seit 1959

1959 30. Juli	Rio Muni sowie Fernando Póo/Annobón werden *spanische Überseeprovinzen* mit getrennten Provinzräten (beratende Funktion; Wahlen 4. Sept. 1960).	*spanische Überseeprovinzen*
1960 Dez.	Das „Patronato de Indigenas" (1904) wird beendet, die afrikanische Bevölkerung erhält volle Rechte als spanische Bürger und entsendet drei Vertreter ins spanische Ständeparlament.	
1963 15. Dez.	Spaniens Versuche, den Emanzipationsbestrebungen der Afrikaner durch ein Autonomiestatut entgegenzukommen (Sept.), werden in einem Referendum von Rio Muni angenommen, von Fernando Póo jedoch abgelehnt.	
1964 1. Jan.	Da die Zustimmung im Referendum insgesamt 63% beträgt, setzt Spanien die *innere Autonomie* für die Region Äquatorial-Guinea durch.	*innere Autonomie*
April	Nach der Wahl zu den beiden Provinzräten wird eine gemeinsame Generalversammlung gebildet; diese bestellt Bonifacio Ondo Edu (†1968), den Führer des neu gegründeten, gegen-	

F. M. Nguema		über Spanien kooperationswilligen Movimiento de Unión Nacional de la Guinea Ecuatorial (MUNGE), zum Präsidenten des Rates der Regierung (Vizepräsident: *Francisco Macías Nguema* [*1922, †1979]), der je vier Minister der beiden Provinzen umfasst.
Verfassungskonferenz	1968	Auf einer *Verfassungskonferenz* (April–Juni) wird eine von Spanien vorgeschlagene Verfassung (zentralistischer Staat mit Minderheitensicherung) trotz Ablehnung durch drei Viertel der afrikanischen Delegierten durchgesetzt.
	11. Aug.	Nach Annahme der Verfassung durch das spanische Ständeparlament (24. Juli) Referendum: Die Verfassung wird mit 64 % (Fernando Póo nur 51,5 %) angenommen.
unabhängige Republik	12. Okt.	Äquatorial-Guinea wird *unabhängige Republik* unter dem von der pseudomarxistischen Idea Popular de la Guinea Ecuatorial (IPGE) zum Movimiento Nacional de la Liberación de Guinea Ecuatorial (MONALIGE) übergewechselten Francisco Macías Nguema als Präsident mit einem Koalitionskabinett aus MONALIGE, MUNGE, IPGE und der Union Bubi (Parteien auf Fernando Póo).
	Nov.	Anhaltende Unruhen nach der Verhaftung und Ermordung von Bonifacio Ondo Edu.
	1969	Nach Ausrufung des Notstandes und Aufhebung der Verfassung (24. Febr.) durch Nguema
spanische Truppen	27. Febr.	besetzen *spanische Truppen* Bata (Festland) und Santa Isabel (Fernando Póo).
	5. März	Ein Putschversuch auf Fernando Póo unter MONALIGE-Führer und Außenminister Atanasio Ndong wird niedergeschlagen, Ndong kurz darauf umgebracht. Von Nguema angeforderte UNO-Beobachter treffen in Bata ein; Abzug der spanischen Truppen (28. März) entsprechend Nguemas Forderung, Flucht von etwa 90 % der 7000 Spanier in der Folge.
	1970 2. Febr.	Gestützt auf Armee und die neu gegründete Jugendliga schaltet Nguema die meisten politischen Gegner aus und festigt sein despotisches Regime: Anstelle der aufgelösten Parteien wird die Einheitspartei Partido Unico Nacional gegründet.
Nguema Alleinherrscher	1971/1972	*Nguema* wird durch Verfassungsänderung (7. Mai 1971) zum faktischen *Alleinherrscher* und ernennt sich zum Präsidenten auf Lebenszeit (14. Juli 1972).
	1973 26. Juli	Nach einer „Authentizitätskampagne" Änderung zahlreicher Namen: Santa Isabel wird zu Malabo, Fernando Póo zu Macías Nguema Byogo, Annobón zu Pigalu.
neue Verfassung	4. Aug.	*Neue Verfassung*: Der Einheitsstaat Demokratische Volksrepublik Äquatorial-Guinea wird ausgerufen und der letzte Rest Autonomie für Fernando Póo abgeschafft.
	1978 Juni	Nach Verordnung von Zwangsarbeit (März 1976) Bannung der katholischen Kirche; etwa ein Drittel der Bevölkerung lebt im Exil, Tausende werden inhaftiert oder getötet.
Putsch Mbazogos	1979 3. Aug.	*Putsch gegen Nguema*, der abgesetzt und hingerichtet wird (29. Sept.); sein Verwandter, Oberst Teodoro Obiang Nguema Mbazogo (*1942), übernimmt die Macht.
	1982	Neue republikanische Verfassung (15. Aug.).
	1983	Putschversuch scheitert (11. Mai) wie bereits zuvor am 10. April 1981.
Einführung des Franc C. F. A.	1985	*Einführung des Franc C. F. A. (Communauté Financière Africaine)* als Währung, Annäherung an frankophone Länder (1. Jan.).
	1987	Gründung der Demokratischen Partei Äquatorial-Guineas (PDGE) als Regierungspartei.
	1988	Das Parlament beschließt die Schaffung eines Mehrparteiensystems.
	1989	Nguema Mbazogo bei Parlamentswahlen mit 99,8 % erneut im Amt bestätigt.
neue Verfassung	1991 16. Nov.	Bei einer Volksabstimmung stimmen 98,4 % der Bürger für die *neue Verfassung*, die ein Mehrparteiensystem vorsieht. Sie tritt am 4. Dez. in Kraft.
	1995 3. Aug.	Anlässlich des 16. Jahrestages seiner Machtübernahme amnestiert Staatspräsident Nguema Mbazogo mehrere Oppositionspolitiker, für deren Freilassung sich der französische Staatspräsident Jacques Chirac bei seiner Afrikareise im Juli eingesetzt hat.
	1996	Nguema Mbazogo siegt mit 97,9 % der Stimmen bei Präsidentschaftswahlen (25. Febr.).
	1999 7. März	Bei den Wahlen zur Nationalversammlung gewinnt die Partei von Präsident Mbazogo, der Partido Democrátio de Guinea Ecuatorial (PDGE) die absolute Mehrheit.
Entdeckung von Erdölvorkommen	Okt.	*Entdeckung von Erdölvorkommen* vor der Küste des Landes.
	2000 3. Aug.	Unterzeichnung mehrerer Abkommen zwischen Äquatorial-Guinea und Nigeria zur politischen, wirtschaftlichen und kulturellen Zusammenarbeit. Beilegung des Grenzstreits um die Seegebiete vor der Insel Bioko.
	2001 April	Vertreter des Hohen Kommissars für Menschenrechte (UNHCHR) fordern die Regierung zur Einhaltung der Menschenrechte auf.

São Tomé / Príncipe seit 1951

1951	São Tomé und Príncipe werden *portugiesische Überseeprovinz*.	*portugiesische Überseeprovinz*
1953 3. Febr.	Versuche, die privilegierten Einheimischen wieder dem Status der ausländischen Kontraktarbeiter (kein Bürgerrecht) anzunähern, lösen den *„Widerstand der langen Messer"* aus; etwa 1000 afrikanische Todesopfer durch brutales Vorgehen von Kolonialverwaltung, Truppen und Siedlern in der Folge.	*„Widerstand der langen Messer"*
1960/1961	Neben der Acçâo Nacional Popula als einziger zugelassener, aber bedeutungsloser Partei formiert sich aus der privilegierten Schicht der einheimischen Bevölkerung die illegale Comisão de Libertação de São Tomé e Príncipe unter Miguel Trovoada (* 1936), die ihren Sitz in Libreville (Gabon) hat und propagandistisch tätig ist, ohne einen bewaffneten Kampf zu beginnen: Sie benennt sich (1972) um in Movimento de Libertação de São Tomé e Príncipe (MLSTP).	
1974 26. Nov.	Nach Gewährung der inneren Autonomie (1973) Abkommen mit der neuen portugiesischen Regierung; Bildung einer Übergangsregierung der MLSTP unter Leitung von Leonel d'Alva (21. Dez.), der anschließend den linken MLSTP-Flügel ausschaltet.	
1975 12. Juli	Nach der Wahl einer Volksversammlung erhält die demokratische Republik São Tomé und Príncipe die *Unabhängigkeit* unter Präsident Manuel Pinto da Costa (*1937; Generalsekretär der MLSTP) und Premier Miguel Trovoada (* 1936).	*Unabhängigkeit*
14. Nov.	Nach dem *Exodus von* ca. 90% der *Portugiesen* Verstaatlichung der Kakaoplantagen.	*Exodus der Portugiesen*
1978	Absetzung des Premiers Trovoada (Dez.), der später verhaftet wird (Okt. 1979).	
1984	Gespräche über wirtschaftliche Zusammenarbeit mit Portugal (2.–7. Mai).	
1988	Wiedereinführung des Premierministeramtes nach Verfassungsänderung (Jan.).	
1990	Referendum: 72% für *neue Verfassung* mit Mehrheitsparteiensystem und freien Wahlen.	*neue Verfassung*
1991 3. April	Der frühere Premierminister Miguel Trovoada gewinnt die Präsidentenwahl (3. März) und tritt die Nachfolge von Manuel Pinto da Costa an, der nicht mehr kandidiert hat.	
1995 29. April	Die Insel *Príncipe* erlangt den *Autonomie-Status* innerhalb des Staatsverbandes São Tomé/Príncipe. Eine fünfköpfige Regierung konstituiert sich in Santo António.	*Autonomie-Status für Príncipe*
1996	Trovoada wird bei Wahlen am 21. Juli als Staatspräsident bestätigt.	
1999 März	Der Präsident der Zentralbank sowie der Finanzminister treten zurück, nachdem die Fälschung von Schatzbriefen der Bank im Wert von 500 Mio. US-Dollar aufgeflogen ist.	
2000 20. Dez.	Internationaler Währungsfonds (IWF) und Weltbank gewähren einen Schuldenerlass im Umfang von 83%.	
2001 29. Juli	Bei den Präsidentschaftswahlen unterliegt der frühere Amtsinhaber Costa (1975–1991) seinem Konkurrenten Fradique de Menezes vom oppositionellen Acçâo Democrática Independente (ADI).	

Gabon seit 1947/48
(Forts. v. S. 1162)

1947/1948	Spannungen zwischen Jean-Hilaire Aubame (*1912), der Rückhalt beim Volk der Fang aus Woleu-N'tem hat, und dem Vertreter der Fang in Libreville und an der Gabon-Mündung, Léon Mba (*1902, †1967), der aus der Verbannung (1933–1946) zurückgekehrt ist und mit dem von Fang und Mpongwe/Myene gebildeten Comité Mixte Gabonais (CMG) die Grundlage für eine Partei gelegt hat, die eng mit dem interterritorialen Rassemblement Démocratique Africain (RDA) zusammenarbeitet.	
1948	Aubame gründet die Union Démocratique et Sociale Gabonaise (UDSG), die von Kolonialverwaltung, Chefferie (eingesetzte „traditionelle" Herrscher) und Kirche unterstützt wird.	
1954	Die beiden Gruppierungen der Fang dominieren das Landesparlament, Mbas CMG geht im Bloc Démocratique Gabonais (BDG) auf, der von dem aus dem Mpongwe-Volk stammenden Paul Gondjout (*1912) als Gegengewicht gegen die Fang gegründet worden ist.	
1957 31. März	Bei *Wahlen zum Landesparlament* kann die UDSG 14 bzw. mit liierten Listen 18 Sitze in der nord-östlichen Hälfte des Landes erreichen, während der BDG acht bzw. mit liierten Listen 16 Sitze erhält, aber – offenbar mit finanzieller Hilfe französischer Holzhändler – noch fünf von sechs unabhängigen Abgeordneten zu sich herüberzuziehen vermag.	*Wahlen zum Landesparlament*
20. Mai	Der BDG bildet eine Regierung (bis Anfang 1958 zusammen mit der UDSG), Léon Mba wird erster Regierungschef.	

autonome Republik Unabhängigkeit	**1958** 28. Nov. **1960** 17. Aug.	Nach einem Referendum über die französischen Verfassungsvorschläge (28. Sept.) wird Gabon *autonome Republik* innerhalb der Französischen Communauté. *Unabhängigkeit* Gabons; Mbas Versuche zur Errichtung eines Präsidialregimes werden vom BDG-Mehrheitsflügel unter Parlamentspräsident Gondjout im Verbund mit der UDSG blockiert; Mbas Einlenken ermöglicht die Verkündigung einer neuen Verfassung.
	16. Nov.	Mba ruft den Notstand aus und lässt BDG-Führer (fast nur Mpongwe) verhaften und internieren, vertagt das Parlament und regiert mit Übergangsvollmachten.
Mba zum Präsidenten gewählt	**1961** 12. Febr. **1964** 20. Jan.	*Mba* wird *zum Präsidenten gewählt* (BDG und UDSG als Einheitsliste), eine von der Exekutive vorgelegte Präsidialverfassung vom Parlament angenommen (15. Febr.). Neuwahlen, um die UDSG endgültig auszuschalten; Aubame wird an der Kandidatur gehindert.
Intervention Frankreichs	18. Febr.	Ein Revolutionskomitee (Armee- und Polizeioffiziere) stürzt die Regierung, der verhaftete Mba muss seinen Rücktritt erklären, Aubame wird Chef einer provisorischen Regierung. Eingeflogene *französische Truppen intervenieren* aufgrund eines Beistandspaktes von 1960, besetzen Libreville und setzen Mba wieder ein.
	12. April	Die nach Inhaftierung der meisten Mitglieder geschwächte Opposition kann trotz massiver Unterdrückung in den manipulierten Wahlen 45 % der Stimmen erringen (ein Drittel der Sitze).
Tod von Mba Nachfolger Bongo	**1967** 28. Nov. **1968** Mai	Der BDG kandidiert bei den Wahlen (19. März) als einzige Partei. *Tod von Mba*; der aus dem Teke-Volk stammende Vizepräsident, Albert-Bernard *Bongo* (* 1935), wird *Nachfolger* (1. Dez.). Nach Umwandlung des BDG zur Einheitspartei Parti Démocratique Gabonais (PDG) (12. März) wird Gabon Einparteienstaat mit einer Einheitsgewerkschaft (Juli 1969).
	1975 17. April	Der bisherige Vizepräsident Léon Mébiame (* 1934) übernimmt nach einer Verfassungsänderung das wiedererrichtete Amt des Premierministers.
	1979	Erste Wiederwahl (30. Dez.) Präsident Bongos seit 1973.
	1982	Besuch von Papst Johannes Paul II. (Febr.).
	1983 7. März	Bongo nimmt die drei Kommandeure der Teilstreitkräfte in das Zentralkomitee der Parti Démocratique Gabonais auf.
	1986	Bei Präsidentschaftswahlen wird Bongo mit 99,9 % wiedergewählt (9. Nov.).
Transgabonais-Eisenbahn neue Verfassung	30. Dez. **1991** 14. März	Eröffnung der quer durch Gabon führenden *Transgabonais-Eisenbahn*. Verabschiedung einer *neuen Verfassung*, die ein Mehrparteiensystem vorsieht, durch das Parlament.
	7. Juni	Nach einem von der Opposition initiierten Generalstreik (5. Juni) tritt die Regierung unter Premierminister Casimir Oyé-Mba zurück. Am 21. Juni stellt der erneut zum Regierungschef ernannte Oyé-Mba das neue Kabinett vor. Pascaline Bongo, Tochter des Staatspräsidenten, wird Außenministerin.
Bongo wiedergewählt	**1993** 5. Dez.	Staatspräsident *Bongo*, der seit 1967 regiert, wird erstmals auf der Grundlage eines pluralistischen Wahlsystems als Staatspräsident *wiedergewählt*. Er erhält 51,1 % der Stimmen. Die Wahl wird von Unruhen begleitet.
	1996 10. Juni	Gabon, eines der erdölreichsten Länder Afrikas, stellt seine Mitarbeit bei der OPEC weitgehend ein. Begründet wird der Schritt mit unangemessen hohen Beitragsverpflichtungen.
	15./29. Dez.	Bei den Wahlen zur Nationalversammlung erringt die regierende Parti Démocratique Gabonais (PDG) 85 der 120 Sitze.
	1998	Erneute Wiederwahl des Präsidenten Albert-Bernard Bongo (6. Dez.).
	2000	Nach Schätzung von Experten reichen die Erdölreserven nur noch für zehn Jahre, die jährliche Produktion ist bereits auf ca. 15 Mio. t gesunken.
Import- und Verkaufsverbot für Handfeuerwaffen	**2001** Febr. 19./20. Juni	Wegen zunehmender Gewaltbereitschaft in der Gesellschaft wird ein *Import- und Verkaufsverbot für Handfeuerwaffen* erlassen. Im Port Gentil, dem Wirtschaftszentrum des Landes, kommt es zu gewalttätigen Protesten von jugendlichen Arbeitslosen.

Republik Kongo (Volksrepublik Congo/Kongo[-Brazzaville]/ Französisch-Kongo) seit 1946
(Forts. v. S. 1162)

1946 Jean Félix Tchicaya (*1903, †1961) gründet die sich auf die Völker im Süden (vor allem die Vili um Pointe Noire) stützende Parti Progressiste Congolais (PPC), die zur Congo-Sektion des interterritorialen Rassemblement Démocratique Africain (RDA) wird, während das Mouvement Socialiste Africain (MSA) als Congo-Sektion der französischen Section Française de l'Internationale Ouvrière (SFIO) unter Jacques Opangault (*1907, †1978) bei den Mboshi und anderen Völkern des Nordens Unterstützung findet. Die wichtigste Bevölkerungsgruppe, die Kongo (vor allem die Lari um Brazzaville), lehnen die Teilnahme an den neuen Institutionen ab und *boykottieren* bzw. sabotieren (Stimmabgabe für den 1942 verstorbenen Matswa) alle *Wahlen*. *Wahlboykott*

Dem Priester Fulbert Youlou (*1917, †1972) gelingt es, sich als geistiger Erbe Matswas zu profilieren und die Unterstützung vieler Kongo (vor allem der Lari) zu erhalten; er gründet
1956 (Mai) die Union Démocratique de Défense des Intérêts Africains (UDDIA).
1957 Bei Wahlen zum Landesparlament kann sich die gemeinsame MSA/PPC-Liste mit
31. März 23 Sitzen (MSA: 17) knapp gegen die UDDIA-Liste (22 Sitze, UDDIA: 17) durchsetzen.
15. Mai Jacques Opangault (MSA) wird erster Regierungschef mit einer Koalition.
1958 Nach einem Referendum über die französischen Verfassungsvorschläge (28. Sept.) wird
28. Nov. Congo-Brazzaville *autonome Republik* innerhalb der Französischen Communauté. *autonome Republik*

Als 22 MSA-Abgeordnete während einer spannungsgeladenen innenpolitischen Situation (Demonstrationen) das Parlament verlassen, setzen die nunmehr 23 UDDIA-Abgeordneten (ein Übertritt) zwei Verfassungsgesetze durch, verlegen die *Hauptstadt* wieder nach Brazzaville und wählen Fulbert Youlou zum Regierungschef (8. Dez.). *Hauptstadt Brazzaville*

1959 In den von massiven Wahlkreismanipulationen zugunsten der UDDIA bestimmten Wahlen
14. Juni kandidieren nur noch MSA und UDDIA, die 84% der Mandate (58% der Stimmen) erhält; die MSA tritt in eine Koalitionsregierung ein.
21. Nov. Youlou erhält vom Parlament den Titel eines Präsidenten.
1960 *Unabhängigkeit* als Congo-Brazzaville; Oppositionspolitiker werden (1961) in die Regie-
15. Aug. rung aufgenommen, so Jacques Opangault, der Vizepräsident wird. *Unabhängigkeit*
1963 Nach der Erklärung des Einparteienstaates (13. April) wird Youlou unter Beteiligung des
15. Aug. Militärs zum Rücktritt gezwungen und ein *Nationaler Revolutionsrat* (stark von Gewerkschaften bestimmt) eingesetzt; der frühere Minister Alphonse Massamba-Débat (*1921, †1977) wird Premier und nach Annahme einer neuen Verfassung Präsident (19. Dez.), während Pascal Lissouba (*1931) als Premier ein Kabinett von Fachleuten führt. *Nationaler Revolutionsrat*
1964 Der Nationale Revolutionsrat wird zur Einheitspartei Mouvement National de la Révolution umgewandelt (20. Juli).
1966 Ambroise Noumazalaye (*1933), Repräsentant der Linken, neuer Premier (6. Mai).
28. Juni Meuterei von Kuyu-Truppen (Norden) wegen Degradierung von Hauptmann Marien Ngouabi (*1938, †1977), die später zurückgenommen wird.
1968 Die Aufdeckung chinesischer Guerillaausbildung führt zur Entlassung des Premiers und an-
12. Jan. derer pro-kommunistischer Minister.
1. Aug. Die *Armee ergreift die Macht*, Hauptmann Ngouabi wird Stabschef; ein Nationaler Revolutionsrat wird eingesetzt. Der bereits (22. Aug.) als Premier eingesetzte Alfred Raoul (*1930) übernimmt zusätzlich das Präsidentenamt (4. Sept.). *Putsch der Armee*
1969 Übergabe des Präsidentenamtes an Marien Ngouabi, der sich auf Militärs und Politiker aus
1. Jan. dem Norden stützt.
21. Okt. Die Parti Congolais du Travail (PCT) wird gegründet, die sich auf einen Entwicklungsweg auf der Basis des Marxismus-Leninismus festlegt.
1970 Die *Volksrepublik Congo* wird ausgerufen (1. Jan.). *Volksrepublik Congo*
16. Dez. Nach Demonstrationen und „Säuberungen" in der PCT wird Ngouabi auch Premier.
1972 Putsch linksgerichteter Kräfte unter Ambroise Noumazalaye und Ange Diawara (Rückhalt
22. Febr. bei den Bauern im Süden); der Gegenputsch unter Stabschef Yhombi-Opango erhält Ngouabi die Macht. Während weiterer Putschversuche (Mai; Febr. 1973) wird u.a. Alfred Raoul verhaftet.
1973 Annahme einer *neuen Verfassung* (24. Juni), Henri Lopes (*1937) wird Premier. *neue Verfassung*
1974 Verstaatlichung der meisten Ölgesellschaften und Versicherungen.
1975 Schwere innenpolitische Krise: Das gesamte Politbüro der PCT tritt zurück; Stabschef Louis Sylvain Goma wird Premier (18. Dez.).

	1977 18. März	Ermordung Ngouabis durch ein Kommando unter Massamba-Débats früherem Geheimdienstchef. Massamba-Débat wird hingerichtet (25. März). Ein Militärausschuss regiert im Auftrag der PCT, Oberst Joachim Yhombi-Opango (Lari) wird Staatschef (7. April).
Sassou-Nguesso übernimmt Macht	1979 5. Febr. Okt. 1981 1984 1986 1987 Juli	Yhombi-Opango tritt zurück; der aus dem Norden stammende Oberst Denis *Sassou-Nguesso* (*1941) *übernimmt die Macht* und wird Staats- und Regierungschef (31. März). Yhombi-Opango zum einfachen Soldaten degradiert; Prozess wegen Hochverrats. Trotz Freundschaftsvertrag mit der UdSSR leichte Öffnung nach Westen. Als Nachfolger Gomas wird Ange Edouard Pongui (*1942) neuer Premier. Congo unternimmt verschiedene Vermittlungsversuche im Tchad-Konflikt. Gescheiterter Staatsstreich, der mit Regierungstruppen und französischer Hilfe vereitelt wird, unter anderem Festnahme Yhombi-Opangos.
Wiederwahl von Sassou-Nguesso Republik Kongo	1989 1990 1991 10. Juni 1992 31. Aug.	*Wiederwahl von Sassou-Nguesso*, neuer Premier Alphonse Poaty-Souchlaty (*1941). Das Zentralkomitee der PCT beschließt die Einführung eines Mehrparteiensystems (Sept.). Die Nationalkonferenz verfügt die Umbenennung der Volksrepublik Congo in *„Republik Kongo"*. Bei den ersten freien Präsidentschaftswahlen seit 1960 gewinnt Pascal Lissouba (*1931) mit 61,3% über Bernard Kolelas mit 38,7% der Stimmen.
blutige Unruhen	1993 Juni	Nach umstrittenen Paralmentswahlen, in denen sich das Regierungsbündnis eine knappe Mehrheit sichert, kommt es zu *blutigen Unruhen* zwischen Regierungstruppen und bewaffneten Milizen der Opposition. Der Konflikt, in dem auch ethnische Probleme eine Rolle spielen, dauert bis 1995 (Friedenspakt 24. Dez. 1995).
	1997 Juni 15. Okt.	Versuche des Staatspräsidenten Lissouba, die oppositionelle Kobra-Miliz des ehemaligen Staatschefs und Führers der ethnischen Minderheiten Sassou-Nguesso zu entwaffnen, münden in bürgerkriegsähnliche Auseinandersetzungen. Denis Sassou-Nguesso ergreift mit Hilfe von angolanischen Regierungstruppen abermals die Macht in Brazzaville.
	1998 5. Jan. 19. Nov. Dez.	Beginn eines „Forums für Einheit und Demokratie", an dem mehr als 1000 Vertreter aus allen gesellschaftlichen Gruppen teilnehmen. Bildung eines Übergangsparlamentes. Präsident Sassou-Nguesso beruft ein Komitee, das eine neue Verfassung ausarbeiten soll. Milizen der ehemaligen Präsidenten Lissouba und des ehemaligen Ministerpräsidenten Kotelas, die sich der Entwaffnung widersetzt haben, verwickeln die Regierungstruppen in verlustreiche Kämpfe.
	1999 Okt.	Die Organisation Ärzte ohne Grenzen legt eine Bilanz des Bürgerkrieges vor: Erschreckend sei neben den Zehntausenden Getöteten und Verhungerten auch die hohe Zahl der Vergewaltigungsopfer.
Amnestie für Milizionäre	2000 5. Jan. Herbst	Friedensabkommen zwischen der Regierung und den Rebellen. Es sieht eine *Amnestie für* alle *Milizionäre* vor, die ihre Waffen niederlegen. Die Vereinten Nationen und Norwegen starten ein Programm zur Integration von Milizionären ins Zivilleben.
	2001 13. April	Der „Nationale Dialog", ein Forum unter Vorsitz des Präsidenten von Gabon, Bongo, verabschiedet eine „Konvention für den Frieden und den Wiederaufbau im Kongo". Die Teilnehmer stimmen der neuen Verfassung zu, die ein Präsidialsystem vorsieht.
	2002 Jan.	In einem Referendum wird mit 84% der Stimmen die neue Verfassung angenommen, die die Macht des Präsidenten Sassou-Nguesso bedeutend erweitert. Unabhängige Beobachter unterstellen der Regierung Manipulation bei der Abstimmung.

Demokratische Republik Kongo (Zaïre/Kongo[-Léopoldville bzw. -Kinshasa]/Belgisch-Kongo) seit 1950

(Forts. v. S. 1165)

Kulturvereinigung ABAKO	1950	Gründung der auf das Kongo-Volk im Unterkongo-Distrikt um die Hafenstadt Boma ausgerichteten und zunehmend an der Idee einer Einheit des alten Kongo-Reiches orientierten *Kulturvereinigung Association des Bakongo* (ABAKO), deren Präsident später der Leiter der 1946 gebildeten Union des Intérêts Sociaux Congolais, Joseph Kasavubu (*1917, †1969), wird; sie fordert unverzügliche Gewährung politischer und individueller Grundrechte.
Gesamt- Kongolesische Partei MNC	1958 10. Okt.	Gründung des Mouvement National Congolais (MNC) als wichtigster *Gesamt-Kongolesischer Partei* mit starker Unterstützung von Mongo-Tetela aus Sankuru unter Patrice Lu-

mumba (*1925, †1961), der als einer der Kongo-Vertreter auf der All-Afrikanischen Völkerkonferenz (8.–14. Dez.) in Accra (Ghana) ein Aktionsprogramm (Wahlen; afrikanische Regierung; Unabhängigkeit) vorträgt.

1959
4.–6. Jan. Nach Verbot einer ABAKO-Versammlung heftige Unruhen in Léopoldville und Militäreinsatz; vorübergehend Verbot der ABAKO, Verhaftung Kasavubus und anderer Führer.

13. Jan. Belgien entschließt sich zur schnellen *Dekolonisation*; der Weg zur Unabhängigkeit wird in einer Regierungserklärung durch König Baudouin festgelegt und damit der Plan einer (im Aug. 1958) eingesetzten belgischen Studienkommission bestätigt. — *Dekolonisation*

Juni Die Ende des 19. Jh.s unter dem Druck der Völker der Chokwe, Songye, Tetela und arabischer Sklavenhändler vornehmlich ins Lulua-Reich geflüchteten Luba geraten mit den inzwischen zahlenmäßig unterlegenen und im Gegensatz zu ihnen dem sozialen Wandel kaum angepassten Lulua aneinander, die die Anerkennung ihrer Rechte auf das von Luba und anderen besiedelte Land fordern; in der Folge Ausnahmezustand in der Kasai-Provinz (Aug.).

Juni ABAKO-Extremisten *fordern* die sofortige *Unabhängigkeit* und eine eigene Unterkongo-Republik; ihnen schließt sich die Parti Solidaire Africain (PSA) unter Antoine Gizenga (*1925) mit dem Plan einer föderativen Republik an (Sept.). — *Forderung von Unabhängigkeit*

Okt. Lumumbas Versuch, den im Juli von der MNC abgespaltenen Flügel unter dem Führer der Kasai-Luba, Albert Kalonji (*1919), auf der MNC-Konferenz in Stanleyville auszubooten, schlägt fehl. Nach Unruhen gegen Ende der Konferenz (etwa 100 Tote, 600 Verwundete) wird Lumumba verhaftet und kann deshalb an der von Kalonji in Elisabethville abgehaltenen MNC-Konferenz (30.–31. Okt.) nicht teilnehmen; die *Spaltung des MNC* ist endgültig, Lumumbas MNC unterstützt fortan die Lulua in Kasai. — *Spaltung des MNC*

Okt. Beginn der Aussiedlung der Luba aus Kasai (bis Mitte 1960 ca. 100 000).

Nov. Kalonjis Flügel verbindet sich mit der ABAKO/PSA-Allianz und unterstützt deren Föderationspläne sowie deren Androhung eines Boykotts der Gemeinde- und Territorialratswahlen (15.–20. Dez.), den dann jedoch fast ausschließlich die ABAKO durchführt.

1960
20. Jan.–
20. Febr. Belgisch-Kongolesische Verfassungsgespräche in Brüssel: Trotz starker Repräsentanz der ABAKO/PSA/MNC (Kalonji)-Allianz und der von den Belgiern gegen Lumumbas wachsenden Einfluss unterstützten überregionalen Parti National du Progrès (PNP) sowie der „traditionellen" Herrscher (jeweils ein Viertel der afrikanischen Delegierten) kann der aus dem Gefängnis entlassene (25. Jan.) Lumumba mit belgischer Unterstützung sein Konzept eines Kongo-Gesamtstaates gegen die föderalistischen und separatistischen Tendenzen der meisten Delegierten durchsetzen.

19. Mai Verkündung der *provisorischen Verfassung* mit dualistischer Spitze (Präsident und Premier) nach belgischem Verfassungsmodell, einer starken Zentralregierung mit Zweikammern-Parlament und sechs durch Provinzparlamente zu wählenden Provinzregierungen. — *provisorische Verfassung*

25. Mai *Wahlen* zum Zentralparlament und zu den Provinzparlamenten: Lumumbas MNC wird im Zentralparlament mit 26% der Sitze stärkste Partei, gefolgt von PSA (9,5%) und ABAKO (8,8%). Die Aufsplitterung der Parteien erschwert eine Regierungsbildung; in den Provinzen ist davon vor allem *Katanga* betroffen: Die aus den einheimischen Katanga-Ethnien gebildete Confédération des Associations Tribales du Katanga (CONAKAT) unter Moïse Tshombé (*1919, †1969), dem Neffen des Lunda-Oberhauptes, und dem Msiri-Enkel Godefroid Munongo (*1925) gewinnt lediglich 42% der Sitze des Katanga-Provinzparlaments gegenüber 38% der vornehmlich von Luba getragenen Association Générale des Baluba du Katanga (BALUBAKAT) unter Jason Sendwe (*1917, †1964) sowie mit ihr verbündeter kleinerer Parteien („Cartel Katangais"). Ein Parlamentsboykott der gegen eine Sezession Katangas eingestellten BALUBAKAT verhindert die Bildung der Provinzregierung (Zweidrittelmehrheit notwendig). — *Wahlen* — *Katanga*

15. Juni Moïse Tshombé setzt daraufhin unter Sezessionsdrohungen bei den Belgiern eine Verfassungsänderung durch und bildet die Provinzregierung allein mit der CONAKAT.

19. Juni Joseph Kasavubu stellt eine Zentralregierung unter Ausschluss des MNC zusammen.

23. Juni Lumumbas Drohung mit einer Gegenregierung führt zum Kompromiss eines *Koalitionskabinetts* (26 Minister aus 13 Parteien) mit Unterstützung der ABAKO unter Premier Patrice Lumumba und Vizepremier Antoine Gizenga von der PSA, die sich Lumumba angeschlossen hat. — *Koalitionskabinett*

24. Juni Joseph Kasavubu wird Präsident, die ABAKO gibt dafür ihre seit Jan. betriebenen und nach den Wahlen intensivierten Sezessionspläne auf.

29. Juni Tshombé erklärt Katanga für unabhängig, begnügt sich nach Androhung der Verhaftung jedoch mit der Forderung nach Autonomie innerhalb einer Föderation.

30. Juni Nach Abschluss eines Freundschaftsvertrages mit Belgien (die Militärbasen Kongos bleiben in belgischer Hand) *Unabhängigkeit* als Demokratische Republik Kongo. — *Unabhängigkeit*

	5.–7. Juli	Meuterei von Teilen der Armee gegen das noch ausnahmslos belgische Offizierskorps; nach Ablösung des belgischen Oberbefehlshabers und seines Stabes und Einsetzung von Victor Lundula (*1911) als General und Oberbefehlshaber (8. Juli) sowie von Joseph Mobutu (*1930, †1997) als Stabschef (überstürzte Afrikanisierung des Offizierskorps) beginnt ein *Massenexodus von Europäern*, der einen Zusammenbruch der Verwaltung zur Folge hat.
Auswanderung von Europäern	10. Juli	Auf Ersuchen Tshombés nach Meutereien in Elisabethville (Katanga) intervenieren belgische Truppen in Elisabethville, aber auch in Luluabourg und Léopoldville.
	11. Juli	Tshombé und Munongo erklären die lange erwartete und vorbereitete Sezession Katangas.
Krieg mit Belgien	12.–13. Juli	Als Lumumba die Landeerlaubnis in Elisabethville von belgischen Truppen verweigert wird, rufen er und Kasavubu die UNO um Hilfe an und erklären den *Krieg mit Belgien*.
	15. Juli	Weitere belgische Truppen landen in Katanga, während erste UN-Truppen (Tunesien, Ghana) eintreffen und mit der Entwaffnung der Kongo-Armee beginnen. Aufgrund der starken Finanzierung des UN-Unternehmens durch die USA werden US-Botschaft und UN-Oberkommando zu den eigentlichen Machtzentren im Lande.
	8. Aug.	Der Unabhängige Bergbaustaat Kasai (= Süd-Kasai) wird unter Albert Kalonji und J. Ngalula ausgerufen, in den ein großer Teil der vertriebenen Luba flüchtet.
UN-Truppen *Union Minière*	9. Aug.	Der UN-Sicherheitsrat beschließt, sich nicht in innere Konflikte Kongos (d.h. Katanga und Süd-Kasai) einzumischen; die belgischen Truppen werden jedoch nach und nach von *UN-Truppen* abgelöst (Aug./Sept.). Durch das Verbleiben der meisten Europäer in Katanga und die Einbehaltung der bisher an die Zentralregierung abgeführten Abgaben (vor allem Kupferexportsteuer der *Union Minière*), die bislang ca. 60% der Steuereinnahmen der Zentralregierung ausgemacht haben, konsolidiert sich die Lage Katangas. 200 belgische Offiziere bilden die neu rekrutierten „Katanga-Gendarmen" aus. In der Folge Ausschaltung sämtlicher Luba aus Verwaltung, Polizei, Militär und Anwerbung weißer Söldner.
	25./26. Aug.	Vorgehen der Kongo-Armee gegen Süd-Kasai; trotz dessen Bund mit Katanga Fall der Hauptstadt Bakwanga; schwere Diskreditierung der Lumumba-Regierung durch Massaker der Armee.
	25.–31. Aug.	Ministerkonferenz afrikanischer Staaten in Léopoldville: keine Zusagen über militärische Hilfe; daraufhin auf Lumumbas Anforderung hin sowjetische Militärlieferungen. Der nach Katanga geflohene Kalonji kehrt mit belgischen Soldaten nach Süd-Kasai zurück.
Niederlage der Kongo-Armee	3. Sept.	*Niederlage der Kongo-Armee* bei einem Gegenangriff. Daraufhin verfassungsmäßig fragwürdige Entlassung Lumumbas durch Kasavubu (5. Sept.), der anschließend von Lumumba abgesetzt wird.
	6. Sept.	Rückgängigmachung der Entlassung durch das Unterhaus, Vertrauensvotum des Senats für Lumumba, der sich zum Staatschef und Oberkommandierenden macht, während Kasavubu eine neue Regierung unter Joseph Ileo (*1922) einsetzt und Lumumba vom neuen Oberkommandierenden Mobutu verhaften lässt (12. Sept.); Lumumba entkommt jedoch.
Armeeputsch	14. Sept.	Die *Armee* unter Mobutu übernimmt in einem offenbar mit den USA abgesprochenen *Putsch* die Macht, angeblich um Lumumba und Kasavubu zu „neutralisieren"; während Kasavubu die Regierungsgeschäfte weiterführt, wird Lumumba unter Hausarrest gestellt.
	14. Okt.	Lumumbas Vize Gizenga erreicht Stanleyville und errichtet dort seine Kontrolle (13. Nov.) mit Unterstützung des abgesetzten Generals Victor Lundula und Teilen der Armee, die die Ost-Provinz besetzen.
	27. Nov.	Lumumba flieht aus Léopoldville, wird aber mit zahlreichen Anhängern bei Mweka festgenommen und nach Thysville gebracht (1. Dez.).
	12. Dez.	Gizenga ruft in Stanleyville eine Gegenregierung aus, seine Truppen setzen eine Regierung in der Kivu-Provinz ein und dringen bis Nord-Katanga vor (10. Jan. 1961), konsolidieren dort die seit Okt. betriebene Errichtung einer eigenen Lualaba-Provinz unter Leitung einiger BALUBAKAT-Führer (30. Jan.) und besetzen vorübergehend Luluabourg (24. Febr.).
	1961 17. Jan.	Nach einer Militärmeuterei in Thysville (13. Jan.) werden Lumumba und zwei seiner Mitarbeiter nach Katanga verbracht und dort wahrscheinlich sofort ermordet.
Tod Lumumbas	13. Febr.	Bekanntgabe von *Lumumbas Tod*; die Gizenga-Regierung wird daraufhin (15. Febr.) von acht Staaten anerkannt.
	24.–28. April	Coquilhatville-Konferenz beschließt die Zusammenarbeit mit der UNO und die Einberufung des Parlaments; zugleich laufen Gespräche zwischen den Regierungen in Léopoldville und Stanleyville an (u.a. Aufhebung der Blockade); der vorübergehend verhaftete Tshombé erklärt sich bereit, Katanga-Vertreter ins Zentral-Parlament zu entsenden und die Katanga-Gendarmen in die Armee der Zentralregierung zu integrieren, widerruft dieses jedoch nach seiner Freilassung (22. Juni).
Parlaments- wieder- eröffnung	2. Aug.	Unter UNO-Schutz *Wiedereröffnung des Parlaments* (19. Juli), das auf Druck der USA und der UNO Cyrille Adoula (*1921, †1978; Ileos Innenminister) zum Kompromisspremier

Zentralafrika seit 1945   Demokratische Republik Kongo (Zaïre/Kongo[-Léopoldville])   *1695*

	wählt; fast die Hälfte der Minister stammt aus Lumumbas Kabinett, andere aus der Stanleyville- bzw. Ileo-Regierung. Die eigentlichen Machtträger bleiben die Mitglieder der von den USA unterstützten „Binza-Gruppe" (benannt nach dem Militärlager M'Binza) um Joseph Mobutu, Victor Nendaka (*1924), J. Bomboko und A. Ndele.	
9. Sept.	Gizenga wird Vizepremier, beginnt jedoch erneut mit dem Aufbau seiner Stanleyville-Machtposition; Lundula schließt sich Adoula an (11. Nov., Wiedervereinigung der Armee).	
13. Sept.	Nach einer *Blitzaktion in Katanga* (18.–28. Aug., Gefangennahme und Ausweisung von ausländischen Söldnern und „Beratern") gehen die UN-Soldaten zum ersten Mal gegen die Katanga-Regierung vor, stoßen jedoch auf heftigen Widerstand.	*Blitzaktion in Katanga*
17. Sept.	Das Zusammentreffen des an die Zambia-Grenze ausgewichenen Tshombé mit UNO-Generalsekretär Dag Hammarskjöld kommt wegen dessen tödlichen Flugzeugabsturzes bei Ndola (Zambia) nicht zu Stande, doch wird ein Waffenstillstand geschlossen (20. Sept.).	
Nov.–Dez.	Nach Konsolidierung der auf der Coquilhatville-Konferenz anerkannten Existenz der Nord-Katanga-Provinz durch UN-Truppenentsendungen (April/Mai) kehrt die Armee der Zentralregierung dorthin zurück; das Gebiet wird der Zentralregierung unterstellt.	
Dez.	Kalonji wird in Léopoldville zu Gefängnis verurteilt; Ende der Sezession Süd-Kasais.	
1962 16. Jan.	Kongo- und UN-Truppen nehmen Stanleyville ein, General Lundula verhaftet Gizenga (Inhaftierung bis Juli 1964), dessen Regime zusammenbricht.	
27. April	Ein neues Gesetz gibt die Möglichkeit zur Schaffung *neuer Provinzen*, deren Zahl in den nächsten Monaten von sechs auf 21 erhöht wird.	*neue Provinzen*
15. Sept.	Nach ergebnislosen Gesprächsrunden (März–Juni) mit Adoula nimmt Tshombé den Plan des UN-Generalsekretärs an, der wegen Tshombés hinhaltender Taktik wirtschaftliche Sanktionen beantragt (14. Dez.).	
1963 14. Jan.	Nach Eintreffen einer US-Militärmission in Léopoldville (21. Dez.) Kämpfe zwischen Katanga-Gendarmen und Soldaten der UNO, die die Katanga-Sezession beenden.	
14. Juni	Tshombé geht ins Exil.	
3. Okt.	Gründung des Conseil National de Libération (CNL) in Brazzaville durch Lumumba-Anhänger unter Christophe Gbenye (*1927).	
1964 4. Jan.	Beginn des Guerillakampfes unter dem Gizenga-Anhänger Pierre Mulele († 1968) in der Kwilu-Provinz; Erklärung des Ausnahmezustands (21. Jan.).	
Febr.	Eröffnung einer Ost-Sektion des CNL sowie (Mai) einer zweiten Front in Uvira (Zentral-Kivu-Provinz); die Armee wird zurückgeschlagen.	
30. Juni	Endgültiger *Abzug der UN-Truppen* (etwa 10000 Mann aus 22 Nationen seit 1961) trotz der Rebellionen in zahlreichen Landesteilen (mehr als ein Drittel des Landes nicht mehr unter Kontrolle der Zentralregierung); zugleich Zusammenbruch der Adoula-Regierung.	*Abzug der UN-Truppen*
5. Juli	Auf Druck europäischer Länder und vor allem der USA fordert Präsident Kasavubu Moïse Tshombé zur Regierungsbildung auf (Hoffnung auf die Katanga-Gendarmen zur Niederwerfung der Rebellionen); das Kabinett der nationalen Einheit bezieht auch Kalonji ein.	
27. Juli	Verkündung einer provisorischen Regierung für den östlichen Kongo (G. Soumialot) und den westlichen Kongo (P. Mulele); eine Volksbefreiungsarmee marschiert von der Kivu-Provinz bis Stanleyville (4. Aug.). Bis zu zwei Drittel des Landes sind in der Hand der Rebellen.	
5.–10. Sept.	Während der OAU-Ministerkonferenz (Anwesenheit Tshombés, einziges Thema: Kongo) in Addis Abeba und direkt nach Abschluss eines Hilfsabkommens USA/Belgien für den Kongo (massive US-Waffenlieferungen in der Folge) wird in Stanleyville eine *Volksrepublik* unter Ch. Gbenye und G. Soumialot *ausgerufen* (8. Sept.).	*Ausruf Volksrepublik*
22. Sept.	Nach Verhandlungen eines OAU-Komitees auch mit den Rebellen verweigert Tshombé einen Waffenstillstand und treibt den *Bürgerkrieg* zum Höhepunkt.	*Bürgerkrieg*
16. Okt.	Armee und 4000 unter Führung von Oberst Tshipola aus Angola zurückgeholte Katanga-Gendarmen sowie mindestens 450 wieder angeworbene weiße Söldner eröffnen nach Einnahme von Bukavu (19. Aug.) und Albertville (26. Aug.) eine Offensive gegen die Stanleyville-Regierung, nehmen im Westen Boende (Ende der Gefahr eines Rebellenangriffs auf Léopoldville) und Ikela ein.	
24. Nov.	Der Widerstand wird durch etwa 1000 von US-Flugzeugen über Stanleyville abgesetzten belgischen Fallschirmjägern gebrochen. Die Zentralregierung unter Tshombé kann in der Folge Schritt für Schritt die Kontrolle über die meisten Gebiete erringen (bis Sept./Okt. 1965; Stanleyville-Volksrepublik beseitigt, Mulelisten in Kwilu zurückgeschlagen).	
1965	Abhaltung von *Wahlen* im größten Teil des Landes: Tshombés aus etwa 50 gemäßigten/konservativen Parteien gebildete Convention Nationale Congolaise (CONACO) und verbündete Parteien gewinnen 55% der Mandate (18. März–30. April).	*Wahlen*

PLOETZ ●

NEUESTE ZEIT SEIT 1945 — Afrika südlich der Sahara seit 1945

	13. Okt.	Kasavubu entlässt seinen Rivalen Tshombé (bevorstehende Präsidentschaftswahl) angesichts des Falls des letzten Rebellen-Bollwerks; der BALUBAKAT-Führer Evariste Kimba (*1926, †1966), ehemaliger Außenminister in Tshombés Katanga-Regierung, wird Premier, doch lehnt ihn das Parlament ab (14. Nov).
Machtübernahme Mobutus	25. Nov.	*Machtübernahme* General Joseph D. *Mobutus* in einem unblutigen Militärputsch; Entlassung Kasavubus und Kimbas. Oberst Léonard Mulamba (*1928) wird Premier (28. Nov.).
	1966 22. März	Mobutu übernimmt als Präsident alle gesetzgeberische Gewalt, die Anzahl der Provinzen wird auf zwölf reduziert (6. April), eine Reihe von Städtenamen wird afrikanisiert (5. Mai).
	30. Mai	„Pfingstkomplott", angeblich zur Ermordung Mobutus; Hinrichtung von Ex-Premier Kimba u. a.
	23. Juli	Besetzung des Kisangani-Flughafens durch etwa 2000 Ex-Katanga-Gendarmen und öffentlicher Gebäude durch weiße Söldner; trotz Versöhnungsversuchen starten Regierungstruppen und weiße Söldner einen Überraschungsangriff (23. Sept.) gegen die Stellungen der Katanga-Gendarmen, deren Baka-Regiment aufgerieben wird.
	26. Okt.	Premier Mulamba wird entlassen; Mobutu übernimmt das Amt selbst.
	31. Dez.	Verstaatlichung der Union Minière und Errichtung der staatlichen GÉCOMIN (später GÉCAMINES bzw. Congo-Étain) mit Monopol über Schürfrecht und Vermarktung von Kupfer, Zinn und Kobalt.
	1967 14. Febr.	Der Konflikt wird in einem Abkommen mit der Société Générale (Muttergesellschaft der Union Minière) beigelegt, die sich die – im Gegensatz zum Rohstoffmarkt – krisenunabhängigeren Vertriebsrechte der GÉCOMIN sichert.
	20. Mai	Manifest des neu gegründeten Mouvement Populaire de la Révolution (MPR).
	30. Juni	Entführung des in Abwesenheit zum Tode verurteilten Tshombé (13. März; Exil in Spanien), Inhaftierung in Algerien (dort †1969); Rebellion von 130 weißen Söldnern und 2500 Ex-Katanga-Gendarmen, die sich nach Scheitern der Einnahme von Kisangani nach Rwanda zurückziehen (Ermordung der Gendarmen nach ihrer Repatriierung).
Abkommen mit Belgien	1968 Aug.	*Kooperationsabkommen mit Belgien*: Der seit 1960 gesperrte belgische Besitz wird freigegeben, u. a. freier Profittransfer vereinbart.
	9. Okt.	Der aus dem Exil (Congo-Brazzaville) zurückgekehrte Pierre Mulele wird trotz allgemeiner Amnestie und Garantieerklärungen an Brazzaville hingerichtet.
	1970 5.–9. Aug.	Nach einer Vereinbarung über eine Entschädigung für die Union Minière (Sept. 1969) kündigt Präsident Mobutu während eines USA-Besuches deren Rückkehr an; ein internationales Konsortium von Bergbaugesellschaften wird gegründet.
Einparteienstaat	19. Nov.	Nachdem der erste MPR-Kongress (20.–23. Mai) den *Einparteienstaat* erklärt hat, werden in einem Parteistatut alle Bürger zu Mitgliedern der Partei gemacht.
	5. Dez.	Mobutu übernimmt den Vorsitz des Obersten Gerichtshofes; durch eine Verfassungsänderung wird das MPR zur einzigen Partei und zum obersten Staatsorgan erklärt (23. Dez.).
Umbenennung in Republik Zaïre	1971 27. Okt.	*Umbenennung* des Landes *in Republik Zaïre* im Zusammenhang mit einer nationalen Authentizitätskampagne (Rückkehr zur eigenen Ursprünglichkeit, Neubelebung der Werte der Vorfahren), die u. a. schwere Krisen mit der katholischen Kirche auslöst.
	1972 Sept./Okt.	Verschmelzung von Kabinett und Exekutive der MPR (Minister werden zu Staatskommissaren) und Integrierung des Parlaments in die MPR.
Verstaatlichungspolitik	1973 30. Nov.	Beginn der *Verstaatlichungspolitik* mit der Übernahme von Plantagen, einer belgischen Bergbaugesellschaft und der einzigen Reederei, später auch aller im ausländischen Besitz befindlichen Farmen sowie der Import/Export- und Großhandelsfirmen.
	1974 14. Jan.	Das Eigentum der ausländischen Ölgesellschaften wird übernommen. Abschluss von Verträgen mit einer belgischen Erzgesellschaft, die die Gründung eines nationalen Unternehmens unterstützt, das die GÉCOMIN übernimmt.
	16. Juni	Staatsstreichversuch; in der Folge Hinrichtungen und „Säuberungen" in höchsten politischen und militärischen Ämtern (etwa die Hälfte der Generalität).
	1976 Jan.	Beschluss, allen ehemaligen ausländischen Besitzern von verstaatlichten Betrieben 40% des seit 1964 investierten Kapitals in Form von Aktien zurückzugeben.
	Sept.	Eine Regierungskommission unter Vorsitz Mobutus beschließt die Rückgabe aller enteigneten ausländischen Unternehmen, doch muss ein 40%-Anteil an den Firmen an Bürger Zaïres verkauft oder in Aktienform übertragen werden.
	1977 8. März	Aus Angola dringen mehrere Tausend Guerillas der 1968 gegründeten Front National de la Libération du Congo (FNLC) in Shaba (ehemals Katanga) ein; die sich zurückziehenden und z.T. überlaufenden Soldaten der Regierung plündern weite Gebiete.
Interventionstruppen	7. April Mai	Mit Hilfe einer französischen Luftbrücke werden 1500 (später 3000) *marokkanische Truppen* eingeflogen, die die FNLC-Truppen unter General Mbumba zurückdrängen.
	6. Juli	Mpinga Kasenda (*1938) wird zum Premier ernannt; Säuberungswelle (Aug.).

1978 11. Mai	Erneute Invasion von Truppen der FNLC in Shaba, die sich vornehmlich aus den Zaïre-Flüchtlingen (über eine halbe Million) in Angola rekrutieren; sie nehmen Kolwezi und Mutshatsha ein (erklärtes Ziel: Sturz des Mobutu-Regimes, keine Sezession Shabas).
19. Mai Juni	Französische sowie anschließend belgische Fallschirmjäger greifen in die Kämpfe ein (Begründung: Schutz von Europäern) und drängen die FNLC-Truppen zurück; auf Veranlassung Frankreichs werden die französischen durch etwa 3000 Soldaten aus Marokko, Senegal und Togo (dazu Unterstützung Gabons und der Elfenbeinküste) abgelöst.
14. Juni	*Brüsseler Zaïre-Konferenz* von elf westlichen Gläubigerländern und internationalen Finanzgremien zur Sanierung des extrem verschuldeten und trotz reicher Bodenschätze bankrotten Landes; Teile der Finanzverwaltung und die Führung einiger Staatsunternehmen kommen unter die Treuhandschaft von Europäern.
15.–17. Juli	Nach einer vorbereitenden *Versöhnungskonferenz* zwischen Zaïre- und Angola-Delegationen in Brazzaville Aufnahme diplomatischer Beziehungen.
1979 12. Febr.	Nach einem angeblichen Komplott und nach offenbar eine Invasion vorbereitenden Aktionen weißer Söldner in Rwanda entsendet Belgien 250 Fallschirmjäger nach Kitona.
14. Okt.	Übereinkommen mit Angola/Zambia: Verbot subversiver, gegeneinander gerichteter Aktionen.
1981	Ministerpräsident Nguza Karl-i-Bond (*1938) erklärt in Brüssel seinen Rücktritt und kehrt nicht nach Kinshasa zurück. Sein Nachfolger wird Udjuu Ongwakebi Untubu Nsinga (*1934).
1982	Wegen Wiederaufnahme diplomatischer *Beziehungen zu Israel* streichen OPEC-Fonds und arabische Banken die Entwicklungshilfe. Israel leistet Zaïre verstärkt Militärhilfe.
1983	Bei der Regierungsumbildung am 18. März wird Kengo wa Dongo neuer Premierminister. Die MPR befördert Mobutu zum Feldmarschall.
1984	Bei Arbeitsbesuch Mobutus in Belgien (12.–14. Juli) wird eine Erhöhung der belgischen Kredite an Zaïre vereinbart.
1985 27. Juni	Kooperationsabkommen mit Angola (Febr.). Staatsbesuch Mobutus in Israel (Mai). Rückkehr von Nguza Karl-i-Bond aus dem belgischen Exil.
1986	Gipfelkonferenz in Nsele, bei der Grenzzwischenfälle mit der Volksrepublik Congo beigelegt werden.
Dez.	Weitere Vereinbarungen über *Zusammenarbeit mit Angola*.
1987	Parlamentswahlen mit Wahlpflicht (6. Sept.). In Genf wird die Bildung einer Exilregierung durch verschiedene Oppositionsgruppen bekannt gegeben, die im Parti Démocratique et Socialiste Congolais versammelt sind, ihr Ziel ist der Sturz Mobutus.
1988	Bei einer Regierungsumbildung wird Nguza Karl-i-Bond Außenminister (7. März). Verbot von 357 Kirchen und Sekten in Zaïre (April).
30. Okt.	Besuch des belgischen Premierministers Wilfried Martens in Zaïre.
1989 13. Jan.	Das Zentralkomitee der MPR unterbricht Schuldendienst an Belgien, Kündigung des Freundschaftsvertrages von 1960, Belgien sagt daraufhin neue Entwicklungshilfe ab.
23. Juni	Bei Gipfeltreffen in Gbadolite wird unter Mobutus Leitung Waffenstillstand im angolanischen Bürgerkrieg ausgehandelt. Durch Vermittlung König Hassan II. von Marokko Verständigung Zaïres mit Belgien (Juli). *Grenzvertrag mit Zambia*, der langjährigen Grenzkonflikt beendet (18. Sept.).
1990	Normalisierung des Verhältnisses zu Belgien. Lunda Bululu wird Chef einer Übergangsregierung. Gesetz über die Zulassung weiterer Parteien (17. Juli).
1991 21. Okt.	Nachdem Präsident Mobutu unter nationalem und internationalem Druck formell die Demokratisierung eingeleitet hat (Eröffnung einer Nationalen Konferenz unter Beteiligung der *Opposition* am 7. Aug.), kommt es zur Verfolgung und Vertreibung der Luba-Minderheit, die das Rückgrat der Opposition bildet, in der Süd-Provinz Shaba.
1992	Ausschreitungen und Plünderungen marodierender Soldaten erreichen im Dez. einen Höhepunkt.
1993	Um der hohen Inflationsrate entgegenzuwirken, wird eine *Währungsreform* durchgeführt (21. Okt.).
1996 7. Okt.	Die Verlautbarung, 300 000 Banyamulenge-Tutsi müssten ihre angestammte Heimat im Süden Zaïres innerhalb einer Woche verlassen, führt zu einer Revolte, die von Uganda und Rwanda unterstützt wird.
Okt./Nov.	Nach Angriffen von Tutsi-Rebellen fliehen Hunderttausende Hutu aus Flüchtlingslagern nahe der rwandischen Grenze.
1997 15. März	Nach monatelangen Kämpfen erobert eine Rebellenallianz unter der Führung von Laurent-Désiré Kabila (*1941, †2001) Kisangani.

Mobutu flieht	16. Mai	Staatschef *Mobutu* gibt die Macht ab und *flieht*; Kabila zieht in Kinshasa ein und erklärt sich zum neuen Staatsoberhaupt. Zaïre wird wieder in Kongo umbenannt (mit dem Zusatz „Demokratische Republik").
	April–Mai	Zehntausende Hutu-Flüchtlinge aus Rwanda werden von Tutsi in Zaïre in den Urwald getrieben. Das UNHCR beginnt daraufhin mit der Rückführung der verbliebenen Flüchtlinge nach Rwanda.
	1998 3. Jan.	Kabila nimmt eine Umbildung der Regierung vor und vergibt die entscheidenden Posten an Angehörige seiner Familie bzw. seiner Heimatregion Katanga. Die angekündigte Demokratisierung bleibt ebenso aus wie Privatisierungen oder eine Währungsreform.
	20. Mai	Per Dekret setzt Kabila ein Übergangsparlament ein, das eine Verfassungsreform (Präsidialsystem) absegnen soll.
Rebellion im Osten des Landes	3. Aug.	Ausbruch einer offenen *Rebellion* von Militäreinheiten *im Osten des Landes*. Die Rebellen werfen Kabila Machtmissbrauch und Vetternwirtschaft vor. Sie organisieren sich als Kongolesische Versammlung für die Demokratie (RCD) und als Kongolesische Befreiungsbewegung (MLC). Unterstützt werden sie durch Truppen aus Uganda, Rwanda und Burundi. Der Vormarsch der Rebellen auf Kinshasa wird durch das Eingreifen angolanischer, zimbabwischer und namibischer Einheiten aufseiten der Regierungstruppen gestoppt.
	1999 18. Jan	In Windhoek (Namibia) wird ein Waffenstillstand vereinbart, der jedoch nicht alle Kriegsparteien einbezieht. Namibia kündigt den Rückzug seiner Truppen an.
Friedensabkommen von Lusaka	10. Juli	Unterzeichnung des *Friedensabkommens von Lusaka* (Sambia) durch den Großteil der Kriegsparteien. Die Gefechte zwischen Regierungstruppen und Rebellen gehen dennoch weiter.
	Okt.	Die MLC richtet in den Gebieten, die sie unter Kontrolle hat, eine provisorische Verwaltung ein.
	2000 24.–26. Jan	Bei einem Treffen in New York unter Vermittlung der UN bestätigen die am Konflikt beteiligten Regierungen (DR Kongo, Rwanda, Uganda, Angola, Namibia und Zimbabwe) die Gültigkeit des Abkommens von Lusaka. Die Rebellen nehmen an der Konferenz nicht teil.
	Febr.	Hilfsorganisationen berichten von ethnischen Konflikten im Nordosten des Landes, die bis zu 8000 Menschen das Leben gekostet haben. Gleichfalls nehmen die Spannungen in den von ugandischen bzw. rwandischen Truppen gehaltenen Gebieten zu. Die Bevölkerung sieht in den fremden Soldaten zunehmend „Besatzer".
	16. Juni	Der UN-Sicherheitsrat fordert alle am Bürgerkrieg beteiligten ausländischen Truppen zum sofortigen und vollständigen Rückzug auf.
	Sept.	Wiederaufflammen der Kämpfe.
	2001 16. Jan.	Die Rebellenorganisationen MLC und RCD-ML (eine Abspaltung der RCD) schließen sich zur Kongolesischen Befreiungsfront (FLC) zusammen.
Joseph Kabila	16. Jan.	Präsident Laurent-Desiré Kabila fällt einem Attentat zum Opfer. Nachfolger wird sein Sohn *Joseph Kabila* (*1971, vereidigt 26. Jan.).
	15. Febr.	Erstmals unter Beteiligung von Rebellengruppen finden in Lusaka Friedensgespräche von Vertretern der DR Kongo, Angolas, Namibias und Zimbabwes statt.
	16. April	Der Bericht einer UN-Expertengruppe wirft führenden Politikern aus Uganda, Burundi und Rwanda vor, sich am Bürgerkrieg in der DR Kongo zu bereichern. Rohstoffe würden in den Kriegsgebieten systematisch geplündert. Gegenüber Angola, Namibia und Zimbabwe werden ähnliche Vorwürfe erhoben.
	2002 19. April	Nach acht Wochen werden Verhandlungen zwischen Regierung, Opposition, Rebellen, Kirchen und Bürgergruppen ergebnislos abgebrochen. Inzwischen haben dreieinhalb Jahre Bürgerkrieg vermutlich 2,5 Mio. Menschen das Leben gekostet.
	30. Juli	Die Präsidenten der DR Kongo und Rwandas unterzeichnen ein Friedensabkommen, das den Krieg im Osten Kongos beenden soll. Es sieht sofortige Waffenruhe, die Entwaffnung der Hutu-Milizen und den Abzug rwandischer Truppen aus Kongo vor.
	5. Sept.	Die Regierung erklärt ihre Separatverhandlungen mit der Rebellengruppe MLC für gescheitert.
	6. Sept.	Abschluss eines Abkommens mit Uganda, in dem sich dieses verpflichtet, seine Truppen aus Kongo abzuziehen.

Rwanda seit 1946
(Forts. v. S. 1165)

1946	Ruanda-Urundi UN-Treuhandschaftsgebiet unter belgischer Verwaltung (13. Dez.).	
1952 **14. Juli**	Die Schaffung repräsentativer Beratungsgremien auf allen Verwaltungsebenen soll eine Mitbeteiligung der Hutu ermöglichen, doch kann der politische Aufstieg von Hutu-Évolués (Angestellte mit westlicher Bildung) weit gehend von den Tutsi verhindert werden, die in den Wahlen (1953/1954) 52% der Mandate auf der untersten und (begünstigt durch das indirekte Wahlsystem) 89–91% auf der mittleren/obersten Verwaltungsebene gewinnen.	
1956/1957	*Wahlen*: Die Vertreter der Tutsi verbessern ihre Position im Obersten Landesrat (97%). Trotz Aufhebung (1954) des traditionellen Lehenssystems (Weideland bleibt jedoch in den Händen der Tutsi) und der damit einhergehenden Lockerung der feudalen Abhängigkeiten wird die Verfestigung des bisherigen sozialen und politischen Systems von der aufkommenden jungen, europäisch gebildeten Hutu-Elite bekämpft, die zunehmend von den Missionen und der belgischen Mandatsverwaltung unterstützt wird (seit 1955/1956).	*Wahlen*
1957 **24. März**	Eine Gruppierung von Hutu in Zentral-Ruanda wendet sich im *„Hutu-Manifest"* gegen die Tutsi-Vorherrschaft, plädiert für demokratische Institutionen und bildet (Juni) die Sammlungsbewegung des Mouvement Social Muhutu (MSM) unter *Grégoire Kayibanda* (*1924, †1976), von dem sich die stärker auf Süd-Ruanda konzentrierte Association pour la Promotion Sociale de la Masse (APROSOMA) abspaltet (Nov.).	*Hutu-Manifest* *Grégoire Kayibanda*
1958 **Mai**	Eine Gruppe von Günstlingen um den Mwami verneint in einer Erklärung jegliche Gemeinsamkeiten mit den Hutu; zunehmende Diffamierung der Hutu-Politiker.	
1959 **28. Juli**	„Coup von Mwima" nach dem Tod Mutaras III. mit der Ausrufung des neuen Mwami Kigeri V. ohne Kenntnis der Belgier; wegen des als Überrumpelung empfundenen Wahlverfahrens gewinnt Kigeri V. nicht das Vertrauen der Hutu.	
15. Aug.	Traditionelle *Tutsi-Autoritätsträger* gründen die Union Nationale Ruandaise (UNAR) und fordern die Unabhängigkeit sowie volle Wiederherstellung der Monarchie.	*Tutsi-Autoritätsträger*
14. Sept.	Gemäßigte Tutsi unter Chief Bwanakweli bilden das auch Hutu offen stehende Rassemblement Démocratique Ruandaise (RADER), mit dem sie ein Programm sozialer und politischer Harmonisierung, eine evolutionäre und demokratische Entwicklung anstreben.	
19. Okt.	Kayibanda bildet aus dem MSM die stärker pro-belgische Parti du Mouvement de l'Émancipation Hutu (PARMEHUTU): Forderung nach Hutu-Emanzipation vor der Unabhängigkeit.	
3.–10. Nov.	Ausbruch von bürgerkriegsähnlichen *Kämpfen* („Hutu-Revolte") zwischen Hutu und Tutsi; Tausende von Toten, Beginn der Massenflucht von Tutsi in die Nachbarländer.	*Kämpfe zwischen Hutu und Tutsi*
1960 **6. Febr.**	Ersetzung des Obersten Landesrates durch den Provisorischen Spezialrat, in dem die vier großen Parteien vertreten sind, die Hutu – auf deren Seite die Mandatsverwaltung sich damit eindeutig stellt – jedoch die Mehrheit halten.	
30. Juni	Nach dem endgültigen Bruch der Hutu-Parteien mit dem Mwami erhält die PARMEHUTU bei *Gemeindewahlen* (Boykott der ins Exil ausgewichenen UNAR) 76,5% der Mandate.	*Gemeindewahlen*
25. Okt.	Nach Übernahme fast aller lokaler Körperschaften durch Hutu (Beendigung der Tutsi-Vormachtstellung) wird Grégoire Kayibanda zum provisorischen Regierungschef ernannt.	
1961 **28. Jan.**	Mit belgischer Billigung Konferenz aller Hutu-Gemeinderäte und -Bürgermeister in Gitarama, die ein Parlament (PARMEHUTU 91%, APROSOMA 9% der Sitze) wählen; mit der Ausrufung der Republik („Staatsstreich von Gitarama") werden der Mwami gestürzt und die traditionellen politischen Strukturen Ruandas beseitigt; Kayibanda wird Premier.	
25. Sept.	In den *unter UNO-Aufsicht* abgehaltenen *Wahlen* gewinnt die PARMEHUTU 79,5% der Sitze; 80% der Wähler stimmen in einem Referendum für die Abschaffung der Monarchie.	*Wahlen unter UNO-Aufsicht*
26. Okt.	Nach Beendigung der Monarchie (2. Okt.) wird Grégoire Kayibanda Präsident.	
21. Dez.	In Verhandlungen mit Belgien wird eine getrennte Autonomie für Rwanda und Burundi beschlossen: Rwanda erhält innere Autonomie.	
1962	Wirtschaftsunion mit Burundi (19. April; gekündigt 31. Dez. 1963).	
1. Juli	Die Republik Rwanda erhält die *Unabhängigkeit* unter Präsident Kayibanda, der in der Folge eine Mittlerposition zwischen den Hutu-Fraktionen einnimmt; die Hutu im Norden behalten ihre weit gehende Autonomie von der Zentralregierung bei. Die UNAR entmachtet den zur Regierung übergetretenen Rwagasana-Flügel.	*Unabhängigkeit*
Juli	Bewaffnete Gruppen der Anfang 1962 unter den *Tutsi-Flüchtlingen* (seit Nov. 1959 ca. 80000–150000) gegründeten „Inyenzi"-Widerstandsbewegung dringen von Kongo (Zaïre) und Uganda nach Rwanda ein.	*Tutsi-Flüchtlinge*

	1963 21. Dez.	Bugesera-Invasion von Uganda, Kongo und Burundi aus; die von Burundi nach Norden vormarschierende „Königliche Armee Rwandas" unter dem Befehl Kigeris V. wird jedoch vor der Hauptstadt Kigali von der Nationalgarde Rwandas abgewehrt und aufgerieben.
	1964 11.–19. Jan.	In den folgenden Gegenreaktionen der Hutu (getragen von jahrelanger Furcht vor einem Tutsi-Gegenschlag) werden mindestens 14 000 Tutsi ermordet; Oppositionsparteien werden verboten.
Abkommen *Rwanda –* *Burundi*	**1967** 20. März	Nach erneuten Inyenzi-Angriffen von Burundi aus (Nov.–Dez. 1966) *Abkommen zwischen Rwanda und Burundi* (Vermittlung Zaïres), die Guerilla-Aktivitäten von ihren jeweiligen Ländern aus durch Entwaffnung der Flüchtlinge zu beenden.
	1969	Erster Botschafteraustausch zwischen Rwanda und Burundi (Aug.).
Feindselig- *keiten gegen* *Tutsi*	**1973** 16. Febr. 18. Mai	Erneute blutige *Feindseligkeiten gegen Tutsi*; zugleich Studentenunruhen, Bildung von Revolutionskomitees und Boykott von Tutsi-Geschäften; Einsatz von Militär und Polizei. Bestätigung eines neuen Verfassungsentwurfes; die Amtsdauer von Präsident und Parlament werden um ein Jahr verlängert.
Staatsstreich *Habyarimanas*	5. Juli	Nach längeren Fraktionskämpfen zwischen Hutu aus dem Norden und den die Partei und Regierung dominierenden Hutu aus Zentral- und Süd-Rwanda kommt es zum *Staatsstreich unter* dem aus dem Norden stammenden Verteidigungsminister (seit 1965) und Armeechef General Juvénal *Habyarimana* (*1937, †1994) an der Spitze des aus hohen Offizieren gebildeten Comité pour la Paix et l'Unité Nationale; Verbot der PARMEHUTU. Die Dominanz regionaler Gruppen wird abgebaut, eine gemäßigtere Haltung im Hutu-Tutsi-Verhältnis eingenommen.
	1975 5. Juli	Gründung der Einheitspartei Mouvement Révolutionnaire Nationale pour Développement (MRND) und Verabschiedung eines MRND-Manifests.
neue Verfassung	**1978**	Annahme einer *neuen Verfassung* (Referendum 17. Dez.): Wahl Habyarimanas zum Präsidenten.
	1980 5. Mai	Nach erneuten Spannungen zwischen Hutu und Tutsi wird der ehemalige Sicherheitschef Major T. Lizinde wegen Putschverdacht verhaftet.
	1983 Dez.	Wie schon im Oktober 1982 kommt es zu einem starken Rückstrom von Rwandern aus Uganda. Die Grenzen werden geschlossen.
	1986	Handelsabkommen mit Uganda, verbesserte Zusammenarbeit wird angestrebt (Aug.).
Wiederwahl *Habyarimanas*	**1988**	Nach Massakern in Burundi (14. Aug.) fliehen über 60 000 Hutu nach Rwanda. *Wiederwahl von* Staatspräsident *Habyarimana* für weitere fünf Jahre (19. Dez.).
	1989	Konferenz in Rwanda und Burundi über Repatriierung burundischer Flüchtlinge (Mai).
	1990 Okt.	Einheiten der Front Patriotique Rwandais (FPR), eine im ugandischen Exil gegründete Tutsi-Organisation, dringen bis zur Hauptstadt Kigali vor. Habyarimana kann mit Regierungstruppen sowie belgischer, französischer und zaïrischer Hilfe die Rebellen zurückdrängen.
	1991 10. Juni	Mit der Unterzeichnung einer neuen Verfassung leitet Staatspräsident Habyarimana die Demokratisierung des Landes ein.
	1992 18. Aug.	Die Regierung und Vertreter der FPR unterzeichnen ein Friedensabkommen in Arusha (Tanzania).
Bürgerkrieg	**1994** 6. April	Die Ermordung der Staatspräsidenten Rwandas und Burundis, Juvénal Habyarimana und Cyprien Ntaryamira, durch einen Flugzeugabschuss entfacht erneut den *Bürgerkrieg* zwischen Hutu und Tutsi. Bei Massakern kommen ca. eine Million Menschen, mehrheitlich Tutsi, ums Leben (Mai–Sept.).
	18. Juli	Die siegreiche FPR erklärt den Bürgerkrieg für beendet und setzt eine Regierung der nationalen Einheit aus Hutu und Tutsi ein.
	1995	Aus Angst vor Racheakten fliehen ca. 1,5 Millionen Hutu nach Zaïre.
	27. Juni	Konstituierung des UN-Kriegsverbrechertribunals für Rwanda mit ständigem Sitz in Arusha.
	Nov.	Hunderttausende Flüchtlinge kehren aus Zaïre und Tanzania zurück nach Rwanda.
Hutu-Flüchtlinge	**1997** April/Mai	Nachdem aufständische Tutsi in Zaïre zehntausende *Hutu-Flüchtlinge* aus den Lagern in den Urwald getrieben haben (85 000 gelten zeitweise als vermisst), beginnt das Hochkommissariat der UN eine Rückführungsaktion der verbliebenen Flüchtlinge nach Rwanda.
	4. Sept.	Vor dem UN-Kriegsverbrechertribunal in Arusha bekennt sich der ehemalige rwandische Regierungschef Jean Kambanda des Völkermordes für schuldig und wird zu lebenslänglicher Haft verurteilt.
	1998 Nov.	Nach Berichten von Hilfsorganisationen haben wegen der Kämpfe zwischen der rwandischen Armee und Hutu-Milizen ca. 600 000 Menschen ihre Dörfer verlassen. Da die Hutu-Milizen Versorgungsbasen in der DR Kongo unterhalten, greift der Krieg auch dorthin über.
	1999 16. Dez.	Eine UN-Kommission gibt in einem Bericht den UN eine Mitschuld am Völkermord von 1994: Warnungen seien ignoriert worden, es seien sogar UN-Truppen kurz vor Beginn der

	Massaker abgezogen worden. Kritik wird auch an den USA geübt, die ein Mandat für Friedenstruppen in Rwanda blockiert hätten.	
2000 23. März	Nach dem Rücktritt des seit 1994 amtierenden Präsidenten Pasteur Bizimungu übernimmt Paul Kagame (*1957) die Interimspräsidentschaft.	
17. April	Kagame wird zum neuen Präsidenten gewählt. Er ruft zur Versöhnung auf und sichert Hutu-Flüchtlingen eine gefahrlose Rückkehr zu.	
23. Dez.	Internationaler Währungsfonds (IWF) und Weltbank erlassen Rwanda 71% seiner Schulden.	
2001	Erstmals seit dem Völkermord von 1994 werden wieder Kommunalwahlen abgehalten.	
6. März Mai/Juni	Schwere Kämpfe zwischen Regierungstruppen und der Hutu-Miliz Interahamwe, die aus der DR Kongo zurückkehrt.	
8. Juni	In Brüssel werden vier nach Belgien geflüchtete Völkermord-Beteiligte, darunter zwei Nonnen, zu hohen Haftstrafen verurteilt.	
Juli	Zur Bewältigung der *Massenprozesse gegen Völkermord-Beschuldigte* (rd. 130000 warten in rwandischen Gefängnissen auf ihren Prozess) werden über 260000 Laienrichter ausgebildet.	*Massenprozesse gegen Völkermord-Beschuldigte*
2002 30. Juli	Unterzeichnung eines Friedensabkommens mit der DR Kongo. Rwanda verspricht den Abzug seiner Truppen aus dem Nachbarland.	
12. Aug.	Ex-Generalstabschef Augustin Bizimungu, einer der Leiter des Völkermordes von 1994, wird in einem Demobilisierungslager in Angola festgenommen und an das UN-Tribunal für Rwanda ausgeliefert.	
16. Aug.	Der UN-Sicherheitsrat beschließt die Aufstockung des Rwanda-Völkermord-Tribunals in Arusha von neun auf 27 Richter.	

Burundi seit 1946

(Forts. v. S. 1165)

1946	Ruanda-Urundi UN-Treuhandschaftsgebiet unter belgischer Verwaltung (13. Dez.).	
1953/1954	Die Hutu erreichen bei *Wahlen* lediglich für die Beratungsgremien auf der untersten Verwaltungsebene eine Mandatsmehrheit, während die durch das komplizierte indirekte Wahlsystem begünstigten Tutsi auf den mittleren und oberen Ebenen klare Mehrheiten gewinnen und damit ihre Vormachtstellung absichern. Tutsi-Ganwa und -Évolués (Angestelltenklasse mit westlicher Bildung) werden zu entscheidenden Trägern der nationalen Politik. Gegen sie, jedoch nicht gegen die Mwami-Monarchie oder die Tutsi allgemein, richtet sich die Frontstellung der aufstrebenden, europäisch gebildeten Hutu-Elite.	*Wahlen*
1959 Sept.	Nach der *Zulassung politischer Parteien* offizielle Gründung der Unité et Progrès National (UPRONA) unter dem Mwami-Sohn Louis Rwagasore (*1932, †1961), die wesentliche Unterstützung von Ganwa (die Herrscherdynastien stellenden Clans der Tutsi-Aristokratie) des Bezi-Clans, aber auch einiger Hutu erhält; gegen sie wird von den rivalisierenden Tare-Ganwa die Parti Démocrate Chrétien (PDC) gebildet. Die kurz darauf gegründete Hutu-Partei Parti du Peuple (PP, Ziel: schrittweise Autonomie) sowie die von Bezi-Ganwa getragene Parti Démocrate Rural (PDR) unterstützen den Mwami.	*Zulassung politischer Parteien*
1960 22. Febr.	Das Mandat des Obersten Landesrates wird von der belgischen Mandatsverwaltung nicht erneuert, an seiner Stelle wird eine Interim-Kommission eingesetzt.	
6. Juli	Der auf Druck der UNO von den Belgiern provisorisch eingesetzte Regierungschef Joseph Cimpaye (*1932, †1972) bildet eine *Allparteienregierung* unter Einschluss der UPRONA, wodurch der Antagonismus zwischen Bezi und Tare verstärkt auflebt.	*Allparteienregierung*
18. Sept.	Die UPRONA stellt in der Folge den Mwami als entscheidendes Bindeglied zu den Hutu heraus und erreicht deren Mobilisierung in den von der UNO beaufsichtigten *Neuwahlen*, in der die UPRONA 91% der Mandate gewinnt, die in der Front Commune zusammengeschlossenen Parteien (PDC, PDR, PP) jedoch nur 3%; 47% der Abgeordneten sind Hutu.	*Neuwahlen*
29. Sept.	Louis Rwagasore wird Premier, Pierre Ngendadumwe (*1937, †1965) Vizepremier.	
13. Okt.	Rwagasore wird ermordet; André Muhirwa (*1920), Tare-Ganwa und Schwiegersohn des Mwami, wird neuer Premier.	
1962	Beginn des offenen ethnischen Konflikts zwischen Tutsi und Hutu (19. Jan.).	
1. Juli	*Unabhängigkeit Burundis* unter dem Präsidenten Mwami Mwambutsa IV. (*1912, †1977) und Premier Muhirwa vor dem Hintergrund verstärkter innenpolitischer Instabilität.	*Unabhängigkeit Burundis*
Sept.	Spaltung der UPRONA in einen „Monrovia-Flügel" unter Paul Mirerekano (Hutu) und einem „Casablanca-Flügel" unter Muhirwa.	
1963	Pierre Ngendadumwe vom Monrovia-Flügel wird erster Hutu-Premier (8. Juni).	

Monrovia-Gruppe	6. Juli	Die UPRONA zerfällt endgültig; die *Monrovia-Gruppe* unter Joseph Bamina (*1925, †1965; Hutu) versucht, in einem Pakt zwischen traditioneller Hutu-Elite, Tutsi-Aristokratie sowie dem Mwami, einen „pro-westlichen" Kurs zu steuern, der von der radikalen, von Tutsi-Intellektuellen geprägten „*Casablanca-Gruppe*" als grundlegender Wandel zu Gunsten der Hutu bekämpft wird.
Casablanca-Gruppe		
	1964 6. April	Albin Nyamoya (*1924), Ruguru-Tutsi von der „Casablanca-Gruppe", wird Premier; er lehnt sich an die VR China an (Staatsbesuch Sept. 1964).
	1965 9. Jan.	Nach Nyamoyas Entlassung beruft der Mwami Pierre Ngendadumwe erneut zum Premier, der jedoch ermordet wird (15. Jan.). Verhaftung zahlreicher radikaler Tutsi aus der UPRONA (u. a. Nyamoya) und Verbot der JNR (UPRONA-Jugendorganisation).
	22. Jan.	Der UPRONA-Präsident Joseph Bamina (*1925, †1965; Hutu) wird Premier.
	10. Mai	UPRONA-Wahlsieg (64% der Sitze), der Mwami verweigert aber die Ernennung des von der Hutu-Parlamentsmehrheit (70%) vorgeschlagenen Premierminister-Kandidaten.
	24. Juli	Der Mwami erklärt die absolute Monarchie und ernennt seinen Privatsekretär, Léopold Bihumugani (*1919; Bezi-Ganwa; auch Biha genannt), zum Premier (14. Sept.).
Putschversuch von Tutsi	11. Okt.	*Putschversuch* des radikalen *Tutsi*-Flügels (Ziel: Errichtung einer Republik). Aus Furcht vor einem erneuten Putsch der Tutsi-Radikalen und der JNR putschen 50 Hutu in Armee und Polizei; ihre Machtübernahme wird jedoch von der Leibgarde des Mwami und loyalen Truppen unter Hauptmann Michel Micombero (*1940, †1983) verhindert (18./19. Okt.), folgenden Unterdrückungsmaßnahmen fallen über 5000 Hutu zum Opfer, vor allem unter der Hutu-Elite, darunter alle Parlamentarier (auch die Ex-Premiers Bamina und Mirerekano).
	1966 24. März	Mwambutsa überträgt seinem Sohn Charles Ndizeye (*1947, †1972) den größten Teil seiner Machtbefugnisse.
Machtübernahme Ndizeyes	8. Juli	Unter der Regie von Muhirwa und mit Unterstützung von Hauptmann Micombero setzt *Ndizeye* seinen abwesenden Vater ab, *übernimmt alle Vollmachten*, suspendiert die Regierung Biha und hebt die Verfassung auf.
	12. Juli	Gestützt auf die von Hutu großenteils „gesäuberte" Armee und auf radikale Tutsi-Politiker bildet Michel Micombero als Premier eine neue Regierung.
	30. Juli	Das Primat der UPRONA wird erklärt, Ndizeye als Ntare V. inthronisiert (1. Sept.).
	28. Nov.	Micombero setzt Ntare V. während dessen Staatsbesuches in Zaïre ab, ruft die Republik aus und übernimmt das Amt des Präsidenten.
Abkommen Burundi/Rwanda	**1967** 20. März	*Abkommen Burundi/Rwanda* zur Beendigung der Guerilla-Aktivitäten von ihren jeweiligen Ländern aus. Erster Botschafteraustausch Aug. 1969.
	1969	Verhaftungen von Hutu, darunter Offiziere und Minister (Sept./Dez.); Hinrichtungen.
	1971 13. März	In einer Regierungsumbildung können die aus Micomberos Heimatprovinz Bururi stammenden Tutsi die Oberhand in dem länger schwelenden Konflikt mit den nördlichen Tutsi (zu denen die dynastischen Clans gehören) gewinnen.
	5. Juli	Verhaftung der Hauptvertreter der Ruguru-Fraktion (nördliche Tutsi).
Militärjunta	20. Okt.	Eine *Junta* aus 27 Offizieren (darunter nur zwei Hutu und zwei Ganwa) wird eingesetzt.
	1972 30. März	Ntare V. kehrt aus dem Exil über Uganda zurück; trotz einer Amnestie und Zusagen für seine Sicherheit an Uganda wird er bei seiner Ankunft in Burundi verhaftet.
Aufstand von Hutu	29. April	Nach Massenverhaftungen (16. April) *Aufstand von Hutu*-Bauern im Süden; die unmittelbar nach Beginn ihrer Angriffe erfolgte Hinrichtung von Ntare V. eskaliert die Rebellion.
	6. Mai	Hinrichtung der angeblichen Rädelsführer sowie von ca. 450 Hutu-Soldaten (nur noch Tutsi in der Armee).
	21. Juni	Offizielles Ende der militärischen Operationen; Albin Nyamoya von der Ruguru-Fraktion wird erneut Premier.
	1973 10. Mai	Hutu-Guerillas greifen von Tanzania, Rwanda und Zaïre aus an, Gegenmaßnahmen der Armee und Racheaktionen der JNR fordern Hunderte von Opfern unter den Hutu.
	30. Mai	Zusammenstoß zwischen Burundi- und Tanzania-Truppen im Zuge von Verfolgungsaktionen der Burundi-Armee; Flucht von etwa 150000 Hutu, während der Hutu-Rebellion 1972 und der Unterdrückungsmaßnahmen 1973 ca. 150 000–250 000 Todesopfer.
	5. Juni	Entlassung des Premiers Nyamoya; sein Amt übernimmt wieder Micombero.
	1974 11. Juli	Eine neue Verfassung gibt Micombero unbegrenzte Machtfülle in einem Einparteien-Präsidialsystem ohne Legislative.
Armeeputsch unter Bagaza	**1976** 1. Nov.	*Armeeputsch unter* Oberst Jean-Baptiste *Bagaza* (*1946, Tutsi; seit 1972 stellvertretender Stabschef), der Präsident wird (21. Nov.) und Oberst Edouard Nzambimana (*1945) als Premier (bis 13. Okt. 1978) einsetzt; die Verfassung wird außer Kraft gesetzt, ein Oberster Revolutionsrat aus 30 Militärs gebildet; Verbot der UPRONA, Entmachtung des extremsten Verfechters der Tutsi-Supremalie, A. Simbananiye (Matana-Bururi).

1979	Erster UPRONA-Kongress (26.–29. Dez.), Wahl Bagazas zum UPRONA-Präsidenten.	
1982 Okt.	Nach der Annahme und Billigung einer *neuen Verfassung* durch ein Referendum (Frühjahr) erste Wahlen seit 17 Jahren: Zur Wahl stehen nur Kandidaten der Einheitspartei UPRONA; Wahlbeteiligung: 95%.	*neue Verfassung*
1985	Ausweisung von 80 Missionaren, Konflikt zwischen Staat und katholischer Kirche.	
1986	Zuspitzung des *Konfliktes mit der Kirche*, Verbot des Religionsunterrichts und Verstaatlichung katholischer Schulen. Kooperationsabkommen mit Uganda (2. Nov.).	*Konflikt mit der Kirche*
1987 3. Sept.	Sturz Präsident Bagazas während dessen Abwesenheit durch einen *Staatsstreich unter* Major Pierre *Buyoya* (*um 1949). Regierung durch Militärrat (Comité Militaire du Salut National, CMSN) ersetzt. Buyoya wird neuer Präsident.	*Staatsstreich unter Buyoya*
1988	Schwere *Stammesunruhen* zwischen Tutsi und Hutu, nach Massakern fliehen über 60000 Hutu nach Rwanda (14. Aug.). Regierungsumbildung am 19. Okt., die neue Regierung wird mit zwölf Hutu und elf Tutsi besetzt.	*Stammesunruhen*
1989	Konferenz in Rwanda und Burundi über Repatriierung burundischer Flüchtlinge (Mai).	
1992 9. März	In einem Referendum stimmen die Burundier mit 90,2% für eine demokratische Verfassung. Diese verbietet Parteien mit ethnischem Charakter. Dennoch findet die oppositionelle Front pour la Démocratie au Burundi (FRODEBU) hauptsächlich Rückhalt bei den Hutu, während die UPROMA traditionell von den Tutsi dominiert wird.	
1993 10. Juli	Mit Melchior Ndadaye (FRODEBU) wird erstmals ein Hutu zum Staatspräsidenten gewählt. Am 21. Okt. wird er von Militärs gestürzt und ermordet. In der Folge kommt es zu Kämpfen zwischen Hutu und Tutsi.	
1994 6. April 30. Sept. 1. Dez.	Der am 13. Jan. gewählte Staatspräsident Cyprien Ntaryamira wird zusammen mit dem Staatspräsidenten Rwandas, Juvénal Habyarimana, durch einen Flugzeugabschuss getötet. Sylvestre Ntibantunganya (*1956; FRODEBU) wird zum Staatspräsidenten gewählt. Die Wahl des Hutu Jean Minani zum Parlamentspräsidenten führt zu einer politischen Krise, in deren Folge der seit Jahrzehnten schwelende Bürgerkrieg erneut aufflammt.	
1996	*Militärputsch* (25. Juli): Buyoya erneut Staatspräsident (Vereidigung 30. Sept.). Ende des Jahres beginnt die Armee mit der Umsiedlung der Hutu-Bevölkerung in Wehrdörfer, um sie dem Einfluss der Guerilla zu entziehen.	*Militärputsch*
1997 Aug.	Scheitern von Waffenstillstandsverhandlungen zwischen Regierung, Opposition und Rebellen.	
1998 24. März 11. Juni 5. Okt.	Das Welternährungsprogramm (WFP) richtet eine Luftbrücke nach Burundi ein, um 37 000 unterernährte Kinder zu versorgen. Buyoya wird als Präsident einer Übergangsregierung anerkannt. Das Parlament spricht sich für eine *Politik der Partnerschaft* zwischen Tutsi und Hutu aus. Der Bürgerkrieg geht jedoch trotz der im Juni in Arusha (Tanzania) aufgenommenen Verhandlungen weiter. Sowohl Regierungstruppen wie auch Rebellen veranstalten immer wieder Massaker unter der Zivilbevölkerung. Die Zahl der Flüchtlinge ist auf 820 000 angestiegen, davon halten sich mehr als 300 000 in tanzanischen Flüchtlingslagern auf.	*Politik der Partnerschaft*
1999	Die Regierung siedelt erneut über 350 000 Hutu in sog. „beschützte Siedlungen" um (Sept.).	
2000 19. Jan. 28./29. Aug. 20. Sept.	UN-Generalsekretär Kofi Annan bezeichnet die von der Regierung eingerichteten Lager als „humanitäre Katastrophe". Nach mehreren Anläufen (zuletzt im Jan./Febr.) kommt es in Arusha zu einem Friedensabkommen, das 15 der 19 im Bürgerkrieg engagierte Regierungen und Organisationen unterzeichnen. Die letzten Parteien der Tutsi-Minderheit treten dem Abkommen von Arusha bei. Die Umsetzung gestaltet sich jedoch schwierig.	
2001 25. Jan. 11. Juli	Die Vertragsparteien einigen sich auf die Zusammensetzung des Parlaments: 60% der Sitze für die Hutu, 40% für die Tutsi. Einigung über eine dreijährige *Übergangsregierung*.	*Übergangsregierung*
2002 7. Juli 6. Aug.	Beginn einer Offensive der Hutu-Rebellengruppen FDD und FNL. Bis zum 5. Aug. kommen bei den Kämpfen 630 Menschen ums Leben. In Daressalam (Tanzania) werden Friedensverhandlungen aufgenommen.	

Südliches Afrika: Südliches Zentralafrika seit 1945

Angola seit 1951
(Forts. v. S. 1166)

Überseeprovinz Portugals	1951	Neuer Status Angolas als *Überseeprovinz Portugals* (11. Juni).
	1953	Durch ein Organgesetz wird ein Legislativrat geschaffen (27. Juni).
	1956 Dez.	Die Partido da Luta Unida dos Africanos de Angola (PLUA), 1953 als erste radikalere Partei der Afrikaner gegründet, schließt sich mit anderen Gruppierungen zum Movimento Po-
MPLA		pular de Libertação de Angola (*MPLA*) unter Mario de Andrade (*1928, †1990), Agostinho Neto (*1922, †1979) und Amilcar Cabral (Guinea-Bissau) zusammen.
Verhaftungswelle	1959 März–Juli	Zahlreiche Angehörige von neu gegründeten Organisationen sowie der MPLA werden während einer *Verhaftungswelle* ausgeschaltet (weit gehende Zerstörung der Organisationsstruktur der MPLA, die ihren Sitz nach Guinea verlegt).
	1960 Juni	Nach der Verhaftung der MPLA-Führer A. Neto und Joaquim de Andrade (*1926) ausbrechende Unruhen in Catete werden durch Militär niedergeschlagen (etwa 30 Tote).
	Nov.	Arbeitsniederlegung und Steuerverweigerung von zum Baumwoll-Zwangsanbau verpflichteten Bauern in Cassange; ca. 10000 Todesopfer bei folgenden Repressionsmaßnahmen (Jan.–März 1961).
	1961 4. Febr.	Von der MPLA als Beginn der nationalen Revolution angesehene Kommando-Aktion der 1958–1960 führerlos gewordenen Untergrundbewegung in Luanda; blutige portugiesische Gegenmaßnahmen.
Guerillakampf	15. März	Aufstand im Gebiet der Kongo und Dembos mit blutigen Ausschreitungen gegen Europäer und Ovimbundu-Wanderarbeiter, in der Folge *Guerillakampf* unter starkem Einfluss der 1954 gegründeten União das Populaçoes de Angola (UPA) unter Holden Roberto (*1923): Lucunga und Bembe (17. April) werden eingenommen.
	Mai	Die portugiesische Gegenoffensive mit Verstärkungen aus Portugal kann das Aufstandsgebiet allmählich zurückgewinnen; ca. 50000 Todesopfer.
	6. Sept.	Portugiesisches Bürgerrecht für alle Afrikaner (die meisten bleiben als Analphabeten vom Wahlrecht ausgeschlossen); Abschaffung der Zwangsarbeit, doch zugleich Erhöhung der Besteuerung (27. April 1962). Aufgabe der bisherigen restriktiven Politik gegenüber ausländischen Investitionen (in der Folge starke Expansion der Rohstoffausbeutung); erhebli-
portugiesische Siedler		che Zunahme der Einwanderung *portugiesischer Siedler*.
FNLA	1962 27. März	Zusammenschluss der UPA mit der Partido Democratico Angolana zur Frente Nacionalde Libertação de Angola (*FNLA*) unter Holden Roberto, die mit Unterstützung der Regierung von Kongo-Léopoldville unter Premier Adoula (seit Aug. 1961) zunächst den Befreiungskampf in Angola bestimmt und (5. April) mit dem Governo Revolucionário de Angola no Exílio (GRAE) eine Exilregierung bildet (von der OAU im Juli 1963 anerkannt).
	1964 13. März	Nach der Flucht Netos aus Angola (Juli 1962) und Wahl zum MPLA-Präsidenten (Dez. 1962) eröffnet die MPLA eine weitere Kampffront in Cabinda und erhält ebenfalls OAU-Unterstützung.
UNITA	1966 13. März	Der zurückgetretene (16. Juli 1964) GRAE-Außenminister Jonas Savimbi (*1934, †2002) gründet in Muangai *die União Nacional para a Indepêndencia Total de Angola* (UNITA), die bei einem Angriff auf Texeira de Sousa (25. Dez.) die Benguela-Bahn unterbricht (ähnliche Angriffe 1967).
	1968	Nach Beginn von Operationen im Osten (Sept. 1966) eröffnet die (seit 1965) auch von Zambia aus operierende MPLA eine neue Front im Nordosten (Katanga-Grenze) und wird von der OAU (Organisation für Afrikanische Einheit) anstelle der GRAE anerkannt (Sept.).
	1972 13. Dez.	Trotz Bildung eines gemeinsamen Rates für die Befreiung Angolas (Vorsitz: Holden Roberto; Stellvertreter: Agostinho Neto) werden die Rivalitäten untereinander nicht abgebaut. Eine Rebellion im Guerilla-Hauptquartier Kinkuzu schwächt die FNLA, die (1973) mit chinesischer und Zaïre-Hilfe neu belebt wird.
	1974	OAU-Anerkennung der UNITA (25. Mai).
	Juli	240 Tote und Verletzte bei von weißen Extremisten entfesselten Unruhen in Luanda.
Waffenstillstand	Okt.	*Waffenstillstand* Portugals mit MPLA und FNLA (Juni: bereits mit der UNITA).
Unabhängigkeit	1975 15. Jan.	Im Vertrag von Alvor (Portugal) beschließen MPLA/UNITA/FNLA und Portugal die *Unabhängigkeit* für den 11. Nov. 1975.

31. Jan.	Eine Übergangsregierung mit einem kollektiven Führungsorgan (MPLA, UNITA, FNLA) und paritätischer Besetzung der Ministerposten wird eingesetzt, die Vorbereitungen für die Unabhängigkeit und eine gemeinsame Streitmacht treffen soll; dieses wird verhindert durch den Ausbruch schwerer Kämpfe (Febr./März) zwischen MPLA und FNLA.	
14. Juli	Südafrikanische Truppen besetzen das Gebiet am Cunene-Staudamm in Süd-Angola.	
22. Juli	Nach einem erfolglosen Waffenstillstand mit der FNLA vertreibt die MPLA die Rivalen aus Luanda.	
7. Aug.	Die FNLA tritt aus der Übergangsregierung aus, der portugiesische Hochkommissar (bisher „Schiedsrichter"-Funktion) übernimmt die Verwaltung Angolas (28. Aug.).	
29. Aug.	Die UNITA gibt ihre „Neutralität" auf, schließt einen Waffenstillstand mit der MPLA, zieht sich aus Luanda zurück und geht ein Bündnis mit der FNLA ein.	
Sept.	Die MPLA erklärt daraufhin ihren Willen, die Macht allein zu übernehmen; mit einer neuen FNLA-Offensive dringen etwa 11000 Zaïre-Soldaten in Angola ein.	
14. Okt.	Nachdem spätestens seit Aug. 1975 südafrikanische Ausbilder und (seit 24. Sept.) ein südafrikanisches Expeditionskorps (in Huambo) in Angola operieren, überschreitet eine 6000 Mann starke *südafrikanische Truppe* die Grenze Namibias und dringt mit portugiesischen Söldnern sowie offenbar auch FNLA- und UNITA-Unterstützung weit in Angola vor: Lubango (ehemals Sà da Bandeira), Moçâmedes, Benguela, Lobito sowie Nova Redondo (14. Nov.) werden eingenommen, doch wird der Vormarsch etwa 300 km vor Luanda von MPLA- und kubanischen Truppen gestoppt.	*südafrikanische Truppe*
10. Nov.	*Abzug der portugiesischen Truppen* ohne Klärung der Machtübergabe.	*Abzug portugiesischer Truppen*
11. Nov.	Die MPLA ruft in Luanda die Unabhängigkeit der Volksrepublik Angola aus (Präsident Agostinho Neto, Premier 14. Nov. Lopo do Nascimento [*1940]), die FNLA in Ambriz und die UNITA in Huambo rufen ebenfalls Republiken aus.	
1976 Jan./Febr.	Mit *kubanischer Unterstützung* (Schätzungen gehen bis zu 10000 Mann) kann die MPLA in einer Großoffensive die FNLA-Stützpunkte Carmona und Ambriz sowie Nova Redondo (24. Jan.) und den UNITA-Hauptstützpunkt Huambo (8. Febr.) sowie Benguela und Lobito (10. Febr.) zurückerobern.	*kubanische Unterstützung*
27. März	Rückzug der südafrikanischen Truppen; kubanische und MPLA-Truppen erreichen die Südgrenze (1. April).	
1977 27. Mai	Der Putschversuch des prosowjetischen Außenministers Nito Alves schlägt fehl; umfangreiche „Säuberungen" in der MPLA in der Folge.	
Dez.	Auf dem ersten Parteikongress wird die „Massenorganisation MPLA" von der „MPLA Partei der Arbeit" abgelöst; in der „Volksdemokratie Angola" werden das städtische und ländliche Proletariat als führende, die Bauern als hauptsächliche Kraft angesehen.	
1978	Premier Nascimento wird abgesetzt (10. Dez.).	
1979	*Tod Präsident Netos* (10. Sept.); Nachfolger: Eduardo dos Santos (*1942) (20. Sept.).	*Tod Präsident Netos*
1983 Jan.	32 hochrangige Mitglieder der MPLA (Mischlingsgruppe, radikal, moskautreu) ihres Postens enthoben; Stärkung der Catete-Gruppe (Schwarzafrikaner).	
1984 März	*Abzug der Südafrika-Truppen* aus Angola bringt schwierige Situation für die UNITA und spürbare Entlastung für die MPLA.	*Abzug der Südafrika-Truppen*
1985 10. Juli	Angola tritt dem Lomé-Abkommen als 66. Staat bei (30. April). Aufhebung des „Clark Amendment" durch das Repräsentantenhaus der USA, das bis dahin US-Militärhilfe an regierungsfeindliche Truppen in Angola verhindert hatte.	
1986	Auch nach dem Abzug südafrikanischer Truppen Übergriffe auf angolanisches Gebiet.	
1988 22. Dez.	Unter Vermittlung der USA und der UdSSR einigen sich Angola, Kuba und Südafrika auf ein Abkommen, das den Abzug kubanischer Truppen aus Angola und die Entlassung Namibias in die Unabhängigkeit regelt.	
1989 23. Juni	*Abzug der kubanischen Truppen* aus Angola beginnt (Jan.). Joseph Mobutu vermittelt in Gbadolite (Zaïre) einen Waffenstillstand zwischen Regierung und UNITA, am 24. Aug. jedoch erneuter Ausbruch des Bürgerkriegs.	*Abzug kubanischer Truppen*
1990	Beginn direkter Friedensgespräche zwischen MPLA und UNITA in Portugal (April). Reformprogramm der MPLA, Übergang zu Mehrparteiensystem und Marktwirtschaft beschlossen (9. Dez.).	
1991	Die letzten kubanischen Truppen ziehen aus Angola ab (25. Mai).	
31. Mai	Staatschef Eduardo dos Santos und UNITA-Führer Jonas Savimbi unterzeichnen in Lissabon in Anwesenheit der Außenminister der USA und der UdSSR, sowie des portugiesischen Regierungschefs ein *Friedensabkommen*.	*Friedensabkommen*
1992 29./30. Sept.	Als Savimbi den Sieg des Staatschefs dos Santos bei den ersten freien Präsidentschafts- und Parlamentswahlen nicht anerkennt, brechen neue Kämpfe in der Hauptstadt Luanda aus (Okt./Nov.).	

	1994 20. Nov.	Die international anerkannte MPLA-Regierung und die Rebellenbewegung UNITA schließen in der zambischen Hauptstadt Lusaka ein weiteres Friedensabkommen.
	1995 8. Febr.	Der UN-Sicherheitsrat beschließt die Entsendung einer Friedenstruppe zur Überwachung des Friedensabkommens.
Regierungs-bildung	1997 11. April	*Einsetzung einer Regierung* der nationalen Versöhnung unter Beteiligung der UNITA. Zuvor sind ca. 65000 UNITA-Kämpfer von der UNO entwaffnet worden.
	Aug.	In den von der UNITA verwalteten Lunda-Provinzen brechen Kämpfe aus. Die UNITA hatte die von ihr kontrollierten Provinzen nicht, wie im Friedensabkommen von Lusaka vereinbart, unter die Verwaltung der Regierung gestellt.
Sanktionen gegen die UNITA	29. Okt.	Der UN-Sicherheitsrat verhängt *Sanktionen gegen die UNITA*.
	1998	Neue Offensive der UNITA im Norden und Osten des Landes (Juni).
	Aug.	Angolanische Truppen unterstützen die Regierung in der DR Kongo im Kampf gegen Rebellen.
	1. Sept.	UNITA-Mitglieder werden aus der Regierung ausgeschlossen. Damit ist der Friedensprozess faktisch beendet.
	1999 März	Angesichts der wieder aufgeflammten Kämpfe zwischen Regierungstruppen und UNITA ziehen die UN ihre zivilen und militärischen Beobachter ab.
	Juni	Die UNITA kontrolliert fast alle ländlichen Regionen, rd. 70% des Staatsgebietes. Ca. 600 000 Angolaner befinden sich auf der Flucht.
Offensive der Regierungs-truppen	Sept.	Beginn einer *Offensive der Regierungstruppen*.
	2000 18. April	Der UN-Sicherheitsrat kündigt an, die Sanktionen gegen die UNITA stärker zu überwachen, v.a. deren Exporte von Diamanten zu unterbinden.
	25. Nov.	Die Menschenrechtsorganisation Ärzte ohne Grenzen weist darauf hin, dass Regierung wie UNITA bei ihren Kämpfen keinerlei Rücksichten auf die Zivilbevölkerung nehmen. Laut UN-Angaben gibt es 2,8 Mio. Flüchtlinge, und nur rd. 1 Mio. werden von internationalen Hilfsorganisationen versorgt.
	2001 Febr.	Nach dem Erlass eines Amnestiegesetzes (29. Nov. 2000) haben sich rd. 17 000 ehemalige UNITA-Kämpfer den Behörden gestellt. Die noch verbleibenden angeblich 8 000 Kämpfer verlegen sich auf einen Guerillakrieg.
Jonas Savimbi getötet	2002 22. Febr.	Der UNITA-Führer *Jonas Savimbi* und sein Stellvertreter Antonio Dembo werden von Regierungstruppen *getötet*.
	4. April	Abschluss eines Waffenstillstandes zwischen Regierung und UNITA.
	16. Aug.	Start einer neuen UN-Mission zur Unterstützung der Regierung u.a. bei humanitären Aufgaben und bei der Minenräumung.

Zambia (Nordrhodesien) seit 1946

	1946	Die Provinzräte entsenden Delegierte zu einem neu errichteten Afrikanischen Repräsentationsrat (bis 1958), der das Vorschlagsrecht (seit 1948) für die Entsendung der beiden ersten
Legislativrat		afrikanischen Mitglieder (seit Dez. 1953 vier) in den *Legislativrat* erhält.
	1948	Seit 1946 zusammengeschlossene afrikanische Vereinigungen benennen sich in Northern Rhodesia Congress und schließlich in Northern Rhodesia African National Congress (ANC, 1951) unter Harry Nkumbula (*1916, †1983) um.
	1953	Gründung der Zentralafrikanischen Föderation (3. Sept.) mit Südrhodesien und Nyasaland, Krise des ANC in der Folge wegen der Erfolglosigkeit der heftigen Kampagnen gegen die Bildung der Föderation.
	Dez.	Im Legislativrat Nordrhodesiens erhalten die nichtamtlichen Mitglieder die Mehrheit (jedoch nur 46% gewählte Mitglieder).
Kenneth Kaunda	1956 Sept.	Streik afrikanischer Minenarbeiter und Ausrufung des Notstandes; Nkumbula kooperiert mit der Protektoratsverwaltung, während der ANC-Generalsekretär (seit 1953) *Kenneth Kaunda* (*1924) eine stärker antikolonialistische Linie vertritt.
	1958	Spaltung des ANC: Der radikalere Flügel um Kaunda, Simon Kapwepwe (*1922, †1980) und Sikota Wina (*1931) konstituiert sich zum Zambia African National Congress (ZANC) und verfolgt einen Konfrontationskurs.
	1959 Febr./März	Eine neue Verfassung wird (im Gegensatz zum ANC) vom ZANC abgelehnt, der die afrikanische Mehrheit fordert und verboten wird; die ZANC-Führung wird im Anschluss daran verhaftet.

Aug.	Nach dem *Boykott der Wahlen* durch 70% der afrikanischen Wähler (20. März) spaltet sich ein Flügel um Mainza Chona (*1930) vom ANC ab und schließt sich mit Resten des ZANC und anderen Gruppierungen zur United National Independence Party (UNIP) zusammen (Ziel: Austritt aus der Föderation und afrikanische Mehrheitsherrschaft).	*Wahlboykott*
1960	Die UNIP-Führung übernimmt nach seiner Haftentlassung Kenneth Kaunda (31. Jan.).	
1961 Juli	Die UNIP proklamiert den „praktischen, aber gewaltlosen Kampf"; die folgenden Unruhen (Boykotts, passiver Widerstand, Streiks) führen zum Teilverbot der UNIP.	
1962 1. Sept.	Nach Einsetzung einer *neuen Verfassung* erklärt sich die UNIP angesichts von Sezessionsdrohungen Barotselands mit Abhaltung von Wahlen gegen die Zusicherung voller Organisationsfreiheit in ganz Nordrhodesien einverstanden.	*neue Verfassung*
30. Sept.	Wahlen: Von den bis dahin besetzten 37 Sitzen (Nachwahl 10. Dez.) gewinnt die UNIP 14 Sitze (darunter die Barotseland-Sitze) gegenüber sieben des ANC und 16 der Europäer-Partei United Federal Party (UFP).	
14. Dez.	UNIP und ANC bilden die *erste afrikanische Regierung* (Kaunda/Nkumbula).	*erste*
1963 Aug.	In den ersten allgemeinen Wahlen zum Barotse-Parlament gewinnt die UNIP sämtliche Sitze; das Lozi-Oberhaupt gibt den Widerstand gegen Vollintegrierung Barotselands auf.	*afrikanische Regierung*
31. Dez.	Auflösung der Zentralafrikanischen Föderation.	
1964 1. Jan.	Nordrhodesien erhält innere Autonomie, die UNIP gewinnt in den Wahlen (21. Jan.) 73% der Sitze. Premier Kenneth Kaunda bildet eine UNIP-Regierung mit je vier Ministern aus den südlichen/zentralen Provinzen sowie Barotseland und drei aus der Nordprovinz.	
24. Okt.	*Unabhängigkeit* Nordrhodesiens als *Republik Zambia*, Kenneth Kaunda wird Präsident.	*Unabhängigkeit*
1965 11. Nov.	Die einseitige Unabhängigkeitserklärung Rhodesiens (Zimbabwe) und das folgende internationale Wirtschaftsembargo bringen für Zambia gravierende Probleme, besonders durch die Schließung (Dez.) der Öl-Pipeline Beira (Mozambik) – Rhodesien (ersetzt durch eine Pipeline von Dar es Salaam/Tanzania 1968). Zambia organisiert in der Folge seine Transportwege weit gehend um.	
1966	Die aus diesen *Umstrukturierungsproblemen* herrührende Unzufriedenheit unter der Bevölkerung drückt sich in der Gründung der United Party (UP) aus: Versuch zur Etablierung als überregionale Opposition trotz Lozi-Dominanz.	*Umstrukturierungsprobleme*
1967 Aug.	In den Parteiwahlen zerstört eine Bemba-Tonga-Wahlallianz das bisherige Gleichgewicht zwischen Bemba (Hauptträger der UNIP durch Übergewicht unter den Arbeitern im Kupfergürtel) und Lozi (Nov. 1965 endgültige Gleichschaltung Barotselands) im Zentralkomitee der UNIP und im Kabinett; Simon Kapwepwe (Bemba) wird Vizepräsident.	
1968	„Mulungushi-Reformen": Mehrheitsanteile des Staates an 26 großen Unternehmen (26. April).	
19. Dez.	Bei Wahlen gewinnt die UNIP 77% der Sitze gegenüber 22% des ANC, der sich die Unzufriedenheit vor allem in Barotseland zu Nutze macht.	
1969 11. Aug.	Die staatliche Übernahme der Kupferminen zu 51% sowie die *Enteignung* traditioneller Landbesitzer werden angekündigt („Matero-Reform").	*Enteignungen*
25. Aug.	Vizepräsident Kapwepwe tritt zurück, bleibt dann aber für eine befristete Zeit noch im Amt; der *Ausnahmezustand* wird erklärt.	*Ausnahmezustand*
1971 1. Aug.	Gründung der United Progressive Party (UPP) unter Simon Kapwepwe, die zum Sammelbecken der durch die Matero-Reform bedrohten Mittelklasse wird.	
20. Sept.	Verhaftung von 75 Opponenten, die UPP wird verboten, 123 ihrer Führer werden verhaftet (Febr. 1972), darunter Kapwepwe (Jan. 1973 entlassen).	
13. Dez.	Alle Parteien außer der UNIP werden mit der Erklärung des Einparteienstaates aufgelöst.	
1973 9. Jan.	Wegen Guerilla-Aktivitäten der Zimbabwe-Befreiungsbewegungen von Zambia aus sperrt Rhodesien die Grenze; Zambia stellt die Kupferexporte über Rhodesien ein, *schließt* seinerseits nach dem Ende der rhodesischen Blockade die *Grenze zu Rhodesien* (1. Febr.) und verzichtet offiziell auf die Benutzung der Transportwege durch Rhodesien.	*Grenzsperre zu Rhodesien*
Juni	Der ANC verpflichtet sich zur Zusammenarbeit. Mainza Chona wird Premier (28. Aug.).	
1974	Vollständige staatliche Übernahme der beiden größten Kupfergesellschaften (Nov.).	
1975	Elijah Mudenda (*1927) wird Premier (27. Mai).	
Juni/Juli	In einer wichtigen Rede kündigt Kenneth Kaunda einen Wandel der Entwicklungsstrategie mit einem Programm ländlicher Rekonstruktion an; der Grundbesitz wird verstaatlicht.	
24. Okt.	Eröffnung der mit chinesischer Hilfe gebauten *Eisenbahn* von Kapiri Mposhi *nach Tanzania*.	*Eisenbahn nach Tanzania*
1978	Daniel Lisulo (*1930) löst Mainza Chona (seit 20. Juli 1977 wieder im Amt) als Premier ab (15. Juni).	
1979	Okt.: Schwere Beeinträchtigung der Transportwege durch rhodesische Bombardements.	
1981	Entlassung von Premierminister Lisulo (18. Febr.); Nachfolger wird Nalumino Mundia (*1927).	

Wiederwahl Kaundas	**1983** Okt.	Bei den Wahlen wird *Kaunda* mit 93% aller Stimmen *wiedergewählt*; eindeutige Mehrheit für die Einheitspartei UNIP.
	1984	Zambias Gläubiger sagen auf einer Konferenz in Paris eine Umschuldung und Hilfskredite zu (22.–24. Mai).
	1986	Abkommen mit der VR China über Ausbau der Eisenbahn nach Tanzania (15. Aug.).
	1987	Beschluss, mit Angola und Zaïre die Benguela-Eisenbahn wieder aufzubauen (30. April).
	1988	Kaunda bricht mit der vom IMF empfohlenen Wirtschaftspolitik und reduziert den Schuldendienst. Bei Wahlen Kaunda mit 95,5% wiedergewählt.
Grenzvertrag mit Zaïre	**1989**	Unterzeichnung eines *Grenzvertrages mit Zaïre*, der die umstrittene Grenze festlegt.
	1990	Erfolgloser Putschversuch (Juni), Kommission soll neue Verfassung beraten (Sept.).
Chiluba Präsident	**1991** 31. Okt.	Nach 27-jähriger Amtszeit verliert Kenneth Kaunda die *Präsidentschaftswahl* gegen den Verfechter eines Mehrparteiensystems Frederick *Chiluba* (*1943). In-Kraft-Treten einer neuen Verfassung am 9. Nov.
marktwirtschaftliche Reformen	**1992** 17. Febr.	Mit der Vorlage eines wirtschaftspolitischen Rahmenprogrammes leitet Chiluba *marktwirtschaftliche Reformen* ein.
	1993 4. März	Wegen der Aufdeckung eines Putschplans verhängt Staatspräsident Chiluba den Ausnahmezustand (bis 25. Mai) und lässt 20 Oppositionspolitiker verhaften, u.a. zwei Söhne Kenneth Kaundas.
	1996 18. Nov.	Chiluba siegt bei Präsidentschaftswahlen. Kenneth Kaunda wurde von der Teilnahme an der Wahl ausgeschlossen.
	1997 28. Okt.	Ein Putschversuch von Armeeangehörigen scheitert. Chiluba verhängt den Ausnahmezustand.
Kenneth Kaunda festgenommen	25. Dez. **1998** 28. März	*Kenneth Kaunda* wird *festgenommen*, auf internationalen Druck hin aber nach einigen Tagen freigelassen. Aufhebung des Ausnahmezustandes.
	1999 7. März	Zambia unterbricht die Öllieferungen in die DR Kongo. Präsident Chiluba gibt seine Vermittlerrolle im Kongo-Konflikt auf.
	12.–16. Sep	Die 11. Internationale Aids-Konferenz findet in der zambischen Hauptstadt Lusaka statt.
Privatisierung der Kupferminen	**2000**	*Privatisierung der* drei staatlichen *Kupferminen* (März).
	30. Okt.	Der Oppositionspolitiker Kenneth Kaunda erhält die ihm im April 1999 entzogene Staatsbürgerschaft zurück.
	2001 27. Dez.	Chilubas Parteigänger Levy Mwanawasa wird zum Präsidenten gewählt. Die Konkurrenten erkennen das Wahlergebnis nicht an.

Malawi (Nyasaland/Njassaland) seit 1946

Protektoratsrat	**1946**	Einsetzung eines *Protektoratsrates*, dessen Mitglieder von den neueingerichteten Provinzräten entsendet werden; in den Legislativrat werden erstmals zwei Afrikaner und ein Asiate (Inder) nominiert.
	1953 3. Sept.	Anlässlich der Gründung der Zentralafrikanischen Föderation (mit Nord- und Südrhodesien) gibt der Nyasaland African Congress (NAC) die Kooperation zu Gunsten einer Konfrontationspolitik auf.
	1956 15. März	Die nunmehr fünf Sitze für Afrikaner werden durch Wahlen innerhalb der drei Provinzräte beschickt, in denen sich nur vom NAC unterstützte Bewerber durchsetzen, darunter die antikolonialistisch eingestellten Abgeordneten Kanyama Chiume (*1929) und Henry Chipembere (*1930, †1975).
Banda NAC-Parteipräsident	**1958** 6. Juli	Chiume, Chipembere und Dunduzu Chisiza (*1930) können den aus dem Chewa-Volk stammenden Arzt Hastings Kamuzu *Banda* (*1906, †1997) zur Rückkehr (seit 1915 im Ausland) bewegen und zum charismatischen Führer aufbauen; er wird *zum Parteipräsidenten* auf Lebenszeit *ernannt* (1. Aug.) und kann den NAC zu einem gegen die Zentralafrikanische Föderation gerichteten (Sezessionsdrohung) und für Unabhängigkeit eintretenden wirkungsvollen politischen Kampfverband mit Massenmobilisierung umwandeln: Ein Boykott des NAC gegen die Föderationswahlen (Nov.) wird nur von 16 afrikanischen Wahlberechtigten nicht befolgt.
Niederwerfung der Unruhen	**1959** 15. Febr.	Im Verlauf von zunehmenden Unruhen wird Fort Hill (heute: Chitipa) von Rebellen eingenommen, der Notstand wird erklärt (bis Juni 1960, 52 Tote in dieser Zeit); Föderationstruppen werden zur *Niederwerfung der Unruhen* und Gewaltaktionen eingesetzt und über 1000 NAC-Aktivisten verhaftet, unter ihnen Hastings Banda; der NAC wird verboten.

Aug. Als NAC-Nachfolger wird die Malawi Congress Party (MCP) unter Orton Chirwa (*1919, †1992) gegründet, die die Freilassung der Verhafteten und Auflösung der Föderation fordert.
1960 Hastings Banda wird aus der Haft entlassen und übernimmt die Führung der MCP (1. April).
Juli Die Afrikaner erhalten eine Zweidrittelmehrheit im Legislativrat sowie die Beseitigung der Rassentrennung bei Mandatsverteilung und Wählerlisten zugestanden.
1961 Die MCP gewinnt in den nach Zweiklassenwahlrecht ausgerichteten Wahlen alle 20 Sitze
15. Aug. der zweiten Klasse und zwei der acht Sitze der ersten Klasse gegen fünf Sitze der United Federal Party der Europäer; die MCP wird damit zur einzigen Partei der Nicht-Europäer.
1963 Banda wird Premier (1. Febr.), die Zentralafrikanische Föderation aufgelöst (31. Dez.).
1964 Nach einer weiteren Verfassungsänderung gewinnt die MCP bei Wahlen alle 50 nicht reser-
Mai vierten Sitze (drei reservierte Sitze für die National Constitution Party der Europäer).
6. Juli *Nyasaland* erhält innere Autonomie (Jan.) und wird als Malawi *unabhängig*. — Unabhängigkeit
8.–9. Sept. Bandas Weigerung, die Afrikanisierung der Beamtenschaft voranzutreiben, führt zum innenpolitischen Konflikt: Sieben Minister (darunter H. Chipembere, K. Chiume, Y. Chisiza, O. Chirwa) scheiden aus der Regierung aus und greifen zum Mittel des *bewaffneten Aufstandes*; H. Chipembere kann größere Teile des Yao-Gebietes unter seine Kontrolle bringen (Febr. 1965), nach seinem Rückzug aus Malawi fallen bis 1967 noch öfters bewaffnete Gruppen ins Land ein. — bewaffneter Aufstand
1965 Eine *neue Verfassung* sieht eine Art Notstandsdiktatur mit starker Konzentration der Entscheidungsbefugnisse beim Präsidenten vor, das System basiert auf den vier Eckpfeilern „Einheit, Loyalität, Gehorsam, Disziplin". Die von politischem Konservatismus und Anti-Kommunismus geprägte *Einmannherrschaft Bandas* ist stark antiintellektuell bestimmt (Inhaftierung großer Teile der Intellektuellen), stützt sich stark auf die mit polizeiähnlichen Rechten ausgestatteten Jungen Pioniere (Jugendliche aus ländlichen Gebieten mit wenig Schulbildung) und übernimmt bewusst das kapitalistische Entwicklungsmodell (6. Okt.). — neue Verfassung / Einmannherrschaft Bandas
1966 Wahl Bandas zum Präsidenten (20. Mai), *Malawi* wird *Republik* (6. Juli). — Republik Malawi
1967 Malawi schließt als zweiter afrikanischer Staat ein Handelsabkommen mit Südafrika; durch
13. März Aufnahme engerer diplomatischer Kontakte mit Südafrika (1970 Staatsbesuch des südafrikanischen Premiers) und Portugal isoliert es sich zunehmend von afrikanischen Ländern.
1971 Banda setzt bevorstehende Wahlen ab und wird Präsident auf Lebenszeit (6. Juli).
Juli–Sept. Botschafteraustausch mit Südafrika, Staatsbesuch Bandas in Südafrika und Moçambique.
1977 Verhaftung des Ex-Geheimpolizeichefs und des MCP-Generalsekretärs wegen eines Kom-
Febr. plotts; im Laufe der nächsten Monate werden ca. 2000 politische Häftlinge entlassen.
1978 *Erste Wahlen seit 17 Jahren*, nur MCP-Kandidaten (29. Juni). — erste Wahlen seit 17 Jahren
1979 Von Banda autorisiertes Attentat (Febr.) auf Mpakati († 1983) (Exil-Oppositionsführer).
1982 Hochverratsprozess gegen Orton Chirwa, Führer der MAFREMO (Malawi Freedom Movement).
1983 Oppositionspolitiker Mpakati im Exil in Harare (Zimbabwe) ermordet (28. März). Chirwa
6. Mai und seine Frau werden zum Tode verurteilt.
1984 UN-Menschenrechtskommission bittet Banda, deren Leben zu schonen (14. Febr.).
1985 Aufnahme diplomatischer Beziehungen Malawis zu Tanzania (16. Mai).
1987 Malawi entsendet Truppen nach Mozambik, um dort die Regierung im Kampf gegen die
März RENAMO-Rebellen zu unterstützen. Im Mai Parlamentswahlen (nur Kandidaten der
Mai MCP).
1988 *Staatsbesuch* Pieter Willem *Bothas* (Südafrika) *in Malawi*. — Staatsbesuch Bothas
1992 Wegen fortgesetzter Menschenrechtsverletzungen setzen westliche Geberländer ihre nicht-
14. Mai humanitäre Entwicklungshilfe aus.
1993 In einem Referendum (14. Juni) stimmen 63,5 % für ein *Mehrparteiensystem*. — Mehrparteiensystem
1994 Der Oppositionspolitiker Bakili Muluzi (*1943) gewinnt die ersten freien Präsidentschafts-
17. Mai wahlen mit 47,2 % der Stimmen gegen Amtsinhaber Hastings Kamuzu Banda (33,5 %).
1995 Der ehemalige Staatschef Banda wird vom Vorwurf, 1983 an der Verschwörung zur Ermor-
26. Dez. dung von Oppositionspolitikern beteiligt gewesen zu sein, freigesprochen.
1997 *Tod von Hastings Banda* (25./26. Nov.) in Johannesburg. — Tod von Hastings Banda
1999 Bakili Muluzi wird als Präsident wiedergewählt. Seine Partei, die United Democratic Front
15. Juni (UDF) verfehlt bei den gleichzeitig stattfindenden Parlamentswahlen jedoch die absolute Mehrheit.
2000 Präsident Muluzi löst das von ihm im Juni 1999 aufgestellte Kabinett auf und ernennt am
27. Febr. 1. März eine neue Regierung.
In Malawi sind seit 1985 mindestens 354 000 Menschen an Aids gestorben, das Land ge-

		hört zu den von HIV/Aids am stärksten betroffenen Ländern Afrikas (14% der Bevölkerung infiziert).
	2. Nov.	Präsident Muluzi reagiert auf Korruptionsvorwürfe, indem er die gesamte Regierung entlässt. Am 6. Nov. ernennt er ein neues Kabinett.
Überschwemmungen	2001 Jan.	Schwere *Überschwemmungen* vernichten einen Großteil der Maisernte und machen rd. 335 000 Menschen obdachlos.

Zimbabwe (Rhodesien/Südrhodesien) seit 1946
(Forts. v. S. 1166)

	1946 25. April	Mit „Rassen"-Trennungsparolen gewinnt die rechts stehende, stark von Buren beeinflusste Liberal Party (LP) 40% der Sitze.
	1953 3. Sept.	Nach einem Referendum (9. April) tritt Rhodesien zusammen mit Nordrhodesien und Nyasaland der Zentralafrikanischen Föderation bei (Sitz Salisbury).
	7. Sept.	Reginald Garfield Todd (*1908) wird Premier Südrhodesiens.
Wahlen	1954 27. Febr.	Bei *Wahlen* erringt die United Rhodesia Party (URP, Fusion aus UP und der LP-Abspaltung Rhodesia Party) 87% der Sitze.
Joshua Nkomo Landwirtschaftsgesetz	1954/1955	Die afrikanische Eisenbahnergewerkschaft entwickelt sich unter ihrem Generalsekretär (seit 1951) *Joshua Nkomo* (*1917, †1999) zur mächtigsten Organisation der Afrikaner. Die forcierte Anwendung des *Landwirtschaftsgesetzes* (1950) mit seiner Aufteilung der afrikanischen Bevölkerung in verarmte Kleinbauern und städtisches Industrieproletariat wirkt als Katalysator für den afrikanischen Massenprotest (Ausweitung auch auf das Land).
	1957 12. Sept.	Die Youth League (Bulawayo) unter Joseph Msika (*1923) und die City Youth League (Salisbury) unter James Chikerema (*1925) und George Nyandoro (*1926) schließen sich mit dem von Joshua Nkomo reaktivierten African National Congress (ANC; ursprüngliche Gründung 1932) zusammen, der allgemeine Wahlen und Unabhängigkeit fordert.
	1958 11. Jan.	Der größte Teil der URP unter Edgar Whitehead vereinigt sich mit der Federal Party unter Roy Welensky (*1907, †1991) zur United Federal Party (UFP).
	18. Febr.	Sir Edgar Whitehead (*1905, †1971) wird neuer Premier.
	5. Juni	Wahl: UFP 57% der Sitze, 43% für die Dominion Party (DP) unter Winston Field.
Verbot des ANC	1959 25. Febr.	*Verbot des ANC*, Verhaftung von etwa 500 Mitgliedern (darunter Chikerema, Msika, Nyandoro); in der Folge Verabschiedung einer Reihe von Gesetzen, die die politische Arbeit von Afrikanern stark einengen.
	1960	Gründung der National Democratic Party (NDP) als Nachfolgerin des ANC (1. Jan.). Gesetz zur Aufrechterhaltung von Recht und Ordnung: politische Versammlungen in den Reservaten, Streiks und Kritik an Regierung oder sonstigen Autoritäten verboten.
	Dez.	Verfassungskonferenz unter Beteiligung von Afrikanern (auf britischen Druck hin).
neue Verfassung Grundrechtekatalog	1961 6. Dez.	Referendum: die *neue Verfassung* gegen die Opposition der DP angenommen (26. Juli). In-Kraft-Treten der Verfassung mit einem *Grundrechtekatalog*; Großbritannien gibt damit die Vetorechte von 1923 auf, die Exklusivität der Weißen im Parlament wird beendet (50 A-Sitze für Europäer, 15 B-Sitze für Afrikaner mit der langfristigen Möglichkeit eines Erwerbs der Wahlqualifikation für die A-Sitze).
Gründung der ZAPU	9. Dez.	Verbot der NDP nach heftigen Unruhen in den Reservaten. Als Nachfolgeorganisation wird die *Zimbabwe African Peoples Union* (ZAPU) unter Joshua Nkomo, Robert Mugabe (*1924) und Jason Moyo *gegründet* (17. Dez.), die ebenfalls verboten wird (19. Sept. 1962); über 1000 ihrer Anhänger (darunter J. Nkomo) werden verhaftet bzw. unter Hausarrest gestellt, die ZAPU weicht ins Exil aus, das Peoples Caretaker Council (PCC) übernimmt ihre Aufgaben in Südrhodesien.
Ian Smith	1962 14. Dez.	Die 1961 aus DP und einer UFP-Abspaltung unter *Ian Smith* (*1919) gebildete Rhodesian Front (RF; burisch/kleinbürgerliche Rekrutierungsbasis) gewinnt 54% der Sitze gegen 45% der UFP. Winston Field (*1904, †1969) wird Premier (17. Dez.).
ZANU Robert Mugabe	1963 8. Aug.	Die Zimbabwe African National Union (*ZANU*) unter Ndabaningi Sithole (*1920), *Robert Mugabe* und Herbert Chitepo (*1923, †1975) spaltet sich von der ZAPU ab; in der Folge finden gewaltsame Auseinandersetzungen zwischen ZAPU und ZANU im Zambia-Exil statt.
	31. Dez.	Auflösung der Zentralafrikanischen Föderation.
	1964 14. April	Der eine kompromisslose Linie (Unabhängigkeit ohne Konzessionen an Afrikaner) vertretende Ian Smith löst W. Field als Premier ab; J. Nkomo, J. Msika u.a. werden verhaftet.

26. Aug.	PCC und ZANU werden verboten, Ndabaningi Sithole u.a. verhaftet; damit sind praktisch alle Ansätze für politische Organisationen der Afrikaner zerschlagen; in der Folge wird Herbert Chitepo Leiter der Exil-ZANU, James Chikerema der Exil-ZAPU. Beginn von Sabotageakten und Guerilla-Aktionen.	
Sept.	Ergebnislose *Gespräche* Ian Smith's *mit der britischen Regierung* über die Gewährung der Unabhängigkeit, die von London von fünf Prinzipien abhängig gemacht wird: ungehindertem Fortschritt zur Mehrheitsherrschaft; Garantien gegen rückläufige Verfassungsänderungen; sofortige Verbesserung des politischen Status der Afrikaner; Maßnahmen zum Abbau der Rassendiskriminierung; Akzeptierung der Unabhängigkeitsverfassung durch das rhodesische Volk als Ganzes.	*Gespräche mit Großbritannien*
5. Nov.	Referendum: 89% der Wahlberechtigten (1,3% der Bevölkerung; Stimmbeteiligung 62%) stimmen für die Unabhängigkeit Rhodesiens (nach Unabhängigkeit Zambias umbenannt).	
1965 11. Nov.	Nach Ausrufung des Ausnahmezustandes (5. Nov.) *Erklärung der* einseitigen *Unabhängigkeit* (UDI: Unilateral Declaration of Independence), die von keinem Staat anerkannt, aber von UNO-Generalversammlung und UNO-Sicherheitsrat verurteilt wird; der Sicherheitsrat fordert Großbritannien auf, den legalen Zustand wieder herzustellen (20. Nov.).	*Erklärung der Unabhängigkeit*
1966 31. Jan.	Nach Einfrieren der rhodesischen Guthaben in London (3. Dez. 1965) verhängt *Großbritannien* ein *Totalembargo* gegen Rhodesien und wird vom UNO-Sicherheitsrat ermächtigt, gewaltsam gegen Öltransporte nach Rhodesien vorzugehen (9. April).	*britisches Totalembargo*
2.–3. Dez.	Nach intensiven Verhandlungsrunden zwischen rhodesischen und britischen Abgesandten (seit Jan. 1966) Zusammentreffen Ian Smith's mit dem britischen Premier Wilson auf dem Kreuzer „Tiger" vor Gibraltar. Smith akzeptiert die auf der Verfassung von 1961 beruhenden britischen Vorschläge, die jedoch vom rhodesischen Kabinett abgelehnt werden (5. Dez.).	
12. Dez.	Der UNO-Sicherheitsrat verhängt *Wirtschaftssanktionen*.	*UNO-Wirtschaftssanktionen*
1968 23. April	Nach einer größeren Guerilla-Offensive der ZAPU (März) werden reguläre südafrikanische Truppen zur Unterstützung Rhodesiens entsandt (im Land bis 1975).	
9.–13. Okt.	Erneute Verhandlungen Wilson/Smith auf dem Kreuzer „Fearless"; die ausgearbeiteten Vorschläge werden u.a. wegen Beibehaltung des britischen Privy Council als Appellationsinstanz bei Verfassungskonflikten vom rhodesischen Kabinett abgelehnt (18. Okt.).	
1969 20. Juni	Referendum über die Erklärung zur Republik (81% Zustimmung) und über eine neue Verfassung (73%).	
24. Juni	Der noch im Amt verbliebene, aber funktionslose britische Gouverneur tritt zurück.	
18. Nov.	Die *Verfassung* wird vom Parlament *angenommen*; sie erlaubt in ca. 60–95 Jahren theoretisch eine Parität Europäer – Afrikaner, schließt jedoch eine afrikanische Mehrheitsregierung aus. Das neue Landgesetz führt strikte „Rassen"-Trennung der afrikanischen bzw. europäischen Lebensbereiche ein, das Land wird zu gleichen Teilen den Europäern (ca. 220000) bzw. Afrikanern (ca. 4 Mio.) zugewiesen.	*Annahme der Verfassung*
1970 2. März	Rhodesien erklärt sich unter der neuen Verfassung zur *Republik*; der seit 1965 bestehende Ausnahmezustand wird beibehalten. Elf von noch verbliebenen 13 Konsulaten werden geschlossen (Ausnahmen: Südafrika und Portugal); Rhodesien wird fortan von der OAU (Organisation für Afrikanische Einheit) offiziell *Zimbabwe* genannt.	*Republik*
10. April	Bei Wahlen gewinnt die RF alle 50 Sitze für Europäer, die interethnische Centre Party (Nachfolgerin der Rhodesia Party) sieben der acht afrikanischen Sitze (die restlichen acht afrikanischen Sitze werden von nach ethnischen Gesichtspunkten zusammengesetzten Wahlkollegien der Chiefs beschickt).	
14. April	*Clifford Dupont* (*1905, †1978) wird erstes *Staatsoberhaupt* der Republik.	*Clifford Dupont Staatsoberhaupt*
1971 1. Okt.	Nach Spaltung der ZAPU (März 1970) wird aus Teilen der ZAPU und ZANU die FROLIZI (Front for the Liberation of Zimbabwe) unter Chikerema und Nyandoro gebildet.	
24. Nov.	Britisch-rhodesisches Übereinkommen über Lösung des Verfassungskonflikts auf der Grundlage der von Großbritannien zuvor als illegal angesehenen Verfassung von 1970 und unter Verzicht auf die Forderung nach afrikanischer Mehrheitsherrschaft vor der Unabhängigkeit.	
16. Dez.	Bildung des *African National Council* (ANC) unter Bischof Abel Muzorewa (*1925) als einziger nicht verbotener Vertretung der Afrikaner (offizielle Gründung März 1972), der die zum ersten Mal seit 1964 wieder erlaubten Meinungsäußerungen von afrikanischer Seite während des Besuchs der britischen Pearce-Kommission in einer nationalen Nein-Kampagne kanalisiert (Jan.–März 1972).	*African National Council*
1972 23. Mai	Bericht der Pearce-Kommission: Angesichts der eindeutigen Ablehnung durch die afrikanische Bevölkerung wird das britisch-rhodesische Übereinkommen abgelehnt, von dem sich dann auch die britische Regierung distanziert.	

Grenzsperre zu Zambia	1973 9. Jan.	Wegen intensivierter Guerilla-Aktionen von Zambia aus *sperrt* Rhodesien die *Grenze zu Zambia*, das daraufhin die von der Sperre ausgenommenen Kupferexporte einstellt und nach Aufhebung der Blockade die Grenze schließt (1. Febr.) sowie auf die Benutzung der rhodesischen Transportwege verzichtet.
	1974 Mai/Aug.	Nach dem Umsturz in Portugal (25. April) Revidierung der südafrikanischen Haltung gegenüber Rhodesien; auf zwei Treffen mit Smith drängt der südafrikanische Premier Vorster offenbar zur Verständigung mit der afrikanischen Mehrheit.
Freilassung von Inhaftierten	Nov./Dez.	Rhodesien beginnt mit der *Freilassung von Inhaftierten*, darunter Nkomo und Sithole, die jedoch vorzeitig eingestellt wird, als die während der Lusaka-Gespräche (4.–7. Dez., Teilnehmer: Führer der Befreiungsbewegungen, Präsidenten der „Frontstaaten" sowie rhodesische und südafrikanische Vertreter) vereinbarte Waffenruhe nicht eingehalten wird.
	9. Dez.	Bildung des erweiterten ANC aus ANC (Muzorewa), ZANU (Sithole), ZAPU (Nkomo) und FROLIZI (Chikerema) in Zambia.
	1975 5. Febr.	Der ANC unter Muzorewas Leitung tritt in Verhandlungen mit der rhodesischen Regierung ein (Febr./März), in enger Konsultation mit den „Frontstaaten" und unter Mitwirkung Südafrikas, das einen schrittweisen Rückzug seiner Truppen ankündigt (endgültig 1. Aug.).
Pretoria-Übereinkunft	9. Aug.	Nach erneuten Gesprächen Smith/Vorster (28. Juni) kommt es zur *Pretoria-Übereinkunft*, auf deren Grundlage die Konferenz auf der Eisenbahnbrücke über den Victoriafällen stattfindet (25. Aug.), unter Beteiligung von Muzorewa, Sithole, Chikerema, Nkomo (ANC) und Präsident Kenneth Kaunda von Zambia auf der einen sowie Smith und Vorster auf der anderen Seite, die zur Vorbereitung einer Verfassungskonferenz dienen soll; sie scheitert u. a. an der rhodesischen Haltung zur Frage der Immunität für afrikanische Politiker bei einer Fortführung der Verhandlungen in Rhodesien.
	11. Sept.	Muzorewa erreicht den Ausschluss Nkomos aus dem ANC.
	31. Okt.	Beginn einer Serie von Gesprächen zwischen Smith und Nkomo, angesichts deren Scheiterns (offizielle Beendigung jedoch erst März 1976) sich in den Guerilla-Lagern ein vereinigtes Militärkommando (je neun ZANU- bzw. ZAPU-Offiziere) der Zimbabwe People's Army (ZIPA) unter wesentlichem Einfluss Mugabes bildet und den militärischen Führungsanspruch von ZANU/ZAPU zurückweist.
Konferenz in Quelimane	1976 8. Febr.	Die ZIPA wird von den „Frontstaaten" auf der *Konferenz in Quelimane* (Mozambik) anerkannt, die zugleich als einziges Mittel der Lösung der Rhodesienfrage nur noch den bewaffneten Kampf ansieht.
	20. Febr.	Smith kündigt eine Abkehr von der bisherigen Politik an und beruft sieben der acht nominierten afrikanischen Parlamentarier zu Ministern bzw. Staatssekretären neu geschaffener Ministerien (28. April).
	3. März	Nach heftigen rhodesischen Übergriffen (23./24. Febr.) schließt Mozambik die Grenze, konfisziert rhodesische Eisenbahnwaggons, Lokomotiven und Vermögensgüter.
Kissinger-Plan	24. Sept.	Nach der Einschaltung des US-Außenministers Henry Kissinger akzeptiert Smith den britisch-amerikanischen *„Kissinger-Plan"*, der einen paritätisch zwischen Afrikanern und Europäern besetzten Staatsrat, eine multirassische Interimsregierung (afrikanische Mehrheit, afrikanischer Premier), afrikanische Mehrheitsherrschaft in zwei Jahren sowie Finanzgarantien der Westmächte für die Europäer Rhodesiens vorsieht, jedoch von den „Frontstaaten" abgelehnt wird.
	9. Okt.	Zusammenschluss der ZANU unter Mugabe (Operationsbasis Mozambik) und der ZAPU unter Nkomo (Operationsbasis Zambia) zur Patriotischen Front.
Genfer Rhodesien-Konferenz	28. Okt.–15. Dez.	Muzorewa, Sithole, Nkomo und Mugabe nehmen neben einer britischen und einer rhodesischen (unter Smith) Delegation an der *Genfer Rhodesien-Konferenz* teil, die jedoch an der Frage der Übergangszeit bis zur Unabhängigkeit und den nicht eindeutigen Garantien für eine afrikanische Mehrheitsregierung scheitert. Die „Frontstaaten" erkennen daraufhin die Patriotische Front an (9. Jan. 1977).
	Dez.	Die Chiefs Kayisa Ndiweni (*1916) und Jeremiah Chirau (*1920) treten aus dem rhodesischen Kabinett aus und gründen die Zimbabwe United People's Organization (ZUPO).
	1977	Fünftägige militärische Großaktion Rhodesiens gegen ZANU-Lager in Mozambik (Mai).
	2.–5. Juli	Die OAU-Gipfelkonferenz in Libreville (Gabon) erkennt die Patriotische Front als die legitime Bewegung und staatsbildende Organisation Rhodesiens an.
	31. Aug.	Wahlen: Die regierende RF kann trotz vorheriger Abspaltung von einem Viertel der europäischen Parlamentarier erneut alle 50 Sitze erringen.
Owen-Young-Plan	1. Sept.	Veröffentlichung gemeinsamer britisch-amerikanischer Vorschläge *(Owen-Young-Plan)*, die die Einsetzung eines britischen Kommissars anstelle des Premiers vorsehen sowie eine sechsmonatige Interimsregierung, die Sicherung durch eine UNO-Friedenstruppe sowie allgemeine und gleiche Wahlen: von Smith und der Patriotischen Front abgelehnt.

24. Nov.	Die Führer der afrikanischen politischen Organisationen innerhalb Rhodesiens werden von Smith unter Akzeptierung des Prinzips einer afrikanischen Mehrheitsregierung zu Gesprächen eingeladen, an denen Muzorewa (United ANC), Sithole (ANC) und Chirau (ZUPO) teilnehmen.	
1978 3. März	Abkommen über eine „interne Lösung": *Interimsregierung* mit Exekutivrat (Smith, Muzorewa, Sithole, Chirau); doppelt besetzter Ministerrat (je Ministerium ein afrikanischer und ein europäischer Co-Minister) und Parlament mit 100 Sitzen (28 den Europäern vorbehalten); 130 von 170 Artikeln der neuen Verfassung sind ohne die Zustimmung der Europäer nicht revidierbar.	*Interims- regierung*
1979 20. April	Erste *allgemeine und gleiche Wahlen* (64% Wahlbeteiligung trotz Boykotts durch die Patriotische Front; massive Manipulierungen): UANC 51, Sitholes ZANU/ANC 12, United National Federal Party unter Chief Ndiweni 9 Sitze; die RF besetzt alle 28 der den Europäern reservierten Sitze.	*allgemeine und gleiche Wahlen*
29. Mai	Josiah Gumede (*1920) von der UANC wird erster afrikanischer Präsident von „Zimbabwe-Rhodesien", Abel Muzorewa wird Premier (Kabinett: 12 Afrikaner, 5 Europäer).	
10. Sept.– 21. Dez.	Nachdem sich Großbritannien auf der Commonwealth-Konferenz in Lusaka zur Herbeiführung „tatsächlicher afrikanischer Mehrheitsherrschaft" verpflichtet hat (5. Aug.), nehmen an der *Londoner Verfassungskonferenz* gleich starke Delegationen von Zimbabwe-Rhodesien (u.a. Muzorewa, Sithole, Smith) und der Patriotischen Front (Mugabe, Nkomo) teil. Nach Einigung über eine neue Verfassung, Übergangsregelungen und einen Waffenstillstand (in Kraft 28. Dez.) wird Rhodesien wieder britische Kolonie (Gouverneur: Lord Soames, 7. Dez.).	*Londoner Verfassungs- konferenz*
1980 29. Febr.	Nach Wahlen (14. Febr.) für 20 für Europäer reservierte Sitze (alle an Smith's RF) gewinnt Mugabes ZANU 57 der 80 Sitze für Afrikaner (Nkomos ZAPU 20 Sitze), Mugabe wird Premier.	
18. April	*Unabhängigkeit* als Zimbabwe unter Präsident Canaan Banana (*1936).	*Unabhängigkeit*
1980	Im August wird Zimbabwe 153. Mitglied der UNO, im November 60. AKP-Partner (Afrika-Karibik-Pazifik-Staaten).	
1982	Robert Mugabe entlässt Joshua Nkomo und zwei weitere ZAPU-Minister aus dem Kabinett (17. Febr.).	
18. April	Salisbury wird in Harare umgetauft. Drastische Verschlechterung der inneren Sicherheitslage.	
1983	*Bürgerkriegsähnliche Situation* durch Bandentätigkeit der Nkomo-Anhänger (Jan.).	*bürgerkriegs- ähnliche Situation*
13. März	Nkomo setzt sich über Botswana nach London ab. Tiefe Krise der ZAPU.	
16. Aug.	Rückkehr Nkomos nach Zimbabwe. Er behält seinen Parlamentssitz.	
31. Okt.	Exministerpräsident und UANC-Führer Muzorewa wegen angeblicher Verschwörung verhaftet.	
1984	*Ausnahmezustand* wegen Rebellion im Matabeleland vom Parlament verlängert (18. Jan.).	*Ausnahme- zustand*
4. Sept.	Abel Muzorewa wird aus der Haft entlassen.	
1985 27. Juni– 4. Juli	Bei den ersten (nach Rassenangehörigkeit) getrennten Parlamentswahlen erhält Mugabes ZANU 63, die ZAPU 15 Sitze. Von den 20 für Weiße reservierten Sitzen gehen 15 an die Conservative Alliance of Zimbabwe (CAZ) unter Ian Smith. Die Armee Zimbabwes unterstützt Regierungstruppen Mozambiks im Kampf gegen RENAMO-Rebellen (Aug.). Gespräche Mugabes (ZANU) und Nkomos (ZAPU) über die Vereinigung beider Parteien (Okt.).	
1986	Präsident Canaan Banana wird für weitere fünf Jahre vereidigt.	
1987 21. Aug.	Rücktritt Smiths als CAZ-Vorsitzender und Fraktionsleiter im Parlament (13. Mai). Abschaffung der reservierten Parlamentssitze für Weiße und der getrennten Wahllisten; damit sind die Weißen nicht mehr im Parlament vertreten.	
22. Dez.	Am 22. Dez. wird Abkommen über die Vereinigung von ZANU und ZAPU zur vereinigten ZANU (PF) unterzeichnet. Ihr Vorsitzender *Mugabe* wird *Präsident von Zimbabwe* (31. Dez.).	*Mugabe Präsident von Zimbabwe*
1988	Ein außerordentlicher ZAPU-Kongress stimmt Vereinigung mit der ZANU zu (3. April). Zimbabwische Truppen in Mozambik sollen bleiben, um die Transportwege zu sichern.	
1989 Dez.	Gründung der Oppositionspartei Zimbabwe Unity Movement (ZUM) unter Eduard Tekere (30. April). Der erste *Parteitag der vereinigten ZANU* strebt ein sozialistisches System und eine marxistisch-leninistische Einparteienherrschaft an.	*Parteitag der vereinigten ZANU*
1990 29. März	Bei Präsidentschafts- und Parlamentswahlen siegt Mugabe mit 78%, im Parlament erhält die ZANU 116 der 120 Sitze. Ernennung von drei weißen Ministern (noch 90000 Weiße im Land). Aufhebung des 1965 von Ian Smith verhängten Ausnahmezustandes (25. Juli). Landreform angekündigt, die Regierung will Land von Großfarmern aufkaufen. Abkehr Mugabes vom Einparteiensystem (Okt.).	

	1992 19. März	Das Parlament beschließt ein Gesetz über die Landenteignung („Land Acquisition Bill"), auf dessen Grundlage 50% des Bodens weißer Farmer gegen Entschädigung zur Enteignung freigegeben wird.
Forum	1993 28. März	Gründung der oppositionellen Bewegung „*Forum*", in der sich schwarze und weiße Regierungsgegner für marktwirtschaftliche Reformen und eine Demokratisierung des Landes einsetzen.
	1996	Bei Präsidentschaftswahlen wird Robert Mugabe im Amt bestätigt (16./17. März).
	1998 16. Jan.	Die Regierung zieht ein Programm zur Verstaatlichung von 1480 Großfarmen, die sich mehrheitlich in der Hand von Weißen befinden, zurück.
Plünderungen und Unruhen	19.–21. Jan.	Nach Preissteigerungen kommt es in der Hauptstadt Harare zu *Plünderungen und Unruhen*.
	3./4. März	Generalstreik als Protest gegen Steuererhöhungen, die kurz zuvor von der Regierung verabschiedet worden sind. Stagnation der wirtschaftlichen Entwicklung.
	Aug.	Zimbabwe greift in den Konflikt in der DR Kongo aufseiten der Regierung ein.
	12. Nov.	841 Großfarmer erhalten die Aufforderung, binnen zwei Wochen zu räumen.
Verfassungsreferendum	2000 13. Febr.	Ein *Verfassungsreferendum*, mit dem Präsident Mugabe versucht, seine Machtbefugnisse zu erweitern, wird mit 54,7% abgelehnt.
	Febr.	Sog. Kriegsveteranen des Unabhängigkeitskrieges (1972–1980) beginnen mit Besetzungen von Farmen weißer Besitzer.
	6. April	Das Parlament verabschiedet ein Gesetz, das die entschädigungslose Enteignung der weißen Großgrundbesitzer erlaubt.
	24./25. Juni	Bei den Parlamentswahlen erhält die regierende ZANU 92 von 150 Sitzen. 57 Sitze entfallen auf die erst 1999 gegründete Bewegung für einen demokratischen Wandel (MDC) unter Morgan Tsvangirai.
	28. Juli	Die Opposition ficht die Wahlergebnisse aus mindestens 37 Wahlbezirken an.
	6. Sept.	Der Farmerverband reicht Klage vor dem Obersten Gerichtshof gegen das im April erlassene Gesetz zur entschädigungslosen Enteignung ein. Der Klage wird stattgegeben (10. Nov.), die Regierung setzt sich jedoch darüber hinweg.
	2001 13. Febr.	Gestützt auf ein Urteil des Obersten Gerichtshofes beantragt die MDC die teilweise Annullierung der Wahlergebnisse vom 24./25. Juni 2000. Die Regierung antwortet mit verschärften Repressalien.
	Juli	Der Farmerverband erklärt sich bereit, 1 Mio. ha guten Farmlandes abzutreten, auf denen 20 000 landlose schwarze Familien angesiedelt werden könnten. Auf den besetzten Farmen gehen die Gewalttätigkeiten weiter (seit Febr. 2000 sind 40 Bauern und Landarbeiter ums Leben gekommen).
Einschüchterungskampagne	2002 13. März	Robert Mugabe erklärt sich zum Sieger der Präsidentenwahl. Der Wahl vorausgegangen ist eine massive *Einschüchterungskampagne* gegen den Herausforderer Morgan Tsvangirai, die Wahl selbst verläuft unter chaotischen Begleitumständen.
	19. März	Zimbabwe wird wegen der Unregelmäßigkeiten bei der Präsidentenwahl für ein Jahr aus dem Commonwealth ausgeschlossen.
	9. Mai	Das Parlament fordert die weißen Farmbesitzer auf, ihre Ländereien binnen 45 Tagen aufzugeben. Nach Ablauf der Frist erlässt die Regierung am 24. Juni ein Verbot jeder produktiven Tätigkeit auf insgesamt 2900 weißen Farmbetrieben. Dadurch werden 232 000 Landarbeiter arbeitslos.
	9. Aug.	Erste Verhaftungen weißer Farmer, die sich weigern, ihre Besitzungen zu verlassen.

Mozambik seit 1949

(Forts. v. S. 1167)

	1949	Gründung des Núcleo dos Estudantes Africanos Secundários de Moçambique (NESAM) als kulturell-politische Organisation.
portugiesische Überseeprovinz	1951	Mozambik wird *portugiesische Überseeprovinz* (11. Juni).
	1953 27. Juni	Durch ein Organgesetz wird ein Legislativrat geschaffen und eine Assimilationspolitik einschließlich des Erwerbs der portugiesischen Staatsbürgerschaft in Aussicht gestellt.
	1960 16. Juni	Nach Demonstrationen gegen Zwangsarbeit töten portugiesische Truppen ca. 600 afrikanische Bauern in Mueda (entscheidender Katalysator für Widerstandsbewegungen).
	1961 6. Sept.	Portugiesisches Bürgerrecht für alle Afrikaner, von denen jedoch die meisten als Analphabeten vom Wahlrecht ausgeschlossen bleiben.

Südliches Afrika: Südliches Zentralafrika seit 1945   Mozambik seit 1949   *1715*

1962 27. April	Die Abschaffung der Zwangsarbeit steht weit gehend nur auf dem Papier, die Diskriminierung nichtqualifizierter Arbeiter (d. h. Afrikaner) bleibt bestehen.	
25. Juni	Zusammenschluss von drei afrikanischen Exilorganisationen zur Frente de Libertação de Moçambique *(FRELIMO)* unter Eduardo Mondlane (*1920, †1969) und Uria Simango (*1933); sie stützt sich auf das Netzwerk der NESAM, die verboten wird.	*FRELIMO*
1964 25. Sept.	*Beginn des bewaffneten Kampfes* der FRELIMO in der Cabo-Delgado- und der Niasa-Provinz im Norden mit einem Angriff auf den Militärposten von Mueda; die Portugiesen müssen sich in der Folge weit gehend aus dem Norden zurückziehen.	*Beginn des bewaffneten Kampfes*
1968 Juli	Nach Eröffnung einer zweiten FRELIMO-Front in der Tete-Provinz (März) kann der Zweite Parteitag bereits innerhalb Moçambiques abgehalten werden.	
1969 3. Febr.	Ermordung des FRELIMO-Präsidenten Eduardo Mondlane in Tanzania (offenbar durch den portugiesischen Geheimdienst); danach kollektives Führungsorgan.	
1970 22. Mai	Wahl der neuen Führung: Samora Machel (*1933, †1986) Präsident, Marcelino dos Santos (*1931) Vizepräsident/Außenminister, Joaquim Chissano (*1939) Sicherheitschef.	
Juni	Beginn der *portugiesischen Großoffensive* „Gordischer Knoten" (Cabo-Delgado-Provinz).	*portugiesische Großoffensive*
1971 Jan.–April	FRELIMO-Offensive: Zerstörung von 20 Militärstützpunkten; nach Berichten über portugiesische Massaker an der Zivilbevölkerung wollen sich katholische Missionare (Weiße Väter) aus Moçambique zurückziehen, werden jedoch (25. Mai) des Landes verwiesen.	
21. Juni	Erste Kämpfe bei Cabora Bassa (Staudammbau); zunehmende Zwangsumsiedlung der Bevölkerung in *„Wehrdörfer"*.	*Wehrdörfer*
1972	Errichtung einer neuen FRELIMO-Front in der Manica- und Sofala-Provinz (25. Juli).	
Dez.	Das Massaker (über 400 Tote) portugiesischer Truppen in einem Dorf (als Wiriyamu weltweit bekannt geworden) intensiviert die Kritik an der portugiesischen Kolonialpolitik.	
1973 1. Jan.	Die Überseeprovinzen werden zu „autonomen" Gebieten erklärt, bleiben aber weiterhin integrierte Bestandteile Portugals (der Gouverneur Moçambiques erhält Ministerrang).	
1974 Jan.	Erstmals auch Kampffront im Süden; die FRELIMO lehnt nach dem Putsch in Portugal (25. April) den angebotenen bedingungslosen Waffenstillstand ab und geht zur Generaloffensive über; zugleich Streik von über 8000 Arbeitern (Mai).	
1. Juli	Eröffnung einer Front in der Provinz Zambezia, die Portugiesen ziehen sich aus dem Norden zurück; 2000 Soldaten weigern sich, gegen die FRELIMO ins Feld zu ziehen.	
7. Sept.	Unterzeichnung eines Abkommens Portugal – FRELIMO in Lusaka (Zambia) über Unabhängigkeit, Waffenstillstand, Integrierung der portugiesischen und FRELIMO-Streitkräfte und Bildung einer Übergangsregierung.	
20. Sept.	Nach Niederschlagung einer Revolte weißer Extremisten (10. Sept.) Einsetzung der *Übergangsregierung* unter Joaquim *Chissano* als Premier mit einem Kabinett aus sechs FRELIMO- und drei portugiesischen Ministern; in der Folge Abwanderung bzw. Flucht von über 90% der ca. 200000 Portugiesen sowie ökonomische Sabotageakte und Kapitalflucht.	*Übergangsregierung Chissano*
1975 25. Juni	Unabhängigkeit der *Volksrepublik Mozambik* unter Präsident Samora Machel; Identität FRELIMO und Staatsführung, Primat der marxistisch-leninistisch ausgerichteten Partei.	*Volksrepublik Mozambik*
24. Juli	Verstaatlichung des Gesundheits- und Erziehungswesens und Beschluss zur Errichtung von Kollektivfarmen (23. Aug.) im Rahmen des Schwerpunktprogramms der landwirtschaftlichen Entwicklung.	
3. März	Nach erneuten heftigen *Angriffen rhodesischer Truppen* (23./24. Febr.) Grenzschließung.	*rhodesische Übergriffe*
1977 Juni	Nach fünftägiger militärischer Großaktion (Mai) Rhodesiens (u. a. Besetzung von Mapai) gegen Lager der Zimbabwe African National Union (ZANU) ruft Mozambik den UNO-Sicherheitsrat an (bis dahin ca. 143 rhodesische Übergriffe).	
1980	Nach der Regierungsumbildung im März begrenzte Reprivatisierung der Wirtschaft.	
1984 16. März	Unterzeichnung eines *Nichtangriffs- und Sicherheitspakts mit Südafrika* durch Samora Machel und Pieter Willem Botha (Vertrag von Nkomati).	*Pakt mit Südafrika*
1985 Juni	Machel erklärt den Übergang zur Kriegswirtschaft, um gegen Rebellen der Resistência Nacional Moçambicana (RENAMO) kämpfen zu können. Offensive gegen RENAMO mit Hilfe Zimbabwes (Sept.). Gespräche mit Südafrika über Nkomati-Abkommen aufgrund des Verdachts der südafrikanischen Unterstützung der RENAMO.	
1986 19. Okt.	Bei Flugzeugabsturz über südafrikanischem Gebiet *stirbt Präsident Machel*. Das Zentralkomitee der FRELIMO wählt als Nachfolger Joaquim Chissano.	*Tod Präsident Machels*
1989 Juli	Auf dem fünften FRELIMO-Kongress wird der Primat der marxistisch-leninistischen zugunsten einer allgemein sozialistischen Richtung aufgegeben. Initiativen zur Beendigung des Bürgerkrieges scheitern (ca. 100000 Tote, 1,6 Mio. Flüchtlinge).	
1990 3. Nov.	Erste direkte Gespräche mit RENAMO (Juli), Verabschiedung einer neuen Verfassung mit Mehrparteiensystem, Verzicht der FRELIMO auf Machtmonopol, Umbenennung in *Republik Mozambik*	*Republik Mozambik*

blik Mozambik (vorher Volksrepublik Mozambik). Vereinbarung eines regionalen Waffenstillstands und Abzug der Truppen aus Zimbabwe (Dez.).

	1991	Regierung und RENAMO können sich nicht auf Einhaltung des Waffenstillstands und über die politischen Reformen einigen; neue Angriffe der RENAMO.
Friedensvertrag	**1992**	Staatspräsident Chissano und der Führer der RENAMO Afonso Dhlakama unterzeichnen in Rom einen *Friedensvertrag* (4. Okt.).
	1994 19. Aug.	Die RENAMO löst sich als militärische Organisation auf, nachdem sie sich als Partei registrieren ließ. Gleichzeitig wird eine neue vereinigte Armee gegründet, der auch ehmalige RENAMO-Kämpfer angehören.
freie Wahlen	27.–29. Okt.	Etwa 1000 ausländische Beobachter kontrollieren die ersten *freien Präsidentschafts- und Parlamentswahlen*, bei denen die Regierungspartei FRELIMO siegt. Staatspräsident Chissano wird mit 53,3% der Stimmen gegen Afonso Dhlakama (33,7%) wiedergewählt.
	1995 11. Nov.	Mozambik wird als erstes nichtanglophones Land in das Commonwealth of Nations aufgenommen.
Wiederaufbau der Wirtschaft	**1996/1997**	Die Regierung konzentriert sich auf den *Wiederaufbau der* brachliegenden *Wirtschaft* und der zerstörten Infrastruktur.
	1999 3.–5. Dez.	Bei den Präsidentschafts- und Parlamentwahlen wird Präsident Chissano im Amt bestätigt. Die regierende FRELIMO erhält 133 von 250 Mandaten. Die oppositionelle RENAMO erkennt das Wahlergebnis nicht an.
	2000 17. Jan.	Eine 21-köpfige Regierung unter dem seit 1994 amtierenden Premierminister Pascual Manoel Mocumbi nimmt ihre Arbeit auf.
Hochwasserkatastrophe	Febr.	Nach wochenlangen schweren Regenfällen im Südosten Afrikas sind weite Landesteile Mozambiks überschwemmt. Die *Hochwasserkatastrophe* fordert 650 Todesopfer und richtet materielle Schäden an, die auf 1 Mrd. US-Dollar beziffert werden. Wirtschaftlich ist das Land um Jahre zurückgeworfen.
	2001 April	Die oppositionelle RENAMO kündigt den Dialog mit der Regierung auf, nachdem diese sich wiederholt geweigert hat, die Gouverneursposten mit ihr zu teilen.

Südliches Afrika: Südafrika seit 1945

Namibia (Südwestafrika) seit 1946
(Forts. v. S. 1168)

	1946 14. Dez.	Der Antrag Südafrikas (7. Mai) auf Übernahme von Südwestafrika (SWA) in sein eigenes Territorium wird von der UN-Generalversammlung abgelehnt.
	1947/1948	Aufforderungen der UN-Generalversammlung zur Unterstellung des Mandats kommt Südafrika nicht nach, gewährt vielmehr SWA direkte Vertretung im südafrikanischen Parlament (April 1949).
Internationaler Gerichtshof	**1950** 11. Juli	Der *Internationale Gerichtshof* (IGH) bestätigt in einem Gutachten die Fortdauer der Mandate und die Rechtmäßigkeit von deren Überwachung durch die UNO.
	1954	Die seit 1928 vom SWA-Administrator ausgeübten Befugnisse über Angelegenheiten der afrikanischen Bevölkerung werden von der südafrikanischen Regierung übernommen.
	1959 10. Dez.	Eine Allianz (Mai) aus Ovamboland People's Organization (OPO) unter Sam Nujoma (*1929) und der SWA National Union (SWANU) unter J. Kozonguizi (*1932) sowie den Chiefs-Räten der Herero, Nama und Damara organisiert eine Massenkampagne gegen Umsiedlungsaktionen im Afrikaner-Gebiet Windhuks: 13 Tote bei Zusammenstößen mit der Polizei („Katutura-Zwischenfall").
SWAPO	**1960** 19. April	Mit Billigung des Herero-Rates gründet die OPO die *Southwest African People's Organization* (SWAPO).
	4. Nov.	Klage der ehemaligen Völkerbundsmitglieder Liberia und Äthiopien gegen Südafrika vor dem Internationalen Gerichtshof wegen Verstoßes gegen die Mandatsbestimmungen.
Heimatländer (homelands)	**1964** 27. Jan.	Publizierung des Berichts der (im Sept. 1962 eingesetzten) Odendaal-Kommission, die im Rahmen einer strukturellen Angliederung der SWA-Wirtschaft an Südafrika die Einführung der südafrikanischen Apartheidpolitik durch Errichtung von neun „*Heimatländern*" für die afrikanische Bevölkerung empfiehlt.

29. April	Die Regierung Südafrikas nimmt den Bericht an, setzt die Empfehlungen jedoch angesichts des schwebenden IGH-Verfahrens im Wesentlichen erst seit 1968 in Kraft.	
1966 18. Juli	Die aufgrund des Odendaal-Berichtes 1965 umgewandelte *Klage Liberias und Äthiopiens* (jetzt gegen Verletzung von Menschenrechten) wird vom IGH mit der Begründung der fehlenden Legitimation der Kläger zurückgewiesen; die inhaltliche Berechtigung der Klage wird nicht bestritten, die Verletzung von Mandatsnormen und Menschenrechten jedoch in die Kompetenz der UNO verwiesen.	*Klage Liberias und Äthiopiens*
26. Aug.	Erste militärische Zusammenstöße zwischen SWAPO-Guerillas und südafrikanischen Truppen in Ovambo und Erklärung der Beendigung der südafrikanischen Mandatsherrschaft durch die UN-Generalversammlung (27. Okt.); SWA der unmittelbaren Verantwortlichkeit der UNO unterstellt, Recht des Volkes auf Unabhängigkeit bestätigt.	
1968 25. Jan.	Erste Einschaltung des UN-Sicherheitsrats in die SWA-Frage mit der *Verurteilung Südafrikas* wegen der unter dem neuen südafrikanischen Terrorismus-Gesetz angestrengten Gerichtsverfahren gegen afrikanische Bewohner von SWA.	*UNO-Verurteilung Südafrikas*
12. Juni	*Einführung des Namens Namibia* für SWA durch die UNO und Bestätigung der Berechtigung des Kampfes gegen die illegale Besetzung des Landes. Südafrika verwirklicht in der Folge mit der Errichtung zahlreicher „Heimatländer" (jeweils mit Legislativrat und Exekutivausschuss; Ovamboland bereits März 1967) wesentliche Teile des Odendaal-Planes und führt zu diesem Zweck umfangreiche Umsiedlungsaktionen durch.	*Einführung des Namens Namibia*
1969 1. April	Verstärkung der politisch-legislativen Integration Namibias in die Republik Südafrika durch direkte Unterstellung zahlreicher Administrations-Sachgebiete unter die südafrikanische Regierung; Namibia wird faktisch fünfte Provinz Südafrikas.	
1971 21. Juni	Aufforderung an Südafrika zur sofortigen Beendigung der unrechtmäßigen Präsenz in Namibia durch ein neues IGH-Gutachten, das zudem alle südafrikanischen Handlungen gegenüber Namibia nach dem 27. Okt. 1966 zu Gesetzesverstößen erklärt.	
13. Dez.	Beginn des größten Streiks in der Geschichte Namibias; mindestens 50 Tote.	
1972 4. Febr.	Auftrag des UN-Sicherheitsrates an UNO-Generalsekretär Kurt Waldheim zur Kontaktaufnahme mit der südafrikanischen Regierung zur Lösung der Namibia-Frage; Waldheim besucht daraufhin Südafrika und Namibia (März).	
1. Aug.	Nach Vorlage des Waldheim-Berichts (17. Juli) wird vom UN-Sicherheitsrat das *Recht Namibias auf Unabhängigkeit* und territoriale Unverletzbarkeit bestätigt.	*Recht auf Unabhängigkeit*
25. Sept.	Ein Sonderbeauftragter Waldheims wird ernannt, der mit einer UNO-Delegation Südafrika und Namibia bereist.	
6. Dez.	Dem Bericht des Sonderbeauftragten (15. Nov.) folgend, stellt der UN-Sicherheitsrat fest, dass sich bei diesen Gesprächen die überwältigende Mehrheit der Namibier gegen südafrikanische Fremdherrschaft und „Heimatländer"-Politik ausgesprochen habe.	
1973 Mai	Trotz der laufenden Verhandlungen mit der UNO setzt Südafrika die „Heimatländer"-Politik mit der Gewährung von Selbstregierung für Ovambo und Kavango und Wahlen für die beiden Gebiete fort (Aug./Sept., dabei Fiasko in Ovambo durch Wahlboykott: 2,5% Wahlbeteiligung).	
11. Dez.	UN-Sicherheitsrat beendet die Gespräche mit Südafrika. Die UN-Generalversammlung übernimmt die Resolution und erkennt die SWAPO als authentischen Repräsentanten des Volkes von Namibia an, ein UN-Kommissar wird für Namibia eingesetzt (18. Dez.).	
1974	Massenexodus von ca. 6000 SWAPO-Anhängern wegen heftiger Verhaftungswellen (Juni).	
1975 Jan.	Erneute *Wahlen für Ovambo*: 76% Wahlbeteiligung unter massiven Repressionsmaßnahmen in Ovambo, 4% im Süden und Zentrum Namibias unter den Ovambo-Wanderarbeitern; der Boykottversuch der durch den Exodus gelähmten SWAPO schlägt weit gehend fehl.	*Wahlen für Ovambo*
Febr.	Aufspaltung der 1971 gegründeten National Convention of Freedom Parties (Sammelbecken der meisten politischen Organisationen der Afrikaner) nach dem Austritt der Inlands-SWAPO (Dez. 1974), die zusammen mit SWANU und anderen Gruppierungen die Namibia National Convention (NNC) bildet; eine zweite Gruppierung vornehmlich aus Damara und Nama wird zum National Council of Namibia (NCN), der Rest bleibt als National Convention unter dem Herero-Chief Clemens Kapuuo (*1923, †1978) bestehen.	
1. Sept.	Beginn der von Südafrika bereits im Nov. 1974 angekündigten, nach ethnischen Gesichtspunkten (Ausschluss der SWAPO) zusammengesetzten Turnhallen-Verfassungskonferenz.	
1976 30. Jan.	Ultimatum des UN-Sicherheitsrates zum 31. Aug. 1976: Forderung nach Wahlen unter UNO-Aufsicht.	
18. Aug.	Verfassungsplan der *Turnhallenkonferenz*: multirassische Übergangsregierung, Unabhängigkeit für Ende 1978 unter Wahrung der regional-ethnischen Aufsplitterung des Landes; die damit verbundenen Zusicherungen genügen den USA offenbar nicht, die sich seit April durch Außenminister Kissinger in die Namibia-Frage eingeschaltet haben.	*Turnhallenkonferenz*

	Okt.	Nach drei Gesprächen zwischen Kissinger und dem südafrikanischen Premier Vorster (Juni–Sept.) unterbreiten die USA einen eigenen Plan für Namibia.
	1977	Endgültige Annahme eines Verfassungsentwurfs durch die Turnhallenkonferenz; dessen
Intervention der UNO	18. März	Verabschiedung durch das südafrikanische Parlament wird zurückgestellt nach *Intervention der fünf westlichen Mitglieder des UN-Sicherheitsrates*, die sich nun in die Lösung der Namibia-Frage auf der Grundlage der UN-Sicherheitsrats-Resolution Nr. 385 (30. Jan. 1976) einschalten.
	April	Nach Austritt der Inlands-SWAPO aus dem NNC schließt sich dieser mit dem NCN zur Namibia National Front (NNF) zusammen; andere Parteien schließen sich der SWAPO an.
	1. Sept.	Einsetzung eines Generaladministrators für Namibia durch Südafrika, der durch Proklamationen regiert; die Kapprovinz übernimmt die Verwaltung von Walfisch-Bucht.
DTA-Gründung	26. Sept.	Aus der seit 1950 die Legislative dominierenden SWA-Sektion der südafrikanischen Nasionale Party spaltet sich ein Flügel unter Dirk Mudge (*1928) ab, der sich mit der „Interessengemeinschaft deutschsprachiger Südwester" zur *Demokratischen Turnhallen-Allianz* (DTA) zusammenschließt (5. Nov.), während die Restpartei zur „Aktionsfront zur Erhaltung der Turnhallen-Grundsätze" (AKTUR) wird.
	1978 10. April	Die Verhandlungsvorschläge der Westmächte (Wahlen unter UN-Aufsicht; Unabhängigkeit noch 1978; Reduzierung der südafrikanischen Truppen; Freilassung politischer Gefangener; Rückkehr exilierter Namibianer) werden dem UN-Sicherheitsrat zugeleitet.
	25. April	Nach einer nicht veröffentlichten „Klarstellung" der Westmächte stimmt Südafrika zu.
Westmächte-Plan	28. April	Südafrikanischer Angriff auf das SWAPO-Lager Kassinga in Angola (ca. 600 Tote); die SWAPO suspendiert die Verhandlungen, stimmt dann jedoch unter Vorbehalten dem *Westmächte-Plan* zu, der daraufhin auch vom UN-Sicherheitsrat angenommen wird (12. Juli), der zugleich die Notwendigkeit einer Eingliederung von Walfisch-Bucht in Namibia bekräftigt (27. Juli); Ernennung eines UN-Sonderbeauftragten zur Vorbereitung der Wahlen.
	29. Aug.	Die Vorschläge des UN-Sonderbeauftragten werden im Bericht Kurt Waldheims wiedergegeben, der die Verschiebung des Unabhängigkeitstermins sowie den Einsatz von 7500 Mann Militärpersonal und 360 Polizisten vonseiten der UNO während der Übergangsperiode empfiehlt.
	Sept.	Südafrika lehnt den Bericht ab, SWAPO und UN-Sicherheitsrat nehmen ihn an.
	14. Okt.	Erneute Westmächte-Initiative zur Verhinderung der von Südafrika angesetzten Wahlen.
	13. Nov.	In einer „Kompromisslösung" werden die „internen" Wahlen nicht verhindert, jedoch vom UN-Sicherheitsrat vorab für ungültig erklärt.
manipulierte Wahlen	4.–8. Dez.	*Manipulierte Wahlen* finden unter Ausschluss von SWAPO und NNF statt, die DTA gewinnt 82% der Sitze.
	1979	40 SWAPO-Führer verhaftet; SWAPO schließt alle Inlands-Büros (27. April).
Nationalversammlung	23. Mai	Nach Einsetzung einer *Nationalversammlung* in Windhuk (21. Mai) wird die südafrikanische UNO-Delegation von den Verhandlungen der UNO-Generalversammlung ausgeschlossen.
	13.–17. Nov.	Nach Wiederaufnahme (Aug.) der im März abgebrochenen Verhandlungen und neuen Vorschlägen der fünf Westmächte (2. Okt.) Genfer Verhandlungsrunde über demilitarisierte Zone im Norden.
Bildung eines Ministerrats	**1980** 6. Okt.	*Bildung eines Ministerrats* innerhalb der Turnhallenverfassung (1. Juli). Daniel Hough (*1927) wird neuer Generaladministrator.
	1981	Erweiterung der Rechte für Nationalversammlung und Ministerrat; Vorsitzender: Dirk Mudge.
	1983 18. Jan.	Nach Mudges Rücktritt übernimmt der Generaladministrator wieder die Regierung. Nationalversammlung und Ministerrat werden aufgelöst. Neuer Generaladministrator wird Wiellie van Niekerk.
	1984	Auf einer Europareise (29. Mai–12. Juni) bespricht Pieter Willem Botha Südafrikas Bedingungen für Rückzug aus Namibia.
Übergangsregierung	**1985** 7. Juni	Einsetzung einer *Übergangsregierung* und Nationalversammlung für Namibia durch Südafrika, die von der UNO umgehend für illegal und nichtig erklärt wird.
	1986 März	Vorschlag Bothas, die Unabhängigkeit Namibias mit kubanischem Abzug aus Angola zu verbinden, wird international weit gehend abgelehnt.
	1988 22. Dez.	Der Waffenstillstand zwischen Angola, Kuba und Südafrika (22. Aug.) und die Unterzeichnung des Friedensabkommens zwischen Südafrika, Kuba und Angola, der den Angolakrieg beendet, regelt auch den *Unabhängigkeitsprozess* für Namibia.
Unabhängigkeitsprozess	**1989** April	Am 28. Febr. Auflösung der nicht anerkannten Übergangsregierung. Ausbruch schwerer Kämpfe zwischen SWAPO und südafrikanischen Einheiten, die UN-Truppen nicht unterbinden können.

14. Sept.	Rückkehr des SWAPO-Führers Samuel Nujoma (*1929) aus dem Exil.	
7.–11. Nov.	International überwachte *Wahlen* zur Verfassunggebenden Versammlung, die SWAPO erhält 57,3%, die Demokratische Turnhallen-Allianz (DTA) 28,5% der Stimmen.	*Wahlen und Verfassung*
1990	Einstimmige Verabschiedung der *Verfassung* mit Mehrparteien- und Präsidialsystem (9. Febr.), Nujoma wird Präsident.	
21. März	Unabhängigkeit der *Republik Namibia*, Einsetzung der neuen Regierung. Namibia wird 160. UNO-Mitglied (23. April).	*Republik Namibia*
1993	Der Namibia-Dollar tritt als *Währung* an die Stelle des südafrikanischen Rand (15. Sept.).	*neue Währung*
1994	Südafrika gibt seine Exklave *Walvis Bay* (Walfisch-Bucht) an Namibia zurück (1. März).	*Walvis Bay*
7./8. Dez.	Präsident Nujoma wird bei den ersten Präsidentschaftswahlen seit der Unabhängigkeit mit 76,3% wiedergewählt. Die SWAPO gewinnt die gleichzeitigen Parlamentswahlen mit einem Anteil von 72,7%.	
1995 15. Sept.	Nujoma, der seit März zusätzlich das Innenressort geleitet hatte, beruft nach massiver Kritik der Opposition an seiner Machtfülle Jerry Edandjo zum Innenminister.	
1998	Die Armee geht gegen Separatisten im sog. *Caprivi-Streifen* im Nordosten des Landes vor (23. Okt.).	*Caprivi-Streifen*
Nov.	Der Nationalrat stimmt einer Verfassungsänderung zu, die eine dritte Amtszeit des Präsidenten ermöglicht.	
1999	Die in der DR Kongo stationierten namibischen Truppen werden zurückgezogen (Jan.).	
30. Nov./ 1. Dez.	Bei den Präsidentschafts- und Parlamentswahlen wird Präsident Nujoma im Amt bestätigt, die regierende SWAPO erhält 70,3% der Stimmen.	
12. Dez.	Die Regierung erteilt der angolanischen Armee die Erlaubnis, auf namibischem Gebiet gegen die UNITA-Rebellen vorzugehen.	
13. Dez.	Der Internationale Gerichtshof in Den Haag entscheidet den *Streit* zwischen Namibia und Botswana *um die Insel Kasiliki* im Chobe-Fluss zu Gunsten Botswanas.	*Streit um die Insel Kasiliki*
2000 Dez.	Analog zu der sich zuspitzenden Landreformfrage in Zimbabwe nimmt auch in Namibia der Druck auf Präsident Nujoma zu. Seit der Unabhängigkeit sind erst 97 (von 4 000) Farmen aus weißem Besitz in die Hand von schwarzen Familien gekommen.	
2001 7. Febr.	Nujoma gibt bekannt, dass er die Landreform beschleunigen, jedoch weiterhin dafür sorgen will, dass Verkäufe freiwillig und gegen Entschädigung erfolgen.	

Republik Südafrika (Südafrikanische Union) seit 1948
(Forts. v. S. 1172)

1948 26. Mai	Wahlsieg der burischen Nasionale Party (NP) mit einem Programm der Apartheid gegen die Smuts-Regierung (seit Okt. 1945 nur noch United Party).	
3. Juni	Daniel F. Malan (*1874, †1959) wird Premier.	
1949–1953	Eine umfangreiche *Apartheid-Gesetzgebung* wird erlassen: Verbot gemischtrassischer Heiraten und intimer Beziehungen zwischen Weißen und Nichtweißen (1950, verschärft 1957); Registrierung der gesamten Bevölkerung nach Rassenzugehörigkeit: getrennte Wohngebiete für alle ethnischen Gruppen (Umsiedlungsaktionen betreffen vor allem Afrikaner und Inder); Gesetz zur Unterdrückung des Kommunismus (unkontrollierbare Vollmachten für den Justizminister, gegen alle emanzipatorischen Gruppen Nichtweißer sowie alle kommunistischen, radikalen oder liberalen weißen Verteidiger der Rechte Nichtweißer angewendet); im „Bantu Authorities"-Gesetz (1951) wird der Native Representation Council (1936/1937) durch regional gegliederte „Bantu-Behörden" (Bantu: burische Bezeichnung für Afrikaner) ersetzt; Protest gegen geltende Gesetze unter Strafe gestellt, Streikverbot für Afrikaner verfügt, ein besonderes Bildungsprogramm nur für Afrikaner („Bantu Education"-Gesetz) und die Rassentrennung in öffentlichen Einrichtungen („Kleine Apartheid") eingeführt (alle 1953).	*Apartheid-Gesetzgebung*
1952 April	Beginn der vom African National Congress (ANC) und South African Indian Congress (SAIC) organisierten „*Ungehorsamkeitskampagne*"; nach heftigen Unruhen (Okt.) Unterdrückung mit Notstandsmaßnahmen und massiver Gewaltanwendung der Regierung (Jan. 1953).	*Ungehorsamkeitskampagne*
1954	Johannes G. Strijdom (*1893, †1958) wird Nachfolger Malans (30. Nov.); er riskiert eine Verfassungskrise (21. Jan. 1955), um die getrennte Wählerregistrierung und damit die seit 1951 betriebene Aufhebung des direkten Wahlrechts der Kap-Farbigen durchzusetzen.	

Wahlrechts-änderung	20. Juni	Durch Ernennung gefügiger Richter und Erweiterung des Senats (Zweite Kammer) mit Anhängern der Regierungspartei (NP) verschafft er der *Wahlrechtsänderung* die erforderliche Zustimmung (27. Febr. 1956).
	1956 26. Juni	Die Freiheits-Charta (Grundprinzipien für ein nichtrassistisches demokratisches Südafrika) wird in Kliptown durch ANC, SAIC, Coloured People's Organization und Congress of Democrats (Weiße) verabschiedet; 156 ihrer Mitglieder werden daraufhin verhaftet (Dez.); die Hochverratsprozesse gegen sie enden erst 1961, der ANC verliert während dieser Zeit einen großen Teil seiner Führung.
	1957	Weitere Einschränkung des Wohn- und Aufenthaltsrechts der Afrikaner außerhalb der Reservate und Verbot gemischtrassischer Gottesdienste („Native Laws Amendment"-Gesetz).
Getrennte Entwicklung	1958 2. Sept.	Unter dem neuen Premier Hendrik F. Verwoerd (*1901, †1966) erhält die *Apartheidpolitik* mit dem *„Prinzip der Getrennten Entwicklung"* (totale territoriale Trennung zwischen Schwarz und Weiß) eine neue Ausrichtung.
	1959	Beginn der Bantustan-Politik: Richtlinien für die Schaffung von Selbstverwaltungen in den Bantustans (aus den Reservaten hervorgehende „Heimatländer") und Abschaffung auch der Vertretung der Afrikaner durch Weiße im Parlament („Promotion-of-Bantu-Self-Government"-Gesetz).
	1960 21. März	Die Widerstandskampagne des 1959 vom ANC (unter Albert Luthuli [*1898, †1967], Friedensnobelpreis 1961) abgespaltenen Pan-African Congress (PAC) unter Robert Sobukwe (*1924, †1978) gegen die Passgesetze führt zum Massaker der Polizei in Sharpeville (67 Tote, 180 Verletzte) und zu blutigen Unruhen in Langa (Kapstadt).
Verhängung des Notstandsrechts	30. März 3. April	*Verhängung des Notstandsrechts*; Verbot von ANC und PAC und Verhaftung ihrer Führer. Attentat auf Verwoerd; in der Folge Verdrängung fast aller nichtweißer Organisationen ins Exil oder in den Untergrund.
Republik	1961 31. März	Nach dem Austritt aus dem britischen Commonwealth (15. März) auf Druck afrikanischer Staaten wird Südafrika aufgrund eines Referendums (5. Okt. 1960; 52% Zustimmung) *Republik* mit einem Staatspräsidenten anstelle eines Generalgouverneurs.
	1961–1963	Ahndung von Sabotage mit der Todesstrafe (Sabotage-Gesetz), Inhaftierungsmöglichkeit ohne Haftbefehl; Beseitigung des Wohnrechts für Afrikaner in für Weiße reservierten Gebieten (ca. sieben Millionen Afrikanern wird der Wanderarbeiter-Status aufgezwungen).
Transkei-Autonomiestatut	1963	*Transkei-Autonomiestatut* (eigene Legislativversammlung, Staatsbürgerschaft, Flagge und Hymne); nach den Wahlen wird Kaizer Mantanzima (*1915) erster Regierungschef eines Bantustans (7. Dez.).
lebenslange Haftstrafen	1964 12. Juni	*Lebenslange Haftstrafen* im Rivonia-Prozess für acht Führer der afrikanischen Nationalbewegung, darunter Nelson Mandela (*1918) und Walter Sisulu (*1912).
	1966 30. März	Nach Abkehr vom exklusiven burischen Nationalismus propagiert die NP die Einheit aller Weißen und gewinnt in den Wahlen erstmals die absolute Stimmenmehrheit (absolute Mehrheit der Sitze bereits seit 1953).
	6. Sept.	Verwoerd, Ideologe und politischer Führer der Politik der Getrennten Entwicklung, erliegt einem Attentat. Der Nachfolger (13. Sept.) Balthazar J. Vorster (*1915, †1983), im Zweiten Weltkrieg wegen pronationalsozialistischer Aktivitäten (in der Ossewabrandwag) inhaftiert, treibt das Apartheid-System auch in Südwestafrika (Namibia) voran und leitet zugleich eine außenpolitische Détente-Politik im Verhältnis zum übrigen Schwarzafrika ein (1966–1975).
	1967	Nach Zusammenstößen mit Guerillas in Namibia (Aug. 1966) wird für schwere Fälle von „Terrorismus" (weit gefasste Definition) die Todesstrafe vorgesehen *(Terrorismus-Gesetz)*.
Terrorismus-Gesetz	1968 1. Mai	Das „Prevention of Political Interference"-Gesetz erzwingt die Rassentrennung auf parteipolitischer Ebene und führt zur Selbstauflösung der Liberal Party und zur Trennung der Progressive Party von ihrer nichtweißen Mitgliederschaft; zugleich Abschaffung der indirekten Parlamentsvertretung der Kap-Farbigen.
Homelands	1970–1971	Durch das „Bantu *Homelands* Citizenship"-Gesetz (1970) und das „Bantu Homelands Constitution"-Gesetz (1971) wird Afrikanern die Staatsbürgerschaft ihres jeweiligen „Heimatgebietes" aufgezwungen.
Détente-Politik	1971 18. März	Vorsters *Détente-Politik* wird durch das Angebot eines „Dialogs" mit afrikanischen Staaten sowie wirtschaftlicher und technischer Hilfe an sie konkretisiert; Swaziland, Mauritius, Elfenbeinküste, Liberia u.a. greifen die Initiative auf.
	1972 Mai/Juni	Nach Studentenunruhen an Universitäten Gründung der Black People's Convention als erster größerer nichtethnischer politischer Organisation für Afrikaner seit 1960.
	1972/1973	Wahlen in den Bantustans (außer Quaqwa und KwaZulu), Einsetzung von Regierungschefs.
Arbeiterstreiks in Durban	1973 Jan.–März	*Arbeiterstreiks in Durban* (100000 Teilnehmer) dehnen sich auf zahlreiche andere Städte aus und ziehen eine Reihe weiterer Streiks nach sich (bis 1975).

	1975 19. März	Die oppositionelle Arbeiterpartei der Farbigen gewinnt die Mehrheit im Kap-Farbigenrat, dessen Exekutive nach einem Votum gegen die Apartheidpolitik zurücktritt (12. Nov.).	
	1976 27. März	Rückzug südafrikanischer Truppen aus Angola (Einmarsch im Aug. 1975); UN-Sicherheitsrat verurteilt Südafrika als Aggressor (30. März). Vorsters Détente- und Dialog-Politik ist damit gescheitert.	
	16. Juni	Nach Schülerstreiks an der Orlando-West-Schule (17. Mai) kommt es in Soweto (Johannesburg) zum *Massenprotest* von ca. 10000 afrikanischen Schülern gegen die Einführung von Afrikaans („Sprache der Apartheid") als zweite Sprache, der sich aufgrund des Polizeieinsatzes zu blutigen Unruhen ausweitet und weite Teile des Landes erfasst.	*Massenprotest*
	Aug./Sept.	Schüler und Studenten organisieren drei allgemeine Arbeitsboykotts, die sich zum *größten Streik* in der Geschichte *Südafrikas* ausweiten; die Unruhen erreichen außer den großen Städten auch einige Bantustans, der Ausnahmezustand wird verhängt. Die Unruhen ziehen sich bis Mitte 1977 hin: über 1000 Menschen getötet, Tausende verurteilt oder gebannt.	*größter Streik in Südafrika*
	26. Okt.	Unabhängigkeit des Transkei-Bantustans; international nicht anerkannt und von der UN-Generalversammlung für rechtsunwirksam erklärt; die Politik wird mit der „Unabhängigkeit" für Bophutatswana (6. Dez. 1977) und Venda (13. Sept. 1979) fortgesetzt.	
	1977 12. Sept.	Nach dem gewaltsamen Tod von Steve Biko (*1946), dem populären Führer der South African Students' Organization (Teil der Black-Consciousness-Bewegung), während Verhören durch die Polizei kommt es zu Unruhen, 18 der wichtigsten politischen Organisationen der Afrikaner werden verboten (19. Okt.).	
	4. Nov.	Die *UNO* verhängt erstmals ein bindendes internationales *Waffenembargo* gegen ein Mitglied (Südafrika) und stellt die Bedrohung des Weltfriedens durch Südafrika fest.	*UNO-Waffenembargo*
	30. Nov.	Hoher Wahlsieg (81% der Sitze) der NP trotz zahlreicher Parteiengruppierungen.	
	1978 28. Sept.	Rücktritt von Premier Vorster (20. Sept.), der zum Staatspräsidenten gewählt wird. Sein Nachfolger wird der bisherige Verteidigungsminister Pieter Willem *Botha* (*1916).	*Botha Premierminister*
	1979 Mai	Publizierung der Berichte der im Juni 1977 eingesetzten Wiehan- sowie Riekert-Kommissionen mit Empfehlungen zur Abänderung von Teilen der Apartheidgesetzgebung.	
	4. Juni	Rücktritt von Präsident Vorster im Zusammenhang mit dem Erasmus-Bericht (Skandal über eine Verwicklung der Regierung in die geheime Finanzierung einer Zeitung und von Auslandspropaganda); Nachfolger wird Marais Viljoen (*1915).	
	30. Sept.	Gründung der Azania People's Organisation unter Curtis Nkondo als erste offen operierende politisch-nationale Bewegung der Afrikaner seit 1977, in enger Anlehnung an den Zehnerrat Sowetos unter Nthato Motlana (*1934), aber gegen die Inkatha-Bewegung (gegründet 1975) des KwaZulu-Führers Chief Gatsha Buthelezi (*1928) gerichtet, die mit der Labour Party (Farbige) und der Reform Party (Inder) die Black Alliance gebildet hat (11. Jan. 1978).	
	1981	UN-Sicherheitsrat nennt Unabhängigkeitserklärung der Ciskei (4. Dez.) ungültig (15. Dez.).	
	1983	Gründung einer Entwicklungsbank für das südliche Afrika (30. Juni).	
	1984 16. Febr.	*Abkommen mit Angola* über Truppenrückzug und Grenzsicherung für Namibia unterzeichnet.	*Abkommen mit Angola*
	16. März	Nichtangriffspakt mit Mozambik abgeschlossen.	
	1. April	Bekanntgabe eines seit zwei Jahren bestehenden Sicherheitsabkommens mit Swaziland.	
	3. Sept.	In-Kraft-Treten der *neuen Verfassung* (separate Kammern für „Mischlinge" [Farbige] und Asiaten).	*neue Verfassung*
	5. Sept.	Pieter W. Botha wird zum ersten Staatspräsidenten Südafrikas mit Exekutivgewalt gewählt; damit wechselt das bisher britische Regierungsmuster zum amerikanischen.	
	1985 12. März	Rigorose Umsiedlung von Schwarzafrikanern löst schwere Unruhen aus, veranlasst Protestresolution des UN-Sicherheitsrates und Sanktionsbeschlüsse, u.a. in USA.	
	17. Juni	Einsetzung einer Übergangsregierung in Namibia. Verhängung des Ausnahmezustands in 36 der 265 Bezirke Südafrikas (21. Juli). Gespräche Präsident Bothas mit Samora Machel (Mozambik) über Nkomati-Abkommen (16. Sept.).	
	1986	Am 7. März wird der *Ausnahmezustand* zunächst aufgehoben, dann am 12. Juli für ganz Südafrika erklärt. Bei Unruhen 1985/86 ca. 1800 Tote.	*Ausnahmezustand*
	1987	Bei Wahlen der für Weiße reservierten Kammer kann die NP absolute Mehrheit behalten (Mai). Verlängerung des Ausnahmezustands. Einigung mit Zulu-Führer Gatsha Buthelezi auf gemeinsame Exekutivbehörde für Natal und das Homeland KwaZulu (3. Nov.).	
	1988	*Friedensabkommen* (22. Dez.) Südafrikas mit Angola und Kuba regelt Unabhängigkeit Namibias.	*Namibia-Friedensabkommen*
	1989 5. Juli	Rücktritt Bothas als NP-Parteivorsitzender (2. Febr.), sein Nachfolger wird Frederik Willem de Klerk (*1936). Erstes direktes Gespräch Präsident Bothas mit dem inhaftierten ANC-Führer Nelson Mandela.	

*Bevölkerungs-
gruppen*

Anteil der Bevölkerungsgruppen in Südafrika (1996)

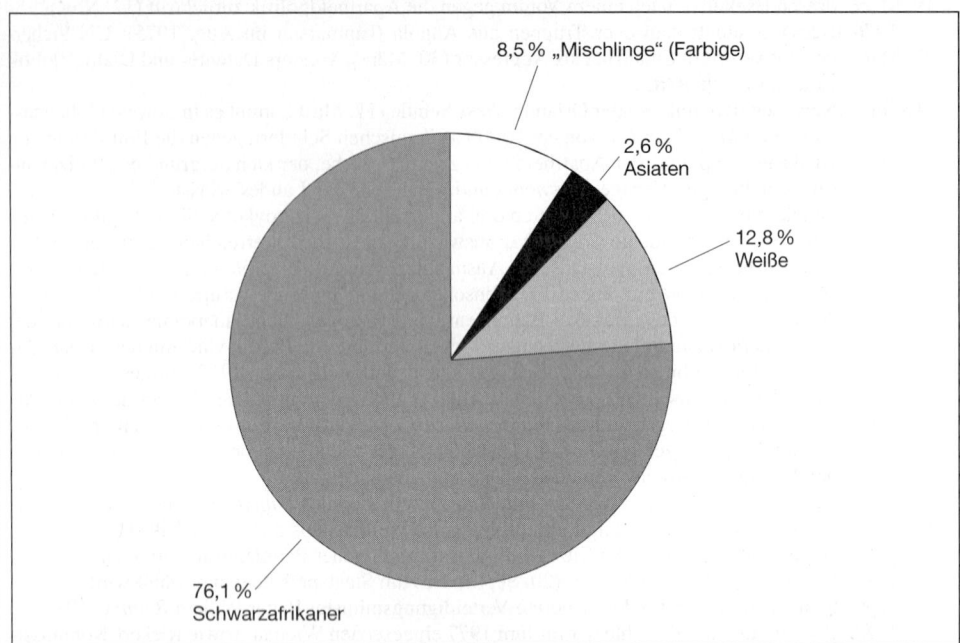

*de Klerk
Präsident*

14. Aug. Präsident Pieter W. Botha erklärt seinen Rücktritt. Bei Parlamentswahlen am 6. Sept. kann die NP die absolute Mehrheit knapp behalten, neuer *Präsident* wird Frederik Willem *de Klerk*.

Ende der Apartheid

Wegen ihrer Apartheidpolitik wird die Republik Südafrika international isoliert und durch wirtschaftliche Sanktionen unter Druck gesetzt. Nach dem Rücktritt Präsident Bothas leitet sein Nachfolger de Klerk eine radikale *Wende in der Innenpolitik* ein. Zwar hebt bereits Botha einzelne Apartheidgesetze auf, verhängt aber im Gegenzug u. a. den Ausnahmezustand und verbietet die Tätigkeit der Anti-Apartheidbewegung. De Klerk legalisiert 1990 die verbotenen Organisationen und verfügt die Freilassung politischer Gefangener. Die Politik de Klerks stößt auf den *Widerstand vieler Buren*; vor allem die 1983 von der NP abgespaltene Conservative Party tritt für eine Beibehaltung der sog. Rassentrennung ein. Trotzdem werden 1991 die rechtlichen Grundlagen des Apartheidsystems außer Kraft gesetzt. Nach der Eindämmung des von rechtsgerichteten Weißen geschürten Konflikts zwischen ANC und Inkatha-Bewegung befürwortet 1992 die Mehrheit der weißen Bevölkerung die Fortsetzung der Reformpolitik und die Ausarbeitung einer *neuen Verfassung*, die die Gleichberechtigung aller „Rassen" festschreibt. Bereits seit 1991 werden die bestehenden Sanktionen gegen Südafrika schrittweise aufgehoben (EG, UNO, USA, OAU). Mit den ersten allgemeinen und freien Wahlen und dem Amtsantritt von Staatspräsident Nelson Mandela, 1994, ist die weiße Herrschaft in Südafrika zu Ende.

*Wende in der
Innenpolitik*

*Widerstand
vieler Buren*

neue Verfassung

*Freilassung
Nelson
Mandelas*

*Lockerung der
Apartheid*

1990 Reformprogramm von Präsident de Klerk, ANC- und PAC-Verbot wird aufgehoben (2. Febr.). *Freilassung Nelson Mandelas* (11. Febr.). Namibia wird unabhängig (21. März). Am 8. Juni Aufhebung des Ausnahmezustandes außer für Natal.
15. Juli Beschluss der Inkatha-Bewegung, sich als politische Partei zu formieren. Nach Gesprächen
7. Aug. mit ANC und nach Freilassung der politischen Gefangenen beendet der ANC den bewaff-
12. Aug. neten Kampf gegen die Regierung. Ausbruch gewalttätiger Machtkämpfe zwischen Inkatha-Bewegung (Zulu) und ANC (Xhosa), die die Regierung zunächst nicht eindämmen
Okt. kann. Weitere *Lockerung der Apartheid*-Gesetzgebung.
1991 Vorschlag des ANC zu einer Allparteien-Konferenz; erstes Treffen zwischen Mandela und
Jan. Buthelezi.
15. April Die EG-Außenminister heben die letzten Handelssanktionen gegen Südafrika auf.
5./17. Juni Die grundlegenden Apartheidgesetze werden abgeschafft: das Verbot des Landerwerbs für Schwarzafrikaner (Land Act), die Trennung der Wohngebiete nach sog. Rassenzugehörig-

	keit (Group Areas Act), die Registrierung der Bevölkerung nach sog. Rassenzugehörigkeit (Population Registration Act) und das Gesetz zur inneren Sicherheit (Internal Security Act).	
10. Juli	Die USA heben mehrere Sanktionen gegen Südafrika auf.	
14. Sept.	Staatspräsident de Klerk, ANC-Führer Nelson Mandela und Gatsha Buthelezi (Inkatha-Freiheitspartei) sowie 20 weitere Organisationen unterzeichnen ein Friedensabkommen in Johannesburg, in welchem sie sich zu Demokratie und zur Vermeidung von Gewalt verpflichten.	
1992 17. März	In einem Referendum stimmen 68,7% der weißen Bevölkerung für die Fortsetzung der Reformpolitik de Klerks zur Abschaffung der Apartheid und für die Ausarbeitung einer neuen Verfassung.	
1993 8. Okt.	Die *UN-Generalversammlung hebt* alle *Wirtschaftssanktionen* gegen Südafrika mit Ausnahme des seit 1986 herrschenden Waffen- und Ölembargos *auf.*	*UN-Embargo aufgehoben*
7. Dez.	Der Übergangsexekutivrat (TEC) beginnt mit der Ausarbeitung einer Übergangsverfassung, die am 27. April 1994 in Kraft tritt. Im TEC sind mit Vertretern von 19 Parteien alle am Reformprozess beteiligten Gruppierungen und Bevölkerungsteile Mitglied. Dies bedeutet das *Ende der weißen Vorherrschaft* in Südafrika.	*Ende der weißen Vorherrschaft*
10. Dez.	Frederik Willem de Klerk und Nelson Mandela werden in Stockholm für ihren Einsatz bei der Abschaffung der Apartheid in der Republik Südafrika mit dem *Friedensnobelpreis* ausgezeichnet.	*Friedensnobelpreis*
1994	Der ANC gewinnt die Wahlen zur Nationalversammlung (26.–29. April), an denen Angehörige aller „Rassen" teilnehmen, mit 62,7% der Stimmen. Die NP de Klerks erhält 20,4% der Stimmen.	
9. Mai	Das Parlament wählt ANC-Führer *Nelson Mandela* zum ersten schwarzafrikanischen *Staatspräsidenten* Südafrikas. Er ernennt den ANC-Vorsitzenden Thabo Mvuyelwa Mbeki (*1942) und den bisherigen Staatschef de Klerk zu Vizepräsidenten sowie den Inkatha-Führer Buthelezi zum Innenminister.	*Nelson Mandela Staatspräsident*
1995	Das Verfassungsgericht schafft mit sofortiger Wirkung die Todesstrafe in Südafrika ab (6. Juni).	
1996 8. Mai	Die Verfassunggebende Versammlung in Kapstadt verabschiedet mit großer Mehrheit die neue Verfassung Südafrikas.	
1997	Thabo Mbeki wird Nachfolger Nelson Mandelas als Präsident des ANC (17. Dez.).	
1998 Sept.	Präsident Nelson Mandela überträgt aus Altersgründen seine Regierungsaufgaben an den Vizepräsidenten Thabo Mbeki.	
29. Okt.	Die *Wahrheits- und Versöhnungskommission*, die politisch motivierte Verbrechen aus der Zeit zwischen 1960 und 1993 aufklären soll, legt ihren Abschlussbericht vor. Seit ihrer Einrichtung im April 1996 hat sie die Aussagen von 21 000 Personen erfasst und mehr als 2500 Opfer vernommen.	*Wahrheits- und Versöhnungskommission*
Nov.	Südafrika vergibt mit 29 Mrd. Rand den größten Rüstungsauftrag seiner Geschichte an ein deutsches und ein britisch-schwedisches Konsortium.	
1999 26. April	Südafrika und Botswana schließen einen Vertrag über die *Einrichtung eines grenzübergreifenden Nationalparks*.	*Einrichtung eines grenzübergreifenden Nationalparks*
2. Juni	Bei den Parlamentswahlen erhält der ANC 266 von 400 Mandaten und verfehlt damit das angestrebte Ziel einer verfassungsändernden Zweidrittelmehrheit um ein Mandat.	
14. Juni	Konstitution des neuen Parlamentes. Mbeki wird einstimmig zum neuen Präsidenten gewählt.	
10. Okt.	Erstmals gedenken Regierungsvertreter der schwarzen Opfer des Burenkrieges von 1899 bis 1902.	
11. Okt.	Mit der EU wird ein Vertrag über Handel, Entwicklung und Zusammenarbeit abgeschlossen.	
2000 26. Jan.	Verabschiedung eines Gleichheitsgesetzes, das jede Art von rassischer Diskriminierung unter Strafe stellt.	
Juni	Auf der Internationalen Aids-Konferenz in Durban behauptet Präsident Mbeki, dass nicht das HI-Virus für Aids verantwortlich sei, sondern die große Armut in den Ländern Afrikas, und ruft damit weltweite Entrüstung hervor. Südafrika ist eines der am stärksten von Aids betroffenen Länder der Welt.	
2001 April	Gegen 30 einflussreiche südafrikanische Persönlichkeiten werden Korruptionsvorwürfe im Zusammenhang mit Rüstungsgeschäften erhoben.	
19. April	41 führende Pharma-Unternehmen, die seit 4. März gegen die südafrikanische Regierung wegen Verletzung ihrer Patentrechte prozessierten, ziehen ihre Klage zurück und schließen einen Vergleich, nach dem der Regierung die kostengünstige Einfuhr von Nachahmepräparaten (v.a. zur Behandlung von Aids) erlaubt ist.	
Juli	Um die *Landreform* zu beschleunigen, verkauft die Oppositionspartei Pan African Congress (PAC) 20 000 Parzellen für je 8 US-Dollar an Obdachlose. Die Parzellen werden wie-	*Landreform*

der geräumt, als sich herausstellt, dass sich das Gelände nicht nur in Staatsbesitz, sondern teilweise in privater Hand befindet.
- Nov. Die Regierungspartei ANC vereinbart eine langfristige Zusammenarbeit mit dem NP-Nachfolger New National Party (NNP).
- Dez. Ein Landgericht in Pretoria korrigiert die umstrittene Aids-Politik der Regierung, indem es diese dazu verurteilt, allen schwangeren HIV-infizierten Frauen das Aids-Medikament Nevirapin zur Verfügung zu stellen.

Lesotho (Basutoland) seit 1952
(Forts. v. S. 1172)

Moshweshwe II.
1952 Gründung des Basutoland African Congress (BAC) unter dem aus der „Lekotla la Bafo"-Bewegung kommenden Ntsu Mokhehle (*1918, †1999). Auf die vom BAC abgespaltene (1957) Marema Tlou Party stützt sich *Moshweshwe II.* (*1938, †1996), dessen Nachfolge als Paramount Chief (endgültig: 12. März 1960) von zahlreichen Chiefs bekämpft wird.

1958 Leabua Jonathan ([*1914, †1987] Urenkel von Moshweshwe I.) gründet mit Hilfe der ka-
9. Febr. tholischen Kirche die Basutoland (ab 1966: Basuto) National Party (BNP) als konservative, antikommunistische und auf Kooperation mit Südafrika bedachte Partei gegen die panafrikanische Basutoland Congress Party (BCP, vor 1959/1960: BAC).

Wahlen zu den Distriktsräten
1960 Bei *Wahlen zu den Distriktsräten* gewinnt die BCP 45% der Sitze gegenüber 13,5% der
20. Jan. BNP und stellt damit 29 der 40 gewählten Abgeordneten für den Nationalrat.

1965 In einer weiteren Verfassung werden die Chiefs in einen eigenen Senat abgedrängt und Moshweshwe II. auf die Rolle eines konstitutionellen Monarchen beschränkt.
29. April Für Wahlen darf nur die BNP Werbung unter den vielen aus Basutoland stammenden Wanderarbeitern in Südafrika betreiben; sie gewinnt 52% der Sitze, die BCP nur 42%.
6. Mai Chief Sekkonyana Maseribane (*1918, †1986) wird vorübergehend Premier, bis Chief Jonathan nach einer Nachwahl dieses Amt übernimmt (7. Juli).

Unabhängigkeit als Lesotho
1966 *Unabhängigkeit als Lesotho*; Moshweshwe II. lässt es in Allianz mit der BCP durch Beharren auf Interventionsrechten zum Verfassungskonflikt kommen.
4. Okt.

1970 Jonathan als erster afrikanischer Premier auf Staatsbesuch in Südafrika (10. Jan.). Vor der
30. Jan. endgültigen Auszählung einer Wahl (sich abzeichnender BCP-Sieg) wird die Verfassung
Erklärung des Notstands aufgehoben und der *Notstand erklärt*; Verhaftung von Oppositionsführern, der aufflammende Guerillakampf wird mit südafrikanischer Hilfe niedergeschlagen.
3. April Moshweshwe II. geht vorübergehend ins Exil, ca. 150 Menschen werden bei einem Zwischenfall mit der Polizei getötet (4.–5. April).
4. Dez. Moshweshwe II. beschränkt sich nach seiner Rückkehr auf Repräsentativfunktionen, ein Interimsparlament wird ernannt.

1974 Nach einem angeblichen Putschversuch der Opposition werden zahlreiche BCP-Anhänger
7. Jan. inhaftiert, ermordet oder können fliehen. Mokhehle gelingt die Flucht.

enge Beziehungen zu Südafrika
April Die *engen Beziehungen zu Südafrika* werden nach einer Phase der kritischeren Einstellung bei einem Treffen mit dem südafrikanischen Premier erneuert.

1979 Beginn einer Welle (ab Mai) von Zusammenstößen mit BCP-Guerillas; Sabotageakte.
1983 Jonathan nimmt Beziehungen zur VR-China und zur UdSSR auf (Mai/Juni).
1986 Sturz Premier Jonathans durch einen Militärputsch unter Metsing Lekhanya (*um 1938), Moshweshwe II. wird König.
1990 Entmachtung Moshweshwes II. durch Lekhanya.

Putsch
1991 Bei einem unblutigen *Putsch* wird Lekhanya abgesetzt. Ein Militärrat unter Oberst Elias
30. April Phisoana Ramaema (*1934) übernimmt die Macht.
1992 Der 1990 von der Militärregierung Lekhanya abgesetzte und durch seinen ältesten Sohn
20. Juli Letsie III. (*1963) ersetzte König Moshweshwe II. kehrt aus englischem Exil nach Lesotho zurück, übernimmt aber nicht die Königsherrschaft.

Parlamentswahlen
1993 Nach den ersten *Parlamentswahlen* seit 1970 (27./28. März) wird Ntsu Mokhehle Premierminister.

1995 Nach dem Thronverzicht Letsies III., der im August des vergangenen Jahres einen Putschver-
25. Jan. such unternommen hatte, wird wieder sein Vater, Moshweshwe II., als Monarch eingesetzt.
1996 Als König Moshweshwe II. bei einem Autounfall stirbt, tritt sein Sohn Letsie III. erneut als
7. Feb. König die Nachfolge an.

1998 23. Mai	Bei den Parlamentswahlen erringt der regierende Lesotho Congress for Democracy (LCD) aufgrund des Mehrheitswahlsystems 78 von 80 Sitzen. Die Opposition ficht das Ergebnis an. Ihr Antrag auf Wahlwiederholung wird am 4. Sept. vom Obersten Gericht abgewiesen.	
10. Sept.	Meuterei von Offizieren, die der Opposition nahe stehen. Abtrünnige und loyale Einheiten liefern sich Gefechte.	
22. Sept.	Einmarsch von Truppen aus Südafrika und Botswana, die von der Regierung herbeigerufen worden sind.	
14. Okt.	Unter Vermittlung Südafrikas kommt ein *Abkommen zwischen Regierung und Opposition* zu Stande.	*Abkommen Regierung – Opposition*
2000 30. Mai	Die letzten Interventionstruppen ziehen sich zurück. In Lesotho beginnen umfassende Privatisierungsmaßnahmen.	
2001	Änderung des Wahlgesetzes. Das Parlament wird auf 130 Sitze erweitert (1. März).	

Swaziland seit 1949/50

(Forts. v. S. 1172)

1949/1950	Nach Rekonstituierung des europäischen Beirats (Mehrheit der gewählten nichtamtlichen Mitglieder) übernimmt die Kolonialverwaltung direktere Kontrolle über Finanzen/Justiz.	
1960	*Gründung der Swaziland Progressive Party* (SPP, hervorgegangen aus der 1929 gegründeten Progressive Association) unter John Nquku (*1902); sie stützt sich auf die sehr kleine westlich gebildete Mittelschicht, vertritt ein sozialreformerisches panafrikanisches Programm, wendet sich gegen den Anschluss an Südafrika und stellt sich mit der Forderung nach Wahlen gegen den seit 1921 regierenden *König Sobhuza II.* (*1899, †1982), der eine paritätische Besetzung (ohne Wahl) des Legislativrates durch Swazi-Aristokratie und Europäer anvisiert („rassische Föderation").	*Gründung der SPP* *König Sobhuza II.*
1963 10. Juni	Nach dem Scheitern von Verfassungskonferenzen (Jan./Febr.) kommt es zu einem vom Ngwane National Liberatory Congress (NNLC, einzige wirkliche Oppositionspartei unter Ambrose Zwane [*1924], 1962 von der SPP abgespalten) organisierten *Generalstreik*, der von britischen Truppen niedergeschlagen wird, NNLC-Führer werden verhaftet.	*Generalstreik*
1964 4. Jan. 25. Juni	Großbritannien setzt eine Verfassung durch, gegen die Sobhuza II. ein Protestreferendum organisiert und das Imbokodvo National Movement (INM) als Hofpartei (Juni) gründet. In Allianz mit der 1963 gegründeten United Swaziland Association (Partei der weißen Siedler) gewinnt das INM alle Sitze bei Wahlen, wendet sich dann von dieser Allianz ab und leitet mit antikolonialistischen Parolen (Ablehnung getrennter Repräsentation) einen Prozess der „nationalen Versöhnung" ein (zahlreiche Oppositionsgruppen integriert).	
1967 25. April	Swaziland erhält *innere Selbstregierung* als „Protected Kingdom" unter Premier Makhosini Dlamini ([*1914, †1978] ältester Sohn des Königs, INM-Generalsekretär).	*innere Selbstregierung*
1968 6. Sept.	Swaziland erhält die *Unabhängigkeit* unter König Sobhuza II., zu dessen Vollzugsorganen Parlament und Regierung degenerieren.	*Unabhängigkeit*
1973 12. April	Sobhuza suspendiert die Verfassung, ruft den *Notstand* aus (Verhaftung von Ambrose Zwane), regiert ohne Parlament und Parteien und stellt eigene Streitkräfte auf (Sept.).	*Notstand*
1976 17. März	Ernennung von Oberst Maphevu Dlamini († 1979) zum Premier; das parlamentarische System wird zu Gunsten einer an traditionellen Vorbildern orientierten Form der Mitbestimmung abgeschafft (25. März 1977).	
1979	Tod des Premiers (24. Okt.); Nachfolger wird Mandabala Fred Dlamini (23. Nov.).	
1982 1983 10. Aug.	Tod von König Sobhuza II. (21. Aug.); Nachfolger Prinz Makhosetive (*1968); bis zu dessen Amtsantritt wird Königinmutter Dzeliwe Interimsregentin (4. Jan.). Nach internen Machtkämpfen wird sie durch Prinzessin Ntombi abgelöst.	
1986	Krönung Prinz Makhosetives als *König Mswati III.* von Swaziland (25. April).	*König Mswati III.*
1989	Entlassung von Premier Sotha Dlamini, Nachfolger wird Obed Dlamini (12. Juli).	
1992 9. Okt.	König Mswati III. löst das Parlament auf und beauftragt die Regierung, eine neue Verfassung auszuarbeiten.	
1993 4. Nov.	Nach *Parlamentswahlen* (26. Sept./11. Okt.) ernennt der König Prinz Mbilini Dlamini zum neuen Premierminister. Der seit 1973 bestehende Ausnahmezustand war am 27. Sept. aufgehoben worden.	*Parlamentswahlen*
1996 26. Juli	Sibusiso Barnabas Dlamini wird neuer Regierungschef, nachdem der König Mbilini Dlamini entlassen hatte (8. Mai).	

	2000 1. Sept.	Swaziland tritt der Zollunion bei, die auf dem Gipfeltreffen der Entwicklungsgemeinschaft des Südlichen Afrika (SADC) am 6./7. Aug. beschlossen worden ist. Bis 2008 sollen etwa 85% der Zölle auf 12.000 Produkte aufgehoben werden.
	2001 März	Die Regierung lehnt eine Initiative der UN ab, die Medikamente zur Verfügung stellen will, mit denen die Übertragung von Aids von der Mutter auf das ungeborene Kind verhindert werden kann. Swaziland hat mit 25,2% eine der höchsten HIV-Infektionsraten Afrikas.
Pro-Demokra- tie-Bewegung	2001 22. Juni	König Mswati III. reagiert auf die von der *Pro-Demokratie-Bewegung* erhobenen Forderungen nach einer Wiederzulassung von Parteien, allgemeinen Wahlen und der Errichtung einer konstitutionellen Monarchie mit der Verlängerung des Ausnahmezustands, hebt diesen aber auf internationalen Druck hin Ende Juli wieder auf.
	Aug.	Mswati III. legt auf einer Volksversammlung eine Verfassungsreform vor.

Botswana (Bechuanaland) seit 1950
(Forts. v. S. 1172)

Thron- prätendent Khama	1950 5. Febr.	*Thronprätendent* Seretse *Khama* (*1921, †1980; Nachfolger von König Sekgema 1925, Regentschaft von Tshekedi Khama) wird wegen seiner Heirat mit einer Engländerin von der südafrikanischem Druck nachgebenden britischen Regierung gebannt und nach London deportiert.
	1956 10. Okt.	Nachdem Seretse Khama auf den Thronanspruch verzichtet hat, darf er nach Bechuanaland zurückkehren; seine Reputation als „Märtyrer" kolonialer Willkür bringt ihm breite Unterstützung bei seiner Hinwendung zu politischen Aktivitäten.
	1960 6. Dez.	Unter Teilnahme zahlreicher politischer Flüchtlinge aus Südafrika erfolgt die Gründung der antitraditionalistischen und antikolonialistischen Bechuanaland People's Party (BPP).
neue Verfassung	1961	*Neue Verfassung*: Der 1950 eingesetzte Gemeinsame Beirat wird unter Beibehaltung paritätischer Besetzung zwischen Afrikanern und Weißen (zahlenmäßiges Verhältnis der Bevölkerung jedoch 99:1) zum Legislativrat umgewandelt und ein Exekutivrat eingesetzt.
	1962 29. Jan.	Seretse Khama gründet die Bechuanaland Democratic Party (BDP), die die meisten der afrikanischen Legislativratsmitglieder zu sich herüberziehen kann.
	1965 1. März	Nach Verkündung (29. Jan.) einer neuen Verfassung (innere Selbstregierung) ohne Repräsentationsprivilegien der weißen Minorität gewinnt die BDP mit ihrem Konzept eines Botswana-Nationalismus in einem multirassischen Staat und mit Unterstützung von Chiefs und reichen Viehbesitzern die ersten allgemeinen Wahlen mit 90% der Sitze.
	3. März	Seretse Khama wird Premier, die Hauptstadt von Mafeking (Südafrika) nach Gaborone verlegt.
Unabhängigkeit	1966	*Unabhängigkeit* als Botswana unter Präsident Sir Seretse Khama (30. Sept.).
	1969 18. Okt.	Wahlen: BDP 77% der Sitze gegen 10% für die Botswana National Front (BNF) mit ihrem Kontrastprogramm (Afrikanisierung, Verstaatlichung etc.).
	1974	Die BDP konsolidiert ihre Position bei Wahlen mit 84% der Sitze (26. Okt.).
	1977	Nach erneutem Eindringen rhodesischer Truppen Aufbau einer Armee (April).
	1979	Wahlen: 91% der Sitze für die BDP, Wiederwahl Khamas zum Präsidenten (20. Okt.).
Präsident Masire	1980	Tod Präsident Khamas (13. Juli); Nachfolger wird Vizepräsident *Quett K. J. Masire* (*1925).
	1984	Hoher Wahlsieg der regierenden BDP unter Staatspräsident Masire am 8. Sept.
	1985	Angriff südafrikanischer Einheiten auf Gaborone gegen vermutete ANC-Stützpunkte.
	1989	Parlamentswahlen am 7. Okt.; die BDP erhält 31 der 38 Sitze, die BNF drei.
	1994 15. Okt.	Bei den Parlamentswahlen gewinnt die Regierungspartei BDP 26 von 40 Sitzen. Die BNF erhält 13 Sitze.
	17. Okt.	Präsident Masire wird von den Abgeordneten wiedergewählt.
	1996 22. Juli	Aufgrund von Besorgnissen Namibias lehnt Deutschland die Lieferung von 50 gebrauchten Leopard I-Panzern der Niederlande an Botswana ab.
	1998	Festus Gontebane Mogae (BDP) wird neuer Staats- und Regierungschef (1. April).
	1999 April	Die Weltbank bezeichnet Botswanas Wirtschaft als eine der am beständigsten wachsenden der Welt (seit 1965 jährlich im Durchschnitt 11,4%). Der Reichtum ist allerdings sehr ungleich verteilt, die Mehrheit der Bevölkerung in den ländlichen Gebieten lebt nach wie vor in ärmlichen Verhältnissen. Jeder dritte Erwachsene im Alter von 15 bis 49 Jahren ist an Aids infiziert bzw. erkrankt.
	16. Okt.	Bei den Parlamentswahlen erringt die regierende BDP 33 der 40 Mandate.
	13. Dez.	Der Internationale Gerichtshof in Den Haag spricht die Insel Sedulu (namibisch Kasikili) im Chobe-Fluss Botswana zu.

2000 Nov.	Die ethnische Minderheit der San (Buschleute) erhebt gegen die Regierung den Vorwurf, sie wolle sie von ihrem Land vertreiben.	
2001 März	Die Regierung erklärt sich bereit, den Krankenhäusern *kostenlos Medikamente gegen Aids* zur Verfügung zu stellen.	*kostenlos Medikamente gegen Aids*

Östliches Afrika: Festland seit 1945

Tanzania (Tanganyika mit Zanzibar) seit 1945
(Forts. v. S. 1173)

1945	Zwei Afrikaner im Legislativrat; zahlenmäßig gleiche Repräsentation mit Indern erst seit 1948.	
1948 Aug.	Nach dem Bruch der African Association mit ihrer Zanzibar-Zweigstelle Umbenennung in Tanganyika African Association (TAA); sie nutzt die Kluft zwischen Kolonialregierung/Chiefs und der immer stärker unterdrückten Bevölkerung aus, verbindet sich mit fast allen Protestbewegungen im Lande (große Flexibilität durch geringe Zentralisierung; Kiswahili-Sprache ermöglicht landesweite Kommunikation), erhält breite Massenunterstützung u.a. durch enges Kooperieren mit Genossenschaften und Gewerkschaften und entwickelt sich zu einer außerordentlich *geeinten Nationalbewegung*.	*geeinte Nationalbewegung*
1953	Wahl von Julius Nyerere (*1922, †1999) zum Präsidenten der TAA (April).	
1954 7. Juli	Neugründung der TAA als Tanganyika African National Union (TANU) unter Julius Nyerere und Oscar Kambona (*1928), die eine gewählte afrikanische Mehrheitsregierung und baldige Unabhängigkeit fordert.	
1955 20. März	Nach der Berufung von drei Afrikanern in den Exekutivrat (1954) wird eine *Drittelparität* (Afrikaner-Asiaten-Europäer) der nichtamtlichen Legislativratsmitglieder zugestanden.	*Drittelparität*
1959 15. Febr.	In den auf der Grundlage eines „multi-rassischen" Konzepts (drei Stimmen je Wähler, für je einen Vertreter der drei „rassischen" Gruppen, die die gleiche Sitzzahl haben) durchgeführten ersten Wahlen zum Legislativrat gewinnt die TANU alle Sitze (die Hälfte ohne Gegenkandidaten), da sie prominente europäische und asiatische Kandidaten aufzustellen vermag.	
1959	Berufung von fünf TANU-Mitgliedern in den neuen Ministerrat (Juli).	
1960	Wahlen: Die TANU gewinnt 70 von 71 Sitzen, davon bei 58 Sitzen kein Gegenkandidat (30. Aug.).	
1961 Mai	Julius Nyerere (Chefminister seit 1. Sept. 1960) wird mit Erlangung der inneren Selbstregierung Premier.	
9. Dez.	Tanganyika erhält die *Unabhängigkeit*. Nyerere überlässt Rashidi Kawawa (*1929) das Amt des Premiers (22. Jan. 1962), um sich der Reorganisation der TANU zu widmen.	*Unabhängigkeit*
1962 9. Dez.	Nach einer Verfassungsänderung (5. Nov.) wird *Nyerere zum Präsidenten gewählt*, Tanganyika wird Republik.	*Wahl Nyereres zum Präsidenten*
1964 16.–20. Jan.	Eine Truppenmeuterei gegen Unterbezahlung und zögernde Afrikanisierung des Offizierskorps wird durch zurückgeholte britische Truppen niedergeschlagen; Verhaftung von ca. 550 Führern von Gewerkschaften und anderen Oppositionsgruppen.	
28. April	Nach Unterzeichnung der Unionsakte (23. April) zwischen Nyerere und Präsident Abeid Karume (*1905, †1972) von Zanzibar wird die Vereinigte Republik von Tanganyika und Zanzibar gegründet mit Nyerere als Präsident, Karume als 1. Vizepräsident und Kawawa als 2. Vizepräsident; sie wird schließlich in *Vereinigte Republik Tanzania* umbenannt (29. Okt.); Zanzibar bleibt im Inneren weit gehend losgelöst von der Union (vor allem in Rechtsprechung und Finanzen), Karume regiert durch den Revolutionsrat mit zunehmender Repression.	*Vereinigte Republik Tanzania*
1965 5. Juli	Verkündung des faktisch seit den ersten Wahlen (1958/1959) bestehenden Einparteienstaates.	
1967 5. Febr.	Verkündung der Arusha-Deklaration, die auf die Verwirklichung eines *tanzanischen Sozialismus* mit verstärkter Hinwendung auf die eigenen Anstrengungen und Ressourcen statt ausländischer Hilfe abzielt, die Entwicklung der Landwirtschaft vor allem durch Zusammenziehen in genossenschaftlich organisierte „Ujamaa"-Dörfer in den Vordergrund stellt und eine weitere Klassendifferenzierung aufzuhalten trachtet. Verstaatlichung von Banken,	*tanzanischer Sozialismus*

		Versicherungen, Großhandel und allen größeren Industriebetrieben; Erlass eines Verhaltenskodex für Führungskräfte.
	1970 Aug.	Nach Aufdeckung von Umsturzplänen auf Zanzibar (1. Sept. 1969) und auf dem Festland (4. Okt. 1969) wird ein Putschversuch auf Zanzibar niedergeschlagen.
	1971 Febr.	Veröffentlichung der Parteirichtlinien („Mwongozo"); verschärfte Kontrolle des Staatsapparates und der Einhaltung des Verhaltenskodex durch die TANU; Enteignung zahlreicher Mietshäuser, Zunahme der Konflikte zwischen Management und Arbeitern in der Folge.
Grenzkonflikt mit Uganda	Aug.	Nach Asylgewährung für den gestürzten Uganda-Präsidenten Milton Obote *Grenzkonflikt mit Uganda* (erneut im Okt.).
	1972 18. Febr.	Eine Dezentralisation der Verwaltung gibt den Regionen größere Befugnisse, Rashidi Kawawa übernimmt das neu geschaffene Amt des Premiers; die in der Folge betriebene Forcierung der Umsiedlung in Ujamaa-Dörfer führt z.T. zu Übergriffen und zur Anwendung von Gewalt.
	7. April	Ermordung des Zanzibar-Präsidenten Karume, dem Aboud Jumbe (*1920) nachfolgt.
	Sept.	Eine *Invasion Ugandas* durch Obote-Anhänger (von Tanzania aus und mit indirekter Unterstützung Tanzanias) schlägt fehl; Bombardierung tanzanischer Städte durch Uganda und zahlreiche Invasionsdrohungen Ugandas in der Folge.
	1973	Grenzzwischenfälle mit Burundi (März).
Eisenbahn	1975 Sept./Okt.	Der Abschluss eines Vertrages zur engen Kooperation mit dem unabhängigen Mozambik und die Eröffnung der mit chinesischer Hilfe gebauten *Eisenbahn* von Dar es Salaam nach *Zambia* (1860 km) verdeutlichen Tanzanias stärkere Neuausrichtung nach Süden; Tanzania nimmt immer mehr eine Schlüsselposition unter den sog. „Frontstaaten" im Kampf um die Befreiung des südlichen Afrika ein.
neue Verfassung	1977 5. Febr.	Nach längeren Verhandlungen verschmelzen TANU und ASP zur Chama cha Mapinduzi (CCM, „Partei der Revolution"), Edward Sokoine (*1938, †1984) wird Premier; eine *neue Verfassung* ordnet die CCM nun auch formal Parlament und Regierung über (25. April).
	1978 Okt./Nov.	Nach Grenzzwischenfällen mit Tanzania besetzen und verwüsten Uganda-Truppen das tanzanische Gebiet nördlich des Kagera-Flusses.
Invasion Ugandas	1979 20. Jan.	Nach dem Rückzug der Uganda-Truppen (Nov. 1978) *marschiert* die tanzanische *Armee* zusammen mit Exil-Ugandern *in Uganda ein*; die tanzanischen Truppen bleiben zur Aufrechterhaltung der Ordnung auch nach Einsetzung einer Übergangsregierung (13. April) im Lande, begrenzt auf zwei Jahre in einem *Abkommen mit Uganda* (12. Dez.).
Abkommen mit Uganda	12. Okt.	Annahme einer Verfassung für Zanzibar durch dessen Revolutionsrat, der seit 1964 durch Dekrete regiert hat; sie wird von der CCM bestätigt (28. Dez.).
Nyerere bestätigt	1980 7. Nov.	Parlaments- und Präsidentenwahlen: *Nyerere im Amt bestätigt* (26. Okt.); Premierminister wird Cleopa D. Musuya (*1931).
	1983	Edward Sokoine wird neuer Premierminister (23. Febr.).
	1984	Jumbe legt alle Ämter nieder (29. Jan.); Interimspräsident Zanzibars wird Ali Hassan Mwinyi (*1925); Wahl am 19. April.
	12. April	Nach Sokoines Tod durch Verkehrsunfall wird Salim Ahmed Salim (*1942) Premier.
	1985 5. Nov.	Ali Hassan Mwinyi (*1925) tritt nach Nyereres Verzicht das Staatspräsidentenamt an. Joseph S. Warioba (*1940) wird Premierminister.
	1986	Mwinyi sagt bei Besuch in Mozambik tanzanische Hilfe beim Kampf gegen Rebellen zu.
Eisenbahn nach Zambia	Aug.	Vertrag mit Zambia und der VR China über weiteren Ausbau der *Eisenbahn nach Zambia*.
	1987	Tanzania entsendet Truppen nach Mozambik, um dort Kampf gegen RENAMO zu unterstützen.
	31. Okt.	Nyerere wird als Vorsitzender der Einheitspartei CCM wiedergewählt.
	1988	Entlassung von Regierung und Revolutionsrat Zanzibars; neuer Regierungschef wird Omar Ali Juma (22. Jan.). *Rückzug* der tanzanischen Truppen *aus Mozambik* (Nov.).
Rückzug aus Mozambik Rücktritt Nyereres	1990	Nyerere eröffnet die Diskussion über Einführung eines Mehrparteiensystems (Febr.). Das Parlament lehnt die Einführung eines Mehrparteiensystems ab (14. Juli). *Nyerere legt* den *Parteivorsitz* der *CCM* nieder (17. Aug.); neuer Vorsitzender wird Mwinyi.
	1992 7. Mai	Das Bundesparlament verabschiedet ein Gesetz über die Einführung des Mehrparteiensystems. Auch das Parlament von Zanzibar votiert für eine entsprechende Verfassungsänderung (14. Mai).
Flüchtlingsstrom Präsident Mkapa Sumaye Premierminister	1994 April	Nach dem Ausbruch von bürgerkriegsähnlichen Unruhen in Rwanda setzt ein *Flüchtlingsstrom* nach Tanzania ein.
	1995	Benjamin William *Mkapa* (*1938) gewinnt für die Regierungspartei CCM mit 62% der Stimmen die *Präsidentschaftswahlen* (29. Okt./19. Nov.) und wird am 23. Nov. vereidigt.
	27. Nov.	Mkapa beruft Frederick *Sumaye* zum neuen *Premierminister*.

1996 24. Jan.	Öffnung der Grenze für rwandische Hutu-Flüchtlinge, die aus Lagern in Burundi fliehen. 1996 befinden sich ca. 750 000 Flüchtlinge aus Rwanda und Burundi in Tanzania.	
2000 Febr.	Das Parlament verabschiedet eine *Verfassungsänderung*, nach der bei der Wahl des Präsidenten die einfache Mehrheit ausreichen soll.	*Verfassungsänderung*
29. Okt./ 5. Nov.	Bei den Parlaments- und Präsidentschaftswahlen werden die regierende CCM und Präsident Mkapa bestätigt.	
2001 März	Den Abgeordneten der oppositionellen Civic United Front (CUF), die das Wahlergebnis von 2000 nicht anerkennen und seitdem die Parlamentssitzungen boykottieren, werden die Mandate entzogen.	

Uganda seit 1945
(Forts. v. S. 1173, 1174)

1945	Nach Abzug der britischen Distriktsbeamten (1944, größere Kontrollbefugnisse des Buganda-Parlaments Lukiiko) schwere *Unruhen in Buganda*.	*Unruhen in Buganda*
1946	Aufnahme der ersten Afrikaner in den zentralen Legislativrat und Gewährung von Parität mit den europäischen und indischen nichtamtlichen Mitgliedern.	
1949 27. April	Nach weiteren schweren Unruhen in Buganda (ausgelöst durch Forderungen der Bataka-Chiefs-Clanältesten – die seit langem eine gerechtere Landverteilung fordern – nach größerer Repräsentanz im Lukiiko) wird die Bataka Party verboten.	
1950	In der Folge Rücktritt des Buganda-Premiers und Erhöhung des Anteils der gewählten Lukiiko-Mitglieder auf 45%; zugleich stellen Afrikaner nun die Hälfte der nichtamtlichen Mitglieder im Legislativrat; Buganda verweigert jedoch die Entsendung von Vertretern.	
1953 30. Nov.	Nachdem Kabaka (Herrscher seit 1942) Edward Mutesa II. (*1924, †1969) die völlige Unabhängigkeit Bugandas gefordert hat, wird er deportiert; eine Solidarisierungskampagne der Buganda-Bevölkerung wertet ihn zum Märtyrer kolonialer Willkür auf.	
1955 17. Okt.	Rückkehr Mutesas II.: Akzeptierung der *konstitutionellen Monarchie*, Einführung von Direktwahlen für zwei Drittel der Lukiiko-Mitglieder und ein dem Lukiiko verantwortliches Kabinett. Einsetzung eines nationalen Ministerrates mit drei afrikanischen Ministern und afrikanische Mehrheit unter den nichtamtlichen Legislativratsmitgliedern; der Buganda-Lukiiko verweigert jedoch die Direktwahl zum Uganda-Legislativrat.	*konstitutionelle Monarchie*
1956	Gründung der Democratic Party (DP) durch Buganda-Katholiken als Gegengewicht zum protestantisch dominierten Buganda-Establishment.	
1958	Buganda, Ankole und Bugisu boykottieren die ersten Direktwahlen (24. Okt.) zum Legislativrat.	
1959	*Ausnahmezustand* nach schweren Unruhen *in Buganda* (23. Mai–16. Nov.).	*Ausnahmezustand in Buganda*
1960 9. Okt.	Forderung Bugandas nach Loslösung von Uganda; sie wird von der Kolonialverwaltung ebenso ignoriert wie die Sezessionserklärung (1. Jan. 1961).	
	Aus Abspaltungen des 1952 gegründeten Uganda National Congress bildet sich der Uganda People's Congress (UPC) unter Milton Obote (*1925) als z.T. protestantisch geprägte Sammelbewegung mit nationaler Ausrichtung (gegen den Buganda-Separatismus).	
1961 23. März	Der UPC gewinnt bei den wieder von Buganda boykottierten *Wahlen* die Mehrheit der Stimmen, während die DP 54% der Sitze erringt, da ihr (bis auf einen) sämtliche Buganda-Sitze (ein Viertel der Gesamtsitze) trotz einer Wahlbeteiligung von nur ca. 2,5% zufallen.	*Wahlen*
2. Juli	Der nichtadlige, aus Buganda stammende Katholik Benedicto Kiwanuka (*1922, †1978) wird Chefminister.	
1962 22. Febr.	Die daraufhin in Buganda gegründete Kabaka-Yekka-Partei (KY) gewinnt nach Durchsetzung ihres Ziels einer indirekten Wahl (d.h. durch den Lukiiko) der Buganda-Mitglieder des Zentralparlaments (Sept. 1961) die ersten Direktwahlen zum Lukiiko mit 96% der Sitze gegen die DP und geht im Landesparlament eine Koalition mit Obotes UPC ein.	
1. März	Uganda erhält *innere Selbstregierung*; nach dem Sieg der UPC bei den Wahlen (25. April) zum Landesparlament verhilft die KY Obote zum Posten des Premiers.	*innere Selbstregierung*
Juni	Buganda wird föderativer, Ankole, Toro, Bunyoro halbföderativer Status zugestanden.	
9. Okt.	Uganda erhält die *Unabhängigkeit* und wird schließlich Republik (9. Okt. 1963) mit Kabaka Mutesa II. als nichtexekutivem Präsidenten und Obote als Premier.	*Unabhängigkeit*
1964	Eine Meuterei in der Armee wird mit Hilfe britischer Truppen niedergeschlagen (Jan.).	
9. Okt.	Nach einem Referendum kommen die „lost counties" an Bunyoro zurück, die UPC/KY-Koalition zerbricht darüber, zahlreiche KY- und DP-Anhänger wechseln zur UPC über.	

Macht- übernahme durch Obote	**1966** 22. Febr.	Obote *übernimmt die Macht* (Verhaftung von fünf Ministern), setzt eine neue Verfassung ein (15. April), die die Chiefs aus den Regionalparlamenten ausschließt und der Buganda-Führungsschicht das 1900 erworbene Land nimmt, und wird Exekutiv-Präsident.
	23./24. Mai	Aufgrund von Bugandas Ablehnung der Verfassung und seines Ultimatums (20. Mai) an die Regierung zum Verlassen des Buganda-Gebietes lässt Obote den Ausnahmezustand in Buganda ausrufen, den Palast des Kabaka stürmen und Buganda auflösen (10. Juni).
neue Verfassung	**1967** 8. Sept.	Eine *neue Verfassung* errichtet einen Einheitsstaat, teilt Buganda in Distrikte auf und schafft die vier anderen Reiche (Ankole, Toro, Bunyoro, Bugisu) ab.
	1968	Verbot der DP (14. Aug.) und Verhaftung des Oppositionsführers Kiwanuka (6. Sept. 1969).
	1969 19. Dez.	Auf einer UPC-Konferenz wird der Einparteienstaat legalisiert und die „Charta des kleinen Mannes" mit Plänen für eine klassenlose Gesellschaft, gerechtere Verteilung und Verstaatlichungen verabschiedet; am letzten Konferenztag wird Obote bei einem Attentat leicht verwundet; Ausweitung des Ausnahmezustandes von Buganda auf ganz Uganda, Verbot aller Parteien außer dem UPC.
Putsch des Generals Idi Amin	**1971** 25. Jan.	Die Armee nutzt einen Auslandsaufenthalt Obotes zum *Putsch*; der aus dem sozial und wirtschaftlich benachteiligten Norden stammende *General Idi Amin* (*1928) übernimmt die Macht.
	2. Febr.	Amin wird Präsident, verbietet alle politischen Aktivitäten und setzt die Armee über das bisher geltende Recht (17. März), die mit Terrormaßnahmen jeden Widerstand erstickt.
Grenzkonflikt mit Tanzania	24. Aug.	*Grenzkonflikt mit Tanzania*, das Obote Exil gewährt hat, erneuter Konflikt im Oktober.
	1972 5. Aug.	Bruch mit dem verbündeten Israel (1. April); Amin wendet sich den arabischen Staaten zu. Ankündigung der Ausweisung der Asiaten; ca. 50 000 werden innerhalb von drei Monaten aus Uganda vertrieben.
	16./17. Sept.	Fehlschlagen eines Invasionsversuchs von Obote-Anhängern von Tanzania aus (indirekte Unterstützung Tanzanias); Bombardierung tanzanischer Städte in der Folge.
Konflikt mit Kenya	**1976** 23. Febr.	Amin, inzwischen „Feldmarschall", meldet Ansprüche auf Gebiete West-Kenyas an; Kenyas Transitboykott ugandischer Waren wird mit Einstellung des Stromexports nach Kenya beantwortet, es kommt aber zu einer gegenseitigen Regelung (8. Aug.).
	4. Juli	Nach dem israelischen Kommandounternehmen gegen den Flugplatz von Entebbe (Befreiung von Geiseln einer Flugzeugentführung) Abbruch der Beziehungen mit Großbritannien.
	1978 31. Okt.	Nach Grenzkonflikten mit Tanzania besetzen und verwüsten Uganda-Truppen das tanzanische Gebiet nördlich des Kagera-Flusses.
	1979 20. Jan.	Nach dem Rückzug der Uganda-Truppen (Nov. 1978) dringen Exil-Ugander im Verein mit Truppen Tanzanias in Uganda ein und werden von im Lande gebildeten Guerillagruppen unterstützt.
	26. März	Konferenz von 28 Befreiungsgruppen in Moshi/Tanzania: Bildung der Uganda National Liberation Front (UNLF) unter dem Vorsitz von Yusuf Lule (*1912, †1985).
Ende der Amin-Terror- herrschaft	13. April	Nach der Einnahme von Entebbe (5. April) und Kampala (11. April) durch Tanzania-Truppen wird eine provisorische Regierung unter Yusuf Lule eingesetzt; *Amins Terrorherrschaft* (nach Schätzungen mindestens 200000 Tote) ist damit *zu Ende*.
	20. Juni	Konflikt des (in Moshi eingesetzten) Konsultativrates mit Lule über die Ernennung von Ministern; Lule wird von Godfrey Binaisa (*1920) als Präsident abgelöst.
	6. Okt.	Durch den UNLF eingesetzte Distrikträte wählen 48% der Mitglieder einer Generalversammlung; Entmachtung des Verteidigungsministers Yoweri Museveni (19. Nov.).
	12. Dez.	Stationierungsvertrag für tanzanische Truppen und Polizei auf zwei Jahre.
Obote erneut Präsident	**1980**	Nach Parlamentswahlen wird Milton *Obote erneut Präsident*, Paulo Muwanga (*1944) wird Vizepräsident und Verteidigungsminister.
	1981	Ende Juli ziehen die tanzanischen Truppen ab.
	1982	Tausende Tutsi-Flüchtinge zur Rückkehr nach Rwanda gezwungen.
	1985	Im Juni Vordringen der National Resistance Army (NRA) unter Yoweri Museveni (*1944).
Sturz Obotes	27. Juli	*Sturz Obotes*, Putsch von General Basilio Okello. Generalleutnant Titus Okello (*1914) wird neuer Staatspräsident und Vorsitzender des Militärrats.
Museveni neuer Präsident	**1986**	Einnahme der Hauptstadt Kampala durch die NRA, Flucht Okellos, *Museveni* wird *neuer Präsident* (29. Jan.). National Resistance Council wird oberstes Regierungsorgan.
	1987	Beginn eines Wirtschafts- und Wiederaufbauprogramms (14. Mai).
	1988	Indirekte Wahlen zum National Resistance Council (Febr.).
	1990 30. Sept.	Von Uganda aus dringen starke Einheiten der Rebellengruppe Front Patriotique Rwandais (FPR) in Rwanda ein.
	1992	Übergreifen des Bürgerkrieges in Rwanda auf den Süden Ugandas (17. Jan.).
	1994 28. März	Das National Resistance Mouvement des Staatspräsidenten Museveni gewinnt die Wahlen zur Verfassunggebenden Versammlung und stellt 145 der 214 Mitglieder.

1995 8. Okt.	Museveni unterzeichnet die *neue Verfassung* Ugandas, die den Bürgern eine parteipolitische Betätigung außerhalb der Regierungspartei verbietet.	*neue Verfassung*
1996 9. Mai	Bei Präsidentschaftswahlen siegt Museveni mit 74,2 % der Stimmen. Im Norden des Landes häufen sich Überfälle von Rebellengruppen.	
1997	Die im Westen operierende Rebellenorganisation Allianz Demokratischer Kräfte (ADF) verstärkt ihre Angriffe.	
1998 Dez.	Uganda erhält von der Weltbank und westlichen Geberländern einen Kredit von 2,2 Mrd. US-Dollar.	
1999 10. Juli	In Lusaka (Zambia) wird das von Präsident Museveni vermittelte Friedensabkommen für die DR Kongo unterzeichnet. Ende des Bündnisses zwischen Rwanda und Uganda.	
8. Dez.	Uganda und der Sudan schließen ein Abkommen über eine Wiederannäherung. Der Vertrag sieht u. a. vor, den Rebellen des jeweils anderen Landes die Unterstützung zu entziehen.	
2000 17. März	Bei einem Kirchenbrand in Kanungu im Südwesten kommen mindestens 530 Mitglieder einer christlichen Sekte ums Leben, weitere 1 000 Leichen, zumeist Opfer von Gewalt, werden in Massengräbern gefunden.	
3. Mai	IWF und Weltbank bestätigen, dass Uganda alle Bedingungen der internationalen Schuldenhilfe erfüllt. Damit kann ein Schuldenerlass von 1,3 Mrd. US-Dollar gewährt werden.	
2. Juli	Die Bevölkerung stimmt in einem *Referendum gegen die Einführung des Mehrparteiensystems*.	*Absage an Mehrparteiensystem*
2001 21. Febr.	Westlich der Hauptstadt Kampala wird ein Ausbildungslager für Kindersoldaten aus dem Kongo entdeckt.	
12. März	Präsident Museveni wird mit 69,3 % der Stimmen im Amt bestätigt.	
26. Juni	Bei den Parlamentswahlen werden hauptsächlich Anhänger Musevenis gewählt.	
2002 6. Sept.	In einem Friedensabkommen mit der DR Kongo verpflichtet sich Uganda zum Abzug seiner Truppen aus dem Nachbarland.	

Kenya seit 1947
(Forts. v. S. 1174)

1947 1. Juni	Der nach 17 Jahren Auslandsaufenthalt zurückgekehrte (Sept. 1946) Jomo *Kenyatta* (*1897, †1978) wird *Präsident der Kenya African Union* (KAU), einer im Wesentlichen aus der illegalen Kikuyu Central Association (KCA) hervorgegangenen Beratungsorganisation für den ersten Afrikaner im Legislativrat (1. Okt. 1944), die sich als gesamtkenyanische Organisation zu formieren versucht und u. a. bei den Luo unter Oginga Odinga (*1911, †1994) Unterstützung gewinnt, aber vornehmlich von Kikuyu geprägt bleibt, die auf Verfassungsreformen setzen. Dagegen formieren sich seit 1946 zahlreiche von den weißen Siedlern zunehmend unter Druck gesetzte afrikanische Kleinpächter und gehen eine Verbindung mit radikaleren Elementen in Nairobi ein, aus der sich in Geheimbünden die *Mau-Mau-Bewegung* herausbildet, die zunehmend Einschüchterungs- und Sabotageakte durchführt.	*Kenyatta Präsident der KAU* *Mau-Mau-Bewegung*
1948	Die nichtamtlichen Mitglieder erhalten die Mehrheit im Legislativrat; Europäer und Nichteuropäer sind unter ihnen gleich stark vertreten, die vier Afrikaner werden weiterhin ernannt.	
1952 1. Jan.	Auch die neue Verfassung kann die zunehmende *Radikalisierung* der Mau Mau angesichts der Unfähigkeit der Kolonialverwaltung zu tatsächlichen Reformen nicht mehr aufhalten.	*Radikalisierung*
20. Okt.	Nach verschiedenen Mau-Mau-Angriffen Erklärung des Notstandes und Verhaftung von 128 Afrikanern, meist KAU-Führern, darunter Kenyatta, der in einem fragwürdigen Prozess verurteilt wird.	
1953 8. Juni	Die KAU wird verboten. Der *Gewaltausbruch* nach der Notstandserklärung wird mit massiven militärischen Mitteln (u. a. Flächenbombardements), Umsiedlungsaktionen, „Wehrdörfern" und Inhaftierung von ca. 90000 Afrikanern beantwortet; die Mau-Mau-Guerillas werden in die unzugänglichen Berggebiete abgedrängt. Bis Ende 1956 kommen ca. 11500 Afrikaner, 95 Europäer und 2000 mit ihnen verbündete Afrikaner um (offizielle Angaben).	*Gewaltausbruch*
1954 April	*Neue Verfassung*: Der Exekutivrat wird zum Ministerrat mit nichtamtlicher Mehrheit (darunter ein Afrikaner) umgewandelt.	*neue Verfassung*
1957 März	Afrikaner erhalten acht (1958: 14) zum ersten Mal direkt gewählte Vertreter im Legislativrat.	
1959 Juli	Sofort nach Aufhebung des Verbots überregionaler Parteien (seit 1952, Wiederzulassung auf Distriktsebene 1955) bildet sich die Kenya National Party (KNP) unter Masinde Muliro	

	(*1922, †1992), gegen die sich Kikuyu- und Luo-Abgeordnete zum Kenya Independence Mouvement (KIM) zusammenschließen (Aug.).
11. Nov.	Aufhebung des Notstandes; eine neue Verfassung wird ausgearbeitet, die die Machtübergabe an die Afrikaner festsetzt.

Gründung der KANU

1960	Gründung der *Kenya African National Union* (KANU) unter den Luo O. Odinga und Tom
14. Mai	Mboya (*1930, †1969; Gewerkschaftsführer) und dem inhaftierten Kenyatta an der Spitze.
21. Juni	Die Kenya African Democratic Union (KADU) spaltet sich unter Ronald Ngala (*1923, †1972) und Masinde Muliro von der KANU ab, in ihr vereinigen sich Reste der KNP und eine Anzahl ethnischer Gruppen, vor allem der Kalenjin, Maasai, Somali und Mijikenda (Küste).
1961 27. Febr.	Wahlen: Von den offenen, nicht für die Minderheiten (20 Sitze) reservierten 33 Sitzen gewinnt die KANU 19, die KADU 11; die KADU tritt in die Regierung ein (Mai), die KANU nicht (Forderung nach Freilassung Kenyattas).
28. Okt.	Kenyatta wird nach seiner Freilassung (14. Aug.) offiziell zum KANU-Präsidenten gewählt und tritt (10. April 1962) in eine KANU/KADU-Koalitionsregierung ein.
1963	Neuwahlen (26. Mai): KANU 54% der Stimmen; die KANU-Fraktion hält zwei Drittel der Sitze.
1. Juni	Kenya erhält interne Selbstregierung unter Kenyatta als Premier.

Unabhängigkeit

12. Dez.	*Unabhängigkeit Kenyas*; noch aktive Mau-Mau-Kämpfer geben auf (Amnestie).
1964	Eine Meuterei in der Armee wird mit Hilfe britischer Truppen niedergeschlagen (Jan.).
10. Nov.	Nach schrittweiser Abschwächung der von der KADU durchgesetzten föderativen „Majimbo-Verfassung" mit regionaler Teilautonomie löst sich die KADU auf, ihre Führer treten zur KANU über.

Einparteienstaat

12. Dez.	Kenya wird faktisch *Einparteienstaat* und erklärt sich zur Republik (Präsident: Jomo Kenyatta).
1965 27. April	Das programmatische „Sessional Paper No. 10" löst schwere Spannungen innerhalb der KANU aus.
1966 14. April	Rücktritt des Vizepräsidenten O. Odinga, der zusammen mit anderen aus der KANU ausgetretenen Parlamentariern die Kenya People's Union (KPU) gründet (23. Mai), die jedoch in der fälligen Nachwahl nur neun der 29 Sitze halten kann.
1969	Nach der Ermordung von Tom Mboya (5. Juli) kommt es zu heftigen Unruhen in Kisumu;
26. Okt.	Verbot der KPU und Verhaftung der KPU-Abgeordneten in der Folge.

Wahlen

Dez.	In den ersten allgemeinen *Wahlen* seit 1963 kandidiert nur noch die KANU.
1974	Versuche der Regierung zur Ausschaltung von Kritikern, die auf Klassenbildungsprozesse, Bereicherung der herrschenden Klasse sowie auf die gravierendsten Probleme (Arbeitslosigkeit, Landmangel, Landflucht, weit gehende Fremdbestimmung der Wirtschaft) hingewiesen haben, gelingen nicht, trotz massiver Einschüchterung vor allem auch bei den Wahlen (4. Okt.).
1975 11. März	Auffinden der Leiche des prominentesten Kritikers, Josiah M. Kariuki (*1929); eine Parlamentskommission findet Anzeichen für die Verwicklung höchster Regierungskreise in die Ermordung (3. Juni). Nach Unruhen an der Universität Verhaftung einiger Kritiker.
1976 23. Febr.	Ansprüche Ugandas auf Gebiete im westlichen Kenya werden mit einem Transit-Boykott ugandischer Waren beantwortet, doch kommt es zu einer gegenseitigen Regelung (8. Aug.).
12. Dez.	Amnestie für 10000 der etwa 30000 Gefängnisinsassen.
1977 18. April	Als endgültig bezeichnete Schließung der Grenze mit Tanzania wegen länger schwelender Differenzen im Zusammenhang mit der Auflösung der Ostafrikanischen Gemeinschaft.

Tod Präsident Kenyattas Moi wird Präsident

1978 22. Aug.	*Tod Präsident Kenyattas*; Vizepräsident (seit 1967) *Daniel arap Moi* (*1924) wird von der KANU-Parteikonferenz zum Nachfolger gewählt (6. Okt.).
1979	Bestätigung der Regierung Moi in Parlamentswahlen (8. Nov.).
1982	Die KANU wird einzige Staatspartei (9. Juni).
ab 1. Aug.	Nach Niederschlagung eines Putschversuchs der Luftwaffe: Unruhen und Plünderungen.
1984	Tanzania und Uganda regeln Nachfolge der Ostafrikanischen Gemeinschaft (14. Mai).
1986	Schließung der Universität von Nairobi nach Studentenunruhen (13. März). Umstrittene Verfassungsänderung erweitert die Kompetenzen des Präsidenten (2. Dez.).
1987	Grenzstreitigkeiten mit Uganda, nach Treffen zwischen Moi und Yoweri Museveni (Uganda) beigelegt (Dez.).

Parlamentswahlen Außenminister Ouko erschossen

1988	*Parlamentswahlen*, 128 Abgeordnete der KANU wiedergewählt (21. März). Zweite Amtszeit Mois.
1990	Der *Außenminister* Robert *Ouko* (*1931,†1990) wird unter ungeklärten Umständen *erschossen* (Febr.).
1991 10. Dez.	Die Einparteienherrschaft der KANU des Staatspräsidenten Moi endet nach Unruhen mit einer Verfassungsreform, die ein Mehrparteiensystem gestattet.

1992 29. Dez.	Der amtierende Präsident Moi gewinnt mit fast 40% der Stimmen die Präsidentschaftswahl. Bei den gleichzeitig durchgeführten Parlamentswahlen erhält die KANU eine absolute Mehrheit.	
1997 29./30. Dez.	Präsident Moi siegt bei von chaotischen Umständen begleiteten Wahlen über die gespaltene Opposition. Die KANU kann ihre absolute Mehrheit verteidigen.	
1998 Jan.	Bei ethnischen Auseinandersetzungen zwischen den Kalenjin und den Kikuyu werden mindestens 80 Menschen getötet.	
7. Aug.	Bei *Bombenanschlägen* auf die US-Botschaften in Nairobi und Daressalam (Tanzania) werden in Nairobi 253, in Daressalam 10 Menschen getötet. Die USA bezichtigen den saudischen Exilpolitiker und Geschäftsmann Osama bin Laden als Drahtzieher.	*Bombenanschlag*
	Nach einer *Streikwelle* im Sommer kommt es Ende des Jahres zu Protestkundgebungen gegen die Willkür der Polizei.	*Streikwelle*
1999 2. Feb.	Auf Studentendemonstrationen in Nairobi antwortet die Regierung mit der Schließung der Universität.	
23. Juli	Der Oppositionelle Richard Lakey wird zum Chef des öffentlichen Dienstes ernannt. Die Regierung erhofft sich damit eine konsequente Bekämpfung der Korruption und eine Reform des öffentlichen Dienstes.	
Sept.	Bei einer *Regierungsumbildung* wird die Zahl der Ministerien von 27 auf 15 verringert.	*Regierungsumbildung*
2000 Jan./Febr.	Gewaltsame Zusammenstöße zwischen Nomaden aus Uganda und kenyanischen Viehhirten sowie zwischen äthiopischen und kenyanischen Hirten. Aufgrund einer *Dürreperiode* sind 3,3 Mio. Menschen im Norden Kenyas von einer Hungersnot bedroht.	*Dürreperiode*
2001 26. März	Nachdem bereits im Dez. 2000 die 1997 gegründete Anti-Korruptionsbehörde (KACA) für illegal erklärt worden ist, bedeutet die Entlassung des Chefs des öffentlichen Dienstes, Richard Lakey, einen weiteren Rückschlag im Kampf gegen die Korruption.	
11. Juni	Erstmals werden vier Mitglieder der oppositionellen National Development Party (NDP) in die Regierung aufgenommen.	

Somalia (Britisch- und Italienisch-Somaliland) seit 1949
(Forts. v. S. 1175)

1949 21. Nov.	Zur Vorbereitung der Unabhängigkeit beauftragen die Vereinten Nationen Italien mit der *Treuhandverwaltung* der ehemaligen Kolonie Italienisch-Somaliland.	*Treuhandverwaltung*
1956	Das erste frei gewählte Parlament wählt Abdullah Issa zum Ministerpräsidenten (19. Mai).	
1960 1. Juli	Proklamierung der *unabhängigen Republik Somalia*, nachdem die britische Regierung der Vereinigung von Britisch- und Italienisch-Somaliland zugestimmt hat (Mai).	*unabhängige Republik Somalia*
12. Juli	Abdullah Osman (*1908) wird Präsident der Republik, Abdi Rashid Shermarke (*1919, †1969) Ministerpräsident.	
1961 20. Juni	In der *neuen Verfassung* ist die Forderung nach allen von Somali bewohnten Gebieten (Französisch-Somaliland, Northern Frontier District Kenyas, Ogaden-Gebiet Äthiopiens) verankert (innerhalb der regierenden Somali Youth League – SYL – besteht keine Einigkeit darüber, auf welche Weise die beanspruchten Gebiete vereinigt werden sollen).	*neue Verfassung*
1967 1. Juli	Abdi Rashid Shermarke wird neuer Staatspräsident, seine prowestliche Politik setzt auf Entspannung: Gewaltverzichtsvereinbarung mit Kenya, Einfrieren des Streits um das Ogaden-Gebiet mit Äthiopien.	
1969 Okt.	Bei einem *Staatsstreich der Armee* wird Staatspräsident Shermarke ermordet. Ein Oberster Revolutionsrat unter General Mohammed Zijad Barre (*1919, †1995) ruft die Somalische Demokratische Republik aus.	*Staatsstreich der Armee*
1970	Die neue Regierung unter Husain Kulmye verfügt die Verstaatlichung des ausländischen Eigentums; außenpolitisch lehnt sich Somalia an die arabischen Staaten an und sucht eine Annäherung an die Sowjetunion.	
1974 Juli	Vereinbarung über militärische *Zusammenarbeit mit der Sowjetunion* ermöglicht den Ausbau der somalischen Armee zu einer der schlagkräftigsten in Afrika.	*Zusammenarbeit mit der UdSSR*
1976 1. Juli	Mohammed Zijad Barre vereinigt in seiner Person das Amt des Staatspräsidenten, des Regierungschefs und des Generalsekretärs der neu gegründeten Staats-Partei Somali Revolutionary Socialist Party (SRSP).	
1977 Nov.	*Bruch mit der Sowjetunion* (Kündigung der militärischen und wirtschaftlichen Zusammenarbeit, weil die Sowjetunion – nach dem Sturz von Kaiser Haile Selassie – Äthiopien militärisch unterstützt, ein Land, dem gegenüber sich Somalia wegen des Streits um das Ogaden-Gebiet im kriegsähnlichen Zustand befindet (sog. Westsomalische Befreiungsfront operiert von Somalia aus erfolgreich im Ogaden).	*Bruch mit der UdSSR*

Rückzug aus dem Ogaden	1978	Die von Somalia unterhaltenen militärischen Einheiten (darunter auch reguläre Truppen) müssen sich nach massiver sowjetisch-kubanischer Unterstützung der äthiopischen Seite aus dem bereits weit gehend besetzten *Ogaden zurückziehen*.
	1979	Erste Parlamentswahlen (30. Dez.) seit 1969: Bestätigung der SRSP mit 99,9%. Flüchtlingsströme aus dem Ogaden verschärfen die kritische Wirtschaftssituation.
	1982	Infolge äthiopischer Übergriffe erneut Kämpfe im somalischen Grenzgebiet (ab Juli).
	24. Juli	Die USA helfen Somalia mit Waffenlieferungen.
	1986	Beginn der Friedensgespräche mit Äthiopien.
	1988	Erklärung über Versöhnung Äthiopiens und Somalias (4. April), Truppenabzug. Vordringen der Rebellenbewegung Somalia National Movement (SNM) im Norden Somalias.
	1990	Neue Regierung Barres unter Premierminister Mohammed Hawadle Madar (3. Sept.).
Rebellenarmee in Mogadischu	1991 29. Jan.	Eine *Rebellenarmee erobert* die Hauptstadt *Mogadischu*, Flucht Barres; neuer Präsident Ali Mahdi Mohammed (*1939). Gegensätze zwischen den vier Rebellengruppen führen zur Verschiebung der geplanten Nationalkonferenz.
	Febr.	
	18. Mai	Einseitige Unabhängigkeitserklärung des SNM für Nordsomalia (ehemaliges Britisch-Somaliland), das die Bezeichnung „Republik Somaliland" erhält (20. Mai); Präsident des international nicht anerkannten Staates wird Abdurrahman Ahmed Ali.
multinationale Streitmacht	1992 3. Dez.	Der UN-Sicherheitsrat beschließt die Entsendung einer 30 000 Mann starken *multinationalen Streitmacht* unter der Führung der USA nach Somalia, um die Verteilung der bereitgestellten Hilfsgüter gegen die im Gefolge des Bürgerkriegs drohende Hungerkatastrophe abzusichern („Operation Restore Hope"). Die ersten Soldaten landen an der Küste Somalias am 9. Dez.
UNOSOM II	1993 21. April	Deutschland beschließt entsprechend einem Ersuchen des UNO-Generalsekretärs Boutros-Ghali die Entsendung von rund 1600 Bundeswehrsoldaten als Teil der UN-Mission *UNOSOM II*. Die Entscheidung des UN-Sicherheitsrates, die Zahl der UN-Soldaten in Somalia zu reduzieren (4. Febr. 1994), führt zum Abzug der deutschen Einheiten.
	1995	Die letzten UN-Truppen verlassen Mogadischu (3. März).
Kämpfe der Clans	1995–1997	Nach ihrem Abzug verstärken sich die *Kämpfe rivalisierender Clans* und ihrer Milizen. Clanchef Mohamed Farah Aidid (*1936), der sich seit Juni 1995 als Präsident Somalias betrachtet, stirbt am 1. Aug. 1996. Sein Sohn Hussein Mohammed Aidid wird als Nachfolger proklamiert (4. Aug.).
	1997 22. Dez.	In der von den beiden wichtigsten Clanchefs unterzeichneten „Erklärung von Kairo" werden ein Waffenstillstand und die Bildung einer Übergangsregierung vereinbart. Die Gefechte zwischen den Milizen dauern jedoch an.
	1998	Die Region Puntland an der Nordostspitze Somalias erklärt sich einseitig unabhängig.
Versöhnungskonferenz	2000 2. Mai	Beginn einer *Versöhnungskonferenz* für Somalia im benachbarten Dschibuti. Von der Versammlung, an der 800 Vertreter von Clans und anderen Gruppen teilnehmen, wird am 13. Aug. ein Übergangsparlament eingesetzt. Dieses wählt am 26. Aug. Abdulkassim Salad Hassan zum Präsidenten.
	9. Sept.	Einsetzung eines Sicherheitskomitees, das die Entwaffnung der Milizenverbände vornehmen soll.
	20. Okt.	Vereidigung des von Präsident Salad Hassan ernannten Ministerpräsidenten Ali Khalif Gallayd. Die Oppositionsparteien erkennen die neue Regierung nicht an, rivalisierende Milizen tragen nach wie vor Kämpfe, auch in Mogadischu, aus.
	2001 Jan.	Ministerpräsident Gallayd beschuldigt die äthiopische Regierung, die Milizen in Somalia mit Waffen zu unterstützen.
	22. März	Die im Süden operierenden Oppositionsführer verkünden die Bildung eines Versöhnungs- und Aufbaurates, der alle Parteien des Landes einschließen soll.
	7. Aug.	Regierungstruppen erobern den von Milizen gehaltenen Hafen Kismayo zurück.
Anti-Terror-Planungen der USA	2002	Als mögliches Rückzugsgebiet geflohener al-Qaida-Kämpfer wird Somalia in die *Anti-Terror-Planungen der USA* einbezogen.

Dschibuti (Französisch-Somaliland) seit 1958
(Forts. v. S. 1175)

1958 28. Sept.	Die französische Besitzung der Afar und Issa bleibt auch weiterhin Überseeterritorium; damit werden die Möglichkeiten, autonome Republik zu werden oder die Französische Communauté zu verlassen, zurückgewiesen.	
12. Dez.	Das Landesparlament in Dschibuti billigt die Beibehaltung des Status eines *französischen Überseeterritoriums*.	*Überseeterritorium Frankreichs*
1967	Umstrittenes Referendum billigt den weiteren Verbleib bei der Kolonialmacht Frankreich (19. März).	
1972	Die vom französischen Parlament beschlossene Verfassungsänderung (Okt.) sieht den Ausbau der Selbstverwaltung vor.	
1977 8. Mai	Nach Abschluss der Verfassungsgespräche (19. März) wird ein Referendum, das über die Unabhängigkeit zu entscheiden hat, abgehalten und die Wahl zur Verfassunggebenden Versammlung durchgeführt.	
27. Juni	Unabhängigkeitserklärung der *Republik Dschibuti*; Staatspräsident wird Hassan Gouled Aptidon (*1916).	*Republik Dschibuti*
1978 2. Okt.	Der Vertreter der im staatlichen Leben dominierenden Issa, Barkat Gourad Hamadou (*1930), löst Mohammed Abdallah Kamil im Amt des Ministerpräsidenten ab.	
1983	Die Geberländer beschließen weitere Hilfen für Dschibuti (21.–23. Nov.).	
1987	Wiederwahl Aptidons mit 90% bei Parlaments- und Präsidentschaftswahlen im April.	
1988	Schwere Unruhen in Balbala bei Dschibuti (Jan.).	
1992 4. Sept.	97% der Bürger stimmen in einer Volksabstimmung für die Einführung einer neuen Verfassung, die die Zahl der Parteien auf vier begrenzt. Am 18. Dez. werden Mehrparteienwahlen zum Parlament abgehalten.	
1993 7. Mai	Präsident *Aptidon* wird zum vierten Mal und erstmals bei einer freien Präsidentschaftswahl mit 61% der Stimmen *wiedergewählt*.	*Aptidon wiedergewählt*
1994 12. Juni	Die Regierung und die Rebellenbewegung Front pour la Restauration de l'Unité et de la Démocratie (FRUD) einigen sich auf ein Ende des über zweijährigen Bürgerkrieges.	
1996	Die FRUD wird als legale Partei zugelassen (11. März).	
1999	*Ismail Omar Guelleh* wird zum *Staatsoberhaupt* gewählt (9. April).	*Ismail Omar Guelleh Staatsoberhaupt*
2000 7. Febr.	Die Regierung unterzeichnet in Paris ein Friedensabkommen mit einer militanten Splittergruppe der FRUD, die anders als die FRUD den Kampf auch nach der Einigung von 1994 fortgesetzt hatte.	
2001 7. März	Dileita Mohamed Dileita, Nachfolger des wegen Krankheit zurückgetretenen Premierministers Barkad Gourad Hamadou, tritt sein Amt an. In der am 4. Juli neu gebildeten Regierung ist der gemäßigte Flügel der FRUD mit vier Ministern vertreteten.	

Äthiopien seit 1950
(Forts. v. S. 1175)

1950 2. Dez.	Die Generalversammlung der Vereinten Nationen verabschiedet einen Plan für eine föderative Vereinigung von Eritrea und Äthiopien, der für die ehemalige italienische Kolonie den Autonomiestatus vorsieht.	
1952 11. Sept.	Formelle Abtretung von Eritrea durch die britische Verwaltung und Angliederung an Äthiopien gegen den breiten Widerstand der überwiegend islamischen Bevölkerung.	
1954 29. Nov.	Vertraglicher Vereinbarung entsprechend übergibt Großbritannien die Reserved Areas im Ogaden an Äthiopien, das die Verwaltung für das gesamte Gebiet übernimmt (Febr. 1955), auf das Somalia nach seiner Unabhängigkeitserklärung Ansprüche erhebt.	
1955	Artikel 1 der neu verkündeten *Verfassung* proklamiert den „ewigen Frieden" zwischen allen Sippen, Stämmen und Völkern Äthiopiens (das Staatsgebiet umfasst christliche, islamische, semitische und hamitische Teile).	*Verfassung*
1960	Kaiser Haile Selassie gelingt die Niederwerfung eines gegen ihn gerichteten Militärputschs in Addis Abeba (17. Dez.).	
1961 31. März	Kabinettsreform: Der Inhaber des neu geschaffenen Ministerpräsidentenamtes erhält das Recht, die Kabinettsmitglieder selbst zu bestimmen (der bisherige Chef-Minister von Kaiser Haile Selassie, Akliku Habte Wold [*1912, †1974], bleibt Regierungschef).	

Eritrea äthiopische Provinz	**1962** 14. Nov.	Offizielle *Inkorporierung Eritreas als Provinz in den äthiopischen Staat*; starker Widerstand in der Bevölkerung; für ein unabhängiges Eritrea kämpft in einem Guerillakrieg gegen die Machthaber in Addis Abeba die ELF (Eritrean Liberation Front).
Grenzkonflikt mit Somalia	**1964** 14. Febr.	Der Appell der Organisation für Afrikanische Einheit (OAU) für eine sofortige Waffenruhe im *Grenzkonflikt* (Ogaden) zwischen Äthiopien und *Somalia* hat nur vorübergehenden Erfolg, ebenso die Waffenstillstandsvereinbarungen von Khartum (März): Ogaden bleibt umstrittenes Krisengebiet.
	1968/1969	Angesichts der prekären wirtschaftlichen und sozialen Lage (ein selbst für afrikanische Verhältnisse niedriges Pro-Kopf-Einkommen; ungleiche Bodenverteilung mit ausgedehntem Großgrundbesitz) brechen Studentenunruhen aus.
innenpolitische Krise	**1974** 26. Febr.	Verschärfung der *innenpolitischen Krisensituation* durch eine Meuterei (Forderung nach Solderhöhung) äthiopischer Regierungstruppen in der eritreischen Hauptstadt Asmara als Folge enorm gestiegener Preise, vor allem der Lebensmittel (Ausweitung der Dürrekatastrophe von der Sahelzone auf die Länder des Savannengürtels).
Kaiser Haile Selassie	28. Febr.	*Kaiser Haile Selassie* sieht sich durch das Übergreifen der Meuterei auf einen in unmittelbarer Nähe der Hauptstadt gelegenen Luftwaffenstützpunkt veranlasst, eine neue Regierung unter dem Fürstensohn Lidz Endalkatzew Makonnen (*1927, †1974) zu berufen und diese mit der Ausarbeitung eines Reformprogramms zu beauftragen.
	6. März	Die in der Confederation of Ethiopian Labour Unions (CELU) zusammengeschlossenen Gewerkschaften rufen den ersten Generalstreik in der Geschichte des Landes aus.
	11. März	Kaiser Haile Selassie stellt weitere Reformen in Aussicht (Zulassung politischer Parteien, revidierte Steuerpolitik, Expansion von Wirtschaft und Handel, Bodenreform und gerechtere Verteilung des Nationaleinkommens); gleichzeitig gelingt es Ministerpräsident Makonnen in einem Übereinkommen mit den Gewerkschaften, den Generalstreik zu beenden, doch weder der Kaiser noch er können die weiter um sich greifende Unruhe in der Armee eindämmen.
Entmachtung des Kaisers	April–Aug.	Allmähliche *Entmachtung des Kaisers* und seiner Führungsgruppe durch ein Koordinationskomitee der Streitkräfte.
	1. Aug.	Bildung eines neuen Kabinetts unter dem royalistischen Ministerpräsidenten Mikael Imru (*1930), dem jedoch bereits der „starke Mann" des Koordinationskomitees, der christliche Eritreer Aman Andom (*1924, †1974), als Verteidigungsminister angehört.
	22. Aug.	Die Eritreische Befreiungsfront ELF lässt durch ihr Kairoer Büro verlauten, sie zeige sich mit den Vorgängen in Addis Abeba zufrieden, und gibt zu verstehen, mit dem Koordinationskomitee der Streitkräfte Verhandlungen über die Zukunft Eritreas aufnehmen zu wollen.
Absetzung Haile Selassies	12. Sept.	*Absetzung von Kaiser Haile Selassie*, der unter Hausarrest gestellt wird; Vorsitzender einer Provisorischen Militärregierung wird Aman Andom.
	23. Nov.	General Andom fällt dem inneren Machtkampf der regierenden Militärs zum Opfer (er wird bei einer Massenexekution neben mehreren kaiserlichen Anhängern hingerichtet); Nachfolger wird General Teferi Benti (*1921, †1977) als Vorsitzender des Provisorischen Militär-Verwaltungsrates; als Stellvertreter tritt der neue „starke Mann", Mengistu Haile Mariam (*1938), in den Vordergrund.
Februar-Offensive in Eritrea	**1975** 31. Jan.	Ausbruch der gemeinsam von der ELF und der linksorientierten PLF (Popular Liberation Front) geführten *„Februar-Offensive" in Eritrea* gegen die äthiopische Vorherrschaft mit Unterstützung einiger arabischer Staaten (Raketen- und Granatwerferangriffe auf militärische Ziele in Asmara und Mausawa).
	2. Febr.	Vergeltungsschlag der äthiopischen Luftwaffe mit Einsätzen gegen Partisanenstellungen im Norden Asmaras.
Ausnahmezustand in Eritrea	16. Febr.	Über die gesamte Provinz *Eritrea* wird der *Ausnahmezustand* verhängt und zusätzlich die Hauptstadt Asmara unter Kriegsrecht gestellt.
	4. März	Nach der Verstaatlichung von in- und ausländischen Industrieunternehmen und Großfirmen (Febr.) wird eine Bodenreform durchgeführt: Aufhebung privaten Besitzes, Verstaatlichung des bebaubaren Bodens und Abschaffung des bisherigen Pachtsystems.
	23. März	Anordnung zur Bildung von Genossenschaften.
	25. März	Groß angelegter Entlastungsangriff äthiopischer Regierungstruppen in Eritrea; starke Verluste der Rebellen.
Flüchtlinge aus Eritrea	2. April	Im Sudan werden über 30 000 *Neuflüchtlinge aus Eritrea* registriert; sie sind ein klares Zeichen für die zunehmende Überlegenheit der äthiopischen Regierungstruppen; seither scheint die Zentralregierung Herr der Lage in Eritrea.
	Juni	Aufstand der Afar im Südosten der Küstenprovinz und den angrenzenden Gebieten Äthiopiens, der jedoch bereits nach wenigen Wochen zusammenbricht.
	1976 April	Die Staatsführung der Militärs legt in einem umfassenden politischen Programm die Schaffung einer „Demokratischen Volksrepublik" unter „proletarischer" Führung fest.

1977 Febr.	Richtungskämpfe innerhalb der Militärführung führen zur Absetzung und Hinrichtung von General Benti; *Mengistu* Haile Mariam übernimmt formell den Vorsitz im Provisorischen Militär-Verwaltungsrat.	*Macht- übernahme Mengistus*
30. Juni	Äthiopien meldet zum ersten Mal, dass reguläre somalische Truppen in den Ogaden eingefallen sind.	
Okt.	Beobachtern zufolge hat Äthiopien in der kriegerischen Auseinandersetzung um den Ogaden die Luftüberlegenheit erworben.	
1978 März	Die somalische Regierung in Mogadischu unterrichtet offiziell die US-Regierung über den Beschluss, die regulären Verbände aus dem Ogaden abzuziehen (mit sowjetisch-kubanischer Waffenhilfe ist den äthiopischen Truppen fast die völlige Vernichtung des im Ogadengebiet eingesetzten somalischen Kriegsmaterials gelungen).	
Nov.	*Sowjetisch-äthiopischer Vertrag* über Freundschaft und Zusammenarbeit. Das Abkommen sieht zur Sicherung der Verteidigungsfähigkeit eine Fortsetzung der militärischen Zusammenarbeit vor.	*Vertrag UdSSR – Äthiopien*
1979 Juli/Aug.	Wenig erfolgreiche neue Großoffensive v.a. gegen die Eritrean Popular Liberation Front (EPLF).	
18. Dez.	Gründung einer Kommission unter Mengistu als Kern einer Arbeiterpartei.	
1981 26. März	Zusammenschluss der eritreischen Separatistengruppen; verstärkte militärische Aktivitäten in Eritrea.	
1982	Äthiopische Übergriffe führen wieder zu Kämpfen im somalischen Grenzgebiet (Juli).	
1983	Regierungsumbildung stärkt Mengistus Stellung (19.–23. April).	
5. Mai	Allgemeine Wehrpflicht eingeführt.	
1984	T. Demeke, Geschäftsträger in den USA, erbittet Asyl (7. Mai). Gründungskongress der marxistisch orientierten äthiopischen Arbeiterpartei (Sept.). Mengistu wird erster Generalsekretär.	
1984/1985	Eine *Dürrekatastrophe* bedroht über sieben Millionen Menschen mit dem Hungertod. Internationale Hilfen durch Rebellenkrieg im Norden erschwert. Die Regierung beginnt mit der Umsiedlung von über einer Million Bauern, die zahllose Opfer fordert.	*Dürre- katastrophe*
1986 8. Sept.	Beginn von Friedensgesprächen mit Somalia. Verfassungsentwurf für ein Präsidialsystem gebilligt, bei dem die marxistisch-leninistische Arbeiterpartei führend sein soll; Verstaatlichung der Produktionsmittel.	
1987 12. Sept.	Bei Verfassungsreferendum stimmen 81% für neue Verfassung (1. Febr.). Parlamentswahlen am 14. Juni. Ausrufung der *Demokratischen Volksrepublik Äthiopien*. Präsident wird Mengistu, Regierungschef Fikre Selassie Wodgeres. Äthiopien bleibt ein Einheitsstaat, jedoch Schaffung autonomer Regionen (Eritrea, Tigre, Ogaden). Erneute Hungerkatastrophe im Norden und Osten und Umsiedlungen.	*Demokratische VR Äthiopien*
1988 März	Die *Rebellenbewegungen* EPLF und Tigre People's Liberation Front (TPLF) drängen Regierungstruppen zurück. Versöhnung zwischen Äthiopien und Somalia (4. April).	*Rebellen- bewegungen*
1990	Die Einnahme von Massawa durch die EPLF unterbricht die internationale Hungerhilfe (Febr.). Umbenennung der Arbeiterpartei in Äthiopische Demokratische Einheitspartei, Abkehr vom Marxismus. Wachsende Erfolge von EPLF und TPLF gegen Regierungstruppen.	
1991	Neue Gesprächsrunde zwischen Regierung und EPLF zieht erstmals Möglichkeit der Autonomie Eritreas in Betracht (Febr.).	
21. Mai	Staatspräsident *Mengistu* tritt angesichts der militärischen Erfolge regimefeindlicher Rebellen zurück und flüchtet außer Landes. Vizepräsident General Tesfaye Gebre Kidan übernimmt die Regierung.	*Rücktritt Mengistus*
28. Mai	Addis Abeba fällt in die Hände der Rebellen; bereits zuvor ist ganz Eritrea unter der Kontrolle der EPLF (25. Mai).	
23. Juli	Meles Zenawi (*1955) wird vom Nationalrat, der mit der Ausarbeitung einer neuen Verfassung beauftragt ist, einstimmig für zwei Jahre zum Staatspräsidenten gewählt.	
1993	Die Bewohner der Provinz *Eritrea* entscheiden sich in einem Referendum mit 99,8% für die *Unabhängigkeit* von Äthiopien (23.–25. April); sie tritt am 24. Mai in Kraft.	*Unabhängig- keit Eritreas*
1994 8. Dez.	Die am 5. Juni gewählte Verfassunggebende Versammlung verabschiedet einstimmig die neue Verfassung Äthiopiens mit weit gehendem Selbstbestimmungsrecht der neun Regionen des Landes.	
1995 22. Aug.	Das am 7. Mai und 18. Juni neu gewählte Parlament wählt Negaso Gidada (*1944) zum neuen Staatspräsidenten und benennt den Staat in „*Demokratische Bundesrepublik Äthiopien*" um. Meles Zenawi wird zum Ministerpräsidenten gewählt.	*DBR Äthiopien*
1997	Aufgrund einer Dürrekatastrophe wird der Ausnahmezustand verhängt (6. März).	

Grenzstreitig-keiten	28. Nov.	Durch Einführung einer eigenen Währung (Nakfa) in Eritrea wird die bisherige äthiopisch-eritreische Währungsunion aufgekündigt. Durch *Grenzstreitigkeiten* verschärfen sich die Spannungen weiter.
	1998 12. Mai	Erste Artilleriegefechte zwischen eritreischen und äthiopischen Truppen, denen im Juni Luftangriffe und Bodenkämpfe folgen. Nach einer durch die Regenzeit erzwungenen Pause flammt der Grenzkrieg im Okt. wieder auf.
	1999 28. Febr.	Beide Seiten stimmen einem von der OAU vorgelegten Friedensplan zu. Dennoch gehen die Kämpfe bis zum Juni weiter.
	2000 23. Febr.	Nach acht Monaten Waffenruhe erneuter Ausbruch der Feindseligkeiten im Grenzgebiet. Die Versorgungslage in Äthiopien ist aufgrund langer Dürre katastrophal, nach Angaben der UN sind bis zu acht Mio. Menschen vom Hungertod bedroht. Hilfslieferungen können das Land nur schwer erreichen, da Äthiopien seit 1993 keinen eigenen Hafen mehr besitzt.
	14. Mai	Bei den Parlamentswahlen erhalten die in der Ethiopian People's Revolutionary Democratic Front (EPRDF) zusammengeschlossenen Parteien 472 von 548 Mandaten.
Waffenstillstands-abkommen	18. Juni	Die Kriegsparteien schließen in Algier ein *Waffenstillstandsabkommen*.
	Sept.	Die Vereinten Nationen beschließen die Entsendung von insgesamt 4200 Blauhelm-Soldaten, die eine Pufferzone im Grenzgebiet zwischen Äthiopien und Eritrea besetzen sollen.
	12. Dez.	Abschluss eines Friedensvertrages. Der Grenzkrieg, der keiner Seite Gewinne einbrachte, hat ca. 100 000 Menschen das Leben gekostet, rd. 1,2 Mio. mussten fliehen.
	2001	Eröffnung der Pufferzone durch die UN-Mission in Äthiopien (18. April).
Studentenunruhen in Addis Abeba	April	*Studentenunruhen in Addis Abeba* weiten sich auf sämtliche Universitäten und Hochschulen des Landes aus.
Giorgis Staatsoberhaupt	9. Okt.	Als Nachfolger von Negaso Gidada wird Girma Wolde *Giorgis* zum *Staatsoberhaupt* gewählt.

Eritrea seit 1952/93

(Forts. v. S. 1175)

Nach der 1952 von der UNO bestimmten, aber gegen den Widerstand der Bevölkerung durchgeführten Angliederung Eritreas an Äthiopien als autonome Einheit und der 1962 erfolgten Annexion dieses Gebietes formiert sich ein bewaffneter Widerstand gegen Äthiopien zunächst in der Eritrean Liberation Front (ELF). Unter der Führung der Eritrean People's Liberation Front (EPLF) haben die Rebellen zunehmende militärische Erfolge gegen die äthiopischen Streitkräfte zu verzeichnen. Mit der Eroberung der Hauptstadt Asmara am 24. Mai 1991 ist praktisch ganz Eritrea in der Hand der Aufständischen. Die neue Regierung Äthiopiens entspricht daraufhin grundsätzlich dem Selbstbestimmungsanspruch Eritreas (28. Mai 1991).

Unabhängigkeit	**1993**	In der äthiopischen Provinz Eritrea votieren bei einer Volksabstimmung 99,8% für die *Unabhängigkeit* von Äthiopien (23.–25. April).
	21. Mai	Der Rebellenführer Issayas Afeworki (*1945), der in Asmara die unabhängige Republik Eritrea proklamiert (24. Mai), wird erster Präsident des neuen Staates.
Konflikt mit Jemen	**1995** 7.–30. Dez. **1996**	Bewaffneter *Konflikt mit der Republik Jemen* um die Huneish-Inseln im Roten Meer, deren Zugehörigkeit völkerrechtlich ungeklärt ist; Eritrea und die Republik Jemen einigen sich auf eine friedliche Lösung (21. Mai): Die Inseln sollen entmilitarisiert werden.
	1997 28. Nov.	Eritrea führt eine eigenen Währung (Nakfa) ein und kündigt damit die Währungsunion mit Äthiopien. Ein Wirtschaftskrieg ist die Folge, der im Mai 1998 in militärische Auseinandersetzungen übergeht. Eritreische Truppen marschieren in Grenzgebiete ein, von denen die Regierung behauptet, sie seien unrechtmäßig unter äthiopischer Verwaltung.
	1999	Vorläufige Waffenruhe tritt ein (Juni).
	2000 29. Febr.	Erneutes Aufflammen der Kämpfe im Grenzgebiet. Innerhalb des Landes sind ca. 1 Mio. Menschen auf der Flucht. Bei einer Gesamtbevölkerung von 3,5 Mio. unterhält Eritrea mehr als 200 000 Soldaten. Die Wirtschaft liegt am Boden.
Waffenstillstands-abkommen von Algier	18. Juni	*Waffenstillstandsabkommen von Algier* zwischen den Kriegsparteien.
	12. Dez.	Abschluss eines Friedensvertrages.
	2001	UN-Truppen beziehen eine Pufferzone zwischen Eritrea und Äthiopien (18. April).
	31. Mai	Fünfzehn Mitglieder der Regierungspartei erheben Vorwürfe gegen Präsident Issayas Afeworki, er habe versäumt, die in der Verfassung vorgesehenen Kontrollinstanzen einzurichten.

Östliches Afrika: Inseln seit 1945

Madagaskar seit 1945
(Forts. v. S. 1172)

1945 18. Nov.	Unter Patronage der Nationalisten Joseph Raseta (*1887, †1979) und Joseph Ravoahangy (*1893) bildet sich das Mouvement Démocratique de la Rénovation Malgache (MDRM), das die Gewerkschaften sowie die meisten politischen Organisationen beherrscht.
1946	Als Gegengewicht wird mit Förderung der Kolonialverwaltung die Parti des Déshérités de Madagascar (PADESM) unter *Philibert Tsiranana* (*1912, †1978) gegründet, die die Emanzipation der Küstenbewohner verficht.
25. Okt.	Nach Abtrennung der Comoren (9. Mai) wird Madagaskar in fünf Provinzen mit Provinzparlamenten *aufgeteilt*, um dem politischen Übergewicht der Merina entgegenzuwirken.
1947 Jan.	*Wahlen* zu den fünf Provinzparlamenten: Das MDRM gewinnt 70% der Stimmen, die Kolonialregierung ändert jedoch die vorgesehene Prozedur für die Beschickung des Landesparlaments durch die einzelnen Provinzparlamente, sodass die gewählten Franzosen zusammen mit den PADESM-Abgeordneten das MDRM in drei Provinzen überstimmen können.
29. März	An verschiedenen Punkten der Insel, vor allem an der Ostküste, brechen *Aufstände* aus; gegen die Aufständischen (zeitweilig etwa ein Sechstel des Landes in ihrer Gewalt) wird mit massivsten militärischen Mitteln vorgegangen.
1948 1. Dez.	Die Aufstände werden als beendet angesehen; 80000 bis 200000 Tote, in der Folge Zerschlagung des MDRM und Lähmung der Nationalbewegung bis 1956.
1956 28. Dez.	Der aus dem Tsimihety-Volk stammende Ph. Tsiranana gründet, von der Kolonialverwaltung ermuntert, die in der Nachfolge der PADESM stehende Parti Social Démocrate (PSD).
1957	Wahlen (31. März) zu den Provinzparlamenten: 59% der Mandate für die gemäßigten „Provinzialisten".
29. Mai	PSD, Union des Démocrates Sociaux Malgaches (UDSM) sowie einige Lokalparteien können sechs der acht Minister im Kabinett des Regierungschefs Ph. Tsiranana stellen.
1958 14. Okt.	Nach Annahme des Referendums über die französischen Verfassungsvorschläge (28. Sept.) wird Madagaskar *autonome Republik* innerhalb der französischen Communauté.
1959 29. April	Eine nach französischem Vorbild ausgerichtete Präsidialverfassung (erster Präsident: Philibert Tsiranana, 2. Mai) wird verkündet.
1960 4. Sept.	Madagaskar erhält die *Unabhängigkeit* als Repoblika Malagasy (26. Juni). Die PSD gewinnt bei Wahlen 60%, mit Listenverbindungen 82% der Mandate, kann in der Folge ihren Einfluss in den ländlichen Gebieten ausdehnen und sich de facto zur Staatspartei entwickeln.
1969–1970	Während einer längeren, krankheitsbedingten Abwesenheit Tsirananas versucht der neu ernannte (2. Dez. 1969) Premier Calvin Tsiebo (*1902) die ausbrechenden Spannungen zwischen dem linken Flügel der PSD unter Innenminister André Resampa (*1924) und dem rechten Flügel unter Außenminister Jacques Rabemanajara unter Kontrolle zu halten.
1970 21. Nov.	Nach seiner Rückkehr (Mai) verfolgt Tsiranana eine gegen angebliche kommunistische Subversion gerichtete Politik und schließt ein *Abkommen* über wirtschaftliche Kooperation mit *Südafrika*.
1971 31. März	Aufstand (bis 2. April) verarmter Bauern in der Tulear-Provinz, getragen vom Mouvement National pour l'Indépendance de Madagascar (MONIMA) unter M. Jaona; 46 bis 2000 Tote.
1972 13. Mai	Nach dem Ausbruch von Unruhen (9. April) erfolgt die Verhängung des Ausnahmezustandes; die Unruhen weiten sich zum *Generalstreik* aus (134 Tote bisher), ca. 100000 Demonstranten fordern den Rücktritt von Präsident Tsiranana, der die Regierung auflöst und dem Armeestabschef General Gabriel Ramanantsoa (*1906, †1979) alle Machtbefugnisse überträgt (18.–20. Mai).
25. Juni	Nach dem Ende des Generalstreiks (22. Mai) aufgrund des Versprechens von Ramanantsoa, den Forderungen nach wirtschaftlichen und sozialen Reformen nachzukommen, lässt die neu gebildete Regierung (27. Mai) politische Gefangene frei und kündigt die Abkommen mit Südafrika.
4.–9. Sept.	Nach Verhängung des *Kriegsrechts* (29. Aug.) beschließt die Landeskonferenz des gemeinsamen Kampfausschusses der „Bewegung des 13. Mai" die Unterstützung Ramanantsoas, der in einem Referendum (8. Okt.) Vollmachten für fünf Jahre erhält.

	11. Okt.	Tsiranana tritt vom Amt des Präsidenten zurück, das Ramanantsoa übernimmt.
	1973	Revidiertes Kooperationsabkommen (4. Juni) mit Frankreich (u. a. Truppenabzug, vollzogen bis 31. Aug.).
	1975	Nach Meutereien unzufriedener, aus der Küstenregion stammender Offiziere der mobilen Polizei (Dez. 1974/Jan. 1975) löst General Ramanantsoa die Regierung auf und tritt zurück.
	25. Jan.	
	5. Febr.	Als Nachfolger bestimmt er Innenminister Oberst Richard Ratsimandrava (*1931, †1975), der während eines Putschversuchs von der Sicherheitspolizei ermordet wird (11. Febr.).
Militärdirektorium	13. Febr.	Ein *Militärdirektorium* unter General Gilles Andriamahazo (*1919) übernimmt die Macht, erklärt den Ausnahmezustand und hat auch (seit 24. März) offiziell die Funktion eines kollektiven Staats- und Regierungsoberhauptes inne.
Revolutionsrat	15. Juni	Ablösung des Militärdirektoriums durch einen Obersten *Revolutionsrat* unter Vorsitz des aus dem Betsimiraka-Volk stammenden Fregattenkapitäns Didier Ratsiraka (*1936), der Staats- und Regierungschef wird; General Andriamahazo übernimmt den Vorsitz in einem Militärischen Entwicklungsrat zur Reorganisierung der Streitkräfte.
	16. Juni	Verstaatlichung von Banken, Versicherungen und Schifffahrt.
	Sept.	Nach Aufhebung des Ausnahmezustandes (26. Juni) wird in einer einwöchigen Kampagne die „Charta der Madegassischen Sozialistischen Revolution" propagiert.
Demokratische Republik	21. Dez.	Ein Referendum über die Charta sowie über eine neue Verfassung und eine siebenjährige Amtsperiode für Ratsiraka wird mit 94,7% angenommen und das Land in *Demokratische Republik* Madagaskar umbenannt (30. Dez.).
	1976 4. Jan.	Erster Präsident wird Didier Ratsiraka; in den Obersten Revolutionsrat wird die gleiche Zahl von Zivilisten und Militärs aufgenommen. Oberst Joel Rakotomalala (*1939, †1976) wird Premier der vornehmlich aus Zivilisten bestehenden Regierung (11. Jan.).
AREMA	19. März	Gründung der Avantgarde de la Révolution de Malagasy *(AREMA)* als linker Sammlungspartei unter Ratsiraka als Generalsekretär.
	20. Aug.	Nachfolger des tödlich verunglückten Premiers wird der aus dem Betsileo-Volk stammende Justin Rakotoniaina (*1933), in dessen Kabinett nur noch ein Militär sitzt; die Hauptstadt wird in Antananarivo umbenannt (17. Sept.), ausländischer Besitz über 100 ha verstaatlicht (7. Dez.).
Wahlen	1977 30. Juni	Bei den *Wahlen* zur gesetzgebenden Nationalversammlung gewinnt die Liste der Einheitsfront aus AREMA, AKFM (Kongresspartei für die Unabhängigkeit Madagaskars, gegründet 1960) unter Richard Andriamanjato (*1930) und einigen kleineren Parteien 96% der Stimmen (AREMA: 82% der Sitze).
	4. Aug.	Oberst Désiré Rakotoarijaona (*1934) wird neuer Premier.
Marineabkommen mit UdSSR	1979 19. Okt.	Abschluss eines *Marineabkommens mit der Sowjetunion*, das dieser den Zugang zu den Häfen Madagaskars ermöglicht.
	1980	Vereinbarung mit der Sowjetunion über wirtschaftliche Zusammenarbeit (Aug.).
	Nov.	Normalisierung der Beziehungen zu den USA.
	1982	Wiederwahl von Präsident Ratsiraka (7. Nov.).
Parlamentswahlen	1983	*Parlamentswahlen* am 28. Aug. erbringen der AREMA 65% und der AKFM 9% der Stimmen.
	1986	Erweiterung der Wirtschaftszone auf 200 Seemeilen (Jan.).
	1987	Plünderungen und Ausschreitungen gegen indische und pakistanische Bevölkerung (Febr./März).
	1989 12. März	Vorgezogene Präsidentschaftswahlen, Ratsiraka erhält 62,7%. Bei Parlamentswahlen gehen 120 der 137 Sitze an die AREMA.
Putschversuch in Antananarivo	1990	Fehlgeschlagener *Putschversuch in Antananarivo* (13. Mai). Besuch des südafrikanischen Präsidenten Frederik Willem de Klerk (16. Aug.), Aufnahme offizieller Beziehungen.
	1991	Nach Generalstreiks und Massenprotesten gegen die Staatsführung wird die Opposition an einer Übergangsregierung beteiligt, die auch eine neue Verfassung ausarbeiten soll (19. Dez.).
	1992 19. Aug.	In einem Referendum wird die neue Verfassung mit 72% der Stimmen angenommen, die ein Zweikammersystem vorsieht und die Macht des Präsidenten beschneidet.
	1993 10. Febr.	Der Oppositionspolitiker Albert Zafy (*1927) siegt bei der Stichwahl um das Präsidentenamt mit 67% der Stimmen gegen Amtsinhaber Ratsiraka.
	16. Juni	Die Zafy unterstützenden Parteien gewinnen bei den Parlamentswahlen die Mehrheit der Abgeordnetensitze.
Volksabstimmung	1995 17. Sept.	Bei einer *Volksabstimmung* über die Kompetenzen des Präsidenten stimmen 72% der Bürger für das Recht des Staatsoberhaupts, den Premierminister zu ernennen und zu entlassen; bisher war dies dem Parlament vorbehalten. Der seit 1993 amtierende Premier Francisque Ravony (*1942) tritt daraufhin zurück (13. Okt.).

1996 5. Sept.	Das Verfassungsgericht setzt Präsident Zafy wegen Verfassungsbruchs auf Antrag des Parlaments (26. Juli) ab.	
1997 9. Febr.	Der ehemalige Präsident Ratsiraka tritt nach seinem knappen Sieg in den Wahlen vom 3. Nov./29. Dez. 1996 wieder das Amt des Staatsoberhauptes an.	
1998 17. Mai	Bei den Parlamentswahlen wird die AREMA von Präsident Ratsiraka stärkste politische Kraft. Die frühere Einheitspartei, die noch in den 80er-Jahren einen sozialistischen Kurs verfolgte, tritt inzwischen für Parteienpluralismus und freie Marktwirtschaft ein.	
2000 Febr./April	*Unwetterkatastrophen* töten 130 Menschen und machen Zehntausende obdachlos. Ca. 550 000 Menschen sind auf Lebensmittelhilfe angewiesen.	*Unwetterkatastrophen*
3. Dez.	An den Provinzwahlen nimmt aufgrund eines Boykottaufrufes der Oppositionsparteien und des Rates der christlichen Kirchen Madagaskars nur ein Viertel der Wahlberechtigten teil. Fast überall kann sich die Regierungspartei AREMA durchsetzen.	
2001	*Einführung neuer Verwaltungseinheiten* („autonome Provinzen") (Juni).	*Einführung neuer Verwaltungseinheiten*
16. Dez.	Nach dem 1. Wahlgang der Präsidentschaftswahl zweifelt der Herausforderer, der Unternehmer *Marc Ravalomanana*, das offizielle Ergebnis (46,21% der Stimmen für ihn) an und behauptet, 52,15% errungen zu haben. Er weigert sich, zum 2. Wahlgang anzutreten, und ruft das Volk zum Generalstreik auf. Sein Konkurrent, der Amtsinhaber Didier Ratsiraka, flüchtet in die Küstenstadt Toamasina, von wo aus er eine Wirtschaftsblockade der Hauptstadt organisiert.	*Marc Ravalomanana*
2002	Ravalomananas Anhänger beginnen in Antananarivo eine Regierung zu etablieren (4. März).	
18. April	Einigung zwischen Ravalomanana und Ratsiraka unter Vermittlung der OAU auf eine neue Stimmenauszählung. Diese bestätigt Ravalomanana als Sieger; am 6. Mai wird er als Staatspräsident vereidigt.	
14. Juni	Ratsiraka flieht nach Frankreich. Regierungstruppen rücken in große Teile der von seinen Anhängern gehaltenen Provinzen ein.	
2. Juli	Die letzte größere Bastion der Anhänger von Ratsiraka, die Hafenstadt Antsiranana, fällt.	

Comoren seit 1946
(Forts. v. S. 1172)

1946 25. Juli	Nach *Abtrennung* der Comoren *von Madagaskar* (9. Mai) Etablierung als französisches Überseeterritorium mit einem Generalrat in Dzaoudzi (Mayotte), von dessen 24 Mitgliedern 20 gewählte Vertreter der Comoren-Bevölkerung sind, die sich in zwei nach den Farben der Wahlstimmzettel benannten Gruppen organisieren: den „Weißen" (auch: „Vieux Turbans") unter Said Ibrahim sowie den von Großkaufleuten getragenen „Grünen" (auch: „Moderne") unter Said Mohamed Cheikh.	*Abtrennung von Madagaskar*
1957 19. Mai	Nach Vermittlung des Gouverneurs Zusammenschluss der „Grünen" und „Weißen" zu einer gemeinsamen Liste für die Landesparlamentswahl, die 99,7% der Stimmen erhält.	
Aug.	Mohamed Ahmed wird erster Regierungschef.	
1958 28. Sept.	Nach Annahme des Referendums über die neuen französischen Verfassungsvorschläge stimmt das Landesparlament für Beibehaltung des Status *(Überseeterritorium)*. Stimmenthaltung der Vertreter Mayottes, die den Status eines französischen Départements fordern.	*Überseeterritorium*
1959 8. März	Wahlen: Zum ersten Mal erhalten Vertreter der separatistischen Bewegung von Mayotte Mandate (Wahlrechtsänderung 31. Jan.: getrennte Sitze für die vier Inseln).	
1961	Partielle innere Selbstregierung sowie Teildezentralisierung (22. Dez.). Said Mohamed Cheikh (Mitglied der Sultansfamilie der Insel Große Comore) wird Regierungschef.	
1962 1. Sept.	Verlegung der Hauptstadt von Dzaoudzi auf Mayotte (der wohlhabendsten der vier Inseln) nach Moroni auf die Große Comore (der größten und bevölkerungsreichsten Insel).	
1968 3. Jan.	Auf Drängen der etablierten Führungsschicht der Comoren gewährt Frankreich *innere Autonomie*.	*innere Autonomie*
Aug.	Die Koalition zwischen „Grünen" und „Weißen" zerfällt wegen Differenzen über die Frage der Unabhängigkeit; als liberaler Nachfolger der „Weißen" konstituieren sich unter dem Einfluss der jüngeren Generation das Rassemblement Démocratique du Peuple Comorien (RDPC) unter Said Mohamed Jaffar und Mazawar Abdallah auf den Großen Comoren und die Parti Social-Démocrate des Comores (PSDC) auf Anjouan, als Nachfolger der „Grünen" die Union Démocratique des Comores (UDC) unter Said Ibrahim. Die auf der Großen Comore und Mohéli gegründete Parti Socialiste Comorien (PASOCO) fordert als erste Partei auf den Comoren die sofortige Unabhängigkeit.	

innenpolitische Krise

1970
16. März Nach dem Tod des Regierungschefs Said Mohamed Cheikh schwere *innenpolitische Krise*; sein Nachfolger wird Said Ibrahim (2. April).

1971
6. Juli Neuwahlen bestätigen Said Ibrahim als Regierungschef. Nach heftigen Angriffen gegen seine profranzösische Politik wird er jedoch durch ein Misstrauensvotum gestürzt.

1972
16. Juni Said Ibrahims Neffe und Schwiegersohn, Said Mohamed Jaffar (RDPC), der bereits Anfang des Jahres die Unabhängigkeit gefordert hat, wird neuer Regierungschef.
3. Dez. Nach seinem Rücktritt (Okt.) gewinnt bei Wahlen das Bündnis zwischen RDPC, UDC und PEC (Parti pour l'Evolution des Comores) sämtliche Sitze (87% der Mandate) außer denen von Mayotte, die vom Mouvement Mahorais (MM) gewonnen werden (80% der Stimmen Mayottes).
26. Dez. Ahmed Abdallah (*1918, †1989) wird Regierungschef mit dem Mandat des Parlaments, die Unabhängigkeit unter Beibehaltung der französischen Kooperation auszuhandeln.

1973
15. Juni Übereinkunft mit Frankreich, das die Gewährung der Unabhängigkeit innerhalb einer Frist von fünf Jahren von einem Referendum abhängig macht; das Comoren-Parlament fordert jedoch bei Enthaltung der Mayotte-Vertreter die Unabhängigkeit bis 1976 (22. Dez.).

1974
18. Okt. Zustimmung des französischen Parlaments zu einem Gesetz, das die Comoren hinsichtlich des Referendums im Gegensatz zu einer Zusicherung der französischen Regierung (31. Jan. 1972) als Einheit behandelt.

Referendum über Unabhängigkeit

22. Dez. Im *Referendum* sprechen sich die Wähler der Großen Comore, Anjouans und Mohélis mit jeweils über 99,9% dafür aus, „dass das Territorium der Comoren unabhängig wird", während Mayotte mit 63,2% dagegen stimmt. Auf französischen Druck hin arbeitet das Parlament der Comoren eine Mayotte entgegenkommende Verfassung mit starker Dezentralisierung aus, doch spricht ihm der Regierungschef Ahmed Abdallah das Recht dazu ab.

1975
3. Juli Beschluss des französischen Parlaments zur Errichtung eines Verfassungskomitees der Comoren, dessen Vorschläge in getrennten Referenden von jeder Insel akzeptiert werden müssen.

Unabhängigkeitserklärung

6. Juli Das Comoren-Parlament *erklärt* daraufhin einseitig die *Unabhängigkeit* und wählt Ahmed Abdallah zum Präsidenten. Frankreich behält die volle Kontrolle über Mayotte und verstärkt die Truppen, interveniert jedoch nicht; Marcel Henry, Repräsentant der drei Mayotte beherrschenden Familien, erklärt als Führer des MM die Unabhängigkeitserklärung für rechtswidrig.
3. Aug. Die gegenüber Mayotte verständigungsbereitere, aus oppositionellen Politikern gebildete Front National Uni (FNU) setzt unter der Regie von Ali Soilih (*1938, †1978) Präsident Abdallah ab.
11. Aug. Das Parlament wird durch einen Nationalen Revolutionsrat unter Said Mohamed Jaffar abgelöst, dem Repräsentanten aller vier Inseln angehören.
21.–22. Sept. Sezessionsbestrebungen Anjouans unter Ahmed Abdallah werden durch militärisches Eingreifen von Anhängern des Nationalen Revolutionsrates beendet.

UNO-Anerkennung

12. Nov. *Anerkennung* der Comoren als Gesamtstaat (einschließlich Mayottes) *durch die UNO*.
31. Dez. Frankreich erkennt zwar die Unabhängigkeit der drei Inseln an, behält sich jedoch die Abhaltung eines Referendums auf Mayotte vor.

1976
Ali Soilih wird Präsident (2. Jan.), Abdallah Mohamed Premier (6. Jan.).

Veto Frankreichs

8. Febr. Der Versuch des UN-Sicherheitsrates, das Referendum auf Mayotte zu verhindern, scheitert am *Veto Frankreichs* (6. Febr.); 99,4% der abgegebenen Stimmen sprechen sich im Referendum gegen ein Verbleiben bei den Comoren aus.
11. April In einem weiteren Referendum 97,5% der gültigen Stimmen für die Beibehaltung des Status eines französischen Überseeterritoriums (80% der abgegebenen Stimmen ungültig gemacht auf Betreiben des MM, das für die sofortige Umwandlung in ein französisches Département eintritt).

Trennung Mayotte – Comoren

18. Dez. Die Gewährung des Status einer „Collectivité Territoriale" innerhalb der französischen Republik zementiert die *Trennung Mayottes von den Comoren* und wird von UNO und OAU verurteilt.

1978
13. Mai Die Regierung wird durch einen mit Hilfe von weißen Söldnern durchgeführten Putsch abgesetzt, ein Direktorium aus Zivilisten und Militärs, geleitet von Said Atthoumani, übernimmt die Macht; eine Regierung unter Abdallah Mohamed wird gebildet.
23. Mai Die zurückgekehrten Politiker Ahmed Abdallah und Mohamed Ahmed werden Co-Präsidenten des Direktoriums, Ali Soilih wird erschossen (29. Mai).
22. Juni Politisches Direktorium eingesetzt, Abkehr von den unter Soilih eingeleiteten Reformen.

neue Verfassung

22. Okt. Nach Annahme einer *neuen Verfassung* (Referendum 1. Okt.) wird Ahmed Abdallah Präsident der Föderativen Islamischen Republik, Salim Ben Ali neuer Premier (22. Dez.).

1979 Französisches Parlament bestätigt Status Mayottes für fünf Jahre (6. Dez.).
1982 Bildung der Einheitspartei „Union Comorienne pour le Progrès" (6. Febr.).

7. März	Präsident Ahmed Abdallah durch Wahlen bestätigt. Premierminister wird Ali Mroudjae.	
1984	Comoren und Frankreich verhandeln über den Status der Insel Mayotte (Jan.).	
1985	Besuch Abdallahs auf Madagaskar, Wiederaufnahme diplomatischer Beziehungen (Juni).	
1987	Parlamentswahlen: fast nur Abgeordnete der Union Comorienne pour le Progrès gewählt.	
1989	Verfassungsreferendum ermöglicht Abdallah vierte Präsidentschaftskandidatur (4. Nov.).	
26. Nov.	*Präsident Abdallah* wird bei Staatsstreich durch Söldnertruppe *erschossen*. Interimspräsident wird Said Mohammed Djohar. Französische Truppen beenden Söldnereinsatz.	*Präsident Abdallah erschossen*
1990	Beim zweiten Gang der Präsidentschaftswahlen erhält Djohar 55% der Stimmen (11. März).	
1992	75% der Wahlberechtigten stimmen bei einem *Referendum* der neuen *Verfassung* zu, welche die Amtszeit des Präsidenten auf fünf Jahre bei nur einer möglichen Wiederwahl begrenzt und den Modus der Präsidenten- wie der Parlamentswahl neu regelt.	*Verfassungsreferendum*
7. Juni		
22./29. Nov.	Bei Parlamentswahlen erringen die den Präsidenten unterstützenden Parteien eine knappe Mehrheit.	
1993	Die Arabische Liga nimmt die Comoren am 21. Nov. als 22. Mitglied auf.	
1995	Aufständische Söldner unter Bob Denard stürzen Präsident Djohar (28. Sept.).	
5. Okt.	600 französische Soldaten intervenieren und schlagen die Revolte nieder. Der beim Putsch in die französische Botschaft geflohene Premierminister Caabi el-Yachroutou wird zum Staatspräsidenten proklamiert.	
1996	Aus den *Präsidentschaftswahlen* (16. März) geht Mohammed Taki Abdoulkarim als Sieger hervor.	*Präsidentschaftswahlen*
20. Okt.	Die bei einem Referendum mit 85% der Stimmen angenommene neue Verfassung stärkt die Stellung des Präsidenten und ist deutlich vom Islam beeinflusst.	
1997	Seit Jahresbeginn sind in Teilen der Comoren separatistische Bewegungen aktiv, die den Anschluss oder die Assoziierung an Frankreich erstreben.	
5./6. Aug.	Die Inseln Anjouan und Mohéli erklären ihre Unabhängigkeit von der Islamischen Bundesrepublik der Comoren.	
3. Sept.	Erfolglose militärische Invasion der Regierungstruppen auf Anjouan.	
10.–13. Dez.	Auf einer internationalen Konferenz unter der Schirmherrschaft der OAU in Addis Abeba kann die Sezessionskrise nicht beigelegt werden.	
1998	Tod des Präsidenten Mohammed Taki Abdulkarem (6. Nov.).	
5. Dez.	Ausbruch von Kämpfen zwischen rivalisierenden Milizen auf Anjouan.	
1999	Oberst Azali Assoumani ruft sich nach einem *Militärputsch* als neues Staatsoberhaupt aus	*Militärputsch*
30. April	(vereidigt 6. Mai). Pogrome der Einwohner von Grande Comore an Zuwanderern aus dem sezessionistischen Anjouan.	
2000	Ein Putsch von Armee-Einheiten scheitert.	
21. März	Präsident Assoumani und der Militärmachthaber von Anjouan, Said Abeid Abderemane,	
26. Aug.	unterzeichnen ein Abkommen, das die staatliche Einheit der Inselgruppe als Föderation gewährleisten soll. Von der Opposition wird das Abkommen abgelehnt.	
2001	In einem Friedensabkommen werden den sezessionistischen Inseln weit reichende Autonomierechte eingeräumt.	
17. Febr.		
9. Aug.	Militärputsch auf Anjouan, Juntachef Said Abeid wird abgesetzt.	
23. Dez.	In einem *Referendum* wird die neue Union mit 76% der Stimmen angenommen. Jede der drei Inseln hat fortan einen eigenen Präsidenten.	*Referendum*
2002	Die EU sagt ein Hilfsprogramm von 27,3 Mio. Euro zu (Aug.).	

Réunion seit 1946

1946	Die Gewährung des Status eines französischen *Übersee-Départements* wird gegen die verdeckte Opposition von Großgrundbesitzern und Zuckerfabrikanten durchgesetzt und von der am stärksten organisierten politischen Gruppierung, der Kommunistischen Arbeiterbewegung (Erwartung verstärkter französischer Hilfe für die während des Weltkrieges fast zusammengebrochene Wirtschaft), begrüßt, die bis 1958 zwei der drei Réunion-Sitze im französischen Parlament hält und sich unter Führung von P. und R. Vergès zur Fédération Réunionnaise du Parti Communiste Français (30. Nov. 1947) formiert.	*Übersee-Département*
15. Aug.		
1958	Nach Annahme des Referendums über die neuen französischen Verfassungsvorschläge	
28. Sept.	kommt es in den folgenden Wahlen (zum französischen Parlament) zu Manipulationen; aufgrund des Mehrheitswahlrechts können sich keine kommunistischen Kandidaten mehr durchsetzen.	

	1959 18. Mai	Die Fédération Réunionnaise wird zur Parti Communiste Réunionnais (PCR), sie strebt einen Département-Status Réunions an.
Nachwahl Michel Debrés	1963 5. Mai	Wahlmanipulationen veranlassen den französischen Ex-Premier *Michel Debré*, sich einer *Nachwahl* zu stellen; er ist seitdem einer der drei Réunion-Abgeordneten im französischen Parlament und kann eine starke gaullistische Gruppierung aufbauen, die mit ihr nahe stehenden Gruppierungen eine sichere Mehrheit im Landesparlament halten kann.
französische Streitkräfte	1973	Réunion wird Hauptquartier der *französischen Streitkräfte* im Indischen Ozean (Juni).
	1974 19. Mai	Nach heftigen Auseinandersetzungen im Wahlkampf (französische Präsidentenwahl) erhalten die Linksparteien 50,5% für ihren Kandidaten François Mitterrand.
	1979	Von den Gewerkschaften organisierte Aktionen mit Generalstreik (Okt.).
	1983	Bei Übersee-Regionalwahlen erzielen auch die Linksparteien Réunions Stimmenzuwachs (20. Febr.).
soziale Unruhen	1991 Febr.–März	*Soziale Unruhen*: Anlass der Spannungen, die sich z.B. in Geschäftsplünderungen äußern, sind die schwierige wirtschaftliche Lage, hohe Arbeitslosigkeit (1996 ca. 37%) sowie das Bevölkerungswachstum und das damit verbundene Anwachsen der Elendsviertel.
	1996 11. April	Frankreich tritt für sein Übersee-Département Réunion der Proklamation eines atomwaffenfreien Afrika in einem Zusatzprotokoll bei.

Mauritius seit 1947

neue Verfassung	1947	*Neue Verfassung*: erweitertes Wahlrecht, Legislativrat mit 56% gewählten Mitgliedern.
	1948 10. Aug.	Wahl: Die unter Seewoosagur Ramgoolam (*1900, †1985) neuformierte Parti Travailliste (PT; Inder und Kreolen) gewinnt 68% der Wahlsitze und schlägt die im Ralliement Mauricien (RM) organisierten Vertreter der frankomauritischen Pflanzeroligarchie („Grandes Familles"; ca. 55% des anbaufähigen Landes sind in der Hand von 25 Zuckerplantagen), die jedoch durch Nominierung in den Legislativrat ausschlaggebenden Einfluss behält.
	1953 27. Aug.	Erneuter Wahlsieg der PT; das RM benennt sich in Parti Mauricien Social Démocrate (PMSD) um und gewinnt zunehmend die Unterstützung von Teilen der kreolischen Mittelschicht.
	1958	Aus Sorge vor einer Hindu-Dominanz gründen moslemische Händler das Muslim Committee of Action (MCA), indische Genossenschaftler bilden den Independent Forward Bloc (IFB).
	1959	Nach erneutem Wahlsieg der PT wird S. Ramgoolam Chefminister (26. Sept.).
	1963 21. Okt.	Wahlen: PT büßt mit 47,5% der Sitze ihre seit 1948 bestehende absolute Mehrheit ein, S. Ramgoolam bildet eine Allparteienkoalition und wird Premier (März 1964).
Hindus gegen Kreolen	1965 1.–11. Mai	Unruhen und *Auseinandersetzungen zwischen Hindus und kreolischen Arbeitern*, vor allem wegen der die Hindus (Bevölkerungsmehrheit) begünstigenden Wahlrechtsänderungen. Die PMSD verlässt die Koalition und propagiert den Verbleib bei Großbritannien zum Schutz vor einer Hindu-Dominanz, nachdem ihre Forderung nach einem Referendum vor Erlangung der Unabhängigkeit abgelehnt worden ist.
volle innere Autonomie	1966	Neue Verfassung: *volle innere Autonomie*; nur noch gewählte Parlamentarier.
	1967 7. Aug.	PT, MCA und IFB, im Wahlbündnis der Parti de l'Indépendance (PI) zusammengeschlossen, gewinnen bei Wahlen 61,5% der Sitze gegen 38,5% der PMSD unter Gaetan Duval (*1930, †1996).
Unabhängigkeit	1968 12. März	Mauritius erhält einschließlich der Inseln Rodrigues und Agalega sowie des Cargodos-Carajos-Archipels die *Unabhängigkeit* unter Premier Sir Seewoosagur Ramgoolam.
	1969	Koalition der nationalen Einheit zwischen PT/MCA und PMSD (1. Dez.).
	1970 21. Sept.	Die Unzufriedenheit mit der Koalitionsregierung wird bei einer Nachwahl deutlich: Das Mauritian Militant Movement (MMM, gegr. 1968) unter Paul Bérenger gewinnt 70% der Stimmen mit einem Programm der Klassensolidarisierung von Arbeitern und Arbeitslosen.
Generalstreik	1971 Dez.	Der nach der Verhaftung von Gewerkschaftlern und Oppositionsführern (Aug.) ausgerufene *Generalstreik* wird mit der Erklärung des Ausnahmezustandes und der Verhaftung von ca. 120 MMM-Führern eingedämmt.
Hinwendung zu Frankreich	1973 17. Dez.	Vor dem Hintergrund der von Außenminister Duval als dominierender Figur der Koalition betriebenen politischen und wirtschaftlichen *Hinwendung zu Frankreich* und Südafrika bricht anlässlich von Steuererhöhungen die Koalition mit dem Ausschluss der meisten PMSD-Minister aus der Regierung auseinander; die IP-Regierung versucht wegen der nur noch knappen Mehrheit eine Annäherung an das MMM.
	1976 20. Dez.	Nach Lockerung des seit 1971 bestehenden Ausnahmezustandes entscheidet das MMM die ersten Wahlen seit 1967 mit 48,5% der Sitze für sich, doch bilden die regierende IP (40%) und die PMSD (11,5%) eine Koalition (28. Dez.).

1979	Lang anhaltende Streiks (Aug.–Okt.) in der Zuckerindustrie, unterstützt durch das MMM.	
1982 11. Juni	Bei Parlamentswahlen wird Ramgoolam vernichtend geschlagen. Neuer Premierminister wird Aneerood Jugnauth (*1930), der eine prosowjetische Politik vertritt.	
1984	*Frankreich* und Mauritius paraphieren ein *Kulturabkommen* (7. Mai).	*Kulturabkommen mit Frankreich*
1985	Tod des Expremiers Sir Seewoosagur Ramgoolam (15. Dez.). Neuer Generalgouverneur wird Sir Veerasamy Ringadoo. Vier mauritische Parlamentsabgeordnete werden in Amsterdam wegen Heroinschmuggels verhaftet (27. Dez.); die Affäre löst innenpolitische Krise aus.	
1987	*Parlamentswahlen*: Die Regierungsparteien erhalten 38, die Opposition 22 Sitze.	*Parlamentswahlen*
1990	Abkommen zwischen Regierungsparteien und MMM, bei kommender Parlamentswahl zusammenzugehen (19. Juli). Verfassungsänderung geplant, Mauritius soll Republik werden.	
1992 12. März 30. Juni	Mauritius beendet den Dominion-Status mit der *Proklamation der Republik* Mauritius durch das Parlament in Port Louis, bleibt aber Mitglied im Commonwealth of Nations. Das Parlament wählt Cassam Uteem für fünf Jahre zum Präsidenten.	*Proklamation der Republik*
1995 20. Dez. 27. Dez.	Die Oppositionsparteien PT und MMM erhalten einen Stimmenanteil von 65% bei vorgezogenen Parlamentswahlen, nachdem Premierminister Jugnauth wegen einer Abstimmungsniederlage das Parlament aufgelöst hatte. Der neue Premierminister Navin Chandra Ramgoolam (*1947; PT) legt den Amtseid ab.	
1999 21.– 23. Febr.	Nach dem Tod eines der kreolischen Minderheit angehörenden populären Sängers in Polizeihaft kommt es zu schweren Ausschreitungen.	
2000 11. Sept.	Bei den Parlamentswahlen muss die bisher regierende PT Verluste hinnehmen. Wahlsieger wird das Bündnis aus MMM und Mouvement Socialiste Mauricien (MSM). Neuer Premierminister wird Aneerood Jungnauth, der bereits 1982–1995 Regierungschef war.	

Seychellen seit 1948

1948	Die *Wahl* von zwei Dritteln der nichtamtlichen Mitglieder *des Legislativrates* wird eingeführt; die Sitzverteilung wird in der Folge von der Organisation der franko-kreolischen Großgrundbesitzer („Grand Blond Set"), der Seychelles Taxpayers and Producers Association (STPA), dominiert.	*Wahlen zum Legislativrat*
1963 14. Aug.	Gegen die STPA konkurriert in den Wahlen die Seychelles Islanders United Party, die mit anderen politischen Organisationen in der Seychelles People's United Party (SPUP) unter Albert René (*1935) aufgeht (1964); gegen sie wird von James Mancham (*1939) die Seychelles Democratic Party (SDP) gegründet (1965), die eine enge Anlehnung an Großbritannien propagiert (SPUP für baldige Unabhängigkeit und gesellschaftliche Reformen).	
1965 8. Nov.	Abtrennung der Inseln Aldabra, Des Roches und Farquhar, die für militärische Zwecke der USA und Großbritanniens mit dem bisher von Mauritius verwalteten Chagos-Archipel zum *British Indian Ocean Territory* zusammengefasst werden.	*British Indian Ocean Territory*
1967	Wahlen: Die SDP gewinnt vier, die SPUP drei der acht Wahlsitze; die SDP nähert sich der STPA (12. Dez.).	
1970 11. Nov.	Nachdem die SDP-Pläne für Assoziation der Seychellen mit Großbritannien von diesem verworfen worden sind (März), wird eine Gesetzgebende Versammlung mit 83% gewählten Mitgliedern gewährt (Okt.); in den Wahlen gewinnt die SDP zehn, die SPUP fünf der Wahlsitze (53 bzw. 44% der Stimmen) James Mancham wird Chefminister.	
1974 25. April	Wahlen (Hintergrund: Ankündigung der Unabhängigkeit innerhalb eines Jahres): Mit 52,4% der Stimmen gewinnt die SDP 13 Sitze gegenüber zwei Sitzen der SPUP mit 47,6% der Stimmen.	
1975	Koalition SDP/SPUP auf britischen Druck hin (1. Juni) und innere Autonomie (1. Okt.).	
1976 29. Juni	*Unabhängigkeit* als Republik unter Präsident Sir James Mancham und Premier Albert René; die Inseln Aldabra, Farquhar und Des Roches kommen wieder an die Seychellen.	*Unabhängigkeit*
1977 4. Juni	Während eines Auslandsaufenthaltes des Präsidenten putschen SPUP-Anhänger, Albert René wird Präsident.	
1978 9. Juni	Nach Aufdeckung eines Komplotts (29. April) wird die in Seychelles People's Progressive Front (SPPF) umbenannte SPUP zur einzigen Partei erklärt; eine neue Verfassung proklamiert die Seychellen zum Einparteienstaat (5. Juni 1979).	
1979	*Neue Verfassung* (5. Juni; Einparteienstaat), Wahl Renés zum Präsidenten (27. Juni).	*neue Verfassung*
1981	Putschversuch von Söldnern (26. Nov.) scheitert, ebenso Armee-Meuterei (17./18. Aug. 1982).	

Parlaments-wahlen	**1984** 10. Jan.	Seychellen, Madagaskar und Mauritius unterzeichnen ein Kooperationsabkommen der (Dez. 1982 gegründeten) „Kommission des Indischen Ozeans".
	1987	*Parlamentswahlen*: Sieg der Einheitspartei SPPF bei Wahlbeteiligung von 66% (5. Dez.).
	1988	Aufnahme diplomatischer Beziehungen zu den Comoren und Mauritius (Juni).
	1991 24. Juli	Fünf Oppositionsparteien schließen sich auf ihrer Exiltagung in München zur Vereinigten Demokratischen Bewegung zusammen und fordern Staatspräsident René zur Abhaltung eines Referendums über die Einführung eines Mehrparteiensystems auf.
	1992 26. Juli	Die Regierungspartei gewinnt mit 59% der Stimmen die Wahlen zur Verfassunggebenden Versammlung.
Verfassungs-referendum	**1993** 18. Juni	Mit über 73% der Stimmen wird in einem *Referendum* die neue *Verfassung* angenommen. Ein erster Entwurf war an der geforderten Mindestzustimmung von 60% gescheitert (15. Nov. 1992).
René wiedergewählt ersten freien Wahlen	23. Juli	Staatspräsident *René* wird bei der ersten freien Präsidentschaftswahl seit 1976 mit einem Stimmenanteil von 59,5% *wiedergewählt*.
	1998 22. März	Bei den *ersten freien Parlamentswahlen* erringt die frühere Einheitspartei SPPF 30 der 34 Sitze.

Asien seit 1945

Entwicklung der Bevölkerung ausgewählter Länder Asiens

Bevölkerungs-entwicklung

in Mio.

Land	1950	1960	1970	1980	1990	1999
Pakistan	39,51	50,00	65,71	85,30	121,93	134,79
Indien	357,56	442,34	554,91	688,86	850,64	997,51
Sri Lanka	7,68	9,89	12,51	14,82	17,23	18,98
Japan	83,63	94,10	104,33	116,81	123,54	126,57
China	554,76	657,49	830,68	998,88	1155,31	1260,75
Thailand	20,01	26,39	35,75	46,72	55,58	60,24
Vietnam	29,95	34,74	42,73	53,71	66,69	77,51
Südkorea	20,36	25,00	31,92	38,12	42,87	46,85
Kambodscha	4,35	5,43	6,94	6,50	8,84	11,75

Jährliche Wachstumsraten der Bevölkerung ausgewählter Länder Asiens

Bevölkerungs-wachstum

in Prozent

Land	1950–1955	1960–1965	1970–1975	1980–1985	1985–1990	1990–1995
Pakistan	2,26	2,73	2,61	3,74	3,54	2,87
Indien	2,02	2,28	2,27	2,20	2,06	1,93
Sri Lanka	2,58	2,46	1,68	1,69	1,34	1,28
Japan	1,44	1,00	1,34	0,68	0,44	0,25
China	1,88	2,09	2,24	1,39	1,54	1,12
Thailand	2,61	3,03	2,96	1,82	1,68	1,13
Vietnam	1,34	1,99	2,37	2,20	2,17	2,25
Südkorea	1,03	2,67	2,02	1,37	0,99	0,97
Kambodscha	2,18	2,48	0,46	3,08	3,17	3,00

Indischer Subkontinent seit 1945

(Forts. v. S. 1191)

Der Indisch-Pakistanische Konflikt seit 1945

Der Indisch-Pakistanische Konflikt entzündet sich am *Streit um Kaschmir:* Der überwiegend von Moslems bevölkerte Staat (1941: 77%) wird seit 1846 von den Maharadschas der hinduistischen Dogra-Familie beherrscht. Maharadscha Hari Singh (1925–1952) versucht 1947 nach der Unabhängigkeit Indiens, einen eigenständigen Staat zu gründen. Kaschmir schließt sich daher zunächst weder Pakistan, das an Kaschmir vor allem wirtschaftliches Interesse wegen der für die Bewässerung des Landes lebenswichtigen Oberläufe der Flüsse Indus, Jhelam, Ravi und Chenab zeigt, noch Indien an, für das Kaschmir vor allem als strategisches Vorfeld von Bedeutung ist.

Streit um Kaschmir

1947 20. Okt. Mit Duldung und Unterstützung Pakistans beginnen nach inneren Unruhen islamische Stammeskrieger nach Kaschmir einzudringen.

24. Okt. Der Maharadscha wird nach der Ausrufung einer provisorischen Regierung des „Freien Kaschmir" (Azad Kashmir) zur Flucht von Srinagar nach Jammu gezwungen (25. Oktober).

26. Okt. Er richtet ein Gesuch um militärische Hilfe an die indische Regierung und tritt der Indischen Union vorläufig bei.

27. Okt. *Indische Luftlandetruppen* beginnen, die islamischen Stammeskrieger nach Pakistan zurückzudrängen.

Indische Luftlandetruppen

1948 Zwei UNO-Resolutionen (20. Jan./21. April) zur Beendigung der Kampfhandlungen in Kaschmir bleiben erfolglos.

8. Mai Reguläre pakistanische Truppen greifen in das Kampfgeschehen ein.

1949 1. Jan. Durch UNO-Vermittlung kommt ein *Waffenstillstand* zu Stande, der eine endgültige Regelung der Anschlussfrage Kaschmirs durch eine Volksa18bstimmung vorsieht. Indien und Pakistan stimmen zunächst der Volksabstimmung zu, ihre Durchführung scheitert jedoch an Verfahrensfragen. Kaschmir bleibt in das pakistanische „Freie Kaschmir" (Azad Kashmir) und das indische Jammu und Kaschmir geteilt.

Waffenstillstand

1951 31. Okt. Erneute Spannungen brechen zwischen Indien und Pakistan auf, als im indischen Teil Kaschmirs eine Verfassunggebende Versammlung zusammentritt und als Jammu und

1957 26. Jan. Kaschmir (26. Januar 1957) im Gegensatz zur früher gegenüber der UNO eingegangenen Verpflichtung als Bundesstaat in die Indische Union aufgenommen wird.

1959/1960 Gespräche zwischen Jawaharlal Nehru und dem pakistanischen Präsidenten Ayub Khan über die Zukunft Kaschmirs verlaufen ergebnislos.

Nach der militärischen Schwächung Indiens im Indisch-Chinesischen Krieg von 1962 und

1965 seit April nach der inneren Krise des Landes von 1964/1965 kommt es an der von Pakistan nicht anerkannten Grenze im Gebiet des Rann von Katsch (großer Salzsumpf zwischen Indusdelta und Halbinsel Kathiawar) zu kleineren militärischen Auseinandersetzungen.

30. Juni Durch britische Vermittlung können unter Wahrung des Status quo vom 1. Januar 1965 die Kampfhandlungen beendet werden.

Aug./Sept. Als im indischen Teil Kaschmirs Unruhen ausbrechen, kommt es zu *Grenzzwischenfällen* und auch zu Kampfhandlungen, in denen Pakistan (bis zum 5. September) Erfolge erzielen kann.

Grenzzwischenfälle

6. Sept. Indische Truppen stoßen auf Lahore vor. Mit dem Überschreiten der pakistanischen Grenze weitet sich der Kaschmir-Konflikt zum *Indisch-Pakistanischen Krieg* aus, in dem keine Seite entscheidende Vorteile gewinnen kann.

Indisch-Pakistanischer Krieg

23. Sept. Eine Vermittlung der UNO erreicht den Abschluss eines Waffenstillstandes.

1966 Jan. In den Verhandlungen von Taschkent (3.–10. Jan.) einigen sich Indien und Pakistan unter *Vermittlung der UdSSR* auf Rückzug auf die Positionen vom 5. August 1965.

Vermittlung der UdSSR

1970 7. Dez. Die Staatskrise in Pakistan nach den Wahlen vom 7. Dezember 1970 führt zu einem Bürgerkrieg im Osten des Landes.

1971 Dez. Nach dem militärischen Eingreifen Indiens (3.–16. Dez.) scheidet Ostpakistan als *Bangla Desch* aus dem Staatsverband aus.

Bangla Desch

1972 3. Juli Friedensverhandlungen zwischen Indien und Pakistan in Simla führen zu einer Anerkennung der Waffenstillstandslinie vom 17. Dezember 1971 in Kaschmir. Eine endgültige Lösung der Kaschmir-Frage wird nicht gefunden, da Indien Pakistans Wunsch nach einer Volksabstimmung nicht nachkommt. Auf der Grundlage der Ergebnisse der Konferenz von Simla normalisiert sich das Verhältnis zwischen Indien und Pakistan.

Beziehungen Indien – Pakistan	1976 21. Juli	Die diplomatischen *Beziehungen zwischen Indien und Pakistan* und der seit 1965 unterbrochene Luft- und Landverkehr werden wiederaufgenommen.
	1980	Waffenlieferungen der USA an Pakistan wegen der Afghanistan-Krise führen zu Beginn des Jahres zu Spannungen in den Beziehungen zwischen Pakistan (Regierung Zia-ul-Haq) und Indien (neue Regierung Indira Gandhi nach der Wahl vom 3.–6. Jan.).
Gründung der SAARC	1983 1. Aug.	In Neu-Delhi gründen sieben Staaten (Bangla Desch, Bhutan, Indien, Malediven, Nepal, Pakistan, Sri Lanka) die „Gruppe für Südasiatische Regionale Zusammenarbeit" (SAARC).
	1984	Zweite Außenministerkonferenz der SAARC in Villingili (Malediven, 10.–11. Juli).
Abkommen Indien – Pakistan	1987 2. März	*Indien* und *Pakistan* unterzeichnen ein *Abkommen* über einen Truppenrückzug aus den gemeinsamen Grenzgebieten; dennoch kommt es im Sept. zu Grenzgefechten zwischen Truppen beider Länder.
	1988 29.–31. Dez.	Vierte SAARC-Gipfelkonferenz in Islamabad: Die Teilnehmer beraten die künftigen Kooperationsmöglichkeiten und verabschieden einen Regionalplan SAARC-2000. Am Rande der Konferenz unterzeichnen die pakistanische Premierministerin Benazir Bhutto und der indische Regierungschef Rajiv Gandhi einen Vertrag über den gegenseitigen Verzicht auf Angriffe gegen Nuklearanlagen.
	1989 17. Juli	Mit Rajiv Gandhi besucht zum ersten Mal seit 30 Jahren ein indischer Regierungschef Pakistan. Er und Premierministerin Bhutto bekunden ihren Willen, für Frieden und Sicherheit in der Region einzutreten.
Schusswechsel	1996 26. Jan.	Nach einem Raketenangriff auf die Moschee in Kahuta (im pakistanisch besetzten Teil von Kaschmir), für den Pakistan Indien verantwortlich macht, kommt es zu *Schusswechseln* entlang der Waffenstillstandslinie.
	1997 1. Okt.	Die im Mai zwischen den Premierministern von Indien und Pakistan vereinbarten Verhandlungen über die Lösung der Kaschmir-Frage werden durch einen Artillerieüberfall auf Kargil (im indisch besetzten Teil) in Frage gestellt.
Atomtests	1998 11./13. Mai	Indien testet erstmals seit 1974 wieder Atomwaffen. Pakistan zieht am 28. und 30. Mai mit eigenen *Atomtests* nach.
	29. Juli	Ein Treffen zwischen dem neuen indischen Regierungschef Vajpayee und seinem pakistanischen Amtskollegen in Colombo bleibt ohne Ergebnis.
	1999 20./21. Feb.	In der Erklärung von Lahore (anlässlich der Eröffnung der ersten Busverbindung Indien–Pakistan) verständigen sich beide Seiten auf vertrauensbildende Maßnahmen.
Neuer Krieg um Kaschmir	26. Mai	*Neuer Krieg um Kaschmir* wegen des Einsickerns von ehemaligen Söldnern aus Afghanistan als Freischärler im indischen Teil Kaschmirs. Am 18. Juli erklärt Indien, seine Ziele erreicht zu haben.
	2000 28. Nov.	Indien setzt in Jammu und Kaschmir entlang der Waffenstillstandslinie eine einseitige Waffenruhe in Kraft, die bis zum 23. Mai 2001 verlängert wird.
	2001 14.–16. Juli	Das indisch-pakistanische Gipfelgespräch von Agra bleibt ohne Ergebnis für den Kaschmir-Konflikt.
Attentat auf das Parlament	13. Dez.	Bei einem *Attentat auf das* indische *Parlament* in Delhi kommen 14 Menschen ums Leben. Indien macht militante Pakistani und den pakistanischen Geheimdienst ISI dafür verantwortlich. Beide Seiten lassen Truppen aufmarschieren, Indien bringt am 26. Dez. Mittelstreckenraketen in Stellung.
	2002 14. Mai	Bei einem Rebellenangriff auf eine Kaserne im indischen Teil Kaschmirs werden mehr als 30 Menschen getötet. Seit 1989 haben die Kämpfe in Kaschmir ca. 70 000 Todesopfer gefordert.

Britisch-Indien (1945–1949)

	1945 25. Juni– 14. Juli	Nach Kriegsende versucht der Vizekönig Lord Wavell (1943–1947; *1883, †1950) in der Konferenz von Simla vergeblich eine Annäherung von Nationalkongress und Moslem-Liga zu erreichen, um die Einheit Indiens nach der Unabhängigkeit zu wahren.
Verfassungsplan	1946 16. Mai	Nach dem Wahlsieg der Labour Party 1945 in Großbritannien entsendet das Kabinett in London eine Dreierkommission („Cabinet Mission"), die einen *Verfassungsplan* vorlegt, der durch eine äußerst schwache Zentralregierung und fast autonome Provinzen noch einmal die Gefahr einer Spaltung des Landes zu bannen versucht. Das dem britischen Parlament vorgelegte Weißbuch wird in Indien abgelehnt.
	16. Aug.	Die erneut aufbrechenden Spannungen führen zu blutigen Auseinandersetzungen zwischen Hindus und Moslems, die von Kalkutta ihren Ausgang nehmen.

2. Sept.	Da die Labour-Regierung auf baldige Unabhängigkeit drängt, bildet Vizekönig Lord Wavell eine *provisorische Regierung* unter Jawaharlal Nehru (* 1889, † 1964).	*provisorische Regierung*
9. Dez.	Einberufung einer Verfassunggebenden Versammlung.	
1947 20. Febr.	Nach der Erklärung des britischen Premierministers Clement Richard Attlee, Indien bis spätestens Juni 1948 in die Unabhängigkeit zu entlassen, wird Louis Lord Mountbatten (* 1900, † 1979) zum Vizekönig ernannt (1947–1948), der sich in Indien davon überzeugt, dass die Teilung des Landes unvermeidlich sei.	
3. Juni	Der von *Mountbatten* vorgelegte *Plan zur Teilung* wird von der Moslem-Liga (10. Juni) und vom Nationalkongress (14. Juni) gebilligt.	*Mountbatten-Plan zur Teilung*
15. Aug.	Die beiden Teilstaaten, die Indische Union und Pakistan erhalten den Dominion-Status und werden aus der britischen Herrschaft entlassen.	
1949 26. Nov.	Die Verfassunggebende Versammlung veröffentlicht ihre Arbeit: *Indien* konstituiert sich als Republik.	*Republik Indien*

Indien seit 1949

Die beiden Hauptprobleme der indischen Innenpolitik unmittelbar nach Gewinnung der Unabhängigkeit sind die Überwindung der Folgen der Teilung von Britisch-Indien in die beiden Staaten Indische Union und Pakistan sowie die Eingliederung der Fürstenstaaten.

Die Spaltung des Landes, die Verwaltung, Wirtschafts- und Verkehrsräume zerreißt, führt vor allem im Pandschab zu *Massenfluchtbewegungen*. Etwa 500000 der etwa zwölf Millionen Flüchtlinge verlieren ihr Leben. In Bengalen verhindert Mahatma Gandhi eine vergleichbare Katastrophe.

Massenfluchtbewegungen

Mit der Unabhängigkeit wird das Dominion Indien Rechtsnachfolger der britischen Krone auch in der Suzeränität über die 562 *Fürstenstaaten*. Diese sind der Krone durch Separatverträge, die ihnen weit gehende Freiheit in den inneren Angelegenheiten garantieren, verbunden. Es gelingt dem späteren Innenminister Vallabhai Patel (* 1875, † 1950), die Fürsten durch Verhandlungen unter Garantie von Privilegien und Apanagen (aufgehoben am 2. Dezember 1971) zum Eintritt in das Dominion unter Aufgabe ihrer Rechte zu bewegen. Konflikte entstehen in Haiderabad, Dschunagadh (Gudscharat) und Kaschmir. Der ungelöste Kaschmir-Konflikt belastet auf Dauer die Beziehungen zwischen Indien und Pakistan. Nach der Flucht des Herrschers von Dschunagadh nach Pakistan wird sein Land am 9. November 1947 annektiert. Der Nizam von Haiderabad verweigert zunächst den Beitritt zum Dominion und sucht durch Vertragsverhandlungen eine weit gehend unabhängige Stellung zu behaupten. Der Einmarsch indischer Truppen zwingt Haiderabad am 17. September 1948 zum Beitritt zum Dominion.

Fürstenstaaten

Gestalter der indischen Politik und unumstrittene Führerpersönlichkeit nach der *Ermordung Gandhis* am 30. Januar 1948 durch den Hindu-Fanatiker Nathuram Godse wird für lange Zeit Jawaharlal Nehru. Als kritischer Anhänger Gandhis ist Nehru mehr durch westliche als indische Traditionen geprägt. Im Innern strebt er eine Industrialisierung mit Hilfe eines demokratischen Sozialismus an. Grundlage seiner Außenpolitik sind Bündnisfreiheit und Annäherung an China. Da Nehru der Außenpolitik den Vorrang gegenüber der Innenpolitik einräumt, leitet er während seiner Amtszeit als Premierminister auch das Außenministerium.

Ermordung Gandhis

Indien ist eine *Präsidialrepublik* (Präsident jeweils für fünf Jahre gewählt). Die Indische Union (offizieller Staatsname in Hindi: Bharat) erhält eine Volksvertretung mit einem Zweikammersystem: Direkt gewählt wird das Parlament, die „Volksversammlung" (Lok Sabha) mit (1980) 544 Mitgliedern (1978: 542) und indirekt aus den gesetzgebenden Räten der Bundesstaaten (1950: 27; 1978: 22) das Oberhaus, die „Staatsversammlung" (Hindi: Radschja Sabha) mit 250 Mitgliedern. An der Spitze der Exekutive in den Bundesstaaten steht ein Gouverneur. Neben den Bundesstaaten werden zehn, direkt der Zentralregierung unterstellte „Unionsgebiete" (Union Territories) geschaffen (1978: neun). Als offizielle Sprache soll Hindi innerhalb von 15 Jahren das Englische ablösen. Mit dieser an westlichen Vorbildern ausgerichteten Verfassung wendet sich Indien von den Staatsideen Gandhis ab.

Präsidialrepublik

Staatsaufbau Indiens

Staatsaufbau

Staatspräsident

- Staatspräsident (auf 5 Jahre gewählt)
- Oberbefehlshaber der Armee
- Ernennung: Gouverneure der Bundesstaaten, Oberstes Gericht, Premierminister
- Wahlkollegium: Mitglieder des Unionsparlaments und der Parlamente der Bundesstaaten

Premierminister

- Premierminister / Ministerrat
- Unionsgebiete (direkt der Regierung unterstellt)
- Vertrauen → Unions-Parlament

Lok Sabha

- Unions-Parlament:
  - Volksversammlung (Lok Sabha) 542 Abgeordnete (auf 5 Jahre gewählt), 2 vom Staatspräsidenten nominierte Abgeordnete
  - Staatsversammlung 244 Abgeordnete, davon 12 vom Staatspräsidenten nominiert (Alle 2 Jahre Neuwahl eines Drittels)
- Wahl durch Wahlberechtigte Bevölkerung / Parlamente der Bundesstaaten

---

1950 Die indische Verfassung tritt in Kraft (26. Jan.).

britische Oberhoheit beendet — Mit dem Rücktritt des Generalgouverneurs Chakravarti Rajagopalachariar (*1879, †1972; Juni 1948–Januar 1950) *endet die formelle Oberhoheit der britischen Krone* über Indien. Als erster Staatspräsident tritt Rajendra Prasad (*1884, †1963; 1950–1962) sein Amt an.

1951 25. Okt.– 1952 24. Febr. Nach Abschluss der ersten Wahlen erhält der Nationalkongress eine Zweidrittelmehrheit im Parlament (Lok Sabha). Die Opposition aus Sozialisten, Kommunisten, der rechtsgerichteten, nationalistischen Dschan Sangh Partei (gegr.: 1951) und anderen ist zersplittert und im Parlament machtlos. – Jawaharlal Nehru bildet sein *erstes Kabinett*. Grundlage der Wirtschaftspolitik werden Fünfjahrpläne.

erstes Kabinett Nehru

1954 29. April Der chinesische Ministerpräsident Chou En-lai besucht Neu Delhi zum Abschluss eines Freundschaftsvertrages, in dem Indien auf alle von Großbritannien übernommenen Verpflichtungen in Tibet verzichtet. In der Präambel formuliert Nehru die „Fünf Prinzipien" (Hindi: Pantsch Schiel) seiner Außenpolitik: 1. gegenseitige Achtung territorialer Integrität, 2. Nichteinmischung in innere Angelegenheiten, 3. Gleichberechtigung, 4. friedliche Koexistenz, 5. Verzicht auf militärische Aggression.

1. Nov. Nachdem Chandarnagar (Bengalen) von den Franzosen an Indien übergeben worden ist (2. Mai 1950), folgen Pondicherry, Karikal, Mahé und Yanam (Austausch der Ratifizierungsurkunden: 18. August 1962).

1955 18. Mai Die geplante Reform des Hindu-Rechts (Hindu Code Bill) scheitert am Widerstand konservativer Gruppen. Nur Teile können verwirklicht werden. Das Ehegesetz (Hindu Marriage Act) tritt in Kraft, das durch Verbot der Polygamie und Regelung der Ehescheidung die *Stellung der Frau* ebenso stärkt wie das Erbgesetz (Hindu Succession Act vom 18. Juni 1956).

rechtliche Stellung der Frau

30. Sept. Die Kommission für die Neuordnung der Bundesstaaten legt ihren Bericht vor, auf dessen Grundlage die Zahl der Staaten von 27 auf 16 vermindert wird und sprachlich weit gehend einheitliche Gebiete entstehen sollen.

1956 31. Aug.	Nach In-Kraft-Treten des Gesetzes führen Unruhen im Staat Bombay zu einer Ausgliederung des neuen Bundesstaates Gudscharat (1. Mai 1960); der Bundesstaat Nagaland wird geschaffen (1. Dezember 1963) und Haryana aus dem Pandschab ausgegliedert (1. November 1966). Mit dem Gesetz über die Neuordnung des Nord-Ostens (2. April 1970; durchgeführt: 20. Januar 1972) findet die *Umbildung der Bundesstaaten* ihren vorläufigen Abschluss.	*Umbildung der Bundesstaaten*
1957 24. Febr.– 9. Juni	Die zweiten allgemeinen Wahlen finden statt, in denen der Nationalkongress seine führende Stellung weiter ausbauen kann. Rajendra Prasad wird als Staatspräsident (1957–1962) bestätigt (Vizepräsident: Sarvepalli Radhakrishnan).	
1958 1. März	*Im Bundesstaat Kerala* kann zum ersten Mal die kommunistische Partei eine Regierung bilden. Schwere *Unruhen*, die sich an einem Schulgesetz entzünden, führen zum Eingreifen der Zentralregierung und zur Ausrufung der „President's Rule" (in der Verfassung vorgesehene Übernahme der Regierung von Bundesstaaten in Krisen durch die Exekutive).	*Unruhen im Bundesstaat Kerala*
1960	Abhaltung von Neuwahlen in Kerala (1. Febr.).	
1961 18.–20. Dez.	*Indische Truppen* marschieren *in* die portugiesische Besitzung *Goa* ein und besetzen Diu und Daman (Damão). Damit werden die letzten Kolonien auf indischem Boden beseitigt. Nehrus Lehre von einer gewaltlosen Außenpolitik verliert jedoch ihre Glaubwürdigkeit. Goa, Diu und Daman werden vom Parlament zu „Unionsgebieten" unter Bewahrung und Achtung ihrer kulturellen Eigenart erklärt (14. März 1962) und einer zivilen Regierung übergeben (8. Juni 1962).	*indische Truppen in Goa*
1962 Febr.	In den dritten allgemeinen Wahlen nimmt erstmals die 1959 gegründete, rechtsliberale Swatantra-Partei teil, das politische Kräfteverhältnis verschiebt sich nicht (16.–27. Febr.).	
13. Mai	Sarvepalli Radhakrishnan (*1888, †1975) wird als zweiter Präsident (1962–1967) vereidigt (Vizepräsident: Zakir Husain).	
20. Okt.	Der *Indisch-Chinesische Krieg* bricht aus, der mit der mühelosen Eroberung weiterer indischer Gebiete im Nord-Osten durch die chinesischen Truppen endet.	*Indisch-Chinesischer Krieg*

Der Indisch-Chinesische Konflikt und seine Auswirkungen

Obwohl Nehru die Volksrepublik China bereits am 30. Dezember 1949 diplomatisch anerkennt und um gute Beziehungen bemüht ist, entwickelt sich das indisch-chinesische Verhältnis nach der *Besetzung Tibets durch China* 1950 ungünstig. Es entstehen Unklarheiten über den Verlauf der indisch-chinesischen Grenze, da China die von Großbritannien einseitig in der Konferenz von Simla (13. Oktober 1913–27. April 1914) festgelegte „McMahon-Linie" (benannt nach dem englischen Unterhändler) im Osten und die „Ardagh-Linie" von 1897 im Westen nicht anerkennt. Nach Grenzzwischenfällen (Longju 25. August und Konka-Pass 21. Oktober 1959) scheitern Verhandlungen vom 19.–25. April 1960 in Delhi. Die unnachgiebige indische Haltung und die Errichtung eines Militärpostens bei Dhola im Herbst 1962 im Norden der McMahon-Linie führen zu einem chinesischen Präventivschlag, der schnell zu großen Erfolgen gegenüber den mangelhaft ausgerüsteten und schlecht geführten indischen Truppen führt. Nach Erreichen des militärischen Zieles am 21. November 1962, der Verhinderung eines indischen Angriffs, verkündet China einseitig einen Waffenstillstand und beginnt sich seit 1. Dezember aus den eroberten Gebieten zurückzuziehen.

Besetzung Tibets durch China

Die blockfreien Staaten, die Indien im Kriege ebensowenig unterstützen wie die durch die Kuba-Krise geschwächte UdSSR, legen in der vom 10.–12. Dezember an tagenden *Konferenz von Colombo* einen Waffenstillstandsplan vor („Colombo-Vorschläge"), der einen chinesischen Rückzug vorsieht. China stimmt den Vorschlägen nur unter dem Vorbehalt weiterer Verhandlungen mit Indien zu. Auch nach Beendigung des Rückzuges der chinesischen Truppen (2. März 1963) bleibt die Grenzfrage offen; es kommt verschiedentlich zu Zwischenfällen.

Konferenz von Colombo

Nehrus Stellung wird durch den Indisch-Chinesischen Krieg erschüttert. Die erfolgreiche Bitte um westliche Waffenhilfe macht seine blockfreie Außenpolitik unglaubwürdig. Im Innern wird auch die Stellung des Nationalkongresses als führende Partei in Frage gestellt.

1963 24. Aug.	Auf Anraten des Chefministers des Bundesstaats Tamilnad, Kumarasvami Kamraj (*1903, †1975), ziehen sich im Rahmen einer umfassenden Kabinettsumbildung führende Politiker des Nationalkongresses von ihren Ämtern zurück, um sich der Erneuerung der Partei und der Regelung der Nehru-Nachfolge zu widmen.	
1964 11. April	Als Folge des Indisch-Chinesischen Krieges spaltet sich die kommunistische Partei in einen Moskauer und einen Pekinger Flügel.	
27. Mai	*Nehru stirbt*, ohne dass die Nachfolgefrage geregelt ist.	*Tod Nehrus*
9. Juni	Als Premierminister wird Lal Bahadur Shastri vereidigt (*1904, †1966), der im Kabinett Nehru verschiedene Ministerien geleitet und sich in Krisen (z.B. 1963 während der Unru-	

hen in Kaschmir nach dem Diebstahl eines Haares des Propheten Mohammed) als Mann des Ausgleichs bewährt hat.

Unter Shastri gewinnt das Kabinett an Gewicht; zur Vorbereitung wichtiger Entscheidungen ruft Shastri den „Großen Rat" (Grand Council), eine Vereinigung aus Ministern und Parteifunktionären, ins Leben, der ohne rechtsverbindliche Vollmachten großes politisches Gewicht gewinnt.

innenpolitische Krise 1964/1965 Eine *innenpolitische Krise* des Jahres 1964 aufgrund explosionsartig steigender Lebensmittelpreise, die auch durch ausländische Weizenlieferungen nicht mehr gemildert werden kann, wird 1965 durch eine ungewöhnlich gute Ernte überdeckt.

Unruhen in Südindien 1965 25. Jan.– 13. Febr. Blutige *Unruhen* brechen *in Südindien*, vor allem Madras, am Vorabend der geplanten offiziellen Einführung des Hindi als Staatssprache (26. Januar 1965) aus. Nach der Verfassung von 1950 soll innerhalb von 15 Jahren der Übergang zum Hindi vollzogen werden. Mangelhafte Vorbereitung bei der Einführung des Hindi und die Furcht der Drawidisch sprechenden Südinder, von den Sprechern des Indo-Arischen im Norden sprachlich unterdrückt zu werden, führen Indien an den Rand eines *Sprachenkrieges*.

Gefahr eines Sprachenkrieges 1.–2. Juni Eine Lösung bringt die Annahme der „Patil-Formel" (benannt nach dem damaligen Eisenbahn-Minister S. K. Patil) durch den „Großen Rat". Sie stellt jedem Bundesstaat die Wahl des Zeitpunktes für die Einführung des Hindi als offizielle Sprache frei und sichert damit den Fortbestand des Englischen als Verkehrssprache. Ein entsprechendes Gesetz tritt in Kraft (16. Dezember 1968).

Krieg mit Pakistan Sept. *Krieg mit Pakistan* wegen der ungelösten Kaschmir-Frage (6.–23. Sept.).

1966 L. B. Shastri verhandelt in Taschkent (heute: Usbekistan) unter Vermittlung der UdSSR mit dem pakistanischen Präsidenten Ayub Khan (3.–10. Jan.). Das Ergebnis ist ein Abkommen, das einen Rückzug der Krieg führenden Parteien aus den besetzten Gebieten vorsieht.

11. Jan. Lal Bahadur Shastri stirbt in Taschkent. Sein Tod erstickt die in Indien aufkeimende Kritik am Abkommen von Taschkent (am 21. Februar vom Parlament gebilligt; Truppenrückzug am 25. Februar abgeschlossen).

Amtsantritt Indira Gandhis 24. Jan. Indira Gandhi (*1917, †1984), Tochter J. Nehrus, wird als Premierministerin vereidigt.

7. Nov. Militante demonstrierende Hindus, die ein Gesetz zum Verbot der Tötung von Kühen fordern, versuchen das Parlament zu stürmen.

9. Nov. Wegen der blutigen Ausschreitungen tritt der Innenminister Gulzari Lal Nanda (*1898, †1998; Interims-Premierminister: 27. Mai–9. Juni 1964; 11.–24. Januar 1966) zurück. Im Winter (1966/1967) kommt es wegen einer anhaltenden Dürre in den Bundesstaaten Bihar und Uttarpradesch zu Schwierigkeiten in der Versorgung mit Grundnahrungsmitteln.

Kürzung der Reisrationen 22. Dez. Die *Reisrationen* müssen in ganz Indien um ein Achtel *gekürzt* werden.

1967 15.–22. Febr. In den vierten Wahlen muss der Nationalkongress erstmals einen schweren Rückschlag hinnehmen. Im Parlament kann selbst die einfache Mehrheit nur knapp behauptet werden. In den Bundesstaaten Bengalen, Bihar, Haryana, Kerala, Orissa, Pandschab, Tamilnad, Uttarpradesch und im Unionsgebiet Delhi *verliert* die *Kongresspartei* ihre *Mehrheit*. Es kommt zur Bildung unterschiedlicher Koalitionsregierungen, deren Stabilität durch vielfachen Parteiwechsel der Abgeordneten erschüttert wird. In den Bundesstaaten Bengalen, Bihar, Pandschab und Uttarpradesch werden daher nach zwei Jahren Neuwahlen erforderlich (5., 7., 9., 2. Februar 1969), die jedoch in keinem der Bundesstaaten zu einer stabilen Mehrheit führen.

Niederlage der Kongresspartei

13. März Durch die Verluste des Nationalkongresses in den Wahlen geschwächt, muss Indira Gandhi in ihr zweites Kabinett den Führer des rechten Flügels ihrer Partei, Morarji Desai (*1896, †1995) aufnehmen, der sich 1966 vergeblich um das Amt des Premierministers beworben hat. Desai wird Finanzminister, zugleich wird für ihn das seit 1950 unbesetzte Amt des Stellvertretenden Premierministers neu belebt.

13. Mai Als erster Moslem wird Zakir Husain (*1897, †1969) als Präsident vereidigt (Vizepräsident: Venkatagiri Varaha Giri, *1894, †1980).

5. Sept. Meinungsverschiedenheiten in der Sprachfrage führen zum Rücktritt des Außen- und ehemaligen Erziehungsministers Mahomedali Currim Chagla (*1900, †1981), der so gegen den allmählich durchgeführten Vorschlag der Erziehungsministerkonferenz in Delhi (28.–30. April 1967) protestiert, in den Bundesstaaten die Regionalsprachen als Unterrichtssprachen anstelle des Englischen einzuführen.

Aufhebung des Ausnahmezustands 1968 10. Jan. Der seit dem Krieg mit China bestehende *Ausnahmezustand* vom 26. Oktober 1962 wird *aufgehoben*.

1968/1969 Wachsende innenpolitische Unruhe. In Bombay bildet sich eine militante Organisation, das „Heer Schiwas" (Schiw Sena), um den Zustrom von Fremden in die Stadt abzuwehren.

1969 Febr. Blutige Unruhen brechen in Bombay aus.

seit April	Für einen eigenen Bundesstaat Telangana, den, wenig entwickelten nördlichen Zentralabschnitt des Bundesstaates Andhra Pradesh, beginnt eine zeitweise heftige Agitation. Der Streit kann erst durch die Garantie einer ausgewogenen Entwicklung des Gesamtstaates Andhra Pradesh beigelegt werden (22. Oktober 1973).
1. Mai	Seit dem Sommer 1967 beginnt von Naxalbari aus, einem kleinen Ort im nördlichen West-Bengalen, der Aufstand einer radikalen, maoistischen Gruppe. Nach einer wenig erfolgreichen Bekämpfung der Unruhen bilden die „Naxaliten" in Kalkutta die dritte kommunistische Partei in Indien, nachdem sie ihre terroristischen Tätigkeiten seit November 1968 nach Kerala und später auf weitere Bundesstaaten ausdehnen.
3. Mai	Der *Tod des Staatspräsidenten Zakir Husain* im Amt löst eine innenpolitische Krise aus. Zunächst entstehen Spannungen zwischen Indira Gandhi und dem rechten, vom sog. „Syndikat" geführten Flügel des Nationalkongresses, der ihre Wahl zum Premierminister gefördert hat.
10. Juli	Mit ihrem überraschenden Vorschlag einer Verstaatlichung der Banken überrumpelt Indira Gandhi das „Syndikat".
16. Juli	Die nur mühsam ausgeräumten Spannungen brechen mit der Entlassung des Finanzministers Morarji Desai, einem Führer des „Syndikats", erneut auf.
19. Juli	Desai tritt auch als Stellvertretender Premierminister zurück und scheidet aus dem Kabinett aus. Eine zweite Kraftprobe zwischen Indira Gandhi und dem „Syndikat" entsteht bei der *Wahl des Staatspräsidenten*. Dem vom rechten Flügel als offiziellen Präsidentschaftskandidaten aufgestellten Neelam Sanjiva Reddy tritt mit schweigender Billigung von Indira Gandhi der bisherige Vizepräsident V. V. Giri als unabhängiger Kandidat entgegen.
20. Aug.	Giri wird gewählt und vier Tage später vereidigt (Vizepräsident: Gopal Swarup Pathak, *1896, †1982). Diesem erneuten Sieg Indira Gandhis kommt, durch das Recht des Präsidenten den Auftrag zur Regierungsbildung zu vergeben, große Bedeutung zu.
12. Nov.	Der Nationalkongress zerbricht in den „Alten Kongress" (rechter Flügel) und den von Indira Gandhi geführten „Neuen Kongress", als der Arbeitsausschuss des Kongresses Indira Gandhi aus dem Nationalkongress ausschließt.
Dez.	Während Indira Gandhi mit 221 Abgeordneten des Neuen Kongresses im Parlament eine *Minderheitsregierung* bildet und 63 Abgeordnete dem Alten Kongress beitreten, ergibt sich auf den Parteitagen in Ahmedabad (Alter Kongress) am 21. Dez. und Bombay (Neuer Kongress) am 25. Dez. etwa ein Gleichgewicht in der Anhängerschaft beider Parteien.
1970	Niederlage der Regierung vor dem Obersten Gericht, das sich gegen eine Abschaffung der Fürstenprivilegien stellt.
15. Dez.	
27. Dez.	Indira Gandhi löst das Parlament auf und schreibt vorzeitige *Neuwahlen* aus.
1971 März	Nach dem Rückschlag von 1967 kann der Neue Kongress in den fünften Parlamentswahlen die Zweidrittelmehrheit zurückgewinnen (1.–7. März).
18. März	Indira Gandhi kann ungehindert durch den abgespaltenen rechten Flügel des Nationalkongresses (Alter Kongress) ihr Kabinett bilden.
9. Aug.	In der Außenpolitik wendet sich Indien mit dem Abschluss eines *Freundschaftsvertrages mit der UdSSR*, dem zahlreiche weitere Abkommen mit verschiedenen Ländern des Ostblocks folgen, von der Blockfreiheit ab. Zugleich kommt es zu einer Entfremdung zwischen Indien und den USA.
5. Nov.	Die 24. Verfassungsänderung, die das Parlament ermächtigt, auch die Grundrechte abzuändern, tritt in Kraft.
2. Dez.	Mit der 26. Verfassungsänderung beschließt das Parlament, die den ehemaligen Fürsten als Gegenleistung für die Aufgabe ihrer Souveränität beim Eintritt in die Indische Union 1947/1948 in der Verfassung von 1950 garantierten Zahlungen einzustellen. Schließlich werden ihnen auch ihre Privilegien abgesprochen (27. August 1972).
3.–16. Dez.	Die durch den Wahlsieg der Partei Mujib-ur-Rahmans in Pakistan entstandene innenpolitische Krise führt *in Ostpakistan* zum *Bürgerkrieg*, in den Indien zu Gunsten eines unabhängigen Bangla Desch eingreift.
16. Dez.	Der indische Generalleutnant J. S. Aurora nimmt die Kapitulation der pakistanischen Truppen in Ostpakistan entgegen. In Kaschmir kommt es zu vergleichsweise geringen Kampfhandlungen.
1972 März	Bei den Wahlen zu den Gesetzgebenden Versammlungen gewinnt der Neue Kongress in 14 von 16 Bundesstaaten die Mehrheit (5.–11. März).
28. Juni	Der Präsident Pakistans, Zulfikar Ali Bhutto, und Indira Gandhi treffen sich zu viertägigen Friedensverhandlungen in Simla.

Marginalien: *Tod von Präsident Zakir Husain*; *Wahl des Staatspräsidenten*; *Minderheitsregierung*; *Neuwahlen*; *Vertrag mit der UdSSR*; *Bürgerkrieg in Ostpakistan*

Abkommen Indien – Pakistan Grüne Revolution	3. Juli	Abschluss eines *Abkommens* über die Normalisierung des gegenseitigen Verhältnisses *zwischen Indien und Pakistan*. Ein zweites Abkommen (28. August 1973) regelt die Rückführung der Kriegsgefangenen und die Repatriierung von Zivilpersonen.
		In der *„Grünen Revolution"* der Erntejahre 1970/1971 wird erstmalig durch erhöhten Einsatz von Düngemitteln und Anbau äußerst ertragreicher, neuer Weizensorten die Unabhängigkeit von der Nahrungsmitteleinfuhr erreicht. Pläne, Weizen zu exportieren, macht 1972 ein schlechter Monsun zunichte.
	1973 1. April	Der Weizenhandel wird verstaatlicht; dabei führt ein zu niedrig angesetzter Getreidepreis zur Hortung und Lebensmittelverknappung. Zusammen mit der mangelhaften Versorgung mit Nahrungsmitteln führen Inflation und Korruption zu einem fortschreitenden Verfall der Autorität Indira Gandhis und zu einer schweren innenpolitischen Krise.
	1974	In Gudscharat brechen blutige Unruhen aus (Febr.).
Studentenunruhen unter Narayan	März	Korruptionsfälle innerhalb der Regierung des Bundesstaates Bihar führen zu *Studentenunruhen*, an deren Spitze sich Jayaprakash *Narayan* (*1902, †1979) stellt. Er genießt als bedeutender Mitkämpfer Mahatma Ghandhis großes moralisches Ansehen, obwohl er sich bereits in den fünfziger Jahren aus der aktiven Politik zurückgezogen hat. Seine gegen Korruption ausgerichtete Bewegung, die auch auf andere Bundesstaaten übergreift (seit Oktober 1974), wird zu einer wachsenden Gefahr für Indira Gandhi.
	28. März	Die Verstaatlichung des Weizenhandels muss zurückgenommen werden.
erste indische Atombombe	18. Mai	Indira Gandhis Versuch, ihr Ansehen durch die nach innenpolitischen Gesichtspunkten sorgfältig terminierte Explosion der *ersten indischen Atombombe* wiederherzustellen, zeigt nur mäßige Wirkung, trägt Indien jedoch scharfe Kritik aus dem Ausland ein.
	24. Aug.	Fakhruddin Ali Ahmed (*1905, †1977) wird als Präsident der Indischen Union vereidigt (Vizepräsident: Basappa Danappa Jatti, *1912).
	1975	In der UdSSR wird der erste indische Satellit gestartet (19. April).
	26. April	Das Königtum Sikkim, das seit 1950 indisches Protektorat ist, wird nach Unruhen im Frühjahr 1973, die sich gegen den König richten, von Indien annektiert (4. Sept. 1974) und der Indischen Union als Bundesstaat eingegliedert.
Staatskrise	24. Juni	Vom Obersten Gericht wird das Urteil eines Gerichts in Allahabad vom 12. Juni, das Indira Gandhi wegen korrupter Praktiken im Wahlkampf von 1971 schuldig gesprochen hat, bestätigt. Das Urteil führt zu einer *Staatskrise*, da es mit geringen Änderungen Indira Gandhi ein Verbleiben im Amt bis zur endgültigen Berufungsverhandlung (die am 7. November 1975 das Urteil von Allahabad revidiert) nur unter bestimmten Bedingungen ermöglicht.
Notstand	**26. Juni**	Um einer Verdrängung aus dem Amt zu entgehen, ruft Indira Gandhi unter Berufung auf die kritische innenpolitische Situation den inneren *Notstand* aus. Zahlreiche Oppositionspolitiker auch aus den Reihen des Neuen Kongresses werden verhaftet. Der Notstand führt zu einer Pressezensur, aber auch zu Maßnahmen gegen die Wirtschaftskriminalität.
Wirtschaftslage	**1976**	Eine allgemeine Besserung der *wirtschaftlichen Lage* mit steigender Produktivität, fallenden Preisen und einer Stabilisierung der indischen Währung sind zu verzeichnen.
		Während des Notstandes wird durch die 42. Verfassungsänderung der Aufgabenbereich des Präsidenten auf repräsentative Funktionen beschränkt, das Parlament zur allmächtigen Instanz erhoben und die Unabhängigkeit der Judikative aufgehoben.
	18. Okt.	Unter Führung von Jayaprakash Narayan Bildung einer Bürgerrechtsunion.
	2. Nov.	Trotz der Proteste von Oppositionspolitikern in der neu gebildeten Bürgerrechtsunion wird die 42. Verfassungsänderung vom Parlament verabschiedet.
	5. Nov.	Das Parlament verschiebt die 1977 anstehenden Wahlen und verlängert die Legislaturperiode um ein Jahr.
	18. Dez.	Die 42. Verfassungsänderung wird vom Präsidenten unterzeichnet.
Parlamentsauflösung	**1977** 18. Jan.	Überraschend kündigt Indira Gandhi die *Auflösung des Parlaments* an und garantiert freie Wahlen.
	23. Jan.	Unter Führung von Morarji Desai und mit Unterstützung durch Jayaprakash Narayan schließen sich die bisher zersplitterten Oppositionsparteien in der Dschanata-Partei (Janata Party: Volkspartei) zu einem Wahlbündnis zusammen.
	2. Febr.	Nach seinem Ausscheiden aus dem Kabinett Indira Gandhis und dem Neuen Kongress schließt sich der Führer der „Unberührbaren" und ehemalige Landwirtschaftsminister Jagjivan Ram (*1908, †1986) mit dem „Kongress für Demokratie" der Dschanata-Partei an.
	11. Febr.	Präsident Fakhruddin Ali Ahmed stirbt. Interimspräsident wird Basappa Danappa Jatti (11. Februar–25. Juli 1977).
	16.–20. März	Die sechsten Parlamentswahlen bringen der Dschanata-Partei einen überwältigenden Sieg; Indira Gandhi verliert ihren Sitz im Parlament.

22. März	Vor ihrem *Rücktritt* hebt *Indira Gandhi* den inneren Notstand und die Pressezensur (21. März) auf.	*Rücktritt Indira Gandhis*
25. März	Als Premierminister stellt Morarji Desai sein Kabinett vor und bildet die erste nicht von der Kongresspartei getragene Regierung des unabhängigen Indien.	
27. März	Die *Dschanata-Regierung* hebt den seit dem Ausbruch des Krieges mit Pakistan am 3. Dezember 1971 bestehenden äußeren Notstand auf.	*Dschanata-Regierung*
1. Mai	Die Dschanata-Partei wird formal vom Wahlbündnis zur Partei erhoben; die ehemaligen Oppositionsparteien wie der Alte Kongress und der Dschan Sangh gehen in ihr auf.	
19. Mai	Unter Vorsitz des ehemaligen Obersten Richters J. C. Shah nimmt die „Shah-Kommission" zur Untersuchung von Macht- und Ämtermissbrauch während des inneren Notstandes die Arbeit auf.	
10.–14. Juni	Bei den *Wahlen* zu den Gesetzgebenden Versammlungen der *Bundesstaaten* gewinnt die Dschanata-Partei in Bihar, Haryana, Himatschalpradesch, Madhyapradesch, Orissa, Radschasthan und Uttarpradesch die Mehrheit.	*Wahlen in Bundesstaaten*
25. Juli	Neelam Sanjiva Reddy (*1913, †1996) wird als Staatspräsident vereidigt (Vizepräsident: Basappa Danappa Jatti).	
1978 7. Jan.	Der Streit um die Rolle Indira Gandhis innerhalb des Neuen Kongresses führt zur Spaltung der Partei, von der sich der „Indira-Kongress" trennt.	
26. Febr.	Bei Wahlen zur Gesetzgebenden Versammlung gewinnt die Dschanata-Partei die Mehrheit in Assam und wird stärkste Partei in Maharaschtra, während sich in Andhra Pradesh und Karnataka für den Indira-Kongress eine Mehrheit findet.	
5. Nov.	Bei Nachwahlen in Chikmagalur (Karnataka) besiegt Indira Gandhi den Kandidaten der Dschanata-Partei und kehrt in das Parlament zurück.	
19. Dez.	Aufgrund der Ermittlungen der „Shah-Kommission" verliert Indira Gandhi ihren Parlamentssitz und muss eine einwöchige Haftstrafe antreten. Nach beinahe zwei Regierungsjahren kann die Dschanata-Regierung auf eine erfolgreiche Außenpolitik, die durch eine *Annäherung an den Westen* zur tatsächlichen Blockfreiheit zurückgefunden hat, zurückblicken. Machtkämpfe innerhalb der sehr heterogenen Dschanata-Partei, wachsende Unruhe im Lande und die noch immer nicht abgeschlossene Bewältigung der Zeit des inneren Notstandes lassen die Innenpolitik in weniger günstigem Licht erscheinen.	*Annäherung an den Westen*
1979 15. Juli	Im Laufe des Jahres 1979 verschärfen sich die Gegensätze innerhalb der Dschanata-Partei und führen zu ihrem Zerfall. Um einem Misstrauensvotum zuvorzukommen, tritt Desai als Premierminister zurück.	
28. Juli	Sein Nachfolger wird Charan Singh (*1902, †1987), der am 20. Aug. zurücktritt (bis zu vorgezogenen Neuwahlen mit der Führung einer Übergangsregierung beauftragt).	
31. Aug.	Mohammad Hidayatullah (*1905) Nachfolger Vizepräsident Jattis.	
8. Okt.	Jayaprakash Narayan stirbt.	
1980 Jan.	In den siebten *Parlamentswahlen* (3.–6. Jan.) Zweidrittelmehrheit der Kongresspartei (Indira-Kongress). Am 14. Jan. wird *Indira Gandhis Regierung* vereidigt.	*Parlamentswahlen Regierung Gandhi*
Ende Mai	Wahlen in den Unionsstaaten bringen (außer in Tamilnad) absolute bzw. Zweidrittelmehrheiten für die Kongresspartei.	
23. Juni	Sanjay Gandhi (*1946, †1980), zum Nachfolger aufgebauter zweiter Sohn Indira Gandhis, verunglückt tödlich.	
1981	In dem seit September 1979 *unruhigen Assam* wird „President's Rule" verhängt (30. Juli). Abwehrbewegung der Assamesen gegen seit 1951 eingewanderte Bengalen und Nepalesen.	*Unruhe in Assam*
Sept.	Mord und Flugzeugentführung durch Sikh-Autonomisten und -Separatisten.	
Okt.	Der Akali Dal, die Partei der Sikhs, fordert in Gesprächen von der Zentralregierung die Vereinigung aller Sikhs in einem weit gehend autonomen Unionsstaat. Im Ausland lebende Sikhs fordern einen unabhängigen Sikh-Staat „Khalistan".	
1982 19. Juli	Der religiöse Sikh-Führer Jarnail Singh Bhindranwale (*1947, †1984) verschanzt sich mit Anhängern im *Goldenen Tempel von Amritsar* (Nationalheiligtum der Sikhs) und ruft zum Kampf gegen die Regierung auf.	*Goldener Tempel von Amritsar*
1983	Vernichtende Wahlniederlage der Kongresspartei in den Unionsstaaten Andhra Pradesh, Karnataka und Tripura (5. Jan.).	
15.–21. Jan.	Wahlen in Assam mit nur 20% Wahlbeteiligung. Schwere Kämpfe zwischen Assamesen und „Fremden".	
5./6. Okt.	Verhängung von „President's Rule" im Pandschab.	
1984 5.–6. Juni	Nach ergebnislosen Verhandlungen und angesichts der Anarchie im Pandschab lässt die Zentralregierung den Goldenen Tempel in Amritsar stürmen. Bhindranwale, ca. 600 seiner Anhänger und ca. 100 Soldaten werden dabei getötet.	
31. Okt.	*Indira Gandhi* wird von Sikh-Leibgardisten *getötet*; Hindu-Racheakte an Sikhs.	*Indira Gandhi getötet*

Giftgaskatastrophe in Bhopal	3. Dez.	Ein Leck in einer chemischen Fabrik des US-amerikanischen Konzerns Union Carbide verursacht eine *Giftgaskatastrophe in* der Stadt *Bhopal*: mehr als 2000 Tote und etwa 200000 Verletzte.
Rajiv Gandhi Premierminister	24. und 27./28. Dez.	Achte Parlamentswahlen. Indira Gandhis Sohn *Rajiv Gandhi* (*1944, †1991) wird nach einem glänzenden Wahlsieg der Kongresspartei am 31. Dezember *Premierminister*. Er übernimmt zusätzlich mehrere Ministerien. Nach den Nachwahlen vom 28. Januar 1985 verfügt die Kongresspartei über 403 der 544 Sitze im Parlament.
Rahmenabkommen mit der UdSSR	1985	Premierminister Gandhi unterzeichnet bei einem Besuch in der *UdSSR* ein *Rahmenabkommen* über wissenschaftlich-technische und medizinische Zusammenarbeit (21.–26. Mai).
	20. Aug.	Harchand Singh Longowal, Führer des gemäßigten Flügels des Akali Dal, der am 24. Juli mit der Regierung die Bildung eines eigenen Sikh-Bundesstaates im Pandschab vereinbart hatte, wird ermordet. Sein Nachfolger Surjit Singh Barnale übernimmt nach einem Wahlsieg des Akali Dal die Regierung im Pandschab (25. Sept.).
Generalstreik	1986	Landesweiter *Generalstreik* gegen die Preispolitik der Regierung (26. Febr.).
	12. Mai	Der Sikh Buta Singh wird Innenminister.
	25. Nov.	Staatsbesuch von KPdSU-Generalsekretär Michail Gorbatschow. Unterzeichnung eines Abkommens gegen den Einsatz von Atomwaffen.
	1987	Abspaltung des Nationalen Sozialistischen Kongresses von der Kongresspartei (7. Jan.).
	20. Febr.	Arunachal Pradesh und Mizoram werden zu neuen Bundesstaaten erklärt.
Tamilen	Juni	Indien unterstützt *Tamilen* auf Sri Lanka mit Hilfslieferungen gegen die Regierungstruppen.
	13. Juli	Ramaswami Venkataraman (*1910) wird Staatspräsident (Vizepräsident: Shankar Dayal Sharma, *1918, †1999).
	29. Juli	Abkommen mit Sri Lanka über die Beilegung des Tamilenkonflikts. Indische Truppen werden im Norden Sri Lankas stationiert (Abzug März 1990).
	9. Dez.	In Neu-Delhi demonstrieren mehrere 100000 Menschen nach Aufruf der kommunistischen und sozialistischen Parteien für den Rücktritt der Regierung Gandhi.
Verfassungsänderung	1988 März	*Verfassungsänderung*: Der Premierminister wird ermächtigt, in den Bundesstaaten den Ausnahmezustand zu erklären und dort bis zu drei Jahren die Verwaltung zu übernehmen.
	15. Aug.	Bildung des Samajwadi Dschanata Dal (Demokratische Volkspartei) als Zusammenschluss mehrerer Oppositionsparteien, u.a. der Dschanata-Partei, unter dem früheren Minister Vishnawath Pratap Singh (*1931).
	1989	Indien verfügt erstmals über Mittelstreckenraketen (22. Mai).
Rücktritt Gandhis	22.–26. Nov.	Die Kongresspartei verliert bei den neunten Parlamentswahlen die Mehrheit: *Gandhi tritt am 29. Nov. zurück*. Premierminister wird Vishnawath Pratap Singh, der Führer des Parteienbündnisses National Front.
	1. Dez.	
	1990 10. Nov.	Bei Wahlen in verschiedenen Bundesstaaten weitere Verluste der Kongresspartei. Nach dem Rücktritt Singhs wird der Führer des abgespaltenen linken Flügels der Dschanata Dal, Chandra Shekar (*1927), als Premierminister vereidigt. Minderheitsregierung mit Unterstützung der Kongresspartei.
	1991	Rücktritt Chandra Shekars (6. März).
Rajiv Gandhi ermordet	21. Mai	*Rajiv Gandhi* fällt einem Bombenattentat auf einer Wahlveranstaltung bei Madras zum Opfer.
	20. Mai/ 12./15. Juni	Sieg der Kongresspartei bei den zehnten Parlamentswahlen. Ihr Vorsitzender Narasimha Venkata *Rao* (*1921) wird neuer *Premierminister* (21. Juni).
	1992 13. Juli	Shankar Dayal Sharma (*1918, †1999), Kandidat der Kongresspartei, wird zum neuen Staatspräsidenten gewählt.
	6. Dez.	Militante Hindus zerstören ein Heiligtum der Moslems in Ayodhya. Daraufhin brechen in Indien, Bangla Desch und Pakistan schwere Kämpfe zwischen Hindus und Moslems aus.
	7.–14. Dez.	
Vertrag Indien – Russland	1993	Während eines Staatsbesuchs des russischen Präsidenten Boris Jelzin (27.–29. Jan.) wird ein auf 20 Jahre angelegter *Freundschaftsvertrag* unterzeichnet.
	7. Sept.	Premierminister Rao und Chinas Ministerpräsident Li Peng unterzeichnen in Peking einen Vertrag über Truppenreduzierungen an der gemeinsamen Grenze.
	1995 19. Mai	Die Kongresspartei spaltet sich in zwei Flügel, als Gegner Raos den früheren Außenminister Narayan Datt Tiwari (*1925) zum neuen Vorsitzenden ausrufen. Die Mehrheit der Kongressabgeordneten im Parlament erklärt sich jedoch für Rao.
BDP	1996 7. Mai	Bei den elften Parlamentswahlen verliert die Kongresspartei ihre Mehrheit. Stärkste Kraft wird die hinduistisch-nationale *Bharatiya Dschanata Party* (BDP, 1979 gegr.). Deve Gowda (Dschanata Dal, *1933) bildet jedoch eine Minderheitsregierung (1. Juni).
Ganges-Abkommen	12. Dez.	Bangla Desch und Indien regeln in einem auf 30 Jahre angelegten *Abkommen* die Nutzung des Ganges-Wassers. Seit dem Bau eines indischen Staudammes (1975) war dessen Verteilung umstritten.

1997 Premierminister Gowda tritt zurück, nachdem er die Unterstützung durch die Kongresspar-
12. April tei verloren hat und bei einer Vertrauensabstimmung im Parlament unterlegen ist.
21. April Neuer Premierminister wird der bisherige Außenminister Kumar Gujral (Dschanata Dal, *1919).
25. Juli Der bisherige Vizepräsident Raman Narayanan (*1920) wird neuer Staatspräsident. Erstmals gelangt ein Kastenloser in diese Position.
28. Nov. Nachdem die Kongresspartei der Minderheitsregierung Gujrals das Vertrauen entzieht, reicht der Premierminister seinen Rücktritt ein.
1998 Mehr als sechs Jahre nach dem Attentat auf Rajiv Ghandi werden 26 Tatbeteiligte zum Tode
28. Jan. verurteilt.
16./22./ Bei Neuwahlen zum Unterhaus wird die BDP erneut stärkste Partei. Auf der Basis einer Ko-
28. Febr./ alition der BDP mit 14 Parteien bildet *Atal Behari Vajpayee* (*1926) eine Minderheitsregie- *Atal Behari*
7. März rung, die von elf Abgeordneten der Regionalpartei TDP aus dem Bundesstaat Andra Pra- *Vajpayee*
desh unterstützt wird.
18. März Vajpayee verkündet ein Regierungsprogramm mit deutlichen nationalistischen Akzenten.
13. Mai Die USA verhängen einen Technologie- und Finanzboykott gegen Indien wegen dessen wiederaufgenommenen Atomwaffenversuchen (11./13. Mai).
1999 Rücktritt der Regierung Vajpayee, nachdem die tamilische Regionalpartei AIADMK die
17. April Koalition verlassen hat. Da die oppositionelle Kongresspartei keine parlamentarische Mehrheit findet, wird das Parlament am 26. April aufgelöst.
4. Sept.– Die in fünf Etappen abgehaltene Parlamentswahl endet mit einem Sieg der BDP Vajpayees.
3. Okt. Ein neues Kabinett wird am 13. Okt. vereidigt.
18./28. Okt. Bei Unwetterkatastrophen an der Ostküste kommen mehr als 10 000 Menschen ums Leben, 11 Mio. werden obdachlos.
2000 Das Parlament beschließt eine Steigerung der Militärausgaben um 28,2%.
29. Febr. Von einer mehrmonatigen *Dürrekatastrophe* werden im östlichen Indien mehr als 100 Mio. *Dürre-*
Frühjahr Menschen betroffen. *katastrophe*
18. Okt. Vom Obersten Gericht wird der 1998 verhängte Baustopp für das umstrittene Staudammprojekt am Marmala-Fluss aufgehoben.
Nov. Konstitution von drei neuen Bundesstaaten: Chattisgarh (Abspaltung von Madhya Pradesh), Uttarakhand (bisher Teil von Uttar Pradesh) und Jharkhand (bisher Teil von Bihar). In Westbengalen eröffnen Separatisten den Kampf für einen autonomen Gliedstaat.
2001 Im westindischen Bundesstaat Gujarat ereignet sich eines der schwersten *Erdbeben* der *Erdbeben*
26. Jan. Neuzeit. 17 122 Menschen kommen ums Leben, 1,1 Mio. werden obdachlos, 7633 Ortschaften sind zu mehr als 50% zerstört.
9.–28. Febr. Bei der größten in der Geschichte der Menschheit durchgeführten Volkszählung wird für die indische Bevölkerung eine Gesamtzahl von 1 027 015 247 Menschen ermittelt.
März Regierungskrise nach Aufdeckung mehrerer Korruptionsskandale. Vajpayee lehnt jedoch den geforderten Rücktritt der gesamten Regierung ab.
25. Juli Ermordung der als *„Banditenkönigin"* berühmten Parlamentsabgeordneten *Poolan Devi*. *„Banditen-*
2002 Gewalttätige Auseinandersetzungen zwischen Hindus und Moslems nach einem Brandan- *königin"*
27. Febr. schlag auf einen mit Hindus besetzten Zug. *Poolan Devi*
Aug. Das schlimmste Hochwasser seit 20 Jahren macht Hunderttausende obdachlos.
1. Okt. Bei einem Überfall auf Hindu-Pilger durch Islamisten kommen in Kaschmir acht Menschen ums Leben.

Pakistan seit 1933/47

Der *Name* Pakistan wird 1933 von dem Studenten Chaudhury Rahmat Ali in Cambridge geprägt aus den *Namensbildung*
Anfangsbuchstaben der Provinzen P(andschab), A(fghanen Provinz), K(aschmir), S(ind) und dem Auslaut von (Belutschi)stan; Pakistan heißt in der Landessprache Urdu zugleich „Land der Reinen (pak)".
Innerhalb der ursprünglich als Gegengewicht gegen den vornehmlich von Hindus geführten Nationalkongress am 30. Dezember 1906 gegründeten Moslem-Liga entwickelt sich aus dem Streben nach garantierten Sitzen für Moslems in den Parlamenten eines unabhängigen Indien der Gedanke an einen eigenen islamischen Staat. Die Forderung nach weit gehend unabhängigen, von Moslems geführten Gebieten wird in der „Lahore-Resolution" (auch „Pakistan-Resolution") am 23. März 1940 zur offiziellen Politik der Moslem-Liga erhoben.
1947 Nach dem Scheitern aller Versuche, die Einheit des Landes zu wahren, wird aus den Provin-
15. Aug. zen mit überwiegend islamischer Bevölkerung (Sind, Provinz der Nord-Westgrenze, Belut-

britisches Dominion		schistan, westlicher Pandschab im Westen und Ostbengalen mit einem Distrikt Assams im Osten) der Staat Pakistan als *britisches Dominion* innerhalb des Commonwealth of Nations gebildet. Der Staat Pakistan, der nicht alle indischen Moslems in sich vereinigt, besteht aus Westpakistan mit der Landeshauptstadt Karachi (seit 1950 Rawalpindi, seit 1965 Islamabad) und Ostpakistan mit der Hauptstadt Dacca.
	1948 11. Sept.	Nach dem Tode des Staatsgründers und ersten Generalgouverneurs Mohammad Ali Jinnah (*1876, †1948), der ununterbrochen seit 1934 Präsident der Moslem-Liga ist, beginnt in Pakistan eine Zeit politischer Unsicherheit mit rasch wechselnden Regierungen.
Gegensätze Ost/Westpakistan		Die Innenpolitik wird durch die *Gegensätze* zwischen dem einheitlich verwalteten *Ostpakistan* mit einer Bengali sprechenden Bevölkerung und dem in zahlreiche Provinzen und Volksgruppen verschiedener Sprache und unterschiedlicher Kultur gespaltenen *Westpakistan* belastet.
Abkommen mit den USA	8. Sept.	Außenpolitisch sucht Pakistan enge Verbindungen zum Westen durch ein *Verteidigungsabkommen mit den USA* (19. Mai) und durch den Beitritt zur SEATO (South East Asia Treaty Organization) als Gründungsmitglied.
		Das Verhältnis zu Indien ist durch die ungelöste Kaschmir-Frage gespannt.
	24. Okt.	General-Gouverneur Ghulam Mohammad löst die Verfassunggebende Versammlung (seit 10. August 1947 tagend) auf, als sie seine Machtbefugnis zu beschneiden sucht.
	1955 30. Sept.	Eine zweite Verfassunggebende Versammlung konstituiert sich (Juli).
Flüchtlingsstrom		Obwohl die Provinzen im Westen zu einer einzigen Verwaltungseinheit zusammengeschlossen werden, gelingt die Integration des Landes nicht. Der *Flüchtlingsstrom* aus und nach Pakistan nach der Abspaltung vom übrigen Britisch-Indien (Schätzungen schwanken zwischen zwölf und 17 Millionen Flüchtlingen) und die weite räumliche Trennung der beiden Teile des Landes (Ost- und Westpakistan) stellen die Verwaltung vor fast unlösbare Aufgaben.
Islamische Republik Pakistan	**1956** 23. März	Durch In-Kraft-Treten der Verfassung wird die „*Islamische Republik Pakistan*" begründet (Präsidialrepublik). Wahlen für die Nationalversammlung werden nicht abgehalten, sodass die Politik weiterhin von provisorischen Regierungen bestimmt wird.
	1958 7. Okt.	Nach einer Periode innenpolitischer Unruhe ruft Präsident Iskander Mirza (*1899, †1969) das Kriegsrecht aus, setzt die Verfassung außer Kraft und verbietet die Parteien. Zum Premierminister ernennt er den Oberbefehlshaber der Armee, Mohammad Ayub Khan (*1907, †1974).
	27. Okt.	Nach dem Rücktritt Mirzas übernimmt Ayub Khan auch das Amt des Präsidenten und regiert, gestützt auf die Armee, mit unumschränkten Vollmachten.
Außenpolitik	**1958–1968**	Es gelingt Ayub Khan, eine zehnjährige Periode innenpolitischer Stabilität verbunden mit einem wirtschaftlichen Aufschwung einzuleiten. In der *Außenpolitik* rückt er von der einseitigen Ausrichtung nach Westen ab und sucht ein ausgewogenes Verhältnis zu den USA, der UdSSR und der VR China herzustellen (1961 wird ein Wirtschaftsabkommen mit der UdSSR und am 2. März 1963 ein Vertrag mit der VR China über den Verlauf der gemeinsamen Grenze abgeschlossen).
Rückkehr zur Demokratie	**1960**	Um die *Rückkehr zur Demokratie* vorzubereiten, führt Ayub Khan das System der „Grunddemokratie" (Basic Democracy) ein, ein Mischsystem aus Wahlen in sehr kleinen Wahlkreisen und ernannten Beamten auf der Ebene der lokalen Verwaltung. In indirekten Wahlen lässt sich Ayub Khan als Präsident bestätigen; am 14. Februar legt er den Amtseid ab.
	1961 29. April	Die von Ayub Khan eingesetzte Kommission (17. Februar 1960) legt eine neue Verfassung vor.
neue Verfassung	**1962**	Die *neue Verfassung* wird unterzeichnet (1. März) und tritt in Kraft (8. Juni). Sie betont die Gleichheit der beiden Teile Pakistans durch die gleiche Anzahl von Abgeordnetensitzen für West- und Ostpakistan in der Nationalversammlung. Islamabad wird Regierungssitz, die Nationalversammlung tagt in Dacca.
	28. April	Indirekte Wahlen zur Nationalversammlung und zu den beiden Provinzparlamenten (6. Mai) finden statt.
	1965 3. Jan.	Ayub Khan wird in freien Wahlen als Präsident bestätigt; gegen ihn kandidiert die Schwester des Staatsgründers, Fatimah Jinnah, die zahlreiche Stimmen auf sich vereinen kann.
Verhältnis zu Indien	6.–23. Sept.	Nach dem Indisch-Pakistanischen Krieg (Kaschmir-Konflikt) leitet Ayub Khan mit der Annahme der Vereinbarungen von Taschkent (10. Januar 1966) eine Entspannung des *Verhältnisses zu Indien* ein.
	1969	Im Frühjahr kommt es zu einer heftigen Opposition gegen Ayub Khan, die vor allem die Einführung freier Wahlen fordert.
Rücktritt Ayub Khans	25. März	Der durch eine schwere Krankheit gezeichnete *Ayub Khan tritt zurück*.
	1. April	Sein Nachfolger im Präsidentenamt wird Yahya Khan (*1917, †1980).

Indischer Subkontinent seit 1945   Pakistan seit 1933/47

Der neue Präsident ruft unter Hinweis auf separatistische Bewegungen den Ausnahmezustand aus und setzt die Verfassung von 1962 außer Kraft.

1970
30. März Yahya Khan löst die 1955 geschaffene Verwaltungseinheit Westpakistan in die Provinzen Pandschab, Sind, Belutschistan, Nord-Westliche Grenzprovinz und die zentral verwalteten Stammesgebiete auf.

7. Dez. In den (wegen einer Flutkatastrophe vom 5. Oktober verschobenen) ersten freien und direkten *Parlamentswahlen* gewinnt die ostpakistanische Awami-Liga unter Scheich Mujib-ur-Rahman (*1922, †1975) die absolute Mehrheit in der Nationalversammlung, während in Westpakistan die Pakistanische Volkspartei (Pakistan People's Party [PPP]) des ehemaligen Außenministers (1963–1966) Zulfikar Ali Bhutto (*1928, †1979) die stärkste Kraft wird. Da Westpakistan, das bisher die Politik des Landes bestimmt hat, nun eine Majorisierung durch Ostpakistan befürchtet, verzögert Bhutto den (für den 3. März 1971 angesetzten) Zusammentritt der Nationalversammlung. — *Parlamentswahlen*

1971
seit 25. März Nachdem sich Ostpakistan unter der Führung von Mujib-ur-Rahman aus dem Staatsverband zu lösen beginnt, versucht die westpakistanische Armee die Separationsbestrebungen blutig zu unterdrücken.

3.–16. Dez. Ein Flüchtlingsstrom aus Ostbengalen nach Indien veranlaßt die indische Regierung zu einer militärischen Intervention. Mit der Kapitulation der pakistanischen Truppen unter Generalleutnant Abdullah Niazi scheidet Ostpakistan *(Bangla Desch)* aus dem Staatsverband aus. — *Bangla Desch*

20. Dez. Nach dem Auseinanderbrechen von Pakistan tritt Yahya Khan vom Amt des Staatspräsidenten zurück; sein Nachfolger wird Zulfikar Ali Bhutto, der zunächst nach einer Interimsverfassung mit diktatorischen Vollmachten regiert.

1972 Bhutto leitet in einer Reihe von Verhandlungen die Normalisierung der Beziehungen zu Indien ein. Pakistan tritt aus dem Britischen Commonwealth of Nations aus.

1973 Im Nord-Westen Pakistans und in Belutschistan kommt es zu anhaltenden blutigen Unruhen in Verbindung mit dem Streben nach erweiterter Autonomie dieser Landesteile.

12. April Bhutto unterzeichnet eine *neue Verfassung*. — *neue Verfassung*

14. Aug. In-Kraft-Treten der Verfassung: Sie sieht ein Zweikammersystem vor und schränkt die Macht des Staatspräsidenten zugunsten des Premierministers ein. Der *Islam* wird *Staatsreligion*. Dem Autonomiebestreben der Provinzen wird im bescheidenen Umfang Rechnung getragen. — *Islam Staatsreligion*

Staatspräsident wird Fazal Elahi Chaudhury; Bhutto übernimmt das Amt des Premierministers.

1974
22. Febr. Pakistan erkennt Bangla Desch an und nimmt diplomatische Beziehungen auf (31. Dezember 1975).

1977
7. März Die Wahlen zur Nationalversammlung werden von der zur Pakistan National Alliance vereinigten Opposition, die Bhuttos pakistanischer Volkspartei unterliegt, als verfälscht angefochten. Zusammen mit der seit 1973 ungelösten Belutschistan-Krise führt der Boykott der Wahlen zu den Provinzparlamenten (10. März 1977) zu einer Staatskrise.

5. Juli Stabschef *Zia-ul-Haq* (*1924, †1988) gelangt durch unblutigen *Staatsstreich* zur Macht: Er regiert als „Oberster Verwalter des Kriegsrechts" (Chief Martial Law Administrator) und löst das Parlament auf; Oppositionspolitiker werden verhaftet. — *Staatsstreich Zia-ul-Haqs*

1978
18. März Bhutto wird wegen Anklage des Mordes an einem Oppositionspolitiker während seiner Amtszeit zum Tode verurteilt.

20. Mai Einleitung der Berufungsverhandlung gegen Bhutto.

Aug. Zia-ul-Haq bildet eine Zivilregierung.

16. Sept. Nach dem Rücktritt von Fazal Elahi Chaudhury übernimmt Zia-ul-Haq auch das Amt des Staatspräsidenten. Unter seiner Regierung vollzieht sich eine deutliche *Islamisierung* des öffentlichen Lebens durch die Einführung einer strengen, islamisch orientierten Gesetzgebung. — *Islamisierung*

1979
10. Febr.

4. April Die *Hinrichtung Bhuttos* (Bestätigung des Todesurteils am 6. Febr.) führt zu blutig unterdrückten Unruhen. — *Hinrichtung Bhuttos*

Okt. Für den 17. Nov. angesetzte Wahlen werden auf unbestimmte Zeit verschoben.

1980
1. Febr. Der Sicherheitsberater des US-amerikanischen Präsidenten James Earl Carter, Zbigniew K. Brzezinski (*1928), bekräftigt die *USA-Beistandsgarantie* von 1959 im Fall einer UdSSR-Aggression gegen Pakistan. — *USA-Beistandsgarantie*

1981 Militär- und Wirtschaftshilfen der USA von insges. 3,2 Mrd. Dollar (Mitte Sept.).

1983 Bis April 1983 hat Pakistan ca. drei Millionen Flüchtlinge aus Afghanistan aufgenommen.

1984 Juni Nach langen Beratungen legt die Ansari-Kommission ihren Bericht über eine zukünftige islamische Verfassung vor.

PLOETZ ●

	19. Dez.	Eine Volksbefragung billigt die Islamisierung des Landes und bestätigt Zia-ul-Haq für fünf Jahre als Präsidenten.
	1985	Parlamentswahlen (25. Febr.) mit schweren Einschränkungen unter Kriegsrecht (Aufhebung 30. Dez.).
Verfassungs- änderungen	3. März 22. März	*Verfassungsänderungen* stärken die Stellung des Präsidenten. Zia-ul-Haq ernennt auf dieser Grundlage Mohammad Khan Junejo (*1932, †1993) zum Premierminister.
	1986 Jan.	Wiederzulassung registrierter Parteien, darunter die PPP, ab Mai unter Vorsitz von Benazir und Nusrat Bhutto.
	1988	Zia-ul-Haq löst alle Parlamente und Regierungen des Landes auf (29./30. Mai).
Flugzeug- absturz Zia-ul-Haqs	17. Aug. 16. Nov. 1. Dez.	Zia-ul-Haq stirbt bei einem *Flugzeugabsturz*. Bei den folgenden Parlamentswahlen erringt die PPP 45% der Stimmen. Benazir Bhutto (*1953) wird Premierministerin, Ghulam Ishaq Khan (*1915) Staatspräsident.
	1989	Pakistan wieder im Commonwealth (1. Okt.).
Premierminister Sharif	1990 6. Aug.	Ishaq Khan löst das Parlament auf und entlässt die Regierung Bhutto. Der Vorsitzende der Islamischen Demokratischen Allianz, Mian Nawaz Sharif (*1948), wird nach den Wahlen (24. Okt.) neuer *Regierungschef*.
	1992	Pakistan bestätigt öffentlich die Fähigkeit zum Bau einer Atombombe (Febr.).
Benazir Bhutto Premierminister	1993	*Benazir Bhutto* wird nach ihrem Sieg bei Parlamentswahlen (6. Okt.) zur *Premierministerin* gewählt (19. Okt.).
	13. Nov.	Außenminister Faruk Ahmad Khan Leghari (*1940) wird zum Staatspräsidenten gewählt.
	1997 3. Febr.	Bei Parlamentswahlen gewinnt die Moslem-Liga unter Mian Nawaz Sharif die absolute Mehrheit. Sie wirft der Bhutto-Regierung Unfähigkeit und Korruption vor.
	17. Febr.	Sharif wird Premierminister.
	31. Dez.	Premier Sharif stärkt die Stellung des Regierungschefs durch mehrere Verfassungsänderungen und setzt nach Rücktritt Legharis die Wahl von Mohammed Rafiq Tarar zum Staatspräsidenten durch.
Atomwaffentests	1998 28./30. Mai	Als Antwort auf indische *Atomwaffentests* (11. u. 13. Mai) lässt Pakistan seinerseits eine Serie von Atomsprengsätzen zünden. Die Tests werden weltweit verurteilt. Am 11. Juni verkündet Pakistan ein Atomtest-Moratorium.
	Aug.	Nachdem die USA wegen der Atomtests Wirtschaftssanktionen gegen Pakistan verhängt haben, steht das Land vor dem Staatsbankrott.
	9. Okt.	Das Parlament nimmt ein Gesetz an, wonach die islamische Scharia alleiniges Rechtssystem werden soll.
	1999 Jan.	Nach Lockerung der amerikanischen Sanktionen bewilligt der IWF ein neues Hilfsprogramm in Höhe von 5,5 Mrd. US-Dollar.
	15. April	Gegen die im Ausland lebende Ex-Premierministerin Benazir Bhutto und ihren Ehemann ergeht ein Urteil von fünf Jahren Haft wegen Korruption.
Pervez Musharraf	12. Okt.	Premierminister Sharif verliert einen Machtkampf mit dem Militär. Der von ihm entlassene Generalstabschef *Pervez Musharraf* (*1943) übernimmt in einem unblutigen Putsch, dem dritten Militärputsch in der pakistanischen Geschichte, die Macht und ruft am 14. Okt. den Ausnahmezustand aus. Der Westen reagiert mit Forderungen nach Rückkehr zur Demokratie. Am 18. Okt. wird Pakistans Mitgliedschaft im Commonwealth ausgesetzt.
		Als eine der ersten Maßnahmen des Militärregimes wird ein nationales Büro für Korruptionsbekämpfung eingesetzt. Die Bestände an Schwarzgeld im Land werden auf 3,5 Mrd. US-Dollar geschätzt. Nicht einmal 2% der Einwohner zahlen Steuern.
	2000	Die Justiz wird der Militärregierung unterstellt (26. Jan.).
Generalstreik	19. Mai	Die Einführung einer fünfzehnprozentigen Umsatzsteuer ruft einen zweiwöchigen *Generalstreik* hervor. Die Regierung beschließt, Kleinhändler von der Steuer auszunehmen.
	22. Juli	Der frühere Premier Sharif wird von einem Antikorruptions-Gericht zu 14 Jahren Arbeitslager verurteilt.
	31. Dez.	Erste Phase der Kommunalwahlen: Obwohl politische Parteien nicht zugelassen sind, werden die Mandate durchweg von Kandidaten gewonnen, von denen bekannt ist, welchen Parteien sie angehören.
Ernteausfälle	2001 März–Juli	Nach Ausbleiben des Wintermonsuns hat eine Dürreperiode katastrophale Folgen. Die *Ernteausfälle* liegen bei bis zu 50%.
	5. Juni	Die Regierung verkündet eine zweiwöchige Amnestie für die freiwillige Abgabe illegaler Waffen, von denen es ca. 5 Mio. geben soll.
	20. Juni	Musharraf erklärt sich zum Staatspräsidenten und wird am 21. Juni vom Obersten Richter des Landes vereidigt.
	Okt.	Pakistans Führung wird von den USA in den Kampf gegen das Taliban-Regime in Afghanistan eingebunden.

● PLOETZ

20. Nov. Schließung der Taliban-Botschaft in Islamabad.
2002 Präsident Musharraf wird in einem umstrittenen Referendum in seinem Amt bestätigt (30. April).
8. Mai Bei einem Selbstmordanschlag in Karatschi kommen 14 Menschen ums Leben, darunter elf Franzosen, die wegen eines U-Boot-Geschäftes zwischen Frankreich und Pakistan in die Hafenstadt gekommen waren.
15. Juli Im Entführungsfall des US-Journalisten David Pearl ergeht ein Todesurteil gegen den Hauptangeklagten. Pearl war am 23. Jan. von militanten Islamisten in Karatschi entführt und vier Wochen später ermordet worden.
21. Aug. Präsident Musharraf vergrößert seine Machtfülle durch 29 Verfassungsänderungen.

Bangla Desch seit 1947/70

Seit der Gründung Pakistans 1947 bestehen aufgrund der sprachlichen und kulturellen Verschiedenheit zwischen Ost- und Westpakistan kaum überbrückbare Gegensätze. Da die Po-
1970 litik des gesamten Landes in Westpakistan bestimmt wird, kann Scheich Mujib-ur-Rahman
7. Dez. mit dem Ruf nach weit gehender Autonomie für Ostpakistan an der Spitze der *Awami-Liga* die Wahlen zur Nationalversammlung gewinnen.

Awami-Liga

1971 Als die Regierung Yahya Khans versucht, den Bestand des Staatsverbandes durch den rück-
26. März sichtslosen Einsatz von Militär in Ostpakistan zu sichern, ruft Mujib-ur-Rahman die unabhängige *Volksrepublik Bangla Desch* („Land der Bengalen") mit der Hauptstadt Dacca aus.
3.–16. Dez. Der ausbrechende Bürgerkrieg, in dessen Verlauf etwa zehn Millionen Menschen nach Indien fliehen, wird durch eine militärische Intervention Indiens beendet.

Volksrepublik Bangla Desch

1972 Mujib-ur-Rahman kehrt aus der Haft in Westpakistan zurück und bildet ein vorläufiges Kabinett.
12. Jan. Außenpolitisch geht Bangla Desch zunächst eine enge Verbindung mit Indien ein, die durch
19. März einen fünfundzwanzigjährigen *Freundschaftsvertrag mit Indien* gefestigt wird.
10. April Die Nationalversammlung tritt zusammen. Bangla Desch wird Mitglied des britischen Commonwealth of Nations.

Vertrag mit Indien

1973 Obwohl sich nach Wahlen die Regierung Mujib-ur-Rahmans auf ein umfassendes Mandat
7. März stützen kann, gelingt es ihr nicht, die innenpolitischen Probleme zu lösen: Die nach Indien geflohenen Bengalen können zwar bis Mitte 1972 zurückgeführt werden, das Problem der 1947 nach Ostpakistan geflohenen etwa 1,5 Millionen Biharis, die während des Bürgerkrieges die westpakistanischen Truppen unterstützen, bleibt jedoch ungelöst. Die *Wirtschaft bricht* trotz ausländischer Hilfe nach einer Verstaatlichungswelle 1972 und durch allgemeine Korruption *zusammen*.

Wirtschaftskollaps

1974 Bangla Desch wird von einer schweren Flutkatastrophe heimgesucht.
1975 Durch eine Verfassungsänderung lässt sich Mujib-ur-Rahman mit unumschränkten Voll-
25. Jan. machten ausstatten.
15. Aug. Eine wachsende Entfremdung zwischen ihm und der Armee sowie dem immer mehr verarmenden Mittelstand führen zum Staatsstreich: Mujib-ur-Rahman wird ermordet.
3.–7. Nov. Sein Nachfolger wird Khondakar Mushtag Ahmed (*1918, †1996), der in einer Reihe von *Putschen von Abu Sadat Mohammad Sayem* (*1916) als „Oberster Verwalter des Kriegsrechts" (Chief Martial Law Administrator) abgelöst wird.

gewaltsame Regierungswechsel

1976 Der Berater Sayems, General Zia-ur-Rahman (*1936, †1981), erringt die Macht (Nov.).
1978 Durch eine Volksabstimmung wird Zia-ur-Rahman in seinem Amt bestätigt. – Unter der
3. Juni neuen Administration kommt es zu einer Beruhigung der Innenpolitik und zum Abrücken von der einseitig proindischen Außenpolitik. Eines der Hauptprobleme im Verhältnis beider Staaten, die Verteilung des *Ganges-Wassers* zur Bewässerung, kann durch ein *Abkommen* (Nov. 1977) nur kurzfristig ausgeräumt werden. Im Innern bereitet Zia-ur-Rahman eine vorsichtige Hinwendung zur Demokratie vor.

Abkommen über Ganges-Wasser

1979 Aus allgemeinen Wahlen geht seine National-Partei (Bangladesh National Party) als deutli-
18. Febr. che Siegerin hervor. Premierminister wird Shah Aziz-ur-Rahman.
1981 Präsident *Zia-ur-Rahman* wird von aufständischen Offizieren *ermordet* (30. Mai).
15. Nov. Der bisherige Vizepräsident Abdus Sattar (*1906, †1985) wird zum Präsidenten gewählt.
1982 Präsident Sattar wird von Generalleutnant Hussain Mohammed Ershad (*1930) gestürzt,
24. März der das Kriegsrecht verhängt. Ershad erklärt sich zum „Obersten Kriegsrechtsverwalter".
1984 Der Bau eines indischen Grenzzaunes führt zu Zwischenfällen (April).
1986 Parlamentswahlen unter Kriegsrecht ohne Beteiligung der Opposition. Die regierende Ja-
7. Mai tiya-Partei erhält 152, die Parteienallianz unter Führung der Awami-Liga 97 von 300 Sitzen.
9. Juli Mizan-ur-Rahman Chowdhury Premierminister.

Kriegsrecht aufgehoben	10. Nov.	Die 1982 suspendierte Verfassung wird wieder in Kraft gesetzt, das *Kriegsrecht aufgehoben*.
	1987	Ershad löst das Parlament auf (29. Dez.).
	1988	Parlamentswahlen: absolute Mehrheit für die Jatiya-Partei. Premierminister wird Moudud Ahmed.
Islam Staatsreligion	3. März	
	7. Juni	Der *Islam* wird *Staatsreligion*.
Hochwasserkatastrophen	Aug./Sept.	Schwere *Hochwasserkatastrophen* führen zu fast 30 Millionen Obdachlosen. Im Frühjahr 1989 wochenlange Trockenheit. Notstandskredit des IMF (Internationaler Währungsfonds).
	1989	Regierungsumbildung: Premierminister Kazi Zafar Ahmed (Aug.).
	1990 Okt./Nov.	Blutige Unruhen begleiten eine seit drei Jahren laufende Kampagne der Opposition zur Absetzung Ershads. Ershad verhängt den Ausnahmezustand und tritt am 5. Dez. zurück.
freie Parlamentswahlen	1991 27. Febr.	Erstmals seit 1975 *freie Parlamentswahlen*; überraschender Sieg der Bangladesh National Party (BNP) unter Khaleda Zia (*1945), jedoch keine absolute Mehrheit.
	8. Okt.	Abdur Rahman Biswas (BNP; *1926) wird zum Staatspräsidenten gewählt.
	1994–1996	Der Opposition, die der Regierungspartei BNP Korruption und Wahlfälschung vorwirft, gelingt es durch Massenkundgebungen und Generalstreiks das öffentliche Leben zeitweise lahm zu legen.
	1996 12. Juni	Die Awami-Liga siegt bei Parlamentswahlen. Deren Vorsitzende Sheikh Hasina Wajed (*1947) wird Premierministerin einer Koalitionsregierung mit der Jatiya-Partei.
	23. Juli	Shahabuddin Ahmed (Awami-Liga) wird neuer Staatspräsident.
Ganges-Abkommen	12. Dez.	Bangla Desch und Indien einigen sich in einem für 30 Jahre geltenden Abkommen über die *Nutzung des Ganges-Wassers* während der Trockenzeit. Dessen Verteilung war seit dem Bau eines indischen Staudammes 1975 umstritten.
	1997 9. März	Die Regierung einigt sich mit der Rebellenbewegung Jana Shangati Samity, die in der Region von Chittagong operiert. Diese erhält lokale Autonomie, was eine Rückkehr von ca. 500 000 nach Indien geflohenen Einwohnern ermöglicht.
	1998 April	Nach einem Bericht werden mehr als 27 000 Frauen und Kinder aus Bangla Desch in indischen Bordellen zur Prostitution gezwungen.
	Aug./Sept.	Zwei Drittel des Landes werden von einer Hochwasserkatastrophe heimgesucht. Es gibt fast 1500 Tote, 25 Mio. Menschen verlieren ihr Obdach.
	8. Nov.	23 Jahre nach der Ermordung des früheren Staatspräsidenten Mujib-ur-Rahman werden 15 Tatbeteiligte zum Tode verurteilt; allerdings befinden sich nur drei von ihnen im Gewahrsam der Behörden.
Generalstreiks	1999	Mit mehreren *Generalstreiks* versucht die Opposition einen Regierungswechsel zu erzwingen (Jan./Febr.).
	23. Juni	Bangla Desch und Indien schließen ein Abkommen über den Ausbau von Handel und Verkehr zwischen beiden Staaten.
	Sept.	Erneute Generalstreiks.
	Nov.	Die Opposition beginnt einen unbefristeten Boykott der Parlamentssitzungen.
	Dez.	Indien und Bangla Desch legen definitiv den Grenzverlauf fest und verständigen sich auf eine Überwachung der Grenzen, um Rebellengruppen den Übertritt zu erschweren.
	2001 Jan.	Auseinandersetzungen an der Grenze zu Myanmar.
Grenzkonflikt mit Indien	18. April	Der im Vorjahr geregelte *Grenzkonflikt mit Indien* bricht wieder auf, es kommt zu Gefechten zwischen Grenztruppen beider Seiten, die am 20. April durch einen Waffenstillstand beendet werden. Neue Verhandlungen ab 12. Juni.
	15. Juli	Rücktritt der Regierung Sheikh Hasina Wajed. Die Geschäfte übernimmt eine Übergangsregierung unter Latifur Rahman.
	1. Okt.	Bei den Parlamentswahlen erreicht die bisher regierende Awami-Liga nur 62 von 300 Mandaten. Sieger werden die konservative BNP und die islamistische Jamat-i-Islami, die zusammen 200 Mandate haben. BNP-Führerin *Khaleda Zia* wird neue *Regierungschefin*.
Khaleda Zia Regierungschefin	2002 29.–31. Juli	Beim ersten Staatsbesuch eines Generals aus Pakistan in Bangla Desch bedauert Präsident Musharraf die Massaker von 1971. Bereits im Vorjahr hatte der pakistanische Staatschef einen 25 Jahre alten internen Untersuchungsbericht der pakistanischen Armee über die Greueltaten beim Unabhängigkeitskampf Ostpakistans (= Bangla Desch) veröffentlicht.
	Juli/Aug.	Überschwemmungen nach starken Regenfällen machen mehr als sechs Mio. Menschen obdachlos.

Sri Lanka (Ceylon) seit 1946

1946 17. Mai	Fertigstellung einer Verfassung, die ein Zweikammersystem mit Senat und Parlament vorsieht.	
1947	Ceylon wird von Großbritannien zum *Dominion* erklärt (18. Juni).	*britisches Dominion*
Aug./Sept.	Nach den ersten Parlamentswahlen leitet Don Stephen Senanayake (*1884, †1952) als Führer der siegreichen „Vereinigten Nationalpartei" (UNP: United National Party) eine liberale prowestliche Politik ein.	
1948 4. Febr.	Durch den Ceylon Independence Act („Gesetz über die Unabhängigkeit Ceylons") wird die Insel innerhalb des Britischen Commonwealth in die *Unabhängigkeit* entlassen.	*Unabhängigkeit*
1952 Mai	Nach dem Sieg der UNP in den zweiten Wahlen setzt Dudley Shelton Senanayake (*1911, †1973) die Politik seines Vaters fort.	
1953	Wirtschaftliche Schwierigkeiten ziehen die Erhöhung des Reispreises nach sich (20. Juli).	
Aug.	Die angespannte wirtschaftliche Lage führt zu Streiks und Unruhen.	
Okt.	Nach dem Rücktritt von D. S. Senanayake löst ihn sein Vetter John Kotelawala (*1897, †1980) im Präsidentenamt ab.	
1954–1956	Eine Lösung der *Wirtschaftsprobleme*, die sich aus der Abhängigkeit vom Weltmarktpreis für Tee und Rohkautschuk ergeben, und der *Ausgleich* zwischen den Bevölkerungsgruppen, vor allem der buddhistischen Mehrheit der *Singhalesen* und der hinduistischen Minderheit der *Tamilen*, die seit 1840 aus Südindien als Plantagenarbeiter einwandern, wird nicht gefunden.	*Wirtschaftsprobleme Singhalesen und Tamilen*
1956 5.–7. April	Nach den dritten Wahlen wird die UNP durch die dem singhalesischen Nationalismus verpflichtete „Freiheitspartei von Sri Lanka" (SLFP: Sri Lanka Freedom Party) unter Solomon West Ridgeway Dias Bandaranayake (*1899, †1959) abgelöst.	
1957 8. Febr./ 7. Juni	Außenpolitisch sucht S. W. R. D. Bandaranayake eine Lösung aus den einseitigen Bindungen an den Westen durch die Aufnahme diplomatischer *Beziehungen zu China* und durch die Auflösung der britischen Militärstützpunkte.	*Beziehungen zu China*
1958 2.–8. Mai	Als der Versuch der Regierung Bandaranayake, das Singhalesische unter Wahrung der Interessen der tamilsprachigen Bevölkerung zur Staatssprache zu machen, scheitert, brechen blutige Unruhen aus.	
1959 Sept.	Die innenpolitischen Spannungen gipfeln in einem Attentat eines buddhistischen Mönches auf S. W. R. D. Bandaranayake, dem er erliegt (25./26. Sept.).	*Tod Bandaranayakes*
1960 19. März	Nach einer Übergangsregierung unter W. Dahanayake bildet Dudley Senanayake (Sept. 1959–März 1960) nach den vierten Wahlen ein Minderheitskabinett.	
20. Juli	In den fünften Wahlen gewinnt die SLFP unter der Witwe von S. W. R. D. Bandaranayake, Sirimawo Ratwatte Dias Bandaranayake (*1916, †2000), die Mehrheit.	
1963	Die durch Bevölkerungswachstum und Inflation entstandenen wirtschaftlichen Schwierigkeiten werden durch *Verstaatlichungen*, der auch ausländische Ölgesellschaften unterliegen, verschärft. Die USA stellen daher ihre Wirtschaftshilfe für Ceylon ein (8. Febr.).	*Verstaatlichungen*
1964 1. Febr.	Die Einführung des *Singhalesischen als Staatssprache* führt zu neuen Unruhen und zu Spannungen zwischen Singhalesen und Tamilen.	*Staatssprache Singhalesisch*
1965 22. März	Ein geplantes Pressegesetz, das eine staatliche Lenkung der Presse zur Folge gehabt hätte, wird durch die sechsten Parlamentswahlen vereitelt.	
25. März	Dudley Senanayake wird erneut Premierminister. Die konservative Regierung bemüht sich erfolgreich um die Wiederaufnahme westlicher Wirtschaftshilfe und um eine Steigerung der Reisproduktion.	
1967 Nov.	Eine Abwertung der Rupie bleibt wegen gleichzeitigen Absinkens des Weltmarktpreises für Tee und Rohkautschuk wirkungslos.	
1970 27. Mai	Die SLFP gewinnt die siebten Parlamentswahlen, denen eine *Kürzung der Reisration* der Bevölkerung durch die UNP-Regierung vorausgegangen ist. Gemäß ihren Wahlversprechen bildet Sirimawo Bandaranayake trotz Erreichen der absoluten Mehrheit ein Koalitionskabinett mit den Kommunisten.	*Kürzung der Reisration*
	Eine antiwestliche Außenpolitik bedingt eine Drosselung der Wirtschaftshilfe. Daher gerät Ceylon bei gleichzeitiger Entwicklung eines extremen Wohlfahrtsstaates an den Rand des Staatsbankrotts.	
1971 5. April	Das ungelöste Problem der Jugendarbeitslosigkeit vor allem unter den Universitätsabsolventen führt zu einem besonders von Jugendlichen getragenen, maoistischen Aufstand, der auch mit ausländischer Hilfe nur mit Mühe niedergeschlagen werden kann.	
1972	Infolge des Aufstandes, dem erneute Unruhen folgen, werden für die Entwicklung des Landes notwendige Investitionen auf die Verstärkung von Militär und Polizei verwandt.	

		Im Rahmen einer Verfassungsreform wird der Senat abgeschafft. Heftige indische Kritik ruft die vorgesehene zweifache Staatsbürgerschaft durch Geburt oder Registrierung hervor, die die Tamilen benachteiligt.
Republik Sri Lanka	22. Mai	Mit In-Kraft-Treten der Verfassung lautet der Name des Staates *Republik Sri Lanka*. Erster Staatspräsident wird der bisherige Generalgouverneur (seit 2. März 1962) William Gopallawa (*1897, †1981).
	1973 1. Okt.	Mangelnde Auslandshilfe zwingt die Regierung nach einer Ernährungskrise zur Kürzung der freien Reisration.
	1974	Abkommen über die Staatsbürgerschaft der Tamilen (Jan.).
	28. Juni	Dieses und ein Vertrag über die Grenze in der Palk Street räumen Spannungen im Verhältnis Sri Lankas zu Indien aus.
	1977 21. Juli	Aufgrund der katastrophalen Wirtschaftslage kann die UNP bei den achten Parlamentswahlen eine Zweidrittelmehrheit gewinnen. Oberstes Ziel der Regierung unter Junius Richard Jayawardene (*1906, †1996) ist die Abwendung des Staatsbankrotts und die Wiederbelebung der Wirtschaft durch Liberalisierung und Anreize für private, auch ausländische Investitionen.
Verfassungsreform	Okt.	Nach einer *Verfassungsreform* steht ein Präsident an der Spitze von Staat und Regierung.
	1978	Junius Richard Jayawardene wird als neuer Staatspräsident vereidigt (4. Febr.).
Zusammenstöße	1983 Juli/August	Schwere *Zusammenstöße* zwischen *Tamilen und Singhalesen* führen zu ca. 400 Toten, 100 000 Obdachlosen und 200 Mio. US-Dollar Schäden. Die radikale Tamilenpartei LTTE (Liberation Tigers of Tamil Eelam) fordert einen separaten Staat.
	1987 Febr.	Regierungstruppen gehen auf der Halbinsel Jaffna massiv gegen die Tamilen vor, um die seit Jahren schwelenden ethnischen Konflikte zu unterdrücken; wie auch bei folgenden Militäraktionen interveniert Indien.
Tamilen	29. Juli	Abkommen mit Indien zur Lösung der *Tamilenfrage*: Unter Aufsicht indischer Truppen sollen die Tamilen entwaffnet und autonome Provinzen für sie eingerichtet werden.
	1988	Staatspräsident wird der bisherige Premierminister Ranasinghe Premadasa (*1924, †1993).
	1990	Die indischen Truppen ziehen ab, ohne dass der Konflikt gelöst ist (24. März).
	1993 1. Mai	Tamilische Separatisten ermorden Ranasinghe Premadasa. Zum neuen Staatspräsidenten wird Premierminister Banda Wijetunga (*1922) gewählt.
Chandrika Kumaratunga	1994 9. Nov.	Die amtierende Premierministerin *Chandrika Kumaratunga* (*1945) siegt bei den Präsidentschaftswahlen.
	1995 17. Okt.	Beginn der bislang größten Offensive der Regierungstruppen gegen die LTTE. Trotz Einnahme der Halbinsel Jaffna gelingt kein entscheidender Schlag gegen die Tamilenrebellen.
	1996–1997	Anhaltende Auseinandersetzungen und Kämpfe zwischen den Volksgruppen sowie zwischen Regierungstruppen und der LTTE.
	1998	Offizielles Verbot der LTTE. Damit sind Friedensgespräche deutlich erschwert.
	26. Jan. 4. Febr.	Die Feiern zum 50. Jahrestag der Unabhängigkeit werden von den weiter andauernden Kämpfen zwischen Regierungstruppen und LTTE überschattet.
	1999 Juni	Die Armee eröffnet eine neue Offensive, um die Landverbindung zur Halbinsel Jaffna zu sichern.
	Nov.	Offensive der Rebellen im Norden Sri Lankas, die Verbindung nach Jaffna wird unterbrochen.
	21. Dez.	Bei der Präsidentschaftswahl wird die einem Attentat (18. Dez.) entkommene Chandrika Kumaratunga im Amt bestätigt.
	2000 16. Febr.	Beginn eines ersten Vermittlungsversuchs zwischen Regierung und Rebellen in Colombo durch den norwegischen Außenminister Knut Vollebaeck.
Einnahme des Elefanten-Passes	22. April	Mit der *Einnahme des* strategisch wichtigen *Elefanten-Passes* vollziehen die Rebellen die Einkesselung von über 25000 Regierungssoldaten. Die Regierung verkündet am 28. April die Teilmobilmachung und richtet einen Hilferuf an das befreundete Ausland. Am 11. Mai wird das Kriegsrecht verhängt.
Auflösung des Parlaments	10. Aug.	Rücktritt der Ministerpräsidentin Sirimavo Bandaranayake. *Auflösung des Parlaments*.
	10. Okt.	Bei den Parlamentswahlen bleibt die regierende People's Alliance (PA), zu der auch die SLFP gehört, stärkste Kraft. Premier Ratnasiri Wickramanayake wird am 13. Okt. für eine neue Amtszeit vereidigt.
	21. Dez.	LTTE erklärt einseitig Waffenruhe.
	2001 April	Wiederaufflammen der Kämpfe, die Regierungstruppen werden aus den von ihnen zwischenzeitlich besetzten Stellungen verdrängt.
	24. Juli	Ein Selbstmord-Kommando der LTTE greift den militärischen Teil des Flughafens von Colombo an. Durch Explosion eines Treibstofftanks entsteht ein Großbrand, der auf den zivilen Teil übergreift. Der Anschlag findet am Jahrestag des Ausbruchs des Bürgerkriegs (24. Juli 1983) statt; seitdem sind in dem Konflikt 64000 Menschen ums Leben gekommen.

2002 24. Febr.	Regierung und LTTE schließen einen Waffenstillstand. Die tamilischen Rebellen halten jedoch am Ziel eines eigenen Staates fest.
5. Sept.	Die Regierung hebt das Verbot der LTTE auf.

Malediven seit 1956

1956 26. Juli	Die Malediven, denen nach der Entlassung Ceylons in die staatliche Unabhängigkeit 1948 von Großbritannien innere Autonomie gewährt wird (die Vertretung nach außen bleibt Großbritannien vorbehalten), werden *unabhängig*; sie verbleiben im britischen Commonwealth of Nations.	*Unabhängigkeit*
1960	Großbritannien, das 100000 £ für die wirtschaftliche Entwicklung des Landes leistet, wird der 1942 errichtete Militärflughafen auf der Insel Gan (Addu Atoll) vertraglich als Flugstützpunkt zugesagt.	
1965	Die Malediven erlangen *volle Souveränität* (26. Juli).	*volle Souveränität*
Sept.	Aufnahme in die Vereinten Nationen.	
1968 11. Nov.	Die Bevölkerung entscheidet sich für die Einführung der *Republik*. Staatspräsident wird der bisherige Ministerpräsident Amir Abraham Nasir (*1926); er ist zugleich Regierungschef.	*Republik*
1975	Nasir verhängt den Ausnahmezustand (März).	
Dez.	Der britische Luftstützpunkt auf Gan wird der maledivischen Regierung übergeben.	
1978	Nach Rücktritt Nasirs Wahl von Maumoon Abdul *Gayoom* zum *Präsidenten* (10. Nov.).	*Gayoom Präsident*
1983	Nach hohem Wahlsieg Wiederwahl Gayooms (30. Sept.), der am 11. Nov. seine zweite Amtszeit antritt.	
1988	Ein Putschversuch gegen Präsident Gayoom schlägt fehl. Am 11. Nov. tritt Gayoom seine neue Amtszeit an.	
1993	Wiederwahl Gayooms (1. Okt.).	
1994–1997	Der *Tourismus* entwickelt sich zur *Haupteinnahmequelle* des Landes.	*Tourismus Haupteinnahmequelle*
1998	Staats- und Regierungschef Gayoom im Amt bestätigt (15. Okt.).	
1999	Bei der Parlamentswahl werden nur Personen gewählt, politische Parteien sind nicht zugelassen (19. Nov.).	

Nepal seit 1950

1950	Die tibetischen Tributspflichten gegenüber Nepal entfallen nach der Besetzung Tibets durch die VR China.	
1951	König Tribhuwana (*1906, †1955; nomineller König) gelingt es, die Vorherrschaft der seit der Mitte des 19. Jh.s eigentlich regierenden Familie der Rana abzuschütteln.	
1956	Im *Vertrag mit China* erkennt Nepal die Rechte Chinas auf Tibet an (20. Sept.).	*Vertrag mit China*
1959	Unter dem Druck der Öffentlichkeit erlässt König Mahendra (Regent seit 1956; *1920) eine Verfassung und gestattet allgemeine Wahlen.	
1960 21. März	Der indisch-chinesische Grenzkonflikt veranlasst Nepal, mit Peking ein Grenzabkommen zu schließen (Grenze verläuft über den Mount Everest).	
1962 16. Dez.	Die in der Verfassung enthaltenen demokratischen Ansätze werden wieder beseitigt und die Parteien aufgelöst. Die *neue Verfassung* erweitert die Befugnisse des Königs. Nach pakistanischem Vorbild wird der Nationale Rat eingeführt (System von Dorf- und Regionalältesten). Diese Maßnahmen sollen verhindern, dass Nepal indisches Protektorat wird. Akute Gefahr in dieser Hinsicht besteht, nachdem die NC (Nepalesische Kongresspartei), die als von Indien beeinflusst gilt, bei Wahlen fast zwei Drittel aller Mandate errungen hat.	*neue Verfassung*
1969	Nepal setzt den Abzug der indischen Militärmission durch. Um nicht ausschließlich auf den Transit über Indien angewiesen zu sein, *Ausbau des Straßennetzes* mit chinesischer Hilfe (u.a. der Trans-Himalaya-Highway, 1967). Unter König Mahendra und seinem Sohn und	*Ausbau des Straßennetzes*
seit 1972	Nachfolger Birendra (*1945, †2001) innenpolitische Unruhen und Krisen.	
1975 12. Dez.	Verfassungsänderung: Die *Macht des Königs* wird *gestärkt*, das System der Volksvertretungen neu geordnet.	*Macht des Königs gestärkt*
1977 9. Sept.	Rücktritt von Premierminister Tulsi Giri; sein Nachfolger in allen Ämtern wird Kirti Nidhi Bista (*1927), der bis 25. Mai 1979 amtiert.	

	1983 12. Juli 1986 13. Juni 1990 April	Bistas Nachfolger Surya Bahadur Thapa (*1928) wird durch Lokendra Bahadur Chand (*1939) von der königsnahen RPP (Rastriya Prajatantra Party) als Premierminister abgelöst. Nach den Parlamentswahlen vom 12. Mai wird Marich Man Singh Shresta Regierungschef. Nach monatelangen blutigen Demonstrationen für mehr Demokratie Auflösung des Parlaments. Premierminister wird Krishna Prasad Bhattarai (*1925).
neue Verfassung	9. Nov. 1994 30. Nov.	Die *neue Verfassung* sieht die Einführung einer konstitutionellen Monarchie vor. Nach seinem Sieg bei Parlamentswahlen (15. Nov.) Regierungsbildung durch den Vorsitzenden der Kommunistischen Partei Nepals (KPN) Man Mohan Adhikari (*1920, †1999).
	1997 10. März	König Birendra ernennt Lokendra Bahadur Chand zum Premierminister und Nachfolger von Sher Bahadur Deuba (Nepalesische Kongresspartei; Premierminister seit 11. Sept. 1995).
Misstrauens- votum	4. Okt.	Lokendra Bahadur Chand scheitert an einem *Misstrauensvotum*. Neuer Regierungschef wird der bisherige Außenminister Surya Bahadur Thapa.
	1998 12. April 10. Dez.	Nach einem Generalstreik (6. April) beruft König Birendra den Vorsitzenden der NC, Girija Prasad Koirala, zum neuen Ministerpräsidenten. Bruch der Regierungskoalition; Koirala nimmt proindische und sozialdemokratische Kräfte in sein Kabinett auf.
	1999 3./17. Mai 24. Dez.	Bei den Parlamentswahlen ergibt sich eine klare Mehrheit für die NC. Neuer Ministerpräsident wird Krishna Prasad Bhattarai. In Kathmandu wird ein indisches Passagierflugzeug gekidnapt und nach Afghanistan entführt. Der Vorfall hat starke Auswirkungen auf den Tourismus, von dem Nepal abhängig ist.
	2000 3. Okt.	Rücktritt von Ministerpräsident Bhattarai, Koirala übernimmt erneut die Regierung (16. März). Gespräche zwischen der Regierung und der maoistischen Untergrundorganisation Communist Party of Nepal-Maoist (CPN-M) scheitern. Die CPN-M, die seit 1996 den bewaffneten Kampf für eine Landreform führt, kontrolliert inzwischen 50% des Landes.
maoistische Guerilla	2001 1. Juni	Die *maoistische Guerilla* eröffnet eine Offensive gegen Polizeistationen (April). Kronprinz Dipendra erschießt seinen Vater Birendra sowie mehrere Familienmitglieder und richtet dann die Waffe gegen sich selbst. Er stirbt am 4. Juni. Sein Onkel Gyanendra (*1947) wird neuer König.
	19. Juli	Rücktritt des Ministerpräsidenten Koirala. Nachfolger wird der frühere Regierungschef Sher Bahadur Deuba (*1946).
	Nov.	Verhängung des Ausnahmezustandes wegen Rebellenangriffen.
Regierungs- offensive gegen die Rebellen	2002	*Regierungsoffensive gegen die Rebellen*, mehrere hundert von ihnen werden getötet (Mai).

Bhutan seit 1949

	1949 8. Aug.	Das 1907 von Ugyen Wangchuk begründete selbstständige Fürstentum regelt im bhutanisch-indischen Vertrag die Beziehungen zu seinem Nachbarstaat. *Indien*, das jährlich 500000 Rupien Subsidien gewährt, *übernimmt* die *Außenvertretung* Bhutans.
Außen- vertretung durch Indien	1964 1971 1972 1984	König Jigme Dorji Wangchuk übernimmt die Regierung (Nov.). Aufnahme in die Vereinten Nationen (28. Sept.). Jigme Singye Wangchuk (*1955) folgt seinem Vater als König (25. Juli). Bhutan und die Volksrepublik China führen in Peking ihr erstes Gespräch über die Demarkation ihrer gemeinsamen Grenze (17.–24. April).
Grenzziehung zur VR China Unruhen	1988 1989 1990 Sept. 1991 1. Nov.	In Peking wird über die *Grenzziehung zur VR China* verhandelt (Mai). Bhutan beginnt, seinen Handel in der Region zu intensivieren. *Unruhen* in den von Nepalesen bewohnten Landesteilen werden von der Armee niedergeschlagen. König Wangchuk sagt seine Teilnahme am SAARC-Gipfeltreffen (Gruppe für Südasiatische Regionale Zusammenarbeit) ab. Er befürchtet einen Aufstand der durch die „Buthanisierungspolitik" unterdrückten nepalesischen Minderheit.
Flüchtlings- wellen	1991–1996	Es kommt zu mehreren *Flüchtlingswellen* der nepalesisch-stämmigen Bevölkerung, v.a. nach Nepal.
	1998 Aug.	Ein Dekret von König Wangchuk legt fest, dass die Regierung künftig nicht mehr vom König ernannt, sondern vom Parlament gewählt werden soll. Dieses erhält auch das Recht, den König mit Zweidrittelmehrheit abzuwählen.

2000 Flutkatastrophe nach heftigen Monsunregenfällen (4. Aug.).
Dez. Nach mehrjährigen Verhandlungen kommt es zu einer ersten Verständigung über die Repatriierungsfrage der ausgesiedelten oder vertriebenen Nepalesen. Rd. 100 000 leben nach wie vor in Lagern im östlichen Nepal. Bhutan erklärt sich zur Berücksichtigung von Familienbindungen bereit.

Zentralasien seit 1945

Kasachstan seit 1946
(Forts. v. S. 1198)

seit 1946 *Atomwaffentests* im Gebiet von Semipalatinsk. 1953 wird hier die erste sowjetische Wasserstoffbombe gezündet. — *Atomwaffentests*
seit 1954 Durch Nutzung brachliegender Flächen und die Industrialisierung Kasachstans steigt der Anteil der einwandernden Russen.
1962 Nach einem Aufstand fliehen ca. 60 000 Kasachen und Uiguren aus dem chinesischen Xinjiang nach Kasachstan.
1989
16. Juni Im Westen der Unionsrepublik kommt es wegen sozialer und ethnischer Spannungen zu Unruhen.
1990 Nursultan Nasarbajew (*1940) wird zum Staatspräsidenten gewählt (25. März).
1991
17. März Beim unionsweiten Referendum stimmen 94% der Kasachen für den Fortbestand der UdSSR.
1. Dez. Nasarbajew wird im Amt bestätigt.
16. Dez. *Unabhängigkeitserklärung*. Neuer Staatsname: Republik Kasachstan. — *Unabhängigkeitserklärung*
21. Dez. Auf einem Gipfeltreffen in Alma-Ata (jetzt Almaty) tritt Kasachstan der Gemeinschaft Unabhängiger Staaten (GUS) bei.
1993 Einführung des Tenge als Währung Kasachstans (15. Nov.).
1994 Das Parlament beschließt die Verlegung der *Hauptstadt* von Almaty nach *Akmola* (6. Juli). — *Hauptstadt Akmola*
1995
24. April Die zentralasiatischen Staaten Kasachstan, Kirgisistan und Usbekistan beschließen den Aufbau eines gemeinsamen Wirtschaftsraums.
30. Aug. Die *neue Verfassung* Kasachstans wird in einem Referendum angenommen. — *neue Verfassung*
1996
31. Mai Unterzeichnung eines Abkommens zum Schutz der deutschen Minderheit in Kasachstan (ca. 500000 Deutschstämmige).
1997
28. Febr. Die Staatspräsidenten der zentralasiatischen Staaten vereinbaren in Almaty eine enge Zusammenarbeit zur Rettung des Aralsees. Dieser droht durch die Wasserentnahme seiner Zuflüsse für die Bewässerung von Baumwollplantagen auszutrocknen.
24. Sept. *Abkommen mit China* über die gemeinsame Erschließung von Erdöl- und Erdgasvorkommen. — *Abkommen mit China*
1998
6. Juli Kasachstan und Russland schließen einen Freundschaftsvertrag und ein Abkommen über die Nutzung des nördlichen Teils des Kaspischen Meeres.
1999
10. Jan. Bei vorgezogenen Präsidentschaftswahlen wird Präsident Nasarbajew im Amt bestätigt. Die Teilwahlen zum Senat (17. Sept.) sowie die Wahlen zum Unterhaus (10. und 24. Okt.) ergeben jeweils Mehrheiten für die Nasarbajew unterstützenden Parteien bzw. Kandidaten.
2000
27. Juni Präsident Nasarbajew erhält weit reichende Befugnisse auf Lebenszeit. Das ehemalige sowjetische *Atomtestgelände in Semipalatinsk* wird endgültig geschlossen. — *Atomtestgelände in Semipalatinsk*

Turkmenistan seit 1954
(Forts. v. S. 1198)

1954 Bau des Karakum-Kanals zur Bewässerung der Baumwollfelder. Dem Amu-Darja wird hierdurch so viel Wasser entzogen, dass der *Aralsee* seither kontinuierlich austrocknet. — *Aralsee*
1985 Saparmurad Nijasow (*1940) wird Parteichef.
1989 In Aschchabad kommt es zu Ausschreitungen Jugendlicher gegen armenische Händler (Mai/Juni).
1990 Nijasow wird vom Volk zum Staatspräsidenten gewählt (27. Okt.).

	1991	Das Referendum zum Erhalt der UdSSR erhält mit 98% die höchste Zustimmungsquote in der Sowjetunion.
Unabhängig-keitserklärung	17. März 22. Aug.	*Unabhängigkeitserklärung.* Sie wird bei einer Abstimmung von 94% der Turkmenen angenommen (26. Okt.); das Land wird in „Republik Turkmenistan" umbenannt.
	21. Dez.	Beitritt zur Gemeinschaft Unabhängiger Staaten (GUS).
neue Verfassung	1992	*Neue Verfassung* mit weit reichenden Befugnissen des Staatspräsidenten (18. Mai).
	1993	Als eigene Währung Turkmenistans wird der Manat eingeführt (1. Nov.).
	1995	Nijasow wird in einem Referendum bis 2002 in seinem Amt bestätigt (15. Jan.).
	1996 23.–24. Jan.	Turkmenistan und der Iran unterzeichnen Abkommen über Rohstofftransporte und Infrastrukturprojekte. Am 13. Mai wird eine Bahnstrecke zwischen Tejen und dem iranischen Mashhad eröffnet.
	1998	Unterzeichnung eines Partnerschafts- und Kooperationsabkommens mit der EU (25. Mai).
	1999 12. Dez.	Bei den Parlamentswahlen bewerben sich Kandidaten, die fast ausschließlich der Demokratischen Partei von Präsident Nijasow angehören.
Verfassungs-änderung	28. Dez.	Durch eine *Verfassungsänderung* erhält Präsident Nijasow die Amtsvollmachten des Staatschefs auf Lebenszeit.

Usbekistan seit 1959
(Forts. v. S. 1198)

Baumwoll-monokulturen	1959–1983	Unter KP-Chef Scharaf Raschidow wird die Anlage von *Baumwollmonokulturen* forciert.
	1983–1987	Über 4000 Parteifunktionäre werden wegen Korruption (Baumwollmafia) verurteilt.
	1989 3./4. Juni	In der Stadt Ferghana kommt es zu schweren Auseinandersetzungen zwischen Usbeken und Mescheten. Letztere werden über eine Luftbrücke evakuiert.
	1990	Der Oberste Sowjet wählt Islam A. Karimow (*1938) zum Staatspräsidenten (24. März).
	15. Dez.	Die Republik Karakalpakistan verkündet ihre Souveränität innerhalb der Usbekischen SSR.
	1991	Referendum zum Erhalt der UdSSR wird mit 93% der Stimmen unterstützt (17. März).
Unabhängig-keitserklärung	31. Aug.	*Unabhängigkeitserklärung.* Umbenennung des Staates in „Republik Usbekistan".
	21. Dez.	Beitritt zur Gemeinschaft Unabhängiger Staaten (GUS).
	29. Dez.	Karimow siegt bei Präsidentschaftswahlen. Die Unabhängigkeit wird mit 98% der Stimmen gleichzeitig bestätigt.
	1994	Der Sum wird zur neuen Währung Usbekistans (1. Juli).
	13. Juli	Usbekistan tritt dem NATO-Programm „Partnerschaft für den Frieden" bei.
Parlaments-wahlen	1995 8. Jan.	Bei den ersten *Parlamentswahlen* seit der Unabhängigkeit siegt die Demokratische Volkspartei von Präsident Karimow.
	26. März	In einem Referendum wird die Amtszeit von Karimow bis zum Jahr 2000 verlängert.
	24. April	Usbekistan, Kasachstan und Kirgisistan beschließen den Aufbau eines einheitlichen Wirtschaftsraums bis zum Jahr 2000.
Aralsee	1997 28. Febr.	Die zentralasiatischen Staaten vereinbaren eine enge Zusammenarbeit zur Rettung des austrocknenden *Aralsees.* In den umliegenden Regionen leidet die Bevölkerung an den gesundheitlichen Folgen durch die Versalzung des Bodens.
	1999 16. Febr.	Bei einem Bombenanschlag auf Präsident Karimow kommen 16 Menschen ums Leben, Karimow selbst bleibt unverletzt. Die Täter werden der islamistischen Szene zugerechnet.
	2000 9. Jan.	Nachdem die Parlamentswahlen (5. Dez. 1999) bereits mit einem für den autoritär regierenden Präsidenten Karimow genehmen Ergebnis ausgegangen sind, wird er bei den Präsidentschaftswahlen mit 91,9% der Stimmen im Amt bestätigt.
Abkommen zentral-asiatischen Staaten	21. April	In der usbekischen Hauptstadt Taschkent unterzeichnen die Präsidenten der vier *zentralasiatischen Staaten* Kasachstan, Kirgisistan, Tadschikistan und Usbekistan ein *Abkommen* zur gemeinsamen Bekämpfung von Terrorismus, Drogenschmuggel, politischem und religiösem Extremismus.
	2001 Okt./Nov.	Für ihren Kampf gegen das Taliban-Regime in Afghanistan nutzen die USA und ihre Verbündeten Militäreinrichtungen (z.B. Flugplätze) in Usbekistan.

Tadschikistan seit 1961
(Forts. v. S. 1198)

seit 1961	Unter dem neuen KP-Chef Dschabar Rasulow werden der Baumwollanbau vorangetrieben, Industrie- und Energieanlagen errichtet sowie der Nurek-Staudamm gebaut.
1979	Im Zusammenhang mit der sowjetischen Invasion in Afghanistan kommt es zu Verhaftungen von Oppositionellen.
1982	Rahman Nabijew wird Nachfolger Rasulows als KP-Chef.
1990	Unruhen in Duschanbe wegen der akuten Wohnungsnot (11.–14. Febr.).
29. Nov.	Der Oberste Sowjet Tadschikistans wählt Kachar Machkamow zum Präsidenten Tadschikistans.
1991	Referendum: 96% der Tadschiken für den Erhalt der Sowjetunion (17. März).
9. Sept.	Unabhängigkeitserklärung. Staatsname: *Republik Tadschikistan*.
24. Nov.	Rahman Nabijew siegt bei den Präsidentschaftswahlen.
21. Dez.	Beitritt zur Gemeinschaft Unabhängiger Staaten (GUS).
1992 Sept.	Auseinandersetzungen zwischen kommunistischen, islamischen und demokratischen Gruppen führen zum *Bürgerkrieg*.
7. Sept.	Präsident Rahman Nabijew tritt unter dem Druck der Opposition zurück.
19. Nov.	Mit Emomali Rachmonow (*1952) wird ein entschiedener Gegner der islamischen Opposition neues Staatsoberhaupt.
1994	Ein Waffenstillstandsabkommen zwischen den Bürgerkriegsparteien tritt in Kraft (20. Okt.).
1995 26. Febr.	Die ersten Parlamentswahlen seit der Unabhängigkeit enden mit einem Erfolg der Kommunistischen Partei. Sie werden von der islamischen und demokratischen Opposition nicht anerkannt.
1997 27. Juni	Regierung und die Vereinigte Tadschikische Opposition (UTO) unterzeichnen einen *Friedensvertrag*, der den fünfjährigen Bürgerkrieg beendet.
11. Sept.	Rückkehr des Oppositionsführers Nuri nach fünfjährigem Exil.
12. Dez.	Präsident Rachmonow ernennt erstmals drei Vertreter der Opposition zu Ministern.
1998 24./25. März	Schwere Gefechte zwischen Regierungstruppen und Einheiten der muslimischen Opposition nahe der Hauptstadt Duschanbe und vom 30. April–3. Mai auch in der Hauptstadt selbst.
Nov.	Nach einem Ultimatum zur Abgabe der Waffen, das Präsident Rachmonow und Oppositionsführer Nuri den bewaffneten Gruppen am 1. Okt. gestellt haben, kommt es erneut zu schweren Kämpfen. Eine Rebellengruppe bringt zeitweilig Regierungs- und Verwaltungsgebäude in Chodschent (früher Leninabad) unter ihre Kontrolle.
1999 26. Febr.	Tadschikistan schließt sich der von Kasachstan, Kirgisistan, Russland und Weißrussland gegründeten *„Gemeinschaft Integrierter Staaten" (GIS)* an.
3. Aug.	Die UTO erklärt formell die Auflösung ihrer bewaffneten Einheiten.
26. Sept.	In einem Verfassungsreferendum spricht sich die Mehrheit u. a. für die Aufhebung des Verbots religiöser Parteien aus.
6. Nov.	Präsident Rachmonow wird für weitere sieben Jahre im Amt bestätigt.
2000	Bei den Wahlen zum Unterhaus wird die Volksdemokratische Partei von Präsident Rachmonow stärkste politische Kraft (27. Febr./12. März).
27. März	Formeller Abschluss des 1997 eingeleiteten Friedensprozesses.
Okt.	Gegen die Putschisten von Chodschent (Nov. 1998) ergehen vier Todesurteile und 59 Haftstrafen.
30. Okt.	Der Somoni als *neue Landeswährung* löst den tadschikischen Rubel ab.

Kirgisistan seit 1977
(Forts. v. S. 1198)

1977	Erste Hinweise auf Umweltprobleme im *Ferghana-Becken* durch Überdüngung und Bewässerung.
1990 4. Juni	In der Region Osch eskalieren die Streitigkeiten um Bau- und Ackerland zwischen Kirgisen und der usbekischen Minderheit.
12. Okt.	Askar Akajew (*1944) wird zum Staatspräsidenten durch den Obersten Sowjet gewählt.
15. Dez.	Umbenennung der Unionsrepublik in *Republik Kyrgysstan*.
1991	*Unabhängigkeitserklärung* (31. Aug.).
13. Okt.	Akajew siegt in der Direktwahl zum Staatspräsidenten.

	21. Dez.	Beitritt zur Gemeinschaft Unabhängiger Staaten (GUS).
	1993 5. Mai	Eine neue Verfassung tritt in Kraft. Sie bekennt sich zu einer sozial orientierten Marktwirtschaft und zu weiterer Demokratisierung.
	10. Mai	Der Som wird als Währung Kirgisistans eingeführt.
	1995 5./19. Febr.	Erste Parlamentswahl seit der Unabhängigkeit. Sie ergibt eine Mehrheit für Akajew nahe stehende Kandidaten. Premierminister wird Apas Dschumagulow.
	24. April	Kirgisistan, Kasachstan und Usbekistan beschließen den Aufbau eines einheitlichen Wirtschaftsraums bis zum Jahr 2000.
Akajew Staatspräsident	24. Dez.	Bei Präsidentschaftswahlen wird *Akajew* als *Staatspräsident* bestätigt.
	1998 14. Okt.	Als erste ehemalige Sowjetrepublik wird Kirgisistan in die Welthandelsorganisation (WTO) aufgenommen.
Privatisierung von Agrarland	17. Okt. 1999	Ein Referendum billigt die Verfassungsänderung, mit der die *Privatisierung von Agrarland* gestattet wird.
	2000	Schwere Kämpfe zwischen Regierungstruppen und muslimischen Rebellen (Aug./Sept.).
	20. Febr.	Bei den Parlamentswahlen wird die oppositionelle Kommunistische Partei mit 27,7% der Stimmen stärkste politische Kraft.
	29. Okt.	Präsident Akajew wird für eine dritte Amtszeit bestätigt. Bei den Wahlen kommt es zu beträchtlichen Manipulationen, u.a. werden 14 von 20 Mitbewerbern ausgeschlossen.
	2001 22. Jan.	Der Oppositionspolitiker und frühere Vizepräsident Feliks Kulow wird wegen Amtsmissbrauchs (als Minister für Staatssicherheit 1997/98) zu sieben Jahren Lagerhaft verurteilt.
	2002 März	Bei einer Kundgebung gegen die Regierung werden im südkirgisischen Kerbent fünf Demonstranten von der Polizei erschossen.
	22. Mai	Sturz der Regierung von Ministerpräsident Kurmanbek Bakijew wegen der gewaltsamen Niederschlagung der Unruhen im März. Nachfolger wird der bisherige stellvertretende Ministerpräsident Nikolai Tanajew.

Mongolei seit 1945

(Forts. v. S. 1197)

industrieller Aufschwung		Das traditionell rein weidewirtschaftlich orientierte Land nimmt seit 1945 einen außerordentlichen *industriellen Aufschwung*: Öl- und Kohleförderung, Produktion von Wolle, Fleisch und Leder, Anbau und Export von Getreide.
Unabhängigkeit	1945 20. Okt.	Volksabstimmung, die auf einen Beschluss von US-Präsident Roosevelt und Generalissimus Chiang Kai-shek in Jalta zurückgeht: überwältigende Mehrheit für die *Unabhängigkeit*.
	1947	Grenzstreitigkeiten mit China, Chiang verhindert die Aufnahme der Mongolischen Volksrepublik in die UNO (bis 1961).
	seit 1950	Sehr gute Beziehungen zur VR China und zur UdSSR, mehrfach Freundschafts- und Wirtschaftsabkommen mit beiden Ländern.
	1952 Jan.	Nach dem Tod von Marschall Chorlogjin Choybalsan (*1895, †1952) wird Yumjaagiyn Zedenbal (*1916, †1991) Ministerpräsident.
	1958	Kollektivierung der Viehzucht.
	1960	Neue Verfassung: Der Große Hural (Volksrat) ist das oberste Staatsorgan.
	1963/1964	Vermessung der Grenze mit der VR China.
Grenzverlauf zu China	1964 Juni	Endgültige Festlegung des *Grenzverlaufs zu China* in einem Abkommen. Mit der Verschärfung des chinesisch-sowjetischen Konflikts wendet sich die Mongolische VR immer stärker der Sowjetunion zu.
	1966 Jan.	Besuch des sowjetischen Parteichefs Breschnew und Abschluss eines Freundschafts-, Kooperations- und gegenseitigen Hilfspaktes.
	1969	Peking erklärt das Grenzabkommen von 1964 für ungültig und stellt Gebietsforderungen.
	seit 1970	Die Mongolische VR greift die chinesische Minoritätenpolitik, vornehmlich den „Han-Chauvinismus" im autonomen Gebiet Innere Mongolei an.
	1974 Juni	Zwei Jahre nach dem Tod von Jamsrangiyn Sambuu (*1895, †1972; Präsident von 1954 bis 1972) wird Parteichef Zedenbal sein Nachfolger, und Jambyn Batmounkh (*1926) übernimmt das Amt des Ministerpräsidenten.
	1980	Abkommen mit der UdSSR über den gemeinsamen Grenzverlauf (26. Nov.).
	1984	Als Nachfolger Zedenbals wird Ministerpräsident Jambyn Batmounkh auch Generalsekretär (22. Aug.).

1990 2. März	Erfolgreicher Abschluss der Verhandlungen über den *Abzug der sowjetischen Truppen* bis 1992. Nach massiven Demonstrationen für mehr Demokratie tritt im März das Politbüro zurück, eine Verfassungsänderung lässt Parteien zu. Neuer Staatspräsident wird Punsalmaagyin Otschirbat (*1942).	*Abzug der sowjetischen Truppen*
22./29. Juni	Parlamentswahlen bringen infolge der kurzen Vorbereitungszeit Sieg der Regierungspartei Mongolische Revolutionäre Volkspartei (MRVP). Ministerpräsident wird Daschijn Bijambasuren (11. Sept.).	
1991	Die Mongolei tritt als 157. Mitglied dem IMF und der Weltbank bei (15. Okt.).	
1996 30. Juni	Bei Parlamentswahlen siegen die zur Demokratischen Union zusammengeschlossenen Oppositionsparteien über die MRVP. Ministerpräsident wird Mendsaikhan Enkhsaikhan.	
1997	Bei den Präsidentschaftswahlen siegt Natschagyin Bagabandi (MRVP) (18. Mai).	
1998 17. April	Unter dem Druck wachsender Kritik am radikalen wirtschaftlichen Programm, das die sozialen Probleme verschärft hat, tritt die von Enkhsaikhan geführte Koalitionsregierung zurück. Neuer Ministerpräsident wird Zahiagiin Elbegdorj (Nationaldemokratische Partei/NDP).	
24. Juli	Die Regierung Elbegdorj stürzt über ein *Misstrauensvotum* der MRVP.	*Misstrauensvotum*
9. Dez.	Der bisherige Bürgermeister von Ulan Bator, Janlaviin Narantsatsralt, wird neuer Ministerpräsident.	
1999 22. Juli	Rücktritt von Narantsatsralt nach sieben Monaten Amtszeit; Nachfolger Rinchinnyamiin Amarjargal.	
2000 2. Juli	Bei den Parlamentswahlen gewinnt die oppositionelle exkommunistische MRVP. Das Wahlergebnis wird als Reaktion auf die forcierte Umwandlung des zentralistischen Plansystems zur Marktwirtschaft gewertet. MRVP-Generalsekretär *Nambariin Entkbayar* wird am 25. Juli als *Ministerpräsident* vereidigt.	*Entkbayar Ministerpräsident*
2001 20. Mai	Nach Kälte- und Dürrekatastrophen in den Jahren 1999 und 2000, denen 2,4 Mio. Stück Vieh zum Opfer fielen, wird die Mongolei erneut von einem extremen Winter betroffen. Bis April gehen weitere 2 Mio. Herdentiere ein. Staatsoberhaupt Bagabandi wird im Amt bestätigt.	

Ostasien seit 1945

China/Volksrepublik China seit 1945
(Forts. v. S. 1214)

Die vier Jahre zwischen der Niederlage Japans im Zweiten Weltkrieg und dem Sieg der Kommunisten im chinesischen Bürgerkrieg lassen sich mit gleicher Berechtigung aus *zwei Perspektiven* darstellen: als Ausklang der republikanischen Ära auf dem chinesischen Festland wie als Vorgeschichte der kommunistischen Machtübernahme. Neben der Bedeutung dieser Übergangsepoche als Ablösungsphase einer revolutionären Elite durch eine andere und damit als Vor- bzw. Nachspiel im engeren chinesischen Rahmen beginnen sich in dieser Zeit auch Fronten zu formieren, die nach 1949 die internationale Szene in Asien prägen werden.

zwei Perspektiven

Als die *Kommunisten* nach fast drei Jahrzehnte dauernden Kämpfen und Koalitionen mit der Kuomintang (KMT) die Herrschaft in China für sich allein erringen können, übernehmen sie ein von Kriegen und Bürgerkriegen zerstörtes Land. Dass ihnen trotz der zahlenmäßigen Überlegenheit ihrer Gegner und deren gewaltiger materieller Unterstützung durch die USA in relativ kurzer Zeit der Sieg zufällt, zeugt nicht nur für ihre militärische Schlagkraft, sondern auch für die Hoffnungen, die große Teile der Bevölkerung in sie setzen. Obwohl die Erfahrungen, die die Kommunisten bei der Verwaltung der von ihnen besetzten Gebiete in den vorangegangenen Jahren sammelten, eine bessere Ausgangsbasis als den russischen Kommunisten vor deren Machtübernahme geben, fehlen ihnen nicht nur die Kenntnisse, die zum Aufbau einer modernen Gesellschaft erforderlich sind, sondern auch das dazu notwendige Personal. So ist die Zukunft, die vor ihnen liegt, keineswegs so leuchtend, wie *Mao Tse-tung* (*1893, †1976), einer der Gründer der Kommunistischen Partei Chinas (KPCh), sie in Reden und Gedichten preist, sondern eher ungewiss, weil voller innen- wie außenpolitischer Gefahren.

Kommunisten

Mao Tse-tung

Entstehung der Volksrepublik (1945–1949)

VII. Parteitag der KPCh

1945
23. April– 11. Juni *VII. Parteitag der KPCh* in Yenan: Mao Tse-tung legt seinen Bericht „Vorwärts zur Koalitionsregierung" vor. Das von Liu Shao-ch'i (*1898 oder 1905, †1969) entworfene Parteistatut, welches dasjenige vom 9. Juni 1928 ablöst, wird revidiert und der Beschluss gefasst, „die Gedanken Mao Tse-tungs sowie den Marxismus zur Richtschnur" für die Parteiarbeit zu machen.

Mandschurei

14. Aug. Die Sowjetunion schließt einen Freundschaftsvertrag mit der geschwächten Nationalregierung der KMT (Kuomintang, gegründet 1912), nachdem der Kreml noch sechs Tage zuvor Japan den Krieg erklärt hat und daraufhin sowjetische Truppen große Teile der *Mandschurei* besetzt haben. Die UdSSR hat sich damit jene Konzessionen vertraglich gesichert, die ihr von den Westmächten auf der Konferenz von Jalta (4.–11. Februar 1945) für den Kriegseintritt gemacht worden sind. China muss die Unabhängigkeit der Äußeren Mongolei anerkennen und der UdSSR größere Rechte in Nordostchina einräumen, u. a. die Beteiligung an der Verwaltung der mandschurischen Eisenbahnen, die Errichtung einer Marinebasis in Port Arthur (heute: Lü-shun) sowie weitere wirtschaftliche und militärische Konzessionen in Dairen (heute: Ta-lien) auf der Liao-tung-Halbinsel.

28. Aug. Mao Tse-tung führt in Begleitung des amerikanischen Botschafters Patrick J. Hurley Verhandlungen in Chungking mit dem KMT-Führer Chiang Kai-shek (*1887, †1975) – Verhandlungsdauer bis 11. Oktober, wo beide in einer gemeinsamen Erklärung die Bereitschaft zu Frieden und Zusammenarbeit bekunden. Dennoch kommt es mehr und mehr zu *militärischen Zusammenstößen*.

militärische Zusammenstöße

2. Sept. Kapitulation Japans: Sofort danach versuchen Kommunisten und Nationalisten, die von ihren Truppen besetzten Gebiete so schnell wie möglich auszuweiten. USA und UdSSR drängen die beiden Seiten zu einer friedlichen Einigung.

Waffenstillstand

1946
10. Jan. General George Catlett Marshall (*1880, †1959), der Sonderbeauftragte des amerikanischen Präsidenten Truman, vermittelt den Abschluss eines *Waffenstillstands*, der zu Beginn der Politischen Konsultativkonferenz, auf der u. a. die Bildung einer Koalitionsregierung, die Vereinigung aller Streitkräfte sowie politische und wirtschaftliche Reformen beschlossen werden, in Kraft tritt.

12. März Eine Verschärfung der innenpolitischen Lage tritt ein, als nach dem Rückzug der sowjetischen Truppen Verbände der KMT die südmandschurische Stadt Mukden (heute: Shenyang) besetzen und sich weiterer Gebiete in Nordchina bemächtigen.

15. April Der frühere kommunistische Hauptunterhändler (1936–1945) mit der KMT, Chou En-lai (*1898, †1976), erklärt den Kriegszustand für die Mandschurei.

23. Juni Mao fordert die USA auf, die Unterstützung für die Nationalregierung (KMT) einzustellen.

Nationalversammlung in Nanking

15. Nov. Beginn der von Chiang Kai-shek nach *Nanking* einberufenen Verfassunggebenden *Nationalversammlung*. Die Besetzung weiterer Gebiete durch KMT-Truppen führt zum Boykott der Nationalversammlung durch die Kommunisten, aber auch zum Boykott durch andere Parteien.

25. Dez. In-Kraft-Treten der „Verfassung der Republik China".

Ausbruch des Bürgerkriegs

1947 Im Frühjahr *bricht der Bürgerkrieg* offen *aus*. Mitte März evakuieren die Kommunisten Yenan (Provinz Shensi) und ziehen sich vor den vorrückenden Nationalarmeen zurück.

10. Okt. Nach Maos Anordnung zur Gegenoffensive verkündet die KPCh ein neues Bodengesetz, das die Enteignung der Großgrundbesitzer zum Ziel hat.

1948 Chiang Kai-shek wird von der Nationalversammlung zum Präsidenten der Republik gewählt. Li Tsung-jen (*1890, †1969) Vizepräsident.

19. März

29. März Nach Anfangserfolgen der KMT geht die militärische Initiative gegen Ende des Jahres mehr und mehr auf ihre Gegner über. Während sich immer größere Teile der Bevölkerung von der KMT abwenden, bemühen sich die Kommunisten mit einer gemäßigten Politik erfolgreich um die Bildung einer breiten *Einheitsfront* unter Einschluss der „nationalen Bourgeoisie" und kooperationsbereiter Großgrundbesitzer. Im Zuge einer Herbstoffensive dehnen sie ihre Kontrolle über die ganze Mandschurei aus.

Einheitsfront

1949 In den ersten Tagen des Jahres fallen den Kommunisten wichtige nordchinesische Städte in die Hände, darunter Peking.

5.–13. März Das 2. Plenum des Zentralkomitees (ZK) der KPCh beschließt, den Schwerpunkt der Parteiarbeit vom Land in die Städte zu verlegen; damit kehren die Kommunisten zu der städtischen Basis zurück, die sie zwei Jahrzehnte zuvor unter dem Druck der KMT haben verlassen müssen.

Rücktritt Chiang Kai-sheks

Nach dem *Rücktritt Chiang Kai-sheks* (21. Jan. 1949) übernimmt Li Tsung-jen als amtierender Präsident die Regierung. Nach der Ablehnung der von den Kommunisten diktierten Friedensbedingungen gehen die kommunistischen Verbände erneut zur Offensive über. Chiang Kai-shek und zahlreiche Mitglieder der Nationalregierung müssen sich auf die Insel *Taiwan* zurückziehen, ihnen folgen ca. zwei Millionen Soldaten und Zivilpersonen. *Taiwan*

15.–19. Juni Mao Tse-tung eröffnet in Peking die 1. Sitzung eines Ausschusses, der die Aufgabe hat, die Einberufung der Politischen Konsultativkonferenz sowie die Bildung einer Koalitionsregierung der Einheitsfrontparteien vorzubereiten.

21. Sept. In Peking tritt die Politische Konsultativkonferenz des chinesischen Volkes zusammen, an der 584 stimmberechtigte Delegierte aller Einheitsfrontparteien teilnehmen.

27.–30. Sept. Verabschiedung von zwei Organisationsgesetzen der Zentralen Volksregierung der Volksrepublik (VR) China und der Politischen Konsultativkonferenz sowie eines gemeinsamen Programms.

Mao Tse-tung wird zum Ersten Vorsitzenden der Zentralen Volksregierung und damit zum neuen chinesischen *Staatsoberhaupt* gewählt. Auf dem Tor des Himmlischen Friedens in *Mao Tse-tung Staatsoberhaupt*

1. Okt. Peking ruft Mao die Volksrepublik China aus und gibt die Zusammensetzung der neuen Koalitionsregierung bekannt.

Der Staatsaufbau nach dem Organisationsgesetz von 1949 und der Verfassung von 1954

Gemäß Art. 1 des Organisationsgesetzes der Zentralen Volksregierung von 1949 ist die VR China ein Staat der „*demokratischen Volksdiktatur*", geführt von der Arbeiterklasse und getragen von einem Bündnis der Arbeiter und Bauern, die „um sich alle demokratischen Elemente und die verschiedenen Nationalitäten des Landes" sammeln. Die übrigen 30 Artikel befinden über Struktur und Kompetenzen des Zentralen Volksregierungsrats, des Staatsverwaltungsrats, des Revolutionären Militärrats, dem die Volks-befreiungsarmee (VBA) untersteht, über Volksgericht und Volksstaatsanwaltschaft. An der Spitze des Staatsverwaltungsrats und der insgesamt 31 Ministerien steht der *Ministerpräsident* (von 1949 bis 1976 Chou En-lai). Obwohl die nichtkommunistischen Parteien und Verbände relativ stark vertreten sind, befinden sich alle wichtigen Positionen in der Hand der KPCh. Einfluss üben die Kommunisten vor allem über den Revolutionären Militärrat aus sowie über die sechs von den Feldarmeen aufgebauten und getragenen Regionalverwaltungen (Nordchina, Nordostchina, Nordwestchina, Ostchina, Südwestchina). Allerdings wird die relativ große Selbstständigkeit dieser Regionalverwaltungen im Laufe der nächsten Jahre zugunsten der Zentralverwaltung abgebaut. Nach ihrer 1954 erfolgten Auflösung *gliedert sich die chinesische Volksrepublik* in 21 Provinzen, fünf autonome Gebiete und die zwei reichsunmittelbaren Städte Peking und Shanghai (heute auch Tientsin).

„demokratische Volksdiktatur"

Ministerpräsident

regionale Gliederung

Die 1954 verabschiedete *neue Verfassung* definiert die Volksrepublik China als „Staat des Volkes geführt von der Arbeiterklasse und beruhend auf einem Bündnis von Arbeitern und Bauern". Sie stellt auf dem Wege sozialistischer Industrialisierung und Umgestaltung die allmähliche Beseitigung von Ausbeutung und den Aufbau einer sozialistischen Gesellschaft in Aussicht. Grundrechte u.a.: Gleichheit der Bürger vor dem Gesetz, aktives und passives Wahlrecht, Religionsfreiheit und Recht auf Arbeit.

neue Verfassung

Aufbau und Entwicklung der Volksrepublik (1950–1963)

1950 1. Mai Ein neues Ehegesetz trägt wesentlich zur Gleichberechtigung der Frau, damit aber auch zur Auflösung der traditionellen Familienstruktur bei.

30. Juni Wie das Ehegesetz dient auch ein neues Agrarreformgesetz der Festigung der Macht des neuen Regimes sowie einer tief greifenden *sozioökonomischen Umgestaltung* des Landes. Im Rahmen dieses Gesetzes werden im Laufe der nächsten Jahre 43% der gesamten landwirtschaftlichen Nutzfläche neu verteilt, der Pachtzins gesenkt und die Streichung alter Pachtschulden verfügt. Damit ist dem Großgrundbesitz die wirtschaftliche Grundlage seiner Macht entzogen.

sozioökonomische Umgestaltung

1950/1951 Truppen der VR China besetzen Tibet. (Forts. v. S. 1199)

1951 23. Febr. Mit dem Beginn der Kampagne „Niederwerfung von Konterrevolutionären" werden die herrschenden Schichten der alten Gesellschaft – sofern sie nicht geflüchtet oder gleich nach der Machtübernahme liquidiert worden sind – politisch entmachtet.

23. Mai Das chinesisch-tibetische 17-Punkte-Abkommen garantiert *Tibet Autonomie* und freie Religionsausübung; in der Hauptstadt Lhasa werden chinesische Zivil- und Militärbehörden eingesetzt, das Land wird in drei Regionen geteilt. Einführung neuer landwirtschaftlicher Methoden, Bau von Straßen, Schulen und Krankenhäusern, Entstehen einer lokalen Kleinindustrie.

Autonomie für Tibet

Die Wirtschaftspolitik bis zum Ende des 1. Fünfjahrplans

Der Wandel der chinesischen Wirtschaftsverfassung beginnt auf dem Lande mit der Ende 1951 einsetzenden Bildung von Vereinigungen für gegenseitige Hilfe und von Landwirtschaftlichen Produktionsgenossenschaften. Als weitere Aufgaben auf wirtschaftlichem Gebiet stellen sich die Beseitigung der Inflation, die Sanierung der Staatsfinanzen, der Wiederaufbau der Industrie, die Aktivierung des Binnenhandels, der dazu notwendige Ausbau der Infrastruktur sowie die Beseitigung des ausländischen Einflusses. Im Rahmen der „sozialistischen Umgestaltung" (*Verstaatlichung*, staatliches Außenhandelsmonopol, staatliche Kapitalbeteiligungen u. a.) geht der private Anteil an Industrie und Handel stark zurück. Mit einer Reihe von Massenkampagnen zur Vernichtung von „Klassenfeinden" wird die Partei diszipliniert und die Bevölkerung im Geiste des Sozialismus umerzogen (Drei-Anti-Bewegung, Fünf-Anti-Bewegung).

Verstaatlichung

Mit ihrem 1953 eingeführten ersten Fünfjahrplan schlägt die chinesische Führung einen Wirtschaftskurs ein, der sich eng an dem Entwicklungsmodell der Sowjetunion orientiert. Schwerpunkt ist die forcierte Entwicklung der *Industrie*, insbesondere der Schwer- und Grundstoffindustrie, die als Motor des wirtschaftlichen Wachstums angesehen wird. Konsumgüterindustrie und Landwirtschaft bleiben dagegen vernachlässigt. Während die Letztere die Hauptlast bei der Kapitalschöpfung tragen muss, fließen ihr nur ca. 6,2 % der staatlichen Investitionen zu. Obwohl die sowjetischen Kredite gering sind, trägt die Entsendung von über zehntausend Experten sowie die Lieferung wichtiger Investitionsgüter und technischer Pläne nicht unwesentlich zur Wirtschaftsentwicklung bei.

Industrie

Trotz beachtlicher wirtschaftlicher Erfolge während des 1. Fünfjahrplans – mit einer durchschnittlichen jährlichen Steigerung des Bruttosozialprodukts von ca. 6 % und Wachstumsraten der Industrieproduktion von 18,5 % – ist die weitere wirtschaftliche Entwicklung aufgrund der nur langsam gewachsenen landwirtschaftlichen Produktion gefährdet. Zu den *wirtschaftlichen Problemen*, die gegen eine Fortsetzung des alten Kurses sprechen (Versorgungsengpässe in Konsumgütern, fehlende Rohstoffe für die Industrie, Devisenknappheit aufgrund des Rückgangs landwirtschaftlicher Exporte) kommen gesellschaftspolitische: Unzufriedenheit der Bauern über die Unterschiede im Lebensstandard im Vergleich zu den Städten; Landflucht; Zunahme „kapitalistischer" Tendenzen unter den Bauern.

Wirtschaftsprobleme

1953 Okt. Durch die von Mao verkündete „Generallinie der Partei in der Übergangsperiode" und die vom Politbüro angenommene „Resolution über die Entwicklung von gegenseitiger Hilfe und Kooperation in der Landwirtschaft" erfahren *Kollektivierung* und Sozialisierung von Handel, Landwirtschaft und Industrie eine weitere Beschleunigung. Drei Jahre später ist die Verstaatlichung von Industrie und Handel weit gehend abgeschlossen, wobei viele der ehemaligen Eigentümer als Leiter mit Gehalt und Gewinnbeteiligung abgefunden werden.

Kollektivierung

1954 Die VR China nimmt an der Genfer Konferenz über Korea und Indochina teil.

29. April Unterzeichnung eines Indisch-Chinesischen Abkommens über Handel und Verkehr zwischen dem tibetischen Gebiet Chinas und Indien.

19. Juni Auflösung der einzelnen Regionalverwaltungen: neue Gliederung in *Provinzen und autonome Gebiete*.

Provinzen und autonome Gebiete

15. Sept. In Peking eröffnet Mao Tse-tung den Ersten Nationalen Volkskongress (1226 Delegierte). Die Politische Konsultativkonferenz bleibt bestehen, wird jedoch in eine Dachorganisation der Einheitsfrontpolitik mit nur beratender Funktion umgewandelt.

20. Sept. Der Nationale Volkskongress verabschiedet eine *neue Verfassung* (106 Artikel) und ergänzt diese durch ein Organisationsgesetz über den Nationalen Volkskongress sowie vier Organisationsgesetze über den Staatsrat, die örtlichen Volkskongresse, die Volksgerichte und die Volksstaatsanwaltschaft.

neue Verfassung

27. Sept. Mao Tse-tung wird vom Nationalen Volkskongress zum Staatspräsidenten gewählt.

30. Sept.– 12. Okt. Besuch einer *sowjetischen Regierungsdelegation* unter Parteichef Chruschtschow, Ministerpräsident Bulganin und Außenminister Mikojan: Ablehnung der chinesischen Forderung nach Rückgabe der Äußeren Mongolei, jedoch Unterzeichnung von Kreditvereinbarungen sowie Zusagen über die Rückgabe von Port Arthur (Lü-shun) und die Auflösung der gemischten Aktiengesellschaften in Sinkiang.

Delegation aus der UdSSR

1955 31. März Die Politbüro-Mitglieder und Leiter der Regionalabteilungen Nordost- und Ostchina Kao Kang und Jao Shu-shih werden ihrer Staats- und Parteiämter enthoben. Als Gründe werden angeblich separatistische Ambitionen sowie gravierende Meinungsunterschiede über die weitere Wirtschaftspolitik, in der Kao und Jao eindeutig das sowjetische Modell favorisieren, genannt. – Zur Bekämpfung antizentralistischer Tendenzen werden die *Regionalbüros aufgelöst*.

Auflösung der Regionalbüros

18.–24. April Chou En-lai nimmt an der Solidaritätskonferenz afro-asiatischer Staats- und Regierungschefs in Bandung teil und wirbt erfolgreich um Vertrauen für die VR China.

31. Juli	Mao tritt in einer programmatischen Rede vor regionalen Parteifunktionären für eine Beschleunigung der landwirtschaftlichen Kollektivierung ein.	
10. Okt.	Das 6. erweiterte Plenum des VII. Zentralkomitees stimmt der von Mao geforderten schnelleren Kollektivierung zu. Daraufhin kommt es zum verstärkten Zusammenschluss der bäuerlichen Haushalte zu *Produktionsgenossenschaften*; ihnen gehören bis Ende 1956 fast alle bäuerlichen Haushalte an. Ziele dieser Maßnahmen sind u. a. Hebung des Lebensstandards der Landbevölkerung, Beschleunigung der Industrialisierung sowie Verhinderung einer „kapitalistischen Restauration" auf dem Lande.	*Produktionsgenossenschaften*
1956 14. Jan.	Auf Betreiben Chou En-lais gibt die Partei ihre bislang geübte harte Politik gegenüber Intellektuellen auf.	
25. April	In einer Rede „Über die zehn Großen Beziehungen" beginnt sich eine erste Abkehr vom sowjetischen Entwicklungsmodell anzukündigen. Gegen den Widerstand Liu Shao-ch'is und anderer Parteiführer setzt sich Mao für eine weitere *Liberalisierung* ein.	*Liberalisierung*
26. Mai	Lu Ting-i, Direktor der Propaganda-Abteilung des ZK, ermuntert unter dem Motto Maos – „Lasst hundert Blumen blühen, lasst hundert Gedankenschulen miteinander wetteifern" – die Intellektuellen zu offener Diskussion und Kritik.	
1. Sept.	Beginn von Grenzstreitigkeiten mit Indien, die von nun an ständig zunehmen.	
7.–27. Sept.	In Peking tritt der *VIII. Parteitag der KPCh* zusammen, dessen Delegierte zum ersten Mal von den Parteimitgliedern gewählt werden. Er verabschiedet ein neues Parteistatut. Mao wird erneut zum Parteivorsitzenden gewählt; ein Ständiger Ausschuss des Politbüros wird gebildet und die Position des Parteisekretariats gestärkt. Generalsekretär der Partei wird Teng Hsiao-p'ing (Deng Xiaoping; *1904, †1997).	*VIII. Parteitag der KPCh*
15. Nov.	Mao setzt sich auf dem 2. Plenum des VIII. ZK erneut kritisch mit der Entstalinisierungspolitik Chruschtschows auseinander und warnt angesichts der Aufstände in Ungarn und Polen die eigene Partei vor Bürokratismus, Subjektivismus und Sektierertum.	
1957 27. Febr.	Mao plädiert in einer Rede vor der Obersten Staatskonferenz „Über die richtige Behandlung von Widersprüchen im Volke" für eine *offene Diskussion* zur Austragung der auch im Sozialismus andauernden gesellschaftlichen Widersprüche. Die Kritik an der Partei und am Sozialismus, die so ermutigt allmählich einsetzt, ist unerwartet heftig und tief greifend; an einigen Universitäten kommt es im Juni sogar zu *Studentenunruhen*, die an die Bewegung vom 4. Mai (4. Mai 1919) erinnern. Die Partei reagiert mit einer „Kampagne gegen Rechtsabweichler", deren harte Repressions- und Disziplinierungsmaßnahmen bis ins darauf folgende Frühjahr andauern und jede Opposition ersticken.	*offene Diskussion* *Studentenunruhen*
15. Okt.	In einem „Vertrag über neue Technik für die nationale Verteidigung" sichert die UdSSR China technische Hilfe beim Bau eigener Atomwaffen zu.	

Anfangsphasen der chinesischen Außenpolitik ab 1949

Nachdem die Zentrale Volksregierung schon am 1. Oktober 1949 von der UdSSR und anderen osteuropäischen Staaten anerkannt worden ist, folgt Anfang Januar 1950 die *Anerkennung* durch Großbritannien, die skandinavischen Staaten, Afghanistan, Israel, die Schweiz und Indien. Bemühungen Chou En-lais um den Ausschluss der nationalchinesischen Delegation (Taiwan) aus der UNO scheinen zunächst hoffnungsvoll, verschlechtern sich jedoch nach der Invasion nordkoreanischer Truppen in Südkorea (25. Juni 1950). Weiter erschwerend wirken sich der sich verschärfende Ost-West-Konflikt und die außenpolitisch „einseitige Anlehnung" Pekings an die Sowjetunion aus, die am 14. Februar 1950 in drei Abkommen ihren Niederschlag gefunden hat: ein gegen Japan gerichtetes Defensivbündnis, ein Abkommen über einen über fünf Jahre laufenden Kredit der Sowjetunion in Höhe von 300 Mio. US-Dollar, eine Vereinbarung über den Abbau der sowjetischen Sonderrechte in Port Arthur, Dairen und an den mandschurischen Eisenbahnen. – Auch die Vernichtung der nach Taiwan geflüchteten Nationalregierung scheitert, nachdem die USA nach Ausbruch des Korea-Krieges zum Schutz der eigenen Truppen die 7. Flotte in die Straße von *Taiwan* schicken und so die Eroberung der Insel verhindern. – Der Einmarsch chinesischer Truppen in Tibet, das wieder in den chinesischen Staatsverband eingegliedert wird, belastet die Beziehungen zu Indien. Die internationale Reputation der VR China erreicht einen Tiefpunkt, als Ende Okt. chinesische Freiwillige in *Korea* intervenieren, um ein weiteres Vorrücken der UN-Verbände zu verhindern. Am 1. Februar 1951 wird die VR China daher *von der Generalversammlung der UNO* als Aggressor *verurteilt*.
Erst 1954 gelingt es Peking, wieder auf der internationalen Bühne präsent zu sein. Dies zeigt sich insbesondere durch die Teilnahme an der Genfer Konferenz über Korea und Indochina (26. April–21. Juli 1954). Eine weitere Entspannung vollzieht sich in dem seit der Tibet-Besetzung gespannten *Verhältnis zu Indien*; am 29. April 1954 kommt es zur Unterzeichnung eines Indisch-Chinesischen Abkommens über den Handel und Verkehr zwischen dem tibetischen Gebiet Chinas und Indien. Einen Erfolg der chinesischen Außenpo-

internationale Anerkennung

Taiwan

Korea-Krieg Verurteilung durch UNO

Verhältnis zu Indien

„friedliche Koexistenz"		litik bildet schließlich die Teilnahme an der Solidaritätskonferenz afro-asiatischer Staats- und Regierungschefs in Bandung (18.–22. April 1955); hier unterstreicht Chou En-lai die Bereitschaft seines Landes zur Herstellung gutnachbarlicher Beziehungen und zu einer Politik der *„friedlichen Koexistenz"*.
Führungsrolle der Sowjetunion	**1957** 2. Nov.	Eine Delegation unter der Leitung Mao Tse-tungs trifft zum 40. Jahrestag der Oktober-Revolution in Moskau ein, um an einer Konferenz kommunistischer Parteien teilzunehmen. Mao stellt die *Führungsrolle der Sowjetunion* im sozialistischen Lager heraus und verkündet angesichts der sowjetischen Weltraumerfolge die These, dass „der Ostwind über den Westwind die Oberhand gewonnen" habe. Trotz äußerlich demonstrierter Einigkeit kommt es über den auf dem XX. Parteitag der KPdSU eingeschlagenen Kurs zu Differenzen, insbesondere über die Politik der „friedlichen Koexistenz", die Bewertung von Atomkriegen, die Einschätzung des parlamentarischen Weges u.a.m.
	1958 5.–23. Mai	Auf dem 2. Plenum des VIII. ZK in Peking setzt sich nach parteiinternen Auseinandersetzungen über den wirtschaftlichen Kurs die radikale Gruppe in der Partei um Mao durch.
	17.–30. Aug.	Auch auf der Sitzung des erweiterten Politbüros in Peitaiho (Provinz Hopei) kann sich Mao mit seiner Politik der „Drei Roten Banner" behaupten.

Politik der „Drei Roten Banner"

sozialistischer Aufbau	Diese Politik umfasst die Generallinie des *sozialistischen Aufbaus*, den Großen Sprung nach vorn und die Volkskommunen. Sie ist in Ansätzen schon in Maos Zwölfjahresprogramm für die Landwirtschaft von 1955, in seiner Rede „Über die zehn Großen Beziehungen" vom April 1956 sowie in seiner Widerspruchsrede vom Februar 1957 erkennbar. Sie wendet sich vom sowjetischen Modell und der Forderung nach einem graduellen quantitativen Wandel ab und plädiert für eine „ununterbrochene Revolution" und eine gleichgewichtige Entwicklung von Industrie und Landwirtschaft. Die Letztere soll über die Schaffung größerer Produktionseinheiten und eine intensivere Mobilisierung der Arbeitskraft der Bevölkerung durch Massenbewegungen zum Motor der Entwicklung werden. Von dem neuen Kurs werden nicht nur „schnellere, bessere und mehr Ergebnisse" erwartet, sondern auch eine verstärkte Weiterentwicklung des
Volkskommune	politischen Bewusstseins der Bevölkerung. Im Mittelpunkt dieser Politik steht die *Volkskommune*, die neue „Grundeinheit der sozialistischen Gesellschaftsordnung", welche Industrie, Landwirtschaft, Handel, Erziehung und Verteidigung umfasst und sich in Produktionsbrigaden und Produktionsgruppen untergliedert.
Masseneinsätze	Die Volkskommunen sollen das Wirtschaftswachstum fördern, die Unterschiede zwischen Stadt und Land, Kopf- und Handarbeit, Arbeitern und Bauern verringern, den Einsatz der Arbeitskräfte verbessern und den „konkreten Weg für den Übergang zum Kommunismus" erkunden. Dass dessen Erreichung kurz bevorsteht, wird immer wieder verkündet. Millionen von Menschen werden in *gewaltigen Masseneinsätzen* zu infrastrukturellen Arbeiten (Straßen, Bewässerungsanlagen etc.) eingesetzt. Gegen Ende des Jahres ist fast die gesamte Landbevölkerung in über 25000 Volkskommunen zusammengefasst.
Korrekturen	Schon gegen Ende 1958 häufen sich aber die durch Planung und Durchführung verursachten Fehlschläge in der Politik des „Großen Sprungs". Die Unzufriedenheit in der Bevölkerung wächst und äußert sich sogar in vereinzelten Fällen von aktivem Widerstand. Auf den Konferenzen in Chengchow (Oktober 1958), Wuchang (November 1958), Wuhan (Dezember 1958), Chengchow (Februar–März 1959), Shanghai (April 1959) müssen *Korrekturen* vorgenommen, das Tempo gedrosselt, Planziele herabgesetzt, die Kommunalisierung abgebaut und den Produktionsgruppen wieder größere Rechte eingeräumt werden.

Quemoy und Matsu	**1958** 23. Aug.– 5. Okt.	Beschießung der nationalchinesischen, dem Festland vorgelagerten Inseln *Quemoy und Matsu*. Moskau steht zwar zu seinen Bündnisverpflichtungen im Falle eines amerikanischen Angriffs auf das chinesische Festland, verweigert aber die Rückendeckung für Maßnahmen zur Eroberung Taiwans. Der Konflikt beginnt damit auf die politische Ebene überzugreifen.
	18. Okt.	Indien protestiert formell gegen den Bau einer von China gebauten Straße durch das umstrittene Aksai Chin-Gebiet im nördlichen Kaschmir.
Aufstand in Tibet	**1959** März	In Tibet führen soziale Spannungen (mit chinesischen Siedlern) und Konflikte der chinesischen Behörden mit den religiösen Führern zu einem *Aufstand*, der blutig unterdrückt wird. Flucht des 14. Dalai Lama (*1935) nach Indien.
	27. April	Auf der 1. Plenarsitzung des II. Nationalen Volkskongresses wird Liu Shao-ch'i zum Staatspräsidenten gewählt; Mao tritt freiwillig in die „zweite Führungslinie" zurück und widmet sich verstärkt der Parteiarbeit.
	20. Juni	Die Sowjetunion kündigt den Chinesisch-Sowjetischen Atomwaffenhilfsvertrag.
Kritik an Mao	2. Juli– 16. Aug.	Auf Konferenzen des erweiterten Politbüros und des ZKs in Lushan (Provinz Kiangsi) bricht die *Kritik an Mao* und seiner Wirtschaftspolitik offen aus, angeführt von Verteidi-

gungsminister P'eng Te-huai (*1898). Obwohl sich Mao durchsetzen kann und P'eng sowie seine Anhänger ihrer Ämter enthoben werden, muss Mao weitere Korrekturen seines Kurses hinnehmen.

30. Sept. Der sowjetische Parteichef Chruschtschow stattet der VR China anlässlich der Feierlichkeiten zur zehnjährigen Staatsgründung einen Besuch ab. Nach der sowjetischen Haltung bei der Quemoy-Krise von 1958, der Kündigung des Atomwaffenhilfsvertrags im Juni 1959, der mangelnden Unterstützung Pekings bei den Grenzstreitigkeiten mit Indien (Juli 1959) und den unverhüllten Versuchen Moskaus, sich mit Washington zu arrangieren, haben sich die Differenzen noch weiter vertieft.

seit 1960 Eine umfassende *Landreform in Tibet* bricht die traditionelle Klosterherrschaft; die sozialistische Gesellschaftsordnung Chinas wird durchgesetzt.

Landreform in Tibet

1960
16. April In einem Artikel des Parteiorgans Rote Fahne anlässlich des 90. Geburtstags von Lenin werden die „revisionistischen Tendenzen" der sowjetischen Politik angegriffen. Einige Wochen später zieht die Sowjetunion überraschend alle Experten aus China ab und stellt die technische Hilfe ein. Dieser Schritt sowie schwere Naturkatastrophen tragen noch weiter zur Verschlechterung der *wirtschaftlichen Lage* bei. Die „Drei bitteren Jahre" setzen ein.

schwierige wirtschaftliche Lage

Juli–Aug. Eine zweite Peitaiho-Konferenz beschließt eine weitere Revidierung der Politik des „Großen Sprungs". Die Parteipolitik wird nun zunehmend von Mitgliedern der ersten Führungslinie um Liu und Teng beherrscht; von ihnen wird die Linie „Landwirtschaft als Grundlage und Industrie als führender Faktor" proklamiert, mit der es nun verstärkt zu Investitionen auf dem Agrarsektor kommt. Unter dem Einfluss des neuen Verteidigungsministers Lin Piao (*1907 oder 1908, †1971) beginnt sich die Volksbefreiungsarmee in eine „große Schule des Denkens Mao Tse-tungs" zu verwandeln. In einer Reihe von Kampagnen wird die *Armee* von nun an zur „Verbesserung des Arbeitsstils" angehalten und auf die Linie Maos eingeschworen.

Armee

1962
Jan.–Febr. Auf einer erweiterten Arbeitskonferenz des ZK in Peking schließt sich auch Liu Shao-ch'i der Kritik des „Großen Sprungs" an und tritt für eine weitere Liberalisierung der Wirtschaftspolitik und für die Rehabilitierung einiger „Rechtsabweichler" ein. – Die bestehenden Meinungsgruppen beginnen sich zu „Fraktionen" mit eigenen Programmen zu verhärten; die Polarisierung der beiden „Linien" wird zunehmend „antagonistischer". Dabei konzentrieren sich die *Auseinandersetzungen* auf die Bereiche der Kultur, der Ideologie und der Propaganda.

innere Auseinandersetzungen

Aug. Auf der vorbereitenden Arbeitskonferenz für das 10. Plenum des VIII. ZK in Peitaiho startet Mao eine Offensive gegen die Konsolidierungspolitik von Liu und Teng.

24.–27.
Sept. Auf dem Plenum selbst setzt Mao seine Linie fort. Er warnt vor kapitalistischen Tendenzen, betont die *Fortsetzung des Klassenkampfes* auch in der Phase des Sozialismus und verweist auf die Bedeutung der Erziehung „revolutionärer Nachfolger". Obwohl er eine Bestätigung der Lushan-Resolution vom August 1959 durchsetzen und die Rehabilitierung von „Rechtsabweichlern" verhindern kann, wird in der Praxis die Politik Lius und Tengs fortgeführt. Diese findet ihren Ausdruck in der Politik der „Drei Freiheiten – eine Festlegung" (Ausdehnung privat genutzter Landparzellen u. freier Handel mit den dabei gewonnenen Produkten; privates Kleingewerbe; Festsetzung der Produktionsquoten auf der Ebene der bäuerlichen Haushalte); Vertrauen auf Privatinitiative und materielle Anreize; Aufwertung von Fachwissen, Planung und stärkere Dezentralisierung der Wirtschaft.

Fortsetzung des Klassenkampfes

20. Okt.–
22. Nov. Zwischen *Indien* und China kommt es wegen der umstrittenen Gebiete zu *militärischen Auseinandersetzungen*, die China schnell zu seinen Gunsten entscheidet. Nach tiefen Einbrüchen in indisches Gebiet erklärt China einseitig den Waffenstillstand und zieht seine Truppen zurück.

Kämpfe gegen Indien

1963
20. Mai Das ZK der KPCh stimmt der Durchführung einer von Mao konzipierten „Sozialistischen Erziehungsbewegung" zu, die schon auf dem 10. Plenum des VIII. ZK vom September 1962 in Aussicht genommen worden ist. Doch auch dabei zeigt sich schon deutlich ein „*Kampf der beiden Linien*". Während Mao mit Hilfe dieser Kampagne in Fortsetzung der Politik des „Großen Sprungs" den „Klassenkampf verschärfen" und das politische Bewusstsein heben will, versuchen die Parteipragmatiker um Liu die Disziplinierung des Parteiapparates und die Stabilisierung des Parteieinflusses auf dem Lande zu verstärken.

Kampf der beiden Linien

30. Mai Das ZK der KPdSU schlägt in einem Brief an das ZK der KPCh die Aufnahme bilateraler Gespräche auf Parteiebene zur Bereinigung der bestehenden Differenzen vor.

14. Juni Die chinesische Parteiführung nimmt die Einladung an und legt in einem unter der Leitung Maos erarbeiteten „Vorschlag zur Generallinie der internationalen kommunistischen Bewegung" an das ZK der KPdSU die eigene Position klar. In ihm wird von Moskau insbesondere die Aufgabe der Koexistenz-Politik gefordert, die Ablehnung des parlamentarischen We-

Moskauer Gespräche	5.–22. Juli Eine Delegation unter der Leitung von Teng Hsiao-p'ing und P'eng Chen (*1902?, †1997) trifft in *Moskau* ein, doch führen die *Gespräche* zu keinem Konsens und werden schließlich ergebnislos eingestellt.

ges zum Sozialismus bekräftigt, die These vom Absterben des Klassenkampfes im Sozialismus attackiert und vor dem „Revisionismus" gewarnt.

5.–22. Juli — Eine Delegation unter der Leitung von Teng Hsiao-p'ing und P'eng Chen (*1902?, †1997) trifft in *Moskau* ein, doch führen die *Gespräche* zu keinem Konsens und werden schließlich ergebnislos eingestellt.

5. Aug. — Dagegen Abschluss eines Abkommens über die Nichtverbreitung von Kernwaffen nach Verhandlungen zwischen den USA, Großbritannien und der UdSSR in Moskau.

Von der Kulturrevolution bis zu Maos Tod (1964–1976)

1964
10. Juli — Mao benutzt den Besuch einer Delegation der Sozialistischen Partei Japans dazu, eine neue Version seiner *Zwischenzonen-Theorie* vorzustellen. Ihr zufolge bestehen zwischen den USA und den sozialistischen Ländern zwei große Zwischenzonen, die zum einen von den unterentwickelten Staaten und zum anderen von den entwickelten Mächten Westeuropas sowie von Japan gebildet werden. Den Staaten der beiden Zwischenzonen empfiehlt Mao zur Abwehr imperialistischer Aggression mit den sozialistischen Ländern zusammenzuarbeiten.

14. Juli — Mit der Veröffentlichung des Grundsatzartikels „Über den Pseudokommunismus Chruschtschows und die historischen Lehren für die Welt" erreicht die Kritik am innen- und außenpolitischen Kurs der Sowjetunion ihren bisherigen Höhepunkt.

16. Okt. — Zündung der ersten *chinesischen Atombombe*.

Dez. — Peking setzt die religiösen und weltlichen Oberhäupter in Tibet, den Dalai Lama und den Pantschen Lama (*1937, †1989), offiziell ab.

1964
21. Dez. — Der *III. Nationale Volkskongress* tritt in Peking zusammen (bis 4. Jan. 1965). Maos Kritik an der Kultur- und Erziehungsarbeit nimmt zu.

1965
13. Juli — Zur Verbesserung der Kultur- und Erziehungsarbeit wird ein „Fünferausschuss Kulturrevolution" unter dem Vorsitz von P'eng Chen gebildet.

9. Sept. — Formale Errichtung des Autonomen Gebiets Tibet.

Sept./Okt. — Auf einer Arbeitskonferenz des ZK über Probleme im Kulturbereich fordert Mao zur Kritik an Wu Han, stellvertretender Bürgermeister von Peking, auf. Dieser hat 1961 in einem Drama die „Säuberung" P'eng Te-huais kritisiert und Mao kaum verhüllt angegriffen. Mao kann sich jedoch nicht durchsetzen und zieht sich nach Shanghai zurück.

10. Nov. — Die Shanghaier Zeitung Wen-hui-pao veröffentlicht auf Veranlassung von Mao und dessen Frau Chiang Ch'ing (*1913, †1991), die politisch immer stärker in Erscheinung tritt, eine scharfe Kritik Yao Wen-yüans (*1925) an dem Drama von Wu Han. Der Artikel wird bald darauf von der Armee-Zeitung und schließlich auch von der Pekinger Volkszeitung nachgedruckt.

1966 — In Abwesenheit Liu Shao-ch'is werden einige seiner wichtigsten Verbündeten ihrer Ämter enthoben (Lo Jui-ch'ing [*1906, †1978], P'eng Chen, Lu Ting-yi).

16. Mai — In einem Rundschreiben des ZK ist zum ersten Mal von der „Großen Proletarischen *Kulturrevolution*" die Rede, mit der gegen die ideologischen Positionen vorgegangen werden soll, die noch von den „Resten der Bourgeoisie und des Feudalismus in Partei, Regierung und Armee" gehalten werden. – *An den Hochschulen* bilden sich *Rotgardistengruppen*, die auf Wandzeitungen die Zerstörung der „alten Autoritäten" fordern. Da sie von Mao selbst und den publizistischen Organen unterstützt werden, gelingt es der Partei nicht, sie unter Kontrolle zu bringen. Der Terror an den Hochschulen weitet sich aus.

16. Juli — Mao schwimmt unterdessen bei Hangchow im Yangtse und demonstriert so spektakulär seine gute körperliche Verfassung. Dann kehrt er nach neunmonatiger Abwesenheit nach Peking zurück.

1. Aug. — Beginn des von Mao einberufenen 11. Plenums des VIII. ZK, welches mit Mao-Verbündeten erweitert worden ist.

8. Aug. — In einer 16-Punkte-Entschließung legitimiert das ZK die Kulturrevolution und ruft zum Kampf gegen die Machthaber in der Partei auf, „die den kapitalistischen Weg gehen".

18. Aug. — Zusammen mit Lin Piao nimmt Mao in Peking die erste große Massenkundgebung der Roten Garden ab; immer stärkerer *Mao-Kult*. Terror und Exzesse der studentischen Roten Garden steigern sich und provozieren den Widerstand von Arbeitern und Bauern. – Zwar gelingt es Mao und seinen Anhängern, ihre Gegner in der Parteizentrale zu entmachten und sich in Peking und einigen anderen Großstädten durchzusetzen, in den Provinzen blocken jedoch die dortigen Parteiführer die Angriffe der Roten Garden weit gehend ab und behaupten ihre Positionen.

1967
4. Jan. — In Shanghai bricht der sog. *„Januarsturm"* los; hier wie in anderen Städten übernehmen die Radikalen gewaltsam die Macht. Die Partei antwortet mit der Aufstellung eigener Verbände („Scharlachgarden") und versucht, die Arbeiter und Bauern auf ihre Seite zu ziehen.

17. Jan.	Mao erteilt der *Volksbefreiungsarmee* den Befehl zum Eingreifen, da Streiks, Demonstrationen und Kämpfe die Wirtschaft in ein Chaos zu stürzen drohen. Obwohl zum „Schutz der Linken" aufgefordert, benutzen viele der militärischen Führer in den Provinzen die Gelegenheit, die Radikalen unter Kontrolle zu bringen und mit Hilfe gemäßigter Kader den reibungslosen Ablauf der Wirtschaft sicherzustellen. Bildung von „Revolutionskomitees" aus Militärs, „revolutionären Parteikadern" und Vertretern von Massenorganisationen in Heilungkiang unter Mitwirkung des dortigen Militärbefehlshabers Ch'en Hsi-lien (*1913).	*Volksbefreiungsarmee*
6. April	Im Gegenzug verbietet die von der Linksfraktion kontrollierte Militärkommission des ZK die von einigen Militärführern in den Provinzen angestrebte Auflösung der revolutionären Massenorganisationen.	
26. Juli	Mit der Entmachtung von Ch'en Tsai-tao, Kommandeur der Militärregion Wuhan, gelingt ein weiterer wichtiger Erfolg der Linken. Die Angriffe auf höhere Militärs nehmen zu.	
18. Aug.	Der Versuch der Linken, sich auch in Südchina durchzusetzen, scheitert, als der dortige Befehlshaber Huang Yung-shen (*1907) mit regulären Truppen in die Kämpfe eingreift. Schon zuvor haben sich unter dem Druck der regionalen Befehlshaber auf einer erweiterten Sitzung der Militär-Kommission des ZK in Peking Mao, Lin Piao und Chiang Ch'ing von den „Revolutionären Rebellen" distanziert. Der *Höhepunkt der Kulturrevolution* ist damit überschritten. Während aus der „Gruppe Kulturrevolution" die Linksextremisten entfernt werden, führt die Armee die Disziplinierung der Roten Garden und der von ihnen dominierten Massenorganisationen durch.	*Höhepunkt der Kulturrevolution*
14. Okt.	Die sofortige Wiederaufnahme des Unterrichts an Schulen und Hochschulen wird angeordnet. Bereits seit September hat sich mit Billigung Maos die in Heilungkiang erstmals gebildete *Dreierverbindung* von Militär- und Parteikadern sowie von Massenorganisationsvertretern als Organisationsform im ganzen Land durchgesetzt. Allerdings werden diese *Machtorgane* von Anfang an von den Angehörigen der Volksbefreiungsarmee dominiert. Unter der Leitung des Militärs kommt so das Land langsam wieder zur Ruhe und die Wirtschaft wieder in Schwung. Darüber hinaus werden Maßnahmen zum Wiederaufbau der Partei eingeleitet.	*Dreierverbindung der Machtorgane*
1968 13.–31. Okt.	Das 12. Plenum des VIII. ZK nimmt den Entwurf eines neuen Parteistatuts an, das von Ch'en Po-ta, Yao Wen-yüan und Chang Ch'un-ch'iao (*1911) ausgearbeitet worden ist. Obwohl schon längst entmachtet und von der politischen Bühne verschwunden, wird Liu Shao-ch'i erst jetzt formell aller Ämter enthoben und aus der Partei ausgestoßen.	
22. Dez.	Mao fordert die Absolventen von Schulen und Hochschulen auf, aufs Land zu gehen, um sich von den Bauern umerziehen zu lassen. In der Folge werden mehr als zehn Millionen Jugendlicher in die Randzonen Chinas abkommandiert. Die Rebellion der Jugend ist damit zerschlagen.	
1969 2./15. März	Schwere Zwischenfälle an der sowjetisch-chinesischen Grenze *(Ussuri-Konflikt)*. Nach starken sowjetischen Truppenkonzentrationen und unter dem Eindruck des Einmarsches von Truppen des Warschauer Paktes in die ČSSR vom August 1968 wächst in China das Gefühl der Bedrohung.	*Ussuri-Konflikt*
1.–24. April	Unter strengster Geheimhaltung tritt in Peking der IX. Parteitag zusammen. Das *Ende der Kulturrevolution* wird verkündet und ein neues Parteistatut angenommen, das Lin Piao namentlich als „Nachfolger" Maos bezeichnet und dessen Gedanken wieder zur Richtschnur für die Arbeit der Partei erhebt.	*Ende der Kulturrevolution*
15. April	Das neugewählte ZK wird ebenso wie das neue Politbüro von Vertretern der Volksbefreiungsarmee dominiert.	
28. April	Das 1. Plenum des IX. ZK wählt Mao Tse-tung erneut zum Parteivorsitzenden.	
Mai	Der Wiederaufbau der Partei wird verstärkt propagiert und eine von nun an ständig wachsende Zahl von Kadern, die während der Kulturrevolution „gesäubert" worden sind, auf Betreiben Chou En-lais rehabilitiert. Während Chou mit Hilfe der Partei und mit Unterstützung zahlreicher Regionalbefehlshaber einen Kurs der politischen und wirtschaftlichen Konsolidierung steuert, propagiert Lin Piao die Rückkehr zur Politik des „Großen Sprungs", nun allerdings unter der Leitung der Armee und mit Hilfe einer weit gehend militarisierten Bevölkerung. *Macht- und Linienkämpfe* der beiden Gruppen setzen ein.	*Macht- und Linienkämpfe*
1970 März	Mao spricht sich für eine Änderung der Verfassung von 1954 und für die Streichung des Staatspräsidentenamtes aus. Die Armee wird verstärkt zum Gehorsam gegenüber der Partei aufgerufen.	
23. Aug.– 6. Sept.	Auf dem 2. Plenum des IX. ZK drängen Lin Piao und seine Anhänger im zentralen Militärapparat, unterstützt von Ch'en Po-ta, vergeblich auf die Beibehaltung des Staatspräsidentenamtes. Daraufhin beginnt *Mao gegen* die *Lin Piao*-Gruppe Stellung zu beziehen. Seine Kritik konzentriert sich zuerst auf Ch'en Po-ta, der nach dem Plenum nicht mehr in der Öffentlichkeit auftritt und im April des nächsten Jahres auf einer Parteikonferenz „gesäubert"	*Mao gegen Lin Piao*

		wird. Unter dem Eindruck des Erstarkens seiner Gegner und der zunehmenden Feindseligkeit Maos beginnt Lin Piao seine Anhänger zu sammeln und einen Putsch vorzubereiten.
	Dez. 1971 Aug.	Vollzug der Bildung von 26 Provinzkomitees sowie der Parteikomitees von Peking, Shanghai und Tientsin. Ihre Zusammensetzung spiegelt den Machtverlust der linken Massenorganisationen und den Machtgewinn der neuen Koalition von Parteiveteranen und lokalen Militärbefehlshabern.
Einladung an Nixon	17. Juli	Die chinesische Presseagentur gibt die *Einladung* Chou En-lais *an* den amerikanischen Präsidenten Richard M. *Nixon* zu einem Besuch in China bekannt.
	12. Sept.	Nach dem Scheitern eines Putsches stürzt Lin Piao auf der Flucht über der Mongolei mit dem Flugzeug ab. Erst Anfang Dezember setzt eine „Kampagne zur Kritik am Revisionismus und zur Korrektur des Arbeitsstils" ein. Obwohl sie offenbar der Ausschaltung der Lin Piao-Anhänger, insbesondere im zentralen Militärapparat dient, wird Lin Piao erst auf dem X. Parteitag im August 1973 offiziell damit in Verbindung gebracht. Die Zahl der Rehabilitierungen von Altfunktionären und Militärs nimmt weiter zu. Zudem wird der Wiederaufbau des zentralen Verwaltungsapparats beschleunigt vorangetrieben.
Aufnahme in die UNO	25. Okt.	Die VR China wird als Vertreterin Chinas *in die Vereinten Nationen aufgenommen*; gleichzeitig verlassen die Vertreter der National-Regierung (Taiwan) die Weltorganisation.
	1972	US-Präsident Richard M. Nixon trifft zu einem Besuch in China ein (21. Febr.).
	27. Febr.	Veröffentlichung des chinesisch-amerikanischen Kommunikees von Shanghai.
Annäherung Japan – China	25.–30. Sept.	Während des Besuchs des japanischen Premiers Kakuei Tanaka wird die Aufnahme *diplomatischer Beziehungen* zwischen beiden Ländern vereinbart und der Abschluss eines Friedens- und Freundschaftsvertrags in Aussicht genommen, nachdem die japanische Regierung sich bereit erklärt hat, den Friedensvertrag von 1952 zu annulieren und anzuerkennen, dass Taiwan ein Bestandteil Chinas ist.
	11. Okt.	Aufnahme diplomatischer Beziehungen zwischen der VR China und der Bundesrepublik Deutschland.

Chinesische Außenpolitik seit 1969

Nach dem IX. Parteitag im April 1969 beginnt sich China aus der außenpolitischen Isolation zu lösen und viele der während der Kulturrevolution aufgegebenen Botschafterposten neu zu besetzen. Im August 1970 nimmt Peking sogar diplomatische Beziehungen zu Jugoslawien auf, das lange Zeit wegen seiner „revisionistischen" Politik angegriffen wurde. Zudem kommt es zum Ausbau der Kontakte zu Rumänien.

Annäherung USA – China Seit Sommer 1969 mehren sich außerdem die Anzeichen für eine *amerikanisch-chinesische Annäherung*. Geheime Gespräche des Sonderbeauftragten des amerikanischen Präsidenten, Henry A. Kissinger, in Peking helfen, das Terrain für eine chinesische Einladung an Richard Nixon zu ebnen. Während seines Besuchs in China (21.–27. Februar 1972) trifft Nixon auch mit Mao Tse-tung zusammen, der sich damit

neue außenpolitische Linie demonstrativ hinter die *neue außenpolitische Linie* stellt. Die intensiven chinesisch-amerikanischen Verhandlungen finden im Kommunikee von Shanghai ihren Niederschlag: Beide Staaten bekennen sich zum Prinzip der friedlichen Koexistenz und zur Regelung internationaler Streitfälle ohne Anwendung von Gewalt. Sie stellen fest, dass eine Normalisierung der amerikanisch-chinesischen Beziehungen im Interesse „aller Staaten" liege und erteilen hegemonialen Bestrebungen im asiatisch-pazifischen Raum ebenso eine

Taiwan-Problem Absage wie der Aufteilung der Welt in Einflusssphären der Großmächte. Das *Taiwan-Problem* bleibt ungelöst. Während Peking auf seiner Absicht beharrt, Taiwan sei eine Provinz Chinas und Peking stelle die einzig rechtmäßige Regierung Chinas dar, anerkennt die amerikanische Regierung die Auffassung „aller" Chinesen, dass es nur ein China gebe und Taiwan ein Teil Chinas sei. Beide Seiten geben ihr Interesse an einer Fortsetzung der Kontakte und einer Normalisierung der Beziehungen zu Protokoll. Der Prozess der diplomatischen Anerkennung, der schon vor der amerikanisch-chinesischen Annäherung begonnen hat, setzt sich nach dem Nixon-Besuch verstärkt und beschleunigt fort: Noch im selben Jahr tauschen Japan und die Bundesrepublik Deutschland mit der VR China Botschafter aus.

Dreiwelten-Theorie Die neue außenpolitische Strategie findet ihre konzeptionelle Ausprägung in der sog. *Dreiwelten-Theorie*, die Teng Hsiao-p'ing 1974 vor der UNO erläutert. Von den drei Welten, in die sich ihr zufolge die internationale Landschaft einteilen lässt, bilden die beiden „Supermächte" USA und UdSSR die Erste, die entwickelten Staaten in West und Ost die Zweite und die unterentwickelten Länder, zu denen sich auch China zählt, die Dritte Welt. Als strategische Konsequenz strebt Peking die Bildung einer „breitestmöglichen Einheitsfront" gegen die beiden „Supermächte" an, insbesondere gegen die Sowjetunion. Deshalb kooperiert China mit allen Ländern der Dritten Welt, ungeachtet des politischen Systems und versucht, seine Beziehungen zu den Ländern der Zweiten Welt auszubauen.

Die innenpolitische Krise (1971–1975)

Nach dem Fall Lin Piaos kristallisiert sich als linker *Gegenpol zu den Parteipragmatikern* um Chou En-lai die Gruppe um Maos Frau Chiang Ch'ing und die Shanghaier Funktionäre Chang Ch'un-ch'iao (*1911) und Yao Wen-yüan. Diese beobachtet mit Argwohn die Rehabilitierung ehemaliger Parteifunktionäre und die allmähliche Zurückdrängung „kulturrevolutionärer Errungenschaften" zu Gunsten einer an Rationalität und Effizienz orientierten Wirtschafts- und Gesellschaftspolitik. Versuche zur Wiederherstellung eines dazu erforderlichen leistungsbezogenen Erziehungssystems sowie die Aktivierung des Außenhandels mit den westlichen Staaten, mit deren Hilfe die Mechanisierung und Modernisierung der chinesischen Wirtschaft, vor allem aber der Armee beschleunigt werden soll, provozieren bald ihren Widerstand. Obwohl es den Linken auf dem X. Parteitag von 1973 gelingt, den jungen Shanghaier Parteifunktionär Wang Hung-wen (*1935, †1992) in die höchste Parteispitze zu bringen, setzen die *gemäßigten Kräfte* sich in den Führungsorganen weiter durch. Die Zahl der Militärs nimmt in den obersten Parteiorganen ab; einen weiteren Machtverlust müssen sie Ende des Jahres mit einem Revirement unter den regionalen Militärbefehlshabern hinnehmen. Nach intensiven Rekrutierungen erreicht die Partei eine Mitgliederzahl von 28 Millionen (vor der Kulturrevolution: 17 Millionen). Seit dem Frühjahr wird der Wiederaufbau der während der Kulturrevolution aufgelösten offiziellen Massenorganisationen (Kommunistisches Jugendkorps, Gewerkschaftsverband, Chinesischer Demokratischer Frauenbund) verstärkt betrieben. Durch sie versuchen die Linken ihre Machtbasis zu verbessern, die bislang im Wesentlichen aus der Unterstützung Maos und der Kontrolle der Massenmedien bestand. Über die Letzteren betreiben sie seit Herbst 1972 eine als Kritik an Lin Piao und Konfuzius getarnte *Massenkampagne gegen Chou En-lai* und seine Anhänger. Diesem gelingt es jedoch, sich auf dem IV. Nationalen Volkskongress im Januar 1975 mit seiner Politik der „vier Modernisierungen" (Landwirtschaft, Industrie, Landesverteidigung, Wissenschaft und Technik), mit deren Hilfe China noch in diesem Jh. zu einer der führenden wirtschaftlichen Mächte der Welt aufsteigen soll, durchzusetzen. Über eine Reihe von Kampagnen versucht die Parteilinke daraufhin die Initiative wieder an sich zu reißen. Hauptziel der Angriffe ist nun der einstige Generalsekretär der Partei, Teng Hsiao-p'ing (im Frühjahr 1973 rehabilitiert), der anstelle des erkrankten Chou En-lai die Regierungsgeschäfte führt.

1973 24.–28. Aug.	Nach dem X. Parteitag, der durch eine Satzungsänderung und personelle Auffüllungen der Organe der Ausschaltung Lin Piaos Rechnung trägt, steigert sich der innenpolitische Widerstand der Linksgruppe zu einer Reihe von Kampagnen, die alle dem Ziel dienen, Chou En-lai zu entmachten und die Fortsetzung seiner Politik zu blockieren.
1974 10. April	Teng Hsiao-p'ing stellt der UN-Vollversammlung die sog. „Dreiwelten-Theorie" vor, die von nun an als offizielle Grundlage der chinesischen Außenpolitik bezeichnet wird.
1975 13.–17. Jan.	Auf dem nach der Verfassung längst überfälligen IV. Nationalen Volkskongress, der in demonstrativer Abwesenheit Maos in Peking stattfindet, gelingt Chou En-lai eine wichtige Konsolidierung seines gemäßigten Reformkurses (Politik der *„vier Modernisierungen"*). Während in der Linksfraktion lediglich Chang Ch'un-Ch'iao mit dem Amt des 2. Stellvertretenden Ministerpräsidenten eine wichtige Position zufällt, kann Chou seine Regierungsmannschaft mit Männern seiner Wahl besetzen (Ernennung Teng Hsiao-p'ings zum 1. Vizepremier). – Der Volkskongress verabschiedet eine neue Verfassung.

Die Verfassung von 1975

Die Verfassung definiert die Volksrepublik als einen „sozialistischen Staat der *Diktatur des Proletariats*" und enthält die Feststellung, dass die Phase des Sozialismus von Klassenkämpfen geprägt ist und daher der Diktatur des Proletariats bedarf. Die *Führungsrolle der Partei* über Regierung und Armee wird hervorgehoben und dem Ständigen Ausschuss des Nationalen Volkskongresses die Funktionen des Staatsoberhaupts zugewiesen. Das Streikrecht wird garantiert, außerdem die private Bewirtschaftung und Nutzung kleiner Parzellen sowie die Ausübung häuslicher Nebengewerbe in kleinem Umfang gestattet. Außenpolitisch enthält die neue Verfassung neben einem Bekenntnis zum Prinzip des „proletarischen Internationalismus" die Feststellung, dass China niemals anstrebe, eine „Supermacht" zu werden.

1976 7. Jan.	Nach dem *Tod Chou En-lais* gelingt der Parteilinken ein vorläufiger Durchbruch, nachdem sie in einer Reihe von Kampagnen versucht hat, die Initiative wieder an sich zu reißen.
7. Febr.	Statt Teng Hsiao-p'ing wird der bisherige Sicherheitsminister Hua Kuo-feng (*1920) zum neuen geschäftsführenden Premier ernannt.
1.–5. April	Vor dem Tor des Himmlischen Friedens im Zentrum Pekings kommt es anlässlich des ersten Gedenktages seines Todes zu spontanen Trauerkundgebungen der Bevölkerung für den verstorbenen Premier Chou En-lai, die von Ordnungshütern gewaltsam unterbunden werden (*T'ien An-men-Zwischenfall*).

Kampf um Maos Nachfolge

7. April Teng Hsiao-p'ing wird nach wochenlanger, von Mao gebilligter Kampagne vom Politbüro aller Partei- und Regierungsämter enthoben; gleichzeitig wird Hua Kuo-feng als neuer Premier bestätigt und auf Vorschlag Maos zum 1. Stellvertretenden Parteivorsitzenden gewählt. – Angesichts des sich rapide verschlechternden Gesundheitszustands von Mao Tse-tung intensiviert die Linksfraktion den *Kampf um* seine *Nachfolge*. Die Kampagnen gegen die Anhänger Chous und Tengs werden verschärft, der Aufbau von Milizen vorangetrieben.

15. Juni Bekanntgabe, dass der Parteivorsitzende Mao Tse-tung keine ausländischen Besucher mehr empfangen werde.

Tod Mao Tse-tungs

8. Sept. *Mao Tse-tung* (Mao Zedong) *stirbt* im Alter von 82 Jahren. Unmittelbar danach setzt der Kampf um seine Nachfolge ein.

Die Ära Teng (1976/77–1997)

7. Okt. Das Politbüro wählt Hua Kuo-feng zum neuen Parteivorsitzenden; noch am selben Tag werden die Frau Maos und ihre Anhänger verhaftet. Damit wird offenbar, dass die Linke nach dem Tod Maos gegen die sich formierende Koalition aus gemäßigten Parteiveteranen und regionalen Militärbefehlshabern, der sich auch die Führer des Sicherheitsapparates angeschlossen haben, kein vergleichbares Machtpotenzial aufbieten kann. Mit der Unterstützung der Armee gelingt es den Siegern schnell, den Widerstand der nun als *„Viererbande"*

Viererbande

disqualifizierten Linksfraktion zu brechen und die durch Naturkatastrophen vom Frühjahr 1976 sowie durch Machtkämpfe geschädigte Wirtschaft wieder in Gang zu bringen.

1977 Das 3. Plenum des X. ZK (16.–21. Juli) rehabilitiert Teng Hsiao-p'ing erneut.

12.–18. Aug. Der vorzeitig nach Peking einberufene XI. Parteitag zieht die personellen Konsequenzen der neuen Entwicklungen: Während die Anhänger der Linksfraktion aus allen Parteigremien entfernt werden, übernimmt die Koalition der Sieger die Macht. Zu den fünf Stellvertretern des neuen Parteivorsitzenden Hua Kuo-feng zählt auch Teng Hsiao-p'ing. – Die Kulturrevolution wird für beendet erklärt; die Partei nimmt ein *neues Parteistatut* an, das die

neues Parteistatut

kulturrevolutionären Positionen der Statuten von 1969 und 1973 weiter abschwächt und an die Satzung von 1956 anknüpft. Sie ist stärker auf eine kollektive Führung abgestellt und betont die Prinzipien der Disziplin und Kontrolle.

Merkmale und Folgen der neuen Wirtschaftspolitik

Zur Ankurbelung der Politik der bereits 1975 beschlossenen „vier Modernisierungen" sowie zur Intensivierung der wissenschaftlichen und technischen Forschung läuft seit dem Sturz der „Viererbande" eine Kette von Nationalen Konferenzen ab. Ins Zentrum der Politik rückt die Generallinie des „Neuen Großen Sprungs nach vorn" (Zehnjahresplan 1976–1985). Anknüpfend an die frühere Strategie, sollen Landwirtschaft und Industrie gleichzeitig entwickelt werden, ebenso Schwer- und Leichtindustrie, nationale und lokale Industrie.

Grundzüge der künftigen Wirtschaftspolitik werden insbesondere auf dem 3. Plenum des XI. ZK (Dez. 1978) beschlossen. Nach einer Periode vorsichtiger Reformen soll eine marktorientierte sozialistische Wirtschaftsform entstehen. Maßnahmen sind die Förderung von Privatinitiativen und des *Leistungsprinzips*

Leistungsprinzip

sowie die Gewährung größerer Entscheidungskompetenzen für staatseigene Unternehmen. In der Landwirtschaft ermöglichen Pachtverträge eine selbstständige Bewirtschaftung; kleinere bäuerliche Familienbetriebe entstehen. In der Industrie wird größere Eigenverantwortlichkeit zunächst bei ausgewählten Betrieben erprobt, außerdem die Errichtung von Privatunternehmen gefördert. Um das wirtschaftliche Wachstum zu forcieren und den technologischen Anschluss an den Westen zu schaffen, öffnet sich China durch wissenschaftliche Kontakte, Einfuhr von modernen Anlagen sowie Kooperationsprojekte mit ausländischen Unternehmen nach außen. Dies geschieht besonders in den seit 1979 eingerichteten *Wirtschaftssonderzonen* – vor allem Küstenregionen, die für den internationalen Handel geöffnet werden.

Wirtschaftssonderzonen

Die Liberalisierungsmaßnahmen haben soziale Konsequenzen. Die Einkommensverteilung wandelt sich, *Einkommensunterschiede* nehmen zu. Viele Partei- und Staatsfunktionäre sehen sich benachteiligt. Als

Einkommensunterschiede

Folge erlebt China in den achtziger Jahren auf allen Ebenen des Partei- und Staatsapparates eine Zunahme von Bestechung, Unterschlagung und persönlicher Bereicherung. Zwar gibt es zwischen 1979 und 1989 von staatlicher Seite Überlegungen für eine Erneuerung des politischen Systems (z.B. Pläne für ein gesetzgebendes Zweikammernsystem und eine unabhängige Gewerkschaft). Diese Vorhaben werden jedoch von ideologisch orientierten Kräften bekämpft und von Befürwortern aus Furcht vor unkontrollierbaren Folgen eingestellt. Somit geht mit der wirtschaftlichen *keinerlei bürgerliche oder politische Liberalisierung* einher. Die sich 1989 in Massenprotesten artikulierenden Forderungen nach Menschenrechten, Freiheit und Demokratie werden blutig niedergeschlagen. Der XIV. Parteitag der KPCh im Ok-

keine Liberalisierung

tober 1992 beschließt die beschleunigte Fortsetzung der Wirtschaftsreform, blockiert aber gleichzeitig jede Veränderung im politischen Bereich. 1993 wird die „sozialistische Marktwirtschaft" in die Verfassung aufgenommen.

1978
26. Febr. In Peking tritt der V. Nationale Volkskongress zusammen. Er bestätigt personell und programmatisch den gemäßigten Kurs der vergangenen Jahre. Hua Kuo-feng wird als Ministerpräsident in seinem Amt bestätigt.

5. März Die neu angenommene Verfassung wird als *„neue Verfassung* für eine neue Entwicklungsdekade" bezeichnet. Auch sie definiert die VR China als einen „sozialistischen Staat der Diktatur des Proletariats" und unterstreicht die Führungsrolle der kommunistischen Partei.

neue Verfassung

Außenhandel Chinas* nach Ländergruppen (in Mrd. DM) in jeweiligen Preisen

Außenhandel

Ländergruppe	Ausfuhr			Einfuhr		
	1970	1980	1990**	1970	1980	1990**
insgesamt.....................	5,23	36,06	127,28	5,58	35,91	97,73
Industrieländer.................	**3,68**	**24,20**	**48,22**	**4,53**	**23,65**	**47,87**
EG	0,46	5,10	13,05	0,36	2,91	14,22
andere europäische Länder	0,08	0,58	1,26	0,18	0,51	2,34
Vereinigte Staaten und Kanada	2,26	13,21	14,59	1,40	8,96	14,06
übrige Länder......................	0,89	5,30	19,33	2,60	11,27	17,25
Entwicklungsländer	**1,55**	**11,14**	**70,02**	**1,05**	**12,05**	**43,34**
Afrika	0,14	1,22	2,34	0,03	0,42	0,70
Amerika	0,06	1,45	1,64	0,19	0,39	2,92
Asien	1,29	8,43	66,05	0,81	11,23	39,72
Staatshandelsländer	----	----	5,50	----	----	6,52

* nach 1980 ohne Taiwan
** umgerechnet nach mittlerem Jahreswechselkurs aus US-$ (1,832)

Wirtschaftlich wird die Notwendigkeit einer rascheren Entwicklung und *Modernisierung* betont. Der Grundrechtskatalog wird in einigen Punkten ergänzt (u. a. Gleichstellung der Frau, Sozialunterstützung). Nach der (schon 1970 heftig diskutierten) Streichung des Amts des Staatspräsidenten geht der militärische Oberbefehl auf den Vorsitzenden des ZK der KPCh über.

Modernisierung

Gleichzeitig mit dem Nationalen Volkskongress tritt nach 13-jähriger Unterbrechung die V. Politische *Konsultativkonferenz* zusammen, ein Zeichen, dass die gemäßigte Politik der Vereinten Fronten wiederaufgenommen werden soll. Der Konferenz gehören über 2000 Persönlichkeiten aus allen Bereichen der Gesellschaft an, darunter Abgeordnete der früheren demokratischen Parteien und der Pantschen Lama.

Konsultativkonferenz

3. April Abschluss eines Handelsvertrags zwischen der VR China und der EG.

Mai Mit dem einsetzenden *Exodus* von Vietnamesen chinesischer Abstammung *aus Vietnam* verschlechtern sich die Beziehungen zwischen Hanoi und Peking. Eine weitere Verschärfung verursacht der Grenzkonflikt zwischen Vietnam und Kambodscha, in dem China für Kambodscha Partei ergreift und materielle Unterstützung leistet.

Exodus aus Vietnam

3. Juli Peking stellt die Finanz- und technische Hilfe an Vietnam ein; fast zur selben Zeit kommt es zu Auseinandersetzungen an der chinesisch-vietnamesischen Grenze, die im Laufe des Jahres immer weiter eskalieren.

7. Juli Das chinesische Außenministerium gibt in einer Note an die albanische Botschaft in Peking die Rückberufung der chinesischen Experten und die Einstellung der chinesischen Hilfe an *Albanien* bekannt. Peking reagiert damit auf die albanische Kritik an der chinesischen Innen- und Außenpolitik, die ein Jahr zuvor eingesetzt und sich ständig gesteigert hatte.

Albanien

10. Aug.–
1. Sept. Der chinesische Partei- und Regierungschef Hua Kuo-feng unternimmt eine erste längere Auslandsreise, die ihn nach Rumänien, Jugoslawien und in den Iran führt.

12. Aug. Die Volksrepublik *China* und *Japan* schließen nach längeren Verhandlungen einen Friedens- und Freundschaftsvertrag, der auch die von Moskau bekämpfte Anti-Hegemonie-Klausel enthält.

Vertrag mit Japan

23.–29. Okt. Zur offiziellen Unterzeichnung des Vertrags stattet der stellvertretende Ministerpräsident Teng Hsiao-p'ing Japan einen Staatsbesuch ab, in dessen Verlauf er auch vom japanischen Kaiser Hirohito empfangen wird.

	5.–14. Nov.	Teng Hsiao-p'ing besucht die ASEAN-Staaten Thailand, Malaysia und Singapur: Er bekräftigt die chinesische Zustimmung zur Schaffung einer neutralen Zone in Südostasien. Die Reise Tengs steht deutlich unter dem Eindruck des kurz zuvor zwischen Vietnam und der Sowjetunion geschlossenen Freundschaftsvertrags und der militärischen Auseinandersetzung in Indochina.
	15. Dez.	Der amerikanische Präsident James Earl Carter und der chinesische Regierungschef Hua Kuo-feng geben die Absicht ihrer Regierungen bekannt, zu Beginn des darauf folgenden Jahres volle diplomatische Beziehungen aufzunehmen.
diplomatische Beziehungen	**1979** 1. Jan.	Mit der Aufnahme *diplomatischer Beziehungen* zwischen der VR China und den USA beenden die USA ihre seit 1949 bestehenden diplomatischen Beziehungen zur nationalchinesischen Regierung auf Taiwan (Formosa).
	29. Jan.	Teng Hsiao-p'ing trifft zu einem Staatsbesuch in Washington ein.
Grenzkrieg gegen Vietnam	**17. Febr.**	Beginn eines *Grenzkrieges* zwischen der VR China und *Vietnam* an der Nordgrenze Vietnams. China begründet seinen Angriff, den es als „begrenzte Strafaktion" charakterisiert, mit Vietnams wiederholtem Eingreifen in Kambodscha.
	5. März	Beginn des Rückzugs der chinesischen Streitkräfte aus Vietnam.
	4. April	Sieben Tage vor der automatischen Verlängerung des Abkommens kündigt China den Freundschaftsvertrag mit der UdSSR aus dem Jahr 1950.
	15. April	Aufnahme von Friedensgesprächen zwischen China und Vietnam.
	Dez.	Die Normalisierungsgespräche mit der UdSSR werden nach deren Eingreifen in Afghanistan von chinesischer Seite auf unbestimmte Zeit vertagt.
	1980	Boykott der Olympischen Sommerspiele in Moskau.
Entmachtung der Mao-Gruppe	23.–28. Febr.	Auf dem 5. Plenum des XI. ZK werden vier weitere prominente Vertreter der ehemaligen *Mao-Gruppe* von allen Leitungspositionen in Partei und Regierung entbunden; stattdessen rücken mit Chao Tzu-yang und Hu Yao-bang zwei weitere Anhänger Tengs in den ständigen Ausschuss des Politbüros des ZK ein. Hu Yao-bang wird Generalsekretär des wiedererrichteten Sekretariats des ZK.
Ein-Kind-Familie	30. Aug.– 10. Sept.	3. Plenum des V. Nationalen Volkskongresses. Mit Ministerpräsident Hua Kuo-feng stellen vier Stellvertretende Premiers ihre Ämter zur Verfügung. Chao Tzu-yang wird neuer chinesischer Regierungschef. – Das zur Eindämmung des starken Bevölkerungswachstums durch das „Ehegesetz der VR China" verordnete Prinzip der *Ein-Kind-Familie* kann in den folgenden Jahren nur eingeschränkt umgesetzt werden.
	1981 25. Jan.	Urteilsverkündung im Prozess gegen „die konterrevolutionären Cliquen um Lin Piao und Chiang Ching" (die „Viererbande"). Chiang Ching und Yao Wen-yüan werden zum Tode verurteilt, die Vollstreckungen jedoch für zwei Jahre aufgeschoben. Wang Hung-wen und Chang Ch'un-ch'iao erhalten lebenslangen bzw. zwanzigjährigen Freiheitsentzug.
	27.–29. Juni	6. Plenum des XI. ZK. Hua Kuo-feng tritt vom Vorsitz des ZK und des Militärausschusses des ZK zurück. Hu Yao-bang erhält den Vorsitz der Partei, Teng Hsiao-p'ing den des Militärausschusses.
Kommunikee über Taiwan	**1982** 17. Aug.	In Peking und Washington wird ein „Gemeinsames *Kommunikee*" über *Taiwan* veröffentlicht, in dem sich die USA verpflichten, die Waffenlieferungen an Taiwan quantitativ wie qualitativ allmählich abzubauen.
	1.–12. Sept.	Der XII. Parteitag der KPCh billigt den Entwurf eines neuen Parteistatuts. Das Amt des Parteivorsitzenden wird durch das eines Generalsekretärs des ZK ersetzt; Generalsekretär wird Hu Yao-bang (*1915, †1989).
sinosowjetische Gespräche	5.–22. Okt.	In Peking findet die erste Runde der *sino-sowjetischen Gespräche* zur Normalisierung der Beziehungen statt. Weitere Gesprächsrunden (1983 und 1984) bleiben ohne wesentliche Ergebnisse.
	26. Nov.	5. Plenum des V. Nationalen Volkskongresses (bis 10. Dez.): Annahme einer neuen Verfassung.
	1983	1. Plenum des VI. Nationalen Volkskongresses (bis 21. Juni): Li Hsien-nien (*1909, †1992) erhält am 18. Juni das wiederhergestellte Amt des Staatsvorsitzenden.
Staatsbesuch Reagans	**1984** 26. April– 1. Mai	*Besuch des amerikanischen Präsidenten Ronald Reagan* in der VR China. Während es in der Taiwan-Frage zu keiner Annäherung kommt, verstärkt sich die wirtschaftliche Kooperation; u.a. wird ein Abkommen über Zusammenarbeit bei der friedlichen Nutzung von Kernenergie paraphiert (30. April).
Abkommen über Hongkong	26. Sept.	Großbritannien und die VR China paraphieren ein *Abkommen*, wonach *Hongkong* nach Ablauf des Pachtvertrages 1997 als Sonderregion wieder chinesischer Herrschaft untersteht.
	1985 26. Jan.	Vertrag über den Bau eines Atomkraftwerkes mit Firmen aus Hongkong. Die Energieversorgung der VR China gilt als unzureichend. Mehrere Abkommen zur Zusammenarbeit auf kerntechnischem Gebiet mit wichtigen Industriestaaten folgen in den nächsten Monaten.

März	Besuch von Mitgliedern des Nationalen Volkskongresses in Moskau. Treffen des Vizeministerpräsidenten Li Peng (*1928) mit KPdSU-Generalsekretär Michail S. Gorbatschow. Auch auf wirtschaftlichem Gebiet *engere Kontakte mit der UdSSR* (Eisenbahnfrachtvertrag vom 12. Febr., Handelsabkommen mit fünfjähriger Laufzeit vom 10. Juli).	*engere Kontakte mit der UdSSR*
Sept.	Das Plenum des ZK und die Nationale Parteikonferenz der KPCh bestätigen die *Reform- und Öffnungspolitik* Teng Hsiao-p'ings. Die im Juli begonnene Verjüngung der Führungsspitze wird fortgesetzt.	*Reform- und Öffnungspolitik*
1986	Vereinbarung mit der UdSSR über die Einrichtung von Generalkonsulaten (6. Juni).	
6. Aug.	Eröffnung der ersten Börse in der Stadt Shenyang.	
Okt.	Der Rückgang ausländischer Investitionen soll durch wirtschaftliche Erleichterungen für exportorientierte oder technologieintensive Betriebe aufgefangen werden.	
21.–26. Okt.	Im Rahmen der Wiederannäherung an die Ostblockstaaten Besuch des Staats- und Parteichefs der DDR Erich Honecker.	
Dez.	*Grenzkonflikt mit Indien* wegen der Erhebung Arunachal Pradeshs mit seiner umstrittenen Grenze zum indischen Bundesstaat.	*Grenzkonflikt mit Indien*
Dez.	Massive Studentenunruhen mit der Forderung nach mehr Demokratie.	
1987 16. Jan.	Wegen zu großer Liberalität in politischen Grundsatzfragen wird KPCh-Generalsekretär Hu Yao-bang seiner Ämter enthoben. – Zehntausende Studenten werden zu Arbeitseinsätzen verpflichtet.	
13. April	*Vertrag* mit Portugal *über die Rückgabe Macaos* an die VR China im Jahre 1999.	*Vertrag über Rückgabe Macaos*
Sept.–Okt.	Demonstrationen in Tibet gegen die chinesische Besatzung.	
25. Okt.– 1. Nov.	XIII. Parteitag der KPCh. Der Reformkurs wird bestätigt; wiederum werden leitende Funktionen an jüngere, gut ausgebildete Politiker vergeben. Teng Hsiao-p'ing scheidet aus Politbüro und ZK aus, Ministerpräsident Zhao Ziyang (*1919) wird Generalsekretär des ZK.	
24. Nov.	Li Peng löst Zhao Ziyang als *Ministerpräsident* ab.	*Li Peng Ministerpräsident*
1988	Gefecht chinesischer und vietnamesischer Kriegsschiffe bei den Spratly-Inseln, auf welche Vietnam und die VR China Anspruch erheben.	
14. März		
März/April	Das 1. Plenum des VII. Nationalen Volkskongresses bestimmt – erstmals in geheimer Wahl – Yang Shangkun (*1907, †1998) zum Staatspräsidenten. Ein neues Unternehmensgesetz gibt den Staatsbetrieben mehr Dispositionsfreiheit. Der marktwirtschaftlich orientierte Reformkurs muss jedoch aufgrund zunehmender Inflation 1989/90 wieder eingeschränkt werden.	
1989 März/April	Der Nationale Volkskongress kündigt Sparmaßnahmen im Zusammenhang mit der hohen Inflation (36%) an.	
24. April	Ausgelöst durch den Tod des früheren Parteichefs Hu Yao-bang beginnen Streiks und Massendemonstrationen von Studenten in Peking.	
15.–18. Mai	KPdSU-Generalsekretär *Gorbatschow* besiegelt mit seinem *Staatsbesuch* die Wende in den beiderseitigen Beziehungen. Die Entspannung der Staats- und Parteibeziehungen sowie die Entmilitarisierung der gemeinsamen Grenze stehen im Mittelpunkt der Gespräche, nachdem in der zweiten Hälfte der achtziger Jahre die „drei Hindernisse" einer friedlichen Koexistenz aus dem Weg geräumt worden waren (Rückzug aus Afghanistan, Truppenreduktion in der Mongolischen VR, Einigung über die Kambodscha-Frage).	*Staatsbesuch Gorbatschows*
18. Mai	Auf *Massendemonstrationen* in Peking und anderen großen Städten fordern Millionen „Freiheit und Demokratie". Li Peng und Teng Hsiao-p'ing setzen sich mit ihrer harten Linie gegen den kompromissbereiten Generalsekretär des ZK Zhao Ziyang durch: Über Peking wird das Kriegsrecht verhängt.	*Massendemonstrationen*
20. Mai		
3./4. Juni	Blutige *Niederschlagung des Protestes* durch die Armee auf dem Platz des Himmlischen Friedens (T'ien An-men) in Peking. In den Folgemonaten werden zahlreiche Todesurteile gegen „Aufrührer" vollstreckt. Das westliche Ausland verhängt Sanktionen.	*Niederschlagung des Protestes*
23./24. Juni	Zhao Ziyang und weitere Vertreter einer moderaten Linie in Partei und Regierung werden ihrer Ämter enthoben. Neuer Generalsekretär des ZK wird Jiang Zemin (*1926).	
10. Dez.	Die Verleihung des Friedensnobelpreises an den Dalai Lama, das geistige Oberhaupt Tibets, wird von der VR China als Einmischung in innere Angelegenheiten scharf kritisiert.	
1990	Aufhebung des Kriegsrechts (10. Jan.).	
22. Okt.	Die *EG hebt ihre Sanktionen* gegen die VR China *auf*; schon am 8. Febr. waren die gesperrten Weltbank-Kredite wieder freigegeben worden. Die Menschenrechtspolitik der VR China bleibt jedoch in den nächsten Jahren Ausgangspunkt für immer wiederkehrende Spannungen mit den westlichen Industrieländern.	*EG hebt Sanktionen auf*
25.–30. Dez.	Das 7. Plenum des XIII. ZK erneuert den Führungsanspruch der KPCh in Staat und Gesellschaft.	
1991	Normalisierung der Beziehungen zu Vietnam (Sept.).	
24. Okt.	Vertrag zwischen der VR China und Laos über den Verlauf der gemeinsamen Grenze.	

Menschenrechte	1. Nov.	Die Regierung der VR China veröffentlicht erstmals ein Weißbuch zur Lage der *Menschenrechte*, worin als wichtigste Menschenrechte das Recht auf Leben, auf Nahrung und auf Unterkunft genannt werden. Auch seien in China die Religionsfreiheit und die Rechte der Frau gewährleistet.
Atomwaffensperrvertrag	29. Dez.	Der Nationale Volkskongress stimmt in Peking dem Beitritt zum *Atomwaffensperrvertrag* zu.
	1992 22. Sept.	Der Staatsrat veröffentlicht ein Weißbuch zu Tibet. Darin wird Tibet als untrennbarer Teil Chinas bezeichnet.
	27.–30. Sept.	Der Besuch des Staatspräsidenten der Republik Korea (Südkorea), Roh Tae-Woo, leitet eine Wiederaufnahme normaler Beziehungen zur VR China ein.
	12.–18. Okt.	Der reformorientierte Flügel der KPCh wird im Zuge personeller Veränderungen auf dem XIV. Parteitag gestärkt.
	23.–28. Okt.	Der japanische Kaiser Akihito stattet der VR China einen Staatsbesuch ab und drückt sein „tiefes Bedauern über den japanischen Eroberungskrieg" (1931–1945) aus.
Aufrüstungsprogramm	**1993**	Die Regierung gibt ein umfangreiches *Aufrüstungsprogramm* bekannt (9. Febr.).
Jiang Zemin Staatspräsident	15.–31. März	1. Plenum des VIII. Nationalen Volkskongresses: *Jiang Zemin*, Generalsekretär des ZK und Vorsitzender der Zentralen Militärkommission, wird *zum Staatspräsidenten gewählt*. In der Verfassung wird der Begriff „Planwirtschaft" durch „sozialistische Marktwirtschaft" ersetzt.
Vertrag mit Indien	7. Sept.	Ministerpräsident Li Peng und der indische Premierminister Narasimha Venkata Rao unterzeichnen in Peking einen *Vertrag* über Truppenreduzierungen an der gemeinsamen Grenze.
	11.–14. Nov.	Das 3. Plenum des ZK verabschiedet ein Reformprogramm zum Aufbau einer sozialistischen Marktwirtschaft bis zum Ende des Jahrhunderts.
	14. Dez.	Die VR China hebt das Handelsverbot mit der Republik China (Taiwan) auf.
	1994 2.–6. Sept.	Moskaureise Jiang Zemins: Er und der russische Präsident Boris Jelzin unterzeichnen u. a. ein Grundsatzabkommen über die beiderseitigen Beziehungen und eine konstruktive Partnerschaft.
Atombombentest	7. Okt.	Die VR China unternimmt in Lop Nor den 41. unterirdischen *Atombombentest* seit 1964.
9. Fünfjahrplan	**1996** 5.–17. März	4. Plenum des VIII. Nationalen Volkskongresses: Der *9. Fünfjahrplan* (1996–2000) zur volkswirtschaftlichen und sozialen Entwicklung wird gebilligt. Er sieht u. a. Maßnahmen zur Bekämpfung der bedrohlichen Inflation, die Förderung der Landwirtschaft, eine Reform der Staatsbetriebe und die Förderung der im Vergleich zu den Küstenregionen unterentwickelten Binnenprovinzen vor.
Manöver vor Taiwan	12.–20. März	Mit großangelegten *Manövern vor der Küste Taiwans* sucht die VR China, Einfluss auf die Präsidentschaftswahlen in der Republik China auszuüben. Nachdem die USA Flugzeugträger-Verbände in die Region verlegen, vermeidet die VR China weitere Drohgebärden.
	23. Juni	Nach einer Resolution des deutschen Bundestages zugunsten der Einhaltung der Menschenrechte in Tibet (20. Juni) sagt die chinesische Regierung einen Besuch von Bundesaußenminister Klaus Kinkel ab.
	29. Juli	45. unterirdischer Kernwaffenversuch. Anschließend verkündet die Regierung einen Teststopp.
	1997 Febr.	Unruhen in der mehrheitlich von moslemischen Uiguren bewohnten zentralasiatischen Provinz Sinkiang werden durch Sicherheitskräfte der VR China niedergeschlagen. Bereits 1996 kam es zu Zusammenstößen mit uigurischen Separatisten.
Tod Teng Hsiao-p'ings	19. Febr.	*Teng Hsiao-p'ing stirbt* im Alter von 92 Jahren.

Hongkong

Hongkong ist seit dem Vertrag von Nanking (1842) britische Kolonie. Nach dem Zweiten Weltkrieg entwickelt sich die Freihandelszone zu einem der weltweit größten Handels- und Finanzzentren (Steigerung des jährlichen Pro-Kopf-Einkommens 1990–1994 um 5,7%; bedeutender Export: Maschinen und Transportausrüstung, Textil- und Bekleidungsprodukte, feinmechanische und optische Erzeugnisse). Nach der Rückkehr Hongkongs unter chinesische Hoheit (1997) soll es nach der Formel „Ein Land, zwei Systeme"

Sonderverwaltungsregion als *Sonderverwaltungsregion* weit gehende Autonomie erhalten: Während Außenpolitik und Verteidigung in die Kompetenz der Regierung der VR China fallen, ist es erklärtes Ziel der chinesischen Führung – vom VII. Nationalen Volkskongress 1990 als „Grundgesetz für Hongkong" verabschiedet – Hongkongs Wirtschaftssystem beizubehalten.

	1. Juli	Die *VR China übernimmt* die Souveränität über *Hongkong*.
schrittweise Privatisierung	12.–18. Sept.	XV. Parteitag der KPCh: Billigung einer *schrittweisen Privatisierung* der hochverschuldeten Staatsbetriebe. Staatspräsident und ZK-Generalsekretär Jiang Zemin kündigt – zu

	Gunsten einer Modernisierung der Armee – eine Reduktion um 500000 Soldaten (derzeit ca. 3 Mio.) bis zum Jahr 2000 an.	
29./30. Okt.	Der *USA-Besuch* von Jiang Zemin führt zu Handelsabkommen; die Differenzen über die Menschenrechtspolitik der VR China werden jedoch nicht ausgeräumt.	*USA-Besuch*
10. Nov.	China und Russland unterzeichnen eine Erklärung über den Verlauf des größten Teils ihrer gemeinsamen Grenze.	
1998 5.–19. Mär	Auf der Jahrestagung des Nationalen Volkskongresses wird *Jiang Zemin* für weitere fünf Jahre als *Staatspräsident* bestätigt. Die Delegierten wählen den Wirtschaftsreformer Zhu Rongji (*1928) zum neuen Ministerpräsidenten. Dieser legt einen Plan zur Reorganisation der staatlichen Verwaltung auf allen Ebenen vor, nach dem 8 Mio. Staatsbeschäftigte ihre Entlassung zu erwarten haben.	*Jiang Zemin Staatspräsident*
24. April	Der Dalai Lama erklärt, die geistlich-politische Funktion seines Amtes als Oberhaupt des tibetischen Lamaismus und als Führer seines Landes im Exil habe sich überlebt. Er wünsche lediglich eine „souveräne Autonomie" Tibets innerhalb Chinas.	
26. Mai	Erste *Wahlen in Hongkong* nach dem Abzug der Briten. Die oppositionelle Demokratische Partei (DP) wird stärkste Fraktion.	*Wahlen in Hongkong*
25. Juni– 3. Juli	Staatsbesuchs des US-Präsidenten Clinton in China. Bürgerrechtler versuchen erfolglos, einen Antrag auf amtliche Registrierung der Chinesischen Demokratischen Partei (CDP) zu stellen.	
Juli–Sept.	Das Jangtse-Hochwasser verursacht die größten Überschwemmungen seit 40 Jahren. Über 3600 Menschen kommen ums Leben, 1 Mio. verlieren ihr Obdach, der materielle Schaden wird auf 25 Mrd. US-Dollar geschätzt.	
1999 5.–15. März	Vor den Delegierten des Nationalen Volkskongresses kündigt Ministerpräsident Zhu Rongji an, den Kurs der *Öffnung zum Ausland* und der Strukturreformen beibehalten zu wollen, allerdings solle die Umstrukturierung der verlustbringenden Staatsbetriebe langsamer erfolgen.	*Öffnung zum Ausland*
20. April	Amnesty International erhebt schwere Vorwürfe gegen die chinesische Führung wegen der Menschenrechtsverletzungen, die an den muslimischen Uiguren in der Autonomen Region Xinjiang begangen werden.	
25. April	Über 10 000 Anhänger der *Falun-Gong-Sekte* demonstrieren in Peking vor dem Hauptgebäude der KPCh. Die Kultbewegung, der nach eigenen Angaben rd. 100 Mio. Mitglieder angehören, wird am 23. Juli wegen Gefahr für die öffentliche Ordnung verboten.	*Falun-Gong-Sekte*
März	China spricht sich im UN-Sicherheitsrat gegen eine militärische Lösung des Kosovokonflikts aus.	
8. Mai	NATO-Kampfflugzeuge bombardieren versehentlich die chinesische Botschaft in Belgrad (4 Tote).	
15. Nov.	Nach 13 Jahre andauernden Verhandlungen einigen sich China und die USA auf die bilateralen Bedingungen für den Beitritt Chinas zur Welthandelsorganisation (WTO).	
16. Dez.	Die USA leisten eine Entschädigungszahlung in Höhe von 28 Mio. US-Dollar für die Zerstörung der chinesischen Botschaft in Belgrad.	
19. Dez.	Portugal gibt die Kolonie *Macau an China zurück*.	*Macau an China zurück*
2000 5. März	Ministerpräsident Zhu Rongji bezeichnet in seinem Rechenschaftsbericht für die Delegierten des Volkskongresses die Korruption als eines der zentralen Probleme, die der Reformpolitik entgegenstünden. Im Mittelpunkt seiner Abschlusserklärung (15. März) steht die Forderung nach einer Wiedervereinigung mit Taiwan, gegebenenfalls unter Anwendung von Gewalt.	
März	Der Minister für Wasserressourcen, Wang Shucheng, gibt bekannt, dass 670 Städte unter Wassermangel leiden, am bedeutendsten Peking, wo der Grundwasserspiegel in 30 Jahren um 60 m gefallen ist.	
April	Mehr als 5000 Anhänger der verbotenen Falun-Gong-Sekte befinden sich zur „Umerziehung" in Arbeitslagern, über 300 führende Mitglieder werden zu teilweise hohen Haftstrafen verurteilt.	
19. Sept.	Bei den Wahlen zum Legislativrat in Hongkong gewinnt die oppositionelle DP 12 der 24 direkt zu wählenden Sitze.	
8. Nov.	Im ersten Abschnitt des bisher größten Korruptionsprozesses in der Geschichte der VR China (Schadenswert 9 Mrd. US-Dollar) werden 14 Todesurteile und 12 lebenslange Haftstrafen ausgesprochen.	
20. Dez.	China und Vietnam einigen sich über die *Grenzsicherung im Golf von Tonkin*. Die von beiden Seiten beanspruchten Spratly- und Paracel-Inseln im Südchinesischen Meer bleiben im Abkommen unberücksichtigt.	*Grenzsicherung im Golf von Tonkin*
2001 23. Jan.	Abschluss eines Vertrages mit dem Konsortium Transrapid International (TRI) zum Bau einer Magnetschwebebahn zwischen der Innenstadt und dem Flughafen von Shanghai.	

	26. Febr.	Die UN-Menschenrechtskommissarin Mary Robinson fordert China auf, das Strafsystem „Umerziehung durch Arbeit" aufzugeben.
zehnter Fünfjahresplan	5.–15. März	Der Nationale Volkskongress verabschiedet den *zehnten Fünfjahresplan*. Die Regierung gibt zu, dass die Sanierung des Staatssektors bislang teilweise gescheitert sei. Die Militärausgaben werden wegen „drastischer Veränderungen" der internationalen Lage um 14,7% erhöht.
	1. April	Kollision eines US-Aufklärungsflugzeuges mit einem chinesischen Kampfflugzeug über dem Südchinesischen Meer. Die amerikanische Maschine muss auf der Insel Hainan notlanden. Die chinesische Regierung gibt die Besatzung am 13. April, das Flugzeug im Juni frei.
Umweltzerstörungen	5. Juni	Der Umweltbericht der Regierung konstatiert fortschreitende *Umweltzerstörungen* in China und nennt als Hauptursachen Bevölkerungsexplosion, Zersiedlung, Raubbau und Überweidung.
	Dez.	China wird als 143. Mitglied in die WTO aufgenommen.
	2002 Jan.	Beginn der Abrissarbeiten in den vom Drei-Schluchten-Damm-Projekt betroffenen 22 Städten und Landkreisen. Der geplante Stausee soll 663 km lang sein und fast 40 Mrd. Kubikmeter Wasser fassen. 1,3 Mio. Menschen müssen umgesiedelt werden.
	März	Die Regierung kündigt an, die Militärausgaben um 17,6% zu erhöhen.
	Aug.	Bei Überschwemmungen in Zentralchina kommen über 1000 Menschen ums Leben. Am Dongting-See, einem Überlaufbecken des Jangtse, sind eine Mio. Helfer im Einsatz, um den Bruch der Deiche zu verhindern.

Republik China (Taiwan) seit 1945
(Forts. v. S. 1214)

Formosa	1945 25. Okt.	Gemäß dem Abkommen von Kairo (1943) und den Potsdamer Beschlüssen (1945) muss Japan auf allen „geraubten" Landerwerb verzichten. *Formosa* – seit dem Frieden von Shimonoseki von 1895 japanisch – wird von der Kuomintang-Regierung (KMT) als „Provinz Taiwan" China wieder zugegliedert.
	1947	Unter starker Misswirtschaft kommt es zu blutig niedergeschlagenen Aufständen der Taiwanesen.
nationalchinesische Regierung	1949 Dez.	Auf der Flucht vor den vorrückenden kommunistischen Truppen auf dem Festland setzt die *nationalchinesische Regierung* mit 2 Mio. Anhängern nach Taiwan über.
	1949–1953	Erfolgreiche Landreform in drei Stufen: Pachtherabsetzung (1949), Verkauf von staatseigenem Grund an die „Bebauer" (seit 1951) und Teilenteignung der Großgrundbesitzer, die in Aktien neugegründeter Industrien entschädigt werden. Diese Maßnahmen legen, gemeinsam mit der massiven Wirtschafts- und Militärhilfe der USA, die Basis für das „taiwanesische *Wirtschaftswunder*" und festigen zugleich die Herrschaft der KMT.
Wirtschaftswunder Chiang Kai-shek Präsident	1950 1. März	Wahl des Generalissimus *Chiang Kai-shek* (*1887, †1975) zum Präsidenten der Republik China. Das Parlament setzt sich aus Vertretern aller Provinzen Gesamt-Chinas zusammen Chiangs Regierung des „freien China" beansprucht, für das ganze Land zu sprechen, und verkündet ihr Ziel, das Festland zurückzuerobern. Dank dem Einfluss der USA behauptet Nationalchina vorerst die UN-Mitgliedschaft.
	1954 Sept.	Gefechte um taiwanesische Inselgruppen in der Straße von Formosa, die dem Festland vorgelagert sind, mit rotchinesischen Truppen; die Ta-Ch'en-Inseln werden aufgegeben.
	2. Dez.	Abschluss eines bilateralen Verteidigungsabkommens zwischen der USA und Taiwan, das nach weiteren Zwischenfällen mit der VR China auf die Inselgruppen der Peskadoren und die Küsteninseln Quemoy und Matsu ausgedehnt wird (März 1955).
Quemoy-Krise	1958 Aug./Sept.	Beschießung Quemoys durch Truppen der VR China führt zur Alarmierung der Siebten US-Flotte: *Quemoy-Krise*; deswegen Wiederaufnahme der Warschauer Gespräche auf Botschafterebene zwischen den USA und der VR China.
	1965	Beendigung der US-Wirtschaftshilfe für Taiwan.
Ausschluss Taiwans aus der UNO	1971 25. Nov.	Als Folge des *Ausschlusses Taiwans aus der UNO* verringern sich die diplomatischen Beziehungen rapide: 1977 sind es nur mehr 23 (zumeist unbedeutende) Länder, die volle Beziehungen zu Taiwan unterhalten. Dennoch bleiben die Außenhandelsbeziehungen dank der leistungsfähigen Wirtschaft (Konsumgüter, chemische und Elektroindustrie) zum Großteil erhalten. Innenpolitisch beginnt Chiang Kai-sheks Sohn Chiang Ching-kuo (*1910, †1988) – seit 1972 Ministerpräsident –, die starken Spannungen zwischen einheimischen Taiwanesen (85% der Bevölkerung) und den Festlandchinesen abzubauen (die Taiwanesen stellen bislang nur die Provinzverwaltung, während sie von den wichtigeren, staatlichen Behörden fast gänzlich ausgeschlossen sind).

1975 6. April	Nach dem Tode von Generalissimus Chiang Kai-shek (5. April) wird Yen Chia-kan (*1905, †1993) Staatspräsident.	
1978	Ministerpräsident *Chiang Ching-kuo* zum *Staatspräsidenten* gewählt (21. März).	*Chiang Ching-kuo Staatspräsident*
1979 1. Jan.	Die Aufnahme voller diplomatischer Beziehungen zwischen Washington und Peking beschränkt die Kontakte zwischen den USA und Taiwan auf „besondere" wirtschaftliche und kulturelle Beziehungen sowie militärische Garantien.	
31. Dez.	Die VR China stellt die Beschießung Quemoys (seit 1958 an allen ungeraden Tagen) ein und schlägt Wiedervereinigung unter Anerkennung der Autonomie Taiwans vor.	
1982	Das US/VR China-*Kommunikee zur Taiwanfrage* wird abgelehnt (17. Aug.).	*Kommunikee zur Taiwanfrage*
1983	Die USA geben die Lieferung von 66 Kampfflugzeugen an Taiwan bekannt (9. Febr.).	
1984	Präsident Chiang Ching-kuo wird wiedergewählt (16. März).	
1986 6. Dez.	*Parlamentswahlen*: Die neu gegründete oppositionelle Demokratische Fortschrittspartei (DPP) schafft einen überraschenden Anfangserfolg.	*Parlamentswahlen*
1987 3. Juli	Nach 38 Jahren Geltung ist das *Kriegsrecht aufgehoben*, wird allerdings durch das Nationale Sicherheitsgesetz z. T. ersetzt.	*Aufhebung des Kriegsrechts*
1988 Jan.	Neuer *Staatspräsident* und Kuomintang-Vorsitzender wird nach dem Tode seines Vorgängers *Lee Teng-hui* (*1923).	*Lee Teng-hui Präsident*
7.–13. Juli	Der 13. Parteitag der Kuomintang beschließt u. a. eine weitere vorsichtige Öffnung gegenüber dem Festland.	
1989 22. Jan.	Die gesetzliche *Zulassung* von *Oppositionsparteien*, bisher nur geduldet, zieht eine Welle von Parteigründungen nach sich.	*Oppositionsparteien zugelassen*
2. Dez.	Bei Teilwahlen zur Nationalversammlung starke Verluste der Kuomintang.	
1990	Bewerbung um Aufnahme im GATT.	
März	Ausweitung der Demonstrationen für demokratische Reformen, Rücktritt der Regierung (Mai), neuer *Regierungschef* wird General *Hau Pei-tsun* (*1919).	*Hau Pei-tsun Regierungschef*
1991 30. April	Staatspräsident Lee Teng-hui erklärt den kommunistischen Aufstand auf dem Kontinent für beendet und strebt eine Normalisierung der Beziehungen zur VR China an. Das Handels- und Reiseverbot zur VR China wird am 17. Dez. aufgehoben.	
1993 3. Febr.	Ministerpräsident Hau Pei-tsun tritt zurück; zum neuen Regierungschef wird Lien Chan (KMT; *1936) gewählt (23. Febr.).	
1996 23. März	Staatsoberhaupt *Lee Teng-hui* wird bei den ersten direkten Präsidentschaftswahlen *bestätigt*. Die Wahl wurde von Manövern der VR China vor der Küste Taiwans überschattet.	*Lee Teng-hui bestätigt*
1997 21. Aug.	Ministerpräsident Lien Chan tritt zurück; Nachfolger wird der frühere Wirtschaftsminister Vincent Siew (28. Aug.).	
30. Dez.	Südafrika nimmt diplomatische Beziehungen zur VR China auf; daraufhin bricht Taiwan die seinen zu Südafrika ab. Dem Beispiel Südafrikas folgen in den nächsten Monaten die Zentralafrikanische Republik sowie Guinea-Bissau (23. April 1998). Danach unterhält Taiwan nur noch mit 28 Staaten volle diplomatische Beziehungen (5. Dez.).	
1998	Bei den Wahlen zur Nationalversammlung behauptet sich die seit 1950 regierende KMT.	
1999 11. Juli	Präsident Lee Teng-hui spricht in einem Fernsehinterview erstmals von der Eigenstaatlichkeit Taiwans. Die VR China droht daraufhin mit militärischer Gewalt.	
21. Sept.	Ein schweres *Erdbeben* fordert mehr als 2400 Todesopfer und verursacht beträchtliche Schäden an der Infrastruktur des Inselstaates. Der volkswirtschaftliche Verlust wird auf 14 Mrd. US-Dollar geschätzt.	*Erdbeben*
2000 18. März	Bei der Präsidentschaftswahl erleidet die KMT erstmals eine Niederlage. Ihr Kandidat, der amtierende Vizepräsident Lien Chan, gelangt nur auf den dritten Platz. Sieger wird Chen Shui-bian (*1951) von der oppositionellen Demokratischen Fortschrittspartei (DPP). Da diese in ihrem Programm die staatliche Unabhängigkeit Taiwans fordert, wird die Wahl Chens vonseiten der VR China mit scharfen Warnungen quittiert.	
24. März	Als Konsequenz aus der *Niederlage der KMT bei der Präsidentenwahl* tritt der scheidende Staatspräsident Lee Teng-hui als Parteivorsitzender zurück.	*Niederlage der KMT bei der Präsidentenwahl*
20. Mai	Vereidigung des neuen Ministerpräsidenten Tang Fei (KMT), der aber bereits am 3. Okt. wieder zurücktritt, da die Zusammenarbeit mit Präsident Chen scheitert.	
4. Okt.	Neuer Ministerpräsident wird Chang Chun-hsiung (DPP).	
2001 1. Jan.	Von den zu Taiwan gehörenden Inseln Chinmen und Matsu aus sind direkte Kontakte mit dem chinesischen Festland erlaubt. Am 2. Jan. laufen erstmals taiwanesische Schiffe legal Häfen der VR China an.	
April	Taiwan erhält von den USA die Zusage über *Waffenlieferungen* im Wert von 4 Mrd. US-Dollar.	*Waffenlieferungen*
2002 3. Aug.	Präsident Chen Shui-bian schlägt eine Volksabstimmung zur endgültigen Trennung Taiwans von der VR China vor. Aus Peking erfolgt scharfer Protest. Auch die USA erklären, an der Ein-China-Doktrin festhalten zu wollen.	

Volksdemokratische Republik Korea (Nordkorea) seit 1945
(Forts. v. S. 1217)

kommunistische Bewegung

Der Aufbau der *kommunistischen Bewegung* Koreas beginnt während der japanischen Besatzung (1910–1945) in der Emigration: „Irkutsk-Gruppe" in der Sowjetunion, „Shanghai-Gruppe" in China.

1945 Aug./Sept. Nach der Kapitulation Japans besetzen sowjetische Truppen den Norden des Landes bis zum 38. Breitengrad als Demarkationslinie, um die japanischen Truppen zu entwaffnen, der Süden ist aus demselben Grund von US-Truppen besetzt.

1946 8. Febr. Mit sowjetischer Hilfe organisiert der „Kriegsheld" Kim Il-sung (*1912?, †1994), der seit 1941 unter chinesischem Kommando in der nordöstlichen Antijapanischen Armee kämpft, den Wiederaufbau des Nordens: Bildung eines provisorischen Volkskomitees und Erstellung eines 20-Punkte-Programms (Agrarreform, Arbeiterschutzgesetze, Verstaatlichung von Industrie, Verkehrswesen und Banken).

1947 4. Dez. Obwohl sich die Vereinten Nationen (gegen den Einspruch der Sowjetunion) als allein zuständig für die Frage der koreanischen Wiedervereinigung erklären und Wahlen unter ihrer Aufsicht verlangen, gibt sich Nordkorea eine *sozialistische Verfassung*.

sozialistische Verfassung

1948 Nordkorea führt selbstständig Wahlen durch (25. Aug.).
9. Sept. Ausrufung der Volksdemokratischen Republik Korea mit Kim Il-sung als Ministerpräsident.
1949 Die UdSSR zieht ihre Truppen bis auf Militärberater ab.
1950 Nach kleineren militärischen Konflikten an der Demarkationslinie (38. Breitengrad) fallen nordkoreanische Truppen in Südkorea ein: *Beginn des Korea-Kriegs*.

Beginn des Korea-Kriegs

25. Juni
Aug. UN-Truppen, zum Großteil US-Amerikaner, halten unter General Douglas MacArthur die Invasion am Naktong-Fluss auf.
20. Okt. Eroberung P'yongyangs während einer Gegenoffensive, bei der die UN-Truppen mit Billigung der UNO Nordkorea angreifen.
26. Okt. Durch das Vorrücken der UN-Truppen bis zum Yalu (mandschurische Grenze) fühlt sich die VR China bedroht: Etwa 200000 Freiwillige greifen unter Führung P'eng Te-huais in die Kämpfe ein.
1951 4. Jan. Chinesische Verbände stoßen mit nordkoreanischen Soldaten bis südlich von Seoul vor. Schließlich stabilisiert sich die Front am 38. Breitengrad.
Juli Nach einer Feuerpause folgt der Beginn der zweijährigen, schwierigen Waffenstillstandsverhandlungen in P'anmunjom.

Waffenstillstandsvertrag

1953 27. Juli Unterzeichnung eines *Waffenstillstandsvertrages*, der den Frontverlauf als De-facto-Staatsgrenze bestätigt.
seit 1955 Propagierung einer Staatsdoktrin der „Eigenständigkeit" (juche): ideologische Autonomie, politische Unabhängigkeit, wirtschaftliche Selbstständigkeit und Selbstwehr in der Verteidigung. Im chinesisch-sowjetischen Konflikt versucht Kim erfolgreich, neutral zu bleiben und den endgültigen Bruch zu vermeiden.

Abkommen mit Moskau

1960 6. Juli Nach der drastischen Beschränkung sowjetischer Lieferungen schließt Nordkorea ein *Freundschafts- und Beistandsabkommen mit Moskau*.
15. Juli Ein ähnliches Abkommen wie mit der Sowjetunion wird mit der VR China abgeschlossen.
1968 23. Jan. Nordkoreanische Patrouillenboote bringen das US-Aufklärungsschiff „Pueblo" auf, das die von Nordkorea beanspruchte 12-Meilen-Zone verletzt haben soll.
23. Dez. Nach langwierigen Verhandlungen und amerikanischer Entschuldigung wird die Besatzung freigelassen.
1971 Aug. Positive Reaktion Nordkoreas auf Gesprächsangebote des südkoreanischen Roten Kreuzes: erfolgreiche Verhandlungen von *Rotkreuzvertretern* beider Staaten in der nordkoreanischen Stadt P'anmunjom an der Demarkationslinie zwischen Nord- und Südkorea über humanitäre Fragen (Familienzusammenführung).

Rotkreuzvertreter

1972 4. Juli Unter dem Eindruck der Annäherung Washington – Peking treffen sich Vertreter Nord- und Südkoreas zu Geheimverhandlungen: Ein gemeinsames Kommunikee propagiert die friedliche Wiedervereinigung sowie den Verzicht auf Propaganda und Provokation. Zwischen den beiden Hauptstädten wird ein „heißer Draht" eingerichtet. Beide Staaten konstituieren einen Koordinationsausschuss.

neue Verfassung

28. Dez. In einer *neuen Verfassung* wird die Machtposition Kim Il-sungs gestärkt: Er ist nun Staatspräsident, Vorsitzender der KP, des Zentralen Volksausschusses, der Nationalen Verteidigungskommission sowie Oberkommandierender der Streitkräfte.
1973 „Einfrieren" des Dialogs zwischen Nord- und Südkorea (Aug.).
1975 Aug. Besuch Kims in Peking und erste Auslandsreise des chinesischen Premiers nach P'yongyang, der Hauptstadt von Nordkorea.

1979	Erneute Verhandlungsangebote Nordkoreas von Südkorea positiv beantwortet (Jan.).	*Gespräche mit Südkorea*
März	Scheitern der *Gespräche mit Südkorea*.	
1980 Jan./Febr.	Erneute Wiederaufnahme des Dialogs nach der Ermordung des südkoreanischen Staatspräsidenten Chung-hee Park.	
1984	Nordkorea schlägt den USA Dreiergespräche zur Lösung der Koreafrage vor (10. Jan.).	
15. Aug.	Südkorea bietet Technologie zur Verbesserung des Lebensstandards an.	
1985	Nach umfangreichen Verhandlungen erster Besucheraustausch mit Südkorea (Sept.).	
1987 Sept.	Die Regierung muss einem Umschuldungsabkommen zustimmen, nachdem das Land von internationalen Bankkonsortien für *zahlungsunfähig* erklärt worden ist.	*Zahlungsunfähigkeit*
1988	Vorübergehender Abbruch der Beziehungen zu Japan und den USA (Jan.).	
1990	Aufnahme von Gesprächen mit Südkorea (ab Sept.). Nordkorea lehnt diplomatische Anerkennung Südkoreas weiterhin ab.	
1991	Nord- und Südkorea unterzeichnen ein *Aussöhnungsabkommen* (13. Dez.).	*Aussöhnungsabkommen*
1993 12. März	Nordkorea kündigt als Reaktion auf ein US-amerikanisch-südkoreanisches Manöver den Ausstieg aus dem Atomwaffensperrvertrag an, den es 1985 unterzeichnet hat.	
1994	Tod von Staats- und Parteichef *Kim Il-sung* (8. Juli).	*Tod von Kim Il-sung*
1995–1997	*Nahrungsmittelknappheit* nach schweren Überschwemmungen im Sommer 1995. Es gelingt nicht, die zerstörte Infrastruktur wieder aufzubauen. Internationale Hilfslieferungen werden durch restriktive Auflagen Nordkoreas behindert.	*Nahrungsmittelknappheit*
1997 8. Okt.	Kim Jong-il (*1942), Sohn von Kim Il-sung, wird zum Generalsekretär der Kommunistischen Partei ernannt.	
9. Dez.	Süd- und Nordkorea beginnen in Genf erneut Verhandlungen über einen Friedensvertrag.	
1998	Als Vermittler sind die USA und die VR China beteiligt.	
13. März	*Generalmobilmachung* der auf 1,1 Mio. Soldaten geschätzten Streitkräfte.	*Generalmobilmachung*
22. März	Abbruch der Verhandlungen in Genf.	
26. Juli	Erstmals seit acht Jahren finden Wahlen zur Obersten Volksversammlung statt (Wahlbeteiligung 98,7%).	
31. Aug.	Der Abschuss einer mehrstufigen Rakete, die den Nordosten Japans überquert, ruft dort scharfen Protest hervor.	
1999 16. März	Die USA setzen die Inspektion unterirdischer Anlagen in Kumchan-ri bei Yongbyon durch. Am 27. Juni wird festgestellt, dass das Tunnelsystem für die Herstellung von Atomwaffen ungeeignet sei.	
Mai	Die Regierung gibt erstmals zu, dass es in den vergangenen drei Jahren *Hungersnöte* mit zahlreichen Opfern gegeben habe (unabhängige Schätzungen nennen 2,5 Mio. Tote).	*Hungersnöte*
13. Sept.	Nordkorea verzichtet auf den umstrittenen Test einer Langstreckenrakete. Im Gegenzug erklären sich die USA bereit, die seit 50 Jahren bestehenden Handelssanktionen (außer für Militärgüter) zu lockern.	
14. Dez.	Japan kündigt die Aufhebung seiner Sanktionen an.	
2000 7. April	Verhandlungen zwischen Japan und Nordkorea scheitern, da dieses eine Entschuldigung für das von den Japanern in der Kolonialzeit (1910–1945) begangene Unrecht verlangt.	
19. Juni	Die USA heben die Sanktionen auf.	
19. Sept.	Wiedereröffnung der seit 1953 unterbrochenen Eisenbahnverbindung mit Südkorea.	
25./26. Sept.	Wiederbeginn von *Verhandlungsrunden* über vertrauensbildende Maßnahmen. U. a. werden Familienbegegnungen (jeweils 100 ausgewählte Besucher) vereinbart.	*neue Verhandlungsrunden*
2001 21. Febr.	Als Reaktion auf die erneute Einstufung als „Schurkenstaat" durch die Bush-Administration stellt Nordkorea den Vertrag von 1994 in Frage, mit dem es sich zur Schließung von Anlagen zur Herstellung von waffenfähigem Plutonium verpflichtet hatte.	
März	Abbruch der Verhandlungen mit Südkorea.	
2./3. Mai	Verhandlungen in P'yongyang mit Vertretern der EU über eine Weiterentwicklung der Beziehungen.	
Juni	*Hungerkatastrophe* infolge eines extrem kalten Winters und lang anhaltender Dürre: 80–90% der Kartoffelpflanzen und Getreidesaat sind im Boden vertrocknet. Nordkorea bleibt auf humanitäre Hilfe aus dem Ausland angewiesen.	*Hungerkatastrophe*
2002 29. Jan.	In seinem Bericht zur Lage der Nation nennt US-Präsident Bush neben dem Iran und dem Irak auch Nordkorea als Teil der „*Achse des Bösen*".	*Achse des Bösen*
17. Sept.	Beim ersten Treffen eines japanischen Ministerpräsidenten mit einem Staatschef Nordkoreas nach 1945, bestätigt Kim Jong Il die Entführung japanischer Bürger vor einigen Jahrzehnten aus Spionagegründen. Im Gegenzug entschuldigt sich Japans Ministerpräsident Koizumi für Besatzungsgreuel während des Zweiten Weltkriegs.	
3. Okt.	Die USA nehmen den seit Jahren unterbrochenen Dialog mit Nordkorea wieder auf.	

Republik Korea (Südkorea) seit 1945
(Forts. v. S. 1217)

Korea-Krieg und Diktatur Rhee (1945–1960/61)

US-Militär-regierung

1945
Juli — Die Alliierten garantieren in der Konferenz von Potsdam wie schon in der Erklärung von Kairo (Dez. 1943) die Unabhängigkeit Koreas.
Aug./Sept. — Amerikanische Soldaten nehmen im Süden des Landes bis zum 38. Breitengrad als Demarkationslinie die Kapitulation der japanischen Truppen entgegen.
10. Sept. — Einsetzung einer *US-Militärregierung*.
1947 — Die UNO beschließt allgemeine Wahlen unter ihrer Aufsicht in ganz Korea (14. Nov.).
1948 — Da die UN-Beschlüsse von Nordkorea boykottiert werden, finden nur in Südkorea Wahlen
10. Mai — zur Nationalversammlung statt.
20. Juli — Syngman Rhee (*1875, †1965), der bereits 1919 an der Exilregierung in Shanghai beteiligt war, wird zum ersten Präsidenten gewählt: Erste Republik (1948–1960).
8. Sept. — US-Truppen verlassen bis auf Militärberater Korea.

Korea-Krieg

1950
25. Juni — Nach militärischen Konflikten an der Demarkationslinie fallen nordkoreanische Truppen in Südkorea ein: *Korea-Krieg*. Innerhalb von zwei Monaten ist der größte Teil Südkoreas überrannt.
Aug. — UN-Truppen, zum Großteil Amerikaner, bringen unter General MacArthur die Invasion am Naktong-Fluss zum Stehen.
Okt. — In einer Gegenoffensive greifen die UN-Truppen mit Billigung der UNO Nordkorea an und erreichen die chinesische Grenze.
1951
Jan. — Nordkoreanische Truppen und chinesische Freiwillige stoßen bis südlich von Seoul vor, doch schließlich erstarrt die Front im Frühjahr an der alten Demarkationslinie des 38. Breitengrads.
Juli — Nach Feuerpause Beginn langwieriger Friedensverhandlungen in P'anmunjom (38. Breitengrad).

Waffenstill-standsvertrag

1953
27. Juli — Unterzeichnung eines *Waffenstillstandsvertrags*, der den Frontverlauf als De-facto-Staatsgrenze bestätigt.

amerikanische Wirtschaftshilfe

1954 1. Okt. — Südkorea schließt mit den USA ein Abkommen im Falle eines Verteidigungskrieges.
Massive *amerikanische Wirtschaftshilfe* und politische Unterstützung. Syngman Rhee erstickt alle Versuche der Opposition, das präsidiale System durch ein parlamentarisches zu ersetzen.
1960 — Rhees vierte Wiederwahl ruft heftige Studentenunruhen hervor, die ihn ins Exil zwingen (April).
1960/1961 — Die Zweite Republik ist ein parlamentarisches System unter Ministerpräsident Chang Myon (*1899, †1966), das nach neun Monaten am Parteienstreit zerbricht.

Militärdiktatur (1961–1987)

1961 — Beendigung der Zweiten Republik durch einen Militärputsch (Mai).
Juni — Nach Aufhebung der Verfassung setzt sich General Park Chung-hee (*1917, †1979) an die Spitze der *Militärregierung*.

Militär-regierung

1963
17. Dez. — Park übernimmt nach staatsstreichähnlichen Maßnahmen das Amt des Staatspräsidenten: Dritte Republik.
Parks autoritäres Regime regiert mit einem straffen Polizeiapparat und der häufigen Verhängung des Kriegsrechts, doch wird es als fester Verbündeter von den USA gestützt (45000 Koreaner kämpfen im Vietnamkrieg).

Beziehungen zu Japan

1965
22. Juni — Im „Vertrag über die allgemeinen *Beziehungen*" zwischen Japan und Südkorea anerkennt Japan die südkoreanische Regierung als die „allein gesetzmäßige" von ganz Korea.
1971
Aug. — Ein Gesprächsangebot des südkoreanischen Roten Kreuzes wird von Nordkorea angenommen: Verhandlungen von Rotkreuzvertretern beider Länder in P'anmunjom über humanitäre Fragen (Familienzusammenführung). In der Folge treffen sich Vertraute von General Park und Ministerpräsident Kim von Nordkorea zu Geheimverhandlungen über die Möglichkeit der friedlichen Wiedervereinigung.

Nord- und Südkorea

1972
4. Juli — Gemeinsames Kommunikee zwischen *Nord- und Südkorea*: Verzicht auf Propaganda und Provokation, Errichtung eines „heißen Drahtes" zwischen Seoul und P'yongyang, Konstitution eines Koordinationsausschusses.

Okt.	Die Neuorganisation der US-Präsenz in Ost- und Südostasien führt zur außenpolitischen Schwächung des Park-Regimes und seiner innenpolitischen Verhärtung. Proklamierung der Yushin-(„Revitalisierungs"-)Reformen zur Stärkung der Exekutive.	
Nov.	Park lässt sich in einem Referendum erweiterte Machtbefugnisse ausstellen und die Möglichkeit der unbegrenzten Wiederwahl zusichern. Sein Vorschlag, beide koreanische Staaten in die UNO aufzunehmen, wird von Nordkorea zurückgewiesen, da dies den Status des geteilten Landes bestätigen würde.	
1973 Aug.	Ende der Annäherung zwischen Süd- und Nordkorea, „Einfrieren" des Dialogs.	Ende der Annäherung
1977 Jan.	Ankündigung von US-Präsident Carter, den Großteil der in Südkorea stationierten US-Bodentruppen bis 1981 abzuziehen (1979 weit gehend während eines Staatsbesuchs in Seoul rückgängig gemacht).	
1978	Die Nationalkonferenz bestätigt Park für weitere sechs Jahre im Amt (6. Juli).	
1979 Jan.	Positive Reaktion Südkoreas auf nordkoreanische Angebote, über die Beziehungen zwischen beiden Staaten zu verhandeln.	
26. Okt.	Ermordung von Präsident Park durch den Geheimdienstchef Südkoreas. Amtierender Präsident wird Ministerpräsident Choi Kyu Ha (*1919).	
1980	Massaker der Armee in Kwangju (26. Mai).	
16. Aug.	*Chon Doo Hwan* (*1932) wird *Staatspräsident*.	Chon Doo Hwan Staatspräsident
17. Sept.	Oppositionspolitiker Kim Dae Jung (*1925) zum Tod verurteilt; später begnadigt.	
1983 1. Sept.	UdSSR-Jagdflugzeuge schießen ein südkoreanisches Passagierflugzeug westlich von Sachalin ab.	
1984	Besuch Chon Doo Hwans in Japan zur Beilegung der Spannungen aus der Kolonialzeit (6. Sept.).	
1985 12. Febr. April	In den *Parlamentswahlen* erhält die von Kim Dae Jung gegründete Neue Koreanische Demokratische Partei (NKDP) auf Anhieb 29% der Stimmen. Vereinigung der Oppositionsgruppen unter Führung der NKDP.	Parlamentswahlen
1986/1987	Immer wieder schwere Unruhen und Straßenkämpfe oppositioneller Gruppen mit Sicherheitskräften.	

Demokratische Reformen seit 1987

1987	Die Nationalversammlung und eine Volksabstimmung bestätigen eine *neue Verfassung* (12./27. Okt.).	neue Verfassung
16. Dez.	Direkt gewählter neuer *Staatspräsident* wird der Vorsitzende der Regierungspartei DJP, *Roh Tae-Woo* (*1933).	Roh Tae-Woo Staatspräsident
1988	Bei den Parlamentswahlen verliert die DJP ihre absolute Mehrheit (26. April).	
1990 22. Febr.	Bildung der Demokratisch-Liberalen Partei (DLP) aus DJP, RDP und NRDP unter dem Vorsitz Rohs. Die Opposition legt die Mandate nieder.	
4.–7. Sept.	Erstes Treffen der beiden koreanischen Regierungschefs in Seoul. Trotz weiterer Gespräche keine Annäherung in der *Frage der Wiedervereinigung*.	Wiedervereinigungsfrage
1991 26. April	Im Anschluss an eine Demonstration wird ein Student von Polizisten getötet. Daraufhin kommt es zu blutigen Unruhen. Ministerpräsident Roh Jae Bong tritt zurück (22. Mai).	
1992	*Kim Young Sam* (DLP; *1927) siegt bei den *Präsidentschaftswahlen* (18. Dez.).	Kim Young Sam Staatspräsident
1995 16. Nov.	Die ehemaligen Staatspräsidenten Roh Tae-Woo und Chon Doo Hwan werden verhaftet und im Dez. 1996 zu langjährigen Gefängnisstrafen verurteilt.	
1996 11. April	Bei Parlamentswahlen wird die aus der DLP hervorgegangene New Korean Party (NKP) stärkste Partei, gefolgt von dem ebenfalls 1995 gegründeten National Congress for New Politics (NCNP).	
26. Dez.	Wegen der von der Regierung beschlossenen Verschärfung des Arbeitsgesetzes (Aufhebung des Kündigungsschutzes) kommt es zu *Massendemonstrationen*. Es wird wegen der anhaltend schweren Proteste im März 1997 in revidierter Fassung verabschiedet.	Massendemonstrationen
1997 3. Dez.	Aufgrund seiner im Herbst ausgebrochenen, schweren Wirtschafts- und Finanzkrise erhält Südkorea einen *Kredit des IMF* in Rekordhöhe mit strikten wirtschaftspolitischen Auflagen.	Kredit des IMF
18. Dez.	*Kim Dae Jung* wird zum *Staatspräsidenten* gewählt. Er kündigt die Begnadigung von Roh Tae-Woo und Chon Doo Hwan an.	Kim Dae Jung Staatspräsident
1998 13. Febr.	In einem 100-Punkte-Plan, den Kim Dae Jung für seine Regierung vorstellt, ist als außenpolitisches Ziel u. a. die Schaffung einer südostasiatischen Kooperation nach dem Vorbild der OSZE formuliert.	
13. März	Die Regierung beschließt eine *Amnestie für 5,5 Mio. Verurteilte*, ausgenommen Wirtschaftskriminelle.	Amnestie für 5,5 Mio. Verurteilte

	17. Aug.	Der von Kim Dae Jung eingesetzte Ministerpräsident Kim Jong-pil wird vom Parlament bestätigt.
Entschuldigung Japans	7.–10. Okt.	Bei einem Staatsbesuch von Kim Dae Jung in Japan *entschuldigt sich die japanische Regierung für die Verbrechen* während der Kolonialherrschaft über Korea (1910–1945).
	1999 15. Jan.	Südkorea erhält vom US-Verteidigungsminister William Cohen das Angebot, unter den „nuklearen Schutzschild" der USA zu kommen. Vorausgegangen ist die Versenkung eines nordkoreanischen Spionage-U-Bootes durch die südkoreanische Marine (10. Dez. 1998).
	23. Nov.	Die militante Korean Confederation of Trade Unions (KCTU) erhält ihre amtliche Anerkennung als zweiter nationaler Dachverband neben der gemäßigten Federation of Korean Trade Unions (FKTU).
	2000 13. April	Bei den Wahlen zur Nationalversammlung bleibt die von Kim Dae Jung als Millennium Democratic Party (MDP) neu gegründete Nachfolgeorganisation der NCNP nur zweitstärkste politische Kraft hinter der oppositionellen konservativen Grand National Party (GNP; früher New Korean Party/NKP). Kim ernennt am 22. Mai den Vorsitzenden der mit der MDP verbündeten liberaldemokratischen Union (ULD), Lee Han-dong, zum neuen Ministerpräsidenten.
	12.–14. Juni	In P'yongyang (Nordkorea) treffen die Repräsentanten von Süd- und Nordkorea, Kim Dae Jung und Kim Jung-il, zum ersten Staatsbesuch seit 55 Jahren zusammen.
	20./21. Okt.	Auf dem 3. Asien-Europa-Gipfeltreffen, das in Südkorea stattfindet, erhält Kim Dae Jung außenpolitische Unterstützung für seine Aussöhnungspolitik gegenüber Nordkorea.
	8. Nov.	Der mit 18 Mrd. US-Dollar verschuldete Autokonzern Daewoo Motors wird für bankrott erklärt.
Friedensnobelpreis für Kim Dae Jung	10. Dez.	*Kim Dae Jung* wird mit dem *Friedensnobelpreis* ausgezeichnet.
	2001 1. April	Das 1998 unterzeichnete Rahmenabkommen über Handel und Zusammenarbeit mit der EU tritt in Kraft.
	29. Juni	Beim schwersten Seegefecht im Gelben Meer seit 1953 zwischen süd- und nordkoreanischen Marinestreitkräften werden mindestens 34 Seeleute getötet.
	28. Aug.	Das Parlament lehnt den von Präsident Kim Dae Jung als Regierungschef vorgeschlagenen Zeitungsverleger Chang Dae Whan ab. Nach der am 11. Juli im Parlament gescheiterten Theologin Chang Sang ist dies der zweite durchgefallene Kandidat für das Amt des Ministerpräsidenten.
	31. Aug./ 1. Sept.	Der Taifun „Rusa" richtet den größten Sachschaden in der Geschichte des Landes an. Es gibt mehr als 200 Tote und Vermisste.

Japan seit 1945

(Forts. v. S. 1226)

Besatzungszeit Mit der Unterzeichnung der Kapitulationsurkunde und der Errichtung des Alliierten Hauptquartiers unter General Douglas MacArthur in Tokyo beginnt die *Besatzungszeit*. Zu den erklärten Zielen der Besatzungsregierung gehören die Demokratisierung des öffentlichen Lebens, die Entmilitarisierung Japans, die Bestrafung von Kriegsverbrechern und die Entflechtung der Großkonzerne. Unter dem Vorzeichen der Entmilitarisierung werden Japan alle seine territorialen Kriegsgewinne genommen, sodass das Staatsgebiet auf die Grenzen von 1868 begrenzt wird. Japan verliert die Mandschurei, Korea, die Inseln Taiwan, Sachalin und die Kurilen. Okinawa und die Bonin-Inseln werden unter US-Verwaltung gestellt. Die *Gebietsverkleinerung* gesamte *Gebietsverkleinerung* macht die Repatriierung von 6,5 Mio. Japanern aus den ehemaligen Kolonialgebieten notwendig. Um „Personen, die an der japanischen Expansion beteiligt gewesen waren", aus dem öffentlichen Leben auszuschalten, werden auf Befehl der Besatzungsmacht 180 000 Personen aus leitenden Positionen in Regierung, Verwaltung, Wirtschaft und Erziehungswesen entfernt.

Amerikanische Besatzung (1945–1952)

Gewerkschaften und Parteien	**1945** 22. Dez.	Durch Anordnung der Besatzungsmächte wird die Gründung von *Gewerkschaften und politischen Parteien* möglich; die neu gegründeten Gewerkschaften verfügen bereits nach einem Jahr über 4,5 Mio. Mitglieder. In einer groß angelegten Landreform werden Großgrundbesitzer zum Verkauf von Land an Pachtbauern gezwungen.
	1946 1. Jan.	In seiner Neujahrsansprache entsagt Kaiser Hirohito (*1901, †1989) dem Anspruch des „Tenno" auf Göttlichkeit.
	19. Jan.	In Tokyo nimmt der Internationale Militärgerichtshof für den Fernen Osten die Verhandlungen gegen 25 Hauptangeklagte wegen Kriegsverbrechen auf.

10. April	Zu den ersten Reichstagswahlen der Nachkriegszeit stellen sich fünf Parteien: die wiedergegründete Sozialistische Partei (Shakaito), die erstmals legal auftretende Kommunistische Partei (Kyosanto), die neu geschaffene Gemeinschaftspartei (Kyodoto) und als Nachfolgeorganisationen der bürgerlichen Parteien der Vorkriegszeit die Liberale Partei (Jiyuto) und die Fortschrittspartei (Shimpoto).
22. Mai	Nach einem Wahlsieg der bürgerlichen Parteien bildet der Vorsitzende der Liberalen Partei, Shigeru Yoshida (*1878, †1967), ein Koalitionskabinett der Liberalen und der Fortschrittspartei.
3. Nov.	Mit der Proklamation einer neuen Verfassung durch den Kaiser wird die Umwandlung Japans in eine *parlamentarische Demokratie* nach angelsächsischem Muster eingeleitet: Der Kaiser, der keine Regierungsbefugnisse besitzt, ist Symbol des Staates und der Einheit der Nation; seine Stellung leitet sich vom Willen des Volkes ab. Der vom Parlament gewählte Ministerpräsident beruft die Minister seines Kabinetts. Die Legislative liegt beim Reichstag, der aus zwei Kammern besteht. Beide Kammern gehen aus allgemeinen Wahlen hervor. Das Wahlrecht wird auf Frauen ausgedehnt. Bürgerrechte und Menschenrechte stehen unter Verfassungsschutz. Artikel 9 der Verfassung enthält den umstrittenen *Verzicht auf „den Krieg* als ein souveränes Recht der Nation und auf die Androhung oder Anwendung von Gewalt als Mittel, internationale Streitigkeiten zu regeln".
1947 25. April	Die zweiten Nachkriegswahlen ergeben einen starken Stimmenvorsprung der Sozialisten vor den Liberalen und der als Nachfolgeorganisation der Fortschrittspartei neu gegründeten Demokratischen Partei (Minshuto).
3. Mai	In-Kraft-Treten der Verfassung.
1948 10. Febr.	Die unter der Führung des Sozialisten Tetsu Katayama (*1887, †1978) gebildete Koalitionsregierung wird durch innere Zwistigkeiten in der regierenden Sozialistischen Partei und die Abspaltung einer Gruppe von Abgeordneten gestürzt, die eine neue Sozialistische Reformpartei (Shakai kaishinto; später Sozialdemokratische Partei, Shakai minshuto) gründen. Es folgen konservative Regierungen, die von der (konservativen) Liberalen Partei gestellt werden.
4. Nov.	In den *Kriegsverbrecherprozessen* werden sieben Hauptschuldige zum Tode verurteilt und hingerichtet. Weitere 16 Offiziere und Politiker werden zu lebenslänglichem Zuchthaus verurteilt.
	Die veränderte weltpolitische Lage, insbesondere der kalte Krieg und der Sieg der Kommunisten auf dem chinesischen Festland leiten eine Veränderung in den Beziehungen zwischen den USA und Japan ein. Die Vereinigten Staaten gewinnen ein zunehmendes Interesse daran, ein erstarktes Japan als Bundesgenossen im Pazifik zu gewinnen. Ab 1949 werden die japanischen Reparationsleistungen offiziell beendet. Zugleich wird ein Teil der ursprünglichen Säuberungsmaßnahmen rückgängig gemacht, da die amerikanische Militärverwaltung beim Wiederaufbau der japanischen Industrie weit gehend auf Personal aus der Kriegszeit zurückgreifen muss. Auch der Zusammenschluss von Industrie und Handel in *Großkonzernen* wird wieder zugelassen und von den Besatzungsbehörden durch Begünstigung bei der Zuweisung von Rohstoffen und der Erteilung von Krediten gefördert. Die Vereinigten Staaten beginnen zunehmend, die konservativen Kräfte in Japan als ihre Verbündeten zu betrachten.
1950 11. Jan.	US-Präsident Truman beauftragt seinen Sonderbeauftragten John Foster Dulles mit der Vorbereitung eines Friedensvertrages. Im Vorgriff auf eine künftige Regelung erhält Japan, das gemäß Artikel 9 der Verfassung keine Streitkräfte unterhalten darf, das Recht zum Aufbau einer mit Panzern, Flugzeugen und Marineeinheiten ausgestatteten „Nationalen Polizeireserve". Die Frage der japanischen *Wiederaufrüstung* sowie der Stationierung amerikanischer Truppen auf japanischem Boden wird in der Folge zur Zentralfrage der japanischen Innenpolitik. Die USA schlagen vor, die Verteidigung Japans unter Beibehaltung ihrer Militärbasen auch nach Abschluss eines Friedensvertrages und dem Ende der Besatzungszeit zu übernehmen. Diese Lösung ist in Japan innenpolitisch umstritten.
1951 8. Sept.	Im *Friedensvertrag von San Francisco*, den Japan mit den USA und 47 weiteren Nationen abschließt, verzichtet Japan auf alle territorialen Ansprüche außerhalb der Grenzen von 1868. Korea wird unabhängig; die japanischen Besitzungen auf dem chinesischen Festland sowie Taiwan fallen an China; Japans pazifischer Inselbesitz kommt unter die Verwaltung der USA; die Kurilen und Südsachalin fallen an die Sowjetunion; diese sowie die Volksrepublik China verweigern die Unterschrift unter den Friedensvertrag und nehmen keine diplomatischen Beziehungen zu Japan auf.
	In einem gleichzeitig geschlossenen Vertrag mit den USA stimmt Japan dem Verbleiben amerikanischer Truppen auf japanischem Gebiet zu und wird so in das westliche Verteidigungsbündnis einbezogen.

Randbemerkungen: *parlamentarische Demokratie*; *Verzicht auf Krieg*; *Kriegsverbrecherprozesse*; *Großkonzerne*; *Wiederaufrüstung*; *Friede von San Francisco*

Okt. Die heftig umstrittene Frage der Ratifikation des Vertrags von San Francisco durch den Reichstag führt zu einer Spaltung der Sozialistischen Partei in einen linken und einen rechten Flügel, die künftig bei Wahlen getrennt auftreten.

Japan unter liberaldemokratischer Führung (1952–1993)

1952 Nach vollzogener Ratifikation erhält Japan seine volle Souveränität wieder (April).

1953 März Die Flügelkämpfe in der regierenden Liberalen Partei führen zur Spaltung in zwei Flügel unter der Führung von Ichiro Hatoyama (*1883, †1959) und Shigeru Yoshida.

1954 Sept. Hatoyama selbst kehrt nach kurzer Zeit zum Yoshida-Flügel zurück, verlässt aber anschließend die Partei wieder, um gemeinsam mit den Abgeordneten der 1952 gegründeten Reformpartei die zweite Demokratische Partei zu gründen.

1955 15. Nov. Nach der Wiedervereinigung der gespaltenen Sozialistischen Partei gelingt es durch den Zusammenschluss der Liberalen und der Demokratischen Partei zur Liberal-Demokratischen Partei (Jiyu minshuto), die konservativen Kräfte zu einigen.

Liberal-Demokraten Zwei-Parteien-System

Die *Liberal-Demokratische Partei* bleibt seit ihrer Gründung Mehrheitspartei im Unterhaus und stellt jeweils den Ministerpräsidenten. Damit entsteht ein *Zwei-Parteien-System*, in dem die Sozialisten die Rolle der permanenten Opposition übernehmen. Intern ist die Liberal-Demokratische Partei so weit gehend in einzelne Gruppen und Fraktionen gespalten, dass sie weniger als eine Programmpartei denn als eine konservative Regierungskoalition aufgefasst werden muss, die durch den Zwang, an der Macht zu bleiben, zusammengehalten wird. In den Verhandlungen mit der Sowjetunion um einen zukünftigen Friedensvertrag sind insbesondere die *Kurilen*, Habomai, Shikotan, Kunashiri und Etorofu strittig. Auf diese Gebiete hat Japan zwar im Vertrag von San Francisco verzichtet, aber dieser ist von der Sowjetunion, die sich auf die Abmachungen von Potsdam und Jalta beruft, nicht anerkannt worden.

Kurilen

1956 19. Okt. Nach langwierigen Verhandlungen einigen sich Moskau und Tokyo auf ein Abkommen über die Beendigung des Kriegszustandes und die Normalisierung der diplomatischen Beziehungen. Die Sowjetunion erklärt sich hierbei bereit, die von Japan beanspruchten südlichen Kurilen und die Inseln Habomai und Shikotan nach Abschluss eines Friedensvertrages zurückzugeben. Da für Japan auch Fragen der Fischereirechte im Ochotskischen Meer und im Beringmeer betroffen sind, stimmt es den Abmachungen trotz einiger offener Fragen zu. – Japan wird als *Vollmitglied* in die *UNO* aufgenommen (8. Dez.).

UNO-Mitglied

Der Prozess der Normalisierung der Beziehungen Japans zu den Staaten des südostasiatischen Raums wird nach Wirtschafts- und Zusammenarbeitsabkommen mit Burma (1954), den Philippinen, Thailand, Laos, Kambodscha (1955) durch einen Friedensvertrag und ein

1958 Reparationsabkommen mit Indonesien abgeschlossen (20. Jan.).

Als Reibungspunkte zwischen Japan und den USA entwickeln sich eine Reihe von territorialen und verteidigungspolitischen Fragen. Im Friedensvertrag von 1951 haben sich die USA die volle Jurisdiktion über die *Insel Okinawa* im Ryukyu-Archipel vorbehalten, obgleich die Einwohner der Insel japanische Staatsbürger bleiben. Mit 100000 US-Soldaten und 117 Stützpunkten sowie Abschussrampen für Raketen mit Atomsprengköpfen ist Okinawa von entscheidender Bedeutung für den pazifischen Verteidigungsgürtel der USA. Japan strebt einerseits nach Wiederherstellung seiner vollen Souveränität über die Insel, ist aber andererseits auf den amerikanischen Schutzschild angewiesen.

Insel Okinawa

1960 21. Jan. Der amerikanisch-japanische *Sicherheitsvertrag* sieht die Garantie amerikanischen Militärbeistands für den Fall eines bewaffneten Angriffs auf japanisches Gebiet vor. Die USA erhalten weiterhin das Recht, Streitkräfte in Japan zu stationieren und die vorhandenen Luftstützpunkte auszubauen. Der Vertrag beinhaltet eine gegenseitige Konsultationsklausel, erkennt das Recht Japans an, den Vertrag einseitig zu kündigen, und bestätigt die „residuale Souveränität" Japans über die Ryukyu- und Bonin-Inseln. Es kommt zu schweren innenpolitischen Auseinandersetzungen um die Ratifizierung des Vertrags. Nach einem Generalstreik und antiamerikanischen Massendemonstrationen muss ein für den Sommer vorgesehener Besuch US-Präsident Eisenhowers in Japan abgesagt werden.

Sicherheitsvertrag mit den USA

24. Jan. Gegen die Opposition der Sozialistischen Partei im Parlament, von der sich eine gemäßigte Gruppe als Demokratisch-Sozialistische Partei abspaltet, kann die Liberal-Demokratische Mehrheit die Ratifizierung des Vertrages durchdrücken.

22. Juni Der Kaiser unterzeichnet den Sicherheitsvertrag.

14. Juli
12. Okt. Weitere Unruhen, die in einem Attentatsversuch auf den neu gewählten Vorsitzenden der Liberal-Demokratischen Partei Hayato Ikeda (*1899, †1965) und der Ermordung des Sozialistenführers Inejiro Asanuma gipfeln.

Sozialisten, Kommunisten und ein großer Teil der Gewerkschaftsbewegung bekämpfen die einseitige Bindung Japans an die USA und drängen auf einen Ausgleich mit der Sowjetunion und der Volksrepublik China.

Die *soziale Unruhe* findet ihren Ausdruck unter anderem in dem großen Zulauf zu der radikalen neobuddhistischen Sekte *Soka Gakkai*, die ihre Mitgliederzahl von 5000 im Jahre 1951 auf 10 Mio. im Jahre 1962 erhöhen kann.

soziale Unruhe Soka Gakkai

1962 27. Sept. Als politisches Organ der Sekte wird die Liga für gerechte Politik (Komei seiji renmei) gegründet, die sich seit ihrer Teilnahme an Reichstagswahlen Komeito nennt und beachtliche Wahlerfolge aufweisen kann.

1964 14. Nov. Innenpolitisch spricht sich die Komeito für den Aufbau einer klassenlosen Gesellschaft, wirksamere Maßnahmen der Sozialpolitik, die Ausrottung der Korruption und eine stärkere Stellung des Oberhauses aus. Als ihre außenpolitischen Ziele bezeichnet sie die allgemeine Abrüstung, die Sicherung des Weltfriedens und internationale Zusammenarbeit. Japan soll zu diesem Konzept durch die Auflösung der japanischen Selbstverteidigungsstreitkräfte und eine unabhängige Politik zwischen Ost und West beitragen.

1967 Japan nimmt erneute *Verhandlungen über* die Rückkehr von *Okinawa* unter volle japanische Souveränität auf. Japan, das eine aktive Unterstützung des Vietnamkrieges stets verweigert hat, obgleich Okinawa als amerikanische Transitbasis in diesem Krieg dient, ist weiterhin daran interessiert, sich den amerikanischen Militärschutz zu erhalten, möchte aber vermeiden, automatisch in mögliche Konflikte hineingezogen zu werden.

Verhandlungen über Okinawa

1969 19.–21. Nov. Bei einem Staatsbesuch des Ministerpräsidenten Eisaku Sato (*1901, †1975) in Washington vereinbart dieser mit Präsident Nixon die Rückkehr Okinawas unter japanische Souveränität, wobei die USA ihre Stützpunktprivilegien behalten sollen.

1970 22. Juni Der militärischen Sicherung des Landes dient die Verlängerung des amerikanisch-japanischen Sicherheitsvertrages von 1960, der nunmehr automatisch um jeweils ein weiteres Jahr verlängert wird, wenn ihn keine der vertragsschließenden Parteien kündigt.

Das amerikanisch-japanische Vertrauensverhältnis wird durch den nuklearen Ausgleich zwischen USA und UdSSR, die Revision der amerikanischen Asienpolitik und die von Washington verfolgte Politik der Annäherung an die Volksrepublik China beeinträchtigt. Insbesondere beschwert sich Japan über mangelnde Konsultation seitens der amerikanischen Regierung. In Wirtschaftskreisen wächst die *antiamerikanische Stimmung*, als die USA in der Mills Bill Importrestriktionen durch die Festlegung von Einfuhrquoten für bestimmte Artikel festlegen. Hierdurch ist Japan, das 25% seines Außenhandels mit den USA abwickelt, besonders stark betroffen.

19. Nov.

Antiamerikanismus

Die innenpolitischen Gegensätze um den weltpolitischen Kurs Japans verstärken sich. Die Frage der Normalisierung der *Beziehungen zu China* tritt zunehmend in den Vordergrund der politischen Diskussion. Japan, das 1952 (9. Juni) einen Friedensvertrag mit der nationalchinesischen Regierung (Taiwan) abgeschlossen und diese als die einzig rechtmäßige anerkannt hat, schließt zwar bereits 1962 ein Fünfjahresabkommen über den nichtstaatlichen Handel mit der Volksrepublik China ab, aber die Anerkennungsfrage ist noch ungelöst.

Beziehungen zu China

1971 17. Juli Als Ministerpräsident Eisaku Sato infolge des so genannten „Nixon-Schocks" seine Bereitschaft bekundet, Gespräche mit der Regierung der Volksrepublik China aufzunehmen, lehnt diese ihn als Gesprächspartner ab.

1972 6. Juli Entsprechend den Abmachungen von 1969 *kehrt Okinawa zu Japan zurück* (15. Mai). Infolge interner Spannungen der regierenden Liberal-Demokratischen Partei tritt Ministerpräsident Eisaku Sato zurück.

Rückgabe Okinawas

31. Aug. Der neue Ministerpräsident Kakuei Tanaka (*1918, †1993) vereinbart bei Gesprächen mit Präsident Nixon in Honolulu eine Erhöhung der japanischen Einfuhren aus den USA.

29. Sept. Auf einer Reise in die Volksrepublik China erreicht Tanaka die Aufnahme diplomatischer Beziehungen zwischen beiden Staaten. Japan erklärt den Friedensvertrag von 1952 mit Nationalchina für ungültig und erkennt Taiwan als integralen Bestandteil der Volksrepublik China an.

28. Okt. Sein innenpolitisches Programm legt Tanaka im so genannten „*Tanaka-Plan* für die Neugestaltung des japanischen Archipels" fest. Zu den aus ökologischen und sozialpolitischen Gründen dringend erforderlichen Maßnahmen zählen unter anderem: wirtschaftliche und industrielle Dezentralisierung, Auflösung der Ballungszentren Tokyo, Osaka und Nagoya, Gründung neuer Industriestädte mittlerer Größe in den agrarisch bestimmten Landesteilen, um die Landflucht zu verhindern, Maßnahmen gegen Umweltverschmutzung und Bodenspekulation, Ausbau der Infrastruktur in den benachteiligten Landesteilen.

Tanaka-Plan

	1973 3. Mai	Präsident Nixon weist öffentlich darauf hin, dass der japanisch-amerikanische Sicherheitsvertrag beide Länder dazu verpflichte, sich gemeinsam um die Behebung internationaler Wirtschaftskonflikte zu bemühen.
	26. Sept.– 10. Okt.	Auf einer Europareise gelingt es Ministerpräsident Tanaka nicht, den westeuropäischen Markt für japanische Exportprodukte weiter zu öffnen.

Außenhandel

Außenhandel Japans (in Mrd. DM) in jeweiligen Preisen

Ländergruppe	Ausfuhr			Einfuhr		
	1970	1980	1990*	1970	1980	1990*
insgesamt...............................	70,70	235,77	525,36	69,11	254,60	423,60
Industrieländer........................	38,72	112,14	312,99	38,40	88,53	213,91
EG	**4,77**	**31,12**	**98,64**	**4,09**	**13,91**	**63,35**
übrige europäische Länder	3,88	8,29	17,97	2,75	9,47	11,83
Vereinigte Staaten und Kanada	24,08	62,04	178,81	23,76	53,09	111,07
übrige Länder.......................	5,99	10,68	17,57	7,80	17,47	27,66
Entwicklungsländer	**28,14**	**106,97**	**194,34**	**27,46**	**154,01**	**179,02**
Afrika	3,92	10,86	7,09	2,76	4,86	3,58
Amerika	4,07	15,55	17,83	5,01	10,30	17,41
Asien	18,59	79,83	168,54	18,88	137,68	157,70
Staatshandelsländer	**3,82**	**16,66**	**18,03**	**3,25**	**12,05**	**30,67**

* umgerechnet nach mittlerem Jahreswechselkurs aus US-$ (1,832)

	22. Nov.	In einer Erklärung zur Nahostkrise sowie auf Reden bei einer anschließenden Reise Tanakas durch den Nahen Osten macht sich Japan weit gehend den arabischen Standpunkt zu eigen. Um Erdöllieferungen sicherzustellen, wird die Zusammenarbeit mit den arabischen Ländern auf Kreditbasis vereinbart.
	1974 Jan.	Mit der Volksrepublik China wird im Vorgriff auf einen zukünftigen Vertrag ein langfristiges Handelsabkommen abgeschlossen.
antijapanische Demonstrationen	7.–16. Jan.	Auf einer Südostasien-Reise Ministerpräsident Tanakas kommt es in mehreren Ländern zu *antijapanischen Demonstrationen*.
	23. Mai	Nach einem Anstieg der Bodenpreise um insgesamt 36 % innerhalb von zwei Jahren wird im Rahmen des Tanaka-Plans ein Gesetz gegen Bodenspekulation und Preiswucher verabschiedet.
	7. Juli	Bei den Teilwahlen zum Oberhaus muss die regierende Liberal-Demokratische Partei Stimmenverluste zu Gunsten der linken Opposition (Sozialisten, Sozialdemokraten Kommunisten) hinnehmen.
Zusammenarbeit mit Brasilien	15.–26. Sept.	Auf einer Lateinamerika-Reise Ministerpräsident Tanakas wird eine enge wirtschaftliche *Zusammenarbeit*, insbesondere *mit Brasilien* vereinbart, wo „Nippon Steel" das zweitgrößte Stahlwerk errichtet.
	17. Sept.	Das Königreich Saudi-Arabien gewährt Japan einen Kredit von einer Mrd. US-Dollar.
	29. Sept.	Der regelmäßige Linienflugverkehr zwischen Japan und der Volksrepublik China wird aufgenommen.
Vertrag mit der BR Deutschland	8. Okt.	Japan schließt mit der *Bundesrepublik Deutschland* einen *Vertrag* über wirtschaftlich-technische Zusammenarbeit.
	13. Nov.	Verhandlungen Japans mit der VR China über einen Friedensvertrag führen zu Warnungen der Sowjetunion, die nicht bereit ist, eine antisowjetische Hegemonialklausel in einem derartigen Vertrag hinzunehmen.
	18.–22. Nov.	Mit Gerald R. Ford weilt erstmalig ein US-Präsident zu einem offiziellen Staatsbesuch in Japan.
	25. Nov.	In einem dreiseitigen Abkommen zwischen Japan, den USA und der UdSSR über die gemeinsame Ausbeutung der sibirischen Erdgaslager verpflichtet sich Japan, 500 Millionen Dollar unter der Bedingung zu investieren, dass sich die USA mit einem Kredit in Höhe von 400 Millionen Dollar beteiligen.
	26. Nov.	Der Rücktritt von Kakuei Tanaka als Ministerpräsident wird durch eine Serie von Finanzierungsskandalen, Korruptionsaffären und Bestechungsvorwürfen erzwungen.
	9. Dez.	Rücktritt Tanakas auch vom Amt des Parteivorsitzenden der Liberal-Demokratischen Partei. Sein Nachfolger sowohl in diesem als auch im Amt des Ministerpräsidenten wird der ehemalige Außenminister Takeo Miki (* 1907, † 1988).

1975 2. Febr.	Japan schließt ein Abkommen über Wirtschaftsbeziehungen und langfristige Handelskooperation mit der DDR ab.
April	Bei den Gouverneurswahlen erringen in 14 von 17 Präfekturen die Kandidaten der regierenden Liberal-Demokratischen Partei den Sieg. Die Industriegebiete von Tokyo, Osaka und Kanagawa gehen an die Oppositionskandidaten verloren, die von einer Volksfront unterstützt werden. Im Oberhaus verfügt die Liberal-Demokratische Partei mit 130 von 250 Sitzen ebenso wie im Unterhaus mit 271 von 491 Sitzen weiterhin über die absolute Mehrheit.
Juni	Die mit 29 Abgeordneten im Unterhaus vertretene rechtsradikale Komeito, das politische Organ der neobuddhistischen Sekte Soka Gakkai, verkündet ein ideologisches Bündnis mit der Kommunistischen Partei Japans zum gemeinsamen Kampf gegen Atomwaffen und Faschismus.
1976 Jan.	Der bereits mehrfach angestrebte Versuch, mit der Sowjetunion zu einer Einigung über einen Friedensvertrag zu kommen, scheitert erneut an der Weigerung der UdSSR, die Rückgabe der südlichen Kurilen ins Auge zu fassen.
	Im Zuge der allgemeinen *Wirtschaftskrise* erreicht die Arbeitslosigkeit in Japan mit 1,24 Mio. Arbeitslosen ihren Höchststand seit März 1960. Es kommt zu einer Häufung von Lohnstreiks und politischen Massenkundgebungen. Die Verbraucherpreise steigen zwar langsamer als im Vorjahr, weisen aber immer noch eine Zuwachsrate von 7,8% auf.
2. Febr.	Japan erklärt die Ausdehnung seiner Hoheitsgewässer von drei auf zwölf Seemeilen.
Juni	Japan gibt den Abschluss seiner Reparationsleistungen an zwölf asiatische Länder in einer Gesamthöhe von 1,5 Mrd. US-Dollar bekannt.
Juli	Gegen den 1974 zurückgetretenen Ministerpräsidenten Tanaka wird im Zusammenhang mit der Bestechungsaffäre der amerikanischen Flugzeugfirma *Lockheed* Anklage wegen passiver Bestechung erhoben. Daraus ergibt sich eine schwere *Krise* innerhalb der Liberal-Demokratischen Partei, die zu einer Serie von Kabinettsumbildungen führt.
5. Dez.	Bei den Wahlen zum Unterhaus muss die regierende Liberal-Demokratische Partei schwere Verluste hinnehmen und verfügt zum ersten Mal seit ihrer Gründung im Jahre 1955 nicht mehr über die absolute Mehrheit. Ihr Stimmenanteil verringert sich von 46,9% bei den Wahlen von 1972 auf 41,8%, die Zahl ihrer Abgeordnetensitze von 271 auf 249. Zweitstärkste Fraktion im Unterhaus werden die Sozialisten, die ihre Abgeordnetenzahl von 118 auf 123 erhöhen können. Die gemäßigte Demokratisch-Sozialistische Partei erringt 29 anstelle von 19 Sitzen. Während die Abgeordnetenzahl der Kommunisten von 38 auf 17 sinkt, wächst die mit ihnen im ideologischen Bündnis stehende Komeito von 29 auf 55 Sitze an. 17 Sitze gehen an den von den Liberal-Demokraten abgespaltenen Neoliberalen Club und 21 an unabhängige Kandidaten. Die absolute Mehrheit der Liberal-Demokraten im Unterhaus kann jedoch durch den Übertritt einiger unabhängiger Abgeordneter wiederhergestellt werden.
24. Dez.	Nach dem Rücktritt des bisherigen Ministerpräsidenten Takeo Miki von seinen Ämtern als Regierungschef und als Parteivorsitzender kann der ehemalige stellvertretende Ministerpräsident und neue Parteivorsitzende der Liberal-Demokratischen Partei Takeo *Fukuda* (*1905, †1995), der zum rechten Parteiflügel gerechnet wird, mit 256 von 511 Stimmen *zum neuen Ministerpräsidenten gewählt* werden.
1977 2. April	Ein auf zehn Jahre befristeter Wirtschafts- und Handelsvertrag mit der Volksrepublik China sieht chinesische Erdöl- und Kohlelieferungen im Austausch gegen japanische Industriegüter vor.
2. Mai	Das Parlament billigt die bereits 1976 von der Regierung angekündigte Ausdehnung der japanischen Territorialgewässer auf zwölf und der Fischereizone auf 200 Seemeilen.
11. Mai	Gegen die Stimmen der sozialistischen und der kommunistischen Fraktionen verabschiedet das Unterhaus ein Gesetz, das den USA die Benützung von *Stützpunkten* auf der Insel *Okinawa* für weitere fünf Jahre gestattet. Das am selben Tag ratifizierte Gesetz über die gemeinsame Ausbeutung des Festlandssockels mit Südkorea wird von Nordkorea und der Volksrepublik China für nichtig erklärt.
12. Juni	Japan gewährt der Sowjetunion einen Kredit in Höhe von 300 Mio. US-Dollar zum Ankauf japanischer Industrieeinrichtungen.
5. Sept.	Die Regierung verkündet ein Sieben-Punkte-Programm zur Konjunkturförderung, das Ausgaben in einer Gesamthöhe von sechs Mrd. US-Dollar vorsieht.
28. Nov.	Ministerpräsident Fukuda bildet das Kabinett um. Die neue Regierung zielt mit ihrem Programm auf dauerhafte Wachstumsstabilität durch eine Kombination von strukturpolitischen und kulturpolitischen Maßnahmen, weil die starke Expansion bis zum Beginn der siebziger Jahre bei einer sehr geringen Kapitalausstattung der Unternehmer zu steigender Verschuldung und einer großen Zahl von Zusammenbrüchen geführt hat.

Marginalia: *Wirtschaftskrise*; *Lockheed-Krise*; *Fukuda Ministerpräsident*; *US-Stützpunkte auf Okinawa*

	1978 Jan.	Erneute Verhandlungen mit der Sowjetunion über den Abschluss eines Friedensvertrages scheitern wieder an der Kurilenfrage.
Friede mit der VR China	12. Aug.	Abschluss eines *Friedens- und Freundschaftsvertrages mit der Volksrepublik China*, der als Grundlage zum weiteren Ausbau der wirtschaftlichen Kooperation dienen soll. Heftige Reaktion aufseiten der Sowjetunion.
	27. Nov.	Bei der Vorwahl für das Amt des Vorsitzenden der Liberal-Demokratischen Partei unterliegt Fukuda, der sich daraufhin zum Rücktritt vom Regierungsamt entschließt.
	7. Dez.	Masayoshi Ohira (*1910, †1980), zum neuen Vorsitzenden der Liberal-Demokratischen Partei bestimmt, wird vom Parlament zum neuen Ministerpräsidenten gewählt.
	1979 21. Febr.	Das japanische Parlament fordert von der UdSSR in einer Resolution die Rückgabe der besetzten Kurilen-Inseln und die Aufhebung der dort eingerichteten Militärbasen.
	7. Okt.	Vorgezogene Unterhauswahlen ohne wesentliche Änderung der Mehrheitsverhältnisse.
Sturz der Regierung	**1980** Mai/Juni	*Sturz der Regierung* durch Misstrauensvotum des Unterhauses bei Uneinigkeit der Liberal-Demokraten; Parlamentsauflösung (16. Mai). Tod Ohiras (12. Juni).
	22. Juni	Unterhauswahlen ergeben eine absolute Mehrheit für die Liberal-Demokratische Partei. Sie gewinnt 284 der 511 Sitze bei einem Stimmenanteil von 47,9%.
	17. Juli	Zenko Suzuki (*1911), Vorsitzender der Liberal-Demokraten (15. Juli), wird zum Ministerpräsidenten gewählt.
	1981 April	Nach dem Zusammenstoß eines US-amerikanischen Atom-U-Bootes mit einem japanischen Frachter (9. April) kommt es zu antiamerikanischen Demonstrationen.
	30. Nov.	Regierungsumbildung, Yoshio Sakarauchi (*1912), Generalsekretär der Liberal-Demokraten, wird Außenminister.
	1982	Inbetriebnahme der ersten japanischen Urananreicherungsanlage (März).
Erdgas- und Ölvorkommen	Juli	Die Regierung beschließt, die *Erdgas- und Ölvorkommen* bei Sachalin trotz des US-amerikanischen Technologie-Embargos gemeinsam mit der Sowjetunion zu erschließen.
	12. Okt.	Ministerpräsident Suzuki tritt wegen parteiinterner Differenzen zurück.
	25. Nov.	In einer Urabstimmung, an der ca. 1 Mio. Mitglieder der Liberal-Demokratischen Partei teilnehmen, wird Yasuhiro Nakasone (*1918) zum Parteivorsitzenden und anschließend (26. Nov.) zum Ministerpräsidenten gewählt.
Neuwahlen	**1983** 26. Juni	Bei den *Neuwahlen* zum Oberhaus kann die Liberal-Demokratische Partei ihre Mehrheit weiter ausbauen.
	18. Dez.	Bei den Unterhauswahlen verliert die Liberal-Demokratische Partei die absolute Mehrheit, kann aber mit dem Neoliberalen Club und Unabhängigen weiterregieren.
	26. Dez.	Wiederwahl Nakasones als Ministerpräsident.
	1984 6. Sept.	Besuch von Südkoreas Staatspräsident Chon Doo Hwan in Tokyo zur Beilegung der aus Japans Kolonialherrschaft über Korea stammenden Differenzen.
	1985 2. Jan.	Ministerpräsident Nakasone sagt dem US-Präsidenten Ronald Reagan bei seinem Staatsbesuch in den USA zu, den japanischen Markt weniger gegen Importe abzuschotten. Die Regierung beschließt entsprechende Regelungen am 9. April.
	Juli	Auf einer Europareise Nakasones stehen Verhandlungen über Ungleichgewichte in den Handelsbeziehungen im Mittelpunkt.
Unterhauswahlen	**1986** 6. Juni	Aus den *Unterhauswahlen* geht die Liberal-Demokratische Partei mit ihrem bisher besten Ergebnis hervor: Mit 49,5% der Stimmen erringt sie 300 von 512 Mandaten.
Privatisierung	28. Okt.	Die *Privatisierung* des letzten großen Staatsbetriebes, der Staatseisenbahn, wird im Parlament beschlossen.
	8./9. Nov.	Besuch Nakasones in Peking mit intensiven Gesprächen über die Wirtschaftsbeziehungen beider Länder.
Konjunkturentwicklung	**1987**	Trotz hoher Handelsbilanzüberschüsse ist die *Konjunkturentwicklung* widersprüchlich: Die Regierung kündigt Arbeitsbeschaffungsmaßnahmen (Jan.) und ein Konjunkturprogramm (Mai) an: Im März erreicht die Arbeitslosenquote mit 3,1% ihren bisher höchsten Stand.
US-Strafzölle	17. April	Die *USA* beschließen *Strafzölle* für japanische Elektronikimporte.
	24. April	Das Unterhaus lehnt die Einführung einer Mehrwertsteuer ab.
	6. Nov.	Noboru Takeshita (*19245, †2000) tritt die Nachfolge Nakasones als Ministerpräsident an.
	1988 25. Jan.	Takeshita kündigt eine umfassende Steuerreform (beschlossen 24. Dez.) mit Einführung der Mehrwertsteuer (ab 1. April 1989) und ein staatliches Beschäftigungsprogramm an.
	1989 25. April	Ministerpräsident Takeshita kündigt den Rücktritt seiner Regierung an, nachdem umfangreiche Wahlkampfspenden des japanischen Recruit-Konzerns an die Liberal-Demokratische Partei bekannt geworden sind.
	2. Juni	Sosuke Uno (*19225, †1998) wird neuer Parteivorsitzender der Liberal-Demokratischen Partei und Ministerpräsident.
	23. Juli	Bei Oberhauswahlen erleidet die Liberal-Demokratische Partei eine deutliche Niederlage.

9. Aug.	Nach Rücktritt Unos übernimmt Toshiki *Kaifu* (*1931) dessen Ämter.	*Kaifu Minister-präsident*
1990 18. Febr.	Die Liberal-Demokratische Partei erringt die absolute Mehrheit bei Unterhauswahlen. Die zweitstärkste Fraktion bilden die Sozialdemokraten.	
3./4. März	Ministerpräsident Kaifu diskutiert bei seinem USA-Besuch die umstrittene Handelsbilanz (Überschuss von 49 Mrd. Dollar gegenüber den USA 1989) mit US-Präsident George Bush. Die Gespräche bleiben ergebnislos.	
12. Nov.	Nach dem Tode von Kaiser Hirohito (7. Jan. 1989) besteigt sein Sohn *Akihito* (*1933) unter dem Titel Heisei-Tenno den Kaiserthron.	*Kaiser Akihito*
1991 16.–19. April	Während des Besuches des sowjetischen Präsidenten Gorbatschow werden 15 Abkommen über technische Kooperation, Waren- und Kulturaustausch und Luftverkehrsfragen unterzeichnet. Ministerpräsident Kaifu sagt *Kredite an die UdSSR* zu. Der *Streit über die Kurilen-Inseln* bleibt ungelöst, sodass das japanische Angebot „Land gegen Yen" scheitert.	*Kredite an die UdSSR Streit über die Kurilen-Inseln*
8. Okt.	Japan gewährt der UdSSR einen Kredit über 2,5 Mrd. US-Dollar.	
5. Nov.	Das Parlament wählt den früheren Finanzminister Kiichi Miyazawa (Liberal-Demokrat, *1919) zum Ministerpräsidenten.	

Politische und wirtschaftliche Instabilität seit 1992

1992 11. Aug.	Der Nikkei-Index an der Börse in Tokyo, der sich aus den 225 wichtigsten notierten Aktienwerten zusammensetzt, fällt infolge der Konjunkturkrise und der geringen Liquidität japanischer Großbanken erstmals unter 15000 Yen.	
23.–28. Okt.	Kaiser *Akihito* stattet der *VR China* einen *Staatsbesuch* ab, um die jahrzehntelange Feindschaft zwischen beiden Ländern zu überwinden. Akihito drückt sein „tiefes Bedauern über den japanischen Eroberungskrieg" (1931–1945) aus, verzichtet jedoch auf eine förmliche Entschuldigung.	*Staatsbesuch Akihitos in China*
1993 17. Juni	Nachdem die Liberal-Demokratische Partei seit Nov. 1992 durch zahlreiche Skandale geschwächt wird, ist ein Misstrauensantrag gegen die Regierung Miyazawa erfolgreich, der von Oppositionsparteien und Abgeordneten der Liberal-Demokratischen Partei unterstützt wird. Auflösung des Unterhauses und Ausschreibung von Neuwahlen.	
18. Juli	Die *Liberal-Demokratische Partei verliert ihre absolute Mehrheit* bei den Unterhauswahlen. Gewinner sind neben den Sozialisten Dissidenten der Liberal-Demokratischen Partei, die sich in konservativen Parteineugründungen formieren. – Ministerpräsident Miyazawa tritt zurück (22. Juli).	*Wahlniederlage der LDP*
9. Aug.	Morihiro Hosokawa (*1938) wird als Ministerpräsident einer *Koalitionsregierung* aus sieben Parteien vereidigt. Erstmals seit 1955 ist die Liberal-Demokratische Partei nicht mehr in der Regierung vertreten.	*Koalitionsregierungen*
1994 April–Juni	Aufgrund von Korruptionsvorwürfen tritt die Regierung zurück (8. April); eine von Tsutomu Hata (*1935) geführte Koalition scheitert (25. Juni), doch gelingt Tomiichi Murayama (*1924) die Bildung einer neuen Regierung aus Sozialisten, Liberal-Demokraten und der Partei Sakigake (29. Juni).	
10. Dez.	Die Mehrheit der Oppositionsparteien schließt sich in der Neuen Fortschrittspartei (Shinshinto) zusammen.	
1995 20. Sept.	Die Regierung beschließt ein *Konjunkturprogramm* in Höhe von 14,22 Billionen Yen (ca. 212 Mrd. DM) zur Förderung öffentlicher Infrastrukturinvestitionen. Parallel zu der erneuten Rezession geraten mehrere große Banken wegen hoher Kreditverluste infolge des Preisverfalls auf dem Immobilienmarkt nach dem Spekulationsboom der achtziger Jahre in Gefahr. Die größte japanische Kreditgenossenschaft, Kizu, stellt Ende Aug. auf Druck der Regierung den Geschäftsbetrieb ein.	*Konjunkturprogramm*
22. Sept.	Außenhandels- und Industrieminister Ryutaro Hashimoto (*1937) wird Vorsitzender der Liberal-Demokratischen Partei.	
1996 5. Jan.	*Ministerpräsident* Tomiichi Murayama tritt zurück, die Regierungskoalition bleibt jedoch erhalten. Nachfolger wird Ryutaro *Hashimoto* (11. Jan.).	*Hashimoto Ministerpräsident*
8. Sept.	In einem nicht bindenden Referendum sprechen sich 89% der Bewohner Okinawas für eine Reduktion der Militärpräsenz der USA auf der Insel aus.	
20. Okt.	Die Liberal-Demokratische Partei verfehlt bei den Unterhauswahlen knapp die absolute Mehrheit, Sozialisten und Sakigake erleiden schwere Verluste, die Neue Fortschrittspartei stellt die zweitstärkste Fraktion. Hashimoto wird an der Spitze einer Minderheitsregierung der Liberal-Demokratischen Partei erneut Ministerpräsident (7. Nov.).	
1997 11. April	Das Unterhaus billigt ein Gesetz, welches die Stationierung von *US-Truppen auf Okinawa* auch gegen den Widerstand der Bewohner gewährleistet.	*US-Truppen auf Okinawa*

	18./24. Nov.	Die Hokkaido-Takushoku-Bank und das Wertpapierhaus Yamaichi sind aufgrund der Turbulenzen auf den asiatischen Finanzmärkten zahlungsunfähig.
UN-Weltklima-konferenz	1.–11. Dez.	In Kyoto findet die *UN-Weltklimakonferenz* statt.
	1998 12. Jan.	Das Finanzministerium beziffert die Summe der „faulen" Kredite bei den Banken auf einen Wert von 77 Bill. Yen, etwa 10% der Gesamtkreditsumme. Die Wirtschafts- und Finanzkrise verschärft sich weiter während des Jahres.
	12. Juli	Bei Teilwahlen zum Oberhaus erzielen die oppositionelle Demokratische Partei (DPJ) und die Kommunistische Partei deutliche Zugewinne. Die regierenden Liberalen büßen dagegen 17 Sitze ein. Als Konsequenz erklärt Ministerpräsident Hashimoto am 13. Juli seinen Rücktritt.
	30. Juli	Der bisherige Außenminister Keizo Obuchi (*1937, LDP) wird als Regierungschef gewählt.
	8. Okt.	Obuchi und der südkoreanische Präsident Kim Dae Jung unterzeichnen eine gemeinsame Erklärung, in der sich Japan für sein Verhalten gegenüber Korea in den Jahren 1910–1945 entschuldigt.
	23. Okt.	Die Long-Term Credit Bank, deren Verbindlichkeiten rd. 340 Mrd. Yen betragen, wird zwangsverstaatlicht.
Programm zur Belebung der Konjunktur	16. Nov.	Die Regierung legt ein *Programm zur Belebung der Konjunktur* mit einem Volumen von 24 Bill. Yen vor.
	1999 14. Jan.	Die von Ministerpräsident Obuchi geführte Liberaldemokratische Partei (LDP) geht eine Regierungskoalition mit der Liberalen Partei (LP) ein.
	24. Mai	Nach heftigen innenpolitischen Kämpfen werden neue Verteidigungsrichtlinien verabschiedet, nach denen Japan in einem Kriegsfall „in der Umgebung" die USA militärisch unterstützen will.
Staatssymbole	22. Juli	Sonnenbanner und Kaiserhymne werden zu *Staatssymbolen erhoben*.
	20. Aug.	Zusammenschluss der drei führenden japanischen Banken zur weltgrößten Finanzgruppe (Bilanzsumme 1,08 Bill. US-Dollar).
Atomunfall	30. Sept.	In der Wiederaufbereitungsanlage Tokaimura ereignet sich der bisher schwerste *Atomunfall* in der Geschichte Japans. In der Folge ändert die Regierung die Zielvorgaben für die Atomindustrie, die Zahl der AKW-Neubauten soll von 16–20 auf 13 verringert werden.
	5. Okt.	Ministerpräsident Obuchi erweitert seine Koalitionsregierung um die buddhistische Neue Komeito Partei (NK).
	14. Nov.	Ein neues Konjunkturprogramm in Höhe von 18 Bill. Yen soll die Wirtschaft beleben.
	2000 25. März	Die DaimlerChrysler AG und der Autokonzern Mitsubishi einigen sich auf eine weit reichende Zusammenarbeit.
	2. April	Obuchi kündigt die Zusammenarbeit mit der LP auf und kommt damit einem Koalitionsbruch zuvor. Am 3. April erleidet er einen Schlaganfall und stirbt am 14. Mai. Die Regierung tritt geschlossen zurück.
	5. April	Der Generalsekretär der LDP, Yoshiro Mori (*1937), wird neuer Ministerpräsident. Er beruft das alte Kabinett wieder ein.
	25. Juni	Bei den Parlamentswahlen wird die Regierungsmehrheit mit 284 von 479 Mandaten bestätigt.
Zusammenbruch von Sogo	12. Juli	Mit dem *Zusammenbruch des Warenkonzerns Sogo* (Verbindlichkeiten: 2 Bill. Yen) ereignet sich der größte Konkurs in der Nachkriegsgeschichte Japans. Trotz eines Notprogramms, das die Regierung am 19. Okt. auflegt (Umfang: 11 Bill. Yen), verstärken sich die Anzeichen für eine neue Rezession der japanischen Wirtschaft.
Kriegsverbrechertribunal	12. Dez.	Bei einem von Frauenverbänden organisierten internationalen *Kriegsverbrechertribunal* werden der ehemalige Kaiser Hirohito sowie politische und militärische Führer Japans postum als Kriegsverbrecher schuldig gesprochen. Im Zentrum der Anklage steht die Zwangsprostitution von ca. 200 000 Frauen in Korea, Taiwan und auf den Philippinen.
Strukturreform des von Regierung und Verwaltung	**2001** 6. Jan.	In-Kraft-Treten der bereits 1998 auf den Weg gebrachten *Strukturreform des Regierungs- und Verwaltungsapparates*.
Koizumi Ministerpräsident	24. April	Der unpopuläre Yoshiro Mori wird von seiner Partei (LDP) zum Rücktritt als Parteivorsitzender gedrängt. Nachfolger wird der bisherige Gesundheitsminister *Junichiro Koizumi* (*1942), der am 26. April auch das Amt des Regierungschefs übernimmt.
	29. Juli	Bei den Teilwahlen zum Oberhaus kann die LDP die Zahl ihrer Senatoren auf 111 (von 247) steigern.
	18. Okt.	Im Rahmen des Kampfes gegen den weltweiten Terror erlaubt das Parlament erstmals den Einsatz von japanischen Soldaten im Ausland.
	2002 5. Aug.	Die Einführung des „Juki-net", einer zentralen Datenbank für Bürgerdaten, ruft massive Proteste hervor.

27. Aug.	Das Distriktsgericht Tokio erkennt an, dass Japan im Zweiten Weltkrieg in China Feldversuche mit biologischen Waffen durchgeführt hat, lehnt aber eine Opfer-Entschädigung ab.	
2. Sept.	Japan muss fünf Reaktoren vom Netz nehmen, nachdem in Kashiwazaki-Kariwa, dem größten Kernkraftwerk der Welt, Schäden entdeckt worden sind.	
17. Sept.	Erster Staatsbesuch eines japanischen Premiers in Nordkorea nach 1945. Dessen Präsident Kim Jong Il bestätigt die Entführung japanischer Bürger vor einigen Jahrzehnten aus Spionagegründen. Im Gegenzug entschuldigt sich Japans Ministerpräsident Koizumi für Besatzungsgreuel während des Zweiten Weltkriegs.	

Südostasien seit 1945
(Forts. v. S. 1231)

Paktsysteme seit 1954

1954 29. März	Nach dem französischen Rückzug aus Indochina übernehmen die USA die Führung im Kampf gegen die kommunistischen Befreiungsbewegungen. Sie appellieren an ihre Verbündeten, sich an einem *Militärbündnis* für den südostasiatischen Raum zu beteiligen. Das thailändische Militärregime, das von einem Übergreifen der Befreiungsbewegung am unmittelbarsten bedroht ist, folgt dem Aufruf ebenso wie die von den USA gestützte philippinische Regierung. Großbritannien, Australien und Neuseeland schließen sich an, um ihre Interessen vor allem in Malaya zu wahren, desgleichen Frankreich.	*Militärbündnis*
8. Sept.	In Manila begründen daraufhin die USA, Thailand, die Philippinen, Großbritannien, Australien, Neuseeland, Frankreich und Pakistan die *SEATO* (Southeast Asia Treaty Organization). Die Mitglieder verpflichten sich zu gegenseitigem Beistand gegen „kommunistische Aggressoren".	*SEATO*
1962 6. März	Die besondere Beziehung zwischen Thailand und den USA innerhalb der SEATO wird im Rusk-Thanat-Kommunikee hervorgehoben.	
1963 11. Juni	Im Zusammenhang mit der Auseinandersetzung um die Eingliederung Sabahs in die Föderation Malaysia beschließen Malaya, die Philippinen und Indonesien in Manila die Gründung einer *Konföderation* der Nationen malaiischen Ursprungs namens *Maphilindo*. Das Projekt gerät über der Konfrontation Indonesiens mit Malaysia in Vergessenheit.	*Konföderation Maphilindo*
1966 16. Juni	Wegen der Gegensätze zwischen autoritären und liberalen, zwischen wirtschaftlich unterentwickelten und entwickelten Mitgliedsstaaten hat die *Gründung des Asian and Pacific Council* (ASPAC), zu dem sich in Seoul die Philippinen, Thailand, Malaysia, Südvietnam, Südkorea, Taiwan, Japan, Australien und Neuseeland zusammenschließen, nur geringe Auswirkungen.	*Gründung des ASPAC*
1967 8. Aug.	Mehr Erfolg ist der *ASEAN* (Association of South East Asian Nations) beschieden, die in Bangkok von Thailand, den Philippinen, Malaysia, Singapur und Indonesien *gegründet* wird. Die ASEAN soll vor allem die wirtschaftliche Zusammenarbeit zwischen den Mitgliedsstaaten fördern.	*ASEAN-Gründung*
1971 Nov.	Beginnend mit dem gemeinsamen Aufruf, Südostasien in „eine Zone des Friedens, der Freiheit und der Neutralität" zu verwandeln, erhält die Assoziation einen ausgeprägteren politischen Charakter.	
1973 Jan.	Weil der Asian and Pacific Council aufgelöst wird und auch die SEATO nur noch eine Scheinexistenz führt, ist die ASEAN der einzige multilaterale Zusammenschluss in Südostasien von Bedeutung.	
1976 24. Febr.	Auf der ersten *Gipfelkonferenz der ASEAN*, in Denpasar (Bali), schließen die Regierungschefs der fünf Staaten einen Freundschaftsvertrag ab. Sie vereinbaren überdies die gemeinsame Förderung von Industrieprojekten.	*Gipfelkonferenz der ASEAN*
1979 13. Jan.	Die Außenminister der ASEAN-Staaten versammeln sich in Bangkok und fordern den sofortigen Rückzug der vietnamesischen Truppen aus Kambodscha.	
1980 26. Juni	Die Außenminister der ASEAN-Staaten bekunden ihre Unterstützung für die von den Roten Khmer geführte Exilregierung Kambodschas.	
1984	Brunei wird 6. ASEAN-Mitglied (7. Jan.).	
1985 11. Febr.	Die *Außenministerkonferenz der ASEAN-Staaten* fordert Vietnam auf, sich aus Kambodscha zurückzuziehen.	*ASEAN-Außenministerkonferenz*

	1987 25. Juli	Die internationale Kambodscha-Konferenz lehnt separate Verhandlungen der ASEAN-Staaten mit Vietnam ab.
	15. Dez.	Auf der dritten ASEAN-Gipfelkonferenz in Manila sollen die Wirtschaftsbeziehungen der Mitglieder untereinander verbessert und Handelshemmnisse abgebaut werden.
Jahrestagung der ASEAN	1989 3. Juli	Das Thema der *Jahrestagung der ASEAN* ist die Kambodscha-Frage sowie die zunehmenden wirtschaftlichen Spannungen zwischen den Mitgliedern (bis 4. Juli).
	22.–27. Aug.	Die Tagung der Interparlamentarischen Organisation der ASEAN-Staaten (AIPO) in Manila drückt Besorgnis über den EG-Binnenmarkt und die Handelsschranken zwischen der EG und ASEAN aus.
	1990 18. Juli	Die USA entziehen der kambodschanischen Widerstandskoalition die Unterstützung und erklären sich zu Verhandlungen mit Vietnam bereit.
Kambodscha-Frage	29. Juli	Die Außenministerkonferenz der ASEAN-Staaten endet, ohne dass sich die USA und die ostasiatischen Staaten in der *Kambodscha-Frage* geeinigt hätten.
	1991 7.–9. Okt.	Auf einer Konferenz der Wirtschaftsminister der ASEAN-Staaten einigt man sich darauf, eine Freihandelszone für Industrieprodukte innerhalb der nächsten 15 Jahre zu schaffen.
	1992	Das vierte Gipfeltreffen der ASEAN-Staaten in Singapur verabschiedet eine Deklaration zur Schaffung einer südostasiatischen Wirtschaftsgemeinschaft (27.–28. Jan.).
ASEAN Free Trade Area	22.–23. Okt.	Die Wirtschaftsminister der ASEAN-Staaten beschließen die Freihandelszone *ASEAN Free Trade Area* (AFTA) in Kraft zu setzen. Durch schrittweise Senkung der Zölle bis 2003 (für landwirtschaftliche Produkte bis 2010) sollen die Handelshemmnisse beseitigt werden.
	1993 1. Jan.	Mit dem Beitritt von Malaysia und Singapur wird die AFTA zur größten Freihandelszone der Welt.
	1994	Auf dem Außenministertreffen der EU- und ASEAN-Staaten in Karlsruhe wird eine Intensivierung der bestehenden Zusammenarbeit beschlossen (22.–23. Sept.).
	1995	Vietnam wird 7. Mitglied der ASEAN-Organisation (28. Juli).
Asia-Europe-Meeting	1996 1.–2. März	Auf dem ersten ASEM *(Asia-Europe-Meeting)*-Gipfel in Bangkok beraten ASEAN und EU über Formen der Kooperation.
	1997 23. Juli	Laos und Myanmar werden in die ASEAN-Organisation aufgenommen. Die geplante Aufnahme Kambodschas wird wegen der dortigen Unruhen verschoben.
	ab Mai/Juni	Wirtschafts- und Finanzkrise in Thailand, Malaysia und Indonesien: Der Internationale Währungsfonds greift massiv mit Krediten ein, die an (wirtschafts)politische Auflagen gebunden sind.
	1998 2.–4. Mai	Auf dem 2. Gipfel der Staats- und Regierungschefs der 13 ASEM-Staaten und von Vertretern der EU-Kommission in London werden zwei Abkommen zur gegenseitigen Investitionsförderung und zum Abbau von Handelsschranken geschlossen.
	15./16. Dez.	Die 6. Ordentliche Gipfelkonferenz der ASEAN steht im Zeichen der anhaltenden Finanzkrise in den einstigen südostasiatischen „Tigerstaaten".
	1999	Kambodscha wird als 10. Mitglied in die ASEAN aufgenommen (30. April).
	2000 15./16. Nov.	8. Gipfeltreffen der Asiatisch-Pazifischen Wirtschaftlichen Zusammenarbeit (APEC) in Bandar Seri Begwan (Brunei). Die Teilnehmer fordern verstärkte Anstrengungen, um den „unvermeidlichen Strukturwandel zu beschleunigen".
gemeinsamer elektronischer Markt	25./26. Nov.	Auf einem informellen Gipfeltreffen der ASEAN in Singapur vereinbaren die Mitgliedstaaten u. a. den Aufbau eines *gemeinsamen elektronischen Marktes* (E-ASIAN).
	2002 30. Juli	Beim 35. Jahrestreffen der ASEAN-Staaten im Sultanat Brunei erklären die Außenminister der zehn assoziierten Staaten ihre Bereitschaft zu gemeinsamen Maßnahmen gegen den Terrorismus.

Myanmar (Burma) seit 1945

(Forts. v. S. 1231)

General Aung San	1945 März	Die burmesische Befreiungsarmee unter *General Aung San* verbündet sich mit den Alliierten gegen die japanische Besatzungsmacht. Die politischen Parteien schließen sich gleichzeitig zur Antifaschistischen Freiheitsliga des Volkes (AFPEL – Anti-Fascist People's Freedom League) zusammen. Nach Kriegsende versuchen die zurückkehrenden Briten, erneut ihre kolonialen Ansprüche durchzusetzen.
Freiheitsliga	1946 Nov.	Die *Freiheitsliga* fordert die Briten ultimativ zum Verlassen des Landes auf. Aung San, der zum sozialistischen Flügel der Liga gehört, verhandelt mit Großbritannien über die Unabhängigkeitsforderung. Seine Vorstellungen über die Zukunft Burmas stoßen jedoch in seiner eigenen Organisation auf Widerstand.

1947 19. Juli	Noch vor Abschluss der Verhandlungen wird Aung San von Anhängern des rechten Flügels der Liga ermordet.	
1948 4. Jan.	Gründung der *Republik Union Burma* (Burmesische Union), die, nach föderativen Prinzipien gegliedert, das burmesische Kernland und die von Minoritäten bewohnten Staaten Schan, Katschin, Karen, Kayah und Chin umfasst. *U Nu* (*1907, †1995) wird zum Ministerpräsidenten gewählt. Seine Regierung kann ihre Autorität nur bedingt geltend machen: Weite Teile des Landes werden von Aufständischen beherrscht; die christlichen Karen wehren sich gegen die buddhistische Zentralgewalt, und an der Grenze zu Ostpakistan fordern die arakanischen Moslems den Anschluss ihrer Heimat an das Nachbarland. Überdies ist ein Teil der Veteranen der antijapanischen Befreiungsbewegung nicht zur Zusammenarbeit mit U Nu bereit. Diese Anhänger Aung Sans und die beiden kommunistischen Gruppen der „Roten" und der „Weißen Flagge" setzen den bewaffneten Widerstand fort.	*Republik Union Burma Regierung U Nu*
1949 Febr.	Die Aufständischen erreichen die Außenbezirke der Hauptstadt Rangun. Zahlreiche Provinzstädte sind in der Hand der Rebellen. Meuternde Armee-Einheiten schließen sich dem Aufstand an. Die Regierung U Nu kann sich nur an der Macht halten, weil die verschiedenen gegnerischen Gruppen sich untereinander bekämpfen.	
Okt.	Zu den Gegnern der Regierung kommen noch die *Kuomintang-Streitkräfte* hinzu, die sich nach dem Sieg der Kommunisten aus China zurückziehen und sich eine Enklave auf burmesischem Boden schaffen.	*Kuomintang-Streitkräfte*
1950	U Nu gelingt es, die Aufstandsbewegung einzudämmen und den Aufbau des durch Krieg und Bürgerkrieg schwer zerstörten Landes einzuleiten. Das Steueraufkommen ist, weil sich weite Gebiete der Kontrolle der Zentralregierung entziehen, gering. Der Staatshaushalt wird weit gehend durch den über Rangun abgewickelten *Reisexport* finanziert. Burma ist der größte Reisexporteur der Welt. Mehr als die Hälfte der Bevölkerung lebt vom Reisanbau – und so trägt die Verdoppelung des Reispreises im Verlauf des Koreakrieges zu einer vorläufigen wirtschaftlichen Erholung bei.	*Reisexport*
1952 Aug.	Der „Pyidawtha-(Glückliches Land-)Kongress", unter Leitung von U Nu, entwirft die *Pläne für einen Wohlfahrtsstaat* unter buddhistischen und sozialistischen Vorzeichen. Die Pyidawtha-Vision scheitert in den folgenden Jahren: Mit dem Abzug der indo-britischen Verwaltung leidet das Land an Fachkräftemangel. Korruption und Misswirtschaft sind weit verbreitet. U Nus Begünstigung des Buddhismus verursacht hohe Kosten: Als Gastgeber des buddhistischen „Sechsten Konzils" lässt er aufwändige Bauwerke errichten.	*Pläne für Wohlfahrtsstaat*
1954/1956	Der Weltmarktpreis für Reis fällt, bei sinkenden Exportziffern, von 60 £ Sterling (1954) auf 36 £ (1956).	
1958	Die gravierender werdenden wirtschaftlichen Missstände führen zu einer *Regierungskrise*, in deren Verlauf der linke Flügel der Freiheitsliga U Nu die Unterstützung entzieht.	*Regierungskrise*
28. Okt.	U Nu übergibt das Amt des Ministerpräsidenten an *General Ne Win* (*1911?) und befasst sich mit der Reorganisation der Freiheitsliga.	*General Ne Win*
1960 6. Febr.	Bei den nächsten *Parlamentswahlen* stehen sich die „reine" Freiheitsliga, die U Nu von ihren korrupten Elementen befreit zu haben behauptet, und die „stabile" Freiheitsliga, die an die sozialistischen Traditionen Aung Sans anknüpft, gegenüber. Die „reine" Liga gewinnt die Wahlen vor allem wegen ihres religiös ausgerichteten Programms, das unter anderem die Erhebung des Buddhismus zur Staatsreligion vorsieht. U Nu übernimmt erneut das Amt des Ministerpräsidenten. Seine Religionspolitik stößt bei den Minderheiten auf heftige Ablehnung.	*Parlamentswahlen*
1961/1962	Die Union droht neuerlich auseinanderzubrechen. Im Unionsstaat Schan zeichnet sich die Möglichkeit eines Bündnisses zwischen der lokalen Bevölkerung und den versprengten, aus China vertriebenen Kuomintang-Truppen ab. In Rangun befürchtet man, dass das Schan-Territorium bei einer Ausweitung des Indochina-Konflikts von den Amerikanern als Brückenkopf gegen China benutzt wird.	
1962 2. März	In dieser Situation führt General Ne Win mit Hilfe der Armee einen *Staatsstreich* durch; unter Ne Wins Vorsitz übernimmt ein Revolutionsrat die Regierung.	*Staatsstreich*
30. April	In einer Deklaration des „burmesischen Wegs zum Sozialismus" umreißt das neue Regime seine Ziele: soziale Gerechtigkeit und Gleichberechtigung aller Volksgruppen, Kampf gegen Verwestlichung, Schaffung von Genossenschaften und Gründung einer Kaderpartei (Burmesische Sozialistische Programmpartei). Seine Absichten treffen, besonders unter der Studentenschaft, auf lebhafte Opposition.	
6. Juli	Demonstrationen gegen Ne Win, die vom Militär unterdrückt werden, fordern Dutzende von Todesopfern.	
1963 15. Febr.	Der Revolutionsrat kündigt die *Verstaatlichung* des Groß- und Einzelhandels, der Banken und der Industrieunternehmen an. Etwa 100000 Inder und 12000 Pakistani, die meist vom	*Verstaatlichungen*

		Kleinhandel leben, verlassen das Land. Die Versorgung der Bevölkerung soll den staatlichen Volksläden vorbehalten sein. Wegen mangelnder Warenausstattung der Läden kann sich ein blühender Schwarzmarkt etablieren. Die Bauern vermeiden es, Reis an die staatliche Handelsorganisation abzuführen und verkaufen ihre Ernte zu einem höheren Preis an Schwarzhändler.
Minderung der Reisausfuhr	1963–1968	Diese Praktiken und der wachsende Eigenbedarf (seit der Vorkriegszeit hat sich die Bevölkerung um die Hälfte vermehrt, während die Reisernten ungefähr gleich geblieben sind) führen zu einer *Minderung der Reisausfuhr* von 1,8 Mio. Tonnen (1963) auf 350000 Tonnen (1968). Der staatliche Außenhandel reduziert sich somit auf ein Minimum, während der Schmuggel zu einem bedeutenden Wirtschaftsfaktor anwächst.
Neutralismus		Außenpolitisch verfolgt Ne Win einen noch strikteren *Neutralismus* als sein Vorgänger. In bescheidenem Ausmaß nimmt Burma amerikanische Waffenlieferungen entgegen, während sich die Sowjetunion und die Volksrepublik China bei einigen Entwicklungsprojekten engagieren.
Konflikt mit der VR China	1967 Juni	Mit der *VR China* kommt es zum *Konflikt*, als die chinesische Botschaft in Rangun zur „Kulturrevolution" aufruft und chinesische Jugendliche in Roten Garden organisiert. Bei Auseinandersetzungen zwischen den Roten Garden und militärischen Verbänden verwüstet eine Menschenmenge das Chinesenviertel der Hauptstadt und die Botschaft. Auf die Vorwürfe Radio Pekings, der Revolutionsrat sei faschistisch, reagiert Ne Win mit der Ausweisung der 500 an Entwicklungsprojekten beschäftigten chinesischen Techniker.
	1968 24. Sept.	Vorübergehend verstärkt sich die Guerillatätigkeit der „Weißen Flagge", bis ihr prochinesischer Führer Than Tun im Verlauf von Richtungskämpfen ermordet wird.
	1970 Okt.	Nach dem Abklingen der Kulturrevolution in China stellen die beiden Regierungen wieder volle diplomatische Beziehungen her.
	1971 15. Dez.	Von seinem thailändischen Exil aus ruft U Nu, der sich noch immer für den rechtmäßigen Ministerpräsidenten hält, zum bewaffneten Widerstand gegen Ne Win auf. Obwohl die wirtschaftliche Lage sich weiter verschlechtert hat, finden die Anhänger U Nus nicht die erhoffte Unterstützung in der Bevölkerung. Ne Win sieht sich aber zu einer „*Demokratisierung*" veranlasst.
Demokratisierung		
	1972 22. April	Ne Win tritt zunächst von seinem Militärkommando zurück und gibt damit seinem Regime einen zivilen Anstrich.
	1973 15. Dez.	Eine Verfassung wird vorbereitet und durch eine Volksabstimmung bestätigt. Am 12. Jahrestag seiner Machtübernahme erklärt Ne Win die Revolution für abgeschlossen und den Revolutionsrat für aufgelöst. Er übernimmt das Amt des Staatspräsidenten der *Sozialistischen Republik* Union Burma. Die nominalen politischen Veränderungen können nicht verhindern, dass die verbreitete Unzufriedenheit andauert.
Sozialistische Republik		
	1974 11. Dez.	Weil die Regierung dem verstorbenen ehemaligen UNO-Generalsekretär Sithu U Thant (*1909, †1974), der mit U Nu in Verbindung stand, ein Staatsbegräbnis verweigert, kommt es in Rangun zu Straßenschlachten zwischen Studenten und der Polizei.
	1975 7. Juni	Schulen und Universitäten werden geschlossen; nach ihrer Wiedereröffnung flackern die Unruhen jedoch erneut auf. Gefährdet ist Ne Wins Regime vor allem durch die *Opposition in der Armee*, der hauptsächlichen Stütze seiner Macht.
Opposition in der Armee		
	1976	Ein Putschversuch junger Offiziere scheitert (20. Juli).
	1978 Febr.	Ne Win ruft zu einem Feldzug gegen Korruption und Misswirtschaft auf. Zahlreiche hohe Funktionäre werden aus ihren Ämtern entlassen.
	März	In Arakan beginnt eine Polizeiaktion gegen „illegale Einwanderer". 250000 Moslems fliehen ins benachbarte Bangla Desch. Nach Verhandlungen mit Bangla Desch erlaubt Burma ihre Rückkehr.
Kampf gegen Opium	1979 Jan.	Mit dem Hinweis auf 30000 registrierte Drogensüchtige verstärkt die Regierung ihren *Kampf gegen* Anbau und Schmuggel von *Opium*.
	1981 9. Nov.	Der Staatsrat wählt San Yu (*1919, †1996) zum Staatspräsidenten; als Parteivorsitzender behält Ne Win eine machtvolle Stellung.
Bombenattentat in Rangun	1983 9. Okt.	*Bombenattentat* nordkoreanischer Geheimdienstoffiziere auf südkoreanische Regierungsdelegation *in Rangun* fordert 21 Todesopfer, darunter drei koreanische Minister; Burma bricht diplomatische Beziehungen zu Nordkorea ab.
	4. Nov.	
	1984 29. Febr.	Burma vereinbart mit der Bundesrepublik Deutschland wirtschaftlich-technische Zusammenarbeit und Hilfen von insgesamt 165 Mio. DM.
	1987	2. Kongress der ethnisch begründeten Guerillaorganisationen der National Democratic Front (25. Mai–8. Juli) beschließt Zusammenarbeit mit der BCP.
	Sept.	Die Regierung zieht die höheren Banknoten ersatzlos ein (50% der kursierenden Währung). Dies und die *schlechte Versorgungslage* führen zu Schüler- und Studentenunruhen.
schlechte Versorgungslage		
	1988	Studentenunruhen infolge der Schließung mehrerer Universitätsfakultäten (21. Juni).

23.–26. Juli	Parteitag der Burmesischen Sozialistischen Programmpartei mit Rücktritt von Parteichef Ne Win und Staatspräsident San Yu. Beide Ämter übernimmt Sein Lwin. Kehrtwende in der *Wirtschaftspolitik* zugunsten der Privatwirtschaft.	*Wirtschaftspolitik*
3. Aug.	Über Rangun wird nach Massendemonstrationen das Kriegsrecht verhängt. Sein Lwin überlässt seine Ämter Maung Maung Kha (*1925, †1994).	
22. Aug.	Generalstreik gegen die Regierungspartei und für Demokratie. Daraufhin Aufhebung des Kriegsrechts und Ankündigung eines Mehrparteiensystems.	
18. Sept.	Erfolgreicher *Militärputsch* unter Saw Maung (*1928, †1997) (ab 21. Sept. Ministerpräsident).	*Militärputsch*
1989	Neuer Landesname ist *Union von Myanmar* (26. Mai).	*Union von Myanmar*
1990 27. Mai	Erste freie Wahlen bringen überwältigenden Sieg der oppositionellen Nationalen Liga für Demokratie (NLD, 397 von 485 Sitzen), jedoch keine Machtübergabe der Militärs, die im Lauf des Jahres ihre Repression verstärken.	
1991	Die Regimegegnerin *Aung San Suu Kyi* (*1945), Tochter von General Aung San, *erhält den Friedensnobelpreis* (14. Okt.).	*Friedensnobelpreis für Suu Kyi*
1992	General Than Shwe (*1933) wird neuer Staats- und Regierungschef (23. April).	
1995	Aufhebung des seit 1989 bestehenden Hausarrests für Aung San Suu Kyi (10. Juli).	
1996	Das Militärregime lässt über 250 Politiker der NLD verhaften (21.–28. Mai).	
1997	Myanmar wird in die ASEAN aufgenommen (23. Juli).	
15. Nov.	Neukonstituierung der Junta unter dem Namen State Peace and Development Council (SPDE).	
1998 15. April	Amnesty International informiert in London über Zwangsumsiedlungen ethnischer Minderheiten in den letzten zwei Jahren.	
Juli	Aung San Suu Kyi wird daran gehindert, Oppositionelle außerhalb der Hauptstadt zu besuchen, und verharrt unter Protest sechs Tage in ihrem Auto. Ihre Ankündigung, das 1990 gewählte und bisher am Zusammentritt gehinderte Parlament zusammenzurufen, beantwortet die Junta am 11. Sept. mit der Verhaftung von 187 Oppositionellen.	
1999	Nach einer *Geiselnahme in der Botschaft Myanmars in Bangkok* durch Gegner der Militärjunta (1. Okt.) verhängen Thailand und Myanmar gegeneinander Sanktionen.	*Geiselnahme in der Botschaft Myanmars in Bangkok*
2000	Aung San Suu Kyi wird erneut unter Hausarrest gestellt (2./3. Sept.).	
2001 April	Erstmals seit fünf Jahren besucht eine Menschenrechtsdelegation der UN das Land. In der Folgezeit lockert das Militärregime die Repressionen gegen die Opposition.	
2002	Aufhebung des Hausarrests von Aung San Suu Kyi (6. Mai).	

Thailand seit 1945
(Forts. v. S. 1231)

1945 15. Sept.	Nai Pridi Phanomyong (*1900, †1983) wird mit Unterstützung der antijapanischen Widerstandsgruppen Ministerpräsident.	
1946	Ermordung von König Rama VIII. Amanda Mahidol (*1925, †1946). Nachfolger wird sein Bruder Rama IX. Bhumibol Adulyadej (*1927).	
1947 8. Nov.	Militärs nehmen den unaufgeklärten Mord an König Amanda Mahidol zum Anlass, die Zivilregierung zu stürzen und Marschall Luang Pibul *Songgram* (*1897, †1964), der für das Bündnis mit Japan im Zweiten Weltkrieg verantwortlich ist, wieder *an die Macht* zu bringen.	*Machtübernahme Songgrams*
1950 28. Febr.	Pibul vereinbart mit den von Frankreich eingesetzten Regierungen in Indochina die Aufnahme diplomatischer Beziehungen. Die prowestliche Haltung seines Regimes wird von den USA mit finanzieller und militärischer Unterstützung sowie der Entsendung von Militärberatern honoriert. Thailand entwickelt sich zur *Operationsbasis für die US-Streitkräfte* in Südostasien.	*Operationsbasis der US-Armee*
1955 Juni	Nach jahrelanger Unterdrückung der Meinungs- und Pressefreiheit, dem Verbot der politischen Parteien und der Ausschaltung führender Oppositionspolitiker leitet Pibul eine Phase der Liberalisierung ein, mit der Absicht, in der Bevölkerung Unterstützung gegen eine rivalisierende Militärfraktion zu erlangen. Die Parteien, mit Ausnahme der Kommunisten, werden wieder zugelassen, Wahlen anberaumt.	
1957 26. Febr.	Trotz Manipulation zeigen die Wahlergebnisse deutlich die geringe Popularität der Militärregierung.	
1957 16. Sept.	Als es zu Studentenunruhen kommt, wird durch eine *Offiziersverschwörung* um Sarit Thanarat (*1908, †1963), Thanom Kittikatschorn (*1911) und Prapas Charusathiara die Pibul-Gruppe entmachtet. Bei Neuwahlen, die drei Monate später stattfinden, wird offenbar, dass die jetzt regierende Junta nicht beliebter ist als ihre Vorgänger.	*Offiziersverschwörung*

	1958 20. Okt.	Der neue Ministerpräsident Sarit Thanarat setzt die Verfassung außer Kraft, löst das Parlament auf und verbietet die Parteien. Die Gegner der Militärdiktatur, Gewerkschafts- und Bauernführer, Sprecher der Studentenbewegung und oppositionelle Parlamentarier werden verhaftet, einige von ihnen hingerichtet.
Rusk-Thanat- *Kommunikee*	**1962** 6. März	Im *Rusk-Thanat-Kommunikee* (Dean Rusk, Außenminister der USA; Thanat Khoman, thailändischer Außenminister) vereinbaren Thailand und die USA, ihre Zusammenarbeit gegen „kommunistische Aggression und Subversion" über die Beistands-Verpflichtungen des SEATO-Pakts hinaus zu erweitern.
	19. Mai	US-Präsident John F. Kennedy veranlasst, gestützt auf das Abkommen, die Verlegung einer 10000 Mann starken Bereitschaftstruppe nach Thailand, um den Konflikt in Laos zwischen Kommunisten und Royalisten zu beeinflussen.
Abkommen *USA – Thailand*	**1963** 19. März	Ein *Militärhilfeabkommen USA – Thailand* regelt die technischen Voraussetzungen für militärische Operationen, insbesondere der US-Luftwaffe, in Indochina.
	8. Dez.	Ministerpräsident Thanarat stirbt. Thanom Kittikatschorn tritt seine Nachfolge an.
	1964 Juni	Die Luftwaffenoperationen in Laos und Vietnam von thailändischem Territorium (neun Luftwaffenstützpunkte der USA) aus beginnen. Gleichzeitig organisiert sich der bewaffnete Widerstand zum Sturz des Militärregimes.
Thai *Patriotische* *Front*	**1965** 1. Jan.	Die *Thai Patriotische Front* (Nachfolgeorganisation der am 1. Nov. 1964 gegründeten Thailändischen Unabhängigkeitsbewegung) tritt in Aktion. Die Aufständischen operieren vor allem im Isan (Nordostthailand), dem ärmsten Gebiet des Landes. In der Provinz Nakhon Phanom müssen sich durchschnittlich 1200 Menschen eine Wasserstelle teilen; ein Arzt versorgt im Schnitt 32000 Personen, die Kindersterblichkeit liegt bei 60–116 pro tausend Geburten (1957–1964), und nur 0,3% der Dörfer verfügen über Elektrizität. Von den 90000 registrierten Leprakranken (Thailand hat den höchsten Anteil an Leprakranken in Asien) leben 70000 im Isan-Gebiet.
	Dez.	Um die Befreiungsbewegung in Schach zu halten, wird die Abwehr von Polizei, Armee und zivilen Stellen koordiniert. US-Spezialeinheiten übernehmen die Ausbildung der im Kampf gegen die Patriotische Front eingesetzten thailändischen Truppen. In den kleinen, isolierten Aufstandsgebieten erproben die USA ihre für Vietnam geplanten Kriegseinsätze.
	1967 Sept.	34000 US-Soldaten sind in Thailand stationiert. Von den USA unterhaltene thailändische Truppen kämpfen (seit Mai 1964) in Laos und rücken auch in Vietnam ein.
	1968 20. Juni	Die Regierung verkündet eine Verfassung, die den Machtanspruch des Militärs festigen soll und den bürgerlichen Parteien beschränkte Mitwirkung am politischen Leben zusichert.
Scheinblüte der *Wirtschaft*	**1969**	Die Eskalation des Vietnamkrieges, die ihren Höhepunkt erreicht, führt zu einer *Scheinblüte der* thailändischen *Volkswirtschaft*, die (1969) eine Zuwachsrate des Bruttosozialprodukts von ca. 7% bewirkt (durchschnittliche jährliche Zuwachsrate 1953–1963: 2,1%). Der Boom begünstigt die Wirtschaftspotenz der Militär- und Zivilbürokratie sowie des Bürgertums. Der neu gewonnene Reichtum konzentriert sich auf Bangkok; die Einkommenskluft zwischen der Hauptstadt und dem flachen Lande vergrößert sich ständig.
Rückzug aus *Vietnam*	**1970** Juli	Die USA ziehen die ersten 6000 ihrer nunmehr 45500 Mann starken Streitkräfte aus Thailand ab; gleichzeitig wird der *Rückzug* der 11000 thailändischen Soldaten *aus Vietnam* durchgeführt.
	1971 17. Nov.	Das Militärregime annulliert die drei Jahre zuvor in Kraft getretene Verfassung. Ein nationaler Exekutivrat unter Führung von Thanom Kittikatschorn soll das Land fünf Jahre regieren und im Laufe dieser Zeit eine neue Verfassung entwerfen.
Interims- *verfassung*	**1972** 15. Dez.	Nach Protesten demokratischer Politiker und wegen zunehmender Unruhe in der Studentenschaft, beschließt das Militärregime eine *Interimsverfassung*.
	1973 13.–15. Okt.	In Bangkok demonstrieren 300000 Menschen gegen die Machthaber. Das Militär stürmt die Thammasat-Universität und verwundet oder tötet dabei Hunderte von Demonstranten. Um einen Bürgerkrieg zu verhindern, ernennt König Bhumibol den Liberalen Sanya Dharmasakti zum Ministerpräsidenten. Die Armeeführung entzieht Thanom Kittikatschorn und Prapas Charusathiara die Unterstützung und zwingt beide ins Exil.
ultrarechte *Kräfte*	**1974**	*Ultrarechte Kräfte* schließen sich in paramilitärischen Verbänden zusammen und verüben, oft mit polizeilicher Hilfe, eine Serie von politischen Mordanschlägen. Die militärische Führung fühlt sich durch die neutralistische Außenpolitik der Zivilregierung verunsichert. Der Konflikt verschärft sich, als parlamentarische Gruppen fordern, die Kommunistische Partei zu legalisieren und die Aufsicht des Staates gegenüber Großunternehmen zu verstärken, deren Interessen mit denen des Militärs eng verflochten sind.
	1975 17. März	Nach Parlamentswahlen bildet sich eine Mitte-Rechts-Koalition mit Kukrit Pramoj als Ministerpräsident, der in seiner Regierungserklärung den Abzug aller amerikanischen Soldaten aus Thailand binnen eines Jahres fordert.

1. Juni	Der neue außenpolitische Kurs drückt sich in der Aufnahme diplomatischer *Beziehungen zur Volksrepublik China* aus. Neuwahlen und der Wechsel im Amt des Ministerpräsidenten – Seni Pramoj tritt an die Stelle seines Bruders Kukrit – können nicht verhindern, dass das Militär dem Parlamentarismus ein Ende bereitet.	*Beziehungen zur VR China*
1976 6. Okt.	Nachdem schwer bewaffnete Angehörige der ultrarechten Jugendorganisation Rote Büffel mit Unterstützung der Polizei eine studentische Protestversammlung gegen den Terror der paramilitärischen Verbände stürmen, dabei Dutzende von Versammlungsteilnehmern getötet und dreitausend verhaftet werden, übernimmt ein Militärrat die Macht und ernennt den Richter Tanin Kraivixien zum Ministerpräsidenten.	
1977 11. Nov.	Tanin behält sein Amt etwas mehr als ein Jahr, bis ihn eine *Militärjunta* unter dem Oberkommandierenden der Streitkräfte, Kriangsak Chamanand, gegen den Willen des Königs ablöst. Tanin ist für das Militär nicht mehr tragbar, weil seine repressive Politik den Aufständischen der Patriotischen Front Zulauf verschafft, das Investitionsklima negativ beeinflusst und einen Ausgleich mit den kommunistischen Nachbarstaaten verhindert, mit denen Thailand immer häufiger in Grenzkonflikte verwickelt wird. Auch ist er durch Ausdehnung des Kampfes unter der Devise „Recht und Ordnung" auf das Offizierskorps unbeliebt.	*Militärjunta*
1978 22. Dez.	König Bhumibol unterzeichnet eine *neue Verfassung*, in der die Durchführung von Neuwahlen vorgesehen ist.	*neue Verfassung*
1979 4. Juni	Die Armee riegelt die Grenzen nach Kambodscha und Laos ab, um den Flüchtlingsstrom (bisher 250000 Menschen) aus diesen Ländern aufzuhalten.	
1980 29. Febr.	Rücktritt der Regierung wegen Streit über die Wirtschaftspolitik; der Armee-Oberkommandierende, Prem Tinsulanonda (*1920), wird neuer Ministerpräsident (3. März).	
1981	Armee-Putschversuch fehlgeschlagen (1.–4. April).	
1982	Thailändische Truppen nehmen im Norden ca. 1500 kommunistische Guerillas gefangen (26. Mai).	
Sept.	*Kooperationsabkommen mit der EG* über Tapioka-Erzeugung und -Handel.	*Abkommen EG – Thailand*
1983	Parlamentswahlen stärken die Koalitionsparteien und damit Prems Position (18. April).	
1984	Handelskrieg gegen Japan wegen Nichterfüllung des Handelsabkommens (16. Juli).	
1985	*Erfolgloser Putschversuch* unter General Serm Na Nakhom (9. Sept.).	*erfolgloser Putschversuch*
1986 27. Juli	Auf die Auflösung des Parlaments (1. Mai) folgen Neuwahlen; Prem Tinsulanonda bildet eine Koalitionsregierung.	
1988	Die moslemische Separatistenbewegung im Süden gibt bewaffneten Kampf auf (Jan.).	
28. April	Auflösung des Parlaments nach Abstimmungsniederlage der Regierung; die Neuwahlen bringen Verluste, jedoch weiterhin eine Mehrheit der Koalition. Ministerpräsident wird	
4. Aug.	Chatichai Choonhavan (*1922, †1998), Führer der Chart Thai-Partei. Politische und wirtschaftliche Liberalisierung, *hohe Wachstumsraten*, jedoch auch hohe Korruption. Zunehmender Konflikt mit der Armeeführung.	*hohe Wachstumsraten*
1991 23. Febr.	Chatichai Choonhavan wird durch die Armee gestürzt. König Bhumibol ernennt Anand Panyarachun (*1932) zum Ministerpräsidenten.	
1994 8. April	Eröffnung einer Brücke über den Mekong nach Laos. Weiterhin hohes Wirtschaftswachstum (1990–1994: durchschnittlich 8,2%).	
1996 27. Sept.	Nach Neuwahlen wird der frühere Armee-Oberkommandierende Chaovalit Yongchaiyut (*1932) neuer Ministerpräsident.	
1997 ab Mai	*Krise des Finanzsystems* und schrittweise erhebliche Abwertung der thailändischen Währung (ab 14./15. Mai).	*Krise des Finanzsystems*
11. Aug.	Der IMF sagt Kredite in Höhe von 17 Mrd. US-Dollar zu.	
28. Sept.	Die Nationalversammlung verabschiedet eine neue Verfassung. Wichtigstes Ziel ist die Eindämmung der Korruption und des Stimmenkaufs.	
6. Nov.	Rücktritt des Ministerpräsidenten Chaovalit Yongschaiyut. Sein Nachfolger wird der Parteivorsitzende der oppositionellen Demokratischen Partei (DP), Chuan Leekpai.	
8. Dez.	Mit der Schließung von 56 der 58 Kreditinstitute des Landes wird eine Neuordnung der Kreditbranche eingeleitet. Im Gefolge der Finanzkrise brechen Tausende von Unternehmen, u.a. in der Baubranche, der Industrie und Dienstleistungen und in der Fischverarbeitungsindustrie zusammen.	
1999	Nach einer Geiselnahme in der Botschaft Myanmars in Bangkok durch Gegner der in Myanmar herrschenden Militärjunta (1. Okt.) verhängen Thailand und Myanmar gegeneinander Sanktionen. Der Tourismus, Thailands wichtigster Devisenbringer, verzeichnet einen Zuwachs von 10%.	
2000 4. März	Bei den Direktwahlen zum Senat setzen sich in Bangkok unabhängige und sozial engagierte Kandidaten durch.	

	23. Juli	Die Wahl des Gouverneurs in Bangkok gewinnt überraschend der als extrem konservativ geltende Samsak Sudaravej.
Hochwasser- katastrophe	Aug.–Okt.	Die *Hochwasserkatastrophe*, die ganz Südostasien heimsucht, richtet auch in Thailand schwere Schäden an. 85% des Reisanbaus werden vernichtet.
	2001 6./29. Jan.	Bei den Wahlen zum Repräsentantenhaus erringt die erst 1998 gegründete Partei Thai Rak Thai (TRT) einen deutlichen Sieg. Ihr Gründer und Vorsitzender, der Telekommunikations-Unternehmer Thaksin Shinawatra (*1949), wird am 9. Febr. zum Regierungschef gewählt.
	3. Aug.	Ministerpräsident Thaksin, im Dez. 2000 von der Antikorruptionsbehörde der Vermögensverschleierung beschuldigt, wird vom Verfassungsgericht freigesprochen.

Laos seit 1945
(Forts. v. S. 1231)

Unabhängigkeit von Laos	1945 8. April	Die Japaner veranlassen König Sivavang Vong (*1885, †1959; 1904–1959), die *Unabhängigkeit von Laos* auszurufen und Fürst Pethsarath (*1891, †1959) zum Ministerpräsidenten zu ernennen.
	10. Okt.	Unter dem Einfluss französischer Berater wird Pethsarath vom König entlassen. Daraufhin konstituiert sich in Vientiane eine Volksversammlung, die eine provisorische Regierung des Freien Laos (Lao Issara) bildet, alle Verträge mit Frankreich für nichtig erklärt, den König absetzt und Pethsarath zum Staatsoberhaupt beruft.
Exilregierung	1946 24. April	Die zurückkehrenden französischen Besatzungstruppen treiben die Lao-Issara-Regierung ins Exil nach Bangkok. Der rechte Flügel der *Exilregierung* schart sich um den Fürsten Souvanna Phouma (*1901, †1984), der linke um seinen Halbbruder Fürst Souphanouvong (*1909, †1995).
	1949 18. Juli	Unter dem Druck der indochinesischen Befreiungsbewegungen gewährt Frankreich im Rahmen der Französischen Union Laos die Unabhängigkeit. Daraufhin kehrt Prinz Souvanna Phouma nach Vientiane zurück.
nationale Einheitsfront	1950 13. Aug.	Prinz Souphanouvong und seine Anhänger (linker Flügel der Lao-Issara-Bewegung gründet als *nationale Einheitsfront* den Neo Lao Issara) verbünden sich mit der Demokratischen Republik Vietnam, bilden in Nordvietnam die provisorische Regierung des Pathet Lao (Land Laos).
Ausgleich mit Frankreich	1951 Nov.	Prinz Souvanna Phouma übernimmt das Amt des Ministerpräsidenten; seine Regierung bemüht sich um einen *Ausgleich mit Frankreich* (Abschluss eines neuen Unabhängigkeitsvertrags am 22. Okt. 1953).
	1953	Die militärischen Kräfte des Pathet Lao erobern mit Hilfe der Viet-minh die Provinzen Sam Neua und Phong Saly im Nordosten von Laos.
Waffen- stillstands- abkommen	1954 21. Juli	Die Genfer Indochina-Konferenz beschließt ein *Waffenstillstandsabkommen*: Die Pathet Lao sollen an den Staatsaufgaben beteiligt werden und dafür die von ihnen beherrschten Provinzen der königlichen Regierung in Vientiane unterstellen. Außenpolitisch sollen alle Parteien strikte Neutralität wahren.
	1956 6. Jan.	Im Einklang mit diesem Abkommen lösen die Pathet Lao ihre provisorische Regierung auf und beteiligen sich am zweiten Kabinett (seit 21. März 1956) Souvanna Phouma; der Pathet Lao nimmt als legale Partei – Neo Lao Haksat – am politischen Geschehen teil.
Sturz der Koalition	1958 15. Aug.	Nach einem Wahlerfolg der Neo Lao Haksat betreiben die USA den *Sturz der Koalition*: Rechtsgerichtete, prowestliche Royalisten unter Führung von General Phoumi Nosavan ergreifen die Macht, ernennen Phoui Sananikone zum Ministerpräsidenten, verhaften Souphanouvong, verdrängen die Pathet Lao aus Verwaltung und Armee und provozieren so das
Bürgerkrieg		Wiederaufflackern des *Bürgerkrieges*, in dem die Neutralisten Souvanna Phoumas im Bündnis mit den Pathet Lao den proamerikanischen Rechten gegenüberstehen.
	1960 9. Aug.	Dem Fallschirmjäger-Hauptmann Kong Le gelingt es, mit seiner Truppeneinheit Vientiane einzunehmen und vier Monate besetzt zu halten. Kong Le versucht die Erneuerung des Regierungsbündnisses von Pathet Lao und Neutralisten zu erzwingen.
	Dez.	Bevor royalistische Truppen über thailändisches Gebiet nach Vientiane vordringen, zieht sich die Truppe von Kong Le auf die strategisch wichtige Ebene der Tonkrüge zurück.
	13. Dez.	Neuer royalistischer Ministerpräsident wird Fürst Boun Oum (*1912). Nach dem zeitweisen Verlust Vientianes muss die Phoumi-Gruppe noch weitere militärische Niederlagen hinnehmen, bis sie in Waffenstillstandsverhandlungen eintritt.
Regierung der Nationalen Einheit	1961 22. Juni	Die Bildung einer *Regierung der Nationalen Einheit* wird vereinbart, in der Neutralisten, Pathet Lao und Royalisten vertreten sind.

1962 11. Juni	Die Koalitionsregierung unter Souvanna Phouma tritt ein Jahr später zusammen, aber de facto bleibt das *Land* in zwei Zonen *geteilt*: Der Nordosten ist in der Hand der Pathet Lao, und das Mekong-Tal wird von den Royalisten kontrolliert. Ministerpräsident Souvanna Phouma, der sich zunehmend auf die proamerikanische Fraktion stützt, gibt seine neutrale Haltung auf.	*Teilung des Landes*
7. Okt.	Als die USA 18000 Söldner aus den Meo-Bergstämmen anwerben, um innerhalb des Pathet-Lao-Territoriums zu kämpfen und den Nachschubweg der Viet-cong (Ho-Chi-Minh-Pfad) zu unterbrechen, schließt Souvanna Phouma mit dem US-Botschafter in Vientiane ein Geheimabkommen, das die Versorgung der Meo-Truppen durch die von den USA eingerichtete und unterhaltene *Luftlinie Air America* regelt.	*Luftlinie Air America*
1963 1. April	Die Koalition bricht auseinander; aus Protest gegen die Ermordung des Außenministers Quinim Pholsena legen die Pathet-Lao-Minister ihr Amt nieder.	
1964 Mai	Der Krieg nimmt nun an Heftigkeit zu. *US-Flugzeuge* unternehmen von thailändischen Stützpunkten aus *Angriffe auf Pathet-Lao-Gebiete*. Etwa 10000 amerikanische Soldaten (deren Anwesenheit von der US-Regierung offiziell bestritten wird) beteiligen sich mit zunächst 5000 (1973: 20000) Soldaten aus Thailand am Krieg. Nach jahrelangen Kämpfen zeichnet sich keine militärische Lösung ab.	*US-Angriffe auf Pathet-Lao*
1970 6. März	Die Pathet Lao übernehmen die politische Initiative und unterbreiten einen Friedensvorschlag, in dem der Abzug der US-Truppen, Einstellung der Luftangriffe, allgemeine Wahlen und die Wiedervereinigung des Landes gefordert wird.	
1973 21. Febr.	Verhandlungen (seit Okt. 1972) führen schließlich zu einem *Waffenstillstand* und zu Vereinbarungen über die neuerliche Bildung einer Regierung der Nationalen Einheit.	*Waffenstillstand*
1974 5. April	Diese dritte Koalition unter dem Ministerpräsidenten Souvanna Phouma setzt sich je zur Hälfte aus den bisherigen Machthabern in Vientiane und aus Führern des Pathet Lao zusammen. Die US-Truppen und die thailändischen Verbände ziehen ab, die nordvietnamesischen Truppen bleiben weiterhin präsent.	
1975 April	Nach der Besetzung der kambodschanischen Hauptstadt Phnom Penh durch die Roten Khmer und den *Fall von Saigon* flüchtet ein Großteil der Oberschicht und der royalistischen Generalität nach Thailand; 30000 Menschen, die meisten von ihnen Angehörige der Meo-Stämme, verlassen Laos. Die königliche Armee wird demobilisiert, Pathet-Lao-Truppen rücken in ihre Stellungen ein.	*Fall von Saigon*
2. Dez.	Eine Nationalversammlung beschließt die Abschaffung der Monarchie und die Ausrufung der Demokratischen Republik des laotischen Volkes.	
3. Dez.	Ernennung von Souphanouvong zum Präsidenten und von Kaysone Phomvihan zum Ministerpräsidenten.	
1977 17. Juli	Um die „besonderen *Beziehungen*" zwischen *Laos* und *Vietnam* zu festigen, unterzeichnen Vertreter beider Länder einen Vertrag über Freundschaft und Zusammenarbeit (Laufzeit: 25 Jahre).	*Beziehungen Laos – Vietnam*
1978 6. März	Der höchste Repräsentant des Buddhismus in Laos, Pra Dhammayano (*1892), flieht nach Thailand.	
1982	Laos schließt mit der DDR einen Freundschaftsvertrag ab (23. Sept.).	
1984	Bei Treffen in Vientiane (bis 29. Jan.) bieten die Außenminister von Laos, Kambodscha und Vietnam der ASEAN (Association of South-East Asian Nations) Gespräche zur Beilegung der Streitfragen an.	
1986	Neuer *Staatspräsident* wird am 29. Okt. Phoumi *Vongvichit* (*1910, †1994).	
1989	Nach Kreis- und Provinzwahlen nun auch, erstmals seit 1975, Parlamentswahlen (26. März).	
1991	Verabschiedung einer *neuen Verfassung*, in der die Pathet Lao einzige politische Partei ist (14. Aug.).	*neue Verfassung*
1992 26. Nov.	Nouhak Phoumsavanh (*1914) wird neuer Staatspräsident. Neuer Regierungschef wird Khamtay Siphandone (*1923).	
1994 8. April	Die *Eröffnung einer Brücke* über den Mekong *nach Thailand* setzt den Kurs vorsichtiger wirtschaftlicher Liberalisierung fort.	*Brücke nach Thailand eröffnet*
1997	Laos wird in die Organisation der ASEAN-Staaten aufgenommen (23. Juli).	
1998 24. Febr.	Der Vorsitzende der regierenden Laotischen Revolutionären Volkspartei (LPRP), Khamtay Siphandone, übernimmt auch das Amt des Staatspräsidenten.	
1999 6. Aug.	Entlassung des Finanzministers und des Zentralbankgouverneurs als Konsequenz aus der schleppenden wirtschaftlichen Entwicklung. Laos ist hinter den Nachbarstaaten weit zurückgeblieben.	
2001	Auf dem *7. Parteikongreß der LPRP* werden die Führungskader der Partei sowie ihr Vorsitzender, Staatspräsident Khamtay Siphandone, bestätigt (12.–14. März).	*7. Parteikongreß der LPRP*

Kambodscha seit 1945
(Forts. v. S. 1231)

	1945 12. März	König Norodom Sihanouk (*1922) erklärt sein Land für unabhängig. Die Franzosen aber beharren nach der Kapitulation der Japaner auf ihrem Herrschaftsanspruch und behandeln Kambodscha weiterhin als Protektorat.
beschränkte Unabhängigkeit	**1949** 8. Nov.	Unter dem militärischen Druck der Befreiungsbewegung Khmer Issarak findet sich Frankreich bereit, eine *beschränkte Unabhängigkeit* (Armee und Polizei bleiben unter französischer Führung; Verzicht auf eigene Außenpolitik) zuzulassen.
	1954	Genfer Indochina-Konferenz bestätigt volle Souveränität Kambodschas (20. Juli).
Abdankung König Sihanouks	**1955** 2. März	*König Sihanouk dankt* zugunsten seines Vaters Norodom Suramarit (*1896, †1960) *ab* und organisiert die Sozialistische Volksgemeinschaft (Sangkum), die 15 Jahre lang als Regierungspartei Instrument seiner Politik bleibt.
	23. Okt.	Sihanouk übernimmt nach einem Wahlerfolg der Sozialistischen Volksgemeinschaft das Amt des Ministerpräsidenten. Als Maxime seiner Außenpolitik fordert er strikte Neutralität für sein Land.
Wirtschaftsblockade	**1956**	Als Sihanouk sich weigert, der SEATO beizutreten, und chinesische Finanzhilfe annimmt, errichten Thailand und Südvietnam eine *Wirtschaftsblockade* und unterstützen den bewaffneten Widerstand der rechtsgerichteten Khmer Serei gegen seine Regierung.
	1960 20. Juni	Nach dem Tod Suramarits übernimmt Sihanouk das Amt des Staatsoberhauptes unter Verzicht auf die Königswürde. In den folgenden Jahren verschärft sich Sihanouks Auseinandersetzung mit den USA, die ihn auffordern, dafür Sorge zu tragen, dass der nordvietnamesische Nachschub für die Viet-cong nicht mehr über kambodschanisches Territorium transportiert werden kann.
	1965 3. Mai	Als US-Flugzeuge kambodschanische Dörfer im Grenzgebiet zu Vietnam bombardieren, bricht Sihanouk die diplomatischen Beziehungen zu Washington ab.
	1966 22. Okt.	Bei Parlamentswahlen siegen die Rechtskräfte; ihr Führer Lon Nol (*1913, †1985) wird Ministerpräsident.
Rote Khmer	**1966–1970**	Ein Teil der linken Gruppierungen zieht sich daraufhin in den Untergrund zurück und bildet die *Roten Khmer*. Sihanouk arrangiert sich zunächst mit Lon Nol und seinen Anhängern, überwirft sich aber mit ihnen, als diese seine Politik der Bodenreform und der Verstaatlichung rückgängig machen.
	1970 18. März	Ministerpräsident Lon Nol nutzt einen Auslandsaufenthalt Sihanouks, um ihn als Staatsoberhaupt zu entmachten.
Putsch	1. Mai	Durch den *Putsch* erhalten die USA freie Bahn, ihren Krieg auf Kambodscha auszudehnen und die Rückzugsgebiete der Viet-cong anzugreifen. Als Gegenleistung unterstützen sie das Regime Lon Nol mit Militär- und Wirtschaftshilfe.
	5. Mai	Sihanouk bildet in Peking eine Exilregierung mit Khieu Samphan, der die Aufstandsbewegung in Kambodscha führt, als Verteidigungsminister.
	1971 März	Die Roten Khmer beherrschen vier Fünftel Kambodschas. Schließlich kontrolliert Lon Nol nur noch die Hauptstadt Phnom Penh und ihre nächste Umgebung.
Niederlage des Regimes Lon Nol	**1973** 15. Aug.	Die endgültige *Niederlage des Regimes Lon Nol* ist nicht mehr aufzuhalten, als die USA den Luftkrieg einstellen, nachdem sie 539000 t Bomben über Kambodscha abgeworfen haben, ohne die Kampfkraft der prokommunistischen Truppen ernstlich zu schwächen.
	1975 17. April	Long Boret (seit Dez.1973 Ministerpräsident des Lon-Nol-Regimes) kapituliert vor den Belagerern.
Räumung Phnom Penhs	20. April	Die Roten Khmer befehlen die vollständige *Räumung Phnom Penhs*. Die drei Millionen Einwohner der Stadt, in der Mehrzahl Flüchtlinge, werden aufs Land umgesiedelt.
„Demokratischer Staat Kampuchea"	**1976** 4. April	Norodom Sihanouk, nominell noch im Amt des Staatsoberhauptes, wird von Khieu Samphan abgelöst. Neuer Ministerpräsident wird Pol Pot (†1998): Kambodscha (offizieller Name seit 5. Jan.1976: *Demokratischer Staat Kampuchea*) isoliert sich von der Außenwelt. Schilderungen über die inneren Verhältnisse stammen zumeist von Flüchtlingen, die in Thailand Asyl gefunden haben. Nach deren z.T. sich widersprechenden Berichten soll die „Organisation" (Angkar), hinter der sich die kommunistische Partei verbirgt, das Leben der
Hinrichtungen		Bevölkerung bis in Einzelheiten reglementieren. *Eine Million Gegner* der Angkar-Herrschaft seien *hingerichtet* worden.
Konflikt mit Vietnam	**1977**	Bewaffnete Auseinandersetzungen an den Grenzen zu Thailand, Laos und Vietnam. Der *Konflikt mit Vietnam*, der schon im Juni 1975 mit dem Streit um Inseln im Golf von Thailand begann, verschärft sich zusehends.

● PLOETZ

1978 25. Dez.	Nach einer Reihe von Grenzzwischenfällen marschiert eine etwa 100000 Mann starke vietnamesische Streitmacht mit Unterstützung von ca. 20000 Angehörigen der Khmer Einheitsfront für die Nationale Rettung in Kambodscha ein.	
1979 8. Jan.	Einnahme Phnom Penhs durch vietnamesische Truppen. Die Roten Khmer geben sich jedoch nicht geschlagen und kämpfen mit chinesischer Waffenhilfe im Dschungel weiter. Heng Samrin bildet eine pro-vietnamesische Regierung.	
Mai	Mehr als 40000 Kambodschaner entfliehen dem *Dschungelkrieg* nach Thailand.	*Dschungelkrieg*
8. Juni	Thailändisches Militär beginnt, die Flüchtlinge über die Grenze zurückzutreiben. Dennoch schwillt der Flüchtlingsstrom weiter an.	
21. Sept.	Die Vollversammlung der Vereinten Nationen spricht mit 71 zu 35 Stimmen den Roten Khmer das Recht zu, Kambodscha in der UNO zu vertreten.	
6. Okt.	Die Regierung Heng Samrin erklärt, dass zwei Millionen Kambodschaner vom Hungertod bedroht sind, weigert sich aber, auf amerikanische und japanische Hilfsangebote einzugehen, weil diese mit unannehmbaren politischen Forderungen verbunden seien.	
6. Dez.	Die thailändische Regierung gibt bekannt, dass sich auf ihrem Territorium nunmehr über eine Million kambodschanischer Flüchtlinge befinden.	
1982 22. Juni	Auf Drängen Chinas und der ASEAN-Staaten verbünden sich die Roten Khmer, die Anhänger Sihanouks und konservative Kreise zum Widerstand gegen Vietnam. In der Exilregierung dieser Dreierkoalition wird *Sihanouk Staatspräsident*.	*Sihanouk Staatspräsident*
1985	Letzte militärische Offensive Vietnams (Frühjahr), Vietnam kündigt im August Truppenabzug an.	
1988	Mehrere informelle Treffen zwischen kambodschanischen Gruppen sowie den Außenministern von Vietnam, Laos, Thailand und Indonesien bringen keine Ergebnisse.	
1989	Mehrere Internationale *Kambodscha-Konferenzen* führen zu keiner Lösung (bis 1990).	*Kambodscha-Konferenzen*
30. April	Neue Verfassung ändert den Landesnamen in das ideologisch neutrale „Staat Kambodscha", der *Buddhismus* wird *Staatsreligion*. Die vietnamesischen Truppen verlassen nach fast elfjähriger Präsenz das Land.	*Buddhismus Staatsreligion*
Sept.		
1990 27. Aug.	Friedensplan des Sicherheitsrates der UNO sieht vor, dass das Land bis zu freien Wahlen weit gehend unter der Aufsicht der UNO steht.	
Dez.	Die Bürgerkriegsparteien stimmen Kernpunkten zu, jedoch keine völlige Einigung.	
1991	Wiederaufflammen der Kämpfe zwischen Regierung und Roten Khmer.	
23. Okt.	In Paris unterzeichnen die Bürgerkriegsparteien ein *Friedensabkommen*. Daraufhin übernimmt der aus dem Exil zurückgekehrte Norodom Sihanouk den Vorsitz einer Übergangsregierung.	*Friedensabkommen*
1993	Mit der Thronbesteigung Sihanouks endet die UN-Aufsicht (24. Sept.).	
1994–1996	Wiederholt Kämpfe zwischen Regierungstruppen und den Roten Khmer.	
1997 6. Juli	Die seit 29. Okt. 1993 amtierende *Regierung* unter den beiden Ko-Ministerpräsidenten, dem Royalisten Prinz Norodom Ranariddh (*1944) und dem Vorsitzenden der Volkspartei, Hun Sen (*1951), *zerbricht*, Ranariddh flieht außer Landes. Kämpfe zwischen den Royalisten und Hun Sens Truppen.	*Regierung zerbricht*
Juli	Der ehemalige Ministerpräsident Pol Pot wird in einem Schauprozess von seinen früheren Anhängern, den Roten Khmer, verurteilt.	
1998 29. Febr.	Ranariddh und Hun Sen rufen ihre Truppen zum unbefristeten Waffenstillstand auf.	
15. April	*Tod Pol Pots* in einem Versteck nahe der thailändischen Grenze.	*Tod Pol Pots*
26. Juli	Bei den Parlamentswahlen siegt die Kambodschanische Volkspartei (CPP). Ihr Führer Hun Sen bildet als Ministerpräsident eine Koalitionsregierung mit der royalistischen FUNCINPEC.	
1999 25./26. Febr.	Eine von der Weltbank organisierte Geberkonferenz in Tokio sichert Hilfszahlungen in Höhe von 450 Mio. US-Dollar zu.	
30. April	Kambodscha wird 10. Mitglied der ASEAN.	
5./6. Dez.	Die letzte kämpfende Einheit der Roten Khmer ergibt sich der Regierung.	
2000 Aug.–Okt.	Die *Hochwasserkatastrophe*, die ganz Südostasien heimsucht, richtet auch in Kambodscha schwere Schäden an. 20 von 23 Provinzen werden überflutet, 2,2 Mio. Menschen sind unmittelbar betroffen.	*Hochwasserkatastrophe*
2001 7. Aug.	Der Verfassungsrat stimmt einer Gesetzvorlage zur Einsetzung eines internationalen Gerichtshofes zur Aburteilung der Hauptschuldigen am Völkermord unter dem Pol-Pot-Regime zu.	

Vietnam seit 1945
(Forts. v. S. 1231)

	1945	Die Nachricht von der japanischen Kapitulation löst in Vietnam eine Welle von Massen-
	14. Aug.	kundgebungen mit der Forderung nach Unabhängigkeit aus.
	25. Aug.	Kaiser Bao-Dai (*1913) dankt ab.
Demokratische Republik Vietnam	2. Sept.	Ho-Chi-Minh (*1890, †1969) ruft in Hanoi die *Demokratische Republik Vietnam* (DRV) aus.
	23. Sept.	Die Franzosen, die nicht bereit sind, sich mit dem Verlust ihrer Herrschaft über Indochina abzufinden, erzwingen in Saigon die Wiedererrichtung ihres kolonialen Regimes.
	Okt.–Dez.	In wenigen Monaten gelingt es ihnen, ganz Cochinchina und den Süden von Annam zurückzuerobern. Ho-Chi-Minh sucht durch Verhandlungen eine Einigung mit Frankreich.
Indochinesische Föderation	1946 6. März	Frankreich erklärt sich in einem Präliminarabkommen (Konvention von Hanoi) bereit, die Unabhängigkeit Vietnams anzuerkennen; der neue Staat soll aber als Mitglied der *Indochinesischen Föderation* und der Französischen Union dem ehemaligen Kolonialherren verbunden bleiben; die französische Armee darf in Hanoi, Haiphong und anderen wichtigen Plätzen Garnisonen unterhalten. Über die Zukunft des französisch besetzten Südens soll eine Volksabstimmung entscheiden.
	1. Juni	Frankreich versucht die vereinbarte Abstimmung zu verhindern und installiert in Saigon eine Regierung, der überwiegend Vietnamesen mit französischem Pass angehören.
Konferenz von Fontainebleau	6. Juli 14. Sept.	Die vietnamesische Führung versucht, auf der *Konferenz von Fontainebleau* eine friedliche Einigung zu erreichen. Die Konferenz scheitert, und auch ein Modus vivendi, der in Paris zwischen Ho-Chi-Minh und dem französischen Minister für die überseeischen Gebiete Marius Moutet (*1876, †1968), ausgehandelt wird, kann den Konflikt nicht lösen.
	20. Nov.	Bei dem Versuch der französischen Zollverwaltung, im Hafen von Haiphong eine für die Demokratische Republik Vietnam bestimmte Waffenlieferung zu beschlagnahmen, kommt
	23. Nov.	es zu einem Feuergefecht. Französische Flugzeuge und Kriegsschiffe bombardieren den Haupthafen Haiphong (6000 Menschen kommen ums Leben).
Indochinakrieg	19. Dez.	Mit der Eröffnung des Kampfes gegen die französische Besatzung von Hanoi, zu dem Ho-Chi-Minh aufgerufen hat, beginnt der *Indochinakrieg*.
Guerillaeinheiten der Viet-minh	1946–1948	Die regulären Truppen der Demokratischen Republik Vietnam sind zahlenmäßig schwach und schlecht ausgerüstet. Sie werden in den ersten Kriegswochen aus den Städten verdrängt. Der Befreiungskampf wird von *Guerillaeinheiten der Viet-minh* geführt, die ihre waffentechnische Unterlegenheit durch Rückhalt bei der Bevölkerung und Beweglichkeit ausgleichen. In den „befreiten Gebieten" leiten die Viet-minh soziale und wirtschaftliche Umwälzungen ein; in den Dörfern übernehmen gewählte Volksräte die Verwaltung, Großgrundbesitz wird aufgeteilt, Pachten und Steuern werden ermäßigt.
	1948 27. Mai	Um die Unabhängigkeitsbewegung zu spalten und die nationalistischen bürgerlichen Kräfte von der Unterstützung der Viet-minh abzubringen, unterstützt Frankreich die Einberufung einer provisorischen Zentralregierung Vietnams mit Sitz in Saigon.
	1949 13. Sept.	Der ehemalige Kaiser Bao-Dai übernimmt das Amt des Staatschefs in der Saigoner Gegenregierung.
Verwicklung der Großmächte	1950 16. Jan.	Als die VR China diplomatische Beziehungen zur Demokratischen Republik Vietnam aufnimmt und die Sowjetunion diesem Beispiel 14 Tage später folgt, erkennen die USA und Großbritannien im Gegenzug die Saigoner Regierung an, was die *Verwicklung der Großmächte* in den Vietnamkonflikt nach sich zieht.
	1950–1953	Im Rahmen ihrer Roll-back-Strategie gewähren die USA Militärhilfe an Frankreich, während Nordvietnam in zunehmendem Maße von China und der Sowjetunion mit Waffen beliefert wird. Die US-Unterstützung kann jedoch die Schwächung der französischen Position nicht aufhalten.
	1953	Ganz Tongking, mit Ausnahme des unteren Flussdeltas, weite Gebiete des zentralen Hochlands und Teile von Laos sind unter der Kontrolle der Viet-minh.
Festung Dien-Bien-Phu	1954 7. Mai	Den Viet-minh gelingt es unter General Vo-Nguyen-Giap (*1910), die französische *Festung Dien-Bien-Phu* (Grenznähe zu Laos) einzuschließen und zur Kapitulation zu zwingen. Damit ist das Ende der französischen Herrschaft über Indochina besiegelt.
Waffenstillstand	21. Juli	Die Demokratische Republik Vietnam und Frankreich unterzeichnen in Genf einen *Waffenstillstand*: Vietnam wird entlang des 17. Breitengrades geteilt; es wird aber festgestellt, dass diese „militärische Demarkationslinie eine provisorische Linie ist und in keiner Weise als politische und territoriale Trennung ausgelegt werden darf"; im Juli 1956 sollen Wahlen abgehalten werden, um das Land wieder zu vereinigen; Nordvietnam mit 16,2 Mio. Einwoh-

nern umfasst die industriellen Zentren Hanoi, Haiphong und Nam-dinh, Südvietnam mit 15 Mio. Einwohnern erstreckt sich beinahe ausschließlich über Agrargebiet. Durch die *Teilung* entstehen für den Norden, der damit von seiner traditionellen Reiskammer abgeschnitten ist, erhebliche Versorgungsprobleme. Dem Süden bereitet die Eingliederung von fast einer Million Flüchtlingen Schwierigkeiten. *— Teilung*

1954
16. Juni In Saigon beauftragt Bao-Dai den Katholikenführer Ngo-Dinh-Diem (*1901, †1963) mit der Regierungsbildung. Diem gelingt es innerhalb eines Jahres, die profranzösische Generalität und die 40000 Mann starken Privat-Armeen der politisch-religiösen Sekten (Hoa-Hao, Cao-Dai, Binh-Xuyen) auszuschalten.

1955
26. Okt. Nach einer manipulierten Volksabstimmung setzt er Bao-Dai ab und erklärt sich zum Staatsoberhaupt.

1956
22. Mai Als der in Genf vereinbarte Zeitpunkt für gesamtvietnamesische Wahlen heranrückt, lehnt Diem die Abstimmung mit der Begründung ab, Südvietnam habe das Waffenstillstandsabkommen nicht unterzeichnet.

Nordvietnam führt eine Bodenreform durch (Gesetz vom 19. Dez. 1953), deren Wirkung allerdings durch die bürokratische Willkür örtlicher Kader beeinträchtigt wird.

Sept.–Dez. Die Missstände bei dem Reformunternehmen und die mangelhafte Versorgung mit Grundnahrungsmitteln lösen in der Bevölkerung *Unruhen* aus und zwingen die Partei der Werktätigen (Dang lao-dong), ihre Politik zu berichtigen. Die Revision vollzieht sich nicht zuletzt unter dem Eindruck einer umfassenden intellektuellen Kritikbewegung. *— Unruhen*

1956–1960 Im Süden führt Diem, nach den anfänglich erfolgreichen Maßnahmen zur Stabilisierung seiner Herrschaft, den Staat schrittweise zurück ins Chaos. Dazu trägt bei: 1. Korruption und Ämterpatronage, vor allem die Bereicherung der Angehörigen der Präsidentenfamilie und die Bevorzugung der katholischen Minorität in Verwaltung, Armee und Wirtschaft; 2. die totalitären Praktiken der *Geheimpolizei*, die sich sowohl gegen Sympathisanten der Viet-minh als auch gegen liberale und buddhistische Kritiker der Regierung richten; 3. die Verzögerung und halbherzige Durchführung der von Diem 1956 angekündigten Landreform. Die Weigerung Diems, Wahlen abzuhalten, veranlasst Nordvietnam, den Kampf im Süden wieder aufleben zu lassen. Den aus dem Norden eindringenden Insurgenten gelingt es, zusammen mit den lokalen Guerillaeinheiten in kurzer Zeit zur allgegenwärtigen Bedrohung für Diems Herrschaft zu werden. *— Geheimpolizei*

1960
20. Dez. Die verschiedenen Widerstandsgruppen Südvietnams schließen sich auf der Grundlage eines Programms, das neben dem Anspruch auf Wiedervereinigung bürgerlich-demokratische und gemäßigt sozialistische Forderungen enthält (Presse-, Versammlungs- und Religionsfreiheit, Frauenemanzipation, Minoritätenschutz, Bodenreform, soziale Absicherung der Arbeiter und Angestellten, wirtschaftliche Unabhängigkeit, kulturelle Eigenständigkeit, Blockfreiheit), zur *Nationalen Befreiungsfront* (Front National de Libération du Vietnam-Sud – FNL; nach der führenden kommunistischen Gruppe auch als Viet-cong bezeichnet) zusammen. *— Nationale Befreiungsfront*

1963
2. Nov. Im Verlauf eines Militärputsches – die Befreiungsfront hat das südvietnamesische Regime mittlerweile in eine prekäre militärische Lage gebracht – wird Diem ermordet.

Mehrere kurzlebige Regierungen lösen einander ab, bis eine *Offiziersjunta* unter Nguyen-Van-Thieu (*1923) und Nguyen-Cao-Ky (*1930) die Macht in Saigon übernimmt. Als sich nach der Beseitigung Diems die militärische Lage für Südvietnam auch weiterhin verschlechtert, setzt die Amerikanisierung des Krieges ein. *— Offiziersjunta*

1964
30. Juli Die *USA* nehmen den Zwischenfall im Golf von Tongking (angebliche Attacke von nordvietnamesischen Torpedobooten auf den US-Zerstörer „Maddox") zum Anlass für massive *Vergeltungsangriffe*. *— Vergeltungsangriffe der USA*

1965
6. Febr. Beginn eines systematischen Luftkriegs gegen Nordvietnam und die von der FNL kontrollierten Gebiete, der hohe Verluste unter der Zivilbevölkerung fordert.
7. März Gleichzeitig greifen US-Bodentruppen in den Kampf ein; die ersten 3500 Marineinfanristen landen bei Da-nang (80 km südöstlich von Hué).

1967
1. April Um der Militärherrschaft einen demokratischen Anschein zu verleihen, wird eine Verfassung (*Präsidialverfassung* mit dem Recht des Präsidenten, den Premierminister zu ernennen) verabschiedet. Thieu bewirbt sich um das Amt des Präsidenten; Ky um das des Vizepräsidenten. *— Präsidialverfassung*

3. Sept. Die Wahlen, die unter weit gehender Ausschaltung der Opposition stattfinden, bringen diesen beiden Kandidaten erwartungsgemäß die Mehrheit.

1967/1968 Die Eskalation des Krieges treibt in der Zwischenzeit ihrem Höhepunkt zu. Den schätzungsweise 230000 Partisanen auf der Seite der Befreiungsbewegung, die durch etwa 50000 Angehörige von regulären nordvietnamesischen Einheiten verstärkt werden, stehen

540000 Amerikaner, ungefähr die gleiche Anzahl Südvietnamesen, 50000 Südkoreaner und kleinere Kontingente von Thais, Filipinos, Australiern und Neuseeländern gegenüber.

Neujahrs-offensive	**1968** 31. Jan.	Die FNL beginnt das vietnamesische Neujahr mit der Tet-Offensive *(Neujahrsoffensive)*: Guerilla-Einheiten erobern strategisch wichtige Punkte Saigons und dringen bis zum Präsidentenpalast vor. Die Kämpfe dauern stellenweise eine Woche, ehe die Insurgenten das Stadtgebiet räumen. Die vorübergehende *Einnahme Saigons*, die Teil eines Großangriffs auf die hauptsächlichen Militärstützpunkte und Städte in Südvietnam ist, wird nur unter schweren Verlusten erreicht, die Offensive beweist aber die ungebrochene Kampfkraft der FNL. Die Amerikaner erkennen nun, dass der Krieg für sie nicht mehr zu gewinnen ist, obzwar der amerikanische Oberbefehlshaber in Vietnam die Verstärkung seiner Streitmacht um weitere 206750 Mann fordert.
Einnahme Saigons		
	31. März	US-Präsident Johnson entschließt sich, die Bombenangriffe auf Nordvietnam über den 20. Breitengrad hinweg einzustellen und Friedensgespräche anzubieten.
	13. Mai	Die nordvietnamesische Führung willigt in Johnsons Angebot ein; die Verhandlungen beginnen in Paris.
Vietnami-sierung des Krieges	**1969**	Die *Vietnamisierung des Krieges* beginnt, das heißt, die USA ziehen schrittweise ihre Truppen ab und beschränken sich darauf, ihrem südvietnamesischen Verbündeten mit Waffen- und Finanzhilfe beizustehen. Vor ihrem Rückzug allerdings wollen sie die militärische Ausgangsposition der Saigoner Regierung verbessern, indem sie durch eine Vervielfachung der Luftangriffe auf Laos und die Ausdehnung des Krieges auf Kambodscha den Nachschubweg der FNL *(Ho-Chi-Minh-Pfad)*, der über die Territorien dieser beiden Länder führt, unterbrechen. Weitere Maßnahmen, die der Vietnamisierung dienen sollen, werden auf dem wirtschaftlichen Sektor eingeleitet. Die *Deviseneinnahmen Südvietnams* stammen zu etwa 80% von den hier stationierten US-Soldaten, so ist es möglich, dass für das Jahr 1969 einem Export im Werte von 20 Mio. US-Dollar ein Import im Werte von 775 Mio. gegenübersteht. Um nun die durch den Truppenabbau entstehenden Mindereinnahmen auszugleichen, steigern die USA ihre direkte Finanzhilfe. Damit treiben sie aber die Inflation in die Höhe und fördern so die Unpopularität des von ihnen gestützten Regimes.
Ho-Chi-Minh-Pfad Finanzkrise		
provisorische Regierung	8. Mai	In Erwartung des baldigen Umsturzes beschließt die FNL die *Bildung einer provisorischen Regierung*, die sich aus Vertretern aller am Frieden interessierten Kräfte zusammensetzen soll. Das Regierungsprogramm wirbt um die Unterstützung des Bürgertums: Es kündigt zwar die Zerschlagung des Monopolkapitals an, verspricht aber gleichzeitig, das Eigentum an Produktionsmitteln innerhalb gewisser Grenzen zu schützen. Die Wiedervereinigung mit dem Norden des Landes sei Schritt um Schritt zu verwirklichen, vorerst aber genüge es, Reise- und Postverkehr, Handel und Kulturaustausch zwischen beiden Teilstaaten zu ermöglichen.
Tod Ho-Chi-Minhs	3. Sept.	Mit dem *Tod Ho-Chi-Minhs* übernimmt eine Vierergruppe, bestehend aus dem Ministerpräsidenten Pham-Van-Dong (*1906, †2000), dem Verteidigungsminister General Vo-Nguyen Giap, dem Vors. der Nationalversammlung Truong-Chinh (*1908, †1988) und dem Generalsekretär der Partei der Werktätigen De-Duan (*1908, †1986), die politische Führung Nordvietnams. Obwohl die Machtübernahme der *Vierergruppe* bruchlos vonstatten geht, zeichnen sich doch gewisse Widersprüche ab: Umstritten ist, ob die Hauptkraft auf den Wiederaufbau des zerstörten Nordvietnam oder auf die endgültige Befreiung Südvietnams gerichtet werden soll. Auch über die Frage, wie groß der Zeitraum zwischen der Befreiung des Südens und der Wiedervereinigung sein darf, herrscht Uneinigkeit. Im Süden verschlechtert sich die militärische und wirtschaftliche Situation rapide:
Vierergruppe		
	1971 3. Okt.	Thieu lässt sich durch manipulierte Wahlen im Präsidentenamt bestätigen, ohne freilich darüber hinwegtäuschen zu können, dass ihn selbst seine bisherigen Gefolgsleute im Militär, in der Bürokratie und im Bürgertum nicht länger unterstützen wollen. Die rechtsgerichtete Opposition sammelt sich um den ehemaligen Vizepräsidenten Ky.
US-Bomben-teppich	**1972**	Eine Atempause scheint sich für Thieus Regime anzukündigen, wegen des *US-Bombenteppichs* über dem Ho-Chi-Minh-Pfad bricht der Nachschub für die FNL zusammen.
	29. März	Reguläre nordvietnamesische Truppen dringen nach Süden vor und besetzen die Provinz Quang-tri. US-Präsident Richard Nixon befiehlt, Nordvietnam durch Bombenangriffe und eine Seeblockade zum Rückzug zu zwingen. Die Nordvietnamesen weichen nicht zurück; in Paris nähern sich jedoch die Waffenstillstandsverhandlungen ihrem Abschluss.
	9. Mai	
	18. Dez.	Zur amerikanischen Verhandlungsstrategie gehört es, kurz vor der Einigung eine Angriffswelle gegen das Gebiet Hanoi–Haiphong zu richten und hier die schwersten Zerstörungen seit Beginn des Krieges zu hinterlassen.
Waffenstillstand	**1973** 28. Jan.	Nach fast fünfjährigen Verhandlungen vereinbaren die Gegner einen *Waffenstillstand*. Damit ist die direkte Verwicklung der USA in den Krieg beendet. Der Kampf zwischen den Vietnamesen untereinander allerdings geht weiter.

1974 19. Jan.	Die *VR China* nutzt die chaotische Situation in Südvietnam und *erobert* die von einer südvietnamesischen Garnison verteidigten *Paracel-Inseln*, in deren Umgebung Ölvorkommen vermutet werden. Weder Nordvietnam noch die FNL verurteilen die Besetzung der Inseln ausdrücklich, aber die Spannung, die zwischen China und seinen nordvietnamesischen Verbündeten herrscht, verdichtet sich durch diesen Vorfall.	*China erobert Paracel-Inseln*
1975 30. April	In auswegloser Lage legt Präsident Thieu sein Amt nieder (21. April). FNL-Truppen rücken in Saigon ein.	
1976 26. April	Eine provisorische Regierung übernimmt die Führung Südvietnams, bis gesamtvietnamesische Wahlen stattfinden.	
2. Juli	*Nord- und Südvietnam* wird unter dem Namen Sozialistische Republik Vietnam *wiedervereint*. Die Regierung des Gesamtstaates setzt sich im Wesentlichen aus den Führern der ehemaligen Demokratischen Republik Vietnam (Nordvietnam) zusammen; Südvietnam ist unterrepräsentiert. Vietnam sieht sich nun mit folgenden Problemen konfrontiert: Im ganzen Land sind Wohngebiete, Fabriken, Dämme, Straßen, Brücken und Bahnlinien wieder aufzubauen; die Mehrheit der südvietnamesischen Bevölkerung, die vor den Kämpfen in sicherere Gebiete, vor allem in die Städte, geflohen ist, muss umgesiedelt werden; die ehemals allein durch die Anwesenheit der US-Amerikaner in Gang gehaltene Volkswirtschaft des Südens muss sich den geänderten sozial- und wirtschaftspolitischen Verhältnissen anpassen. – Unterstützung findet Vietnam vor allem bei der Sowjetunion, die zum zweiten Fünfjahrplan (1976–1980) einen Zuschuss im Wert von 5 Mrd. DM zusagt.	*Wiedervereinigung Vietnams*
1978 Juni	Die Sozialistische Republik Vietnam wird auf der 32. Tagung des Rates für Gegenseitige Wirtschaftshilfe (COMECON) in Bukarest als 10. Vollmitglied aufgenommen.	
25. Dez.	Vietnamesische Truppen *marschieren* nach einer Reihe von Grenzzwischenfällen *in Kambodscha ein*.	*Einmarsch in Kambodscha*
1979 8. Jan.	Die kambodschanische Hauptstadt Phnom Penh wird von vietnamesischen Truppen eingenommen. Das im April 1975 in Kambodscha an die Macht gekommene Regime der Roten Khmer wird durch die militärische Blitz-Offensive der die kambodschanischen revolutionären Kräfte unterstützenden vietnamesischen Armee gestürzt.	
16. Febr.	Der vietnamesische Ministerpräsident Pham Van Dong unterzeichnet mit dem Präsidenten des neuen kambodschanischen Revolutionsrates, Heng Samrin, in Phnom Penh einen „Freundschafts- und Kooperationsvertrag".	
17. Febr.	Die *VR China* unternimmt eine als „begrenzte Strafaktion" deklarierte *Offensive gegen Vietnam*. Über eine Luftbrücke nimmt die Sowjetunion die Versorgung Vietnams mit militärischen Nachschubgütern auf.	*China gegen Vietnam*
5. März	Die VR China gibt die Einstellung der Kriegshandlungen gegen Vietnam bekannt. Anschließend erfolgt sukzessive der Rückzug vom vietnamesischen Boden.	
15. April	Vorläufige Entspannung der Lage durch die Aufnahme von Friedensgesprächen zwischen China und Vietnam.	
Juni	Die malaysische Regierung kündigt als Zwangsmaßnahme an, die ca. 76000 in Malaysia lebenden *Vietnamflüchtlinge* (größtenteils aus Vietnam vertriebene Chinesen) aus dem Land auszuweisen: Die Flüchtlinge sollen in ihren Booten in internationale Gewässer zurückgeschleppt werden.	*Vietnamflüchtlinge*
4. Juli	Die Kommission der *EG* beschließt, die für Vietnam vorgesehene Nahrungsmittelhilfe in Höhe von 66 Mio. DM ausschließlich den Flüchtlingen aus diesem Land zukommen zu lassen; diese Entscheidung stellt eine *Sanktionsmaßnahme* gegenüber Vietnam dar, dessen Flüchtlingspolitik in der westlichen Welt auf harte Kritik stößt.	*Sanktionsmaßnahme der EG*
1980 Dez.	Nahrungsmittelknappheit führt im Norden des Landes zu Unruhen. Daraufhin wird eine Reform der Landwirtschaft mit stärkerer Betonung der Privatinitiative eingeleitet.	
1981 23. Dez.	Vietnam entschädigt enteignete französische Firmen mit 40 Mill. FF. Frankreich gewährt im Gegenzug einen Kredit von 200 Mill. FF. Die ASEAN-Staaten kritisieren die Kreditvergabe.	
1982	Der *Flüchtlingsstrom aus Vietnam* lässt nach. Gründe: Flüchtlinge werden ohne Aussicht auf eine neue Heimat in Durchgangslagern der Nachbarstaaten untergebracht. Vietnam erweitert die legalen Ausreisemöglichkeiten.	*Flüchtlingsstrom aus Vietnam*
1983	Vietnam und die VR China tauschen an der Grenze Gefangene aus (6. Febr.).	
1984	Artillerieduelle zwischen Chinas und Vietnams Truppen im Grenzgebiet Nordvietnams (2. April).	
1985	Währungsreform (Sept.), dennoch weiterhin starke Inflation.	
1986	Zur Behebung der akuten *Versorgungsprobleme* werden groß angelegte Umsiedlungsaktionen in wirtschaftlich nutzbare Bergregionen geplant. Missernten, starkes Bevölkerungswachstum und verfehlte Landwirtschaftspolitik bleiben jedoch weiterhin bestimmend.	*Versorgungsprobleme*

	1987 18. Juni	Vo Chi Cong (*1913) als Vorsitzender des Staatsrates Staatsoberhaupt; neue Regierung unter Pham Hung (*1912, †1988).
	1988 14. März	Gefecht vietnamesischer und chinesischer Kriegsschiffe bei den in der Region umstrittenen Spratly-Inseln.
	22. Juni	Do Muoi (*1917) wird Nachfolger des verstorbenen Ministerpräsidenten Pham Hung.
	1989 2. Sept.	Der Generalsekretär der Kommunistischen Partei, Nguyen-Van-Linh (*1915, †1998), lehnt Mehrparteiensystem ab. Im Oktober 1988 hatten sich die Demokratische und die Sozialistische Partei aufgelöst.
Rückzug aus Kambodscha	Sept.	*Vietnam zieht* nach fast elf Jahren seine *Truppen* endgültig *aus Kambodscha ab*.
	1991	Vo Van Kiet (*1922) wird zum Ministerpräsidenten gewählt (10. Aug.).
	1992 15. April	Die neue Verfassung wird von der Nationalversammlung verabschiedet. Sie bestätigt die Monopolstellung der Kommunistischen Partei Vietnams und sieht die Vergabe von Land an Privatpersonen vor.
US-Botschaft in Hanoi	1995 6. Aug.	Der seit 1992 einsetzende Normalisierungsprozess in den Beziehungen zwischen Vietnam und den USA führt zur Eröffnung einer *US-Botschaft in Hanoi*.
	1996 28. Juni– 1. Juli	Die Kommunistische Partei Vietnams lehnt auf ihrem VIII. Parteitag die Einführung eines Mehrparteiensystems weiterhin ab. In der Wirtschaft soll eine Mischform aus staatlicher Kontrolle und marktwirtschaftlichem System gelten.
	1997 24. Sept.	Tran Duc Luong (*1937) löst Le Duc Anh als Staatspräsident ab; neuer Ministerpräsident wird Phan Van Khai (*1933).
	26. Dez.	Der Reformgegner Le Kha Phieu wird Nachfolger Do Muois als Generalsekretär der Kommunistischen Partei.
	1998	Die Regierung lässt zwei prominente Regimegegner frei und amnestiert über 5000 Häftlinge (28. Aug.).
	1999 Mai	Beginn einer Antikorruptionskampagne. Prominentestes Opfer wird der Vizeministerpräsident Ngo Xuan Loc.
Besuch des US-Verteidigungsministers	2000 13.–16. März	*Besuch des US-Verteidigungsministers William Cohen*. Gesprächspunkte sind das Schicksal von 1500 im Vietnamkrieg vermissten US-Soldaten, die Zusammenarbeit bei der Beseitigung von Landminen und Restmunition (22 000 Todesopfer seit Ende des Krieges) und eine Untersuchung der Spätfolgen des von der US-Luftwaffe eingesetzten Entlaubungsmittels Agent Orange.
	Aug.–Okt.	Von der Hochwasserkatastrophe, die ganz Südostasien heimsucht, ist Vietnam besonders betroffen. Fast 500 Menschen kommen ums Leben, eine halbe Million Häuser werden zerstört.
Abkommen mit China	25. Dez.	Ein *Abkommen mit China* beendet die jahrzehntelangen Grenzstreitigkeiten im Golf von Tonkin. Die Hoheitsrechte über die Spratly- und Paracel-Inseln bleiben allerdings weiter umstritten.
	2001	Bei einem Besuch des russischen Präsidenten Putin in Hanoi wird eine „strategische Partnerschaft" zwischen Russland und Hanoi vereinbart (28. Febr.–1. März).
	2002 Juli	Bei der Zerschlagung einer Mafia-Bande, die Prostitution und Drogenhandel in großem Stil betrieb und Verbindungen zum Staatsapparat besaß, werden auch 51 Polizeioffiziere und Polizisten festgenommen.

Malaya/Malaysia seit 1945

(Forts. v. S. 1231)

	1945	Großbritannien beabsichtigt, nach dem Sieg über die Japaner im Zweiten Weltkrieg, die neun, nominell von Sultanen beherrschten Staaten auf der malaiischen Halbinsel und die unter direkter Kolonialherrschaft stehenden Straits Settlements Penang und Malakka zur Malaiischen Union zusammenzuschließen. Die Führung der Union soll ein britischer Gouverneur übernehmen, dem eine Ratsversammlung aus Vertretern der verschiedenen *Bevölkerungsgruppen* zugeordnet ist. Der Plan wird von der Bevölkerung (49,8% Malaien, 38,4% Chinesen und 10,8% Inder) aus unterschiedlichen Motiven abgelehnt.
Bevölkerungsgruppen		
	25. Aug.	Die antijapanischen Widerstandskämpfer, fast ausschließlich Kommunisten chinesischer Herkunft, veröffentlichen ein Manifest mit der Forderung nach einem souveränen, republikanischen Malaya, in dem alle Rassen gleichberechtigt sind. Die Malaien befürchten, dass die endgültige Entmachtung ihrer Sultane zugunsten einer zentralen Kolonialbehörde vor allem den wirtschaftlich überlegenen Chinesen und Indern Nutzen bringt, zumal vorgese-

hen ist, allen Einwanderern, die länger als 15 Jahre in Malaya leben, die uneingeschränkte Staatsbürgerschaft zuzuerkennen.

1946 März Der malaiische Nationalismus artikuliert sich auf dem Panmalaiischen Kongress, aus dem die United Malay's National Organization (UMNO) hervorgeht (1.–4. März).

1. April Die allgemeine Ablehnung hält Großbritannien zwar nicht von der Gründung der *Malaiischen Union* ab, es erkennt aber bald die Notwendigkeit, sich mit den Malaien über einen Machtzuwachs der Sultane und restriktive Maßnahmen für die Zuerkennung der Staatsangehörigkeit zu verständigen. — *Malaiische Union*

1948 1. Febr. Aus dieser Übereinkunft entsteht die *Föderation Malaya*. Die chinesischen Arbeiter beantworten die für sie nachteiligen Vereinbarungen mit einer Streikwelle. — *Föderation Malaya*

11. Juni Als ein Gesetz die Betätigung der Gewerkschaften einschränkt, ruft die Kommunistische Partei zum bewaffneten Kampf auf.

1949 1. Febr. Die daraufhin begründete Befreiungsbewegung der malaiischen Rassen kann im *Guerillakampf* vor allem auf den Beistand der chinesischen Kleinbauern (squatters) rechnen, die an den Waldrändern siedeln. — *Guerillakampf*

1952 Durch die Zwangsumsiedlung einer halben Million Menschen aus den Guerillazonen in 550 neue Dörfer verliert die Befreiungsbewegung ihren Rückhalt. Der Kampf der 5000–6000 Partisanen gegen die 400000 Kombattanten aus Armee, Polizei und paramilitärischen Verbänden lässt nach; die Operationsbasis der Befreiungsbewegung bleibt künftig auf das malaiisch-thailändische Grenzgebiet eingeengt. Die Kolonialregierung hält aber weiterhin den *Ausnahmezustand* (emergency) aufrecht, der jede linke Opposition unterbindet. Die konservativen, nationalistischen Parteien der Chinesen (Malayan Chinese Association MCA), der Inder (Malayan Indian Congress, MIC) und Malaien (United Malay's National Organization, UMNO) dagegen können ihre Handlungsfreiheit bewahren. — *Ausnahmezustand*

1955 27. Juli Das gemeinsame politische Programm eint trotz gravierender ethnischer Gegensätze die drei Parteien in einer Allianz, die bei den *ersten Wahlen zum Nationalrat* (Federal Legislative Council) 51 der 52 erreichbaren Mandate gewinnt. Das britische Argument, dass die Widersprüche zwischen den Volksgruppen es für lange Zeit unmöglich machen würden, Malaya in die Unabhängigkeit zu entlassen, wird durch die Erfolge der Allianz widerlegt. — *erste Wahlen zum Nationalrat*

1956 Juni–Okt. Eine Commonwealth-Kommission übernimmt die Aufgabe, eine Verfassung auszuarbeiten, die den Sultanen Mitwirkung an der Zentralregierung und den Malaien in ihrer Gesamtheit Bevorzugung im öffentlichen Dienst und Erziehungswesen garantiert, Malaiisch zur Staatssprache und den Islam zur offiziellen Religion erklärt. Für die Chinesen und Inder bringt der Entwurf eine vorteilhafte Regelung der Staatsangehörigkeit.

1957 31. Aug. Mit dem In-Kraft-Treten der Verfassung erhält die Föderation Malaya die *Unabhängigkeit*. Die Allianz wählt den Führer der UMNO, Fürst (Tunku) Abdul Rahman Putra (*1903, †1990), zum Ministerpräsidenten; Staatsoberhaupt wird einer der neun Sultane, die sich alle fünf Jahre aus ihrem Kreis in diesem Amt ablösen. — *Unabhängigkeit*

In den folgenden Jahren entschließen sich die Briten, auch ihre Besitzungen Sabah (Britisch-Nordborneo, Sarawak und Brunei auf Borneo sowie die Kronkolonie Singapur aufzugeben. Es ist vorgesehen, Singapur der Föderation anzuschließen.

1961 Mai Um den Malaien die knappe Bevölkerungsmehrheit zu erhalten, schlägt Abdul Rahman vor, zusammen mit dem zu drei Vierteln von Chinesen bewohnten Singapur auch die Gebiete auf Borneo mit ihrer Eingeborenenmajorität in die Föderation einzugliedern. Nach langwierigen Verhandlungen entscheiden sich Singapur und, nach einer Volksabstimmung, auch Sabah und Sarawak, mit der bisherigen Föderation den *Staatenbund Malaysia* zu begründen. In Brunei aber wehrt sich eine nationalistische Gruppe gegen den beabsichtigten Zusammenschluss und propagiert die Ausdehnung des Sultanats auf die Nachbarterritorien Sabah und Sarawak. — *Staatenbund Malaysia*

1962 7. Dez. Als Sultan Saifuddin (*1916, †1986) von *Brunei* Letzterem nicht zustimmt, schreiten die Nationalisten unter Führung Mohar Azaharis zum Aufstand. Britische Truppen ersticken die Rebellion im Keim. Der Sultan entscheidet sich dennoch gegen den Anschluss an Malaysia und bevorzugt stattdessen, seinen Kleinstaat (große Erdölvorkommen) unter britischer Protektion zu belassen. Widerstand gegen die Bildung Malaysias kommt vor allem von der Regierung der Philippinen, die mit Unterstützung Indonesiens Anspruch auf Sabah und Sarawak erhebt. Indonesien versucht vom benachbarten Kalimantan aus, diesem Anspruch durch bewaffnete Aktionen Geltung zu verschaffen. — *Brunei*

1963 16. Sept. Gegen alle Anfeindungen tritt der *Vertrag über Malaysia* in Kraft. Neben der äußeren Bedrohung, gegen die sich Malaysia mit Hilfe von zeitweise bis zu 50000 britischen, australischen und neuseeländischen Soldaten wehrt, zeichnen sich von Anfang an unüberwindliche innenpolitische Spannungen in dem neuen Staatengebilde ab. — *Vertrag über Malaysia*

NEUESTE ZEIT SEIT 1945 — Asien seit 1945

Singapur

1965 9. Aug. Nachdem weder über die Verteilung der Staatseinnahmen noch über die angemessene Vertretung der Chinesen in Regierung und Verwaltung ein Übereinkommen erzielt werden kann, scheidet *Singapur* aus der Föderation aus. Auch in Ostmalaysia (Sabah, Sarawak), wo die überwiegend nichtislamischen Eingeborenen in traditioneller Furcht vor malaiischer Vorherrschaft leben, beklagt sich die Bevölkerung über die wirtschaftliche und politische Benachteiligung durch die Regierung in Kuala Lumpur.

1966 11. Aug. Die Gefahr einer Sezession verringert sich erst, als Indonesien nach der Entmachtung Präsident Sukarnos den Status Ostmalaysias innerhalb der Föderation vertraglich anerkennt.

ethnischer Konflikt

In den folgenden Jahren verschärft sich der *ethnische Konflikt*. Eine Mehrheit der Chinesen sieht sich in der MCA, die als Partner in der Allianz weiterhin an der Regierung beteiligt ist, unzureichend vertreten. Während die MCA-Führung vor allem um ein günstiges Investitionsklima besorgt ist, sammelt sich eine chinesische Protestbewegung, die für Chancengleichheit in der Berufswahl und gegen das Malaiische als obligatorische Unterrichtssprache kämpft.

Parlamentswahlen

1969 13. Mai *Parlamentswahlen*: MCA verliert Großteil ihrer Mandate (10. Mai). Als Abdul Rahman ein kommunistisches Komplott für den Stimmenverlust verantwortlich macht und maoistische Studenten das Wahlergebnis mit einer Demonstration feiern, bricht in Kuala Lumpur eine viertägige Straßenschlacht zwischen Chinesen und Malaien aus, die 150 Todesopfer und unzählige Verwundete fordert. Daraufhin erklärt die Regierung den Notstand und übergibt die Amtsgeschäfte einem Exekutivrat (Emergency National Operations Council) unter Führung des Stellvertretenden Ministerpräsidenten Abdul Razak.

1970 21. Sept. Nach Beruhigung der Lage tritt Abdul Rahman zurück; neuer Ministerpräsident wird sein Neffe Abdul Razak.

1971 20. Febr. Der Exekutivrat löst sich auf, und das vor Beginn der Unruhen gewählte Parlament eröffnet seine erste Sitzung.

1973 30. März Der Rückzug der USA aus Vietnam veranlasst die malaysische Regierung, ihre Außenpolitik neu zu überdenken. Alseiner der ersten nicht kommunistischen Staaten nimmt Malaysia diplomatische *Beziehungen zu Nordvietnam* auf.

Beziehungen zu Nordvietnam

8. April Abschluss eines Kulturabkommens mit der Sowjetunion.

Beziehungen zur VR China

1974 31. Mai Wichtigster Schritt bei der außenpolitischen Neuorientierung ist die Aufnahme diplomatischer *Beziehungen zur Volksrepublik China*. Die Hoffnung, dass die Normalisierung des Verhältnisses zu Peking auch das Ende der chinesischen Unterstützung für die wieder aktiver werdenden 1200 Partisanen im malaiisch-thailändischen Grenzgebiet bedeutet, erfüllt sich allerdings nicht. Guerillaeinheiten dringen aus ihren Rückzugsgebieten im Dschungel in die Städte vor.

1975 26. Aug. Die Verlagerung des Kampfes in die Metropole Kuala Lumpur wird durch die Sprengung des Nationaldenkmals offensichtlich.

1976 14. Jan. Abdul Razak stirbt unerwartet. Sein Nachfolger im Amt des Ministerpräsidenten, Hussein Onn (*1922, †1990) nimmt Verhandlungen mit Thailand auf, um das Guerillagebiet an der Grenze unter Kontrolle zu bekommen. Eine konkrete Übereinkunft wird jedoch nicht erzielt, weil Thailand nur dann bereit ist, gegen die malaiischen Kommunisten zu kämpfen, wenn umgekehrt Malaysia gegen die Separatisten vorgeht, die für die Loslösung der islamischen Gebiete im Süden Thailands eintreten.

24. Juli

Nationale Front

1978 8. Juli Die von Hussein Onn geführte Regierungskoalition der *Nationalen Front* gewinnt bei den Parlamentswahlen 85% der Sitze (aber nur 56% der Stimmen).

vietnamesische Flüchtlinge

Juli–Okt. Jeden Monat erreichen 3000–4000 *vietnamesische Flüchtlinge* die Ostküste Malaysias.

1979 Juni Obwohl Malaysia den Flüchtlingsstrom abzuwehren versucht und Boote mit Asylsuchenden zurückweist, erhöht sich die Zahl der Flüchtlinge auf 75000.

1981 16. Juli Mahatir bin Mohammed (*1925) wird Ministerpräsident; er gibt der Leichtindustrie den Vorrang vor langfristigen Entwicklungsprojekten der Schwerindustrie.

1983 15. Dez. Mahatirs Versuch, die Rechte des Königs und der Sultane zu beschneiden, erreicht nur eines: Künftig kann das Parlament vom König nicht unterschriebene Gesetze in Kraft setzen.

1984 9. Febr. Der als Gegner von Mahatirs Reformpolitik bekannte, traditionalistisch gesinnte Sultan von Johore, Mahmud Iskendar, wird zum neuen König gewählt (Amtsantritt 25. April).

1985 Nov. Auseinandersetzungen von Polizei und Militär mit islamischen Fundamentalisten fordern Todesopfer.

1986 Febr. Thailändische und malaysische Armee-Einheiten gehen gemeinsam gegen Guerillaeinheiten der Kommunistischen Partei Malaysias vor. *Religionsunruhen* zwischen Moslems und Christen im Bundesstaat Sabah.

Religionsunruhen

Neue Wirtschaftspolitik

März Der 5. Fünfjahrplan soll im Rahmen der *Neuen Wirtschaftspolitik* u.a. die Wirtschaftskraft der malaysischen Volksgruppe stärken.

● PLOETZ

2./3. Aug.	Vorgezogene Parlamentswahlen: Die Regierungskoalition Nationale Front erringt eine Zweidrittelmehrheit.	
1988 Febr.	Die stärkste Partei der Nationalen Front, die UMNO, wird gerichtlich verboten. Ihr Vorsitzender, Regierungschef Mahatir, gründet daraufhin die UMNO Baru (Neue UMNO).	
26. Okt.	Malaysia wird nichtständiges Mitglied im Sicherheitsrat der UNO.	
1989	Neues Staatsoberhaupt wird König Azlan Muhibuddin Shah (*1928) (2. März).	
1990	Die Nationale Front gewinnt die Parlamentswahlen und erreicht 127 von 180 Mandaten (Okt.).	
1992–1993	Der Konflikt der Regierung mit den Sultanen um die Macht in den Bundesstaaten verstärkt sich. Am 19. Jan. 1993 beschließt das Parlament die Abschaffung der Privilegien der Sultane.	
1994 4. Febr.	Tuanka Jaafar Abdul Rahman wird zum zehnten König des weltweit einzigen *Wahlkönigtums* gewählt.	*Wahlkönigtum*
1995	Bei Parlamentswahlen erringt die Nationale Front 161 der 192 Mandate (24.–25. April). *Mahatir bin Mohammed* bleibt *Ministerpräsident*.	*Mahatir bin Mohammed Ministerpräsident*
1997 24. Juli	Kurssturz der malaysischen Währung: Er ist Ausdruck einer schweren Wirtschafts- und Finanzkrise.	
Sept./Okt.	Die verheerenden Waldbrände Indonesiens führen zu erheblicher Luftverschmutzung.	
2. Sept.	Unzufrieden mit den bisherigen Maßnahmen zur Überwindung der Finanz- und Wirtschaftskrise, entlässt Premier Mahatir den Finanzminister Anwar Ibrahim. Dieser antwortet mit einer Protestkampagne gegen den Regierungschef. Anwar wird verhaftet (20. Sept.) und wegen angeblicher sittlicher Verfehlungen vor Gericht gestellt (2. Nov.). Mahatir übernimmt selbst kurzzeitig das Amt des Finanzministers und führt *drastische Kapital- und Devisenkontrollen* ein.	*drastische Kapital- und Devisenkontrollen*
1999 26. Febr.	Der Sultan von Selangor, Salahuddin Abdul Aziz Sha Alhaj, wird zum elften König von Malaysia gewählt.	
4. April	Die Frau des entlassenen Finanzministers Anwar, Wan Azizah Wan Ismail, gründet die Nationale Gerechtigkeitspartei (PKN) als Sammelbecken der oppositionellen Gruppen.	
14. April	Anwar wird wegen Amtsmissbrauchs zu sechs Jahren Haft verurteilt.	
29. Nov.	Bei der vorgezogenen Parlamentswahl siegt das von Ministerpräsident Mahatir geführte 14-Parteienbündnis Nationale Front. Überraschungsgewinne erzielt die streng muslimische Panislamische Partei (PAS), die bei den gleichzeitig abgehaltenen Regionalwahlen zwei von 13 Regierungen übernimmt.	
2000 23. April	Auf der ostmalayischen Insel Sipadan wird eine *Gruppe von Touristen* von Kämpfern der Rebellengruppe Abu Sayyaf *entführt* und auf die südphilippinische Insel Jolo verschleppt.	*Gruppe von Touristen entführt*
8. Aug.	In einem zweiten Prozess wird Ex-Finanzminister Anwar wegen angeblicher homosexueller Kontakte zu neun Jahren Haft verurteilt.	
2001	Acht Politiker der oppositionellen Nationalen Gerechtigkeitspartei werden festgenommen (10./11. April).	
1. Juni	Rücktritt des Finanzministers (seit Jan. 1999) Daim Zainuddin nach einem Zerwürfnis mit Ministerpräsident Mahatir über die Finanzreform und die Wirtschaftspolitik.	

Singapur seit 1945

(Forts. v. S. 1231)

1945	Als Großbritannien nach Räumung japanischer Besatzung Singapur wieder in Besitz nimmt, findet es eine im Kampf gegen die Japaner erstarkte Arbeiterbewegung vor, die sich gegen die Wiedererrichtung der *Kolonialherrschaft* zur Wehr setzt.	*Kolonialherrschaft*
1946	Die Verhaftung von kommunistischen Gewerkschaftsführern löst einen Generalstreik aus (29. Jan.).	
1. April	Die Briten wollen die Stadt, die für sie von großem strategischem und wirtschaftlichem Wert ist, in Besitz behalten und erklären sie daher zur *Kronkolonie*.	*Kronkolonie*
1948 15. Juli	Der Konflikt zwischen Gewerkschaften und Kolonialmacht verschärft sich; gleichzeitig mit Malaya wird die Kronkolonie Singapur unter Ausnahmerecht gestellt.	
1955 April	Unter dem Eindruck fortdauernder Unruhe in der Bevölkerung finden sich die Briten bereit, eine beschränkte Selbstverwaltung zuzulassen. Dazu werden Wahlen abgehalten, die den konservativen, aber antikolonialistischen Labour Front die Mehrheit bringen. In langwierigen Verhandlungen erreicht Singapur schließlich die *Autonomie*. Außenpolitik und Verteidigung bleiben vorläufig in britischer Hand. Bei den nun stattfindenden Parlamentswahlen erreicht die sozialistische People's Action Party (PAP) die Mehrheit.	*Autonomie*

Lee Kuan Yew	**1959**	Ihr Generalsekretär *Lee Kuan Yew* (*1923) übernimmt das Amt des Ministerpräsidenten.
	3. Juni	Um zu verhindern, dass Singapur mit seiner zu drei Vierteln chinesischen Bevölkerung nach dem Ende der Kolonialherrschaft unter den Einfluss der Volksrepublik China gerät, wollen die Briten den Stadtstaat in die geplante Föderation Malaysia eingliedern.
	1963	Lee befürwortet die Integration, fordert aber Konzessionen (Zollfreiheit, doppelte Staats-
	9. Juli	bürgerschaft), die in einem britisch-malaiischen Abkommen zugestanden werden.
volle Unabhängigkeit	**1. Sept.**	Singapur erhält die *volle Unabhängigkeit* und tritt der Föderation Malaysia bei. Der Vertrag über die Föderation klammert wichtige Fragen aus. Streitigkeiten über die Verteilung des Steueraufkommens und über Handels- und Investitionsbedingungen, und nicht
Föderation Malaysia	**1965** 9. Aug.	zuletzt die Furcht der Regierungskoalition in Kuala Lumpur vor der Konkurrenz von Lees PAP, führen zum Ausschluss des Stadtstaats aus der *Föderation Malaysia*. Damit ist Singapur der Zugang zu den Rohstoffen und Märkten Malaysias erschwert. Um die Arbeitslosenquote (13%) zu verringern und den Bedarf von jährlich 8000 zusätzlichen Stellen (die Hälfte der Bevölkerung ist unter 21 Jahren) nachzukommen, bietet die Regierung ausländischen Investoren günstigste Bedingungen. Vor allem die Japaner machen davon Gebrauch. Die Briten, die auf ihrem Stützpunkt 50000 Einheimische beschäftigen und jährlich 85 Mio. US-Dollar ausgeben, beginnen mit dem schrittweisen Truppenabzug.
Wirtschafts- liberalismus	**1970**	Trotz dieser Einkommensminderung erreicht Singapur eine jährliche Steigerung des Bruttosozialprodukts um 17,2%. Ungeachtet der sozialistischen Fassade der Regierungspartei herrscht in Singapur ein extremer *Wirtschaftsliberalismus*. Kritik an der Regierungspolitik wird mit Polizeimaßnahmen erstickt.
	1972 2. Sept.	Ohne nennenswerte Opposition kann sich die PAP bei Parlamentswahlen alle Mandate sichern. Sporadisch regt sich Widerstand vonseiten chinesischer Traditionalisten, die sich gegen die Verwestlichung, vor allem gegen die führende Rolle des Englischen im Unterricht und in der Verwaltung empören. Die weltweite wirtschaftliche Rezession erfasst Singapur und verstärkt die sozialen Spannungen.
	1974	Lee beugt Unruhen vor, indem er hundert linke Regimegegner verhaften lässt (Juni).
	1976 28. Juli	Als sich in der bisher durchweg unpolitischen Studentenschaft Protestbewegungen bilden, reagiert Lee mit der Verhaftung von vier Studentenführern.
	11. Sept.	Die PAP wird wegen fortwährender Menschenrechtsverletzungen aus der Sozialistischen Internationale ausgeschlossen.
Standard- chinesisch	**1979** 9. Aug.	Die Regierung leitet eine Kampagne zur Erlernung von *Standardchinesisch* ein, um den Gebrauch der vielen chinesischen Dialekte einzuschränken.
	1981	Opposition gewinnt bei Nachwahlen erstmals seit 13 Jahren wieder einen Parlamentssitz (1. Nov.).
Abkommen mit Indonesien	**1983**	Singapur und *Indonesien* unterzeichnen *Abkommen* über engere militärische Zusammenarbeit (6. Sept.).
	1984	Japan erhält Auftrag für U-Bahn-Waggons im Wert von 280 Mio. US-Dollar.
Wee Kim Wee Staatspräsident	**1985**	*Wee Kim Wee* (*1916) wird *Staatspräsident* (30. Aug.).
	1986 Dez.	Der Verkauf ausländischer Presseerzeugnisse wird starken Restriktionen unterworfen (27. Okt.). Rückzug der neuseeländischen Truppen aus Singapur angekündigt.
	1987	Ankündigung von umfangreichen Privatisierungen von Staatsbetrieben (März).
	1989	Verhandlungen mit den USA über Truppenstationierung.
Regierungschef Goh Chok Tong	**1990** 26. Nov.	Nach 31 Jahren tritt *Regierungschef* Lee zurück, behält jedoch wichtige Regierungsämter; sein Nachfolger ist *Goh Chok Tong* (*1941).
	1993	Ong Teng Cheong (*1936) wird bei der ersten Direktwahl zum Staatspräsidenten gewählt (28. Aug.).
	1997 2. Jan.	Bei Parlamentswahlen siegt die Regierungspartei PAP. Ministerpräsident Goh Chok Tong sieht sich in seiner Politik der Zurückweisung westlicher Einflüsse bestätigt.
	1999 1. Sept.	Der ehemalige Geheimdienstchef Sellapan Rama Nathan (*1924) tritt die Nachfolge von Ong Teng Cheong als Staatspräsident an.
	Sept.	Die Regierung startet eine mit 200 Mio. US-Dollar geförderte Bildungsoffensive, um den Umbau zur Wissensgesellschaft voranzutreiben.
	2001	Ein neues Lizenzsystem erleichtert ausländischen Banken den Zugang zum Markt (29. Juni).

Brunei seit 1984
(Forts. v. S. 1231)

1984 Das ölreiche Sultanat Brunei (ca. 250000 Einwohner), seit 1888 britisches Protektorat, *Unabhängigkeit*
1. Jan. wird *unabhängig*. Sultan Muda Hassan al-Bolkiah (*1946) übernimmt die Ämter des Staats- und Ministerpräsidenten sowie des Finanz- und Innenministers.
21. Sept. *Aufnahme in die UNO* als 159. Mitglied. — *Aufnahme in die UNO*
1985 Abkommen über militärische Zusammenarbeit mit Australien (8. Nov.).
1997 Staatsbesuch des deutschen Bundeskanzlers Helmut Kohl: Themenschwerpunkte sind die
29. April– bilateralen Wirtschaftsbeziehungen, die Kooperation zwischen EU und ASEAN-Staaten so-
2. Mai wie der islamische Fundamentalismus.
2000 Sultan Muda Hassan al-Bolkiah wendet sich in einer Grußadresse an seine Bürger und kün-
Febr. digt wirtschaftliche Reformen an. Hintergrund ist die Empörung über das verschwenderische Finanzgebaren der Herrscherfamilie, über das anlässlich eines Rechtsstreites zwischen dem Sultan und seinem jüngeren Bruder erstmals Einzelheiten bekannt geworden sind.

Indonesien seit 1945
(Forts. v. S. 1231)

1945 Die Nachricht von der Kapitulation Japans veranlasst die Führer der Unabhängigkeitsbewe- *Republik*
17. Aug. gung, Achmed Sukarno (*1901, †1970) und Mohammed Hatta (*1902, †1980), die *Repu- Indonesien*
blik Indonesien auszurufen.
29. Sept. Bis zum Eintreffen der ersten alliierten Landungstruppen auf Java kann die Befreiungsbewegung ihre Macht ausweiten und konsolidieren.
Der Einflussbereich der Republik erstreckt sich über Java, Sumatra und Madura, als die
1946 Niederlande im *Vertrag von Linggadjati* die geänderten Machtverhältnisse anerkennen, *Vertrag von*
15. Nov. gleichzeitig aber die Zusicherung erhalten, dass die von der Republik kontrollierten Gebiete *Linggadjati*
in einen Staatenbund im Rahmen der geplanten Niederländisch-Indonesischen Union eingebracht werden. Die Niederländer versuchen, die ethnischen Gegensätze, vor allem die verbreitete Furcht vor einer javanischen Vorherrschaft, für sich nutzbar zu machen, indem sie separatistische Tendenzen fördern und eine Anzahl von autonomen indonesischen Staaten etablieren.
1947 Unter dem Vorwand, die Nationalisten seien vertragsbrüchig geworden, besetzen die Nie-
20. Juli derländer weite Territorien der Republik.
1948 Das durch die UNO vermittelte *Renville-Abkommen* beschränkt die republikanische Ge- *Renville-*
17. Jan. bietshoheit auf Zentraljava und das Hochland von Sumatra. Die Indonesier wehren sich mit *Abkommen*
Guerillatätigkeiten gegen die niederländische Rückeroberung.
18. Sept. Ein von der Kommunistischen Partei (PKI) geführter antikolonialistischer Aufstand wird im Keim erstickt.
18. Dez. Um den Widerstand des Gegners im Zentrum zu brechen, unternehmen die Niederlande einen Angriff auf Yogyakarta und verhaften neben dem *Staatspräsidenten Sukarno* und sei- *Staatspräsident*
nem Stellvertreter fast die gesamte republikanische Regierung. Dieses Vorgehen wird von *Sukarno*
der UNO und den USA gleichermaßen verurteilt. Weil die Amerikaner befürchten, dass in einem langwierigen Befreiungskampf die Kommunisten die Oberhand gewinnen könnten, zwingen sie die Niederlande mit der Drohung, ihnen die entsprechend dem Marshallplan gewährte Wirtschaftshilfe zu entziehen, zum Nachgeben.
1949 Die Niederlande verzichten auf ihre kolonialen Besitzansprüche; nur der Westen Neuguine- *Abzug der*
2. Nov. as (Irian Barat) bleibt unter ihrer Herrschaft. Auch nach dem *Abzug der Kolonialmacht* sind *Kolonialmacht*
separatistische Bewegungen aktiv; besonders die ambonesischen Christen leisten der neuen staatlichen Autorität erbitterten Widerstand.
Die Regierung antwortet mit Armee-Einsätzen, einer Zentralisierung der Verwaltung und *Umwandlung in*
1950 am 5. Jahrestag der Unabhängigkeitserklärung mit der *Umwandlung* Indonesiens von einer *Einheitsstaat*
17. Aug. Föderation *in* einen *Einheitsstaat*. Die ethnischen Auseinandersetzungen werden durch Konflikte zwischen Sukarno und der Armeeführung überlagert. Während der Chef des Generalstabs, Abdul Haris Nasution, die Modernisierung und Verkleinerung des Heeres verlangt, wendet sich Sukarno gegen eine Reform, von der er die Verdrängung seiner Gefolgsleute aus militärischen Positionen befürchtet.

	1952 17. Okt.	Ein Putschversuch Nasutions bleibt erfolglos, weil es Sukarno gelingt, gestützt auf seine Partai Nasional Indonesia (PBI), im Bündnis mit der Kommunistischen Partei die Volksmassen zu mobilisieren.
Armee Staat im Staate	**1953**	Die Ausrichtung der Regierungspolitik an javanischen Interessen, eine andauernde Wirtschaftskrise und eine verbreitete Korruption schaffen chaotische Verhältnisse. Islamische Traditionalisten im Norden Sumatras führen einen monatelangen bewaffneten Kampf um mehr Selbstverwaltung. Die *Armee* entwickelt sich immer mehr zu einem *Staat im Staate*, erhebt Abgaben und betreibt den Export von Rohstoffen auf eigene Rechnung.
Bandung- konferenz	**1955** April 29. Sept.	Afro-asiatische Konferenz von Delegationen aus 23 asiatischen und sechs afrikanischen Staaten in Bandung (*Bandungkonferenz*, 18.–24. April). Erstmals werden Parlamentswahlen abgehalten, aber die damit verknüpfte Hoffnung auf eine politische Stabilisierung erfüllt sich nicht.
	1956 Okt. 1. Dez.	In Sumatra, Sulawesi, Maluku und Kalimantan greifen lokale Aufstände um sich. In dieser Situation beschließt Sukarno eine „gelenkte Demokratie" einzuführen. Vizepräsident Hatta, der zu der auf Sumatra ansässigen Minangkabau-Volksgruppe zählt und als Vertreter der nichtjavanischen Belange gilt, reagiert auf Sukarnos Ankündigung, das Regierungssystem nach dem Vorbild der traditionellen Dorfdemokratie umzugestalten, mit dem Rücktritt.
Nationalrat	**1957** 9. Mai	Sukarno konstituiert einen *Nationalrat*, in den er nach seinem Gutdünken Repräsentanten der verschiedenen ethnischen und religiösen Gruppen, der Berufsorganisationen, der Armee, der Polizei und der Parteien beruft.
	1958 15. Febr. April	In Padang errichten lokale Militärbefehlshaber und oppositionelle Politiker eine Revolutionäre Regierung der Republik Indonesien. Die Aufstandsgebiete liegen aber zu weit voneinander entfernt, um eine einheitliche Aktion gegen Sukarno zu ermöglichen und die Vorherrschaft der Javaner zu brechen. Trotz amerikanischer und britischer Waffenhilfe muss die Revolutionsregierung vor den heranrückenden javanischen Truppen kapitulieren.
gelenkte Demokratie	**1960** März	Auf dem Höhepunkt seiner Kampagne für die *„gelenkte Demokratie"* löst Sukarno das Parlament auf und entsendet die Abgeordneten in die Kammer für Gegenseitige Hilfe, in der einstimmige Beschlüsse zu fassen sind. Damit die Einstimmigkeit leichter zu erreichen ist, werden die zwei bedeutendsten Oppositionsparteien, nämlich die islamische Masyumi-Partei (Anhänger hauptsächlich in der nichtjavanischen Bevölkerung) und die Sozialistische Partei, nicht in die Kammer aufgenommen. Kommt keine Einigung zu Stande, gibt der „Große Führer der Revolution" (d.h. Sukarno) den Ausschlag.
Streit über Irian Barat		Um von den internen Schwierigkeiten abzulenken, intensiviert Sukarno den *Streit über* das noch in niederländischem Besitz befindliche *Irian Barat* (West-Neuguinea). Indonesien will den Anspruch auf dieses von Papua-Stämmen bewohnte Gebiet notfalls mit Gewalt durchsetzen.
	1961 Jan.	40% des Staatshaushaltes werden für die militärische Aufrüstung ausgegeben. Die Sowjetunion unterstützt die Rüstungsanstrengungen mit Waffenlieferungen im Wert von 400 Mio. US-Dollar.
Generalmobil- machung	**1962** Febr. Aug.	Nach einem Schusswechsel im umstrittenen Küstengebiet ruft Sukarno die *Generalmobilmachung* aus. Nur durch die Vermittlung der UNO und der USA wird ein Krieg vermieden. Indonesien und die Niederlande vereinbaren, Irian vorläufig unter UNO-Verwaltung zu stellen. Über das künftige Schicksal des Territoriums sollen seine Bewohner in einer Volksabstimmung entscheiden.
	1963 16. Sept.	Irian Barat gerät de facto vollständig unter indonesische Kontrolle (1. Mai). Mit der Gründung Malaysias bietet sich eine weitere Gelegenheit zur Konfrontation. Sukarno missbilligt die Eingliederung Sabahs und Sarawaks in die Föderation Malaysia und unterstützt die Philippinen, die einen Anspruch auf diese Gebiete geltend machen. Indonesische Freischärler fallen in Sabah und Sarawak ein, während Massendemonstrationen die britische und amerikanische Unterstützung des „neokolonialistischen Gebildes" Malaysia verurteilen. Die gleichzeitige Enteignung westlicher Wirtschaftsunternehmen bereichert vor allem das Militär, das die Firmen in eigener Regie weiterbetreibt.
UNO-Austritt	**1965** 7. Jan.	Als Malaysia in den UNO-Sicherheitsrat berufen wird, *kündigt Indonesien den Vereinten Nationen die Mitgliedschaft auf*. Sukarno verwirklicht seine Politik im Bündnis mit der PKI, der mitgliederstärksten kommunistischen Partei außerhalb Chinas und des Ostblocks. Neben der PKI ist die durch die gewaltigen Rüstungsausgaben und die Beschlagnahme ausländischen Eigentums begünstigte Armee der bedeutendste Machtfaktor im Lande, sodass die Errichtung einer Militärdiktatur zu befürchten ist.

30. Sept.	Um dieser Entwicklung vorzubeugen, unternehmen die Kommunisten einen Umsturzversuch, der jedoch scheitert, weil ihnen Sukarno die erwartete Unterstützung versagt. Die *Armee* inszeniert nun einen *Gegenputsch*, in dessen Verlauf mindestens 100000 Menschen umkommen (die Schätzungen schwanken zwischen 100000 und einer Million Todesopfern). Von den vom Militär geschürten Pogromen sind das der PKI verbundene Landproletariat und die chinesische Minderheit besonders betroffen. Die überlebenden Gegner werden in Konzentrationslager gesperrt. Eine Offiziersjunta drängt Sukarno schrittweise aus dem Präsidentenamt.	*Gegenputsch der Armee*
1966 11. März 11. Aug.	Der neue Machthaber, General T. N. J. Suharto (*1921), erzwingt von Sukarno eine Vollmacht zur Ausübung der Regierung. Suharto beendet die Konfrontation mit Malaysia und macht die Enteignung ausländischen Kapitals teilweise rückgängig.	
20. Sept.	Indonesien *kehrt* wieder *in die UNO zurück*. Die Suharto-Administration proklamiert die Neue Ordnung: Bei innerer Stabilität soll die permanente Wirtschaftskrise mit ausländischer Kapitalhilfe überwunden werden. Während der jährliche Export kaum 600 Mio. US-Dollar einbringt, ist Indonesien mit 2,4 Mrd. Dollar verschuldet. Die Lebenshaltungskosten steigen 1966 um 860%.	*Rückkehr in die UNO*
1967 12. März	Der Beratende Volkskongress, eine vom Militär beherrschte Körperschaft, wählt Suharto zum „geschäftsführenden Präsidenten"; Sukarno bleibt nominelles Staatsoberhaupt.	
1968 27. März	General *Suharto* übernimmt auch formal das Amt des *Staatspräsidenten*. Er festigt seine Macht, indem er sich zum *Oberbefehlshaber* aller Waffengattungen ernennen lässt.	*Suharto Staatspräsident*
1969	Das Offizierskorps besetzt die Zentralen von Verwaltung und staatlichen Unternehmen.	
1970 21. Juni	Als Sukarno stirbt, sind seine Anhänger aus allen einflussreichen militärischen und politischen Positionen entfernt.	
1971 3. Juli	Die Militärregierung veranstaltet Wahlen zum Repräsentantenhaus. Ernst zu nehmende Oppositionsparteien dürfen nicht kandidieren. Die Wahl bringt erwartungsgemäß der vom Militär kontrollierten Golkar („Zentralsekretariat der Funktionsgruppen") die Mehrheit. Umfangreiche ausländische Investitionen tragen zur Erhöhung der wirtschaftlichen Produktivität und zur Abschwächung der Inflation bei. Der Lebensstandard der Bevölkerung steigt jedoch nicht. Die heimische Kleinindustrie ist durch die Konkurrenz ausländischer Waren in ihrer Entwicklung behindert.	
1973 5. Aug.	*Soziale Spannungen* entladen sich in Rassenunruhen; in Bandung kommt es zu Ausschreitungen gegen die chinesische Minderheit, die bezichtigt wird, aus der liberalen Wirtschaftspolitik unangemessene Vorteile zu ziehen.	*soziale Spannungen*
1974 15. Jan.	Die Erbitterung über die einseitige wirtschaftliche Nutzung Indonesiens durch die Industriestaaten führt beim Besuch des japanischen Ministerpräsidenten Kakuei Tanaka in Jakarta zu Demonstrationen und Straßenschlachten, in deren Verlauf 13 Menschen den Tod finden. Durch den Preisanstieg auf dem Rohölmarkt erhöhen sich die jährlichen Einnahmen Indonesiens aus dem *Ölexport* auf 3,45 Mrd. US-Dollar. Das Firmenkonglomerat Pertamina, das für den Ölexport verantwortlich ist, entwickelt sich zu einem bedeutenden Machtfaktor, der bei den meisten Wirtschaftsprojekten dominiert. Als sich wegen der weltweiten Rezession die Kredite verteuern, kann es seine anspruchsvollen, aber schlecht geplanten und durch Korruption geschädigten industriellen Entwicklungsvorhaben nicht finanzieren.	*Ölexport*
1975 12. März	Pertamina wird zahlungsunfähig. Suharto garantiert den ausländischen Kreditgebern die Begleichung der Pertamina-Schulden. Obwohl die gesamten Devisenreserven für die Schuldentilgung eingesetzt werden, bleibt vorläufig ein Defizit von 6,2 Mrd. Dollar.	
28. Nov.	Portugal zieht sich schrittweise aus seiner Kolonie Timor (größte und östlichste der Kleinen Sundainseln) zurück. Auf der Insel entbrennt ein Bürgerkrieg um die Machtablösung, in dem die linksgerichtete Fretilin (Revolutionäre Front für ein unabhängiges Osttimor) zunächst die Oberhand gewinnt. Die Fretilin ruft die Unabhängigkeit aus.	
7. Dez.	Suharto, der ein unabhängiges und überdies sozialistisch orientiertes *Osttimor* nicht dulden will, befiehlt eine militärische *Invasion*.	*Invasion in Osttimor*
1976 31. Mai	In Dili (Hauptstadt von Portugiesisch-Timor) etabliert sich eine von Indonesien gestützte Regierung, die nach einigen Monaten Amtszeit Indonesien um Integration bittet.	
17. Juli	Suharto entspricht dem Antrag und *erklärt Osttimor zur 27. Provinz* seines Staates. Etwa 800 Partisanen der Fretilin führen den Kampf gegen die 40000 Soldaten der indonesischen Besatzung weiter. Unterdessen mehren sich die Proteste gegen die Korruption und Verschwendungssucht des Regimes. Suhartos Vorhaben, sich ein auf 9,6 Mio. US-Dollar veranschlagtes Mausoleum	*Erklärung Osttimors zur Provinz*
1977 8. Dez.	zu errichten, löst eine Welle von *Studentendemonstrationen* aus, 200 Studentenführer beschließen in Jakarta, eine Kampagne gegen die sozialen Missstände einzuleiten.	*Studentendemonstrationen*

	1978 22. März	Ungeachtet des Widerstandes in der Bevölkerung lässt sich Suharto vom Volkskongress einstimmig für weitere fünf Jahre im Amt des Präsidenten bestätigen.
	1981	Die UNO-Vollversammlung fordert für Osttimor das Selbstbestimmungsrecht (11. Nov.).
	1983	Sinkende Erdöl-Einnahmen und Haushaltsdefizit erzwingen Sparmaßnahmen (11. Jan.). Trotz Waffenstillstandsabkommen mit Fretilin (23. März) erneut Guerillakämpfe;
	ab Aug.	Indonesien setzt Elitesoldaten ein.
	1984	Unterzeichnung eines Kreditvertrages über 750 Mio. US-Dollar mit westlichen Banken (13. März).
Umsiedlung wegen Übervölkerung	11. April	Bekanntgabe eines Plans zur *Umsiedlung* von 690000 Javanern nach Irian Jaya (West-Neuguinea, bis 1972: Irian Barat) *wegen Übervölkerung* Javas.
	1985	Wiederaufnahme der Wirtschaftsbeziehungen zur Volksrepublik China.
Abwertung der Währung	1986 Sept.	*Abwertung der Währung*, Aufhebung der Kursbindung an den US-Dollar und Preisstopp für Grundnahrungsmittel.
	Okt.	Erleichterungen für ausländische Investoren und Importeure werden angekündigt.
Weltbank-Kredite	1987	*Weltbank-Kredite* von insgesamt mehr als 1,7 Mrd. US-Dollar für das stark verschuldete Land als Teil umfangreicher ausländischer Finanzhilfe (Febr.–Juni).
Parlamentswahlen	23. April	*Parlamentswahlen* mit Sieg der Golkar-Sammlungsbewegung (72,9 % Stimmen, 299 von 500 Sitzen im Volksrepräsentantenhaus).
	1988	Beteiligung des Militärs an der Regierung gesetzlich geregelt (22. Febr.).
	Juni	Die Intergovernmental Group on Indonesia, eine Hilfsorganisation von Staaten unter Einschluss der Weltbank, stellt Kredite in Höhe von 4 Mrd. US-Dollar in Aussicht.
	1989	Besuch des Staatspräsidenten Suharto in der UdSSR (8.–12. Sept.).
Beziehungen zur VR China	1990 8. Aug.	Nach vorsichtiger Annäherung 1989 *Wiederaufnahme der* seit 23 Jahren unterbrochenen diplomatischen *Beziehungen zur VR China*.
Massaker von Dili	1991 12. Nov.	Auf Osttimor kommt es zum „*Massaker von Dili*", als indonesische Soldaten mehr als 100 Demonstranten erschießen.
	1993	Staatspräsident Suharto wird im Amt bestätigt (10. März).
Friedensnobelpreis	1996 10. Dez.	Carlos Belo (*1948), Bischof von Osttimor, und der im australischen Exil lebende José Ramos-Horta (*1949) erhalten wegen ihres Einsatzes für die Menschenrechte auf Osttimor den *Friedensnobelpreis*.
	1997 29. Mai	Bei Parlamentswahlen siegt die Golkar-Sammlungsbewegung mit 74%. Jedoch zeigt der blutige Wahlkampf die wachsenden sozialen und politischen Spannungen.
Smog-Alarm	Sept./Okt.	Auf den Inseln Sumatra und Kalimantan wüten verheerende Waldbrände, die zu *Smog-Alarm* auch in den Nachbarländern führen sowie Luft- und Seefahrt massiv behindern; Ursache ist v. a. die außer Kontrolle geratene Brandrodung.
	6. Nov.	Der Internationale Währungsfonds gewährt einen Kredit über 10 Mrd. US-Dollar zur Überwindung der Finanzkrise und Stabilisierung der Wirtschaft.
	1998 Jan.	Nach Verschärfung der Krisenerscheinungen sagt Staatspräsident Suharto unter internationalem Druck wirtschaftliche und politische Reformen zu.
	10. März	Wiederwahl Suhartos.
	15. Mai	Nach Erhöhung der Strompreise um 70% kommt es, v. a. unter den Studenten, zu schweren Unruhen mit mehr als 500 Toten.
Rücktritt Suhartos	21. Mai	*Suharto tritt zurück*. Nachfolger im Amt wird der bisherige Vizepräsident Bacharuddin Jusuf Habibie (*1936), der eine innenpolitische Liberalisierung und den Kampf gegen Korruption und Misswirtschaft ankündigt.
	4. Aug.	Aufnahme von Gesprächen über Osttimor.
	9. Nov.	Zusammentritt der Beratenden Volksversammlung in Jakarta. Da die noch überwiegend von Suharto ernannten Mitglieder des Gremiums zu keinen wesentlichen Reformbeschlüssen kommen, gehen die Protestaktionen von Studenten und Opposition weiter.
ethnisch-religiöse Konflikte	1999 seit Jan.	Die unter Suharto unterdrückten *Konflikte zwischen ethnischen und religiösen Gruppen brechen* offen aus. Brennpunkte sind die Molukken (Christen gegen Muslime), Westkalimantan auf Borneo (ansässige Ethnien gegen Zuwanderer aus Java), Aceh auf Sumatra und Irian Jaya (Separatisten gegen die Zentralregierung).
	7. Juni	Bei den Parlamentswahlen (offizielles Ergebnis erst am 3. Aug. bekannt) wird die Demokratische Partei des Kampfes (PDI-P), geführt von Megawati Sukarnoputri (*1947), der Tochter des Staatsgründers Sukarno, mit 33,7% der Stimmen stärkste politische Kraft. Die bisher regierende Golkar-Partei erhält nur 22,4%.
Referendum in Osttimor	4. Sept.	Bei einem *Referendum in Osttimor* sprechen sich 78,5% der 450 000 Stimmberechtigten für die Unabhängigkeit aus. Daraufhin kommt es zu gewalttätigen Übergriffen proindonesischer Milizen. Ca. 7000 Menschen werden ermordet, die Hauptstadt Dili wird zerstört, eine Fluchtbewegung setzt ein, die die gesamte Bevölkerung erfasst. Trotz Ausrufung des

	Kriegsrechts (9. Sept.) bleibt das Militär passiv. Am 15. Sept. billigt der UN-Sicherheitsrat die Entsendung einer Internationalen Schutztruppe (INTERFET), die ab dem 20. Sept. die Kontrolle über Osttimor übernimmt. Am 31. Okt. verlassen die letzten indonesischen Soldaten Osttimor.	
20. Okt.	Die Beratende Volksversammlung wählt *Abdurrahman Wahid* (*1940) von der neu gegründeten Islamischen Nationalen Auferstehungspartei (PKB) zum neuen *Staatspräsidenten*. Seine Kontrahentin Megawati Sukarnoputri wird Vizepräsidentin. Im „Kabinett der Nationalen Einheit", das am 26. Okt. vorgestellt wird, ist der Einfluss des Militärs zurückgedrängt.	*Wahid Staatspräsident*
2000 28. Sept.	Das Gerichtsverfahren gegen Expräsident Suharto, das Korruptionsfälle aus dessen Amtszeit aufklären soll, wird aus Gesundheitsgründen eingestellt.	
2001 1. Jan.	Ein Gesetz über regionale Autonomie tritt in Kraft. Es soll die Konflikte in mehreren Provinzen des Landes entschärfen.	
23. Juli	Die Beratende Volksversammlung setzt Präsident Wahid, gegen den seit April ein Amtsenthebungsverfahren wegen politischer Inkompetenz und Verstrickung in Finanzskandale läuft, ab und vereidigt Megawati Sukarnoputri als Präsidentin.	
30. Aug.	Wahl zur Verfassungsgebenden Versammlung in Osttimor. Sieger wird die Partei des ehemaligen Rebellenführers José „Xanana" Gusmão (*1946).	
2002	*Osttimor wird unabhängig* (19. Mai).	*Osttimor wird unabhängig*
10. Aug.	Die Beratende Volksversammlung beschließt die Direktwahl des Staatsoberhauptes ab 2004 und lehnt eine Einführung des islamischen Rechts ab.	
4. Sept.	Parlamentspräsident Tanjung wird wegen Veruntreuung von ca. 4,5 Mio. Euro Staatsgeldern zu drei Jahren Haft verurteilt.	

Philippinen seit 1946
(Forts. v. S. 1231)

1946 4. Juli	Die USA entlassen die Philippinen formal in die *Unabhängigkeit* und lassen sich gleichzeitig durch den Bell Trade Act die Fortdauer des wirtschaftlichen Abhängigkeitsverhältnisses für 28 Jahre vertraglich garantieren. Die unbeschränkte und unverzollte Einfuhr amerikanischer Waren erschwert die Entwicklung einer heimischen Industrie. Die Landwirtschaft muss für ihre Produkte (Zucker, Kopra, Manilahanf) auf dem amerikanischen Markt einseitig festgesetzte Exportquoten hinnehmen.	*Unabhängigkeit*
1947 11. März	Das Recht zur „paritätischen" Ausbeutung der Bodenschätze (Kupfer) und zur gleichberechtigten Führung von Wirtschaftsunternehmen wird den USA durch eine manipulierte Volksabstimmung zugesprochen.	
14. März	Ein Abkommen sichert den *USA* für die Dauer von 99 Jahren die Souveränität über 23 *Militärstützpunkte* zu. Die aus dem Kampf gegen die japanische Besetzung hervorgegangene *Huk* (Hukbalahap; Antijapanische Volksarmee) leistet, unter Führung der Kommunistischen Partei, *Widerstand* gegen die proamerikanische Politik des Präsidenten Manuel Roxas (*1892?, †1948) und seiner Parteigänger aus der über 90 % des Nationalvermögens verfügenden Oligarchie der 200 Familien.	*Militärstützpunkte der USA Huk-Widerstand*
1950 Okt.	Von den USA ausgerüstete, ausgebildete und befehligte philippinische Truppen führen einen Vernichtungsfeldzug gegen die Huk.	
1951 30. Aug.	In einem Beistandsabkommen verpflichtet sich die Regierung, auf der Seite der USA in den *Korea-Krieg* einzugreifen; fünf Bataillone werden nach Korea entsandt. Obwohl die Huk-Bewegung durch die militärischen Aktionen geschwächt und ihre Führung zerschlagen ist, breiten sich die gegen die Oligarchie der Reichen und ihre amerikanischen Verbündeten gerichteten Unruhen über ganz Luzon und die Nachbarinseln aus.	*Eingreifen in Korea-Krieg*
1953 1954	Ramón Magsaysay (*1907, †1957), der soziale Reformen verspricht, wird zum Präsidenten gewählt. Er leitet einige unzulängliche Änderungen des Pachtsystems ein. Statt der üblichen 50 % des Ernteertrages soll der Pächter „nur" noch 25 % an den Grundherren abliefern müssen. Die *Reformpolitik* kann sich gegen den geschlossenen Widerstand der Großgrundbesitzer nicht durchsetzen. Erfolgreicher ist Magsaysay in seinem Bemühen, mehr wirtschaftliche Unabhängigkeit für sein Land zu erlangen.	*Reformpolitik*
1955	Eine Revision des Bell Trade Act beendet die Zollfreiheit für US-Waren (6. Sept.).	
1957	Magsaysay kommt bei einem Flugzeugunglück ums Leben. Sein Nachfolger im Amt des Präsidenten vertritt uneingeschränkt die Interessen der Oligarchie.	
1963 5. Aug.	Die Philippinen erheben Einspruch gegen die beabsichtigte Gründung der Föderation Malaysia. Sie machen historische Rechte auf Sabah geltend und reichen deswegen Klage beim	

		Internationalen Gerichtshof ein. Als die Föderation dennoch unter Einschluss Sabahs gegründet wird, unterstützen sie die Konfrontationspolitik Indonesiens gegen Malaysia.
Wahlsieg Marcos'	1965 9. Nov.	Nach einem von Ausschreitungen gekennzeichneten „Wahlkampf" siegen die in der Nationalistischen Partei zusammengeschlossenen Gruppen mit ihrem Präsidentschaftskandidaten Fernando *Marcos* (*1917, †1989). Marcos unternimmt Ansätze, die Ertragslage der Landwirtschaft anzuheben, den umfangreichen Schmuggel von Konsumgütern aus dem Ausland einzudämmen und eine dringend benötigte Verbesserung der Infrastruktur einzuleiten. Der großangelegte Versuch scheitert daran, dass die Oligarchie und ihre Vertreter im Parlament sich gegen Steuererhöhungen sperren. Dennoch bereitgestellte Finanzmittel verschwinden durch Korruption, noch ehe die Projekte in Angriff genommen werden können. Der Umfang des Schmuggels vermindert sich vorübergehend um 40%, um bald wieder gewohnte Ausmaße anzunehmen.
Züchtung neuer Reissorte	1967	Durch die *Züchtung einer neuen Reissorte* (IR-8 Wunderreis), die fünf- bis sechsmal höhere Erträge als herkömmliche Sorten erzielt, gelingt es, das Einkommen der Landwirtschaft zu steigern. Die Einkommensverbesserungen wirken sich jedoch nur zu Gunsten der Großgrundbesitzer aus, die allein über Kapital verfügen, um die für den Anbau dieser speziellen Reissorte notwendigen Maschinen und Chemikalien anzuschaffen. Der Preiseinbruch infolge der erhöhten Ernteerträge geht zulasten der Kleinbauern. Damit wächst die Zahl derer, die ihr Land an Großgrundbesitzer verkaufen müssen, um als Pächter weiterarbeiten zu können.
Arbeitslosenrate	1968	Aus der Enteignung der Bauern und dem starken Bevölkerungswachstum (3,5%) resultiert eine *Arbeitslosenrate* von 19%. Die Huk-Bewegung hat großen Zulauf. Es gelingt ihr, ausgedehnte Gebiete von Zentral-Luzon zu kontrollieren, wo Massenarmut herrscht.
	1969 März	Der von Faustino del Mundo geführte, maoistische Flügel der Huk begründet die Neue Volksarmee. Diese sucht ein Bündnis mit dem liberalen Bürgertum und der linkskatholischen Studentenschaft. In der anhaltenden Krise stellt sich Marcos zur Wiederwahl für das Präsidentenamt. Die Finanzierung des Wahlkampfes, hauptsächlich die Ausgaben für die Bestechung der Dorfvorsteher, die dafür sorgen, dass ihre Gemeinde für den freigiebigsten Kandidaten stimmt, vermehrt innerhalb von neun Monaten den Geldumlauf um 24%.
Marcos wiedergewählt	Nov.	*Marcos* wird *wiedergewählt*, doch seine erneute Amtsübernahme, die im Zeichen einer ausufernden Inflation steht, entfesselt eine öffentliche Diskussion über die Herkunft seines in den vergangenen vier Jahren angesammelten Privatvermögens.
	1970	Jan.: In Manila brechen gegen die korrupte Regierung gerichtete Studentenunruhen aus.
	Juni	Islamische Separatisten beginnen auf Mindanao einen Aufstand. Sie wehren sich dagegen, dass immer mehr Christen von den übervölkerten Inseln des Archipels auf das relativ dünn besiedelte Mindanao einwandern.
	1971 21. Aug.	Als in Manila neun Menschen durch ein Bombenattentat getötet werden, verkündet Marcos die Aufhebung der Grundrechte.
Kriegsrecht	1972 23. Sept.	Nach einem weiteren Jahr blutiger Unruhen verhängt Marcos das *Kriegsrecht* und proklamiert den Beginn der „Neuen Gesellschaft": 50000 Verhaftungen von Regimegegnern, Verbot der oppositionellen Presse, nächtliche Ausgangssperre, vorübergehende Schließung der Schulen, Preiskontrollen, Verstaatlichung der Massenverkehrsmittel.
	31. Dez.	Marcos ordnet die Bildung von Barangays (Volksversammlungen) an, die in den Dörfern und Stadtbezirken zusammentreten und die Regierungspolitik durch Akklamation legitimieren sollen.
neue Verfassung	1973 17. Jan.	Eine *neue*, von den Barangays gebilligte *Verfassung*, die dem Staatsoberhaupt diktatorische Vollmachten verleiht, erlangt Gültigkeit.
Kampf islamischer Separatisten		Der *Kampf der islamischen Separatisten* nimmt an Heftigkeit zu. 250000 Regierungssoldaten kämpfen gegen 16000 Angehörige der Nationalen Befreiungsfront der Moros, die über das benachbarte Sabah von Libyen mit Waffen versorgt werden.
	1975	Die Philippinen nehmen diplomatische Beziehungen zur Volksrepublik China auf (9. Juni).
	1976	Normalisierung der Beziehungen zur Sowjetunion (2. Juni).
	Nov.	In Tripolis beginnen Verhandlungen über einen Waffenstillstand zwischen den islamischen Separatisten und der philippinischen Regierung.
	1977 17. April	In einer Volksabstimmung entscheidet sich die überwiegend christliche Bevölkerung gegen die Autonomie, was die Fortsetzung des Krieges zur Folge hat.
Wahlen für Nationalversammlung	1978	Unter dem Druck amerikanischer Menschenrechtsforderungen ordnet Marcos *Wahlen für* eine interimistische *Nationalversammlung* an. Der Wahlkampf der liberalen Opposition wird von dem zum Tode verurteilten Senator Benigno Aquino (*1932, †1983) vom Gefängnis aus geleitet. Trotz Manipulationen erhält seine Partei 40%. Aquino wird begnadigt.
	7. April 1979 5. Juli	Der Erzbischof von Manila, Jaime Kardinal Sin, protestiert gegen das fortdauernde Kriegsrecht und fordert Marcos zum Rücktritt auf.

● PLOETZ

1980	Aquino aus dem Gefängnis entlassen; er darf in die USA ausreisen (8. Mai).	
1981	Papst Johannes Paul II. verurteilt bei seinem Besuch die Geburtenkontrolle (19. Febr.).	
1983 21. Aug.	*Benigno Aquino* bei Rückkehr aus dem Exil in Manila *ermordet*; Zeugen beschuldigen Regierungssoldaten.	*Ermordung Benigno Aquinos*
1984 30. Juni	Nach Wahlen (14. Mai) bildet Ministerpräsident Cesar E. A. Virata (*1930), Premier seit 22. Juni 1981, auch das neue Kabinett.	
24. Okt.	Marcos' Vertrauter, der Generalstabschef Fabian Ver, und der Polizeichef werden wegen Verdachts der Komplizenschaft mit den Aquinomördern beurlaubt.	
1986 25. Febr.	Marcos flieht nach Unruhen ins Ausland. Die Oppositionsführerin *Corazon C. Aquino* (*1933) wird als neue *Staatspräsidentin* vereidigt.	*Corazon Aquino Präsidentin*
27. Nov.	Waffenstillstandsabkommen (bis 8. Febr. 1987) und Gespräche zwischen Regierung und kommunistischer Guerilla.	
1987 2. Febr.	Eine Volksabstimmung bestätigt die Präsidentschaft Corazon Aquinos bis 1991 und billigt die *neue Verfassung*.	*neue Verfassung*
11. Mai	Parlamentswahlen: Sieg der Regierungskoalition (Lakas ng Bayan).	
1988 8. Juni	Ein Landreformgesetz sieht die Umverteilung von ca. 5,4 Mio. ha Land an über 3 Mio. landlose Bauern innerhalb von zehn Jahren vor, kann jedoch nur unzulänglich in die Praxis umgesetzt werden.	
1989 1.–7. Dez.	Sechster und bisher gefährlichster *Militärputsch* unter Gregorio Honasan. Präsidentin Aquino bittet die USA um Beistand und verhängt den Ausnahmezustand über das Land.	*Militärputsch*
1990 15. Mai	Das Stützpunktabkommen mit den USA wird gekündigt. Neues Waffenstillstandsabkommen scheitert; weiterhin Putschgefahr.	
1991 9./16. Sept.	Der letzte Versuch eines Stützpunktabkommens mit den USA scheitert an der Ablehnung des Senats in Manila. *Abzug der US-Truppen* (30. Sept. 1992).	*Abzug der US-Truppen*
1992 11. Mai	Der ehemalige Verteidigungsminister *Fidel Ramos* (*1928) wird zum *Staatspräsidenten* gewählt.	*Fidel Ramos Staatspräsident*
1995 4. April	Überfall islamischer Separatisten auf der Insel Mindanao, durch den eine Einigung zwischen der muslimischen Minderheit und der Regierung in der Mindanao-Frage verhindert werden soll.	
1996 2. Sept.	Die Regierung und die Nationale Befreiungsfront der Moros erklären den *Bürgerkrieg auf Mindanao* für *beendet* und unterzeichnen einen Friedensvertrag.	*Bürgerkrieg beendet*
1998 April	Brände vernichten große Teile der Waldflächen der Insel Palawan (März). Im Sog der ostasiatischen Finanz- und Wirtschaftskrise hat die philippinische Währung seit Juli 1997 ein Drittel ihres Wertes verloren.	
11. Mai	Der ehemalige Filmschauspieler und bisherige Vizepräsident Joseph Ejercito Estrada (*1937) gewinnt die Präsidentschaftswahlen.	
6. Okt.	Der Oberste Gerichtshof hebt ein Urteil des Korruptionssondergerichtes gegen Imelda Marcos auf. Die Witwe des 1986 gestürzten Diktators Ferdinand Marros war 1993 wegen illegaler Bereicherung zu 12 Jahren Gefängnis und Zahlung von rd. 7,2 Mio. Mark verurteilt worden.	
1999 Jan.	Rebellen der Moro Islamic Liberation Front (MILF), einer Abspaltung der National Liberation Front (MNLF), beginnen erneut den *Sezessionskrieg auf Mindanao*.	*Sezessionskrieg auf Mindanao*
Nov.	Auf der Hauptinsel Luzon geht die bisher im Untergrund operierende maoistische Neue Volksarmee (NPA) mit rd. 11 000 Guerilakämpfern zum offenen Angriff auf die Armee über.	
2000 9. Jan.	Präsident Estrada zieht seine umstrittene Verfassungsreform zurück, mit der seine Macht gestärkt und ausländischen Investoren mehr Spielraum im Land gewährt werden sollte.	
23. April	Die muslimische Terrorgruppe Abu Sayyaf entführt von der malayischen Ferieninsel Sipadan 21 ausländische Touristen, darunter drei deutsche, und verschleppt sie auf die Insel Jolo. Durch internationale Vermittlertätigkeit, zuletzt vonseiten Libyens, kommen die Geiseln bis zum 9. Sept. frei. Die Entführer kassierten vermutlich mehr als 10 Mio. US-Dollar Lösegeld.	
16. Sept.	Die philippinische Armee beginnt eine *Großoffensive gegen die Abu Sayyaf*.	*Großoffensive gegen Abu Sayyaf*
2001 20. Jan.	Präsident Estrada, seit Nov. 2000 in ein Amtsenthebungsverfahren wegen Korruption verwickelt, wird gestürzt. An seine Stelle tritt die bisherige Vizepräsidentin Gloria Macapagal Arroyo (*1947).	
25. April	*Ex-Präsident Estrada wird verhaftet*. Am 27. Juni beginnt gegen ihn ein Prozess wegen „wirtschaftlicher Ausplünderung des Staates".	*Prozess gegen Estrada*
14. Mai	Bei den Unterhaus- und den Teilwahlen zum Senat setzen sich die Kandidaten durch, die Macapagal Arroyos Politik unterstützen.	
23. Juni	Abschluss eines Waffenstillstandsabkommens mit der MILF.	

	2002	US-Spezialisten beginnen mit dem Training von Kampfgruppen gegen die Abu Sayyaf, die der Beziehungen zur al-Qaida von Osama bin Laden verdächtigt wird.
	29. Jan.	
	31. Juli	Der Großteil der amerikanischen Antiterror-Truppen wird abgezogen.
	26. Aug.	Sämtliche Vermögenswerte des angeklagten ehemaligen Präsidenten Estrada werden eingefroren. Estrada wird beschuldigt, sich illegal rd. 76,5 Mio. Euro angeeignet zu haben.

Australien, Neuseeland und Ozeanien seit 1945

Australien seit 1945
(Forts. v. S. 1245)

Umwandlungs-prozess — Weit mehr als der Erste hat der Zweite Weltkrieg auf den *Umwandlungsprozess* Australiens von einer britischen Kolonialgemeinschaft zu einer selbstständigen Nation eingewirkt. Die außenpolitische Lage hat sich entscheidend verändert: Japan als ein Faktor mittelbarer und unmittelbarer Bedrohung bleibt zunächst ausgeschaltet, dafür treten andere, Australien nicht minder gefährliche Nachbarn auf, nämlich die bald nach Kriegsende unabhängig gewordenen Mächte Indien (1947), Indonesien (1949) und schließlich die Volksrepublik China (1949).

Einwanderungspolitik
1945 Juli Nach dem Tod John Curtins (*1885, †1945) wird Joseph Benedict Chifley (Labor; *1885, †1951) Premierminister. Sein wichtigster Beitrag ist die *Einwanderungspolitik*. Um den relativ bevölkerungsarmen Kontinent vor einer befürchteten Vereinnahmung durch die neuen asiatischen Staaten zu schützen, wird von diesem Zeitpunkt an die Einwanderung auch aus anderen europäischen Ländern als Großbritannien und Irland gefördert.

1945–1949 Über eine halbe Million Menschen wandern in Australien ein; davon sind nur ein Drittel britischer oder irischer Herkunft.

Wahlsieg der Liberal Party
1949 Dez. *Wahlsieg der Liberal Party*, die Mitte der vierziger Jahre zum großen Teil aus der United Australia Party hervorgegangen ist. Bildung einer Koalition aus Country Party und Liberal Party unter Premierminister Robert Gordon Menzies (*1894, †1978). Beendigung der von der Labor Party vorangetriebenen Verstaatlichung der Schlüsselindustrien; Weiterführung der Einwanderungspolitik (von 1950 bis 1970 wandern 2,5 Mio. Menschen ein) sowie der Sozialpolitik.

Snowy-River-Projekt — Das *Snowy-River-Projekt* im Südosten des Kontinents, eine der größten Industrieplanungen der Welt, wird fortgesetzt. Dieses Vorhaben soll die künstliche Bewässerung der großen Flachlandgebiete östlich der Blauen Berge (Blue Mountains) sicherstellen. Die Errichtung von zwölf Talsperren und entsprechender Kraftwerke wird geplant.

1950 Australien unterzeichnet den Vertrag von Colombo (auf Ceylon), durch welchen den asiatischen Entwicklungsländern (wie z.B. Indien, Pakistan und Indonesien) beim Aufbau ihrer Volkswirtschaften vor allem durch Ausbildung von einheimischen Kräften in Australien geholfen werden soll.

1950–1953 Australien stellt den Vereinten Nationen im Korea-Krieg Truppen zur Verfügung.

ANZUS-Pakt
1952 28. April Der *ANZUS-Pakt* (Australien, New Zealand, USA) tritt in Kraft. Er wird geschlossen, weil Australien und Neuseeland eine Sicherung gegen eine neue japanische Aggression wünschen. Australien erkennt aber an, dass Japan eine neue Rolle als Bollwerk gegen den Kommunismus zu spielen hat. Dieser Pakt setzt die während des Zweiten Weltkrieges begonnene Anlehnung Australiens an die USA fort.

1957 6. Nov. Niederländisch-australische Erklärung über die in Westirian zu ergreifenden Maßnahmen: Die Niederlande und Australien sehen in einer Föderation von West- und Ostneuguinea (letzteres ist Treuhandgebiet Australiens) eine mögliche Lösung des Streitfalles zwischen Indonesien und den Niederlanden.

Ostneuguinea
1961 10. April Auf der Grundlage des „Papua and New Guinea Act Nr. 2" (1960) Konstituierung eines Gesetzgebenden Rates für *Ostneuguinea* (bei einer Gesamtzahl von 37 Mitgliedern sind elf Eingeborene vertreten).

1962 15. Jan.	Die australische Regierung, die die niederländische Haltung im Westirian-Konflikt unterstützt, vertritt in dieser Frage notgedrungen die politischen Interessen der USA.
9. Mai	Australien erhält von den *USA* eine *Hilfszusage* für den Fall, dass die Territorien Papua und Ostneuguinea verteidigt werden müssen.
1966/1967	Australien ist um Stabilität und Gleichgewicht im Raum zwischen China und dem Indonesischen Archipel bemüht und tritt daher den neuen südostasiatischen Paktsystemen (*ASPAC* bis 1973 und 1954 *SEATO*) bei, um seinen Einfluss geltend machen zu können. Die Bedeutung, welche die Regierung in Canberra Südostasien für die eigene Sicherheit beimisst, hat die Premierminister Robert Gordon Menzies (bis 20. Januar 1966) und Harold Holt (*1908, †1967) bewogen, *Truppen nach Südvietnam* zu schicken.
1968	Regierungserklärung: Weil die USA und Großbritannien sich anschicken, ihre Präsenz in Südostasien einzuschränken, ist Australien selbst nicht in der Lage, die Lücke zu füllen, da sein Militärpotenzial für die Verteidigung des eigenen Landes bestimmt ist.
26. Febr.	Nach dem Tod von Harold Holt wird John Grey Gorton (*1911) Premierminister.
1969 25. Febr.	Gorton kündigt an, dass nach einem britischen Rückzug australische zusammen mit neuseeländischen Truppenkontingenten in Malaysia und Singapur stationiert bleiben, um diese Staaten gegen von außen gesteuerte „kommunistische Infiltration und Subversion" zu schützen.
Mai	Australien ist bemüht, von den USA Sicherheitsgarantien zu erhalten. Im Interesse des Selbstschutzes sieht sich Australien veranlasst, die Asien-Politik der USA zu unterstützen.
16. Dez.	Australien beginnt einen Teil seiner in *Vietnam* stationierten 8000 Mann starken *Truppe abzuziehen*.

Hilfszusage der USA

ASPAC und SEATO

Truppen nach Südvietnam

Truppenabzug aus Vietnam

Wirtschaftliche Entwicklung

Bis in die fünfziger Jahre ist Australien noch von der Landwirtschaft bestimmt. Die *Entdeckung von Bodenschätzen* bewirkt jedoch eine wirtschaftliche Umstrukturierung. 1949 wird Uran im Gebiet von Rum Jungle bei Darwin entdeckt; 1954 werden weitere Vorkommen bei Mary Kathleen in Queensland gefunden. Bei der Uransuche findet man in Weipa und Gove im Norden des Landes Bauxitlager von hoher Konzentration. In den frühen sechziger Jahren Entdeckung von *Eisenerzvorkommen* in Westaustralien. Damit wird Australien, das bis dahin einen Mangel an Eisenerzvorkommen hat, zum potenziellen Exportland. 1961 wird ein erstes Ölfeld bei Moonie in Queensland erschlossen. Dieses relativ kleine Vorkommen wird jedoch ergänzt durch *Erdölfunde* auf der Barrow-Insel vor der Nordwestküste Australiens und im Schelfgebiet von Gippsland an der Südküste Victorias. Heute deckt die Erdölförderung 70% des eigenen Bedarfs. 1966 werden die reichen *Nickelfelder* von Kambalda in Westaustralien entdeckt. Neue Städte entstehen; Westaustralien, bisher Hinterland, wird verkehrstechnisch erschlossen. Die Schattenseiten des Booms sind: Rückgang auf dem Agrarsektor, Überfremdung der Wirtschaft (rd. 80 % der wichtigsten Wachstumsindustrien werden von ausländischen Firmen kontrolliert), Bodenspekulation und Anwachsen der Millionenstädte Sydney und Melbourne bei gleichzeitiger Stagnation der Klein- und Mittelstädte.

Entdeckung von Bodenschätzen

Eisenerzvorkommen

Erdölfunde

Nickelfelder

Außenhandel Australiens nach Ländergruppen (in Mrd. DM) in jeweiligen Preisen

Außenhandel

Ländergruppe	Ausfuhr			Einfuhr		
	1970	1980	1990*	1970	1980	1990*
insgesamt	17,95	38,78	65,27	17,01	36,15	70,46
Industrieländer	**12,84**	**19,67**	**39,82**	**14,62**	**26,01**	**54,31**
EG	1,66	4,58	8,96	2,27	8,01	15,89
übrige europäische Länder . .	2,16	0,45	1,12	4,37	1,59	3,28
Vereinigte Staaten und Kanada	2,58	3,80	8,90	4,95	8,83	18,60
übrige Länder	6,44	10,85	20,84	3,03	7,59	16,60
Entwicklungsländer	**4,43**	**10,44**	**21,70**	**2,04**	**9,23**	**13,91**
Afrika	0,45	0,99	0,86	0,10	0,12	0,10
Amerika	0,21	0,30	0,73	0,08	0,34	0,82
Asien	2,57	7,79	19,24	1,54	8,38	12,82
Staatshandelsländer	**0,69**	**3,78**	**2,88**	**0,23**	**0,59**	**2,16**

* umgerechnet nach mittlerem Jahreswechselkurs aus US-$ (1,832)

| | Seit Beginn der fünfziger Jahre ändert sich aufgrund der Entdeckungen auf dem Bergbausektor und der
Export | sich fortsetzenden Industrialisierung die Zusammensetzung der australischen Exporte. Der *Export* von Bodenschätzen (am wichtigsten sind Eisenerz, Bauxit und Kohle) und von Industrieprodukten hat sich von 1950/1951 bis 1975/1976 prozentual gesehen ungefähr versiebenfacht, während der Export von landwirtschaftlichen Produkten sich im gleichen Zeitraum prozentual um fast die Hälfte verringert hat.
Japan | 1966/1967 ist *Japan* an die Stelle von Großbritannien als Australiens größter Handelspartner getreten. 1976/1977 kommen 20% der australischen Importe aus Japan. Australien liefert im gleichen Jahr 80% seiner Eisenerz- und Kohle- und 27% seiner landwirtschaftlichen Exporte (1975/1976) an Japan.
| Als Antwort auf die Wirtschaftskrise der siebziger Jahre erhöht Australien die Einfuhrzölle, die 1978 durchschnittlich 15% für Industrieprodukte (EWG: 8%) betragen und führt Importquoten (u. a. für Autos) ein. Im Haushaltsplan für 1978/1979 ist eine zusätzliche Steuer von 12,5% auf Waren, die unter Importquoten eingeführt werden, vorgesehen. Außerdem subventioniert die Regierung gefährdete Industriezweige (z.B. Textilindustrie). Die *protektionistische Politik* trifft vor allem Japan, das nicht zuletzt deshalb versucht, andere Rohstofflieferanten zu finden.
protektionistische Politik |
neue Krise | Auch binnenwirtschaftlich wird auf die *neue Krise* mit ähnlichen Maßnahmen geantwortet, wie sie zur Bekämpfung der Weltwirtschaftskrise von 1929–1932 angewendet wurden. Der Haushaltsplan der australischen Bundesregierung für 1978/1979 sieht eine weitere Kürzung der Zahl der Beschäftigten im öffentlichen Dienst vor. Der Preis für Erdöl, der in Australien weniger als die Hälfte des Weltmarktpreises beträgt, soll auf das Niveau des Weltmarktpreises angehoben werden. Die Erhöhung von indirekten Steuern auf Genussmittel wie Bier und Zigaretten sowie die Einführung einer Ausreisesteuer ist geplant. Insgesamt zielt die Wirtschaftspolitik der Regierung auf ein geringeres Defizit im Staatshaushalt, Bekämpfung der Inflation und Erhöhung der Gewinne auf Kosten der Löhne.

	1971	Rücktritt Gortons. William McMahon (*1908, †1988) wird Premierminister (10. März).
Parlamentswahlen Außenpolitik	**1972** 2. Dez.	Die *Parlamentswahlen* gewinnt die Labor Party unter Edward Gough Whitlam (*1916) und löst die seit 1949 regierenden Liberalen ab. Unter dem Eindruck der Annäherung USA – VR China kündigt Whitlam eine *Außenpolitik* mit neuen Akzenten an. Die Goodwill-Politik gegenüber den nichtkommunistischen südostasiatischen Staaten soll beibehalten, jedoch gleichzeitig auch auf Staaten mit anderen Gesellschaftssystemen ausgedehnt werden.
Beziehungen zur VR China	22. Dez.	Aufnahme diplomatischer *Beziehungen mit der Volksrepublik China*.
	1973 26. Febr.	Aufnahme diplomatischer Beziehungen mit Nordvietnam; Einstellung der Militärhilfe für Saigon und Abschaffung der allgemeinen Militärausbildungspflicht.
	20.–25. April	Besuch Premier Whitlams in London: Lösung der letzten kolonialen Abhängigkeit von Großbritannien durch Aufhebung des Appellationsrechts der australischen Gerichte an den Privy Council.
Öffnung zum asiatischen Raum	4. Jan.	In der Innenpolitik formelle Aufhebung der bisherigen White Australia Policy; damit ist die Einwanderung Farbiger grundsätzlich genehmigt – ein Zeichen für die „*Öffnung*" Australiens *zum asiatischen Raum* hin.
	1974 10. April	Die konservative Grundstimmung im Land und die Tatsache, dass von den sechs Bundesstaaten vier von den Liberalen regiert werden (Wahlverluste der Labor Party in mehreren Bundesstaaten), zwingen Whitlam, beide Häuser des Parlaments vorzeitig aufzulösen.
	18. Mai	Bei den Parlamentswahlen kann die Regierungspartei mit leichten Verlusten ihre Mehrheit im Repräsentantenhaus behaupten, bleibt im Senat jedoch in der Minderheit.
	11. Juni	Neue Regierung unter Premier Whitlam.
Einrichtung eines Staatenrates	**1975** 9. Sept.	Vertreter von vier der nicht von der Labor Party regierten australischen Bundesländer (Queensland, New South Wales, Victoria, Western Australia) verabschieden ein Abkommen über die *Einrichtung eines Staatenrates*; unmittelbar danach Beitritt von South Australia. Der Staatenrat soll als beratende Körperschaft der Verbesserung der Beziehungen zwischen den australischen Regierungen dienen.
	14. Okt.	Im Zusammenhang mit einer Korruptionsaffäre innerhalb der Regierung fordert die Opposition den Rücktritt der Regierung und Neuwahlen. Als Whitlam ablehnt, blockiert die Opposition im Senat, in dem sie die Mehrheit hat, eine Budgetvorlage der Regierung.
	11. Nov.	Der Generalgouverneur entlässt den Premierminister der Labor-Regierung E. G. Whitlam (verfassungsrechtlich umstritten) und beruft den Führer der oppositionellen Liberalen Partei, Malcolm Fraser (*1930), interimistisch zum Regierungschef; Verabschiedung der Budgetvorlage; Auflösung von Senat und Abgeordnetenhaus.
Parlamentswahlen	16. Dez.	Malcolm Fraser erringt bei den angesetzten *Neuwahlen* einen großen Sieg und bildet mit der Country Party eine Koalition; Ziel der Regierung ist eine erneute Annäherung an die USA.
	19. Dez.	Rückgängigmachung der australischen Anerkennung sowjetischer Souveränität über baltische Staaten.

1976 31. März	*U-Boote der USA* mit Kernwaffen an Bord erhalten Hafenrechte in der neuen Marinebasis Cockburn Sound am Indischen Ozean.	*U-Boote der USA*
15. Juli	Wiederaufnahme diplomatischer Beziehungen zu Chile (abgebrochen 1973 nach dem Sturz Salvador Allendes).	
1977 24. Aug.	Australien beschließt Erschließung der *Erdgasvorkommen*. 53% der Förderung soll exportiert werden; Hauptabnehmer Japan; Anlaufen der Produktion in größerem Maßstab jedoch nicht vor 1984.	*Erdgasvorkommen*
25. Aug.	Aufhebung des Exportverbots für Uranerz; Beginn des Abbaus.	
10. Dez.	Vorgezogene Parlamentswahlen bestätigen die Regierungskoalition aus Liberal Party und Country Party.	
1978 20. Juli	Australien und Finnland unterzeichnen ein Abkommen über Sicherheitsbedingungen im Nuklearbereich. Damit ist für Finnland der Weg zu künftigen Urankäufen in Australien geöffnet.	
28. Juli	Die Unterzeichnung eines ähnlichen Vertrages mit Großbritannien wird durch die Brüsseler EG-Kommission verhindert.	
3. Nov.	*Abkommen mit Aborigines* über Uranerzabbau östlich von Darwin.	*Abkommen mit Aborigines*
1979	Abkommen über Nuklear-Sicherheitsbedingungen mit Südkorea (2. Mai).	
1980	Differenzen und Kompromisse mit den Ureinwohnern über Bergbaurechte (2. Okt.).	
2. Nov.	Der Wahlsieger Malcolm Fraser (Liberale Partei) bildet die neue Regierung.	
1981	30. Ministertagung der ANZUS-Paktmitglieder in Wellington (22.–23. Juni).	
1. Juli	Kritik der Kirchen an der australischen Politik gegenüber den Ureinwohnern.	
1982	Abkommen mit Neuseeland über gemeinsamen Markt (14. Dez.).	
1983 5. März	*Parlamentswahlen*. Sieger der (am 8. Febr.) zum Vorsitzenden der Labor Party gewählte Robert Hawke (*1929); neue Regierung am 10. März. Währungsabwertung um 10%.	*Parlamentswahlen*
27. März	Ca. 140000 Menschen protestieren gegen Kernwaffen und Uranförderung.	
31. Mai	Normalisierung der Beziehungen zur UdSSR.	
26. Okt.	Kulturaustauschprogramm mit der Volksrepublik China.	
1984	Treffen der Verteidigungsminister Neuseelands und Australiens in Canberra vom 11. bis 14. März.	
1. Dez.	Nach vorgezogenen Parlamentswahlen bleibt die regierende Labor Party unter Premier Hawke trotz Verlusten stärkste Partei.	
1985	Mit einem feierlichen Staatsakt wird der Ulura-Nationalpark (Ayers Rock) an die Ureinwohner zurückgegeben (26. Okt.).	
1986 3. März	Königin Elisabeth II. unterzeichnet den Australian Act 1986, wodurch die letzten rechtlichen und politischen Bindungen zwischen Großbritannien und Australien aufgehoben werden. Gleichzeitig In-Kraft-Treten des Australian Act 1985: *Selbstständigkeit der* australischen *Legislative*.	*selbstständige Legislative*
1987 5. Juni	Hawke löst Senat und Repräsentantenhaus mit der Begründung auf, die Opposition behindere wichtige Regierungsvorhaben zur Wiederbelebung der Wirtschaft.	
11. Juli	Die Labor Party gewinnt die Parlamentswahlen; *Hawke* geht als erster Labor-Politiker in eine *dritte Amtszeit*.	
1988 26. Jan.	Australien feiert den 200. Jahrestag der Landung der ersten weißen Siedler. Für die Aborigines ist 1988 ein Jahr der Trauer.	
1989 23. Mai	Australien lehnt die Ratifizierung der *Antarktis-Rohstoffkonvention* ab, die die wirtschaftliche Ausbeutung der Antarktis regeln soll, und setzt sich für eine Umweltschutz-Konvention im Rahmen des bis 1991 gültigen Antarktisvertrages ein.	*Antarktis-Rohstoffkonvention*
1990 24. März	Bei Parlamentswahlen verliert Labor 6%, hält aber weiterhin die absolute Mehrheit der Mandate im Repräsentantenhaus.	
1991 19. Dez.	Der ehemalige Schatzkanzler *Paul Keating* (*1944) wird von der Labor Party zu ihrem neuen Vorsitzenden gewählt und am 20. Dez. als australischer *Premierminister* vereidigt. Sein Vorgänger Hawke war an der Rezession gescheitert. Keating bildet am 27. Dez. eine neue Labor-Regierung.	*Premierminister Keating*
1992 Juni	Der Oberste Gerichtshof bestätigt in einer Grundsatzentscheidung die Landrechte der australischen Ureinwohner.	
15. Dez.	Australien entsendet ein 900 Mann starkes Infanteriebataillon im Rahmen der UN-Mission nach Somalia.	
17. Dez.	Premierminister Keating gibt bekannt, dass Einwanderer künftig keinen Treueid mehr auf das britische Königshaus ablegen müssen, sondern einen Bürgereid auf „Australien und sein Volk".	
1993 13. März	Die Labor Party gewinnt bei Parlamentswahlen 79 von 147 Sitzen. Keating bildet eine neue Regierung (24. März).	

	22. Dez.	Das Parlament verabschiedet ein Gesetz über die Regelung der Landrechte der Aborigines.
	1994	Bei einem inoffiziellen Referendum der Gewerkschaften votieren 85% der Bewohner der
Christmas Island	7. Mai	*Christmas Island* für eine größere Autonomie der Insel innerhalb des australischen Staatsverbandes.
	1995 7. Juni	In einer Rundfunkansprache fordert Keating die Beendigung des Dominion-Status und stattdessen die Proklamation einer Republik Australien für das Jahr 2001 nach einem entsprechenden Referendum. Australien soll danach als souveräner Staat weiterhin Mitglied im Commonwealth of Nations bleiben.
	21. Aug.	Auf Vorschlag der Regierung und mit Billigung der britischen Königin Elisabeth II. wird der Oberste Richter Sir William Deane (*1931) neuer Generalgouverneur von Australien. Er tritt die Nachfolge von Bill (William) Hayden (*1933) am 16. Febr. 1996 an.
Parlamentswahlen	**1996** 2. März	Bei den *Parlamentswahlen* siegt das Wahlbündnis von Liberaler und Nationaler Partei über die bislang regierende Labor Party.
	11. März	Als neuer Premierminister wird der Vorsitzende der Liberalen Partei, *John W. Howard* (*1939), vereidigt.
	1998	Die Verfassunggebende Versammlung entscheidet sich für die Umwandlung Australiens in eine Republik (12. Febr.).
	3. Okt.	Bei vorgezogenen Wahlen zum Bundesparlament behauptet die Regierungskoalition von Liberaler und Nationaler Partei trotz Verlusten die absolute Mehrheit. In der gleichzeitig stattfindenden Teilwahl zum Senat bleibt die Mehrheit der Opposition erhalten.
	1999 29. Juni	Der Senat billigt die umstrittene Steuerreform, die die Einführung einer Mehrwertsteuer und die Senkung der Einkommens- und Unternehmenssteuer vorsieht.
	26. Aug.	Das Bundesparlament verabschiedet eine Entschließung, in der es den Aborigines sein Bedauern für angetanes Unrecht ausspricht.
	12. Sept.	Australien erhält das Kommando über die internationale Eingreiftruppe für Osttimor (INTERFET). Damit ist die jahrzehntelange Politik des Stillhaltens gegenüber der indonesischen Besatzungspolitik auf Osttimor beendet.
Referendum	6. Nov.	Ein *Referendum* zur Einführung der Republik erreicht nur 45% Ja-Stimmen. Australien bleibt somit eine parlamentarische Monarchie.
	2000 27. Mai	Bis zu 250000 Menschen nehmen an einem „Versöhnungsmarsch" teil, der das Verhältnis von Ureinwohnern und Einwanderern verbessern soll. In Sydney finden die XXVII. Olympischen Sommerspiele statt. (15. Sept.–1. Okt.)
	2001 26. Aug.	Die Regierung weigert sich, 438 afghanische Flüchtlinge an Land zu lassen, die der norwegische Frachter „Tampa" aus Seenot gerettet hat. Nach acht Tagen erklärt sich die Pazifik-Republik Nauru zur Aufnahme bereit.
	10. Nov.	Die konservative Regierungskoalition unter John Howard gewinnt zum dritten Mal die Wahlen. Nach Ansicht von Beobachtern verdankt sie dies ihrer harten Haltung in der Flüchtlingspolitik.
Buschbrände	Dez.	Verheerende *Buschbrände* bedrohen zeitweilig Sydney.
	2002 März	Die Regierung kündigt den Bau eines Auffanglagers auf der zu Australien gehörenden Weihnachtsinsel im östlichen Indischen Ozean an. Zu Schiff von Indonesien kommende Flüchtlinge sollen dort interniert werden.

Neuseeland seit 1945

(Forts. v. S. 1246)

Viehwirtschaft		Auch nach dem Zweiten Weltkrieg bleibt die wirtschaftliche Grundlage Neuseelands die *Viehwirtschaft* (besonders Schafzucht) mit den darauf basierenden Verarbeitungsindustrien. Daneben wird die Erschließung von Bodenschätzen vorangetrieben: Erdölvorkommen bei Kapani (Erdölraffinerie im Whangarei), Erdgas sowie große Lagerstätten an eisentitanhaltigem Sand. Die wirtschaftliche Aktivität der Bevölkerung und ihre Konsumkraft sind Voraussetzungen für den Ausbau des industriellen Sektors, auf dem fast alle Industriezweige vertreten sind, Schwermaschinenbau und Metall verarbeitende Industrie ausgenommen.
	1945	Das politische Verhältnis Neuseelands zum Mutterland Großbritannien ist nicht klar umrissen: Der Dominionstatus von 1907 bleibt ohne praktische Bedeutung.
souveräner Staat	**1947** 25. Nov.	Neuseeland setzt das Statut von Westminster in Kraft und wird dadurch *souveräner Staat* im britischen Commonwealth mit dem Recht, die seit 1852 bestehende Verfassung aus eigener Machtvollkommenheit abzuändern.
	1949 4. Mai	In der Außenpolitik nimmt das souveräne Neuseeland eine ähnliche Haltung wie Australien ein. Unter dem Eindruck der politischen Entwicklung in Südost- und Ostasien wird durch

Neuseeland seit 1945 *1835*

	Volksentscheid die *allgemeine Wehrpflicht* wieder eingeführt (am 31. März 1959 von der Labour-Regierung unter Walter Nash abgeschafft). Innenpolitisch hält Neuseeland weiter an der „Weiß-Neuseeland"-Einwanderungspolitik fest.	*allgemeine Wehrpflicht*
30. Nov.	Durch Parlamentswahlen löst die New Zealand National Party unter Sydney George Holland (*1893, †1961) die Labour-Regierung des seit 1940 amtierenden Peter Fraser (*1884, †1950) ab.	
1951 1. Jan.	Durch gesetzliche Verordnung wird die nach britischen Vorbildern geschaffene Volksvertretung mit „Oberhaus" und „Unterhaus" aufgehoben. Seitdem gibt es nur noch eine *einheitliche Volksvertretung* (House of Representatives, 80 Mitglieder, darunter 4 Maori).	*einheitliche Volksvertretung*
1957–1960	Regierung der Labour Party unter Walter Nash (*1882, †1968).	
1960–1972	Regierung der konservativen National Party unter Keith Jacka Holyoake (*1904, †1983). Die Beziehungen zu Australien sind besonders eng.	
1965 13. Aug.	Abkommen über eine *Freihandelszone*. Ähnlich wie Australien widmet Neuseeland den Veränderungen in Ost- und Südostasien wachsende Aufmerksamkeit. Die Beteiligung am Vietnamkrieg entspricht Erwägungen analog denen Australiens. Neuseeland entsendet allerdings nur etwa 400 Soldaten.	*Freihandelszone mit Australien*
1972	Rücktritt Holyoakes. John Marshall (*1912, †1988) wird Premierminister (7. Febr.). Bei den Parlamentswahlen siegt die Labour Party über die Konservativen, die seit 1960	
25. Nov.	Regierungspartei sind; Premierminister wird Norman Eric Kirk (*1923, †1974). Mit dem Wechsel vollzieht sich auch eine Verschiebung der außenpolitischen Prioritäten.	
22. Dez.	Aufnahme diplomatischer *Beziehungen mit der VR China* und Abbruch der Beziehungen zu Taiwan. Die außenpolitische Neuorientierung Neuseelands hat wirtschaftliche Gründe: Für die traditionellen Ausfuhrgüter müssen neue Märkte (USA, Japan und die EG schirmen ihre Agrarwirtschaft durch protektionistische Maßnahmen ab) erschlossen werden; Bemühungen in dieser Hinsicht erstrecken sich u.a. auf die VR China und Iran.	*Beziehungen zur VR China*
1974 6. Sept.	Nach dem Tod von Norman Eric Kirk (31. August 1974) wird Wallace Rowling (*1927, †1995) Premierminister.	
1975 9. Aug.	Abwertung des neuseeländischen Dollar um 15% wegen wachsender Unausgeglichenheit der Zahlungsbilanz.	
29. Nov.	*Parlamentswahlen* bringen der bisher oppositionellen National Party die absolute Mehrheit; neue Regierung Robert David Muldoon (*1921, †1992). Die Regierung versucht, der Wirtschaftskrise der siebziger Jahre durch erhöhte Staatsausgaben zu begegnen.	*Parlamentswahlen*
1978/1979	Im Haushaltsplan sind garantierte Mindestpreise für Milchfett, Wolle, Lamm- und Rindfleisch vorgesehen.	
1979	Abwertung des neuseeländischen Dollar um 5% (21. Juni).	
1981 28. Nov.	Knapper Sieg Muldoons bei Parlamentswahlen und Kabinettsumbildung, um eine neue Wirtschaftsstrategie zu verwirklichen (10. Dez.).	
1983	*Neuseeland-Dollar* erneut um 6% *abgewertet* (8. März); Lohn- und Preisstopp verlängert (23. Mai).	*Neuseeland-Dollar*
1984 14. Juli	David Lange (Labour Party, *1942) gewinnt die Parlamentswahlen und wird Ministerpräsident; Regierungsbildung am 24. Juli.	
1985 10. Juli	Konflikt mit Frankreich, dessen Geheimdienst das Greenpeace-Schiff *„Rainbow-Warrior"* im Hafen von Auckland *versenkt* hat (bis 2. Sept.).	*Versenkung der „Rainbow-Warrior"*
1986 11. Aug.	Die USA heben ihre militärische Sicherheitsverpflichtung gegenüber Neuseeland wegen dessen Weigerung auf, US-Schiffen mit Atomwaffen Hafenrecht zu gewähren; Ausschluss aus dem ANZUS-Pakt.	
1987	Neuseeland erklärt sich per Parlamentsbeschluss zur Nuklearfreien Zone (4. Juni).	
15. Aug.	Lange (Labour Party) geht als Sieger aus Parlamentswahlen hervor (56 von 97 Mandaten).	
1988 28. Juli	Der Haushalt 1988/89 sieht einschneidende Reformen der Steuer- und Wirtschaftspolitik vor, um die hohe Verschuldung abzubauen.	
1989 8. Aug.	Rücktritt Langes (7. Aug.); Nachfolger wird der bisherige Stellvertreter Geoffrey Palmer (*1942, Labour).	
1990 27. Okt.	Bei Parlamentswahlen gewinnt die konservative National Party bei 49% 68 von 97 Sitzen, Labour bei 35% 28 Sitze. Neuer Premier ist Jim Bolger (*1935).	
1993 6. Nov.	Die Regierungspartei NP (National Party) des Premierministers Bolger gewinnt 50 der 99 Mandate bei den Parlamentswahlen.	
28. Nov.	Bolger bildet eine neue Regierung.	
1995 22. Sept.	Mit zwölf zu drei Stimmen weist der Internationale Gerichtshof in Den Haag die Klage Neuseelands gegen die *französischen Atomversuche* auf dem Mururoa-Atoll ab.	*französische Atomversuche*

PLOETZ ●

	3. Nov.	Die britische Königin Elisabeth II. unterzeichnet während ihres offiziellen Besuchs in Neuseeland ein Gesetz über Entschädigungszahlungen an die Maori-Ureinwohner für die Landnahme britischer Siedler im 19. Jahrhundert. Am 22. Mai ist zwischen der Regierung Neuseelands und der größten Stammesvertretung der Maori ein Abkommen über die endgültige und vollständige Regelung umstrittener Landrechte geschlossen worden.
	1996 12. Okt.	Parlamentswahlen nach modifiziertem Verhältniswahlrecht führen zu keinen klaren Mehrheitsverhältnissen. Bolger bildet eine Koalitionsregierung aus NP und der von den Maori gestützten New Zealand First Party (NZFP) (16. Dez.).
Shipley Premierministerin	**1997** 4. Nov.	*Jenny Shipley* löst Jim Bolger als Parteivorsitzende der NP ab und wird am 8. Dez. *Premierministerin*.
	1999 27. Nov.	Bei den Parlamentswahlen siegt die Labour Party, deren Vorsitzende Helen Clark (*1950) mit Unterstützung der Grünen (erstmals zur Wahl angetreten) eine Minderheits-Koalitionsregierung bildet. In dem Kabinett, das am 10. Dez. vereidigt wird, sind sieben der 20 Ressorts von Frauen besetzt.
	2000 17. Mai	Die Regierung beschließt ein Gesetz zur weit gehenden rechtlichen Gleichstellung von homosexuellen Paaren und unverheirateten Lebenspartnern.
	4. Sept.	Neuseeland und Singapur vereinbaren Zollfreiheit im bilateralen Handel. Das Abkommen ist für weitere Staaten offen und soll die Entwicklung der Asiatischen Freihandelszone (AFTA) vorantreiben.
Silvia Cartwright Generalgouverneurin	**2001** 4. April	Mit *Silvia Cartwright* gelangt erstmals eine Frau ins höchste Amt Neuseelands, das des *Generalgouverneurs*, d. h. Stellvertreters der britischen Königin.
	8. Mai	Die Regierung beschließt angesichts fehlender militärischer Bedrohung alle Kampfflugzeuge außer Betrieb zu nehmen.
	2002 27. Juli	Bei den Parlamentswahlen erringt die Labour Party der amtierenden Regierungschefin Helen Clark 52 von 120 Sitzen. Die Nationalpartei ist mit 27 Sitzen klar abgeschlagen. Helen Clark bildet eine neue Koalitionsregierung, an der neben Labour auch Grüne und Vereinigte Zukunftspartei beteiligt sind.

Ozeanien seit 1947

(Forts. v. S. 1247)

Entkolonisierungsbestrebungen seit dem Zweiten Weltkrieg erfassen auch Melanesien, Mikronesien und Polynesien. Die Berührung der eingeborenen Völker Ozeaniens mit den Wertsystemen und der technischen Überlegenheit der Europäer löst mannigfach Konfliktsituationen aus. Vom „Cargo-Kult" ergeben sich Verbindungen zu konkreten politischen und sozialrevolutionären Konzeptionen.

US-Verwaltung Mikronesiens	**1947** 19. Juli	Die USA übernehmen die *Verwaltung Mikronesiens* (früher japanisches Völkerbundsmandat).
	1951	Ostsamoa, das den Status einer US-amerikanischen Kolonie hat, erhält die Selbstverwaltung unter US-Kontrolle.
Französisch-Ozeanien	29. Juni	*Französisch-Ozeanien*: Gesellschafts-, Paumotu- und Marquesasinseln in Polynesien sowie
	1956	Neukaledonien und die Neuen Hebriden (britisch-französisches Kondominium: Unabhängigkeit für 1980 vorgesehen) gilt als überseeisches Gebiet und erhält eine gewählte Territorialverfassung.
	1957	Französisch-Polynesien konstituiert sich.
	1962 1. Jan.	Westsamoa wird als Samoa i Sisifo unabhängig. Die Verfassung greift z.T. auf altpolynesische Herrschaftsmodelle zurück.
	1963 Juli	Die Ellice- und Gilbertinseln in den mikronesisch-polynesischen Randzonen, als britische Kolonie verwaltungsmäßig dem Hochkommissar für den westlichen Pazifischen Ozean unterstehend, erhalten Selbstverwaltungskörperschaften.
	1965 4. Aug.	Die Cookinseln Niue und Tokelau, die unter neuseeländischer Oberhoheit stehen, erhalten die Selbstverwaltung.
Unabhängigkeit Naurus	**1968** 31. Jan.	Die Phosphatinsel *Nauru erhält* die *Unabhängigkeit* mit dem Status einer „besonderen Mitgliedschaft" im britischen Commonwealth (Teilnahme an Treffen, bei denen technische Fragen, Erziehungs- und Gesundheitswesen u.a. behandelt werden.) Nauru, von 1888 bis 1914/1919 unter deutscher Oberhoheit, wird seit dem Ersten Weltkrieg in fünfjährigem Wechsel von Großbritannien, Australien und Neuseeland als Völkerbundsmandat verwaltet und ist seit 1947 Treuhandgebiet der UNO.

1970 4. Juni	Tonga (Inselgruppe in Südwestpolynesien) wird unabhängiges Königreich und bleibt Mitglied des britischen Commonwealth.	
10. Okt.	Die Fidschi-Inseln, vorher ebenfalls britisch, werden unabhängig und bleiben im britischen Commonwealth.	
1971	Gründung des *Südseeforums* als Basis für die Zusammenarbeit der Südseegebiete. Ihm gehören Australien, Neuseeland (mit den autonomen Cookinseln), Fidschi, Nauru, Tonga, Westsamoa, Niue und Papua-Niugini an.	*Südseeforum*
1973 17.–20. April	Auf der vierten Tagung des Südseeforums in Apia auf Westsamoa wird das South Pacific Bureau for Economic Co-operation gegründet; Aufgaben: Ausweitung des Handels und Entwicklungsfragen.	
1975 16. Sept.	Papua-Niugini erhält eine Verfassung (15. Aug.) und wird unabhängige parlamentarische Monarchie im Commonwealth (*Papua-Neuguinea*: australisches Territorium Papua und ehemals deutsches Treuhandgebiet Neuguinea mit Bismarckarchipel).	*Papua-Neuguinea*
1976 2. Jan.	Die Inselgruppe der Salomonen erhält die innere Selbstregierung; im gleichen Jahr finden erstmals Parlamentswahlen und die Bildung eines eigenen Kabinetts statt.	
1977	Neukaledonien stimmt gegen die Unabhängigkeit von Frankreich (10./11. Sept.).	
1978	Die Nördlichen Marianen erhalten die innere Autonomie als US-Commonwealth (Jan.).	
7. Juli	Die Salomonen proklamieren ihre Unabhängigkeit als konstitutionelle Monarchie unter der britischen Krone.	
1. Okt.	*Tuvalu* (Elliceinseln) *unabhängig* unter der britischen Krone.	*Tuvalu unabhängig*
1979	Die Marshall-Inseln erhalten volle innere Autonomie (1. Mai) und wählen 1980 den Status eines US-Commonwealth.	
Mai	Die Distrikte Kosrae, Ponape, Truk und Yap werden als Vereinigte Staaten von Mikronesien weit gehend unabhängig.	
12. Juli	Kiribati (Gilbertinseln) unabhängige Republik im britischen Commonwealth.	
1980	Als *Republik Vanuatu* werden die Neuen Hebriden unabhängig (30. Juli).	*Republik Vanuatu*
1981	Die Inselgruppe der Palauinseln konstituiert sich als Republik Belau (1. Jan.).	
1983	Die Republik Belau wählt die freie Assoziierung mit den USA (10. Febr.).	
2. Sept.	Assoziationsvertrag mit den USA in den Vereinigten Staaten von Mikronesien gebilligt.	
1984 24. Okt.	Premier Solomon Mamaloni (Salomonen) verliert Parlamentswahlen; neuer Premier: Peter Kenilorea, der bereits im Dez. 1986 zu Gunsten von Ezekiel Alebua zurücktritt.	
1985 21. Nov.	Nach Parlamentswahlen im Sept. bleibt Tomasi Puapua Premier auf Tuvalu. Paias Wingti (*1951) wird neuer Chef der Regierung Papua-Niuginis, nachdem Michael Somare (*1936) durch Misstrauensantrag gestürzt wurde.	
1986 23. Okt.	Die Marshall-Inseln bekommen Selbstverwaltung im Rahmen der freien Assoziierung mit den USA (Unabhängigkeit 22. Dez. 1990 – Aufhebung der US-Treuhandschaft durch die UNO).	
1987 24. Jan.	*Parlamentswahlen auf Nauru* erbringen deutliche Mehrheit für Hammer De Roburt, der nach 1978, 1980 und 1983 wieder Präsident wird.	*Parlamentswahlen auf Nauru*
12. April	Auf den Fidschi-Inseln gewinnt Koalition aus Fiji Labour Party und National Federation Party unter Timoci Bavadra (*1935) die Mehrheit.	
14. Mai	Auf den Fidschi-Inseln übernimmt ein *Militärregime* unter Sitiveni Rabuka (*1949) die Macht, Bavadra wird verhaftet und Rabuka neuer Premier.	*Militärregime auf Fidschi*
13. Sept.	Neukaledonien entscheidet sich mit 98,3% für den Verbleib bei Frankreich.	
25. Sept.	Rabuka (Fidschi) putscht erneut, nachdem sich die Parteien am 22. Sept. auf eine Übergangsregierung geeinigt hatten.	
6. Okt. 5. Dez.	Fidschi erklärt sich trotz Protest Großbritanniens zur Republik. Ratu Sir Penaia Ganilau (*1918, †1993) wird erster Staatspräsident.	
1988	Blutige Unruhen auf Neukaledonien (April).	
5. Juli	Der Premier Papua-Niuginis, Wingti, wird gestürzt, Nachfolger: Rabbie Namaliu (*1947).	
6. Nov.	*Neues Neukaledonien-Statut* zur Neuordnung der Territorien und der Verwaltung wird bei sehr geringer Wahlbeteiligung in Referendum angenommen.	*neues Neukaledonien-Statut*
19. Dez.	Der Premier Vanuatus, Walter Hayde Lini (*1942, †1999), setzt sich in einem Machtkampf gegen Präsident George Sokomanu durch, der seinen Rücktritt verfügt hatte.	
1989	Zweites Kabinett Mamaloni auf den Salomonen (29. März).	
11. Juni	Bei Parlamentswahlen in den drei Provinzen Neukaledoniens gewinnt die kanakische FLNKS im Norden, die neogaullistische RPCR im Süden. Waffenstillstand zwischen Regierung und Guerilla auf Papua-Niugini (28. Febr.).	
1990	Die Verfassung der Republik Fidschi tritt in Kraft.	
25. Juli 22. Dez.	Die UNO hebt die von den USA ausgeübte *Treuhandschaft* über die Marshall-Inseln, Mikronesien und die Nördlichen Marianen auf, die dadurch unabhängige, souveräne Staaten werden.	*Treuhandschaft*

	1991 5. März	Das am 11. Mai gewählte Parlament der Föderierten Staaten von Mikronesien bestimmt Bailey Olter zum neuen Staatsoberhaupt des Pazifikstaates (am 20. März 1995 im Amt bestätigt).
Parlamentswahlen auf Westsamoa	6. April	*Parlamentswahlen auf Westsamoa*: Ministerpräsident Tofilau Eti Alesana – seit 1988 Regierungschef – wird im Amt bestätigt.
	3. Juli	Als Nachfolger von Ieremia Tabai (seit 1979 Staatsoberhaupt) wird der bisherige Vizepräsident und Finanzminister Teatao Tennaki zum neuen Staatspräsidenten von Kiribati gewählt.
	11. Nov.	Wiwa Korowi wird zum Generalgouverneur von Papua-Niugini berufen.
	1992 2. Juni	Nach den ersten allgemeinen Wahlen (23.–30. Mai) seit den Militärputschen von 1987 wird Sitiveni Rabuka Premierminister der Republik Fidschi. Parlamentswahlen auf Papua-Niugini (13.–27. Juni): Paias Wingti wird Premierminister.
	1993 18. Juni	Zwischen den Salomonen und Papua-Niugini kommt es zu Grenzkonflikten (März–April). Nach Parlamentswahlen (26. Mai) wird Francis Billy Hilly neuer Premierminister der Salomonen und Nachfolger von Solomon Mamaloni, der seinerseits – nach einer politischen Krise – am 7. Nov. 1994 wieder Premierminister wird.
Regierungswechsel auf Tuvalu	10. Dez.	Zum Nachfolger des bisherigen Premierministers von *Tuvalu*, Bikenibeu Paeniu (seit 1989 Regierungschef), wird Kamuta Laatasi gewählt.
	15. Dez.	Der Staatspräsident der Republik Fidschi, Ratu Sir Penaia Ganilau, stirbt. Nachfolger wird Ratu Sir Kamisese Kapaiwai Tuimacilai Mara (*1920, Amtseinführung 18. Jan. 1994).
	1994 28. Febr.	Sitiveni Rabuka wird nach Parlamentswahlen wiederum als Premierminister der Republik Fidschi vereidigt.
Leye Präsident von Vanuatu	2. März	Jean-Marie Leye wird neuer *Präsident der Republik Vanuatu* und somit Nachfolger von Fred Karlomoana Timakata (Staatsoberhaupt seit 30. Jan. 1989).
	21. Juni	Regierungschef Kamuta Laatasi ernennt Tulega Manuella zum neuen Generalgouverneur von Tuvalu und somit zum Vertreter der britischen Königin Elisabeth II.
	30. Aug.	Sir Julius Chan (*1939) wird zum neuen Premierminister von Papua-Niugini gewählt.
	1. Okt.	Neuer Staatspräsident von Kiribati wird Teburoro Tito.
Souveränität Belaus	1. Okt.	Nach dem Ende der treuhänderischen Verwaltung durch die USA erhält *Belau/Palau* die internationale *Souveränität*. Als Staatspräsident amtiert Kuniwo Nakamura.
	1995 22. Nov.	Das Parlament von Nauru wählt als Nachfolger von Bernard Dowiyogo (Staatsoberhaupt seit 1989) Lagumot Harris zum neuen Staatspräsidenten.
	1996 8. Febr.	In Vanuatu tritt Serge Vohor als Premierminister (erst seit dem 21. Dez. 1995 im Amt) zurück; Maxime Carlot Korman, der schon von Dez. 1991 bis Dez. 1995 dieses Amt bekleidet hatte, wird neuer Regierungschef (23. Febr.), jedoch am 30. Sept. von Vohor wiederum abgelöst.
	Nov.	Bernard Dowiyogo wird erneut Staatsoberhaupt von Nauru.
	1997 18. Juli	Im Konflikt zwischen der Regierung von Papua-Niugini und den Bougainville-Rebellen wird eine Waffenruhe vereinbart.
neue Verfassung auf Fidschi	Juli	Das Parlament der *Republik Fidschi* nimmt eine *neue Verfassung* an, in die erstmals die Grundrechte aufgenommen sind.
	27. Aug.	Auf den Salomonen wird Bartholomew Ulufa'alu zum Nachfolger des Premierministers Solomon Mamaloni gewählt.
	1998 Nov.	Auf der Salomonen-Insel Guadalcanal entladen sich Spannungen zwischen den Einheimischen und Zuwanderern von der Nachbarinsel Malaita in blutigen Gewalttätigkeiten. Die Regierung ruft im Juni 1999 den Notstand aus und bittet Australien um Hilfe.
Chaudry Regierungschef	**1999** 15. Mai	Erste Wahl nach demokratischen Prinzipien auf Fidschi. Der Gewerkschaftsführer *Mahendra Chaudry* wird *Regierungschef*.
	15. Sept.	Kiribati wird zusammen mit Nauru und Tonga in die UN aufgenommen.
	2000 23. März	In Papua-Niugini schließen Regierung und Rebellen einen Vertrag über die schrittweise Gewährung der Autonomie für Bougainville. Der Bürgerkrieg hat seit 1989 10000 Tote gefordert.
	19. Mai	Putsch des Geschäftsmannes Georges Speight auf den Fidschi-Inseln. Die Aufrührer nehmen das Kabinett sowie 37 weitere Personen als Geiseln. Am 17. Juli werden die letzten freigelassen. Das Oberste Gericht erklärt am 15. Nov. die Rechtmäßigkeit der entmachteten Regierung.
	Juni	Wiederaufflammen der Kämpfe auf Guadalcanal trotz Friedensabkommens vom Juli 1999.
	6. Sept.	Tuvalu wird 189. UN-Mitglied. Die Jahresbeiträge (20 000 US-Dollar) gewinnt es aus dem Verkauf des Kürzels „tv" an eine Internet-Firma.
	15. Okt.	Neues Friedensabkommen für die Insel Guadalcanal.

Okt.	Auf den Marshallinseln wird ein Untersuchungsbericht vorgelegt, nach dem die Bevölkerung des Atolls Rongelap bei Wasserstoffbombenexplosionen 1954 auf der Nachbarinsel Bikini 20-mal stärker verstrahlt wurde als angenommen.
27.–30. Okt.	Kiribati ist Gastgeber des Südpazifik-Forums, das seitdem unter dem Namen Pazifik-Insel-Forum firmiert.
2001	Das Biotechnologie-Unternehmen Autogen Ltd. erhält von der Regierung von Tonga die exklusiven Rechte für Erfassung und Erforschung des gesamten Erbgutes der Bevölkerung, die als eine der ethnisch homogensten der Welt gilt.
30. März	Der Geldwäsche-Ausschuss der OECD fordert die Regierung von Nauru ultimativ auf, Maßnahmen gegen Geldwäsche zu ergreifen. Allein die russische Mafia soll 70 Mrd. US-Dollar über Nauru geschleust haben.
13. April	Sturz des in Drogengeschäfte verwickelten Premierministers von Vanuatu, Barak Sope.
1. Juni	Unterzeichnung eines *Friedensabkommens für Bougainville* (Papua-Niugini).
Aug.	Bei den Parlamentswahlen auf den Fidschi-Inseln erhält die SDL, die Partei der indigenen Fidschianer, die meisten Stimmen.
2002	
30. Juli	Der Nationale Gerichtshof von Papua-Niugini stoppt die seit sieben Wochen andauernden Wahlen und erklärt den 1985 gestürzten ersten Premier des Staates und seitherigen Oppositionsführer Michael Somare zum Wahlsieger. Somare bildet eine Acht-Parteien-Koalitionsregierung, die am 5. Aug. vom Parlament bestätigt wird.

Friedensabkommen für Bougainville

Amerika seit 1945

OAS — Die panamerikanische Bewegung gewinnt während des Zweiten Weltkriegs an Aufschwung. Aufbauend auf der Akte von Chapultepec (1945; Schloss südwestlich von Mexico City) wird 1947 der Interamerikanische Beistandspakt unterzeichnet. Die 1948 gegründete *„Organisation Amerikanischer Staaten"* – OAS (Ziele: gemeinsames Handeln bei Aggressionen, friedliche Regelung von Streitigkeiten, Förderung der wirtschaftlichen und kulturellen Zusammenarbeit) wird unter Druck der USA immer mehr ein Instrument zur Abwehr des Kommunismus auf dem lateinamerikanischen Kontinent. Auf der 7. Konferenz in Punta del Este (1962; in Uruguay) wird der Marxismus-Leninismus als unvereinbar mit dem interamerikanischen System erklärt, anschließend auf einer Tagung in Washington (1964) Kuba ausgeschlossen.

Lateinamerika-Politik der USA — Um weitere revolutionäre Entwicklungen zu verhindern und Kuba zu isolieren, konzipieren die *USA* eine neue *Lateinamerika-Politik*, die auf die schrittweise Einführung einer gelenkten kapitalistischen Entwicklung abzielt. 1961 verkündet US-Präsident John F. Kennedy ein 10-Punkte-Programm, das eine *„Allianz für den Fortschritt"* (Alianza para el progreso) zwischen den USA und Lateinamerika darstellen soll. Das anspruchsvolle soziale und wirtschaftliche Reformprogramm (Bildungs- und Gesundheitswesen, Wohnungsbau, Beschäftigungspolitik, Boden- und Steuerreformen), dessen Grundzüge in der Charta von Punta del Este niedergelegt sind, gilt heute als gescheitert. Die Allianz für den Fortschritt wird im System der OAS verankert; gegen die US-Vorherrschaft wird die OAS-Charta 1967 in Buenos Aires revidiert. Obwohl US-Präsident Richard M. Nixon 1969 eine partnerschaftliche Lateinamerikapolitik verkündet, bleiben die Beziehungen zwischen den USA und dem Subkontinent unbefriedigend; allerdings verlieren die USA zusehends ihre Stellung als Hegemonialmacht der OAS. Ab 1977 treten wegen der US-Menschenrechtspolitik der Regierung Jimmy Carters Spannungen (vor allem mit konservativen Militärdiktaturen) auf.

Organisation der OAS

Die Organisation der Amerikanischen Staaten – OAS (nach der Reform von 1967)

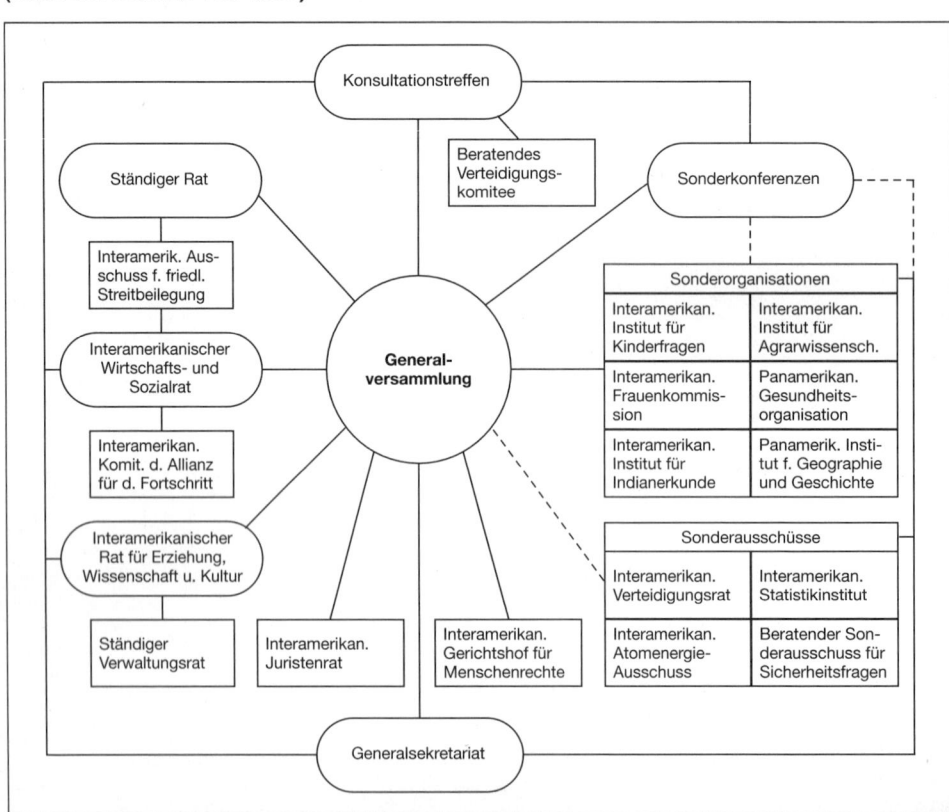

Auch in den achtziger Jahren richten die USA ihre Lateinamerika-Politik weit gehend am Ost-West-Konflikt aus (Unterstützung regimefeindlicher Truppen in Nicaragua, Invasion auf Grenada). Diese Politik wird in Lateinamerika heftig kritisiert. Außerdem wird deutlich, dass die OAS dringend reformbedürftig ist, da sie die anstehenden Probleme (Drogenhandel, Terrorismus u.a.) nicht bewältigen kann und die lateinamerikanischen Regierungen ein interamerikanisches System fordern, in dem die *USA* ihre *Vormachtstellung* zu Gunsten einer Gleichberechtigung aller Mitgliedstaaten aufgeben.
Nach vierzehnmonatigen Verhandlungen beschließen die USA, Kanada und Mexiko im August 1992 die Errichtung der nordamerikanischen Freihandelszone *NAFTA* (North American Free Trade Agreement), die Anfang 1994 in Kraft tritt.
Eine erste *Bewährungsprobe* hat die NAFTA noch im selben Jahr zu bestehen, als es mit der drastischen Abwertung des Peso (Dezember 1994) in Mexiko zur Wirtschaftskrise kommt. Eine IMF-Finanzhilfe von über 50 Milliarden US-Dollar rettet das Land vor dem drohenden Kollaps. 20 Milliarden stammen dabei aus Reserven der US-Regierung, die damit ihr großes Interesse an der ökonomischen Absicherung der NAFTA deutlich macht.
Nach ersten Treffen in Miami (1944) und Santiago de Chile (1998) beschließen die Staats- und Regierungschefs von 34 amerikanischen Staaten (ohne Kuba) auf einer dreitägigen Gipfelkonferenz in Quebec im April 2001 die Erweiterung der NAFTA zur Amerikanischen Freihandelszone (FTTA), die von Alaska bis Feuerland reichen und die Handelsbeschränkungen für ca. 800 Mio. Konsumenten abbauen soll.

Vormachtstellung der USA in OAS NAFTA

Bewährungsprobe

Nordamerika seit 1945

Kanada seit 1945
(Forts. v. S. 1277)

Kanadas Entwicklung nach dem Zweiten Weltkrieg ist durch den Status einer „mittleren Macht" gekennzeichnet. In zweifacher Weise ist es international gebunden: als „senior Dominion" im Britischen Commonwealth und als wirtschaftlicher und sicherheitspolitischer Partner der mächtigeren Vereinigten Staaten.
Bei fortgesetzter politischer Führung der Liberalen Partei (bis 1957) zeichnet sich die innenpolitische Entwicklung in den vierziger und fünfziger Jahren durch eine relativ gute Kooperation der *Franko- und Anglokanadier*, durch soziale Reformen, durch ein trotz konjunktureller Labilität kräftiges Wirtschaftswachstum und durch einen steigenden Lebensstandard aus.
Von 1946–1947 nimmt Kanada über 4,5 Mio. *Einwanderer* auf. Spitzenjahre sind 1957 mit 282000, 1967 mit 223000 und 1974 mit 218000 Einwanderern. Die Bevölkerungszahl wächst von 14 Mio. 1951 auf 23,5 Mio. 1978.

Franko- und Anglokanadier

Einwanderung

1945	Kanada ist *Gründungsmitglied der Vereinten Nationen*. Es nimmt wiederholt (1977 zum vierten Mal) einen nichtständigen Sitz im UN-Sicherheitsrat ein und beteiligt sich an fast allen friedenserhaltenden Aktionen der Vereinten Nationen mit größeren Truppenkontingenten, u.a. 1956–1967 am Sues-Kanal und im Gasastreifen, 1960–1964 im Kongo, seit 1964 auf Zypern, seit 1978 im Nahen Osten (für den kanadischen Entspannungsbeitrag bei der Sueskrise von 1956 erhält Außenminister Lester Bowles Pearson [*1897, †1972] 1957 den Friedensnobelpreis).
1948–1949	Während der Zuspitzung des Ost-West-Konflikts beteiligt sich Kanada an den Vorgesprächen zur Gründung der NATO und ist Mitunterzeichner dieses Verteidigungspaktes (4. April 1949).
1948 15. Nov.	Nach dem Rücktritt von Premierminister W. L. Mackenzie King (*1874, †1950) setzt sein Nachfolger, Louis St. Laurent (*1882, †1973), dessen Politik bruchlos fort. Frühere *Gesetze zur Arbeitslosenversicherung* (1940) und *Familienhilfe* (1944) werden 1951 durch ein Gesetz zur *Altersversorgung* ergänzt.
1949 31. März	Neufundland, dessen 1907 erworbener Dominion-Status 1934 aus finanzpolitischen Gründen suspendiert worden war und das seitdem dem britischen Kolonialamt unterstand, wird nach einer Volksabstimmung zehnte Provinz Kanadas.
1950–1953	Kanada beteiligt sich am Korea-Krieg mit einer Brigade innerhalb der Commonwealth-Division.

Gründungsmitglied der UNO

Sozialgesetze

Grundlinien der Außenpolitik

Zusammenarbeit mit den USA

Im Verlauf des Ost-West-Konflikts verfolgt Kanada eine enge militärische *Zusammenarbeit mit den Vereinigten Staaten*. 1949 wird ein Abkommen zur wirtschaftlichen Koordinierung der gemeinsamen Verteidigung geschlossen. Ihm folgen 1955 ein Abkommen zum Ausbau des gemeinsamen Radar-Warnsystems, 1957 ein nordamerikanisches Luftverteidigungsabkommen (NORAD), 1959 ein Abkommen über den Gebrauch von Atomenergie für gemeinsame Verteidigungszwecke und 1963 Vereinbarungen über die Ausrüstung des Luftverteidigungssystems mit nuklearen Sprengköpfen sowie über die Lagerung von Kernwaffen für amerikanische Truppen in Kanada.

Wahlerfolg der Konservativen

1957
21. Juni
Nach *Wahlerfolgen der Konservativen* bildet John Diefenbaker (* 1895, † 1979) zunächst eine Minderheitsregierung.

1958
1. April
Diefenbaker erzielt den größten Wahlerfolg der kanadischen Geschichte: 208 von 265 Mandaten. Die zweiundzwanzigjährige Herrschaft der Liberalen Partei ist zu Ende.

Die innere Entwicklung in der Ära Diefenbaker

neue Rohstofflager

Die Erschließung *neuer Rohstofflager* (u. a. seit 1947 Erdöl und Erdgas in Alberta, 1948 Eisenerzlager in Labrador, in den fünfziger Jahren Uranvorkommen in Saskatchewan und Ontario, in den sechziger Jahren Bleilagerstätten am Großen Sklavensee), erfordert den Ausbau des Transport- und Verkehrssystems. 1959 wird der gemeinsam mit den Vereinigten Staaten gebaute St.-Lorenz-Seeweg eröffnet, auf dem Hochseeschiffe bis in die Großen Seen fahren können (Häfen: Toronto, Buffalo, Detroit, Chicago, Milwaukee, Duluth). 1963 wird der Trans Canada Highway vollendet, der in einer Länge von 7780 km die West- und Ostküste verbindet. Die zwischen Edmonton (Alberta) und Toronto bzw. Montreal angelegte Öl-Pipeline, ein ausgedehntes Erdgasleitungsnetz, neue Eisenbahnstrecken nach Labrador und zum Großen Sklavensee sowie andere Transportanlagen ermöglichen die Beförderung von Rohstoffen über weite Strecken.

Ausbau der Industrie

Der *Ausbau der Industrie* und die Erschließung der Bodenschätze erfolgen unter starker Beteiligung ausländischen Kapitals, das besonders aus den Vereinigten Staaten ins Land hineinströmt. In den sechziger Jahren kommen rund 75% der Auslandsinvestitionen vom großen Nachbarn im Süden. Über 50% der kanadischen Industrie befinden sich im Besitz bzw. unter der Kontrolle des Auslandes; die Aluminium-, Gummi- und Autoindustrie liegt fast ganz in US-amerikanischer Hand. Während die Auslandsinvestitionen den Lebensstandard stark anheben, wächst die Furcht vor Überfremdung und Abhängigkeit.

Verstädterung

Die Industrialisierung fördert die *Verstädterung* (1976 haben Toronto und Montreal je 2,8 Mio., Vancouver 1,17 Mio. Einwohner), wirft Verkehrs- und Versorgungsprobleme auf und macht Maßnahmen für den Umweltschutz notwendig.

Seit Beginn der sechziger Jahre weist die Wirtschaft stärkere Rezessionen auf (erster größerer Einbruch 1960–1962; Arbeitslosenquoten 1971: 6,2%, 1975: 6,9%, 1978: 8,6%). Kanada sucht sich gegen zu starke wirtschaftliche Einflüsse aus den Vereinigten Staaten mit Hilfe einer staatlichen Investitionsüberprüfung zu wehren. In der Weltpolitik verfolgt es einen flexibleren Kurs. Zunehmende Spannungen zwischen Anglo- und Frankokanadiern und Autonomiebestrebungen in der *Provinz Québec* gefährden den Zusammenhalt des Bundesstaates.

Provinz Québec

1961/1963 Abkommen mit der Volksrepublik China über umfangreiche Weizenlieferungen.

1962
17. Dez.
In der Provinz Québec wächst die Kritik der Frankokanadier an der Vorherrschaft der Anglokanadier im Gesamtstaat. Eine neue Parti républicain du Québec verfolgt unter Führung von René Lévesque (* 1922, † 1987) *separatistische Tendenzen*.

separatistische Tendenzen

1963 Die militante Front de Libération du Québec (FLQ) wird gegründet.

Kanadas „multikulturelle" Bevölkerung 1991

Herkunft	Kanada gesamt	Anteil an der Gesamtbevölkerung**	Montreal	Toronto	Vancouver
Großbritannien	5 611 050	20,8 %	166 815	747 250	365 760
Frankreich	6 146 600	22,8 %	1 824 305	52 080	28 160
sonstige europäische Staaten	4 146 065	15,4 %	437 545	1 016 705	257 185
Asien/Afrika	1 633 660	6,1 %	187 435	628 835	317 295
Pazifische Inseln	7 215	0,1 %	10	355	4 865
Latein-/Mittelamerika	85 535	0,3 %	24 905	26 410	6 000
Karibik	94 395	0,4 %	24 895	50 660	1 335
Schwarze	224 620	0,8 %	38 650	125 610	4 885
Ureinwohner*	470 615	1,7 %	12 730	6 440	12 570
Mehrfach-Identität	7 794 250	28,9 %	363 300	939 225	560 005

* Eskimo (Eigenname: Inuit) und Indianer
** gerundet; Anteile wegen Mehrfachidentität bzw. unklarer Zuordnung nicht immer einwandfrei zu definieren

22. April Nach dem Sturz Diefenbakers und Neuwahlen übernehmen die Liberalen wieder die Führung. Premierminister (1963–1968) wird Lester Bowles Pearson (*1897, †1972). Die Regierung setzt eine Königliche Kommission zur Untersuchung der Zweisprachigkeit und des Zusammenlebens zweier Kulturtraditionen („biculturalism") ein. Auf Grund des ersten Kommissionsberichtes wird im Official Language Act von 1969 beschlossen, dass Englisch und Französisch Amtssprachen des Landes sein sollen. 1971 verkündet die Regierung eine „multiculturalism policy", aufgrund deren Programme zur Erhaltung, Entwicklung und Verbreitung der *verschiedenen Kulturtraditionen* unterstützt werden.

1967 Juli Ein offizieller Besuch des französischen Staatspräsidenten Charles de Gaulle stärkt den Nationalismus der Frankokanadier. De Gaulle spricht von den „Franzosen beiderseits des Atlantiks" und vom „freien Québec". Premierminister Pearson protestiert gegen diese Äußerungen. Präsident de Gaulle bricht seinen Besuch ab.

1968 25. Juni Nach dem Rücktritt Lester Pearsons und Neuwahlen wird der Frankokanadier Pierre Elliott Trudeau (*1919, † 2000), der neue Führer der Liberalen Partei, *Premierminister* (bis 1979). Innenpolitisch bemüht sich die Regierung, wenn auch ohne durchschlagenden Erfolg, um Entspannung (1968 Gründung der separatistischen Parti Québecois unter René Lévesque). Außenpolitisch überprüft sie die bisherigen Bindungen Kanadas und verfolgt vor allem im Wirtschaftsbereich eine sog. *„Third Option"-Politik* (engere Verbindungen mit der Europäischen Wirtschaftsgemeinschaft und mit Japan).

1969 Kanada beginnt, seine NATO-Truppen in Europa von 9800 auf 5000 Mann zu reduzieren.

1970 13. Okt. Mit der Regierung der *Volksrepublik China*, die als „einzige rechtmäßige Regierung Chinas" anerkannt wird, werden (ein Jahr vor der Aufnahme in die UNO und der Annäherung zwischen China und den USA) *diplomatische Beziehungen* aufgenommen.

Okt. Frankokanadische Extremisten der FLQ stürzen die Provinz Québec in eine Krise. Es kommt zu Studentenstreiks und Demonstrationen. Der britische Handelsattaché James R. Cross und der Arbeitsminister Québecs, Pierre Laporte, werden entführt. Letzterer wird nach Ablehnung der Forderung der Entführer, politische Häftlinge freizulassen, ermordet. 10000 Soldaten werden nach Québec geschickt (zeitweilig Ausnahmezustand).

1974 Nachdem 1970 eine zu starke Kapitalbeteiligung aus den Vereinigten Staaten an Kanadas größter Uranfirma gesetzlich verhindert wurde, bestimmt ein Investitionsgesetz, dass größere ausländische Investitionen und Besitzbeteiligungen an kanadischen Firmen von über 50 Prozent genehmigungspflichtig sind. Als Kontrollinstanz wird die Foreign Investment Agency errichtet.

1976 15. Nov. Bei den Provinzwahlen in Québec siegt die separatistische Parti Québecois über die Liberalen. René Lévesque, der neue Premierminister der Provinz, vertritt weiterhin die Forderung nach kompromissloser Autonomie. Es kommt jedoch vorerst nicht zur Volksabstimmung.

1978 Juni Premierminister Pierre Trudeau legt einen Verfassungsentwurf vor, in dem regionale, provinziale und sprachliche Interessen stärkere Berücksichtigung finden.

1979 22. Mai *Parlamentswahlen*: Die Liberalen unter Pierre Trudeau erhalten nur noch 114 Sitze, die Konservativen unter Joe Clark (*1939), sie repräsentieren vor allem die anglokanadische Bevölkerung, bilden mit 136 Mandaten eine neue Regierung.

1980 18. Febr. Nach dem Rücktritt der Regierung Clark erringen die Liberalen bei Neuwahlen die absolute Mehrheit. Trudeau wird wieder Premierminister (3. März).

Bevölkerung

verschiedene Kulturen

Trudeau Premierminister

Third Option-Politik

Beziehungen zur VR China

Parlamentswahlen

Provinzen	**1982** 17. April	Königin Elisabeth II. proklamiert eine eigenständige kanadische Verfassung. Diese enthält eine Charta der Bürgerrechte und erlaubt dem Bundesparlament, künftige Verfassungsänderungen unabhängig von Großbritannien vorzunehmen. Den *Provinzen* wird jedoch zugestanden, solche Änderungen nicht zu akzeptieren. Der Premierminister von Québec, René Lévesque, erstrebt weiterhin die Unabhängigkeit dieser Provinz.
Wahlsieg der Konservativen	**1984** 15. Sept.	Nach dem Rücktritt von Premierminister Pierre Trudeau (30. Juni) und einer Übergangsregierung unter John Napier Turner (Liberale Partei; *1929) wird nach *Wahlsieg der Konservativen* Brian Mulroney (Progressiv-Konservative Partei; *1939) Premierminister.
Sonderrechte für Québec	**1987** 3. Juni	Im Meech Lake Accord einigen sich Bund und Provinzen darauf, der französisch sprechenden Provinz *Québec Sonderrechte* zu gewähren. Québec will dafür die Verfassung von 1982 anerkennen.
Land für Indianer und Eskimos	**1988** 2. Jan. 5. Sept.	Premierminister Brian Mulroney und US-Präsident Ronald Reagan unterzeichnen ein Freihandelsabkommen, demzufolge die Zölle bis 1998 stufenweise abgebaut werden sollen. Den *Indianern und Eskimos* des Mackenzie-Tals wird ein Gebiet von 70000 Quadratmeilen als Eigentum zugesprochen. Die Eskimos der Westlichen Arktis hatten bereits 1984 35000 Quadratmeilen und die Yukon-Indianer im Sommer 1988 16000 Quadratmeilen erhalten. Die Eskimos der Östlichen Arktis sollen 136000 Quadratmeilen bekommen. Das sind insgesamt etwa 7% der Fläche Kanadas. Darüber hinaus erhalten die Nachkommen der Ureinwohner Jagdrechte in einem Gebiet von 1,1 Mio. Quadratmeilen (fast 30% der Fläche Kanadas).
Parlamentswahlen	21. Nov.	Bei *Parlamentswahlen* siegt die Progressive Conservative Party. Premierminister Brian Mulroney bleibt im Amt.
	1990 23. Juni 2. Sept.	Die Provinzen Neufundland und Manitoba verweigern die Ratifizierung des Meech Lake Accords. Der Einigungskompromiss von 1987 mit Sonderrechten für die Provinz Québec ist damit gescheitert. Die Armee beendet einen monatelang militant ausgetragenen Konflikt zwischen Mohawk-Indianern und der Gemeinde Oka (40 km von Montreal entfernt). Anlass war die Absicht, auf altem Indianergebiet einen Golfplatz zu bauen.
	1992 22. Aug. 26. Okt.	Nach zweijährigen Verhandlungen einigt sich die First Minister's Conference unter Teilnahme des Premiers von Québec, Robert Bourassa (*1933, †1996), auf die umfangreichste Reform der Verfassung in der Landesgeschichte seit 1867. Die Reform regelt die Vertretung der Anglo- und Frankokanadier in den obersten Staatsorganen. Québec werden hierbei Quoten zuerkannt; ferner werden die Autonomierechte der Ureinwohner anerkannt und die Stellung der Provinzen gestärkt. Bei einem Referendum lehnen knapp 55% der Kanadier die Verfassungsreform ab.
NAFTA	17. Dez.	Premierminister Mulroney unterzeichnet den Nordamerikanischen Freihandelszonenvertrag *NAFTA* in Ottawa, der am 1. Jan. 1994 in Kraft tritt.
	1993 13. Juni 25. Okt.	Mulroney gibt seinen Rücktritt bekannt (24. Febr.). Verteidigungsministerin Kim Campbell (*1947) wird zur neuen Premierministerin gewählt (Vereidigung: 25. Juni). Sie setzt sich im zweiten Wahlgang gegen Umweltminister Jean Charest (*1958) durch.
Chrétien Premierminister		Bei Parlamentswahlen erleidet die regierende Progressive Conservative Party eine Niederlage. Zum Wahlsieger avanciert die Liberale Partei unter Jean *Chrétien* (*1934), der auch neuer *Premierminister* wird (4. Nov.).
Fischereikonflikt EU – Kanada	**1995** März–April	Mit der Aufbringung des spanischen Trawlers Estai durch die kanadische Marine (9. März) beginnt der *Fischereikonflikt zwischen Kanada und der EU*. Die Spanier führen die Visumpflicht ein (14. März); spanische und kanadische Marineeinheiten treffen vor der neufundländischen Küste aufeinander. Der Streit wird durch einen Kompromiss beigelegt. Dieser sieht fast gleiche Fangquoten und Schutz vor Überfischung vor der Küste Neufundlands vor (15. April).
Einheit Kanadas gewahrt	30. Okt.	50,56% der Frankokanadier in Québec lehnen die Sezession ihrer Provinz vom kanadischen Bundesstaat ab. Damit bleibt die *Einheit Kanadas gewahrt*.
	1996 **1997** 3./4. Dez.	Premierminister Chrétien nimmt eine umfangreiche Regierungsumbildung vor (25. Jan.). Die auf eine Initiative von Außenminister Lloyd Axworthy (*1939) zurückgehende Konvention zur Ächtung von Landminen wird in Ottawa von 125 Staaten (ohne die USA, VR China und Russland) unterzeichnet.
	1998 7. Jan. 5. Aug.	Die kanadische Regierung entschuldigt sich formell für die ungerechte Behandlung von Ureinwohnern. Der Indianerstamm der Nisga'a gibt 90% des von ihm beanspruchten Gebietes auf und erhält dafür in seinem Kerngebiet das Recht auf Selbstverwaltung und Justiz. Damit ist ein Modell für die Lösung von Autonomieproblemen geschaffen.

1999 1. April	Nunavut („Land des Volkes") trennt sich von den Nordwest-Territorien ab und konstituiert sich als eigenes Territorium mit weit reichender Autonomie.	
18. Sept.	Der Oberste Gerichtshof billigt indianischen Fischern vom Volk der Mimaq Fischereiprivilegien aus einem Vertrag von 1760 zu.	
2000 2. April	Die oppositionelle *Reform Party löst sich auf* und konstituiert sich gemeinsam mit abgespaltenen Gruppen der Progressive Conservative Party neu als „Canadian Alliance".	*Auflösung der Reform Party*
27. Nov.	Bei den Parlamentswahlen siegt die regierende Liberale Partei. Mit der regional sehr unterschiedlichen Verteilung der Stimmen auf einzelne Parteien setzt sich der Trend zum Auseinanderdriften der Ost- und Westregionen fort.	
2001 8. März	Zum Premierminister der Provinz Quebec wird Bernard Landry, ein entschiedener Befürworter einer Sezession, gewählt. Mit aktiver Einwanderungspolitik will die Provinzregierung den Anteil französischsprachiger Einwohner erhöhen.	
Juli	Der Minister für indianische Angelegenheiten, Robert Nault, fordert von den indianischen Selbstverwaltungen *mehr Transparenz im Finanzgebaren*. Die Regierung unterstützt die 636 indianischen Stämme mit rd. 7 Mrd. kanadischen Dollar, wobei 83 % der Gelder direkt an die Häuptlinge oder die Stammesräte gehen.	*mehr Transparenz im Finanzgebaren*

Die Vereinigten Staaten von Amerika seit 1945
(Forts. v. S. 1293)

Die Vereinigten Staaten nach dem Zweiten Weltkrieg (1945–1947)

	Im Krieg haben die Vereinigten Staaten ihre militärischen, wirtschaftlichen und technischen Ressourcen in nie zuvor gekanntem Maße mobilisiert. Außer den Streitkräften ist auch die staatliche Verwaltung ganz erheblich ausgebaut worden. Im Lager der *westlichen Alliierten* besitzen die USA eine unbestrittene *Führungsposition*. Mit den Siegen über das faschistische Italien (Sept. 1943), Deutschland (Mai 1945) und Japan (Aug. 1945) stehen die USA erfolgreich am Ziel ihrer Anstrengungen und Opfer, zugleich stehen sie aber auch vor neuen Aufgaben, die nicht weniger leicht zu lösen sind: 1. Umstellung des eigenen Landes auf Friedensverhältnisse, 2. Neuordnung der übrigen Welt, und zwar der besiegten Staaten, der befreiten Länder und der Welt insgesamt in einem System der kollektiven Sicherheit. Ein Rückfall in den Isolationismus – wie nach dem Ersten Weltkrieg – findet nicht statt. Der größte Teil der amerikanischen Streitkräfte wird zunächst demobilisiert. Die Entzweiung der ehemaligen Alliierten (Westmächte/UdSSR) und der offene Ausbruch des Ost-West-Konflikts sind 1945 noch nicht klar abzusehen. Die Vereinigten Staaten leisten seit 1943 im Rahmen der United Nations Relief and Rehabilitation Administration *(UNRRA)* umfangreiche Hilfsmaßnahmen zur Linderung der Not in den vom Kriege betroffenen Ländern Europas (bis 1947) und Asiens (bis 1949).	*Führung der westlichen Allianz* *UNRRA*
1945 12. April	Nach dem Tod Franklin D. Roosevelts übernimmt der bisherige Vizepräsident Harry S. *Truman* (Demokrat; *1884, †1972) das Präsidentenamt; er führt die Politik seines Vorgängers mit innenpolitischen Reformen und weltpolitischem Engagement fort. In seine erste Amtsperiode fallen das Ende des Zweiten Weltkrieges, Normalisierungs- und Wiederaufbaumaßnahmen und der Beginn des Ost-West-Konflikts.	*Präsident Truman*
8. Mai	Mit dem V-E Day *(Victory Europe Day)*, dem Tag der deutschen Kapitulation in Reims (Frankreich), ist der Zweite Weltkrieg in Europa zu Ende.	*Victory Europe Day*
11. Mai	Die Vereinigten Staaten stellen die Pacht- und Leihhilfe an ihre Verbündeten auf dem europäischen Kriegsschauplatz ein.	
5. Juni	Entsprechend früheren Vereinbarungen der Alliierten (Europäische Beratungskommission, Jalta-Konferenz) beginnt in Deutschland die *Viermächteverwaltung*, an der die Vereinigten Staaten beteiligt sind. Erster Militärgouverneur, zugleich amerikanischer Vertreter im Alliierten Kontrollrat, ist General Dwight David Eisenhower (*1890, †1969). Ihm folgen die Generale (Nov. 1945) Joseph Taggert McNarney (*1893, †1972) und (März 1947) Lucius Dubignon Clay (*1897, †1978).	*Viermächteverwaltung*
26. Juni	Mit 49 anderen Staaten unterzeichnen die USA die *Charta der Vereinten Nationen* (UNO). 1946 beschließen die Vereinten Nationen, ihren ständigen Sitz in den Vereinigten Staaten zu errichten (John Davison Rockefeller jun. [*1874, †1960] stiftet 8,5 Mio. Dollar zum Ankauf des Geländes in New York).	*Charta der Vereinten Nationen*
16. Juli	Auf dem Versuchsgelände von Alamogordo (Bundesstaat New Mexico) wird die erste Atombombe zur Explosion gebracht.	

Atombomben auf Japan	17. Juli–2. Aug.	Auf der Potsdamer Konferenz, der letzten Gipfelkonferenz der „Großen Drei" (USA, UdSSR, Großbritannien) im Zweiten Weltkrieg, erörtert Präsident Truman mit dem britischen Premier Winston Churchill (bzw. Clement Attlee, der diesen auf der Konferenz ablöst) und dem sowjetischen Partei- und Regierungschef Josef Stalin u.a. Neuordnungsfragen in Europa und die Besatzungspolitik in Deutschland.
	6./9. Aug.	Mit dem Abwurf von zwei *Atombomben* auf *Hiroshima* und *Nagasaki* zwingen die USA Japan zur Beendigung des Krieges.
	14. Aug.	Mit dem V-J Day (Victory Japan Day), dem Tag der japanischen Kapitulation, ist der Zweite Weltkrieg auch in Ostasien zu Ende. Japan wird von amerikanischen Streitkräften besetzt. Der japanische Kaiser (Tenno) behält seine Stellung, der japanische Verwaltungsapparat bleibt bestehen. Entmilitarisierung und Demokratisierung werden jedoch von General Douglas MacArthur (*1880, †1964), dem Oberkommandierenden der Besatzungstruppen, kontrolliert.
	21. Aug.	Das amerikanische Pacht- und Leihprogramm der Kriegszeit ist beendet (die Vereinigten Staaten haben ihren Verbündeten Hilfe im Wert von 50,6 Mrd. Dollar geleistet).
Friedensverträge	11. Sept.–2. Okt.	Außenminister James Francis Byrnes (Demokrat; *1879, †1972) vertritt die Vereinigten Staaten auf der ersten Konferenz des Außenministerrates der Großmächte in London. Es folgen Konferenzen in Moskau (1945), Paris und New York (1946), Moskau und London (1947), auf denen die *Friedensverträge* für Italien, Ungarn, Bulgarien, Rumänien und Finnland ausgearbeitet werden (unterzeichnet 10. Febr. 1947). Keine Einigung über einen Staatsvertrag mit Österreich und einen Friedensvertrag mit Deutschland.
Hauptkriegsverbrecher	14. Nov.	In Nürnberg beginnt der Prozess des Internationalen Militärgerichtshofes gegen deutsche *Hauptkriegsverbrecher* (beendet am 1. Okt. 1946). In Tokio findet von 1946 bis 1948 ein ähnlicher Prozess gegen japanische Hauptkriegsverbrecher statt.
	1946 14. Juni	Der amerikanische Vertreter in der Atomenergiekommission der Vereinten Nationen, Bernard Mannes Baruch (*1870, †1965), legt einen Plan zur internationalen Kontrolle der Atomenergie und zur Atomabrüstung vor, der von sowjetischer Seite mit der Forderung nach einem Atomwaffenverbot, jedoch ohne internationale Kontrolle, beantwortet wird. Eine Einigung kommt nicht zu Stande.
Atombombentests	1. Juli	Beginn einer Reihe amerikanischer *Atombombentests* auf dem Bikini-Atoll im Pazifik.
Unabhängigkeit der Philippinen	4. Juli	Präsident Truman proklamiert entsprechend dem Tydings-McDuffie-Act von 1934 die *Unabhängigkeit der Philippinen*.
	1. Aug.	Der Kongress in Washington beschließt, eine nationale Atomenergiekommission zu errichten, um Atomenergie für zivile Zwecke nutzbar zu machen.
	6. Sept.	Der amerikanische Außenminister James F. Byrnes kritisiert in einer Rede in Stuttgart den Alliierten Kontrollrat und kündigt eine Wiederaufbaupolitik für Deutschland, notfalls auch ohne die Sowjetunion, an (1. Jan. 1947 Gründung der Bizone).

Die Innenpolitik in den USA in der unmittelbaren Nachkriegszeit

Die innenpolitische Situation von 1945 bis 1947 ist durch soziale und wirtschaftliche Umstellungsprobleme im Übergang auf Friedensverhältnisse bestimmt. Aus dem Kriege heimkehrende Soldaten erhalten aufgrund der G. I. Bill von 1944 Unterhalt und freie Ausbildung an Schulen und Universitäten. Die befürchtete große Wirtschaftskrise bleibt aus, aber die Währungsverhältnisse lassen sich nicht stabil halten. Die Kaufkraft der Bevölkerung ist groß. Die Lebensmittelrationierung wird Ende 1945 weit gehend aufgehoben. Preiskontrollen, die Präsident Truman fortführen möchte, werden unter Druck der Produzenten und der Geschäftswelt 1946 schrittweise abgebaut. Die Preise steigen, die Lebenshaltungskosten erhöhen sich von 1946 bis 1948 um 50%. Die Gewerkschaften, deren Mitgliederzahlen bis 1947 auf 22,4% aller Arbeitnehmer anwachsen, fordern höhere Löhne. Schon im Nov. 1945 beginnt ein Streik von 180000 Arbeitern der Automobilindustrie. *Streiks* in der Stahl-, Fleischkonserven- und Elektroindustrie folgen. Im Februar 1946 befinden sich 1,6 Mio. Arbeiter im Ausstand. Lohnerhöhungen werden genehmigt. Eine erneute Streikwelle (Bergarbeiter und Eisenbahner) spitzt die Situation im Lande kritisch zu und bewirkt Restriktionen: Am 23. Juni 1947 setzt der Kongress gegen Trumans Veto das *Taft-Hartley-Gesetz* durch. Es verbietet den Gewerkschaftszwang für Arbeitnehmer, erlaubt gerichtliches Vorgehen der Unternehmer gegen Gewerkschaften, die Tarifverträge brechen, verpflichtet Gewerkschaften zur Offenlegung ihrer Finanzen und setzt eine 60-Tage-Abkühlungsperiode vor Streiks fest.

Die Vereinigten Staaten in der Zeit des Ost-West-Konflikts (1947–1960)

Im Weltkonflikt der Machtblöcke wächst bei den Amerikanern die Furcht vor dem eventuellen Gegner im eigenen Land. Es kommt zu *Verfolgungen von Kommunisten* und des Kommunismus Verdächtigter,

die zeitweilig hysterische Formen annehmen (McCarthyism, nach Senator Joseph R. McCarthy). Im Verlauf des Ost-West-Konflikts rüsten die Vereinigten Staaten erneut auf und mobilisieren ihr großes wirtschaftlich-technisches Potenzial. Bedingt durch die Rivalität zwischen Ost und West werden Waffensysteme weiterentwickelt, die letzten Endes zum *„atomaren Patt"* und „Gleichgewicht des Schreckens" *atomares Patt*
führen. Der Konflikt wird nicht nur mit Mitteln der Rüstung, des Militäreinsatzes und der Machtpolitik, sondern auch mit einer intensiven Propaganda ausgefochten (psychologische Kriegsführung).
George Frost Kennan (*1904; 1944–1946 amerikanischer Geschäftsträger in Moskau; 1947 Chef des Planungsstabes des State Department) formuliert die amerikanische Strategie des „kalten Krieges" (sog. X-Artikel 1947 in der Zeitschrift Foreign Affairs): In nüchterner Einschätzung der sowjetischen Expansion und im Vertrauen auf die eigene Stärke sollten die für den Kommunismus anfälligen Länder vor allem mit wirtschaftlichen Mitteln unterstützt und dadurch Machterweiterungen des Gegners *„eingedämmt"* werden (Politik des „Containment"). *Eindämmungsstrategie*
Kennans Formulierungen entsprechen der Vorstellung vieler Amerikaner, die sich vom Vorgehen der Sowjetunion provoziert fühlen. Andererseits warnen Kritiker der neuen Eindämmungsstrategie vor einer Unterstützung antikommunistischer, aber illiberaler Staaten, vor einer antisowjetischen Außenpolitik schlechthin und vor einem neuen weltpolitischen Engagement. Dramatische Vorgänge zur Abrundung des Ostblocks wie der Staatsstreich in der Tschechoslowakei (Febr. 1948) und die Berliner Blockade (1948–1949) lassen die kritischen Stimmen jedoch bald verstummen.

1947
12. März   Präsident Truman fordert in einer Botschaft an den Kongress (sog. *Truman-Doktrin*) die wirtschaftliche und militärische Unterstützung Griechenlands und der Türkei, um diese Länder vor „aggressiven Schritten zur Errichtung totalitärer Regime" zu schützen. (Für Hilfsmaßnahmen werden bis 1949 625 Mio. Dollar bewilligt.)   *Truman-Doktrin*

22. März   Mit der Truman Loyalty Order wird die Überprüfung der Regierungsbediensteten hinsichtlich ihrer Verfassungstreue und einer eventuellen Beteiligung an subversiven Aktionen eingeleitet. 1948 wird Alger Hiss, ein ehemaliger Beamter des Außenministeriums, wegen Übermittlung von vertraulichen Dokumenten an die Sowjetunion vor Gericht gestellt (Schuldspruch wegen Meineides 1950).

12. April   Die Vereinten Nationen übertragen den USA die *Treuhandverwaltung* der ehemaligen japanischen Inseln *im Pazifik*.   *Treuhandverwaltung im Pazifik*

5. Juni   In einer Rede an der Harvard University kündigt Außenminister George Catlett Marshall (*1880, †1959) ein umfassendes wirtschaftliches Hilfsprogramm für das notleidende und wirtschaftlich stagnierende Europa an *(Marshallplan)*. Zweck der Hilfe sei „die Wiederherstellung einer funktionierenden Weltwirtschaft, und damit auch die Herstellung politischer und sozialer Verhältnisse, die zum Existieren freiheitlicher Institutionen nötig" seien.   *Marshallplan*

23. Juni   Verabschiedung des Taft-Hartley-Gesetzes (als Antwort auf mehrere Streikwellen) durch den Kongress gegen Trumans Veto.

2. Juli   Auf einer Konferenz der Außenminister Großbritanniens, Frankreichs und der Sowjetunion lehnt der sowjetische Außenminister Wjatscheslaw Molotow den Marshallplan für sein Land ab. Die übrigen Ostblockstaaten und Finnland sehen sich gezwungen, Folge zu leisten. Westdeutschland wird später in das Hilfsprogramm einbezogen.

26. Juli   Ein National Security Act fasst die bislang getrennt verwalteten amerikanischen Streitkräfte unter einem neuen Verteidigungsministerium zusammen (erster Verteidigungsminister wird James V. Forrestal [*1892, †1949]). Ein *Nationaler Sicherheitsrat* wird errichtet, der die inneren, auswärtigen und militärischen Maßnahmen zur Erhaltung der nationalen Sicherheit koordinieren soll. Die Nachrichtendienste der verschiedenen Behörden werden in der Central Intelligence Agency (CIA) zusammengefasst.   *Nationaler Sicherheitsrat*

2. Sept.   Im *Vertrag von Rio de Janeiro* vereinbaren die Vereinigten Staaten und die lateinamerikanischen Länder gegenseitige Hilfe im Falle eines Angriffs.   *Vertrag von Rio de Janeiro*

17. Dez.   Der amerikanische Kongress billigt das European Recovery Program (ERP), worauf die 16 west- und südeuropäischen Teilnehmerstaaten die „Organization for European Economic Cooperation" *(OEEC)* als internationale Koordinierungsinstanz gründen (16. April 1948). Bilaterale Verträge zwischen den Vereinigten Staaten und den Teilnehmerstaaten folgen. Von 1948 bis 1951 leisten die Vereinigten Staaten Hilfe im Wert von insgesamt 12,4 Mrd. Dollar (überwiegend nicht rückzahlbar). Das europäische Wirtschaftsprogramm trägt erheblich zur wirtschaftlichen und politischen Stabilisierung des nichtkommunistischen Europas bei und wird Vorbild für weitere Auslandshilfeprogramme.   *OEEC*

1948
30. April   Als panamerikanisches Verteidigungssystem wird die *Organisation Amerikanischer Staaten* (OAS) *gegründet*.   *Gründung der OAS*

11. Juni   In einer von Senator Arthur Hendrick Vandenberg (Republikaner; *1884, †1951) eingebrachten Resolution empfiehlt der Senat, die nationale Sicherheit durch regionale und kollektive Verteidigungsabsprachen zur gegenseitigen Hilfe zu stärken.

	24. Juni	Der Kongress beschließt im Selective Service Act die Wehrpflicht von Männern zwischen 19 und 26 Jahren.
Berliner Blockade	26. Juni	Die *Berliner Blockade* wird durch eine auf Vorschlag des amerikanischen Militärgouverneurs Lucius D. Clay errichtete Luftbrücke überwunden. Beendigung der Blockade (12. Mai 1949) aufgrund des Jessup-Malik-Abkommens vom 4. Mai 1949.
	2. Nov.	Trotz Gegnerschaft in der eigenen Partei (Abspaltung der Progressive Party und Absonderung der Südstaaten-Demokraten) wird Harry S. Truman gegen den Republikaner Thomas Edmund Dewey (*1902, †1971) mit klarer Mehrheit für eine zweite Amtszeit als Präsident der Vereinigten Staaten gewählt.
	1949 19. Jan.	In seiner Antrittsrede zu Beginn der zweiten Amtszeit kündigt Präsident Truman ein Programm zur technischen und industriellen Unterstützung der Entwicklungsländer an (Punkt-Vier-Programm). Der Kongress bewilligt (am 24. Juni) zunächst 45 Mio. Dollar. Die Entwicklungshilfe wird für lange Zeit zum wichtigen Instrument der amerikanischen Außenpolitik.
NATO	4. April	In Washington unterzeichnen die Außenminister der Vereinigten Staaten, Kanadas, Großbritanniens, Frankreichs, der Benelux-Staaten, Italiens, Portugals, Dänemarks, Norwegens und Islands den Nordatlantikpakt (North Atlantic Treaty Organization, *NATO*).
	8. April	In Washington beschließen die Außenminister der Vereinigten Staaten, Großbritanniens und Frankreichs als Vorbereitung zur Gründung eines westdeutschen Staates den Zusammenschluss ihrer Besatzungszonen, ein Besatzungsstatut und einen neuen Industrieplan für Deutschland.
Sieg der Kommunisten in China		Der *Sieg der Kommunisten in China* in einer Zeit erfolgreicher Eindämmungspolitik in Europa löst eine heftige Kontroverse über die amerikanische Chinapolitik aus.
	5. Aug.	In einem China White Paper des Außenministeriums wird der chinesischen Nationalregierung die Schuld für die Niederlage gegeben. Amerikanische Versuche, zwischen Nationalchinesen und Kommunisten zu vermitteln, sind gescheitert. Die Chinahilfe endet. Etwa 2 Mrd. Dollar Unterstützung sind der Regierung Chiang Kai-shek (1945–1949) gewährt worden, wovon ein großer Teil in kommunistische Hände geraten ist.
	Aug.	Mit der Explosion einer sowjetischen Atombombe endet das amerikanische Kernwaffenmonopol. Die Konstruktion der Wasserstoffbombe wird deshalb rasch vorangetrieben.
Korea-Krieg	1950 25. Juni	Das Vordringen nordkoreanischer Truppen über den 38. Breitengrad nach Süden, ein Hilferuf Südkoreas und der Aufruf des UN-Sicherheitsrates, Südkorea Hilfe zu leisten, veranlassen Präsident Truman, amerikanische Streitkräfte dorthin zu entsenden: *Korea-Krieg*.
	23. Sept.	Gegen Präsident Trumans Veto verabschiedet der Kongress ein Gesetz zur Überwachung kommunistischer Organisationen und zur Internierung von Kommunisten während eines nationalen Notstandes (McCarran Internal Security Act).
	1951 29. März	Nachdem ein britisches Gericht den Atomphysiker Klaus Fuchs (*1911, †1988), der an der Entwicklung der amerikanischen Atombombe gearbeitet hatte, wegen Geheimnisverrats an die Sowjetunion zu Gefängnis verurteilt hat (1950), werden Julius (*1916, †1953) und Ethel Rosenberg (*1918, †1953) wegen des gleichen Delikts von einem amerikanischen Gericht zum Tode verurteilt und hingerichtet.
	11. April	General MacArthur wird durch General Matthew Bunker Ridgway (*1895, †1993) ersetzt, weil er sich im Gegensatz zur Regierung öffentlich für die Bombardierung von Stützpunkten in China und für einen bedingungslosen Siegfrieden in Korea ausgesprochen hat.
	10. Juli	In Korea, wo die Kämpfe zum Stehen gekommen sind, beginnen Waffenstillstandsverhandlungen, die sich bis 1953 hinziehen.
Sicherheitspakt ANZUS	1. Sept.	Die Vereinigten Staaten, Australien und Neuseeland schließen gemeinsam einen *Sicherheitspakt* ab (*ANZUS*: Australia, New Zealand, USA).
Friedensvertrag mit Japan	8. Sept.	In San Francisco wird ein von den Vereinigten Staaten vorbereiteter *Friedensvertrag* zwischen *Japan* und 49 Gegnerstaaten des Zweiten Weltkrieges (allen außer der Sowjetunion und Indien) abgeschlossen. Ein bilateraler Sicherheitsvertrag vom gleichen Tage erlaubt die weitere Stationierung amerikanischer Truppen in Japan.
	1952 3. März	Puerto Rico erhält den Status eines „freien Commonwealth, freiwillig assoziiert mit den Vereinigten Staaten" (in Kraft 25. Juli).
atomares Patt	1. Nov.	Auf dem Eniwetok-Atoll (Marshallinseln) im Pazifik wird die erste amerikanische Wasserstoffbombe zur Explosion gebracht. Nach der Explosion einer sowjetischen Wasserstoffbombe (9. Aug. 1953) ist das „*atomare Patt*" jedoch wiederhergestellt.

Die innenpolitische Entwicklung unter Truman

Präsident Truman setzt den New Deal seines Vorgängers Franklin D. Roosevelt fort. Sein eigenes *sozialpolitisches Programm*, auch als Fair Deal bezeichnet, bleibt jedoch weit gehend unausgeführt (z.B. Bürgerrechtsgesetzgebung, nationale Krankenversicherung). Nur Ansätze lassen sich verwirklichen, u. a. die Beendigung der Rassendiskriminierung in den Streitkräften und in Behörden, Erweiterung der Sozialversicherung und ein Wohnungsbaugesetz. Unter der schwarzen Bevölkerung setzt eine starke Süd-Nord-Wanderung in die Industriezentren ein. Ab 1946 steigen die Einwandererzahlen wieder auf über 100000 im Jahr, jedoch gelingt es Truman nicht, die Quotengesetzgebung zu liberalisieren. Im McCarran-Walter Act (1952) wird nur die Diskriminierung von Asiaten beseitigt. Truman bemüht sich, Arbeitskämpfe in Krisenzeiten zu verhindern.

sozialpolitisches Programm

1953
20. Jan. General Dwight David *Eisenhower*, während des Zweiten Weltkrieges Oberbefehlshaber der Alliierten Streitkräfte in Europa, 1952 Kandidat der Republikanischen Partei und Wahlsieger über den Demokraten Adlai Ewing Stevenson (*1900, †1965), wird Präsident der Vereinigten Staaten (1953–1961), Vizepräsident Richard Milhous Nixon (*1913, †1994). Der Parteienwechsel im Präsidentenamt nach zwanzig Jahren demokratischer Vorherrschaft führt nicht zu grundlegenden Veränderungen in der Innen- und Außenpolitik. Die Eisenhower-Administration verfolgt einen „liberal-konservativen" Kurs, führt aber den aus der Ära Franklin D. Roosevelts überkommenen New Deal fort und verbessert die Sozialversicherung. Im Ost-West-Konflikt verfolgt Amerika eine *„Politik der Stärke"*. Außenminister John Foster Dulles (*1888, †1959) bezeichnet die amerikanische Politik gegenüber der Sowjetunion als „Brinkmanship" (Bereitschaft, „bis an den Rand des Abgrundes zu gehen"). Nachdem die Vereinigten Staaten das Wasserstoffbombenmonopol eingebüßt haben (sowjetische H-Bombe), soll die Drohung mit „massiver Vergeltung" den Gegner von einem Atomwaffenangriff abhalten.

Präsident Eisenhower

Politik der Stärke

1. März Für die Ressorts Gesundheit, Erziehung und Wohlfahrt wird ein neues Bundesministerium errichtet.

27. April Eisenhowers Sicherheitsprogramm setzt an Stelle des Prinzips der Verfassungstreue das Prinzip des „Sicherheitsrisikos" als Kriterium für eine Entlassung aus dem Staatsdienst fest.

27. Juli In P'anmunjom *(Korea)* wird ein *Waffenstillstand* vereinbart. Die Demarkationslinie entspricht dem Frontverlauf in der Nähe des 38. Breitengrades.

Waffenstillstand in Korea

1954
22. April–
17. Juni Anhörverfahren eines *Untersuchungsausschusses des Senats* unter Joseph Raymond McCarthy (Republikaner; *1909, †1957) zur Aufdeckung prokommunistischer Umtriebe finden ihren Höhepunkt in Vernehmungen (mit Fernsehübertragung) des Heeresministers Robert T. Stevens (*1899, †1983). Die Methoden des Senators, vor allem seine nicht beweisbaren Anschuldigungen, werden scharf kritisiert, u. a. von Präsident Eisenhower.

McCarthy-Ausschuss

17. Mai Das Oberste Bundesgericht entscheidet im Falle Brown versus (gegen) Board of Education of Topeka, dass die Rassentrennung an den Schulen dem *Gleichheitsprinzip* des 14. Verfassungszusatzes (1866) widerspricht. Damit ist die frühere Doktrin „Separate but equal" (Plessy versus Ferguson, 1896) aufgehoben und der Weg zur rassischen Integration der Schulen juristisch geebnet. In der Folgezeit versuchen White Citizens Councils, die Integration zu hintertreiben.

Gleichheitsprinzip

18.–29. Juni Die Central Intelligence Agency (CIA) unterstützt eine Invasion von Exilguatemalteken aus Honduras, die die Regierung in Guatemala stürzen. Diese hat zuvor den Landbesitz der United Fruit Company enteignet und aus dem Ostblock Waffen bezogen.

24. Aug. Durch ein Gesetz zur Kontrolle des Kommunismus verliert die Kommunistische Partei der Vereinigten Staaten ihren rechtlichen Status.

8. Sept. In Manila unterzeichnen Vertreter der USA, Großbritanniens, Frankreichs, Australiens, Neuseelands, Pakistans, der Philippinen und Thailands einen Vertrag zur Gründung der *South East Asia Treaty Organization* (SEATO), eines Gegenstücks zur NATO (aber ohne automatische Beistandspflicht und gemeinsames Oberkommando) im pazifischen Raum.

SEATO

2. Dez. Die Vereinigten Staaten und Nationalchina (Taiwan) schließen einen Verteidigungspakt (gegen die VR China) ab.

3. Dez. Der Senat verurteilt Senator McCarthys Praktiken in der Verfolgung angeblicher Kommunisten mit 67 zu 22 Stimmen. Damit ist der Einfluss des Hauptexponenten der Kommunistenverfolgung in den Vereinigten Staaten gebrochen.

1955
5. Mai Mit In-Kraft-Treten der *Pariser Verträge* endet die amerikanische Besatzungspolitik in Deutschland.

Pariser Verträge

15. Mai Nach In-Kraft-Treten des österreichischen Staatsvertrags verlassen die amerikanischen Besatzungstruppen das Land.

NEUESTE ZEIT SEIT 1945 Amerika seit 1945

Aufhebung der Rassentrennung

5. Dez. Die großen Gewerkschaften American Federation of Labor (AFL) und Congress of Industrial Organizations (CIO; ausgeschlossen aus der AFL 1937) vereinigen sich in der AFLCIO mit etwa 15 Mio. Mitgliedern.

1956 In Montgomery (Alabama) erzwingen schwarze Amerikaner – unter der Führung des Baptistenpfarrers Martin Luther King (*1929, †1968) – nach einem siebenmonatigen Boykott der Omnibusse die *Aufhebung der Rassentrennung* in diesem Verkehrsmittel. King gründet im folgenden Jahr die Southern Christian Leadership Conference zur Durchsetzung der Rassenintegration mit friedlichen Mitteln.

19. Juli Nach Waffenkäufen Ägyptens in Ostblockländern ziehen die Vereinigten Staaten und die Weltbank ihr Angebot zur Mitfinanzierung des Nilstaudammes bei Assuan zurück. Ägypten verstaatlicht daraufhin den Sueskanal (26. Juli).

31. Okt. Präsident Eisenhower begrüßt die ungarische Erhebung (seit 23. Okt.). Unmittelbare Hilfe kann jedoch nicht gewährt werden. 14316 Flüchtlinge werden aufgenommen.

Sueskrise

31. Okt. Nach Ausbruch der *Sueskrise* (militärisches Vorgehen Israels, Großbritanniens und Frankreichs gegen Ägypten) verurteilt Präsident Eisenhower die Gewaltanwendung als Mittel zur Regelung internationaler Streitigkeiten. Die Vereinigten Staaten fordern die Einstellung der Feindseligkeiten (diese erfolgt am 6. Nov.).

29. Nov. Die Vereinigten Staaten erklären, dass sie den Bagdadpakt (von 1955) unterstützen werden. Im folgenden Jahr treten sie dem Militärausschuss dieser nahöstlichen Verteidigungsorganisation bei.

1957
5. Jan. In einer Botschaft an den Kongress schlägt Präsident Eisenhower die militärische Zusammenarbeit mit Nahost-Staaten vor, die einem kommunistischen Angriff ausgesetzt sind und amerikanische Hilfe erbitten (*Eisenhower-Doktrin*, offizielle Verkündung 9. März). Der Kongress ermächtigt ihn dazu und bewilligt dafür 200 Mio. Dollar.

Eisenhower-Doktrin

9. Sept. Ein Bürgerrechtsgesetz (das erste seit 1875) sieht die Einsetzung einer Bundeskommission vor, die Verletzungen des Wahlrechts und der Bürgerrechtsgesetze aufgrund von Hautfarbe, Rasse, Religion und nationaler Herkunft untersuchen soll. Im Justizministerium wird eine Bürgerrechtsabteilung eingerichtet.

Rassenintegration

24. Sept. In Little Rock (Arkansas) werden Bundestruppen eingesetzt, um schwarzen Schülern den ihnen vom Gouverneur Orval Eugene Faubus (*1910, †1994) und Gegnern der *Rassenintegration* verweigerten Eintritt in eine bislang nur von Weißen besuchte öffentliche Schule zu ermöglichen.

Sputnik-Schock

4. Okt. Der Start des ersten künstlichen Erd-Satelliten (Sputnik) durch die Sowjetunion löst in den Vereinigten Staaten den sog. *Sputnik-Schock* aus. Das Raketenbauprogramm wird daraufhin neu organisiert und der Militäretat erhöht. Schulen und Universitäten erhalten Bundesmittel zur Verbesserung der Ausbildung. Der National Defense Education Act (2. Sept. 1958) sieht die Verwendung von Bundesmitteln zur Studienförderung vor.

1958
31. Jan. Der erste amerikanische Satellit (Explorer I) wird von Cape Canaveral (heute: Cape Kennedy, Florida) in eine Umlaufbahn um die Erde geschossen.

NASA

29. Juli Die National Aeronautics and Space Administration *(NASA)*, eine Regierungsbehörde zur Förderung der Raumforschung und Raumschifffahrt, wird in Washington, D. C., errichtet (Etat 1965: 5,2 Mrd. Dollar).

14. Dez. Die ultimative Kündigung des Viermächtestatus der Stadt Berlin durch die Sowjetunion und die Forderung nach Entmilitarisierung und Errichtung einer „Freien Stadt" (27. Nov.) werden auf einer Außenministerkonferenz der Vereinigten Staaten, Frankreichs und Großbritanniens zurückgewiesen.

1959 Die Territorien Alaska und Hawaii werden als 49. und 50. Staat in die Union aufgenommen (3. Jan. und 21. Aug.).

25. April Der gemeinsam mit Kanada gebaute St.-Lorenz-Seeweg, der Überseeschiffen die Fahrt bis nach Chicago und Duluth (am Oberen See) ermöglicht, wird eröffnet.

15.–27. Sept. Der sowjetische Partei- und Regierungschef Nikita Chruschtschow besucht die Vereinigten Staaten und spricht mit Präsident Eisenhower in Camp David über Möglichkeiten zur Überwindung des kalten Krieges, des Wettrüstens und der Deutschland- und Berlin-Problematik.

1960
1. Febr. Ausgehend von Greensboro (North Carolina) beginnt in den Südstaaten eine Welle von „Sit-Ins", Protestaktionen von Studenten gegen die verbreitete Rassendiskriminierung in Cafeterias.

U-2-Abschuss

1. Mai Ein amerikanisches Erkundungsflugzeug vom Typ *U-2* wird bei Swerdlowsk (Gebiet des Mittleren Ural) *abgeschossen*.

16.–17. Mai Eine Pariser Gipfelkonferenz zur Erörterung von Entspannungsmaßnahmen scheitert, da Chruschtschow von Eisenhower vergeblich eine Entschuldigung wegen der U-2-Flüge verlangt.

| 6. Juli | Die Beschlagnahme amerikanischer Ölraffinerien und anderen amerikanischen Eigentums in Kuba sowie der zunehmend prosowjetische Kurs der kubanischen Regierung unter Fidel Castro wird von den Vereinigten Staaten zunächst mit der Einschränkung der amerikanischen Zuckerimporte, dann mit einem *Embargo (12. Okt.) für alle Waren, die für Kuba* bestimmt sind (außer Lebensmitteln und Medikamenten), beantwortet. Der Abbruch der diplomatischen Beziehungen erfolgt am 3. Jan. 1961. | *US-Embargo gegen Kuba* |

Wirtschaft und Gesellschaft in den fünfziger Jahren

Das Bruttosozialprodukt steigt von 284,8 Mrd. (1950) auf 503,7 Mrd. Dollar (1960). Die wirtschaftliche Prosperität resultiert aus dem wachsenden Konsum der „Überflussgesellschaft", aber auch aus den hohen Rüstungsausgaben in der Zeit des Ost-West-Konflikts. Das Einkommen ist weiterhin sehr ungleich verteilt. In wirtschaftlich wenig entwickelten Gebieten, z.B. in den Appalachen und den Ozarks, herrscht nach wie vor Armut, wirtschaftliche Rezessionen unterbrechen kurzfristig die Expansion: 1948–1949 (5,5% Arbeitslose), 1953–1954 (5%), 1957–1958 (6,8%), 1960–1961 (6,7%). Die Konzentration wirtschaftlicher Unternehmungen wächst. Auslandsinvestitionen, Auslandshilfe, Truppenstationierungen in Übersee und ein reger Tourismus führen zu einer *negativen Zahlungsbilanz*. Die Bevölkerungszahl steigt von 151 Mio. 1950 auf 179 Mio. 1960, die Zahl der Studenten an Colleges und Universitäten von 2,2 Mio. 1950 auf 3,6 Mio. 1960. — *negative Zahlungsbilanz*

Innere und äußere Krisen: Von Kennedy bis Nixon (1961–1974)

Nach den innenpolitisch wenig kontroversen und außenpolitisch monoton am Ost-West-Konflikt orientierten fünfziger Jahren beginnt mit der *Kennedy-Regierung* eine Epoche der Neuansätze und Reformen, aber auch der schweren Krisen und Rückschläge. Nach der Überwindung der Kuba-Krise, die den Weltkonflikt in die unmittelbare Nähe der Vereinigten Staaten trägt, setzen stärkere Bemühungen um internationale Entspannung ein. Die wachsende Verstrickung der USA in den Vietnamkrieg führt zu unlösbaren militärischen, politischen und moralischen Problemen. Währenddessen kommt es angesichts ungelöster Bürgerrechtsfragen, besonders im Verhältnis zwischen der weißen und schwarzen Bevölkerung, im Innern zu heftigen, teilweise militant geführten Auseinandersetzungen. Diese werden durch Proteste gegen das Vietnam-Engagement noch verstärkt. Schließlich offenbart die Watergate-Affäre in der Amtszeit Präsident Nixons ein Maß an Unaufrichtigkeit und *Korruption* in der Regierungsspitze, das eine nationale Selbstbesinnung und entsprechende administrative Korrekturen geradezu herausfordert. — *Kennedy-Regierung* / *Korruption*

1961 20. Jan.	John Fitzgerald *Kennedy* (*1917, †1963), demokratischer Senator von Massachusetts, Wahlsieger über den Republikaner Richard Milhous Nixon, wird Präsident der Vereinigten Staaten (1961–1963; erster Katholik in diesem Amt). Vizepräsident wird Lyndon Baines Johnson (*1908, †1973). Kennedys Wahlparole lautet „New Frontiers" (Aufbruch zu „neuen Grenzen", d.h. zur Bewältigung neuer großer Aufgaben, vor die sich die amerikanische Nation gestellt sieht). Er beabsichtigt die Durchsetzung einer durchgreifenden Bürgerrechtsgesetzgebung und eine Neuorientierung der amerikanischen Außenpolitik.	*Präsident Kennedy*
1. März	Kennedy ordnet die Aufstellung eines Friedenskorps, einer Organisation freiwilliger Entwicklungshelfer vornehmlich für Afrika und Lateinamerika, an.	
14.–20. April	1400 kubanische Flüchtlinge, vom amerikanischen CIA in Guatemala ausgebildet, werden beim Versuch einer *Landung* in der Schweinebucht *auf Kuba* zur Niederwerfung des Regimes Fidel Castro zurückgeschlagen.	*Landung auf Kuba*
5. Mai	Nachdem der sowjetische Kosmonaut Jurij Gagarin (*1934, †1968) bereits in einem Raumschiff die Erde umkreist hat (12. April), unternimmt der amerikanische Astronaut Alan Bartlett Shepard (*1923, †1998) einen kurzen, selbstgesteuerten *Weltraumflug* (185 km Höhe, 15 Min.).	*Weltraumflug*
3.–4. Juni	Präsident Kennedy und der sowjetische Partei- und Regierungschef Chruschtschow treffen sich in Wien, ohne eine Annäherung im Ost-West-Konflikt zu erreichen.	
17. Aug.	Gegen den Bau der Berliner Mauer (13. Aug.) protestieren die Vereinigten Staaten in Moskau. – Konkrete Gegenmaßnahmen erscheinen nicht möglich, ohne das Risiko eines Krieges einzugehen.	
Nov.	Präsident Kennedy ordnet eine Verstärkung des amerikanischen *Engagements in Südvietnam* an. Seit 1955 unterstützen die Vereinigten Staaten das Land wirtschaftlich und militärisch gegen die Kommunisten (pro Jahr mit etwa 300 Mio. Dollar). Die militärische Präsenz der USA in Südvietnam wächst.	*Vietnam*
1962 20. Febr.	Der Astronaut John Herschel Glenn (*1921) umkreist in einer Mercury-Kapsel dreimal die Erde.	

NEUESTE ZEIT SEIT 1945 — Amerika seit 1945

Kuba-Krise

1. Okt. James Meredith wird gegen den Widerstand von Gouverneur Ross Barnett als erster schwarzer Student an der Universität von Mississippi eingeschrieben. Unruhen von Gegnern der Rassenintegration führen zum Einsatz von Bundestruppen und Nationalgarde.

22. Okt.–20. Nov. Die Entdeckung sowjetischer Raketenbasen und Düsenbomber auf Kuba ruft die *Kuba-Krise* hervor. Präsident Kennedy ordnet eine Seeblockade zur Verhinderung einer weiteren Belieferung Kubas mit Offensivwaffen an.

28. Okt. Die sowjetische Regierung erklärt sich zum Abbau und Abtransport der Waffen bereit.

20. Nov. Die Blockade wird aufgehoben.

Martin Luther King

1963
2. April In Birmingham (Alabama) demonstrieren Schwarze unter Führung von *Martin Luther King* gewaltlos für die *Rassenintegration*. 3300 Demonstranten werden verhaftet. Nach Sprengstoffanschlägen weißer Fanatiker gegen Schwarze (11. Mai) werden Bundestruppen eingesetzt.

5. Aug. Die Vereinigten Staaten, die Sowjetunion und Großbritannien schließen in Moskau einen Vertrag zur Beendigung von Kernwaffenversuchen über der Erde, im Weltraum und unter Wasser ab. 103 Staaten schließen sich dem Vertrag an (nicht Frankreich und die Volksrepublik China).

28. Aug. In einem Marsch nach Washington demonstrieren etwa 200000 schwarze und weiße Amerikaner für eine fortschrittliche Bürgerrechtsgesetzgebung. Höhepunkt ist eine Rede von Martin Luther King vor dem Lincoln-Denkmal.

Attentat auf Kennedy Präsident Johnson

22. Nov. Präsident *Kennedy* wird bei einem Besuch in Dallas (Texas) von Lee Harvey Oswald (*1939, †1963) aus dem Hinterhalt *erschossen*.
Vizepräsident Lyndon B. *Johnson* (Demokrat) übernimmt das Präsidentenamt (1963–1969; 1964 wird er für eine reguläre Amtszeit gewählt). Vizepräsident wird Hubert Horatio Humphrey (Demokrat; *1911, †1978).
In seiner Reformpolitik (Programm der „Great Society") ist Johnson erfolgreicher als Kennedy. Jedoch verstricken sich die Vereinigten Staaten immer stärker in den aussichtslosen Vietnamkrieg. Die Rassenfrage und das Vietnam-Engagement führen zu Protesten, Massendemonstrationen und Unruhen. 1968 verzichtet Johnson auf eine erneute Kandidatur für das Präsidentenamt.

Bürgerrechtsgesetz

1964
29. Juni Der Kongress verabschiedet ein umfassendes *Bürgerrechtsgesetz*, das allen Amerikanern Gleichberechtigung u.a. bei Wahlen, bei der Benutzung öffentlicher Einrichtungen, bei der Arbeitsvermittlung und in den Schulen garantiert.

2./4. Aug. Angriffe nordvietnamesischer Torpedoboote auf zwei amerikanische Zerstörer im Golf von Tongking – Nordvietnam – (denen geheime amerikanische Operationen gegen Nordvietnam vorausgegangen sind) werden mit Bombenangriffen auf nordvietnamesische Marinestützpunkte beantwortet.

Tongking-Resolution

7. Aug. Die *Tongking-Resolution* des amerikanischen Kongresses ermächtigt den Präsidenten zur Kriegsführung in Südostasien.

1965
13. Febr. Nach Angriffen des Viet-cong auf amerikanische Stützpunkte ordnet Präsident Johnson den Bombenkrieg gegen militärische Ziele in Nordvietnam an. Die Vereinigten Staaten greifen zunehmend mit Bodentruppen in die Kämpfe ein.

28. April Die Vereinigten Staaten intervenieren mit Truppen in der Dominikanischen Republik, wo ein Aufstand gegen die konservative Regierung begonnen hatte. Amerikanische Bürger sollen geschützt und eine angeblich drohende kommunistische Machtübernahme verhindert werden. Die Organisation Amerikanischer Staaten hilft bei der Wiederherstellung friedlicher Verhältnisse.

30. Juli Präsident Johnson unterzeichnet ein Medicare-Gesetz, das die medizinische Versorgung der Amerikaner im Alter von über 65 Jahren im Rahmen der allgemeinen Sozialversicherung vorsieht (in Kraft 1966).

neues Wahlrechtsgesetz

6. Aug. Ein *neues Wahlrechtsgesetz* beseitigt Wählerdiskriminierungen, die im Süden zur Ausschaltung der Schwarzen noch verbreitet sind, z.B. den Lese- und Schreibtest beim Registrieren für eine Wahl.

11.–16. Aug. In Watts, einem Stadtteil von Los Angeles, ereignen sich schwere Unruhen unter der schwarzen Bevölkerung. Polizei und Nationalgarde werden eingesetzt (34 Tote, Hunderte von Verletzten, 400 Verhaftungen).

Rassenunruhen

In den Jahren *1964–1968* kommt es in den sog. schwarzen Ghettos der Großstädte zu zahlreichen, oft blutig verlaufenden *Unruhen* (Höhepunkte 1967 in Newark [New Jersey] und in Detroit mit 22 bzw. 43 Toten). Innerhalb und außerhalb der schwarzen Bürgerrechtsorganisationen wächst über die Ungeduld über fortbestehende Rassendiskriminierungen (Schlagworte: „Freedom Now" und „Black Power"). Es bilden sich militante Gruppen mit revolutionären Zielen (Radikalisierung des Student Non-Violent Coordinating Committee und Gründung der Black Panther Party 1966).

9. Sept.	Ein neues Ministerium für Wohnungsbau und Städtewesen (Department of Housing and Urban Renewal) wird errichtet, das sich u. a. mit der Subventionierung von Mieten für Bedürftige und mit der Erneuerung der verfallenden Großstadtzentren befassen soll. Minister wird (1966) Robert C. Weaver (*1907), erstes schwarzes Kabinettsmitglied einer amerikanischen Regierung.
3. Okt.	Ein revidiertes Einwanderungsgesetz beseitigt das seit 1924 bestehende System differenzierter nationaler Quoten für die Aufnahme in die Vereinigten Staaten. Jährlich können von nun an bis zu 20000 Einwanderer pro Herkunftsland aufgenommen werden (Höchstgrenze für die östliche Hemisphäre 170000, für die westliche Hemisphäre 120000).
1967 23./25. Juni	Präsident Johnson und der sowjetische Ministerpräsident Alexej Kossygin erklären in Gesprächen im Glassboro State College (New Jersey) übereinstimmend, dass lokale Konflikte nicht zu weltweiten Kriegen führen dürften.
1968 4. April	*Martin Luther King* wird in Memphis (Tennessee) von einem flüchtigen Sträfling *ermordet*. King hat 1964 als Verfechter der Gewaltlosigkeit beim Kampf um die Rassenintegration den Friedensnobelpreis erhalten. Nach seinem Tod kommt es unter den Schwarzen in Washington, D. C., und in 171 anderen Städten zu Unruhen und Ausschreitungen.
10. Mai	Nach der Tet-Offensive des Viet-cong (31. Jan.) und der Zurücknahme des amerikanischen Bombenkrieges auf Gebiete südlich des 20. Breitengrades (31. März) beginnen in Paris *Gespräche* mit Vertretern Nordvietnams *über* eine *Beendigung des Vietnamkrieges*. Im Okt. wird die Bombardierung nordvietnamesischer Ziele ganz eingestellt.
6. Juni	Senator Robert F. Kennedy (Demokrat; *1925), Bruder des 1963 ermordeten Präsidenten John F. Kennedy, 1961–1964 Justizminister, aussichtsreicher Kandidat für die Präsidentschaftswahlen im Nov., stirbt in Los Angeles an den Folgen eines Attentates.
1. Juli	Die Vereinigten Staaten, die Sowjetunion und Großbritannien schließen einen *Vertrag über die Nichtweiterverbreitung von Kernwaffen* (Nonproliferations-Vertrag). Frankreich und die Volksrepublik China beteiligen sich nicht.
1969 20. Jan.	Richard Milhous *Nixon* (Republikaner, Vizepräsident 1953–1961) übernimmt nach einem knappen Wahlsieg über Hubert H. Humphrey das Präsidentenamt (1969–1974; wiedergewählt 1972). Außenpolitisch bemüht sich Nixon um die Herauslösung der Vereinigten Staaten aus dem Vietnamkrieg, ohne dabei als Verlierer zu erscheinen. Sein Berater für Fragen der Außenpolitik und Sicherheit (1973–1977 Außenminister) ist Henry Alfred Kissinger (*1923). Innenpolitisch verfolgt Nixon im Unterschied zu seinen Vorgängern kein größeres Reformprogramm; er verurteilt Protestgruppen und Demonstrationen, sucht seine Basis im Mittelstand (der „schweigenden Mehrheit") und befürwortet eine Politik von „Gesetz und Ordnung".
April	Die Stärke der amerikanischen Streitkräfte in Vietnam erreicht mit 543400 Mann ihren Höhepunkt. Im Juli beginnt der Abbau der militärischen Präsenz. Der Krieg soll verstärkt von Vietnamesen geführt werden („Vietnamisierung").
20. Juli	Den amerikanischen Astronauten Neil A. Armstrong (*1930) und Edwin E. Aldrin jr. (*1930) gelingt als ersten Menschen die *Landung auf dem Mond*.
24. Juli	Präsident Nixon erklärt, dass die Länder Asiens ihre Sicherheitsprobleme zunehmend selbst lösen müssten. Die Vereinigten Staaten stünden zwar zu ihren Verpflichtungen und zögen sich nicht zurück, würden aber auch nicht erneut intervenieren (sog. Guam-Doktrin; 1970 erweitert zur Nixon-Doktrin: Unterstützung von Verbündeten, aber nicht Übernahme der gesamten Verteidigung der freien Nationen in der Welt).
15. Nov.	Die Proteste gegen das amerikanische Engagement in Vietnam finden in einer Massendemonstration in Washington, D. C., ihren Höhepunkt (etwa 250000 Teilnehmer). Das Bekanntwerden (16. Nov.) des *Massakers von My Lai* (im Norden Südvietnams), wo amerikanische Soldaten 1968 etwa 300 vietnamesische Zivilisten getötet haben, verstärkt die Frage nach dem Sinn dieses Krieges.
1970 30. April	Der vorübergehende Einmarsch von 50000 amerikanischen und südvietnamesischen Soldaten in Kambodscha zur Bekämpfung kommunistischer Operationsbasen führt zu heftigen Protesten in den Vereinigten Staaten. Auf dem Campus der Kent State University in Ohio finden vier Studenten beim Einsatz der Nationalgarde gegen die Demonstranten den Tod (1. Mai).
24. Juni	Der Senat widerruft die Tongking-Resolution (von 1964), die den Präsidenten zur Kriegsführung in Südostasien ermächtigt hat.
1971 10. Juni	Präsident Nixon lässt nach einundzwanzigjährigem strikten Embargo die ersten Lockerungen für den Chinahandel zu.

Marginalia:
- Martin Luther King ermordet
- Gespräche über Vietnamkrieg
- Kernwaffen-Vertrag
- Präsident Nixon
- Mondlandung
- Massaker von My Lai

NEUESTE ZEIT SEIT 1945   Amerika seit 1945

Beziehungen USA – VR China

1972 21./28. Febr. Präsident Nixon besucht auf Einladung Mao Tse-tungs und Chou En-lais die Volksrepublik China. In einem gemeinsamen Kommunikee wird die Normalisierung der *amerikanisch-chinesischen Beziehungen* angekündigt.

22. März Der Kongress verabschiedet einen Verfassungszusatz über die Gleichberechtigung von Mann und Frau. (Die Ratifizierung durch mindestens drei Viertel der Einzelstaaten erweist sich als schwierig und zieht sich bis 1982 in die Länge.)

15. April Nach Einsetzen einer großen Offensive nordvietnamesischer Streitkräfte über den 17. Breitengrad nach Süden (30. März) nimmt die amerikanische Luftwaffe die Bombardierung Hanois und Haiphongs (Golf von Tongking) wieder auf. Nordvietnamesische Häfen werden vermint (ab 8. Mai).

SALT I

22.–30. Mai Richard Nixon besucht als erster amerikanischer Präsident die Sowjetunion. In Moskau wird ein Abkommen zur Begrenzung strategischer Waffen unterzeichnet (Strategic Arms Limitation Talks, *SALT I*, am 3. Aug. vom amerikanischen Senat ratifiziert).

17. Juni Fünf Personen werden beim Einbruch in das Wahlhauptquartier der Demokratischen Partei im Komplex der Watergate-Apartments in Washington, D. C., verhaftet. Sie wollten Abhörgeräte anbringen.

1973 27. Jan. In Paris unterzeichnen Vertreter der Vereinigten Staaten, Nord- und Südvietnams und der Nationalen Befreiungsfront ein Waffenstillstandsabkommen für Vietnam. Gefangene Amerikaner werden freigelassen. Die letzten US-Truppen verlassen das Land (29. März). Für die Vereinigten Staaten ist der *Vietnamkrieg beendet.* Seit 1961 haben 56241 Amerikaner ihr Leben verloren, 1344 werden vermisst, 303616 sind verwundet worden.

Ende des Vietnamkriegs

American Indian Movement

27. Febr.– 8. Mai 200 bis 300 Mitglieder des *American Indian Movement,* einer militanten Organisationzur Durchsetzung indianischer Rechtsansprüche, besetzen den Ort Wounded Knee im Reservat der Oglala Sioux in South Dakota, wo 1890 ein Indianer-Massaker stattgefunden hat. Sie fordern Unabhängigkeit für die Indianer anstatt der offiziell angestrebten Integration.

Watergate-Affäre

17. Mai Ein Senatsausschuss zur Untersuchung der *Watergate-Affäre* unter dem Vorsitz von Senator Samuel James Ervin jr. (Demokrat; *1896, †1985) beginnt mit Vernehmungen zum Einbruch in das Wahlhauptquartier der Demokratischen Partei (17. Juni 1972). Die Täter handelten im Auftrag des Ausschusses zur Wiederwahl des Präsidenten. Regierungsbeamte und Mitarbeiter Nixons versuchen, die Zusammenhänge zu verschleiern. Die Frage nach der Mitwisserschaft Nixons wird gestellt und die Glaubwürdigkeit seiner gegenteiligen Erklärungen angezweifelt (dokumentarische Tonbänder weisen Löschungen auf). Gegen den ehemaligen Justizminister John Newton Mitchell (*1913, †1988) und andere Personen aus Nixons Umgebung werden Gerichtsverfahren eingeleitet.

Abkommen gegen Nuklearkrieg

16.–25. Juni Während eines Besuches des sowjetischen Parteichefs Leonid Breschnew in den Vereinigten Staaten werden neun bilaterale Verträge unterzeichnet, darunter ein *Abkommen zur Verhinderung eines Nuklearkrieges.*

1. Juli Die in der Anfangsphase des Ost-West-Konflikts (1948) eingeführte Wehrpflicht wird aufgehoben. Eine Berufsarmee wird gebildet.

10. Okt. Vizepräsident Spiro Theodore Agnew (Republikaner; *1918, †1996), der sich der Steuerhinterziehung schuldig gemacht hat, tritt zurück. Sein Nachfolger wird Gerald Rudolph Ford (*1913; seit 1965 Führer der Republikaner im Repräsentantenhaus).

Nahost-Politik

26. Okt. Nach der Beendigung des Jom-Kippur-Krieges im *Nahen Osten* beginnt eine intensive Reisediplomatie Außenminister Kissingers zur Entspannung der Lage (Truppenentflechtungsabkommen zwischen Ägypten bzw. Syrien und Israel 1974/1975).

7. Nov. Gegen Nixons Veto beschließt der Kongress den War Powers Act, ein Gesetz, das das Recht des Präsidenten zum Einsatz amerikanischer Streitkräfte außerhalb der Vereinigten Staaten ohne Zustimmung des Kongresses auf 60 Tage begrenzt.

Staatsaufbau der Vereinigten Staaten

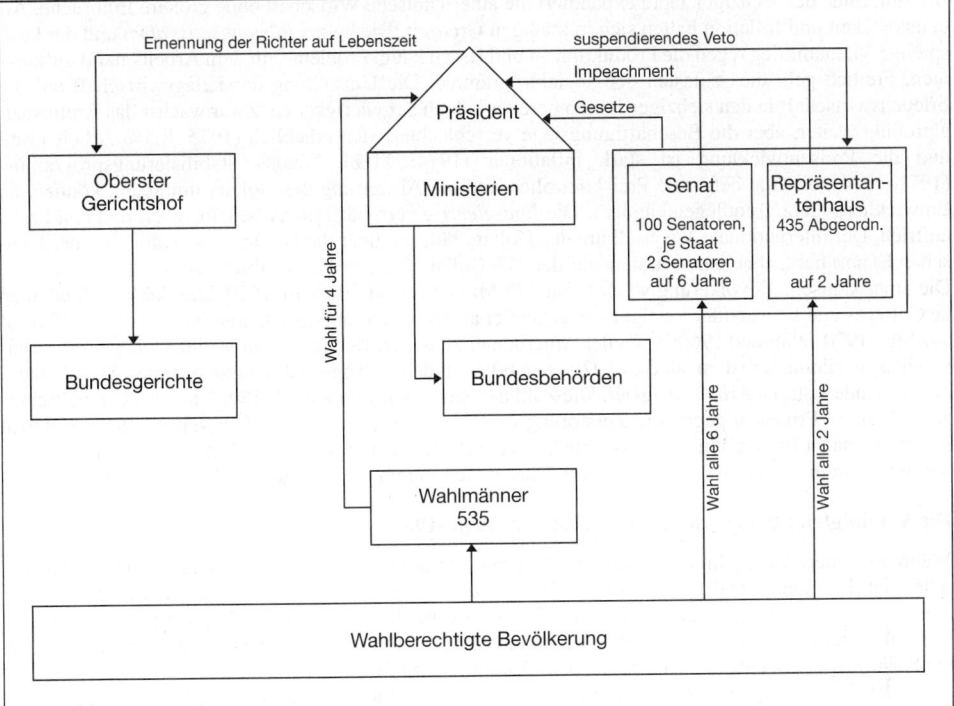

1974
9. Mai–
30. Juli Der Rechtsausschuss des Repräsentantenhauses führt Vernehmungen im Hinblick auf ein Impeachment-Verfahren zur *Amtsenthebung von* Präsident *Nixon* durch. Die gegen diesen erhobenen Vorwürfe gehen weit über die eigentliche Watergate-Affäre hinaus. Schwere Rechtsverletzungen auf höchster Ebene werden bekannt, z.B. die Überwachung und Verfolgung unliebsamer Gegner der Administration, Verstöße gegen Persönlichkeitsrechte, Missbrauch von öffentlichen Geldern, Verheimlichung hoher Wahlkampfzuwendungen. Der Ausschuss empfiehlt die Einleitung des Impeachment-Verfahrens wegen Behinderung der Justiz, Amtsmissbrauchs und Missachtung des Kongresses.

9. Aug. Präsident Nixon tritt zurück. Nachfolger wird der bisherige Vizepräsident Gerald R. *Ford*. Er begnadigt Nixon für alle im Amt vorgekommenen Vergehen. Eine gerichtliche Verfolgung des ehemaligen Präsidenten wird dadurch abgewendet.

Außenhandel der Vereinigten Staaten (in Mrd. DM) in jeweiligen Preisen

Ländergruppe	Ausfuhr			Einfuhr		
	1970	1980	1990*	1970	1980	1990*
insgesamt	158,21	401,82	680,52	146,27	460,10	944,64
Industrieländer	**109,51**	**238,14**	**439,27**	**107,17**	**238,12**	**562,74**
EG	30,83	97,70	168,34	24,20	69,53	174,84
andere europäische Länder	16,18	25,18	23,67	13,71	19,41	31,93
Kanada	33,25	64,42	142,32	40,59	76,43	170,85
übrige Länder	29,26	50,85	104,94	28,67	72,74	185,13
Entwicklungsländer	**47,36**	**147,65**	**223,80**	**38,18**	**217,01**	**347,56**
Afrika	3,62	12,01	10,46	2,98	54,91	26,30
Amerika	23,91	70,47	98,86	21,37	70,46	123,08
Asien	19,49	64,83	114,48	13,70	91,28	198,09
Staatshandelsländer	**1,29**	**13,86**	**16,50**	**0,83**	**4,96**	**235,86**

* umgerechnet nach mittlerem Jahreswechselkurs aus US-$ (1,832)

Wirtschaft und Gesellschaft in den sechziger und siebziger Jahren

Bis zum Ende der sechziger Jahre expandiert die amerikanische Wirtschaft ohne größere Einbrüche. Arbeitslosigkeit und Inflation halten sich in mäßigen Grenzen. Die hohen *Rüstungsausgaben* und der kostspielige Vietnamkrieg regen die Produktion an und lassen kaum Probleme auf dem Arbeitsmarkt aufkommen. Freilich geht dies zulasten der Sozialprogramme. Die Umstellung der Kriegswirtschaft auf die Friedenswirtschaft in den siebziger Jahren bereitet jedoch Schwierigkeiten. Zwar wächst das Bruttosozialprodukt weiter, aber die Beschäftigungslage verschlechtert sich erheblich (1975: 8,5% Arbeitslose), und die Preisentwicklung ist stark inflationär (1974: 11%). Nixons Stabilisierungsprogramme (1971–1974), die u. a. befristete Preiskontrollen und die Abwertung des Dollars umfassen, können die Entwicklung nicht grundlegend ändern. Die *Energiekrise* verschärft die Arbeitslosigkeit und den Preisauftrieb. Der internationale Wechselkurs des Dollars fällt um über die Hälfte, was zwar den amerikanischen Export hebt, aber das Vertrauen auf den US-Dollar als Leitwährung abschwächt.

Die amerikanische Bevölkerung wächst von 179 Mio. 1960 auf 203 Mio. 1970. Die Zahl der Studenten an Colleges und Universitäten steigt noch schneller an als in den fünfziger Jahren: von 3,6 Mio. 1960 auf 7,4 Mio. 1970. Während 1960 30% aller Amerikaner zwischen 18 und 21 Jahren eine College- oder Universitätsausbildung erhalten, sind es 1970 etwa 60%. In den siebziger Jahren gibt es unter Akademikern eine besonders starke *Arbeitslosigkeit*. Die Zahl der Studenten geht zurück. Probleme des Umweltschutzes führen zu Protesten gegen die Zerstörung der Natur. 1970 werden die Ölgesellschaften gesetzlich haftbar gemacht für von ihnen verursachte Umweltschäden. Um das Für und Wider der Atomenergiegewinnung kommt es seit Mitte der siebziger Jahre in den Vereinigten Staaten zu Kontroversen.

Die Vereinigten Staaten von Ford bis Carter (1975–1981)

Während weitere Unregelmäßigkeiten und Skandale vergangener Administrationen bekannt werden, bemüht sich Präsident Gerald R. Ford durch betont korrekte Amtsführung um die Wiederherstellung des Ansehens der Regierung. Vizepräsident ist Nelson Aldrich Rockefeller (Republikaner; *1908, †1979). Die Macht des Kongresses gegenüber der Exekutive ist gewachsen; dies zeigt sich u. a. in einem verstärkten Anspruch des Senats auf Mitsprache in außenpolitischen Fragen.

1975
5. Febr. Der Senat beschließt gegen die Vorstellungen Präsident Fords und Außenminister Kissingers die Einstellung der Rüstungshilfe an die Türkei (in Kraft bis 1978) wegen des türkischen Verhaltens in der Zypern-Krise. Die Südostflanke der NATO ist geschwächt.

30. April *Südvietnam kapituliert* gegenüber dem Vietcong und Nordvietnam. Die Vereinigten Staaten nehmen 140000 Vietnam-Flüchtlinge auf.

10. Juni Ein von Präsident Ford eingesetzter Ausschuss zur Untersuchung der Tätigkeiten der CIA unter Vorsitz von Vizepräsident Rockefeller berichtet über illegale Praktiken des amerikanischen Nachrichtendienstes im Inland. Einzelheiten über die Auslandstätigkeit der CIA werden später von einem Senatsausschuss offen gelegt (21. Nov.).

19. Dez. Der Senat verbietet weitere amerikanische Hilfeleistungen für prowestlich orientierte Gruppen im Bürgerkrieg in Angola. Die von der Sowjetunion und Kuba unterstützte Bewegung MPLA setzt sich dort durch (12. Febr. 1976).

1976
20. März Die *US-Militärbasen* in Thailand, die letzten in Südostasien, müssen auf Anordnung der Regierung in Bangkok innerhalb von vier Monaten geschlossen werden.

28. Mai Präsident Ford und der sowjetische Staats- und Parteichef Breschnew unterzeichnen in Moskau einen Vertrag über die Einschränkung unterirdischer Kernexplosionen zu friedlichen Zwecken. Gegenseitige Inspektionen an Ort und Stelle werden zugelassen.

1977
20. Jan. Jimmy (James Earl) *Carter* (Demokrat; *1924, ehemaliger Gouverneur des Staates Georgia) übernimmt nach einem knappen Wahlsieg über Gerald R. Ford das Präsidentenamt. Vizepräsident wird Walter Frederick Mondale (*1928). Carter will den Menschenrechten in der Welt mehr Geltung verschaffen.

21. Jan. Präsident Carter amnestiert etwa 10000 junge Amerikaner, die sich während des Vietnamkrieges dem Militärdienst entzogen haben.

4. Aug. Ein Energieministerium wird errichtet. Zum ersten Energieminister wird James Rodney Schlesinger (*1929) ernannt (amtiert bis 1979).

1978
25. März Nach 110 Tagen Dauer endet ein bundesweiter Streik der Kohlenbergarbeiter, den Präsident Carter vergeblich aufgrund des Taft-Hartley-Gesetzes zu überwinden versucht hat.

18. April Der Senat ratifiziert einen *neuen Panamakanal-Vertrag*, dem zufolge die Kanalzone am 1. Sept. 1979 und der Kanal selbst am 31. Dez. 1999 Panama übergeben werden sollen.

6. Juni Die Bevölkerung Kaliforniens spricht sich in einer Abstimmung über die sog. „Proposition 13" mit Zweidrittelmehrheit für eine Senkung der Grundsteuer um 57% aus. Die „Steuerrevolte" findet auch in anderen Staaten der Union Befürworter und zeigt eine wachsende Unzufriedenheit über die hohen Steuerlasten an.

6.–17. Sept. In Camp David einigen sich der ägyptische Präsident Anwar as-Sadat und der israelische Ministerpräsident Menachem Begin im Beisein Präsident Carters auf einen Rahmenvertrag für einen Frieden zwischen ihren Ländern. Nach dem Rückzug israelischer Truppen von der Sinaihalbinsel sollen diplomatische Beziehungen aufgenommen werden. Der endgültige *Vertrag* kommt nicht in der vorgesehenen Frist von drei Monaten, sondern erst nach neuen Besprechungen Carters in *Ägypten und Israel* am 26. März 1979 zu Stande. *Vertrag Ägypten–Israel*
1979 Zwischen den Vereinigten Staaten und der *Volksrepublik China* werden volle diplomatische *Beziehungen*
1. Jan. *Beziehungen* aufgenommen. Gleichzeitig werden die offiziellen Beziehungen zu National- *zur VR China* china (Taiwan) abgebrochen (bei Weiterführung nichtstaatlicher Wirtschafts-, Handels- und Kulturbeziehungen). Der Verteidigungspakt mit Taiwan wird aufgekündigt.
16. Jan. Durch den Sturz des iranischen Schahs und die Ausrufung der Islamischen Republik (1. April) verschlechtern sich die bislang sehr engen Beziehungen Washingtons mit dem Iran rapide. Das gemeinsame Verteidigungssystem ist gefährdet. Die Einschränkung der Öllieferungen trägt erheblich zur Verschärfung der amerikanischen Energiekrise bei.
28. März Im Atomkraftwerk Three Mile Island bei Harrisburg (Pennsylvania) ereignet sich der bisher schwerste Reaktorunfall in der Geschichte der friedlichen Nutzung der Kernenergie.
18. Juni Nach jahrelangen Verhandlungen unterzeichnen Präsident Carter und der sowjetische Staats- und Parteichef Leonid Breschnew in Wien den zweiten Vertrag zur Begrenzung strategischer Waffen *(SALT II)*. Beide Seiten verpflichten sich, ihren Bestand an Fernwaffen *SALT II* auf 2400 Träger, ab 1981 auf 2250 Träger zu beschränken. Ein SALT III-Abkommen soll bis 1985 ausgehandelt werden.
4. Nov. Iranische Studenten besetzen die US-Botschaft in Teheran, verlangen die Auslieferung des geflüchteten Schahs und halten die Botschaftsangehörigen als Geiseln fest.
1980 Als Reaktion auf den sowjetischen *Truppeneinmarsch in Afghanistan* sperren die Vereinig- *UdSSR-*
Jan./Febr. ten Staaten den Weizenexport in die Sowjetunion und beschließen, die Olympischen Spiele *Einmarsch in* in Moskau zu boykottieren. *Afghanistan*
25. April Eine Militäraktion der USA zur Befreiung der Geiseln in Teheran scheitert.
1981 Die 52 in Iran festgehaltenen amerikanischen Geiseln werden nach 444 Tagen Gefangen-
20. Jan. schaft freigelassen.

Die Vereinigten Staaten von Reagan bis Bush (1981–1992)

20. Jan. Ronald Wilson *Reagan* (Republikaner; *1911), 1967–1975 Gouverneur von Kalifornien, *Präsident* übernimmt nach hohem Wahlsieg das *Präsidentenamt* (1981–1989; wiedergewählt 1984). *Reagan* Vizepräsident wird George Herbert Walker Bush (*1924). Regierungsprogramm: Reduzierung der Staatsausgaben, Wiederbelebung der Wirtschaft durch Steuersenkungen, Erhöhung des Militäretats, härtere Position gegenüber der UdSSR.
29. Dez. Wegen sowjetisch unterstützter Verschärfung der Diktatur in Polen verhängt Präsident Reagan *Wirtschaftssanktionen gegen die UdSSR*. *Sanktionen*
1982 Die USA suchen das Entstehen weiterer linksgerichteter Regime in Mittelamerika zu ver- *gegen die*
ab Jan. hindern: El Salvador erhält verstärkt Wirtschafts- und Militärhilfe; in Nicaragua unterstüt- *UdSSR* zen die USA die antisandinistischen Guerillas (Contras).
30. Juni Die benötigte Dreiviertelmehrheit zur Ratifizierung des 1972 verabschiedeten Verfassungszusatzes über die Gleichberechtigung von Mann und Frau wird nicht erzielt.
29. Sept. Die USA beteiligen sich an der internationalen Friedenstruppe im Libanon und werden in die Bürgerkriegshandlungen hineingezogen. 1983 sterben bei Bombenanschlägen in Beirut 289 US-Amerikaner. Kriegsschiffe der USA beschießen wiederholt Stellungen der Syrer und der Drusen.
1983 Nach Ermordung des Premierministers von *Grenada*, Maurice Bishop (*1944, †1983), und *Grenada*
25. Okt. der Machtübernahme durch einen linksgerichteten Militärrat besetzen Truppen der USA und von sechs ostkaribischen Staaten die Insel.
23. Nov. Nach zweijährigen Verhandlungen bricht die Sowjetunion die Genfer Gespräche über den Abbau von Mittelstreckenraketen in Europa ab.
26. Nov. Die ersten US-amerikanischen Mittelstreckenraketen vom Typ *Pershing II* treffen in der *Pershing-II-* Bundesrepublik Deutschland ein. *Raketen*
1984 Das US-Kontingent der Friedenstruppe im Libanon wird abgezogen (Febr./März).
1985 Präsident Reagan und KPdSU-Generalsekretär Michail S. Gorbatschow beschließen auf
19. Nov. der Genfer Gipfelkonferenz (bis 21. Nov.) die Wiederaufnahme des Abrüstungsdialogs.
1986 Nach der Explosion der US-Raumfähre Challenger wird das Raumfahrtprogramm der USA
28. Jan. bis 1988 unterbrochen.

	14. April	Als Vergeltung für libysche Terrorakte greift die US-Luftwaffe Ziele in Tripolis und Benghasi an.
	2. Okt.	Der Kongress beschließt Handelssanktionen gegen das Apartheid-Regime in Südafrika.
	11./12. Okt.	Präsident Reagan und KPdSU-Generalsekretär Gorbatschow treffen sich in Reykjavik (Island). Beide Seiten signalisieren ihre Bereitschaft zur Verringerung von Nuklearwaffen. Die USA verzichten jedoch nicht auf die Entwicklung strategischer Verteidigungssysteme.
Iran-Contra-Affäre	3. Nov.	Das Bekanntwerden der durch US-Regierungsbeamte und CIA organisierten geheimen Waffenlieferungen an Iran (Ziel: Geiselbefreiung im Libanon) und der gesetzwidrigen Verwendung dabei erhaltener Gelder zur Unterstützung nicaraguanischer Contras *(Iran-Contra-Affäre)* führt die Reagan-Administration in eine Krise.
	4. Nov.	Bei Kongresswahlen erreichen die Demokraten eine Mehrheit im Senat und bauen ihre bestehende Mehrheit im Repräsentantenhaus aus.
	6. Nov.	Ein Bundesgesetz räumt Einwanderern, die vor 1982 illegal in die USA einreisten, ein Aufenthaltsrecht ein. Bis 1988 machen rund 1,8 Mio. Menschen, die meisten von ihnen aus Mexiko, davon Gebrauch.
Gipfeltreffen in Washington	1987 7.–10. Dez.	Bei einem *Gipfeltreffen in Washington* unterzeichnen Reagan und Gorbatschow das INF-Abkommen (Intermediate-range Nuclear Forces) über die globale Beseitigung aller landgestützten Mittelstreckenraketen.
Abkommen USA – Kanada	1988 2. Jan.	Präsident Reagan und der kanadische Premierminister Brian Mulroney unterzeichnen ein *Freihandelsabkommen*, welches einen stufenweisen Abbau der Zölle zwischen den USA und *Kanada* bis 1998 vorsieht.
	3. Aug.	Der Senat verabschiedet ein Handelsgesetz, das Maßnahmen gegen „unfaire Handelspraktiken" anderer Länder vorsieht. Es soll die internationale Wettbewerbsfähigkeit der USA verbessern. Im Ausland werden den USA protektionistische Tendenzen vorgeworfen.
Flugzeug- absturz über Lockerbie	21. Dez.	Ein US-amerikanisches Verkehrsflugzeug wird durch eine Sprengladung über der schottischen Ortschaft *Lockerbie* zum *Absturz* gebracht. Die USA bezichtigen im November 1991 Libyen der Urheberschaft für den Terroranschlag.
Präsident Bush	1989 20. Jan.	Vizepräsident George Herbert Walker *Bush* übernimmt nach einem klaren Wahlsieg über den Demokraten Michael Dukakis (Gouverneur von Massachusetts; *1947) das Präsidentenamt (1989–1993). Vizepräsident wird Dan (James Danforth) Quayle (*1947). Bush will das bedrohlich angewachsene Haushaltsdefizit durch Ausgabenkürzungen abbauen, Steuererhöhungen aber vermeiden und die Drogensucht bekämpfen. – Die Demokraten halten in beiden Häusern des Kongresses die Mehrheit.
„Exxon Valdez"-Havarie	24. März	Die Havarie des Öltankers *Exxon Valdez* im Prince William Sound (Alaska) löst eine Umweltkatastrophe aus. Die Mineralölgesellschaft Exxon wird dazu verpflichtet, die entstandenen Schäden auf eigene Kosten zu beseitigen.
	9. Aug.	Präsident Bush unterzeichnet ein Gesetz zur Rettung der Savings and Loan Associations (Bausparkassen), die infolge hoher Zinsverpflichtungen und schlechter Geschäftsführung in großer Zahl zusammenbrechen. Auf die öffentlichen Haushalte kommen dadurch in den nächsten 30 Jahren zusätzliche Belastungen von etwa 300 Mrd. Dollar zu.
	17. Okt.	Ein Erdbeben verursacht im Raum San Francisco schwere Schäden.
US-Invasion in Panama	20.–26. Dez. 1990 4. Jan.	*US-Streitkräfte* besetzen *Panama*. Dessen Staatschef Manuel Noriega, wegen Beteiligung am internationalen Drogenhandel in den USA unter Anklage, hatte am 15. Dez. den USA den Krieg erklärt. Nach mehrtägigen Gefechten stellt sich Noriega und wird nach Miami, Florida, gebracht (1992 zu einer Haftstrafe von 40 Jahren verurteilt). Die US-Streitkräfte werden bis zum 14. Febr. zurückgezogen und das 1985 verhängte Wirtschaftsembargo aufgehoben (13. März).
	1. Juni	Während eines Besuchs Präsident Gorbatschows in den USA werden eine Verringerung strategischer Nuklearwaffen und ein Produktionsstopp für chemische Waffen vereinbart.
US-Truppen in Saudi-Arabien	8. Aug.	Nach dem irakischen Überfall auf Kuwait (2. Aug.) und dessen Verurteilung im UN-Sicherheitsrat entsenden die USA *Streitkräfte nach Saudi-Arabien*. Sie sollen als Kern einer multinationalen Streitmacht das Land schützen und Irak zum Rückzug aus Kuwait und zur Freigabe festgehaltener ausländischer Geiseln zwingen.
Anti-Irak- Koalition	1991 17. Jan.– 28. Febr.	Die USA führen im Zweiten Golfkrieg unter dem Oberbefehl von US-General Norman Schwarzkopf (*1934) die heterogene *Anti-Irak-Koalition* aus 26 Staaten an, die im Auftrag der UNO Kuwait von der irakischen Besatzung befreit (Operation Wüstensturm).
	12. Febr.	Aufgrund der Befürchtung, der Golfkrieg könne die Entwicklung der hoch verschuldeten amerikanischen Volkswirtschaft weiter beeinträchtigen, fällt der *Kurs des Dollar* auf DM 1,4535 an der Frankfurter Devisenbörse.

● PLOETZ

20. Febr.	Die US-Regierung stellt ihre *Energiepolitik* bis zum Jahr 2010 vor: Ziele sind die Senkung des Erdöl-Importanteils auf 40–45%, die Verringerung des Erdölverbrauchs sowie eine Steigerung der Inlandproduktion.	*Energiepolitik*
17. April	Präsident Bush und die Häuptlinge verschiedener Indianervölker erörtern Maßnahmen zur Erhaltung der indianischen Kultur.	
6. Mai	Mit der Verschrottung der letzten US-amerikanischen und sowjetischen (12. Mai) Mittelstreckenraketen wird erstmals eine ganze Kategorie von Nuklearwaffen beseitigt.	
9./16. Sept.	Ein neues Stützpunktabkommen mit den Philippinen scheitert an der Ablehnung des Senats in Manila. Dennoch verlängert die philippinische Präsidentin Corazon Aquino die Aufenthaltserlaubnis für die US-Streitkräfte um ein Jahr.	
27. Sept.	Präsident Bush ergreift nach dem Zerfall des Warschauer Pakts eine neue *Abrüstungsinitiative* und kündigt die Beseitigung aller landgestützten Kurzstreckenraketen als nukleare Gefechtsfeldwaffen an sowie den Abzug der taktischen Nuklearwaffen von den Schiffen der US-Marine.	*Abrüstungsinitiative*
3. Dez.	Der Stabschef des Weißen Hauses, John Henry Sununu (*1939), tritt nach Vorwürfen wegen des Missbrauchs amtlicher Privilegien zurück.	
1992 8. März	Ein internes Strategiepapier der US-Regierung definiert als Grund für die weitere *globale Militärpräsenz* der USA das Ziel, die Entstehung einer neuen feindlichen Supermacht zu verhindern. Der Neuerwerb von Atomwaffen soll danach notfalls mit der Drohung atomarer Vergeltung unterbunden werden.	*globale Militärpräsenz*
29. April– 2. Mai	Nachdem vier der Körperverletzung an einem Schwarzen angeklagte weiße Polizisten entgegen den Indizien freigesprochen worden sind, brechen in Los Angeles und San Francisco die *gewalttätigsten Unruhen* seit den sechziger Jahren aus. In ihrem Verlauf werden 58 Menschen getötet und etwa 2300 verletzt; der Sachschaden beläuft sich auf etwa 1 Mrd. Dollar. Die Verarmung weiter Teile der städtischen schwarzen Bevölkerung und die sich aus dem sozialen Aufstieg asiatischstämmiger Bevölkerungsteile ergebenden Spannungen zwischen diesen Gruppen sind wesentlich für die Ausschreitungen verantwortlich.	*gewalttätige Unruhen*
22. Mai	Der Kongress verabschiedet den Staatshaushalt für 1993. Er weist bei einem Volumen von 1,5 Bill. Dollar ein Defizit von 326,6 Mrd. Dollar aus.	
23. Okt.	Mit der Unterzeichnung des „Cuban Democracy Act 1992" verschärft Präsident Bush das *Handelsembargo gegen Kuba*, um das sozialistische Regime zu stürzen. Betroffen sind ausländische Filialen amerikanischer Firmen, insbesondere Tochterunternehmen in Europa.	*Handelsembargo gegen Kuba*
8. Dez.	Das Repräsentantenhaus beschließt für Plenarabstimmungen ein erweitertes Stimmrecht der Abgeordneten aus dem District of Columbia (der Hauptstadt Washington), Puerto Rico, Guam, Amerikanisch-Samoa und den Virgin Islands.	
9. Dez.	Die USA entsenden im Rahmen der UN-Hilfsaktion „Operation Restore Hope" 28 000 Soldaten in das von einer Hungerkatastrophe bedrohte Bürgerkriegsland Somalia.	
17. Dez.	Präsident Bush unterzeichnet in Washington die Verträge über die *Gründung der Nordamerikanischen Freihandelszone* (NAFTA; Mitglieder: Kanada, USA, Mexiko).	*Gründung der NAFTA*
22. Dez.	Präsident Bush hebt das 1989 gegen die VR China wegen der Niederschlagung der Demokratiebewegung verhängte Waffenembargo auf.	

Die Vereinigten Staaten seit 1993

1993 20. Jan.	Bill (William Jefferson) Clinton (*1946), demokratischer Gouverneur von Arkansas, wird nach hohem Wahlsieg *Präsident* der Vereinigten Staaten (Wiederwahl 1996). Vizepräsident wird Al (Albert) Gore (*1948). Unter den 14 Mitgliedern seiner Regierung befinden sich Vertreter aller ethnischen Minderheiten.	*Präsident Clinton*
26. Febr.	Ägyptische, moslemische Fundamentalisten verüben einen *Bombenanschlag* auf das World Trade Center in New York.	*Bombenanschlag*
3./4. April	Präsident Clinton sagt bei einem Gipfeltreffen mit dem russischen Präsidenten Boris Jelzin im kanadischen Vancouver eine Soforthilfe in Höhe von 1,6 Mrd. Dollar an Russland zu, um die dortigen demokratischen und wirtschaftlichen Reformen zu fördern. Zum Abschluss wird die „Deklaration von Vancouver" veröffentlicht, die eine amerikanisch-russische Partnerschaft in der internationalen Politik sowie Zusammenarbeit bei der globalen Abrüstung von chemischen und nuklearen Waffen vorsieht.	
13. Mai	Verteidigungsminister Les Aspin (*1938, †1995) erklärt den *Verzicht* der USA *auf* das 1983 unter Präsident Reagan begonnene Programm zur Stationierung von *Raketenabwehrsystemen* im Weltraum (Strategic Defense Initiative/*SDI*).	*Verzicht auf SDI-Programm*

	27. Juni	US-Kriegsschiffe beschießen die Zentrale des irakischen Geheimdienstes in Bagdad mit Marschflugkörpern. Damit vergelten die USA einen gescheiterten Mordanschlag Iraks auf Ex-Präsident Bush in Kuwait (14. April).
	Ende Juni–Aug.	Nach anhaltenden Überschwemmungen im Bereich des Mississippi stellt die Bundesregierung eine Finanzhilfe von 2,5 Mrd. Dollar zum Schadensausgleich zur Verfügung.
Abkommen USA – Japan	11. Juli	Die USA und *Japan* schließen ein *Wirtschafts- und Handelsabkommen*. Japan erklärt sich bereit, Handelshemmnisse abzubauen und den Import amerikanischer Waren zu fördern. Die USA verpflichten sich u. a. zu einer Reduktion ihres Budgetdefizits.
	5.–6. Aug.	Das umstrittene Programm Präsident Clintons zur Konsolidierung des Bundeshaushaltes wird vom Kongress angenommen.
	19. Aug.	Aufgrund des stark angestiegenen Flüchtlingsstroms beendet die US-Regierung die automatische Asylgewährung für Kubaner in den USA.
Gasa-Jericho-Abkommen	13. Sept.	Vertreter Israels und der Palästinensischen Befreiungsorganisation (PLO) unterzeichnen in Washington im Beisein von Präsident Clinton das *Gasa-Jericho-Abkommen* über eine Teilautonomie der Palästinenser in den von Israel besetzten Gebieten. Neuer Erfolg für die Nahostpolitik der USA nach dem Friedensvertrag von Camp David (1979).
Reform des Gesundheitswesens	22. Sept.	Präsident Clinton stellt sein Programm zur *Reform des Gesundheitswesens* vor: Im Mittelpunkt steht die Gewährung eines Krankenversicherungsschutzes für alle US-Bürger bei gleichzeitiger Kostenreduktion im Gesundheitswesen.
	6. Okt.	Die USA bezahlen mit 533 Mio. Dollar 53% ihrer seit Jahren ausstehenden UN-Beiträge.
	1994 28. Febr.	NATO-Kampfflugzeuge der US-Luftwaffe schießen über Bosnien vier serbische Kampfflugzeuge ab, die das Flugverbot der UNO missachteten.
	Ende März	Der Teilrückzug von US-Truppen aus der UN-Streitmacht in Somalia wird abgeschlossen.
	10.–12. Juli	Bei einem Staatsbesuch in der Bundesrepublik Deutschland sichert Präsident Clinton die weitere Präsenz amerikanischer Truppen in Deutschland zu.
	21.–25. Aug.	Der Kongress verabschiedet ein umfangreiches Gesetzpaket zur Verbrechensbekämpfung (Crime Bill).
	26. Sept.	Die Debatte über die Reform des Gesundheitswesens wird vom Senat vertagt.
Kongresswahlen Dollarschwäche	8. Nov.	Die Republikaner erzielen bei *Kongresswahlen* spektakuläre Zugewinne und erringen die Mehrheit in Senat und Repräsentantenhaus.
	1995 8. März	Der *Dollar fällt* an der Frankfurter Devisenbörse wegen des amerikanischen Haushaltsdefizits und der Währungskrise in Mexiko, welche die USA zu Peso-Stützungskäufen veranlasst, auf das historische Tief von DM 1,3755.
	19. April	Bei einem Sprengstoffanschlag auf das Federal Building in Oklahoma City sterben 168 Menschen. Als Tatverdächtige werden kurz danach zwei paramilitärisch organisierte Waffenliebhaber festgenommen.
	7. Juni	Das Repräsentantenhaus lehnt es ab, den War Powers Act von 1973 abzuschaffen, der den Einsatz von US-Truppen im Ausland nach 60 Tagen von der Zustimmung des Kongresses abhängig macht.
	7. Juni	Als Reaktion auf das Attentat in Oklahoma City verabschiedet der Senat ein Gesetz, das der Bundesregierung größere Vollmachten bei der Bekämpfung von Gewaltdelikten und terroristischen Aktivitäten gewährt.
Beziehungen zu Vietnam	11. Juli	20 Jahre nach Beendigung des Vietnamkrieges verkündet Präsident Clinton die Aufnahme diplomatischer *Beziehungen zu Vietnam*.
	23./24. Okt.	Präsident Clinton verständigt sich mit Russlands Präsidenten Boris Jelzin in Hyde Park (New York) über die russische Teilnahme an der Friedenslösung in Bosnien.
	14.–19. Nov.	In dem seit Juli andauernden Haushaltskonflikts mit dem Kongress sichert Präsident Clinton zu, bis zum Jahr 2002 einen ausgeglichenen Haushalt vorzulegen. Erst im Februar 1996 kann der Konflikt beigelegt werden.
Friedensabkommen von Dayton	1.–20. Nov.	Die USA und die EU vermitteln im Bürgerkrieg in Bosnien-Herzegowina Verhandlungen zwischen Serbien, Kroatien und Bosnien-Herzegowina auf dem US-Luftwaffenstützpunkt bei Dayton (Ohio). Diese münden im *Friedensabkommen von Dayton*, welches am 14. Dez. in Paris unterzeichnet wird.
	1996	Mit dem „Helms-Burton-Gesetz" (12. März) wird das Handelsembargo gegen Kuba weiter verschärft.
	10. Aug.	Der Kongress stimmt einer Erhöhung des gesetzlichen Mindestlohns zu.
Einschränkung der Sozialhilfe	22. Aug.	Präsident Clinton unterzeichnet das Gesetz zur *Reform der Sozialhilfe*. Demnach haben Bedürftige keinen Anspruch mehr auf lebenslange Unterstützung; Sozialhilfe an Arme wird höchstens fünf Jahre gezahlt.
	4. Sept.	Die US-Luftwaffe beschießt Ziele in Südirak, nachdem Irak das UN-Flugverbot südlich des 32. Breitengrades verletzt hat.

1997 20.–21. März	Präsident Clinton und der russische Präsident Jelzin beraten auf dem *Gipfeltreffen* in Helsinki über die Sicherheitspolitik in Europa und die Beschränkung nuklearer Waffen.	*Gipfeltreffen USA – UdSSR*
Anfang Mai	Die *Wirtschaft* der USA erlebt einen über Jahre ungebrochenen *Boom*. In ihrem Gefolge sinkt die Zahl der Arbeitslosen im ersten Quartal 1997 auf 5,2%. Ein Ansteigen der Inflationsrate veranlasst jedoch den Vorsitzenden der US-Notenbank, Alan Greenspan (*1926), zu einer Erhöhung des Leitzinses (25. März).	*Wirtschaftsboom*
13. Juli	Laut Regierungsbericht zur Entwicklung der NAFTA wuchs das Handelsvolumen mit den Partnern Kanada und Mexiko seit In-Kraft-Treten des Freihandelsabkommens (1. Jan. 1994) um 44%.	
Nov./Dez.	Die Ausweisung US-amerikanischer Rüstungsinspekteure durch den Irak führt zu einer *Krise zwischen der UNO und dem Irak*. Auch nach dem offiziellen Einlenken des Irak (21. Nov.) werden die UN-Inspektionen behindert.	*Krise UNO – Irak*
13. Nov.	Der Kongress verweigert die Zahlung von knapp 1 Mrd. US-Dollar ausstehender Beiträge an die kurz vor der Zahlungsunfähigkeit stehenden UN.	
1998 29. Juli	Ende des folgenreichsten Streiks in der amerikanischen Automobilindustrie seit 1970: Der Ausstand von 9 200 Arbeitern in zwei Zulieferbetrieben hatte 54 Tage lang dafür gesorgt, dass bei General Motors bis zu 193 5000 Menschen ohne Arbeit waren.	
17. Aug.	US-Präsident Bill Clinton gibt in einer Fernsehansprache zu, eine „unangemessene" Beziehung zur ehemaligen Praktikantin im Weißen Haus Monica Lewinsky gehabt zu haben. Er korrigiert damit eine Aussage vom 17. Jan., in der er eine sexuelle Beziehung zu Frau Lewinsky geleugnet hatte.	
8. Okt.	Auf der Grundlage eines Berichts von Sonderermittler Kenneth Starr zur Lewinsky-Affäre leitet das Repräsentantenhaus ein *Amtsenthebungsverfahren* (Impeachment) gegen Präsident Bill Clinton ein.	*Amtsenthebungsverfahren*
23. Okt.	Unter Vermittlung von Präsident Clinton treffen der israelische Ministerpräsident Netanjahu und der Palästinenserpräsident Arafat in Wye Plantation (Maryland) eine Vereinbarung zum Neubeginn des Friedensprozesses.	
3. Nov.	Bei den Kongress- und Gouverneurswahlen bleibt der befürchtete „Lewinsky-Effekt" aus, im Gegenteil verzeichnen die Demokraten sogar Stimmenzuwächse. Verlierer ist Newt Gingrich, der republikanische „Speaker" des Repräsentantenhauses und eigentliche Gegenspieler des Präsidenten. Er legt sein Amt nieder und nimmt auch das Kongress-Mandat nicht an.	
22. Nov.	Die US-amerikanische Tabakindustrie verpflichtet sich zur Zahlung von 206 Mrd. US-Dollar an 46 der 50 Bundesstaaten. Sie entgeht damit den Klagen auf Ersatz für die öffentlichen Gesundheitsleistungen zur Behandlung von Raucherkrankheiten. Die seit acht Jahren anhaltende wirtschaftliche Expansion setzt sich fort, auch für das Jahr 1998 wird eine *Steigerung des Bruttoinlandsproduktes* verzeichnet (3,8%).	*Steigerung des Bruttoinlandsproduktes*
1999 7. Jan.	Beginn des Impeachment-Prozesses gegen US-Präsident Bill Clinton. Vorwürfe sind Meineid und Behinderung der Justiz. Der Antrag auf Amtsenthebung scheitert in der Schlussabstimmung im Senat am 12. Febr., da die erforderliche Zweidrittelmehrheit nicht zu Stande kommt.	
April/Mai	Bei den Luftschlägen gegen Jugoslawien während der Kosovo-Krieges trägt die US-Luftwaffe mit 769 Maschinen die Hauptlast.	
23. Juni	Der Senat beschließt die *Wiederaufnahme von Zahlungen an die UN*.	*Wiederaufnahme der UN-Zahlungen*
2000 10. Jan.	In der bislang weltweit größten Fusion der Industriegeschichte schließen sich die Medienfirmen AOL und TimeWarner zusammen. Der Börsenwert des neuen Konzerns wird auf 250 Mrd. US-Dollar geschätzt.	
28. Juni	Nach sieben Monaten Rechtsstreit kehrt der sechsjährige Elián González, einer von drei Überlebenden eines vor Miami gekenterten Flüchtlingsschiffes, zu seinem Vater nach Kuba zurück.	
Aug.	In zwölf US-Bundesstaaten wüten verheerende Waldbrände.	
7. Nov.	Bei den Präsidentenwahlen *siegt* der Republikaner *George W. Bush* (*1946), der Sohn des früheren Präsidenten George Bush (1989–1993) und Gouverneur von Texas, mit 271 Wahlmännerstimmen (von 538) über den Demokraten Al Gore (267 Stimmen). Das Ergebnis wird allerdings erst nach erbittertem juristischen Tauziehen um das bei der Wahl angerichtete Auswählchaos mit einem Spruch des Obersten Gerichtshofes vom 12. Dez. gültig.	*George W. Bush Präsident*
2001 13. Jan.	Der Microsoft-Gründer Bill Gates gibt den Vorsitz in seinem Konzern auf. Seit Ende 1998 laufen gegen Microsoft kartellrechtliche Verfahren, am 7. Jan. 2000 ist ein Urteil zur Aufteilung in zwei getrennte Unternehmen ergangen.	
13. März	Die US-Regierung *steigt aus dem Klimaschutz-Protokoll von Kyoto aus*. Als Begründung verweist sie auf die nationale Energiekrise.	*Ausstieg aus Kyoto-Protokoll*

Terroranschläge in New York und Washington

24. Mai Aus Protest gegen die Politik von Präsident G. W. Bush tritt Senator James Jeffords (Vermont) aus der Republikanischen Partei aus. Damit verlieren die Republikaner ihre Mehrheit im Senat.

11. Juni Hinrichtung des Bombenlegers von Oklahoma City (1995), Timothy McVeigh.

11. Sept. Islamistische Terroristen kapern mehrere Passagierflugzeuge und lenken sie als fliegende Bomben in Büro- und Verwaltungsgebäude. Eines trifft das *Pentagon in Washington* (vermutlich 189 Tote), zwei weitere das *World Trade Center in New York* (vermutlich 3500 Tote, davon ca. 250 Feuerwehrleute, 80 Polizisten und weitere Helfer). Als Drahtzieher der Anschläge gilt der saudische Exilpolitiker und Geschäftsmann Osama bin Laden mit seinem in Afghanistan ansässigen al-Qaida-Netzwerk. Die amerikanische Diplomatie wirbt in den folgenden Wochen für eine weltweite Allianz gegen den Terror.

7. Okt. Da das Taliban-Regime sich weigert, Osama bin Laden auszuliefern, beginnen die USA mit einer Luftoffensive gegen Afghanistan.

13. Dez. Die USA steigen aus dem 1972 mit der damaligen UdSSR geschlossenen ABM-Vertrag aus.

2002

29. Jan. US-Präsident Bush spricht in einer Rede zur Lage der Nation von einer „Achse des Bösen", die den Weltfrieden durch das Horten von Massenvernichtungswaffen bedrohe, und nennt in diesem Zusammenhang den Irak, den Iran und Nordkorea.

April Die Regierung bekräftigt ihre Absicht, in den Yucca-Bergen in Nevada ein Endlager für rd. 70 000 t Atommüll einzurichten.

Juni In Fort Greely (Alaska) beginnen die Bauarbeiten für sechs unterirdische Raketensilos, in denen die Waffen des geplanten nationalen Raketenabwehrsystems stationiert werden sollen.

14. Juni Als Reaktion auf das Bekanntwerden pädophiler Skandale beschließen die US-Bischöfe auf einer Konferenz in Dallas (Texas) die Suspendierung aller Priester, die Minderjährige sexuell missbraucht haben.

26. Juni Die Telefongesellschaft WorldCom gibt Bilanzfälschungen in Milliardenhöhe zu. Das Unternehmen meldet am 22. Juli Insolvenz an – die größte Pleite in der amerikanischen Wirtschaftsgeschichte.

14. Aug. Über 600 amerikanische Unternehmen haben den von der Börsenaufsicht SEC geforderten Eid für die Richtigkeit ihrer Bilanzen abgegeben oder sich bereit erklärt, ihn nachzureichen.

15. Aug. Mehr als 600 Angehörige von Opfern des 11. September erheben bei einem Bezirksgericht in Washington Schadensersatzklage über mindestens 365 Mrd. Dollar gegen mehrere saudische Familien, die sie der Beihilfe zu den Anschlägen beschuldigen.

12. Sept. Vor der UN-Vollversammlung fordert US-Präsident Bush den Irak ultimativ zum Verzicht auf Massenvernichtungswaffen und zur Beendigung der Unterstützung des internationalen Terrorismus auf.

1. Okt. Die USA fordern den Einsatz eigener Waffeninspektoren neben den UN-Experten im Irak und freien Zugang zu den Palästen von Staatschef Saddam Hussein.

3. Okt. Der ehemalige US-Präsident Clinton nimmt in Berlin an den Feierlichkeiten zum 12. Jahrestag der deutschen Wiedervereinigung teil.

Lateinamerika seit 1945: Überblick

Integration

Wirtschaftsregion

Vertrag von Managua

Während im 19. Jh. und der ersten Hälfte des 20. Jh.s die Unterschiede zwischen den einzelnen lateinamerikanischen Ländern eher größer geworden sind, haben sich seit 1960 Formen der *Integration* oder des zwischenstaatlichen Verkehrs herausgebildet, die einen vielfältigen Annäherungsprozess darstellen, der wiederum zur Bildung einer zusammenhängenden *Wirtschaftsregion* führen kann. 1960 kommt es zur Gründung des „Zentralamerikanischen Gemeinsamen Marktes" (Mercado Común Centroamericano; MCCA) sowie der „Lateinamerikanischen Freihandelsvereinigung" (Asociación Latinoamericana de Libre Comercio; ALALC). Der durch den *Vertrag von Managua* (13. Dezember 1960 in der Republik Nicaragua) gegründete MCCA lässt für 95% aller in den Mitgliedsländern produzierten Erzeugnisse die Handelsschranken sinken. Der Anteil des gegenseitigen Warenaustausches nimmt erheblich zu (von 1960: 7% auf 1970: 27% des Außenhandelsvolumens der Mitgliedsstaaten). Der „Fußballkrieg" (1969) zwischen Honduras und El Salvador schadet zwar vorübergehend den wirtschaftlichen Integrationsbemühungen; danach sind jedoch ernsthafte Bestrebungen zu verzeichnen, den MCCA in eine „Wirtschafts- und Sozialgemeinschaft" mit Schwerpunkt auf einem abgestimmten Industrialisierungsprogramm umzugestalten.

Vertrag von Montevideo

Die durch den *Vertrag von Montevideo* (18. Februar 1960 in der Republik Uruguay) gegründete ALALC umfasst heute außer den drei Staaten Guayanas alle südamerikanischen Länder. Bei der Gründung dieser Freihandelsvereinigung haben einige Länder ihren Willen bekundet, eine echte wirtschaftliche Integration (besonders im industriellen Bereich) mit politischen Folgen (Integration) zu erreichen, schließlich hat sich jedoch die Vorstellung der großen Länder (Mexiko, Argentinien, Brasilien) durchgesetzt, denen es vor allem über eine Liberalisierung des Handels um die Erweiterung des gegenseitigen Warenverkehrs geht. Der gegenseitige Handel der Mitgliedsländer nimmt von (1960) 7% auf (1973) 11% bei gleichzeitiger Verlagerung zu Gunsten von Erzeugnissen der verarbeitenden Industrie zu. Die *ALALC* leidet seit ihrer Gründung unter Fehlentwicklungen und schwer wiegenden Krisen; vor allem fällt das erzielte Ergebnis für einzelne Staaten sehr unterschiedlich aus. Am meisten profitieren die wirtschaftlich entwickelteren Länder Argentinien, Brasilien, Mexiko, während die mittleren Länder aus Enttäuschung über die Entwicklung der ALALC später den Andenpakt gründen. Die Krise der Freihandelsvereinigung wird nicht überwunden; das Programm des kontinuierlichen Zollabbaus bis hin zur vollen Liberalisierung nicht eingehalten. Das Protokoll von Caracas (1969; in Venezuela) sieht zwar verschiedene Verhandlungsrunden zur ALALC-Reform vor, konkrete Ergebnisse werden jedoch nicht erzielt. Die Stagnation ist darauf zurückzuführen, dass die einzelnen Staaten infolge der eigenen nationalen Probleme zu den erforderlichen Zugeständnissen gegenüber anderen Mitgliedsländern nicht bereit sind.

ALALC

Der *Andenpakt* geht auf die „Deklaration von Bogotá" (1966; in Kolumbien) zurück, in der die Möglichkeit von subregionalen Abkommen zwischen den kleineren und mittleren Ländern einerseits und einem der größeren Länder der ALALC andererseits vorgeschlagen wird. Offiziell gegründet wird er 1969 in Cartagena de Indias (Acuerdo de Cartagena); dabei wird erstrebt, mit Hilfe des Andenpaktes, dem Chile, Peru, Bolivien, Kolumbien, Ecuador, Venezuela (seit 1973) angehören, eine Umstrukturierung der ALALC herbeizuführen. Das eigentliche Ziel des Paktes ist sozio-ökonomischer Art: Die wirtschaftliche Integration soll zur gleichgewichtigen Entwicklung der Partnerstaaten und damit zur Anhebung des Lebensstandards der Menschen führen. Das *Liberalisierungsprogramm* sieht den vollständigen Abbau der Zölle und Importrestriktionen vor. Angestrebt wird nicht nur die Bildung eines gemeinsamen Marktes, sondern auch eine Wirtschaftsunion (allerdings keine politische Union). Von besonderer Bedeutung ist das gemeinsame Statut über die Behandlung ausländischer Investitionen (Decisión 24), das die Überfremdung einheimischer Firmen verhindern soll. Die bisher positivste Entwicklung des Andenpaktes zeigt sich im Bereich der Handelsliberalisierung und des internen Warenverkehrs. Zu den Hauptproblemen des Pakts gehören zum einen die vielfältigen *Infrastrukturprobleme* (Entfernungen, Bodenverhältnisse, unterschiedliche Bevölkerungsdichte, ungenügende Hafenkapazitäten), zum anderen die strukturelle Heterogenität der wirtschaftlichen und politischen Systeme der einzelnen Mitgliedsstaaten.

Andenpakt

Liberalisierungsprogramm

Infrastrukturprobleme

Neben den „offiziellen" Integrationsverträgen gibt es eine Reihe *außerinstitutioneller Ansätze* zur Intensivierung der Beziehungen; hierzu zählen die informellen Kontakte zwischen den Unternehmern, die Gründung bi- oder multinationaler lateinamerikanischer Unternehmen, Kooperationsverträge zwischen mehreren Staaten, bilaterale Staatsverträge (Handelsliberalisierung, gemeinsame Industrieinvestitionen), Anlage von Verkehrswegen.

außerinstitutionelle Ansätze

Im karibischen Raum beginnt der Integrationsprozess mit dem Vertrag von St. John's (1968), der eine Freihandelsvereinigung konstituiert (Caribbean Free Trade Area; CARIFTA), die 1973 durch den Vertrag von Chaguaramas in eine Wirtschaftsgemeinschaft (Caribbean Common Market; CARICOM) umgewandelt wird. Neben Guyana gehören zum Integrationsraum *CARIFTA/CARICOM* mehrere Inselstaaten.

Auf Initiative Mexikos und Venezuelas wird im Oktober 1975 die gesamtlateinamerikanische Wirtschaftsorganisation *Sistema Económico Latinoamericano* (SELA) mit Sitz in Caracas gegründet. Ziel ist die gegenseitige Konsultation, Koordinierung und Zusammenarbeit im wirtschafts- und sozialpolitischen Bereich sowie die Wahrung gemeinsamer Interessen.

CARIFTA/ CARICOM SELA

Einer der bedeutendsten gesellschaftlichen Faktoren Lateinamerikas ist die *katholische Kirche*. Von den verschiedenen Strömungen im lateinamerikanischen Katholizismus sind vor allem die konservative „neue Christenheit", der sich an der katholischen Soziallehre orientierende Sozialkatholizismus sowie der „offene Katholizismus" zu nennen; Letzterer orientiert sich an der Realität der politischen, wirtschaftlichen und sozialen Verhältnisse, propagiert die „Theologie der Befreiung" und tritt ausdrücklich für ein politisches Engagement der Kirche ein. Diese Richtung findet jedoch nicht die Unterstützung der Päpste Paul VI. und Johannes Paul II. bei ihren Besuchen im Jahre 1968 bzw. ab 1979. Seit 1983 befasst sich auch die römische Glaubenskongregation kritisch damit.

katholische Kirche

Nach dem Zweiten Weltkrieg durchläuft das *Verhältnis Staat – Kirche* im großen und ganzen vier Phasen: In der ersten (1956–1966) arbeiten Kirche und Staat eng zusammen; Ziel ist die Beschleunigung des wirtschaftlichen Wachstums, um mit Hilfe des Entwicklungsbooms die vorhandene Unterentwicklung zu beseitigen; in der zweiten Phase (1967–1970) kommt es infolge von politischer Verhärtung auf der einen (Militärregierungen, Repression) und Radikalisierung auf der anderen Seite (Studentenunruhen, Guerillabewegungen) zu innerkirchlichen Krisen und Spaltungen der Bischofskonferenzen; die dritte Phase (1970–1973) zeichnet sich durch eine reservierte Haltung der Kirche gegenüber den neuen Regierungen und Experimenten in verschiedenen Ländern (Chile, Argentinien, Bolivien, Peru) aus; in der vierten und bisher letzten Phase (seit 1973) kommt es immer häufiger zu Auseinandersetzungen zwischen Staat und Kirche, die sich der von vielen Militärregierungen propagierten Doktrin der nationalen Sicherheit wider-

Verhältnis Staat – Kirche

setzt und für die Respektierung der demokratischen und sozialen Grundrechte einsetzt, ja in vielen Fällen, etwa in Argentinien, Brasilien, Chile, nicht die offene Konfrontation mit den Regierungen scheut.

Eine der bedeutendsten Konstanten in der politischen Landschaft Lateinamerikas ist das Militär. Je schwächer politisch-soziale Institutionen sind, desto bedeutsamer ist die *Rolle der Armee*. Vor allem in den Ländern, in denen die nationale Integration fehlt, schwingen sich Militärs zu „Rettern der Nation" auf, die in den Nachkriegsjahrzehnten – im Gegensatz zu früher – teilweise zum Motor wirtschaftlicher und sozialer Veränderungen geworden sind. Dabei begreifen sie sich als Reformer und Schöpfer der nationalen Integration. Gründe für ihre *Interventionen* sind u.a. ihr Gruppen- und Klasseninteresse sowie die häufige Regierungsunfähigkeit ziviler Gruppierungen. Die verschiedenen Militärregime haben selten dieselben Zielvorstellungen, wenden aber zumeist dieselben Methoden an. In den fünfziger Jahren gibt es noch eine Reihe personalistischer Diktaturen, die von zivilen Kräften demokratischer Reformpolitik abgelöst werden. Zu Beginn der sechziger Jahre hat es zunächst den Anschein, als würden sich diese zivilen Kräfte (wie in Venezuela, Chile, Kolumbien, Peru etc.) durchsetzen; die USA unterstützen sie im Rahmen der „Allianz für den Fortschritt" – vor allem, um der Herausforderung der kubanischen Revolution entgegenzutreten. Zeitweilig besteht ein Junktim zwischen demokratischer Reformpolitik und Entwicklungshilfe, die OAS verurteilt politische Diktaturen. – Die *kubanische Revolution* stellt den Beginn der „Krise der Demokratie" in Lateinamerika dar. Der kubanische Weg zur Macht, die Landguerilla, soll in Länder mit demokratischer Reformpolitik „exportiert" werden; er trägt auch zur Zersplitterung der lateinamerikanischen „demokratischen Linken" bei. Außerdem werden die Streitkräfte der meisten Länder systematisch „modernisiert", was zur Voraussetzung der späteren Politik der „nationalen Sicherheit" führt. – Liberaldemokratische Entwicklungen seit 1960 oder demokratisch-sozialistische und nationalistisch-revolutionäre Reformpolitik zu Beginn der siebziger Jahre (Chile, Bolivien) sind zunichte gemacht. Ende der siebziger Jahre ist die politische Demokratie in Lateinamerika – mit wenigen Ausnahmen (Venezuela, Kolumbien, Costa Rica) – zunächst erloschen.

Von der weltweiten Rezession im Gefolge der Ölkrise 1973 werden die Länder Lateinamerikas besonders stark getroffen: 1981 verzeichnen sie die niedrigste Zuwachsrate seit über 30 Jahren. Gründe dafür sind die extrem *hohe Auslandsverschuldung* nahezu aller Staaten, die zunehmend von Stützungskrediten und Umschuldungen der Weltbank bzw. des IMF abhängig werden. Die überstürzte Industrialisierung mit Hilfe der Auslandskredite führt u.a. zu irreparablen *Umweltschäden* und bringt mangels Eigenkapital und Fachkräften nicht den erwünschten Fortschritt. Kapitalflucht, Inflation (zum Teil jährlich mehrere 100%) und hohe Arbeitslosigkeit kennzeichnen die Situation zu Beginn der achtziger Jahre. Über 50% der Erwerbstätigen sind noch immer in der Landwirtschaft beschäftigt, deren Produktivität unter brachliegendem Großgrundbesitz und der Ineffektivität der Minifundien leidet. Bevölkerungswachstum, Landflucht und Verstädterung vergrößern die Elendsviertel in den Metropolen.

Grenzkonflikte um rohstoffreiche Gebiete (Peru–Ecuador, Venezuela–Guyana, Argentinien–Chile) und der Falkland-Krieg zwischen Argentinien und Großbritannien gefährden den inneramerikanischen Zusammenhalt. Seit der sandinistischen Revolution in Nicaragua ist die gesamte mittelamerikanische Region permanenter Krisenherd. Die USA setzen verschiedene Regime unter Druck und bemühen sich mit Geld, Waffen und Militärberatern darum, die revolutionären Kräfte einzudämmen und ein weiteres Festsetzen der Sowjetunion zu verhindern.

Um die Wiederherstellung des Friedens in Mittelamerika bemüht sich seit Januar 1983 auch die nach ihrem ersten Tagungsort auf einer Insel im Golf von Panama benannte *„Contadora-Gruppe"*, gebildet von den Außenministern Kolumbiens, Mexikos, Panamas und Venezuelas. Zusammen mit anderen mittelamerikanischen Außenministern erarbeitet sie einen detaillierten Friedensplan, der den Abzug aller ausländischen Truppen und Militärberater aus den Krisengebieten, das Verbot von Waffenlieferungen dorthin, freie Wahlen und Wirtschaftshilfen vorsieht. Im September 1984 berät die Gruppe mit den EG-Außenministern in San José (Costa Rica) über politische und wirtschaftliche Zusammenarbeit, und im Oktober 1984 legt sie ihren in Einzelheiten modifizierten Friedensplan für Mittelamerika dem UNO-Sicherheitsrat vor.

Während in den siebziger Jahren die meisten Staaten Lateinamerikas durch Militärdiktaturen regiert werden, stellen diese Regierungsformen in den achtziger Jahren eher die Ausnahme dar, obwohl die Militärs nach wie vor eine politische Macht bilden. In der Regel können die Militärregime die Wirtschaftskrisen nicht bewältigen; Staaten wie Brasilien und Argentinien kehren am Beginn der achtziger Jahre zur Demokratie zurück.

Die Bemühungen um Frieden und Demokratie in Lateinamerika erhalten internationale Anerkennung und Unterstützung, indem dem Präsidenten Costa Ricas, Oscar *Arias Sánchez* (*1941), im Oktober 1987 der *Friedensnobelpreis* verliehen wird.

Die USA sind weiterhin stark daran interessiert, ihren Einfluss vor allem in Mittelamerika zu erhalten. Sie setzen dabei, wie in Panama, auch das Mittel direkter militärischer Intervention ein. Der indirekte Einfluss über die Unterstützung von Contra-Truppen geht jedoch seit der Aufdeckung der Iran-Contra-Affäre zurück.

Entwicklung der Bevölkerung ausgewählter Länder Lateinamerikas
in Mio.

Bevölkerungsentwicklung

Land	1950	1960	1970	1980	1990	1999
Mexiko	27,74	36,88	50,46	67,06	84,51	96,58
El Salvador	1,94	2,57	3,59	4,53	5,17	6,15
Venezuela	5,09	7,58	10,72	15,09	19,50	23,70
Bolivien	2,71	3,35	4,21	5,36	6,57	8,13
Brasilien	53,44	72,59	95,85	121,29	148,48	167,96
Chile	6,07	7,60	9,49	11,14	13,15	15,02
Argentinien	17,15	20,62	23,96	28,11	32,55	36,58

Jährliche Wachstumsraten der Bevölkerung ausgewählter Länder Lateinamerikas
in %

Bevölkerungswachstum

Land	1950–1955	1960–1965	1970–1975	1980–1985	1985–1990	1990–1995
Mexiko	2,74	3,18	3,13	2,41	2,27	2,08
Honduras	3,13	3,46	3,08	3,24	3,11	2,99
Venezuela	4,11	3,71	3,50	2,58	2,62	2,29
Kolumbien	2,87	3,03	2,17	2,14	1,84	1,68
Peru	2,59	2,92	2,82	2,42	2,04	1,95
Paraguay	2,81	2,94	2,67	3,32	3,17	2,82
Chile	2,14	2,44	1,71	1,62	1,72	1,63
Brasilien	3,20	3,03	2,42	2,17	1,91	1,73
Argentinien	1,99	1,57	1,68	1,53	1,42	1,22

In der Mitte und am Ende der achtziger Jahre stellt der *Weg zur Demokratie* einen wichtigen Aspekt der Entwicklung in Lateinamerika dar. So kehrt Chile mit der Vereidigung von Präsident Patrizio Aylwin Azócar im März 1990 zu demokratischen Verhältnissen zurück. Auch die Entwicklung Nicaraguas nimmt durch die freien Wahlen im Februar 1990 und den Amtsantritt der neuen Präsidentin Violeta Barrios de Chamorro im April eine neue Wendung.

Weg zur Demokratie

In den Vordergrund treten gegen Ende der achtziger Jahre in ganz besonderem Maße Probleme wie die *Schuldenkrise*, von der auch die meisten lateinamerikanischen Staaten betroffen sind, sowie der internationale Rauschgifthandel und der Drogenanbau in Lateinamerika. Besonders in Kolumbien nehmen der Einfluss und die Aktivitäten der *Drogenkartelle* potenziell staatsgefährdende Ausmaße an. Die Erfolge der Bekämpfung müssen gering bleiben, solange die sozialen Probleme in den Anbauländern ungelöst sind, und die Zusammenarbeit zwischen Anbau- und Konsumentenländern nicht funktioniert.

Schuldenkrise

Drogenkartelle

Bei den Lösungsversuchen der Schuldenkrise gibt die Weltbank am Ende der achtziger Jahre ihre bisherige Strategie auf, harte Anpassungsmaßnahmen für mehr Wettbewerbsfähigkeit durchzusetzen, und lässt es im Rahmen des Brady-Planes zu, dass IMF- und Weltbankgelder für den Schuldendienst eingesetzt werden. Einige lateinamerikanische Staaten (Peru, Argentinien, Honduras) haben ihren Schuldendienst zeitweise reduziert oder eingestellt.

Neben den allgemeinen wirtschaftlichen Problemen treten Ende der achtziger Jahre ökologische Fragen Lateinamerikas ins weltweite Bewusstsein. Für die *Erhaltung des Regenwaldes* am Amazonas gibt es Hilfsprogramme auf der ganzen Welt, die von der Überprüfung von Krediten nach ökologischen Kriterien bis zum Einfuhrstopp für Tropenhölzer gehen.

Erhaltung des Regenwaldes

In den neunziger Jahren intensivieren die Staaten Lateinamerikas ihre wirtschaftliche Zusammenarbeit. 1995 tritt der Gemeinsame Markt im Süden Lateinamerikas *(MERCOSUR)* zwischen Argentinien, Brasilien, Paraguay und Uruguay in Kraft, während sich die zentralamerikanischen Staaten im Sekretariat für Zentralamerikanische Wirtschaftsintegration *(SIECA)* zusammenschließen.

MERCOSUR

SIECA

Lateinamerika: Mittelamerikanische Staaten und Mexiko seit 1945

Mexiko seit 1940/46
(Forts. v. S. 1306)

Zu den Merkmalen der mexikanischen Entwicklung seit dem Zweiten Weltkrieg gehört die mit einer Begrenzung der Teilnahme breiter Bevölkerungskreise erkaufte politische Stabilität. Seit der Gründung (1929) des damals noch anders genannten *Partido Revolucionario Institucional* (PRI) wird Mexiko von dieser Partei beherrscht. Für eine echte Opposition ist innerhalb dieses Systems kaum Platz. Einzige Oppositionspartei von einiger Bedeutung ist der Partido de Acción Nacional (PAN).

PRI

Mexikos *Wirtschaftsstruktur* ist trotz fortschreitender Industrialisierung noch immer vom Agrarsektor gekennzeichnet. Die bereits in der Revolutionsverfassung von 1917 verankerte Agrarreform mit ihrem umfangreichen Umverteilungsprogramm ist bisher nicht abgeschlossen. Mexikos heutiges Wirtschaftssystem ist gemischtwirtschaftlich. Der Staat spielt in der Wirtschaft eine entscheidende Rolle. Seit Jahren erfolgen etwa 50% der Neuinvestitionen durch staatliche Aktivität. Das unter Präsident Manuel Ávila Camacho (1940–1946) eingeführte Programm der „Mexikanisierung" der Wirtschaft beeinträchtigt vorübergehend die Investitionsfreudigkeit ausländischer Firmen. Die Dynamik des wirtschaftlichen Wachstumsprozesses seit 1940 wird maßgeblich von einer beschleunigten Industrialisierung und Binnenmarktorientierung getragen.

Wirtschaftsstruktur

1946–1952 Präsident Miguel Alemán Valdés (*1900, †1983) verstärkt die *Industrialisierungspolitik*. Zugleich erreicht die Korruption der öffentlichen Verwaltung ein hohes Ausmaß.

Industrialisierungspolitik

1952–1958 Mit dem Grundübel allseitiger Bestechlichkeit will Präsident Adolfo Ruiz Cortines (*1891, †1973) aufräumen. Seine Hauptenergien setzt er für ein weiteres Wirtschaftswachstum des Landes ein; durch infrastrukturelle Maßnahmen soll die bedenkliche räumliche Wirtschaftskonzentration (vor allem México D. F., Guadalajara und Monterrey) aufgelockert werden. Um die Zahlungsbilanz zu entlasten, öffnet er das Land dem Tourismus.

1958–1964 Präsident Adolfo López Mateos (*1910; †1969) treibt den Transformationsprozess des Landes möglichst gleichgewichtig zu Gunsten aller sozialökonomischen Schichten voran. Erstmalig seit der Präsidentschaft Lázaro Cárdenas (*1895, †1970; 1934–1940) kommt es wieder zu einem umfangreichen *Landverteilungsprogramm*. Mehrere Industriezweige werden nationalisiert.

Landverteilungsprogramm

1964–1970 Auch unter der Regierung von Gustavo Díaz Ordaz (*1912, †1979) werden in innenpolitischen Modernisierungsbereichen bemerkenswerte Leistungen vollbracht (z.B. Landverteilung, Erziehungswesen, Ausbau der Infrastruktur, Fortführung der Industrialisierung).

1968 Juli In der Hauptstadt Mexiko City (Ciudad de México) kommt es zu schweren Studentenunruhen und Massendemonstrationen.

2. Okt. Blutbad in Tlatelolco auf dem „Platz der drei Kulturen". Kurz vor Beginn der XIX. Olympischen Sommerspiele in Mexiko erweist der Einsatz unverhältnismäßiger Mittel die politische Schwäche der Regierung. Die *Studentenrevolte*, der sich auch zahlreiche ärmere Einwohner anschließen, ist der heftigste Ausbruch von Unzufriedenheit in Mexiko seit Jahrzehnten.

Studentenrevolte

1970–1976 Während der Präsidentschaft Luis Echeverría Alvárez' (*1922) wird verstärkt versucht, Mexikos überfällige Distributionsprobleme anzugehen, die Außenabhängigkeit zu mildern und vor allem eine demokratische Öffnung in Partei und Regierung durchzusetzen.

1973 1. Juli Die Stärkung der Opposition bei den Kongresswahlen bestätigt eine gewisse Demokratisierung der Innenpolitik.

1976 31. Aug. Die neue Regierung (seit 4. Juli 1976) unter José López Portillo gibt den mexikanischen *Peso-Kurs* nach 22 Jahren fester Parität zum US-Dollar frei, wodurch sich ein Abwertungseffekt von 40% ergibt.

Peso-Kurs

1979 Jan. Papst Johannes Paul II. besucht Mexiko anlässlich der 3. Vollversammlung der lateinamerikanischen Bischöfe (CELAM) in Puebla.

1. Juli Bei den Neuwahlen zum Abgeordnetenhaus entfallen auf den regierenden PRI 57% der Stimmen.

Ziele und Grenzen der Reformpolitik

Angriffsziele der Reformpolitik sind Bürokratismus, Korruption und Wirtschaftskriminalität. Eines der wirtschaftlichen Hauptprobleme stellt die *Arbeitslosigkeit* dar: Etwa 40% der arbeitsfähigen Bevölke-

Arbeitslosigkeit

rung sind arbeitslos oder unterbeschäftigt. Da trotz gewisser Anreize wegen Kapitalknappheit, hoher Zinsen und schleppender Nachfrage nur geringfügig investiert wird, entstehen nur wenig neue Arbeitsplätze. Die stabile Währung und der ständige Zuwachs des Bruttosozialprodukts kommen weniger als der Hälfte der Bevölkerung zugute. Die noch lange nicht zu Ende geführte *Landreform* gewinnt immer mehr an Priorität. Der Gegensatz zwischen den sich rasch industrialisierenden Zentren und der seit Jahrzehnten nahezu unveränderten Situation auf dem Land führt zu gewaltsamen Konflikten, die in der zunehmenden Aktivität der Stadt- und Landguerillas offenbar werden.

Auch unter der Regierung von José López Portillo geht die von seinem Vorgänger begonnene politische Reorganisation weiter; Ziel des Reformprogramms der „demokratischen Einheit" ist insbesondere der Versuch, extreme politische Positionen in das parlamentarische System einzubinden und die sozialen Unruhen in demokratische Kanäle zu leiten. Zu den begonnenen *Reformmaßnahmen* gehören die Schaffung neuer Arbeitsplätze, die Fortführung der Landreform, die Kontrolle öffentlicher Gelder, die Drosselung der Staatsausgaben und die Dezentralisierung der Verwaltung.

Außenpolitisch spielt Mexiko in Lateinamerika eine Sonderrolle. Trotz Tourismus und US-Investitionen hat es einen spezifischen *Anti-US-Amerikanismus* entwickelt, der sich auch nach außen auswirkt: 1962 weigert es sich, dem US-Druck und der Aufforderung der OAS nach Abbruch der Beziehungen zu Kuba nachzukommen. Es festigt vielmehr seinen Ruf als Exilland für politisch Verfolgte. 1967 ist Mexiko maßgeblich an der Entstehung des Vertrags von Tlatelolco beteiligt, in dem Lateinamerika zur atomwaffenfreien Zone erklärt wird. Die multilaterale Zusammenarbeit in Lateinamerika führt zu dem in unmittelbarer Unterstützung durch Venezuela zu Stande gekommenen „Lateinamerikanischen Wirtschaftssystem" (Sistema Económico Latinoamericano, SELA). Unter der Präsidentschaft Echeverrías erfolgt eine verstärkte Identifikation mit der „Dritten Welt". Die Reisediplomatie der letzten Präsidenten bezieht sich zum einen auf ihre Initiative zur Verabschiedung einer „Charta der wirtschaftlichen Rechte und Pflichten der Staaten" im Rahmen der UN-Vollversammlung, zum anderen auf die Bildung eines neuen „lateinamerikanischen Wirtschaftssystems", an dem die USA nicht beteiligt sein sollen. Bilaterale Probleme mit den USA betreffen vor allem die Lage der über vier Millionen mexikanischen *Wanderarbeiter* (braceros) sowie der illegalen Einwanderer in den US-Südstaaten (chicanos). *Wanderarbeiter*

Die neueste wirtschafts- wie außenhandelspolitische Entwicklung Mexikos wird maßgeblich durch die gewaltigen *Öl- und Gasfunde* vor allem *in Chiapas* (südlichster Staat Mexikos) und Tabasco (Staat im Südosten des Landes) bestimmt. 1974 setzt der Export ein; mit den Lieferungen an die USA will Mexiko, das sich dem OPEC-Kartell bisher nicht angeschlossen hat, Lockerungen der US-Einfuhrbestimmungen für seine Agrarprodukte erreichen und zugleich die hohe Auslandsverschuldung abbauen; innenpolitisch regen sich verstärkt Widerstände gegen die Gefahr erneuter wirtschaftlicher Abhängigkeit vom nördlichen Nachbarn. *Öl- und Gasfunde in Chiapas*

1982 4. Juli	Nach Wahlen löst Miguel de la Madrid Hurtado (*1934) José López Portillo (*1920) als Staatspräsident ab (Amtsantritt 1. Dez.).
1. Sept.	Hohe Inflationsrate (98,8%) und Auslandsverschuldung veranlassen ein „*Krisenpaket*": Etwa 50 Banken werden verstaatlicht, totale Devisenkontrolle wird eingeführt.
1983 29. Dez.	Umschuldungsabkommen mit ausländischen Banken (25. Okt., 22. Dez.) und Kreditabkommen mit den USA bessern die Finanzlage.
1984 1. Sept.	Präsident Miguel de la Madrid kann bei Parlamentseröffnung die Überwindung des schwersten Krisenstadiums in der Wirtschaft feststellen.
1985	Bei den Parlamentswahlen am 7. Juli verliert die Regierungspartei 4,11% ihrer Stimmen.
1986	Mexiko wird am 24. Aug. als 92. Staat Vollmitglied des GATT.
1988 6. Juli	Carlos *Salinas de Gortari* (*1948), Partei der Institutionalisierten Revolution (PRI), wird mit 50,3% zum Präsidenten gewählt (Amtseinführung am 1. Dez.); die Opposition erhebt aufgrund eigener Auszählungen den Vorwurf massiven Wahlbetruges.
1990 7. April	Umstrukturierung der hohen *Auslandsschulden* (ca. 50% des BIP) nach dem Brady-Plan der Bretton-Woods-Institute zur Schuldenbegrenzung.
1992 12. Aug.	Die Handelsminister von Mexiko, Kanada und den USA schließen die Verhandlungen über die Gründung einer Nordamerikanischen Freihandelszone NAFTA in Washington ab. Diese soll zum 1. Januar 1994 entstehen. Sämtliche Zölle und Einfuhrbeschränkungen sollen zwischen den Beteiligten innerhalb der kommenden 15 Jahre beseitigt werden.
1994 1. Jan.– 2. März	Mitglieder des so genannten Zapatistischen Nationalen Befreiungsheeres beginnen mit der Besetzung mehrerer Rathäuser im Bundesstaat Chiapas einen Guerilla-Kampf. Die Regierung setzt Militäreinheiten ein und einigt sich (2. März) mit den Aufständischen auf ein Friedensabkommen (so genannte „Kompromisse für einen würdigen *Frieden in Chiapas*") unter Vermittlung des Bischofs Ruiz aus San Cristóbal.

Margin notes: *Krisenpaket*; *Auslandsschulden*; *Friede in Chiapas*

Wahlen	21. Aug.	Die seit 1929 regierende PRI gewinnt die *Präsidentschafts- und Parlamentswahl*. Ihr Kandidat Ernesto Zedillo Ponce de Léon (*1951) wird mit äußerst knapper Mehrheit zum Nachfolger des Staatspräsidenten Carlos Salinas de Gortari gewählt.
	Dez. 1995	Starke Kursverluste des Peso führen zu einer Wirtschaftskrise. Diese wird durch die vom IMF gewährte Finanzhilfe von über 50 Mrd. US-Dollar (davon 20 Mrd. aus Reserven der US-Regierung) ab Sept. 1995 überwunden.
	1996 28. Juni	Die Revolutionäre Volksarmee (Ejército Popular Revoluciónario/ERP) ruft zum Sturz der Regierung auf. Die neue Guerillagruppe verübt seither Überfälle und Anschläge und wird von der Armee bekämpft.
Sozialpakt	26. Okt.	*Sozialpakt* zwischen Regierung, Arbeitgeber- und Arbeitnehmerorganisationen zur Stabilisierung der Wirtschaft.
	1997 6. Juli	Bei den Parlamentswahlen verliert die PRI erstmals seit 68 Jahren die Mehrheit im Abgeordnetenhaus, bleibt aber stärkste Partei.
	13.–16. Sept.	Gründungskongress des Fente Zapatista de Liberación Nacional (FZLN), einer Bewegung, die für die Rechte der Indianer eintritt.
	22. Dez.	Eine rechtsgerichtete paramilitärische Einheit verübt ein Massaker an 45 Indianern in einem Flüchtlingslager der Zapatisten in Acteal.
	1998 3. März	Der ehemalige Leiter der Drogenbekämpfungsbehörde, General Jesús Gutiérrez Rebollo, wird wegen Amtsmissbrauchs zu einer hohen Haftstrafe verurteilt. Mitte Mai wird bekannt, dass zwölf der 19 größten mexikanischen Banken in die Geschäfte der Drogenmafia verwickelt sind.
Menschenrechte	1999 14. Jan.	Nach einem *Bericht der Menschenrechtsorganisation Human Rights Watch* sind Folter, Verschleppungen und außergerichtliche Hinrichtungen übliche Praxis in Mexiko.
	Juli	20 Paramilitärs, die am Massaker von Acteal beteiligt waren, werden zu je 35 Jahren Gefängnis verurteilt.
Hochwasser- katastrophe	Okt.	Bei der schwersten *Hochwasserkatastrophe* in der Geschichte des Landes werden Hunderte Menschen getötet und Hunderttausende obdachlos.
	7. Nov.	Erstmals wird der Präsidentschaftskandidat des regierenden PRI nicht durch Empfehlung des scheidenden Präsidenten, sondern durch landesweite Vorwahlen ermittelt.
	2000 2. Juli	Bei den Präsidentschaftswahlen unterliegt der Kandidat des PRI, Francisco Labastida Ochoa, dem Vertreter des rechtsliberalen Partido Acción Nacional (PAN), Vicente Fox Quesada (*1942). Die gleichzeitig abgehaltenen Kongresswahlen ergeben für Fox jedoch keine Mehrheit seines Bündnisses aus PAN und Grünen. Im Abgeordnetenhaus bleibt der PRI mit 207 (von 500) Sitzen stärkste Einzelfraktion, im Senat verfügt er sogar über die Mehrheit.
Fox Präsident	1. Dez.	*Amtsantritt des neuen Präsidenten Fox*. Als erste Maßnahme ordnet er den Rückzug von 18 000 Soldaten aus der Konfliktregion Chiapas an.
	2001 19. Jan.	Bestochene Gefängnisbeamte verhelfen dem Drogenbaron Joaquin „El Chapo" Guzman zur Flucht aus einem Hochsicherheitsgefängnis im Bundesstaat Jalisco.
	28. März	Erstmals nehmen Rebellenführer aus Chiapas an einer Parlamentssitzung teil.
	April	Der Oberste Gerichtshof erklärt die seit 1934 übliche „Ausschlussklausel" in Tarifverträgen für verfassungswidrig. Diese hatte bisher Unternehmen gezwungen, Nicht-Gewerkschaftsmitglieder zu entlassen.
	2002 Jan.	Vor dem Hintergrund eines Konjunktureinbruchs verabschiedet das Parlament eine Reihe von Änderungen der Steuergesetzgebung. U.a. wird die Luxussteuer von 5 auf 20% angehoben und eine Steuer auf Handys und Fernsehgeräte eingeführt.
	1. Aug.	Massiver Protest der Anwohner verhindert den Bau eines neuen Großflughafens nahe Mexiko-City.

Guatemala seit 1945

(Forts. v. S. 1307)

Auseinander- setzung um Belize	Außenpolitisch geht es vor allem seit 1960 um die seit langem schwelende *Auseinandersetzung* mit Großbritannien *um* die britische Kolonie *Belize* („Britisch-Honduras"), die Guatemala als Teil seines Territoriums beansprucht. 1977 wird zwischen beiden Ländern eine friedliche Lösung des Problems vereinbart. Die wirtschaftliche Grundlage des Landes ist die Landwirtschaft (Agrar- und Exportprodukte sind v.a. Kaffee, Bananen, Baumwolle, Fleisch, Zucker). Die hohen Bevölkerungszuwachsraten (ca. 2,8%) verschärfen die auf der ungleichen Besitzstruktur beruhenden sozialen Probleme. Insgesamt weist die Wirtschaft eine überproportionale Entwicklung der Industrie, die Tendenz zu einer Diversifizierung der Exportprodukte sowie die stärkere Hinwendung zu anderen Märkten (EG, Japan) auf.

1945	Die Wahl Juán José Arévalos zum Präsidenten als Kandidat der oppositionellen gemäßigt linken Parteienkoalition Frente Popular Libertador (FPL) führt zur Verabschiedung einer *liberalen Verfassung*.	
1945–1951	Arévalo beginnt eine maßvolle Politik der Einkommensumverteilung. Sein politisches Ziel ist die Einführung demokratischer Institutionen und die Eingliederung aller Bürger in den Staat. Da seine Reformgesetze die Interessen der nordamerikanischen Firma United Fruit Co. beeinträchtigen, verschlechtern sich die Beziehungen zu den USA.	*liberale Verfassung*
1951–1954	Arévalos Nachfolger, Jacobo Arbenz Guzmán (*1913, †1971), will eine schnellere, v.a. unabhängigere Entwicklung Guatemalas erreichen und plant hierzu Infrastrukturmaßnahmen, die den Einrichtungen der United Fruit Konkurrenz schaffen.	
1952	Die wichtigste Maßnahme von Arbenz ist die *Agrarreform*, die die Enteignung unkultivierten Landes und Großgrundbesitzes gegen Entschädigung und dessen Aufteilung an Landarbeiter vorsieht; es kommt auch zu einer Teilenteignung der United Fruit Co. Arbenz findet für seine Reformpolitik nicht genügend Unterstützung und muss sich zusehends auf linke Gruppierungen stützen (Einflusszunahme der Kommunisten). Arbenz' Regierung stößt auf zunehmenden Widerstand der USA.	*Agrarreform*
1954 18. Juni	Furcht vor einer kommunistischen Machtübernahme, vor allem die Gefährdung der United-Fruit-Co-Besitzungen führen zu einem Rechtsputsch durch den Exilpolitiker Oberst Carlos Castillo Armas (*1914, †1957), der mit massiver Unterstützung durch den US-Geheimdienst CIA den Präsidenten stürzt. Seither herrschen wieder die Militärs.	
1954–1957	Als Chef der Invasionsarmee wird *Castillo Präsident* und treuester Verbündeter politischer und wirtschaftlicher Interessen der USA. Politische Repression gegen linke Kräfte wird zur Regel, die Agrarreform rückgängig gemacht, enteignetes Land an die ursprünglichen Besitzer zurückgegeben.	*Präsident Castillo*
1957 1958–1963	Castillo wird ermordet, und nach einigen Monaten politischer Wirren wird General Miguel Ydígoras Fuentes (*1895, †1982) zum Präsidenten gewählt. Als ein Putschversuch linksgerichteter Offiziere fehlschlägt, wird die Armee „gesäubert".	
1962	Einer der Führer des fehlgeschlagenen Putsches, Marco Antonio Yon Sosa, gründet eine erste Guerillagruppe, den MR 13; daneben treten noch andere Guerillaorganisationen auf, die bis heute wirksam sind, ihre sozialrevolutionären Aktionen aber bereits vor längerem vom Land in die Hauptstadt verlagert haben.	
1963	Ydígoras wird kurz vor Ende seiner Amtszeit von einer rechtsgerichteten Offiziersgruppe gestürzt.	
1965	Die Militärregierung Enrique Peralta Azurdia (1963–1966; *1908) verkündet eine *neue Verfassung*.	*neue Verfassung*
1966 März	Durchführung von Wahlen, zu denen nur „gemäßigte" und Rechtsparteien zugelassen werden. Überraschend gewinnt der reformerisch orientierte Julio César Méndez Montenegro (*1915), der vom Partido Revolucionario (PR) unterstützt wird, schließlich jedoch mit der Oligarchie und den reaktionären Militärs zusammenarbeitet.	
1966–1970	Die Unfähigkeit der neuen Regierung, die (seit 1960) auftretenden Guerilla-Operationen zu beenden, führt zur Bildung rechtsgerichteter Terror-Organisationen.	
1967	Das Militär führt einen blutigen *Feldzug gegen die Guerillas*, der zahlreiche unbeteiligte Landbewohner das Leben kostet.	*Feldzug gegen die Guerillas*
1970 5. April	Im Gegenzug erschießen die Guerillas mehrere Diplomaten; durch die Unnachgiebigkeit der Regierung wird auch der deutsche Botschafter Karl Graf Spreti (*1907, †1970) Opfer der Guerillas.	
1970–1974 1970–1971	Präsident Carlos Arana Osorio (*1918) leitet eine neue Phase rechtsorientierter Politik ein. Während des Ausnahmezustandes erreicht der *Terror* als Mittel der Politik einen Höhepunkt (Nov. 1970–Nov. 1971).	*Terror*
1974	Mit massiver Wahlfälschung sorgt die Regierungskoalition dafür, dass ihr Kandidat, General Kjell Eugenio Laugerud García (1974–1978), die *Wahlen* offiziell knapp vor dem Kandidaten des oppositionellen Parteienbündnisses Frente Nacional de Oposición (FNO) gewinnt. Wie schon sein Vorgänger, kommt auch Laugerud durch die rechtskonservativen Parteien Movimiento de Liberácion Nacional (MLN) und Partido Institucional Democrático (PID) an die Macht.	*Wahlfälschung*
1976 4. Febr.	Ein schweres *Erdbeben* fordert über 20000 Tote, rund eine Million Menschen werden obdachlos.	*Erdbeben*
1977 16. März	Im Zusammenhang mit der neuen US-Menschenrechtspolitik verzichtet Guatemala auf amerikanische Militärhilfe.	
1978 5. März	Bei den Präsidentschaftswahlen erringt der gemäßigt-konservative General Fernando Romeo Lucas García als Kandidat einer Rechtskoalition die relative Mehrheit.	

	1982	General Efrain Rios Montt (*1926) nach Putsch Chef einer Militärjunta (23. März).
Militärputsch	**1983** 8. Aug.	General Oscar Humberto Mejía Victores (*1931?) wird nach einem *Militärputsch* neuer Staatspräsident.
	1984 1. Juli	Wahlen zu einer „Verfassunggebenden Versammlung" sollen Rückkehr zur Demokratie einleiten. Das Militär verspricht Machtabgabe an Zivilregierung.
	1985 8. Dez.	Im zweiten Wahlgang der Präsidentschaftswahlen erreicht nun der Christdemokrat Vinicio Cerezo Arévalo (*1944) 68,4%. Mit seinem Amtsantritt am 14. Jan. 1986 ist der Übergang von der Militär- zur Zivilregierung vollzogen.
	1987 2. Okt.	Regierung und „National-Revolutionäre Einheit Guatemalas" (URNG) einigen sich in Madrid auf einen Waffenstillstand und Verhandlungen.
	1988/1989	Zwei Putschversuche scheitern.
Wahlsieg Serrano Elias'	**1991** 6. Jan.	Der konservative Ingenieur Jorge *Serrano Elias* (*1945) gewinnt die Stichwahl um das Amt des Staatspräsidenten gegen Jorge Carpio Nicolle. Er ist der erste protestantische Staatspräsident in Lateinamerika.
Nobelpreis für Indianerin	**1992** 16. Okt.	Die Indianerin *Rigoberta Menchu Tum* (*1965) bekommt den *Friedensnobelpreis* für ihr Bemühen verliehen, die Lage der Indianer zu verbessern.
	1993 25. Mai 1. Juni	Präsident Serrano löst nach dem Vorbild des peruanischen Präsidenten Alberto Fujimori („Putsch von oben") das Parlament und den Obersten Gerichtshof auf. Dagegen nimmt Verteidigungsminister General García Stellung und ergreift mit der Armee die Macht. Serrano flieht nach Panama ins Exil. Das Parlament wählt (5. Juni) fast einstimmig Ramiro de Léon Carpio (*1942) zum neuen Staatspräsidenten.
	1996	Alvaro Arzú Irigoyen (*1946) wird am 7. Jan. zum Staatsoberhaupt gewählt.
Ende des Bürgerkriegs	30. Dez.	Mit der Unterzeichnung eines Waffenstillstandsabkommens zwischen der Regierung und vier Vertretern der Guerillaorganisation URNG in Guatemala-Stadt *endet der* 36-jährige *Bürgerkrieg.*
	1998 23. Sept.	Die im Friedensabkommen von 1996 vereinbarte Verkleinerung der Armee um ein Drittel ist abgeschlossen.
	1999 25. Febr.	Die im Febr. 1997 eingesetzte Kommission für die historische Wahrheitsfindung legt ihren Abschlussbericht vor. Darin wird festgestellt, dass die während des Bürgerkrieges begangenen Menschenrechtsverletzungen zu 93% aufs Konto der Armee gehen.
	10. März	Bei einem Besuch in Guatemala entschuldigt sich US-Präsident Bill Clinton für die Rolle der USA im Bürgerkrieg; die Unterstützung der Armee und des Geheimdienstes sei ein Fehler gewesen.
Referendum	16. Mai	Bei einem *Referendum* sprechen sich 55% der Teilnehmer gegen eine grundlegende Demokratisierung und Modernisierung Guatemalas aus.
	7. Nov.	Bei den Parlamentswahlen gewinnt der rechtsgerichtete Frente Republicano Guatemalteco (FRG) die absolute Mehrheit. Der FRG-Kandidat für das Präsidentenamt, Alfonso Portillo Cabrera (*1951), kann sich in der Stichwahl am 26. Dez. durchsetzen.
	Dez.	Die Friedensnobelpreisträgerin Rigoberta Menchu reicht bei einem spanischen Gericht Klage gegen mehrere guatemaltekische Militärs und Politiker wegen ihrer Verbrechen im Bürgerkrieg ein.
	2001	Der US-Dollar wird als Zweitwährung neben dem Quetzal eingeführt.
	1. Mai Juni	Elf Indiogemeinschaften reichen bei einem gutatemaltekischen Gericht Klage wegen Völkermord während der Militärdiktatur ein.
Generalstreik	1. Aug.	Ein vom Unternehmerverband Guatemalas ausgerufener *Generalstreik* legt das öffentliche Leben lahm. Hintergrund ist die Steuergesetzgebung der Regierung, u.a. die Erhöhung der Umsatzsteuer.

Belize seit 1964
(Forts. v. S. 1299)

Land- und Forstwirtschaft		In Belize – der ehemaligen britischen Kronkolonie Britisch-Honduras – bildet die *Land- und Forstwirtschaft* die Haupterwerbsquelle. Wichtigste Anbauprodukte sind Mais, Reis, Bohnen, Bananen, Zitrusfrüchte, Zuckerrohr und Kokosnüsse. Die ausgedehnten Wälder liefern Edelhölzer (Mahagoni, Zedern, Pinien, Rosenholz). Die auf der Verarbeitung von Landwirtschaftsprodukten basierende Industrie ist noch wenig entwickelt.
	1964	Nach Erreichen der inneren Selbstverwaltung wird George C. Price (*1919) von der People's United Party (PUP) Premierminister von Britisch-Honduras.

ab 1970	Guatemala droht wiederholt mit einem Einmarsch, weshalb Großbritannien die Unabhängigkeit hinauszögert.	
ab 1977	Verhandlungen zwischen Großbritannien und Guatemala bleiben zunächst erfolglos.	
1981 21. Sept.	Nachdem ein Abkommen Großbritanniens mit Guatemala die Voraussetzungen geschaffen hat, wird Belize als Monarchie im Britischen Commonwealth *unabhängig* und 156. UNO-Mitglied (25. Sept.). Premierminister (seit 1964) bleibt George C. Price.	*Unabhängigkeit*
1982	Guatemala erneuert Gebietsansprüche gegen Belize (30. Juni); Großbritannien warnt vor Waffengebrauch und verweist auf seine in Belize zum Schutz stationierten Truppen.	
1984	Kabinettsumbildung: Price gibt zusätzliche Ämter ab (Jan.).	
1985	Nach hohem Wahlsieg im Dez. 1984 übernimmt die Vereinigte Demokratische Partei (PDU) unter Manuel Esquivel (*1940) die Regierung.	
1989	*Parlamentswahlen* (6. Sept.), aus denen die sozialdemokratische PUP unter George C. Price als Sieger hervorgeht.	*Parlamentswahlen*
1991	Als 34. Mitglied wird Belize am 8. Jan. in die OAS aufgenommen.	
14. Aug.	Der Präsident Guatemalas, Jorge Serrano, erkennt die Unabhängigkeit Belizes an, hält aber territoriale Ansprüche auf dessen Gebiet aufrecht.	
11. Sept.	Aufnahme diplomatischer *Beziehungen zu Guatemala*. Belize begrenzt seine Territorialgewässer auf drei Seemeilen, damit Guatemala einen größeren Atlantikzugang erhält.	*Beziehungen zu Guatemala*
1993	Bei Parlamentswahlen (30. Juni) siegt die PDU. Manuel Esquivel wird Regierungschef (Vereidigung am 5. Juli).	
1995 15. Juli	Belize und Kuba nehmen diplomatische Beziehungen auf.	
1998	Said Wilbert Musa (PUP) neuer Regierungschef (1. Sept.).	
2000 Okt.	Der *Hurrikan „Keith"* richtet schwere Verwüstungen an. Die Schäden werden auf 200 Mio. US-Dollar geschätzt, das entspricht der Hälfte des Bruttoinlandsproduktes.	*Hurrikan „Keith"*
2001 Jan.	Als vertrauensbildende Maßnahme gegenüber Guatemala verzichtet die Regierung auf eine Ausweisung guatemaltekischer Siedler, die sich auf dem Boden Belizes niedergelassen haben. Nach wie vor beansprucht Guatemala Teile Belizes für sich.	

El Salvador seit 1944/48
(Forts. v. S. 1307)

In El Salvador beherrschen die *Militärs* die Politik. Durch Putsche oder durch Wahlen an die Macht gekommen, vertreten sie vor allem die Interessen der agro-industriellen Oberschicht, der „14" bzw. neuerdings „60 Familien". Nach dem Sturz des Diktators Maximiliano Hernández Martínez (1931–1944; *1882, †1966) wechseln sich mehrere Regierungen ab. — *Herrschaft der Militärs*

Kaffee ist seit Ende des 19. Jh.s Hauptexportprodukt und wichtigste Einnahmequelle der Regierung. Neben den Monokulturen kennzeichnet eine ungleichmäßige Verteilung die Struktur der Landwirtschaft: 1973 besitzen nur 0,4% der Eigentümer rund 38% der landwirtschaftlichen Nutzfläche. Seit der großen Bauernrebellion von 1932 werden zwar wiederholt Agrarreform-Programme angekündigt und Gesetze erlassen, eine wirksame Landumverteilung ist bisher jedoch nicht erfolgt. Die bisher eingeleiteten Reformen (gesetzliche Mindestlöhne, Steuerreform) haben die Besitzstruktur im Wesentlichen unangetastet gelassen. Wiederholte spontane Bauernrebellionen werden unterdrückt. – Zum zweitwichtigsten Exportprodukt wird nach dem Zweiten Weltkrieg die *Baumwolle*, die in mechanisierten Großbetrieben in der Küstenzone produziert wird. Folge der Erschließung der Küstenregion ist allerdings eine massenhafte Proletarisierung von Kleinbauern (Landflucht). Die offene *Arbeitslosigkeit* wird Ende der siebziger Jahre auf mindestens 20%, die ländliche Unterbeschäftigung auf ca. 65% geschätzt. – Die Industrialisierung beschränkt sich zunächst auf die Veredelung der eigenen Agrarprodukte, wird aber nach der Gründung (1960) des Gemeinsamen Zentralamerikanischen Marktes (MCCA) auf Verarbeitung importierter Rohstoffe und Halbfertigwaren ausgeweitet. Ende der siebziger Jahre gilt El Salvador als das Land mit dem höchsten *Industrialisierungsgrad* Mittelamerikas. Das Agrarreformgesetz von Juli 1976, das umfangreiche Enteignungen vorsieht, wird nach heftigen Protesten der Großgrundbesitzer erheblich abgemildert. Obwohl die Industrialisierung auch in den achtziger und neunziger Jahren voranschreitet, arbeiten immer noch mehr Beschäftigte in der Landwirtschaft als in der Industrie. Die Arbeitslosigkeit liegt 1994 bei ca. 10%, die Unterbeschäftigung bei 48%. Auch Mitte der neunziger Jahre ist Kaffee Hauptausfuhrprodukt, nunmehr gefolgt von Zucker.

Kaffee

Baumwolle

Arbeitslosigkeit

Industrialisierungsgrad

1948 Die Armee übernimmt die Macht.
Óscar Osorio (1950–1956; *1910, †1969), zum Präsidenten gewählt, findet für sein Modernisierungs- und Industrialisierungsprogramm die Unterstützung der Mittelschichten, bleibt aber in Ansätzen von Strukturreformen stecken.

	1956–1960	Der Versuch seines Nachfolgers José María Lemus (*1911), mehr politische Freiheit zu gewähren, endet mit der Repression der sozialen Unruhen und der Verkündigung des Kriegsrechts.
Lemus' Sturz	1961	Nach *Lemus' Sturz* (26. Oktober 1960) und dem Gegenputsch gegen die progressive Militärjunta, die ihn zuvor gestürzt hat, wird in der „Status-quo-Partei" Partido de Conciliación Nacional (PCN) die Allianz zwischen Oberschicht und konservativer Militärführung erneuert.
	1962	Präsident wird Julio Adalberto Rivera (1962–1967; *1922, †1973). Als wirksamste Opposition formiert sich (1960), neben zahlreichen linken Splittergruppen, die christdemokratische Partei Partido Demócrata Cristiano (PDC).
„Fußballkrieg"	1969 14. Juli	Während der Präsidentschaft von Fidel Sánchez Hernández (1967–1972; *1917) kommt es mit Honduras zum sog. *„Fußballkrieg"*; die OAS erzwingt einen Waffenstillstand. Die stillschweigende Vorverlagerung der Siedlungsgrenze bis tief in das Staatsgebiet von Honduras und die Verschärfung des Konkurrenzkampfes um Arbeitsplätze durch die aus Honduras ausgewiesenen Siedler (guanacos) bilden die wesentlichen Ursachen des Konflikts, der durch ein Fußball-Länderspiel ausgelöst wird. Die Unmöglichkeit der land- und arbeitslosen Bevölkerung, nach 1969 nach Honduras auszuwandern, verschärft den Bevölkerungsdruck (jährliche Wachstumsrate über 3,4%) und die Landknappheit und führt zu innen- wie außenpolitischem Krisendruck.
	1972 Febr.	Bei Präsidentschaftswahlen unterliegt (angeblich) die Opposition; die Wahl des PCN-Kandidaten Arturo Armando Molina (1972–1977) ist wahrscheinlich auf massive Wahlfälschung zurückzuführen.
	25. März	Nach Molinas fragwürdigem Wahlsieg kommt es zu einem fehlgeschlagenen Putschversuch einer linksgerichteten Offiziersgruppe (Verhängung des Kriegsrechts).
	1977 20. Febr.	Bei den Präsidentschaftswahlen siegt die Regierungspartei mit General Carlos Humberto Romero mit angeblich 60% der Wählerstimmen.
Ausnahmezustand		Auf die sich nach den Wahlen ausbreitenden umfangreichen Protestaktionen antwortet die Regierung mit Verhängung des *Ausnahmezustandes* (zahlreiche Tote). Guerilla-Aktionen unter anderem der „Volksbefreiungsfront Farabundo Martí" (FPL) nehmen zu. Die unvermindert prekäre Lage der Mehrheit der Bevölkerung drückt sich in häufigen Unruhen (Bauernrebellionen) und mehrfach in Entführungen aus.
	1978 12. März	Großbritannien stellt wegen Verletzung der Menschenrechte seine Waffenlieferungen ein. Bei Kongresswahlen, die von der Opposition boykottiert werden, fallen alle Sitze auf die regierende PCN. Die Opposition ist in allen ihren Aktionen stark behindert.
Präsident Romero gestürzt	1979 15. Okt.	Präsident Carlos Humberto *Romero* wird *durch Teile der Streitkräfte gestürzt*. Die neue Militärjunta steht unter Führung des Obersten Jaime Abdul Gutiérrez und Adolfo Arnaldo Majano. Die sozialen Unruhen halten an.
	1980	Am 23. März ermorden Rechtsextremisten Erzbischof Oscar Romero (*1917, †1980).
Kriegszustand	1981–1982	Verhängung des *Kriegszustandes*; verschärfter Bürgerkrieg paramilitärischer „Todesschwadronen" gegen linke „Rebellen": Etwa 35000 Tote, 600000 Flüchtlinge.
	1984 6. Mai	José Napoleon Duarte (*1925, †1990), schon vom 13. Dez. 1980 bis 26. April 1982 Staatschef, gewinnt die Präsidentenwahlen.
	14. Aug.	Das US-Repräsentantenhaus bewilligt 70 Mio. US-Dollar für Militärhilfe.
Friedensplan für Mittelamerika	1987 7. Aug.	Unterzeichnung eines *Friedensplans für Mittelamerika* in Guatemala-Stadt mit den Präsidenten von Costa Rica, Nicaragua, Guatemala und Honduras. Ziel: Beendigung der Bürgerkriege.
	4. Okt.	Drittes Zusammentreffen von Regierungsvertretern mit der Guerilla wird nach der Ermordung des Vorsitzenden der Menschenrechtskommission durch eine Todesschwadron ergebnislos abgebrochen.
	1988 20. März	Bei Parlamentswahlen (Wahlbeteiligung nur 40%) erreicht die rechtsextreme ARENA 30 Sitze, Duartes Christdemokraten (PDC) 23 und die Nationale Versöhnungspartei (PCN) 7 Sitze.
Präsidentschaftswahlen	1989 19. März	Alfredo Cristiani (*1947, ARENA) ist der Sieger der von schweren Unruhen begleiteten *Präsidentschaftswahlen* (53,81%). Fortführung der Verhandlung mit der Guerilla (deren Forderungen u. a. Auflösung der Todesschwadronen, Amnestie, Agrarreform). Herbstoffensive der Guerilla.
	Nov.	
	1990	Mehrere Verhandlungsrunden zwischen Regierung und Guerilla. Die USA will weitere Militärhilfe nur gegen Einhaltung der Menschenrechte gewähren.
	1991	Parlaments- und Kommunalwahlen (10. März), kein Wahlboykott der Guerilla.
Beendigung des Bürgerkriegs	1992 16. Jan.	Präsident Cristiani und Vertreter der Guerilla-Organisationen unterzeichnen in Mexiko-City einen Friedensvertrag zur *Beendigung des* elfjährigen *Bürgerkriegs*.

1994 24. April	Der Konservative Armando Calderón Sol (*1948) siegt bei den Präsidentschaftswahlen und tritt am 1. Juni die Nachfolge Alfredo Cristianis als Staatspräsident an.
1996 6. Sept.	El Salvador und Guatemala unterzeichnen ein Abkommen über eine Zollunion zwischen beiden Staaten.
1997 16. März	Bei den Wahlen zur Nationalversammlung bleibt die regierende konservative ARENA trotz Stimmeneinbußen stärkste Partei.
1999 9. März	Der Kandidat der ARENA, Francisco Guillermo Flores Pérez (*1959), gewinnt die Präsidentschaftswahlen.
2000 12. März	Die linke frühere Guerilla-Sammlungsbewegung Frente Farabundo Martí para la Liberación Nacional (FMLN) wird bei den Wahlen zur Nationalversammlung stärkste politische Kraft.
6. Okt.	Der Oberste Gerichtshof *hebt die* 1993 erlassene *Amnestie* für während des Bürgerkrieges begangene Verbrechen *auf* und macht damit den Weg für die strafrechtliche Verfolgung frei.	*Aufhebung der Amnestie*
2001. 13. Jan./ 13. Febr.	Der US-Dollar wird als zweite Landeswährung neben dem Colón eingeführt (1. Jan). Zwei *Erdbeben* suchen El Salvador heim, insgesamt kommen über 1 200 Menschen ums Leben, 1,5 Mio. verlieren ihre Wohnung. Das wirtschaftlich ohnehin darniederliegende Land wird weiter zurückgeworfen.	*Erdbeben*
2002 23. Juli	Ein Gericht in West Palm Beach (Florida) verurteilt zwei frühere salvadorianische Generäle zur Zahlung von insgesamt 55 Mio. US-Dollar Schadensersatz an drei ihrer Folteropfer.

Honduras seit 1933
(Forts. v. S. 1307)

Viele Jahrzehnte lang stellen die Konservativen und die Liberalen die politischen Führungsgruppen des Landes. Der Partido Nacional Hondureño vertritt die Interessen der Latifundisten, während der Partido Liberal für Reformmaßnahmen zur Modernisierung des Landes (Reform der Einkommens- und Vermögensverteilung) eintritt. Seit Anfang der sechziger Jahre verlieren die beiden traditionellen Parteien zusehends an Bedeutung.
Honduras ist hauptsächlich Agrarland, eine unzulängliche Infrastruktur hemmt die wirtschaftliche Entwicklung. Neben den *Bananenkulturen*, die Ende der siebziger Jahre zu 95% im Besitz der beiden US-amerikanischen Gesellschaften United Fruit Co. und Standard Fruit Co. sind, gewinnt der Anbau von Baumwolle und Kaffee größere Bedeutung. Seit diese Bananenkonzerne sich in eine multinationale Gesellschaft mit weit gefächerten ökonomischen Interessen verwandelt haben, nennen sie sich United Brands Co. (UBC). *Bananen-kulturen*
Extrem ungleiche Besitzverhältnisse und Betriebsstrukturen bewirken eine hohe versteckte *Arbeitslosigkeit* (ca. 40%) auf dem Lande. Der Landhunger der ländlichen Bevölkerung führt zu vielen Landbesetzungen, zu staatlichen Kolonisationsprojekten und zu halbherzigen Reformmaßnahmen, auf die erst seit Dezember 1972 eine energische Agrarreform folgt, die die Herausbildung eines produktivgenossenschaftlichen Sektors zum Ziel hat. Der Versuch Honduras', sich aus der Situation eines extrem rückständigen Agrarlandes durch Integration im Zentralamerikanischen Gemeinsamen Markt (MCCA) zu lösen, scheitert an der Ungleichheit der zentralamerikanischen Staaten. Die schwache Industrialisierung kann die erdrückende *Abhängigkeit von den USA* nicht lockern. Stagnierende Arbeitsproduktivität, sinkende Wachstumsraten, Monopole in wichtigen Bereichen und die Dominanz des ausländischen Kapitals kennzeichnen in der zweiten Hälfte der siebziger Jahre den Industriesektor. Honduras gehört Ende der achtziger Jahre zu den am wenigsten industrialisierten, gemessen am Bruttosozialprodukt auch zu den ärmsten Ländern Lateinamerikas. *Arbeitslosigkeit* *Abhängigkeit von den USA*

1933–1948 1949	Stabilisierung der politischen Verhältnisse unter der Diktatur von Carías Andino (*1876, †1969). Juan Manuel Gálvez (*1887, †1955) wird zum Nachfolger von Carías bestimmt.
1954	Wahlen führen zu Unruhen. Julio Lozano Díaz (*1895, †1957) macht sich zum Staatschef; er regiert diktatorisch.
1956	Eine Militärjunta zwingt Lozano Díaz zum Rücktritt.
1957 21. Dez.	Bei erneut angesetzten Wahlen wird (der bereits 1954 mehrheitlich gewählte Liberale) Ramón Villeda Morales (*1908, †1971) Präsident.
1957–1963	Unter seiner demokratischen Regierung werden *Reformmaßnahmen* (Arbeitsgesetzgebung, Sozialversicherung, Gründung der Nationalen Entwicklungsbank) getroffen. Ein „konservativer" Militärputsch unterbricht die Reformpolitik.	*Reform-maßnahmen*
1963 3. Okt.	Nach dem Sturz Villeda Morales' übernimmt Oberst Osvaldo López Arellano (*1921) die Macht.

| | 1965 | López Arellano lässt sich von einer Verfassunggebenden Versammlung zum Staatspräsidenten (1965–1971) wählen. |

Einwanderung — Aufgrund der geringen Siedlungsdichte (27 E/qkm) ist Honduras bevorzugtes *Einwandererland* für die Bevölkerung des dicht besiedelten Nachbarstaats El Salvador. Die Gesamtzahl der Einwanderer wird in den sechziger Jahren auf 500000 geschätzt. Als ein Regierungsdekret die Ausweisung salvadorianischer Siedler verfügt, verschlechtern sich die Beziehungen zwischen den beiden Nachbarländern. Schließlich kommt es zur kriegerischen Auseinandersetzung, deren äußerer Anlass ein Fußballspiel ist *("Fußballkrieg")*. Der Waffenstillstand kann notdürftig durch die OAS hergestellt werden. Ein Großteil der eingewanderten Salvadorianer muss nach 1969 das Land verlassen.

1969 14. Juli *"Fußballkrieg"*

1970 Honduras tritt als Folge des Krieges und wegen der Verschlechterung seiner wirtschaftlichen Position aus dem MCCA (Zentralamerikanischer Gemeinsamer Markt) aus.

1971 28. März Nach Villeda Morales wird Ramón Ernesto Cruz zum Präsidenten gewählt; er bildet unter Heranziehung der Nationalpartei und der Liberalen Partei eine Regierung des *„Nationalen Einheitspakts"*, die das Parteien- und parlamentarische System weiter diskreditiert. — *Nationaler Einheitspakt*

1972 4. Dez. Nach einjähriger Regierung des „Nationalen Einheitspaktes" erfolgt auf dem Hintergrund parteipolitischer Zwistigkeiten wieder ein (diesmal eher linksorientierter) Militärputsch, der López Arellano erneut an die Macht bringt. Seither sind das Parlament und die Verfassung suspendiert.

1974–1979 *Nationaler Entwicklungsplan* / *Bananenplantagen* — Der *Nationale Entwicklungsplan* betont vor allem den landwirtschaftlichen Sektor, fördert aber auch die weiterverarbeitende Industrie und verbessert die Infrastruktur. Im sozialen Bereich richten sich die Anstrengungen auf die Senkung des Analphabetentums (ca. 70%) und die Hebung des Gesundheitswesens auf dem Land. Der Wirbelsturm „Fifi" (September 1974) zerstört 75–90% der Bananenanbaugebiete. Ein Jahr später werden die *Bananenplantagen* der UBC nationalisiert, der Konzern behält jedoch seine marktbeherrschende Stellung bei.

1975 22. April Im Zusammenhang mit der Aufdeckung einer Bestechung führender Politiker durch die UBC (mit dem Ziel der Senkung der Exportsteuern für Bananen) wird López Arellano in einem unblutigen Militärputsch von der Macht verdrängt. Neuer Präsident wird Oberst Juan Alberto Melgar Castro (*1930, †1988), der sofort eine Bodenreform und die Beendigung aller Privilegien ausländischer Gesellschaften ankündigt.

Juni Massive Landbesetzungen durch landlose (inzwischen gewerkschaftlich organisierte) Arbeiter setzen ein.

1975–1978 Die wichtigsten Ereignisse der Präsidentschaft Melgars sind die Schaffung eines Energieverbundes mit den Nachbarstaaten und das Waffenstillstandsabkommen mit El Salvador nach erneuten Grenzgefechten. Anhaltende soziale Unruhen offenbaren die gesellschaftliche Krise des Landes.

Militärputsch — **1978 7. Aug.** Präsident Melgar wird durch einen *Militärputsch* gestürzt und unter dem Vorsitz von General Juan Paz García eine neue Militärjunta gebildet, die Reformen und Einhaltung der Menschenrechte verspricht.

Friede El Salvador – Honduras — **1980** *El Salvadors Frieden mit Honduras* (30. Okt.) beendet den Kriegszustand (seit 1969).

1982 Mit Amtsantritt von Präsident Roberto Suazo Cordova (*1927) endet die Militärherrschaft (27. Jan.). Ab 1982 operieren Gegner der Sandinisten in Nicaragua mit massiver USA-Hilfe von Honduras aus.

1984 Zur Bewältigung von Wirtschaftsproblemen bildet Cordova das Kabinett um (20. Aug.).

1985 José Azcona del Hoyo (*1927) gewinnt die Präsidentschaftswahlen vom 24. Nov.

1986 Der Präsident fordert die nicaraguanische Contra auf, Honduras zu verlassen (14. Dez.), ohne dass dies geschieht.

Ausnahmezustand — **1988 8. April** Nachdem Studenten die US-Botschaft angegriffen haben, wird der *Ausnahmezustand* verhängt.

1989 Honduras stellt am 10. März den Schuldendienst ein.

26. Nov. Aus allgemeinen Wahlen geht Rafael Leonardo Callejas (*1943), Nationale Partei, als neuer Präsident hervor; er will den hohen Staatsetat kürzen, um Honduras wieder Kredite zu verschaffen.

Abzug nicaraguanischer Contras — **1990** *Abzug der nicaraguanischen Contras* aus Honduras (Juni).

1992 11. Sept. Der Grenzstreit zwischen Honduras und El Salvador wird durch ein Urteil des Internationalen Gerichtshofs (IGH) in Den Haag beigelegt.

1993 28. Nov. Der ehemalige Präsident des Interamerikanischen Gerichtshofes in San José, Carlos Roberto Reina (*1926), gewinnt die Präsidentschaftswahlen (Amtantritt 27. Jan. 1994).

1995 Nahezu geschlossen stimmt das Parlament für die Abschaffung der Wehrpflicht (6. April).

1997 Carlos Roberto Flores (*1950) zum Präsidenten gewählt (21. Dez.).

● PLOETZ

1998 Okt.	Der *Hurrikan „Mitch"* richtet in Mittelamerika schwere Schäden an. Am stärksten betroffen sind Honduras und Nicaragua, wo insgesamt mehr als 20 000 Menschen ums Leben kommen und Millionen ihr Obdach verlieren.	*Hurrikan „Mitch"*
9. Nov.	Die Präsidenten von El Salvador, Guatemala, Honduras und Nicaragua fordern auf einem Krisengipfel einen „Marshallplan" zum Wiederaufbau der vom Hurrikan zerstörten Regionen.	
1999 20. Jan.	Das Parlament ratifiziert eine Verfassungsänderung, durch die die Streitkräfte, bisher außerhalb staatlicher Kontrolle, nun dem Präsidenten unterstellt werden.	
25.–28. Mai	Eine internationale Geberkonferenz sagt Hilfe in Höhe von 9 Mrd. US-Dollar für die von „Mitch" betroffenen Staaten zu.	
30. Nov.	Ratifikation eines *Abkommens mit Kolumbien* über die gemeinsame Seegrenze. Dadurch verschärft sich der Streit mit Nicaragua, das Teile des fraglichen Gebietes beansprucht.	*Abkommen mit Kolumbien*
2000 Aug.	Nach anhaltender Dürre bittet die Regierung um Lebensmittelhilfe aus dem Ausland.	
20. Juni	Das Oberste Gericht gibt den Weg frei für Strafverfahren gegen Militärangehörige, die während der Herrschaft der Militärjunta (1978–1980) Verbrechen begangen haben.	
2001	Honduras und Nicaragua einigen sich über ein Stillhalteabkommen im Seekonflikt (8. März).	
25. Nov.	Der frühere Unternehmer Ricardo *Maduro* (*1946) von der oppositionellen Nationalen Partei (NP) *gewinnt die Präsidentschaftswahlen.*	*Maduro Präsident*

Nicaragua seit 1936/56
(Forts. v. S. 1307)

Die von Anastasio („Tacho") *Somoza* García mit US-Hilfe (1936/1937) begründete *Familiendynastie* regiert bis 1979. Somoza (1937–1947, 1950–1956) herrscht zwei Jahrzehnte mit diktatorischen Maßnahmen (Aufbau eines vom Familienclan kontrollierten Wirtschaftsimperiums); er macht Nicaragua zum Inbegriff der Rückständigkeit und politischen Reaktion. Seine eigene Herrschaft sichert er durch die Guardia Nacional, die als öffentlich finanzierte Privattruppe fungiert, und durch den Aufbau einer disziplinierten Partei, des Partido Liberal Nacionalista (PLN), die durch Wahlen und Kongressbeschlüsse die formale Legalität wahrt. Die Konservativen, die sich in einen Partido Conservador Tradicionalista (PCT) und einen Partido Conservador Nicaragüense (PCN) spalten, lassen sich ausspielen und als demokratisches Aushängeschild missbrauchen; linke Oppositionsparteien weichen in die Illegalität aus.

Trotz der in zwei Jahrzehnten (1950–1970) vollzogenen Industrialisierung ist Nicaragua ein nach außen gerichtetes und von außen abhängiges Agrar-Exportland geblieben. Allerdings ist der Anteil der vier „traditionellen" *Exportgüter* Baumwolle, Kaffee, Zucker und Bananen von 60% (1960) auf 45% (1970) gesunken. Die Bananenproduktion wird in den sechziger-Jahren durch die Standard Fruit Co. wieder aufgebaut. – 1963 wird ein Agrarreformgesetz verkündet, das die Umverteilung des brachliegenden Landes vorsieht. Es kommt allerdings nur zu geringfügigen Veränderungen der Besitzverhältnisse. – Seit 1950 besteht ein Consejo Nacional de Economía zur wirtschaftspolitischen Planung und Koordination, seit 1954 das Instituto de Fomento Nacional (INFONAC) für Entwicklungsprojekte. Seit 1960 werden regelmäßig *Fünfjahrpläne* vorgelegt (Zielprioritäten: Ausbau der Infrastruktur, Erweiterung der Anbauflächen, Erschließung der Atlantikzone, Diversifizierung und Modernisierung der Landwirtschaft und Industrie).

Außenpolitisch können bewaffnete *Grenzkonflikte* zwischen Nicaragua und Costa Rica (1948/1949 und 1955) sowie mit Honduras (1957) durch Vermittlung der OAS beigelegt werden. Das Gros der außenpolitischen Aktivitäten ist auf die mittelamerikanischen Länder gerichtet (1977 Spannungen mit Costa Rica wegen Verletzung des Hoheitsgebietes).

Exportgüter

Fünfjahrpläne

Grenzkonflikte

1956 22. Sept.	Nach der *Ermordung* Anastasio *Somoza Garcías* (*1896, †1956) wird, abgesichert durch die vom Vater aufgebauten Machtinstrumente, sein ältester Sohn Luis Somoza Debayle (1957–1963; *1922) Präsident.	*Ermordung Somoza Garcías*
1963 Febr.	Wegen des Wiederwahl-Verbots der Verfassung übernimmt nach Wahlen René Schick Gutiérrez (*1910, †1966), ein Gefolgsmann von Somoza, die Macht (1963–1966).	
1966	Nach dessen Tod wird Lorenzo Guerrero (*1900) Präsident (1966–1967).	
1967	Der Ernennung des jüngeren „Tacho"-Sohnes Anastasio Somoza Debayle („Tachito"; *1925, †1980) zum Präsidentschaftskandidaten des PLN folgt ein ernsthafter Versuch, die zersplitterte Opposition in einer Unión Nacional Opositora zu vereinen. Um ein angeblich „kommunistisches Komplott" zu zerschlagen, setzt die verschärfte Jagd auf Oppositionelle ein (paramilitärische Schlägertruppe AMROC). Die sich im Untergrund formierende linke	

1876 NEUESTE ZEIT SEIT 1945   Amerika seit 1945

Sandinistische Befreiungsfront		Opposition wie die *Sandinistische Befreiungsfront* versucht, durch gelegentliche spektakuläre Aktionen Widerstand zu demonstrieren.
	5. Febr.	Einschüchterung, Propaganda und Manipulation sichern Anastasio Somoza die Wahl zum Präsidenten.
	1971	Die beiden großen Parteien des Landes schließen ein Abkommen, wonach sie nach Beendigung der Präsidentschaft Somozas das Land gemeinsam mittels einer Regierungsjunta bis 1974 regieren werden. Das Abkommen soll die „Demokratisierung" Nicaraguas einleiten und die Ausarbeitung einer neuen Verfassung ermöglichen.
	1972 1. Mai	Nach dem Rücktritt Somozas übernimmt eine Regierungsjunta (Triumvirat) die Gewalt. Ihr gehören Roberto Martínez Lacayo (PLN), Fernando Agüero Rocha (PCN) und Alfonso Lovo Cordero (PLN) an.
Erdbebenkatastrophe	23. Dez.	Der verheerenden *Erdbebenkatastrophe*, durch welche die Hauptstadt Managua fast völlig zerstört wird, folgt eine politische Krise. Als Armeeoberbefehlshaber benutzt Somoza die Katastrophe dazu, in einem Nationalen Krisenrat alle Notstandskompetenzen an sich zu ziehen. Außerdem lässt der Somoza-Clan einen Großteil der Hilfsgüter seinem privaten Bedarf zukommen.
	1974 1. Sept.	Bei den anstehenden Wahlen wird Somoza erwartungsgemäß für sechs Jahre zum Präsidenten gewählt.
	1975/1977	Innenpolitisch spitzt sich die Lage seit 1975 stetig zu. Der Widerstand der Sandinistischen Befreiungsfront nimmt zu (Oktober 1977 gescheiterter Staatsstreich).
Generalstreik	1978 10. Jan.	Nach der Ermordung des bedeutenden Oppositionspolitikers Pedro Joaquín Chamorro kommt es zum *Generalstreik* und zu gewaltsamen Demonstrationen.
Bürgerkrieg	Aug.	Ein Kommando der Befreiungsfront besetzt das Parlament und erzwingt die Freilassung politischer Gefangener. Weitere Aktionen, die von großen Teilen der Bevölkerung unterstützt werden, führen nach Besetzung der Stadt Matagalpa zum *Bürgerkrieg*; der Aufruhr der Bevölkerung wird von der Nationalgarde blutig niedergeschlagen (zahlreiche Tote und Verletzte).
	1979	Aktionen der Befreiungsfront weiten sich erneut zum Bürgerkrieg aus (Juni).
Ende des Bürgerkrieges	17. Juli	Somoza erklärt seinen Rücktritt und verlässt das Land. Die „Junta des Nationalen Wiederaufbaus" übernimmt unter Tomás Borge Martínez (* 1932?) die Regierungsgewalt. *Ende des Bürgerkrieges* (fast 40000 Tote); Bodenreform, Enteignung des Somoza-Familienbesitzes.
	1981 28. Sept.	Generalmobilmachung gegen Invasion der von den USA unterstützten Somoza-Anhänger und Gegenrevolutionäre aus Honduras.
	1982	Zwangsumsiedlung von 8500 Miskito-Indianern ins Landesinnere; ca. 10000 Indios fliehen nach Honduras. Kuba hilft Nicaragua mit Militärberatern, Geld und Technik
	1983	Papst Johannes Paul II. ruft bei Predigt in Managua zur Versöhnung auf (4. März).
Verminung von Häfen	1984 10. Mai	*Verminung nicaraguanischer Häfen* unter Beteiligung des CIA (Febr.–April); der Internationale Gerichtshof (IGH) in Den Haag fordert die USA zur Einstellung auf.
	4. Nov.	Wahlsieg der regierenden FSLN (Frente Sandinista de Liberación Nacional).
US-Handelsembargo	1985	Die USA verhängen am 1. Mai ein vollständiges *Handelsembargo* gegen Nicaragua.
	12. Juni	Im Exil gründen drei Führer der Opposition (Contra) die Nicaraguanische Oppositionsunion zur Bekämpfung des sandinistischen Regimes.
neue Verfassung	1987 5. Okt.	Am 9. Jan. tritt die *neue Verfassung* in Kraft. Im Herbst nehmen Regierung und elf Oppositionsparteien im Rahmen des mittelamerikanischen Friedensprozesses einen nationalen Dialog auf.
	1988 24. Aug.	Die Nationalversammlung beschließt bei Abwesenheit von 21 Oppositionsabgeordneten ein neues Wahlgesetz.
	1990 25. Febr.	Violeta Barrios de Chamorro (* 1929) erreicht bei den Präsidentschaftswahlen ca. 55%, Daniel Ortega (* 1945, FSLN) ca. 41%. Im Parlament verfügt die UNO (Nationale Oppositionsunion; ein Bündnis von 14 Kleinparteien aller Orientierungen) über 51 Sitze gegenüber 39 der Sandinisten.
Entwaffnung der Contra	27. Juni	Offizielles Ende der *Entwaffnung der Contra*, die den Bürgerkrieg für beendet erklärt.
	Mai/Juli	Streiks gegen die Wirtschaftspolitik der Regierung. Kompromiss: Lohnerhöhung und Aussetzung der von der Regierung verfügten Rückgabe von enteignetem Land.
Rücktritt Humberto Ortegas	1995 21. Febr.	*Humberto Ortega tritt* als Oberkommandierender der Streitkräfte *zurück*. Nachfolger wird Joaquin Cuadra Lacayo (* 1946).
	4. Juli	Mit In-Kraft-Treten der neuen Verfassung, womit ein lang anhaltender Verfassungsstreit beendet wird, konstituiert sich Nicaragua als Sozial- und Rechtsstaat.
	1996 20. Okt.	Bei den Präsidentschaftswahlen siegt der Kandidat der Liberalen Allianz, Arnoldo Alemán Lacayo (* 1946) und wird am 10. Jan. 1997 als neuer Staatspräsident vereidigt.
	1997 Sept.	Die im Rahmen der Landreform während der Sandinisten-Herrschaft erfolgten Enteignungen werden per Gesetz legalisiert.

1998 April	Unterzeichnung eines Umschuldungsabkommens mit den im Pariser Club zusammengeschlossenen Gläubigerstaaten.	
Okt.	Wie das Nachbarland Honduras, wird auch Nicaragua von dem über Mittelamerika tobenden *Hurrikan „Mitch"* besonders betroffen. Das Land wird dadurch wirtschaftlich um Jahrzehnte zurückgeworfen.	*Hurrikan „Mitch"*
1999	Ausrufung des Notstands wegen schwerer Regenfälle (Okt.).	
2000 5. Nov.	Bei den Kommunalwahlen setzt sich die oppositionelle FSLN in der Mehrzahl der Bezirke und der Provinzhauptstädte durch.	
2001 8. März	Im Streit um ein Seegebiet in der Karibik verständigen sich Nicaragua und Honduras auf ein Stillhalteabkommen.	
4. Nov.	Bei der Präsidentenwahl siegt der rechtsgerichtete Enrique Bolaños von der regierenden Liberalen Partei (PLC) über den Sandinisten Daniel Ortega, der zum dritten Mal vergeblich antritt.	
2002 8. Aug.	Die Staatsanwaltschaft erhebt Anklage gegen Ex-Präsident Alemán wegen Geldwäsche. Gemeinsam mit anderen soll er ca. 10 Mio. US-Dollar aus staatlichen Mitteln auf Konten im Ausland umgeleitet haben.	

Costa Rica seit 1947

(Forts. v. S. 1308)

1947	Unter den Einwirkungen der Weltwirtschaftskrise (1929) bildet sich in Costa Rica eine politische *Erneuerungsbewegung*, deren Führer José Figueres Ferrer (*1906, †1990) wird. Die Unzufriedenheit mit der Regierung macht sich in Tumulten und Streiks bemerkbar.	*Erneuerungsbewegung*
1948	Bei Wahlen stehen sich der frühere Präsident Rafael Angel Calderón Guardia (1940–1944; *1900, †1971) und als Oppositionskandidat Otilio Ulate Blanco gegenüber, der mit knapper Mehrheit siegt. Als die Regierung die Wahl annulliert und Ulate verhaften lässt, zwingt sie Figueres in einem sechswöchigen Bürgerkrieg zur Kapitulation.	

Der *Bürgerkrieg* von 1948 bedeutet einen entscheidenden Einschnitt in die politische Geschichte Costa Ricas, der sich für die funktionierende parlamentarische Demokratie festigend auswirkt. Den überlieferten personalistisch strukturierten Gruppen tritt eine programmatisch orientierte Parteiorganisation (PLN) gegenüber, die mit ihrem sozialdemokratischen Reformprogramm eine Alternative zu dem nahezu gleich starken konservativ-liberalen Parteienblock der Unificación Nacional bildet, mit dem sie seither fast regelmäßig in der Regierungsbildung alterniert. Seit Jahrzehnten zählen die politischen Verhältnisse Costa Ricas zu den stabilsten in ganz Lateinamerika. *Bürgerkrieg*

Wirtschaftlich nimmt die *Landwirtschaft* (vor allem Kaffee und Bananen) nach wie vor den ersten Rang innerhalb der produzierenden Wirtschaft ein und erbringt den weitaus größten Teil der Exporteinnahmen. Die Landbesitzverteilung ist in Costa Rica wesentlich weniger ungleich als in den meisten lateinamerikanischen Ländern. Die Existenz einer breiten Mittelschicht ist das Erbe der bäuerlichen Kolonisierung, die keinen Raum gelassen hat für das Entstehen einer ländlichen Aristokratie oder breiter besitzloser Schichten. Etwa 90% der Fläche werden von den Eigentümern selbst bewirtschaftet. Bemerkenswert ist der Anteil kleiner und mittlerer Betriebe, die überwiegend der Selbstversorgung dienen. Die *US-Gesellschaften* United Fruit Co. und Standard Fruit Co. nehmen im Bananenanbau eine Quasi-Monopolstellung ein, die von der Regierung allmählich abgebaut wird. – Nach dem Zweiten Weltkrieg beginnt der Aufbau einer einheimischen *Industrie* und erreicht ab 1959 eine wachsende Dynamik, die dazu führt, dass das Land innerhalb von zehn Jahren einen Teil der Industrieentwicklung anderer Länder des Subkontinents nachholt und in einzelnen Bereichen (so z.B. bei Chemie) eine Führungsstellung in Zentralamerika erringt. *Landwirtschaft* *US-Gesellschaften* *Industrie*

1948 8. Mai	Nach der Proklamation der „Zweiten Republik Costa Rica" erklärt Figueres als provisorischer Regierungschef das Heer für aufgelöst.	
1949	Der rechtmäßig gewählte Präsident Ulate Blanco (1949–1953; *1895) übernimmt die Staatsgewalt und gründet den Partido de Liberación Nacional (PLN).	
1953	Bei den folgenden Wahlen wird *Figueres* mit großer Mehrheit *zum Präsidenten gewählt* (1953–1958). Sein Reformprogramm setzt sich zum Ziel, den landwirtschaftlichen Anbau zu diversifizieren, die Industrialisierung zu fördern und die Sozialfürsorge zu verbessern.	*Wahl von Figueres zum Präsidenten*
1958	Als Folge der Spaltung des PLN gewinnt der Konservative Mario Echandi Jiménez (1958–1962; *1915) bei den nächsten Wahlen eine knappe Mehrheit.	
1962–1970	Der PLN stellt mit Francisco Orlich Bolmareich (1962–1966; *1907, †1969) den Präsidenten, der von José Joaquín Trejos Fernández (1966–1970; *1916) abgelöst wird.	

soziale Reformen	1970–1974	José Figueres ist ein zweites Mal im Präsidentenamt. In Übereinstimmung mit dem PLN-Programm befürwortet er vor allem *soziale Reformen*, u.a. die Verstaatlichung der Grundindustrien und der Banken, eine Agrarreform und den Ausbau sozialer Leistungen.
	1974	Bei den Präsidentschafts- und Parlamentswahlen verliert zwar der PLN die bisherige absolute Mehrheit, der Kandidat der Partei, Daniel Oduber Quiros, (*1921, †1991) wird jedoch zum Präsidenten gewählt (1974–1978). Eine Wiederwahl des Präsidenten ist seit 1968 nicht mehr möglich.
	1978 5. Febr.	Bei den Präsidentschaftswahlen siegt der Kandidat des konservativen Partido Unido (PUN), Rodrigo Carazo Odio. Er hat im Wahlkampf der Regierungspartei wachsende Bürokratisierung vorgeworfen.
Annäherung an USA	1979	Costa Rica unterstützt die revolutionäre Gegenregierung Nicaraguas (Juni). Ab 1981 Abwendung von den Sandinisten und *Annäherung an USA*.
	1982 Aug.	Wahlsieg des PLN: Luis Alberto Monge Alvarez (*1925) wird Präsident (7. Febr.); Sparmaßnahmen zur Überwindung der schweren Wirtschaftskrise.
immer währende Neutralität	1983	Präsident Monge Alvarez proklamiert Costa Ricas *immer währende Neutralität* (17. Nov.).
	1984 22. Juni	Für Costa Ricas Auslandsschulden wird mit 220 Gläubigerbanken ein Stillhalteabkommen mit Tilgungsaussetzung abgeschlossen.
US-Militärhilfe	1985	Kämpfe mit Nicaragua (1986 beigelegt). Trotz erklärter Neutralität erhält Costa Rica erstmals seit 40 Jahren *US-Militärhilfe*.
Arias zum Präsidenten gewählt	1986 2. Febr.	Bei den Präsidentschafts- und Parlamentswahlen wird der sozialdemokratische Kandidat, Oscar *Arias Sánchez* (*1941), mit 52% der Stimmen *zum Präsidenten gewählt*.
	1987	Arias erhält für seinen Friedensplan für Mittelamerika den Friedensnobelpreis.
	1990 4. Febr.	Die Präsidentschaftswahlen gewinnt der Christdemokrat Rafael Angel Calderón (*1949) (51%); bei den Parlamentswahlen erringt seine Christlich-Soziale Einheitspartei (PUSC) 29 Sitze, die PLN 25. Die Innenpolitik Arias' gilt als gescheitert.
	1994 6. Febr.	José María Figueres Olsen (*1954) gewinnt die Präsidentschaftswahlen. Er tritt am 8. Mai sein Amt an.
Rentenreform	1995 16. Aug.	Präsident Figueres einigt sich mit der Gewerkschaft für öffentliche Dienste über eine *Rentenreform* und eine Erhöhung der Beamtengehälter.
Echeverría Präsident	1998 1. Febr.	Bei den Parlamentswahlen wird die oppositionelle PUSC stärkste Partei. Ihr Kandidat Miguel Ángel Rodríguez *Echeverría* (*1940) gewinnt auch die gleichzeitig stattfindenden *Präsidentenwahlen* (vereidigt am 8. Mai).
	2000 23. März	Massendemonstrationen gegen die vom Parlament verabschiedete Gesetzesvorlage zur Privatisierung des Telekommunikations- und Fernmeldewesens.
	Juni	Costa Rica und Nicaragua einigen sich über eine verbesserte Überwachung der gemeinsamen Grenze, um den Drogenschmuggel zu unterbinden.
	2001 März	Die Entscheidung der Regierung, einer US-Ölfirma Probebohrungen in einer Indianer-Region zu gestatten, führt zu heftigen Protesten.

Panama seit 1947

(Forts. v. S. 1310)

Abhängigkeit von den USA — Bestimmendes Merkmal der panamesischen Wirtschaft ist seit der Entstehung des Landes die *Abhängigkeit von den USA*. Die Geldwirtschaft, die Bananenproduktion, große Teile der verarbeitenden Industrie sind in US-Händen. Die Wirtschaft ist vornehmlich agrarisch strukturiert. Seit 1963 wird zuerst stockend, seit 1969 verstärkt eine Agrarreform durchgeführt; allerdings haben nach wie vor die meisten Bauern keine Eigentumsrechte. Die Kleinbauern betreiben überwiegend Selbstversorgungswirtschaft mit veralteten Methoden. Die Exportprodukte (Bananen, Zuckerrohr, Kaffee, Kakao) werden in erster Linie in den Großplantagen der Tochtergesellschaft der US-Gesellschaft United Fruit Co. angebaut. Auf industriellem Sektor ist nur die Verbrauchsgüterindustrie entwickelt; eine Investitionsgüterindustrie ist nicht vorhanden. Ungenügende Transportverhältnisse, die beschränkten Absatzmöglichkeiten im Inland sowie Mängel der Energieversorgung behindern die weitere Entwicklung. Eine erhebliche Verbesserung der Wirtschaftsstruktur erwartet man von der in Angriff genommenen Ausbeutung der 1970 und 1972 entdeckten *Kupfervorkommen* reichen *Kupfervorkommen* (u.a. von Cerro Colorado) und anderer Bodenschätze. – In den siebziger Jahren haben die nachlassende Benutzung des Kanals und die im Wesentlichen importierte Inflation dazu beigetragen, dass die Zuwachsraten des Bruttosozialprodukts gesunken sind. Die Bemühungen der Regierung zielen auf die Erhöhung der Exportkapazität; das Land soll von seinen reinen Dienstleistungsfunktionen (Kanal, Tourismus, Banken) gelöst und wirtschaftlich unabhängiger werden. Auch zu Beginn der neunziger Jahre ist Panama in hohem Maße auf Dienstleistungen gegenüber dem Ausland ausgerichtet. Der Abbau von Bodenschätzen ist noch bedeutungslos. Die Industrie produziert Konsumgüter für den Inlandsverbrauch, exportiert werden weiterhin fast ausschließlich Produkte des Agrarsektors.

1947 Nach komplizierten Verhandlungen kommt es zur Aufkündigung der Stützpunktabkommen mit den USA durch Panama und zur Zusage, diese Stützpunkte schnellstmöglich zu räumen.

1951 Nach erneuten innenpolitischen Spannungen wird Präsident Arnulfo Arias (1940–1941, 1949–1951, *1899, †1988) von Oberst José Antonio Remón Cantero (1952–1955; *1908, †1955) gestürzt.

1955 Remón Cantero erreicht eine neuerliche Vertragsrevision, durch die die Jahrespacht der *Pa-*
25. Jan. *namakanalzone* auf 1,93 Mio. Dollar festgelegt wird; außerdem wird ein einheitlicher Lohnindex für alle Arbeitnehmer in der Kanalzone eingeführt, die USA verzichten auf ihr Straßen- und Eisenbahnmonopol durch den Isthmus und geben früher requirierte Territorien an Panama zurück. Dafür erhalten sie u. a. das Recht auf Nutzung bestimmter Manövergebiete für 15 Jahre sowie für den Bau einer strategischen Autobahn.

Panama-kanalzone

Der Konflikt um den Panamakanal

Die Verwaltung des Kanals und der Kanalzone beruht auf Vorschriften *(Panama Canal Act)*, die seit Juli 1951 in Kraft sind. Seit diesem Zeitpunkt betreibt die Panama Railroad Co. unter dem Namen Panama Canal Company den Kanal. Die Regierungsgewalt ist dem Government of the Canal Zone übertragen. Der Präsident der Gesellschaft ist gleichzeitig der auf vier Jahre vom US-Präsidenten eingesetzte Gouverneur der Kanalzone.

Panama Canal Act

Trotz der Vertragsrevision von 1955 kann die Unzufriedenheit in Panama – zeitweilig durch äußere Einmischungen noch weiter angeheizt – auch durch weitere Zugeständnisse der USA nicht abgefangen werden, sodass 1963 eine erste Vereinbarung über eine Grundsatzrevision des Panamakanalvertrags vereinbart wird. Ehe sie jedoch realisiert werden kann, kommt es 1964 im Zusammenhang mit dem sog. *Flaggenstreit* zu schweren antiamerikanischen Ausschreitungen und nach deren Beendigung zu mehreren, allerdings erfolglosen, Konferenzen mit den USA.

Flaggenstreit

1968 Innenpolitisch führt der sog. Flaggenstreit dazu, dass die Nationalgarde unter Omar Torrijos
11. Okt. Herrera (*1929, †1981) den Präsidenten Arnulfo Arias stürzt und sich das Ziel der „Wiedergewinnung der nationalen Souveränität" setzt; seither regiert eine *Offiziersjunta* diktatorisch auf dem Dekretwege. (Die politischen Parteien werden verboten.) Sie hat eine Reihe von wirtschaftlichen, sozialen und politischen Reformen begonnen.

Offiziersjunta

1972 Nach Ausräumung innerer Differenzen gelingt es *Torrijos*, als „Oberster Führer der panamesischen Revolution" anerkannt zu werden. Er erhält umfassende Vollmachten für sechs Jahre und übernimmt auch formell die Leitung der Regierung. Eine neue Verfassung tritt in Kraft. Demetrio Basilio Lakas Bahas fungiert formell als (faktisch einflussloses) Staatsoberhaupt (seit 1969).

Torrijos Herrera

Nachdem jahrelang die Verhandlungen zwischen den *USA und Panama* über einen neuen
1974 Vertrag stagniert haben, wird schließlich von den Außenministern der beiden Länder ein
7. Febr. *Grundsatzabkommen* unterzeichnet, das die schrittweise Übergabe des Kanals und der Kanalzone an Panama vorsieht.

Grundsatzabkommen mit USA

Nach weiteren langwierigen Verhandlungen und einem regelrechten Ultimatum an die USA
1977 kommt es schließlich in Washington zur Unterzeichnung des *neuen Kanalvertrags* durch
7. Sept. US-Präsident Jimmy Carter und den Regierungschef Panamas: Das Abkommen sieht die Übergabe der Kanalzone in die Souveränität Panamas ab 1. Januar 2000 vor; durch ein Zusatzabkommen sollen die Neutralität der Wasserstraße sowie das Recht der USA sichergestellt werden, den Kanal gegen jede Bedrohung zu verteidigen.

neuer Kanalvertrag mit USA

1978 Bei *Neuwahlen*, durch die die Ämter des Staats- und Ministerpräsidenten wieder zusam-
11. Okt. mengelegt werden, wird Aristides Royo (*1940) zum Staats- und Regierungschef gewählt. Omar Torrijos Herrera bleibt Befehlshaber der Nationalgarde.

Neuwahlen

1982 Ricardo de la Espriella (*1934) wird Präsident und Regierungschef (30. Juli).

1983 Mit großer Wählermehrheit wird eine *neue Verfassung* angenommen (24. April).

neue Verfassung

1984 Jorge Illueca (*1918) wird nach Rücktritt de la Espriellas Interimspräsident (13. Febr.).
11. Okt. Nach seinem Wahlsieg (6. Mai) übernimmt Nicolas Ardito Barletta (*1939) das Amt des Staats- und Regierungschefs.

1988 Präsident Eric Arturo Delvalle (Staatschef seit Sept. 1985, *1937) gelingt es nicht, den ei-
25. Febr. gentlichen Machthaber und Oberbefehlshaber der Streitkräfte General Manuel Noriega (*1934) abzusetzen, er wird selbst amtsenthoben. Provisorischer Nachfolger wird Manuel Solís Palma.

Regierungsübernahme Noriegas US-Invasion	**1989** 7. Mai	Bei Präsidentschaftswahlen kommt es trotz internationaler Kontrolle zu Unregelmäßigkeiten. Nachdem die Opposition den Sieg für sich reklamiert, erklärt der Nationale Wahlrat die Wahl am 10. Mai für ungültig.
	15. Dez.	General *Noriega* übernimmt die Regierung und erklärt Kriegszustand mit den USA.
	20. Dez.	Die USA greifen Panama an. Ziele der *Invasion*: Sicherheit von US-Bürgern und US-Eigentum in Panama, Unterbindung des Drogenhandels, Durchsetzung der Demokratie. Bei den Kämpfen kommen rund 5000 Menschen, v.a. Zivilisten, ums Leben. Noriega sucht am 24. Dez. in der Apostolischen Nuntiatur in Panama-Stadt Zuflucht. Der Oppositionsführer Guillermo Endara (*1936) wird zum neuen Präsidenten proklamiert.
Prozess gegen Noriega Balladeres Staatsoberhaupt	**1990** 4. Jan.	Noriega verlässt die Nuntiatur (unfreiwillig) und wird von US-Behörden in die USA gebracht und dort in Untersuchungshaft genommen.
	1991 5. Sept.	In Miami beginnt der *Prozess gegen Noriega* unter anderem wegen des Verdachts auf Rauschgifthandel. Er wird zu 40 Jahren Haft verurteilt (10. Juli 1992).
	1994 8. Mai	Ernesto Pérez *Balladeres* (*1946), Demokratisch-Revolutionäre Partei (PRD), gewinnt die Präsidentschaftswahlen und wird neues *Staatsoberhaupt* Panamas (1. Sept.).
	1998 30. Aug.	Bei einem Verfassungsreferendum lehnen 64% der Teilnehmer die vom Parlament gebilligte unmittelbare Wiederwahl des Präsidenten ab.
	1999 2. Mai	Mireya Moscoso (*1947), Sohn der Witwe des dreimaligen Staatschefs Arnulfo Arias, gewinnt die Präsidentschaftswahlen. Bei den zugleich stattfindenden Parlamentswahlen wird das Bündnis Nueva Nación, zu dem auch die bisher regierende PRD gehört, stärkste politische Kraft.
	14. Dez.	Der ehemalige US-Präsident Carter übergibt in einer Zeremonie an der Miraflores-Schleuse den Kanal an Panama. Am 31.12. endet die Hoheit der USA über die Kanalzone auch formell.
Wahrheits-kommission	**2000** 27. Dez.	Die Regierung gibt die Einrichtung einer *Wahrheitskommission* bekannt, die das „Verschwinden" von ca. 50 Personen in den Jahren 1968–1989 untersuchen soll.

Abhängige Gebiete seit 1962
(Forts. v. S. 1299, 1299, 1300, 1300, 1300)

		Zu Großbritannien: Anguilla, die Cayman-Inseln, die Bermuda-Inseln, die Turks- und Caicos-Inseln, die Jungfern/Leeward-Inseln und die Falkland-Inseln.
Status einer Kronkolonie Westindien	**1962**	Die Cayman- sowie die Turks- und Caicos-Inseln erhalten nach dem Scheitern der Westindischen Föderation ab Febr. den *Status einer Kronkolonie* mit beschränkter Autonomie.
	1967 1. März	Britische Besitzungen in *Westindien* schließen sich zu den „Assoziierten Staaten Westindiens" (The West Indies Associated States) zusammen. Der Zusammenschluss umfasst bei Gründung die (z.T. zu den Leeward- und Windward-Inseln gehörigen) Territorien Antigua, St. Christopher (St. Kitts), Nevis-Anguilla, Dominica, St. Lucia und Grenada.
	1967	Die Jungfern-Inseln (Kronkolonie) verfügen über innere Autonomie (April).
		Die Bermudas sind britische Kolonie.
Selbstverwaltung der Bermudas	**nach 1966** **seit 1968**	Einführung des allgemeinen Wahlrechts und Ausweitung der Selbstregierung, Erringung der vollen inneren *Selbstverwaltung*: Es regiert die gemäßigt konservative United Bermuda Party (UBP, seit 1963) unter Premierminister David Gibbons, seit 1980 unter John D. Swan und seit 1995 unter David J. Saul.

Von Frankreich abhängige Gebiete sind die Französischen Antillen (Guadeloupe und Martinique) und Französisch-Guayana (Guyane Française), als Übersee-Gebiete (Départements d'outre-mer) verwaltet, sowie Saint-Pierre et Miquelon (Übersee-Territorium). (Forts. v. S. 1300)

Von den Niederlanden abhängige Gebiete sind die Niederländischen Antillen (Aruba, Bonaire, Curaçao, Saba, Sint Eustatius, Sint Maarten), die als Übersee-Provinz mit innerer Selbstverwaltung seit 1954 in das niederländische Königreich integriert sind. Die Unabhängigkeitsbestrebungen sind auf Aruba besonders stark, jedoch will die Regierung der Niederländischen Antillen nur gemeinsam in die Unabhängigkeit gehen.

Abhängigkeit von den USA

In direkter politischer *Abhängigkeit von den USA* stehen, nachdem die Panama-Kanalzone zum 1. Jan. 2000 in panamesische Verwaltung übergegangen ist, neben Puerto Rico die US-Jungfern-Inseln (St. Croix, St. Thomas, St. John).– (Forts. v. S. 1889, 1890, 1890, 1891, 1892).

Lateinamerika: Westindische Staaten seit 1945

Bahamas seit 1959
(Forts. v. S. 1299)

Wichtigster Wirtschaftszweig ist der Fremdenverkehr, der Ende der siebziger Jahre ca. 70% des BSP erbringt und fast zwei Drittel aller Erwerbstätigen beschäftigt. In- und ausländische Investoren werden vor allem durch die Ausgestaltung der Bahamas zum *Steuerparadies* angezogen. Die Inseln sind ein internationales Finanzzentrum (zahlreiche „Briefkastenfirmen"). Die Landwirtschaft besitzt vor allem wegen der ungünstigen Bodenverhältnisse nur eine untergeordnete Bedeutung. 1993 sind nur 7% der Erwerbstätigen im Agrarsektor beschäftigt, hingegen 12% in der Industrie und 81% im Dienstleistungsbereich.

Steuerparadies

nach 1959 Der 1729 von Großbritannien auf den Bahamas eingeführte politisch-administrative Aufbau bleibt im Wesentlichen bis 1964 unverändert.
Schrittweise Demokratisierung des Wahlrechts.

1964 Es wird faktisch innere *Selbstverwaltung* gewährt.

Selbstverwaltung

1967 Die United Party unter R. Symonette, die die weiße Händleroligarchie vertritt, verliert bei Wahlen die parlamentarische Mehrheit an die Progressive Liberal Party der schwarzen Bevölkerungsmehrheit, die unter Premier Lyndon O. Pindling (*1930) die Regierung bildet.

1973 Pindling setzt die *Unabhängigkeit* (im Commonwealth) durch (10. Juli).

Unabhängigkeit

1982 Die Regierung von Pindling wird wiedergewählt (10. Juni).

1987 Die Progressive Liberal Party (PLP) unter Ministerpräsident *Pindling* erlangt bei Parla-
19. Juni mentswahlen 31 Sitze und stellt damit weiterhin (seit 1967) die Regierung.

1992 Hubert Alexander Ingraham (*1947), Führer der Freien Nationalen Bewegung (FNM), ge-
19. Aug. winnt die *Parlamentswahlen* und wird am 21. Aug. Premierminister.
Infolge von Rezession gehen die Touristenzahlen zurück, was sich auf das Bruttoinlandsprodukt und die Arbeitslosenquote negativ auswirkt.

1997 Bei den Parlamentswahlen erringt die regierende FNM 34 von 40 Sitzen (14. März).

2001 Zu Beginn des Jahres treten *Gesetze gegen Geldwäsche* in Kraft. Nach wie vor jedoch gilt das Land als einer der wichtigsten internationalen Anbieter von „Offshore"-Finanzdiensten.

Gesetze gegen Geldwäsche

Kuba seit 1952/53
(Forts. v. S. 1308)

Auch nach dem Zweiten Weltkrieg bleibt Fulgencio Batista y Zaldívar (*1901, †1973) während der Präsidentschaften seiner Nachfolger (1944–1948) Ramón Grau San Martín (*1889, †1969) und (1948–1952) Carlos Prío Socarráz (*1903, †1977) „starker Mann" der kubanischen Politik. 1952 ergreift er als Führer des Partido de acción unitaria mittels eines vom Militär unterstützten *Staatsstreichs* erneut die Macht und wird durch die „Wahlen" von 1954 als Präsident bestätigt (1952–1958). Nach Abschaffung der Verfassung von 1940 regiert er diktatorisch.

Staatsstreich Batistas

Während Batistas Regierung kennzeichnen ständige Arbeitslosigkeit und industrielle Fehlentwicklung, hervorgerufen durch die Marktabstimmung mit den USA, die wirtschaftliche Lage. 8% aller Landbesitzer vereinigen über 70% der landwirtschaftlichen Nutzfläche auf sich, 40% der Bauern verfügen über nur 3,3% der Anbaufläche. Die Landwirtschaft ist auf Monokultur ausgerichtet: Der *Zuckersektor* absorbiert nahezu alle materiellen und menschlichen Ressourcen. Die Exporteinnahmen gehen zu 90% auf Zucker zurück; die Insel ist in großem Umfang auf Nahrungsmittelimporte angewiesen. Hinzu kommt die Durchdringung der Wirtschaft mit US-Kapital: Es kontrolliert (1958) 90% der Bergbauproduktion, 37% der industriellen Zuckerproduktion, 36% der besten Ländereien, fast die gesamte Energieversorgung, das Kommunikationssystem, den Tourismus.

Zuckersektor

Die innenpolitische Lage unter Batista ist bestimmt durch Korruption und Terror gegen die sich regende Opposition. Seit 1953 muss sich das Batista-Regime gegen die Guerillatruppe des Rechtsanwalts *Fidel Castro Ruz* (*1927) verteidigen.

Fidel Castro Ruz

1953 Der (fehlgeschlagene) Überfall auf die Moncada-Kaserne in Santiago gilt als Beginn der
26. Juli Revolution („Bewegung des 26. Juli") unter Castros Führung.

Guerilla-bewegung	**1956** 2. Dez.	Mit der Landung der Rebellen auf kubanischem Boden tritt die nächste Phase ein: Die *Guerillabewegung* verfolgt in erster Linie nationale, demokratische Ziele (Wiederherstellung der Verfassung von 1940) mit stark sozialreformerischen Komponenten.
	1959 1. Jan.	Diktator Batista flieht ins Exil, nachdem sich die durch Korruptionsaffären und interne Streitigkeiten geschwächte Armee allmählich zersetzt hat.
Castro Ministerpräsident	13. Febr.	Nach Batistas Flucht übernimmt *Fidel Castro* das *Amt des Ministerpräsidenten* (das er seither ununterbrochen innehat).
	17. Mai	Erstes Agrarreformgesetz legt eine Höchstgrenze für landwirtschaftliche Betriebe fest (402,6 ha) und eliminiert damit den privaten Großgrundbesitz. Die enteigneten Betriebe werden z.T. als Kooperativen, z.T. als Staatsbetriebe unter Verwaltung der neu geschaffenen Agrarreformbehörde (INRA) fortgeführt.
	Juli	Staatspräsident (1959–1976) wird Osvaldo Dorticós Torrado (*1919, †1983). Der Kongress wird aufgelöst.
	1960	Erstes Kubanisch-Sowjetisches Handels- und Kapitalhilfeabkommen (Febr.).
	Juli	Der US-Kongress kürzt nach der Verstaatlichung von 36 der wichtigsten US-Unternehmen (Zuckermühlen und -raffinerien, Elektrizitäts- und Telefongesellschaften, Banken, Erdölraffinerien) die Abnahme der kubanischen Zuckerquote um 0,7 Mio. Tonnen, was eine empfindliche Reduzierung der kubanischen Deviseneinnahmen beim wichtigsten Exportartikel bedeutet.
US-Handelsembargo	Okt.	Die *USA* verhängen gegen Kuba ein partielles *Handelsembargo* (im Febr. 1962 zu einem totalen US-Embargo auf alle Einfuhren aus Kuba ausgedehnt).

Wirtschaftspolitik und -entwicklung 1959–1970

Agrarreformgesetz

Den Beginn der Wirtschaftspolitik bildet das erste *Agrarreformgesetz* vom Mai 1959, das durch die zweite Agrarreform vom Okt. 1963 modifiziert wird und zu einer Ausschaltung der ländlichen Mittelschicht führt. Die bis heute bestehenden kleinen Privatbetriebe werden immer mehr in das sozialistische Wirtschaftssystem integriert (staatliche Kredite, Handelsmonopol des Staates für Agrarprodukte, seit 1967 Unterordnung des Anbaus unter den nationalen Produktionsplan im Austausch gegen staatliche Sozialleistungen). Der revolutionäre Mitstreiter Castros, der Arzt Ernesto „Che" Guevara (*1928, †1967), unternimmt 1960 in seiner Eigenschaft als Präsident der Nationalbank (1959–1961) die ersten Vorstöße zur zentralen Planung der Volkswirtschaft. Zum Planungszentrum wird die Junta Central de Planificación (JUCEPLA).

Verstaatlichungen

Im gleichen Jahr erfolgt die *Verstaatlichung* der ausländischen Betriebe und parallel dazu die Sozialisierung aller größeren kubanischen Firmen der Textil-, Tabak-, Zement-, Eisen- und anderer Industrien sowie aller Banken, Waren- und Lagerhäuser. Das private Eigentum an städtischen Mietshäusern wird beseitigt, die fortlaufenden Mietzahlungen der Bewohner werden in Beiträge für einen Mietkauf umgewandelt (Stadtreformgesetz).

Die soziale Lage der Bevölkerung wird verändert durch die neuen Eigentumsverhältnisse, die Beseitigung der Arbeitslosigkeit, die Einebnung der Einkommensstruktur und die Umgestaltung des Erziehungs- und Gesundheitswesens. Die *Alphabetisierungskampagne* (1961) beseitigt weit gehend den Analphabetismus auf der Insel in kürzester Frist.

Alphabetisierungskampagne
Versorgungsprobleme

Das US-Wirtschaftsembargo (1960/1962) stellt die Insel vor schwerste *Versorgungsprobleme* und zwingt das Land kurzfristig zur Suche neuer Absatzmärkte. Die UdSSR beginnt, als Haupthandelspartner eine ähnlich dominierende Rolle zu spielen wie zuvor die USA. Die Exportabhängigkeit der Gesamtwirtschaft ist ungeschmälert. Da die Einfuhren zunehmen, steigt das Handelsdefizit an; die Exportlücke wird durch sowjetische Kredite finanziert (Auslandsverschuldung). Der vereinbarte Zuckerpreis (Kubanisch-Sowjetisches Handelsabkommen von 1963) liegt während der Zuckerplan-Periode (1965–1970) beträchtlich über dem schwankenden Weltmarktniveau. Fast während der ganzen sechziger Jahre exportiert Kuba knapp 50% in die UdSSR und importiert mehr als 50% aller Güter aus der UdSSR.

Seit 1964 bemüht sich die Insel um die Wiederbelebung des Handels mit den westlichen Nationen, seit Beginn der siebziger Jahre nimmt der Handelsaustausch mit nichtsozialistischen Ländern erheblich zu. Wirtschaftspolitisch erhält 1961 die Industrialisierung Priorität. Ab 1963/1964 gewinnt der Zuckersektor wieder an Bedeutung. Nach der „Kuba-Krise" 1962 müssen Lebensmittel und Kleidung rationiert werden (Herausbildung eines Schwarzmarktes). In den sechziger Jahren kommt es zur *Massenauswanderung*

Massenauswanderung

von mehr als einer halben Million Kubanern, die das Land eines Großteils der dringend benötigten technischen Kader beraubt. Nach einer Phase der Improvisation in der zweiten Hälfte der sechziger Jahre setzt sich das (vor allem von „Che" Guevara formulierte) Modell der Budgetfinanzierung bei vorrangiger Verwendung moralischer Anreize durch. Dieser Weg führt zur Zentralisierung der *Wirtschaftssteuerung*,

Wirtschaftssteuerung

Zurückdrängung von Arbeitsnormen und Prämien, Abbau von Lohndifferenzierungen, umfangreichem Einsatz freiwilliger Arbeit. Nach der „Selbstkritik" Castros im Juli 1970 setzt auf diesem Gebiet eine Reorientierung ein: Die Verwendung materieller Anreize, die Normierung der Arbeitsleistung und Lohndifferenzierungen treten immer stärker in den Vordergrund. Nach Überwindung des Tiefstandes von 1970 tritt ein wirtschaftlicher Aufschwung ein.

1961 17. April Mai	Ein Versuch von Exilkubanern (von den USA unterstützt), eine *Invasion* durchzuführen, scheitert (Fiasko *in der Schweinebucht*). Die Fusion der „Bewegung des 26. Juli" mit der Sozialistischen Volkspartei (PSP) und dem „Revolutionsdirektorium" wird in Angriff genommen. Die „Vereinigten Revolutionsgruppen" stellen die Vorläufer der Vereinigten Partei der Sozialistischen Revolution (PURS) dar (seit 1965: Kommunistische Partei, PCC), deren Chef Castro wird.	*Invasion in der Schweinebucht*
2. Dez.	Kuba wird zur *sozialistischen Republik* auf der Grundlage des Marxismus-Leninismus erklärt, nachdem Castro bereits im Frühjahr den sozialistischen Charakter der kubanischen Revolution verkündet hat. Besondere Merkmale der politischen Struktur sind der personalistische Führungsstil, die Rolle der Kommunistischen Partei als „gesellschaftliche Avantgarde" und die herausragende Stellung der Massenorganisationen (z.B. der Komitees zur Verteidigung der Revolution).	*sozialistische Republik*
1962 Febr.	Die *USA* verhängen ein *totales Handelsembargo* auf alle Einfuhren aus Kuba. Parallel zur Verschärfung der Spannung zwischen den USA und Kuba erfolgt eine immer stärkere Anlehnung der Insel an die UdSSR.	*totales US-Embargo*
Sept.	Zwischen den USA und der UdSSR kommt es zur sog. *„Kuba-Krise"*, als US-Aufklärer sowjetische Raketenstellungen auf Kuba entdecken.	*Kuba-Krise*
22. Okt.	In einer öffentlichen Erklärung fordert US-Präsident Kennedy den Rücktransport der auf Kuba befindlichen Mittelstreckenraketen sowie den Abbau der Abschussrampen.	
24. Okt.– 21. Nov.	Die *USA* errichten eine *Blockade*, welche die Sowjetunion zum Einlenken bewegt: Parteichef Nikita Chruschtschow erklärt die Annahme der von Präsident Kennedy aufgestellten Forderungen.	*US-Blockade*
1963 Jan.	Der Kubakonflikt wird durch ein gemeinsames Schreiben von Präsident Kennedy und Parteichef Chruschtschow an den Generalsekretär der Vereinten Nationen offiziell beigelegt. Die Verständigungspolitik der beiden Großmächte unter Ausschaltung Kubas führt vorübergehend zu einer merklichen Entfremdung zwischen Kuba und der UdSSR.	
1964 Juli	Auf Druck der USA hin wird *Kuba aus* der Organisation der Amerikanischen Staaten (*OAS*) *ausgeschlossen* und dadurch in Lateinamerika isoliert. Alle lateinamerikanischen Staaten mit Ausnahme Mexikos brechen in der Folgezeit die diplomatischen, wirtschaftlichen und kulturellen Beziehungen zu Kuba ab.	*Isolierung*

Die politischen und ideologischen Differenzen zur UdSSR in den sechziger Jahren

Die Meinungsverschiedenheiten zwischen der kubanischen und der sowjetischen Führung beziehen sich vor allem auf die unterschiedliche Einschätzung der internationalen Lage, wobei die castristische These von der Notwendigkeit des bewaffneten Aufstandes (Politik des „Exports von Revolution") der sowjetischen Reformismusstrategie (Bildung von Volksfrontregierungen) entgegensteht. Bei der Frage des internen Wandlungsprozesses in sozialistischen Staaten ist das kubanische Konzept einer Priorität moralischer Anreize mit den sowjetischen Liberalisierungsthesen unvereinbar. Im sowjetisch-chinesischen Konflikt zeigt Kuba sich lange Zeit nicht bereit, auf die Moskauer Linie einzuschwenken. Erst seit der stärker werdenden wirtschaftlichen *Abhängigkeit* Kubas *von der Sowjetunion* seit Beginn der siebziger Jahre gibt die kubanische Führung ihre ideologische Eigenständigkeit zum Teil auf. Bei einem Besuch 1972 in Moskau legt Castro ein Bekenntnis für den Marxismus-Leninismus sowjetischer Prägung ab.

Abhängigkeit von der UdSSR

1965 3. Okt.	Umbenennung der Vereinigten Partei der Sozialistischen Revolution in Kommunistische Partei Kubas (PCC).	
1968 13. März	„Neue revolutionäre Offensive": Verstaatlichung von Kleinunternehmern und beginnende Enteignung von kleinbäuerlichem Grundbesitz.	
1971 März	Die kubanische Regierung verkündet das *„Gesetz gegen die Faulheit"*, nach dem bis 1973 etwa 50000 Menschen bestraft werden, die sich angeblich der „sozialen Pflicht" Arbeit entzogen haben.	*Gesetz gegen die Faulheit*
1972 Juli	Mit seinem *Beitritt zum COMECON* schließt Kuba seine wirtschaftspolitischen Experimente weit gehend ab und integriert sich stärker in das sozialistische Lager.	*Beitritt zum COMECON*
Dez.	Von großer Bedeutung sind die zwischen Kuba und der Sowjetunion abgeschlossenen *Wirtschaftsabkommen*, in denen die UdSSR die Rückzahlung aller von 1960 bis 1972 entstandenen kubanischen Verpflichtungen gegenüber der Sowjetunion (nach westlichen Schätzungen etwa 3 Mrd. US-Dollar) bis 1986 aussetzt; danach soll die Tilgung zinslos in Naturalform (Zucker- und Nickellieferungen) erfolgen.	*Wirtschaftsabkommen*

Wieder- annäherung an die USA	1973	Castro kündigt einschneidende Maßnahmen zur Steigerung der Arbeitsproduktivität an. Außenpolitisch bahnt sich eine *Wiederannäherung an die USA* an: Kuba, die USA und Kanada schließen ein Abkommen gegen Luft- und Seepiraterie.
	1974 Jan.–Febr.	Der Besuch des sowjetischen Parteichefs Leonid Breschnew in Havanna wird von der kubanischen Führung als das Ende der „Politik des Revolutionsexports" interpretiert.
	Juni/Juli	In der Provinz Matanzas werden (zum ersten Mal seit 1959) Wahlen abgehalten. Die Organe der „Volksmacht" sollen Regierungsfunktionen wahrnehmen, die wirtschaftliche Produktion lenken sowie regionale Entwicklungsaktivitäten durchführen.
	1975 30. Juli	Außenwirtschaftlich von Bedeutung ist die Beendigung der OAS-Sanktionen gegen Kuba; die USA heben ihr Embargo vorerst nur teilweise auf. Kuba tritt dem lateinamerikanischen Wirtschaftssystem SELA (Sistema Económico Latinoamericano) bei.
	17.–22. Dez.	Erster Parteitag der KP Kubas: Nach volksdemokratischem Muster werden ein Verfassungsentwurf, ein Parteistatut sowie ein Fünfjahres-Entwicklungsplan beraten und angenommen.
Angolakrieg	1975/1976	In Verfolgung der „Politik der Solidarisierung mit den Ländern der Dritten Welt" beteiligt sich Kuba mit ca. 20000 Soldaten und Militärberatern am *Angolakrieg* auf Seiten der Befreiungsorganisation MPLA.
neue Verfassung	1976 16. Febr.	In einem Referendum wird die *neue Verfassung* mit fast 98% Ja-Stimmen angenommen. In ihr wird der KP die Führungsrolle in Staat und Gesellschaft zuerkannt und die Oberste Gewalt einer neu zu schaffenden Nationalversammlung übertragen, aus deren Reihen sich der Staatsrat rekrutiert.
	Okt.	Die in den ersten Gemeinderatswahlen seit Beginn der Revolution neugewählten Räte bestimmen die Mitglieder der vierzehn Provinzversammlungen sowie die Abgeordneten der Nationalversammlung (Einheitsliste).
	2. Dez.	Fidel Castro wird zum Vorsitzenden des Staatsrats ernannt; damit vereinigt er in seiner Person das Amt des Staatsoberhaupts und das des Regierungschefs.
	1977	Die „Normalisierung" der Beziehungen zwischen Kuba und den USA erfolgt durch die Eröffnung von „Interessenvertretungen" in beiden Hauptstädten (1978 Wiedereröffnung des regelmäßigen kommerziellen Flugverkehrs zwischen beiden Ländern). *Militärabkommen* mit Libyen, Mozambik (März 1977) und Angola (Okt. 1977).
Militär- abkommen		
	1978 ab Jan.	Kubanische Truppen beteiligen sich in Nordafrika auf äthiopischer Seite am Kampf um das Ogadengebiet: Linie des „Proletarischen Internationalismus" mit Unterstützung der Befreiungsbewegungen, v.a. in Afrika.
	Juli/Aug.	11. Weltjugendfestspiele in Havanna (16000 Teilnehmer).
	1979	Wahl der Vertreter des „Poder Popular" auf Basis- und Munizipalebene (April).
	Sept.	Gipfeltreffen der Blockfreien Staaten in Havanna.
	Dez.	Konferenz der „Gruppe der 77" (Entwicklungsländer) in Havanna.
	1980	Regierungsumbildung: Castro übernimmt wichtige Ministerien (11. Jan.).
Abkommen mit Grenada	1981	*Kooperationsabkommen mit Grenada*, u.a. zum Ausbau eines internationalen Flughafens (21. Sept.). Die UdSSR liefert verstärkt Waffen an Kuba.
	1982	Hilfsabkommen mit Nicaragua (6. April).
	Sept.	Kuba stellt an seine westlichen Gläubiger ein Umschuldungsersuchen.
	1983	Die Verschärfung der Sparpolitik führt zum Rückgang des Haushaltsvolumens (Febr.).
	25. Okt.	Auf Grenada werden 42 kubanische Bauarbeiter bei der US-Intervention getötet.
	1984	Weil die Umschuldung nicht zu Stande kommt, setzt Kuba die Schuldentilgung für 1984 aus (14. April).
	12. Juli	Die USA und Kuba führen in New York (zunächst geheim gehaltene) Verhandlungen über Auswanderungs- und Einreisefragen (bis 13. Juli).
	1988 22. Aug.	Südafrika, Angola und Kuba unterzeichnen in Johannesburg ein Waffenstillstandsabkommen.
Truppenabzug aus Angola	1989	Kuba beginnt mit dem *Abzug seiner Truppen aus Angola* (10. Jan.).
	2. April	Nach dem Besuch des sowjetischen Staatsoberhaupts Michail Gorbatschow distanziert sich Castro in mehreren Reden von den Reformbestrebungen in Osteuropa (Juli, Nov.).
angespannte Wirtschaftslage	1990 29. Aug.	*Angespannte Wirtschaftslage* aufgrund Einschränkung sowjetischer Öllieferungen und Wirtschaftshilfe (drastische Brennstoffrationierung); Kuba setzt daher verstärkt auf Tourismus. Erneute Wirtschaftspolitik moralischer Anreize, Abschaffung der freien Bauernmärkte.
	1991 14. Okt.	Auf dem IV. Parteitag der KP Kubas beklagt Fidel Castro den Rückgang der Warenlieferungen aus den europäischen Ostblockstaaten, insbesondere aus der Sowjetunion, und lehnt jede Demokratisierung Kubas ab.
	1993	Die letzten Truppen der ehemaligen Sowjetunion ziehen aus Kuba ab (30. Juni).
	26. Juli	Castro legalisiert im Zuge von wirtschaftlichen Reformmaßnahmen den Devisenbesitz auf Kuba, um die katastrophale Wirtschaftslage zu verbessern.

	1994	Die USA und Kuba schließen ein Abkommen über die Beendigung der mehrmonatigen	*Massenflucht*
9. Sept.		*Massenflucht* von Kubanern *nach Florida*.	*nach Florida*
	1995	Kuba tritt dem Vertrag von Tlatelolco bei, der die Verbreitung von Atomwaffen in Latein-	
25. März		amerika und der Karibik untersagt.	
	1996	Der Abschuss zweier US-Privatflugzeuge durch die kubanische Luftwaffe führt zu Span-	
24. Febr.		nungen mit den USA, die mit einer *Verschärfung des* seit 1962 bestehenden *Wirtschafts-,*	*Verschärfung*
		Handels- und Finanzembargos reagieren. Dies steigert die seit Jahren bestehende Wirt-	*des Embargos*
		schaftskrise in Kuba: Das Bruttoinlandsprodukt sinkt seit 1990 kontinuierlich.	
	1997	Wegen der andauernden Wirtschaftskrise und hoher Preise leidet die Bevölkerung an Man-	
		gelernährung. Einzig wachsender Wirtschaftszweig ist der Tourismus.	
	1998	Offizieller *Besuch von Papst Johannes Paul II.* (21.–25. Jan.).	*Papst-Besuch*
		In der UN-Vollversammlung sprechen sich 157 Staaten, mehr als je zuvor, für die Aufhe-	
14. Okt.		bung der US-Sanktionen gegen Kuba aus.	
		Aufgrund von Unwetter und Dürre verzeichnet Kuba die schlechteste Zuckerrohrernte seit	
		Jahrzehnten.	
	1999	Bei der *Verschärfung des Strafrechts* wird u. a. der Katalog „konterrevolutionärer" Delikte	*Verschärfung*
Febr.		erweitert.	*des Strafrechts*
15./16. Nov.		Der 9. Ibero-amerikanische Gipfel der Staatschefs Lateinamerikas sowie der ehemaligen	
		Kolonialmächte Spanien und Portugal findet erstmals in Havanna statt.	
	2000	Der Flüchtlingsjunge Elián Gonzalez, einer der Überlebenden eines im Nov. 1999 vor Mia-	
28. Juni		mi gesunkenen kubanischen Flüchtlingsbootes, kehrt nach monatelangem juristischen Tau-	
		ziehen nach Kuba zurück.	
4. Sept.		Unterzeichnung eines Abkommens über politische und wirtschaftliche Zusammenarbeit	
		zwischen Kuba und Weißrussland.	
30. Okt.		Kuba wird in das zwischen Venezuela und verschiedenen mittelamerikanischen und kariba-	
		schen Staaten bestehende Öllieferungsabkommen einbezogen.	
	2002	Der ehemalige US-Präsident Jimmy Carter fordert in der Aula der Universität Havanna ein	
14. Mai		Ende des US-Embargos gegen Kuba.	
18. Juni		Bei einer Volksbefragung sprechen sich 8,1 der 8,2 Mio. registrierten Wähler dafür aus, den	
		Sozialismus als unantastbaren Bestandteil der kubanischen Verfassung festzuschreiben.	

Jamaika seit 1944/55

(Forts. v. S. 1299)

Durch die Demokratisierung des Wahlrechts im Jahre 1944 und die Ausweitung der inneren Selbstregierung geht die politische Macht nach 1946 schrittweise in die Hände der schwarzen Bevölkerung über. Seit der Wahl von 1944 stehen sich im *Zweiparteiensystem* die 1938 gegründete People's National Party (PNP) und die als Abspaltung 1943 gebildete Jamaica Labour Party (JLP) gegenüber. Nach 1944 wechseln sich beide Parteien jede zweite Wahl in der Regierungsführung ab.

Zweiparteiensystem

Jamaikas Wirtschaft hat sich in den letzten Jahrzehnten grundlegend gewandelt. In den fünfziger Jahren können die Grundlagen der Wirtschaft verbreitert werden (Bergbau, Industrie, Fremdenverkehr). Heute wird der größte Teil der landwirtschaftlichen Nutzfläche für die exportorientierte Produktion von Zucker, Bananen und Zitrusfrüchten verwendet. Seit 1952 wird durch US- und kanadische Firmen *Bauxit* abgebaut; Jamaika wird einer der größten Bauxit- und Aluminiumoxydproduzenten der Welt. Hauptprobleme seit 1970 sind der Preisauftrieb und die Arbeitslosigkeit. Die sozialistische *Wirtschaftspolitik* der Regierung mit ihren hohen Steuersätzen, Preis-, Lohn- und Einkommenskontrollen lähmt weit gehend die unternehmerische Initiative. 1976 erlebt das Land die schwerste Wirtschaftskrise seit seiner Unabhängigkeit.

Bauxit

Wirtschaftspolitik

	1955/1959	Die PNP kann mit ihrer radikaleren Forderung nach politischer Unabhängigkeit die Wahlen gewinnen.	
	1959	Die Insel erhält die innere Selbstverwaltung. Nach einer Volksabstimmung tritt Jamaika aus	
	1961	der Westindischen Konföderation (seit 1958 zugehörig) aus.	
	1962	*Unabhängigkeit* (6. Aug.). Jamaika bleibt im britischen Commonwealth.	*Unabhängigkeit*
	1962–1972	Ministerpräsident wird der JLP-Vorsitzende Alexander Bustamante (1962–1967; *1884,	
		†1977); auf ihn folgt das Kabinett Hugh Shearer (1967–1972; *1923).	
	1972	Aus den Parlamentswahlen geht die oppositionelle PNP als Siegerin hervor; Regierungs-	
		chef wird Michael Manley (*1924).	
	1973	Jamaika ist Gründungsmitglied der karibischen Wirtschaftsgemeinschaft CARICOM.	
	1976	Wegen der sich verschärfenden Gewalttätigkeit und des zunehmenden Terrors verhängt die	
19. Juni		Regierung den Ausnahmezustand.	

	15. Dez.	Michael *Manley* erringt einen deutlichen *Wahlsieg*.
Wirtschaftsstruktur		Unter Führung von Michael Manley verändert die PNP ihre Programmatik in Richtung auf einen „demokratischen Sozialismus". Langfristige Ziele der Regierung Manley sind eine gemischte *Wirtschaftsstruktur* (Privatwirtschaft, öffentlicher Sektor, Genossenschaftswesen), eine gerechtere Verteilung des Volkseinkommens und Investitionslenkung. Verstärkte Zusammenarbeit mit karibischen Nachbarländern soll die Abhängigkeit von den westlichen Industrienationen mildern.
	1979	Die unter Anlehnung an kubanische Vorbilder durchgeführte, weit gehend erfolglose Wirtschaftspolitik führt zu sozialer Unzufriedenheit und zu Unruhen.
	1983 15. Dez.	Unter Premierminister (seit Nov. 1980) Edward Seaga (*1930) gewinnt die JLP bei Parlamentswahlen alle 60 Mandate.
	1985 15. Jan. 24. Juni	Bei Unruhen wegen der Erhöhung der Preise für Benzin und Gas (20–30%) gibt es mehrere Tote. Die Gewerkschaften rufen wegen der hohen Lebenshaltungskosten und Entlassungen den Generalstreik aus.
Parlamentswahlen	1989 9. Febr.	Bei den *Parlamentswahlen* gelingt der People's National Party (PNP) unter Michael Manley die Regierungsübernahme.
	1992	Percival J. Patterson (*1935) wird sowohl im Amt des Parteivorsitzenden der PNP als auch des Premierministers zum Nachfolger von Michael Manley gewählt (28.–30. März).
Abgrenzung der Hoheitsgewässer	1993 14. Nov.	Jamaika und Kolumbien unterzeichnen einen Vertrag über die Festlegung der Meeresgrenzen und die *Abgrenzung der Hoheitsgewässer* zwischen ihren Staaten.
	1995 Nov.	Bruce Golding tritt als Vorsitzender der JLP zurück und gründet das National Democratic Movement (NDM).
	1997	Die PNP unter Premier Patterson siegt bei Parlamentswahlen (18. Dez.).
Proteste der Bevölkerung	2000	Das Land leidet unter einer exorbitanten Schuldenlast. Bis zum Ende des Jahres betragen die Auslandsverbindlichkeiten 120% des gesamten Exportvolumens. Der von IWF und Weltbank geforderte Spar- und Privatisierungskurs ist gegen die massiven *Proteste der Bevölkerung* nur schwer durchzusetzen.
	2001 10. April	Amnesty International wirft der jamaikanischen Polizei vor, im vergangenen Jahr 140 Menschen ermordet zu haben – die weltweit höchste Rate an Tötungen durch Polizisten im Verhältnis zur Einwohnerzahl.

Haiti seit 1946

(Forts. v. S. 1309)

Agrarstaat — Haiti ist vor allem ein *Agrarstaat* (mit dem geringsten Pro-Kopf-Einkommen aller amerikanischen Länder). Grundlage der Landwirtschaft ist der Kaffeeanbau. In den sechziger Jahren stagniert Haitis wirtschaftliche Entwicklung (Wirbelstürme, Sinken der Weltmarktpreise, Rückgang des Tourismus). Nach der Regierungsübernahme durch Jean-Claude Duvalier (*1951) und einer gewissen Stabilisierung der innenpolitischen Situation kehren viele Exil-Haitianer in ihre Heimat zurück, der Tourismus erlebt einen neuen Aufschwung, Auslandskapital investiert wieder, Entwicklungshilfe wird erneut zur Verfügung gestellt.

	1946	Seit der US-Besetzung der Insel (1915–1934) übt die mulattische Elite die Herrschaft über die Mehrheit der schwarzen Bevölkerung aus; dies führt zur schwarzen Gegenbewegung,
	1950	die den Präsidenten Dumarsais Estimé (*1900, †1953) an die Regierung bringt. Durch Militärputsch Machtübernahme von General Paul Magloire (*1907).
	1956	Sturz von Magloire. Während der nun folgenden Staatskrise wechseln sich binnen weniger Monate vier provisorische Regierungen ab.
Wahlsieg Duvaliers	1957 22. Sept.	Allgemeine Wahlen bringen François *Duvalier* („Papa Doc") (*1907, †1971) an die Macht. Verschiedene Invasionsversuche von Exil-Haitianern werden von den Milizen niedergeschlagen.

Die Herrschaft François Duvaliers (1957–1971)

Terrorregime — Während sich Duvalier Sondervollmachten geben lässt und seine Diktatur auszubauen beginnt (1964 ernennt er sich zum Präsidenten auf Lebenszeit), brechen zahlreiche lateinamerikanische Staaten die diplomatischen Beziehungen zu Haiti ab; ein Krieg mit der Dominikanischen Republik kann nur knapp verhindert werden; die USA stellen ihre Wirtschaftshilfe ein. Der Diktator behauptet sein *Terrorregime*, indem er sich auf die zahlreichen Anhänger des Voudou-Kults, die gefürchtete Geheimpolizei und die

Miliztruppe, die „Tontons Macoutes", stützt. Wirtschaftlich verschlechtern sich die Lebensverhältnisse der Bevölkerung, wichtige Infrastrukturobjekte zerfallen mangels Wartung.

1971 22. April	Nach *François Duvaliers Tod* wird sein Sohn Jean-Claude Duvalier (1951; „Baby Doc") Präsident auf Lebenszeit.	*Tod François Duvaliers*
1973 11. Febr.	Bei den ersten Parlamentswahlen nach zwölf Jahren fallen alle 58 Abgeordnetensitze der Einheitspartei „Parti Unité National" zu.	
1978 19. April	Zur Fortsetzung der von seinem Vater begonnenen Politik in gemäßigter Form verkündet Jean-Claude Duvalier die Schaffung eines „Nationalkomitees für den Jeanclaudismus".	
1979	Parlamentswahlen, Sieg der „offiziellen" Kandidaten (11. Febr.).	
1986 7. Febr.	Den Diktator Jean-Claude *Duvalier* zwingen Unruhen und der Druck der USA zur *Flucht*. Eine Militärjunta unter General Henri Namphy (*1932) übernimmt nunmehr die Macht.	*Flucht Duvaliers*
1987 29. Nov.	Die für diesen Tag angesetzten freien Wahlen werden wegen andauernder Gewalttätigkeiten und Morde abgesagt.	
1988 17. Jan.	Aus erneuten Wahlen geht Leslie Manigat (*1930) als Sieger hervor. Geringe Beteiligung wegen Boykotts, Unregelmäßigkeiten.	
20. Juni	Nach einem *Militärputsch* übernimmt General Namphy erneut die Macht.	*Militärputsch*
18. Sept.	Prosper Avril (*1938?), Kommandeur der Präsidialgarde, ruft sich nach einem weiteren Militärputsch zum Präsidenten aus.	
1990 13. März	Präsident Avril gibt nach einem gescheiterten Putschversuch (1989) und anhaltenden Protesten sein Amt auf und verlässt Haiti (10. März). Ertha Pascal Trouillot (*1943), Juristin, wird zur vorläufigen Präsidentin ernannt. Ihr Ziel sind freie Wahlen.	
16. Dez.	Die ersten freien Präsidentenwahlen nach Duvaliers Sturz gewinnt der linksgerichtete Pater Jean-Bertrand *Aristide* (*1953) mit über 75%.	*Wahlsieg Aristides*
1991 1. Okt.	Staatspräsident Jean-Bertrand Aristide wird durch einen Armeeputsch gestürzt. Eine *Junta* unter General Raoul Cédras übernimmt die Macht. Aristide flieht in die USA und wird am 4. Okt. von US-Präsident George Bush empfangen.	*Junta*
1994 31. Juli	Die UN-Resolution 940 ermächtigt alle Mitgliedsstaaten der Vereinten Nationen in Haiti mit dem Ziel zu intervenieren, das seit 1991 bestehende Militärregime zu stürzen und demokratische Verhältnisse wiederherzustellen.	
7. Aug.– 19. Sept.	Der ehemalige US-Präsident Carter überredet General Cédras zur Aufgabe. US-Soldaten landen auf Haiti und sichern Aristides Amtseinsetzung (15. Okt.).	
1995 17. Dez.	René *Préval* (*1943) wird nach dem Verzicht Aristides auf eine erneute Kandidatur bei sehr geringer Wahlbeteiligung mit 87,9% der Stimmen zum neuen Staatspräsidenten gewählt.	
1997 15. Mai	Die Teilwahlen zum Senat werden auf unbestimmte Zeit verschoben, nachdem die regierende Organisation Politique Lavalas (PL) im ersten Wahlgang Unregelmäßigkeiten moniert hat und die Stichwahl boykottiert.	
10. Juni	Rücktritt des Ministerpräsidenten Rosny Smarth.	
30. Nov.	*Ende der UN-Militär- und Polizeimission* (UNMIH). Stattdessen wird eine bis zu 300 Mann starke internationale zivile Polizeitruppe (MIPONUH) stationiert, 500 US-Soldaten bleiben zusätzlich im Land.	*Ende der UN-Militär- und Polizeimission*
1998	Das Mandat der MIPONUH wird um ein Jahr verlängert (25. Nov.).	
1999 11. Jan.	Präsident Préval erklärt die 46. Legislaturperiode des Parlaments für abgelaufen. Ende März nimmt eine Übergangsregierung ihre Arbeit auf.	
16. Juli	Ein umstrittenes neues Wahlgesetz sieht die Neubestellung aller Mandate des Abgeordnetenhauses und die Annullierung der Teilwahlen zum Senat von 1997 vor. Die Neuwahlen werden mehrfach verschoben, es kommt zu politisch motivierten Gewalttaten und Ausschreitungen.	
20. Nov.	Der UN-Sicherheitsrat verlängert das Mandat der MIPONUH bis zum geplanten Wahltag (15. März 2000).	
2000	Bei den Parlaments- und Kommunalwahlen fällt die überwältigende Zahl der Mandate an die Fanmi Lavalas (FL) von Jean-Bertrand Aristide (21. Mai/19. Juni/9. Juli).	
26. Nov.	Aristide setzt sich auch bei den Präsidentschaftswahlen durch. Bei den zugleich stattfindenden Teilwahlen zum Senat kann die FL die Zahl ihrer Mandate auf 26 (von 27) erhöhen.	
2001 2. März	Präsident Aristide ernennt den Wirtschaftsexperten *Jean-Marie Chérestal* zum *Regierungschef*. Die wirtschaftliche Lage des Landes ist desolat, laut einem Bericht der FAO sind 62% der Bevölkerung unterernährt. Nur ein Viertel der Bevölkerung erhält Trinkwasser. Die Zahl der Flüchtlinge ins Ausland, v. a. in die Dominikanische Republik, steigt.	*Jean-Marie Chérestal Regierungschef*
2002 12. März	Ministerpräsident Chérestal tritt wegen Korruptionsvorwürfen zurück. Nachfolger wird Senator Yvon Neptune.	

Dominikanische Republik seit 1952
(Forts. v. S. 1309)

General Trujillo y Molina

Durch die Machtübernahme von *General* Rafael Leónidas *Trujillo y Molina* (1930–1938, 1942–1952; *1891, †1961) bleibt für drei Jahrzehnte eine freie politische Entwicklung ausgeschlossen. Das Land wird wie ein Privatbesitz der Familie Trujillo verwaltet. Presse- und Versammlungsfreiheit werden aufgehoben, jede Opposition gewaltsam unterdrückt.

wirtschaftliche Lage

Wirtschaftlich ist die Dominikanische Republik im Wesentlichen ein Agrarland, das mit seinem Zuckeranbau von Weltmarktpreisen und US-Quoten abhängig ist. Durch den Bürgerkrieg von 1965 wird die ohnehin schlechte *wirtschaftliche Lage* noch weiter beeinträchtigt. Nach 1969 setzt ein gewisser Fortschritt ein. Infrastrukturmaßnahmen, Auslandsinvestitionen und „Stabilität" kennzeichnen die Entwicklung dieser Jahre. Im Mittelpunkt der Wirtschaftsplanung stehen der Ausbau des Tourismus und die Produktionssteigerung bei Zucker, Kaffee, Kakao und Rindfleisch.

1952 Rafael Leónidas Trujillo lässt durch Wahlen seinen Bruder Héctor Bienvenido Trujillo (1952–1960; *1909) zum Präsidenten wählen.

1961 30. Mai Auf die Ermordung Rafael Trujillos folgt eine Zeit von Krisen und Unruhen; die Familie Trujillo muss auf Druck der USA hin das Land verlassen.

1962 20. Dez. Nach weiteren Staatsstreichen und Regierungswechseln kommt es schließlich zu den ersten freien Wahlen seit fast 40 Jahren, aus denen Juan Bosch (*1909) als Sieger hervorgeht.

innenpolitischer Terror

1963 25. Sept. Bosch wird jedoch bald wieder gestürzt, das Militär übernimmt die Macht. Die Verfassung wird abgeschafft, *innenpolitischer Terror* und chaotische Wirtschaftszustände charakterisieren die Situation.

1965 24. April Eine Bewegung für die Rückkehr zu verfassungsmäßigen Zuständen entwickelt sich zu einer Revolution.

US-Intervention

28. April Gegen die „linke" Tendenz des Aufstands *intervenieren die USA*; die US-Marinetruppen erhalten später den Status einer „interamerikanischen Schutzmacht" der OAS.

Präsidentschaft Balaguers

1966 1. Juni Nach verschiedenen Führungswechseln innerhalb der Militärjunta werden Wahlen abgehalten, bei denen der konservative Joaquín Videla *Balaguer* (*1907) die *Präsidentschaft* (1966–1978) erlangt.

Balaguer setzt eine Verfassungsänderung durch, die seine Wiederwahl (1970 und 1974, Wahlboykott durch die Opposition) erlaubt. Innenpolitisch stützt sich Balaguer auf den Partido Reformista (PR). Die Opposition ist in unzählige Parteien zersplittert. Während seiner Amtszeit ist die Hauptoppositionspartei Partido Revolucionario Dominicano (PRD) nicht im Parlament vertreten.

1978 16. Mai In den Präsidentschaftswahlen siegt mit knappem Vorsprung der Kandidat des oppositionellen sozialdemokratischen PRD, Antonio Guzmán Fernández (*1911, †1982); bei den Parlamentswahlen jedoch gewinnt die konservative bisherige Regierungspartei PR die Mehrheit.

Zusammenstöße zwischen Arbeitern und Polizei

1979 Streiks und *Zusammenstöße zwischen Arbeitern und Polizei* (Aug.).

1982 Salvador *Jorge Blanco* (PRD; *1926) wird *neuer Präsident* (16. Mai).

1986 16. Mai Joaquín Balaguer, Christlich-Soziale Reformistische Partei (PRSC), wird mit 41,56 % neuer Präsident.

1990 Bei allgemeinen Wahlen wird Balaguer bestätigt (16. Mai); die Opposition unter Juan Bosch reklamiert Wahlbetrug.

1994 16. Mai Balaguer lässt sich trotz Protesten der Opposition zum Sieger der Präsidentschaftswahlen erklären.

1996 30. Juni Bei der Stichwahl zum Präsidentenamt siegt Leonel Fernández Reyna (*1953), Führer der Partido de la Liberación Dominicana (PLD), mit knapper Mehrheit vor José Francisco Peña Gomez (PRD). Fernández hat die Unterstützung der PRSC und bildet mit dieser die „National-Patriotische Front" (FNP). Er tritt am 16. Aug. sein Amt an.

Generalstreik

1997 *Generalstreik* gegen die Wirtschafts- und Sozialpolitik der Regierung (11./12. Nov.).

1998 16. Mai Bei den Parlamentswahlen siegt der oppositionelle sozialdemokratische Partido Revolucionario Dominicano (PRD).

22. Sept. Der Hurrikan „Georges" richtet schwere Verwüstungen an. Mindestens 209 Menschen kommen ums Leben.

2000 16. Mai Hipólito Mejia Domínguez (*1941) von der PRD gewinnt die Präsidentenwahlen (vereidigt am 16. Aug.). Er setzt eine Steuerreform durch, die durch Erhöhung der indirekten Abgaben (z. B. Mehrwert- und Kfz-Steuer) die Abhängigkeit der Staatskasse von den Zolleinnahmen beseitigen soll.

2002 16. Mai Bei den Parlaments- und Kommunalwahlen erringt die regierende sozialdemokratische PRD einen klaren Sieg.

Puerto Rico seit 1898/1948

Die 1898 von den USA annektierte Insel Puerto Rico erhält im Jones Act von 1917 beschränkte Selbstverwaltung und 1950 das Recht, im Rahmen einer neuen Verfassung ihre Stellung zu den USA neu zu bestimmen. Nach der Verfassung von 1952 ist die Insel als „Commonwealth of Puerto Rico" *den USA assoziiert*; wirtschaftlich ist sie mit den Vereinigten Staaten durch gemeinsamen Markt und gemeinsame Währung verbunden. Die Außenpolitik wird vom State Department in Washington geleitet, die innere Regierung durch ein Parlament und einen alle vier Jahre direkt vom Volk gewählten Resident Commissioner ausgeübt.

Assoziierung mit USA

1948–1964 Unter dem Gouverneur Luis Muñoz Marín ([*1898, †1980], erstmals gewählt 1948, wiedergewählt 1952, 1956, 1960) setzt eine stürmische *Wirtschaftsentwicklung* ein: Industrialisierung und Tourismus, Anreize für Auslandskapital, Diversifizierung der Landwirtschaft, Hebung des Lebensstandards bei Drosselung des Bevölkerungswachstums (Familienplanung, Emigration). In den sechziger Jahren gelingt die Beseitigung der Abhängigkeit von der Monokultur Zuckerrohr.

Wirtschaftsentwicklung

1964 Roberto Sánchez Vilella (Partido Popular Democrático) neuer Gouverneur.

1967 In der Volksabstimmung über den künftigen Status der Insel sprechen sich 60,5 % für den
23. Juli (derzeitigen) *Commonwealth-Status* aus.

Commonwealth-Status

1968/1972 Bei Wahlen siegt der Führer der Oppositionspartei, der Industrielle Luis A. Ferré, der nächste Wahlsieger ist R. Hernández Colón, der die Zusammenarbeit mit kleineren Nachbarstaaten fördern will.
Die wirtschaftliche und soziale Entwicklung des Landes hat der independistischen Bewegung, die 1952 noch 19 % der Stimmen erhalten hat, den Boden entzogen.

1972 Nachdem der Entkolonialisierungsausschuss der UNO eine (von den USA zurückgewiese-
28. Aug. ne) Resolution angenommen hat, wonach Puerto Rico als Kolonie zu betrachten sei und das Recht auf Unabhängigkeit habe, hat sich außenpolitisch Fidel Castro zum Sprecher der puertoricanischen *Unabhängigkeitsbewegung* gemacht.

Unabhängigkeitsbewegung

1980 Gouverneurswahlen bestätigen Carlos Romero Barceló im Amt, der für den Anschluss als
4. Nov. 51. Bundesstaat an die USA eintritt.

1986 Der UN-Entkolonialisierungsausschuss spricht sich erneut für die Unabhängigkeit Puerto Ricos aus.

1992 Pedro Rosseló wird als Nachfolger von R. Hernández Colón zum Gouverneur gewählt. Er
3. Nov. befürwortet die Umwandlung Puerto Ricos zum 51. US-Staat.

1993 Bei einer *Volksabstimmung* über den künftigen Status Puerto Ricos siegen mit knapper
14. Nov. Mehrheit die Befürworter des bislang geltenden Status eines mit den USA assoziierten Staates.

Volksabstimmung

2001 Amtsantritt der neuen Gouverneurin Sila Maria Calderón (PPD) (2. Juni).

Saint Kitts (Saint Christopher) – Nevis seit 1976/83

(Forts. v. S. 1880)

Die Wirtschaftsgrundlage bildet auf den zwei Karibikinseln neben dem Fischfang die Landwirtschaft, deren Haupterzeugnisse Zuckerrohr, Baumwolle und Erdnüsse sind. Die entstehende Kleinindustrie ist noch sehr bescheiden. Berglandschaft und Badestrände bilden Anziehungspunkte für Touristen. Die Bewohner, meist Nachkommen ehemaliger Negersklaven, leben noch in großer Armut. Seit 1976 sind die Inseln über den Lomé-Vertrag *mit der EG assoziiert*.

EG-Assoziierung

1983 Nach 360 Jahren britischer Herrschaft werden Saint Kitts (Saint Christopher) und Nevis als
19. Sept. Monarchie im britischen Commonwealth *unabhängig* und 154. UNO-Mitglied (23. Sept.).

Unabhängigkeit

1984 Saint Kitts – Nevis wird als 32. Mitglied in die OAS aufgenommen.

1995 Bei vorgezogenen Parlamentswahlen siegt die Labour Party unter ihrem Vorsitzenden Den-
3. Juli zil Douglas, der neuer Premierminister wird.

1997 Die parlamentarischen Vertreter von Nevis sprechen sich für die Unabhängigkeit der Insel
Okt. aus, die in einer Volksabstimmung bestätigt werden soll.

1998 Beim Referendum auf Nevis findet die vom Parlament beschlossene Unabhängigkeit nicht
10. Aug. die erforderliche Zweidrittelmehrheit.

2001 Der Inselstaat wird vom Geldwäscheausschuss der OECD auf die schwarze Liste der unko-
22. Jan. operativen Steueroasen gesetzt.

Antigua und Barbuda seit 1974/81
(Forts. v. S. 1880)

Assoziierung mit der EG
Unabhängigkeit

Für den Antigua, Barbuda und Redonda umfassenden Inselstaat sind Baumwolle und Zuckerrohr die wichtigsten landwirtschaftlichen Erzeugnisse. Die Industrie verarbeitet die Landesprodukte weiter (Zucker, Baumwollsamenöl, Rum, Melasse). Der Tourismus nimmt an Bedeutung zu. – 1974 tritt Antigua CARICOM bei, 1976 erfolgt *Assoziierung mit der EG* (Lomé-Vertrag).

1981 Die ehemals britische Kolonie (zuletzt mit Großbritannien assoziierter Staat) Antigua und
1. Nov. Barbuda wird *unabhängig*. Aufnahme in die UNO (als 157. Mitglied am 10. Nov.) und in die OAS (5. Dez.). Premierminister (seit 1974) bleibt Vere C. Bird.

1984 Bird wird für eine dritte Amtsperiode wiedergewählt (17. April).

Beitritt zum GATT

1987 Zum 1. April *Beitritt zum Allgemeinen Zoll- und Handelsabkommen* (GATT).

1989 Bei den Parlamentswahlen erreicht die Antigua Labour Party unter Premier Bird mit 63,8 %
9. März 15 von 17 Sitzen; anschließend sind Nachwahlen wegen Unregelmäßigkeiten bei der Wahl einiger Abgeordneter nötig.

1992 Die wichtigsten Oppositionsparteien schließen sich zur United Progressive Party (UPP) zu-
6. April sammen.

1994 Lester Bird folgt auf seinen Vater Vere C. Bird im Amt des Premierministers, nachdem die
8. März Antigua Labour Party die Parlamentswahlen gewonnen hat.

1999 Bei den Parlamentswahlen setzt sich die regierende Labour Party durch. Premier Bird wird
9. März im Amt bestätigt.
26. Aug. Das Parlament verabschiedet einen Zusatzartikel zur Verfassung, mit dem die Geldwäsche bekämpft werden soll.

Korruptionsskandal

2001 Ein unabhängiger Untersuchungsausschluss zur Aufklärung eines *Korruptionsskandals* in
16. Juli der gesetzlichen Krankenversicherung nimmt seine Arbeit auf.

Dominica seit 1940
(Forts. v. S. 1880)

Landwirtschaft

Wichtigster Wirtschaftszweig ist die *Landwirtschaft*; Hauptexportartikel sind Bananen und Zitrusfrüchte.

1940 Nach wechselnder Zugehörigkeit zu Großbritannien bzw. Frankreich wird Dominica zur Gruppe der Windward-Inseln geschlagen.

1960 Die Verwaltungseinheit wird aufgelöst und durch die bis 1962 bestehende Westindische Föderation abgelöst.

1967 Dominica wird zu einem mit Großbritannien assoziierten Staat.

Unabhängigkeit

1978 Die Insel wird als Commonwealth of Dominica *unabhängig*. Interimspräsident wird der
3. Nov. bisherige Gouverneur Louis Cools-Lartigu, Premierminister bleibt Patrick R. John, Führer der 1970 gegründeten Dominica Labour Party. Dominica Freedom Party (DFP) in Opposition. Fred Degazon wird zum Staatsoberhaupt gewählt.

1979 Nach einer schweren innenpolitischen Krise wird Jenner Armour neuer Staatspräsident und
21. Juni Oliver Seraphine neuer Ministerpräsident.

1980 Die gemäßigt rechte DFP siegt bei Wahlen; Mary Eugenia Charles (*1919) wird Premier-
21. Juli ministerin. – *Ausnahmezustand* von Februar 1981 bis Mai 1983.

Ausnahmezustand

1983 Dominica beteiligt sich an der Besetzung Grenadas (25. Okt.).

1985 Die Parlamentswahlen gewinnt die regierende DFP mit 15 von 21 Mandaten; Mary Eugenia
1. Juli Charles bleibt *Premier*.

1990 Die DFP unter Charles verliert bei den Parlamentswahlen vier Mandate (28. Mai).

1993 Crispin Sorhaindo, bisheriger Parlamentspräsident, wird mit Zustimmung aller Parteien als
25. Okt. Nachfolger von Sir Clarence Augustus Seignoret (Staatsoberhaupt seit 1985) zum neuen Präsidenten von Dominica gewählt.

1995 Nach Parlamentswahlen (12. Juni) wird Edison James, Vorsitzender der oppositionellen
14. Juni Dominica United Workers' Party (DUWP), Premierminister und tritt die Nachfolge von Mary Eugenia Charles an.

2000 Nach zwei Jahrzehnten in der Opposition gelangt die Dominica Labour Party (DLP) mit ei-
31. Jan. nem Sieg bei den Parlamentswahlen wieder an die Macht. Ihr Spitzenkandidat Roosevelt (Rosie) Douglas wird am 3. Febr. Chef einer Koalitionsregierung aus DLP und Dominica Freedom Party (DFP).

22. Juni Dominica wird vom Geldwäscheausschuss der OECD als unkooperativ im Kampf gegen Geldwäsche und Steuerflucht eingestuft.
3. Okt. Nach Premier Douglas' überraschendem Tod (1. Okt.) übernimmt der bisherige Arbeitsminister Pierre *Charles* (DLP) den Posten des *Regierungschefs*.

Charles Regierungschef

Saint Lucia seit 1976/79
(Forts. v. S. 1880)

Auf der gebirgigen Karibeninsel Saint Lucia ist die *Landwirtschaft* der Haupterwerbszweig. Angebaut werden Bananen, die neben Süßkartoffeln, Kokosnüssen, Zitrusfrüchten und Kakao wichtigster Exportartikel sind. Industrie fehlt in den siebziger Jahren noch, jedoch gewinnt der Tourismus für die landschaftlich schöne Insel zunehmend wirtschaftliche Bedeutung und wird gezielt gefördert. Etwa 96% der Bevölkerung sind Afroamerikaner und Mulatten. Seit 1976 ist Saint Lucia der EG assoziiert (Lomé-Vertrag), ebenso ist es CARICOM angeschlossen. In den achtziger Jahren wird die Industrialisierung gefördert, vor allem Textilien, Papierprodukte und elektronische Bausteine werden hergestellt. 1989 sind bereits 20% der Erwerbstätigen in der Industrie beschäftigt.

Landwirtschaft

1979 Als konstitutionelle Monarchie im Commonwealth wird Saint Lucia am 22. Februar *unabhängig*. Aufnahme in UNO und OAS. Premierminister John G. Compton wird nach Wahlen (3. Juli) von Allan Louisy abgelöst.

Unabhängigkeit

1982 Nach Wahlen (4. Mai) wird John G. Compton erneut Premierminister.
1987 Die regierende konservative United Workers Party (UWP) verliert bei *Parlamentswahlen*
30. April fünf Mandate, erreicht aber 53,2%. Sir Vincent Floissac übernimmt das Amt des Generalgouverneurs.
1988 Stanistaus A. James übernimmt das Amt von Floissac (10. Okt.).
1996 Der Wirtschaftswissenschaftler Vaughan Lewis wird als neuer Premierminister vereidigt; er
2. April tritt die Nachfolge von John G. Compton an.
1997 Bei Parlamentswahlen siegt die oppositionelle Arbeiterpartei; neuer Premierminister wird
23. Mai Kenny Anthony (24. Mai).

Barbados seit 1944
(Forts. v. S. 1299)

Der Agrarsektor (Zuckermonostruktur, Milchwirtschaft und Viehzucht), der Fremdenverkehr und z.T. die verarbeitende Industrie (Zucker, Rum, Textilien) sind vorherrschend. Die rassisch bestimmte *Besitzkonzentration* besteht auch nach der Unabhängigkeit weiter. Seit 1975 deutet sich eine leichte wirtschaftliche Erholung nach den Rückschlägen der Jahre zuvor an (u.a. durch Fremdenverkehr). Die Zahl der Auslandsgäste ist von ca. 156000 (1970) über ca. 367000 (1984) auf ca. 824500 (1992) gestiegen. Die Wirtschaftsstruktur wird zunehmend vom Dienstleistungssektor bestimmt. Dort sind 74% der Erwerbstätigen beschäftigt (1993).

Besitzkonzentration

1944–1964 Veränderungen im Regierungssystem Barbados' ergeben sich durch die schrittweise Demokratisierung des Wahlrechts (seit 1944) und die Ausweitung der inneren Selbstverwaltung (nach 1946), die über verschiedene Zwischenstufen und nach dem Scheitern der Westindischen Föderation (1962) zur inneren *Selbstverwaltung* (April 1964) führt.
1966 Erringung der politischen Unabhängigkeit. Ministerpräsident wird der Führer der 1955 ge-
30. Nov. gründeten Democratic Labour Party, Errol Barrow (1961–1976; *1920, †1987).

Selbstverwaltung

1976 Neuer Regierungschef wird der Führer der Barbados Labour Party, John Michael Geoffrey (Tom) Adams (*1931, †1985).
1978 Der Inselstaat beginnt mit dem Aufbau eigener Verteidigungsstreitkräfte.
1979 Die im Zweiten Weltkrieg eingerichteten *US-Stützpunkte* werden *geräumt* (März).
1984 Sir H. W. Springer zum Generalgouverneur ernannt (17. Febr.).
1985 Premier Adams (*1931) erliegt einem Herzinfarkt; sein bisheriger Stellvertreter Bernard
11. März St. John (*1931) wird zum Nachfolger ernannt.

Räumung der US-Stützpunkte

1986 Die oppositionelle Demokratische Arbeiterpartei (DLP) gewinnt 24 von 27 Parlamentssit-
28. Mai zen; ihr Vorsitzender Errol Barrow (*1920, †1987) wird neuer Premier.
1987 Nach dessen Tod wird Lloyd Erskine Sandiford (*1937) sein Nachfolger (1. Juni).

	1991 21. Jan.	Bei den Parlamentswahlen behält die regierende DLP unter Premier Sandiford ihre Mehrheit. Aufgrund der Rezession, insbesondere in den USA und in Großbritannien, hat Barbados mit wirtschaftlichen Schwierigkeiten zu kämpfen.
	1994 6. Sept.	Owen Arthur, Führer der oppositionellen Barbados Labour Party (BLP), erringt einen deutlichen Wahlsieg.
	1999	Bei den Wahlen zum Repräsentantenhaus erringt die regierende DLP 26 von 28 Mandaten (20. Jan.).
	2001 Jan.	In Barbados findet eine Konferenz mit Teilnehmern aus 40 Staaten zum Thema Steuerflucht und Geldwäsche statt.
Drogenhandel	April	Die Regierung leitet einen Anti-Drogen-Masterplan ein. Wie viele andere Karibikstaaten ist auch Barbados ein Umschlagplatz für den *Drogenhandel* zwischen Südamerika und den USA.

Saint Vincent seit 1976/79
(Forts. v. S. 1880)

In Saint Vincent, zu dem neben der gleichnamigen Hauptinsel noch mehrere kleine Inseln (die nördlichen Grenadinen) gehören, arbeitet noch Ende der siebziger Jahre mehr als die Hälfte der Erwerbstätigen in der *Landwirtschaft*. Erzeugt werden vor allem Bananen, Pfeilwurz, Zuckerrohr, Süßkartoffeln sowie Kokosnüsse. Die nur schwach entwickelte Industrie verarbeitet die heimischen Produkte, u.a. zu Rum, Kopra und Fruchtsäften. Der Fremdenverkehr gewinnt zunehmend an Bedeutung und ist die wichtigste Devisenquelle. Saint Vincent ist CARICOM angeschlossen und seit 1976 der EG assoziiert (Lomé-Vertrag). In den achtziger und neunziger Jahren verliert die Landwirtschaft ihre Spitzenposition bei der Anzahl der Erwerbstätigen an den Dienstleistungssektor.

Landwirtschaft (margin)

	1979 27. Okt.	Saint Vincent, vormals britische Kolonie und zuletzt mit Großbritannien assoziierter Staat, wird als Monarchie im Commonwealth *unabhängig*. Premierminister ist Robert Milton Cato.
Unabhängigkeit	1980	Aufnahme in die UNO als 154. Mitglied (16. Sept.).
	1981	Saint Vincent wird OAS-Mitglied (5. Dez.).
	1983 25. Okt.	Beim Eingreifen der USA auf Grenada beteiligt sich Saint Vincent am karibischen Truppenkontingent.
	1984 Juli	Bei Parlamentswahlen erobert die New Democratic Party (NDP) unter James Mitchell neun von 13 Mandaten; Mitchell wird Premier (1989 in vorgezogenen Neuwahlen bestätigt).
	1988	Henry Williams wird zum Generalgouverneur ernannt (29. Febr.).
	1994	Bei Parlamentswahlen siegt die NDP; Mitchell wird erneut Regierungschef.
	1998	Bei den Parlamentswahlen kann die NPD unter Mitchell nur knapp ihre Mehrheit halten (15. Juni).
	2000 27. Okt.	Premierminister Mitchell tritt zurück. Nachfolger wird der bisherige Finanzminister Arnhim Ulric Eustace.
	2001 28. März	Die oppositionelle United Labour Party (ULP) gewinnt die Parlamentswahlen. Ihr Spitzenkandidat Ralph Gonsalves wird am 29. März als Premierminister vereidigt.
Geldwäsche und Korruption	20. April	Die neue Regierung wechselt die gesamte Führungsspitze des Offshore Finance Authority Board aus und macht damit ihre Absicht deutlich, die *Geldwäsche und Korruption* energisch bekämpfen zu wollen.

Grenada seit 1956
(Forts. v. S. 1299)

Basis der Volkswirtschaft ist die wenig effiziente Landwirtschaft (hohe Arbeitslosigkeit). Die Insel lebt von Anbau und Export von *Agrarprodukten* (Kakao, Bananen, Muskat- und Kokosnüsse). Die Industrie ist kaum entwickelt. Als Folge der politischen und sozialen Instabilität schwanken die Einnahmen aus dem Fremdenverkehr sehr.

Agrarprodukte (margin)

	1956	Nach der Auflösung der (seit 1885 bestehenden) Windward-Föderation tritt Grenada als britische Kolonie der *Westindischen Föderation* bei.
Westindische Föderation	1962	Nach deren Auflösung ist es wieder unter britischer Kolonialverwaltung bis zum Eintritt in
	1967	die autonome „Assoziation Westindischer Staaten". Die Insel erhält den Status eines mit Großbritannien assoziierten Staates.

1967/1972	Bei Wahlen erhält die Grenada United Labour Party (GULP) unter ihrem Führer Eric M. Gairy die Mehrheit. Wegen dessen diktatorischer Praktiken (u. a. geheime Polizeitruppe) spricht sich die Opposition aller politischen, beruflichen und kirchlichen Gruppen gegen die Unabhängigkeit der Insel aus.	
1974 7. Febr.	Grenada wird *unabhängig* im Commonwealth. Seitdem verschlechtern sich die sozialen Zustände zusehends. Gewalttätigkeit und Korruption treffen auf Misswirtschaft.	*Unabhängigkeit*
1979 13. März	Die Regierung Gairy wird durch einen Staatsstreich revolutionärer Kräfte unter Maurice Bishop, Führer der Oppositionspartei New JEWEL, gestürzt.	
1983 25. Okt.	Nach Bishops Ermordung (19. Okt.) *besetzen USA-Truppen* „wegen drohender Errichtung eines kubanischen Militärstützpunktes" vorübergehend *die Insel*.	*US-Intervention*
1984 3. Dez.	Die NNP (New National Party) unter dem USA-freundlichen Herbert Blaize (*1918, †1989) gewinnt die Neuwahlen.	
1989	Nach dem Tod von Premier Blaize folgt ihm Ben Jones im Amt nach (19. Dez.).	
1990 13. März	Knapper Sieger der Parlamentswahlen ist der Nationale Demokratische Kongress (NDC); Nicolas Braithwaite (*1925), von NDC und National Party (NP) unterstützt, wird Regierungschef.	
1994 4. Sept.	Grenada und Kuba normalisieren ihre zwischenstaatlichen Beziehungen (April). George Brizan wird zum Vorsitzenden des NDC gewählt. Er löst Nicolas Braithwaite ab.	
1995 22. Juni	Der Führer der oppositionellen NNP, Keith Mitchell, der die Parlamentswahlen (20. Juni) gewonnen hat, wird neuer Premierminister.	
1999 18. Jan.	Bei den durch Übertritte von Regierungsmitgliedern und Abgeordneten nötig gewordenen vorgezogenen Wahlen zum Repräsentantenhaus wird die absolute Mehrheit der NNP bestätigt. Grenada verzeichnet ein *kräftiges Wirtschaftswachstum*, v. a. durch den expandierenden Tourismus und den seit 1997 vorangetriebenen Ausbau des Offshore-Finanzsektors. Die Kluft zwischen Arm und Reich aber vertieft sich weiter.	*kräftiges Wirtschaftswachstum*

Trinidad und Tobago seit 1958

(Forts. v. S. 1299)

Neben die Regierungspartei PNM treten, hervorgehend aus den linksgerichteten Gewerkschaften der Erdöl- und Zuckerindustrien, die Oppositionsparteien United Labour Front (ULF) und Democratic Action Congress (DAC). Die ersten parlamentarischen Wahlen der Republik im September 1976 bringen der PNM eine deutliche Mehrheit ein.

Grundlage der Wirtschaft ist die expandierende *Erdölindustrie*. 1974 verstaatlicht die Regierung die Anlagen der Shell Trinidad und gründet die staatseigene Trinidad and Tobago Oil Co. (TRINTAC). Hauptprobleme des Landes sind Ende der siebziger Jahre die hohe Arbeitslosigkeit, ungleiche Einkommensverteilung, hohe Inflation. Die Erdölwirtschaft (Förderung und Raffinierung) trägt mit rund 50% zum BSP, mit rund 60% zu den Staatseinnahmen und mit rund 90% zum gesamten Exportwert bei. Die wirtschaftliche Lage ist aufgrund der Ölpreisexplosion ausgesprochen günstig; allerdings beeinträchtigen häufige Streiks (vor allem Frühjahr 1975) auf dem Erdöl- und Zuckersektor die *Wirtschaftslage*. Zweitwichtigster Wirtschaftszweig ist die Landwirtschaft, die allerdings nur etwas mehr als die Hälfte des Nahrungsmittelbedarfs deckt; das wichtigste Agrarprodukt ist Zucker. Der Tourismus ist zum zweitwichtigsten Devisenbringer des Landes geworden. Anfang der neunziger Jahre bilden neben den Erdöl- auch umfangreiche Erdgasvorkommen die Grundlage für eine sich weiterentwickelnde petrochemische Industrie. Zwar dominieren unverändert Rohöl und Erdölprodukte den Export, doch ist in den letzten Jahren die Bedeutung von Eisen und Stahl als Ausfuhrgüter gestiegen.

Erdölindustrie

Wirtschaftslage

1958	Die seit 1888 verwaltungsmäßig vereinigten britischen Inseln Trinidad und Tobago werden Mitglied der Westindischen Föderation.	
1959	Der Inselstaat erlangt innere Selbstverwaltung.	
1962 31. Aug.	Als die Inseln unabhängig werden, bleiben sie vorerst als *parlamentarische Monarchie* im britischen Commonwealth of Nations. Regierungschef ist (seit 1956) der Führer des People's National Movement (PNM), Eric Eustace Williams (*1911, †1981).	*parlamentarische Monarchie*
1970	Heftige Auseinandersetzungen zwischen Black-Power-Bewegung und Polizei.	
1970/1971	Als sich Teile der Armee und die Ölarbeitergewerkschaft mit der Black-Power-Bewegung solidarisch erklären, verhängt die Regierung den Ausnahmezustand.	
1976	Eine neue Verfassung tritt in Kraft.	
1. Aug.	Der Inselstaat löst seine Bindung zur britischen Krone und wird *unabhängige Republik*.	*unabhängige Republik*
1977	Ellis Emmanuel Clarke ist Staatspräsident (Jan.).	

	1978	Tobago erhält die innere Selbstverwaltung (7. Aug.).
	1981 31. März	Nach dem Tod von Eric Eustace Williams (PNM, *1911, †29. März 1981) wird George Chambers (PNM; *1928, †1997) Premierminister und gewinnt die Parlamentswahlen (9. Nov.).
Parlaments-wahlen	**1986** 14. Dez.	Bei den *Parlamentswahlen* löst die oppositionelle Nationale Allianz für den Wiederaufbau (NAR, gegr. 1986) unter Arthur R. Robinson (*1926) die PNM an der Regierung ab.
	1987 17. Febr.	Noor Mohammed Hassanali (*1918), Richter i. R. (NAR), wird vom Wahlmännergremium zum neuen Präsidenten gewählt.
	1990	Moslemrebellen stürmen das Parlament und nehmen den Premier als Geisel (28. Juli), geben am 1. Aug. auf. (Moslems nur 6% der Bevölkerung).
	1991 17. Dez.	Nach seinem Sieg bei den Parlamentswahlen (16. Dez.) wird der Führer der oppositionellen PNM, der Sozialdemokrat Patrick Manning (*1946), neuer Premierminister.
	1995 6. Nov. 13. Nov.	Der Vorsitzende des oppositionellen United National Congress (UNC), Basdeo Panday (*1933), gewinnt die Parlamentswahlen und bildet binnen einer Woche eine neue Koalitionsregierung.
neue Regierung unter Panday	**2000** 11. Dez.	Der regierende UNC geht aus den Parlamentswahlen als Sieger hervor. Die *neue Regierung* von Premierminister *Panday* wird am 22. Dez. vereidigt.
	2002 29. Aug.	Premierminister Manning löst das Parlament auf und schreibt Neuwahlen aus. Seit den Parlamentswahlen vom Sept. 2001 herrscht ein Patt zwischen den Parteien UNC und PNM, das die Verabschiedung eines Haushalts verhindert hat.

Lateinamerika: Südamerikanische Staaten seit 1945

Kolumbien seit 1945/46
(Forts. v. S. 1310)

Verfassung Machtteilung

Die Vertreter der oligarchischen Familien finden in den fünfziger Jahren zu einer Kompromisslösung, um ihre bedrohte Herrschaft zu stützen. In dieser Übereinkunft, der Nationalen Front (Frente Nacional), die durch die *Verfassung* von 1958 sanktioniert wird, kommt eine *Machtteilung* zwischen „Liberalen" und „Konservativen" zu Stande; während vier Amtsperioden tritt abwechselnd ein „liberaler" und ein „konservativer" Präsident an die Spitze des Staates, und ist der Kongress, ohne Rücksicht auf den Ausgang der Wahlen, jeweils zur Hälfte aus „liberalen" und „konservativen" Abgeordneten und Senatoren zusammengesetzt. Exekutivposten werden abwechselnd, öffentliche Organe paritätisch besetzt.

Regierungssystem

Die beiden „verfassungsmäßigen" Parteien stellen alternierend die Präsidenten. Da dieses *Regierungssystem* automatisch eine Teilnahme anderer Volkskreise an der politischen Mitbestimmung ausschließt, lehnt die Opposition die „Verständigungsverfassung" ab, die wegen ihrer mechanischen Funktion die Herrschaft der aus Wirtschafts-, Militär- und Kirchenhierarchie gebildeten Oberklasse ermöglichen soll. Weite Kreise der Wählerschaft bleiben den Wahlen fern oder beginnen, Splittergruppen innerhalb der „verfassungsmäßigen" Parteien zu unterstützen.

Guerilla-Organisationen

In den Jahren des Systems der „Nationalen Front" führen die sozialen Missverhältnisse zu zahlreichen Unruhen und zur Entstehung einer starken Guerillabewegung, die zeitweise umfangreiche Landstriche unter ihre Kontrolle bringt und eigene „Republiken" errichtet; zu den wichtigsten *Guerilla-Organisationen* gehören das 1964 gegründete „Nationale Befreiungsheer" (ELN) und die „Kolumbianischen Revolutionären Streitkräfte" (FARC).

Außenpolitik

Außenpolitisch leitet Kolumbien die Zusammenarbeit der Andenstaaten ein; vor allem mit Venezuela und Ecuador wird 1966 ein engeres Zusammengehen vereinbart. Um dem Hauptausfuhrprodukt Kaffee neue Märkte zu erschließen, werden diplomatische und wirtschaftliche Beziehungen mit mehreren Staaten des Warschauer Paktes aufgenommen.

1946	Als Folge der Flügelkämpfe und Spaltungen innerhalb der Liberalen Partei, die sich auf keinen gemeinsamen Kandidaten einigen kann, wird der Konservative Mariano Ospina Pérez (*1891, †1976) zum Präsidenten gewählt, obwohl er weniger Stimmen als die beiden liberalen Kandidaten zusammen hat. Hierauf verschärfen sich die Parteikonflikte.
1948	Als der linksliberale Oppositionspolitiker Jorge Eliécer Gaitán ermordet wird, entladen sich die angestauten Konflikte in einem spontanen Ausbruch von Gewalttätigkeiten („Bogotazo"); die Kämpfe münden in einen *Bürgerkrieg*, der ungefähr 200000 Menschen das Leben kostet.

Bürgerkrieg

Das Bandenunwesen und die Gewalttätigkeiten („Violencia") dauern über einen langen Zeitraum (1948–1963) an. Zu ihren Ursachen gehören sowohl die explosive soziale Situation der Kleinbauern in den Kaffeeanbaugebieten als auch die Feindschaft innerhalb der traditionellen Parteien.

1950–1953 Der Ansatz des Präsidenten Laureano Gómez Castro (*1889, †1965), einen korporativen Staat aufzubauen, scheitert.

1953 Andauernde innere Unruhen führen zum Eingreifen des Militärs unter Führung des Generals Rojas Pinilla (*1900, †1975).
13. Juni

1953–1957 Vorübergehend gelingt es der *Militärdiktatur*, durch Einsatz der Armee sowie durch einige Sozialreformen dem Terror Einhalt zu gebieten. Bald jedoch führen die zunehmende Staatsintervention, die Besteuerung von Kapitalvermögen und eine beispiellose Korruption dazu, dass die Oberschicht, die ihre überkommenen Interessen bedroht sieht, ihre Differenzen begräbt und den Bruch mit der Regierung herbeiführt. — *Militärdiktatur*

1957 Als auf dem Land die Guerillatätigkeit wieder zunimmt, übergibt – nach Ausrufung des Generalstreiks und blutigen Straßenschlachten – Rojas Pinilla die Macht an eine Junta.
10. Mai

1958–1966 Auf den „liberalen" Präsidenten Alberto Lleras Camargo (1958–1962; *1906, †1990) folgt der „konservative" Guillermo León Valencia (1962–1966, *1909, †1971).

1966–1970 Präsidentschaft von Carlos Lleras Restrepo („liberal"; *1908, †1994).

1966 Der katholische Geistliche Camilo *Torres Restrepo*, der sich dem ELN anschließt und einen — *Erschießung*
15. Febr. (wenn nötig gewaltsamen) Wandel der gesellschaftlichen Verhältnisse verficht, wird in einem Feuergefecht mit Regierungstruppen *erschossen*. — *Torres Restrepos*

1968 Gegenüber der umstrittenen „Theologie der Befreiung" setzt sich Papst Paul VI. auf dem
15.–28. *Eucharistischen Weltkongress* in Bogotá für einen sozialen Wandel durch Gerechtigkeit und — *Eucharistischer*
Aug. Liebe ein. — *Weltkongress*

1970–1974 Präsidentschaft des Vertreters der „Konservativen" Misael Pastrana Borrero (*1923, †1997).

1974 Zum ersten Mal Wahl eines Präsidenten mit echten Alternativen. Die „Liberalen" gehen mit
21. April ihrem Kandidaten Alfonso López Michelsen mit 55% der abgegebenen Stimmen als eindeutiger Sieger hervor.

8.–12. Nov. Zusammen mit Venezuela und Costa Rica beantragt Kolumbien auf der OAS-Konferenz in Quito, die Wirtschaftsblockade gegen Kuba aufzuheben; nach dem Scheitern dieses Antrages stellt es (1975) selbstständig *Beziehungen zu Kuba* her. — *Beziehungen zu*

1974–1978 Trotz des Wahlsiegs der „Liberalen" bleiben alle Ämter im Bereich der Exekutive weiterhin — *Kuba*
jeweils zur Hälfte mit „Konservativen" und „Liberalen" besetzt. *López Michelsen* beginnt — *López*
seine Amtszeit mit dem Anspruch, die Lage der ärmsten Bevölkerungsteile durch eine Beschleunigung der bisher nur in Ansätzen durchgeführten Landreform und durch Eingriffe in — *Michelsen*
die sehr ungleiche Einkommensverteilung zu verbessern. Da die Arbeitslosigkeit jedoch zunimmt (1975 wird sie offiziell mit 10,5% angegeben) und der Reallohn sinkt, kommt es zu Massenprotesten, auf die die Regierung mit Repressionsmaßnahmen und einer allgemeinen Verhärtung der Innenpolitik reagiert. Auch in den folgenden Jahren bestimmen die traditionellen ungelösten Probleme wie Bevölkerungsexplosion, Landflucht und extreme violencia (Gewalttätigkeit), außerdem steigende Lebenshaltungskosten, Arbeitslosigkeit und Unsicherheit das innenpolitische Klima.

1977 Nach schweren Zusammenstößen zwischen Militär und streikenden Arbeitern kommt es zu
Sept. einer ernsten Regierungskrise, in deren Verlauf fast das ganze Kabinett zurücktritt.

1978 Die Präsidentenwahlen enden mit einem Sieg des „liberalen" Kandidaten Julio César Turbay Ayala (*1916), der sich allerdings nur äußerst knapp gegen seinen konservativen Rivalen Belisario Betancur durchsetzen kann.
4. Juni

16. Sept. Ein „*Sicherheitsstatut*" macht den Ausnahmezustand zur Dauereinrichtung. — *Sicherheits-*

1982 Belisario Betancur (*1923) gewinnt Präsidentenwahlen (30. Mai; Amtsantritt 7. Aug.). — *statut*

19. Juni Ausnahmezustand aufgehoben; *Generalamnestie* (20. Nov.) soll Guerillakrieg beenden. — *General-*

26. Dez. Betancur ruft Wirtschaftsnotstand aus (bis 11. Febr. 1983). — *amnestie*

1984 Die „Kommission für den Nationalen Dialog" eröffnet Verhandlungen zwischen der Regierung und den Guerillabewegungen.
ab 1. Nov.

1985 Ein Überfall der *Guerillabewegung M-19* auf den Justizpalast von Bogotá fordert 112 Tote. — *Guerilla-*

1986 Die Liberalen unter Virgilio Barco Vargas (*1921; †1997) erringen bei Parlamentswahlen — *bewegung M-19*
9. März rund 50% der Stimmen, die Konservativen 40%.

25. März Barco siegt bei der Präsidentschaftswahl (vereidigt: 7. Aug.).

1987 Im Golf von Venezuela kommt es zu *Grenzkonflikten mit Venezuela* (Aug.). — *Grenzkonflikte*

1989 Carlos Galán, Präsidentschaftskandidat der Liberalen, wird von den *Drogenkartellen* er- — *Drogenkartelle*
18. Aug. mordet, nachdem er einen erbarmungslosen Kampf gegen die Kartelle angekündigt hatte.

		Nach seinem Tod übernimmt Barco diese Forderung. Verschärfung des Terrors gegen Politiker und Justizbeamte, bis August 1990 Hunderte von Bombenanschlägen des Kartells.
	1990 8. März	Die M-19 übergibt einer Kommission der Sozialistischen Internationalen ihre Waffen und unterzeichnet ein Friedensabkommen mit der Regierung.
	11. März	Die Liberalen erreichen die absolute Mehrheit in beiden Kammern.
Amtsantritt Gavirias	27. März 7. Aug.	Der Liberale César Gaviria Trujillo (*1947) gewinnt die Präsidentschaftswahlen mit rund 57% der Stimmen; *Amtsantritt Gavirias*; der Präsidentschaftskandidat der M-19 wird Gesundheitsminister.
	9. Dez.	Die von früheren Guerillakämpfern gegründete Demokratische Allianz M-19 geht mit rund 25% der Stimmen als stärkste Kraft aus den Wahlen zu einer Verfassunggebenden Versammlung hervor, die 1991 eine neue Verfassung erarbeiten soll.
neue Verfassung	**1991** 5. Juli	Die *neue Verfassung* tritt in Kraft. Sie legalisiert unter anderem die Ehescheidung, beschränkt die präsidialen Vollmachten und untersagt die Auslieferung kolumbianischer Staatsbürger. Letzteres hat zur Folge, dass sich Mitglieder des Drogenkartells von Medellín, unter anderem Pablo Escobar, stellen.
	1992 23. Nov.	Die Guerillabewegung M-19 scheidet aus der Regierung aus. Hauptgründe sind die Verlängerung des Ausnahmezustands (9. Nov.) und wirtschaftspolitische Differenzen.
	1993 2. Dez.	Mit dem Tod des „Drogenbosses" Pablo Escobar endet vorläufig der Kampf gegen den Rauschgifthandel. Das Drogenkartell von Medellín gilt als zerschlagen.
	1994	Ernesto Samper Pisano, Kandidat der regierenden Liberalen, (*1950) wird als neuer Staatspräsident vereidigt (7. Aug.), nachdem er am 19. Juni die Wahlen gewonnen hat.
	13. Juni	Kolumbien, Mexiko und Venezuela vereinbaren ein Freihandelsabkommen (G-3-Staaten).
Ausnahmezustand	**1995** 16. Aug.	Zunehmende Gewaltbereitschaft veranlasst Präsident Samper, den *Ausnahmezustand* auszurufen. Die Ermordung des Oppositionspolitikers Gomez Hurtado (2. Nov.) ist Anlass für eine Erweiterung des Ausnahmezustandes.
	1996 12. Juni	Präsident Samper wird mangels Beweisen vom Vorwurf, illegale Wahlkampfgelder entgegengenommen zu haben, freigesprochen.
	1997 25. Okt.	Trotz monatelanger Einschüchterungskampagnen durch Guerillas und Paramilitärs werden Gouverneur- und Kommunalwahlen durchgeführt. Sie enden mit Erfolgen der regierenden Liberalen (PL).
	1998 8. März	Bei den unter dem Einsatz von 200 000 Soldaten und Polizisten abgehaltenen Parlamentswahlen bleibt der regierende PL stärkste politische Kraft.
	20. Mai	Das Verfahren gegen den deutschen Privatagenten Werner Mauss und seine Frau Ida wird eingestellt. Mauss hatte sich in einen Lösegeldfall eingemischt und war im Nov. 1996 verhaftet worden.
	21. Juni	Der Konservative Andrés Pastrana (*1954) gewinnt die Präsidentschaftswahlen und löst am 7. Aug. den liberalen Samper ab, dessen Amtszeit durch Korruption und Bestechungsaffären gekennzeichnet war.
	12. Okt.	Die neue Regierung tritt in Verhandlungen mit der Guerilla-Organisation Ejército de Liberación Nacional (ELN) ein.
	7. Nov.	Die Guerilla-Organisation Fuerzas Armadas Revolucionarias de Colombia (FARC) erhält die Kontrolle über ein rd. 42 000 km² großes demilitarisiertes Gebiet im südlichen Kolumbien.
Friedensgespräche zwischen Regierung und FARC	7. Jan.	Beginn der ersten direkten *Friedensgespräche zwischen Regierung und FARC*.
	25. Sept.	Da es nicht gelingt, den Kursverfall des Peso aufzuhalten, wird die Landeswährung freigegeben.
	12./23. Okt.	In Bogotá, Medellín und Calí wird im Rahmen einer international koordinierten Polizeiaktion eines der größten Drogenkartelle Lateinamerikas zerschlagen.
Friedensdemonstration	24. Okt.	Bei der größten *Friedensdemonstration* in der Geschichte Kolumbiens gehen landesweit zwischen 13 und 15 Mio. Menschen, d. h. fast ein Drittel der Bevölkerung, auf die Straße. In dem seit 35 Jahren andauernden Bürgerkrieg zwischen Regierung, Guerilla-Bewegungen und rechten paramilitärischen Gruppen sind bisher mehr als 100 000 Menschen, zumeist Zivilisten, ums Leben gekommen und 1 Mio. zu Flüchtlingen im eigenen Land geworden.
	2000 19. Febr.	Nach dem Muster der mit der FARC getroffenen Vereinbarung erhält auch die ELN-Guerilla ein entmilitarisiertes Gebiet zugeteilt.
	21. Okt.	Bei den Bürgermeister- und Gouverneurswahlen erleiden die Konservativen eine katastrophale Niederlage.
Menschenrechtsverletzungen	**2001** 27. April	Ein Bericht der UN-Menschenrechtskommission belegt die schweren *Menschenrechtsverletzungen*, die vom Militär, von den Paramilitärs und den Rebellenverbänden vor allem an der Zivilbevölkerung verübt werden.

Juli	Die Regierung behauptet, bei der Umsetzung des Plans „Colombia" (ausgearbeitet Ende 1999) den Drogenanbau und -handel nachhaltig unterbunden zu haben. Kritiker bezweifeln die Angaben.
2002 20. Febr.	Präsident Pastrana beendet die Friedensverhandlungen mit der FARC. Beginn einer Militäroffensive gegen das von der Guerilla kontrollierte Gebiet.
26. Mai	Bei der Präsidentschaftswahl siegt der als Hardliner geltende Álvaro Uribe.
11. Aug.	Nach Anschlägen und Feuergefechten mit insgesamt 115 Toten verhängt Uribe (Amtsantritt als Präsident 6. Aug.) den Ausnahmezustand. Eine Sondersteuer von 1,2 Prozent auf das Vermögen von Unternehmen und Privaten soll den Kampf gegen das organisierte Verbrechen finanzieren. Die Regierung plant, für den Kampf gegen die Guerilla 20 000 Bauern zu bewaffnen und 1 Mio. Informanten zu werben.

Venezuela seit 1945
(Forts. v. S. 1311)

Das Übergewicht des *Erdölsektors* führt zu einer Schrumpfung des Agrarsektors einerseits und zu einer relativ späten Ankurbelung des industriellen Sektors (etwa ab 1950) andererseits. Zwar gibt der Erdölexport dem Land finanzielle Ressourcen und Entwicklungsmöglichkeiten, gleichzeitig jedoch gerät Venezuela seit Beginn des Erdölbooms in den zwanziger Jahren in eine Situation extremer struktureller Abhängigkeit, aus der es sich erst in den letzten Jahren zu lösen bemüht. 1960 wird die staatliche Corporación Venezolana de Petróleo (CVP) gegründet, die sich vor allem kommerziell und finanziell an der Ausbeutung des Erdöls beteiligt; seit den sechziger Jahren steht die Nationalisierung des Erdölabbaus im Zentrum der politischen Debatte. 1975 wird das Gesetz zur Nationalisierung des Abbaus und der Kommerzialisierung des Erdöls erlassen. *Erdöl*

Auf dem Landwirtschaftssektor wird 1960 ein Gesetz zur *Agrarreform* verabschiedet. Allerdings kann von einer tatsächlichen Landumverteilung nicht gesprochen werden. An der Vorherrschaft des Großgrundbesitzes hat sich bis heute wenig geändert. – Wirtschaftstendenzen der siebziger Jahre sind die Stagnation des Ölsektors (seit 1973 sogar Rückgang der Fördermenge), weiterer Rückgang der Bedeutung der Landwirtschaft, relativ starkes Wachstum der verarbeitenden Industrie und des aufgeblähten tertiären Sektors. Der industrielle Wachstumsprozess hat es bisher nicht vermocht, die starken Unterschiede zwischen traditionellen (Landwirtschaft, Handwerk) und modernen Sektoren zu verringern sowie das Problem der Arbeitslosigkeit zu lösen. Trotz hoher Erträge aus dem Erdölexport gelingt es nicht, das Einkommensgefälle abzubauen und soziale Krisenerscheinungen zu überwinden. *Agrarreform*

1945 18. Okt.	Der Sturz der seit 1941 amtierenden Regierung unter Isaías Medina Angarita (* 1897, † 1953) durch eine militärisch-zivile Koalition bringt die 1941 gegründete *Acción Democrática* (AD) unter Rómulo Betancourt (* 1908, † 1981) an die Macht. Die AD ist die erste Massenpartei Venezuelas mit kleinbürgerlichem Ursprung und ländlicher Basis sowie politischen und sozialen Reformzielen; das damalige AD-Programm ist antiimperialistisch und fordert die Integration der Massen durch allgemeines Wahlrecht.	*Acción Democrática*
1948 22. Nov.	Dieselben Militärs, die die AD an die Macht gebracht haben, putschen gegen den inzwischen in den ersten allgemeinen und freien Wahlen mit großer Mehrheit zum Präsidenten gewählten Schriftsteller Rómulo Gallegos (AD).	
1953–1958	Als *neuer Diktator* steigt, nach einer zweijährigen Übergangszeit von Carlos Delgado Chalbaud (* 1900, † 1950), General Marcos *Pérez Jiménez* (* 1914) empor, der sich durch kontrollierte Wahlen (1957) als Präsident bestätigen lässt. Nach finanzieller Misswirtschaft (Prestigebauten, Luxuskonsum der Oberschicht) macht sich die wachsende Unzufriedenheit der Bevölkerung in Demonstrationen bemerkbar.	*Pérez Jiménez neuer Diktator*
1958 23. Jan.	Pérez' Sturz durch eine zivil-militärische Koalition stellt den Beginn einer demokratischen Entwicklung des Landes dar, die bis heute anhält.	
1959	Nach einer Übergangsregierung unter Admiral Wolfgang Larrazábal (* 1911) wird der AD-Kandidat Rómulo *Betancourt* zum *Präsidenten* gewählt. Entsprechend einer Wahlabsprache kommt eine Art *„großer Koalition"* der bedeutendsten Parteien zu Stande.	*Präsident Betancourt*
1959–1964	In die Regierungszeit Betancourts fallen die unruhigsten Jahre der venezolanischen Politik in diesem Jh.	
1960	Der größte Teil der Parteijugend verlässt die AD und schließt sich im castristisch orientierten Movimiento de la Izquierda Revolucionaria (MIR) zusammen.	
1962	Zahlreiche *Terror- und Sabotageakte*: Die Fuerzas Armadas de Liberación Nacional (FALN) nehmen vor allem in Caracas ihre Tätigkeit auf.	*Terror- und Sabotageakte*

NEUESTE ZEIT SEIT 1945 Amerika seit 1945

	1964 Betancourt kann trotz heftiger innenpolitischer Auseinandersetzungen seine Amtszeit legal beenden und das Präsidentenamt seinem Nachfolger von der AD, Raúl Leoni (1964–1969; *1905, †1972) übergeben.
	1968 Bei Wahlen siegt die stärkste Oppositionspartei, der christlich-soziale Comité de Organización Política Electoral Independiente (COPEI).
Präsident Caldera Rodríguez	**1969–1973** Neuer *Präsident* wird Rafael *Caldera Rodríguez* (*1916). Innenpolitisch kann er durch seine Pazifizierungsstrategie das frühere Klima politischer Gewalt abbauen. Der COPEI praktiziert eine (später von der AD-Regierung fortgesetzte) flexible Lateinamerika-Politik des „ideologischen Pluralismus" und der „pluralistischen Solidarität". Auf wirtschaftspolitischem Gebiet verstaatlicht er die Erdgas-Produktion, kündigt den unvorteilhaften Handelsvertrag mit den USA und sorgt im Erdölsektor durch das sog. „Reinvestitionsgesetz" dafür, dass die ausländischen Gesellschaften bis zum Auslaufen der Konzessionen 1983 ihre Anlagen auf dem modernsten Stand halten.
	1973 AD-Kandidat Carlos Andrés Pérez (*1922) zum Präsidenten gewählt (12. Dez.).
	1974–1978 Pérez lässt sich Sondervollmachten erteilen, um seine nationalistisch-reformerische Politik durchsetzen zu können und dringende wirtschaftliche Maßnahmen (zur Nutzung der Öleinnahmen) per Dekret zu ermöglichen.
OPEC-Mitgliedschaft	Außenpolitisch findet Venezuela zu einer profilierten Rolle in Lateinamerika. Die größere internationale Bedeutung ist auch darauf zurückzuführen, dass es in der *OPEC* politisch sehr aktiv ist. Die unter der Regierung Pérez gültigen Hauptlinien der Außenpolitik sind: Abgrenzung und Betonung der Unabhängigkeit gegenüber den USA; Stärkung der eigenen Position in den Ländern der Andengruppe, in Zentralamerika und im karibischen Raum; Diversifizierung der Außenbeziehungen. *Mit Kolumbien* treten wiederholt *Grenzspannungen*
Grenzspannungen mit Kolumbien	auf; zu den Militärdiktaturen der Region zeichnet sich eine zunehmende Distanz ab. Venezuela übernimmt die US-Menschenrechtsdoktrin und die Kampagne gegen die Verbreitung der Nuklearenergie (Kontroverse mit Brasilien).
	1978 Bei den Präsidentschaftswahlen siegt der Kandidat der Oppositionspartei COPEI, Luis Herrera Campins (für die Verfassungsperiode 1979–1984).
	1982 Alte Gebietsansprüche Venezuelas an Guyana führen zu Grenzzwischenfällen (4. Mai).
	1983 Jaime Lusinchis (*1924) AD gewinnt die Parlaments- und Präsidentenwahlen (4. Dez.).
	1984 Jaime Lusinchi tritt das Staatspräsidentenamt an (2. Febr.).
Erdöllieferungen Andrés Pérez neuer Staatspräsident	**3. Aug.** Mexiko und Venezuela kündigen weitere begünstigte *Erdöllieferungen* an neun Staaten Mittelamerikas als Wirtschaftshilfe im Sinne des Contadora-Planes an.
	1988 Der Vorsitzende der sozialdemokratischen AD, Carlos *Andrés Pérez*, wird *zum neuen*
	4. Dez. *Staatspräsidenten* gewählt.
	1989 Das Regierungsprogramm zur Sanierung der Wirtschaft führt zu blutigen Unruhen und zur
	Febr./März Verhängung des Ausnahmezustands, der nach Rücknahme einiger Preiserhöhungen und nach Lohnerhöhungen wieder aufgehoben werden kann.
	1992 Ein Putschversuch gegen Präsident Pérez scheitert (4. Febr.).
	1993 Venezuela und Chile schließen ein Freihandelsabkommen (2. April).
	21. Mai Präsident Pérez wird aufgrund von Korruptionsvorwürfen vom Senat suspendiert und am 31. Aug. vom Kongress abgesetzt. Übergangspräsident wird Ramón José Velásquez Mujica (*1916) (4. Juni).
	19. Juni Venezuela und die CARICOM-Staaten unterzeichnen ein Handelsabkommen.
Präsident Caldera	**1994** Der neu gewählte *Präsident Caldera* tritt sein Amt an (2. Febr.).
	13. Juni Kolumbien, Mexiko und Venezuela vereinbaren ein Freihandelsabkommen (G-3-Staaten), das am 1. Jan. 1995 in Kraft tritt.
	28. Juni/ 12. Sept. Caldera erlässt Notverordnungen, um die anhaltende Wirtschafts- und Finanzkrise in Griff zu bekommen; in diesem Zusammenhang werden auch Freiheitsrechte zeitweilig (bis 4. Juli 1995) außer Kraft gesetzt.
	1996 Um die anhaltende Wirtschaftskrise zu bekämpfen, verkündet Präsident Caldera das neue
	15. April Wirtschaftsprogramm „Agende Venezuela". Die damit verbundene Wechselkursfreigabe führt zu einer massiven Abwertung des Bolívars (22. April).
	1997 Venezuela und Uruguay unterzeichnen am 20. Mai fünf Kooperationsabkommen.
	1998 Bei den Parlamentswahlen wird die linksnationalistische Sammelbewegung Polo Patriótico
	8. Nov. stärkste politische Kraft. Ihr Spitzenkandidat Hugo Chávez Frias (*1954), der als Initiator des gescheiterten Putsches von 1992 zwei Jahre im Gefängnis saß, gewinnt auch die Präsi-
Niedergang der Traditionsparteien	dentschaftswahlen am 6. Dez. Die Wahlergebnisse offenbaren den *Niedergang der* beiden großen *Traditionsparteien* AD und COPEI, die nach 40 Jahren Regierung einen von Korruption und Misswirtschaft ruinierten Staatswesen hinterlassen.

1999 März	Präsident Chávez erhält gesetzgeberische Sondervollmachten für Maßnahmen zur Haushaltssanierung, die am 15. April noch erweitert werden.	
25. Juli	Bei den Wahlen zur Verfassunggebenden Versammlung kann Chávez einen weiteren Erfolg für sich verbuchen. Seine Anhänger erhalten 120 der 128 Mandate.	
19. Aug.	Die Verfassunggebende Versammlung verhängt per Notstandsdekret den Ausnahmezustand über das Justizwesen. Mit einem weiteren Dekret werden am 25. Aug. dem Parlament, in dem Chávez' Gegner die Mehrheit haben, die meisten Befugnisse entzogen.	
14. Dez.	Verabschiedung der *neuen Verfassung*, die dem Präsidenten bedeutende Machtbefugnisse gibt. In einem Referendum am 15. Dez. wird sie von 71,2 % der Stimmberechtigten bestätigt.	*neue Verfassung*
Dez.	Bei Überschwemmungen und Erdrutschen aufgrund schwerer Regenfälle kommen zwischen 15 000 und 50 000 Menschen ums Leben.	
2000 24. Jan.	Selbstauflösung der Verfassunggebenden Versammlung zu Gunsten eines 21-köpfigen Interimsausschusses.	
30. Juli	Präsidentschafts- und Parlamentswahlen bringen die erwarteten Erfolge für Chávez und den Polo Patriótico. Venezuela wird in *„Bolivarische Republik Venezuela"* umbenannt.	*„Bolivarische Republik Venezuela"*
Nov.	Spannungen mit Kolumbien wegen Kontakten des Präsidenten Chávez zur FARC-Guerilla.	
7. Nov.	Die Nationalversammlung verabschiedet ein *Ermächtigungsgesetz*, das dem Präsidenten ermöglichen soll, unbeschränkt Gesetze zu erlassen.	*Ermächtigungsgesetz*
3. Dez.	Die Regierung versucht, per Volksabstimmung die Gewerkschaften zu entmachten. Das Referendum wird jedoch wie die zugleich stattfindenden Kommunalwahlen von 78 % der Stimmberechtigten boykottiert.	
2001 16. Mai	Die Katholische Bischofskonferenz wirft der Regierung vor, die Gesellschaft zu spalten und keine Fortschritte in der Armutsbekämpfung zu erzielen.	
2002 11./12. April	Nach *Massenprotesten* gegen die Regierung drängt die Armeeführung Präsident Chávez zum Rücktritt. Nach 40 Stunden unter Militärarrest kehrt Chávez jedoch am 14. April wieder in sein Amt zurück.	*Massenproteste*

Guyana seit 1950

(Forts. v. S. 1300)

1950	Auf der Basis mehrerer Gewerkschaften gründet der Inder Cheddi Jagan (*1918, †1997) die linksorientierte People's Progressive Party (PPP). Sein Ziel ist eine neue Verfassung und die Unabhängigkeit.	
1953	Die PPP bildet erstmalig nach allgemeinen Wahlen die Regierung, wird aber wegen Kommunismusverdachts vom britischen Gouverneur abgesetzt.	
1955	Von der PPP spaltet sich der spätere People's National Congress (PNC) ab.	
1961	Nach Gewährung der vollen inneren *Autonomie* (Verfassung) wird Jagan erneut Regierungschef (1961–1964).	*Autonomie*
1964	Nach Wahlen gelingt es dem PNC, die PPP aus der Regierungsverantwortung zu drängen. Premier wird Linden Forbes S. Burnham (*1923, †1985).	
1966 26. Mai	Nach der Erlangung der *Unabhängigkeit* gewinnt in den ersten Wahlen der PNC (1968) die absolute Mehrheit der Stimmen; allerdings haben Wahlmanipulationen stattgefunden. Gegen die wachsende Kritik wehrt sich die Regierung mit zunehmender Repression.	*Unabhängigkeit*
1970 23. Febr.	Um die Bevölkerung zur Teilnahme an der Entwicklung des Landes zu aktivieren, erklärt Premier Burnham den Staat zur *„Kooperativen Republik"* im britischen Commonwealth. Die Genossenschaften sollen als dritter Sektor (neben dem privaten und staatlichen) langfristig den privaten ersetzen. Staatsoberhaupt wird Raymond Arthur Chung (*1918).	*Kooperative Republik*

Der neue Staatsname („Kooperative Republik") soll die sozialistische Grundrichtung der Politik und die genossenschaftliche Organisation des Staates kennzeichnen. – Die *Wirtschaft* beruht auf Landwirtschaft (Zucker, Reis) und Bergbau (Bauxit). Seit 1976 sind die Bauxitgesellschaften restlos verstaatlicht. An der Einkommensstruktur hat sich seit der Unabhängigkeit nichts Grundlegendes geändert. Mit den öffentlichen Unternehmen, der Verwaltung und den vom Staat geförderten Genossenschaften ist die Regierung der wichtigste Arbeitgeber. Der Zuckerpreissturz bringt 1976 das Land wirtschaftlich in große Schwierigkeiten. – Gute Beziehungen zu Kuba, China und den Blockfreien.

Wirtschaft

1980	Burnham ernennt sich mittels Verfassungsänderung selbst zum Präsidenten (6. Okt.).
1983	USA stoppen Auszahlung von drei Landwirtschafts-Krediten (1. Aug.).

Hugh Desmond Hoyte	1985 9. Dez.	Nach dem Tod Burnhams übernimmt *Hugh Desmond Hoyte* (*1929) am 10. Aug. das Präsidentenamt. Die Parlamentswahlen gewinnt der PNC mit 78,5%.
	1990	Laut Regierung wurde eine Verschwörung aufgedeckt (5. Okt.).
	1991	Guyana wird am 8. Jan. als 35. Mitglied in die OAS aufgenommen.
	1992	Cheddi Jagan gewinnt für die oppositionelle PPP Wahlen (5. Okt.) und wird am 9. Okt. als neuer Staatspräsident vereidigt.
	1995	Guyana unterzeichnet den Vertrag von Tlatelolco (17. Jan.).
	1997	Staatspräsident Cheddi Jagan stirbt. Sein Amt übernimmt der bisherige Ministerpräsident
Sam Hinds Staatspräsident	6. März	*Sam Hinds* (13. März).
	15. Dez.	Bei den Präsidentschafts- und Parlamentswahlen erringt das regierende Bündnis aus PPP und sozialpolitischer Bewegung CIVIC 36 der 65 Mandate. Die Spitzenkandidatin der PPP, Janet Jagan (*1920), die Witwe Cheddi Jagans, wird Staatspräsidentin (vereidigt am 19. Dez.). Die Opposition reklamiert Wahlbetrug.
	1999 11. Aug.	Janet Jagan tritt aus Gesundheitsgründen zurück und ernennt den ehemaligen Finanzminister Bharrat Jagdeo zum Nachfolger.
	Okt.	Die neun indigenen Völker rufen zum Protestmarsch auf die Hauptstadt auf, um die Regierung zur Anerkennung ihrer Gebietsansprüche zu bewegen.
	Okt.	Venezuela bekräftigt seine Ansprüche auf das rohstoffreiche Gebiet westlich des Flusses Essequibo.
Grenzkonflikte mit Surinam Neuwahlen	2000	*Grenzkonflikte mit Surinam* eskalieren bis zur beiderseitigen Mobilisierung von Truppen.
	2001 15. Jan.	Das Oberste Gericht annulliert die Parlamentswahlen vom Dez. 1997. Bei *Neuwahlen*, die am 19. März abgehalten werden, setzt sich erneut die regierende PPP mit absoluter Mehrheit durch. Die Opposition spricht erneut von Unregelmäßigkeiten.
	14. Mai	Der Oberste Gerichtshof nimmt eine Klage gegen die Wahlen an.

Surinam (Niederländisch-Guayana) seit 1955/75
(Forts. v. S. 1300)

Selbstverwaltung — Politisch ist Surinam bis 1955 Kolonie der Niederlande. In diesem Jahr entsteht das so genannte Königreichstatut, in dem die Niederlande ihren noch verbliebenen Kolonien „*Selbstverwaltung* in eigenen Angelegenheiten" einräumen. – Wirtschaftliche Grundlage des Landes sind nach wie vor die reichen Bauxit- und Tonerde-Vorkommen und die darauf aufbauende Aluminiumindustrie. Sämtliche Bauxit-Produktionsanlagen sind von SURALCO, einer Tochterfirma des US-Konzerns AICOA, gebaut und finanziert. Surinams Export besteht mehrheitlich aus Bauxit, Alumerde und Aluminium. Seit der Assoziierung mit der EG (1962) verstärkt sich der Export nach Europa.

Bevölkerungsgruppen — Es gibt drei starke *Bevölkerungsgruppen*: Kreolen, Inder (Hindus) und Javaner. Zwischen der indischen und der negroiden Bevölkerung herrschen starke Spannungen. Die politischen Parteien fungieren im Wesentlichen als Interessenvertretungen der ethnischen Bevölkerungsgruppen: Die Vereinigte Hindostanische Reformpartei, die den indischen Bevölkerungsteil repräsentiert, ist bis 1973 Regierungspartei; die Nationale Partei Surinams (NPS) repräsentiert das politische Zentrum und den rechten Flügel der Kreolen; die Javaner bilden eine relativ kleine politische Gruppierung, die Kaum Tani Persatuan Indonesia Partei (KTPI). 1973 wird die indische Bevölkerungsmehrheit von der Macht verdrängt. Eine kreolisch-javanische Koalition führt das Land gegen den Widerstand der Inder zur Unabhängigkeit; zuvor erfolgt eine Massenauswanderung in die Niederlande.

	1975 25. Nov.	Nach der Erlangung der Unabhängigkeit bleibt der NPS-Führer *Henck A. E. Arron* (*1936), der schon vorher Regierungschef gewesen ist, an der Spitze der Exekutive; Staatsoberhaupt wird der bisherige Gouverneur Johan H. E. Ferrier.
	1977	Bei den Parlamentswahlen siegt der regierende Kreolenblock (31. Okt.).
Putsch	1980 25. Febr.	Nach einem *Putsch* von Feldwebeln bildet ein von einem „Nationalen Militärrat" überwachter Zivilrat die Regierung. Eigentlicher Machthaber wird Unteroffizier, später Oberstleutnant Desi Bouterse (*1943?). Weitere Putsche, Putschversuche und Regierungswechsel folgen einander.
	1983 3. Febr.	Bis zur Verabschiedung einer neuen Verfassung Übergangsregierung unter Wim Undenhout; vier der sechs Minister ernennt die Armee.
	1985	Nationalversammlung erklärt Desi Bouterse zum Staatsoberhaupt (17. Aug.).
	1987 25. Nov.	Bei Parlamentswahlen erringt das Wahlbündnis der Opposition, die Front für Demokratie und Entwicklung, einen überwältigenden Wahlsieg.
Staatsstreich	1990 25. Dez.	Der Rücktritt Bouterses (22. Dez.) führt zu einer politischen Krise, die die Armee durch einen *Staatsstreich* beendet. Neuer Präsident wird Johan Kraag (*1913).

1991 16. Sept.	Erst beim dritten Wahlgang wird Ronald Venetiaan (*1936) zum Nachfolger von Präsident Kraag gewählt.	
1994 24. März	Die Armee beendet eine Besetzungsaktion der bislang unbekannten Surinamischen Befreiungsfront (SLF). Diese fordert unter anderem, dass ausländische Firmen von der Exploration der Bodenschätze ausgeschlossen werden.	
1995	Als 14. *Vollmitglied* wird Surinam in die karibische Wirtschaftsgemeinschaft CARICOM aufgenommen (20. Febr.).	*Vollmitglied in der CARICOM*
1996 5. Sept.	Jules Albert Wijdenbosch, Kandidat der oppositionellen Nationalen Demokratischen Partei (NDP), wird als Nachfolger von Ronald Venetiaan neues Staatsoberhaupt.	
2000 25. Mai	Bei vorgezogenen Parlamentswahlen wird das Oppositionsbündnis Nieuwe Front voor Democratie (NF) unter dem früheren Präsidenten Ronald Venetiaan stärkste Partei. Venetiaan wird am 4. Aug. zum neuen Präsidenten gewählt.	

Ecuador seit 1945
(Forts. v. S. 1311)

1945–1948	Die Jahre nach dem Zweiten Weltkrieg bringen dem Land einen wirtschaftlichen Aufschwung; die durch die neu eingeführte *Bananen-Monokultur* erreichten Exportzahlen nehmen kräftig zu. Die wirtschaftliche Expansion zieht eine Zeit politischer Stabilität nach sich.	*Bananen-Monokultur*
1948–1960	Es folgen drei Regierungen gewählter Präsidenten: Galo Plaza Lasso (1948–1952; *1906, †1987) der eine geordnete Verwaltung erreicht, José María Velasco Ibarra (1952–1956; *1893, †1979) und Camilo Ponce Enríquez (1956–1960; *1912, †1976). Mit Ponce kommt der erste konservative Präsident Ecuadors dieses Jh.s an die Regierung.	
1960	Velasco Ibarra wird zum vierten Mal zum Präsidenten gewählt; er versucht, die Agrarreform voranzutreiben, scheitert jedoch. Dagegen steigen die Kosten der Lebenshaltung weiter, die Steuern werden erhöht.	
1961 7. Nov.	Zum Verhängnis wird *Velasco* die *Kuba-Politik*, über die es zu heftigen Auseinandersetzungen im Land kommt. Schließlich zwingt ihn das Heer zum Rücktritt; neuer Präsident wird Carlos Julio Arosemena (*1919).	*Kuba-Politik Velascos*
1961–1968	Mehrere Präsidentschaften und Militärregierungen lösen einander ab.	
1968	Nach Wahlen Velasco Ibarra zum fünften Mal Präsident (2. Juni).	
1968–1972	Während seiner Präsidentschaft intensiviert Velasco die diplomatischen Beziehungen zu den Ostblockstaaten. – Der stärkste innenpolitische Machtfaktor ist seit langem das Militär.	
1971	Als Velasco Wahlen ausschreiben lässt, ist sein schärfster Gegenspieler Asaad Bucaram mit seiner Massenpartei Concentración de Fuerzas Populares (CFP); hinter Velasco steht die Federación Nacional Velasquista (FNV).	
1972 15. Febr.	Kurz vor Ablauf seiner Amtszeit *stürzt* das Militär den seit 1970 mit diktatorischen Befugnissen (seit dem 22. Juni 1970 ist das Parlament suspendiert) ausgestatteten *Velasco*, dem Ausbeutung des Volkes, Korruption und Verrat vorgeworfen wird. Der Putsch schließt die Parteien vom politischen Leben aus und verhindert einen befürchteten Sieg Bucarams.	*Sturz Velascos*
1972–1976	Unter Führung von General Guillermo Rodríguez Lara kündigt das Militär tief greifende *Strukturreformen* an: Agrar- und Steuerreform, Einkommensumverteilung, Beendigung des nationalen Ausverkaufs hinsichtlich der Erdölkonzessionen, Verringerung der Abhängigkeit vom Ausland. Die wesentlichste Stütze der forcierten Industrialisierung ist der Exportboom des Erdöls. Die angekündigten Reformen bleiben jedoch in den Ansätzen stecken; seit 1973 werden sozialreformerische Ziele weit gehend aufgegeben.	*Strukturreformen*

Die Wirtschaft in den siebziger Jahren

Die Wirtschaftsstruktur ist in einem grundlegenden Wandel begriffen. Ist bis Anfang der siebziger Jahre der Agrarsektor bestimmend, so macht 1975 der *Erdölexport* bereits 57,5 % des gesamten Ausfuhrwertes aus; der Außenhandel wird zum dynamischen Sektor der Volkswirtschaft. Der erste Entwicklungsplan (1964–1973) hat seine Schwerpunkte noch in landwirtschaftlichen Vorhaben und Industrialisierungsmaßnahmen. 1973 wird das Erdöl zum ausschlaggebenden Wirtschaftsfaktor. Ecuador wird von einem Bananen- zu einem Erdölexportland. Die unvorhergesehene Steigerung der Öleinkünfte ermöglicht die Verwirklichung der immer wieder hinausgeschobenen Agrarreform und eine beschleunigte Industrialisierung. Der folgende Entwicklungsplan (1973–1977) hat neben der Fortführung laufender Projekte vor allem in-

Erdölexport

frastrukturelle Maßnahmen und soziale Investitionen im Gesundheits- und Bildungswesen zum Inhalt. Der neue *Industrieentwicklungsplan* für 1976–1985 legt die Schwerpunkte auf die Petrochemie und die Metallverarbeitung. Die Interessen Ecuadors auf dem Erdölsektor werden von der 1972 konstituierten Gesellschaft Corporación Estatal Petrolera Ecuatoriana (CEPE) wahrgenommen. 75–80% der Erdöleinnahmen fließen dem Staat zu; 35% des Staatsbudgets werden aus den Erdöleinnahmen finanziert.

Militärjunta	1976 11. Jan.	Eine *Militärjunta* unter Alfredo Póveda Burbano (*1926, †1990) stürzt das Regime Rodriguez Lara und bildet einen „Obersten Rat der Regierung".
	1977 Dez.	Im Hinblick auf die vorgesehenen Präsidentenwahlen schließen sich vier politische Parteien zu einer „Demokratischen Volkskoalition" zusammen, die dem Volk eine „progressistische Alternative" bieten will.
Verfassung	1978 15. Jan.	Zwei Verfassungsentwürfe werden einer Volksabstimmung unterbreitet, wobei die liberalere *Verfassung* angenommen wird.
	1979 29. April	Bei Präsidentschaftswahlen siegt Jaime Roldós Aguilera, (*1940, †1981), der Kandidat der „Sammlung der Volkskräfte" mit 62% der Stimmen gegen Sixto Durán Ballén (*1921), den Kandidaten der christlich-sozialen Partei. Sein Amtsaustritt beendet das Militärregime.
Grenzkonflikt mit Peru	1981	*Grenzkonflikt mit Peru* um erdölreiches Gebiet am Río Marañón (23. Jan.–2. Febr.).
	25. Mai	Nach Roldós' Tod (24. Mai) wird Osvaldo Hurtado Larrea Staatspräsident.
	28. Sept.	Ecuador tritt der Gruppe der Blockfreien Staaten bei.
	1983	In Paris vereinbaren 13 Gläubigerländer Ecuadors eine Umschuldung (27./28. Juli).
	1984	Nach Wahlen (29. Jan.) wird der konservative León Febres Cordero (*1931) als neuer Präsident vereidigt (Kabinettsbildung 10. Aug.).
	1986	Teilwahlen zum Kongress erbringen eine Mehrheit der linken Opposition (1. Juni).
	1987	Staatspräsident León Febres Cordero wird von rebellierenden Luftwaffeneinheiten entführt (16.–22. Jan.).
schwere Erdbebenschäden	5. März	Auf *schwere Erdbebenschäden* reagiert die Regierung mit einem drastischen wirtschaftlichen Notstandsprogramm.
	1988 31. Jan.	Allgemeine Wahlen bringen keine Entscheidung über den Präsidenten. In den Parlamentswahlen gewinnen die Sozialdemokraten 30 von 71 Sitzen, die Christlichsozialen verlieren sechs Sitze.
	8. Mai	Der Sozialdemokrat Rodrigo Borja Ceballos (*1935) gewinnt die Stichwahl um die Präsidentschaft mit 47,3%.
	1990	Bei Parlamentswahlen verliert der Präsident die Mehrheit im Parlament (18. Juni).
	1992 5. Juli	Mit Durán Ballén gewinnt der Kandidat der Republikanischen Union (UR) die Präsidentschaftswahl und tritt am 10. Aug. sein neues Amt an.
	25./27. Nov.	Ecuador gibt seinen Austritt aus der OPEC zum Jahresende bekannt.
Grenzkonflikt mit Peru	1995 26. Jan.	Militärischer *Grenzkonflikt mit Peru* über den Grenzverlauf im Amazonas-Gebiet. Dieser wird durch die Friedenserklärung von Itamaraty (17. Febr.) beigelegt.
	1996 7. Juli	Die Stichwahl zum Präsidentenamt gewinnt Abdalá Bucaram Ortiz (*1952), der Kandidat der Partido Roldorista Ecuatoriano (PRE).
	29. Okt.	Abkommen von Santiago. Ecuador und Peru unterzeichnen ein weiteres Abkommen zur Beilegung des Grenzstreites zwischen beiden Ländern.
	1997 6. Febr.	Das Parlament setzt Bucaram als Staatsoberhaupt ab und wählt Fabián Alarcón Rivera (*1947) zum Präsidenten (11. Febr.).
	30. Nov.	Die Verfassunggebende Versammlung wird in Direktwahlen bestimmt; sie beschließt bis zum 8. Mai 1998 zahlreiche Grundgesetzänderungen, u.a. zur stärkeren Dezentralisierung des Staates.
	1998 31. Mai	Bei vorgezogenen Präsidentschaftswahlen setzt sich der Christdemokrat Jamil Mahuad Witt (*1949) durch (Stichwahl 12. Juli). Seine Partei, die Democrazia Popular (DP), wird bei den zugleich stattfindenden Parlamentswahlen stärkste politische Kraft.
Einigung mit Peru unterlassene Strukturreformen	26. Okt.	*Einigung mit Peru* über eine endgültige Grenzziehung. Durch den Rückgang der Erdölpreise (Haupteinnahmequelle des Staates) und *unterlassene Strukturreformen* befindet sich Ecuador in der schwersten Wirtschaftskrise seit Jahrzehnten.
	1999	Die Zentralbank gibt den Wechselkurs der Landeswährung Sucre frei (12. Febr.). Generalstreik gegen die Sparmaßnahmen der Regierung (10./11. März).
	26. Sept.	Ecuador kann seinen internationalen Zahlungsverpflichtungen nicht mehr nachkommen. Ein IWF-Kredit kommt deswegen nicht zur Auszahlung.
	2000 21./23. Jan.	Die desolate Wirtschaftslage (50% Inflation jährlich) und die Privatisierungspläne der Regierung sowie die Ankündigung, den schwachen Sucre durch den US-Dollar zu ersetzen, führen zum Sturm der Indios auf das Parlament und das Oberste Gericht in der Hauptstadt

Quito. Präsident Mahuad Witt wird abgesetzt, der bisherige Vizepräsident Gustavo Noboa (*1937) tritt die Nachfolge an.
9. Sept. Die Landeswährung *Sucre* wird *durch den US-Dollar abgelöst.* — *US-Dollar neue Landeswährung*
2001
16. Jan. Bei einem Tankerunglück entgehen die zu Ecuador gehörenden Galapagos-Inseln mit ihrer einzigartigen Flora nur knapp einer Verseuchung durch auslaufendes Öl.
2. Febr. Indio-Aufstand gegen Preiserhöhungen für Kraftstoffe und öffentliche Verkehrsmittel. Die Regierung lenkt am 7. Febr. ein.
April 19 westliche Gläubigerländer kündigen die mit Ecuador begonnenen Umschuldungsgespräche auf.

Peru seit 1945
(Forts. v. S. 1312)

Auf dem wirtschaftspolitischen Sektor entsteht nach dem Zweiten Weltkrieg eine von *US-Kapital* getragene Konsumgüterindustrie. Seit Beginn der fünfziger Jahre steigen die Direktinvestitionen aus den USA und Westeuropa in den dynamischen Industriebranchen stark an. Bevorzugte Anlagebereiche sind Bergbau, Erdöl, Zucker und Baumwolle. Ausländisches Kapital drängt zunehmend nationale Unternehmen zurück. Seit Mitte der fünfziger Jahre expandiert auch die Fischindustrie, die sich nach 1964 bei ausländischen Großunternehmen konzentriert; 1968 sind 80% der wichtigsten Unternehmen in *US-Besitz.*

US-Kapital

US-Besitz

Die zunehmende Verschlechterung der Lage auf dem Agrarsektor führt anfangs der sechziger Jahre zu Unruhen und Guerillabewegungen nach castristischem Muster. Unter der Führung von Hugo Blanco kommt es zu organisierten *Bauernaufständen.* Schließlich wird 1964 eine Landreform verkündet; bis zur zweiten Agrarreform von 1969 sind jedoch nur ca. 8% der gesamten Betriebsfläche enteignet.

Bauernaufstände

Erst vor der Präsidentschaftswahl von 1956 erfolgt die Gründung jener *Parteien*, die die parteipolitische Szene bis 1968 beherrschen. Die Gründung des Movimiento Democrático Peruano (MDP) ist der erste Versuch der Oberschicht, sich ein dauerhaftes politisches Instrument zu verschaffen. Die 1960 gegründete Unión Nacional Odriísta (UNO) findet als soziale Reformpartei bei der „Provinzaristokratie" und beim Kleinbürgertum Unterstützung. Der Partido Demócrata Cristiano (PDC) entwickelt sich zur eigentlichen Partei der neuen Mittelklasse. Die 1956 gegründete Acción Popular (AP) wird mit ihrem populistischen Programm zur zweitwichtigsten Partei nach der APRA. Die Linksparteien besitzen kaum eine nennenswerte Basis.

Parteigründungen

Vor allem während des Zweiten Weltkriegs wird durch die Ausdehnung der Produktion die Urbanisierung gefördert. Am Ende des Krieges machen die städtischen Massen ihren Anspruch auf politische Partizipation geltend.

1945–1948 Mit Präsident José Luis Bustamante (*1894, †1989) kommt ein neuer Faktor in die Politik, eine demokratische Kraft der Mitte, die mit der Alianza Popular Revolucionaria Americana (APRA) kooperiert.

1948–1956 Als die APRA versucht, ihr revolutionäres und antiklerikales Programm durchzusetzen, setzen die Rechtskreise Bustamante ab und errichten eine *Diktatur unter General* Manuel Odriá (*1897, †1974). Die Macht der alten Oligarchie ist damit wieder gefestigt.

Diktatur unter General Odriá

1956 Bei Wahlen erhält der erfolgreiche Kandidat der Konservativen, Manuel Prado (1956–1962; *1889, †1967), die Unterstützung der APRA.

1962 Bei Wahlen wird zwar der APRA-Führer Victor Raul Haya de la Torre (*1895, †1979) mit relativer Mehrheit (32,94% der Stimmen) zum Präsidenten gewählt, muss jedoch dem Druck der Militärs weichen.

1963 Durch Neuwahlen bringt das Militär unter Ausschluss der APRA Fernando Belaunde Terry (*1912) an die Macht.

1963–1968 Dieser stürzt sich in eine groß angelegte Bautätigkeit, vergrößert den Staatsapparat und fördert den Mittelstand.

Als wachsende Inflation und Verschuldung eine Devaluierung der Währung nötig machen und angekündigte Wahlen die radikalere APRA an die Macht bringen können, putscht die

1968 Armee unter General Juan Velasco Alvarado (*1910, †1977). Anlass des *Staatsstreichs* ist
3. Okt. die „nationale Empörung" der Militärs über die Gewährung von Lizenzen zur Weiterverarbeitung von in nationaler Regie gefördertem Erdöl an die US-Gesellschaften. Ausschlaggebend ist jedoch die Zersplitterung der demokratischen Parteien und die Unfähigkeit der Regierung zu wirklichen Reformen.

Staatsstreich der Armee

1968–1975 Ausübung der Staatsgewalt durch die Armee unter Velasco Alvarado.

1969 Die erste Reform der Militärregierung ist die Enteignung und Verstaatlichung der mit
24. Juni US-Kapital arbeitenden International Petroleum Company (IPC). Die radikale *Agrarreform*

Agrarreform

erfasst im Gegensatz zur Reform unter Belaunde Terry die gesamte Landfläche (vorläufiger Abschluss der Agrarreform 1976). Vorrangige Reformziele sind Erhaltung bzw. Steigerung der Produktivität. Diesem Ziel dient die ungeteilte Überführung der enteigneten Großbetriebe in Genossenschaften unter staatlicher Kontrolle. Von 1969 bis 1976 werden über 10 Mio. ha Land enteignet; meist werden Formen des kollektiven Eigentums geschaffen.

Die „peruanische Revolution"

Militärregierung

Seit dem Zweiten Weltkrieg haben sich Sozialstruktur und Selbstverständnis des Offizierskorps geändert: Die Streitkräfte entwickeln sich vom willfährigen Instrument der Oligarchie zum verantwortungsbewussten und sozialpolitisch engagierten autonomen Machtfaktor. Die *Militärregierung* unter Velasco Alvarado verfolgt einen betont nationalistischen und sozialreformerischen Kurs. Im Rahmen ihrer „peruanischen Revolution" – propagiert als „dritter Weg" zwischen Kapitalismus und Kommunismus – verändert sie die überkommenen wirtschaftlichen und sozialen Strukturen.

Andere weit gehende Reformen zielen einerseits auf eine beschleunigte Ablösung des ausländischen durch peruanisches Kapital (Industrie-, Bergbau- und Bankreformen); andererseits bezwecken sie eine rasche Besserstellung der Besitzlosen und Unterprivilegierten (Erziehungsreform, Gewinnbeteiligung, betriebliches Mitspracherecht). Die Wirtschaftspolitik der Revolutionsregierung tritt in einer zunehmenden staatlichen Kontrolle des Wirtschaftslebens und einer vermehrten Lenkung aller wirtschaftlich relevanten Bereiche zutage. Im Zuge der fortschreitenden „Peruanisierung" werden 1972 die Telefongesellschaften und der Energiesektor (ELECTROPERU), im Mai 1973 auch das bedeutsame Fischereiwesen (EPCHAP) verstaatlicht; gleiches gilt für die Bereiche Erdöl (PETROPERU) und Bergbau (MINEROPERU). Die *Verstaatlichung* der US-Gesellschaften Cerro de Pasco Copper Corp. (1974) und der Marcona Mining Company (1975) belegen den grundsätzlichen Anspruch des Staates auf die Rohstoffvorkommen. Seit Juni 1976 wird der Privatinitiative in der Wirtschaft wieder erweiterter Spielraum gegeben.

Verstaatlichungen

Junta Revolucionaria

Seit der Machtübernahme des Militärs ist die Volksvertretung aufgelöst; weite Teile der Verfassung von 1933 sind nicht mehr gültig. Die Macht liegt bei der *Junta Revolucionaria*. Die überkommenen Parteien haben ihre Funktion als Organisationen der Willensbildung verloren. Der Frente de Defensa de la Revolución Peruana (FDRP) stützt sich nur auf mit staatlicher Unterstützung entstandene Massenorganisationen. Die Mobilisierung der Massen wird nur in kontrollierter Form zugelassen („Revolution von oben").

  1974 Die interne Einheit des Militärregimes (Polizeiputsch vom Frühjahr 1975) erfährt eine zunehmende Schwächung.
27. Juli Die wichtigsten Zeitungen des Landes werden enteignet. Hervorgerufen durch die nach wie vor ungelösten sozialen Probleme und eine gewisse Verselbstständigung der Basisorganisationen (Streiks im Bergbausektor), nimmt die breite Unterstützung der Regierung durch das Volk ab.

Putsch

  1975 Schließlich übernimmt General Francisco Morales Bermúdez (*1921) nach einem *Putsch*
29. Aug. die Macht. Die neue Regierung verkündet eine Generalamnestie für Exilierte, lässt alle Publikationsorgane wieder zu und ist bemüht, mit der Basis wieder Kontakt aufzunehmen.

revolutionäre Politik abgebaut

Die *revolutionäre Politik* der Militärregierung wird *stufenweise abgebaut:* Ein neues Regierungsprogramm *(Plan Tupac Amarú)* soll den revolutionären Plan Inca ablösen. Im Zuge des von der Regierung als „zweite Phase der Revolution" proklamierten Prozesses wird der privatwirtschaftliche Sektor gestärkt; die gesetzliche Grundlage der Arbeitermitbestimmung und Selbstverwaltung (Comunidad Industrial und Propiedad Social) wird revidiert. Die (seit 1973) staatliche Fischereiflotte wird reprivatisiert, ausländische Erdölfirmen erhalten wieder Betätigungsgenehmigungen.

  1978 General Oscar Molina Pallochia wird Ministerpräsident (31. Jan.).
18. Juni Mit dem Ziel einer Rückkehr zu demokratischen Spielregeln wird eine Verfassunggebende Versammlung gewählt. Die meisten Wählerstimmen (35%) erhält die APRA.
  1979 General Pedro Richter Prada wird Ministerpräsident (31. Jan.).

neue Verfassung

12. Juli Verabschiedung der *neuen Verfassung*.
  1980 Fernando Belaunde Terry erneut zum Präsidenten gewählt (18. Mai); sein Amtsantritt
28. Juli bringt Peru wieder eine Zivilregierung.

Abkommen mit Ecuador

  1981 *Abkommen mit Ecuador* zur Beilegung des Grenzkonflikts (6. März). – Verstärkter Terror der maoistischen Guerillabewegung „Sendero Luminoso" (Leuchtender Pfad).
  1983 Wegen Guerilla-Terroranschlägen Ausnahmezustand verhängt (30. Mai). – Peru unterzeich-
30. Juni net in Washington Umschuldungsabkommen mit 275 ausländischen Gläubigerbanken.
  1984 Im neuen Kabinett unter Luis Percovich Roca erhalten in Guerilla-Bekämpfung erfahrene
12. Okt. Politiker Schlüsselposten.

1985 14. April	Alan García Pérez (*1949, sozialdemokratische APRA) wird mit 45,7% der Stimmen zum Präsidenten gewählt. Wirtschaftliches Notprogramm, einseitige Reduktion des Schuldendienstes.	
1986 17. Juli	Das Kabinett tritt nach einem Massaker (250 Tote) an Häftlingen der Guerilla „Leuchtender Pfad" (18./19. Juni) zurück.	Guerilla „Leuchtender Pfad"
28. Juli	Die Regierung kündigt die Verstaatlichung der Banken an, um die Inflation und Kapitalflucht einzudämmen und die Aufdeckung von Drogengewinnen zu ermöglichen.	
1987 22. Juni	Ministerpräsident Luis Alva Castro tritt wegen persönlicher Rivalitäten mit dem Präsidenten zurück. Sein Nachfolger wird Guillermo Larco Cox.	
1988 16. Mai	Die Regierung Larco Cox tritt nach Kritik an ihrer Wirtschaftspolitik (Lohn- und Steuererhöhungen, Privatisierungen) zurück; Armando Villanueva del Campo (APRA) bildet neue Regierung.	
1989 8. Mai	Der Schriftsteller Luis Alberto Sánchez (*1901) wird Nachfolger des zurückgetretenen Ministerpräsidenten Villanueva.	
1990 10. Juni	Im zweiten Wahlgang der *Präsidentschaftswahl* setzt sich der unabhängige Kandidat Alberto Fujimori (*1938), Liste „Wende 90", gegen den Kandidaten der konservativen FREDEMO, den Schriftsteller Mario Vargas Llosa (*1936), mit 56% der Stimmen überraschend durch.	Präsident Fujimori
8. Aug. 21. Aug.	Nachdem die Regierung ein Notstandsprogramm (Lebensmittel 400% teurer, Benzinpreise 30mal so hoch) verkündet, kommt es zu schweren Unruhen und zum Generalstreik.	
16. Sept.	Die Guerillagruppe „Leuchtender Pfad" beginnt landesweit mit Angriffen.	
1991 Febr.	Um die sich ausweitende Choleraepidemie zu bekämpfen, bittet die Regierung um internationalen Beistand. – Der Kampf zwischen Regierung und dem „Sendero Luminoso" eskaliert weiter. Die Aktivitäten einer weiteren Guerillagruppierung Movimiento Revolucionario Tupac Amarú (MRTA) nehmen zu.	
5. April	Mit Unterstützung der Armee und der Polizei führt Präsident Alberto Fujimori (*1938) einen Staatsstreich durch („Putsch von oben"). Zum neuen Regierungschef wird Oscar de la Puente Reygada ernannt (6. April), da der bisherige Premierminister Alfonso de los Heros aus Protest zurücktritt.	
1. Juli	*Währungsreform*: Einführung der neuen Währung Nuevo Sol statt des alten Inti.	Währungsreform
1993	Die neue Verfassung tritt am 29. Dez. in Kraft.	
1995 26. Jan.	Grenzzwischenfälle an der Grenze zu Ecuador eskalieren zu einem militärischen Grenzkonflikt, der durch die Friedenserklärung von Itamaraty (17. Febr.) beigelegt wird.	
9. April	Präsident *Fujimori* wird wiedergewählt.	Fujimori wiedergewählt
1996 29. Okt.	Das Abkommen von Santiago ist ein weiterer Schritt zur Beilegung des Grenzstreites zwischen Peru und Ecuador.	
17. Dez.	Mitglieder der MRTA überfallen die japanische Botschaft und nehmen Geiseln. Sie fordern die Freilassung inhaftierter Gesinnungsgenossen. Die Besetzung endet mit der Befreiung der restlichen Geiseln und Tötung der Geiselnehmer (22. April 1997).	
1997 Dez.	Menschenrechtsorganisationen beklagen zunehmende Folterungen sowie Druck auf Opposition und Medien. Die von Präsident Fujimori zur Terrorismusbekämpfung errichteten Sondergerichte und Geheimdienste fördern diese Entwicklung.	
1998 11. Okt.	Bei den Kommunalwahlen setzen sich vorwiegend unabhängige Kandidaten und Vertreter regionaler Gruppen durch.	
28. Okt.	Unterzeichnung eines Abkommens mit Ecuador, das einen bis ins Jahr 1941 zurückreichenden Grenzkonflikt beendet.	
1999 28. April	Ein *landesweiter Generalstreik* richtet sich gegen das zunehmend autokratische Regime Präsident Fujimoris.	landesweiter Generalstreik
14. Juli	Der Führer des „Leuchtenden Pfades", Oscar Ramirez Durand alias Feliciano, wird im südperuanischen Hochland gefasst.	
13. Aug.	Abschluss mehrerer bilateraler Abkommen über wirtschaftliche Zusammenarbeit mit Ecuador.	
13. Nov.	Beilegung eines 120 Jahre lang andauernden Grenzstreites mit Chile.	
27. Dez.	Präsident *Fujimori* gibt seine Absicht bekannt, entgegen den Bestimmungen der Verfassung für eine *dritte Amtszeit* zu kandidieren.	dritte Amtszeit Fujimoris
2000 9. April	Bei den Parlamentswahlen verliert Fujimoris Wahlbündnis Perú 2000 die absolute Mehrheit. Die zugleich stattfindenden Präsidentschaftswahlen enden mit dem Sieg des Amtsinhabers Fujimori. Zur Stichwahl (28. Mai) tritt der Herausforderer Alejandro Toledo (*1946) wegen befürchteter Manipulationen nicht an.	
30. Juli	Bei der Vereidigung Fujimoris kommt es in der Hauptstadt Lima zu Massenprotesten. Nach Aufdeckung eines Bestechungsskandals, in den der Geheimdienstchef Vladimiro	

er nach Japan, sein Kabinett tritt am 19. Nov. zurück.
Montesinos verwickelt ist, verliert Fujimori den Rückhalt im Parlament. Am 19. Nov. flieht

„System Fujimori"

21. Nov. Das Parlament setzt Fujimori wegen „moralischer Unfähigkeit" ab, eine Übergangsregierung unter dem früheren UN-Generalsekretär Pérez de Cuellar übernimmt die Geschäfte. Gegen insgesamt 600 Repräsentanten des *„Systems Fujimori"* werden Ermittlungen aufgenommen.

2001
23. Febr. Der Kongress beschließt, Anklage gegen Fujimori wegen Verletzung seiner Amtspflichten zu erheben.

23. Juni Der flüchtige Ex-Geheimdienstchef Montesinos wird in Caracas (Venezuela) gefasst und nach Peru ausgeliefert.

Toledo Präsident

8. April Bei den Präsidentschafts- und Parlamentswahlen wird das Oppositionsbündnis Perú Posible stärkste politische Kraft. Sein Führer Alejandro *Toledo* setzt sich in der Stichwahl am 3. Juni gegen den aus dem Exil zurückgekehrten ehemaligen Präsidenten Alan García Pérez durch und wird am 28. Juli als neuer *Präsident* vereidigt.

29. Dez. In der Altstadt von Lima explodiert ein Lager von Feuerwerkskörpern. Brände verwüsten zwei Einkaufszentren und mehrere Straßenzüge. Fast 300 Menschen kommen ums Leben.

2002
16. Juni Nach heftigen Protesten v. a. in der Region Arequipa gegen den Privatisierungs- und Sparkurs der Regierung Toledo verhängt diese den Ausnahmezustand über den Süden des Landes.

Bolivien seit 1943
(Forts. v. S. 1313)

Von größter wirtschaftlicher Bedeutung für Bolivien sind die auf dem Altiplano, dem zentralen Hochplateau, lagernden Erze: Zinn, Wolfram, Zink, Kupfer, Blei, Wismut und Antimon. Im 20. Jh. entwickelt

Hauptausfuhrprodukt Zinn

sich das *Zinn* zum *Hauptausfuhrprodukt* des Landes. Der Zinnbergbau liegt seit dem 19. Jh. in den Händen dreier Konzerne (Patiño, Aramayo, Hochschild), die mit Hilfe britischen und später nordamerikanischen Kapitals die ursprünglich bolivianische Bergbauindustrie dominieren. – Die Agrarstruktur ist durch extreme Bodenkonzentration gekennzeichnet. Rund 8% der landwirtschaftlichen Betriebe verfügen Ende der vierziger-Jahre über 95% der Gesamtfläche. Hingegen bewirtschaften etwa 60% der Landbesitzer nur 0,4% der Oberfläche.

MNR

Als ausgesprochen nationalistische Partei entsteht während des Zweiten Weltkriegs der *Movimiento Nacionalista Revolucionario* (MNR), mit dessen Hilfe Major Gualberto Villaroel (*1908, †1946) die Regierung des Präsidenten Enrique Peñaranda (*1892, †1970) stürzt.

Villaroel-Regime

1943–1946 Während des *Villaroel-Regimes* müssen die „Zinnbarone" dem bolivianischen Fiskus höhere Devisen überlassen; außerdem sind Anzeichen zu einer Landverteilung erkennbar.

1946
21. Juli In einer durch die Opposition entfesselten Revolte wird Villaroel gestürzt und mit einer Reihe von Anhängern ermordet. Die folgenden Regierungen werden als die Herrschaft der Rosca bezeichnet: Die Latifundisten, die Großindustriellen und die mächtigen Finanzkreise können die Macht zurückgewinnen.

Nach den Präsidentschaften von Enrique Hertzog (1947–1949, *1897) und Mamerto Urri-

1951
6. Mai olagoitia (1949–1951;*1895) bringen Wahlen einen eindeutigen Sieg des MNR-Kandidaten Victor Paz Estenssoro (*1907, †2001); die Regierung annulliert jedoch die Wahlergebnisse, eine Militärjunta übernimmt die Macht.

bolivianische Revolution

1952
9. April Paz Estenssoro kommt erst nach einer von Teilen der Armee, den Studenten und Gewerkschaften unterstützten Revolte an die Macht. Die Führung dieser *„bolivianischen Revolution"* liegt in den Händen des MNR; die populistische Allianz besitzt eine antioligarchische und antiimperialistische Stoßrichtung, die sich durch Mobilisierung und Bewaffnung der Massen schnell vertieft und tief greifende sozialrevolutionäre Maßnahmen ermöglicht. Das sozio-politische Ziel der Revolution besteht in der Integration der Masse der Arbeiter und Bauern in die Gesellschaft.

Verstaatlichung der Zinnminen

31. Okt. Die *Zinnminen* werden *verstaatlicht*; die „Zinnbarone" erhalten später auf US-Druck erhebliche Entschädigungssummen. Die staatliche Bergbaugesellschaft Corporación Minera de Bolivia (COMIBOL) wird gegründet. Bald nach der Verstaatlichung zeigen sich allerdings bedeutende Schwierigkeiten: Kapitalmangel, ein starkes Sinken des Zinnpreises auf dem Weltmarkt; Absatzschwierigkeiten für Bergbauprodukte und Produktionsrückgang führen zu Unruhen unter den Zinnbergbauarbeitern.

Agrarreform

1953
2. Aug. Eine umfassende *Agrarreform* schafft Latifundien und Leibeigenschaft ab; 4 Mio. ha werden an Kleinbauern vergeben.

Die „bolivianische Revolution" und die weitere Entwicklung des Landes

Das Ergebnis der Reformen sind sehr heterogene Produktionsverhältnisse: Auf dem Altiplano kommt es zu einer Agrarrevolution und individueller Parzellierung (Minifundismus); im Osten entstehen demgegenüber kapitalistische Plantagen auf der Basis von Privateigentum. Kooperative Betriebsformen sind selten anzutreffen. – Die größtenteils analphabetischen *Indios* erhalten die *Bürgerrechte* verliehen, vor allem das aktive und passive Wahlrecht; gewerkschaftliche Organisationen der Arbeiter werden gefördert. Nach der Auflösung der Streitkräfte werden die Waffen an Arbeiter- und Bauernmilizen verteilt, die sich (zusammen mit den Gewerkschaften) zu Zentren politischer Macht entwickeln. Die Revolution führt zu einer enormen Kapitalflucht und einem rapiden Währungsverfall, der nur mit US-Unterstützung aufgefangen werden kann. Bald nach der Revolution kommt es innerhalb des MNR zu ideologischen Flügelkämpfen; unter z.T. massivem Druck der USA erfolgt eine gewisse „Rückbildung" der Revolution. Ein neues *Erdölgesetz* gibt das seit 1937 bestehende Staatsmonopol auf und begünstigt ausländische, d.h. vor allem US-Investitionen (1955).

Bürgerrechte für Indios

Erdölgesetz

1956–1960 Unter der *Präsidentschaft von* Hernán *Siles Suazo* (*1914, †1996) wird zwar die Inflation gestoppt, aber die ursprünglichen Ziele nationalrevolutionärer Politik werden noch stärker ausgehöhlt.

Präsidentschaft Siles Suazos

1960–1964 Die erneute Präsidentschaft Paz Estenssoros bringt wieder eine Mitte-Links-Koalition des MNR an die Regierung, doch wird die unter dem Vorgänger begonnene antigewerkschaftliche Politik fortgeführt, die schließlich zum Bruch zwischen MNR und Gewerkschaften sowie zur Unterdrückung Letzterer (Abschaffung der Arbeiterkontrolle und der vereinbarten „Mitregierung") führt.

1964 Als Folge von Streiks und Arbeiterunruhen wird *Paz Estenssoro* nach seiner dritten Wiederwahl vom Militär *gestürzt*. Nach dem Staatsstreich beginnt das Militär zum allein bestimmenden Faktor der Politik zu werden.
3. Nov.

Sturz Paz Estenssoros

1964–1969 General René Barrientos Ortuño (*1919, †1969) übernimmt die Macht, die er 1966 durch „Wahlen" legitimieren lässt. Verstärktes US-Engagement.

1967 In einem Feuergefecht zwischen bolivianischen Truppen und Partisanen wird der Guerillero Ernesto *„Che"* Guevara (*1928, †1967) gefangen genommen und *erschossen*. Das fehlgeschlagene Guerilla-Experiment und das peruanische Beispiel eines linksnationalistischen Militärregimes tragen zu zunehmendem sozialem Engagement in der Armee bei.
9. Okt.

Erschießung Che Guevaras

1969 Nach einem unblutigen *Staatsstreich* übernimmt General Alfredo Ovando Gandía (*1918, †1982) die Macht. Er entfaltet außenpolitische Aktivitäten (umfangreiche Zinnlieferungen an die Sowjetunion, Aufnahme diplomatischer Beziehungen zu sozialistischen Ländern). Ein Jahr nach seiner Machtergreifung wird Ovando zum Rücktritt gezwungen.
26. Sept.

Staatsstreich

1970 Die rechte Militärjunta wird jedoch ihrerseits bereits drei Tage später durch einen linken *Gegenputsch* unter General Juan José Torres González (*1921, †1976) gestürzt. Dieser beruft eine Beratende Volksversammlung (Asamblea Popular) ein, in der die Arbeiterorganisationen die Mehrheit erhalten.
6./7. Okt.

Die Radikalisierung der Volksversammlung trägt zur Formierung der rechten Opposition bei, die in einem blutigen Staatsstreich unter Oberst *Hugo Banzer Suárez* (*1926, †2002) den Präsidenten stürzt. Die Position des Regimes wird wiederholt durch Unruhen, Versorgungsschwierigkeiten und Putschversuche gefährdet.
1971
22. Aug.

Regime Banzer

1972 Zum ersten Mal seit 1956 muss der *Peso* um ca. 40% *abgewertet* werden (27. Okt.).
23. Nov. Nach heftigen Streiks verhängt die Regierung den Ausnahmezustand. Angekündigte freie Wahlen werden wiederholt verschoben.

Abwertung des Peso

1974 Die zunächst zivil-militärische Koalitionsregierung wird, nach mehreren erfolglosen Putschversuchen, durch ein reines *Militärkabinett* ersetzt.
9. Juli
7. Nov. Nach einem weiteren ultrarechten Putschversuch suspendiert Banzer sämtliche Parteien und Gewerkschaften.

Militärkabinett

Außenpolitisch kann die Regierung einige Prestigeerfolge erringen: Die engen Beziehungen zu Brasilien verdeutlichen die *Verträge von Cochabamba* (22. Mai 1974) über wirtschaftliche Zusammenarbeit und langfristige Lieferung bolivianischen Erdgases.

Verträge von Cochabamba

9. Dez. In der „Deklaration von Ayacucho" befürworten acht Staaten eine Neuregelung des Zugangs zum Pazifik unter Beachtung der bolivianischen Interessen. Die Beziehungen zu den La-Plata-Staaten werden intensiviert.

1978 Bei den folgenden termingerecht durchgeführten Präsidentschaftswahlen erringt General Juan Pereda Asbun angeblich über 50% der Stimmen.
9. Juli
21. Juli Nach Annullierung der Wahl wegen offensichtlicher Wahlfälschungen wird Pereda in einem Staatsstreich in sein Amt eingesetzt.

	24. Nov.	Vier Monate später wird die Regierung bereits wieder vom Militär gestürzt; die Macht übernimmt der Armeechef General David Padilla Arancibia.
	1979	Präsidentschaftswahl, kein Kandidat mit erforderlicher Mehrheit (2. Juli).
	6. Aug.	Walter Guevara Arze vom Parlament für ein Jahr zum Interimspräsidenten gewählt.
Putschserie	1. Nov.	*Putsch* unter Oberst Alberto Natusch Busch, der sich zum Präsidenten ernennt.
	16. Nov.	Nach massivem Widerstand muss Natusch zurücktreten. Die Parlamentspräsidentin Lidia Gueiler Tejada wird bis zur Abhaltung von Neuwahlen zur Staatspräsidentin gewählt.
	1980 18. Juli	Der am 29. Juni gewählte Präsident Hernán Siles Suazo wird durch einen Militärputsch (17. Juli) an der Amtsübernahme gehindert; die Junta ernennt General Luis García Meza zum Staatschef.
	1981/82	Militärregierung international isoliert; weitere Putschversuche und Streiks.
Ende der Militärherrschaft	**1982** 5. Okt.	Militärs berufen Parlament ein; dieses wählt Siles Suazo zum neuen Präsidenten, mit dessen Amtsantritt (10. Okt.) die *Militärherrschaft endet*.
	1983	Finanzielle und wirtschaftliche Talfahrt; Generalstreiks, Regierungsumbildungen.
Generalstreik in La Paz	**1984** Dez.	Trotzkistische Gewerkschafter schüren *Generalstreik in La Paz*; Demonstrationen, Straßenschlachten, Versorgungsprobleme.
	1985 14. Juli	Bei allgemeinen Wahlen erreicht die Demokratisch-Nationalistische Aktion (ADN) 42 Parlamentssitze, die Nationalistisch-Revolutionäre Bewegung (MNR) 43, die Bewegung der revolutionären Linken (MIR) 15.
	6. Aug.	Victor Paz Estenssoro (*1907, †2001) wird in das Präsidentenamt eingeführt.
Notprogramm für die Wirtschaft	**1986**	*Notprogramm für die Wirtschaft* nach dem weltweiten Zinnpreisverfall; Massenentlassungen und Schließung von mehr als der Hälfte der Zinnbergwerke.
	1987 27. Febr.	Das neue Kabinett tritt nach 14 Tagen wegen fehlender Vertrauensbasis im Parlament zurück. Der Präsident nimmt den Rücktritt wegen der notwendigen wirtschaftlichen Sparpolitik zur Reduzierung der Auslandsschulden nicht an.
	1988	Zweites Kabinett Paz Estenssoro; weiterhin hohe Arbeitslosigkeit (25%).
	1989	Jaime *Paz Zamora* (*1939; MIR), wird *neuer Präsident* (5. Aug.).
	1992 1. April	Zur Bekämpfung des Koka-Anbaus führt die Regierung eine Anti-Drogen-Operation („Langer Atem") durch.
Zugang zum Atlantik	24. Aug.	Uruguay gestattet Bolivien vertraglich die Benutzung des Seehafens Nueva Palmira. Bolivien erhält damit einen *Zugang zum Atlantik*.
	1993	Bolivien und Chile schließen ein Handelsabkommen (6. April).
Präsidentschaftswahl	6. Juni	Gonzalo Sánchez de Lozada (*1930; MNR) geht als Sieger aus der *Präsidentschaftswahl* hervor, erreicht aber nicht die absolute Mehrheit. Das Parlament wählt Sánchez zum Staatspräsidenten (4. Aug.), er tritt am 6. Aug. sein Amt an.
	1995 19. April	Verhängung des Ausnahmezustandes (bis 16. Okt.) nach wochenlangen Streiks (u. a. von Lehrern und Kokabauern).
	1997 1. Juni	Bei Präsidentschaftswahlen siegt Hugo Banzer Suárez (ADN). Er trifft mit der MNR und der Bürgerunion der Solidarität (UCS) eine Koalitionsvereinbarung.
	1999 5. Dez.	Bei den landesweiten Kommunalwahlen wird der oppositionelle MNR stärkste politische Kraft.
Schuldenerlass	**2000** 25. Jan.	Nach 900 Mio. US-Dollar im Jahre 1999 werden Bolivien weitere 850 Mio. US-Dollar *Schulden von der Weltbank erlassen*.
	26. Jan.	Der Gewerkschaftsdachverband des Landes (LCOB) zerfällt in zwei Lager, was eine deutliche Schwächung der Gewerkschaften bedeutet.
Zusammenstöße Bauern und Polizei	3. Febr.	In Cochabamba, dem Zentrum des bolivianischen Koka-Anbaus, kommt es zu gewalttätigen *Zusammenstößen zwischen Bauern und Polizei*. Hintergrund ist die harte Linie der Regierung in der Drogenbekämpfung „Plan Dignidad". Während die Zerstörung der Anbauflächen fortschreitet, bleiben jedoch landwirtschaftliche Substitutionsprogramme zurück.
	7. April	Wegen anhaltender Streiks und Unruhen verhängt die Regierung den Ausnahmezustand (bis 20. April).
	21. April	Präsident Banzer bittet seine Landsleute wegen seiner Fehler in der Zeit der Militärherrschaft (1971–1978) um Vergebung.
	2. Mai	Koka-Bauern und Regierung einigen sich auf ein Ende der landesweiten Streiks.
	6. Aug.	Präsident Hugo Banzer tritt wegen Krankheit zurück. Nachfolger wird der bisherige Vizepräsident Jorge Quiroga.
Gonzalo Sánchez de Lozada Präsident	**2002** 4. Aug.	Im zweiten Gang der *Präsidentenwahl* siegt der Unternehmer *Gonzalo Sánchez de Lozada* (bereits 1993 – 1997 Staatsoberhaupt) über den Sozialisten und Führer der Kokabauernbewegung Evo Morales. Er verspricht Investitionen in die Infrastruktur.

Paraguay seit 1940
(Forts. v. S. 1314)

Wirtschaftlich ist Paraguay auch noch in den siebziger Jahren ein ausgesprochenes Agrarland. Die Interessen des Großgrundbesitzes vermischen sich mit denen des ausländischen Kapitals. In der besonders wichtigen Viehwirtschaft kontrollieren ausländische Firmen sowohl die Inlandsmärkte wie den Export. Die ausländischen Investoren haben bisher eine Änderung der Produktionsverhältnisse im Landwirtschaftssektor verhindern können. Die totale *Überfremdung der Wirtschaft* kostet das Land jährlich mehr an Devisen, als von privater Seite investiert wird. Alle zehn privaten Handelsbanken werden von ausländischem Kapital kontrolliert, 30% des nationalen Territoriums gehören Ausländern, über 80% der Exportgeschäfte erledigen Auslandsfirmen. Der Industrialisierungsgrad ist einer der niedrigsten Lateinamerikas. Ende der achtziger Jahre stammen zwei Drittel der Industrieproduktion aus der Weiterverarbeitung land- und forstwirtschaftlicher Produkte. Bodenschätze sind bisher kaum entdeckt worden.

Überfremdung der Wirtschaft

1940–1948 Die Regierung leitet General H. Morínigo, der eine autoritäre Verfassung schafft.

1947 Im Bürgerkrieg Sieg der Asociación Nacional Republicana (Partido Colorado). Ihre Mitglieder besetzen alle wichtigen Ämter im Land; sie wird Regierungspartei.

1949–1954 Präsidentschaft von Federico Chaves.

1954 Durch einen *Militärputsch* übernimmt General Alfredo Stroessner (*1912) die Macht (15. Mai).

Militärputsch

Die Stroessner-Diktatur

General Stroessner regiert das Land, trotz Bestehens einer demokratischen Verfassung, in Eintracht mit den bestimmenden sozialen Schichten (Großgrundbesitzer, Armee- und Polizeioffiziere, höhere Regierungsbeamte) mit *diktatorischen Vollmachten*. Wiederholte Unruhen und Aufstände gehen vor allem von der von Uruguay aus operierenden Opposition aus. Der Grad politischer Bewegungsfreiheit im Land ist sehr gering. Die Opposition wird systematisch unterdrückt, die Präsidentschafts- und Kongresswahlen sind manipuliert.

diktatorische Vollmachten

Außenpolitisch wird nach dem Sturz Juan Peróns das traditionell freundschaftliche Verhältnis zu Argentinien kühler; Paraguay lehnt sich enger an Brasilien an, das den wirtschaftlichen Aufbau des Nachbarlandes unterstützt. 1962 erhalten die USA Raketen- und Luftstützpunkte eingeräumt. Ende 1975 unterzeichnen *Brasilien* und Paraguay in Asunción ein *Abkommen* über Freundschaft und Zusammenarbeit. Im Energiebereich werden Abkommen zum Bau von Wasserkraftwerken unterzeichnet: Brasilien und Paraguay bauen gemeinsam das Wasserkraftwerk Itaipú am Oberlauf des Paraná-Flusses (Inbetriebnahme 1984). Mit Argentinien wird Ende 1973 ein Abkommen über das gemeinsam zu errichtende Wasserkraftwerk Yaciretá-Apipé unterzeichnet (Baubeginn 1976).

Abkommen mit Brasilien

Nach dem rücksichtslosen Vorgehen der Regierung gegen demonstrierende Studenten anlässlich des Besuchs von Nelson Rockefeller nimmt die katholische Kirche seit 1969 eine kritische Haltung gegenüber der Regierung Stroessner ein. Sie kritisiert die Unterdrückung der Meinungsfreiheit, die willkürlichen Verhaftungen und die wirtschaftliche Entwicklung des Landes, die nicht nach den Bedürfnissen der Massen ausgerichtet sei. Der *Konflikt zwischen Staat und Kirche* spitzt sich seit 1970 gefährlich zu, kann jedoch äußerlich nach vatikanischer Vermittlung vorerst beigelegt werden.

Konflikt Staat – Kirche

1958; 1963; 1968; 1973 Die Änderung der jeweiligen Verfassungsvorschriften ermöglicht immer wieder die *Wiederwahl General Stroessners* zum Präsidenten.

Wiederwahl General Stroessners

1976 Die zwei bestehenden liberalen Parteien schließen sich zum Partido Liberal Unido (PLU) zusammen. Gemeinsam mit dem Partido Revolucionario Febrista (PRF), einer linksdemokratischen Partei mit sozialem Reformprogramm, bildet er die geduldete Opposition, wohingegen dem Partido Demócrata Cristiano (PDC) durch administrative Manipulationen die Teilnahme an Wahlen verwehrt wird.

1978 12. Febr. Nach erneuter Verfassungsänderung im Rahmen der „repräsentativen Demokratie" Paraguays wird Alfredo Stroessner wieder zum Präsidenten gewählt.

1983 6. Wiederwahl Stroessners zum Präsidenten für weitere fünf Jahre (6. Febr.).

1984 25. Okt. Betriebsbeginn beim größten *Wasserkraftwerk* der Welt, *Itaipú*, beendet den Bauboom in Paraguay, das seinen Stromanteil (50%) größtenteils exportiert.

Wasserkraftwerk Itaipú

1989 4. Febr. Mit einem Militärputsch wird Stroessner gestürzt (3. Febr.). General Andrés Rodríguez (*1923, †1997, Partido Colorado) übernimmt das Amt als Übergangspräsident.

1. Mai Die *Colorados* gewinnen die Wahlen, Rodríguez wird neuer Präsident.

Colorados

1991 26. März Vertrag von Asunción. Paraguay bildet zusammen mit Argentinien, Brasilien und Uruguay eine Zoll- und Freihandelszone (Mercado Común del Cono Sur/MERCOSUR), die zum 1. Jan. 1995 in Kraft tritt.

	1992 18. Juni	Die Verfassunggebende Versammlung nimmt die neue Verfassung an. Diese wird am 20. Juni proklamiert. Präsident Rodríguez leistet den Eid auf die neue Verfassung (22. Juni).
erste freie Wahlen	1993 9. Mai	Aus der ersten freien und allgemeinen *Präsidenten- und Parlamentswahl* geht Juan Carlos Wasmosy, (*1938), Kandidat der regierenden Partido Colorado, als Sieger hervor. Er tritt sein Amt am 15. Aug. für sechs Jahre an.
	1994 15. März	Mit Unterstützung von Kirche, Opposition und Gewerkschaften demonstrieren Tausende von Bauern für eine bessere soziale Versorgung, höhere Baumwollpreise und Besitzurkunden über das von ihnen bearbeitete Land.
	1996 22.–25. April	Machtkampf zwischen Präsident Wasmosy und dem entlassenen Befehlshaber des Heeres, Lino César Oviedo Silva. Diese innenpolitische Krise wird beigelegt (25. April). Aufgrund öffentlicher Kritik sieht Präsident Wasmosy von der vereinbarten Ernennung Oviedas zum Verteidigungsminister ab.
	1998 10. Mai	Bei den Präsidentschaftswahlen setzt sich der Kandidat des seit 1947 regierenden Partido Colorado, Raúl Cubas Grau (*1944), durch. Die Mehrheit des Partido Colorado wird auch bei den zugleich stattfindenden Parlamentswahlen bestätigt.
	18. Aug.	Drei Tag nach seinem Amtsantritt (15. Aug.) beschwört Präsident Cubas Grau durch Begnadigung des Generals Oviedo, der wegen des Putschversuches von 1996 zu zehn Jahren Haft verurteilt war, eine innenpolitische Krise herauf.
Amtsenthebungsverfahren	1999 11. Febr.	Abgeordnetenhaus und Senat beschließen die Einleitung eines *Amtsenthebungsverfahrens* gegen Präsident Cubas Grau.
Ermordung des Vizepräsidenten	23. März	*Ermordung des Vizepräsidenten* Luís María Argaña, eines Parteigängers des gestürzten Diktators Stroessner. Daraufhin schwere Unruhen in der Hauptstadt Asuncion.
	28. März	Präsident Cubas Grau tritt zurück. Nachfolger wird der bisherige Senatspräsident Luís González Macchi (*1947), der eine „Regierung des nationalen Konsenses" bildet, an der neben Vertretern des Partido Colorado auch Oppositionspolitiker beteiligt sind.
	2. Sept.	Argentinien weigert sich, den im argentinischen Exil befindlichen Ex-General Oviedo auszuliefern.
	2000 19. Mai	Anhänger Oviedos versuchen einen Militärputsch, der jedoch nach wenigen Stunden zusammenbricht.
	13. Aug.	Nach der Direktwahl des Vizepräsidenten erklärt sich der Oppositionskandidat Cesar Franco Gómez zum Sieger. Das Oberste Gericht spricht ihm am 27. Aug. die Rechtmäßigkeit seines Wahlsieges zu.
Haftbefehl gegen Stroessner	10. Dez.	Ein Gericht in Asunción stellt einen *Haftbefehl gegen* den in Brasilien lebenden Ex-Diktator *Stroessner* aus; während seiner 35-jährigen Herrschaft sollen 400 Menschen verschwunden sein.
	2001 10. März	Nachdem einzelne Minister die Regierung verlassen haben, entlässt Präsident Macchi das gesamte Kabinett.

Uruguay seit 1951

(Forts. v. S. 1314)

Der Gegensatz zwischen Großgrundbesitzern und Händlern hat die traditionellen politischen Parteien der Colorados (Handelssektor, Industrieproletariat) und Blancos (agrarisch-konservativ) durchdrungen. Seit Beginn des 20. Jh.s stabilisiert sich ein politisches *Repräsentativsystem* auf der Basis dieses Parteiendualismus heraus; die Parteien bestimmen lange Zeit ohne Intervention der Streitkräfte die Politik des Landes.

Repräsentativsystem

	1951	Nach Schweizer Vorbild wird ein Nationaler Regierungsrat ins Leben gerufen, der ein Vorbild in der Verfassung von 1919 hat.
neue Verfassung	1952	Die *neue Verfassung* überträgt unter Beseitigung des Präsidentenamtes die gesamte Exekutivgewalt dem Consejo Nacional de Gobierno, in dem die Mehrheitspartei mit sechs und die stärkste Oppositionspartei mit drei Mitgliedern vertreten sind und der Vorsitz alljährlich abwechselt.
	1958 1. März	Wahlsieg der Blancos, deren Reformprogramm (Währungsreform, Lohnstopp) eine drohende Krise jedoch nicht abwenden kann. Landwirtschaftliche Produkte, Hauptexport Uruguays, sind auf dem Weltmarkt wegen starker Konkurrenz und Preisverfalls nicht mehr ausreichend abzusetzen.
Volksabstimmung	1966 27. Nov.	Infolge der zunehmenden Staats- und Wirtschaftskrise entscheidet sich die Mehrheit der Bevölkerung in einer *Volksabstimmung* für die Wiedereinführung des Präsidialsystems.

1967–1972 Präsident wird Jorge Pacheco Areco. Erbitterter Gegner der Regierung ist die etwa 1963 ge- *Tupamaros*
gründete sozialrevolutionäre Stadtguerilla-Organisation der *Tupamaros* (benannt nach dem
Inka-Herrscher Tupac Amarú), die Terroraktionen (häufig zu sozialen Zwecken) als politisches Druckmittel einsetzen. Ihr Programm wird als sozialistisch und nationalistisch definiert. Auf die Herausforderung durch die Tupamaros antwortet die Pacheco-Regierung mit
der Aufhebung der Grundrechte.
1971 Bei Präsidentschafts- und Parlamentswahlen unternimmt – angesichts eines allgemein verbreiteten Krisenbewusstseins – ein *Volksfrontbündnis* aus Christdemokraten, Kommunisten *Volksfront-*
und sozialistischen Gruppen den Versuch, innerhalb des Systems eine politische Alternative *bündnis*
durchzusetzen. In einem Wahlkampf, der im Zeichen von Ausnahmezustand, Pressezensur,
Verbot von Oppositionsblättern und Verhaftungen steht, scheitert jedoch der Frente Amplio
(trotz großer Stimmengewinne im städtischen Bereich).
1972–1976 Die Colorados stellen den folgenden Präsidenten Juan María *Bordaberry*. *Staatsstreich*
1973 Nach innenpolitischen Auseinandersetzungen mit dem Militär löst Präsident Bordaberry in *Bordaberrys*
27. Juni einem kalten *Staatsstreich* unter dem Druck der Streitkräfte den Kongress auf. Die Verfassung wird weit gehend außer Kraft gesetzt.
18. Dez. Ein Staatsrat mit 25 Mitgliedern übernimmt die Funktion des ehemaligen Parlaments. Außerdem besteht als das wichtigste Regierungsorgan der *Consejo de Seguridad Nacional* *Consejo de*
(COSENA), über den das Militär direkt an der Staatsführung beteiligt ist. Das einst ausge- *Seguridad*
prägte Parteiensystem ist praktisch nicht mehr existent. Die Parteien sind entweder verboten *Nacional*
(Linksparteien) oder zur Inaktivität verdammt (Blancos, Colorados). Die Militärs erstreben
die Errichtung einer „kontrollierten Demokratie". Der wirtschaftliche Niedergang wird begleitet von einer weiteren Verschärfung der innenpolitischen Repression und vom kontinuierlichen Abbau der Bürgerrechte.
1975 Nach der Rückkehr zu marktwirtschaftlichen Prinzipien setzt eine langsame Erholung der
Wirtschaft ein.
1976 Die Streitkräfte *setzen Bordaberry ab*, da er einen faschistischen Ständestaat nach spani- *Absetzung*
12. Juni schem Muster gründen will. Vorübergehend bekleidet das Amt P. A. Demichelli, schließlich *Bordaberrys*
1. Sept. wird Aparicio Méndez Staatspräsident. Zum höchsten Staatsorgan wird der neu geschaffene
„Rat der Nation". Zahlreiche Linkspolitiker werden für 15 Jahre ihrer politischen Rechte
beraubt.
1978 Dank der günstigen außenwirtschaftlichen Entwicklung erholt sich die Wirtschaft. Die politische Repression hält an.

Uruguay unter der Militärherrschaft

Uruguays Wirtschaft wird in den siebziger Jahren unverändert durch den *Agrarsektor* bestimmt. Der Ex- *Agrarsektor*
port besteht zu fast 80% aus landwirtschaftlichen Produkten, über die Hälfte der Industrieproduktion beruht auf der Weiterverarbeitung agrarischer Rohgüter. Während die Exporte in der Zeit des Zweiten Weltkrieges und des Koreakrieges bis etwa 1950 ständig wachsen, haben der Rückgang der Nachfrage nach
landwirtschaftlichen Produkten (Fleisch, Wolle, Häute) auf dem Weltmarkt und das allzu ausgebaute Sozialsystem dazu geführt, dass das Wirtschaftsaufkommen mehr und mehr sinkt. Seit 1965 hat eine kontinuierliche *Inflation* zum Ruin des Wirtschaftssystems beigetragen und fast alle Sozialleistungen wieder *Inflation*
aufgezehrt (durchschnittliche Jahres-Inflationsrate in den siebziger Jahren: mindestens 50%).
Die Militärs haben die wirtschaftliche Krise nicht bewältigen können. Diese äußert sich in realem Nullwachstum, Arbeitslosigkeit, Inflation, Abnahme der Realeinkommen, Haushalt- und Zahlungsbilanzde-
fiziten und einer großen Auslandsverschuldung. Die Belebung der Außenwirtschaft leidet unter schwankenden Weltmarktpreisen und den Einfuhrbeschränkungen der Industrieländer (vor allem der EG). Die
strukturellen Ursachen der wirtschaftlichen Krise (Bodenbesitzstruktur, mangelnde Produktivität im
Agrarsektor, ungenügender Ausbau des Landwirtschaftsexports) sind bisher nicht angegangen worden.

1981 General Gregorio Alvarez Armelino (*1925) wird neuer Staatspräsident (1. Sept.).
1982 Wiederbelebung des vom Militär unterdrückten Parteilebens durch allgemeine Wahlen zu
28. Nov. Gremien der drei zugelassenen Parteien.
1984 Bei ersten freien *Wahlen* seit 1973 siegt die gemäßigte „Colorado"-Partei (26. Nov.). *Wahlen*
1985 Präsident Gregorio Alvarez tritt zurück (11. Febr.). Mit der Vereidigung von Julio María *Ende der*
1. März Sanguinetti (*1936) als Staatspräsident *endet die Militärherrschaft*. *Militärherr-*
1986 Gesetz zur Amnestie für Menschenrechtsverletzungen für Sicherheitskräfte vom Parlament *schaft*
gebilligt (1989 von Volksreferendum bestätigt).
1989 Aus allgemeinen Wahlen geht Luis Alberto *Lacalle* (*1941) von den konservativen Blancos *Wahlsieg*
26. Nov. als *Sieger der Präsidentschaftswahlen* hervor. *Lacalles*

	1990	Lacalle tritt sein Amt an; große Koalition von Blancos und Colorados (1. März).
	1991	Umschuldung nach dem Brady-Plan.
	26. März	Uruguay, Paraguay, Argentinien und Brasilien vereinbaren eine gemeinsame Zoll- und Freihandelszone (MERCOSUR), die am 1. Jan. 1995 in Kraft tritt.
	1992 24. Aug.	Uruguay gestattet Bolivien vertraglich die Benutzung des Seehafens Nueva Palmir, wodurch Bolivien einen Zugang zum Atlantik erhält.
Währungs-reform	**1993** 1. März	*Währungsreform:* Der Neue Peso wird durch den Peso Uruguayo (PU) ersetzt. Ziel ist die Sanierung des Staatshaushaltes und Bekämpfung der Inflation.
	4. Mai	Mit einem Generalstreik protestieren die Gewerkschaften gegen die neoliberale Wirtschaftspolitik von Präsident Lacalle.
	1994 27. Nov.	Der Sozialdemokrat Sanguinetti gewinnt die Präsidentschaftswahl und tritt sein Amt am 1. März 1995 an.
	1997	Uruguay und Venezuela unterzeichnen am 20. Mai fünf Kooperationsabkommen.
	1999 31. Okt.	Aus den Parlamentswahlen geht das Linksbündnis Enecuntro Progresista/Frente Amplio (EP-FA) als stärkste Kraft hervor, gefolgt vom bisher regierenden Partido Colorado. Dessen Kandidat Jorge Luis Battlle Ibáñzez (*1927) setzt sich in der Stichwahl am 28. Nov. durch und wird am 1. März 2000 als neuer Präsident vereidigt.
Entschädigungs-zahlungen	**2000** März	Die Regierung erklärt, die Menschenrechtsverletzungen und Verbrechen während der Militärherrschaft (1973–1984) aufklären und *Entschädigungszahlungen* leisten zu wollen. Zu diesem Zweck wird eine Kommission unter Erzbischof Nicolás Cotugno gebildet, die ihre Arbeit im Aug. aufnimmt.
	24. Okt.	Das Abgeordnetenhaus billigt einen Fünf-Jahres-Haushaltsplan, der u.a. die Privatisierung von Teilen der staatlichen Telekommunikation vorsieht.
Freigabe des Peso	**2002** Juni/Juli	Die Wirtschaftskrise im Nachbarland Argentinien greift auf Uruguay über. Mit der *Freigabe des Peso* von der Dollarbindung setzt eine Talfahrt der Landeswährung ein. Durch Massenabhebungen zum Umtausch und Transfer ins Ausland werden ca. 40% der uruguayischen Devisenreserven aufgezehrt.

Argentinien seit 1943

(Forts. v. S. 1315)

Aufstieg Peróns	**1943** 4. Juni	Mit dem Militärputsch des Grupo de Oficiales Unidos (GOU) beginnt der *Aufstieg* Juan Domingo *Peróns* (*1895, †1974), der das neu geschaffene Arbeits- und Sozialministerium erhält. Lohn- und Rentenerhöhungen sowie andere Sozialleistungen bringen ihm die Anhänglichkeit einer breiten Bevölkerungsschicht ein.
Marsch der Descamisados	**1945** 17. Okt.	Als eine Gruppe von Militärs Perón gefangensetzt, erzwingt der von Eva („Evita") Duarte (*1919, †1952), Peróns späterer Gattin, organisierte *Marsch der Descamisados* (wörtlich: Hemdlosen) dessen Freilassung.
	1946 24. Febr.	Gegen den Widerstand oligarchischer Kreise, Liberaler, Studenten, Industrieller und der USA erreicht Perón in den folgenden Wahlen eine deutliche Mehrheit.

Der Peronismus

Der Peronismus, der verschiedene Gruppen von Industrie- und Landarbeitern, Pächtern etc. vereint, wird in der Präsidentenwahl von 1946 auch von einem Teil der Mittelklasse, die den Antiamerikanismus und Peróns Orientierung am nationalen „inneren" Markt schätzt, unterstützt. Anfänglich kann sich Perón die

Streitkräfte *Hilfe der Streitkräfte* und der staatlichen Bürokratie, der Arbeiterschaft und Gewerkschaften durch großzügige Sozialpolitik und geschicktes demagogisches Auftreten sichern.

Gewerkschaften Die Allianz zwischen Militär und den in der Confederación General del Trabajo (CGT) zusammengeschlossenen *Gewerkschaften* soll die Basis für die Neustrukturierung des Landes bilden. Bald nach der Wahl beginnt Perón sein umfassendes Reformprogramm. Durch die Betonung der Professionalisierung, die Verbesserung der Gehälter und Aufstiegschancen der Offiziere, die Erhöhung der staatlichen Ausga-

Aufrüstung ben für *Aufrüstung* und die Entwicklungspläne für eine nationale Rüstungsindustrie sichert sich Perón die weitere Unterstützung der Streitkräfte.

Sozialpolitik Die zweite Säule seiner Politik besteht in einer fortschrittlichen *Sozialpolitik* (Lohnerhöhungen, verbesserte Sozialversicherung, billige Wohnungen, Arbeitsrecht), durch die er die Gewerkschaften von sich abhängig macht. Er schafft sich eine Partei, den Partido Justicialista, und ein Parteiprogramm als formale Legitimierung seiner Maßnahmen. Er verficht eine Politik des „dritten Weges" zwischen Kapitalismus und Kommunismus, deren außenpolitischer Ausdruck in der verstärkten Zusammenarbeit mit den übrigen lateinamerikanischen Ländern besteht, um das Übergewicht der USA abzubauen: Die „Akte von Santiago" (1953) soll eine argentinisch-chilenische Wirtschafts- und Zollunion herbeiführen, in der „Deklaration von Buenos Aires" (1953) geben Nicaragua und Argentinien gemeinsame Ziele bekannt, 1954 schließt Bolivien eine Wirtschaftsunion mit Argentinien.

Auf wirtschaftlichem Gebiet nehmen die Eingriffe zu. Die vor allem in britischem Besitz befindlichen Eisenbahnen werden vom Staat erworben. Verstaatlichungen und Planwirtschaft, Kontrolle des Geld- und Kreditwesens sowie des Außenhandels zielen auf die *binnenwirtschaftliche Aktivierung* ab. Wichtigstes Instrument zur Kontrolle des Außenhandels ist das Instituto Argentino para la Promoción del Intercambio (IAPI). | *Binnenwirtschaft*

1949
16. März — Durch eine *Verfassungsreform* lässt Perón seine Sozialpolitik verankern und sichert sich gleichzeitig die Möglichkeit der Wiederwahl. | *Verfassungsreform*

Eine andauernde Begleiterscheinung der wirtschaftlichen Entwicklung ist die galoppierende Inflation. Den konstanten Lohnerhöhungen steht kein entsprechender Produktivitätsanstieg gegenüber. Erst die drastische Reduktion der Anbauflächen und zwei aufeinanderfolgende Missernten lassen die Regierung ihre Politik ändern. Im *zweiten Fünfjahrplan* schenkt sie den landwirtschaftlichen Exporten, der Einkommenspolitik und dem Auslandskapital die nötige Beachtung. Die Abkehr von der nationalistischen Wirtschaftspolitik durch den Einzug von US-Unternehmen kostet Perón bei seinen Anhängern Sympathien. | *zweiter Fünfjahrplan*

1955
20. Mai — Die katholische Kirche macht sich Perón zur Gegnerin, als durch eine Verfassungsreform Staat und Kirche getrennt und die Steuerfreiheit für Kirchen und religiöse Körperschaften abgeschafft werden.

19. Sept. Nach Auseinandersetzungen mit der Armee führen die Militärs *Peróns Sturz* herbei; er flieht ins Ausland. | *Peróns Sturz*

Alle Regierungen nach Perón müssen sich mit dessen Hinterlassenschaft befassen. Dabei geht es darum, den Einfluss des exilierten Politikers und seiner Massengefolgschaft, vor allem der Gewerkschaften, möglichst gering zu halten, den sozialen Frieden zu wahren und die Wirtschaft in Schwung zu halten. Im Militär, das entscheidenden Einfluss behält, stehen sich der liberale (azules) und der konservative (colorados) Flügel gegenüber.

1958 Nach Übergangsregierungen unter General Eduardo Lonardi (1955; *1896, †1956) und General Pedro Aramburu (1955–1958; *1903, †1970) triumphiert bei Präsidentschaftswahlen Arturo Frondizi (1958–1962; *1908, †1995), der den Peronisten für die kommenden Parlamentswahlen die Aufstellung eigener Kandidaten erlaubt. Nach deren Sieg zwingt das Militär *Frondizi zum Rücktritt*. | *Militärregierungen*

1963–1966 Die Minderheits-Präsidentschaft Aluro Umberto Illías (*1900, †1983) kennzeichnet Misswirtschaft, Arbeitslosigkeit, steigende Inflation und Verfall des Lebensstandards. Die *Kündigung der Erdölverträge* mit Kompensationszahlungen bringt das Land in ernste finanzielle Schwierigkeiten. | *Kündigung der Erdölverträge*

1966
28. Juni — Schließlich setzen die Colorados Illía ab; im Zuge ihrer *„argentinischen Revolution"* erklären sie General Juan Carlos Onganía (1966–1970,* 1914, †1995) zum Präsidenten. Die Revolutionsjunta löst den Kongress, die Provinzparlamente und alle politischen Parteien auf. Onganía versucht zuerst, die Wirtschaft zu sanieren, sodann die brennendsten sozialen Probleme zu lösen, schließlich dem Land eine neue politische Struktur zu geben. | *„argentinischen Revolution"*

1969
Mai — Ein von Studenten und Gewerkschaften gemeinsam veranstalteter *Streik in* der Industriestadt *Córdoba* (Cordobazo) wird zwar mit Waffengewalt unterdrückt, leitet aber Schwächung und Ansehensverlust der Regierung Onganía ein. | *Streik in Córdoba*

1970
8. Juni — Die Regierung wird von einer Militärjunta abgesetzt. Präsident wird als Kompromisskandidat der Streitkräfte General Roberto Levingston (*1920).

1971
25. März — Die Macht geht auf General Alejandro Lanusse (*1918, †1996) über. Er lässt politische Parteien wieder zu, leitet eine vorsichtige Öffnung zu den Peronisten ein und bereitet die Machtübergabe an eine verfassungsmäßige Regierung vor.

1973
11. März — Wahlen bringen dem linksperonistischen Kandidaten der Justizialistischen Befreiungsfront, Héctor J. Cámpora (*1909, †1980) knapp 50% der Stimmen. Den orthodoxen Peronisten unter Führung der CGT gelingt es rasch, sich Cámporas zu entledigen.

25. Sept. Bei erneut angesetzten Wahlen werden der inzwischen aus seinem spanischen Exil *zurückgekehrte Perón* mit fast 62% der Stimmen zum Präsidenten und seine dritte Frau María Estela („Isabel") Martínez de Perón zur Vizepräsidentin gewählt. | *Rückkehr Peróns*

Nach der dritten Übernahme der Präsidentschaft durch Perón zeichnet sich immer deutlicher ein *Auseinanderfallen der* Peronistischen Bewegung *FREJULI* ab. Inzwischen ist der Peronismus mehr in die „Mitte" gerückt; daher kommt es zur Spaltung in einen linken und einen rechten Flügel. Ohne erkennba- | *Auseinanderfallen der FREJULI* res Konzept versucht Perón, seine Führungsrolle durch Ausbalancierung der verschiedenen Gruppierungen zu sichern und das Land innenpolitisch zu entspannen. Die eigentlichen machtpolitischen Kämpfe finden innerhalb der Peronistischen Bewegung selbst statt und werden von einer zunehmenden Terrorwelle zuerst (ab 1969) links-, dann (ab 1974) rechtsextremer Gruppen begleitet. Die Innenpolitik konzentriert sich immer mehr auf die Bekämpfung des Terrorismus, dessen bekannteste Gruppierungen auf der Linken das Ejército Revolucionario Popular (ERP) und die linksperonistischen Montoneros sowie auf der Rechten die Alianza Argentina Anticomunista (AAA) sind.

Außenpolitik   *Außenpolitisch* versucht Argentinien, seine Beziehungen auch mit den Ländern des Ostblocks zu verbessern. Die zu Beginn der peronistischen Amtsperiode forcierte Annäherung an sozialistische Staaten wird später jedoch nicht weiter vorangetrieben. Zielstrebiger werden die Beziehungen zu den Nachbarländern gefördert, deren Gestaltung teilweise (insbesondere zu Paraguay und Bolivien) unter wirtschaftlichen Rivalitätsgesichtspunkten mit Brasilien zu sehen ist.

Tod Peróns   **1974 1. Juli**   Nach dem *Tode Peróns* übernimmt dessen Witwe María Estela verfassungsgemäß die Präsidentschaft.

Antisubversionsgesetz   **7. Nov.**   Zur Bekämpfung des Terrorismus beschließt das Parlament das *Antisubversionsgesetz*, auf dessen Grundlage der unbefristete Ausnahmezustand über das Land verhängt wird.
Die wirtschaftliche, soziale und politische Krise verschärft sich zusehends. Trotz strenger Preiskontrollen steigen die Verbraucherpreise so schnell wie noch nie (nach offiziellen Angaben um 335 % allein im Jahr 1975). Insgesamt wirken sich die politischen Wirren und sozialen Spannungen katastrophal auf die Wirtschaft aus.

1975 11. Juli   Der „starke Mann" der Regierung, Sozialminister J. López Rega (*1916, †1989), muss aus dem Kabinett ausscheiden.

Armeeputsch   **1976 24. März**   Als die Inflationsrate sich zu vervielfachen droht und zugleich die Reallöhne bei verringerten Investitionen sinken, andererseits die Regierung die politische und wirtschaftliche Situation nicht mehr beherrscht, *putscht die Armee*, stellt Frau Perón unter Hausarrest und bildet eine Regierungsjunta, an deren Spitze General Jorge Rafael Videla (*1925) als Staatspräsident fungiert. Der Staatsstreich verläuft unblutig. Die Militärregierung enthebt alle Gouverneure ihrer Ämter, löst Parlamente und Gemeinderäte auf und erlässt ein Betätigungsverbot für Parteien, Gewerkschaftsorganisationen und Wirtschaftsverbände. Die Aktionen der rechtsgerichteten paramilitärischen Organisationen geraten außer Kontrolle. Die Anzahl der *politische Morde*   *politischen Morde* nimmt zu, zahlreiche Personen „verschwinden" spurlos, viele befinden sich aus politischen Gründen in Haft.

1977 7. Mai   Die Argentinische Bischofskonferenz bekundet ihre „ernste Beunruhigung" über die vielen Fälle von Entführungen, von spurlosem Verschwinden, Folterungen, Festnahmen und langer Haft ohne Prozess oder Urteil.

Mit drastischen Mitteln versucht die Regierung Videla, die zerrüttete Wirtschaft zu sanieren. Bei steigendem Preisindex ist jedoch die Verschlechterung des allgemeinen Lebensstandards offensichtlich. Die Arbeiterschaft reagiert auf die Verschlechterung der Arbeitsbedingungen mit Streiks, Protestaktionen und Langsamarbeit. Die militärische Führungsspitze ist in ein zu begrenzten Zugeständnissen bereites Lager um Videla und einen für repressive Maßnahmen eintretenden Flügel um Admiral Massera gespalten. Letzterer wird 1978 durch Admiral Lambruschini ersetzt. Videla stellt einen langfristigen Demokratisierungsprozess in Aussicht.

Die Außenpolitik des Militärregimes ist darauf gerichtet, Prestige und Vertrauen in internationalem Rahmen zu gewinnen. Die Zusammenarbeit mit den durch Militärregime beherrschten Nachbarländern wird *Rivalität mit Brasilien*   energisch vorangetrieben. Dabei führt jedoch die traditionelle *Rivalität mit Brasilien* um die Vorherrschaft im südlichen Lateinamerika zu fortgesetzten Spannungen.

Auseinandersetzungen mit Chile   **1978**   *Auseinandersetzungen mit Chile* um den Beaglekanal. Im Auftrag des Vatikans sucht Kardinal Samoré zu vermitteln.

1981 11. Dez.   General Jorge Rafael Videla muss zurücktreten und wird von General Leopoldo Fortunato Galtieri (*1926) abgelöst.

1982 April   Schwere Wirtschaftskrise; Streiks und Demonstrationen gegen die Junta.

Besetzung der Falklandinseln   Die *Besetzung der Falklandinseln* (Malvinas) durch Argentinien (14. März/1. April) führt zum bewaffneten Konflikt mit Großbritannien.

ab 1. Mai   Britische Luft- und Seestreitkräfte erobern die Falklandinseln zurück; die argentinischen **15. Juni**   Truppen kapitulieren; Galtieri muss zurücktreten (17. Juni). Die Heeresführung bestimmt General Reynaldo Benito Bignone (*1926) zum Staatspräsidenten; dieser bildet ein neues **1. Juli**   Kabinett.

Währungsreform   **1983**   *Währungsreform*: Ersatz des Peso Ley durch den Peso Argentino (1. Juni); vorsichtige Demokratisierung; Zulassung von Gewerkschaften.

30. Okt.	Die allgemeinen freien Wahlen gewinnt die Radikale Bürgerunion UCR (Unión Civica Radical). Staatspräsident wird Raúl Alfonsín (*1927, UCR). Mit seinem Amtsantritt *endet das*	*Ende des*
10. Dez.	*Militärregime.* Wiederaufbau des Rechtsstaates; wirtschaftspolitische Maßnahmen.	*Militärregimes*
1984 20. Sept.	Gemäß Bericht einer nationalen Untersuchungskommission verschwanden unter dem Militärregime mindestens 9000 Menschen.	
18. Okt.	Argentinien und Chile unterzeichnen in Rom den unter Vatikan-Vermittlung zu Stande gekommenen Vertrag über die bisher strittige Grenzmarkierung im Beaglekanal.	
1985	Drastische Maßnahmen zur Beseitigung der Inflation (neue Währung).	
3. Nov.	Teilparlamentswahlen: Die UCR gewinnt mit ca. 43% ein Mandat hinzu, die Peronisten verlieren bei 34,5% acht Sitze.	
9. Dez.	Hohe Haftstrafen für einige Angehörige der ehemaligen Militärjunta; vier Freisprüche.	
1986 3. Okt.	Alfonsín legt ein *Modernisierungsprogramm* vor (Dezentralisierung, Verfassungsreformen, Entflechtung Staat – Wirtschaft, Sozial- und Bildungsreformen).	*Modernisierungsprogramm*
23. Dez.	Die Abgeordnetenkammer verabschiedet ein Gesetz zur Verjährung der Verbrechen der Junta; massiver Protest der Bevölkerung.	
1987 15. April	Im Gefolge der Prozesse gegen die der Menschenrechtsverletzung angeklagten Militärs kommt es zu einer Militärrevolte (bis 23. April) „Gesetz über den Befehlsnotstand". Amnestie für Armee- und Polizeioffiziere (8. Juni).	
6. Sept.	Bei Parlamentsteil- und Gouverneurswahlen verliert die UCR die absolute Mehrheit.	
8. Sept.	Das Kabinett tritt zurück; Alfonsín setzt am 15. Sept. eine neue Regierung ein.	
1988	Zwei Militärrevolten. Im April Einstellung des Schuldendienstes (bis Juni 1990).	
1989 14. Mai	Die *Präsidentschaftswahlen* gewinnt der Peronist Carlos Menem (*1935), der sein Amt nach dem vorzeitigen Rücktritt Alfonsíns am 8. Juli antritt.	*Präsidentschaftswahlen*
1990 März	Angesichts einer Währungsabwertung um mehr als 50%, einer Inflation von über 20000% und sinkender Produktivität beschließt die Regierung weitere Sparmaßnahmen (Steuererhöhungen, Abbau im öffentlichen Dienst). Wiederaufnahme der diplomatischen Beziehungen zu Großbritannien.	
Okt.	Die Begnadigung mehrerer hoher Militärs stößt auf massive Kritik in der Bevölkerung.	
1991	Argentinien gründet mit Brasilien, Uruguay und Paraguay den MERCOSUR (26. März).	
19. Sept.	Argentinien tritt aus der Bewegung der Blockfreien Staaten aus.	
25. Sept.	Argentinien und Großbritannien einigen sich, insbesondere im militärischen Bereich, auf vertrauensbildende Maßnahmen, die zur Normalisierung in der Falkland-Frage führen sollen.	
1992	*Währungsreform* (1. Jan.): Ersatz des Austral durch den Peso.	*Währungsreform*
3. Febr.	Präsident Menem gibt Archivmaterial über NS-Prominenz frei, die nach 1945 nach Argentinien eingereist ist. Dazu zählen Dossiers über Adolf Eichmann, Josef Mengele, Martin Bormann, Wilfried von Oven, Eduard Roschmann, Walter Kutschmann und Josef Schwammberger.	
1993 27. Juli	Tausende von Bauern protestieren gegen die liberale Wirtschaftspolitik, die zu hoher Verschuldung führt. Die katholischen Bischöfe beklagen die mit diesem Wirtschaftskurs einhergehende Verarmung (9. Aug.).	
1994	Argentinien tritt dem Vertrag von Tlatelolco bei (18. Jan.).	
24. Aug.	Die *neue Verfassung* tritt in Kraft. Sie lässt unter anderem eine einmalige Wiederwahl des Staatspräsidenten zu. Der Anspruch auf die Falkland-Inseln wird in der Verfassung festgeschrieben.	*neue Verfassung*
31. Aug.	Präsident Menem unterzeichnet ein Dekret über die Abschaffung der Wehrpflicht zum 1. Jan. 1995.	
1995 25. April	Heereschef General Martín Balza erklärt öffentlich, dass während der Diktatur das Militär Verbrechen begangen habe und die Armee dafür Verantwortung übernehmen müsse. Weitere Offiziere schließen sich der Selbstkritik an. Die Rolle der Kirche während des Militärregimes wird ebenfalls einer Kritik unterzogen.	
14. Mai	Carlos Menem siegt bei den Präsidentschaftswahlen. Die Peronisten gewinnen auch die gleichzeitig stattfindenden Wahlen zur Abgeordnetenkammer.	
1996	Argentinien und Chile treffen Vereinbarungen, die beiden Ländern den Zugang zum Atlantik bzw. Pazifik erleichtern.	
Aug./Sept.	Landesweite *Generalstreiks* gegen die Wirtschafts- und Finanzpolitik der peronistischen Regierung (8. Aug./26.–27. Sept.).	*Generalstreiks*
1997 26. Okt.	Bei Wahlen zur Abgeordnetenkammer verlieren die Peronisten ihre Mehrheit. Präsident Menem führt nun eine Minderheitsregierung an.	

	1998 9. März	Eine von der Regierung eingesetzte internationale Historikerkommission legt einen Bericht zum Aufenthalt ehemaliger Nationalsozialisten in Argentinien vor. Danach sind nach 1945 mindestens 143 Funktionäre des NS-Regimes nach Argentinien geflüchtet.
Verhaftungen ranghoher Militärs	9. Juni	Der frühere Diktator Jorge Rafael Videla wird wegen mutmaßlicher Beteiligung an Kindesentführungen während der Militärdiktatur (1976–1983) festgenommen. Bis Jan. 1998 folgen weitere acht *Verhaftungen ranghoher Militärs*.
	27. Okt.–1. Nov.	Präsident Menem besucht als erstes argentinisches Staatsoberhaupt nach dem Falkland-Krieg (1982) Großbritannien.
	16. Dez.	Argentinien und Chile einigen sich über die endgültige Grenzziehung in der wasserreichen Hielos-Continentales-Region in Patagonien (ratifiziert 2. Juni 1999).
Mitte-Links-Bündnis	**1999** 24. Okt.	Bei den Präsidentschaftswahlen setzt sich Fernando de la Rúa (*1937), der Kandidat des oppositionellen *Mitte-Links-Bündnisses*, durch (Amtsantritt am 10. Dez.). Die zugleich abgehaltenen Teilwahlen zum Abgeordnetenhaus und die Gouverneurswahlen in sechs Provinzen ändern jedoch nichts an der Mehrheit des peronistischen Partido Justicialista (PJ). Die Wirtschaftliche Lage des Landes ist desolat: Im Jahr 1999 beträgt die Staatsverschuldung 125,2 Mio. US-Dollar, die Arbeitslosenquote 17,8%, das Bruttoinlandsprodukt –3%.
	2000 1. Mai	Die wirtschaftlichen Konkurrenten Argentinien und Brasilien verabreden in der „Deklaration von Buenos Aires", gemeinsame Zielgrößen zur Harmonisierung der nationalen Wirtschaften festzulegen.
Schmiergeldaffäre	Aug.	Aufdeckung eines Bestechungsskandals, in den Regierungsmitglieder verwickelt sind. Die *Schmiergeldaffäre* wirkt sich im Okt. zu einer umfassenden Regierungskrise aus. Vizepräsident Carlos Álvarez und Senatsvorsitzender José Genoud treten zurück.
	24. Nov.	Generalstreik gegen den geplanten Umbau des bisher von den Gewerkschaften kontrollierten Versicherungssystems.
	2001 6. März	Das Bundesgericht erklärt zwei der unter Präsident Alfonsín 1986/87 erlassenen Amnestiegesetze für verfassungswidrig und macht damit den Weg frei für eine strafrechtliche Verfolgung der Verbrechen während der Militärdiktatur (1976–1983).
	16. März	Wirtschaftsminister López stellt ein radikales Sparpaket vor, das u.a. die Entlassung von ca. 30% der Staatsbediensteten vorsieht. Daraufhin treten die Minister des Frente del País Solidarío (Frepaso) aus der Regierung aus. In der neuen „Regierung der nationalen Einheit" sitzen Vertreter von UCR und Acción par la república (AR).
	30. März	Nach dem Abgeordnetenhaus genehmigt auch der Senat eine Reihe von Sondervollmachten für die Regierung.
	4. Mai	Verabschiedung eines Gesetzes, das die seit 1991 bestehende Peso-Dollar-Parität aufhebt.
	7. Juni	Der frühere Präsident Menem wird wegen des Vorwurfs illegaler Waffengeschäfte festgenommen.
Peronisten stärkste Kraft	14. Okt.	Bei den Parlamentswahlen erleidet die Regierungskoalition eine Niederlage. *Peronisten* werden *stärkste Kraft* sowohl im Abgeordnetenhaus wie im Senat.
	Dez.	Bargeld-Abhebungen und Transfer ins Ausland werden beschränkt. Es kommt zu schweren Unruhen und Plünderungen.
	20. Dez.	Rücktritt des Präsidenten de la Rúa. Der Peronist Adolfo Rodríguez Saá wird am 23. Dez. Übergangspräsident.
	2002 1. Jan.	Der bei der Präsidentenwahl 1999 unterlegene Eduardo Duhalde von den Peronisten wird neuer Präsident.
	11. Juli	Ex-Juntachef Leopoldo Galtieri wird zusammen mit 42 weiteren wegen Menschenrechtsverletzungen während der Diktatur Beschuldigten in Haft genommen.
	16. Juli	Der IWF gewährt ein Jahr Aufschub für die Rückzahlung eines Krediertes über 985 Mio. US-Dollar. Die Verelendung hat drastische Formen angenommen; die Hälfte der Bevölkerung lebt unter der Armutsgrenze.
	20. Aug.	Das US-Außenministerium gibt über 4 000 Geheimdokumente frei, aus denen hervorgeht, dass die US-Regierung über die Verbrechen der Militärdiktatur informiert war.
	23. Aug.	Der Oberste Gerichtshof erklärt die seit Juli 2001 vorgenommenen Gehaltskürzungen im öffentlichen Dienst für verfassungswidrig. Der finanziell schwer angeschlagene Staat muss 2,4 Mrd. Pesos (660 Mio. Euro) nachzahlen.

Brasilien seit 1945
(Forts. v. S. 1317)

Die *Machtübernahme von* Getúlio Dornelles Vargas (*1883, †1954; 1930–1945, 1950–1954) beendet die nationale Vorherrschaft der Großgrundbesitzer und leitet den brasilianischen Populismus und die neueste Geschichte des Landes ein. Vargas kann als einer der ersten lateinamerikanischen Entwicklungsdiktatoren angesehen werden. Innenpolitisch stützt er sich auf das städtisch-industrielle Bürgertum und die Industriearbeiterschaft. – Kurz nach Ende des Zweiten Weltkriegs wird Vargas durch einen starken demokratischen Druck zum Rücktritt gezwungen.

Machtübernahme von Vargas

1945 Vargas' politischer Einfluss bleibt beherrschend, nachdem bei der Präsidentschaftswahl sein Kandidat Eurico Gaspar Dutra (1946–1951; *1885, †1974) siegt.

1951 Vargas wird für die Amtsperiode 1951–1956 gewählt (1954 Selbstmord).

1951–1954 Die *zweite Regierungszeit Vargas'* ist durch zunehmende Unfähigkeit, Korruption und politische Intrigen gekennzeichnet.

zweite Regierungszeit Vargas'

1954–1955 Sein Nachfolger im Amt wird João Café Filho (*1899, †1970). Nach Vargas ändert sich das Wirtschaftskonzept eines autonom-nationalistischen Kapitalismus durch Industrialisierung zugunsten der Vorstellung eines abhängigen, mit dem kapitalistischen Westen eng assoziierten Systems.

1955 Juscelino Kubitschek de Oliveira (*1902, †1976) wird zum Präsidenten gewählt.

1955–1960 In Kubitscheks Regierungszeit fällt, im Zusammenhang mit der Erschließung des Binnenlandes, der Bau der *neuen Hauptstadt Brasília*. Seine forcierten Industrialisierungspläne bringen dem Land eine ungewöhnlich hohe Inflationsrate und eine ausweglose Finanzsituation. Der Exportsektor wird gezielt ausgebaut. Im Verlauf der wirtschaftlichen Assoziierung mit den entwickelten ausländischen Zentren entstehen (vor allem in São Paulo, Rio de Janeiro/Belo Horizonte) hochentwickelte Industrien, die zu „Brückenköpfen" des internationalen kapitalistischen Systems werden. Seit Kubitscheks *Industrialisierungspolitik* wird Brasilien zu einem „Demonstrationsmodell" externer Entwicklungsfinanzierung: Der Anlagewert der US-multinationalen Unternehmen beläuft sich heute auf rund 4 Mrd. Dollar. In ausländischem Besitz befinden sich 90% der Autoindustrie und der Eisenbahnausrüstungen, 93% der Pharmazeutik, 73% des Maschinenbaus, 70% der Chemie.

neue Hauptstadt Brasília

Industrialisierung

1960 Die Wahl von Jânio da Silva Quadros (*1917, †1992) scheint den Beginn einer längst überfälligen sozialen Reformpolitik zu signalisieren (Kampf gegen die Korruption, Einsparungen in der Staatsverwaltung, Währungsreform).

1961 Quadros resigniert jedoch vor den Repräsentanten des in- und ausländischen Kapitals: Sein Rücktritt bringt den Führer der von Vargas gegründeten Arbeiterpartei Partido Trabalhista Brasileiro (PTB), João Belchoir Marques Goulart (*1918, †1976), an die Macht (1961–1964).

Amtsübernahme Goularts

1963 Die vorübergehende Einführung des parlamentarischen Systems zur Beschränkung präsidentieller Machtbefugnisse wird durch eine Volksabstimmung wieder aufgehoben. Goulart strebt Reformen im Agrarbereich, Wohnungsbau, Bankwesen, Wahlrecht, Verwaltungssystem und Erziehungswesen an; er baut eine selbstständige Außenpolitik und erweiterte Außenhandelsbeziehungen auf. Zur Verwirklichung dieser Reformen paktiert er mit den Gewerkschaften und zeitweilig den Kommunisten; der Versuch, sich Rückhalt bei der Armee zu verschaffen, misslingt.

1964 31. März Goularts Taktieren mit der Linken provoziert schließlich die politische Intervention des Militärs, das *Goulart stürzt*. – Generalstabschef Humberto de Alencar Castelo Branco (*1900, †1967) übernimmt die Macht.

Sturz Goularts

Entwicklungsmodell und Politik der brasilianischen Diktatur

Für die Wirtschafts-, Innen- und Außenpolitik wird die sog. *„Interdependenz-Doktrin"* entwickelt, die Castelo Branco im Juli 1964 formuliert: Schließung des politisch-ökonomischen Systems nach unten, Errichtung einer autoritären Herrschaftsstruktur durch die militärische „Mittelklasse", Liquidierung der politischen Ausdrucksformen der „nationalen Entwicklungsgesellschaft", Aufgabe des „Neutralismus", Öffnung des Landes für ausländische Kapitalinvestitionen und Propagierung des „assoziierten Entwicklungsmodells". Nach der Machtübernahme des Militärs wird der Präsident mit quasi-diktatorischen Vollmachten ausgestattet, das Parlament bleibt jedoch bestehen. Die bestehenden Parteien werden aufgelöst und durch ein *künstliches Zweiparteiensystem* ersetzt, in dem der Regierungspartei ARENA (Aliança Renovadora Nacional) die „offizielle" Oppositionspartei MDB (Movimento Democrático Brasileiro) gegenübersteht.

Interdependenz-Doktrin

künstliches Zweiparteiensystem

Wirtschaftswunder — 1968/1969 beginnt das sog. „brasilianische *Wirtschaftswunder*" (milagre brasileiro), das hauptsächlich in der Erreichung eines starken Wirtschaftswachstums, einer Steigerung des Exports und der erfolgreichen Eindämmung der Inflation besteht (wiederholte Abwertung des Cruzeiro). Bestimmende Merkmale des „brasilianischen Entwicklungsmodells" sind der Einsatz von Repression und Folter gegen Kritik und Opposition, Allianz von hohen Militärs und zivilen Technokraten in der Führungselite, eine wachstumsorientierte kapitalistische Wirtschaftspolitik bei Beteiligung des Auslandskapitals und einer starken Position des Staates, geringe Partizipation der Gesamtbevölkerung an den wesentlichen sozio-politischen Entscheidungen. Die ländliche Entwicklung wird vernachlässigt; massenhafte Landflucht führt zu erhöhter (versteckter) Arbeitslosigkeit in den Städten. Die Agrarreformgesetzgebung von 1964 und das *Agrarprogramm PROTERRA* von 1972 führen zu keiner Strukturveränderung der Besitzverhältnisse. Das „Wirtschaftswunder" begünstigt hauptsächlich die höheren Einkommensgruppen, der Reallohn der Arbeiter fällt; die Einkommensverteilung wird immer krasser. 90 % der Landbevölkerung (= 38 % der Gesamtbevölkerung) leben am Rande des physischen Existenzminimums. Rund 40 % der Bevölkerung gelten als unterernährt; die Analphabetenrate kann zwar gesenkt werden (1970: 33 %), aber die absolute Zahl der Analphabeten nimmt zu.

enges Verhältnis zu den USA — Die Bemühungen um ein *enges Verhältnis zu den USA* sind lange Zeit der Eckpfeiler der brasilianischen Außenpolitik. Die Hauptaktivitäten in Lateinamerika konzentrieren sich auf die kleineren Staaten an der Südgrenze, wo sich Brasilien auf seiner Entwicklung zur ersten Macht der Region mit Erfolg eine „Einflusssphäre" schafft. Seit 1973 geht es darum, den Energie-Import sicherzustellen und Zahlungsmöglichkeiten dafür zu finden. Das Land schließt mit seinen Nachbarn Abkommen über die Lieferung von Erdgas aus Bolivien, von Koks aus Kolumbien und von hydroelektrischer Energie aus gemeinsamen Projekten an den Grenzflüssen mit Paraguay, Argentinien und Uruguay. 1975 werden die Beziehungen zu den USA stark belastet, gegen deren Willen Brasilien mit der Bundesrepublik Deutschland einen Vertrag über den Bau von acht Atomkraftwerken, einschließlich der Urananreicherungs- und Wiederaufbereitungsanlagen, schließt, die die technologische Grundlage für die Herstellung von Atomwaffen liefern können. Die *Distanzierung von den USA* findet 1977 (auf dem Hintergrund der US-Menschenrechtspolitik) ihren Ausdruck in der Kündigung des Verteidigungs- und Militärhilfeabkommens mit den Vereinigten Staaten.

Militärregierung — **1967–1969** Die *Militärregierung* des Generals Arturo da Costa e Silva (*1902, †1969) löst das Parlament auf (1968); sie spricht sich im „Institutionellen Akt Nr. 5" das Recht zu, durch Dekrete zu regieren, die Persönlichkeitsrechte aufzuheben und die Presse zu kontrollieren. Die Verfassungen von 1967 und 1969 sorgen für eine Stärkung der Bundes-Exekutive. Nach einem Schlaganfall Costa e Silvas übernimmt vorübergehend eine Militärjunta die Macht und ernennt **1969–1974** General Emilio Garrastazú Médici (*1905, †1985) zum Präsidenten. *Unter Médici* stürzt systematische politische Repression gegen alle Regimegegner das Land in einen beispiellosen *Terror*. Linksrevolutionäre Untergrundorganisationen entwickeln sich zur Stadtguerilla (MR 8 und ALN). Die Eskalation des (staatlichen) Terrors hält an und wird weiter verschärft. Gewalt und Gegengewalt bestimmen die Formen der innenpolitischen Auseinandersetzung: 1969 wird der Guerillachef Carlos Marighela, 1971 Carlos Lamarca erschossen. Beim Vorgehen des staatlichen „Indianer-Schutzdienstes" im Amazonasgebiet kommt es zu *Massenmorden an Indios*, deren Untersuchung von der Regierung hintertrieben wird.

1974–1979 Unter Präsident Ernesto Geisel (*1908, †1996) sucht man ein neues wirtschaftliches Modell. Ziel bleibt ein möglichst hohes Wachstum bei Lohn- und Preiskontrollen sowie die Verbesserung der Industrie- und Agrarstruktur. Die von der *Regierung Geisel* erwartete politische Liberalisierung unterbleibt, der (seit 1969 bestehende) Ausnahmezustand wird beibehalten.

1974 Die Oppositionspartei MDB kann ihren Anteil an Parlamentssitzen überraschend auf 162 (von insgesamt 364) erhöhen; daraufhin setzt eine staatliche Verfolgungskampagne gegen das gesamte Spektrum der Opposition ein. Der gewaltsame Kampf gegen das Regime nimmt mit dem Wiedereinsetzen von Guerillaaktivitäten einen neuen Aufschwung. Geisel lässt sich präsidiale Sondervollmachten einräumen und suspendiert das Parlament.

Zu den deutlichsten Kritikern dieses Regimes gehört, neben Anwälten und Studenten, die *katholische Kirche*. Wortführer des sozialpolitische Forderungen erhebenden progressiven Klerus ist Hélder Câmara (*1909, †1999), Erzbischof von Olinda und Recife. Die Bischofskonferenz klagt (1973) die Regierung an, das kapitalistische System mit Foltermethoden, Mord und Verhaftungen aufrechtzuerhalten. Die Auseinandersetzung zwischen **1976** Staat und Kirche erreicht einen vorläufigen Höhepunkt: Die Bischöfe prangern die sozial-ökonomische Politik der Regierung, die Indianerpolitik und die Doktrin von der nationalen Sicherheit der brasilianischen Militärs an.

1978 15. Okt.	João Batista Oliveira Figueiredo (*1918, †1999) wird zum neuen Staatspräsidenten gewählt.	
1979 1. Jan.	Der 1968 verkündete Institutionelle Akt Nr. 5, die Grundlage für alle diktatorischen Maßnahmen, wird aufgehoben. Erlass eines Amnestiegesetzes (22. Aug.). Damit *beginnt die „Abertura"* (langsame Öffnung zur Demokratie).	*Beginn der „Abertura"*
1980/1981	Streiks der Land- und Metallarbeiter. Dürrekatastrophe im Nordosten. Schwere Wirtschaftskrise, hohe Verschuldung, Inflation.	
1982	Bei den *ersten freien Wahlen seit 1964* behauptet die Regierungspartei PDS (Partido Democrático Social) nur im Oberhaus die Mehrheit.	*freie Wahlen*
1983 22. Aug. 26. Sept.	Brasilien erhält einen *IMF-Kredit* von 5,5 Mrd. US-Dollar (28. Febr.). Als das mit ca. 90 Mrd. US-Dollar am höchsten verschuldete Entwicklungsland der Welt muss Brasilien wegen *Zahlungsunfähigkeit* den Schuldendienst einstellen. Der IMF (Internationaler Währungsfonds) gewährt Brasilien einen Kredit von 11 Mrd. US-Dollar zur Schuldenfinanzierung.	*IMF-Kredit* *Zahlungsunfähigkeit*
1984 27. April	Nach Großdemonstrationen für die Direktwahl zum Präsidentenamt kündigt Figueiredo deren Einführung für 1988 an. Am 15. Januar 1985 soll ein Wahlmännergremium das erste zivile Staatsoberhaupt seit 1964 wählen.	
25. Okt.	Der Betriebsbeginn des größten *Wasserkraftwerks* der Welt, *Itaipú* am Grenzfluss Paraná (geplante Leistung 1989 nach Endausbau 12600 Megawatt), sichert bei gebesserter Konjunktur den Strombedarf des Landes.	*Wasserkraftwerk Itaipú*
1985 21. April 15. Nov.	Der Kongress wählt am 15. Jan. Tancredo Neves (*1910, †1985) zum Präsidenten. Nach seinem Tod folgt ihm Vizepräsident José Sarney (*1930) im Amt. Allgemeine Wahlen führen zu einem „Erdrutsch-Sieg" der regierenden Demokratischen Allianz und legitimieren damit Präsident Sarney.	
1988	Am 5. Okt. tritt die *neue Verfassung* in Kraft.	*neue Verfassung*
1989 Febr.	Auf einer Konferenz der Indianer in Altamira wird über das Vorhaben der Regierung, für das gigantische Wasserkraftwerke Indianergebiet zu überfluten, beraten.	
17. Dez.	Der Liberale Fernando Collor de Mello (*1949) wird im zweiten Wahlgang der ersten direkten Wahlen knapp zum Präsidenten gewählt.	
1990 16. März	Wirtschaftsnotprogramm zur Bekämpfung der Inflation (Einfrieren von Bankguthaben, Subventionsstreichungen, neue Währung, Personalabbau im öffentlichen Dienst).	
1991 26. März	Vertrag von Asunción. Brasilien ist Gründungsmitglied der Zoll- und Freihandelszone MERCOSUR, die am 1. Jan. 1995 in Kraft treten soll.	
5. Okt.	Staatspräsident Collor de Mello erklärt den Staatsbankrott. Chronische Wirtschaftskrise, Rezession, hohe Inflation.	
15. Nov.	Der IMF gewährt Brasilien einen Kredit von 2 Mrd. US-Dollar.	
1992 9. Juli	Brasilien und seine Gläubigerbanken einigen sich auf die Umschuldung von knapp der Hälfte (45 Mrd. US-Dollar) seiner Auslandsschulden.	
29. Sept.	Wegen des Verdachts auf Korruption wird Präsident Collor de Mello für 180 Tage von seinem Amt suspendiert. Sein Stellvertreter Itamar Franco (*1931) übernimmt die Amtsgeschäfte (2. Okt.) für die Dauer des Impeachment-Verfahrens.	
29. Dez.	Präsident *Collor de Mello tritt zurück*. Darauf wird Itamar Franco als neuer Staatspräsident vereidigt.	*Collor de Mello zurückgetreten*
1993 21. April	Bei einem Referendum über die Staatsform spricht sich die Mehrheit für die Beibehaltung der Republik aus.	
Juli–Aug.	In einer Serie von Morden töten Killerkommandos Straßenkinder.	
1. Aug.	*Währungsreform*: Der Cruzeiros Real ersetzt den alten Cruzeiros.	*Währungsreform*
8. Aug.	Goldgräber verüben im Amazonas-Gebiet ein Massaker an den Yanomami-Indianern. Militärs wenden sich gegen weitergehende Selbstbestimmungsrechte der Urbevölkerung (11. Aug.). Es kommt zu Geiselnahmen und Besetzungen durch Indianer.	
Okt.–Dez.	Korruptions- und Bestechungsskandale, in die führende Politiker verwickelt sind, werden aufgedeckt.	
1994 3. Okt.	Der Sozialdemokrat Fernando Henrique Cardoso (*1931) siegt bei den Präsidentschaftswahlen gegen den Kandidaten der sozialistischen Arbeiterpartei (PT) Luis Inácio da Silva (*1945) und tritt am 1. Jan. 1995 sein Amt an.	
12. Dez.	Der Prozess gegen Collor de Mello wird aus Mangel an Beweisen eingestellt.	
1995 17. März	Die Menschenrechtsorganisation Human Rights Watch prangert die zunehmende Gewalt gegenüber Straßenkindern an.	
1996 29. Febr.	Die Brasilianische Bischofskonferenz übt scharfe Kritik an der Regierung, insbesondere an ihrer *Indianerpolitik*.	*Indianerpolitik*

	1997	Gesetzliche Maßnahmen zum Schutz des Regenwaldes zeigen keine Wirkung: Brasiliens Weltanteil am Tropenholzhandel hat sich seit 1992 kontinuierlich erhöht.
	7. Sept.	Am „Aufschrei der Ausgeschlossenen", zu dem die Kirche, die Bewegung der Landlosen, Teile der Gewerkschaftsbewegung und andere soziale Organisationen aufgerufen haben, beteiligen sich landesweit mindestens 500 000 Menschen.
	1998 10. Febr.	Eine Verwaltungsreform sieht Entlassungen sowie Obergrenzen für Gehälter im öffentlichen Dienst vor.
Dürreperiode	Febr.–Mai	Durch eine *Dürreperiode* während der Regenmonate wird die Ernte im unterentwickelten Nordosten Brasiliens weitgehend vernichtet. Rd. 10 Mio. Menschen sind von schwerster Hungersnot betroffen.
	4. Okt.	Bei den Präsidentschaftswahlen, die mit Wahlen zum Abgeordnetenhaus, Teilwahlen zum Senat und Gouverneurswahlen verbunden sind, wird Präsident Cardoso im Amt bestätigt, die fünf in der Mitte-Rechts-Regierung vertretenen Parteien behalten die Mehrheit.
	1999 10. Jan.	Präsident Cardoso unterzeichnet ein Gesetz zur Schaffung eines Verteidigungsministeriums, das von einem zivilen Minister geführt wird.
	15. Jan.	Der Wechselkurs der Landeswährung Real wird freigegeben.
	7. Sept.	Der Unabhängigkeitstag wird von mehreren hunderttausend Demonstranten zu Protesten gegen die neoliberale Wirtschafts- und Sozialpolitik der Regierung genutzt.
Kooperations- abkommen gegen die Drogenmafia	28. Sept.	Brasilien und Peru schließen ein *Kooperationsabkommen* zum Kampf *gegen die Drogenmafia*.
	2000 März	Der Gouverneur von Rio, Anthony Garotinho, organisiert unter der Parole „mãos limpas" (saubere Hände) eine groß angelegte Antikorruptionskampagne.
	22. April	In Porto Seguro findet die offizielle Gedenkveranstaltung zur 500-Jahr-Feier der Entdeckung Brasiliens durch den portugiesischen Seefahrer Pedro Álvares Cabral statt. Im Vorfeld der Veranstaltung erinnern Indiogruppen daran, dass die Urbevölkerung des Landes fast völlig durch die von Europäern eingeschleppten Krankheiten ausgelöscht wurde.
	11. Sept.	Rund 15 000 Aktivisten der Landlosenbewegung (MST) besetzen vorübergehend öffentliche Gebäude und Banken in elf Bundesstaaten, um ihre Forderung nach Verteilung brachliegenden Landes zu unterstreichen.
	1./15. Okt.	Bei den Kommunalwahlen setzen sich die Linksparteien gegen die auf Bundesebene regierende Mitte-Rechts-Koalition durch.
	2001 20. Febr.	In 29 Haftanstalten im Bundesstaat São Paulo meutern 24 000 Häftlinge. Der größte Gefangenenaufstand in der Geschichte Brasiliens, vermutlich organisiert von den einsitzenden Chefs eines Verbrechersyndikates, endet mit der Aufgabe der Meuterer.
Bruch der Regierungs- koalition	25. Febr.	*Bruch der Regierungskoalition* durch Austritt der Minister vom Partido da Frente Liberal (PFL).
	20. März	Untergang der größten Ölbohrinsel der Welt, P-36, vor der brasilianischen Küste.
	2002 14. Mai	Eröffnung eines Prozesses gegen 149 Polizisten, denen Beteiligung an der Ermordung von Landlosen im Jahr 1996 vorgeworfen wird.
	23. Aug.	Sieben Prozent des Amazonas-Regenwaldes, ein Gebiet von der Größe Belgiens, werden unter Schutz gestellt.
	6. Sept.	Der IWF bewilligt einen Kredit über 30 Mrd. US-Dollar.

Chile seit 1946
(Forts. v. S. 1318)

1946–1952	Präsidentschaft von Gabriel González Videla (1946–1952; *1898, †1980) (von einer linken Koalition samt Kommunisten gewählt): Die 1938 an die Regierung gelangte Volksfront wird abgelöst von der Allianz der Mittelklasse mit der Oberschicht als Ausdruck der wachsenden Bedeutung der Großindustrie, der Bank- und Finanzkreise sowie der neuen weltpolitischen Situation im kalten Krieg.
1948	Die Kommunistische Partei wird verboten (bis 1957) und die Arbeiterbewegung unterdrückt.
1952–1958	Die Regierung des ehemaligen Diktators Carlos Ibáñez del Campo (*1877, †1960) antwortet mit *Stabilisierungsmaßnahmen* (Lohnstopp bei steigenden Preisen) auf die wirtschaftlichen Schwierigkeiten, welche durch die reduzierten Exporteinnahmen nach dem Korea-Krieg entstehen.
1957	Bei Parlamentswahlen kommt erstmals der Frente de Acción Popular (FRAP) zu Stande, ein Bündnis von Sozialisten, Kommunisten und „Volksdemokraten"; diese Zusammenfas-

Stabilisierungs- maßnahmen

Lateinamerika: Südamerikanische Staaten seit 1945 Chile seit 1946

sung linker Kräfte kann jedoch nicht den Wahlsieg von Jorge Alessandri Rodríguez (*1896, †1986) verhindern.

1958–1964 Alessandri setzt mit Hilfe einer reaktionären Lohnpolitik, amerikanischer Kredite und mit Zugeständnissen an das ausländische Kapital die Industrialisierung fort; während seiner Regierung wird Eduardo Frei Montalva (*1911, †1982) als Kandidat des Partido Demócrata Cristiano (PDC) aufgebaut; der PDC repräsentiert einen bürgerlichen, auch für die politische Rechte teilweise akzeptablen Reformismus.

1964 Beim Wahlkampf kommt es zu einer deutlichen Polarisierung zwischen dem FRAP-Kandidaten, dem sozialistischen Senator Salvador Allende (*1908, †1973), und *Eduardo Frei* (*1911, †1982), der nach einem *Wahlsieg* (56% der Stimmen) die Präsidentschaft übernimmt.

4. Sept.

Wahlsieg Eduardo Freis

1964–1970 Die erste christdemokratische Regierung Lateinamerikas ist entschlossen, durch die „Revolution in Freiheit" eine demokratische Alternative zu der revolutionären kubanischen Lösung zu verwirklichen. Das *reformpolitische Konzept* Freis beinhaltet die Durchführung einer längst überfälligen Agrarreform, einer Reform der Kupferpolitik, einer Steuerreform, einer Bildungs- und Erziehungsreform sowie wirtschaftspolitisch die Bekämpfung der galoppierenden Inflation.

Reformen

Die *Landwirtschaft* wird (bis in die sechziger Jahre) durch eine seit Jh.n nahezu unveränderte Besitz- und Betriebsstruktur gekennzeichnet. Die Agrarproduktion stagniert (infolge extensiver Bewirtschaftung) und macht Nahrungsmittelimporte erforderlich, für die Chile von 1945–1970 über drei Milliarden US-Dollar ausgeben muss.

Landwirtschaft

1967 Nach jahrelangen Auseinandersetzungen gelingt es der Regierung Frei, ein Agrarreformgesetz durchzusetzen, das zumindest die Enteignung bestimmter Ländereien vorsieht.

28. Juni

Reformpolitik unter Eduardo Frei

Die Maßnahmen aufgrund des *Agrarreformgesetzes* von 1967 werden in ihrer Durchführung in vielen Fällen boykottiert; trotzdem enteignet die Regierung ca. 18% der landwirtschaftlichen Nutzfläche (= 3,6 Millionen ha Land), auf der rund 321 000 Landarbeiterfamilien angesiedelt werden. Die Umverteilung des Bodens wird von vielen produktionsverbessernden Maßnahmen begleitet.

Agrarreformgesetz

Der zweite Reformkomplex umfasst den *Bergbau*: Seit der Weltwirtschaftskrise hat der Bergbau, vor allem das Kupfer, für Chiles Außenhandel kontinuierlich an Bedeutung zugenommen. 1969 bestreitet der Bergbau 88,9% der Ausfuhren (Kupfer: 79,1%). Die Regierung Frei will die Chilenisierung des wichtigsten Ausfuhrprodukts erreichen; in schwierigen Verhandlungen mit den US-Konzernen gelingt ihr die „ausgehandelte Nationalisierung", die Chile 51% der Aktien der nun gemischten Gesellschaften verschafft und die Option auf die restlichen 49% in den Jahren zwischen 1973 und 1982 einräumt. Ein Konflikt mit den Monopolgesellschaften kann zwar durch die Übergabe von Staatsschuld-Verschreibungen vermieden werden; entgegen den chilenischen Hoffnungen kommt es jedoch nicht zu der erwarteten US-Investitionstätigkeit; das Investitionsprogramm geht ausschließlich zulasten Chiles, das sich enorm *verschuldet*.

Bergbau

Verschuldung

Bei anderen Reformvorhaben sind die Christdemokraten erfolglos; die Steuerreform bleibt bereits in den Anfängen stecken. Im Erziehungswesen (Bildungsreform) und sozialen Wohnungsbau kann die Regierung allerdings bemerkenswerte Fortschritte erzielen. Doch müssen die Christdemokraten an ihrem Programm auch wichtige Abstriche vornehmen. Im Parlament wird Frei oft von der Linken (FRAP) und der Rechten (Partido de Acción Nacional) bekämpft, mit denen er Kompromisse aushandeln muss.

1970 Bei *Wahlen* gewinnt der Kandidat der FRAP-Unidad Popular (UP), Salvador Allende Gossens, mit knappem Vorsprung vor Jorge Alessandri die relative Mehrheit (36,6% der abgegebenen Stimmen).

4. Sept.

Wahlen

Die Programmpunkte der *Unidad Popular* umfassen unter dem Begriff Sozialismus in Freiheit Verstaatlichung der Kupferminen, der Banken und Versicherungen, Zerschlagung der Monopolbetriebe, Radikalisierung der Agrarreform. Um die erforderliche Bestätigung durch den Kongress zu erhalten, versichert Allende dem PDC, dass er die Freiheit der Parteien, der Presse und des Erziehungswesens nicht antasten werde. – Die Regierung beschließt (auf dem Wege der Verfassungsreform) die restlose (und entschädigungslose) Verstaatlichung der US-Kupferunternehmen.

Unidad Popular

Wirtschaftliche Entwicklung und Wirtschaftspolitik unter Allende

Die im nationalisierten Kupferbergbau angestrebte Produktion kann aus mehreren Gründen nicht erreicht werden: Abzug ausländischer und chilenischer Techniker, Nachschubstopp für den Maschinenpark vonseiten der enteigneten US-Konzerne, administrative und technische Mängel, Arbeitskonflikte, Erhöhungen der Beschäftigtenzahl (Produktionskostensteigerungen). Unter Rückgriff auf ein Dekret früherer Regierungen erfolgt die *Sozialisierung* einheimischer Industrieunternehmen, gegen die sich heftiger Widerstand bei der Opposition regt. Als die wirtschaftliche Situation der Ober- und Mittelschicht gefährdet erscheint, kommt es sowohl zu einem Investitionsboykott in der Wirtschaft als auch zu Obstruktionsmaßnahmen im Kongress (und außerhalb) zur Einschränkung des Verstaatlichungsprozesses. Ein *Streik* der Fuhrunternehmer (Oktober 1972) weitet sich zur Protestbewegung des Mittelstandes gegen die UP-Regierung aus. Allende muss in 21 Provinzen den *Ausnahmezustand* verhängen und Militärs in die Regierung aufnehmen (November 1972). 1973 kommt es wiederholt zu Kabinetts-Neubildungen. Die Regierung sieht sich weiteren (wirtschaftlichen) Schwierigkeiten gegenüber: 1971/1972 sinken die Kupferpreise auf dem Weltmarkt; die USA verhängen eine Kreditblockade; Streiks der Kupferarbeiter wirken sich negativ auf die Produktion aus; sinkende Arbeitsdisziplin hat einen starken Produktionsrückgang zur Folge. Die anfänglich positiven Wirtschaftsergebnisse werden durch die ab 1972 einsetzenden hohen Inflationsraten zunichte gemacht. Hortungsmaßnahmen (vor allem der Mittel- und Oberschicht) bringen zunehmende Versorgungskrisen mit sich.

In der *Agrarpolitik*, wo es vor allem um die Liquidierung des Großgrundbesitzes geht, wird die Reform beschleunigt fortgesetzt. 1971/1972 werden rund 5,8 Millionen ha Land enteignet und zumeist in Landreformzentren überführt. Gegen den Widerstand ehemaliger Landbesitzer kommt es teilweise zu gewaltsamen Landbesetzungen, die besonders von dem linksradikalen Movimiento de Izquierda Revolucionaria (MIR) unterstützt werden. Mit zunehmenden Wirtschaftsproblemen fordern die Linksradikalen, den legalen Weg zu verlassen und eine Parallelmacht (poder popular) aufzubauen. Der Graben zwischen UP und Christdemokraten wird größer. Entgegen seiner ursprünglichen Absicht verschuldet Allende Chile in knapp drei Jahren um über 822 Mio. US-Dollar fast ausschließlich im kapitalistischen Ausland. – 1973 erreichen die *Beziehungen zu den USA* ihren absoluten Tiefpunkt, als die chilenische Regierung in Washington offiziell gegen die Aktivitäten des US-Konzerns ITT Einspruch erhebt, der nach der Wahl von Allende versucht hat, diesen mit Hilfe der US-Regierung und chilenischer Kreise zu stürzen; später wird bekannt, dass auch der CIA aktiv gegen Allende agitiert hat.

1971
15. Juli Das Parlament ratifiziert einstimmig das verfassungsändernde *Gesetz zur Nationalisierung* der Gran Minería („Großer Bergbau"). Alle Bodenschätze und Naturressourcen des Landes werden unter die Verfügungsgewalt des Staates gestellt.

1973
4. März Bei den Parlamentswahlen erhalten die Regierungsparteien der UP 44% der Stimmen; die Oppositionsparteien behalten die Mehrheit in beiden Kammern.

Juni Der Kongress lehnt die Regierungsvorlage zur Verfassungsänderung für eine erweiterte Verstaatlichung der Industrie ab. Der PDC fordert Garantien gegen weitere Verstaatlichungen, die Freigabe der verfassungswidrig besetzten Fabriken und eine wesentlich stärkere Beteiligung der Generäle an der Regierungsverantwortung.

Juli–Aug. Ein erneuter Streik der Transportunternehmer sowie ein fehlgeschlagener Putschversuch bringen das Land an den Rand des Bürgerkrieges.

11. Sept. Die *Armee putscht*; beim Sturm auf den Regierungspalast kommt Allende um. Eine Militärjunta unter General Augusto Pinochet Ugarte (*1915) (seit Juli 1974 „Oberster Führer der Nation") verhängt den Ausnahmezustand, hebt die Verfassung auf, löst Kongress und Parteien auf, erklärt den Gewerkschaftsbund CUT für illegal. Es folgt eine Welle von *politischen Verfolgungen*, Deportierungen und Erschießungen. Die Junta kündigt für 1980 eine neue Verfassung im Sinne einer Ständevertretung an.

1974 Die Christdemokraten und die Kirchen, die anfänglich dem Putsch wohlwollend gegenüberstehen, distanzieren sich (Osterbotschaft), als das Ausmaß der brutalen Verfolgung politischer Gegner bekannt wird.

Wirtschaftspolitik der Militärjunta

Wirtschaftspolitisch greifen die Militärs in Zielsetzungen und Methoden auf die sechziger Jahre zurück. Sie stellen erneut den individuellen Besitz an den Produktionsmitteln und das freie Unternehmertum in den Mittelpunkt ihrer Überlegungen. Verstaatlichte Betriebe (mit Ausnahme des Kupferbergbaus) werden reprivatisiert. Die sozialen Kosten der neuen Politik tragen vor allem die unteren, z.T. auch die Mittelschichten. Die Realeinkommen der Lohn- und Gehaltsempfänger sinken beträchtlich. Diese Politik führt zu einer Inflationsrate extremen Ausmaßes und einer gewaltigen Steigerung der *Arbeitslosigkeit* (z.T. über 20%), erreicht aber eine Sanierung der Staatsfinanzen und einen Ausgleich in der Handelsbilanz. Obwohl die Militärjunta (verfassungswidrig) Entschädigungen an die enteigneten US-Kupferunternehmen zahlt, schrecken die miserable Wirtschaftslage, die riesige *Inflation* (1974: 376%; 1975: 341%; 1976: 174%; 1977: 63%) und die innenpolitischen Verhältnisse ausländische Investoren ab.

Inflation

	1976	Außenpolitisch tritt Chile *aus dem Andenpakt aus* und nähert sich den La-Plata-Staaten an.
	1977	Wegen fortgesetzter Verletzung der Menschenrechte verurteilt die UNO-Vollversammlung Chile.
16. Dez.		
	1978	General Pinochet lässt eine Volksbefragung durchführen, die 75,3% Ja-Stimmen für die „Verteidigung der Würde Chiles" erbringt. Über diesen Volksentscheid kommt es innerhalb der Militärjunta zu einer schweren Krise, in deren Verlauf General Gustavo Leigh Guzmán, der baldige Demokratisierung fordert, aus der Junta ausgeschlossen wird.
4. Jan.		
21. Febr.		Beilegung des schweren, fast zum Krieg ausgeweiteten Konflikts mit Argentinien wegen des Beaglekanals.
19. April		Generalamnestie für alle nach 1973 von Militärgerichten verurteilten Personen.
24. Juli		Als Nachfolger des ausgeschlossenen Generals Leigh tritt General Fernando Matthei in die Militärjunta ein.
	1979	Einige Gewerkschaftsrechte (wie Versammlungsfreiheit) werden wiederhergestellt.
	1980	In umstrittener Volksabstimmung wird eine *neue Verfassung* gebilligt (11. Sept.).

Austritt aus dem Andenpakt

neue Verfassung

1981 Die neue Verfassung tritt in Kraft. Amtseinführung Pinochets für weitere acht Jahre als Prä-
11. März sident und Oberbefehlshaber.
23. Okt. Die USA heben das seit 1976 bestehende Waffenembargo für Chile auf.
1982 Ein Hirtenbrief der Bischöfe fordert die Wiederherstellung der Demokratie (20. Dez.).
1983 Auf „Aktionstage" der Opposition mit Streiks und Demonstrationen antwortet die Regie-
ab 11. Mai rung mit Razzien und Verhaftungen, bei denen es Tote und Verletzte gibt.
1984 Chile unterzeichnet ein Umschuldungsabkommen mit westlichen Banken (26. Jan.).
4./5. Sept. Bei den 10. „Nationalen Protesttagen" weitere Tote, Verletzte und Verhaftete.
29. Nov. Argentinien und Chile unterzeichnen in Rom das vom Vatikan vermittelte *Abkommen über die Grenzregelung am Beaglekanal*.

Beaglekanal-Abkommen

1985 Bombenanschläge und verstärkte Unruhen gegen das Regime Pinochet (Aug.).
1986 Im Juli kommt es bei landesweiten Streiks zu blutigen Unruhen mit sieben Toten.
7. Sept. Nach einem Attentatsversuch des Frente Patriótico Manuel Rodríguez (FPMR) auf Pino-
8. Sept. chet wird der *Ausnahmezustand* verhängt (bis 31. Dez.).
1988 Sechzehn regimekritische Parteien gründen das Comando por el No, um eine weitere Präsi-
2. Febr. dentschaft Pinochets zu verhindern. Das daraufhin stattfindende Plebiszit lehnt mit 54,6%
5. Okt. Neinstimmen eine weitere Amtszeit ab.
1989 *Verfassungsreferendum*: 85,7% Zustimmung zur neuen Verfassung, die die Befugnisse des
30. Juli Präsidenten beschränken und seine Amtszeit verkürzen soll.
14. Dez. Der Christdemokrat Patricio *Aylwin Azócar* (*1918) wird *zum neuen Präsidenten gewählt*. Pinochet bleibt jedoch Oberbefehlshaber der Streitkräfte.

Ausnahmezustand

Verfassungsreferendum Aylwin Azócar neuer Präsident

1990 Umschuldungsabkommen nach dem Brady-Plan (12. Dez.).
1991 Chile und Kuba nehmen am 19. Juli wieder diplomatische und wirtschaftliche Beziehungen auf.
22. Sept. Abkommen von Santiago de Chile. Mexiko und Chile vereinbaren einen bilateralen Freihandelsvertrag, der einen fast völligen Abbau von Zöllen innerhalb der nächsten vier Jahre vorsieht.
1993 Chile gestattet dem ehemaligen DDR-Staats- und Parteichef Erich Honecker den Aufent-
13. Jan. halt.
April Chile schließt mit Venezuela ein Freihandelsabkommen (2. April) und mit Bolivien ein Wirtschafts- und Handelsabkommen (6. April).
11. Dez. Der Christdemokrat Eduardo Frei Ruiz-Tagle (*1942) siegt bei den *Präsidentschaftswahlen* und tritt am 11. März 1994 sein Amt an.

Präsident Frei Ruiz-Tagle

1994 Chile tritt dem Vertrag von Tlatelolco bei (18. Jan.).
1996 Präsident Frei legt ein Arbeitsprogramm vor, das eine Modernisierung der Wirtschaft vor-
13. Jan. sieht. Außerdem soll im sozialen Bereich (Gesundheit, Wohnungs- und Straßenbau, Bildung) verstärkt investiert werden.
25.–27. Chile und Argentinien unterzeichnen mehrere Abkommen, die den Zugang beider Länder
April zum Atlantik bzw. Pazifik erleichtern. Dies ist auch dem Integrationsprozess zwischen dem
25. Juni MERCOSUR und Chile dienlich, mit dem Chile einen Assoziationsvertrag abschließt.
1997 Die Regierungskoalition von Präsident Frei siegt bei Parlamentswahlen mit 50,54% der
11. Dez. Stimmen.

	1998 10. März	General Pinochet übergibt das Kommando als Oberbefehlshaber des Heeres an General Ricardo Izurieta Caffarena. Er wird am 11. März im Kongress als Senator auf Lebenszeit vereidigt, womit er sicher vor Strafverfolgung ist.
	19. Aug.	Auf Beschluss des Parlamentes wird der von der Militärjunta eingeführte offizielle Feiertag am Jahrestag des Putsches (11. Sept. 1973) abgeschafft.
	2000 16. Jan.	Der Kandidat der regierenden Mitte-Links-Koalition, Ricardo Lagos (*1938), gewinnt die Präsidentenwahl in der Stichwahl gegen den Rechtspopulisten Joaquin Lavín (vereidigt am 11. März).
	3. März	Nach über 16 Monaten Hausarrest (nach Verhaftung in London am 16. Okt. 1998) kehrt Pinochet nach Chile zurück.
Aufhebung der Immunität von General Pinochet	8. Aug.	Der Oberste Gerichtshof bestätigt die *Aufhebung der Immunität von General Pinochet*. Am 1. Dez. ergeht Anklage gegen ihn wegen Anstiftung zum Mord (im Fall der sog. „Todeskarawane" von Regierungsgegnern).
	18. Okt.	Eine Verfassungsreform, mit der die Rechte der Indio-Bevölkerung (ca. 1,2 Mio.) gestärkt werden sollen, scheitert im Parlament.
	21. Okt.	Bei den Kommunalwahlen können die Parteien der Regierungskoalition ihre Mehrheit behaupten.
	24. Nov.	Die katholische Kirche Chiles legt ein Schuldbekenntnis für ihre Verfehlungen während der Militärdiktatur ab.
	2001	Das Verfahren gegen Pinochet wird wegen Altersdemenz des Angeklagten ausgesetzt.
Mitte-Links-Koalition	9. Juli	Aus den Parlamentwahlen geht die aus vier Parteien bestehende *Mitte-Links-Koalition* unter Präsident Lagos gestärkt hervor.
	16. Dez.	
	2002	Der Oberste Gerichtshof stellt das Verfahren gegen Pinochet endgültig ein (1. Juli).

PERSONEN-, ORTS- UND SACHREGISTER

Die im Register verwendeten Abkürzungen bitten wir, aus dem Verzeichnis S. XXVII (vor Textseite 1) zu entnehmen. Sie können für Singular, Plural und Flexionen stehen.
Im Registeralphabet werden ä wie a, ö wie o und ü wie u behandelt. Nach dem Stichwort stehen zunächst die Verweise auf Textstellen; danach folgen in eigener Zeile gegebenenfalls Verweise mit Großbuchstaben in Quadraten. Sie bedeuten:

- ⊕ Grafik,
- ⊕ Stammtafel,
- ⊕ Tabelle.

Fette Seitenzahlen beziehen sich jeweils auf einen ganzen thematischen Block oder eine andere geschlossene Textpassage; bei Personen verweisen **fette** Seitenzahlen in der Regel auf die Regierungszeit von Monarchen, Staats- oder Regierungschefs; *kursive* Seitenzahlen nehmen bei Personen auf eine Stelle mit Geburts- und/oder Sterbejahr Bezug.
Der Pfeil ⊕ zeigt an, dass die gesuchte Information unter einem anderen Stichwort zu finden ist.
Herrscher erscheinen unter ihrem Vornamen, der, soweit im Sprachgebrauch der Historiker üblich, eingedeutscht ist (James = Jakob, Juan = Johann, Vittorio = Viktor). Bei gleichen Vornamen werden alle Herrscher nach dem Alphabet ihres Landes oder ihrer Dynastie aufgeführt ohne Rücksicht auf Rangunterschiede, also etwa Bayern – England – Pfalz – Preußen. Die Kaiser bzw. Könige des Heiligen Römischen Reiches (Deutscher Nation) werden unter Titel einalphabetisiert, z.B.:

Albrecht, Holld. ...
Albrecht, Kg., I.
Albrecht, Kg., II.
Albrecht, Mainz, Kft.

Beinamen, Herkunftsbezeichnungen mit „von" (v.) und Verwandtschaftsbezeichnungen werden ebenfalls in der alphabetischen Anordnung berücksichtigt:

Anna, Frkr., Kgn., G. Heinrichs I.
Anna, G. v. Ferdinand, Kg./Ks., I.
Anna, Rußld., Reg., Leopoldowna
Anna, Rußld., Zarin, Iwanowna
Anna, T. v. Maximilian...

Friedrich, Siz., Kg., II. v. Aragón
Friedrich, v. Antiochia, S. v. Friedrich, Kg./Ks., II.
Friedrich, v. Büren
Friedrich, v. Hausen
Friedrich, v. Oranien, Heinrich
Friedrich, Wttbg., Kg.

Bei Doppelnamen richtet sich die Alphabetisierung nach dem ersten Namensbestandteil:

Friedrich, Preußen, Kg., II. d. Gr.
Friedrich, Preußen, Kg., Wilhelm I.
Friedrich, Preußen, Kg., Wilhelm II.
Friedrich, Preußen, Kg., Wilhelm III.
Friedrich, Preußen, Kg., Wilhelm IV.
Friedrich, Sachsen, Kft., III. d. Weise
Friedrich, Sachsen, Kg., August I.
Friedrich, Sachsen-Wittenberg, Kft., d. Streitbare
Friedrich, S. v. Christian, Dän., Kg., I.
Friedrich, S. v. Ferdinand, Aragón, Kg., I.

Chinesische Namen werden vollständig wiedergegeben (Bsp.: Chou En-lai). Arabische Monarchen erscheinen im Regelfall unter ihrem vollständigen Namen (Bsp.: Al-Malik al-Kamil; Harun ar-Raschid ibn al-Mahdi). Römische Personennamen sind unter dem Gentilnamen zu finden (Bsp.: Tullius Cicero, M.), der Vorname ist in der üblichen römischen Weise abgekürzt.

A

A. Izetbegović 1554
AAA (Alianza Argentina Anticomunista),
-, Argentinien 1914
Aachen 381, 383, 387, 703, 740, 792, 841
Aachen,
-, (Alt.) ⊃Aquae Granni
- Dekl.,
-,-, (1818) 704
-, Frd.,
-,-, (1668) 685, 923, 1024
-,-, (1748) 687, 828, 926, 966, 1010, 1037, 1185, 1273
-,-, (812) 381, 527
-, Kongr.,
-,-, (1818) 704, 938, 988
Aargau 1084
Aarhus,
-, Btm. 371
Aasle,
-, Schl. (1389) 599
AASM-Staaten (Assoziierte afrikanische Staaten und Madagaskar) 1366
Abacha,
-, Sanni 1676
Abaelard,
-, Peter 394–395
Abahai,
-, Khan,
-,-, Tungusen **1207**
Abaj Takalik 1254
ABAKO (Association des Bakongo),
-, Kongo 1692–1693
Abarnis ❶ 124
Abbas,
-, Äg.,
-,-, I. 1118
-,-, II. 1119
-, Ferhat 1121, *1634*–1635
-, I.,
-,-, Schah,
-,-,-, Pers. 1104, 1123, 1198
-, II.,
-,-, Schah,
-,-,-, Pers. 1123
-, Mahmud 1588
-, O. v. Mohammed,
-,-, Prophet 1091
Abbasiden (750–1258),
-, Dyn. 549, 1090–1091, 1093, 1096–1097, 1196
-, Dyn. ❶ **1092**
Abbasidenkalifat,
-, Kairo (Mamluken) 1097, 1103
Abbeville 16, 759
Abbevillien ❶ 11
Abbevillien-Art 16
Abbir Cella (Hr. en Naam) ❶ 333
Abbo,
-, Abt,
-,-, Fleury 425
Abboud,
-, Ibrahim *1622*
Abchasen 1527, 1537–1538
Abchasien 1538
Abd Al-Kader 1120
Abd Al-Mumin ben Ali,
-, Al-Andalus,
-,-, Emir *550*
Abd ar-Rachman,
-, Córdoba,
-,-, Stth. 378
-, Kabul,
-,-, Emir,

-,-,-, III. 1126
Abd ar-Rahman,
-, Córdoba,
-,-, Emir,
-,-,-, I. 378, *549*, 1091
-,-, Kalif,
-,-,-, III. *550*
Abd el-Krim,
-, Mohammed 1121
Abd ül-Asis,
-, Osman.,
-,-, Su. 1108
Abd ül-Hamid,
-, Osman.,
-,-, Su.,
-,-,-, I. **1106**–1107
-,-,-, I. ❸ *1105*
-,-,-, II. 1108–*1109*
Abd ül-Medschid,
-, Osman.,
-,-, Su.,
-,-,-, II. 1111
Abd ül-Medschid I.,
-, Osman.,
-,-, Su. 1107–1108
Abdali,
-, Geschl. 1126
Abdalkarim Al-Eryani 1621
Abdallah,
-, Ahmed *1742*–1743
-, as-Salim as-Sabah *1614*
-, ibn-Abdel-Aziz 1612
-, Jord.,
-,-, Kg. *1598*–1599
-, Kuwait,
-,-, Scheich *1614*
-, Mazawar 1741
-, Mohamed 1742
-, Özbeken,
-,-, Khan 1198
-, Trans-Jord.,
-,-, Emir/Kg. 1114
Abdallah (Boabdil),
-, Granada,
-,-, Kg. *560*
Abdallahi bin Muhammad,
-, Sudan,
-,-, Kalif 1133
Abdalmalik ibn Merwan,
-, Kalif ❸ 1090
Abdassalam Al-Madschahi 1600
Abdel Kader Bajamal 1621
Abd-el-Kerim 1133
Abdera 166, 201
Abdera ❶ 124
Abderiten 159
Abderrahman Youssoufi 1642
Abdić,
-, Fikret *1553*
Abdi-Hepa,
-, Jerusalem,
-,-, Ft. 101
Abdoulaye Wade 1658
Abdoulkarim,
-, Mohammed Taki 1743
Abduh,
-, Mohammed *1119*
Abdul Aziz Bouteflika 1639
Abdul Rauf Al-Rawabdeh 1601
Abdulkassim Salad Hassan 1734
Abdullah 1601
Abdullah II. 1601
Abdullah Öcalan 1567
Abdulsalam Abubakar 1676
Abdurrahman Wahid 1827
Abeken,
-, Heinrich v. 706
Abel,

-, Dän.,
-,-, Kg. 595
-,-, Kg. ❸ 594
Abendland 357, 388
Abendländisches Schisma (1378–1415) 408, 437, 493, 519, **521**–522, 540
Abeokuta 1142, 1160
Abertura,
-, Bras. 1919
Abessinien ⊃Äthiopien
Abessinien **Äthiopien** 1352
Abessinienkrise (1935/1936) 747–748, 1020
Abessinienkrise (1935/36) 1291
Abessinier 351–353
Abessinisch,
-, Spr. 100
Abidjan 1665
Abiiru 1146
Abiola,
-, Moshood 1676
Abkommen von Arusha 1703
Abkommens von Lusaka 1698
ABM (Anti Ballistic Missiles)-Vertrag 1354
ABM-Vertrag 1395, 1862
Åbo,
-, Frd. (1743) 983, 1047
Abodriten 379, 381
Abolitionisten 1156
Abolutismus 662
Abomey 1143, 1671
Aborigines (Australien) 1240, 1833–1834
Abraham,
-, Erz-V. 101
Abrene 1498
Abrittus,
-, Schl. (251 n.) **277**, 311, 324
Abrüstung 1384, 1390, 1861
Abrüstung,
-, biologische Waffen 1329
-, chemische Waffen 1329, 1331, 1355
Abrüstungskommission,
-, UNO 1321, 1325
Abrüstungskonferenz,
-, (1978) 1330
Abrüstungsproblem,
-, (seit 1945) 1347–**1348**
-, chronolog. Übersicht ❶ **1343**
Abrüstungsverhandlungen,
-, (seit 1945) 1342–1348, 1350–1355, 1372, 1381, 1391, 1520–1521, 1523, 1529–1530, 1857–1859
-, (seit 1945) ❶ 1343
Abruzzen 1015
Absalom 102
Absalon,
-, Lund,
-,-, Eb. 595
Absolutismus **655–656**, 660, 662–664
Absolutismus,
-, Beamtentum 655–656
-, Brdbg.-Preußen 822, 828, 830–831
-, Dän. u. Norw. 1048–1049
-, Dtld. 830–831, 836
-, Frkr. 655, 684, 918, 921–923, 926–927
-, It. 1010–1011
-, Österreich 822, 829, 833
-, Port. 1031
-, Schweden 1046

Abu Bakr,
-, Almoraviden-Hschr. 1140
Abu Bekr,
-, Kalif **1089**
Abu Dhabi 1615, 1617
Abu Dhabi,
-, OPEC-Kfz. (1978) 1330
Abu Jakub Jusuf,
-, Al-Andalus,
-,-, Emir *550*
Abu Musa 1647
Abu Muslim 1091
Abu Rhodeis 1584
Abu Sayyaf 1821, 1829–1830
Abu Simbel 62, 81
Abudiacum (Epfach) 321
Abuja,
-, Nigeria 1675
Abukir,
-, Schl. (1798) 701
Abul Abbas as-Saffah,
-, Kalif ❶ 1092
Abushiri 1173
Abusir 38
Abydos,
-, (Äg.) 32, 79, 81
-, (Dardanellen) 231
-, (Dardanellen) ❶ 124
Académie Française 919
Acamapichtli,
-, Azteken-Hschr. 1260
Acção Nacional Popula 1689
ACCHAN ❶ 1360
Acción Democrática ⊃AD
Acción Popular ⊃AP
Accorsi,
-, Francesco ⊃Accursius
Accra 1143, 1668
Accra-Konferenz,
-, (1958) 1693
Accursius,
-, d. Ä. *397*
ACE ❶ 1360
Aceh 1826
Achaia 133, 160, 162, 176, 200–201, 204–207
Achaia,
-, Ftm. 630–631
Achaia ❶ 120, 125
Achaier ⊃Griechen
Achaiischer,
-, Krieg,
-,-, (146–145) 207
Achaiischer Bund 197, 200, 203–207, 231–232, 301
Achaimeniden,
-, Dyn. 108, 110, 171–172, 179
Achaimenidenreich 275
Achaios,
-, d. J.,
-,-, S. Des Andromachos 186
-,-, S. Des Andromachos ❸ 187
-, Feldh. Antiochos III. 194
-, Feldh. Seleukos II. 186
Acheampong,
-, Ignatius *1668*
Achenheim 18
Achetaton 80
Acheuléen ❶ 11
Acheuléen-Art 16
Achidi Achu,
-, Simon 1687
Achille Lauro,
-, Schiff 1474
Achilleus 170
Achilleus,

-, Usurpator 281, 335
Achladia 49
Achmim,
-, Äg.,
-,-, Gegen-Kg. 183
Acholi 1145
Achse Berlin–Rom 748–749, 783, 896, 1020
Achtzehn-Mächte-Konferenz,
-, (1962) 1348
-, (1967) 1349
-, (1967) ❶ 1343
Acilius,
-, C. Annalist 239
Acilius Attianus,
-, P. 268
Acilius Glabrio,
-, M. 188, 231
Acilius Severus 331
Acker,
-, Achille van *1454*–1455
Ackergesetze,
-, röm. 243
Ackermann,
-, Anton *1403*–1404, 1420
ACLANT ❻ 1360
Acolhua 1260
Acre 1573
Act of Appeals (1533) 959
Act of Settlement (1701) 966
Acteal 1868
Action française 948, 953
Action Group ⊃AG
Actium,
-, Schl. (31 v.) 184, *256*, 336
Acuerdo de Cartagena (1969) 1863
AD (Acción Democrática),
-, Venezuela 1897
Ada,
-, Karien,
-,-, Satrapin 171
Adadnerari,
-, Assyrien,
-,-, Kg.,
-,-,-, II. 68
-,-,-, III. 89, 99
Adal,
-, Sult. 1135–1137
Adalbero,
-, Laon,
-,-, B. 423
-, Reims,
-,-, Eb. 423
Adalbert,
-, It.,
-,-, Kg. 462, 529
-, Magdeburg,
-,-, Eb. *371*, *463*
-, Mainz,
-,-, Eb.,
-,-,-, I. *470*–471
-, Prag,
-,-, (Voitech),
-,-,-, B. *371*, 464, *608*, 611
-, v. Bremen 468
Adalbert von Goseck,
-, Hamburg-Bremen,
-,-, Eb. 466, 594
Adalhard,
-, Corbie-Corvey,
-,-, Abt ❸ 380
Adalwald,
-, S. v. Theudelinde,
-,-, Langobarden,
-,-,-, Kgn. 526
Adam,
-, de la Halle ❶ 434
Adam von Bremen *480*, 609
Adamawa 1134, 1138, 1140,

1160–1161
Adamkus,
-, Valdas 1500
Adams,
-, Gerry 1465
-, John 1279–1280, 1282
-, John ❶ 1282
-, John Michael Geoffrey (Tom) 1891
-, John Quincy 1282
-, John Quincy ❶ 1282
-, Samuel 1278
-, Will 1221
Adana 780
Adaschew,
-, Alexei F. 979
Adda,
-, Schl. (490) 362
ad-Darasi 1094
Addis Abeba 764, 1175
Addis Abeba,
-, Abk. (1972) 1622
-, Frd. (1896) 1175
-, Kfz.,
-,-, (1964) 1695
Addu Atoll 1765
Adegbenro,
-, Dauda 1674
Adeimantos von Lampsakos 203
Adel,
-, (Früh-NZ) **654–656**
-, (NZ) 696
-, alamannischer 377–378
-, armenischer 345–346
-, Athen 134–137, 139, 146, 148–149, 156
-, bayerischer 377
-, bosnischer 628
-, byz.,
-,-, (MA) 624, 642–643, 645–646, 648
-, chin. 1200–1201, 1204
-, dänischer 1047
-, dt. **482–483**, 510–511, 806, 838
-, engl.,
-,-, (MA) 438, 443, 514, 572–575, 577–578, 580
-,-, (NZ) 958
-, etruskischer 111, 213, 297
-, fränk. 372, 374–376, 382–384, 386–387, 401, 420–421, 455–457, 527, 529
-, frz.,
-,-, (MA) 401, 420, 426
-,-, (NZ) 916–**921**, 926–929, 933, 935, 937–938
-, gallischer 316
-, gallo-röm. 318, 320–322, 372, 375–376
-, germanischer 324
-, griechischer 121–122, 124, 126–128, 134–137, 139, 146, 148–149, 156
-, Heth. 93–94
-, Hoch-MA **389**, 399
-, Iberische Halbinsel 330–331, 550
-, italienischer 508, 511, 526, 529–530, 1012
-, japanischer 1218–1221
-, jüdischer 338
-, karthagischer 105
-, kastilischer 558
-, Korinth 133
-, kroatischer 626
-, makedonischer 164–165, 170, 173
-, niederländischer 679, 1033, 1035
-, palästinensischer 401

-, parthischer 348–349
-, polnischer 615, 1060–1061
-, portugiesischer 562–563, 1030–1031
-, röm.,
-,-, (Alt.) 210–212, 214, 216, 220, 223, 233, 235–236, 238–239, 242–243, 245–246, 248–249, 253–255, 259, 266–268, 272, 279, 297–300, 330, 334–335, 338, 341, 344
-,-, (MA) 365, 506, 508–509, 540
-, russ. 619–620, 978–979, 981, 987–990, 995
-, sächsischer 377
-, samnitischer 297
-, sasanidischer 350–352
-, schwedischer 592, 1045–1047
-, Spät-MA **409**
-, tibetischer 1199
-, ungarischer 822
-, walisischer 586
-, westgotischer 358
Adela,
-, T. v. Wilhelm,
-,-, Engld./GB,
-,-,-, Kg.,
-,-,-,-, I. d. Eroberer 571
-,-,-,-, I. d. Eroberer ❺ 570
Adelaide 1241
Adelchis,
-, Benevent,
-,-, Hz. 386
Adelheid,
-, G. v. Heinrich,
-,-, Speyer,
-,-,-, Gf. ❺ 467
-, G. v. Lothar,
-,-, It.,
-,-,-, Kg. 529
-, Ksn. 460, 462, 464, 531
-, Ksn. ❺ 461
Adelsgesellschaft 694, 699
Adelsprivilegien,
-, Schweden 1049
Aden 763, 973, 1117, 1175, 1618–1620
Aden ❶ 1109
Adena-Kultur 1249
Adenauer,
-, Konrad 1341–1342, 1358–1360, 1362–1365, 1399, 1401, 1405, 1408–1411, 1519
-, Konrad ❶ 1406
Adeodatus,
-, Pp.,
-,-, I. 503
-,-, I. ❶ 505
-,-, II. ❶ 505
Adherbal,
-, Numidien,
-,-, Kg. 244
Adhikari,
-, Man Mohan 1766
Adiabene 348
Ädilität,
-, (Prinzipat) 299
-, kurulische 216
-, plebejische 215–216
-, plebejische ❶ 237
Adler,
-, Viktor 908
Adlerberg-Gruppe 55
ADN (Demokratisch-nationalistische Aktion),
-, Bol. 1908
Adolf,
-, Ghz.,

-,-, Luxbg. 1043
-, I.,
-,-, Eb.,
-,-,-, Köln 477
-,-, S. v. Rudolf,
-,-, Ober-Bay.,
-,-,-, Hz.,
-,-,-,-, I. ❺ 488
-,-, Schleswig,
-,-, Hz. 600
Adolf Friedrich,
-, Schweden,
-,-, Kg. 1047
Adolf von Nassau,
-, Kg. 486–487
Adolfo Rodríguez Saá 1916
Adonis 98
Adoptivkaisertum 267–274
Adoula,
-, Cyrille 1694–1695, 1704
Adradschenje,
-, nationale Bewegung,
-,-, Weißrussld. 1532
Adria 304–305
Adrian Nastase 1544
Adrianopel 647–648, 650, 712, 1099, 1107, 1109
Adrianopel,
-, Frd.,
-,-, (1829) 705, 988, 1070, 1075, 1080
-, Schl.,
-,-, (324) 281
-,-, (378) 285, 302
-, Schl. (1205) 648
-, Schl. (378) 359
Adscharen 1537
Adschataschatru,
-, Magadha,
-,-, Kg. 1178
Adua,
-, Schl. (1896) 1016, 1137
Adud ad-Daula 1093
Adulis 1136
Adyar,
-, Schl. (1746) 1185
Aedemon 332
Aegyptus,
-, Diöz. 303
Aehrenthal,
-, Alois v. 908, 995
Aelfric 566
Aelia Capitolina
➋ Jerusalem
Aelia-Flaccilla,
-, G. v. Theodosius,
-,-, Rom,
-,-,-, Ks.,
-,-,-,-, I. d. Gr. ❺ 284
Aelius Aristides ➋ Ailos Aristeides,
-, P.
Aelius Gallus L. 352
Aelius Gallus Seianus L. 261–262
Aelius Gaius Verus L. 269
Aelle 564
Aemilia ➋ Emilia
Aemilianus,
-, Rom,
-,-, Ks. 277–278, 307
-,-, Ks. ❶ 254
Aemilius,
-, Papinianus 274
-, Papus L. 226
-, Paullus,
-,-, Macedonicus L. 201, 229, 231
-, Paullus L. (Konsul 219) 226–227
Aemilius Lepidus,
-, M.,

-,-, Triumvir 231, 248, 252, 254–255, 258
-,-, Verschwörer gegen Gaius (39 n.) 262
-, Q. 255
Aerarium 237
Aeropos,
-, Maked.,
-,-, Kg. 164
-,-, Prät. 165
Aesc 564
Aesernia 221
Aesernia ❶ 219
Aestier 358
Aëtius,
-, Rom,
-,-, Heermeister 322, 360
Afar 1130, 1136–1137, 1735–1736
Afeworki,
-, Isayas 1738
Affonso,
-, Kongo,
-,-, Kg.,
-,-,-, I. 1153
Afghanistan,
-, (Anf.–1945) 711, 995, 1096, 1098, 1101, 1123–1124, 1126, 1191
-, (seit 1945) 1337, 1355, 1526, **1651–1652**, 1759
-, (seit 1945),
-,-, Bevölkerung(sentwicklung) ❶ 1568
-,-, Rückzug der UdSSR (1989) 1652
-,-, UdSSR-Einmarsch (1979) 1353, 1525, 1612, 1651, 1748, 1769, 1857
Afghanistan-Flüchtlinge 1759
Afghanistan-Gespräch,
-, Drittes (1984) 1652
Afghanistan-Kriege,
-, GB (19./20. Jh.) 1126
Aflak,
-, Michel 1569
AFPEL (Anti-Fascist Peoples Freedom League,
-, Burma) 1804
Afranius,
-, Burrus Sex. 264–265, 321
-, L. 252
AFRC (Regierender Streitkräfterat),
-, Nigeria 1675
Africa,
-, Diöz. 332
-, röm. Prov. 230, 252–253, 255, 266, 275, **331–334**
-, röm. Prov.,
-,-, Gesellschaft 334
-,-, Kultur 334
-,-, Religion 334
-,-, Städte ❶ 333
-,-, Wirtschaft 334
-,-, röm. Prov. 223
Africa Nova,
-, röm. Prov. 266
Africa Proconsularis,
-, röm. Prov. 331–334
Africa Vetus,
-, röm. Prov. 266
African Association 1173
African National Congress
➋ ANC
African National Council
➋ ANC
Afrifa,
-, Akwasi 1668
Afrika,
-, (seit 1945) 1355, 1654,

1656–1662, 1664–1675, 1677–1684, 1686–1687, 1689, 1691–1697, 1699, 1701–1702, 1704–1736, 1739–1746
-, (seit 1945),
-,-, Bevölkerung ❶ **1656**
-,-, Dekolonisierung 1654
-,-, Gesamtentwicklung 1654, 1656
-,-, Gesellschaft 1654
-,-, Konflikte 1656
-,-, Landwirtschaft 1654
-,-, portugiesische Kol. 1654
-,-, Regionalentwicklung 1654
-,-, Wirtschaft 1331, 1654, 1656
-, (seit 1945) ❶ **1655**
-, (vor 1945) 16–17, 105, 363, **1128–1175**
-, (vor 1945),
-,-, arabische Einwanderung 1129, 1132, 1135–1136, 1149
-,-, belgische Kol. 1150, 1153, 1163–1165
-,-, belgische Kol. ❶ 1158
-,-, Bildungswesen 1131
-,-, brit. Kol. 1108, 1119–1120, 1130, 1133, 1136, 1138–1139, 1141–1144, 1146–1149, 1151–1152, 1154–1155, 1157, 1160–1161, 1166, 1169–1171, 1173–1175
-,-, brit. Kol. ❶ 1158
-,-, dt. Kol. 1130, 1138–1139, 1142, 1144, 1146–1150, 1153, 1155–1156, 1161, 1168, 1173–1174
-,-, dt. Kol. ❶ 1158
-,-, Ethnien **1128**–1131
-,-, Feldbauernkulturen 1129–1131, 1138–1139, 1147–1151
-,-, frz. Kol. 1108, 1121–1122, 1130, 1134, 1136, 1138–1139, 1141–1144, 1150, 1153, 1156, 1161–1162, 1172, 1175
-,-, frz. Kol. ❶ 1109, 1158
-,-, Gesamtentwicklung 1128–1131
-,-, Gesellschaft 1131
-,-, Handel 1130
-,-, Hirtenkulturen 1128–1131, 1139
-,-, Hochkultureinfluss Äg. 1128–1129, 1135
-,-, indonesischer Einfluss 1129
-,-, Islamisierung 1129, 1132–1133, 1135, 1137–1142, 1144, 1146
-,-, italienische Kol. 1109, 1122, 1136–1137, 1175
-,-, italienische Kol. ❶ 1109, 1158
-,-, Kolonial-R. 1119–1121, 1130–1131, 1136
-,-, Kolonial-R. ❶ 1109, 1158
-,-, Kolonialzeit 1131, 1141–1142, 1152, 1156
-,-, Kunst 1131, 1134
-,-, Landwirtschaft **1128**–1131
-,-, Missionierung 1130–1131, 1134–1138,

1927

A

A

1142, 1144, 1146–1147, 1151–1153, 1157, 1160, 1164
-,-, portugiesische Entdeckungen 1130
-,-, portugiesische Kol. 1120, 1141, 1144, 1151–1154, 1165–1167
-,-, portugiesische Kol. ◐ 1158
-,-, Religion 1131
-,-, Savannenbauernkultur 1129, 1150
-,-, Sklavenhandel 1130–1132, 1134–1135, 1138, 1141–1144, 1147, 1149–1150, 1157, 1165, 1167
-,-, spanische Kol. 1120–1121, 1150
-,-, spanische Kol. ◐ 1158
-,-, Spr. 1128–1129, 1131, 1133–1134, 1141, 1144, 1150, 1154–1155, 1172
-,-, Staatenbildung 1129
-,-, Stadt 1130–1132
-,-, Verwaltung 1130, 1132
-,-, Völkerwanderung 1130
-,-, Vorgeschichte **1128–1129**
-,-, Wirtschaft 1128, 1131
-, (vor 1945) ◉ 1274
-, dt. Kol. ◉ 863
-, portugiesische Entdeckungen 667
-, portugiesische Kol. 667
-, röm. Prov. 363
-, Umsegelung (1487/1488) 668
-, Umsegelung (1497) 668
Afrikaans,
-, Spr. 1172, 1721
Afrikanischen Union 1395
Afro-asiatische Sprachfamilie 1128
AFTA (ASEAN Free Trade Area) 1804
Afzwering,
-, Akte (1581) 1034
AG (Action Group),
-, Nigeria 1673–1674
Agacher-Streifen 1678, 1680
Agadir 711
Ägäis 1091
Ägäis,
-, (Vorgeschichte) ◉ 113
Ägäische Inseln 115, 737
Ägäische Wanderung 119
Agaja,
-, Dahomey,
-,-, Kg. 1143
Agapet,
-, Pp.,
-,-, I. 367
-,-, I. ◉ 367
-,-, II. ◉ 505
Agar Kuf 57
Agasikles,
-, Sparta,
-,-, Kg. ◉ 130
Agathe (Agde) ◉ 125
Agatho,
-, Pp. 503
-, Pp. ◉ 365, 505
Agathokles,
-, Äg.,
-,-, Reg. 183
-, S. v. Lysimachos 178
-, Syrakus,
-,-, Tyr. 177, 224, *294*
Ägatische Inseln,
-, Schl. (241 v.) 225
Agau 1136
Agde,
-, Syn. (506) 362
Ager Gallicus 232, 296, 298
Ager publicus 215, 220, 243, 297, 301, 332
Ager Romanus 295
Ager Romanus,
-, Ausdehnung ◉ 219
Agesilaos,
-, Sparta,
-,-, Kg.,
-,-,-, I. ◉ 130
-,-,-, II. 158, 160
-,-,-, II. ◉ 130
Agesipolis,
-, Sparta,
-,-, Kg.,
-,-,-, I. ◉ 130
-,-,-, II. ◉ 130
-,-,-, III. ◉ 130
Agha Mohammed,
-, Pers.,
-,-, Schah 1124
Aghlabiden,
-, Dyn. 1093
Agiaden,
-, Sparta,
-,-, Kg. 130, 132
-,-, Kg. ◉ 130
Agila,
-, Westgoten,
-,-, Kg. 547
Agilolfinger,
-, Dyn. 376
Ägypten ◉ 380
Agilulf,
-, Langobarden,
-,-, Kg. 525–526
-,-, Kg. i 526
Agilus,
-, Missionar 370
Agis,
-, Sparta,
-,-, Kg.,
-,-,-, I. ◉ 130
-,-,-, II. 154–155
-,-,-, II. ◉ 130
-,-,-, III. 172, 201
-,-,-, III. ◉ 130
-,-,-, IV. 204
-,-,-, IV. ◉ 130
Agnes,
-, T. v. Heinrich,
-,-, Kg./Ks.,
-,-,-, IV. 470
-,-,-, IV. ◈ 467, 473
-, T. v. Konrad,
-,-, Pfgf. b. Rhein ◈ 476
-, v. Poitou,
-,-, Ksn. 426, 468, 509
-,-, Ksn. ◈ 467
Agnew,
-, Spiro Theodore *1854*
Agni 1143
Agnum,
-, Babylonien,
-,-, Kg. 53
Agoge 132
Agon 122, 302–303
Agra 1184
Agram 1077
Agrardemokraten ➡PDAM
Agrarkrise,
-, (1925–1929) 744
-, (Spät-MA) 409
Dtld.,
-, (MA) 491
Agrarreform,
-, Russld.,
-,-, (1789–1914) 990, 993
Agri Decumates 266
Agri deserti 269
Agricola ➡Iulius Agricola
Agrigento,
-, (Alt.) ➡Akragas
Agrippa ➡Vipsanius Agrippa,
-, M.
Agrippa Postumus,
-, M. 258
-, M. ◈ 263
Agrippina,
-, (maior),
-,-, G. Des Germanicus 261–262
-,-, G. des Germanicus ◈ 263
-, (minor),
-,-, G. Des Claudius 262, 264
-,-, G. des Claudius ◈ 263
Agrokomerc,
-, Unternehmen 1553
Agropoli *528*
Agt,
-, Andries van *1453*
Agudat Israel 1602
Agüero Rocha,
-, Fernando 1876
Aguinaldo,
-, Emilio 1288
Aguirre Cerda,
-, Pedro **1318**
Aguntum (bei Lienz) 315–316
Agustín I. ➡Iturbide,
-, Agustín de
Ägypten,
-, (1.–30. Dyn.) 30, 32, 38, 47–48, 52, 57–58, 62, 68, 70, **75**, **78–82**, 90–91, 93, 95, 101–102, 104, 110, 158
-, (1517–1945) 705, 710, 737, 739, 745, 763, 776, 989, 1098, 1102, 1106–1108, **1117**–1120, 1132–1134, 1137
-, (1517–1945),
-,-, Kgr. 1119
-,-, Kgr. ◉ 1109
-,-, Kultur **1119**
-, (1517–1945) ◉ 709, 757, 1109
-, (1945–1958) 1325, 1345, 1388–1389, 1445, 1460, 1580, 1621, **1624**–1625
-, (1945–1958),
-,-, Bevölkerung ◉ 1656
-,-, Militärwesen 1345, 1850
-,-, Revolution,
-,-,-, (1952) 1624
-,-, Wirtschaft 1345, 1850
-, (1958–1971),
-,-, Vereinigte Arabische Rep. [VAR]) 1326, 1569–1570, 1572–1573, 1581–1585, 1591, 1618, **1624**–1625, 1686
-,-, Vereinigte Arabische Rep. [VAR]),
-,-,-, Bevölkerung ◉ 1656
-,-,-, Bevölkerung(sentwicklung) 1625
-,-,-, pol. Org. **1570**
-,-,-, Wirtschafts-Pol. **1625**
-,-, Vereinigte Arabische Rep. [VAR] ◉ 1655
-,-, Vereinigte Arabische Rep. [VAR]),
-,-, Vereinigte Arabische Rep. [VAR])),
-,-,-, Säuglingssterblichkeit ◉ 1334
-,-, Vereinigte Arabische Republik [VAR]) 1548
-, (MA) 405, 1089, 1093, 1095–1097
-, (MA) ◉ 528
-, (Perser u. Ptolemaier) 82, 109–110, 171, 174, **182**–185, 188–190, 199, 232, 252, 256, 309, 1132
-, (Perser u. Ptolemaier) ◉ 77
-, (röm. Prov. [Aegyptus]) 1132
-, (röm. Prov. Aegyptus) 256, 259, 273, 275, 277–278, 280, 303, **335–336**, 352
-, (röm. Prov. Aegyptus),
-,-, Militärwesen 335
-,-, Religion 335
-,-, Wirtschaft 335
-, (seit 1971) 1573–1576, 1583–1584, 1587, 1589, 1604, 1608–1609, 1612, 1622, **1624**, **1627–1628**, 1859
-, (seit 1971),
-,-, Außen-Pol. 1585, 1854, 1857
-,-, Bevölkerung ◉ 1656
-,-, Säuglingssterblichkeit ◉ 1334
-,-, Wirtschaft 1331
-, (Vorgeschichte) 25, 27, 30, **74**–75
-, (Vorgeschichte) ◉ 77
-, Einfluss auf sdl. Afrika 1129, 1131–1132, 1135
-, Spr. 1128
Ägyptenexpedition,
-, frz. (1798/1799) 1106–1107, 1118
Ägyptisch-Israelischer Friedensvertrag (1979) 1331, 1575
Ägyptisch-israelischer Friedensvertrag (1979) 1586, 1604, 1627
Aha,
-, Äg.,
-,-, Kg. 75
Ahab,
-, Isr.,
-,-, Kg. 89, 103
Aharon 101
Ahas,
-, Juda,
-,-, Kg. 103
Ahern,
-, Bartholomew (Bertie) *1468*
Ahhijawa 94, 118
Ahidjo,
-, Ahmadou *1686*–1687
Ahlener Programm (1947) 1400, 1405
Ahmed,
-, Fakhruddin Ali *1754*
-, ibn Ibrahim el Ghasi 1135, 1137
-, Kazi Zafar 1762
-, Khondakar Mushtaq *1761*
-, Mohamed 1741–1742
-, Moudud 1762
-, Osman.,
-,-, Su.,
-,-,-, I. **1104**
-,-,-, I. ◈ *1103*
-,-,-, II. **1105**
-,-,-, II. ◈ *1105*
-,-,-, III. 1105–1106
-,-,-, III. ◈ *1105*
-,-, Schah
-,-, Pers. *1125*
-, Shahabuddin 1762
Ahmed Ali,
-, Abdulrahman 1734
Ahmed Benbitour 1639
Ahmed Massud 1653
Ahmed Ougahia 1638
Ahmed Schah Durrani,
-, Afghanistan,
-,-, Ft. 1124, *1126*, 1184–1185
Ahmed Yassin 1589
Ahmedabad 1753
Ahmednagar 1183–1184
Ahmet Necdet Sezer 1567
Ahmose,
-, Äg.,
-,-, Kg. 52, **79**–80
Aho,
-, Esko *1495*
Ahomadegbé,
-, Justin *1671*–1672
Ahrensburg 21
Ahtisaari,
-, Martti *1495*
Ahuitzotl,
-, Azteken-Hschr. *1261*
Ahuramazda 107, 109, 351
AIC (Association Internationale du Congo) 1163
Aidan,
-, Missionar 565
Aidid,
-, Hussein Mohammed 1734
-, Mohamed Farrah *1734*
AIDS,
-, -Erkrankungen ◉ **1335**
Aids 1335, 1723
-, 11. Internationale Aids-Konferenz 1708
Aigai 169
Aigikoreis 134
Aigina (Ägina) 114, 140–142, 145–146, 153, 159, 177, 194, 205
Aigina (Ägina) ◉ 123
Aigun,
-, Vtg. (1858) 1210
Aijubiden,
-, Dyn. 405–406, 1094, 1096–1097
Aikpé,
-, Major 1672
Ailios Aristeides,
-, P. **273**, 344
Aimerich von Lusignan,
-, Jerusalem u. Zypern,
-,-, Kg. 404, *406*
Aimone,
-, Spoleto,
-,-, Hz. *1078*
Ain Dschalut,
-, Schl. (1260) 1097
Ain Shems 58
Ainianen ◉ 123
Ainos 200
Ainos ◉ 124
AIOC (Anglo-Iranian Oil Company) 1460
AIOC (Anglo-Iranische Ölgesellschaft 1646
AIOC (Anglo-Iranische Ölgesellschaft) 1126
Aioler (Äoler) 113
Aioler (Äoler) ◉ 120, 124
Aiolische (Äolische) Inseln 118
AIPO (Interparlamentarische Organisation der ASEAN-Staaten) 1804
Airbus-Projekt 1367
AIS 1639
Aischa 1088–1089
Aischines,

-, Redner *157*, 162, 201
-, Sikyon,
-,-, Tyr. ❶ *127*
Aischylos 143–144, *152*
Aisne,
-, Schl. (1917) 725
Aistulf,
-, Langobarden,
-,-, Kg. 378, 526
Aisymneten 128–129, 137
Aisymneten,
-, Begriff 128
Aitna 143
Aitoler 153, 160, 175, 178, 180, 188, 194, 197, 199–200, 204–206, 228, 230–231, 303
Aitolien 173, 177, 201, 205–206, 301
Aitolien ❶ 120
Aitolischer Bund 177, 194, 203–204
Aix-en-Provence,
-, (Alt.) ❷Aquae Sextiae
Aja 80
Ajas 406–407
Aka,
-, Mesop.,
-,-, Kg. 32
Akademie,
-, platonische 303
Akademiegründungen,
-, (Früh-NZ) 658
Akajew 1770
Akajew,
-, Askar *1769*–1770
Akakianisches Schisma (484 bis 519) 361–362, 366, 635
Akakios,
-, Beroia,
-,-, B. *366*
-, Konstantinopel,
-,-, Patr. *366*
Akalamdug,
-, Ur,
-,-, Kg. 38
Akali Dal,
-, Sikh-Partei 1755–1756
Akan 1143
Akan,
-, Ethnien 1143
Akanthos 154, 159
Akar Kuf 63
Akarnanien 146, 160, 162, 175, 301
Akarnanien ❶ 120
Akarnanischer Bund 204
Akbar,
-, Großmogul 1184
Akbulut,
-, Ildirim *1566*
Akihito,
-, Japan,
-,-, Ks. (Tenno) 1786, *1801*
Akintola,
-, Samuel *1671*
Akkad 39, 47
Akkad,
-, Dyn. 39
Akkade 77, 88, 107
Akkade,
-, Dyn. 86
Akkader 85–87, 100
Akkadisch,
-, Schr. 86
-, Spr. 85–86, 97, 106
Akkerman-Konvention (1826) 988
Akkon,
-, (Alt.) 191
-, (MA) 401–402, 405–406, 494, 1097
-, (NZ) 1124

-, Schl. (1291) 407
-, Vtg. (1271) 402
Akmola 1767
AKP-(Afrika-Karibik-Pazifik) Staaten 1327, 1330–1331, 1370
AKP-(Afrika-Karibik-Pazifik) Staaten ❶ 1655
Akra Leuke (Alicante) 328
Akragas (Agrigent,
-, Agrigento,
-,-, Agrigentum) 70, 137, 143–144, 224, 228
-,-, Agrigentum) ❶ 125, 127
Akrai ❶ 125
Akrokorinth 206
Akropolis 152
Akrotatos,
-, Sparta,
-,-, Kg. 204
-,-, Kg. ❶ 130
Akrotiri 54
Aksa-Moschee ❷Al-Aksa
Aksum 351–353, 1132, 1136
Aktionsfront zur Erhaltung der Turnhallen-Grundsätze ❷AKTUR
AKTUR (Aktionsfront zur Erhaltung der Turnhallen-Grundsätze),
-, Namibia 1718
Akuffo,
-, Fred *1668*
Akufo-Addo,
-, Edward *1668*
Akurgal,
-, Lagasch,
-,-, Kg. 38
Akwa,
-, Duala-Hschr. 1161
Akwa Ibom,
-, Nigeria 1675
Akwapim 1143
Al Gore 1861
Alabama 1281, 1285
Alaca Hüyük 33, 41, 46–47, 49, 92
Al-Afghani,
-, Dschamal ad-Din *1119*, 1125
Al-Aksa-Brigaden 1590
Al-Aksa-Moschee 1572, 1583
Alalach,
-, (Alalah,
-,-, Tell Atschana) 58, 63, 97
ALALC (Asociación Latinoamericana de Libre Comercio) 1862–1863
Alalia,
-, Schl. (um 540 v.) 71
Alalia ❶ 125
Alamanikon 646
Alamannen 275, 277–278, 281, 283–284, 315, 318, 324–325, 357, 360, 362–363, 368–370, 373, 376–378, 382, 457
Alamannen,
-, Christianisierung 369–370
Alamannen ❶ 364
Alamannien 372, 456
Alamannien ❶ 373
Al-Amin ibn Harun ar-Raschid,
-, Kalif ❶ 1092
Alamut 1095
Alan García Pérez 1906
Al-Andalus 549–550, 557
Ålandinseln 706
Alandsinseln 987, 1053,

1056–1057
Alanen 278, 285–286, 318, 322, 331, 349, 358–361, 602, 1192–1193
Alanen ❶ 364
Alarcón Rivera,
-, Fabián *1902*
Alarcos,
-, Schl. (1195) 550, 553
Alarich,
-, Westgoten,
-,-, Kg.,
-,-,-, I. 285–286, 302, 355, *359*–361
-,-,-, II. 361–**362**, 373, *547*
Al-Asis,
-, Äg.,
-,-, Kalif **1093**
Alaska 990, 1284, 1286, 1850
Ala-ud-Din Childschi,
-, Delhi,
-,-, Su. 1181
Alauni 314
Alawiten 1116, 1592–1593
Alba,
-, Fernando Alvarez de Toledo,
-,-, Hz. v. 679, 1008, *1033*
Alba Longa 209, 211
Alba ❶ 209
Alban,
-, heiliger 327
Albaner 1557
Albani,
-, Alessandro,
-,-, Kard. *1011*
Albanien,
-, (1912–1945) 711–712, 721, 751, 762, 784, 789, 1017, 1019, *1079*–1080, 1109
-, (Alt.) ❷Epeiros
-, (MA) 610, **629**, **631**–632, 1100–1101
-, (NZ bis 1912) 1104
-, (seit 1945) 1374, 1378, 1380, 1382, 1474, **1558–1559**, 1783
-, (seit 1945) ❻ 1358
Albany 1271, 1281
Alberich,
-, Spoleto,
-,-, Hz.,
-,-,-, II. 529, 531
Albero,
-, Trier,
-,-, Eb. 472
Albert,
-, Belg.,
-,-, Kg.,
-,-,-, I. *1042*
-,-,-, I. ❺ 970
-,-,-, II. 1457
-,-,-, II. ❺ 970
-,-,-, Phil. *396*, 418, *500*
-,-, GB,
-,-,-, Pr. 864
-,-,-, Pr. ❺ 970
-, Hz.,
-,-, Sachsen-Coburg-Gotha ❷Albert,
-,-, Pr.,
-,-,-,-, GB
-, Monaco,
-,-, Ft.,
-,-,-, I. 1451
-, Pp.,
-,-, v. Sabina 510
-,-, v. Sabina ❶ 511
-, v. Bremen 495

-, v. Sarteano *518*
Alberta 1276
Albert-Bernard Bongo 1690
Alberti,
-, Leon Battista 542, *544*, *546*, *658*
Albertus Magnus ❷Albert,
-, d. Gr.
-, Ezekiel 1837
Albertville 1695
Albigenser **432–433**, 515–516
Albigenserkriege (1209–1229) 428, **432–433**, 555
Al-Biruni *1094*
Alboin,
-, Langobarden,
-,-, Kg. 525
Albornoz,
-, Aegidius 520, 537, *540*
Albrecht,
-, Bay.-München,
-,-, Hz.,
-,-,-, IV. ❺ 488
-,-,-, IV. ❺ 488
-,-, Brdbg.,
-,-, Mgf.,
-,-,-, Achilles 493
-,-,-, d. Bär 471–472
-,-, Brdbg.-Kulmbach,
-,-, Mgf.,
-,-,-, Alcibiades *812*
-,-, Deutschordens-Hochm.,
-,-, v. Brdbg. *807*, *1061*
-,-, E. v. Leopold,
-,-, Ks.,
-,-,-, II. ❺ 835
-,-, Holld.-Hennegau,
-,-, Gf.,
-,-,-, v. Wittelsbach 446
-,-,-, v. Wittelsbach ❺ 488
-,-, Kg.,
-,-,-, I. 438, 486–**488**, 598, 612
-,-,-, I. ❺ 485
-,-,-, II. *497*, *613*, *624*
-,-,-, II. ❺ 485
-,-, Mainz,
-,-, Kft.,
-,-,-, v. Magdeburg *804*, 807
-,-, Meißen,
-,-, Mgf. ❺ 473
-,-, Österreich,
-,-, Ehz. *1037*
-,-, Hz.,
-,-,-, II. ❺ 485
-,-,-, III. ❺ 485
-,-,-, IV. ❺ 485
-,-,-, VI. 498
-,-,-, VI. ❺ 485
-,-, Schweden,
-,-, Kg.,
-,-,-, III. v. Mecklenburg-Schwerin 597, 599
-,-,-, III. v. Mecklenburg-Schwerin ❺ 597
-,-, Wilhelm 843
Albrecht von Eyb *419*, *501*
Albrecht von Scharfenberg *501*
Albret,
-, Dyn. 563
Al-Buchari 1089
Albuquerque,
-, Affonso d 1030, 1183
Aluri Njai,
-, Buurba-Jollof-Hschr. 1156
Alcácer Ceguer 563
Alcaçovas,
-, Vtg. (1479) 667, 669
Alcaçovas,
-, Vtg. (1479) 1293
Alcántara 551

Alcimus Ecdicius Avitus 321
Aldabra 1745
Alderney 760
Aldrin jr.,
-, Edwin E. *1853*
Alebua,
-, Ezekiel 1837
Alejandro Toledo 1905–1906
Alemán 1877
Alemán Lacayo,
-, Arnoldo *1876*
Alemán Valdés,
-, Miguel *1866*
Alemannen ❷Alamannen
Alençon,
-, Dyn. 451
Aleppo (Haleb) 93, 98, 405, 643, 729, 1094, 1118
Aleria (Alalia) 301
Alès,
-, Edikt (1629) 919
Alesana,
-, Tofilau Eti 1838
Alesia (Alise-Sainte-Reine),
-, Schl. (52 v.) *252*, 317
Alessandri Rodríguez,
-, Jorge *1921*
Alessandri y Palma,
-, Arturo **1318**
Alessandria,
-, Festung 475
Aleuaden,
-, Dyn. 166
Aleüten-Inseln 778
Alexander,
-, Alexander-R./Maked.,
-,-, Kg.,
-,-,-, I. 165
-,-,-, I. ❶ *164*
-,-,-, II. 160, 166
-,-,-, III. d. Gr. 182, 201–202, 294, 345
-,-,-, III. d. Gr. 82, 91, 110, 157, 166, 168–175, 179, 1178, 1192
-,-,-, III. d. Gr. ❶ 76–77, *170*
-,-,-, IV. 174, *176*, *182*
-,-, Bulg.,
-,-, Ft. 991
-, Epeiros,
-,-, Kg.,
-,-,-, II. 204
-, Griechld.,
-,-, Kg. *1081*
-, Hasmonäer,
-,-, Kg.,
-,-,-, Jannaeus 191
-, Jugoslawien,
-,-, Kg.,
-,-,-, I. *747*, *1076*–1077
-, Kassanders S. 177, 196, 202
-, Molosser,
-,-, Kg. 167–168, **294**
-, Moskau,
-,-, Gfst.,
-,-,-, Newski *621*–622
-, Parma,
-,-, Hz.,
-,-,-, I. Farnese *679*, *1037*
-, Peloponnes,
-,-, Stratege 204
-, Polen,
-,-, Kg. *618*
-,-, Kg. ❺ 617, *1062*
-, Polyperchons S. 175
-, Pp.,
-,-, II. 468, 509
-,-, II. ❶ 511
-,-, III. 430, 474–475,

513–514, 555, 573, 646
-,-, IV. 517
-,-, IV. ❶ 511
-,-, V. *522*
-,-, V. ❶ 519
-,-, VI. 453, 668, *1008*
-,-, VI. ❶ 1009
-,-, VII. *1009*
-,-, VII. ❶ 1009
-,-, VIII. 923, *1009*
-,-, VIII. ❶ 1009
-, Russld.,
-, Zar,
-,-,-, I. 702, 704, **986**–988
-,-,-, II. **986**, *989–991*
-,-,-, III. 986, 991
-, Schottld.,
-,-, Kg.,
-,-,-, I. 586
-,-,-, III. 587
-,-,-, III. 587
-, Seleukiden-R.,
-,-, Kg.,
-,-,-, I. Balas 183, 189–191, 195
-,-,-, I. Balas ❸ 187
-,-,-, II. Zabinas 190
-, Serbien,
-,-, Kg.,
-,-,-, I. 1075
Alexander Gawrin 1531
Alexander von Hales 397
Alexander von Pherai 160–161
Alexander von Roes *500*
Alexander,
-, Bulg.,
-,-, Ft. *1073*
Alexander-Reich 104, 110, 169–180
Alexander-Reich,
-, pol. Org. **173**
Alexander-Reich ❶ **170**
Alexandra,
-, Griechld.,
-,-, Prn. 1078
-, Russld.,
-,-, Zarin 992
-, T. v. Christian,
-, Dän.,
-,-,-, Kg.,
-,-,-,-, IX. ❸ 970
Alexandreia,
-, (Alexandria,
-,-, Äg.) 82, 171, 181–182, 184, 189, 252, 256, 262, 269, 285, 335–336, 342, 530, 1119
-,-, Äg.),
-,-,-, Patrt. 365–366
-, (Areia,
-,-, Herat) 172
-, (Indus) 173
-, (Kandahar) 172
-, christliche Gemeinde 292
-, Escháte (Chodschent,
-,-, Leninabad) 172
-, Patr. 1136
-, Patrt. 280, 283, 286, 292, 336, 342
-, Troas 342
Alexandrette (Iskenderun),
-, Sandschak 1116
Alexandria,
-, Kfz. (1964) 1571, 1581
Alexandria ➡ Alexandreia
Alexandrinischer Krieg (48–47) 184, 252
Alexandropolis 170
Alexandros,
-, Maked.,
-,-, Stth. 197

-,-, Stth. ❸ 198
-, S. Demetrios I. Poliorketes ❸ 198
-, S. Perseus v. Maked. ❸ 198
Alexei,
-, Russld.,
-,-, Prät.,
-,-,-, Petrowitsch 982
-,-, Zar,
-,-,-, Michailowitsch *980*
Alexejewna,
-, Sofia *981*
Alexios,
-, Byz.,
-,-, Ks.,
-,-,-, I. Komnenos 400, 645
-,-,-, II. 646
-,-,-, II. Trapezunt 406
-,-,-, III. Angelos 401, 477, *646*
-,-,-, IV. 401, 646
-,-,-, V. Murtzuphlos 646
Alexiuslegende 515
Al-Farabi *1092*
Alfaro,
-, Eloy *1311*
Al-Fatah 1572, 1581–1582, 1587
Alfinger (Dalfinger),
-, Ambrosius *1294*
Alfons,
-, (León) Kast.,
-,-, Kg.,
-,-,-, X. d. Weise 417, *484*
-,-,-, II. Keusche *551*
-,-,-, III. *551*
-,-,-, VI. *550, 552*–553
-,-,-, VII. *552*
-,-,-, VIII. *550, 552*–553, 555
-,-,-, X. d. Weise ❸ 473, 559
-,-,-, XI. *558*
-,-,-, XI. ❸ 559
-, (Neapel-) Siz.,
-,-, Kg.,
-,-,-, IV. ❸ 559
-,-,-, V. d. Weise 542, 632
-,-,-, V. d. Weise ❸ 559
-, Aragón,
-,-, Kg.,
-,-,-, I. d. Kämpfer 553–*554*
-,-,-, II. *555*
-,-,-, III. *561*
-,-,-, III. ❸ 559
-,-,-, IV. *561*
-,-,-, V. d. Großmütige 542, *562*
-,-,-, VI. *555*
-,-,-, VI. ❸ 556
-,-,-, VII. 555
-, Bragança,
-,-, Hz. ❸ 556
-, Poitiers,
-,-, Gf. 433
-, Port.,
-,-, Kg.,
-,-,-, I.,
-,-,-,-, Henriques *555*
-,-,-,-, Henriques ❸ 556
-,-,-, II. *555*
-,-,-, II. ❸ 556
-,-,-, III. 555, 562
-,-,-, III. ❸ 556
-,-,-, IV. *562*
-,-,-, IV. ❸ 556
-,-,-, V. d. Afrikaner 560, *563*
-,-,-, VI. *1031*
-, Provence,
-,-, Gf.,
-,-,-, II. ❸ 554
-, S. v. Johann.,
-,-, Port.,

-,-, Kg.,
-,-,-, II. ❸ 556
-, Span.,
-,-, Kg.,
-,-,-, XII. *1026*
-,-,-, XIII. 1026–1027
-,(León) Kast.,
-,-, Kg.,
-,-,-, X. d. Weise *558*
Alfonsín 1916
Alfonsín,
-, Raúl *1915*
Alfonso Portillo Cabrera 1870
Alfred,
-, Angelsachsen,
-,-, Kg.,
-,-,-, d. Gr. *565*
-, Sachsen-Coburg-Gotha,
-,-, Hz. ❸ 970
Algabid,
-, Hamid *1681*
Al-Gailani,
-, Ali 764, 779
Algazel 396, *1096*
Algeciras,
-, Akte,
-,-, (1906) 711
-, Kfz.,
-,-, (1902) 1016
-,-, (1906) 711, 1121, 1288
Algerien,
-, (NZ bis 1962) 776–777, 784, 939, 944, 1093, 1120–1121, 1444–1446, **1634–1636**, 1639
-, (NZ bis 1962),
-,-, Außen-Pol. 1636
-,-, -Krieg (1954–1962) 1636
-,-, Krieg (1954–1962) 1634
-,-, Statut (1947) 1634–1635
-,-, (Nz bis 1962) 1120
-,-, (NZ bis 1962) ❶ 1109
-,-, (seit 1962) 1572–1573, 1575, 1633–1634, **1636–1638**, 1640, 1642–1643, 1645, 1682
-,-, (seit 1962),
-,-,-, Unabhängigkeits-Erkl. ❶ 1386
-,-,-, Wirtschafts-Pol. **1636–1637**
Al-Ghassali *1096*
Algier 1103
Algier,
-, (Alt.) ➡ Icosium
-, Arabische Kfz. (1973) 1583
-, Blockfreien-Kfz.,
-,-, (1973) 1573
-, Blockfreien-Kfz. (1973) 1329, 1390
-, Charta (1967) 1327
-, Charta (1973) 1573
-, Kfz. (1967) 1327, 1389
-, OPEC-Kfz. (1975) 1608
-, Putsch (1958) 1446, 1635
Algonkin 1249
Algonkin-Stämme 1251
Al-Haddaschadsch ibn Jusuf,
-, Pers.,
-,-, Stth. *1090*
Al-Hadi ibn Al-Mahdi,
-, Kalif *1092*
Al-Hakam I.,
-, Córdoba,
-,-, Emir *550*
Al-Hakim,
-, Kalif 644, 1093
Ali,
-, Kalif 1088–1090, 1102

Ali Abu Al-Ragheb 1601
Ali Bei,
-, Äg.,
-,-, Stth. 1118
Ali Benflis 1639
Ali Khalif Gallayd 1734
Ali Kilen,
-, Songrai-Hschr. 1140
Ali Pascha,
-, Osman.,
-,-, Stth. (Jánnina) 1107
Ali Schir Nawai *1197*
Alia,
-, Ramiz *1558*
Alianza Argentina Anti-comunista ➡ AAA
Alianza Popular Revolucio-naria Americana ➡ APRA
Alignements 45
Alijew 1541
Alijew,
-, Geidar *1540*–1541
Alimentationen,
-, röm. 267–268, 300
Alişar Hüyük 33, 41, 49, 70, 92
Aljubarrota,
-, Schl. (1385) 558, 563
Al-Kadir ibn Ishak ibn Al-Muktadir,
-, Kalif ❶ 1092
Al-Kahir ibn Al-Mutadid,
-, Kalif ❶ 1092
Al-Kaim ibn Al-Kadir,
-, Kalif ❶ 1092
Alkaios 129, 137
Alkamenes,
-, Sparta,
-,-, Kg. ❶ 130
Al-Kawakibi 1112
Alketas,
-, Maked.,
-,-, Kg. 164–165
Alkibiades 154–155
Al-Kindi *1092*
Alkmaion von Kroton 138
Alkmaioniden 134, 136, 139
Alkman 131
Alkuin *385*
Alkuin-Bibel 385
All Ewe Conference 1669
All Peoples Congress ➡ APC
Allahabad 1754
Alldeutscher Verband 866–867, 871, 876
Allectus,
-, Usurpator 281, 326
Alleinvertretungsanspruch BR Dtld. 1349, 1409
Allenby,
-, Edmund 729
Allende Gossens,
-, Salvador 1833, *1921*–1922
Allenstein 735, 878
Allerheim,
-, Schl. (1645) 683
Allerödzeit 10
Alley,
-, Alphonse *1672*
Allgemeiner Arbeiterverein,
-, Ung. 913
Allgemeines Landrecht ➡ Preußisches Allgemeines Landrecht
Allia,
-, Schl. (387 v.) 220, 316
Allianz der Demokratischen Linken ➡ SLD
Allianz Freier Demokraten 1429
Allianz für den Fortschritt 1840

Alliierte Hohe Kommission 1404–1405, 1409
Alliierte Mächte,
-, Dtld. (seit 1945) 1338–1344, 1346, 1396–1397
Alliierter Kontrollrat 789, 1340, 1397–1398, 1400
Alliierter Kontrollrat,
-, Gesetze u. Direktiven (1945–1946) 1398
Allobroger 244
Allrussischer Gewerk-schaftskongress,
-, 1. (1906) 993
Allrussischer Kongress des Bauernbundes,
-, 1. (1906) 993
Allumiere 68
Alma Ata 1767
Alma-Ata 1526
Alma-Ata,
-, Vtg. (1991) 1355, 1385, 1528
Almagro,
-, Diego de *1295*
Al-Mahdi ibn Al-Mansur,
-, Kalif 1091
-, Kalif ❶ 1092
Al-Malik Al-Adil,
-, Äg.,
-,-, Su. 406
Al-Malik Al-Kamil,
-, Äg.,
-,-, Su. 402, 406, 478, 1096
Al-Mamun ibn Harun ar-Ra-schid,
-, Kalif 1091
-, Kalif ❶ 1092
Alman 53
Al-Mansur ibn Mohammed,
-, Kalif **1091**
-, Kalif ❶ 1092
Al-Mansurah,
-, Schl. (1250) 402
Al-Marsa,
-, Vtg. (1883) 1122
Al-Masudi 1154
Almaty 1767
Almeida,
-, Francisco de 1183
Al-Mina 120
Almohaden,
-, Dyn. 550, 552–553, 555, 1096
Almopia 164
Almoraviden,
-, Dyn. 550, 552, 1096, 1140
Al-Muhtadi ibn Al-Wathik,
-, Kalif ❶ 1092
Al-Muiss,
-, Kalif **1093**
Al-Muktadi ibn Mohammed ibn Al-Kaim,
-, Kalif ❶ 1092
Al-Muktadir ibn Al-Muta-did,
-, Kalif ❶ 1092
Al-Muktafi ibn Al-Mustas-hir,
-, Kalif ❶ 1092
Al-Muktafi ibn Al-Mutadid,
-, Kalif ❶ 1092
Almunécar 72
Al-Mustadi ibn Al-Mustand-schid,
-, Kalif ❶ 1092
Al-Mustain ibn Mohammed ibn Al-Mutasim,
-, Kalif ❶ 1092
Al-Mustakfi ibn Al-Muktafi,
-, Kalif ❶ 1092

Al-Mustandschid ibn Al-Muktafi,
-, Kalif ❶ 1092
Al-Mustansir,
-, Fatimiden-Kalif 1094
Al-Mustansir ibn Al-Mutawakkil,
-, Kalif ❶ 1092
Al-Mustansir ibn as-Sahir,
-, Kalif ❶ 1092
Al-Mustarschid ibn Al-Mustashir,
-, Kalif ❶ 1092
Al-Mustashir ibn Al-Muktadi,
-, Kalif ❶ 1092
Al-Mustasim ibn as-Sahir,
-, Kalif ❶ 1092
Al-Mutadid ibn Al-Muwaffak,
-, Kalif ❶ 1092
Al-Mutamid ibn Al-Mutawakkil,
-, Kalif ❶ 1092
Al-Mutanabbi,
-, Dichter 1095
Al-Mutasim ibn Harun ar-Raschid,
-, Kalif ❶ 1092
Al-Mutass ibn Al-Mutawakkil,
-, Kalif ❶ 1092
Al-Mutawakkil ibn Al-Mutasim,
-, Kalif ❶ 1092
Al-Muti ibn Al-Muktadir,
-, Kalif ❶ 1092
Al-Muttaki ibn Al-Muktadir,
-, Kalif ❶ 1092
ALN (Nationale Befreiungsarmee,
-, Algerien) 1634–1635
Alodia 1132
Along,
-, Vtg. (1948) 1445
Alopekonnesos ❶ 124
Alp Arslan,
-, Seldschuken,
-,-, Su. **1095**
Alpenfestung 793
Alpenpässe,
-, (Alt.) 319
Alpenprovinzen,
-, röm. **318**
Alphabet,
-, arabisches 97, 100
-, griechisches 97
-, ionisches 157
-, lat. 97
-, phönikisches 97, 121
Al-Qaida 1653, 1734, 1830
Al-Qaida-Netzwerk 1862
Alsen 853
Alsium ❶ 219
Alsnö,
-, Statut (1280) 592
Altägypten 74
Altai 1200
Altamira 20
Altamira,
-, Kfz. (1989) 1919
Altan,
-, Mongolen-Hschr.,
-,-, Khan 1197, 1199
Altar de Sacrificios 1259
Alt-Calabar 1141
Alte Geschichte ⊕Altertum
Altendorf 44
Alter Kongress,
-, Ind. 1753, 1755
Alter Zürichkrieg (1446–1450) 502

Ältere Bronzezeit **52–56**
Ältere Eisenzeit **70–72**
Altersklassenorganisation 1147
Altertum,
-, Begriff 67, 73
Altes Testament 91, 98, 100–102, 104, 191, 338
Ältestpleistozän 9
Ältestpleistozän ❶ 11
Altheim-Gruppe 35
Althiburos (Hr. Medeina) ❶ 333
Altiplano,
-, Bol. 1906
Altkastilien 557
Altkupferzeit **31–37**
Altkupferzeit,
-, Äg. 32
-, Anatolien 33
-, Eur. 33–37
-, Gesellschaft 30
-, Griechld. 33
-, Iberische Halbinsel 36
-, Kreta 34
-, Mesop. 31
-, Mittel-Eur. 35
-, Nord-Eur. 37
-, Ost- u. Südost-Eur. 34–35
-, Palästina 33
-, Vorderer Orient 31–33
-, Werkzeuge 31, 38–40
-, West-Eur. 45
-, West-Syr. 40
Altmark,
-, Waffenstillstand (1629) 682, 1045
Altneolithikum **23–24**
Alto Perú⊕Bolivien (1825–1945)
Altonaer Blutsonntag (1932) 885
Altopascio,
-, Schl. (1325) 538
Altpaläolithikum 14, **16**
Altpaläolithikum,
-, Südost-As. 1227
Altpaläolithikum ❶ 11
Altpleistozän 9
Altpleistozän ❶ 11
Altranstädt,
-, Frd. (1706) 686
Alt-Smyrna 121
Alt-Sotho 1154
Altsteinzeit ⊕Paläolithikum
Alur 1145
Alva,
-, Leonel d 1689
Alva Castro,
-, Luis 1905
Alvares de Cabral,
-, Pedro 668
Alvarez Armelino,
-, Gregorio 1911
Álvaro Uribe 1897
Alvenslebensche Konv. (1863) 853, 990
Alves,
-, Nito 1705
Alvor,
-, Vtg. (1975) 1704
Al-Wathik ibn Al-Mutasim,
-, Kalif ❶ 1092
Alyattes,
-, Lydien,
-,-, Kg. 95, 133, 136–137
Alypia,
-, T. v. Anthemius,
-,-, Rom,
-,-,-, Ks. ❺ 284
Amadeiten 519
Amadeus I.,

-, Span.,
-,-, Kg. 1026
Amadokos,
-, Thrakien,
-,-, Kg. 159, 161, 167–168
Amadou Toumani Touré 1678, 1686
Amal 1597
Amalafrida,
-, Vandalen,
-,-, Kgn. 363
Amalarich,
-, Westgoten,
-,-, Kg. 362, 547
Amalaswintha,
-, Ostgoten,
-,-, Kgn. 362–363
Amalekiter 102
Amaler,
-, Dyn. 357
Amalfi 527–528, 530, 532, 536
Amalfi,
-, Schl. (1528) 1007
Amalrich,
-, Jerusalem,
-,-, Kg. 405
Amandus,
-, Missionar 370, 384
-, Usurpator 281
Aman-Kutan 17
Amantini 311
Amanullah,
-, Afghanistan,
-,-, Kg. **1126**–1127
Amarawati 1182
Amarna 57, 59, 101
Amarnabriefe 101
Amarna-Stufe (Zeit) 57, 80–81
Amarna-Stufe (Zeit),
-, Begriff 80
Amaseia **193**
Amasia,
-, Frd. (1534) 1123
Amasis,
-, Äg.,
-,-, Kg. **82**
Amaterasu 1217
Amato,
-, Giuliano 1474
Amba Alagi,
-, Schl. (1941) 1175
Ambidravi 314
Ambilini 314
Ambiorix-Aufstand (54–53 v.) 317
Ambisontes 314
Ambitus 242
Amboim-Region 1165
Ambrakia 133, 153
Ambriz 1165, 1705
Ambronen 244–245, 324
Ambrosio,
-, Victorio 1021
Ambrosius,
-, Mailand,
-,-, B. 285, 287
Ambwela 1151
Amda Sion,
-, Äthiopien,
-,-, Kg. 1136
Amedeo IV.,
-, Savoyen,
-,-, Gf. 535, 538
Amenemhet,
-, Äg.,
-,-, Kg.,
-,-,-, I. **79**
-,-,-, III. 48, **79**
-,-, Truppenbefehlshaber 57
Amenmesse,

-, Äg.,
-,-, Kg. 62, 81
Amenophis,
-, Äg.,
-,-, Kg.,
-,-,-, I. 52
-,-,-, II. 58, 80
-,-,-, III. 57–58, **80**
-,-,-, IV. 57, **80**
-,-,-, IV. ❶ 77
American Colonization Society 1144, 1159
American Party,
-, USA 1284
Americo-Liberianer 1159, 1664
Amerika,
-, Bezeichnung 667, 669, 1293
-, brandenburgische Besitzung 1300
-, dänische Kol. 1300
-, engl. Kol. 1270–1273, 1299–1300
-, engl. Kol.,
-,-, Besiedlung 1278
-,-, Gesellschaft 1272–1273
-,-, Handel 1272
-,-, Indianeraufstände 1278
-,-, Landwirtschaft 1272
-,-, Pioniere 1272
-,-, Religion 1272
-,-, Schulwesen 1273
-,-, Sklaverei 1272
-,-, Verfassung 1272
-,-, Wirtschaft 1272–1273
-, Entdeckungen 355, 590, 651, 1269, 1482
-, frz. Kol. 1271, 1299–1300
-, Indianerkulturen **1248–1267**
-, Kolonialzeit 1270
-, Kolonialzeit,
-,-, Einwanderung 1275
-,-, Missionierung 1268, 1271
-, niederländische Kol. 1271, 1300
-, panamerikanische Bewegung 1303
-, Panamerikanische U. 1287
-, portugiesische Eroberungen 1297
-, portugiesische Kol. 668, **1297–1299**
-, portugiesische Kol.,
-,-, Bevölkerung(sentwicklung) 1298
-,-, Bodenschätze 1298
-,-, Erschließung 1298
-,-, Expansion 1298
-,-, Gesetzgebung 1298–1299
-,-, Indianer 1299
-,-, Kirche 1298
-,-, Landwirtschaft 1298
-,-, Missionierung 1298
-,-, Sklaverei 1298
-,-, Territorialverwaltung 1297–1298
-, schwedische Kol. 1271, 1300
-, Sklaverei 1270, 1272, 1295, 1298–1299, 1301
-, spanische Kol. 668, **1293–1297**
-, spanische Kol.,
-,-, Bevölkerung 1296
-,-, Bezeichnung 1295–1297
-,-, Bodenschätze 1295
-,-, Gesetzgebung 1294–1296

-,-, Handel 1296–1297
-,-, Indianerfrage 1294–1297
-,-, Kirche 1296
-,-, Kolonial-Pol. 1296–1297
-,-, Landwirtschaft 1296
-,-, Militärwesen 1296–1297
-,-, Missionierung 1294
-,-, Religion 1294
-,-, Territorialverwaltung 1293–**1295**
-, Vorgeschichte **1248–1267**
Amerikanische Revolution (1770–1776) 699, 1275, **1278–1279**
Amerikanischen Freihandelszone (FTTA) 1841
amerikanischer Kongress (1826) erster 1303
Amerikanischer Unabhängigkeitskrieg (1775–1783) 688, 967, 1025, **1278–1279**
Amerikanisch-Samoa 1859
Amhara 1136
Amherst,
-, Engld.,
-,-, Lord 1208
Amicale des originaires de lAEF 1162
Amicale Oubanguienne 1684
Amiens,
-, (Alt.) ⊕Samarobriva
-, Frd.,
-,-, (1802) 701, 1299
-, Kathedrale ❶ 435
-, Schl. (1918) 728
Amin,
-, Hafisollah 1651
-, Idi 1730
Amini,
-, Ali 1646
Aminoil 1614
Amir Al-Muminin 1089
Amir Al-umara 1093
Amisos (Samsun) 250
Amisos (Samsun) ❶ 124
Ammaedara (Haïdra) 333
Ammaedara (Haïdra) ❶ 333
Amman,
-, (Alt.) ⊕Philadelpheia (Amman)
-, Abk. (1985) 1587, 1600
Ammianus Marcellinus 280, 283, 285
Ammon 102
Ammonios 396
Ammonios,
-, Seleukiden-R.,
-,-, Reg. 189
Ammoniter 102
Amnesty International 1613, 1638
Amnisos 53, 114
Amoco 1335
Amorgos 42
Amoriter 39
Amoritische Stufe 40–41, 48
Amos,
-, Prophet 103
Ampelum 309
Amphibien 5
Amphiktyonie,
-, delphische 160, 162–163, 167–168, 203
Amphiktyonien 123
Amphiktyonien ❶ **123**
Amphipolis 145, 147, 154, 161–162, 166–168
Amphissa 163, 168, 302
Amr bin Al-As 1132
Amre Mohamed Mussa 1577

Amritsar 1189
Amritsar,
-, Goldener Tempel 1755
AMROC,
-, Nicaragua 1875
Amselfeld,
-, Schl.,
-,-, (1389) 1099
-,-, (1448) 1100
-, Schl. (1389) 627, 629, 650
Amsterdam 864
Ämter,
-, städtische,
-,-, Rom 299, 320
Amu Darja ⊃Oxus
Amuk-Kultur 83, 97
Amun-Kult 1132
Amur 989
Amurru 40
Amyklai 130
Amynandros,
-, Athamanen,
-,-, Kg. 206
Amyntas,
-, Galatien,
-,-, Kg. **196**, 257, 343
-, Maked.,
-,-, Kg.,
-,-,-, I. 164–165
-,-,-, II. 165
-,-,-, III. 159–160, 166
-,-,-, IV. 170
-, S. Perdikkas II. v. Maked. 165
Amyrtaios,
-, Äg.,
-,-, Kg. 82, 110
An Lu-shan 1205
Anabasis 186
Anagni,
-, Attentat,
-,-, (1303) 439, 518–519, 538
-, Frd.,
-,-, (1295) 561
Anagnia 217, 295
Anaklet,
-, Pp.,
-,-, II. 429, 471, 511–*512*, 532
Anakreon 129, 137
Anaktorion 133
AnaP ⊃Mutterland-Partei (AnaP)
-, Türkei
Anarchismus 697–698
Anarchismus,
-, Frkr. 946
-, Russld. 986, 992
Anasazi-Tradition 1250
Anastasios,
-, Byz.,
-,-, Ks.,
-,-,-, I. 366, 635–636
-, Konstantinopel,
-,-, Patr. 503
Anastasius,
-, Gegen-Pp.,
-,-, III. ❶ 505
-, Pp.,
-,-, I. 365
-,-, I. ❶ 367
-,-, II. 366
-,-, II. ❶ 367
-,-, III. ❶ 505
-,-, IV. 512
Anatolien,
-, (Alt.),
-,-, (bis ca. 1900 v.) 41, 49, 52, 92
-,-, (nach 1500 v.) 57–58, 63, 70, 94, 108, 118

-, (MA) ⊃Byzantinisches Reich
-, (MA) ⊃Osmanisches Reich
-, (NZ) ⊃Osmanisches Reich
-, (NZ) ⊃Türkei
-, türkische Emirate 1099–1101
Anatolien (NZ) ⊃Türkei
Anatolij Kinach 1535
Anau-Kultur 41
Anawrahta,
-, Burma,
-,-, Kg. 1228
Anaxagoras 147, *151*–152
-, Sparta,
-,-, Kg.,
-,-,-, I. ❶ 130
-,-,-, II. ❶ 130
Anaxandros,
-, Sparta,
-,-, Kg. ❶ 130
Anaxilaos,
-, Rhegion,
-,-, Tyr. 143
Anaxilas,
-, Sparta,
-,-, Kg. ❶ 130
Anaximander 129, 136
Anaximenes 129, 136
Anbasa,
-, Kalifen-R.,
-,-, Stth. *549*
ANC (African National Congress) 1171
ANC (African National Congress),
-, Südafrika 1706, 1710, 1719, 1722–1723, 1726
-, Südafrika ❶ 1655
ANC (African National Council),
-, Zimbabwe 1711
Anchialos 310
Anchmachis,
-, Äg.,
-,-, Gegen-Kg. 183
Ancien Régime 690, 930, 934–936
Ancón,
-, Frd. (1883) 1312
Ancona 526, 646–647, 1013
Ancus Marcius,
-, Rom,
-,-, Kg. 209
-,-, Kg. ❶ 209
Andagis,
-, Rom,
-,-, Heermeister 360
Andalsnes 758
Andalusien ⊃Al-Andalus
Andamanen-Inseln 778
Andautonia ❶ 313
Andenpakt 1863, 1923
Andernach,
-, Schl.,
-,-, (876) 387, 421, 455
-,-, (939) 460
Anders,
-, Władysław *769*
Anders Fogh Rasmussen 1492
Andersen,
-, Hans Christian *1052*
Andhra,
-, Dyn. 1179, 1182
Andhra Pradesh 1753, 1755
Andizetes 311
Andokides 158
Andom,

-, Aman *1736*
Andorra **1479**, **1483**
Andorra ❶ 1358
Andrade,
-, Joaquim de *1704*
-, Mario de *1704*
Andragoras,
-, Parthyene,
-,-, Satrap 185, 346–347
Andrássy,
-, Julius v. *855*, *907*
Andravida 630
Andreae,
-, Jakob *814*
Andreas,
-, Ung.,
-,-, Kg.,
-,-,-, I. **605**
-,-,-, II. 402, 404, *623*
-,-,-, III. *624*
Andrei Bogoljubski,
-, Kiew,
-,-, Gfst. 620
Andreia 132
Andrej Bajuk 1556
Andreotti,
-, Giulio *1473*–1474
Andrés Pastrana 1896
Andrew,
-, S. v. Elisabeth,
-,-, Engld./GB,
-,-, Kgn.,
-,-,-, II. ❷ 970
Andriamahazo,
-, Gilles *1740*
Andriamanjato,
-, Richard *1740*
Andrianampoimerina,
-, Merina-R.,
-,-, Kg. 1150
Andris Berzins 1499
Andris Skele 1499
Andriskos,
-, Maked.,
-,-, Prät. 201, 232
Andrius Kubilius 1500
Andromachos,
-, Feldh. 186
-, Feldh. ❷ 187
Andronikos,
-, Byz.,
-,-, Ks.,
-,-,-, I. Komnenos 646
-,-,-, II. 649
-,-,-, III. 649
-,-,-, IV. *650*
Andropow,
-, Jurij 1384, *1526*
Andros 146, 632
Androsch,
-, Hannes *1438*
Androtion 159
Andrusowo,
-, Waffenstillstand (1667) 980, 1062
Aneeroord Jungnauth 1745
Angela Merkel 1433
Angeln 377
Angelo Cato,
-, Vienne,
-,-, Eb. 454
Angeloi,
-, Dyn. *645*–649
Angelsachsen 326, 503, **564**–**565**, 570
Angelsachsen,
-, Christianisierung 367–370, 565
Angelsachsenchronik 564
Angelus Clarenus *518*
Angers,
-, Univ. ❶ 398

angevinisches Reich 431, 569, 573
Anghelu Ruju 43
Anghelu-Ruju-Kultur 50
Angkor 1227–1228
Anglikanische Kirche 659, 661
Anglo-Ägyptischer Vertrag (1936) 1120
Anglo-Irakischer Vertrag (1922) 1116
Anglo-Irakisches Bündnisabkommen (1930) 1116
Anglo-Iranische Ölgesellschaft ⊃AIOC
Anglo-Persischer Vertrag (1919) 1125
Angola,
-, (bis 1975) 1130, 1151, 1153, 1163, **1165**–1167, 1483, 1485, **1704**–**1705**
-, (bis 1975),
-,-, Bevölkerung ❶ 1656
-, (bis 1975) ❶ 1158
-, (seit 1975) 1337, 1352, 1485, 1692, 1696–1697, **1705**–**1706**, 1718, 1721, 1856, 1884
-, (seit 1975),
-,-, Bevölkerung ❶ 1656
-, -Zambezi-Region **1151**
Angolavertrag (1898) 710, 1165, 1167
Angora,
-, Schl. (1402) 624, 632, 650, 1098–1099, 1197
Angostura,
-, Kongr. (1819) 1309
Angoulême,
-, Dyn. 450
-, Dyn. ❷ 442
-, Vtg. (1612) 919
Angra Pequena 1167
Angrivarier 377
Anguilla 1880
Anhalt 873, 885
Anhalt ❶ 892
Anhui 1200
Ani 404
Aniensis ❶ 219
Anitta,
-, Kussar,
-,-, Kg. 92
Anjou,
-, Dyn. 426, 451–453, 489, 520, 537–539, 541, 543, 555, 569, 616, 624, 631, 672, 916
-, Ftm. **428**
-, -Plantagenet,
-,-, Dyn. 572
Anjouan 1741–1743
Ankara 1110–1111
Ankara,
-, Nationalversammlung (1920) 1110
-, Schl. (1402) ⊃Angora
-, Vtg.,
-,-, (1930) 1081
-,-, (1941) 764
-,-, (1953) 1361
Ankole 1729–1730
Ankrah,
-, Joseph A. *1668*
Ankyra 195
Anna,
-, Böhmen,
-,-, Kgn. *612*
-, Bourbon,
-, Hzgn.,
-,-, v. Beaujeu *452*–453

-,-,-, v. Beaujeu ❷ 442
-, Engld.,
-,-, Kgn. 966
-,-, Kgn.,
-,-,-, v. Böhmen 579, 613
-,-,-, v. Böhmen ❷ 487, 581
-,-,-, v. Cleve *959*
-,-, Kgn. ❷ 960
-, Frkr.,
-,-, Kgn.,
-,-,-, G. Heinrichs I. 427
-,-,-, G. Ludwigs XIII. **921**
-,-,-, v. Bretagne ❷ 448
-, G. v. Ferdinand,
-, Kg./Ks.,
-,-, I. *672*
-,-,-, I. ❷ 617, 673
-, G. v. Jakob,
-,-, Engld.,
-,-,-, Kg.,
-,-,-, I. ❷ 960
-, G. v. Karl,
-,-, Ks.,
-,-,-, IV. ❷ 488
-, G. v. Sigismund,
-,-, Polen,
-,-,-, Kg.,
-,-,-, III. ❷ 1062
-, G. v. Vladislav,
-,-, Böhmen u. Ung. (als Wladislaw II.),
-,-, Kg.,
-,-,-, II. ❷ 617
-, G. v. Wladimir,
-,-, Kiew,
-,-, Gft.,
-,-,-, I. d. Heilige 609
-, Russld.,
-,-, Reg.,
-,-,-, Leopoldowna *983*
-, Zarin,
-,-, Iwanowna *983*
-, T. v. Maximilian,
-,-, Ks. II. 678
-, T. v. Sigismund,
-,-, Polen,
-,-, Kg. I. d. Alte ❷ 1062
Annaberg ❶ 413
Annaeus,
-, Lucanus,
-,-, M. **265**
-, Seneca,
-,-, L. 264–265
Annalistik,
-, röm 215
Annam 944, 948, 1210, 1229–1230, 1814
Annam ❶ 709
Annan 1598
Annan,
-, Kofi *1335*
-, Kofi ❶ 1655
Annapolis (Port Royal) 1271
Annapolis Convention (1786) 1279
an-Nasir ibn Al-Mustadi,
-, Kalif **1096**
-, Kalif ❶ 1092
Anne,
-, T. v. Elisabeth,
-,-, Engld./GB,
-,-, Kgn.,
-,-,-, II. ❷ 970
Anne Boleyn,
-, Engld.,
-,-, Kgn. 958–959
-,-, Kgn. ❷ 960
Annegray,
-, Kl. 370
Annius Milo,
-, T. 251–252
Annobón 1687–1688

Annobón ❶ 1158
Anno II.,
-, Köln,
-,-, Eb. *468*
Annolied ❶ 481
Annuität 213, 237, 245, 260, 270
Ansbach 703, 840
Ansegisel,
-, Franken-R.,
-,-, HM ❷ 380
Anselm,
-, Eb.,
-,-, Canterbury 394–*395*, 571
-, Havelberg,
-,-, B. 472
-, Mailand,
-,-, Eb. 471
Ansgar,
-, Eb.,
-,-, Hamburg-Bremen *371*, 381, *589*
Antalkidas 158–159
Antalkidas-Friede (387 v.)
➡Königsfriede
Antall,
-, Jozsef 1385, *1514*–1515
Antananarivo 1740
Antandroy 1150
Antarktis 1833
Antarktis,
-, Abk. (1959) 1347
Antarktis ❶ 1343
Antarktis-Rohstoffkonvention 1833
Ante Jelavić 1554
Antef,
-, Äg.,
-,-, Kg.,
-,-,-, II. 38
-, Theben,
-,-, Ft. 38
Antelami,
-, Benedetto 536
Anten 358, 603
Anthemius,
-, Rom,
-,-, Ks. 287
-,-, Ks. ❷ 284
Anthemus 165
Anthony,
-, Kenny 1891
Anthony Garotinho 1920
Anti Ballistic Missiles
➡ABM
Anti Corn Law League (1838) 973
Antifaschismus 739
Antifaschistische Freiheitsliga des Volkes ➡AFPEL
Antifaschistischer Block,
-, DDR 1403
Anti-Fascist PeoplesFreedomLeague ➡AFPEL
Antigoneia/Orontes 176
Antigoniden,
-, Dyn. 176–177, 179–180, 193–194, **196–197**, 202–203, 346
-, Dyn. ❷ 198
Antigonis 176, 202
Antigonos,
-, Maked.,
-,-, Kg.,
-,-,-, I. Monophthalmos 170–171, 174–177, 182, 184, 202–203
-,-,-, I. Monophthalmos ❷ 198
-,-,-, I. Monophthalmos ❶ 174
-,-,-, II. Gonatas 178, 182,
185, 192, 196–**197**, 203–204
-,-,-, II. Gonatas ❷ 187, 198
-,-,-, III. Doson **199**, 205
-, S. Des Echekrates ❷ 198
Antigua 761
Antigua Labour Party 1890
Antigua und Barbuda 1880, **1890**
Antigua und Barbuda,
-, Unabhängigkeit 1890
Anti-Hitler-Koalition 754, 771, 779–781, 788
Antike,
-, Begriff 67, 73
Antikenrezeption 355, 364–365, 375, 385–386
Antiklerikalismus,
-, Belg. 1041
Antikominternpakt,
-, (1936) 748, 751, 896, 1030, 1225
-, Austritt Bulg. (1944) 1075
-, Beitr. Jugoslawiens (1941) 1078
-, Beitr. Rumäniens (1941) 1073
-, Beitr. Bulg. (1941) 1074
-, Beitr. Dän. (1941) 1055
-, Beitr. Finnld. (1941) 1057
-, Beitr. Ung. (1939) 915
Antillen 1299, 1880
Antinoopolis 335
Antinous 335
Antiocheia/Orontes,
-, (Antike) 177, 185, 189–190, 279, 285, 337, 339–342, 350–351
-, (MA) 400, 405–406, 643, 645
-, Patrr. 366
Antiocheia/Pisidien 344
Antiochis,
-, G. Xerxes v. Armenien 187
-, G. Xerxes v. Maked. 186
Antiochos,
-, Kommagene,
-,-, Kg.,
-,-,-, I. ❷ 187
-,-,-, IV. 340
-, S. Seleukos IV. ❷ 187
-, Seleukiden-R.,
-,-, Kg.,
-,-,-, I. Soter 182, 184–**185**, 188, 192, 194–195
-,-,-, I. Soter ❷ 187, 198
-,-,-, II. Theos 182, 185
-,-,-, II. Theos ❷ 187, 198
-,-,-, III. d. Gr. 183, **186**, **188**, 191, 193–196, 199, 206, 230–231, 345, 347
-,-,-, III. d. Gr. ❷ 187
-,-,-, IV. Epiphanes 183, **188–189**, 191, 232
-,-,-, IV. Epiphanes ❷ 187
-,-,-, IX. Kyzikenos **190**
-,-,-, IX. Kyzikenos ❷ 187
-,-,-, V. Eupator **189**
-,-,-, V. Eupator ❷ 187
-,-,-, VI. Epiphanes Dionysos 190
-,-,-, VI. Epiphanes Dionysos ❷ 187
-,-,-, VII. Energetes Sidetes 190–191, 347
-,-,-, VII. Energetes Sidetes ❷ 187
-,-,-, VIII. Grypos 190
-,-,-, VIII. Grypos ❷ 187
-,-,-, X. Eusebes Philopator **190**
-,-,-, X. Eusebes Philopator
❷ 187
-,-,-, XI. ❷ 187
-,-,-, XII. Dionysios 190
-,-,-, XII. Dionysios ❷ 187
-,-,-, XIII. Asiaticus **191**
-,-,-, XIII. Asiaticus ❷ 187
-,-, Reg.,
-,-,-, Hierax **185**–186, 193–194, 346
-,-,-, Hierax ❷ 187
-,-, S. Antiochos III. ❷ 187
-, Seleukos,
-, Seleukiden-R.,
-,-,-, Kg.,
-,-,-,-, I. Nikator ❷ 187
Antiochoskrieg (192–188) 188, 192
Antipater,
-, Maked.,
-,-, Feldh. 162, 170–172, 174–175, 201–202
-, S. Kassanders 177, 196
Antiphon *151*
Antipolis ❶ 125
Antisemitismus,
-, Dtld. 888, 894, 896–897, 1115
-, Eur. 1112
-, Frkr. 948
-, It. 1020
-, Russld. 992
Anti-Slavery Association 969
Antium 220–221
Antium ❶ 219
Antivari 632
Antofagasta 1313
Antoku,
-, Japan,
-,-, Ks. 1219
Anton,
-, Montpensier,
-,-, Hz. ❷ 924
-, Navarra,
-,-, Kg. ❷ 442
Antonescu,
-, Ion 761, 766, 783–784, 796, *1072*–1073, *1542*
Antonia maior,
-, Nichte v. Augustus,
-,-, Rom,
-,-,-, Ks. ❷ 263
Antonia minor,
-, Nichte v. Augustus,
-,-, Rom,
-,-,-, Ks. ❷ 263
-, T. v. Franz Josef v. Kohány,
-,-, Ft. ❷ 970
Antoninus,
-, Hl. 546
Antoninus Pius,
-, Rom,
-,-, Ks. 269, **272**–273, 290, 312, 318, 337, 344
-,-, Ks. ❷ 254
Antoninuswall 273–274, 325
Antonio,
-, Athen,
-,-, Hz. 632
Antonio Demko 1706
António Guterres 1486
Antonios,
-, Einsiedler **292**
Antoniter 513
Antonius,
-, L. 255
-, M.,
-,-, (Konsul 99) 245, *253*
-,-, (Prätor 74) 249
-,-, Triumvir 184, 195–196, 252, **254–256**, 302, 310, 336,
❷ 187
-,-, XI. ❷ 187
-,-, Triumvir ❷ 263
-, Saturninus,
-,-, L. 267, 317
Antonius (Antonios),
-, d. Gr.,
-,-, Eremit 367
-, d. Gr. 336
Antonius Primus,
-, M. 265
Antwerpen 717, 792
Antwerpen ❶ 413
Anuak 1134
Anversoise 1163
Anwar 1821
Anwar Ibrahim 1821
Anziani 535
Anzio 786
ANZUS (Australia,
-, New Zealand,
-, United States) -Pakt (1951) 1835
ANZUS (Australia-New Zealand-United States) -Pakt (1951) 1342, 1360, 1830, 1833, 1848
Aodaghast (Audaghost) 1140
AOL 1336, 1861
Aoun,
-, Michel 1593, *1597*
Aouzou-Region 1631, 1683–1684
AP (Acción Popular),
-, Peru 1903
Apa 55
Apache 1250
Apachen-Krieg,
-, (1871–1886) 1286
Apame,
-, G. Prusias II. 198
-, Antiochos I. ❷ 187
-, Spitamenes ❷ 187
Apameia,
-, Frd. v. (188 v.) 188
Apameia (Myrleia) 192, 342
Apameia/Mäander,
-, Frd. (188 v.) 1179
-, Frd. (188 v.) 230–231, 345, 347
Apameia/Orontes 178
Apartheidpolitik 1171–1172, 1719–1723
APC (All PeoplesCongress,
-, SierraLeone 1662–1663
APEC (Asia-Pacific Economic Cooperation) 1333–1334
Apel,
-, Erich 1422–*1423*
Apella 131–132
Apennin-Kultur 60, 210
Aper,
-, M. 321
Aphidna 49
Aphrodisias,
-, (Karien) 343
Apia,
-, Tag. (1973) 1837
Apithy,
-, Sourou Migan *1671*–1672
APO (Außerparlamentarische Opposition) 1411
Apokalypse 344
Apollinaris von Hierapolis 291
Apollodor,
-, Kassandreia,
-,-, Hschr. 197
Apollodorus von Damascus 268
Apollon 181, 310
Apollon Grannus 316, 321
Apollonia 133, 159, 303
Apollonia,
-, Pontica 310
Apollonia ❶ 124
Apollonios von Rhodos *181*
Apologeten,
-, frühchristl. 289–290
Apophis I.,
-, Äg.,
-,-, Kg. 52, 79
Apostel 289–291
Apostelgeschichte 290
Apostelkonzil,
-, Jerusalem (49/50) 289
Appalachen 1278, 1280, 1285
Appeasement-Politik 750, 955, 976
Appenzell 502
Appenzell-Innerrhoden 1442
Appianos **274**
Appomattox Courthouse,
-, Südstaatenkapitulation (1865) 1286
Appuleius Saturninus,
-, L. 245–246
APRA (Alianza Popular Revolucionaria Americana) 1312
APRA (Alianza Popular Revolucionaria Americana),
-, Peru 1903–1905
Apri 310
Apries,
-, Äg.,
-,-, Kg. 82
Aprilthesen (1917) Lenins 726, 997
APROSOMA (Association pour la Promotion Sociale de la Masse),
-, Ruanda-Urundi 1699
Apsoros (Osor) 304
Aptidon,
-, Hassan Gouled *1735*
Apuani 298
Apuleius,
-, v. Madauros 334
Apuler ❶ 226
Apulien,
-, (Antike) 298
-, (MA) 463, 472, 479, 526, 528–529, 531
Apulischer Aufstand (1017) 531
Apulum 308–309
Aqua Appia 216
Aquae,
-, (Baden-Baden) 320
Aquae Granni (Aachen) 318
Aquae Iasae ❶ 313
Aquae Mattiacorum (Wiesbaden) 320
Aquae Sextiae (Aix-en-Provence) 245, 319
Aquae Sextiae (Aix-en-Provence),
-, Schl. (102 v.) 324
Äquatorial-Guinea (Spanisch-Guinea) 1480, **1687–1688**
Äquatorial-Guinea (Spanisch-Guinea),
-, pol. Org. 1688
-, Verfassung 1688
Äquatorial-Guinea (Spanisch-Guinea) ❶ 1158
Äquatorialprovinz (ägyptisch) 1134
Äquer 111, 214–215, 217,

A

Äquer ● 219
Äquiculer 221
Aquileia 229, 236, 286, 295–296, 298, 300, 305, 314–316, 361, 462–463
Aquilius M.,
-, (Konsul 101) 193, 245
-, (Konsul 129) 195, 342
Aquilonia,
-, Schl. (293 v.) 221
Aquincum (Budapest) 312
Aquincum (Budapest) ● 313
Aquino,
-, Benigno *1828*–1829
-, Corazon C. *1829*, 1859
Aquitanien 373–374, 378–379, 420–422, **428**
Aquitanien ● 373
Aquitanier 316–317
Araber,
-, (Alt.) 100, 287, 334, 336, 338–342, 346, 351–353, 1129, 1135–1136, 1148
-, (MA) 396, **549**, 1088, 1090–1093, 1095–1098, 1101, 1129, 1132–1133, 1135, 1138, 1149, 1154
-, (NZ) 666, 1101, 1107, 1112–1115, 1117–1118, 1120, 1130, 1133, 1138, 1146–1147, 1149–1150, 1152, 1576, 1597
-, (NZ) ● 1109, 1113
Arabereinfälle 503, 527–530, 1091
Arabereinfälle ● 528
Araberkriege,
-, Byz. 530, 638–639, 1090–1091, 1093
Arabia felix 257
Arabian American Oil Co.
●ARAMCO
Arabien,
-, (Alt.) **100**, 173
-, (Alt.) ● 77
-, röm. Prov. (Arabia) 268, 278, 337, 352–353
Arabische Föderation (1958) 1570, 1599, 1606
Arabische Gebiete (1916–1945) 1114
Arabische Gebiete (1916–1945) ● 1113
Arabische Gipfelkonferenz,
-, (1964) 1571, 1581, 1602
-, (1965) 1572, 1633
-, (1967) 1572, 1581
-, (1973) 1583
-, (1974) 1582, 1584, 1600
-, (1978) 1575
-, (1982) 1587
-, (1990) 1576
Arabische Halbinsel 1088–1089, 1102, 1113–1114, 1117–1118, 1576
Arabische Halbinsel ● 1109, 1113
Arabische Liga 1333, 1388, **1569**–**1570**, 1574–1577, 1582, 1587, 1593, 1619–1621, 1627, 1645, 1743
Arabische Liga ● 1113
Arabische Sozialistische Union ●ASU
Arabische Sprache 1089, 1091–1092, 1094–1095, 1102, 1111–1112
Arabische Welt

●Islamisch-arabische Welt
Arabischer Fonds 1575
Arabischer Kooperationsrat 1575
Arabischer Währungsfonds 1571
Arabisches Solidaritätskomitee 1575
Arabisch-israelischer Konflikt 1112–1115, 1568, **1577**–**1579**, **1587**
Arabisch-isrealischer Konflikt 1323, 1860
Arachosien 172, 346
Arados 171, 185, 190
Arae Flaviae (Rottweil) 319
Arafa,
-, Mohammed Ben *1639*
Arafat 1577, 1589–1591, 1861
Arafat,
-, Iasir 1330, 1524
-, Jasir *1572*–*1573*, 1582, 1584, 1587–1589, 1599–1600, 1648
Arago,
-, Étienne-Vincent 940–941
Aragón 438, 631, 671, 1026, 1137
Aragón,
-, Kg. ● 554, **559**
Arakan 1806
Araktschejew,
-, Alexei A. *987*
Aralsee 1091, 1767–1768
Aram Sarkisjan 1540
Aramäer 63, **88**, 90, 98–100, 102
Aramäer ● 77
Aramayo,
-, Konzern 1906
Aramburu,
-, Pedro *1913*
ARAMCO (Arabian American Oil Co.) 1611
Arana Osorio,
-, Carlos *1869*
Arangio,
-, Dyn. 631
Aranjuez 1025
Arapaho 357
Ararat 94
Aras 1124
Arat,
-, v. Sikyon 197, 199, 204–205
-, v. Soloi 197
Araukaner 1317
Arauquín-Kultur 1263
Arausio,
-, Schl. (105 v.) 245, 324
Arausio (Orange) 319, 322
Arbeiter- und Soldatenräte,
-, dt. 730, 871–872, 877
-, russ. ●Sowjet
Arbeiterbewegung 696–698
Arbeiterbewegung,
-, Belg. 1041
-, China 1212–1213
-, Dtld. 848, 852–853, 855, 862, 865–866, 868, 870, 873–874, **876**–877
-, Dtld. ● 866
-, Eur. 697
-, Frkr. 938, 940, 942, 945, 949, 951
-, GB 697, 969, 971–975, 977
-, It. 1017
-, Norw. 1051
-, Russld. 986, 990, 992–993

-, Schweden 1050
Arbeiterblock (Vereinigte Arbeiterpartei/Maarach,
-, Israel) 1602, 1604–1605
Arbeiterschaft 695–698
Arbeiterschaft,
-, Austr. 1244
-, China 1212
-, Dtld. 857
-, Frkr. 941, 949, 954
-, GB 968–969, 971–975
-, Norw. 1051
-, Russld. 986, 992–993
-, Span. 1027
Arbeitervereine 848
Arbeits- und Sozialpolitik,
-, Äg. 1625
-, Argentinien 1912
-, Austr. 1242–1243
-, BR Dtld. 1408, 1413–1414
-, Bras. 1919
-, Chile 1923
-, Costa Rica 1878
-, DDR 1422, 1424, 1427
-, Dt. R. 862–863, 865–866, 868, 870, 872, 877, 882, 884–887, 894–895
-, Dtld. (seit 1990) 1432
-, Frkr. 943, 1447
-, GB 969, 971–975, 1459–1461, 1465
-, Honduras 1873
-, It. 1012, 1016
-, Japan 1800
-, Kan. 1841
-, Kuba 1883
-, Kuwait 1614
-, Mex. 1866, 1868
-, Myanmar 1805
-, Ndld. 1453
-, Neuseeld. 1246
-, Norw. 1051
-, Peru 1904
-, Polen 1503
-, Preußen 843
-, Russld. 992
-, Schweden 1050, 1487–1488
-, Schweiz 1441
-, Türkei 1111
-, UdSSR 1000, 1519–1520, 1522
-, Ukraine 1534
-, USA 1287, 1291, 1293, 1852, 1856, 1860–1861
Arbeitsdienst 886
Arbeitslosenversicherung,
-, Dt. R. 882, 884–885
Arbenz Guzmán,
-, Jacobo *1869*
Arboga 600
Arbogast,
-, Rom,
-,-, Heermeister 285
Arbroath,
-, Dekl. (1320) 587
Arcadia,
-, Kfz. (1942) 779
Arcadius,
-, Rom,
-,-, Ks. 285–**286**, 359
-,-, Ks. ● 284
Archaeopteryx 3, 7
Archaikum 2, **4**, 1248
Archaikum ● 8
Archanes 42
Archanes-Villen 53
Arche 146–147, 155
Archelais 343
Archelaos,
-, Judäa,

-, Kappadokien,
-,-, Kg. 194
-, Maked.,
-,-, Kg. 155, 165
-,-, Kg. ● 164
-, Pontos,
-,-, Feldh. 247
-, Sparta,
-,-, Kg. ● 130
Archidamischer Krieg (431–421) 153
Archidamos,
-, Sparta,
-,-, Kg.,
-,-,-, I. ● 130
-,-,-, II. 153
-,-,-, II. ● 130
-,-,-, III. **294**
-,-,-, III. ● 130
-,-,-, IV. ● 130
-,-,-, V. ● 130
Archilochos 129
Archimedes *181*, 228
Archipelago,
-, Hzm. 630
Archipoeta 480
Architektur,
-, (NZ) 658, 662–663
-, Äg. 57
-, Dtld. (MA) 385, 414, 499
-, Engld. (MA) 414
-, Frkr,
-,-, (MA) 454
-, Frkr.,
-,-, (NZ) 923
-, Hoch-MA 436
-, griechische Kol. 138
-, Griechld. 129, 137, 152, 181
-, Hellenismus 181
-, Hoch-MA **399**
-, Ind. 1182
-, It.,
-,-, (MA) 364, 544
-,-, (NZ) 1008
-, Kreta 114–116
-, Osman. 1102
-, röm. 239
-, Spät-MA 413–414
Archon eponymos 134
Archontat 134–135, 139, 141, 146, 148, 150, 168, 170, 303
Archontat ● 149
Archonten ● 149
Arcila 563
Arciszewski,
-, Tomasz 790, 799, *1066*
Ardabil 1098, 1123
Ardabur,
-, Rom,
-,-, Heermeister 286
Ardagh-Linie 1751
Ardahan 706–707, 1108
Ardarich,
-, Gepiden,
-,-, Kg. 361
Ardaschir,
-, Sasaniden,
-,-, Kg.,
-,-,-, I. 275, 349–350
Ardaschir I.,
-, Sasaniden,
-,-, Kg. 1192
Ardea 217
Ardea ● 209
Ardennenoffensive (1944) 792, 794
Ardiaier 168, 199
Ardiaierreich 226, **304**
Ardsinba,
-, Wladislaw 1538

Arduin,
-, It.,
-,-, Kg. 464, 531
Ardys,
-, Lydien,
-,-, Kg. 95
Aref,
-, Abd ar-Rahman *1607*
-, Abd as-Salim Mohammed *1571*, *1606*–1607
Areia 172
Areiopag 134–135, 142, 145, 148, 151
Areiopag ● 149
Arelate (Arles) 269, 319–322
Arelatisches Reich 422
AREMA (Avantgarde de la Révolution de Malagasy),
-, Madagaskar 1740
Aremberg 825
Aremorica 564, 568–569
ARENA (Aliança Renovadora Nacional),
-, Bras. 1872, 1917
Arene Candide 20
Ares 310
Aretas,
-, Nabatäer,
-,-, Kg.,
-,-,-, III. 352
-,-,-, IV. 352
Arethas von Kaisareia *643*
Areus,
-, Sparta,
-,-, Kg.,
-,-,-, I. *197*, 203–204
-,-,-, I. ● 130
-,-,-, II. ● 130
Arevaker 329
Arévalo,
-, Juán José *1307*, 1869
Arezzo 534, 539
Arezzo,
-, (Alt.) ●Arretium
Argadeis 134
Argaios,
-, Maked.,
-,-, Kg. 164
-,-, Prät. 161, 166
Arganthonios,
-, Tartessos,
-,-, Kg. 328
Argenteuil,
-, Kl. 395
Argentinien,
-, (1816–1945) 738, **1314**–**1315**
-, (1816–1945) ● 757
-, (seit 1945) 1609, 1863–1865, 1909, 1912, **1914**–**1915**, 1923
-, (seit 1945),
-,-, Arbeits- u. Sozial-Pol. 1915
-,-, Bevölkerung(sentwicklung) ● 1865
-,-, Innen-Pol. 1915
-,-, Kirche 1915
-,-, öffentliche Finanzen 1914–1915
-,-, Verfassung 1915
-,-, Wirtschaft 1914
-,-, Wirtschafts-Pol. ● 1385
-,-, Wirtschafts-Pol. 1915
Argentinische,
-, Bischofs-Kfz. (1977) 1914
-, Konföderation (1853) 1315
Argentorate (Straßburg) 318–319
Argentorate (Straßburg),

-, Schl. (357) 283, 318, 325
Arges,
-, Schl. (1916) 724
Arginusen-Inseln,
-, Schl. (406) 155
Argissa-Magula 23, 25
Argistis,
-, Urartu,
-,-, Kg.,
-,-,-, I. 94
Argiver 158, 160–161, 165
Argolis 113, 204, 632
Argolis 120
Argonauten 314
Argos,
-, (hellenistische u. Röm. Zeit) 204–207, 231–232, 302–303
-, (MA) 632
-, (vor dem Hellenismus) 154, 156, 158, 162, 165
-, (vor dem Peloponnesischen Krieg) 64, 116, 129, 131, 133, 140–141, 144–146
Argylshire 564, 568
Århus 460
Arianer/Arianismus 280, 283–285, 307, 309, 321, 334, **336**, 357–359, 361–364, **368**–370, 525–526, 548
Ariano,
-, Assisen 532
Ariaramnes,
-, Pers.,
-,-, Kg. 108
Ariarathes,
-, Kappadokien,
-,-, Kg.,
-,-,-, III. **194**
-,-,-, III. ❸ 187
-,-,-, IV. Eusebes **194**
-,-,-, V. Eusebes Philopator 189, 193–**194**
Arias,
-, Arnulfo *1879*
Arias Sánchez,
-, Oscar *1864*, *1878*
Aribert,
-, Langobarden,
-,-, Kg.,
-,-,-, I. 369
-, Mailand,
-,-, Eb. 466, 532
Aribo,
-, Mainz,
-,-, Eb. *465*
Arica,
-, Prov. 1312
Arichis,
-, Benevent,
-,-, Hz.,
-,-,-, I. 379, 527
Aricia 111, 211–212, 217
Aricia,
-, Bd. 212
Ariel Scharon 1590, 1601, 1606
Arier 107, 1177
Arier ❶ 77
Arikara 1249
Arimannen 525
Ariminum (Rimini) 298
Ariminum ❶ 219
Ariobarzanes,
-, Kappadokien,
-,-, Kg.,
-,-,-, I. **194**
-,-,-, II. **194**
-,-,-, III. **194**
-, Pers.,
-,-, Satrap 96, 160
-, Pontos,

-,-, Kg. **193**
Arioi 1240
Ariosto,
-, Ludovico *1008*
Ariovist,
-, Sueben,
-,-, Kg. 251, 317, 324
Aripert,
-, Langobarden,
-,-, Kg.,
-,-,-, I. 526
Arisbe ❶ 124
Aristagoras,
-, Milet,
-,-, Tyr. 140
Aristarch von Samos 181
Aristarch von Samothrake *181*
Aristeides *141*–142, 144
Aristeides,
-, Apologet 290
Aristide 1887
Aristide,
-, Jean-Bertrand *1887*
Aristion 301
Aristippos,
-, Argos,
-,-, Tyr. 205
Aristobulos,
-, Judäa,
-,-, Kg. 190
-, Juden,
-,-, Kg.,
-,-,-, II. 250
Aristodemos,
-, Elis,
-,-, Tyr. 204
-, Kyme,
-,-, Tyr. 111, 138, 142, 212
-, Megalopolis,
-,-, Tyr. 204
-, v. Sparta 158
Aristogeiton 135
Aristomachos,
-, Argos,
-,-, Tyr. 205
Ariston,
-, Sparta,
-,-, Kg. ❶ 130
Aristonikos 192–195, 342
Aristophanes,
-, Komödiendichter 151–*152*
-, v. Byzantion,
-,-, Philologe 181, 183
Aristoteles 105, *157*, 170, 176, 395–396, 550
Aristotelismus 396
Arius 336, 342
Arizona 1284, 1293, 1304
Arjasamadsch 1188
Arkader 145, 160
Arkadi Gukasjan 1541
Arkadien 116, 160, 162, 176, 197, 199, 201, 205, 303
Arkadien ❶ 120
Arkadischer Bund 160
Arkansas 1285
Arkesilaos 180
Arkub-Gebiet 1595
Arkwright,
-, Richard ❶ 692
Arles,
-, (Alt.) ↻Arelate
-, Schl. (411) 286
-, Syn. (314) 283, 321, 327
-, Vikariat 366
Armada,
-, spanische (1588) 680, 961, 1023
Armagh,
-, Ebtm. 369, 567, 584
Armagnac,

-, Dyn. 446, 451
Armagnacs 447, 449
Armand,
-, Louis 1363
Armas Castillo,
-, Carlos *1869*
Armen Darbinjan 1540
Armenien,
-, (19./20. Jh.) 720, 737, 1107, 1109–1110, **1539**–1540
-, (19./20. Jh.),
-,-, Massaker (1915) 1539
-, (19./20. Jh.) 706, 998, 1527
-, (Alt. vorröm.) **94**–**95**, 108, 186, 249, 345
-, (Armenia minor röm. Prov.) 256–258, 261–262, 264–265, 268, 273, 344–346, 349–351
-, (islamische Herrschaft) 1091, 1093
-, (MA) 403–406, 643
-, (MA) ❶ 528
-, Christianisierung 403
Armenier,
-, Osman. 1102, 1109
Armenische Kirche 1539
Armenisches Reich 188
Armer Konrad 806
Arminius,
-, Cherusker,
-,-, Ft. 259, 261, 305, 317, 324
Armour,
-, Jenner 1890
Armstrong,
-, Neil A. *1853*
Arn,
-, Salzburg,
-,-, Eb. 379
Arnaut,
-, Daniel 434
Arndt,
-, Ernst Moritz 842–843
-, Ernst Moritz ❶ *846*
Arnensis ❶ 219
Arnesano 43
Arnheim,
-, Luftlandung (1944) 792, 1040
Arnhim Ulric Eustace 1892
Arnim,
-, Hans-Jürgen v. 777, 785
Arnobius 334
Arnold Rüütel 1497
Arnold von Brescia *512*
Arnolfo,
-, di Cambio *536*
Arnulf,
-, Bay.,
-,-, Hz. *456*, 458–*459*
-, Flandern,
-,-, Gf.,
-,-,-, II. 423
-, Metz,
-,-, B. *384*
-,-, B. ❸ 380
-, Orléans,
-,-, B. 425
-, Reims,
-,-, Eb. 423, 425
-, v. Kärnten,
-,-, Ks. 422, **456**, 504, 529, 606–607
-,-, Ks. ❸ 380
Arnulfinger ↻Karolinger
Aro Chukvu,
-, Orakel 1142
Aro-Ibo 1142
Aromunen 629

Aron,
-, Robert *953*
Arosemena,
-, Carlos Julio *1901*
ARP (Antirevolutionäre Partei) 1039
Árpád,
-, Ung.,
-,-, Ft. 605
Arpaden,
-, Dyn. 605, 612, 624, 645
Arpinum 221
ar-Radi ibn Al-Muktadir,
-, Kalif ❶ 1092
Arrapcha 57, 88
Arras,
-, Matthias v. 614
-, Schl. (1917) 725
-, Schl. (1918) 728
-, U. (1579) 679, 1034, 1037
-, Vtg. (1435) 450
-, Vtg. (1482) 672
ar-Raschid ibn Al-Mustarschid,
-, Kalif ❶ 1092
ar-Razi *1092*
Arretium (Arezzo) 221, 269, 300
Arreton-Stufe 60–61
Arrius Antoninus,
-, C. 344
Arrouaise,
-, Kl. 512
Arruns 212
Arruntius Camillus Scribonianus,
-, L. 264
Arsakes,
-, Armenien,
-,-, Kg.,
-,-,-, IV. 346
-, Parther,
-,-, Kg.,
-,-,-, I. 186, 347, 1192
-,-,-, II. 347
-,-,-, III. 186
Arsakiden,
-, Dyn. 275, 345, **347**, 349, 1192
-, Armenien,
-,-, Kg. 346
Arses,
-, Pers.,
-,-, Kg. 110
Arsiero,
-, Schl. (1916) 724
Arsinoë,
-, G. D. Lagos 182
-, G. D. Lysimachos **182**, 197
-, G. d. Lysimachos 178
Artabanos 110
Artabanos,
-, Parther,
-,-, Kg.,
-,-,-, I. 347
-,-,-, III. 349
-,-,-, V. 349
Artabazanes von Atropatene 186
Artabazos,
-, Pers.,
-,-, Satrap 161
Artake ❶ 124
Artaphernes,
-, Pers.,
-,-, Satrap 140
Artashat,
-, (Alt.) ↻Artaxata
Artaxata (Artashat) 264, 273, 345

Artaxerxes,
-, Pers.,
-,-, Kg.,
-,-,-, I. Longimanus 104, **110**
-,-,-, II. Mnemon 96, 110, 158, 160
-,-,-, III. Ochos 82, 96, **110**, 161–162
Artaxias
-, Armenien,
-,-, Kg. 188–189, 345
Artemidoros 330
Artemis 310
Artevelde,
-, Jakob van 441, 443
-, Philipp van 445
Arthur,
-, Br. v. Heinrich,
-,-, Engld.,
-,-,-, Kg.,
-,-,-,-, VIII. 958
-, Chester A. *1287*
-, Connaught,
-,-, Hz. ❸ *970*
-, S. v. Arthur,
-,-, Connaught,
-,-,-, Hz. ❸ *970*
-, v. Bretagne,
-,-, N. v. Johann,
-,-,-, Engld.,
-,-,-,-, Kg.,
-,-,-,-,-, ohne Land 428, 431, 573
-,-,-,-,-, ohne Land ❸ 570
Arthur III. De Richemont *450*
Artigas Gervasio,
-, José *1314*
Artois 674
Artsruni 404
Artukiden,
-, Dyn. 1095, 1099
Artus-Sage 575, 586
Aruã 1268
Aruba 759, 1300, 1880
Arunachal Pradesh 1756, 1785
Aruns 111
Aruscha (Arasha),
-, Abk. (1969) 1368, 1370
Arusha 1703
Arusha,
-, Dekl. (1967) 1727
Arvandes,
-, Stth. 109
Arverner 244, 317, 319
Arwad (Ruad) 98
Arybbas,
-, Epeiros,
-,-, Kg. 162
-, Molosser,
-,-, Kg. 166–168
Aryk Bögä,
-, Mongolen-Hschr. *1196*
Arzachena 36
Asaba 1160
Asaf Dschah,
-, Haiderabad,
-,-, Ft. 1184
Asante (Ashanti) 1130, 1143–1144, 1157
Asanuma,
-, Inejiro 1796
Ascanius (Julus) 209
Aschchabad 1767
Aschoka,
-, Ind.,
-,-, Kg. 1178
Aschot I.,
-, Armenien,
-,-, Kg. 404
AschotI I.,

1935

A

-, Armenien,
-,-, Kg. 404
Aschot III.,
-, Armenien,
-,-, Kg. 404
Aschtischtat 346
Aschwaghoscha 1179
Asculum 246
Asea 33, 49
ASEAN 1804
ASEAN (Association of South-East Asian Nations) 1370, 1373, 1392, 1784, 1803–1804, 1807, 1811, 1813, 1817, 1823, 1831
ASEAN Free Trade Area ➲AFTA
ASEM 1804
ASEM (Asia-Europe Meeting) 1392
ASEM (Asia-Europe-Meeting) 1804
Asen,
-, Bulg.,
-,-, Zar 628–629, 646
Aserbaidschan,
-, (bis 1945) 1093, 1101–1102, 1104, 1110, 1123–1125, **1540**
-, (seit 1945) 1338–1339, 1527, 1539–**1541**, 1646
Aserbaidschanische SSR 1539–1540
Aserbeidschan,
-, (bis 1945) 998
Aseri 1540
Ashanti 1667
Ashanti (Asante) 1130, 1143–1144, 1157
Ashar-Universität,
-, Kairo 1093, 1096–1097
Ashdod 53, 63
Ashikaga,
-, Geschl. 1220–1221
-, Takauji *1220*
-, Yoshiaki 1221
-, Yoshimasa 1220
-, Yoshimitsu 1220
Asia,
-, röm. Prov. 195–196, 244, 246–247, 249–250, 254, 342–345
Asia-Europe Meeting ➲ASEM
Asiago,
-, Schl. (1916) 724
Asian and Pacific Council ➲ASPAC
Asian Relations Conference (1947) 1388
Asiana,
-, Diöz. 343
Asia-Pacific Economic Cooperation ➲APEC
Asiatischen Freihandelszone (AFTA) 1836
Asiatisch-Pazifischen Wirtschaftlichen Zusammenarbeit (APEC) 1804
Asien,
-, (seit 1945),
-,-, Bevölkerung(sentwicklung) ❶ 1746
-, (vor 1945) 16–17, 1176–1191, 1227–1231
Asine 49, 64
Asinius Pollio,
-, C. 261
Asir 1117
Asitawaddija (Karatepe) 99
Askalon 405
Askalon,

-, Schl. (1102) 405
Askia Muhammad,
-, Songrai-Hschr. *1140*
Asklepiades,
-, v. Myrlea 330
Asklepios 310
Asmara 764, 1736
Asociación Latinoamericana de Libre Comercio
➲ALALC
Asociación Nacional Republicana (Partido Colorado),
-, Paraguay 1909
Asow 981, 1105–1106
ASPAC (Asian and Pacific Council) 1803, 1831
Aspar,
-, Rom,
-,-, Heermeister 286, *634–635*
Asparuch,
-, Bulg.,
-,-, Ft. *603, 638*
Aspasia 147
Aspern,
-, Schl. (1809) 904
Aspin,
-, Les *1859*
Asquith,
-, Herbert H. *975*
Assab 1016
Assad,
-, Hafis Al- *1592*–1594, 1597, 1600, 1608
-, Rifaat Al- 1573, 1575, 1593
as-Sahir ibn an-Nasir,
-, Kalif ❶ 1092
Assalé,
-, Charles *1686*
Assam 800, 1229, 1755, 1758
As-Samh,
-, Kalifen-R.,
-,-, Stth. 549
Assarhaddon,
-, Assyrien,
-,-, Kg. 70, 81, **90**, 98
Assassinen 1094–1095, 1097
Assimilados 1165
Assiut 1627
Associão Africana 1167
Association des Bakongo
➲ABAKO
Association Générale des Baluba du Katanga
➲BALUBAKAT
Association of South-East Asian Nations ➲ASEAN
Association pour la Promotion Sociale de la Masse
➲APROSOMA
Associazione Nazionalista Italiana 1076
Assoumani 1743
Assoziierte Staaten Westindiens 1880, 1892
Assuan,
-, (Alt.) ➲Syene
Assuan-Staudamm 1119, 1570, 1622, 1625–1626
as-Suhrawardi,
-, Umar *1096*
Assur 57–58, 63, 68, 87–88, 90, 348
Assurbanipal,
-, Assyrien,
-,-, Kg. 70, 81, 90, 95, 107–108
-,-, Kg. ❶ 77
Assurdan,

-, Assyrien,
-,-, Kg.,
-,-,-, II. 68
Assurnassirpal,
-, Assyrien,
-,-, Kg.,
-,-,-, II. 68, **89**
Assur-uballit,
-, Assyrien,
-,-, Kg.,
-,-,-, I. 88
Assus 63
Assyrer 49, 52, 81–82, 87, 90, 94, 98, 108
Assyrer,
-, (Christen) 1116
Assyrien/Assyrisches Reich 83–84, **86**–91, 95, 99, 103, 107–108
Assyrien/Assyrisches Reich ❶ 77
Assyrien/röm. Prov. (Assyria) 268, 349
Assyrien/ AssyrischesReich 57–58, 62, 68, 70
Astakos 147
Astakos ❶ 124
Asti 533
Astorga,
-, (Alt.) ➲Asturica Augusta
Astrachan 979
Astrid,
-, G. v. Leopold,
-,-, Belg.,
-,-,-, Kg.,
-,-,-,-, III. 970
Astronomie 91, 417, 666, 1098
Asturer 257, 330, 550
Asturica Augusta (Astorga) 330–331
Asturien 1028
Asturien,
-, Kgr. **550**–551
Astyages,
-, Medien,
-,-, Kg. 108
Astypalaia ❶ 120
Astyra ❶ 124
ASU (Arabische Sozialistische Union) 1625–1626, 1630
Asunción,
-, Abk. (1975) 1909
-, Vtg. (1991) 1909, 1919
AT&T,
-, Konzern ❶ 1332
Atacamawüste 1312
Atahualpa,
-, Inka-Hschr. 1264, *1266*, 1294
Atal Behari Vajpayee 1757
Atalaia 60
Atatürk,
-, Kemal 736, *1110*–1111
Atérien 17
Athalarich,
-, Ostgoten,
-,-, Kg. *363*
Athalja,
-, Juda,
-,-, Kgn. **103**
Athamanen 303
Athamania 200
Athanagild,
-, Westgoten,
-,-, Kg. 547–**548**
Athanarich,
-, Westgoten,
-,-, Kg. 284, 325, *358*
Athanasios,
-, Alexandreia,

-, B. 283, 336
Athapasken 1250–1251
Athaulf,
-, Westgoten,
-,-, Kg. 286–287, 360
-,-, Kg. ❸ 284
Atheismus,
-, Albanien 1558
Athen,
-, (4. Jh.) 156–163, 166–168, 170, 173, 175–176, 202
-, (4. Jh.),
-,-, Demokratie 202
-,-, Kultur 157
-,-, Kunst 157
-, (510–404) 133, 139–**142**, 144–**149**, **151**–156, 165
-, (510–404),
-,-, Adel 139, 148
-,-, Architektur 152
-,-, Außen-Pol. 144, 146–147, 153, 155
-,-, Beamte 145–146
-,-, Bildungswesen 151
-,-, Bürgerrecht 146
-,-, Demokratie 145–146, 150–151, 153, 155
-,-, Demokratie ❻ **150**
-,-, Geld 148
-,-, Gesellschaft 148–149
-,-, Handel 147
-,-, klassische Zeit **147**–**155**
-,-, Kleruchien 147
-,-, Kolonisation 145, 147
-,-, Kriegführung 145–147, 153
-,-, Kultur 152
-,-, Landwirtschaft 147
-,-, öffentliche Finanzen 146–147
-,-, öffentliche Finanzen ❶ **148**
-,-, Philosophie 152
-,-, pol. Org. 139–140, 145, 149–151
-,-, pol. Org. ❻ **149**
-,-, Recht(swesen) 145, 150–151
-,-, Recht(swesen) ❻ 149–150
-,-, Religion 152
-,-, Seeherrschaft 147
-,-, Sklaverei 149
-,-, Stadt 144
-,-, Verfassung 155
-,-, Verwaltung 145
-,-, Wirtschaft 147–148
-, (Hellenismus) 174–175, 177–178, 180, 182, 197, 199–206
-, (Hellenismus),
-,-, Kriegführung 202
-,-, Kunst 181
-,-, Philosophie 180, 207
-,-, pol. Org. 176–177, 202–203
-,-, Rüstung 201
-,-, Wirtschaft 180
-, (MA) 630
-, (MA),
-,-, Hzm. 630–632
-, (NZ) 764, 1081
-, (osmanische Herrschaft) 1104
-, (röm. Zeit) 301–303
-, (röm. Zeit),
-,-, Stadt 324
-, (vor 510 v.) 116, 120, 126, **134**–136
-, (vor 510 v.) ❶ 123–124, 127
-, Agora 136

-, Akropolis 64, 134–136, 142, 147, **152**, 195
-, Athena-Tempel 136
-, Lange Mauern 145, 147, 153, 155
-, Parthenon 146
Athena (Athene) 181
Athenais-Eudokia,
-, Rom,
-,-, Ksn. 286
-,-, Ksn. ❸ 284
Athenion 301
Athenischer Bund 168
Athenisch-spartanischer Krieg (376–375) 159
Athen-Kerameikos 64
Athenopolis ❶ 125
Äthiopide 1128, 1135
Äthiopien (Abessinien),
-, (Anf.–1945) 668, 747–749, 764, 1018–1020, 1118, 1129–1130, 1132, 1135–1138, 1175
-, (Anf.–1945) ❶ 757, 1158
-, (seit 1945) 1337, 1352, 1716–1717, 1733–**1737**
-, (seit 1945),
-,-, Bevölkerung ❶ 1656
-,-, Dürrekatastrophe (1984/1985) 1737
-,-, pol. Org. 1737
-,-, Verfassung 1737
-, (seit 1945) ❶ 1158, 1655
Äthiopische Demokratische Einheitspartei 1737
Athos 643, 650
Athosklöster 630, 647
Atia,
-, G. v. Octavius,
-,-, C. ❸ 263
Atilius Regulus,
-, C. 226
-, M. 224
Atintania 167
Atintanien 199
Atius Balbus,
-, M. ❸ 263
Atlantik-Charta (1941) 769, 779
Atlantikum ❶ 10
Atlantik-Wall 776
Atlantische Charta (1973) 1369
Atlantische Gemeinschaft,
-, (seit 1940) 1356
Atlas 1121
Atombomben,
-, erste 1226, 1845–1846
Atom-Charta (1945) 1321
Atomenergie 1423, 1442, 1518, 1784, 1800
Atomenergiekommission,
-, UNO 1846
Atom-U-Boot Nautilus 1346
Atomwaffen 800–801, 1353, 1384, 1842, 1852, 1858–1859, 1885
Atomwaffen,
-, Austr. 1833
-, BR Dtld. 1409, 1430
-, Bras. 1918
-, China,
-,-, VR 1349, 1379, 1522
-,-, VR (seit 1949) 1778, 1786
-, DDR 1384, 1428
-, Frkr. 1347, 1447, 1450, 1835
-, GB 1460
-, Ind. 1392, 1754, 1756
-, Isr. 1392
-, Pakistan 1392, 1760

-, Russland 1391
-, Russld. 1529
-, Tests 1346, 1349, 1353, 1835
-, Tests ❶ 1343
-, Tschechoslowakei 1384
-, UdSSR 1337, 1340, 1344–1348, 1384, 1428, 1517, 1526, 1756, 1767, 1848, 1859
-, Ukraine 1534
-, USA 1337, 1344–1346, 1371, 1391, 1529, 1846, 1848, 1859
-, Vtg.,
-,-, (1963) 1349, 1852
-,-, (1968) 1853
-,-, (1971) 1351
-,-, (1974) 1352
atomwaffenfreie Zone 1346, 1348
Atomwaffensperrvertrag
❶Nonproliferationsvertrag
Atossa,
-, Pers.,
-,-, Kgn. 109–110
Atrebaten 325
Attacotti 326
at-Tai ibn Al-Muti,
-, Kalif ❶ 1092
Attaleia 194
Attaleiates,
-, Michael 645
Attaliden,
-, Dyn. 181
Attalos,
-, Maked.,
-,-, Heerführer 168
-, Pergamon,
-,-, Kg.,
-,-,-, I. Soter 185–186, 188, 192, **194**–195, 199–200, 205–206, 228, 230
-,-,-, II. 192–193, **195**
-,-,-, III. Philadelphos 189, 195, 232, 342
Attalus,
-, Gegen-Ks.,
-,-, Rom 359
-, Rom,
-,-, Gegen-Ks. 286
Attar 353
Attas,
-, Haidar Al- *1620*
Attendolo,
-, Muzio *542*
Atthóumani,
-, Said 1742
Attigny 383
Attika 120, 127, 134–135, 139–140, 142, 146, 148, 153, 155, 158, 200, 203–204, 632
Attika ❶ 120
Attila,
-, Hunnen,
-,-, Kg. 286, *360*–361, 366, 602, 634
Attischer Seebund (377),
-, Zweiter 156, 159–161, 166–167
-, Zweiter ❶ 157
Attischer Seebund Erster
❶Delisch-attischer Seebund
Attlee,
-, Clement Richard 759, 799, *977*–978, *1459*–1460, 1749, 1846
-, Clement Richard ❶ 1464
Attwood,
-, Thomas 969
Atwot-Gebiet 1134
Aubame,

-, Jean-Hilaire *1689*–1690
Aubin,
-, Hermann 287
Aubriot,
-, Hugues 444
Auckland 1245
Auckland-Halbinsel 1245
Audaghost (Aodaghast) 1140
Auderiensium 320
Audomar,
-, Missionar *370*
Auersperg,
-, Adolf v. *907*
Auerstedt,
-, Schl. (1806) 702, 838
Auerswald,
-, Hans v. *848*
Aufklärung 664–665
Aufklärung,
-, Dtld. 836–837
-, Frkr. 923, **927**
-, It. 1010–1011
-, Mittelalterrezeption 355
-, Ndld. 1038
-, Russld. 987
-, Schweiz 1083
-, Span. 1025
Aufstände,
-, Engld.,
-,-, (MA) 578–580
-, Frkr.,
-,-, (MA) 444
-, Kalifen-R. 1093
-, Osman. 1102, 1104, 1106–1109, 1113–1114, 1118
-, Osman. ❶ 1113
-, Palästina 1115
-, Palästina ❶ 1113
-, Polen,
-,-, (NZ) 989
-, Span.,
-,-, (NZ) 1025–1026
-, Spät-MA 410–412
-, Spät-MA ❶ 410–411
-,(Spät-MA 411
Augsburg 370, 411, 682, 702–703, 804, 841
Augsburg,
-, (Alt.) ❶Augusta Vindelicum
-, Gesellschaft ❶ 411
-, Humanistenzentrum 659
-, Reichstg.,
-,-, (1500) 804
-,-, (1518) 804
-,-, (1530) 675, 808
-,-, (1547/1548) 677, 811
-,-, (1550) 811
-,-, (1555) **812–813**
-,-, (1556) 814
-,-, (1582) 815
Augsburg ❶ 411–412
Augsburger,
-, Allianz (1686) 826
-, Hof ❶ 846
-, Interim (1548) 677, 811
-, Konfession (1530) 808
-, Religions- u. Land-Frd. (1555) 660, 677, **812**–815, 818
Augsburgisches Bekenntnis
❶Augsburger Konfession
August,
-, Polen,
-,-, Kg.,
-,-,-, II. d. Starke 686–687, **826**, 981, *1063*
-,-,-, III. 687, *827*, 1063
-, Sachsen-Coburg,
-,-, Pr. ❷ 924, 970

Augusta,
-, Ksn. *853*
Augusta Euphratensis,
-, röm. Prov. 340
Augusta Libanensis,
-, röm. Prov. 340
Augusta Praetoria (Aosta) 257
Augusta Raurica 319, 322
Augusta Traiana 310
Augusta Traianopolis 310
Augusta Treverorum (Trier) 279–280, 318–322
Augusta Vindelicum (Augsburg) 318–320
Augusta Viromanduorum (St.-Quentin) 320
Augustenburger,
-, Dyn. 853
Augustiner-Eremiten 515, 804
Augustinerregel 512, 515
Augustinus,
-, B.,
-,-, Hippo 286–287, *334*, *360*, 516
-, Missionar *367*, *370*, *565*
Augusto Pinochet 1466
Augustobona (Troyes) 320
Augustodunum (Autun) 320–321
Augustonemetum (Clermont-Ferrand) 320
Augustus,
-, (als Titel) 279
-, Rom,
-,-, Ks. 184, 253–261, 264, 270, 279, 294, 298–300, 302–303, 305, 310, 312, 314, 318–319, 321, 329–330, 332–333, 335–336, 339–340, 342–344, 349
-,-, Ks. ❶ 254, 333
Aulodes (Sidi-Raïs) ❶ 333
Aung San *1230*–1231, 1804–1805
Aung San Suu Kyi *1807*
Aunis 449
Aunjetitz-Kultur 55
Aura Poku,
-, Baule,
-,-, Kgn. 1143
Aurangabad 1184
Aurangseb,
-, Großmogul 1184–1185
Auray 445
Aurelia,
-, M. v. Iulius Caesar,
-,-, C. ❷ 263
Aurelia Aquensium 320
Aurelianus,
-, Rom,
-,-, Ks. **278**, 306–309, 311, 315, 324, 340, 342
-,-, Ks. ❶ 254
Aurelis,
-, Cotta,
-,-, C. 249
Aurelius Mausaeus Carausius,
-, M. 326
Aureolus,
-, Usurpator 278
Aurignac 19
Aurignacien 19
Aurignacien ❶ 11
Auriol,
-, Vincent *955*, *1445*
Aurither-Kultur 72
Aurora,
-, J. S. 1753
Aurul 1515

Aurul-Goldmine 1544
Aurunker 221
Aurunker ❶ 219
Auschwitz 617, 1505
Auschwitz-Birkenau (KZ) 773, 775, 900, 1066
Ausculta fili (1301) 438
Ausculum,
-, Schl. (279) 222
Ausnahmegesetze (1793) 931
Ausnahme-Zustand (1923) 880
Ausonius,
-, D. Magnus 280, 285, 321
Außenhandel ❶Handel
Außenministerkonferenz,
-, (1945) 1339
-, (1946),
-,-, Paris 1339
-, (1947),
-,-, London 1339, 1400
-,-, Moskau 1339
-, (1950),
-,-, New York 1341
-, (1952) 1360
-, (1953),
-,-, Montanunion 1361
-, (1958) 1850
-, (1959),
-,-, Genf 1326, 1346
Außenpolitik,
-, Äg. (NZ) 1626
-, Albanien 1558
-, Algerien 1636–1637
-, Argentinien 1913–1914
-, Athen 144, 146–147, 153, 155
-, Äthiopien 1137, 1736
-, Austr. 1244, 1830–1833
-, Bangladesch 1761
-, Belg. 713, 1041
-, Belg.,
-,-, (seit 1945) 1455–1456
-, Bol. 1907
-, BR Dtld. 1409, 1411, 1431, 1509, 1511
-, Bras. 1918
-, Bulg. 711, 740, 1545–**1546**
-, Byz. 351
-, Chile 1923
-, China 748
-, China,
-,-, VR 1342
-, China,
-,-, VR (seit 1949) 1780
-, China (vor 1945) 1207, 1210
-, Costa Rica 1878
-, Dän. 701–702
-, Dt. R.,
-,-, (1871–1918) 706–707, 710–712, 857, 862–864, 866–868, 870, 1109–1110, 1121–1122
-,-, (1871–1918) ❷ 708
-,-, (1919–1933) 739, 741–743, 879, 881–883
-,-, (1933–1945) 746–751, 753, 761–762, 765, 771, 778–779, 894–898, 901
-, Ecuador 1901
-, Engld. 685, 958, 965
-, Finnld. 728, 1494
-, Frkr.,
-,-, (1494–1789) 684–685, 828, 830, 916, 920, 923, 926, 1103–1104, 1106
-,-, (1789–1945) 701–702, 704–706, 710–711, 737–740, 742–747, 749–753, 755–756, 760, 765, 780, 790, 878, 881,

884, 897, 910–911, 935, 939–941, 943–945, 948, 954, 1106–1108, 1110, 1113–1114, 1118–1119, 1121, 1124–1125
-,-, (1789–1945) ❷ 708
-,-, (1789–1945) ❶ 1113
-,-, (seit 1945) 1338, 1342, 1345, 1444–1446, 1449
-, GB,
-,-, (NZ) 701–707, 710–712, 738–744, 746–753, 755–756, 760–762, 765–766, 769, 784, 828–829, 881, 896–898, 910, 967, 969, 971–976, 1104, 1106–1108, 1110–1111, 1113–1114, 1116, 1118, 1124, 1126, 1188, 1460, 1464–1465
-,-, (seit 1945) 1338, 1342, 1345
-, GB ❷ 708
-, Griechld. 711, 740, 746, 1562
-, Guatemala 1868
-, Ind. 1747–1751, 1753, 1755–1756, 1761
-, Iran 1647–1648
-, Isr. 1603
-, It.,
-,-, (NZ) 702, 707, 710–711, 713, 738, 740, 742–744, 746–751, 762, 778–779, 881, 895–898, 910–912, 1011, 1013, 1015–1016, 1019, 1114, 1122, 1474
-, It. ❷ 708
-, Japan 1795–1796, 1798
-, Japan,
-,-, (NZ) 710, 738, 742–744, 746–748, 762, 765, 769–770, 778, 896, 1222–1225
-, Jord. 1599
-, Jugoslawien 738, 746, 748, 763, 1547–1549
-, Kalifen-R. 1093
-, Kan. 1842–1843
-, Karthago 228
-, Kolumbien 1894–1895
-, kommunistische Welt 1377, 1380–1381
-, Kuba 1884–1885
-, Kuwait 1614
-, Lesotho 1724
-, Lettld. 1059
-, Libanon 1595
-, Libyen 1629–1630
-, Madagaskar 1739–1740
-, Malawi 1709
-, Malaysia 1820
-, Marokko 1642
-, Mauritius 1744
-, Mex. 1867
-, Monaco 1451
-, Mongolei 1770
-, Montenegro 1076
-, Mozambik 1715
-, Myanmar 1806
-, Ndld. 1038
-, Neapel 701
-, Neuseeld. 1834
-, Nicaragua 1875
-, Osman. 707, 1103–1104, 1106–1109
-, Österreich,
-,-, (1804–1867) 700, 702–706, 854, 904–906, 1108, 1118
-,-, (NZ bis 1804) 687, 701, 822–823, 825, 828–829, 837, 1104
-,-, (seit 1945) 1436

-, Österreich-Ung. 706–707, 711–712, 855, 907–909, 1108–1109, 1122
-, Österreich-Ung. ❻ 708
-, Pakistan 1747, 1758–1759
-, Paraguay 1909
-, Philippinen 1828
-, Polen,
-,-, (NZ) 738, 742–743, 746, 748, 750–751, 753, 769, 877–878, 895, 903, 1065
-, Port. 562, 701, 1031, 1483
-, Preußen 1106, 1108, 1118
-, Preußen,
-,-, (NZ) 701–705, 837, 854
-, Purto Rico 1889
-, R. 806, 817, 819, 825
-, Rom 228, 230–231, 239, 243–244, 258, 281, 294–295, 300–301, 304, 309–310, 312, 314–318, 324–325, 328, 348–349
-, Rumänien 738, 743, 746, 762, 898, 1071, 1543
-, Russld.,
-,-, (1505–1795/1796) 828–830, 982–983, 1106
-,-, (1789–1917) 701–707, 710–712, 837, 988–993, 995, 1107–1109, 1118, 1125–1126
-,-, (1789–1917) ❻ 708
-,-, (seit 1992) 1528, 1530, 1533
-, Saudi-Arabien 1612
-, Schweden 701–702, 1045–1046, 1487
-, Schweiz 1084, 1440
-, Serbien 711–712, 1075
-, Singapur 1821
-, Slowakei 1510–1511
-, Somalia 1733
-, Span. 702, 1023, 1025–1027, 1479–1480
-, Sri Lanka 1763
-, Südafrika 1720–1721
-, Syr. 1592–1593
-, Tanzania 1728
-, Thaild. 1807, 1809
-, Tschechien 1510
-, Tschechoslowakei 738, 742, 749–750, 781–782, 897, 1509
-, Tunesien 1632–1633
-, Türkei 701, 711, 740, 742, 746–747, 751, 756, 780, 1564–1565
-, UdSSR,
-,-, (1918–1945) 732, 739–740, 743, 746–748, 750–753, 756, 766–767, 771, 780–782, 791, 879, 882, 897–898, 903, 1000–1001, 1003–1004, 1126
-,-, (1945–1991) 1488, 1494, 1516–1524, 1526, 1630, 1651, 1772
-,-, (seit 1945) 1337–1338, 1341–1342, 1373–1374, 1377–1378, 1380
-, Uganda 1730
-, Ukraine 1534
-, Ung. 746, 749–750, 762, 767, 784, 1511, 1514, 1534
-, USA,
-,-, (1914–1945) 722, 724–725, 732–734, 737–744, 746–747, 752, 761, 763, 765, 769, 776, 788–790, 799, 871, 879, 883, 910, 1114, 1116, 1125–1126, 1289, 1291
-,-, (bis 1914) 1279,

1285–**1289**
-,-, (seit 1945) 1337–1338, 1341–1342, 1526, 1565, 1797, 1803, 1808, 1840, 1847–1849, 1851–1852, 1854, 1859, 1879, 1888
-, USA (seit 1945) 1487
-, Venezuela 1898
-, Weißrussld. 1533
-, Zaïre 1697
-, Zambia 1708
Aussig 1068
Aussig,
-, Schl. (1426) 496
Austerlitz,
-, Schl. (1805) 702, 838, 987
Australian Act 1985 1833
Australian Act 1986 1833
Australien,
-, (1600–1945) 745, 777, **1240–1245**
-, (1600–1945),
-,-, Arbeits- und Sozial-Pol. 1242–1243
-,-, Außen-Pol. 1244
-,-, Bevölkerung(sentwicklung) 1240, 1242
-,-, Bildungswesen 1245
-,-, Gewerkschaften 1243
-,-, Innen-Pol. 1244
-,-, Landwirtschaft 1241–1242
-,-, pol. Org. 1242
-,-, Verfassung (1900) 1242–1243
-,-, Wirtschaft 1241–1245
-, (1600–1945) ❶ 757
-, (endogene Kulturen) **1232–1234**
-, (endogene Kulturen),
-,-, Gesellschaft 1232–1234
-,-, Kultur 1233
-,-, Kunst 1234
-,-, pol. Org. 1233
-,-, Religion 1233–1234
-,-, Spr. 1232
-,-, Technik 1233
-,-, Wirtschaft 1232–1233
-, (Entdeckung) 1240
-, (Erstbesiedlung) 1232
-, (seit 1945) 1324, 1329, 1333, 1335, 1342, 1360, 1609, 1803, 1823, **1830**, **1833**–1836
-, (seit 1945),
-,-, Außen-Pol. 1833, 1848
-,-, Bodenschätze 1831
-,-, Einwanderung 1830
-,-, Handel 1849
-,-, Handel ❶ **1831**
-,-, Innen-Pol. 1833
-,-, pol. Org. 1832
-,-, Wirtschaft **1831–1832**
-, (Vorgeschichte) 19
Austral-Inseln 1234
Australopithecus 16
Australopithecus ❶ 11
Austrien (Austrasien) 374
Austrien (Austrasien) ❶ 373
Austrofaschismus 912
Austronesier 1235
Asturiani 302
Auswanderung,
-, Dtld. 844, 867
-, Engld. 962
-, Norw. 1051
-, Schweden 1050
Authari,
-, Langobarden,
-,-, Kg. 525
Autissiodurum (Auxerre) 320

Autobahngebühren,
-, Schweiz 1442
Autokephalie 635
Autokonzern Mitsubishi 1802
Autokratie,
-, russ. 986–990, 992–993
Autonomieabkommen (1994) 1588
Autonomieabkommen (1995) 1589
Autonomiestatute,
-, Span. 1481
Autun 375–376
Autun,
-, (Alt.) ❷Augustodunum
-, Schl. (532) 374
Auxerre,
-, (Alt.) ❷Autissiodurum
-, Kathedrale ❶ 435
Auzia (Aumale),
-, Schl. (24 n.) 332
Avantgarde de la Révolution de Malagasy ❷AREMA
Avanton 66
Avaricum (Bourges) 252
Avaris 79–80
Avdejevo 20
Aveiro,
-, João Alfonso d 1642
Avellaneda,
-, Nicolás *1315*
Avenches,
-, (Alt.) ❷Aventicum
Aventicum (Avenches) 319, 322
Averroës *396, 550*
Avesta 348, 350
Avicebron *396*
Avicenna *396, 1092*
Avidius Cassius,
-, C.,
-,-, Usurpator 273, 335, 340, 349
Avignon,
-, (MA) 445, 454, 520–521, 539–540
-, (NZ) 936
-, Univ. ❶ 398
Avignonesisches Papsttum 439, **519–520**, 523
Avis,
-, Dyn. 562, 1031
Avis-Orden 562
Avitta Bibba (Bou-Ftis) ❶ 333
Avitus,
-, Rom,
-,-, Ks. 286, 361
AVNOJ (Antifaschistischer Rat,
-, Jugoslawien) 1547
Avranches 791
Avril,
-, Prosper *1887*
Awami-Liga 1759, 1761–1762
Awan 106
Awaren 314, 352, 379, 525, 602–604, 606, 609, 637
Awaren ❶ 364
Awolowo,
-, Obafemi *1673–1675*
Awwakum,
-, Petrowitsch *980*
Axayacatl,
-, Azteken-Hschr. 1261
Axidares,
-, Armenien,
-,-, Kg. 268
Axima (Aime) 318
Axiupolis 310

Axworthy,
-, Lloyd 1844
Ayacucho 1248
Ayacucho,
-, Dekl. (1974) 1907
-, Schl. (1824) 1312
Ayala,
-, Eligio **1313**
-, Ramón Perez de *1027*
Ayando,
-, Bernard 1685
Ayers Rock 1833
Ayios Iakovos 49
Ayios Ioannis 59
Aylwin Azócar,
-, Patrizio 1865, *1923*
Ayodhya 1756
Ayora,
-, Isidro **1311**
Ayub Khan,
-, Mohammad 1747, 1752, *1758*
Ayuthya 1228
Azad Kashmir 1747
Azahari,
-, Mohar 1819
Azali 311
Azali Assoumani 1743
Azaña,
-, Manuel *1028*
Azande 1134
Azania 1148
Azania PeoplesOrganisation 1721
Azcapotzalco 1260–1261
Azcona del Hoyo,
-, José *1874*
Azes,
-, Skythen,
-,-, Kg. 347
Azevedo,
-, Pinheiro de *1485*
Azhari,
-, Ismail el- *1621*
Azikiwe,
-, Nnamdi 1161, *1673–1675*
Azincourt,
-, Schl. (1415) 447, 580
Azizos,
-, Araber,
-,-, Ft. 191
Azlan Muhibuddin Shah,
-, Malaysia,
-,-, Kg. *1821*
Azmaška Mogila 25
Aznar 1482
Aznar,
-, José María *1482*
Azoren 667–668, 786, 1033, 1483
Azow 827
Azteken **1260**
Aëtius,
-, Rom,
-,-, Heermeister 286

B

Baader,
-, Andreas *1414*–1415
Baal Hammon 334
Baalberger Kultur 35, 37
Baamba 1145
Baath-Partei 1569, 1571, 1575, 1591–1592, 1607–**1608**
Babangida,
-, Ibrahim Gbadamasi *1675*
Bab-el-Mandeb 1136
Babenberger,

-, Dyn.,
-,-, ältere 457
-,-, jüngere 479–480, 485
-,-, jüngere ❸ 467, 473
Babeuf,
-, François Noël *933*
Babismus 1124
Babito,
-, Dyn. 1145
Babiuch,
-, Eduard *1503*
Babur,
-, Ind.,
-,-, Großmogul 1098, 1123, 1181, *1183, 1197*–1198
Baby Doc 1887
Babylas,
-, d. Heilige 342
Babylon 52–53, 57, 62–63, 87–**88**, 90–91, 93, 108, 172–173, 175–176, 184
Babylon,
-, (Äg.) 335
-, Dyn. 87
-, Reichsordnung (323 v.) 174
-, Reichsordnung (323 v.) ❶ 174
Babylonien 57, 62–63, 70, **83–91**, 95, 104, 107–110, 190, 347–348, 350
Babylonien,
-, Kultur 91
Babylonien ❶ 77
Babylonische Gefangenschaft **104**
Babylonische Gefangenschaft der Kirche ❷Avignonesisches Papsttum
BAC (Basutoland African Congress),
-, Lesotho 1724
Bacchanalien 236, 242
Bacchanalienskandal (186 v.) 296
Bacchus 321
Bach,
-, Alexander v. *852, 905*
-, Johann Sebastian *663, 1011*
Bacharuddin Jusuf Habibie 1826
Bachtiaren 1125
Bachtschissarai,
-, Waffenstillstand 980
Bachwezi 1145
Backe,
-, Herbert *891*
Bacon,
-, Francis *664, 962*
-, Roger *397*
Bacson-Kultur 1227
Bad Godesberg 1399
Badachschan 1126
Badari-Stufe 27
Baddibu 1156
Baden 836, 844, 873
Baden,
-, Aufstand (1848) 845, 848
-, Aufstand (1849) 850
-, Frd. (1714) 686, 827
-, Kftm. (1803) 838
-, Verfassung (1818) 699, 842
Baden ❶ 892
Baden-Baden,
-, (Alt.) ❷Aquae
Badener Kultur 43
Badeni,
-, Kasimir Felix v. *908*
Badenische Sprachverord-

nung 908
Baden-Württemberg 1408, 1430
Baden-Württemberg,
-, Bevölkerung ● 1431
Badgastein 853
Badisches Landrecht (1809) 838
Badoglio,
-, Pietro 781, 783–786, *1020*–1021
Badr,
-, Mohammed Al-,
-,-, Imam *1618*–1619
-, Schl. (624) 1088
Badran,
-, Mudar *1600*
Baduila ●Totila
Baecula,
-, Schl. (208 v.) 228
Baels,
-, Liliane 1454
-, Liliane ● 970
Baeterrae (Béziers) 319
Baetica 359
Bagabandi 1771
Bagabandi,
-, Natschagyin 1771
Bagacum (Bavay) 320
Bagamoyo 1173
Baganda 1146
Bagauden 280–281, 286, 321–322, 331
Bagaza,
-, Jean-Baptiste *1702*–1703
Bagdad,
-, (MA) 1091, 1095–1096
-, (NZ) 764, 1098, 1102, 1104, 1123
-, arabische Gipfel-Kfz. (1978) 1575
-, Kfz. (1979) 1575
-, Schl. (1917) 725
Bagdadbahn 712, 870, 1109
Bagdadpakt (1955) 1343–1344, 1346–1347, 1362–1363, 1564, 1570, 1606, 1646, 1850
Bagirmi 1133–1134, 1139
Bagishu 1145
Bagoas 110
Bagratiden,
-, Dyn. 1537
Bagratuni 404
Bahadur Schah,
-, Großmogul 1184
Bahai-Religion
●Behaismus
Bahama-Inseln 761
Bahamas 1292–1293, 1299, **1881**
Bahamas,
-, Wirtschaft 1881
Bahia 1298
Bahia,
-, Ebtm. 1298
-, Honda 1308
Bahía-Kultur 1264
Bahmani,
-, Dyn. 1183
Bahonar,
-, Javad *1649*
Bahr,
-, Egon 1350, *1410*, 1426–1427
Bahrain 1575, 1609, 1615–**1616**
Bahram,
-, Sasaniden,
-,-, Kg.,
-,-,-, I. 350
-,-,-, II. 281, 350

Bahram Tschobin 352
Bahr-el-Ghasal 1130, 1134
Bahriten ●Mamluken
Bahro,
-, Rudolf *1427*
Bai Bureh,
-, Loko-Hschr. 1157
Baibars,
-, Äg.,
-,-, Su.,
-,-,-, I. 402, 406, 1097, 1099
Bainville,
-, Jaques *953*
Bairaktar,
-, Mustafa,
-, Osman.,
-,-,-, Großwesir 1107
Bajezid,
-, Osman.,
-,-, Su.,
-,-,-, I. **1099**
-,-,-, I. ● *1100*
-,-,-, II. 1101–1102
-,-,-, II. ● *1100*
Bajuwaren ●Bayern
Bakary,
-, Djibo *1680*–1681
Bakassi 1687
Bakassi,
-, Halbinsel 1687
Bakchiaden,
-, Korinth,
-,-, Dyn. 133
Bakchides 189, 191
Bakchylides 144
Baker,
-, James A. *1587*, 1604, 1642, 1644
Bakhtiar,
-, Schahpur 1648
Bakiga 1145
Bakijew, Kurmanbek 1770
Bakili Muluzi 1709
Bakoko 1161
Bakr,
-, Ahmed Hasan Al-*1607*–1608
Baktrien,
-, (Hellenismus) 172, 176, 184, 186, 346–**347**, 1192–1193, 1204
-, (vor dem Hellenismus) 108, 1179, 1191–1192
Baku 758, 766, 982, 1110, 1124, 1541
Bakunin,
-, Michail A. *698*, *847*, *990*
Bakwanga 1694
Bakweri 1161
Baladschi Badschi Rao,
-, Ind.,
-,-, Kg. 1185
Balaguer,
-, Joaquín Videla *1888*
Balamir,
-, Hunnen,
-,-, Kg. 602
Balanger 603
Balaton-Gruppe 35
Balbala 1735
Balban,
-, Delhi,
-,-, Su. 1181
Balbinus,
-, Rom,
-,-, Ks. **276**, 330
-,-, Ks. ● 254
Balbo,
-, Cesare *700*, *1013*
Balboa,
-, Vasco Núñez de *1246*, *1294*

Balch 1099, 1126
Balduin,
-, Belg.,
-,-, Kg. ●Baudouin
-, Flandern,
-,-, Gf.,
-,-,-, IV. 423
-,-,-, V. 426–427
-, Gf.,
-,-, Flandern,
-,-,-, VIII. ●Balduin I.,
-,-,-,-, Lat. Ksr.
-, Jerusalem,
-,-, Kg.,
-,-,-, I. 400, *405*
-,-,-, II. 403, 405
-,-,-, III. *405*
-,-,-, IV. *405*
-, Lat. Ksr.,
-,-, Ks.,
-,-,-, I. 401–402, *648*
-,-,-, II. *648*
-, Trier,
-,-, Kft.,
-,-,-, v. Luxbg. 488–490
-,-,-, v. Luxbg. ● *487*
Baldwin,
-, Stanley 741, *976*–977
Balearen 331, 555
Balewa,
-, Abubakar Tafawa *1674*
Balfour,
-, Arthur James 739, *975*, 1113
Balfour-Definition (1926) 1277
Balfour-Deklaration (1917) 1113–1115
Balfour-Deklaration (1917) ● 1113
Balfour-Formel 977
Bali 1142
Balkan,
-, (Gebiet),
-,-, (Alt.) 302
Balkan (19./20. Jh.) ●Balkanstaaten
Balkan (MA) 626, 628–630
Balkan (osmanische Herrschaft) 1099–1104, 1106–1109
Balkanbund,
-, (1912) 711
-, (1923) 740, 1071, 1074, 1076, 1081
Balkanentente 1077
Balkan-Föderation,
-, Plan 1374, 1545
Balkanfrage 986–987, 989, 995, 1108–1109
Balkankonferenz (1976) 1561
Balkankonflikt (seit 1990) **1550**–**1551**
Balkankriege,
-, (1912–1913) 1073, 1076, 1080, 1122
-, 1. (1912) 711, 996, 1076, 1080, 1109
-, 1. (1912) 1073
-, 2. (1913) 712, 1073, 1076, 1080, 1109
Balkanpakt (1934) 746, 1072, 1077
Balkanpakt (1953) 1548
Balkanstaaten,
-, (1789/1804 bis 1914) 990, 1070, 1073, 1075–1076, 1107–1109
-, (1914–1945) ● 899
-, (seit 1945) ● 899
Balkenende, Jan Peter 1454

Ball,
-, John 578
Balladeres,
-, Ernesto Pérez *1880*
Balladur,
-, Edouard *1450*
Ballhausschwur (1789) 929
Balliol,
-, Eduard 587
Balmaceda,
-, José Manuel *1317*
Balša,
-, Dyn. 632
Balten 458
Baltendeutsche 1005
Balthen,
-, Dyn. 357
Baltikum 478, 1044
Baltimore 1272
Baltische Entente (1934) 1059
Baltische Investitionsbank 1497–1498, 1500
Baltische Ritterschaften 998
Baltische Staaten (1917–1945) 753, 761, 781, **1058**–**1060**
Baltischen Staaten,
-, (seit 1945) **1496**
Baltischer Rat 1493, 1497–1498, 1500
BALUBAKAT (Association Générale des Baluba du Katanga),
-, Kongo 1693
Baluli,
-, Ur,
-,-, Kg. 38
Baluyia 1145
Balza,
-, Martín 1915
Bamako 1665
Bamako,
-, Abk. (1963) 1644
-, Bamako ● 709
Bambara 1141
Bamberg,
-, Btm. 465
-, Fürstentg. (1122) 511
-, Kfz. (1854) 852
-, Syn. 412
Bamberg ● 418
Bambutien 1128
Bamian 1653
Bamileke-Gebiet 1686
Bamum 1142
Bamina,
-, Joseph *1702*
Bampur 41
Bamun 1142
Banana,
-, Canaan *1713*
Banasa (Sidi-Ali-bou-Djenoun) ● 333
Banat,
-, (NZ) 724, 736, 1105
Banco,
-, Nanni di *545*
Banco Ambrosiano 1474
Banco Nacional Ultramarino 1659
Banda 1134
Banda,
-, Hastings Kamuzu *1708*–1709
Banda Oriental 1314
Bändär Abbas 1123
Bandaranayake,
-, Sirimawo Ratwatte Dias *1763*
-, Solomon West Ridgeway Dias *1763*
Bandeiras ●Brasilien,

-, Kolonialzeit
Bandkeramikkultur 24, 26
Bandung 1825
Bandung,
-, Kfz. (1955) 1325, **1388**, 1524, 1774, 1776, 1824
Bane 1161
Bangala 1150
Bangemann,
-, Martin *1415*–1416
Bangkok 1803, 1808
Bangkok,
-, ASEM-Kfz. (1996) 1392
-, Kfz. (1996) 1804
Bangladesch (Ostpakistan) 1176, 1609, 1747–1748, 1753, 1756, 1759, **1761**–**1762**, 1806
Bangladesh National Party ●BNP
Bangor,
-, Kl. 368
Bangui 1684
Bangura,
-, John 1663
Bani-Sadr,
-, Abolhassan *1649*
Bank Deutscher Länder 1409
Bank of Tokyo Mitsubishi 1335
Bank von England 966
Bankenkrach (1930) 745, 884, 911
Bankgeheimnis,
-, Schweiz 1442
Bankwesen **546**
Bannockburn,
-, Schl. (1314) 576, 587
Banque dOutre-Mer 1164
Bantia 298
Bantu 1129, 1141, 1147–1149, 1154–1155
Bantu,
-, -Feldbauern 1129–1130, 1145, 1147–1151, 1154
-, -Kultur 1153
-, -Spr. 1129–1130, 1141, 1145, 1147, 1149–1150, 1154
Bantustan-Politik 1720
Banyamulenge-Tutsi 1697
Banyoro 1145
Bánzer 1908
Banzer Suárez,
-, Hugo 1907–*1908*
Bao Dai,
-, Annam,
-,-, Ks. 800, 1445
Bao-Dai,
-, Annam,
-,-, Ks. *1814*–1815
Baquaten 332
Bar,
-, Ebtm. 626–627
-, Hzm. 452
-, Konföderation (1768) 1063
Bar Kochba ●Bar Kosiba
Bar Kosiba-Aufstand (132–135) 269
Bar Kosiba (Kochba),
-, Simeon 337
Barak 1590, 1605–1606
Barak,
-, Ehud *1605*
Barak Sope 1839
Barangay 1828
Baranow 796
Barbados 1299, **1891**
Barbados,
-, Labour Party 1891

1940

B

-, Unabhängigkeits-Erkl. ❶ 1386
-, Wirtschaft 1892
Barbara,
-, G. v. Sigismund,
-,-,-, Kg.,
-,-,-,-, I. d. Alte ❸ 617
Barbara von Cilli,
-, Kgn. *624*
Barbaren 363
Barbaren,
-, Begriff 357–358
Barbaresken 1120
Barbie,
-, Klaus *1449*
Barbuda ❼Antigua und Barbuda
Barcelona 379
Barcelona,
-, (Alt.) ❼Barcino
-, Dyn. 562
-, Frd. (1529) 674, 1007
-, Gfn. V. 555
-, Mittelmeer-Kfz. (1995) 1392
-, Vtg. (1493) 560
Barcelona ❶ 418
Barcino (Barcelona) 330
Barco,
-, Virgilio *1895*–1896
Bardai 1682–1683
Bardesanes **291**, 341
Bardi,
-, Handelshaus 546, 576, 654
Bardija 109
Bardo,
-, Vtg. (1881) 1122
Bardoli,
-, Kfz. (1940) 1191
Bárdossy,
-, Lászlo v. *915*
Bari 528, 530, 642, 786
Baring Brothers & Co. Ltd 1465
Barkad Gourad Hamadou 1735
Barkaer 37
Barke ❶ 125
Barkiden 225
Barkuk,
-, Äg.,
-,-, Su. **1097**
Barlaam,
-, d. Heilige 342
Barletta,
-, Nicolas Ardito *1879*
Bar-Lev-Linie 1583
Barmakiden,
-, Dyn. 1091
Barmer Erklärung (1934) 895
Barnabas 289, 303
Barnale,
-, Surjit Singh 1756
Barnet,
-, Schl. (1471) 582
Barnett,
-, Roß 1852
Barock 662–663, 1008, 1106
Barotseland 1707
Barrancas-Kultur 1263
Barras,
-, Paul François 933
Barre,
-, Mohammed Zijad *1733*–1734
-, Raimond *1448*–1449
-, Raimond ❶ 1449
Barrientos Ortuño,
-, René *1907*
Barrios,

-, Justafo Rufino *1306*
Barrios de Chamorro,
-, Violeta 1865, *1876*
Barrot,
-, Odilon *942*
Barrow,
-, Errol *1891*
Barrow-Insel 1831
Bars Bei,
-, Äg.,
-,-, Su. **1097**
Barsani,
-, Mustafa *1606*–1607
Barschel,
-, Uwe *1416*
Barsebäck 1489
Bartholomäus von Messina 396
Bartholomäusnacht (1572) 679, 917
Barthou,
-, Jean Louis *739*, 741, 747, *1068*
Barton,
-, Edmund **1243**
Baruch,
-, Bernhard Mannes *1846*
Bärwalde,
-, Vtg. (1631) 682, 920
Barzel,
-, Rainer *1411*, 1413
Basargan,
-, Mehdi *1648*–1649
Baschar 1594
Baschar Al-Assad 1594
Baschir 1623–1624
Baschir,
-, Omar Hassan Ahmad Al- *1623*
Basel 414, 502, 743
Basel,
-, Btm. 1084
-, Frd. (1499) 502
-, Frd. (1795) 701, 837, 1308
-, Konz. (1431–1449) 419, 450, **496**–497, 508–509, **522–523**, 659–660, 671
Basel ❶ 410, 418
Baseler Programm (1897) 1112
Basileia 173
Basileios,
-, Byz.,
-,-,-, I. 403, 641–642
-,-,-, II. 604, 630, 643
Basileios von Kaisareia 284, 344–345, *367*
Basileus,
-, Titel 117, 134, 150, 381
Basiliden,
-, Dyn.,
-,-, Ephesos 137
Basilides 290
Basilidianer 290
Basilika,
-, (Alt.),
-,-, christl. 280
Basiliká,
-, Rechtssammlung 642
Basken 374, 378, 547–548, 550
Baskenland 1026–1027, 1480–1482
Baskenland,
-, Autonomiestatut (1981) 1481
Basketmaker 1250
Basra 1090, 1608–1610
Basra Petroleum Co. ❼BPC
Bassa da India 1172
Bassein,

-, Vtg. (1802) 1187
Bassermann,
-, Friedrich Daniel ❶ *846*
Bastarner 302, 306, 310–311
Bastille-Sturm (1789) 929
Basuto National Party
❼BNP
Basutoland African Congress ❼BAC
Basutoland ❼Lesotho
Basutoland Congress Party
❼BCP
Bata 1688
Bataan 800
Bataka Party 1729
Batavter 317, 319
Batavia y Zaldívar,
-, Fulgencio *1308*
Batista y Zaldívar,
-, Fulgencio *1881*–1882
Batlle y Ordóñez,
-, José *1314*
Batmounkh,
-, Jambyn *1770*
Battambang 1229
Battenberg,
-, Alexander v. ❼Alexander,
-,-,-, Bulg.,
-,-,-, Ft.
Batthyánj,
-, Lajos v. *905*
Batu,
-, Mongolen,
-,-, Ft. 620–621
Batum 706–707, 1108
Baudoin I.,
-, Belg.,
-,-, Kg. ❸ 970
Baudouin I.,
-, Belg.,
-,-, Kg. *1455*, 1457, 1693
Bauer,
-, Gustav 734, 874, *877*
-, Gustav ❶ 874
Bauern,
-, (Früh-NZ) **657**
-, Bulg. 1074
-, China 1204, 1211, 1213–1214
-, DDR 1417, 1419
-, Dtld. 482, 807
-, Engld. 578
-, Estld. 1058
-, Finnld. 1056
-, Frkr. 444, 928–930
-, It. 1010
-, MA 388–390
-, Polen 1060
-, Rumänien 1071
-, Russld. 979–980, 982, 985
Bauernaufstand,
-, Engld. (1381) 578
-, Engld. (1450) 580
Bauernbefreiung 699–700
Bauernbefreiung,
-, Dän. u. Norw. 1048
-, Dtld. 839
-, Österreich 848
-, Rumänien 1070
-, Russld. 986–990
-, Schweden 1051
Bauernkrieg (1524–1525)

661, **806–807**
Bauernrepublik Dithmarschen 601
Bauhütten 414
Baukunst ❼Architektur
Baule 1143
Baumwollanbau 1119
Baumwollspindeln ❶ 691
Baunsgaard,
-, Hilmar *1491*
Bautzen,
-, Frd. (1018) 465, 608
Bautzener Land 611
Bavadra,
-, Timoci *1837*
Bavares 332
Bavay,
-, (Alt.) ❼Bagacum
Bayar,
-, Celal *1564*
Bayd,
-, Ali Salem Al- *1620*
Bayerischer Erbfolgekrieg (1778–1779) 830
Bayern,
-, (1918–1933) 871, 873–875, 877, 879–880, 885
-, (1918–1933) ❶ 892
-, (MA) 368–369, 372, 376–**377**, 379, 382, 455–457, 460, 462–464, 466, 468, 472–475
-, (MA) ❶ 373
-, (NZ bis 1918) 680, 686–687, 703, 809, 819, 824, 840–841, 844
-, (NZ bis 1918),
-,-, Außen-Pol. 702
-,-, Kgr. 702, 838
-,-, Verfassung (1818) 699, 842
-, (seit 1945) 1398
-, (seit 1945),
-,-, Bevölkerung ❶ 1431
-,-, Christianisierung 369–370
-,-, Stamm 324
Bayeux-Teppich 566
Baynes,
-, Norman H. 288
Bayonne 445
Bayreuth 703, 840
Bazaine,
-, François Achille *855*
BCP,
-, Myanmar 1806
BCP (Basutoland Congress Party) 1724
BDG (Bloc Démocratique Gabonais),
-, Gabon 1689
BDP (Bechuanaland Democratic Party),
-, Botswana 1726
BDP (Bharatiya Dschanata Party,
-, Ind.) 1756
BDS (Bloc Démocratique Sénégalais),
-, Senegal 1657
Beacharra-Gruppe 37
Beagle-Kanal-Konflikt (1978) 1914, 1923
Beagle-Kanal-Vertrag (1984) 1915, 1923
Beamte,
-, Absolutismus 655–**656**
-, China 1205–1206, 1208, 1210
-, Dtld. 837–838
-, Frkr. 918
-, Ind. 1181, 1184, 1188

-, Österreich 852
-, Preußen 831, 842
-, Preußen ❶ **867**
-, Rom 211, 216, **236–237**, 271
-, Rom ❸ 282
-, Russld. 979
Beard,
-, Charles 1279
Beatrix,
-, d. Ä.,
-,-, T. v. Philipp,
-,-,-, v. Schwaben,
-,-,-,-, Kg. ❸ 473, 476
-, d. J.,
-,-, T. v. Philipp,
-,-,-, v. Schwaben,
-,-,-,-, Kg. ❸ 473
-, Dtld.,
-,-, Ksn. 474
-,-, Ksn. ❸ 473
-, G. Karls II.,
-,-, Ung.,
-,-,-, Robert ❸ 487
-, G. v. Johann,
-,-, Kast.,
-,-,-, Kg.,
-,-,-,-, I. ❸ 556
-, G. v. Karl,
-,-, Neapel,
-,-,-, Kg.,
-,-,-,-, I. v. Anjou ❸ 554
-, G. v. Manfred,
-,-, Siz.,
-,-,-, Kg. ❸ 473
-, Ndld.,
-,-, Kgn. *1453*–1454
-, T. v. Philipp v. Schwaben ❸ 559
-, Tuszien,
-,-, Mgfn. 468
-, v. Bourbon 442
-, v. Port. ❸ 559
Beatus Rhenanus 287, *357*
Beaufort,
-, Edmund,
-,-, Hz. v. Somerset († 1455) 580, 582
-,-, Hz. v. Somerset († 1455) ❸ 581
-,-, Hz. v. Somerset († 1471) 582
-,-, Hz. v. Somerset († 1471) ❸ 581
-, Henry,
-,-, Kard. 580
-, John,
-,-, Hz. v. Somerset 580
-,-, Hz. v. Somerset ❸ 581
-, Somerset,
-,-, Gf. v. ❸ 581
Beauharnais,
-, Eugène *1012*
Beaulieu,
-, Edikt (1576) 917
Beaumanoir,
-, Philippe de ❶ 416
Beauvais,
-, Kathedrale ❶ 435
-, Schl. (1473) 451
Beauvaisis 444
Béavogui,
-, Lansana *1661*
Bebel,
-, August *855*, 869
Bec,
-, Kl. 395, 570
Becan 1257
Bech,
-, Joseph *1458*
Bechuanaland ❼Botswana
Bechuanaland Democratic

Party ⬢BDP
Bechuanaland PeoplesParty
⬢BPP
Beck,
-, Josef *1065*
-, Ludwig 756, 897, *901*–902
-, Max Wladimir v. *908*
Becker,
-, Nikolaus *844*
Beckerath,
-, Hermann ❶ *846*
Beda Venerabilis *565*
Bedford,
-, John of ⬢Johann von Bedford
Bédié *1666*
Bédié
-, Henri Konan *1666*
Bedriacum,
-, Schl. (69 n.) 265
Beduinen 1088, 1096, 1117
Beel,
-, Louis Joseph Maria *1452*
Beersheba 33, 101
Beethoven,
-, Ludwig van *665*
Beffort 791
Befreiungskriege (1813/1814) 840, 904
Begemdir 1137
Begga,
-, T. v. Pippin,
-,-,
-,-,-, I. ❂ 380
Begin,
-, Menachem 1579, *1585*–1586, 1601, 1603–1604, 1857
-, Menachem ❶ *1602*
Behaim,
-, Martin *667*
Behaismus 1124
Beheschti,
-, Mohammed Hussein *1649*
Behistun,
-, Schl. 109
Behringen 61
Bei,
-, Tunesien 1122
Beidha 23
Beira 1707
Beirut 406, 729, 1596
Beirut,
-, (Alt.) ⬢Berytos
-, Bürgerkrieg 1596–1597
-, israelische Belagerung (1982) 1587
Beistandspakt,
-, Frkr. – UdSSR (1935) 954
-, GB – Polen (1939) 1066
-, UdSSR – Polen (1941) 1066
Beja 1132
Béja,
-, (Alt.) ⬢Vaga
Bekennende Kirche 894–895
Bektaschi-Orden,
-, Osman. 1102
Béla,
-, Ung.,
-,-, Kg.,
-,-,-, I. *605*
-,-,-, III. *623*
-,-,-, IV. 621, *624*
Belarus ⬢Weißrussland
Belau,
-, (Palauinseln) 1247
Belau (Palauinseln) 724, 868, 1837–1838
Belau (Palauinseln) ❶ 863

-, Fernando *1903*–1904
Belegiš 65
Belegiš-Gruppe 65
Beleza,
-, Miguel 1486
Belfast 1462
Belfort 945
Belgae 325
Belgien,
-, (1831–1913/1914) 690, 699, 705, 940, **1040–1041**, 1043
-, (1831–1913/1914),
-,-, Innen-Pol. 1040–1041
-,-, Wirtschaft 1041
-, (1914–1945) 728, 742–743, 747, 758–760, 878, 881, 898, 1043, 1451
-, (1914–1945) ❶ 757, 775, 802
-, (seit 1945) 1356, 1392, 1451, **1454–1455**, **1457**–1458, 1693, 1695–1697, 1699, 1701
-, (seit 1945),
-,-, Außen-Pol. 1357–1358, 1360–1363, 1370
-,-, Bruttoinlandsprodukt ❶ 1369
-,-, Handel 1356
-,-, Handel ❶ 1334
-,-, NATO-Streitkräfte ❶ 1354
-,-, Rechtswesen 1457
-,-, Regionalisierung 1454–1457
-,-, Verteidigungsausgaben ❶ 1369
-,-, Wirtschaft 1356
-, (seit 1945) ❽ 1358, 1393
-,-, Niederlande,
-,-, Luxemburg ⬢Benelux
-,-, Sprachenstreit 1454
-,-, Sprachgebiete 1456
Belgien (bis 1830)
⬢Flandern
Belgien (bis 1830)
⬢Niederlande
Belgisch-Kongo ⬢Kongo
Belgrad 764, 830, 1077, 1103, 1106
Belgrad,
-, Blockfreien-Kfz. (1961) 1326, 1389, 1548
-, Blockfreien-Kfz. (1989) 1390
-, Frd. (1739) 827, 1106
-, KSZE-Folge-Kfz. (1977) 1352
-, österreichische Eroberung (1717) 827, 1105
-, Schl. (1456) 625
-, Schl. (1915) 721
Belgrader Deklaration,
-, Kommuniqué (1955) 1376, 1381, 1548
Belisar,
-, Byz.,
-,-, Feldh. 334, *363, 635*–636
Belize (Britisch-Honduras) 1251–1252, 1257, *1299*, 1868, **1870–1871**
Belize (Britisch-Honduras),
-, Landwirtschaft 1870
-, pol. Org. 1871
Bell,
-, Duala-Hschr. 1161
-, Johannes 734
Bell Trade Act 1827
Bellay,
-, Joachim du *917*
Belle-Alliance ⬢Waterloo

Bello,
-, Ahmadu *1673*–1674
Bellovaker 252, 317
Belo,
-, Carlos,
-,-, Osttimor,
-,-,-, B. *1826*
Beloch,
-, Karl Julius 287
Belsazar (Belscharrussur),
-, Babylonien,
-,-, Kg. 91
Belutschistan 973, 1126, 1651, 1758–1759
Belutschistan,
-, -Krise 1759
Belzec (KZ) 773
Belzig 797
Bemba-Staat 1152
Bembe 1165, 1704
Ben Ali 1634
Ben Ali,
-, Salim 1742
-, Zine Al-Abidine *1633*–1634
Ben Barka,
-, Mehdi *1640*
Ben Bella,
-, Achmed *1634*–1636, 1638
Ben Gurion,
-, David *1579*, 1601–1602
-, David ❶ *1602*
Ben Zwi,
-, Isaak ❶ *1602*
Benadir-Protektorat 1174
Benazir Bhutto 1760
Benbitour 1639
Beneckendorff,
-, Paul v. 718
Benedek,
-, Ludwig August v. *854*
Benedikt,
-, Levita 506
-, Pp.,
-,-, I. ❶ 367
-,-, II. ❶ 505
-,-, III. 504
-,-, III. ❶ 505
-,-, IV. ❶ 505
-,-, IX. 468, 508
-,-, IX. ❶ 505
-,-, V. 507
-,-, V. ❶ 505
-,-, VI. 507
-,-, VI. ❶ 505
-,-, VII. 507
-,-, VII. ❶ 505
-,-, VIII. 465, 508, 531
-,-, VIII. ❶ 505
-,-, X. 509
-,-, X. ❶ 505
-,-, XI. 439, *520*
-,-, XII. 489, *520*
-,-, XII. ❶ 519
-,-, XIII. *496*, *521*–523
-,-, XIII. ❶ 1009
-,-, XIV. *1011*
-,-, XIV. ❶ 1009
-,-, XV. 726, *1022*
-,-, XV. ❶ 1015
-, v. Aniane *381, 384, 506*
-, v. Nursia *364*, 368, 384
Benediktbeuern,
-, Kl. 384
Benediktiner 506
Benediktinerregel 368, 376, 384, 507, 512, 530
Beneficium 512
Benelux-Staaten,
-, (seit 1945) 1356, 1359, 1362, 1369, 1372, 1392, 1401, 1451, 1848

-, Militär-Vtg. 1451
-, Zoll- und Wirtschafts-U. 1040, 1043, 1356, 1364, 1451
Beneš,
-, Edvard 749, 781, 799, *1067*–1069, *1506*–1507
Benevent 386, 463, 530–532, 642
Benevent,
-, Frd. (1128) 511
-, Hztm. 503, 525–528
-, Schl. (1266) 484, 517, 535
-, Vtg. (1156) 474, 512
Beneventum 222, 229
Beneventum ❶ 219
Bengalen 1180–1181, 1184, 1186, 1188, 1749–1750, 1752–1753, 1759
Benghasi 763, 1630
Benghasi,
-, Dekl. (1971) 1573
Benguela 1704
Benhadad,
-, Damaskus,
-,-, Kg.,
-,-,-, II. 99
-,-,-, II. ❂ 99
-,-,-, III. 99
Beni Hasan 38
Benin,
-, (10.–19. Jh.),
-,-, Kgr. 1130, 1142–**1143**, 1160
Benin (Dahomay,
-, VR Benin),
-,-, (Kolonialzeit bis 1960) 709, 948
Benin (Dahomey,
-, Volksrepublik Benin),
-,-, (seit 1960),
-,-,-, Unabhängigkeits-Erkl. ❶ 1386
-,-, VR Benin),
-,-, (Kolonialzeit bis 1960) 1130, 1142–1143, 1156, 1160, 1666, **1671**, 1679, 1681
-,-, (seit 1960) **1672–1673**, 1675
-,-, (seit 1960),
-,-,-, pol. Org. 1673
-,-,-, Verfassung 1673
-,-,-, Wirtschaft 1673
-,-, (seit 1960) ❶ 1158
Benjamin,
-, Hilde *1420*
-, Stamm 101
Bennett,
-, Richard B. *1277*
Bennigsen,
-, Rudolf v. *852*, *857*
Bensert 1632
Bentham,
-, Jeremy *968*
Benti,
-, Teferi *1736*–1737
Benuë 1160
Benuë-Gebiet 1139
Beowulf-Epos 588
Beran,
-, Rudolf *1068*
Béranger,
-, Pierre Jean de *939*
Berar,
-, Sult. 1183
Berbati 64
Berber 105, 332–334, 363, 549, 1088–1089, 1093, 1120–1121, 1140, 1568, 1639
Berber,
-, -Dekret (1930) 1121

-, Spr. 1128
Berbera 763, 1175
Berchtesgaden,
-, Kfz. (1938) 749, 897
Berecci,
-, Bartolomeo 618
Bérégovoy,
-, Pierre *1450*
-, Pierre ❶ 1449
Berengar,
-, It.,
-,-, Kg.,
-,-,-, I. 529
-,-,-, I. ❂ 380
-,-,-, II. 460, 462, 507, 529, 531
Bérenger,
-, Paul 1744
Berenguer,
-, Dámaso *1027*
Berenike,
-, Äg.,
-,-, Kgn.,
-,-,-, III. **183**
-,-,-, IV. **184**
-, G. Antiochos II. 182, 185
-, G. Antiochos II. ❂ 187
-, G. Ptolemaios I. 178, 182
Beresina,
-, Schl. (1812) 987
Berezan 72
Berg,
-, Ghztm. 703, 841
Bergdama 1155
Bergen 596, 758
Bergen,
-, Reichstg. (1164) 593
-, Vtg. (1450) 600
Berg-Karabach
⬢Nagornyj-Karabach
Bergmann-Pohl,
-, Sabine *1429*
Berija,
-, Lawrenti P. *1004*, 1420, *1516*–1517
-, LawrentiP. 1388
Bering,
-, Vitus *982*
Berisades,
-, Thrakien,
-,-, Kg. 161
Berisha 1559
Berisha,
-, Sali *1559*
Berkeley,
-, George *665*
Berlepsch,
-, Hans v. *866*
Berlichingen,
-, Götz v. *807*
Berlin 1432
Berlin,
-, (NZ) 794, 886, 901
-, Aufstand (1848) 700
-, Bevölkerung ❶ 1431
-, Blockade (1948–1949) 1340, 1374, 1398, 1848
-, Blockade (1948–1949) ❶ 1341
-, Dekl. (1945) 799
-, Dt. Rätekongr. (1918) 872
-, Frd. (1742) 687
-, Hauptstadtbeschluß (1991) 1430
-, IMF-Tag. (1988) 1332
-, Kapp-Lüttwitz-Putsch (1920) 878
-, Kongo-Kfz. (1884–1885) 1162–1163, 1165
-, Kongr. (1878) 707, 863, 907, 986, 989, 991, 1071, 1073, 1075–1076, 1108

1941

B

-, Luftangriffe 786
-, Luftbrücke 1340, 1398, 1848
-, Mauer 1338, 1347, 1365, 1410, 1419, 1422, 1428, 1851
-, Mauer ❶ 1341
-, Maueröffnung 1429
-, Nordsee-Abk. (1909) 1051
-, Notabelnversammlung (1879) 1073
-, preuß. Nationalversammlung 848
-, Revolution (1918) 731
-, Sektorenteilung (1945) 799
-, Sonderstatus 1341
-, sowj. Eroberung (1945) 797–798
-, Spartakusaufstand (1919) 877
-, Univ. 840
-, Unruhen (1917) 871
-, Unruhen (1918) 871–872
-, Viermächte-Abk. (1971) 1351, 1522
-, Viermächte-Abk. (1971) ❶ 1341
-, Vier-Mächte-Status 1427
-, Vtg. (1878) 1108
-, Vtg. (1926) 1002
Berlinguer,
-, Enrico 1473–1474
Berlin-Krise,
-, (1958) 1346, 1410, 1520
-, (1958) ❶ 1341
-, (1961/1962) 1347–1348, 1410, 1521
-, (1961/1962) ❶ 1341
-, (1965) 1349
-, (seit 1947) 1339–1340
Berlin-Problem (seit 1945) 1326, 1337
Berlin-Problem (seit 1945) ❶ 1341
Berlin-West 1342–1343, 1347, 1349, 1411, 1412
Berlin-West,
-, Verfassung (1950) 1341
Berlusconi 1475–1476
Berlusconi,
-, Silvio 1475
Bermudas 1292, 1880
Bern 501–502, 1084
Bern ❶ 413
Bernadotte,
-, Jean Baptiste Jules ➔Karl XIV. Johann,
-,-, Kg.,
-,-,-, Schweden
Bernard Landry 1845
Bernardino von Siena,
-, Hl. 546
Bernardone ➔Franz von Assisi
Bernhard,
-, E. v. Karl,
-,-, Ks.,
-,-,-, I. d. Gr. 386
-, Gf. v. Armagnac 446–447
-, It.,
-,-, Kg. 527
-,-, Kg. ❺ 380
-, Sachsen,
-,-, Hz. 475
-, Sachsen-Weimar,
-,-, Hz. 682–683
-, Saint Quentin,
-,-, Abt ❺ 380
-, v. Chartres 395
-, v. Clairvaux 401, 403, 429–430, 471–472, 511–512

-, zur Lippe-Biesterfeld 1453
Bernhardin von Siena 518
Bernicia 568
Bernini,
-, Gian Lorenzo 1008–1009
Bernoulli,
-, Christoph 1083
-, Daniel 1083
-, Johann 1083
-, Nikolaus 1083
Bernstein,
-, Eduard 698, 868
Bernstorff,
-, Andreas Peter v. 1048
-, Johann Hartwig E. v. 1048
Beroia 303
Beromünster ❶ 418
Béroul ❶ 434
Berry 449
Berry,
-, Charles Fernand Hz. v. 938
Berseba-Nama 1168
Bertha,
-, Arles,
-,-, Gfn. ❺ 380
-, G. Roberts II. V. Frkr. 425
-, G. v. Ethelbert,
-,-, Kent,
-,-,-, Kg. 370
-, G. v. Heinrich,
-,-, Kg./Ks.,
-,-,-, IV. ❺ 467
-, G. v. Pippin,
-,-, Franken,
-,-,-, Kg.,
-,-,-,-, I. ❺ 380
-, Kgn.,
-,-, G. Philipps I. V. Frkr. 427
-, T. v. Karl,
-,-, Ks.,
-,-,-, I. d. Gr. ❺ 380
-, v. Sulzbach,
-,-, Ksn.,
-,-,-, Byz. 472, 646
Berthold,
-, Hz.,
-,-, Bay. 460
-,-, Schwaben,
-,-, Pfgf. 456, 458
-,-, v. Henneberg,
-,-,-, Kft.,
-,-,-,-, Mainz 803
-,-, v. Regensburg 501
-,-, Zähringen,
-,-,-, Hz.,
-,-,-,-, I. 468
-,-,-,-, IV. 473
Bertholde,
-, Dyn. 382
Bertrada von Montfort,
-, Frkr.,
-,-, Kgn. 427
Bertram,
-, v. Minden 500
Bertran,
-, de Born 434
Bertrand,
-, de Got 520
-, du Guesclin 444
Berytos (Beirut) 339, 341
Besançon,
-, Hoftg. (1157) 474, 512
-, (Alt.) 319, 322
Besant,
-, A. 1188
Besatzungsmächte,
-, Dtld. 1362, 1396–1397, 1399–1401, 1408, 1430
Besatzungspolitik,
-, Dtld. 1339, 1400–1401

-, Dtld. (DDR) 1402–1403
Besatzungsstatut 1404–1405, 1407, 1409, 1436
Besatzungszeit,
-, Dtld. 1397–1400
Besatzungs-Zonen,
-, Dtld. 764, 781, 1338–1339, 1357, 1396–1397, 1848
-, Österreich 1435
Beseler,
-, Hans Hartwig v. 720
Bessarabien 705–707, 755, 761, 898, 986–987, 1005, 1070–1073, 1107, 1516, 1542, 1544
Bessarabien ❶ 899
Bessemer-Verfahren 1050
Bessen (Bessoi) 302, 309–310
Bessmertnych,
-, Alexander 1528
Bessos,
-, Iran,
-,-, Satrap 110, 172
Bestattungen,
-, (Ältere Bronzezeit) 52, 54–55
-, (Altkupferzeit) 33–37
-, (Altneolithikum) 23
-, (Altpaläolithikum) 16
-, (Eisenzeit) 68, 71
-, (Frühbronzezeit) 48–50
-, (Jungbronzezeit) 51, 63–66
-, (Jungneolithikum) 27–28
-, (Jungpaläolithikum) 20–21
-, (Mittel- u. Jungkupferzeit) 39–40, 42–46
-, (Mittelbronzezeit) 53, 58–61
-, (Mittelneolithikum) 25–26
-, (Mittelpaläolithikum) 17–18
-, (Paläolithikum) 21
-, ägyptische 80
-, arabische 100
-, mykenische 59, 116
Bestuschew-Rjumin,
-, Alexei P. 983
Betancí-Viloria-Komplex 1262
Betancourt,
-, Romulo 1897–1898
Betancur,
-, Belisario 1895
Beth Pelet 53, 58
Bethanie-Nama 1168
Bethlehem 1591
Bethlen,
-, Gábor,
-,-, Siebenbürgen,
-,-,-, Ft. 681
-, Stefan v. 914
Bethmann Hollweg,
-, Theobald v. 721–723, 725, 868–869, 871
BET-Region 1682
Betriebsrätegesetz (1920) 877
Betriebsverfassungsgesetz,
-, (1952) 1408
-, (1971) 1412
Betsan,
-, (Alt.) ➔Skythopolis
Betschan 33, 40, 53, 58, 63
Betsimisaraka 1149
Bettelorden 515–519
Beust,
-, Friedrich Ferdinand v.

854–855, 907
Beutekunst 1538
Bevin,
-, Ernest 1357
Bevölkerung,
-, Port. 1031
-, Port. ❶ 1484
-, Span. 1025
-, Span. ❶ 1480
Bevölkerung(sentwicklung),
-, Afghanistan ❶ 1568
-, Afrika ❶ 1656
-, Äg. 1625
-, Äg. ❶ 1656
-, Angola ❶ 1656
-, Argentinien ❶ 1865
-, As. ❶ 1746
-, Äthiopien ❶ 1656
-, Austr. 1240, 1242
-, Bol. ❶ 1865
-, Bras. ❶ 1865
-, Brit. Inseln ❶ 408
-, Chile ❶ 1865
-, China ❶ 1746
-, Dalmatien 305
-, Dän. ❶ 1491
-, Dtld. ❶ 1656
-, Dtld./BR 1396, 1414
-, Dtld./BR,
-,-, Bundesländer ❶ 1431
-, Dtld./Dt. R. 457–458, 482, 491, 819, 865
-, Dtld./Dt. R. ❷ 694
-, Dtld./Dt. R. ❶ 408
-, El Salvador ❶ 1865
-, Engld. 571
-, Eur. 383, 581, 390, 408, 410, 652–653, 693–694
-, Eur. ❷ 652, 694
-, Eur. ❶ 408
-, Frkr. ❷ 694
-, Frkr. ❶ 408
-, Gallien 321
-, GB 693, 968
-, GB ❷ 694
-, GB ❶ 1463
-, Griechld. 125, 303
-, Griechld. ❶ 1561
-, Honduras ❶ 1865
-, Iberische Halbinsel 551, 557–558
-, Iberische Halbinsel ❶ 408
-, Ind. ❶ 1746
-, Iran ❶ 1568
-, Irld. ❶ 1466
-, Islamisch-arabische Welt ❶ 1568
-, Isr. ❶ 1568
-, It. 525, 527, 530, 540
-, It. ❶ 408, 1473
-, Japan ❶ 1746
-, Jord. ❶ 1568
-, Kambodscha ❶ 1746
-, Kamerun ❶ 1656
-, Kan. ❶ 1843
-, Kenya ❶ 1656
-, Kolumbien ❶ 1865
-, Kongo ❶ 1656
-, Latein-Am. 1296, 1298, 1301–1302
-, Latein-Am. ❶ 1865
-, Luxbg. ❶ 1458
-, Madagaskar ❶ 1656
-, Mali ❶ 1656
-, Marokko ❶ 1568
-, Mex. ❶ 1865
-, Ndld. ❶ 1452
-, Neuseeld. 1245
-, Niger ❶ 1656
-, Österreich ❶ 1438
-, Oz.,

-,-, endogene Kulturen 1238
-, Pakistan ❶ 1746
-, Palästina 1113, 1115
-, Paraguay ❶ 1865
-, Peru ❶ 1865
-, Polen ❶ 408, 1504
-, Rom,
-,-, (Prinzipat) 299–300, 313, 321, 341
-,-, (Rep.) 295, 297–298
-,-, (Spätantike) 321
-, Rumänien ❶ 1543
-, Saudi-Arabien 1611
-, Saudi-Arabien ❶ 1568
-, Schweiz ❶ 1441
-, Senegal ❶ 1656
-, Somalia ❶ 1656
-, Sri Lanka ❶ 1746
-, Südafrika ❶ 1656
-, Sudan ❶ 1568
-, Südkorea ❶ 1746
-, Syr. 341
-, Thaild. ❶ 1746
-, Tschechoslowakei ❶ 1508
-, Tunesien ❶ 1568
-, Türkei ❶ 1568
-, Uganda ❶ 1656
-, Ung. ❶ 1514
-, USA 1856
-, Venezuela ❶ 1865
-, Vietnam ❶ 1746
-, Welt ❶ 1656
Bevölkerung(sentwicklung) ❶ 1746
Bevölkerungs(entwicklung),
-, UdSSR 1523
bewaffnete Neutralität (1939–1945) 1086
Bewegung für Demokratie und Gerechtigkeit/MDJT 1684
Bewegung für den Triumph Demokratischer Freiheiten ➔MTLD
Beycesultan 33, 41, 49
Beyer,
-, Christian 808
Béziers,
-, (Alt.) ➔Baeterrae
Bezirke,
-, DDR ❶ 1421
BGB (Bürgerliches Gesetzbuch) 868
Bharat 1749
Bharatiya Dschanata Party ➔BDP
Bharrat Jagdeo 1900
Bhattarai,
-, Krishna Prasad 1766
Bhavavarman 1227
Bhindranwale,
-, Jarnail Singh 1755
Bhonsle,
-, Dyn. 1185
Bhopal 1756
Bhumibol,
-, Thaild.,
-,-, Kg. ➔Rama,
-,-,-, Thaild.,
-,-,-,-, Kg.,
-,-,-,-,-, IX. Bhumibol Adulyadej
Bhutan 1748, 1766
Bhutto,
-, Benazir 1748, 1760
-, Nusrat 1760
-, Zulfikar Ali 1753, 1759
Biafra 1160, 1674–1675
Biafra ❶ 1655
Biafrakrieg (1967–1970) 1674

Biaini 94
Białystok 781
Białystok,
-, Schl. (1941) 767
Bibel 392, 805
Bibracte,
-, Schl. (58 v.) 251, 316
Bidar,
-, Sult. 1183
Bidault,
-, Georges *790*, 957
Bidschapur,
-, Sult. 1183–1184
Bieberstein,
-, Adolf v. *866*
Bieda 564
Bielecki,
-, Jan Krzysztof *1504*
Biermann,
-, Wolf *1427*
Bierut,
-, Bolesław *1501*–1502
Biest,
-, Alain van der *1457*
Biggo 1145
Bignone,
-, Reynaldo Benito *1914*
Big-Stick-Politik 1303
Bihar 1186, 1752, 1754–1755
Bihé 1153
Bihumugani,
-, Léopold *1702*
Bija 81
Bijambasuren,
-, Daschijn 1771
Biketawa-Erklärung 1395
Bikini-Atoll 1846
Biko,
-, Steve *1721*
Bilderstreit 503
Bildersturm,
-, (Früh-MA) 530
Bildt,
-, Carl *1488*
-, Dietrich Gillis v. *1050*
Bildung,
-, Sparta 132
Bildungswesen **397–398**, 417, 458, 465
Bildungswesen,
-, Austr. 1245
-, Belg. 1041, 1456
-, Brdbg.-Preußen 833
-, Byz. 644
-, Chile 1923
-, DDR 1422–1423
-, Dtld. 530, 840, 1412
-, Ecuador 1311
-, GB 1461
-, Ind. 1187
-, Latein-Am. 1302
-, Österreich 833
-, Pers. 1126
-, Polen 1063
-, Russld. 983, 989–990
-, Schweden 1045
-, UdSSR 1004, 1519–1520, 1524
-, UdSSR ❶ 1004
-, USA 1285, 1850, 1856
Bill Clinton 1861, 1870
Bill Gates 1861
Bill of Rights,
-, (Engld.,
-,-, 1689) 966
-,-, (USA,
-,-, 1789) 1280
Billendorfer-Kultur 72
Billunger,
-, Dyn. 470
Biltmore-Programm 1115

Bimbisara,
-, Magadha,
-,-, Kg. 1178
Bin Laden 1653
Binaisa,
-, Godfrey *1730*
Bindusara,
-, Ind.,
-,-, Kg. 1178
Bingen 480
Bingen,
-, Kurverein (1424) 496
Binza-Gruppe 1695
Bio,
-, Julius Maada 1663
Bioko 1688
Biondo,
-, Flavio 287, *355*, 542–544
Bir Hacheim 776
Bir Mcherga,
-, (Alt.) ➔ Giufi
Bird 1890
Bird,
-, Lester 1890
-, Vere C. 1890
Birendra,
-, Nepal,
-,-, Kg. *1765*–1766
Birger,
-, Jarl Magnusson 592, 621
-, Jarl Magnusson ❶ 591
-, Schweden,
-,-, Kg.,
-,-,-, I. Magnusson 597
-,-,-, I. Magnusson ❶ 597
Birgham,
-, Vtg. (1290) 587
Birgitta von Schweden *521*, *597*
Birka 589
Birkebeine 593
Birma ➔ Myanmar
Birmanische Sozialistische Programmpartei ➔ BSPP
Birmi-Besse 1133
Birmingham 969
Birmingham (Alabama) 1852
Biron,
-, Ernst Johann *983*
-, Peter,
-,-, Hz. *985*
Bisanthe ❶ 124
Bischof 280, 283, 289–291
Biserta 98, 675, 1632
Biserta-Krise 1632
Bisheuvel,
-, Barend Willem *1453*
Bishop,
-, Maurice *1857*, 1893
Biskupin 72
Bismantova 64
Bismarck,
-, Otto v. 706–707, 710, 850, 852–**857**, **862–864**, 991
-, Schiff 766
Bismarck-Archipel 1234, 1246
Bismarck-Archipel,
-, Kol. 863, 1243, 1837
-, Kol. ❶ 709, 863
Bissagos-Inseln 1144
Bissau 1141
Bitar,
-, Salah 1569
Bithynien 96, 179, 185, 192–**193**, 195, 246, 249, 648
Bithynien,
-, röm. Prov. (Pontus et Bithynia) 193, 250, 268, 342–344
Bithys,

-, Maked.,
-,-, Stratege 197
Bitonto,
-, Schl. (1734) 1010
Bitterfelder Konferenz,
-, (1959) 1422
-, (1964) 1423
Bituriger 252, 357
Biya,
-, Paul *1687*
BIZ (Bank für Internationalen Zahlungsausgleich) 743
Bizerta 785
Bizimungu, Augustin 1701
Bizone 1339, 1400, 1404, 1846
Bizone,
-, Verwaltung 1396, 1400
-, Verwaltung ❸ 1399
-, Wirtschaftsrat 1400–1401
Björkö,
-, Abk. (1905) 868, 993
Björn Söderberg 1489
Björnsson,
-, Sveinn *1055*
BKJ (Bund der Kommunisten Jugoslawiens) 1547, 1550, 1554–1555
Black,
-, Panther Party,
-,-, (1966) 1852
-, PeoplesConvention,
-,-,(1972) 1720
-, Power 1852, 1893
Black Alliance 1721
Blackstone,
-, William *965*
Blair,
-, Anthony (Tony) *1465*
-, Anthony (Tony) ❶ 1464
Blaise Compaoré 1680
Blaize,
-, Herbert *1893*
Blanc,
-, Louis *696*, 940–942
Blanca,
-, Aragón-Navarra,
-,-, Kgn. 562–563
-,-, Kgn. ❸ 559
-,-, Enkelin v. Ferdinand,
-,-, de la Cerda ❸ 559
-,-, Frkr.,
-,-, Kgn.,
-,-,-, v. Kast. 433
-,-, G. v. Theobald,
-,-, Champagne,
-,-,-, Hz.,
-,-,-, III. 553
-,-, T. Kg. Karls IV. v. Frkr. ❸ 448
-,-, T. v. Ludwig,
-,-, Frkr.,
-,-,-, Kg.,
-,-,-, IX. ❸ 559
-, v. Lancaster ❸ 581
Blanco,
-, Hugo 1903
Blancos,
-, Uruguay 1910–1911
Blank,
-, Theodor *1409*
Blanka ➔ Blanca
Blanqui,
-, Louis-Auguste *696*, 940, *942*
Blanquisten 946
Blasendorf,
-, Vtg. (1687) 823
Blaskowitz,
-, Johannes 793
Blaue Division,
-, Span. 1030

Blaxland,
-, Gregory 1241
Blecha,
-, Karl *1438*
Blemmyer 335, 1132
Bloc Africain 1657, 1665
Bloc Démocratique Gabonais ➔ BDG
Bloc Démocratique Sénégalais ➔ BDS
Bloc Nigérien d'Action ➔ BNA
Bloc Populaire Africain ➔ BPA
Bloc Populaire Sénégalais ➔ BPS
Bloc Soudanais 1677
Blockfreie Staaten 1320, 1325, **1385–1386**, **1388–1390**, 1902, 1915
Blockfreie Staaten,
-, Jugoslawien 1548
-, Kfz.,
-,-, (1961) Belgrad 1548
-, Kfz. (1961) Belgrad 1326, 1389
-, Kfz. (1962) Kairo 1326, 1389
-, Kfz. (1964) Kairo 1389
-, Kfz. (1970) Lusaka 1328, 1389
-, Kfz. (1973) Algier 1329, 1390
-, Kfz. (1976) Colombo 1390
-, Kfz. (1979) Havanna 1390, 1884
-, Kfz. (1983) Neu-Delhi 1390
-, Kfz. (1985) Neu-Delhi 1390
-, Kfz. (1986) Harare 1390
-, Kfz. (1989) Belgrad 1390
-, Wirtschafts-Pol. 1389–1390
Bloemfontein 1171
Blois,
-, Gfsch. 450
-, Vtg. (1505) 672
Blois-Champagne **428**
Blomberg,
-, Werner v. *890–891*, 896–897
Blondus ➔ Biondo
Blondus ➔ Biondo
Blot-Sven,
-, Schweden,
-,-, Kg. ❶ 591
BLP (Barbados Labour Party),
-, Barbados 1892
Blücher,
-, Gebhard Leberecht *703*–704, 937
Blue Mountains,
-, Austr. 1830
Blum,
-, Léon *951*, 954–955, 957, 1121–1122, 1357
-, Robert *905*
-, Robert ❶ *846*
-, Roberti 848
Blunschy,
-, Elisabeth *1441*
Blutiger Freitag (1978),
-, Iran 1648
Blutiger Sonntag,
-, (1919) 976
Blutiger Sonntag (1905) 993
BNA (Bloc Nigérien d'Action),
-, Niger 1681

BNF (Botswana National Front) 1726
BNF (Weißrussische Volksfront der Erneuerung) 1532
BNP (Bangladesh National Party) 1761–1762
BNP (Basuto National Party),
-, Lesotho 1724
Board of Trade 1272
Bobbio,
-, Kl. 370, 525, 530
Bobodiulasso 1678
Bobrikow,
-, Nikolaj J. *992*
Bobruisk 796
Boccaccio,
-, Giovanni 544
-, Giovanni ❶ 416
Bocchus,
-, Mauretanien,
-,-, Kg. 245
Bocchus ➔ Cornelius Bocchus
Bock,
-, Fedor v. 768
Bockelson,
-, Jan *809*
Böckler,
-, Hans *1400*, 1405
Bodelschwingh,
-, Friedrich v. *894*
Bodenreform,
-, Honduras 1874
-, Nicaragua 1876
Bodenschätze,
-, Austr. 1831
-, Panama 1878
Bodin,
-, Jean *655*, *664*, *670*, *918*
Bodmer,
-, Johann Jakob *1083*
Bodrogkeresztúr-Stufe 35
Boethius,
-, Phil. *364*, *395*
-, Senator *362*
Boeynants,
-, Paul Vanden *1456*–1457
Boganda,
-, Barthélémy *1684*–1685
Boğazköy 33, 49, 52, 70
Bogdan III.,
-, Moldau,
-,-, Ft. 633
Bogislaw I.,
-, Pommern,
-,-, Hz. 474–475, 595
Bogor,
-, Kfz. (1954) 1388
Bogotá 1294
Bogotá,
-, Dekl. (1966) 1863
-, Eucharistischer Kongr. (1968) 1895
Bogotazo 1894
Bogumilen 432, 604, 628
Bohemund von Tarent 400, 630, 645
Böhlen 787
Böhmen,
-, (MA) 371, 379, 457, 459–460, 464, 466, 470–471, 484–488, 490–491, 493–494, 496–499, 606, **611–614**, 616, 618, 625
-, (MA),
-,-, Adel 612, 625
-,-, Bürgertum 612
-,-, Kultur **614**
-,-, pol. Org. **612**
-, (NZ) 672, 674, 681–682, 817

-, (NZ) 🛈 820
-, Christianisierung 606
-, Nationalitäten 🛈 909
-, und Mähren,
-,-, Reichsprotektorat (1939–1945) 750, 753, 775, 897, 900, 1068
Böhmische Brüder 613
Böhmische Frage 906
Böhmisch-pfälzischer Krieg (1618–1623) 681
Böhmisch-pfälzischer Krieg (1618–1623) 🛈 816
Bohuslän 46
Boian-Kultur 25, 28
Boier 72, 221, 225, 229, 308, 311
Boileau-Despréaux,
-, Nicolas *923*
Boioter 140, 145, 176, 204, 206
Boiotien,
-, (Hellenismus) 166, 177, 197, 202–204, 206–207
-, (röm. Zeit) 302–303
-, (vor dem Hellenismus) 141–142, 145–146
-, (vor dem Hellenismus) 🛈 120, 123
Boiotischer Bund 156, 159–160, 168, 200
Bojaren 620, 978–980, 1070
Bokassa,
-, Jean-Bedel *1685*
Bokchoris,
-, Äg.,
-,-, Kg. 70, 81
Boleslav,
-, Böhmen,
-,-, Hz.,
-,-,-, I. 460, 607, 611
-,-,-, II. 371, 463, 611
Bolesław,
-, Polen,
-,-, Kg.,
-,-,-, II. *614*
-,-,-, I. Chrobry 371, 464–465, **608**, 611, 615
-,-,-, III. 471–472, *614*–615
-,-,-, IV. *615*
Bolesław Georg,
-, Halitsch-Wolhynien,
-,-, Ft. 616
Boleyn,
-, Anne 🛈Anne Boleyn
Bolgar 603
Bolger,
-, Jim *1835*–1836
Bolinbroke,
-, Heinrich,
-,-, Hz. v. Lancaster 🛈Heinrich IV.,
-,-,-, Kg.,
-,-,-,-, Engld.
Bolingbroke,
-, Lord *966*
Bolívar,
-, Simón 1303, *1309*, 1312–1313
Bolivien,
-, (1825–1945) **1313**
-, (1825–1945),
-,-, Wirtschaft **1313**
-, (1825–1945) 🛈 757
-, (seit 1945) 1863, **1906**–**1907**, 1912–1914, 1923
-, (seit 1945),
-,-, Anti-Drogen-Pol. 1908
-,-, Arbeits- u. Sozial-Pol. 1908
-,-, Bevölkerung(sentwick-lung) 🛈 1865
-,-, Bodenschätze 1906
-,-, Gesellschaft 1908
-,-, Gewerkschaften 1908
-,-, Handel 1908
-,-, öffentliche Finanzen 1908
-,-, pol. Org. 1908
-,-, Wirtschaft 1908
-,-, Wirtschaft 🛈 1385
-,-, Wirtschafts-Pol. 1908
-, Indianerkulturen 1264
Bolkiah,
-, Muda Hassan Al- *1823*
Bolko,
-, Schweidnitz-Jauer,
-,-, Hz. 491
Böll,
-, Heinrich *1416*
Bölling,
-, Klaus *1427*
Bölling-Zeit 10
Bologna,
-, (Alt.) 🛈Bononia
-, (Alt.) 🛈Felsina
-, (MA) 397–398, 504, 513, 533–534
-, (MA) 🛈 418
-, (NZ) 674, 700–701, 811
-, Giovanni da *1008*
-, Univ. 397–398, 473, 534–535
-, Univ. 🛈 398
Bologna-Gruppe 68
Bolotnikow,
-, Iwan I. *980*
Bolschewiki 726, 992–993, 995, 997–999, 1114, 1125
Bolschewiki 🛈 995
Bolschewismus 🛈Sowjetkommunismus
Bolya 1150
Boma 1153, 1163–1164, 1692
Bombay 1751–1753
Bombenabwürfe,
-, (1940–1945),
-,-, alliierte 784, 786–787, 794
-,-, alliierte 🛈 794
-,-, dt. 761–762, 776, 786, 791–792
-,-, dt. 🛈 762
Bomboko,
-, J. 1695
Bona,
-, Polen,
-,-, Kgn.,
-,-,-, Sforza 1061
-,-,-, Sforza 🛈 1062
Bonaire 1300, 1880
Bonald,
-, Louis Gabriel Ambroise de 938
Bonaparte,
-, Joseph 🛈Joseph,
-,-, Kg.,
-,-,-, Span.
-, Louis Napoléon 🛈Napoleon,
-,-, III.
-, Louis Napoléon 🛈Napoleon III.
-, Napoléon 🛈Napoleon I.
Bonapartismus 941
Bonapartisten 940
Bonaventura *394*, *397*, 518
Bondelzwarts-Nama 1168
Bondevik 1490
Bondevik,
-, Kjell Magne *1490*
Bône,
-, (Alt.) 🛈Hippo Regius
Bonesana,
-, Cesare Beccaria,
-,-, Gf. v. *1010*
Bongo 1692
Bongo,
-, Albert-Bernard *1690*
-, Pascaline 1690
Bonhoeffer,
-, Dietrich *902*
Boni,
-, Nazi *1679*
Bonifatius,
-, Ap. D. Deutschen 370, 372, 377–378, 383–384
-, Rom,
-,-, Feldh. 286
Bonifaz,
-, Pp.,
-,-, I. 365
-,-, I. 🛈 367
-,-, II. 367
-,-, II. 🛈 367
-,-, III. 503
-,-, III. 🛈 505
-,-, IV. 503
-,-, IV. 🛈 505
-,-, IX. *494*, *521*, 541–542
-,-, V. 503
-,-, V. 🛈 505
-,-, VI. 🛈 505
-,-, VII. 507
-,-, VII. 🛈 505
-,-, VIII. 408, 438–**439**, 487, 513, 517–518, 520, 538–539, 587, 624
-,-, VIII. 🛈 511
-, Savoyen,
-,-, Gf. 535
-, Thessalonike,
-,-, Kg.,
-,-,-, v. Montferrat 401, *648*
-, Tuszien-Canossa,
-,-, Mgf. 468
Bonin-Inseln 1794, 1796
Bonn,
-, (Alt.) 🛈Bonna
-, Hauptstadt 1404, 1430
-, Petersberger-Erkl. (1992) 1391
-, Vtg. (921) 459
-, Weltwirtschafts-Kfz. (1978) 1330
-, Weltwirtschafts-Kfz. (1985) 1331
Bonna (Bonn) 319
Bonner Konvention (1952) 1408
Bonnet,
-, Georges 749, *955*
Bonny 1141–1142
Bono,
-, Emilio de *1021*
Bono Mansu 1143
Bonomi,
-, Ivanoe *1021*, *1469*
Bononia (Bologna) 229, 255
Bonosus 278
Bon-Religion 1199
Bootaxtkultur 50–51
Booth,
-, John Wilkes *1286*
Borana 1148
Boraner 277
Bordaberry,
-, Juan María 1911
Bordeaux 443, 717, 760, 956
Bordeaux,
-, (Alt.) 🛈Burdigala
Boreal 10
Borghese,
-, Valerio 1473
Borgia,
-, Cesare 537, *543*, 1008
-, Dyn. 523, 543
Borgu-Reich 1160
Boris,
-, Bulg.,
-,-, III. 729, 783, *1074*
-,-, III. 🛈 970
-, Bulgaren,
-,-, Chan 504, **604**, 641
-, Russld.,
-,-, Zar,
-,-,-, Fjodorowitsch Godunow *980*
Boris Beresowskij 1531
Boris Trajkovski 1557
Bořivoj,
-, Böhmen,
-,-, Ft. *371*, 606
Borja Ceballos,
-, Rodrigo *1902*
Bór-Komorowski,
-, Tadeusz 788
Bormann,
-, Martin 766, 889, *899*, 902, 1915
Born,
-, Stephan *848*, 850
Borneo 1149, 1819
Bornholm 796, 1055
Bornhöved,
-, Schl. (1227) 478, 595
Borno **1138**–**1139**
Borobudur 1227
Borodino,
-, Schl. (1812) 702, 987
Boross,
-, Péter *1515*
Borromäischer Bund 1083
Borromeo,
-, Carlo *1083*
Borromini,
-, Francesco *1008*
Börsenkrach (1929) 743–744, 1290
Borten,
-, Per *1489*
Bosch,
-, Juan *1888*
Bose,
-, Subhas Chandra 779, 787–788, 801
Bosić,
-, Boro 1553
Bosnien,
-, (MA) 623–624, 626–**628**, 646
-, (NZ) 707, 711, 764, 869, 899, 907–908, 990–991, 995, 1104, 1108–1109, 1549
Bosnienabkommen (1995) 1551
Bosnien-Herzegowina 907–908, 1108–1109, 1392, 1431–1432, 1547, 1550–1551, **1553**, 1860
Bosnier 1550
Boso von Vienne,
-, Burg.,
-,-, Kg. 387, 422, 456
-,-, Kg. 🛈 380
Bosporanisches Reich 252, 310
Bosporus 🛈Meerengenfrage
Bossi 1475
Bossuet,
-, Jacques-Bénigne *923*
Boston 1270, 1272–1273, 1278
Boston,
-, Engld. 🛈 413
-, -Massaker (1770) 1278
-, -Tea Party (1773) 1278
Bostra 353
Bosworth,
-, Schl. (1485) 583, 958
Botha,
-, Louis *1171*
-, Pieter Willem 1709, 1715, 1718, *1721*–1722
Botschaftsflüchtlinge,
-, Berlin 1428
-, DDR 1428
Botswana (Bechuanaland),
-, (bis 1966) 1155, 1169–1171, **1726**
-, (bis 1966) 🛈 709, 1158
-, (seit 1966) **1726**
-, (seit 1966),
-,-, Unabhängigkeits-Erkl. 🛈 1386
-, (seit 1966) 🛈 1158
Botswana National Front 🛈BNF
Botticelli,
-, Sandro *545*
Boudiaf,
-, Mohammed *1638*
Boudicca,
-, -Aufstand 264
-, Briten,
-,-, Kgn. 264
-, Icener,
-,-, Kgn. 325
Bou-Ftis,
-, (Alt.) 🛈Avitta Bibba
Bougainville 1839
Bougie,
-, (Alt.) 🛈Saldae
Bouisson,
-, Fernand *953*
Boulanger,
-, Georges *948*
Boule 133, 135, 139, 145, 150, 155
Boule 🛈 149–150
Boulogne,
-, (Alt.) 🛈Gesoriacum
Boulogne-sur-Mer *718*
Boulogne-sur-Mer,
-, Kfz. (1920) 738
Boumedienne,
-, Houari 1389, 1569, *1635*–1637, 1640, 1645
Boun Oum,
-, Laos,
-,-, Ft. *1810*
Bourassa,
-, Robert *1844*
Bourbon,
-, Dyn. 451, 679, 703, 917–918
-, Dyn. 🛈 442, 924
-, Louis Antoine Henri de *935*
Bourbonischer Familienpakt 1025
Bourbonnais,
-, Hzm. 451
Bourges 436, 447
Bourges,
-, Kathedrale 🛈 435
-, Konz. (1438) 450
-, Sanktion (1438) 🛈Pragmatische Sanktion
Bourgès-Maunoury,
-, Maurice *1446*
Bourgogne,
-, Hztm. 671, 674–676
Bourguiba,
-, Habib 1122, *1632*–1633
Bouteflika 1639

Bouterse,
-, Desi *1900*
Boutros-Gali,
-, Boutros *1334, 1627*
Boutros-Ghali,
-, Boutros 1432, 1734
Bouvines,
-, Schl. (1214) 431, 477, 573
Boves,
-, Vtg. (1185) 431
Bovianum 221
Boxeraufstand 1211, 1223
Boyacá,
-, Schl. (1819) 1309
Boyen,
-, Hermann v. *840*, 843
Boyne,
-, Schl. (1690) 966
Boyne-Gruppe 45
BP,
-, Konzern ● 1332
BPA (Bloc Populaire Africain),
-, Benin 1671
BPC (Basra Petroleum Co.) 1608
BPP (Bechuanaland PeoplesParty),
-, Botswana 1726
BPS (Bloc Populaire Sénégalais),
-, Senegal 1657
BPSMUE (Bündnis),
-, Moldau 1536
Brabant 447, 498, 672
Brabantische Revolution (1789) 1040
Bracara Augusta (Braga) 330
Bracciolini,
-, Poggio *541*–*542*
Braceros 1867
Brachiopoden 3, 6–8
Bracht,
-, Franz *885*
Brachylles 205
Bracton,
-, Henry de *575*
Brady,
-, Nicolas *1333*
Brady-Plan 1333, 1865, 1867, 1912, 1923
Braga,
-, (Alt.) ●Bracara Augusta
-, Ebtm. 555
-, Teófilo *1032*
Bragança,
-, Dom Miguel de *1032*
Brahmanen 1177, 1227
Braithwaite,
-, Nicolas 1893
Branco Grande 50
Brandbestattung ●Bestattungen
Brandenburg,
-, (MA) 484, 488–489, 491, 493, 495, 612, 616
-, (NZ) ● 899
-, (seit 1945) 1402–1403, 1430, 1432
-, (seit 1945),
-,-, Bevölkerung ● 1431
-, Btm. 371, 460, 463, 507
-, Friedrich Wilhelm,
-,-, v. *848*
-, -Preußen 682, 685–688, 807, 815–816, 819–820, 822–826, 828–**831**, **833**, 1062
-, -Preußen,
-,-, Verwaltung 832
Brandt,

-, Willy 1349–1350, *1411*–1413, 1416, 1503, 1522–1523
-, Willy,
-,-, Treffen mit Stoph 1350, 1412, 1426
-, Willy ● 1406
Branimir,
-, Kroatien,
-,-, Ft. 610
Brant,
-, Sebastian *501*
-, Sebastian ● 416
Branting,
-, Hjalmar *1050*, *1053*
Brasauskas 1500
Brasauskas,
-, Algirdas *1499*–1500
Brasidas 154
Brasilia 1917
Brasilien,
-, (1500–1945) 668, 1160, 1165, **1297**–1299, 1301, **1315**–**1317**
-, (1500–1945),
-,-, Estado Novo **1317**
-,-, Kolonialzeit 1298
-,-, Verfassung (1824) 1316
-,-, Verfassung (1891) 1316
-,-, Wirtschaft **1316**
-, (1500–1945) ● 757
-, (seit 1945) 1483, 1798, 1863–1864, 1909, 1912, 1914–1915, **1917**, **1919**
-, (seit 1945),
-,-, AIDS-Erkrankungen ● 1335
-,-, Arbeits- u. Sozial-Pol. 1919
-,-, Bevölkerung(sentwicklung) ● 1865
-,-, Bez.,
-,-,-, Dtld.,
-,-,-,-, BR 1918
-,-,-,-, USA 1918
-,-, Gesellschaft 1919
-,-, Kirche 1919
-,-, Korruption 1919
-,-, öffentliche Finanzen 1919
-,-, pol. Org. 1919
-,-, Verfassung 1919
-,-, Wirtschafts-Pol. 1919
-, Indianerkulturen 1267
Brassempouy 19
Bratianu,
-, Ionel *1071*
Bratislava 1511
Bratteli,
-, Trygve Martin *1489*–1490
Brauchitsch,
-, Eberhard v. *1416*
-, Walther v. *771*, *891*, 897, *900*
-, Walther v. ● 774
Braun,
-, Otto *875*, *881*, 885
Braunschweig 699, 873
Braunschweig,
-, Verfassung (1820) 842
Braunschweig ● 411, 820, 892
Braunschweiger Defensivallianz (1167) 825
Braunschweiger Krieg,
-, (1542) 810
Braunschweig-Lüneburg 824
Braunschweig-Lüneburg,
-, Hztm. 475, 479
Bräx 787
Brazza,

-, Pierre de *1162*
Brazzaville 1153, 1162, 1691
Brazzaville,
-, Kfz.,
-,-, (1978) 1697
-, Kfz. (1944) 1162
Brea 146
Breckenridge,
-, John C. ● 1282
Breda,
-, Frd. (1667) 685, 1036, 1271, 1300
Bregenz,
-, (Alt.) ●Brigantium
Breisach 818
Breitenfeld,
-, Schl.,
-,-, (1631) 682, 817
-,-, (1642) 683
Bremen 686, 827, 873, 1400
Bremen,
-, Bevölkerung ● 1431
-, Btm. 683, 818, 822, 1048
-, Btm. ● 820
-, Ebtm. 381
Bremen ● 892
Bremen-Verden 824
Brémule,
-, Schl. (1119) 429
Brendan *369*
Brenner 726
Brennos 203
Brennus 220
Brenta,
-, Schl. (899) 529
Brentano,
-, Heinrich v. *1344*, *1361*, 1365
-, Lorenz *850*
Brent-Spar 1465
Breschnew,
-, -Ära 1521
-, -Doktrin (1968) 1379–1380, 1382, 1523, 1543
-, Leonid 1349, 1351–1353, 1379–1383, 1426, 1507, 1514, *1519*–1526, 1770, 1854, 1856, 1884
Breschnew-Doktrin (1968) 1508, 1526
Brescia,
-, Hztm. 525
Breslau 797
Breslau,
-, Btm. 464, 608
-, Frd. (1742) 687, 828
Breslau ● 411
Brest,
-, U. (1596) 1061
Brest-Litowsk,
-, Frd. (1918) 726–728, 731, 998, 1058
-, Frd. (1918) ● 716
Bretagne 420–422, **428**, 445, 451, 564, 566, **568**, 572
Bretagne/Dreux,
-, Dyn. 451
Brétigny,
-, Frd. (1360) 444–**445**
Břetislav,
-, Böhmen,
-,-, Hz. 466, 608, 611
Bretonen 360
Bretonische Mark 420
Bretton Woods,
-, Kfz. (1944) 782, 1328–1329
Bretton-Woods,
-, Institute 1867
Breuel,

-, Birgit *1430*
Breuker 311–312
Breviarium Alaricianum 362 ●Ghana
Brézé,
-, Pierre de 450
Brian Boru *567*
Briand,
-, Aristide 725, 742–744, *949*–*952*, 1290
Briand-Kellogg-Pakt (1928) 734, 743, 746, 952, 1002
Brienne,
-, Étienne-Charles de Loménie *928*
Briganten 266, 273, 301, 304–306, 325–326, 1015
Brigantium (Bregenz) 320
Brigetio (Dunapentele) 312–313
Brigetio (Dunapentele) ● 313
Brigitte Baumeister 1434
Brihadrathas,
-, Ind.,
-,-, Kg. 1179
Brindisi,
-, (Alt.) ●Brundisium
Brindisi (Brundisium) 296, 1474
Brioni,
-, Kfz. (1956) 1389
Brissot,
-, Jacques Pierre 930
Britannia,
-, I,
-,-, II,
-,-,-, röm. Prov. 326
-, Inferior,
-,-, röm. Prov. 326
-, Superior,
-,-, röm. Prov. 326
Britannicus ●Claudius Britannicus
Britannien,
-, (MA) ●Britische Inseln
-, (NZ) ●Großbritannien
Britannien (Britannia,
-, röm. Prov.) 264, 267–268, 274–277, 319, **325**–**327**
Briten 252, 568
Britisch-Amerikanischer Krieg (1812–1814) 1275
Britisch-Burmesischer Krieg (1824–1826) 1229
Britische Inseln,
-, (Älterer Bronzezeit) 56
-, (Frühbronzezeit) 51
-, (Kupferzeit) 36
-, (MA) 367–371, 377, **564**–580, 582–587
-, (Mittel- und Jungkupferzeit) 45
-, (Mittelbronzezeit) 61
Britische Ostindien-Kompanie 1183, 1186–1187, 1221
Britisch-Guayana 761
Britisch-Guayana ●Guyana
Britisch-Honduras ●Belize
Britisch-Indien,
-, (1945–1949) **1748**–**1749**
Britisch-Kamerun ●Kamerun
Britisch-Malaya 777
Britisch-Nordborneo (Sabah) ●Malaysia
Britisch-Ostafrika (Ostafrika-Protektorat) ●Kenya
Britisch-Ostafrika ● 1158
Britisch-Somaliland ●Somalia
Britisch-Somaliland ●Somaliland

Britisch-Südafrika ● 1158
Britisch-Togo (West-Togo) ●Ghana
Britisch-Westafrika ● 1158
Britisch-Westindien **1299**
Britisch-Zentralafrika ● 1158
British Columbia 1276
British Commonwealth of Nations 732, 975, 1172, 1242, 1363, 1459, 1461, 1687, 1716, 1745, 1760, 1834
British Gas 1464
British Indian Ocean Territory 1745
British North America Act (1867) 1276
British Petroleum 1335
British South Africa Company 1151, 1166, 1170
Brittonen 319
Brixen 702
Brixen,
-, Syn. (1080) 470
Brizan,
-, George 1893
Brjansk,
-, Schl. (1941) 768
Brockdorff-Rantzau,
-, Ulrich v. 734
Broglie,
-, Albert de *946*
-, Victor,
-,-, Hz. v. 940
Brogne,
-, Kl. 507
Brokdorf 1414
Bromberg,
-, Vtg. (1657) 1062
Brömsebro,
-, Frd. (1645) 683, 1048
Bronzezeit 13, **47**–**50**, **52**–**55**, **57**–**67**
Bronzezeit,
-, Ägais ● 113
-, Griechld. ● 119
-, Hochkulturen 47–49, 52–53, 57–58, 62–63
-, It. 210
-, Klein-As. ● 113
-, Kreta 114
-, Mykenische Kultur 118
-, Südost-As. 1227
Bronzezeit ● 11
Broqueville,
-, Charles *1042*
Brosio,
-, Manlio *1366*
Brotkorbgesetz (1875) 862
Broussel,
-, Pierre *921*
Brown,
-, John *1285*
Browne,
-, N. A.,
-,-, Kru-Pr. 1664
Broz,
-, Josip ●Tito,
-,-, Josip
Bruce,
-, James *1276*
-, S. M. *1244*
Bruck,
-, Karl Ludwig v. *852*
-, Karl Ludwig v. ● 846
Brück,
-, Gregor *808*
Brügge 389, 411, 440, 445
Brügge ● 411, 413, 418
Brukterer 317, 323
Brun,

1946 -, B.,
-,-, Augsburg 464
-,-, Augsburg ⬢ 461
-,-, Langres 425
-, Eb.,
-,-, Köln,
-,-, Hz.,
-,-,-,-, Lothr. 462, 465
-,-,-,-, Lothr. ⬢ 461
-, S. v. Liudolf,
-,-, Sachsen,
-,-,-, Hz. ⬢ 461
-, Sachsen,
-,-, Hz. 455, *457*
Brunanburh,
-, Schl. (937) 565
Brundisium,
-, Vtg. (41 v.) 255
Brundisium (Brindisi) 222, 247, 250, 296
Brundisium (Brindisi) ⊕ 219
Brundtland,
-, Gro Harlem *1490*
Brunei 1227, 1230, 1333, 1803, 1819, **1823**
Brunelleschi,
-, Filippo *544, 658*
Brunhild,
-, Franken,
-,-, Kgn. 374, *547*
Bruni,
-, Leonardo *542*
Brüning,
-, Heinrich 744, 875, 883–886
-, Heinrich ⓖ 874
Bruniquel 19
Brunkeberg,
-, Schl. (1471) 600
Brünn 20, 1013
Brünn,
-, Vtg. (1478) 625
Bruno,
-, Gründer d. Kartäuserordens *513*
-, Würzburg,
-,-, B. ⬢ 467
Brussa ⊕Bursa
Brüssel 716–717, 759, 791, 812, 992, 1043, 1454, 1456–1457
Brüssel,
-, Aufstand (1830) 699
-, EG-Sondergipfel (1993) 1391
-, Internationale Geografische Kfz. (1876) 1162
-, Kfz.,
-,-, (1920) 738
-, Kfz. (1960) 1693
-, Kfz. (1978) 1697
-, Kfz. (1997) 1394, 1505
-, Revolution (1830) 1038, 1040–1041, 1043
-, Vtg. (1948) 1357–1358, 1362
-, Vtg. (1965) 1366
Brüssel ⊕ 413
Brussilow,
-, Alexej *720*, 727
-, -Offensive (1916) 720, 724, 997
-, -Offensive (1917) 727
Bruton,
-, John *1468*
Bruttier 221–222, 294
Bruttium 228, 298, 526
Bruttoinlandsprodukt,
-, BR Dtld. ⊕ 1411
-, Dän. ⊕ 1491
-, GB ⊕ 1463

-, Griechld. ⊕ 1561
-, Irld. ⊕ 1466
-, It. ⊕ 1473
-, Japan ⊕ 1799
-, Luxbg. ⊕ 1458
-, NATO-Ld. ⊕ **1369**
-, Ndld. ⊕ 1452
-, Österreich ⊕ 1438
-, Port. ⊕ 1484
-, Rumänien ⊕ 1543
-, Schweiz ⊕ 1441
-, Span. ⊕ 1480
-, Tschechoslowakei ⊕ 1508
-, Ung. ⊕ 1514
-, USA ⊕ 1855
Brutus,
-, D. 253–255
Bryan,
-, William Jennings *1288*–1289
Bryan-Chamorro-Vertrag (1916) 1307
Brythonisch,
-, Spr. 568
Brzezinski,
-, Zbigniew K. *1759*
BSA Co. (British South Africa Company) 1151, 1166, 1170
BSACo. (British South Africa Company) 1166
BSE-Seuche 1392
Bsod-nams-rgya-mtsho,
-, Dalai Lama,
-,-, Tibet 1197, 1199
BSPP (Birmanische Sozialistische Programmpartei) 1805
Bu Craa (Sahara) 1643
Buback,
-, Siegfried *1415*
Bubastis 68
Bucaram,
-, Asaad 1901
Bucaram Ortiz,
-, Abdalá *1902*
Bucer,
-, Martin *810*–811, 959
Buchanan,
-, James **1284**
-, James ⓖ 1282
Buchara 1091, 1094, 1198
Bucharin,
-, Nicolai I. 1526
-, Nicolai *1000*, 1002, 1004
Buchdruck 408, 418, 651, 658
Buchenwald,
-, KZ 900
Buchmalerei 415
Buczacz,
-, Frd. (1672) 1104
Buda 624, 1104
Buda,
-, Univ. 624
Budapest 786, 910, 914
Budapest,
-, (Alt.) ⊕Aquineum
-, Abk. (1876) 991
-, KSZE-Kfz. (1994) 1392
Budapest ⊕ 418
Buddha 67, 1177–1178
Buddhismus 1098, 1176, 1178–1182, 1194–1195, 1197–1199, 1205, 1215–1216, 1218, 1227–1228, 1805, 1813
Buddhismus,
-, -Lehre 1178
Buddu 1145
Budhagupta,

-, Ind.,
-,-, Kg. 1180
Budonitsa,
-, Mgft. 630, 632
Budva,
-, (Alt.) ⊕Buthoe
Buea 1161
Buena Vista,
-, Schl. (1846) 1284
Buenos Aires 1294, 1297, 1314–1315
Buenos Aires,
-, Dekl. (1953) 1913
-, Frd. (1938) 1313
-, Kfz. (1936) 1291
Buffalo 1281
Buganda,
-, (16.–19. Jh.),
-,-, Kgr. 1145–**1146**,
-, (seit 1945) 1729–1730
Buganza ⊕Rwanda
Bugenhagen,
-, Johannes *1047*
Bugesera 1145–1146, 1700
Bugisu 1729–1730
Buha 1145
Buhari,
-, Mohammed *1675*
Buhen 79
Buhl,
-, Vilhelm *1055*
Bujiden,
-, Dyn. 1093–1094
Bukarest 786, 796, 1071
Bukarest,
-, Frd.,
-,-, (1812) 987, 1070, 1107
-,-, (1913) 712
-,-, (1918) 716, 726, 728, 731, 1071
-, Kfz. (1955) 1376
-, Kfz. (1960) 1347
Bukarester Erklärung (1948) 1374
Bukavu 1695
Bukka,
-, Widschajanagara-R.,
-,-, Hschr. 1183
Bükk-Gruppe 28
Bukowina 720, 724, 761, 898–899, 909, 1005, 1071–1072, 1106, 1516, 1542, 1544
Bukowina,
-, Nationalitäten ⊕ 909
Bukowina ⊕ 899
Bulala 1133, 1138
Bulatović,
-, Momir *1551*
Bulawayo 1154, 1166, 1170, 1710
Bulganin,
-, Nikolai A. 1342–1343, 1345–1346, 1376, *1518*, 1520, 1548
-, NikolaiA. 1774
Bulgaren 302, 602–603, 605–606, 620
Bulgaren,
-, Slawisierung 604
Bulgarenkriege,
-, Byz. 604, 639
Bulgarien,
-, (Alt.) 306, 309
-, (MA) ⊕Bulgarisches Reich
-, (NZ) 706, 710, 735–736, 738, 740, 761, 796, 991, 995, 1005–1006, **1073**, **1075**, 1077, 1104, 1108–1109
-, (NZ),

-, (NZ) ⊕ 757
-, (seit 1945) 1339–1340, 1358, 1374, 1532,
1545–1546, 1550, 1556, 1846
-, (seit 1945),
-,-, Außen-Pol. 1340
-,-, Europäische Union 1394
-,-, Handel ⊕ 1384
-,-, Warschauer Pakt-Streitkräfte ⊕ 1354
-, (Vorgeschichte) 25, 28, 34
-, Kriegführung,
-,-, (1915–1918) 721, 727, **729**, 1074, 1110
-,-, (1915–1918) ⓖ 717
-,-, (1941–1944) 1075
-,-, (1941–1944) 763–764, 783, 787, 789, 1074
-,-, (1941–1944) ⊕ 802
Bulgarien (MA)
⊕Bulgarisches Reich
Bulgarische Sozialistische Partei 1546
Bulgarisches Exarchat 1073
Bulgarisches Reich 411, **603–604**, 609, 628–630, 635, 641–644, 646, 649, 1099
Bulgarisches Reich,
-, Christianisierung 504, 604
Bull Run,
-, Schl. (1861) 1285
Bulla Regia (Hammam Derradij) ⊕ 333
Bullom 1157
Bülow,
-, Bernhard v. 710, *868*–869
-, Karl v. *718*
Bulu 1161
Bulygin,
-, G. 993
Bumyn Kaghan,
-, Türken,
-,-, Hschr. 1193
Bund der Fenier 973
Bund der Kommunisten (1847) 844
Bund der Kommunisten Jugoslawiens ⊕BKJ
Bund der Landwirte 866–867, 876
Bund der Rettung 988
Bund deutscher Frauenvereine 853
Bund Deutscher Offiziere 781
Bundesgenossen,
-, röm. 224–225, 227, 230, 239, 243–244, 246, 248, 294–298, 300
Bundesgenossenkrieg,
-, griechischer,
-,-, (220–217) 199, 205
-,-, (357–355) 161, 166
-,-, (357–355) ⊕ 157
-, röm.,
-,-, (91–88) 246, 293–295, 298
Bundesgrenzschutz 1407
Bundeskanzler,
-, BR Dtld. 1405, 1430
Bundespräsident,
-, BR Dtld. 1405, 1431
-, BR Dtld. ⊕ **1406**
Bundesrat,
-, BR Dtld. 1408
-, Dt. R. 856–857
-, Dt. R. ⓖ 856
-, Schweiz 1084
Bundesregierung,
-, BR Dtld. ⊕ **1406**

Bundessozialhilfegesetz,
-, BR Dtld. 1410
Bundesstaaten,
-, dt. ⊕Deutscher Bund
-, dt. ⊕Deutsches Reich
Bundestag,
-, BR Dtld. 1405, 1430–1432, 1605, 1786
-, Dt. Bd. 841–844, 851–852, 854
-, Dt. Bd. ⓖ 841
Bundestagspräsident,
-, BR Dtld. 1405
Bundestagswahlen,
-, (1949) 1405
-, (1953) 1408
-, (1957) 1409
-, (1961) 1410
-, (1965) 1411
-, (1969) 1412
-, (1972) 1413
-, (1976) 1414
-, (1980) 1415
-, (1983) 1415
-, (1987) 1416
-, (1990) 1430
-, (1994) 1431
Bundesverfassung,
-, Österreich (1934) 912
Bundesverfassungsgericht,
-, BR Dtld. 1408–1409, 1413–1415, 1430–1432
Bundesversammlung,
-, BR Dtld. *1431*
-, Dt. Bd. ⓖ 841
-, Schweiz 1084
Bundeswehr,
-, BR Dtld. 1409, 1430–1432
Bündnis 90 1429–1431
Bündnis für Arbeit 1432
Bündnisfreie Staaten
⊕Blockfreie Staaten
Bündnissystem,
-, (NZ) **704**–707, 710–711
-, (NZ) ⊕ 708
Bündnissystem (seit 1945)
⊕internationale Bündnissysteme
Bundschuh 806
Bundu 1144
Bunker Hill,
-, Schl. (1775) 1279
Bunkeya 1163
Bunyakyusa 1147
Bunyoro 1145–1146, 1729–1730
Bunzelwitz,
-, Bdn. (1761) 1106
Büraburg (Buraburg),
-, Btm. 370, 384
Burchard,
-, Schwaben,
-,-, Hz.,
-,-,-, III. ⬢ 461
Burchard der Ältere,
-, Mgf.,
-,-, Rätien 456
Burchard II. (d. J.),
-, Schwaben,
-,-, Hz. 422, 456, 458–459
Burchardinger
⊕Hunfridinger
Bürckel,
-, Josef *892*, 898
-, Josef ⊕ *893*
Burckhardt,
-, Carl Jacob *903*
-, Jacob 283, 657
-, Jakob 544
Burdigala (Bordeaux) 318, 320–321
Burdschiten ⊕Mamluken

Burebista,
-, Daker,
-,-, Kg. 308, 310–311, 314
Buren 1130, 1155, 1166, 1168–1171, 1710, 1722
Burenkrieg 974, 1165, 1171
Buresch,
-, Karl *911*
Buret,
-, Sibirien 20
Burgau 702
Burgenland 736–737, 797, 1438
Bürgerbewegung,
-, DDR 1428–1429
Bürgerforum,
-, Tschechoslowakei 1509
Bürgerkrieg,
-, Afghanistan 1652
-, Angola 1705
-, Burundi 1703
-, Costa Rica 1877
-, Dominikanische Rep. 1888
-, Dschibuti 1735
-, Kolumbien 1894
-, Libanon 1597
-, Liberia 1664–1665
-, Mozambik 1715–1716
-, Nicaragua 1876
-, Rwanda 1700
-, Sierra Leone 1663
-, Somalia 1734
-, Sudan 1623
-, Tchad 1630, 1683
Bürgerrecht,
-, röm. 243–244, 246, 251–252, 264, 266, 270, 275, 294–295, 297–299, 303, 329–330, 335, 338, 341, 344
Bürgertum 390, 393, 410–411, 414, 655, 664–665, 694–696
Bürgertum,
-, Dtld.,
-,-, (MA) 482, 491, 493, 499
-,-, (NZ) 655, 695, 806, 836–838, 842, 844, 851–852, 855, 864, 870, 873
-, Engld./GB,
-,-, (NZ) 695, 965, 968, 971–975
-, Eur. 698
-, Frkr.,
-,-, (MA) 437–438, 443, 451
-,-, (NZ) 695, 918, 928, 932–939, 941–942, 946–947, 949
-, Iberische Halbinsel 557
-, It. 538, 1011–1012
-, Österreich-Ung. 907–908
-, Polen 1064
-, Russld. 986–987
-, Schweiz 1083
-, Span. 1025
Burghley,
-, Engld.,
-,-, Min. *961*
Burgos 1028
Burgund,
-, (MA) 373–374, 376, 378, 421–**422**, 436–437, 445, 450, 460, 466, 468, 473–475, 491, 497–499
-, (MA) ❶ 373
-, Dyn 451
-, Frei-Gfsch. 422, 447
-, Hztm. 422, 428, **447**, 671–**672**
-, Hztm. ❺ *448*
-, Kultur 453–454
-, pol. Org. **449**

-, Teil-R. **422**
Burgunder 278, 281, 286, 318, 322–324, 360, 362, 368–370, 373, 375–376
Burgunder,
-, Christianisierung 369
Burgunder ❶ 364
Burhanuddin Rabbani 1653
Burián,
-, Stefan v. *910*
Burji-Sidamo-Gruppe 1138
Burke,
-, Edmund *695*, *968*, *1278*
Burkina Faso (Obervolta),
-, (bis 1960) **1139**, 1665–1666, 1678–**1679**, 1681
-, (bis 1960) ❶ 1158
-, (seit 1960) 1678–**1680**
-, (seit 1960),
-,-, pol. Org. 1680
-,-, Unabhängigkeits-Erkl. ❶ 1386
-,-, Wirtschaft 1680
-, (seit 1960) ❶ 1158, 1655
Burlamaqui,
-, Jean-Jacques *1083*
Burma,
-, -Straße 765, 778, 800
Burma ➔ Myanmar
Burmesische Sozialistische Programmpartei 1807
Burmesische Union 1805
Burmi 1160
Burnham,
-, Linden Forbes S. *1899*–1900
Burnum (Ivoševci) 312
Burr,
-, Aaron 1281
Bursa 1099
Burschenschaften 842
Burundi,
-, (1919–1962)
➔ Ruanda-Urundi
-, (Anf.–1919) 1145–1146
-, (Anf.–1919) ❶ 1158
-, (seit 1962) 1173, 1699–**1703**, 1728
-, (seit 1962),
-,-, Flüchtlinge 1703, 1729
-,-, Religions-Pol. 1703
-,-, Unabhängigkeits-Erkl. ❶ 1386
-,-, Verfassung 1703
-, (seit 1962) ❶ 1158
-,-, Flüchtlinge 1703
Bush 1395, 1611, 1791, 1862
Bush,
-, George Herbert Walker 1355, 1529, 1576, 1609, 1801, *1857*–1860, 1887
Busia,
-, Kofi *1667*–1668
Busoga 1145
Buß,
-, Franz Joseph ❶ *846*
Busta Gallorum,
-, Schl. (552) 363
Bustamante,
-, Alexander *1885*
-, José Luis *1903*
Buthelezi,
-, Gatsha *1721*–1723
Buthoe (Budva) 304
Buthrotum 303
Butilin,
-, Ostgoten,
-,-, Feldh. 363
Butmir-Gruppe 28
Buto,

-, Schl. (1219 v.) 81
Buurba-Jollof 1156
Buxar,
-, Schl. (1764) 1186
Buxentum 242
Buyoya 1703
Buyoya,
-, Pierre *1703*
Büyükkale 58, 63
Buzek 1506
Buzek,
-, Jerzy 1505
BVP (Bayerische Volkspartei) (1919–1933) 875, 879–883, 885, 893
BVP (Bayerische Volkspartei) (1919–1933) ❼ 875, 882, 895
Bwana Heri 1173
Bwanakweli 1699
Byang-chub rgyal-mtshan,
-, Tibet,
-,-, Kg. 1199
Byblos 23, 25, 33, 40–41, 48, 58, 63, 68, 79, 97, 171, 341
Byrnes,
-, James Francis 799, *1339*, 1356, *1846*
Byron,
-, George G. N. *1080*
Byrsa 105
Byzacena,
-, röm. Prov. 332–333
Byzantinisches Reich,
-, (Früh-MA) 336, 338, 340–341, 343, 345, 352–353, 359, 361–363, 366–369, 379, 381, 503–506, 528, 603, **634**–**640**, 1088, 1090–1091, 1193
-, (Früh-MA),
-,-, Außen-Pol. 351
-,-, Reichsverwaltung 346
-, (Hoch-MA) 388, 392, 400, 402, 404–405, 462–463, 472, 508–510, 512, 533, 623, 627, 629, **640**–**647**, 1093, 1095, 1099
-, (Spät-MA) 622, 624, 627–628, 631, **647**–**650**, 1099–1100
-, Architektur 640
-, Bildungswesen 644
-, Erbe/Bedeutung **650**, 1101
-, Handel **646**–**647**, 1136
-, Heerwesen 637
-, Italien-Pol. 386, 504, 525–529, 531–533
-, Kaisertum ➔ Kaisertum
-, Kirche ➔ Ostkirche
-, Kultur **634**, **643**, 650, 1132
-, Kunst **640**, 647
-, makedonische Renaissance **643**
-, pol. Org. **634**, **637**, **640**
-, Rechtswesen **636**, **640**
-, Verwaltung **640**, **647**
-, westliche Handelskolonien **647**
-, Wirtschaft 530
Byzantion 144, 155, 159–163, 167–168, 170, 175, 185, 192, 205, 282, 303
Byzantion ❶ 124
Byzanz ➔ Byzantinisches Reich
Byzanz ➔ Konstantinopel

C

Cabanellas y Ferrer,
-, Miguel 1028
Cabillo (Châlon-sur-Saône) 320
Cabinda 1153, 1162–1163, 1165, 1704
Cabochiens 447
Cabo-Delgado-Provinz 1715
Cabora Bassa 1715
Cabot,
-, John ➔ Caboto
Caboto,
-, Giovanni 668, 1269
-, Sebastiano *668*
Cabral,
-, Amilcar *1659*, 1704
-, Antonio Bernardo da Costa 1032
-, Luis *1659*–1660
-, Pedro Alvares 1297
Cabrera,
-, Manuel Estrada **1306**
Cacaxtla 1258
Caccini,
-, Giulio *1008*
Cadalus,
-, B.,
-,-, Parma ➔ Honorius II.,
-,-,-, Pp.
Cada Mosto,
-, Alviseda 544
Caddo 1249
Cade,
-, Jack *580*
Cadimarco 50
Cádiz,
-, (Alt.) ➔ Gades
-, (NZ) 670
Caecilius Metellus,
-, Creticus,
-,-, Q. 302, 329
-, L. 225
-, Macedonicus,
-,-, Q. 201, 230, 232
-, Numidiens,
-,-, Q. 245
-, Pius,
-,-, Q. 248–249
Caecina Alienus,
-, A. 265
Caelestis 334
Caen 436
Caen,
-, Schl. (1346) 441
Caere (Cerveteri) 70–71, 217, 220, 295
Caere (Cerveteri)T 218
Caerleon,
-, (Alt.) ➔ Isca Silurum
Caernarvon 576
Caesar,
-, C.,
-,-, S. v. Tiberius,
-,-,-, Rom,
-,-,-,-, Ks. 352
Caesar ➔ Iulius Caesar,
-, C.
Caesaraugusta (Zaragoza) 330–331
Caesarea (Iol,
-, Cherchel) 332
-, Cherchel) ❶ 333
Caesarion ➔ Ptolemaios XV.
Caesarius,
-, Arles,
-,-, B. *362*, *368*
Caesaropapismus 636
Caetani,
-, Dyn. 539

Caetano,
-, Marcelo *1484*
Caetano N´Tchama 1660
Café Filho,
-, João *1917*
Café Milani ❶ *846*
Cahokia-Mound-Gruppe 1249
Cahors,
-, Univ. ❶ 398
Caicos-Inseln 1299, 1880
Caius Caesar,
-, E. Des Augustus ❺ 263
Cajamarca 1294
Cajander,
-, Aimo *1056*
Cajetan,
-, Jacobus *804*
Čaka-Gruppe 65
Calabria 298
Calais 441, 444–445, 452, 580, 916, 1450
Calais,
-, Friedens-Vtg. 444
-, Schl. (1348) 575
-, See-Schl. (1588) 680
Calatrava 551
Caldera,
-, Rafael 1898
Caldera Rodríguez,
-, Rafael *1898*
Calderón,
-, Rafael Angel *1878*
Calderón de la Barca,
-, Pedro *663*
Calderón Guardia,
-, Rafael Angel *1877*
Calderón Sol,
-, Armando *1873*
Caledonier 325–326
Cales (Calvi) 296
Cales (Calvi) ❶ 219
Cales (Calvi)T 218
Calgacus,
-, Caledonier,
-,-, Kg. 325
Calhoun,
-, John 1283
Caligula ➔ Gaius
-, Ks.,
-,-, Rom
Călinescu,
-, Armand *1072*
Callaghan,
-, James *1463*–1464
-, James ❶ 1464
Callao 1312
Callejas,
-, Rafael Leonardo *1874*
Calles ➔ Elías Calles
Callimachus,
-, Philipp 618
Callistus 264
Calonne,
-, Charles-Alexandre de *928*
Calpurnius Bestia,
-, L. 245
Calpurnius Bibulus,
-, M. 251
Calpurnius Piso,
-, C. 265
-, Cn. (Konsul 33 v.) 257
-, L. 258
Calpurnius Piso Frugi,
-, L.,
-,-, Annalist (Konsul 133) 241
-, Licinianus,
-,-, L. 242, 265
Cals,
-, Joseph Maria Laurens Theo *1452*

1947

Caltabelotta,
-, Frd. (1302) 438, 538
Calvert,
-, George *1270*
Calvi,
-, (Alt.) ⮕Cales
Calvin,
-, Johann 659, 661, *810*, *1082*
Calvinismus 661–662, 678–679, 681
Calvinismus,
-, Dtld. 814, 816, 818
-, Frkr. 917
-, Ndld. 1033, 1037
-, Schweiz 810, 1082
Calvinisten 677, 679, 1083
Calvisius Statianus,
-, C. 335
Calvo-Sotelo,
-, Leopoldo *1481*
Camacho ⮕Avila Camacho
Camaldoli,
-, Kl. 512
Câmara,
-, Hélder,
-,-, Eb. 1918
Cambacérès,
-, Jean de *934*
Cambio 90,
-, Peru 1905
Cambodunum (Kempten) 320
Cambrai 390, 449, 498, 812
Cambrai,
-, Btm. 677
-, Frd. (1529) 916, 1007
-, Frd. (1529) ❶ 806
-, Liga (1508) 1007
Cambridge,
-, Gf.,
-,-, S. v. Eduard III. 445
-, Univ. ❶ 398
CaMorta' 71
Camp David (USA),
-, Abk. (1978) 1575, 1586, 1593, 1604, 1608, 1857
-, Kfz. (1959) 1347, 1850
Camp de Chassey 36
Campaner 296
Campania 298
Campbell,
-, Kim *1844*
Campeggio,
-, päpstlicher Legat 808
Camphausen,
-, Ludolf *845*
Campo Formio,
-, Frd. (1797) 701, 837, 933, 1011
Cámpora,
-, Héctor J. *1913*
Camulodunum (Colchester) 264, 325–326
Canada Act (1791) 1275
Canada ⮕Kanada
Canaletto,
-, Antonio *1011*
Canaliño-Kultur ⮕Indianerkulturen
Canaris,
-, Wilhelm *902*
Canberra 1242
Candia ⮕Kreta (MA)
Candiani,
-, Dyn. 531
Canisius,
-, Petrus *814*
CANM (Centro Associativo dos Negros de Moçambique) 1167
Cannae,

-, Schl. (216) **227**
Cannes,
-, Kfz. (1921) 951
-, Kfz. (1922) 739
Canning,
-, George *969*
Cannstatt,
-, Gerichtstg. (746) 377–378
Canossa (1077) 469, 510, 532
Cánovas del Castillo,
-, Antonio 1026
Canterbury 414, 1245
Canterbury,
-, Ebtm. 370, 570
-, Kirchen-Prov. 576
-, Pfgf.,
-,-, Kephallenia
Canterbury Tales 578
Cantii 325
Cão,
-, Diogo *667*, 1152
Capellianus 332
Capitanata 531
Capitanei 532
Capitano del popolo 535, 537
Capitula,
-, Angilramni 506
Capitulaciones von Santa Fe (1492) 1293
Capitulare Saxonicum 379
Capitulatio perpetua 805
Cappadocia,
-, röm. Prov. ⮕Kappadokien
Capri 262
Capriolanti 519
Capri-Stil 26
Caprivi,
-, Leo v. *866–867*
Caprivi-Zipfel 1168
Capsa (Gafsa) ❶ 333
Capua,
-, (Alt.) 112, 220, 227–228, 249, 295
-, (MA) 463, 468, 504, 528, 531
(Alt.)T 218
Carabobo,
-, Schl. (1821) 1310
Caracalla,
-, Rom,
-,-, Ks. **275**, 299, 315, 318, 324, 326–327, 331, 335, 340–341, 349
-,- Ks. ❶ 254, 313
Caracas 1294, 1863
Caracas,
-, Kfz. (1969) 1863
-, Kfz. (1974) 1329
-, Kfz. (1987) 1332
Carausius,
-, M. Aurelius Musaeus,
-,-, Usurpator 281
Caravaggio,
-, Michelangelo da *1008*
Carazo Odio,
-, Rodrigo 1878
Carbonari,
-, Geheim-Bd. 1013
Cárdenas,
-, Lázaro **1306**, *1866*
Cardoso 1920
Cardoso,
-, Fernando Henrique *1919*
Cargo-Kult 1836
Caria,
-, röm. Prov. ⮕Karien
Carías Andino,
-, Tiburcio *1307*
Carías Andino,
-, Tiburcio *1873*
Caribbean Common Market ⮕CARICOM

Caribbean Free Trade Area ⮕CARIFTA
CARICOM (Caribbean Common Market) 1863, 1885, 1890–1892, 1898, 1901
CARIFTA (Caribbean Free Trade Area) 1863
Carinus,
-, Rom,
-,-, Ks. 278, 280
-,-, Ks. ❶ 254
Carlistas 1026
Carlo Azeglio Ciampi 1475
Carlo I. Tocco ⮕Karl,
-, Pfgf.,
-,-, Kephallenia
Carlo Westendorp 1553–1554
Carlos,
-, S. v. Philipp,
-,-, Span.,
-,-,-, Kg.,
-,-,-,-, II. 678
Carlos Álvarez 1916
Carlot Korman,
-, Maxime 1838
Carlsson,
-, Ingvar *1488*–1489
Carlton Club 972
Carmer,
-, Heinrich Casimir v. *837*
Carmina Burana 480
Carmona,
-, António *1032*, *1483*
Carnogursk,
-, Ján *1511*
Carnot,
-, Lazare Nicolas *932–933*
Carnuntum,
-, (Deutsch-Altenburg) 312–313, 315
-, (Deutsch-Altenburg) ❶ 313
-, Kaiser-Kfz. (307/308) 281
Carnuten 252
Carol,
-, Rumänien,
-,-, Kg.,
-,-,-, I. *1070*–1071
-,-,-, II. 756, 761, *1071*–1072
Carpio Nicolle,
-, Jorge 1870
Carracci,
-, Annibale *1008*
Carranza,
-, Venustiano 1305–1306
Carrara,
-, Dyn. 538
Carrera,
-, Rafael *1306*
Carrero Blanco,
-, Luis *1480*
Carrhae ⮕Karrhai
Carrickfergus 585
Carrillo,
-, Santiago *1481*
Carrington,
-, Peter Alexander Lord 1372, *1464*
Carseoli ❶ 219
Carstens,
-, Karl *1415*
-, Karl ❶ *1406*
Cartagena ⮕Carthago Nova
Cartagena ⮕Kart Hadashat
Cartagena de Indias 1295
Carteia 329
Carter 1880
Carter,
-, -Initiative 1585
-, James Earl 1353, 1523,

1525, 1585–1586, 1759, 1784, 1793, 1840, *1856–1857*, 1879, 1887
Carthaginiensis,
-, röm. Prov. 331, 359
Carthago Nova,
-, (Cartagena) 226, 228, 328–330
Cartier,
-, Jacques *1269*–1270
Cartimandua,
-, Briganten,
-,-, Kgn. 325
Cartwright,
-, Edmund ❶ 692
Carus,
-, Rom,
-,-, Ks. 278, 350
-,-, Ks. ❶ 254
Carvalho,
-, Otelo Saraïva de 1485
Casa de la Contratación ⮕Amerika,
-, spanische Kol.
Casa Grande 1250
Casablanca 1121
Casablanca,
-, Kfz.,
-,-, (1943) 780, 784–785, 901
-, Kfz. (1965) 1572, 1633
-, Kfz. (1984) 1575
-, Kfz. (1994) 1576, 1589
Casalecchio,
-, Schl. (1402) 541
Casamance 1156, 1658
Caucalandensis locus 358
Cäsar (Caesar) (als Titel) 279
Casaroli,
-, Agostino *1477*
Casas Grandes 1250
Căscioarele 34
Casement,
-, R. 1163
Caseros,
-, Schl. (1852) 1315
Caserta 1022
Caserta,
-, Abk. (1944) 1082
-, Waffenstillstand (1945) 795
Cashel,
-, Syn. (1101) 584
-, Syn. (1172) 584
Čáslav,
-, Bulg.,
-,-, Zar 626
Caspe 562
Cassa per il Mezzogiorno 1471
Cassandrea 303
Cassange 1704
Cassel,
-, Schl.,
-,-, (1071) 427
-,-, (1328) 440
Cassibile 1021
Cassiodor *364*, *368*
Cassius,
-, Longinus,
-,-, C. 253–255, 302
-,-, L. 245
Cassius Dio Cocceianus 275, 314
Cassivellaunus,
-, Catuvellauni,
-,-, Kg. 252, 325
Castagno,
-, Andrea del 542, *545*
Castellaccio-Ware 60
Castelucio-Stufe 50
Castelo Branco,

-, Humberto de Alencar *1917*
Castilla,
-, Ramón *1312*
Castillon,
-, Schl. (1453) 450
Castor 215
Castra Caecilia 329
Castro,
-, Cipriano **1311**
Castro Ruz,
-, Fidel 1346, 1851, *1881*–1884, 1889
Castro-Kultur 328
Çatal Hüyük 23, 25, 92
Catania,
-, (Alt.) ⮕Katane
Cateau-Cambrésis,
-, Frd. (1559) 916, 1008, 1023
Catete 1704–1705
Catholic Emancipation Act (1829) 969
Catilina ⮕Sergius Catilina,
-, L.
Catilinarische Verschwörung (62 v.) 250
Cato,
-, Robert Milton 1892
Cato ⮕Porcius Cato,
-, M.
Catroux,
-, Georges 1116
Cattaro (Kotor) 1078
Catuvellauni 325
Caucalandensis locus 358
Causa Lutheri 674
Cava dei Terreni,
-, Kl. 507
Cavaco Silva,
-, Anibal *1486*
Cavaignac,
-, Eugène *942*
-, Godefroy 940
Cavalcanti,
-, Guido 536
Cavallero,
-, Ugo *1020*
Cavendish-Bentinck,
-, William *1187*
Cavour,
-, Benso di *944*
-, Camillo *700*, 1013–1015
Caxton,
-, William *582*
Cayenne 1300
Cayman-Inseln 1299, 1880
Cayuga 1249, 1273
CAZ (Conservative Alliance of Zimbabwe) 1713
Cazorla,
-, Vtg. (1179) 555
CCD (Christlich-Demokratisches Zentrum),
-, It. 1475
CCM (Chama cha Mapinduzi),
-, Tanzania 1728
CDU (Christlich-demokratische Union Deutschlands) 1399–1401, 1405, 1415–1416, 1430–1431
CDU (Christlich-demokratische Union Deutschlands),
-, DDR 1402, 1429
CEAO (Communauté Economique de l'AfriquedelOuest) ❶ 1655
Ceauşescu,
-, Elena *1543*
-, Nicolae 1378–1381, *1543*
CEDA (Confederación Es-

pañola de Derechas Autónomas) 1028
Cédras,
-, Raoul 1887
CEEC (Committee of European Economic Co-operation) 1356
CEFTA (Central European Free Trade Association) 1391, 1505
Celeger 306
Celeia 315–316
Celino San Marco 43
Cellarius,
-, Christoph 355, *651*
Cellini,
-, Benvenuto *1008*
Celsius,
-, Anders *1046*
Celtis,
-, Conrad *419*, *500*, 618, *658*–659
CELU (Confederation of Ethiopian Labour Unions),
-, Äthiopien 1736
Cem, Ismail 1567
Cemenelum (Cimiez) 318–319
Cennen 275
Cenomanen 229
Centesimusannus,
-, Sozialenzyklika 1477
CENTO,
-, (Central Treaty Organization) 1347, 1364, 1564–1565, 1570, 1646, 1651
Central European Free Trade Association ⊃CEFTA
Central Intelligence Agency (USA) ⊃CIA
Central Treaty Organization 1646
Central Treaty Organization ⊃CENTO
Centralverband Deutscher Industrieller 857, 862, 866
Centre Party,
-, Zimbabwe 1711
Centro Associativo dos Negros de Moçambique 1167
Centurio 245, 260
CEPE (Corporación Estatal Petrolera Ecuatoriana),
-, Ecuador 1902
Ceprano,
-, Frd. (1230) 516
-, Vtg. 510
Cerchi,
-, Dyn. 538
Cerdagne (Cerdaña),
-, Gfsch. 452, 560–562
Cerdic 564
Cerezo Arévalo,
-, Vinicio *1870*
Černigov 609
Černík,
-, Oldřich *1507*
Cerro,
-, de las Mesas 1254
-, de Pasco Copper Corp. 1904
Cerro Colorado 1878
Cervantes Saavedra,
-, Miguel de *663*
Cerveteri ⊃Caere
Cervidius Scaevola,
-, Q. 274
Cesar Franco Gómez 1910
Cesarini,
-, Giuliano *523*
Cesena 540

Cetinje 1078
Cetium 315
Cetshwayo,
-, Zulu-Hschr. 1169
Ceuta 563, 1480, 1639, 1642
Ceuta,
-, Schl. (548) 547
-, Überfall (1415) 666–667
Cewa 1151
Ceylon 701, 703
Ceylon ⊃Sri Lanka
Ceylon Independence Act 1763
CFP (Concentración de Fuerzas Populares),
-, Ecuador 1901
CFP (Ölgesellschaft) 1636
CGT,
-, (Confédération Général du Travail) 951, 954–955
CGT (Confederación General del Trabajo),
-, Argentinien 1912
Chaban-Delmas,
-, Jacques *1448*
-, Jacques ❶ 1449
Chabarowsk,
-, Protokoll (1929) 1003
Chabrias 159, 161
Chaco 1301
Chaco boreal 1313
Chaco Canyon 1250
Chacokrieg (1932–1935) 1313–1314
Chadidscha *1088*
Chadrapha 334
Chaemhet 57
Chaemwese,
-, Äg.,
-,-, Pr. 81
Chafadje 31, 38
Chagga 1148, 1173
Chagla,
-, Mahomedali Currim *1752*
Chagos-Archipel 1745
Chaguaramas,
-, Vtg. (1973) 1863
Chah Bahar 1647
Chaireddin Barbarossa,
-, Osman.,
-,-, Stth. *675*, 1103
Chairon,
-, spartanischer Politiker 206
Chaironeia,
-, (Vorgeschichte) 25
-, Schl.,
-,-, (245 v.) 204
-,-, (338 v.) 156–157, 163, 168, 170, 201
-,-, (355/354 v.) 161
-,-, (86 v.) 247
Chalandriani 42
Chalcatzingo 1253
Chalchihuites 1256
Chalchuapa 1257
Chalco 1261
Chaldäerreich **89**, **91**, 108
Chaldäerreich ❶ 77
Chalifenreich
⊃Kalifenreich
Chalkedon,
-, (Chalcedon),
-,-, Kalchedon) 155, 159, 161, 200
-,-, Kalchedon) ❶ 124
-, Konz. (451) 286, 344–345, 366, 634–635
-, Konz. (451) ❶ 365
Chalkidier 140, 165
Chalkidike 154, 162, 164–165, 167
Chalkidischer Bund 159,

165–167
Chalkis/Euboia 126, 140–141, 162, 177, 197, 206, 303
Chalkis/Euboia ❶ 125
Chalkis/Syrien 340
Challe,
-, Maurice *1447*
Challenger (Raumfähre) 1857
Châlons-sur-Marne,
-, Schl. (274) 278
Chalon-sur-Saône 374
Chalon-sur-Saône ❶ 373
Châlon-sur-Saône,
-, (Alt.) ⊃Cabillo
Chalpais,
-, G. v. Pippin,
-,-, HM,
-,-,-, II. ❺ 380
Chalvetijje-Orden 1102
Chama cha Mapinduzi
⊃CCM
Chamaizi 49
Chamberlain,
-, Joseph *974*
-, Neville 748–751, 753, 759, *897*–898, *977*, 1018
Chambers,
-, George *1894*
Chamblandes-Gruppe 36
Chambord,
-, Henri de 946
-, Vtg. (1552) 677, 812, 916
Chamenei ⊃Khamenei
Cham-Gruppe 43
Chamorro,
-, Pedro Joaquín 1876
Chamoun,
-, Camille *1595*
Champa,
-, Kgr. 1227
Champagne,
-, Schl. (1917) 725
Champagne (MA) 389, 553
Champassak,
-, Kgr. 1229
Champlain,
-, Samuel de *1271*
Chan,
-, Sir Julius *1838*
Chanchán 1265
Chand,
-, Lokendra Bahadur *1766*
Chandarnagar 1750
Chandra ⊃Bose
Chandrika Kumaratunga 1764
Chang Chien 1204
Chang Chun-Chiao *1781*
Chang Chun-chiao *1779*, *1781*, 1784
Chang Chun-hsiung 1789
Chang Hsien-chung *1207*
Chang Myon *1792*
Changamire 1154
Chang-an 1199
Changarnier,
-, Nicolas Théodule 942
Chanson de Roland 378
Chantilly,
-, Kfz. (1915) 724
Chao Kuang-yin ⊃Tai-tsu
Chao Tzu-yang 1784
Chaonen 165
Chao-sien 1214
Chaovalit Yongschaiyut 1809
Chapultepec,
-, Akte (1945) 1840
-, Tolteken-R. 1260
Charakene 348

Chararich,
-, Kg.,
-,-, Sueben 369
Chares 161–162, 167–168
Charest,
-, Jean 1844
Chari 1134
Charidemos 162
Charidschiten 1089, 1093
Charillos,
-, Sparta,
-,-, Kg. ❶ 130
Charistikariat 643, 645
Charkow 782
Charkow,
-, Schl. (1942) 772
Charkower System 1522
Charles,
-, Eugenia 1890
-, S. v. Elisabeth,
-,-, Engld./GB,
-,-,-, Kgn.,
-,-,-, II. ❺ 970
-, S. v. Franz,
-,-, Frkr.,
-,-,-, Kg.,
-,-,-, I. 916
Charlotte,
-, Burg.,
-,-, Hzgn.,
-,-,-, v. Savoyen ❺ 448
-, G. v. Leopold,
-,-, Belg. Kg. ❺ 970
-, G. v. Maximilian,
-,-, Mex.,
-,-,-, Ks. ❺ 835
-, Luxbg.,
-,-, Ghzn. *1043*, *1458*
Charondas 128, 137
Charran 101
Chart Thai-Partei 1809
Charta,
-, der Madegassischen Sozialistischen Revolution (1975) 1740
-, der PPM 1645
-, der wirtschaftlichen Rechte und Pflichten der Staaten 1867
-, für gemeinsame nationale Aktion 1608
-, v. Algier (1967) 1327, 1389
-, v. Tripolis (1969) 1629
Charta 77,
-, (1977,
-,-, ČSSR) 1508–1509
Charta der Integration (1982) 1622
Charte coloniale 1164
Charte constitutionnelle (1814) 699, 936
Chartier,
-, Alain 449
Chartisten 973
Chartres 395, 398, 413–414, 436
Chartres,
-, Kathedrale ❶ 435
Chartreuse,
-, Kl. 513
Chasaren-Reich 1195
Chasbulatow,
-, Ruslan I. *1529*
Cha-sechemui,
-, Äg.,
-,-, Kg. 75
Chasséen-Kultur 36–37
Chastellain,
-, Georges 454
Chatami ⊃Khatami
Chateaubriand,

-, François René dc 938
Chatichai Choonhavan *1809*
Chatten 317, 323–324
Chatten,
-, -Kriege 267
Chattisgarh 1757
Chaucer,
-, Geoffrey *578*
-, Geoffrey ❶ 416
Chaudhury,
-, Fazal Elahi 1759
Chauken 317–318, 323, 377
Chaumont,
-, Vtg. (1814) 1038
Chautemps,
-, Camille *953*, *955*
Chaves,
-, Federico 1909
Chávez 1899
Chavín de Huántar 1264
Chazaren 603, 605
Cheddi Jagans 1900
Chefferie 1156, 1661, 1665, 1669, 1671, 1677, 1679, 1681–1682, 1689
Chelčick,
-, Peter (Petr) *613*
Chelčický,
-, Peter (Petr) ❶ 416
Chelles,
-, Syn. (992) 425
Chelm 782
Chełmno (Culm,
-, KZ) 615, 773, 900
Chelmsford,
-, Frederick John *1189*
Chemische Waffen 1353, 1355, 1372, 1384, 1392, 1430, 1609, 1858–1859
Chemische Waffen ❶ 1343
Chemtou,
-, (Alt.) ⊃Simitthu
Chen 1789
Chen Shui-bian 1789
Chenab 1747
Cheng,
-, Chin-R.,
-,-, Kg. *1202*
Cheng Ho,
-, China,
-,-, Ks. 1207
Chengchow,
-, Kfz. (1958/1959) 1776
Cheng-tsu,
-, China,
-,-, Ks. 1207
ChenHsi-lien *1779*
Chen-la-Reich 1227
Chenon-Gruppe 45
ChenPo-ta *1779*
ChenTsai-tao *1779*
ChenTu-hsiu *1212*
Cheops,
-, Äg.,
-,-, Kg. 32, 78
Chephren,
-, Äg.,
-,-, Kg. 32, 78
Cherbourg 791
Cherchel,
-, (Alt.) ⊃Caesarea
Chérestal 1887
Cherokee 1249
Cherson 641
Chersones,
-, Krim 72
-, Thrakien 146, 158–162, 168, 176, 188
Chersonesos ❶ 124
Cherusker **317**, 323, 377
Chevron,
-, Konzern ❶ 1332

Chewa-Volk 1708
Cheyenne-Arapho-Krieg,
-, (1861–1864) 1286
Chi,
-, Dyn. ❶ 1203
Chia Ssu-tao 1206
Chia-ching,
-, China,
-,-, Ks. ❶ 1207
Chian,
-, Knossos 54
Chiang Ching 1778–1779, 1781–1782, 1784
Chiang Ching-kuo 1788–1789
Chiang Kai-Shek 1770
Chiang Kai-shek 748, 765, 770, 778, 781, 787, 790, 800–801, 1213–1214, 1225, 1772, 1788–1789, 1848
Chiang-Stämme 1198
Chiapa de Corzo 1254
Chiapas 1304, 1306, 1867–1868
Chiappe,
-, Jean 953
Chiaramonti,
-, Barnaba 1012
Chibcha 1262, 1264
Chicago 1287
Chicanel-Zeit 1254
Chicanos 1867
Chichen Itza 1259
Chichimeken **1259**–1260
Chickasaw 1249
Chien-Iung,
-, China,
-,-, Ks. ❶ 1207
Chien-lung,
-, China,
-,-, Ks. 1207
Chierasco,
-, Vtg. (1631) 682
Chifley,
-, Joseph Benedict 1830
Chihuahua 1305
Chikerema,
-, James 1710–1712
Chikmagalur 1755
Childebert,
-, Franken,
-,-, Kg.,
-,-,-, II. 637
Childebert I.,
-, Franken,
-,-, Kg. 373, **547**
-,-, Kg. ❸ 380
Childerich,
-, Franken,
-,-, Kg.,
-,-,-, I. 372
-,-,-, II. 374
-,-,-, III. 378
-, Franken-R.,
-,-, Kg.,
-,-,-, I. 322
Childers,
-, Erskine 1467
Childschin,
-, Dyn. 1181
Chile,
-, (1535–1945) 1026, **1317**–1318
-, (1535–1945),
-,-, Verfassung (1833) 1317
-, (seit 1945) 1863, 1865, 1898, 1908, 1914–1915, **1920**–1923
-, (seit 1945),
-,-, Arbeits- u. Sozial-Pol. 1923
-,-, Bevölkerung(sentwick-

lung) ❶ 1865
-,-, Bez.,
-,-,-, USA 1922
-,-, Bildungswesen 1923
-,-, Handel 1923
-,-, öffentliche Finanzen 1923
-,-, Opposition 1923
-,-, Säuglingssterblichkeit ❶ 1334
-,-, Verfassung 1923
-,-, Wirtschaft ❶ 1385
-,-, Wirtschafts-Pol. 1923
Chiliarchie 174–175
Chilperich,
-, Burgunder,
-,-, Kg.,
-,-,-, II. ❸ 284
Chilperich I.,
-, Franken,
-,-, Kg. 374, **547**
Chiltrud,
-, T. v. Karl Martell,
-,-, HM ❸ 380
Chiluba 1708
Chiluba,
-, Frederick 1708
Chimalpopoca,
-, Azteken-Hschr. 1260
Chimba 1153
Chimú 1265–1266
Chimurenga-Befreiungskrieg (1896–1897) 1166
Chin 1805
Chin,
-, Dyn. 1202, 1204, 1206
-, Dyn. ❶ 1201, 1203
China,
-, Ksr.,
-,-, (Anf.–1912) 1193
-, Ksr. (Anf.–1912) 731, 1149, 1199, 1209–1210, 1215–1216, 1221, 1223
-, Ksr. (Anf.–1912),
-,-, Adel 1200–1202, 1204
-,-, Außen-Pol. 1207, 1210
-,-, Bauernaufstände 1204
-,-, Bevölkerung ❶ 1206
-,-, geografische Lage 1200
-,-, Gesellschaft 1200, 1202, 1204–1206, 1208
-,-, Handel 1204–1206, 1211
-,-, Handel ❶ 1210
-,-, Kultur 1101, **1200**, 1202
-,-, Literatur 1206, 1208
-,-, Missionierung 1207–1208
-,-, öffentliche Finanzen 1206
-,-, pol. Org. 1202, 1205–1208
-,-, Rechtswesen 1202
-,-, Religion 1201–1202, 1205
-,-, Staatsprüfungssystem 1205, 1211
-,-, Verkehr 1205–1206
-,-, Verwaltung 1202, 1204–1206, 1208, 1210
-,-, Verwaltung ❻ 1209
-,-, Wirtschaft 1202, 1204–1208, 1210
-,-, Wissenschaft 1208
-, Ksr. (Anf.–1912) ❶ 1200
-, Rep.,
-,-, (seit 1949) ❷Taiwan
-, Rep. (1912–1949) 739, 745, 765, 770, 778, 781, 1001, 1003, 1212, 1214, 1374, **1772–1773**
-, Rep. (1912–1949),
-,-, Außen-Pol. 748, 788,

1320
-,-, Bauernbewegung 1213
-,-, Bevölkerung 1213–1214
-,-, Gesellschaft 1212–1214
-,-, innere Entwicklung 1212, 1214
-,-, Kriegführung 787
-,-, Kriegführung ❶ 802
-,-, Nationalregierung 1213, 1772
-,-, Parteien 1212, 1214
-,-, pol. Org. 1773
-,-, Sowjet-Rep. (1913) 1213
-,-, Wirtschaft 1214
-, Rep. (1912–1949) ❶ 757, 1201
-, VR (seit 1949) 1321, 1329, 1334–1335, 1345, 1350–1351, 1375, 1377–1383, 1388, 1392, 1464–1465, 1522–1523, 1558, 1601, 1612, 1704, 1728, 1751, 1756, 1758, 1765–1766, 1770–**1786**, 1788–1789, 1797, 1799–1801, 1806, 1813, 1817–1818, 1820, 1826, 1832, 1835, 1848, 1853, 1859
-, VR (seit 1949),
-,-, Abrüstung 1353
-,-, Arbeits- u. Sozial-Pol. 1776
-,-, Atomwaffen 1775, 1778
-,-, Außen-Pol. 1320, 1325, 1342, 1347, 1384, 1388, 1773–1781, 1783–1787, 1790, 1814, 1817, 1843, 1854, 1857
-,-, Bevölkerung(sentwicklung),
-,-,-, China ❶ 1746
-,-, Bevölkerung(sentwicklung) ❶ 1746
-,-, Beziehung,
-,-,-, EG 1371
-,-, Bodenreform 1773
-,-, Gesellschaft 1773–1774
-,-, Handel 1774, 1782, 1842
-,-, Handel ❶ 1334
-,-, Ideologie 1775
-,-, Industrie 1774, 1776–1777, 1782
-,-, Innen-Pol. 1772, 1781
-,-, Kollektivierung 1774–1776
-,-, Kriegführung 1349
-,-, Kriegsrecht 1785
-,-, Kultur-Pol. 1778–1779
-,-, Kulturrevolution **1778–1779**, 1782
-,-, Landwirtschaft 1773–1777, 1781–1782
-,-, Massendemonstrationen 1785
-,-, pol. Org. **1773**–1775, 1779–**1781**, 1783
-,-, Rechtswesen 1773
-,-, Reform-Pol. 1785
-,-, regionale Gliederung 1773–1774
-,-, Studentenunruhen 1775, 1785
-,-, Tibet 1785–1786
-,-, Verfassung 1773, **1781**, 1783–1784
-,-, Verstaatlichungen 1774
-,-, Verteidigungs-Pol. 1775, 1780, 1786–1787
-,-, Wirtschaft 1776–1777, 1782–1783
-,-, Wirtschafts-Pol.

1773–**1774**, 1776–1777, 1781–**1783**, 1785–1786
-, VR (seit 1949) ❶ 1201
Chincha-Inseln 1312
Chindaswind,
-, Westgoten,
-,-, Kg. **548**–549
Chinesisch,
-, Schr. 1212, 1215, 1217
Chinesisch – Japanischer Krieg,
-, (1931) 745
-, (1937–1945) 748, 753
Chinesische Mauer 1191, 1205
Chinesischer Bürgerkrieg 1213, 1772
Chinesisch-Indischer Krieg (1962) 1747, **1751**, 1777
Chinesisch-Japanischer Krieg,
-, (1894/1895) 1210, 1216, 1223
-, (1937–1945) 1213–1214, 1225, 1292
Chinesisch-Vietnamesischer Krieg (1979) 1784
Ching,
-, Dyn. 1199, 1207, 1211–1212, 1216
-, Dyn. ❻ 1209
-, Dyn. 1201, 1203
Chingkanshan 1213
Chinon,
-, Frd. (1214) 431
Chin-Reich,
-, China 1202
ChinShihHuang-ti,
-, Chi-R.,
-,-, Kg. 1202
Chioggia-Krieg (1378–1381) 542
Chioniten 351
Chios 23, 33, 119, 137, 155, 158–161, 163, 205, 630–632, 649, 1080, 1106
Chios,
-, Schl. (201 v.) 200
Chios ❶ 120, 123–124
Chipembere,
-, Henry 1708–1709
Chipewyan 1251
Chippewa 1251
Chirac 1451
Chirac,
-, Jacques 1448–1450, 1688
-, Jacques ❶ 1449
Chirau,
-, Jeremiah 1712–1713
Chiriquí 1262
Chirwa,
-, Orton 1709
Chisiza,
-, Dunduzu 1708–1709
Chissano 1716
Chissano,
-, Joaquim 1715–1716
Chitai-Reich 1195
Chitepo,
-, Herbert 1710–1711
Chitimacha 1249
Chiume,
-, Kanyama 1708–1709
Chiusi,
-, (Alt.) ❷Clusium
Chiwa 1198
Chlodomer,
-, Franken,
-,-, Kg. 373
Chlodulf,
-, Metz,
-,-, B. ❸ 380

Chlodwig (Chlodowech),
-, Franken,
-,-, Kg. 362, 367, 370, 372–373, 375, 377
-,-, Kg. ❶ 373
Chlodwig (Chlodowech)I.,
-, Franken,
-,-, Kg. 279
-,-, Kg. ❸ 284
Chlothar,
-, Franken,
-,-, Kg.,
-,-,-, I. 373–374
-,-,-, I. ❶ 373
-,-,-, II. 374–377
Chmelnizki,
-, Bogdan 980, 1062
Choctaw 1249
Chodschent 1769
ChoeChung-hon 1215
Choi Kyu Ha 1793
Choiseul 788
Chokand 1198
Chokwe 1152, 1693
Choltitz,
-, Dietrich 791
Cholula 1256, 1258–1259, 1261
Chon Doo Hwan 1793, 1800
Chona,
-, Mainza 1707
Choniates,
-, Michael 647
Choniatus,
-, Niketas 647
Chontal 1259
Choppers 16
Chopping-tools 16
Chorasan 1095, 1098–1099, 1123–1126, 1191
Choresmien 107, 620, 1091, 1096, 1191–1192, 1194–1195
Choris-Norton-Ipiutak-Tradition 1251
Chosen ❷Korea
Choson 1214
Chosrau,
-, Sasaniden,
-,-, Kg.,
-,-,-, I. 340, 346, 350–351, **636**
-,-,-, II. 338, 340, 346, 352, 403, 637
Chotin,
-, Schl. (1621) 1104
Chou,
-, Dyn. 1200–1202, 1204–1205
-, Dyn. ❶ 1201, 1203
Chou En-lai 1351, 1379, 1750, 1772–1776, 1779–1781, 1854
Chou-kou-tien 1200
Chou-kou-tien' 16
Chou-Zeit 1201
Chou-Zeit,
-, Östliche 1201
-, Westliche 1201
Chowdhury,
-, Mizan-ur Rahman 1761
Choybalsan,
-, Chorlogjin 1197, 1770
Chremonideischer Krieg (268–261) 182, 197, 204
Chremonides 204
Chrétien,
-, Jean 1844
Chrétien de Troyes ❶ 416
Chrétien de Troyes 389, 436
Chrétien de Troyes ❶ 434
Christentum,

-, (frühes) 289–291, 309, 316, 321, 327, 331, 334–**336**, **339**, **342**, 344, 348, 353
-, (Spätantike) 281–**283**, 285, 287, **289**, 292, 303, 305, 307, 316, 321, 327, 331, 336, 339, **342**, 344, 346, 350, 353, 364, 1088
-, Äthiopien 1136–1137
-, islamische Welt 1091–1093, 1095, 1098, 1101, 1106, 1108–1109, 1112, 1116–1117
-, Malaysia 1820
-, Nubien 1132
-, röm. Staat 268, 276–277, 280
-, Röm. R. 281–283, 285, 287, **289**–292
-, Sudan 1132
-, Südarabien 1136
Christenverfolgung 265, 276–277, 281, 289, 291–292, 321, 331, 336, 344, 346, 350, 353
Christian,
-, Anhalt-Bernburg,
-,-, Ft.,
-,-,-, I. 681, *817*
-, Dän.,
-,-, Kg.,
-,-,-, I. *600*
-,-,-, I. 🛈 599
-,-,-, II. *601*, 1047
-,-,-, II. 🛈 599
-,-,-, III. *1047*
-,-,-, IV. 682, *817, 1047*
-,-,-, IX. *853, 1052*
-,-,-, V. *1048*
-,-,-, VI. *1048*
-,-,-, VII. *1048*–1049
-,-,-, VIII. 1049, 1052
-,-,-, X. 758, *1052*, 1054
-, Mainz,
-,-, Eb. 474
-, Schleswig,
-,-, Hz. 600
-, Schleswig-Holstein,
-,-, Hz.,
-,-,-, August 853
-, Schweden,
-,-, Kg.,
-,-,-, I. 🛈 597
-,-,-, II. 🛈 597
Christiania ⚫Oslo
Christianisierung **368**
Christianisierung,
-, Alamannen 369–370
-, Angelsachsen 367–368, 370, 565
-, Angelsachsen 🛈 369
-, Armenien 403
-, Bay. 369–370
-, Böhmen 606
-, Bulg. 604
-, Burgunder 367, 369
-, Dän. 589
-, Franken 367, 369–370, 373, 375
-, Friesen 370, 377
-, Georgien 1537
-, Germanen 370
-, Germanen 🛈 369
-, Goten 359, 369
-, Heruler 369
-, Iren 369, 567, 584
-, Iren 🛈 369
-, Isld. 371, 590
-, Klein-As. 344, 346
-, Kroatien 609–610
-, Langobarden 367, 369, 525–526

-, Litauen 495, 616, 619, 1499
-, Mähren 371, 607
-, Norw. 589
-, Nubien 336
-, Palästina 339
-, Pikten 369, 568
-, Pikten 🛈 369
-, Polen 371, 607
-, Russld. 609
-, Sachsen 370, 377, 379
-, Sachsen 🛈 369
-, Schotten 369, 568
-, Schotten 🛈 369
-, Schweden 591
-, Serbien 610, 626
-, Skand. 371, 381, 466, 510, 588, 590
-, Skand. 🛈 369
-, Slawen 370–371, 507, 510, 606, 610
-, Slawen 🛈 369
-, Span. 516
-, Sueben 369
-, Thüringer 377
-, Ung. 605
-, Wales,
-,-, (MA) 568
Christianisierung 🛈 **369**
Christine,
-, Schweden,
-,-, Kgn. 684, *1045*
-, Norw.,
-,-, Kg.,
-,-,-, Jorsalafari 🅂 593
Christlich-Demokratische Bewegung ⚫KDH
Christlich-Demokratische Union ⚫CDU
Christlich-Demokratische Union ⚫KDU-CSL
christliche Gewerkschaften 697, 866, 876
christliche Gewerkschaften 🛈 876
christlicher Sozialismus 696
Christlich-liberale Koalition (seit 1982) 1415–1416, 1430–1431
Christlich-soziale,
-, Reichspartei 908
Christlich-soziale Arbeiterpartei 863
Christlich-Soziale Union ⚫CSU
Christlich-soziale Volkspartei ⚫CSV
Christmas Island 1834
Christoph,
-, Dän.,
-,-, Kg.,
-,-,-, I. 🅂 594
-,-,-, II. *598*
-,-,-, II. 🛈 598
-,-, Norw. u. Schweden,
-,-, Kg.,
-,-,-, III. v. Bay. *600*
-,-,-, III. v. Bay. 🛈 597, 599
Christoph Blocher 1443
Christophorus,
-, Pp. 🛈 505
Christophs Landrecht 600
Christusorden 562–563, 667
Chrodechildis,
-, T. v. Chilperich,
-,-, Burgunder,
-,-,-,-, II. 🅂 284
Chrodegang,
-, Metz,
-,-, B. *372, 383*

Chrotrud,
-, G. v. Karl Martell,
-,-, HM 🅂 380
Chruschtschow,
-, Nikita S. 1342, 1346–1349, 1376–1379, 1410, 1498, 1513, *1517*–1522, 1542, 1545–1546, 1548, 1558, 1626, 1850–1851, 1883
-, NikitaS. 1774–1775, 1777
Chryseis,
-, G. Demetrios II. v. Maked. 🅂 198
Chrysipp *180*
Chrysler,
-, Konzern 🛈 1332
Chrysolakkos 49
Chrysopolis,
-, Schl. (324) 281
CHU (Christlich-Historische Partei) 1039
Chu Teh 1213
Chu Wen,
-, China,
-,-, Ks. *1205*
Chu Yüan-chang,
-, China,
-,-, Ks. *1206*
Chuan Leekpai 1809
Chuang-tzu 1202
Chun,
-, China,
-,-, Pr. 1211
Chung,
-, Raymond Arthur *1899*
Chung-chong 1214
Chungking 765, 787, 801, 1214
Chur,
-, (Alt.) ⚫Curia
Church Missionary Society 1146, 1157, 1160
Churchill,
-, Winston 720–721, 756, 759–761, 763, 767, 769, 776–777, 779–781, 788–791, 799, *976*–977, 1021, 1292, 1356–1357, 1360, *1459*–1460, 1501, 1846
-, Winston 🛈 1464
Churremabad 107
Chvalkovsk,
-, František *1068*
Chvalkovsky,
-, František(Chvalkovský, Frantisek) 750
Chwarismier 406
CIA (Central Intelligence Agency) 1847, 1849, 1851, 1856, 1858, 1876, 1922
Ciampi,
-, Carlo Azeglio *1474*
Ciano,
-, Galeazzo 779, 915, 1021
Ciba-Geigy,
-, Konzern 1442
Cibalae 🛈 313
Cibinda-Ilunga,
-, Kg. 1152
Cicero ⚫Tullius Cicero,
-, M.
Cid 552
Ciechanow 755
Cienaga Grande de Santa Marta 1262
Čierna,
-, Kfz. (1968) 1380, 1508
Cihunduro,
-, Rozwi-Hschr. 1154
Cilicia,

-, röm. Prov. ⚫Kilikien
Çiller,
-, Tansu 1566
-, Tansu *1566*
Cimabue *544*
Cimiez,
-, (Alt.) ⚫Cemenelum
Cimoszewicz,
-, Włodzimierz *1505*
Cimpaye,
-, Joseph *1701*
Cincinnatus ⚫Quinctius
Cincius Alimentus,
-, L. 239
Cinna ⚫Cornelius Cinna,
-, L.
Ciorbea 1544
Cipolla,
-, Carlo M. 690
Circeii 217, 220
Circeii 🛈 209
Circumcellionen 334
Cîrna 59
Cirta (Constantine) 244, 332
Cirta (Constantine) 🛈 333
Cisalpinische Republik 701, 935, 1011
Ciskei 1721
Cisplatinische Provinz 1314
Cissa 564
Cîteaux,
-, Kl. 512
Ciubuc 1537
Ciudad Bolívar 1309
Civitas Leonina 504
Civitate,
-, Schl. (1053) 508, 532
CJTF (Combined Joint Task Forces) 1392
Clactonian 🛈 11
Clacton-on-Sea 16
Clairvaux,
-, Kl. 512
Clam-Martinitz,
-, Heinrich v. *910*
Clarendon,
-, Konstitutionen (1164) 514, 573
Clarener 519
Clark,
-, Joe *1843*
-, W. *1281*
Clark, Helen 1836
Clarke,
-, Ellis Emmanuel 1893
Claudia Livilla 🅂 263
Claudian,
-, Dichter 280, 285
Claudiopolis 344
Claudius,
-, Äthiopien,
-,-, Ks. 1137
-, Britannien,
-,-, Kg.,
-,-,-, Cogidubnus,
-,-,-,-, Ti. 326
-,-,-,-, Ti. 🅂 263
-, Q. 233
-, Rom,
-,-, Ks. **262**, **264**, 266–267, 296, 301–303, 312, 315, 317–319, 321, 325, 332–333, 337, 340, 344
-,-, Ks.,
-,-,-, Gothicus **278**, 307, 309, 311, 324
-,-,-, Gothicus 🛈 254
-,-,-, Ks. 🅂 263
-,-,-, Ks. 🛈 254, 333
Claudius Caecus,
-, Appius 216
Claudius Caudex,

-, Appius 224
Claudius Drusus,
-, Nero 317–318, 324
Claudius Fronto,
-, M. 273
Claudius Herodes Atticus,
-, Ti. **273**, 303
Claudius Marcellus,
-, C. 🅂 263
-, M. 228–229
-, N. des Augustus 🅂 263
Claudius Nero,
-, Ti.,
-,-, V. v. Tiberius, Rom,
-,-,-,-, Ks. 319
-,-,-,-, Ks. 🅂 263
Claudius Pompeianus,
-, M. 273
Claudius Ptolemaeus ⚫Klaudios Ptolemaios
Claudius Quadrigarius,
-, Q. 253
Claudius Severus,
-, C. 352
Clausen,
-, Alden W. *1331*
Clausewitz,
-, Karl v. *840*
Clay,
-, Henry 1284–*1285*
-, Henry 🅂 1282
-, Lucius,
-,-, D. *1339*, *1401, 1845*, 1848
Clayton,
-, John M. *1285*
Clayton-Bulwer-Vertrag (1850) 1285
Clemenceau,
-, Georges 732, 735, *948*–951
Clemens,
-, Gegen-Pp.,
-,-, VIII. 🛈 519
-, Pp.,
-,-, II. 468, 508
-,-, II. 🛈 505
-,-, III. 470, 475, 510, 514
-,-, III. 🛈 511
-,-, IV. 517
-,-, IV. 🛈 511
-,-, V. 439, **520**, 561–562
-,-, V. 🛈 519
-,-, VI. 489, *520*
-,-, VI. 🛈 519
-,-, VII. 446, 494, *521*, 540, 674, 1007, *1009*
-,-, VII. 🛈 1009
-,-, VII. *1009*
-,-, VIII. 🛈 1009
-,-, X. *1009*
-,-, X. 🛈 1009
-,-, XI. 🛈 1009
-,-, XII. 🛈 1009
-,-, XIII. 🛈 1009
-,-, XIV. 🛈 1009
-,-, IX. *1009*
-,-, IX. 🛈 1009
Clemens Alexandrinus ⚫Klemens von Alexandreia
Clemensbrief 290
Clericis laicos (1296) 438–439, 518, 576
Clermont,
-, Konz. (1095) 400, 427, 430, 510
Clermont-Ferrand 900
Clermont-Ferrand,
-, (Alt.) ⚫Augustonemetum
Cleve ⚫Jülich-Clevischer Erbfolgestreit

1951

Cleveland,
-, Grover *1287*
Clichy 954
Clinton 1589–1590, 1610, 1787
Clinton,
-, William Jefferson (Bill) 1391, 1530, 1859–1861
Clive,
-, Robert *1185*–1186
CLN (Comitato di Liberazione Nazionale) *1021*, 1469
Clodius,
-, Albinus,
-,-, D. 274–275, 325, 331, 334
-, Macer,
-,-, L.,
-,-,-, Usurpator 332
-, P. 251–252
Clontarf,
-, Schl. (1014) 567
Cluniazensische Reform 399, 426, 468, 507, 510–511, 532
Cluny,
-, Kl. 395, 399, 425–426, 436, 507, 509, 511
Clusium (Chiusi) 217
CMG (Comité Mixte Gabonais),
-, Gabon 1689
CMSN (Comité Militaire du Salut National),
-, Burundi 1703
CNL (Conseil National de Libération),
-, Kongo 1695
CNT (Confederación Nacional de Trabajo) 1028
Coatlinchan 1260
Cobbett,
-, William *968*
Cobden,
-, Richard *973*
Cobden-Vertrag (1860) 944, 973
Coburg 808
Coburg,
-, Dyn. ● 970
Cocceji,
-, Samuel v. *833*
Cochabamba,
-, Vtg. (1974) 1907
Cocherel,
-, Schl. (1364) 444
Cochinchina 1229–1230, 1814
Cochläus,
-, Johannes *808*
Cockburn Sound 1833
Coclé 1262
Coco 1262
COCOM (Coordinating Commitee for Multilateral Strategic Export Controls) 1354–1355
COCOM-Liste 1354–1355
Code civil,
-, (Code Napoléon) 838, 1012
Code civile,
-, (Code Napoléon) 935
Code pénal 935
Codex Euricianus 361–362
Codex Iuris Canonici 1477
Codex Justinianus 636
Codex Theodosianus 279, 286, 634
Codreanu,
-, Corneliu Zelea *1072*
Coelius Antipater,

-, L. **241**
Cœur,
-, Jacques 451
Cognac,
-, Heilige Liga (1526) 674, 1007
-, Heilige Liga (1526) ● 806
Coimbra,
-, Univ. 562
Čokurča 18
Cola di Rienzo ●Rienzo
Colapiani 312
Colbert,
-, Jean Baptiste *922*
Colbertinismus 656
Colchester,
-, (Alt.) ●Camulodunum
Cole 1621
Cölestin,
-, Pp.,
-,-, I. 365–366, *369*
-,-, I. ● 367
-,-, II. 511–512
-,-, II. ● 511
-,-, III. 476–477, 514
-,-, III. ● 511
-,-, IV. 516
-,-, IV. ● 511
-,-, V. *517*–518
Colettaner 519
Colhuacan 1260
Coligny,
-, Gaspard de *917*
Colijn,
-, Hendrikus *1039*
Collaboration 762–763, 776
Collectio Hispana Gallica Augustodunensis 506
Collectivité Territoriale (1976) 1742
Collegia 251
Colleoni,
-, Bartolomeo *542*
Collinisches Tor,
-, Schl. (82 v.) 247
Collor de Mello,
-, Fernando *1919*
Colombo,
-, Emilio 1371, *1472*–1473
-, Kfz. (1962) 1751
-, Kfz. (1976) 1390
-, Vtg. (1950) 1830
Colomboplan (1950) 1460
Colombo-Vorschläge 1751
Colonia,
-, Claudia Ara Agrippinensium (Köln) 317–322
-, Claudia Ara Agrippinensium (Köln),
-,-, Schl. (356) 318
civium LatinorumT 218
civium RomanorumT 218
Colonia Claudia Vitricensis 325
Colônia do Sacramento 1298
Colonia Ulpia Traiana (Xanten) 319
Colonial Law Validity Act 973
Colonna,
-, Dyn. 517–518, 523, 538–539
-, Sciarra 489
Colonne Kap,
-, Schl. (982) 463, 531
Colorado 1284, 1304
Colorados,
-, Argentinien 1913
-, Uruguay 1910–1911
Coloured PeoplesOrganization 1720

Columban (Kolumban) d. Ä. *370*, 568
Columban (Kolumban) d. J. 368, *370*, 525, 567
Columbia College (Kings-College) 1273
Columbus 1286, 1305
Comacchio 530
Comando por el No,
-, Chile 1923
Combe Capelle 20
Combes,
-, Emile 948
Combined Joint Task Forces ●CJTF
COMECON (Council for Mutual Economic Assistance) ●RGW
COMIBOL (Corporación Minera de Bolivia) 1906
Comisão de Libertação de São Tomé e Príncipe 1689
Comitato di Liberazione Nazionale (Komitee der nationalen Befreiung) ●CLN
Comité de lUnionTogolaise ●CUT
Comité dEntente 1657
Comité Militaire du Salut National ●CMSN
Comité Mixte Gabonais ●CMG
Comité pour la Paix et lUnitéNationale 1700
Commagene 250, 262
Commius,
-, Atrebaten,
-,-, Ft. 325
Commodus,
-, Rom,
-,-, Ks. 269, 273–**274**, 312, 331
-,-, Ks. ● 254
Common Law 573, 575
Common Prayer Book 959
Commons 576–577
Commonwealth,
-, Engl. Rep. (1649–1659) 963
Commonwealth of Australia Act (1900) 1242
Commonwealth of Liberia 1159
Communauté Française 1446, 1661, 1666, 1671, 1677, 1679, 1681–1682, 1684, 1690–1691, 1739
Commune-Aufstand (1871) 698, 700
Communist Party of Nepal-Maoist (CPN-M) 1766
Commynes,
-, Philippe de 417, 454
-, Philippe de ● 416
Como,
-, (Alt.) ●Comum
Como-Insel,
-, Schl. (1964) 1659
Comoren ●Komoren
Compagnie de la France-Nouvelle 1271
Compagnie Togolaise des Mines du Bénin 1670
Companhia União Fabril 1659
Compañía de Honduras 1296
Compañía de la Habana 1296
Compañía Guipuzcoana de Caracas 1296
Companys,

-, Lluís *1028*
Compaoré 1680
Compaoré,
-, Blaise *1680*
Compiègne 443, 449
Compiègne,
-, Waffenstillstand,
-,-, (1918) 731, 872
-,-, (1940) 760
Compsa,
-, Frd. (555) 363
Compton,
-, John G. 1891
Comum (Como) 226
Comum (Como),
-, Schl. (196 v.) 229
Comuneros 1022, 1296
Comyn,
-, John 587
CONACO (Convention Nationale Congolaise),
-, Kongo 1695
CONAKAT (Confédération des Associations Tribales du Katanga),
-, Kongo 1693
Conakry 1659, 1662
Conakry,
-, Erkl. (1975) 1678, 1680
Conan,
-, Normandie,
-,-, Hz.,
-,-,-, I. 428
-,-,-, IV. 428
Concentración de Fuerzas Populares ●CFP
Concilium plebis 233, 239
Concord,
-, Mass. 1278
Concordia 314
Condat,
-, Georges *1681*
Condatomagus (La Graufesenque) 320
Condé,
-, Louis II.,
-,-, Pr. v. *921*
-, Louis II.,
-,-, Pr. v. *683*
Condillac,
-, Étienne-Bonnot de *665*
Condor,
-, Legion 1028
Condorcanqui,
-, José Gabriel *1296*
Condottieri *542*
Confalonieri,
-, Frederigo *1013*
Confederación General del Trabajo ●CGT
Confederación Perú-Boliviana 1312
Confédération des Associations Tribales du Katanga ●CONAKAT
Confédération Générale du Travail 951
Confederation of Ethiopian Labour Unions ●CELU
Confederazione Italiana dei Sindacati Lavoratori (CISL) 1470
Confessio Augustana 675, 808–810, 812–813
Confessio Tetrapolitana 808–809
Confluentes 318
Confoederatio cum principibus ecclesiasticis 478
Congacou,
-, Tahirou 1672
Congo,

-, (Französisch-Kongo,
-,-, Kongo-Brazzaville,
-,-,-, Volksrepublik Kongo),
-,-,-,-, (bis 1960) 948
-,-,-,-, (bis 1960) ● 709
Congo (Französisch-Kongo,
-, Kongo-Brazzaville,
-,-, Volksrepublik Kongo),
-,-,-, (bis 1960) 1130, **1162**, **1691**
-,-,-, (bis 1960) ● 1158
-,-,-, (seit 1960) 1352, **1691–1692**, 1697
-,-,-, (seit 1960),
-,-,-,-, pol. Org. 1692
-,-,-,-, Unabhängigkeits-Erkl. ● 1386
-,-,-, (seit 1960) ● 1158
Congo Reform Association 1163
Congregatio de propaganda fide (1622) 1009
Connacht (Connaught) 585
Connecticut 1270, 1272
Conombo,
-, Joseph *1679*–1680
Conrad von Hötzendorf,
-, Franz 718
Consalvi,
-, Ercole *1012*
Conseil National de la Résistance 957
Conseil National de Libération ●CNL
Consejo de Seguridad Nacional ●COSENA
Consejo Nacional de Economía,
-, Nicaragua 1875
Consejo Real 557
Conservative Alliance of Zimbabwe ●CAZ
Conservative Central Office 972
Conservative Party,
-, Südafrika 1722
Constans,
-, Rom,
-,-, Ks. 282–283,
-,-, Ks. ● 284
Constant de Rebecque,
-, Henry-Benjamin *937*–938
Constantia,
-, T. v. Constantius,
-,-, Rom,
-,-,-, Ks.,
-,-,-,-, I. Chlorus ● 284
-,-,-,-, II. ● 284
Constantine,
-, (Alt.) ●Cirta
Constantinescu 1544
Constantinescu,
-, Emil 1544
Constantius,
-, Rom,
-,-, Ks.,
-,-,-, I. Chlorus 280–281, 292, 326
-,-,-, I. Chlorus ● 284
-,-,-, II. 282–283, 340
-,-,-, II. ● 284
-,-,-, III. **286**
-,-,-, III. ● 284
Constitutio,
-, Waldemariana 598
Constitutio Antoniniana (212/213) 275, 330, 335
Constitutio Criminalis Carolina 809
Constitutio de feudis (1037) 532
Constitutio Romana,

-, (824) 381, 386, 527
Constitution Act,
-, (1852) 1245
Constitutiones Aegidianae (1357) 540
Constitutum Constantini ❶Konstantinische Fälschung
Consuetudo Romana 365
consulados 557
Contadora-Gruppe 1864
Contadora-Plan 1898
Containment-Politik 1342, 1847
Contarini,
-, Gasparo *810*
Conté 1662
Conté,
-, Lansana *1662*
Contras,
-, Nicaragua 1864, 1874, 1876
Convention Nationale Congolaise ❶CONACO
Convention PeoplesParty ❶CPP
Conway,
-, Vtg. (1277) 586
Conzer Brücke,
-, Schl. (1675) 825
Conzo 36
Cook,
-, James *1241*, 1245, 1247
Cook-Inseln 1234, 1836
Coolidge,
-, Calvin 741, *1290*
Cools,
-, André *1457*
Cools-Lartigu,
-, Louis 1890
Copan 1257
COPEI (Comité de Organización Política Electoral Independiente),
-, Venezuela 1898
Copia *242*
Coquilhatville,
-, Kfz. (1961) 1694–1695
Cora 217
Corbeil,
-, Vtg. (1258) 433
Corbie,
-, Kl. 384–385
Córdoba 396, 549–550, 1091, 1093, 1913
Córdoba,
-, (Alt.) ❶Corduba
-, Gonzalo Fernández de *560*
Corduba (Córdoba) 329–330
Corelli,
-, Arcangelo *1008*
Corinium Dobunnorum 326
Coriolanus ❶Marcius
Coritaner 326
Cornaro,
-, Caterina *407*
Corneille,
-, Pierre *663*, *923*
Cornelius,
-, Balbus,
-,-, L. 260, 329–330
-, Bocchus,
-,-, L. 330
-, C. 249
-, Cinna,
-,-, L. 247, 249
-, Dolabella,
-,-, P.,
-,-,-, Konsul 262
-,-,-, Tribun 252
-, Fronto,
-,-, M. **274**, 334

-, Fuscus,
-,-, M. 267
-, Gallus,
-,-, C. 335
-, Lentulus,
-,-, Gaetulicus,
-,-,-, Cn. 262
-,-, Marcellinus,
-,-,-, P. 302
-, Nepos *253*
-, Palma Frontonianus,
-,-, A. 352
-, Pinarius Clemens,
-,-, Cn. 266
-, Scipio,
-,-, Aemilianus Africanus maior,
-,-,-, P. 228, 231, 233, 242, 328
-,-, Aemilianus Africanus minor,
-,-,-, P. 183, 227–228, 230, 241–242, 244, 329
-,-, Asiaticus,
-,-,-, L. 247
-,-, Barbatus,
-,-,-, L. 221
-,-, Cn. 228
-,-, L. 188, 231
-,-, Nasica,
-,-,-, P. 229
-,-,-, Serapio P. 243
-, Sisenna,
-,-, L. *253*
-, Sulla,
-,-, L. 183, 193, 235–236, 245–249, 253, 293–294, 298, 300–301, 316, 342, 348
-, Tacitus,
-,-, P. 266, **272**, 285, 321–323
Cornisch,
-, Spr. 564, 568
Cornovier 326
Cornwallis,
-, Charles *1186*, *1279*
Coronel,
-, Schl. (1914) 722
Corporación Estatal Petrolera Ecuatoriana ❶CEPE
Corporación Minera de Bolivia ❶COMIBOL
Corporación Venezolana de Petróleo ❶CVP
Corps législativ ❻ 934
Corpus Catholicorum 818
Corpus Evangelicorum 818
Corpus Iuris Canonici 513
Corpus Iuris civilis 397, 575, 636
Corpus iuris civilis 638
Corregidor 560, 778, 800, 1295, 1297
Corrientes 1315
Cort,
-, Henry ❶ 692
Cortaillod-Kultur 36
Corte Real,
-, Gaspar 1269
-, Miguel 1269
Cortenova,
-, Schl. (1237) 479, 516, 535
Cortes,
-, Port. 1032, 1315
-, Span. 1026, 1028–1030, 1304, 1479–1481
-, Stände 557
Cortés,
-, Hernán 1261, *1294*
Cortona 539
Corvey,
-, Kl. 384–385, 465
Cosa Nostra 1475

Cosa ❶ 219
COSENA (Consejo de Seguridad Nacional),
-, Uruguay 1911
Cosgrave,
-, Liam *1467*
-, William Th. *978*
Cosić,
-, Dobrica *1551*
Cossiga,
-, Francesco *1474*
Costa 1689
Costa,
-, Alfonso da *1032*
-, Alfredo Nobre da *1485*
-, Gomes da *1032*
Costa e Silva,
-, Arturo da *1918*
Costa Gomes,
-, Francisco da *1484*
Costa Rica,
-, (NZ) 1306–**1308**
-, (seit 1945) 1864, 1872, 1875, **1877–1878**, 1895
-, (seit 1945),
-,-, öffentliche Finanzen 1878
-,-, pol. Org. 1878
Costello,
-, John A. *1466*
Côte d'Ivoire ❶Elfenbeinküste
Côte Française des Somalis 1175
Cotonou 1671–1672
Cotrone,
-, Schl. (982) ❶Colonne,
-,-, Kap
Cottius,
-, Alpen-Kgr.,
-,-, Kg.,
-,-,-, I. 318
-,-,-, II. 318
Coty,
-, René *1445*–1446
Coudenhove-Kalergi,
-, Richard v. *743*, 1356
Coulaines,
-, Vtg. (843) 420
Coulibaly,
-, Ouezzin 1679
Country Party,
-, Austr. 1244, 1830, 1832–1833
Courtney,
-, William,
-,-, Canterbury,
-,-,-, Eb. 578
Couve de Murville,
-, Maurice *1447*
-, Maurice ❶ 1449
Covadonga,
-, Schl. (722) 550
Coventry 762
Covilhão,
-, Pedro de *668*, *1137*
CP (Christlich-soziale Partei) 910–911
CPP (Convention PeoplesParty),
-, Ghana 1667–1668
Craiova,
-, Vtg. (1940) 761
Cranmer,
-, Thomas *958–959*, 961
Crassus ❶Licinius Crassus
Craxi,
-, Bettino *1474*–1475
Crécy,
-, Schl. (1346) 441, 490, 577, 587
-, Schl. (1348) 575

Crédit mobilier 944
Cree 1251
Creek 1249
Crema 474
Crémieux,
-, Isaak Adolphe 941
Cremona 226, 229, 534
Cremona,
-, Reichstg. (1226) 478
-, Schl. (69 n.) 265–266
Cremutius Cordus,
-, A. 262
Crépy,
-, Frd. (1544) 916, 1007
-, Frd. (1544) ❶ 806
-, Frd. (1544) 676
Crescentius 507
Cresson,
-, Edith *1450*
-, Edith ❶ 1449
Creswell,
-, F. 1172
Creszentier,
-, Dyn. 464, 507–508, 531
Creta ❶Kreta
Creusot-Loire,
-, frz. Unternehmen 1449
Cripps,
-, -Mission (1942) 1191
-, Stafford 778, 977, 1191
Criş-Körös-Kultur 26
Criş-Kultur 25
Crispi,
-, Francesco *1016*
Crispo,
-, Francesco 631
Crispus,
-, S. v. Konstantin,
-,-, Rom,
-,-,-, Ks.,
-,-,-,-, I. d. Gr. **281**
-,-,-,-, I. d. Gr. ❺ 284
Cristea,
-, Myron *1072*
Cristiani,
-, Alfredo *1872*–1873
Cristinos 1026
Croce,
-, Benedetto *1021*
CROM (Confederación Regional Obrera Mexicana) 1306
Crô-Magnon 20
Cromer,
-, Earl (Evelyn Baring) 1119
Cromer ❶ 11
Cromlechs 45
Crompton,
-, Samuel ❶ 692
Cromwell,
-, Oliver 684, 921, *963*–964, 1036
-, Richard *964*
-, Thomas *958–959*
Cross,
-, James R. 1843
Crotone,
-, (Alt.) ❶Kroton
Crowther,
-, Samuel 1160
CRUA (Revolutionäres Komitee für Einheit und Aktion,
-, Algerien) 1634
Crustumerium 215, 217
CrustumeriumT 218
Cruz,
-, Ramón Ernesto 1874
Csáky,
-, István *915*
ČSFR (Tschechische und Slowakische Föderative Re-

publik) ❶Tschechoslowakei
Csorva-Gruppe 65
ČSR (Tschechoslowakische Republik)
❶Tschechoslowakei
ČSSR (Tschechoslowakische Sozialistische Republik) ❶Tschechoslowakei
CSU (Christlich-Soziale Union) 1398, 1415–1416, 1430–1431
CSV (Christlich-soziale Volkspartei) 1458
CTM (Confederación de Trabajadores de México) 1306
Cuadra Lacayo,
-, Joaquin *1876*
Cuauhtemoc,
-, Azteken-Hschr. 1261
Cuba Democracy Act (1992) 1859
Cubango 1153
Cubas Grau 1910
Cucuteni-Kultur 34
Cucuteni-Tripolje-Kultur 28, 34
Cuicuilco 1255
Cuitlahuac,
-, Azteken-Hschr. 1261
Cullera 555
Culloden,
-, Schl. (1746) 687
Culm ❶Chełmno
Cumae ❶Kyme
Cunene 1153
Cunhal,
-, Alvaro *1484*
Cuno,
-, Wilhelm 740, *879*
-, Wilhelm ❻ 874
Cunobelin,
-, Catuvellauni,
-,-, Kg. 325
Curaçao 759, 1300, 1880
Curia (Chur) 320
Curtin,
-, John *1244*, *1830*
Curzon,
-, George 1060, 1064, *1188*
Curzon-Linie 781, 789–790, 1060, 1064, 1066, 1501, 1532
Cusanus ❶Nikolaus von Kues
Custozza,
-, Schl.,
-,-, (1848) 905, 1014
-,-, (1866) 1015
CUT (chilenischer Gewerkschaftsbund) 1922
CUT (Comité de lUnionTogolaise),
-, Togo 1669–1670
Cuza,
-, Alexander *1070*
Cuzco 1266, 1294–1295
CVP (Corporación Venezolana de Petróleo) 1897
Cymen 564
Cymrisch,
-, Spr. 564
Cymry ❶Briten
Cynric 564
Cyprian,
-, Karthago,
-,-, B. **291**–292, 334
Cyprus ❶Zypern,
-, röm. Prov.
Cyrankiewicz,
-, Józef *1501*–1503
Cyrenaica,

-, (Alt.) 301–303
-, (MA) 1090
-, (NZ bis 1951) 711, 764, 769, 1016, 1109, 1120, 1122, 1629
-, (NZ bis 1951) 🟢 1109
-, (seit 1951) ➡️Libyen
Cyrene ➡️Kyrene
Czartoryski,
-, Adam J. *988*
-, Geschl. 1063
Czernin,
-, Ottokar v. 725–726, *910*

D

D

DA (Demokratischer Aufbruch) 1428–1429
DAC (Democratic Action Congress),
-, Trinidad u. Tobago 1893
Dacca 1758, 1761
Dachau,
-, KZ 900
Dacia,
-, röm. Prov. ➡️Dakien
Dacia Apulensis,
-, röm. Prov. 308
Dacia Inferior,
-, röm. Prov. 308
Dacia Malvensis,
-, röm. Prov. 308
Dacia Mediterranea,
-, röm. Prov. 307, 311
Dacia Parolissensis,
-, röm. Prov. 268, 308
Dacia Ripensis,
-, röm. Prov. 307, 311
Dacia Superior,
-, röm. Prov. 308
Dacko,
-, David *1685*
Daddah,
-, Moktar Ould 1640, *1644*–1645
Dadjo,
-, Kléber *1670*
Dae Jung, Kim 1794
Daesidiaten 304
Daewoo Motors 1794
Dagobert I.,
-, Franken,
-,-, Kg. 374–377
-,-, Kg. 🟢 373
Dahab,
-, Abdul Suwar Al- (Swareddahab) *1622*
Dahanayake,
-, Wijayananda *1763*
Daher 347
Dahlerus,
-, Birger 752
Dahlmann,
-, Friedrich Christoph 843, *848*
-, Friedrich Christoph 🟢 *846*
Dahomey,
-, (seit 1894) ➡️Benin
-, Kgr. 1130, 1142–**1143**, 1156, 1159
-, Kgr. 🟢 1158
Dahschur 32, 48, 78
Daily-Telegraf-Affäre 869
Daim Zainuddin 1821
Daimler-Benz,
-, Konzern 1416
-, Konzern 🟢 1332
DaimlerChrysler AG 1802
Dairen 801, 1772, 1775
Dai-Viet ➡️Vietnam

Dajukku,
-, Dejokes 108
Dakar 1135, 1141, 1156, 1657
Dakar,
-, Kfz. (1975) 1330, 1390
-, Kfz. (1991) 1576
Daker 267–268, 305–311, 314
Daker,
-, -Feldzüge (86–88) 267
Dakerkriege (101–102) 268
Dakien,
-, röm. Prov.,
-,-, (Dacia) 359
-, röm. Prov. (Dacia) 268, 273, 277–278, 307–**309**, 311
Daladier,
-, Édouard 749, 752, 758, 897, *953*, 955–956
Dalai Lama 1197, 1199, *1776*, 1778, 1785, 1787
Dalberg,
-, Karl Theodor v. *838*
d'Alembert,
-, Jean Baptistele Rond *927*
Daleminzier 459
Dalhousie,
-, James Andrew Broun-Ramsay,
-,-, Earl of *1187*
Dalma 106
Dalmatien,
-, (Antike) 248, **304**
-, (MA) 527, 531, 623–624, 626, 628, 646
-, (NZ) 736, 935, 1017, 1105
-, Nationalitäten 🟢 909
-, röm. Prov. (Illyricum,
-,-, Dalmatia) 256, 258–259, 264, **304**–305, 312
-,-, Dalmatia),
-,-,-, Bevölkerung(sentwicklung) 305
Dalmatisch-pannonischer Aufstand ➡️Pannonischer Aufstand
Dalmatius,
-, Rom,
-,-, Caesar 282–283
-,-, Caesar 🅢 284
-, S. v. Constantius,
-,-, Rom,
-,-,-, Ks.,
-,-,-,-, I. Chlorus 🅢 284
Dálnoki,
-, Béla Miklós v. *915, 1512*
Daluege,
-, Kurt *1069*
-, Kurt 🟢 890
Daman 1183, 1484, 1751
Damão ➡️Daman
Damara 1716–1717
Damarete,
-, G. Gelons v. Gela 143
Damasenor,
-, Milet,
-,-, Tyr. 🟢 127
Damaskinos,
-, Athen,
-,-, Eb. *1082*
Damaskus,
-, (Alt.) 90, 99, 102–103, 171, 183, 185, 190, 340–341
-, (MA) 405–406, 1090–1091, 1094–1095
-, (NZ) 729, 1114, 1116
-, Erkl. (1991) 1576
Damasus,
-, Pp.,
-,-, I. 284, 365
-,-, II. 508

-,-, II. 🟢 505
Damenfriede von Cambrai (1529) 674
Damenfriede von Cambrai (1529) 🟢 806
Damian,
-, d. Heilige 342
Damiette 402
Dammam 1611
Damme,
-, Schl. (1213) 431
Dampfmaschinen 🟢 690
Dampier,
-, William *1241*
Danakil 1174
Dandanakan,
-, Schl. (1040) 1094–1095
Dandolo,
-, Enrico **401**, 533
Danehof 595, 598
Dänemark,
-, (MA) 371, 457, 466, 492, 588–**589**, 594–**595**, 598–**601**, 1092
-, (MA),
-,-, Kg. 🅢 594
-,-, Kg. 🟢 598–599
-, (NZ) 675, 682–686, 688, 701–703, 751, 758, 783, 796, 817, 848, 1001, **1047**–**1049**, **1051**–1055, 1057, 1493
-, (NZ),
-,-, Adel 1047
-,-, Königtum 1048
-,-, Kriegsverluste 🟢 802
-,-, pol. Org. 1047–1048, 1052
-,-, Rechtswesen 1048
-,-, Verfassung 1052
-,-, Verwaltung 1047
-, (NZ) 🟢 757
-, (seit 1945) 1357, 1362, 1364–1365, 1367, 1369–1370, **1491**–1492, 1609
-, (seit 1945),
-,-, Außen-Pol. 1848
-,-, Bruttoinlandsprodukt 🟢 1369
-,-, Handel 1368
-,-, NATO-Streitkräfte 🟢 1354
-,-, Verteidigungsausgaben 🟢 1369
-,-, Wirtschaft 1369
-,-, Wirtschaft 🟢 **1491**
-, (seit 1945) 🟢 1358, 1393
-,-, Christianisierung 589
-,-, Rittertum 595
Dänen 371, 379, 463
Danewerk 463, 598
Danger Cave 1250
Daniel,
-, Halitsch-Wolhynien,
-,-, Kg. 615, *621*
Daniel Ortega *1877*
Danilo-Gruppe 28
Dänische Minderheit,
-, BR Dtld. 1491
Dänische Ostindische Kompanie 1048, 1183
Dänisch-niedersächsischer Krieg,
-, (1625–1629) 682
-, (1625–1629) 🟢 816
Dänisch-Westindien **1300**
Dänisch-Westindische Kompanie 1054, 1300
Dannoura,
-, Schl. (1185) 1219
DAnnunzio,
-, Gabriele 737, *1017*

Danquah,
-, Joseph B. *1667*
Dante Alighieri *415*, 488, 533, 536, 538–539, *544*
Dante Alighieri 🟢 416
Danton,
-, Georges 929–932
Danzig,
-, (MA) 482, 495, 499, 615
-, (MA) 🟢 413, 418
-, (NZ) 702, 733, 735, 750, 752–753, 755, 797, 897–899, 903, 1063–1064, 1501
-, (NZ) 🟡 733
-, (NZ) 🟢 892, 899
Daoud,
-, Sardar Mohammed *1651*
DAP (Deutsche Arbeiterpartei) 888
Dapcčević,
-, Vlado 1382
Dar es Salaam 1173, 1707, 1728
Dar Fur 1132–1134
Dara 347, 635
Darányi,
-, Koloman *914*
Dărbänd 1124
Darby,
-, Abraham 🟢 692
d'Arcy,
-, W. K. 1126
Dardanellen 705, 724, 728, 908, 989, 995, 1005, 1107–1108
Dardanellen,
-, Schl.,
-,-, (1656) 1104
-,-, (1915) 720, 1110
-, Vtg. (1841) 1108
Dardaner 199–201, 302, 304, 306, 310
Dardania,
-, röm. Prov. 305, 307, 309
Dardanos,
-, Frd. (85 v.) 247
Dareios,
-, Pers.,
-,-, Kg.,
-,-,-, I. 95, **109**, 137, 140–141, 165, 345
-,-,-, II. Nothos 110
-,-,-, III. Kodomannos **110**, **170–172**
Daressalam 1394, 1623, 1652, 1733
Darlan,
-, François 763, *776*–777, 956–957
Darré,
-, Walter *891, 894*
DARS (Demokratische Arabische Republik Sahara) ➡️Sahara
Darwinismus 1211
Das,
-, Chitta Ranjan *1189*
Daskyleion 95–96, 171
Dasteira *250*
Datames,
-, Pers.,
-,-, Satrap 96
Datini,
-, Francesco *545*
Datis 140
Daudet,
-, Léon *953*
Daun,
-, Leopold v. *829*
Dauphin 443–444, 446
Dauphiné 443, 449, 451
David,

-, Isr.,
-,-, Kg. 102
-,-, Kg. 🟢 77
-,-, Schottld.,
-,-, Kg.,
-,-,-, I. 586
-,-,-, II. 587
-, v. Menevia *369.*
David Trimble 1466
Davignon-Bericht (1970) 1368
Davis,
-, Jefferson *1285*
-, John *1300*
Dawes,
-, Charles Gate *741*
-, Charles Gates **1290**
Dawes Severalty Act (1887) 1287
Dawesplan (1924) 741, 743–745, 881, 951, 1290, 1408
Dayan,
-, Mosche *1602*–1603
Dayton,
-, Abk. (1995) 1392, 1551, 1553, 1860
-, Kfz. (1995) 1551
DBD (Demokratische Bauernpartei Deutschlands) 1404
DBV (Demokratische Bewegung für Veränderung,
-, Israel) 1603–1604
DC (Democrazia Cristiana) 1469, 1474–1475
DDP (Deutsche Demokratische Partei) 734, 875, 877–883
DDP (Deutsche Demokratische Partei) 🟢 875, 882, 895
DDR ➡️Deutschland,
-, DDR
De Decker,
-, Pierre *1041*
De Geer,
-, Louis 1045
de la Rúa 1916
de Lozada, Gonzalo Sánchez 1908
De Mita,
-, Ciriaco *1474*
De Roburt,
-, Hammer *1837*
De Souza,
-, Paul Émile *1672*
De Valéra,
-, Eamon 976, *978*, *1466*–1467
Dea Syria 342
Deabolis,
-, Vtg. (1108) 645
Deák,
-, Ferencz 913
Deakin,
-, Alfred **1243**
Deane,
-, William *1834*
Déat,
-, Marcel *952*
Debora 102
Debré,
-, Michel 1446–1447, 1744
-, Michel 🟢 1449
Debrecen 915, 1512
Déby 1684
Déby,
-, Idriss *1684*
Decazes,
-, Elie,
-,-, Hz. v. 938
Decebalus,

-, Daker,
-,-, Kg. 267–268, 306, 308
Decidius Saxa,
-, L. 329
Decius,
-, Mus,
-,-, P. 221
-, Rom,
-,-, Ks. 276–277, 291, 307, 311, 324, 335–336
-,-, Ks. ◉ 254
Declaratio Ferdinandea 813–814, 817–818
Declaration of Rights 965
Decretum Gratiani 513
Dedan 100
Dedeagatsch 736
De-Duan *1816*
De-Facto-Abkommen (1954) 1554–1555
Defensor pacis ●Marsilius von Padua
Degazon,
-, Fred 1890
Degrelle,
-, Léon *1042*
Dehaene 1457
Dehaene,
-, Jean-Luc *1457*
Deidameia,
-, G. Demetrios I. Poliorketes ● 198
Deinomenes,
-, Aitna,
-,-, Tyr. 143
Deinomeniden,
-, Geschl. 143
Deiotarus,
-, Galatien,
-,-, Tetrarch 195
-, Paphlagonien,
-,-, Kg.,
-,-,-, II. 196, 343
Deir,
-, el-Bahari 38, 80
-, el-Gebraui 38
-, el-Medine 81
-, Jasin 1579
-, Tasa 74
Dejokes,
-, Medien,
-,-, Kg.,
-,-,-, I. 108
-,-,-, II. 108
Dekabristenaufstand (1825) 986, 988
Dekadarchien 157–158
Dekeleia 155
Dekeleischer Krieg (413–404) **155**
Dekhan 1177, 1181–1183
Dekhan,
-, Sult. 1183
Dekolonisierung 1326–1327, 1385, 1388, 1654
Dekolonisierung,
-, Belg. 1693
-, Frkr. 1445–1446
-, GB 1461
-, Port. 1484
-, Span. 1480
Dekret,
-, Frequens 522
-, Haec sancta 522
Dekretale Venerabilem 477
Dekrete,
-, röm. 270
Dekurionen 269, 274, 276, 279
Delagoa-Bucht 1167
Delaware 1271, 1281, 1285

Delawaren 1249
Delbos,
-, Yvon 748
Delcassé,
-, Théophile 948
Delgado,
-, Humberto 1484
Delgado Chalbaud,
-, Carlos *1897*
Delhi 1098, 1748
Delhi,
-, Kfz. (1967) 1752
-, Sult. 1181
-, Sult.,
-,-, Sklaven-Dyn. 1181
-, U.-Gebiet 1752
Delisch-Attischer Seebund 96, 144–146, 154–155
della Rovere,
-, Geschl. 524
della Scala,
-, Mastino 538
Delmater 304–305, 314
Delminium (Duvno) 229, 304
Delors,
-, Jacques 1458
-, Jaques *1371*
Delos 42, 54, 144, 162, 206–207, 232, 236, 303
Delos ◉ 123
Delp,
-, Alfred *902*
Delphi 64, 68, 125, 128, 140–143, 146, 158, 160–161, 194, 206, 302
Delphi,
-, Orakel 124–125, 128, 131, 136, 285
-, Spiele 123
Delphi ◉ 123
Delvalle,
-, Eric Arturo *1879*
Demagogen,
-, (Alt.) 151, 153–154
-, (Alt.) ● 150
Demaratos,
-, Sparta,
-,-, Kg. 140
-,-, Kg. ◉ 130
Dembélé,
-, Mamadou 1678
Dembos 1165
Demeke,
-, T. 1737
Demen 136, 139, 141, 146
Demen ● 139
Demeter 128, 136
Demeter ◉ 123
Demetrias (am Golf von Volos) 176–177, 188, 197, 202, 206, 231, 303
Demetrios,
-, Baktrien,
-,-, Kg.,
-,-,-, I. 347
-,-,-, II. 1179
-, Maked.,
-,-, Kg.,
-,-,-, I. Poliorketes 176–178, 182, 196–197, 202–203, 303
-,-,-, I. Poliorketes ● 198
-,-,-, I. Poliorketes ◉ 174
-,-,-, II. 197, 204–205
-,-,-, II. ● 187, 198
-, Pharos,
-,-, Kg. 199, 226
-, S. Demetrios I. Poliorketes ● 198
-, S. Philipp v. Maked. 200
-, Seleukiden-R.,
-,-, Kg.,

-,-,-, I. Soter 189, 191, 194
-,-,-, I. Soter ● 187
-,-,-, II. Nikator 189–191, 347
-,-,-, II. Nikator ● 187
-,-,-, III. 190
-,-,-, III. ● 187
-,-, Prät.,
-,-,-, (II.),
-,-,-,-, S. Seleukos V. 190
Demetrios Kantemir,
-, Moldau,
-,-, Hospodar 1105
Demetrios von Phaleron 175–176, 202
Demetrischer Krieg 197
Demetrius Zvonimir,
-, Kroatien,
-,-, Kg. 626
Demichelli,
-, P. A. 1911
Demiourgoi 122
Demirel 1567
Demirel,
-, Süleyman *1564*–1566
Demjansk,
-, Schl. (1942) 771
Democratic Action Congress ●DAC
Democratic Labour Party,
-, Barbados 1891
Democratic Party ●DP
Democrazia Cristiana ●DC
Demokedes 138
Demokraten,
-, USA 1284
-, USA ● 1282
Demokratie,
-, Athen 149–155, 161, 176–177
-, Athen ● 150
-, Griechld. 140, 143, 145–146, 149
-, Schweiz 1085
Demokratie Jetzt 1428–1429
Demokratische Arbeiterpartei ●DLP
Demokratische Bewegung für Veränderung ●DBV
Demokratische Bürgerallianz ●ODA
Demokratische Bürgerpartei ●ODS
Demokratische Fortschrittspartei (Taiwan) ●DPP
Demokratische Front der Nationalen Rettung,
-, Rumänien 1544
Demokratische Partei,
-, Japan ●Minshuto
-, Slowakei 1511
-, USA 1287, 1858
Demokratische Partei Albaniens 1559
Demokratische Partei Äquatorial-Guineas ●PDGE
Demokratische Partei Kurdistans,
-, Irak 1607–1608
Demokratische Partei Zyperns ●DIKO
Demokratische Republikaner,
-, USA 1280, 1282
-, USA ● 1282
Demokratische Sammlung ●DISY
Demokratische Turnhallen-Allianz ●DTA
Demokratische Union,
-, Polen 1504
Demokratische Union des

Algerischen Manifestes ●UDMA
Demokratische Unionspartei ●DUP
Demokratische Volkspartei,
-, Usbekistan 1768
Demokratisch-Liberale Partei ●DLP
Demokratisch-Revolutionäre Partei,
-, Panama ●PRD
Demokratisierung,
-, Dtld. 1338, 1397
-, Eur. 700
-, GB 972–974
-, Japan 1846
-, Russld. 986, 992–993
Demokritos 151
Demontagen,
-, DDR 1403
Demos 156
DEMOS (Vereinigte Demokratische Opposition Sloweniens) 1555–1556
Demosthenes,
-, Rhetor *157*, 162–163, 167–168, 170, 201–202
-, Stratege 153–155
Demoteles,
-, Samos,
-,-, Tyr. ◉ 127
Demotisch 82
Den Haag,
-, Kfz. (1969) 1368
-, Kongr. (1948) 1357
-, Kongr. (1953) 1361
-, Kriegsverbrechertribunal 1334
Denard,
-, Bob 1743
Denda 303
Dendra 59, 64
Deng Xiaoping ●Teng Hsiao-ping
Dengel,
-, Äthiopien,
-,-, Ks. **1137**
Dengizich,
-, Hunnen,
-,-, Kg. **602**
Denhardt,
-, Clemens *1174*
-, Gustav *1174*
Denia 555
Denikin,
-, Anton J. *999*
Denise,
-, Auguste *1666*
Denktasch 1563
Denktasch,
-, Rauf *1563*
Denkyera 1143
Denpasar,
-, Kfz. (1973) 1803
Dent 1248
Dentheleten 309
Dentz,
-, Henri F. 764–765
Denver,
-, Kfz. (1997) 1335, 1530
Départements doutre-mer 1880
dependencia ●Lateinamerika,
-, Wirtschaft
Derbend-i-Ghor 39
Derbent 982
Dere Beis,
-, Osman. 1102, 1107
Derkylidas 158
Dermot MacMurrough,
-, Irld.,

-,-, Kg.,
-,-,-, von Leinster 584
Dertinger,
-, Georg *1420*
Dervis 1567
Dervisch Eroglu 1563
Derwischorden 1099, 1102, 1111
Des Roches 1745
Desai,
-, Morarji *1752*–1755
Desamortización 1026
Descartes,
-, René *664*, 923
Desert Culture ●Nordamerika,
-, Vorgeschichte
Deshima 1222
Desiderius,
-, Langobarden,
-,-, Kg. 378–379, 504, 527
Desmoulins,
-, Camille 929, 932
Despensers,
-, Geschl. 576
Dessalines,
-, Jean Jacques *1308*
Dessau,
-, Schl. (1626) 817
-, Vereinigung (1525) 807
Destour,
-, Partei (Tunesien) 1122
Detmold,
-, Schl. (784) 379
Detroit 1852
Dettingen,
-, Schl. (1743) 687, 828
Deuba,
-, Sher Bahadur 1766
Deultum 310
Deuntzer,
-, Johann Heinrich *1052*
Deusdedit,
-, Pp. ●Adeodatus
Deuteronomium 103
Deutsch,
-, Begriff 357, 387, 457, 459
-, -Brod,
-,-, Schl. (1421) 496
-, Spr. 384, 415, 418, 614
Deutsch-dänischer Krieg (1864) 853
Deutsche,
-, Arbeitsfront 894–896
-, Arbeitsfront ● 895
-, Bundesakte (1815) 840–841, 854
-, Bundesbank 1409, 1432
-, Christen 894–895
-, Evangelische Kirche 894
-, Fortschrittspartei 853, 857
-, Freisinnige Partei 857, 863
-, Kolonialgesellschaft 864, 866, 1168
Deutsche Bank 1335
Deutsche Demokratische Republik ●Deutschland,
-, DDR
Deutsche Frage 855
Deutsche Kommunistische Partei ●DKP
Deutsche Reichspartei 857
Deutsche Rentenbank 880
Deutsche Staatspartei 875
deutsche Teilung 799
Deutsche Vaterlands-Partei 871
Deutscher Arbeiterkongress,
-, 1. Allgemeiner (1848) 848
-, Allgemeiner (1868) 855
Deutscher Arbeiterverein,
-, Allgemeiner 853, 862

1955

D

Deutscher Bauerntag (1947) 1404
Deutscher Bund (1815) 703, 706, **840–841**, 851–852, 854, 904–905, 1043, 1051
Deutscher Bund (1815), -, Militärwesen 841
Deutscher Bund (1815) ⓖ **841**
Deutscher Demokratenkongress,
-, 1. (1848) 847
-, 2. (1848) 848
Deutscher Flottenverein 866, 868
Deutscher Frauenverein,
-, Allgemeiner 853
Deutscher Hof ⓣ 846
Deutscher Katholikentag,
-, 1. (1848) 848
Deutscher Krieg (1866) 854, 906
Deutscher Nationalverein 852–853
Deutscher Orden **403**, 405, 478, 492, **494–495**, 499, 598, 612, **615**–619, 621, 623, 807
Deutscher Ostmarkenverein 868
Deutscher Rätekongress,
-, Berlin (1918) 872
Deutscher Reformverein 853
Deutscher Reichstag 870, 874
Deutscher Reichstag ⓖ **875**
Deutscher Volkskongress,
-, (1948) 1404
-, (1949) 1417
Deutscher Volksrat (1949) 1404, 1417
Deutscher Volksrat (1949) ⓣ 1421
Deutscher Zollverein 691, 843, 852–853, 904, 1043
Deutsches Reich,
-, (1870/1871–1914) 854–856, 986, 1052, 1107, 1211
-,-, (1870/1871–1914),
-,-, Arbeiterbewegung 862, 865–866, 868
-,-, Arbeiterbewegung ⓣ **866**
-,-, Arbeiterschaft 857
-,-, Arbeits- u. Sozial-Pol. 862–863, 865–866, 868
-,-, Außen-Pol. 706–707, 710–712, 857, 862–864, 866–868, 870, 990, 1071, 1109–1110, 1121–1122
-,-, Außen-Pol. ⓖ 708
-,-, Auswanderung ⓣ 1283
-,-, Berufsgliederung ⓣ 865
-,-, Bevölkerung(sentwicklung) 865
-,-, Bevölkerung(sentwicklung) ⓣ 694
-,-, Bismarck u. Liberale **857, 862**
-,-, Bismarck-R. **856–857**
-,-, Bürgertum 864
-,-, Gesellschaft 857, 864–**867**
-,-, Gewerkschaften 865–866, 868
-,-, Handel 867
-,-, Industrialisierung 864
-,-, Innen-Pol. 857, 863–866, 868
-,-, Kirche 862
-,-, Kolonialmacht ⓣ 709

-,-, Kultur-Pol. 867
-,-, Landwirtschaft 864–865
-,-, Lohnentwicklung ⓣ 865
-,-, Militärwesen 856–857
-,-, öffentliche Finanzen 862–863, 866–869
-,-, öffentliche Finanzen ⓣ 869
-,-, Parteien 857, 863–865, 867–869
-,-, pol. Org. 856–857
-,-, pol. Org. ⓖ 856
-,-, Recht(swesen) 865, 869
-,-, Reichs-Grd. 855
-,-, Reichsverschuldung 868
-,-, Reichsverschuldung ⓣ **869**
-,-, Rüstung (1907–1914) 710, 864, 866–869
-,-, Rüstung (1907–1914) ⓣ 711–712
-,-, Soziale Frage 865
-,-, Sozialismus 866, 868
-,-, Staatsorgane ⓣ **867**
-,-, Verfassung 856–857, 866
-,-, Verkehr 865, 868
-,-, Verwaltung 866
-,-, Wilhelminisches Zeitalter **864–866**
-,-, Wirtschaft 862, 864–865
-,-, Wirtschaft ⓣ **865**
-,-, Wirtschafts-Pol. 862–865, 867, 869
-, (1914–1918) 730–731, **870–872**, 950
-,-, (1914–1918),
-,-, Friedensverträge 727
-,-, Kriegführung 717–726, 728, 730, 870–871, 1110, 1119, 1289
-,-, Kriegsverluste ⓣ 730
-,-, öffentliche Finanzen 870
-,-, Parteien 870–872
-,-, Rüstung 870
-,-, Staatshaushalt ⓣ 729
-,-, Truppenstärke ⓣ 717
-,-, Verfassung 871
-,-, Wirtschaft 870
-, (1919–1933) 734–745, 752, **872–886**, 950, 1002, 1043, 1059
-, (1919–1933),
-,-, Arbeiterbewegung 877
-,-, Arbeits- und Sozial-Pol. 882, 885–886
-,-, Außen-Pol. 739, 741–743, 879, 881–883
-,-, Gesellschaft 872, 878–879, 881
-,-, Landwirtschaft 744
-,-, Massenorganisationen **876**
-,-, öffentliche Finanzen 744, 877, 879–881, 883–884
-,-, Parteien 872–877, 881–886
-,-, Parteien ⓖ **875**
-,-, pol. Org. 872, **874**
-,-, pol. Org. ⓖ **873**
-,-, Präsidialkabinette **883–884**
-,-, Regierungen ⓖ 874
-,-, Soziale Frage 879, 881, 883–885
-,-, Wahlen 877
-,-, Wahlen ⓖ 875
-,-, Währung 880–881
-,-, Wirtschaft 872–873, 879, 881, 883–886
-,-, Wirtschaft ⓣ **883**
-,-, Wirtschafts-Pol. 884
-, (1919–1933) ⓖ 733

-, (1933–1945) 748–750, 752, 761, 781, 801, **886–892**, **894–902**, 912, 1004, 1028
-,-, (1933–1945),
-,-, alliierte Bombenabwürfe ⓣ 794
-,-, Arbeits- und Sozial-Pol. 887, 894
-,-, Außen-Pol. 746–751, 753, 761–762, 765, 771, 778–779, 894–898
-,-, Flugzeugverluste ⓣ 794
-,-, Fritsch-Krise 897
-,-, Gesellschaft 887
-,-, Industrie 887–**888**
-,-, Industrie ⓣ 887
-,-, Judenvernichtung **900**, 1115
-,-, Kriegführung 752, 755, 759–760, 766–768, 770, 772–773, 776–777, 782–787, 791–793, 795–797, 898–902
-,-, Kriegseintritt 898
-,-, Landwirtschaft 894
-,-, öffentliche Finanzen 886–888, 895–897
-,-, Parteien 893–894
-,-, Parteien ⓣ 895
-,-, Recht(swesen) 902
-,-, Religions-Pol. 894, 896
-,-, Rüstung 887–888, 896
-,-, Soziale Frage 887, 895
-,-, SS-St. 890
-,-, SS-St. ⓖ **890**
-,-, Staatsorgane ⓣ **889**
-,-, Verfassung 893, 895
-,-, Wehrmacht 749, 761–764, 766–768, 773
-,-, Wehrmacht ⓖ 774
-,-, Wehrmacht ⓣ **770**, 772, **798**
-,-, Wirtschaft **886–888**, 895
-,-, Wirtschafts-Pol. 901
-, (1933–1945) ⓖ 775
Deutsches Volk
➔Bevölkerung,
-, Dtld.
deutsch-französische Verständigung 1356
Deutsch-Französischer Freundschaftsvertrag 1366
deutsch-französischer Freundschaftsvertrag 1410
deutsch-französischer Krieg (1870/1871) 706, 708, 855, 945, 990
Deutschkonservative Partei 857, 862, 866
Deutschland,
-, (1493–1789) **803–820**, 822–827, 829–831, 835–836
-, (1493–1789),
-,-, Bauern 657
-,-, Bevölkerung(sentwicklung) ⓖ 652
-,-, Bürgertum 656, 659
-,-, Kriegführung 674
-,-, Literatur 665
-,-, pol. Org. 659–660, 803
-,-, Reformation 660–661
-,-, Religions-Pol. 676–678
-,-, Ritterkrieg 806
-, (1789–1815) 837–838, 931
-, (1789–1815),
-,-, Adel 838
-,-, Beamte 837–838
-,-, Bildungswesen 840
-,-, Bürgertum 837–838
-,-, napoleonische Herrschaft **838–840**

-,-, Revolution **837**
-, (1815–1870) 699, **841–854**
-, (1815–1870),
-,-, Arbeiterbewegung 848, 852–853, 855
-,-, Auswanderung ⓖ 1283
-,-, Bürgertum 695, 842, 844, 851–852, 855
-,-, Eisenbahnbau 843
-,-, Frankfurter Nationalversammlung 845, 847–850, 854
-,-, Frankfurter Nationalversammlung ⓣ **846–847**
-,-, Frühkonstitutionalismus 842–843
-,-, Gesellschaft 851
-,-, Gewerkschaften 855
-,-, Herrschaftssystem 841
-,-, Industrialisierung 690, 842, 844, 855
-,-, Konstitutionalismus 850
-,-, Parteien 854
-,-, Parteien ⓣ **846**
-,-, pol. Org. 851
-,-, preuß.-österreichischer Dualismus 706, **852**–854
-,-, Reichsverfassung (1849) 848
-,-, Revisionismus u. Reaktion 852
-,-, Revolution **844–852**
-,-, Sozialismus 851, 853, 855
-,-, Verfassung 845, 851
-,-, Verfassung ⓣ **849**
-,-, Vormärz 841
-, (1870/1871–1945)
Deutsches Reich
-, (1945–1949) 1337–1340, 1356–1357, **1396–1404**, 1845–1846
-, (1945–1949),
-,-, Wirtschaft 1339
-, (Hoch-MA) 372, **457–480**
-, (Hoch-MA),
-,-, Adel 510–511
-,-, Kirche 507, 509–511, 513–514, 516
-,-, Königtum 509–510, 512, 517
-,-, Kultur 480–481
-,-, Literatur **480–481**
-,-, pol. Org. 514
-,-, Recht 512
-, (seit 1990) 1372–1373, 1391–1392, **1430–1432**, 1439, 1475, 1529, 1551, 1566, 1860
-, (seit 1990),
-,-, AIDS-Erkrankungen ⓣ 1335
-,-, Arbeits- u. Sozial-Pol. 1432
-,-, Asylrecht 1431
-,-, Bevölkerung ⓣ 1656
-,-, Europa-Pol. 1373
-,-, Gewerkschaften 1432
-,-, Handel ⓣ 1334
-,-, Index,
-,-, Produktion verarbeitendes Gewerbe ⓣ 1372
-,-, Regierungssitz 1430
-,-, Somalia-Einsatz 1734
-,-, UNO-Kampfeinsätze 1431–1432
-,-, Vereinigung 1355
-,-, Verteidigungs-Pol. 1432
-,-, Wirtschaft 1431–1432
-, (seit 1990) ⓖ 1393

-, (Spät-MA) 482–501
-, (Spät-MA),
-,-, Bevölkerung 482, 491
-,-, Gesellschaft 482
-,-, Kirchenbauten ⓣ 413
-,-, Kunst 499–500
-,-, Literatur 500–501
-,-, Pestwellen 490
-,-, Rechtswesen 483
-,-, Ritterbünde 492–493
-,-, Städte **491–492**
-,-, Städtebünde **492–493**
-, BR,
-,-, (1949–1990) 1328, 1340–1342, 1344, 1346, 1349–1352, 1358–1363, 1365–1367, 1369–1371, 1396, **1404–1413**, **1415–1416**, **1430**, 1446, 1491, 1493, 1514, 1605, 1798, 1806
-,-, (1949–1990),
-,-,-, Abrüstung 1354
-,-,-, Außen-Pol. 1329–1330, 1342, 1344–1347, 1349, 1351, 1353, 1358–1359, 1362, 1365, 1367, 1372, 1430, 1509
-,-,-, Bevölkerung,
-,-,-, Bundesländer ⓣ **1431**
-,-,-, Bevölkerung ⓣ 1656
-,-,-, Bez.,
-,-,-, Frkr. 1410
-,-,-, Isr. 1411
-,-,-, UdSSR 1409
-,-,-, Bruttoinlandsprodukt ⓣ 1369
-,-,-, DDR-Kredit (1983) 1415, 1428
-,-,-, Ehen ⓣ **1414**
-,-,-, Flüchtlinge u. Übersiedler ⓣ 1410
-,-,-, Gesellschaft ⓣ 1414
-,-,-, Handel 1324, 1351–1352, 1359
-,-,-, Handel ⓣ **1413**
-,-,-, Innen-Pol. 1349, 1409, 1411–1412, 1416
-,-,-, Militärwesen 1342, 1345–1346, 1349, 1358, 1362
-,-,-, NATO-Streitkräfte ⓣ 1354
-,-,-, pol. Org. 1342
-,-,-, pol. Org. ⓖ 1406
-,-,-, pol. Org. ⓣ 1407
-,-,-, Säuglingssterblichkeit ⓣ 1334
-,-,-, Sozialprodukt ⓣ **1411**
-,-,-, Vereinigung 1430
-,-,-, Verkehr 1351
-,-,-, Verteidigungsausgaben ⓣ 1369
-,-,-, Wahlgesetz (1990) 1430
-,-,-, Wiederbewaffnung 1359
-,-,-, Wirtschaft 1330, 1358
-,-,-, Wirtschaft ⓣ 1341
-,-,-, Wirtschafts-Pol. 1412
-,-,-, (1949–1990) 1358
-, DDR,
-,-, (1949–1990) 1341–1342, 1344, 1346–1347, 1349–1352, 1376, 1410, 1412–1413, **1416–1417**, **1419–1430**, 1811
-,-, (1949–1990),
-,-,-, Abrüstung 1354
-,-,-, Auslandskredit 1415, 1428
-,-,-, Ausreise-Pol. 1415,

1428
-,-,-, Außen-Pol. 1329, 1344, 1347, 1349, 1351, 1428
-,-,-, Besatzungszeit (1945–1949) 1403, 1432
-,-,-, Bruttoeinkommen ❶ 1419
-,-,-, dipl. Bez. 1427
-,-,-, Ehen ❶ 1414
-,-,-, Ende 1384, 1430
-,-,-, Erwerbstätige ❶ 1423
-,-,-, Flüchtlinge 1419, 1428–1429, 1514
-,-,-, Gesellschaft 1423
-,-,-, Gesellschaft ❶ 1414
-,-,-, Grenzöffnung 1429
-,-,-, Handel 1352
-,-,-, Handel ❶ 1384
-,-,-, Industrie ❻ 1424
-,-,-, Industrie ❶ 1426
-,-,-, Innen-Pol. 1347
-,-,-, Kommunalwahlen (1989) 1428
-,-,-, Kriegführung 1344–1345, 1349
-,-,-, Länderbildung 1402
-,-,-, Militärwesen 1420
-,-,-, Opposition 1428–1429
-,-,-, pol. Org. 1342
-,-,-, Rechtswesen 1419
-,-,-, regionale Gliederung 1419
-,-,-, Staatsaufbau ❻ 1425
-,-,-, Staats-Grd. (1949) 1375, 1416
-,-,-, Verfassung 1424, 1428–1429
-,-,-, Verfassung ❻ 1425
-,-,-, Verfassung ❶ 1421
-,-,-, Verkehr 1351–1352
-,-,-, Verwaltung 1426
-,-,-, Warschauer Pakt-Streitkräfte ❶ 1354
-,-,-, Wirtschaft ❶ 1423, 1426
Deutschland (seit 1990) 1550
Deutschlandfrage (seit 1945) 790, 1326, 1338–1339, 1341–1343, 1346, 1348–1349, 1357, 1372, 1427, 1429–1430, 1520
Deutschland-Konzeption, -, SED 1420
Deutschlandpolitik,
-, Alliierte 1338–1339
-, BR Dtld. 1426
-, DDR 1420, 1423, 1425–1427
-, Frkr. (seit 1945) 1340–1342, 1344, 1346
-, GB (seit 1945) 1340–1342, 1344, 1346
-, Österreich (1804–1867) 850–854, 904–905
-, Preußen (1789–1870) 850–854
-, UdSSR 799, 1340, 1342, 1344, 1346–1349, 1375, 1403, 1423, 1429, 1517–1518, 1522, 1529
-, USA (seit 1945) 1340–1342, 1344, 1346, 1848–1849, 1860
Deutschlandproblem 1401
Deutschlandvertrag (1952) 1408
Deutschlandvertrag (1990) 1430
Deutschliberale Partei (Österreich-Ungarn) 908

Deutschmeister 494
Deutschnationale Partei (Österreich-Ungarn) 908
Deutschnationaler Handlungsgehilfenverband 866
Deutsch-Neuguinea
➔Neuguinea,
-, dt. Kol.
Deutsch-Niederländisches Korps 1453
Deutschordensstaat 494–495, 807
Deutsch-Ostafrika
➔Tanzania
Deutsch-Österreich
➔Österreich,
-, (1918–1938)
Deutsch-Österreich
➔Österreich (1918–1938)
Deutsch-polnischer Vertrag (1970) 1351
deutsch-rumänisches Abkommen (1940) 898
deutsch-russischer Handelsvertrag (1925) 881
deutsch-russischer Neutralitätsvertrag (1926) 882
deutsch-russisches Abkommen (1940) 898
Deutsch-sowjetischer Vertrag (1970) 1350
Deutsch-sowjetischer Vertrag (1990) 1430
Deutschstämmige,
-, Kasachstan 1767
Deutsch-Südwestafrika
➔Namibia
Deutsch-tschechische Erklärung (1997) 1432, 1510
Deutsch-Tschechoslowakischer Vertrag (1973) 1508
Deutsch-Völkische Freiheitspartei 881
Devolutionskrieg (1667–1668) 685, 824, 923, 1024, 1036
Devon 5
Devon ❶ 8
Dewey,
-, Thomas Edmund 1212, 1848
Dewschirme 1099, 1102
Dezemberverfassung (1867) 906
DFP (Dominica Freedom Party) 1890
Dga-Idan,
-, Kl. 1199
DGB (Deutscher Gewerkschaftsbund)
➔Gewerkschaften,
-, Dtld. (seit 1945)
Dhahran 1613
Dharmasakti,
-, Sanya 1808
Dhlakama,
-, Afonso 1716
Dhola 1751
Dia,
-, Mamadou 1657, 1677
Dia Kossoi,
-, Ghana,
-,-, Kg. 1140
Diadochen 174, 176, 178, 196, 201–202
Diadochenkämpfe 176–178, 196, 1192
Diadochenkämpfe ❶ 76, 174
Diadochenkriege,
-, 1. (321–320) 175
-, 1. (321–320) ❶ 174

Deutschmeister 494
Deutschnationale Partei (Österreich-Ungarn) 908
-, 2. (319–316) 175
-, 2. (319–316) ❶ 174
-, 3. (315–311) 175
-, 3. (315–311) ❶ 174
-, 4. (302–301) 177
-, 4. (302–301) ❶ 174
-, 5. (288–286) 177
-, 5. (288–286) ❶ 174
-, 6. (282–281) 178
-, 6. (282–281) ❶ 174
Diadochenreiche 177
Diadochenreiche,
-, pol. Org. 179
Diagne,
-, Blaise 1156
Diakité,
-, Yoro 1677–1678
Diallaktes,
-, Begriff 128
Diallo,
-, Kommissar 1678
Diana Sirona 321
Diana Veteranorum (Aïn Zana) ❶ 333
Diana-Gruppe 36
Diaspora 336–338
Diawara,
-, Ange 1691
Díaz,
-, Porfirio **1305**
Diaz,
-, Bartolomeu 667
-, Dinis 667
Díaz,
-, Ordaz,
-,-, Gustavo 1866
Dibba,
-, Sheriff 1659
Dichtung ➔Literatur
Dictatus Papae (1075) 509
Diderot,
-, Denis 665, 927
Didier Ratsiraka 1741
Didius Iulianus,
-, Rom,
-,-, Ks. **274**
-,-, Ks. ❶ 254
Diebitsch,
-, Hans v. 988
Diedenhofen 383
Diedenhofen,
-, Erbfolgeordnung (806) 379
-, Erbfolgeordnung (806) ❶ 373
Diefenbaker,
-, John 1842–1843
Diego Suarez 778, 1172
Diem,
-, Ngo-Dinh 1815
Diemen,
-, Anthony van 1241
Dien-Bien-Phu 1814
Dierna 309
Dietl,
-, Eduard 758–759
Dietmar von Aist ❶ 481
Dietrich,
-, Otto 892, 899
Dietrich von Bern
➔Theoderich der Große
Dietrich von Freiberg 418
Dijon,
-, Schl. (500) 373
Dikaia ❶ 124
Dikaiarch 199
Dikaiarcheia ❶ 125
Dikasterien 150
DIKO (Demokratische Partei),
-, Zypern 1563
Diktatur,

-, röm. 213, 216, 227, 247, 252–253
-, röm. ❶ 236
Dileita Mohamed Dileita 1735
Dili 1825–1826
Dilke,
-, Charles 973
Dilthey,
-, Wilhelm 657
Dimini-Stufe 28
Dimitri Iwanowitsch,
-, Gfst. 622
Dimitrios,
-, Patr.,
-,-, I. 1477
Dimitrow,
-, Georgi 1374, 1545
Dimka,
-, B. S. 1675
Dingiswayo,
-, Mthethwa,
-,-, Hschr. 1155
Dinh-Bo-Linh 1227
Dini,
-, Lamberto 1475
Dinis,
-, Kg.,
-,-, Port. ➔Dionysius
Dinka 1134
Dinkelsbühl ❶ 413
Dinko Saki 1555
Dinosaurier 3, 7
Dio Chrysostomos 268, 272, 344
Diodoros von Agyrion 261
Diodotos,
-, Baktrien,
-,-, Kg.,
-,-,-, I. 185–**186**, 346–347
-,-,-, II. 186, 347
-, Seleukiden-R.,
-,-, Kg.,
-,-,-, Tryphon 190–191
Diogenes 207
Diokaisareia 338–339
Diokletian,
-, Rom,
-,-, Ks. 278–282, 292–293, 298–299, 305, 307, 311, 313, 318–320, 324, 331, 335–336, 339–340, 343, 350–351, 353
Diokletianisch-konstantinische Reformen **279–280**, **299**, 302, 305, 307, 311, 313, 315, 319, 326, 332, 340, 343
Dionysios,
-, skytischer Mönch 364
-, Syrakus,
-,-, Tyr.,
-,-,-, I. 160
-,-,-, II. 157, 207
-, v. Halikarnassos 261
-, v. Phokaia 140
Dionysios,
-, Port.,
-,-, Kg. 562
-, Kg.,
-,-, Areopagita 385, 395
-,-,-, d. Landwirt 562
-,-, Kg. ❺ 556
Dionysos 242, 310
Dionysoskult 181
Diopeithes,
-, Stratege 162
Diophantos 193
Diori,
-, Hamani 1680–1681
Dioskur,
-, Pp. ❶ 367
Dioskurias ❶ 124

Dioskuros,
-, Alexandria,
-,-, Patr. 366
Diouf 1658
Diouf,
-, Abdou 1657–1659
Diözese,
-, Spätantike 280, 299, 302–303, 319
Direktorium (1794–1799),
-, Frkr. 932–933
Diskalzeaten 519
Disraeli,
-, Benjamin 972–974
Dissidentenbewegung,
-, DDR 1423, 1427–1429
-, Georgien 1537
-, Jugoslawien 1548–1549
-, Moldau 1536
-, Polen 1503
-, Slowakei 1511
-, Tschechoslowakei 1508–1509
-, UdSSR 1521–1523, 1525
-, Ukraine 1534
Distomo 1562
DISY (Demokratische Sammlung),
-, Zypern 1563
Diu 1484, 1751
Diu,
-, Schl. (1509) 1183
Diurpaneus 309
-, Daker,
-,-, Kg. 308
Dius Fidius 215
Djabiya 353
Djedeida 777
Djerba 1634
Djerma 1680–1681
Djibuti ➔Dschibuti
Djilas,
-, Milovan 1548
Djindjić 1552
Djohar,
-, Said Mohammed 1743
Djoser,
-, Äg.,
-,-, Kg. 32, 78
DJP,
-, Südkorea 1793
Djukun 1139
DKP (Deutsche Kommunistische Partei) 1412
Dlamini,
-, Makhosini 1725
-, Mandabala Fred 1725
-, Maphevu 1725
-, Mbilini,
-,-, Pr. 1725
-, Obed 1725
-, Sibusio Barnabas 1725
-, Sotha 1725
DLP (Demokratische Arbeiterpartei),
-, Barbados 1891
DLP (Demokratisch-Liberale Partei,
-, Südkorea) 1793
DLP (Dominica Labour Party) 1890
Długosz,
-, Jan 618
DM (Deutsche Mark) 1412, 1429
Dmowski,
-, Roman 995, 1064
Dnjepr 1534
Dnjestr 1106
Dnjestr-Republik 1536–1537
DNVP (Deutschnationale

Volkspartei) 734, 741, 876, 878, 880–886, 890, 893–894
DNVP (Deutschnationale Volkspartei) ⓖ 875, 882, 895
Do Muoi *1818*
Do Muois 1818
DOAG (Deutsch-Ostafrikanische Gesellschaft) 1173
Doba 1577
Dobrawa,
-, T. v. Boleslav,
-,-, Böhmen,
-,-,-, Hz.,
-,-,-,-, I. 371, 607–608
Dobronega,
-, G. v. Kasimir,
-,-, Polen,
-,-,-, Kg.,
-,-,-,-, I. 609
Dobrudscha 706, 712, 761, 898–899, 1071
Dodekanes 1017–1018, 1109, 1470
Doe,
-, Samuel *1664*
Dofar 1618
Döffingen,
-, Schl. (1388) 493
Dogger 7
Dogger ⓣ 8
Dogolea,
-, Enoch 1664
Dogon 1141
Dogra-Familie 1747
Doha,
-, Kfz. (1997) 1616
Dokimeion 344
Dokimos 177
Dol,
-, Ebtm. 420, 569
Dolchstoßlegende (1918/1919) 873, 888
Dolichos 316
Dollar ⊙US-Dollar
Dollardiplomatie 1287, 1303
Dollfuß,
-, Engelbert *911*–912
Dolný Peter 59
Doloper ⓣ 123
Dolopia 200
Dom Miguel,
-, Port.,
-,-, Kg. 1032
Dom Pedro ⊙Peter I.,
-, Ks.,
-,-, Bras.
Domänen,
-, kaiserliche 266, 269–270, 276, 303
Domaszewski,
-, Alfred v. 287
Domesday Book 570–**571**
Dominat 279
Dominat ⓣ 208
Dominica 1299, 1880, **1890**
Dominica Freedom Party 1890
Dominica Freedom Party ⊙DFP
Dominica Labour Party 1890
Dominicus Gundisalvi 396
Dominikaner 515, 1294, 1296
Dominikanische Republik,
-, (1844–1945) 1309
-, (1844–1945) ⓣ 757
-, (seit 1945) 1852, **1888**
Dominikus von Caleruega *515*
Dominion Party ⊙DP

Dominionstatus 977, 1834
Domitia Lepida,
-, E. des Marcus Antonius ⓢ 263
Domitianus,
-, Rom,
-,-, Ks. 266–268, 272, 300, 306, 308, 310, 312, 317–318, 324, 335, 344
-,-, Ks. ⓣ 254
Domitien,
-, Elisabeth 1685
Domitius Ahenobarbus,
-, Cn.,
-,-, (Konsul 122 v.) 244, 316
-,-, (Konsul 96 v.) 246
-,-, E. des Marcus Antonius ⓢ 263
-,-, L. ⓢ 263
Domitius Alexander,
-, L.,
-,-, Usurpator 281, 332
Domitius Corbulo,
-, Cn. 264–265, 340
Domitius Domitianus,
-, L.,
-,-, Usurpator 281, 335
Domitius Ulpianus **274**
Domschulen 384, 465, 480
Don 1105
Don Carlos *1026*
Don Juan d'Austria *679*, 1104
Donatello *541*–542, *545*
Donati,
-, Dyn. 538
Donatisten 280, 283, 286
Donatistenstreit 334, 363
Donative 255, 259–260, 262, 265–266, 276
Donaubulgarisches Reich ⊙Bulgarisches Reich
Donaufürstentümer 705–706, 1105, 1107–1108
Donaugrenze,
-, Röm. R. 281, 284, 306–307, 312, 314, 317–318
Donaukonferenz (1948) 1374
Donaukonvention (1948) 1374
Donaumonarchie ⊙Österreich-Ungarn
Donau-Schwarzmeerkanal 1543
Donauwörth 815
Donbaß 1534
Donezbecken 986
Dong-khoi-Kultur 1227
Dongola 1133
Dongson-Kultur 1227
Dönitz,
-, Karl *784*–785, 798–800, *891*, 902, 1397
-, Karl ⓖ 774
Donkosakenaufstand (1667–1671) 980
Donnersberg ⓣ 846
Donnus,
-, Alpen-Kgr.,
-,-, Kg. 318
Don-Republik (1918) 999
Donus,
-, Pp. ⓣ 505
Doppelmonarchie 906
Dopsch,
-, Alfons 287
Dorange,
-, Michel 1679
Dorer 118–119, 130, 164
Dorer ⓣ 120, 123
Dorestad 377

Dorf (MA) 388
Dorgon *1207*
Doria,
-, Andrea *675*, *1007*
-, Dyn. 542
Dorieus 138
Dorimachos 205
Dorion ⊙Malthi
Doris 145, 161
Dorische Wanderung 118–120, 130
Dormans,
-, Guillaume de 444
-, Jean de 444
Dorothea von Brandenburg,
-, Dän.,
-,-, Norw. u. Schweden,
-,-,-, Kgn. *600*
Dorpat 609, 979
-, Vtg. (1920) 1000, 1056, 1058
Dorpmüller,
-, Julius *891*
Dorr-Rebellion (1842),
-, USA (1776–1945) 1284
Dorset-Tradition 1251
Dorticós Torrado,
-, Osvaldo *1882*
Dortmund,
-, Vtg. (1609) 680
Dorussos,
-, Sparta,
-,-, Kg. ⓣ 130
Dorylaion,
-, Schl. (1097) 400, 645
-, Schl. (1147) 401
dos Santos,
-, Eduardo *1705*
-, Marcelino *1715*
Dost Mohammed,
-, Afghanistan,
-,-, Emir 1126
Dostojewski,
-, Fjodor M. *986*
Douaumont 719
Douaumont ⓣ 719
Douce,
-, G. v. Raimund Berenguer,
-,-, Barcelona,
-,-,-, Gf.,
-,-,-,-, III. ⓢ 554
Dougga,
-, (Alt.) ⊙Thugga
Douglas,
-, Denzil 1889
-, Margarete ⓢ 960
-, Stephen A. *1285*
-, Stephen A. ⓖ *1282*
Douglas-Home,
-, Alec *1461*
Doumerque,
-, Gaston *953*
Dowiyogo,
-, Bernard 1838
DP (Democratic Party),
-, Buganda 1729
DP (Dominion Party),
-, Zimbabwe 1710
DPP (Demokratische Fortschrittspartei),
-, Taiwan) 1789
Drachenloch 18
Drachmani 49
Dragos,
-, Moldau,
-,-, Ft. 633
Dragut (Torgut),
-, osmanischer Befehlshaber 1103
Drake,
-, Francis *961*, *1269*

Drakon 126, 128, 134
Drangiane 172
Drawiden 1182
drawidische Sprachen (Dravidasprachen) 1177, 1182, 1752
Dreadnought 868, 975
Drees,
-, Willem *1452*
Drei Rote Banner 1776
Dreibund (1882),
-, Dt. R. – It. – Österreich-Ung. 707, 710, 863, 868, 907, 992, 1016, 1122
-, Dt. R. – It. – Österreich-Ung. ⓣ 721
Dreieckshandel 1272
Dreierpakt (1942),
-, Dt. R. – It. – Japan 778–779, 783, 1020
-, Dt. R. – It. – Japan ⓣ 754
Dreifelderwirtschaft 383, 388, 502
Dreikaiserabkommen,
-, (1873) 706, 862, 990
-, (1881) 707, 863, 907, 991
Dreikaiserschlacht ⊙Austerlitz
Dreikaiservertrag 864
Drei-Kapitel-Streit 636
Dreiklassenwahlrecht 850, 871
Dreikönigsbündnis (1849) 850
Dreimächtepakt (1940),
-, Bulg. 763
-, Dt. R. – It. – Japan 762–763, 765, 771, 1005
-, Jugoslawien 763
-, Rumänien 762
-, Slowakei 762
-, Ung. 762
Dreimächtepakt (1940) Dt. R. – It. – Japan 1225
Dreißigjähriger Krieg (1618–1648) 492, 681–683, 803, 816–**819**, 1045, 1048
Dreißigjähriger Krieg (1618–1648),
-, Kriegsfolgen **819**
-, Kriegsfolgen ⓣ 820
Dreißigjähriger Krieg (1618–1648) ⓣ 816, 820
Dreiständelehre **390**
Dreivölker-Konföderation (4. Jh.) 359
Dreiwelten-Theorie,
-, China,
-,-, VR (seit 1949) 1780–1781
Dreizehnjähriger Krieg (1454–1466) 495
Drepana (Trapani) 225
Drepana (Trapani),
-, Schl. (250 v.) 225
Dresden 794
Dresden,
-, Aufst. (1849) 850
-, Frd. (1745) 687, 828
-, Parteikongr. d. SPD (1903) 698
-, Schl. (1759) 829
-, sowj. Eroberung (1945) 798
Drexler,
-, Anton *888*
Dreyfus,
-, Alfred 948
Dreyfus-Affäre (1898–1899) 948
Drieu la Rochelle,
-, Pierre *953*

Driss Basri 1642
Dritte Republik (1871–1914) 945–946, 948–949
Dritte Republik (1871–1914) ⓖ 947
Dritte Welt 1320, 1327–1332, 1368, **1390**, 1519
Dritte Welt,
-, Bevölkerungs(entwicklung) ⓣ 1385
-, Export ⓣ 1385
-, Landwirtschaft ⓣ 1385
-, pol. Org. **1385**–**1386**, **1388**–**1390**
-, Säuglingssterblichkeit ⓣ 1334
-, Wirtschaft ⓣ 1385
-, Wirtschafts-Pol. 1389–1390
Dritter Stand,
-, Frkr. 452, 929
Drnovšek 1556
Drnovšek,
-, Janez *1556*
Drobeta (Turnu Severin) **268**, 309
Drogenhandel 1333, 1858, 1865, 1880, 1896
Drogo,
-, Metz,
-,-, B. ⓢ 380
Dromochaites,
-, Geten,
-,-, Kg. 177
Drontheim 758
Droste zu Vischering,
-, Klemens August v. 843
Droysen,
-, Johann Gustav ⓣ 846
Druckorte,
-, Spät-MA ⓣ 418
Druiden 316, 321
Drummond,
-, Eric *733*
Drusen 1094, 1104, 1108, 1116, 1568, 1592
Drusen,
-, Aufstand (1925–1926) 1116
Drusilla,
-, T. des Germanicus 263
Drusus,
-, Nero Claudius,
-,-, Stief-S. Des Augustus 258
-,-, Stief-S. des Augustus 263
Drusus Caesar,
-, S. Des Germanicus 262
-, S. des Germanicus ⓢ 263
-, S. v. Tiberius,
-,-, Rom,
-,-,-, Ks. ⓢ 263
Dschaber Al-Ahmed Al-Sabah 1615
Dschahangir,
-, Großmogul 1184
Dschallud,
-, Abd as-Salam *1630*
Dschama´at Al-Islamija 1628
Dschami *1098*
Dschanata-Partei 1754–1756
Dschan-Sangh-Partei 1750, 1755
Dschaunpur,
-, Sult. 1181
Dschedid,
-, Chadli Ben *1637*–1638,

1642
Dscheitun 25
Dschelal ad-Din Mängübirdi,
-, Choresmien,
-,-, Chwarismschah 1096
Dschelal ed-Din Rumi 1099
Dschem,
-, Osman.,
-,-, Prät. 1101–1102
-,-, Prät. ◉ 1100
Dschemdet Nasr 31
Dschemdet-Nasr-Zeit 85
Dschemdet-Nasr-Zeit ❶ 77
Dschenin 1591
Dschibuti (Französisch-Somaliland,
-, Djibuti),
-,-, (bis 1977) 778, 1174–1175, 1733
-,-, (bis 1977) . 1175
-,-, (bis 1977) ❶ 709, 1158
-,-, (seit 1977) 1735
-,-, (seit 1977),
-,-,-, pol. Org. 1735
-,-, (seit 1977) ❶ 1158
Dschidda 405, 1572, 1576
Dschidda,
-, Abk. (1965) 1572
-, Vtg. (1927) 1117
Dschihad 1089
Dschingis Chan 620, 1096–1097, 1192, 1195–1196, 1199, 1206
Dschinismus 1178, 1180, 1182
Dschumagulow,
-, Apas 1770
Dschumblat,
-, Kamal 1596
Dschunagadh 1749
Dschürtschen (Dschurdschen,
-, Schurtschen) 1195, 1206–1207, 1215
DSU (Deutsche Soziale Union) 1429
Dsungaren 1199, 1208
DTA (Demokratische Turnhallen-Allianz),
-, Namibia 1718–1719
Duala 1142, 1161
Dualismus,
-, Preußen-Österreich ◉preußisch-österreichischer Dualismus
Duarte,
-, Eva ◉Perón
-, José Napoleon 1872
Duarte ◉Eduard
Dubai 1615, 1617
Dubarry,
-, Gfn. 926
Dubček,
-, Alexander 1380, 1507–1509, 1511, 1548
Dublin 567, 585
Dublin,
-, Btm. 584
-, EG-Kfz. (1975) 1370
Dubois,
-, Guillaume 925
Dubovac-Gruppe 59
Dubovac-Kultur 65
Dubrovnik ◉Ragusa
Duccio 544
Duckwitz,
-, Arnold ❶ 846
Duero-Kultur 328
Duero-Linie 551
Duesterberg,
-, Theodor 885

Dufferin,
-, F. Temple,
-,-, Lord 1188
Dufour,
-, Guillaume-Henri 1084
Dugu,
-, Hschr.,
-,-, Kanem 1138
DuGuesclin,
-, Bertrand 445
Duhamel,
-, Jacques 1448
Duheyna 1132–1133
Duilius,
-, C. 224
Duisburg 738
Duisburg,
-, alliierte Räumung (1925) 881
Dukakis,
-, Michael 1858
Dukat 457
Duketios,
-, Sikeler,
-,-, Ft. 144
Dulles,
-, John Foster 1342, 1361–1362, 1364, 1795, 1849
Duma,
-, russ. Parlament 995
Duma,
-, russ. Parlament,
-,-, 1. (1906) 986, 993
-,-, 1. (1906) ❶ 995
-,-, 2. (1907) 993
-,-, 2. (1907) ❶ 995
-,-, 3. (1907–1912) 993, 995
-,-, 3. (1907–1912) ❶ 995
-,-, 4. (1912–1913) 996
-,-, 4. (1912–1913) ❶ 995
-,-, russ. Parlament ❶ 995
Dumakomitee,
-, (1917) 726
Dumbarton Oaks,
-, Kfz. (1944) 788, 1006
Dumitru Braghis 1537
Dumouriez,
-, Charles François 931
Dunama Dibbalemi,
-, Kanem,
-,-, Hschr. 1138
Dunant,
-, Henri 1014
Dunapentele,
-, (Alt.) ◉Brigetio
Duncan,
-, Schottld.,
-,-, Kg.,
-,-,-, I. 568
Duncker,
-, Max ❶ 846
Dunin,
-, Martin v. 843
Dünkirchen 718, 759–760, 956
Dunkles Zeitalter,
-, Begriff 119
-, Griechld. 119–124, 134
Dunmurry-Gruppe 37
Dunois,
-, Gfsch. 450
Duns Scotus,
-, Johannes 418–419
Dunstan,
-, Canterbury,
-,-, Eb. 566
DUP (Demokratische Unionspartei,
-, Sudan) 1622–1623
Duperré,
-, (Alt.) ◉Oppidum Novum
Dupleix,

-, Joseph-François 926
Duplessis,
-, Maurice 1277
Dupljaja 59
Dupong,
-, Pierre 1458
DuPont,
-, Konzern ❶ 1332
Dupont,
-, Clifford 1711
-, de lEure 941
Düppeler Schanzen (1864) 853
Duque de Bragança 1165
Dura-Europos 273, 277, 348–350
Durán Ballén,
-, Sixto 1902
Durand-Linie 1651
Durango 1256
Durazzo ◉Epidamnos
Durban 1720
DUrčansk,
-, Ferdinand 1069
Durčanský,
-, Ferdinand 750
Dürer,
-, Albrecht 659
-, Hans 618
Durocortorum (Reims) 318–319, 322
Durostorum 307
Dürrekatastrophe,
-, Äthiopien (1984/1985) 1737
Durrës,
-, (Alt.) ◉Epidamnos
Dur-Scharrukin 90
Duruthy 20
Duschanbe 1769
Düsseldorf 738
Düsseldorf,
-, alliierte Räumung (1925) 881
Düsseldorfer Leitsätze,
-, CDU 1405
Dutra,
-, Eurico Gaspar 1917
Dutroux 1457
Duval,
-, Gaetan 1744
Duvalier,
-, François 1886–1887
-, Jean-Claude 1886–1887
Duvno,
-, (Alt.) ◉Delminium
DUWP (Dominica United WorkersParty),
-, Dominica 1890
DVP (Deutsche Volkspartei) 734, 874–875, 878–884
DVP (Deutsche Volkspartei) ❻ 875, 882, 895
DWK (Deutsche Wirtschaftskommissionen) 1403–1404
Dymanes 130
Dyme 203, 303
Dynasteia 126
DYP (Partei des Rechten Weges),
-, Türkei 1566
Dyrrhachion 645
Dyrrhachium 630
Dyrrhachium ◉Epidamnos
Dzaoudzi 1741
Dzeliwe,
-, Swazild.,
-,-, Königinmutter 1725

E

EAG ◉Euratom
EAM (Griechische Befreiungsfront) 1082
Eanes,
-, Ramalhâo 1485–1486
Eannatum,
-, Lagasch,
-,-, Kg. 38–39, 86
EAPC ◉Euro-Atlantischer Partnerschaftsrat
East India Company 961, 1174
Eauze,
-, (Alt.) ◉Elusa
Ebendorfer,
-, Thomas 500
Eberhard,
-, Bay.,
-,-, Hz. 456, 460
-, Franken,
-,-, Hz. 457–458, 460
-, Friaul,
-,-, Mgf. ◉ 380
Ebert,
-, Friedrich 731, 869, 871–872, 874, 877–878, 881
-, Friedrich,
-,-, S. d. Reichs-Präs. 1340
Ebla 97, 101
Eblaitisch,
-, Spr. 97
Ebo,
-, Missionar,
-,-, v. Reims 371
Ebroin,
-, HM 374
-, HM ❶ 373
Ebrovertrag (226/225) 226, 328
Eburacum (York) 279–280, 326–327, 576
Eburacum (York),
-, Kirchen-Prov. 576
Eburonen 252, 317
ECA (Economic Co-operation Administration) 1357, 1360
ECA (Economic Co-operation Administration) ❻ 1322
ECE ❻ 1322
Ecevit 1567
Ecevit,
-, Bülent 1565–1566
Ecevit, Bülent 1567
Echandi Jiménez,
-, Mario 1877
Echekrates,
-, Br. Antigonos III. ◉ 198
Echestratos,
-, Sparta,
-,-, Kg. ❶ 130
Echeverría Alvárez,
-, Luis 1866–1867
Echnaton ◉Amenophis IV.
Eck,
-, Johannes 805, 808
Eckhardt,
-, Tibor v. 914
Eckhart,
-, Meister 418, 501
-, v. Hochheim ❶ 416
ECLA ❻ 1322
ECOMOG (Economic Community Monotoring Group) ❶ 1655
Economic Co-operation Ad-

ministration ◉ECA
ECOWAS 1646
ECOWAS (Economic Community of West African States) / CEDEAO (Communauté Economique des Etats de lAfriquedelOuest) ❶ 1655
Ecuador 1296, 1309, 1311, 1863, 1894, 1901–1902, 1904–1905
Ecuador,
-, Gesellschaft 1311
-, Indianerkulturen 1263
-, pol. Org. 1902
-, Säuglingssterblichkeit ❶ 1334
Ecuador ❶ 757
ECWA ❻ 1322
Edandjo,
-, Jerry 1719
Edda 596
Eden,
-, Anthony 759, 779, 781, 1343, 1360–1361, 1460
-, Anthony ❶ 1464
EDES (Griechisch-Demokratische Nationalarmee) 1082
Edessa (Urfa) 350, 405, 1089
EDF (Europäische Demokraten für den Fortschritt) 1371
Edfu 182–183
Edgar,
-, Engld.,
-,-, Kg. 566
-,-, Kg.,
-,-, Etheling ❶ 565
-,-, Kg. ❶ 565
-, Schottld.,
-,-, Kg. 586
Edictum Chlotharii,
-, (614) 374
-, (614) ❶ 373
Edictum Theoderici 364
Edictus Rothari 526
Edikt,
-, kaiserliches,
-,-, Rom 264
-, v. Nantes,
-,-, (1598) 680
-,-, Aufhebung (1685) 925
Edikte,
-, röm. 269–270
Edinburgh,
-, Bes. (1648) 963
Edirne 705, 1099, 1107, 1109
Edith,
-, G. v. Otto,
-,-, Ks.,
-,-,-, I. d. Gr. ◉ 461, 467
Edmund,
-, Engld.,
-,-, Kg. ❶ 565
-, S. v. Heinrich,
-,-, Engld.,
-,-, Kg.,
-,-,-,-, III. 517, 574
-, v. York ◉ 559
-, v. Siz. 576
-, York,
-,-, Hz. ◉ 581
Edo 1142, 1222
Edom 102
Edoner 145
Edred,
-, Engld.,
-,-, Kg. ❶ 565
Edrisi 532

Edu,
-, Bonifacio Ondo *1687*–1688
EDU (Europäische Demokratische Union) 1370
Eduard,
-, Engld.,
-,-, Kg.,
-,-,-, d. Märtyrer ❶ 565
-,-,-, d. Ä. ❶ 565
-, Engld./GB.,
-,-, d. Schwarze Pr. 443, 445, 558, *577*–578
-,-,-, d. Schwarze Pr. ❺ 581
-,-, Kg.,
-,-,-, d. Bekenner 427, *566*, 570
-,-,-, d. Bekenner ❶ 565
-,-,-, I. 402, 437, 487, *574*–576, 584, 586–587
-,-,-, I. ❺ 559, 570, 581
-,-,-, II. **575**–577, 586–587
-,-,-, II. ❺ 442, 581
-,-,-, III. 440–441, 443–444, 454, 489–490, 546, **575**, *577*–579, 582, 587
-,-,-, III. ❺ 442, 581
-,-,-, IV. 451, 582
-,-,-, IV. ❺ 581
-,-,-, V. *582*
-,-,-, V. ❺ 581
-,-,-, VI. 959
-,-,-, VI. ❺ 960
-,-,-, VII. *975*
-,-,-, VII. ❺ 970
-,-,-, VIII. *977*
-,-,-, VIII. ❺ 970
-, Port.,
-,-, Kg.,
-,-,-, (Duarte) *563*
-,-,-, (Duarte) ❺ 556
-, Schottld.,
-,-, Pr.,
-,-,-, Bruce 585, *587*
-, v. Hann. ❺ 970
-, Wales,
-,-, Pr. v. 582
-,-, Pr. v. ❺ 581
-, York,
-,-, Hz. v. ❺ 581
Eduard von Carnarvon,
-, Pr.,
-,-, Wales ⯈Eduard,
-,-,-, Engld./GB.,
-,-,-,-, Kg.,
-,-,-,-,-, II.
Eduardo Duhalde 1916
Edward,
-, S. v. Elisabeth,
-,-, Engld./GB.,
-,-,-, Kgn.,
-,-,-,-, II. ❺ 970
Edward Fenech-Adami 1478
Edwin,
-, Northumbria,
-,-, Kg. 370
Edwy,
-, Engld.,
-,-, Kg. ❶ 565
EEF ⯈Europäischer Entwicklungsfonds
Eem-Warmzeit 10
Eem-Warmzeit ❶ 11
Efik **1141**
EFTA (European Free Trade Association,
-, Europäische Freihandelszone) (1956) 1326, 1364–1365, 1369, 1371–1373, 1391, 1437, 1440, 1443, 1461, 1467, 1487, 1489, 1493–1494

EG (Europäische Gemeinschaft) 1324, 1327, 1330–1333, 1354, 1356, 1367–1373, 1383, 1391, 1431, 1438–1439, 1478, 1486, 1488, 1496–1498, 1500, 1509–1510, 1550, 1557, 1561–1562, 1565, 1574, 1603, 1633, 1642, 1722, 1785, 1804, 1809, 1817, 1864, 1889–1892, 1900
EG (Europäische Gemeinschaft),
-, -Binnenmarkt 1391
-, Entwicklungshilfe 1368
-, -Erweiterungsverhandlungen (1969–1972) 1368
-, -Gipfel-Kfz. (1984) 1371
-, -Gipfel-Kfz. (1985) 1371
-, -Gipfel-Kfz. (1986) 1371
-, -Gipfel-Kfz. (1987) 1372
-, -Gipfel-Kfz. (1988) 1372
-, -Gipfel-Kfz. (1989) 1372
-, -Gipfel-Kfz. (1990) 1372
-, Wirtschafts- und Währungs-U. 1368–1369
-, -Zoll-U. 1367, 1369
EG (Europäische Gemeinschaft) ❶ 1655, 1783, 1798, 1855
Egba-Reich 1160
Egbert,
-, Engld.,
-,-, Kg. ❶ 565
-, Missionar *370*
Eger 1067
Eger,
-, Goldbulle (1213) 514
-, Land-Frd. (1389) 494
Egerland 612
Egisheim,
-, Dyn. 508
EGKS (Europäische Gemeinschaft für Kohle und Stahl) 1359, 1361, 1363–1364, 1366, 1369, 1371, 1408, 1461, 1471
Egmond,
-, Lamoral Gf. v. 679, *1033*
Egnatius Rufus,
-, M. 257
Ehinger,
-, Ambrosius *1294*
Ehrenburg,
-, Ilja *1518*
Ehrenstein 35
Ehrhardt,
-, Marinebrigade 878
Ehud 102
Ehud Barak 1605
Eichmann,
-, Adolf *900*, 1915
Eichstätt 702
Eichstätt,
-, Btm. 384
Eidergrenze 381
Eidgenossenschaft ⯈Schweiz
Eidgenössisches Recht 502
Eigengut 483
Eigruber,
-, August ❶ *892*
Eike von Repgow 417, 480
Eike von Repgow ❶ 416
Eilhart von Oberge ❶ 481
Einaudi,
-, Luigi *1470*
Eingeborenenstatut (1954) 1659–1660
Einhard,
-, Abt *385*

Einigungsvertrag,
-, BR Dtld.-DDR (1990) 1430, 1432
Einwanderung,
-, Am.,
-,-, engl. Kolonialzeit 1275
-,-, engl. Kol. 1275
-,-, Argentinien 1315
-,-, Austr. 1243, 1830
-,-, Kan. 1275, 1277
-,-, Neuseeld. 1245, 1835
-,-, Nordafrika 1120, 1122
-,-, Palästina/Isr. 1112–1115
-,-, Palästina/Isr. ❶ 1113
-,-, Süd-As. 1176
-,-, USA 1287, 1858, 1860
Einzelgrabkultur 46
Eion 144
Eire 978
Eisangelie 151
Eisangelie ❻ 150
Eisenbahnbau,
-, Afrika sdl. d. Sahara 1157, 1162–1164, 1170, 1175
-, Äg. 1118
-, Dtld. 843–844
-, Eur. 691–692
-, Frkr. 943
-, GB 967, 971
-, Ind. 1187
-, Japan 1222
-, Pers. 1126
-, Russld. 989
-, Schweden 1050
-, USA 1285–1286
Eisenbahnnetz,
-, Dtld. 843, 865
-, Eur. ❻ 691
Eisenburg,
-, Frd. (1664) 1104
Eisenhower,
-, Dwight D. 776–777, 781, 785–786, 792, 798–799, 957, 1021, *1292*, 1337, 1342–1343, 1345, 1347, 1359–1361, 1397, 1518, 1796, *1845*, 1849–1850
Eisenhower-Doktrin (1957) 1345, 1570, 1595, 1646, 1850
Eisenproduktion,
-, Eur. (19. Jh.) ❶ 691
Eisenzeit 13, **67–72**
-, Bestattungen 68, 71
-, Griechld. 120
-, Griechld. ❶ 119
-, Hochkulturen 68, 70
-, It. 208
-, Keramik 68–72
-, Klein-As. 72, 120
-, Kunst 67–68, 70–72
-, Siedlungen 68–72
-, Südost-As. 1227
-, Waffen 67–69, 71
-, Wirtschaft 67–68
Eisenzeit ❶ 11
Eiserne,
-, Garde,
-,-, Rumänien 740, 1072–1073
Eiserne Front 885
Eiserner Vorhang 1428
Eisner,
-, Kurt *871*
Eiszeit 4, 6, 9–10, 14
Ejército de Liberación Nacional (ELN) 1896
Ekbatana (Hamadan) 107–109, 172
EKD (Evangelische Kirche in Deutschland) 1425

Ekkehard,
-, I. V. St. Gallen *465*
-, Meißen,
-, Mgf.,
-,-,-, I. 464, *608*
Ekklesia 132, 149–150, 159, 162
Ekman,
-, Karl Gustav *1053*
Eknomos,
-, Schl. (256) 224
EKOFISK-Katastrophe (1977) 1490
Ekthesis 503, 637–638
El Argar-Gruppe 55, 60
El Castillo 18
El Fasher 1133
El Hadsch Omar ⯈Umar Taal
El Jobo 1263
El Kasbate,
-, (Alt.) ⯈Gemellae
El Molle 1267
El Molle,
-, archaischer Fund 1267
El Pardo,
-, Abk. (1761) 1298
El Salvador 1251, 1306–**1307**, 1857, 1862, **1871**–1874
El Salvador,
-, Arbeits- u. Sozial-Pol. 1871
-, Bevölkerung(sentwicklung) ❶ 1865
-, Bürgerkrieg 1872
El Salvador ❶ 757
Elagabal,
-, Rom,
-,-, Ks. 275, 340, 353
-,-, Ks. ❶ 254
Elaios ❶ 124
El-Alamein 776
Elam 39, 57, 63, 86–88, 90, **106**–108
Elam,
-, R. ❶ 77
El-Amarna 80, 98, 101
Elamier 87, **106**
Elamiter 52
El-Amra-Kultur 74
ELAS (Griechische Volksbefreiungsarmee) 789–790, 1082
Elateia 168, 302
Elba 111, 703, 936
El-Badari 27
El-Badari-Kultur 74
Elbgermanen 323
Elbing 492, 495, 797, 1503
Elbslawen 464
Elburs 1191
Elcano,
-, Juan Sebastián *669*, 1294
Elche,
-, (Alt.) ⯈Ilici
Eldjarn,
-, Kristian *1493*
ELDO (Europäische Organisation für die Entwicklung und den Bau von Raumfahrtträgern) 1365
Elea (Velia) 70, 138, 194
Elea (Velia) ❶ 125
Eleanore,
-, Engld.,
-,-, Kgn. *572*
Eleaten 138, 151
Electoral Amendment Act,
-, Neuseeld. (1937) 1246
ELECTROPERU,
-, Peru 1904

Eleer 160
Elektrizität 693
Eleonora,
-, T. v. Eduard,
-,-, Engld./GB.,
-,-,-, Kg.,
-,-,-,-, II. ❺ 581
Eleonore,
-, Engld.,
-,-, Kgn. ❺ 570
-, G. v. Heinrich,
-,-, Engld.,
-,-,-, Kg.,
-,-,-,-, III. ❺ 554
-, T. v. Ferdinand,
-,-, León-Kast.,
-,-,-, Kg.,
-,-,-,-, III. ❺ 559
-, T. v. Peter,
-,-, Aragón,
-,-,-, Kg.,
-,-,-,-, IV. D. Zeremoniöse 562
-,-,-,-, IV. d. Zeremoniöse ❺ 559
-,-, Siz.,
-,-,-, Kg.,
-,-,-,-, ❺ 559
-, T. v. Wilhelm,
-,-, Aquitanien,
-,-,-, Hz.,
-,-,-,-, X. 428, 430
Eleonore Blanca,
-, T. v. Johann,
-,-, Aragón,
-,-,-, Kg.,
-,-,-,-, II. 559
Elephantine 82
Eleusinische Mysterien 268, 285
Eleusis 64, 152, 157–158, 177, 232
Eleutherolakonen 302–303
ELF (Eritrean Liberation Front),
-, Eritrea 1736, 1738
-, Eritrea ❶ 1655
El-Fajum 25, 74, 79, 182
Elfenbeinküste (Côte dIvoire) 1144, 1156, 1661, **1665**–**1666**, 1671, 1677–1679, 1681, 1697, 1720
Elfenbeinküste (Côte dIvoire) ❶ 709, 1158
Elfenbeinküste (Côte dIvoire),
-, öffentlicheFinanzen 1666
-, pol. Org. 1666
-, Wirtschaft 1666
-, Unabhängigkeits-Erkl. ❶ 1386
-, Wirtschaft ❶ 1385
Elferclub 1442
El-Gazala 776
Elhen von Wolfshagen,
-, Tileman ❶ 416
Elia,
-, Prophet *103*
Elián Gonzalez 1885
Elián González 1861
Eliáš,
-, Alois *1069*
Elías Calles,
-, Plutarco **1306**
Eliécer Gaitán,
-, Jorge 1894
Eligius,
-, Missionar *370*
Elis,
-, (bis zum 5. Jh.) 131, 144, 154, 158, 162

-, (bis zum 5. Jh.) ➊ 120
-, (Hellenismus) 168, 176, 188, 199, 201, 204–206
-, (röm. Zeit) 301–302
Elisa,
-, Prophet *103*
Elisabeth,
-, Böhmen,
-,-, Kgn. *612*
-, Engld./GB,
-,-, Kgn.,
-,-,-, I. 663, *678*–680, 959, *961*, 1034, 1183, 1270
-,-,-, I. ➌ 960
-,-,-, II. 1450, *1460*, 1465, 1833–1834, 1836, 1838, 1844
-, G. Kasimirs,
-,-, Polen,
-,-,-, Kg.,
-,-,-,-, IV. 485
-, G. Kg. Albrechts II. *624*
-, G. Kg. Albrechts II. ➌ 487
-, G. v. Georg,
-,-, GB,
-,-,-, Kg.,
-,-,-,-, VI. ➌ 970
-, G. v. Heinrich,
-,-, Engld.,
-,-,-, Kg.,
-,-,-,-, VII. *958*
-, G. v. Kasimir,
-,-, Polen,
-,-,-, Kg.,
-,-,-,-, IV. Andreas ➌ 1062
-, G. v. Konrad,
-,-, Kg./Ks.,
-,-,-, IV. ➌ 473
-, Orléans,
-,-, Hzn.,
-,-,-, v. d. Pfalz 826, 925
-,-,-, v. d. Pfalz ➌ 924
-, Österreich,
-,-, Ksn. *908*
-,-, Ksn. ➌ 835
-, Polen,
-,-, Kgn.,
-,-,-, v. Habsburg *618*, *625*
-,-,-, v. Habsburg ➌ 617
-, Preußen,
-,-, Kgn.,
-,-,-, Christine 828
-, Russld.,
-,-, Zarin 688, 829, *983*
-, T. v. Eduard,
-,-, Engld./GB,
-,-,-, Kg.,
-,-,-,-, IV. 582
-,-,-,-, IV. ➌ 581
-, T. v. Jakob,
-,-, Engld.,
-,-,-, Kg.,
-,-,-,-, I. ➌ 960
-, Ung.,
-,-, Kgn. 624
-, v. Görtz 449
-, v. Nassau-Saarbrücken *501*
-, v. Thüringen 623
-, v. Valois 678, 680
Elisabeth II 1466
Elisabeth v. Bayern-Ingolstadt ➋Isabeau,
-, Kgn.,
-,-, Frkr.
Elisabethville 1694
Elisabethville,
-, Kfz. (1959) 1693
Elizabeth,
-, Schiff 1159
El-Kamil ➋Al-Malik

Al-Kamil
Elliceinseln ➋Tuvalu
El-Lischt 48, 79
Elmina 1143
El-Molgata 80
el-Muchtar,
-, Omar 1122
ELN 1896
ELN (Nationales Befreiungsheer),
-, Kolumbien 1894
El-Obed 27
El-Obed-Kultur 84
El-Omari 74
Elsass,
-, (MA) 456, 499
-, (NZ) 685, 816
Elsässischer Städtebund (1379) 493
Elsässischer Städtebund (1379) ➊ 410
Elsass-Lothringen,
-, (1871–1914) 856, 945
-, (1914–1945) 714, 726, 728, 731, 735, 742, 792, 898, 950
-, Verfassungs- und Wahlgesetz (1910) 869
Elser,
-, Georg 756, 898
Eltschibej,
-, Abulfas *1541*
Eltz von Rübenach,
-, Paul *891*
Elusa (Eauze) 318–319
Elveti 314
Elymais 190, 346–349
Elymer 137–138
Emanuel,
-, Port.,
-,-, Kg.,
-,-,-, I. 667, *1030*
-,-,-, II. *1032*
-,-,-, II. ➌ 556, 970
-,-, S. v. Ferdinand,
-,-,-, León-Kast.,
-,-,-,-, Kg.,
-,-,-,-,-, III. ➌ 559
Embargo-Gesetz 1281
Embu 1174
Emerita Augusta (Mérida) 330–331
Emesa (Homs) 340–341
Emicho,
-, Leiningen,
-,-, Gf. 400
Emile Lahhud 1598
Emilia 298, 1011
Emilia,
-, Plebiszit (1860) 1011
-, -Romagna 700–701, 706, 1011, 1014
Emin Pascha 1134
Emirate,
-, arabische der Vertragsküste ➋Vereinigte Arabische Emirate
Emma,
-, G. v. Lothar,
-,-, Westfranken-R.,
-,-,-, Kg. ➌ 380
-, G. v. Ludwig,
-,-, Kg.,
-,-,-, II. d. Deutsche ➌ 380
Emmaus 338
Emmeram,
-, Regensburg,
-,-, B. *370*
Empedokles *143*, *151*
Empire liberál 945
Empirismus 665
Emporia 304

Emporiae (Ampurias) 330
Emporion (Ampurias) 72, 328
Emporion (Ampurias) ➊ 125
Emser Depesche (1870) 706, 855
Enanatum,
-, Lagasch,
-,-, Kg. 38
Enclosure Acts (1760–1815) 967
Encomienda ➋Amerika,
-, spanische Kol.
Endara,
-, Guillermo *1880*
Endlösung der Judenfrage 773, 1066
endogene Kulturen,
-, Austr. **1232–1234**
-, Marquesas-Inseln 1239
-, Neuseeld. 1234
-, Oster-Insel 1239
-, Oz. **1234–1239**
-, Samoa-Inseln 1240
Energie ➋Atomenergie
Enez 712
Engaruka 1147
Engeddi 338
Engelbert,
-, Köln,
-,-, Eb. *478*
Engelbrechtsson,
-, Engelbrecht *600*
Engels,
-, Friedrich 287, *697*, *844*, 847
Engholm,
-, Björn *1416*, 1430–1431
England,
-, (1485–1789) 679–680, 682, 685–688, 829, 923, 958
-, (1485–1789),
-,-, Adel 671, 958
-,-, Außen-Pol. 674, 679–680, 682, 684–688, 965, 1104
-,-, Bauern 657
-,-, Bevölkerung(sentwicklung) ➊ 652
-,-, Bürgertum 655, 965
-,-, Gesellschaft 958, 963, 965
-,-, Handel 684, 958
-,-, Innen-Pol. 686
-,-, Kolonialhandel ➊ 1274
-,-, Kolonialrecht 1183, 1185–1186, 1228–1229
-,-, Kriegführung 684, 686, 688, 1185–1186
-,-, Landwirtschaft 958
-,-, Literatur 663
-,-, pol. Org. 661, 671, 961–965
-,-, pol. Org. ➊ 964
-,-, Reformation 661
-,-, Verwaltung 958
-,-, Wirtschaft 668, 965
-, (1485–1789) ➊ 671
-, (MA) 368, 370–371, 377, 393, 412, 445, 492, 510, 512, 514, 565, **569–580**, **582–584**
-, (MA),
-,-, Adel 514, 572–575, 577–578, 580
-,-, Gesellschaft 575, 583
-,-, Handel 582
-,-, Innen-Pol. 577
-,-, Kg. 570, 581
-,-, Kg. ➊ 565
-,-, Kirche 510, 514, 516, 576

-,-, Königtum 514, 576–577, 580
-,-, Kriegführung **577**–579
-,-, Kultur 578
-,-, Landwirtschaft 577, **583–584**
-,-, Lehnswesen 583
-,-, Literatur 578
-,-, Militärwesen 575, 577
-,-, öffentliche Finanzen 577–578
-,-, pol. Org. 388, 575–578, 580, **582**–583
-,-, Rechtswesen 398, 577
-,-, Verwaltung 583
-,-, Wirtschaft *1092*
-,-, Wirtschaft ➊ 409
-, (NZ seit 1789)
➋Großbritannien
Englische Sprache 574, 578, 1107
Englischer Bürgerkrieg (1642–1646/1648) 963
Englisch-Französischer Krieg,
-, (1194/1214) **431**
-, (1294–1297) 437
Englisch-Niederländischer Krieg,
-, (1652–1654) 685, 1036
-, (1665–1667) 1036
-, (1780–1784) 1037
Englisch-Spanischer Krieg,
-, (1585–1604) 680, 961
Enhengal,
-, Mesop.,
-,-, Kg. 32
Eniwetok-Atoll 1848
Enkhsaikhan 1771
Enkhsaikhan,
-, Mendsaikhan 1771
Enkomi 64
Enlilpabilgagi,
-, Mesop.,
-,-, Kg. 32
Enna 243
Ennadha-Bewegung,
-, Tunesien 1634
Enneahodoi 145
Ennetbirgische Vogteien 502
Ennius,
-, Q.,
-,-, Dichter **239**
Ennodius 321, *364*
Enosis,
-, Zypern 1562
Enos-Midia-Linie 712
Enos-Midic-Linie 1109
Enrique Bolaños 1877
Enschede 1454
Ensis 39
Ensslin,
-, Gudrun 1415
Entdeckungen,
-, (Früh-NZ) **665–670**
-, (Früh-NZ),
-,-, Auswirkungen **669–670**
-,-, Am. 355, 651, 1269
-,-, Engld. 668
-,-, Früh-NZ,
-,-, Auswirkungen 1101–1102, 1118
-,-, Port. 667–669
-,-, Span. 665–669
Entebbe 1730
Entemena,
-, Lagasch,
-,-, Kg.,
-,-,-, I. 38
-,-,-, II. 38
Entente,
-, cordiale,

-,-, (1904),
-,-,-, Frkr. – GB 1110
-, cordiale (1836),
-,-, Frkr. – GB 705, 940–941
-, cordiale (1904),
-,-, Frkr. – GB 710, 910, 948, 975
-, Kleine 738, 748–749, 884, 912, 1067, 1071–1072, 1076, 1080
Entkolonisierung
➋Dekolonisierung
Entmilitarisierung Deutschlands 1338, 1397
Entnazifizierung Deutschlands 1338, 1397
Entspannungspolitik (seit 1945) 1338, 1347, 1354, 1381, 1384, 1523–1524
Entstalinisierung 1375–1379, 1519
Entstalinisierung,
-, Polen 1502
-, Tschechoslowakei 1507
-, UdSSR 1517–1521
Entwicklungsgemeinschaft des Südlichen Afrika (SADC) 1726
Entwicklungshilfe 1389
Entwicklungsländer 1320, 1323–1327, 1329–1332, 1390, 1637, 1884
Entwicklungsländer,
-, Export ➊ 1324
-, Pro-Kopf-Einkommen ➊ 1326
Entwicklungsländer ➊ 1855
Entwicklungspolitik 1327
Entwicklungspolitik,
-, BR Dtld. 1365
Enugu 1674–1675
Enver Pascha 1109–1110
Enzio,
-, Sardinien,
-,-, Kg. *479*, 516
-,-, Kg. ➌ 473
Enzyklika,
-, Mirari Vos (1831) 1013
-, Pascendi dominici gregis (1907) 1016
-, Quanta cura (1864) 1015
-, Rerum Novarum (1891) 1016
Enzyklopädisten 927
Eozän 9
Eozän ➊ 8
Epameinondas 160
EPCHAP,
-, Peru 1904
Epeiros **164–165**, **167–168**, 177, 188, 197, 630, 645, 707, 1080, 1082
Epeiros,
-, (Despotat) 630–632, 648–650
-, (Hellenismus) 294, 304
-, (röm. Prov. Epirus) 232, 252, 301–304
Epetion (Stobreč) 304
Ephebie,
-, attische 303
Ephesos 95, 137, 140, 158, 171, 185, 188, 344
Ephesos,
-, Vesper (88 v.) 193, 342
Ephesos ➊ 123, 127
Ephesus (Ephesos),
-, Konz. (431) 286, 344, 365–366
-, Konz. (431) ➊ 365
-, Syn. (449) 366, 634
Ephialtes 145, 148

1961

Ephialtes,
-, Reformen 145, 149, 151
Ephorat 205
Ephoren 130, 132–133, 144, 158, 204
Ephoros,
-, Hist. 157, 328
Ephraim,
-, Stamm 101
Epidamnos (Durazzo,
-, Durreës,
-,-, Dyrrhachium) 712
-, Durrës,
-,-, Dyrrhachion) 133, 152, 301–304
-,-, Dyrrhachium) 631
Epidauros 133, 145, 154, 197
Epidauros,
-, Nationalkongr. (1822) 1080
Epidauros ❶ 123
Epi-Gravettien-Kulturen
➲Nordamerika,
-, Vorgeschichte
Epiktetos **272**
Epikur 180
Epirus ➲Epeiros
Epirus ➲Epeiros
EPLF (Eritrean Popular Liberation Front),
-, Eritrea 1737–1738
Epp,
-, Franz v. ❶ *892*
Equestris (Nyon) 319
ERAP (Ölgesellschaft) 1608, 1636
Erasistratos 181
Erasmus von Rotterdam *659*, 804, 807, 959
Eratosthenes 118, 181, *183*, 330
Eravisci 311
Erbakan,
-, Necmettin *1566*
Erbfolge,
-, Russld. 619
Erbkaiserliche Partei 850
Erbreichsplan ➲Heinrich VI.,
-, Ks.
Erchanger,
-, Schwaben,
-,-, Pfgf. U. Hz. 456, 458
Erde,
-, Alter 2
Erdgas-Röhren-Geschäft,
-, Eur.-UdSSR 1353, 1526
Erdmann Tzschirner,
-, Samuel *850*
Erdöl 1116–1117, 1125–1126
Erdöl,
-, Algerien 1636–1637
-, als politische Waffe 1574, 1583, 1612, 1614
-, Aserbaidschan 1540–1541
-, Austr. 1831
-, Bahrain 1616
-, Bol. 1907
-, Ecuador 1901
-, Energie 693
-, GB 1462–1463
-, Indonesien 1825
-, Irak 1606, 1608
-, Iran 1646–1647
-, Katar 1616
-, Kuwait 1609, 1614–1615
-, Libyen 1629
-, Mex. 1305, 1867
-, Neuseeld. 1834
-, Nigeria 1675

-, Oman 1617
-, Saudi-Arabien 1611–1612
-, Trinidad u. Tobago 1893
-, USA 1585
-, Venezuela **1311**, 1897–1898
-, Vereinigte Arabische Emirate 1617
Erdölpreise 1331, 1575
Erdöl-Reserven 1568
Erdsatelliten 1850–1851
Erekle,
-, Georgien,
-,-, Kg.,
-,-,-, (Herekleios) 1537
Eremiten 367, 513
Eresburg 458
Eretria 126, 140–141, 161–162, 197
Eretria,
-, Schl. 155
Erez,
-, Abk. (1994) 1588
Erez Israel 1115, 1601
Erfindungen,
-, (MA) 417
-, GB (1789–1914) 967
-, Revolutionszeitalter (1789–1914) ❶ 692
Erfurt 824
Erfurt,
-, Btm. 370, 384
-, Humanistenzentrum 659
-, Kfz. (1970) 1412, 1426
-, Treffen Brandt-Stoph (1970) 1350
-, Univ. ❶ 398
Erfurter,
-, Unions-Parlament (1850) 850
Erfurter Reichsverfassung (1849) 850
Ergamenes 183
Erhard,
-, Ludwig *1401*, 1410–1412
-, Ludwig ❶ 1406
Erh-shih Huang-ti,
-, Chi-R.,
-,-, Kg. *1202*
Erich,
-, Braunschweig,
-,-, Hz. 807
-, Dän.,
-,-, Kg.,
-,-,-, I. Ejegod ❺ 594
-,-,-, II. Emune 472
-,-,-, II. Emune ❺ 594
-,-,-, III. Lam ❺ 594
-,-,-, IV. Pflugpfennig 595
-,-,-, IV. Pflugpfennig ❺ 594
-,-,-, V. Klipping 595
-,-,-, V. Klipping ❺ 594
-,-,-, VI. Menved *598*
-,-,-, VI. Menved ❶ 598
-, Norw. u. Schweden,
-,-, Kg.,
-,-,-, I. Blutaxt **589**
-,-,-, III. Magnusson 587, *596*
-,-,-, III. Magnusson ❶ *596*
-, Schweden,
-,-, Hz. v.,
-,-,-, Magnusson 597
-,-, Kg.,
-,-,-, Eriksson 592

-,-,-, Eriksson ❶ 591
-,-,-, Jedvarsson 591
-,-,-, Jedvarsson ❶ 591
-,-,-, Knutsson 591
-,-,-, Knutsson ❶ 591
-,-,-, XIV. *1044*
Eridu 27, 38
Eridu-Hadschi-Mohammed-Kultur 84
Erik der Rote 590
Erispoe,
-, Bretonische Mark,
-,-, Gf. 420
Eritrea 763–764, 1016, 1175, 1735–**1738**
Eritrea,
-, Unabhängigkeit 1737
Eritrea ❶ 709, 1158, 1655
Eritrean Liberation Front ➲ELF
Eritrean Popular Liberation Front ➲EPLF
Eriwan 1539
Erklärung von Lahore 1748
Erklärung von Rio (1992) 1334
Erlander,
-, Tage Fritiof *1487*
Erling,
-, S. v. Magnus,
-, Norw.,
-,-,-, Kg.,
-,-,-,-, V. ❺ 593
Erling Skakke ❺ 593
Ermächtigungsgesetz (1923) 880
Ermächtigungsgesetz (1933) 893, 895–896
Ermanarich,
-, Ostgoten,
-,-, Kg. 325, 358, 602, 1193
Erminfried,
-, Thüringer,
-,-, Kg. *373*
Ermland,
-, Btm. 1063
Ernst,
-, Bay.-München,
-,-, Hz. ❺ 488
-, Braunschweig-Lüneburg,
-,-, Ft. 808
-, Coburg-Gotha,
-,-, Hz.,
-,-,-, I. ❺ 970
-,-,-, I. d. Eiserne ❺ 485
-, Ostmark,
-,-, Mgf. 464
-, Sachsen-Coburg-Gotha,
-,-, Hz.,
-,-,-, II. *852*
-,-,-, II. ❺ 970
-, Schwaben,
-,-, Hz.,
-,-,-, I. ❺ 467
-,-,-, II. 466
-,-,-, II. ❺ 467
Ernst August,
-, Braunschweig,
-,-, Hz. ❺ 970
-, Braunschweig-Lüneburg-Calenberg,
-,-, Hz. 826
-, Cumberld.,
-,-, Hz.,
-,-,-, August ❺ 970
-, Hann.,
-,-, Kft. **825**
-,-, Kft. ❺ 960
-,-, Kg. *843*
-,-, Kg. ❺ 970
ERP (Ejército Revolucionario Popular),

-, Argentinien 1914
ERP (European Recovery Program) ➲Marshall-Plan
Ershad,
-, Hussain Mohammed *1761*–1762
Eruler ➲Heruler
Ervin jr.,
-, Samuel James *1854*
Erythrai 185
Erythrai ❶ 123–124
Erzberger,
-, Matthias 731, *871*–872, *875*, 877–*879*
Erzurum,
-, National-Kongr. (1919) 1110
Erzväter 101
Es ad Pascha *1079*
Esau,
-, Despot,
-, Epeiros 632
ESCAP ❻ 1322
Eschede 1432
Eschkol,
-, Levi ❶ *1602*
Eschollbrücken 44
Escobar,
-, Pablo 1896
Esigie,
-, Benin,
-,-, Kg. **1142**
Eskimo 1251, 1844
Erling Skakke ❺ 593
Espartero 1026
Espriella,
-, Ricardo de la *1879*
Esquivel,
-, Manuel *1871*
Esra 104, 110
ESRO (Europäische Organisation für die Erforschung des Weltraums) 1365
Essen 740
Essen,
-, Tag. Europäischer Rat (1994) 1392
Essener 339
Esslingen ❶ 413
Estado Novo,
-, Bras. **1317**
Estai,
-, Schiff 1844
Este,
-, Dyn. 537–538, 543
Este-Kultur 68, 71, 111
Esterházy,
-, Moritz v. *910*
Estimé,
-, Dumarsais *1886*
Estland,
-, (1914–1945) 727, 743, 745, 751, 756, 761, 899, 998, 1005, 1058–1059, 1065
-, (1914–1945),
-,-, Innen-Pol. 1058
-, (1914–1945) ❶ 899
-, (MA) 592, 595, 598
-, (NZ) 686, 979, 987, 1044, 1062
-, (seit 1945) 1496–1498, 1500, 1528
-, (seit 1945),
-,-, Europäische Union 1394
-, (seit 1945) ❻ 1358
Estonia,
-, Schiff 1497
Estrada 1829–1830
Estrada Palma,
-, Tomás *1308*
Estrid,
-, T. v. Svend,
-, Dän.,

-,-, Kg.,
-,-,-, Gabelbart ❺ 594
ETA 1482–1483
ETA (Euzkadi ta Azkatasuna) 1480, 1482
Étamps,
-, Konz. (1130) 429
Ethelbald,
-, Engld.,
-,-, Kg. ❶ 565
Ethelbert,
-, Engld.,
-,-, Kg. ❶ 565
-, Kent,
-,-, Kg. 367, *370*
Ethelred,
-, Engld.,
-,-, Kg.,
-,-,-, I. ❶ 565
-,-,-, II. *566*
-,-,-, II. ❶ 565
Ethelstan,
-, Engld.,
-,-, Kg. **565**
-,-, Kg. ❶ 565
Ethelwulf,
-, Engld.,
-,-, Kg. ❶ 565
Ethnografie,
-, (Alt.) 358
Étienne,
-, de Fougères ❶ 434
Etireno 1673
Etorofu 1796
Etowah 1249
Etruria 298
Etrurien 70–71, **111**, 210, 233, 247, 935
Etrusker 71, **111**–112, 138, 143, 210, 214, 217, 221, 295–297, 304
Etrusker ❶ 76, 209, 226
Etruskien 214
Etschmiadsin,
-, Kl. 1539
Et-Tabun 17–18
EU ➲Europäische Union
Euagoras von Zypern 158
Euböa,
-, (Alt.) ➲Euboia
Euboia,
-, (MA) 630, 632, 648
-, G. Antiochos III. ❺ 187
Euboia (Euböa) 119, 140–141, 146, 159–161, 167–168, 188, 197, 200, 202, 204, 207
Euboia (Euböa) ❶ 120
Euboiischer Bund 162
Euboiischer Krieg (349 v.) 167
Eubulos 161–162
Eucharistischer Weltkongress (1968) 1895
Eudamidas,
-, Sparta,
-,-, Kg.,
-,-,-, I. ❶ 130
-,-,-, II. ❶ 130
-,-,-, III. ❶ 130
Eudokia,
-, Vandalen,
-,-, Kgn. 361, 363
Eudoxia,
-, G. v. Arcadius,
-,-, Rom,
-,-,-, Ks. 286
-,-,-, Ks. ❺ 284
Euganeer 298
Eugen,
-, Pp.,
-,-, I. 503

-,-, I. 🌑 505
-,-, II. 504
-,-, II. 🌑 505
-,-, III. **401**, 472–473, 512, 585
-,-, IV. 496–497, 513, 519, *523*–524, 1137
-,-, IV. 🌑 519
-, Pr. v. Savoyen 685–686, *823*, 826–827, *1009*, 1104
Eugenius,
-, Rom,
-,-, Ks. 285
EU-Gipfeltreffen in Göteborg 1489
Eugippius *362*
Euhesperides 🌑 125
Eukleidas,
-, Sparta,
-,-, Kg. 🌑 130
Eukleides 157
Euklid 181
Eukratides,
-, Baktrien,
-,-, Kg. 347
Eulalius,
-, Gegen-Pp. 🌑 367
Eulenburg,
-, Botho zu 867
-, Botho zui 867
Euler,
-, Leonhard *1083*
Eumenes,
-, Diadoche 174–175
-, Diadoche 🌑 174
-, Pergamon,
-,-, Kg.,
-,-,-, I. 185, **194**
-,-,-, II. 188, 192, 194–**195**, 200, 231–232
Eunomia 129, 131, 133, 135
Eunomos,
-, Sparta,
-,-, Kg. 🌑 130
Eunus,
-, Sklaven-Kg. 243
Eupatriden 134
Eupen-Malmedy,
-, (1920) Abtretung 878
-, (1940) Rückgliederung 898
Eupen-Malmédy 735
Euphemia,
-, T. v. Markianos,
-,-, Byz.,
-,-,-, Ks. 🟢 284
Euphrat 1593–1594, 1608
Euphrat-Damm 1573, 1592
Euphratgrenze,
-, (Röm. R.-Parther-R.) 348–349
Euratom (Europäische Atomgemeinschaft) 1359, 1363, 1366, 1371, 1461
Eurich,
-, Westgoten,
-,-, Kg. 331, 361, **548**
Euripides *152*, *157*, 165
EURO,
-, europäische Währung 1392
Euro 1394–1395
Euro-Arabischer Dialog (1974) 1574
Euro-Atlantischer Partnerschaftsrat (EAPC) 1392
Eurofighter 2000 1394, 1432
Eurokommunismus 1382, 1473
Euro-Korps 1391, 1431
Euro-Mittelmeer-Konferenz (1995) 1392

Europa,
-, (Ältere Bronzezeit) 53–56
-, (Altkupferzeit) 33–37
-, (Eisenzeit) 70–72
-, (Früh- und Jungkupferzeit) 42–46
-, (Frühbronzezeit) 49–51
-, (Früheisenzeit) 68–69
-, (Jungbronzezeit) 64–66
-, (Jungneolithikum) 28–29
-, (MA) 356, 408–415, 417–419, 528
-, (Mittelbronzezeit) 54–55, 58–61
-, (Mittelneolithikum) 25–26
-, (NZ) 651–655, 657–665, 667–688, 703–704, 714, 731–752, 1104, 1107, 1112
-, (NZ),
-,-, Abrüstung 710
-,-, Arbeiterbewegung 697
-,-, Bdn. 🟢 708
-,-, Bevölkerung(sentwicklung) 694
-,-, Bevölkerung(sentwicklung) 🟢 694
-,-, Bürgertum 698
-,-, Geistes- u. Politikgeschichte 695
-,-, Gesellschaft **694**–**695**
-,-, Gesellschaft 🟢 **694**
-,-, Herrschaftssystem 705
-,-, Imperialismus **707–708**, **710**
-,-, Landwirtschaft 693
-,-, Mächtesystem 705–707, 711
-,-, pol. Org. 700
-,-, Rüstung 🌑 712
-,-, Sozial- u. Wirtschaftsgeschichte 690
-,-, Wirtschaft **690**–**693**
-, (seit 1945) 1355–1356, 1359, 1362, 1368, 1370, 1392
-, (seit 1945),
-,-, Agrar-Pol. 1368
-,-, amerikanische Hegemonie 1356
-,-, amerikanische Wirtschaftshilfe 1356
-,-, politische U. 1365–1366
-,-, Teilung (1947) 1356
-,-, Volkswirtschaften 1355
-,-, westeuropäische Einigung 1355–1356
-,-, Wirtschaftskommission (1947) 1356
-,-, (Vorgeschichte) 16–17
-, Insel 1172
-, röm. Prov. 311
Europa der Vaterländer 1365
Europäische Atomgemeinschaft 🟢 Euratom
Europäische Bank für Wiederaufbau und Entwicklung 1333
Europäische Beratende Kommission 781–782
Europäische Bewegung 1361
Europäische Demokraten 1371–1372
Europäische Demokraten für den Fortschritt 🟢 EDF
Europäische Demokratische Union 🟢 EDU
Europäische Einigung 1361–1362
Europäische Freihandelszone 1363–1364
Europäische Freihandelszo-

ne 🟢 EFTA
Europäische Gemeinschaft 🟢 EG
Europäische Gemeinschaft für Kohle und Stahl 🟢 EGKS (Montanunion)
Europäische Investitionsbank 🟢 1393
Europäische Konvention der Menschenrechte und Grundfreiheiten 1359
Europäische Liga für wirtschaftliche Zusammenarbeit 1356
Europäische Organisation für die Entwicklung und den Bau von Raumfahrtträgern 🟢 ELDO
Europäische Organisation für die Erforschung des Weltraums 🟢 ESRO
Europäische Parlamentarier-Union 1356
Europäische Politische Gemeinschaft 1361
Europäische Rechte 1371–1372
Europäische Sozialcharta 1366
Europäische Umweltagentur 🟢 1393
Europäische Union 1371–1372, 1391–1392, 1394, 1431, 1439, 1450, 1458, 1465, 1489–1490, 1492, 1495–1498, 1500, 1510–1511, 1515, 1529, 1556, 1566, 1634, 1650, 1804, 1823, 1844
Europäische Union 🟢 1393
Europäische Verteidigungsgemeinschaft 🟢 EVG
Europäische Volkspartei 🟢 EVP
Europäische Währung 🟢 EURO
Europäische Währungseinheit (ECU) 1370
Europäische Währungsschlange (1972) 1369–1370
Europäische Währungsunion 🟢 EWU
europäische Wechselkurse 1369
Europäische Zahlungsunion 🟢 EZU
Europäischer Entwicklungsfonds 1327, 1370
Europäischer Fonds für währungspolitische Zusammenarbeit 1369
Europäischer Gerichtshof (1958) 1364
Europäischer Gerichtshof (1958) 🟢 1393
Europäischer Investitionsfonds 🟢 1393
Europäischer Rat 1370, 1373, 1392
Europäischer Rat für Kernforschung 1361
Europäischer Rat 🟢 1393
Europäischer Rechnungshof 🟢 1393
Europäischer Wiederaufbau 1356
Europäischer Wirtschaftsraum 🟢 EWR
Europäisches Parlament 1364, 1368, 1566, 1634
Europäisches Parlament, -, 1. Direktwahl (1979)

-, 2. Direktwahl (1984) 1371, 1491
-, 3. Direktwahl (1989) 1372
Europäisches Parlament 🟢 1393–1394
Europäisches Politisches Statut 1365
Europäisches Währungsabkommen 🟢 EWA
Europäisches Währungsinstitut 🟢 1393
Europa-Kolleg 1358
Europapolitik,
-, Benelux-Stn. 1373
-, BR Dtld. 1373, 1412
-, Dän. 1491
-, Frkr. 1367–1369, 1373
-, GB 1364–1368, 1370–1372, 1459, 1461–1462
-, Griechld. 1560–1561
-, Irld. 1466–1467
-, It. 1470
-, Norw. 1490
-, Österreich 1438
-, Port. 1485
-, Schweiz 1442
-, Span. 1480
-, UdSSR 1355
-, USA 1355, 1847–1848
Europarat 1357–1359, 1362, 1392, 1428, 1437, 1443, 1476, 1483, 1495, 1497–1498, 1500, 1514, 1530, 1537, 1544, 1557, 1559
Europarat 🟢 **1358**
European Free Trade Association 🟢 EFTA
European Recovery Program (ERP) 🟢 Marshall-Plan
Europide 1128
Europol 1391–1392
Eurotunnel 1450, 1465
EUROVISION 1362
Eurybiades 141–142
Eurydike,
-, G. Demetrios I. Poliorketes 🟢 198
-, G. Philipp Arrhidaios,
-,-, Kg. v. Maked. 175
Eurykleides 205
Eurykrates,
-, Sparta,
-,-, Kg. 🌑 130
Eurykratidas,
-, Sparta,
-,-, Kg. 🌑 130
Eurymedon 155
Eurymedon,
-, Seeschl. (467/66) 145
Eurypon,
-, Sparta,
-,-, Kg. 🌑 130
Eurypontiden,
-, Sparta,
-,-, Kg. 132, 🌑 130
-, Sparta,
-,-, Kg. 🌑 130
Eusebios,
-, B.,

Eustache,
-, Br. v. Gottfried,
-,-, Lothr.,
-,-,-, Hz.,
-,-,-,-, Nieder-Lothr.,
-,-,-,-, IV. V. Bouillon 400

Eustasius,
-, Missionar *370*
Eustathios von Thessalonike *647*
Euthanasie 898, 900
Eutharich,
-, Schwieger-S. Theoderichs d. Gr. *362*
Euthydemos I.,
-, Baktrien,
-,-, Kg. 186, 347
Eutresis 33, 42, 49, 64
Eutyches,
-, Mönch *366*
Euzkadi ta Azkatasuna 🟢 ETA
Evangelien 290
Evangelische Arbeitervereine 863
Evangelische Kirchen 🟢 Protestantismus
Evesham,
-, Schl. (1265) 574
EVG (Europäische Verteidigungsgemeinschaft) 1361–1362
Evian 1635
Evian,
-, Abk. (1962) 1447, 1635–1636
Evolution 3
EVP (Europäische Volkspartei) 1371–1372
Evren,
-, Kenan *1565*
EWA (Europäisches Währungsabkommen) (1955) 1362
Ewald,
-, Heinrich 843
-, Missionar *370*
Ewe 1143, 1667, 1669–1670
EWG 1363–1367
EWI (Europäisches Währungsinstitut) 1391
Ewige Richtung (1474) 498, 502
Ewiger Friede (1686) 981
Ewiger Landfriede (1495) 803
Ewiges Edikt (1667) 1036
Ewlija Tschelebi 1104
EWR (Europäischer Wirtschaftsraum) 1373, 1391, 1442–1443
EWS (Europäisches Währungssystem) 1370, 1391, 1475, 1495
EWU (Europäische Währungsunion) 1367
Eware (Ewaree),
-, Benin,
-,-, Kg. 1142
Exarchat 503, 526
Ex-Juntachef Leopoldo Galtieri 1916
Expo 92,
-, Weltausstellung (Sevilla) 1482
Exxon,
-, Konzern 🌑 *1332*
Exxon Valdez,
-, Schiff 1858
Eyadema 1671
Eyadema,
-, Étienne *1670*–1671
Eyasi-See 1146
Eyck,
-, Hubert van 415, 454
-, Jan van 415, 454
Eynan 23
Eyre,

-, Edward John *1241*
Eyskens,
-, Gaston *1456*
-, Mark *1457*
Eystein,
-, S. v. Magnus,
-,-, Norw.,
-,-,-, Kg.,
-,-,-,-, Barfuß 592
-,-,-,-, Barfuß 🛇 593
Ezana,
-, Aksum,
-,-, Kg. 1132, 1136
Ezeon-Geber 102
EZU (Europäische Zahlungsunion) (1950) 1359
Ezzelino,
-, da Romano 535
Ezzo,
-, Lothr.,
-,-, Pfg. *465*
-, Rhein,
-,-, Pfgf. b. 🛇 461
Ezzolied ● 481

F

Fabian Society 975
Fabiola,
-, G. v. Baudoin,
-,-, Belg.,
-,-,-, Kg.,
-,-,-,-, I. 🛇 970
Fabius,
-, Laurent *1449*
-, Laurent ● 1449
Fabius Hispaniensis,
-, L. 329
Fabius Maximus,
-, Aemilianus,
-,-, Q. 230
-, Cunctator,
-,-, Q. 227
-, Q. (Konsul 121) 244
Fabius Pictor,
-, Q. 239
Fabius Quintilianus,
-, M. **272**, 330
Fabius Valens 265
Fabre,
-, Robert 1448
Fabricius,
-, C. 221
Fabriksystem 691
Facta,
-, Luigi *1018*
Faenza,
-, Freiheitsbrief (1240) 501
Faesulae,
-, Schl. (405) 285
Faesulae (Fiesole) 248
Faesulae (Fiesole),
-, Schl. (406) 359
Fagerholm,
-, Karl August *1494*
Fahd,
-, Saudi-Arabien,
-,-, Kg. 1587, *1612*
Fahd-Plan (1981) 1587, 1612
Fa-hsien 1176, 1180
Faisal,
-, Irak,
-,-, Kg.,
-,-,-, I. 1114, **1116**
-,-,-, I. ● 1113
-,-,-, II. **1117**, *1606*
-, Saudi-Arabien,
-,-, Kg. 1569, *1572*–1573, *1611*–1612, 1619

Faisal-Weizmann-Abk,
-, (1919) 1114
Fajez Tarauna 1600
Falaise 791
Falaise,
-, Vtg. (1174) 586
Falange,
-, Span. 740, 1028–1029
Falascha 1136
Falcone,
-, Giovanni *1475*
Falerii 70, 220, 222, 232
Falerna ● 219
Faliero,
-, Marino 539
Falk,
-,-, Ks. 1137
-, Adalbert *862*
Falkenhausen,
-, Alexander Ernst v. *760*, *902*, 1042
Falkenhayn,
-, Erich v. *718*–720, 722, 724
Falkland,
-, Lucius Carey 1300
Falkland-Inseln 973, **1300**, 1314, 1880
Falkland-Inseln,
-, Schl. (1914) 722
Falkland-Konflikt (1982) 1371, 1464, 1864, 1914
Fälldin,
-, Thorbjörn *1488*
FALN (Fuerzas Armadas de Liberación Nacional),
-, Venezuela 1897
Fälschungen,
-, mittelalterliche **505**
Falun-Gong-Sekte 1787
Famagusta 407
Famagusta,
-, Btm. 404
Familie,
-, röm. 211, 213, 215, 227
-, Sparta 132
Fanfani,
-, Amintore *1471*–1472, 1474
Fang (Gabon) 1689
Fannius Caepio 257
Fante 1143
FAO (Food and Agriculture Organization) 1329–1330
FAO (Food and Agriculture Organization) ⓖ 1322
Fao (Halbinsel) 1609
FARC 1896–1897
FARC (Kolumbianische Revolutionäre Streitkräfte),
-, Kolumbien 1894
FARC-Guerilla 1899
Farfa,
-, Kl. 507, 530
Farinacci,
-, Roberto *1018*
Farinata,
-, degli Uberti 535
Farnese,
-, Alexander ⓒAlexander,
-,-, Parma,
-,-,-, Hz.
Färöer,
-, (NZ) 758, 1055
-, (seit 1945) 1491–1492
-, Autonomie (1948) 1492
-, Fischerei-Abk. (1977) 1492
Farquhar 1745
Farrukhsijar,
-, Großmogul 1184
Fars 107–109, 1093, 1098
Faruk,

-, Äg.,
-,-, Kg. *1120*, 1621, *1624*
fasces 211, 739
Faschismus 714, 739–**740**, 1017
Faschismus,
-, (nach 1945) 1469
Faschistischer Großrat 1018, 1021
Fashoda 948, 1133–1134
Fashoda,
-, -Krise (1898) 710, 948, 1119, 1133–1134
Fasilidas,
-, Äthiopien,
-,-, Ks. 1137
Fastensynode (1075) 469, 510
Fata,
-, Samoa,
-,-, Hptl. 1240
Fatah-Land 1595
Fath Ali,
-, Pers.,
-,-, Schah 1124
Fatima *1089*, 1093
Fatimiden,
-, Dyn. 405, 643, 1093–1096
Fatjanovo-Kultur 46
Faubus,
-, Orval Eugene *1850*
Faulkner,
-, Brian *1462*–1463
Faure,
-, Edgar 1344
Fausta,
-, T. v. Maximianus,
-,-, Rom,
-,-,-, Ks. 281
-,-,-, Ks. 🛇 284
Faustino Imbali 1660
Faustinopolis 343
Faustkeil 14, 16
Favianae 315
Favre,
-, Jules 945–946
FDGB (Freier Deutscher Gewerkschaftsbund) 1340, 1402, 1422
FDIC,
-, Marokko 1640
FDJ (Freie Deutsche Jugend) 1403
FDP (Freie Demokratische Partei) 1341, 1399, 1402, 1405, 1412, 1415–1416, 1430–1431
FDRP (Frente de Defensa de la Revolución Peruana),
-, Peru 1904
FE (Falange Española) 1028
Fearless,
-, Schiff 1711
Febres Cordero,
-, León *1902*
Februarpatent (1861) 852, 905
Februarrevolution,
-, (1848) 700
-, (1917) 720, 950, 996–997, 1055
Fechner,
-, Max 1403, *1420*
Fedaijin 1573, 1581–1584, 1586, 1592, 1599
Fedala,
-, Kfz. (1956) 1639
Feder,
-, Gottfried *892*
Federación Nacional Velasquista ⓒFNV
Federal Building,

-, Bombenattentat (1995) 1860
Federal Reserve Act 1289
Fédération des Elus Musulmans 1121
Fédération Réunionnaise du Parti Communiste Français,
-, Réunion 1743–1744
Federmann,
-, Nikolaus *1294*
Federzoni,
-, Luigi *1019*
Fehrbellin,
-, Schl. (1675) 685, 822
Fehrenbach,
-, Konstantin 875, *878*–879
-, Konstantin ⓖ 874
Feld-Gras-Wirtschaft 383
Feliks Kulow 1770
Felix,
-, Gegen-Pp.,
-,-, V. 497
-,-, V. ● 519
-, Pp.,
-,-, II. 361, 366
-,-, II. ● 367
-,-, III. 367
-,-, III. ● 367
-, S. v. Karl,
-,-, Österreich,
-,-,-, Ks.,
-,-,-,-, I. 🛇 835
Fellachen 1118–1119
Fellgiebel,
-, Erich *902*
Felsina (Bologna) 71
Fénelon,
-, François *923*
Fente Zapatista de Liberación Nacional 1868
Ferdinand,
-, Aragón,
-,-, Kg.,
-,-,-, I. *539*, 542
-,-,-, II. d. Kath. 916, 958, 1022
-,-,-, I. *562*, 673
-,-,-, I. 🛇 559
-,-,-, II. D. Kath. *560*, 562–563
-,-,-, II. d. Kath. 1293
-,-,-, II. d. Kath. 🛇 559
-,-,-, II. d. Kath. *671*
-,-,-, II. d. Kath. 🛇 673
-, B. v. Leopold,
-,-, Ks.,
-,-,-, II. 🛇 835
-, Braunschweig,
-,-, Hz. 688
-, Bulg.,
-,-, Kg.,
-,-,-, I. 729, 1074
-,-,-, I. 🛇 970
-,-,-, II. *1073*
-, de la Cerda 🛇 559
-, Kast.,
-, Gf.,
-,-, González 551
-, Kg./Ks.,
-,-, I. 357, *625*, 672, 674–678, *806*–809, 811–812, 814
-,-, I. 🛇 617, 673
-,-, II. 681–683, *816*–817
-,-, III. 683–*684*, 818, 823–824
-,-, IV. *823*–824
-, León-Kast.,
-,-, Kg.,
-,-,-, I. *551*–553
-,-,-, II. *552*
-,-,-, III. *553*

-,-,-, III. 🛇 473, 559
-,-,-, IV. *558*
-,-,-, IV. 🛇 559
-,-,-, V. ⓒFerdinand,
-,-,-,-, Aragón,
-,-,-,-, Kg.,
-,-,-,-,-, II.
-, Montpensier,
-,-, Hz. 🛇 924
-, Neapel,
-,-, Kg.,
-,-,-, (Ferrante) 542
-,-,-, I. (IV.) *1013*
-,-,-, III. *1013*
-,-,-, IV. *1011*
-, O. v. Karl,
-,-, Österreich,
-,-,-, Ks.,
-,-,-,-, I. 🛇 835
-, Orléans,
-,-, Hz. 🛇 924
-, Österreich,
-,-, Ks.,
-,-,-, I. *843*, 845, 848–849, *904*–905
-,-,-, I. 🛇 835
-, Port.,
-,-, Kg.,
-,-,-, I. *562*
-,-,-, I. 🛇 556
-, Rumänien,
-,-, Kg.,
-,-,-, I. 724, *1071*
-, S. v. Johann,
-,-, Port.,
-,-,-, Kg.,
-,-,-,-, I. 🛇 556
-, Sachsen-Coburg-Koháry,
-,-, Pr. *1032*
-,-, Pr. 🛇 970
-, Siz.,
-,-, Kg.,
-,-,-, I. ●Ferdinand,
-,-,-,-, Aragón,
-,-,-,-,-, Kg.,
-,-,-,-,-,-, I.
-, Span.,
-,-, Kg.,
-,-,-, VI. *1025*
-,-,-, VII. *1025*–1026, 1303–1304
-, Toskana,
-,-, Ghz.,
-,-,-, III. 🛇 835
-,-,-, IV. 🛇 835
-, v. Coburg 🛇 970
-, Viseu,
-,-, Hz. 🛇 556
Ferdinand Marros 1829
Ferenc Mádl 1515
Ferghana 1191–1192, 1204, 1768–1769
Ferghana,
-, russ. Eroberung (1876) 1198
Ferman 1118
Fernández de Quirós,
-, Pedro *1246*
Fernández Reyna,
-, Leonel *1888*
Fernando de la Rúa 1916
Fernando Póo 1159, 1687–1688
Fernando Póo ● 1158
Ferrand,
-, Flandern-Hennegau,
-,-, Gf. 431
Ferrante ●Ferdinand,
-, Neapel,
-,-, Kg.
Ferrara 392, 537, 543, 701
Ferrara,

-, -Konz.,
-,-, (1437/1438) 419, 496–497, **523**, 650
-, -Krieg,
-,-, (1482–1484) 543
Ferré,
-, Luis A. 1889
Ferrelo,
-, Bartolomé 1269
Ferrier,
-, Johan H. E. 1900
Ferry,
-, Jules 946–948
Ferslev 46
Fès,
-, frz. Bes.,
-,-, (1911) 711
-, Vtg. (1912) 1121
Fessan,
-, (MA) 1138
-, (NZ bis 1951) 1122, 1629
-, (seit 1951) ◐Libyen
Festus,
-, Stth. 290
Festus Gontebane Mogae 1726
Feudalismus 279, 287
Feudalismus,
-, Byz. 641, 645
-, Russld. 620
Feuerwehr,
-, röm. 258, 260
-, röm. ◐ 271
Fez,
-, Arabische Gipfel-Kfz. (1982) 1587
-, Kfz. (1981) 1587
Fianna Fáil (Schicksalskämpfer) 978, 1466, 1468
Fibonacci,
-, Leonardo 546
Fichte,
-, Johann Gottlieb 837, *840*
Fidem catholicam 490
Fidenae 215, 217
Fidenae ◐ 209
FidenaeT 218
Fidschi 1838
Fidschi-Inseln 1246–1247, 1837–1839
Fidschi-Inseln,
-, Verfassung 1838
Field,
-, Winston 1710
Fierlinger,
-, Zdeněk *1069*–1070
Fieschi,
-, Dyn. 542
Fiesole,
-, (Alt.) ◐Faesulae
-, Mino da *545*
Figl,
-, Leopold *1436*
Figueiredo,
-, João Batista Oliveira *1919*
Figueres Ferrer,
-, José *1877*–1878
Figueres Olsen,
-, José María *1878*
Fikre,
-, Selassie Wodgeres 1737
Fillmore,
-, Millard *1284*
Filofei,
-, Mönch 622, 978
Filow,
-, Bogdan *1074*
Finanzausgleich,
-, BR Dtld. 1409, 1412
Fine Gael (Stamm der Gälen) 1466–1467
Fine Gael (Stamm der Gä-

len)StammderGälen) 978
Finet,
-, Paul 1363
Finnbogadottir,
-, Vigdis *1493*
Finnian *369*
Finnland,
-, (1917–1945) 727–728, 751, 756, 758, 767, 770, 783, 789, 796, 998, 1000, 1005–1006, 1053, 1058, 1065
-, (1917–1945),
-,-, Innen-Pol. 1056
-,-, Kriegsverluste ◐ 802
-,-, Verfassung (1919) 1056
-, (1917–1945) ◐ 757
-, (NZ bis 1917) 686, 986, 993, 995
-, (seit 1945) 1340, 1369, 1371, 1392, **1494–1495**, 1846–1847
-, (seit 1945),
-,-, EU-Eintritt 1392
-, (seit 1945) ◐ 1358, 1393
Fino,
-, Bashkim *1559*
Firdausi *1094*
Firestone Company 1159
Firmian,
-, Carl v. *1010*
-, Leopold Anton v.,
-,-, Eb. *831*
Firmicus Maternus 280
Firmreite,
-, Schl. (1184) 593
Firmum ◐ 219
Firmus,
-, Berber,
-,-, Ft. 332
-, Usurpator 284
Firos Schah Tughluk,
-, Delhi,
-,-, Su. 1181
FIS 1639
FIS (Islamische Heilsfront),
-, Algerien 1638
Fischböck,
-, Hans *892*
Fischereiabkommen,
-, Norw.-UdSSR (1976) 1490
Fischereikonflikt,
-, Dän.-GB (1983) 1371
-, EU – Kan. (1995) 1844
Fischereiquoten 1371, 1844
Fiscus,
-, röm. 264, 279–280
-, röm. ◐ 271
Fisher,
-, Andrew *1243*
-, John 959
Fiskalismus,
-, Päpstlicher **521**
-, päpstlicher **521**, 523
FitzGerald,
-, Garret *1467*
Fitzhugh,
-, George 1284
Fiume 736–737, 1017
Fiume,
-, Schl. (1918) 730
Fjodor,
-, Russld.,
-,-, Zar,
-,-,-, I. 979
-,-,-, III. *980*–981
FL (Forces libanaises) 1597
Flaggenstreit 882
Flaggenstreit,
-, Panama-USA 1879
FLAM (Afrikanische Be-

freiungskräfte von Mauretanien) 1645
Flaminius,
-, C. 226–227, 232, 296
Flaminius ◐Quinctius Flamininus,
-, T.
Flämisch,
-, Spr. 1041
Flämische Bewegung 1041
Flämische Frage 1042, 1455
Flamisierung 1042
Flandern,
-, (MA) 390, 422, **427**, **437–438**, **440**–441, 445–446, 451, 468, 482, 492, 499, 577
-, (NZ) 672, 674, 1033
-, (seit 1945) 1454–1457
-, Karl v. *1043*
Flandernkrieg,
-, (1300/1301) **438**
-, (1328–1340) **440**
Flandin,
-, Pierre-Étienne *953*, *956*
Flavius Arrianus 274
Flavius Eutharicus Cilliga 362
Flavius Fimbria,
-, C. 247
Flavius Iosephus,
-, Hist. **266**
Flavius Theodericus rex **362**
Fleurus,
-, Schl. (1793) 932, 1040
Fleury,
-, André Hercule de 926–927
-, Festung ◐ 719
-, Kl. 384, 426
flexible response,
-, NATO-Strategie 1366–1367
Flick,
-, Konzern 1416
Flinders,
-, Matthew *1241*
FLN (Nationale Befreiungsfront,
-, Algerien) 1634
FLN (Nationale Befreiungsfront),
-, Algerien 1446, 1635–1638
Flochberg,
-, Schl. (1150) 472
Floissac,
-, Sir Vincent 1891
Flomborn-Stufe 26
Florentinus,
-, Franciscus 618
Florenz,
-, (MA) 389, 419, 452, 497, 533–**543**, 647
-, (MA) ◐ 410–411, 413, 418
-, (NZ) 1013, 1015
Florenz Konz.,
-, (1439) 419, 508, **523**
Florenz Syn.,
-, (1055) 468
Flores,
-, Carlos Roberto 1874
-, Juan José **1311**
Florianus,
-, M. Anius,
-,-, Rom,
-,-,-, Ks. 278
-,-,-, Ks. ◐ 254
Florida 1273, 1285
Flossenbürg,
-, KZ 900
FLOSY (Front für die Befreiung des besetzten Südjemen) 1619

Flottenabkommen,
-, Dt. R. – GB (1935) 977
Flottenkonferenz (1930) 1019, 1224
Flottenpolitik,
-, Dt. R. 797, 868–869, 896–897
-, Frkr. 1080
-, GB 972, 975, 1080
-, Russld. 987, 993, 1080
Flottwell,
-, Eduard Heinrich v. *844*
FLQ (Front de Libération de Québec) 1842–1843
FLT (Front de Libération du Tchad) 1682
Flüchtlinge,
-, Albanien 1559
-, Burundi 1729
-, DDR 1428–1429
-, dt. 793, 797–798, 881
-, dt. ◐ 899
-, Jugoslawien 1551
-, Palästina **1580**–1581
-, Rwanda 1700, 1728–1730
-, Vietnam 1820
FN (Nationale Front),
-, Frkr. 1450
FNL (Front National de Libération du Vietnam-Sud) 1815–1817
FNLA (Frente Nacional de Libertação de Angola) 1704–1705
FNLC (Front National de la Libération du Congo),
-, Kongo 1696
FNM,
-, Bahama-Inseln 1881
FNO (Frente Nacional de Oposición),
-, Guatemala 1869
FNP,
-, Dominikanische Rep. 1888
FNU (Front National Uni),
-, Komoren 1742
FNV (Federación Nacional Velasquista),
-, Ecuador 1901
Foch,
-, Ferdinand *728*, 730, *950*
Foday Sankoh 1663
Föderalismus 874, 876
Föderalisten,
-, Schweiz 1084
-, USA 1279–1281
-, USA ◐ 1282
Föderaten 313, 318, 321, 326, 331, 358–361, 364
Föderation Arabischer Republiken (1971/72) 1573, 1629
Föderation Malaya 1819
Föderation Malaysia 1819, 1822, 1824, 1827
Foedus,
röm. 218
Foedus Cassianum 217, 220
Foedus CassianumT 218
Foedus concordiae salubris 420
Foix,
-, Dyn. 563
Folketing,
-, dän. Parlament 1052
Folkunger,
-, Dyn. 592, 599
Follen,
-, Karl *842*
Foncha,
-, John *1687*

Fondation de la Couronne 1163–1164
Fonds Deutsche Einheit 1429
Fontainebleau,
-, Kfz. (1946) 1814
Fontaines,
-, Kl. 370
Fontanella 64, 68
Fontbouisse-Gruppe 45
Font-de-Gaume 19
Fontéchevade 17
Fontenay,
-, Schl. (841) 381
Fontenoy,
-, Schl. (1745) 687
Fontevrault,
-, Kl. 512
Food and Agriculture Organization ◐FAO
force de frappe 1366
Force Publique 1163–1165
Force publique 1163
Forces Françaises de lIntérieur 957
Forces libanaises ◐FL
Ford,
-, Gerald 1352, 1524, 1574, 1798, *1854*–1856
-, Konzern ◐ 1332
Forgaill,
-, Dallan 567
Forl ,
-, Melozzo da *545*
Forlani,
-, Arnaldo *1474*
Formalismus 662
Formosa 781
Formosa ◐Taiwan
Formosus,
-, Pp. 456, *504*, 529
-, Pp. ◐ 505
Forné Molne,
-, Marc 1483
Forrestal,
-, James V. *1847*
Forró 60
Forster,
-, Albert *892*
-, Georg *837*
Fort Hill 1708
Fort Hill,
-, Schl. (1822) 1159
Fort Lamy 1682–1683
Fort Salisbury 1166
Fortschrittliche Volkspartei 869, 871
Fortschrittspartei 853–854, 857, 863, 875
Fortschrittspartei,
-, Japan ◐Shimpoto
Forum,
-, Zimbabwe 1714
Forum Claudii (Aime) 318
Forum Iulii (Fréjus) 314, 319
Forza Italia 1475
Foscolo,
-, Ugo *1012*
Fossilien 2, 5–7, 10
Fouché,
-, Joseph *933*, 937–938
Fouchet,
-, Christian 1364–1365
-, -Kommission 1364–1365
-, -Plan 1365
Foulah-Komplott 1662
Fouquet,
-, Jean 454
Fourah Bay College 1157
Fourneau du Diable 19
Fox 1868

1965

FPL (Frente Popular Libertador),
-, Guatemala 1869
FPL (Volksbefreiungsfront Farabundo Martí),
-, El Salvador 1872
FPMR (Frente Patriótico Manuel Rodríguez),
-, Chile 1923
FPÖ (Freiheitliche Partei Österreichs) 1437–1439
FPR (Front Patriotique Rwandais),
-, Rwanda 1700, 1730
FPV (Front Progressiste Voltaique),
-, Burkina Faso 1680
Fra Angelico 545
Fra Bartolommeo *1008*
Fracastoro,
-, Girolamo *664*
Fradique de Menezes 1689
Franc-Block 1355
Francesca,
-, Piero della 545
Francesco Rutelli 1475
Franche-Comté 671, 683, 685
Franche-Comté (MA) ⟳Burgund,
-, Frei-Gfsch.
Francia 373, 375, 379, 421–422
Francia,
-, José Gaspar Rodríguez de *1313*
Francia orientalis 455
Francia ❶ 373
Francisco Guillermo Flores Pérez 1873
Francisco Labastida Ochoa 1868
Francke,
-, Meister 500
Franckensteinsche Klausel (1879) 863, 868
Franco,
-, Francisco 748, 760, 762–763, 784, 896, *1028*–1030, 1033, 1479–1481, 1484
-, Itamar *1919*
-, João Fernando Pinto *1032*
-, -Regime 1028, 1479
-, -Regime ❺ 1029
François,
-, Seydoux *951*
Franc-Zone 1324, 1661, 1677
Frangipani,
-, Dyn. 511
Frank,
-, Hans 755, *891–892*, *898*, *1066*
-, Karl Hermann *892*, *1069*
-, Tenney 287
Franken 278, 281, 283–284, 286, 318, **322**, 324–326, 331, 357, 359–360, 362–363, 367–379, 381–387, 456, 458, 460, 475, 478, 504, 525–526, 549
Franken,
-, Christianisierung 369–370, 373, 375
-, Hztm. **457**
-, Hztm. ❶ 373
-, Romanisierung 375
Franken ❶ 364, 820
Frankenhausen,
-, Schl. (1525) 807
Frankenherrschaft 630–632

Frankenreich,
-, (ab 714) 370–371, **378–387, 504, 527–530**
-, (ab 714),
-,-, Reichskirche 379
-, (ab 714) ❶ 373
-, (bis 714) 322, 357, 359–360, 362–363, 367–368, 370, 372–**378**
-, (bis 714) ❶ 373
-, Gesellschaft 372–**375**, **382–383**
-, Kultur 375, **384–386**
-, Mönchtum 372, **375–376**, 381–382, 384–386
-, pol. Org. 372, 374–**376**, 381–383
-, pol. Org. ❶ 373
-, Rechtswesen **376**, 382
-, Reichskirche 370, 372–373, 375–376, 379, 381–**384**, 504
-, Spr. 375
-, Teil-R. 373–374, 376–378, 420, 455, 457, 527
-, Teil-R. ❶ 373
-, Wirtschaft 377, **383–384**
Frankenreich ⟳Ostfrankenreich
Frankenreich ⟳Westfrankenreich
Frankfurt 411, 854, 878, 1391
Frankfurt,
-, Frd.,
-,-, (1871) 706, 856, 945
-, Hoftg. (1338) 489
-, Kfz.,
-,-, (1948) 1401
-, Reichsdeputationstg.,
-,-, (1655) 824
-, Reichskreistg. (1554) 813
-, Reichstg.,
-,-, (1486) 499
-, Syn. (794) 379
-, Tag (1427) 496
Frankfurt ❶ 410–411
Frankfurter,
-, David 1086
Frankfurter Abkommen,
-, (1949) 1340
Frankfurter Anstand,
-, (1539) 810
Frankfurter Assoziation,
-, (1682) 825
Frankfurter Assoziationsrezeß,
-, (1697) 826
Frankfurter Dokumente,
-, (1948) 1401
Frankfurter Fürstentag,
-, (1863) 853, 906
Frankfurter Nationalversammlung,
-, (1848/49) 845, **847–850**, 854
-, (1848/49),
-,-, Berufsgliederung ❶ **847**
-, (1848/49) ❶ **846**
Frankfurter Vorparlament,
-, (1848) 845
Frankfurter Wachensturm (1833) 843
Frankfurt-Heddernheim,
-, (Alt.) ⟳Nida
Franklin,
-, Benjamin *1279*
FranklinsAcademy 1273
Frankreich,
-, (1494–1789) 671, 674, 678, 681, 683–688, 826–827, 829, 916, 918–919, 921–927,

1104
-, (1494–1789),
-,-, Adel 671, 916–921, 926–927
-,-, Architektur 923
-,-, Außen-Pol. 672, 675–678, 681–682, 684–685, 687–688, 916, 920, 923, 926, 1104, 1106
-,-, Bauern 657
-,-, Bevölkerung(sentwicklung) ❻ 652
-,-, Bürgertum 655–656, 918
-,-, Gesellschaft 916–918, 920–921, 926–927
-,-, Handel 918, 922, 925
-,-, Innen-Pol. 919, 921, 926
-,-, Kirchenverfassung ❻ 661
-,-, Kolonialmacht 1186
-,-, Königtum 916
-,-, Kriegführung 672, 674–675, 677, 680, 682–683, 685, 688, 1185–1186
-,-, Kultur 917, 923
-,-, Kunst 923
-,-, Landwirtschaft 918, 925
-,-, Literatur 923
-,-, Militärwesen 920, 922, 928
-,-, öffentliche Finanzen 916, 918, 921–922, 925–926
-,-, pol. Org. 671–672
-,-, Religion 661, 678
-,-, Religions-Pol. 677, 679–680, 685
-,-, Verwaltung 919
-,-, Wirtschaft 656, 670, 675, 918–919, 922, 927
-, (1494–1789) ❻ 671
-, (1789–1945) 732, 737, 739–740, 742, 747, **760**, 765, 775, 777, 801, 878, 881, 884, 903, 910–911, **928–949**, 952, 956, 1001, 1003–1004, 1006, 1012, 1017, 1019–1020, 1027–1028, 1042–1043, 1057, 1060, 1107, 1209, 1211, 1224
-, (1789–1945),
-,-, Arbeiter 954
-,-, Arbeiterbewegung 941
-,-, Außen-Pol. 701–702, 704–706, 710–711, 737–740, 742–747, 749–753, 755–756, 760, 765, 780, 897, 911, 954, 973, 989, 996, 1013, 1038, 1049, 1052, 1106–1108, 1110, 1113–1114, 1118–1119, 1121, 1124–1125
-,-, Außen-Pol. ❻ 708
-,-, Außen-Pol. ❶ 1113
-,-, Bauern 941
-,-, Bevölkerung(sentwicklung) ❻ 694
-,-, Bürgertum 695
-,-, Gesellschaft 928–929, 932–935, 937, 939–941, 946, 948–949, 952–953
-,-, Industrialisierung 690
-,-, Julirevolution (1830) 699
-,-, Kolonialmacht 709, 1108, 1114, 1116, 1120–1122, 1231
-,-, Kolonialmacht ❶ 1109, 1113
-,-, Kriegführung,
-,-,-, (1789–1914) 700, 705, 1080
-,-,-, (1914–1918) 716–720, 722–725, 728

-,-,-, (1914–1918) ❶ 717, 729
-,-,-, (1939–1945) 752–753, 755, 758–760, 776, 793
-,-,-, (1939–1945) ❶ 757, 802
-,-, Landwirtschaft 928, 943
-,-, öffentliche Finanzen 951, 954
-,-, Parteien 956
-,-, pol. Org. 740, 928, 930–931, 933–936, 941, 943, 946, 949
-,-, pol. Org. ❻ 934, 947
-,-, Rüstung ❶ 711–712
-,-, Wirtschaft 929, 932–933, 936–939, 943, 946–947, 952–953
-,-, Wirtschaft ❶ 943, 947
-, (1789–1945) ❻ 733
-, (1789–1945) ❶ 775
-, (Hoch-MA) 372, 393, **422–423**, 425–**434, 436**, 506, 510, 512, 514, 517–518
-, (Hoch-MA),
-,-, Adel/Rittertum **422**, 426–427, 433
-,-, Bildungswesen 423
-,-, Gesellschaft 422
-,-, Kirche/Religion 423, 425–**426**, 429, 432, 510, 516, 518
-,-, Königtum 422–423, 426, **428–430**
-,-, Krondomäne **422**, 425–426, 433
-,-, Kultur 433–**434, 436**
-,-, Landwirtschaft 388
-,-, pol. Org. 388, 420, 422, 426–427, 431
-,-, Rechtswesen 398, **423**, 433
-,-, Städte **422**
-,-, Territorial-Ft. **427**
-,-, Wirtschaft 518
-, (seit 1945) 1321, 1324, 1328, 1331, 1338–1339, 1343, 1346–1347, 1349–1351, 1356–1362, 1365–1370, 1372, 1391–1392, 1397–1398, 1401, **1444–1450**, 1483, 1576, 1609, 1630–1631, 1634, 1639, 1645, 1657, 1661, 1669, 1672, 1677, 1679, 1681, 1683, 1685–1687, 1690, 1696–1697, 1735, 1739–1744, 1803, 1817, 1835, 1847–1848, 1850, 1880
-, (seit 1945),
-,-, AIDS-Erkrankungen ❶ 1335
-,-, Außen-Pol. 1320, 1325, 1338, 1342–1343, 1345–1346, 1349, 1352, 1356–1360, 1362–1363, 1366–1367, 1369, 1582, 1743–1745, 1810, 1812, 1814, 1848
-,-, Bruttoinlandsprodukt ❶ 1369
-,-, Bündnis-Pol. 1342–1343
-,-, Europa-Pol. 1373
-,-, Handel 1324, 1368, 1849
-,-, Handel ❶ 1334
-,-, Index,
-,-, Produktion verarbeitendes Gewerbe ❶ 1372
-,-, Innen-Pol. 1355, 1444, 1447

-,-, Kolonialmacht 1814
-,-, Kriegführung 1325, 1850
-,-, Militärwesen 1329, 1346–1347, 1349, 1362, 1366, 1853
-,-, NATO-Streitkräfte ❶ 1354
-,-, öffentliche Finanzen 1328
-,-, Premierminister ❶ **1449**
-,-, Verteidigungsausgaben ❶ 1369
-,-, Wirtschaft 1330, 1358–1359, 1367
-, (seit 1945) ❻ 1358, 1393
-, (Spät-MA) 412, **436–440**, **445–447, 450–454**
-, (Spät-MA),
-,-, Gesellschaft 437, 444
-,-, Kirche 437
-,-, Königtum 436
-,-, Kultur **453–454**
-,-, Landesherrschaft 451
-,-, öffentliche Finanzen 439–**440**, 443
-,-, pol. Org. 437–**440**, **450–452**
-,-, Ständewesen 440
-,-, Verwaltung 437, **440**
-,-, Wirtschaft 437
Frankreich ,
-, (seit 1945),
-,-, Nordafrika-Pol. 1445
Franquismus,
-, Span. 1479
Franz,
-, Bretagne,
-,-,-, II. 453
-, Coburg,
-,-, Hz. ❺ 970
-, Frkr.,
-,-, Kg.,
-,-,-, I. 672–676, *916*–917, 1007, 1103, 1269
-,-,-, I. ❺ 442
-,-,-, I. ❶ 806
-,-,-, II. *917*
-,-,-, II. ❺ 442
-, Ks.,
-,-,-, I. Stephan 687, 805, *827–828*, 1010
-,-, I. Stephan ❺ 835
-,-,-, II. 837–838, 843, *904*, 933
-,-, II. ❺ 835
-, Modena,
-,-, Hz.,
-,-,-, IV. ❺ 835
-, Neapel,
-,-, Kg.,
-,-,-, II. 1015
-, Österreich,
-,-, Ehz.,
-,-,-, Ferdinand *907–909*, 913
-,-, I. ⟳Franz,
-,-, Ks. II.
-,-, Kg.,
-,-,-, II. 1015
-,-, Ks.,
-,-,-, Joseph I. 702, 704, 724–725, *849*, 853, *905–906*, *910*, 913, 990, 1304
-,-,-, Joseph I. ❺ 835
-, S. v. Franz,
-, Modena,
-,-, Hz.,
-,-,-, IV. ❺ 835
-, v. Alençon-Anjou *917*
Franz Ferdinand,
-, O. v. Karl,

-,-, Österreich,
-,-,-, Ks.,
-,-,-,-, I. ⬢ 835
Franz Fuchs 1439
Franz Josef II.,
-, Liechtenstein,
-,-, Ft. *1443*
Franz Josef II.,
-, Liechtenstein,
-,-, Ft. *1443*
Franz Karl,
-, S. v. Franz,
-,-, Ks.,
-,-,-, II. ⬢ 835
Franz Salvator,
-, N. v. Ferdinand,
-,-, Toskana,
-,-,-, Ghz.,
-,-,-,-, IV
-,-,-,-,- ⬢ 835
Franz von Assisi *515, 518,* 536
Franziskaner 489, 515, **518**–520, 524, 1294, 1296
Franziskanerregel 515
Französisch,
-, -Guayana 1300
-, Spr. 422, 1107, 1120
-, Spr. ⬢ 434
Französisch-,
-, Guayana 1862, 1880
-, Ozeanien 1836
-, Polynesien 1836
-, Somalild. ➔Dschibuti
-, Westafrika ⬢ 709
-, West-Ind. **1299**
Französisch-Äquatorialafrika 762, 1161–1162, 1684
Französisch-Äquatorialafrika ⬢ 1158
Französische Revolution (1789–1799) 664, 699–700, 928–933, 986, 1025–1026, 1083
Französisch-Guinea ➔Guinea
Französisch-Habsburgische Kriege,
-, 1. (1521–1526) 674
-, 2. (1526–1529) 674
-, 3. (1536–1538) 675
-, 4. (1542–1544) 676
-, 5. (1552–1556) 677
Französisch-Kamerun ➔Kamerun
Französisch-Kongo ➔Congo
Französisch-Libanesischer Vertrag,
-, (1936) 1116
Französisch-Ostafrika ⬢ 1158
Französisch-Österreichischer Präliminarfriede 1011
Französisch-Russischer Krieg (1812) 702, 987, 996
Französisch-Somaliland ➔Dschibuti
Französisch-Spanischer Krieg (1590–1598) 680
Französisch-Sudan (Soudan) ➔Mali
Französisch-Syrischer Vertrag (1936) 1116
Französisch-Togo (Ost-Togo) ➔Togo
Französisch-Türkische Allianz (1536) 1103
Französisch-Westafrika 1156
Französisch-Westafrika ⬢ 1158

FRAP (Frente de Acción Popular),
-, Chile 1920
Fraser,
-, Malcolm *1832*–1833
-, Peter *1835*
Fraticellen 517–518
Frauenbewegung,
-, Dtld. 853, 870
-, GB 972, 975
Frauenkonferenz,
-, erste dt. (1865) 853
Frauenstimmrecht,
-, Dän. 1052
Frauenwahlrecht 1111
Frauenwahlrecht,
-, Dän. 1054
-, Schweden 1053
-, Schweiz 1440, 1442
Fraxinenses 332
Fraxinetum 528
Fredegunde,
-, Franken,
-,-, Kgn. 374
FREDEMO,
-, Peru 1905
Frederiksborg,
-, Frd. (1713) 1048
-, Frd. (1720) 686
Frederikshamn,
-, Frd. (1809) 987
Free Port 1159
Free Soil Party,
-, USA 1284
-, USA ⬤ 1282
FreedmensBureau 1286
Freetown 1144, 1157, 1159
Freetown,
-, Militärputsch (1982) 1663
Fregellae ⬤ 219
Fregenae ⬤ 219
Frei Montalva,
-, Eduardo *1921*
Frei Ruiz-Tagle,
-, Eduardo *1923*
Freiburg im Breisgau 414, 685, 825–826
Freiburg im Breisgau ⬤ 412–413
Freiburg im Üchtland 387, 502
Freidanks Bescheidenheit ⬤ 481
Freie Demokraten ➔SZDSZ
Freie Demokratische Partei ➔FDP
Freie Gewerkschaften 697, 866
Freie Offiziere,
-, Geheimorganisation 1624
Freie Städte (MA) 492
Freier Deutscher Gewerkschaftsbund ➔FDGB
Freies Indien 788
Freies Meer 669, 684
Freigelassene 299, 303
Freihandel 691, 693, 862, 971, 973, 1014, 1041
Freiheitliche Partei Österreichs ➔FPÖ
Freikorps 876–879
Freising 370
Freising ⬤ 413
Freisler,
-, Roland *901*–902
Freistellungsbewegung 814
FREJULI (Peronistische Bewegung),
-, Argentinien 1913
Fréjus,
-, (Alt.) ➔Forum Iulii
FRELIMO (Frente de Liber-

tação de Moçambique) 1715–1716
Fremdarbeiter 775
Fremdenlegion 1120–1121
Fremdenverkehr,
-, Österreich ⬤ **1438**
French and Indian War (1754–1763) 1273
French and Indian War (1755–1763) 687
Frentaner 221
Frente Amplio 1911
Frente de Acción Popular ➔FRAP
Frente de Defensa de la Revolución Peruana ➔FDRP
Frente de Libertação de Moçambique ➔FRELIMO
Frente Farabundo Martí para la Liberación Nacional (FMLN) 1873
Frente Nacional,
-, Kolumbien 1894
Frente Nacional de Libertação de Angola ➔FNLA
Frente Nacional de Oposición ➔FNO
Frente Patriótico Manuel Rodríguez ➔FPMR
Frente Popular 1028
Frente Sandinista de Liberación Nacional ➔FSLN
Frequens (1417) 522
Frère-Orban,
-, Hubert *1041*
Frescobaldi,
-, Handelshaus 576
Fretilin (Revolutionäre Front für ein unabhängiges Osttimor) 1825–1826
Freundschafts-Vtg.
-,-,-,(1992) 1505
Friaul 529
Frick,
-, Wilhelm *890*–*891*, 898, 1069
Friderichs,
-, Hans *1416*
Fridolin,
-, Missionar 370
Friedeburg,
-, Hans-Georg v. *798*
-, Hans-Georg v. ⬤ 774
Frieden,
-, Pierre *1458*
Frieden-Jetzt-Bewegung,
-, Isr. 1586, 1604
Friedensabkommen 1703
Friedensabkommens von Lusaka 1698
Friedensdemonstration,
-, Bonn (1981) 1415
-, Dresden (1983) 1428
Friedensforum,
-, Dresden (1982) 1427
Friedensnobelpreis,
-, (1961) 1720
-, (1983) 1504
-, (1987) 1864, 1878
-, (1989) 1785
-, (1990) 1527
-, (1992) 1870
-, (1993) 1723
-, (1996) 1826
Friedensresolution (1917) 726, 871
Friedensrichter,
-, Engld. 577
Friedland,
-, Schl. (1807) 702
friedliche Koexistenz 1338, 1347, 1376, 1380–1381,

1384, 1388, 1426, 1518, 1520, 1523
Friedrich,
-, Bay.-Landshut,
-,-, Hz. ⬢ 488
-, Braunschweig,
-,-, Hz.,
-,-,-, Wilhelm *840*
-, Brdbg.,
-,-, Mgf.,
-,-,-, VI. *495*–*496*
-, Brdbg.-Preußen,
-,-, Kft.,
-,-,-, Wilhelm d. Gr. 685, *820*, 822–823, 830–831, 923
-, Dän.,
-,-, Kg.,
-,-,-, I. *1047*
-,-,-, II. *1047*
-,-,-, IV. *1048*
-,-,-, IX. 1491
-,-,-, V. *1048*
-,-,-, VI. **1049**, 1052
-,-,-, VII. *853, 1052*
-,-,-, VIII. *1052*
-, Hessen,
-, Pr.,
-,-, Karl 1056
-, Kg./Ks.,
-,-, (III.) (gest. 1888) *854*, *864*
-,-, (III.) (gest. 1888) ⬢ 970
-,-, d. Schöne 488–489, 520
-,-, d. Schöne ⬢ 485
-,-, I. Barbarossa 393, **401**, 405, **472**–**475**, 480, 512–514, 534, 595, 611, 615, 646
-,-, I. Barbarossa ⬢ 473
-,-, II. 393–394, 397, **402**, 404, 406, 417, 433, 477–480, 484, 494, 501, 514, 516–517, 534–537, 561, 574, 648, 1096
-,-, II. ⬢ 473
-,-, III. 449, **497**–**499**, 523, 600, 613, 625, 803
-,-, III. ⬢ 485
-, Magdeburg,
-,-, Eb.,
-,-,-, I. 472
-, Mainz,
-,-, Kft.,
-,-,-, Karl Joseph v. Erthal **836**
-, Meißen,
-,-, Mgf.,
-,-,-, d. Freidige ⬢ 473
-, Missionar,
-,-, B. 371
-, Nürnberg,
-,-, Burg-Gf.,
-,-,-, III. *485*
-, Österreich,
-,-, Hz.,
-,-,-, II. D. Streitbare 479
-,-,-, IV. *502, 522*
-,-,-, IV. ⬢ 485
-, Pfalz,
-,-, Kft.,
-,-,-, d. Siegreiche 498
-,-,-, d. Siegreiche ⬢ 488
-,-,-, V. 681, *816*–817
-,-,-, V. ⬢ 960
-, Preußen,
-,-, Kg.,
-,-,-, I. *826*
-,-,-, I. ⬢ 960
-,-,-, II. d. Gr. 687–688, 828–831, 1106
-,-,-, Wilhelm I. *827*–828, *831*

-,-,-, Wilhelm I. ⬢ 960
-,-,-, Wilhelm I./II. 831
-,-,-, Wilhelm II. 701, *830*, 930
-,-,-, Wilhelm III. 704, *837*, *842*
-,-,-, Wilhelm IV. 843–845, 849–850, 852
-, S. v. Ferdinand,
-,-, Aragón,
-,-,-, Kg.,
-,-,-,-, I. ⬢ 559
-, S. v. Christian,
-,-, Dän.,
-,-,-, Kg.,
-,-,-,-, I. 601
-, Sachsen,
-,-, Kft.,
-,-,-, III. d. Weise *805*
-,-, Kg.,
-,-,-, August I. 702
-, Sachsen-Wittenberg,
-,-, Kft.,
-,-,-, d. Streitbare *496*
-, Schwaben,
-,-, Hz.,
-,-,-, I. 470
-,-,-, I. ⬢ 473
-,-,-, II. 471
-,-,-, II. ⬢ 473, 476
-,-,-, IV. 473–474
-,-,-, IV. ⬢ 473, 476
-,-,-, V. 401, 475
-,-,-, v. Staufen ⬢ 467
-,-,-, V. ⬢ 473
-, Schweden,
-,-, Kg.,
-,-,-, I. *1046*
-, Siz.,
-,-, Kg.,
-,-,-, II. V. Aragón 538–539, **561**
-,-,-, II. v. Aragón 631
-,-,-, II. v. Aragón ⬢ 559
-,-,-, III. *539*, 561
-,-,-, III. ⬢ 559
-, v. Antiochia,
-,-, S. v. Friedrich,
-,-,-, Kg./Ks.,
-,-,-,-, II. ⬢ 473
-, v. Büren ⬢ 473
-, v. Oranien,
-,-, Heinrich 1034
-, Wttbg.,
-,-, Kg. *838*
Friedrich August,
-, Sachsen,
-,-, Kft.,
-,-,-, I. d. Starke ➔August,
-,-,-,-, Polen,
-,-,-,-,-, Kg. II.
-,-,-, II. ➔August,
-,-,-,-, Polen,
-,-,-,-,-, III.
Friedrich Ludwig,
-, Wales,
-,-, Pr. ⬢ 960
Friedrich von Hausen ⬤ 481
Friedrich Wilhelm,
-, Kurld.,
-,-, Hz. 983
Friesen 281, 317, 323, 370, 377–378, 381, 457, 480
Friesen,
-, Christianisierung 370, 377
Friesenhahn Cave 1248
Friesland 447, 1033
Frigidus,
-, Schl. (394) 285
Frisavonen 318
Fritigern,
-, Gotenführer 284, *358*

1967

-, Westgoten,
-,-, Hptl. 359, 369
Fritsch,
-, Werner v. *891*, 897
Fritsch-Krise (1938) 897
Fritzdorf 55
Fröbel,
-, Julius *853*
Frobisher,
-, Martin *1269*
FRODEBU (Front pour la Démocratie au Burundi) 1703
Fröhlich,
-, Paul *1420*
Froissart,
-, Jean 417, 454, 575
-, Jean ➊ 416
FROLINAT (Front de Libération Nationale Tchadienne) 1629
FROLINAT (Front de Libération Nationale Tchadienne),
-, Tchad 1682–1683
FROLIZI (Front for the Liberation of Zimbabwe) 1711–1712
Froment,
-, Nicolas 454
Fromm,
-, Fritz *901*
Frondeaufstand (1648–1653) 921
Frondizi,
-, Arturo *1913*
Fronhofsystem,
-, It. 530
Front Commune 1701
Front de Libération de Québec ➲FLQ
Front de Libération du Tchad ➲FLT
Front de Libération Nationale Tchadienne ➲FROLINAT
Front Démocratique des Bruxellois Francophones 1455
Front der unterdrückten Völker Asiens 1386, 1388
Front for the Liberation of Zimbabwe ➲FROLIZI
Front für Demokratie und Entwicklung,
-, Surinam 1900
Front für die Befreiung des besetzten Südjemen ➲FLOSY
Front National de la Libération du Congo ➲FNLC
Front National Uni ➲FNU
Front Progressiste Voltaique ➲FPV
Front zur nationalen Rettung,
-, Rumänien 1544
Fronto von Cirta **290**
Froumund von Tegernsee *465*
FRUD 1735
FRUD (Front pour la Restauration de lUnitéetdela-Démocratie),
-, Dschibuti 1735
Frühbronzezeit **48–51**
Frühbronzezeit,
-, Eur. 49–51
-, It. 50
-, Kultur 51
-, Mittel-Eur. 50
-, Nord-Eur. 50

-, Vorderer Orient 48–49
Frühdynastische Zeit 85
Frühdynastische Zeit ➊ 77
Frühe Neuzeit,
-, Adel 655, 670
-, Bauerntum 657
-, Bevölkerung(sentwicklung) 652–653
-, Bevölkerung(sentwicklung) ➏ 652
-, Bildungswesen 658, 662
-, Bürgertum 656
-, Gesellschaft 652–655, 657, 659, 664, 669–670
-, Glaubenskriege **660**
-, Handel 653–654, 656, 670
-, internationale Bez. **671–688**
-, Kirchen 660
-, Kol. in Übersee 665, 669
-, Kol. in Übersee ➏ 671
-, Kultur 657–660, **662–665**, 669
-, Kunst 658–659, 662
-, Landwirtschaft 653–654, 657
-, Missionierung 669
-, Nationalst. 665, 671
-, pol. Org. 655, 659–660
-, Rechtswesen 669
-, religiöse Frage 660–661
-, soziale Frage 657, 664
-, staatliche Entwicklungen **654–655**
-, staatliche Entwicklungenb 655
-, Stadt 654
-, Überseehandel 654, 670
-, Urbanisierung 654
-, Weltbild 664, 669
-, Wirtschaft 653–654, **656–657**, 666, 669–670
-, Wissenschaft 658, 663–666
Früheisenzeit **68–69**
Früheisenzeit,
-, Mittel-Eur. 69
-, Nord-Eur. 69
-, Vorderer Orient 68
-, West-Eur. 69
Frühhelladikum 113
Frühhelladikum ➊ 113
Frühhelladische Kultur 42
frühhelladische Kultur 33, 42
Frühkapitalismus 654
Frühkapitalismus ➏ 653
Frühkonstitutionalismus 842–843
Frühkupferzeit
➲Kupferzeit
Frühling im Oktober (1956) 1376, 1502
Frühminoische Kultur 42
frühminoische Kultur 34
Frühneolithikum
➲Altneolithikum
Frühsozialismus 697
Frühsozialisten 696, 940
frühurbane Stufe 33
Frumentios 1136
Frutolf von Michelsberg *480*
Fruttuaria,
-, Kl. 507
FSLN (Frente Sandinista de Liberación Nacional),
-, Nicaragua 1876
Fu Hsi 1200
Fuad I.,
-, Äg.,
-,-, Kg. 1119
Fuchs,

-, Klaus *1848*
Fuerzas Armadas de Liberación Nacional ➲FALN
Fuerzas Armadas Revolucionarias de Colombia (FARC) 1896
Fugger,
-, Handelshaus 654, 805
Führerprinzip 739, 888, 895–896
Führerprinzip ➏ **889**
Fujimori 1905–1906
Fujimori,
-, Alberto 1870, *1905*
Fujimoris 1905
Fujiwara,
-, Geschl. 1218–1220
-, Michinaga *1219*
-, Motosune 1219
-, Yoshifusa 1219
Fukien 1204
Fukuda,
-, Takeo 1799–1800
Ful (Fulbe) 1130, 1139–1142, 1161, 1662, 1681
Fulbert,
-, O. v. Heloise 395
Fulco,
-, Anjou,
-,-, Gf.,
-,-,-, III. Nerra *428*
Fulda 370
Fulda,
-, Kl. 384–385
Fulda ➊ 820
Fulgentíus,
-, v. Ruspe *334*
Fu-lin ➲Shun-chih
Fulko von Anjou,
-, Jerusalem,
-,-, Kg. *401*, 405, 427, 571
Fullofaudes 326
Fulrad,
-, Abt,
-,-, St. Denis *383*
Fulvia,
-, G. v. L. Antonius 255
Fulvius Flaccus,
-, M. 244, 297, 316
-, Q. 229
Fulvius Flaccus Nobilior,
-, Q. 229
Fumban 1142
Funan,
-, Kgr. 1227
Fünfjahrpläne,
-, DDR,
-,-, (1951–1955),
-,-,-, 1. 1417
-,-, (1949–1953),
-,-,-, 1. 1507
-, UdSSR,
-,-, (1929–1932),
-,-,-, 1. 1002
-,-, (1933–1937),
-,-,-, 2. 1004
-,-, (1938–1942),
-,-,-, 3. 1004
-,-, (1946–1950),
-,-,-, 4. 1516
-,-, (1951–1955),
-,-,-, 5. 1517
-,-, (1956–1959),
-,-,-, 6. 1376, 1520
-,-, (1971–1975),
-,-,-, 9. 1523
-,-, (1981–1985),
-,-,-, 11. 1383
Fünfmächtevertrag (1948) 1357

Funj 1132
Funk,
-, Walter *886*, *891*–892, 896, 898
Furka-Basistunnel 1442
Fürstenbund,
-, dt. (1785) 830
Fürstenkongress,
-, dt. (1850) 851
Fürstenkrieg (1552) 812
Fürstenrevolution (1552) 677
Fürstenstaaten (Indien) 1749
Fürstentümer,
-, Russld. 620
Fußballkrieg (1969) 1862, 1872, 1874
Füssen,
-, Frd. (1745) 828
Futuwwa 1096
Fuuta Jaalo 1140–1141
Fuuta Tooro 1140–1141

G

G. Papandreou 1567
G-7
➲Weltwirtschaftskonferenz
G8-Gipfel in Genua 1476
Ga 1143
Gaba,
-, Jean-Pierre Toura 1682
Gabii ➊ 209
Gabinius,
-, A. 184, 249
Gabinius Secundus 317
Gabon (Gabun) 762, 1162, 1672, **1689–1690**, 1697
Gabon (Gabun),
-, pol. Org. 1690
-, Unabhängigkeits-Erkl. ➊ 1386
-, Verfassung 1690
-, Verkehr 1690
Gabon (Gabun) ➊ 1158
Gaborone 1726
Gabun ➲Gabon
Gaddafi 1577, 1631
Gaddafi,
-, Omar Moamer Al- 1569, *1573*, *1629*–1631, 1642, 1684
Gades (Cádiz) 98, 252, 327–330
Gadir ➲Gades
Gadsden-Vertrag (1853) 1304
Gaelen 567
Gaeta 527–528, 1014–1015
Gaetani,
-, Benedikt ➲Bonifaz VIII.,
-,-, Pp.
-, Dyn. 518
Gaetuler 332
Gafencu,
-, Grigore *1072*
Gafsa,
-, (Alt.) ➲Capsa
Gagarin,
-, Jurij A. *1520*, *1851*
Gagarino 21
Gagausen 1536–1537
Gagern,
-, Friedrich v. *845*
-, Heinrich v. *847*, 849–850
Gagik I.,
-, Armenien,
-,-, Kg. 404
Gahangiro,
-, Rwanda,

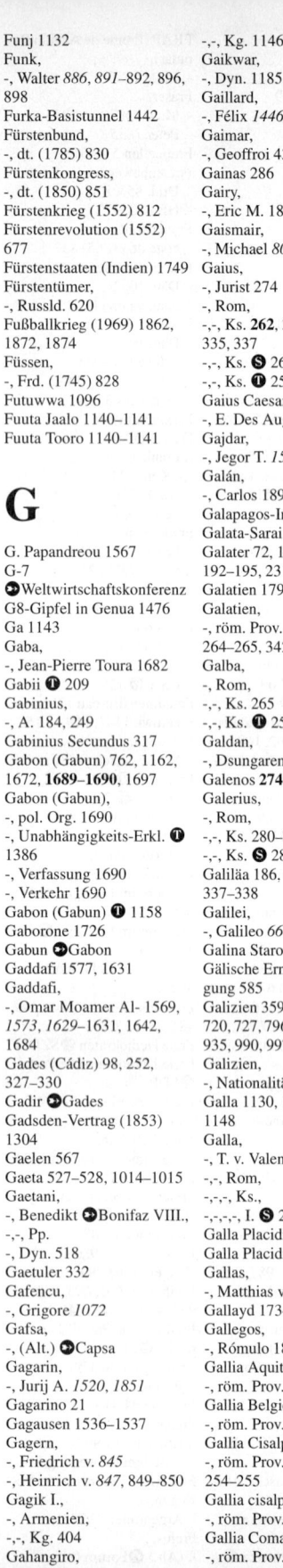

-,-, Kg. 1146
Gaikwar,
-, Dyn. 1185
Gaillard,
-, Félix *1446*
Gaimar,
-, Geoffroi 434
Gainas 286
Gairy,
-, Eric M. 1893
Gaismair,
-, Michael *807*
Gaius,
-, Jurist 274
-, Rom,
-,-, Ks. **262**, 319, 325, 332, 335, 337
-,-, Ks. ➒ 263
-,-, Ks. ➊ 254
Gaius Caesar,
-, E. Des Augustus 258
Gajdar,
-, Jegor T. *1528*
Galán,
-, Carlos 1895
Galapagos-Insel 1903
Galata-Sarai 1107
Galater 72, 184–185, 192–195, 231
Galatien 179, 193, 195–**196**
Galatien,
-, röm. Prov. (Galatia) 257, 264–265, 342–344
Galba,
-, Rom,
-,-, Ks. 265
-,-, Ks. ➊ 254
Galdan,
-, Dsungaren-Hschr. *1208*
Galenos **274**
Galerius,
-, Rom,
-,-, Ks. 280–281, 292, 351
-,-, Ks. ➒ 284
Galiläa 186, 191, 262, 337–338
Galilei,
-, Galileo *664*, 1009
Galina Starowoitowa 1530
Gälische Erneuerungsbewegung 585
Galizien 359, 555, 703, 718, 720, 727, 796, 840, 899, 909, 935, 990, 997
Galizien,
-, Nationalitäten ➊ 909
Galla 1130, 1135, 1137, 1148
Galla,
-, T. v. Valentinian,
-,-, Rom,
-,-,-, Ks.,
-,-,-,-, I. ➒ 284
Galla Placidia 286, *359*–360
Galla Placidia ➒ 284
Gallas,
-, Matthias v. *683*
Gallayd 1734
Gallegos,
-, Rómulo 1897
Gallia Aquitanica,
-, röm. Prov. 318
Gallia Belgica,
-, röm. Prov. 318
Gallia Cisalpina,
-, röm. Prov. 229, 246, 252, 254–255
Gallia cisalpina,
-, röm. Prov. 251
Gallia Comata,
-, röm. Prov. 254–255
Gallia Lugdunensis,

-, röm. Prov. 265
Gallia Narbonensis,
-, röm. Prov. 244, 248, 251, 253, 255
Gallia ulterior ➲Gallia Narbonensis
Galliae,
-, Diöz. 319
-, Prätorianerpräfektur 319, 326
Gallica ❶ 219
Gallien 251, 277–278, 294, 316–317
Gallien,
-, Gesellschaft 316
-, röm. Prov. 255, 257–258, 264–265, 268, 270, 274, 294, 305, 311, **316–320**, 322
-, röm. Prov.,
-,-, Bevölkerung(sentwicklung) 321
-,-, Gesellschaft 320–321
-,-, Kultur 321–322
-,-, Religion 321
-,-, Verwaltung 318
-,-, Wirtschaft 320
Gallienus,
-, Rom,
-,-, Ks. 276–278, 292, 303, 308, 311, 313, 315
-,-, Ks. ❶ 254
Gallier 185, **316**
Gallier ❶ 219
GallierT 218
gallikanische Freiheiten (1438) 450
Gallina 1157
Gallipoli 649–650, 737
Gallipoli,
-, Schl.,
-,-, (1416) 1100
-,-, (1915) 720
Gallischer Krieg (58–51) 251, **316–317**
Gallus,
-, Missionar *370*
-, Rom,
-,-, Caesar 283
-,-, Caesar ❷ 284
Galswintha,
-, Franken,
-,-, Kgn. *547*
Galtieri,
-, Leopoldo Fortunato *1914*
Galtieri, Leopoldo 1916
Gálvez,
-, José de 1297
-, Juan Manuel *1873*
Gama,
-, Vasco da *668*
Gambetta,
-, Léon 945–946
Gambia 1141, 1144, 1156–1157, **1658–1659**
Gambia,
-, Unabhängigkeits-Erkl. ❶ 1386
Gambia ❶ 1158
Gamblian 14
Gamsachurdia,
-, Swiad *1537*–1538
Gan 1765
Ganda 1131
Gandersheim,
-, Kl. 465
Gandhara 1178–1179
Gandhi,
-, Indira 1523, 1748, *1752*–1755
-, -Irwin-Pakt (1931) 1190
-, Mahatma 778, 1171, *1189*–1190, 1749, 1754

-, Rajiv 1748, *1756*
-, Sanjay *1755*
Ganges 1756, 1761–1762
Ganges-Abkommen (1977) 1761
Ganges-Abkommen (1996) 1756, 1762
Ganilau,
-, Ratu Sir Penaia *1837*–1838
Ganzouri,
-, Kamal Ahmad Al- *1628*
Gao 1140–1141, 1677–1678
Garaganza-Reich 1163
Garamanten 332
García,
-, Navarra,
-,-, Kg. 553
-,-,-, Ramírez 553
García Meza,
-, Luis 1908
García Pérez,
-, Alan *1905*
Garfield,
-, James A. *1287*
Garibaldi,
-, Giuseppe *1014*–1015
Garigliano,
-, Schl. (1503) 916, 1007
Garizim 104
Garnier,
-, de Pont-Sainte-Maxence ❶ 434
Garnier-Pagès 941
Garrison,
-, William Lloyd 1283
Garua,
-, Schl. (1901) 1161
Gasa,
-, (Alt.) ➲Gaza
Gasa (20. Jh.) 1578, 1580, 1587–1589
Gasa-Jericho-Abkommen (1993) 1579, 1588–1589, 1605, 1860
Gasa-Streifen 1580, 1585–1589
Gasastreifen 1602
Gasca,
-, Pedro de la 1296
Gascogne 374, 422, 444, 573
Gascogner 378
Gasperi,
-, Alcide de 1357, *1469*–1471
Gastein,
-, Vtg. (1865) 853
Gaston,
-, Navarra,
-,-, Kg.,
-,-,-, IV.,
-,-,-,-, v. Foix ❷ 559
Gaston von Orléans *919*
Gata,
-, Schl. (1365) 597
GATT (General Agreement on Tariffs and Trade) 1323–1324, 1326–1327, 1329, 1332–1335, 1356, 1359, 1365–1367, 1389, 1467, 1514, 1543, 1548, 1789, 1867, 1890
GATT (General Agreement on Tariffs and Trade) ❶ 1322
Gattamelata ➲Narni
Gattilusi,
-, Dyn. 631
Gattinara,
-, Mercurino de **805**
Gaudo-Gruppe 43

Gaugamela,
-, Schl. (331 v.) 172
Gaulanitis 262, 267, 337
Gaulle,
-, Charles de 760, 762, 777–778, 780–781, 789–792, *956*–957, 1116, 1121, 1161–1162, 1364–1367, *1444*–1448, 1461, 1635, 1843
-, Charles de ❶ 757
Gaullismus 1447–1448
Gaumata,
-, Pers.,
-,-, Kg. 109
Gaura-Kultur 85
Gaus,
-, Günter *1427*
Gauten 357
Gautier,
-, de Coinci ❶ 434
Gaveston,
-, Peter 576
Gaviria,
-, César *1896*
Gayoom 1765
Gayoom,
-, Maumoon Abdul 1765
Gaza (Gasa) 90, 171, 339
Gazaland 1167
Gaza-Ngoni 1167
Gbadolite,
-, Kfz. (1989) 1697
Gbagbo 1667
Gbaya 1134
Gbedemah,
-, Komla Agbeli *1667*–1668
Gbenye,
-, Christophe *1695*
Gbezera-Bria,
-, Michel 1685
Gdingen (Gdynia) 903, 1065, 1503
Geagea,
-, Samir 1597
Gebel Sedment 38
Gebhard,
-, Regensburg,
-,-, B. ❷ 467
Gebhard Truchseß von Waldburg,
-, Köln,
-,-, Kfz. **815**
Geburtenkontrolle 1334
GÉCAMINES,
-, Kongo 1696
GÉCOMIN,
-, Kongo 1696
Gedalja,
-, Stth. 104
Gediminas Vagnorius 1500
Gedrosien 173, 346
Gedymin,
-, Litauen,
-,-, Gfst. 616, *618*
Geer,
-, Jan de *1039*
Geez,
-, Spr. 1136
Gegenreformation **661–662**, 681
Gegenreformation,
-, Polen 1061
Geheimgesellschaften,
-, Osman. 1112
-, Russld. 988
Geheimpolizei,
-, Russld. 988
-, Russld. ❶ 994
Geisel,
-, Ernesto 1918
Geiserich,

-, Vandalen,
-,-, Kg. 286, *360*–361, *363*, 366
Geistesgeschichte,
-, Eur. 695
Gela 70, 137, 142–144
Gela ❶ 125
Gelasius,
-, Pp.,
-,-, I. 366
-,-, I. ❶ 367
-,-, II. 511
-,-, II. ❶ 511
Gelbmützenlehre 1199
Geld,
-, Athen 148
-, Rom 234
Geldentwertung,
-, (MA) 408–409
-, (MA) ❶ 409
Geldern,
-, Gf. v. 440
-, Hztm. 676, 811
Geldwesen 126
Geldwirtschaft 136
Geleontes 134
Gelimer,
-, Vandalen,
-,-, Kg. 363
Gellius,
-, A. 274
-, L. 249
Gelon,
-, Gela,
-,-, Tyr. 143
-, Syrakus,
-,-, Tyr. 141
Gemayel,
-, Amin 1587, *1597*
-, Beschir 1587, *1596*
Gemeine Herrschaften 502
Gemeiner Pfennig 803, 810
Gemeinsamer Arabischer Markt 1571
Gemeinsamer Markt (1956) 1363, 1365, 1368
Gemeinsamer Nordafrikanischer Markt (1967) 1571
Gemeinschaft Unabhängiger Staaten ➲GUS
Gemeinschaftspartei,
-, Japan ➲Kyodoto
Gemellae (El Kasbate) ❶ 333
Gemmei,
-, Japan,
-,-, Ksn. 1218
Gempei,
-, Krieg (1180–1185) 1219
GEND (Groupe Ethnique du Nord Dahomey),
-, Benin 1671
Genda,
-, Ambrose *1663*
Genealogia,
-, Begriff 357
General Agreement on Tariffs and Trade (1947)
➲GATT
General Electric,
-, Konzern ❶ 1332
General Motors,
-, Konzern ❶ 1332
Generaldirektorium (1722/1723) 831
Generalgouvernement 755, 898–899, 1066
Generalstaaten
➲Niederlande
Generalstände,
-, Frkr. 438, 440, 452, 928–929

Generalversammlung,
-, Resolution,
-,-, Uniting for Peace (1950) 1325
-, UNO 1321, 1323–1329, 1348
-, UNO ❶ 1322
Generalvertrag
➲Deutschlandvertrag
Genesios 643
Genêt,
-, frz. Gesandter 1280
Genf 360, 703, 810, 1082, 1085
Genf,
-, Abk. (1975) 1584
-, Abk. (1988) 1652
-, Abrüstungs-Kfz.,
-,-, (1932) 745
-, Abrüstungs-Kfz. (1927) 742
-, Abrüstungs-Kfz. (1962) 1348
-, Abrüstungs-Kfz. (1972) 1329
-, Abrüstungs-Kfz. (1984) 1353
-, Abrüstungs-Kfz. (1984) ❶ 1343
-, Achtzehn-Mächte-Kfz.,
-,-, (1962) 1348
-,-, (1967) 1349
-, Afghanistan-Gespräch (1984) 1652
-, Außenminister-Kfz.,
-,-, (1959) 1326, 1346
-, GATT-Kfz. (1987) 1332
-, Indochina-Kfz.,
-,-, (1954) 1325, 1342, 1351, 1388, 1775, 1810, 1812
-, Kfz. (1968) 1350
-, Kfz. (1983) 1597
-, Kfz. (1985) 1353, 1857
-, Kfz. über Zollabbau,
-,-, (seit 1947) 1323
-, Nahost-Friedens-Kfz. (1973) 1584, 1593
-, OPEC-Kfz. (1985) 1331
-, Rhodesien-Kfz.,
-,-, (1976) 1712
-, Rotes-Kreuz-Abk.,
-,-, (1949) 1325
-, Rüstungsgespräche (ab 1981) 1353, 1857
-, Seerechts-Kfz.,
-,-, (1975) 1330
-, UNCTAD-Kfz.,
-,-, (1964) 1326
-, Viermächte-Kfz.,
-,-, (1955) 1343–1344
-, Völkerbundsitz 733, 1085
-, Weltwirtschafts-Kfz. (1927) 742
-, Zehn-Mächte-Kfz.,
-,-, (1960) 1347
-, Zollfriedens-Kfz.,
-,-, (1930) 744
Genfer Protokoll,
-, (1924) 741, 951
Genfer Verträge,
-, (1954) 1445
Gennadios,
-, Konstantinopel,
-,-, Patr. *635*, *650*
Genossenschaftstag,
-, 1. (1859) 852
Genovesi,
-, Antonio *1011*
Gens,
-, Begriff 357
-, röm. 215
Genscher,

-, Hans-Dietrich 1371, 1413–1415, 1431
Gent 411, 441
Gent,
-, Frd. (1814) 1275, 1281
-, Univ. 1042
Gent ❶ 410–411, 413
Genter Pazifikation (1576) 679, 1034, 1037
Gentes 357–358
Gentes,
-, röm. 210
Genthios,
-, Illyrien,
-,-, Kg. 201
Gentry 577, 580, 958
gentry 580
Gentz,
-, Friedrich v. *695*
Genua,
-, (Hoch-MA) 389, 405–406, 508, 531, 533–534, 536, 631–632, 646–647, 649
-, (Hoch-MA) ❶ 410
-, (Spät-MA) 406–407, 538–**539**, **542–543**, 561
-, NZ 670, 676, 701, 935, 1007, 1011–1012
-, Weltwirtschafts-Kfz. (1922) 739, 951, 1000
Genus,
-, Begriff 357
Geoffrey of Monmouth 585
Geometrische Kunst 68, 70
Geometrische Kunst ❶ 119
Georg,
-, Baden-Durlach,
-,-, Mgf.,
-,-,-, Friedrich *817*
-, Bay.– Landshut,
-,-, Hz. ❺ 488
-, Böhmen,
-,-, Kg.,
-,-,-, v. Podiebrad *498*, 613, 625
-, Braunschweig,
-,-, Hz.,
-,-,-, Wilhelm ❺ 970
-, Brdbg.-Ansbach,
-,-, Ft.,
-,-,-, d. Fromme *808*
-, Clarence,
-,-, Hz. v. *582*
-, Dän.,
-,-, Pr. ❺ 960
-, GB,
-,-, Kg.,
-,-,-, I. 686, 966
-,-,-, I. ❺ 960
-,-,-, II. 966
-,-,-, II. ❺ 960
-,-,-, III. *967*, 1275, 1278–1279
-,-,-, III. ❺ 960, 970
-,-,-, IV. *969*
-,-,-, IV. ❺ 970
-,-,-, V. 975, 977–978, 1188
-,-,-, V. ❺ 970
-,-,-, VI. *977*, 1460
-,-,-, VI. ❺ 970
-, Griechenld.,
-,-, Pr. 1109
-, Griechld.,
-,-, Kg.,
-,-,-, I. *1080*
-,-,-, II. 764, *1081*–1082, 1560
-, Hann.,
-,-, Kg.,
-,-,-, V. ❺ 970
-, Sachsen,
-,-, Hz. 807

-, Serbien,
-,-, Ft.,
-,-,-, Branković *627*–628
George Bush 1861
George Mitchell 1465
George Tenet 1590
George W. Bush 1861–1862
Georges Speight 1838
Georgetown,
-, Kfz. (1972) 1390
Georgi Parwanow 1547
Georgia 1271, 1273, 1278, 1285–1286
Georgien 404, 987, 998, 1000, 1106, 1124, **1537**
Georgien,
-, (seit 1945) 1519, 1527, **1537**–**1538**
Georgiew,
-, Kimon 789, *1074*–1075
Georgij Gongadse 1535
Georgios Maniakes 644
Georgios Papandreou 1562
Georgisch,
-, Spr. 1538
Georgische SSR 1537
Georgische Volksfront 1538
Georgisch-russischer Vertrag (1994) 1538
Georgisierung 1538
Gepiden 281, 309, 360–361, 369, 602
Gérard,
-, Balthazar 1034
Gerasa 341, 353
Gerberga,
-, T. v. Heinrich,
-,-, Kg./KS.,
-,-,-, I. ❺ 380
-,-, Kg./Ks.,
-,-,-, I. ❺ 461
Gerbert von Aurillac
➲Silvester II.,
-, Pp.
Gerbrandy,
-, Pieter Sjoerd *1452*
Gereke,
-, Günter *892*
Gergovia,
-, Schl. (52 v.) *252*, 317
Gerhard,
-, Holstein,
-,-, Gf.,
-,-,-, III. d. Gr. *598*–599
-, v. Holstein 599
Gerhard Schröder 1433
Gerhard von Brogne *507*
Gerhard von Cremona *397*
Gerhardsen,
-, Einar *1489*
Gerhoch von Reichersberg *480*
Gerlach,
-, Manfred *1429*
Germanen 245–246, 251, 258–259, 266, 273, 276–277, 279–282, 284–287, 302, 305, 311–319, 321–325, 331, 357–364, 369–370, 372, 376, 382
Germanen,
-, Ansiedlung im Röm. R. 360
-, Christianisierung 369–370
-, Gesellschaft 323–324
-, Militärwesen 323
-, Missionierung 369
-, Name 322, 324
-, pol. Org. 323
-, Stämme/Stammesverbände 323–324
-, Wirtschaft 323–324

Germanen ❶ 364, 369
Germania,
-, I,
-,-, II,
-,-,-, röm. Prov. 319
-, Inferior,
-,-, röm. Prov. 318, 324
-, Superior,
-,-, röm. Prov. 318, 324
Germanicus,
-, S. Des Nero Claudius Drusus 258–259, 261–262, 317, 324
-, S. des Nero Claudius Drusus ❺ 263
Germanicus Caesar Gemellus,
-, E. v. Tiberius,
-,-, Rom,
-,-,-, Ks. ❺ 263
Germanien,
-, Freies **322**–**325**
-, röm. Prov. (und Militärdistrikte) 258, 261, 265, 267–268, 316–320
Germanistentage (1846/1847) 844
Germanos I.,
-, Konstantinopel,
-,-, Patr. *639*
Germantown 1273
Gero,
-, Mgf. *460*, 463, 607
Gerö,
-, Ernö *1513*
Geronten 132
Gerrhaier 186
Gerson,
-, Jean *522*
Gerstungen,
-, Frd. (1074) 469
Gertrud,
-, T. v. Heinrich,
-,-, Bay. u. Sachsen,
-,-,-, Hz.,
-,-,-,-, d. Löwe ❺ 473, 476
-, T. v. Lothar,
-,-, Ks.,
-,-,-, III. v. Supplinburg 471
-,-,-, III. v. Supplinburg ❺ 476
-, v. Sulzbach,
-,-, G. v. Konrad,
-,-,-, Kg./Ks.,
-,-,-,-, III. ❺ 473
Gerusia 131–132
Gervinus,
-, Georg Gottfried 843
Gesalech,
-, Westgoten,
-,-, Kg. *362*
Geschichte,
-, Begriff 13
Geschichtsschreibung 103, 355, 393
Geschichtsschreibung,
-, arabische 1097–1098, 1112
-, armenische 346
-, dt. 355, 374–375, 385, 480, 500–501, 657
-, frz. 357, 454, 657
-, griechische 151, 157
-, kastilische 558
-, maurische 560
-, röm. 239, 253, 261–262, 272, 280
-, türkische 1104
Gesellen- und Arbeiterkongress (1848) 848
Gesellschaft,
-, (Früh-NZ) 652–655, 657,

659, 664, 669–670
-, (Hochkulturen),
-,-, (1. Jt.) 67–70
-,-, (2. Jt.) 47–49, 52–54, 57–59, 62–63
-,-, (3. Jt.) 29–33, 38–41
-, (Hoch-MA) 388–**390**, 392
-, (Revolutionszeitalter) **694–695**
-, (Revolutionszeitalter) ❶ **694**
-, (Spät-MA) **408–412**, 419
-, (Spät-MA) ❶ 411
-, (Vorgeschichte) 25–30, 38–50, 52–55, 57–60, 62–65, 67–72
-, As. 1191
-, Austr.,
-,-, endogene Kulturen 1232–1234
-, Bol. 1907
-, Bras. 1919
-, Byz. 640
-, Chile 1920
-, China 1200, 1202, 1204–1206, 1208, 1773
-, DDR 1423
-, Dt. R. 482, 836, 851, 857, 864–866, 872, 879, 881, 887
-, Dt. R. ❶ 867
-, Dtld. 458, 836, 1414
-, Ecuador **1311**
-, Engld./GB,
-,-, (MA) 575, 583
-,-, (NZ) 958, 963, 965, 967–969, 971–975
-, Franken-R. 372–375, **382–383**
-, Frkr.,
-,-, (MA) 422, 452
-,-, (NZ) 916–918, 920–921, 926–929, 932–935, 937, 939–941, 946, 948–949
-, Gallien 316, 320–321
-, Germanen 323–324
-, Griechld. 121, 126, 303
-, Honduras 1874
-, Iberische Halbinsel 330, **549**, 557
-, Ind. 1750
-, Isr. 1603
-, It. 532, 1011–1013, 1015
-, Japan 1218–1219, 1221
-, Klein-As. 344
-, Kolumbien 1894
-, Latein-Am. 1301–1302
-, Maked. 164
-, Mauritius 1744
-, Melanesien 1238
-, Mex. 1305, 1866
-, Mikronesien 1238
-, Mykene 117
-, Ndld. 1035, 1037
-, Nordafrika 334
-, Nord-Am. 1268
-, Noricum 315
-, Osman. 1101–1102
-, Oz.,
-,-, endogene Kulturen 1235, 1238
-, Pers. 1126
-, Polen **615**, 1504
-, Preußen ❶ 867
-, Rom,
-,-, (Prinzipat) 259, 264, 269–270, 276, 299–**300**, 315, 320–321, 327, 330, 334, 344
-,-, (Rep.) 233, 235, 239, 296–**298**, 300,
-,-, (Rep.) ❻ **235**
-,-, (Spätantike) 279–280, 320–321

-, Russld.,
-,-, (NZ) 980, 982, 986–990, 992, 997
-, Schweiz **1083**
-, Sparta 132
-, Türken-R. 1111, 1194
-, UdSSR 1003, 1526
-, Uruguay 1911
-, USA 1293, 1850–1854, 1856, 1859
Gesellschafts-Inseln 1234, 1247, 1836
Gesellschaftsvertrag 655, 927
Gesetzgebung,
-, Dt. R. 857, 862
Gesoriacum (Boulogne) 319
Gessius Florus 337
Geßler,
-, Otto *875*, 878, 880, 882
Gesta Danorum 595
Gestapo (Geheime Staatspolizei) 890, 895–896
Gestapo (Geheime Staatspolizei) ❶ 890
Geta,
-, Rom,
-,-, Ks. **275**
-,-, Ks. ❶ 254
Geten 302, 306–310
Getreideembargo,
-, USA gegen UdSSR 1353, 1857
Getreidegesetze
➲Getreideversorgung,
-, Rom
Getreideversorgung,
-, Rom 244, 246, 249–251, 253, 257, 259–260, 264, 272, 276
-, Rom ❻ 271
Getty Oil,
-, US-Konzern 1637
Gettysburg,
-, Schl. (1863) 1286
Geusen 679, 1034
Geusen,
-, Aufstand 1033
Gewerbe ➲Wirtschaft
Gewerbefreiheit 691, 699, 840, 855
Gewerbeordnung 847–848
Gewerbesteuer 697
Gewerkschaften,
-, Argentinien 1912
-, Äthiopien 1736
-, Austr. 1243
-, Belg. 1456
-, Bol. 1907
-, Burkina Faso 1680
-, Chile 1922
-, DDR 1402, 1422
-, Dtld. (1919–1945) 876, 878, 884–886, 894
-, Dtld. (1919–1945) ❻ 895
-, Dtld. (1919–1945) ❶ **876**
-, Dtld. (bis 1918) 855, 865–866, 868, 870, 872
-, Dtld. (seit 1945) 1399–1401, 1405, 1409–1410, 1432
-, Frkr. 948, 951, 954–955, 1447–1449
-, GB 968–969, 973–975, 1462–1463
-, It. 1470, 1473
-, Jamaika 1886
-, Japan 1794
-, Kamerun 1686
-, Kan. 1277
-, Mex. 1306
-, Österreich 1437

-, Polen 1504
-, Rumänien 1542
-, Russld. 990
-, Schweiz 1441
-, Senegal 1657
-, Span. 1482
-, Togo 1670
-, Ung. 1514
-, Uruguay 1912
-, USA 1282, 1287, 1846, 1850
Gewerkschaftsbund,
-, internationaler (1913) 697
-, internationaler christlicher (1908) 697
Geyer,
-, Florian *807*
Géza,
-, I.,
-,-, Ft. 605
-, II.,
-,-, Kg. **605**, *623*
Gezer 53
Gezet 58
Ġgantija 43
Ġgantija-Stufe 42
Ghana (Goldküste,
-, Britisch-Togo [West-Togo]),
-,-, (bis 1957) 1139–**1140**, **1143**–**1144**, 1157, 1160, **1667**–1669, 1677, 1694
-,-, (bis 1957) ❶ 1158
-,-, (seit 1957) 1661, 1666–**1670**, 1686
-,-, (seit 1957),
-,-,-, pol. Org. 1669
-,-,-, Wirtschaft ❶ 1656
-,-, (seit 1957) ❶ 1158, 1655
Ghana Congress Party 1667
Ghani,
-, Mohammed Abdel *1637*
Ghanim,
-, Faraj ibn 1621
Ghannouchi,
-, Rachid 1633
Ghasan,
-, Ilchan 1098
Ghaschmi,
-,-,Ahmad Al- *1619*
Ghasnaviden,
-, Dyn. **1094**, 1096, 1180
Ghassaniden 353, 636
Ghassul-Kultur 33
Gheorghiu-Dej,
-, Gheorghe *1542*–1543
Ghetto 393
Ghibellinen 479, 488, 517, 535, 537–540
Ghiberti,
-, Lorenzo *545*
Ghirlandaio,
-, Domenico *545*
Ghoriden,
-, Dyn. 1096
Ghozali,
-, Sid Ahmed *1638*
GIA 1639
Giangaleazzo Visconti,
-, Maild.,
-,-, Hz. 446, *494*, *541*
Giap,
-, Vo-Nguyen *1814*, *1816*
Gibbon,
-, Edward 287
Gibbons,
-, David 1880
Gibraltar 558, 686, 1480–1482
Gidada,
-, Negaso *1737*
Gideon 102

Gidi,
-, Paß 1584
Gierek,
-, Edward 1414, *1503*–1504
Giers,
-, Nikolaj K. *991*
Gigurtu,
-, John *1072*
Gilan 1105, 1124–1125
Gilbert,
-, de la Porrée *395*
-, fitz Richard,
-,-, Strongbow 584
-, Humphrey *1270*
Gilbert von Sempringham *512*
Gilbertinerorden 512
Gilbertinseln 777, 788
Gilbertinseln ❷Kiribati
Gildas *369*
Gilde **391**
Gildo,
-, Berber,
-,-, Ft.,
-,-,-, Comes Africae 285, 332, 334
Gilgamesch 31
Gilgamesch,
-, -Epos 87, 89
-, -Epos ❶ 77
Gimirra-Gruppe 1138
Gindaros,
-, Schl. (38 v.) 255, 339
Gioberti,
-, Vincenzo *1013*
Giolitti,
-, Giovanni 738, *1016*–1017
Giotto *415*, *544*
Giovanna,
-, T. v. Viktor Emanuel,
-,-, It.,
-,-, Kg.,
-,-,-,-, III. ❸ 970
Giovanni da Piano del Carpine *1098*
Giraldus Cambrensis 586
Giraud,
-, Henri-Honoré *777*, 780, *957*
Giraut,
-, de Bornelh 434
Giri,
-, Tulsi 1765
-, Venkatagiri Varaha *1752*–1753
Girija Prasad Koirala 1766
Girma Wolde Giorgis 1738
Girondisten 930–933
Girsa-Kultur 74
Gisa ❷Giseh
Gisaka 1146
Giscard dEstaing,
-, Valéry *1447*–1449, 1525
Giseh (Gise) 78
Gisela,
-, Ksn. ❸ 467
-, T. v. Franz,
-,-, Österreich,
-,-,-, Ks.,
-,-,-,-, Joseph I. ❸ 835
-, T. v. Heinrich,
-,-, Bay.,
-,-,-, Hz.,
-,-,-,-, II. d. Zänker 605
-,-,-,-, II. d. Zänker ❸ 461
-, T. v. Kg. Konrad v. Burg ❸ 461
-, T. v. Ludwig,
-,-, Ks.,
-,-,-, I. d. Fromme ❸ 380
Giselbert,
-, Franken,

-,-, Gf. 457
-, Lothr.,
-,-, Hz. 459–460
-,-, Hz. ❸ 461
Gisko 228
Gisors,
-, Frd. (1113) 429
Gitarama 1699
Giufi (Bir Mcherga) ❶ 333
Giuliano Amato 1475
Giulio Andreotti 1475
Giustiniani,
-, Gesellschaft 631
Gizenga,
-, Antoine *1693*–1695
Gla 64, 116
Gla,
-, mykenischer Palast 116
Gladstone,
-, William Ewart *972*, 974
Glagolitisch 604, 607
Glanum (Saint-Rémy) 322
Glaoui,
-, Thami al 1639
Glarus 502
Glasinac-Gruppe 59, 71
Glasnost 1526
Glatz,
-, Gfsch. 828
Glaubenskriege ❷Religionskonflikte
Glaukon 204
Glaxo Wellcome 1336
Gleaneaggles,
-, Kfz. (1986) 1332
Gleichgewicht der Mächte 684–689, **704**
Gleichschaltung 893–895, 903
Gleiwitz 755
Glendower,
-, Owen 579
Glenn,
-, John Herschel *1851*
Glevum (Gloucester) 326–327
Gligorov,
-, Kiro *1557*
Globalisierung 1391
Glockenbecherkultur 50–51
Gloria Macapagal Arroyo 1829
Glorreiche Revolution (1688/1689) 685, 690, 699, 962, 965
Glossatoren 397
Glossatorenschule 397
Gloucester,
-, (Alt.) ❷Glevum
-, Humphrey,
-,-, Hz. v. *580*
-,-, Hz. v. ❸ 581
-, Richard v. 582
Glycerius,
-, Rom,
-,-, Ks. 287
Glyphen ❷Maya,
-, Schr.
Gnaeus 227
Gnam-ri-slon-btsan,
-, Tibet,
-,-, Kg. 1198
Gneisenau,
-, August Neithardt v. *840*
-, Schiff 776
Gnesen 1064
Gnesen,
-, Ebtm. 371, 464, 471, 507, 608, 615
Gnesener Erklärung 1505
Gnosis 291
Gnostiker 290–291

Goa 1167, 1484, 1751
Gobir 1139
Go-Daigo,
-, Japan,
-,-, Ks. 1220
Godesberg,
-, Kfz. (1938) 749, 897
Godesberger Programm der SPD (1959) 1410
Godjam 1136–1137
Godómar,
-, Burg.,
-,-, Kg. 374
Godoy,
-, Manuel de 1025
Godse,
-, Nathuram 1749
Godunow,
-, Boris ❷Boris F. Godunow
Godwin,
-, Earl *566*
Goebbels,
-, Joseph 750, 783, 886, **888**, *891*, *893*–894, 897, 899, 901–902
Goerdeler,
-, Carl-Friedrich 756, *885*, *892*, *902*
Goethe,
-, Johann Wolfgang v. 836
Goga,
-, Octavian *1072*
Gogo 1147
Goh Chok Tong *1822*
Goidelen ❷Kelten
Gokale,
-, Gopal Krischna *1188*
Gola 1159
Golan 1590
Golan-Höhen 1578, 1581, 1583, 1585, 1587, 1589
Golanhöhen 1331, 1594, 1602, 1604
Golasecca-Gruppe 68
Golasecca-Kultur,
-, It. 71, 111
Golconda,
-, Sult. 1183–1184
Gold- und Silbereinfuhren (NZ) 670
Goldap 797
Goldberg (Nördlinger Ries) 29
Goldberg-Gruppe 43
Goldene Bulle,
-, (1356) 491
-, v. Rimini (1226) 478, 494
-, v. Siz. (1212) 612
Goldene Bulle von Eger (1213) ❷Eger
Goldene Horde 621–622, 1098, 1192, 1196
Goldener Tempel,
-, Amritsar 1755
Goldie,
-, George 1160
Golding,
-, Bruce 1886
Goldkrise (1968) 1328
Goldküste ❷Ghana
Goldoni,
-, Carlo *1011*
Gold-Pool (seit 1961) 1328
Goldpreis (seit 1944) 1325
Golf-Kooperationsrat 1577
Golfkooperationsrat 1576
Golfkrieg,
-, I. (1980–1988)
❸Irakisch-Iranischer Krieg (1980–1988)
-, Erster (1980–1988)
❸Irakisch-Iranischer Krieg

(1980–1988)
-, Zweiter (1990–1991)
❸Irakisch-Kuwaitischer Krieg (1990–1991)
Golistan,
-, Frd. (1813) 1124
Golizyn,
-, Alexander N. *988*
-, Wassili W. *981*
Golkar-Sammlungsbewegung 1825–1826
Göllheim,
-, Schl. (1298) 487
Golowin,
-, Fjodor A. *981*
Goltz,
-, Rüdiger Gf. v. der 1055
Gom (Iran) 1648
Goma,
-, Louis Sylvain 1691–1692
Gömbös,
-, Julius V. *914*
Gomel 1532
Gomez,
-, Estévan 1269
Gómez,
-, Castro,
-,-, Laureano *1895*
-, Juan Vicente *1311*
Gomułka,
-, Władysław 1376–1377, *1501*–1503
Gomułka-Ära (1960–1970) 1502
Gonçalves,
-, Vasco dos Santos *1484*–1485
Göncz,
-, rpád *1514*
Gondapherenes (Gondophares),
-, Skythen,
-,-, Kg. 1179
Gondjout,
-, Paul *1689*–1690
Gondophernes (Gondophares),
-, Skythen,
-,-, Kg. 347
Gonja 1143
Gönnersdorf 20
Gonzaga,
-, Dyn. 537–538, 543, 682
-, Lodovico *544*
Gonzáles,
-, Alfonso Guerra *1482*
González,
-, Felipe *1481*–1482
-, Videla,
-,-, Gabriel *1920*
Goodpaster,
-, Andrew J. 1368, 1370
Gopallawa,
-, William *1764*
Göran Persson 1489
Gorbach,
-, Alfons *1437*
Gorbatschow,
-, Michail S. 1353–1355, 1384, 1416, 1428–1429, 1465, 1504, *1526*–1528, 1546, 1756, 1785, 1801, 1857–1858, 1884
Gorbunovs,
-, Anatolijs *1498*
Gordianus,
-, Rom,
-,-, Ks.,
-,-,-, I. **276**, 332–333
-,-,-, I. ❶ 254
-,-,-, II. **276**, 332–333

-,-,-, II. ❶ 254
-,-,-, III. 275–**276**
-,-,-, III. ❶ 254
Gordillo,
-, Francisco de 1269
Gordion 70, 94, 171
Gordischer Knoten 171
Gordon,
-, Charles G. 1119
-, Pascha 1133
-, Patrick *981*
Gore,
-, Al (Albert) *1859*
-, Albert (Al) 1534
Gorée 1156
Gorgias,
-, Rhetor *151*, 153
Goria,
-, Giovanni *1474*
Göring,
-, Hermann 752, 773, 798, 886, 890–893, 896–899, 901
-, Hermann ❻ 774
-, Hermann ❶ 892
Gorleben 1434
Gorlice-Tarnow,
-, Schl. (1915) 720
Görlitz 1080
Görlitzer Vertrag (1950) 1375, 1502
Gorm der Alte,
-, Dän.,
-,-, Kg. *590*
-,-, Kg. ❺ 594
Gorodsk-Gruppe 34
Gorton,
-, John Gray *1831*–1832
Gortyn 302–303
Görz,
-, Schl. (489) 362
Gorze,
-, Kl. 507
Go-Shirakawa,
-, Japan,
-,-, Ks. 1219
Goslar 703, 840
Goslar,
-, Hoftg. (1154) 473
Gosplan (Staatliche Plankommission),
-, UdSSR 1000
Gospodare,
-, Wahl-Ft. 1070
Gotarzes,
-, Parther,
-,-, Kg.,
-,-,-, II. 349
Göteborg 1045
Goten 273, 277–278, 281, 302, 307, 309, 311, 323–324, 331, 343, 357–364, 367–370, 373–374, 377–378, 525
Goten,
-, Christianisierung 369
-, Spaltung 358
Gotenvertrag (405) 359
Gotfrid,
-, Dän.,
-,-, Kg. 589
Gotha 850
Gothaer Programm (1875) 862
Gothia 357
Gotik 399, **413–415**, **499–500**
Gotik,
-, Dtld. ❶ 413
-, Engld. 414
-, Frkr. **436**
-, It. 544–545
-, Rezeption 355
Gotland 597

Gottesfriedensbewegung **429–430**, 507
Gottfried,
-, Achaia-Morea,
-,-, Ft.,
-,-,-, I. v. Villehardouin *630*
-,-,-, I. v. Villehardouin ❶ 434
-, Anjou,
-,-, Gf.,
-,-,-, Martell 426–427
-,-,-, Plantagenet 428, 430, 571
-,-,-, Plantagenet ❺ 570
-, Dän.,
-,-, Kg. 381
-, Lothr.,
-,-, Hz.,
-,-,-, Nieder-Lothr.,
-,-,-,-, I. 465
-,-,-,-, IV. V. Bouillon 400–401, *405*
-,-,-, Ober-Lothr.,
-,-,-,-, II. D. Bärtige 468, 508–509
-, S. v. Heinrich,
-,-, Engld.,
-,-,-, Kg.,
-,-,-,-, II. ❺ 570
-, v. Straßburg ❶ 416, 481
-, v. Viterbo *480*
Gotthard-Straßentunnel 1442
Gotthardtunnel 1443
Göttingen 699
Göttingen,
-, Univ. (1737) 836
Göttinger Sieben 843
Gottlosenverband 1002
Göttrik,
-, Dän.,
-,-, Kg. 381
Gottsched,
-, Johann Christoph *357*
Gottschee 899
Gottwald,
-, Klement *1506*–1507
GOU (Grupo de Oficiales Unidos),
-, Argentinien 1912
Goulart,
-, João Belchoir Marques *1917*
Goumba,
-, Abel *1684*–1685
Gournia 53, 59, 114
Gouvernements,
-, Russld. 988, 990
-, Russld. ❻ 994
Gove 1831
Government of India Act 1189
Governo Revolucionário de Angola no Exílio ➔GRAE
Gowda,
-, Deve *1756*–1757
Gower,
-, John **417**
Gowon 1687
Gowon,
-, Yakubu *1674*
Goya,
-, Schiff 793
Gozelo I.,
-, Lothr.,
-,-, Hz. 466
Gozo 42
GPRA,
-, Algerien 1635
GPU (Staatliche Politische Verwaltung),
-, UdSSR 1000

Graaff-Reinet 1169
Grabos,
-, Illyrien,
-,-, Kg. 161
Grabski,
-, Wladyslaw *1065*
Gracchuris 229
Gracchurris 329
Gracchus,
-, Ti. 223
Gracchus ➔Sempronius
Gracchus
Gracchus ➔Sempronius
Gracchus
Grado 528
GRAE (Governo Revolucionário de Angola no Exílio) 1704
Grafschaftsverfassung 624
Grahim,
-, Dar Fur,
-,-, Kg. 1133
Gräko-baktrisches Reich 347
Gräkobaktrisches Reich 1179, 1192
Grammontenser 513
Gran,
-, Ebtm. 464, 507
Granada 550, 553, 560, 666, 1096
Grand Council,
-, Ind. 1752
Grand Remonstrance (1641) 962
Grandi,
-, Dino *1019*
Grands-Lacs 1163
Grandson,
-, Schl. (1476) 452, 499, *502*, 672
Grandval,
-, Gilbert *1358*
Granikos,
-, Schl. (334 v.) 171, 201
-, Schl. (334 v.) ❶ 76
Grant,
-, Ulysses S. 1285–*1286*
Granvelle,
-, Antoine Perrenot de 679
Grasser,
-, Erasmus *500*
Gratian,
-, Theologe 513, 535
Gratianus,
-, Rom,
-,-, Ks. **285**, 326
-,-, Ks. ❺ **284**
Gratschow,
-, Pawel S. *1529*
Gratz,
-, Leopold *1438*
Graubünden 681, 683, 1084
Grävell,
-, Max *850*
-, Max ❶ *846*
Gravelotte,
-, Schl. (1870) 855
Gravettien 19, 21
Gravettien ❶ 11
Graviscae (Porto Clementino) 242
Graz 797, 912
Grebo 1159
Greco,
-, El ➔Theotokópulos,
-,-, Domenikos
Greenpeace-Bewegung 1449, 1835
Greenspan,
-, Alan *1861*
Greer,

-, Schiff 1292
Gregor,
-, d. Erleuchter 344, 346
-, Gegen-Pp.,
-,-, VI. ❶ 505
-, Nazianz,
-,-, B. 344
-, Neokaisareia,
-,-, B.,
-,-,-, d. Wundertäter 344
-, Nyssa,
-,-, B. 344
-, Pp.,
-,-, I. d. Gr. **367**, 370, 503, 526, 565
-,-, I. d. Gr. ❶ 367
-,-, II. 370, *503*
-,-, II. ❶ 505
-,-, III. 503
-,-, III. ❶ 505
-,-, IV. 381, 504
-,-, IV. ❶ 505
-,-, IX. 478–479, 513, 515–516, 534
-,-, IX. ❶ 511
-,-, V. 425, 464, 507
-,-, V. ❺ 467
-,-, V. ❶ 505
-,-, VI. 468, 508–509
-,-, VI. ❶ 505
-,-, VII. 427, 459, 469–470, 508–**510**, 533, 605, 614
-,-, VII. ❶ 511
-,-, VIII. 471, 511, 514
-,-, VIII. ❶ 511
-,-, X. 437, 486, 509, 513, 517
-,-, XI. 445, *521*
-,-, XII. *496*, 521–522
-,-, XII. ❶ 519
-,-, XIII. *1009*
-,-, XIII. ❶ 1009
-,-, XIV. ❶ 1009
-,-, XV. *1009*
-,-, XV. ❶ 1009
-,-, XVI. *1013*
-,-, XVI. ❶ 1015
-, v. Tours 321, 374–375
-, v. Utrecht *377*
Gregorianische Reformen 399, 423, 469, 507–509, 512
Gregorianischer Kalender 998, 1009, 1258
Greifswald ❶ 413
Greim,
-, Robert v. 798, *891*
-, Robert v. ❻ 774
Greiser,
-, Artur ❶ *893*
Gremio Africano 1165, 1167
Grenada 1299, 1841, 1880, **1892–1893**
Grenada,
-, kubanisches Kooperations-Abk. 1884
-, US-Interv. (1983) 1331, 1857, 1892–1893
Grenada United Labour Party ➔GULP
Grenadien 1892
Grenzschutzgruppe (GSG) 9 1415
Grenzvertrag,
-, BR Dtld.-Polen (1990) 1504
Greutungen 358
Grévy,
-, Jules 946
Grey,
-, Edward 725, *969*
-, Jane *959*
-, John 582

Griechen 109, 113–115, 119, 205–207, 303, 306, 308–309, 328, 335, 337–338, 341, 503
Griechen,
-, Osman. 1099, 1101–1102, 1104–1105
-, Süd-It. 293–294, 296
Griechenland,
-, (archaische Zeit,
-,-, 7.–6. Jh.) 105, **126–127**, **129**, **137**
-,-, 7.–6. Jh.),
-,-,-, Adel 126–128, 136
-,-,-, Architektur 129
-,-,-, Bauern 126–127
-,-,-, Bevölkerung 126
-,-,-, Gesellschaft 126, 135–136
-,-,-, Gesetzgebung 127–128
-,-,-, It. (Magna Graecia) 137–138
-,-,-, Kolonisation 126, 136–137
-,-,-, Kolonisation ❶ 76
-,-,-, Kriegführung 126–127, 131
-,-,-, Kunst 128–129
-,-,-, Literatur 128
-,-,-, Militärwesen 126, 128
-,-,-, öffentl. Finanzen 128
-,-,-, pol. Org. 126–128
-,-,-, Polis-Staatsbildung 128
-,-,-, Recht(swesen) 128
-,-,-, Religion 128
-,-,-, Sklaverei 126, 130
-,-,-, Stadt 126–127
-,-,-, Tyrannis 127–128, 133, 135
-,-,-, Tyrannis ❶ 127
-,-,-, Wirtschaft 126
-, (archaische Zeit insgesamt) **119–124**, **126**, **128–138**
-, (archaische Zeit insgesamt),
-,-, Adel 121–122, 124
-,-, Agrargeschichte 120–121, 125, 128, 131–132, 134, 136
-,-, Bauern 122
-,-, Bevölkerung 120, 125
-,-, Dialekte ❶ 120
-,-, Dialektgruppen 120
-,-, Einteilung ❶ **119**
-,-, Gesellschaft **121**–122
-,-, Handel 126
-,-, Handwerk 121
-,-, Kol. im Westen u. in Afrika 72
-,-, Kol. im Westen u. in Afrika ❶ **125**
-,-, Kolonisation 70, 72, 111, 120, 124–**126**, 164
-,-, Kolonisation,
-,-,-, Osten ❶ **124**
-,-, Königtum 122
-,-, Kunst 120
-,-, Landwirtschaft 121, 125
-,-, Literatur 121, 123
-,-, Militärwesen 122
-,-, Philosophie 129
-,-, pol. Org. 121–**122**
-,-, Religion 123–124
-,-, Sklaverei 122
-,-, Stadt 120, 126
-,-, Volksversammlung 122
-,-, Wirtschaft 121
-, (archaische Zeit insgesamt) ❶ 76
-, (Blütezeit d. Polis, 510–404) **139–143**, **145–146**, **165**

-,-, 510–404),
-,-,-, Demokratie 140, 143
-,-,-, Kolonisation 147
-,-,-, Kriegführung 145
-,-,-, Perserkriege 140–142, 146
-,-,-, Philosophie 152
-,-,-, Religion 152
-,-,-, Tyrannis 140, 144
-,-,-, Währung 146
-,-, 510–404) ● 76
-, (Bronzezeit) 58–59, 113
-, (Bronzezeit) ● 76, 113
-, (Dunkles Zeitalter) 119–124
-, (Eisenzeit) 67–68, 70, 119–120
-, (Helladikum) 42, 49, 54, 113, 116
-, (Hellenismus) 172–177, 179–180, 182, 188–189, 197, 200–207, 222, 226, 231
-, (Hellenismus),
-,-, Agrargeschichte 179, 204
-,-, Architektur 181
-,-, It. (Magna Graecia) 294–296
-,-, Königtum 180
-,-, Kultur 180
-,-, Kunst 181
-,-, Literatur 181
-,-, Parteien 200
-,-, pol. Org. 180
-,-, Religion 181
-,-, soziale Frage 180, 207
-,-, Stadt 180
-,-, Wirtschaft 180
-,-, Wissenschaft 181
-, (Kupferzeit) 33
-, (MA) 359, 605, 610, **629**, **631**–**633**, 646, 1099–1100
-, (minoisch-mykenische Zeit) 54, 59, **113**, 115
-, (minoisch-mykenische Zeit) ● 76
-, (Neolithikum) 25, 28
-, (Niedergang d. Poliswelt) 156–**163**, 166, 168
-, (Niedergang d. Poliswelt),
-,-, Chronologische Übersicht ● **157**
-,-, Kultur 157
-,-, pol. Org. 156
-,-, Wirtschaft 156
-, (Niedergang d. Poliswelt) ● 76
-, (NZ) 707, 712, 736–737, 740, 751, 762–764, 781, 789–790, 795, 1001, 1017–1021, 1072, 1074, 1078–**1082**, 1107–1111, 1118
-, (NZ),
-,-, Außen-Pol. 740, 746, 996
-,-, Kriegführung 721, 725, 762–764
-,-, Kriegführung ● 757, 802
-,-, Unabhängigkeitskrieg 699
-, (NZ) ● 775
-, (röm. Prov. Achaia) 265, 273, 278, 301–303, 306, 310
-, (röm. Prov. Achaia),
-,-, Bevölkerung(sentwicklung) 303
-,-, Gesellschaft 303
-,-, Kultur 303
-,-, Philosophie 303
-,-, Recht(swesen) 303
-,-, Religion 303

-,-, Wirtschaft **303**
-, (seit 1945) 1109, 1337, 1339, 1356, 1359–1361, 1370, 1461, 1470, 1550, 1556–1558, **1560**–1566, 1847
-, (seit 1945),
-,-, Außen-Pol. 1364–1366, 1370
-,-, Bruttoinlandsprodukt ● 1369
-,-, EG-Eintritt 1371
-,-, NATO-Streitkräfte ● 1354
-,-, NATO-Wiedereintritt 1371
-,-, Verteidigungsausgaben ● 1369
-,-, Wirtschaft ● **1561**
-, (seit 1945) ● 1358, 1393
-, kleinasiatische Besitzungen (5.–4. Jh.) **96**
Griechisch,
-, Schr. 1132
-, Spr. 1091–1092, 1095
Griechisch-Türkischer Krieg,
-, (1896–1897) 1109
-, (1920–1922) 739, 1081, 1110
Grifo,
-, S. v. Karl Martell,
-,-, HM ● 380
Grimaldi,
-, Dyn. 542, 1451
Grimaldi (Ligurien) 20
Grimm,
-, Jakob 843
-, Jakob ● *846*
-, Wilhelm 843
Grimoald,
-, Benevent,
-,-, Hz. 526
-, HM († 714) ● 380
-, HM († um 662) 374
-, HM († um 662) ● 380
-, HM († um 662) ● 373
-, Langobarden,
-,-, Kg. 369, 526
Grimsson,
-, Ólafur Ragnar *1493*
Grímsson *1493*
Gripenstedt,
-, Johan August *1050*
Griqua 1155, 1170
Griqualand 1155
Grivas,
-, Georgios *1562*
Grobler,
-, P. 1166
Grobschaber-Komplex 1248
Grodno 1063
Grodno,
-, U. (1432) 619
Groener,
-, Wilhelm *870*–872, *883*, 885
Grohé,
-, Josef 1043
Gromyko,
-, Andrej A. 1349, 1352, *1519*, *1526*
Gronchi,
-, Giovanni *1471*
Groningen ● 413
Grönland 590, 593, 1047–1048, 1054–1055, 1371, 1491–1492
Gropper,
-, Johann *810*
Grosny 1529–1531
Großbritannien,

-, (1789–1914) 931, 944, 967–972, 974–975, 987, 989, 991, 993, 1049, 1052, 1080, 1211, 1223
-, (1789–1914),
-,-, Anglikanische Kirche 974
-,-, Arbeiterbewegung 697
-,-, Außen-Pol. 701–707, 710–712, 967, 969, 971–972, 974–975, 987–989, 991, 1016, 1031, 1080, 1106–1109, 1118, 1124, 1188
-,-, Außen-Pol. ● 708
-,-, Auswanderung ● 1283
-,-, Bevölkerung(sentwicklung) 693, 967–968
-,-, Bevölkerung(sentwicklung) ● 694
-,-, Bürgertum 695
-,-, Demokratisierung 972, 974
-,-, Dyn. ● 970
-,-, Eisenbahnbau 967, 971
-,-, Erfindungen 967
-,-, Evolutions-Pol. 969
-,-, Gesellschaft 967
-,-, Gewerkschaften 975
-,-, Handel 972
-,-, industrielle Revolution 690, 967, 971
-,-, Institutionen 975
-,-, Kolonialmacht 974, 1108, 1117, 1119, 1125–1126, 1187–1191, 1230–1231
-,-, Kolonialmacht ● 709
-,-, Kriegführung,
-,-,-, (1789/1815) 701–702, 704
-,-,-, (1815/1890) 705, 1108, 1119, 1126
-,-, Landwirtschaft 967
-,-, pol. Org. 699, 968, 974
-,-, pol. Org. ● 974
-,-, Rüstung ● 711–712
-,-, Verfassung 971
-,-, Volkseinkommen ● 972
-,-, Wirtschaft 972–973, 1050
-,-, Zweiparteiensystem 972
-, (1914–1945) 732, 737, 751, 759–760, 763, 770, 801, 956, 975, 978, 1000–1002, 1005–1006, 1017–1018, 1020, 1028, 1032–1033, 1039, 1042, 1050–1054, 1057, 1060, 1209, 1224
-, (1914–1945),
-,-, alliierte Macht 788–790, 799
-,-, Außen-Pol. 737–744, 746–753, 755–756, 760–762, 765–766, 769, 784, 881, 896–898, 910, 976, 1110–1111, 1113–1114, 1116, 1126
-,-, Kolonialmacht 1114–1117, 1119–1120, 1125
-,-, Kolonialmacht ● 1109, 1113
-,-, Kriegführung,
-,-,-, (1914–1918) 716, 718–725, 728, 1113–1114, 1119
-,-,-, (1914–1918) ● 717, 730
-,-,-, (1939–1945) 752–753, 755, 758, 760–766, 770–771, 777–778, 781, 783, 786–788,

791–793, 795, 800–801, 1116–1117
-,-,-, (1939–1945) ● 757, 762, 802
-,-, öffentliche Finanzen ● 729
-,-, Parteien 976
-,-, pol. Org. 740
-,-, Wahlrecht 977
-, (1914–1945) ● 733
-, (seit 1945) 1321, 1324–1325, 1328, 1331, 1338–1339, 1343, 1346–1347, 1349, 1351, 1356–1358, 1360–1362, 1366, 1370, 1396–1397, 1400–1401, **1459**–**1465**, 1477, 1480, 1534, 1562, 1576, 1609, 1616, 1658, 1669, 1710–1713, 1725, 1727, 1729, 1731–1732, 1735, 1745, 1748, 1750, 1758, 1763, 1765, 1784, 1803, 1833–1834, 1836, 1846–1848, 1850, 1852–1853, 1864, 1868, 1871–1872, 1880, 1892, 1914–1915
-, (seit 1945),
-,-, Arbeits- und Sozial-Pol. 1459, 1461
-,-, Arbeitslosigkeit 1461
-,-, Atommacht 1460–1461
-,-, Außen-Pol. 1320, 1325, 1338, 1342–1343, 1345–1346, 1352, 1356–1357, 1359–1360, 1364–1367, 1579, 1582, 1848
-,-, Bez.,
-,-,-, USA 1459
-,-, Bruttoinlandsprodukt ● 1369
-,-, BSE-Seuche 1392
-,-, Bündnis-Pol. 1342, 1362
-,-, Europa-Pol. 1362, 1364–1368, 1370–1372, 1459, 1461–1463
-,-, Gewerkschaften 1462–1463
-,-, Handel 1324, 1363, 1849
-,-, Handel ● 1334
-,-, Index,
-,-,-, Produktion verarbeitendes Gewerbe ● 1372
-,-, Innen-Pol. 1355
-,-, Kolonialmacht 1619, 1748
-,-, Kriegführung 1325, 1850
-,-, Militärwesen 1345–1346, 1350, 1362, 1364
-,-, Nahost-Pol. 1460
-,-, NATO-Streitkräfte ● 1354
-,-, Parteien 1464
-,-, pol. Org. 1459, 1462
-,-, Premier-Min. ● **1464**
-,-, Verstaatlichungen 1460
-,-, Verteidigungsausgaben ● 1369
-,-, Währung 1459, 1462–1463
-,-, Wirtschaft 1330, 1459–1463
-,-, Wirtschaft ● **1463**
-, (seit 1945) ● 1358, 1393
großdeutsche Lösung 849
Großdukate 376–377
Große Comore 1741–1742
Große Felder,
-, Schl. (203 v.) 228

Große Koalition,
-, BR Dtld. 1412
Große Seen 1279
Großer Rat,
-, Ind. 1752
Großer Sprung 1776–1777
Großer Sprung,
-, neuer 1782
Großer Treck 1130, 1169
Großer Vaterländischer Krieg 1173
Grosseteste,
-, Robert 396–*397*
Großgriechenland ➡ Magna Graecia
Großjägerndorf,
-, Schl. (1757) 688
Großkolumbien 1309
Groß-Libanon 1116
Großmächte 714, 752, 1105, 1107, 1115, 1444
Großmächte,
-, China (seit 1945) 1320, 1391
-, Engld./GB 687, 1112, 1320
-, Frkr. 687, 919, 921, 926, 1112, 1320
-, Russld. 687
-, UdSSR 1320, 1337, 1345
-, USA 1320, 1337, 1345, 1391
Großmährisches Reich 455–456
Groß-Nowgorod 618–622
Großreiche,
-, Byz. 640
Großseldschukisches Reich 1095
Großwesir,
-, Osman. 1102, 1118
Grote,
-, Gerhard 418
Grotewohl,
-, Otto *1417*, 1422–1423
Grotius,
-, Hugo 287, *664*, 669, *1034*
Groupe de Solidarité Voltaïque ➡ GSV
Groupe Ethnique du Nord Dahomey ➡ GEND
Groza,
-, Peter *1542*
Grübchenkeramikkultur 46
Gruenther,
-, Alfred M. *1361*, 1363
Grundgesetz der Bundesrepublik Deutschland 1341, 1401–1402, 1404, 1408–1409, 1412
Grundherrschaft,
-, (Alt.) 348
-, (Spätantike) 279, 334
Grundig 1449
Grundlagenvertrag (1972) 1350–1351, 1413, 1427
Grundlagenvertrag (1993),
-, tschechisch-russischer 1510
Grundlagenvertrag (1995),
-, slowakisch-ungarischer 1511, 1515
Grundlagenvertrag (1996),
-, rumänisch-ungarischer 1515
Grundlagenvertrag (1997),
-, russisch-ukrainischer 1530, 1535
Grundtvig,
-, N. F. S. *1052*
Grüne,
-, Partei 1415, 1430–1431

Grüne Revolution,
-, Ind. 1754
Grüneberg,
-, Gerhard *1420*, *1422*
Grüner Marsch (1975) 1641, 1643
Grüner Plan 1409
Grunitzky,
-, Nicolas *1669*–1670
Grünspan,
-, Heinrich 750
Grupos Antiterroristas de Liberación,
-, Span. 1482
Gruppe der Siebenundsiebzig 1327, 1331, 1389–1390, 1884
Gruppe für Südasiatische Regionale Zusammenarbeit ➲SAARC
Gruppe Ulbricht 798, 1402
Grütliverein,
-, (1888) 1085
GSV (Groupe de Solidarité Voltaique),
-, Burkina Faso 1679
Guadacanal 1838
Guadalajara 1294, 1866
Guadalcanar,
-, Schl. (1942) 778, 787
-, Schl. (1943) 1226
Guadalete,
-, Schl. (711) 549
Guadalupe Hidalgo,
-, Frd. (1848) 1284, 1304
Guadeloupe 1299, 1880
Guadeloupe,
-, Gipfelkfz. (1979) 1352
Guam 777, 788, 1246, 1288, 1859
Guanahani 668, 1293
Guanajuato 1295
Guantánamo 1308
Guardi,
-, Francesco *1011*
Guardia,
-, Tomás *1308*
Guardia Civil,
-, Span. 1481
Guardia Nacional,
-, Nicaragua 1875
Guarini,
-, Guarino *1008*
Guatemala 1251, 1294, 1304, 1306–**1307**, **1868**–1873
Guatemala,
-, Bürgerkrieg 1870
-, Handel 1868
-, pol. Org. 1870
Guatemala ❶ 757
Guattari-Grotte 18
Guayana,
-, brit. Kol. ➲Guyana
-, niederländische Kol. ➲Surinam
Guayana (Britisch-Guayana) 1292, 1300
Guayaquil 1295, 1311–1312
Gubla 98
Gudea,
-, Lagasch,
-,-, Kg. 86
Guderian,
-, Heinz *760*
Gudscharat 1180, 1184, 1749, 1751, 1754
Guéi 1666
Gueiler Tejada,
-, Lidia 1908
Guéis 1666
Guelfen 479, 517, 535,

537–539
Guerilla-Organisationen,
-, Bol. 1907
-, Bras. 1918
-, El Salvador 1872
-, Guatemala 1869
-, Indonesien 1823
-, Kolumbien 1894
-, Kuba 1864
-, Malaysia 1819–1820
-, Myanmar 1806
-, Peru 1903
-, Süd-Am. 1863
-, Thaild. 1820
-, Uruguay 1911
Guernica,
-, Zerstörung (1937) 1029
Guernsey 760
Guerrero 1261
Guerrero,
-, Lorenzo **1875**
-, Vicente 1303
Guesclin ➲DuGuesclin
Guesde,
-, Jules *950*
Guevara,
-, Ernesto Che *1882*, *1907*
Guevara Arze,
-, Walter 1908
Guido,
-, Jerusalem u. Zypern,
-,-, Kg.,
-,-,-, v. Lusignan *404*–405
Guido II.,
-, Athen,
-,-, Hz. 631
Guigo,
-, Prior *513*
Guilhem,
-, de Tudela ❶ 434
Guillaume,
-, de Lorris ❶ 434
-, Günter 1413, *1427*
-, Spionagefall (1974) 1413
-, Günter 1352
Guinea (Französisch-Guinea) 1144, 1156, 1446, **1661**–1664, 1668, 1677, 1686
Guinea (Französisch-Guinea),
-, pol. Org. 1662
-, Unabhängigkeits-Erkl. ❶ 1386
Guinea (Französisch-Guinea) ❶ 709, 1158
Guinea-Bissau (Portugiesisch-Guinea) 1141, 1144, 1483–1484, 1658–**1660**
Guinea-Bissau (Portugiesisch-Guinea),
-, pol. Org. 1660
-, Verfassung 1660
Guinea-Bissau (Portugiesisch-Guinea) ❶ 1158
Guinealänder (vor 1900) 1129, 1138–1141, **1144**
Guinegate,
-, Schl. (1479) 452, 499
Guines 444–445
Guisan,
-, Henri *1086*
Guise,
-, Franz Hz. v. *917*
-, Geschl. 679, 917
-, Heinrich,
-,-, Hz. v. *679*–680
Guizot,
-, François 939
-, Guillaume 939–941
Gujral,
-, Kumar *1757*

Gujral, Kumar 1757
Gulden ❶ 409
Gülistan,
-, Frd. (1813) 987
GULP (Grenada United Labour Party),
-, Grenada 1893
Gumede,
-, Josiah *1713*
Gumelniţa-Kultur 28, 34, 47
Gundemar,
-, Westgoten,
-,-, Kg. **548**
Gundeschapur 350–351
Gundobad,
-, Burgunder,
-,-, Kg. 287, *373*
-,-, Kg. ❸ 284
Gundowech,
-, V. v. Gundobad,
-,-, Burgunder,
-,-,-, Kg. ❸ 284
Gundulić,
-, Ivan *628*
Gungunhane,
-, Gaza-Ngoni-Hschr. 1167
Gunhild (Kunigunde),
-, G. v. Heinrich,
-,-, Kg./Ks.,
-,-,-, III. 466
-,-,-, III. ❸ 467
Güns *675*
Gunther,
-, Burgunder,
-,-, Kg. 360
-, v. Pairis *480*
Günther von Schwarzburg,
-, Kg. 490
Günz-Eiszeit 14–15
Gunzenlê 462
Gupta,
-, Dyn. 1179–1180, 1182
-, -R. 1180, 1192
Gurdschara-Pratihara,
-, Dyn. 1180
-, R. 1180
Gurkha-Krieg (1814–1816) 1187
Gurkhas 1199, *1208*
Gurnes 42
Gürsel,
-, Cemal *1564*
Gürtner,
-, Franz *891*, *901*
Guru Nanak *1182*
GUS (Gemeinschaft Unabhängiger Staaten) 1355, 1385, 1391, 1527–1528, 1534, 1536, 1538–1539, 1541, 1767–1770
GUS (Gemeinschaft Unabhängiger Staaten),
-, Gründung (1991) 1536
Gusch Emunim,
-, Isr. 1604
Gushi Chan,
-, Mongolen-Hschr. 1199
Gusii 1174
Gustav,
-, Schweden,
-,-, Kg.,
-,-,-, I. Wasa *601*, *1044*–1045
-,-,-, II. Adolf 682, *818*, 920, 1045
-,-,-, III. *1047*, 1049
-,-,-, IV. Adolf *1047*, 1049
-,-,-, V. Adolf *1051*–*1052*, *1487*
-,-,-, VI. Adolf *1487*–1488
Gustavia 1300
Gustavo Noboa 1903
Gustloff,

-, Schiff 793
-, Wilhelm 1086
Guta,
-, G. Johanns II.,
-,-, Frkr.,
-,-,-, Kg.,
-,-,-,-, d. Gute ❸ 487
Gutäer 39–40, 86, 107
Gutenberg,
-, Johannes *418*, *500*, 658
Gutenbergbibel (1455) 418
Guterres 1486
Guterres,
-, Antonio *1486*
Gutiérrez,
-, Jaime Abdul 1872
Gutrun,
-, Dän.,
-,-, Kg. 371
Guy,
-, Gf.,
-,-, v. Dampierre *438*
Guy Verhofstadt 1457
Guyana (Britisch-Guayana) 1300, 1862, 1898–**1900**
Guyana (Britisch-Guayana),
-, Unabhängigkeits-Erkl. ❶ 1386
Guyane Française ➲Französisch-Guayana
Guyenne,
-, Gfsch. 444, 450, 573, 576–577
Guzmán,
-, Eleonore ❸ 559
-, Fernández,
-,-, Antonio *1888*
Guzmán Blanco,
-, Antonio *1310*
Gvadalcanal 1838
Gwandu,
-, Emirat 1160
Gwynedd 586
Gyanendra 1766
Gyges,
-, Lydien,
-,-, Kg. 90, 95, 125, 136
Gylippos 154
Gyrovagen 367
Gysi,
-, Gregor *1429*
Gytheion 146
Gyula Horn 1515

H

H. Silajdžić 1554
Haager Allianz,
-, (1701) 686, 826
Haager Friedenskonferenz,
-, 1. (1899) 710, 733, 1039
-, 2. (1907) 711, 733, 1039, 1288
Haager Internationaler Gerichtshof 733, 738, 1054, 1290, 1311, 1321
Haager Internationaler Gerichtshof ❻ 733
Haager Konferenz,
-, (1922) 739
-, (1929) 743
-, (1930) 744, 911, 914
Haager Landkriegsordnung,
-, (1907) 711, 1039
Haager Schiedsgericht 1289
Haager Schiedsgerichtshof 710, 1039
Haakon 1490
Haakon,
-, Dän.,

-,-, Kg.,
-,-,-, III. ❸ 593
-, Norw.,
-,-, Kg.,
-,-,-, I. d. Gute 371, **589**
-,-,-, IV. Haakonsson 593
-,-,-, IV. Haakonsson ❸ 593
-,-,-, V. Magnusson *596*
-,-,-, V. Magnusson ❶ 596
-,-,-, VI. Magnusson
597–599
-,-,-, VI. Magnusson ❶ 596
-,-,-, VII. 759, **1051**, *1054*, 1489
-,-,-, VII. Magnusson 599
Haarlem ❶ 413
Haase,
-, Hugo *869*, *871*–872, *877*
Habana,
-, La ➲Havanna
Habasch,
-, George 1582
Habaşeşti 34
Habbaniya 764
Habeas-Corpus-Akte,
-, (1628) 962
-, (1679) 965, 968
Haber-Bosch-Verfahren 870
Habesch 1136
Habib,
-, Philip *1586*
Habibullah,
-, Kabul,
-,-, Emir 1126
Habomai 1796
Habré 1658
Habré,
-, Hissène *1683*–1684
Habsburg,
-, Dyn. 357, 486–491, 497, 614, 624, 626, 671–678, 681–682, 684, 805, 811, 814–816, 818, 823, 825, 1012, 1103–1106, 1123
-, Dyn. ❸ 485, 673
-, Erblande 672, 684
-, Otto v. *1437*
Habsburger Monarchie 904, 906
Habsburger Weltreich **671**, 674, 678
Habsburg-Este,
-, Dyn. 1010
Habsburg-Lothringen,
-, Dyn. 905
-, Dyn. ❸ 835
Habte Wold,
-, Akliku *1735*
Habuba Kabira 31
Habyarimana,
-, Juvénal *1700*, 1703
Hácha,
-, Emil 750, *1068*
Hachamanisch 108
Hacienda ➲Amerika spanische Kol.
Hac`lar 23, 25, 27, 92
Hadad 334
Haddad,
-, Saad 1586, 1596–*1597*
Hadith 1089
Hadramaut 352, 1117
Hadramaut,
-, R. 100
Hadramaut ❶ 1109
Hadria ❶ 219
Hadrian,
-, Pp.,
-,-, I. 378–379, 527
-,-, I. ❶ 505
-,-, II. *504*
-,-, II. ❶ 505

-,-, III. ● 505
-,-, IV. 474, *512*
-,-, V. 517–518
-,-, VI. *1008*
-,-, VI. ● 1009
Hadrianopolis 311
Hadrianswall,
-, Britannien 268, 325–326
Hadrianus,
-, Rom,
-,-, Ks. **268–270**, 272, 276, 290, 298, 303, 307–308, 312, 315, 318–319, 326, 330, 333, 335, 337, 341, 344, 346, 349, 352–353
-,-, Ks. ● 254, 313, 333
Hadrumetum (Sousse) ● 333
Hadwig,
-, G. v. Otto,
-,-, Sachsen,
-,-,-, Hz.,
-,-,-,-, d. Erlauchte ● 461
-, T. v. Heinrich,
-,-, Bay.,
-,-,-, Hz. ● 461
-,-, Kg./Ks.,
-,-,-, I. ● 461
Hadza 1146–1147
Haec sancta (1415) 522
Haedüer 251, 261, 316–317, 319–321
Haeften,
-, Werner v. *901*
Haemimontus,
-, röm. Prov. 311
Hafis,
-, Amin *1592*
-, pers. Dichter *1098*
Hafis Al-Assad 1594
Hafsiden,
-, Dyn. 1120
ḥaġar Qim 43
Hagenau,
-, Freiheitsbrief (1231) 501
Hager,
-, Kurt *1420*, 1422
Haggai,
-, Prophet 104
Hagia Irini 116
Hagia Sophia 406, 636, 640, 643–644, 647
Hagia Triada 53, 114–115
Hague 1466
Hai 95
Haida,
-, Spr. 1251
Haidar,
-, Ali,
-,-, Maisur,
-,-,-, Hschr. *1186*
Haidara-Krieg (1931) 1157
Haiderabad 1749
Haïdra,
-, (Alt.) ● Ammaedara
Haifa 1124, 1609
Haig,
-, Alexander M. *1370–1371*
Haile Selassie,
-, Äthiopien,
-,-, Ks.,
-,-,-, I. *1175*
Haile Selassie I.,
-, Äthiopien,
-,-, Ks. 1733, 1735–1736
Haimerich,
-, Kard. 511
Hainisch,
-, Michael *911*
Haiphong 1814
Haithabu 460, 589
Haiti 668, 1293–1294,

1308–1309, **1886–1887**
Haiti,
-, pol. Org. 1887
-, Verfassung (1801) 1308
Haiti ● 757
Hajdusàmson 55
Hakatisten 868
Hakoris,
-, Äg.,
-,-, Kg. 82
Hal Saflieni 43
Halabja 1609
Halaf-Stufe 25
Halaf-Ware 25
Halaib 1623, 1628
Halbbürgergemeinden,
-, röm. **295**–296
Halberstadt 794
Halberstadt,
-, Btm. 682, 811
-, Btm. ● 820
-, Christian v. 681, *817*
Halder,
-, Franz *767*, 771, 773, *897*, *902*
Haleb ● Aleppo
Halid Genja 1554
Halieis,
-, Schl. (459 v.) 145
Halifax,
-, Kfz. (1995) 1334
-, Lord ● Wood
Halikarnassos 96, 159, 171
Halikarnassos ● 120
Halitsch-Wolhynien 615–616, 618, **620**–621, 623
Halle ● 820
Haller,
-, Albrecht v. *836*, *1083*
-, Karl Ludwig v. *696*
Hallgrímsson,
-, Geir *1493*
Hallstatt-Kultur 71–72, 323
Hallstatt-Zeit 71
Hallstein,
-, -Doktrin 1344, 1346, 1409
-, Walter 1360, 1363, 1367, *1409*
Halos Achaia 167
Halt,
-, Karl v. *892*
Halys,
-, Schl. (585 v.) 95
Hama 33, 40–41, 48, 58, 63
Hama,
-, Boubou *1680*–1681
-, Zerstörung (1982) *1593*
Hama Amadou 1682
Hamad Ibn Isa 1616
Hamad ibn Khalifa at-Thani 1616
Hamadan,
-, (Alt.) ● Ekbatana
Hamadi,
-, Ibrahim Al- *1619*
Hamadou,
-, Barkat Gourad *1735*
Hamaguchi,
-, Osachi *1224*
Hamas 1588, 1590
Hamat 99
Hambacher Fest (1832) 700, 843
Hamburg 785, 873, 885, 901
Hamburg,
-, (-Bremen),
-,-, Ebtm. 371, 381, 455, 460, 463, 466, 471, 589, 601
-, (seit 1945) 1399
-, (seit 1945),
-,-, Bevölkerung ● 1431
-, Frd. (1762) 1047

-, Unruhen (1923) 880
Hamburg ● 410, 892
Hamdaniden,
-, Dyn. 1093, 1095
Hamid Karsai 1653
Hamilkar Barkas 225–226, 229, 328
Hamilton,
-, Alexander *1279–1281*
-, Alexander ● 1282
Hammam Derradji,
-, (Alt.) ● Bulla Regia
Hammarskjöld,
-, Dag *1326*, 1695
Hammurabi,
-, Babylonien,
-,-, Kg. 48, 52, **87**–88
-,-, Kg. ● 77
Hampton-Court-Konferenz (1604) 962
Hamrouche,
-, Mouloud *1638*
Han,
-, Dyn. 1202, 1204
-, Dyn. ● 1201
Han Fei-tzu *1202*
Handel,
-, (Früh-NZ) 653, 670
-, Algerien 1637
-, Athen 147
-, Austr. ● **1831**
-, Belg. ● 1334
-, BR Dtld. ● 1334, **1413**
-, Brdbg.-Preußen 831
-, Bulg. ● 1384
-, Byz. 647
-, China,
-,-, Ksr. 1204–1206, 1210
-,-, VR (seit 1949) 1774, 1782
-,-, VR ● 1334
-, DDR ● 1384
-, Dt. R. 865, 867
-, Dtld. 491–492
-, Engld. 582, 958, 961, 966
-, Finnld. 1494
-, Frkr. 918, 922, 925, 927, 936, 944, 947, 1446
-, Frkr. ● 1334
-, GB 967, 969, 971, 973, 975
-, GB ● 1334
-, Griechld. 126, 304
-, Hongkong ● 1334
-, Iberische Halbinsel 557
-, Ind. 1182–1183
-, Irld. 1466
-, It. 542, 545
-, It. ● 1334
-, Japan 1221–1222
-, Japan ● 1334
-, Kalifen-R. 1092, 1094
-, Kan. ● 1334
-, Latein-Am. 1302
-, Luxbg. ● 1334
-, MA 388–392
-, Ndld. 1035–1037
-, Ndld. ● 1334
-, Norw. 1051
-, Österreich 1438
-, Oz.,
-,-, endogene Kulturen 1237
-, Pers. 1123, 1126
-, Polen 1502
-, Polen ● 1384
-, Port. 562–563, 1030, 1183
-, Rom 234
-, Rumänien ● 1384
-, Russld. 979, 981, 983, 985
-, Schweden 1050, 1487
-, Schweiz 1440
-, Schweiz ● 1334

-, Singapur ● 1334
-, Südkorea ● 1334
-, Taiwan ● 1334
-, Tschechoslowakei ● 1384
-, UdSSR 1003, 1375
-, UdSSR ● 1384, **1524**
-, Ung. ● 1384
-, USA 1281, 1288, 1291, 1524
-, USA ● 1334, **1855**
Händel,
-, Georg Friedrich *663*
Handelsembargo,
-, USA gegen Kuba 1392, 1859, 1885
-, USA gegen Nicaragua 1876
Handelsflagge,
-, Dt. R. 882
Handelshäuser **545**
Handelskolonien im Byzantinischen Reich **647**
Handelskrieg,
-, Österreich-Ung.-Serbien (1906) 1076
Handwerk 388
Handwerk,
-, Rom 233
Hangö 758, 789, 1057–1058
Hankow 1214
Hannibal 105, 188, 192, 199, 207, 226–**228**, 233, 297, 328
Hannibalianus,
-, B. v. Dalmatius,
-,-, Rom,
-,-,-, Caesar ● 284
Hanno,
-, Seefahrer 207, 227, 328
Hannover 703, 827, 836, 1400
Hannover,
-, Dyn. 965–966, 971
-, Dyn. ● 970
-, Kftm. 702
-, Kgr. 703, 840–841, 844, 852, 854
Hanoi,
-, Konv. (1946) 1814
Hanotaux,
-, Gabriel 948
Hans Blix 1610
Hans von Sponeck 1610
Hansabund 866, 869
Hanse 410, **491**–493, 495, 590, 593, 596, 598, 600, 654
Hansemann,
-, Adolf v. 868
Hansen,
-, Hans Christian 1362, *1491*
Hansson,
-, Per Albin *1053*, *1487*
Hanyang 1216
Har Hohma 1589
Hara,
-, Takashi *1224*
Harald,
-, Dän.,
-,-, Kg. 381, 589
-,-, Kg. ● 594
-,-, Blauzahn 371, 463, **590**
-,-, Blauzahn ● 594
-,-, Hein ● 594
-,-, Kg. ● 594
-, Engld.,
-,-, Kg.,
-,-,-, Hasenfuß **566**
-,-,-, Hasenfuß ● 594
-,-,-, Hasenfuß ● 565
-,-,-, II. Godwinson *566*, 592, 620
-,-,-, II. Godwinson ● 565

-, Norw.,
-,-, Kg.,
-,-,-, Hardrada 592
-,-,-, Hardrada ● 593
-,-,-, Harfagr ● 593
-,-,-, I. Schönhaar **589**–**590**
-,-,-, II. 371
-,-,-, V. *1490*
Harald Gilla,
-, S. v. Magnus,
-,-, Norw.,
-,-,-, Kg.,
-,-,-,-, Barfuß ● 593
Harappa 1176–1177
Harappa-Kultur (2500–1500) **1176–1177**
Harar,
-, Sult. 1135, 1137
Harare 1713
Harare,
-, Blockfreien-Kfz. (1986) 1390
Hardeknut,
-, Engld.,
-,-, Kg. *566*
-,-, Kg. ● 594
-,-, Kg. ● 565
Hardenberg,
-, Karl August v. *839*, 843
Harding,
-, Warren *1290*
Haremhab,
-, Äg.,
-,-, Kg. **80**–81
Hargreaves,
-, James ● 692
Harich,
-, Wolfgang *1420*
Harihara,
-, Widschajanagara-R.,
-,-, Hschr. 1183
Hariri 1598
Hariri,
-, Rafiq Al- *1597*–1598
Harith,
-, Ghassaniden,
-,-, Scheich 353
-,-, Kinditen,
-,-,-, Ft. 353
Harlley,
-, John *1668*
Harmachis,
-, Äg.,
-,-, Gegen-Kg. 183
Harmel,
-, -Bericht 1367
-, Pierre *1456*
Harmodios 135
Harmonie,
-, Akte (1788) 1037
Harmosten 157
Haro,
-, Luis de *1024*
Harpalos 172–173, 202
Harran,
-, Schl. (1102) 405
Harrer,
-, Karl *888*
Harris,
-, General 776
-, Lagumot *1838*
-, Townsend 1222
Harrison,
-, Benjamin **1287**
-, William *1283*
Harschawardhana Schiladitja,
-, Ind.,
-,-, Kg. 1180, 1182
Harsiesis,
-, Äg.,
-,-, Gegen-Kg. 183

1975

H

Hartford Convention (1814–1815) 1281
Hartling,
-, Poul *1491*
Hartmann,
-, S. v. Rudolf,
-,-, Kg.,
-,-,-, I. (v. Habsburg) **S** 485
Hartmann von Aue **T** 416, 481
Hartwig,
-, Nikolaus v. *995*
Harun ar-Raschid ibn Al-Mahdi,
-, Kalif 379, *639*, 1091, 1194
-, Kalif **T** 1092
Harvard College 1273
Harvey,
-, William *664*
Haryana 1751–1752, 1755
Harzburger Front (1931) 885
Hasael,
-, Damaskus,
-,-, Kg. 99
Hasanlu 106
Haschimiden,
-, Dyn. 1117, 1570
Hasdingen 359, 363
Hasdrubal,
-, Br. Des Hannibal 226–228
-, Br. des Hannibal 105
-, S. Giskos 228
-, S. Hannos 225
-, Schwieger-S. Des Hamilkar Barkas 226, 328
Hase,
-, Paul v. 902
-, Schl. (785) 379
Hashimoto 1802
Hashimoto,
-, Ryutaro *1801*
Haskins,
-, Charles H. 398
Hasmonäer 190–191, 250, 336
Hassan 1601
Hassan,
-, Marokko,
-,-, Kg.,
-,-,-, II. 1697
Hassan II. 1642
Hassan II.,
-, Marokko,
-,-, Kg. *1640*–1642, 1644–1645
Hassanali,
-, Noor Mohammed *1894*
Hassel,
-, Ulrich v. *902*
Haßuna-Stufe 25
Hastings,
-, Francis Rawdon,
-,-, Gf. v. *1187*
-, Schl. (1066) 566, **570**, 572
-, Warren *1186*
Hata,
-, Tsutomu 1801
Hatheburg ,
-, G. v. Heinrich,
-,-, Kg./Ks.,
-,-,-, I. **S** 461
Hatoyama,
-, Ichiro *1796*
Hatra 348–349
Hatschepsut,
-, Äg.,
-,-, Kgn. 57–58, 80, 1135
Hatta,
-, Mohammed *1823*–1824
Hatt-i Humajun (1856) 1108
Hatt-i Scherif (1839) 1107
Hattim,

-, Schl. (1187) 401, 405
Hattireich **⊕**Hethiterreich
Hatto,
-, Mainz,
-,-, Eb.,
-,-,-, I. 455–456
-,-,-, II. 463
Hattusas (Boğazköy) 52, 58, 63, 92–93, 98
Hattusilis,
-, Heth.,
-,-, Kg.,
-,-,-, I. 52, 57–58, 93
-,-,-, III. 81, 93
Hau Pei-tsun *1789*
Haughey,
-, Charles James *1467*–1468
Haugwitz,
-, Friedrich Wilhelm v. *833*
Häuptlingstum,
-, Afrika 1134–1135, 1139, 1144, 1146–1155
Hauptstadt Dili 1826
Haus der Geschichte der Bundesrepublik Deutschland 1431
Hausa 1138–**1139**, 1681
Hausa,
-, -Stn. 1139
Hausa/Ful,
-, Emirat 1160–1161
Hausmacht 482–488
Hausmeier 373–374
Haussmann,
-, Georges-Eugène 944
Havanna 1288, 1295, 1884
Havanna,
-, Charta,
-,-, (1948) 1323
-, Kfz.,
-,-, (1947/1948) 1323
-,-, (1966) 1389
-,-, (1979) 1390, 1884
Havel,
-, Václav 1509–1511
Havelberg,
-, Btm. 371, 460, 463, 472, 507
Havemann,
-, Robert *1423*, 1427
Hawaii 1234, 1237, 1240, 1246–1247, 1288, 1850
Hawar 1617
Hawar-Inselgruppe 1616
Hawar-Inseln 1616
Hawatmeh,
-, Naif 1582
Hawke,
-, Robert *1833*
Hawkwood,
-, John 542
Hay,
-, John *1288*
Haya de la Torre,
-, Victor Raúl *1312*, *1903*
Hayatou,
-, Sadou 1687
Hay-Bunau-Varilla-Vertrag (1903) 1310
Hayden,
-, Bill *1834*
Haydn,
-, Joseph *665*
Hayes,
-, Rutherford B. *1286*
Hay-Herrán-Vertrag (1903) 1310
Haymarket-Aufruhr (1886) 1287
Hay-Pauncefote-Abkommen (1901) 1288
Hazor 48, 53, 58, 63

HDZ (Kroatische Demokratische Gemeinschaft) 1553–1554
Heath,
-, Edward *1462*
-, Edward **T** 1464
Hébert,
-, Jacques-René 932
Hébertismus/Hébertisten 932–933
Hebräisch,
-, Spr. 1115
Hebron 1588–1589, 1605
Hecker,
-, Friedrich *845*
Heckscher,
-, Johann **T** *846*
Heden II.,
-, Thüringer,
-,-, Hz. 377
Hedschas 737, 1114, 1117
Hedschra 1088
Hedwig von Polen
⊕Jadwiga
Heerkönigtum 122, 164, 179, 324, 357–358
Heermeister 279, 282–283, 285–286
Heermeister **G** 282
Heerwesen,
-, Byz. 645
-, Frkr.,
-,-, (MA) 450–452
-,-, (NZ) 939
-,-, Russld. 990, 993
Heerwesen **⊕**Militärwesen
Hegedüs,
-, András *1513*
Hegel,
-, Georg Wilhelm Friedrich *699*, 986, 1052
Hegemonie,
-, (NZ)
-,-, Dt. R. 706
-,-, Engld./GB 685, 704, 925, 966–967
-,-, Frkr. 684–686, 704, 935, 1011–1012
-,-, Preußen 706, 854, 857
-,-, Span. 678–680, 684
Hegesippos 291
Hehe 1147–1148, 1173
Heian 1218
Heian-Zeit 1218–1219
Heidelberg,
-, Schloss 925
-, Univ. **T** 398
Heidelberger Stallung (1384) 493
Heidentum,
-, (MA) 356, 365, 370–371
-, (Spätantike) 280, 303, 336, 339, 346
Heilbronner Bund (1633) 682–683, 818
Heilige Allianz,
-, (1538) 676, 938–939, 986–989, 1026, 1080, 1084
-, (1815) 704
Heilige Lanze 459
Heilige Liga,
-, (1684) 822, 1063
Heilige Liga (1526)
⊕Cognac
Heiliger Bund (1511) 1007
Heiliger Krieg,
-, 3. (356–346) 161–162, 166–167
-, 3. (356–346) **T** 157
-, Islam 401
-, Kreuzzüge 400
Heiliger Stuhl **⊕**Vatikan

Heiliger Synod 991
Heiliges Jahr,
-, (1300) 518
Heiliges Land 400, 1106, 1117
Heiliges Römisches Reich (Deutscher Nation) 459, 702
Heimatarmee,
-, polnische 788, 796
Heimwehren,
-, Österreich 911–912
Heinemann,
-, Gustav *1405*, 1412–1413, 1426, 1440
-, Gustav **T** *1406*
Heinrich,
-, Aumale,
-,-, Hz. **S** 924
-, Bay.,
-,-, Hz. 460, 462
-, Hz.,
-,-, d. Schwarze 470–471
-,-, d. Schwarze **S** 473, 476
-,-, II. D. Zänker 463–464
-,-, II. d. Zänker 605
-,-, II. d. Zänker **S** 461
-,-, II. V. Babenberg 472
-,-, IV. 464
-, v. Kärnten 463
-, v. Luxbg. 464
-,-, Hz. **S** 461
-, Bay.-Landshut,
-,-, Hz.,
-,-,-, IV. **S** 488
-, Bay. U. Sachsen,
-,-, Hz.,
-,-,-, d. Löwe 472–476, 492
-,-,-, d. Stolze 471–472
-, Bay. u. Sachsen,
-,-, Hz.,
-,-,-, d. Löwe 595
-,-,-, d. Löwe **S** 476
-,-,-, d. Stolze **S** 476
-, Böhmen,
-,-, Kg.,
-,-,-, v. Kärnten *612*
-, Brabant,
-,-, Hz. 431
-, Braunschweig,
-,-, Hz. 807
-, Chambord,
-,-, Gf.,
-,-,-, V. **S** 924
-, Engld.,
-,-, Kg.,
-,-,-, I. Beauclerk 429, 471, 510, *571*
-,-,-, I. Beauclerk **S** 570
-,-,-, II. 428, 430, 474, 513–516, 571–573, 584, **586**
-,-,-, II. **S** 442, 570
-,-,-, III. 433, 484, 515, 517, 569, *574*–576, 586
-,-,-, III. **S** 554, 570
-,-,-, IV. 579
-,-,-, IV. **S** 581
-,-,-, V. 447, 575, *579*
-,-,-, V. **S** 442, 448, 581
-,-,-, VI. 449–450, 573, *580*, 582
-,-,-, VI. **S** 442, 448, 581
-,-,-, VII. 582–**583**, *671*, *958*
-,-,-, VII. **S** 581, 960
-,-,-, VIII. 575, 661, *671*, 958–959
-,-,-, VIII. **S** 673, 960
-, Frkr.,
-,-, Kg.,
-,-,-, I. 425–428, 466, 468, 611

916–917, **1007**–1008
-,-,-, III. **679**–*680*, *917*–918, **1061**
-,-,-, III. **S** 442
-,-,-, IV. *679*–681, 917–920, 922
-,-,-, IV. **S** 442, 924
-, Hereford,
-,-, Hz. v. 579
-, Kärnten,
-,-, Hz. 463, 488
-, Kast.,
-,-, Kg.,
-,-,-, II. V. Trastámara 445, *558*
-,-,-, II. v. Trastámara **S** 559
-,-,-, III. 539, *558*, 562
-,-,-, III. **S** 559
-,-,-, IV. *558*, 563
-,-,-, IV. **S** 559
-, Kg./Ks.,
-,-, (VI.) *472*
-,-, (VI.) **S** 473
-,-, (VII.) 478–479, 501
-,-, (VII.) **S** 473
-,-, I. 457–**460**
-,-, II. 425, **464**–465, 508, 531, 608, 611
-,-, III. 426–427, 466, **468**, 508–509, 531–532, 608–609, 611
-,-, IV. 392, 427, 459, 468–**470**, 480, 509–510, 533, 611, 614
-,-, Raspe *479*
-,-, V. 429, 459, 470–**471**, 510–511, 614
-,-, V. **S** 570
-,-, VI. 393, 401, 404–405, 475–**477**, 480, 514, 534, 646
-,-, VI. **S** 473
-,-, VI. **T** 481
-,-, VII. *488*, 538, 540, 612
-,-, VII. **S** 487
-, Lat. Ksr.,
-,-, I. *648*
-, Luxbg.,
-, Gf.,
-,-, III. **S** 487
-, Mecklenburg,
-,-, Ft. v. 598
-, Navarra,
-,-, Kg.,
-,-,-, d'Albret **S⊕** 442
-, Nieder-Bay.,
-,-, Hz.,
-,-,-, XIII. **S** 488
-, Obodriten,
-,-, Ft. 471
-, Österreich,
-,-, Hz.,
-,-,-, II. Jasomirgott 474
-, Port.,
-,-, Kg. 555, *1031*
-,-, Kg. **S** 556
-, Pr.,
-,-,-, d. Seefahrer *563*, *666*–*667*
-,-,-, d. Seefahrer **S** 556
-, Rhein,
-,-, Pfgf. B.,
-,-,-, I. 476
-,-, Pfgf. b.,
-,-,-, I. **S** 476
-, S. v. Heinrich,
-,-, Engld.,
-,-,-, Kg.,
-,-,-,-, **S** 570
-, S. v. Robert,
-, Burg.,
-,-, Hz. **S** 556
-, Schlesien,

-,-, Hz.,
-,-,-, I. 615
-,-,-, II. 479, 615, 621
-, Schwerin,
-,-, Gf.,
-,-,-, I. 478
-, Speyer,
-,-, Gf. ⓢ 467
-, v. Lancaster,
-,-, Hz.,
-,-,-, VI. 451
-, v. Morungen ❶ 481
-, v. Schweinfurt,
-,-, Mgf. 464
-, v. Veldeke ❶ 481
-, v. d. Türlin ❶ 481
-, Wales,
-,-, Pr. v. 579
-, Zypern,
-,-, Kg.,
-,-,-, II. 407
Heinrich Frauenlob von Meißen *501*
Heinrich Friedrich,
-, S. v. Jakob,
-,-, Engld.,
-,-, Kg.,
-,-,-, I. ⓢ 960
Heinrich Plantagenet,
-, Gf. Anjou ⊕Heinrich,
-,-, Engld.,
-,-,-, Kg. II.
Heinrich von Langenstein *500*, 522
Heinrich von Veldeke ❶ 416
Heinsius,
-, Anthonie *1036*
Heiratspolitik,
-, Byz. 642–643, 645, 647
-, Frkr. 445
-, Russld. 982
Heißmeyer,
-, SS-Offizier 890
Hekataios von Milet *151*, 328
Hekmatyar,
-, Gulbuddin *1652*
Hektemoroi 134
Held,
-, Heinrich *876*
-, Heinrich ⓖ 882
-, Matthias 810
Heldenepos ❶ 481
Helen Clark 1836
Helena,
-, G. v. Alexander,
-,-, Polen,
-,-,-, Kg. ⓢ 1062
-, G. v. Constantius,
-,-, Rom,
-,-, Ks.,
-,-,-, I. Chlorus ⓢ 284
Helene,
-, G. v. Wilhelm,
-,-, S. v. Heinrich,
-,-,-, Bay. u. Sachsen,
-,-,-, Hz.,
-,-,-,-, d. Löwe ⓢ 476
-, T. v. Iwan,
-,-, Moskau,
-,-,-, Kg.,
-,-,-,-, III. ⓢ 617
Helfferich,
-, Karl *877*–878, 880
Helgoland 703, 710
Helgoland-Sansibar (Zanzibar)-Vertrag (1890) 710, 866, 1168, 1173–1174
Heliaia 150, 156
Heliand 385
Heliand ❶ 480
Heliodor 188

Heliopolis 339, 341
Helladikum ❶ 113
Helladische Kultur 54
Helldorf,
-, Wolf Heinrich v. *901*
Hellenen ⊕Griechen
Hellenische Sammlungsbewegung 1560
Hellenischer Bund 168
Hellenisierung 191, 194, 303, 344
Hellenismus 173, **179**–**182**, 191–193
Hellenismus,
-, Begriff 179
-, Kultur 179–180, 184
Hellenistische Staaten **182**, **184**
Hellenistisches Mächtesystem **179**–180, **182**, 230–231
Hellenotamiai 144
Hellespont 118, 141–142, 159, 192, 199
Hellpach,
-, Willy ⓖ 882
Helmold von Bosau *480*
Helmsdorf 55
Helmut Hofer 1650
Helmut Kohl 1433
Heloise 395
Heloten 120, 130–132, 145, 158, 206
Helsinki 1055, 1350–1351, 1353
Helsinki,
-, KSZE (1973–1975) 1351–1352
-, KSZE (1973–1975) ❶ 1343
-, Schl. (1918) 722
-, Univ. 1056
Helsinki ,
-, KSZE-Kfz. (1992) 1391
Helvetier 251, 316, 320, 324
Helvetische Republik (1798) 701, 933, 1084
Helvidius Pertinax 273
Hemeroskopeion ❶ 125
Hemiun,
-, Äg.,
-,-, Pr. 78
Hemming,
-, Dän.,
-,-, Kg. 381
Hemming Gad,
-, Linköping,
-,-, B. 601
Hemmingstedt,
-, Schl. (1500) 601
Hemu 1184
Hendaye 1030
Henderson,
-, Neville 751–752
Heng Samrin 1813, 1817
Henge-Rotunden 45, 51
Hengist 564
Henlein,
-, Konrad 749, *892*, 897, *1068*
-, Konrad ❶ *893*
Henneberg,
-, Wilhelm v. *807*
Hennegau 447, 498
Henotheismus 342
Henotikon 635
Henri,
-, d'Andeli ❶ⓖ 434
-, Paris,
-,-, Gf. ⓢ 924
Henri II 1458
Henriette,
-, G. v. Karl,

-,-, Engld.,
-,-,-, Kg.,
-,-,-,-, I. ⓢ 960
Henry,
-, Marcel 1742
Hepburn,
-, Jakob,
-,-, Bothwell,
-,-,-, Gf. ⓢ 960
Hephaistion 170, 172–173
Hephthaliten 351, 1192–1193
Heraclea am Agri,
-, Schl. (280 v.) 222
Heraclianus,
-, Comes Africae 286
Heraia 205
Heraion Teichos 167
Heraion Teichos ❶ 124
Herakleia,
-, (Policoro) 228
-, am Oita 232
-, am Schwarzen Meer (Ereğli) 192, 342
-, am Schwarzen Meer (Ereğli) ❶ 124
-, Minoa ❶ 125
-, Thermopylen 176
-, Trachis 153
Herakleides,
-, Tarentiner 199
Herakleiopolis 38
Herakleiopolis,
-, Dyn. 79
Herakleios,
-, Byz.,
-,-, Ks.,
-,-,-, I. 279, 338, 340, 346, 352, 503, **603**, 637
-, Dyn. 637
Herakleitos,
-, v. Ephesos *129*
Herakles 280
Herat,
-, (Alt.) ⊕Alexandreia Areia
-, Prov.,
-,-, Pers. 1098, 1124, 1126
Herculaneum 266
Hercuniates 311
Herder,
-, Johann Gottfried 287, 836
Herennius,
-, S. Des Decius 277
Herennius Dexippus,
-, P. *302*
Herero 1153, 1168, 1716–1717
Herero,
-, -Krieg (1904–1905) 1153, 1168
Herford 1399
Herihor 62
Heristal 383
Herkules 280, 314
Hermann,
-, Cherusker,
-,-, Ft. 317
-, Köln,
-,-, Eb.,
-,-,-, II. **608**
-,-,-, v. Wied 811
-, Schwaben,
-,-, Hz.,
-,-,-, I. 460
-,-,-, II. 464
-,-,-, IV. ⓢ 467
Hermann von Salm,
-, Billung,
-,-, Mgf. *460*
-,-, Kg. 470, 510
Hermann von Salza,
-, Hochm.,

-,-, Dt. Orden 478, 494
Hermannsson,
-, Steingrimur *1493*
Hermannstadt,
-, Schl. (1916) 724
Hermeias 186
Hermenegild,
-, S. v. Leowigild I. *548*
Hermes 310
Hermes,
-, Andreas 902
Hermias von Atarneus 168
Hermione 205
Hermione ❶ 123
Hermogenes von Aspendos 192
Hermonassa ❶ 124
Hermon-Massiv 1595
Hermunduren 323–324, 377
Hernández Colón,
-, R. 1889
Hernández Colón Martínez,
-, Maximiliano *1871*
Herniker 217, 220–221, 295
Herniker ❶ 209, 219
Hernu,
-, Charles *1449*
Herodas von Kos 181
Herodes,
-, Antipas 337
-, Antipater 336
-, Judäa,
-,-, Kg.,
-,-,-, I. 258, 336, 338, 352
Herodes Agrippa ⊕Iulius Agrippa I.
Herodes Atticus ⊕Claudius Herodes Atticus,
-, Ti.
Herodianos 275
Herodot 82, 108, 115, 118, *151*, 164, 309, 328, *1192*
Herophilos 181
Heros,
-, Alfonso de los 1905
Herrenchiemsee,
-, Tag. (1948) 1401
Herrenhaus,
-, Preußen 852
Herrera Campins,
-, Luis 1898
Herriot,
-, Édouard *951*–953
Herrmann,
-, Joachim *1429*
Herrnstadt,
-, Rudolf *1420*
Herrschaftssystem,
-, China 1202, 1204, 1207
Herrscherkult 179
Hersfeld,
-, Kl. 385
Herter,
-, Christian A. *1346*, 1364
Hertling,
-, Georg v. 730, *871*
Hertwig,
-, Manfred 1420
Hertzberg,
-, Ewald Friedrich v. *830*
Hertzog,
-, Enrique *1906*
-, James Barry Munnick *1171*–1172
Heruler 278, 302, 311, 324, 343, 358, 361–362, 369
Heruler,
-, Christianisierung 369
Heruler ❶ 364
Herwegh,
-, Georg *845*
Herzegowina 627–628, 707,

711, 764, 907, 990–991, 1076, 1108–1109
Herzen,
-, Alexander *989*
Herzl,
-, Theodor 1112
Herzog 483
Herzog,
-, Chaim ❶ *1602*
-, Roman 1431
-, Roman ❶ *1406*
Herzogenbusch ❶ 413
Herzogtum,
-, fränk. **421**
Hesekiel,
-, Prophet *104*
Hesiod 67, **121**–124, 126
Heß,
-, Rudolf 766, *889*, *891*, 898
Hess,
-, Moses *697*
Hessen 675, 699, 809, 843, 854, 873
Hessen,
-, (seit 1945) 1398
-, (seit 1945),
-,-, Bevölkerung ❶ 1431
-, -Darmstadt 844
-, -Darmstadt,
-,-, Verfassung (1820) 699, 842
-, -Kassel 824
-, -Kassel,
-,-, Kftm. (1803) 838, 851
-,-, Verfassung (1852) 852
-,-, Verfassungsstreit 851
-, Land-Gfsch. 806
Hessen ❶ 892
Hetairoi,
-, Maked. 164–165, 167, 170
Hethiter 52, 80–81, 87–88, 92–**94**, 98
Hethiterreich 52–53, 57–58, 63, 81, 92–**94**
Hethiterreich ❶ 76
Hethitisch,
-, Schr. 63, 93, 99
-, Spr. 92
Hethum I.,
-, Kleinarmenien,
-,-, Kg. 406
Heubner,
-, Otto *850*
Heuneburg 71
Heuss,
-, Theodor 1342, *1405*
-, Theodor ❶ *1406*
Heveller 459, 471
Hexenprozesse 516
Heydrich,
-, Reinhard 773, *775*, 890, *900*, 1069
-, Reinhard ⓖ 890
Heye,
-, Wilhelm *882*
Hidalgo y Costilla,
-, Miguel *1303*
Hidayatullah,
-, Mohammad *1755*
Hielos-Continentales-Region 1916
Hiempsal,
-, Numidien,
-,-, Kg.,
-,-,-, I. 244
-,-,-, II. 332, 334
Hierakonpolis 32
Hieratisch 82
Hierl,
-, Konstantin *892*
Hieroglyphenschrift 32, 49, 70, 75, 97, 115, 182–183,

1977

335–336
Hieroglyphenschrift ❶ 77
Hieron,
-, Gela u. Syrakus,
-,-, Tyr. 111, 143
-, Syrakus,
-,-, Kg.,
-,-,-, II. 224–225, 227, 300
Hieronymus,
-, Kirchen-V. 286, 339
-, v. Kardia,
-,-, Hist. 175, 177, 197, 280
Higashikuni,
-, Naruhiko 801
Hilal 1096
Hilarius,
-, Arles,
-,-, B. 366
-, Pp. ❶ 367
-, v. Poitiers 321
Hildebrand,
-, Archidiakon
❷Gregor VII.,
-,-, Pp.
Hildebrandt,
-, Friedrich ❶ 892
Hildegard,
-, G. v. Friedrich,
-,-, v. Büren ❸ 473
-, G. v. Karl,
-,-, Ks.,
-,-,-, I. d. Gr. ❸ 380
Hildegard von Bingen 480
Hilderich,
-, Vandalen,
-,-, Kg. 363
Hildesheim 703, 794, 840
Hildesheim ❶ 820
Hildico,
-, Hunnen,
-,-, Kgn. 361
Hilferding,
-, Rudolf 693, 875, 880, 884
Hilfsdienstgesetz (1916) 870, 877
Hillery,
-, (John) Patrick 1467
Hilly,
-, Francis Billy 1838
Hima 1130, 1145
Himalaya 1200
Himatschalpradesch 1755
Himba 1153
Himera 143
Himera,
-, Schl. (480 v.) 76
Himera ❶ 125
Himilko,
-, Seefahrer 328
Himmler,
-, Heinrich 775, 783–784, 798, **890–891**, 895–897, 900–902
-, Heinrich ❹ 890
Himyaren 352
Hinajana-Buddhismus 1178
Hincmar,
-, Reims,
-,-, B. *385*, 421
Hindenburg,
-, Paul v. *718*–719, 730, *870*–873, *881*, 883, 885–886, 890, 893, 896
-, Paul v. ❺ 882
-, -Programm (1916) 870
Hindi 1749, 1752
Hinds,
-, Sam 1900
Hindu 1744
Hindu Code Bill 1750
Hindu Marriage Act 1750
Hindu Succession Act 1750

Hinduismus 1180, 1227–1228, 1756
Hindukusch 1191, 1196
Hinkelstein-Gruppe 29
Hinterindien ❷Südostasien
Hipler,
-, Wendel *807*
Hipólito Mejia Domínguez 1888
Hipparchos,
-, Athen,
-,-, Tyr. *135*
-,-, Tyr. ❶ *127*
-, Peisistratide 141
Hippeis 135
Hipper,
-, Schiff 793
Hippias,
-, Athen,
-,-, Tyr. 135–136, 140
-,-, Tyr. ❶ *127*
Hippo (Biserta) 98
Hippo Regius (Bône) 334
Hippo Regius (Bône) ❶ 333
Hippodamos von Milet 147, 180
Hippokrates,
-, Gela,
-,-, Tyr. 142–143
Hippokratidas,
-, Sparta,
-,-, Kg. ❶ 130
Hippolytos,
-, Pp. **291**
Hipponax 129
Hipponion (Vibo Valentia) ❶ 125
Hira 351, 353
Hirado 1221–1222
Hiram,
-, Tyros,
-,-, Kg. 98, 102, 327
Hirohito,
-, Japan,
-,-, Ks. (Tenno) 769, 801, *1224*, 1226, 1783, *1794*, *1801*
Hiroshima 800, 1226, 1292, 1338, 1846
Hiroshima ❶ 1343
Hirpini 294
Hirsau,
-, Kl. 507
Hirsch-Dunckersche Gewerkvereine 855, 866, 876
Hirsch-Dunckersche Gewerkvereine ❶ 876
Hirtenbrief,
-, Chile (1982) 1923
Hirtius,
-, A. 255
Hischam,
-, Córdoba,
-,-, Emir,
-,-,-, I. *550*
-,-, Kalif,
-,-,-, II. *550*
-,-,-, III. *550*
-,-, Kalif,
-,-, ibn Abdalmalik ❶ 1090
Hiskia,
-,-, Kg. 90, **103**
-,-, Kg. b 103
Hispalis (Sevilla) 329–331
Hispania,
-, Diöz. 332
Hispania Baetica,
-, röm. Prov. 330
Hispania Citerior,
-, röm. Prov. 229, 265, 361
-, röm. Prov. ❶ 223

Hispania Ulterior,
-, röm. Prov. 229–230
-, röm. Prov. ❶ 223
Hispanien ❷Iberische Halbinsel
Hispanoromanen 547–548
Hispanorömer 330
Hiss,
-, Alger 1847
Hissène Habré 1658
Histiaia 146
Historia Langobardorum 385
Historiografie
❷Geschichtsschreibung
Historismus,
-, Dtld. 357
Histrer 304
Histria ❶ 124
Hitachi,
-, Konzern ❶ 1332
Hitler,
-, Adolf 743, 746–753, 755–756, 758–773, **775**–777, 779, 782–784, 786–787, 791–792, 795–798, 879–880, 884–886, **888–893**, **895**–903, 912, 915, 954, 956, 1005, 1019–1021, 1030, 1066, 1068, 1078, 1397
-, Adolf ❶ 874
-, Adolf ❶ **892–893**
-, -Attentat,
-,-, (1939) 898
-,-, (1944) 796, 901–902
-, -Putsch (1923) 880, 888
Hitler – Stalin-Pakt (1939) 1005, 1057
Hizbollah 1598
Hizbollah (Partei Gottes) 1588, 1597–1598
Hoa-binh-Kultur 1227
Hoare,
-, -Laval-Plan (1935) 1019
-, Samuel *1019*
Hobbes,
-, Thomas 655, *963*
Hochburgund ❷Burgund,
-, Teil-R.
Ho-Chi-Minh 801, *1230*, 1373, 1375, 1445, *1814*, 1816
Ho-Chi-Minh-Pfad 1811, 1816
Hochindustrialisierung 693
Hochkirch,
-, Schl. (1758) 688, 829
Hochkommissare 1115
Hochkulturen,
-, (1. Jt.) 67–72
-, (1. Jt.),
-,-, Eur. 68–72
-,-, Vorderer Orient 68–70
-, (2. Jt.) 47–55, 57–66
-, (2. Jt.),
-,-, Eur. 49–51, 53–55, 58–66
-,-, Vorderer Orient 48–49, 52–53, 57–58, 61, 63
-, (3. Jt.) 30–33
-, (3. Jt.),
-,-, Vorderer Orient 22, 31–33, 38–42
-, (Alt.) 22, 73–112
-, Entstehung 30
Hochschild,
-, Konzern 1906
Höchstädt,
-, Schl.,
-,-, (1703) 686
-,-, (1704) 686, 826
Hodscha,
-, Enver ❷Hoxha,

-,-, Enver
Hodža,
-, Milan *1068*
Høegh-Guldberg,
-, Ove *1049*
Hofdienste 460
Hofdienste,
-, (MA) 376
Hofer,
-, Andreas *840*, *904*
-, Franz ❶ *893*
Hoffmann,
-, Johannes 1358
-, Melchior *809*
Höfisches Epos 480
Höfisches Epos ❶ 481
Hofkapelle 382
Hofstra,
-, Jan *1452*
Hogen-Aufstand 1219
Hohe Pforte 1105, 1108
Hohenaltheim,
-, Syn. (916) 456, 458
Hohenfriedberg,
-, Schl. (1745) 828
Hohenlinden,
-, Schl. (1800) 701, 934
Hohenlohe-Schillingsfürst,
-, Chlodwig zu *867*
Hohenmölsen,
-, Schl. (1080) 470
Hohenwart,
-, Karl v. *907*
Hohenzollern,
-, Dyn. 485, 816
Hohermuth,
-, Georg *1294*
Hoherpriester 336, 338
Höhlenmalereien,
-, Jungpaläolithikum 20
Hohlerstein 20
Hohokam 1250
Hohokam-Tradition 1250
Hojo,
-, Geschl. 1220
-, Takatoki 1220
-, Tokimasa 1220
-, Tokimune 1220
Hokkaido-Takushoku-Bank 1802
Holbein,
-, Hans,
-,-, d. Ä. *500*
-,-, d. J. 413
Holkar,
-, Dyn. 1185
Holkeri,
-, Harri *1495*
Holland,
-, Sydney George *1835*
Holland ❷Niederlande
Holländisch-Ostindische Kompanie 1168, 1221
Holländisch-Westindische Kompanie 1271, 1300
Holozän,
-, Klima ❶ **10**
Holozän ❶ 8, 11
Holstein,
-, Friedrich v. *866*
-, Magnus v. *979*, *1047*
Holstein (MA) 470, 600
Holstein (NZ) 848, 1049, 1051–1052
Holstein (NZ) ❶ 820
Holstein-Gottorf,
-, Dyn. 983, 1047
Holstein-Warmzeit 10, 14
Holstein-Warmzeit ❶ 11
Holszanska,
-, Sophia ❸ 617
Holt,

-, Harold *1831*
Holy Commonwealth 1272–1273
Holyoake,
-, Keith Jacka *1835*
Home,
-, Alec Douglas ❶ 1464
Home Rule League 1188
Homer 67, 114, 116–117, **121, 123**, 134, 181
Homer,
-, Epen 114, 116–117, 119, 121, 123
Home-Rule-Gesetz,
-, (1893) 974
-, (1914) 975
Homestead Act (1862) 1285
Hominide 16
Homo erectus 10, 16, 1227
Homo erectus ❶ 11
Homo habilis 16
Homo sapiens 16, 1227
Homo sapiens,
-, Entwicklungsstufen ❶ 11
Homo sapiens sapiens 1128
Homonadenser 342
Homs,
-, (Alt.) ❷Emesa
Honan 1200
Honasan,
-, Gregorio 1829
Honci 21
Honduras 1251, 1306–1307, 1609, 1862, 1865, 1872–1876
Honduras,
-, Bevölkerung(sentwicklung) ❶ 1865
-, öffentliche Finanzen 1874
-, pol. Org. 1874
-, Wirtschaft 1874
Honduras ❶ 757
Honecker,
-, Erich 1352, 1415–1416, *1420*, 1426–1430, 1785, 1923
-, Erich ❶ 1421
Honestiores 272
Hongkong 777, 973, 1209, 1226, 1335, 1464–1465, **1786**–1787
Hongkong,
-, Abk. (1984) 1464, 1784
-, Handel ❶ 1334
-, Vtg. (1893) 1230
Honorat,
-, Ordensgründer *368*
Honorati 279
Honorius,
-, B. v. Theodosius,
-,-, Rom,
-,-,-, Ks.,
-,-,-,-, I. d. Gr. ❸ 284
-, Pp.,
-,-, I. 503, 637–638
-,-, I. ❶ 505
-,-, II. 468, 509, 511
-,-, II. ❶ 511
-,-, III. 515–516
-,-, III. ❶ 511
-,-, IV. *517*
-, Rom,
-,-, Ks.,
-,-,-, I. d. Gr. ❸ 284
-,-, Ks. **285**–286, 359–360
-,-, Ks. ❸ 284
Honoriusfrage 503
Hontheim,
-, Johann Nikolaus v. *836*
Honvéd 913
Hood,
-, Schiff 766
Hooker,
-, Thomas *1270*

Hoover,
-, -Feierjahr (-Moratorium 1931) 1291
-, Feierjahr (-Moratorium 1931) 745
-, Herbert 745, **1290**
Hope,
-, Victor A. J. 1190
Hopewell-Kultur 1249
Hopi 1250
Hopkins,
-, Harry 769
Hopletes 134
Hopliten 135, 145, 154
Hoplitenphalanx,
-, griechisch 126–127
-, spartanische 131–132
Horatius Flaccus,
-, Q. (Horaz) 257, 261
Horgener Gruppe 43–44
Horikawa,
-, Japan,
-,-, Ks. 1219
Hormezdagan,
-, Schl. (224) 349
Hormisdas,
-, Pp. 367
-, Pp. 🟊 367
Hormizd,
-, Sasaniden,
-,-, Kg.,
-,-,-, I. 350
Hormus 1123
Hormus,
-, Straße v. 1615, 1647
Horn,
-, Gustav v. *682*
-, Gyula *1515*
Horne,
-, Philipp v. 679, *1033*
Horodiştea 34
Horodło,
-, U. (1413) 619
Horsa 564
Hortensius,
-, Hortalus,
-,-, Q. *253*
-, Q. 216
Horthy von Nagybánya,
-, Nikolaus (Niklós) 783–784, 789, 797, *914–915, 1512*
Hosain,
-, Pers.,
-,-, Schah **1124**
Hosea,
-, Isr.,
-,-, Kg. **103**
-, Prophet 103
Hosenbandorden 575
Ho-shen *1208*
Hosios Lukas 643
Hosius,
-, Stanislaus *1061*
Hosius (Ossius),
-, Córdoba,
-,-, B. 283
Hosokawa,
-, Morihiro *1801*
Hospitalorden **403**
Hospodar 1105
Hoss,
-, Selim *1596–1597*
Hoßbach-Protokoll (1937) 897
Hostilius,
-, A. 201
-, Mancinus,
-,-, C. 230
Hotsprings,
-, Kfz. (1943) 780
Hottentotten 1154–1155,

1168
Hottentotten,
-, -Wahlen 1168
Hotu-Matua,
-, Oster-Insel,
-,-, Kg. 1240
Hötzendorf ➡Conrad von Hötzendorf
Hough,
-, Daniel *1718*
Houphouët-Boigny,
-, Félix *1446*, *1665–1666, 1679*
House,
-, Edward M. *724*, 1289
House of Commons 577
House of Lords 577
House of Lords 🟊 974
Houston,
-, Sam 1304
-, Weltwirtschafts-Kfz. (1990) 1333
Hova 1150
Hoveida,
-, Amir Abbas *1647–1648*
Howard,
-, Katharina ➡Katharina Howard
Hoxha,
-, Enver 789, *1079, 1558*
Hoysala,
-, Dyn. 1182
Hoyte,
-, Hugh Desmond *1900*
Hr. Bou Chateur,
-, (Alt.) ➡Utica
Hr. Douamis,
-, (Alt.) ➡Uchi Maius
Hr. en Naam,
-, (Alt.) ➡Abbir Cella
Hr. Kasbat,
-, (Alt.) ➡Thuburbo Maius
Hr. Mest,
-, (Alt.) ➡Musti
Hr. Sbiba,
-, (Alt.) ➡Sufes
Hrabanus Maurus,
-, Mainz,
-,-, Eb. *385*
Hrawi,
-, Elias 1594, *1597*
Hrotsvit ➡Roswitha
Hsia,
-, Dyn. 1200
-, Dyn. 🟊 1201
Hsien-feng,
-, China,
-,-, Ks. 🟊 1207
Hsi-hsia,
-, Dyn. 1205–1206
-, Dyn. 🟊 1201, 1203
Hsi-hsia-Reich 1199
Hsin,
-, Dyn. 1204
-, Dyn. 🟊 1201, 1203
Hsiung-nu 1192–1193, 1204
Hsüan-tsang 1176, 1180
Hsüan-tsung,
-, China,
-,-, Ks. 1205
Hsüan-tung,
-, China,
-,-, Ks. 1211
-,-, Ks. 🟊 1207
Hu Yao-bang 1784–1785
Hua Kuo-feng 1383, *1781–1784*
Huambo 1705
Huan,
-, Chi-R.,
-,-, Hz. 1201
Huang Chao 1205

Huang Yung-shen *1779*
Huang-ti 1200
Huari 1265–1266
Huascar,
-, Inka-Hschr. *1266*
Huayna Capac,
-, Inka-Hschr. 1264, *1266*
Hubert de Burgh,
-, Engld.,
-,-, Reg. 574
Hubert Walter,
-, Canterbury,
-,-, Eb. 573
Hubertusburg,
-, Frd. (1763) 688, 829
Hübinger,
-, P. E. 287
Hudson,
-, Henry *1271*
HudsonsBayCompany 1273, 1275–1276
Huemac,
-, Tolteken-Hschr. 1260
Huerta,
-, Victoriano *1305*
Huesca 554
Huesca,
-, Univ. 🟊 398
Hueyatlaco 1248, 1251
Hügelgräberkultur 59–60
Hugenberg,
-, Alfred *876*, 881, 883–884, 886, 889–*891*, 894
-, -Konzern 889
Hugenotten 679–680, 685
Hugenottenkolonie 1298
Hugenottenkriege 679, 917–918, 1023
Hughes,
-, W. M. *1244*
Hugo,
-, Auxerre,
-,-, B. 425
-, Burg.,
-,-, Hz.,
-,-,-, I. 🟊 556
-, Candidus 508
-, Cluny,
-,-, Abt 507
-, Elsass,
-,-, Hz. 🟊 380
-, Franzien,
-,-, Hz.,
-,-,-, Magnus 421, 460
-,-,-, Magnus 🟊 461
-, Frkr.,
-,-, Kg.,
-,-,-, Capet 421, 423, 425, 428
-, It.,
-,-, Kg.,
-,-,-, v. Vienne 422, 529, 642
-,-,-, v. Vienne 🟊 380
-, S. v. Robert,
-,-, Frkr./Westfranken-R.,
-,-,-, II. D. Fromme 425–426
-, Victor 941, 943
-, Zypern,
-,-, Kg.,
-,-,-, IV. 407
-, Zypern u. Jerusalem,
-,-, Kg.,
-,-,-, III. 407
Hugo Abbas 387
Hugo Chávez Frias 1898
Hugo von Die 427
Hugo von Digne *518*
Hugo von Payens 403
Hugo von Trimberg *501*
Huguccio *513*

Huila-Plateau 1165
Huk (Hukbalahap) 1231, 1827–1828
Hülägü,
-, Mongolen-Hschr. 1097, *1196*
Hull,
-, Cordell 765, 770, 781, 789
Hultschiner Ländchen 735
Humajun,
-, Großmogul 1123, 1184
Humanismus 419, **657–659**, 666
Humanismus,
-, Begriff **658**
-, Dtld. 500–501, 659
-, Geschichtstheorie 355
-, It. 419
Humbanigasch,
-, Dyn. 107
Humbert,
-, Dauphin,
-,-, II. 443
-, It.,
-,-, Kg.,
-,-,-, I. *1016*
-, Savoyen,
-,-, Gf.,
-,-,-, I. Weißhand *531*
Humbert von Silva Candida *469, 508–509*, 644
Humboldt,
-, Wilhelm v. *840*, 843
Hume,
-, Allan O. *1188*
-, David *665*
Hu-men,
-, Vtg. (1843) 1209
Humiliaten 515
Humiliores 272
Humphrey,
-, Hubert Horatio *1852–1853*
Hun Sen *1813*
Hundert Tage,
-, (1815) 936–937
Hundertjähriger Krieg (1339–1453) 408, 437, **441, 443, 446–447**, **450**, 453, 490, 496, 575, **577**, 580
Huneish-Inseln 1738
Hunerich,
-, Vandalen,
-,-, Kg. 361, 363
Hunfridinger,
-, Dyn. 455–456, 458
Hung Hsiu-chüan *1209*
Hung-Chang,
-, Li 992
Hunkâr Iskelesi,
-, Vtg. (1833) 1107
Hunnen 284, 286, 302, 314, 322, 325, 351, 358–361, **602**, 1180, 1192–1193
Hunnen,
-, -R. 1192–1193
Hunnen 🟊 364
Hunter-Kommission,
-, Ind. 1189
Huntsman,
-, Benjamin 🟊 692
Hunyádi,
-, János (Johann) 498, *625*, 628
Huon,
-, de Bordeaux 🟊 434
Huosi 377
Hupei 1213
Hurley,
-, PatrickJ. 1772
Huronen 1273
Hurrikan „Georges" 1888
Hurrikan „Keith" 1871

Hurrikan „Mitch" 1875, 1877
Hurriter 88, 93, 107
Hurtado,
-, Gomez *1896*
Hurtado Larrea,
-, Osvaldo 1902
Hus,
-, Johannes (Jan) *496*, 523, 579, 613, *660*
-, Johannes (Jan) 🟊 416
Husain,
-, Baikara,
-,-, Ilchan,
-,-,-, Mongolen-Hschr. **1098**
-, E. Mohammeds 1090
-, Zakir 1751–1753
Husák,
-, Gustáv *1508*–1509, 1511, 1549
Hussein 1601
Hussein,
-, Äg.,
-,-, Su.,
-,-,-, Kamil 1119
-, Arabien,
-,-, Kg. 1113–1114, 1117
-, Kg. 🟊 1113
-, Großmufti 779
-, Jord.,
-,-, Kg. 1569, 1573, 1583–1584, 1587, 1592, *1599*–1600
-, Saddam 1576, 1588, 1608–1610, 1614
Hussein, Saddam 1611
Hussein-MacMahon-Korrespondenz (1915–1916) 1113
Hussein-Plan (1972) 1599
Hussiten 408, 412, 482, 494, **496**–497, 613
Hussitenkriege (1419–1434) 495–496, 613
Hutchinson,
-, Anne *1270*
Hutten,
-, Philipp v. *1294*
-, Ulrich v. 287, *659*, *806*
Hutterische Brüder 661
Hutu 1146, 1697, 1699–1703, 1729
Hutu,
-, -Évolués 1699
-, -Parteien 1699–1701
Hutu 🟊 1655
Huy 390
Hwabaek 1215
Hwanung 1214
Hy,
-, Kl. 568
Hydaspes,
-, Schl. (326 v.) 172, 1178
Hyksos 52–53, **79**–80, 101
Hyksos 🟊 77
Hylleis 130
Hypatia 286, 336
Hyperbolos 154
Hypereides *157*, 162, *202*
Hyrkanien 172, 347, 349
Hyrkanos,
-, Hasmonäer,
-,-, Kg.,
-,-,-, I. 190–**191**
-, Hoherpriester 250, 336
Hysiai,
-, Schl. (669 v.) 131
Hyspoasines,
-, Charakene 348
Hythe,
-, Kfz. (1920) 738
Hywel Dda *568*

HZDS (Bewegung für eine Demokratische Slowakei) 1509
HZDS (Bewegung für eine demokratische Slowakei) 1511

I

IAEA (International Atomic Energy Agency) 1325, 1437
IAEA (International Atomic Energy Agency) 🌐 1322
Ianus ➔Janus
IAPI (Instituto Argentino para la Promoción del Intercambio),
-, Argentinien 1913
Iapygen 143
Iasi 311
Iazygen 267–268, 273, 281, 308
Ibadan 1142
Ibáñez del Campo,
-, Carlos 1920
Ibas von Edessa *636*
Ibbisin,
-, Ur,
-,-, Kg. 48
IBEA Co. (Imperial British East Africa Co.) 1146, 1174
IBEACo. (Imperial British East Africa Co.) 1174
Ibell,
-, Karl v. 842
Iberer 328–330
Iberia,
-, Begriff 328
Iberische Halbinsel,
-, (Ältere Bronzezeit) 55
-, (Eisenzeit) 72
-, (Kupferzeit) 36
-, (MA) 378, 412, **547–555**, **557–558**, 560, 562–563, 1088, 1091, 1093, 1096–1097, 1101
-, (MA),
-,-, Adel 550
-,-, Bevölkerung(sentwicklung) 551, 557–558
-,-, Dyn. 🅢 559
-,-, Gesellschaft **549**, 557
-,-, Handel 557
-,-, Kirche 510, 516, 549
-,-, Königtum 548, 552, 557
-,-, Kultur 550
-,-, Landwirtschaft 557
-,-, Lehnswesen 548
-,-, pol. Org. **549**, **551**–553, 557
-,-, Rechtswesen 398
-,-, Stadt 557
-,-, Ständewesen 557
-,-, Verkehr 557
-,-, Verwaltung 557
-,-, Wirtschaft 530, 550–**551**, 557
-, (Mittelbronzezeit) 60
-, (NZ) 666, 679, 684, 1025–1027
-, (NZ),
-,-, Handel 668
-,-, Wirtschaft 670
-, (röm. Prov.) 229–230, 248–249, 251–253, 255, 257, 266–268, 270, 273–274, 277, **327**, **329–331**
-, (röm. Prov.),
-,-, Gesellschaft 330
-,-, Religion 331

-,-, Wirtschaft 330
-, (seit 1945) 1479
-, (seit 1945),
-,-, Außen-Pol. 1480
-,-, pol. Org. 1479–1480
-,-, Wirtschafts-Pol. 1479
-, (vorröm. Zeit) 225, 228, **327–328**
-, (vorröm. Zeit),
-,-, Wirtschaft 327
IberischeHalbinsel,
-,(MA) 558
Iberischer Pakt (1942) 1030
IBM,
-, Konzern 🍀 1332
Ibn Battuta *1097*, 1149
Ibn Chaldun ➔Ibn Haldun
Ibn Haldun *560*, *1097*
Ibn Ruschd ➔Averroës
Ibn Sînâ ➔Avicenna
Ibn Sînâ ➔Avicenna
Ibn-Saud,
-, Saudi-Arabien,
-,-, Kg.,
-,-,-, Abdal Asis *1611*
ibn-Saud,
-, Abdallah 1117
-, Saudi-Arabien,
-,-, Kg.,
-,-,-, Abdal Asis 1117
-,-,-, Abdal Asis 🍀 1113
Ibo 1131, **1141–1142**, 1161, 1674
Ibrahim 1628
Ibrahim,
-, Abdallah *1640*
-, Osman.,
-,-, Su. 1104
-,-, Su. 🅢 *1103*, *1105*
Ibrahim Al-Walid ibn Abdalmalik,
-, Kalif 🍀 1090
Ibrahim Barre Maïnassara 1682
Ibrahim Lodi,
-, Delhi,
-,-, Su. 1181, 1183
Ibrahim Rugova 1551–1552
IBRD (International Bank for Reconstruction and Development) ➔Weltbank
Ibykos 137
ICAO 🍀 1322
Icener 325
Ichchididen,
-, Dyn. 1093
Ichwan (Saudi-Arabien) 1117
Icosium (Algier) 🍀 333
Ida,
-, G. v. Liudolf Schwaben,
-,-, Hz. 🅢 461
IDA (International Development Association) 1328, 1389
IDA (International Development Association) 🍀 1322
IDA (Islamische Demokratische Allianz,
-, Pakistan) 1760
Idah 1142, 1160
Idaho 1284
Idea Popular de la Guinea Ecuatorial ➔IPGE
Idealismus 665
Iden des März (44 v.) 253
Ideologie 731
Ideologie,
-, kommunistische Welt 1374, 1377–1378, 1380–1382
-, KPCh 1772, 1775

-, KPdSU 1373–1374, 1519–1520, 1523–1524
-, Kuba 1883
-, SED 1402, 1416, 1420
Idrieus,
-, Pers.,
-,-, Satrap 162
Idris,
-, Kanem-Hschr.,
-,-, Alooma 1138
-, Libyen,
-,-, Kg. 1122, *1629*
Idumäer 336
IFAD 🍀 1322
Ifat,
-, Sult. 1135
IFB (Independent Forward Bloc),
-, Mauritius 1744
IFC (International Finance Corporation) 1325
IFC (International Finance Corporation) 🍀 1322
Ife 1142
Ifni 1480, 1639
IFOR,
-, UNO-Mission 1551
IG Farben 881, 895, 1399
Igala 1142
IGH ➔Internationaler Gerichtshof
Ignatios,
-, Antiocheia,
-,-, B. **290**
-, Konstantinopel,
-,-, Patr. *504*, 641
Ignatjew,
-, Nikolai P. *991*
Igor,
-, Kiew,
-,-, Ft. 608–609, 642
Iguala-Plan (1821) 1303–1304
I-ho-chüan-Aufstand ➔Boxeraufstand
Ijebu-Krieg (1860–1865) 1142
Ikaros 🍀 120
Ikeda,
-, Hayato *1796*
IKL (Väterländische Volkspartei),
-, Finnld. 1056
Ikonion 646, 1095, 1099
Ikonion,
-, Schl. (1190) 401
Ikonoklasmus 503, 638–640
Ikschwaku,
-, Dyn. 1182
Iktinos,
-, Baumeister 152
Ilarion,
-, Kiew,
-,-, Metr. 609
Ilbert-Gesetz (1883) 1188
Ilchane 1098–1099, 1196
Ileo,
-, Joseph *1694*
Iletmisch,
-, Delhi,
-,-, Su. 1181
Iliberi,
-, Syn. (ca. 305) 331
Ilici (Elche) 330
Iliescu 1544
Iliescu,
-, Ion *1544*
Ilig-Chane ➔Karachaniden
Ilimilimma,
-, Heth.,
-,-, Kg. 58
Ilinka 17–18

Ilion 🍀 113
Ilipa,
-, Schl. (206 v.) 228, 329
Ilir Meta 1559
Ilizia 115
Ilkaniden,
-, Dyn. 1098–1099
Illahun 48
Illía,
-, Alturo Umberto *1913*
Illinois,
-, US-St. 1281
Illueca,
-, Jorge *1879*
Illuminatenorden 836
Illyrer 71, 166–168, 200, 301, 303–305
Illyricum,
-, Prätorianerpräfektur 307
-, röm. Prov. 232, 251, 258, 270, 305
-, röm. Prov. 🍀 223
Illyrien 133, 205, 226, 503, 935
Illyrien,
-, (röm. Prov.) 305, 312, 315
Illyrische Provinzen 840, 904
Illyrischer Krieg,
-, (229–228) 226
ILO (International Labour Office) 🍀 1322
Ilorin 1140, 1160
Ilskaja 17
Iltut,
-, Abt *369*
Imad ad-Din Sengi,
-, Emir,
-,-, Mosul 405
Imamat 1089, 1098, 1123
Imamat 🍀 1109
Imbokodvo National Movement ➔INM
Imbriani-Poerio,
-, Matteo Renato *1016*
Imbros 158
IMCO 🍀 1322
Imelda Marcos 1829
Imereticn 1537
IMF (International Monetary Fund) 1321, 1326, 1328, 1331–1332, 1335, 1389, 1442, 1467, 1500, 1534, 1537, 1600, 1708, 1762, 1771, 1793, 1804, 1809, 1826, 1864–1865, 1868, 1919
IMF (International Monetary Fund) 🍀 1322
Imhotep,
-, Baumeister 78
Immerwährender Reichstag (seit 1663) 823–824
Immunität (MA) 382, 462, 478
Impeachment 578, 580, 1279, 1286
Imperator Augustus 364, 381
Imperial Federation League 973
Imperialismus 665, 669–670, 693, **707–708**, **710**, 714
Imperialismus,
-, China 1194
-, Dt. R. 865, 867–868
-, Engld./GB 972–975
-, Frkr. 947
-, It. 1015–1016
-, Japan 1224
-, Ndld. 1038

-, Port. 1032
-, Röm. R. 228–231
-, Russld./UdSSR 987, 990–993, 1320
-, USA 1287–1288, 1303
Imperium (Romanum) 356, 459
Imperium der römischen Kaiser 256–257, 259, 261–262
Impressakeramikkultur 24, 26
Imrédy,
-, Bélav. *914*–915
Imru,
-, Mikael *1736*
Inaros 110, 145
Indemnitätsvorlage (1866) 854
Independent Forward Bloc ➔IFB
Independenten 661, 963
Inder 309, 1744, 1900
Inder,
-, Afrika 1131, 1169, 1171, 1173–1174
Index,
-, Produktion verarbeitendes Gewerbe 🍀 1372
India Act,
-, (1784) 1186
-, (1858) 1187
Indian Civil Service 1188
Indian Mutiny (1857/1858) 1187
Indian National Congress ➔Kongresspartei,
-, Ind.
Indian National Congress ➔Puna,
-, Kongr. (1885)
Indiana 1281
Indianer,
-, Bras. 1919
-, Kan. 1844
-, USA 1280, 1290, 1859
Indianerfrage,
-, (seit 1945) 1854
-, portugiesische Kol. 1299
-, spanische Kol. 1294–1297
Indianerkriege 1286
Indianerkulturen **1248–1267**
Indien,
-, (12.–19. Jh.) 1096–1098, 1101, 1124, **1181–1187**, 1197
-, (12.–19. Jh.),
-,-, Beamte 1181, 1184
-,-, europäische Handelskompanien u. Mächte **1183**, **1185**
-,-, Gesellschaft 1181
-,-, Großmogul-R. 1098, 1101, **1183–1184**, 1187
-,-, Handel 1183
-,-, Innen-Pol. 1181–1182
-,-, Islamisierung **1180–1181**
-,-, Kultur 1181, 1183
-,-, Kunst 1181, 1184
-,-, Literatur 1181–1182
-,-, Recht(swesen) 1185–1186
-,-, Religion 1180–1182, 1184
-,-, Religions-Pol. 1184
-,-, Verwaltung 1181, 1184–1185
-,-, Wirtschaft 1181
-, (12.–19. Jh.) 1132, 1135, 1149, 1168, 1174
-, (1816–1947) 745, 778, **1187–1191**, **1748**

-, (1816–1947),
-,-, Beamte 1188
-,-, Bildung(swesen) 1187
-,-, Innen-Pol. 1188–1189, 1191
-,-, Kultur 1187–1188
-,-, Recht(swesen) 1189
-,-, Unabhängigkeitsbewegungen 1188–1191
-,-, Verfassung 1188–1190
-,-, Verwaltung 1187–1188
-,-, Wirtschaft 1188
-, (1816–1947) ❶ 757
-, (bis ca. 1100,
-,-, Großmogul-R. 1100
-, (bis ca. 1100) 172, 183, 1094, 1129, 1135, **1176–1180**
-, (bis ca. 1100),
-,-, Architektur 1182
-,-, Gesellschaft 1177
-,-, griechische R. 1179
-,-, Handel 1182
-,-, Islamisierung 1094–1095
-,-, Kultur 1179, 1182
-,-, Literatur 1177, 1179–1180
-,-, Religion 1177–1178, 1180
-,-, Verwaltung 1178
-, (bis ca. 1100) 1192
-, (bis ca. 1100),
-,-, griechische R. 1192
-, (seit 1947) 1176, 1324, 1351, 1392, 1459, 1484, 1548, 1747–1750, 1752–1753, **1756**, 1759, 1761–1762, 1764–1766, 1785–1786, 1848
-, (seit 1947),
-,-, Außen-Pol. 1388–1389, 1750–1751, 1753, 1761, 1775–1776
-,-, Bevölkerung(sentwicklung) ❶ 1746
-,-, Handel 1774
-,-, Innen-Pol. 1749
-,-, Landwirtschaft 1754
-,-, Parteien 1751, 1756
-,-, pol. Org. 1749, 1756
-,-, pol. Org. ❺ **1750**
-,-, regionale Gliederung 1750, 1755
-,-, Sprachfrage 1752
-,-, Unabhängigkeits-Erkl. ❶ 1386
-,-, Verfassung 1756
-,-, Wirtschaft ❶ 1385
-, Kol.,
-,-, engl. 976, 1126, 1183, 1187, 1748
-,-, niederländische 1183
-,-, portugiesische 1183
Indien (seit 1947) 1747
Indienrat,
-, portugiesischer 1298
-, spanischer 1294–1295
Indien-Seeweg 668–669, 1117, 1183
Indios 1907, 1918
Indira-Kongress,
-, Ind. 1755
Indisch-Chinesischer Krieg (1962) ◑Chinesisch-Indischer Krieg
Indische Union ◑Indien,
-, (seit 1947)
Indische Union ◑Indien (seit 1947)
Indischer Ozean 1097, 1123
Indischer Subkontinent,
-, (seit 1945) 1747–1759,

1761–1766
Indisch-Pakistanischer Konflikt (seit 1947) **1747**, 1754, 1758
Indisch-pakistanischer Konflikt (seit 1947) **1748**
Indisch-Russischer Freundschaftsvertrag (1993) 1756
Indochina 1228
Indochina ◑Südostasien
Indochinakonferenz (1954),
-, Genf 1325, 1775
Indochinakrieg,
-, (1946–1948) 1325, 1342, 1445, 1814
Indoeuropäische Sprachen 309
Indogermanen 92, 164, 208, 345, 1094
Indogermanen ❶ 76
indogermanische Sprachen 1177
Indoiranier ◑Arier
Indonesien,
-, (bis 1945) 778, 801, 1101, 1129, 1149, 1227, 1229–1231
-, (seit 1945) 1323, 1333, 1388, 1452–1453, 1485, 1796, 1803–1804, 1813, 1819, 1822–**1823**, **1826**, 1828
-, (seit 1945),
-,-, öffentliche Finanzen 1335
-,-, Unabhängigkeits-Erkl. ❶ 1386
Indoskythische Reiche 1192
Indra 1177
Indus 1747
Indus-Kultur **1176–1177**
Industal 1091, 1094
Industrialisierung 690–691, 693–695, 704
Industrialisierung,
-, Belg. 690, 1041
-, Bulg. 1546
-, China 1206, 1210–1211
-, Dtld. 690, 842, 844, 855, 864
-, Frkr. 690, 927, 936–938, 940–941, 943–944, 946
-, GB 690, 967–969, 971, 973, 975
-, It. 690, 1014, 1016
-, kommunistische Welt 1374
-, Litauen 1499
-, Ndld. 690, 1040
-, Norw. 1051
-, Pers. 1126
-, Russld. 690, 986–987, 989, 992–993
-, Schweden 690, 1050
-, Schweiz 690, 1083–1085
-, Span. 1027
-, Türkei 1111
-, UdSSR 996, 1002–1003
-, USA 1287
Industrialisierung ,
-, Ind. 1188
Industrie,
-, Äg. 1625–1626
-, Algerien 1637
-, Austr. 1830, 1832
-, Barbados 1891
-, Belg. 1455
-, Bol. 1906
-, BR Dtld. 1396, 1400, 1407–1408
-, Bras. 1917
-, Bulg. 1545–1546

-, China,
-,-, VR (seit 1949) 1774, 1776, 1781–1782
-, Costa Rica 1877
-, Dän. 1491
-, DDR 1419–1420, 1423
-, Dt. R. 864, 870, 875, 887, 895
-, Dt. R. ❶ 883, **887**
-, Ecuador 1902
-, El Salvador 1871
-, Frkr. 943, 952, 1446
-, GB 976, 1459, 1461
-, Honduras 1873–1874
-, Irak 1608
-, Iran 1647
-, Irld. 1467
-, Isr. 1602
-, It. 1011, 1471
-, Japan 1795, 1799
-, Kan. 1842
-, kommunistische Welt 1379
-, Lat.-Am. 1864
-, Libyen 1629
-, Litauen 1499
-, Luxbg. 1458
-, Marokko 1641
-, Mex. 1866
-, Ndld. 1036–1037
-, Neuseeland 1834
-, Österreich 1437
-, Panama 1878–1879
-, Peru 1903–1904
-, Rumänien 1543
-, Saint Lucia 1891
-, Saint Vincent 1892
-, Schweiz 1441
-, Span. 1025, 1480
-, Syr. 1591–1592
-, Taiwan 1788
-, Tunesien 1632
-, UDSSR 1517
-, UdSSR 999, 1003, 1374, 1516–1518, 1520, 1522
-, USA 1287, 1293
-, Venezuela 1897
Industriegesellschaft 694
Industriekonzerne ❶ **1332**
industrielle Revolution 690–691, 694, 699, 967, 971
Industrienationen,
-, östliche 1326–1327, 1330
-, östliche,
-,-, Pro-Kopf-Einkommen ❶ 1326
-, westliche 1320, 1324, 1326–1327, 1330, 1334–1335, 1529
-, westliche,
-,-, Pro-Kopf-Einkommen ❶ 1326
-, westliche ❶ 1855
Industrieplan (1946) 1400
INF (Intermediate-range Nuclear Forces) 1354, 1371, 1858
INF (Intermediate-range Nuclear Forces) ❶ 1343
Inflation,
-, Argentinien 1915
-, Bras. 1919
-, Chile 1922
-, Dt. R. 740–741, 873, 877, 879–881
-, Frkr. 950–951, 1445, 1448–1449
-, GB 1459, 1463
-, It. 1470, 1472–1473
-, Jugoslawien 1549
-, Lat.-Am. 1864
-, Mex. 1866–1867

-, Ndld. 1453
-, Port. 1484
-, Span. 1479–1481
-, Türkei 1564
-, Ukraine 1534
-, Uruguay 1911
-, Weißrussld. 1533
Inflation ❶ 729
INFONAC (Instituto de Fomento Nacional),
-, Nicaragua 1875
Inge,
-, Schweden,
-,-,-, d. J. ❶ 591
Ingeborg,
-, G. v. Philipp,
-,-, Frkr.,
-,-,-, Kg.,
-,-,-,-, II. Augustus 431
-,-,-,-, II. Augustus ❺ 594
-, Norw.,
-,-, Kg.,
-,-,-,-, V. Magnusson 597
-, T. v. Waldemar,
-,-, Dän.,
-,-,-, Kg.,
-,-,-,-, IV. Atterdag 599
Ingelheim 383
Ingelheim,
-, Reichsversammlung (788) 379
-, Syn. (948) 460
Ingenuus,
-, Usurpator 277, 313
Ingermanland 686
Ingo,
-, Br. v. Sigurd,
-,-, Norw.,
-,-,-, Kg.,
-,-,-,-, II. ❺ 593
Ingolstadt 836
Ingraham,
-, Hubert Alexander 1881
Initiative für Frieden und Menschenrechte 1429
Inka **1266**
Inka,
-, Staatsstruktur **1266**
Inkatha-Bewegung 1721–1723
Inkatha-Bewegung ❶ 1655
Inkunabeln 418
INLA (Irish National Liberation Army) 1468
INM (Imbokodvo National Movement),
-, Swazild. 1725
Innenpolitik,
-, Austr. 1244, 1832–1833
-, Bangladesch 1761
-, Dt. R. 857, 863–866, 868
-, El Salvador 1872
-, Engld. 577
-, Estld. 1058
-, Finnld. 1056
-, Frkr. 919, 921, 926
-, Ind. 1181–1182, 1188–1189, 1191, 1749
-, Latein-Am. 1301
-, Malaysia 1819
-, Mex. 1866–1867
-, Neuseeld. 1245, 1835
-, Nicaragua 1876
-, Österreich-Ung. 908
-, Pakistan 1758
-, Panama 1879
-, Philippinen 1828
-, Port. 562
-, Rom 281, 290–291
-, Rumänien 1071

-, Schweiz 1083
-, Sri Lanka 1763
-, Ung. 913
-, Uruguay 1911
-, USA 1290
Innenpolitik ◑die betreffenden Staaten
Innenpolitik ◑Parteien
Innenpolitik ◑politische Organisation
innerdeutsche Beziehungen 1349–1352, 1410, 1412–1416, 1425, 1427–1428
Innere Mongolei 1770
Innerostafrika **1145–1148**
Innozenz,
-, Pp.,
-,-, I. 365
-,-, I. ❶ 367
-,-, II. 403, 429, 471–472, 511–512
-,-, III. **401**, 431–432, 477–478, 509, 513–**514**, 516, 527, 534, 539, 573–574, 593, 635, 646
-,-, III. ❶ 511
-,-, IV. 404, 479, 509, 513, 516–517, 615
-,-, IV. ❶ 511
-,-, V. 517
-,-, VI. 520, 627
-,-, VI. ❶ 519
-,-, VII. 521
-,-, VIII. 524
-,-, X. 1009
-,-, X. ❶ 1009
-,-, XI. 822, 1009
-,-, XI. ❶ 1009
-,-, XII. 1009
-,-, XII. ❶ 1009
-,-, XIII. ❶ 1009
-,-, IX. ❶ 1009
Innsbruck 812
Innviertel 703, 840, 904
INOC (Iraq National Oil Co.) 1608
Inönü,
-, Ismet 780–781, 1111, 1564
Inquisition **516**, 560, 1026
Inselspringen 787–788
Instituto Argentino para la Promoción del Intercambio ◑IAPI
Instituto de Fomento Nacional ◑INFONAC
Instituto Negrófilo 1167
Instrument of Government (1653) 963
Insubrer 72, 226, 229
Insulinde 1227–1228, 1230
Interahamwe 1701
interamerikanischer Beistandspakt (1947) 1339
Interamna ❶ 219
Interdependenz-Doktrin (1964) 1917
Interessenverbände,
-, Dt. R. 857, 866
Interfraktioneller Ausschuss 870–871
Interfront,
-, Estld. 1497
-, Lettld. 1498
Interglazial ◑Zwischeneiszeit
Intergovernmental Group on Indonesia 1826
Intermediate-range Nuclear Forces ◑INF
International Atomic Energy

1981

Agency ⮕IAEA
International Development Association ⮕IDA
International Finance Corporation ⮕IFC
Internationale,
-, I. (1864) 698
-, I. (1864),
-,-,-, Kfz.,
-,-,-, (1872) 698
-, II. (1889) 698, 726
-, II. (1889),
-,-, Kongr.,
-,-,-, (1891) 698
-,-,-, (1896) 698
-,-,-, (1900) 698
-,-,-, (1904) 698
-, III. (1919) 732
Internationale Afrika-Assoziation 1162
internationale Anerkennung,
-, UdSSR 1001
Internationale Arbeiterschutzkonferenz,
-, Erste (1890) 866
Internationale Beziehungen (seit 1945) ⮕Entspannungspolitik
Internationale Beziehungen (seit 1945) ⮕friedliche Koexistenz
Internationale Beziehungen (seit 1945) ⮕kalter Krieg
Internationale Beziehungen (seit 1945) ⮕Ost-West-Beziehungen
Internationale Beziehungen (seit 1945) ⮕Palästinakonflikt
internationale Blockbildung,
-, (seit 1945) 1320
internationale Bündnissysteme,
-, (seit 1945) 1320
internationale Friedenspolitik,
-, (seit 1945) 1320
Internationale Geografische Konferenz (1876) 1162
Internationale Islamische Nachrichten Agentur 1572
internationale Organisationen (seit 1945) 1320, 1350
Internationale Ruhrbehörde 1357, 1401, 1405
internationale Währungssysteme (seit 1945) 1323, 1328–1329, 1335
internationale Wirtschafts- und Finanzpolitik (seit 1945) 1320
internationale Wirtschaftssysteme (seit 1945) 1320, 1324
Internationalen Aids-Konferenz in Durban 1723
Internationaler Gerichtshof (IGH) 1334, 1550, 1631, 1658, 1660, 1678, 1684, 1716, 1835, 1874, 1876
Internationaler Gerichtshof (IGH) ❶ 1322
Internationaler Strafgerichtshof 1336
Internationales Militärtribunal in Nürnberg (1945) 1397
Interparlamentarische Organisation der ASEAN-Staaten ⮕AIPO
Interparlamentarische Sozialistische Kommission 698
Interregnum 211, 213, 483,

486
Interregnum,
-, Dän. ❶ 598
-, Schottld.,
-,-, 1. 587
-,-, 2. 587
Interregnum ❶ 236
Interstadiale 14
Interventionsprinzip 705
Interzonenhandel 1340, 1349, 1363, 1408
Intifada 1587–1588, 1590, 1604
Invasion (1944) 781, 783, 787, 791, 793
Investitur 462, 477
Investiturstreit 399, 469–471, 506, 509–511, 571
Investiturstreit,
-, Frkr. 427
-, It. 533–534
Inyanga 1154
Inyenzi 1700
Iol 333
Ion Ciubuc 1537
Ion Sturza 1537
Iona,
-, Kl. 368, 370, 565, 567–568
Ionien 95, 344
Ionier 113, 164
Ionier ❶ 123–124
Ionische Inseln 703, 1079
Ionische Wanderung 119–121
Ionischer Aufstand 140
Iorga,
-, Nikolae 1071, 1073
Iovianus,
-, Rom,
-,-, Ks. 284, 351
IPC ⮕Iraq Petroleum Co.
IPGE (Idea Popular de la Guinea Ecuatorial),
-, Äquatorial-Guinea 1688
Iphikrates 158, 160
Ipsos,
-, Schl. (301 v.) 177, 184, 193–194, 203
-, Schl. (301 v.) ❶ 174
Ipuki 57
Ipuwer 79
IRA 1466
IRA (Irisch-Republikanische Armee) 976, 1463–1465, 1467
Irak 720
Irak,
-, (1921–1945) 737, 740, 742, 764, **1116–1117**
-, (1921–1945),
-,-, Entwicklung **1116–1117**
-,-, Kurdenproblem 1116
-,-, Mosulfrage 1116
-,-, Mosulfrage ❶ 1113
-, (1921–1945) 757
-, (seit 1945) 1326, 1331, 1333, 1343, 1347, 1362, 1364, 1439, 1566, 1570–1571, 1573–1576, 1581, 1586, 1588, 1591, 1593–1594, 1600, 1604, **1606, 1609–1610**, 1612–1615, 1618, 1627, 1647, 1650, 1858, 1860
-, (seit 1945),
-,-, Außen-Pol. 1392, 1608
-,-, Kurdenproblem 1606–1608
-, (vor 1921) 1113–1114, 1123
-, (vor 1921) ❶ 1109, 1113
Irak (seit 1945),

-, Außen-Pol. 1335
Irakisch-Iranischer Krieg (1980–1988) 1575, 1593, 1608, 1612, 1614, 1649
Irakisch-iranischer Krieg (1980–1988) 1331
Irakisch-Iranisches Protokoll (1975) 1574
Irakisch-iranisches Protokoll (1975) 1593, 1608
Irakisch-Kuwaitischer Krieg (1990–1991) 1333, 1474, 1588, 1594, 1600, 1604, 1609, 1613, 1615, 1617–1618, 1627, 1858
Irakisch-kuwaitischer Krieg (1990–1991) 1449, 1465, 1858
Irakisch-kuweitischer Krieg (1990–1991) 1566
Iraku 1147
Iran,
-, (1945–1979) 1326, 1337–1339, 1343–1344, 1353, 1362, 1572, 1574, 1608, 1615, **1646–1647**, 1857
-, (1945–1979),
-,-, Außen-Pol. 1646–1647
-,-, Bevölkerung(sentwicklung) ❶ 1568
-,-, Wirtschafts-Pol. **1647–1648**
-, (hellenistische u. Röm. Zeit) **346–351**
-, (islamische Zeit bis 1945) ⮕Persien
-, (seit 1979) 1432, 1575, 1593, 1608–1609, 1612, **1646, 1649–1650**, 1768, 1857
-, (seit 1979),
-,-, Außen-Pol. 1649
-,-, Bevölkerung(sentwicklung) ❶ 1568
-, (vor dem Hellenismus) **106–110**
-, (vor dem Hellenismus) ❶ 77
-, (Vorgeschichte) 25
Iran (islamische Zeit bis 1945) ⮕Persien
Iran-Contra-Affäre 1858, 1864
Iranisch-Islamische Nationalbewegung 1648
Iraq Petroleum Co. (IPC) 1116, 1606–1608
Iren 326
Iren,
-, Christianisierung 369
Irenäus,
-, Lyon,
-,-, B. **291**
Irene,
-, Byz.,
-,-, Ksn. 639
-,-, Ksn. ❶ 365
-, Kgn.,
-,-, G. Philipps v. Schwaben 477, 646
-,-, G. Philipps v. Schwaben ❸ 473
-, Ksn.,
-,-, Byz.,
-,-,-, G. Manuel I. ⮕Bertha von Sulzbach
Irgun Zwi Leumi 1579
Irian Barat 1452, 1823–1824, 1826, 1830
Irian Jaya 1826
Irigoyen,

-, Hipólito **1315**
Irisch,
-, Spr. **567**
Irische Landliga 974
irischer Bürgerkrieg (1922–1923) 978
Irischer Freistaat 976
Irish National Liberation Army ⮕INLA
Irish Remonstrance (1317) 585
Irjani,
-, Abd ar-Rahman Al- *1619*
Irkutsk-Gruppe 1790
Irland,
-, (MA) 368–369, 566–**567**, 569, 579, **584–585**
-, (MA),
-,-, Christianisierung 567
-,-, Kultur **567–568**
-,-, Literatur 567
-,-, Mission 567
-,-, Mönchskirchentum 567
-, (NZ) 745, 786, 959, 961–963, 972–974, 976, 978
-, (NZ),
-,-, Teilung 976
-,-, Verfassung 978
-, (NZ) ❶ 1283
-, (seit 1945) 1365, 1367–1368, 1370, 1464–**1468**
-, (seit 1945),
-,-, Wirtschaft ❶ 1466
-, (seit 1945) ❶ 1358, 1393
Irmak,
-, Sach *1565*
Irmgard,
-, G. v. Ludwig,
-,-, Ks.,
-,-,-, I. d. Fromme ❸ 380
Irmingard,
-, T. v. Ludwig,
-,-, Ks.,
-,-,-, II. 387
-,-,-, II. ❸ 380
Irnek,
-, Hunnen,
-,-, Kg. 602
Irnerius von Bologna *397, 535*
Irokesen 1249
Irokesenbund 1273
Irokesenkrieg (1643–1653) 1273
Irokesenliga 1249
Ironsi,
-, Johnson Aguiyi *1674*
Ironsides 963
IRP ⮕Islamisch-Republikanische Partei
Irredenta-Losung 907
Isaak,
-, Byz.,
-,-, Ks.,
-,-,-, I. Komnenos 404, *644*
-,-,-, II. Angelos 401, *646*
-,-,-, Erz-V. 101
Isabeau,
-, Frkr.,
-,-, Kgn. 446–447
-,-, Kgn. ❸ 448
Isabel,
-, Bras.,
-,-, Prn. 1316
Isabella,
-, Anjou,
-,-, Hzn.,
-,-,-, v. Lothr. ❸ 448
-, Aragón,
-,-, Kgn.,
-,-,-, G. Philipps III. 442

-, Burg.,
-,-, Hzn.,
-,-,-, v. Bourbon ❸ 448
-,-,-, v. Port. 448
-, G. v. Friedrich,
-,-, Kg./Ks.,
-,-,-, II. ❸ 473
-, G. v. Joseph,
-,-, Ks.,
-,-,-, II. ❸ 835
-, G. v. Karl,
-,-, Ks.,
-,-,-, V. ❸ 673
-, Kast.,
-,-, Kgn.,
-,-,-, I. 560, 667–668, *671*, 1293
-,-,-, I. ❸ 673
-,-,-, II. *1026*
-, Kgn.,
-,-, G. Eduards II. V. Engld. *440*, 577, 587
-,-, G. Eduards II. v. Engld. ❸ 442
-, T. Karls VI. V. Frkr. 446
-, T. v. Isabella,
-, Kast.,
-,-, Kgn.,
-,-,-, I. ❸ 556
-, T. v. Peter,
-, Kast.,
-,-, Kgn.,
-,-,-, I. d. Grausame ❸ 559
-, Orléans,
-, Pr. ❸ 924
-, T. v. Philipp,
-, Frkr.,
-,-, Kg.,
-,-,-, IV. ❸ 581
-, v. Brienne,
-, Ksn. 478
-, Kast.,
-,-, Kgn.,
-,-,-, I. d. Katholische 562
Isabella von Brienne,
-, Ksn. 406
Isabella von Hennegau,
-, Frkr.,
-,-, Kgn. 428, 430
Isabella.,
-, G. v. Karl,
-,-, Ks.,
-,-,-, V. ❸ 556
Isagoras 139–140
Isan 1808
Isandhlwana,
-, Schl. (1879) 1169
Isaurier (Isaurer) 248, 286, 343, 635
Isca Silurum (Caerleon) 326
Ischbi-Erra,
-, Isin,
-,-, Kg. 48, 87
Ischia,
-, (Alt.) ⮕Pithekussai
Isebel,
-, Isr.,
-,-, Kgn. **103**
Iselin,
-, Isaak *1083*
Isfahan 349, 1123
Ishaq Khan,
-, Ghulam *1760*
Isidor,
-, Sevilla,
-,-, Eb. *506, 549*
Isin 48, 63, 87
Isin,
-, Babylon,
-,-, Kg.,
-,-,-, II. 63
-, Dyn.,

-,-, 1. 87
-,-, 2. 88
Isin-Larsa-Zeit 48
Isis 314, 316, 321, 336
Islam 356, **1088**–1090, **1092**, 1097–1098, 1105, 1111, 1118–1119, 1191, 1228, 1652, 1682, 1762, 1820, 1823
Islam,
-, Heiliger Krieg 1089, 1099, 1102
-, Konfessionen 1089–1091, 1093–1098, 1101–1102, 1106, 1123–1124
-, Kultur 1088, 1090–1101, 1107, 1112, **1119**, 1123–1124
-, Philosophie 1090, 1092, 1096
-, Recht 1089, 1097, 1102, 1108, 1111–1112, 1120–1121, 1126
-, Religion **1088**–1090, 1092–1093, 1096–1097, 1101, 1106, 1108, 1111–1112, 1117–1120, 1122–1123, 1126
-, Theologie 1090, 1092–1094, 1096–1097, 1102, 1119, 1122
Islamabad 1758
Islamabad,
-, Kfz. (1988) 1748
-, Kfz. (1997) 1576
Islamisch-arabische Welt,
-, (bis 1945) **1088**, 1194
-, (bis 1945),
-,-, Wirtschaft 530
-, (seit 1945) 1355,
1568–**1589**, **1591**–**1597**, **1599**–**1609**, **1611**–**1620**, **1622**, **1624**–**1627**, **1629**–**1652**
-, (seit 1945),
-,-, Bevölkerung(sentwicklung) ❶ 1568
Islamische Allianz 1572
Islamische Demokratische Allianz ❍IDA
Islamische Entwicklungsbank 1572
Islamische Großreiche 1100
Islamische Großreiche,
-, Entwicklung **1101**
Islamische Heilsfront ❍FIS
Islamische Konferenz 1577, 1616
Islamische Konferenz,
-, (seit 1971) 1650
Islamische Konferenz (seit 1971) **1572**, 1575–1577, 1652, 1675
Islamische Vereinigung (Sarekat Islam) 1230
Islamischer Dschihad 1590
Islamischer Solidaritätsfond 1572
Islamisch-Republikanische Partei (IRP) 1649
Islamisierung 1092–1095, 1098–1099, 1101–1102, 1104
Islamisierung,
-, Afrika,
-,-, sdl. Sahara 1129, 1132–1133, 1135, 1138–1142, 1144, 1146, 1149
-, Pakistan 1759
Islamschahr 1650
Island,

-, (MA) 371, 588, **590**, **596**, 1092
-, (MA),
-,-, Christianisierung 371, 590
-, (NZ) 759, 769, 1052, 1054–1055, 1120
-, (seit 1945) 1357, 1369, **1493**, 1848
-, (seit 1945) ❻ 1358
Ismail,
-, Abdul Fattah 1620
-, Äg.,
-,-, Khedive 1118
-, Pers.,
-,-, Schah,
-,-,-, I. 1098, 1123
Ismail Cem 1562
Ismail Omar Guelleh 1735
Ismailia 1585
Ismailiten 1093–1096, 1592
Ismay,
-, Hastings Lionel 1360
Isokrates 156–*157*, 159–161, 167, 180
Isolationismus,
-, USA 1339
Isonomia 139
Isonzo,
-, Schl. (1915–1917) 721, 724–725, 1017
Isopata 53, 59
Isopolitie 204
Isperich ❍Asparuch
Ispuinis,
-, Urartu,
-,-, Kg. 94
Israel,
-, (Alt.) 89, 99, 101–**103**
-, (Alt.) ❶ 77
-, (MA/NZ) ❍Palästina
-, (seit 1948) ❻ 1112, 1326, 1328–1329, 1331, 1345, 1392, 1408, 1411, 1413, 1460, 1569, 1572, 1574–1589, 1592–1593, 1596–1597, 1599–**1601**, **1603**–1605, 1608–1609, 1612, 1627, 1633, 1685, 1697, 1730, 1850, 1854, 1857, 1860
-, (seit 1948),
-,-, Arabisch-israelischer Konflikt ❍Arabisch-israelischer Konflikt
-,-, Bevölkerung 1601–1603
-,-, Bevölkerung(sentwicklung) ❶ 1568
-,-, Gesellschaft u. Wirtschaft 1602–**1603**
-,-, Mena 1577
-,-, pol. Org. 1601–**1602**
-,-, Siedlungs-Pol. 1589, 1602, 1604
-,-, Staats- und Minister-Präs. ❶ 1602
-,-, Unabhängigkeits-Erkl. ❶ 1386
-,-, Wirtschaft 1602–**1603**
Israelisch-Jordanischer Friedensvertrag (1994) 1589
Israelisch-jordanischer Friedensvertrag (1994) 1600
Israelisch-libanesisches Abkommen (1983) 1587, 1597
Israeliten 63
Isreal,
-, (MA/NZ) ❍Palästina
Issa,
-, Abdullah 1733
-, Dschibuti 1735

-, Lissa) 304
Issaier 304
Issayas Afeworki 1738
Issos,
-, Schl. (333 v.) 171–172
Issoufou,
-, Mahamadou 1681
Istachr 348–349
Istállóskőer 17–18
Istanbul 737, 1100, 1105, 1107, 1110–1111, 1118
Istanbul,
-, Kfz.,
-,-, (1964) 1647
Isthmische Spiele 231, 265, 302
Isthmus 302
Istiklal-Partei 1121, 1639–1640
Istrien 229, 305, 503, 526, 736, 1017, 1470
Isturitz 19
Iswolijski,
-, Alexander P. *993*, 995
Itaipú-Wasserkraftwerk 1909, 1919
Itali 293–294
Italia,
-, Africa,
-,-, Prätorianerpräfektur 319
-, annonaria 299
-, bilanciata 543
-, Diöz. 299
-, irredenta 1016
-, suburbicaria 299
Italica,
-, (bei Sevilla) 329
Italien,
-, (1914–1945) 732, 734, 736–737, 747–748, 752, 761, 783, 785, 801, 900, 1001, 1003, 1005, 1028, 1053, 1079, 1845
-, (1914–1945),
-,-, Annexion Abessiniens (1936) 1020
-,-, Arbeiterbewegung 1017
-,-, Außen-Pol. 738, 740, 742–744, 746–751, 762, 778–779, 881, 895–898, 910–912, 1019, 1114
-,-, Einparteienst. 1019
-,-, Faschismus 739–740, 783, 1017–1018
-,-, Kolonialmacht 1122
-,-, Kolonialmacht ❶ 1109
-,-, Kriegführung,
-,-,-, (1915–1918) 720–721, 723–724, 730, 1017, 1122
-,-,-, (1915–1918) ❶ 716–717
-,-,-, (1940–1945) 751, 758, 760, 762–764, 767, 771–772, 777, 781, 785, 1020–1021
-,-,-, (1940–1945) ❶ 757
-,-, Kriegseintritt,
-,-,-, Erster Weltkrieg 1017
-,-, Kriegsverluste,
-,-,-, (1915–1918) ❶ 730
-,-,-, (1940–1945) ❶ 802
-,-, pol. Org. 1018
-,-, Religion 1019
-,-, Sozial-Pol. 1019
-,-, Wahlen,
-,-,-, (1919) 1017
-,-,-, (1921) 1017
-,-,-, (1924) 1018
-,-,-, (1929) 1019
-,-, Wirtschafts- und Finanz-Pol. 1018
-, (1914–1945) ❻ 733
-, (1914–1945) ❶ 775

-, (Alt.) 111, 208, **293**–**294**, 298–300, 305
-, (Alt.),
-,-, Bevölkerung 297–**300**
-,-, Diöz. 299
-,-, Gesellschaft 296–**298**, **300**
-,-, Kultur 297–298
-,-, Militärwesen 297
-,-, pol. Org. **295**–**299**
-,-, Regionen 293–294, **298**–299
-,-, Verkehr **296**–**297**
-,-, Verwaltung **298**–**299**
-,-, Wirtschaft 296–297, **300**
-, (Alt.) ❶ 76
-, (MA) 359, 361–364, 374, 378–379, **386**–**387**, 422, 457, 459, 466, 471, 504, 506, 508–510, 512, 514, 516–518, **525**–**546**, 562
-, (MA),
-,-, Adel 532–533, 536
-,-, Architektur 530, **535**–**536**
-,-, Bankwesen 546
-,-, Bevölkerung(sentwicklung) 525, 527, 530
-,-, Bildungswesen 398
-,-, byz. Präsenz 526, 528
-,-, Condottieri 542
-,-, Dreiteilung 527
-,-, Gesellschaft 532
-,-, Grundherrschaft 530
-,-, Handel **536**–**537**, **545**–**546**, 1097
-,-, karolingische Herrschaft **527**–**529**
-,-, Kirche 526
-,-, Königtum 529
-,-, Kultur 393, **530**, **535**–**536**, 544
-,-, Kunst 530
-,-, Landwirtschaft 530
-,-, Literatur 536
-,-, pol. Org. 526, **529**, **533**–**534**, **537**–**538**
-,-, Rechtswesen 398, **535**
-,-, Renaissance 544
-,-, Seestädte 405, **527**–**528**, **545**, 645, 647, 1097
-,-, Signorie 537
-,-, Stadt 390, **419**, 530, **533**–535
-,-, Verwaltung 534
-,-, Wirtschaft 530, **535**–**537**, **544**–**546**
-,-, Wissenschaft 544
-, (MA) ❶ 373
-, (NZ bis 1914) 672, 935, 940, **1006**–**1016**, 1211
-, (NZ bis 1914),
-,-, Architektur 1008
-,-, Außen-Pol. 702, 707, 710–711, 713, 1012–1013, 1015–1016, 1122
-,-, Außen-Pol. ❻ 708
-,-, Auswanderung ❻ 1283
-,-, Bevölkerung(sentwicklung) ❻ 652
-,-, Eisenbahnbau 1014
-,-, Gesellschaft 1011–1013, 1015
-,-, Handel 670
-,-, Industrialisierung 690, 1014
-,-, Innen-Pol. 1011–1016
-,-, Kolonialmacht 1109
-,-, Königtum 1010
-,-, Kriegführung 1015, 1109, 1122
-,-, Kultur 657, 659, **1008**

-,-, Kunst 1008
-,-, Liberalismus 1013
-,-, Literatur 1008
-,-, Nationalbewegung 699–700, 705, 1011–1014, 1016
-,-, Nationalismus 1013–1014
-,-, Parteien 1016
-,-, Reform-Pol. 1014
-,-, Verfassung 1013
-,-, Wahlrecht 1015
-,-, Wirtschaft 1014
-, (NZ bis 1914) ❶ 1109
-, (seit 1945) 1328, 1339, 1342, 1356–1357, 1359–1362, 1369–1370, 1439, **1469**–**1475**, 1555, 1559, 1609, 1634, 1733, 1846
-, (seit 1945),
-,-, AIDS-Erkrankungen ❶ 1335
-,-, Außen-Pol. 1357, 1848
-,-, Bruttoinlandsprodukt ❶ 1369
-,-, Handel ❶ 1334
-,-, NATO-Streitkräfte ❶ 1354
-,-, Nord-Süd-Gefälle 1469
-,-, regionale Gliederung 1472
-,-, Verteidigungsausgaben ❶ 1369
-,-, Wirtschaft 1330, 1473
-,-, Wirtschaft ❶ 1473
-, (seit 1945) ❻ 1358, 1393
-, (Vorgeschichte) 26, 43, 50, 55, 60, 64, 68, 70–71
Italienfeldzug (1494) 1006
italienische Frage 705
Italienischer Einigungskrieg,
-, (1859) 706
Italienischer Krieg,
-, (1494–1516) 672
Italienisch-Ostafrika 764, 1175
Italienisch-österreichischer Krieg (1866) 854, 1015
Italienisch-Somaliland ❍Somalia
Italienisch-Türkischer Krieg (1911–1912) 1016
Italienpolitik (MA),
-, byz. 386, 504, 525, 531
-, Dt. 470
-, dt. 460, 462–466, 468, 470–478, 480, 489, 491, 514, 516
-, frz. 452–453
-, kastilische 558
Italiker 246, 270, 297–299, 303, 329, 341, 344
Italischer Bund ❍Bundesgenossen,
-, röm.
Italos,
-, Kg. 293
Itamaraty,
-, Frd. (1995) 1902, 1905
Iteration 230, 233, 248
Iteso 1145
Ithaka 630
Ithome 131, 146
Itil 603
Ito,
-, Hirobumi 1223
ITT-Konzern 1922
ITU ❻ 1322
Iturbide,
-, Agustín de *1303*–1304,

1983

1306

Itza-Dynastie 1259
Itzcoatl,
-, Azteken-Hschr. 1261
Itzstein,
-, Johann v. ❶ 846
Iulia,
-, E. des Augustus ❺ 263
-, E. v. Tiberius,
-,-, Rom,
-,-,-, Ks. ❺ 263
-, G. v. Atius Balbus,
-,-, M. ❺ 263
-, Schw. v. Iulius Caesar,
-,-, C. ❺ 263
-, T. Des Augustus 257–258
-, T. des Augustus ❺ 263
-, T. Caesars 251–252
-, Tante Caesars 249
Iulia Domna 275
Iulia Livilla,
-, T. Germanicus 262
-, T. des Germanicus ❺ 263
Iulia Maesa 275
Iulia Mamaea 275
Iulia Soaemias 275
Iulianischer Kalender 253, 258
Iulianischer Kalender,
-, Russld. 981
Iulianus Apostata,
-, Rom,
-,-, Ks. 283, 303, 318, 325, 337, 340, 351
-,-, Ks. ❺ 284
Iulisch-claudische Dynastie 254–265
Iulium Carnicum 314
Iulius Africanus,
-, S. 291
Iulius Agricola,
-, Cn. 266–267, 321, 325–326
Iulius Agrippa,
-, I.,
-,-, M. 262, 289, 337
-, II.,
-,-, M. 267, 337
Iulius Alexander,
-, Ti. 265, 335, 338
Iulius Caesar,
-, C. 184, 193, 196, 249–257, 293–294, 298, 300, 302–303, 308, 316–319, 322, 324–325, 329–330, 333, 336, 342–343, 352
-, C. ❺ 263
-, C. ❶ 333
Iulius Civilis 266, 317
Iulius Classicus 266, 317
Iulius Eurycles,
-, C. 302
Iulius Florus 261, 317
Iulius Frontinus,
-, Sex. 266, 325–326
Iulius Paulus 274
Iulius Sabinus 317
Iulius Sacrovir 261, 317
Iulius Secundus 321
Iulius Tettianus 267
Iulius Tutor 266, 317
Iulius Vindex,
-, C. 265, 317, 321
Iulius-Constantius,
-, S. v. Constantius,
-,-, Rom,
-,-,-, Ks.,
-,-,-,-, I. Chlorus ❺ 284
Iunius Blaesus,
-, Q. 262
Iunius Brutus,
-, Callaicus,

-,-, D. 329
-, M. 253, 302
Iunius Iuvenalis,
-, D. 272
Iunius Moderatus,
-, Columella,
-,-, L. 269, 330
Iunius Silanus,
-, M. 245
Iunonia 244
Iupiter ❷Iupiter
Iupiter-Tempel 266
Ius auxilii 215
Ius emigrandi 678, 812
Ius hospitalitatis 359–360, 364
Ius intercedendi 215, 238
Ius intercedendi ❶ 237
Ius Italicum 303
Ius Italicum ❶ 333
Ius reformandi 678, 812
Ius respondendi 272
Iustina,
-, G. Valentinians I. 285
-, G. Valentinians I. ❺ 284
Iustinian,
-, Rom,
-,-, Ks. ❷Iustinian,
-,-,-, Byz.,
-,-,-,-, Ks. I.
Iuvavum (Salzburg) 315
Iuventus Celsus,
-, P. 272
Iuventius Thalna,
-, P. 201
Ivica Ražan 1555
Ivo von Chartres 469
Ivois,
-, Vtg. (935) 460
Ivoševci,
-, (Alt.) ❷Burnum
Ivrea 529
Iwan,
-, Moskau,
-,-, Gfst.,
-,-,-, I. Kalita 622
-,-, Zar,
-,-,-, III. d. Gr. 601
-,-,-, III. d. Gr. 618–619, 622, 978
-,-,-, IV. Grosny 979
-,-,-, VI. 983
Iwan Asen,
-, Bulg.,
-,-, Zar,
-,-,-, I. (Kalojan) 628, 646
-,-,-, II. 628
-,-,-, III. 629
Iwangorod 1044
Iwojima 800, 1226
Ixtapalapa 1259
Izapa 1254
Izapa,
-, -Stil 1254
Izetbegović,
-, Alija 1553
Izmir,
-, (Alt.) ❷Smyrna
Izmir ❷Smyrna
Izmit 1567
Izmit,
-, (Alt.) ❷Nikomedeia
Iznik 1095
Iznik,
-, (Alt.) ❷Nikaia

J

Jabłoński,
-, Henryk 1503

Jabrud 17
Jackson,
-, Andrew 1281–1283
-, Andrew ❻ 1282
Jacksonian Democracy 1282
Jacobus,
-, Genua,
-,-, Eb. 415
Jacquemart,
-, Gelée ❶ 416
Jacquerie 444
Jacques Duèze,
-, Avignon,
-,-, B. 520
Jadawa,
-, Dyn. 1182
Jadwiga (Hedwig),
-, Polen,
-,-, Kgn. 616, 624
-,-, Kgn. ❺ 617, 1062
Jaffa 53, 406
Jaffa,
-, Schl. (1918) 729
-, Vtg. (1229) 402
Jaffna 1764
Jaga 1153
Jagan,
-, Cheddi 1899–1900
Jagdmethoden 17, 21
Jäger 90,
-, Jagdflugzeug 1372
Jagiellonen,
-, Dyn. 499, 616, 618, 625
-, Dyn. ❺ 617, 1062
Jagiellonenreich 611, 616, 618, 623
Jahja,
-, Hamid ad-Dins,
-,-, Imam 1618
Jahn,
-, Friedrich Ludwig 842–843
Jahrtausendfeier
❶Tausendjahrfeier
Jahwe 101–103, 191
Jahwist 103
Jaispitz (Jevišovice) 44
Jaja,
-, Opobo,
-,-, Kg. 1142
Jakarta 1825
Jakeš,
-, Miloš 1509
Jakob,
-, Aragón,
-,-, Kg.,
-,-,-, I. d. Eroberer 555, 561
-,-,-, II. 561
-,-,-, II. ❺ 554, 559
-, Engld.,
-,-, Kg.,
-,-,-, I. 681, 961–962, 1270–1271
-,-,-, I. ❺ 960
-,-,-, II. 965–966
-,-,-, II. ❺ 960
-, La Marche,
-,-, Gf.,
-,-,-, I. ❺ 442
-, Schottld.,
-,-, Kg.,
-,-,-, I. 587
-,-,-, IV. ❺ 960
-,-,-, V. ❺ 960
-,-,-, VI. 961
-, Zypern,
-,-, Kg.,
-,-,-, II. 407
Jakob Eduard,
-, S. v. Jakob,
-,-, Engld.,

Jakob von den Marken 518
Jakobäa,
-, v. Hennegau 447
Jakobiner 931, 933, 946–947
Jakobinerklub 930–931
Jakobitenaufstand (1715) 966
Jakobitenaufstand (1745–1746) 966
Jakobsgrab 551
Jakobus der Ältere 289
Jakobus der Jüngere 289–290, 339
Jalalabad 1652
Jalta,
-, Kfz. (1945) 790, 1006, 1292, 1320, 1338, 1397, 1772
Jaluo 1145
Jam Zapolski,
-, Frd. (1582) 979, 1061
Jamaica Labour Party ❷JLP
Jamaika 761, 1024, 1157, 1299, 1885
Jamaika,
-, Gewerkschaften 1886
-, Unabhängigkeits-Erkl. ❶ 1386
-, Verfassung (1944) 1299
-, Wirtschafts-Pol. 1885
Jamani,
-, Ahmed Saki 1612
Jamchad 97
James,
-, Edison 1890
James Jeffords 1862
Jameson Raid 868, 1166, 1170
Jamestown 1270
Jamil Mahuad Witt 1902
Jammeh 1659
Jammeh,
-, Yaya 1659
Jammu 1747–1748
Jamnia 337
Jan Kavan 1510
Janajew,
-, Gennadij I. 1528
Janata ❷Dschanata
Jane Seymour,
-, Engld.,
-,-, Kgn. 959
-,-, Kgn. ❺ 960
Janet Jagan 1900
Janitscharen 1075, 1099, 1102, 1104, 1106–1107, 1123
Janjero 1138
Janlaviin Narantsatsralt 1771
Jansenismus 923, 1009–1011
Jansenius,
-, C. 1009
Jansz,
-, Willem 1241
Januarsturm (1967) 1778
Janus 256–257
Janus,
-, Zypern,
-,-, Kg. 407
Jao Shu-shih 1774
Jaona,
-, M. 1739
Japan,
-, (1912–1945) 732, 745, 748, 752–753, 765, 801, 1002, 1004–1005, **1226**, 1845–1846
-, (1912–1945),
-,-, Außen-Pol. 738, 742–744, 746–748, 762, 765,

769–770, 778, 787, 896, 1224–1225, 1231
-,-, Handel 1225
-,-, Kriegführung,
-,-,-, (1914–1918) 723–724, 726, 1224
-,-,-, (1941–1945) 765, 769–771, 777–778, 787–788, 799–801, 1225–1226
-,-,-, (1941–1945) ❶ 802
-,-, Kriegseintritt,
-,-,-, (1914) 1224
-,-,-, (1941) 1226
-,-, Kriegseintritt (1941) 770
-,-, Kriegsziele 770
-,-, pol. Org. 1224
-, (bis 1912) 992, 1210–1212, 1216–1217, **1224**
-, (bis 1912),
-,-, Adel 1218–1220
-,-, Außen-Pol. 708, 710, 975, 1222–1223
-,-, Bevölkerung 1217
-,-, Bürgerkriege,
-,-,-, (11. Jh.) 1220
-,-,-, (15. Jh.) 1220
-,-, Gesellschaft 1218–1219, 1221
-,-, Handel 1221–1222
-,-, Kaisertum 1223
-,-, Kultur 1217–1219
-,-, Landesabsperrung 1222
-,-, Landwirtschaft 1217–1218
-,-, Militärwesen 1221–1222
-,-, Missionierung 1217, 1221
-,-, Münzprägung,
-,-,-, Erste (708) 1218
-,-, Parteien 1223
-,-, pol. Org. 1217–1223
-,-, Rechtswesen 1218, 1222
-,-, Reichsverfassung 1223
-,-, Religion 1218
-,-, Verkehr 1219
-,-, Verwaltung 1217–1219, 1222
-,-, Vorgeschichte 1217
-, (seit 1945) 1333, 1335, 1338, 1342, 1373, 1392, 1525, 1528, 1793–**1801**, 1803, 1809, 1813, 1822, 1843, 1845–1846, 1848, 1860
-, (seit 1945),
-,-, Außen-Pol. 1369, 1780, 1795–1797
-,-, Bevölkerung(sentwicklung) ❶ 1746
-,-, Handel 1324, 1800–1801, 1860
-,-, Handel ❶ 1334, **1798**
-,-, Index,
-,-, Produktion verarbeitendes Gewerbe ❶ 1372
-,-, öffentliche Finanzen 1335
-,-, Parteien 1796, 1801
-,-, Wirtschaft 1330, 1797, 1799–1800
-,-, Wirtschaft ❶ **1799**
-, geografische Lage 1217
Japanisch,
-, Schr. 1219
Japanisch-Chinesischer Krieg,
-, (1931) 745–746
-, (1937–1945) 748, 753
Japanischer,
-, Koreafeldzug,
-,-, 1. (1593) 1221

-,-, 2. (1598) 1221
Japoden 304, 311–312, 314
Jarmuk (Yarmuk),
-, Schl. (636) 528, 637
Jaroslaw der Weise,
-, Kiew,
-,-, Gfst. 427, 609, 619
Jaroslaw Wsewolodowitsch,
-, Gfst. 621
Jaroslawl 622
Jaroszewicz,
-, Piotr 1502–1503
Jarres,
-, Karl 881
-, Karl ❻ 882
Jarring,
-, Gunnar 1581, 1583
Jarring-Mission 1581–1582
Jaruslaw,
-, Nowgorod,
-,-, Gft. 621
Jaruzelski,
-, Wojciech 1504
Jasa,
-, Gesetzbuch 1195–1196
Jaschodharman,
-, Ind.,
-,-, Kg. 1180
Jaschowarman,
-, Ind.,
-,-, Kg. 1180
Jasd 1098
Jasenova 1555
Jasid,
-, I.,
-,-, Kalif ❶ 1090
-, II.,
-,-, Kalif ❶ 1090
-, III.,
-,-, Kalif ❶ 1090
Jason von Pherai 159–160, 166
Jasow,
-, Dimitrij T. 1528
Jassy,
-, Frd. (1792) 985, 1106
Jastorfkultur 322
Jasus,
-, Äthiopien,
-,-, Ks.,
-,-,-, d. Gr. 1137
Jathrib 100
Jathrib ❶ 77
Játiva 555
Jatiya-Partei 1761–1762
Jatti,
-, Basappa Danappa 1754–1755
Jaunde (Yaoundé) 1161, 1366, 1368, 1370
Jaurès,
-, Jean 948–949
Java 16, 778, 1039, 1149, 1227–1230, 1452, 1823, 1826
Javaner 1826, 1900
Jawara,
-, Dawda Kairaba 1658–1659
Jaxartes 1096, 1191–1192, 1197–1198
Jay,
-, John 1279–1280
-, Vtg. (1794) 1280
Jayavarman II.,
-, Khmer,
-,-, Kg. 1227
Jayawardene,
-, Junius Richard 1764
Jean 1458, 1700
Jean,
-, Luxbg.,

-,-, Ghz. 1458
Jean Kambanda 1700
Jean Mattéoli 1450
Jean-Bertrand Aristide 1887
Jean-Marie Chérestal 1887
Jean-Marie Le Pen 1451
Jeanne,
-, T. v. Eduard,
-,-, Engld./GB,
-,-,-, Kg.,
-,-,-,-, II. ❺ 581
Jeanne d'Arc 449, 453
Jean-Pierre Raffarin 1451
Jebusiter 102
Jedwabne 1506
Jefferson,
-, Thomas 929, 1279–1281
-, Thomas ❻ 1282
Jeffersonian Democracy 1281
Jehan Clopinel de Meung ❶ 416
Jehol 1225
Jehu,
-, Isr.,
-,-, Kg. 89, 103
Jekuno Amlak,
-, Äg.,
-,-, Kg. 1136
Jelačić,
-, Josef 848
Jellicoe,
-, John R. 721
Je-lü Ta-schi,
-, Kara-Chitai,
-,-, Chan 1195
Jelzin 1530–1531, 1533
Jelzin,
-, Boris 1391–1392, 1431, 1497, 1527–1530, 1533–1535, 1756, 1786, 1859–1861
Jemappes,
-, Schl. (1792) 1040
Jemen,
-, (Alt.) 90, 100, 351
-, (Alt.) ❶ 77
-, (MA/NZ) ➔Arabische Halbinsel
-, Arabische Rep. (1962–1990) 1573, 1575, 1618–1620
-, DVR (Süd-Arabische Föd. [Aden u. Hadramaut]) 1573
-, DVR (Südarabische Föd. [Aden u. Hadramaut]) 1575, 1618–1620
-, DVR (Südarabische Föd. [Aden u. Hadramaut]),
-,-, Unabhängigkeits-Erkl. ❶ 1386
-, Krieg (1962–1969) 1569, 1571–1572, 1619
-, Monarchie (1918–1962) 1117, 1618
-, Rep. (seit 1990) **1620–1621**, 1738
Jemenitische Sozialistische Partei ➔JSP
Jena,
-, Schl. (1806) 702, 838
Jenaer Burschenschaft 842
Jendretzky,
-, Hans 1420
Jenkins,
-, Robert 1273
JenkinsEarWar(1740–1748) 1273
Jenné 1140–1141
Jens Stoltenberg 1490
Jephta 102
Jeremia,

-, Prophet 82, 103–104
Jericho 23, 25, 40, 48, 101, 338
Jericho,
-, (NZ) 1588
Jerobeam,
-, Isr.,
-,-, Kg.,
-,-,-, I. 102
-,-,-, II. 103
Jérôme,
-, Westphalen,
-,-, Kg. 935
Jersey 760
Jerusalem,
-, (20. Jh.) 1578–1581, 1586–1589, 1599, 1602, 1604
-, (Hellenismus) 188–191
-, (MA) **400**–402, **404**–406, 478, 516, 1089, 1094–1097
-, (röm. Herrschaft) 266, 269, 336–339, 342
-, (vor dem Hellenismus) 81–82, 91, 101–104, 108, 110
-, Apostel-Konz. 289
-, christliche Urgemeinde 289, 339, 342
-, Eroberung (1099) 1095
-, Kgr. 405
-, Patrt. 338, 366, 634
Jesaja der Ältere,
-, Prophet 103
Jesaja der Jüngere,
-, Prophet 104
Jessup,
-, -Malik-Abk. (1949) 1340, 1848
-, Philip Caryl 1340
Jessup-Malik-Abk. (1949) 1404
Jesuiten 814, 1009–1012, 1026, 1031, 1061, 1063, 1084, 1294, 1297, 1299
Jesuiten,
-, Mission,
-,-, Äthiopien 1137
-,-, Paraguay 1296
-, Jesuitengesetz (1872) 862, 864
Jesuitenorden 659, 662
Jesuitenstaat 1296
Jesus 258, 262, **289**–290, 337
Jesús Gutiérrez Rebollo 1868
Jeucafra (Jeunesse Camerounaise Française) 1161
Jeunesse Camerounaise Française 1161
Jeunesses patriotes 953
Jevišovice ➔Jaispitz
Jewish Agency 1115, 1601
Jharkhand 1757
Jhelam 1747
Jiang Zemin 1785–1787
Jimmu 1218
Jimmy Carter 1885
Jinnah,
-, Fatimah 1758
-, Mohammad Ali 1758
Jiří Hoda 1510
Jiyu minshuto ➔LDP
Jiyuto (Liberale Partei,
-, Japan) 1795–1796
JLP (Jamaica Labour Party),
-, Jamaika 1885–1886
Joachim,
-, Brdbg.,
-,-, Kft. 807
Joachim von Fiore 517

João,
-, Kongo,
-,-, Kg.,
-,-,-, I,
1152
Joaquín „El Chapo" Guzman 1868
Joaquín Lavín 1924
Joas,
-, Isr.,
-,-, Kg. 103
Jobst von Mähren,
-, Kg. 494–495
-, Kg. ❺ 487
Jochanan 337
Jodl,
-, Alfred 771, 773, 798, 1397
-, Alfred ❻ 774
Joei-Kodex (1232) 1220
Joffe,
-, Adolf A. 1213
Joffre,
-, Joseph 717–720, 950
Johann,
-, Angoulême,
-,-, Gf. ❺ 442
-, Antiocheia,
-,-, Patr. 366
-, Aragón,
-,-, Kg.,
-,-,-, II. 452
-,-,-, I. 562
-,-,-, I. ❺ 559
-,-,-, II. 562–563
-,-,-, II. ❺ 559
-, Bay.-München,
-,-, Hz.,
-,-,-, II. ❺ 488
-,-,-, IV. ❺ 488
-, Berry,
-,-, Hz. 444
-,-, Hz.,
-,-,-, I. ❺ 442, 448
-,-,-, V. 445
-, Böhmen,
-,-, Kg.,
-, d. Blinde 441, 453, 488–490, 540, 612
-, d. Blinde ❺ 487
-, Brdbg.,
-,-, Kft.,
-,-,-, Sigismund 680–681
-, Bretagne,
-,-, Hz.,
-,-,-, III. **441**
-, v. Montfort 441, 445
-, Burg.,
-,-, Hz.,
-,-,-, ohne Furcht 446–447
-,-,-, ohne Furcht ❺ 442, 448
-, d'Albret ❺❻ 442
-, Dän.-Norw.,
-,-, Kg.,
-,-,-, (Hans) 601
-,-,-, (Hans) ❶ 597, 599
-, Dunois u. Longueville,
-,-, Gf.,
-,-,-, Bastard v. Orléans ❺ 442, 448
-, Engld.,
-,-, Kg.,
-,-,-, ohne Land 428, 431, 514, 573–574, 584
-,-,-, ohne Land ❺ 570
-, Frkr.,
-,-, Kg.,
-,-,-, II. ❺ 442
-,-,-, II. d. Gute 415, 443–444, 575
-,-,-, II. d. Gute ❺ 487
-,-,-, II. d. Gute ❺ 442, 448

-, Görlitz,
-,-, Hz. ❺ 487
-, Guise,
-,-, Hz. ❺ 924
-, Kast.,
-,-, Kg.,
-,-,-, I. 558
-,-,-, I. ❺ 556, 559
-,-,-, II. 558
-, La Marche,
-,-, Gf.,
-,-,-, I. ❺ 442
-, Lancaster,
-,-, Hz.,
-,-, v. Gent 578–579
-,-, v. Gent ❺ 581
-, Lüttich,
-,-, B. ❺ 488
-, Moldau,
-,-, Ft.,
-,-,-, d. Schreckliche 633
-, Namur,
-,-, Gf.,
-,-,-, III. 447
-, Nassau,
-,-, Moritz 1298
-, Österreich,
-,-, Ehz. 847, 850
-,-, Hz.,
-,-,-, Parricida 487
-,-,-, Parricida ❺ 485
-, Pfalz-Zweibrücken,
-,-, Hz.,
-,-,-, Kasimir 679
-, Polen,
-,-, Kg.,
-,-,-, I. Albrecht 618, 625
-,-,-, I. Albrecht ❺ 617, 1062
-,-,-, II. Kasimir 1062
-,-,-, II. Kasimir ❺ 1062
-,-,-, III. Sobieski 685, **822**, 1063, 1104
-, Port.,
-,-, Kg.,
-,-,-, I. 562–563
-,-,-, I. ❺ 556
-,-,-, II. 563, 667
-,-,-, II. ❺ 556
-,-,-, III. 1030, 1297
-,-,-, III. ❺ 556
-,-,-, IV. 1031
-,-,-, IV. ❺ 556
-,-,-, V. 1031
-,-,-, VI. 1315–1316
-,-,-, VII. 1031–1032
-, S. v. Johann,
-,-, Port.,
-,-,-, Kg.,
-,-,-,-, III. ❺ 556
-, S. v. Leopold,
-,-, Ks.,
-,-,-, II. ❺ 835
-, S. v. Ruprecht,
-,-, Kg. ❺ 488
-, Sachsen,
-,-, Kft.,
-,-,-, d. Beständige 807–808
-,-,-, Friedrich 676, 811–812
-,-,-, Georg III. **825**
-, Schottld.,
-,-, Kg. ➔John Balliol
-, Schweden,
-,-, Kg.,
-,-,-, III. 1044
-,-,-, III. ❺ 1062
-,-,-, Sverkersson 591
-,-,-, Sverkersson ❶ 591
-, Siz.,
-,-, Kg.,
-,-,-, I. ❺ 559
-, Ung.,

1985

-,-, Kg.,
-,-,-, Zápolya *625*, 676
-, v. Bedford 447, 450, *580*
-, v. Bedford ❺ 581
-, v. Brienne 404
-, v. Gravina 631
-, v. Jandun *489*
-, v. Lancaster ❺ 559
-, v. Neumarkt *500*, 614
Johann Adam II.,
-, Liechtenstein,
-,-, Ft. 1443
Johann Adam II,
-, Liechtenstein,
-,-, Ft. *1443*
Johann Emanuel,
-, G. v. Blanca,
-,-, de la Cerda ❺ 559
Johann Heinrich,
-, Mähren,
-,-, Mgf. 487
-, Tirol,
-,-, Gf. ❺ 487
Johann von Brabant,
-, IV. 440, 447
Johann von Gent (John of Gaunt) ⊃Johann,
-, v. Lancaster,
-,-, Hz.
Johanna,
-, G. v. Ferdinand,
-,-, León-Kast.,
-,-, Kg.,
-,-,-, III.,
-,-,-,-, v. Ponthien ❺ 559
-, G. v. Johann,
-,-, Aragón,
-,-, Kg.,
-,-,-, II. ❺ 559
-, Hzn.,
-,-, v. Brabant 446
-, Kast.,
-,-, Kgn.,
-,-,-, d. Wahnsinnige *560*, 672, 1022
-,-,-, d. Wahnsinnige ❺ 673
-, la Betraneja ❺ 559
-, Navarra,
-,-, Kgn.,
-,-, II. v. Evreux *563*
-,-, II. v. Évreux 428, 440, 443, 553
-,-, II. v. Évreux ❺ 442
-, Neapel,
-,-, Kgn.,
-,-, I. 520–521, 539, 541
-,-, II. 542
-, T. v. Robert,
-,-, Burg.,
-,-, Hz.,
-,-,-, II. ❺ 448
-, v. Armagnac ❺ 448
-, v. Bourbon ❺ 448
Johannes,
-, Ap. 344
-, Äthiopien,
-,-, Ks.,
-,-, IV. *1137*
-, Byz.,
-,-, Ks.,
-,-, I. Tzimiskes *531*, *643*
-,-, II. Komnenos **401**, 623, 645
-,-, III. Vatatzes (Nikaia) 648
-,-, IV. Laskaris 649
-,-, V. Palaiologos 624, 649–*650*
-,-, VI. Kantakuzenos 650
-,-, VII. *650*
-,-, VIII. *650*
-, Cassian *368*

-, d. Täufer 289
-, de Matha 513
-, Gegen-Pp.,
-,-, (844) ❶ 505
-,-, XVI. ❶ 505
-, Konstantinopel,
-,-, Patr.,
-,-,-, Chrysostomos 286, *365*
-, Pp.,
-,-, I. 367
-,-, I. ❶ 367
-,-, II. 367
-,-, II. ❶ 367
-,-, III. ❶ 367
-,-, IV. ❶ 505
-,-, IX. ❶ 505
-,-, Paul,
-,-, I. *1477*
-,-,-, II. *1477*–1478, *1503*, 1666, 1672, 1675, 1690, 1829, 1863, 1866, 1876
-,-, V. ❶ 505
-,-, VI. ❶ 505
-,-, VII. ❶ 505
-,-, VIII. 386, 528
-,-, VIII. ❶ 505
-,-, X. 504, 528
-,-, X. ❶ 505
-,-, XI. ❶ 505
-,-, XII. 462–463, 507, 531
-,-, XII. ❶ 505
-,-, XIII. 463, 507
-,-, XIII. ❶ 505
-,-, XIV. 507
-,-, XIV. ❶ 505
-,-, XIX. 466, 508
-,-, XIX. ❶ 505
-,-, XV. 425, 507
-,-, XV. ❶ 505
-,-, XVI. 507
-,-, XVII. 508
-,-, XVII. ❶ 505
-,-, XVIII. 508
-,-, XVIII. ❶ 505
-,-, XXI. 517
-,-, XXII. *489*, 513, *520*, 540, 585
-,-, XXII. ❶ 519
-,-, XXIII. (1410–1415) *496*, *522*
-,-, XXIII. (1410–1415) ❶ 519
-,-, XXIII. (1958–1963) *1476*–1477
-, Rom,
-,-, Ks.,
-,-,-, Primicerius 286
-, Scotus Eriugena *385*
-, Silentiarius 339
-, Teutonicus *513*
Johannes Andreae *513*
Johannes Damaskenos *639*, 1091
Johannes Duns Scotus ⊃Duns Scotus
Johannes Grammatikos,
-, Patr. 639
Johannes Gualbertus 512
Johannes Kapistran *518*
Johannes Kappadox *636*
Johannes Kurkuas 642
Johannes Lagenator,
-, v. Frankfurt *501*
Johannes Lydos *636*
Johannes Parvus *446*
Johannes Paul II. 1478, 1598
Johannes Rau 1433
Johannes Skylitzes 644
Johannes von Salisbury *395*
Johannes von Tepl *501*
Johannes von Tepl ❶ 416
Johannes XXIII 1478

Johannesburg 1170
Johannesburg,
-,-, Abk. (1991) 1723
Johannesson,
-, Olafur *1493*
Johanniter **403**, 405, 407, 439, 631–632, 642, 701, 703, 1103, 1120
Johansen,
-, Lars Emil 1492
John,
-, Bernard St. *1891*
-, Patrick R. 1890
-, S. v. Eduard,
-,-, Engld./GB,
-,-,-, II. ❺ 581
-, Schottld.,
-,-, Kg.,
-,-,-, Balliol *587*
John Garang 1623
John Howard 1834
John Hume 1466
John Kufuor 1669
John of Gaunt ⊃Johann,
-, Hz. v. Lancaster
Johnson,
-, Andrew *1286*
-, H. R. W. 1159
-, Lyndon B. 1367, 1816, *1851*–1853
-, Prince Y. 1664
Johnson Debt Default Act (1934) 1291
Joinville,
-, Jean de 417, 454
-, Jean de ❶ 416
Jojachin,
-, Juda,
-,-, Kg. 104
Jojada 103
Jojakim,
-, Juda,
-,-, Kg. **104**
Jolante,
-, Anjou,
-,-, Hzn.,
-,-,-, v. Aragón ❺ 448
Jolkos 64
Jollof 1156
Jolo 1821, 1829
Jom-Kippur-Krieg (1973) ⊃Oktober-Krieg (1973)
Jonas,
-, Franz *1437*–1438
Jonas Savimbi 1706
Jonathan,
-, Leabua *1724*
-, Makkabäer 189–191
Jonathan Motzfeldt 1492
Jones,
-, Arthur H. M. 288
-, Ben 1893
Jones Act (1917) 1889
Jong,
-, Piet de *1452*
Jonnart,
-, Célestin Charles *1081*
JONS (Juntas de Ofensiva Nacional-Sindicalista) 1028
Jopadhola 1145
Jordan,
-, Fluss 1114
-, Posen,
-,-, B. *371*
-, Rudolf ❶ *892*
-, Sylvester ❶ *846*
-, Wilhelm ❶ *846*
Jordanes 287
Jordanien,
-, (NZ) ❶ 1109
Jordanien (Transjordanien),

-, (1921–1946) 1114, 1117
-, (1921–1946) ❶ 1113
-, (seit 1946) 1326, 1570, 1572–1576, 1580–1581, 1583, 1587–1589, **1598**, **1600**
-, (seit 1946),
-,-, Bevölkerung 1599
-,-, Bevölkerung(sentwicklung) ❶ 1568
-,-, Bürgerkrieg (1970) 1599
-,-, Grundprobleme **1599**
-,-, Unabhängigkeits-Erkl. ❶ 1386
-,-, Wirtschaft 1599
Jordansmühl 35
Jordansmühl-Kultur 35
Jordebog 595
Jörg Haider 1439
Jorge Blanco,
-, Salvador *1888*
Jorge Luis Battlle Ibáñezn 1912
Jorge Quiroga 1908
Jorge Rafael Videla 1916
Jørgensen,
-, Anker *1491*
José „Xanana" Gusmão 1827
José Genoud 1916
José Manuel Durão Barroso 1486
José Maria Never 1661
Joselmann von Rosheim 412
Joseph,
-, Br. v. Karl,
-,-, Ks.,
-,-,-, VI. *827*
-, Ks.,
-,-, I. 686, 826
-,-, II. 829–830, **833**, **1010**–1011, *1040*, 1063
-,-, II. ❺ 835
-, Port.,
-,-, Kg.,
-,-,-, I. Emanuel *1031*, *1298*
-, S. v. Leopold,
-,-, Ks.,
-,-,-, II. ❺ 835
-, Span.,
-,-, Kg. *1012*, *1025*
Joseph Ejercito Estrada 1829
Joseph Ferdinand,
-, Bay.,
-,-, Kur-Pr. 686
Joseph Kabila 1698
Josepha,
-, T. v. Georg,
-,-, Sachsen,
-,-,-, Kg. ❺ 835
Josephinismus 833
Josephstämme 101
Josia,
-, Juda,
-,-, Kg. **103**–104
Jospin 1450
Jospin,
-, Lionel *1450*
-, Lionel ❶ 1449
Josua 102
Jouhaud,
-, Edmond *1347*
Jouvenel,
-, Jean 447
Jovian,
-, Rom,
-,-, Ks. ⊃Iovianus
-,-, Ks. ❶ Iovianus
JSP (Jemenitische Sozialistische Partei) 1620
Juan Carlos,
-, Span.,

-,-, Kg. *1481*–1482
Juan de Nova 1172
Juárez,
-, Benito *1304*–1305
Juba,
-, Mauretanien,
-,-, Kg.,
-,-,-, I. 332, 334
-,-,-, II. 332
Juba-Land 1175
JUCEPLA (Junta Central de Planificación),
-, Kuba 1882
Juda,
-, Kgr. **102**–104
Judäa,
-, (röm. Prov. Judaea) 258, 264–265, **336**–**339**
-, (vorröm. Zeit) 104, 188, 190–191
Judar Pascha 1140
Judas Makkabaeus 189, 191
Juden,
-, (im Hellenismus) 179, 182, 188, 191
-, (MA) 356, 392–**393**, 396, **412**, 516, 1088, 1092–1093
-, (NZ) 992, 1101, 1108, 1112–1115, 1120
-, (NZ) ❶ 1113
-, (Römerzeit) 262, 264–266, 268–269, 280, 289–290, 331, **335**–**338**, 341, 344, 348, 353
-, (vor dem Hellenismus) 82, 104
Judenaufstand,
-, (66–70 n.) 265, 290, **337**, 339
Judenaufstand (115–117) 302, 335, **337**
Judenaufstand (132–135) 269, 337
Judenaufstand (154) 335
Judenchristen 289–290, 339, 342
Judenemanzipation,
-, Eur. 700, 1112
Judenitsch,
-, Nikolaj N. *999*
Judenpogrome 400, 490
Judenrecht,
-, Preußen 840
Judenrecht (MA) **392**
Judentum 104
Judentum,
-, Äthiopien 1136
-, Engld. 576
-, Iberische Halbinsel 557
-, Kast. 561
-, Religion 336, 338–**339**, 341, 1112, 1120
-, Südarabien 1136
Judenverfolgung,
-, (Alt.) 337
-, (MA) 392, **412**, 439, 490, 548
-, (MA) ❶ 393, 412
-, (NZ) 750, 755, 888, 894, 896–897, 1062, 1112, 1115
Judenvernichtung,
-, (1933–1945) 1115
Judenvernichtung (1933–1945) 766, 773, 775, 783–784, 890, **900**, 1066
Judenvernichtung (1933–1945) ❻ 775
Judith,
-, Äthiopien,
-,-, Kgn. 1136
-, G. v. Ludwig,
-,-, Ks.,
-,-,-, I. D. Fromme 381

-,-,-, I. d. Fromme ⓢ 380
-, G. v. Otto,
-,-, Kärnten,
-,-,-, Hz. ⓢ 467
-, T. v. Arnulf,
-,-, Bay.,
-,-,-, Hz. ⓢ 461
-, T. v. Heinrich,
-,-, Bay.,
-,-,-, Hz.,
-,-,-,-, d. Schwarze ⓢ 473, 476
-,-, Kg./Ks.,
-,-,-, III. *614*
Judith (Sophie),
-, T. v. Heinrich,
-, Kg./Ks.,
-,-,-, III. ⓢ 467
Jugendweihe 1420
Jugnauth,
-, Aneerood *1745*
Jugoslawien,
-, (1918–1945) 730, 736–737, 740, 763–764, 789–791, 795, 901, 1005–1006, 1017, 1071–1072, **1078**, 1469
-, (1918–1945),
-,-, Außen-Pol. 738, 746, 748, 763
-,-, Kriegführung 764, 781
-,-, Kriegführung ⓣ 757
-, (1918–1945) ⓣ 775, 802, 899
-, (1945–1991) 1339–1340, 1342, 1346, 1361, 1374, 1376–1377, 1379, 1381, 1389, 1409, 1470–1471, 1473, **1547**–1551, 1553–**1557**, 1561–1562
-, (1945–1991),
-,-, Auflösung **1550**–1551, 1553
-,-, Verfassung 1374
-, (1945–1991) ⓣ 899
-, (seit 1992) 1547, 1550–1551, 1554, 1556–1557, 1860
Jugoslawismus 1076
Jugurtha,
-, Numidien,
-,-, Kg. 244–245
Jugurthinischer Krieg (111–105) 245
Juktas 49
Julian,
-, Rom,
-,-, Ks. ⓞIulianus
-, v. Norwich 578
Juliana,
-, Ndld.,
-,-, Kgn. *1452*–1453
Julianischer Kalender
ⓞIulianischer Kalender
Jülich 703, 841
Jülich,
-, Gf. v. 440
Jülich-Clevescher Erbfolgestreit (1609–1614) 680, 815, 918, 1034
Julikrise (1914) 716
Juliputsch (1917) 997
Julirevolution (1830) 696, 699, 705, 843, 939, 988
Julius,
-, Pp.,
-,-, I. 365
-,-, II. 1007–*1008*
-,-, III. 1007, *1009*
-,-, II. ⓣ 1009
-,-, III. ⓣ 1009
Julius Nepos *635*

Juma,
-, Omar Ali 1728
Jumbe,
-, Aboud *1728*
Jumièges,
-, Kl. 436
Juncker 1458
Juncker,
-, Jean-Claude *1458*
Junejo,
-, Mohammad Khan *1760*
Jung,
-, Edgar *895*–896
Jungbronzezeit **62**–**66**
Jungbronzezeit,
-, Eur. 62, 64–66
-, Vorderer Orient 62–63
Junges Europa,
-, Bewegung (seit 1834) 700
Jungfern-Inseln 1054, 1289, 1299–1300, 1859, 1880
Jungfrau von Orléans
ⓞJeanne d'Arc
Jungkupferzeit,
-, Kultur 41–42, 44
Jungneolithikum **27**–**29**
Jungneolithikum,
-, Eur. 28–29
-, Kultur 35
-, Vorderer Orient 27
-, West-As. 27
Jungpaläolithikum 14, 17, **19**–**22**
Jungpaläolithikum,
-, Kultur 19
-, Kunst 19
Jungpaläolithikum ⓣ 11
Jungpleistozän,
-, Klima ⓣ **10**
Jungpleistozän ⓣ 10–11
Jungpliozän 9
Jungpliozän ⓣ 11
Jungsteinzeit
ⓞNeolithikum
Jungtschechen 907, 909
Jungtunesische Partei 1122
Jungtürken 1107–1109, 1112, 1122
Junichiro Koizumi 1802
Juni-Krieg (1967) (Sechstagekrieg) 1328, 1522, 1572, 1581, 1592, 1595, 1599, 1602, 1626
Junju,
-, Buganda,
-,-, Kg. 1145
Junkerparlament 848
Juno 214
Junot,
-, Andoche *1031*
Jupiter 214, 269, 280
Jupiter,
-, Planet 1
Jupiter Culminalis 316
Jupiter Dolichenus 314, 321, 342
Jupiter Heliopolitanus 314, 342
Jupiter Taranis 321
Jupiter-Kult,
-, röm. 214
Juppé,
-, Alain *1450*
-, Pierre 1449
Jura **7**
Jura,
-, Schweizer Kanton 1084, 1441
Jura ⓣ 8
Juraševski,
-, Peter *1059*
Juri Dolgorukis,

-, Kiew,
-,-, Gfst. 620
Jurisdiktion,
-, röm ⓣ 237
Jury,
-, Hugo ⓣ *892*
Juschtschenko 1535
Justin,
-, Byz.,
-,-, Ks.,
-,-,-, I. 362, 364, *635*
-,-,-, II. 346, *636*
Justinian (Iustinian),
-, Byz.,
-,-, Ks.,
-,-,-, I. 279, 303, 336, 343, 346, 351, 361, 363, 367, 397, 547, 635–637, **640**
-,-,-, I. ⓣ 365
-,-,-, II. 503, *638*
Justizwesen,
-, Russld. 990
Jusuf,
-, Mohammed *1651*
Jüten 377
Juthungen 278, 318, 324–325
Jutta (Guta) (Bona),
-, T. Kg. Johanns v. Böhmen ⓢ 448
Juxon-Smith,
-, Andrew *1663*

K

Kaaba 1088
Kaaden 1067
Kaaden,
-, Vtg. (1534) 809
Kaarta 1141
Kaas,
-, Ludwig *883*, 886
Kabaka Nakibinge,
-, Buganda,
-,-, Kg. 1145
Kabaka-Yekka-Partei ⓞKY
Kabaren 605
Kabariti,
-, Abdel Karim 1600
Kabbah 1663–1664
Kabbahs 1663
Kabeljaukrieg 1493
Kabila 1698
Kabila,
-, Laurent-Désiré *1697*–1698
-, Laurent-Désiréⓣ *1655*
Kabir *1182*
Kaboré,
-, Roch Marc Christian *1680*
Kabul 1094, 1098, 1126–1127, 1198
Kabus bin-Said *1618*
Kachetien 1537
Kadal Mallai 1182
Kádár,
-, János 1377, *1513*–1514
Kaderpartei,
-, SED 1402
Kadesch,
-, Schl. (1285 v.) 58, 62, 81, 93
Kadetten 993
Kadetten ⓣ 995
Kadir, Hadschi Abdul 1653
Kadisija,
-, Schl. (636) 352
Kadré Désiré Ouédraogo 1680
Kadscharen,

-, Dyn. 1124–1126
KADU (Kenya African Democratic Union) 1732
Kaffa 1137–1138
Kaffern 1169
Kaffern-Kriege 1169
Kaffraria 1169
Kafi,
-, Ali *1638*
Kagan Bajan 602
Kaganowitsch,
-, Lasar M. *1519*
Kagera-Fluss 1728, 1730
Kagoshima 1222
Kahlenberg,
-, Schl. (1683) 822, 1104
Kahr,
-, Gustav v. *879*–881, 896
Kahuta 1748
Kai Kawus,
-, Rum-Seldschuken,
Kaifu,
-, Toshiki *1801*
Kaikobad,
-, Rum-Seldschuken,
-,-, Su.,
-,-,-, I. **1099**
Kairo,
-, (MA) 1093, 1096–1097
-, (NZ) 701, 1103
-, (seit 1945) 1569, 1573, 1585, 1620–1621, 1625, 1628, 1635, 1649
-, Abk. (1969) 1573, 1596
-, Arabische Gipfel-Kfz. (1990) 1576
-, Ashar-Univ. 1093, 1096–1097
-, Autonomie-Abk. (1994) 1588
-, Blockfreien-Kfz. (1952) 1325, 1388
-, Blockfreien-Kfz. (1962) 1326, 1389
-, Blockfreien-Kfz. (1964) 1389
-, Kfz.,
-,-, (1943) 781
-, Kfz. (1921) 1114
-, Kfz. (1943) 1217
-, Kfz. (1943) 1571, 1581
-, Nationalcharta (1968) 1582
-, National-Kongr. PLO 1582
-, Weltbevölkerungs-Kfz. (1994) 1334
Kairo, Erkl. (1997) 1734
Kaisareia,
-, (Kappadokien) (Kayseri) 343–344, 1095
-, (Palästina) 336–339
Kaiser,
-, röm. 243, 256, 259
-, röm. ⓣ **254**
Kaiser Hirohito 1802
Kaiserchronik ⓣ 481
Kaisergericht,
-, röm. 270
Kaiserkonstitutionen 270
Kaiserkrönung Karls d. Kahlen 386
Kaiserkrönung Karls d. Gr. 504, **527**
Kaiserkrönung Ottos d. Gr. 462, 507
Kaiserkult,
-, röm. 259, 272, 303, 318, **330**, 334, 337, **344**
Kaisertitel (MA) 364, 372,

379, 381
Kaisertum,
-, Byz. 381, 503, 505, 634, 640
-, China 1207
-, fränk. 379, 381, **527**, 529
-, Frkr. 855, 935–937
-, Österreich 904
-, röm. 254, 279, 281, **283**
-, Röm.-dt.,
-,-, (MA) 381, 393, 457, 459, 462–464, 466, 469, 474, 477–479, 482, 484, 491, 497, 506–507, 509–510, 512, 517, 527, 529–530
Kaiser-Wilhelm-Kanal 868
Kaiser-Wilhelm-Land ⓣ 709
Kait Bei,
-, Äg.,
-,-, Su. **1097**
Kakovatos 59
Kalabrien,
-, (MA) 472, 526, 528
-, (NZ) 1021
Kalach 89
Kalat Dscharmo 106
Kalaureia ⓣ 123
Kale Akte (Caronia) 144
Kalender(-reform)
ⓞIulianischer Kalender
Kalenjin 1732
Kalenjin-Sprachen 1147
Kalidasa 1180
Kalidura,
-, Nubien,
-,-, Kg. 1132
Kalifat 1088–1091, 1093, 1095–1097, 1103, 1106, 1110–1111, 1117
Kalifenreich (661–1258) 346, 352, 378–379, 1089–1093, 1095–1097, 1196
Kalifenreich (661–1258),
-, Gesellschaft 1093, 1096
-, Kriegführung 1093–1094, 1096
-, Kultur 1088
-, Minderheiten 1093
-, pol. Org. 1090
-, Regionalismus **1093**
-, Religion 1088, 1093–1096
-, Verwaltung 1089
-, Währung 1092
-, Wirtschaft 1091–1094
-, Verwaltung 1091
Kalifornien 1269, 1284–1285, 1293, 1304
Kalimantan 1819, 1824, 1826
Kaliningrad-Erklärung (1994) 1496–1498, 1500
Kalisch,
-, Vtg. (1343) 616
Kalisz 1064
Kalixt,
-, Pp.,
-,-, II. 429, 471, 511
-,-, II. ⓣ 511
-,-, III. 514, *523*
-,-, III. ⓣ 511
Kalixtiner 496, 613
Kalka,
-, Schl. (1223) 620, 1196
Kalkutta 1183, 1748
Kallatis ⓣ 124
Kállay,
-, Miklós v. 783–784, *915*
Kallias 146
Kallias-Friede (449/448 v.) 82, 146

1987

Kallikrates,
-, achaiischer Politiker 206, 232
-, Baumeister 152
Kallikratidas 155
Kallimachos,
-, Polemarch 140
-, v. Kyrene *181*–182
Kallinos 129
Kallio,
-, Kyösti *1056*–1057
Kallipolis ❶ 124
Kallisthenes 171–*172*
Kallistratos 159, 161
Kalmar,
-, Frd. (1285) 596
Kalmarer Union (1397) 599, 1044
Kalmarkrieg (1611–1613) 1045, 1048
Kalmücken 1198
Kalojan,
-, Zar,
-,-, Bulg. ➡Iwan Asen,
-,-,-, Zar,
-,-,-,-, Bulg.
Kalonji,
-, Albert *1693*–1695
Kalopsida 49
Kaltenbrunner,
-, Ernst *890*
-, Ernst ❸ 890
kalter Krieg 1337–1338, 1355, 1374, 1847
Kalundborg 598
Kalymnos,
-, (Vorgeschichte) 33
Kamakura 1219
Kamakura-Zeit,
-, Japan 1219–1220
Kamaldulenser 512
Kamaner ❶ 219
Kamara-Taylor,
-, Christian *1663*
Kamares-Gattung 49
Kamareshöhle 49
Kamarina 138, 143
Kamarina ❶ 125
Kamba 1148, 1174
Kambalda 1831
Kambia,
-, Rebellion 1157
Kambodscha,
-, (Anf.–1954) 1227–1229, 1325, **1812**
-, (Anf.–1954),
-,-, Bevölkerung(sentwicklung) ❶ 1746
-, (Anf.–1954) ❶ 709
-, (seit 1954) 1325, 1337, 1342, 1381, 1383, 1783–1784, 1803–1804, 1809, 1811–**1813**, 1816–1818, 1853
-, (seit 1954),
-,-, Bevölkerung(sentwicklung) ❶ 1746
-,-, Unabhängigkeits-Erkl. ❶ 1386
Kambodschanisch-Vietnamesischer Krieg (1978/79) ➡Vietnamesisch-Kambodschanischer Krieg
Kambodschanisch-Vietnamesischer Krieg (1978/79) **Vietnamesisch-Kambodschanischer Krieg** 1813
Kambona,
-, Oscar *1727*
Kambrium 4–5
Kambrium ❶ 8

Kambro-Normannen 584, 586
Kambyses,
-, Pers.,
-,-, Kg.,
-,-,-, I. **108**
-,-,-, II. 82, *108*–*109*, **1192**
Kamelschlacht (656) 1089
Kamenjew,
-, Leo B. *997*–998, 1000, 1004
Kameralismus 656, 833
Kamerun,
-, (NZ) 723, 863, 1129–1130, 1140–1142, 1150, 1160–1162, **1686**
-, (NZ),
-,-, Bevölkerung ❶ 1656
-, (NZ) ❶ 709, 863, 1158
-, (NZ). **1161**
-, (seit 1960) 1674, **1686**–**1687**
-, (seit 1960),
-,-, Bevölkerung ❶ 1656
-,-, pol. Org. 1687
-,-, Unabhängigkeits-Erkl. ❶ 1386
-, (seit 1960) ❶ 1158
-, -Berg 1161
Kamerun National Democratic Party ➡KNDP
Kamerunmandat 1674, 1686
Kami 1154
Kamieniec Podolski,
-, Schl. (1672) 1104
Kamikaze 1220, 1226
Kamil,
-, Mohammed Abdallah *1735*
Kaminaljuyu 1254, 1256–1257
Kammu,
-, Japan,
-,-, Ks. *1218*
Kamose 79
Kamougue,
-, Abdelkadar *1683*
Kampala 1730
Kampaner 220, 224
Kampaner ❶ 219
Kampanien 111, 220, 227–228, 233, 239, 247
Kampfbund zur Befreiung der Arbeit 992
Kampffront Schwarz-Weiß-Rot 893
Kampmann,
-, Viggo *1491*
Kampuchea ➡Kambodscha
Kamraj,
-, Kumarasvami *1751*
Kanaan 101
Kanaanäer 86, 100–101, 103
Kanada 688, 926, **1275**–**1277**, 1279, 1292, 1321, 1324–1325, 1330, 1332–1333, 1352, 1356–1358, 1362, 1364, 1369, 1373, 1609, 1841–**1844**, 1848, 1850, 1867
-, Außenhandel ❶ 1783, 1798
-, Bevölkerung 1275, 1277
-, Bevölkerung ❶ 1843
-, Bruttoinlandsprodukt ❶ 1369
-, Handel 1334, 1844, 1861
-, Handel ❶ 1334
-, Innen-Pol. 1843
-, NATO-Streitkräfte ❶

1354
-, pol. Org. 1844
-, Rebellion (1837) 1276
-, regionale Gliederung 1844
-, Verfassung 1844
-, Verteidigungsausgaben ❶ 1369
-, Wirtschafts-Pol. 1844
Kanada ❻ 1360
Kanada ❶ 757, 1855
Kanagawa,
-, Vtg. (1854) 1222
Kanalzone 1880
Kanarische Inseln 560, 667, 1293, 1643
Kanaudsch (Alt.) ➡Kanjakubdscha
Kanbalu 1149
Kandahar 1123–1124, 1126
Kandahar,
-, (Alt.) ➡Alexandreia (Kandahar)
Kandy,
-, Kfz. (1954) 1388
Kanem **1138**, 1140
Kanembu 1138
Kanesch 88, 92
Kang-hsi,
-, China,
-,-, Ks. 1207–*1208*
-,-, Ks. ❶ 1207
KangYu-wei *1211*
Kania,
-, Stanislaw *1504*
Kaniembo,
-, Lunda,
-,-, Kg. 1152
Kanischka,
-, Kuschana-R.,
-,-, Kg. 1179
Kanjakubdscha (Kanaudsch) 1180
Kankan Mansa Musa,
-,-, Mali,
-,-, Kg. 1140
Kanne,
-, Bernd v. *892*
Kano 1139, 1160
Kanonisches Recht 535
Kanonistik 506, **513**
Kanopos,
-, Dekret v. 183
Känozoikum **9**
Känozoikum ❶ 8
Kansas 1285, 1304
Kansas,
-, -Nebraska-Gesetz (1854) 1285
Kant,
-, Immanuel *664*–665, 837
-,-, Kg. 57
Kantabrer 257, 330
Kanton 1208, 1212–1213
KANU (Kenya African National Union) 1732–1733
Kanungu 1731
Kanuri 1138, 1160, 1681
Kanzelparagraf 862, 864
Kao Kang 1774
Kao-tsu,
-, China,
-,-, Ks. *1202*, 1205
Kap Bojador,
-, Umsegelung 667
Kap Delgado 1167
Kap der Guten Hoffnung,
-, Umsegelung 668, 1118
Kap Frio 1167
Kap Guardafui 1135
Kap Mesurado 1159
Kapani 1834
Kapetinger,
-, Dyn. 421, *423*, 426, **428**,

430–431, 433, 437, 444, 569
-, Dyn. ❸ **442**, 461
Kapiri Mposhi 1707
Kapital 693, 697
Kapitalismus 693, 697–698
Kapitolinische Trias 214
Kapitulation,
-, dt. (1945) 798, 902
-, japanische (1945) 801
Kap-Kairo-Linie 973
Kapkolonie 703, 1158, 1166–1171
Kapkolonie ❶ 1158
Kapland 1130, 1153, 1155, 1171–1172
Kapodistrias,
-, Johann Anton v. *1080*
Kapp,
-, Wolfgang *871*, 878
Kappadokien 95, 99, 174, 179, 189, 192–195, 246, 250, 252, 345, 404
Kappadokien,
-, röm. Prov. (Cappadocia) 194, 261, 264, 343–345
Kappel,
-, Schl. (1531) 809, 1082
Kapp-Lüttwitz-Putsch (1920) 878
Kapprovinz 1171
Kapstadt 1155, 1168, 1171
Kapuuo,
-, Clemens *1717*
Kapuziner 519, 662
Kapverden 1485, 1659–1660
Kapverden,
-, pol. Org. **1661**
Kapverden ❶ 1158
Kapverdische Inseln 560
Kapwepwe,
-, Simon *1706*–1707
Kara Jusuf,
-, Türkmenen-Hschr. 1099
Kara Mustafa,
-, Osman.,
-,-, Großwesir *822*
Karachaniden,
-, Dyn. 1094–1095
-, Karluken-Hschr. 1195
Karachi 1758
Kara-Chitai-Reich 1195
Karadjordjević,
-, Alexander *1075*
Karadžić,
-, Radovan *1551*, 1553
Karagwe 1145
Karahüyük 49
Karaindasch,
-, Babylonien,
-,-, Kg. 57
Karakalpakistan 1768
Karakasow,
-, Dmitri V. *990*
Karakorum 1191, 1196
Karakum-Kanal 1767
Karaman 1101
Karamanien 173
Karamanlis,
-, Konstantin *1560*–1561
Karame,
-, Raschid *1595*, *1597*
Karamé,
-, Omar 1597
Karanovo 23, 25
Karatepe 70
Karatepe,
-, (Alt.) ➡Asitawaddija
Karbon **6**
Karbon ❶ 8
Kardia-162
Kardia ❶ 124
Kardis,

-, Frd. (1661) 684, 980, 1046
Karelien 686
Karen 1805
Karer 109
Karfreitagsabkommen 1465
Karibik 1296
Karien 95–96, 158–159, 171, 175, 185, 188, **196**, 200
Karien,
-, röm. Prov. (Caria) 343
Karikal 1750
Karim Chan Sänd 1124
Karimov 1768
Karimow,
-, Islam A. *1768*
Kariuki,
-, Josiah M. *1732*
Karjalainen,
-, Ahti *1494*
Karkar,
-, Schl. (853 v.) 99
Karkemisch 70, 80, 97, 99
Karkemisch,
-, Schl. (605 v.) 91, 104
Karl,
-, Baden,
-,-, Mgf.,
-,-,-, Friedrich *836*
-,-, Braunschweig,
-,-,-, Wilhelm Ferdinand 931
-,-, Burg.,
-,-, Hz.,
-,-,-, d. Kühne *451*–**452**, *498*–*499*, 502, 582, 672, *1033*
-,-,-, d. Kühne ❸ 442
-,-, Engld.,
-,-, Kg.,
-,-,-, I. *962*–*963*, 1270
-,-,-, I. ❸ 960
-,-,-, II. *963*–*965*, 1183, 1271
-,-,-, II. ❸ 960
-,-, Franken-R.,
-,-, Kg. 379, 381
-,-,-, Kg. 380
-,-,-, Kg. ❶ 373
-,-, Frkr.,
-,-, Kg.,
-,-,-, IV. 440, 553
-,-,-, IV. ❸ 442, 487
-,-,-, IX. *917*
-,-,-, IX. ❸ 442
-,-,-, V. d. Weise 440, 443–445, 453, 541
-,-,-, V. d. Weise ❸ 442
-,-,-, VI. **445**–447, 494
-,-,-, VI. ❸ 442, 448
-,-,-, VII. 447, **449**–451
-,-,-, VII. ❸ 442
-,-,-, VIII. **452**–453, 543, 672, *916*, 1006
-,-,-, VIII. ❸ 442, 448
-,-,-, X. *939*
-,-,-, X. ❸ 924
-,-, Hohenzollern-Sigmaringen,
-,-, Ft.,
-,-,-, Anton *855*, 1070
-,-, Kephallenia,
-,-, Pfgf.,
-,-,-, I. 632
-,-, Ks.,
-,-,-, I. d. Gr. 287, *372*, 377–**379**, **381**–386, 420, *422*–423, 428–429, 457, 504, 527
-,-,-, I. d. Gr. 603
-,-,-, I. d. Gr. ❸ 380
-,-,-, I. d. Gr. ❶ 373
-,-,-, II. d. Kahle 381, 385–**387**, 420–*422*, 455, 504

-,-, II. d. Kahle ⓢ 380
-,-, II. d. Kahle ⓣ 373
-,-, III. d. Dicke 387, 421–422, 455–457, 528
-,-, III. d. Dicke ⓢ 380
-,-, III. d. Dicke ⓣ 373
-,-, IV. 415, **490–491**, 493, 496, 500, 520, 540, 579, *612*–614, 627
-,-, IV. ⓢ 487–488
-,-, V. *560*, 660, **671**, 673–678, *805*–806, 808, 810–812, 814, 916–917, 958, 1007–1008, 1022–1023, *1033*, 1103
-,-, V. ⓢ 556, 673
-,-, VI. 686–687, 827, 1010, 1296
-,-, VII. 687, *828*
-, Lothr.,
-,-, Hz. 829, 923
-,-, Hz.,
-,-, V. 685, *822*, 1104
-,-,-, v. 823
-, Mainz,
-,-, Kft.,
-,-,-, Theodor v. Dalberg **836**
-, Navarra,
-,-, Kg.,
-,-,-, II. d. Böse 443–445, **563**
-,-,-, III. 563
-, Neapel,
-,-, Kg.,
-,-,-, I. V. Anjou 402, 406–*407*, *437*, 484, 517, 535, *537*, 539, 561
-,-,-, I. v. Anjou *631*, *649*
-,-,-, I. v. Anjou ⓢ 554
-,-,-, II. v. Anjou 517, 520, 538
-,-,-, II. v. Anjou 442
-,-,-, III. ➲Karl,
-,-,-,-, Ung.,
-,-,-,-,-, Kg.,
-,-,-,-,-,-, II.
-, Nevers-Gonzaga,
-,-, Hz. *682*
-, Nieder-Lothr.,
-,-, Hz. 421, 423, 463
-,-, Hz. ⓢ 380
-, Orléans,
-,-, Hz. 446, *453*
-,-, Hz. ⓢ 442, 448
-,-, Österreich,
-,-, Ehz. *904*
-,-, Ehz.,
-,-,-, Ludwig 907
-,-, Ks.,
-,-,-, I. 725, 729, *910*, 913
-,-,-, I. ⓢ 835
-, Pfalz u. Bay.,
-,-, Kft.,
-,-,-, Theodor 830, *836*
-, Pfalz-Simmern,
-,-, Kft. *826*
-, Port.,
-,-, Kg.,
-,-,-, I. *1032*
-,-,-, I. ⓢ 970
-,-,-, II. 1032
-, Provence,
-,-, Kg. ⓢ 380
-, Rouen,
-,-, Eb. ⓢ 442
-, S. v. Leopold,
-,-, Ks.,
-,-,-, II. ⓢ 835
-, Sachsen-Coburg-Gotha,
-,-, Hz.,
-,-,-, Eduard *892*
-,-,-, Eduard ⓢ 970

-, Sachsen-Weimar,
-,-, Hz.,
-,-,-, August **830**, *836*
-, Sardinien,
-,-, Kg.,
-,-,-, Albert *1013*–1014
-,-,-, Emanuel I. *1011*
-,-,-, Felix *1013*
-, Schottld.,
-,-, Pr.,
-,-,-, Eduard *687*
-, Schweden,
-,-, Kg.,
-,-,-, IX. *1045*, 1061
-,-,-, VII. Sverkersson 591
-,-,-, VII. Sverkersson ⓣ 591
-,-,-, VIII. Knutsson Bonde 600
-,-,-, VIII. Knutsson Bonde ⓣ 597
-,-,-, X. Gustav 684, 1045
-,-,-, XI. *1046*
-,-,-, XII. 685–686, 827, *1046*, 1105
-,-,-, XIII. *1047*
-,-,-, XIV. Johann (Jean Baptiste Bernadotte) *935*, *1049*
-,-,-, XV. *1049–1050*
-,-,-, XVI. Gustav *1488*
-, Södermanld.,
-,-, Hz. 1044
-, Span.,
-,-, Kg.,
-,-,-, I. ➲Karl,
-,-,-,-, Ks.,
-,-,-,-,-, V.
-,-,-, II. 686, *925*, *1024*
-,-,-, III. *1025*
-,-,-, III. ➲Karl,
-,-,-,-, Ks.,
-,-,-,-,-, VI.
-,-,-, IV. 1025
-, Ung.,
-,-, Kg.,
-,-,-, I. Robert 616, *624*
-,-,-, I. Robert ⓢ 487
-,-,-, II. 541, *624*
-, v. Angoulême,
-,-, Gf. ⓢ 442
-, v. Berry,
-,-, Hz. 451
-, v. Blois 441, 445
-, v. Bourbon 674, *917*
-, v. Bourbon-Montpensier ⓢ 442
-, v. Valois *437*–438, *631*
-, v. Valois ⓢ 442
-, Vendôme,
-,-, Gf. ⓢ 442
-, Viana,
-,-, Ft. ⓢ 559
-, Westfranken-R.,
-,-, Kg.,
-,-,-, d. Kind 420
-,-,-, d. Kind ⓢ 380
-,-,-, III. d. Einfältige **421**, 458–459
-,-,-, III. d. Einfältige 380
-,-,-, III. d. Einfältige ⓢ 380
-, Wttbg.,
-,-, Hz.,
-,-,-, Eugen *836*
Karl Albrecht,
-, Bay.,
-,-, Kft. ➲Karl,
-,-,-, Ks.,
-,-,-,-, VII.
Karl Eduard,
-, E. v. Jakob,
-,-, Engld.,

-,-,-, Kg.,
-,-,-,-, II
-,-,-,-,-, ⓢ 960
Karl Ferdinand,
-, Berry,
-,-, Hz. ⓢ 924
Karl Ludwig,
-, E. v. Franz,
-,-, Ks.,
-,-,-, II. ⓢ 835
-, S. v. Karl,
-,-, Österreich,
-,-,-, Ks.,
-,-,-,-, I. ⓢ 835
Karl Martell,
-, HM 372, 377–378, 380, 383–384, 420, 526, 549
-, HM ⓢ 380
-, HM ⓣ 373, 528
Karl von Anjou ➲Karl,
-, Neapel,
-,-, Kg. I.
Karle,
-, Guillaume 444
Karl-Heinz Funke 1434
Karlmann,
-, Bay.,
-,-, Kg. ⓢ 380
-, Franken-R.,
-,-, HM 370, 377–378, 384
-,-, HM ⓢ 380
-,-, HM ⓣ 373
-,-, Kg. 378
-,-, Kg. ⓢ 380
-,-, Kg. ⓣ 373
-, Frkr./Westfranken-R.,
-,-, Kg. ⓢ 380
-, Ostfranken-R.,
-,-, Kg. 386–387, 455–456
-, Westfranken-R.,
-,-, Kg. 421
Karlowitz,
-, Frd. (1699) 685, 823, 1063, 1105
Karlsbader Beschlüsse 842
Karlsbader Programm 1068
Karlskrona 1488
Karluken 1094
Karlukenreich **1094–1095**
Karmal,
-, Babrak *1651*–1652
Karmaten 1093–1094
Karmeliter 515
Karnak 52, 57, 62, 79–82
Karnataka 1755
Karnatik-Kriege,
-, 1. (1746–1748) 1185
-, 2. (1751–1754) 1185
-, 3. (1756–1763) 1186
Karneades 207
Karner 312
Kärnten,
-, (MA) 456, 463, 468, 486, 612
-, (NZ) 672, 703, 736–737, 795, 840, 910–912
-, (NZ),
-,-, Nationalitäten ⓣ 909
Karoline Henriette Christiane,
-, Hessen-Darmstadt,
-,-, Land-Gfn. *836*
Karolinen 724, 868, 1224, 1234, 1246–1247
Karolinen ⓣ 863
Karolinger,
-, Dyn. 374, 376, 384, 386, 393, 399, 421–423, 455–456, 551
-, Dyn. ⓢ **380**, 461
Karolingerzeit

➲Frankreich,
-, (ab 714)
Karolingische,
-, Renaissance 455
Károlyi,
-, Michael v. 730
-, Julius v. *914*
-, Michael v. *913*
Karpathen-Ukraine,
-, (NZ) 750, 799, 914–915, 1068, 1070
-, (seit 1945) 1070, 1516, 1533–1534
Karpen 275, 277–278, 281, 308, 311
Karphi 64
Karrhai 275, 349
Karrhai,
-, Schl. (297) 281
-, Schl. (53 v.) 252, 257, 339, 348
Kars 705–707, 1108
Karsai 1653
Kart Hadashat (Cartagena) 328
Kartäuser 512–513
Karthager 71, 137–138
Karthago,
-, (Alt.) 70, 98, 105, 143, 207, 220, 222, 224–230, 233, 239, 300–301, 328, 332, 334
-, (Alt.),
-,-, Militärwesen 207
-, (Alt.) ⓣ 76, 333
-, (MA) 360, 1091
-, christliche Gemeinde 291
Kartiden,
-, Dyn. 1098
Kartli 1537
Karume,
-, Abeid *1727*–1728
Karum-Siedlungen 49
Karystos 144
Kasa,
-, Hschr. 1137
Kasachen 1198, 1767
Kasachstan 1198, **1767**–1768, 1770
Kasai 1163, 1693–1695
Kasan 622, 979
Kasanje 1152
Kasanje,
-, -R. 1165
Kasavubu,
-, Joseph 1347, *1692*–1696
Kaschau 915
Kaschau,
-, Frd. (1491) 625
Kaschgar 1095
Kaschmir 1747–1749, 1752–1753
Kaschmir,
-, -Konfl. 1747–1749, **1752–1753**, 1758
Kaschta,
-, Nubien,
-,-, Kg. 70
Kaschtiliasch,
-, Babylonien,
-,-, III. 57
Kasenda,
-, Mpinga *1696*
Kasikili 1726
Kasiliki 1719
Kasimir,
-, Polen,
-,-, I. 611
-,-, Kg.,
-,-,-, I. 608–609
-,-,-, III. d. Gr. 412

-,-,-, III. d. Gr. 612, *616*, 618
-,-,-, IV. Andreas 613, *617*, 619, 622, 625
-,-,-, IV. Andreas ⓢ 485, 617, 1062
-, Pommern,
-,-, Hz.,
-,-,-, I. 474
Kasino 846
Kasjanow 1531
Kasmenai ⓣ 125
Kasongo 1150, 1163
Kaspisches Meer 1191
Kassaigebiet **1152**
Kassander 174–177, 196, 202–203
Kassander ⓣ 174
Kassandreia 175, 197
Kassel,
-, Kfz. (1970) 1350, 1412, 1426
Kassem,
-, Abdel-Karim *1606*–1607
Kassia 641
Kassinga 1718
Kassiten 53, 57, 87–88, 107
Kassitenreich 57
Kasten-System,
-, Ind. 1177, 1181, 1757
Kastenwald 71
Kastilias,
-, Babylon,
-,-, Kg.,
-,-,-, IV. 62
Kastilien,
-, (NZ) 671
-,(MA) 557–560
Kastilien (MA) 445, 452, 551–**553**, 555, 557–**558**, 560, 563, 1096
Kastilien (MA),
-, Adel 558
-, Kg. ⓢ **559**
-, Königtum 558
-, Rechtswesen 558
Kastor,
-, Galatien,
-,-, Kg. 195
Kaswin 1123
Kataban 352
Kataban,
-, R. 100
Katalanische Kompanie 561, 631
Katalaunische Felder,
-, Schl. (451) 286, 322, 360, 1193
Katalonien,
-, (MA) 554–555, 561–562
-, (NZ) 1026–1028
-, (seit 1945) 1481
-, Autonomiestatut (1981) 1481
Katane (Catania) 137, 143–144, 300
Katane (Catania) ⓣ 125
Katanga 1152, 1163–1164, 1347, 1455–1456, 1693–1695
Katanga,
-, -Gendarmen 1694–1696
Katanum 97
Kataonien 194
Katar 1575, 1615–1616
Katarchaikum 4
Katarchaikum ⓣ 8
Katayama,
-, Tetsu *1795*
Katepan,
-, It. 528
Katepan Boioannes 531
Katharer 432, 515

Katharina,
-, Engld.,
-,-, Kgn.,
-,-,-, Howard 959
-,-,-, Parr *959*
-,-,-, v. Aragón *958*–*959*
-,-,-, v. Aragón ❸ 960
-,-,-, v. Braganza 1183
-, Erbin v. Vendôme ❸ 442
-, Frkr.,
-,-, Kgn.,
-,-,-, v. Medici 679, 916–917, 1007
-,-,-, v. Medici ❸ 442
-, Russld.,
-,-, Zarin,
-,-,-, I. *982*
-,-,-, II. d. Gr. 829–830, *983*, 985, *987*, 1063, 1537
-, T. Kg. Karls VII. ❸ 448
-, T. Philipps d. Kühnen 447
-, T. v. Karl,
-,-, Frkr.,
-,-, Kg.,
-,-,-, VI. 447, 580
-,-,-,-, VI. ❸ 581
-, T. v. Sigismund,
-,-, Polen,
-,-,-, Kg. II. August ❸ 1062
-, v. Lancaster ❸ 559
-, v. Siena 521, *544*
Kathedralen,
-, Frkr. (MA) ❶ 435
Katherina,
-, Zypern,
-,-, Kgn. ❷Cornaro,
-,-,-, Caterina
Kathiawar 1747
Katholikenemanzipation 968–969
Katholikos,
-, Armenien 403
Katholische,
-, Assoziation 968
-, Kg. 560–561, 563
-, Kirche 285, 290, 363–364, 660–662, 676–677
-, Kirche,
-,-, Ukraine 1533–1534
Katholische Aktion 876
Katholizismus,
-, Dt. R. (1870/1871–1914) 857, 862–863
-, Dt. R. (1919–1933) 875–876
-, Dtld. 677, 681, 809–814, 816–817, 836, 843, 845, 848, 852
-, GB 968–969
-, It. 1474
-, Korea 1216
-, Lat.-Am. 1863
-, Polen 1061, 1063
-, Schweiz 1082–1083
-, sdl. Afrika 1137
-, Span. 1026, 1479–1480
Katkow,
-, Michail N. *991*
Katna 58
Katschin 1805
Katsina 1139
Katsina,
-, Nigeria 1675
Katte,
-, Hans Hermann v. *828*
Katutura-Zwischenfall (1959) 1716
Katyn (1940) 756, 780, 1005, 1066, 1528
Katzir,
-, Ephraim ❶ *1602*
KAU (Kenya African Uni-
on) 1731
Kaufmann,
-, Karl ❶ *892*
Kaukasien 1093, 1097, 1104–1106
Kaukasus 987, 1108
Kaulonia ❶ 125
Kaum Tani Persatuan Indonesia Partei ❷KTPI
Kaunas 1060, 1499
Kaunda,
-, Kenneth *1706*–1708, 1712
Kaunitz,
-, Wenzel Anton v. 687, *829*–*830*, *926*
Kavadh,
-, Sasaniden,
-,-, Kg.,
-,-,-, I. 351
Kavala 712, 1080
Kavamanga,
-, Ghana,
-,-, Kg. 1140
Kavango 1717
Kavčič,
-, Stane 1555
Kawawa,
-, Rashidi *1727*–1728
Kay,
-, John ❶ 692
Kaya Maghan Cisse,
-, Ghana,
-,-, Kg. 1140
Kayah 1805
Kayibanda,
-, Grégoire *1699*
Kayla 1136
Kayseri 1095
Kayseri,
-, (Alt.) ❷Kaisareia
Kaysone Phomvihan 1811
KCA (Kikuyu Central Association,
-, Kenya) 1174
KCA (Kikuyu Central Association),
-, Kenya 1731
KDH (Christlich-Demokratische Bewegung),
-, Slowakei 1511
KDU-CSL (Christlich-Demokratische Union),
-, Tschechien 1510
Keating,
-, Paul 1833–1834
Kebbi 1139
Kedah,
-, Sult. 1230
Keftiu 58
Keilschrift 31, 80, 85, 87–88, 91–94, 97, 106, 109
Keilschrift ❶ 77
Keistut,
-, Litauen,
-,-, Ft. *619*
Keita 1678
Keita,
-, Ibrahim Boubacar 1678
-, Madeira *1661*
-, Modibo *1657*, *1677*
Keitel,
-, Wilhelm 773, 798, *891*, 897–899, 901, 1397
-, Wilhelm ❶ 774
Keizo Obuchi 1802
Kejstut ❷Keistut
Kekkonen,
-, Urho Kaleva *1494*–1495
Kelantan,
-, Sult. 1230
Kellogg,
-, -Briand-Pakt,

-,-, (1928) 1290
-, Frank B. 742, 1290
Kellogg-Briand-Pakt (1928) 743, 746
Kells/Mellifont,
-, Syn. (1152) 584
Kelsos **290**
Kelten,
-, (Alt.) 71, 195, 197, 203, 217, 220–221, 225–227, 298, 304, 306, 308–309, 311, 314, 316, 322, 324–325, 328
-, (Alt.),
-,-, Einfälle in It. 112, 217, 220–221, 225–226
-,-, Stadt 320
-, (MA) 357, 564, **566**–**569**
Keltiberer 72, 229–230, 327–329
Kemal Atatürk ❷Atatürk
Kemal Dervis 1567
Kemalismus **1111**, 1564, 1566
Kemmu-Restauration (1334–1336) 1220
Kempten,
-, (Alt.) ❷Cambodunum
Ken Livingstone 1466
Kenamun 57
Kenia ❷Kenya
Kenilorea,
-, Peter 1837
Kennan,
-, George Frost 1341, *1847*
Kennedy,
-, John F. 1341, 1347–1349, 1365–1366, 1410, 1461, 1520–1521, 1808, 1840, 1851–1853, 1883
-, Robert F. *1853*
-, -Runde 1326–1327, 1366–1367
Kennemann,
-, Hermann 868
Kenneth,
-, Schottld.,
-,-, Kg.,
-,-,-, MacAlpin 568
Kenneth Kaunda 1708
Kenneth Starr 1861
Kentoripa,
-, Schl. (275/74) 224
Kentucky 1280, 1285
Kenya (Britisch-Ostafrika/Ostafrika-Protektorat,
-, Kenia),
-,-, (bis 1963) 1130, 1134, 1145, 1147–1148, **1174**–1175, **1731**–**1732**
-,-, (bis 1963),
-,-,-, Bevölkerung ❶ 1656
-,-,-, Wirtschaft ❶ 1656
-,-, (bis 1963) ❶ 709, 1158, 1655
-,-, (seit 1963) 1368, 1730, **1732**–1733
-,-, (seit 1963),
-,-,-, AIDS-Erkrankungen ❶ 1335
-,-,-, Bevölkerung ❶ 1656
-,-,-, pol. Org. 1732
-,-,-, Unabhängigkelts-Erkl. ❶ 1386
-,-,-, Verfassung 1732
-,-,-, Wirtschaft ❶ 1385
-,-, (seit 1963) ❶ 1158
Kenya African Democratic Union ❷KADU
Kenya African National Union ❷KANU
Kenya African Union ❷KAU

Kenya Independence Mouvement ❷KIM
Kenya National Party ❷KNP
Kenya PeoplesUnion ❷KPU
Kenyatta,
-, Jomo *1174*, *1731*–1732
Keos 33, 54, 160
Kephallenia 153, 160, 630–632
Kephallenia ❶ 120
Kephisodotos 161
Kephissos,
-, Schl. (1311) 631
Kepler,
-, Johannes *664*
Kerala 1751–1753
Kerasos ❶ 124
Kerbela,
-, Schl. (680) 1090
Kerbogas (Ketbogha),
-, Mosul,
-,-, Emir 400
Kérékou,
-, Mathieu *1672*–1673
Keren 763–764
Kerenski,
-, Alexander 726–727, *997*–998, 1055
Keres 1250
Kerkinitis ❶ 124
Kerma 79
Kerman 349
Kermanschah-Nehawend 107
Kernenergie ❷Atomenergie
Kernwaffen,
-, Tests 1450, 1786
Kernwaffen ❷Atomwaffen
Kerrl,
-, Hanns *891*
Kersebleptes,
-, Thraker,
-,-, Kg. 161–162, 167–168
Kertsch 768, 772
Kerullarios ❷Michael Kerullarios
Kesselring,
-, Albert *902*
Ketripoiris,
-, Thraker,
-,-, Kg. 161
Kettler,
-, Gotthard *1061*
Ketzerei 475, 478–479, 514–518
Keuper ❶ 8
Kgalagadi 1154
KGB (Komitee für Staatssicherheit),
-, UdSSR 1000
Khair,
-, at-Tayyib Ibrahim Muhammad 1623
Khaleda Zia 1762
Khalid,
-, Saudi-Arabien,
-,-, Kg. *1611*–1612
Khalifa,
-, Issa ibn Salmān Al- 1616
Khalil,
-, Abdullah *1622*
Khalistan 1755
Khama,
-, Ngwato,
-,-, Ft. 1155
-, Seretse *1726*
-, Tshekedi 1726
Khamenei 1650
Khamenei,
-, Hojatoleslam Ali

1649–1650
Khamissa,
-, (Alt.) ❷Thubursicu Numidarum
Khamtay Siphandone 1811
Khartum 1119, 1132–1133, 1623
Khartum,
-, Kfz. (1967) 1572, 1581, 1619
Khatami 1650–1651
Khatami,
-, Mohammed *1650*
Khieu Samphan 1812
Khirbet el-Kerak 40
Khmer,
-, Königtum 1227–1229
Khmer Issarak 1812
Khmer Serei 1812
Khoi 1154–1155
Khoikhoi 1168–1169
Khoisaniden 1128, 1155
Khoman,
-, Thanat 1808
Khomeini,
-, Ayatollah Ruhollah Al- *1646*, 1648–1649
Khorasan 1123
Khri-slon-lde-brtsan,
-, Tibet,
-,-, Kg. 1199
Khun,
-, Béla *914*
Khuzistan,
-, Invasion (1980) 1608, 1649
Ki no Tsurayuki 1219
Kiachta,
-, Abk. (1727) 1208
Kiangsu 1200
Kiaochow 1211
Kiautschou 739, 868, 1211, 1224
Kiautschou ❶ 709, 863
Kibbuz 1113
Kidariten 351
Kiel 794
Kiel,
-, Frd. (1814) 1049, 1052
-, Matrosenaufstand (1918) 730, 871
Kiep,
-, Gesandter 902
Kierkegaard,
-, Søren *1052*
Kieros 192
Kiesinger,
-, Kurt Georg 1349, 1368, *1412*, 1423
-, Kurt Georg ❶ 1406
Kießling,
-, Günther *1415*
Kiew 1535
Kiew,
-, (MA) 609, 620–621
-, (NZ) 768, 782, 980, 998, 1064
-, Gftm. 608–609, 619–621
-, Schl. (1941) 768
-, Vtg. (1997) 1530, 1535
Kigali 1700
Kigeri,
-, V. 1699–1700
Kikuyu 1148, 1174, 1731–1732
Kikuyu Central Association ❷KCA
Kilidsch Arslan,
-, Ikonion,
-,-, Su. 400
Kilikien 99, 174, 177, 184–185, 188, 190, **196**,

404–405, 645, 737, 1107, 1110
Kilikien,
-, röm. Prov. (Cilicia) **196**, 245, 248, 250, 252, 302, 342–344
Kilimanjaro 1173
Kilkenny,
-, Statuten (1366) 585
Kilwa 1149, 1173
KIM (Kenya Independence Mouvement) 1732
Kim Dae Jung 1793–1794, 1802
Kim Dae-jung 1792–*1793*
Kim Il-sung *1790–1791*
Kim Jong-il *1791*
Kim Jong-pil 1794
Kim Jung-il 1794
Kim Young Sam *1793*
Kimba,
-, Evariste *1696*
Kimbanguismus 1162, 1164
Kimberley 1170
Kimbern 244–245, 324, 329
Kimmerer 72, 90, 94–95, 108, 126, 164, 345
Kimon 141, 144–146
Kinadon 158
Kinderarbeit,
-, Dtld. (1789–1914) ❶ 695
Kindergeld 300
Kinderkreuzzug (1212) **402**
Kinditen 353
King,
-, Martin Luther *1850*, 1852–1853
-, Präs. 1159
King GeorgesWar(1740–1748) 1273
King WilliamsWar(1689–1697) 1273
King-Crane-Kommission 1114
Kinkel,
-, Klaus 1786
Kinnamos,
-, Johannes *647*
Kinshasa 1698
Kinshasa (Léopoldville) 1153, 1163–1164
Kinshasa ❶ 1655
Kionga-Dreieck 1167, 1173
Kirche,
-, (Früh-MA) 350, 363–372, 375–376, 378–379, **503–506**, 549
-, (Früh-MA) ❶ 369
-, (Hoch-MA) 388–390, **506–519**
-, (Spätantike) 280, **282–283**, 285, 307
-, (Spät-MA) **411–412**, 518–**523**
-, Argentinien 1915
-, Bras. 1919
-, Bulg. 1545
-, Byz. 503, 634–635, 641, 643–644, **647**
-, DDR 1419–1420, 1425, 1428
-, Dtld.,
-,-, (MA) 483, 489, 498, 506, 509–511, 513–514, 516
-, Engld. (MA) 510, 514, 516, 574, 576
-, Franken-R. 370, 372–373, 375–376, 379, 381–384, 420
-, Frkr. (Hoch-MA) **426**, 510, 516, 518
-, Frkr. (NZ) 1012
-, griechisch-orthodoxe 1073, 1079
-, Griechld. (MA) 503, 630
-, Iberische Halbinsel,
-,-, (MA) 510, 516
-, Irld. 584, 1466
-, Isld. 596
-, It.,
-,-, (MA) 526
-, Malta 1478
-, Polen (MA) 614–615
-, Polen (seit 1945) 1502–1503
-, rumänische 1070
-, Slowakei 1511
-, Span. 1025
-, Wales 585
-, Zypern 1562
Kirchenbauten,
-, Dtld.,
-,-, (MA) ❶ 413
Kirchenkampf 894
Kirchenordnung,
-, röm. 291
Kirchenpolitik,
-, It. 1010
Kirchenpolitik
➊Kirche-Staat
Kirchenprovinz 292
Kirchenrecht 365, 506, 510, **513**, 516
Kirchenreform,
-, (MA) 465, 506–517
Kirchenspaltung (1054) 356, 508–**509**, 644
Kirchenstaat,
-, (MA) 372, 378–379, 381, 386, 462, 465, 474–475, 479, **503**–507, 512, 514, 518, 520, **526–527**, 534, 537, **539**–541, **543**
-, (MA),
-,-, Wirtschaft 514
-, (NZ) 674, 676, 678, 701, 704, 944, 1006–**1009**, 1011–1016, 1023
Kirchenstein,
-, Martynowitsch *1059*
Kirche-Staat,
-, (MA) 364, 366–368, 370, 372, 378–379, 381, 506–507, 509–510, 512, 514, 516–518
-, (Spätantike) 268, 280
-, Argentinien 1913
-, Bras. 1918
-, Burundi 1703
-, Byz. 643, 645, 649
-, Dt. R. 862, 894, 896
-, Engld. 578
-, Frkr. 519, 930, 935, 942–944, 948
-, Lat.-Am. 1863
-, Paraguay 1909
-, R. ➊Papst-Kaiser
-, Schweiz 1442
-, Tschechoslowakei 1507
-, Ung. 1513
-, Zaïre 1697
Kirchschläger,
-, Rudolf *1438*
Kirgisen 1194–1195, 1198
Kirgisien ➊Kirgistan
Kirgisien ➊Kirgistan
Kirgisistan 1767–1768
Kirgisistan (Kirgisien,
-, Kyrgysstan) **1769–1770**
Kirgistan (Kirgisien,
-, Kyrgyzstan) 1198
Kiribati 1838
Kiribati (Gilbertinseln) 1234, 1247, 1836–1838
Kirijenko 1530
Kirk,
-, Norman Eric *1835*
Kirkenes 795
Kirkuk 1117, 1607
Kirman 1095
Kirow,
-, Sergej 1002, 1004
Kisangani 1696–1697
Kisapati-Stufe 65
Kisapostag-Gruppe 55
Kisch 31–32
Kischinew 796
Kischinjow 1536
Kischtmand,
-, Sultan Ali *1652*
Kisljar 1530
Kissinger,
-, Henry Alfred 1351–1352, 1369, 1574, 1583–1584, 1637, 1712, 1717, 1780, *1853*–1854, 1856
Kissinger-Plan (1976) 1712
Kisumu 1732
Kiszczak,
-, Czesław *1504*
Kitara-Reich 1145
Kitchener,
-, Horatio H. 1119
Kittikatschorn,
-, Thanom *1807*–1808
Kitwala-Kult 1164
Kivu-See 1146
Kiwanuka,
-, Benedicto *1729*–1730
Ki-Zerbo,
-, Joseph 1680
Kizu,
-, Kreditgenossenschaft (Japan) 1801
Kjell Magne Bondevik 1490
Kjoseiwanow,
-, Georgi *1074*
Kjustendil,
-, Schl. (1330) 627, 629
Klarissen 519
Klassenkampf,
-, Theorie 697
Klassizismus 662
Klaudios Ptolemaios **273**, 330, *666*
Klaus,
-, Josef *1437*
-, Václav 1432, *1509*–1511
Klausenhöhlen 20
Klazomenai ❶ 123–124
Kleandros,
-, Gela,
-,-, Tyr. 142
Kleanthes 180
Klearchos-Dekret 146
Kleinarmenien 403–407, 477
Kleinasien,
-, (MA) 646, 1090–1091, 1095, 1098–1101
-, (NZ) 1102, 1104, 1107, 1110, 1123
-, (Vorgeschichte u. Alt.) 92–**96**, 110, 120, 124–126, 142, 158–159, 171, **174**–175, 177–179, 181, 184–186, 188, 193, 195, 231, 277
-, (Vorgeschichte u. Alt.),
-,-, Dialekte ❶ 120
-,-, hellenistische Monarchien **192–196**
-,-, röm. Prov. **342–345**, 349, 352
-,-, röm. Prov.,
-,-,-, Gesellschaft 344
-,-,-, Kultur 344
-,-,-, Religion 344
-,-,-, Wirtschaft 344
-, (Vorgeschichte u. Alt.) ❶ 76, **113**
Kleindeutsche Lösung 849
Kleine Freihandelszone
➊EFTA
Kleinias von Sikyon 204
Kleinias-Dekret 146
Kleinklein 71
Kleist,
-, Ewald v. *759*
Kleisthenes,
-, ath. Politiker 135, **139**, 141
-, ath. Politiker,
-,-, Reformen 139, 144, 148
-, Sikyon,
-,-, Tyr. ❶ 127
Kleitarch 181
Kleitos,
-, Admiral Polyperchons 175, 202
-, Heerführer Alexander d. Gr. 170–*172*
Klemens von Alexandreia **291**, 336
Klementine,
-, G. v. August,
-,-, Sachsen-Coburg,
-,-,-, Pr. ❺ 924
-, v. Orléans ❺ 970
Kleombrotos I.,
-, Sparta,
-,-, Kg. 160
-,-, Kg. ❶ 130
Kleomenes,
-, Finanzverwalter 172
-, Sparta,
-,-, Kg.,
-,-,-, I. 133, 136, 138–140
-,-,-, I. ❶ 130
-,-,-, II. ❶ 130
-,-,-, III. 199, 205–206
-,-,-, III. ❶ 130
-, Kleon 153–154
Kleonymos von Sparta 203, 221, 294
Kleopatra,
-, Äg.,
-,-, Kgn.,
-,-,-, I. 183, 188–189
-,-,-, I. ❺ 187
-,-,-, II. 183, 190
-,-,-, III. **183**
-,-,-, III. B 183
-,-,-, IV. ❺ 187
-,-,-, V. 183
-,-,-, VII. **184**, 252, 256, 302, 336, 339
-, G. Philipps II. v. Maked. 168
-, Seleukiden-R.,
-,-, Kgn.,
-,-,-, III.,
-,-,-, III. Thea ❺ 187
-,-,-, III. Thea 189–190
-,-,-, III. Thea ❺ 187
-,-,-, IV. 190
-,-,-, IV. ❺ 187
Kleopatra Selene,
-, G. v. Antiochos,
-,-, Seleukiden-R.,
-,-,-, Kgn.,
-,-,-, IX. Kyzikenos ❺ 187
-,-,-, VIII. Grypos ❺ 187
-,-,-, X. Eusebes Philopator ❺ 187
-, G. v. Juba,
-,-, Mauretanien,
-,-,-, Kg.,
-,-,-, II. 332
Kleopatra Tryphaina,
-, G. v. Antiochos,
-,-, Seleukiden-R.,
-,(Vorgeschichte u. Alt.) ❶ 76, **113**
Kleophon 154–155
Kleph,
-, Langobarden,
-,-, Kg. *525*
Klerides,
-, Glafkos *1563*
Klerikalismus,
-, It. 1011–1016
Klerikalismus (1789–1914),
-, Frkr. 948
Klerk,
-, Frederik Willem de 1666, *1721*–1723, 1740
-, Frederik Willem de ❶ 1655
Kleruchie 144, 146–148, 153–154, 158, 160, 162, 182
Kleruchie,
-, Begriff 140, 146
Klerus,
-, (Alt.) 291
-, (Früh-MA) 365, 367, 382, 420
-, (MA) 509, 511, 516, 518
-, Dtld. 482
Klesl,
-, Melchior *816*
Klestil 1439
Klestil,
-, Thomas *1439*
Kleterologion 642
Kličevac 59
Klick-Sprachen 1128, 1147, 1154–1155
Klientel,
-, röm. 209, 211, 213, 223, 235–236, 239, 242–243, 249, 259, **296**
-, röm.,
-,-, Begriff 211
Klientelfürstentümer,
-, röm. 250, 258, 302, 310, 324–325, 332, 336, 343
Klima,
-, Erde 4–10
-, Erde ❶ 10
-, Victor *1439*
Klimaschutz-Protokoll von Kyoto 1861
Klokotnica,
-, Schl. (1230) 648
Klöster ➊Klosterwesen
Klosterneuburger Chronik 417
Klosterwesen,
-, (Alt.) 336
-, (Früh-MA) 365, **367–368**, 375–376, 381, **384**–386, **530**
-, (Hoch-MA) 480, **506**–508, 515–516
Kluck,
-, Alexander *718*
Kluge,
-, Günther v. *791*, *902*
Klüppelkrieg,
-, Ndld. (1798) 1040
Klutse,
-, Kwassi 1671
Klytaimnestra-Grab 116
KMT (Kuomintang-Nationalchinesische Volkspartei) 1212–1214, 1374, 1771–1772, 1789, 1805
Knabenlese 1099
KNDP (Kamerun National Democratic Party) 1687
Knezen 1075
Knidos 125, 159
Knidos,
-, Schl. 158

Knin 1555
Kniprode,
-, Winrich v. 619
Kniva 277
KNOC (Kuwait National Oil Co.) 1614
Knossos 23, 25, 34, 42, 49, 52, 114, 118
Knossos,
-, (röm. Zeit) 303
-, minoischer Palast 49, 53, 59, 114
Knox,
-, John *961*
KNP (Kenya National Party) 1731
Knuba,
-, Wikinger-Ft. 460
Knud Laward ➔knut,
-, Laward
Knut,
-, Dän.,
-,-, Kg.,
-,-,-, II. d. Gr. *371*, 466, *566*, 590, 594
-,-,-, II. d. Gr. 609
-,-,-, II. d. Gr. ❺ 594
-,-,-, IV. D. Heilige 595
-,-,-, IV. d. Heilige ❺ 594
-,-,-, VI. 475
-,-,-, VI. ❺ 476
-, Laward,
-,-, Schleswig,
-,-,-, Hz. *471*, 594
-,-,-, Hz. ❺ 594
-, S. v. Magnus,
-,-, Dän.,
-,-,-, Kg. ❺ 594
-, Schweden,
-,-, Kg.,
-,-,-, Eriksson ❶ 591
-,-,-, Holmgersson ❶ 591
-, Sverkersson,
-,-, Schweden,
-,-,-, Kg. 591
Knut Vollebaeck 1764
Knutsson,
-, Torgil 597
Koštunica 1552
Koalitionskriege,
-, 1. (1792–1797) 701, 837, 930, 1280
-, 2. (1799–1802) 701, 837, 987, 1011, 1084
-, 3. (1805) 702, 838, 904, 987, 1012
-, 4. (1806/1807) 702, 838, 1031
-, 5. (1809) 702
Kobe 1226
Koblenz,
-, Hoftg. (1338) 490
-, -Rittersturz,
-,-, Kfz. (1948) 1401
Kobra-Miliz 1692
KOC (Kuwait Oil Co.) 1614
Kočevje 899
Kodex Urnammu 40
Kodjo,
-, Edem *1670*–1671
Kodratos 290
Koerber,
-, Ernst v. *908*, *910*
Koerzition 216
Koexistenzpolitik,
-, UdSSR 1327
-, USA 1327
Koffigoh,
-, Joseph Kokou 1670
Kofi Annan 1335–1336, 1554, 1591, 1610, 1644, 1686, 1703

Koguryo 1214–1215
Kogyoku,
-, Japan,
-,-, Ksn. 1218
Kohl 1433–1434
Kohl,
-, Helmut 1354, 1414–1416, 1429–1432, 1510, 1529, 1823
-, Helmut ❶ 1406
-, Michael 1350, *1426*–1427
Kohleförderung,
-, Dt. R. ❶ 887
Köhler,
-, Erich *1405*
Kohorte 245, 260
Koibla,
-, Djimasta 1684
Koilesyrien 177, 184–186, 188–191
Koine,
-, eirene 156, 158–161, 168, 177, 203
-, symmachia 199
Koinon 160, 165, 168, 203, 205, 303, 344
Koinon,
-, achaiisches 199, 206
-, aitolisches 200, 202
-, thessalisches 166
Koinon der Nesioten ➔Nesiotenbund
Koinopragia 175
Koiso,
-, Kuniaka 788, 800
Koivisto,
-, Mauno *1494*–1495
Kok 1454
Kok,
-, Adam 1170
-, Wim *1453*
Koko,
-, Japan,
-,-, Ks. 1219
Kokowzow,
-, Wladimir N. *995*
Kök-Türkisches Reich 1193–1194
Kolakowski,
-, Leszek *1502*
Kolberg 797
Kolberg,
-, Btm. 464, 608
Kolchosenwirtschaft 1003, 1517, 1519
Kolelas,
-, Bernard 1692
Kolin,
-, Schl. (1757) 688, 829
Kolingba,
-, André 1685
Kolingba, André 1686
Kolkhagen 61
Kollegialität,
-, röm. 213, 237, 260, 270
Kollektivierung,
-, DDR 1403, 1417, 1419, 1422
-, kommunistische Welt 1373–1374
-, Kuba 1882
-, Polen 1501–1502
-, Rumänien 1542
-, Syr. 1592
-, Tschechoslowakei 1507
-, UdSSR 996, 1003
-, UdSSR ❶ *1002*
-, Ung. 1512
Köln,
-, (Alt.) ➔Colonia Claudia Ara Agrippinensium
-, (Alt.) ➔Oppidum Ubio-

rum
-, (MA) 389, 391, 488, 499–500
-, (MA) ❶ 410–412
-, Ebtm. 462, 466, 475, 484, 811, 824, 841
-, Ebtm. ❶ 820
-, Reichstg. (1512) 804
-, Univ. ❶ 398
Kölner Dombaufest (1842) 844
Kölner Kirchenstreit (1836–1841) 843
Kölner Königschronik 480
Kölner Krieg (1583) 815
Kololo 1151, 1155
Koloman I.,
-, Ung. u. Kroatien,
-,-, Kg. 605, 626
Kolomoki 1249
Kolomyjšeina 34
Kolonai ❶ 124
Kolonen,
-, röm. 266, 269, 279
koloniale Pentarchie 669
Kolonialismus,
-, (1789–1914) 973–975, 1120
-, (1789–1914) ❶ 708
-, (Früh-NZ) 665, 669
-, (Früh-NZ) ❻ 671
-, (seit 1945) 1385, 1388, 1654
-, Expansion 1120
-, Expansion ❶ 707, 709
Kolonialmacht,
-, Dt. R. 863–864, 868
-, Dt. R. ❶ 709, 863
-, Engld./GB,
-,-, (1485–1789) 669, 685, 687–688, 828, 966–967, 1183, 1185–1186, 1228–1229
-,-, (1485–1789) ❻ 671
-,-, (1789–1914) 973–975, 1108, 1117, 1119, 1125–1126, 1187–1191
-,-, (1789–1914) ❶ 709
-,-, (seit 1914) 1114–1117, 1119–1120, 1125
-,-, (seit 1914) ❶ 1109, 1113
-, Frkr.,
-,-, (1494–1789) 669, 687–688, 828, **922**, 925–926, 1186
-,-, (1494–1789) ❻ 671
-,-, (1789–1914) 944, 947, 1108, 1120, 1229
-,-, (1789–1914) ❶ 709
-,-, (seit 1914) 1114, 1116, 1121–1122
-,-, (seit 1914) ❶ 1109, 1113
-, It. 1015, 1109, 1122
-, It. ❶ 1109
-, Ndld. 1069, 1034–1035, 1228, 1230
-, Ndld. ❻ 671
-, Port. 669, 1030–1031, 1120, 1123, 1183, 1228
-, Port. ❻ 671
-, Russld. 1124–1126
-, Russld. ❻ 671
-, Span. 669, 687, 1023–1024, 1026, 1120–1121, 1228, 1230
-, Span. ❻ 671
-, USA 708
Kolonialreiche,
-, (Früh-NZ) 669–670
-, (NZ) **707**–708, 710
-, (NZ) ❻ 708
-, (NZ) ❶ 709

-, Afrika 1108–1109, 1119–1121, 1654
-, Afrika ❶ 1109
-, Am. **1268**–**1273**
-, As. 1114–1118, 1126, 1186–1191, 1228–1231, 1247
-, As. ❶ 1109, 1113
-, Kolonien,
-, belgische 1150, 1153, 1163–1165
-, belgische ❶ 1158
-, brit. 973, 1136, 1138–1139, 1141–1144, 1146–1149, 1151–1152, 1154–1155, 1157, 1160–1161, 1166, 1169–1171, 1173–1175, 1183, 1245, 1748
-, brit. ❶ 1158
-, dt. 723, 735, 863, 868, 877, 1138–1139, 1142, 1144, 1146–1150, 1153, 1155–1156, 1168, 1173–1174
-, dt. ❶ 863, 1158
-, frz. 777, 922, 926, 1136, 1138–1139, 1141–1144, 1150, 1153, 1156, 1161–1162, 1172, 1175, 1444
-, frz. ❶ 1158
-, griechische 126, 304, 309
-, griechische,
-,-, in It. 70
-, griechische ❶ **124**–**125**
-, hellenistische 184, 188
-, italienische 1019, 1136–1137, 1158, 1175
-, jüdische 104
-, karthagische 328
-, latin. 217, 220–221, 228, 294–296, 298
-, latin. ❶ **219**
-, niederländische 1038
-, phönikische 98, 105, 327
-, portugiesische 710, 1032, 1141, 1144, 1149, 1151–1154, 1165–1167, 1183, 1654
-, portugiesische ❶ 1158
-, röm. 221–223, 229, 242, 244, 253, 255–256, 260, 264, 266, 269–270, 294–296, 298, 300, 303, 319, 330, 341, 343
-, röm. ❶ **219**, 333
-, spanische 1150
-, spanische ❶ 1158
-, US-amerikanische 1880
latin. 218
röm. 218
Kolonisation,
-, (MA) **389**
-, griechische 124–126, 304
-, mykenische 118
Kolonistenrecht (MA) **389**
Kolophon 95, 136
Kolophon ❶ 123, 125
Koltschak,
-, Alexander W. *999*
Kolumban ➔Columban
Kolumbien,
-, (1810–1945) **1309**–**1310**
-, (1810–1945) ❶ 1309
-, (Indianerkulturen) 1261
-, (seit 1945) 1863–1865, **1894**–**1896**, 1898
-, (seit 1945) ❶ 1895
-,-, Bevölkerung(sentwick-lung) ❶ 1865
-,-, Drogenkartelle 1896
-,-, Handel 1896

-,-, pol. Org. 1896
-,-,-, Verfassung 1896
-,-, Wirtschaft 1895
-, (spanische Kolonialzeit) 1296
-, Verfassung (1863) 1309
-, Verfassung (1886) 1309
Kolumbus,
-, Christoph 560, 666, 668–669, 1293, 1299, 1482
Kolumbus-Reise,
-, 1.,
-,-, (1492–1493) 668
-, 2. (1493–1496) 668
-, 3. (1498–1500) 668
-, 4. (1502–1504) 669
Komeito 1797, 1799
Kominform (Kommunistisches Informationsbüro) 1004, 1339–1340, 1344, 1374, 1376, 1519
Komintern (Kommunistische Internationale) 732, 738, 740, 742, 747–748, 756, 780, 878, 951, 953, 996, 999, 1006, 1212–1213, 1230
Kommagene 340
Kommissarbefehl 766
Kommission des Indischen Ozeans 1746
Kommission für den Nationalen Dialog,
-, Kolumbien 1895
Kommunismus 739, 1373–1374, 1378–1379
Kommunismus,
-, China 1212, 1214
-, Eur. 697
-, Japan 1224
-, Philippinen 1231
Kommunistenaufstände,
-, dt. (1920) 878
-, dt. (1921) 878
Kommunistische Internationale ➔Komintern
Kommunistische Partei,
-, Frkr. 951, 956
-, Japan ➔Kyosanto
Kommunistische Partei Bulgariens ➔KPB
Kommunistische Partei der Tschechoslowakei ➔KPČ
Kommunistische Partei Indonesiens ➔PKI
Kommunistische Partei Italiens ➔KPI
Kommunistische Partei Malaysias 1820
Kommunistische Partei Nepals ➔KPN
Kommunistische Parteien,
-, Kfz. 1377–1382
Kommunistische Welt,
-, internationale Bez. 1373–1383
Kommunistisches Manifest (1848) 697–698, 844
Komnena,
-, Anna 630, *647*
Komnenen,
-, Dyn. **645**–647
Komoren (Comoren),
-, (Anf.–1975) 1129, **1149**–**1150**, 1172, 1739, **1742**
-, (Anf.–1975) ❶ 1158
-, (seit 1945) 1576, **1742**–**1743**, 1746
-, (seit 1975),
-,-, pol. Org. 1743
-,-, Verfassung 1743
-, (seit 1975) ❶ 1158

Komyo,
-, Japan,
-,-, Ks. 1220
Konaré 1678
Konaré,
-, Alpha Oumar *1678*
Konaté,
-, Mamadou *1677*
Kondominium,
-, brit.-ägyptisch,
-,-, Sudan 1119–1120
Koné,
-, Jean-Marie *1677*
Konferenz auf dem Petersberg 1336
Konferenz für Sicherheit und Zusammenarbeit in Europa ➔KSZE
Konferenz über vertrauens- und sicherheitsbildende Maßnahmen in Europa ➔KVAE
Konferenz zur Finanzierung von Entwicklung in Monterrey 1336
Konfessionalisierung,
-, (Früh-NZ) 660, 662
-, (Früh-NZ),
-,-, Dtld. 675
-, Dtld. 807–808, 810–816, 818
Konföderation Senegambia 1657, 1659
Konföderationsakte (1619) 816
Konfuzianer 1205, 1208
Konfuzianismus 1202, 1207, 1211–1212, 1214–1216
Konfuzius 67, *1202*, 1781
Kong Le 1810
Kongo,
-, -Kfz. (1884–1885) 710, 1041, 1130
-, Kgr. 1130, 1150–1153, 1159
-, -Konfl. (1960–1963) 1326, 1347–1348
-, -Konflikt (1960–1963) 1455, 1694–1695
-, -Niger-Familie 1134
-, VR ➔Congo
Kongo (Kongo-Freistaat,
-, Belgisch-Kongo,
-,-, Kongo-Léopoldville,
-,-,-, Zaïre,
-,-,-,-, Demokratische Republik Kongo),
-,-,-,-,- (bis 1960) 1130, 1152–1153, 1162–1165, **1692–1693**, **1697–1698**
-,-,-,-,- (bis 1960) ➊ 1158
-,-,-,-,- (bis 1960),
-,-,-,-,-,- Außen-Pol. 1697
-,-,-,-,-,- Bevölkerung ➊ 1656
-,-,-,-,-,- öffentliche Finanzen 1697
-,-,-,-,-,- pol. Org. 1697
-,-,-,-,-,- Religions-Pol. 1697
-,-,-,-,- (seit 1960) 1041–1042, 1326, 1337, 1347, 1349, 1683, 1685, **1693–1697**, 1699, 1704–1705, 1708
-,-,-,-,- (seit 1960) ➊ 709, 1158, 1655
-,-,-,-,- (seit 1960),
-,-,-,-,-,- AIDS-Erkrankungen ➊ 1335
-,-,-,-,-,- Bevölkerung ➊ 1656

-,-,-, Zaïre,
-,-,-,-, Demokratische Republik Kongo),
-,-,-,-,- (seit 1960) 1455
Kongo (Kongo-Freistaat, Belgisch-Kongo, Kongo-Léopoldville, Zaïre, Demokratische Republik Kongo),
-, (seit 1960),
-,-, Unabhängigkeits-Erkl. ➊ 1386
Kongo (Zaïre),
-, Fluss 1150, 1162–1163, 1165
Kongoakte (1885) 710
Kongo-Brazzaville ➔Congo
Kongo-Freistaat ➔Kongo
Kongo-Léopoldville ➔Kongo
Kongolesische Befreiungsbewegung (MLC) 1698
Kongolesische Versammlung für die Demokratie (RCD) 1698
Kongolesischen Befreiungsfront (FLC) 1698
Kongopolitik,
-, belgische 1693, 1695–1697
Kongowald-Region 1141
Kongress,
-, USA 1279
Kongresspartei,
-, Ind. 1752, 1755–1757
Kongresspolen 703, 720, 988
König Birendra 1766
König Rother ➊ 481
Königgrätz,
-, Schl. (1866) 706, 854
Königliches Hofgericht,
-, Dtld. 497
-, Kammergericht,
-,-, Dtld. 497
Königsberg 495, 612, 617, 794, 797, 799, 1497–1498, 1500
Königsboten 382
Königsfriede (387 v.) 96, 110, 157, 159–160
Königswahl,
-, dt. 491
Königtum,
-, Äg. ➔Pharao
-, arabisches 100
-, armenisches 345–346
-, Athen 134
-, babylonisches 87
-, Dän. 1048
-, dt. (MA) 457–460, 462, 469, 471, 473, 475, 482–484, 489–491, 497, 509–510, 512, 517, 530
-, Elam 106
-, engl.,
-,-, (NZ) 960–961, 965
-, engl. (MA) 408, 514, 572–573, 576–577, 580, 583
-, Epeiros 165
-, etruskisches 111, 211, 213
-, fränk. 372, 374–376, 378–379, 381–384, 420–422, 455–456
-, friesisches 377
-, frz. (MA) 408, 426, **428**, 437, 443, 450, 452
-, frz. (NZ) 916, 928–931
-, germanisches 361, 369
-, gotisches 358
-, Griechld. (Alt.) 122, 130, 134, 180

-, Heerkönigtum 357–358
-, hellenistisches 179, 181, 185
-, Heth. 93
-, Hochkulturen (1. Jt.) 68
-, Hochkulturen (2. Jt.) 47–48, 52–54, 57–59, 62–63
-, Hochkulturen (3. Jt.) 30–32, 38–40, 42
-, Homers Zeit 122
-, Iberische Halbinsel,
-,-, (MA) 548, 557
-, irisches 369
-, israelisches 102
-, It. 1010
-, kastilisches 558, 560
-, langobardisches 525–527
-, makedonisches 164–165, 172–175, 179–180, 196, 231
-, minoisches 115
-, mykenisches 117
-, norwegisches 592
-, ostgotisches 363–364
-, parthisches 347–349
-, pers. 173
-, polnisches 614
-, portugiesisches 563
-, röm. 211, 213, 298–299, **330**, 334–335, 337, 340, **344**
-, sasanidisches 350–351, 358
-, schwedisches 592
-, seleukidisches 180, 184
-, Sparta 130–132, 158
-, ugaritisches 98
-, ungarisches 624
-, vandalisches 363
-, westgotisches 359, 362
Konka-Paß 1751
Konkordat,
-, Dt. R.,
-,-, (1933) 894
-, Frkr.,
-,-, (1516) 654, 916
-,-, (1801) 935, 1012
-, It.,
-,-, (1929) 1019
-,-, (1984) 1474, 1477
-, Österreich,
-,-, (1934) 912
-, Span.,
-,-, (1851) 1026
-,-, (1953) 1479
Konkordienformel (1577) 814
Konon 155, 158
Konon,
-, Pp. ➊ 505
Konooura 130
Konoye,
-, Fumimaro 765, 769, *1225*–1226
Konrad,
-, Bay.,
-,-, Hz. ✪ 467
-, Burg.,
-,-, Kg. *422*, 425, 460
-, d. Rote,
-,-, Lothr.,
-,-,-, Hz. 460, 462, 466
-,-,-, Hz. ✪ 461, 467
-, Hildesheim,
-,-, B. 404
-, Kärnten,
-,-, Hz.,
-,-,-, I. ✪ 467
-,-,-, II. d. J. ✪ 467
-, Kg./Ks.,
-,-, I. 455–**458**, 511
-,-, II. 426, **465–466**, 531–532, 608–609
-,-, III. **401**, 471–472, 615,

646
-,-, III. ✪ 473
-,-, IV. 479–**480**, 483–484, 535
-,-, IV. ✪ 473
-, Mainz,
-,-, Eb. 405
-, Pfaffe ➊ 481
-, Pfgf. B. Rhein 476
-, S. v. Heinrich,
-,-, Kg./Ks.,
-,-,-, IV. 470, 510
-, Schwaben,
-,-, Hz. 463, 473
-, v. Ammenhausen *501*
-, v. Gelnhausen 522
-, v. Masowien 403, 478, *615*
-, v. Megenberg *500*
-, v. Soest 500
-, v. Waldhausen *612*
-, v. Würzburg *500–501*
-, Zähringen,
-,-, Hz.,
-,-,-, I. 471
Konradin,
-, Schwaben,
-,-, Hz. *484*, 517, 535
-,-, Hz. ✪ 473
Konradiner,
-, Dyn. 455, 457
Konservatismus,
-, Dtld. 852, 862–863
-, Eur. 695–696
-, GB 972–975
-, Österreich 904
Konservative Volkspartei 884
Konso-Gruppe 1138
Konstans II.,
-, Byz.,
-,-, Ks. 503, 526, *638*
Konstantin,
-, Bulg.,
-,-, Zar,
-,-,-, Tich 629
-, Byz.,
-,-, Ks.,
-,-,-, IV. *638*
-,-,-, IX. Monomachos 508, 644
-,-,-, V. *639*
-,-,-, VI. *639*
-,-,-, VII. Porphyrogennetos 604, 640, 642
-,-,-, VIII. 644
-,-,-, X. Dukas 644
-,-,-, XI. 648, *650*
-, Gegen-Pp.,
-,-, II. ➊ 505
-, Griechld.,
-,-, Kg.,
-,-,-, I. 725, *1080–1081*
-,-,-, II. *1560*
-, Pp.,
-,-, I. 503
-,-, I. ➊ 505
-,-, II. 504
-, Rom,
-,-, Ks.,
-,-,-, I. d. Gr. 279–283, 285, 292, 307, 318–319, 324, 326, 331–332, 339–340, 342, 344, 350, *364*, 505, 516
-,-,-, I. d. Gr. ✪ 284
-,-,-, I. d. Gr. ➊ 365
-,-,-, II. 281–283
-,-,-, II. ✪ 284
-,-,-, III. 285–286, 326, 331
-, Russld.,
-,-, Gft. 988
-, Serbien,
-,-, Kg.,

-,-,-, Bodin 626
Konstantin Harmenopulos 649
Konstantinische Fälschung 505
Konstantinische Schenkung 394, 504–**506**, 659
Konstantin-Kyrillos ➔Kyrillos
Konstantinopel,
-, (Alt.) 279–280, 282, 286, 311, 337, 343, 345, 352
-, (MA) 402, 405, 411, 498, 503, 530, 636, 638, 640–644, 646–647, 649–651, 666, 1090–1091
-, (MA) ➊ 528
-, (NZ) 702, 706
-, (NZ) ➔Istanbul
-, Eroberung (1453) 1100–1101
-, Frd. (1700) 1105
-, Konz.,
-,-, I. (381) 285
-,-, I. (381) ➊ 365
-,-, II. (553) ➊ 365
-,-, III. (680–681) 503
-,-, III. (680–681) ➊ 365
-,-, IV. (869–870) 504
-, Patr. 634
-, Patrt. 286, 365–367, 503
-, Syn. (1054) 508
-, Vtg. v. (1817) 1075
Konstanz,
-, Frd. (1183) 475, 534
-, Konz. (1414–1418) 419, 495, **522**, 541, 659–660, 671
-, Vtg. (1153) 473, 512
Konstanze,
-, Aragón,
-,-, Kgn. *555*, 561
-,-, Kgn. ✪ 473, 559
-, Frkr.,
-,-, Kgn.,
-,-,-, v. Siz. 425–426
-, G. v. Friedrich,
-,-, Kg./Ks,
-,-,-, II. ✪ 473
-, G. v. Sigismund,
-,-, Polen,
-,-,-, Kg.,
-,-,-,-, III. ✪ 1062
-, T. v. Peter,
-,-, Aragón,
-,-,-, Kg.,
-,-,-,-, IV. d. Zeremoniöse ✪ 559
-,-, Kast.,
-,-,-, Kg.,
-,-,-,-, I. d. Grausame ✪ 559
-, T. v. Conan,
-,-, Normandie,
-,-,-, Hz.,
-,-,-,-, IV. 570
-, v. Siz.,
-,-, Ksn. 475, 477, 514, 534
-,-, Ksn. ✪ 473
Konstituante 993
Konstitutionalismus 696, 699
Konstitutionalismus,
-, Dän. 1049
-, Dtld. 838, 840–843, 845, 850
-, It. 1013
-, Norw. 1049
-, Österreich 852
-, Österreich-Ung. 906
-, Preußen 851
-, Russld. 986, 992–993
-, Schweden 1049
-, Span. 1026

Konsulartribunat 215
Konsulat,
-, röm. 211, 213, 216, 232, 236, 238, 242, 246, 248–249, 255–260, 296, 298
-, röm. ● 236
Konsulatsverfassung,
-, Frkr. (1799) 933–934
Konsultativpakt,
-, (1873) 990
Kontagora,
-, Emirat 1160
Kontinentalkongress ● Philadelphia,
-, Kontinental-Kongr.
Kontinentalsperre 702, 935–936, 969, 1031, 1038, 1049, 1281
Kontinentalverschiebung 6, 9
Kontrollrat ● Alliierter Kontrollrat
Konventsherrschaft (1792–1794) 931–932
Konventuale 519
Konvokation 576
Konya 1095, 1099
Konzentrationslager ● KZ
Konzertierte Aktion (1968) 1412
Konzile,
-, ökumenische
● Ökumenische Konzile
Konzile ● bei den einzelnen Konzilsorten
Konzile ● Ökumenische Konzile
Konziliarismus 408, 495, 508, 518–519, **522**
Kooperationsrat der Arabischen Golfstaaten 1575
Kopenhagen 600, 1370, 1488, 1491
Kopenhagen,
-, Beschießung (1807) 702
-, Frd. (1660) 1046, 1048
-, Kfz.,
-,-, (1949) 1357
-,-, (1973) 1369
-, Schl. (1807) 1049
Kopenhagen ● 418
Kopernikus,
-, Nikolaus 618, *664*
Köpet Dagh 1191
Kopfgeld-Dekret,
-, Rumänien (1982) 1543
Kopp,
-, Elisabeth *1442*
Köprülü,
-, Ahmed **1104**
-, Husein **1105**
-, Mehmed **1104**
-, Mustafa **1105**
Kopten 1088, 1091, 1093, 1627
Koptisch,
-, Schr. 335, 1132
-, Spr. 335–336, 1091
Koptische Kirche 1136–1138
Koptos 335
Koraisch,
-, Geschl. 1088, 1091
Koraku 49
Korallenmeer,
-, Schl. (1942) 778
Koran 1089–1090, 1092, 1111–1112, 1118
Korbinian,
-, Freising,
-,-, B. *370*

-, (Alt.) ● Korkyra Melaina
Kordofan 1118, 1133–1134
Kordt,
-, Erich 756
Kore ● Demeter
Korea,
-, (Anf.–1948) 710, 801, 992–993, 1196, 1204–1205, 1207, 1210, 1215–1217, 1223–1224, 1338, 1516, **1790**, **1792**, 1794
-, (Anf.–1948),
-,-, Außen-Pol. 1215
-,-, geografische Lage 1214
-,-, Gesellschaft 1215
-,-, Kultur 1215–1216
-,-, pol. Org. 1215–1216
-,-, Religion 1215–1216
-,-, Unabhängigkeits-Erkl. (1919) 1217
-,-, Unabhängigkeits-Erkl. ● 1386
-,-, Verwaltung 1216
-, (seit 1948) ● Nordkorea
-, (seit 1948) ● Südkorea
Koreakrieg (1950–1953) 1325, 1341–1342, 1375, 1405, 1517, 1775, 1790, 1792, 1795, 1827, 1830, 1841, 1848
Koreanisch,
-, Schr. 1215–1216
Korfanty,
-, Woyciech *878*
Korfu,
-, (1918–1945) 1018, 1020, 1080
-, (Alt.) ● Korkyra
-, (MA) 630–632, 648
-, Erkl. (1917) 1076
Korinth,
-, (hellenistische u. Röm. Zeit) 197, 199, 202, 204–205, 207, 232, 301–303
-, (hellenistische u. röm. Zeit) 170, 176–177, 180
-, (hellenistische und. Röm. Zeit) 302
-, (MA) 630
-, (Tyrannis) 133
-, (vor dem Hellenismus) 126, **133**, 136, 143, 145, 152–154, 156, 158, 162, 164, 168
-, (vor dem Hellenismus) ● 120, 125, 127
-, (Vorgeschichte) 25
-, christliche Gemeinde 289
-, Isthmus 303
Korinther 140, 153
Korinthischer,
-, Bd. (338–337) 156, 163, 168, 170–172, 176–177, 201, 203
-, Bd. (338–337) ● 157, 174
-, Krieg (395–386) **158**
-, Krieg (395–386) ● 157
Korisis,
-, Alexander *1081*
Koritza 763
Korkyra (Korfu) 133, 152–153, 160, 162, 164, 177
Korkyra Melaina (Korčula) 304
Kormisos,
-, Bulgaren,
-,-, Chan **603**
Kornemann,
-, Ernst 287
Körner,
-, Karl Theodor *840*, 1103, *1436*

Kornilow,
-, Lawr G. 999
Kornilow-Putsch (1917) 998
Koroma,
-, Ibrahim *1663*
Koromah,
-, Johnny Paul 1663
Koron 632
Koroneia 146, 161–162, 206
Körös-Kultur 24
Korowi,
-, Wiwa 1838
Korragos 201
Korridor 750–753
Korsika,
-, (Alt.) 138, 225
-, (MA) 503, 526, 539, 561
-, (NZ) 677, 786, 1011
-, röm. Prov. (Corsica) 255, **301**
Kortrijk,
-, Schl. (1302) 438
Korvald,
-, Lars *1490*
Koryo 1215
Koryphasion 49, 116
Kos,
-, (Alt.) 158, 161, 163, 192
-, (Alt.) ● 120
-, (MA) 610
Kosaken 980, 999, 1062, 1125
Kosaken,
-, -Aufstand (1773–1774) 985
Kosaken ● 995
Kosambi 1178
Kościuszko,
-, Tadeusz 985, *1064*
Kosihy-Čaka-Gruppe 44
Kosmas,
-, Heiliger 342
Kosmos,
-, spartanischer 130–132, 303
Kosovo 1336, 1394, 1547, 1550–1552, 1557, 1559
Kosovo,
-, Unruhen (1981) 1549, 1558
Kosovo ● Amselfeld
Kosovokonflikts 1787
Kosovo-Krieges 1861
Kosrae 1837
Kossuth,
-, Lajos *904*–905
Kossygin,
-, Alexej N. 1349, 1379, *1519*, 1521, 1524, 1526, 1608, 1630, 1853
Kostis Stephanopoulos 1562
Kostjenki 20–21
Kostoboken 273, 302, 311
Kostow,
-, Iwan 1546
-, Traitscho 1545
Koštunica 1552
Kosyrew,
-, Andrei 1392
-, Andrej W. *1529*
Koszider 60
Kotelas 1692
Kotelawala,
-, John *1763*
Kotoka,
-, Emmanuel *1668*
Kotoku,
-, Japan,
-,-, Ks. 1218
Kotyora ● 124

Kotys,
-, Thraker,
-,-, Kg. 160–161
Kotzebue,
-, August v. *842*
Kouandété,
-, Maurice *1672*
Koumakoye,
-, Kassiré Delwa 1684
Kountché,
-, Seyni *1681*
Kousseri,
-, Schl. (1900) 1138
Kovác,
-, Michal 1511
Kovács,
-, Béla *1512*
Kovdin 43
Kovrat,
-, Bulgaren,
-,-, Chan *603*
Kowloon 1209
Koxinga *1207*
Kozonguizi,
-, J. *1716*
KPB (Kommunistische Partei Bulgariens) 1545–1546
KPČ (Kommunistische Partei der Tschechoslowakei) 1507, 1509
KPCh (Kommunistische Partei Chinas) 748, 1212–1214, 1771–1775, 1777, 1779–1786
KPD (Kommunistische Partei Deutschlands),
-, (1918–1933) 872, 876–878, 880–881, 883–886, 893
-, (1918–1933) ● 875, 882
-, BR Dtld. 1409, 1412
-, DDR 1402–1403
KPdSU,
-, (vor 1945) 767
KPdSU (Kommunistische Partei der Sowjetunion)
-, (1945–1991) 1526
KPdSU (Kommunistische Partei der Sowjetunion),
-, (1945–1991) 1374, 1376–1377, 1379, 1516–1517, 1520, 1522, 1525, 1528
-, (vor 1945) 1002, 1004–1005
-, (vor 1945) ● 1001
KPI (Kommunistische Partei Italiens) 1470, 1474
KPJ (Kommunistische Partei Jugoslawiens) 764, 1547
KPN (Kommunistische Partei Nepals) 1766
KPÖ (Kommunistische Partei Österreichs) 910, 912, 1435
KPR (Kommunistische Partei Russlands) 999, 1002
KPU (Kenya Peoples Union) 1732
KPV (Kommunistische Partei Vietnams) 1818
Kraag,
-, Johan *1900*
Kraft,
-, Adam *500*
Krag,
-, Jens Otto *1491*
Krain 486, 612, 703, 736, 840, 1078, 1103
Krain,
-, Nationalitäten ● 909
Krajina 1550–1551,

1554–1555
Krakau 615–616, 1066
Krakau,
-, Aufstand (1846) 700
-, Btm. 464, 608
-, Freist. 703, 904, 941
-, Univ. 618
-, Univ. ● 398
-, Vtg.,
-,-, (1525) 807
Krakau ● 413, 418
Kralitzer Bibel 613
Kraljević,
-, Marko *628*
Kramář,
-, Karl *909*
Krannon,
-, Schl. (322 v.) 175, 202
Krapina 17
Krasnogorsk 901
Krasnograd 780
Krasnoje Selo 996
Krasts,
-, Guntars 1499
Krateros,
-, Heerführer Alexander d. Gr. 170, 173–175, 202
-, Heerführer Alexander d. Gr. ● 174
-, Stth. Maked. 197
-, Stth. Maked. ● 198
Krates von Mallos 181
Kratesipolis,
-, Sikyon,
-,-, Herrscherin 202
Krawtschuk,
-, Leonid 1391
-, Leonid M. *1534*
Kreditwesen,
-, BR Dtld. 1410
Kreide **8–9**
Kreide ● 8
Kreisauer Kreis 902
Kreisky,
-, Bruno *1437*–1438
Kremsier 849
Kremsier,
-, Reichstg. (1848/1849) 849, 905
Kremsierer,
-, Kompromiß (1991) 1509
Krenides 166
Krenz,
-, Egon *1429*
Kreolen 1144, 1156–1157, 1296, 1301, 1314, 1658–1660, 1662, 1744, 1900
Kreta,
-, (Hellenismus) 248
-, (Kupferzeit) 34
-, (MA) 630, 632, 641, 643, 647–648, 1091, 1093
-, (MA) ● 528
-, (minoische-mykenische Kultur) 42, 49, 53–54, 59, 114–**116**, 119
-, (minoische-mykenische Kultur) ● 76, 120
-, (NZ) 712, 762, 764, 1080, 1104, 1107, 1109
-, (röm. Prov. (Creta)) 249, 301–303
-, (Vorgeschichte) 23
-,(minoische-mykenische-Kultur) 34
Kreter 115
Kreuger,
-, Ivar 1053
Kreuzfahrerstaaten 401–407, 630, 1095
Kreuzzeitung 847

Kreuzzug,
-, 1. (1096–1099) 392, 399–**401**, 405, 510, 536, 645
-, 1. (1096–1099) ❶ 393
-, 2. (1147–1149) 399, **401**, 405, 430, 472, 646
-, 2. (1147–1149) ❶ 393
-, 3. (1189–1192) **401**, 403, 406, 431, 475, 477, 494, 514, 573, 646
-, 4. (1202–1204) **401–402**, 509, 533, 646–647
-, 5. (1217–1221) **402**, 404
-, 6. (1248–1254) **402**, 433
-, 7. (1270–1275) **402**, 433
-, Ks. Friedrichs II. (1228–1229) **402**, 478–479, 516
Kreuzzüge 392–393, 399–**403**, 506–507, 509–510, 514–517, 645–646, 1094–1099
Kreuzzugsgedanke **400**
Krewo,
-, Vtg. (1385) 616, 619
Kriangsak Chamanand 1809
Kribi 1161
Kriegführung,
-, Athen 145, 153
-, Brdbg.-Preußen 688, 822, 827–829
-, China 787
-, China ❶ 802
-, Dt. R.,
-,-, (1914–1918) 717–726, 728, 730, 870–871, 1110, 1119, 1289
-,-, (1939–1945) 752, 755, 759–760, 764, 766–768, 770, 772–773, 776–777, 782–787, 791–793, 795–797, 898–902
-, Engld./GB,
-,-, (1485–1789) 671, 685, 687, 828–829, 961–962, 965–966
-,-, (1789–1815) 701–702, 1049
-,-, (1815–1890) 704–705, 1108, 1119, 1126
-,-, (1914–1918) 716–725, 728–729, 1113–1114, 1119
-,-, (1914–1918) ❶ 717, 730
-,-, (1939–1945) 752–753, 755, 758, 760–766, 770–771, 777–778, 781, 783, 786–788, 791–793, 795, 800–801, 1116–1117
-,-, (1939–1945) ❶ 757, 762, 802
-,-, (MA) **441**, **577**–579
-,-, (seit 1945) 1464
-, Frkr.,
-,-, (1494–1648) 672, 674–677, 680, **683**, 916, 920
-,-, (1648–1789) 684–685, 687–688, 822, 824–825, 827–829, 923, 925–926
-,-, (1789–1914) 700, 705, 930–937, 1108, 1118
-,-, (1914–1918) 716–720, 722–725, 728
-,-, (1914–1918) ❶ 717, 729–730
-,-, (1939–1945) 752–753, 755, 758–760, 776, 793, 956, 1116
-,-, (1939–1945) ❶ 757, 802
-,-, (MA) 436, **441**, *447*, *449*–450
-, Griechld.,
-,-, (NZ) 725, 762–764
-,-, (NZ) ❶ 757

-, Griechld. (Alt.) 145
-, It.,
-,-, (1915–1918) 720–721, 723–724, 730, 1122
-,-, (1915–1918) ❶ 716
-,-, (1940–1945) 758, 760, 762–764, 767, 771–772, 777, 781, 785, 1020
-,-, (1940–1945) ❶ 757
-,-, (vor 1915) 1015–1016, 1109, 1122
-, Japan,
-,-, (1914–1918) 723–724, 726, 1224
-,-, (1941–1945) 765, 769–771, 777–778, 787–788, 799–801, 1225
-,-, (1941–1945) ❶ 802
-, Osman. 720–721, 725, 729, 1108–1110, 1113–1114, 1119
-, Osman. ❶ 717, 730
-, Österreich,
-,-, (1804–1867) 837–838, 840, 853, 904–905
-,-, (NZ bis 1804) 822–823, 827–829
-,-, -Ung. (1867–1918) 716, 718, 720–721, 723–**730**, 909, 1110
-,-, -Ung. (1867–1918) ❶ 717, 730
-, Port. 1031
-, Preußen,
-,-, (1789–1815) 837–838
-,-, (1815–1871) 853, 855
-, R.,
-,-, Röm.-dt. 674–675, 817–818, 824–827
-, Rumänien 719, 724–725, 728, 766–767, 770, 772, 783
-, Rumänien ❶ 717, 757
-, Russld.,
-,-, (1505–1795/1796) 684, 687–688, 829, 980, 983, 985
-,-, (1789–1815) 987, 1124
-,-, (1815–1890) 988–992, 1108, 1124
-,-, (1890–1914) 992–993
-,-, (1914–1917) 718, 720–721, 723–725, 727, 997
-,-, (1914–1917) ❶ 717
-, Schweden,
-,-, (1523–1648) 817–818
-,-, (1648–1789) 684, 822
-, Serbien 720–721, 725–726
-, Span. 1024–1027
-, Sparta 132
-, UdSSR (1939–1945) 755–756, 758, 761, 765, 767–769, 771, 773, 782, 792–793, 795–797, 801
-, UdSSR (1939–1945) ❶ 757
-, Ung. 764, 767, 770, 772
-, Ung. ❶ 757
-, USA,
-,-, (1917–1918) 723, 726, 728, **1289**
-,-, (1917–1918) ❶ 717, 730
-,-, (1941–1945) 762, 769–771, 776, 778, 780–781, 783–784, 786–788, 791–795, 800–801, **1289**, **1292–1293**
-,-, (1941–1945) ❶ 757
Krieg-in-Sicht-Krise (1875) 706, 862
Kriegserklärungen,
-, Erster Weltkrieg 712–713, 717–718, 721, 723–724, 726, 1212, 1289
-, Zweiter Weltkrieg 790,

956, 977, 1005–1006, 1020, 1039, 1073, 1226
Kriegsgefangene,
-, dt. 1409
Kriegskommunismus 996, 999
Kriegskosten,
-, Dt. R. 870, 888
Kriegskosten ❶ 729
Kriegskredite,
-, Dt. R. (1914–1918) 870
Kriegsopferversorgung,
-, dt. 1405
Kriegsschuld,
-, Erster Weltkrieg 735, 738, 877
Kriegsverbrecher
❶Kriegsschuld
Kriegsverbrecherprozesse,
-, Japan 1795
Kriegsverbrecherprozesse
❶Nürnberger Prozesse
Kriegsverbrechertribunal,
-, Den Haag 1334
Kriegsverluste,
-, Erster Weltkrieg,
-,-, Frkr. 949
-, Erster Weltkrieg ❶ 730
-, Zweiter Weltkrieg **801**
-, Zweiter Weltkrieg,
-,-, Dt. R. ❶ **798**
-, Zweiter Weltkrieg ❶ 802
Kriegswesen
❶Kriegführung
Kriegswirtschaft,
-, Erster Weltkrieg 870, 950
-, Zweiter Weltkrieg 901
Kriegszielpolitik,
-, Erster Weltkrieg 724–725
-, Erster Weltkrieg,
-,-, Dt. R. 870–871
-,-, Frkr. 950
-, Zweiter Weltkrieg,
-,-, Alliierte 789
-,-, Dt. R. 899
Kriegszustand,
-, Polen 1504
Krim,
-, (MA) 622, 1101
-, (NZ) 768, 771, 783, 1106, 1157
-, (seit 1945) 1529, 1533–1535
-, Abd el- 1571
Krimchan 979, 981
Krimhildsage 361
Krimkonferenz ❶Jalta,
-, Kfz.
-, Kfz. (1945)
Krimkrieg (1853–1856) 705, 905, 944, 972, 986, 989, 1014, 1050, 1070, 1108, 1118
Krini 49
Krishna Prasad Bhattarai 1766
Kristensen,
-, Knud *1491*
Krithote 160
Kritias *151*, 157
kritischer Dialog 1650
Kritolaos 207
Krixos 249
Kroaten 603, 605, 1550, 1553, 1555
Kroatien,
-, (1945–1991)
❶Jugoslawien
-, (MA) 605, **609–610**, 623, 625–**626**, 628, 646
-, (NZ) 736, 764, 784, 914, 1020, 1077–1078, 1105,

1547, 1549
-, (seit 1991) 1432, 1860
-, (seit 1991) ❶ 1358
-, Christianisierung 609–610
Kroatien und Slawonien,
-, Nationalitäten ❶ 909
Kroatische Demokratische Gemeinschaft ❶HDZ
Krofta,
-, Kamill *1068*
Kroisos,
-, Lydien,
-,-, Kg. 95, 108, 137
Kroja 629
Kromah,
-, Alhaji 1664
Kroměříž 849
Krondomäne 491, 493
Kronprinz Dipendra 1766
Kronrat,
-, russ. 996
Kronstadt 623
Kronstadt,
-, Aufstand (1921) 993, 1000
Kronvasallen,
-, fränk. 421
Kroton (Crotone) 70, 137–138, 242, 294
Kroton (Crotone) ❶ 125
Kru 1144, 1159
Krüger,
-, -Depesche (1896) 710, 868, 1170
-, Paulus 868, *1170*–1171
Krum,
-, Bulgaren,
-,-, Chan **604**
Krumlov-Stufe 26
Krupp 887
Krupp,
-, Konzern 1398
Krupp-Hoesch,
-, Konzern 1432
Kruschwitz,
-, Vtg. (1230) 478
Ksar Pharaoun,
-, (Alt.) ❶Volubilis
Kschatrapa,
-, Dyn. 1179, 1182
KSZE (Konferenz für Sicherheit und Zusammenarbeit in Europa) 1351, 1353–1354, 1382, 1391–1392, 1494, 1497–1498, 1500, 1508, 1522, 1525
KSZE (Konferenz für Sicherheit und Zusammenarbeit in Europa) ❶ 1343
KSZE-Folgetreffen,
-, (1977) Belgrad 1352
-, (1989) Wien 1354
-, (1990) Paris 1355, 1372
-, (1992) Helsinki 1391
-, (1994) Budapest 1392
Ktesiphon 273, 275, 348–352
KTPI (Kaum Tani Persatuan Indonesia Partei),
-, Indonesien 1900
Ku Klux Klan 1286, 1290
Kuala Lumpur 1820
Kuala Lumpur,
-, Kfz. (1991) 1373
Kuang-chouwan (Kuang-tung) 1211
Kuang-hsü,
-, China,
-,-, Ks. 1211
-,-, Ks. ❶ 1207
Kuba,
-, (NZ) 668, 1026, 1160,

1285, 1288, 1297, 1303, 1308
-, (NZ),
-,-, Verfassung (1901) 1308
-, (NZ) ❶ 757
-, (seit 1945) 1326, 1337, 1346–1348, 1352–1353, 1383, 1390, 1392, 1529, 1705, 1718, 1721, 1734, 1737, 1840, 1851–1852, 1856, 1859–1860, 1867, 1871, 1876, **1881–1885**, 1893, 1895, 1923
-, (seit 1945),
-,-, Außen-Pol. 1884–1885
-,-, Bez.,
-,-,-, UdSSR 1882–1883
-,-, Landwirtschaft 1882
-,-, öffentliche Finanzen 1884
-,-, Planwirtschaft 1882
-,-, pol. Org. 1883–1884
-,-, Wirtschaft 1881, 1884
-,-, Wirtschafts-Pol. 1881–1884
-, -Krise (1962) 1338, 1348, 1378, 1521, 1851–1852, 1882–1883
Kuba (Bushong) 1152
Kubanische Revolution 1864, 1881
Kubilai ❶Kublai Chan
Kubiliunas,
-, Peter *1060*
Kubitschek de Oliveira,
-, Juscelino *1917*
Kublai Chan,
-, Mongolen-Hschr. *1196*, 1206, 1215, 1220, 1228
Kubrawi-Orden 1099
Kučan,
-, Milan *1555*–1556
Kudara 1218
Kudlich,
-, Hans *848*
Kudrun ❶ 481
Kudschula Kadphises,
-, Kuschana-R.,
-,-, Hschr. 1179
Kufa 1090
Kufra-Oasen 1629
Kugelamphorenkultur 44–45
kujawische Gruppe 37
Kujbyschew 768
Kuk,
-, Karl v. *720*
Kukia 1140
Kük-Koba 18
Kulaken 1003
Kulikower Feld,
-, Schl. (1380) 622
Kulli 106
Kulm ❶Chełmno
Kulmbach,
-, Hans Süß v. 618
Kulmer Land 478
Kulmye,
-, Husain 1733
Kulpo-ri 1214
Kültepe 41, 49
Kultur,
-, (Früh-MA) **530**
-, (Früh-NZ) 657–658, **662–665**, 1101
-, (Hoch-MA) **393–399**, 458, **480**, **535–536**
-, (Spät-MA) **413–415**, **417**, **419**
-, Afrika 1129–1131
-, Athen 157, 180
-, Äthiopien 1135–1136

1996 -, Austr.,
-,-, endogene Kulturen 1233
-, Babylonien 89, **91**
-, Böhmen **614**
-, Burg. 453–454
-, Byz. **641**, 643, **647**
-, China 1101, 1200, 1202, 1205
-, Dtld.,
-,-, (MA) 615
-, Engld. **578**
-, Franken-R. 375, 384–386
-, Frkr.,
-,-, (MA) 453
-,-, (NZ) 917, **923**, 1107
-, Gallien 321–322
-, Griechld. 121, 180, 303, 632
-, Hellenismus 180
-, Heth. **93–94**
-, Iberische Halbinsel 550
-, Ind. 1181–1183, 1187–1188
-, Islam **1097**, 1099, 1107
-, It.,
-,-, (NZ) 1008
-, It. (MA) 530, **535–536**, **544**
-, Japan 1217–1219
-, Kalifen-R. 1088
-, Klein-As. 344
-, Mauren 1091
-, Neuseeld. 1246
-, Nordafrika 334
-, Noricum 316
-, Osman. 1107
-, Ostgoten-R. 364
-, Oz.,
-,-, endogene Kulturen 1235, 1237–1239
-, Pers. 1123–1124
-, Polen **618**
-, Polynesien 1235
-, Rom,
-,-, (Prinzipat) 316, 321–322, 334, 341, 344
-,-, (Rep.) 297–298
-,-, (Spätantike) 321–322
-, Rom (Alt.) 239, 253, 261, 269–270, 280
-, Russld. 611, **620**, 623, 643
-, Sasaniden 350
-, Schweiz **1083**
-, Span. 1025
-, Sudan 1132–1133
-, Sumerer 86
-, Syr. 341
-, Tchadsee-Region 1138
-, UdSSR 1003
Kulturkampf,
-, Dt. R. 857, 863–864, 1016
-, It. 1012–1013, 1015–1016
-, Österreich 907
-, Russld. 986–990, 992
-, Schweiz 1085
Kulturpolitik,
-, China,
-,-, VR (seit 1949) 1777–1779
-, DDR 1417, 1422–1423
-, Dt. R. 867, 894
-, Frkr. 942, 944, 947–948
-, Kan. 1843
-, Preußen 868
-, Rumänien 1543
-, Russld. 986–990
-, UdSSR 1003, 1517
-, USA 1850
Kulturrevolution,
-, China **1778–1779**
Kumanen 605, 619, 624, 628, 645, 1195–1196
Kumaragupta,
-, Ind.,
-,-, Kg. 1180
Kumaratunga,
-, Chandrika *1764*
Kumasa 42
Kumasi 1143
Kumba Yala 1660
Kumbi Saleh 1140
Kunashiri 1796
Kunaxa,
-, Schl. (401 v.) 99, 110, 158
Kunda-Kultur 24
Kuneitra 1584
Kunersdorf,
-, Schl. (1759) 688, 829
Kung,
-, China,
-,-, Pr. 1210
Kung-fu-tse ⊖Konfuzius
Kunigunde,
-, G. v. Heinrich,
-,-, Kg./Ks.,
-,-,-, II. **S** 461
Kunlun 1191, 1200
Kuno,
-, Trier,
-,-, Eb.,
-,-,-, v. Falkenstein 415
Kunst,
-, ,
-,-, Mikronesien 1239
-, (Bronzezeit) 54
-, (Eisenzeit) 67–72
-, (Frühbronzeit) 48–49
-, (Früh-NZ) 658, **662**, 1101
-, (Kupferzeit) 30–46
-, (MA) 385–386, **398–399**, **413–415**, **499**, **530**
-, (Neolithikum) 24–28
-, (Paläolithikum) 19
-, Afrika 1134, 1152
-, Äg. 57
-, Athen 181
-, Äthiopien 1136
-, Austr.,
-,-, endogene Kulturen 1234
-, Babylonien 85–86
-, Benin 1142–1143
-, Byz. 647
-, DDR 1417
-, Dtld.,
-,-, (MA) **499–500**
-, Etrusker 111
-, Frkr.,
-,-, (MA) 454
-,-, (NZ) **923**
-, Griechld. 128–129, 157, 181
-, Hellenismus 181
-, Hochkulturen,
-,-, (1. Jt.) 68–72
-,-, (2. Jt.) 47–48, 52–54, 57–59, 62–63
-,-, (3. Jt.) 30–32, 38–40, 42
-, Ind. 1181, 1184
-, It.,
-,-, (MA) 530, **544**
-,-, (NZ) **923**
-, Kalifen-R. **1092**
-, Kreta 114–115
-, Melanesien 1239
-, minoische 115
-, mykenische 116–117
-, Oz.,
-,-, endogene Kulturen 1239
-, Pers. 1123
-, Polynesien 1235, 1239
-, Rom 111, 239
-, Russld. **620**
-, Sasaniden-R. 350
-, Serbien 627
-, Span. 1025
-, Sparta 131, 133
-, Sumerer 86
-, UdSSR 1518
-, Westguinea 1144
-, Yoruba-Stn. 1142
Kuomintang ⊖KMT
Kupe,
-, Tahiti,
-,-, Hptl. 1240
Kupferzeit 13, **30**, **33**
Kupferzeit,
-, Kultur 36
Kupferzeit ❶ 11
Kurbrandenburg
⊖Brandenburg-Preußen
Kurbski,
-, Andrei M.,
-,-, Russld.,
-,-,-, Ft. *979*
Kurden 1094, 1104, 1111, 1116, 1123, 1566, **1606**–1609
Kurdenaufstand,
-, Türkei (1925) 1606
Kurdenfrage 1568, 1573–1574, 1593, 1606–1608
Kurdenfrage,
-, Irak 1116, 1606, 1608–1609
-, Iran 1606, 1608, 1649
-, Türkei 1111, 1565–1566
Kurdenrepublik Mehabad 1606–1607
Kurdistan 1338–1339, 1606
Kurfürsten 482, 484, 487, 489–491, 493–494, 496–497, 684, 805, 814
Kurhessen ⊖Hessen
Kurialen,
-, röm. 279
Kuriatkomitien 214–215, 239
Kurie,
-, päpstliche 660
-, röm. ⊖Curia
-, röm. ⊖Kurien
Kurien,
-, röm 208, 210–211, 214
-, röm. 239, 252
Kurigalsu,
-, Babylonien,
-,-, Kg. 57
Kurilen 1223, 1519, 1524–1525, 1528, 1794–1796, 1799–1801
Kurköln ⊖Köln,
-, Ebtm.
Kurland (NZ) 720, 727, 796, 987, 997, 1058
Kurmainz ⊖Mainz,
-, Ebtm.
Kuropaty 1532
Kursachsen ⊖Sachsen
Kursk 782, 1531–1532
Kurtraktat (1692) 826
Kurtrier ⊖Trier,
-, Ebtm.
Kurupedion,
-, Schl. (281 v.) 178, 184–185, 193–194, 196
-, Schl. (281 v.) ❶ 174
Kurzes Parlament (1640) 962
Kurzstreckenraketen 1372, 1859
Kusch 80, 1132, 1136
Kuschanareich 347–349, 351, 1179, 1192
Kuschitische Sprachen 1145, 1147
kuschitische Sprachen 1128, 1131, 1136, 1138
Kustendil ⊖Kjustendil
Küstenfischerkultur 1250–1251
Küstenland,
-, Nationalitäten ❶ 909
Küsten-Salish,
-, Spr. 1251
Küstrin 797
Kusura 41
Kut el-Amara,
-, Schl. 1110
Kütahya,
-, Frd. (1833) 1107
-, Vtg. (1833) 1118
Kutaiba ibn Muslim 1091
Kutb-ud-Din Aibak,
-, Delhi,
-,-, Su. 1180–1181
Kutchin 1251
Kuti,
-, Felá Anikulapo ❶ *1655*
Kutschera,
-, Franz ❶ *892*
Kütschlüg,
-, Naiman,
-,-, Pr. 1195
Kutschma 1535
Kutschma,
-, Leonid 1530, *1534*–1535
Kutschmann,
-, Walter 1915
Kütschük,
-, Frd. (1774) 688
Kütschük Kainardsche,
-, Frd. (1774) 985, 1106
Kuttenberg ❶ 413
Kuusinen,
-, Otto Wilhelmowitsch 756, *1057*
Kuvale 1153
Kuwait 1117, 1326, 1333, 1574–1576, 1588, 1594, 1600, 1609, 1612–**1615**, 1617–1619, 1627, 1858
Kuwait,
-, Kfz. (1973) 1583
-, Kfz. (1979) 1620
-, Unabhängigkeits-Erkl. ❶ 1386
Kuwait National Oil Co. ⊖KNOC
Kuwait Oil Co. ⊖KOC
Kuwait ❶ 1109
Kuwait-Fonds 1614
Kuybischew (Samara) 1006
KVAE (Konferenz über vertrauens- und sicherheitsbildende Maßnahmen in Europa) 1353
KVAE (Konferenz über vertrauens- und sicherheitsbildende Maßnahmen in Europa) ❶ 1343
Kviesis,
-, Albert *1059*
Kwajalein 788
Kwakiutl,
-, Spr. 1251
Kwangju-Massaker 1793
Kwango 1152, 1163
Kwanhama-Ambo 1165
Kwaśniewski,
-, Alexander *1505*
Kwásniewski 1506
Kwa-Sprachen 1143
KwaZulu 1721
Ky,
-, Nguyen-Cao *1815*–1816
KY (Kabaka-Yekka-Partei),
-, Buganda 1729
Kyamtwara 1145
Kyaxares,
-, Meder,
-,-, Kg. 90, 95, **108**, 345
Kybele 321
Kydonia (Chania),
-, Palast 114
Kyffhäuser-Sage 480
Kykladen 114, 301
Kykladen ❶ 120
Kykladenkultur 34, 42
Kykladikum ❶ 113
Kylon 134
Kylydsch Arslan,
-, Rum-Seldschuken,
-,-, Su. **1099**
Kyme,
-, (Kymai,
-,-, Cumae) 70, 111, 126, 138, 142–143, 158, 217
-,-, Cumae) ❶ 125
Kynoskephalai,
-, Schl. (197 v.) 200, 206
-, Schl. (203 v.) 231
Kynuria 133
Kyodoto (Gemeinschaftspartei,
-, Japan) 1795
Kyoga-See 1145
Kyosanto (Kommunistische Partei,
-, Japan) 1795, 1797–1799
Kyoto 1218–1220, 1222
Kyoto,
-, Weltklima-Kfz. 1997)
1335, 1802
Kyoto-Protokoll 1336
Kyprianou,
-, Spyros *1563*
Kypseliden,
-, Korinth,
-,-, Tyr. 133, 136
-,-, Tyr. ❶ 127
Kypselos,
-, Korinth,
-,-, Tyr. 133
-,-, Tyr. ❶ 127
Kyrenaika ⊖Cyrenaica
Kyrene 82, 172, 182–183
Kyrene,
-, Edikte 302
-, röm. Prov. (Cyrene) 249, 301–**303**
-, röm. Prov. (Cyrene),
-,-, Wirtschaft 303
Kyrene ❶ 125
Kyrgysstan ⊖Kirgisistan
Kyrgyztan ⊖Kirgistan
Kyrill,
-, Bulg.,
-,-, Pr. *1074*
-,-, Pr. **S** 970
Kyrillisch,
-, Spr. 607, 1536
Kyrillos,
-, (Konstantin),
-,-, Slawenmissionar *371*, 604, *607*, *641*
-, Alexandreia,
-,-, Patr. 336, *365*–366, 504
Kyros,
-, Pers.,
-,-, d. J.,
-,-,-, Satrap,
-,-,-,-, Br. Dareios II. 95, 155, 158
-,-, Kg.,
-,-,-, I. **108**
-,-,-, II. d. Gr. 91, 95, 104, 108–109, 137, 1178, 1192

-,-,-, II. d. Gr. ❶ 77
Kysylbasch 1098, 1123
Kythera 54, 154, 630, 632
Kythera ❶ 120
Kyushu 1222
Kyzikos 161, 190, 274, 1090
Kyzikos,
-, Schl. (410 v.) 155
Kyzikos ❶ 124
KZ (Konzentrationslager) 890, 893, **900**, 1066, 1825
KZ (Konzentrationslager) ❻ 890

L

La Bruyère,
-, Jean de *923*
La Chaise-Dieu,
-, Kl. 512
La Chapelle-aux-Saints 18
La Colombière 19
La Désirade 1299
La Fère,
-, Schl. (1918) 728
La Ferrassie 18
La Ferté,
-, Kl. 512
La Follette,
-, Robert M. 1287
La Fontaine,
-, Jean de *923*
La giovine Europa,
-, Geheim-Bd.,
-,-, (1834) 1013
La giovine Italia,
-, Geheim-Bd.,
-,-, (1832) 1013
La Graufesenque,
-, (Alt.) ❻Condatomagus
La Gravette 19
La Harpe,
-, Frédéric Cézar de *987*
La Hogue,
-, Schl. (1692) 685, 925
La Madeleine 19-20
La Paz,
-, Generalstreik (1984) 1908
La Petite-Terre 1299
La Quina 17
La Rochefoucauld,
-, François de *923*
La Rochelle 445, 917, 919
La Rochelle,
-, Schl. (1372) 558
La Rocque,
-, de,
-,-, Colonel 953
La Sale,
-, Antoine de 454
La Trémoille,
-, Georges de 449
La Trémoilles,
-, Schl. (1433) 450
La Venta,
-, Olmekensiedlung 1253-1254
Laatasi,
-, Kamuta 1838
Labarnas,
-, Heth.,
-,-, Kg. 93
Labiau,
-, Vtg. (1656) 822
Labici 217
Labienus,
-, Q. 255, 349
-, T. 250
Labor Party,
-, Austr. 1243-1244, 1830,

1832-1834
Labour Front 1821
Labour Party,
-, GB 975-977, 1459-1461, 1463, 1465
-, Neuseeld. 1246, 1835
-, Saint Kitts-Nevis 1889
-, Südafrika 1172, 1721
Labour Representation Committee,
-, GB 975
Labyrinth,
-, (Samos) 137
Labyrinth (Palast von Knossos) 114-115
La-Cabrera-Phase 1263
Lacalle,
-, Luis Alberto *1911*-1912
Lachares,
-, Athen,
-,-, Tyr. 177, 203
Laches 153
Lachmiden,
-, Dyn. 351
Lacoste,
-, Robert *1445*
Lactantius 334
Ladenburg,
-, (Alt.) ❻Lopodunum
Ladime Sidime 1662
Ladislaus,
-, Böhmen,
-,-, Kg.,
-,-,-, (V.) Postumus 497-498, *613*, *625*
-,-,-, (V.) Postumus ❺ 485
-, Neapel,
-,-, Kg. 541-542, 624
-, Ung.,
-,-, Kg.,
-,-,-, I. 605
Laelius,
-, C. 243
Laeten 360
Lafayette,
-, Marie Joseph Motier Marquis de *927*, *929*-931, 939-940
Laffitte,
-, Jacques 939
-, Pierre 940
Lafontaine,
-, Oskar *1429*, 1432
Lagasch 39-40, 107
Lagasch,
-, Dyn. 86
Lagasch ❶ 77
Lagerplätze,
-, (Paläolithikum) 21
Lagiden ❻Ptolemaier,
-, Dyn.
Lagos 1675, 1924
Lagos,
-, Abk. (1979) 1683
-, brit. Kol. 1142-1143, 1157, 1160-1161
-, V. v. Ptolemaios I. Soter 182
Lagos Youth Movement 1161
Lahhud 1598
Lahore 1747
Lahore,
-, Kfz. (1974) 1572
-, Resolution 1757
Laianci 314
Laibach 899, 1020, 1078
Laibach,
-, Kongr. (1821) 705, 1013
Laibacher Gruppe 44
Laidoner,
-, General,

-, Estld. 1058
laissez faire 696
Laizismus,
-, Frkr. 942, 947-948
-, Türkei 1111
Lakas Bahas,
-, Demetrio Basilio 1879
Lakas ng Bayan (Demokratische Partei der Philippinen) 1829
Lakatos,
-, Géza *915*
Lakedaimon ❻Sparta
Lakhmiden 353, 636
Lakisch 53, 58, 63
Lakonien 129-130, 145, 160, 205
Lalibela,
-, Äthiopien,
-,-, Kg. 1136
Lalibela (Lasta) 1136
Lamachos 154
Lamaismus 1197, 1199
Lamarca,
-, Carlos 1918
Lamartine,
-, Alphonse de 941
Lambaesis (Lambèse) 333
Lambaesis (Lambèse) ❶ 333
Lambert,
-, It.,
-,-, Kg. 504, 529
Lambertiner,
-, Dyn. 386
Lambèse,
-, (Alt.) ❻Lambaesis
Lambityeco 1259
Lambruschini 1914
Lambsdorff,
-, Otto v. *1415*-1416
Lambsdorff-Papier 1415
Lambton,
-, John George *1276*
Lamine Zéroual 1638
Lamine-Guèye,
-, Amadou *1156*, *1657*
Lamischer Krieg (323-322 v.) 174, 202
Lamizana,
-, Sangoulé *1679*-1680
Lammers,
-, Hans Heinrich *892*, 898-899
Lampedusa 1021
Lampert,
-, v. Hersfeld *480*
Lamprecht,
-, Pfaffe ❶ 481
Lampronatzi,
-, Dyn. 404, 406
Lampsakos 155, 161, 342
Lampsakos ❶ 124
Lanassa,
-, G. Demetrios I. Poliorketes 177
-, G. Demetrios I. Poliorketes ❺ 198
Lancaster,
-, Dyn. 579-580, 582, 585
-, Johann,
-,-, Hz. v. ❻Johann,
-,-,-, Hz. v. Lancaster
Landanweisungen,
-, röm. 296, 333, 341
Landau 704, 841, 936-937
Länder ❻die einzelnen Ländernamen
Länder ❻Föderalismus
Länder ❻Reich-Länder-Verhältnis
Länderkammer,

-, DDR ❶ 1421
Länderräte (1945-1947) 1398, 1401
Länderräte (1945-1947) ❻ 1399
Landesfürstentum,
-, dt. 654, 659, 661, 674, 806-807, 809-815, 817-819
landesherrliche Städte 492
Landesherrschaft,
-, (Hoch-MA) **478**-479
-, (NZ) 654, 659, 661, 674
-, (Spät-MA) 482-**483**, 491-492, 498
-, Frkr. 483
Landeshoheit 483
Landeskirchentum 807
Landfriede 803-804
Landfriedensgesetz,
-, dt. (1239) 479
Landnamabok 596
Lando,
-, Pp. ❶ 505
Landordnung,
-, Böhmen (1500) 613
Landsberg ❶ 846
Landsbergis,
-, Vytautas *1499*-1500
Landshut ❶ 413
Landtags-Rezeß,
-, kurmärkischer (1653) 820
Landwehrordnung,
-, Preußen 840
Landwirtepartei,
-, Schweden 1050
Landwirtschaft **388**, 392, **409**, 653-**654**, **657**, 693, 1329
Landwirtschaft,
-, Afrika 1130-1131
-, Äg. 78, 1119, 1625
-, Albanien 1558
-, Algerien 1636
-, Antigua und Barbuda 1890
-, Athen 147
-, Austr. 1241-1242, 1831
-, Barbados 1891
-, Belize 1870
-, Bol. 1906
-, Bras. 1918
-, Bulg. 1545
-, Chile 1921-1922
-, China 1774, 1782
-, Costa Rica 1877
-, DDR 1402-1403, 1417, 1419, 1422
-, Dominica 1890
-, Dominikanische Rep. 1888
-, Dt. R. 744, 864-865, 872, 894
-, Dtld. 491, 1407, 1409
-, El Salvador 1871
-, Engld. 577, **583-584**, 958
-, Eur. 693
-, Franken-R. 383-384
-, Frkr. 918, 925, 938, 1446
-, Grenada 1892
-, Griechld. 125
-, Guatemala 1868-1869
-, Guayana 1899
-, Haiti 1886
-, Honduras 1873-1874
-, Iberische Halbinsel 557
-, Ind. 1754
-, Irak 1117, 1607
-, Iran 1646-1647
-, Irld. 1466
-, Isr. 1602
-, It. 530, **546**, 1471
-, Jamaika 1885
-, Jugoslawien 1547

-, Karthago 207
-, Katar 1616
-, Kolumbien 1895
-, Kuba 1881-1882
-, Lat.-Am. 1864
-, Latein-Am. 1296
-, Libyen 1629
-, Marokko 1641
-, Mex. 1866
-, Mozambik 1715
-, Neuseeld. 1245-1246
-, Nicaragua 1875
-, Panama 1878
-, Paraguay 1909
-, Peru 1903
-, Philippinen 1827-1828
-, Rom 233-234, 236, 241, 243, 266, 269, **300**
-, Rumänien 1542
-, Russld. 982, 986-990, 993
-, Saint Kitts-Nevis 1889
-, Saint Lucia 1891
-, Saint Vincent 1892
-, Schweden 1050
-, Schweiz 1084
-, Span. 1025
-, Syr. 1592
-, Tanzania 1727
-, Trinidad u. Tobago 1893
-, UdSSR 996, 1002-1003, **1517**-1521, 1523, 1527
-, UdSSR ❶ 1002
-, Uruguay 1910-1911
-, USA 744, 1280, 1285, 1287
-, Venezuela 1897
-, Vietnam 1817
-, Zimbabwe 1710, 1714
Lanfranc,
-,-, Eb. 395, 510, 570, 586
Langa 1720
Lange,
-, David *1835*
-, Halvard 1363
Langensalza,
-, Schl. (1866) 854
Langes Parlament (1640-1660) 962
Langland,
-, William *578*
-, William ❶ 416
Lango 1145
Langobarden 279, 323-324, 362, 367, 369, 376-378, 385-387, 462, 465-466, 503-504, **525**-526, 529-532, 602, 636
Langobarden,
-, Christianisierung 367, 369, **525**-526
-, Romanisierung 525
Langobarden ❶ 364
Langobardenfeldzug Karls des Großen 527
Langobardenkrieg (1229-1233) 404
Langobardenreich (568-774) **525-527**
Langobardenreich (568-774),
-, pol. Org. **525-526**
Langton,
-, Stephan,
-,-, Canterbury,
-,-,-, Eb. 514
Languedoc 443, 446
Languedoïl 443
Lansana,
-, David 1662
Lanusse,
-, Alejandro *1913*

Lanuvium 220
Lao Issara 1810
Laodike,
-, G. Antiochos III. 193
-, G. Antiochos III. d. Gr. ◉ 187
-, G. Antiochos II. 185
-, G. Antiochos II. ◉ 187
-, G. Mithradates I. V. Kommagene ◉ 187
-, G. Perseus v. Maked. ◉ 198
-, G. Seleukos II. ◉ 187
-, G. v. Mithradates,
-,-, Ponthos,
-,-,-, Kg.,
-,-,-,-, II. 187
-, M. v. Seleukos,
-,-, Seleukiden-R.,
-,-,-, Kg.,
-,-,-,-, I. Nikator ◉ 187
-, T. v. Antiochos III. ◉ 187
-, T. v. Mithradates,
-,-, Ponthos,
-,-,-, Kg.,
-,-,-,-, II. 187
-, T. v. Seleukos IV. 188
-, T. v. Seleukos IV. ◉ 187
Laodikeia 340, 344
Laodikeia,
-, Schl. (1147) 401, 430
Laodikekrieg ◉Syrischer Krieg,
-, 3. (246–241)
Laon 398
Laon,
-, Kathedrale ◉ 435
Laos,
-, (Anf.–1954) 1227, 1230, **1810**
-, (Anf.–1954) ◉ 709
-, (seit 1954) 1325, 1337, 1342, 1348, 1785, 1804, 1808–**1811**, 1813, 1816
-, (seit 1954),
-,-, Unabhängigkeits-Erkl. ◉ 1386
Lao-tse 1202
Laotse 67
Lapithos 42, 49
La-Plata-Staaten 1907, 1923
Laporte,
-, Pierre 1843
Lappen 323
Lappland 1488
Lapua-Bewegung 1056
Lăpuș 65
Laraki,
-, Azzedine *1576*
Larco Cox,
-, Guillermo 1905
Larevellière-Lépeaux,
-, Louis-Marie *933*
Largo Caballero,
-, Francisco *1028*
Lari 1691
Lari,
-, -Kongo 1162
Larissa 166, 302–303, 630
Larissa,
-,-Gruppe 33
Larrazábal,
-, Wolfgang *1897*
Larsa 48, 52
Larsam 87
Las Bocas 1253
Las Casas,
-, Bartolomé de *670*, *1294*
Las Indias ◉Amerika,
-, spanische Kol.
Lascaux 19
Laskariden,

-, Dyn. 648
Lassalle,
-, Ferdinand *853*
Lasso,
-, Orlando di *658*
Lasta (Lalibela) 1136
Lastenausgleichsgesetz (1952) 1408
Lat Joor,
-, Kajor,
-,-, Ft. 1156
Latein,
-, (MA) 375, 398, 536
Lateinamerika **1293**–**1318**, **1862**, 1864
Lateinamerika,
-, atomwaffenfreie Zone 1867
-, Bevölkerung 1301–1302
-, Bevölkerung ◉ **1865**
-, Bildungswesen 1302
-, Gesellschaft 1301–1302
-, Grenz-Konfl. 1864
-, Handel 1302
-, Indianer 1301
-, Industrie 1864
-, Innen-Pol. 1301
-, Interamerikanischer Beistandspakt (1947) 1339
-, kath. Kirche 1863
-, Kolonialzeit 1268, 1293–**1300**
-, Kultur 1301
-, Landwirtschaft 1864
-, Militärregime 1864
-, Militärwesen 1301
-, pol. Org. 1301, 1385, 1840
-, pol. Org. ◉ 1840
-, Religion 1302
-, Schuldenkrise 1865
-, Sklaverei 1301
-, US-Interv. 1288
-, Wirtschaft 1302, 1862, 1864
Lateinamerikanische Freihandelsvereinigung 1862
Lateinisches Kaiserreich (1204–1261) 630, 647–**648**
Latènekultur 72, 323
Laterankonzil,
-, 1. (1123) 511
-, 2. (1139) 512
-, 3. (1179) 514–516
-, 4. (1215) 393, 406, 516
Lateranverträge (1929) 1019, 1022
Latifur Rahman 1762
Latiner 208, 210, 215, 220–221, 239, 244, 295–297
Latiner ◉ 226
Latinerbund 217, 220–221, 295–296
Latinerbund ◉ 209
Latinerfest 210
Latinerkrieg (340–338) 220
Latinerkrieg (340–338) ◉ 219
Latinerrecht 244, 246, 253, 264, 266, 270, 294, 300, 303, 319, 329–330
Latino-Faliker 208
Latium 70–71, 111, 209, 211, 217, 220, 222, 233, 298
Latium ◉ 209
Latobici 311
Latour,
-, Theodor Gf. Baillet v. *848*
Lattre de Tassigny,
-, Jean de 1397
Laud,
-, William *962*
Laudon,

-, Ernst Gideon v. *829*–830, 1106
Lauenburg 703, 841, 853
Laugerie-Basse 20
Laugerud García,
-, Kjell Eugenio **1869**
Laureion 134, 301
Laurel,
-, José 787
Laurent Gbagbo 1667
Laurent-Desiré Kabila 1698
Laurentianisches Schisma (498) 366
Laurentius,
-, Gegen-Pp. 366
-, Gegen-Pp. ◉ 367
Lauriacum 315–316
Laurier,
-, Wilfrid *1277*
Laus Iulia Corinthus 303
Lausanne 1064
Lausanne,
-, Frd.,
-,-, (1923) 1111, 1114
-, Frd. (1912) 711, 1016
-, Frd. (1923) 740, 1081
-, Kfz. (1922) 740, 742, 747
-, Kfz. (1932) 745–746, 911, 953
Lausitz 459, 464–466, 612, 625
Lausitzer Kultur 65, 72
Laussel 19
Lautsch 21
Lautulae,
-, Schl. (315 v.) 221
Laval,
-, Pierre 747, 750, 762–763, 776, 791, *952*–954, *956*–957, 1020, *1444*
Lavenham ◉ 413
Lavinium 209, 211
Law,
-, John *925*–926
Lawrence,
-, Thomas Edward *729*
Lawson,
-, William 1241
Laxenburger Allianz (1682) 825
Lazar I.,
-, Serbien,
-,-, Ft. *627*
Lazius,
-, Wolfgang *357*
LDDP (Litauische Demokratische Arbeiterpartei) 1500
LDF (Lofa Defence Force),
-, Liberia 1665
LDP (Liberal-Demokratische Partei,
-, Japan) 1796–1801
LDP (Liberaldemokratische Partei),
-, Russld. 1529
LDPD (Liberal-Demokratische Partei Deutschlands) 1402, 1429
Le,
-, Dyn. 1228
Le Duc Anh 1818
Le Kef,
-, (Alt.) ◉Sicca Veneria
Le Kha Phieu 1818
Le Maire,
-, Jacques *1246*
Le Mas-d'Azil 21
Le Moustier 17–18
Le Placard 21
Le Roc-de-Sers 20
Lebda,

-, (Alt.) ◉Lepcis Magna
Lebed,
-, Alexander I. *1530*
Lebed, Alexander 1532
Lebedos ◉ 123
Leben Jesu der Frau Ava ◉ 481
Lebena 42
Leber,
-, Julius *902*
Leblanc,
-, Nicolas ◉ 692
Leblond,
-, Jean-Baptiste-Alexandre *981*
Lebna Dengel,
-, Äthiopien,
-,-, Kg. 1137
Lebrun,
-, Albert *956*
-, Charles François *934*
Leburton,
-, Edmond *1456*
Lecanuet,
-, Jean *1448*
Lechfeld,
-, Schl. (955) 462, 605
Ledosus (Lesoux) 320
Ledru-Rollin,
-, Alexandre Auguste 940–942
-, Alexandre Augusteßi 941
Lee,
-, Robert Edward *1286*
Lee Han-dong 1794
Lee Kuan Yew *1822*
Lee Teng-hui *1789*
Leeds,
-, Kfz. (1978) 1586
Leeward-Inseln 1299, 1880
Lefèvre,
-, Théo *1456*
Lefini 1162
Lefkandi 120
Lefort,
-, Franz *981*
Lega Nord,
-, It. 1475
Leghari,
-, Faruk Ahmad Khan *1760*
Leghari, Faruk Ahmad Khan 1760
Legien,
-, Karl *866*
Legio (León) 331
Legionen,
-, röm. 245, 260, 270, 295–296, 299, 303, 305, 312–313, 315, **317**–320, 340, 343
Legionslegat,
-, röm. 260, 276
Legnano,
-, Schl. (1176) 475, 514
Leguía,
-, Augusto Bernardino **1312**
Lehner 1248
Lehnswesen 389, 420, 459, 472, 478
Lehnswesen,
-, Begriff 356
-, byz. 641
-, Engld. **583**
-, Franken-R. 382–383, 420–421
-, Frkr. 422–**423**, 437, 444, 929
-, Iberische Halbinsel 548

-, It. 527, 529–530
-, Palästina 401
Lehringen 17
Leibeigenschaft 409
Leibeigenschaft,
-, Dän. 1048
-, Österreich 833
-, Russld. 987, 989
Leibniz,
-, Gottfried Wilhelm *664*–*665*, *982*
Leicester,
-, Robert Dudley Gf. v. *679*, 1034
-, Schl. (61 n.) 325
Leichudes,
-, Konstantin 644
Leif Erikson 590
Leigh Guzmán,
-, Gustavo 1923
Leiningen 825
Leiningen,
-, Karl v. *847*–848
Leinster 585
Leipzig,
-, Frauen-Kfz. (1865) 853
-, Montagsdemonstrationen 1428–1429
-, Schl. (1813) 703, 842, 936, 1049
Leipzig ◉ 412
Leiturgien 148, 151, 161, 335
Leiturgien ◉ 148
Lekhanya,
-, Metsing *1724*
Łeki Małe 55
Lele 1152
Lemass,
-, Seán *1467*
Lemberg 796, 1006, 1064
Lemmer,
-, Ernst *1342*
Lemnitzer,
-, Lyman Louis *1365*, 1368
Lemnos 42, 158, 1093
Lemus,
-, José María *1872*
Lenárt,
-, Jozef *1511*
Lengyel-Gruppe 28
Lenin,
-, Wladimir I. *726*–727, 732, *992*, 996–998, 1000
-, Wladimir I. 726, 1777
Leningrad 768, 772–773, 782, 997, 1000–1001, 1006
Leninpreise 1519
Lenkoran 1124
Lennart Meris 1497
Lentini,
-, (Alt.) ◉Leontinoi
Lentulus,
-, Cn. 249
Lenz,
-, Michael 618
Leo,
-, Kleinarmenien,
-,-, Kg.,
-,-, VI. 407
-, Pp.,
-,-, I. 361, **366**
-,-, I. ◉ 367
-,-, II. 503
-,-, III. 379, 385, 504
-,-, IV. 386, 504
-,-, IV. ◉ 505
-,-, IX. 427, *508*–509, 532
-,-, V. ◉ 505
-,-, VI. ◉ 505
-,-, VII. ◉ 505

-,-, VIII. 507
-,-, VIII. ⊕ 505
-,-, X. 805, 916, 1007–*1008*
-,-, X. ⊕ 1009
-,-, XI. *1009*
-,-, XI. ⊕ 1009
-,-, XII. *1013*
-,-, XII. ⊕ 1015
-,-, XIII. 863, 948, *1016*
-,-, XIII. ⊕ 1015
Leoben,
-, Frd. (1797) 1011
Leobotas,
-, Sparta,
-,-, Kg. ⊕ 130
Leon,
-, Byz.,
-,-, Ks.,
-,-,-, I. 286–287, *635*
-,-,-, III. 503, 638–**640**
-,-,-, IV. *639*
-,-,-, V. 403, 639
-,-,-, VI. d. Weise 640, *642–645*
-, Kleinarmenien,
-,-, Kg.,
-,-,-, II. 405
-, Sparta,
-,-, Kg. ⊕ 130
-, v. Thessalonike 641
-, v. Tripolis 642
León 551–**553**, 557
León,
-, (Alt.) ⊖Legio
Léon Carpio,
-, Ramiro de *1870*
Leon Diakonos *643*
León Valencia,
-, Guillermo *1895*
Leonardo da Vinci *544*, *658*, *1008*
Leone,
-, Giovanni *1472*–1473
Leoni,
-, Raúl *1898*
Leonidas,
-, Sparta,
-,-, Kg.,
-,-,-, I. 141
-,-,-, I. ⊕ 130
-,-,-, II. ⊕ 130
Leonnatos,
-, Satrap 175
Leontinoi (Lentini) 70, 137, 143, 153–154
Leontinoi (Lentini) ⊕ 125
Leontios 403
Leopardi,
-, Giacomo *1013*
Leopold,
-, Albany,
-,-, Hz. 970
-, Baden,
-,-, Ghz. *850*
-, Bay.,
-,-, Pr. 835
-, Belg.,
-,-, Kg.,
-,-,-, I. **1040**–*1041*
-,-,-, I. ⊕ 924, 970
-,-,-, II. *1041*–1042, 1130, 1150, 1153, *1162*–1164
-,-,-, II. ⊖ 970
-,-,-, III. 756, 759, 791, *1042*–1043, 1454–*1455*
-,-,-, III. ⊖ 970
-, Hohenzollern-Sigmaringen,
-,-, Pr. *855*, 1026
-, Ks.,
-,-, I. 684, 820, 822, *824*–826, 981, 1104

-,-, II. 701, *830*, 836, 930, *1010*
-,-, II. ⊖ 835
-, Mecklenburg-Schwerin,
-,-, Hz. 982
-, Österreich,
-,-, Ehz. *680*
-,-, Hz.,
-,-,-, I. *501*
-,-,-, I. ⊖ 485
-,-,-, III. 493
-,-,-, III. ⊖ 485
-,-,-, V. 476
-,-,-, VI. 402
-,-, Mgf.,
-,-,-, III. ⊖ 467, 473
-,-,-, IV. 472
-, Toskana,
-,-, Ghz.,
-,-,-, II. ⊖ 835
Léopoldville 1693–1694
Léopoldville,
-, Kfz. (1960) 1694
Léopoldville (Kinshasa) 1153, 1163–1164
Leostadt 386, 504, 528
Leosthenes 161, 174–*175*, 202
Leotychidas,
-, Sparta,
-,-, Kg.,
-,-,-, I. ⊕ 130
-,-,-, II. 140, 142, 144–145
-,-,-, II. ⊕ 130
Leowa,
-, Westgoten,
-,-, Kg.,
-,-,-, I. 548
-,-,-, II. **548**
Leowigild,
-, Westgoten,
-,-, Kg. **548**
Lepanto 632
Lepanto,
-, Schl. (1571) 551, 679, 1023, 1104
Lepcis Magna (Lebda) 332, 334
Lepcis Magna (Lebda) ⊕ 333
Lepidus ⊖Aemilius Lepidus
Lepinski Vir 23
Lérida 554
Lérida,
-, Univ. ⊕ 398
Lérins,
-, Kl. 367–368, 375
Lerma,
-, Francisco Gómez de Sandoval y Rojas,
-,-, Hz. v. *1024*
Lerna (Argolis) 42, 49, 64, 113
Lerroux,
-, Alejandro *1028*
Les Combarelles 19
Les Eyzies 21
Les Glorieuses 1172
Les Saintes 1299
Lesbos 42, 153, 631–632
Lesbos ⊕ 120, 124
Lesotho (Basutoland),
-, (bis 1966) 1170–1171, **1724**
-, (bis 1966) ⊕ 1158
-, (seit 1966) **1724**
-, (seit 1966),
-,-, Außen-Pol. 1724
-,-, Unabhängigkeits-Erkl. ⊕ 1386
-, (seit 1966) ⊕ 1158

Lesoux,
-, (Alt.) ⊖Ledosus
Lesseps,
-, Ferdinand de *944*, 1118, 1310
Lessing,
-, Gotthold Ephraim *665*
Leszek Miller 1506
Leţ 23
Leticia 1312
Letourneur 933
Letsie,
-, Lesotho,
-,-, Kg.,
-,-,-, III. *1724*
Lettische Volksfront 1498
Lettischer Weg,
-, Partei 1498
Lettland,
-, (1918–1945) 743, 751, 756, 761, 899, 1000, 1005, 1058–1059, 1065
-, (1918–1945) ⊕ 899
-, (seit 1945) 1496–**1498**, 1500
-, (seit 1945),
-,-, Europäische Union 1394
-, (seit 1945) ⊕ 1358
Lettland (seit 1945) 1528
Lettow-Vorbeck,
-, Paul v. *723*, 1173
Leubingen 55
Leuchtender Pfad 1905
Leuchtender Pfad ⊖Sendero Luminoso
Leukadier 162
Leukas 50, 133, 153
Leuke Kome 353
Leukimne,
-, Schl. (435 v.) 152
Leuktra,
-, Schl. (371 v.) 160
Leunawerke 870
Leuschner,
-, Wilhelm *902*
Leuthari,
-, Ostgoten,
-,-, Feldh. 363
Leuthen,
-, Schl. (1757) 688, 829
Levallois 17
Levallois ⊕ 11
Levanzo 20
levée en masse (1793) 701
Levellers 963
Lévesque,
-, René 1842–*1844*
Levingston,
-, Roberto *1913*
Leviten 104
Levy,
-, David 1605
Levy Mwanawasa 1708
Lewanika,
-, Lozi,
-,-, Kg. 1151
Lewis,
-, M. *1281*
-, Vaughan 1891
Lewisville 1248
Lex,
-, (Rom),
-,-, Aelia et Fufia (153) 242
-,-, Aelia Sentia (2) 258
-,-, Aurelia (70) 249
-,-, Canuleia (445) 215
-,-, Claudia (218) 233–235
-,-, de civitate (122) 297
-,-, de imperio Vespasiani 266
-,-, Domitia (104) 245
-,-, Hortensia (287) 216, 232

-,-, Iulia,
-,-,-, de adulteriis (18) 257, 267
-,-,-, de maritandis ordinibus (18) 257
-,-, Iulia (90) 298
-,-, Licinia Mucia (95) 246, 297
-,-, Papia Poppaea (9) 259
-,-, Plautia Papiria (89) 298
-,-, Poetelia (326) 216
-,-, Pompeia (89) 298
-,-, Publilia Philonis (339) 216
-,-, sacrata 215
-,-, Thoria (111) 244
-,-, Titia (43) 255
-,-, Valeria,
-,-,-, Cornelia (5) 258, 261
-,-,-, Villia annalis (180) 237, 242, 248
-, (Syrakus),
-,-, Hieronica 300
-,-, Völkerwanderungszeit),
-,-,-, Alamannorum 376
-,-,-, Baiuvariorum 376
-,-,-, Ribuaria 376
-,-,-, Romana Visigothorum 362
-,-,-, Salica 376
-,-,-, Saxonum 377
-,-,-, Saxonum (802) 382
Lexington 1278
Ley,
-, Robert 894, 902
Leyden,
-, Nikolaus Gerhaert v. *500*
Leye,
-, Jean-Marie 1838
Leyte,
-, Schl. (1944) 800
Lhasa 1199, 1773
Lhasa,
-, Vtg. (1904) 1199
Li Hsien-nien *1784*
Li Hung-Chang,
-, China,
-,-, Ks. 1210
Li Peng 1756, *1785*–1786
Li Ssu 1202
Li Ta-chao 1212
Li Tsung-jen *1772*
Li Tzu-cheng *1207*
Liang,
-, Dyn. 1205
-, Dyn. ⊕ 1203
Liang Chi-chao *1211*
Liao,
-, Dyn. 1195, 1205
-, Dyn. ⊕ 1201, 1203
Liaotung 1200
Liao-yang,
-, Schl. (1904) 1223
Lias 7
Lias ⊕ 8
libanesischer Bürgerkrieg ⊖Libanon,
-, Bürgerkrieg
Libanios,
-, Rhetor 280, 285, 341
Libanon,
-, (MA) 1094
-, (NZ) 1108, 1112, 1114, 1116, 1575, 1586–1589, 1593–**1598**, 1604, 1857
-, (NZ),
-,-, autonome Rep. (Freier-Libanon) 1596
-,-, Bevölkerung 1595–1596
-,-, Bürgerkrieg 1575, 1593, 1595–1597
-,-, israelische Invasion

(1972) 1583
-,-, israelische Invasion (1978) 1596
-,-, israelische Invasion (1982) 1587, 1596, 1627
-,-, syrische Invasion (1976) 1593, 1596
-,-, US-Interv. (1958) 1346
-,-, Wirtschaft 1595
-, (NZ) ⊕ 757, 1113
Liber Extra,
-, (1234) 513
Liber Iudiciorum 549
Liber Pater 334
Liber Sextus,
-, (1298) 513
Liberal Central Association 972
Liberal Party,
-, Austr. 1830, 1832–1834
Liberal Party ⊖LP
Liberal-Demokratische Partei ⊖LDP
Liberaldemokratische Partei ⊖LDP
Liberal-Demokratische Partei Deutschlands ⊖LDPD
Liberale Partei,
-, GB 1465
-, Japan ⊖Jiyuto
-, Ung. 913
Liberale Partei Kolumbiens 1894
Liberale Reformpartei,
-, Ung. 913
Liberale Vereinigung 863
Liberalisierungsprogramm,
-, Latein-Am. 1862
Liberalismus 698
Liberalismus,
-, Dt. R.,
-,-, (1870/1871–1914) 857, 862
-, Dtld. (1815–1870) 844, 851, 855
-, Eur. 696, 1119
-, Frkr. 932–934, 939, 941–942, 944–945
-, GB 868–969, 971–975
-, It. 1013–1016
-, Russld. 991–992
-, Span. 1026
Liberation Tigers of Tamil Eelam ⊖LTTE
Liberia (Pfefferküste) 1144, **1159**, **1664**, 1716–1717, 1720
Liberia (Pfefferküste) ⊕ 757, 1655
Liberius,
-, Pp. 365
Liberman,
-, Jewsej G. *1522*
Libertas Ecclesiae 469
Libertas ecclesiae 506
Libertas Romana 507
Liberum veto 1062
Libreville (Gabon) 762, 1689–1690
Libreville (Gabon),
-, OAU-Kfz. (1977) 1712
Libri Carolini 379
Liburner 304
Liburnien 305
Libya inferior 303
Libya superior 303
Libyen,
-, Antike ⊖Africa
Libyen (Cyrenaica,
-, Fessan,
-, Tripolitanien),
-,-, (bis 1951) 763, 1020,

1999

L

1122, **1629**
-,-,-, (bis 1951) ❶ 1109
-,-,-, (seit 1951) 1331, 1573, 1575, **1629–1631**, 1633, 1642, 1682–1683, 1828, 1884
-,-,-, (seit 1951),
-,-,-,-, Außen-Pol. 1630
-,-,-,-, Chemiewaffenfabrik 1630
-,-,-,-, Chemische Waffen 1372
-,-,-,-, Erdöl-Pol. **1629–1630**
-,-,-,-, Kulturrevolution 1573
-,-,-, (seit 1951) ❶ 1655
Libyen (Cyrenaiea,
-, Fessan,
-,-, Tripolitanien),
-,-,-, (seit 1951),
-,-,-,-, Unabhängigkeits-Erkl. ❶ 1386
Libyer 225
Licet iuris (1338) 489, 520
Lichnowsky,
-, Felix *848*
licinisch-sextische Gesetzgebung (367/366) 215
Licinius,
-, Crassus,
-,-, L. (Konsul 95) 246, *253*
-,-, M. (Triumvir) 247, 249–252, 302, 329, 339, 348
-,-, P.,
-,-,-, Konsul (171) 200
-, Lucullus,
-,-, L. 191, 247, 249, 345, 348
-, Macer,
-,-, C. 249, *253*
-, Mucianus,
-,-, C. 265, 340
-, Murena,
-,-, L. 247
-, Rom,
-,-, Ks. 281, 292
-,-, Ks. ❾ 284
Lidice 775, 1069
Liebknecht,
-, Karl *872*, 877, 1428
-, Wilhelm *855*
Liechtenstein 1373, **1443**
Liechtenstein,
-, UNO-Beitritt 1443
-, Verfassung (1818) 842
Liechtenstein ❻ 1358
Liegnitz,
-, Schl. (1241) 479, 615, 621, 1196
-, Schl. (1760) 829
Lien Chan *1789*
Liga,
-, kath. (seit 1609) 680–682, 815, 817
Liga Angolana 1165
Liga der Arabischen Staaten ➔Arabische Liga
Liga Filippina 1230
Liga Nacional Africana 1165
Liga von Cognac (1526) 674
Lige de Croix-de-Feux 953
Ligugé,
-, Kl. 367
Ligurer 229, 298, 316
Liguria 294, 298
Ligurien 1012
Ligurische Republik 701, 933, 935, 1011
Lihjaniter 100
Liktoren 211
Likud 1585, 1587, 1602–1605

Lilburne,
-, John *963*
Lilić,
-, Zoran 1551
Liliuokalani,
-,-, Kgn. 1288
Lille,
-, Schl. (1792) 931
Lillo,
-, George *665*
Lilybaeum 228, 300
Lilybaion (Marsala) 137, 225
Lima 1294–1295, 1312, 1906
Lima,
-, Ebtm. 1296
-, Kfz. (1938) 1291
-, UNIDO-Kfz. (1976) 1330
-, Vtg. (1929) 1312
Liman von Sanders,
-, Otto 1110
Limann,
-, Hilla *1668*
Limantour,
-, José Yves 1305
Limassol,
-, Btm. 404
Limbach,
-, Jutta *1432*
Limburg 447, 498, 1453
Limburg ❶ 820
Limerick,
-, Btm. 584
Limes,
-, röm. 266–267, 273–274, 277, 281, 307, 312, 317–319, 324–326, 337, 340, 353
Limnai 130
Limnai ❶ 124
Limoges 1042
Limpas,
-, brit. Admiral 1110
Limpopo 1154, 1166, 1169–1170
Lin Piao *1777–1781*, 1784
Lin Tse-hsü *1208*
Lincoln 392
Lincoln,
-, (Alt.) ➔Lindum
-, Abraham **1284**–1286
-, Abraham ❻ 1282
Lindisfarne,
-, Kl. 368, 370, 565, 589
Lindman,
-, Arvid *1051, 1053*
Lindum (Lincoln) 326–327
Linear-A-Schrift 115
Linear-B-Schrift 115–117
Lingala,
-, Spr. 1150
Lingen 703, 840
Linggadjati,
-, Vtg. (1946) 1823
Lingonen 317–320
Lini,
-, Walter Hayde *1837*
Linkskartell,
-, Frkr. (1924–1926) 951
Linlithgow,
-, Lord 1190
Linné,
-, Carl v. *1046*
Linz,
-, Vtg. (1534) 809
Lionel,
-, Clarence,
-,-, Hz. v. 579, 582, 585
-,-, Hz. v. ❾ 581
Lipany,
-, Schl. (1434) 496, 613

Lipara ❶ 125
Lipari 26, 137
Liparische Inseln 36
Lippe,
-, Ld. 873, 886
-, Ld. ❶ 892
Lippo,
-, Fra Filippo *545*
Lipponen 1495
Lipponen,
-, Paavo *1495*
Lipski,
-, Josef 752
Lisette,
-, Gabriel 1682
Lissa,
-, Schl. (1866) 1015
Lissabon 555, 669–670, 781, 1021, 1030
Lissabon,
-, EG-Gipfel (1992) 1561
-, Frd. (1668) 1031
-, Friedens-Abk. Angola (1991) 1705
-, Kfz.,
-,-, Nordatlantikrat (1952) 1360
-, Univ. 562
-, Univ. ❶ 398
Lissouba 1692
Lissouba,
-, Pascal *1691–1692*
List,
-, Wilhelm *773*
Lisulo,
-, Daniel *1707*
Litani-Fluss 1586
Litauen,
-, (1914–1945) 720, 727, 737, 748, 755–756, 761, 879, 899, 903, 997, 1000, 1005, 1058–1060, 1066
-, (1914–1945),
-,-, pol. Org. 1059
-, (1914–1945) ❶ 899
-, (MA) 611, **615**–619, 621–622
-, (MA),
-,-, Adel 617
-,-, Christianisierung 495, 619
-, (seit 1945) 903, 1496–**1500**, 1528
-, (seit 1945),
-,-, Europäische Union 1394
-, (seit1945) ❻ 1358
Litauische Demokratische Arbeiterpartei ➔LDDP
Literatur,
-, (Früh-NZ) 663
-, arabische 1091–1092, 1095, 1097, 1112
-, armenische 346
-, babylonische 87, 89
-, chin. 1206, 1208
-, christliche 321, 341
-, Dtld.,
-,-, (MA) 364, 385, 455, 480, **499**–**500**
-, (MA) ❶ 480
-, (NZ) 663, 665
-, Engld.,
-,-, (MA) **569**, 578
-, (NZ) 663
-, Eur. 1101
-, Frkr.,
-,-, (MA) 415, **453**
-,-, (NZ) 663, 923
-, griechische 128, 181, 328, 341
-, hethitische 93
-, Ind. 1177, 1179–1182

-, Isld. (MA) **596**
-, Isr. 338
-, It.,
-,-, (MA) 415, **544**
-,-, (NZ) 1008, 1012–1013
-, Japan 1218
-, Korea 1216
-, lat. (MA) 480
-, MA **398**–**399**
-, Norw. 1052
-, Osman. 1095, 1099, 1107
-, pers. 1094–1095, 1098
-, röm. 239, 253, 261, 272, 274, 280, 321, 330, 334, 341
-, Russld. 986
-, Sasaniden 351
-, Span.,
-,-, (NZ) 663, 1025
-, Spät-MA **415**
-, sumerische 86
-, UdSSR 1518
-, Volks-Spr. 415
Liternum (Literno) 242
Liturgie,
-, slawische 504
Litwinow,
-, Maksim M. *743*, 751, *1002*, 1005
-, -Protokoll (1929) 743
Liu Hsiu-
-, China,
-,-, Ks. *1204*
Liu Shao-chi *1772*, 1775–1779
Liudolf,
-, Sachsen,
-,-, Hz. 457
-,-, Hz. ❾ 461
-, Schwaben,
-,-, Hz. 460, 462
-,-, Hz. ❾ 461
Liudolfinger,
-, Dyn. 388, 455, 457–458, 465, 506, 565
-, Dyn. ❾ 380, 461
Liudprand von Cremona *465*
Liutgard,
-, T. v. Liudolf,
-,-, Sachsen,
-,-,-, Hz. *457*
-,-,-, Hz. ❾ 461
-, T. v. Otto,
-,-, Ks.,
-,-,-, I. d. Gr. 460, 466
-,-,-, I. d. Gr. ❾ 461, 467
Liutizen 463–464, 471, 607
Liutprand,
-, Langobarden,
-,-, Kg. 369, 525–**526**
Livia Drusilla,
-, G. des Augustus 255, 257, 259, 262
-, G. des Augustus ❾ 263
Livius,
-, Andronicus,
-,-, L.,
-,-,-, Dichter 239
-, Drusus,
-,-, M. (Volkstribun 91) 244, 246, 298
-, Rom,
-,-, Ks.,
-,-,-, Titus 214, 261
Livland 495, 682, 686, 727, 979–980, 987, 990, 998, 1046, 1058, 1061–1062
Livorno,
-, (MA) 521
Lizinde,
-, T. 1700
Ljapčev,

-, Andreas *1074*
Ljubčo Georgievski 1557
Ljubetsch,
-, Fürstenversammlung (1097) 620
Ljubljana 899
Ljudevit,
-, Kroatien,
-,-, Ft. **610**
Llana,
-, Queipo de 1028
Lleras Camargo,
-, Alberto *1895*
Lleras Restrepo,
-, Carlos *1895*
Lloyd George,
-, David 725, 732, 735, 738–739, *975*
Llywelyn ab Iorwerth *586*
Llywelyn ap Gruffydd,
-, Ft. 576
-, Wales,
-,-, Ft. *586*
LNNK (Nationale Unabhängigkeitsbewegung Lettlands) 1498
Lo Jui-ching *1778*
Loango 1152, 1162
Lobengula,
-, Ndebele,
-,-, Ft. 1154, 1166
Locarno,
-, Kfz. (1925) 742, 881
-, Vtg. (1925) 742, 746–747, 881–882, 896, 951
-, Vtg. (1925) 1290
Lochau,
-, Vtg. (1551) 677
Lochner,
-, Stefan *500*
Locke,
-, John *664*, *965*
Lockerbie 1335–1336, 1631, 1858
Locri,
-, (Alt.) ➔Lokroi
Lodi 522
Lodi,
-, Frd. (1454) 523, 543, 1006
-, Schl. (1796) 1011
Lodi-Dynastie,
-, Ind. 1181
Lodomerien 688
Lodz 755, 992
Loeper,
-, Wilhelm ❶ *892*
Logothet 637, 640
Löhne,
-, (Spät-MA) 409
Löhne und Preise,
-, (Früh-NZ) 670
Löhr,
-, Alexander 795
Lohra 44
Loire 443
Loire,
-, Kulturgrenze 375
Loirekreis 399
Lok Sabha 1749–1750
Lok Sabha ❻ 1750
Lokatoren 389
Lokendra Bahadur Chand 1766
Lokoja 1160
Lokrer 160, 202
Lokrer ❶ 123
Lokris 145, 161, 168, 197, 207
Lokris ❶ 120, 125
Lokroi (Locri) 128, 137–138, 221, 228, 303
Lokroi (Locri) ❶ 125

Lollarden 578–579
Lollius,
-, M. 258
Lollius Urbicus,
-, Q. 325
Lomani 1163
Lombardei 706, 904–905, 933, 944, 1011–1012, 1014
Lombarden 475, 506, 513–514, 516
Lombardenbund,
-, (1167) 475, 514, 534
-, (1226) 478–479, 535
Lombardo-Venezianisches Königreich 1012
Lomé 1663, 1671
Lomé,
-, Abk. (1975) 1327, 1330, 1370, 1705, 1889–1892
-, Abk. (1975) ❶ 1655
-, Abk. (1979) 1331
Lomé❶ 1655
Lomonossow,
-, Michail W. 983
Lon Nol *1812*
Lonardi,
-, Eduardo *1913*
Londinium,
-, (London) 264, 325–327
-, (London),
-,-, Schl. (296) 326
London,
-, (Alt.) ◐Londinium
-, (Alt.) ◐Londinium
-, (MA) 392
-, (MA) ❶ 418
-, (NZ) 761, 792
-, Außenminister-Kfz. (1947) 1339
-, Frd.,
-,-, (1913) 712
-, Kfz.,
-,-, (1831) 705, 1041
-,-, (1912) 711
-,-, (1921) 738
-,-, (1924) 741
-,-, (1930) 744
-,-, (1932) 745
-,-, (1936) 747
-,-, (1969) 1368
-,-, (1979) 1713
-,-, (1991) 1333
-,-, (Aug. 1922) 739
-,-, (Dez. 1922) 740
-, Sechsmächte-Kfz. (1947/1948) 1357, 1401
-, Vtg.,
-,-, (1871) 1108
-,-, (1914) 724
-, Vtg. (1474) 451
-, Weltwirtschafts-Kfz. (1977) 1330
-, Weltwirtschafts-Kfz. (1984) 1331
London Company 1270
London Corresponding Society 968
London Working MensAssociation 971
Londonderry 1462
Londoner,
-, Abk. (1944) 1341
-, Erkl. (1920) 1085
-, Erkl. (1990) 1372
-, Konv.,
-,-, (1884) 1170
-,-, 1. (1840) 705
-,-, 2. (1841) 705, 989, 1108
-, Neunmächte-Kfz. (1954) 1362, 1408
-, Pontus-Kfz. (1871) 990
-, Privy Council 1166

-, Protokoll,
-,-, (1830) 1080
-,-, (1839) 1038, 1041
-,-, (1852) 852–853, 1051
-, Schulden-Abk. (1953) 1408
-, Vtg. (1867) 1043
-, Vereinbarung (1771) 1300
Long Boret 1812
Longanus,
-, Schl. am 224
Longju 1751
Longo,
-, Luigi *1473*
Longowal,
-, Harchand Singh *1756*
Long-Term Credit Bank 1802
Longwy,
-, Schl. (1914) 717
Looz,
-, Gf. v. 440
Lop Nor 1786
Lope de Vega *663*
Lopes,
-, Henri *1691*
López,
-, Arellano,
-, Osvaldo *1873–1874*
-, Carlos Antonio *1313*
-, Francisco Higino Craveiro *1483*
-, Francisco Solano *1313*
-, Mateos,
-, Adolfo *1866*
-, Michelsen,
-, Alfonso 1895
-, Portillo,
-, José 1866–1867
-, Rega,
-,-, J. *1914*
Lopodunum (Ladenburg) 320
Lorenz,
-, Peter *1414*
Loreto Aprutino 55
Loris-Melikow,
-, Michail T. v. *991*
Lorris,
-, Guillaume de ❶ 416
Lorsch,
-, Kl. 384
Los Angeles 1852, 1859
Loschi,
-, Antonio 542
Los-Millares-Gruppe 45
Lossow,
-, Otto v. 880–881
Lothar,
-, Frkr.,
-,-, Kg. 463
-, It.,
-,-, Kg. 529, 531
-,-, Kg. ❷ 380
-, Ks.,
-,-, I. *381*, **386**–387, *420*, 527
-,-, I. ❷ 380
-,-, I. ❶ 373
-,-, II. 504
-,-, III. V. Supplinburg 470–**472**, 511, 532, 594
-,-, III. v. Supplinburg 614
-,-, III. v. Supplinburg ❷ 476
-, Lotharingien,
-,-, Kg.,
-,-, II. *455*
-,-, II. ❷ 380
-, Westfranken-R.,
-,-, Kg. 421
-,-, Kg. ❷ 380
Lothar von Supplinburg,
-, Sachsen,

-,-, Hz. ◐Lothar III.,
-,-,-, Ks.
Lothringen,
-, (MA) 373, 421, 449, 452, 455, 457–460, 462–463, 466, 468, 499
-, (MA) ❶ 373
-, (NZ) 672, 683, 685, 920, 923, 1063
-, -Habsburg,
-,-, Dyn. 468
Lotzer,
-, Sebastian *807*
Loúcheur,
-, Louis 738, *951*
Louis,
-, Condé,
-,-, Pr. v.,
-,-,-, II. *683*
-,-, Frkr.,
-,-,-, Kg.,
-,-,-, Philippe *939–941*
-,-,-, Philippe ❷ 924
Louisiana 922, 1271, 1273, 1281, 1285
Louisy,
-, Allan 1891
Louly,
-, Mohammed Mahmoud Ould *1645*
Lourdes 19
Lourenço Marques 1167
Louvois,
-, François Michel Le Tellier,
-,-, Marquis de *922*
Lovo Cordero,
-, Alfonso 1876
Löwe,
-, Wilhelm ❶ *846*
Loyola,
-, Ignatius v. *662*
Lozano Díaz,
-, Julio *1873*
Lozi 1151, 1707
LP (Liberal Party),
-, Zimbabwe 1710
LPG (Landwirtschaftliche Produktionsgenossenschaften) 1417, 1419, 1422
LSAP (Luxemburgische Sozialistische Arbeiterpartei) 1458
LTTE 1764
LTTE (Liberation Tigers of Tamil Eelam,
-, Sri Lanka) 1764
Lu Ting-i 1775, 1778
Lualaba 1163
Luanda 1153, 1704–1705
Luang,
-, Kgr. 1229
Luapula 1152
Luba **1151–1152**, 1693–1694
Luba-Lunda-Region 1129
Lubbers,
-, Ruud *1453*
Lübeck,
-, (MA) 391, 411, 474–475, 482, 491–492, 499, 598
-, (MA) ❶ 411, 413, 418
-, (NZ) 776, 873
-, (NZ) ❶ 892
-, Btm. 474
-, Frd. (1629) 682, 817, 1048
Lübke,
-, Heinrich *1410*
-, Heinrich ❶ *1406*
Lublin 782, 900, 1064
Lublin

-, Fürstentg. (1429) 619
-, U. (1569) 619, 1061
Lubliner Komitee 782, 789–790, 1066, 1500
Lucania 298
Lucas García,
-, Fernando Romeo 1869
Lucca 298, 530, 533–534, 545
Luceria 221
Luceria ❶ 219
Luchazi 1151
Lucilla,
-, S. Des Commodus 274
Lucinschi 1537
Lucinschi,
-, Petru *1537*
Lucius,
-, Pp.,
-,-, II. 512
-,-, III. 475, 514
-,-, III. ❶ 511
Lucius Caesar,
-, E. Des Augustus 258
-, E. Des Augustus ❷ 263
Lucka,
-, Schl. (1307) 487
Lucknow-Pakt (1916) 1188
Lucretius Carus,
-, T. *253*
Lucullus ◐Licinius Lucullus,
-, L.
Lucunga 1704
Lucus Augusti (Lugo) 330
Ludanice-Gruppe 35
Ludditen-Unruhen (1811) 969
Ludendorff,
-, Erich *718*–719, 728, 730, 870–871, 873, 880
-, Erich ❸ 882
Lüderitz,
-, Adolf *1167*
Lüderitzbucht 1167–1168
Ludi ◐Spiele,
-, röm.
Ludovico il Moro,
-, Mailand,
-,-, Hz. *1007*
-,-, Maild.,
-,-, Hz. 453
Ludwig,
-, Achaia,
-,-, Ft.,
-,-,-, v. Burg. 631
-, Anjou,
-,-, Hz.,
-,-,-, I. ❷ 448
-,-,-, II. 446
-,-,-, II. ❷ 448
-, Anjou-Touraine,
-,-, Hz. 444–445
-, Baden,
-,-, Mgf.,
-,-,-, Wilhelm,
-,-,-,-, I. 1104
-,-,-, Wilhelm I. 685, **823**
-, Bay.,
-,-, I. *478*
-,-, V. ❷ 488
-,-, VI. ❷ 488
-,-, Kg.,
-,-,-, I. *845*
-, Bay.– Ingolstadt,
-,-, Hz.,
-,-,-, VII. ❷ 488
-,-,-, VIII. ❷ 488
-, Bay.– Landshut,
-,-, Hz.,
-,-,-, IX. ❷ 488

-, Blois,
-,-, Gf. 401
-, Bourgogne,
-,-, Hz. ❷ 924
-, Burg.,
-,-, Kg. 422
-, Flandern,
-,-, Gf.,
-,-,-, v. Maele 445–446
-,-,-, v. Nevers *440–441*
-, Frkr.,
-,-, Kg.,
-,-,-, VII. ❷ 448
-,-,-, XI. 582
-, Frkr./Westfranken-R.,
-,-, Hz.,
-,-,-, v. Bourbon 442
-,-, Kg.,
-,-,-, II. D. Stammler *420*–**421**
-,-,-, II. d. Stammler ❷ 380
-,-,-, III. ❷ 380
-,-,-, IV. D. Überseeische 421, 460
-,-,-, IV. d. Überseeische ❷ 380, 461
-,-,-, IX. D. Heilige 391, 402, 433, 437, 441, 535, 574
-,-,-, IX. d. Heilige 1026
-,-,-, IX. d. Heilige ❷ 442, 554
-,-,-, V. d. Faule 421, 423
-,-,-, V. d. Faule ❷ 380
-,-,-, VI. d. Dicke *423*, 427–430
-,-,-, VI. d. Dicke ❷ 442
-,-,-, VII. 401, 428, 430, 472, 474, 513, 572, 646
-,-,-, VII. ❷ 442, 570
-,-,-, VIII. 428, 431, 433, 574
-,-,-, X. *440*, 443, 553
-,-,-, X. ❷ 442
-,-,-, XI. 408, 437, 449, **451**–452
-,-,-, XII. 672, *916*, 1006–1007
-,-,-, XIII. 681, *919*, 921
-,-,-, XIII. ❷ 924
-,-,-, XIV. 663, 684–686, 822–827, 921–923, 925–926, 965, 1024, 1036–1037, 1104
-,-,-, XV. 925–927, *1063*
-,-,-, XV. ❷ 924
-,-,-, XVI. *926*–927, 929–931
-,-,-, XVI. ❷ 924
-,-,-, XVII. ❷ 924
-,-,-, XVIII. *936–939*
-,-,-, XVIII. ❷ 924
-, Holld.,
-,-, Kg. *1038*
-,-, Kg.,
-,-,-, II. D. Deutsche 381, 387, 420–*421*, 455
-,-,-, II. d. Deutsche 604, 606
-,-,-, II. d. Deutsche ❷ 380
-,-,-, II. d. Deutsche ❶ 373
-,-,-, III. D. J. 387, 421, 455, 457
-,-,-, III. d. J. ❷ 380, 461
-,-,-, IV. D. Kind 421, 455–456, 458
-,-,-, IV. d. Kind ❷ 380
-, Ks.,
-,-, I. D. Fromme 379, 381, 383, 385–386, 420, 504, 527
-,-, I. d. Fromme ❷ 380
-,-, I. d. Fromme ❶ 373
-,-, II.,
-,-,-, S. Ks. Lothars I. 386–387, 420–421, 527–528, 530, 642

2001

L

-,-,-, S. Ks. Lothars I. ⓢ 380
-,-, III. D. Blinde 422, *529*
-,-, III. d. Blinde ⓢ 380
-,-, IV. D. Bayer 419, 441, **488**–489, 493, 520, 540
-,-, IV. d. Bayer ⓢ 488
-, Monaco,
-,-, Ft.,
-,-,-, II. 1451
-, Neapel,
-,-, Kg.,
-,-,-, III. V. Anjou 542
-, Nemours,
-,-, Hz. ⓢ 924
-, Ober-Bay.,
-,-, Hz.,
-,-,-, II. ⓢ 488
-, Orléans,
-,-, Hz. Philipp ⓢ 924
-,-, Hz. 446, 453, 541
-,-, Hz. ⓢ 442, 448, 924
-, Port.,
-,-, Kg.,
-,-,-, I. *1032*
-,-,-, I. ⓢ 970
-, Rhein,
-,-, Pfgf. B.,
-,-,-, III. 495
-, Pfgf. b.,
-,-,-, III. ⓢ 488
-,-,-, IV. ⓢ 488
-, S. v. Leopold,
-,-, Ks.,
-,-,-, II. ⓢ 835
-, S. v. Peter,
-,-, Siz.,
-,-,-, Kg.,
-,-,-,-, II. ⓢ 559
-, Siz.,
-,-, Kg.,
-,-,-, II. 446, 539
-, Ung.,
-,-, Kg.,
-,-,-, I. d. Gr. (auch Kg. v. Polen) 493, 539
-,-,-, I. d. Gr. (auch Kg. v. Polen) 616, *624*
-,-,-, I. d. Gr. (auch Kg. v. Polen) ⓢ 487
-,-,-, II. (auch Kg. v. Böhmen) *614*, *625*, 672, *674*
-,-,-, II. (auch Kg. v. Böhmen) ⓢ 617
-, v. Anjou,
-,-, Hz.,
-,-,-, I. ⓢ 442
-,-,-, II. ⓢ 442
-,-,-, III. ⓢ 442
-, v. Condé,
-,-, Pr.,
-,-,-, I. ⓢ 442
-, Vendôme,
-,-, Gf.,
-,-, I.,
-,-,-,-, v. Bourbon ⓢ 442
Ludwig Anton,
-, Angoulême,
-,-, Hz. ⓢ 924
Ludwig Dauphin († 1711) ⓢ 924
Ludwig Dauphin († 1765) ⓢ 924
Ludwig I. von Condé *917*
Ludwig Philipp,
-, Orléans,
-,-, Hz. ⓢ 924
-, Paris,
-,-, Gf. ⓢ 924
Ludwig Viktor,
-, E. v. Franz,
-,-, Ks.,
-,-,-, II. ⓢ 835

Ludwig von Fossombrone 519
Lueger,
-, Karl *908*
Luftbrücke 1340
Luftkrieg,
-, (1914–1918) 723
-, (1939–1945) 786–787, 791–794
Lugalanda,
-, Lagasch,
-,-, Kg. 38
Lugalsaggesi,
-, Umma,
-,-, Kg. 39, 86
Lugard 1146
Lugdunum (Lyon) 258–259, 269, 275, 318–321
Lügenfeld bei Colmar (833) 381
Lugier 323–324
Lugo,
-, (Alt.) ⓞLucus Augusti
Luguru 1148
Luguvallium 326
Luís González Macchi 1910
Luís María Argaña 1910
Luise,
-, Frkr.,
-,-, Regentin,
-,-,-, v. Savoyen 674
-,-,-, G. v. Ferdinand,
-,-,-, Toskana,
-,-,-, Ghz.,
-,-,-,-, III. ⓢ 835
-,-,-, G. v. Leopold,
-,-,-, Belg.,
-,-,-, Kg.,
-,-,-,-, I. ⓢ 924
-,-, T. v. Louis Philippe,
-,-,-, Frkr,
-,-,-, Kg. ⓢ 970
Luitpold,
-, Karantanien-Pannonien,
-,-, Mgf. 456
-,-, Ostmark,
-,-, Mgf. 463
Luitpoldinger,
-, Dyn. 382, 463
Lukaner 221–222, 294
Lukaner ⓣ 219, 226
Lukaschenka 1533
Lukaschenka,
-, Aleksandr G. *1533*
-, Alexandr G. 1530
Lukian,
-, v. Antiocheia 342
Lukianos von Samosata **273**, **290**
Lukiiko 1729
Lule,
-, Yusuf *1730*
Lullubäer 39
Lullubu 107
Lully,
-, Jean-Baptiste *663*, *923*
Lulua 1693
Luluabourg 1694
Lumumba,
-, Patrice 1347, *1693*–1695
Luna,
-, Kol. 229, 298, 300
-, Tristán de 1270
Lund,
-, Ebtm. 471, 591, 594, 596
-, Frd. (1679) 1046
-, Univ. 1046
Lunda,
-, Bululu 1697
-, -Gruppen 1151–1152
Lunda-Kazembe 1152
Lunda-Provinzen 1706

Lunda-Staat **1151–1152**, 1163
Lundula,
-, Victor *1694*–1695
Lüneburg ⓣ 413, 820
Lunéville,
-, Frd. (1801) 701, 837, 1012
Lung-shan-Kultur 1200
Luo 1130, 1134, 1145, 1174, 1731–1732
Luo,
-, -Gruppen 1145
Lupold von Bebenburg *500*
LURD 1665
Luren 1125
Lusaka 1708, 1731
Lusaka,
-, Abk. (1974) 1715
-, Abk. (1994) 1706
-, Blockfreien-Kfz. (1970) 1328, 1389
-, Kfz. (1974) 1712
-, Kfz. (1979) 1713
Lushan,
-, Kfz. (1959) 1776
Lusignan,
-, Dyn. 407, 431
Lusinchi,
-, Jaime *1898*
Lusitaner 229–230, 248, 329
Lusitania,
-, röm. Prov. 330, 359
Lusitania-Zwischenfall (1915) 722, 1289
Lusones **229**
Lutatius Catulus,
-, C. 225
-, Q. 245
Lutetia (Paris) 320–321
Luther,
-, Hans 741, 880–882, 884
-, Hans ⓖ 874
-, Martin 651, 659–660, 674, *804*–808, 810–812, 958
Lutherische Landeskirche (1559) ⓖ 661
Luther-Schrifttum 660, 807
Luthertum 807, 809–810
Luthertum,
-, Widerstandslehre 661
Luthuli,
-, Albert *1720*
Lutter am Barenberge,
-, Schl. (1626) 682, 817
Lüttich 449, 451, 498
Lüttich,
-, Btm. 476
Lüttwitz,
-, Walter v. *878*
Lützen,
-, Schl. (1632) 682, 818, 1045
Lützow,
-, Schiff 793
Luvier 114
Luwier 92
Luxemburg,
-, (1815–1945) 703, 759, 841, 898, 901, 945, **1038**, **1041**–1043, 1451
-, (1815–1945) ⓣ 757, 775
-, (MA) 449, 498
-, (NZ bis 1814) 672
-, (seit 1945) 1356, 1361–1362, 1367–1368, 1370, 1392, 1451, **1458**
-, (seit 1945),
-, Bruttoinlandsprodukt ⓣ 1369
-, Handel ⓣ 1334
-, NATO-Streitkräfte ⓣ 1354

-, Verteidigungsausgaben ⓣ 1369
-, Wirtschaft ⓣ **1458**
-, (seit 1945) ⓖ 1358, 1393
-, Annexion (1942) 1043
-, EU-Gipfeltreffen (1997) 1497, 1505, 1510, 1515, 1556, 1563, 1566
-, Rosa *698*, *872*, 877, 1428
Luxemburger,
-, Dyn. 466, 488–491, 612
-, Dyn. ⓢ 487
Luxemburgische Sozialistische Arbeiterpartei ⓞLSAP
Luxeuil,
-, Kl. 368, 370, 375
Luxor 57, 80
Luyi 1151
Luyia 1174
Luzern 501–502, 1082
Luzern,
-, Kfz. (1947) 1356
Lužianky-Gruppe 29
Luzon 1827–1828
Luzón 777
Lwow,
-, Georgj J. 726–727, *997*
Ly,
-, Dyn. 1227
Lyautey,
-, Louis H. 1121
Lycia,
-, röm. Prov. 264, 343
Lydenburg 1170
Lyder **95**
Lydiades,
-, Megalopolis,
-,-, Tyr. 205
Lydien 94–**95**, 108, 125, 136–137, 188
Lydien,
-, röm. Prov. (Lydia) 343
Lydien ⓣ 76
Lydisch,
-, Spr. 95
Lygdamis,
-, Naxos,
-,-, Tyr. ⓣ 127
Lykien 96, 171, 174, 188, **196**
Lykien,
-, röm. Prov. (Lycia-Pamphylia) 264, 343–344
Lykier 343
Lykophron von Pherai 161
Lykortas 206
Lykurg,
-, Redner 201
Lykurgos 130–131, 135
Lyles-Hill-Gruppe 37
Lynch,
-, John ((Jack)) *1467*
Lyng,
-, John *1489*
Lyon 360, 374, 452, 520, 760, 931, 937, 940
Lyon,
-, (Alt.) ⓞLugdunum
-, Konz.,
-, (1245) 479, 517
-, (1274) 508–509, 515, 517, 649
-, Märtyrer v. 291
-, Waffenstillstand (1504) 1007
-, Weltwirtschafts-Kfz. (1996) 1334
Lyon ⓣ 373, 411, 418
Lyons,
-, Joseph Alois *1244*
Lyppeios,
-, Paionien,

-,-, Kg. 161
Lysander 155, 157–158
Lysias,
-, Redner *157*
-, Seleukiden-R.,
-,-, Stth. 189, 191
Lysimacheia 176, 188, 199, 310
Lysimachos 174–178, 192, 194, 196, 203
Lysimachos ⓣ 174
Lysipp *157*
Ly-Thanh-Tong,
-, Dai-Viet,
-,-, Ks. 1227
Lytton,
-, Victor Earl 745–746
Lyttonbericht (1932) 746

M

Ma 344
Ma Ba,
-, Marabut. *1156*
Ma Bellona 344
Maadi 74
Maas,
-, Schl. (1914) 717
Maasai (Massai) 1130, 1147, 1174, 1732
Maasina 1140–1141
Maaßen,
-, Karl Georg *843*
Maastricht,
-, Tag. Europäischer Rat (1991) 1373
-, Vtg. (1992) 1391, 1431, 1450, 1465, 1468, 1482, 1486, 1489, 1491
Mabea 1161
Mac Donall Stuart,
-, John 1242
Macao (Macau) 1207, 1210, 1485–1486, 1785
Macapagal Arroyos 1829
MacArthur,
-, Douglas *778*, 800–801, 1226, 1341, *1790*, 1792, 1794, *1846*, 1848
Macartney,
-, Engld.,
-,-, Lord 1208
Macau 1486, 1787
Macau ⓞMacao
Macaulay,
-, Thomas,
-,-, B. 1187
Macauly,
-, Herbert 1160
Macbeth,
-, Schottld.,
-,-, Kg. **568**
Macchi 1910
Maccius Plautus,
-, T.,
-,-, Dichter **239**
MacDonald,
-, James Ramsay 741, 745–746, *975*–977, 1190
Macdonald,
-, James Ramsay 744
-, John A. *1276*
Macedonia,
-, Diöz. 311
Macedonia ⓞMakedonien
Machado y Morales,
-, Gerardo *1308*
Machaut,
-, Guillaume de 453
Machel,

-, Samora *1715*, 1721
Machiavelli,
-, Niccoló *543–544*
-, Niccolò 1008
-, Niccoló 287
-, Niccolò *659*
Machkamow,
-, Kachar 1769
Mächtegleichgewicht
⊕Gleichgewicht der Mächte
Machtergreifung (1933) 746
Mächtesystem,
-, hellenistisches 179
Macías Nguema Byogo 1688
Mackensen,
-, August v. *720*, 724
Mackenzie,
-, Alexander *1275*
-, King,
-,-, William Lyon 1276–*1277*, *1841*
Mac-Mahon,
-, Marie Edme *855*, *946*
MacMahon Award (1875) 1167
Macmillan,
-, Harold 1346–1348, 1363, 1366, *1460*–1461
-, Harold ❶ 1464
Macrianus,
-, Usurpator 277, 340
Macrinus,
-, Rom,
-,-, Ks. 275, 340
-,-, Ks. ❶ 254
Macrobius 280
Mactaris (Maktar) ❶ 333
Madagaskar,
-, (Anf.–1960) 778, 948, 1129, 1148–**1150**, **1172**, **1739**, 1741
-, (Anf.–1960),
-,-, Bevölkerung ❶ 1656
-, (Anf.–1960) ❶ 709, 1158
-, (seit 1960) **1739–1740**, 1743, 1746
-, (seit 1960),
-,-, Außen-Pol. 1740
-,-, Bevölkerung ❶ 1656
-,-, Gesellschaft 1740
-,-, pol. Org. 1740
-,-, Unabhängigkeits-Erkl. ❶ 1386
-,-, Verfassung 1740
-, (seit 1960) ❶ 1158
Madar,
-, Mohammed Hawadle 1734
Madauros (Mdaourouch) ❶ 333
Madegassen 1149
Madeira 913
Madero,
-, Francisco Ignacio 1305
Madhyapradesch 1755
Madison,
-, James *1279*, *1281*
Madras 1183, 1185, 1752, 1756
Madrid,
-, Frd. (1526) 674, 916, 1007
-, Frd. (1526) ❶ 806
-, Kfz. (1991) 1588
-, Vtg. (1750) 1298
Madrid Hurtado,
-, Miguel de la *1867*
Madsen-Mygdal,
-, Thomas *1054*
Madura 1823
Madurell-Gruppe 36

Madurell-Kultur 36
Mäe,
-, Hjalmar 1058
Maeaten 326
Maecenas,
-, C. 254, 257–258, 261, 335
Maecia ❶ 219
Maegla 564
Maes-Howe-Typ 45
Maezäer 304
Mafani,
-, Musonge 1687
Mafeking 1726
Mafia 1474
MAFREMO (Malawi Freedom Movement) 1709
Maga,
-, Hubert *1671*–1672
Magadha 1178
Magalhães,
-, Fernão de *669*, 1228, *1246*, *1294*
Magalme 1682
Magas,
-, Hschr. v. Kyrene 182, 185
-, Hschr. v. Kyrene ❸ 187
Magdala,
-, Schl. (1868) 1137
Magdalene,
-, G. v. Jakob,
-,-, Schottld.,
-,-,-, Kg.,
-,-,-,-, V. ❸ 960
Magdalénien 19, 21
Magdalénien ❶ 11
Magdalenska gora 71
Magdeburg 391
Magdeburg,
-, Ebtm. 371, 463, 471–472, 507, 607, 682, 811, 815
-, Ebtm. ❶ 820
Magdeburg ❶ 411
Magdeburger Konzert,
-, (1688) 826
Magdeburger Zenturien 355
Magellan ⊕Magalhães,
-, Fernão de
Magellan-Straße 669
Magenta,
-, Schl. (1859) 905, 944, 1014
Maghreb,
-, (16.–20. Jh.) 1089, 1102–1103, **1120–1121**
-, (16.–20. Jh.) ❶ 1109
-, (MA) 1089, 1095–1097
-, (seit 1945) 1569, 1571–**1572**
Magier,
-, iranische 108–109
-, sasanidische 350
Maginot-Linie 759–760
Magister equitum ❶ 236
Magistratur,
-, röm. 211, 214–216, 236–239, 241–242, 248, 253, 261, 269–270, 272, 295, 299–300
-, röm. ❶ **236–237**
Magistri comacini 530
Magloire,
-, Paul *1886*
Magna Charta (1215) **573–574**, 576
Magna Graecia 70, 137, 294
Magna Mater 233
Magnentius,
-, Flavius Magnus,
-,-, Usurpator 283
-,-, Usurpator ❸ 284
Magnesia 141
Magnesia,

-, Schl. (188 v.) 231
-, Schl. (190 v.) 188, 194, 196
Magneten ❶ 123
Magnus,
-, Dän.,
-,-, Kg. 471
-,-, Kg. ❸ 594
-, Norw.,
-,-, Kg.,
-,-,-, Barfuß 592
-,-,-, Barfuß❸ 593
-,-,-, Barfuß❶ 591
-,-,-, IV. d. Blinde ❸ 593
-,-,-, V. 592
-,-,-, V. ❸ 593
-,-,-, VI. Haakonsson Lagaboetir 593, 596
-,-,-, VI. Haakonsson Lagaboetir ❸ 593
-, Norw. u. Schweden,
-,-, Kg.,
-,-,-, VII. Eriksson *597*–598
-,-,-, VII. Eriksson ❶ *596*–597
-, Norw. u. Dän.,
-,-, Kg.,
-,-,-, d. Gute 592
-,-,-, d. Gute ❸ 593
-,-, Sachsen,
-,-, Hz. 470
-,-, Schweden,
-,-,-, Kg.,
-,-,-,-, Birgersson Ladulas 592, 597
-,-,-,-, Birgersson Ladulas ❸ 591
Magnus Intercursus (1496) 958
Magnus Maximus,
-, Rom,
-,-, Ks. 331
Mago 105, 207, 228
Magonioren,
-, Dyn. 105
-, Ramón *1827*
Magyaren ⊕Ungarn
Magyarisierungspolitik 906
Mahabharata-Epos 1177
Mahafaly 1149
Mahans,
-, Alfred T. 1287
Maharaschtra 1755
Mahatir 1821
Mahatir bin Mohammed *1820*–1821
Mahayana-Buddhismus 1178, 1205
Mahdi,
-, -Aufstand (1885),
-,-, Sudan 1119
-, Saddik el- *1622*–1623
Mahdi Mohammed,
-, Ali *1734*
Mahdisten 1132–1134, 1137
Mahé 1750
Mahendra,
-, Nepal,
-,-, Kg. *1765*
Mahendra Chaudry 1838
Mahiwa,
-, Schl. (1917) 723
Mahmud,
-, Ghasnaviden-Hschr.,
-,-, v. Ghasna *1094*, 1180
-, Iskendar 1820
-, Osman.,
-,-, Su.,
-,-,-, I. 1106
-,-,-, I. ❸ *1105*
-,-,-, II. 1107

Mahmud Al-Kaschgari 1095
Mähren,
-, (MA) 486, 490, **606–607**, 611, 625, 641
-, (NZ) 817, 1103
-, (NZ),
-,-, Nationalitäten ❶ 909
-, (NZ) ❶ 820
-, Christianisierung 371, 607
Mährischer Ausgleich (1905) 908
Mahuad Witt 1903
Mai Omar,
-, Kanem,
-,-, Hschr. 1138
Maider 309
Maidou,
-, Henri **1685**
Maier,
-, Reinhold *1398*
Maiga,
-, Diamballa *1681*
Maigesetze,
-, Österreich-Ung. 907
Maigesetze (1873) 862
Maiin,
-, R. 100
Mai-Konstitution (1791) 1064
Maikop 47
Maikop-Gruppe 41, 46
Mailand,
-, (Alt.) ⊕Mediolanum
-, (MA) 389, 452, 474–475, 488, 510, 512, 525, 530, 532–534, 537–**538**, 540–**543**
-, (NZ) 672, 675–676, 681, 701, 703, 829, 840, 1006–1007, 1010, 1013–1014
-, Ebtm. 469
Mainake ❶ 125
Maïnassara,
-, Ibrahim Barré *1681*–1682
Maine 1272, 1281
Maine,
-, Schiff 1288, 1308
Mainz 392, 399–400, 480, 701, 841, 931
Mainz,
-, (Alt.) ⊕Mogontiacum
-, Ebtm. 370, 484, 488, 494, 507, 684, 824
-, Hoffest,
-, (1184) 475
-, Hoftg. (1188) 475
-, Hoftg. (1235) 479
-, Univ. (1784) 836
Mainz ❶ 412
Mainzer Akzeptation (1439) 497
Mainzer Landfriede (1235) 478
Mainzer Republik (1793) 837
Maiolus,
-, Cluny,
-,-, Abt 507
Maiorian,
-, Rom,
-,-, Ks. 287, 331
Maipú,
-, Schl. (1818) 1317
Mairevolution,
-, (1848),
-,-, österreichische 905
Mairevolution (1849),
-, dt. 850
Maisur-Krieg,
-, 1. (1767–1769) 1186
-, 2. (1780–1784) 1186
-, 3. (1790–1792) 1186

-, 4. (1799) 1186
Maitraka,
-, Dyn. 1180
Maizière,
-, Lothar de 1429
Majali,
-, Abd as-Salam Al- 1600
Majano,
-, Adolfo Arnaldo 1872
Majapahit 1228
Majdanek (KZ) 773, 900, 1066
Majestätsbrief (1609) 816
Maji-Maji-Aufstand (1905) 1173
Majko 1559
Major,
-, John *1465*, 1468
-, John ❶ 1464
Majordomus ⊕Hausmeier
Majuba Hill 1170
Malinow,
-, Alexander *1074*
Makari,
-, Moskau,
-,-, Metr. *979*
Makarios,
-, Zypern,
-,-, Eb.,
-,-,-, III. 1460, *1562*–1563
Makedonen 164, 176, 305, 309, 341
Makedonen,
-, byz. Dyn. **641–643**
Makedonien 635
Makedonien,
-, (4. Jh.) 156–157, 161–163, **168**, **170–173**
-, (4. Jh.) ❶ 170
-, (8.–4. Jh.) 109, 140, **164–169**, 310
-, (8.–4. Jh.) ❶ 164
-, (Diadochenzeit) 174–178
-, (Hellenismus) 82, 179, 185, 188, **196–197**, **199–201**, 203–207, 227, 231, 304–305
-, (Hellenismus),
-,-, Hschr. ❸ **198**
-, (NZ) ⊕Mazedonien
-, Name 164
-, röm. Prov. (Macedonia) 231–232, 246, 254, 301–306, 310
-, röm. Prov. (Macedonia) ❶ 223
Makedonien (MA) 641
Makedonien (MA)
⊕Bulgarisches Reich
Makedonien (MA)
⊕Byzantinisches Reich
makedonische Renaissance,
-, Byz. **643**
Makedonisch-römische Kriege,
-, 1. (215–205) 192, 199, 205, 227
-, 2. (200–197) 188, 194, 200, 206, 231
-, 3. (171–168) 192, 195–196, 200, 206, 231, 305
Makhosetive ⊕Mswati,
-, Swazild.,
-,-, Kg.,
-,-,-, III.
Makkabäer 189–191
Makkabäeraufstand (167–163) 189, 191
Makoko,
-, Tio (Teke),
-,-, Hschr. 1162
Makonnen,
-, Lidz Endalkatzew *1736*

2003

Maktar,
-, (Alt.) ➔Mactaris
Maktum bin-Raschid Al-Maktum 1617
Makua 1151, 1167
Makuria 1132
Malabo 1688
Malaca (Málaga) 98, 267, 327
Málaga,
-, (Alt.) ➔Malaca
Malaiisch,
-, Spr. 1227, 1819–1820
Malaiische Halbinsel
➔Malakka
Malaiische Halbinsel
➔Malaysia
Malaiische Union 1818–1819
Malaiischer Archipel 1227–1228, 1230
Malaita 1838
Malakka 1227–1228, 1231, 1818
Malam Bacai Sanha 1660
Malambo 1261
Malan,
-, Daniel François *1172*, *1719*
Malatesta,
-, Sigismondo *544*
Malawi (Nyasaland,
-, Njassaland),
-,-, (bis 1964) 1151, 1154, 1167, 1706, **1708**–1710
-,-, (bis 1964) ❶ 709, 1158
-,-, (seit 1964) **1709**
-,-, (seit 1964),
-,-,-, AIDS-Erkrankungent ❶ 1335
-,-,-, Außen-Pol. 1709
-,-,-, pol. Org. 1709
-,-,-, Unabhängigkeits-Erkl. ❶ 1386
-,-, (seit 1964) ❶ 1158
Malawi Congress Party
➔MCP
Malawi Freedom Movement
➔MAFREMO
Malaya ➔Malaysia
Malayan Chinese Association ➔MCA
Malayan Indian Congress
➔MIC
Malaysia (Britisch-Nordborneo [Sabah],
-, Malaya,
-,-, Sarawak) 1227–1228, 1230, 1333, 1803–1804, **1818**–1822, 1824–1825, 1827–1828, 1831
-,-, Sarawak),
-,-,-, öffentliche Finanzen 1335
-,-,-, Säuglingssterblichkeit ❶ 1334
-,-,-, Unabhängigkeits-Erkl. ❶ 1386
-,-,-, Wirtschaft ❶ 1385
Malazgirt,
-, Schl. (1071) 1095
Malchiner Kreis 56
Malcolm,
-, Schottld.,
-,-, Kg.,
-,-,-, II. **568**
-,-,-, III. Canmore **568**, 586
Maldić,
-, Ratko *1551*
Malediven 1748, **1765**
Malediven,
-, Unabhängigkeits-Erkl. ❶

1386
Malenkow,
-, Georgi M. 1342, 1375, 1377, *1517*–1519
Malerei ➔Kunst
Malestroit,
-, Vtg. (1343) 441
Malfatti,
-, Franco *1368*
Mali,
-, (Soudan,
-,-, Französisch-Sudan),
-,-,-, (bis 1960) 1639
-,-, Kgr. **1139**–1141
Mali (Soudan,
-, Französisch-Sudan),
-,-, (bis 1960) **1139**, 1156, 1657, 1661, **1677**, 1679
-,-, (bis 1960),
-,-,-, Bevölkerung ❶ 1656
-,-, (bis 1960) ❶ 1158
-,-, (seit 1960) 1668, **1677**–**1678**, 1680
-,-, (seit 1960),
-,-,-, Bevölkerung ❶ 1656
-,-,-, Unabhängigkeits-Erkl. ❶ 1386
-,-,-, Verfassung 1678
-,-, (seit 1960) ❶ 1158, 1655
Malichos,
-, Nabatäer,
-,-, Kg.,
-,-,-, I. 352
-,-,-, II. 352
Malier ❶ 123
Mali-Föderation 1644, 1657, 1666, 1671, 1677, 1679
Malik,
-, Jakow A. *1340*
Malik Kafur 1181–1182
Malindi,
-, Schl. (1587) 1149
Malinke 1140
Maller 173
Mallia 42
Mallia-Palast,
-, Kreta 49, 53, 59, 114
Mallius,
-, Cn. 245
Mallorca 561
Malloum,
-, Felix *1683*
Malm ❶ 8
Malmédy ➔Eupen-Malmédy
Malmö 1488, 1491
Malmö,
-, Waffenstillstand (1848) 848
Malpasso-Stufe 43
Malplaquet,
-, Schl. (1709) 686
Malta,
-, (Alt.),
-,-, Melite 98
-, (MA/NZ) ➔Johanniter
-, (seit 1945) 1353, **1478**
-, (seit 1945),
-,-, Verfassung 1478
-,-, Kg. ❸ 1358
-, (Vorgeschichte) 36, 42, 50
-, Sibirien 20
Malthi (Dorion) 33, 54, 64, 114
Malthus,
-, Thomas Robert *693*
Malthusianismus 947
Maluku 1824
Malva 309
Malvinas-Inseln
➔Falkland-Inseln

Malwa-Reich 1181
Mamadou Tandja *1682*
Mamadou Lamin,
-, Marabut 1156
Mamaloni,
-, Solomon *1837*–*1838*
Mame Madior Boye *1658*
Mameluken ➔Mamluken
Mamertiner 224, 300
Mamilius Limetanus,
-, C. 245
Mamluken 402, 406–407, 1094, 1097–1099, 1102, 1118
Mamluken,
-, Kriegführung 1102
Mamprusi 1139
Man 108
Managua 1876
Managua,
-, Vtg. (1960) 1862
Manasse,
-, Juda,
-,-, Kg. **103**
-, Stamm 101
Mancham,
-, James *1745*
Manchester-Liberalismus 973
Manco Capac,
-, Inka-Hschr. 1266
Mancomunitat 1027
Mandäer 348
Mandat,
-, brit.,
-,-, Nahost 1114–1116
-,-, Nahost ❶ 1109, 1113
-, frz.,
-,-, Nahost 1114, 1116
-,-, Nahost ❶ 1109, 1113
Mande Sibibe 1678
Mandela,
-, Nelson *1720*–*1723*
-, Nelson ❶ 1655
Mandingo 1139–1141, 1143, 1659
Mandschu,
-, Dyn. 1197, 1199, 1207–*1208*, 1211, 1216
-, Dyn. ❶ 1201, 1203, 1207
Mandschukuo 745, 1213, 1225–1226
Mandschurei 710, 745–746, 790, 801, 992, 1003, 1191, 1193, 1204, 1207, 1211, 1213, 1216, 1223–1224, 1226, 1772, 1794
Mandume,
-, Kwanhama-Ambo-Hschr. 1165
Manduria,
-, Schl. (338 v.) 294
Manetho 75
Manfred,
-, (MA) 524, 537
-, (NZ) 682, 706, 920, 1010–1011, 1014
-, Siz.,
-,-, Kg. *484*, 517, 535, 537, 555, 561, 630, 649
-,-, Kg. ❸ *473*
Manfred Schäuble *1433*
Mangalore,
-, Frd. (1784) 1186
Mangbetu 1134
Manguel,
-, Byz.,
-,-, Ks.,
-,-,-, I. Komnenos 401, 405, 472, 512, 532–533, 623, 626, **646**–**647**
-,-,-, II. 632, *650*
Manuella,
-, Tulega *1838*

Manifest Destiny 1287
Manigat,
-, Leslie *1887*
Manila 777, 800, 1288, 1803, 1828
Manila,
-, Kfz. (1963) 1803
-, Kfz. (1987) 1804
-, Kfz. (1989) 1804
-, UNCTAD-Kfz.,
-,-, (1979) 1331
-,-, (1983) 1331
-, Vtg. (1954) 1362, 1803, 1849
Manilius,
-, C. 250
Manipel 245
Manischtusu,
-, Babylonien,
-,-, Kg. 39
Manitoba 1276, 1844
Maniu,
-, Juliu *1071*
Manjema 1150
Manley,
-, Michael *1885*–*1886*
Manlius Vulso,
-, Cn. 195, 231
Männer 107
Mannerheim,
-, Karl Gustav Emil v. 758, 783, *1055*–1056, 1058, 1494
Mannheim,
-, Volksversammlung (1848) 844
Mansholt,
-, S. L. *1364*
Mansholt-Plan (1968) 1368
Manstein,
-, Erich v. *759*, 773
Mantanzima,
-, Kaizer *1720*
Mantegna,
-, Andrea *545*
Manteuffel,
-, Otto v. *852*
Mantineia 145, 154, 160, 204–205
Mantineia,
-, Schl. (207 v.) 205
-, Schl. (362 v.) 160
-, Schl. (418 v.) 154
Mantua,
-, (Alt.) 71
-, (MA) 524, 537
-, (NZ) 682, 706, 920, 1010–1011, 1014
-, Syn. (1064) 468, 509
Mantuanischer Erbfolgestreit (1629–1631) 682, 920, 1008
Mantzikert,
-, Schl. (1071) 644, 1095
Manuel,
-, Byz.,
-,-, Ks.,
-,-,-, I. Komnenos 401, 405, 472, 512, 532–533, 623, 626, **646**–**647**
-,-,-, II. 632, *650*
Manuella,
-, Tulega *1838*

Manufakturen 654, 657, 691
Manzoni,
-, Alessandro *1013*
Mao Tse-tung 801, *1213*–1214, 1374, 1377, 1382, *1771*–*1782*, 1854
Mao Tun,
-, Hsiung-nu,
-,-,-, Hschr. 1193, *1204*
Mao Zedong ➔Mao Tse-tung
Maoismus **1776**, **1778**
Mao-Kult 1778
Maori 1239, 1245–1246, 1835–1836
Maori,
-, -Kultur 1240
Mapai 1601–1602
Maphilindo 1803
Mara,
-, Ratu Sir Kamisese Kapaiwai Tuimacilai *1838*
Maracaibo-Becken 1311
Maracaibo-See 1263
Marakanda (Samarkand) 172
Marañón,
-, Gregorio *1027*
Marat,
-, Jean Paul 929–930
Marathen 1184–1187
Marathen,
-, -Kriege (1775–1782,
-,-,-, 1803–1805,
-,-,-, 1817–1819) 1186–1187
Marathon 59
Marathon,
-, Schl. (490 v.) 109, 140
Marbacher Bund (1405) 494
Marburg,
-, (MA) 499
-, Univ. 807
Marburger Artikel (1529) 808
Marc Forné Molne 1483
Marc Ravalomanana 1741
Marcel,
-, Étienne 443–444
Marcella maior,
-, Nichte v. Augustus,
-,-, Rom,
-,-,-, Ks. ❺ 263
Marcella minor,
-, Nichte v. Augustus,
-,-, Rom,
-,-,-, Ks. ❺ 263
Marcellinus Comes,
-, Chronist 287
Marcellus,
-, C. (Konsul 50) 252
-, Pp.,
-,-, II. *1009*
-,-, II. ❶ 1009
Marchais,
-, Georges *1448*
Marcher Lords 586
Marchfeld,
-, Schl. (1278) 486, 612
Marcia-Gruppe 28
Marcianopolis 307, 311
Marcinkowski,
-, Karol *844*
Marcius,
-, Coriolanus,
-,-, Cn. 217
-, Philippus,
-,-, Q. 200–201
Marcius Turbo,
-, Q. 335
Marcona Mining Company 1904
Marco-Polo-Brücke 748,

1213, 1225
Marcos,
-, Fernando *1828*–1829
Marcus,
-, Pp. 365
Marcus Aurelius,
-, Rom,
-,-, Ks. **273**, 275–276, 283, **290**, 298, 303, 312–313, 315, 318, 324, 333–334, 340, 343, 352
-,-, Ks. 🅢 254, 333
Mardonios 140, 142
Mardukapaliddin,
-, Babylonien,
-,-, Kg. 90
Marema Tlou Party 1724
Marengo,
-, Schl. (1800) 701, 934, 1012
Margai,
-, Albert *1662*
-, Milton *1662*
Margaret,
-, T. v. Georg,
-,-, GB,
-,-,-, Kg.,
-,-,-,-, VI. 🅢 970
Margarete 587
Margarete,
-, Dän.,
-,-, Kgn.,
-,-,-, II. *1491*
-,-, Norw. u. Schweden,
-,-,-, Kgn. 597–599
-,-,-, Kg. 🅣 597, 599
-, Engld.,
-,-, G. v. Heinrich,
-,-,-, Engld.,
-,-,-,-, Kg.,
-,-,-,-,-, VI.,
-,-,-,-,-,-, v. Anjou *580*, 582
-,-,-,-,-,-, v. Anjou 🅢 581
-, Frkr.,
-,-, Kgn.,
-,-,-, v. D. Provence *437*
-,-,-, v. d. Provence 🅢 442
-, G. Kg Malcolms III. 586
-, G. Ludwigs I.,
-,-, Ung.,
-,-,-, Kgn.,
-,-,-,-, d. Gr. (auch Kg. v. Polen) 🅢 487
-, G. v. Jakob,
-,-, Schottld.,
-,-,-, Kg.,
-,-,-,-, IV. 🅢 960
-, G. v. Ludwig,
-,-, Frkr./Westfranken-R.,
-,-,-, Kg.,
-,-,-,-, IX. d. Heilige 🅢 554
-, Ksn.,
-,-, v. Holld.-Hennegau 446, 489
-, Ndld.,
-,-, General-Statth.,
-,-,-, II. v. Parma *1033*
-, Schw. v. Eduard,
-,-, Engld./GB,
-,-,-, Kg.,
-,-,-,-, IV. 582
-, T. v. Beaufort,
-,-, John,
-,-,-, Hz. v. Somerset 582
-,-,-, Hz. v. Somerset 🅢 581
-,-, T. v. Kg. Karl II. v. Neapel 🅢 442
-, v. Anjou 450–451
-, v. Anjou 🅢 442, 448
-, v. Bay. 🅢 448
-, v. Flandern 🅢 448
-, v. Savoyen 🅢 448

-, v. York 451
-, v. York 🅢 448
-, v. Burg.,
-,-, T. Ks. Maximilians 672, 674
-,-, T. Ks. Maximilians 🅢 673
Margaretha,
-, T. v. Friedrich,
-,-, Kg./Ks.,
-,-,-, II. 🅢 473
Mari 38–39, 52, 87, 97
María,
-, G. v. Sancho,
-,-, Kast.,
-,-,-, Kg.,
-,-,-,-, IV.,
-,-,-,-,-, de Molina 558
Maria,
-, Engld.,
-,-, Kgn.,
-,-,-, I. d. Kath. 678, *959*
-,-,-, I. d. Kath. 🅢 673, 960
-,-,-, II. *965*–966
-,-,-, II. 🅢 960
-, Frkr.,
-,-, Kgn.,
-,-,-, Theresia 921
-,-,-, v. Brabant *437*
-,-,-, v. Medici *919*
-,-,-, v. Medici 🅢 442
-, G. Karls IV.,
-,-, Frkr.,
-,-,-, Kg. 🅢 487
-, G. v. Jakob,
-,-, Schottld.,
-,-,-, Kg.,
-,-,-,-, V. 🅢 960
-, G. v. Otto,
-,-, Ks.,
-,-,-, IV. 🅢 476
-, G. v. Philipp,
-,-, Span.,
-,-,-, Kg.,
-,-,-,-, II. *678*
-, Ksn.,
-,-, Theresia 687, 827–830, 926, 1010, *1040*, 1063
-,-, Theresia 🅢 *673*, 835
-, Port.,
-,-, Kgn.,
-,-,-, I. 1031
-,-,-, II. *1032*
-,-,-, II. 🅢 970
-,-, Schottld.,
-,-,-, Kgn.,
-,-,-,-, Stuart 961
-,-,-,-, Stuart 🅢 960
-, Span.,
-,-, Kgn.,
-,-,-, Christina *1026*
-,-, T. Philipps I. v. Kast. *625*
-,-, T. v. Friedrich,
-,-, Siz.,
-,-,-, III. 🅢 559
-,-, T. v. Karl,
-,-,-, Engld.,
-,-,-,-, Kg.,
-,-,-,-,-, I. 🅢 960
-,-, T. v. Philipp,
-,-,-, Kast.,
-,-,-,-, Kg.,
-,-,-,-,-, d. Schöne 🅢 617
-,-, Ung.,
-,-,-, Kgn.,
-,-,-,-, G. Ks. Sigismunds *616*, *624*
-,-, Schw. Ks. Ferdinands I. 672, 674
-,-, v. Anjou 🅢 448
-,-, v. Antiocheia 646
-, v. Burg.,

-,-, G. Maximilians I. *499*
-, v. Navarra 🅢 559
-, v. Port. 🅢 559
-, v. Burg.,
-,-, G. Maximilians I. *672*, *1033*
-,-, G. Maximilians I. 🅢 673
-, v. Cleve 🅢 448
Maria Beatrix Este,
-, T. v. Herkules,
-,-, Modena,
-,-,-, Hz.,
-,-,-,-, III. 🅢 835
Maria Luise,
-, Frkr.,
-,-, Ksn. 🅢 Marie Louise,
-,-,-, Frkr.,
-,-,-,-, Ksn.,
Mariana 301
Marianen 724, 868, 1224, 1226, 1234, 1247, 1837
Marianen 🅣 863
Marib 352–353
Marib' 100
Marie,
-, Luxbg.,
-,-, Ghzn.,
-,-,-, Adelheid *1043*
-, v. Châtillon 🅢 448
Marie Antoinette,
-, Frkr.,
-,-, Kgn. *928*
Marie de France 436
Marie de France 🅣 434
Marie Louise,
-, Frkr.,
-,-, Ksn. *904*, 935, *1012*
-,-, Ksn. 🅢 835
Marie Luise,
-, G. v. Leopold,
-,-, Ks.,
-,-,-, II. 🅢 835
Marie Therese Charlotte,
-, T. v. Ludwig XVI. 🅢 924
Marie-Galante 1299
Marienbourg 937
Marienburg,
-, Feste 495, 499, 617
Marienwerder 735, 878
Marighela,
-, Carlos 1918
Marignano,
-, Schl. (1515) *502*, 672, 916, 1007
Marina-Severa,
-, G. v. Valentinian,
-,-, Rom,
-,-,-, Ks.,
-,-,-,-, I. 🅢 284
Maring,
-, G. 1212
Marini,
-, Antoine *613*
Marino,
-, Schl. (1379) 521
Marinus,
-, Pp.,
-,-, I. 🅣 505
-,-, II. 🅣 505
Maritza,
-, Fluss 1109
-, Schl. (1371) 627
Marius,
-, C. (Konsul 107) **245**–**247**, 249–250, 297–298, 324, 332–333
-, C. (Konsul 82) 247
-,-, Gratidianus,
-,-, M. 247
Marjannu 53, 57
Marjannu-Reich 53
Mark,

-, Gf. v. 440
Mark Aurel,
-, Rom,
-,-, Ks. 🅢 Marcus Aurelius
Mark Brandenburg 471
Mark Brandenburg 🅣 820
Marken 460, 462
Markgrafenkrieg (1553) 812
Markianos,
-, Byz.,
-,-, Ks. 286, 366, *634*–635
-,-, Ks. 🅢 284
-,-, Ks. 🅣 365
Markion 290
Markioniten 290
Markomannen 267, 273–274, 305, 307, 311, 315, 317, 323–324
Markomannenkriege (166–180) 273, 307–308, 311, 318, 324
Marktwirtschaft 1409, 1411, 1705
Markus I.,
-, Archipelago,
-,-, Hz. 630
Markward von Annweiler 477
Marlborough,
-, John Churchill Hz. v. 686, 826
Marly,
-, Schloss 922
Marmont,
-, Auguste Viesse de 937
Marmousets 446
Marmoutier,
-, Kl. 367
Marne,
-, Schl. (1914) 717, 950
Maroboduus (Marbod),
-, Markomannen,
-,-, Kg. 259, 261, 305, 317, *324*
Marokkanisch-Mauretanischer Vertrag (1976) 1641, 1643
Marokkanisierung **1641**
Marokko,
-, (1912–1956) 776, **1121**, 1445, 1480, **1639**
-, (MA) 1140
-, (NZ bis 1912) 710–711, 1016, 1026, 1102, 1120–**1121**, 1140–1141
-, (seit 1946) 1644
-, (seit 1956) 1411, 1480, 1575, 1609, 1630, 1635–1645, 1672, 1696
-, (seit 1956),
-,-, Außen-Pol. 1640
-,-, Bevölkerung(sentwicklung) 🅣 1568
-,-, Unabhängigkeits-Erkl. 🅣 1386
-, (seit 1956) 🅣 1655
-, -Kfz. (1906) 1121
-, -Krise,
-,-, 1. (1905) 710, 868, 948, 1016, 1121
-,-, 2. (1911) 711, 869, 949, 1121
-,-, -Vtg. (1911) 1121, 1161–1162
Maroneia 166, 200
Maroneia 🅣 124
Maroniten 405–406, 1108, 1116, 1596
Maroons 1157
Marozia,
-, T. d. Theophylakt 529
Marquesas-Inseln 1234,

1247, 1836
Marquet,
-, Adrien *952*
Marranos 516
Mars,
-, Gott 280, 334
-, Planet 1
Mars Latobius 316
Mars Teutates 321
Marsala,
-, (Alt.) 🅢 Lilybaion
Marsch auf Algier (1962) 1635
Marsch auf Rom (1922) 739, 1018
Marsch der Descamisados 1912
Marschallinseln
🅢 Marshallinseln
Marschflugkörper 1352, 1453, 1474, 1609–1610
Marseille,
-, (Alt.) 🅢 Massalia
-, Kl. (St. Viktor) 367–368, 375
Marseille (Massalia) 521
Marser 221
Marshall,
-, George C. *1339*–1340, 1356–1357, *1772*, *1847*
-, John *1835*
Marshallinseln 724, 788, 863, 1224, 1234, 1246–1247, 1837, 1839
Marshallinseln 🅣 709, 863
Marshall-Plan (ERP) 1356–1358, 1405, 1407, 1436, 1452, 1455, 1823, 1847
Marshallplan-Hilfe 1339
Marshallplan-Hilfe,
-, Griechld. 1560
-, Isld. 1493
-, Österreich 1436
-, Polen 1374, 1501
-, Tschechoslowakei 1374, 1506
Marsilius,
-, v. Inghen 500
-, v. Padua **419**, *489*, *522*, 540
Marsischer Krieg 246
Mars-la-Tour,
-, Schl. (1870) 855
Marston Moor,
-, Schl. (1644) 963
Mart Laar 1497
Martens,
-, Wilfried *1457*, 1697
Martí,
-, José *1308*
Marti Alanis,
-, Joan 1483
Martial 🅣 Valerius Martialis,
-, M.
Martianer 519
Martignac,
-, Jean Baptiste Gay de 939
Martigny,
-, (Alt.) 🅢 Octodurus
Martin,
-, Aragón u. Siz.,
-,-, Kg.,
-,-,-, I. 561–**562**
-,-,-, I. 🅢 559
-,-, Pp.,
-,-,-, I. *503*, 638
-,-,-, I. 🅣 505
-,-,-, IV. 437, 517–518, 537, 561, 649
-,-,-, V. 496, *523*, 537, 541

2005

-,-, V. ❶ 519
-, Siz.,
-,-, Kg.,
-,-,-, II. d. J. 539
-,-,-, II. d. J. ❷ 559
-, v. Dumio 369
-, v. Tours 368
Martínez,
-, Maximiliano Hernández 1307
Martínez,
-, Tomás Borge 1876
Martinez de Toledo ❶ 416
Martínez Lacayo,
-, Roberto 1876
Martini,
-, Simone 544
Martinique 1299, 1880
Martinitz,
-, Jaroslaw v. 816
Martino,
-, Gaetano 1363
Martow,
-, Julij O. 992
Marwan ibn Mohammed ibn Marwan,
-, Kalif ❶ 1090
Marx,
-, Karl 287, 697–698, 844, 847
-, Wilhelm 741, 875, 880–882
-, Wilhelm ❸ 874, 882
Marxismus 697–698, 1212
Mary,
-, v. Teck ❷ 970
Mary Kathleen,
-, Uranvorkommen 1831
Mary Robinson 1650, 1788
Maryland 1159, 1270, 1272, 1285
Marzabotto 71
Märzrevolution,
-, (1848),
-,-, österreichische 904
Märzrevolution (1848),
-, dt. 844
Masaccio 545
Masada 266, 336–337
Masaryk,
-, Jan 1070
-, Thomas G. 1067–1068
Maschadow,
-, Aslan 1530
Maschinen (NZ)
❸industrielle Revolution
Maseribane,
-, Sekkonyana 1724
Mashhad 1768
Mashonaland 1166
Masinissa,
-, Numidien,
-,-, Kg. 228–229, 332, 334
Masire,
-, Quett K. J. 1726
Maskarin Goschala 1178
Maskat ❸Oman
Masowien 614–616
Massachusetts 1270, 1273, 1278
Massachusetts Bay Company 1270
Massageten 108, 1192
Massai ❸Maasai
Massalia (Marseille) 71, 126, 227, 252, 316, 320, 328
Massalia (Marseille) ❶ 125
Massamba-Débat,
-, Alphonse 1691–1692
Massaua 1016, 1158
Massaua ❶ 709
Massawa 1737

Massengesellschaft 700
Massera 1914
Massimo D´Alema 1631
Massimo D'Alema 1475
Massinissa,
-, Numidien,
-,-, Kg. 207
Massu,
-, Jacques 1447
Mastaba 32, 38, 78
Mastai-Ferretti,
-, Giovanni Maria 1013
Masud I.,
-, Ghasnaviden-Hschr. 1094–1095
Masur,
-, Kurt 1429
Masuren,
-, Schl.,
-,-, (1914) 718
-,-, (1915) 718
Masyumi-Partei 1824
Matabeleland 1166, 1713
Matacapan 1256
Matadi 1163
Matagalpa 1876
Mataswintha,
-, Ostgoten,
-,-, Kgn. 363
Materialismus 665
Materialismus,
-, dialektischer 697
-, historischer 697
Matero-Reform (1969) 1707
Mathematik,
-, arab. 417
-, babylonische 87, 91
-, griechische 181
-, MA 417
Mather,
-, Cotton 1273
-, Increase 1273
-, Richard 1273
Mather-Dynasty ❸Puritaner
Mathieu Kérékou 1673
Mathilde,
-, Engld.,
-,-, Kgn. 475, 571
-,-, Kgn. ❷ 476, 570
-, G. v. Heinrich,
-,-, Kg./Ks.,
-,-,-, I. ❷ 461
-,-,-, V. ❷ 467
-, Quedlinburg,
-,-, Äbtissin 464
-,-, Äbtissin ❷ 461
-, T. v. Heinrich,
-,-, Kg./Ks.,
-,-,-, III. ❷ 467
-, T. v. Hermann,
-,-, Schwaben,
-,-,-, Hz.,
-,-,-,-, II. ❷ 467
-, T. v. Otto,
-,-, Ks.,
-,-,-, II. ❷ 461
-, T. v. Roger,
-,-, Siz.,
-,-,-, Gf.,
-,-,-,-, I. ❷ 467
-, Tuszien,
-,-, Mgfn. 468, 470–471, 510, 533
-,-, Mgfn. ❷ 476
mathildische Güter 475
Mathy,
-, Karl ❶❷ 846
Matignon,
-, Vtg. (1936) 954
Matsu 1377, 1776, 1788
Matsuoka,
-, Yosuke 765, 769, 1225

Matsushita,
-, Konzern ❶ 1332
Matswa,
-, A. 1162, 1691
Mattathias 191
Matteotti,
-, Giacomo 1018
Matthäus von Bascio 519
Matthäus von Krakau 500
Matthei,
-, Fernando 1923
Matthew Paris 569
Matthews,
-, Gabriel 1664
Matthias,
-, Ks. 681, 815–816
-, Ung.,
-,-, Kg.,
-,-,-, I. Corvinus 498–499, 613, 625
Matthijsz,
-, Jan 809
Maubeuge 717
Maubeuge,
-, Schl. (57 v.) 317
Maudling,
-, Reginald 1364
Mauer (bei Heidelberg) 16
Mau-Mau-Bewegung 1731–1732
Mau-Mau-Bewegung ❶ 1655
Maung,
-, Saw 1807
Maung Maung Kha 1807
Maupeou,
-, René-Nicolas de 927
Maupertuis,
-, Schl. (1356) 443, 577
Maura,
-, Antonio 1027
Mauren 273, 331–332, 508, 516, 1091, 1096–1097, 1101
Mauretania,
-, Caesariensis,
-,-, röm. Prov. 331–334
-, Sitifensis,
-,-, röm. Prov. 332–334
-, Tingitana,
-,-, röm. Prov. 331–334
Mauretania Caesariensis,
-, röm. Prov. 264
Mauretania Tingitana,
-, röm. Prov. 264
Mauretanien,
-, (Antike) 253
-, (MA) 1140
-, (NZ bis 1945) 1156
-, (NZ bis 1945) ❶ 1158
-, (röm. Prov.) 262, 264, 268, 273, 331–333
-, (seit 1945) 1480, 1575, 1639–1640, 1642–1645, 1658
-, (seit 1945),
-,-, Unabhängigkeits-Erkl. ❶ 1386
-, (seit 1945) ❶ 1158, 1655
Mauretanische Volkspartei ❸PPM
Maurice Papon 1450
Maurikios,
-, Byz.,
-,-, Ks. 279, 346, 636–637
Mauritian Militant Movement ❸MMM
Mauritius 1720, 1744–1746
Mauritius,
-, Eb.,
-,-, Braga ❸Gregor,
-,-,-, Pp.,
-,-,-,-, VIII.

Mauritius ❶ 1158
Maurja,
-, Dyn. 1178–1179
Maurja-Reich 346–347, 1182
Mauroy,
-, Pierre 1449
-, Pierre ❶ 1449
Maurras,
-, Charles 948, 953
Mausawa 1736
Maussolos,
-, Karien,
-,-, Kg. 96, 159, 161
Mavia,
-, Sarazenen,
-,-, Kgn. 352
Mavro Spilio 53
Mawanda,
-, Buganda,
-,-, Kg. 1145
Max,
-, Baden,
-,-, Pr. 730–731, 871
-, Bay.,
-,-, Kft.,
-,-,-, II. Emanuel 685, 823, 825–826, 1104
Maxentius,
-, Rom,
-,-, Ks. 281, 292
-,-, Ks. ❷ 284
Maxima Zorreguieta 1454
Maximianus,
-, Rom,
-,-, Ks. 280–281, 292, 299, 321
-,-, Ks. ❷ 284
Maximilian,
-, B. v. Karl,
-,-, Österreich,
-,-,-, Ks.,
-,-,-,-, I. ❷ 835
Maximilian,
-, Bay.,
-,-, Kft.,
-,-,-, I. 681–682, 817
-,-,-, III. Joseph 828, 830
-, Bay.,
-,-, Kg.,
-,-,-, II. 845
-,-,-, Ehz. 452
-,-, Ks.,
-,-,-, I. 453, 499, 502, 625, 659–660, 672–673, 803–805, 916, 1007, 1061
-,-,-, I. ❷ 442, 448, 485, 673
-,-, Mex.,
-,-,-, Ks. 1304–1305
-,-, Ks. ❷ 835
Maximilla,
-, T. v. Galerius,
-,-, Rom,
-,-,-, Ks. ❷ 284
Maximinus,
-, Rom,
-,-, Ks.,
-,-,-, Daia 281, 292, 336, 339
-,-,-, Daia ❷ 284
-,-,-, Thrax 276, 313, 318
-,-,-, Thrax ❶ 254
Maximos der Bekenner 638
Maximos von Ephesos 283
Maximum-Gesetze (1793) 932–933
Maximus,
-, Usurpator 331
Maximus Magnus,
-, Rom
Maxtla,
-, Tepaneken-Hschr. 1260
Maya 1254–1255,

1257–1259
Maya,
-, Dialekte 1254
-, Kalender 1254,
1257–1258
-, Schr. 1254, 1257–1258
Mayaki 1682
Mayaki,
-, Ibrahim Assane 1682
Mayer,
-, René 1362
Mayflower 1270
Mayotte 1172, 1741–1743
Mayr,
-, Michael 911
Mayrisch,
-, Emil 952
Mazaka 194
Mazarin,
-, Jules 684, 919–921
Mazdaismus 348, 350–351
Mazedonien,
-, (1945–1991)
❸Jugoslawien
-, (NZ) 706–707, 712, 721, 729, 991, 1075, 1077, 1080, 1109
-, (seit 1945)
❸Griechenland
Mazedonien (Ehemalige jugoslawische Republik Mazedonien) ❸ 1358
Mazedonisch,
-, Spr. 1556
Mazowiecki,
-, Tadeusz 1504
Mazzini,
-, Giuseppe 1013–1014, 1016
Mazzinianer 1013
Mba,
-, Léon 1689–1690
Mbandzeni,
-, Swazi-Hschr. 1155
Mbata 1152
Mbazogo 1688
Mbazogo,
-, Teodoro Obiang Nguema 1688
Mbeki 1723
Mbeki,
-, Thabo Mvuyelwa 1723
Mbeki, Thabo Mvuyelwa 1723
MBFR (Mutual and Balanced Forces Reduction) 1350–1351, 1353, 1522
Mbida,
-, André-Marie 1686
Mboshi 1691
Mboya,
-, Tom 1732
Mbulu 1147
MCA (Malayan Chinese Association) 1819–1820
MCA (Muslim Committee of Action),
-, Mauritius 1744
McAleese,
-, Mary 1468
MCCA (Mercado Común Centroamericano) 1862, 1871, 1873–1874
McCarthy,
-, Joseph Raymond 1847, 1849
McCarthyism 1847
McCormick,
-, Lynde D. 1360
McKinley,
-, William 1288
McMahon,

-, William *1832*
McMahon-Linie 1751
McNamara,
-, Robert St. 1348, 1366
McNarney,
-, Joseph Taggert *1845*
MCP (Malawi Congress Party) 1709
Mdaourouch,
-, (Alt.) ↻Madauros
MDB (Movimento Democrático Brasileiro),
-, Bras. 1917–1918
MDP (Movimiento Democrático Peruano),
-, Peru 1903
MDRM (Mouvement Démocratique de la Rénovation Malgache),
-, Madagaskar 1739
MDV (Mouvement Démocratique Voltaique),
-, Burkina Faso 1679
Méatchi,
-, Antoine *1670*
Meaux 580
Meaux,
-, Kathedrale ❶ 435
Mebaragesi,
-, Mesop.,
-,-, Kg. 32
Mébiame,
-, Léon *1690*
Mechanisierung 690
Mechelen 756
Mechthild von Magdeburg 501
Mečiar 1512
Mečiar,
-, Vladimír 1509, *1511*, 1515
Mecklenburg 474, 819
Mecklenburg,
-, Btm. 466
Mecklenburg ❶ 820, 892
Mecklenburg-Vorpommern 1402–1403, 1430
Mecklenburg-Vorpommern,
-, Bevölkerung ❶ 1431
MEDAC (Mouvement dÉvolution Démocratique-del Afrique Central),
-, Zentralafrikanische Rep. 1685
Medellín,
-, (Alt.) ↻Metellinum
Medellín 1896
Meder 68, 70, 77, 89–90, 95, 107, 345
Media Atropatene 347–348
Mediationsakte
↻Reichsdeputationshauptschluß (1803)
Mediatisierung 838
Medici,
-, (Dyn.) 541, 543, 545, 827
-, (Handelshaus) 654
-, Cosimo il Vecchio *541*–543
-, Giovanni di Bicci dei 541
-, Lorenzo dei *543*
-, Piero di Cosimo 543
Médici,
-, Emilio Garrastazú *1918*
Medien 95, 103, 107–108, 176, 186, 190, 273
Medien ❶ 77
Medina 100, 1088–1089, 1091, 1102, 1117
Medina Angarita,
-, Isaías *1897*
Medina del Campo 557
Medina del Campo,

-, Vtg. (1431) 563, 667, 669
Medinet Habu 62, 81
Mediolanum (Mailand) 226, 277, 279–280, 285, 299, 319
Medizin,
-, (NZ) 664
-, arabische 1091, 1097
Medma 70
Medma ❶ 125
Medressen (Koranschulen) 1111
Medum 32
Meech Lake Accord 1844
Meerengenfrage 705, 707, 711, 728, 737, 740, 747, 988, 1108, 1111
Meerengenkonvention (1841) ↻Londoner Konvention (1841)
Meerengen-Vertrag (1908) 711
Meerssen,
-, Vtg. (870) 420, 455
-, Vtg. (870) ❶ 373
Mefo-Wechsel 888
Megabyzos 110, 146
Megakles 134–135, 141
Megalopolis 160–161, 199, 204, 207, 303
Megalopolis,
-, Schl. (331 v.) 201
Megara 126–127, 134, 145–147, 153–154, 156, 162, 168, 176–177, 197
Megara,
-, Hyblaia 143
-, Hyblaia ❶ 125
Megara ❶ 120, 124–125, 127
Megarisches Psephisma 147, 153
Megasthenes 1176
Megat Iskandar Shah,
-, Malakka,
-,-, Kg. 1228
Megawati Sukarnoputri 1826–1827
Megiddo 23, 33, 40, 48, 53, 58, 63
Megiddo,
-, Schl. (1468 v.) 80
Mehmed,
-, Osman.,
-,-, Su.,
-,-,-, I. 1100
-,-,-, I. ❸ *1100*
-,-,-, II. 543, 632, **1100**–1101
-,-,-, II. ❸ *1100*
-,-,-, III. **1104**
-,-,-, III. ❸ *1103*
-,-,-, IV. 1104
-,-,-, IV. ❸ *1105*
-,-,-, V. **1109**–1110
-,-,-, VI. 1110–1111
Mehmed Ali 1118
Mehmed Sokolly Pascha,
-, Osman.,
-,-, Großwesir 1103
Meiji Tenno,
-, Japan,
-,-, Ks. *1222*, 1224
Meiji-Zeit *1222*, 1224
Mein Kampf 888
Meinhard,
-, Görz-Tirol,
-,-,-, II. 486
-, S. v. Ludwig,
-,-, Bay.,
-,-,-, Hz.,
-,-,-,-, V. ❸ 488
Meinhof,

-, Ulrike *1414*
Meïr,
-, Golda 1543, 1603
-, Golda ❶ *1602*
Meißen,
-, Btm. 371, 463, 507
Meißen ❶ 820
Meißner,
-, Otto *891*
Mejdani,
-, Rexhep *1559*
Mejía Victores,
-, Oscar Humberto *1870*
Mekka 1088–1089, 1091, 1102, 1113, 1117, 1612
Mekka,
-, Moschee-Besetzung (1979) 1612
-, -Wallfahrt 1089, 1117, 1134, 1140
Mekong 1809, 1811
Meksi,
-, Alexander *1559*
Melanchros,
-, Mytilene,
-,-, Tyr. ❶ 127
Melanchthon,
-, Philipp 662, 675, *807*–808, 810–811, 959
Melanesien 1234, 1246, 1836
Melanesier 1246
Melas,
-, Ephesos,
-,-, Tyr. ❶ 127
Melbourne 1241–1242, 1831
Melchioriten 809
Meles 531
Meletianer 280
Melfi,
-, Konstitutionen v. (1231) 417, 534
-, Syn. (1059) 509, 532
Melgar Castro,
-, Juan Alberto *1874*
Melikschah,
-, Seldschuken,
-,-,-, Su. **1095**
Melilla 560, 1480–1481, 1639, 1642
Melitene 343
Meliton von Sardeis 291
Melos 42, 154
Melos ❶ 120
Memelland 735, 737, 751, 879, 903, 987, 1499
Memelland ❶ 899
Memelstatut (1924) 737, 1060
Memmius,
-, C. (Volkstribun 111) 245–246
Memnon von Rhodos 171, 201
Memnonskolosse 57, 80
Memphis,
-, Äg. 80–81, 145–146, 189
-, Tennessee 1853
Men 344
Mena (Wirtschafts-Kfz. 1997) 1577
Menahem,
-, Isr.,
-,-, Kg. **103**
Menander *180*
Menander,
-, Baktrien,
-,-, Kg. 1179
Mena-Wirtschafts-Kfz. 1616
Menchu Tum,
-, Rigoberta *1870*
Mendaña de Neira,

-, Álvaro de *1246*
Mende 1157
Mende,
-, Erich *1411*
Menderes,
-, Adnan *1564*
Mendes,
-, Francisco Macias *1659*–*1660*
Mendès-France,
-, Pierre 1362, *1445*
Méndez,
-, Aparicio 1911
Méndez Montenegro,
-, Julio César *1869*
Mendizábal,
-, Juan Alvarez *1026*
Mendoza,
-, Pedro de *1295*
Menelaos,
-, Br. Ptolemaios I. 176
Menelik II.,
-, Äthiopien,
-,-, Ks. *1016*
Menelik II.,
-, Äthiopien,
-,-, Ks. *1137*, 1175
Menem 1916
Menem,
-, Carlos *1915*
Menena 57
Menephtah,
-, Äg.,
-,-, Kg. 62
Menes,
-, Äg.,
-,-, Kg. 75
Menfö,
-, Schl. (1045) 468
Mengele,
-, Josef 1915
Mengistu,
-, Haile Mariam *1736*–1737
Mengli Girai I.,
-, Krim,
-,-, Chan *1101*
Mennoniten 810, 1273
Menorca 686
Mensch,
-, fossiler ❶ **11**
Menschenrechte 1334
Menschenrechtsdeklaration,
-, (1789) 929
-, (1948) 1325
Menschenrechtskonvention (1950) 1359
Menschenverluste
↻Kriegsverluste
Menschewiki 727, 992–993, 997–1000, 1537
Menschewiki ❶ 995
Menschikow,
-, Alexander D. *982*
Mentana,
-, Schl. (1867) 1015
Mentuhotep,
-, Äg.,
-,-, Kg.,
-,-,-, I. 38, 79
Menuas,
-, Urartu,
-,-, Kg. 94
Menzies,
-, Robert *1244*, *1830*–1831
Menzius 1202
Merbah,
-, Kasdi *1638*
Merca 1175
Mercado Común Centroamericano ↻MCCA
Mercator *666*
Merchant Adventurers 579

Merck,
-, Ernst ❶ *846*
MERCOSUR (Mercado Común del Cono Sur) 1865, 1909, 1912, 1915, 1919, 1923
Meredith,
-, James 1852
Merenptah,
-, Äg.,
-,-, Kg. **81**
Merenre,
-, Äg.,
-,-, Kg.,
-,-,-, I. 39
Meri,
-, Lennart *1497*
Mérida,
-, (Alt.) ↻Emerita Augusta
-, Kfz. (1963) 1484
Méridas 549
Merikare 79
Merimde 23, 25, 74
Merimde-Kultur 74
Merina 1150, 1172, 1739
Merkantilismus **656–657**, 691, 696, 1049
Merkantilismus,
-, Engld. 963, 966
-, Frkr. **922**, 927
-, Russld. 981
Merkantilismus ❻ 656
Merkur,
-, Planet 1
Merkur Esus 321
Mermnaden,
-, Dyn. 95
Merobaudes,
-, Rom,
-,-, Heermeister 285
Meroë 1132, 1136
Meroë-Reich 81
Meroïten 183
Meroitisch,
-, Spr. 1132
meroitische Kultur 1132
Merowinger,
-, Dyn. ↻Frankenreich (bis 714)
Mers el-Kebir 1635
Merseburg 787
Merseburg,
-, Btm. 371, 463, 465, 507, 811
-, Frd.,
-,-, (1013) 465
-,-, (1033) 466
-, Hoftg. (1046) 468
-, Hoftg. (1135) 472, 614
-, Stift ❶ 820
Mers-el-Kébir 560
Mersin 23, 25, 27, 33, 92
Merve Kavak 1567
Merw 991, 1094, 1198
Merw ❶ 709
Merwan I.,
-, Kalif ❶ 1090
Mesa,
-, Moabiter,
-,-, Kg. 103
MESAN (Mouvement dÉvolution Sociale del Afrique Noire),
-, Zentralafrikanische Rep. 1684–1685
Mesannepada,
-, Ur,
-,-, Kg. 38, 85
Mescheten 1768
Mesembria am Schwarzen Meer 306, 310
Mesembria/am Schwarzen

Meer 649
Mesembria/Thrakien ❶ 124
Meseta 547, 1025
Meseta-Kultur 72
Mesić,
-, Stjepan *1550*
Mesilim,
-, Mesop.,
-,-, Kg. 32
Mesilim-Stufe 38
Meskalamdug,
-, Ur,
-,-, Kg. 32, 38
Meskiangnuna,
-, Ur,
-,-, Kg. 38
Mesoa 130
Mesoamerika,
-, (Indianerkulturen) **1251–1260**
Mesolithikum 22
Mesolithikum ❶ 11
Mesopotamien,
-, (Alte Hochkulturen) 31, 38–40, 48, 52–53, 68, 70, 83–88, 103, 106
-, (hellenistische Zeit) 185, 188, 346
-, (MA) 1089–1093, 1095–1096, 1098–1099, 1101
-, (NZ) ●Irak
-, (Parther u. Sasaniden) 273, 275, 277–278, 347–349, 351
-, (röm. Prov. Mesopotamia) 268, 349–350
-, (Vorgeschichte) 25, 27
Mesopotamien (NZ) ●Irak
Mesozoikum 7, 9
Mesozoikum ❶ 8
Mesrop 346
Messalina ●Valeria Messalina
Messana (Messina) 70, 143, 224–225, 294, 300
Messana (Messina) ❶ 125
Messe,
-, Giovanni *1021*
Messene 162, 177
Messenien 126, 129, 131, 145, 160–161, 176, 199, 205–206
Messenier 131
Messenische Kriege,
-, 1. 131
-, 2. 129–131
Messerschmidt,
-, D. G. 982
Messerschmidt-Bölkow-Blom,
-, Konzern 1416
Messias 104, 1112
Messina,
-, (Alt.) ●Messana
-, Aufstand (1847) 700
-, Kfz. (1955) 1362
Messmer,
-, Pierre *1448*
-, Pierre ❶ 1449
Messner,
-, Zbigniew *1504*
Mesta 557
Mestiri,
-, Mahmoud *1633*
Mestizen 1301–1302, 1307
Meta 1559
Metapont,
-, (Alt.) ●Metapontum
Metapontum (Metapont) 70, 138, 228
Metapontum (Metapont) ❶ 125

Metauron ❶ 125
Metaurus,
-, Schl. (207 v.) 228
Metaxas,
-, Joannis *1081*
Metellinum (Medellín) 329
Metellus ●Caecilius Metellus
Methodios *371*, 504, 604, 606–607, *641*
Methodisten 1157
Methodistenbewegung 968
Methone 160, 164, 166
Methuen-Vertrag (1703) 966, 1031
Metoiken 136, 148–149
Metoiken,
-, Begriff 148
Metoiken ❶ 148
Metropolitansystem 570
Mette-Marit Tjessen Hörby 1490
Metternich,
-, Clemens v. 696, 704, 841–843, 845, *904*, 940, 987
Metternichsches System 842, 904, 1084
Metz 374–376
Metz,
-, Btm. 672, 677, 683, 812, 818, 916, 920
-, Btm. ❶ 820
-, Festung 855
-, Hoftg. (1356) 491
-, Hoftg. (1356) ❶ 411
-, Vtg. (1214) 598
Metz ❶ 373
Mewlewi-Orden 1099
Mexico City 1284, 1304
Mexico City,
-, Ebtm. 1296
Mexikanisch-amerikanischer Krieg (1846–1848) 1304
Mexikanischer Bürgerkrieg,
-, (1858–1861) 1304
-, (1910–1917) 1305
Mexikanisierung 1866
Mexiko,
-, (1527–1809) 1294
-, (1810–1945) 1001, 1026, **1303–1306**
-, (1810–1945),
-,-, Gebietsabtretung 1304
-,-, Gesellschaft 1305
-,-, Innen-Pol. 1304
-,-, Kirche 1304–1305
-,-, Verfassung (1812) 1303
-,-, Verfassung (1824) 1304
-,-, Verfassung (1857) 1304
-,-, Verfassung (1917) 1305
-,-, Wirtschaft **1305**
-, (1810–1945) ❶ 757
-, (Indianerkulturen) 1251
-, (seit 1945) 1841, 1863–1864, **1866–1868**, 1896, 1898, 1923
-, (seit 1945),
-,-, Arbeits- u. Sozial-Pol. 1868
-,-, Bevölkerung(sentwicklung) ❶ 1865
-,-, Finanzen 1334, 1861, 1867
-,-, öffentliche Finanzen 1867
-,-, Reform-Pol. **1866–1867**
-,-, Säuglingssterblichkeit ❶ 1334
-,-, Wirtschaft 1867
Mexiko-Expedition,
-, frz. (1861–1866) 945
Meyer,

-, Alfred ❶ *892*
-, Eduard 287
Mezin 20–21
Mezzogiorno 1471
MFA (Movimento das Forças Armadas) 1484
MFBR (Mutual and Balanced Forces Reduction) ❶ 1343
MFDC (Mouvement des forces démocratiques de Casamance),
-, Senegal 1658
Mfecane 1169
Mfecane,
-, -Kriege 1166, 1169
Mġarr 43
Mġarr-Stufe 42
Miami 1880
Miao-Aufstand (1854–1872) 1209
MIC (Malayan Indian Congress) 1819
Michael,
-, Bulg.,
-,-, Chan 371
-,-, Zar,
-,-,-, Schischman 629
-, Byz.,
-,-, Ks.,
-,-,-, I. Rhangabé 381, *639*
-,-,-, II. 371, 639
-,-,-, III. *641*–642
-,-,-, IV. 644
-,-,-, V. Kalaphates 644
-,-,-, VI. Parapinakes *644*
-,-,-, VII. Dukas 644
-,-,-, VIII. Palaiologos *649*
-, Epeiros,
-,-, Despot,
-,-,-, I. 630, 648
-,-,-, II. 630
-, Konstantinopel,
-,-, Patr.,
-,-,-, Kerullarios 508, *644*
-, Nikaia,
-,-, Ks.,
-,-,-, VIII. 630
-, Polen,
-,-, Kg. *1062*
-, Rumänien,
-,-, Kg.,
-,-,-, I. 761, 790, 796, **1071**–1073, *1542*
-, Russld.,
-,-, Zar *980*, 997
-, Serbien,
-,-, Ft.,
-,-,-, III. Obrenović 1075
-,-, Kg. 626
-, Siebenbürgen,
-,-, Ft.,
-,-,-, I. Apafi *823*
-, Walachei,
-,-, ,
-,-,-, Ft.,
-,-,-,-, d. Tapfere 633
Michael von Cesena 520
Michaelis,
-, Georg *871*
-, Johann David *836*
Michail Kasjanow 1531
Michal Kováč 1512
Michelangelo Buonarroti 658, *1008*
Michelet,
-, Jules 544, 657
Michelozzo *541*
Michelsberger Kultur 35, 37
Michow,
-, Nikolaus *1074*
Micipsa,

-, Numidien,
-,-, Kg. 244
Micombero,
-, Michel *1702*
Micoquien ❶ 11
Microsoft 1861
Midas,
-, Phrygien,
-,-, Kg. *94*
Middle Belt 1160
Midea 116
Midhat Pascha,
-, Osman.,
-,-, Großwesir 1108
Midia 1732
Midianiter 102
Midway,
-, Schl. (1942) 778, 1226, 1292
Mielnik,
-, U. (1501) 619
Mierosławski,
-, Ludwik *850*
Mies,
-, Schl. (1427) 496
Mieszko,
-, Polen,
-,-, Hz.,
-,-,-, I. 371, 463, **607**
-,-,-, II. 465–466, 608, 614
Miettunen,
-, Martti 1495
MIFERMA 1645
Mifsud-Bonnici,
-, Karmenu (Carmelo) *1478*
Migiurtinia 1175
Migratio gentium 357
Miguel Ángel Rodríguez Echeverría 1878
Mihajlov,
-, Mihajlo *1548*
Mihajlović,
-, Draža 764, 781, *1078*, *1547*
Mihirakula,
-, Hunnenführer 1180
Mijikenda 1732
Miki,
-, Takeo *1798*–1799
Mikion 205
Miklas,
-, Wilhelm *911*
Miklós-Dalnóki,
-, Bela 790
Mikojan,
-, AnastasJ. 1774
Mikolajczyk,
-, Stanisław 780, 789–790, 799, *1066*, *1501*
Mikrolithik 24
Mikronesien 1234, 1246, 1836–1838
Mikronesien,
-, Vereinigte Staaten v. 1837
Mikronesier 1246
Mikuláš Dzurinda 1512
Mikuláš Migas 1512
Mikythos,
-, Messina u. Rhegion,
-,-, Tyr. 143
Mi-la ras-pa *1199*
Milan,
-, Serbien,
-,-, Hschr.,
-,-,-, III. *1075*
-,-,-, Kg.,
-,-,-, IV. *1075*
Milavče-Gruppe 65
Milet 95, 109, 124, 136–137, 140, 147, 155, 171, 185
Milet,

-, Jacques 453
-, mykenische Kolonisation 118
Milet ❶ 123–124, 127
Miletopolis ❶ 124
Militärhilfe,
-, USA-Costa Rica 1878
-, USA-El Salvador 1872
-, USA-Pakistan 1759
Militärpolitische Kooperation (dt.-frz.-polnisch) 1505
Militärregime,
-, Argentinien 1914
-, Bras. **1917**–1918
-, Burkina Faso 1680
-, Burundi 1703
-, Chile **1922**–**1923**
-, Gambia 1659
-, Ghana 1669
-, Guatemala 1870
-, Haiti 1887
-, Kolumbien 1895
-, Latein-Am. 1301, 1864
-, Lesotho 1724
-, Mali 1678
-, Nigeria 1675–1676
-, Sierra Leone 1663
-, Türkei 1565
-, Uruguay **1911**
-, Zentralafrikanische Rep. 1685
Militärrevolte,
-, Bulg. (1886) 1073
Militärwesen,
-, (NZ) 655–656, 710
-, (NZ) ❶ 711–712
-, Äg. 1097
-, Argentinien 1912
-, Belg. 1042
-, BR Dtld. 1505
-, Brdbg.-Preußen 820, 826–827, 831
-, China 1779
-, Dt. Bd. 841
-, Dt. R. 856–857
-, Frkr.,
-,-, (NZ) 920, 922, 928, 1450
-,-, (seit 1945) 1505
-, GB 977
-, Germanen 323
-, Griechld. 122, 126, 128
-, Japan 1221–1222
-, Kalifen-R. 1093
-, Latein-Am. 1301
-, Maked. 164
-, Osman. 1099, 1110
-, Österreich 833
-, Österreich-Ung. 907
-, Pers. 1123, 1125
-, Polen **1505**
-, Port. 1031
-, Preußen 840
-, R. 814, 818, 824–825
-, Rom,
-,-, (Prinzipat) 260, 266–267, 272, 274, 276–277, 299, 305, 307–309, 311–313, 315–**319**, 325–326, 330, 332, 335, 337, 339–340, 343, 349, 353
-,-, (Rep.) 214, 216, 239, 243–245, 295–**297**, 329, 348
-,-, (Spätantike) 279, 281–282, 311, 315, 326, 333, 340
-,-, (Spätantike) ❶ 282
-, Russld. 979, 981
-, Schweden 1045, 1053
-, Span. 1027
-, Thrakien 309
-, Ung. 915
Militsch,
-, Johann 612

Miljutin,
-, Dmitrij A. 990
Mill,
-, John Stuart 696, 700, 971
Millerand,
-, Alexandre 738, 948, 951
Millet-System 1101
Milner,
-, Alfred 1171
Milo ⊕Annius Milo,
-, T.
Milo Djukanović 1552
Milošević 1552
Milon von Kroton 138
Milos Zeman 1510
Milošević,
-, Slobodan 1549–1551
Miltiades 140–141
Miltiades,
-, Apologet 291
Milton,
-, John 664
Milutinovic,
-, Milan 1551
Milvische Brücke,
-, Schl. (312) 281, 292
Milzener Land 464–466
Mimaq 1845
Mimnermos 129
Min,
-, Korea,
-,-, Kgn. 1216
Minamoto,
-, Geschl. 1219–1220
-, Sanetomo 1220
-, Yoriie 1220
-, Yoritomo 1219–1220
-, Yoshinaka 1219
-, Yoshitsune 1219
Minangkabau 1824
Minani,
-, Jean 1703
Minas Gerais 1268, 1299
Mindanao 777, 1828–1829
Mindaugas (Mindowe),
-, Litauen,
-,-, Ft. 615
Mindel-Eiszeit 10, 14
Mindel-Eiszeit ⊕ 11
Minden ⊕ 820
Minderheiten,
-, nationale 734, 866, 869, 1116
Minderheitenpolitik,
-, Albanien 1559
-, Rumänien 1544
Mindestumtauschsatz,
-, DDR 1427
Mindowe ⊕Mindaugas
Mindszenty,
-, József 1513
MINEROPERU 1904
Minerva 214
Minervina,
-, G. v. Konstantin,
-,-, Rom,
-,-,-, Ks.,
-,-,-,-, I. d. Gr. ⓢ 284
Ming,
-, Dyn. 1206–1208, 1215
-, Dyn. ⊕ 1201
Minh-Mang,
-, Vietnam,
-,-, Ks. 1229
Minier 114
Minin,
-, Kusma 980
Ministerialen 389, 391, 458, 475
Ministerpräsidentenkonferenz (1947) ⊕München,
-, Kfz. (1947)

Ministerrat,
-, DDR 1425
-, DDR ⓖ 1424–1425
Minnesang 399, 480
Minnesang ⊕ 481
Minoikum ⊕ 113
Minoische Kultur 114–**115**, **118**
Minoriten 515, 519
Minos,
-, Kreta,
-,-, Kg. 114–115, 118
Minotaurus-Legende 115
Minshuto (Demokratische Partei,
-, Japan) 1795
Minsk 618, 796, 992, 999, 1385, 1528
Minsk,
-, Abk. (1991) 1528
-, Schl. (1941) 767
Minsker Abkommen (1991) 1385
Minto,
-, Gilber John Elliot,
-,-, Lord 1188
Mintoff,
-, Dom 1478
Minturnae ⊕ 219
Minucius Felix,
-, Apologet 291, 334
Minuit,
-, Peter 1271
Miozän 9
Miozän ⊕ 8
Miquel,
-, Johannes v. 852, 857, 866–867
MIR,
-, Bol. 1908
Mir 1531
MIR (Movimiento de la Izquierda Revolucionaria),
-, Chile 1922
-, Venezuela 1897
Mirabeau,
-, Honoré Gf. v. 929–930
-, Victor Marquis de 927
Mirambo,
-, Unyamwezi,
-,-, Hptl. 1147
Mirbach,
-, Gf. 999
Mircea der Große (der Alte),
-, Walachei,
-,-, Ft. 633
Mirerekano,
-, Paul 1701–1702
Mireya Moscoso 1880
Mirian,
-, Kartli,
-,-, Kg. 1537
Miro,
-, Sueben (Sweben),
-,-, Kg. **548**
Mirsa Ali 1124
Mir-System 989
Mirza,
-, Iskander 1758
Mise d'Amiens(1264) 574
Misenum,
-, Vtg. (39 v.) 255
Miskito-Indianer 1876
Missi dominici
⊕Königsboten
Missionierung **368**, 516, 669
Missionierung,
-, Afrika 1130–1131, 1134–1135, 1137, 1142, 1144, 1146–1147, 1151–1153, 1157, 1160, 1164, 1715

-, Alamannen 369–370
-, Am. 1294
-, Angelsachsen 367–368, 370
-, Angelsachsen ⊕ 369
-, Bay. 369–370
-, Burgunder 367, 369
-, Dtld. 460, 463
-, Franken 367, 369–370, 373, 375
-, Friesen 370, 377
-, Germanen 370
-, Germanen ⊕ 369
-, Goten 359, 369
-, Heruler 369
-, Iren 369
-, Iren ⊕ 369
-, Isld. 371
-, Klein-As. 344, 346
-, Langobarden 367, 369
-, Mähren 371
-, Nubien 336
-, Palästina 339
-, Pikten 369
-, Pikten ⊕ 369
-, Polen 371
-, Sachsen 370, 377, 379
-, Sachsen ⊕ 369
-, Schotten 369
-, Schotten ⊕ 369
-, Skand. 371, 381, 510
-, Skand. ⊕ 369
-, Slawen 370–371, 507, 510
-, Slawen ⊕ 369
-, Span. 516
-, Südost-As. 1228–1229
-, Sueben 369
-, Thüringer 377
Missionierung ⊕ **369**
Mississippi 1281, 1285
Mississippi,
-, -Fluss 1278–1281
-, Fluss 1860
-, -Kultur 1249
Missouri 1281, 1285
Missouri-Kompromiß (1820) 1281, 1285
Mißtrauensvotum (1972) 1413
Mistra 630–632, 649–650, 1101
Mitanni 57–58, 80, 88
Mitannireich 53, 57–58, 80, 88, 93
Mitannireich ⊕ 77
Mitbestimmung,
-, Gesetz,
-,-, (1951) 1407
-,-, (1971) 1412
Mitch 1875
Mitchell 1892
Mitchell,
-, James 1892
-, John Newton 1854
-, Keith 1893
-, Thomas 1241
Mitenand-Initiative,
-, Schweiz (1981) 1442
Mithradates,
-, Armenien,
-,-, Kg. 262
-,-, Kommagene,
-,-,-, Kg.,
-,-,-, I. ⓢ 187
-, Parther,
-,-, Kg.,
-,-,-, I. 190, 347–348
-,-,-, II. 348
-,-, Pontos,
-,-,-, Kg.,
-,-,-,-, I. Ktistes **193**
-,-,-,-, II. 187, **193**

-,-,-, III. **193**
-,-,-, IV. Philopator Philadelphos **193**
-,-,-, V. Eupator **193**, 195
-,-,-, VI. Eupator Dionysos 192–195, 246–250, 252, 301, 342
Mithradatische Kriege 193, 348
Mithradatische Kriege,
-, 1. (88–85) 246
-, 2. (83–81) 247
-, 3. (74–63) 249, 345
Mithras 314, 316, 321, 348
Mithridates ⊕Mithradites
Mithrines,
-, Armenien,
-,-, Satrap 345
Mitla 1259, 1584
Mitra,
-, Dyn. 1179
-, Gott 1177
Mitre,
-, Bartolomé 1315
Mitrovica,
-, (Alt.) ⊕Sirmium
Mitsotakis,
-, Konstantin 1561
Mittag,
-, Günter 1422, 1429
Mittel- und Jungkupferzeit **38**
Mittelalter,
-, Begriff u. Einteilung 279, **355–356**, 528
-, Bevölkerung 388, 390, 408
-, Bildungswesen 364, 397–398, 417, **530**
-, Ethik 394, 419
-, Geschichtsbild 393, 417
-, Geschichtsschreibung 393, 417
-, Gesellschaft 388–390, 392, 409–412
-, Kultur 364–365, 393–397
-, Kunst 398–399, 413–414
-, Literatur 398, 415, 417
-, Philosophie 364, 385, 394–397, 417–418
-, pol. Org. 388, 390, 408–411
-, Rechtswesen 397–398, 417
-, Rezeption 355–356
-, Weltbild 393–394, 413
-, Wirtschaft 388–390, 392, 408–410
-, Wissenschaft 364
-, Wissenschaften 397–398, 417, 419
Mittelamerika **1299**, 1864
Mittelasien ⊕Zentralasien
Mittelbantu-Gebiet **1151**
Mittelbronzezeit **57–61**
Mittelbronzezeit,
-, Eur. 58–61
-, It. 60
-, Kultur 53
-, Mittel-Eur. 60
-, Nord-Eur. 61
-, Ost- u. Südost-Eur. 59
-, Siz. 60
-, Vorderer Orient 57–58
-, West-Eur. 60–61
Mitteldeutscher Handelsverein (1828) 843
Mitteleuropa,
-, (Ältere Bronzezeit) 55
-, (Ältere Eisenzeit) 72
-, (Altkupferzeit) 35
-, (Frühbronzezeit) 50
-, (Früheisenzeit) 69

-, (Jungbronzezeit) 65
-, (Jungneolithikum) 28–29
-, (Mittel- und Frühkupferzeit) 43
-, (Mittel- und Jungkupferzeit) 43
-, (Mittelbronzezeit) 60
Mittelhelladikum 54, 113–114
Mittelhelladikum ⊕ 113
Mittelhelladische Kultur 49
Mittelitalien 503, 527
Mittelkongo **1162**
Mittellatein 530
Mittelmächte ⊕Weltkrieg,
-, Erster
Mittelmeer 1097, 1103–1104, 1120
Mittelmeer,
-, Umweltschutz-Abk. (1983) 1331
-, Umweltschutz-Kfz. (1984) 1331
Mittelminoikum 114
Mittelminoische Kultur 49
Mittelneolithikum **25–26**
Mittelneolithikum,
-, Äg. 25
-, Eur. 25–26
-, Griechld. 25
-, Iran 25
-, It. 26
-, Mesop. 25
-, Ost- u. Südost-Eur. 25
-, Vorderer Orient 25
-, West-As. 25
-, West-Eur. 26
Mittelpaläolithikum 14, **17**
Mittelpaläolithikum,
-, Kultur 17
Mittelpaläolithikum ⊕ 11
Mittelpleistozän 9–10, 16
Mittelpleistozän ⊕ 11
Mittelstand ⊕Bürgertum
Mittelstreckenraketen 1353–1354, 1371, 1384, 1415, 1612, 1756, 1857–1859
Mittelurbane Kultur 53
Mittermaier,
-, Karl ⊕ 846
Mitterrand,
-, François 1431, 1447–1450, 1465, 1483, 1744
Mixteken 1259–1261, 1294
Miyazawa,
-, Kiichi 1801
Mizoram 1756
Mkapa,
-, Benjamin William 1728
Mladen Naletilić 1555
MLC und RCD-ML 1698
MLN (Movimiento de Liberación Nacional),
-, Guatemala 1869
MLSTP (Movimento de Libertação de São Tomé e Príncipe) 1689
MM (Mouvement Mahorais),
-, Komoren 1742
MMM (Mauritian Militant Movement),
-, Mauritius 1744–1745
Mnajdra 63
MNC (Mouvement National Congolais),
-, Kongo 1692
MNR (Movimiento Nacionalista Revolucionario),

-, Bol. 1906
MNSD (Mouvement National de la Société de Développement),
-, Niger 1681
Mo Ti *1202*
Moab 102
Moawija,
-, Kalif,
-,-, I. *638*, 1089–1090
-,-, I. ❶ 1090
-,-, II. ❶ 1090
Mobil Oil,
-, Konzern ❶ 1332
Mobilmachungen,
-, (1914) 716
Mobutu,
-, Joseph D. 1349, 1642, *1694*–1698, 1705
Moçambique ➔Mozambik
Moçâmedes 1165
Moche-Kultur 1265
Mochlos 42, 53, 59
Mock,
-, Alois *1438*
Moctezuma,
-, Azteken-Hschr.,
-,-, I. Ilhuicamina *1261*
-,-, II. Xocoyotzin *1261*
Moczar,
-, Mieczyslaw *1502*–1503
Model,
-, Walter *791*–792
Model Parliament (1295) 576
Modena 537, 701, 706, 1008, 1010–1012, 1014
Modena,
-, (Alt.) ➔Mutina
-, Aufruhr (1831) 700
-, österreichische Sekundogenitur 704
Modon 632
Modrow,
-, Hans *1429*
Moesia,
-, Diöz. 311
-, Inferior,
-,-, röm. Prov. 306, 311
-, Prima,
-,-, röm. Prov. 307
-, Secunda,
-,-, röm. Prov. 307, 311
-, Superior,
-,-, röm. Prov. 306–307
Mogadischu 763, 1148–1149, 1175, 1415, 1734
Mogadischu ❶ 1655
Mogentiana ❶ 313
Mogollon 1250
Mogontiacum (Moguntiacum,
-, Mainz) 266, 317–320
Mogulreich 1098, 1101, 1123, 1126, 1197
Mohács,
-, Schl.,
-,-, (1526) 808
-,-, (1687) 823
-, Schl. (1526) 625
-, Schl.,
-,-, (1526) 1103
-, Schl. (1526) 614, 674
Mohamed Ghannouchi 1634
Mohammad,
-, Ghulam 1758
Mohammed,
-, Afghanistan,
-,-, Kg.,
-,-,-, Sahir Schah 1127, *1651*
-, Äg.,

-,-, Pascha,
-,-,-, Ali **940**, 1107–1108, 1118
-, Ali Nasser *1620*
-, Choresmien,
-,-,-, II. 1096, 1195
-, Delhi,
-,-, Su.,
-,-,-, Bin Tughluk 1181
-, Großmogul,
-,-, Schah 1184
-, Marokko,
-,-, Kg.,
-,-,-, V. 1121, *1639*–1640
-, Özbeken,
-,-, Chan,
-,-,-, Schaibani 1123, 1198
-, Pers.,
-,-, Schah 1124
-,-, Schah,
-,-,-, Ali **1125**
-,-,-, Resa ➔Resa Pahlevi
-,-, Schah Resa ➔Resa Pahlevi
-, Prophet 1088–1089, 1093, 1117, 1120, 1123, 1133
-, Tunis,
-,-, Bei,
-,-,-, VII. el-Moncef 1122
-,-,-, VIII. Al-Amin *1632*
Mohammed ibn Abi Amir (Almansor),
-, Feldh. *550*
Mohammed ibn Bachtijar,
-, Feldh. 1181
Mohammed Taki Abdulkarem 1743
Mohammed VI. 1642
Mohammed von Ghor 1180–1181
Mohammedanerkriege (1855–1877) 1209
Mohawk-Indianer 1249, 1273, 1844
Mohéli 1741–1743
Mohendscho-Daro 1176–1177
Mohieddin,
-, Fuad *1627*
Mohikaner 1249
Mohisten 1202
Mohl,
-, Robert v. ❶ *846*
Moi,
-, Daniel arap *1732*
Moi, Daniel arap 1733
Mojaddedi,
-, Sibghatullah *1652*
Mojmír,
-, Mähren,
-,-, Ft. **606**
Mojmiriden,
-, Dyn. 606
Mokhehle,
-, Ntsu *1724*
Mola Vidal,
-, Emilio 1028
Molay,
-, Jaques de *439*
Moldau,
-, (MA) **633**
-, (NZ) 705, 985, 989, 1070, 1105–1106, **1536**
-, (seit 1945) **1536**–1537, 1544
-, (seit 1945) ❻ 1358
-, Gftm. 624
Moldawisch,
-, Spr. 1536
Moldawische Autonome Sozialistische Sowjetrepublik

1536
Moldawische Sozialistische Sowjetrepublik 1536
Moldawische Volksfront 1536
Moldt,
-, Ewald 1427
Molesme,
-, Kl. 512
Molière,
-, Jean Baptiste *923*
Molina,
-, Arturo Armando 1872
-, María de ❺ 559
-, Pallochia,
-,-, Oscar 1904
Molinet,
-, Jean 454
Mollet,
-, Guy 1363, *1445*–1446
Mölln 1431
Molluskensammler-Kultur 1251
Molon,
-,-, Satrap 186
Molosser 165, 294
Molotow,
-, Wjatscheslaw 751, 755, 762, 765, 779, 781, 791, *1003*, *1005*, 1376–1377, *1517*–1519, 1847
Moltke,
-, Helmuth James v. *902*
-, Helmuth v. *717*–718, *854*–855
Molukken 1826
Molukker 1453
Mombasa 1149, 1174
Momil 1262
Mommsen,
-, Theodor 287
Momo,
-, Tonga,
-,-, Kg. 1240
Momoh,
-, Joseph Saidu *1663*
Mömpelgard 825
Mömpelgard,
-, Gfsch. 936
Monaco **1451**
MONALIGE (Movimiento Nacional de la Liberación de Guinea Ecuatorial),
-, Äquatorial-Guinea 1688
Monarchia Sicula 532
Monarchie,
-, konstitutionelle 699, 843
Mönchtum,
-, (Alt.) 336, 339, 342, 345
-, (Früh-MA) 365, 367–**368**, 370, 372, 375–376, 381–382, 384–386
-, (Hoch-MA) 506–509, 511–**513**, 515–516, **518**–519
-, (Spät-MA) **518**–519
-, byz. **635**, 638
-, irisches 368–371, 376
-, irisches ❶ 369
Monck,
-, George *964*
Mondale,
-, Walter Frederick *1856*
Mondlane,
-, Eduardo *1715*
Monemvasia 632, 649
Monenergetismus 637
Monferrato 920
Monge Alvarez,
-, Luis Alberto *1878*
Möngkä,
-, Mongolen-Hschr. *1196*

Mongolei,
-, (Anf.–1945) 1191, 1193, 1197, *1208*
-, (seit 1945) 1191, **1770**
Mongolen 388, 402, 404, 406–407, 479, 615, 619–620, 622, 1096–1099, 1195–1197, 1199, 1206, 1215, 1220, 1540
Mongolenherrschaft,
-, China 1206
-, Russld. **620**–**621**, 1196
-, Vorder-As. 1096, **1098**–1099
Mongolisch,
-, Spr. 1197
Mongolische Revolutionäre Volkspartei 1197, 1771
Monica Lewinsky 1861
MONIMA (Mouvement National pour lIndépendance-deMadagascar) 1739
Monks Mound 1249
Monnet,
-, Jean *1361*–1362
Monophysitismus 336, 338–339, 341–342, 353, 361, 366, 503, 634–635, 1132, 1136
Monotheismus 80, 103, 109, 1089
Monotheletismus 503, 637–638
Monroe,
-, James *1281*, 1303
Monroedoktrin (1823) 1281, 1284, 1288, 1303
Monrovia 1159, 1664
Mons,
-, Garganus 249
-, Lactarius,
-,-, Schl. (552) 363
Mons Eryx 138
Mons Graupius,
-, Schl. (84 n.) 325
Mont Lassois 71
Mont St. Michel (bei Carnac) 36
Montagnards 942
Montagnon 952
Montagsdemonstrationen,
-, Leipzig 1428–1429
Montagu,
-, Edward 1189
Montaigne,
-, Michel Eyquem de *917*
Montanensium 307
Montanismus 290–291, 344
Montanunion ➔EGKS
Montanus 290
Montaperti,
-, Schl. (1260) 535
Montblanc-Tunnel 1450
Monte Alban 1256, 1259
Monte d'Accodi 43
Monte Dessueri 64
Montebello,
-, Vtg. (1175) 475
Montecassino,
-, Kl. 364, 368, 386, 528, 786
Montecristo,
-, Schl. (1241) 479
Montecuccoli,
-, Raimund v. *822*
Montefeltre,
-, Federico da *544*
Monteiro,
-, António Mascarenhas *1661*
Montenegro 304–305, 706–707, 711, 728, 990, 996, 1076, 1078–1079, 1108

Monteoru-Gruppe 54
Monteoru-Kultur 65
Monterrey 1866
Montesinos 1294
Montespan 19
Montesquieu,
-, Baron de 287, *664*, *927*
Monteverdi,
-, Claudio *663*, *1008*
Montevideo,
-, Kfz. (1933) 1291
-, Vtg. (1960) 1862
Montferrat,
-, Mgfsch. 543, 682
Montfort-lAmaury,
-, Gfsch. 451
Montgelas,
-, Maximilian v. *838*
Montgisard,
-, Schl. (1177) 405
Montgomery,
-, Alabama 1850
-, Bernard 776, 792–793, 796, 798, 1397
Montmédy,
-, Schl. (1914) 717
Montmorency,
-, Heinrich,
-,-, Hz. v. *919*
Montoku,
-, Japan,
-,-, Ks. 1219
Montone,
-, Braccio da *542*
Montpellier 398, 443
Montpellier,
-, Univ. 398
-, Univ. ❶ 398
Montreal 1273, 1275
Montreux,
-, Abk. (1937) 1120
-, Kfz. (1936) 747, 1111
Monts,
-, Pierre de 1271
Montserrat 1299
Mont-St-Michel,
-, Kl. 436
Monumentum Ancyranum 259
Mon-Volk 1227
Monzon,
-, Vtg. (1626) 681, 920
Moonie 1831
Mora 1161
Moraczewski,
-, Andreasw *1064*
Morales Bermúdez,
-, Francisco *1904*
Moravany 17, 21
Morazán,
-, Francisco 1306
More,
-, Thomas *659*, *959*
Morelos y Pavón,
-, José María *1303*
Moreno Garcia,
-, Gabriel *1311*
Mores 211
Morgan Tsvangirai 1714
Morgarten,
-, Schl. (1315) 486, 489, *501*
Morgenfeier von Brügge (1302) 438
Morgenländisches Schisma ➔Kirchenspaltung (1054)
Morgenthau,
-, -Plan 788
Morgenthau jr.,
-, Henry 788
Morillo,
-, Pablo *1309*
Morimond,

-, Kl. 512
Morini 317
Morínigo,
-, H. 1909
Moriscos 516
Moriskenaufstand (1568–1570) 1024
Moritz,
-, Nassau-Oranien *679*, 681, 1034
-, S. v. August,
-,-, Polen,
-,-,-, Kg.,
-,-,-,-, II. d. Starke *687*
-, Sachsen,
-,-, Kft. 676–677, *811*–812
Morley,
-, John 1188
-, -Minto-Reform (1909) 1188
Mormonen 1284
Mornington,
-, Richard Earl of *1187*
Mornova 18
Moro,
-, Aldo *1472*–1473
-, Lodovico il *543*
Moro Islamic Liberation Front (MILF) 1829
Moroni 1741
Morosini,
-, Thomas 648
Morrill Act (1862) 1285
Mortara,
-, Schl. (1849) 905
Mortimer,
-, Anna,
-,-, Enkelin v. Lionel,
-,-,-, Clarence,
-,-,-,-, Hz. v. ◉ 581
-, Edmund,
-,-, Gf. v. March 579
-,-, Gf. v. March ◉ 581
-, Roger de *577*, 587
Moru Naba 1679
Morus ➲More
Mosaffar od-Din,
-, Pers.,
-,-, Schah **1125**
Mosambik ➲Mozambik
Mosche Arens 1605
Mosche Katzav 1605
Mościcki,
-, Ignaz *1065*–1066
Möser 302, 306–307
Moses 101
Moses,
-, Maimonides *396*
Moses von Koren 403
Moses ❶ 77
Moshi,
-, Kfz. (1979) 1730
Moshweshwe,
-, Sotho-Hschr.,
-,-, I. 1155, 1170, 1724
-,-, II. 1724
Mösien,
-, röm. Prov. (Moesia) 264, 267, 273, 277, 302, **306–307**, 310–311, 324, 359
Moskau,
-, (MA) 620
-, (NZ) 768, 771, 936, 980
-, Atomwaffen-Vtg. (1963) 1349
-, Außenminister-Kfz. (1947) 1339
-, Bes.,
-,-, (1605) 980
-,-, (1812) 702
-, Drittes Rom 650, 978
-, Frd.,

-,-, (1920) 1060
-,-, (1940) 767, 1057
-, Gftm. 618, 622–**623**, 650
-, Hauptstadt 999
-, Kfz.,
-,-, (1944) 781, 789
-, Kfz. (1960) 1347
-, Patr. 979
-, Univ. 983
-, Vtg. (1963) 1852
-, Vtg. (1976) 1856
-, Vtg. (1990) 1430
Moskauer,
-, Ärztekomplott (1953) 1517
-, Sowjet 998
-, Vtg. (1970) 1350, 1381, 1412, 1503, 1523
Moskauer Erklärung (1994) 1391
Moslem 1089
Moslem-Liga 1188, 1190–1191, 1748–1749, 1757, 1760
Moslems ➲Islam
Moslems ➲Muslime
Mossadegh,
-, Mohammed *1646*
Mossi **1139**, 1678–1679
Mossi,
-, -Stn. 1139
-, -Wagadugu 1139
-, -Yatenga 1139
Mostagedda 25, 74
Mosto,
-, Alvise da Cada ➲Ca'daMosto'
Mosul 742, 1094–1095, 1099, 1116, 1606
Mosul Petroleum Co. (Irak) ➲MPC
Mosul ❶ 1113
Mosulfrage 740, 1116
Mosulvertrag (1926) 742, 1116
Motlana,
-, Nthato *1721*
Motta,
-, Giuseppe *1085*–1086
Motye 137
Motyon 144
Motz,
-, Friedrich v. *843*
Motzfeldt,
-, Jonathan *1492*
Moulin,
-, Jean 957
Moumié,
-, Felix *1686*
Moundville 1249
Mounier,
-, Emmanuel *953*
Mount Elgon 1145
Mount Everest 1765
Mountbatten,
-, Louis Lord *1464*, *1749*
Moussa Traoré 1678
Moussavi,
-, Mir Hossein *1649*
Moustapha Niasse 1658
Moustérien 17
Moustérien ❶ 11
Moutet,
-, Marius *1814*
Mouvement de la Tendance Islamique ➲MTI
Mouvement Démocratique de la Rénovation Malgache ➲MDRM
Mouvement Démocratique Voltaique ➲MDV
Mouvement dÉvolutionDé-

mocratiquedelAfriqueCentral ➲MEDAC
Mouvement dÉvolutionSocialedelAfriqueNoire ➲MESAN
Mouvement Mahorais ➲MM
Mouvement National Congolais ➲MNC
Mouvement National de la Société de Développement ➲MNSD
Mouvement National pour lIndépendancedeMadagascar ➲MONIMA
Mouvement Nationale pour la Révolution Culturelle et Sociale,
-, Tchad 1683
Mouvement Populaire de la Révolution Africaine ➲MPA
Mouvement Populaire de la Révolution ➲MPR
Mouvement Populaire Wallon 1455
Mouvement pour le Renouveau,
-, Burkina Faso 1679
Mouvement Républicain Sénégalais 1657
MouvementRévolutionnaire Nationale pour Développement ➲MRND
Mouvement Social Muhutu ➲MSM
Mouvement Socialiste Africain ➲MSA
Mouzon,
-, Syn. (995) 425
Movimento de Libertação de São Tomé e Príncipe ➲MLSTP
Movimento Democrático Brasileiro ➲MDB
Movimento Popular de Libertação de Angola ➲MPLA
Movimiento de la Izquierda Revolucionaria ➲MIR
Movimiento de Liberácion Nacional ➲MLN
Movimiento de Unión Nacional de la Guinea Ecuatorial ➲MUNGE
Movimiento Democrático Peruano ➲MDP
Movimiento Nacional de la Liberación de Guinea Ecuatorial ➲MONALIGE
Movimiento Nacionalista Revolucionario ➲MNR
Mowinckel,
-, Johann Ludwig *1053*
Moyo,
-, Jason 1710
Mozambik (Moçambique,
-, Mosambik),
-,-, (bis 1975) 1130, 1151, 1165, **1167**, 1173, 1483–1484, 1709, **1714**
-,-, (bis 1975) ❶ 1158
-,-, (seit 1975) 1337, 1352, 1485, 1712–1713, **1715–1716**, 1721, 1728, 1884
-,-, (seit 1975) ❶ 1158, 1655
-,-, (seit 1975),
-,-,-, pol. Org. 1715
-,-,-, Außen-Pol. 1715
-,-,-, Verfassung 1715
-,-,-, Wirtschaft 1716

-,-,-, Wirtschaft ❶ 1656
Mozambik-Gesellschaft 1167
Mozambik-Kanal 1172
Mozaraber 550–551
Mozart,
-, Wolfgang Amadeus *665*
MP,
-, Marokko 1640
MPA (Mouvement Populaire de la Révolution Africaine),
-, Burkina Faso 1679
Mpakati,
-, A. *1709*
Mpangu 1152
MPC (Mosul Petroleum Co.),
-, Irak 1608
MPD (Movimento para a Democracia),
-, Kapverden 1661
MPLA (Moviemento Popular de Libertação de Angola) 1705–1706
MPLA (Movimento Popular de Libertação de Angola) 1704–1705
Mpondo 1169
Mpongwe 1689
Mpororo 1145
MPR (Mouvement Populaire de la Révolution),
-, Kongo 1696–1697
MR 13,
-, Guatemala 1869
MRND (Mouvement Révolutionnaire Nationale pour Développement),
-, Rwanda 1700
Mroudjae,
-, Ali 1743
MRTA (Movimiento Revolucionario Tupac Amarú),
-, Peru 1905
MRVP (Mongolische Revolutionäre Volkspartei) 1771
MSA (Mouvement Socialiste Africain),
-, Congo 1691
MSA (Mutual Security Agency) 1325, 1357, 1360
Msali,
-, Mohammed 1633
Msika,
-, Joseph *1710*
Msiri,
-, Lunda-Kazembe-Hschr. 1152
-, Yeke-Hschr. 1163
MSM (Mouvement Social Muhutu),
-, Ruanda-Urundi 1699
Mswati,
-, Swazild.,
-,-, Kg.,
-,-,-, III. *1725*
Mswati III. 1726
MSZP (Ungarische Sozialistische Partei) 1514–1515
Mthethwa 1155
MTI (Mouvement de la Tendance Islamique,
-, Tunesien) 1633
MTLD (Bewegung für den Triumph Demokratischer Freiheiten,
-, Algerien) 1634
Muawad,
-, René *1597*
Mubarak 1577, 1628
Mubarak,
-, Hosni *1627*–1628, 1630

Mubari 1146
Mucius Scaevola,
-, P. (Konsul 133) 253
-, Q. (Konsul 95) 246
-, Q.Augur (Konsul 117) 253
Muda Hassan Al-Bolkiah 1823
Mudanya,
-, Waffenstillstand (1922) 739
Mudenda,
-, Elijah *1707*
Mudge,
-, Dirk 1718
Mudros,
-, Waffenstillstand (1918) 729, 1110, 1114
Mueda 1714–1715
Mugabe 1714
Mugabe,
-, Robert 1390, *1710*, 1712–1714
Mugharet es-Skhul 17–18
Mugur Isarescu 1544
Muhammad Abdallah bin Hassan,
-, Emir 1175
Muhammad Ahmad bin Abdallah (Mahdi) 1119, 1133
Muhammed,
-, Murtala *1675*
Muharrak 1615
Muhirwa,
-, André *1701*–1702
Mühlberg an der Elbe,
-, Schl. (1547) 676, 811
Mühldorf/Inn,
-, Schl. (1322) 489
Mühlenberg,
-, Heinrich 1272
Mühlhausen 807
Muhsin,
-, Suhair *1582*
Mujahedin 1576, 1652
Mujib-ur-Rahman 1762
Mukden 745, 1223, 1772
Mulai Ahmed Al-Mansur,
-, Marokko,
-,-, Su. 1140
Mulamba,
-, Léonard *1696*
Mulatten 1159, 1165, 1301–1302
Muldoon,
-, Robert David *1835*
Mulele,
-, Pierre *1695*–1696
Mülheim 738
Muliro,
-, Masinde *1731*–1732
Müller,
-, -Armack,
-,-, Alfred *1401*
-, Heinrich ❶ 890
-, Hermann 734, 875, 877–*878*, 883–884
-, Hermann ❶ 874
-, Johannes v. *836*
-, Ludwig *894*
Mulroney,
-, Brian *1844*, 1858
Multan,
-, Ind.,
-,-, Prov. 1091, 1094, 1180
multinationale Konzerne 1324
Multscher,
-, Hans *500*
Mulungushi-Reformen (1968) 1707
Muluzi 1709–1710
Muluzi,

2011

M

-, Bakili 1709
Mummius,
-, L. 207, 229, 232
Mumtas Mahal 1184
Munatius Plancus,
-, L. 255, 317, 319
Munch,
-, Peter R. 1054
München,
-, (MA) 499
-, (NZ) 682, 756, 760, 783, 871, 877, 879–880, 910
-, (NZ),
-,-, Revolution (1918) 731
-, Kfz.,
-,-, (1938) 749–750, 753, 897, 955, 1020, 1068
-,-, (1947) 1398
-, Olympische Sommerspiele/Terroranschlag 1413, 1596
-, Tag. (1991) 1746
-, Weltwirtschafts-Kfz. (1992) 1334
Münchengrätz,
-, Konv. (1833) 989
München-Luitpoldpark 55
Münchhausen,
-, Gerlach Adolph v. 836
Münchshöfener Gruppe 35
Munda,
-, Schl. (45 v.) 253, 330
Mundhir,
-, Lakhmiden,
-,-, Ft.,
-,-,-, III. 353
Mundia,
-, Nalumino 1707
Mundo,
-, Faustino del 1828
Munera 270, 276
MUNGE (Movimiento de Unión Nacional de la Guinea Ecuatorial),
-, Äquatorial-Guinea 1688
Municipium ➲Munizipien
Municipium Batavorum 319
Municipium Cananefatum 319
Municipium sine iure suffragii ➲Halbbürgergemeinden
Munizipalrecht 267
Munizipien,
-, röm. 220–221, 266, 270, 295, 298, 300, 303, 315, 319, 330, 334
-, röm. ❶ 333
-, spanische Kol. 1295
röm. 218
Munk,
-, Kaj 1055
Münnich,
-, Burkhard Christoph v. 827, 982–983
Munongo,
-, Godefroid 1693–1694
Muñoz,
-, Marín,
-,-, Luis 1889
-, Grandes,
-,-, Agustín 1030
Münster 1453
Münster,
-, Btm. 809, 811, 824
-, Frd. (1648) 683–684, 818, 1037
Müntzer,
-, Thomas 807
Münzen,
-, Athen 135–136, 148
-, erste 95
-, Kalifen-R. 1092

-, Thrakien 310
Münzsystem,
-, röm. 234
Murad,
-, Osman.,
-,-, Su.,
-,-,-, I. 629, **1099**
-,-,-, I. ❸ *1100*
-,-,-, II. 650, 1100
-,-,-, II. ❸ *1100*
-,-,-, III. **1103**
-,-,-, III. ❸ *1103*
-,-,-, IV. 1102, 1104
-,-,-, IV. ❸ *1103*
-,-,-, V. **1108**
Muranga 1148
Murat,
-, Joachim 1012
Muratori,
-, Ludovico Antonio 291
Muratorisches Fragment 291
Murawjew,
-, Konstantin 796, *1075*
Murayama,
-, Tomiichi 1801
Murbach,
-, Kl. 370, 384
Murcia 555
Muret,
-, Kl. 513
-, Schl. (1213) 433
Muromachi-Zeit 1220–1221
Murom-Rjasan 620
Murr,
-, Wilhelm ❶ *893*
Mursa,
-, Schl. (351) 283
Mursa (Osijek) 312
Mursa (Osijek) ❶ 313
Mursella ❶ 313
Mursilis,
-, Heth.,
-,-, Kg.,
-,-,-, I. 52–54, 57, 93
-,-,-, II. **93**
Murten,
-, Schl. (1476) 499, *502*
-, Schl. (1477) 672
Mururoa-Atoll 1835
Mürzsteg,
-, Punktation 1109
Murzuk 1138
Musa,
-, Kalifen-R.,
-,-, Stth. *549*
-, Osman.,
-,-, Emir ❸ *1100*
Musaffariden,
-, Dyn. 1098
Museion,
-, Alexandria 181–182
Museveni 1731
Museveni,
-, Yoweri 1730–1732
Musevenis 1731
Musharraf 1760–1762
Musik,
-, (MA) 417
-, (NZ) **658**, 663, 665, 1008, 1101
Muslim Committee of Action ➲MCA
Muslimbruderschaft 1600
Muslime 1089, 1095, 1111–1112, 1116, 1119, 1121, 1125, 1597, 1756, 1786, 1829
Muspilli ❶ 480
Mussius Aemilianus,
-, L. 335
Mussolini,
-, Benito 739, 746–747,

749–753, 755, 758, 760, 762–763, 771, 776, 779, 783–784, 794–795, 895–897, 901, 912, *1017*–1022
Mustafa,
-, Osman.,
-,-, Su.,
-,-,-, I. ❸ *1103*
-,-,-, II. **1105**
-,-,-, II. ❸ *1105*
-,-,-, III. **1106**
-,-,-, III. ❸ *1105*
Mustafa Kemal Pascha ➲Atatürk,
-, Kemal
Musti (Hr. Mest) ❶ 333
Musulamii 332
Musumba 1163
Musuya,
-, Cleopa D. *1728*
Mutalibow,
-, Ayas *1541*
Mutapa 1130
Mutara III.,
-, Rwanda 1699
Mutasiliten 1092
Mutesa,
-, Buganda,
-,-, Kg.,
-,-,-, I. 1146
-,-, Uganda,
-,-, Kg.,
-,-,-, II. *1729*
Mutianvua,
-, Lunda-Hschr. 1163
Mutina (Modena) 71, 229, 254–255
Mutschmann,
-, Martin ❶ *892*
Mutsuhito ➲Meiji
Mutterland-Partei (AnaP),
-, Türkei 1566
Mutual Security Agency ➲MSA
Mutualismus 697
Muwanga,
-, Paulo *1730*
Muwatallis,
-, Heth.,
-,-, Kg. 58, **93**
Muzorewa,
-, Abel *1711*–1713
Mwaant Yaav 1152
MwambutsaIV.,
-, Mwami,
-,-, Burundi *1701*–1702
Mwami 1699, 1701–1702
Mwami,
-, Rwanda,
-,-, Hschr. 1145
Mwanga II.,
-, Buganda,
-,-, Kg. 1146
Mwata Kazembe 1152
MWD (sowjetischer Geheimdienst) 1000, 1516, 1521
Mwene-Mutapa-Staat 1154
Mwinyi,
-, Ali Hassan *1728*
My Lai 1853
Myanmar (Birma,
-, Burma),
-,-, (Anf.-1948) **1804**
-,-, (Anf.–1948) 777–778, 787, 800, 1188, 1190, *1210*, 1226–1231
-,-, (Anf.–1948) ❶ 709
-,-, (seit 1948) 1388, 1804, **1806**–**1807**
-,-, (seit 1948),
-,-,-, Unabhängigkeits-Erkl.

❶ 1386
Mygdonia 164
Myitkyina 800
Mykenai (Mykene) 52, 54–55, 59, 64, 114, 116, 140, 145
Mykene,
-, (Alt.) ➲Mykenai
-, Palast 116–117
Mykener 118–119
Mykenische Kultur 54, 58–59, 64, 114–**116**, **118**–120, 134
Mykenische Kultur ❶ 119
Mykerinos,
-, Äg.,
-,-, Kg. 32, 78
Mykonos 632
Mykonos,
-, (Vorgeschichte) 33
Mykonos-Prozeß,
-, Berlin 1432, 1650
Mylai,
-, Schl. (260 v.) 224
Mylai ❶ 125
Mylasa 95, 344
Myriokephalon,
-, Schl. (1176) 401, 405, 646
Myrleia ➲Apameia
Myron,
-, Sikyon,
-,-, Tyr. ❶ 127
Myronides 145–146
Myrsilos,
-, Mytilene/Lesbos,
-,-, Tyr. ❶ 127
Myser 309
Mysien 95, 188, 192
Mysterien,
-, eleusinische 128
Mysterien-Kulte 128, 342
Mysterienreligionen 181
Mysterienreligionen,
-, röm. 235
Mystik **395**, 415, **418**–**419**, **501**, 1092, 1096, 1099, 1102
Mystizismus 660
Mystizismus,
-, Russld. 986–988, 992
Mythologie,
-, griechische 91, 117, 121, 123–124, 129
-, isländische **596**
-, Mesop. 39
Mythos 129
Mythos,
-, (Alt.),
-,-, Begriff 123
Mytilene/Lesbos 128–129, 137, 153, 155, 159
Mytilene/Lesbos ❶ 127
Myus ❶ 123
Mzila,
-, Ngoni-Hschr. 1167
Mzilikazi,
-, Ndebele-Hschr. 1154, 1166, 1170

N

N'Tchama 1660
Naba,
-, Moro 1679
Nabatäer 176, 341, 352–353
Nabijew,
-, Rahman 1769
Nabis,
-, Sparta,
-,-, Tyr. 200, **206**, 231
Nabonid,

-, Babylonien,
-,-, Kg. 91, 100, 108
-,-, Kg. ❶ 77
Nabupolassar,
-, Babylonien,
-,-, Kg. 90–91
NAC (Nyasaland African Congress),
-, Malawi 1708–1709
Nachbarschaftsvertrag (1991),
-, BR Dtld.-Polen 1504
Nachitschewan 1540
Nachkriegswirtschaft,
-, Dtld. 1398, 1400
Nacht,
-, Astronom,
-,-, Äg. 57
Nachtigal,
-, Gustav 1161
Nadir,
-, Pers.,
-,-, Schah 1106, 1124, 1126, 1184
Nadir Schah,
-, Afghanistan,
-,-, Kg. 1127, 1651
Naevius,
-, Cn.,
-,-, Dichter **239**
-, Sutorius Macro 262
Näfels,
-, Schl. (1388) 493, *501*
NAFTA 1841
NAFTA (Nordamerikanische Freihandelszone) 1334, 1841, 1844, 1859, 1861, 1867
Nagaland 1751
Nagaoka 1218, 1226
Nagardschunakonda 1182
Nagasaki 801, 1222, 1226, 1292, 1338, 1846
Nagasaki ❶ 1343
Nagib,
-, Mohammed *1624*
Nagornyj-Karabach 1539–1541
Nagoum Jamassoum 1684
Nagran 353
Nagy,
-, Imre 1377, *1513*
Nagyrév-Gruppe 55
Nahal Mischmar-Höhle 33
Nahal Oren 23
Nahariya 49
Nahost,
-, Erkl.,
-,-, EG (1973) 1574
-,-, EG (1977) 1574
-, -Friedensgespräche 1589, 1594
-, -Friedens-Kfz. (1973) 1584
-, -Friedens-Kfz. (1991) 1579, 1588
-, -Friedenslösung (1978) 1586
-, -Konfl. (seit 1945) 1326, 1337, 1572, 1599, 1602, 1608, 1626, 1629, 1633, 1636, 1641
-, -Kriege (seit 1945) 1574, 1578, 1580–**1581**
-, -Pol.,
-,-, Frkr. 1582
-,-, GB 1460, 1582
-,-, Rumänien 1543
-,-, UdSSR 1519, 1523–1524, 1570, 1574, 1580, 1582–1583, 1585, 1592, 1620

-,-, UNO 1603
-,-, USA 1582, 1585–1587, 1602, 1860
-, -Resolution (1973),
-,-,-UN-Sicherheitsrat 1329, 1579, 1584
Nahost-Krieg (1948)
🔵Palästinakrieg
Nahost-Krieg (1956)
🔵Sueskrise
Nahost-Krieg (1967)
🔵Juni-Krieg
Nahost-Krieg (1973)
🔵Oktober-Krieg
Nahua 1260
Naima 1104
Nairobi 1148, 1174, 1394, 1623, 1652, 1732–1733
Nairobi,
-, Kfz. (1973) 1329
-, UNCTAD-Kfz. (1976) 1330
-, Weltfrauen-Kfz. (1985) 1331
Naissus (Naissos) 306
Naissus (Naissos),
-, Schl. (269) 278, 307, 309, 311, 324
Najibullah,
-, Mohammed *1652*
Nakamuru,
-, Kuniwo 1838
Nakasone,
-, Yasuhiro *1800*
Nakhon Phanom 1808
Nakschbendi-Orden 1099
NAL (National Alliance of Liberals),
-, Ghana 1668
Nama 1155, 1167–1168, 1716–1717
Nama) 1155
Namaliu,
-, Rabbie *1837*
Namasga 25
Nambariin Entkbayar 1771
Namibia (Deutsch-Südwestafrika,
-, Südwestafrika),
-,-, (bis 1990) 709, 723, 863, 1155, 1165, **1167**–1168, 1327–1328, 1390, **1716**–**1718**, 1720–1722
-,-, (bis 1990),
-,-,-, pol. Org. 1718–1719
-,-, (bis 1990) ❶ 1158
-,-, (seit 1990) **1719**, 1721
-,-, (seit 1990),
-,-,-, Unabhängigkeit 1719
-,-, (seit 1990) ❶ 1158
Namibia National Convention 🔵NNC
Namibia National Front 🔵NNF
Namibia-Frage 1717–1718
Namnonii 325
Namphy,
-, Henri *1887*
Namsos 758
Namur 447, 454, 498
Nana Fadnawi *1187*
Nancy,
-, Schl. (1477) 452, 499, 502, 672
Nanda,
-, Dyn. 1178
-, Gulzari Lal *1752*
Nandi 1174
Nanking 787, 801, 1213–1214, 1225
Nanking,
-, Nationalversammlung

(1946–1948) 1772
-, Vtg. (1842) 1209, 1786
-, Waffenstillstand (1945) 1226
Nano 1559
Nano,
-, Fatos 1559
Nano, Fatos 1559
Nanschan 1191
Nantes,
-, (Alt.) 🔵Portus Namnetum
-, Edikt (1598) 680, 685, 823, 918
Napata 68, 81, 1132
Napier,
-, Charles 1187
Naplanum,
-, Larsam,
-,-, Kg. 87
Napoca 308–309
Napoleon,
-, Frkr.,
-,-, Ks.,
-,-,-, I. 700–704, 838, 840, 904, 933–938, 987, 1010–1012, 1025, 1049, 1084, 1107, 1118, 1124, 1281, 1315
-,-,-, I. 🔵 835
-,-,-, III. 705–706, 854–855, *940*–945, 1012, 1014, 1043, 1070, 1304–1305
Napoleonische Kriege
🔵Koalitionskriege
Napoleonisches Zeitalter,
-, (1795–1815) 700
-, Dtld.,
-,-, (1789–1815) **838**–**840**
-, Frkr.,
-,-, (1789–1815) **934**–**937**
-, internationale Bez.,
-,-, (1795–1815) **700**–**704**
NAR (Nationale Allianz für den Wiederaufbau),
-, Trinidad und Tobago 1894
Naramsin,
-, Akkade,
-,-, Kg. 86, 92, 97
-, Babylonien,
-,-, Kg. 39
Narasimhawarman I.,
-, Ind.,
-,-, Kg. 1182
Narathihapate,
-, Burma,
-,-, Kg. 1228
Narayan,
-, Jayaprakash *1754*–1755
Narayanan,
-, Raman *1757*
Nara-Zeit 1218
Narbo Martius (Narbonne) 318–320
Narbonne,
-, (Alt.) 🔵Narbo Martius
-, Schl. (531) 547
Narcissus 264
Narewgebiet 899
Narmer,
-, Äg.,
-,-, Kg. 75
Narni,
-, Erasmo da *542*
Narnia ❶ 219
Narodniki 986, 990–991
Narodnitschestwo 991
Narona (Vid) 304–305
Narse,
-, Sasaniden,
-,-, Kg. 351
Narses,
-, Byz.,

-, Feldh. *363*, *635*–636
Narutowicz,
-, Gabriel *1065*
Narvik 758–759
Narwa 979, 1044
NASA (National Aeronautics and Space Administration) 1850
Nasarbajew 1767
Nasarbajew,
-, Nursultan *1767*
Nascimento,
-, Lopo do *1705*
Naseby,
-, Schl. (1645) 963
Nash,
-, Walter 1835
Nasionale Party 🔵NP
Nasir,
-, Amir Abraham *1765*
-, Hisham *1612*
Nasir od-Din,
-, Schah,
-,-, Pers. 1124–1125
Naskapi 1251
Nasriden,
-, Dyn. 550, 553, 560
Nassau 844, 854
Nassau,
-, -Oranien,
-,-, Dyn. 1043
-, Verfassung (1814) 699, 842
Nasser,
-, Gamal Abdel 1345, 1388–1389, 1548, 1569–1573, 1580–1581, 1596, 1599, 1619, *1624*–1626, 1629, 1633
Nasserismus 1626
Nassour Ouado 1684
Nasution,
-, Abdul Haris 1823–1824
Natal 1155, **1168**–1171, 1721–1722
Natal ❶ 1158
Natalia 1170
Natchez 1249
Natek Nuri,
-, Ali Akbar 1651
Nathan,
-, Prophet 103
Nation,
-, Begriff 357, 1112
National,
-, Congress of British West Africa 1157
National Alliance of Liberals 🔵NAL
National Congress for New Politics 🔵NCNP
National Convention of Freedom Parties,
-, Namibia 1717
National Convention Party 🔵NCP
National Council of Namibia 🔵NCN
National Council of Nigeria and the Cameroons 🔵NCNC
National Democratic Front 🔵NDF
National Democratic Party 🔵NDP
National Liberation Council 🔵NLC
National Liberation Front (MNLF) 1829
National Liberation Movement 🔵NLM
National Oil Co. (Irak)

🔵INOC
National Party 🔵NP
National Party of Nigeria
🔵NPN
National Patriotic Front of Liberia 🔵NFPL
National Resistance Army
🔵NRA
National Resistance Mouvement,
-, Uganda 1730
National Union of Mineworkers 🔵NUM
Nationalbewegung,
-, Bulg. 1073
-, Dtld.,
-,-, (1789–1815) 840
-,-, (1815–1870) 700, 841–842, 844, 852
-,-, It. 1011–1014, 1016
-,-, Rumänien 1070
Nationalbewußtsein,
-,-, (MA) 412, 497
Nationalchina 🔵Taiwan
National-Demokratische Partei (Ägypten) 1627
Nationaldemokratische Partei Deutschlands 🔵NPD
Nationale Allianz,
-, It. 1475
Nationale Allianz für den Wiederaufbau 🔵NAR
Nationale Arbeiterpartei,
-, Ung. 913
Nationale Armenische Front 1540
Nationale Befreiungsarmee
🔵ALN
Nationale Befreiungsfront
🔵FLN
Nationale Befreiungsfront
🔵NLF
Nationale Befreiungsfront der Moros 1828–1829
nationale Einheitsfront,
-, Dt. R. 884
Nationale Front,
-, DDR 1428
-, DDR 🔵 1425
-, Frkr. 🔵FN
Nationale Front (Malaysia) 1821
Nationale Iranische Ölgesellschaft 🔵NIOC
Nationale Islamische Front
🔵NIF
Nationale Liga für Demokratie 🔵NLD
Nationale Partei,
-, Honduras 1874
-, Neuseeld. 1835–1836
Nationale Partei Surinams
🔵NPS
Nationale Progressive Front,
-, Syr. 1593–1594
Nationale Radikale Union,
-, Griechld. 1560
Nationale Republikaner,
-, USA 1282
-, USA 🔵 1282
Nationale Unabhängigkeitsbewegung Lettlands
🔵LNNK
Nationale Volksarmee,
-, DDR 1420
Nationale Volksbewegung
🔵PNM
Nationaler Block,
-, Frkr. 951–952, 955
Nationaler Demokratischer Kongress🔵NDC
Nationaler Sozialistischer

Kongress 1756
Nationaler Verteidigungsrat,
-, DDR 1422
-, DDR 🔵 1425
-, DDR ❶ 1421
Nationaler Volkskongress,
-, China,
-,-, 1. (1954) 1774
-,-, 2. (1959) 1776
-,-, 3. (1964) 1778
-,-, 4. (1975) 1781
-,-, 5. (1978) 1783–1784
-,-, 6. (1983) 1784
-,-, 7. (1988) 1785
-,-, 8. (1993) 1786
Nationales Befreiungsheer
🔵ELN
Nationalismus,
-, arabischer 1107, **1112**–1122
-, Balkanst. 696
-, Balkan-Stn. 1107
-, Belg. 696
-, China 1212
-, Dän. 1052
-, Dt. R. (vor 1914) 696, 867
-, Dtld.,
-,-, (1815–1870) 844
-, Eur. 696, 714, 739–740, 1112, 1119
-, Frkr. 934, 948
-, Irld. 696
-, It. 696, 1013–1017
-, Ndld. 696
-, Osman. 696, 1107–1110, 1112–1113, 1118
-, Österreich,
-,-, (1789–1867) 844
-, Österreich-Ung. 696
-, Pers. 1123, 1125–1126
-, Polen 696
-, Preußen 696
-, Russld. 696, 986–987, 991
-, Türkei 1110–1111
-, Weltkriegszeit (1914–1945) 714, 739–740, 1110
Nationalist Party,
-, Austr. 1244
Nationalistische-Revolutionäre Bewegung 🔵MNR
Nationalitäten,
-, Bulg. 1546
-, Jugoslawien 1547
-, Österreich (1789–1867) 844, 852, 904–905
-, Österreich-Ung. (1867–1918) **906**–910
-, Österreich-Ung. (1867–1918) ❶ 909
-, Polen 1501
-, Rumänien 1543
-, Russld. 996
-, UdSSR **1523**, 1526–1527
-, Weltkriegszeit 734
Nationalitätenprinzip 725
Nationalkomitee,
-, der Freien Franzosen 956
-, Freies Dtld. 780, 901
-, Freies Frkr. 760
-, für den Jeanclaudismus 1887
Nationalkongress,
-, Ind. 1748–1753
Nationalkonvent,
-, frz. (1792) 931
Nationalliberale Partei 854, 863, 871, 875
Nationalsozialismus 714, 731, 744, 750, 888, **900**, 912
Nationalsozialismus,
-, Herrschaftssystem 740,

752, **888–890**, 893, 895, 900
-, Herrschaftssystem ⓖ **889**
-, Österreich 911–912
Nationalstaaten,
-, (1500–1789) 654–655
-, (1789–1914) 699
-, (1914–1945) 734
Nationalstaatsbildung **654–655**, 671
Nationalstaatsbildung,
-, Engld. 671
-, Frkr. 917
Nationalunion der Volkskräfte ⊃UNFP
Nationalversammlung,
-, Bulg. (1875) 1073
-, dt. (1848) ⊃Frankfurter,
-,-, Nationalversammlung
-, dt. (1919) 734, 872, 877
-, dt.-österreichisch (1919) 872, 910
-, Frkr.,
-,-, (1789) 929
-,-, (1871) 945–946
-,-, (seit 1945) 1444, 1446
NATO,
-, (North Atlantic Treaty Organization) 1340–1341, 1348–1353, 1355, 1357, 1359–1363, 1366–1367, 1370–1373, 1391–1392, 1408, 1430–1431, 1483, 1488, 1529, 1570, 1659, 1841, 1848–1849, 1856, 1860
-, (North Atlantic Treaty Organization),
-,-, Abrüstung 1355
-,-, Atomstreitmacht 1364, 1366
-,-, BR Dtld. 1362, 1370
-,-, -Doppelbeschluß (1979) 1353
-,-, -Doppelbeschluß (1979) ⓘ 1343–1344
-,-, Euro-Gruppe 1368
-,-, flexible Abschreckung 1350
-,-, -Ld.,
-,-,-, Bruttoinlandsprodukt ⓘ 1369
-,-,-, Verteidigungsausgaben ⓘ 1369
-,-, Osterweiterung 1392, 1505, 1510, 1515, 1529–1530
-,-, Pol.,
-,-,-, Dän. 1491
-,-,-, Frkr. 1446
-,-,-, Norw. 1489
-,-,-, Span. 1481
-,-, -Strategie 1372–1373
-,-, -Streitkräfte 1373
-,-, Streitkräfte ⓘ **1354**
-,-, Warschauer Pakt 1385
-, (North Atlantic Treaty Organization) ⓖ **1360**
NATO (North Atlantic Treaty Organization) 1505, 1515, 1544, 1546, 1550–1551, 1557, 1560–1561, 1566, 1768
NATO (North Atlantic Treaty Organization),
-, Osterweiterung 1394, 1567
-, Pol.,
-,-, Türkei 1564
Natta,
-, Alessandro *1474*
Natuf-Stufe 23–24
Naturalismus 662

Naturrecht 655, 664
Natusch Busch,
-, Alberto 1908
Naukratis 82, 126, 182, 335
Naukratis ⓘ 125
Naulochus,
-, Schl. (37 v.) 255
Naumburg,
-, Btm. 463, 507, 811
Naupaktos 146, 153, 1104
Naupaktos,
-, Frd. v. (217 v.) 199, 205
Nauplia 632
Nauplia ⓘ **123**
Nauru 1836–1839
Nautilus,
-, Atom-U-Boot 1346
-, Schiff 1159
Navajo 1250
Navarino,
-, Schl. (1827) 988, 1080
Navarra 553–**554**, 557, 560, 562–**563**, 672, 1026
Navarro,
-, Carlos Arias *1480*–1481
Navas de Tolosa,
-, Schl. (1212) 550–551, 553, 555
Navigationsakte,
-, (1651) 963, 973, 1036, 1051, 1272, 1279
Navon,
-, Yitzhak ⓘ *1602*
Nawab von Arcot,
-, Großmogul-R.,
-,-, Stth. 1185
Nawab von Bengalen,
-, Großmogul-R.,
-,-, Stth. 1186
Naxalbari 1753
Naxaliten,
-, Ind. 1753
Naxos,
-, (MA) 630
-, Antike 33, 70, 137, 140, 142–143, 145–146, 159
-, Antike 125, 127
-, Hzm. 631–632
Nazca-Kultur 1265–1266
NCN (National Council of Namibia) 1717
NCNC (National Council of Nigeria and the Cameroons) 1673–1674
NCNP (National Congress for New Politics,
-, Südkorea) 1793
NCP (National Convention Party),
-, Gambia 1659
ND (Nea Demokratia) 1561
Ndadaye,
-, Melchior 1703
Ndahiro Ruyange,
-, Rwanda,
-,-, Kg. 1146
Ndangmo,
-, A. 1687
NDC (Nationaler Demokratischer Kongress),
-, Grenada 1893
Ndebele 1154–1155, 1166, 1170
Ndele,
-, A. 1695
NDF (National Democratic Front,
-, Myanmar) 1806
Ndiweni,
-, Kayisa *1712*–1713
Ndizeye,
-, Charles *1702*

NDjamena(FortLamy) 1683–1684
NDM (National Democratic Movement),
-, Jamaika 1886
Ndong,
-, Atanasio 1688
Ndongo 1153
Ndorwa 1146
NDP (National Democratic Party),
-, Zimbabwe 1710
NDP (National-Demokratische Partei,
-, Ägypten) 1627
NDP (Nationale Demokratische Partei),
-, Surinam 1901
NDP (New Democratic Party),
-, Saint Vincent 1892
NDPD (National-Demokratische Partei Deutschlands) 1404
Nduga 1146
Ne Win 1805–1807
Nea Demokratia ⊃ND
Nea Makri 23
Nea Moni 643
Nea Nikomedia 23
Neandertal 17
Neandertaler 3, 17
Neapel,
-, (Alt.) ⊃Neapolis
-, (MA) 417, 451, 453, 520, 526–528, 530, 532, 534, 537, 539, 541–543, 560, 562, 631
-, (MA) ⓘ **418**
-, (NZ) 699–701, 704–705, 827, 931, 935, 1006–1007, 1010–1012, 1015
-, Univ. ⓘ **398**
-, Weltwirtschafts-Kfz. (1994) 1334
Neapolis (Neapel) 70, 216, 221
Neapolis (Neapel) ⓘ **125**
Neapolis/Thrakien ⓘ **124**
Nearch 173
Nebe,
-, Arthur 901
-, Arthur ⓖ **890**
Nebka,
-, Äg.,
-,-, Kg. 78
Nebukadnezar,
-, Babylon,
-,-, Kg.,
-,-,-, I. 63, 88
-,-,-, II. 82, 91, 95, 98, 104
Necho,
-, Äg.,
-,-, Kg.,
-,-,-, I. **81**
-,-,-, II. 82, 91, 98, 104, 109
Necker,
-, Jacques 927–*929*
Nectaridus 326
Nedić,
-, Milan *1078*
Nedschd 1117
Neerwinden,
-, Schl. (1793) 701, 1040
Negade 27
Negade-Kulturstufen 27, 74
Negaso Gidada 1738
Negev-Wüste 1581, 1602
Negoro,
-, Dipo 1229
Negride 1128, 1149, 1155
Negrín,
-, Juan *1029*

Negroponte 632
Negus Negesti 1175
Nehemia 104, 110
Nehru,
-, Jawaharlal Pandit 778, 1389, 1548, 1747, *1749*–1752
-, Motilal *1189*
Neidhart,
-, v. Reuental ⓘ **481**
Nektanebos,
-, Äg.,
-,-, Kg.,
-,-,-, II. **82**
Neleus,
-, Pylos,
-,-, Kg. 117
Nelson 1245
Nelson Mandela 1623, 1723
Nemausus (Nîmes) 319, 322
Nemea,
-, Spiele 124
Nemeter 317
Nemmersdorf 797
Nemzow,
-, Boris J. *1530*
Nendaka,
-, Victor *1695*
Nenni,
-, Pietro *1469*–1470, 1472
Néo-Destour 1632
Neofaschisten,
-, It. 1475
Neoguelfentum,
-, It. 1013
Neoliberaler Club,
-, Japan 1799–1800
Neolithikum 13, **22**–**29**, 1227
Neolithikum,
-, Kultur 23–25
Neolithikum ⓘ **11**
Neopatras,
-, Hzm. 631
Neoptolemos,
-, Epeiros,
-,-, Kg. 177
-, Molosser,
-,-, Kg. 166
Neo-Wafd-Partei,
-, Äg. 1627
Nepal 1199, 1748, **1765**–**1766**
Nepalesen,
-, Bhutan 1766
Nepalesische Kongresspartei 1766
Nepet (Nepi) 217
Nepet (Nepi) ⓘ **219**
Nepi,
-, (Alt.) ⊃Nepet
Nepos,
-, Rom,
-,-, Ks. 287, 361
Nepoten,
-, Dyn. 540
Nepotianus,
-, Usurpator 283
Neptun,
-, Planet 1
Neri,
-, Pompeo *1010*
Nerio I.,
-, Athen,
-,-, Hz. 632
Nero,
-, Rom,
-,-, Ks. 264–**265**, 289, 302–303, 315, 317, 337, 340, 344, 346, 349
-,-, Ks. ⓘ **254**
Nero Caesar,

-, S. des Germanicus ⓢ **263**
Nerses Schnorhali 405
Nerses von Lampron *405*
Nertschinsk,
-, Vtg. (1689) 981, 1207
Nerva,
-, Rom,
-,-, Ks. **267**
-,-, Ks. ⓘ **254**, 333
Nervier 251–252, 317
NESAM (Núcleo dos Estudantes Africanos Secundários de Moçambique) 1714–1715
Nesiotenbund 175, 177, 202–203
Nessau,
-, Statut (1454) 617
Nestlé,
-, Konzern ⓘ **1332**
Nestor,
-, Pylos,
-,-, Kg. 117
Nestorianismus 350, 1092
Nestorius,
-, Konstantinopel,
-,-, Patr. 286, 365–366, *634*
Netanjahu 1589, 1605, 1861
Netanjahu,
-, Benjamin *1605*
-, Benjamin ⓘ *1602*
Neto,
-, Agostinho *1704*–1705
Netschajew,
-, Sergej G. *990*
Nettuno 786
Netzahualcoyotl,
-, Texcoco-Hschr. *1261*
Neu-Amsterdam (New York) 1271, 1300
Neubraunschweig,
-, Kol. 1275–1276
Neuburg/ Donau 17
Neu-Calabar 1141
Neu-Delhi 1756
Neu-Delhi,
-, Blockfreien-Kfz. (1983) 1390
-, Blockfreien-Kfz. (1985) 1390
-, Kfz.,
-,-, (1947) 1388
-,-, (1949) 1388
-,-, (1983) 1748
-, UNCTAD-Kfz. (1968) 1328
-, UNIDO-Kfz. (1980) 1331
Neue Fortschrittspartei,
-, Japan ⊃Shinshinto
Neue Hebriden ⊃Vanuatu
Neue Koreanische Demokratische Partei ⊃NKDP
Neue Preußische Zeitung 847
Neue Rheinische Zeitung 847
Neue Volksarmee,
-, Philippinen 1828
Neue Volksarmee (NPA) 1829
Neuenburg 703
Neuenburgerhandel (1856/1857) 1085
Neuengland 1278
Neuengland ⓖ **1274**
Neuer Kongress,
-, Ind. 1753–1755
Neuer Kurs,
-, (1890) 866
-, (1953) 1517
Neuer Ökonomischer Mechanismus,

-, Bulg. 1545
Neues Deutschland 1403, 1422
Neues Forum 1428–1429
Neues ökonomisches System ➔NÖSPL
Neues Testament 280, 291
Neufchâteau,
-, Schl. (1914) 717
Neufundland 668, 686, 1276, 1292, 1841, 1844
Neuguinea 724, 777, 787–788, 863, 1226, 1234, 1243, 1246, 1823, 1830, 1837
Neuguinea,
-, (Vorgeschichte) 19
Neuguinea ❶ 709, 863
Neuhannover 1246
Neuilly,
-, Frd. (1919) **736**, 1071, 1074
Neuirland 1246
Neukaledonien 1234, 1836–1837
Neukamerun 1161
Neu-Niederlande 1271
Neun-Mächte,
-, Abk. (1922) 738, 748, 1224
-, -Kfz.,
-,-, London (1954) 1408
-, Kfz.,
-,-, London (1954) 1362
Neuostpreußen 702
Neuötting ❶ 413
Neuplatonismus 283, 292, 396
Neurath,
-, Konstantin v. 750, *891*, *897*, 1068–1069
Neuschottland 686, 1276
Neu-Schweden 1271
Neuschwedische Handelsgesellschaft 1271
Neuseeland,
-, (Anf.–Entdeckung) 1240
-, (NZ) 745, **1245–1246**
-, (NZ),
-,-, Arbeits- und Sozial-Pol. 1246
-,-, Bevölkerung 1245
-,-, Innen-Pol. 1245
-,-, Kultur 1246
-,-, Landwirtschaft 1245–1246
-,-, Verfassung (1853) 1245
-,-, Wirtschaft 1246
-, (NZ) ❶ 757
-, (seit 1945) 1324, 1333, 1342, 1360, 1803, 1822, 1833–**1836**, 1848–1849
-, (seit 1945),
-,-, öffentliche Finanzen 1835
-, endogene Kulturen 1234
Neuseeländische Alpen 1245
Neusohl 1069
Neu-Spanien 1294–1295, 1297
Neuß,
-, (Alt.) ➔Novaesium
Neusser Eid (1201) 477
Neustrien 374, 420–421
Neustrien ❶ 373
Neusüdwales 1832
Neutralität,
-, GB 1080
-, Ndld. 872
-, Österreich 1436
-, Russld.-Preußen 990

-, Schweden 1049
-, Schweiz 1083, 1085
Neutralitätsabkommen (1780),
-, Dän. – Norw. 1049
Neutralitätsabkommen (1902),
-, Frkr. – It. 1016
Neutronenwaffen 1353
Neuzeit,
-, Epochenbegriff 651, 812, 916
Nevada 1284, 1304
Neves,
-, Tancredo *1919*
Neville ,
-, Geschl. 582
Neviodunum ❶ 313
Nevis ➔Saint Kitts-Nevis
Nevis-Anguilla 1880
New Deal 1289, **1291**
New Democratic Party ➔NDP
New Frontiers 1851
New Hampshire 1270, 1272
New Jersey 1271, 1281
New JEWEL,
-, Grenada 1893
New Korean Party ➔NKP
New Mexico 1284–1285, 1304
New National Party ➔NNP
New Orleans 1271, 1273, 1285
New Orleans,
-, Schl. (1815) 1281
New Plymouth 1245
New South Wales 1832
New York 1271–1272, 1279–1281, 1291, 1845
New York,
-, Außenminister-Kfz.,
-,-, (1946) 1339, 1846
-,-, (1950) 1341
-, UN-Generalversammlung (1974) 1330
-, UN-Sonder-Tag. (1974) 1329
-, Wirtschafts- und Sozialrats-Tag. (1978) 1330
New York ❶ 1343
New Zealand First Party,
-, Neuseeld. 1836
New Zealand National Party 1835
Newark 1852
Newcomen,
-, Thomas ❶ 692
Newt Gingrich 1861
Newton,
-, Isaac *664*
Nexum
➔Schuldknechtschaft,
-, röm.
Ney,
-, Michel 937–938
NFPL (National Patriotic Front of Liberia) 1664
NFPO (Politische Organisation Nationale Front,
-, Jemen) 1620
Ngahue,
-, Tahiti,
-,-, Hptl. 1240
Ngala,
-, Ronald *1732*
Ngalula,
-, J. 1694
Nganda Bolonda,
-, Lunda,
-,-, Stth. 1152
Ngaundere-Reich 1161

Ngendadumwe,
-, Pierre *1701*–1702
Ngo Xuan Loc 1818
Ngoni 1130, 1148, 1151, 1154–1155, 1167, 1173
Ngouabi,
-, Marien *1691*–1692
Nguema,
-, Francisco Macías *1688*
Nguni-Sprachen 1154
Nguyen,
-, Dyn. 1228
Nguyen-Van-Linh *1818*
Nguza,
-, Karl-i-Bond *1697*
Ngwane National Liberatory Congress ➔NNLC
Ngwato 1155
Niasa-Provinz 1715
Niasse 1658
Niaux 20
Niazi,
-, Abdullah 1759
Nibelungenlied 286, 361
Nibelungenlied ❶ 481
Nicaea,
-, (Nikaia),
-,-, I. Konz. (325) **283**, 292, 342, 344, 365–366, 369
-,-, I. Konz. (325) ❶ 365
Nicaea (Nikaia,
-, Iznik) ➔Nikaia
Nicaea (Nikaia),
-, II. Konz. (787) ➔Nikaia
Nicaragua,
-, (1838–1945) 1306–1307
-, (1838–1945) ❶ 757
-, (seit 1945) 1841, 1857, 1864–1865, 1872, 1874–**1876**, 1878, 1884
-, (seit 1945),
-,-, Arbeits- u. Sozial-Pol. 1876
-,-, Bürgerkrieg 1876
-,-, Erdbeben (1972) 1876
-,-, pol. Org. 1876
-,-, Verfassung 1876
Nicaragua-Kanal 1307
Niccoli,
-, Niccolò *541*
Nichtangriffsabkommen (1925) ➔Locarno,
-, Vtg. (1925)
Nichtangriffspakt,
-, Dt. R. – Estld. (1939) 1058
-, Dt. R. – Lettld. (1939) 1059
-, Dtld. – Dän. (1939) 1054
-, It. – Jugoslawien (1937) 1077
-, Span. – Port. (1939) 1033
-, UdSSR – Estld. (1929) 1002
-, UdSSR – Estld. (1932) 1002
-, UdSSR – Finnld. (1932) 1002
-, UdSSR – Frkr. (1932) 1002
-, UdSSR – Jugoslawien (1941) 1077
-, UdSSR – Lettld. (1929) 1002
-, UdSSR – Lettld. (1932) 1002, 1059
-, UdSSR – Polen (1929) 1002
-, UdSSR – Polen (1932) 1002, 1065
-, UdSSR – Rumänien (1929) 1002
-, UdSSR – Rumänien

(1933) 1072
Nichtangriffspakt (1939),
-, Dt. R. – UdSSR 751, 897, 1005, 1498–1499
-, Dt. R.-UdSSR 1528, 1544
Nichtangriffspakt (1941),
-, UdSSR – Japan 1225
Nichtweiterverbreitungsvertrag
➔Nonproliferationsvertrag
Nicola,
-, Enrico de *1470*
Nicolás Cotugno 1912
Nicolas Oresme 444
Nicomachus Flavianus 285
Nida (Frankfurt-Heddernheim) 320
Nidal, Abu 1591
Nidhi Bista,
-, Kirti *1765*
Niebuhr,
-, Barthold Georg *840*
Niederburgund ➔Burgund, **1300**
-, Teil-R.
Niederdonau ❶ 892
Niedere Vereinigung ❶ 410
Niedergerichtsbarkeit 483
Niederlande,
-, (1914–1945) 770, 872, 1040, 1042, 1451
-, (1914–1945),
-,-, dt. Bes. 759, 898, 1039
-,-, Kriegsverluste ❶ 802
-, (1914–1945) ❶ 757, 775
-, (NZ) 655, 674, 678–688, 690, 701, 703, 825, 840, 898, 923, 933, 935, 937, 963, **1033–1040**, 1104
-, (NZ),
-,-, Adel 1033, 1035
-,-, Außen-Pol. 931, 1038
-,-, Bauern 657
-,-, Bevölkerung(sentwicklung) ❻ 652
-,-, Gebietsveränderung 703
-,-, Gesellschaft 1035, 1037
-,-, Handel 1035
-,-, Imperialismus 1038
-,-, Innen-Pol. 1038–1040
-,-, Kgr. 703
-,-, Kol. 1038
-,-, Kolonialmacht 685, 1034–1035, 1228–1230
-,-, Parteien 1038–1040
-,-, pol. Org. 682, 685, 818, 1034, 1038–1040
-,-, pol. Org. ❻ 1035
-,-, Reformen 1040
-,-, soziale Frage 1038–1040
-,-, Verfassung 1038
-,-, Verwaltung 1033
-,-, Wirtschaft 1035–1037, 1041
-, (NZ) ❻ 671
-, (seit 1945) 1323, 1328, 1356, 1358, 1360–1362, 1364, 1370, 1392, 1451–**1453**, 1458, 1609, 1824, 1830, 1880, 1900
-, (seit 1945),
-,-, Außen-Pol. 1329, 1357
-,-, Bruttoinlandsprodukt ❶ 1369
-,-, Handel 1356
-,-, Handel ❶ 1334
-,-, Kol. 1823
-,-, NATO-Streitkräfte ❶ 1354
-,-, Verteidigungsausgaben ❶ 1369
-,-, Wirtschaft 1356
-,-, Wirtschaft ❶ **1452**

-, (seit 1945) ❻ 1358, 1393
-, österreichische 701, 703
-, österreichische ❻ 652
-, spanische ❻ 652
Niederlande (MA)
➔Burgund (MA)
Niederländisch-Belgischer Vertrag (1839) 1041
Niederländischer Krieg (1672–1678) 685, 824–825, 923, 1036
Niederländisch-Guayana
➔Surinam
Niederländisch-Indien 777, 1039
Niederländisch-Indonesische Union 1823
Niederländisch-Ostindische Kompanie 1183, 1241
Niederländisch-Spanischer Krieg (1568–1648) 679
Niederländisch-Westindien **1300**
Niederlothringen,
-, Hztm. 463, 465
Niederösterreich 911
Niederösterreich,
-, Nationalitäten ❶ 909
Niedersachsen,
-, (seit 1945) 1400
-, (seit 1945),
-,-, Bevölkerung ❶ 1431
Niederwald,
-, Schloss,
-,-, Kfz. (1948) 1401
Niekerk,
-, Wiellie van 1718
Niemöller,
-, Martin *894*
Nien-Bund-Rebellion (1853–1868) 1209
Niethammer,
-, Friedrich Immanuel 658
NIF (Nationale Islamische Front,
-, Sudan) 1622–1623
Niger 1139, 1156, 1163, 1609, 1666, **1680–1681**
Niger,
-, Bevölkerung ❶ 1656
-, pol. Org. 1681
-, Unabhängigkeits-Erkl. ❶ 1386
-, Verfassung 1681
Niger ❶ 709, 1158, 1655
Nigeria,
-, (bis 1960) 973, 1129, 1131, 1139–1143, 1157, 1159–**1161**, **1673**, 1686
-, (bis 1960) ❶ 709, 1158
-, (seit 1960) 1669, 1673–**1675**, 1683, 1686–1687
-, (seit 1960),
-,-, Biafra-Krieg (1967–1970) 1674
-,-, Biafra-Krieg (1967–1970) ❶ 1655
-,-, Gesellschaft 1675
-,-, Ibo-Problem 1674
-,-, pol. Org. 1675–1676
-,-, Unabhängigkeits-Erkl. ❶ 1386
-,-, Wirtschaft ❶ 1385, 1656
-, (seit 1960) ❶ 1158, 1655
Nigeria-Guinea 1129
Nigerian National Alliance ➔NNA
Nigerian National Democratic Party ➔NNDP
Nigerian PeoplesParty 1675
Niger-Kongo-Sprachfamilie

1128–1129
Nigerküsten-Protektorat 1160
Niger-Territorien 1160
Nightingale,
-, Florence *705*
Nihavend,
-, Schl. (642) 352
Nihilistenprozesse 991
Nijasow 1768
Nijasow,
-, Saparmurad A. *1767*–1768
Nijmegen,
-, (Alt.) ➔Noviomagus
Nika-Aufstand (532) 636
Nikaia,
-, (Nicaea,
-,-, Iznik) 274, 400, 645, 648, 1095
-, G. Demetrios II. 197
-, G. Demetrios II. ❸ 198
-, II. Konz. (787) 379, 504, 639
-, II. Konz. (787) ❶ 365
-, Ksr. **648**
Nikaia (Nicaea,
-, Iznik) 344
Nikaia (Nizza) ❶ 125
Nikandros,
-, Sparta,
-,-, Kg. ❶ 130
Nikanor,
-, makedonischer Feldh. 231
-, Schwieger-S. Des Aristoteles 202
-, Schwieger-S. des Aristoteles 173
-, vornehmer Makedone,
-,-, Stratege des Antigonos Monophthalmos 176
Nikephoritzes 644
Nikephoros,
-, Byz.,
-,-, Ks.,
-,-,-, I. 604, **610**, 639
-,-,-, II. Phokas 528, 630, 643
-,-,-, III. Botaneiates 645
-, Epeiros,
-,-, Despot,
-,-,-, I. 631
-,-,-, II. 631
Nikezić,
-, Marko *1549*
Nikias 154–155
Nikias-Friede (421 v.) 154
Nikkei-Index 1801
Nikki 1160
Niklas von Wyle ➔Wyle
Nikokles,
-, Paphsos,
-,-, Kg. *176*
-, Sikyon,
-,-, Tyr. 204
Nikolaitismus 508–509
Nikolaj Nikolajewitsch,
-, Russld.,
-,-, Gft. *718*
Nikolaus,
-, Gegen-Pp.,
-,-, V. 489, *520*
-,-, V. ❶ 519
-, Montenegro,
-,-, Ft.,
-,-,-, I. *1076*
-, Pp.,
-,-, I. 386, 504, 528, 641
-,-, I. ❶ 505
-,-, I.. 386
-,-, II. 468, 509, 532
-,-, II. ❶ 511
-,-, III. 486, 513, 517, 537
-,-, IV. 517

-,-, V. 523, 542–*543*, 1137
-, Rostock,
-,-, Ft. 598
-, Russld.,
-,-, Zar,
-,-,-, I. 986, *988*
-,-,-, II. 726, 868, 986, *989*, 992–993, 996–997, 999
-, v. Ferrara 536
Nikolaus II 1530
Nikolaus von Kues *419*, *497*, *500*
Nikolsburg,
-, Frd. (1866) 854
Nikomedeia/Bithynien (Izmit) 192, 278–280, 343, 648
Nikomedes,
-, Bithynien,
-,-, Kg.,
-,-,-, I. 185, **192**, 195
-,-,-, II. Epiphanes **192**, 195
-,-,-, III. Euergetes **192**
-,-,-, IV. Philopator 193, 249, 342
Nikon,
-, Moskau,
-,-, Patr. *980*
Nikopolis,
-, (Epeiros) 650
-, (Nikopol,
-,-, Bulg.),
-,-,-, Schl. (1396) 411, 495, 624
Nikopolis (Nicopolis),
-, (Äg.) 335
-, (Epeiros) 302–303
-, ad Istrum 307, 310
-, ad Nestum 310
Nikosia 404, 1563
Nikosia,
-, Ebtm. 404
Nil 1131
nilo-saharische Sprachen 1128, 1131, 1133–1134, 1138, 1150
Niloten 1130, 1147
nilotische Sprachen 1134, 1145, 1147
Nils,
-, S. v. Svend,
-,-, Dän.,
-,-,-, Kg.,
-,-,-,-, Estridsson ❸ 594
Nîmes,
-, Edikt (1629) 919
-, (Alt.) ➔Nemausus
Nimrud 68
Nimwegen (Nijmegen),
-, Frd. (1678/1679) 685, 822, 825, 923, 1024, 1036
Nimwegen (Nijmwegen) 383
Nin 626
Nin,
-, Btm. 610
Ninian 369
Ninive 84, **88**, 90
Ninive,
-, Bibliothek 90
-, Schl. (627) 637
-, Schl. (628) 346, 352
NIOC (Nationale Iranische Ölgesellschaft) 1646
Nippur 48, 52, 57, 110
Nirou Chani 114
Niš 1105
Niš,
-, (Alt.) ➔Naissus
Nisa 348
Nisam,
-, Mogul-R.,
-,-, Stth.,

-,-,-, v. Haiderabad 1185, 1749
Nisam Al-Mulk *1095*
Nisamija-Hochschule 1096
Nischapur 1093
Nisga'a 1844
Nisib,
-, Schl. (1839) 1108, 1118
Nisibis (Nesibin) **277**, 349–351, 635
Nissan,
-, Konzern ❶ 1332
Nithard,
-, E. v. Karl,
-,-, Ks.,
-,-,-, I. d. Gr. *385*
Nitovikla 49
Nitra-Gruppe 55
Nitti,
-, Saverio *1017*
Niue 1836–1837
Nivelle,
-, Georges Robert *720*
Nixon,
-, -Doktrin 1853
-, Richard M. 1352, 1523, 1626, 1840, 1849, 1851, 1853–1856
-, RichardM. 1780, 1797–1798, 1816
-, -Runde 1329
Nizami,
-, Dyn. 1184
Nizza 706, 944, 1014
Nizza,
-, Waffenstillstand (1538) 676, 1007
-, Waffenstillstand (1538) ❶ 806
Njassaland ➔Malawi
Njems 1161
NJie,
-, Pierre *1658*
Njoya,
-, Bamum-Hschr. 1142
NKDP (Neue Koreanische Demokratische Partei,
-, (Südkorea) 1793
Nkomati,
-, Vtg. (1984) 1715, 1721
Nkomo,
-, Joshua *1710*, 1712–1713
Nkondo,
-, Curtis 1721
Nkongolo,
-, Luba,
-,-, Kg. 1151
Nkore 1145
Nkoundjia 1162
NKP (New Korean Party,
-, Südkorea) 1793
Nkrumah,
-, Kwame *1667*–1668
-, Kwame ❶ 1655
Nkumbula,
-, Harry *1706*–1707
NKWD (sowjetischer Geheimdienst) 780, 1000, *1004*, 1516
NLC (National Liberation Council),
-, Ghana 1668
NLD (Nationale Liga für Demokratie,
-, Myanmar) 1807
NLF (Nationale Befreiungsfront,
-, Jemen [DVR]) 1619–1620
NLM (National Liberation Movement),
-, Ghana 1667–1668
NNA (Nigerian National Al-

liance) 1674
NNC (Namibia National Convention) 1717
NNDP (Nigerian National Democratic Party) 1160–1161, 1674
NNF (Namibia National Front) 1718
NNLC (Ngwane National Liberatory Congress),
-, Swazild. 1725
NNP (New National Party),
-, Grenada 1893
Nobaden 335–336
Nobaden (Nobaten,
-,-, Ks.,
-,-,-, I. d. Gr. *385*
Nobatia 1132
Nobatier ➔Nobaden
Nobel,
-, Alfred *1051*
Nobelpreis,
-, Stiftung (seit 1895) 1051, 1520
Nobilität,
-, röm. 216, 223, 234–235, 243, 245–247
-, röm. ❻ 235
Nofretete,
-, Äg.,
-,-, Kgn. 80
Nogaret,
-, Wilhelm v. 438–439
Nok-Kultur 1139
Nola 246
Nominoe,
-, Bretonische Mark,
-,-, Gf. 420
Nonantola,
-, Kl. 530
Nonproliferationsvertrag (1968) 1350, 1392, 1412, 1450, 1462, 1481, 1522, 1534, 1612, 1786, 1791
Nonproliferationsvertrag (1968) ❶ 1343–1344
Nooman,
-, Yassin Said 1620
Nootka,
-, Spr. 1251
Norba 217
Norbanus,
-, C. (Konsul 83) 245, 247
Norbert,
-, v. Xanten *512*
Nordafrika,
-, (Alt.) ➔Afrika
-, (Alt.) ➔Ägypten
-, (Alt.) ➔Karthago
-, (Alt.) ➔Kyrene
-, (Alt.) ➔Mauretanien
-, (Alt.) ➔Numidien
-, (Alt.) ➔Tripolitanien
-, (Kalifen- u. Osmanenherrschaft) 1089, 1091, 1093, 1095–1097, 1102–1103, 1109, **1120**
-, (Kalifen- u. Osmanenherrschaft) ❶ 528, **1109**
Nordalbinger 379
Nordamerika,
-, (18.–20. Jh.) ➔USA
-, (Kolonialzeit) **1268–1273**
-, (Vorgeschichte und Indianerkulturen) **1248–1251**
Nordamerika (18.–20. Jh.) ➔Kanada
Nordamerikanische Freihandelszone ➔NAFTA
Nordatlantikpakt ➔NATO
Nordatlantikrat 1358–1360, 1363, 1391
Nordatlantikvertrag

1357–1358
Norddeutscher Bund 854–855
Norden,
-, Albert *1422*
Nordgermanen 323
Nordirland 975–976, 978, 1459, 1461–1468
Nordirland-Abkommen (1985) 1464, 1468
Nordische Kriege,
-, (Erster) Nordischer Krieg (1655–1660) 684, 980, 1046, 1048, 1062
-, (Zweiter oder Großer) Nordischer Krieg (1700–1721) 685, 826, 981, 1046, 1048, 1063
-, Nordischer Siebenjähriger Krieg (1563–1570) 1044, 1047
Nordischer Rat 1487, 1494
Nordkorea 1325, 1341–1342, **1790**–1793, 1799, 1806, 1848
Nordli,
-, Odvar *1490*
Nördlingen,
-, Schl. (1634) 683, 920
-, Schl. (1645) 920
Nördlingen ❶ 413
Nördlinger Traktat (1702) 826
Nordnigeria 1128, **1139**, 1160
Nordnigeria-Protektorat 1160
Nord-Ostsee-Kanal 868
Nordrhein-Westfalen 1400
Nordrhein-Westfalen,
-, Bevölkerung ❶ 1431
Nordrhodesien ➔Zambia
Nord-Rumeila-Ölfeld 1608
Nordschleswig 735
Nord-Süd-Gefälle,
-, It. 1469
Nord-Süd-Gipfelkonferenz (1981) 1331
Nord-Süd-Konflikt 1320, 1327, 1573
Nordtiroler Gruppe 65
Nordwestenküstenkultur ➔Molluskensammler-Kultur
Nordwest-Kamerun Gesellschaft 1161
Nordzypern 1563
Noreia,
-, Schl. (113 v.) 244, 324
Norfolkinsel 1243
Noricum 258
Noricum,
-, Mediterraneum 315
-, Ripense 315, 362
-, röm. Prov. 264, 273, **314–316**
-, röm. Prov.,
-,-, Gesellschaft 315
-,-, Kultur 316
-,-, Religion 316
-,-, Wirtschaft 314–**315**
Noriega,
-, Manuel *1858*, 1879–1880
Noriker 314–315
Normandie (MA) 421, **428**, 447, 569–570, 572–573, 589
Normannen 381, 388, 420–421, 455–457, 470, 473–474, 476, 527, 569, 630, 644–646, 1092
Normannen,
-, Engld. **569–570**

-, It. 400, 465, 468, 508–510, 512–514, 531–534
-, Skand. **589**
Norodom I.,
-, Kambodscha,
-,-, Kg. 1229
Norrköping,
-, Vtg. (1604) 1045
Norstad,
-, Lauris *1363*, 1365
North,
-, Frederick *967*
North Carolina 1271, 1285
North West Rebellion (1885) 1276
Northampton,
-, Schl. (1460) 582
Northern Frontier District 1733
Northern PeoplesCongress ⊃NPC
Northern PeoplesParty ⊃NPP
Northern Rhodesia Congress 1706
Northumberland,
-, Earl *959*
Northwest,
-, Company 1275
-, Ordinance (1787) 1280
Norwegen,
-, (19./20. Jh.) 703, 751, 758–**759**, 773, 796, 898, 1001, **1049**–**1054**, 1057
-, (19./20. Jh.),
-,-, Kriegsverluste ❶ 802
-, (19./20. Jh.) ❶ 757
-, (MA) 371, 588–590, 592–**593**, 596–**597**, **599**–**601**
-, (MA),
-,-, Christianisierung 589
-,-, Kg. ❺ 593
-,-, Kg. ❶ 596, 599
-, (seit 1945) 1357, 1364–1365, 1368–1369, 1392, **1489**–1490, 1609
-, (seit 1945),
-,-, Außen-Pol. 1848
-,-, Bruttoinlandsprodukt ❶ 1369
-,-, NATO-Streitkräfte ❶ 1354
-,-, Verteidigungsausgaben ❶ 1369
-, (seit 1945) ❻ 1358
Norweger 371
Nosek,
-, Václav *1506*
Noske,
-, Gustav 875, *877*–878
NÖSPL (Neues ökonomisches System der Planung und Leitung) **1423**
Nosy Bé 1172
Notabeln-Herrschaft,
-, Frkr. 937–941
Notabeln-Monarchie,
-, Frkr. 930
Notabelnversammlung,
-, Berlin,
-,-, (1879) 1073
Notion,
-, Schl. (407 v.) 155
Notitia Dignitatum 279, 286
Notke,
-, Bernt *500*
Notker,
-, Balbulus (v. St. Gallen) *385*
-, Labeo (d. Deutsche) *399*
-, Labeo (d. Deutsche) ❶ 480

Notstandsverfassung,
-, BR Dtld. 1412
Notverordnung,
-, Bay. 879
Notverordnungen,
-, dt. (1930–1933) 874, 884–886
-, Österreich 910
Nouadibou,
-, Kfz. (1970) 1645
Noua-Gruppe 65
Nouakchott 1645
Nouira,
-, Hedi *1633*
Noumazalaye,
-, Ambroise *1691*
Nova Scotia/Kanada 1157
Novae 306–307
Novaesium (Neuß) 319
Novantae 325
Novara,
-, Schl.,
-,-, (1513) 916, 1007
-,-, (1849) 905, 1014
Novartis,
-, Konzern 1442
Novemberrevolution,
-, dt. (1918) 871–873, 888
Novembertraktat (1855) 1050
Novemberverfassung,
-, Dän. 1052
Noviomagus (Nijmegen) 319
Novipazar,
-, Sandschak 1108
Novo mesto 71
Novotný,
-, Antonín *1507*
Novum ❶ 219
Nowgorod 389, 411, 495, 621, 980
Nowogródek 618
Noyon,
-, Kathedrale ❶ 435
NP (Nasionale Party,
-, Südafrika) 1171–1172
NP (Nasionale Party),
-, Südafrika 1719, 1721–1723
NP (National Party),
-, Grenada 1893
NPC (Northern PeoplesCongress),
-, Nigeria 1673
NPD (Nationaldemokratische Partei Deutschlands) 1412
NPG (Nukleare Planungsgruppe) 1371
NPN (National Party of Nigeria) 1675
NPP (Northern PeoplesParty),
-, Ghana 1667
NPS (Nationale Partei Surinams) 1900
Nquku,
-, John *1725*
NRA (National Resistance Army),
-, Uganda 1730
NRDP,
-, Südkorea 1793
NSDAP,
-, (Nationalsozialistische Deutsche Arbeiterpartei) 876, 879–880, 883–886, 888–889, 893–895, 903
-, (Nationalsozialistische Deutsche Arbeiterpartei) ❻ 875, 882, 895

-, Antisemitismus 894, 896
-, Entstehung **888**–**889**
-, Führerprinzip 888, 895–896
-, Führerprinzip ❻ **889**
-, Mitgliedschaft ❶ **888**
-, Propaganda 888, 893
-, Kfz. (1986) 1697
Ntare,
-, Burundi,
-,-, Mwami,
-,-,-, V. 1702
Ntaryamira,
-, Cyprien 1700, 1703
Ntibantunganya,
-, Sylvestre *1703*
Ntombi,
-, Swazild.,
-,-, Prn. 1725
Nu,
-, U *1805*–1806
Nubien 48, 68, 70, 79–81, 1093, 1118, 1128–1129, 1131–1134, 1136
Nubisch,
-, Schr. 1132
-, Spr. 1132
Núcleo dos Estudantes Africanos Secundários de Moçambique ⊃NESAM
Nuer 1134
Nueva Granada 1296
Nueva Palmira 1908, 1912
Nuevo Estado,
-, Span. 1029
Nujoma 1719
Nujoma,
-, Samuel *1716*, *1719*
Nukem,
-, Plutoniumfabrik 1416
Nukleare Planungsgruppe ⊃NPG
Null-Lösung 1354, 1371
NUM (National Union of Mineworkers) 1464
Numa Pompilius,
-, Rom,
-,-, Kg. 209
-,-, Kg. ❶ 209
Numantia 229–230, 329
Numeiri 1623
Numeiri,
-, Dschafar Mohammed an- 1575, *1622*
Numerianus,
-, Rom,
-,-, Ks. 278, 280
-,-, Ks. ❶ 254
Numidia,
-, Cirtensis,
-,-, röm. Prov. 332–334
-, Militaris,
-,-, röm. Prov. 332–334
-, röm. Prov. 275, 331–333
Numidien 229, 244–245, 253
Numidien,
-, röm. Prov. 276
Nunavut 1845
Núñez,
-, Rafael *1026*, **1309**
Nupe 1139, 1160
Nur ad-Din,
-, S. v. Imad ad-Din Sengi,
-,-, Emir,
-,-,-, Mosul 405
Nurhaci,
-, Tungusen,
-,-, Chan *1207*
Nuri 1769
Nürnberg 391, 411, 482, **493**,

495, 499, 703, 809, 841
Nürnberg,
-, Hoftg.,
-,-, (1274) 485
-,-, (1323) 489
-,-, (1356) 491
-, Humanistenzentrum 659
-, NS-Parteitg. 896
-, Reichstg.,
-,-, (1522),
-,-,-, 1522/23,
-,-,-, (1524) 806
-,-, (1542) 810
-, Tag (1422) 496
Nürnberg ❶ 410–411, 413, 418
Nürnberger,
-, Anstand (1532) 675, 809–810
-, Exekutionstg. (1649–1651) 823
-, Gesetze (1935) 896
-, Prozesse (1945–1946) 1397–1398, 1846
Nürnberger Hof ❶ 846
Nuzi 57
NVA ⊃Nationale Volksarmee
Nyakyusa 1147
Nyamoya,
-, Albin *1702*
Nyamwezi 1173
Nyandoro,
-, George *1710*–1711
Nyangwe 1150, 1162–1163
Nyasaland 1709
Nyasaland African Congress ⊃NAC
Nyasaland ⊃Malawi
Nyasa-See 1147–1148, 1151, 1154
Nyaturu 1147
Nyerere,
-, Julius *1727*–1728
Nygårdsvold,
-, Johann Ludwig *1054*
Nyírség-Zatín-Gruppe 44
NYM (Nigerian Youth Movement) 1161
Nymphaion,
-, Vtg. (1261) 631, 649
Nymphaion ❶ 124
Nymphenburger Allianz (1741) 687
Nymphidius Sabinus,
-, L. 265
Nyon,
-, (Alt.) ⊃Equestris
-, Kfz. (1937) 748
Nystad,
-, Frd. (1721) 686, 982
Nyungu ya Mawe,
-, Ukimbu,
-,-, Hptl. 1147
Nzambimana,
-, Edouard *1702*
Nzeogwu,
-, C. 1674
Nzinga Nkuwu,
-, Kongo,
-,-, Kg. 1152

O

OAPEC (Organization Of Arabian Petroleum Exporting Countries) 1611
OAPEC (Organization of Arabian Petroleum Exporting Countries) 1575, 1583,

1614
OAS (Geheime Armeeorganisation,
-, Algerien) 1635
OAS (Organisation Amerikanischer Staaten) 1303, 1392, 1840–1841, 1847, 1864, 1867, 1871–1872, 1874–1875, 1883, 1888–1892, 1895, 1900
OAS (Organisation Amerikanischer Staaten) ❻ **1840**
Oatilo,
-, Bay.,
-,-, Hz. ❺ 380
OAU 1395
OAU (Organisation für Afrikanische Einheit) 1640, 1642–1644, 1662, 1695, 1704, 1711–1712, 1722, 1736, 1742
OAU (organisation für Afrikanische Einheit) 1683
OAU (Organisation für Afrikanische Einheit) ❶ 1655
Oaxaca 1253, 1258–1260
Obasanjo 1676
Obasanjo,
-, Olusegun *1675*
Obasanjos 1676
Obed-Stufe 27, 30
Obeidi,
-, Abdel Ati Al- 1630
Oben 131
Oberbangui 1162
Oberdonau ❶ 892
Oberhaus,
-, brit. 971, 974–975
Oberhausen 738
Oberitalien 527, 529–530
Oberlausitz 611
Oberlausitzer Städtebund ❶ 410
Oberniger-Gebiet 1129
Obernil-Gebiet 1134
Oberösterreich,
-, Nationalitäten ❶ 909
Oberschlesien,
-, (1918–1919) 735, 737
-, -Abk. (1922) 734
-, Volksabstimmung (1921) 734, 737
Oberschlesien (1918–1945) 878–879, 899, 950
Oberschlesien (1918–1945),
-, Aufstand (1919/1921) 877–878
Obervolta ⊃Burkina Faso
Obervolta-Gebiet,
-, Westlicher Sudan **1139**
Obnuntiation 242, 251
Obock 1174
Obodas,
-, Nabatäer,
-,-, Kg.,
-,-,-, II. 352
Obodriten 459, 463–464, 466, 468, 472, 589, 607
Obote,
-, Milton 1728–1730
Obregón,
-, Alvaro 1305–**1306**
Obrenović,
-, Knez Miloš *1075*
Obsequens,
-, Schriftsteller 280
Obskurantismus 988
Obuchi 1802
Öcalan 1562, 1567
Occhetto,
-, Achille *1474*
Oc-eo 1227

Ochab,
-, Edward *1502*
Ochrid 604
Ochrid,
-, Ebtm. 628, 630, 641
-, Patrt. 635
Ochs,
-, Peter *1084*
Ockergrabkultur 34, 46
Ockham,
-, Wilhelm v. 413, *419*, *489*, 520, *522*, 613
OConnell,
-, Daniel 968–969
Ocran,
-, Albert *1668*
Ocricolum,
-, Schl. (413) 286
Octavia,
-, G. v. Nero,
-,-, Rom,
-,-,-, Ks. ❸ 263
-, Schw. Des Augustus 255–256, 258
-, Schw. des Augustus ❸ 263
Octavianus ➡Augustus
Octavius,
-, C. ❸ 263
-, Cn. 247
-, M. (Volkstribun 133) 243
Octodurus (Martigny) 318
Oda,
-, G. v. Liudolf,
-,-, Sachsen,
-,-,-, Hz. 461
-, G. v. Zwentibold,
-,-, Lothr.,
-,-,-, Kg. ❸ 461
-, Nobunaga *1221*
ODA (Demokratische Bürgerallianz),
-, Tschechien 1510
Odainathos von Palmyra 277–278, 340, 350
ODalaigh,
-, Cearbhall *1467*
Ödenburg 737
Odendaal-Plan 1717
Oder,
-, Hochwasser (1997) 1432, 1505, 1510
Oder-Neiße-Grenze 781, 790, 1351, 1430, 1501–1504
Oder-Neiße-Grenze,
-, Görlitzer Vtg. (1950) 1375, 1502
Odessa 985, 993
Odessa,
-, (Alt.) ➡Tyras
Odessos 306
Odessos ❶ 124
Odilo,
-, Bay.,
-,-, Hz. 384
-, Cluny,
-,-, Abt 507
Odinga,
-, Oginga *1731*–1732
Odingar,
-, Noel 1683
Odo,
-, Blois,
-,-, Gf.,
-,-,-, I. *425*
-,-,-, II. 425–426, 428
-, Burg.,
-,-, Hz.,
-,-,-, Heinrich 425
-,-,-, I. Eudes ❸ 556
-, Mâcon,
-,-, Gf.,

-,-,-, Wilhelm 425
-,-, v. D. Champagne,
-,-, Gf. 466
-, Westfranken-R.,
-,-, Kg. 421
Odoaker,
-, Heermeister 287
-, Kg. *361–362*, 364, 366, 635
ODP/MT (Organisation für die Volksdemokratie/Arbeiterbewegung),
-, Burkina Faso 1680
Odriá,
-, Manuel *1903*
Odrysen,
-, Dyn. 310
Odryser 309
ODS (Demokratische Bürgerpartei),
-, Tschechien 1509–1510
Oduber Quiros,
-, Daniel *1878*
OECD (Organization for Economic Co-operation and Development) 1330, 1364, 1841
OEEC (Organization of European Economic Co-operation) 1356–1359, 1361–1364, 1398, 1405, 1459
OEEC (Organization of European Economic Cooperation) 1847
Oehlenschläger,
-, A. O. *1052*
Oelßner,
-, Fred *1420*
Oescus 307
Ofen 810, 913
Ofen,
-, Schl. (1686) 1104
Offa,
-, Angelsachsen,
-,-, Kg. **565**
öffentliche Finanzen,
-, Äg. 1118
-, Athen 148
-, Athen ❶ 148
-, BR Dtld. 1408–1409, 1412
-, Bras. 1919
-, Chile 1923
-, Dt. R.,
-,-, (1870/1871–1914) 862–863, 866–869
-,-, (1870/1871–1914) ❶ **869**
-,-, (1914–1918) 870
-,-, (1919–1933) 873, 877, 879–881, 883–884, 886
-,-, (1933–1945) 887–888, 895–897
-, Dtld. (MA) **497**
-, Engld.,
-,-, (MA) 577–578
-,-, (NZ) 966
-, Frkr.,
-,-, (MA) **439–440**, **451**–452
-,-, (NZ) 916, 918, 921–922, 925–926
-,-, (seit 1945) 1446
-, Griechld. 128
-, It. 1010
-, Kuba 1884
-, Österreich 833, 911, 1437
-, Österreich-Ung. 855
-, Pers. 1126
-, Peru 1905
-, Rom 234, 270, 272, 282
-, Rom ❶ **234**
-, Russld. 981

-, Schweden 1488
-, Schweiz 1441
-, UdSSR 1520
-, USA 1291, 1858, 1860–1861
Öffentlichkeit gegen Gewalt ➡VPN (Öffentlichkeit gegen Gewalt)
Öffnung Japans (1854) 1222
Ofnethöhle 21
Ögädäi,
-, Mongolen,
-,-, Ft. 620–621, *1196*
Ogaden-Gebiet 1175, 1733, 1735, 1737
Ogham-Schrift 567
Oghusen 1195
Oglethorpe,
-, James *1271*
Ogoni 1676
Ogoni ❶ 1655
Ogoni-Gebiet 1676
Ogoni-Volk 1676
Oguren 602
OHiggins,
-, Bernardo *1317*
Ohio 1280
Ohio,
-, -Fluss 1278
Ohira,
-, Masayoshi *1800*
OHL (Oberste Heeresleitung) 717, 720, 727–728, 730, 870–873
Ohnesorg,
-, Benno 1412
Ohnesorge,
-, Wilhelm *891*
Ohod,
-, Berg,
-,-, Schl. (625) 1088
Oikistes 124–125
Oikos 121–122, 128, 135, 149
Oil-Rivers-Protektorat 1160
Oinoparas,
-, Schl. (146 v.) 189
Oinophyta,
-, Schl. (457 v.) 145
Ojeda,
-, Alonso de *668*, *1293*, *1300*
Ojibwa 1251
Ojukwu,
-, Odumegwa *1674*–1675
Oka 1844
Okailiden (991–1096),
-, Dyn. 1095
Okehazama,
-, Schl. (1560) 1221
Okello,
-, Basilio 1730
-, Titus *1730*
OKelly,
-, Sean *1466*
OKH (Oberkommando des Heeres) 765
Okinawa 800, 1210, 1226, 1794, 1796–1797, 1799, 1801
Okinawa,
-, Schl. (1945) 800, 1226
Oklahoma City 1860, 1862
Oktoberdiplom (1860) 852, 905
Oktober-Krieg (Jom-Kippur-Krieg,
-, 1973) 1524, 1573, 1578, 1583, 1593, 1599, 1602, 1608, 1614, 1626, 1637
Oktoberkrieg (Jom-Kippur-Krieg,
-, 1973) 1329, 1574, 1626,

1854
Oktobermanifest (1905) 993
Oktoberrevolution (1917) 714, **726–727**, 731, 872, 951, 996, 998, 1528
Oktobristen 993, 996
Oktobristen ❶ 995
Ökumenische Bewegung 1476
Ökumenische Konzile,
-, (325–787) 366
-, (325–787) ❶ **365**
-, I. 342, 344, 366, 369
-, I. ❶ 365
-, II. 285
-, II. ❶ 365
-, III. 344, 366
-, III. ❶ 365
-, IV. 344–345, 366, 634
-, IV. ❶ 365
-, V. 636
-, V. ❶ 365
-, VI. 503, 638
-, VI. ❶ 365
-, VII. 379
-, VII. ❶ 365
-, VIII. 641
OKW (Oberkommando der Wehrmacht) 761, 766, 773, 784, 891, 897–898
Öl (Erdöl) 1116–1117, 1125–1126, 1330, 1573, 1611, 1831, 1834, 1867
Öl (Erdöl),
-, -Embargo 1225, 1329, 1331, 1354
-, -Export 1117, 1825
-, -Funde,
-,-, Nordsee,
-,-,-, Norw. 1490
-, -Gesellschaften 1116, 1636
-, -Importe,
-,-, USA 1585
-, Importe,
-,-, USA 1859
-, -Preis 1328–1329, 1331, 1574–1575
-, -Reserven 1608, 1611, 1614, 1647
Olaf,
-, Dän.,
-,-, Kg.,
-,-,-, Hunger ❸ 594
-, Dän. u. Norw.,
-,-, Kg. *597*, *599*
-,-, Kg. ❶ 599
-, Norw.,
-,-, Kg.,
-,-,-, I. Tryggvasson 371, 589–**590**
-,-,-, II. Haraldsson d. Heilige *589*, 592
-,-,-, II. Haraldsson d. Heilige ❸ 593
-,-,-, III. Haraldsson Kyrre 592
-,-,-, III. Haraldsson Kyrre ❸ 593
-,-,-, IV. ➡Olaf,
-,-,-,-, Dän. u. Norw.,
-,-,-,-,-, Kg.
-,-,-, V. *1051*, *1489–1490*
-, S. v. Magnus,
-,-, Norw.,
-,-,-, Kg.,
-,-,-,-, Barfuß 592
-,-,-,-, Barfuß ❸ 593
-, Schweden,
-,-, Kg.,
-,-,-, Schoß-Kg. **589–590**
Olah,

-, Franz *1437*
Öland 597
Olbia 72
Olbia ❶ 124–125
Ölbohrinsel 1920
Olbricht,
-, Friedrich *901*
Old red 5
Oldcastle,
-, John *579*
Oldenbarneveld *1034*
Oldenburg 840, 873
Oldenburg,
-, Btm. 463, 466
Oldenburg ❶ 892
Oldoway-Schlucht 16
Oleg,
-, Kiew,
-,-, Ft. 589, *608*, *642*
Oleksy,
-, Józef *1505*
Oleśnicki,
-, Zbigniew *618*
Olga,
-, Kiew,
-,-, Ftn. *371*, 608–609, 642
Olgierd,
-, Litauen,
-,-, Gfst. *618*–619, 621–622
Oligozän ❶ 8
Oliva,
-, Frd. (1660) 684, 822, 1046, 1062
Olivares,
-, Gaspar de Guzmán,
-,-, Hz. v. 683, *1024*, 1031
Olivier,
-, Borg *1478*
Olivier de la Marche 454
Ollenhauer,
-, Erich 1408, *1411*
Ollivier,
-, Emile *945*
Olmeken 1253–1254
Olmütz 848, 905
Olmütz,
-, Frd. (1479) 613
Olmützer Punktation (1850) 851, 905
Olomouc 848, 905
Olten 1085
Olter,
-, Bailey 1838
Olusegun Obasanjo 1676
Olybrius,
-, Rom,
-,-, Ks. 287
-,-, Ks. ❸ 284
Olympia,
-, Heiligtum 49, 68, 143
Olympias,
-, G. Philipps II. v. Maked. 166–168, 170, 175
-, G. Philipps II. v. Maked. ❶ 174
Olympiasieger,
-, Antike 123, 133
Olympichos,
-, Karien,
-,-, Dynast 199
Olympio,
-, Pedro 1669
-, Sylvanus *1669*–1670
Olympiodoros 203
Olympische Spiele,
-, (1936) 896
-, (1972) 1413
-, (1984) 1543, 1553
-, (Antike) 121, 123, 285, 302
-, Boykott (1980) 1353, 1526, 1784, 1857

-, Boykott (1984) 1384, 1428
Olympius,
-, magister officiorum 286
Olynth 159, 161–162, 165–167
Olynthische Reden des Demosthenes 167
Olynthischer Krieg (349–348) 167
Omaha 1249
Omaheke-Wüste 1168
Omajjaden,
-, Dyn. 549–550, 1090–1091
-, Dyn. ❶ **1090**
Oman (Maskat und Oman) 1089, 1117, 1149, 1167, 1573–1575, 1609, **1617**–**1618**, 1620
Oman (Maskat und Oman) ❶ 1109
Oman-Frage 1617
Omar,
-, Kalif,
-,-, I. 338, 1089
-,-, II. Ibn Abdal Asis 549
-,-, II. Ibn Abdal Asis ❶ 1090
Omar-i Chajjam *1095*
Omdurman 1133
Omdurman,
-, Schl. (1898) 1119
Omri,
-, Dyn. 103
-, Isr.,
-,-, Kg. 103
Omurtag,
-, Bulgaren,
-,-, Chan **604**
Oñate-Vertrag (1617) 816
Oneida 1249, 1273
ONeill,
-, Donal' 585
Ong Teng Cheong *1822*
Onganía,
-, Juan Carlos *1913*
Onin-Kämpfe (1467–1477) 1220
Onn,
-, Hussein *1820*
Onoguren 602
Onomarchos 161, 166
Onondaga 1249, 1273
Ontario 1275–1276
Opangault,
-, Jacques *1691*
Opava 705
OPEC (Organization of Petroleum Exporting Countries) 1326, 1329–1331, 1575–1576, 1608, 1611, 1675, 1690, 1697, 1867, 1898, 1902
OPEC (Organization of Petroleum Exporting Countries),
-, Kfz. (1974) 1330
-, Kfz. (1975) 1608
Open-Skies-Konferenz (1990) 1355
Operation Wüstensturm 1576, 1609, 1615
Opitergium 314
Opitz,
-, Martin *663*
Opium 1806
Opiumkrieg (1840–1842) 972, 1209
OPO (Ovamboland Peoples-Organization)Namibia 1716
Opone 1135
Oppenheim 480
Oppidum Novum (Duperré)

❶ 333
Oppidum Ubiorum (Köln) 317
Opposition,
-, kommunistische Welt ➡ Dissidentenbewegung
Opus Dei 1480
Orabi Pascha 1119
Oradour-sur-Glane 784
Oran 560, 760, 956, 1120, 1634
Orange,
-, (Alt.) ➡ Arausio
Oranien,
-, Dyn. 1038
Oranienburg,
-, KZ 900
Oranje-Fluss 1155, 1167, 1169–1170
Oranje-Freistaat **1168**–1171
Oranje-Freistaat ❶ 1158
Oranje-Freistaat. **1170**
Oranmiyan,
-, Benin,
-,-, Kg. 1142
Oratorianer 662
Orbán 1515
Orbieu,
-, Schl. (793) 379
Orchomenos 59, 64, 114, 116, 160–161, 204–205
Orchomenos,
-, Schl. (86 v.) 247
Orchomenos ❷ 123
Orden ➡ Mönchsorden
Orden ➡ Mönchtum
Orden ➡ Ritterorden
Ordericus Vitalis *569*
Ordinatio imperii (817) 381
Ordoño,
-, León-Kast.,
-,-,-, Kg.,
-,-,-, I. 551
Ordovizium **5**
Ordovizium ❶ 8
Ordulf,
-, Sachsen,
-,-, Hz. ❷ 593
Oregon 1281, 1284, 1293
Oregon,
-, -Gebiet 1281
-, -Trail (1849) 1284
-, Vtg. (1846) 1284
Oreos 162
Oresme,
-, Nicolas 444
Orestes,
-, Heermeister,
-,-, Rom *361*
-,-, Maked.,
-,-, Prät. 165
-, Rom,
-, Heermeister 287
Öresund 1491
Öresund,
-, Schl. (1801) 1049
Organisation,
-, UdSSR,
-,-, (1945–1991),
-,-,-, Russld. (seit 1992) 1529
-,-, UdSSR,
-,-,-, (1945–1991) 1527
Organisation Amerikanischer Staaten ➡ OAS
Organisation der Erdölexportierenden Staaten ➡ OPEC
Organisation für Afrikanische Einheit ➡ OAU
Organisation für Sicherheit und Zusammenarbeit in Eur-

opa ➡ OSZE
Organisationsgesetz,
-, China,
-,-, VR (seit 1949) 1773
Organisches Statut 988
Organismen,
-, Entwicklung **3**
Organization for Economic Co-operation and Development ➡ OECD
Organization of Arabian Petroleum Exporting Countries ➡ OAPEC
Organization of European Economic Co-operation ➡ OEEC
Orgemont,
-, Pierre de 444
Orhan,
-, Osman.,
-,-, Su. ❷ *1100*
Orhogbua,
-, Benin,
-,-, Kg. 1143
Oria 529
Oriens,
-, Diöz. 303
-, Prätorianerpräfektur 302, 335, 337
Orient ➡ Islamisch-arabische Welt
Orient ➡ Vorderer Orient
orientalische Frage 705–706
Orient-Dreibund (1887) 707, 907
Orientkrise (1839–1841) 705, 843, 940, 989, 1108
Oriflamme 428–429
Origenes **291**, 336, 339
Orinoco-Gebiet 1263
Orissa 1182, 1186, 1752, 1755
Orkney-Inseln 600
Orlando,
-, Vittorio Emanuele 732
Orleanisten 942, 944, 946
Orléans,
-, Dyn. 916, **924**
Orléans 373–376, 398, 449–450
Orléans,
-, Dyn. 541, 543
-, Dyn. ❷ 442
-, National-Konz. (511) 373
-, Syn. (511) 370
-, Univ. ❶ 398
Orléans ❶ 373
Orlich Bolmareich,
-, Francisco *1877*
Ormuz (Hormus) 1123
Orneai 161
Orobonos 348
Oroites,
-, Satrap 137
Orophernes,
-, Kappadokien,
-,-, Kg. 189, 194
Oropos 160, 207
Orosius 280, 286–287, 331, 334
Orozco,
-, Pascual 1305
Orpheus 309
Orphiker 128
Orschowa 1106
Orseoli,
-, Dyn. 531
Orsini,
-, Dyn. 517, 523, 539, 630
-, Felice 944
Orşova 827, 830
Ortega,

-, Daniel *1876*
-, Humberto *1876*
Ortega y Gasset,
-, José *1027*
Ortenau 816
Orthagoras,
-, Sikyon,
-,-, Tyr. ❶ 127
Orthagoriden,
-, Sikon,
-,-, Tyr. ❶ 127
Orthodoxe Kirche,
-, Russld. 986
-, Ukraine 1533–1534
Ortiagon 195
Ortnit/Wolfdietrich ❶ 481
Orvieto 504
Orvieto,
-, Vtg. (1281) 649
Osage 1249
Osaka 1229
Osama bin Laden 1394, 1601, 1621, 1652–1653, 1733, 1830, 1862
Oscar Luigi Scalfaro 1475
Oscar Ramirez Durand alias Feliciano 1905
Osch 1769
Osei Tutu,
-, Asante,
-,-, Kg. 1143
Oshima,
-, Hiroshi 751, 765, 769, 779
Osijek,
-, (Alt.) ➡ Mursa
Osimo,
-, Vtg. (1975) 1555
Oskanian, Vartan 1540
Oskar,
-, Hohenzollern,
-,-, Pr. 1056
-, Schweden,
-,-, Kg.,
-,-,-, I. **1049**–1051
-,-,-, II. 1050–**1051**
Oskar Lafontaine 1433
Osker 295, 298, 300
Oslo 592, 596
Oslo (Christiania) 758, 1048
Oslo (Christiania),
-, Abk. (1907) 1052
Osman,
-, Abdullah *1733*
-, Ahmed *1642*
-, Osman.,
-,-, Su.,
-,-,-, I. 1099
-,-,-, I. ❷ *1100*
-,-,-, II. **1104**
-,-,-, II. ❷ *1103*
-,-,-, III. **1106**
-,-,-, III. ❷ *1105*
Osmanen,
-, (1299–1918) 1099–1110, 1197
-, Dyn.,
-,-, I.,
-,-,-, (1299–1566) ❷ **1100**
-,-, II.,
-,-,-, (1520–1648) ❷ **1103**
-,-, III.,
-,-,-, (1640–1808) ❷ **1105**
Osmanen (1299–1923),
-, Dyn. 1099–1100, 1110, 1112–1113
Osmanisches Reich 650, 674, 688, 705, 720, 731, 734, 986, 989–990, 1023, 1063, 1071, 1075, 1079, 1097, 1099–1102, 1105–1114, 1117–1120, 1122–1124, 1537, 1539–1540

Osmanisches Reich,
-, (seit 1919) ➡ Türkei
-, arabische Gebiete 1098–1099, 1101–1102, 1104, 1106–1109, **1112**–1114, 1117–1118, 1120, 1122
-, arabische Gebiete ❶ **1109**
-, Außen-Pol. 707, 1104, 1106–1109
-, Bildungswesen 1107
-, Erster Weltkrieg 1106–1107, 1109–1110, 1112–1114, 1117, 1119, 1122
-, Gesellschaft 1098, 1101–1102, 1108
-, Handel 1102, 1104, 1109
-, Kriegführung 1108–1110
-, Kultur 1100, 1102, 1104, 1106–1108, 1112
-, Lehnswesen 1101–1102
-, Militärwesen 1099, 1101–1104, 1106–1108, 1110
-, Minderheiten 1099, 1101–1102, 1104–1106, 1108–1109, 1112
-, öffentliche Finanzen 1102, 1107–1108
-, pol. Org. 1101–1102, 1104–1105, 1108–1109, 1112
-, Recht(swesen) 1101–1102, 1108
-, Reformen 1107–**1108**, 1110, 1112
-, Religion 1099, 1101–1102, 1106, 1108–1109, 1112
-, Verfassung 1108–1109
-, Verwaltung 1102, 1105, 1108–1109
-, Wirtschaft 1102, 1107–1108
Osmanismus 1109
Osnabrück 815
Osnabrück,
-, Frd. (1648) 683–684, 818–819
-, Stift ❶ 820
Osóbka-Morawski,
-, Eduard *1066*, *1501*
Osor,
-, (Alt.) ➡ Apsoros
Osorio,
-, scar *1871*
Ospina Pérez,
-, Mariano *1894*
Osrhoene 250, 273, 275, 348
Osroes,
-, Parther,
-,-, Kg. 268, 349
Osseten 1537
Ossius,
-, v. Corduba 331
Ostafrika 1129–1131, 1135, **1145**–**1150**, 1154–1155
Ostafrika,
-, dt. Kol. ➡ Tanzania
-, Küstenregion **1148**–**1149**, 1151
Ostafrika ❶ 1158
Ostafrikanische Gemeinschaft 1732
Ostafrika-Protektorat (Britisch-Ostafrika) ➡ Kenya
Ostasien,
-, (Anf.–1945) 1101, 1192, **1226**
-, (seit 1945) **1771**–**1786**, **1788**–**1793**, **1795**–**1801**

Ostbengalen 1758
Ostblockpolitik,
-, China 1785
-, UdSSR 1384, 1519, 1521, 1523, 1526
Oster,
-, Hans *902*
Osteraufstand (1916) 975
Osterfest 291
Oster-Insel 1234, 1240, 1246–1247
Ostermann,
-, Heinrich *982–983*
Österreich,
-, (1804–1867) 840, 849, 851, 904, 940, 987–989, 1012–1014, 1052, 1080
-, (1804–1867),
-,-, Außen-Pol. 700, 702–706, 854, 904–906, 940–941, 1108, 1118
-,-, Beamte 852
-,-, Konstitutionalismus 852
-,-, Kriegführung *837*–838, 840, 853, 904–905, 936–937, 944
-,-, pol. Org. 840, 845, 849, 852, 905
-,-, Reichsverfassung (1849) 848
-,-, Revolution (1848/49) 847
-,-, soziale Frage 904
-,-, Verfassung 842, 848, 852, 905
-,-, Verfassung (1848) 845
-,-, Verfassung (1849) 849
-, (1918–1938) 735–738, 746, 748, 781, 872, 884, 896–897, 910–912, 914, 1001, 1019, 1435
-, (1918–1938),
-,-, Anschluß (1938) 748, 897, 912, 1020
-,-, öffentliche Finanzen 911
-,-, Verfassung 910–912
-, (1918–1938) ❶ 775
-, (MA) 357, 456, 463, 474, 479, 485–486, 495, 498–499, 612
-, (NZ bis 1804) 672–674, 676, 678, 684, 687–688, 820, *822*–823, 827, 829–830, **833**, 930–931, 1011, 1104–1106, 1123
-, (NZ bis 1804),
-,-, Außen-Pol. 672, 687, 701, 837, 1104
-,-, Kriegführung 688, 932–933
-,-, Militärgrenze 1103
-,-, pol. Org. 834
-, (NZ bis 1804) ❶ 820
-, (seit 1945) 912, 1337, 1339, 1343, 1356, 1359, 1364–1365, 1369, 1392, **1435–1439**, 1471, 1475, 1514, 1846
-, (seit 1945),
-,-, Außen-Pol. 1438
-,-, Bevölkerung ❶ **1438**
-,-, EU-Eintritt 1392
-,-, Fremdenverkehr ❶ **1438**
-,-, Nationalratswahlen 1436–1439
-,-, Paritätische Kommission 1437
-,-, regionale Gliederung 1436
-,-, Verkehr 1438
-,-, Wirtschaft 1438
-,-, Wirtschaft ❶ **1438**

-, (seit 1945) ❸ 1358, 1393
Österreich (1867–1918) ❿Österreich-Ungarn
Österreichische Credit-Anstalt 744, 884, 911
Österreichische Volkspartei ❿ÖVP
Österreichischer Erbfolgekrieg (1740–1748) 687, 828, 926, 1009–1010, 1037, 1185, 1273
österreichisch-preußischer Krieg (1866) 706, 945
österreichisch-ungarischer Ausgleich (1867) 854, 906, 912–913
Österreich-Ungarn,
-, (1867–1918) 731, 734, 855, 904, 906, 908–**910**, 912, 986, 989–991, 1016–1017, 1064, 1070–1071, 1075–1076
-, (1867–1918),
-,-, Außen-Pol. 706–707, 711–712, 855, 907–909
-,-, Außen-Pol. ❸ 708
-,-, Bürgertum 907–908
-,-, Innen-Pol. 908
-,-, Kriegführung 716, 718, 720–721, 723–**730**, 945
-,-, Kriegführung ❶ 717, 730
-,-, Militärwesen 907
-,-, Nationalitäten 906–908
-,-, Nationalitäten ❶ 909
-,-, öffentliche Finanzen 855
-,-, österreichische Reichshälfte 906
-,-, österreichische Reichshälfte,
-,-,-, Reichsrat 908–909
-,-,-, Parteien 907–908
-,-,-, pol. Org. 906, 909
-,-,-, Religions-Pol. 907
-,-,-, Revanche-Pol. 907
-,-, Rüstung 855
-,-, Rüstung ❶ 712
-,-, Trialismus 908
-,-, ungarische Reichshälfte 906
-,-, ungarische Reichshälfte,
-,-,-, Reichsrat 908
-,-,-, Verfassung 906
-,-,-, Verwaltung ❶ 909
-,-, Wirtschaft 907
-,-, Wirtschafts-Pol. 854
Österreich-Ungarn (1867–1918),
-,-, Außen-Pol. 1108–1109, 1122
-,-, Auswanderung ❸ 1283
-,-, Kriegführung 1110
Ostervald,
-, Jean-Frédéric *1083*
Osteuropa und Südosteuropa,
-, (1789–1914) 986–993, 995, 1070, 1073, 1075–1076, 1080
-, (1789–1914) ❸ 994
-, (Bronzezeit) 54, 59, 65
-, (Eisenzeit) 71
-, (Früh-MA) 602–**610**
-, (Hoch-MA) 610–612, 614–615, 619–621, 623, 626, 628–629
-, (Kupferzeit) 34–35, 43–44, 46
-, (Neolithikum) 25, 28
-, (seit 1945) 1516
-, (Spät-MA) 611, **613–614**,

616–619, 622–625, 627–628, 630–633, 1101
Ostfranken ❿Franken,
-, Hztm.
Ostfrankenreich 372, **387**, **455**–459, 465
Ostfrankenreich,
-, Adel 455
-, Grenzen 455
-, pol. Org. 455–456
Ostfrankenreich ❶ 373
Ostfriesland 703, 840
Ostgebiete,
-, Dtld. (seit 1945) 1338, 1532
-, Dtld. (seit 1945) ❶ 899
Ostgermanen 323, **358–364**, 602
Ostgermanen ❶ 364
Ostgoten 285–286, 357–364, 367, 369, 374, 634, 1193
Ostgoten ❶ 364
Ostgotenreich (493–526) **362**, **364**, 377
Osthilfe 885
Osthorn 1128, **1135**–1136, 1175
Ostia 221, 264, 269, 296, 299
Ostia ❶ 209, 219
ostindische Handelsgesellschaften 1183
Ostindische Kompanie 1208
Ostkirche 338–339, 342, 344, 350, 365–368, 371, 379, 503, 508–**509**, 517, 607, **634–635**, 647, 1106, 1108
Ostkolonisation,
-, dt. 389, 591, 612, 615
Ostmalaysia 1820
Ostmark ❿Österreich (MA)
Ost-Narwa 1496
Ostneuguinea 1830–1831
Ostnigeria **1141**
Ostpakistan 1747, 1758–1759, 1761
Ostpakistan,
-, (seit 1971) ❿Bangladesch
Ostpolitik,
-, BR Dtld. 1349, 1411–1413
Ostpreußen (NZ) 718, 737, 753, 779, 781, 796–797, 799, 841, 898–899, 1501, 1516
Ostpreußen (NZ) ❶ 899
Ostrakismos 141, 144–145, 147, 154
Ostrakismos,
-, Begriff 141
Ostrava-Petřkovice 20
Ostrogothen ❿Ostgoten
Ostroł143eka,
-, Schl. (1831) 988
Ostrom ❿Byzantinisches Reich
Ostroróg,
-, Jan *618*
Ostrumelien 706–707, 990, 1073, 1108
Ostsamoa 1836
Ostsee-Rat 1493
Ostsektoren-Magistrat 1340
Ostsiedlung,
-, dt. ❿Ostkolonisation
Ostslawonien 1550, 1555
ostsudanische Sprachen 1150
Osttimor 1825–1827, 1834
Ost-Togo (Französisch-Togo) ❿Togo
Ostturkestan 1191, 1196–1197, *1208*
Ostverträge,
-, BR Dtld. 1381, 1413,

1503, 1523
Ost-West-Beziehungen,
-, (seit 1945) 1320, 1327, 1337–1338, 1341, 1345, 1347, 1351, 1373, 1568, 1570, 1574, 1578, 1845–1846
-, atomares Patt 1338
-, Détente 1338
-, Entspannungs-Pol. 1338
-, friedliche Koexistenz 1338
-, globale Dimension 1337
-, ideologischer Gegensatz 1337
-, kalter Krieg 1337, **1340**
-, Klimaverschlechterung **1353**
-, Kooperation **1338**
-, Neuorientierung **1345**
-, Ringen um Einflusszonen 1337
-, Rüstungsbegrenzung **1345**, 1350
Ost-West-Beziehungen (seit 1945) 1550
Ost-West-Konflikt 1568, 1570, 1574, 1578
OSullivan,
-, JohnL. 1284
Oswald,
-, Lee Harvey 1852
-, Northumbria,
-,-, Kg. 370
Oswald von Wolkenstein 417, *501*
Oswald von Wolkenstein ❶ 416
OSZE (Organisation für Sicherheit und Zusammenarbeit in Europa) 1392, 1559
Otago 1245
Otfried von Weißenburg 385
Otfried von Weißenburg ❶ 480
Othman,
-, Kalif 1089
Otho,
-, Rom,
-,-, Ks. **265**
-,-, Ks. ❶ 254
Otomani-Gruppe 55, 59
Otomí 1258
Otranto 1474
Otschakow 983
Otschakow,
-, Festung 1106
Otschirbat,
-, Punsalmaagyin *1771*
Ottawa 1276
Ottawa,
-, Kfz.,
-,-, (1932) 977
-, Landminen-Kfz. (1997) 1392
-, Landminen-Konv. (1997) 1844
-, NATO-Kfz. (1974) 1370
-, Open-Skies-Kfz. (1990) 1355
-, Weltwirtschafts-Kfz. (1981) 1331
Otto,
-, Athen,
-,-, Kg.,
-,-,-, de la Roche 630
-, Bamberg,
-, B.,
-,-, I. 471, 614
-, Bay.,
-,-, Hz.,

-,-,-, v. Wittelsbach ❸ 488
-, Braunschweig-Lüneburg,
-,-, Hz.,
-,-,-, d. Kind 479
-,-,-, d. Kind ❸ 476
-, Brdbg.,
-,-, Kft.,
-,-,-, V. ❸ 488
-, Burg.,
-,-, Frei-Gf.,
-,-,-, Wilhelm *422*
-,-, Hz. 428
-, Pfgf.,
-,-, IV. 438, 486
-,-, Pfgf. ❸ 473
-, Freising,
-,-, B. 287, 401, 480
-, Griechld.,
-,-, Kg.,
-,-,-, I. *1080*
-, Kärnten,
-,-, Hz. 463
-,-, Hz. ❸ 467
-, Ks.,
-,-, I. d. Gr. 371, 393, 421, 460, **462–463**, 465, 507, 529, 531
-,-, I. d. Gr. 611, 642–643
-,-, I. d. Gr. ❸ 380, 467
-,-, II. *381*, 421, 462–463, 507, 531, 643
-,-, III. 386, 393–394, 425, **463**–465, *506*–508, *531*, 605, 608, 643
-,-, IV. **477**, 514, 517
-,-, IV. ❸ 465
-, Nieder-Lothr.,
-,-, Hz. 421, 423, 465
-,-, Hz. ❸ 380
-, Poitou,
-,-, Gf. ❿Otto,
-,-,-, Ks.,
-,-,-,-, IV.
-, S. v. Karl,
-,-, Österreich,
-,-,-, Ks.,
-,-,-,-, I. ❸ 835
-, S. v. Ruprecht,
-,-, Kg. ❸ 488
-, Sachsen,
-,-, Hz.,
-,-,-, d. Erlauchte 456–*457*
-,-,-, d. Erlauchte ❸ 461
-,-, Mgf.,
-,-,-, v. Ballenstedt 470
-, Schwaben,
-,-, Hz. 463
-,-, Hz. ❸ 461
-, Ung.,
-,-, Kg.,
-,-,-, v. Nieder-Bay. 624
-, v. Mähren,
-, Böhmen,
-,-, Hz. 471
-, V. v. Karl,
-,-, Österreich,
-,-,-, Ks.,
-,-,-,-, I. ❸ 835
Ottokar,
-, Kg.,
-,-, Böhmen ❿Přemysl Ottokar
-,-, Böhmen ❿Přemysl Ottokar
Ottokar aus der Geul *501*
Ottokar aus der Geul ❶ 416
Ottonen ❿Liudolfinger
Ottonenzeit,
-, (919–1024) **458–465**
-, Kultur **465**
ottonische Kunst 399
Ottonisch-salisches Reichs-

kirchensystem 393, 531
Otzaki-Magula 23, 25
Ouagadougou,
-, Kfz. (1985) 1669
Ouandie,
-, Ernest *1686*–1687
Ouattara,
-, Alassane *1666*
Ouattara, Alassane 1667
Oudenaarde,
-, Schl. (1708) 686
Ouédraogo,
-, Gérard K. *1679*
-, Jean-Baptiste *1680*
-, Joseph 1679–1680
-, Youssouf 1680
Oufentina ⊙ 219
Oufkir,
-, Mohammed *1640*–1641
Oujda,
-, Vtg. (1984) 1642
Ouko,
-, Robert *1732*
Ould Haidallah,
-, Mohammed Khouna *1645*
Ourique,
-, Schl. (1139) 555
Ousmane,
-, Mahamane *1681*
Ovambo 1153, 1717
Ovamboland PeoplesOrganization ➡OPO
Ovando Gandía,
-, Alfredo *1907*
Ovčarovo 34
Oven,
-, Wilfried von 1915
Ovidius Naso,
-, P. **261**
Oviedo 551, 1910
Oviedo Silva,
-, Lino César 1910
Ovilavae 315
Ovimbundu 1153
Ovimbundu,
-, -R. 1153, 1165
ÖVP (Österreichische Volkspartei) 1435–1439
Owari 1221
Owen,
-, David A. 1352
-, Robert *697*, *968*
Owen-Young-Plan (1977) 1712
Oxenstjerna,
-, Axel 682, *818*, *1045*
Oxford 392
Oxford,
-, Univ. ⊙ 398
Oxus 1090, 1094–1095, 1098, 1124, 1126, 1176, 1191–1192, 1194, 1197, 1767
Oxyartes 172
Oxyrhynchos 182
Oyé-Mba,
-, Casimir 1690
Oyo 1142
Oyo,
-, -R. 1160
Özal,
-, Turgut 1561, *1565*–1566
Özbeken 1098, 1123, 1197–1198, 1769
Ozeanien,
-, (NZ) 724, **1246**–**1247**
-, (seit 1945) **1836**
-, endogene Kulturen **1234**–**1239**
-, endogene Kulturen,
-,-, Bevölkerung(sentwicklung) 1238

-,-, Gesellschaft 1235, 1238
-,-, Handel 1237
-,-, Kultur 1235, 1237–1239
-,-, Kunst 1239
-,-, pol. Org. 1238
-,-, Religion 1238–1239
-,-, Siedlungen 1236, 1238
-,-, Spr. 1235
-,-, Wirtschaft 1234–1237
Ozieri-Kultur 43

P

P-36 1920
Paasikivi,
-, Juho Kusti *1055*–1056, 1058, *1494*
Paasio,
-, Rafael *1494*
PAC (Pan-African Congress) 1720, 1722
Paccha,
-, Prn.,
-,-, Schyri 1264
Pacelli,
-, Eugenio ➡Pius XII.,
-,-, Pp.
Pachacamac 1265
Pachacutec Yupanqui,
-, Inka-Hschr. 1266
Pacheco Areco,
-, Jorge 1911
Pacher,
-, Michael 415, *500*
Pachomios *367*
Pachomios (Pachom) 336
Pächter,
-, röm. ➡Kolonien
Pacorus ➡Pakoros
Pacto del Pardo,
-, Span. 1026
Pactum Ludovicianum 504
Pactumeius Fronto,
-, Q. 334
Pactus legis Alamannorum 377
Padan 53
Padang 1824
Paderborn 815
Paderborn,
-, Reichstg. (777) 378
Paderborn ⊙ 820
Paderewski,
-, Ignas J. *1064*
PADESM (Parti des Déshérités de Madagascar) 1739
Padilla Arancibia,
-, David 1908
Padua 534
Padua,
-, Univ. ⊙ 398
Paechke 1215, 1217
Paeniu,
-, Bikenibeu 1838
Paestum 222, 294
Paestum ⊙ 219
Paez,
-, Pedro 1137
Páez,
-, José Antonio **1310**
Pagan,
-, Kgr. 1228
Pagasai 166
Pagasai,
-, Schl. (352 v.) 166
Page,
-, E. C. G. *1244*
Pahirischschan,
-, Dyn. 107
Pahlen,

-, Konstantin J. v. d. *991*
Pahlevi,
-, Dyn. 1125–1126, 1648
PAI (Parti Africain de l'Indépendance)Senegal 1657
PAIC (Afrikanische Partei für die Unabhängigkeit der Kapverden) 1660–1661
PAIGC (Partido Africano da Independência da Guiné e Cabo Verde),
-, Guinea-Bissau u. Kapverden 1659–1660
Paine,
-, Thomas *968*, *1279*
Paionen 166–167
Paionien 178, 309
Pais,
-, Sidonio *1032*
Paisos ⊙ 124
Pakijane 116–117
Pakistan 1176, 1342–1343, 1362, 1388, 1392, 1609, 1647, 1651–1652, 1747–1749, 1752–1753, **1755**–**1757**, **1759**–**1760**, 1803, 1849
Pakistan,
-, Bevölkerung(sentwicklung) ⊙ 1746
-, pol. Org. 1760
-, Unabhängigkeits-Erkl. ⊙ 1386
-, Wirtschaft ⊙ 1385
Pakistan National Alliance 1759
Pakistan PeoplesParty ➡PPP
Pakistan-Resolution (1940) 1757
Pakoros (Pacorus),
-, Parther,
-,-, Kg. 255, 349
Paksas 1500
Paktsysteme,
-, arabische Welt ➡Arabische Liga
-, kommunistische Welt **1374**–**1375**, **1377**
-, Lat.-Am. 1840, 1863
-, Oz. 1830
-, Südost-As. **1803**
PAL (Progressive Alliance of Liberia) 1664
Pala,
-, Dyn. 1180
Palack,
-, František 847
Palacký,
-, František *845*, 847, *905*
Palâer 92
Palaikastro 53, 114
Palaiologen,
-, Dyn. 649–650
Paläolithikum 13–**21**
Paläolithikum,
-, Chronologie 14–15
-, Eiszeiten 14
-, Grabanlage 14
-, Werkzeuge 14, 16
Paläolithikum ⊙ 11
Paläozän ⊙ 8
Paläozoikum 4, 6
Paläozoikum ⊙ 8
Palast,
-, (MA) 414, 454, 544
Palästina,
-, (1918–1945) 1579
-, (1918–1948) 737, 745, 764, 1113–1115, 1577–1579
-, (1918–1948) ⊙ 1113
-, (hellenistische Zeit) 104,

183, 191, 250
-, (MA,
-,-, NZ bis 1918) 401–402, 725, 729, 1089, 1094, 1097, 1106, 1112–1113, 1124
-,-, NZ bis 1918) ⊙ 528, 1109
-, (röm. Prov. Palaestina I,
-,-, II,
-,-,-, III) 269, **336**–**339**, 353
-, (vor dem Hellenismus) 58, 63, 70, 79–81, 88, **101**–**104**
-, (vor dem Hellenismus) ⊙ 77
-, (vor den Erzvätern) 33, 40, 48, 53
-, (vor den Erzvätern) ⊙ 77
-, Flüchtlinge **1580**–1581
-, -Frage 1572, 1579, 1582
-, -Konfl. 1112–1115, 1323, 1576–1579, 1586, 1600
-, -Krieg (1948) 1578–1580, 1598, 1601, 1624
-, -Mandat 1114–**1115**, 1578–1579, 1586
-, -Mandat ⊙ 1113
-, Teilung 1578–1579
Palästinenser 1572, 1574, 1576–1589, 1595–1596, 1599–1600, 1604–1605, 1609, 1629
Palästinensische Autonomiegebiete 1570, 1578–1582, 1585, 1587–**1589**, 1598–1599
Palästinensische Befreiungsarmee ➡PLA
Palästinensische Befreiungsorganisation ➡PLO
Palästinensische Nationalcharta 1578, 1582
Palästinensischer Nationalrat 1582, 1584–1585, 1587, 1589
Palastzeit 114
Palauinseln ➡Belau
Paleckis,
-, Justus J. *1060*
Palenque 1257
Palermo 528
Palermo,
-, (Alt.) ➡Panormos
-, Aufstand (1848) 700, 1013
Palestrina,
-, Giovanni Pierluigi *658*, *1008*
Päligner 220–221
Palinurus 225
Palk Street,
-, Meeresstraße 1764
Palladas,
-, Dichter 280
Palladio,
-, Andrea *1008*
Palladius,
-, Agrarschriftsteller 280, 321
-, B. 369
Palladius von Ratiaria 307
Pallas 264
Pallavicini,
-, Oberto 535
Pallawa,
-, Dyn. 1182
Pallene,
-, Schl. (546/545 v.) 135
Palma 329
Palma Carlos,
-, Adelino da *1484*
Palme,
-, Olof *1487*–1488
Palmela-Typ 51

Palmer,
-, A. Mitchell *1290*
-, Geoffrey *1835*
Palmyra 278, 340–342, 348
Palmyrener 341
Palsson,
-, Thorsteinn *1493*
Pamir 1126, 1191, 1198
Pamir ⊙ 709
Pampa 1315
Pamphilos 339
Pamphylien 99, 171, 174, 185, **196**, 245
Pamphylien,
-, röm. Prov. (Pamphylia) 343–344
Pamphyloi 130
Pamplona 378, 550, 553
Pamplona,
-, (Alt.) ➡Pompaelo
-, Kgr. ➡Navarra
PAN (Partido de Acción Nacional),
-, Mex. 1866
PAN (Partido de Acción Nacional) Chile 1921
Pan-African Congress ➡PAC
Panaitios
-, Leontinoi,
-,-, Tyr. 142
-, Phil. 241
-, Siz.,
-,-, Tyr. 137
Panama 1252, 1288, 1294–1296, 1303, 1310, 1858, 1864, **1878**, **1880**
Panama,
-, Bez.,
-,-, USA 1878
-, Bodenschätze 1878
-, Dekl. (1939) 1292
-, Kfz. (1939) 756
-, pol. Org. 1879
-, Verfassung (1904) 1310
-, Verfassung (1983) 1879
-, Wirtschaft **1878**–**1879**
Panama Canal Act 1879
Panama Company 1879
Panama Railroad Co. 1879
Panama ⊙ 757
Panamakanal 1310
Panamakanal,
-, Bau 1288, 1310
-, Kanal-Vtg. **1879**
-, Kanalzone 1310, 1879
-, -Vtg. (1978) 1856
panamerikanische Bewegung **1303**, 1840
panamerikanische Konferenz (1889) 1303
panamerikanische Union 1303
panarabische Bewegung 1112, 1568–1574, 1582, 1629
Panday 1894
Panday,
-, Basdeo *1894*
Pandeli Majko 1559
Pandja,
-, Dyn. 1182
Pandschab,
-, (Alt.) 1177, 1192
-, (MA) 1091, 1094, 1096
-, (NZ) 1189, 1749, 1751–1752, 1755–1759
-, Unruhen 1755–1756
Pandulf,
-, Benevent,
-,-, Gf.,
-,-,-, Eisenkopf 531

-, v. Capua,
-,-, Ft.,
-,-,-, IV. 466
Paneion,
-, Schl. (200) 183
Paneuropa-Bewegung 743–744
Pangwe 1150
Panhellenion 303
Panhellenische Sozialistische Bewegung ⬢PASOK
Panin,
-, Nikita I. *983*
Panionion ❶ 123
Panipat,
-, Schl.,
-,-, (1526) 1181, 1183
-,-, (1556) 1184
-,-, (1761) 1185
Panislamismus 1109
Pankhurst,
-, Emmeline *975*
Panmalaiischer Kongress (1946) 1819
Panmunjom 1790
Panmunjom,
-, Waffenstillstand(1953) 1342, 1792, 1849
Pan-Nationale Bewegung,
-, Armenien 1539
Pannonien 256, 304
Pannonien,
-, röm. Prov. (Illyricum,
-,-, Pannonia) 258–259, 267–268, 273, 277–278, 305, 311–315, 324
-,-, Pannonia),
-,-,-, Bevölkerung(sentwicklung) 313
-,-,-, Stadt-Grd. ❶ **313**
-,-,-, Wirtschaft 312, 314
-, Spr. 314
Pannonier 284, 311
Pannonischer Aufstand (6–9) 259, 305, 310, 312, 315, 317
Panormos (Palermo) 98, 137, 143, 225, 300
Panormos (Palermo),
-, Schl. (250 v.) 225
Panslawismus 714, 1106
Pantalica 64
Pantalica-Kultur 64
Pantauchos 177
Pantelleria 1021
Pantikapaion ❶ 124
Pantsch Schiel 1750
Pantschen Lama 1199, *1778*, 1783
Panyarachun,
-, Anand *1809*
Paoli,
-, Pasquale *1011*
Pap,
-, Armenien,
-,-, Kg. 346
PAP (Peoples Action Party,
-, Singapur) 1821–1822
Papa Doc 1886
Papadópoulos,
-, Georgios *1560*
Papago 1250
Papagos,
-, Alexander *1560*
Papak,
-, Istachr,
-,-, Ft. 349
-, Sektenführer *1093*
Papandreou 1562
Papandreou,
-, Andreas *1561*–1562
-, Georgios *1082*, 1560

Papen,
-, Franz v. 885–886, 890–*891*, 895
-, Franz v. ❼ 874
Paphlagonien 96, 174, 192–193, 195, **343**
Paphos 302–303
Paphos,
-, Btm. 404
Papineau,
-, Louis-Joseph 1276
Papinius Statius,
-, P. **272**
Papirius Carbo,
-, Cn. 244, 247
Papirius Cursor,
-, L. 221
Pappos 280
Papst,
-, -Ks. 457, 462–463, 468–470, 474–475, 477–479, 489, 494–495, 498, 520, 526–527, 532, 534
-, Primat 508–509, 514, 518
Papst Johannes Paul II. 1478, 1506
Päpste,
-, (1305 bis 1492) ❶ **519**
-, (1492 bis 1799) ❶ **1009**
-, (1800 bis 1922) ❶ **1015**
-, (384 bis 604) ❶ **367**
-, (604 bis 1059) ❶ 505
Papsttum,
-, (Früh-MA) **364**–367, 372, 378–379, 381, 386, **503–506**, **526**–527, 529
-, (Früh-MA),
-,-, sog. Weiberregiment 529
-, (Hoch-MA) 388, 400, 457, 477, **506–518**, 531–534, 1196
-, (Hoch-MA) ⓢ **511**
-, (NZ) 660, 931, 1006–1008, **1011**
-, (Spätantike) 280, 287
-, (Spät-MA) 408, 484, 490, **519–523**
-, (Spät-MA),
-,-, Konziliarismus **522**
-,-, Steuern **521–522**
-, (Spät-MA) ❶ **519**
-, Primat 365–366
Papstwahldekrete,
-, (1059) 509, 532
-, (1179) 514
-, (1274) 517
-, (499) 366
Papua 1234, 1246
Papua,
-, Terr. 1831, 1837
Papua and New Guinea Act Nr. 2 (1960) 1830
Papua-Neuguinea ⬢Papua-Niugini
Papua-Niugini 1838
Papua-Niugini (Papua-Neuguinea) 1837–1838
Paracel-Inseln 1787, 1818
Paraguay 1296, **1313–1314**, **1909**, 1912, 1914–1915
Paraguay,
-, Arbeits- u. Sozial-Pol. 1910
-, Bauern 1910
-, Bevölkerung(sentwicklung) ❶ 1865
-, Gewerkschaften 1910
-, Kirche 1910
-, Stroessner-Diktatur **1909**
-, Verfassung 1910
-, Verfassung (1813) 1313
Paraguay ❶ 757

Parakoimenos Basileios 643
Paramanga Ernest Yonli 1680
Paraná (Fluss) 1909, 1919
Paraná (Stadt) 1315
Parauaia 167
Pardo y Barreda,
-, José **1312**
Pare 1148
Parion 342
Parion ❶ 124
Paris 1349, 1351, 1356–1361, 1363, 1365–1366, 1853–1854
Paris,
-, (Alt.) ⬢Lutetia
-, (MA) 373–376, 398, 436, 443–447, 513, 516
-, (MA) ❶ 373, 410–411, 418, 435
-, (NZ) 703, 760, 791, 864, 901, 928–930, 936–943, 945, 956–957, 987, 1067
-, arabischer Kongr. (1913) 1112
-, Aufruhr (1789) 929
-, Aufstand (1795) 933
-, Außenminister-Kfz.,
-,-, (1946) 1339, 1846
-,-, (1949) 1340
-, Bosnien-Abk. (1995) 1860
-, Edikt (1585) 917
-, Frd.,
-,-, (1763) 688, 926, 1186, 1273, 1297, 1299
-,-, (1783) 689, 1275, 1279
-,-, (1814) 703, 840, 936
-,-, (1815) 704, 937
-,-, (1856) 705, 944, 989–990, 1014, 1108
-,-, (1898) 1288, 1308
-,-, (1947) 1058, 1470, 1494, 1512
-, Frd. (1258) 433
-, Kapitulation (1871) 945
-, Kfz.,
-,-, (1921) 738
-,-, (1929) 743
-,-, (1954) 1342, 1362
-,-, (1960) 1347
-,-, (1961) 1364
-,-, (1972) 1369
-, Kfz. (1983) 1442
-, Kfz. (1984) 1708
-, KSZE-Kfz. (1990) 1355, 1372
-, Syn. 521
-, Univ. 398, 439
-, Univ. ❶ 398
-, Vietnam-Kfz. (1968–1973) 1351
-, Vtg.,
-,-, (1951) 1359
-,-, Vtg. (1229) 428, 433
-,-, Vtg. (1258) 428
-, Weltausstellungen (1855/1867) 944
-, Weltwirtschafts-Kfz. (1975) 1330
-, Weltwirtschafts-Kfz. (1989) 1332
Pariser,
-, Kommune 698, 946
-, Konv. (1858) 1070
-, Vtg.,
-,-, (1954) 1342, 1362, 1408–1409, 1849
Pariser Bluthochzeit ⬢Bartholomäusnacht
Pariser Friedensverträge,
-, (1919/1920) 731, 1110,

1114
Pariser Hof ❶ 846
Parisii 325
Paritätische Kommission,
-, Österreich 1437
Park Chung-hee 1791–1793
Parkman,
-, Francis 1284
Parlament,
-, Engld.,
-,-, (MA) 573–577, 580, 583
-,-, (NZ) 958, 961–966
-, Frkr. 919
-, Schweden 1050
Parlamentarischer Rat 1401, 1404
Parlamentarismus,
-, Dän. 1052
-, Dtld./Dt. R.,
-,-, (1815–1870) 844–845, 847–848, 850–851
-,-, (1870/1871–1914) 857, 869
-,-, (1914–1918) 870–872
-,-, (1919–1945) 872, 874–876, 883
-,-, (1919–1945) ❼ 889
-, Eur. 697, 700, 739
-, Frkr. 941, 944–945
-, GB 690, 967–969, 971–975
-, It. 1014
-, Luxbg. 1043
-, Ndld. 1039
-, Russld. 986–987, 992–993, 995
-, Schweden 1049–1050
-, Span. 1026
Parlamentsreform,
-, brit. (1832) 969, 971
-, Schweden (1865) 1050
Parler,
-, Peter *414*, 500, 614
Parma,
-, (Alt.) 229
-, (MA) 392
-, (NZ) 700, 704, 706, 827, 829, 1008, 1010–1012, 1014
-, Schl.,
-,-, (1248) 535
-, Schl. (1734) 1010
Parma-Piacenza 687
PARMEHUTU (Parti du Mouvement de lÉmancipationHutu),
-, Ruanda-Urundi 1699
Parmenides 151
Parmenio 162, 167, 169–172
Parnell,
-, Charles Stuart *974*
Parner 347
Paroiken 643
Paropamisadai,
-, Satrapie 346
Paros 33, 42, 141, 632
Paros ❶ 124
Parow,
-, Heinrich 599
Parpalló 20–21
Parr,
-, Katharina ⬢Katharina
Parri,
-, Feruccio *1469*
Parsuwa 107–108
Partai Nasional Indonesia ⬢PBI
Partartea,
-, Skythen,
-,-, Kg. 90, 108
Parteciaci,
-, Dyn. 531

Partei der Demokratischen Aktion,
-, Bosnien-Herzegowina ⬢SDA
Partei der demokratischen Reformen ❶ 995
Partei der Institutionalisierten Revolution,
-, Mex. ⬢PRI
Partei der Institutionalisierten Revolution ⬢PRI
Partei der Mauretanischen Neuordnung ⬢PRM
Partei des Demokratischen Sozialismus ⬢PDS
Partei des Katholizismus 857
Partei des Rechten Weges,
-, Türkei ⬢DYP
Partei des Rechten Weges (DYP),
-, Türkei 1566
Parteien 697
Parteien,
-, Äg. 1119, 1627
-, Äquatorial-Guinea 1688
-, Armenien 1540
-, Austr. 1830, 1834
-, Belg. 1041, 1454, 1456
-, BR Dtld. 1408, 1412
-, Bulg. 1545
-, Congo 1691
-, Costa Rica 1877
-, DDR 1403–1404
-, Dt. R.,
-,-, (1870/1871–1914) 857, 863–865, 867–869
-,-, (1914–1918) **870–872**
-,-, (1919–1933) 872–878, 880–886
-,-, (1919–1933) ❼ **875**
-, Dtld.,
-,-, (1815–1870) 854
-,-, (1815–1870) ❶ 846
-, Finnld. 1056
-, Frkr.,
-,-, (NZ) 938–942, 944–945, 948–949, 1444, 1446, 1449–1450
-, Gambia 1658
-, GB 972–975, 1464–1465
-, Ghana 1667
-, Honduras 1873–1874
-, Ind. 1751, 1753–1754, 1756
-, Iran 1648
-, Isr. 1601–1603
-, It. 1016, 1471–1473, 1475
-, Japan 1223–1225, 1795–1796, 1799, 1801
-, Kamerun 1687
-, kommunistische Welt 1374–1380, 1383
-, Kongo 1693
-, Kroatien 1554
-, Kuba 1883
-, Madagaskar 1740
-, Malawi 1709
-, Marokko 1640, 1642
-, Mauretanien 1644
-, Mazedonien 1556–1557
-, Moldau 1536
-, Namibia 1717
-, Ndld. 1038–1040, **1452**
-, Niger 1681
-, Nigeria 1673
-, Österreich 910–912, 1435
-, Österreich-Ung. 907–908
-, Pakistan 1759
-, Polen 1501, 1504
-, Port. 1484
-, Preußen 854

-, Rumänien 1542
-, Russld. 986, 993, 995
-, Schweden 1050
-, Schweiz 1085, 1440
-, Senegal 1657
-, Serbien 1075
-, Slowakei 1511
-, Span. 1481
-, Sri Lanka 1763
-, Südafrika 1719–1721
-, Syr. 1591, 1593
-, Tchad 1682
-, Tschechoslowakei 1506–1507
-, Tunesien 1122
-, Türkei 1111, 1564–1566
-, Ung. 1512
-, Uruguay 1314, 1910–1911
-, USA 1280, 1282, 1284, 1287
-, Zambia 1707
-, Zimbabwe 1710, 1713
-, Zypern 1563
Parteienauflösung,
-, Dt. R. (1933) 894
-, Dt. R. (1933) **G** **895**
Parteiengesetz,
-, BR Dtld. (1967) 1412
-, Türkei (1983) 1565
Parteikonferenz,
-, SED,
-,-, (1949) 1417
-,-, (1952) 1417
Parteisäuberungen,
-, KPdSU 1517
Parteitage,
-, KPdSU 1001, 1376, 1378–1379, 1382, 1517, 1519–1523, 1525–1527
-, NSDAP 896
-, SED 1404, 1417, 1420, 1422–1423, 1426–1428
Parthamaspates,
-, Parther,
-,-, Kg. 268, 349
Parthenon 1104
Parthenopäische Republik (1799) 701, 933
Parther 186, 190, 250, 252–253, 255–258, 262, 264, 268, 273–275, 1179
Partherkrieg (114–117) 268
Partherkrieg (161–166) 273
Partherkrieg (197–199) 275
Partherreich 186, 339–340, 343, 345–**349**
Partherreich,
-, Kunst 348
-, pol. Org. 348
-, Wirtschaft 348
Parthien 184, 1192
Parthiner 199
Parthyene 186
Parti Africain de lIndépendance ➡PAI
Parti Communiste Réunionnais ➡PCR
Parti Congolais du Travail ➡PCT
Parti Dahoméen de lUnité➡PDU
Parti de la Révolution Populaire du Bénin ➡PRPB
Parti de lIndépendance ➡PI
Parti de lunitéetduprogrès,
-, Guinea 1662
Parti de lUnitéTogolaise ➡PUT
Parti Démocrate Chrétien ➡PDC
Parti Démocrate Rural ➡PDR

Parti Démocratique Dahoméen ➡PDD
Parti Démocratique de Guinée ➡PDG
Parti Démocratique de la Côte dIvoire ➡PDCI
Parti Démocratique et Socialiste Congolais,
-, Kongo 1697
Parti Démocratique Gabonais ➡PDG
Parti Démocratique Sénégalais ➡PDS
Parti Démocratique Unifié➡PDU
Parti des Déshérités de Madagascar ➡PADESM
Parti du Mouvement de lÉmancipationHutu ➡PARMEHUTU
Parti du Peuple ➡PP
Parti du Regroupement Africain ➡PRA
Parti du Regroupement Dahoméen ➡PRD
Parti Mauricien Social Démocrate ➡PMSD
Parti Nationaliste du Dahomey ➡PND
Parti pour lEvolutionesComores ➡PEC
Parti Progressiste Congolais ➡PPC
Parti Progressiste de la Côte dIvoire ➡PPCI
Parti Progressiste Nigérien ➡PPN
Parti Progressiste Soudanais ➡PSP
Parti Progressiste Tchadien ➡PPT
Parti Québecois 1843
Parti radical 948
Parti Républicain Démocrate et Social ➡PRDS
Parti républicain du Québec 1842
Parti Sénégalais d'Action Socialiste,
-, Senegal 1657
Parti Social Démocrate ➡PSD
Parti Social-Démocrate des Comores ➡PSDC
Parti Socialiste Comorien ➡PASOCO
Parti Socialiste du Sénégal ➡PS
Parti Socialiste Sénégalais ➡PSS
Parti socialiste-SFIO 948–949
Parti Solidaire Africain ➡PSA
Parti Togolais du Progrès ➡PTP
Parti Travailliste ➡PT
Parti Unité National,
-, Haiti 1887
Partialinitiative (1891) 1085
Partido Africano da Independência da Guiné e Cabo Verde ➡PAIGC
Partido Colorado,
-, Paraguay 1909–1910
-, Uruguay 1911
Partido Conservador Nicaragüense ➡PCN
Partido Conservador Tradicionalista ➡PCT
Partido da Luta Unida dos Africanos de Angola

➡PLUA
Partido de Acción Nacional ➡PAN
Partido de Acción Unitaria,
-, Kuba 1881
Partido de Conciliación Nacional ➡PCN
Partido Demócrata Cristiano ➡PDC
Partido Democratico Angolana 1704
Partido Democrático Social ➡PDS
Partido Institucional Democrático ➡PID
Partido Justicialista ➡PJ (Peronisten)
Partido Liberal,
-, Honduras 1873
Partido Liberal Nacionalista ➡PLN
Partido Liberal Unido,
-, Paraguay 1909
Partido Nacional,
-, Uruguay 1911
Partido Nacional Hondureño 1873
Partido Popular Democrático,
-, Puerto Rico 1889
Partido Radical,
-, Chile 1318
Partido Reformista ➡PR
Partido Revolucionario Febrista ➡PRF
Partido Revolucionario Institucional ➡PRI
Partido Trabalhista Brasileiro ➡PTB
Partido Unido,
-, Costa Rica 1878
Partito democratico della Sinistra ➡PDS
Partnerschaft für den Frieden 1391–1392
Pasargadai 108
Pascal,
-, Blaise *923*
Pascal-Trouillot,
-, Ertha *1887*
Paschalis,
-, Gegen-Pp. **T** 505
-, Pp.,
-,-, I. 504
-,-, I. **T** 505
-,-, II. 427, 470, *510–511*, 571
-,-, II. **T** 511
-,-, III. 474, 514
Paschtu,
-, Spr. 1126
Paschtunistan-Frage 1651
Pašić,
-, Nikola *1075–1076*
Paskewitsch,
-, Iwan F. *988*
PASOCO (Parti Socialiste Comorien),
-, Komoren 1741
PASOK (Panhellenische Sozialistische Bewegung) 1561
Passarowitz,
-, Frd. (1718) 827, 1010, 1105
Passau 702
Passau,
-, Vtg. (1552) 677, 682, 812, 817
Pasternak,
-, Boris *1520*
Pasteur Bizimungu 1701
Pastore,

-, Giulio *1470*
Pastorius,
-, Daniel *1273*
Pastrana *1897*
Pastrana Borrero,
-, Misael *1895*
Patagonien 1301, 1315
Pataliputra 1178–1179
Pataria-Volksbewegung 510, 532
Patasse 1686
Patasse,
-, Ange *1685*
Patay,
-, Schl. (1429) 449
Patayan 1250
Patel,
-, Vallabhai *1749*
Pater Familias 211
Paternus Clementianus,
-, Cl. 321
Pathak,
-, Gopal Swarup *1753*
Pathanen 1651
Pathebadiane,
-, Schl. (1865) 1156
Pathet Lao 1810–1811
Patil,
-, S. K. 1752
Patil-Formel 1752
Patiño,
-, Konzern 1906
Patkul,
-, Johann Reinhold v. *1046*
Patrai 203, 303
patria potestas 211, 273
Patriarch,
-, griechischer 1075
-, jüdischer 338
Patrice Lumumbas 1458
Patricius Romanorum 468, 503, 526
Patrick,
-, Ap. Irld. *368–369*, *567*
Patrimonium Petri 504, 526, 534
Patrioten,
-, Ndld. 1038
-, USA **G** *1282*
Patriotische Front,
-, Zimbabwe 1712
Patriziat,
-, röm. 209, 211, 213–217, 223, 239, 253, 256, 259
-, röm. **G** 235
-, röm. **T** 236
Patroklos 197
Patrona Chalil 1106
Patronato de Indigenas,
-, Äquatorial-Guinea 1687
Patronus 279
Patrozinium 279
patrum auctoritas 213, 216
Päts,
-, Konstantin *1058*
Pattakos,
-, Stylianos *1560*
Patterson,
-, Parcival J. *1886*
Pauker,
-, Ana *1542*
Paul,
-, Griechld.,
-,-, Kg.,
-,-,-, I. *1560*
-,-, Jugoslawien,
-,-, Pr. 763, *1077*
-, Pp.,
-,-, I. 503, 506
-,-, I. **T** 505
-,-, II. *524*
-,-, III. *676*, *1009*

-,-, IV. 1007, *1009*
-,-, V. 519, *1009*
-,-, V. **T** 1009
-,-, VI. *1477*, 1863, 1895
-,-, III. **T** 1009
-,-, IV. **T** 1009
-, Russld.,
-,-, Zar,
-,-,-, I. *987*, 1048, 1537
Paul II., Papst Johannes 1478, 1506
Paul Kagame 1701
Paul-Bancour,
-, Joseph *953*
Paulikianer 642
Paulinische Gemeinden 289
Paulinus,
-, ,
-,-, Patr.,
-,-,-, Aquileja *385*
-, Missionar 370
Paulskirchenverfassung ➡Frankfurter Nationalversammlung (1848)
Paulus,
-, Antiocheia,
-,-, B.,
-,-,-, v. Samosata 342
-, Ap. 289–290, 342, 344
-, Diaconus *385*, *530*
-, Friedrich *773*, *782*
-, Trinci *518*
-, v. Theben *367*
Paumotuinseln 1247, 1836
Pauperismus,
-, Dtld. 842, 844
-, Eur. 695
-, Österreich 904
Pausanias,
-, Maked.,
-,-, Prät. 166
-, Schriftsteller **274**
-, Sparta,
-,-, Kg. 155, 158
-,-, Kg. **T** 130
-,-, Reg. 142, 144
Pautalia 310
Pavelić,
-, Ante 764, 1020, *1077*
Pavia,
-, (MA) 378, 398, 525, 529–530, 541
-, Konz. (1160) 474, 513
-, Reichstg. (876) 386
-, Schl. (1525) 674, 1007
-, Schl. (1525) **T** 806
-, Syn. (1022) 465, 508
-, Univ. **T** 398
Pavña,
-, General 1026
Pavlov 20–21
Pavlovna,
-, Helene,
-,-, Großfürstin 705
Pawlak,
-, Waldemar *1505*
Pawlow,
-, Valentin S. *1528*
Pawnee 1249
Pax Augusta 303
Payer,
-, Friedrich v. *871*
Payne,
-, Thomas *1279*
Paz Estenssoro,
-, Victor *1906–1908*
Paz García,
-, Juan 1874
Paz Zamora,
-, Jaime *1908*
Pazifikabkommen (1921) 738, 1247

Pazifik-Insel-Forum 1839
Pazifik-Insel-Forums 1395
Pazifischer Verteidigungspakt ➔ANZUS
PBI (Partai Nasional Indonesia) 1824
PCC (Kommunistische Partei Kubas) 1883–1884
PCC (PeoplesCaretaker-Council),
-, Zimbabwe 1710–1711
PCN (Partido Conservador Nicaragüense),
-, Nicaragua 1875
PCN (Partido de Conciliación Nacional),
-, El Salvador 1872
PCR (Parti Communiste Réunionnais),
-, Réunion 1744
PCT (Parti Congolais du Travail),
-, Congo 1691–1692
PCT (Partido Conservador Tradicionalista),
-, Nicaragua 1875
PDAM (Agrardemokraten),
-, Moldau 1536
PDC (Parti Démocrate Chrétien),
-, Ruanda-Urundi 1701
PDC (Partido Demócrata Cristiano),
-, Chile 1921
-, El Salvador 1872
-, Paraguay 1909
-, Peru 1903
PDCI (Parti Démocratique de la Côte dIvoire),
-, Elfenbeinküste 1665
PDCI/RDA (Parti Progressiste de la Côte dIvoire/RassemblementDémocratiqueAfricain),
-, Elfenbeinküste 1665–1666
PDD (Parti Démocratique Dahoméen),
-, Benin 1672
PDFLP (Demokratische Volksfront für die Befreiung Palästinas) 1582
PDG (Parti Démocratique de Guinée),
-, Guinea 1661–1662
PDG (Parti Démocratique Gabonais),
-, Gabon 1690
PDGE (Demokratische Partei Äquatorial-Guineas) 1688
PDP (PeoplesDemocraticParty,
-, Sudan) 1622
PDR (Parti Démocrate Rural),
-, Ruanda-Urundi 1701
PDS (Partei des Demokratischen Sozialismus) 1429–1431
PDS (Parti Démocratique Sénégalais),
-, Senegal 1657
PDS (Partido Democrático Social),
-, Bras. 1919
PDS (Partito democratico della Sinistra),
-, It. 1475
PDU (Parti Dahoméen de lUnité),
-, Benin 1672
PDU (Parti Démocratique Unifié),
-, Burkina Faso 1679
PDU/RDA (Parti Démocratique Unifié/Rassemblement Démocratique Africain),
-, Burkina Faso 1679
Pearce-Kommission 1711
Pearl, David 1761
Pearl Harbor 770, 1226, 1292
Pearson,
-, Lester Bowles 1363, *1841, 1843*
PEC (Parti pour lEvolutiondesComores),
-, Komoren 1742
Pécs,
-, (Alt.) ➔Sopianae
Pedi-Sotho 1170
Pedius,
-, Q. 255
Pedro Álvares Cabral 1920
Pedro ➔Peter
Peel,
-, Robert *971*, 973
Peel-Kommission 1115
Peel-Kommission ● 1113
Pegolotti,
-, Francesco 545
Peiraieus (Piräus) 140, 145, 147, 157, 161, 175–177, 203–205
Peisistratiden 128, 133, **136**, 141, 146
Peisistratiden ● 127
Peisistratos,
-, Athen,
-,-, Tyr. 135–136, 165
-,-, Tyr. ● 127
Peitaiho 1776
Peitaiho,
-, Kfz.,
-,-, (1960) 1777
-,-, (1962) 1777
Peithon 175
Peixoto,
-, Floriano *1316*
Pekah,
-, Isr.,
-,-, Kg. **103**
Peking 1208–1209, 1211, 1766, 1772–1774
Peking,
-, UN-Weltfrauen-Kfz. (1995) 1334
-, Vtg. (1860) 1210
Peking-Mensch ➔Chou-kou-tien
Pekkala,
-, Mauno *1494*
Pelagius,
-, Asturien,
-,-, Ft. 550
-, Kirchenschriftsteller 365
-, Pp.,
-,-, I. ● 367
-,-, II. ● 367
Pelagonia,
-, Schl. (1259) 630, 649
Pella 162, 165, 167–168, 170, 197, 303
Pella,
-, Giuseppe 1359, *1471*
-, -Plan 1359
Pellene 160
Pellico,
-, Silvio *1013*
Pelopidas 159–160
Peloponnes,
-, (Alt.) 54, 113, 116–117, 130–131, 133, 146, 154, 160–162, 168, 176, 180, 202–206, 301–302
-, (NZ) 1104–1105
Peloponnes (MA) ➔Mistra
Peloponnesische Liga 133, 153–155
Peloponnesischer Bund 153, 156, 158–160, 204
Peloponnesischer Krieg,
-, (431–404) 145, 152–156, 165
Pelos-Stufe 34
Pelsche,
-, Arwid *1498*
Pelusium,
-, Schl. (525 v.) 82
Pemba 1149
Pemba ● 1158
Peña Gomez,
-, José Francisco 1888
Peña Sáenz,
-, Roque **1315**
Penang 1228
Peñaranda,
-, Enrique *1906*
Pendleton Act (1883) 1287
Penesten 120
PengChen *1778*
PengTe-huai *1777*–1778, *1790*
Penn,
-, William *1271*
Pennsylvania 1271–1273, 1280, 1287
Pentagon 1395, 1434, 1653, 1862
Pentakosiomedimnoi 135
Pentapolis,
-, It. 526
Pentarchie 704
Pentateuch 104
Penthatlos 137
Pentekontaëtie (479–431) **144**, 156
Pentekontaëtie (479–431),
-, Begriff 144
Peoples Action Party ➔PAP
Peoples Caretaker Council ➔PCC
Peoples Charter 973
Peoples Democratic Party (PDP) 1622
Peoples Movement for Freedomand Justice,
-, Ghana 1668
Peoples National Congress ➔PNC
Peoples National Movement ➔PNM
Peoples National Party ➔PNP
Peoples Progressive Party ➔PPP
Peoples United Party,
-, Belize 1870
Peoples United Party ➔PUP
Peparethos 161
Pepe,
-, Guglielmo *1013*
Peralta Azurdia,
-, Enrique *1869*
Perche,
-, Gfsch. 451
Percival,
-, Arthur E. 777
Percovich Roca,
-, Luis 1904
Percy,
-, Henry 579
Perdikkas,
-, Feldh. Alexander d. Gr. 170, 172, 174–175, *182*, 202
-, Feldh. Alexander d. Gr. ● 174
-, Maked.,
-,-, Kg.,
-,-,-, I. 164
-,-,-, II. 153, 165
-,-,-, II. ● 164
-,-,-, III. 161, **166**, 170
Pereda Asbun,
-, Juan 1907
Pereira,
-, Aristides *1660*–1661
Perejaslaw,
-, Vtg. (1654) 1062
Perejaslawl 609, 620
Peres,
-, Schimon 1588, *1603*–1605
-, Schimon ● *1602*
Perestroika 1526–1527
Pérez,
-, Carlos Andrés *1898*
-, Jiménez,
-,-, Marcos *1897*
Pérez de Cuellar 1906
Pérez de Cuéllar,
-, Javier *1331, 1644*
Pergamon 179, 181, 185, 188–189, 194–195, 200, 231, 243, 309, 342, 344
Pergamon,
-, Akropolis 181
-, Altar 195
Peri,
-, Jacopo *658, 1008*
Periam-Gruppe 55
Periandros,
-, Korinth,
-,-, Tyr. 128, 133
-,-, Tyr. ● 127
Peribsen,
-, Äg.,
-,-, Kg. 75
Périer,
-, Casimir 939–*940*
Perikles 145–149, 151–153
Perikles,
-, Gesetz 146
Perinthos 161, 167–168, 274
Perinthos ● 124
Perioiken 120, 130–132, 158, 160
Periplus Erithraei 1148–1149
Perlis,
-, Sult. 1230
Perm **6**
Perm ● 8
Permokarbon 6
Pernambuco 1316
Perón,
-, Eva *1912*
-, Juan Domingo 1909, *1912*–1914
-, María Estela 1913–1914
Peronismus 1315, **1912**–1913, 1915
Péronne 451
Peroz I.,
-, Sasaniden,
-,-, Kg. 350–351
Perperna,
-, M. 195, 249, 329
Perpignan,
-, Univ. ● 398
Perrhaiber ● 123
Perrhaibia 200
Perry,
-, Matthew C. *1222, 1285*
-, Ruth 1665
Persaios 197
Persephone 128
Persepolis 107, 109–110,
-, Feldh. Alexander d. Gr. ● 172
174
Perser 95, 107–**110**, 140–142, 144–145, 275–279, 282–284, 286, 311, 336, 603, 1088–1089, 1091–1092, 1095–1096, 1098, 1101, 1107, 1123, 1125, 1136
Perserkriege,
-, Alexander d. Gr. 170–173
-, Byz. 636–637
-, griechische 139–142, 144, 174
Perserreich 82, 95–96, 99, 104, 110, 137, 141–142, 171, 192, 309, 1192
Perserreich ● 77, 170
Perseus,
-, Maked.,
-,-, Kg. 200–**201**, 206, 231
-,-, Kg. $ 187
Pershing,
-, John J. *1289*
Pershing-1A-Raketen 1354
Pershing-II-Raketen 1857
Persien,
-, (Alt.) 95, **108**, 140, 146, 153, 155–156, 158–159, 161, 168, 171–172, 345–352
-, (Alt.) ● 77
-, (MA) 351, 1089–1099, 1149, 1196–1197
-, (Mittel- und Jungkupferzeit) 41
-, (NZ) 711, 725, 768, 987–988, 995, 1098, 1101–1102, 1104–1107, **1123**–1124, 1126, 1537, 1539–1540
-, (NZ),
-,-, Resa-Schah-Regime **1125**–1126
-, (NZ) ● 757
-, (Sasanidenzeit) 340, 342–343
Persienfeldzug,
-, russ. (1722/1723) 982
Persis 172, 176, 346–349
Persisch,
-, Spr. 109, 1091, 1094–1095, 1099, 1111, 1123, 1126
Persische Sozialistische Sowjetrepublik 1125
Persischer Golf 1123, 1125, 1609, 1615, 1647
Persisch-türkischer Krieg (1579–1590) 1104
Persius Flaccus,
-, A. **265**
Personalunion,
-, Ndld. – Luxbg. 1039
-, Schweden – Norw. 1049–1051
Pertamina 1825
Pertinax,
-, Rom,
-,-, Ks. **274**
-,-, Ks. ● 254
Pertini,
-, Sandro *1473*
Peru 1026, 1295–1296, **1312**, 1863, 1865, 1902–**1904**
Peru,
-, Arbeits- u. Sozial-Pol. 1905
-, Bevölkerung(sentwicklung) ● 1865
-, Indianerkulturen 1264
-, Innen-Pol. 1905
-, öffentliche Finanzen 1904–1905

-, Revolution **1904**
-, Verfassung (1860) 1312
-, Verfassung (1993) 1905
-, Wirtschaft 🅣 1385
-, Wirtschafts-Pol. 1905
Peru 🅣 757
Peruanisierung 1904
Perugia,
-, (Alt.) ⮊Perusia
-, (MA) 504
-, Univ. 🅣 398
Perusia (Perugia) 255
Perusinischer Krieg (41 v.) 255
Peruzzi,
-, Dyn. 545–546, 654
Pervez Musharraf 1760
Pescennius Niger,
-, C. 274, 340
Peschiera 706, 1014
Peschiera-Gruppe 64
Peschwa Badschi Rao,
-, Ind.,
-,-, Kg. 1185
Pessinus 195, 233
Pest,
-, (Alt.) 273, 277–278, 303, 331, 335
-, (MA) **408**, 482, 490
-, (MA),
-,-, Dtld. **490**
-,-, Engld. 577
-,-, Frkr. 443
-,-, Iberische Halbinsel 557
-,-, It. 539–540
Pestalozzi,
-, Johann Heinrich *1083*
Petacci,
-, Clara 1022
Pétain,
-, Henri Philippe 725, 760, 762–763, 776–777, 791, *950*, 956, *1444*
Petar I. Petrović Njegoš,
-, Montenegro,
-,-, Hschr. *1076*
Petar Stojanow 1547
Petén 1254, 1257, 1259
-, Itza 1260
Peter,
-, Aragón,
-,-, Kg.,
-,-,-, I. *554*
-,-,-, I. 🅢 554
-,-,-, II. 433, 515, 555
-,-,-, II. 🅢 554
-,-,-, III. d. Gr. 437, 537, 555, *561*
-,-,-, III. d. Gr. 🅢 473
-,-,-, III. d. Gr. 🅢 554, 559
-,-,-, IV. D. Zeremoniöse 539, *561*–562
-,-,-, IV. d. Zeremoniöse 🅢 559
-, Bourbon,
-, Hz.,
-,-,-, I. 🅢 442
-,-,-, II.,
-,-,-,-, v. Beaujeu 452
-,-,-,-, v. Beaujeu 🅢 442
-, Bras.,
-, Ks.,
-,-,-, (Pedro),
-,-,-, I. **1032**, *1315*–1316
-,-,-, II. *1316*
-, Bulg.,
-, Zar 604, 642
-, Jugoslawien,
-,-, Kg.,
-,-,-, I. *1076*
-,-,-, II. 763–764, *1077*–1078

-, Kast.,
-,-, Kg.,
-,-,-, I. D. Grausame 445, *558*
-,-,-, I. d. Grausame 🅢 559
-, Kroatien,
-,-, Kg.,
-,-,-, Krešimir IV. 626
-,-, Port.,
-,-, Kg. (Pedro),
-,-,-, I. **562**
-,-,-, I. 🅢 556
-,-,-, II. *1031*
-,-,-, IV. *1032*
-,-,-, V. *1032*
-,-,-, V. 🅢 970
-, Russld.,
-, Zar,
-,-,-, I. d. Gr. 686, *981*–982, 1104–1105, 1540
-,-,-, II. *983*
-,-,-, III. 688, 829, 982–*983*
-, Serbien,
-,-, Kg.,
-,-,-, I. Karadjordjević *1075*
-,-, Siz.,
-,-, Kg.,
-,-,-, II. 539
-,-,-, II. 🅢 559
-, Ung.,
-,-, Kg. 466, 468
-, v. Castelnau 515
-, Zypern,
-,-, Kg.,
-,-,-, I. 407
-,-,-, II. 407
Peter IV. der Zeremoniöse ⮊Peter IV.,
-, Aragón,
-,-, Kg.
Péter Medgyessy 1515
Peter von Ailly ⮊Pierre d'Ailly
Peter von Castelnau 432
Peterborough 45
Peterle,
-, Lojze *1556*
Peterloo 969
Peters,
-, Carl 1173
Petersberger Abkommen (1949) 1358, 1405
Petersberger Erklärung (1992) 1391
Petersburg 981, 983, 986, 988–989, 993, 997
Petersburg,
-, Frd. (1762) 688
-, Frd. (1882) 1210
-, Vtg. (1908) 1051
Petersfels 20
Peterwardein,
-, Schl. (1716) 1105
Pethsarath,
-, Laos,
-,-, Ft. *1810*
Petillius Cerialis,
-, Q. 266, 317, 325
Petit,
-, Jean ⮊Johannes Parvus
Petition of Right (1628) 962
Petitpierre,
-, Max Edouard *1440*
Petkow,
-, Nikola Dimitrow 1545
Petljura,
-, Simon 998
Petőfi,
-, Sándor *1513*
Petra (Requem) 353
Petrarca,
-, Francesco *419*, 491, 544,

657–658
-, Francesco 🅣 416
Petreius,
-, M. 252
Petri,
-, Laurentius *1044*
-, Olaus *1044*
Petritsch 1554
Petrograd 726–727, 997–998, 1001
Petrograder Sowjet 997–998
Petronila,
-, Aragón,
-,-, Kgn. 554–555
-,-, Kgn. 🅢 554
Petronius,
-, Rom,
-, Ks.,
-,-,-, Maximus 286
Petronius Arbiter,
-, C. 265
PETROPERU 1904
Petropolis,
-, Vtg. (1903) 1313
Petrović,
-, Karadjordje *1075*
Petrus,
-, Ap. 289–290, 339
-, Damiani *394*, *509*
-, Eremita *400*
-, Johannis Olivi *518*, *520*
-, Lombardus *395*
-, v. Pisa 385
-, Venerabilis 511
Petrusgrab,
-, Rom 291
Petsamo 789, 795, 1058
Petsamogebiet 1494
Petschenegen 603–605, 609, 620, 628, 644–645, 1195
Petsche-Plan 1359
Petschewi 1104
Petsopha 49
Peu-Richard-Gruppe 45
Peutinger,
-, Conrad *419*
Pezhetairoi,
-, Maked. 165
Pfalz (Pfalz-Gfsch.,
-, Kurpfalz,
-,-, Rheinpfalz) 484, 488, 494–495, 681, 806, 814–815, 817, 819
-,-, Rheinpfalz) 🅣 412, 820
Pfalzen 376, 383
Pfälzischer Krieg (1688–1697) 685, 826, 925
Pfalz-Neuburg 824
Pfalzstaat 740
Pfalz-Zweibrücken,
-, Dyn. 1045
Pfarrernotbund (1933) 894
Pfefferküste ⮊Liberia
Pfeilkreuzler,
-, Ung. 740, 789, 1514
Pfingstaufstand (1848) 847, 905
Pfizer,
-, Paul Achatius *843*
Pfleiderer,
-, Karl Georg *1342*
Pflimlin,
-, Pierre *1446*
PFLO (Volksfront für die Befreiung des Oman) 1618
PFLP (Volksfront für die Befreiung Palästinas) 1582–1583
Pfordten,
-, Ludwig v. d. *850*, 852
Pfund Sterling,
-, brit. 1460–1463

Pfyner Kultur 36
Phaistos 53, 115
Phaistos,
-, minoischer Palast,
-,-, Kreta 49, 53, 59, 113–115
Phalaris,
-, Akragas,
-,-, Tyr. 137, 142
-,-, Tyr. 🅣 127
Pham Hung *1818*
Pham-Van-Dong *1816*–1817
Phan Van Khai 1818
Phanagoria 🅣 124
Phanarioten,
-, Osman. 1105
Phanomyong,
-, Nai Pridi *1807*
Pharai 203
Pharao 32, 78, 80, 82, 171, 173, 179, 182, 335–336
Pharao,
-, Göttlichkeit 32
Pharisäer 337, 339
Pharnabazos,
-, Pers.,
-,-, Satrap 95, 158
Pharnakes,
-, Pontos 385
Pharos (Stari Grad,
-, Hvar) 304
Pharsalos,
-, Schl. (48 v.) 252
Phasis 🅣 124
Pheidias 147, 152
Pheidon,
-, Argos,
-,-, Kg. 131
Pherai 166
Pherendates,
-, Stth. 109
Phiditia 132
Phila 185
Phila,
-, G. Antigonos II. 🅢 198
Phila 🅢 187
Philadelpheia (Amman) 191, 353
Philadelphia 1271–1273, 1279–1280, 1283
Philadelphia,
-, Kontinental-Kongr.,
-,-, (1774) 1278
-,-, (1775) 1278
Philadelphia (Amman) 647
Philae 336
Philakopi 116
Philanthropismus 968
Philemon *180*
Philetaira 194
Philhellenische Bewegung 1080
Philhetairos,
-, Pergamon,
-,-, Hschr. 185, 194
Philia 42
Philip,
-, André *953*
Philip Morris,
-, Konzern 🅣 1332
Philipp,
-, Arthur 1241
-, Burg.,
-, Hz.,
-,-, II. d. Kühne *444*–446, 449
-,-, II. d. Kühne 🅢 442, 448
-,-, III. d. Gute 447, 449–451
-,-, III. d. Gute *672*

-,-,-, III. d. Gute 🅢 442
-, Coburg,
-,-, Pr. 🅢 970
-, Edinburgh,
-, Hz.,
-,-,-, v. Mountbatten 970
-, Évreux,
-, Gf.,
-,-,-, III. *553*, **563**
-, Flandern,
-,-, Gf. 🅢 970
-, Frkr.,
-, Kg.,
-,-,-, I. 427–428
-,-,-, II. Augustus **401**, 428, 430–431, 433, 475, 477, 515, 573
-,-,-, II. Augustus 🅢 594
-,-,-, III. *437*
-,-,-, III. 🅢 442
-,-,-, IV. D. Schöne 428, **436**–440, 446, 487, 518, 520, 538, 553, 577
-,-,-, IV. d. Schöne 🅢 442
-,-,-, V. d. Weise 438, *440*
-,-,-, V. d. Weise 🅢 442
-,-,-, VI. *440*–441, 443
-,-,-, VI. 🅢 442, 448
-, Gegen-Pp. 🅣 505
-, Hessen,
-, Land-Gf.,
-,-,-, d. Großmütige 676–677, *807*–810, 812
-, Kast.,
-, Kg.,
-,-,-, d. Schöne *560*
-, Kg.,
-,-,-, d. Schöne *672*
-,-,-, d. Schöne 🅢 673
-, Maked.,
-, Kg.,
-,-,-, I. 164–165
-,-,-, II. 156, 160–163, **166**–170
-,-,-, II. 🅣 164
-,-,-, III. Arrhidaios 174–175, *182*
-,-,-, V. 183, 186, 192, 194, **199–200**, 205–206, 226–228, 230–231
-, Orléans,
-, Hz.,
-,-,-, I. 🅢 924
-,-,-, II. *925*
-,-,-, II. 🅢 924
-, Pfalz-Neuburg,
-, Kft.,
-,-,-, Wilhelm 826
-, Rhein,
-, Pfgf. b. 🅢 488
-, Seleukiden-R.,
-,-, Kg. ⮊Philippos,
-, Seleukiden-R.,
-,-,-, Kg.
-, Span.,
-,-, Kg.,
-,-,-, II. *663*, 676, *678*–681, 916–918, 961, 1008, *1023*, 1031, *1033*
-,-,-, II. 🅢 556, 673
-,-,-, III. 681, 816, *1024*, 1031, 1034
-,-,-, IV. 685–*686*, *1024*, 1031
-,-,-, V. (v. Anjou) 686, *925*, *1024*
-,-,-, V. (v. Anjou) 🅢 924
-, v. Köln 475
-, v. Saint-Pol 447
-, v. Schwaben,
-,-, Kg. 402, 431, 477, 484, 514, 558, *646*

2025

P

-,-, Kg. **S** 473
Philipp von Tarent 631
Philippa,
-, Engld.,
-,-, Kgn.,
-,-,-, v. Hainault 575
-,-,-, v. Hainault **S** 581
-, Port.,
-,-, Kgn.,
-,-,-, v. Lancaster 563
Philippe,
-, de Thaon **T** 434
Philippe de Mézières 444
Philippeville 937
Philippi 630
Philippi ⊃ Philippoi
Philippinen,
-, (Anf.–1946) 669, 777–778, 787, 800, 1026, 1226–1228, 1230–1231, 1288–1289, 1291
-, (seit 1946) 1333, 1342, 1359, 1803, 1819, **1827–1829**, 1846, 1859
-, (seit 1946),
-,-, Handel 1849
-,-, Unabhängigkeits-Erkl. **T** 1386
-,-, Wirtschaft **T** 1385
Philippische Reden,
-, Ciceros 254
-, des Demosthenes 168
Philippoi 166, 303
Philippoi,
-, Schl. (42 v.) 255, 310
Philippopolis 310–311
Philippos,
-, Maked.,
-,-, Kg. ⊃ Philipp,
-,-,-, Maked.,
-,-,-,-, Kg.
-, Reichsverweser 189, 191
-, S. Antigonos I. **S** 198
-, S. Perseus v. Maked. **S** 198
-, Seleukiden-R.,
-,-, Kg.,
-,-,-, I. 190–191
-,-,-, I. **S** 187
-,-,-, II. 191
-,-,-, II. **S** 187
Philippsburg 818, 825
Philippsburg,
-, Schl. (1676) 825
Philippus,
-, Ap. 344
-, Rom,
-,-, Ks.,
-,-,-, Arabs **277**
-,-,-, Arabs **T** 254
Philister 62–63, 81, 102
Philokrates 162
Philokrates-Friede (346 v.) 162, 167–168
Philokrates-Friede (346 v.) **T** 157
Philomelos,
-, Stratege 161
Philon von Alexandreia 262
Philopoimen 205–206, 231
Philosophie,
-, (MA) 385, **394–397**, **417–419**
-, (NZ) **664**–665
-, Alexandreia 336
-, aristotelische 157
-, Athen 152
-, epikureische 253
-, griechische 129, 151–152, 157, 180–181, 207, 241
-, neuplatonische 385
-, peripatetische 253

-, platonische 253, 303
-, pytagoreische 138
-, sokratische 157
-, Sophistik 344
-, stoische 253, 266
-, vorscholastische 385
Philostratos 344
Philotas 170, 172
Phiops,
-, Äg.,
-,-, Kg.,
-,-,-, I. 39
-,-,-, II. 38, **78**
-,-,-, Konz. (1094) 400, 645
Phlius 160, 205
Phnom Penh 1812, 1817
Phoenice,
-, röm. Prov. 340
Phoinike,
-, Frd. (205 v.) 199, 228
Phoinix 177
Phokaia 126
Phokaia **T** 123–125
Phokaias 126
Phokaier 105, 138
Phokas,
-, Byz.,
-,-, Ks. *637*
Phoker 141, 145–146, 160–162, 167
Phoker **T** 123
Phokien 166
Phokion 162–163, 167, 175, 202
Phokis 142, 145, 161–162, 167–168, 197, 202–204, 207, 303, 630
Phokis **T** 120
Phöniker 70, 72, **98**, 102, 105, 109, 137, 327–329
Phöniker,
-, Kolonisation 72
Phönikien 97–**98**, 110, 188
Phönikien **T** 77
Phönikisch,
-, Schr. 97
-, Schr. **T** 77
Phormio 153
Photios,
-, Konstantinopel,
-,-, Patr. *504*, 607, 609, *641–644*
Phoui Sananikone 1810
Phoumi Nosavan 1810
Phoumsavanh,
-, Nouhak *1811*
Phraates,
-, Parther,
-,-, Kg.,
-,-,-, II. 190, 347
-,-,-, IV. 349
-,-,-, V. 349
Phraortes,
-, Medien,
-,-, Kg. **108**
Phratrien 121–122, 126–127, **134**, 139
Phriapites 348
Phryger 70, **94**, 118, 345
Phrygia epiktetos 192, 195
Phrygien 95, 108, 171, 174–175, 188, 193
Phrygien,
-, röm. Prov. (Phrygial,
-,-, II) 343–344
Phrygien **T** 76
Phthia,
-, G. Demetrios II. 197
-, G. Demetrios II. **S** 198
Phthiotis 167
Phylen 121, 127, 130–135, 139, 150, 176, 202

Phylen **T** 139
Phylenreform 139–140
Phylobasileus 134
Physiokratismus,
-, Theorie 657
PI (Parti de lIndépendance),
-, Mauritius 1744
Piacenza 530, 827, 829, 1010
Piacenza,
-, (Alt.) ⊃ Placentia
-, Frd. (1183) 475
-, Konz. (1094) 400, 645
Pianchi 64, 68
Pianello 64, 68
Piano Notaro 36
Piasten,
-, Dyn. 607–609, 614–616
Piave,
-, Schl. (1918) 729–730
Piave-Linie,
-, (1917) 725
Piazza Armerina 280
Piazzetta,
-, Giovanni Battista *1011*
Pibul Songgram,
-, Luang *1231*, *1807*
Pibul-Gruppe 1807
Picardie 672
Piccinino,
-, Niccolò *542*
Piccolomini,
-, Dyn. 523
-, Enea Silvio de ⊃ Pius II.,
-,-, Pp.
Picenter 222, 294
Picenter **T** 219
Picenum 298
Picenum **T** 219
Pichalo 1267
Pichincha 1309
Picquigny,
-, Frd. (1475) 452, 582
Picten (Pikten) 281, 283, 326, 564, 568
Picten (Pikten),
-, Christianisierung 369, 568
PID (Partido Institucional Democrático),
-, Guatemala 1869
Pieck,
-, Wilhelm 1342, *1417*
Piemont 699, 944, 1012–1014, 1108
Piemont,
-, Waffenstillstand (1796) 1011
Piemont-Sardinien 700, 705
Pierce,
-, Franklin **1284**
Pieria 186
Pierien 164
Pierlot,
-, Hubert *1042*
Piérola,
-, Nicolás **1312**
Pierre Cauchon,
-, Beauvais,
-,-, B. 449
Pierre Charles 1891
Pierre d'Ailly 522
Pietro Orseolo II.,
-, Venedig,
-,-, Doge 527
Pigalu 1688
Pikten ⊃ Picten
Pikten ⊃ Picten
Pilgerväter 1270
Piliny-Gruppe 59, 65
Pillau 797

Pillersdorf,
-, Franz v. 845
Pillnitzer Deklaration (1791) 701, 930
Pilsen **T** 418
Piłsudski,
-, Josef 999, *1064–1066*
Pim Fortuyn 1454
Pima 1250
Pinarius Clemens,
-, Cn. 318
Pinckney,
-, Vtg. (1795) 1280
Pindar 133, 143–144
Pindaros,
-, Ephesos,
-,-, Tyr. **T** 127
Pindling,
-, Lyndon O. 1881
Pinochet 1466, 1924
Pinochet Ugarte,
-, Augusto 1922–1923
Pintaderas 23
Pintasilgo,
-, Maria de Lurdes *1485*
Pintat i Solans,
-, Josep *1483*
Pinto,
-, Carlos Alberto Mota *1485*
Pinto Balsemão,
-, Francisco *1486*
Pinto da Costa,
-, Manuel *1689*
Pinzón,
-, Vicente Yañez de 1294
Pippin,
-, Aquitanien,
-,-, Kg.,
-,-,-, I. 381
-,-,-, I. **S** 380
-,-,-, I. 373
-,-,-, II. 420
-,-,-, II. **S** 380
-, Franken,
-,-, Kg.,
-,-,-, I. 370, 377–*378*, 382, 384–385, 503–504, 526
-,-,-, I. **S** 380
-,-,-, I. 373
-, HM,
-,-, I. *374*
-,-,-, I. **S** 380
-,-,-, I. 373
-,-,-, II. 370, 374, *377*
-,-,-, II. **S** 380
-,-,-, II. 373
-,-,-, III. ⊃ Pippin I.,
-,-,-, Kg.,
-,-,-,-, Franken
-, Kg.,
-,-, S. Karls d. Gr. 379, **386**, 527
-,-, S. Karls d. Gr. **S** 380
-,-, S. Karls d. Gr. **T** 373
Pippiniden ⊃ Karolinger
Pippinische Schenkung (754/756) 378, 503–504, 526
Piraterie,
-, Nordafrika 1120
Piraterie im Römischen Reich 232, 234, 245, 248–249, 302, 304, 306, 326, 331, 342–343
Pirenne,
-, Henri 528
-, Henry 287
Pires 1661
Pires,
-, Pedro *1660*
Pirkheimer,
-, Willibald *419*
Pirmin,

-, Missionar *370*
Pisa,
-, (MA) 392, 405, 488, 494, 508, 522, 531, 533–534, 536, 538–539, 541, 561, 645–647
-, Konz. (1409) 494, 522, 540, 660
-, Univ. **T** 398
Pisan,
-, Christine de 453
Pisanello 542, *545*
Pisano,
-, Giovanni *545*
-, Niccolò 536
Pisaurum (Pesaro) 242
Pisidien 171, 342, 344
Piskokephalo 49
Pisonische Verschwörung (65 n.) 265
Pistoia,
-, Syn. (1786) 1010
Pistoia (MA) 534, 538
Pitane 130
Pithecinen 16
Pithekussai (Ischia) 126
Pithekussai (Ischia) **T** 125
Pitt,
-, William d. Ä. *967*, *1278*
-, William d. J. *967*–969, 1186
Pittakos,
-, Mytilene,
-,-, Tyr. 128–129, 137
-,-, Tyr. **T** 127
Pittermann,
-, Bruno *1437*
Pittsburgh,
-, Vtg. (1918) 1067
Pityus **T** 124
Pityusen 105
Pius,
-, Pp.,
-,-, II. 498, *523*, 544, *659*
-,-, II. **T** 519
-,-, III. *1008*
-,-, III. **T** 1009
-,-, IV. 679
-,-, IX. 907, 942, *1013*–1015
-,-, IX. **T** 1015
-,-, V. *1009*
-,-, V. **T** 1009
-,-, VI. 930, *1011*
-,-, VI. **T** 1009
-,-, VII. 935, *1012*
-,-, VII. **T** 1015
-,-, VIII. **T** 1015
-,-, X. *1016*
-,-, X. **T** 1015
-,-, XI. 749, 896, *1022*
-,-, XII. *878*, *1022*, 1476
-,-, IV. *1009*
-,-, IV. **T** 1009
-,-, IX. 1015
Pius IX 1478
Piusverein 845, 848
Pizarro,
-, Francisco 1266, *1294*–1295
-, Gonzalo *1295*
PJ (Peronisten) 1912, 1915
PKI (Kommunistische Partei Indonesiens) 1230, 1823–1825
PKK,
-, Kurdenorganisation 1565–1566
PLA (Palästinensische Befreiungsarmee) 1581–1582
Place,
-, Francis 971
Placentia (Piacenza) 226, 229, 278

Placidia,
-, T. v. Valentinian,
-,-, Rom,
-,-,-, Ks.,
-,-,-,-, III. ◐ 284
Plan Dignidad 1908
Plan Inca 1904
Plan Tupac Amarú 1904
Planck,
-, Erwin 902
Planinč,
-, Milka *1549*
Plans „Colombia" 1897
Plantagenwirtschaft 1296, 1298
Planwirtschaft,
-, China,
-,-, VR (seit 1949) 1774, 1776, 1782
-, DDR 1403–1404, 1416, 1419–1420, 1422, 1426
-, kommunistische Welt allgemein 1374, 1376, 1381
-, Kuba 1882
-, Polen 1501
-, UdSSR (1918–1945) 1002
Plassey,
-, Schl. (1757) 688, 1186
Plataiai 140, 142, 153, 160, 302
Plataiai,
-, Schl. (479 v.) 142
Plataier 141
Platanos 42, 49, 54
Platon 151, *157*–158, 180
Platt Amendment (1901) 1288, 1308
Platz des Himmlischen Friedens (Peking,
-, Massaker 1989) 1785
Plautius,
-, A. 325
-, Silvanus,
-,-, Ti. 306
Plaza Gutiérrez,
-, Leónidas **1311**
Plaza Lasso,
-, Galo *1901*
Plebejer 209, 213–217, 223, 232–233, 235, 238–239, 243–244, 246, 250–252, 255, 279, 299
Plebejer ◐ 235
Plebiscitum,
-, Clodium 302
Plebiszit,
-, röm. 216, 233
-, Umbrien (1860) 1015
-, Venetien (1866) 1015
Plebs ➔Plebejer
Plechanow,
-, Georgij W. *991*–992
Plehwe,
-, Wjatscheslaw K. *992*
Pleistarchos,
-, Br. Kassanders 177
-, Sparta,
-,-, Kg. ◐ 130
Pleistoanax,
-, Sparta,
-,-, Kg. 146
-,-, Kg. ◐ 130
Pleistoros 310
Pleistozän 9–10
Pleistozän ◐ 8, 11
Pleistozänforschung 14
Plektrudis,
-, G. v. Pippin,
-,-, HM,
-,-,-, II. 378
-,-,-, II. ◐ 380
Pleskau 495

Plethon,
-, Georgios Gemistos *632*
Pleuratos,
-, Ardaier,
-,-, Kg. 168
Pleven,
-, -Plan 1359
-, René *1359*
Plewna 991
PLF (Popular Liberation Front),
-, Eritrea 1736
Plinius,
-, Caecilius Secundus C. (d. J.) 267–269, **272**, **290**, 343–344
-, Secundus C. (d. Ä.) 210, **266**, 321
Plintha 286
Pliozän 9
Pliozän ◐ 8
Pliska 603
PLN,
-, Costa Rica 1878
PLN (Partido de Liberación Nacional),
-, Costa Rica 1877
PLN (Partido Liberal Nacionalista),
-, Nicaragua 1875
PLO (Palästinensische Befreiungsorganisation) 1330, 1570, 1572–1573, 1575–1576, 1581–**1582**, **1584**–1588, 1595, 1599–1600, 1604–1605, 1860
Ploeşti 785–786, 796
Plombières,
-, Geheimtreffen (1858) 1014
PLP (Progressive Liberal Party),
-, Bahamas 1881
PLU (Partido Liberal Unido),
-, Paraguay 1909
PLUA (Partido da Luta Unida dos Africanos de Angola) 1704
Plutarch,
-, Eretria,
-,-, Tyr. 162
Plutarchos,
-, v. Chaironeia **272**
Pluto,
-, Planet 1
Plymouth Company 1270
PMSD (Parti Mauricien Social Démocrate),
-, Mauritius 1744
PNC (Peoples National Congress),
-, Guyana 1899–1900
PND (Parti Nationaliste du Dahomey),
-, Benin 1672
PNM (Peoples National Movement),
-, Trinidadu. Tobago 1893
PNP (Peoples National Party),
-, Ghana 1668
-, Jamaika 1885–1886
-, Sierra Leone 1662
Poaty-Souchlaty,
-, Alphonse *1692*
Pobedonoszew,
-, Konstantin P. *991*
Poblilia ◐ 219
Podestà 533
Podgorny,

-, Nikolaj W. *1522*, 1525
Podolien 617, 1063–1064, 1101, 1104–1105
Poetovio (Ptuj) 312, 316
Poetovio (Ptuj) ◐ 313
Pogrome
➔Judenverfolgung
Pohl,
-, Oswald 890, *900*
Poincaré,
-, Raymond *949*–952
Pointe-Noire 1162
Poitiers 443
Poitou 444, 449, 573
Pol Pot 1383, 1812–1813
Pol Pots 1813
Pola 730
Polangen 796
Pole,
-, William de la,
-,-, Gf. v. Suffolk 580
Polemarchos 134, 150
Polemon,
-, Pontos,
-,-, Kg.,
-,-,-, II. 343
Polen,
-, (1914–1945) 718, 720, 726–727, 735–737, 748, 750–753, 755–756, 769, 775, 780–781, 788, 790–791, 877–879, 881, 895, 897–898, 900, 903, 997, 1005–1006, 1060, 1066, 1071
-, (1914–1945),
-,-, Abk. (Dt. R. 1933) 1065
-,-, Außen-Pol. 738, 742–743, 746, 748, 750–751, 753, 769
-,-, Kriegführung 755
-,-, Kriegsverluste ◐ 802
-,-, Verfassung (1921) 1065
-,-, Verfassung (1934) 1065
-,-, (1914–1945) 754, 757, 775, 899
-, (MA) 371, 398, 457, 464–466, 470, 474, 493, 495, 507, **607–608**, 611, **614**–619, 621, 1014
-, (NZ) 684–686, 688, 700, 703, 822, 940, 979–980, 988, 990, 992, **1060**–1064, 1104–1106
-, (NZ),
-,-, Adel 1060–1061
-,-, Auswanderung ◐ 1283
-,-, Bauern 1060
-,-, Bildungswesen 1063
-,-, Bürgertum 1064
-,-, pol. Org. 1060
-,-, Religion 1063
-, (seit 1945) 1339–1340, 1346, 1374–1376, 1383–1384, 1391, 1412–1414, 1430, 1477, 1500–**1504**, 1516, 1526, 1528, 1532
-, (seit 1945),
-,-, Europäische Union 1394
-,-, Handel ◐ 1384
-,-, Kriegszustand 1504
-,-, Militärwesen 1502
-,-, NATO 1394
-,-, pol. Org. 1504
-,-, Umsiedlung und Vertreibung 1501
-,-, Warschauer Pakt-Streitkräfte ◐ 1354
-,-, Wirtschaft ◐ **1504**
-, (seit 1945) ◐ 1358
-, (seit 1945) ◐ 899
-, Christianisierung 371, 607

Polenfeldzug,
-, dt. (1939) 755, 898, 900
Polenfrage (seit 1945) 1338
Polignac,
-, Jules Armand de 939
Poliochni 42, 53
Polis,
-, Blütezeit 139–155
-, Hellenismus 180–181, 304
-, Niedergang 156–163
-, röm. Zeit 301–303
-, Staatsbildung 118, 126–138
POLISARIO 1644
POLISARIO (Volksfront für die Befreiung von Saguira el-Hamra und Río de Oro 1644
POLISARIO (Volksfront für die Befreiung von Saguira el-Hamra und Río de Oro) 1637, 1642–1645
Politbüro,
-, SED ◐ 1418
Political National Union 971
Politikgeschichte,
-, Eur. 695
Politische Organisation,
-, (MA) 460
politische Organisation,
-, (1789–1914) **699–700**
-, (1914–1945) 714
-, (Früh-NZ) 655, 676–679, 683, 700
-, (MA) **408**, 457–459, 462, 464, 479
-, Afghanistan 1651
-, Äg.,
-,-, (NZ) 1118–1119
-, Äg. (Alt.) 78, 179
-, Äg. (NZ) 1624–1626
-, Algerien 1635, 1638
-, Arabien 100
-, Argentinien 1914
-, Aserbaidschan 1541
-, Athen,
-,-, (4. Jh.) 202
-,-, (6.–5. Jh.) 145, 148–151
-,-, (6.–5. Jh.) ◐ 149
-,-, (7.–6. Jh.) 134
-, Äthiopien 1735, 1737
-, Austr. 1242, 1832–1833
-, Austr.,
-,-, endogene Kulturen 1233
-, Belg. 1455–1457
-, Belize 1871
-, Benin 1671–1673
-, Bol. **1907**
-, Botswana 1726
-, BR Dtld. ◐ 1406
-, BR Dtld. ◐ 1407
-, Bras. 1917–1919
-, Brdbg.-Preußen 830–831
-, Burg. (MA) **449**
-, Burkina Faso 1679–1680
-, Burundi 1702
-, Byz. 641
-, China,
-,-, VR (seit 1949) 1773, 1779, 1782
-, Congo 1691
-, Costa Rica 1877–1878
-, Dän. 1047–1048, 1491
-, DDR 1404, 1416–1417, 1422, 1425, 1429
-, DDR ◐ **1421**
-, Deutschordenstaat 494
-, Dominikanische Rep. (seit 1945) 1888
-, Dtld. 841, 851, 856–857, 888, 890, 896
-, Dtld. ◐ **856**

-, Ecuador 1901
-, El Salvador 1871
-, Elam 106
-, Elfenbeinküste 1665–1666
-, Engld.,
-,-, (MA) 575–578, 580, 583
-,-, (NZ) 961–963
-, Estld. 1497
-, Etrurien 111
-, Faschismus 739
-, Franken-R. 372, 374–376, 381–383
-, Franken-R. ◐ 373
-, Frkr.,
-,-, (MA) 420, 422, **428**, 437, **439–440**, **451–452**
-,-, (NZ) 656, 926–927, 936–937
-,-, (seit 1945) **1444**, 1446, 1450
-, Gabon 1689–1690
-, Gambia 1658
-, GB 699, 968–969, 971–975, 1459, 1462, 1465
-, Georgien 1538
-, Ghana 1667–1669
-, Griechld. 180
-, Griechld.,
-,-, (4. Jh.) 156
-,-, (7.–6. Jh.) 127, 135
-,-, (7. Jh.) 119, 122, 126
-,-, (seit 1945) 1560–1561
-, Guatemala 1870
-, Guinea 1661
-, Guinea-Bissau 1659
-, Guyana 1899
-, Honduras (seit 1945) 1874
-, Iberische Halbinsel **549**, **551**–553, 557
-, Ind. (seit 1947) 1749, 1751–1752, 1754–1756
-, Ind. (seit 1947) ◐ **1750**
-, Indonesien (seit 1945) 1823–1824
-, Irak 1116
-, Irak,
-,-, (seit 1945) 1606–1608
-, Iran,
-,-, (1945–1979) 1646, 1648
-,-, (seit 1979) 1649
-, Isr. 1601–1603
-, It. (MA) 526, 528–529, **533–534**, **537–539**
-, It. (NZ) 739
-, It. (seit 1945) 1469, 1471, 1474–1475
-, Jamaika 1885
-, Japan 1795, 1797
-, Jemen,
-,-, Arabische Rep. 1619
-, DVRJ 1620
-, Jord. 1599–1600
-, Kamerun 1687
-, Kan. 1844
-, Kapverden 1660
-, Karthago 105, 207
-, Kasachstan 1767
-, Kenya 1731–1732
-, Kirgisistan 1769
-, Kolumbien (seit 1945) 1894–1896
-, Komoren 1741–1742
-, Kongo 1693–1696
-, Korinth 133
-, Kreta 116–117
-, Kuba 1883–1884
-, Langobarden-R. (568–774) **525**–526
-, Lat.-Am. 1840, 1863
-, Latein-Am. 1301
-, Latein-Am. ◐ 1840
-, Lesotho 1724

2027

-, Lettld. 1498
-, Libanon 1595–1597
-, Libyen 1630
-, Litauen 1499
-, Luxbg. 1458
-, Madagaskar 1739–1740
-, Maked. 179, 642
-, Malawi 1709
-, Malaysia 1819–1820
-, Malediven 1765
-, Mali 1677
-, Marokko 1640, 1642
-, Mauretanien 1644–1645
-, Mauritius 1744
-, Mex. 1866
-, Mozambik 1714–1715
-, Myanmar 1805–1806
-, Namibia 1717–1718
-, Ndld. 1034–1035, 1038, 1453
-, Nepal 1765
-, Nicaragua 1876
-, Niger 1681
-, Nigeria 1673–1676
-, Oman 1618
-, Osman. 1102, 1107–1110, 1112
-, Österreich,
-,-, (1804–1867) 840, 845, 849, 852, 905
-,-, (NZ bis 1804) 833
-, Österreich-Ung. 906
-, Ostfranken-R. 455–456
-, Oz.,
-,-, endogene Kulturen 1238
-, Pakistan 1753, 1758–1760
-, palästinensische Autonomiegebiete 1588
-, Panama 1879
-, Paraguay **1909**
-, Parther-R. 348
-, Pers. 109–110, 1123, 1125
-, Peru (seit 1945) 1904
-, Philippinen (seit 1946) 1827–1828
-, Polen,
-,-, (NZ) 1060
-, Polen (MA) 482, 616
-, Polen (seit 1945) 1500, 1502, 1504–1505
-, Preußen 840, 842, 848–852, 857, 862
-, Preußen ❺ **851**
-, Puerto Rico (seit 1945) 1889
-, R.,
-,-, Röm.-dt.,
-,-,-, (MA) **482**, 514
-,-,-, (NZ) 654–655, 677–678, 682, 803–805, 808–**820**
-, Réunion 1744
-, Rom,
-,-, (Königszeit) 210–211
-,-, (Prinzipat) 256–260, 264, 268, **295–299**, 308
-,-, (Rep.) 213, 215, 223, 225, 232, 236–238, 242, 244, 246–249, 251, **295–298**
-,-, (Spätantike) 279, 281–283, 286
-,-, (Spätantike) ❺ 282
-, Ruanda-Urundi 1699, 1701
-, Russld.,
-,-, (NZ) 986–990, 992–993
-, Russld. (MA) 611, 620–621
-, Rwanda 1700
-, Sasandien-R. 350–351
-, Saudi-Arabien 1613
-, Schweden 1044, 1487

-, Schweiz,
-,-, (MA) **502**
-, Seleukiden-R. 179, 184
-, Senegal 1657
-, Serbien 626
-, Seychellen 1745
-, Sierra Leone 1662–1663
-, Singapur 1821
-, Slowakei 1511
-, Slowenien 1555
-, Somalia 1733
-, Span. 1479–1480, 1482
-, Sparta,
-,-, (6. Jh.) 132–133
-,-, (7. Jh.) 131
-, Südafrika 1720–1721, 1723
-, Sudan 1622
-, Swazild. 1725
-, Syr. 1592–1593
-, Tadschikistan 1769
-, Tanzania 1727–1728
-, Tchad 1682–1683
-, Thaild. 1808
-, Togo 1669–1670
-, Tschechoslowakei 1069, 1507–1508
-, Tunesien 1632–1633
-, Türkei 1111, 1564
-, Turkmenistan 1768
-, UdSSR,
-,-, (1945–1991) 1516–1517, 1527
-,-, (1945–1991) ❻ **1525**
-, Uganda 1729–1730
-, Ukraine 1534
-, Ung. 1513
-, Uruguay 1910
-, USA 1858–1859
-, Usbekistan 1768
-, Vatikan 1477
-, Venezuela 1898
-, Vereinigte Arabische Emirate 1617
-, Westfranken-R. 420–**421**
-, Zambia 1707
-, Zentralafrikanische Rep. 1685
-, Zimbabwe 1710–1713
politische Systeme
❻ politische Organisation
Politische Theorien,
-, Revolutionszeitalter **695–698**
politische Theorien,
-, Revolutionszeitalter **698**
Pölitz 787
Polizei,
-, Athen 149
-, röm. 258
-, röm. ❻ 271
-, Spätantike 283
Polk,
-, James Knox *1284*
Polk-Doktrin (1845) 1284
Poll Tax 1465
Pollaiuolo,
-, Antonio *545*
Pollentia 329
Pollentia,
-, Schl. (402) 285, 359
Pollinger-Gruppe 35
Pollux 215
Polnisch-deutscher Vertrag (1970) ❺ Warschauer Vertrag
Polnische Bauernpartei 1501, 1505
Polnische Grenzen 1501
Polnische Teilung,
-, 1. (1772) 688, 830, 926, 985–986, 988, 1063

-, 2. (1793) 837, 985–986, 988, 1064
-, 3. (1795) 837, 985–986, 988, 1064
Polnische Vereinigte Arbeiterpartei 1505
Polnischer Aufstand,
-, (1830–1831) 699
-, (1863) 700, 853, 990
polnischer Freiheitskampf 843
Polnische Schulstreik,
-, (1906) 868
Polnischer Thronfolgekrieg,
-, (1733–1735) 687, 827, 926, 1009–1010, 1063
Polnisch-russischer Krieg (1920) 1064
Polnisch-schwedischer Krieg (1621–1629) 1045
Polo,
-, Marco *544*–545, *1206*
Polock,
-, Ftm. 618, 621
Polowzer 619–620
Polozk 620, 979
Pol-Pot 1813
Poltawa,
-, Schl. (1709) 686
Polybios 180, 206–207, 231, 236, 241, 294, 330
Polydamas von Pharsalos 159
Polydektes,
-, Sparta,
-,-, Kg. ❶ 130
Polydoros,
-, Sparta,
-,-, Kg. ❶ 130
Polyeuktos 181
Polykarpos,
-, Smyrna,
-,-, B. **290**, 344
Polykrateia,
-, G. Philipps V. V. Maked. ❺ 198
Polykrates,
-, Samos,
-,-, Tyr. **137**
-,-, Tyr. ❶ 127
Polynesien **1234**, 1236, 1239–1240, 1246, 1836
Polynesier 1246
Polyperchon 174–176, 202
Polyperchon ❶ 174
Polyzalos,
-, Gela,
-,-, Tyr. 143
Pomaken 1104
Pombal,
-, Sebastião José de Carvalho e Melo,
-,-, Marquis v. *1031*, *1298*
Pommerellen 495, 615–617
Pommern,
-, (MA) 472, 475, 595, 614–615
-, (NZ) 685
-, (NZ) ❶ 820, 899
-, Ebtm. 471
Pomoranen 471, 606
Pompadour,
-, Marquise de *926*
Pompaelo (Pamplona) 329
Pompeii 239, 266, 299
Pompeiopolis 344
Pompeius,
-, Cn. 191, 194–196, **247–253**, 302, 329–330, 336, 339, 341–343, 345, 348, 352
-, Q. 230

-, Sex. 254–255, 300
-, Trogus 261, 321
Pompidou,
-, Georges 1366, 1368, *1447*–1448
-, Georges ❶ 1449
Pomponius,
-, Mela 330
-, Sex. 274
Pomptina ❶ 219
Ponape 1837
Ponce,
-, de Léon,
-,-, Juan *1269*–1270
-, Enríquez,
-,-, Camilo *1901*
Pondicherry 1750
Pondoland 1169
Pongui,
-, Ange Edouard *1692*
Ponte Mammolo,
-, Vtg. (1111) 470
Ponte S. Pietro 43
Pontiac,
-, Indianer-Hptl. 1278
Pontiae ❶ 219
Pontica,
-, Diöz. 343
Pontifex maximus 241, 250, 258
Pontigny,
-, Kl. 512
Pontischer Krieg (182–179) 193
Pontius 511
Pontius Pilatus 289
Ponto,
-, Jürgen *1415*
Pontos 96, 179, 188, 192–194, 246–247, 249–250
Pontos,
-, röm. Prov. (Pontus et Bithynia) 250, 265, 342–345
Póo,
-, Fernão do 667
Poolan Devi 1757
Po-pa-li 1135
Popiełuszko,
-, Jerzy *1504*
Popillius Laenas,
-, C. 183, 189, 232
-, M. 230
Popitz,
-, Johannes *902*
Poppaea Sabina,
-, G. Neros 265
Poppaeus Sabinus,
-, C. 262
Poppo,
-, Aquileia,
-,-, Patr. 531
Popular Liberation Front
❻ PLF
Popularen 250
Popularklage 135
Populonia,
-, latin. Siedlung 70
Poquelin,
-, Jean Baptiste *923*
Porcius Cato,
-, (Uticensis),
-,-, M. 196, 250–252, 294, 302
Porcius Cato (der Zensor),
-, M. 229, **241**
Porkkala 789, 1494, 1519
Poro 1144
Porolissum 308–309
Poros,
-, Magadha,
-,-, Kg. 1178
-, Pandschab,

-,-, Kg. 172
Porphyrios 396
Porse,
-, Knut *597*
Porsenna,
-, Clusium,
-,-, Kg. 212
Port 564
Port Arthur 710, 801, 992–993, 1211, 1241, 1375, 1772, 1774–1775
Port Arthur,
-, Waffenstillstand (1905) 992
Port Arthur ❶ 709
Portacelli 1262
Portales,
-, Diego *1317*
Porto Belo 1295
Porto Novo 1671–1672
Portsmouth,
-, Frd. (1905) 710, 993, 1216, 1223, 1288
Portucale,
-, Gfsch. 555
Portugal,
-, (MA) 445, 551, **555**, 557, 560, **562–563**
-, (MA),
-,-, Adel 562–563
-,-, Außen-Pol. 562
-,-, Handel 562–563
-,-, Innen-Pol. 562
-,-, Königtum 563
-,-, Militärwesen 562–563
-, (MA) ❺ 556
-, (NZ) 666–668, 679, 686, 703, 745, 786, 931, 935, 1023–1024, 1028, 1030–1033, 1137, 1141–1144, 1149, 1152–1154
-, (NZ),
-,-, Adel 1030
-,-, Außen-Pol. 688, 701, 1031
-,-, Bevölkerung 1031
-,-, Handel 667, 669–670, 1030, 1183
-,-, Kolonialmacht 1030, 1183, 1228
-,-, Revolution (1830) 699
-,-, Wirtschaft 666–667
-,-, Wissenschaft 666–667
-, (NZ) ❺ 671
-, (seit 1945) 1357, 1364, 1369–1371, 1392, **1483–1486**, 1609, 1634, 1659–1661, 1689, 1704–1705, 1709, 1714–1715, 1785, 1825
-, (seit 1945),
-,-, Außen-Pol. 1848
-,-, Bruttoinlandsprodukt ❶ 1369
-,-, EG-Eintritt 1371
-,-, NATO-Streitkräfte ❶ 1354
-,-, Verteidigungsausgaben ❶ 1369
-,-, Wirtschaft ❶ **1484**
-, (seit 1945) ❻ 1358, 1393
-, MA),
-,-, Univ. 562
-,(MA) 560
portugiesische,
-, Entdeckungen,
-,-, Afrika 1097
-, Kol.,
-,-, Afrika 710, 1120, 1483–1484
-,-, Am. 1297

-,-, As. 1123, 1183, 1483–1484
Portugiesisch-Guinea ➲Guinea-Bissau
Portugiesisch-Indien 1484
Portugiesisch-Ostafrika 1167
Portugiesisch-Timor 1485, 1825
Portus Namnetum (Nantes) 320
Posadowsky-Wehner,
-, Artur v. *868*
Poscharski,
-, Dmitri *980*
Poseidonia (Paestum) 70, 138
Poseidonia (Paestum) ❶ 125
Poseidonios 322, 324, 330
Posen 735, 755, 881, 1064
Posen,
-, Btm. 607
-, Generalstreik (1956) 1502
-, Ghztm. 844
-, Prov. 841, 866, 868
Posse,
-, Arvid v. *1050*
possessores 279
Possevino,
-, Antonio *979*
Postumius Albinus,
-, A. 239
Postumus,
-, Gallien,
-,-, Hschr. 277–278
Postwesen,
-, röm. ❻ 271
Potchefstrom 1170
Poteidaia 133, 153, 160, 166, 168
Potemkin,
-, Grigori A. *985*, 1106
Potentia (Potenza) 242
Potestas der röm. Magistrate 238
Potocki,
-, Dyn. 1063
Potosí,
-, Silbervorkommen 1295
Potsdam 794
Potsdam,
-, Edikt (1685) 823
-, Kfz. (1945) 799–801, 1217, 1226, 1293, 1338, 1397, 1402, 1501, 1846
-, Tg. (1933) 893
Pouget,
-, Bertrand de 540
Poujade-Bewegung,
-, Frkr. 1445
Poul Nyrup Rasmussen 1492
Poussin,
-, Nicolas *923*
Póveda Burbano,
-, Alfredo *1902*
Poverty Point-Komplex 1249
Powhatan 1249
Poznaí ➲Posen
PP (Parti du Peuple),
-, Ruanda-Urundi 1701
PP (Progreß Party),
-, Ghana 1668
PPC (Parti Progressiste Congolais),
-, Kongo 1691
PPCI (Parti Progressiste de la Côte dIvoire),
-, Elfenbeinküste 1665
PPI (Italienische Volkspartei) 1475

PPM (Mauretanische Volkspartei) 1644–1645
PPN (Parti Progressiste Nigérien),
-, Niger 1680–1681
PPP (Pakistan PeoplesParty) 1759–1760
PPP (PeoplesProgressiveParty),
-, Gambia 1658–1659
-, Guyana 1899–1900
PPR (Polnische Arbeiterpartei) 1501
PPT (Parti Progressiste Tchadien),
-, Tchad 1682–1683
PR (Partido Reformista),
-, Dominikanische Rep. 1888
PR (Partido Revolucionario),
-, Guatemala 1869
PRA (Parti du Regroupement Africain),
-, Burkina Faso 1679
Pra Dhammayano *1811*
Prabang,
-, Kgr. 1229
Prädestinationslehre,
-, Calvinismus 810
Prado,
-, Manuel *1903*
Praefectus urbi 257–258, 261
praefectus urbi 293
Praefectus urbi ❶ 271
Praeneste 71, 220–221, 247
Praevallis,
-, röm. Prov. 305
Präfekt,
-, Frkr. (1800) 934
Präfektur 257, 260, 270, 273
Präfektur ❻ 271
Prag,
-, (MA) 414, 494, 499, 611–612
-, (MA),
-,-, Univ. 612
-, (MA) ❶ 410–411, 418
-, (NZ) 750, 1067
-, (seit 1945) 1509
-, Aufstand 798
-, Btm./Ebtm. 371, 611–612
-, Frd.,
-,-, (1635) 683, 818
-,-, (1866) 706, 854
-,-, Schl. (1757) 829
-, sowj. Eroberung 798, 1070
-, Univ. 490, 1068
-, Univ. ❶ 398
Prager,
-, Artikel 613
-, Burg 414
-, Fenstersturz (1618) 681, 816
-, Frühling 1380, 1507, 1509, 1511, 1522
-, Kompaktaten (1433) 496, 613
-, Kompromiß 613
Pragmatische Sanktion,
-, (1438) 523, 654
-, (1549) 1033
-, (1713) 687, 827–829, 833, 912
Praguerie (1440) 451
Praia-das-Macas-Gruppe 45
Präkambrium 2, 4
Präkambrium ❶ 8
Pramoj,
-, Kukrit 1808–1809
-, Seni 1809

Prämonstratenser 512, 623
Prapas Charusathiara 1807–1808
Prasad,
-, Rajendra *1750–1751*
Prasiai ❶ 123
Präsidialkabinette,
-, Dt. R. 884
Prato 539
Prätorianer 258, 260, 262, 264–265, 267, 273–274, 276, 282, 299
Prätorianergarde 282, 299
Prätorianerpräfektur 258, 273–274, 276, 280, 298, 332
Prätorianerpräfektur ❶ 271
Prätur 213, 216, 232, 236, 238, 248, 258, 300–301
Pratusagus,
-, Icener,
-,-, Kg. 325
Prätuttier 221
Prätuttier ❶ 219
Praxedis,
-, G. v. Heinrich,
-,-, Kg./Ks.,
-,-,-, IV. ❸ 467
Praxiteles *157*, 181
Prazo-System 1167
PRB (Parti de la Renaissance du Benin) 1673
PRD (Demokratisch-Revolutionäre Partei),
-, Panama 1880
PRD (Parti du Regroupement Dahoméen),
-, Benin 1671–1672
PRD (Partido Revolucionario Dominicano),
-, Dominikanische Rep. 1888
PRDS (Parti Républicain Démocrate et Social,
-, Mauretanien) 1645
Předmost 20–21
Preise,
-, (Spät-MA) **409**
-, Engld. (MA) **409**
-, Frkr. ❶ *947*
Premadasa,
-, Ranasinghe *1764*
Prémontré,
-, Kl. 512
Přemysl Ottokar,
-, Böhmen,
-,-, Kg.,
-,-,-, I. *612*
Přemysl Ottokar,
-, Böhmen,
-,-, Kg.,
-,-,-, II. 391, *485–486*, 612
Přemysliden,
-, Dyn. 371, 390, 486–488, 606–608, 611–612, 616
Presbyterianer 963, 1273
PresidentsRule,
-, Ind. (1958) 1751
-, Ind. (1981) 1755
-, Ind. (1983) 1755
Prespa 604
Preßburg 625
Preßburg,
-, Frd.,
-,-, (1491) 499, 625
-,-, (1805) 702, 838, 904, 1012
-, Frd. (1491) 614
-, Konföderation (1608) 815
-, Reichstg. (1687) 823
-, Schl. (907) 456, 611
Preston,
-, Schl. (1648) 963

Pretoria 1170–1171
Pretoria,
-, Konv. (1881) 1170
Pretorius,
-, Andries 1169
-, Marthinus *1170*
Preuß,
-, Hugo *874–875*
Preußen,
-, (MA) 494–495
-, Hztm. 822
-, Kgr. 840, 851, 856, 866, 931, 935–937, 1015
-, Kgr.,
-,-, Außen-Pol. 701–705, 837, 854, 1106, 1108, 1118
-,-, Beamte 842
-,-, Beamte ❶ **867**
-,-, Bildungswesen 840
-,-, Gesellschaft **867**
-,-, Konstitutionalismus 851
-,-, Kriegführung 837–838, 853, 855
-,-, Kultur-Pol. 868
-,-, Militärwesen 840
-,-, Minderheiten 868
-,-, Parteien 854
-,-, pol. Org. 840, 842, 848–852, 857, 862
-,-, pol. Org. ❻ 851
-,-, Reformen **839–840**
-,-, Verfassung 842, 849, 852, 862
-,-, Verfassung ❻ 851
-,-, Verwaltung 842, 857
-, Rep. (1919–1933/1947) 1398
-, Rep. (1919–1933/47) 873, 875, 884–885, 893
-, Rep. (1919–1933/47) ❶ 892
Preußenputsch (1932) 885
Preußisch,
-, -Dänischer Krieg (1863–1864) 1051–1052
-, -Eylau,
-,-, Schl. (1807) 702
-, -hessischer Zollverein 843
-, -österreichischer Dualismus 706, 851–**852**
preußisch,
-, -österreichischer Dualismus 828–830, 853–854
preußische,
-, Annexionen 854
-, Reformen 699, 839–840
Preußische Union 842
Preußischer Bund (1440) 495
preußischer Verfassungskonflikt (1862–1866) 853–854
Preußisches Allgemeines Landrecht 833, 837, 839
Préval 1887
PRF (Partido Revolucionario Febrista),
-, Paraguay 1909
PRI (Partei der Institutionalisierten Revolution),
-, Mex. 1866–1868
PRI (Partido Revolucionario Institucional) 1306
Priapos ❶ 124
Pribislaw-Heinrich,
-, Heveller,
-,-, Ft. 471
Price,
-, George C. 1870–*1871*
Prien,
-, Kapitänleutnant 756
Priene ❶ 123

Priester,
-, Äg. 81
-, Karthago 207
Priestertümer,
-, röm. 241, 245
Prieto,
-, Joaquin *1317*
Primakow 1530
Primakow,
-, Jewgenij M. *1529*
Primat,
-, päpstlicher ➲Supremat
Primo de Rivera,
-, José Antonio *1028*
-, Miguel *1027*
Prince Edward Island 1276
Prince of Wales,
-, Schiff 777
Prince of Wales,
-, Schiff ❶ **867**
Prince William Sound 1858
Princeton University 1273
Princip,
-, Gavrilo 1076
Príncipe 1689
Prinz Eugen,
-, Schiff 776, 793
Prinzeps ➲Kaiser,
-, röm.
Prinzipat,
-, (Antike) 243, 245, 250, **254**–279
-, (MA) 537
Priscillianisten 285, 331
Priscillianus *331*
Prithwi Radsch Tschahamana,
-, Ind.,
-,-, Kg. 1180
Privilegium,
-, maius (1358/1359) 491
-, minus (1156) 474
-, Ottonianum (962) 462, 507, 531
Privilegium Andreanum (1224) 623
Privy Council ❻ 974
PRM (Partei der Mauretanischen Neuordnung) 1644
Probouleuma 149–150, 155
Probouleuma ❻ 150
Probus,
-, Rom,
-,-, Ks. 278, 311, *324*
-,-, Ks. ❶ 254
Procopius,
-, Usurpator 284
Proculus 278
Prodi,
-, Romano *1475*
Profumo,
-, John *1461*
Programm des 30.März 1626
Progressioten ❶ 995
Progressistas,
-, Partei 1026, 1032
Progressive Alliance of Liberia ➲PAL
Progressive Association,
-, Swazild. 1725
Progressive Conservative Party (Kanada) 1844
Progressive Liberal Party ➲PLP
Progressive Party,
-, USA 1287
Progressive PeoplesParty,
-, Liberia 1664
Prohibition,
-, USA 1282, 1290
Proklos,
-, Schriftsteller 280
Prokonnesos ❶ 124

Prokonsul 216, 236, 248, 300–302, 318
Prokop der Große *613*
Pro-Kopf-Einkommen,
-, Entwicklungsländer ❶ **1326**
-, Industrienationen ❶ **1326**
Prokopios von Kaisareia *636*
Prokopowitsch,
-, Feofan *982*
Prokurator,
-, röm. 260, 264–265, 268, 270, 274, 276, 302, 305, 318
-, röm. ❻ 271
Proletariat 695, 697–698
Proletarier,
-, röm. 245, 297
Proletarischer Internationalismus 1377, 1781, 1884
Promagistratur 236
Promantie,
-, Begriff 160
Pronoiare 646
Propaganda 731
Propertius,
-, S. **261**
Propheten,
-, Isr. 103–104
Propontis 124
Proprätor 216, 236, 248, 300
Prorogation 216, 233
Proskriptionen,
-, d. Triumvirn 255
-, sullanische 247, 298
Prosopitis 146
Prosymna 64
Protagoras 147, 151
Proterozoikum **4**
Proterozoikum ❶ 8
PROTERRA 1918
Protestantismus 660
Protestantismus,
-, Dtld. (bis 1789) 660, 675–677, 807–818
-, Dtld. (nach 1789) 857, 863
-, Engld./GB 968–969
-, Polen 1061–1063
-, Schweden 1044
-, Schweiz 1082–1083
-, Span. 516
Proto-Bantu-Sprachen 1129
Proto-Eskimo-Kultur ❺Nordamerika,
-, Vorgeschichte
Protogeometrische Kunst 68
Protohattier 92
Proto-Linear-A-Schrift 115
Protosonne 2
Protovillanova-Kultur 64, 68, 210
Proudhon,
-, Pierre-Joseph *697*
Proudhonisten 946
Provence 422, 474, 555, 1091
provincia 225
Provinz Venezia Giulia 1469
Provinzen,
-, röm. 229–230, 232–234, 236, 239, 244, 248–251, 255–256, 258–260, 264–265, 267–268, 270, 272–274, 276, 280, 294, 297, **300**–303, 305, 309, 311, 317, 339–340, 342–343, 345
-, röm. ❻ 271
-, röm. ❶ 234
Provinziallandtage,
-, röm. 259, 303, 326, 330, 332, 340
Provinzialstände,
-, Preußen 842

Provinzialverwaltung,
-, röm. ❺Reichsverwaltung
Provinzlegat,
-, röm. 260, 302–303
Provisorische Regierung,
-, Russld. 998
Provokation,
-, röm. 214, 216, 244, 297
Proxenos 165
PRPB (Parti de la Révolution Populaire du Bénin) 1672–1673
Prudentius 287, 331
Prüm 825
Prusias,
-, Bithynien,
-,-, Kg.,
-,-,-, I. **192**
-,-,-, II. 192–193, 195, 232
Prusias (Kios) 192, 200
Prusias (Kios) ❶ 124
Prußen 403, 458, 464, 478, 494–495, 615
Prut,
-, Schl. (1711) 1105
Pruzzen ❺Prußen
Prytanie 139, 150–151
Prytanis,
-, Sparta,
-,-, Kg. ❶ 130
Przemysł II.,
-, Polen,
-,-, Kg. 612, *615*
PS (Parti Socialiste du Sénégal) 1657
PSA (Parti Solidaire Africain),
-, Kongo 1693
Psammetich,
-, Äg.,
-,-, Kg.,
-,-,-, I. 81–82
-,-,-, II. 82
-,-,-, III. 82
Psammetichos,
-, Korinth,
-,-, Tyr. 133
-,-, Tyr. ❶ 127
PSD (Parti Social Démocrate),
-, Madagaskar 1739
PSD (Sozialistische Destour-Partei) 1632
PSDC (Parti Social-Démocrate des Comores),
-, Komoren 1741
Pseira 53, 59
Psellos,
-, Michael 644
Pseudo-Dionysius Areopagita *395*
Pseudoisidorische Dekretalen 506
Pseudoisidorische Fälschungen **504**, **506**
Pskow 978
PSL (Polnische Volkspartei) 1501
PSP (Parti Progressiste Soudanais),
-, Mali 1677
PSS (Parti Socialiste Sénégalais) 1156
Psusennes,
-, Äg.,
-,-, Kg. 62
PT (Parti Travailliste),
-, Mauritius 1744
PTA (Eastern and Southern African Preferential Trade Area) ❶ 1655
Ptahhotep 78

PTB (Partido Trabalhista Brasileiro),
-, Bras. 1917
Pteleon 632
Pteria,
-, Schl. (547 v.) 95
Ptolemaeus,
-, Claudius ❺Klaudios,
-,-, Ptolemaios
Ptolemaeus ❺Klaudios Ptolemaios
Ptolemaier 1132
Ptolemaier (Lagiden),
-, Dyn. 179, 181–**182**, 189, 191–192, 195–196, 346
Ptolemaierreich 184
Ptolemaios,
-, Äg.,
-,-, Kg.,
-,-,-, I. Soter 170, **174**–178, 181–**182**, 202–203
-,-,-, I. Soter ❺ 198
-,-,-, I. Soter ❶ 174
-,-,-, II. Philadelphos 178, 181–**182**, 185, 194, 197, 204
-,-,-, II. Philadelphos ❺ 187
-,-,-, III. Euergetes 181–**182**, 185–186, 205
-,-,-, IV. Philopator **183**, 186, 199, 205, 230
-,-,-, IX. Soter II. Lathyros **183**
-,-,-, V. Epiphanes **183**, 186, 188, 199
-,-,-, V. Epiphanes ❺ 187
-,-,-, VI. Philometor ❺ 187
-,-,-, VI. Philometor **183**, 189
-,-,-, VII. Neos Philopator **183**
-,-,-, VIII. Euergetes II. **183**, 189–190
-,-,-, VIII. Euergetes II. ❺ 187
-,-,-, X. Alexandros **183**
-,-,-, XI. Alexandros II. **183**
-,-,-, XII. Neos Dionysos Auletes **183**–184
-,-,-, XIII. Philadelphos Philopator **184**, 252
-,-,-, XIV. Philopator **184**, 252
-,-,-, XV. **184**
-,-, Apion 302
-,-, Maked.,
-,-,-, Kg.,
-,-,-,-, Keraunos 178, 182, 196–197, 203
-,-,-,-, Keraunos ❶ 174
-,-, Mauretanien,
-,-,-, Kg. 262, 332, 334
-,-, Stth. 185
Ptolemais,
-, (Äg.) 182, 335
-, (Libyen) 303
-,-, im MA Akkon) 191
-, (Syr.) 186, 189, 340
-, G. Demetrios I. Poliorketes ❺ 198
PTP (Parti Togolais du Progrès),
-, Togo 1669
Ptuj,
-, (Alt.) ❺Poetovio
Puabi,
-, Ur,
-,-, Kgn. 32, 85
Puapua,
-, Tomasi 1837
Public Health Act 973
Publikanen ❺Staatspacht

Publilius Philo,
-, Q. 216
Pucará de Andalgalá 1267
Puebla 1261, 1289, 1304–1305
Puebla,
-, Schl. (1862) 1304
Pueblo Bonito 1250
Puebloindianer 1250
Puente Reygada,
-, Oscar de la 1905
Puerto,
-, Hormiga 1261
-, Marquez 1252
Puerto Rico 1026, 1288, 1848, 1859, **1889**
Puerto Rico,
-, Weltwirtschafts-Kfz. (1976) 1330
Pugatschow,
-, Jemeljan J. *985*
Pugo,
-, Boris K. *1528*
Pu-i ❺Hsüan-tung
Pulakeschin,
-, Ind.,
-,-, Kg.,
-,-,-, II. *1180*, 1182
Pulcheria 284, 286, *634*
PUN (Partido Unido),
-, Costa Rica 1878
Puna,
-, Kongr. (1885) 1188–1191
Puna-Pakt (1932) 1190
Punier 329, 332–334
Punischer Krieg,
-, 1. (264–241) 207, 219, 224–225, 300, 328
-, 1. (264–241) ❶ 76, 219
-, 2. (218–201) 207, 225, 227–**228**, 230, 232–233, 236, 239, 243, 245, 295, 297, 305, 316, 328
-, 3. (149–146) 193, **229**, 332
Punt 57, 78–80, 1135
Punta del Este,
-, Kfz. (1962) 1840
Puntland 1734
PUP (PeoplesUnitedParty),
-, Belize 1870–1871
Pupienus,
-, Rom,
-,-, Ks. **276**
-,-, Ks. ❶ 254
Puppe,
-, Jean *892*
Puritaner 659, 661, 961, 1270, 1272–1273
Puritanische Revolution **963**
Pusan 1216
PUSC,
-, Costa Rica 1878
Puschjamitra Schunga,
-, Ind.,
-,-, Kg. 1179
Puschkin,
-, Alexandr S. *981*
PUT (Parti de lUnitéTogolaise),
-, Togo 1670
Puteoli (Pozzuoli) 242, 255
Putin 1531–1533, 1535, 1818
Pütter,
-, Johann Stephan *836*
Puttkamer,
-, Robert v. *857*
Pydna 160–161, 164, 166, 175
Pydna,
-, Schl. (168 v.) 201, 207,

231
Pygmäen 1128, 1150
Pylos 54, 59, 116, 153, 155
Pylos,
-, Kgr. 116–118
-, Palast 117
-, Schl. (1827) 1080
Pym,
-, Francis *1464*
-, John *962*
Pyongyang 1223, 1790
Pyramiden 32, 38, 78–81
Pyrenäenfriede (1659) 684, 921, 1008, 1024
Pyrgi ❶ 219
Pyrrhos,
-, Epeiros,
-,-, Kg. 176–178, 196–197, 203–*204*, 222, 294
-,-, Kg. ❺ 198
-,-, Kg. ❶ 174
Pyrrhoskrieg ❶ 219
Pyrtos 59
Pytalowo 1498
Pythagoräer 129
Pythagoras,
-, Ephesos,
-,-, Tyr. 137
-,-, Tyr. ❶ 127
-, Phil. 129, *138*
Pytheas,
-, v. Massalia 328
Pythische Spiele 123, 167
Python 168
PZPR (Polnische Vereinigte Arbeiterpartei) 1501
P-Zwei-Skandal,
-, It. (1981) 1474

Q

Qatna 63
Quaden 267, 273–274, 277, 283–284, 308, 312, 315, 318, 323–324, 359
Quadratus ❺Kodratos
Quadros,
-, Jânio da Silva *1917*
Quadrupelallianz,
-, (1718) 827, 1010
-, (1814) 703
-, (1815) 704
-, (1840) 1108, 1118
Quäker 1271, 1273
Quarantäne-Rede 1292
Quartär **9**
Quartär,
-, Gliederung ❶ **11**
Quartär ❶ 8
Quästionen 236, 244–245
Quästur 213, 215, 248, 259, 300, 302, 318
Quästur,
-, (Prinzipat) 299
Quayle,
-, James Danforth *1858*
Quebec 1271, 1273, 1275–1279
Québec 688, 1842–1844
Québec,
-, Kfz.,
-,-, (1943) 781
-,-, (1944) 788
Queddeye,
-, Goukouni *1683*
Quedlinburg,
-, Hoftg. (973) 463
Quedlinburger Hausordnung (929) 460
Queen AnnesWar

➲SpanischerErbfolgekrieg
Queensland 1242, 1832
Quelimane,
-, Kfz. (1976) 1712
Quemoy 1377, 1776, 1788–1789
Quemoy,
-, -Krise (1958) 1377, 1777, 1788
Quercia,
-, Jacopo della *545*
Querétaro 1305
Quesnay,
-, François *927*
Quetzalcoatl Topiltzin,
-, Tolteken-Hschr. 1259
Quietus,
-, Usurpator 278, 340
Quinctilius,
-, Varus,
-,-, P. 259, 317, 324
Quinctius,
-, Cincinnatus,
-,-, L. 217
-, Flamininus,
-,-, L. 200
-,-, T. 188, 200, 206, 231, 265
Quinim Pholsena 1811
Quinquegentanei 281, 332
Quintilian ➲Fabius Quintilianus,
-, M.
Quintillus,
-, Rom,
-,-, Ks. 278
-,-, Ks. ❶ 254
Quirina ❶ 219
Quirnheim,
-, Albrecht Mertz v. 901
Quisling,
-, Vidkun 756, 758, 773, 1054
Quito 1294–1296, 1311
Quito,
-, Kfz. (1974) 1895
Qumran 338

R

Raab,
-, Julius *1436*–1437
Rabat,
-, Kfz.,
-,-, (1969) 1572
-,-, (1974) 1582, 1584, 1600
-,-, (1979) 1575
-, Nationaler Pakt (1937) 1121
Rabbel,
-, Nabatäer,
-,-, Kg.,
-,-,-, II. 352
Rabbiner 104, 337–338, 1112
Rabelais,
-, François *917*
Rabemanajara,
-, Jacques 1739
Rabih,
-, Kanem-Borno,
-,-, Ft. 1138
Rabin,
-, Yitzhak 1585, 1588–1589, 1600, 1603, 1605
-, Yitzhak ❶ *1602*
Rabta,
-, Chemiewaffenfabrik 1372
Rabuka,
-, Sitiveni *1837*–1838

Racconigi,
-, Abk. (1909) 1016
Rachmanow,
-, Emamali *1769*
Rachmonow 1769
Racine,
-, Jean-Baptiste *663*, *923*
Racova,
-, Schl. (1475) 633
Raczkiewicz,
-, Ladislaus *1066*
Radagais 285, 318, *359*
Radbod,
-, Friesen,
-,-, Ft. *377*
Radbruch,
-, Gustav *875*
Radek,
-, Karl *1004*
RADER (Rassemblement Démocratique Ruandaise),
-, Ruanda-Urundi 1699
Radetzky,
-, Josef Wenzel v. *905*, *1014*
Radhakrishnan,
-, Sarvepalli 1751
Radić,
-, Stjepan *1076*–1077
Radikalsozialisten,
-, Frkr. 948
Radischtschew,
-, Alexander N. *986*
Radom 1064
Radom,
-, Konföderation (1767) 1063
-, Konstitution 1060
Radowitz,
-, Joseph Maria v. *850*–851
-, Joseph Maria v. ❶ *846*
Radschagriha 1178
Radscharadscha I.,
-, Ind.,
-,-, Kg. 1182
Radschasthan 1755
Radschendra I.,
-, Ind.,
-,-, Kg. 1182
Radschja Sabha 1749
Radschputana 1184
Radschputen,
-, Dyn. 1180
Radu Vasile 1544
Raeder,
-, Erich *784*, *891*
-, Erich ❷ *774*
Raeti 318
Raetial,
-, II,
-,-, röm. Prov. 318
RAF 1432
RAF,
-, (Rote-Armee-Fraktion) 1415, 1430
Raffael *658*, *1008*
Raffarin, Jean-Pierre 1451
Rafid 1584
Rafiq Al-Hariri 1598
Rafsandjani,
-, Ali Akbar *1649*–1650
Raga 108
Ragheb 1601
Ragnachar 370
Ragnhild,
-, T. v. Erich,
-,-, Dän.,
-,-,-, Kg.,
-,-,-,-, I. Ejegod ❷ 594
Ragusa 138, 647
Ragusa,
-, Ebtm. 627
-, Rep. 627, 632

Rahewin *480*
Rahman,
-, Biswas,
-,-, Abdur *1762*
-,-, Mujib-ur 1753, *1759*, 1761
-, Putra,
-,-, Abdul 1819–1820
-, Shah Aziz-ur 1761
-, Zia-ur *1761*
Rahmat Ali,
-, Chaudhury 1757
Rahvarinne,
-, Estld. 1496
Raiatea 1239
Raimund,
-, Toulouse,
-,-, Gf.,
-,-,-, IV. 400
-,-,-, V. 430
-,-,-, VI. 432–433, 515
-,-,-, VII. 428
-,-,-, VIII. 433
Raimund Berenguer,
-, Barcelona,
-,-, Gf.,
-,-,-, I. 554
-,-,-, I. ❷ 554
-,-,-, II. 554
-,-,-, II. ❷ 554
-,-,-, III. 555
-,-,-, III. ❷ 554
-,-,-, IV. 554–555
-,-,-, IV. ❷ 554
-,-, Provence,
-,-, Gf.,
-,-,-, I. ❷ 554
-,-,-, III. ❷ 554
-,-,-, IV. ❷ 554
-,-,-, V. ❷ 554
Raimund von Peñaforte 513
Raimundus Lullus 397
Rain am Lech,
-, Schl. (1632) 682, 818
Rainald von Dassel,
-, Köln,
-,-, Eb. *474*, 514
Rainbow-Warrior,
-, Schiff 1835
Rainer,
-, Friedrich ❶ *892*–893
-, S. v. Leopold,
-,-, Ks.,
-,-,-, II. ❷ 835
Rainer (Rainier) III.,
-, Monaco,
-,-, Ft. *1451*
Rainulf,
-, v. Alife,
-,-, Apulien,
-,-,-, Hz. 472
-, v. Aversa,
-,-, Ft. 466
Raith Bresail,
-, Syn. (1111) 584
Rajagopalachariar,
-, Chakravarti *1750*
Rajaj,
-, Mohammed Ali *1649*
Rajecz,
-, Burián 729
Rajiv Ghandi 1757
Rajk,
-, László *1513*
Rakhmani 25
Rákosi,
-, Mátyás *1512*–1513
Rakotoarijaona,
-, Désiré *1740*
Rakotomalala,
-, Joel *1740*
Rakotoniaina,
-, Justin *1740*

Raleigh,
-, Walter *1270*
Ralliement Mauricien ➲RM
Rallis,
-, Giorgios *1561*
Ralph Gonsalves 1892
Ram,
-, Jagjivan *1754*
Rama,
-, Thaild.,
-,-, Kg.,
-,-,-, IV. *1229*
-,-,-, IX. Bhumibol Adulyadej *1807*–1809
-,-,-, VIII. Amanda Mahidol *1807*
Ramadan 1089
Ramadan-Krieg 1583
Ramadier,
-, Paul *1445*
Ramaema,
-, Elias Phisoana *1724*
Ramakrischna *1188*
Ramallah 1590–1591
Ramanantsoa,
-, Gabriel *1739*–1740
Ramda 1185
Rameau,
-, Jean-Philippe *923*
Ramek,
-, Rudolf *911*
Ramesseum 62, 81
Ramessiden,
-, Ramses III.-XI. 62, 81
Ramgoolam,
-, Navin *1745*
-, Seewoosagur *1744*–1745
Ramillies,
-, Schl. (1706) 686
Ramiro,
-, Aragón,
-,-, Kg.,
-,-,-, I. *553*
-,-,-, I. ❷ 554
-,-,-, II. d. Mönch *554*
-,-,-, II. d. Mönch ❷ 554
Ramos,
-, Fidel *1829*
-, Ledesma 1028
Ramose,
-, Äg.,
-,-, Wesir 57
Ramos-Horta,
-, José *1826*
Ramses,
-, Äg.,
-,-, Kg.,
-,-,-, I. 81
-,-,-, II. 58, 62, **81**, 93, 101
-,-,-, III. 62–63, **81**
-,-,-, IV. 62
-,-,-, XI. 62
-,-Stadt 81
Ramstein,
-, Flugzeugunglück (1988) 1416
Ramthibodi I.,
-, Ayuthya,
-,-, Kg. 1228
Rana,
-, Dyn. 1765
Ranariddh 1813
Ranariddh,
-, Norodom *1813*
Ranavalona,
-, Merina,
-,-, Kgn.,
-,-,-, III. 1150, 1172
Rand-Revolte (1922) 1171
Randschit Singh,
-, Pandschab,
-,-, Ft. 1187

Rangun 777, 800, 1805–1807
Rangun,
-, Attentat (1983) 1806
Ranis 17
Ranke,
-, Leopold v. 661
Ranković,
-, Aleksandar *1548*
Rann von Katsch 1747
Ranulf von Glanvill *573*
Rao,
-, Narasimha Venkata *1756*, 1786
Raoul,
-, Alfred *1691*
Raoul de Presles 444
Raoul Wallenberg 1489
RAP (Rumänische Arbeiterpartei) 1542–1543
Rapacki,
-, Adam 1346, 1348, 1350, 1377, *1502*
-, -Plan (1957) 1346, 1377
-, -Plan (1957) ❶ 1343
Rapacki-Plan (1957) 1502
Rapallo,
-, Vtg. (1920) 1017
-, Vtg. (1922) 737, **739**, 879, 1000
Raphael von Fossombrone 519
Raphia 339
Raphia,
-, Schl. (217 v.) 183, 186
-, Schl. (720 v.) 90
Ras Al-Khaima 1615, 1647
Ras Hafun 1135
Ras Schamra 23, 25
Ras Tannura 1611
Raschid 1104
Raschid,
-, Dubai,
-,-, Scheich 1617
Raschidow,
-, Scharaf 1768
Raschtrakuta,
-, Dyn. 1182
Raseta,
-, Joseph *1739*
Rasin,
-, Stepan T. *980*
Raška 604, 626
Rasmussen,
-, Poul Nyrup *1492*
Raspe,
-, Jan-Carl 1415
Rasputin,
-, Grigori J. *992*, *997*
Rassemblement Constitutionnel Démocratique ➲RCD
Rassemblement Démocratique Africain ➲RDA
Rassemblement Démocratique Centrafricain ➲RCD
Rassemblement Démocratique Dahoméen ➲RDD
Rassemblement Démocratique du Peuple Camerounais ➲RDPC
Rassemblement Démocratique du Peuple Comorien ➲RDPC
Rassemblement Démocratique Ruandaise ➲RADER
Rassemblement du Peuple Togolais,
-, Togo 1670
Rassemblement Wallon 1455
Rassenideologie
➲Antisemitismus

Rassenideologie
➲Nationalsozialismus
Rassenideologie
➲Rassenpolitik
Rassenpolitik,
-, Dt. R. 888, 894, 896, **900**
-, GB 1462, 1464
-, Mozambik 1714
-, Südafrikanische U. 1719–1720, 1722
-, USA 1849–1852
-, Zimbabwe 1711
Rassentrennung 1711, 1719–1720, 1722
Rassija,
-, Delhi,
-,-, Sultanin 1181
Rassismus
➲Antisemitismus
Rassismus
➲Nationalsozialismus
Rassismus ➲Rassenpolitik
Rastatt 841
Rastatt,
-, Frd. (1714) 686, 827, 1010, 1024
Rastatter Kongress (1797/1798) 837
Rastenburg 899
Rastislav,
-, Mähren,
-,-, Hz. 371, 455, **606**–607, 641
Rastriya Prajatantra Party ➲RPP
Rasulow,
-, Dschabar 1769
Rat der Deutschsprachigen Gemeinschaft ➲RDG
Rat der Dreihundert 105
Rat der Entente (1959) 1666, 1671, 1681
Rat der Europäischen Gemeinden 1359
Rat der Fünfhundert 149–150
Rat der Fünfhundert ➍ 149–150
Rat der Hundertvier 105, 207
Rat der Republik,
-, Frkr. 1444, 1446
Rat der Volksbeauftragten 872
Rat für Arabische Wirtschaftseinheit (1964) 1571, 1575
Rat für Gegenseitige Wirtschaftshilfe ➲RGW
Rata,
-, Gesellschafts-Inseln,
-,-, Hptl. 1240
Räter 317
Räterepublik,
-, Bay. 877–878
Rath,
-, Ernst vom 750
Rathenau,
-, Walther 738, 875, *879*
Ratiaria 307, 311
Rätien,
-, röm. Prov. (Raetia) 258, 264, 273, 277, 315–320
Rationalismus 664–665
Ratnasiri Wickramanayake 1764
Rätoromanisch,
-, Spr. 1086
Ratsimandrava,
-, Richard *1740*
Ratsiraka 1741
Ratsiraka,
-, Didier *1740*–1741
Ratzeburg,
-, Btm. 466, 474
Rau,
-, Johannes *1416*
Rau, Johannes 1434
Räubertum 306
Raúl Cubas Grau 1910
Rauschgifthandel
➲Drogenhandel
Rauschning,
-, Hermann *903*
Ravaillac,
-, François *918*
Ravalomanana 1741
Raveaux,
-, Franz ➊ *846*
Ravenna,
-, (Antike) 279, 285
-, (MA) 362–364, 398, 503–504, 526, 530, 639
-, Reichstg.,
-,-, (1231) 392, 478
-, Schl. (1512) 1007
-, Syn.,
-,-, (1001) 464
-,-, (967) 463, 507
Ravi 1741
Ravoahangy,
-, Joseph *1739*
Ravony,
-, Francisque *1740*
Rawabdeh 1601
Rawalpindi 1758
Rawlings,
-, Jerry J. 1665, *1668*–1669
Rawwafa,
-, (Alt.) ➲Rhobathon
Raxa,
-, Schl. (955) 462
Razak,
-, Abdul 1820
Ražan 1555
RCD 1698
RCD (Rassemblement Constitutionnel Démocratique,
-, Tunesien) 1634
RCD (Rassemblement Démocratique Centrafricain),
-, Zentralafrikanische Rep. 1685
RCD (Regionale Entwicklungskooperation) 1647
RDA (Rassemblement Démocratique Africain) 1657, 1661, 1665, 1677, 1679–1680, 1682, 1686, 1689, 1691
RDD (Rassemblement Démocratique Dahoméen),
-, Benin 1671–1672
RDG (Rat der Deutschsprachigen Gemeinschaft) 1457
RDP,
-, Südkorea 1793
RDPC (Rassemblement Démocratique du Peuple Camerounais),
-, Kamerun 1687
RDPC (Rassemblement Démocratique du Peuple Comorien),
-, Komoren 1741–1742
Reagan,
-, Ronald Wilson 1353, 1587, 1784, 1800, 1844, *1857*–1858
Reaktion 852
Rebellenbewegung Jana Shangati Samity 1762
Rechberg,
-, Johann Bernhard v. *853*

Rechmire,
-, Äg.,
-,-, Wesir 57
Recht(swesen),
-, DDR 1419
Rechtswesen,
-, (MA) 364, **397**–**398**, **417**, 480, 513, **535**
-, assyyrisches 89
-, Athen 145
-, babylonisches 87
-, Brdbg.-Preußen 833
-, Byz. 641–642
-, China 1202
-, Dän. 1048
-, Dt. R. 865, 869, 901–902
-, Dtld. **483**
-, Engld. **574**, 577, 958
-, Franken-R. 376, 382
-, Frkr. 935
-, Griechld. 128, 303
-, hethetisches 93
-, Ind. 1185–1186, 1189
-, It. **535**, 1010–1011
-, Kast. 558
-, Österreich 833
-, Pers. 1126
-, R. 803, 806, 809, 812–814
-, Rom,
-,-, (Prinzipat) 261, 269–**270**, **272**, **298**
-,-, (Rep.) 215, 236, 242–244, 246, 248, 294–295, 297–298
-, Russld. 980
-, Türkei 1111
Rechtswissenschaft,
-, Islam 1089, 1097
-, MA **397**–**398**
-, röm. 253, 272, 274
Recife 1298
Recife,
-, Btm. 1298
Recknitz 462
Reconquista 392, 507, 509–510, **551**, 553–555, 557, 561, 666, 671
Red River Rebellion (1869–1870) 1276
Redarier 459–460
Reddy,
-, Neelam Sanjiva 1753, *1755*
Redneraustausch (1966) 1349, 1423
Redonda 1890
Reform Club 972
Reform Party,
-, Südafrika 1721
Reformära,
-, preuß. ➲Preußische Reformen
Reformation 651, **659**–**661**, 674–675
Reformation,
-, Dän. u. Norw. 1047
-, Dtld. **659**–**661**, 804–805, 807–811
-, Engld. 660–661, 959
-, Frkr. 660, 810
-, Ndld. 661
-, Polen 1061
-, Schottld. 661
-, Schweden 1044
-, Schweiz 659, 661, 804, 1082–1083
Reformpolitik,
-, Chile **1921**
-, It. 1012–1013
-, Ndld. 1040
-, Port. 1032
-, Russld. 989–993

-, Span. 1026
-, UdSSR 1384
Regalianus,
-, Usurpator 277, 313
Regalien 469, 474, 478, 483
Regenbogenfraktion,
-, Eur. Parlament 1371–1372
Regeneradores,
-, Partei 1032
Regensburg 370
Regensburg,
-, (Alt.) ➲Reginum
-, Reichstg.,
-,-, (1471) 498
-,-, (1532) 809
-,-, (1541) 810
-,-, (1546) 811
-,-, (1556–1557) 814
-,-, (1576) 814
-,-, (1594) 815
-,-, (1597/1598) 815
-,-, (1603) 815
-,-, (1608) 815
-,-, (1640–1641) 683
-,-, (1653–1654) 823
-, Tag (1454) 498
Regensburger,
-, Konvent (1524) 807
-, Kurfürstentg. (1630) 682, 817
-, Stillstand (1684) 825, 925
Regenwald-Erhaltung 1865
Reggio di Calabria 529
Reggio di Calabria,
-, (Alt.) ➲Rhegion
Regillus-See,
-, Schl. (496 v.) 142, 215, 217
Regina,
-, Sachsen-Meiningen ➎ 835
Reginar Langhals,
-, Franken,
-,-, Gf. 457
Regino von Prüm *385*
Reginum (Regensburg) 318–319
Regnenses 325
Regnum teutonicorum 459
Regourdou 18
Regula sancti Benedicti 368
Regulating Act (1773) 1186
Rehabeam,
-, Juda,
-,-, Kg. 102
Rehobother 1168
Reich,
-, Röm.-dt.,
-,-, (1493–1648) 654, 680, **803**–**820**, 1103–1104
-,-, (1648–1789) 823–827, 829–830, 833, 835–836, 1104–1105
-,-, (MA) 358, 372, 388, 391, 457–459, 462, 464, 466, 478, 482–**483**, 509–512, 514
-,-, (MA),
-,-, Adel 510–511
-,-, Kirche 507, 509–511, 513–514, 516
-,-, Königtum 509–510, 512, 517
-,-, pol. Org. 514
-,-, Recht 512
-,-, (MA) ➊ 373
-,-, Begriff 459
-,-, Verfassung (1648) **818**–**819**
-, röm.-dt.,
-,-, (MA) 459
Reichenau,
-, Kl. 370, 384–385

-, Walter v. *896*
Reichenbach-Konvention (1790) 830
Reich-Länder-Verhältnis,
-, Dt. R. 874, 876, **879**–**882**, 894–895
Reichsabschied,
-, Jüngster (1654) 804, 820, 823
Reichsakte,
-, (1815) 1049
Reichsaristokratie,
-, fränk. 527
Reichsautobahn 887, 894
Reichsbank 741, 862, 864
Reichsbanner Schwarz-Rot-Gold 876, 885
Reichsbanner Schwarz-Rot-Gold ➏ 895
Reichsbistümer 462
Reichsdeputationshauptschluß (1803) 701, **837**–**838**, 1084
Reichserbhofgesetz (1933) 894
Reichsexekutionsordnung (1555) 678, 813
Reichsfarben 882
Reichsfinanzreform 869
Reichsflagge 882
Reichsfriede (1147) 472
Reichsfürsten 457, 482, 677, 810–811, 817
Reichsfürstenrat (1493–1648) 804
Reichsgericht 863
Reichsgerichtshof ➏ 873
Reichsgrundgesetz (1519) 805
Reichsgründung Bismarcks (1867/1871) **855**
Reichshofrat 814, 824
Reichsitalien 527–531, 534–535
Reichskammergericht 677, 803–804, 808, 810–811, 813–815, 818, 823–824
Reichskanzler 856, 863, 896
Reichskanzler ➏ 856, 873, 889
Reichskirche,
-, dt. 469, 471, 509, 511, 513
-, karolingische 420–421, 455
-, ottonisch-salische 462
Reichskirchensystem 389
Reichskleinodien 386
Reichskonfessionsordnung (1648) 818–819
Reichskreise 824
Reichskreiseinteilung (1512) 804
Reichskreisordnug (1555) 813
Reichskrise (3. Jh.),
-, Rom 276, 279
Reichskristallnacht (1938) 750, 897
Reichskulturkammergesetz (1933) 894
Reichsland 857
Reichslandbund 876
Reichsleitung,
-, dt. 722, 725
Reichsmark ➲Deutsches Reich (1919–1933),
-, Währung
Reichsministerium,
-, Dtld. (1815–1870) 847
Reichsmünzgesetz (1871) 862
Reichsmünzordnung (1559)

814
Reichsnährstand 894
Reichspolizeiordnung (1577) 815
Reichspräsident 874, 882, 884, 896
Reichspräsident ⊙ 873
Reichspräsidentenverordnung (1933) 893
Reichspräsidentenwahl,
-, (1919) 877
-, (1925) 876, 881
-, (1925/1932) ⊙ 882
-, (1932) 885
Reichsprotektorat ⊙Böhmen und Mähren
Reichsrat 895
Reichsrat,
-, Russld. 987, 995
Reichsrat ⊙ 873
Reichsregentschaft 850
Reichsregierung 872, 874, 877–882, 884, 891–893, 897–898
Reichsregierung ⊙ 874, 889
Reichsregiment 674, 803–806
Reichsritterschaft 806, 811, 813–814, 838
Reichssicherheitshauptamt (RSHA) 890, 900
Reichssicherheitshauptamt (RSHA) ⊙ 890
Reichsstädte 411, 482, **492**, 804, 812, 836–837
Reichsstände 674–675, 677–678, 683–684, 803–813, 815–816, 818–820, 823–826, 837
Reichsstatthalter,
-, Dt. 892, 894
-, Dt. ⊙ 889
Reichstadt,
-, Abk. (1876) 991
Reichstag,
-, Dt. R. 775, 854, 856–857, 862, 874, 882
-, Dt. R.,
-,-, Auflösung,
-,-,-, (1933) 893
-,-,-, (Juni 1932) 885
-,-,-, (Sept. 1932) 886
-,-, Wahlen,
-,-,-, (1919–1938) ⊙ 875
-,-,-, (1920) 878
-,-,-, (1924) 881
-,-,-, (1928) 883
-,-,-, (1930) 884
-,-,-, (Juli 1932) 885
-,-,-, (März 1933) 893
-,-,-, (Nov. 1932) 886
-,-,-, (Nov. 1933) 894
-, Dt. R. ⊙ 856, 889
Reichstagsbrand (1933) 893
Reichsverfassung,
-, (1849) 848–852, 854
-, (1849) ⊙ 849
-, (1871) 849, 854, 857
-, (1871) ⊙ 856
-, (1919) 849, 877
-, (1919) ⊙ 873
Reichsverwaltung,
-, röm. 239, 248, 250, 256, 260, 264, 266–274, 279–280
Reichswehr 876–878, 880, 882–883, 889, 896
Reichswirtschaftskammer 886
Reichswirtschaftsrat ⊙ 873
Reims 373–374, 376, 381, 398, 426, 436, 445, 494
Reims,

-, (Alt.) ⊙Durocortorum
-, Ebtm. 460, 506
-, Konz. (1049) 508
Reims ⊙ 373, 435
Reimser Bistumsstreit (991–997) 423, 425
Reina,
-, Carlos Roberto *1874*
Reinhardt,
-, Walter *878*
Reinhardt-Programme (1933) 894
Reinmar der Alte ⊙ 481
Reino de Murcia 557
Reitzenstein,
-, Sigismund v. *838*
Rekkared,
-, Westgoten,
-,-, Kg. 369, **548**
Rekkeswind,
-, Westgoten,
-,-, Kg. 549
Rekuperationen 477
Relação 1298
Relander,
-, Lauri Christian *1056*
Religion,
-, (Alt.),
-,-, Äg. 32, **75**, 78–82
-,-, Akkade 86
-,-, Arabien 100
-,-, Assyrien 89
-,-, Athen,
-,-,-, (5. Jh. v.) 152
-,-,-, (6. Jh. v.) 136
-,-, Babylonien 87, 89
-,-, Elam 106
-,-, Etrusker 111
-,-, Gallien 321
-,-, Griechld. 121, 123–124, 128, 134, 136, 152, 181, 303
-,-, Heth. 93
-,-, Iberische Halbinsel 331
-,-, Iran **107**
-,-, Isr. 101–**104**
-,-, Karthago 207
-,-, Klein-As. 344
-,-, minoische Kultur 115
-,-, mykenische Kultur 117
-,-, Nordafrika 334
-,-, Noricum 316
-,-, Pers. 109–110
-,-, Phönikien **98**
-,-, Rom,
-,-,-, (Königszeit) 210–211
-,-,-, (Königszeit) ⊙ 209
-,-,-, (Prinzipat) 256, 259, 267, 272, 276, 314, 316, 321, 331, 334–336, 341–342, 344
-,-,-, (Rep.) 214–215, 235, 238, 241–242
-,-,-, (Spätantike) 307, 321, 331, **336**
-,-, Sasaniden 350, 1090
-,-, Sumerer 86
-,-, Syr. 341–342
-,-, Thrakien 310
-,-, Urartu 94
-,-, (MA),
-,-, Eschatologie 355
-,-, Albanien 1558
-,-, außereuropäische Ld.,
-,-,-, Afrika 1120
-,-,-, Äg. 1097
-,-, Am.,
-,-,-, spanische Kol. 1268, 1294
-,-, Austr. 1233–1234
-,-, China 1205
-,-, Ind. 1177–1178, 1180–1182, 1184
-,-, Iran 1123–1124

-,-, Japan 1218
-,-, Kalifen-R. 1088, 1092–1093
-,-, Latein-Am. 1302
-,-, Mikronesien 1238
-,-, Mogul-R. (1526–1857) 1184
-,-, Nord-Am. 1268, 1273
-,-, Osmanen 1099
-,-, Oz. 1238–1239
-,-, Polynesien 1238
-,-, Südost-As. 1227
-,-, Zentral-As. 1194
-, Dän. u. Norw. 1047
-, Engld. 959, 961–962, 964
-, Frkr. 916–917, 922
-, Ndld. 1037
-, Polen 1063
-, Russld. 980
-, Schweden 1044–1045
-, Schweiz 1082–1083
Religionsfriede (1555) **812**
Religionsgespräche 808–812, 814–815, 817–818
Religionskonflikte,
-, (Früh-NZ) **659**–**661**, 675–681, 807–818
Religionspolitik,
-, Äquatorial-Guinea 1688
-, Brdbg.-Preußen 822, 833
-, Burundi 1703
-, Dt. R. (1933–1945) 894, 896
-, Dtld. (NZ) 808, 810–816, 818–819
-, Engld. 961, 964
-, Frkr. 919
-, Ind. 1184
-, Kambodscha 1813
-, Österreich 822
-, Österreich-Ung. 907
-, Russld. 982
-, Span. 1480
-, Tchad 1683
-, UdSSR (1945–1991) 1518, 1527
-, Zaïre 1697
Remaclus,
-, Missionar *384*
Remagen 792
Rembrandt Harmensz van Rijn *662*, *1008*
Remedello-Gruppe 43
Remer 317
Remer,
-, Ernst *901*
Remigius,
-, B.,
-,-, Reims *370*, 428
Remón Cantero,
-, José Antonio *1879*
Remscheidt 1416
Renaissance **657**–**659**
Renaissance,
-, Begriff 657–658
-, Frkr. 917
-, Humanismus 658, 662
-, It. 544, 657, 659, 662
-, Papsttum 543
-, Polen 1061
RENAMO (Resistência Nacional Moçambicana),
-, Mozambik 1715–1716
-, Mozambik ⊙ 1655
Renard,
-, André 1455
Renate Künast 1434
Renato Ruggiero 1476
René,
-, Albert *1745*–*1746*
-, Anjou,
-, Hz. 452, 542

-,-, Hz. ⊙ 442, 448
Reni,
-, Guido *1008*
Rennenkampff,
-, Paul v. *718*
Renner,
-, Karl 797, *908*, *910*–911, 1435–1436
Renovatio Imperii 388, 464, 531, 534
Renovatio regni Francorum 464
Renovatio Romani Imperii (800) 379
Rentenmark (1923) 880
Rentenversicherung,
-, BR Dtld. 1409, 1413
Renville-Abkommen 1823
Reparationen,
-, (1919–1933) 735, 737–741, 743–745, 790, 799, 873, 878–879, 881, 883–886, 888, 950
-, (seit 1945) 1338–1339, 1373, 1397, 1403
-, Österreich 911
Repetundengerichte,
-, röm. 242, 251, 329
Repgow,
-, Eike v. ⊙Eike von Repgow
Repolonisierung,
-, (1863) 990
Repolust-Höhle 18
Repräsentationsfrage,
-, Schweden 1049
Republik der Sieben vereinigten Inseln 1079
Republik Serbische Krajina 1555
Republikaner,
-, USA 1280, 1286
-, USA ⊙ **1282**
Republikanische Partei,
-, USA 744, 1284, 1288, 1860
Republikanischer Block,
-, Armenien 1540
Republikanischer Schutzbund 911–912
Republikanismus,
-, frz. 940–942, 944–948
-, GB 946
-, türkisch 1111
Republikschutzgesetz,
-, (1922) 879
-, (1933) 893
Repulse,
-, Schiff 777
Requésens,
-, Don Luis *1037*
Resa,
-, Iran,
-,-, Pahlevi 768, 1126, 1412, 1646, 1648–*1649*, 1857
-, Iran (Pers.),
-,-, Schah *1125*–1126
-, Iran,
-,-, Schah,
-,-,-, Chan 768, 1125
Resampa,
-, André *1739*
Reschid Pascha,
-, Osman.,
-,-, Großwesir **1107**
Reservatum ecclesiasticum 812
Résistance 784, 949, 957, 1444
Resistência Nacional Moçambicana ⊙RENAMO

Reskripte der römischen Kaiser 270
Restauratio Imperii 474
Restauration,
-, (1815–1830) 695, 699
-, (1815–1830),
-,-, It. 1011–1012
-,-, Österreich 1040
-,-, Russld. 986
-,-, Schweiz 1084
-,-, Span. 1026–1027
Restitutionsedikt (1629) 682–683, 817–818
Retebro,
-, Schl. (1497) 601
Rethymno 632
Retief,
-, P. 1169
Reubell 933
Reuchlin,
-, Johannes *658*
Réunion **1743**–**1744**
Réunion,
-, Soziale Frage 1744
Réunion ⊙ 1158
Réunionskammern,
-, frz. 925
Réunionspolitik,
-, frz. 825
Reuter,
-, Ernst *1339*, *1401*
Reval 492, 979, 1058
Revindikation 485
Revisionismus 698, **852**
Revisionismusdebatte 698
Revokationsedikt (1685) 925
Revolution,
-, amerikanische (1776) 1275, **1278**–**1279**
-, Bol. 1906–**1907**
-, Dtld.,
-,-, (1848/1849) 700, **844**–**852**
-,-, (1918/1919) 730–731, 871–873
-, Frkr.,
-,-, (1848) 941–943
-, It.,
-,-, (1848/1849) 850
-, Jungtürken (1908) 1107, 1109
-, Kuba 1864
-, Lettld. (1988) 1498
-, Mex. (1910–1917) 1305
-, Polen,
-,-, (1830) 988
-, Russld.,
-,-, (1905–1907) 986–987, 992–993
-,-, (1917) **726**–**727**, 731–732, 1110
-, Ung.,
-,-, (1849) 850
-, Ung. (1956) 1513
Revolutionäre Volksarmee,
-, Mex. 1868
Revolutionskalender,
-, frz. 932
Revolutionskomitee,
-, Bulg. 1073
Revolutionstribunal,
-, Frkr. 931–932
Rexisten 1042
Rey,
-, Jean *1367*–*1368*
Reyersdorfer Höhle 18
Reykjavík,
-, amerikanisch-sowj. Gipfel (1986) 1354, 1858
Reynaud,
-, Paul 758, 760, *955*–956

Reynolds,
-, Albert 1465, 1468
Reza ⮕Resa
Rezeß von Halmstad (1483) 601
RF (Rhodesian Front) 1710–1713
RGW (Rat für Gegenseitige Wirtschaftshilfe) 1326, 1354, 1372–1373, 1384, 1501, 1518, 1520, 1522, 1817
RGW (Rat für Gegenseitige Wirtschaftshilfe),
-, Auflösung 1385
-, Kfz. (1981) 1383
-, Wirtschafts-Bez. 1383
RGW (Rat für gegenseitige Wirtschaftshilfe) 1375, 1378, 1417, 1423, 1542, 1545, 1548, 1558
RGW (Rat für gegenseitige Wirtschaftshilfe),
-, Finanz-Pol. 1379
-, Fünfjahrplan 1376
-, internationale Investitionsbank 1380
-, Kfz. (1955) 1376
-, Kfz. (1956) 1376
-, Kfz. (1958) 1377
-, Kfz. (1959) 1378
-, Kfz. (1962) 1378
-, Kfz. (1970) 1380
-, Kfz. (1974) 1381
-, Kfz. (1975) 1381
-, Kfz. (1976) 1382
-, Kfz. (1978) 1383
-, Kfz. (1984) 1384
-, Mitglied Kuba 1883
-, Mitglieds-Stn. 1375, 1381
-, -Statut 1378, 1381
-, Wirtschafts-Bez. 1381
Rhandeia,
-, Vtg. (63 n.) 345, 349
Rhapta 1148–1149
Rhee,
-, Syngman *1217*, *1792*
Rhegion (Rhegium,
-, Reggio di Calabria) 70, 137, 143, 153, 221–222, 224, 228, 294
-, Reggio di Calabria) ⓣ 125
Rhein,
-, Chemieunfall 1416
Rheinbund,
-, (1658) 684, 824–825, 921
-, (1806–1813) 702–703, 838, 840, 935
Rheingrenze,
-, Röm. R. 281, 284, 317–318
Rheinische,
-, Allianz (1654) 824
-, Rep. 740, 880
Rheinischer Städtebund,
-, (1254) 480, 484, 492
-, (1254) ⓣ 410
-, (1381) 493
-, (1381) ⓣ 410
Rheinland (1918–1945) 742–743, 747, 881–882, 884, 896, 950
Rheinland-Pfalz 1400
Rheinland-Pfalz,
-, Bevölkerung ⓣ 1431
Rheinlied 844
Rheinmetall 887
Rheinpfalz (bayrische Pfalz) 850, 879
Rheinprovinz 703, 841
Rhein-Ruhrgebiet,
-, (1914–1945) 952

Rheinzabern,
-, (Alt.) ⮕Tabernae
Rhens,
-, (MA) 490, 494
-, Kurverein (1338) 489
Rhetorik,
-, röm. 253, 280
Rhetra,
-, Gr. 129, 131
Rhobathon (Rawwafa) 352
Rhode 72
Rhode Island 1270, 1272, 1284
Rhodes,
-, Cecil *973*, 1154, 1166, 1170
Rhodesian Front ⮕RF
Rhodesien 1462
Rhodesien,
-, (seit 1964/65) ⮕Zambia
-, (seit 1964/65) ⮕Zimbabwe
Rhodesien ⓣ 709
Rhodoguna,
-, G. Demetrios II. Nikator Ⓢ 187
Rhodope,
-, röm. Prov. 311
Rhodos,
-, (hellenisitische u. Röm. Zeit) 230–231, 258
-, (hellenistische u. Röm. Zeit) 188, 192, 196, 200, 202, 205, 207
-, (hellenistische u. röm. Zeit) 180–181
-, (MA) 403, 610, 630–632
-, (NZ) 1016, 1103
-, (vor dem Hellenismus) 54, 118, 158–161, 163
-, (vor dem Hellenismus) ⓣ 120, 125
-, Abk. (1949) 1579
Rhoikos,
-, Baumeister 137
Riade,
-, Schl. (933) 460
Ribas Reig,
-, Oscar *1483*
Ribaut,
-, Jean 1270
Ribbentrop,
-, Joachim v. 751–752, 755, 758, 762, 765, 769–770, 779, 783, 798, *891*, 897, 915, 1005, 1057
Ribemont,
-, Vtg. (880) 421, 455
Ricardo Izurieta Caffarena 1924
Ricardo Lagos 1924
Ricardo Maduro 1875
Ricci,
-, Matteo *1207*
Richar *370*
Richard,
-, Engld.,
-,-, Kg.,
-,-,-, II. 446, 575, *578*–579, 585, 613
-,-,-, II. Ⓢ 487, 581
-,-,-, III. *582*–583
-,-,-, III. Ⓢ 581
-,-,-, Löwenherz 401, 404, 430–431, 476, *573*
-,-,-, Löwenherz Ⓢ 570
-, Gf. v. Cambridge 579
-, Gf. v. Cambridge Ⓢ 581
-, Hz. v. York 580, 582
-, Hz. v. York Ⓢ 581
-, Kg.,
-,-, v. Cornwall 484, 517

-,-, v. Cornwall Ⓢ 554
-, S. v. Eduard,
-,-, Engld./GB,
-,-,-, Kg.,
-,-,-,-, IV. 582
-,-,-,-, IV. Ⓢ 581
Richard Lakey 1733
Richard von Aversa 509, 532
Richelieu,
-, Armand-Jean du Plessis 681–684, 919–**920**, 922, *938*, *985*, 1008, 1271
Richenza,
-, Ksn. 470, 472
-, Ksn. Ⓢ 476
Richeza,
-, G. v. Mieszko,
-,-, Polen,
-,-,-, Kg.,
-,-,-,-, II. 465
-, Nichte v. Otto,
-,-, Ks.,
-,-,-, III. 608
Richildis,
-, G. v. Raimund Berenguer,
-,-, Provence,
-,-,-, Gf.,
-,-,-,-, III. Ⓢ 554
Richmond 1270, 1285
Richter,
-, Eugen *857*, 863
Richter Prada,
-, Pedro 1904
Ricimer,
-, Rom,
-,-, Heermeister 286–287
-,-, Heermeister Ⓢ 284
Ridgway,
-, Matthew Bunker 1361, *1848*
Riebeeck,
-, J. van 1168
Riedschachen 35
Riel,
-, Louis *1276*
Riemenschneider,
-, Tilman *500*
Rienzo,
-, Cola di 491, *520*, 540
Riess-Passer, Susanne 1440
Rifai,
-, Said *1600*
Rif-Kabylen 1121
Riga 492, 796, 979, 1059, 1496
Riga,
-, (seit 1945) 1498, 1528
-, Dom 1059
-, Frd.,
-,-, (1920) 1059
-,-, (1921) 1000, 1065
-, Schl. (1917) 727
Rignano Garganico 20
Rigoberta Menchu 1870
Rig-Weda 1177
Riina,
-, Salvatore 1475
Rijswijk,
-, Frd. (1697) 685, 826, 925, 1024, 1273
Rimbert,
-, Hamburg,
-,-, B. *371*
Rimini 526
Rimini,
-, (Alt.) ⮕Ariminum
Rim-Sin,
-, Larsam,
-,-, Kg. 87
Rimusch,
-, Babylonien,
-,-, Kg. 39

Rinaldone-Gruppe 43
Rin-chen bzang-po *1199*
Rinchinnyamiin Amarjargal 1771
Ringadoo,
-, Veerasamy 1745
Rinyo-Clacton-Gattung 45
Rio de Janeiro 1298
Rio de Janeiro,
-, Btm. 1298
-, Protokoll (1942) 1311
-, UN-Umwelt-Kfz. (1992) 1334
-, Vtg.,
-,-, (1947) 1339, 1847
-, Vtg. (1828) 1314
Rio de la Plata,
-, Vize-Kgr. 1297, 1313
Rio de Oro ⓣ 709
Rio Marañón 1902
Rio Muni 1161, 1687
Rio Muni ⓣ 1158
Río San Jacinto,
-, Schl. (1836) 1304
Riobamba,
-, Kongr. (1830) 1311
Rio-de-la-Plata-Gebiet 1295–1296
Rio-Grande-do-Sul-Gebiet 1298, 1316
Rios Montt,
-, Efrain *1870*
Ríos Morales,
-, Juan Antonio *1318*
Ripa Thraciae 306, 310
Ripatransone 55
Ripen 460
Ripen,
-, Btm. 371
Ripka,
-, Hubert *1069*
Ripoli-Gruppe 26
Risorgimento 1012–1013
Risorgimento,
-, Zeit-Schr. 700
Riss-Eiszeit 10, 14–15
Riss-Eiszeit ⓣ 11
Ritter,
-, röm. 215, 232, 234–236, 244–247, 249, 252, 255, 258–262, 267–268, 270, 272–274, 276, 297, 299, 303, 305, 334–335, 341, 343–344
-, röm. Ⓖ 235
Ritterbünde **492**–493
Ritterkrieg (1522–1523) 661, 806
Ritterorden 402–**403**, 494
Ritterorden,
-, Iberische Halbinsel 551
-, v. Alcántara 560
-, v. Montesa 561
-, v. Santiago 560
-, v. Calatrava 560
-, weltlich 575
Rittertum **389**–390
Rittertum,
-, Frkr. **422**
Rivadavia,
-, Bernardino 1314
Rivera,
-, Julio Adalberto *1872*
Rixa Elisabeth,
-, Polen u. Böhmen,
-,-, Kgn. *612*, 615
Rizal,
-, José Protasio *1230*
RKSP (Römisch-Katholische Staatspartei) 1039
RM (Ralliement Mauricien) 1744
RNI (Nationale Sammlungs-

bewegung der Unabhängigen,
-, Marokko) 1642
Roatta,
-, Mario *1021*
Robbia,
-, Luca della *545*
Robert,
-, Achaia,
-,-, Ft.,
-,-,-, v. Tarent 631
-, Burg.,
-,-, Hz. 426
-,-, Hz. Ⓢ 556
-, Chartres,
-,-, Hz. Ⓢ 924
-, d. Friese 427
-, de Boron Ⓣ 434
-, de la Salle,
-,-, René 1271
-, Flandern,
-,-, Gf.,
-,-,-, II. 400, 645
-, Frkr./Westfranken-R.,
-,-, Kg.,
-,-,-, I. 421
-,-,-, II. D. Fromme 423, 425–426, 428, 466
-,-,-, II. d. Fromme Ⓢ 556
-, Normandie,
-,-, Hz. 400
-,-, Hz.,
-,-,-, d. Teufel 570
-,-,-, d. Teufel Ⓢ 570
-,-,-, Kurzhose 427, 571
-,-,-, Kurzhose Ⓢ 570
-, Normannen,
-,-, Hz.,
-,-,-, Guiscard 470, 509–510, 532–533, 630, 645
-, Schottld.,
-,-, Kg.,
-,-,-, II. 587
-,-,-, III. 587
-, the Stewart 587
-, v. Anjou,
-,-, d. Weise 539
-, v. Molesme *512*
-, v. Neapel 538
-, v. Clermont 442
Robert Grosseteste,
- B.,
-,-, Lincoln ⮕Grosseteste
Robert Guéï 1666
Robert Kotscharian 1540
Robert Mugabe 1714
Robert Nault 1845
Robert-College 1107
Roberto,
-, Holden *1704*
Roberts,
-, J. J. 1159
Robertsfield 1159
Robespierre,
-, Maximilien de 930–933
Robinson,
-, Arthur R. *1894*
-, Mary *1468*
Robles Quiñones,
-, Jóse Maria Gil *1028*
Roca Argentino,
-, Julio **1315**
Rocard,
-, Michel *1449*–1450
-, Michel ⓣ 1449
Rocco,
-, Alfredo *1019*
Rochefort,
-, Henri de 945
Rockefeller,
-, John Davison *1845*

-, Nelson Aldrich *1856*, 1909
Rocky Mountains 1281, 1284
Rocolo Bresciani 50
Rocroi,
-, Schl. (1643) 683, 920
Roderich,
-, Westgoten,
-,-, Kg. 549
Roderich Díaz de Vivar (Cid),
-, Feldh. *552*
Rodriguez,
-, Cabrillo,
-,-, Juan 1269
Rodríguez,
-, Andrés *1909*–1910
-, Lara,
-,-, General Guillermo 1901–1902
Rodzianko,
-, M. v. 997
Roe,
-, Thomas 1183
Roger,
-, de Flor 649
-, Siz.,
-,-, Kg.,
-,-,-, I. 532
-,-,-, II. 471–472, 511, 514, 532–534, 536, 623, 630, 645–646
Rogers,
-, Bernard W. *1371*–1372
-, William 1583
Rogers-Plan (1969) 1583, 1592
Roggeveen,
-, Jacob *1247*
Rogier,
-, van der *415*
Roh Jae Bong 1793
Roh Tae-Woo 1786, *1793*
Röhm,
-, Ernst 890–*891*, 896
Röhm-Affäre (1934) **896**
Rohstoffkonferenz (1975) 1330
Rohstoffondsvertrag (1980) 1331
Rohstoffpolitik (seit 1945) 1327, 1330
Rohwedder,
-, Detlev Karsten *1430*
Rojas Pinilla *1895*
Rokoko 662
Rokossowski,
-, Konstantin *1375*, *1501*–1502
Rolambo,
-, Merina-R.,
-,-, Kg. 1150
Roland,
-, (Hruodland),
-,-, Bretonische Mark,
-,-,-, Gf. *378*, 569
-, de la Platière,
-,-, Jean Marie 930
Roland Koch 1433
Rolandas Paksas 1500
Roldós Aguilera,
-, Jaime *1902*
Rolf Knutsson 1598
Rolle,
-, Richard 578
Rollo,
-, Normannen,
-,-, Hz. 421, 589
Rom,
-, (Alt.) 111–112, 228–239, 241–280
-, (Alt.),

-,-, Agrargeschichte 210, 213–215, 233, 243–244, 269, 276, 279–280, 363
-,-, Chronologische Übersicht ❶ **208**
-,-, Föderaten 358–361, 364
-,-, Stadt 208–210, 216–217, 220, 235, 245–246, 251, 258–260, 265–266, 268–269, 274, 279–280, 296, 298, 359, 361
-,-, Stadt ❶ **209**
-, (alte Rep. Ca. 510-ca. 270) **213**–**217**, **220**–**222**, 295
-, (alte Rep. Ca. 510-ca. 270),
-,-, Adel 216
-,-, Ausdehnung ❶ **219**
-,-, Außen-Pol. 304, 316
-,-, Beamte 216
-,-, Eroberung It. 294–295
-,-, Expansion 220
-,-, innere Entwicklung 214–216
-,-, Kol. ❶ **219**
-,-, Kriegführung 217
-,-, Militärwesen 214, 216
-,-, pol. Org. 213–214, 216
-,-, Recht(swesen) 215
-,-, Religion 215
-,-, Schuldenproblem 213, 216
-,-, Ständekämpfe 214–216
-,-, Tribus ❶ **219**
-, (alte Rep. Ca. 510-ca. 270) ❶ **208**
-, (alte Rep. ca. 510-ca. 270) ❶ **76**
-, (Eisenzeit) 68, 70
-, (Königszeit 8. Jh.-ca. 510) **209–212**
-, (Königszeit 8. Jh.-ca. 510),
-,-, Adel 210
-,-, Beamte 211
-,-, Handel 210
-,-, Königtum 211
-,-, Magistratur 211
-,-, pol. Org. 210–211
-,-, soziale Frage 211
-, (Königszeit 8. Jh.-ca. 510) ❶ **76**, 208–**209**
-, (Königszeit 8. Jh.-ca. 510),
-,-, Wirtschaft 210
-, (MA) 386–387, 398, 498, 503–505, 509, 511–512, 514, 520, 526–528, 530–531, 533, 540–541
-, (MA),
-,-, Adel 504, 507, 517–518, **529**
-,-, Stadt 530
-, (mittlere Rep. 287–133) 188–190, 192, 194–195, 199–201, 205–208, **223**–**239**, **241**–**242**, 304–305
-, (mittlere Rep. 287–133),
-,-, Adel 223, 297
-,-, Außen-Pol. 223, 300–301, 309–310, 328
-,-, Bevölkerung(sentwicklung) 295, 297–298
-,-, Expansion 223
-,-, Flotte 224–225
-,-, Gesellschaft 296–297
-,-, innere Entwicklung 232–233, 242
-,-, Kultur 297
-,-, Militärwesen 295–**296**, 329
-,-, pol. Org. 223, **295**–**297**

-,-, Prov. 300–301, 329, 332
-,-, Prov. ❶ **223**
-,-, Recht(swesen) 295, 297
-,-, Senat 296–297
-,-, Verkehr **296**–**297**, 310, 329
-,-, Wirtschaft 296–297, 300–301, 304, 314, 329
-, (mittlere Rep. 287–133) ❶ **76**
-, (NZ) 749, 787, 1014–1015, 1350
-, (Prinzipat 44 v.–285 n.) **254**–**278**, 298–300, 302–303, 305–309
-, (Prinzipat 44 v.–285 n.),
-,-, Adel 299–300, 344
-,-, Außen-Pol. 314–315, 317–318, 324, 349
-,-, Bevölkerung(sentwicklung) **299**–**300**, 313, 321, 341
-,-, Christentum 290–292
-,-, Gesellschaft 259, 269–270, 299–**300**, 315, 320–321, 327, 330, 334, 344
-,-, Innen-Pol. 290–291
-,-, Kaisertum 298–299, 334–335, 340
-,-, Kultur 316, 321–322, 334, 341, 344
-,-, Manufakturen 269
-,-, Militärwesen 299, 305, 307–309, 311–313, 315–**319**, 325–326, 330, 332, 335, 337, 339–340, 343, 349, 353
-,-, pol. Org. 256, 259–260, **270**, **293**, **298**–**299**, 308
-,-, pol. Org. ❶ **271**
-,-, Prätorianer 298–299
-,-, Reichsverwaltung **269**–**272**, **298**–301, 305, 311–312, 314–315, 317–320, 326–327, 330–337, 339–340, 342–343, 345, 352–353
-,-, Religion 314, 316, 321, 331, 334–336, 341–342, 344
-,-, Senat 299
-,-, Stadt 320, 343–344
-,-, Stadt ❶ 313, 333
-,-, Verkehr **297**, 310, **319**, 326, 330, 340, 342–343
-,-, Verwaltung **293**
-,-, Wirtschaft 299–**300**, 305, 308–309, 313–314, 320, 323, 327, 330, 334–335, 337, 339, 341, 344
-,-, zur Zeit Hadrians ❻ **271**
-, (Prinzipat 44 v.–285 n.) ❶ 208
-, (Rep.),
-,-, Feste u. Feiern ❶ **241**
-,-, Gesellschaft ❻ **235**
-,-, Grundlinien **232**–**239**, **241**–**242**
-,-, Magistraturen,
-,-,-, außerordentliche ❶ **236**
-,-,-, ordentliche ❶ **237**
-,-, öffentliche Finanzen ❶ **234**
-,-, Organisation des Welthandels 239
-,-, Organisation des Welt-R. ❶ **238**
-, (Spätantike 284–476) **279**–**280**, **287**, 307–308, 322, 369
-, (Spätantike 284–476),
-,-, Außen-Pol. 281
-,-, Beamte ❻ 282
-,-, Bevölkerung(sentwick-

lung) 321
-,-, Christentum 283, 285, 287, **289**, 292
-,-, Gesellschaft 320–321
-,-, Innen-Pol. 281, 285
-,-, Kaisertum 281, **283**
-,-, Kirche **282**–**283**, 285, 331, **336**, 364, 368–369
-,-, Kultur 321–322
-,-, Militärwesen 281–**282**, 285, 311, 315, 326, 333, 340
-,-, öffentliche Finanzen 282
-,-, Patrt. 280
-,-, pol. Org. 281–283, 286, **293**
-,-, pol. Org. ❻ 282
-,-, Recht(swesen) 281, 285–286
-,-, Reichsverwaltung 311, 315, 322, 326, 331–335, 337, 340, 343, 346
-,-, Religion **283**, 285, 292, 307, 321, 336
-,-, Stadt 320
-,-, Verwaltung **293**
-,-, Verwaltung ❻ 282
-,-, Wirtschaft 307–308, 320
-, (Spätantike 284–476) ❶ 208
-, (späte Rep. 133–44) 183, 191–196, 208, **243**–**253**, 301–302, 304, 306, 308
-, (späte Rep. 133–44),
-,-, Adel 298
-,-, Außen-Pol. 310, 312, 324–325, 348
-,-, Bürgerkriege 298, 300, 302, 310, 330, 336
-,-, Gesellschaft **298**, 300
-,-, Kultur 253, 298
-,-, Militärwesen **297**, 348
-,-, pol. Org. **293**, **298**
-,-, Prov. 300, 317, 329–330, 332, 336, 339, 341–342, 345
-,-, Recht(swesen) 248, 294–295, 297–298
-,-, Senat 299
-,-, sullanische Reformen **248**
-,-, Verkehr 298, 316
-,-, Verwaltung **293**
-,-, Wirtschaft 300–301
-, Syn. (1046) 468
-, Syn. (963) 507
-, Univ. ❶ 398
-, Vtg. (1924) 737
-, Vtg. (1957) ❷Römische Verträge
-, Vtg. (1992) 1716
-, Welternährungs-Kfz. (1974) 1329
(alte Rep. Ca. 510-ca. 270), ExpansionT 218
Roma 344
Roma,
-, Schiff 786
Romagna 526
Romanik 399, **436**, 507
Romanisierung 229, 260, 264, 270, 294–**298**, 305, 312, 316, 322, 327, 329–331, 334, 338, 341
Romano Prodis 1475
Romanorum imperator ❷Kaisertum,
-, Röm.-dt.
Romanos,
-, Byz.,
-,-, Ks.,
-,-,-, I. Lakapenos 604, *642*
-,-,-, II. 529, 642–*643*
-,-,-, III. Argyros 644

-,-,-, IV. Diogenes 644
-, Melodos *636*
Romanow,
-, Dyn. 980, 987–988
Romantik,
-, Dän. 1052
-, Frkr. 357, 941
-, Geschichtsschreibung 1112
-, Mittelalterrezeption 355
Romanus,
-, Pp. ❶ 505
Romberg,
-, Walter *1429*
Römer ❶ 226
Romero,
-, Carlos Humberto 1872
-, Oscar *1872*
Romero Barcelo
-, Carlos 1889
Romidee 287
Römische,
-, Frage 1015
-, Protokolle (1934) 912, 914, 1019, 1068
-, Rep. (1798) 933
Römische Verträge (1957) 1363, 1365
Rom-Karthago,
-, Vtg.,
-,-,-, II. (348 v.) 328
Rommel,
-, Erwin *763*–764, 769, 776–777, 784–787, 791, *902*, 1020
Romtheologie 287
Romuald von Camaldoli 512
Romula 309
Romulus,
-, Rom,
-,-, Kg. 209–210
-,-, Ks.,
-,-,-, Augustulus 279, 287, 355, 361, 635
Ronald Venetiaan 1901
Roncaglia 472
Roncaglia,
-, Reichstg. (1158) 474, 512, 534
Roncesvalles,
-, Schl. (778) 378
Rongelap 1839
Rongères 61
Ronsard,
-, Clémerit Marot Pierre de *917*
Roon,
-, Albrecht v. *853*
Roosebeke,
-, Schl. (1382) 445
Roosevelt,
-, Franklin D. 744, 746, 748, 751, 758, 760–763, 765, 769–770, 776, 779–782, 788–791, 800, *897*, 901, 1021, 1069, 1225–1226, *1291*–1293, 1501, 1770, 1845, 1849
-, Theodore *1288*, 1291, 1303
Roosevelt (Rosie) Douglas 1890
Rosas,
-, Juan Manuel de **1314**–1315
Roschmann,
-, Eduard 1915
Rosellón ❷Roussillon
Rosenberg,
-, Alfred 767, *891*, 899
-, Ethel *1848*
-, Julius *1848*

Rosenkriege 579–**580**, 671
Rosenplüt,
-, Hans *501*
Rosette,
-, Stein v. 75, 183
Roskilde 600
Roskilde,
-, Frd. (1658) 684, 1046, 1048
Rosny Smarth 1887
Roßbach,
-, Schl. (1757) 688, 829
Roßellino,
-, Bernado *544*
Rosseló,
-, Pedro 1889
Rössen 29, 35
Rossi,
-, Pellegrino *1014*
Rößler,
-, Konstantin *706*
Rostock 598, 776, 798, 1431
Rostock ❶ 413
Rostovtzeff,
-, Michael I. 287
Rostow 768, 782
Roswitha von Gandersheim *465*
Rote Armee 758, 761, 767–768, 1001–1002, 1004–1006, 1064
Rote Armee,
-, Abzug aus Dtld. (1994) 1431
Rote Brigaden (It.) 1473
Rote Büffel,
-, Thaild. 1809
Rote Fahne 1777
Rote Garden,
-, Finnl . 1055
Rote Garden (VR China) 1778
Rote Khmer 1803, 1811–1813, 1817
Roten,
-, Myanmar 1805
Roten Khmer 1813
Roter Frontkämpferbund 876
Rotes Kreuz 1014, 1085
Rotes Telefon,
-, UdSSR – USA 1348, 1521
Rothari,
-, Langobarden,
-,-, Kg. **526**
Rothmann,
-, Bernhard *809*
Rothschild,
-, Lionel Nathan 937, 974
-, Lord 1113
Rotse 1151
Rotten Boroughs 968
Rottenburg,
-, (Alt.) ❍Sumelocenna
Rotterdam 759
Rottweil,
-, (Alt.) ❍Arae Flaviae
Rouen 319, 392, 445–447, 449–450
Rouen ❶ 411, 435
Round-Table-Konferenzen (1931/32) 1190
Rousseau,
-, Jean-Jacques 664–*665, 927, 1083*
Roussillon 452, 560–562, 1024
Rouvier,
-, Maurice 948
Röver,
-, Karl ❶ *892*
Rovuma 1173

Rowlatt-Gesetze (1919) 1189
Rowling,
-, Wallace *1835*
Roxane,
-, G. Alexander d. Gr. *172–176*
Roxas,
-, Manuel *1827*
Roxolanen 268, 277, 306–308, 310, 324
Royal African Corps 1157
Royal Niger Company 1160
Royalismus,
-, Frkr. 932–933, 935–936, 938–940, 946, 948
Roye,
-, E. J. 1159
Royer-Collard,
-, Pierre-Paul 938
Royo,
-, Aristides *1879*
Rozvi-Reich 1166
Rozwi 1154
RPF (Rassemblement du Peuple Français) 1445
RPP (Rastriya Prajatantra Party,
-, Nepal) 1766
RRVP (Russische Republikanische Volkspartei) 1530
Ruad,
-, (Alt.) ❍Arwad
Ruanda ❍Rwanda
Ruanda-Urundi,
-, (1919–1962) 1164, 1173, **1699, 1701**
-, (1919–1962) ❶ 1158
-, (seit 1962) ❍Burundi
-, (seit 1962) ❍Rwanda
Rubayi,
-, Salim Ali *1620*
Rubelblock 1323, 1517
Rubens,
-, Peter Paul *662, 1008*
Rubico (Rubikon),
-, Fluss 252, 294
Rubljow,
-, Andrei *623*
Rubruk,
-, Wilhelm v. *1098*
Ruch (Volksbewegung der Ukraine für die Umgestaltung) 1534
Rückversicherungsvertrag (1887) 707, 864, 866
Rudd,
-, C. 1166
Rudolf,
-, Böhmen,
-,-, Kg.,
-,-,-, I. 487
-,-,-, III. ❺ 485
-,-, Burg.,
-,-, Kg.,
-,-,-, I. 421–*422*
-,-,-, II. *422*, 459–460, 529
-,-,-, III. *422*, 426, 464–466
-, Ehz.,
-,-, Österreich *907*
-, Hz.,
-,-,-, I. v. Österreich ❺ 485
-,-, IV. d. Stifter ❺ 485
-, Kg.,
-,-,-, I. (v. Habsburg) 485–486, 517, 612
-,-, I. (v. Habsburg) ❺ 485
-, Kg./Ks.,
-,-, v. Rheinfelden 468–470, 510
-,-, v. Rheinfelden ❺ 467
-, Ks.,

-,-, II. 680, *814*–816, 1104
-, Ober-Bay.,
-,-, Hz.,
-,-,-, I. ❺ 488
-, S. v. Franz,
-,-, Österreich,
-,-, Ks.,
-,-,-,-, Joseph I. ❺ 835
-, S. v. Rudolf,
-,-, Ober-Bay.,
-,-, Hz.,
-,-,-, I. ❺ 488
-, v. Ems ❶ 481
-, Westfranken-R.,
-,-, Kg. 460
Rudolf (II.),
-, Kg.,
-,-, It. ❍Rudolf II.,
-,-, Burg.
Rudolf Schuster 1512
Rueff-Plan 1446
RUF 1663–1665
Ruffo di Calabria,
-, Paola ❺ 970
Rufiji 1148
Rufisque 1156
Ruge,
-, Arnold ❶ *846*
Rügen 472, 595, 703, 818, 841
Rugier 323, 361–362
Rugova 1552
Ruhrbesetzung,
-, (1921) 738, 878
-, (1923) 740–742, 879, 881, 951
Ruhrgebiet 738, 855, 877–879, 881, 1401
Ruhrkampf (1923) 740, 879
Ruhrproblem (seit 1945) 1356
Ruhrstatut (1949) 1357
Ruiz,
-, B.,
-,-, San Cristóbal 1867
Ruiz Cortines,
-, Adolfo *1866*
Ruiz de Hita,
-, Juan ❶ 416
Rujugira,
-, Rwanda,
-,-, Kg. 1146
Rum Jungle 1831
Rumailla,
-, Ölfeld 1576
Rumänien,
-, (Alt.) 358
-, (MA) 628–629
-, (NZ) 706–707, 712, 728, 736, 740, 751, 758, 761–762, 781, 783, 789–790, 795–796, 898–900, 914–915, 1005–1006, 1019, **1071**, **1073**–1074, 1104, 1108
-, (NZ),
-,-, Außen-Pol. 738, 743, 746, 762, 1071
-,-, Innen-Pol. 1071
-,-, Kriegführung 719, 724–725, 728, 766–767, 770, 772, 783
-,-, Kriegsverluste ❶ 802
-,-, (NZ) ❶ 775, 899
-, (seit 1945) 1339–1340, 1374, 1376, 1378, 1380–1381, 1515, 1536–1537, **1542**–**1544**, 1846
-, (seit 1945),
-,-, Europäische Union 1394

-,-, Handel ❶ 1384
-,-, Warschauer Pakt-Streitkräfte ❶ 1354
-,-, Wirtschaft ❶ **1543**
-, (seit 1945) ❻ 1358
-, (seit 1945) ❶ 899
Rumänisch,
-, Spr. 1536
Rumasa,
-, spanischer Konzern 1481
Rumelien 1101, 1104
Rümelin,
-, Gustav ❶ *846*
Rumjanzew,
-, Pjotr A. *985*
Rumor,
-, Mariano *1472*–1473
Rumpfparlament,
-, (1648) 963
-, (1849) 850
Rum-Seldschuken 1095, **1099**
Runciman,
-, Walter *1068*
Runder Tisch 1429
Rundstedt,
-, Gerd v. *786*, 791
Runnymede 573
Rupeniden,
-, Dyn. 404
Rupert,
-, Salzburg,
-,-, B. *370*
-, v. Deutz *480*
Ruprecht,
-, Kg. 412, 494, 522
-, Kg. ❺ 488
-, Rhein,
-,-, Pfgf. b.,
-,-,-, II. ❺ 488
-, S. v. Rudolf,
-,-, Ober-Bay.,
-,-, Hz.,
-,-,-, I. ❺ 488
Rurikiden,
-, Dyn. 589, 608–609, 619–622
Rurikikiden,
-, Dyn. 979
Rusellae 70
Rushdie,
-, Salman *1649*
Rusk,
-, Dean 1808
-, -Thanat-Kommuniqué 1803, 1808
Russell,
-, Bertrand 1212
Russen 606, 1767
Russifizierung 986, 988, 990–992, 1536–1537, 1539–1540
Russisch,
-, -chin. Verträge,
-,-, (1858–1860) 989
-, -engl. Teilungs-Vtg. (1907) 1125
-, -frz. Marine-Konv. (1912) 996
-, -frz. Militär-Konv. (1892) 948, 992
-, -Japanischer Krieg (1904–1905) 710, 986, 992, 1211, 1216, 1223, 1288
-, -Japanischer Vtg.,
-,-, (1896) 992
-,-, (1898) 992
-, -Schwedischer Krieg,
-,-, (1570–1583) 1044
-,-, (1590–1595) 1044
-,-, (1788–1790) 1047
-, -Türkischer Krieg,

-,-, (1677–1681) 980
-,-, (1695–1700) 1104
-,-, (1735–1739) 983, 1106, 1198
-,-, (1768–1774) 688, 985, 1106, 1118
-,-, (1787–1792) 985, 1106
-,-, (1806–1812) 987, 1070, 1107
-,-, (1828–1829) 705, 988, 1080, 1107
-,-, (1877–1878) 706, 708, 986, 991, 1073, 1108
-, -Türkisches Defensiv-Bdn.,
-,-, (1833) 988
Russische,
-, Rüstungsanleihe (1914) 996
Russische Bibelgesellschaft (1814) 988
Russische Republikanische Volkspartei ❍RRVP
Russland,
-, (1505–1795/1796) 684–688, 829, **978**, **981**–985, 1105–1106, 1208
-, (1505–1795/1796),
-,-, Adel 978
-,-, Außen-Pol. 688, 983, 1106
-,-, Bauern 979–980, 985
-,-, Beamte 979
-,-, Bevölkerung(sentwicklung) ❻ 652
-,-, Bildungswesen 983
-,-, Gesellschaft 980, 982
-,-, Handel 682
-,-, Kolonialmacht 1124
-,-, Kriegführung 686
-,-, Militärwesen 981
-,-, pol. Org. **978**, **982**
-,-, Reformen Peters d. Gr. **981**–**982**
-,-, Regierung Iwans IV. 979
-,-, Religions-Pol. 982
-,-, smuta 980
-,-, Verwaltung **978**, 982
-,-, Verwaltung ❻ **984**
-,-, Wirtschaft 981
-,-, Wissenschaft 983
-, (1505–1795/1796) ❻ 671
-, (1789–1917) 731, 734, 840, 908, **986**–**995**, 1017, **1049**, **1052**, 1055, 1064, **1070**, **1080**, 1107–1108, 1210–1211, 1216, 1223, 1539–1540
-, (1789–1917),
-,-, Arbeiterschaft 992
-,-, Außen-Pol. 701–707, 710–712, 837, 987–993, 995, 1107–1109, 1118, 1125–1126
-,-, Außen-Pol. ❻ 708
-,-, Auswanderung ❻ 1283
-,-, Bildungswesen 987, 990
-,-, Bildungswesen ❻ 994
-,-, Eisenbahnbau 988–989
-,-, Gesellschaft 997
-,-, Imperialismus 987, 990, 992
-,-, Industrialisierung 690, 987–989, 993
-,-, Innen-Pol. 987–993, 995
-,-, Kolonialmacht 1124–1126
-,-, Kriegführung 718, 720–721, 723–725, 727, 989, 991–992, 996–997, 1108, 1124
-,-, Kriegführung ❶ 717

-,-, Landwirtschaft 986–991, 993
-,-, Parlamentarismus 988
-,-, Parteien 992–993, 995
-,-, pol. Org. 987
-,-, pol. Org. ◐ 994
-,-, Rüstung ◐ 712
-,-, Sozialdemokratie 986
-,-, soziale Frage 987–993
-,-, Sozialstruktur 993
-,-, Verwaltung 989
-,-, Verwaltung ◐ 994
-,-, Wirtschaft 989
-,-, Zarismus 987
-, (1789–1917) ◐ 730
-, (MA) 388, 608–609, 619–620, 622, 635, 650, 1092, 1196
-, (MA),
-,-, Adel 619–620, 622
-,-, Architektur 623
-,-, Außen-Pol. 623
-,-, Bevölkerung 621
-,-, Christianisierung 609, 642
-,-, Gesellschaft 619
-,-, Kultur 611, 620
-,-, Kunst 623
-,-, Literatur 623
-,-, Mongolenherrschaft 620–621
-,-, pol. Org. 609, 611, 622
-, (seit 1992) 1334, 1385, 1391–1392, 1431, 1497–1498, 1500, 1504, 1528–1530, 1534, 1538, 1562, 1588, 1859, 1861, 1884
-, (seit 1992),
-,-, Außen-Pol. 1392, 1528, 1530, 1533, 1652
-,-, pol. Org. 1529
-,-, Verfassung 1529
-,-, Wirtschaft 1529–1530
-, (seit 1992) ◐ 1358
Russland (1918–1991) ◑UdSSR
Russland (seit 1992) 1756
Russlands Wahl,
-, Partei 1529
Rustam,
-, Sasaniden,
-,-, Feldh. 352
Rüstung 738, 742, 744, 746
Rüstung,
-, BR Dtld. 1371
-, China 1786
-, Dt. R. 746–747, 769, 771, 773
-, Dt. R.,
-,-, (1871–1918) 710, 864, 866–870
-,-, (1871–1918) ◐ 711–712
-,-, (1933–1945) 887–888, 896, 900
-, Dt. R. ◐ 761, 763
-, Finnld. 1056
-, Frkr. 747, 1371
-, Frkr. ◐ 711–712
-, GB 747, 977, 1460
-, GB ◐ 711–712, 763, 770
-, Indonesien 1824
-, Iran 1647
-, Japan 747
-, Japan ◐ 763
-, Kommunistische Welt 1384
-, kommunistische Welt 1375
-, Österreich-Ung. 855
-, Österreich-Ung. ◐ 712
-, Russld. 981

-, Russld. ◐ 712
-, Span. 1023
-, Taiwan 1789
-, UdSSR 1345, 1517, 1522, 1524
-, UdSSR ◐ 763
-, USA 747, 761, 765, 1292, 1339, 1345, 1352–1353, 1847, 1856
-, USA ◐ 763, 770
Rüstung ◐ 711–712, 763
Rüstungsbegrenzung (seit 1945) 1353, 1355, 1415, 1858
Rüstungsgleichberechtigung,
-, Dt. R. 886
Rüstungsgleichgewicht (seit 1945) 1353
Rüstungskontrollverhandlungen 1338
Rusuccuru ◐ 333
Rutebeuf ◐ 434
Ruth Dreifuss 1442
Ruthenen 990
Rutilius Namatianus 280, 286, 321
Rütlischwur 486
Rüütel,
-, Arnold 1496–1497
Ruysbroeck,
-, Jan van 418
-, Wilhelm v. ◑Rubruk,
-,-, Wilhelm v.
Ruzkoi,
-, Alexander W. 1529
Rwagasore,
-, Louis 1701
Rwanda (Ruanda),
-, (1919–1962) ◑Ruanda-Urundi
-, (Anf.–1919) 1145–1146
-, (seit 1962) 1158, 1173, 1697, 1699–1700, 1702
-, (seit 1962),
-,-, Flüchtlinge 1700, 1728–1730
-,-, Unabhängigkeits-Erkl. ◐ 1386
-,-, Verfassung 1700
-,-, Wirtschaft ◐ 1385
-, (seit 1962) ◐ 1655
Rydberg,
-, Viktor 1050
Rydzśmigły,
-, Eduard 1066
Rykow,
-, Alexej I. 1526
-, Alexej J. 1000, 1002, 1004
Ryti,
-, Risto 756, 783, 1057

S

SA,
-, (Sturmabteilung) 885, 889, 893, 896–897
Sá Carneiro,
-, Francisco 1486
Saad,
-, Ifat,
-,-, Su.,
-,-,-, Al-Din II. 1135
-, Kuwait,
-,-, Kron-Pr.,
-,-,-, Al-Abdallah 1615
Saad Al-Abdallah 1615
Saad ◑Sabah,
-, Saad Abdallah Al-Salim Al-,

-, Kuwait,
-,-,-, Kron-Pr.
Saadeddin Ibrahim 1628
Saalfeld,
-, Bd. (1531) 809
Saalum 1156
Saarabstimmung,
-, (1935) 896, 903
Saarbrücken 825, 936–937, 945
SAARC (Gruppe für Südasiatische Regionale Zusammenarbeit) 1748, 1766
Saarfrage,
-, (1956) 1356, 1361, 1363, 1409
Saargebiet 726, 733, 735, 896, 903, 950, 1338, 1358, 1362–1363, 1397, 1405
Saargebiet ◐ 733
Saarland 1339
Saarland,
-, Bevölkerung ◐ 1431
Saarlouis 936–937, 945
Saarstatut (1954) 1408–1409
Saaz,
-, Johann v. 614
Saba 100, 1300, 1880
Sabäer 90, 257, 352–353
Sabah,
-, Abdallah as-Salim as- 1614
-, as-Salim,
-,-, Kuwait,
-,-,-, Emir 1614
-, Dschaber Al-Ahmed Al-,
-,-, Kuwait,
-,-,-, Emir 1614–1615
-, Dschaber Al-Ahmed as-,
-,-, Kuwait,
-,-,-, Emir 1576
-, Saad,
-,-, Abdallah Al-Salim Al-,
-,-,-, Kuwait,
-,-,-,-, Kron-Pr. 1614
Sabah (Britisch-Nordborneo) ◑Malaysia
Sabas 1857
Sabatina ◐ 219
Sabeller 296
Sabiner 210, 221
Sabiner ◐ 209, 219
Sabinian,
-, Pp. 503
-, Pp. ◐ 505
Sabra,
-, Palästinenserlager 1587
Sabri,
-, Ali 1626
Sacco di Roma (1527) 674, 1007, 1009
Sacco di Roma (1527) ◐ 806
Saccopastore 17
Sachalin 710, 1002, 1223, 1794–1795
Sachalin,
-, Bodenschätze 1800
-, Flugzeugabschuß (1983) 1793
Sacharja,
-, Prophet 104
Sacharow,
-, Andrej D. 1522–1523, 1525–1526
Sachs,
-, Hans 501
Sachsen,
-, (Alt.) 281, 284, 324, 326
-, (MA) 360, 372–373, 377–379, 382, 455–458, 464, 468–469, 472, 475

-, (MA) ◐ 373
-, (NZ) 675, 682–683, 685, 687, 699, 702–703, 808–809, 824, 841, 844
-, (NZ),
-,-, Kgr. 854
-, (seit 1945) 1402–1403, 1430
-, (seit 1945),
-,-, Bevölkerung ◐ 1431
-,-, Volksentscheid (1946) 1403
-,-, Christianisierung 369–370, 379
-, Freist. 873, 878, 880
-, Freist. ◐ 892
Sachsen-Anhalt (seit 1945) 1402–1403, 1430
Sachsen-Anhalt (seit 1945),
-, Bevölkerung ◐ 1431
Sachsen-Coburg,
-, Verfassung (1821) 842
Sachsen-Coburg-Braganza,
-, Dyn. 1032
Sachsenhauser Appellation (1324) 489
Sachsen-Hildburghausen,
-, Verfassung (1816) 842
Sachsen-Lauenburg 488
Sachsenspiegel 417, 480
Sachsen-Weimar-Eisenach,
-, Verfassung (1816) 699, 842
Sachsen-Wittenberg 484, 488, 496
Sächsischer Städtebund (1382) 493
Sacriportus 247
Sacrum imperium 459
Sad ed Din 1104
Sadaschiwaraja,
-, Ind.,
-,-, Kg. 1183
Sadat,
-, Anwar as- 1573–1575, 1583, 1585–1586, 1612, 1626–1627, 1630
-, Anwar-as 1857
Saddam Hussein 1610
Saddam Hussein ◑Hussein,
-, Saddam
Sadduzäer 338–339
Sadowa 706
Sadr 1123
Saevates 314
Safawiden,
-, Dyn. 1098, 1102, 1104–1105, 1123–1124, 1126, 1197–1198
Saffariden,
-, Dyn. 1093
Safi,
-, Pers.,
-,-, Schah,
-,-,-, I. 1123
-,-,-, II. 1124
SAG (Sowjetische Aktiengesellschaften) 1403, 1417, 1420
Sagasta,
-, Práxedes Mateo 1026
Sagauli,
-, Vtg. (1816) 1187
Saghlul,
-, Saad 1119
Sagres 563
Sagunt 226–228, 248
Sahak,
-, Katholikos 346
Sahara,
-, Wüste 1093, 1120, 1128
Sahara (Río de Oro,

-, Saguira el-Hamra [Westsahara]),
-,-, Demokratische Arabische Rep. (DARS) 1575, 1640, 1642–1645
-,-, marokkanisch/mauretanisch verwaltet 1641, 1643
-,-, Spanisch-Sahara 1637, 1639–1641, 1643, 1645
Sahara (Rio de Oro,
-, Saguira el-Hamra [Westsahara]),
-,-, Demokratische Arabische Rep. (DARS),
-,-,-, Spanisch-Sahara 1480
Saharaouis 1575, 1643
Sahelzone 1138, 1645, 1678, 1681, 1736
Sahelzone ◐ 1655
Sahir Schah 1653
Sahir Schah ◑Mohammed,
-, Sahir Schah
-,-, Afghanistan,
-,-,-, Kg.
Sa-huynh 1227
Saibou,
-, Ali 1681
SAIC (South African Indian Congress),
-, Südafrika 1719–1720
Said,
-, Äg.,
-,-, Pascha 1118
-, bin-Sultan Al-Nahayan 1617
-, bin-Taimur,
-,-, Su. 1618
-, Ibrahim 1741–1742
-, Mohamed,
-,-, Cheikh 1741–1742
-,-, Jaffar 1741–1742
-, Nuri as- 1606
Said Abeid 1743
Said Abeid Abderemane 1743
Said Wilbert Musa 1871
Saida,
-, (Alt.) ◑Sidon
Saiditen 1093
Saifi-Dynastie 1138
Saifuddin,
-, Brunei,
-,-, Su. 1819
Saigon,
-, Vtg. (1862) 1229
Saika 1582
Sailendra,
-, Dyn. 1227
Sailendra-Reich 1227
Saint Albans,
-, (Alt.) ◑Verulamium
-, Schl. (1455) 582
Saint Barthélemy 1300
Saint Christopher ◑Saint Kitts-Nevis
Saint Cloud,
-, Pierre de ◐ 416
Saint Croix 1300
Saint John 1300
Saint Kitts-Nevis (Saint Christopher) 1880, 1889
Saint Kitts-Nevis (Saint Christopher),
-, Unabhängigkeit 1889
Saint Laurent,
-, Louis 1841
Saint Louis 1249
Saint Lucia 761, 1880, 1891
Saint Thomas 1300
Saint Vincent 1892
Saint-Acheul 16
Saint-Basle/Verzy,

2037

-, Syn. (991) 425
Saint-Bénigne,
-, Kl. 426, 507
Saint-Clair-sur-Epte,
-, Vtg. (911) 421
Saint-Denis,
-, Kl. 378, 384–385, 395, 427–428
Sainte-Marie 1172
Saintes,
-, Schl. (1242) 433
Saint-Germain-en-Laye,
-, Edikt (1570) 679, 917
-, Frd.,
-,-, (1679) 685, 822, 923
-,-, (1919) **736**–737, 910, 1071
Saint-Germain-la-Rivière 20
Saint-Gilles,
-, Konz. (1041/42) 429
Saint-Jean-de-Maurienne,
-, Kfz. (1917) 726
Saint-Marcel-sur-Saône,
-, Kl. 395
Saint-Martin 1299–1300
Saintonge 449
Saint-Pierre et Miquelon 1880
Saint-Privat,
-, Schl. (1870) 855
Saint-Quentin,
-, (Alt.) ⊃Augusta Viromanduorum
Saint-Rémy,
-, (Alt.) ⊃Glanum
Saint-Ruf,
-, Kl. 512
Saint-Simon,
-, Claude Henri de *696*
Saint-Simonismus 943
Saint-Victor,
-, Kl. 426, 512
Saipan,
-, Schl. (1944) 788, 1226
Sais 82
Saisset,
-, Bernard 438, 518
Saiten,
-, Dyn. 82
Sajudis,
-, Litauen 1499–1500
Sakalava 1150
Sakarauchi,
-, Yoshio *1800*
Sakarya (Fluss),
-, Schl. (1921) 1110
Saken ⊃Skythen
Sakiet Sidi-Joussef 1632
Sakigake 1801
Sakir,
-, Hamat,
-,-, Kg. 99
Sakkara 32, 38, 75, 78
Säkularisation 837–838, 1012, 1044
Säkularisierung 664–665, 807, 812, 814, 836
Säkularismus,
-, islamische Welt 1111–1112, 1126
Säkularspiele,
-, röm. 257, 264, 267, 273, 275
Salad Hassan 1734
Saladero-Kultur 1263
Saladin,
-, Äg.,
-,-, Su. 401, 405–406, 1094, 1096
Salado de Tarifa,
-, Schl. (1340) 558, 562
Salah,

-, Ahmed Ben 1632–1633
Salahuddin Abdul Aziz Sha Alhaj 1821
Salamanca,
-, Univ. ❶ 398
Salamis 64, 134, 142, 176–177, 204–205
Salamis,
-, (Zypern) 289, 302–303
-, Schl. (449 v.) 146
-, Schl. (480 v.) 110, 142, 165
Salan,
-, Raoul *1447*
Salandra,
-, Antonio *1016–1017*
Salankamen,
-, Schl. (1691) 1105
Salasser 257
Salazar,
-, António de Oliveira *1032*–1033, 1166–1167, *1483*–1484
Salbai,
-, Frd. (1782) 1186
Saldae (Bougie) ❶ 333
Salderns,
-, Caspar v. *1048*
Saleh 1621
Saleh,
-, Ali Abdallah 1619–1621
Salek,
-, Mustafa Ould Mohammed 1645
Salem 1273
Salerno,
-, (NZ) 786, 1021
-, Univ. ❶ 398
Salerno (MA) 386, 398, 527, 531–532
Salernum (Salerno) 242
Salfranken 283
Salier,
-, Dyn. 426, 462, 471, 506
-, Dyn. ❺ 461, 467
Salierzeit,
-, (1024–1125) **465**–**467**, **469**, **471**
-, Kultur **480**
Salim,
-, Ahmed Salim *1728*
Salinas de Gortari,
-, Carlos 1868
Salins,
-, Schl. (1493) 499
Salisbury 1166
Salisbury,
-, Eduard,
-,-, Gf. v. *582*
-, Richard Neville,
-,-, Warwick,
-,-,-, Gf. v. *582*
Salka 59
Salla ❶ 313
Sallal,
-, Abdallah as- *1618*–1619
Sallentiner 222
Sallentiner ❶ 219
Sallustius Crispus,
-, C. *253*, 332
Salluvier 248
Salm 825
Salman Rushdie 1650
Salmanassar,
-, Assyrien,
-,-, Kg.,
-,-,-, I. 62, **88**
-,-,-, III. 68, **89**, 99, 103
-,-,-, V. **90**, 103
Salò 784
Salomea,
-, v. Berg,

-,-, G. v. Bolesław,
-,-,-, Polen,
-,-,-,-, Kg.,
-,-,-,-,-, III. 614
Salomo,
-, Isr.,
-,-, Kg. 63, 98, 102, 327, 1136
-, Konstanz,
-,-, B.,
-,-,-, III. 456, *458*
-, Ung.,
-,-, Kg. ❺ 467
Salomonen 787, 1224, 1234, 1237, 1246–1247, 1837–1838
Salomonische Dynastie 1136–1137
Salona,
-, Mgfsch. 630
Salonae (Solin) 304–305
Saloniki ⊃Thessalonike
Salpensa **267**
Salpeterkrieg (1879–1883) 1312, 1317
SALT (Strategic Arms Limitation Talks),
-, -I-Abk. (1972) 1350–1352, 1522, 1524, 1854
-, -I-Abk. (1972) ❶ 1343
-, -II-Abk. (1979) 1352–1353, 1523–1525, 1857
-, -II-Abk. (1979) ❶ 1343
Salt (Strategic Arms Limitation Talks),
-, -II-Abk. (1979) 1354
Salt Lake City 1284
Saltykow,
-, Peter v. 829
Salvator mundi (1301) 438
Salvianus 287
Salvidienus Rufus,
-, Q. 254
Salvius Iulianus,
-, P. 269–270, 272, 334
Salzburg 370, 702–703, 840, 904
Salzburg,
-, (Alt.) ⊃Ivavum
-, Abstimmung (1921) 911
-, Ebtm. 379, 474
-, Kftm. (1803) 838
-, Ld. 911
-, Ld. ❶ 893
-, Nationalitäten ❶ 909
-, Univ. 819
Salzburg ❶ 412
Salzburger Annalen 459
Salzmarsch Gandhis (1930) 1190
Salzmünder Kultur 43
Samajwadi Dschanata Dal (Demokratische Volkspartei,
-, Ind.) 1756
Samal 99
Samaniden,
-, Dyn. 1093–1094
Samaria 102–103
Samario 990
Samaritaner 103–104, 338
Samarkand 990, 1091, 1093–1094, 1098, 1194–1196, 1198
Samarobriva (Amiens) 320
Samarra 1093, 1098
Samarra-Kultur 83, 87
Samarra-Stufe 25
Sambaa 1148
Sambhadschi,
-, Ind.,

-,-, Kg. *1185*
Sambia ⊃Zambia
Sambuu,
-, Jamsrangiyn *1770*
Sammar Yuharis,
-, Himyaren,
-,-, Kg.,
-,-,-, III. 352
Sammlungspartei,
-, Schweden 1488
Samniten 112, 220–222, 247, 295, 297–298
Samniten ❶ 219, 226
Samnitenbund 221
Samnitenkriege,
-, 1. (343–341) 220
-, 2. (326–304) 216, 221
-, 3. (298–290) 221
-, 3. (298–290) ❶ 219
SamnitenT 218
Samnium 220, 227, 247, 298
Samo *603*, **606**
Samo,
-, Westslawen,
-,-, Kg. 374
Samoa 1234–1235, 1240, 1247, 1287
Samoa,
-, dt. Kol. ⊃Westsamoa
-, i Sisifo ⊃Westsamoa
Samogitien 617
Samoré,
-, Kardinal 1914
Samori Ture,
-, Senegal-Hschr. 1141, 1157
Samos,
-, (hellenistische u. Röm. Zeit) 185
-, (MA) 632, 1093
-, (NZ) 1080
-, (vor dem Hellenismus) 121, 136–137, 142, 147, 155, 159–160
-, (vor dem Hellenismus) ❶ 120, 123–124, 127
-, (Vorgeschichte) 33, 42
Samothrake 159
Samothrake ❶ 124
Samper 1896
Samper Pisano,
-, Ernesto *1896*
Sampsigeramos ⊃Uranius Antonius
Samrongsen 1227
Samsak Sudaravej 1810
Samson von Dol *369*
Samsonow,
-, Alexander *718*
Samsuiluna,
-, Babylonien,
-,-, Kg. 87
Samu 1581
Samudragupta,
-, Ind.,
-,-, Kg.,
-,-,-, I. 1180
-,-,-, II. 1180
Samuel,
-, Bulg.,
-,-, Zar 604, 626, 628, 643
-, Prophet 102–103
Samurai 1220
San,
-, Martín Grau,
-,-, Ramón *1881*
San (Buschmänner) 1155–1156, 1168
San Agustín 1262
San Francisco 1858–1859
San Francisco,
-, Frd. (1951) 1342, 1795–1796, 1848

San Germano,
-, Vtg. (1225) 516
San Ildefonso,
-, Vtg. (1777) 1298
San Jerónimo de Yuste,
-, Kl. 814
San José,
-, EG-Kfz. (1984) 1864
San Juan de Ulúa 1304
San Lorenzo 1253
San Marino 1469, **1476**
San Marino ❻ 1358
San Marino ❻ 757
San Martín,
-, José de *1312*, *1317*
San Omobono 210
San Remo,
-, Kfz. (1920) 738, 1114–1115
-, Kfz. (1920) ❶ 1113
San Salvador,
-, Insel ⊃Guanahani
San Salvador (Kongo) 1153
San Sebastián 1027
San Stefano,
-, Frd.,
-,-, (1878) 1108
-, Frd. (1878) 707, 863, 907, 991, 1073, 1075
San Vincente,
-, Kl. 386
San Yu *1806*–1807
Sana 1619–1620
Sănatescu,
-, Constantin *1073*
Sancha,
-, Aragón,
-,-, Kgn. 555
-, G. v. Richard,
-,-, Kg.,
-,-,-, v. Cornwall ❺ 554
Sánchez,
-, Hernández,
-,-, Fidel *1872*
-, Luis Alberto *1905*
-, Vilella,
-,-, Roberto 1889
Sánchez de Lozada,
-, Gonzalo *1908*
Sancho,
-, Aragón,
-,-, Kg.,
-,-,-, Ramírez 553–554
-,-,-, Ramírez ❺ 554
-, Kast.,
-,-, Kg.,
-,-,-, III. 552
-,-,-, IV. *558*
-,-,-, IV. ❺ 559
-, Navarra,
-,-, Kg.,
-,-,-, d. Gr. 551, *553*
-,-,-, VI. d. Weise 553
-,-,-, VII. D. Starke *553*
-, Port.,
-,-, Kg.,
-,-,-, I. 555
-,-,-, I. ❺ 556
-,-,-, II. *555*
-,-,-, II. ❺ 556
Sand,
-, Karl Ludwig *842*
Sandawe 1147
Sandfluss-Konvention (1852) 1170
Sandhill-Gattung 45
Sandiford,
-, Lloyd Erskine *1891*–1892
Sandinistische Befreiungsfront 1876
Sandinistische Revolution 1864, 1874

Sandino,
-, Augusto César *1307*
Sandler,
-, Richard *1053*
Sandomir 614
Sandoz,
-, Konzern 1416, 1442
Sandrokottos
🡒Tschandragupta
Sandsch 1093
Sandschabi,
-, Karim 1648
Sandschar,
-, Seldschuken,
-,-, Su. 1095, 1195
Sängerfest,
-, Allgemeines dt. (1847) 844
-, Lübeck (1847) 844
Sangkum,
-, Kambodscha 1812
Sanguinetti,
-, Julio María *1911*–*1912*
Sanhedrin 337–338
Sanherib,
-, Assyrien,
-,-, Kg. 70, **90**, 103
Sani Abacha 1676
Sanjurjo Sacanell,
-, José 1028
Sankara,
-, Thomas *1680*
Sankawulo,
-, Wilton 1665
Sankoh 1663
Sankt Emmeram,
-, Kl. 384
Sankt Gallen,
-, Kanton 1084
-, Kl. 384
-, Klosterplan 384
Sankt Gotthard a. d. Raab,
-, Schl. (1664) 1104
Sankt Pölten 797
Sansculotten-Aufstand (1795) 933
Sansibar 🡒Zansibar
Sansibar 🡒Zanzibar
Sanskrit 1094, 1177, 1180–1181
Sanssouci,
-, Schloss 828
Sant,
-, Alfred *1478*
Santa,
-, Anna,
-,-, Antonio López de *1304*
-, Cruz,
-,-, Andrés *1312*–*1313*
-, -Cruz-Inseln 1234
-, Fe,
-,-, Capitulaciones (1492) 1293
-, Hermandad 561
-, Isabel 1688
Santa Anna,
-, Antonio López de *1304*
Santa Cristina 50
Santa Lucia 71
Santa Rosa Island 1248
Santana,
-, Pedro *1309*
Santarém 1268
Santee-Dakota 1249
Santer,
-, Jacques *1458*
Santiago,
-, Abk. (1996) 1902
Santiago de Chile 1294
Santiago de Chile,
-, UNCTAD-Kfz. (1972) 1329

Santiago de Compostela 551, 557
Santiago de Cuba 1288
Santo Domingo 🡒Haiti
Santorin 54
São Paulo 1298, 1316–1317
São Tomé/Principe 1485
São Tomé/Principe 🡒 1158
São Tomé/Príncipe 1485, **1689**
São Tomé/Príncipe,
-, pol. Org. 1689
-, Verfassung 1689
Sapaier 309
Sapaier,
-, Dyn. 310
Sappho 129
Sara 1682
Saragat,
-, Giuseppe *1470*–*1472*
Sara-Gruppen 1134
Saraguren 602
Sarajewo 1551, 1553
Sarajewo,
-, Attentat (1914) 712, 716, 909, 1076
Sarapis 336
Saratoga,
-, Schl.,
-,-, (1777) 1279
Sarawak 🡒Malaysia
Sarazenen 281, 352–353, 379, 386–387, 402, 463, 503–504, 527–528, 531
Sarazeneneinfälle **528**–530
Sarazeneneinfälle 🡒 528
Sarbadare,
-, Dyn. 1098
Sardeis 95, 136–137, 140, 171, 186
Sardeis,
-, Schl. (263 v.) 185, 194
Sarden 301
Sardinien,
-, (Alt.) 105, 138, 207, 225
-, (MA) 473, 526, 539, 561
-, (NZ) 703–704, 706, 786, 827, 829, 904, 931, 937, 944, 1010–1012, 1108
-, (Vorgeschichte) 36, 50, 64
-, röm. Prov. (Sardinia) 225, 255, **301**
-, röm. Prov. (Sardinia) 🡒 223
Sardur,
-, Urartu,
-,-, Kg. 94
Sarekat Islam (Islamische Vereinigung) 1230
Sargon,
-, Assyrien,
-,-, Kg.,
-,-,-, I. 86, 92
-,-,-, II. **90**, 94, 100, 103, 108
-,-,-, III. 99
-, Babylonien,
-,-, Kg.,
-,-,-, I. 39
Sarkis,
-, Elias *1596*
Sarkisjan 1540
Sarmaten 278, 281, 283–284, 306–307, 313, 358, 361
Sarmiento,
-, Domingo Faustino *1315*
Sarmizegethusa 309
Sarmizegetusa (Várhely) 268
Sarney,
-, José *1919*
Saro-Wiwa,

-, Ken *1676*
-, Ken 🡒 1655
Sarraut,
-, Albert *953*–*954*
Sarten 🡒Sogdier
Sarto,
-, Andrea del *1008*
-, Giuseppe *1016*
Sartsetakis,
-, Christos *1561*
Sasan,
-, Stamm-V. d. Sasaniden 349
Sasaniden,
-, Dyn. 275–276, **349**, 403, 1088, 1091, 1179, 1192–1193
Sasanidenreich 340, 342–343, 345–346, **349**–353
Sasanidenreich,
-, pol. Org. 350–351
Saseno (Sazan) 1079
Saskatchewan,
-, Kol. 1276
Sa-skya,
-, Kl. 1199
Sasónow,
-, Sergjei D. *996*
Sassaniden 🡒Sasaniden
Sassoferrato,
-, Bartolo da *544*
Sassou-Nguesso 1692
Sassou-Nguesso,
-, Denis 1692
Sassulitsch,
-, Wera I. *991*
Satala 343
Saticula 🡒 219
Sato,
-, Eisaku *1797*
Satrapien 109, 348
Satricum 217, 220
Sattar,
-, Abdus *1761*
Sattiwasa,
-, Mitanni,
-,-, Kg. 88
Saturn,
-, Gottheit 334
-, Planet 1
Saturnia 242
Sauckel,
-, Fritz 775, *898*, 901
-, Fritz 🡒 *892*–*893*
Saud,
-, Abdal Asis ibn-
🡒Ibn-Saud,
-,-, Kg.,
-,-,-, Saudi-Arabien
-, Abdal Asis ibn-
🡒ibn-Saud,
-,-, Kg.,
-,-,-, Saudi-Arabien
-, Dyn. 1117
-, Saudi-Arabien,
-,-, Kg. *1611*
Saudi-Arabien 1117, 1326, 1571, 1573, 1575–1576, 1593, 1609, **1611**–**1613**, 1615–1616, 1618, 1620, 1627, 1858
Saudi-Arabien,
-, Außen-Pol. 1611
-, Bevölkerung(sentwicklung) *1568*
Saudi-Arabien 🡒 757, 1109, 1113
Säugetiere 3, 7, 10
Säuglingssterblichkeit,
-, Äg. 🡒 1334
-, BR Dtld. 🡒 1334
-, Chile 🡒 1334

-, Ecuador 🡒 1334
-, Malaysia 🡒 1334
-, Mex. 🡒 1334
-, Südafrika 🡒 1334
-, Thailand 🡒 1334
Saul,
-, David J. 1880
-, Isr.,
-,-, Kg. 102
Saurier 3, 7–8
Sauschtatar,
-, Mitanni,
-,-, Kg. 88
Saussure,
-, Horace Bénédict de *1083*
Sava,
-, Serbien,
-,-, Eb. *627*
Sava-Gruppe 28
Savak 1647
Savaria (Szombathely) 313
Savaria 🡒 313
Savia,
-, röm. Prov. 313
Savigny,
-, Friedrich Karl v. *840*
Savimbi,
-, Jonas *1704*–*1705*
Savonarola,
-, Girolamo *543*
Savoyen,
-, (Alt.) 286, 316, 322
-, (MA) 452, 482, 543
-, (NZ) 672, 701, 704, 706, 944, 1011, 1014
Sawaba 1681
Sawyer,
-, Amos 1664
Saxo Grammaticus 595
Sayem,
-, Abu Sadat Mohammad *1761*
Sayn-Wittgenstein-Berleburg,
-, August v. *850*
Sbeïtla,
-, (Alt.) 🡒Sufetula
Scala,
-, (Scaliger),
-,-, Dyn. 538
-, Cangrande della 538
Scalfero,
-, Oscar Luigi *1474*
Scaptia 🡒 219
Scarbantia 🡒 313
Scardona (Skradin) 304–305
Scarlatti,
-, Alessandro *663*, *1008*
Scavenius,
-, Erik 1055
Scelba,
-, Mario *1471*
Schaabi,
-, Kahtan asch- *1620*
Schabaka,
-, Äg.,
-,-, Kg. 81
Schacht,
-, Hjalmar *880*, 884, 886–*887*, *891*, 895–897, 902
Schador 1126
Schaerer,
-, Eduardo **1313**
Schaff,
-, Adam *1502*
Schäffer,
-, Fritz *1398*
Schaffhausen 502
Schafirow,
-, Peter P. *982*
Schagir Bazar 83
Schah Roch,

-, Ilchan **1098**
Schahdschahan,
-, Großmogul 1184
Schah-seven 1123
Schahu,
-, Ind.,
-,-, Kg. *1185*
Schaibaniden,
-, Dyn. 1098, 1197
Schaka 🡒Skythen
Schall,
-, Adam *1208*
Schamaschschumukin,
-, Babylonien,
-,-, Kg. 90
Schamir,
-, Yitzhak *1604*
-, Yitzhak 🡒 *1602*
Schams 100
Schamschi-Adad,
-, Assyrien,
-,-, Kg.,
-,-,-, I. **88**
-,-,-, V. 68
Schan 1805
Schaposchnikow 768
Schappeler,
-, Christoph *807*
Schapur,
-, Sasaniden,
-,-, Kg.,
-,-,-, I. 277, 340, 349–350
-,-,-, II. 277, 282–284, 350–351
Scharbauer 1248
Schardscha 1647
Scharett,
-, Mosche 🡒 *1602*
Schärf,
-, Adolf *1437*
Scharkalischarri,
-, Babylonien,
-,-, Kg. 39
Scharki-Sultanat,
-, Dschaunpur 1181
Scharm el-Scheich 1580–1581, 1590
Scharnhorst,
-, Gerhard Johann David v. *840*
-, Schiff 776, 786
Scharon 1590, 1606
Scharon,
-, Ariel *1604*
Scharping,
-, Rudolf *1431*
Scharping, Rudolf 1434
Scharq,
-, Mohammed Hassan *1652*
Schatawahana,
-, Dyn. 1179, 1182
Schatila,
-, Palästinenserlager 1587
Schatt Al-Arab 1574, 1608, 1647
Schäuble 1434
Schäuble,
-, Wolfgang *1430*
Schauenburger,
-, Dyn. 470, 600
Schaumburg-Lippe,
-, Verfassung (1816) 842
-, Wilhelm Gf. v. 1031
Schaumburg-Lippe 🡒 892
Schauprozesse,
-, UdSSR (1936–1938) 1004
Schazar,
-, Salman 🡒 *1602*
Schdanow,
-, Andrej A. 1003, *1374*, *1516*–1518
Scheel,

-, Gustav Adolf ❶ *893*
-, Walter *1412*, 1414
-, Walter ❶ *1406*
Scheer,
-, Reinhard *721*
-, Schiff 793
Scheich ül-Islam,
-, Osman. 1102
Scheidemann,
-, Philipp 731, 734, *871*–872, 874, 877, 882
-, Philipp ❻ *874*
Scheldezoll,
-, Belg. 1041
Schelling,
-, Friedrich Wilhelm Joseph v. *986*
Schengener Abkommen 1493, 1495
Schengener Abkommen (1990) 1372, 1439
Schengener Abkommen (1995) 1392
SchengenerVertrag(1990) 1482
Schepilow,
-, Dimitri T. *1519*
Schepseskaf,
-, Äg.,
-,-, Kg. 32
Scher Ali,
-, Afghanistan,
-,-, Ft. 1126
Scher Schah Sur,
-, Großmogul 1184
Scheremetew,
-, Boris P. *982*
Scherifen 1090, 1113, 1117, 1120–1121
Schermerhorn,
-, Willem *1452*
Scheschonk I.,
-, Äg.,
-,-, Kg. 68, **81**, 102
Scheuchzer,
-, Johann Jakob *1083*
Schewardnadse 1538–1539
Schewardnadse,
-, Eduard A. *1526*–1527, 1529, 1537–1538
Schia ➲Schiiten
Schick Gutiérrez,
-, René *1875*
Schiefe Schlachtordnung 160, 171
Schießerlaß (1933) 893
Schigir-Kultur 24
Schihab,
-, Fuad *1595*
Schiiten 1089–1091, 1093, 1095–1096, 1098–1099, 1101–1102, 1116, 1123–1124, 1597, 1606, 1609, 1614, 1616
Schilhak-Inschuschinak,
-, Elam,
-,-, Kg. 107
Schill,
-, Ferdinand v. *840*
Schiller,
-, Friedrich v. *836*–837, 852
-, Karl *1412*
Schilluk 1134
Schimmelmann,
-, Heinrich Carl *1048*
Schimon Peres 1605–1606
Schirach,
-, Baldur v. ❶ *893*
Schiras 106, 1098, 1124
Schirdewan,
-, Karl *1420*
Schirinowski

-, Wladimir W. *1529*
Schirren,
-, Carl *990*
Schirwan 1124
Schischman,
-, Dyn. 629
Schischunaga,
-, Dyn. 1178
Schisma,
-, Großes (1378–1415)
➲Abendländisches Schisma
Schisma (1054)
➲Kirchenspaltung (1054)
Schiw Sena 1752
Schiwadschi,
-, Ind.,
-,-, Kg. 1185
Schiwaismus 1182
Schiwkow,
-, Todor *1545*–1546
Schlangensäule 142
Schlegelberger,
-, Franz *891*
Schleicher,
-, Kurt v. 883, 885–*886*, 896
-, Kurt v. ❻ *874*
Schleiermacher,
-, Friedrich Daniel *840*
Schlesien,
-, (MA) 474, 482, 491, 611–612, 614–615, 625
-, (NZ) 674, 881
-, (NZ) ❶ 820, 899
-, Nationalitäten ❶ *909*
Schlesinger,
-, James Rodney *1856*
Schlesische Kriege,
-, 1. (1740–1742) 687, 828
-, 2. (1744–1745) 687, 828
-, 3. ➲Siebenjähriger Krieg
Schleswig,
-, (MA) 460, 466, 595, 598–600
-, (NZ) 686, 848, 878, 1049, 1051–1052, 1054
-, Btm. 371
-, -Holstein (seit 1945) 1400, 1416, 1431, 1491
-, -Holstein (seit 1945),
-,-, Bevölkerung ❶ *1431*
-, -Holsteinische Frage 845, 851–854, 1051–1052
Schleyer,
-, Hanns-Martin *1415*
Schlieffen,
-, Alfred v. *717*
-, -Plan 717, 759
Schlözer,
-, August Ludwig v. *836*
Schlüsselburg 782
Schlüter,
-, Andreas *981*
-, Poul *1491*
Schmalkaldischer Bund (1531) 675, 808, 810
Schmalkaldischer Krieg (1546–1547) 676, 811
Schmalklingentechnik 19
Schmerling,
-, Anton v. *848*–849, 852–853, *906*
-, Anton v. ❶ *846*
Schmid,
-, Carlo *1402*
Schmidt,
-, Elli *1420*
-, Helmut 1352, *1414*–1415, 1427
-, Helmut ❶ *1406*
-, Michael 357
Schmitt,
-, Kurt *891*

Schnitzaltar 415
Schnurkeramikkultur 44, 47, 50
Schoa 1136
Schober,
-, Johannes *911*
Schogun 1220
Scholastik **394**–397, 399, *418*, *500*
Scholl,
-, Hans 783
-, Sophie 783
Schönbrunn,
-, Frd. (1809) 702, 840, 904
-, Vtg. (1805) 702
Schonen 597–598
Schönfelder Gruppe 50
Schongauer,
-, Martin *500*
Schotoku,
-, Japan,
-,-, Pr. *1218*
Schotten 326
Schottland,
-, (MA) 368, **568**, 576, **586–587**
-, (NZ) 959, 963, 966
-, (röm.) 325–326
-, (seit 1945) 1459, 1462–1463, 1465
-, Christianisierung 369, 568
Schrift,
-, Armenisch 346
-, Entstehung 31, 97, 121
-, Erfindung 85
-, Erfindung ❶ *77*
-, etruskische 71, 111
-, griechische 119, 121
-, Hieroglyphen-Schr. 335–336
-, Iberische Halbinsel 328
-, karolingische Minuskel 385
-, Koptisch 335
-, minoische 115
-, mykenische 117
-, protoelamische 106
-, Sasanidisch 350
-, Syrisch 341
Schriftleitergesetz (1933) 894
Schröder 1433–1434, 1532
Schröder,
-, Gerhard (* 1910) 1349, *1411*
Schroeder,
-, Kurt v. *886*
Schuan-schuan-Reich 1193
Schuf-Berge 1597
Schukairi,
-, Ahmed 1572
Schukow,
-, Georgij Konstantinowitsch 768, 773, 1397, *1518*–1519
Schulaufsichtsgesetz (1872) 862
Schulden,
-, Rom 213, 216
Schuldengesetze,
-, röm. 246
Schuldenkrise,
-, (Entwicklungsländer) 1333
Schuldenkrise (Entwicklungsländer) 1331–1332, 1865
Schuldknechtschaft 126
Schuldknechtschaft,
-, Griechld. 126, 134–135
-, Rom 213, 215–216
Schulenburg,
-, Friedrich Werner v. d. *902*

Schulgi,
-, Ur.,
-,-, Kg. **86**
Schulze-Delitzsch,
-, Hermann *852*–853
Schumacher,
-, Kurt *1398*, 1402, 1405, 1408
Schuman,
-, Robert *1359*, 1364
Schuman-Plan 1359, 1363
Schunga,
-, Dyn. 1179
Schurz,
-, Carl *850*
Schuschkewitsch,
-, Stanislau S. *1532*, 1534
Schuschnigg,
-, Kurt 748, *897*, *912*
Schussenrieder-Gruppe 35
Schütz,
-, Heinrich *663*
Schutzhaft 893
Schutzstaffel ➲SS
Schutzzollpolitik 691, 693
Schutzzollpolitik,
-, Dt. R. 862–863
-, Russld. 992
-, Schweden 1050
Schwaben,
-, Hztm. **456**, 458–460, 463, 466, 468, 473, 475, 478
Schwabenkrieg (1499) 502
Schwäbisch Gmünd ❶ *413*
Schwäbischer,
-, Bd. (1488) 809
-, Bund (1488) 493, 499, 502
-, Städtebund (1376) 493
-, Städtebund (1376) ❶ *410*
Schwammberger,
-, Josef 919
Schwarzburg-Rudolstadt,
-, Verfassung (1816) 842
Schwarze Hammel,
-, Dyn. 1099
Schwarze Hand 1076
Schwarzenberg,
-, Adam v. *820*
-, Felix v. *848*, 851–*852*, *905*
-, Karl Philipp zu *904*
Schwarzer Freitag
➲Börsenkrach (1929)
Schwarzer Prinz ➲Eduard,
-, Engld.,
-,-, Pr.
Schwarzer September 1413, 1582–1583, 1599
Schwarzes Meer 1094, 1100, 1105–1106, 1108
Schwarzkopf,
-, Norman *1609*, *1858*
Schwarzmeerflotte 987, 1528–1529, 1535
Schwarz-Rot-Gold 882
Schweden,
-, (1523–1818) 683–686, 688, 701–703, 822, 824, 829, 1044–1047
-, (1523–1818),
-,-, Adel 1045–1047
-,-, Außen-Pol. 682–683
-,-, Bevölkerung(sentwicklung) ❻ 652
-,-, Handel 1046
-,-, Kriegführung 685
-, (1814–1914) 690, 987, **1049–1050**
-, (1814–1914),
-,-, Handel 1050
-,-, Innen-Pol. 1050
-,-, Parteien 1050
-,-, Wirtschaft 1050

-, (1914–1945) 751, 1001, 1052–1053, 1057
-, (MA) 588–589, **591–592**, 596–597, **599–601**, 1092
-, (MA),
-,-, Christianisierung 591
-,-, Hschr. 591
-,-, Hschr. ❶ *597*
-, (seit 1945) 1357, 1364–1365, 1369, 1372, 1392, **1487–1489**
-, (seit 1945),
-,-, EU-Eintritt 1392
-, (seit 1945) ❻ 1358, 1393
Schwedisch,
-, -Dänischer Krieg,
-, (1634–1645) 1048
-, -Dänischer Krieg (1643–1645) 683
-, -frz. Krieg,
-, (1635–1648) 683
-, (1635–1648) ❶ *816*
-, -West-Ind. 1300
Schwedische Akademie 1046
Schwedischer Krieg (1630–1635) 682
Schwedischer Krieg (1630–1635) ❶ *816*
Schwedisch-Pommern 703, 841
Schweinebucht,
-, Invasion (1961) 1347, 1851, 1883
Schweinfurt 786
Schweiz,
-, (MA) 410, 486, 489, 493, 498–499, **501–502**
-, (NZ) 683, 690, 700–701, 703, 804, 818, 941, 1082–**1086**
-, (NZ),
-,-, Außen-Pol. 1084
-,-, Bürgertum 1083
-,-, Gesellschaft 1083
-,-, Industrialisierung 1083
-,-, Innen-Pol. 1083–1084
-,-, pol. Org. 1084
-,-, Religion 1082–1083
-,-, Wirtschaft 1083
-,-, Wissenschaft 1083
-, (seit 1945) 1328, 1356, 1364–1365, 1369, 1392, **1440–1442**
-, (seit 1945),
-,-, Ausländer-Pol. 1442
-,-, Bez.,
-,-, BR Dtld. 1440
-,-, Europa-Pol. 1442
-,-, Handel ❶ *1334*
-,-, Kirchen-Pol. 1442
-,-, Militärwesen 1441
-,-, Verkehr 1442
-,-, Veteidigungs-Pol. 1442
-,-, Wirtschaft 1441
-, (seit 1945) ❻ 1358
-, Bundesverfassung 1084
-, Neutralität (1815) 703 (NZ) 1086
Schweizer Bankgesellschaft 1442
Schweizer Bankverein 1442
Schweizer Bauernkrieg (1653) 1083
Schweizerkrieg (1499)
➲Schwabenkrieg
Schwendi,
-, Lazarus v. *814*
Schwentine,
-, Schl. (798) 379
Schwerin 474, 798
Schwerin,

-, Btm. 474
Schwerin von Krosikg,
-, Johann Ludwig (Lutz) 798, *891*, 902
Schwertbrüder 478, 495
Schwyz 486, 501–502, 1082
Schyri,
-, Dyn. 1264
Sciarra,
-, Colonna 518
Scipio ⊃Cornelius Scipio
Sclaveni 302
Scobie,
-, General 789
Scodra (Shkodër,
-, Shkodra,
-,-, Skutari) 305
Scolacium (Squillace) 244
Scoti ⊃Skoten
Scott,
-, Dred 1285
-, Winfield *1284*, 1304
Scribonia,
-, G. v. Augustus,
-,-, Rom,
-,-,-, Ks. ❺ 263
Scribonius Curio,
-, C. 252, 302
Scrope,
-, York,
-,-, Eb. 579
Scullin,
-, James Henry *1244*
Scupi 303, 307
Scythia,
-, Minor,
-,-, röm. Prov. 306
SD (Sicherheitsdienst des Reichsführers SS) 766, 768, 771, 890, 900
SD (Sicherheitsdienst des Reichsführers SS) ❺ 890
SDA (Partei der Demokratischen Aktion),
-, Bosnien-Herzegowina 1553
SDAP (Sociaal-Democratische Arbeiderspartij) 1039
SDI (Strategic Defense Initiative) 1354, 1416, 1859
SDP (Seychelles Democratic Party),
-, Seychellen 1745
SDP (Social Democratic Party) 1464–1465
SDP (Sozialdemokratische Partei der DDR) 1428
SdRP (Sozialdemokratie der Republik Polen) 1505
SDS (Serbische Demokratische Partei) 1553
Seaga,
-, Edward *1886*
Sealsfield,
-, Charles *843*
SEATO (South East Asia Treaty Organization) (1954) 1342, 1362, 1570, 1758, 1803, 1808, 1812, 1849
Sebaste 336
Sebastian,
-, Port.,
-,-, Kg. *1031*
-,-, Kg. ❺ 556
Sebeos 403
Sebetwane,
-, Kololo-Hschr. 1151
Sechem-chet,
-, Äg.,
-,-, Kg. 32
Sechsmächte-Konferenz (1947/1948) 1401

Sechsmächtekonferenz (1947/1948) 1357
Sechstagekrieg (1967) ⊃Juni-Krieg
Section Française de lInternationaleOuvrière ⊃SFIO
SED (Sozialistische Einheitspartei Deutschlands) 1340, 1349, 1402–1404, 1416–1417, 1419–1420, 1426, 1428–1429
SED (Sozialistische Einheitspartei Deutschlands),
-, Organisationsaufbau ⊕ **1418**
Sedan,
-, Schl. (1870) 855, 945
Seddin 69
Sedulu 1726
Seeck,
-, Otto 287
Seeckt,
-, Hans v. *878*, 880, 882
Seekriege (1665–1667,
-, 1672–1674) 965
Seeland 447, 498
Seeley,
-, Robert *973*
Seemacht,
-, Engld./GB 684, 688
-, Port. 1183
Seeräuberei ⊃Piraterie im Römischen Reich
Seerechtskonferenz (1974) 1329
Seerechtskonferenz (1975) 1330
Seerechts-Konvention (1994) 1562
Seevölker 62–63, 81, 102, 118
Sefu 1163
Segeberg 471
Segeda 229
Segeju 1149
Segesta 145, 154
Segni,
-, Antonio *1470*–1472
Segovia,
-, Vtg. (1475) 560
Segu *1139*, 1141
Ségur,
-, Philippe-Henri de *928*
Segusio (Susa) 318
Sei Shonagon 1219
Seibal 1259
Seidenstraße 1191, 1193, 1197, 1204
Seidler,
-, Ernst v. *910*
Seignoret,
-, Clarence Augustus 1890
Sein Lwin 1807
Seine-Oise-Marne-Gruppe 45
Seipel,
-, Ignaz *911*
Seisachtheia 135
Seiwa,
-, Japan,
-,-, Ks. 1219
Sejm,
-, polnisches Parlament 988, 1065–1066, 1501–1502, 1504–1505
Sejo,
-, Korea,
-,-, Kg. 1216
Sejong der Große,
-, Korea,
-,-, Kg. 1216
Sekenenre,

-, Äg.,
-,-, Kg. 79
Sekgema,
-, Botswana,
-,-, Kg. 1726
Sekigahara,
-, Schl. (1600) 1221
Seklusionsgesetz 1036
Sékou Sow,
-, Abdoulaye 1678
Sékou Touré,
-, Ahmed *1661*–*1662*
SELA (Sistema Económico Latinoamericano) 1863, 1867, 1884
Selbstbestimmungsrecht 727, 734, 749–750, 910, 1110, 1114–1115, 1125
Seldschuken 400, 404–405, 510, 640, 644–646, 1094–1096, 1195
Seldte,
-, Franz *890*–892
Seles-Region 1165
Seleukeia 176, 185–186
Seleukeia/Tigris 348
Seleukeia/Tigris,
-, Syn. (410 u. 420) 350
Seleukeia-Ktesiphon,
-, Katholikat 349
Seleukiden,
-, Dyn. 176, 179, 181, **184**, **186**, 191–192, 194–196, 200, 250, 1179
-, Dyn. ❺ **187**
Seleukidenreich 179, 182–**186**, **188–191**, 231, 339, 345–347, 1179
Seleukidisch-Römischer Krieg (192–188) 188
Seleukos,
-, Mitreg. Antiochos I. ❺ 187
-, Seleukiden-R.,
-,-, Kg.,
-,-,-, I. Nikator 174–178, 184–186, 194, 346, 1178
-,-,-, I. Nikator ❺ 187, 198
-,-,-, I. Nikator ❺ 174
-,-,-, II. Kallinikos 183, 185–186, 193–194, 346–347
-,-,-, II. Kallinikos ❺ 187
-,-,-, III. Soter 186
-,-,-, III. Soter ❺ 187
-,-,-, IV. Philopator **188**
-,-,-, IV. Philopator ❺ 187
-,-,-, VI. **190**
-,-,-, VI. ❺ 187
-,-,-, Prät.,
-,-,-, V. ❺ 187
Selgovae 325
Selim,
-, Osman.,
-,-, Su.,
-,-,-, I. ❺ *1097*, 1102–1103
-,-,-, I. ❺ *1100*
-,-,-, II. 407, **1103**
-,-,-, II. ❺ *1103*
-,-,-, III. **1106–1107**
-,-,-, III. ❺ *1105*
Selim Al-Hoss 1598
Selinunt (Selinus) 70, 138, 154
Selinunt (Selinus) ❶ 125
Sellapan Rama Nathan 1822
Sellasia,
-, Schl. (222 v.) 205
Sellopoulo 59
Selymbria 161
Selymbria ❶ 124
Sembat,
-, Marcel *950*

Seminolen 1249
Seminolen-Krieg (1819) 1281
Semipalatinsk 1767
Semiramis,
-, Assyrien,
-,-, Kgn. 89
Semiten **84**, 86–87, 97, 100–101, 1088, 1091
Semitisch,
-, Spr. 75, 1128
Semjonow,
-, Wladimir *1419*
Semna 79
Semnonen 323–324, 377
Semonides 129
Sempach,
-, Schl. (1386) 486, 493, *501*
Semper,
-, Gottfried *850*
Sempronius Gracchus,
-, C. 235, 243–244, 297, 333
-, Ti. 229–230, 235, 243, 297
Sempronius Longus,
-, Ti. 227
Sempronius Tuditanus,
-, C. 241
Semstwo 990, 992–993, 997
Sena,
-, Dyn. 1180–1181
-, Gallica ❶ 219
Senanayake,
-, Don Stephen *1763*
-, Dudley Shelton *1763*
Senat,
-, röm.,
-,-, (Königszeit u. Alte Rep.) 209, 211, 213, 216
-,-, (mittlere Rep.) 189, 223, 227–229, 233, 235–236, 296–297
-,-, (Prinzipat) 256–257, 259, 261–262, 264–268, 270, 272, 274–277, 297–299, 302–303, 305, 330, 334, 344
-,-, (Spätantike) 279–280, 283–286, 293
-,-, (späte Rep.) 184, 243–244, 246, 248–249, 251–253, 298, 342
Senatus consultum ultimum 244, 246, 248, 252, 255
Sendero Luminoso (Leuchtender Pfad),
-, Peru 1904–1905
Sendwe,
-, Jason *1693*
Seneca,
-, Geschl. 330
-, L.
Seneca Falls,
-, Konvent (1848) 1282
Seneca-Indianer 1249, 1273
Senegal 944, 1130, 1139–1141, **1156**, 1609, 1645, **1657–1658**, 1660, 1666, 1677, 1679, 1697
Senegal,
-, Bevölkerung ❶ 1656
-, Unabhängigkeits-Erkl. ❶ 1386
Senegal ❶ 1158, 1655
Senegal-Niger-Region 1139–1141
Senegambia 1657–1659
Senekal 1170
Senghor,
-, Léopold Sédar *1657*, 1666, *1677*
Sengiden,
-, Dyn. 1096

Senlis,
-, Frd. (1489) 499
-, Vtg. (1493) 672
Senlis ❶ 435
Sennar 1118, 1132
Sennius Sollemnis,
-, T. 321
Senonen 72, 221, 298
Sens 319
Sens ❶ 435
Sensualismus 665
Sentinum,
-, Schl. (295 v.) 221
Senussi,
-, Mohammed Idris as-,
-,-, Libyen,
-,-,-, Kg. ⊃Idris
-, Orden 1122
Seoul 1216, 1223, 1790, 1803
Seoul,
-, Kfz. (1985) 1331
Sepeia 140
Septembergesetze (1835) 940
Septembermorde (1792) 931
Septennial Act (1716) 966
Septimanien ❶ 373
Septimius,
-, Florens Tertullianus,
-,-, Q. *291*, 334
-, Rom,
-,-, Ks.,
-,-,-, Severus **274**–276, 279, 299, 310–311, 313, 315, 325–326, 331, 334–336, 340, 349, 352
-,-,-, Severus ❶ 254, 313, 333
Sepúlveda,
-, Juan Ginés de *670*
Seqiti-Krieg (1858/1865) 1170
Sequaner 317–320
Seraphine,
-, Oliver 1890
Serben 603–604, 606, 1550–1551, 1553–1555
Serbien,
-, (MA) 411, 610, **626–628**, 635, 645–647, 649–650, 1099–1101
-, (NZ) 699, 706–707, 711–712, 716, 721, 728, 764, 986, 990, 995, 1074–**1076**, 1078–1079, 1104–1106, 1108, 1547
-, (NZ) ❶ 717
-, Christianisierung 610
Serbische Demokratische Partei ⊃SDS
Serden 309
Serdica 310–311
Serdica,
-, Toleranzedikt (311) 281
Serena,
-, G. v. Stilicho ❺ 284
Sergeij Kirijenko 1530
Sergeij Stepaschin 1531
Sergej,
-, Russld.,
-,-, Gft. *992*
Sergios,
-, Konstantinopel,
-,-, Patr. **637**
Sergius,
-, Catilina,
-,-, L. 250
-, Pp.,
-,-, I. 370, 503
-,-, I. ❶ 505
-,-, II. 504

-,-, II. 🛈 505
-,-, III. 504
-,-, III. 🛈 505
-,-, IV. 508
-,-, IV. 🛈 505
Serm Na Nakhom 1809
Serraferlicchio-Stufe 43
Serrano Elias,
-, Jorge *1870*–1871
Serrano y Dominguez,
-, Francisco *1026*
Sertorius,
-, Q. 248–249, 329
Sertorius-Krieg (81–71 v.)
329
Serubbabel 104
Servan-Schreiber,
-, Jean-Jacques *1448*
Servatus Lupus *385*
Servile 1026
Servilius Caepio,
-, Q. 230, 245
Servilius Glaucia,
-, C. 245–246
Servilius Isauricus,
-, P.,
-,-, (Konsul 48 v.) 252
-,-, (Konsul 79 v.) 248
Serviten 515
Servitium regis 462
Servius Tullius,
-, Rom,
-,-, Kg. 209–210
-,-, Kg. 🛈 209
Sesklo 23
Sesklo-Kultur 25
Sesostris,
-, Äg.,
-,-, Kg.,
-,-,-, II. 79
-,-,-, III. **79**
Sestius,
-, P. 251
Sestos 142, 160–161, 167
Sestos 🛈 124
Sethnacht,
-, Äg.,
-,-, Kg. 62, 81
Sethos,
-, Äg.,
-,-, Kg.,
-,-,-, I. 81
-,-,-, II. 62
Setia 217
Setia 🛈 219
Sétif 1634
Sétif,
-, (Alt.) ⊃Sitifis
Settignano,
-, Desiderio da **545**
Seuchen ⊃Pest
Seuse,
-, Heinrich *418*, 501
Seuthes,
-, Thrakien,
-,-, Kg. 159
Severer,
-, Dyn. 274–276
Severin *315*, *362*
Severing,
-, Karl *875*
Severinus,
-, Pp. 503
-, Pp. 🛈 505
Severus,
-, Caesar 281
Severus Alexander,
-, Rom,
-,-, Ks. 274–276, 318
-,-, Ks. 🛈 254
Seveso 1473
Sevilla 670, 1293–1294
Sevilla,
-, (Alt.) ⊃Hispalis
-, Teil-Kgr. 550
-, Weltausstellung Expo 92 1482
Sèvres,
-, Frd. (1920) **736–737**, 740, 1081, 1110, 1606
Sewastopol 705–706, 989, 1529, 1535
Sexs (Almuñecar) 327
Sextius Calvinus,
-, C. 316
Seychellen **1745–1746**
Seychellen,
-, Opposition 1746
-, Verfassung 1746
Seychellen 🛈 1158
Seychelles Democratic Party ⊃SDP
Seychelles Islanders United Party 1745
Seychelles PeoplesProgressiveFront ⊃SPPF
Seychelles PeoplesUnited-Party ⊃SPUP
Seychelles Taxpayers and Producers Association ⊃STPA
Seydlitz,
-, Friedrich Wilhelm v. *829*
Seymour,
-, Jane ⊃Jane Seymour
Seyß-Inquart,
-, Arthur 748, 759, *891*–892, 897–898, *912*, 1039
-, Arthur 🛈 892
Sezessionskrieg
(1861–1865) **1284–1286**
SFIO (Section Française de lInternationaleOuvrière)
1657, 1691
SFIO (Section Françaisede lInternationaleOuvrière) 951
SFOR,
-, UNO-Mission 1432, 1551
Sforza,
-, Bona 🟢 617
-, Carlo *1021*–1022
-, Francesco (* 1401) *542*–543
-, Francesco († 1535) 675, 1007
-, Giovanni Galeazzo 543
sgeirsson,
-, sgeir *1493*
Shaath,
-, Nabul 1589
Shaba (Katanga) 1456, 1696
Shaftesbury,
-, Anthony *665*
Shagari,
-, Shehu *1675*
Shah,
-, J. C. 1755
Shah-Kommission 1755
Shaka,
-, Ifenilenja,
-,-, Hptl. *1155*, 1169
Shakai kaishinto (Sozialistische Reformpartei,
-, Japan) 1795
Shakai minshuto (Sozialdemokratische Partei,
-, Japan) 1795, 1798, 1801
Shakaito (Sozialistische Partei,
-, Japan) 1795–1799, 1801
Shaka-Kriege 1154
Shaker,
-, Sharif Zaid ibn 1600
Shakespeare,
-, William *663*
Shang,
-, Dyn. 47, 1200–1201
-, Dyn. 🛈 1201
Shang Yang *1202*
Shanghai 801, 1209, 1213, 1225, 1773, 1778
Shanghai,
-, -Gruppe 1790
-, Kfz. (1959) 1776
-, Kommuniqué (1972) 1780
Shangobolongongo,
-, Kuba-Hschr. 1152
Shang-ti,
-, Gott 1201
Shanidar 18
Shantung 1200, 1211–1212, 1224
Shantung,
-, Schl. (1917) 726
-, Vtg. (1922) 739
Sharif 1760
Sharif,
-, Mian Nawaz *1760*
Sharif, Mian Nawaz 1760
Sharma,
-, Shankar Dayal *1756*
Sharp,
-, Granville 1156
Sharpeville 1720
Shastri,
-, Lal Bahadur *1751*–1752
Shawnee 1281
Shawwa,
-, Lul Mohammed *1683*
Shearer,
-, Hugh *1885*
Shehu,
-, Mehmet *1558*
Sheikh Hasina Wajed 1762
Shekar,
-, Chandra *1756*
Shell 1676
Shell,
-, Konzern 1465
-, Konzern 🛈 1332
Shelter Now 1653
Shen Nung 1200
Shenyang 1785
Shepard,
-, Alan Bartlett *1851*
Sher Bahadur Deuba 1766
Sherman,
-, William T. *1286*
Sherman-Antitrust-Gesetz 1287
Shermarke,
-, Abdi Rashid *1733*
Shetland-Inseln,
-, (MA) 600
Shigemitsu,
-, Mamoru 787–788, 801
Shikken 1220
Shikotan 1796
Shimonoseki 1222
Shimonoseki,
-, Frd. (1895) 1210, 1216, 1223
Shimpoto (Fortschrittspartei,
-, Japan) 1795
Shinshinto (Neue Fortschrittspartei,
-, Japan) 1801
Shipley,
-, Jenny 1836
Shirakawa,
-, Japan,
-,-, Ks. 1219
Shona 1166
Shonekan,
-, Ernest 1676
Shore,
-, John 1187
Showa Tenno,
-, Japan,
-,-, Ks. 1224
-, Mandschukuo,
-,-, Ks. 1225
Showa-Zeit 1224, 1226
SHP (Sozialdemokratische Volkspartei),
-, Türkei 1566
Shresta,
-, Marich Man Singh 1766
Shrewsbury,
-, John Talbot,
-,-, Earl of 450
Shu-Han,
-, Dyn. 🛈 1203
Shu-Han-Reich 1204
Shu-Han-Reich 🛈 1201
Shui-bian, Chen 1789
Shultz,
-, George P. *1587*
Shun-chih,
-, China,
-,-, Ks. 1207
-,-, Ks. 🛈 1207
Shuster,
-, Morgan 1125
Siam 🛈 1849
Siam ⊃Thailand
Siamet,
-, Osman. 1102
Sian 1213
Sibirien 979, 988
Sicca Veneria (Le Kef) 334
Sicca Veneria (Le Kef) 🛈 333
Sichem 48, 53, 58, 63, 102
Sicherheitsdienst ⊃SD
Sicherheitspolizei ⊃Sipo
Sicherheitsrat der UNO 1321, 1323, 1325–1330, 1339, 1341, 1347, 1576, 1649, 1813, 1821, 1841, 1848
Sicherheitsrat der UNO 🆖 1322
Sicherheitsratsmitglied,
-, BR Dtld. 1330, 1415, 1431
-, China,
-,-, VR 1321
-, Frkr. 1321
-, GB 1321
-, UdSSR 1321
-, USA 1321, 1323
Sicherheitsrats-Resolutionen ⊃UNO-Resolutionen
Sicilia,
-, röm. Prov. ⊃Sizilien
Sickingen,
-, Franz v. *806*
Siddhartha Gautama ⊃Buddha
Sidi Meskine,
-, (Alt.) ⊃Thunusida
Sidi-Ali-bou-Djenoun,
-, (Alt.) ⊃Banasa
Sidiciner 220
Sidi-Raïs,
-, (Alt.) ⊃Aulodes
Sidki,
-, Atif *1627*–1628
Sido,
-, Sani Souna *1681*
Sidon 406
Sidon (Saida) 70, 98–99, 105, 171, 177, 182, 341
Sidonius,
-, Apollinaris,
-,-, B. *361*
-, Dichter 280
Siebenbürgen,
-, (MA) 623
-, (NZ) 674, 724, 736, 761, 823, 914–915, 1070–1072, 1101, 1105
Siebenjähriger Krieg,
-, (1756–1763) 687, 829, **926**, 966–967, 983, 1025, 1047, 1186
Siebenjahrplan,
-, UdSSR (1959–1965) 1520
Siebzehnerausschuss (1848) 845
Siebzehnter Juni (1953) 1375, 1419
SIECA (Secretaria Permanente del Tratado General de Integración Económica Centroamericana) 1865
Siedlungen,
-, (Ältere Bronzezeit) 55
-, (Altkupferzeit) 33, 35
-, (Eisenzeit) 70, 72
-, (Frühbronzezeit) 48–49, 63
-, (Frühneolithikum) 23
-, (Jungbronzezeit) 64–65
-, (Jungneolithikum) 28
-, (Mittel- und Frühkupferzeit) 40–41
-, (Mittelbronzezeit) 53, 60
-, (Mittelneolithikum) 25
-, (Neolithikum) 22
-, frühurbane 33
-, Hochkulturen,
-,-, (2. Jt.) 47–49, 52–53, 57–58, 62–63
-,-, (3. Jt.) 30–32, 38–41
-, Oz. 1236
-, Oz.,
-, endogene Kulturen 1236, 1238
Siedlungsformen,
-, MA 388, 390
Siedlungspolitik,
-, Isr. 1581, 1585
Siem Reap 1229
Siemens 887
Siemens,
-, Konzern 🛈 1332
Siena,
-, (NZ) 677
-, Univ. 🛈 398
Siena (MA) 488, 533, 535, 543
Siena (MA) 🛈 411, 413
Sierra Leone 1144, **1156–1157**, 1159–1160, 1661–**1663**
Sierra Leone,
-, pol. Org. 1663
-, Unabhängigkeits-Erkl. 1386
Sierra Leone Company 1156–1157
Sierra Leone PeoplesParty ⊃SLPP
Sierra Leone 🛈 1158
Sierra Leone Youth League 1157
Sierra Morena 45
Siete Partidas 558
Sieversbausen,
-, Schl. (1553) 812
Siew,
-, Vincent 1789
Sieyès,
-, Emmanuel-Josephe *929*, 933–934
Siffin,
-, Schl. (657) 1089

Siga,
-, R. 332
Sigebert von Gembloux *480*
Sigeion 136, 161
Sigeion ❶ 124
Siger von Brabant *394*
Sigibert,
-, Franken,
-,-, Kg.,
-,-,-, I. 374, **547**, 602
-,-,-, III. 374
-,-,-, III. ❶ 373
Sigismund,
-, Burgunder,
-,-, Kg. 367, 369
-, Ks. 493–497, 502, 522, **613**, 616, 619, *624*
-, Ks. ❺ 487
-, Polen,
-,-, Kg.,
-,-,-, I. d. Alte *618, 1061*
-,-,-, I. d. Alte ❺ 617, 1062
-,-,-, II. August *618, 1061*
-,-,-, II. August ❺ 1062
-,-,-, III. 980, *1061*
-,-,-, III. ❺ 1062
-, Schweden,
-,-, Kg. *1044*
-, Siebenbürgen,
-,-, Ft.,
-,-,-, Báthory 629
-, Tirol,
-,-, Hz. 499
-,-, Hz. ❺ 485
-, Ung.,
-,-, Kg. ❷Sigismund,
-,-,-, Ks.
Sigmund,
-, Bay.-München,
-,-, Hz. ❺ 488
Signia 217
Signia ❶ 209
Signorie,
-, It. 411, **537**
Sigtuna 591
Sigurd,
-, Norw.,
-,-, Kg.,
-,-,-, II. ❺ 593
-,-,-, Jórsalafari 592
-,-,-, Jórsalafari ❺ 593
Sihanouk,
-, Norodom,
-,-, Kambodscha,
-,-,-, Kg. *1812*–1813
Siim Kallas 1497
Siin-Reich 1156
Šik,
-, Ota *1507*
Sikeler 138, 143–144
Sikh-Religion 1182
Sikhs,
-, Autonomiebewegung 1755–1756
Sikkim 1754
Sikorski,
-, Wladislaw 780, *1066*
Sikyon 156, 160, 176, 180, 202, 204, 301
Sikyon ❶ 127
Sikyonier 153
Sila Maria Calderón 1889
Silajdžić,
-, Haris 1553
Silas 289
Siles Suazo,
-, Hernán *1907*–1908
Silingen 359
Silistria 712, 736
Silius,
-, C. 264
-, Italicus *272*

Silla 1215, 1217
Silo 102
Silur **5**
Silur ❶ 8
Siluren 266
Silva,
-, Luis Inácio da *1919*
Silvandre,
-, Jean *1677*
Silvanus,
-, Usurpator 283
Silverius,
-, Pp. 367
-, Pp. ❶ 367
Silvester,
-, Pp.,
-,-, I. 365, 505
-,-, II. 394, 425, 464–465, 507
-,-, II. ❶ 505
-,-, III. 468, 508
-,-, III. ❶ 505
-,-, IV. 510
-,-, IV. ❶ 511
Silvesterpatent (1851/1852) 905
Silvia Cartwright 1836
Silvio Berlusconi 1475
Silvium 221
Silwestr *979*
Sima,
-, Horia 1073
Simango,
-, Uria *1715*
Simbabwe ❷Zimbabwe
Simbananiye,
-, A. 1702
Simeon,
-, Bulg.,
-,-, Zar,
-,-,-, II. *1074*
-,-,-, II. ❺ 970
-, Stylites d. Ä. *366*
Simeon II 1546
Simeon Sakskoburggotski 1546
Simitis 1562–1563
Simitis,
-, Kostas (Konstantin) *1562*
Simitthu (Chemtou) 334
Simitthu (Chemtou) ❶ 333
Simla,
-, Abk. (1914) 1199, 1751
-, Kfz. (1945) 1748
-, Kfz. (1972) 1747
Simon,
-, Gustav 898, 901
-, Heinrich ❶ *846*
-, John 746, 1189
-, Makkabäer 189–191
-, v. Montfort 433, 515, 574–575
Simonides 129, 144
Simonie 469, 508–509, 514, 532
Simons,
-, Menno *810*
Simović,
-, Duschan (Dušan) 764, *1077*
Simplicius,
-, Pp. 366
-, Pp. ❶ 367
Simson 102
Simson,
-, Eduard *849*, 854
-, Eduard ❶ *846*
Sin 91
Sin,
-, Jaime 1828
Sinai 101, 1113, 1578, 1580–1581, 1583–1586,

1602, 1604
Sinai-Abkommen (1974/1975)
❷Truppenentflechtungsabkommen
Sinan,
-, Baumeister *1102*
Sind 1757, 1759
Sind,
-, Ind.,
-,-, Prov. 1178, 1180, 1187
Sindermann,
-, Horst *1426*–1427
Sindhia,
-, Dyn. 1185
Singapur,
-, (Anf.–1963) 1226–1228, 1819, **1821**
-, (NZ) 777, 779, 801, 973
-, (seit 1963) 1333, 1335, 1803, 1820–**1822**, 1831
-, (seit 1963),
-,-, Handel ❶ 1334
-,-, Unabhängigkeits-Erkl. ❶ 1386
-, Kfz. (1992) 1804
Singen-Gruppe 55
Singh,
-, Buta 1756
-, Charan *1755*
-, Hari *1747*
-, Vishnawath Pratap *1756*
Singhalesen,
-, Sri Lanka 1763–1764
Singidunum 307
Sinkiang 1786
Sin-leke-unnini 89
Sinn Fein-Bewegung 975–976, 978
Sinn-Fein-Bewegung 1465
Sinoe 1159
Sinope 96, 193, 342
Sinope ❶ 124
Sinowatz,
-, Fred *1438*–1439
Sinowjew,
-, Grigori J. *998*, 1000, 1002, 1004
Sinscharrischkun,
-, Assyrien,
-,-, Kg. 90
Sint Eustatius 1300, 1880
Sint Maarten 1300, 1880
Sîntana 65
Sintra,
-, Kfz. (1997) 1392
Sinuessa ❶ 219
Sinzogan,
-, Benoit 1672
Sioux 1249
Sioux-Kriege (1862–1876) 1286
Sipahis 1102
Sipāhīs 1107
Siphandone,
-, Khamtay *1811*
Sipo (Sicherheitspolizei SS) 766, 768, 771, 890
Sipontum (S. Maria di Siponto) 529
Sipontum (S. Maria di Siponto) 242
Sipplingen 44
Sippur 39
Siptah,
-, Äg.,
-,-, Kg. 62
Siriccius,
-, Pp. *365*
-, Pp. ❶ 367
Siriden,
-, Dyn. 1096

Sirimavo Bandaranayake 1764
Siris 70, 138
Siris ❶ 125
Sirmium (Sremska Mitrovica) 279–280, 312–313, 603
Sirmium (Sremska Mitrovica) ❶ 313
Široký,
-, Viliam *1507*
Sirte 1122
Sisak,
-, (Alt.) ❷Siscia
Siscia (Šišak) ❶ 313
Siscia (Šišak) 256, 311–313
Sisibut,
-, Westgoten,
-,-, Kg. **548**
Sisinnius,
-, Pp. ❶ 505
Sissoko,
-, Fily-Dabo *1677*
Sistan 1124
Sistema Económico Latinoamericano ❷SELA
Sisulu,
-, Walter *1720*
Sitalkes,
-, Odrysen,
-,-, Kg. 153, 165
Sithole,
-, Ndabaningi *1710*–1713
Sitifis (Sétif) ❶ 333
Siva-Kult 1227
Sivas,
-, National-Kongr. (1919) 1110
Sivavang Vong,
-, Laos,
-,-, Kg. *1810*
Siwa,
-, Oase 82, 171, 175
Sixtus,
-, Pp.,
-,-, III. 365
-,-, III. ❶ 367
-,-, IV. 524, 543
-,-, V. *1009*
-,-, V. ❶ 1009
Sizilianische Vesper (1282) 517, 537, 561, 649
Sizilien,
-, (Alt.) 105, 111, 127, 137, 142, 154–155, 207, 222, 224–225, 228
-, (Alt.),
-,-, Tyrannis 143–144
-, (MA) 386, 472, 475–478, 480, 512–514, 516–517, 526, 528, 532, 537–**539**, 542, 558, 561, 644–647
-, (NZ) 685, 785, 827, 1010–1012, 1021, 1471
-, (Vorgeschichte) 36, 50, 64, 70
-, Kgr. 532, 534–535
-, Kgr. ❺ 559
-, röm. Prov. (Sicilia) 225, 228, 243, 245–246, 254–255, 257, 268, **300**
-, röm. Prov. (Sicilia) ❶ 223
Sjuren 18
Skadar 626
Skagerrak,
-, Schl. (1916) 721, 723
Skalholt 596
Skandagupta,
-, Ind.,
-,-, Kg. 1180
Skanderbeg,
-, Gjergj K. *632*, *1100*–1101
Skandinavien,

-, (16.–18. Jh.) 1044–1049
-, (1780/1789–1914)
1049–**1052**
-, (1780/1789–1914),
-,-, Auswanderung ❻ 1283
-,-, Innen-Pol. 1049
-,-, Verfassung 1049
-, (1914–1945) 1052
-, (Alt.) 322
-, (MA) **588**–**599**
-, (Vorgeschichte) 56
-, Christianisierung 371, **381**, 588
Skandinavismus 1050–1052
Skare,
-, Btm. 371
Skele,
-, Andris *1499*
Skenninge,
-, Reichsversammlung 592
Skeptizismus 665
Skerdilaïdas,
-, Illyrien,
-,-, Ft. 199
Skione 154
Skiren 361
SKK (Sowjetische Kontrollkommission) 1417, 1419
Sklaven,
-, Griechld. 148–149
-, röm. 260, 269–270, 279–280
-, röm. ❻ 235
Sklavenaufstände,
-, griechische 301
-, röm. 243, 245, 300–301
Sklavenbefreiung 971
Sklavenhandel 1130–1132, 1134–1135, 1138, 1141–1144, 1147, 1149–1150, 1157, 1165, 1167, 1198, 1299
Sklavenhandel ❻ 1274
Sklavenhandelsverbot (1807) 969
Sklavenhandelsverbot (1831) 1316
Sklavenhandelsverbot (1850) 1285
Sklaverei,
-, Äg. 78–79
-, Am. 1270, 1299, 1301
-, Am.,
-,-, engl. Kol. 1272
-,-, spanische Kol. 1295
-, Athen 147–148
-, Babylonien 87
-, Bras. 1298, **1316**
-, Griechld. 121, 303
-, Hellenismus 180
-, Islam 1093–1094, 1097, 1118, 1120
-, Rom 230, 233–234, 236, 241, 243, 245, 249, 268–269, 280, 299–**301**, 336–337
-, USA 1280–1284, 1286
Sklavokampos 59
Skodra,
-, Kgr. 226
Skopas,
-, Politiker u. Söldnerführer 186, 188, 205
-, v. Paros,
-,-, Bildhauer *157*
Skopje 628, 1548, 1556
Skopje,
-, Schl. (1014) 643
Skorba 43
Skordisker 304, 306, 310–312
Skoropadsky,
-, Pavel P. *998*

2043

S

Skorpion,
-, Äg.,
-,-, Kg. 75
Skorzeny,
-, Otto 915
Skoten (Scoti) 326, 568
Skradin,
-, (Alt.) ◆Scardona
Skrzynski,
-, Alexander *1065*
Skupština 1075
Skutari 712
Skybolt-Projekt 1461
Skyros 23, 144, 158
Skythen (Saken,
-, Schaka) 72, 90, 94, 108–109, 168, 306–309, 347–348, 351, 358, 1179, 1192
Skythes,
-, Messina,
-,-, Tyr. 143
Skythien,
-, röm. Prov. (Scythia) 306–307, 311, 359
Skythopolis 191, 338, 340
Slagelse 599
Slánský,
-, Rudolf *1507*
Slavata,
-, Wilhelm v. *816*
Slavnikiden,
-, Dyn. 608, 611–612
Slavokampos 53
Slawek,
-, Walery *1065*
Slawen 358, 371–373, 388, 457, 459, 462–463, 468, 472–475, 504, 603, 610, 629, 1092, 1099, 1106
Slawen,
-, Ausbreitung,
-,-, Gliederung,
-,-,-, Landnahme 456, 602, 605–**606**
-, Christianisierung 369–371, 504, 606, 610
-, Gräzisierung 610
-, Kirche 607
-, Missionierung 460, 463
Slawen ❶ 364
Slawenkongress,
-, (1848) 847, 905
-, (1867) 990
Slawenpolitik,
-, dt. 459, 470
Slawisch,
-, Spr. 417
Slawische Kirche 1106
Slawisierung 605
Slawonien,
-, (1919–1945) 736
-, (NZ) 1105
Slawophilenbewegung 986, 989–990
SLD (Allianz der Demokratischen Linken),
-, Polen 1505
SLDP (Soziale und Liberale Demokraten),
-, GB 1465
SLF (Surinamische Befreiungsfront) 1901
SLFP (Sri Lanka Freedom Party) 1763
Slon-brtsan-sgam-po,
-, Tibet,
-,-, Kg. 1198
Slowakei,
-, (1914–1945) 736, 750, 755, 762, 767, 797, 1005, 1067–1069

-, (MA u. NZ) ◆Ungarn
-, (seit 1945) 1391, 1508–1509, **1511**
-, (seit 1945),
-,-, Europäische Union 1394
-, (seit 1945) ❺ 1358
Slowaken 606
Slowakische Nationale Partei ◆SNS
Slowenen 605
Slowenien 899, 901, 1547, 1549–1550, 1555–**1556**
Slowenien,
-, Europäische Union 1394
Slowenien ❺ 1358
SLPP (Sierra Leone PeoplesParty) 1662–1663
Sluis,
-, Schl. (1340) 441
Sluter,
-, Claus 454
SMAD (Sowjetische Militäradministration Deutschlands) 1402–1404, 1417
Šmarjeta 71
Smendes 62
Smetona,
-, Anton *1060*
Smirnow,
-, Igor 1537
Smith,
-, Adam *696*
-, Ian 1462, *1710*–1713
-, Präs. 1159
Smith Kline Beecham 1336
Smolensk 609, 619, 621, 978, 980, 1062
Smolensk,
-, Schl. (1941) 768
Smuts,
-, Jan Christiaan *1171*–1173
Smuts-Gandhi-Übereinkunft 1171
Smyrna (Izmir) 95, 120, 136–137, 344, 736–737, 1081, 1110
Smyrna (Izmir) ❶ 120
Snaketown 1250
Snegur,
-, Mircea *1536*–1537
SNIM,
-, Mauretanien 1645
SNM (Somalia National Movement) 1734
Snofru,
-, Äg.,
-,-, Kg. 32, 78
Snorri Sturluson *596*
Snorri Sturluson ❶ 416
Snowy-River-Projekt 1830
SNS (Slowakische Nationale Partei) 1511
Soames,
-, Gouverneur,
-,-, Zimbabwe 1713
Soares,
-, Mario *1484*–*1486*
Sobat 1134
Soběslav,
-, Böhmen,
-,-, Hz. 471
Sobhuza II.,
-, Swazild.,
-,-, Kg. 1725
Sobibor,
-, KZ 773, 900, 1066
Sobrane 1073
Sobukwe,
-, Robert *1720*
SOCAR (Ölgesellschaft),
-, Aserbaidschan 1541
Socarráz,

-, Prío,
-,-, Carlos *1881*
Social Democratic Party ◆SDP
Social Security Act,
-, Neuseeld. (1938) 1246
Società nazionale 1014
Société Générale 1164
Socii ◆Bundesgenossen,
-, röm.
Sodano,
-, Angelo *1477*
Soest ❶ 413
Sofala 1149, 1154
Sofia 796
Sofijanski,
-, Stefan *1546*
Soga,
-, Geschl. 1218
Sogdiane (Sogdien) 1191, 1204
Sogdianos 110
Sogdien 108, 172
Sogdier 1094
Soglo,
-, Christophe *1672*
-, Nicéphore 1673
Soilih,
-, Ali *1742*
Soissons 373, 375–376
Soissons,
-, Kongr. (1728) 687
-, Schl. (486) 372
Soissons ❶ 373
Soka Gakkai 1797, 1799
Sokoine,
-, Edward *1728*
Sokolowski,
-, Wassili D. *1340*
Sokomanu,
-, George 1837
Sokoto,
-, Sult. 1139–1140, 1160
Sokrates 151–152, *157–158*, 165
Sol 280
Sol Invictus 278
Sol invictus 283
Solana,
-, Javier *1392*
Solanki,
-, Dyn. 1180
Soldaten ◆Militärwesen
Soldatenhandel 836
Söldner,
-, (Alt.) 294, 300, 304, 309, 328
-, Äg. 79, 81–82
-, Babylonien 91
-, galatische 195
-, griechische 158–159, 171, 201
-, jüdische 102, 104
-, karthagische 207, 225
-, makedonische 166
Soleb 80
Solferino,
-, Schl. (1859) 905, 944, 1014
Solh,
-, Rashid as- 1597
Solidarität,
-, polnische Gewerkschaft 1504
Solidarność ◆Solidarität,
-, polnische Gewerkschaft
Solin,
-, (Alt.) ◆Salonae
Solingen 1431
Solís,
-, Juan Díaz de *1294*
Solís Palma,

-, Manuel 1879
Sollius Apollinaris Sidonius,
-, C. 322
Sollius Modestus Apollinaris Sidonius,
-, C. 321
Sollum 763–764
Solon 127–129, 134–**135**, 144
Solon,
-, Gesetze **135**
Solothurn 501–502
Solschenizyn,
-, Alexander I. *1523*, *1529*
Solutré 19, 21
Solutréen 19
Solutréen ❶ 11
Solva 315
Solyson,
-, Samos,
-,-, Tyr. ❶ 127
Somali 1130, 1135–1137, 1148, 1175, 1732–1733
Somali Revolutionary Socialist Party ◆SRSP
Somali Youth League ◆SYL
Somalia (Britisch-Somaliland,
-, Italienisch-Somaliland),
-,-, (bis 1960) 763, 1016, 1174–1175, **1733**
-,-, (bis 1960),
-,-,-, Bevölkerung ❶ 1656
-,-, (bis 1960) ❶ 709, 1158
-,-, (seit 1960) **1733**–1737, 1833, 1859–1860
-,-, (seit 1960),
-,-,-, Bevölkerung ❶ 1656
-,-,-, Unabhängigkeits-Erkl. ❶ 1386
-,-, (seit 1960) ❶ 1158, 1655
Somalia National Movement ◆SNM
Somaliland 1135, 1158, 1174–**1175**, 1733, 1735
Somaliland ❶ 709
Somare,
-, Michael *1837*
Somare, Michael 1839
Somerset,
-, Eduard Seymour *959*
Somme,
-, Schl. (1916) 719–720, 723, 950
Somoza,
-, Luis *1875*
Somoza Debayle,
-, Anastasio (Tachito) *1875*–1876
Somoza García,
-, Anastasio (Tacho) **1307**
Somoza García,
-, Anastasio (Tacho) 1875
Somoza-Diktatur 1875
SONATRACH,
-, Algerien 1636–1637
Sonderbundskrieg (1847) 700, 941, 1084–1085
Sonderziehungsrechte ◆IMF
Songo 1157
Songo-Mali,
-, Jean Pierre 1684
Songrai **1139**–**1140**, 1681
Songye 1163, 1693
Soninke 1140
Sonjo 1147
Sonne 1–2
Sonnenfinsternis (763 v.) 68
Sonnengesang Echnatons 80
Sonnenheiligtümer,

-, ägyptische 38, 78
Sonnensystem 2
Sonnentrahlungskurve 14
Sonni,
-, Dyn. 1140
Sonni Ali,
-, Songrai-Hschr. 1140
Sonntag 291
Soor,
-, Schl. (1745) 828
Sophagasenos,
-, Ind.,
-,-, Ft. 186
Sophia,
-, G. v. Ernst August,
-,-, Hann.,
-,-,-, Kft. ❺ 960
Sophie,
-, Chotek,
-,-, Gfn. *907*
-, Hohenberg,
-,-, Hzn.,
-,-,-, Chotek ❺ 835
-, T. v. Maximilian,
-,-, Bay.,
-,-,-,-, I. ❺ 835
Sophie Charlotte,
-, G. v. Friedrich,
-,-, Preußen,
-,-,-, Kg.,
-,-,-,-, I. ❺ 960
Sophie Dorothea,
-, G. v. Friedrich,
-,-, Preußen,
-,-,-, Kg.,
-,-,-,-, Wilhelm I. ❺ 960
Sophistik 151, 157, 180
Sophistik,
-, Zweite 273
Sophokles *152*, *157*
Sopianae (Pécs) 312–313
Sopron 737
Sora 221
Sora ❶ 219
Sorben 379, 456, 606
Sorel,
-, Georges *698*
Sorge,
-, Richard 767
Sorhaindo,
-, Crispin *1890*
Sorsa,
-, Kalevi *1494*–1495
Soshangane,
-, Ngoni,
-,-, Ft. 1167
Sosibios,
-, Äg.,
-,-, Reg. 183
Soso (Sosso) 1140
Sosthenes,
-, Maked.,
-,-, Reg. 197
Sotelo,
-, José Calvo *1028*
Sothisdaten 75
Sotho 1155, 1170–1171
Sotho,
-, -Gruppen 1151, 1154
-, -Spr. 1151
-, -St. 1155
Soto,
-, Hernando de *1269*
Soudan (Französisch-Sudan) ◆Mali
Soufli-Magula 23, 25
Soult,
-, Nicolas Jean 937, *940*
Soumialot,
-, G. 1695
Souphanouvong,

-, Laos,
-,-, Ft. *1810*–1811
Sousse,
-, (Alt.) ◐Hadrumetum
South African Indian Congress ◐SAIC
South African Party 1171
South African StudentsOrganization 1721
South Australia 1832
South Carolina 1271, 1282–1283, 1285–1286
South Pacific Bureau for Economic Co-operation 1837
South Sea Company 966
Southampton 579
Southeast Asia Treaty Organization ◐SEATO
Southwest African PeoplesOrganization ◐SWAPO
Souvanna Phouma,
-, Laos,
-,-, Ft. *1810*–1811
Souveränität,
-, Andorra 1483
-, BR Dtld. 1408–1409
-, DDR 1341, 1420
-, Isr. 1601
Sovrom (Sowjetisch-rumänische Gesellschaft) 1542
Soweto 1721
Sowjet 726–727, 996–997
Sowjet,
-, Moskau 727
-, Petrograd 727
-, St. Petersburg 993
Sowjetisch-deutscher Vertrag (1970) 1350
Sowjetisch-deutscher Vertrag (1990) 1430
Sowjetische Aktiengesellschaften ◐SAG
Sowjetische Beistandspakte 1373–1374
Sowjetische Kontrollkommission ◐SKK
Sowjetische Militäradministration Deutschlands ◐SMAD
Sowjetisierung 1373
Sowjetkommunismus 714, 731–732, 738, 996
Sowjetkongress,
-, All-russ.,
-,-, 1. 997
-,-, 2. 727, 998
-,-, 3. 998
-,-, 4. 999
-,-, 5. 999
-, All-U.,
-,-, 1. 1000
-,-, 2. 1000
Sowjetpatriotismus 996
Sowjetrepublik 726
Sowjetsystem,
-, DDR 1402
Sowjetunion ◐UdSSR
Soyinka,
-, Wole *1676*
-, Wole ❶ 1655
Sozial- u. Wirtschaftsgeschichte,
-, Eur. 690
Sozialdemokratie 697
Sozialdemokratie,
-, Dt. R./Dtld. ◐SPD
-, Russld. 986, 991–992
Sozialdemokratie der Republik Polen ◐SdRP
Sozialdemokratische Arbeiterpartei 855, 862

Sozialdemokratische Arbeiterpartei,
-, Österreich-Ung. 908
-, Russld. 992, 995
Sozialdemokratische Partei,
-, Japan ◐Shakai minshuto
-, Russld. 986
-, Schwedens 1050
Sozialdemokratische Partei Deutschlands ◐SPD
Sozialdemokratische Volkspartei,
-, Türkei ◐SHP
Soziale Frage,
-, (Spät-MA) **409–411**
-, Bol. 1906
-, BR Dtld. 1412, 1414–1415, 1431–1432
-, Bras. 1918
-, DDR 1419, 1422, 1424, 1427–1428
-, Dt. R.,
-,-, (1871–1918) 865, 870–871
-,-, (1919–1933) 873, 879, 881, 883–885
-,-, (1933–1945) 887, 895
-, Dtld.,
-,-, (Früh-NZ) 836
-, Eur. 1371
-, Frkr.,
-,-, (1914–1945) 951, 953, 955
-,-, (seit 1945) 1445, 1447–1448
-, Frkr. (1789–1914) 936, 938, 940
-, GB,
-,-, (NZ) 968–969, 971–975, 977, 1459, 1461–1464
-, Guatemala 1868
-, Ind. 1756
-, It. 1012, 1472
-, Jugoslawien 1549
-, Kolumbien 1895
-, Lat.-Am. 1863–1864
-, Liberia 1664
-, Madagaskar 1739
-, Mauritius 1744–1745
-, Mex. 1866
-, Ndld. 1038
-, Norw. 1054
-, Österreich 904
-, Polen 1502–1503, 1505
-, Russld.,
-,-, (1789–1917) 727, 986–987, 989–990, 992–993
-, Schweden 1053, 1487
-, Span. 1482
-, Südafrika 1720–1721
Soziale Frage (Antike) ◐Griechenland,
-, Agrargeschichte
Soziale Frage (Antike) ◐Plebejer
Soziale Frage (Antike) ◐Rom,
-, Agrargeschichte
Soziale Frage (Antike) ◐Schulden
Soziale Frage (Antike) ◐Schuldknechtschaft
Soziale Marktwirtschaft 1401, 1405, 1409, 1430
Sozialenzyklika Centesimus annus 1477
Sozialenzyklika Humanae vitae 1477
Sozialenzyklika Populorum progressio 1477
Sozialgesetzgebung 863–864

Sozialisierung
◐Kollektivierung
Sozialisierung
◐Kommunismus
Sozialisierung
◐Verstaatlichungen
Sozialismus 696, 698
Sozialismus,
-, Äg. 1625
-, Algerien 1637
-, arabische Welt 1569, 1625
-, Baath **1607–1608**
-, China 1212
-, christlicher 696
-, Dt. R./Dtld. 851, 853, 855, 862, 864, 866, 868
-, Frkr. 940, 942, 944, 946, 948–949
-, GB ◐Labour Party
-, Irak **1607–1608**
-, Russld. 986, 992–993
-, Span. 1027
-, Syr. **1592**
-, Tunesien **1632–1633**
-, utopischer 697
Sozialistengesetze 862, 866
Sozialistische Arbeiterpartei Deutschlands 862
Sozialistische Destour-Partei (PSD) 1632
Sozialistische Einheitspartei Deutschlands ◐SED
Sozialistische Internationale 1359, 1822, 1896
Sozialistische Partei,
-, It. 1016
-, Japan ◐Shakaito
Sozialistische Partei Österreichs ◐SPÖ
Sozialistische Reformpartei,
-, Japan ◐Shakai kaishinto
sozialistisches Lager 1373
Sozial-liberale Koalition (1969–1982) 1412, 1414–1415
Sozialpolitik,
-, It. 1019
Sozialrevolutionäre Partei Russlands 727, 986, 992–993
Sozialrevolutionäre Partei Russlands ❶ 995
Spa *729*–730
Spa,
-, Kfz. (1920) 738
Spätpaläolithikum ❶ 11
Spaak,
-, Paul-Henri 1357, 1362–1363, 1365, *1454*, 1456
-, -Plan 1366
Spadolini,
-, Giovanni *1474*
Spaghetti-Krieg,
-, EG-USA (1986) 1371
Spahis 1102, 1107
Spalato (Split) 280
Spanien,
-, (1516–1788) 666, 668, 672–674, 678–680, 684–685, 688, 827, 1006, **1022–1025**, 1103–1104
-, (1516–1788),
-,-, Adel 686
-,-, Außen-Pol. 671–672, 674–675, 681, 683, 685, 687–688, 1023
-,-, Bevölkerung **1025**
-,-, Bevölkerung(sentwicklung) ❺ 652
-,-, Bürgertum 1025

-,-, Gold- und Silbereinfuhren,
-,-,-, (1546–1645) ❺ 1023
-,-, Industrie 1025
-,-, Kolonialmacht 686, 1023–1024, 1120, 1228
-,-, Kriegführung 680–681, 683–684, 688
-,-, Kultur **1025**
-,-, Landwirtschaft 1025
-,-, Literatur 663
-,-, Wirtschaft 666, 1022–1023, **1025**
-,-, (1516–1788) ❺ 671
-,-, (1789–1914) 703, **1025–1026**
-,-, (1789–1914),
-,-,-, Außen-Pol. 702, 931
-,-,-, Innen-Pol. 938, 1027
-,-,-, Karlistenkriege (1834–1839) 700, 940, 1025–1026
-,-,-, Kolonialmacht 1230
-,-,-, Königtum 935
-,-,-, Kriegführung 1230
-,-,-, Revolution (1820) 699
-,-,-, Wirtschaft 1025
-,-, (1914–1945) 750, 760, 763, 787, 896, 1019, 1030, 1033
-,-, (1914–1945),
-,-,-, Außen- und Kolonial-Pol. 1121
-,-,-, Franco-Regime 1030
-,-,-, Franco-Regime ❺ **1029**
-,-,-, Marokkokrieg (1921–1926) 1027, 1121
-,-,-, Nuevo Estado 1029
-,-,-, pol. Org. 1029
-,-,-, pol. Org. ❺ **1029**
-,-,-, Verfassung (1931) 1027
-,-,-, Wirtschaft 1027
-,-, (Alt.) 225–229
-,-, (MA) ◐Iberische Halbinsel
-,-, (seit 1945) 1364, 1370–1371, 1392, **1479**–1484, 1609, 1634, 1639, 1641–1642, 1687–1688, 1844
-,-, (seit 1945),
-,-,-, AIDS-Erkrankungen ❶ 1335
-,-,-, Außen- und Kolonial-Pol. 1480
-,-,-, Bruttoinlandsprodukt ❶ 1369
-,-,-, EG-Eintritt 1371
-,-,-, Geldentwertung 1369
-,-,-, Innen-Pol. 1480–1481
-,-,-, NATO-Eintritt 1371
-,-,-, NATO-Streitkräfte ❶ 1354
-,-,-, Regionalismus 1480
-,-,-, Verteidigungsausgaben ❶ 1369
-,-,-, Wirtschaft ❶ **1480**
-,-, (seit 1945) ❺ 1358, 1393
Spanisch-Amerikanischer Krieg (1898) 1288
Spanisch-amerikanischer Krieg (1898) 1230
Spanischer Bürgerkrieg (1936–1939) 751, 753, 954, 1004, 1020, 1028–1029, 1291
spanischer Bürgerkrieg (1936–1939) 748–749
Spanischer Erbfolgekrieg (1701–1714) **686**, 826–827, 925, 965–966, 1009, 1024, 1031, 1036–1037, 1273
Spanischer Unabhängig-

keitskrieg (1808–1814) 1025–1026
Spanisch-Guinea ◐Äquatorial-Guinea
Spanisch-Marokko 748
Spanisch-Niederländischer Krieg (1568–1648) 1023–1024
Spanisch-niederländischer Krieg (1568–1648) 1034
Spanisch-Sahara ◐Sahara
Sparta,
-, (4. Jh.) 156–162, 166, 168, 172
-, (5. Jh.) 140–141, 144–147, 153–157, 165
-, (Hellenismus) 176–177, 182, 188, 197, 199, 203–207, 228, 232
-, (röm. Zeit) 301–302
-, (vor 500 v.) 64, 95, 116, 126, **129–133**, 136, 140
-, (vor 500 v.),
-,-, Bildung 132
-,-, Gesellschaft 132
-,-, Königtum 132
-,-, (vor 500 v.) ❶ 120, 125
-,-, Artemis-Tempel 68
-,-, Kg. ❶ 130
Spartacus
Spartacus,
-, -Aufstand (73–71) 249
Spartakusaufstand (1919) 877
Spartaner 130–132, 139, 141–142
Spartanisch-persischer Krieg (400–394) **158**
Spartanisch-persischer Krieg (400–394) ❶ 157
Spätantike 279–**288**, 364
Späth,
-, Lothar *1430*
Späthelladikum 54, 113, 116–117
Spätkanaanitische Kultur 58
spätkanaanitische Kultur 53
Spätminoisch 53
Spätmittelalter **408–415**, **417–419**, 437, **482**–483, 488–500, 502, 520–523, 537, 539–545
Spätmittelalter,
-, Bevölkerung 410
-, Bevölkerung ❶ 408
-, Bildungswesen 417
-, Druckorte ❶ 418
-, Geldentwertung 409
-, Geschichtsschreibung 417
-, Gesellschaft 408–413
-, Judentum 412
-, Judentum ❶ 412
-, Kirche 411–412
-, Kultur 414
-, Kunst 413–414
-, Landwirtschaft 409
-, Literatur 415, 417
-, Löhne 409
-, Philosophie 417–419
-, pol. Org. 408
-, Preise 409
-, Rechtswesen 417
-, soziale Frage 409–411
-, Stadt 410
-, Stadt ❶ 410
-, Theologie 418–419
-, Weltbild 417–418
-, Wirtschaft 408
-, Wissenschaften 417
-, Zunftwesen 410–411
Spätrunenfelderstufe 69
SPD (Sozialdemokratische

Partei Deutschlands) 698, 734, 857, 862–874, 876–885, 893–894, 1349, 1398–1399, 1401–1402, 1405, 1411, 1415–1416, 1430–1431
SPD (Sozialdemokratische Partei Deutschlands),
-, DDR 1402, 1429
-, Partei-Tg.,
-,-, Bad Godesberg,
-,-,-, (1959) 1410
-,-, Programme,
-,-, Godesberger (1959) 1410
-,-, Görlitzer (1921) 879
SPD (sozialdemokratische Partei Deutschlands) 865
SPD (Sozialdemokratische Partei Deutschlands) ❺ 875, 882, 895
Spee,
-, Maximilian v. *722*
Speer,
-, Albert 773, 787, 886, *891, 901–902*
Speidel,
-, Hans *1363*
Speke,
-, John Hanning 1146
Speranskij,
-, Michail M. *987–988*
Speyer 392, 399–400, 486, 701, 740, 931
Speyer,
-, Dom 925
-, Hoftg. (1273) 485
-, Reichstg.,
-,-, (1526) 807
-,-, (1529) 661, 808
-,-, (1542) 810
-,-, (1544) 810
-,-, (1570) 814
Sphakteria 154
Spichern,
-, Schl. (1870) 855
Spiegelaffäre (1962) 1410
Spiele,
-, Griechld. 303
-, röm. 241, 259–260, 264, 269–270, 272, 274
-, röm. ❶ 234
Spina,
-, etruskische Kol. 71, 304
Spinola,
-, Ambrogio *681*
-, Antonio de *1484–1485*
-, Dyn. 542
Spinoza,
-, Baruch de *665*
Spiritualen 517–518
Spiritualia 469
Spiro 1249
Spitamenes 172
Spitzbergen 1053, 1489–1490
SPLA (Sudan PeoplesLiberationArmy) 1622
Splendid isolation 972–973, 975
SPÖ (Sozialistische Partei Österreichs) 910–912, 1435–1439
Spoletium ❶ 219
Spoleto 226
Spoleto,
-, Aimone v. *1020*
-, Hztm. 473, 503–504, 525–526, 528–529
Spolienrecht 477
Sponheim 825
Sporaden ❶ 120
SPP (Swaziland Progressive Party) 1725
SPPF (Seychelles PeoplesProgressiveFront),
-, Seychellen 1745–1746
Sprachen,
-, Ägyptisch 335
-, Aramäisch 339, 341, 344, 348
-, Austr. 1232
-, Germanisch 322
-, Griechisch 314, 335, 338–339, 341, 344, 348
-, Keltisch 314, 321, 344
-, Koptisch 335–336
-, lat. 297, 314, 338, 341, 344
-, Mikronesien 1235
-, Oz. 1235
-, Pannonien 314
-, Polynesien 1235
-, Syrisch 341
-, Thrakisch 309
Sprachgesetze,
-, Belg. 1041
Sprachgrenze,
-, dt.-frz. 375, 387
Spratly 1787, 1818
Spratly-Inseln 1785, 1818
Sprenger,
-, Jakob ❶ *892*
Spreti,
-, Karl v. *1869*
Springer,
-, H. W. 1891
SPUP (Seychelles PeoplesUnitedParty),
-, Seychellen 1745
Sputnik 1346, 1520
Sputnik,
-, -Effekt 1345
-, -Schock 1520, 1850
Spychalski,
-, Marian *1502*
Spytihněv,
-, Böhmen,
-,-, Ft. 606
Srebrenica 1454, 1554
Sremska,
-, (Alt.) ❸Sirmium
Sri Lanka (Ceylon) 1176, 1388, 1748, 1756, **1763–1764**
Sri Lanka (Ceylon),
-, Bevölkerung(sentwicklung) ❶ 1746
-, Unabhängigkeits-Erkl. ❶ 1386
Sri Vijaya-Reich 1227
Srinagar 1747
SRP (Sozialistische Reichspartei) 1408
SRSP (Somali Revolutionary Socialist Party),
-, Somalia 1733–1734
SS (Schutzstaffel) 784, **890**, 893, 896
SS (Schutzstaffel),
-, -St. 900
-, -Verbot (1932) 885
SS (Schutzstaffel) ❺ **890**
Ssu-ma,
-, Dyn. 1204
Ssu-ma Kuang 1205
SS-Zwanzig-Raketen 1353
St. Croix 1880
St. Germain,
-, Frd. (1679) 1046
St. John 1880
St. Johns,
-, Vtg. (1968) 1863
St. Louis 1156
St. Thomas 1880
Staaff,
-, Karl Albert *1051*
Staat und Kirche
❸Kirche-Staat
Staatenrat,
-, Austr. 1832
Staatliche Bauernbank,
-, Russld. 991
staatliche Entwicklungen (Früh-NZ) **654–655**
Staatliche Handelsorganisation (HO) 1404
Staatliche Plankommission,
-, DDR ❺ 1424
Staatsbürgerschaft,
-, DDR 1423, 1426
Staatskult,
-, Rom 278
Staatsorgane,
-, DDR 1425
-, Dt. R. ❺ **873**
-, Dt. R. ❶ **867**
Staatspacht,
-, röm. 234–235, 269–270
Staatspächter,
-, röm. 269–270
Staatsphilosophie,
-, röm. 253
Staatspräsident,
-, Frkr. 1445–1446
Staatsrat,
-, DDR 1425
-, DDR ❺ 1425
-, DDR ❶ 1421
-, Polen 1502
Staatstheorie,
-, griechische 180
Staatsvertrag,
-, BR Dtld.-DDR (1990) 1429
-, Österreich (1955) 1343, 1436, 1518
Stabilitätsprogramme,
-, BR Dtld. 1413
Stachanow,
-, Alexej *1004*
Stachanowbewegung 1004
Stack,
-, Lee 1119
Stadt,
-, (MA) **390–392**, 410, 413–**414**, 458, 468, 482
-, (MA) ❺ 391
-, (MA) ❶ 410
-, Alexander-R. 171–173
-, arabische 100
-, ath. 144
-, babylonische 86
-, Diadochenzeit 176
-, Dtld. 482, 484, **491, 493**
-, Entstehung 64, 120
-, etruskische 111, 210
-, Griechld. 126, 294
-, hellenistische 180
-, Iberische Halbinsel 557
-, It. **419**
-, keltische 320
-, Klein-As. 93
-, palästinensische 101
-, phönikische 98
-, Röm. R. 266, 268–270, 276, 280–281, 296–300, **320**, 343–344
-, Röm. R. ❺ 271
-, Röm. R. ❶ **313, 333**
-, Sasaniden-R. 351
Städtebünde **492–493**
Städtebünde ❶ 410
Städtekrieg,
-, 1. (1388/89) 493–494
-, 2. (1449/50) 493
Städteordnung (1808) 839
Stadtverwaltung,
-, (MA) ❺ 391
Stageira 167
Stageiros 154
Stahl,
-, Friedrich Julius *696*
Ståhlberg,
-, Karl Juho *1056*
Stahlhelm (Bund der Frontsoldaten) 876, 883, 885, 893
Stahlkartell (1926) 952
Stahlpakt (1939) 751, 753, 1020
Stalin,
-, Josef 752–753, 761, 765, 767–769, 771–772, 779–782, 788–790, 798–799, 801, 897, *995–996, 998*, 1000–1003, 1005–1006, 1066, 1213, 1226, 1342, 1374–1375, 1378–1379, 1501–1502, *1516–1517*, 1521, 1537, 1542, 1548, 1846
Stalin-Ära 996, **1516–1517**
Stalingrad,
-, Schl. (1942/43) 773, 780, 782–783, 901, 1006
Stalinismus 1374, 1416, 1516–1517
Stalin-Verfassung 1004
Stambul ❸Istanbul
Stambulijski,
-, Alexander *1074*
Stamfordbridge,
-, Schl. (1066) 566, 592
Stammesbildung 357, 457
Stammesgemeinde 316, 320
Stammesherzogtum 382, **456**–460, 462, 475
Stammesrechte,
-, germanische 376
Stammheimer Terroristenprozeß (1977) 1415
Standard Fruit and Steamship Co. 1307
Standard Fruit Co. 1873, 1875, 1877
Stände ❸Honestiores
Stände ❸Humiliores
Stände ❸Ritter,
-, röm.
Stände ❸Senat,
-, röm.
Ständekämpfe,
-, Rom,
-,-, alte Rep. 213–**216**
Ständerat,
-, Schweiz 1084
Ständewesen 483, 655
Ständewesen,
-, Dän. 1049
-, Dtld. 654, 804–806
-, Frkr. **437**, 440, 929
-, Iberische Halbinsel 557
Ständiger Internationaler Schiedsgerichtshof 882
Stanislaus,
-, Krakau,
-,-, B. *614*–615
-, Polen,
-,-, Kg.,
-,-,-, I. Leszczyński 687, **827**, 926, 1010, *1063*
-,-,-, II. August (Poniatowski) 688, **829**, 985, *1063*–1064
Stanley,
-, Henry Morton 1146, *1162–1163*
-, -Pool 1150, 1152, 1162–1163
Stanley Falls 1163
Stanleyville 1694–1695
Stanleyville,
-, Kfz. (1959) 1693
Starčevo 23
Starhemberg,
-, Ernst-Rüdiger *912*
Stari Grad,
-, (Alt.) ❸Pharos
Staroselje 18
START (Strategic Arms Limitation Talks),
-, -II-Vtg. (1993) 1391, 1529
START (Strategic Arms Limitation Talks) ❶ 1343
START II-Vertrag 1531
Staseis 126, 131, 142
Stasis 135
Stateira,
-, G. Alexander d. Gr. 173
Statilius Taurus,
-, T. 260
Statius ❸Papinius Statuis,
-, P.
Statius Priscus,
-, M. 273
Statthalter,
-, röm. 232, 234, 236, 239, 242, 244–245, 248, 256, 259, 261, 265, 269–270, 276, 303
-, röm. ❶ 238
Status von Westminster (1931) 1244, 1277, 1834
Statut von Westminster (1931) 977
Statute of Labourers (1350) 577
Statute of Praemunire (1353) 577, 959
Statute of Provisors (1351) 577
Statutum in favorem principum (1231) 479
Staudammprojekt am Marmala-Fluss 1757
Staufer,
-, Dyn. 388, 390, 462, 471–472, 479, 482–485, 492, 506, 517, 527, 534–535, 558
-, Dyn. ❺ 467, **473**
Stauferzeit **472–479**
Stauferzeit,
-, Kultur **480**
Stauffenberg,
-, Claus Gf. Schenk v. *796, 901*
Stauning,
-, Thorvald *1054*–1055
Staurakios,
-, S. v. Nikephoros,
-,-, Byz.,
-,-,-, Ks.,
-,-,-, I. 639
Stavisky,
-, Alexandre 953
Steffens,
-, Henrik *1052*
-, Lincoln 1287
Stegerwald,
-, Adam 876, *1398*
Steiermark,
-, (MA) 456, 475, 479, 486, 498
-, (NZ) 672, 737, 797, 911–912, 1103
-, (NZ) ❺ *893*
-, Nationalitäten ❶ 909
Stein,
-, Karl vom u. zum *839*, 841
-, Lorenz v. *697*
Steinbearbeitung,
-, (Neolithikum) 24, 26
Steinberger,
-, Bernhard 1420

Stein-Hardenbergsche Reformen ➡preußische Reformen
Steinkammergruppe 43
Steinkohlenformation 6
Steinwerkzeuge,
-, (Neolithikum) 23–24
-, (Paläolithikum) 14, 16–17, 19
Steirische Reimchronik 501
Stellatina 🅣 219
Stellmoor 21
Stellungskrieg ➡Weltkrieg (1914–1918)
Stempelsteuergesetz (1765), brit. 1278
Stempelsteuer-Kongress,
-, New York (1765) 1278
Sten Sture,
-, d. Ä. 600–601
-, d. Ä. 🅣 597
-, d. J. 601
-, d. J. 🅣 597
Stenkil,
-, Dyn. 591
-, Schweden,
-,-, Kg. 🅣 591
Stenn 65
Stepaschin 1531
Stephan,
-, Bay.,
-,-, Hz. II. 🅢 488
-, Bay.– Ingolstadt,
-,-, Hz.,
-,-,-, III. 🅢 488
-, Blois,
-,-, Gf. 400, 430
-,-, Gf.,
-,-,-, II. 🅢 570
-, Bosnien,
-,-, II.,
-,-,-, Kotromanić 628
-,-, Kg.,
-,-,-, Tomaš 628
-,-,-, Tomašević 628
-,-,-, Tvrtko 624, 628
-, Engld.,
-,-, Kg.,
-,-,-, v. Blois 571, 586
-,-,-, v. Blois 🅢 570
-, Gegen-Pp.,
-,-, II. 🅣 505
-, Herzegowina,
-,-, Ft.,
-,-,-, Vukčić 628
-, Kroatien,
-,-, Kg.,
-,-,-, Držislav 626
-,-,-, I. 626
-,-, Langton,
-,-, Canterbury,
-,-,-, Eb. 573
-, Moldau,
-,-, Ft.,
-,-,-, d. Gr. 633
-, Polen,
-,-, Kg.,
-,-,-, IV. Báthory 1061
-,-,-, IV. Báthory 🅢 1062
-, Pp.,
-,-, II. (III.) 378, 503, 506, 526
-,-, II. (III.) 🅣 505
-,-, III. 🅣 505
-,-, IV. 381, 504
-,-, IV. 🅣 505
-,-, IX. 508–510
-,-, IX. 🅣 505
-,-, V. 504
-,-, V. 🅣 505
-,-, VI. 504, 529

-,-, VI. 🅣 505
-,-, VII. 🅣 505
-,-, VIII. 🅣 505
-,-, S. v. Ruprecht,
-,-, Kg. 🅢 488
-,-, Serbien,
-,-, Ft.,
-,-,-, Lazarević 627
-,-, Gf.,
-,-,-, Nemanja 623, 626, 646
-,-, Kg.,
-,-,-, Uroš I. 627
-,-,-, Uroš II. 626–627
-,-,-, Uroš III. 627
-,-,-, Uroš IV. Dušan 624, 627, 629
-,-,-, Uroš V. 627
-, Siebenbürgen,
-, Woiwode,
-,-,-, II. Báthory 625
-, Ung.,
-,-, Kg.,
-,-,-, I. D. Heilige 464
-,-,-, I. d. Heilige 605
-,-,-, I. d. Heilige 🅢 461
-,-, v. Thiers 512
-, Zeta,
-,-, Ft.,
-,-,-, Vojslav 626
Stephania 49
Stephanie,
-, T. v. Leopold,
-,-, Belg.,
-,-,-,-, II. 🅢 835
Stephanskrone,
-, Ung. 1514
Stephanus 289
Stepinac,
-, Alojzije 1547
Sterling-Block 1324–1325, 1355
Sterlingblock 745
Sternberg 1067
Stern-Gruppe,
-, jüdische Untergrundorganisation 1579
Stesichoros 328
Stettin 472, 686, 818, 1501, 1503
Stettin,
-, Frd. (1570) 492, 1044, 1047
Stettin 🅣 413
Steuben,
-, Schiff 793
Steuer(n),
-, ägyptische 78, 182
-, Athen 136, 159
-, Kirche (Spät-MA) 521
-, Papsttum (Spät-MA) 521
-, Pers. 95, 109–110
-, röm. 239, 242, 255–256, 262, 270, 276, 279–281
-, Sasaniden-R. 351
Steuerpächter,
-, röm. 244–246, 249, 251, 259
Steuerwesen ➡öffentliche Finanzen
Stevens,
-, Robert T. 1849
-, Siaka 1662–1663
Stevenson,
-, Adlai Ewing 1849
Steyrer,
-, Kurt 1438
St-Germain-des-Prés,
-, Kl. 384
Stichbandkeramikkultur 29
Stična 71
Stieff,

-, Helmut 902
Stikker,
-, Dirk Uldo 1359, 1365
Stikker-Plan 1359
Stilicho 279, 285, 359
Stilicho 🅢 284
Stillwell,
-, Joseph 800
Stimson,
-, Henry L. 789, 1291
Stimson-Doktrin (1929) 1291
Stinnes,
-, Hugo 872, 881
Stinnes-Legien-Abkommen (1919) 872
Stipe Mesić 1555
Štítný Tomáš 🅣 416
Stoa 180, 197, 241
Stobi 303
Stobreč,
-, (Alt.) ➡Epetion
Stockholm 492, 592, 599, 1364
Stockholm,
-, Frd.,
-,-, (1719) 686, 827
-,-, (1720) 827
-, Kfz. (1959) 1364
-, Kfz. (1972) 1329
Stockholm 🅣 418
Stoecker,
-, Adolf 863
Stoehr,
-, Willi 🅣 893
Stoica,
-, Chivu 1542
Stojanow 1546
Stojanow,
-, Petar 1546
Stolbowo,
-, Frd. (1617) 682, 980, 1045
Stolp 1503
Stolypin,
-, Pjotr A. 992–993, 995–996
Stonehenge 56
Stoph,
-, Willi 1349–1350, 1412, 1423–1424, 1426–1427, 1429
Storting 1049, 1051, 1053
Stoß,
-, Veit 415, 500, 618
Stowes,
-, Harriet E. Beecher 1284
STPA (Seychelles Taxpayers and Producers Association),
-, Seychellen 1745
Strabon 261
Strafford,
-, Thomas Wentworth,
-,-, Earl of 962
Strahlendorf 37
Straits Settlements Penang 1818
Stralsund 598, 817
Stralsund,
-, Frd. (1370) 491, 598
Stralsund 🅣 413
Straßburg,
-, (Antike) ➡Argentorate
-, (MA) 499–500
-, (MA) 🅣 410–412
-, (NZ) 685, 825, 900, 925, 1364
-, Humanistenzentrum 659
-, Schl. (357) 283
Straßburger Eide (842) 381
Straßburger Eide (842) 🅣 434
Straßburger Kapitelstreit (1583–1604) 815

Straßen,
-, röm. 229, 232, 244, 264, 266, 268–270, 274, **296**–298, 303, 305, 307, 316, 319, 326, 329, 340, 342
-, röm. 🅖 271
Strasser,
-, Gregor 886, 896
-, Valentine 1663
Stratege 151, 153–155, 161, 168, 170, 176, 184, 201–203, 205
Stratege 🅖 149
Strategic Arms Limitation Talks ➡SALT
Strategic Defense Initiative ➡SDI
Strategie,
-, Alexander-R. 168, 175
-, Athen 141, 150–151
-, Thrakien 310
Strathclyde 564, 568
Stratioten,
-, Byz. 637, 642–644
Straton von Lampsakos 180
Stratonike,
-, G. Antigonos I. 🅢 198
-, G. Demetrios II. 🅢 187, 198
-, G. Seleukos I. 177
-, T. Des Demetrios Poliorketes 🅢 187, 198
-, T. Antiochos I. 186
-, T. Antiochos II. 🅢 187
Straubing 🅣 413
Straubing-Gruppe 55
Strauß,
-, Franz Josef 1409–1411, 1415–1416, 1670
Streibl,
-, Max 1416
Streik,
-, It. (1920) 1017
Střelice-Gruppe 29
Stresa,
-, Kfz.,
-,-, (1958) 1364
-, Kfz. (1935) 747
Stresemann,
-, Gustav 740–741, 743, 874–875, 879–881, 883–884, **951**
-, Gustav 🅖 874
Strijdom,
-, Johannes G. 1719
Stroessner 1910
Stroessner,
-, Alfredo 1909
Stroop,
-, Jürgen 783
Štrougal,
-, Lubomir 1509
Struck, Peter 1434
Struensee,
-, Johann Friedrich 1049
Struve,
-, Gustav v. 845, 848, 850
-, Peter B. 992
Stryme 🅣 124
Stuart,
-, Dyn. 587, **960**–964, 966
-, Heinrich,
-, Darnley,
-,-, Gf. 🅢 960
-, Jakob,
-, Murray,
-,-, Gf. 🅢 960
-, Matthäus 🅢 960
Studenica 627
Stuf 564
Stuhmsdorf,

-, Waffenstillstand (1635) 1061
Stülpnagel,
-, Carl Heinrich v. 901
-, Otto 760
Stumpff,
-, Hans-Jürgen 798
Stürgkh,
-, Karl v. 910
Sturla Thordharson 596
Sturluson ➡Snorri Sturluson
Sturmabteilung ➡SA
Sturt,
-, Charles 1241
Sturzo,
-, Luigi 1017
Stuttgart 793–794, 878
Stuttgarter Rumpfparlament (1849) 850
Stuyvenberg-Abkommen (1978) 1456
Stuyvesant,
-, Peter 1271
Suakin 1132
Suárez,
-, Adolfo 1481
Suazo Cordova,
-, Roberto 1874
Šubašić,
-, Ivan 790, 1078, 1547
Subatlantikum 🅣 10
Subboreal 🅣 10
Subhi Tufaili 1598
Subiaco 🅣 418
subminoische Kultur 64
submykenische Kultur 64, 68, 120
submykenische Kultur 🅣 119
Suchocka,
-, Hanna 1505
Suchumi 1538
Suciu-Gruppe 65
Sucre 1294
Sucre y de Alcalá,
-, Antonio José de 1309, 1312–1313
Südafrika,
-, Burenkrieg (1899–1902) 1165, 1167
-, -Embargo (1977) 1721
-, Embargo (1977) 1330
-, Embargo (1986) 1723
-, Kap-Kol. 703
-, Kapld. **1155**
-, Rep./U. 745, 1129–1130, **1153**, 1155, 1168, **1170–1171**, 1327–1329, 1371, 1461, 1656, 1705, 1709, 1711–1712, 1715–1719, **1721**–1724, 1739, 1744, 1858
-, Rep./U.,
-,-, Außen-Pol. 1721
-,-, Bevölkerung 🅣 1656
-,-, Bevölkerungsgruppen 🅖 **1722**
-,-, Innen-Pol. 1722
-,-, pol. Org. 1721, 1723
-,-, Rassentrennungs-Pol. 1722
-,-, Säuglingssterblichkeit 🅣 1334
-,-, Übergangsexekutivrat 1723
-,-, Verfassung 1721, 1723
-,-, Wirtschaft 🅣 1656
-, Rep./U. 🅣 757, 1158, 1655
-, Rhodesien **1154**
-, Südbantugebiet

1154–1155
Südamerika 1261–1267, **1299**, **1309**
Sudan,
-, (Anf.-1955) **1621**
-, (Anf.-1955) 948, 1097, 1119–1120, 1128–1133, 1136, **1138**–1141, 1143, 1146
-, (Anf.-1955) ❶ 709, 1158
-, (seit 1956) 1573, **1621–1623**, 1628, 1630, 1736
-, (seit 1956),
-,-, Bevölkerung(sentwicklung) ❶ 1568
-,-, Unabhängigkeits-Erkl. ❶ 1386
-, (seit 1956) ❶ 1158, 1655
Sudan PeoplesLiberationArmy ➔SPLA
Sudanesische Sozialistische Union 1622
Sudanvertrag,
-, (1899) 1134
Sudanvertrag (1899) 710
Südarabien 1129, 1135–1136
Süd-Arabien-Konflikt 1573
Südarabische Föderation ➔Jemen
Südasien **1176–1191**
Südaustralien 1832
Sudbug-Kultur 28
Südburgund 422
Sudbury,
-, Simon,
-,-, Canterbury,
-,-,-, Eb. 578
Süddobrudscha 1542, 1545
Sudetendeutsche 1509–1510
Sudetendeutsche Partei 749, 1068
Sudetengebiete,
-, Sudetenld. 750
Sudetenkrise (1938) 897, 1020, 1068
Sudetenland 749–750, 753, 892, 897
Sudetenland ❶ 893
Südeuropa ❻ 1274
Südindien 1176–1177, 1179, **1182–1183**
Süditalien 465, **472**, **474**, 528
Südkamerun Gesellschaft 1161
Südkorea 1325, 1333, 1337, 1340–1342, 1359, 1373, 1392, 1786, **1790–1793**, 1799–1800, 1803, 1806, 1848
Südkorea,
-, Bevölkerung(sentwicklung) ❶ 1746
-, Handel ❶ 1334
-, öffentliche Finanzen 1335
Südlibanesische Armee 1590, 1597–1598
Südliches Afrika 1131, 1145
Südneuguinea 1243
Südnigeria 1160–1161
Südnigeria-Protektorat 1160
Südossetien 1538
Südossetien 1538
Südostasien 765, 769–770, 801, 944, 1101, **1227–1231**, 1341, 1381, 1444, **1803–1829**
Südosteuropa (MA) ➔Ost- und Südosteuropa
Südosteuropa (NZ)

1101–1109
Südpazifik-Forums 1839
Südrhodesien ➔Zimbabwe
Südsachalin 993
Südseeforum 1837
Südsudan 1622
Südtirol 730, 736, 749, 1018, 1020, 1437, 1470–1472, 1474
Südtirol,
-, Vtg.,
-,-, (1939) 898
-, Vtg. (1969) 1437
Südwestafrika ➔Namibia
Sueben 285–286, 317, 324, 331, 359, 361, 369, 547
Sueben,
-, Christianisierung 369
Sueben ❶ 364
Sueskanal 720, 725, 944, 974, 1118–1120, 1345, 1580–1584, 1850
Sueskrise (1956) 1325, 1345, 1445, 1460, 1580–1582, 1625, 1850
Suessa,
-, Aurunca ❶ 219
-, Pometia ❶ 209
Suetonius,
-, Paullinus,
-,-, C. 264, 325
-, Tranquillus,
-,-, C. **272**
Sufes (Hr. Sbiba) ❶ 333
Sufet 105
Sufetula (Sbeïtla) ❶ 333
Suffragetten ➔Frauenbewegung
Sufismus 1092, 1096, 1099, 1102, 1111
Sugambrer 258, 317
Suger,
-, St.-Denis,
-,-, Abt 428–430
Suharto 1826–1827
Suharto,
-, T. N. J. *1825*–1826
Suhartos 1826
Suhe Bator *1197*
Sui,
-, Dyn. 1205, 1215
-, Dyn. ❶ 1201, 1203
Suidger,
-, Bamberg,
-,-, B. ➔Clemens,
-,-,-, Pp. II.
Suiko,
-, Japan,
-,-, Ksn. *1218*
Sukarno,
-, Achmed *1230*–1231, 1820, *1823*–1825
Sukhothai 1228
Sukzessionstheorie 291
Sulaim 1096
Sulawesi 1824
Sulci,
-, Schl. (257) 224
Suleiman,
-, ibn Abdalmalik,
-,-, Kalif ❶ 1090
Süleiman,
-, Osman.,
-,-, Emir,
-,-,-, I. ❺ *1100*
-,-, Su.,
-,-,-, II. d. Prächtige 675–676, 1098, 1102–1103
-,-,-, II. d. Prächtige ❺ *1100*, *1103*
-,-,-, III. 1105
-,-,-, III. ❺ *1105*

Süleimanköy 96
Sulla ➔Cornelius Sulla
Sulla ➔Cornelius Sulla
Sullo,
-, Fiorentino *1472*
Sully,
-, Maximilian de Béthune,
-,-, Hz. v. *918*–919
Sulpicius,
-, Galba,
-,-, P. 200, 231
-, Rufus,
-,-, P. 246
-, Ser. *253*
Sumanguru,
-, Soso,
-,-, Ft. 1140
Sumatra 1149, 1227, 1823–1824, 1826
Sumelocenna (Rottenburg) 320
Sumelocennensis 320
Sumerer 30, 47, **84–86**
Sumerisch,
-, Schr. 85
-, Spr. 86–87, 97, 106
Sumgait 1540
Sun Yat-sen *1211*–1213
Sunay,
-, Cevdet *1564*
Sundainseln,
-, Kleine 1825
Sung,
-, Dyn. 1196, 1205–1206
-, Dyn. ❶ 1203
Sung Chiao-jen 1212
Sunion 152, 205
Sunjaata Keita,
-, Mali,
-,-, Kg. 1140
Sunna 1089–1090, 1096, 1118
Sunniten 1090, 1093–1099, 1101–1102, 1104, 1116, 1118, 1123–1124, 1597, 1606, 1614, 1616
Süntel,
-, Schl. (782) 379
Sununu,
-, John *1859*
Suomi 357
Suppiluliuma,
-, Heth.,
-,-, Kg.,
-,-,-, I. 58, 88, **93**
Supponiden,
-, Dyn. 386, 527
Supremat,
-, päpstlicher 505–506
Suprematsakte (1534) 959
SURALCO,
-, Surinam 1900
Suramarit,
-, Norodom,
-,-, Kambodscha,
-,-,-, Kg. *1812*
Surenas,
-, Parther,
-,-, Feldh. 348
Surinam (Niederländisch-Guayana) 1300, 1862, **1900–1901**
Surinam (Niederländisch-Guayana),
-, pol. Org. 1900
Surya Bahadur Thapa 1766
Susa 52, 63, 77, 106–107, 109, 159–160, 172, 318
Susa,
-, Massenhochzeit (324 v.) 173
Susdal-Rostow 620

Susenyos,
-, Äthiopien,
-,-, Ks. **1137**
Susiane 176
Suslow,
-, Michail A. *1374*, *1526*
Sussex,
-, Schiff 1289
Sutoku,
-, Japan,
-,-, Ks. 1219
Sutri,
-, Syn. (1046) 468, 508, 532
Sutrium 217
Sutrium ❶ 219
Sutruk-Nahunte,
-, Elam,
-,-, Kg. 62
Suwalki 755
Suwalki,
-, Vtg. (1920) 1060
Suworow,
-, Alexander W. *985*, 987
Suzuki,
-, Kantaro 800–801
-, Zenko *1800*
Svante Sture 601
Svante Sture ❶ 597
Svarez,
-, Karl Gottlieb *837*
Svatopluk,
-, Mähren,
-,-, Ft. *371*, 607
Sveaborg 993
Svear-Reich 588
Svend,
-, Dän.,
-,-, Kg.,
-,-,-, Estridsson 427, 594
-,-,-, Estridsson ❺ 594
-,-,-, Gabelbart 371
-,-,-, Gabelbart ❺ 594
-,-,-, Gabelbart ❶ 565
-, Norw.,
-,-, Reg. ❺ 594
-, S. v. Erich,
-,-, Dän.,
-,-,-, II. Emune ❺ 594
Sverker,
-, Schweden,
-,-, Kg.,
-,-,-, d. Ä. 591
-,-,-, d. Ä. ❶ 591
-,-,-, d. J. Karlsson 591
-,-,-, d. J. Karlsson ❶ 591
Sverkir,
-, Dyn. 591
Sverre Sigurdsson,
-, Norw.,
-,-, Kg. 593
-,-, Kg. ❺ 593
Svetoža Mihajlović 1554
Svinhufvud,
-, Per Evind v. *1055*–1056
Svoboda,
-, Ludvík *1507*–1508
SWA (Südwestafrika)-Frage 1716
SWA National Union ➔SWANU
Swadeschi-Bewegung 1188
Swahili 1149, 1163
Swahili-Kultur 1149
Swan,
-, John D. 1880
Swanahilt,
-, G. v. Karl Martell,
-,-, HM ❺ 380
SWANU (SWA National Union),
-, Namibia 1716

SWAPO (Southwest African PeoplesOrganization),
-, Namibia 1716–1719
Swaradsch 1189
Swaradsch-Partei 1189
Swartkrans 16
Swasey-Phase 1254
Swatantra-Partei,
-, Ind. 1751
Swazi 1155
Swaziland 1171, 1720–1721, **1725**
Swaziland Progressive Party ➔SPP
Swaziland ❶ 1158
Sweben ➔Sueben
Swellendam 1169
Swieten,
-, Gerard van *833*
Swintila,
-, Westgoten,
-,-, Kg. **548**
Swischtow,
-, Frd. (1791) 830, 1106
Swissair 1443
Swjatoslaw,
-, Kiew,
-,-, Gft. 604, **608**–609, 643
Syagrius 322, 372
Syagrius ❶ 373
Sybaris 70, 138
Sybaris ❶ 125
Sybota-Inseln,
-, Schl. (433 v.) 153
Sydney 1241–1242, 1245, 1831
Syene (Assuan) 104
Syennesis,
-, Herrschertitel 99
Sykes-Picot-Abkommen (1916) 724, 1113–1114, 1116
Sykophantie 151
SYL (Somali Youth League),
-, Somalia 1733
Symeon,
-, d. Theologe *642*
-, d. Ä.,
-,-, Säulenheiliger *342*
-, d. J.,
-,-, Säulenheiliger *342*
-, Metaphrastes *642*
Symeon der Große,
-, Bulgaren,
-,-, Zar 604, *626*, 642
Symmachia 141, 166, 168, 175, 177, 202, 204–205
Symmachus,
-, Pp. 364, 366
-, Pp. ❶ 367
-, Q. Aurelius (Konsul 391) 285, 287
-, Schriftsteller 280
-, Schwieger-V. d. Boethius 362
Symmorien,
-, Athen 159, 161
Symonette,
-, R. 1881
Sympolitie,
-, griechische 158, 180
Synagogen 104
Syndicat Agricole Africain,
-, Elfenbeinküste 1665
Synesios 280, 286
Syngman Rhee ➔Rhee
Synhedrion,
-, Delisch-Attischer See-Bd. 144
-, Griechld. 199
-, Hellenismus 179, 184

-, Korinthischer Bd. 162, 168
-, panachaisches 303
-, Zweiter Attischer See-Bd. 159
Synkletos 105
Synkretismus 181, 1093
Synnada 344
Synoikismos 118, 120, 134, 144–145, 160
Syntaxeis 159
Syphax,
-, Numidien,
-,-, Ft. 332
-,-, Kg. 228
Syrakus 70, 137–138, 143–144, 153–155, 207, 222, 224, 228, 300, 528, 642
Syrakus ❶ 125
Syr-Darja 1096, 1191–1192, 1197–1198
Syrer 338, 341, 353, 503
Syria,
-, Coele,
-,-, röm. Prov. 340
Syrien,
-, (röm. Prov. Syria) 1088
-, (1918–1945) 737, 758, 764–765, 1114, 1116
-, (1918–1945) ❶ 757, 1109, 1113
-, (Alexander d. Gr.) 171
-, (Diadochenzeit) 175–177, 181, 183
-, (Kalifen) 1089, 1091, 1094–1096
-, (Kalifen) ❶ 528
-, (Mamluken) 1097–1099
-, (Osmanen) 1102, 1104, 1107, 1109, 1112–1114, 1118, 1123
-, (Osmanen) ❶ 1109
-, (röm. Prov. Syria) 250–252, 258, 261, 264–265, 273–274, 276–278, 336, **339**–343, 349–352
-, (röm. Prov. Syria), -,-, Bevölkerung(sentwicklung) 341
-,-, Kultur 341
-,-, Religion 341–342
-,-, Wirtschaft 341
-, (seit 1945) 1570–1575, 1581, 1583–1585, 1587–1589, **1591**–**1593**, 1596–1597, 1599, 1608–1609, 1625, 1854
-, (seit 1945),
-,-, Außen-Pol. 1593
-,-, Bevölkerungsstruktur 1592
-,-, Unabhängigkeits-Erkl. ❶ 1386
-, (Seleukiden) 182–183, 185–186, 188–191
-, (vor dem Hellenismus) 33, 40, 48, 53, 58, 63, 79–80, **87**–88, 93, **97**–**99**, 102
-, (vor dem Hellenismus) ❶ 77
Syrisch,
-, Spr. 1092
Syrischer Kongress,
-, Allgemeiner (1919) 1114
Syrischer Krieg,
-, 1. (274–271) 182
-, 2. (260–253) 182, 185, 197
-, 3. (246–241) 182, 185
-, 4. (219–217) 183, 186
-, 5. (201–198) 183, 186, 191
-, 6. (170–168) 183, 189, 191
Syrisch-Irakische Rivalität **1593**

Syrlin der Ältere,
-, Jörg *500*
Syros 42
Syrov,
-, Johann *1068*
Syrup,
-, Friedrich *892*
Syse,
-, Jan *1490*
Szálasi,
-, Férenc *1512*
-, Férencz 789, *914*–915
SZDSZ (Freie Demokraten), 1209–1210
Szigeth 1103
Szombathely,
-, (Alt.) ➔Savaria
Sztójay,
-, Döme 784, *915*

T

Ta Haġrat 43
TAA (Tanganyika African Association),
-, Tanzania 1727
Taaffe,
-, Eduard v. *907*
Taba 1627
Tabai,
-, Ieremia 1838
Tabasco 1867
Tabellargesetze (139, -, 137),
-,-, röm. 242
Tabennese 336
Tabernae (Rheinzabern) 320
Tabka 1592
Tabka,
-, -Damm **1593**
Tabone,
-, Vincent *1478*
Tabora 1147
Taboriten 496, 613
Täbris 1102, 1104
Tacfarinas 261, 332
Ta-Ching-Dynastie ➔Ching-Dyn. (1636/1644–1912)
Tachmasp I.,
-, Pers.,
-,-, Schah 1123
Tachos,
-, Äg.,
-,-, Kg. 82
Tacitus,
-, Rom,
-,-, Ks. 266, **278**
Tacitus ❶ 254
Tacitus ➔Cornelius Tacitus, -, P.
Tacna,
-, Prov. 1312
-, Schl. (1880) 1313
Tadschiken 1198
Tadschikistan 1198, **1769**
Tafelmalerei 415
Taft,
-, William H. *1288*
Taft-Hartley-Gesetz (1947) 1846
Tag der Barrikaden (1648) 921
Taganrog 988
Taghaza (Terhazza) 1140
Tagliacozzo,
-, Fernando *1471*
Tagore 1212
Tagos 159
Tagsatzung 502

Taharka,
-, Äg.,
-,-, Kg. 81
Tahiriden,
-, Dyn. 1093
Tahiti 1247
Tahune-Stufe 23
Taif,
-, Abk. (1989) 1597
Taiho-Kodex 1218
Tai-ping-Aufstand(1850–1864) 1209–1210
Taira,
-, Geschl. 1219–1220
-, Kiyomori *1219*
Tairona 1262
Taisho,
-, -Zeit (1912–1926) 1224
Taisho Tenno,
-, Japan,
-,-, Ks. *1224*
Taita 1174
Tai-tsu,
-, China,
-,-, Ks. 1205–1206
Tai-tsung,
-, China,
-,-, Ks. 1199, 1205
Taittinger,
-, Pierre 953
Taiwan,
-, -Konfl. 1788
Taiwan (Formosa,
-, Republik China [Nationalchina]) 1201, 1207, 1210, 1223, 1321, 1329, 1342, 1377, 1773, 1775–1776, 1780, 1784, 1786, **1788**–**1789**, 1794–1795, 1797, 1803, 1835, 1849, 1857
-, Republik China [Nationalchina]),
-,-, Handel ❶ 1334
Taiwan-Kommuniqué (1982) 1784, 1789
Tajin 1256–1257, 1259
Tajo-Kultur 328
Takeshita,
-, Noboru *1800*
Takudunu,
-, Dahomey,
-,-, Kg. 1143
Tal der Könige 52, 62, 80–81
Talal,
-, Jord.,
-,-, Kg. *1599*
TalatPascha 1109
Taliban 1395, 1652–1653, 1760, 1768, 1862
Taliban,
-, Afghanistan 1652
Talikota,
-, Schl. (1565) 1183
Taljen 1211
Tall,
-, Wasfi Al- *1599*
Tallensi 1139
Talleyrand,
-, Charles Maurice de *933*, 935–940
Tallinn 1496
Talmud 338, 392
Taman 193
Tamatave 1172
Tambroni,
-, Fernando *1471*
Tamerlan ➔Timur Leng
Tamilen 1756, 1763–1764
Tamilnad 1751–1752, 1755
Tampa 1834

Tampere 1055
Tampico 1304
Tamworth-Manifest (1834) 971
Tana 1135, 1148
Tanagra,
-, (röm. Zeit) 302
Tanai,
-, Schl. (457 v.) 145
Tanais ❶ 124
Tanajew, Nikolai 1770
Tanaka,
-, Kakuei 1780, *1797*–1799, 1825
Tananarive 1172
Tana-See,
-, Schl. (1543) 1137
Tandschore 1184
Tang,
-, Dyn. 1194–1195, 1205, 1215
-, Dyn. ❶ 1201, 1203
Tang Fei 1789
Tanga 723
Tanganyika,
-, -See 1147
Tanganyika African Association ➔TAA
Tanganyika African National Union ➔TANU
Tanganyika ➔Tanzania
Tanger 563, 710, 760, 1097, 1121, 1639
Tanger,
-, (Alt.) ➔Tingis
Tangun 1214
Tanguten 1194, 1196, 1199
Tanin Kraivixien 1809
Tanis 62, 68, 81
Tanit 334
Tanjung 1827
Tankmar,
-, S. v. Heinrich,
-,-, Kg./Ks.,
-,-,-, I. ❷ 461
Tankred,
-, N. v. Bohemund v. Tarent 400
Tankred von Lecce,
-, Siz.,
-,-, Kg. 476, 514
Tannenberg,
-, Schl. (1410) 494–495, 617, 619
-, Schl. (1914) 718, 997
Tanner,
-, Väinö *1056*–1057
Tano 1250
Tansania ➔Tanzania
Tansimat **1107**–**1108**
TanSsu-tung *1211*
TANU (Tanganyika African National Union),
-, Tanzania 1727
Tanucci,
-, Bernardo *1011*
Tanzania (Deutsch-Ostafrika,
-, Tanganyika,
-,-, Vereinigte Republik von Tanganyika und Zanzibar,
-,-,-, Tansania),
-,-,-, (1885–1961) 723, 863, 1164, 1167, **1173**, 1727
-,-,-, (1885–1961) ❶ 709, 863, 1158
-,-,-, (Anf.–1884) 1145–1148, 1151
-,-,-, (Anf.–1884) ❶ 1158
-,-,-, (seit 1961/64) 1158, 1368, 1702, 1707, 1715,

1727–1730, 1732
-,-,-,-, (seit 1961/64),
-,-,-,-, Außen-Pol. 1728
-,-,-,-, pol. Org. 1728
-,-,-,-, Unabhängigkeits-Erkl. ❶ 1386
-,-,-,-, Verkehr 1728
-,-,-,-, (seit 1961/64) ❶ 1158
Tanzim 1590
Taoismus 1205
taoistische Schule 1202
Tao-Kuang,
-, China,
-,-, Ks. ❶ 1207
Taormina 528, 642
TAP (Transarabische Pipeline) 1611
Tapae,
-, Schl. (88 n.) 267
Tápé-Gruppe 59
Tapparelli d'Azeglio,
-, Massimo *1013*
Tara 567
Taraki,
-, Mohammed *1651*
Taranto,
-, (Alt.) ➔Tarent
Taraori,
-, Schl.,
-,-, (1191) 1180
-,-, (1192) 1180
Tarapacá,
-, Prov. 1312
Tarar, Mohammed Rafiq 1760
Taras ➔Tarent
Tarasidokissa ➔Zenon,
-, Byz,
-,-, Ks.
Tarasken 1260–1261, 1294
Tardenoisien 24
Tardenoisien-Art 24
Tardieu,
-, André 911, *952*–953, 1067
Tarent (Tarentum,
-, Taranto),
-,-, (Alt.) 70, 118, 131, 221–222, 228, 244, 255, 294
-,-, (Alt.) ❶ 125
-,-, (MA) 528–529
-,-, (NZ) 762
Tarentiner 143
Targowica,
-, Konföderation (1791) 1064
Tarifa 558
Tariff of Abominations 1282
Tarifvertragswesen 1408
Tarimbecken 1094
Tarja Halonen 1495
Tarnowo,
-, Ebtm. 628
Tarquinia 70
Tarquinier 211, 217
Tarquinii (Tarquinia) 220–227
Tarquinius,
-, Rom,
-,-, Kg.,
-,-,-, Priscus 209–211
-,-,-, Priscus ❶ 209
-,-,-, Superbus 142, 209, 212
-,-,-, Superbus ❶ 209
Tarracina ❶ 219
Tarraco (Tarragona) 259, 329–331
Tarraconensis 265
Tarraconensis ➔Hispania Citerior
Tarragona,
-, (Alt.) ➔Tarraco
Tarsos 119, 344, 405

2049

Tarsus 41
Tartessier 328
Tartessiern 72
Tartessos 72, 327–328
Tarxien-Stufe 50
Tasa-Stufe 25, 27
Taschkent 987, 990, 1752
Taschkent,
-, Dekl. (1966) 1752, 1758
Tasman,
-, Abel *1241*, 1245–1246
Tasmanien 1232, 1241–1242
Tassilo III.,
-, Bay.,
-,-, Hz. 370, 378–379
-,-, Hz. ❸ 380
Tasso,
-, Torquato *1008*
Tata,
-, Jamshedji *1188*
Tataren ⊙Mongolen
Tătărescu,
-, Gheorghe *1072*
Tatian,
-, Apologet 291
Tatoga 1147
Täuferbewegung 661, 677
Täuferreich,
-, Münster (1534–1535) **809–810**
Taufik,
-, Äg.,
-,-, Khedive 1119
-,-, Vize-Kg. 1119
Tauler,
-, Johannes *418*, 501
Tauriner 227
Taurisker 308, 311–312
Tauroeis ❶ 125
Tauroggen-Konvention (1812) 702
Taus,
-, Schl. (1431) 496
Tausendjahrfeier,
-, Dtld. (1843) 844
-, Polen (1960–1966) 1502
-, Rom (248) 277
Tausret,
-, Äg.,
-,-, Kgn. 62, 81
Tauwetter-Periode,
-, Estld. 1496
-, Lettld. 1498
-, Litauen 1499
-, UdSSR 1518
Tavion 195
Taxila 172, 1178
Taxiles,
-, Hschr. v. Taxila 172
Taya,
-, Maawiya Ould Sid'Ahmed *1645*
Taylor 1665
Taylor,
-, Charles *1664–1665*
-, Zachary *1284*
Tchad (Tschad),
-, (bis 1960) 1161–1162, **1682**
-, (bis 1960) ❶ 1158
-, (seit 1960) 1630–1631, **1682–1684**
-, (seit 1960),
-,-, Bürgerkrieg 1630
-,-, Unabhängigkeits-Erkl. ❶ 1386
-,-, Verfassung 1684
-,-, Wirtschaft ❶ 1656
-, (seit 1960) ❶ 1158, 1655
Tchadsee-Region 1133–1134, **1138**–1140
Tchadsee-Region. **1138**

Tchefuncte-Kultur 1249
Tchicaya,
-, Jean Félix *1691*
Teayo 1259
Tébessa,
-, (Alt.) ⊙Theveste
Technik,
-, Austr.,
-,-, endogene Kulturen 1233
-,-, industrielle 691
-, Oz.,
-,-, endogene Kulturen 1235
Tecumseh,
-, Shawnee,
-,-, Hptl. *1275*, 1281
Tefnacht,
-, Libyen,
-,-, Kg. 81
Tegea 131, 133, 145, 160, 204–205
Teheran 725, 1095, 1609, 1857
Teheran,
-, Kfz.,
-,-, (1943) 781, 1066, 1078, 1226, 1292
-, Kfz. (1997) 1577
-, Univ. 1126
Tehuacan-Kultur 1252
Tehuantepec 1254
Tei-Gruppe 54
Teja,
-, Ostgoten,
-,-, Kg. 363
Tejan Kabbah,
-, Ahmed 1663
Teje,
-, Äg.,
-,-, Kgn. 80
Tejen 1768
Tekere,
-, Eduard 1713
Teke-Reich ⊙Tio
Tektosagen 195
Tel Aviv 1113, 1609
Telamon,
-, Schl. (225 v.) 226
Telangana 1753
Teleki,
-, Pál *764*, *915*
Teleklos,
-, Sparta,
-,-, Kg. ❶ 130
Telelat Ghassul 33, 101
Telepinus,
-, Heth.,
-,-, Kg. 57–58, 93
Tell,
-, Abu Hawam 58
-, Anau 25
-, Arad 40
-, Arpatschija 83
-, Asmar 38–39, 48, 52
-, as-Sauwan 25
-, Atschana 97
-, Beit Mirsim 53, 58
-, Brak 39–40
-, el-Ajjul 53
-, el-Amarna,
-,-, (Alt.) ⊙Amarna
-, el-Obed 84
-, es-Sauwan 83
-, Halaf 23
-, Halaf,
-,-, -Kultur 83, 87, 92, 97
-, Harmal 52
-, Hassuna 23, 25
-, Hassuna,
-,-, -Kultur 83, 92
-, -i-Bakun 23, 25
-, Mardich 97
-, Matarra 23

-, Siedlungen 25
-, Siedlungen,
-,-, Begriff 23
-, Sukas 53
-, Taannek 33
-, Tannek 53
-, Uqair 31
Tell el-Kebir,
-, Schl. (1882) 1119
Telli,
-, Diallo *1662*
Tello 32, 48
Temelín 1439, 1510
Temenos 122
Temesvár,
-, Reichstg. (1397) 624
Temeswar 1105
Temne 1157
Tempel,
-, ägyptische 79–82, 182, 335–336
-, arabische 100
-, assyrische 85
-, babylonische 85–86, 91
-, Elam 106
-, Gallien 321–322
-, griechische 121, 123, 128–129, 135–138, 143, 152, 157
-, Jerusalem 337–338, 359
-, syrische 98
Tempel und Paläste,
-, Hochkulturen,
-,-, (1. Jt.) 68, 71, 78
-,-, (2. Jt.) 47–48, 50, 52, 57–58, 62–63
-,-, (3. Jt.) 30–32, 36, 38–40, 43
Tempeldienst,
-, jüdischer 104
Tempelherrschaft,
-, syrische 342
Tempelstaaten 184
Tempelterritorien,
-, hellenistische 180
Tempelwirtschaft,
-, Sumerer 86
Templerorden 403–407, 439, 516, 520, 551, 561
Temporalia 469
Tempsa **242**
Temudschin ⊙Dschingis Chan
Tenayuca 1260
Teng Hsiao-ping 1383, *1775*, 1777–1778, 1780–*1786*
Tenkterer 251, 258, 317, 323–324
Tennaki,
-, Teatao 1838
Tennant,
-, Charles ❶ 692
Tennes,
-, Usurpator 99
Tennessee 1280, 1282, 1285
Tenno 1218, 1225
Tenochtitlan (Mexico City) 1260–1261, 1294
Teos ❶ 123–124
Teotihuacan 1255–1258
Tepaneken **1259**–1261
Tepe,
-, Djafarabad 25
-, Gaura 27, 31, 84–85
-, Giyan 25, 41
-, Guran 23
-, Hissar 41, 47, 106
-, Sialk 23, 25, 106
Teplitz 1068
Terauchi,
-, Seiki *1224*
Terboven,

-, Josef 758, 773, *892*, 898, 1054
Terentius,
-, Afer,
-,-, P.,
-,-,-, Dichter **239**
-, Murena,
-,-, A. 257
-, Varro,
-,-, Lucullus,
-,-,-, M. 302
-, M. 227, 252–*253*
Teres,
-, S. des Amadokos 168
-, v. Thrakien ❸ 198
Teretina ❶ 219
Tergeste 314
Terhazza (Taghaza) 1140
Terijoki 756
Terillos,
-, Himera,
-,-, Tyr. 143
Terina ❶ 125
Terms of Trade 1324, 1327
Ter-Petrosjan,
-, Levon *1539*–1540
Terra,
-, Gabriel *1314*
Terremare-Gruppe 64
Terrorherrschaft,
-, Frkr. (1793) 931–932
Terrorismus,
-, BR Dtld. 1415
-, GB 1462–1463, 1465
-, Iran 1649
-, Irld. 974, 1467
-, It. 1473
-, Libyen 1630–1631, 1858
-, Ndld. 1453
-, Russld. 986–990, 992–993
-, Span. 1480, 1482
Terter,
-, Dyn. 629
Tertiär 8–**9**
Tertiär ❶ 8
Tertry,
-, Schl. (687) 374
Tertullian ⊙Septius Florens Tertullianus,
-, Q.
Tertullian ⊙Septimus Florens Tertullianus,
-, Q.,
Teruel 554–555
Tervel,
-, Bulgaren,
-,-, Chan **603**
Terziaren 519
Teschen 737, 750, 1066
Teschen,
-, Frd.,
-,-, (1779) 830, 985
Tesfaye,
-, Gebre Kidan 1737
Tešik-Taš 18
Tessin 1084
Testakte (1673) 965, 969
Tetela 1693
Tete-Provinz 1715
Tet-Offensive (1968) 1816
Tetrarchie 168, 195, 200, 279–280
Tetricus,
-, Gallien,
-,-, Hschr. 278
Tetzel,
-, Johann *804*
Teudegisel,
-, Westgoten,
-,-, Kg. 547
Teudis,
-, Westgoten,

-,-, Kg. 547–**548**
Teufelsinsel (Île du Diable) 1300
Teurnia 315–316
Teuschpa,
-, Kimmerer,
-,-, Kg. 108
Teuta,
-, Illyrien,
-,-, Kgn. 226
Teutoburger Wald,
-, Schl. (9 n.) 259, **317**, 324
Teutonen 244–245, 324
Tewkesbury,
-, Schl. (1471) 582
Texaco,
-, Konzern ❶ 1332
Texas 1283–1285, 1304
Teyjat 20
Tezcoco 1260
Tezozomoc,
-, Tepaneken-Hschr. 1260
Thabo Mbeki 1723
Thaer,
-, Albrecht Daniel *840*
Thai Patriotische Front 1808
Thailand (Siam) 770, 1225–1231, 1333, 1342, 1803–1804, **1807–1809**, 1811, 1813, 1820, 1849, 1856
Thailand (Siam),
-, Bevölkerung(sentwicklung) ❶ 1746
-, öffentliche Finanzen 1335
-, Säuglingssterblichkeit ❶ 1334
Thailändische Unabhängigkeitsbewegung 1808
Thai-Völker 1227–1228, 1231
Thakin-Bewegung 1230–1231
Thaksin Shinawatra 1810
Thalassokratie,
-, ath. 147
-, byz. 639
-, keltische 566
Thales 95, 129, 136
Thälmann,
-, Ernst *876*, 881, 885
-, Ernst ❷ 882
Thammasat-Universität 1808
Thamudener (Thamudäer) 100, 352
Thamugadi (Timgad) ❶ 333
Than Shwe *1807*
Than Tun 1806
Thanarat,
-, Sarit *1807*–1808
Thani,
-, Hamad ibn Khalifa ath- *1616*
-, Jasim ibn Hamad ath- 1616
-, Khalifa ibn Hamad ath- *1616*
Thankmar,
-, S. v. Heinrich,
-,-, Kg./Ks.,
-,-,-, I. 460
Thankward,
-, Missionar 371
Thapa,
-, Surya Bahadur *1766*
Thapsos 118
Thapsos-Stufe 60, 64
Thapsus,
-, Schl. (46 v.) 252
Tharschisch ⊙Tartessos
Tharyps,

-, Molosser,
-,-, Kg. 165
Thasos 140, 145, 159, 1080
Thasos ❶ 124
Thatcher,
-, Margaret 1372, 1464–1465
-, Margaret ❶ 1464
Thayngen 20, 35
Theagenes,
-, Megara,
-,-, Tyr. 134
-,-, Tyr. ❶ 127
Theatiner 662
Thebaner 142, 153
Theben,
-, (MA) 630
-, Äg. 38, 52, 57, 59, 62, 64, 79–81, 118, 183
-, Griechld.,
-,-, (Alexander,
-,-,-, Hellenismus) 170, 175, 177, 202–203
-,-, (MA) 630, 647
-,-, (vor dem Hellenismus) 116, 142, 156, 158–162, 168
-,-, vor dem Hellenismus) ❶ 157
Theiß-Kultur 28
Themenverfassung 637, 639–640
Themistios,
-, Schriftsteller 280, 396
Themistokles 140–142, 144–145
Temptander,
-, Oskar Robert 1050
Theobald,
-, Champagne,
-,-, Hz.,
-,-,-, III. 553
-, Navarra,
-, Kg.,
-,-,-, IV. 428, 553
Theodahad,
-, Ostgoten,
-, Kg. 363
Theodald,
-, Franken-R.,
-,-, HM ❸ 380
Theoderich,
-, Ostgoten,
-,-, Kg.,
-,-,-, d. Gr. 287, 361–364, 366, 377, 547, 635
-,-,-, Strabo 286
-, Pp. 510
-, Pp. ❶ 511
-, Westgoten,
-,-, Kg.,
-,-,-, II. 361
Theoderich (Theoderid),
-, Westgoten,
-,-, Kg.,
-,-,-, I. 360
-,-,-, II. 361
Theodor,
-, Äthiopien,
-,-, Ks.,
-,-,-, II. 1137
-, Epeiros,
-, Despot,
-,-,-, I. 630, 648
-,-,-, Gegen-Pp. ❶ 505
-, Nikaia,
-,-, Ks.,
-,-,-, II. 648–649
-,-,-, Laskaris 648
-, Nubien,
-,-, B. 336
-, Pp.,
-,-, I. ❶ 505

-,-, II. ❶ 505
-, Prodromos 647
Theodor von Mopsuestia 636
Theodora,
-, Byz.,
-,-, Ksn. 363, 635–636, 640, 644
-, G. v. Theophylakt,
-,-, Rom,
-,-,-, Stadtherr 529
-, G. v. Constantius,
-,-, Rom,
-,-,-, Ks.,
-,-,-,-, I. Chlorus ❸ 284
Theodoret von Kyros 366, 636
Theodoros,
-, Baumeister 137
Theodorus von Tarsus,
-, Canterbury,
-,-, Eb. 370
Theodosia ❶ 124
Theodosius,
-, Byz.,
-,-, Ks.,
-,-,-, II. 286, 366, 634, 640
-,-, II. ❶ 365
-, d. Ä.,
-,-, V. v. Theodosius,
-,-,-, Rom,
-,-,-,-, Ks.,
-,-,-,-,-, I. d. Gr. 326
-,-, Rom,
-,-,-, Ks.,
-,-,-,-, I. d. Gr. 280, 285, 359, 364
-,-,-,-, I. d. Gr. 636
-,-,-,-, I. d. Gr. ❸ 284
-,-,-,-, II. ❸ 365
-,-,-,-, II. ❸ 284
-, V. v. Theodosius,
-,-, Rom,
-,-,-, Ks.,
-,-,-,-, I. d. Gr. 284
-,-,-,-, I. d. Gr. ❸ 284
Theodulf von Orléans 379, 385
Theognis 129
Theokratie 81
Theokrit von Syrakus 181
Theoktistos,
-, Byz. Min. 640
Theologie,
-, der Befreiung 1863, 1895
-, frühchristliche 331, 336, 342
-, MA 394–397, 506, 508–509
-, Spät-MA 418–419
Theophanes 643
Theophano,
-, G. v. Romanos,
-,-, Byz.,
-,-,-, Ks.,
-,-,-,-, II. 643
Theophano (Theophanu),
-, G. Ks. Ottos II. 463–464, 531, 643
-, G. Ks. Ottos II. ❸ 461
Theophilos,
-, Byz.,
-,-, Ks. 639, 641
-,-, Gothias 369
-, v. Antiocheia 291
Theophrast 176, 180, 202
Theophylakt,
-, Rom,
-,-, Stadtherr 529
Theopomp 157, 169
Theopompos,
-, Hist. 328

-, Sparta,
-,-, Kg. 131
-,-, Kg. ❶ 130
Theosophische Gesellschaft 1188
Theotbald,
-, Arles,
-,-, Gf. ❸ 380
Theotokópoulos,
-, Domenikos 663
Thera 54, 115
Thera ❶ 120, 125
Theramenes 155
Theresa,
-, G. v. Heinrich,
-,-, Port.,
-,-,-, Kg. ❸ 556
Therese,
-, Österreich,
-,-, Ehz. 940
Theresienstadt,
-, KZ 900
Thermai 141
Thermi 42
Thermidorianer 932–933
Thermopylen 302
Thermopylen,
-, Schl.,
-,-, (191 v.) 188, 206, 231
-,-, (279 v.) 203
-,-, (480 v.) 141
Theron,
-, Akragas,
-,-, Tyr. 143
Thesen Luthers (1517) 660
Theseus,
-, Athen,
-,-, Kg. 115
-, v. Skyros 144
Thesmotheten 134, 150
Thespiai 142, 302–303
Thespier 141–142
Thessalien,
-, (Alexander,
-,-, Hellenismus) 165–167, 170, 176–178, 199–200, 202–203, 205–206
-, (MA) 632, 649
-, (NZ) 707, 1080, 1107–1108
-, (röm. Zeit) 301–303
-, (vor dem Hellenismus) 120–121, 141, 144–146, 159, 161
-, (vor dem Hellenismus) ❶ 120, 123
-, Tetrarchie 200
Thessalischer Bund 156, 177
Thessalonike 175, 280, 285, 302–303, 642, 646–647, 712, 764, 1076, 1080, 1101, 1109, 1562
Thessalonike,
-, Kgr. 630, 632, 648, 650
-, Vikariat 365
-, Vtg. (1148/1149) 646
Theten 121–122, 135, 145, 148
Theudebert,
-, Franken,
-,-, Kg.,
-,-,-, I. 287
Theudebert I.,
-, Franken,
-,-, Kg. 370, 374, 376
Theudelinde,
-, Langobarden,
-,-, Kgn. 525
Theuderich,
-, Franken,
-,-, Kg. 373–374
-,-, Kg. ❶ 373

Theudis,
-, Ostgoten,
-,-, Reg. 362
Theutberga,
-, G. Ks. Lothars II. 504
Theveste (Tébessa) 333
Theveste (Tébessa) ❶ 333
Thiam,
-, Habib 1657–1658
Thiaumont ❶ 719
Thibron 158
Thierack,
-, Otto Georg 891, 901
Thierry von Chartres 395
Thiers,
-, Adolphe 939–940, 942–946
Thietmar von Merseburg 465, 609
Thieu,
-, Nguyen-Van 1815–1817
Thignica (Aïn Tounga) ❶ 333
Thiniten,
-, Dyn. 75
Thiudimer,
-, Ostgoten,
-,-, Kg. 362
Thoas,
-, Milet,
-,-, Tyr. ❶ 127
Thomas,
-, Becket,
-,-, Canterbury,
-,-,-, Eb. 430, 474, 514, 573
-,-, Byz.,
-,-,-, Usurpator,
-,-,-,-, d. Slawe 639
-, d'Angleterre ❶❺ 434
-, Epeiros,
-,-, Despot,
-,-,-, I. 631
-,-,-, II. 631
-, v. Aquin 394, 396–397, 404, 413
-, v. Kempen 418
-, v. Lancaster 576
Thomas Albert 726, 950
Thomasin von Circlaere ❶ 481
Thomson-Brandt,
-, frz. Konzern 1449
Thora 104
Thorbecke,
-, Johan Rudolf 1038–1039
Thorez,
-, Maurice 953
Thorgeir,
-, Isld.,
-,-, Gesetzessprecher 371
Thorgilsson,
-, Stifnir,
-,-, Missionar 371
Thorikos 116
Thorn 1063–1064
Thorn,
-, Frd.,
-,-, 1. (1411) 495, 617
-,-, 2. (1466) 495, 617, 1061
-, Gaston 1458
Thorn ❶ 413
Thorner Blutgericht (1724) 1063
Thoroddsen,
-, Gunnar 1493
Thorvald,
-, Missionar 371
Thraker 159, 188, 195, 302, 306, 308–310
Thrakien 109, 124, 136–137, 140, 161–162, 167–168, 195, 231, 248, 258, 261, 279, 306,

648, 1110
Thrakien,
-, Militärwesen 309
-, Religion 310
-, röm. Diöz. 307, 311
-, röm. Prov. (Thracia) 264, 302, 309–311, 345
-, röm. Prov. (Thracia) ❶
-, Wirtschaft 309
-, Spr. 309
-, Wirtschaft 309
Thrasamund,
-, Vandalen,
-,-, Kg. 363
Thrasybulos,
-, Athen,
-,-, Politiker 157, 159
-, Milet,
-,-, Tyr. 128, 133, 136
-,-, Tyr. ❶ 127
-, Syrakus,
-,-, Tyr. 143, 155
Thrasydaios,
-, Akragas,
-,-, Tyr. 143
Thrasyllos 155
Thuburbo Maius (Hr. Kasbat) ❶ 333
Thubursicu Numidarum (Khamissa) ❶ 333
Thugga (Dougga) 229
Thugga (Dougga) ❶ 333
Thuku,
-, Harry 1174
Thukydides,
-, Hist. 115, 118, 149, 151–152, 154, 164, 309
-, S. des Melesias 146–147
Thule-Kultur 1251
Thunusida (Sidi Meskine) ❶ 333
Thurgau 1084
Thüringen 377, 455–456, 807, 873, 878, 880
Thüringen,
-, (seit 1945) 1402–1403, 1430
-, (seit 1945),
-,-, Bevölkerung ❶ 1431
-, Hz. ❶ 820, 893
Thüringer 362, 373, 376–377, 457, 480
Thüringer,
-, Christianisierung 377
Thurioi 147, 221–222, 228
Thurstan,
-, York,
-,-, Eb. 586
Thutmosis,
-, Äg.,
-,-, Kg.,
-,-,-, I. 80
-,-,-, III. 58, 80
-,-,-, IV. 80
Thynis 192
Thyreatis 133
Thyssen,
-, Konzern 1432
Thysville 1694
Ti 78
Tiahuanaco 1265–1267
Tibati-Reich 1161
Tibbu (Tubu) 1682–1683
Tiberias 338–339
Tiberios,
-, Byz.,
-,-, Ks.,
-,-,-, I. Konstantinos 346
Tiberios I. Konstantinos,
-, Byz.,
-,-, Ks. 636
Tiberius,

-, Rom,
-,-, Ks. 194, 257–259, **261–262**, 305, 312, 317, 319, 324, 340
-,-, Ks. ❶ 254
Tiberius Caesar Gemellus,
-, E. v. Tiberius,
-,-, Rom,
-,-,-, Ks. ❺ 263
Tibet 711, 995, 1191, 1194, **1198**–1199, 1208, 1388, 1751, 1765, **1773**, 1775–**1778**, 1785–1786
Tibet,
-, -Abk. (1954) 1388, 1775
Tibetisch,
-, Spr. 1197
Tibiscum 309
Tibullus,
-, Albius **261**
Tibur (Tivoli) 220–221, 268, 295
Ticinum 525
Tiedemann,
-, Christof v. 868
TienAn-men-Zwischenfall(1976) 1781
Tienshan 1200
Tientsin 1209–1210
Tientsin,
-, Vtg. (1858) 1209
Tiepolo,
-, Bajamonte 539
-, Giovanni Battista *1011*
Tierra de los Indios 1262
Tierradentro-Komplex 1262
Tiffen 315
Tiflis 1104, 1538, 1540
Tiger,
-, Schiff 1711
Tiglatpilesar,
-, Assyrien,
-,-, Kg.,
-,-,-, I. 63, 88, 94
-,-,-, III. 89–90, 94, 99, *103*
Tigranes,
-, Armenien,
-,-, Kg.,
-,-,-, I. 191, 193–194, 249–250, 339, 345
-,-,-, II. 257
-,-,-, V. 264
Tigranocerta 249, 345
Tigre 1136, 1175, 1737
Tigre PeoplesLiberationFront ❷TPLF
Tigris 1608
Tiguriner 245
Tikal 1257, 1259
Tikar 1142
Tilak,
-, Bal Gangadhar *1188*
Tildy,
-, Zoltán *1512*
Tillot,
-, Guillaume du 1011
Tilly,
-, Johann v. 681–682, *817*
Tilsit,
-, Frd. (1807) 702, 838, 987, 1049
Timakata,
-, Fred Karlomoana 1838
Timarchos,
-, Medien,
-,-, Satrap 189
-, Milet,
-,-, Tyr. 185
Timarsystem,
-, Osman. 1101
Timbuktu 1097, **1139–1141**
Time Warner 1336

Time Warner 1861
Timgad,
-, (Alt.) ❷Thamugadi
Timisitheus 277
Timișoara (Temesvar) 1543
Timmari 64, 68
Timna 100
Timonovka 21
Timor 777, 1825
Timotheos,
-, S. Konons 159
-, Stratege 160
Timothy McVeigh 1862
Timur,
-, Afghanistan,
-,-, Schah 1126
Timur Leng,
-, Mongolen-Hschr. 1098–1099, 1181, *1196*–1197
Timuriden,
-, Dyn. **1098**–1099, 1123, 1197–1198
Tinchebrai,
-, Schl. (1106) 571
Tindemans,
-, Leo 1370, *1456*
Tindiga ❷Hadza
Tindouf 1640
Tingi (Tanger) 332
Tingi (Tanger) ❶ 333
Tinsulanonda,
-, Prem *1809*
Tintoretto *1008*
Tio (Teke) 1150, 1152–1153, 1162, 1690
Tios 192
Tippu Tip 1150, 1163
Tipu Sultan,
-, Hschr.,
-,-, Maisur 1186
Tipukeitos 642
Tiran,
-, Meerenge 1580–1581
Tirana 1079, 1559
Tirana,
-, Vtg.,
-,-, (1919) 1079
-,-, (1926) 1079
-,-, (1927) 1079
Tiran II.,
-, Armenien,
-,-, Kg. 346
Tiribazos,
-, Pers.,
-,-, Satrap 158
Tiridates,
-, Armenien,
-,-, Kg.,
-,-,-, I. 346, 349
-,-,-, III. 264–265, 281, 346
Tirol,
-, (1914–1945) 911
-, (1914–1945) ❶ 893
-, (MA) 490–491, 498–499
-, (NZ) 672, 702–703, 840, 904
-, (NZ),
-,-, Nationalitäten ❶ 909
Tiroler Aufstand (1809) 840, 904
Tirpitz,
-, Alfred v. 710, *721*–722, *868*
-, Schlachtschiff 786, 793
Tiryns 42, 49, 59, 64, 114, 116, 140, 145
Tiryns,
-, Palast 117
Tiso,
-, Jozef *750*, *1068*–1070
Tissaphernes,

-, Pers.,
-,-, Satrap 95, 155, 158
Tisza,
-, István v. *908*, *913*
-, Kálmán v. *907*, *913*
Tiszapolgár-Kultur 35
Titius Similis,
-, C. 321
Tito,
-, Josip (Broz) 764, 781, 790–791, 795, *1078*, 1374–1378, 1380–1382, 1389, 1501, 1513, *1547*–1550, 1554, 1558
-, Teburoro 1838
Titulescu,
-, Nicolae *1072*
Titus,
-, Rom,
-,-, Ks. 266, 290
-,-, Ks. ❶ 254
-, Sabiner,
-,-, Kg.,
-,-,-, Tatius 210
Tivoli,
-, (Alt.) ❷Tibur
Tiwari,
-, Narayan Datt *1756*
Tizian *658*
Tizoc,
-, Azteken-Hschr. *1261*
Tlacolula 1261
Tlapacoya 1248, 1251, 1253, 1255
Tlatelolco 1261, 1866
Tlatelolco,
-, Vtg. 1867, 1885, 1900, 1915, 1923
Tlatilco,
-, olmekische Siedlung 1253, 1255
Tlaxcalteken 1261
Tlemcen 1635
Tlingit,
-, Spr. 1251
Tobago ❷Trinidad und Tobago
Tobruk 763–764, 769, 776
Tocchi,
-, Dyn. 632
Tocco,
-, Leonardo 631
Tocharer (Yüe-tschi) 347, 1179, 1192
Todd,
-, Reginald Garfield *1710*
Todt,
-, Fritz 773, *891*, *901*
-, Karl Gotthelf *850*
Togliatti,
-, Palmiro *1021*, *1470*, 1472–1473
Togo,
-, dt. Kol. 723, 863
-, dt. Kol. ❶ 709, 863
-, Shigenori 769, 800
Togo (Französich-Togo Ost-Togo) 948
Togo (Französisch-Togo,
-, [Ost-Togo]),
-,-, Unabhängigkeits-Erkl. ❶ 1386
Togo (Französisch-Togo [Ost-Togo]) 1156, 1666, 1669–**1670**, 1697
Togo (Französisch-Togo [Ost-Togo]),
-, Bez. BR Dtld. 1670
-, pol. Org. 1670
-, Verfassung 1670
Togo (Französisch-Togo [Ost-Togo]) ❶ 1158

Togoland 1156
Togoland Congress 1667
Togoland ❶ 1158
Togrylbeg,
-, Seldschuken,
-,-, Su. *1095*
Toi,
-, Polynesien,
-,-, Hptl. 1240
Tojo,
-, Hideki 769, 787–788, *1226*
Tokelau-Inseln 1234, 1246, 1836
Tokio ❷Tokyo
Tököly 822
Tokugawa,
-, Geschl. 1221
-, Hidetada *1221*
-, Iemitsu *1221*
-, Ieyasu *1221*
-, Yoshinobu *1222*
-, -Zeit 1221–1222
Tokyo 801, 1221–1222, 1226
Tokyo,
-, Kfz. (1943) 788, 1226
-, Kfz. (1993) 1334
-, Vtg. (1941) 1231
-, Weltwirtschafts-Kfz. (1979) 1331
-, Weltwirtschafts-Kfz. (1986) 1331
-, Weltwirtschafts-Kfz. (1993) 1334
Tolbert,
-, William *1664*
Toledo,
-, (MA) 369, 396, 417, 547–549, 552, 1096
-, Ebtm. 549
-, III. Konz. (589) 548–549
-, IV. Konz. (633) 548–549
-, VIII. Konz. (653) 549
-, Frd. (1797) 1011
-, Nicolò da *542*
Toleranzedikt,
-, (311) 285, 292
Toleranzpatent (1781) 833
Tolistobogier 195
Tolmides 146
Tolstoj,
-, Dimitri A. *990*
-, Lew N. *986*
Tolteken **1259**–1260
Tomás,
-, Américo (Deus Rodriguez) *1484*
Tombalbaye,
-, François *1682*–1683
Tomislav,
-, Kroatien,
-,-, Kg. **604**, **610**
Tomoi 306, 310–311
Tomoi ❶ 124
Tomus Leonis 366
Tonga 1151, 1234–1235, 1246–1247, 1837, 1839
Tongaland 1169
Tonghak 1216
Tongking 948, 1230
Tonjukuk 1194
Tonking ❶ 709
Tontons Macoutes 1887
Toramana,
-, Hunnenführer 1180
Torboleten 226
Tordesillas,
-, Vtg. (1494) 560, 668–669, 1269, 1293, 1297
Torgau 793

Torgau,
-, Schl. (1760) 829
Torgau-Gotha,
-, Vereinigung (1526) 807
Tories 686, 963, 965, 972
Tories,
-, USA ❻ 1282
Torki ❷Oghusen
Toro,
-, Afrika 1729–1730
-, am Duero,
-,-, Schl. (1476) 560
Torone 160
Toronto,
-, Weltwirtschafts-Kfz. (1988) 1332
Torp,
-, Oscar *1489*
Torralba 16
Torre,
-, Dyn. 538
Torre del Mar 72
Torres González,
-, Juan José *1907*
Torres Restrepo,
-, Camilo 1895
Torrijos Herrera,
-, Omar *1879*
Tortosa 381, 405, 554
Torwa,
-, Dyn. 1154
-, R. 1154
Toscanelli,
-, Paolo dal Pozzo *544*, *666*
Toshiba,
-, Konzern ❶ 1332
Toskana,
-, (NZ) 687, 704, 706, 827, 1010, 1012–1014, 1104
Toskana (MA) ❷Tuszien
Tošovský Josef *1510*
Tószeg 55
Totalitarismus,
-, Dt. R. 889, 893–**895**
Totenkopfverbände 890
Totenkopfverbände ❻ 890
Totenkult,
-, (Ältere Bronzezeit) 54
-, (Frühbronzezeit) 49
-, (Kupferzeit) 30
-, (Mittel- und Frühkupferzeit) 45
-, (Mittelbronzezeit) 57
-, (Paläolithikum) 18, 20–21
-, Äg. 32, 38, 74, 78–80
-, Hochkulturen,
-,-, (2. Jt.) 48–50, 52, 54, 57
-,-, (3. Jt.) 30, 32, 35, 38, 42–43
-, Ur 85
Totila
Totila,
-, Ostgoten,
-,-, Kg. 363
Totleben,
-, Eduard J. v. *991*
Totonaken 1261
Toul 812
Toul,
-, Btm. 672, 677, 683, 818, 916, 920
Toulon 777
Toulouse 422, 428
Toulouse,
-, Gfn. v. 555
-, Univ. ❶ 398
Toulouse ❶ 410
Touraine 449
Touré,
-, Amadou Toumani *1678*
-, Younoussi 1678
Tourismus 1866
Tours,

-, Kl. 384
-, u. Poitiers,
-,-, Schl. (732) 378, 1091
-,-, Schl. (732) ❶ 528
Tours (Caesarodunum) 319, 398, 436, 452
Tours (Caesarodunum),
-, Waffenstillstand 450
Toussaint lOuverture,
-, Francçois Dominique *1308*
Townshend-Gesetze (1768) 1278
Towton,
-, Schl. (1461) 582
Toyoda,
-, Soemu 769
Toyota,
-, Konzern ❶ 1332
Toyotomi,
-, Hideyoshi 1216, *1221*
TPLF (Tigre PeoplesLiberationFront),
-,Äthiopien 1737
Trabzon 1101
Trachonitis 262, 267, 337
Trades Union Congress 974
Trafalgar,
-, Schl. (1805) 702
Traguiron (Trogir) 304
Traianopolis,
-, (Phrygien) 344
-, (Thrakien) 310–311
Traianssäule 308
Traianus,
-, Rom,
-,-, Ks. **267**–270, 272, 289–290, 298, 300, 302–303, 306–308, 310, 312, 330, 333, 337, 343–344, 346, 349, 352–353
-,-, Ks. ❶ 254, 313, 333
Trajkovski 1557
Tran Duc Luong 1818
Transarabische Pipeline ❷TAP
Trans-Himalaya-Highway 1765
Trans-Isthmischer Block 1254
Transitabkommen (1971),
-, BR Dtld. – DDR 1413, 1426
-, BR Dtld.-DDR 1351
Transitverkehr,
-, BR Dtld. – DDR 1425–1426
Transjordanien ❷Jordanien
Transkarpatien ❶ 899
Transkaukasien 1106
Transkaukasische Sozialistische Föderative Sowjetrepublik 1537, 1539–1540
Transkei 1720–1721
Translationstheorie 477
Transleithanien 906
Transleithanien,
-, Nationalitäten ❶ 909
Transnistrien 1536–1537
Transoxanien 1091, 1093, 1095–1096, 1098, 1123–1124, 1191–1197
Transpadana 246, 298
Transrapid,
-, Magnetschwebebahn 1432
Transrapid International (TRI) 1787
Transsibirische Eisenbahn 992
Transvaal 868, 1154–1155, 1166–**1171**
Transvaal ❶ 1158

Traoré,
-, Diara *1662*
-, Moussa *1677*–1678, 1683
-, Zoumana 1680
Trapani,
-, (Alt.) ❷Drepana
Trapezos ❶ 124
Trapezunt,
-, Ksr. **406**, 646, 648, 1101
Trasimenischer See,
-, Schl. (217 v.) 227
Trastámara,
-, Dyn. 562
Traugutt,
-, Romuald *990*
Travendal,
-, Frd. (1700) 686
Trayamar 72
Trebia,
-, Schl. (218 v.) 227
Treblinka,
-, KZ 773, 775, 783, 900, 1066
Trebonianus Gallus,
-, Rom,
-,-, Ks. **277**, 307, 337
-,-, Ks. ❶ 254
Trebonius,
-, C. 251, 253
Tréboul-Stufe 60
Treffen der G 8 in Genua 1336
Trejos Fernández,
-, José Joaquin *1877*
Trengganu,
-, Sult. 1230
Trentino 1017
Trepow,
-, Dimitrij F. *991*
Trerer 126
Tres Zapotes 1254
Tresckow,
-, Hans Henning v. *902*
Treuhandanstalt 1430, 1432
Treuhandschaftsrat,
-, UNO 1321
Treverer 252, 261, 266, 317, 319
Treviso 534
Trevithick,
-, Richard ❶ 692
Trezzini,
-, Domenico *981*
Trialismus 908
Trianon,
-, Frd. (1920) **736**, 913–914, 1071–1072
Trias 6–**7**
Trias ❶ 8
Triaspolitik (1854/1860) 852
Triballer 170, 306, 309
Tribhuwana,
-, Nepal,
-,-, Kg. *1765*
Tribigild 286
Triboker 317, 324
Tribonian *636*
Tribune 214–215
Tribunizische Gewalt der römischen Kaiser 257–259, 261–262, 266
Tribur,
-, Fürstentg. (1076) 510
-, Reichstg. (887) 456
Tribus,
-, röm. 210, 215–217, 232, 239, 245–247, 295
-, röm. ❶ 209, **219**
röm. 218
Tribut,
-, röm. 225, 239, 244, 270, 276–277, 301

-, röm. ❶ 234
Tributkomitien 215, 239
Tributkomitien ❶ 237
Trichterbecherkultur 37, 43
Tridentinium ❷Trient
Triennial Act 962
Trient 702
Trient,
-, Konz. (1545–1563) 522, 659, 662, 676–677, 679, 811, 814, 1009
Trier 375, 925
Trier,
-, (Alt.) ❷Augusta Treverorum
-, Ebtm. 465, 484, 488, 490, 495, 703, 806, 824, 836, 841
-, Ebtm. ❶ 412
Trier ❶ 820
Trierer Schisma (1186–1189) 475
Triest 703, 730, 736, 840, 1470–1471, 1473, 1547
Triest-Konflikt 1342
Triest-Problem (-Frage) 1554–1555
Trinh,
-, Dyn. 1228
Trinidad and Tobago Oil Co. ❷TRINTAC
Trinidad und Tobago 689, 701, 761, 1299, **1893**–**1894**
Trinidad und Tobago,
-, Religions-Konfl. 1894
Trinitarier 513
Trinitätslehre 365
Trinovanten 325
TRINTAC (Trinidad and Tobago Oil Co.) 1893
Tripalo,
-, Mirko *1549*
Triparadeisos,
-, Reichsordnung (320 v.) 174–175
Tripelallianz,
-, (1668) 685, 923
-, (1864/65) 1313
Tripolis/Libyen 710–711, 763, 784, 1016, 1094, 1109, 1281, 1573, 1630, 1828
Tripolis/Libyen,
-, Charta (1969) 1629
-, Erkl. (1977) 1575
Tripolis/Libyen ❶ 528
Tripolis/Phönikien,
-, (Tripoli) 99, 405–406, 1097
Tripolitanien,
-, (MA) 1093
-, (NZ bis 1951) 1120, **1122**, 1629
-, (NZ bis 1951) ❶ 1109
-, (seit 1951) ❷Libyen
-, röm. Prov. (Tripolitana) 303, 331–332
Tripolje-Kultur 28, 34
Tripura 1755
Tritaia 203
Trittyen 139
Trittyen ❶ 139
Triumph,
-, röm. 211, 214
Triumvirat,
-, 1. (60 v.) 251
-, 2. (43 v.) 255
Trizone 1404
Trnovo 629
Trochu,
-, Louis Jules *945*
Trogir,
-, (Alt.) ❷Traguiron
Tröglitz 787

Troia 41, 47, 49, 53, 114, 118, 209, 309
Troia ❶ 113
Troianischer Krieg 116, 118
Trois-Frères-Höhle 20
Troizen 142, 197
Trokmer 195
Tromelin 1172
Tromentina ❶ 219
Trondheim 593
Trondheim,
-, Ebtm. 592, 596
Tropaeum Traiani 307
Troppau,
-, Kongr. (1820) 705
Trotha,
-, Lothar v. 1168
Trott zu Solz,
-, Adam v. *902*
Trotzki,
-, Leo D. *992*, *997*–1002, 1004
-, LeoD. 727
Troubadour-Lyrik 399, 434, 536
Troubadour-Lyrik ❶ 416
Trovoada,
-, Miguel *1689*
Troyes,
-, (Alt.) ❷Augustobona
-, Konz.,
-,-, (1107) 427
-,-, (1128) 403
-,-, (1420) 447, 449, 580
Troyes ❶ 435
Trpimir,
-, Kroatien,
-,-, Ft. 610
Trudeau,
-, Pierre Elliott *1843*–1844
Trudowiki 993, 997
Trudowiki ❶ 995
True Liberian Party 1159
True Whig Party ❷TWP
Trujillo,
-, Héctor Bienvenido *1888*
-, y Molina,
-,-, Rafael Leónidas *1309*, *1888*
Truk 1837
Truman,
-, -Doktrin (1947) 1560
-, Erkl. (1977) 1575
-, Harry S. 791, 799, 801, *1293*, 1339–1340, 1356–1358, 1560, *1845*–1846, 1848–1849
-, Harry S.,
-,-, -Doktrin (1947) 1339, 1356, 1847
-, HarryS. 1772, 1795
Trumbić,
-, Ante *1076*
Trundholm 61
Truong-Chinh *1816*
Truppenentflechtungsabkommen (1974/1975) 1574, 1584, 1608
Truppenstationierungsverträge,
-, UdSSR 1376
Trygger,
-, Ernst *1053*
Tsangli 25
Tsani 25
Tschad ❷Tchad
tschadische Sprachen 1128
Tschagatai,
-, Mongolen-Hschr. *1196*
Tschahamana,
-, Dyn. 1180
Tschaldyrán,

-, Schl. (1514) 1102, 1123
Tschalukja,
-, Dyn. 1182
Tschamasp,
-, Sasaniden,
-,-, Kg. 351
Tschammer und Osten,
-, Hans v. *892*
Tschandragupta,
-, Ind.,
-,-, Kg. 176, 346, 1178–1180
Tschargataiden 1197
Tschauhan,
-, Dyn. ❷Tschahamana
Tschechen 606
Tschechien,
-, (seit 1993) 1391, 1509–1511
-, (seit 1993),
-,-, Europäische Union 1394
-,-, NATO 1394
-, (seit 1993) ❶ 1358
Tschechische Legion 999
Tschechische Spr. 613
Tschechoslowakei,
-, (1918–1945) 735–737, 745, 749–750, 753, 799, 881, 897, 910, 1004, 1006, 1067, 1070–1071
-, (1918–1945),
-,-, Außen-Pol. 738, 742, 749–750, 781–782
-,-, Sudetendeutsche Partei 1068
-, (1918–1945) ❶ 757, 775, 899
-, (1945–1992) 1323, 1328, 1337, 1339–1340, 1350, 1352, 1354, 1374–1376, 1378, 1380, 1391, 1503, **1506–1509**, 1511, 1609, 1847
-, (1945–1992),
-,-, Einmarsch,
-,-,-, Warschauer Pakt (1968) 1380, 1385, 1503, 1507–1508, 1522
-,-, Handel ❶ 1384
-,-, Verfassung 1378
-,-, Warschauer Pakt-Streitkräfte ❶ 1354
-,-, Wirtschaft ❶ **1508**
-, (1945–1992) ❶ 899
-, (seit 1993) ❷Slowakei
-, (seit 1993) ❷Tschechien
Tscheka,
-, sowj. Geheimpolizei 998, 1000
Tschera,
-, Dyn. 1182
Tschernembl,
-, Georg Erasmus v. *816*
Tschernenko,
-, Konstantin *1526*
Tschernigow 620–621
Tschernobyl 1526, 1532, 1534–1535
Tschernomyrdin 1530
Tschernomyrdin,
-, Viktor S. *1528*, 1530
Tscherwenkow,
-, Wulko *1545*
Tscheschme,
-, Schl. (1770) 688, 985, 1106
Tschetniks 764, 1078
Tschetschenien 1530–1532
Tschetschenien,
-, -Konfl. 1529–1530
Tschischpisch,
-, Pers.,
-,-, Kg. **108**

Tschitscherin,
-, Georgi W. 739, *1000*
Tschogha Sembil 106
Tschola,
-, Dyn. 1182
Tschubais,
-, Anatolij B. *1530*
Tschuden 609
Tschuikow,
-, Wassili *773*
Tsedenbal,
-, Yumjaaggiyn *1197*
-, Yumjaagiyn *1770*
Tseng Kuo-fan 1210
Tshipola 1695
Tshombé,
-, Moïse *1693*–1696
Tsiebo,
-, Calvin *1739*
Tsimshian,
-, Spr. 1251
Tsingtau (Tsing-tao) 723, 726, 1210, 1212, 1224
Tsingtau (Tsing-tao) ❶ 716
Tsiranana,
-, Philibert *1739*–1740
Tso Tsung-tang,
-, China,
-,-, Ks. 1209–1210
Tsolakoglu,
-, Georgios 764, *1082*
Tsonga-Sprachen 1154
Tsong-kha-pa 1199
Tsunyi,
-, Kfz. (1935) 1214
Tsushima,
-, Schl. (1905) 993, 1223
Tsuyoshi Inukai *1225*
Tswana-Sotho-Sprachen 1154
Tuamotu 1234, 1246–1247
Tuan-cheng-shih 1135
Tuanka Jaafar Abdul Rahman,
-, Malaysia,
-,-, Kg. 1821
Tuareg 1140–1141, 1677, 1681
Tuareg-Abk. (1995) 1681
Tubelis,
-, Josef *1060*
Tubman,
-, William *1664*
Tuc d'Audoubert 19
Tuchatschewski,
-, Michail N. *1004*
Tucumán 1314
Tudeh-Partei 1338, 1646, 1649
Tudeh-Partei,
-, Iran 1646
Tudhalijas,
-, Heth.,
-,-, Kg.,
-,-,-, II. 58, 93
-,-,-, III. 58
Tudjman 1555
Tudjman,
-, Franjo *1554*–1555
Tudor,
-, Dyn. 575, 580, 671, ***958***–961
-, Edmund,
-,-, Richmond,
-,-,-, Gf. v. ❺ 581
-, Owen ❺ 442, 448, 581
Tughluk,
-, Dyn. 1181
Tuka,
-, Adalbert *1067*
-, Vojtěch *1069*
Tukaram 1185

Tukkum 796
Tukulti-Ninurta,
-, Assyrien,
-,-, Kg.,
-,-,-, I. 62, **88**
-,-,-, II. 68
Tula 1256, 1259
Tulear-Provinz 1739
Tullius Cicero,
-, M. 196, 236, 249–255, 300
Tullus Hostilius,
-, Rom,
-,-, Kg. 209, 211
-,-, Kg. ❶ 209
Tulpenzeit 1106
Tulul Akir 63
Tuluniden,
-, Dyn. 1093
Tumb-Inseln 1615, 1647
Tuna,
-, Samoa,
-,-, Hptl. 1240
Tundjer 1133
Tunesien,
-, (Alt.) ➡Africa
-, (NZ bis 1956) 777, 784, 947, 1108, 1120, **1122**, 1445, **1631**
-, (NZ bis 1956) ❶ 1109
-, (seit 1956) 1411, 1445, 1573, 1575, **1631**, **1633**–1635, 1694
-, (seit 1956),
-,-, Außen-Pol. 1632
-,-, Bevölkerung(sentwicklung) ❶ 1568
-,-, Unabhängigkeits-Erkl. ❶ 1386
-, (seit 1956) ❶ 1655
Tung Chung-shu *1202*
Tung-chih,
-, China,
-,-, Ks. 1210
-,-, Ks. ❶ 1207
Tung-chih-Restauration 1210
Tung-meng-hui 1211
Tungrer 318
Tunis 675, 785, 1016, 1097, 1122
Tunis,
-, Erkl. (1995) 1634
-, Kfz. (1995) 1634
Tupac,
-, Inka-Hschr.,
-,-, Yupanqui 1265–1266
Túpac,
-, Inka-Hschr.,
-,-, Amaru 1296
Tupac,
-, Inka-Hschr.,
-,-, Amarú 1911
Tupac Amarú,
-, Revolutionäre Bewegung (Peru) 1905
Túpac-Amaru-Aufstand 1296
Tupamaros 1911
Tura Chan 632
Turakien 177
Turan 1192–1193
Turanismus 1110
Turbay Ayala,
-, Julio César *1895*
Turdaş-Gruppe 28
Turenne,
-, Henri de la Tour d'Auvergne,
-,-, Gf. v. *683*, 920–*921*
Turgenjew,
-, Iwan S. *986*
Turgot,

-, Anne-Robert-Jacques *927*
Turin,
-, Hztm. 525
-, Schl. (1706) 686, 1010
-, Vtg. (1632) 920
Turkana 1147
Türkei,
-, (bis 1945) 701, 705, 711–712, 735–737, 740, 747, 781, 788, 790, 907, 991, 1000, 1019, 1070, 1072, 1079–1080, 1101, 1103, 1108, **1110**–**1111**, 1114, 1116, 1539
-, (bis 1945),
-,-, Außen-Pol. 740, 742, 746–747, 751, 756, 780
-,-, Kemalismus **1111**
-,-, Kriegführung 720–722, 725, 729
-,-, Kriegführung ❶ 717, 730, 757
-,-, Kurdenproblem 1111
-,-, pol. Org. 1111
-,-, Unabhängigkeitskrieg 1110–1111
-, (seit 1945) 1339, 1343, 1356, 1359–1362, 1364, 1366, 1370–1371, 1373, 1461, 1550, 1560–**1566**, 1594, 1847, 1856
-, (seit 1945),
-,-, Außen-Pol. 1364, 1366
-,-, Bevölkerung(sentwicklung) ❶ 1568
-,-, Bruttoinlandsprodukt ❶ 1369
-,-, EU 1566
-,-, Europäische Union 1394
-,-, NATO-Streitkräfte ❶ 1354
-,-, Verteidigungsausgaben ❶ 1369
-, (seit 1945) ❺ 1358
Türken,
-, (MA) 351, 482, 603, 627, 632, 649, 1093–1097, 1099, 1101, 1192–1194
-, (NZ) 666, 678, 685, 809–810, 1101–1109, 1117–1118, 1123–1124, 1137
Türkenkriege,
-, (MA) 411, 1099–1101
-, (NZ) 675–676, 679, 685, 815, 822–824, 826–827, 830, 1101, 1103–1106
-, Byz. 645–646, 649–650, 1099–1100
-, ungarische 624–625, 633, 1103
Türkesh,
-, Alparslan *1566*
Turkestan 990, 1094–1095, 1198, 1209
Türkisch,
-, Schr. 1194, 1197
-, Spr. 1094–1095, 1099, 1111, 1197, 1541
türkische Reiche 1193
türkische Reiche,
-, Vorder-As. 1097–1099
Türkische Republik Nordzypern 1563
Türkisch-Griechischer Krieg,
-, (1920–1922) 1110
Türkisch-griechischer Krieg,
-, (1897) 1109
-, (1920–1922) 1110
türkisch-russische Seekämp-

fe,
-, (1914) 720
Turkmantschaj,
-, Frd.,
-,-, (1828) 1124
-, Frd. (1828) 988
Türkmenen **1099**, 1106
Turkmenen ➡Türkmenen
Turkmenistan 1198, **1767**–**1768**
Turks-Inseln 1299, 1880
Turkvölker 1110
Turner,
-, John Napier *1844*
Turnhallenkonferenz (1975) 1717
Turow-Pinsk 620
Tuscarora 1249
Tuschpa 94
Tuschratta,
-, Mitanni,
-,-, Kg. 88
Tusculum 211, 215, 217, 220, 295, 476
Tusculum,
-, Schl. (1167) 474
TusculumT 218
Tuskulaner,
-, Dyn. 508–509, 531
Tustrup 46
Tuszien 472–473, 477, 503–504, 525, 529, 538
Tutenchamun,
-, Äg.,
-,-, Kg. 57, **80**
Tutsi 1130, 1145–1146, 1697, 1699–1703, 1730
Tutsi,
-, -Évolués 1701
-, -Ganwa 1701
Tutsi ❶ 1655
Tuvalu 1838
Tuvalu (Elliceinseln) 1234, 1836–1838
Tuzapan 1259
Twer,
-, Ftm. 619, 622
Twinger von Königshofen,
-, Jakob ❶ 416
TWP (True Whig Party,
-, Liberia) 1159
TWP (True Whig Party),
-, Liberia 1664
Tyana 194
Tydings-McDuffie Act (1934) 1291
Tydings-McDuffie-Act (1934) 1846
Tyler,
-, John **1283**
-, Wat 578
Tylis,
-, Kgr. 195
Tylissos 53, 114
Tymphaia 167
Tyndaris,
-, Schl. (257 v.) 224
Tyrannis,
-, Athen 135, 144
-, Griechld. 127–128, 133, 135–137, 140, 144
-, Griechld. ❶ **127**
-, Korinth 133
-, Siz. 142
Tyras 72
Tyras (Odessa) ❶ 124
Tyros (Sur),
-, (Alexander/Hellenismus) 171, 177, 182, 186
-, (Römerzeit) 340–341
-, (vor dem Hellenismus) 70, 91, 98, 105

Tyrtaios 129, 131
Tyrus 405–406
Tzannetakis,
-, Tzannis 1561
Tzschirner ➡Erdmann Tzschirner
Tzu-hsi,
-, China,
-,-, Ksn. *1211*

U

U Thant,
-, Sithu 1581, *1806*
U2-Zwischenfall (1960) 1520
Ubaldi,
-, Baldo degli *544*
Ubangi,
-, -Fluss 1134, 1162
Ubangi-Chari ➡Zentralafrikanische Republik
UBC (United Brands Co.) 1873–1874
Überseehandel,
-, (NZ) 654
Ubertin von Casale *518*
Ubico Castañeda,
-, Jorge *1306*
Ubier 317, 324
U-Boot-Krieg ➡Weltkrieg,
-, Erster,
-,-, Seekrieg
-,-, Zweiter,
-,-, Seekrieg
UBP (Nationale Einheitspartei),
-, Zypern 1563
UBP (United Bermuda Party),
-, Bermudas 1880
UBS ➡United Bank of Switzland
UC (Union Camerounaise),
-, Kamerun 1686–1687
Uccello,
-, Paolo *542*, 545
Ucciali,
-, Vtg. (1899) 1175
Uccialli,
-, Vtg. (1889) 1016
Uchi Maius (Hr. Douamis) ❶ 333
UCK 1395, 1551–1552, 1557
UCPN (Union des Chefs et des Populations du Nord),
-, Togo 1669
UCR (Unión Civica Radical),
-, Argentinien 1915
UDC (Union Démocratique des Comores),
-, Komoren 1741–1742
UDD (Union Démocratique Dahoméenne),
-, Benin 1671–1672
UDDIA (Union Démocratique de Défense des Intérêts Africains),
-, Congo 1691
UDF (Ungarisches Demokratisches Forum) 1514
UDF (Union pour la Démocratie Française) 1448, 1450
UDI (Unilateral Declaration of Independence),
-, Zimbabwe 1711
Udjuu Ongwakebi Untubu

Nsinga *1697*
UDMA (Demokratische Union des Algerischen Manifestes) 1634
UDPM (Union Démocratique du Peuple Malien), -, Mali 1678
UDR (Gaullisten) 1447–1448
UDS (Union Démocratique Sénégalaise), -, Senegal 1657
Udschain 1178
UDSG (Union Démocratique et Sociale Gabonaise), -, Gabon 1689–1690
UDSM (Union des Démocrates Sociaux Malgaches), -, Madagaskar 1739
UdSSR,
-, (1918–1945) 714, 758–759, 801, 899–901, 996, 1005, 1020, 1028, 1057–1060, 1066, 1078, 1111, 1125–1126, 1212–1213, 1539
-, (1918–1945),
-,-, Außen-Pol. 739–740, 743, 746–748, 750–753, 756, 766–767, 771, 780–782, 879, 882, 897–898, 903, 1003, 1126
-,-, Bildungswesen 1003
-,-, Bürgerkrieg 999
-,-, Gesellschaft ❶ 1003
-,-, Grd. 1000
-,-, Handel 1003
-,-, Industrie 1003
-,-, internationale Anerkennung 1001
-,-, Kriegführung,
-,-,-, (1939–1945) 755–756, 758, 761, 765, 767–769, 771, 773, 782, 792–793, 795–797, 801, 1005
-,-,-, (1939–1945) ❶ 757, 802
-,-, Kriegswirtschaft 1005
-,-, Kultur 1003
-,-, Landwirtschaft 1003
-,-, Parteitg. 1001
-,-, Personenkult Stalin 1003
-,-, pol. Org. 999
-,-, Verfassung (1923) 1000
-,-, Verwaltung 1003
-,-, Wirtschaft 1003, 1005
-, (1918–1945) ❻ 733
-, (1918–1945) ❶ 775, 899
-, (1945–1991) 1320–1321, 1323, 1325–1326, 1328, 1333–1334, 1337–1346, 1348–1352, 1355–1357, 1373, 1378, 1384, 1397–1398, 1401, 1495–1496, 1499, **1516**, **1518**–**1521**, **1523**–**1524**, 1526, **1528**, 1532, 1536, 1541, 1547, 1609, 1614, 1652, 1694, 1733, 1737, 1740, 1747, 1751–1754, 1756, 1758–1759, 1767–1772, 1775, 1778, 1780, 1784–1785, 1790, 1793, 1797–1801, 1824, 1826, 1845–1846, 1884
-, (1945–1991),
-,-, Afghanistan-Einmarsch (1979) 1651
-,-, Asien-Pol. 1524
-,-, Auflösung 1355, 1373, 1385, **1527**–**1528**
-,-, Außen-Pol. 1320, 1325,

1327, 1342, 1345, 1347, 1355, 1430, 1516–1519, 1521–1524, 1526, 1594, 1630, 1651, 1777, 1790, 1814, 1882–1883
-,-, Beistandspakte 1340, 1349, 1420
-,-, Bez.,
-,-,-, BR Dtld. 1519, 1522
-,-, Dissidentenbewegung 1523
-,-, Gesellschaft 1526
-,-, Handel ❶ 1384, **1524**
-,-, Innen-Pol. 1521
-,-, Kriegführung 1340
-,-, Landwirtschaft 1517
-,-, Militärdoktrin 1520
-,-, Militärwesen 1347–1348, 1375, 1518
-,-, Militärwesen ❶ 1343
-,-, Nahost-Pol. 1570, 1574, 1580, 1582–1583, 1592, 1620
-,-, Nationalitäten 1526–1527
-,-, Nationalitätenfrage 1523
-,-, pol. Org. 1527
-,-, pol. Org. ❻ **1525**
-,-, Reformen 1384
-,-, Religions-Pol. 1527
-,-, Staatsaufbau ❻ **1525**
-,-, Warschauer Pakt-Streitkräfte ❶ 1354
-,-, Wirtschafts-Pol. 1527
-, (1945–1991) ❶ 1343
-,-, Freundschafts-Vtg.
-,-, mit,
-,-,-, Bulg. 1545
-,-,-, Ind. 1523
-,-,-, Irak 1524
-,-,-, Polen 1501
-,-,-, Tschechoslowakei 1508
-,-,-, Ung. 1513
-,-, Freundschafts-Vtg. mit,
-, Finnld. 1494
-,-,-, Bulg. 1373
-,-,-, China,
-,-,-, VR 1375
-,-,-, China (Nationalregierung) 1374
-,-,-, DDR 1379, 1382, 1423
-,-,-, Mongolei 1374
-,-,-, Nordkorea 1378
-,-,-, Rumänien 1373, 1381
-,-,-, Ung. 1373
-,-,-, Vietnam 1383
UDT (Union Démocratique Tchadienne),
-, Tchad 1682
UDV (Union Démocratique Voltaique),
-, Burkina Faso 1679
UDV/RDA (Union Démocratique Voltaique/Rassemblement Démocratique Africain),
-, Burkina Faso 1679–1680
UFP (United Federal Party),
-, Zambia 1707
-, Zimbabwe 1710
Uganda,
-, (bis 1962) 1113, 1131, 1134, 1145–1146, 1174, **1729**
-, (bis 1962),
-,-, Bevölkerung ❶ 1656
-, (bis 1962) ❶ 709, 1158
-, (seit 1962) 1368, 1699–1700, 1703, 1728–**1730**, 1732
-, (seit 1962),

-,-, AIDS-Erkrankungen ❶ 1335
-,-, Bevölkerung ❶ 1656
-,-, Unabhängigkeits-Erkl. ❶ 1386
-,-, Verfassung 1731
-,-, Wirtschaft 1730
-, (seit 1962) ❶ 1158
Uganda National Liberation Front ➪UNLF
Uganda PeoplesCongress ➪UPC
Ugarit 48, 58, 63, 97–**98**
Ugarit ❶ 77
UGCC (United Gold Coast Convention),
-, Ghana 1667
Ügedei ➪Ögädäi
UGTA,
-, Gewerkschaftsverband,
-,-, Algerien 1636
UGTT,
-, Gewerkschaftsverband,
-,-, Tunesien 1633
Uiberreither,
-, Siegfried ❶ *893*
Uiguren 1767, 1786
Uiguren-Reich 1194–1195, 1209
Uite-Rangiora,
-, Rarotonga,
-,-, Hptl. 1240
Uitlander 1170–1171
Ujamaa-Dörfer 1727–1728
Ujiji 1147
Ukas 987, 990
Ukimbu 1147
Ukraine,
-, (1914–1945) 727, 790, 998, 1006, **1533**
-, (MA) 621
-, (NZ) 1104, 1106
-, (seit 1945) 1385, 1391, 1528–1529, **1533**–**1534**, 1544
-, (seit 1945) ❻ 1358
Ukrainisch,
-, Spr. 1534
Ukrainische SSR 1533
Ukrer 459
Ulamburiasch,
-, Babylonien,
-,-, Kg. 87
Ulate Blanco,
-, Otilio 1877
Ulbricht,
-, Walter 1349, 1379, *1402*–1404, 1417, 1419–1420, 1422–1427, 1626
-, Walter ❶ 1421
Ulf,
-, G. v. Estrid,
-,-, T. v. Svend,
-,-,-, Dän.,
-,-,-,-, Kg.,
-,-,-,-,-, Gabelbart ❺ *594*
ULF (United Labour Front),
-, Trinidad u. Tobago 1893
ul-Haq,
-, Zia- 1748, *1759*–1760
ULIMO,
-, Rebellenbewegung (Liberia) 1664
Ulivo,
-, It. 1475
Uljanow,
-, Alexander *991*
-, Wladimir Iljitsch ➪Lenin
Ullsten,
-, Ola *1488*
Ulm 499, 841

Ulm,
-, Schl. (1805) 702
Ulmanis,
-, Guntis *1498*–1499
-, Karl *1059*
Ulpia,
-, Mattiacorum 320
-, Sueborum Nicretum 320
-, Taunensium 320
Ulpiana 307
Ulpius Marcellus 274, 325
Ulrich,
-, Kärnten,
-,-, Hz.,
-,-,-, II. 486
-, v. Zazikhofen ❶ *481*
-, Wttbg.,
-,-, Hz. *809*
Ulrike Eleonore,
-, Schweden,
-,-, Kgn. *1046*
Ulster ➪Nordirland
Ultramontanismus,
-, Frkr. 944
-, It. 1015–1016
Ulufaalu,
-, Bartholomew 1838
Ulura-Nationalpark,
-, Austr. 1833
Um Nyobé,
-, Reuben *1686*
Umar Taal,
-, Senegal,
-,-, Hschr. *1141*
Umba 1173–1174
Umberto,
-, It.,
-,-, General-Stth.,
-,-,-, (Kg. Humbert II.) *1021*
Umbrer 221
Umbrer ❶ 226
Umbrien 298
Umbrien ❶ 219
UME (Unión Militar Española) 1028
Umezu,
-, Yoshijiro 801
Umm Kasr 1574
Umma 86
Umma (Nationale Unionspartei,
-, Sudan) 1621–1622
Umme Jilmi,
-, Kanem,
-,-, Hschr. 1138
UMNO (United MalaysNationalOrganization) 1819, 1821
UMNO Baru (Neue UMNO,
-, Malaysia) 1821
Umtali 1166
Umuahia 1675
Umweltkatastrophe,
-, Kuwait 1615
Umweltschutz 1320
Umweltschutzabkommen,
-, Mittelmeer (1983) 1331
UN ➪UNO
Unabhängige Sozialdemokratische Partei Deutschlands ➪USPD
Unabhängigkeit,
-, Belg. 1040–1041
-, Bras. 1032
-, Griechld. 1080
-, Luxbg. 1043
-, Montenegro 1076
-, Ndld. 1040
-, Norw. 1049
-, Rumänien 1071
-, Serbien 1075
Unabhängigkeitserklärung,

-, USA (1776) 1279
Unabhängigkeitserklärungen (seit 1945) ❶ **1386**
Unabhängigkeitskrieg,
-, Griechld. (1821–1829) 1079
Unabhängigkeitspartei,
-, Ung. 913
Unam sanctam (1302) 408, 438–439, 518
UNAR (Union National Ruandaise),
-, Ruanda-Urundi 1699
Unas,
-, Äg.,
-,-, Kg. 38, 78
UNC (United National Congress),
-, Trinidad und Tobago 1894
UNCD ❻ 1322
UNCTAD (United Nations Conference on Trade and Development) 1323, 1326–1331
UNCTAD (United Nations Conference on Trade and Development) ❻ 1322
UNCTAD (United Nations Conference on Trade and Development) ❶ 1655
Undenburg,
-, Wim 1900
UNDOF,
-, UN-Truppen 1584
UNDP ❻ 1322
UNEF,
-, UN-Truppen 1580–1581, 1583
UNESCO (United Nations Educational,
-, Scientific and Cultural Organization) 1331
-, Scientific and Cultural Organization) ❻ 1322
UNFCCC,
-, Klimarahmenkonvention 1432
Unfehlbarkeitsdogma (1870) 857, 1015, 1476
UNFP (Nationalunion der Volkskräfte),
-, Marokko) 1640–1642
Ungarische sozialistische Arbeiterpartei ➪USAP
Ungarische Sozialistische Partei ➪MSZP
Ungarisches Demokratisches Forum ➪UDF
Ungarn,
-, (MA) 456–457, 464, 466, 468, 470, 472, 493, 495, 497–499, 507, 604–607, 612, 618, **623**–627, 644–646
-, (MA),
-,-, Adel 624
-, (NZ) 672, 674–676, 685, 729, 736–737, 750, 761, 764, 781, 783–784, 789–790, 797, 822–823, 854, 900, 911–**913**, **915**, 1005, 1019, 1101, 1103–1105
-, (NZ),
-,-, Außen-Pol. 746, 749–750, 762, 767, 784
-,-, Innen-Pol. 913
-,-, Kriegführung 764, 767, 770, 772
-,-, Kriegführung ❶ 757
-,-, Kriegsverluste ❶ 802
-,-, Reichstg. 905
-,-, Rep. 905
-, (NZ) ❶ 775, 899

-, (NZ). Nationalitäten ❶ 909
-, (seit 1945) 1326, 1339–1340, 1345, 1355, 1374, 1376, 1384, 1391, 1428, **1512–1515**, 1534, 1846
-, (seit 1945),
-,-, Europäische Union 1394
-,-, Handel ❶ 1384
-,-, NATO 1394
-,-, Warschauer Pakt-Streitkräfte ❶ 1354
-,-, Wirtschaft ❶ **1514**
-, (seit 1945) ❶ 1358
-, (seit 1945) ❶ 899
Ungarnaufstand (1956) 1513–1514, 1519
Ungarneinfälle,
-, Dtld. 455–456, 458–460, 462
-, It. **529**–530
Ungarnkonflikt (1956) 1326, 1345, 1376, 1519
UNHCR ❶ 1322
União das Populaçoes de Angola ◑UPA
União Nacional para a Independencia Total de Angola ◑UNITA
UNICEF ❶ 1322
Unidad Popular ◑UP
UNIDO (United Nations Industrial Development Organization) 1327, 1437
UNIDO (United Nations Industrial Development Organization),
-, Kfz. (1976) 1330
-, Kfz. (1980) 1331
UNIDO (United Nations Industrial Development Organization) ❶ 1322
UNIFIL,
-, UN-Truppen 1586, 1596
Unilateral Declaration of Independence ◑UDI
Unilever,
-, Konzern ❶ 1332
Union,
-, Dän.-Norw. (1389–1814) **599**–**601**
-, Dän.-Norw.-Schweden (1389–1523) **599**–**601**
-, Polen-Litauen **617**, 619
-, protestantische (1608) 680–681
-, Westkirche-Ostkirche **508**–510, 517, 649–650
Unión Aragonesa 561
Union Bubi 1688
Union Camerounaise ◑UC
Union Carbide 1756
Unión Cívica Radical ◑UCR
Union Comorienne pour le Progrès,
-, Komoren 1742–1743
Union Démocratique Dahoméenne ◑UDD
Union Démocratique de Défense des Intérêts Africains ◑UDDIA
Union Démocratique des Comores ◑UDC
Union Démocratique du Peuple Malien ◑UDPM
Union Démocratique et Sociale Gabonaise ◑UDSG
Union Démocratique Sénégalaise ◑UDS
Union Démocratique

Tchadienne ◑UDT
Union Démocratique Voltaïque ◑UDV
Union der Amerikanischen Republiken 1303
Union der Unabhängigen Afrikanischen Staaten 1661
Union der unabhängigen afrikanischen Staaten 1668
Union des arabischen Maghreb 1575
Union des Chefs et des Populations du Nord ◑UCPN
Union des Démocrates Sociaux Malgaches ◑UDSM
Union des intérêts sociaux congolais,
-, Kongo 1692
Union des Nigériens Indépendants et Sympathisants ◑UNIS
Union des Populations Camerounaises ◑UPC
Union Européischer Föderalisten 1356
Union Française 1445
Union Government,
-, Ghana 1668
Unión liberal 1026
Union Minière,
-, Kongo 1694, 1696
Union Minière du Haut-Katanga 1164
Unión Nacional Odriísta,
-, Peru 1903
Union National Ruandaise ◑UNAR
Union Nationale Tchadienne ◑UNT
Union Opositora 1875
Union Populaire Sénégalaise ◑UPS
Union pour la Communauté Franco-Africaine 1681
Union pour la Démocratie Française ◑UDF
Union Progressiste Dahoméenne ◑UPD
Union Progressiste Nigérienne ◑UPN
Union Sacrée 949–950
Union Soudanaise ◑US
Union Voltaïque ◑UV
Unionist Party 1171
Unionsakte,
-, Dän. – Isld. (1918) 1054
-, GB (1801) 969
Unionsgebiete,
-, Ind. 1749, 1751
-, Ind. ❶ **1750**
Unionspolitik Preußens 850–851, 905
Unionsverfassung,
-, Schweden – Norw. 1051
UNIP (United National Independence Party),
-, Zambia 1707–1708
UNIS (Union des Nigériens Indépendants et Sympathisants),
-, Niger 1681
UNITA 1706, 1719
UNITA (União Nacional para a Independência Total de Angola) 1704–1706
Unitarier,
-, Schweiz 1084
Unité et Progrès National ◑UPRONA
United,
-, Africa Co. 1669
-, Africa Company 1160

-, Australia Party 1244, 1830
-, Europe Movement 1356
-, Fruit Co. 1306–1308, 1310, 1869, 1873, 1877–1878
-, Party 1172
United Bank of Switzerland (UBS) 1335, 1442
United Bermuda Party ◑UBP
United Brands Co. ◑UBC
United Federal Party ◑UFP
United Gold Coast Convention ◑UGCC
United Labour Front ◑ULF
United MalaysNationalOrganization ◑UMNO
United National Independence Party ◑UNIP
United National Party ◑UNP
United Nations Relief and Rehabilitation Administration ◑UNRRA
United Party ◑UP
United PeoplesParty ◑UPP
United Progressive Grand Alliance ◑UPGA
United Progressive Party ◑UPP
United Rhodesia Party ◑URP
United Swaziland Association 1725
United Workers Party ◑UWP
Universität,
-, (MA) **398**, 513, 516
-, (MA) ❶ 398
-, (NZ) **658**
-, Schweden 1045
Unkiar Skelessi 988
UN-Kriegsverbrechertribunal,
-, Rwanda 1700
UN-Kriegsverbrechertribunal in Arusha 1700
UNLF (Uganda National Liberation Front) 1730
Unni,
-, Bremen-Hamburg,
-,-, B. *371*
UNO 1496
UNO,
-, (United Nations Organization) 734, 788, 791, 1006, 1320–1321, 1323, 1333–1335, 1391, 1432, 1442–1443, 1451, 1483, 1487, 1594, 1609, 1612, 1614, 1644, 1686, 1694, 1701, 1717, 1722, 1742, 1775, 1790, 1823–1826, 1837, 1841, 1845, 1858, 1860, 1892, 1923
-, (United Nations Organization),
-,-, Abrüstungs-Kfz. (1978) 1330
-,-, Abrüstungskommission 1325
-,-, Abrüstungskommission ❶ 1322
-,-, Abrüstungskommission ❶ 1343
-,-, Achtzehn-Mächte-Ausschuss 1324
-,-, Aggressionsdefinition (1974) 1330
-,-, Atomkommission 1321, 1325
-,-, Entkolonialisierungsaus-

schuss 1889
-,-, Generalversammlung 1320–1321, 1323–1325, 1331, 1335, 1431, 1476, 1627, 1723
-,-, Generalversammlung ❶ 1322
-,-, Internationale Handelsorganisation 1321
-,-, Internationaler Gerichtshof 1320–1321, 1331, 1716
-,-, Kommission für konventionelle Abrüstung 1323
-,-, Konv. gegen Folter 1331
-,-, Menschenrechts-Dekl. 1325
-,-, Nahost-Pol. 1584–1585, **1603**
-,-, Nebenorgane 1321
-,-, Palästina-Debatte 1330
-,-, Sicherheitsrat 1321, 1323, 1330–1334, 1392, 1431, 1576, 1644, 1665, 1706, 1718, 1721, 1734, 1813, 1824
-,-, Sicherheitsrat ❶ 1322
-,-, Sonderorganisationen 1321
-,-, Spezialorgane 1321
-,-, Südafrika-Embargo (1977) 1330, 1721
-,-, Südafrika-Embargo (1986) 1723
-,-, Treuhandschaftsrat 1321, 1323, 1334
-,-, Treuhandschaftsrat ❶ 1322
-,-, -Truppen 1325–1326, 1341, 1347–1348, 1392, 1432, 1580, 1694–1695, 1718, 1734, 1790, 1833, 1860
-,-, Umweltrat (seit 1972) 1329, 1331
-,-, Vetorecht 1323
-,-, Völkerrechts-Dekl. (1970) 1329
-,-, Waffenembargo gegen Serbien u. Montenegro 1334
-,-, Wirtschafts- u. Sozialrat 1321
-,-, Wirtschafts- u. Sozialrat ❶ 1322
-, (United Nations Organization) ❶ 1343
Uno,
-, Sosuke *1800*–1801
UNO (Unión Nacional Odriísta),
-, Peru 1903
UNO (United Nations Organization) 1335, 1392, 1496, 1550, 1553, 1555–1557
UNO (United Nations Organization),
-, Embargo gegen Serbien und Montenegro (1992) 1550–1551
-, Flugverbot,
-, Bosnien-Herzegowina (1992) 1550
-, Irak 1610, 1861
-, Sicherheitsrat 1550–1551, 1555
-, -Truppen 1550–1551, 1555
UNO-Beschluß,
-, (Palästina,
-, 1947) 1578–1579
UNO-Charta 1320, 1340, 1578
UNO-Mitgliedschaft,

-, BR Dtld. 1329, 1351, 1413
-, China,
-,-, VR 1329
-,-, VR (seit 1949) 1780
-, DDR 1329, 1351, 1413, 1427
-, Japan 1796
-, Österreich 1436
-, Port. 1484
UNO-Resolution,
-, (242)(Nahostresolution) 1328
-, 194 (Palästinenser) 1579–1580
-, 242 (Nahostresolution) 1579, 1581–1584, 1586–1587
-, Afrika (1965) 1327
-, Bosnien-Herzegowina 1550
-, Irakisch-Iranischer Krieg (1980–1988) 1332, 1609, 1649
-, Irakisch-iranischer Krieg (1980–1988) 1331
-, Irakisch-Kuwaitischer Krieg (1990–1991) 1333, 1576
-, Kaschmir (1948) 1747
-, Kolonialismus (1960) 1326
-, Korea (1950) 1325
-, Kuwait (1990) 1333, 1576, 1609, 1615
-, Libyen (1986) 1331
-, Libyen (1992) 1631
-, Palästina (1947) 1587
-, Rhodesien (1965) 1327, 1711
UNO-Umweltkonferenz (1972) 1329
UNP (United National Party,
-, Sri Lanka) 1763–1764
UNPROFOR,
-, UNO-Mission 1550–1551
UNR (Union pour la Nouvelle République) 1446–1447
UN-Resolution,
-, Haiti (1994) 1887
UNRRA (United Nations Relief and Rehabilitation Administration) 1845
Unruochinger,
-, Dyn. 382, 386, 529
UNRWA,
-, UN-Hilfswerk 1580
Unser Haus Russland,
-, Partei 1529
Unstrut,
-, Schl. (531) 373
UNT (Union Nationale Tchadienne),
-, Tchad 1682
Unterhaus,
-, GB 968–969, 971, 973–975
-, GB ❶ 974
Unteritalien 527–529
Unteritalien,
-, pol. Org. **528**
Unterjettingen 44
Unternehmertum,
-, brit. 973
-, dt. 873, 875–876, 881, 886–887, 889, 894
Unterwalden 486, 501–502, 1082
Unterwisternitz 20–21
Unterwölbling-Gruppe 55
UNTSO,
-, UN-Kommission 1579

UNV,
-, (United Nations Volonteers) 1432
Unyamwezi 1147, 1152
UP (Unidad Popular),
-, Chile 1921–1922
UP (United Party),
-, Bahamas 1881
-, Gambia 1658
-, Ghana 1667
-, Zambia 1707
UPA (União das Populaçoes de Angola) 1704
UPC (Uganda PeoplesCongress) 1729
UPC (Union des Populations Camerounaises),
-, Kamerun 1686–1687
UPD (Union Progressiste Dahoméenne),
-, Benin 1671
Uperaci 314
UPGA (United Progressive Grand Alliance),
-, Nigeria 1674
UPN (Union Progressiste Nigérienne),
-, Niger 1681
UPP (United PeoplesParty),
-, Nigeria 1674–1675
UPP (United Progressive Party),
-, Antigua u. Barbuda 1890
-, Zambia 1707
Uppsala 600
Uppsala,
-, Dyn. 591
-, Ebtm. 591
-, Univ. 601, 1045
UPRONA (Unité et Progrès National),
-, Burundi 1703
-, Ruanda-Urundi 1701
UPS (Union Populaire Sénégalaise),
-, Senegal 1657
UPU ❻ 1322
Ur 31, 38–40, 48, 52, 57, 85, 87–88, 107
Ur,
-, Dyn.,
-,-, 1. 85
-,-, l. ❶ 77
-,-, 3. 40, 48, 86
-,-, 3. ❶ 77
-, R.,
-,-, 3. 40, 52
UR (Republikanische Union),
-, Ecuador 1902
Ur ❶ 77
Uranius Antoninus,
-, Usurpator 277, 340
Uranus,
-, Planet 1
Urartäer 108
Urartu,
-, R. 68, 70, 89–90, 94–**95**, 108, 345
Uratmosphäre 2
Urban,
-, Pp.,
-,-, II. 400, 427, 429, 510
-,-, II. ❶ 511
-,-, III. 475, 514
-,-, III. ❶ 511
-,-, IV. 517
-,-, IV. ❶ 511
-,-, V. *520*, 540
-,-, V. ❶ 519
-,-, VI. 445, *521*, 540
-,-, VII. ❶ 1009

-,-, VIII. *1009*
-,-, VIII. ❶ 1009
Urbanisierung,
-, (MA) 410
Urdu 1757
Urfa,
-, (Alt.) ❺Edessa
Uri 486, 501–502, 1082
Uribe 1897
Uriu-Stufe 65
Urmeer 2
Urmitz 35–36
Urnammu,
-, Ur,
-,-, Kg. 40, **86**
Urnansche,
-, Lagasch,
-,-, Kg. 32, 38
Urnenfelderkultur 65, 69, 328
URNG (National-Revolutionäre Einheit Guatemalas) 1870
Uronarti 79
Urorganismus 2
URP (United Rhodesia Party),
-, Zimbabwe 1710
Urquiza,
-, Justo José de *1315*
Urraca,
-, G. v. Alfons,
-,-, Aragón,
-,-,-, Kg.,
-,-,-,-, I. d. Kämpfer ❾ 554
Urriolagoitia,
-, Mamerto *1906*
Ursinus,
-, Pp. 284
Ursulinen 662
Uruguay 1298, **1314**, 1898, 1908–**1912**, 1915
Uruguay,
-, Arbeits- u. Sozial-Pol. 1911
-, Gewerkschaften 1912
-, Handel 1911
-, öffentliche Finanzen 1912
-, Parteien 1911
-, Verfassung (1830) 1314
-, Verfassung (1919) 1314
-, Wirtschafts-Pol. 1912
-, Verfassung (1934) 1314
Uruguay ❶ 757
Uruguay-Runde 1333–1334
Uruk 27, 31–32, 36, 38–39, 52, 57, 85, 91
Urukagina,
-, Lagasch,
-,-, Kg. 38, 86
Uruk-Kultur 30–31, 84–85
Uruk-Stufe 30–31
Uruk-Warka 25
US (Union Soudanaise),
-, Mali 1677
US/RDA (Union Soudanaise/Rassemblement Démocratique Africain),
-, Mali 1677
USA,
-, (1776–1945) 689, 732, 745, 765, 769–770, 802, 953, 957, 1006, 1033, 1054–1055, 1060, 1159, 1209, 1211, 1224, 1226, **1278**–1293
-, (1776–1945),
-,-, Arbeits- und Sozial-Pol. 1287
-,-, Außen-Pol. 733–734, 737–744, 746–747, 752, 761, 763, 765, 769, 776, 871, 879, 883, 910, 1114, 1116,

1125–1126, 1279–1280, 1285–**1289**, 1291
-,-, Besiedlung 1286
-,-, Bildungswesen 1285
-,-, Einwanderung 1281, 1283, 1287, 1290
-,-, Einwanderung ❻ 1283
-,-, Expansion 1279–1289, 1300
-,-, Gesellschaft 1279–1280, 1293
-,-, Gewerkschaften 1282
-,-, Handel 1281, 1288, 1291–1292
-,-, Indianer 1280, 1290
-,-, Innen-Pol. 1280, 1289–1290, 1293
-,-, Kriegführung,
-,-,-, (1917–1918) 723, 726, 728, **1289**
-,-,-, (1917–1918) ❶ 717, 730
-,-,-, (1941–1945) 762, 769–771, 776, 778, 780–781, 783–784, 786–788, 791–795, 800–801, **1289**, **1292**–**1293**
-,-,-, (1941–1945) ❶ 757, 802
-,-, Landwirtschaft 744, 1285, 1287
-,-, Lateinamerika.-Pol. 1291
-,-, Mittelamerika-Pol. 1288
-,-, öffentliche Finanzen 744, 1289, 1291
-,-, Parteien 1280, 1282, 1284, 1287
-,-, Parteiensystem ❻ 1282
-,-, Rekonstruktion **1286**
-,-, Religions-Pol. 1284
-,-, Rüstung 1292
-,-, Sklaverei 1280–1284, 1286
-,-, Verfassung **1279**, 1281, **1286**, 1289–1290
-,-, Verkehr 1281, 1286–1287
-,-, Wirtschaft 744, 1280, 1283, **1286**–**1289**, 1291, 1293
-,-, Wirtschaftskrise 1283
-,-, Wirtschafts. Pol. 886
-,-, Zwischenkriegszeit,
-,-,-, (1918–1941) 1291–1292
-, (1776–1945) ❻ 733
-, (seit 1945) 1320–1321, 1323–1325, 1327–1329, 1331–1333, 1335, 1337–1343, 1345–1353, 1355–1357, 1359–1370, 1373, 1391–1392, **1396**–**1397**, 1400–1401, 1405, 1407–1408, 1410–1412, 1445, 1459–1461, 1479, 1483, 1493, 1530, 1534, 1560–1562, 1565, 1576, 1588, 1609, 1612, 1649, 1694–1695, 1717–1718, 1722, 1748, 1753, 1786, 1788–1789, 1792, 1801, 1803, 1807, 1813, 1818, 1822–1824, 1829, 1835, 1837–1838, 1841, 1843, **1845**–**1854**, **1856**–**1860**, 1867, 1873, 1876, 1879–1880, 1885, 1887, 1891, 1898–1899, 1903, 1912, 1918, 1923
-, (seit 1945),
-,-, AIDS-Erkrankungen ❶

1335
-,-, Arbeits- und Sozial-Pol. 1860–1861
-,-, Assoziation mit Mikronesien 1837
-,-, Außenhandel 1800–1801
-,-, Außenhandel ❶ 1783, 1798
-,-, Außen-Pol. 1320, 1325, 1337, 1339, 1341–1342, 1345, 1354, 1358, 1362, 1365, 1369–1370, 1372, 1392, 1526, 1529, 1574, 1576, 1585, 1593, 1630, 1649, 1652, 1723, 1734, 1758–1759, 1784, 1790–1791, 1803–1804, 1808, 1810–1812, 1815–1816, 1827, 1829, 1836, 1840–1841, 1844, 1846, 1854, 1857–1860, 1864, 1867, 1879–1880, 1882–1883, 1885, 1887–1889, 1893
-,-, Beschäftigte ❶ **1855**
-,-, Bevölkerung 1856
-,-, Bruttoinlandsprodukt ❶ 1369
-,-, Bundesbehörden ❻ 1855
-,-, Bundesgerichte ❻ 1855
-,-, Dollarverfall 1858, 1860
-,-, Einwanderung 1858, 1860
-,-, Energie-Pol. 1859
-,-, Gesellschaft 1851, 1856–1857, 1859
-,-, Handel 1334, 1371, 1858, 1860–1861
-,-, Handel ❶ 1334, **1855**
-,-, Hochzins-Pol. 1371
-,-, Impeachment ❶ 1855
-,-, Index,
-,-,-, Produktion verarbeitendes Gewerbe ❶ 1372
-,-, Innen-Pol. 1846, 1849–1851, 1856–1857
-,-, Irakisch-Kuwaitischer Krieg (1990–1991) 1858
-,-, Irakisch-kuwaitischer Krieg (1990–1991) 1858
-,-, Kol. 1836
-,-, Kriegführung,
-,-,-, (seit 1945) 1349, 1857–1858
-,-, Lateinamerika-Pol. 1840
-,-, Militärstrategie 1847, 1859–1860
-,-, Ministerien ❻ 1855
-,-, Mittelamerika-Pol. 1331, 1841, 1857–1858, 1864, 1893
-,-, Nahost-Pol. 1582, 1585–1587, 1589, 1602, 1857, 1860
-,-, NATO-Streitkräfte ❶ 1354
-,-, Oberster Gerichtshof ❻ 1855
-,-, öffentliche Finanzen 1860–1861
-,-, pol. Org. 1859
-,-, pol. Org. ❻ 1855
-,-, Repräsentantenhaus ❻ 1855
-,-, Senat ❻ 1855
-,-, Staatshaushalt 1331, 1858–1860
-,-, Unruhen (1992) 1859
-,-, Verteidigungsausgaben ❶ 1369
-,-, Wirtschaft 1330, 1851, 1856, 1860–1861

-,-, Wirtschaft ❶ **1855**
-, (seit 1945) ❻ 1360
-, (seit 1945) ❶ 1343
-, Bürgerkrieg (1861–1865) ❺Sezessionskrieg
-, Einwanderung 1050–1051
USAP (Ungarische Sozialistische Arbeiterpartei) 1514
USAP (Ungarische sozialistische Arbeiterpartei) 1513–1514
Usatges 554
Usatovo-Gruppen 34
Usbeken ❺Özbeken
Usbekistan 1198, 1767–**1768**, 1770
US-Dollar,
-, Abwertung 1328–1329, 1332, 1860
-, Krise 1367
-, Leitwährung 1327–1329
Userhet,
-, Schreiber 57
Usipeter 251, 258, 317, 324
USPD (Unabhängige Sozialdemokratische Partei Deutschlands) 870–872, 876–878
USPD (Unabhängige Sozialdemokratische Partei Deutschlands) ❻ 875
Ussuri-Konflikte,
-, (1969) 1380, 1522–1523, 1779
-, (1978) 1383
Ustaša (Ustascha) 740, 747, 764, 1077, 1547, 1549
Usukuma 1147
Usuman dan Fodio,
-, Ful,
-,-, Hschr. 1139
Usun Hasan,
-, Türkmenen,
-,-, Su. 633, 1099, 1101
Usurpationen im Römischen Reich 274–279
Uta,
-, G. v. Welf,
-,-, Bay.,
-,-,-, Hz.,
-,-,-,-, VI. ❾ 476
Utah,
-, US-St. 1284–1285, 1304
Uteem,
-, Cassam 1745
Utica (Hr. Bou Chateur) 98, 105, 228, 230, 252, 332
Utica (Hr. Bou Chateur) ❶ 333
UTO (Vereinigte Tadschikische Opposition) 1769
utopischer Sozialismus 697
Utraquismus 613
Utraquisten 613
Utrecht 370, 377, 449, 498, 1033
Utrecht,
-, Btm. 384
-, Buren-Rep. 1170
-, Frd. (1713) 686, 700, 827, 925, 966, 1010, 1024, 1036–1037, 1273
-, U. (1579) 679, 1034
Utrecht ❶ 418
Uttarakhand 1757
Uttarpradesh 1752, 1755
Uttarpradesh 1189
Utuhengal,
-, Uruk,
-,-, Kg. 40, 86
UV (Union Voltaique),
-, Burkina Faso 1678

Uvira 1695
UWP (United Workers Party),
-, Saint Lucia 1891
Uyl,
-, Joop den *1453*
Uzen 628
Uzzano,
-, Niccolò da 545

V

V 1 (Vergeltungswaffe) 791
V 2 (Vergeltungswaffe) 792
Vaal 1154–1155, 1169–1170
Vaballathos von Palmyra 278
Vače 71
Vadimonischer See,
-, Schl. (283 v.) 221
Vadstena,
-, Kl. 597, 599
VAE ●Vereinigte Arabische Emirate
Vaga (Béja) ❶ 333
Vaida-Voivod,
-, Alexandru *1071*
Vaidez,
-, Federico Ponce 1306
Vaira Vike-Freiberga 1499
Vajpayee 1748, 1757
Vajpayees 1757
Valarschapat 346
Valence,
-, (Alt.) ●Valentia
Valencia 555, 561–562, 1029
Valencia,
-, Kgr. 555
Valencia ❶ 418
Valens,
-, Rom,
-,-, Ks. **284–285**, 325, 358–*359*
-,-, Ks. ❸ 284
Valentia (Valence) 319, 329
Valentin,
-, Pp. ❶ 505
Valentina,
-, Orléans,
-,-, Hzn. 446, 541
-,-, Hzn. ❸ 442, 448
Valentinian,
-, Rom,
-,-, Ks.,
-,-,-, I. **284–285**, 318–319
-,-,-, I. ❸ 284
-,-,-, II. 285
-,-,-, II. ❸ 284
-,-,-, III. **286**, *360*–361, 366
-,-,-, III. ❸ 284
Valentinianer 290
Valentinos 290
Valeria,
-, T. v. Diokletian,
-,-, Rom,
-,-,-, Ks. ❸ 284
Valeria Messalina,
-, G. Des Claudius 262, 264
-, G. Des Claudius ❸ 263
-, G. des Claudius ❸ 263
Valerianus,
-, Rom,
-,-, Ks. 276–**277**, 291, 340, 350
-,-, Ks. ❶ 254
Valerie,
-, T. v. Franz,
-,-, Österreich,
-,-,-, Ks.,
-,-,-,-, Joseph I. ❸ 835

Valerius,
-, Antias 253
-, Asiaticus,
-,-, D. 321
-, Catullus,
-,-, C. *253*
-, Flaccus,
-,-, L. 247
-, Martialis,
-,-, M. **272**, 330
-, Maximus 262
-, Messalla Barbatus,
-,-, M. ❸ 263
-, Messalla Corvinus,
-,-, M. 261
-, Rom,
-,-, Caesar,
-,-,-, Severus,
-,-,-,-, Flavius 281
Valla,
-, Lorenzo 544, *659*
Vallabathos von Palmyra 340
Valladolid,
-, Univ. ❶ 398
Valle de Toluca 1256
Vallombrosa,
-, Kl. 512
Vallombrosaner 512
Valmy,
-, Schl. (1792) 701, 931
Valois,
-, Dyn. 437, 440, 443, 446, 450, 502
-, Dyn. ❸ **442**, *448*
Valona 712, 1079
Valparaiso 1312
Valparaiso,
-, Abk. (1884) 1313
Valsømagle 61
Valvassores 466, 532
Van Buren,
-, Martin *1283*
-, Martin ❺ 1282
Vance,
-, Cyrus 1514, 1585
Vance-Owen-Friedensplan 1550, 1555
Vancouver,
-, Dekl. (1993) 1859
Vandalen 278, 285–286, 300, 302, 318, 323–324, 331, 334, 359–361, 363, 369
Vandalen ❺ 364
Vandalenreich,
-, Afrika **360**, **363**, 547
Vandenberg,
-, Arthur Hendrick *1847*
Vandenberg-Entschließung (1948) 1357
Vanderbilt 1307
Vangionen 317, 324
Vanuatu 1839
Vanuatu (Neue Hebriden) 1234, 1246–1247, 1836–1838
Vaphio 59
VAR (Vereinigte Arabische Republik) ●Ägypten
Värälä,
-, Frd. (1790) 985
Varciani 311
Vardanes,
-, Parther,
-,-, Kg. 349
Varennes 930
Vares,
-, Johannes J. *1058*
Vargas,
-, Getúlio Dornellas *1317*
-, Getúlio Dornelles *1917*
Vargas Llosa,

-, Mario *1905*
Varius Hibrida,
-, Q. 329
Varna 34, 47
Varro ●Terentius Varro
Varus ●Quinctilius Varus,
-, P.
Vasco da Gama 668, 1183
Vasile 1544
Vassiliou,
-, Georgios *1563*
Vassy-Überfall (1562) 917
Vaterländische Front,
-, Österreich 912
Vaterländischer Krieg ●Französisch-Russischer Krieg (1812)
Vaterlandspartei 870
Vaterlandsunion,
-, Litauen 1500
Vathypetron 114
Vathypetrou 59
Vatikan 1015, 1019, 1067, 1137, 1334, 1470, 1473–1474, **1476–1477**, 1481, 1503, 1915, 1923
Vatikanische Konzile,
-, 1. (1869–1870) 522, 857, 1015
-, 2. (1962–1965) 522, 1479–1480
Vatinius,
-, P. 251
Vattel,
-, Emer de *1083*
Vattina-Gruppe 55
Vatya-Gruppe 55, 59
Vauban,
-, Sébastien le Prestre de *825*, *922*
Vaucelles,
-, Waffenstillstand (1556) 677
Vaux ❶ 719
Vázquez,
-, de Ayllón,
-,-, Lucas 1270
-, de Coronado,
-,-, Francisco *1269*
VBA (Volksbefreiungsarmee,
-, China) 1773
VdgB (Vereinigung der gegenseitigen Bauernhilfe) 1402, 1404, 1417
VDPA (Volksdemokratische Partei Afghanistans) 1652
VEB (Volkseigene Betriebe) 1417
VEB (Volkseigene Betriebe) ❺ 1424
VEG,
-, (Volkseigene Güter) 1417, 1419
Vegetius 280
Veiga 1661
Veiga,
-, Carlos 1661
Veii 70, 112, 214–215, 217, 220
Veii ❶ 209, 219
Velasco,
-, Alvarado,
-,-, Juan *1903*–1904
-, Ibarra,
-,-, José María *1901*
Velasco Ibarra,
-, José María 1901
Velásquez Mujica,
-, Ramón José *1898*
Velatice-Gruppe 65
Veld 1155

Veldentz 825
Velia ●Elea
Velina ❶ 219
Velitrae 217, 220
Velleius Paterculus 262, 314
Veltlin 703
Venaissin 936
Venaissin,
-, Gfsch. 520
Venda 1154
Vendôme,
-, Gfsch. 451
Venedey,
-, Jakob ❶ *846*
Venedig,
-, (bis Hoch-MA) 379, 381, 389, 405–406, 527, 530–531, 533–534, 626, 645–647
-, (bis Hoch-MA),
-,-, Adel 527
-,-, Wirtschaft 530
-, (bis Hoch-MA) ❶ 410, 418
-, (NZ) 670, 676, 701, 822, 912, 1006–1007, 1010–1011, 1014, 1104–1105
-, (Spät-MA) 403, 406–407, 494–496, 537–**539**, 541–**543**, 627, 630, 632, 648–649, 1099–1101, 1137
-, Frd. (1177) 475, 514, 534
-, Handel 533, 536
-, Kfz. (1956) 1363
-, Liga (1495) 672
-, Weltwirtschafts-Kfz. (1980) 1331
-, Weltwirtschafts-Kfz. (1987) 1332
Veneter 251, 298, 304, 317
Venetia 298
Venetiaan,
-, Ronald *1901*
Venetien 304, 503, 525–526, 702–703, 840, 854, 904, 906, 935, 1011–1012, 1015
Venezuela 1294, 1296–1297, **1310–1311**, 1326, 1863–1864, 1867, 1894–**1898**, 1912, 1923
Venezuela,
-, Arbeits- u. Sozial-Pol. 1898
-, Bevölkerung(sentwicklung) ❶ 1865
-, Erdöl **1311**
-, Handel 1898
-, Indianerkulturen 1263
-, öffentliche Finanzen 1898
-, Verfassung (1864) 1310
-, Wirtschaft 1898
-, Wirtschaft ❶ 1385
-, Wirtschafts-Pol. 1898
Venezuela ❶ 757
Venizelos,
-, Eleutherios 725, **1080**–1081
Venkataraman,
-, Ramaswami *1756*
Venlo,
-, Vtg. (1543) 676, 811
Ventidius Bassus,
-, P. 255, 339, 349
Venus,
-, Planet 1
Venusia 221
Venusia ❶ 219
Ver,
-, Fabian 1829
Ver sacrum 296
Veracruz 1259, 1294–1295, 1304

Verband der Deutschen Gewerkvereine 855
Verband Deutscher Arbeiterschaften 855
Vercellae (Vercelli),
-, Schl. (101 v.) 245, 324
Vercingetorix,
-, Averner,
-,-, Kg. 252, 317
Verden,
-, Btm. 683, 822, 1048
-, Stift 818
Verden an der Aller 686, 827
Verden an der Aller,
-, Strafgericht (782) 379
Verdun 375, 812
Verdun,
-, Btm. 672, 677, 683, 818, 916, 920
-, Schl. (1916) 718–719, 723, 950
-, Schl. (1916) ❺ 719
-, Vtg.,
-,-, (843) 381, 387, 420, 455, 527
-,-, (843) ❶ 373
-,-, (879) 455
Vereeniging,
-, Frd. (1902) 1171
Vereinigte Staaten von Amerika ●USA
Vereinigte Arabische Emirate (VAE) 1575, 1609, 1615, **1617**
Vereinigte Arabische Republik (VAR) ●Ägypten
Vereinigte Bauernpartei,
-, Polen 1505
Vereinigte Demokratische Opposition Sloweniens ●DEMOS
Vereinigte Hindostanische Reformpartei,
-, Surinam 1900
Vereinigte Staaten von Amerika ●USA
Vereinigte Tadschikische Opposition ●UTO
Vereinigter Landtag (1847) 844
Vereinigtes Königreich,
-, GB u. Irld. (1801) 969, 973, 975
-, GB u. Irld. ❺ 974
Vereinigtes Wirtschaftsgebiet 1400
Vereinigung Arabischer Erdölexportländer ●OAPEC
Vereinigung Volkseigener Betriebe ●VVB
Vereinigungs- und Sicherheitsakte,
-, (1789) 1049
Vereinte Nationen ●UNO
Vereinte Nationen-Pakt (1942) 779
Vereintes Europäisches Komitee 1356
Verfassung,
-, Afghanistan 1651–1652
-, Äg. 1119, 1625–1626
-, Albanien,
-,-, (1946) 1558
-,-, (1976) 1558
-, Algerien 1635, 1638
-, Äquatorial-Guinea 1688
-, Argentinien 1913, 1915
-, Aserbaidschan,
-,-, (1995) 1541
-, Äthiopien 1735
-, Austr. **1242**–1243
-, Bahrain 1616

-, Belg. 1040–1041, 1457
-, Botswana 1726
-, Bras. 1316, 1919
-, Bulg. 1073
-, Bulg.,
-,-, (1947) 1545
-,-, (1971) 1545
-, Burundi 1702–1703
-, Chile 1317, 1923
-, China,
-,-, Rep. (1912–1949) 1772
-,-, VR (seit 1949) 1773–1774, **1781**, 1783–1784
-, Dän. 1052, 1491
-, DDR 1416–1417, 1421, 1424–1425, 1427
-, DDR ❶ 1421
-, Dt. R.,
-,-, (1870/1871–1914) 854, 856–857, 866
-,-, (1870/1871–1914) ❻ 856
-,-, (1914–1918) 871
-,-, (1919–1933) **873–874**, 877
-,-, (1933–1945) 893, 895
-, Dtld.,
-,-, (1815–1870) 845
-,-, (1815–1870) ❻ **849**
-, Ecuador 1902
-, Elfenbeinküste 1666
-, Engld./GB,
-,-, (1485–1789) 958, 961
-,-, (1653) 963
-,-, (1653) ❻ **964**
-,-, (1689) 965
-,-, (seit 1689) 968
-, Estld.,
-,-, (1990) 1497
-, Estld. (1920) 1058
-, Estld. (1933) 1058
-, Estld. (1937) 1058
-, Finnld. (1917) 1055
-, Finnld. (1919) 1056
-, Frkr.,
-,-, (1789) 930
-,-, (1799) ❻ **934**
-,-, (1851) 943
-,-, (1946) 1444
-,-, (1958) 1446
-,-, (1962) 1447
-, Gabon 1690
-, Gambia 1658
-, Georgien,
-,-, (1995) 1538
-, Ghana 1667
-, Griechld.,
-,-, (1952) 1560
-,-, (1975) 1561
-,-, (NZ) 1080
-, Guinea-Bissau 1659–1660
-, Haiti 1308
-, Ind. 1188–1190, 1749–1750, 1753–1754, 1756
-, Irak 1116
-, Irld. (1933) 978
-, Isr. 1602
-, It. 1013, 1470
-, It. (seit 1945) 1475
-, Jamaika 1299
-, Japan 1795
-, Jemen 1619–1620
-, Jord. 1599
-, Jugoslawien,
-,-, (1946) 1547
-,-, (1953) 1547
-,-, (1963) 1548
-,-, (1974) 1549
-,-, 81 971) 1549
-, Jugoslawien (1921) 1076

-, Jugoslawien (1931) 1077
-, Kambodscha 1813
-, Kamerun 1686
-, Kan. 1843–1844
-, Kasachstan 1767
-, Kenya 1731
-, Kirgisistan 1770
-, Kolumbien 1309, 1894, 1896
-, Komoren 1742–1743
-, Kongo 1693, 1696
-, Kongo-Frei-St. 1163
-, Kuba 1308, 1884
-, Kuwait 1614
-, Laos 1811
-, Lettld. (1919) 1059
-, Lettld. (1934) 1059
-, Libanon 1116
-, Liberia 1159
-, Libyen 1630
-, Litauen,
-,-, (1989) 1499
-, Litauen (1918) 1059
-, Litauen (1922) 1060
-, Luxbg. 1043, 1458
-, Madagaskar 1739
-, Malawi 1709
-, Mali 1711
-, Marokko 1640–1642
-, Mauretanien 1645
-, Mauritius 1744
-, Mazedonien,
-,-, (1991) 1557
-, Mex. 1303–1305
-, Mongolei 1770
-, Mozambik 1715
-, Ndld.,
-,-, (1579) 1034
-,-, (17.Jahrhundert) ❻ 1035
-,-, (1815) 1038
-,-, (1840) 1038
-,-, (seit 1945) 1453
-, Nepal 1765–1766
-, Neuseeld. 1245, 1834
-, Nicaragua 1876
-, Niger 1681
-, Nigeria 1160
-, Nordkorea 1790
-, Oman 1618
-, Österreich,
-,-, (1804–1867) 842, 845, 849, 852, 905
-,-, (1918–1938) 910–912
-, Österreich-Ung. 906, 909
-, Pakistan 1758–1759
-, Panama 1310, 1879
-, Paraguay 1313, 1910
-, Pers. 1125
-, Peru 1312, 1904–1905
-, Philippinen 1828–1829
-, Polen,
-,-, (1952) 1502
-,-, (1976) 1503
-, Polen (1921) 1065
-, Polen (1934) 1065
-, Port. 1032, 1486
-, Preußen,
-,-, (1789–1870) 842, 852
-,-, (1789–1870) ❻ **851**
-,-, (1871–1918) 862
-, Puerto Rico 1889
-, R.,
-,-, (1493–1648) 803, 805, 811–813
-, Rumänien,
-,-, (1948) 1542
-,-, (1952) 1542
-, Rumänien (1923) 1071
-, Rumänien (1944) 1073
-, Russld.,
-,-, (seit 1992) 1529
-, Rwanda 1700

-, São Tomé/Príncipe 1689
-, Schweden,
-,-, (1719/1720) 1046
-,-, (1975) 1488
-, Schweiz,
-,-, (1802) 1084
-,-, (1815) 1084
-, Serbien 1075
-, Seychellen 1745
-, Sierra Leone 1663
-, Slowakei,
-,-, (1968) 1511
-, Slowenien,
-,-, (1989) 1555
-,-, (1990) 1550
-,-, (1991) 1556
-, Somalia 1733
-, Span. 1479–1481
-, Span.,
-,-, (1837) 1026
-,-, (1876) 1026
-,-, (1931) 1027
-, Sri Lanka 1763–1764
-, Südafrika 1721, 1723
-, Sudan 1622
-, Südkorea 1793
-, Syr. 1116, 1593
-, Tanzania 1728
-, Thaild. 1808–1809
-, Togo 1670
-, Transvaal 1170
-, Trinidad u. Tobago 1893
-, Tschechoslowakei,
-,-, (1948) 1506
-,-, (1960) 1507
-,-, (1968) 1508
-, Tschechoslowakei (1920) 1067
-, Tunesien 1122, 1632–1633
-, Türkei 1111
-, Türkei,
-,-, (1961) 1564
-,-, (1982) 1565
-, Turkmenistan 1768
-, UdSSR,
-,-, (1923) 1000
-,-, (1936) 1004
-,-, (1977) 1525
-, Uganda 1730–1731
-, Ung.,
-,-, (1949) 1513
-, Uruguay 1910
-, Uruguay,
-,-, (1919) 1314
-, Uruguay (1830) 1314
-, Uruguay (1934) 1314
-, USA,
-,-, (1776–1914) **1279**, 1281, **1286**, 1289
-,-, (1914–1945) 1290
-, Venezuela 1310
-, Vereinigte Arabische Emirate 1617
-, Vietnam 1815, 1818
-, Westsamoa 1836
-, Zambia 1707–1708
-, Zimbabwe 1166, 1710–1711
Verfassungskonvent,
-, USA (1787) 1279
Vergara 1026
Vergès,
-, P. 1743
-, R. 1743
Vergesellschaftung
➜ Kollektivierung
Vergilius Maro,
-, C. 209
-, P. 255, **261**, 335
Verginius Rufus,
-, L. 265
Vergniaud,

-, Pierre Victurnien 930
Verhandlungen von Rambouillet 1394
Verhofstadt 1458
Verkehr,
-, BR Dtld. 1426–1427
-, China,
-,-, Ksr. 1205
-, DDR 1426–1427
-, Dt. R. 865, 868
-, Frkr. 943
-, GB 967, 971
-, Iberische Halbinsel 557
-, Rom,
-,-, (Prinzipat) **297**, 310, **319**, 326, 330, 340, 342–343
-,-, (Rep.) **296**–298, 310, 316, 329
-, Schweden 1050
-, Span. 1023
Verkehrswesen 692
Verlagssystem 654, 657, 691
Vermandois,
-, Geschl. ❽ 380
Vermögensbildungsgesetz,
-, BR Dtld. 1411
Vermont 1272, 1280
Verner,
-, Paul *1420*, *1426*
Vernichtungslager 773
Verona,
-, (MA) 462–463, 475, 534
-, Kongr. (1822) 705, 938, 988
-, Reichstg. (983) 463
-, Schl. (403) 285, 359
-, Syn. (1184) 514–516
Veroneser (Städte-) Bund (1163/1164) 474, 534
Verrazano,
-, Giovanni da 1269
Verres,
-, C. 249, 300
Verrocchio 542, *545*
Versailles 946
Versailles,
-, Frd.,
-,-, (1871) 945
-,-, (1919) 714, 732, **734**–737, 739, 743, 746–748, 872, 876–878, **888**, **950**, 1042, 1224, 1244, 1289
-, Kaiserproklamation (1871) 856
-, Schloss 922–923
-, Vtg. (1756) 926
-, Weltwirtschafts-Kfz. (1982) 1331
Verstaatlichungen,
-, Äg. 1625
-, Algerien 1636
-, Argentinien 1913
-, Äthiopien 1736
-, Austr. 1830
-, Benin 1672
-, Bol. 1906
-, Bulg. 1545
-, Chile 1921–1922
-, China 1774
-, Congo 1691
-, Frkr. 1444, 1448
-, GB 1459, 1462
-, Griechld. 1561
-, Irak 1608
-, Kongo 1696
-, Kuba 1882–1883
-, Madagaskar 1740
-, Mauretanien 1645
-, Mozambik 1715
-, Myanmar 1805
-, Nigeria 1675
-, Österreich 1436

-, Peru 1904
-, Port. 1485
-, Sri Lanka 1763
-, Syr. 1592
-, Tanzania 1727
-, Tschechoslowakei 1506
-, Tunesien 1632
-, Ung. 1512
-, Zambia 1707
Verstädterung 694
Verteidigungsausgaben,
-, NATO-Ld. ❶ **1369**
Verteidigungspolitik,
-, BR Dtld. 1405, 1408–1409
-, China 1773, 1775, 1781
-, DDR 1422, 1427
-, DDR ❻ 1425
-, DDR ❶ 1421
-, Frkr. 1447, 1450
-, GB 1460
-, Jugoslawien 1548
-, Kan. 1842
-, kommunistische Welt 1376, 1378–1380
-, Kuwait 1614
-, Port. 1485
-, UdSSR 1522
-, USA 1847–1848, 1853–1854
Vértesszöllös 16
Vertrag von Nizza 1395
Vertragsküste,
-, (bis 1971) 1117, **1615**
-, (bis 1971) ❶ 1109
-, (seit 1971) ➜Bahrain
-, (seit 1971) ➜Katar
-, (seit 1971) ➜Vereinigte Arabische Emirate
Vertriebene,
-, dt. 881
-, dt. ❶ 899
Verulamium (St. Albans) 325
Verus,
-, Rom,
-,-, Ks. 269, **273**, 352
-,-, Ks. ❶ 254
Vervins,
-, Frd. (1598) 680, 918, 1023
Verwaltung,
-, Äthiopien 1136–1137
-, Byz. 346, 640, 642
-, China 1202, 1204–1206, 1208
-, China ❻ 1209
-, Dän. 1047
-, DDR 1419
-, Dt. R. 866
-, Dtld. (1493–1789) 836
-, Engld./GB,
-,-, (MA) 570–573, **583**, 593
-,-, (NZ) 958, 965
-, Frkr.,
-,-, (MA) 431, **436**, **439**, 444, *451*
-,-, (NZ) 919, 934, 936–937, 940–941, 943
-, Gallien 318
-, hellenistische 179
-, Iberische Halbinsel,
-,-, (MA) 557
-, Ind. 1181, 1184–1185, 1187–1188
-, It. 1010
-, Japan 1217–1219, 1222
-, Kalifen-R. 1091
-, Ndld. 1033
-, Österreich **833**
-, Österreich ❻ **834**
-, Österreich-Ung. ❶ 909
-, Pers. 1123, 1126
-, Preußen **831**, 842, 857

-, Preußen ❻ 832
-, Rom 293
-, Rom,
-,-, (Prinzipat) **298**–301, 305, 311–312, 314–315, 317–320, 326–327, 330–337, 339–340, 342–343, 345, 352–353
-,-, (Rep.) 300, 317, 329–330, 332, 336, 339, 341–342, 345
-,-, (Spätantike) **299**, 302, 305, 307, 311, 313, 315, 319, 322, 326, 331–335, 337, 340, 343, 346
-,-, (Spätantike) ❻ 282
-, Russld.,
-,-, (1505–1795/1796) 978, 980, 982
-,-, (1789–1914) 986–990, 992–993
-, Schweden 1044–1046
-, Span. 1027, 1029
-, UdSSR 1003
Verwoerd,
-, Hendrik F. *1720*
Vesalius,
-, Andreas *664*
Veselé-Gruppe 50
Veselinovo-Kultur 25
Vesier ❷Westgoten
Vesontio,
-, Schl. (58 v.) 317
Vespasianus,
-, Rom,
-,-, Ks. 265–**266**, 302, 312, 315, 317–318, 326, 330, 332–333, 335, 337–338, 340, 343–345
-,-, Ks. ❶ 254
Vesper von Ephesos (88 v.) 246, 342
Vespucci,
-, Amerigo 667–669, *1293*
Vesselényi,
-, Franz *822*
Vestiner ❶ 219
Vesuv,
-, Ausbruch (79 n.) 266
Veszprém-Gruppe 55
Vetera 317, 319
Veternica 18
Veternica-Höhle 17
Veto 237
Vetranio,
-, Usurpator 283
Vettersfelde 72
Vettius Aquilinus Iuvencus,
-, C. 331
Vetulonia 70
Via Appia 216
Via Flaminia 226, 525–526
Via Francigena 530
Viágos,
-, Schl. (1849) 989
Vibius Pansa,
-, C. 255
Vibo Valentia 242
Viborg 601, 1057–1058
Viborg,
-, Vtg. (1609) 980
Vicelin 471
Vicente Fox Quesada 1868
Vicenza 534
Vichy 956
Vichy-Regierung 760, 762–764, 766, 776–777, 949, 956, 1116, 1444
Vicksburg 1285
Victor Ciorbea 1544
Victoria,
-, Austr. 1831–1832
-, Kamerun 1161

-, Schweden,
-,-, Kgn. *1051*
Victoriasee 1145, 1173
Victorinus,
-, Gallien,
-,-, Hschr. 278
Victory,
-, Europe Day (1945) 1845
-, Japan Day (1945) 1846
Vid,
-, (Alt.) ❷Narona
Videla,
-, Jorge Rafael *1914*
Vieira 1660
Vieira,
-, João Bernardo 1660
Vienna (Vienne) 319, 321–322
Vienne,
-, (Alt.) ❷Vienna
-, Konz. (1311–1312) 439, 520
Vientiane 1810–1811
Vientiane,
-, Kgr. 1229
Vier Modernisierungen 1781–1782
Viererbande 1782, 1784
Viererpakt (1933) 746
Vierjahresplan,
-, Dt. R. 886, 896, 901
Vierjähriger Reichstag (1788–1791) 1064
Vierkaiserjahr (69 n.) 265
Viermächteabkommen,
-, (1922) 738, 1224
-, (1971) 1351, 1412
-, (1971) ❶ 1341, 1421
-, (1972) 1351, 1413
Viermächtekonferenz (1954) 1362
Viermächtekonferenz (1955) 1343
Viermächtekonvention (1815) 703
Viermächteverwaltung,
-, Dtld. 1845
Vierständereichstag,
-, Schweden 1049–1050
vierter Stand 695–696
Vierzehn Punkte Wilsons 728, 730, 1289
Vietkong 1811–1812, 1815, 1853
Viet-minh 1231, 1341, 1445, 1810, 1814–1815
Vietnam,
-, (1954–1976),
-,-, Nordvietnam) 1337, 1382, **1814**–**1817**, 1820, 1832, 1854
-,-, Nordvietnam),
-,-,-, Bevölkerung(sentwick-lung) ❶ 1746
-,-, Unabhängigkeits-Erkl. ❶ 1386
-,-, Südvietnam) 1337, 1803, 1808, **1815**–**1817**, 1851, 1854, 1856
-,-, Südvietnam),
-,-,-, Bevölkerung(sentwick-lung) ❶ 1746
-,-, Unabhängigkeits-Erkl. ❶ 1386
-,-, Bevölkerung(sentwick-lung) ❶ 1746
-,-, Unabhängigkeits-Erkl. ❶ 1386
-, (seit 1976) 1383,

1783–1785, 1803–1804, 1811, 1813, **1817**–**1818**, 1853, 1860
-, (seit 1976),
-,-, Bevölkerung(sentwick-lung) ❶ 1746
-,-, -Abk. (1973) 1351
Vietnam (Anf.–1954) 800–801
Vietnam (Anf.–1954) ❶ 709
Vietnamesisch-Chinesi-scher Krieg (1979) ❷Chine-sisch-Vietnamesischer Krieg
Vietnamesisch-Kambod-schanischer Krieg (1978–79) 1813, 1817
Vietnamflüchtlinge 1817, 1820
Vietnamkrieg (1960–1973) 1349–1350, **1815**–**1816**, 1851–1854, 1856, 1860
Vigilius I.,
-, Pp. 367, 636
-, Pp. ❶ 367
Vigintivirat 259
Viktor,
-, It.,
-,-, Kg.,
-,-,-, Emanuel III. 751, 783, *1014*, *1016*, 1020–1021
-,-,-, Emanuel II. 1015, 1026
-, Piemont,
-,-, Kg.,
-,-,-, Emanuel I. *1013*
-, Pp.,
-,-, I. 291
-,-, II. 468, 509
-,-, II. ❶ 505
-,-, III. 510, 535
-,-, III. ❶ 511
-,-, IV. 430, 474, 512–514
-, Savoyen,
-,-, Hz.,
-,-,-, Amadeus II. *1009*–1010
Viktor Juschtschenko 1535
Viktor Orbán 1515
Viktoria,
-, Dt. Ksn. 970
-, G. v. Friedrich,
-,-, Kg./Ks.,
-,-,-, (III.) 864
-, GB,
-,-, Kgn. 864, 940, *971*, 974–975, 1187
-,-, Kgn. ❸ 970
Viktoria Luise,
-, G. v. Ernst August,
-,-, Braunschweig,
-,-,-, Hz. ❸ 970
Viktorianisches Zeitalter (1837–1914) 971–**975**
vila Camacho,
-, Manuel **1306**, *1866*
Vila Nova de S. Pedro 45
Világos 905
Vili 1691
Vilis Kristopans 1499
Viljoen,
-, Marais *1721*
Villa,
-, Francisco (Pancho) *1305*
Villa Hadriana 268
Villach 812
Villafranchium 11, 16
Villalar,
-, Schl. (1521) 1022
Villani,
-, Giovanni *417*, 545
-, Giovanni ❶ 416
-, Matteo ❶ 416

Villanova-Kultur 71
Villanova-Kultur ❶ 76
Villanueva del Campo,
-, Armando 1905
Villaroel,
-, Gualberto *1906*
Villeda Morales,
-, Ramón *1873*–1874
Villegaignon,
-, Kolonialist 1298
Villehardouin,
-, Dyn. 630–631
Villèle,
-, Joseph de 938
Villikationssystem 388
Villingili,
-, Kfz. (1984) 1748
Villmerger Kriege,
-, 1. (1656) 1083
-, 2. (1712) 1083
Villon,
-, François 417, 453
Viminacium 307
Vinča 23
Vinča-Kultur 35
Vinci ❷Leonardo da Vinci
Vindelicia,
-, röm. Prov. 258
Vindeliker 318, 321
Vindexaufstand (68) 317
Vindobona (Wien) ❶ 313
Vindonissa (Windisch) 319
Vinicianische Verschwörung (66 n.) 265
Vionville,
-, Schl. (1870) 855
Vipsania,
-, G. v. Tiberius,
-,-, Rom,
-,-,-, Ks. ❺ 263
Vipsanius Agrippa,
-, M. 254–255, 257–258, 312, 314, 317, 330
-, M. ❺ 263
Virata,
-, Cesar E. A. *1829*
Virchow,
-, Rudolf *857*
Virgil,
-, Salzburg,
-,-, B. *370*
Virgil ❷Vergilius Maro,
-, P.
Virgin Islands ❷Jungferninseln
Virginia 961, 1270, 1272, 1280, 1285
Viriatus 230, 329
Viritanassignation 215, 217, 223, 232, 234, 296, 333, 341
ViritanassignationT 218
Viroconium (Wroxeter) 326
Virunum 315
Vis 1078
Vis,
-, (Alt.) ❷Issa
Vischer,
-, Friedrich Theodor ❶ *846*
Visconti,
-, Bernabò 538
-, Dyn. 494, 496, 520, 537–542
-, Filippo Maria *541*–542
-, Galeazzo,
-,-, II. 538
-, Giovanni Maria *541*
-, Ottone,
-,-, Eb. 538
Visegrád *624*
Visegrád,
-, Vtg. (1335) 616
-, Erkl. (1991) 1391

-, Vtg. (1335) 612
Visingö,
-, Schl. (1164) 591
Vita Caroli Magni 385
Vitalianus,
-, Pp. 503
Vitalianus,
-, Pp. ❶ 505
Vitalienbrüder 599
Vitellia 217
Vitellius,
-, L. 264, 349
-, Rom,
-,-, Ks. 265–266
-,-, Ks. ❶ 254
Viti 1234
Vitruvius 261
Vivaldi,
-, Antonio *1008*, *1011*
Vivekananda *1188*
Vivi 1163
Vix 71
VKSE-Abkommen,
-, NATO-Warschauer Pakt (1990) 1355
-, NATO-Warschauer Pakt (1990) ❶ 1344
Vlad Țepeș,
Vlad Țepeș,
-, Walachei,
-,-, Ft. *633*
Vladimiro Montesinos 1905
Vladimirovka 34
Vladislav,
-, Böhmen,
-,-, Kg.,
-,-,-, I. 474, 611, 614
-, Böhmen u. Ung. (als Wla-dislaw II.),
-,-, Kg.,
-,-,-, II. *672*, *1061*
-, Böhmen u. Ung. (als Wla-dislaw II.),
-,-, Kg.,
-,-,-, II. 613–614, 618, *625*
-, Böhmen u. Ung. (als Wla-dyslaw II.),
-,-, Kg.,
-,-,-, II. ❺ 617
Vlastimir,
-, Bulg.,
-,-, Zar 626
Vo Chi Cong *1818*
Vo Van Kiet *1818*
VOC (Vereinigte Ostindi-sche Companie) 1034–1035
Vogel,
-, Hans-Jochen *1416*, 1430
Vogelherd (Kreis Heiden-heim) 20
Vogtei 483
Vogtland ❶ 820
Vohor,
-, Serge 1838
Vojislav Koštunica 1552
Vojnimir,
-, Kroatien,
-,-, Ft. 610
Vojvodina 1547, 1550–1551
Voldemaras,
-, Augustin *1059*–1060
Volk,
-, Begriff 357
Völkerbund 728, 732–738, 740–742, 744–748, 752, 756, 882, 894, 903, 911, 914–915, 950, 1004–1005, 1018, 1020, 1056–1057, 1072, 1085–1086, 1114–1116, 1120, 1126, 1159, 1277, 1291, 1312
Völkerbund,
-, Mandatsgebiet 1160–1161, 1164, 1168,

1173
-, Satzung 734–735
-, Verfassung 732
Völkerbund ❻ 733
Völkerbund ❶ 1113
Völkerbundsrat 733–734, 742–743, 745, 903
Völkerbundsrat ❻ 733
Völkerrecht 733–734, 1110
Völkerwanderung 279, 287
Völkerwanderung,
-, Begriff 357–**358**
Völkerwanderungszeit,
-, (MA) 355, **357**–**364**, 368, 372, 525
-, (MA),
-,-, Völkerschaften ❶ 364
Völkischer Beobachter 880, 889
Volksaufstand,
-, DDR ❷Siebzehnter Juni
Volksbefreiungsarmee,
-, China 1779
Volksbefreiungsfront Farabundo Martí❷FPL
Volksdemokratien 1343, 1373–1374, 1376
Volksdemokratische Partei Afghanistans ❷VDPA
Volksdeutsche 898–**899**
Volksdeutsche ❶ 899
Volkseigene Betriebe ❷VEB
Volkseigene Betriebe ❷VVB
Volkseigene Güter ❷VEG
Volksentscheid,
-, Dt. R. (1926) 882
-, Dt. R. (1929) 884
Volksfront,
-, Chile 1318
Volksfront Aserbaidschans 1541
Volksfront für die Befreiung des Oman (PFLO) 1618
Volksfront für die Befreiung des Oman und des Arabischen Golfes 1615, 1618
Volksfront für die Befreiung Palästinas ❷PFLP
Volksfront für die Befreiung von Saguira el-Hamra und Río de Oro ❷POLISARIO
Volksfrontpolitik 1373
Volksfrontpolitik,
-, Albanien 1558
-, Bulg. 1545
-, DDR 1402–1403, 1417
-, Jugoslawien 1547
-, Polen 1501
-, Rumänien 1542
-, Tschechoslowakei 1506
-, Ung. 1512
Volksfrontregierung,
-, Frkr. 954–955, 1121–1122
Volksgemeinschaftsideologie 888–889
Volksgerichtshof 902
Volkskammer,
-, DDR 1417, 1420, 1423–1427
-, DDR ❻ 1425
-, DDR ❶ 1421
Volkskammer ❷Verfassung,
-, DDR
Volkskammerwahl (1990) 1429
Volkskommune 1776
Volkskongress,
-, China ❷Nationaler Volkskongress
Volkskonservative Vereini-

gung 884
Volksmujahedin,
-, Iran 1649
Volkspolizei ❷VPO
Volksrepublik,
-, Weiß-russ. 999
Volkssozialisten ❶ 995
Volkssprachen 415
Volkssturm (1944) 902
Volkstribunat,
-, röm. 214–216, 223, 232, 237–238, 243, 248–249, 255
Volksverein für das katholische Deutschland 876
Volksversammlung,
-, Athen 150–151, 155
-, Athen ❻ 149–150
-, Griechld. 122
-, röm. 211, 213–215, 225, 236, 238–239, 242–243, 251, 253, 256, 258, 270, 299
-, spartanische 131–132
Volkswagen,
-, Konzern ❶ 1332
Volkswirtschaftspläne,
-, RGW-Stn. 1381
Volkszählung,
-, BR Dtld. (1983) 1415
Vologaeses,
-, Parther,
-,-,-, I. 264, 346, 348–349
-,-,-, III. 273, 349
-,-,-, IV. 349
-,-,-, V. 349
Volos 59
Volsinii 70–71
Volsker 111, 214–215, 217, 220
Volsker ❶ 209, 219
Voltaire 287, *665*, *828*, *927*
Volterra 70, 539
Volturnum (Castel di Volturno) 242
Volubilis (Ksar Pharaoun) 332
Volubilis (Ksar Pharaoun) ❶ 333
Volusianus,
-, Rom,
-,-, Ks. 277
-,-, Ks. ❶ 254
Vongvichit,
-, Phoumi *1811*
Vonones,
-, Parther,
-,-, Kg.,
-,-,-, I. 349
Voortrekker 1169–1170
Vorarlberg 702–703, 840, 904
Vorarlberg,
-, Nationalitäten ❶ 909
Voraustronesier 1234
Vorderer Orient,
-, (Bronzezeit) 48–49, 52–53, 58, 62–63
-, (Eisenzeit) 68, 70
-, (Kupferzeit) 38
-, (MA) 1097
-, (NZ) 1107
-, (Vorgeschichte) 25, 27
-, christl. Besitzungen (MA) 404–407
Vorderösterreich 672, 904
Vordingborg,
-, Frd. (1435) 600
Vorgeschichte,
-, Begriff 13, 67
-, geologische 2
Vorlausitzkultur 60
Vormärz (1815–1847)

841–**842**
Vorpommern,
-, Btm. 683
Vorster,
-, Balthazar J. 1712, 1718, *1720*–1721
Vortigern 564
Voss,
-, Augusts *1498*
Votadini 325
Voudou-Kult 1886
Vouillé (Vouglé),
-, Schl. (507) 362, 373, 547
Vounous 42
VPN (Öffentlichkeit gegen Gewalt),
-, Bürgerbewegung,
-,-, Slowakei 1509, 1511
VPO (Volkspolizei),
-, DDR 1404
Vranitzky,
-, Franz *1438*–1439
Vratislav I.,
-, Böhmen,
-,-, Kg. *611*
Vrsac 59
Vrsovci,
-, Dyn. 612
Vucedol-Kultur 44
Vukovar 1555
Vulci 70, 221
Vulci ❶ 219
Vulkanismus 4, 6–7
VVB (Vereinigung Volkseigener Betriebe) 1404, 1420
VVB (Vereinigung Volkseigener Betriebe) ❻ 1424

W

wa Dongo,
-, Kengo 1697
Waadt 1084
Wace ❶ 434
Wackersdorf,
-, Wiederaufarbeitungsanlage 1416
Wadai 1133–1134
Wade 1658
Wade,
-, Abdoulaye 1657
Wadi en-Natuf 23
Wafd-Partei,
-, Äg. 1119
Waffen-SS 890
Waffen-SS ❻ 890
Waffenstillstand,
-, (Erster Weltkrieg) 723, 729–731, 1017
-, Dt. R. – Frkr.,
-,-, (1918) 950
-,-, (1940) 956
-, UdSSR – Polen (1920) 1000
-, Vietnam – Frkr. (1954) 1814
-, Vietnam (1973) 1351
Wagadugu 1678
Wagner,
-, Eduard *902*
-, Josef *892*
-, Richard *850*
-, Robert 898
-, Robert ❶ *892*
Wagram,
-, Schl. (1809) 904
Wagrien 471
Wahhabiten 1117–1118
Wahid 1827
Wahlkapitulation (1519) 805

Wahlrecht,
-, Belg. 1041
-, Dän. 1052, 1054
-, Dt. R./Dtld. 845, 854, 857, 874
-, Frkr.,
-,-, (NZ) 934, 937–943, 946
-, GB,
-,-, (NZ) 696, 699, 967–969, 971–975, 977
-, It. 1015–1016
-, Ndld. 1038–1039
-, Österreich-Ung. 907–908
-, Preußen 857, 865, 867, 869
-, Russld. 993
-, Schweden 1053
Währung,
-, ägyptische 183
-, Alexander-R. 173
-, Dt. R. 862
-, Kalifen-R. 1091
-, makedonische 166
-, pers. 109
-, röm. 234, 247, 265, 274, 276, 280
-, USA 1291
Währungsprobleme (seit 1945) ❷internationale Währungssysteme
Währungsreform,
-, Argentinien 1914–1915
-, Bras. 1919
-, Dtld. 1340, **1400**–**1401**, 1404
-, Jugoslawien 1550
-, Namibia 1719
-, Österreich 1436
-, Peru 1905
-, Ukraine 1534
-, Uruguay 1912
-, Zaïre 1697
Währungssysteme (seit 1945) ❷internationale Währungssysteme
Währungsunion (Deutschland 1990) 1429
Waiblinger ❷Ghibellinen
Waifar,
-, Aquitanien,
-,-, Hz. 378
Waigel,
-, Theodor *1416*, 1429
Wai-hai-wei 973, 1211
Wai-hai-wei ❶ 709
Waiima,
-, Schl. (1893) 1157
Waimars,
-, Salerno,
-,-, Ft.,
-,-,-, V. 466
Waitangi,
-, Vtg. (1840) 1245
Waitz,
-, Georg ❶ *846*
Wajed,
-, Sheikh Hasina *1762*
Wakataka,
-, Dyn. 1182
Wake 777
Wakefield,
-, Schl. (1460) 582
Wakil 1123
Wala,
-, Corbie-Bobbio,
-,-, Abt ❸ 380
Walachei,
-, (MA) 624, **633**
-, (NZ) 985, 1070–1071, 1105–1106
Walachen 628–629
Walahfrid Strabo *385*

Walaricus *370*
Waldeck 873
Waldeck,
-, Emma v. *1039*
-, Franz v. *810*
-, Ftm.,
-, Verfassung (1816) 842
-, Georg Friedrich v. *824*–*825*
-, -Rousseau,
-,-, Pierre Marie 948
Waldemar,
-, Brdbg.,
-,-, Mgf. *598*
-, Dän.,
-,-, Kg.,
-,-,-, I. d. Gr. 474, 595
-,-,-, I. d. Gr. ❸ 595
-,-,-, II. d. Sieger 478, 595
-,-,-, II. d. Sieger ❸ 594
-,-,-, III. *598*
-,-,-, III. ❶ *598*
-,-,-, IV. Atterdag 597–599
-,-,-, IV. Atterdag ❶ *598*
-, Schleswig,
-,-, Hz.,
-,-,-, V. ❷Waldemar,
-,-,-,-, Dän.,
-,-,-,-,-, Kg.,
-,-,-,-,-,-, III.
-,-, Schweden,
-,-,-, Hz. v. 597
-,-,-, Kg.,
-,-,-,-, Birgersson 592
-,-,-,-, Birgersson ❶ 591
Waldenser 515
Waldes von Lyon 515
Waldheim,
-, Kurt 1330, *1438*–1439, 1717–1718
Waldland-Periode 1249
Waldseemüller,
-, Martin *669*, *1293*
Waldstätte 486, 501
Walerij Pustowojtenko 1535
Wales,
-, (MA) **568**–569, 576, **585**–**586**
-, Christianisierung 568
Wałęsa,
-, Lech *1504*–1505
Walfisch-Bucht 1155, 1167
Walfischbucht 1718–1719
Walid,
-, Kalif,
-,-, I. 1091
-,-, I. ❶ 1090
-,-, II. ❶ 1090
Walisisch,
-, Spr. 568, 586
Walker,
-, William *1307*
Wallace,
-, William *587*
Wallenberg,
-, Bankhaus 1050
Wallenstein,
-, Albrecht v. 681–683, *817*–818
Wallia,
-, Westgoten,
-,-, Kg. *360*
Wallis,
-, (NZ) 703
Wallonien 1041, 1454–1457
wallonische Bewegung 1455
Walpole,
-, Robert *966*
Walter Leisler Kiep 1433
Walter ohne Habe 400
Walter von Brienne,
-, Athen,

-,-, Hz. 539
Walternienburger Kultur 43
Waltharilied 385
Walther von der Vogelweide *480*
Walther von der Vogelweide ❶ 416, 481
Wamba,
-, Westgoten,
-,-, Kg. *549*
Wan Azizah Wan Ismail 1821
Wanax,
-, mykenische Kg. 117
Wandiwash,
-, Schl. (1760) 1186
Wang,
-, China,
-,-, Ks.,
-,-,-, An-shih 1205
-,-,-, Mang 1204
-, Ching-wei 787, 1225
-, Dyn. 1215
-, Korea,
-,-, Kg.,
-,-,-, Kon 1215
-, Yang-ming *1207*
Wang Hung-wen *1781*, 1784
Wang Shucheng 1787
Wangchuk 1766
Wangchuk,
-, Jigme Dorji,
-,-, Bhutan,
-,-,-, Kg. 1766
-, Jigme Singye,
-,-, Bhutan,
-,-,-, Kg. *1766*
-, Ugyen 1766
Wannseekonferenz (1942) 773, 900
Wappinger 1249
Waq-Waq 1154
War Powers Act (1973) 1854, 1860
Waräger 603, 608, 644
Wardhamana Mahawira *1178*
Warenkonzerns Sogo 1802
Warioba,
-, Joseph S. *1728*
Warka,
-, (Alt.) ❶Uruk
Warna,
-, Schl. (1444) 625, 627, 1100–1101
Warnen 377
Warschau 755, 796–797, 1066
Warschau,
-, Getto 775, 783, 900, 1066
-, Hztm. 702–703, 840, 935
-, Schl. (1656) 684, 822
-, sowj. Einnahme (1945) 790
Warschauer Pakt 1343–1344, 1348–1349, 1351, 1353, 1376, 1380, 1382, 1384, 1391–1392, 1430, 1502, 1507–1508, 1511, 1518, 1543
Warschauer Pakt,
-, Abrüstungsverhandlungen 1381
-, Auflösung 1373, 1385, 1859
-, Außenminister-Kfz. (1970) 1381
-, Außenminister-Kfz. (1971) 1381
-, Gipfel-Kfz. (1983) 1384
-, Gipfel-Kfz. (1985) 1384
-, Gipfel-Kfz. (1989) 1384

-, Konsultativtreffen (1968) 1380
-, Konsultativtreffen (1972) 1381
-, NATO 1385
-, -Stn. 1376, 1516
-, -Streitkräfte ❶ 1354
-, Tag. (1969) 1380
Warschauer Vertrag (1970) 1351, 1381, 1412, 1503
Wartburg 805
Wartburgfest (1817) 842
Warthegau 899
Warthegau ❶ 893
Waruna 1177
Warvenzählung 14
Wasa,
-, Dyn. 1044, 1061–1062
-, Dyn. ❺ 1062
-, Gustav ❶Gustav Wasa
Wasgen Sarkisjan 1540
Washington 1280–1281, 1284, 1293
Washington,
-, Abk.,
-,-, (1921/22) 738
-, Abk. (1921/1922) 1247
-, Abk. für Nahostfriedenslösung (1978) 1586
-, Abrüstungs-Kfz.,
-,-, (1921) 1224, 1290
-, Antarktis-Abk. (1959) 1347
-, Autonomie-Abk. (1995) 1589
-, Energie-Kfz. (1974) 1329
-, Finanz-Kfz. (1949) 1325
-, Flotten-Kfz. (1921/1922) 976
-, Gasa-Jericho-Abk. (1993) 1588
-, George *1278–1280*
-, IMF-Tag. (1989) 1333
-, OAS-Kfz. (1964) 1840
-, Weltraum-Vtg. (1967) 1349
Wasile Tarlew 1537
Wasit 1090
Waskonen 378
Wasmosy,
-, Juan Carlos *1910*
Wasserburg ❶ 413
Wasserleitungen,
-, röm. ❻ 271
Wasserprobleme,
-, Syr. 1594
Wasserstoffbombe 1342, 1345, 1348–1349, 1361, 1461, 1518, 1767, 1848
Wasserstoffbombe ❶ 1343
Wassilewskij,
-, Alexander 773
Wassili,
-, Moskau,
-,-, Gft.,
-,-,-, II. 619
-,-, Russld.,
-,-, Gft.,
-,-,-, III. *978*
-,-,-, Zar,
-,-,-, IV. *980*
Wassukkanni 88
Waterberg,
-, Schl. (1904) 1168
Waterford,
-, Btm. 584
Watergate-Affäre 1851, 1854–1855
Waterloo,
-, Schl. (1815) 704, 837
Watson,
-, John Christian *1243*

Wavell,
-, General 763
-, Ind.,
-,-, Vize-Kg.,
-,-,-, Lord *1748–1749*
Wazzan,
-, Shafik Al- *1596*
Weaver,
-, Robert C. *1853*
Weber,
-, Max 287, 1273
-, Wilhelm Eduard 843
Weberaufstand (1844) 844
Webster,
-, Daniel *1284*
-, Daniel ❻ 1282
Weddigen,
-, Otto 722
Weden 1177
Wee Kim Wee *1822*
Wegener,
-, Paul ❶ *892*
Wehlau,
-, Vtg. (1657) 822, 1062
Wehrdienstgesetz,
-, DDR (1982) 1427
Wehrhoheit,
-, BR Dtld. 1408
Wehrmacht,
-, dt. 749, 761–764, 766–768, 773, 791–792, 795–797, 896–898
-, dt.,
-,-, Heeresgliederung ❶ 772
-,-, Organisation und Gliederung ❻ 774
-, dt. ❶ *770*, *798*
Wehrpflicht,
-, Dt. R. 857, 896
-, GB 977
-, Preußen 840
-, Russld. 990
Wehrverbände,
-, dt. 876
Wei,
-, Dyn. 1203
-, Dyn. ❶ 1203
Weichsel,
-, Schl. (1939) 755
Weigandt,
-, Friedrich *807*
Weimar-Ehringsdorf 17
Weimarer,
-, Koalition 878–879, 881
-, Rep. *872–875*
-, Verfassung *874*, 877
-, Verfassung ❻ *873*
Weinberger,
-, Caspar W. 1416
Weipa 1831
Wei-Reich 1204
Wei-Reich ❶ 1201
Weiße Elster,
-, Schl. (1080)
❶Hohenmölsen
Weiße Flagge,
-, Myanmar 1805–1806
Weiße Garde,
-, Finnld. 1055
Weiße Hammel,
-, Dyn. 1099
Weiße Revolution 1646–1647
Weiße Väter 1146
Weißenburg,
-, Schl. (1870) 855
Weißer Berg,
-, Schl. (1620) 681, 817
Weißer Lotus *1208*
Weißrussen 621
Weißrussische Volksfront der Erneuerung ❶BNF

Weißrussland (Belarus),
-, (bis 1945) 998–999, 1006, 1532
-, (seit 1945) 1385, 1528, 1530, **1532–1533**
Weißruthenien 727
Weißruthenische Sowjetrepublik 790
Weitling,
-, Wilhelm *697*
Weizman,
-, Ezer *1605*
-, Ezer ❶ *1602*
Weizmann 1605
Weizmann,
-, Chaim 1114
-, Chaim ❶ *1602*
Weizsäcker,
-, Richard v. *1415*
-, Richard v. ❶ *1406*
Wekerle,
-, Alexander *910*
Welcker,
-, Karl Theodor ❶ *846*
Welensky,
-, Roy *1710*
Welf,
-, Bay.,
-,-, Hz.,
-,-,-, IV. 468
-,-,-, IV. ❺ 476
-,-,-, V. 470, 510
-,-,-, V. ❺ 476
-,-,-, VI. 472–473
-,-,-, VI. ❺ 476
-,-,-, VII. 474
-,-,-, VII. ❺ 476
-, Schwaben-Bay.,
-,-, Hz. ❺ 380
Welfen,
-, Dyn. 477
-, Dyn. ❺ 476
Welles,
-, Sumner 758
Wellesley ❶Mornington
Wellington 1245
Wellington,
-, ANZUS-Tag. (1981) 1833
-, Arthur Wellesley,
-,-, Hz. v. *703*–704, 937, 971, *1025*
Wellington-Halbinsel 1245
Welser,
-, Geschl. 654, 1294
Weltausstellung Expo 92,
-, Sevilla 1482
Weltbank (IBRD) 1321, 1331–1332, 1442, 1467, 1534, 1588, 1625, 1680, 1771, 1785, 1826, 1864–1865
Weltbank (IBRD) ❻ 1322
Weltbevölkerungskonferenz (1994) 1334
Weltbild,
-, (Alt.) 181
-, (Hoch-MA) **393–394**
-, (Spät-MA) 417–418
Weltenergiekonferenz (1989) 1332
Welternährung 1329–1330
Welternährungskonferenz (1974) 1329
Weltexport ❻ 1333
Weltfrauenkonferenz,
-, (1985) 1331
-, (1995) 1334
Weltfriedensordnung 734
Welthandel 693, 704, 744, 1324, 1327, 1329, 1334, 1371
Welthandel,

-, Anteile d. Kontinente ❶ **1331**
-, Länderübersicht ❶ **1334**
Welthandelskonferenz von Seattle 1336
Welthandelssystem 1320, **1323–1324**
Weltkinder-Gipfelkonferenz (1990) 1333
Weltkrieg,
-, Erster (1914–1918) 714, 716–731
-, Erster (1914–1918),
-,-, Balkankrieg 720–721
-,-, Bewegungskrieg 716
-,-, Ententemächte 720–726, 728–729, 731, 1017, 1110–1111, 1113–1114
-,-, Ententemächte ❶ 717
-,-, Friedensbemühungen 725–728, 910
-,-, Friedensschlüsse 725–727, 1110–1111, 1114, 1117
-,-, Inflation 729
-,-, Inflation ❶ 729
-,-, italienischer Kriegsschauplatz 720–721, 724–725, 730, 1017
-,-, italienischer Kriegsschauplatz ❶ 717
-,-, Kolonialkrieg 723–724, 1162, 1167–1168
-,-, Kriegs-Erkl. 716–718, 725, 1212, 1224
-,-, Kriegskredite 698
-,-, Kriegsschuld 735, 738, 872
-,-, Kriegsverlauf ❶ 716
-,-, Kriegsverluste ❶ 730
-,-, Kriegsziele 725–726
-,-, Luftkrieg 722–723
-,-, Luftkrieg ❶ 716
-,-, Mittelmächte 719–721, 723–731, 1017, 1110, 1119
-,-, Mittelmächte ❶ 717
-,-, Mobilmachungen 712, 716
-,-, Nebenkriegsschauplätze 720, 1106–1107, 1110, 1112–1114, 1117, 1119, 1122, 1125
-,-, Ostkrieg **718**, **720–721**, 724–725
-,-, Seekrieg 719–723, 725–726, 871
-,-, Seekrieg ❶ 716
-,-, Stellungskrieg 718–**720**, 722–723, 950
-,-, Stellungskrieg ❶ 716
-,-, Truppenstärken ❶ 717
-,-, Ursachen 714, 1109
-,-, Vorgeschichte 712, **714**
-,-, Waffenstillstandsvereinbarungen 729–732, 871–872, 950, 998, 1017, 1110, 1114
-,-, Westkrieg **717**–720, 725, **728**
-, Zweiter (1939–1945) 752–773, 775–802
-, Zweiter (1939–1945),
-,-, Afrikakrieg 763, 766, 769, 776–777, 784–785, 1021, 1120–1122, 1172, 1175
-,-, Afrikakrieg ❶ 754
-,-, alliierte Mächte 756, 758–759, 771, 779–785, 788–792, 799, 1111, 1115–1116, 1121
-,-, Anti-Hitler-Koalition

771, 779–781, 788
-,-, Anti-Hitler-Koalition 🛈 754
-,-, Auswirkungen **801–802**
-,-, Balkankrieg 763–764, 795, 1020, 1074, 1077
-,-, Balkankrieg 🛈 754
-,-, Bombenkrieg 901
-,-, Bombenkrieg 🛈 762
-,-, drôle de guerre 755–756, 758–759
-,-, drôle de guerre 🛈 754
-,-, dt. Angriffe 763, 765–767, 776, 1066
-,-, dt. Kapitulation 780, 782
-,-, dt. Westoffensive 759
-,-, Europäischer Krieg 755–756, 758–763, 771
-,-, Europäischer Krieg 🛈 754
-,-, Finnisch-Sowj. Winterkrieg 756, 758, 1057
-,-, Handelskrieg 🛈 **785**
-,-, Hitlers Eur. 773, 775, 783–784, 898–901
-,-, Hitlers Eur. 🛈 754
-,-, italienischer Kriegsschauplatz 794
-,-, Kriegseintritt 🛈 **757**
-,-, Kriegs-Erkl. 752–753, 898, 915, 1073–1075
-,-, Kriegsverlauf 🛈 **754**
-,-, Kriegsverluste 🛈 **802**
-,-, Kriegsziele,
-,-,-, alliierte 779
-,-, Luftkrieg 759, 761–762, 776, 780, 784–788, 791–794, 800
-,-, Mobilmachungen 751–753
-,-, Nachkriegsplanung 781
-,-, Naher Osten 764–765, 1111, 1115–1117, 1120, 1126
-,-, Naher Osten 🛈 754
-,-, nördlicher Kriegsschauplatz 795
-,-, Ost-As. 754, 762, 777, 787–788, 800
-,-, Ostkrieg 761, 763–768, 771–773, 779–780, 782–783, 796–798, 899–900, 1021, 1057
-,-, Ostkrieg 🛈 754
-,-, Pazifikkrieg 754, 770–771, 777–778, 787–788, 800, 1226
-,-, Polenfeldzug 755
-,-, Rüstungsproduktion 🛈 761, **763**
-,-, Seekrieg 761, 766, 769, 776, 778, 780, 784–787, 793, 800
-,-, Seekrieg 🛈 **785**
-,-, Teilung Dtld. 779, 781, 789
-,-, Ursachen 731, 752–753
-,-, Vorgeschichte 731, 752–753
-,-, Waffenstillstands-Abk. 789–790, 956, 1006, 1021
-,-, Westkrieg 756, 759–760, 766, 769, 776–777, 781, 784, 786–787, 791–795
-,-, Westkrieg 🛈 754
-,-, Widerstandsbewegungen 775
Weltmarkt 691, 704, 1324, 1327
Weltorganisationen (seit 1945) **1320**, **1331**
Weltproduktion,
-, (1860–1900) 🛈 693
Weltraum,
-, Militarisierung 1331
Weltraumforschung 1348
Weltraummacht,
-, UdSSR 1520, 1522–1523
-, USA 1857
Weltraumvertrag (1967) 1349
Weltrevolution,
-, kommunistische 727, 732
Weltsozialforum von Porto Alegre 1336
Weltumseglung,
-, Erste (1519–1522) 669
Weltwährungssystem 1326, 1329–1330
Weltwirtschaft,
-, (1918–1945) 739, 742–744
-, (seit 1945) **1320**, **1331**, **1337**, 1356, 1847
Weltwirtschaft (1789–1918) 691, 709
Weltwirtschaftskonferenz,
-, 1. (Paris) 1330
-, 10. (London) 1331
-, 11. (Bonn) 1331
-, 12. (Tokio) 1331
-, 13. (Venedig) 1332
-, 14. (Toronto) 1332
-, 15. (Paris) 1332
-, 16. (Houston) 1333
-, 17. (London) 1333
-, 18. (München) 1334
-, 19. (Tokyo) 1334, 1529
-, 2. (Puerto Rico) 1330
-, 20. (Neapel) 1334
-, 21. (Halifax) 1334
-, 22. (Lyon) 1334
-, 23. (Denver) 1335, 1530
-, 3. (London) 1330
-, 4. (Bonn) 1330, 1415
-, 5. (Tokyo) 1331
-, 6. (Venedig) 1331
-, 7. (Ottawa) 1331
-, 8. (Versailles) 1331
-, 9. (Williamsburg) 1331
Weltwirtschaftskrise (1929–1933) 731, 743–745, 752, 886, 889, 949, 952, 977, 1003, 1019, 1027, 1053–1054, 1065, 1067, 1086, 1230, 1290
Weltwirtschaftskrise (1929–1933) 🛈 **745**
Wenck,
-, Walther 797
Wende 90 ⊃Cambio 90
Wenden 595
Wendenkreuzzug 472
Wene,
-, Kongo,
-,-, Hschr. 1152
Wentworth,
-, William Charles 1241
Wenzel,
-, Böhmen,
-,-, Ft. 371, *611*
-,-, Kg.,
-,-,-, II. 486, *612*, 615
-,-,-, III. *612*, *624*
-, IV. ⊃Wenzel,
-, Kg. *493*–*496*, *613*
-, Kg. 🛇 487
Werckmeister,
-, Andreas 663
Werden,
-, Kl. 385
Werenfels,
-, Samuel *1083*

Werner,
-, -Bericht 1368
-, Christian Pierre *1458*
-, Magdeburg,
-,-, Eb. 468
-, -Plan 1367
-, Speyergau,
-,-, Gf. 🛇 467
-, v. Urslingen 542
Werner Mauss 1896
Wernher der Gartenaere *501*
Werwolf 902
Wesir,
-, Pers. 1123
Wesire,
-, Osman. 1102, 1104–1105
Wesley,
-, John *968*
Wessex-Gruppe 56, 61
Wessobrunner Gebet 🛈 480
West African Students Union 1160
West African Youth League 1157
West Virginia 1285
Westafrika 1131, 1134, 1139, 1142, 1144, 1157
Westafrikanische Währungsunion 1678
Westaustralien 1831–1832
Westbank ⊃Westjordanland
Westendhall 🛈 846
Western Australia 1832
Westerplatte 903
Westeuropa,
-, (NZ) 1107
-, (Vorgeschichte) 45
Westeuropäische Union,
-, Westunion ⊃WEU
Westfalen 703
Westfalen,
-, Kgr. ⊃Westphalen
Westfalen 🛈 820
Westfälischer Friede (1648) **683–684**, **818**–820, 822, 920, 1034–1035, 1045, 1083
Westfrankenreich (843–987) 372, 387, **420–422**, 455
Westfrankenreich (843–987),
-, Adel 420
-, pol. Org. 420–**421**
Westfrankenreich (843–987) 🛈 373
Westgalizien 840, 904
Westgermanen 323, 360, 525
Westgoten 279, 281, 284–286, 309, 322, 325, 331, 357–362, 367, 369–370, 373–374, 378, 547–550
Westgoten 🛈 364
Westgotenreich,
-, Iberische Halbinsel 547–550, 1091
-, Iberische Halbinsel 🛈 528
-, Tolosanisches 322, **360–362**, *364*, 547
Westindien **1299–1300**, **1308–1309**, *1881*, **1885**, **1888–1893**
Westindien 🛇 1274
West-Indische Compagnie 1298
West-Indische Companie 1035
Westindische Föderation 1880, 1885, 1890–1893
Westindisch-Guineesche Kompanie 1048
Westintegration,
-, Belg. 1455
-, BR Dtld. 1404, 1407–1408

-, BRDtld. 1342, 1358
West-Iran 1105
Westirian 1830
Westirian-Konflikt 1831
Westjordanland (Westbank) 1578, 1580–1581, 1584–1589, 1599–1600, 1602
Westkalimantan 1826
Westliche Welt (seit 1945) **1355–1371**
Westliches Bündnissystem 1358
Westmächte-Plan (1978),
-, Namibia 1718
Westmark 🛈 893
Westminster 570
Westminster,
-, Frd.,
-,-, (1674) 685
-, Frd. (1654) 1036
-, Frd. (1674) 1036
Westminsterkonvention (1756) 687, 829
Westminsterstatut 1834
Westnigeria **1142–1143**
West-östliches Schisma ⊃Kirchenspaltung (1054)
Westpakistan 1187, 1758–1759, 1761
Westphalen,
-, Kgr. 840–841, 935
Westpreußen 688, 735, 755, 841, 864, 868, 881, 950
Westpreußen 🛈 892
Westrick,
-, Ludger *1411*
Westsahara-Frage 1643, 1645
Westsamoa (Samoa,
-, Samoa i Sisifo) 724, 868, 1243, 1246, 1836–1838
-, Samoa i Sisifo),
-,-, Unabhängigkeits-Erkl. 🛈 1386
-, Samoa i Sisifo) 🛈 863
Westslawen 457–458
Westslawonien 1550, 1555
West-Togo (Britisch-Togo) ⊃Ghana
Westtürken 351
Westturkestan 1191, 1197–1198
Westufer ⊃Westjordanland
Westunion,
-, Westeuropäische Union ⊃WEU
Westzonen,
-, Dtld. 1396, 1398–1401
Wettstein,
-, Johann Rudolf *1083*
WEU (Westeuropäische Union,
-, Westunion) 1342, 1357–1359, 1362, 1365, 1368, 1371–1372, 1391
Weyden,
-, Rogier van der 415, 454
Weygand,
-, Maxime *956*, *999*, *1064*
-, -Linie 760
-, Maxime *956*, *999*, *1064*
WFC 🛈 1322
WFP 🛈 1322
Whigs,
-, Engld. 963, 965, 968–969, 971
-, USA 1282, 1284
-, USA 🛈 1282
Whisky-Rebellion,
-, (1794) 1280
Whitby,
-, Syn. (664) 565

White Australia Policy 1832
Whitehead,
-, Edgar 1710
Whitern 369
Whitlam,
-, Edward Gough *1832*
Whitney,
-, Eli *1280*
WHO (World Health Organization) 🛈 1322
Whydah 1143, 1671
Wiatka 622
Wibert,
-, Ravenna,
-,-, Eb. ⊃Clemens III.,
-,-,-, Pp.
Wiborg 758, 783
Wiching,
-, Neutra,
-,-, B. *371*
Wiclif (Wyclif),
-, John 419, *578*–579, 613, *660*, 806
-, John 🛈 416
Widenow,
-, Schan *1546*
Widerstand,
-, dt. 897, **901–902**
-, italienischer 794
-, polnischer 788
Wido,
-, It.,
-,-, Kg. 504, 529
-, Toskana,
-,-, Mgf. 529
Widonen,
-, Dyn. 386, 466, 527
Widschajanagara-Reich 1183
Widukind,
-, Sachsen,
-,-, Hz. 377, 379
-, v. Corvey *465*
Wiederaufbereitungsanlage Tokaimura 1802
Wiederbewaffnung,
-, BR Dtld. 1359
Wiedertäufer 661
Wiedervereinigung,
-, Vietnam 1817
Wiedervereinigungspolitik,
-, Dtld. 1341, 1344–1346, 1349, 1361, 1413, 1430
Wieland,
-, Christoph Martin 837
Wielopolski,
-, Alexander v. *990*
Wien,
-, (Alt.) ⊃Vindobona
-, (MA) 499
-, (NZ) 675, 681, 685, 730, 786, 797, 822, 848, 901, 910–912, 1014
-, (NZ) 🛈 893
-, (seit 1945) 1325, 1350
-, Aufstand (1848) 700
-, Belagerung,
-,-, (1529) 1103
-,-, (1683) 1104
-, Bes. (1805) 702
-, Frd.,
-,-, (1864) 853
-,-, (1866) 706
-, Jesuitenkolleg 814
-, Kfz.,
-,-, (1961) 1347, 1851
-,-, (1974) 1330
-,-, (1979) 1353
-,-, (1979) 🛈 1343
-,-, (seit 1973) 1351–1352
-, KSZE-Kfz. (1989) 1354
-, Univ. 491

-, Univ. ❶ 398
-, Vor-Frd.,
-,-, (1864) 853
-, Vtg.,
-,-, (1606) 815
-, Weltausstellung (1873) 907
-, Welt-Kfz. für Menschenrechte (1993) 1334
Wienbeck,
-, Erich *892*
Wiener,
-, Börsenkrach 907
-, Fürstentg. (1515) 672
-, Genesis ❶ 481
-, Kongr. (1814–1815) 695–696, 699, 703–704, 840–**841**, 904, 968, 986–988, 1010, 1012, 1043, 1084
-, Kongress-Akte (1815) 703–704, 840
-, Konkordat (1448) 498
-, Schiedsspruch,
-,-, 1. (1938) 750, 914
-,-, 2. (1940) 761, 915, 1072
-, Schlußakte (1820) 841, 843
-, Vor-Frd. (1735) 687, 827, 926, 1010
Wiesbaden,
-, (Alt.) ❷Aquae Mattiacorum
-, Abk. (1921) 738
Wieselburger Gruppe 55
Wiesloch,
-, Schl. (1621) 681
Wietenberg-Gruppe 54, 59
Wihelm,
-, Holld.-Hennegau,
-,-, Gf.,
-,-,-, I.,
-,-,-,-, v. Wittelsbach ❸ 488
-,-, II. ❶ 488
Wihtgar 564
Wijdenbosch,
-, Albert 1901
Wijetunga,
-, Banda *1764*
Wikinger 564–565, 567–568, 584, 589
Wikingerzüge 590
Wilberforce,
-, William *968*
Wilfred,
-, Barcelona,
-,-, Gf. ❸ 554
Wilfrith,
-, York,
-,-, B. *370*
Wilhelm,
-, Achaia,
-,-, Ft.,
-,-,-, II. v. Villehardouin 630, *649*
-, Aquitanien,
-,-, Hz.,
-,-,-, I. D. Fromme 507
-,-,-, IX. *399*, 429
-,-,-, IX. ❶ 434
-,-,-, V. 466
-,-,-, X. 430
-, Bay.,
-,-, Hz.,
-,-,-, IV. *811*
-, Bay.-München,
-,-, Hz.,
-,-,-, III. ❸ 488
-, Cleve,
-,-, Hz.,
-,-,-, V. 676, 810–811
-, Dt. Ks.,
-,-, I. 845, 850, *852*–853,

855–856, 862, 864, 990, 1051
-,-, II. 722, 724, 730, 735, *864*, 866–869, 871–872, 993, 996, 1039, 1055, 1109
-, Engld./GB,
-,-, Kg.,
-,-,-, I. d. Eroberer 426–427, 510, *566*, *570*, 572
-,-,-, I. d. Eroberer ❸ 570
-,-, II. D. Rote *571*
-,-, II. d. Rote ❸ 570
-,-, III. v. Oranien 685, 826, **923**, 925, *965*–966, 1035–*1036*
-,-, III. v. Oranien ❸ 960
-,-, IV. *969*, 971
-,-, IV. ❸ 970
-, Etheling,
-,-, S. v. Heinrich,
-,-,-, Engld./GB,
-,-,-,-, Kg.,
-,-,-,-,-, I. Beauclerk ❸ 570
-, Holld.,
-,-, Kg. 483
-, Luxbg.,
-,-,-, Ghz.,
-,-,-,-, IV. *1043*
-, Nassau-Oranien,
-,-, Pr.,
-,-,-, d. Schweiger *1033*
-, Ndld.,
-,-, Kg.,
-,-,-, I. *1038*, 1040
-,-,-, I. *1038*
-,-,-, III. *1039*
-,-, Stth. bzw. General-Stth.,
-,-,-, I. v. Oranien 679, 1034
-,-,-, II. v. Oranien 1035
-,-,-, II. v. Oranien ❸ 960
-, Oranien,
-,-, Pr.,
-,-,-, I.-II. ❷Wilhelm,
-,-,-, Stth. bzw. General-Stth.
-,-, III. ❷Wilhelm,
-,-,-, Engld./GB,
-,-,-,-, Kg.,
-,-,-,-,-, III.
-,-,-, IV. 1037
-,-,-, VI. ❷Wilhelm,
-,-,-, Ndld.,
-,-,-,-, I.
-, Preußen,
-,-, Kg.,
-,-,-, I. ❷Wilhelm,
-,-,-, Dt. Ks. I.
-,-,-, III. ❷Wilhelm,
-,-,-, Engld./GB,
-,-,-,-, Kg.,
-,-,-,-,-, III.
-, Provence,
-,-, Gf.,
-,-,-, I. 425
-,-,-, S. v. Heinrich,
-,-, Bay. u. Sachsen,
-,-,-, Hz.,
-,-,-,-, d. Löwe ❸ 476
-,-, Kg.,
-,-,-, I. D. Löwe 586
-, Siz.,
-,-, Kg.,
-,-,-, I. d. Böse 512, 532
-,-, II. *476*, 532
-, Straßburg,
-,-, B. ❸ 467
-, Toulouse,
-,-, Gf. 379
-, v. Holld.,
-,-, Kg. *479*–**480**
-, v. Modena 536
-, v. Nogaret 518
-, Wied,
-,-, Pr. *1079*

-, Wttbg.,
-,-, Hz.,
-,-,-, v. Urach *1059*
-,-, Kg.,
-,-,-, I. *842*
Wilhelm von Malmesbury *569*
Wilhelm von Moerbeke 396
Wilhelm von Sabina 592
Wilhelm von Salisbury 431
Wilhelm von Tyrus *405*
Wilhelmina,
-, Ndld.,
-,-, Kgn. 756, 759, *1039*–1040, 1452
Wilhelminisches Zeitalter **864–866**
Wilhelmshaven 784
Willehad *378*
Willem Alexander 1454
Willendorf 20
William Cohen 1794, 1818
William College 1273
William Marshal,
-, Engld.,
-,-, Reg. 574
Williams,
-, Eric Eustace *1893–1894*
-, Henry 1892
-, Roger *1270*, 1272
Williamsburg 1270
Williamsburg,
-, Weltwirtschafts-Kfz. (1983) 1331
Willibald 384
Willibrord,
-, Eb. 370, *372*, *377*, *383*–384
Willigis,
-, Mainz,
-,-, Eb. *464*
Williram von Ebersberg ❶ 481
Willoch,
-, Kare *1490*
Wilmington 1271
Wilmot,
-, David *1284*
Wilna 618, *737*, 755, 987, 1059–1060, 1496, 1498–1499, 1528, 1532
Wilson,
-, Harold *1461*–1463, 1711
-, Harold ❶ 1464
-, Horace 749
-, Woodrow 714, 724–726, 728–730, 732–735, 737, 910, *1288*–1289
Wilzen 379, 381, 459
Wim Kok 1454
Wiman,
-, Korea,
-,-, Kg. 1214
Wimpfeling,
-, Jakob *419*, 500
Wina,
-, Sikota *1706*
Winburg 1170
Winchelsey,
-, Canterbury,
-,-, Eb. 576
Winchester 392, 570
Winckelmann,
-, Johann Joachim *1011*
Windhuk 1716, 1718
Windisch,
-, (Alt.) ❷Vindonissa
Windischgrätz,
-, Alfred v. *847*–848, *905*
Windmill-Hill-Kultur 36–37
Windsor,
-, Geheim-Vtg. (1899) 1165,

1167
-, Vtg. (1175) 584
Windthorst,
-, Ludwig *857*, 862, 876
Windward-Föderation 1892
Windward-Inseln 1299, 1890
Winfrid ❷Bonifatius
Wingti,
-, Paias *1837*–1838
Winterkönig ❷Friedrich V.,
-, Pfalz,
-,-, Kft.
Winterkrieg (1939),
-, UdSSR – Finnld. 1005
Winthrop,
-, John *1270*
Wipo *480*
Wirbelloose 4–5
Wirbeltiere 3, 5, 7
Wiriyamu 1715
Wirnt,
-, v. Grafenberg ❶ 481
Wirth,
-, Johann Georg August *843*
-, Joseph 875, *879*
-, Joseph ❶ 874
Wirtschaft,
-, (1789–1914) **690**–**693**, 704, 1108
-, (Bronzezeit) 48–49, 52, 54–58, 62–64
-, (Eisenzeit) 67–68
-, (Hoch-MA) **388**–**392**, **530**, **535**–**537**
-, (Kupferzeit) 31, 37, 40
-, (Neolithikum) 22, 24, 26, 28
-, (NZ bis 1789) **653**–**654**, **656**–657, 666, 669–670
-, (NZ bis 1789) ❻ 653
-, (Paläolithikum) 21
-, (Spät-MA) **408**–**410**
-, Äg.,
-,-, (NZ) 1118–1119
-, Äg. (Alt.) 74, 78, 81
-, Äg. (NZ) 1624–**1626**
-, Algerien 1120
-, Argentinien 1913–1914
-, Assyrien 88
-, Athen 147, 180
-, Äthiopien 1736
-, Austr. 1241–1245, **1831**–**1832**
-, Austr.,
-,-, endogene Kulturen 1232–1233
-, Babylonien 89
-, Bangladesch 1761
-, Barbados 1891
-, Belg. 1455–1456
-, Bol. **1313**
-, Bras. **1316**, 1917–1918
-, Brdbg.-Preußen 831
-, Bulg. 1545
-, Byz. 530
-, Chile 1921–1923
-, China,
-, (bis 1945) 1202, 1206–1207, 1210, 1214
-,-, VR (seit 1949) 1774, **1776**–1777, 1782–1783, 1785–1786
-, Costa Rica 1877
-, Dän. 1491
-, Dän. ❶ **1491**
-, DDR 1403, 1419–**1420**, 1422, 1426
-, Dominikanische Rep. 1888
-, Dritte Welt ❶ **1385**

-,-, (1870/1871–1914) 862, 864–865
-,-, (1870/1871–1914) ❶ **865**
-,-, (1914–1918) 870
-,-, (1919–1933) 740–741, 744, 879, 881, 883–886
-,-, (1919–1933) ❶ **883**
-,-, (1933–1945) **886**–888, 895
-, Dtld.,
-,-, (1493–1789) 819
-,-, (1815–1870) 844
-,-, (MA) 490–492
-,-, (seit 1945) **1396**–1397, 1399–1400, 1405, 1410–1412, 1414, 1431
-, Ecuador 1901
-, El Salvador 1871
-, Elfenbeinküste 1666
-, Engld./GB,
-,-, (1485–1789) 961, 965
-,-, (1789–1914) 967, 969, 971–975
-,-, (1789–1914) ❶ 972
-,-, (1914–1945) 975–976, 978
-,-, (seit 1945) 1459, 1461, 1463
-,-, (seit 1945) ❶ **1463**
-, Etrusker 111
-, Franken-R. 377, 383–384
-, Frkr.,
-,-, (1494–1789) 918–**919**, **922**, 926–927
-,-, (1789–1914) 932–933, 936–939, 943, 946–947
-,-, (1789–1914) ❶ 943, 947
-,-, (1914–1945) 951–953
-,-, (MA) **437**, 451–452, 518
-,-, (seit 1945) 1444–1447
-, Gallien 320
-, Germanen 323–324
-, Ghana 1668
-, Ghana ❶ 1656
-, Griechld. 126, 180, 303
-, Griechld. (seit 1945) ❶ **1561**
-, Guatemala 1868
-, Guyana 1899
-, Haiti 1887
-, Hellenismus 179
-, Hochkulturen (1. Jt.) 67–68
-, Hochkulturen (2. Jt.) 47–49, 52, 54–58, 62–64
-, Hochkulturen (3. Jt.) 30–31, 37, 39–42
-, Honduras 1873–1874
-, Hongkong 1786
-, Iberische Halbinsel 327, 330
-, Iberische Halbinsel (MA) 530, 550–551, 557
-, Ind. 1181, 1188, 1752, 1754
-, Indonesien 1825–1826
-, Irak 1117
-, Iran (1945–1979) **1647**–**1648**
-, Irld. 1466
-, Irld. ❶ **1466**
-, Islamisch-arabische Welt 530
-, Isr. **1603**–1604
-, It.,
-,-, (1796–1914) 1014
-,-, (1914–1945) 1019
-,-, (MA) 530, **535**–**537**, **545**–**546**
-,-, (NZ bis 1796) 1010
-,-, (seit 1945) 1471, 1473